Baumbach/Lauterbach/Albers/Hartmann

Zivilprozeßordnung

# Beck'sche Kurz-Kommentare

Band 1

# Zivilprozeßordnung

mit Gerichtsverfassungsgesetz
und anderen Nebengesetzen

begründet von

Dr. Adolf Baumbach
weiland Senatspräsident beim Kammergericht

fortgeführt von

Professor Dr. Wolfgang Lauterbach
weiland Senatspräsident beim Hanseatischen Oberlandesgericht

nunmehr verfaßt von

Dr. Jan Albers          Dr. Dr. Peter Hartmann
Präsident des Hamburgischen    Richter am Amtsgericht Lübeck a. D.
Oberverwaltungsgerichts a. D.

58., neubearbeitete Auflage

Verlag C. H. Beck München 2000

ISBN 3 406 45600 6

© 2000 C. H. Beck'sche Verlagsbuchhandlung Oscar Beck oHG
Wilhelmstraße 9, 80801 München
Druck: C. H. Beck'sche Buchdruckerei, Nördlingen
(Adresse wie Verlag)
Gedruckt auf säurefreiem, alterungsbeständigem Papier
(hergestellt aus chlorfrei gebleichtem Zellstoff)

Wenn die Gerechtigkeit untergeht, so hat es keinen Wert mehr, daß Menschen auf Erden leben.    Kant

Une circonstance essentielle à la justice, c'est de la faire promptement et sans différer; la faire attendre, c'est injustice.    La Bruyère

## Vorwort

Die Neuauflage 2000 zeigt drei Hauptmerkmale. Zunächst ist die Präzision der Darstellung weiter verbessert worden. So wurden im Text der ZPO und der abgedruckten rd. 120 Nebengesetze jetzt, wie im „Schönfelder", die einzelnen Sätze durchnumeriert, um ihr Auffinden zu erleichtern, zumal alle Anmerkungsüberschriften der Hauptebene längst entsprechende Hinweise bringen. Ferner wurden die Gliederungsübersichten entsprechend ergänzt oder erweitert. Außerdem wurden die Querverweisungen auf grundlegende Darstellungen, etwa des Begriffs Rechtsschutzbedürfnis, nochmals ausgebaut.

Ein weiteres Hauptmerkmal ist unverändert die Aktualität der Kommentierung. Seit der Vorauflage hat es neben immerhin rd. 10 neuen Gesetzen bzw. Verordnungen eine weiter ständig zunehmende Flut von Entscheidungen und Äußerungen im Schrifttum vom Kurzaufsatz oder einer kritischen Anmerkung bis zu Neuauflagen oder Ersterscheinungen umfangreicher Werke gegeben. Ein Kurzkommentar sollte von Auflage zu Auflage den neuesten Stand widerspiegeln. Darum haben wir uns bemüht und dabei zu hochaktuellen Streitfragen das ganze Meinungsspektrum eingearbeitet, um dem Leser auch die Beurteilung „seines" Oberlandesgerichts zu vermitteln, etwa bei der hochstreitigen Frage, wie ein Rechtsbehelf gegen einen Kostenfestsetzungsbeschluß zu behandeln ist. Weit über 3500 neueste Fundstellen zeigen den Umfang dieser Aufgabe.

Ein dritter und diesmal besonders wichtiger Aspekt war eine weitere Straffung der Darstellung. Sie ist in weiten Teilen des Buches in einem ganz erheblichen Ausmaß erfolgt. Das soll der Übersichtlichkeit, dem Lesefluß und rascherer Orientierung dienen. Zugleich verjüngt sich dadurch die Kommentierung beträchtlich, wie wir hoffen. Die Konzentration auf die drei nach Rang, Aktualität und Aussagekraft besten Belege für eine Ansicht ist das Ergebnis einer wesentlich strengeren Auswahl. Sie ermöglicht zugleich vertiefte eigene Stellungnahmen.

Diese Neuakzentuierung kommt auch optisch in dem übrigens völlig neugesetzten Schriftbild zum Ausdruck. Es ist ruhiger und zusammen mit den umgestalteten Gliederungsübersichten deutlich benutzerfreundlicher geworden. Die rd. 200 nochmals ausgebauten und erweiterten ABC-Stichwortreihen sind zu längst unentbehrlichen Hilfsmitteln einer um praktische Brauchbarkeit bemühten Darstellungsweise geworden.

Auch die zunehmend freundlich aufgenommenen Eingangsanmerkungen zur Systematik und zum Regelungszweck der einzelnen Vorschrift wie eines ganzen Gesetzesabschnitts wurden weiter ausgebaut. Sie sollen auch dazu helfen, eine dogmatisch saubere, zugleich sozial verträgliche Auslegung zu finden, die bei so mancher modernen Vorschrift nicht gerade leicht zu erreichen ist.

Unverändert mitbeachtet worden ist das Verfassungsrecht und das an Bedeutung zunehmende Europarecht. Die anderen Gerichtsbarkeiten, insbesondere die von der VwGO geregelte, sind in gewohnter Sorgfalt weiterhin berücksichtigt. Einheitlichkeit der Zitierweise und Interessenneutralität gehören zu unseren ständigen Bestrebungen.

In fast 20 Millionen sichtbarer Druckzeichen zeigt die Neuauflage 2000 den Stand von mindestens Anfang Oktober 1999, teilweise von Anfang 2000. Mitabgedruckt ist bereits der nach Erster Lesung am 17. 6. 99 vom Deutschen Bundestag in die Ausschüsse verwiesene Entwurf eines Gesetzes zur Reform der Präsidialverfassung der Gerichte. Das ist auch den sehr intensiven Bemühungen der Setzerei zu verdanken. Vielerlei Hilfe kam auch von den Lesern mit Anregungen und Kritik. Für sie bleiben wir stets dankbar!

Wentorf, Lübeck, im Oktober 1999    Die Verfasser

# Verfasserverzeichnis

| | |
|---|---|
| Titelei | Hartmann |
| Einleitung I–III | Hartmann |
| Einleitung IV | Albers |
| §§ 1–510 b | Hartmann |
| §§ 511–577 a | Albers |
| §§ 578–605 a | Hartmann |
| §§ 606–687 | Albers |
| §§ 688–1024 | Hartmann |
| §§ 1025–Schlußanhang I | Albers |
| Schlußanhang II–IV | Hartmann |
| Schlußanhang V, VI | Albers |
| Schlußanhang VII | Hartmann |
| Sachregister | Hartmann |
| Rechtspolitischer Ausblick | Albers, Hartmann |
| VwGO – Anmerkungen | Albers |

# Inhaltsverzeichnis

| | |
|---|---|
| Verfasserverzeichnis | VII |
| Benutzungshinweise | XV |
| Gesetzesnachweis | XVII |
| Abkürzungsverzeichnis | XXI |

## Einleitung

*Bearbeiter: I–III Dr. Dr. Hartmann*
*IV Dr. Albers*

| | |
|---|---|
| I. Geschichte und Rechtspolitik | 1 |
| II. Rechtsquellen und Schrifttum | 2 |
| III. Anwendungshilfen | 7 |
| IV. Zwischenstaatliches Zivilprozeßrecht | 17 |

## Zivilprozeßordnung

Erstes Buch
*Bearbeiter: Dr. Dr. Hartmann*

| | §§ | Seite |
|---|---|---|
| **Allgemeine Vorschriften** | | 25 |
| 1. Abschnitt. **Gerichte** | | 25 |
| 1. Titel. Sachliche Zuständigkeit der Gerichte und Wertvorschriften | 1–11 | 25 |
| Anhang nach § 3. Wertschlüssel | | 33 |
| 2. Titel. Gerichtsstand | 12–37 | 72 |
| Anhang nach § 29. Gerichtsstand bei Haustürgeschäften und ähnlichen Geschäften | | 96 |
| 3. Titel. Vereinbarung über die Zuständigkeit der Gerichte | 38–40 | 115 |
| 4. Titel. Ausschließung und Ablehnung der Gerichtspersonen | 41–49 | 121 |
| 2. Abschnitt. **Parteien** | | 146 |
| 1. Titel. Parteifähigkeit. Prozeßfähigkeit | 50–58 | 153 |
| Anhang nach § 52. Prozeßführungsrecht und Güterstand | | 162 |
| 2. Titel. Streitgenossenschaft | 59–63 | 171 |
| 3. Titel. Beteiligung Dritter am Rechtsstreit | 64–77 | 179 |
| 4. Titel. Prozeßbevollmächtigte und Beistände | 78–90 | 197 |
| 5. Titel. Prozeßkosten | 91–107 | 230 |
| Anhang nach § 95. Verzögerungsgebühr | | 340 |
| 6. Titel. Sicherheitsleistung | 108–113 | 400 |
| Anhang nach § 110. Zwischenstaatliche Vorschriften über Sicherheitsleistung der Ausländer | | 410 |
| 7. Titel. Prozeßkostenhilfe und Prozeßkostenvorschuß | 114–127 a | 417 |
| Anhang nach § 114. Zwischenstaatliche Vorschriften über die Prozeßkostenhilfe | | 435 |
| Anhang nach § 127. Beratungshilfegesetz | | 517 |
| 3. Abschnitt. **Verfahren** | | 529 |
| 1. Titel. Mündliche Verhandlung | 128–165 | 531 |
| 2. Titel. Verfahren bei Zustellungen | | 665 |
| I. Zustellung auf Betreiben der Parteien | 166–207 | 668 |
| Anhang nach § 202. Zwischenstaatliches Zustellungsrecht | | 708 |
| II. Zustellungen von Amts wegen | 208–213 a | 723 |
| 3. Titel. Ladungen, Termine und Fristen | 214–229 | 730 |
| 4. Titel. Folgen der Versäumung. Wiedereinsetzung in den vorigen Stand | 230–238 | 757 |
| 5. Titel. Unterbrechung und Aussetzung des Verfahrens | 239–252 | 804 |

Zweites Buch
*Bearbeiter: Dr. Dr. Hartmann*

| | §§ | Seite |
|---|---|---|
| **Verfahren im ersten Rechtszuge** | | 830 |
| 1. Abschnitt. **Verfahren vor den Landgerichten** | | 830 |
| 1. Titel. Verfahren bis zum Urteil | 253–299 a | 838 |
| Anhang nach § 253. Widerklage | | 854 |
| Anhang nach § 271. Die Vorwegleistungspflicht des Klägers | | 922 |
| Anhang nach § 281 | | 954 |

# Inhaltsverzeichnis

|  | §§ | Seite |
|---|---|---|
| I. Abgabe in Hausratssachen | | 954 |
| II. Abgabe nach dem Wohnungseigentumsgesetz | | 955 |
| III. Abgabe nach dem Verfahrensgesetz in Landwirtschaftssachen | | 956 |
| Anhang nach § 286. Die Beweislast | | 978 |
| 2. Titel. Urteil | 300–329 | 1065 |
| Anhang nach § 307. Vergleich | | 1089 |
| Anhang nach § 328. Übersicht über die Verbürgung der Gegenseitigkeit für vermögensrechtliche Ansprüche nach § 328 I Z 5 | | 1181 |
| 3. Titel. Versäumnisurteil | 330–347 | 1190 |
| 4. Titel. Verfahren vor dem Einzelrichter | 348–354 | 1214 |
| 5. Titel. Allgemeine Vorschriften über die Beweisaufnahme | 355–370 | 1222 |
| Anhang nach § 363 | | 1234 |
| I. Haager Übereinkommen über die Beweisaufnahme im Ausland in Zivil- oder Handelssachen | | 1234 |
| II. Aus dem Ausführungsgesetz | | 1240 |
| III. Bekanntmachung | | 1241 |
| 6. Titel. Beweis durch Augenschein | 371–372 a | 1246 |
| 7. Titel. Zeugenbeweis | 373–401 | 1253 |
| 8. Titel. Beweis durch Sachverständige | 402–414 | 1295 |
| 9. Titel. Beweis durch Urkunden | 415–444 | 1318 |
| 10. Titel. Beweis durch Parteivernehmung | 445–477 | 1342 |
| 11. Titel. Abnahme von Eiden und Bekräftigungen | 478–484 | 1352 |
| 12. Titel. Selbständiges Beweisverfahren | 485–494 | 1356 |
| 2. Abschnitt. **Verfahren vor den Amtsgerichten** | 495–510 b | 1368 |

## Drittes Buch
*Bearbeiter: Dr. Albers*

| | | |
|---|---|---|
| **Rechtsmittel** | | 1391 |
| 1. Abschnitt. **Berufung** | 511–544 | 1396 |
| 2. Abschnitt. **Revision** | 545–566 a | 1467 |
| Anhang nach § 546. Erweiterung der Revision- und Vorlegungsgründe | | 1475 |
| 3. Abschnitt. **Beschwerde** | 567–577 a | 1506 |
| Anhang nach § 567. Sonderregelung für das Insolvenzverfahren | | 1512 |
| Anhang nach § 577 a. Übergangsvorschriften des Einigungsvertrages für Rechtsmittel | | 1527 |

## Viertes Buch
*Bearbeiter: Dr. Dr. Hartmann*

| | | |
|---|---|---|
| **Wiederaufnahme des Verfahrens** | 578–591 | 1528 |

## Fünftes Buch
*Bearbeiter: Dr. Dr. Hartmann*

| | | |
|---|---|---|
| **Urkunden- und Wechselprozeß** | 592–605 a | 1548 |

## Sechstes Buch
*Bearbeiter: Dr. Albers*

| | | |
|---|---|---|
| **Verfahren in Familiensachen** | | 1563 |
| 1. Abschnitt. **Allgemeine Vorschriften für Verfahren in Ehesachen** | 606–620 g | 1566 |
| Anhang nach § 606 a | | 1574 |
| I. Gleichstellung mit Deutschen (§ 606 a I 1 Z 1) | | 1574 |
| A. AHKG 23 über die Rechtsverhältnisse verschleppter Personen und Flüchtlinge | | 1574 |
| B. Rechtsstellung heimatloser Ausländer im Bundesgebiet | | 1574 |
| C. Genfer Flüchtlingskonvention | | 1574 |
| D. Asylberechtigte | | 1574 |
| E. Gesetz über Maßnahmen für im Rahmen humanitärer Hilfsaktionen aufgenommene Flüchtlinge | | 1575 |
| II. Anerkennung deutscher Urteile (§ 606 a I 1 Z 4) | | 1575 |
| 2. Abschnitt. **Allgemeine Vorschriften für Verfahren in anderen Familiensachen** | 621–621 f | 1606 |
| 3. Abschnitt. **Verfahren in Scheidungs- und Folgesachen** | 622–630 | 1624 |
| 4. Abschnitt. **Verfahren auf Aufhebung und auf Feststellung des Bestehens oder Nichtbestehens einer Ehe** | 631, 632 | 1649 |
| Anhang nach § 631. Vorschriften des Bürgerlichen Gesetzbuchs über das Verfahren zur Aufhebung einer Ehe | | 1651 |

# Inhaltsverzeichnis

|  | §§ | Seite |
|---|---|---|
| 5. Abschnitt. **Verfahren in Kindschaftssachen** | 640–641 k | 1653 |
| 6. Abschnitt. **Verfahren über den Unterhalt** | 642 | 1664 |
|    1. Titel. Allgemeine Vorschriften | 642–644 | 1664 |
|    2. Titel. Vereinfachte Verfahren über den Unterhalt Minderjähriger | 645–660 | 1667 |
|       Anhang nach § 645. Unterhalt unter Zugrundelegung des Regelbetrages | | 1668 |
|       Anhang nach § 659. Verordnung zur Einführung und Änderung von Vordrucken für gerichtliche Verfahren | | 1681 |

Siebentes Buch
*Bearbeiter: Dr. Dr. Hartmann*

|  | §§ | Seite |
|---|---|---|
| **Mahnverfahren** | 688–703 d | 1683 |

Achtes Buch
*Bearbeiter: Dr. Dr. Hartmann*

|  | §§ | Seite |
|---|---|---|
| **Zwangsvollstreckung** | | 1722 |
| 1. Abschnitt. **Allgemeine Vorschriften** | 704–802 | 1722 |
|    Vollstreckungsschlüssel | | 1732 |
|    Anhang nach § 736. Zwangsvollstreckungstitel gegen die Offene Handelsgesellschaft, Partnerschaftsgesellschaft, Europäische wirtschaftliche Interessenvereinigung, Kommanditgesellschaft, Gesellschaft mit beschränkter Haftung, Reederei | | 1798 |
| 2. Abschnitt. **Zwangsvollstreckung wegen Geldforderungen** | | 1915 |
|    1. Titel. Zwangsvollstreckung in das bewegliche Vermögen | | 1917 |
|       I. Allgemeine Vorschriften | 803–807 | 1918 |
|       II. Zwangsvollstreckung in körperliche Sachen | 808–827 | 1940 |
|       III. Zwangsvollstreckung in Forderungen und andere Vermögensrechte | 828–863 | 1969 |
|       Anhang nach § 859. Zwangsvollstreckung in Gesellschafteranteile von Handelsgesellschaften | | 2074 |
|    2. Titel. Zwangsvollstreckung in das unbewegliche Vermögen | 864–871 | 2076 |
|    3. Titel. Verteilungsverfahren | 872–882 | 2088 |
|    4. Titel. Zwangsvollstreckung gegen juristische Personen des öffentlichen Rechts | 882 a | 2096 |
| 3. Abschnitt. **Zwangsvollstreckung zur Erwirkung der Herausgabe von Sachen und zur Erwirkung von Handlungen oder Unterlassungen** | 883–898 | 2098 |
| 4. Abschnitt. **Eidesstattliche Versicherung und Haft** | 899–915 h | 2137 |
| 5. Abschnitt. **Arrest und einstweilige Verfügung** | 916–945 | 2174 |
|    Anhang nach § 918. Persönlicher Arrest nach zwischenstaatlichem Recht | | 2183 |

Neuntes Buch
*Bearbeiter: Dr. Dr. Hartmann*

|  | §§ | Seite |
|---|---|---|
| **Aufgebotsverfahren** | 946–1024 | 2246 |
|    Anhang nach § 1024. Kraftloserklärung von Hypotheken-, Grundschuld- und Rentenschuldbriefen in besonderen Fällen | | 2268 |

Zehntes Buch
*Bearbeiter: Dr. Albers*

|  | §§ | Seite |
|---|---|---|
| **Schiedsrichterliches Verfahren** | 1025–1066 | 2270 |
| 1. Abschnitt. **Allgemeine Vorschriften** | 1025–1028 | 2271 |
| 2. Abschnitt. **Schiedsvereinbarung** | 1029–1033 | 2277 |
| 3. Abschnitt. **Bildung des Schiedsgerichts** | 1034–1039 | 2288 |
|    Anhang nach § 1035. Der Schiedsrichtervertrag | | 2290 |
| 4. Abschnitt. **Zuständigkeit des Schiedsgerichts** | 1040, 1041 | 2295 |
| 5. Abschnitt. **Durchführung des schiedsrichterlichen Verfahrens** | 1042–1050 | 2297 |
| 6. Abschnitt. **Schiedsspruch und Beendigung des Verfahrens** | 1051–1058 | 2305 |
| 7. Abschnitt. **Rechtsbehelf gegen den Schiedsspruch** | 1059 | 2312 |
| 8. Abschnitt. **Voraussetzung der Anerkennung und Vollstreckung von Schiedssprüchen** | 1060, 1061 | 2316 |
| 9. Abschnitt. **Gerichtliches Verfahren** | 1062–1065 | 2319 |
| 10. Abschnitt. **Außervertragliche Schiedsgerichte** | 1066 | 2321 |

# Inhaltsverzeichnis

| | §§ | Seite |
|---|---|---|
| Gesetz betreffend die Einführung der Zivilprozeßordnung................ | | 2324 |

*Bearbeiter: Dr. Albers*

Gerichtsverfassungsgesetz ........................................... 2329

*Bearbeiter: Dr. Albers*

| | §§ | Seite |
|---|---|---|
| 1. Titel. Gerichtsbarkeit................................ | 1–21 | 2329 |
| Anhang nach § 1 ................................... | | 2333 |
| Anhang nach § 21 .................................. | | 2369 |
| I. Justizverwaltung und Rechtspflege................. | | 2369 |
| II. Aufbau der Justizverwaltung ..................... | | 2370 |
| 2. Titel. Allgemeine Vorschriften über das Präsidium und die Geschäftsverteilung.. | 21 a–21 i | 2370 |
| Anhang nach § 21 b. Wahlordnung für die Präsidien der Gerichte ........... | | 2374 |
| 3. Titel. Amtsgerichte................................. | 22–27 | 2389 |
| 4. Titel. Schöffengerichte (nicht abgedruckt).............. | 28–58 | 2397 |
| 5. Titel. Landgerichte................................ | 59–78 b | 2397 |
| Anhang nach § 78 b ................................. | | 2401 |
| I. Zuständigkeit in Patent-, Gebrauchsmuster- und Markenstreitsachen ...... | | 2401 |
| II. Zuständigkeit in Arbeitnehmererfindungssachen ................... | | 2402 |
| III. Zuständigkeit in Sachen nach dem AGB-Gesetz..................... | | 2402 |
| 6. Titel. Schwurgerichte (aufgehoben) ........................... | 79–92 | 2403 |
| 7. Titel. Kammern für Handelssachen............................ | 93–114 | 2403 |
| 8. Titel. Oberlandesgerichte................................... | 115–122 | 2414 |
| 9. Titel. Bundesgerichtshof.................................... | 123–140 | 2418 |
| Anhang nach § 140. Wahrung der Einheitlichkeit der Rechtsprechung der Obersten Gerichtshöfe des Bundes.............................. | | 2422 |
| 9 a. Titel. Zuständigkeit für Wiederaufnahmeverfahren in Strafsachen (nicht abgedruckt) ................................................... | 140 a | 2425 |
| 10. Titel. Staatsanwaltschaft (nicht abgedruckt) .................... | 141–152 | 2425 |
| 11. Titel. Geschäftsstelle....................................... | 153 | 2425 |
| Anhang nach § 153. Rechtspfleger (Rechtspflegergesetz) ................ | | 2426 |
| 12. Titel. Zustellungs- und Vollstreckungsbeamte................... | 154, 155 | 2433 |
| Anhang nach § 155. Andere Organe der Rechtspflege .................. | | 2434 |
| I. Rechtsanwälte......................................... | | 2435 |
| II. Andere Prozeßvertreter.................................. | | 2441 |
| III. Unterbeamte........................................ | | 2441 |
| 13. Titel. Rechtshilfe........................................ | 156–168 | 2441 |
| Anhang nach § 168. Zwischenstaatliche Rechtshilfe.................... | | 2447 |
| I. Haager Zivilprozeßübereinkommen ........................ | | 2447 |
| II. Rechtshilfe nach dem UN-Übereinkommen über die Geltendmachung von Unterhaltsansprüchen im Ausland ........................... | | 2449 |
| III. Auslandsunterhaltsgesetz............................... | | 2452 |
| 14. Titel. Öffentlichkeit und Sitzungspolizei....................... | 169–183 | 2455 |
| Anhang nach § 172. Strafvorschriften wegen Verletzung von Privatgeheimnissen..................................................... | | 2461 |
| 15. Titel. Gerichtssprache..................................... | 184–191 | 2469 |
| 16. Titel. Beratung und Abstimmung ............................ | 192–198 | 2473 |

Einführungsgesetz zum Gerichtsverfassungsgesetz ........................ 2477

*Bearbeiter: Dr. Albers*

## Schlußanhang

*Bearbeiter: I, V, VI Dr. Albers*
*II–IV, VII Dr. Dr. Hartmann*

| | | Seite |
|---|---|---|
| I. A. Deutsches Richtergesetz................................ | §§ 1–84, 105–126 | 2492 |
| Anhang nach § 44. Sondervorschriften.......................... | | 2525 |
| B. Bayerisches Gesetz zur Ausführung des Gerichtsverfassungsgesetzes und von Verfahrensgesetzen des Bundes (AGGVG)...................................... | | 2538 |
| II. Erlaß über Zustellungen, Ladungen, Vorführungen und Zwangsvollstreckungen bezüglich Soldaten der Bundeswehr............................................. | | 2539 |
| III. Zusatzabkommen zum NATO-Truppenstatut nebst Gesetz zum NATO-Truppenstatut und zu den Zusatzvereinbarungen (Auszug)..................................... | | 2542 |
| IV. Wirtschaftsrechtliche Beschränkungen: Außenwirtschaftsgesetz................. | | 2548 |
| V. Zwischenstaatliche Anerkennungs- und Vollstreckungsabkommen.............. | | 2549 |
| A. Kollektivverträge................................................ | | 2550 |

# Inhaltsverzeichnis

|  | Seite |
|---|---|
| 1) Vollstreckbarerklärung nach dem Haager Zivilprozeßübereinkommen | 2550 |
| 2) Haager Übereinkommen über die Anerkennung und Vollstreckung von Unterhaltsentscheidungen | 2552 |
| 3) Haager Übereinkommen über die zivilrechtlichen Aspekte internationaler Kindesentführung und Europäisches Übereinkommen über die Anerkennung und Vollstreckung von Entscheidungen über das Sorgerecht für Kinder und die Wiederherstellung des Sorgeverhältnisses | 2557 |
| 4) Seerechtsübereinkommen der Vereinten Nationen usw. | 2564 |
| B. Bilaterale Anerkennungs- und Vollstreckungsabkommen | 2565 |
| 1) Das deutsch-schweizerische Abkommen über die gegenseitige Anerkennung und Vollstreckung von gerichtlichen Entscheidungen und Schiedssprüchen | 2565 |
| 2) Das deutsch-italienische Abkommen über die gegenseitige Anerkennung und Vollstreckung gerichtlicher Entscheidungen | 2568 |
| 3) Der deutsch-österreichische Vertrag über die gegenseitige Anerkennung und Vollstreckung von gerichtlichen Entscheidungen, Vergleichen und öffentlichen Urkunden | 2569 |
| 4) Das deutsch-belgische Abkommen über die gegenseitige Anerkennung und Vollstreckung von gerichtlichen Entscheidungen, Schiedssprüchen und öffentlichen Urkunden | 2575 |
| 5) Das deutsch-britische Abkommen über die gegenseitige Anerkennung und Vollstreckung von gerichtlichen Entscheidungen in Zivil- und Handelssachen | 2577 |
| 6) Der deutsch-griechische Vertrag über die gegenseitige Anerkennung und Vollstreckung von gerichtlichen Entscheidungen, Vergleichen und öffentlichen Urkunden in Zivil- und Handelssachen | 2582 |
| 7) Der deutsch-niederländische Vertrag über die gegenseitige Anerkennung und Vollstreckung gerichtlicher Entscheidungen und anderer Schuldtitel in Zivil- und Handelssachen | 2583 |
| 8) Der deutsch-tunesische Vertrag über Rechtsschutz und Rechtshilfe, die Anerkennung und Vollstreckung gerichtlicher Entscheidungen in Zivil- und Handelssachen sowie über die Handelsschiedsgerichtsbarkeit | 2584 |
| 9) Der deutsch-israelische Vertrag über die gegenseitige Anerkennung und Vollstreckung gerichtlicher Entscheidungen in Zivil- und Handelssachen | 2586 |
| 10) Der deutsch-norwegische Vertrag über die gegenseitige Anerkennung und Vollstreckung gerichtlicher Entscheidungen und anderer Schuldtitel in Zivil- und Handelssachen | 2587 |
| 11) Der deutsch-spanische Vertrag über die Anerkennung und Vollstreckung von gerichtlichen Entscheidungen und Vergleichen sowie vollstreckbaren öffentlichen Urkunden in Zivil- und Handelssachen | 2587 |
| C. Übereinkommen der Europäischen Gemeinschaft vom 27. 9. 1968 über die gerichtliche Zuständigkeit und die Vollstreckung gerichtlicher Entscheidungen in Zivil- und Handelssachen | 2589 |
| 1) Übereinkommen | 2592 |
| 2) Protokoll zum Übereinkommen | 2617 |
| 3) Protokoll vom 3. 6. 1971 betr der Auslegung | 2619 |
| D. Lugano-Übereinkommen über die gerichtliche Zuständigkeit und die Vollstreckung gerichtlicher Entscheidungen in Zivil- und Handelssachen vom 16. 9. 1988 | 2620 |
| 1) Übereinkommen | 2621 |
| 2) Protokoll Nr. 1 | 2622 |
| 3) Protokoll Nr. 2 | 2624 |
| 4) Protokoll Nr. 3 | 2625 |
| E. Gesetz zur Ausführung zwischenstaatlicher Anerkennungs- und Vollstreckungsverträge in Zivil- und Handelssachen | 2625 |
| VI. Internationale Schiedsgerichtsbarkeit | 2637 |
| A. Kollektivverträge | 2637 |
| 1) UN-Übereinkommen über die Anerkennung und Vollstreckung ausländischer Schiedssprüche | 2637 |
| 2) Europäisches Übereinkommen über die internationale Handelsschiedsgerichtsbarkeit | 2641 |
| B. Bilaterale Verträge über das Schiedsgerichtswesen | 2647 |
| 1) Deutsch-amerikanisches Freundschafts-, Handels- und Schiffahrtsabkommen | 2647 |
| 2) Deutsch-sowjetisches Handels- und Schiffahrtsabkommen | 2648 |
| VII. Ausländische Anwälte | 2648 |
| **Sachverzeichnis** | 2651 |

**Rechtspolitischer Ausblick**

*Bearbeiter: Dr. Dr. Hartmann (I), Dr. Albers (II)*

| | |
|---|---|
| I. Europäisches Übereinkommen über die Übermittlung von Anträgen auf Bewilligung von Prozeßkostenhilfe | 2767 |
| II. Gesetz zur Reform der Präsidialverfassung der Gerichte | 2768 |

# Benutzungshinweise

**Gesetzestexte** zeigen, wie im „Schönfelder", sowohl die Absatz- als auch die Satzzahlen in hochgestellten römischen bzw arabischen Ziffern zwecks Erleichterung und Präzisierung des Zugriffs. Das gilt auch für die abgedruckten Nebengesetze.

**Nebengesetze** lassen sich aus dem Gesetzesnachweis S. XVII erschließen. Sie sind gegenüber den Hauptgesetzen eingerückt und durch kursiv gedruckte Überschriften (zunächst Gesetz, dann Paragraph usw) von den Hauptgesetzen optisch abgehoben.

**Vorbemerkungen** direkt hinter der jeweiligen Vorschrift zeigen in den ersten Jahren nach Inkrafttreten einer Vorschrift die Fundstelle im BGBl sowie Hinweise auf das Übergangsrecht. Sie enthalten auch Hinweise zu Besonderheiten in den neuen Bundesländern.

**Schrifttum**, das nicht in Aufsatzform veröffentlicht ist (Aufsätze sind ohnehin in die laufende Kommentierung eingearbeitet), ist möglichst überall dort, wo es einschlägig und noch aktuell ist, zumindest in den Schrifttumsübersichten hinter der jeweiligen Vorschrift vermerkt. Hinweise auf zugehörige Besprechungen erleichtern die Erstinformation dazu, ob ein erst seit einiger Zeit erhältliches Werk verwendbar ist und erworben werden sollte. Übergreifende Werke sind, nach Gruppen geordnet, außerdem in der Einl II B (S. 2 ff) zusammengestellt.

**Einführungen, Grundzüge, Übersichten** dienen der dogmatischen Zusammenfassung des folgenden Abschnitts wie der Darstellung übergreifender Begriffe oder Konstruktionen. In der **Einleitung III** findet man Hauptprinzipien des Zivilprozeßrechts. In den **einleitenden Anmerkungen** (meist Rn 1–3) sind Systematik und Regelungszweck sowie Geltungsbereich der einzelnen Vorschriften dargestellt. Zahlreiche Querverweise verdeutlichen die Zusammenhänge.

**Gliederungen** sind allen wichtigen bzw umfangreicheren Kommentierungen vorangestellt. Sie zeigen alle Gliederungsebenen (durchweg nur noch zwei Ebenen). Jede solche Ebene trägt ein oder mehrere Schlagwörter als Überschrift und möglichst auch schon als Zusammenfassung des Inhalts. Die römischen bzw arabischen Zahlen und evtl Buchstaben am Ende einer Überschrift verweisen auf den Absatz bzw Satz oder Halbsatz und evtl auf die weitere Untergliederung der hier kommentierten Gesetzesstellen.

**Anmerkungen** sind grundsätzlich wie folgt geordnet (vgl zB §§ 129 ff): Systematik – Regelungszweck – Sachlicher Geltungsbereich – Persönlicher Geltungsbereich – Einzelkommentierung zu Begriffen, die in allen Teilen der Vorschrift vorkommen – Übrige Einzelkommentierungen, geordnet möglichst nach der äußeren Reihenfolge, dabei bedeuten, wie in den Gliederungsübersichten, zB I = Absatz 1, 1 = Satz 1, Hs 1 = Halbsatz 1 usw – Verstoßfolgen – Rechtsbehelfe – VwGO-Besonderheiten (kursive Schlußanmerkungen).

**ABC-Stichwortreihen** fächern die oft umfangreichen Stoffmengen auf. Zahlreiche Querverweise erleichtern den Einstieg. Haupt-ABCs zeigen das jeweilige Stichwort am Zeilenanfang (und die Kommentierung eingerückt), Unter-ABCs sind, wo nötig, eingefügt und durch Gesamteinrückung nebst einem sog. „Spiegelstrich" vor dem in Klammern gesetzten Unterstichwort, ähnlich wie im Sachregister, optisch hervorgehoben und vom Haupt-ABC unterschiedlich angeordnet.

**Zitate** zeigen, mindestens aus den letzten etwa 30 Jahren, zunächst die Rechtsprechung, dann das Schrifttum. Innerhalb der Rechtsprechung herrscht der Grundsatz der Hierarchie, auf derselben Stufe derjenige des Alphabets, jeweils zunächst in der ordentlichen Gerichtsbarkeit, dann bei den übrigen Gerichtsbarkeiten. Die Zitate erfolgen bei größeren hochaktuellen Streitfragen und evtl auch in übrigen auch regional möglichst vollständig, um es dem Leser zu ermöglichen, auch „sein" Obergericht zu finden. Ältere Fundstellen werden wenn möglich stets durch neuere mit oder ohne den Zusatz „mwN" ersetzt und stehen innerhalb einer jeden Stufe usw räumlich vor den später veröffentlichten (Ausnahme: BVerfGE und BGHZ haben stets Vorrang). Es wird diejenige Stelle zitiert, auf der das Einschlägige tatsächlich steht, notfalls mit Zusatz „rechte Spalte" usw.

Dabei werden *grundsätzlich* die (höchstens) *drei* nach Rang bzw Aktualität oder Aussagekraft bestgeeigneten Belege für jede Ansicht erwähnt, um den Charakter eines Kurzkommentars zu bewahren.

**Größere hochaktuelle Streitfragen** werden mit durch Absätze eingerückten und daher leichter auffindbaren oder auslaßbaren Fundstellen belegt. Bei ihnen ist auch der Stand der Lehre möglichst vollständig zitiert.

**Randnummern** (aus Platzgründen abgekürzt Rn) erleichtern das Auffinden, auch bei Querverweisungen und in den Gliederungsübersichten.

**Ortsnamen** bedeuten meist den Sitz des OLG. Bei anderen Gerichten steht LG, AG usw vor dem Ortsnamen.

**Inhalts-, Abkürzungs- und Sachverzeichnis** (letzteres bewußt ausführlich) sollen ebenfalls den Zugriff erleichtern.

# Gesetzesnachweis

**Allgemeine Geschäftsbedingungen:** § 14 Gesetz zur Regelung des Rechts der Allgemeinen Geschäftsbedingungen im Anhang III nach § 78 b GVG
**Anerkennungs- und Vollstreckungsausführungsgesetz:** abgedruckt und zum Teil erläutert im Schlußanhang V E
**Arbeitnehmererfindung:** § 39 Gesetz über Arbeitnehmererfindungen im Anhang II nach § 78 b GVG
**Arbeitsgerichtsgesetz:** §§ **2–3, 5** bei § 14 GVG; § **6 a** in Übersicht 1 vor § 21 a GVG; § **46 a** in den Grundzügen 3 vor § 688; § **48 I** bei § 281
**Ausländischer Anwalt:** Gesetz zur Durchführung der Richtlinie des Rates der Europäischen Gemeinschaften vom 22. 3. 77 zur Erleichterung der tatsächlichen Ausübung des freien Dienstleistungsverkehrs der Rechtsanwälte (Auszug) im Schlußanhang VII
**Auslandsunterhaltsgesetz:** §§ **1–8 I** im Anhang III nach § 168 GVG; § **8 II** in Übersicht 8 vor § 78; § **9** bei § 122; § **10** bei § 722; §§ **11, 12** im Anhang III nach § 168 GVG
**Außenwirtschaftsgesetz:** § 32 im Schlußanhang IV A
**Bayerisches Ausführungsgesetz zum Gerichtsverfassungsgesetz: Artt 10, 11** im Schlußanhang I B
**Beratungshilfegesetz:** §§ **1–9** im Anhang nach § 127
**Bundesbeamtengesetz:** §§ **61, 62** bei § 376
**Bundesdatenschutzgesetz:** § 38 bei § 915 e
**Bundesnotarordnung,** 3. Änderungsgstz: **Art 6** bei § 25 EGZPO
**Bundesrechtsanwaltsgebührenordnung:** § 122 bei § 121
**Bundesrechtsanwaltsordnung:** §§ **1–3, 30, 36 II, 43, 43 a, 44–49 b I, II, 50, 51 b–55, 59, 206 u 207** im Anhang nach § 155 GVG
**Bundessozialhilfegesetz:** §§ **76 II, II a, III, 79 I Z 1, 82, 88** bei § 115; **Verordnung zu § 88 II Ziffer 8, IV** bei § 115
**Bürgerliches Gesetzbuch:** § **127 a** im Anhang nach § 307 Rn 21, § **156** bei § 817; §§ **187 bis 189** bei § 222; §§ **234, 235** bei § 108; § **399** bei § 851; § **407 II** bei § 325 Rn 21 „Abtretung"; § **810** bei § 422; § **1239** bei § 816; §§ **1313, 1314, 1316, 1317** im Anhang nach § 631; § **1362** bei § 739; § **1612 a–c** im Anhang I nach § 645
**Deutsch-amerikanisches Freundschafts-, Handels- und Schiffahrtsabkommen: Art VI 2** im Schlußanhang VI B 1
**Deutsch-belgisches Abkommen** über die gegenseitige Anerkennung und Vollstreckung von gerichtlichen Entscheidungen, Schiedssprüchen und öffentlichen Urkunden in Zivil- und Handelssachen: **Artt 4, 13–15** im Schlußanhang V B 4
**Deutsch-britisches Abkommen** über die gegenseitige Anerkennung und Vollstreckung von gerichtlichen Entscheidungen in Zivil- und Handelssachen: **Artt 1–9 (auszugsweise) und Unterzeichnungsprotokoll** im Schlußanhang V B 5
**Deutsch-griechischer Vertrag** über die gegenseitige Anerkennung und Vollstreckung von gerichtlichen Entscheidungen, Vergleichen und öffentlichen Urkunden in Zivil- und Handelssachen: **Artt 2, 4 II** im Schlußanhang V B 6
**Deutsch-israelischer Vertrag** über die gegenseitige Anerkennung und Vollstreckung gerichtlicher Entscheidungen in Zivil- und Handelssachen: **Artt 1, 2, 4, 22** im Schlußanhang V B 9
**Deutsch-italienisches Abkommen** über die Anerkennung und Vollstreckung gerichtlicher Entscheidungen in Zivil- und Handelssachen: **Artt 3, 4, 11, 13** im Schlußanhang V B 2
**Deutsch-niederländischer Vertrag** über die gegenseitige Anerkennung und Vollstreckung gerichtlicher Entscheidungen und anderer Schuldtitel in Zivil- und Handelssachen: **Art 7** im Schlußanhang V B 7
**Deutsch-norwegischer Vertrag** über die gegenseitige Anerkennung und Vollstreckung gerichtlicher Entscheidungen und anderer Schuldtitel in Zivil- und Handelssachen: Übersicht im Schlußanhang V B 10
**Deutsch-österreichischer Vertrag** über die gegenseitige Anerkennung und Vollstreckung von gerichtlichen Entscheidungen, Vergleichen und öffentlichen Urkunden in Zivil- und Handelssachen: **Artt 1–20,** dazu **Ausführungsgesetz §§ 1–9** im Schlußanhang V B 3
**Deutsch-schweizerisches Abkommen** über die gegenseitige Anerkennung und Vollstreckung von gerichtlichen Entscheidungen und Schiedssprüchen: **Artt 1–9,** dazu **Ausführungsverordnung Artt 1–4** im Schlußanhang V B 1
**Deutsch-sowjetisches Handels- und Schiffahrtsabkommen: Art 8** im Schlußanhang VI B 2
**Deutsch-spanischer Vertrag** über die Anerkennung und Vollstreckung von gerichtlichen Entscheidungen und Vergleichen sowie vollstreckbaren öffentlichen Urkunden in Zivil- und Handelssachen: **Artt 1–3, 6, 8** im Schlußanhang V B 11
**Deutsch-tunesischer Vertrag** über Rechtsschutz und Rechtshilfe, die Anerkennung und Vollstreckung gerichtlicher Entscheidungen in Zivil- und Handelssachen sowie über die Handelsschiedsgerichtsbarkeit: **Artt 32, 47–53** im Schlußanhang V B 8
**Deutsches Richtergesetz:** abgedruckt und zum Teil erläutert im Schlußanhang I A
**Einführungsgesetz zum Bürgerlichen Gesetzbuch: Art 226** in Einf § 606 Rn 13
**Einführungsgesetz zum Gerichtsverfassungsgesetz:** Kommentar (für Zivilsachen vollständig)
**Einführungsgesetz zur Insolvenzordnung: Artt 103, 104** bei § 19 a; zugehöriges **EGInsOÄndG: Art 8 Z 2** bei § 900
**Einführungsgesetz zum Strafgesetzbuch: Artt 6–9** in der Vorbemerkung B bei § 380
**Einführungsgesetz zur Zivilprozeßordnung:** Kommentar (vollständig)

# Gesetzesnachweis

**Einheitlichkeit der Rechtsprechung der Obersten Gerichtshöfe des Bundes:** Gesetz vom 19. 6. 68 §§ 1–17 im Anhang nach § 140 GVG; § 18 im Anhang nach § 546

**Einigungsvertrag, Einigungsvertragsgesetz:** Die einschlägigen Teile sind, soweit noch sinnvoll, im Gesamtwerk an den am ehesten passenden Stellen eingearbeitet, teils in den Vorbemerkungen hinter dem jeweiligen Gesetzestext der ZPO bzw des GVG usw, teils in den Anmerkungen, Grundzügen, Einführungen, Anhängen usw.

**Europäische Gemeinschaft:** Vertrag über die (EGV) **Art 177** im Anhang nach § 1 GVG; **Übereinkommen** über die gerichtliche Zuständigkeit und die Vollstreckung gerichtlicher Entscheidungen in Zivil- und Handelssachen: Text (auszugsweise) mit Anmerkungen im Schlußanhang V C 1, **Zusatzprotokoll** im Schlußanhang V C 2, **Auslegungsprotokoll** im Schlußanhang V C 3, **Beitrittsübereinkommen** vom 9. 10. 78 **Art 34,** vom 25. 10. 82 **Art 12,** vom 26. 5. 89 **Art 29,** vom 29. 11. 96 **Art 33** jeweils im Schlußanhang V C 1

**Europäisches Sorgerechtsübereinkommen:** Artt 1–20 im Schlußanhang V A 3; dazu **Ausführungsgesetz:** §§ 5–8, 12, 13 im Schlußanhang V A 3

**Europäisches Übereinkommen betreffend Auskünfte über ausländisches Recht:** Artt 1–17, 19 in § 293 Rn 14; **Ausführungsgesetz** in § 293 Rn 14

**Europäisches Übereinkommen über die internationale Handelsschiedsgerichtsbarkeit:** Text mit Anmerkungen im Schlußanhang VI A 2

**Europäisches Übereinkommen über die Übermittlung von Anträgen auf Bewilligung der Prozeßkostenhilfe:** Artt 1–6, 8, 13, 14 im Rechtspolitischen Ausblick hinter dem Sachregister

**Familienrechtsänderungsgesetz:** Art 7 § 1 in § 328 Rn 51

**Fernmeldeanlagen, Gesetz über:** § 9 II–IV bei § 775

**Flüchtling:** Übersicht über die Genfer Flüchtlingskonvention im Anhang I C nach § 606 a; Übersicht über das Gesetz vom 22. 7. 80 im Anhang I E nach § 606 a

**Gerichtskostengesetz:** § 19 III, IV im Anhang nach § 3 Rn 16 „Aufrechnung"; § 34 im Anhang nach § 95; § 65 im Anhang nach § 271

**Gerichtsverfassungsgesetz:** Kommentar (für Zivilsachen vollständig)

**Gerichtsverfassungsverordnung:** § 1 bei § 12 GVG; § 3 bei § 22 GVG; § 7 in der Übersicht vor § 59 GVG; § 8 in der Übersicht vor § 115 GVG; §§ 13 bis 18 im Anhang nach § 21 GVG

**Gesetz zur Neuordnung des Berufsrechts der Rechtsanwälte und der Patentanwälte:** Art 3 Z 1–5 bereits im ZPO-Neutext eingearbeitet; Z 6 bei § 510 ZPO; Z 7 bei § 573 ZPO; Art 22 II bei § 78

**Gesetz über die Angelegenheiten der freiwilligen Gerichtsbarkeit:** § 20 in § 621 e Rn 2; § 64 I bei § 23 b GVG, II bei § 621, III 1 bei § 621 a, III 2 bei § 621 e

**Gesetz über den Widerruf von Haustürgeschäften und ähnlichen Geschäften:** § 7 im Anhang II nach § 29

**Gesetz zur Entlastung der Rechtspflege:** Art 14 I bei § 511 a; Art 14 II Vorbem § 23 GVG

**Gesetz zur Prüfung von Rechtsanwaltszulassungen, Notarbestellungen und Berufungen ehrenamtlicher Richter:** §§ 9–11 im Schlußanhang I A, dort im Anhang nach § 44 DRiG

**Gesetz über die Zuständigkeit der Gerichte bei Änderung der Gerichtseinteilung:** Art 1 § 8 bei § 78

**Grundgesetz:** Art 35 I in der Übersicht vor § 156 GVG; Art 47 bei § 383; Art 92 bei § 12 GVG; Art 97 I in der Vorbemerkung bei § 1 GVG; Art 97 I, II in der Vorbemerkung 1 bei § 25 GVG; Art 100 in § 1 GVG Rn 6; Artt 101 in § 16 GVG; Artt 124, 125 in § 549 Rn 9

**Haager Beweisaufnahmeübereinkommen:** Artt 1–42, dazu Ausführungsgesetz und Bekanntmachung im Anhang nach § 363

**Haager Kindesentführungsübereinkommen,** dazu **Ausführungsgesetz:** §§ 5–8, 12, 13 im Schlußanhang V A 3

**Haager Unterhaltsvollstreckungsübereinkommen 1973:** Artt 1–29, Text mit Erläuterungen im Schlußanhang V A 2

**Haager Zivilprozeßübereinkommen:** Artt 1–7 im Anhang nach § 202 Rn 2; Artt 8–16 im Anhang I nach § 168 GVG; **Art 17 I** im Anhang nach § 110 Rn 2; **Artt 18, 19 I** im Schlußanhang V A 1; **Art 26** im Anhang nach § 918; **Ausführungsgesetz:** §§ 1–3 im Anhang nach § 202 Rn 2; §§ 4–8 im Schlußanhang V A 1

**Haager Zustellungsübereinkommen:** Artt 1–20, 23, 24, dazu **Ausführungsgesetz** und Bekanntmachung im Anhang nach § 202

**Handelsgesetzbuch:** §§ 1–3, 5, 6 in § 38 Rn 17; §§ 124 II, 129 IV im Anhang nach § 736

**Hausratsverordnung:** §§ 11, 18 im Anhang I nach § 281; § 14 in § 621 e Rn 10

**Heimarbeitsgesetz:** § 27 bei § 850 i

**Heimatloser Ausländer:** Übersicht über das Gesetz vom 25. 4. 51 im Anhang I B nach § 606 a

**Insolvenzordnung:** §§ 6, 7 im Anhang nach § 567; §§ 50, 51 in § 804 Rn 9; § 138 in § 807 Rn 36

**Juristenausbildung:** Gesetz vom 20. 12. 92 Art 3 in der Vorbemerkung zu §§ 5–5 d DRiG

**Kindesunterhaltsgesetz:** Art 5 §§ 1–3 in Einf § 606 Rn 12

**Kindesunterhalts-Vordruckverordnung:** Art 1 im Anhang nach § 659

**Kindschaftsrechtsreformgesetz:** Art 15 §§ 1, 2 in Einf § 606 Rn 11

**Kostenänderungsgesetz:** Art IX in § 91 Rn 182 „Rechtsbeistand"

**Kostenrechtsänderungsgesetz 1994:** Art 11 II bei § 703 c

**Kraftloserklärung:** Gesetz über die Kraftloserklärung von Hypothekenbriefen usw §§ 1–14 im Anhang nach § 1024

**Landwirtschaftssache:** Gesetz über das gerichtliche Verfahren in Landwirtschaftssachen: § 12 im Anhang III nach § 281

**Lugano-Übereinkommen:** Artt 54 b–60, 65 im Schlußanhang V D 1; **Protokoll Nr 2** über die einheitliche **Auslegung** im Schlußanhang V D 3; **Protokoll Nr 1** über bestimmte **Zuständigkeits-,**

# Gesetzesnachweis

**Verfahrens- und Vollstreckungsfragen Artt 1 a, 1 b, IV–V d** im Schlußanhang V D 2; **Protokoll Nr 3** über die Anwendung von **Art 57** im Schlußanhang V D 4
**NATO-Truppenstatut: Art I 1** im Schlußanhang III; **Gesetz Art 4 c, 5** im Schlußanhang III; **Zusatzabkommen: Artt 31–39** im Schlußanhang III
**Patentgesetz:** § 143 im Anhang I nach § 78 b GVG
**Prozeßkostenhilfegesetz:** (Durchführungsbestimmungen) **Ziff 2.1** bei § 117 Rn 28
**Prozeßkostenhilfevordruckverordnung:** §§ 1–3 in § 117 Rn 30
**Rechtsanwaltsdienstleistungsgesetz:** §§ 1–5 im Schlußanhang VII
**Rechtspflege-Anpassungsgesetz:** § 3 in § 28 DRiG Vorbem; **in** §§ 5 I, 6 in DRiG Einl 5; § 6 a in DRiG Einl 5; § 7 in der Übersicht 2 vor § 22 GVG; § 8 in § 10 GVG Rn 2; § 10 in der Übersicht 3 vor § 21 a GVG
**Rechtspflege-Entlastungsgesetz:** S „Gesetz zur Entlastung der Rechtspflege"
**Rechtspflegergesetz:** §§ 1–14, 20, 21, 24, 24 a, 26–29, 32 im Anhang nach § 153 GVG Rn 8; 3. **ÄndG Art 1 Z 39** in § 104 Rn 41
**Regelbetrags-Verordnung:** §§ 1, 2 im Anhang II nach § 645
**Sachenrechtsbereinigungsgesetz:** §§ 104, 105 bei § 253; § 106 I bei § 308; § 106 II–IV bei § 894; § 107 bei § 91; § 108 I, II bei § 256; § 108 III bei § 72
**Schiedsverfahrens-Neuregelungsgesetz: Art 4** § 1 in Einführung vor § 1025; § 2 bei § 36
**Schiffahrtsrechtliche Verteilungsordnung:** §§ 2, 3 bei § 872
**Schuldnerverzeichnis,** Verordnung über das: §§ 1–20 in § 915 h Rn 1
**Seegerichtsvollstreckungsgesetz:** §§ 1–4 im Schlußanhang V A 4
**Soldat:** Erlaß über Zustellungen, Ladungen, Vorführungen und Zwangsvollstreckungen in der Bundeswehr: im Schlußanhang II
**Sorgerechtsübereinkommen: AusfG** §§ 5–8 im SchlAnh V A 3
**Sozialgerichtsgesetz:** § 182 a in Grdz 3 vor § 688
**Sozialgesetzbuch (I):** § 48 I 2, 3, § 54 III–V in den Grundzügen 80 vor § 704 „Kindergeld"
**Strafgesetzbuch:** § 203 im Anhang nach § 172 GVG Rn 1
**Übergangsrecht:** S Einführungsgesetz zur Insolvenzordnung, Einigungsvertrag, Gesetz zur Entlastung der Rechtspflege, 3. Gesetz zur Änderung des RPflG usw, Kindesunterhaltsgesetz, Kindschaftsrechtsreformgesetz, Rechtspflege-Vereinfachungsgesetz, Umwelthaftungsgesetz, Kostenrechtsnovelle 1987, Schiedsverfahrens-Neuregelungsgesetz, Sozialgesetzbuch
**UN-Übereinkommen** über die Anerkennung und Vollstreckung ausländischer Schiedssprüche: **Artt 1–7** im Schlußanhang VI A 1
**UN-Übereinkommen** über die Geltendmachung von Unterhaltsansprüchen im Ausland: **Artt 1–10**, dazu **Ausführungsgesetz Artt 1–3** im Anhang II nach § 168 GVG
**Verwaltungsgerichtsordnung:** § 40 bei § 13 GVG
**Vordruck:** Verordnung zur Einführung und Änderung von Vordrucken für gerichtliche Verfahren **Art 1** §§ 1–4 im Anhang nach § 659. S auch Prozeßkostenhilfevordruckverordnung
**Wahlordnung für die Präsidien der Gerichte:** im Anhang nach § 21 b GVG
**Wohnungseigentumsgesetz:** § 46 im Anhang II nach § 281; § 46 a in den Grundzügen 3 vor § 688
**Zivilprozeßordnung:** Kommentar (vollständig)
**Zusatzabkommen:** s NATO-Truppenstatut
**Zuständigkeitsbestimmung:** Gesetz vom 22. 5. 10: **Art V** in § 9 EGZPO Rn 1
**2. Zwangsvollstreckungsnovelle: Art 3 I** bei § 708, **II** bei § 765 a, **III** bei § 788, **IV** bei § 794, **V** bei § 807, **VI** bei § 833, **VII** bei § 866, **VIII** bei § 885

# Abkürzungsverzeichnis

| | |
|---|---|
| aaO | am angeführten Ort |
| abgedr | abgedruckt |
| Abk | Abkommen |
| ABl | Amtsblatt |
| Abl, abl | Ablehnung, ablehnend |
| Abs | Absatz |
| Abschr | Abschrift |
| abw | teilweise abweichend |
| AcP | Archiv für die civilistische Praxis (Band und Seite) |
| ADSp | Allgemeine Deutsche Spediteurbedingungen |
| aE | am Ende |
| aF | alte Fassung |
| AFG | Arbeitsförderungsgesetz |
| AfP | Archiv für Presserecht (Jahr und Seite) |
| AG | Amtsgericht |
| AGB | Allgemeine Geschäftsbedingungen |
| AGBG | Gesetz zur Regelung des Rechts der Allgemeinen Geschäftsbedingungen |
| aGrd | auf Grund |
| AHKABl | Amtsblatt der Alliierten Hohen Kommission (Jahr und Seite) |
| AK | Kommentar zur ZPO (Reihe Alternativ-Kommentare), Gesamtherausgeber Wassermann, 1987 (Bearbeiter, Randnummer) |
| AKB | Allgemeine Bedingungen für die Kraftfahrtversicherung |
| AktG | Aktiengesetz |
| allgM | allgemeine Meinung |
| Alt | Alternative |
| aM | anderer Meinung |
| AmtlBegr | Amtliche Begründung |
| AmtlMitt | Amtliche Mitteilungen |
| ÄndG | Änderungsgesetz |
| Anerk(-Urt) | Anerkenntnis(-urteil), Anerkennung |
| AnfG | Anfechtungsgesetz |
| Anh | Anhang |
| Anl | Anlage |
| Anm | Anmerkung |
| AnO | Anordnung |
| AnschBew | Anscheinsbeweis |
| Anspr | Anspruch |
| Antr(-St,-Gg) | Antrag(-steller, -sgegner) |
| AnwBl | Anwaltsblatt (Jahr und Seite) |
| anwendb | anwendbar |
| Anw(-Zw) | Anwalt(-szwang) |
| AO | Abgabenordnung 1977 |
| AöR | Archiv des öffentlichen Rechts (Band und Seite) |
| AP | Arbeitsrechtliche Praxis, Nachschlagewerk des BAG (Gesetz, § und Nr der Entscheidung) |
| ArbEG | Gesetz über Arbeitnehmererfindungen |
| ArbG | Arbeitsgericht |
| ArbGeb | Arbeitgeber |
| ArbGG | Arbeitsgerichtsgesetz |
| ArbGVerf | Arbeitsgerichtsverfahren |
| ArbN | Arbeitnehmer |
| arg | argumentum aus |
| ARi | Amtsrichter |
| Art(t) | Artikel (mehrere Artikel) |
| AS | Amtliche Sammlung, vor allem der OVG u VGH (Band und Seite) |
| AsylVfG | Asylverfahrensgesetz |
| Aufl | Auflage |
| Auftr(G) | Auftrag(geber) |
| AUG | Auslandsunterhaltsgesetz |
| AuR | Arbeit und Recht (Jahr und Seite) |
| Ausdr, ausdr | Ausdruck, ausdrücklich |
| ausf | ausführlich |
| Ausf(-G) | Ausfertigung, Ausführung(-sgesetz) |
| AusfVO | Ausführungsverordnung |
| Ausld, Auslder | Ausland, Ausländer |
| ausld | ausländisch |
| AuslG | Ausländergesetz |
| AV | Allgemeine Verfügung |
| AVAG | Anerkennungs- und Vollstreckungsausführungsgesetz |
| AVB | Allgemeine Versicherungsbedingungen |
| AVO | Ausführungsverordnung |
| AWD | Außenwirtschaftsdienst des Betriebsberaters (Jahr und Seite); s auch RIW |
| AWG | Außenwirtschaftsgesetz |
| AWV | Außenwirtschaftsverordnung |
| B | Bundes- |
| -b | bar |
| BABl | Bundesarbeitsblatt |
| Bad | Baden |
| Bäumel | Familienrechtsreformkommentar, 1998, bearbeitet von Bäumel u. a. |
| BAföG | Bundesausbildungsförderungsgesetz |
| BAG | Bundesarbeitsgericht |
| BAnz | Bundesanzeiger |
| BAPostG | Bundesanstalt Post-Gesetz |
| BauGB | Baugesetzbuch |
| Baur | Studien zum einstweiligen Rechtsschutz, 1967 |
| Baur/Grunsky | Zivilprozeßrecht, 9. Aufl 1997 |
| Baur/Stürner | Zwangsvollstreckungs-, Konkurs- und Vergleichsrecht, Lehrbuch, Band I (Einzelvollstreckungsrecht), 12. Aufl 1995 |
| BaWü | Baden-Württemberg |
| BaWüVPraxis | Baden-Württembergische Verwaltungspraxis (Jahr und Seite) |
| Bay | Bayern |
| BayBS | Bereinigte Sammlung des bayerischen Landesrechts (Band und Seite) |
| BayJMBl | Bayerisches Justizministerialblatt |
| BayObLG | Bayerisches Oberstes Landesgericht (auch Sammlung seiner Entscheidungen in Zivilsachen, Jahr und Seite) |
| BayVBl | Bayerische Verwaltungsblätter (Jahr und Seite) |
| BayVerfGH | Bayerischer Verfassungsgerichtshof |

# Abkürzungsverzeichnis

| | |
|---|---|
| BayVGH | Bayerischer Verwaltungsgerichtshof |
| BB | Betriebs-Berater (Jahr und Seite) |
| BBauBl | Bundesbaublatt (Jahr und Seite) |
| BBesG | Bundesbesoldungsgesetz |
| BBG | Bundesbeamtengesetz |
| BBGS | Bülow/Böckstiegel/Geimer/Schütze, Der Internationale Rechtsverkehr in Zivil- und Handelssachen, 3. Aufl seit 1990 (Loseblattausgabe; Ordnungsnummer/bzw Bearbeiter) |
| Bbg | Bamberg |
| Bd | Band |
| BDSG | Bundesdatenschutzgesetz |
| BeamtVG | Beamtenversorgungsgesetz |
| beauftr Ri | beauftragter Richter |
| BEG | Bundesgesetz zur Entschädigung für Opfer der nationalsozialistischen Verfolgung |
| begl | beglaubigt |
| Begr, begr | Begründung, begründet |
| BeiO | Beiordnung |
| Bek | Bekanntmachung |
| Bekl, bekl | Beklagter, beklagt |
| Bender/Nack | Tatsachenfeststellung vor Gericht, 2. Aufl 1995, Bd I: Glaubwürdigkeits- und Beweislehre, Bd II: Verrechnungslehre (Randnummer) |
| Bergerfurth | Der Ehescheidungsprozeß und die anderen Eheverfahren, 11. Aufl 1998 |
| Bergerfurth AnwZwang | Der Anwaltszwang und seine Ausnahmen, 2. Aufl 1988 |
| BerufsO, BO | Berufsordnung und Fachanwaltsordnung für Rechtsanwälte |
| bes | besonders, besondere(-r, -s) |
| Beschl | Beschluß |
| Beschw(-W) | Beschwerde(-wert) |
| Bespr | Besprechung von |
| betr | betreffend |
| BetrVG | Betriebsverfassungsgesetz |
| BeurkG | Beurkundungsgesetz |
| Bew, bew | Beweis, beweisen |
| BewL | Beweislast |
| BewPfl, bewpfl | Beweispflicht, -pflichtig |
| BezG | Bezirksgericht |
| Bfg | Berufung |
| BfgGer | Berufungsgericht |
| BFH | Bundesfinanzhof (auch Entscheidungen des BFH, Band und Seite) |
| BFHEntlG | Gesetz zur Entlastung des Bundesfinanzhofs |
| BGB | Bürgerliches Gesetzbuch |
| BGBl | Bundesgesetzblatt (Teil, Jahr und Seite; soweit nicht hervorgehoben: Teil I) |
| BGesundhBl | Bundesgesundheitsblatt (Band und Seite) |
| BGH | Bundesgerichtshof (auch Entscheidungen des BGH in Zivilsachen, Band und Seite) |
| BGH GrZs | Bundesgerichtshof, Großer Senat in Zivilsachen |
| BGHSt | Bundesgerichtshof, Entscheidungen in Strafsachen (Band und Seite) |
| BGH VGrS | Bundesgerichtshof, Vereinigte Große Senate |
| BinnSchVerfG | Gesetz über das gerichtliche Verfahren in Binnenschiffahrtssachen |
| Birkl | Prozeßkosten- und Beratungshilfe, Kommentar, 2. Aufl 1981 (zitiert nach den §§ der bearbeiteten Gesetze und ihren Anmerkungen) |
| BJM | Bundesjustizminister |
| BKGG | Bundeskindergeldgesetz |
| BLG | Bundesleistungsgesetz |
| Bl | Blatt |
| Bln | Berlin |
| Blomeyer | A. Blomeyer, Zivilprozeßrecht (Erkenntnisverfahren, 2. Aufl 1986; Vollstreckungsverfahren 1975 mit Nachtrag 1979) |
| BMinG | Bundesministergesetz |
| BNotO | Bundesnotarordnung |
| BO | Berufsordnung für Rechtsanwälte |
| BPersVG | Bundespersonalvertretungsgesetz |
| BR | Bundesrat |
| Bra | Brandenburg |
| BRAGO | Bundesrechtsanwaltsgebührenordnung |
| BRAK-Mitt | Mitteilungen der Bundesrechtsanwaltskammer (Jahr und Sete) |
| BRAO | Bundesrechtsanwaltsordnung |
| Bre | Bremen |
| BRep | Bundesrepublik Deutschland |
| Brox/Walker | Zwangsvollstreckungsrecht, 6. Aufl 1999 |
| BRRG | Beamtenrechtsrahmengesetz |
| Brschw | Braunschweig |
| Bruns ZPR | Zivilprozeßrecht, 3. Aufl 1987 |
| Bruns/Peters | Zwangsvollstreckungsrecht, 3. Aufl 1987 |
| BSG | Bundessozialgericht |
| BSHG | Bundessozialhilfegesetz |
| Bsp | Beispiel |
| BStBl | Bundessteuerblatt (Jahr, Teil und Seite) |
| BT | Bundestag |
| BtÄndG | Betreuungsrechtsänderungsgesetz |
| BtG | Betreuungsgesetz |
| Buchholz | Sammel- und Nachschlagewerk der Rechtsprechung des BVerwG (Ordnungsnummer) |
| Büdenbender | Der vorläufige Rechtsschutz usw im Nichtehelichenrecht, 1974 |
| Bülow/Böckstiegel/Geimer/Schütze | s BBGS |
| BVerfG | Bundesverfassungsgericht (auch Entscheidungen des BVerfG, Band und Seite) |
| BVerfGG | Gesetz über das Bundesverfassungsgericht |
| BVerwG | Bundesverwaltungsgericht (auch Entscheidungen des BVerwG, Band und Seite) |
| BVFG | Gesetz über die Angelegenheiten der Vertriebenen und Flüchtlinge (BundesvertriebenenG) |
| BVG | Bundesversorgungsgesetz |

# Abkürzungsverzeichnis

| | |
|---|---|
| BZRG | Bundeszentralregistergesetz |
| bzw | beziehungsweise |
| CIM | Internationales Übereinkommen über den Eisenbahnfrachtverkehr |
| CIV | Internationales Übereinkommen über den Eisenbahn-Personen- und Gepäckverkehr |
| CMR | Internationales Übereinkommen über den Beförderungsvertrag im internationalen Straßenverkehr |
| CR | Computer und Recht (Jahr und Seite) |
| Darmst | Darmstadt |
| DAVorm | Der Amtsvormund (Jahr und Spalte) |
| DB | Der Betrieb (Jahr und Seite) |
| DB-PKHG | Durchführungsbestimmungen zum Gesetz über die Prozeßkostenhilfe |
| dch | durch |
| DDR | Deutsche Demokratische Republik |
| ders | derselbe |
| DG, DGH | Dienstgericht, Dienstgerichtshof |
| DGVZ | Deutsche Gerichtsvollzieherzeitung (Jahr und Seite) |
| dh | das heißt |
| diff | differenzierend |
| Diss | Dissertation |
| DJT | Verhandlungen des Deutschen Juristentages (Band, Teil und Seite) |
| DNotZ | Deutsche Notar-Zeitschrift (Jahr und Seite) |
| DÖD | Der öffentliche Dienst (Jahr und Seite) |
| Dortm | Dortmund |
| DÖV | Die Öffentliche Verwaltung (Jahr und Seite) |
| DRiG | Deutsches Richtergesetz |
| DRiZ | Deutsche Richterzeitung (Jahr und Seite) |
| DRpflZ | Deutsche Rechtspflegerzeitschrift (Jahr und Seite) |
| Drsd | Dresden |
| Drs | Drucksache |
| DStR | Deutsches Steuerrecht (Jahr und Seite) |
| DStZ | Deutsche Steuer-Zeitung (Jahr und Seite) |
| dt | deutsch |
| DS | Der Sachverständige (Jahr und Seite) |
| DtZ | Deutsch-Deutsche Rechts-Zeitschrift (Jahr und Seite) |
| Düss | Düsseldorf |
| DVBl | Deutsches Verwaltungsblatt (Jahr und Seite) |
| DVO | Durchführungsverordnung |
| DZWIR | Deutsche Zeitschrift für Wirtschafts- und Insolvenzrecht (Jahr und Seite) |
| DWW | Deutsche Wohnungswirtschaft (Jahr und Seite) |
| ebso | ebenso |
| EF | Eyermann/Fröhler, Verwaltungsgerichtsordnung, Kommentar (Randnummer) |
| EFG | Entscheidungen der Finanzgerichte (Jahr und Seite) |
| EG | Einführungsgesetz; Europäische Gemeinschaft |
| EGH | Entscheidungen des Ehrengerichtshofs der Rechtsanwälte (Band und Seite) |
| EGKSV | Vertrag über die Europäische Gemeinschaft für Kohle und Stahl |
| EGMR | Europäischer Gerichtshof für Menschenrechte |
| EGV | Vertrag über die Europäische Gemeinschaft |
| EhelAnfKl | Ehelichkeitsanfechtungsklage |
| EheschlRG | Eheschließungsrechtsgesetz |
| ehem | ehemalige (-r, -s) |
| EheNÄndG | Ehenamensänderungsgesetz |
| EheS | Ehesachen |
| eidesst (Vers) | eidesstattlich(e Versicherung) |
| Einf | Einführung |
| eingef | eingefügt, eingeführt |
| Einl | Einleitung (ohne Zusatz: am Anfang dieses Buches) |
| einschl | einschließlich |
| Einspr | Einspruch |
| einstw | einstweilig |
| einstwAnO | einstweilige Anordnung |
| einstwVfg | einstweilige Verfügung |
| einz | einzeln |
| EKMR | Europäische Menschenrechtskommission |
| ELM | von Eicken/Lappe/Madert (vormals Willenbücher), Die Kostenfestsetzung, 17. Aufl 1987 |
| ENeuOG | Eisenbahnneuordnungsgesetz |
| Engelhardt/App | Verwaltungs-Vollstreckungsgesetz/Verwaltungszustellungsgesetz, 4. Aufl 1996 |
| EntlG | Gesetz zur Entlastung der Gerichte in der Verwaltungs- und Finanzgerichtsbarkeit |
| Entsch | Entscheidung |
| entspr | entsprechend, entspricht |
| Entw | Entwurf |
| ErbbauVO | Verordnung über das Erbbaurecht |
| Erkl | Erklärung |
| Erl | Erlaß |
| EStG | Einkommensteuergesetz |
| EU | Europäische Union |
| EuG | Europäische Gemeinschaft |
| EuGH | Gerichtshof der Europäischen Gemeinschaften |
| EuGRZ | Europäische Grundrechte – Zeitschrift (Jahr und Seite) |
| EuGVÜ | EuG-Übereinkommen über die gerichtliche Zuständigkeit u die Vollstreckung gerichtlicher Entscheidungen in Zivil- und Handelssachen |
| EuroEG | Euro-Einführungsgesetz |
| EuSorgeRÜbk | Europäisches Sorgerechtsübereinkommen |
| EuÜbkHSch | Europäisches Übereinkommen über die internationale Handelsgerichtsbarkeit |
| EuZW | Europäische Zeitschrift für Wirtschaftsrecht (Jahr und Seite) |
| EV | Einigungsvertrag |

XXIII

# Abkürzungsverzeichnis

| | |
|---|---|
| eV | eingetragener Verein |
| EVG | Einigungsvertragsgesetz |
| evtl | eventuell |
| EWGV | Vertrag zur Gründung der Europäischen Wirtschaftsgemeinschaft |
| EWiR | Entscheidungen zum Wirtschaftsrecht (Jahr und Seite) |
| EWIV | Europäische wirtschaftliche Interessenvereinigung |
| EWS | Europäisches Wirtschafts- und Steuerrecht (Jahr und Seite) |
| Ey | Eyermann, Verwaltungsgerichtsordnung, 10. Aufl 1997 bearb. v Geiger, Happ, Rennert, J. Schmidt u P. Schmidt (Randnummer) |
| f, -f | für; -fach, -falls |
| F | Festschrift |
| Fam | Familie |
| FamGer | Familiengericht |
| FamNamRG | Familiennamenrechtsgesetz |
| FamRÄndG | Familienrechtsänderungsgesetz |
| FamRi | Familienrichter |
| FamRZ | Zeitschrift für das gesamte Familienrecht (Jahr und Seite) |
| FamS | Familiensache, Familiensenat |
| FER | NJW-Entscheidungsdienst Familien- und Erbrecht (Jahr und Seite) |
| Festst | Feststellung |
| FEVS | Fürsorgerechtliche Entscheidungen der Verwaltungs- und Sozialgerichte (Band und Seite) |
| ff | folgende |
| FF | Forum Familien- und Erbrecht (Jahr und Seite) |
| Ffm | Frankfurt am Main |
| FG | Finanzgericht |
| FGG | Reichsgesetz über die freiwillige Gerichtsbarkeit |
| FGO | Finanzgerichtsordnung |
| FGO-ÄndG | FGO-Änderungsgesetz |
| FinA | Finanzamt |
| Finkelnburg/Jank | Vorläufiger Rechtsschutz im Verwaltungsstreitverfahren, 4. Aufl 1999 |
| FKPG | Gesetz zur Umsetzung des Föderalen Konsolidierungsprogramms |
| FN | Fußnote |
| FPR | Familie/Partnerschaft/Recht (Jahr und Seite) |
| fr | früher |
| freiw | freiwillig |
| FRweg | Finanzrechtsweg |
| FuR | Familie und Recht (Jahr und Seite) |
| G | Gesetz |
| GBl | Gesetzblatt |
| GBO | Grundbuchordnung |
| Geb | Gebühr(en) |
| GebrMG | Gebrauchsmustergesetz |
| Geimer | Internationales Zivilprozeßrecht, 3. Aufl 1997 (Randnummer) |
| Geimer/Schütze | Europäisches Zivilverfahrensrecht, Kommentar, 1997 (Randnummer) |
| gem | gemäß |
| GemT | Gemeindetag (Jahr und Seite) |
| GenG | Gesetz betr die Erwerbs- und Wirtschaftsgenossenschaften |
| Ger(-Std), ger | Ger(-stand), gerichtlich |
| ges, Ges | gesetzlich; Gesetz |
| GeschmMG | Geschmacksmustergesetz |
| GeschO | Geschäftsordnung |
| GeschSt | Geschäftsstelle |
| GewO | Gewerbeordnung |
| GFG | Graduiertenförderungsgesetz |
| gg, Gg | gegen, Gegner |
| GG | Grundgesetz für die Bundesrepublik Deutschland |
| ggf | gegebenenfalls |
| ggü | gegenüber |
| Gießler | Vorläufiger Rechtsschutz in Ehe-, Familien- und Kindschaftssachen, 2. Aufl 1993 (Randnummer) |
| GKG | Gerichtskostengesetz |
| GKÖD | Gesamtkommentar Öffentliches Dienstrecht, herausgegeben von Fürst (Loseblattausgabe) |
| Gläub | Gläubiger |
| GmbHG | Gesetz betr die Gesellschaften mit beschränkter Haftung |
| GMP | Germelmann/Matthes/Prütting, ArbGG, Kommentar, 2. Aufl 1995 (Randnummer) |
| GmS | Gemeinsamer Senat der obersten Gerichtshöfe des Bundes |
| Göppinger/Börger | Vereinbarungen anläßlich der Ehescheidung, 7. Aufl 1997 |
| Gött | Göttingen |
| Grd | Grund |
| Grds, grds | Grundsatz, grundsätzlich |
| Grdz | Grundzüge (Randnummer) |
| Gr/Rochl | Grimm/Rochlitz/Glossner, Das Schiedsgericht in der Praxis, 2. Aufl 1978 |
| Grunsky | Grundlagen des Verfahrensrechts, 2. Aufl 1974 |
| Grunsky ArbGG | Kommentar, 7. Aufl 1995 (Randnummer) |
| GRUR | Gewerblicher Rechtsschutz und Urheberrecht (Jahr und Seite) |
| GrZS, GSZ | Großer Zivilsenat |
| GSEM | Gerold/Schmidt/von Eicken/Madert, Bundesgebührenordnung für Rechtsanwälte (Komm), 14. Aufl 1999 (Randnummer) |
| GüKG | Güterkraftverkehrsgesetz |
| GV | Gebührenverzeichnis gemäß Anlage zu § 12 I ArbGG (Nr) |
| GVBl | Gesetz- und Verordnungsblatt |
| GVG | Gerichtsverfassungsgesetz |
| GVGA | Geschäftsanweisung für Gerichtsvollzieher |
| GVKostG | GerichtsvollzieherkostenG |
| GVVO | Verordnung über die einheitliche Regelung der Gerichtsverfassung |
| GVz | Gerichtsvollzieher |
| GWB | Gesetz gegen Wettbewerbsbeschränkungen |
| h | haben, hat |
| -h | -haft, -heit, -hen |
| Hann | Hannover |

# Abkürzungsverzeichnis

| | | | | |
|---|---|---|---|---|
| HansJVBl | Hanseatisches Justizverwaltungsblatt (Jahr und Seite) | | Jaeger | Kommentar zur Konkursordnung, bearbeitet von Henckel, Weber, Jahr, 9. Aufl ab 1977 |
| Hartmann | Kostengesetze, 29. Aufl 2000 (Teil des Buchs oder das jeweils kommentierte Gesetz; Randnummer) | | Jauernig ZPR | Zivilprozeßrecht, 25. Aufl 1998 (Kurzlehrbuch) |
| | | | Jauernig ZwV | Zwangsvollstreckungs- und Insolvenzrecht, 20. Aufl 1996 (Kurzlehrbuch) |
| HausrVO | Hausratsverordnung | | | |
| HBewÜbk | Haager Übereinkommen über die Beweisaufnahme im Ausland usw | | JB | Das juristische Büro (Jahr und bis 1991 Spalte, seit 1992 Seite) |
| Hbg | Hamburg | | | |
| Hdb | Handbuch | | JBeitrO | Justizbeitreibungsordnung |
| Hdlg | Handlung | | JBl | Justizblatt |
| Henckel | Prozeßrecht und materielles Recht, 1970 | | JbPrSchdG | Jahrbuch für die Praxis der Schiedsgerichtsbarkeit (Band und Seite) |
| Herausg | Herausgabe | | | |
| Hess | Hessen | | Jessnitzer/Frieling | Der gerichtliche Sachverständige, 10. Aufl 1992 |
| HEZ | Höchstrichterliche Entscheidungen in Zivilsachen (Band und Seite) | | JFG | Jahrbücher für Rechtsprechung in der freiwilligen Gerichtsbarkeit, herausgegeben von Ring (Band und Seite) |
| HGB | Handelsgesetzbuch | | | |
| HHG | Häftlingshilfegesetz | | | |
| Hinw | Hinweis | | JGG | Jugendgerichtsgesetz |
| hM | herrschende Meinung | | JM | Justizminister |
| HRefG | Handelsrechtsreformgesetz | | JMBl | Justizministerialblatt |
| Hs | Halbsatz | | Johannsen/Heinrich | Eherecht, 3. Aufl 1998 |
| HSchRG | Hochschulrahmengesetz | | JR | Juristische Rundschau (Jahr und Seite) |
| Hufen | Verwaltungsprozeßrecht, 1994 | | | |
| HUnterhÜbk | Haager Unterhaltsübereinkommen | | Jug | Jugend |
| | | | JuMiG | Justizmitteilungsgesetz |
| | | | jur | juristisch |
| HWiG | Gesetz über den Widerruf von Haustürgeschäften | | JuS | Juristische Schulung (Jahr und Seite) |
| HZPrAbk | Haager Abkommen über den Zivilprozeß v 17. 7. 1905 | | Just | Die Justiz, Amtsblatt des Justizministeriums Baden-Württemberg (Jahr und Seite) |
| HZPrÜbk | Haager Übereinkommen über den Zivilprozeß v 1. 3. 1954 | | | |
| HZustlÜbk | Haager Übereinkommen über die Zustellung gerichtlicher und außergerichtlicher Schriftstücke usw | | JustVA | Justizverwaltungsabkommen |
| | | | JVBl | Justizverwaltungsblatt |
| | | | JW | Juristische Wochenschrift (Jahr und Seite) |
| | | | JZ | Juristenzeitung (Jahr und Seite) |
| idF | in der Fassung | | KAGG | Gesetz über Kapitalanlagegesellschaften |
| idR | in der Regel | | | |
| InfAuslR | Informationsbrief Ausländerrecht (Jahr und Seite) | | Kalthoener/Büttner | Prozeßkostenhilfe und Beratungshilfe, 1988 (Randnummer) |
| Inh | Inhaber | | | |
| Inkrafttr | Inkrafttreten | | Kap | Kapitel |
| Inld, Inldr | Inland, Inländer | | Karlsr | Karlsruhe |
| inld | inländisch | | Katholnigg | Strafgerichtsverfassungsrecht (Kommentar), 2. Aufl 1995 (Randnummer) |
| innerh | innerhalb | | | |
| insbes | insbesondere | | | |
| internat | international | | Kblz | Koblenz |
| IPG | Gutachten zum internationalen und ausländischen Privatrecht (Jahr und Seite) | | KfBaul | Kammer für Baulandsachen |
| | | | KfH | Kammer für Handelssachen |
| | | | KG | Kammergericht, Kommanditgesellschaft |
| IPR | Internationales Privatrecht | | | |
| IPRax | Praxis des Internationalen Privat- und Verfahrensrechts (Jahr und Seite) | | KGaA | Kommanditgesellschaft auf Aktien |
| | | | KgfEG | Kriegsgefangenenentschädigungsgesetz |
| IPRG | Gesetz zur Neuregelung des Internationalen Privatrechts | | KGJ | Jahrbuch für Entscheidungen des Kammergerichts (Band und Seite) |
| IPRspr | Die deutsche Rechtsprechung auf dem Gebiete des Internationalen Privatrechts (Jahr und Seite) | | | |
| | | | KindRG | Kindschaftsrechtsreformgesetz |
| | | | KindUG | Kindesunterhaltsgesetz |
| iRv | im Rahmen von | | Kissel | Gerichtsverfassungsgesetz (Kommentar), 2. Aufl 1994 |
| iSv | im Sinne von | | | |
| iü | im übrigen | | KJHG | Kinder- und Jugendhilfegesetz (SGB VIII) |
| iVm | in Verbindung mit | | | |
| JA | Juristische Arbeitsblätter (Jahr und Seite) | | Kl | Kläger, Klage |

XXV

# Abkürzungsverzeichnis

| | |
|---|---|
| Kleinknecht/ Meyer/Goßner... | Kommentar zur StPO, 42. Aufl 1995 |
| Koehler | Verwaltungsgerichtsordnung (Kommentar), 1960 |
| Komm | Kommentar, Kommission |
| Kopp/Sch | Kopp/Schenke, VwGO (Kommentar), 11. Aufl 1998 |
| KostÄndG | Gesetz zur Änderung und Ergänzung kostenrechtlicher Vorschriften vom 26. 7. 1957 |
| KostErstAnspr | Kostenerstattungsanspruch |
| KostFests (-Beschl, -Verf) | Kostenfestsetzung(-sbeschl, -verfahren) |
| KostO | Kostenordnung |
| KR | Kostenrechtsprechung, bearbeitet von Lappe und anderen (Gesetz, § und Nr) |
| KrG | Kreisgericht |
| krit | kritisch |
| Kröller | Vollstreckungsschutz im Verwaltungszwangsverfahren, 1970 |
| KSchG | Kündigungsschutzgesetz |
| KStZ | Kommunale Steuer-Zeitschrift (Jahr und Seite) |
| KTS | Konkurs-, Treuhand- und Schiedsgerichtswesen, seit 1989 Zeitschrift für Insolvenzrecht (Jahr und Seite) |
| KV | Kostenverzeichnis gemäß Anlage zu § 11 I GKG (Nr) |
| KWG | Gesetz über das Kreditwesen |
| L | Landes- |
| (L) | Leitsatz |
| -l | -lich, -los |
| LAG | Landesarbeitsgericht; Lastenausgleichsgesetz |
| LandbeschG | Landbeschaffungsgesetz |
| Lappe | Gerichtskostengesetz, Kommentar, 1976 |
| -ld, Ld | -land; Land |
| Lehrb | Lehrbuch |
| lfd | laufend |
| LFG | Lohnfortzahlungsgesetz |
| LG | Landgericht |
| LGEntlG | Gesetz zur Entlastung der Landgerichte und zur Vereinfachung des gerichtlichen Protokolls |
| LitUG | Gesetz über das literarische Urheberrecht |
| LKV | Landes- und Kommunalverwaltung (Jahr und Seite) |
| LM | Das Nachschlagewerk des Bundesgerichtshofs in Zivilsachen, herausgegeben von Lindenmaier und Möhring (Gesetzesstelle und Entscheidungsnummer; Nr ohne Gesetzesstelle bezieht sich auf den kommentierten Paragraphen) |
| Lpz | Leipzig |
| LS | Leitsatz |
| LSG | Landessozialgericht |
| Lüb | Lübeck |
| LuftfzRG | Gesetz über Rechte an Luftfahrzeugen |
| LuftVG | Luftverkehrsgesetz |
| LugGVÜ, LugÜbk | Übereinkommen zwischen EG- und EFTA-Staaten über die gerichtliche Zuständigkeit und die Vollstreckung usw v. 16. 9. 1988 |
| LwG | Landwirtschaftsgericht |
| LwVG | Gesetz über das gerichtliche Verfahren in Landwirtschaftssachen |
| m | mit |
| Maier | Handbuch der Schiedsgerichtsbarkeit, 1979 |
| Mannh | Mannheim |
| MarkenG | Markengesetz |
| Martiny | Anerkennung nach multilateralen Staatsverträgen, HdB des Internationalen Zivilverfahrensrechts, Bd III/2, 1984, Kap II (Randnummer) |
| Mat | Hahn, Materialien zu den Reichsjustizgesetzen |
| Maurer | Schwab, Handbuch des Schiedungsrechts, 3. Aufl 1995, Teil I (Randnummer) |
| MBescheid | Mahnbescheid |
| mdl (Verh) | mündlich (-e Verhandlung) |
| MDR | Monatsschrift für Deutsches Recht (Jahr und Seite) |
| Meyer-Ladewig | Sozialgerichtsgesetz (Komm), 6. Aufl 1998 (Randnummer) |
| MHG | Gesetz zur Regelung der Miethöhe |
| MietR | NJW-Entscheidungsdienst Miet- und Wohnungsrecht (Jahr und Seite) |
| Mitt | Mitteilung |
| MRG | Militärregierungsgesetz |
| MRK | Europäische Menschenrechtskonvention |
| mtl | monatlich |
| Mü | München |
| MüKo BGB | Münchener Kommentar zum BGB, 3. Aufl seit 1993 (es folgt der Name des Bearbeiters; zit nach Randnummern) |
| MüKo | Münchener Kommentar zur ZPO, 3 Bde nebst Ergänzungsheft, bearbeitet von *Arnold, Belz, Braun, Coester-Waltjen, Damrau, Deubner, Eickmann, Feißer, von Feldmann, Gottwald, Heinze, Holch, Klauser, Krüger, Lappe, Lindacher, Lüke, Maier, von Mettenheim, Musielak, Patzina, Peters, Prütting, Rimmelspacher, Schilken, Schmidt, Schreiber, Smid, Walchshöfer, Walter, Wax, Wolf, Wolfsteiner* (die Namen der Bearbeiter werden meist abgekürzt, zB MüKoAr), 1992/3 (Randnummer) |
| Münst | Münster |
| Mus | Musielak, ZPO (Kommentar), bearbeitet von *Ball, Becker, Borth, Fischer, Foerste, Grandel, Huber, Lackmann, Musielak, Smid, Stadler, Voit, Weth, Wittschier, Wolst*, 1. Aufl 1999 (Randnummer) |
| MVerf | Mahnverfahren |

# Abkürzungsverzeichnis

| | |
|---|---|
| mwN. | mit weiteren Nachweisen |
| MWSt | Mehrwertsteuer |
| mWv | mit Wirkung vom |
| Nagel/Gottwald. | Internationales Zivilprozeßrecht, 4. Aufl 1997 |
| Nds | Niedersachsen |
| NdsRpfl. | Niedersächsische Rechtspflege (Jahr und Seite) |
| NichtehelG | Gesetz über die rechtliche Stellung der nichtehelichen Kinder |
| nF | neue Fassung, neue Folge |
| NJW | Neue Juristische Wochenschrift (Jahr und Seite) |
| NJWE-MietR | s MietR |
| NJW-RR (auch: RR) | NJW-Rechtsprechungs-Report (Jahr und Seite) |
| NordÖR | Zeitschrift für öffentliches Recht in Norddeutschland (Jahr und Seite) |
| notw | notwendig |
| Nov. | Novelle |
| NRW | Nordrhein-Westfalen |
| NStZ | Neue Zeitschrift für Strafrecht (Jahr und Seite) |
| NTS | NATO-Truppenstatut |
| Nürnb | Nürnberg |
| NVersZ | Neue Zeitschrift für Versicherung und Recht (Jahr und Seite) |
| NVwZ. | Neue Zeitschrift für Verwaltungsrecht (Jahr und Seite) |
| NVwZ-RR | Rechtsprechungs-Report Verwaltungsrecht (Jahr und Seite) |
| NWVBl. | Nordrhein-Westfälische Verwaltungsblätter (Jahr und Seite) |
| NZA | Neue Zeitschrift für Arbeits- und Sozialrecht (Jahr und Seite) |
| NZM | Neue Zeitschrift für Miet- und Wohnungsrecht (Jahr und Seite) |
| NZS | Neue Zeitschrift für Sozialrecht (Jahr und Seite) |
| NZV | Neue Zeitschrift für Verkehrsrecht (Jahr und Seite) |
| obj. | objektiv |
| od | oder |
| öff. | öffentlich |
| OGB | Oberste Gerichtshöfe des Bundes (gemeinsamer Senat) |
| OGH. | Entscheidungen des Obersten Gerichtshofs für die Britische Zone in Zivilsachen (Band und Seite) |
| OHG. | Offene Handelsgesellschaft |
| oJ | ohne Jahresangabe |
| Oldb | Oldenburg |
| OLG | Oberlandesgericht (mit Ortsnamen) |
| OLG-NL | OLG-Rechtsprechung Neue Länder (Jahr und Seite) |
| OLGZ. | Entscheidungen der Oberlandesgerichte in Zivilsachen (Jahr und Seite) |
| ord | ordentlich |
| OVG | Oberverwaltungsgericht |
| OWiG | Gesetz über Ordnungswidrigkeiten |
| Pal | Palandt, Kurzkommentar zum BGB, 58. Aufl 1999 (Bearbeiter, Randnummer) |
| PartGG | Partnerschaftsgesellschaftsgesetz |
| PatAnwO. | Patentanwaltsordnung |
| PatG | Patentgericht, Patentgesetz |
| pfb. | pfändbar |
| Pfdg. | Pfändung |
| PfdR | Pfandrecht |
| PfdS. | Pfandsache |
| Pfl, pfl | Pflicht, pflichtig |
| PflVG | Pflichtversicherungsgesetz |
| PKH | Prozeßkostenhilfe |
| PKHÄndG. | Prozeßkostenhilfeänderungsgesetz |
| PostStruktG | Poststrukturgesetz |
| PostVerfG. | Postverfassungsgesetz |
| pp | und andere Verfasser |
| ProdHaftG | Gesetz über die Haftung für fehlerhafte Produkte (Produkthaftungsgesetz) |
| Prot | Protokoll; Protokolle der Kommission für die II. Lesung des Entwurfs des BGB |
| Proz, proz | Prozeß(-), prozessual, prozeßrechtlich |
| ProzBev | Prozeßbevollmächtigter |
| ProzGer | Prozeßgericht |
| Prozkost. | Prozeßkosten |
| ProzVgl | Prozeßvergleich |
| ProzVorauss | Prozeßvoraussetzung |
| Prütting | Die Zulassung der Revision, 1977 |
| PStG | Personenstandsgesetz |
| Pt | Partei |
| R, -r | Recht(-s), -rechtlich |
| RA | Rechtsanwalt |
| RabelsZ | Zeitschrift für ausländisches und internationales Privatrecht, begründet von Ernst Rabel (Jahr und Seite) |
| RADG | Rechtsanwaltsdienstleistungsgesetz |
| RAGeb | Rechtsanwaltsgebühren |
| Rahm | Handbuch des Familiengerichtsverfahrens (Loseblattausgabe), jetzt herausgegeben von Künkel |
| RBerG | Rechtsberatungsgesetz |
| RdA | Recht der Arbeit (Jahr und Seite) |
| RdErl | Runderlaß |
| RdL | Recht der Landwirtschaft (Jahr und Seite) |
| Rdz, Rn | Randziffer, Randnummer |
| RE | Rechtsentscheid |
| RedOe | K. Redeker/H.-J. von Oertzen/M. Redeker, Verwaltungsgerichtsordnung (Kommentar), 12. Aufl 1997 |
| Ref | Referat, Referent, Referendar |
| RegBl | Regierungsblatt |
| Rev | Revision |
| RG | Reichsgericht |
| RGBl | Reichsgesetzblatt, ohne Ziffer = Teil I; mit II = Teil II |
| RGSt. | Entscheidungen des Reichsgerichts in Strafsachen (Band und Seite) |
| RhPf | Rheinland-Pfalz |
| RhSchiffG | Rheinschiffahrtsgericht |

# Abkürzungsverzeichnis

| | |
|---|---|
| Ri | Richter |
| RiA | Recht im Amt (Jahr und Seite) |
| Rimmelspacher | Materiellrechtlicher Anspruch u Streitgegenstandsprobleme im Zivilprozeß, 1970 |
| RIW | Recht der Internationalen Wirtschaft (Jahr und Seite) |
| RJM | Reichsminister der Justiz; Verfügung des ... |
| Rn | Randnummer |
| RoGSch | Rosenberg/Gaul/Schilken, Zwangsvollstreckungsrecht, 10. Aufl 1997 |
| Rolland | Familienrecht, Kommentar (Loseblatt) |
| RoS, RoSGo | Rosenberg/Schwab/Gottwald, Zivilprozeßrecht, 15. Aufl 1993 |
| RoGSch | Rosenberg/Gaul/Schilken, Zwangsvollstreckungsrecht, 11. Aufl 1997 |
| Roth/Stielow | Der Abstammungsprozeß, 2. Aufl 1998 |
| ROW | Recht in Ost u West (Jahr und Seite) |
| Rpfl | Rechtspfleger |
| RpflAnpG | Rechtspflege-Anpassungsgesetz |
| Rpfleger | Der Deutsche Rechtspfleger (Jahr und Seite) |
| RpflEntlG | Gesetz zur Entlastung der Rechtspflege |
| RPflG | Rechtspflegergesetz |
| RPflVereinfG | Rechtspflege-Vereinfachungsgesetz |
| RR (auch: NJW-RR) | NJW-Rechtsprechungs-Report (Jahr und Seite) |
| RRG | Rentenreformgesetz |
| RS | Riedel/Sußbauer, Bundesrechtsanwaltsgebührenordnung (Kommentar), 7. Aufl 1995, bearbeitet von Chemnitz, Fraunholz, Keller (die Namen der Bearbeiter werden abgekürzt) |
| RSchutzbed | Rechtsschutzbedürfnis |
| Rspr | Rechtsprechung |
| Rückn | Rücknahme |
| RzW | Rechtsprechung zum Wiedergutmachungsrecht (NJW) (Jahr und Seite) |
| S | Satz, Seite, Sache(n) |
| s | siehe |
| Saarbr | Saarbrücken |
| SaBl | Sammelblatt für Rechtsvorschriften des Bundes und der Länder (Jahr und Seite) |
| SachenRBerG | Sachenrechtsbereinigungsgesetz |
| Sachv | Sachverständiger |
| SAE | Sammlung arbeitsrechtlicher Entscheidungen (Jahr und Nr) |
| Säumn | Säumnis |
| Schack | Internationales Zivilverfahrensrecht, 2. Aufl 1996 (Randnummer) |
| SchCl | Schunck/De Clerck, Verwaltungsgerichtsordnung (Kommentar), 3. Aufl 1977 |
| SchiedsVfG | Schiedsverfahrens-Neuregelungsgesetz |
| SchiffG | Schiffahrtsgericht |
| -schl | -schluß, -schließen |
| SchlAnh | Schlußanhang |
| Schlesw | Schleswig |
| SchlHA | Schleswig-Holsteinische Anzeigen (Jahr und Seite) |
| Schlosser EuGVÜ | EuGVÜ (Kommentar), 1996 (Randnummer) |
| Schlosser ZPO | Zivilprozeßrecht, Bd I: Erkenntnisverfahren, 2. Aufl 1992; Bd II: Zwangsvollstreckungs- und Insolvenzrecht, 1984 (Band usw) |
| Schmidt-Räntsch | Deutsches Richtergesetz (Kommentar), 5. Aufl 1995 |
| Schoch | Vorläufiger Rechtsschutz und Risikoverteilung im Verwaltungsrecht, 1988 |
| Scholz/Stein | Praxishandbuch Familienrecht, 1998 (Teil und Randnummer) |
| Sch/SchmA/P | Schoch/Schmidt-Aßmann/Pietzner (Hrsg), VwGO (Loseblattkommentar), 1998 (Randnummer) |
| Schu | Schuldner |
| Schütze | Schiedsgericht und Schiedsverfahren, 2. Aufl 1998 (Randnummer) |
| Schumann | C. D. Schumann, Die Berufung in Zivilsachen, 5. Aufl 1997 |
| SchuVVO | Schuldnerverzeichnisverordnung |
| Schw/W | Schwab/Walter, Schiedsgerichtsbarkeit, 5. Aufl 1995 (Kapitel, Nummer und Buchstabe) |
| SchwbG | Schwerbehindertengesetz |
| sd | siehe dort |
| SeeGVG | Seegerichtsvollstreckungsgesetz |
| SeemO | Seemannsordnung |
| SeeVG | Seeunfalluntersuchungsgesetz |
| SG | Sozialgericht |
| SGB | Sozialgesetzbuch (mit Angabe des jeweiligen Buches, zB: X) |
| 1. SGBÄndG | Erstes Gesetz zur Änderung des Sozialgesetzbuches |
| SGb | Die Sozialgerichtsbarkeit (Jahr und Seite) |
| SGG | Sozialgerichtsgesetz |
| Slg | Sammlung |
| Sodan/Ziekow | VwGO (Loseblattkommentar), 1996 |
| sof | sofortig |
| sog | sogenannt |
| SorgeRÜbkAG | Gesetz zur Ausführung des Sorgerechtsübereinkommens |
| SRweg | Sozialrechtsweg |
| StA | Staatsanwalt(schaft) |
| Staud-Spellenberg | Staudinger, BGB, 12. Aufl, Intern. Verfahrensrecht in Ehesachen, 1990 (Randnummer) |
| StAZ | Das Standesamt (Jahr und Seite) |
| -std | -stand |
| StGB | Strafgesetzbuch |
| StGH | Staatsgerichtshof |
| Stgt | Stuttgart |
| stillschw | stillschweigend |
| StJ | Stein/Jonas, bearbeitet seit 1953 von Pohle, fortgeführt von Bork, Brehm, Grunsky, Leipold, Münzberg, Roth, Schlosser und Schumann (die Namen der |

# Abkürzungsverzeichnis

| | |
|---|---|
| | Bearbeiter werden abgekürzt, zum Beispiel StJSchu), Kommentar zur ZPO, 20. Aufl 1977–1989, 21. Aufl seit 1993: Bd 1 (§§ 1–90) 1993, Bd 2 (§§ 91–252) 1994, Bd 3 (§§ 253–299 a) 1997, Bd 4/1 (§§ 300–347) 1998, Bd 4/2 (§§ 348–510 b) 1999, Bd 5/1 (§§ 511–591) 1994, Bd 5/2 (§§ 592–703 d) 1993, Bd 6 (§§ 704–863) 1995, Bd 7/1 (§§ 864–945) 1996, Bd 7/2 (§§ 946–1048) 1994 (Randnummer) |
| Stöber | Die Forderungspfändung, 12. Aufl 1999 (Randnummer) |
| StPO | Strafprozeßordnung |
| STr | Sedemund-Treiber in Johannsen/Henrich, Eherecht (Kommentar), 3. Aufl 1998 (Randnummer) |
| Str, str | Streit, streitig |
| StrEG | Gesetz über die Entschädigung für Strafverfolgungsmaßnahmen |
| stRspr | ständige Rechtsprechung |
| StrVerf | streitiges, Streitverfahren |
| StrVert | Strafverteidiger (Jahr und Seite) |
| StrWert | Streitwert |
| StVÄG | Strafverfahrensänderungsgesetz |
| StVG | Straßenverkehrsgesetz |
| StVO | Straßenverkehrs-Ordnung |
| StVollzG | Strafvollzugsgesetz |
| StVZO | Straßenverkehrs-Zulassungs-Ordnung |
| subj | subjektiv |
| SVertO | Schiffahrtsrechtliche Verteilungsordnung |
| SVG | Soldatenversorgungsgesetz |
| teilw | teilweise |
| TermBest | Terminsbestimmung |
| ThP | Thomas/Putzo, bearbeitet auch von Reichold, Hüßtege, ZPO-Erläuterungen, 22. Aufl 1999 (Randnummer) |
| ThPHü | EuGVÜ, bearbeitet von Hüßtege (Randnummer) |
| TKV | Telekommunikationsverordnung |
| TranspR | Transportrecht (Jahr und Seite) |
| Tüb | Tübingen |
| TÜV | Technischer Überwachungsverein |
| Tz | Textnummer |
| u | und |
| ua | unter anderem |
| uä | und ähnliche |
| UdG | Urkundsbeamter der Geschäftsstelle |
| Üb, üb | Überblick, Übersicht, über |
| überw | überwiegend |
| Übk | Übereinkommen |
| Ule | Verwaltungsgerichtsbarkeit (Kommentar zur VwGO) 2. Aufl 1962 |
| Ule VPrR | Verwaltungsprozeßrecht (Studienbuch) 9. Aufl 1987 |
| UmweltHG | Umwelthaftungsgesetz |
| UmstG | Umstellungsgesetz |
| umstr | umstritten |
| UmwG | Umwandlungsgesetz |
| unbek | unbekannt |
| unbest | unbestimmt |
| unpfb | unpfändbar |
| UN-ÜbkSchdG | UNO-Übereinkommen zur Schiedsgerichtsbarkeit |
| unzul | unzulässig |
| unzustd | unzuständig |
| UrhRG | Urheberrechtsgesetz |
| Urk | Urkunde |
| Urt | Urteil |
| UrtVerk | Urteilsverkündung |
| USG | Unterhaltssicherungsgesetz |
| UStG | Umsatzsteuergesetz (Mehrwertsteuer) |
| uU | unter Umständen |
| UVG | Unterhaltsvorschußgesetz |
| UWG | Gesetz über den unlauteren Wettbewerb |
| v | von |
| VAG | Versicherungsaufsichtsgesetz |
| VAHRG | Gesetz zur Regelung von Härten im Versorgungsausgleich |
| vAw | von Amts wegen |
| VBescheid | Vollstreckungsbescheid |
| VBlBW | Verwaltungsblätter für Baden-Württemberg (Jahr und Seite) |
| VerbrKrG | Verbraucherkreditgesetz |
| VereinfNov | Vereinfachungsnovelle |
| VereinhG | Gesetz zur Wiederherstellung der Rechtseinheit |
| Verf | Verfahren |
| Verh | Verhandlung |
| Verk | Verkündung |
| VermG | Vermögensgesetz |
| Veröff | Veröffentlichung |
| Vers | Versicherung |
| VerschG | Verschollenheitsgesetz |
| Verschu | Verschulden |
| VersN | Versicherungsnehmer |
| VersR | Versicherungsrecht (Jahr und Seite) |
| VersUrt | Versäumnisurteil |
| Verw | Verwaltung |
| VerwAkt | Verwaltungsakt |
| VerwArch | Verwaltungsarchiv (Band und Seite) |
| VerwRspr | Verwaltungsrechtsprechung in Deutschland (Band und Seite, auch Nr) |
| Verz | Verzicht |
| Vfg | Verfügung |
| VG | Verwaltungsgericht |
| VGH | Verwaltungsgerichtshof |
| vgl, Vgl | vergleiche, Vergleich |
| VGrS | Vereinigte Große Senate |
| VHG | Vertragshilfegesetz |
| VHR | NJW-Entscheidungsdienst Versicherungs- und Haftungsrecht (Jahr und Seite) |
| VIZ | Zeitschrift für Vermögens- und Investitionsrecht (Jahr und Seite) |
| VMBl | Ministerialblatt des Bundesministers der Verteidigung (Jahr und Seite) |
| VO | Verordnung |
| VOB | Verdingungsordnung für Bauleistungen |
| VOBl | Verordnungsblatt |
| VOBlBrZ | Verordnungsblatt für die britische Zone |

# Abkürzungsverzeichnis

| | |
|---|---|
| Vollkommer | Formenstrenge und prozessuale Billigkeit, 1973 |
| Vollstr | Vollstreckung |
| Vorauss | Voraussetzung |
| Vorbem | Vorbemerkung |
| Vors | Vorsitzender |
| Vorschr | Vorschrift |
| VRS | Verkehrsrechtssammlung (Band und Seite) |
| VRweg | Verwaltungsrechtsweg |
| VVaG | Versicherungsverein auf Gegenseitigkeit |
| VVG | Gesetz über den Versicherungsvertrag |
| VwGO | Verwaltungsgerichtsordnung |
| VwVfG | Verwaltungsverfahrensgesetz |
| VwVG | Verwaltungsvollstreckungsgesetz |
| VwZG | Verwaltungszustellungsgesetz |
| WährG | Währungsgesetz |
| WAG | Wertausgleichsgesetz |
| Walter | Der Prozeß in Familiensachen, 1985 |
| Warn | Warneyer, Rechtsprechung des RG bzw BGH (Jahr und Nummer) |
| WEG | Wohnungseigentumsgesetz |
| WertpMitt | Wertpapiermitteilungen (Jahr und Seite) |
| WettbR | NJW-Entscheidungsdienst Wettbewerbsrecht (Jahr und Seite) |
| Wettlaufer | Die Vollstreckung aus verwaltungs-, sozial- und finanzgerichtlichen Titeln zugunsten der öffentlichen Hand, 1989 |
| WG | Wechselgesetz |
| wg | wegen |
| WGG | Wohngeldgesetz |
| Wiecz/Schütze | Wieczorek/Schütze, ZPO, Kommentar (auch GVG), 3. Aufl seit 1994 (es folgt der abgekürzte Name des Bearbeiters) |
| WiedAufn | Wiederaufnahme |
| WiedEins | Wiedereinsetzung |
| WiB | Wirtschaftsrechtliche Beratung (Jahr und Seite) |
| WiRO | Wirtschaft und Recht in Osteuropa (Jahr und Seite) |
| WM (auch WoM) | Wohnungswirtschaft und Mietrecht (Jahr und Seite) |
| WoBauErlG | Wohnungsbau-Erleichterungsgesetz |
| WoBauG | Wohnungsbaugesetz |
| WoKSchG | Gesetz über den Kündigungsschutz für Mietverhältnisse über Wohnraum |
| Wolf | Gerichtsverfassungsrecht aller Verfahrenszweige, Studienbuch, 6. Aufl. 1987 |
| Wolff | Vollstreckbarerklärung, HdB des Internationalen Zivilverfahrensrechts, Bd III/2, 1984, Kap IV (Randziffer) |
| WoM (auch WM) | Wohnungswirtschaft und Mietrecht (Jahr und Seite) |
| WoVermG | Gesetz zur Regelung der Wohnungsvermittlung |
| WRP | Wettbewerb in Recht und Praxis (Jahr und Seite) |
| WSG | Wehrsoldgesetz |
| Wü | Württemberg |
| WuW | Wirtschaft und Wettbewerb (Jahr und Seite) |
| ZAbkNTrSt | Zusatzabkommen zum NATO-Truppenstatut |
| ZAR | Zeitschrift für Ausländerrecht – und Ausländerpolitik (Jahr und Seite) |
| zB | zum Beispiel |
| ZBlJugR | Zentralblatt für Jugendrecht (Jahr und Seite) |
| ZBR | Zeitschrift für Beamtenrecht (Jahr und Seite) |
| ZDG | Zivildienstgesetz |
| Zeiss | Zivilprozeßrecht, 9. Aufl 1997 |
| ZfBR | Zeitschrift für deutsches und internationales Baurecht (Jahr und Seite) |
| ZfJ | Zentralblatt für Jugendrecht (Jahr und Seite) |
| ZfS | Zeitschrift für Schadensrecht (Jahr und Seite) |
| ZfSH, ZfSH/SGB | Zeitschrift für Sozialhilfe (Jahr und Seite) |
| Zg | Zeuge |
| Zgn | Zeugnis |
| ZGR | Zeitschrift für Unternehmens- und Gesellschaftsrecht (Jahr und Seite) |
| ZHR | Zeitschrift für das gesamte Handels- und Wirtschaftsrecht (Band und Seite) |
| Zi | Zimmermann, ZPO, Kommentar (auch GVG usw), 5. Aufl 1998 |
| ZIP | Zeitschrift für Wirtschaftsrecht und Insolvenzpraxis (Jahr und Seite) |
| ZivK | Zivilkammer |
| ZivProz, zivproz | Zivilprozeß, zivilprozessual |
| ZK | Zivilkammer |
| ZMR | Zeitschrift für Miet- und Raumrecht (Jahr und Seite) |
| Zö | Zöller, bearbeitet von Geimer, Greger, Gummer, Herget, Philippi, Stöber, Vollkommer (die Namen der Bearbeiter werden meist abgekürzt, zB ZöGei), Kommentar zur ZPO, 21. Aufl 1999 (Randnummer) |
| ZPO | Zivilprozeßordnung |
| ZRHO | Rechtshilfeordnung in Zivilsachen |
| ZRP | Zeitschrift für Rechtspolitik (Jahr und Seite) |
| ZRweg | Zivilrechtsweg |
| ZS | Zivilsenat |
| ZSEG | Gesetz über die Entschädigung von Zeugen und Sachverständigen |
| ZSW | Zeitschrift für das gesamte Sachverständigenwesen (Jahr und Seite) |
| zT | zum Teil |
| zul | zulässig |
| ZustBev | Zustellungsbevollmächtigter |
| zustd | zuständig |
| ZustErgG | Zuständigkeitsergänzungsgesetz |
| zustm | zustimmend |
| ZustUrk | Zustellungsurkunde |

# Abkürzungsverzeichnis

| | |
|---|---|
| ZVG | Zwangsversteigerungsgesetz |
| ZVglRWiss | Zeitschrift für vergleichende Rechtswissenschaft (Jahr und Seite) |
| Zweibr. | Zweibrücken |
| ZwV | Zwangsvollstreckung |
| 2. ZwNov | Zweite Zwangsvollstreckungsnovelle |
| ZwVerw | Zwangsverwaltung |
| ZwVMaßnG | Gesetz über Maßnahmen auf dem Gebiete der Zwangsvollstreckung |
| 2. ZwVNov | 2. Zwangsvollstreckungsnovelle |
| zZt | zur Zeit |
| ZZP | Zeitschrift für Zivilprozeß (Band und Seite) |

# Einleitung

Bearbeiter: I–III Dr. Dr. Hartmann; IV Dr. Albers

## I. Geschichte und Rechtspolitik

### A. Rechtsgeschichte

**Schrifttum:** *Baur* NJW **87**, 2636; *Conrad,* Deutsche Rechtsgeschichte Bd II, 1966; *Dannreuther,* Der Zivilprozeß als Gegenstand der Rechtspolitik im deutschen Reich 1871–1945; *von Dickhuth – Harrach,* „Gerechtigkeit statt Formalismus", Die Rechtskraft in der nationalsozialistischen Privatrechtspraxis, 1986; *Ebel,* 200 Jahre preußischer Zivilprozeß, 1982; *Henckel,* Gedanken zur Entstehung und Geschichte der Zivilprozeßordnung, Gedächtnisschrift für *Bruns* (1980), 111; *Laufs,* Rechtsentwicklungen in Deutschland, 2. Aufl 1978; *Nörr,* Naturrecht und Zivilprozeß, 1976; *Schubert,* Die deutsche Gerichtsverfassung (1869–1877), 1981; *Schwartz,* 400 Jahre deutscher Zivilprozeß-Gesetzgebung, 1889, Neudruck 1986; *Wacke,* Antikes im modernen Zivilprozeß, Festschrift für *Schneider* (1997) 465.

Über die Entwicklung bis Frühherbst 1997 unterrichtet ausführlich Einl I A in der 56. Auflage (vgl auch **1** die vorangegangenen Auflagen).

Einzuarbeiten waren wegen ihres Inkrafttretens am 1. 1. 99 zur 57. Auflage die Insolvenzordnung (InsO) **2** v 5. 10. 94, BGBl 2866, und das Einführungsgesetz zur Insolvenzordnung (EGInsO) v 5. 10. 94, BGBl 2911. Weitere Änderungen seit der Vorauflage erfolgten durch die Verordnung über Grundpfandrechte in ausländischer Währung und in Euro vom 30. 10. 97, BGBl 2863; durch das Gesetz zur Abschaffung der gesetzlichen Amtspflegschaft und Neuordnung des Rechts der Beistandschaft (Beistandschaftsgesetz) vom 4. 12. 97, BGBl 2846; durch das Gesetz zur Reform des Kindschaftsrechts (Kindschaftsrechtsreformgesetz – KindRG) vom 16. 12. 97, BGBl 2942; durch das Zweite Gesetz zur Änderung zwangsvollstreckungsrechtlicher Vorschriften (2. Zwangsvollstreckungsnovelle) vom 17. 12. 97, BGBl 3039, jeweils mit erheblichen, umfangreichen Eingriffen; durch das Gesetz zur Neuregelung des Schiedsverfahrensrechts (Schiedsverfahrens-Neuregelungsgesetz – SchiedsVfG) vom 22. 12. 97, BGBl 3224; durch das Postgesetz (PostG) vom 22. 12. 97, BGBl 3294; durch das Fünfte Gesetz zur Änderung des Sozialgerichtsgesetzes (5. SGG-ÄndG) vom 30. 3. 98, BGBl 638, durch das Gesetz zur Vereinheitlichung des Unterhaltsrechts minderjähriger Kinder (Kindesunterhaltsgesetz – KindUG) vom 6. 4. 98, BGBl 666; durch das Gesetz zur Neuordnung des Eheschließungsrechts (Eheschließungsrechtsgesetz – EheschlRG) vom 4. 5. 98, BGBl 833; durch das Gesetz zur Änderung des Gesetzes über die Zwangsversteigerung und die Zwangsverwaltung und anderer Gesetze vom 18. 2. 98, BGBl 866; durch die Bekanntmachung zu § 115 ZPO (Prozeßkostenhilfebekanntmachung 1998 – PKHB 1998) vom 26. 5. 98, BGBl 1162; durch das Gesetz zur Einführung des Euro (Euro-Einführungsgesetz – EuroEG) vom 9. 6. 98, BGBl 1242; durch die VO zur Einführung und Änderung von Vordrucken für gerichtliche Verfahren vom 19. 6. 98, BGBl 1364; durch das Gesetz zur Neuregelung des Kaufmanns- und Firmenrechts und zur Änderung anderer handels- und gesellschaftsrechtlicher Vorschriften (Handelsrechtsreformgesetz – HRefG) vom 22. 6. 98, BGBl 1474; durch das Gesetz zur Änderung des Betreuungsrechts sowie weiterer Vorschriften (Betreuungsrechtsänderungsgesetz – BtÄndG) vom 25. 6. 98, BGBl 1580; durch das Gesetz zur Neuregelung des Fracht-, Speditions- und Lagerrechts (Transportrechtsreformgesetz – TRG) vom 26. 6. 98, BGBl 1588; durch das Gesetz zur Umsetzung des Versorgungsberichts (Versorgungsreformgesetz – VReformG) vom 29. 6. 98, BGBl 1666; durch das Gesetz zur Änderung des Bürgerlichen Gesetzbuchs und des Arbeitsgerichtsgesetzes vom 29. 6. 98, BGBl 1694; durch das Zweite Gesetz zur Änderung des Patentgesetzes und anderer Gesetze (2. PatGÄndG) vom 16. 7. 98, BGBl 1827; durch das Gesetz über die Anpassung von Dienst- und Versorgungsbezügen in Bund und Ländern 1998 (Bundesbesoldungs- und -versorgungsanpassungsgesetz 1998 – BBVAnpG 98) vom 13. 8. 98, BGBl 2026; durch das Dritte Gesetz zur Änderung des Rechtspflegergesetzes und anderer Gesetze vom 6. 8. 98, BGBl 2030; durch das Gesetz zur Beschränkung der Haftung Minderjähriger (Minderjährigenhaftungsbeschränkungsgesetz – MHbeG) vom 25. 8. 98, BGBl 2487; durch das Gesetz zur Änderung der Haftungsbeschränkung in der Binnenschiffahrt vom 25. 8. 98, BGBl 2489; durch das Dritte Gesetz zur Änderung der Bundesnotarordnung und anderer Gesetze vom 31. 8. 98, BGBl 2585.

Zur vorliegenden 58. Auflage waren folgende Rechtsänderungen einzuarbeiten: Bundeswasserstraßen- **3** gesetz (WaStrG) in der Fassung vom 4. 11. 98, BGBl 3295; Gesetz zur Änderung des Einführungsgesetzes zur Insolvenzordnung und anderer Gesetze (EGInsOÄndG) vom 19. 12. 98, BGBl 3836; Bundesrechtsrahmengesetz (BRRG) in der Fassung vom 31. 3. 99, BGBl 654; Bundesbeamtengesetz (BBG) in der Fassung vom 31. 3. 99, BGBl 675; Gesetz zum Internationalen Privatrecht für außervertragliche Schuldverhältnisse und für Sachen vom 21. 5. 99, BGBl 1026; Erste Verordnung zur Änderung der Regelbetragsverordnung vom 28. 5. 99, BGBl 1100; Bek zu § 115 der Zivilprozeßordnung (Prozeßkostenhilfebekanntmachung 1999 – PKHB 1999) vom 6. 6. 99, BGBl 1268; der am 1. 1. 2000 in den alten Bundesländern (am 1. 1. 2005 in den neuen) in Kraft tretende Teil des Gesetzes zur Neuordnung des Bundesrechts der Rechtsanwälte und der Patentanwälte vom 2. 9. 94, BGBl 2278; Siebtes Gesetz zur Änderung des Bundessozialhilfegesetzes vom 25. 6. 99, BGBl 1442. Ferner war die Neufassung des Erlasses über Zustellungen usw in der Bundeswehr vom 23. 7. 98, VMBl 246, einzuarbeiten.

Außerhalb der ZPO und deren Vorschriften insofern abändernd enthalten vor allem das GWB, weiterhin **4** aber auch die mannigfachen multi- und bilateralen internationalen Abkommen, die zum Teil wieder in Kraft getreten, zum Teil neu abgeschlossen worden sind, Einl IV, zivilprozessuale Regeln. Zum EuGÜbk Einl IV 2 und Schlußanhang V C, s auch Arnold NJW **72**, 977, Bauer DB **73**, 2333, Grunsky JZ **73**, 641, Schlosser

FamRZ **73**, 424, Wolf NJW **73**, 397. Andererseits sind Vorschriften der ZPO vielfach nach anderen Verfahrensordnungen entsprechend anzuwenden, so besonders nach ArbGG, VwGO und FGO.

Zum geschichtlichen Einfluß von Ideologien Leipold JZ **82**, 441, abw Bender JZ **82**, 709.

## B. Rechtspolitik

5   Über die Entwicklung bis Frühherbst 1994 unterrichtet ausführlich Einl I B in der 53. Auflage (vgl auch die vorangegangenen Auflagen).

6   Die Herbstkonferenz 1994 der Justizminister des Bundes und der Länder hat eine Reihe erheblicher weiterer Veränderungen vorgeschlagen, unter anderem die Einführung des dreigliedrigen Gerichtsaufbaus, ein weiteres Rechtspflegeentlastungsgesetz, die Förderung der verbindlichen vorprozessualen Schlichtungsstelle bzw einer außergerichtlichen Streitbelegung im Zivilrecht, strukturelle Veränderungen in der Justiz, den verstärkten Einsatz des originären Einzelrichters auch in der Verwaltungsgerichtsbarkeit. Vgl auch Leutheusser-Schnarrenberger NJW **95**, 2441 (Üb), Macke NJW **98** Heft 23 Beilage 28, Schneider MDR **96**, 865, Vorwerk MDR **96**, 870. Die Bundesregierung plant als Einstieg in eine umfassende Justizreform eine starke Einschränkung des Rechtsmittelsystems (Bindung der 2. Instanz an die tatsächlichen Feststellungen der ersten, Präklusion neuen Vorbringens), krit BRAK v 22./23. 4. 99, MDR **99**, Heft 11 S R 15, Heft 14 S R 13. Sie plant ferner einer Modernisierung des Zustellungsrechts, DRiZ **99**, 138. Zur Verbesserung des erstinstanzlichen Verfahrens Rimmelspacher ZRP **99**, 177. Zur europäischen Vereinheitlichung Text ZZP **109**, 345, Roth ZZP **109**, 271, Schilken ZZP **109**, 315. Zur geplanten weiteren Entlastung der Zivilgerichte Gerhardt JR **98**, 133, Ring ZRP **97**, 138. Beraten wird in der Europäischen Union die Einführung eines Europäischen Vollstreckungstitels, zB BRDrs 402/97 vom 9. 6. 97. Im Rechtspolitischen Ausblick (II) am Schluß dieses Buchs ist der Entwurf eines Gesetzes zur Reform der Präsidialverfassung der Gerichte abgedruckt, den der Bundestag am 17. 6. 99 nach Erster Lesung in die Ausschüsse verwiesen hat. Wertänderungen enthalten Bestimmungen des Entwurfs eines Gesetzes zur Änderung des GKG und anderer Gesetze vom 23. 3. 99 – BTDrs 14/598 –, der noch nicht im Bundestag beraten wurde.

## II. Rechtsquellen und Schrifttum

### Gliederung

| | | | |
|---|---|---|---|
| A. Rechtsquellen.................... | 1, 2 | 2) Gesamtdarstellungen, Lehrbücher, Kommentare zu Einzelgebieten, | |
| 1) Bundesgebiet................ | 1 | | |
| 2) Frühere DDR................ | 2 | Grundrisse.......................... | 4–6 |
| B. Schrifttum zu ZPO, GVG, RPflG und DRiG (Auswahl)................ | 3–10 | 3) Einzeldarstellungen................. | 7 |
| | | 4) Hilfsmittel......................... | 8 |
| 1) Erläuterungsbücher............... | 3 | 5) Zeitschriften...................... | 9 |
| | | 6) Reformarbeiten................... | 10 |

### A. Rechtsquellen

1   **1) Bundesgebiet.** GVG und ZPO gehören zur konkurrierenden Gesetzgebung, Art 74 Z 1 GG. In dem in Art 125 GG angegebenen Umfang ist dieses Recht Bundesrecht. Rechtsquellen: *GVG*, zuletzt geändert durch Art 14 G v 25. 8. 98, BGBl 2489; *ZPO*, zuletzt geändert durch G v 21. 5. 99, BGBl 1026; *EGZPO*, zuletzt geändert durch Art 6 G v 31. 8. 98, BGBl 2585; *RPflG*, zuletzt geändert durch Art 4 G v 25. 8. 98, BGBl 2489; *DRiG*, zuletzt geändert durch Art 7 BBVAnpG v 6. 8. 98, BGBl 2026, sowie die zu I genannten weiteren Gesetze, vgl auch die Überschriften des 1. Buches und des GVG. Wegen der weiteren Fundstellen vgl das Vorwort. Die Gerichtsbarkeit der deutschen Gerichte in nichtstrafrechtlichen Angelegenheiten besteht seit dem 5. 5. 55 auch gegenüber den Mitgliedern der ausländischen Streitkräfte unbeschränkt, SchlAnh III.

2   **2) Frühere DDR.** Vgl Einl III 77.

### B. Schrifttum zu ZPO, GVG, RPflG und DRiG (Auswahl)

Umfassende ältere Nachweise bei Wieser, Bibliographie des Zivilverfahrensrechts in der BRep von 1945–1975; 1976

S auch die Schrifttumsangaben vor der jeweiligen Kommentierung und das Abkürzungsverzeichnis

**1) Erläuterungsbücher**

*Arnold/Meyer-Stolte/Herrmann/Hansens*, RPflG, 5. Aufl 1999.
*Bassenge/Herbst*, FGG/RPflG, 8. Aufl 1999.
*Dallmeyer/Eickmann*, RPflG, 1996.
*Fürst/Mühl/Arndt*, DRiG, 1992.
*Kissel*, GVG, 2. Aufl 1994.
*Menne/Röhl/Schmidt/Wassermann*, ZPO, 1987.
Münchener Kommentar zur ZPO, bearbeitet von *Arnold, Belz, Braun, Coester, Damrau, Deubner, Eickmann, Feiber, von Feldmann, Gottwald, Heinze, Holde, Klauser, Krüger, Lappe, Lindacher, Lüke, Maier, von Mettenheim, Musielak, Patzina, Peters, Prütting, Rimmelspacher, Schilken, Schmidt, Schreiber, Smid, Walchshöfer, Walter, Wax, Wolf, Wolfsteiner*, 1. Aufl 1992, mit Sonderheft zum RpflEntlG, 1993.

II. Rechtsquellen und Schrifttum **Einl II**

*Musielak,* ZPO, bearbeitet von *Ball, Becker, Borth, Fischer, Foerster, Grandel, Huber, Lackmann, Musielak, Smid, Staller, Voit, Weth, Wittschier, Wolst,* 1. Aufl 1999.
*Schmidt-Räntsch,* DRiG, 5. Aufl 1995.
*Schuschke/Walker,* Vollstreckung und Vorläufiger Rechtsschutz, Bd I: Zwangsvollstreckung (§§ 704–915 ZPO), 2. Aufl 1997, Bd II: Arrest, Einstweilige Verfügung (§§ 916–945 ZPO), 1995.
*Schwab/Walter,* Schiedsgerichtsbarkeit, 5. Aufl 1995.
*Stein/Jonas,* ZPO, seit 1967 fortgeführt von *Bork, Brehm, Grunsky, Leipold, Münzberg, Roth, Schlosser, Schumann,* 20. Aufl 1977–1989, 21. Aufl seit 1993: Bd 1 (§§ 1–90) 1993, Bd 2 (§§ 91–252) 1994, Bd 3 (§§ 253–299 a) 1997, Bd 4 Teilbd 1 (§§ 300–347) 1998, Bd 4 Teilbd 2 (§§ 348–510 b) 1999, Bd 5 Teilbd 1 (§§ 511–591) 1994, Bd 5 Teilbd 2 (§§ 592–703 d) 1993, Bd 6 (§§ 704–863) 1995, Bd 7 Teilbd 1 (§§ 864–945) 1996, Bd 7 Teilbd 2 (§§ 946–1048) 1994.
*Thomas/Putzo,* ZPO, 22. Aufl 1999, bearbeitet von *Thomas, Putzo, Reichold, Hüßtege.*
*Wassermann* (Herausgeber), ZPO, 1987.
*Wieczorek/Schütze,* ZPO, 3. Aufl seit 1994, herausgegeben von *Schütze,* bearbeitet von *Ahrens, Becker-Eberhard, Borck, Buchholz, Gamp, Hausmann, Heß, Kemper, Klicka, Loeser, Lüke, Mansel, Niemann, Olzen, Paulus, Peters, Prütting, Salzmann, Schlüter, Schreiber, Schütze, Steiner, Storz, Thümmel, Weber, Weth,* Bd 1 Teilbd 1 (Einleitung, §§ 1–49, Anh § 40 – EuGVÜ), Teilbd 2 (§§ 50–127 a) 1994, Bd 3 Teilbd 2 (§§ 592–703 d) 1998, Bd 5 (§§ 916–1048, GVG, Nebengesetze) 1995.
*Zimmermann,* ZPO, 5. Aufl 1998.
*Zöller,* ZPO, bearbeitet von *Geimer, Greger, Gummer, Herget, Philippi, Stöber, Vollkommer,* 21. Aufl 1999.

**2) Gesamtdarstellungen, Lehrbücher, Kommentare zu Einzelgebieten, Grundrisse** 4
*Anders/Gehle,* Handbuch für das Zivilurteil, 2. Aufl 1995.
*Bäumel pp,* Familienrechtsreformkommentar, 1998.
*Baumgärtel/Prütting,* Einführung in das Zivilprozeßrecht. 8. Aufl 1994.
*Baur/Grunsky,* Zivilprozeßrecht, 9. Aufl 1997.
*Baur/Stürner,* Zwangsvollstreckungs-, Konkurs- und Vergleichsrecht, Lehrbuch, 12. Aufl 1995.
*Bergerfurth,* Der Zivilprozeß, 6. Aufl 1991.
*Bergschneider,* Die Ehescheidung und ihre Folgen, 3. Aufl 1992.
*Blomeyer,* Zivilprozeßrecht: Erkenntnisverfahren, 2. Aufl 1986: Vollstreckungsverfahren, 1975, mit Nachtrag 1979.
*Brox/Walker,* Zwangsvollstreckungsrecht, 6. Aufl 1999.
*Bruckmann,* Praxis des Zivilprozesses, 1992.
*Bruns,* Zivilprozeßrecht, 3. Aufl 1987.
*Bruns/Peters,* Zwangsvollstreckungsrecht, 3. Aufl 1987.
*Büchting/Heussen,* Beck'sches Rechtsanwaltshandbuch, 5. Aufl 1997/98.
*Bülow/Böckstiegel/Geimer/Schütze,* Der Internationale Rechtsverkehr (enthält einen Kommentar zum EuGÜbk), seit 1973.
*Bunge,* Zivilprozeß und Zwangsvollstreckung, 1995.
*Callies,* Prozedurales Recht, 1999.
*Doukoff,* Die zivilrechtliche Berufung, 1998.
*Dunkl/Moeller/Baur/Feldmeier,* Handbuch des vorläufigen Rechtsschutzes, 3. Aufl 1999.
*Eyermann,* Verwaltungsgerichtordnung (Kommentar), 10. Aufl 1998.
*Fricke/Wiefels,* Zivilprozeß, Band I (GVG, 1.–2. Buch), II (3.–10. Buch) 1977 (Schaeffers Grundrisse).
*Geimer,* Internationales Zivilprozeßrecht, 3. Aufl 1997.
*Geimer/Schütze,* Europäisches Zivilverfahrensrecht, 1997.
*Gerhardt/von Heintschel-Heinegg/Klein,* Handbuch des Rechtsanwalts: Familienrecht, 2. Aufl 1999.
*Gottwald,* Zwangsvollstreckung. Kommentierung der §§ 704–915 h ZPO usw, 1996.
*Gottwald,* Einstweiliger Rechtsschutz in Verfahren nach der ZPO, Kommentierung der §§ 916–945 ZPO, 1998.
*Grunsky,* Grundzüge des Zwangsvollstreckungs- und Konkursrechts, 4. Aufl 1987.
*Hahn,* Anwaltliche Rechtsausführungen im Zivilprozeß usw, 1998.
Handbuch des Internationalen Zivilverfahrensrechts, Bd I: Supranationale und internationale Gerichte **5** (*Herrmann*); Europäisches Zivilprozeßrecht – Generalia (*Basedow*).
*Hartmann,* Kostengesetze (Kommentar), 29. Aufl 2000.
*Heussen/Fraulob/Bachmann,* Zwangsvollstreckung für Anfänger, 4. Aufl 1996.
*Hintzen/Wolf,* Handbuch der Mobiliarvollstreckung, 1999.
*Hoppenz,* Familiensachen, 6. Aufl 1998.
*Hufen,* Verwaltungsprozeßrecht, 3. Aufl 1998.
*Hünnekens,* Kostenabwicklung in Zivil- und Familiensachen und bei Prozeßkostenhilfe, 2. Aufl 1999.
Internationale Zuständigkeit (*Kropholler*) 1982; Bd III/1: Anerkennung ausländischer Entscheidungen nach autonomem Recht (*Martiny*), III/2: Anerkennung nach multilateralen Staatsverträgen (*Martiny*); Anerkennung nach bilateralen Staatsverträgen (*Wachler*); Vollstreckbarerklärung (*Wolff*), 1984.
*Jauernig,* Zivilprozeßrecht (Kurzlehrbuch), 25. Aufl 1998.
*Jauernig,* Zwangsvollstreckungs- und Insolvenzrecht (Kurzlehrbuch), 21. Aufl 1999.
*Johannsen/Henrich,* Eherecht (Komm), 3. Aufl 1998.
*Koenig/Sander,* Einführung in das EG-Prozeßrecht, 1997.
*Kopp/Schenke,* VwGO (Kommentar), 11. Aufl 1998.
*Kropholler,* Europäisches Zivilprozeßrecht, 6. Aufl 1998.
*Kropholler,* Internationales Privatrecht, 3. Aufl 1997.
*Kuhla/Hüttenbrink,* Der Verwaltungsprozeß, 2. Aufl 1998.
*Lachmann,* Handbuch für die Schiedsgerichtspraxis, 1998.

*Lappe,* Justizkostenrecht, 2. Aufl 1995.
*Liesen,* Zivilprozeßrecht I (Erkenntnisverfahren), 1998.
*Linke,* Internationales Zivilprozeßrecht, 2. Aufl 1995.
*Lüke,* Zivilprozeßrecht (Grundriß), 7. Aufl 1999.
*Mohrbutter/Drischler,* Die Zwangsversteigerungs- und Zwangsverwaltungspraxis: Band 1: 7. Aufl. 1986 Band 2: 6. Aufl. 1978.
*Mühlenz/Kirchmeier/Greßmann,* Das neue Kundschaftsrecht, 1998.
*Musielak,* Grundkurs ZPO usw (Erkenntnisverfahren und Zwangsvollstreckung), 4. Aufl 1998.
*Nagel/Gottwald,* Internationales Zivilprozeßrecht, 4. Aufl 1997.
*Oberheim,* Zivilprozeßrecht für Referendare, 3. Aufl 1997.
*Paulus,* Zivilprozeßrecht. Erkenntnisverfahren und Zwangsvollstreckung, 1996.
*Peters,* Zivilprozeßrecht einschließlich Zwangsvollstreckung und Konkurs, 4. Aufl 1986.
*Rahm/Künkel,* Handbuch des Familiengerichtsverfahrens (Loseblattausgabe), seit 1978.

**6** *Redeker/von Oertzen,* VwGO (Komm), 11. Aufl 1994.
*Reichelt* (Hrsg), Europäisches Kollisionsrecht, 1993.
*Rosenberg/Gaul/Schilken,* Zwangsvollstreckungsrecht, 11. Aufl 1997.
*Rosenberg/Schwab/Gottwald,* Zivilprozeßrecht, Erkenntnisverfahren, 15. Aufl 1993.
*Rüßmann,* Kindesunterhaltsgesetz, 1998.
*Schack,* Internationales Zivilverfahrensrecht, 2. Aufl 1996.
*Schellhammer,* Zivilprozeß, 8. Aufl 1999.
*Schilken,* Zivilprozeßrecht, 2. Aufl 1995.
*Schilken,* Gerichtsverfassungsrecht, 2. Aufl 1993.
*Schlosser,* Europäisches Gerichtsstands- und Vollstreckungsübereinkommen usw (Kommentar), 1996.
*Schlosser,* Zivilprozeßrecht, Bd. I: Erkenntnisverfahren, 2. Aufl 1992; Bd II: Zwangsvollstreckungs- und Insolvenzrecht, 1984.
*Schoch/Schmidt-Aßmann/Pietzner,* Verwaltungsgerichtsordnung (Loseblatt-Kommentar), Stand Februar 1998.
*Schuschke/Walker,* Vollstreckung und Vorläufiger Rechtsschutz (Kommentar), Bd I (§§ 704–915) 2. Aufl 1997, Bd II (§§ 916–945) 2. Aufl 1999.
*Schütze,* Deutsches Internationales Zivilprozeßrecht, 1985.
*Schwab,* Handbuch des Scheidungsrechts, 2. Aufl 1989.
*Tschira,* Verwaltungsprozeßrecht, 1987.
*Wieser,* Grundzüge des Zivilprozeßrechts, 1986.
*Wolf,* Gerichtsverfassungsrecht aller Verfahrenszweige, 6. Aufl 1987.
*Wolff,* Zivilprozeß- und Zwangsvollstreckungsrecht, 4. Aufl 1994.
*Würtenberger,* Verwaltungsprozeßrecht, 1998.
*Zeiss,* Zivilprozeßrecht, 9. Aufl 1997.

**7** **3) Einzeldarstellungen**
*Bahnsen,* Verbraucherschutz im Zivilprozeß, 1997.
*Baumgärtel,* Beweislastpraxis im Privatrecht, 1996.
*Baumgärtel,* Handbuch der Beweislast im Privatrecht, Bd 1: Allgemeiner Teil und Schuldrecht BGB usw, 2. Aufl 1991; Bd 2: Sachen-, Familien- und Erbrecht, 2. Aufl 1999; Bd 3: AGBG/UWG, 1987; Bd 4: AbzG, HGB (§§ 1–340, 343–438), CMR, BinnSchG, 1988.
*Baur,* Studien zum einstweiligen Rechtsschutz, 1967.
*Baur,* Die Gegenvorstellung im Zivilprozeß, 1990.
*Berger,* Das neue Recht der Schiedsgerichtsbarkeit, 1998.
*Bergerfurth,* Der Anwaltszwang und seine Ausnahmen, 2. Aufl 1988.
*Bergerfurth,* Der Ehescheidungsprozeß und die anderen Eheverfahren, 11. Aufl 1998.
*Bergschneider,* Die Ehescheidung und ihre Folgen, 4. Aufl 1998.
*Braun,* Rechtskraft und Restitution, 1. Teil 1979, 2. Teil 1985.
*Brenner,* Der Einfluß von Behörden auf die Einleitung und den Ablauf von Zivilprozessen usw, 1989.
*Bülow/Böckstiegel/Geimer/Schütze,* Der internationale Verkehr in Zivil- und Handelssachen (Loseblattausgabe), 3. Aufl seit 1990.
*Chung,* Das Problem der reformatio in peius im Zivilprozeß, Diss Köln 1998.
*Coester-Waltjen,* Internationales Beweisrecht, 1983.
*Commichau,* Die anwaltliche Praxis in Zivilsachen, 2. Aufl 1985.
*von Eicken/Lappe/Madert,* Die Kostenfestsetzung, 17. Aufl 1987.
*Ernemann,* Zur Anerkennung und Vollstreckung ausländischer Schiedssprüche nach § 1044 ZPO, 1980.
*Eschenbruch,* Der Unterhaltsprozeß usw, 1992.
*Firsching/Graba,* Familienrecht, 1. Halbband: Familiensachen, 1998.
*Gaul,* Die Grundlagen des Wiederaufnahmerechts und die Ausdehnung der Wiederaufnahmegründe, 1956.
*Geimer,* Anerkennung ausländischer Entscheidungen in Deutschland, 1995.
*Geimer,* Internationale Beweisaufnahme, 1998.
*Geimer/Schütze,* Internationale Urteilsanerkennung, Band I 1. Halbband (Das EWG-Übereinkommen über die gerichtliche Zuständigkeit und die Vollstreckung gerichtlicher Entscheidungen in Zivil- und Handelssachen) 1983, 2. Halbband (Allgemeine Grundsätze und autonomes deutsches Recht) 1984; Band II (Grundlagen der Anerkennung und Vollstreckung ausländischer Zivilurteile und Darstellung des autonomen deutschen Rechts) 1971.
*Goebel,* Zivilprozeßrechtsdogmatik und Verfahrenssoziologie, 1994.
*Göppinger/Börger,* Vereinbarungen anläßlich der Ehescheidung, 7. Aufl 1998.
*Grabenwarter,* Verfahrensgrundsätze in der Verwaltungsgerichtsbarkeit (rechtsvergleichend), 1998.
*Greger,* Das Rechtsinstitut der Wiedereinsetzung in den vorigen Stand usw, 1998.

## II. Rechtsquellen und Schrifttum

*Grunsky*, Der Anwalt in Berufungssachen, 1987.
*Habscheid*, Das deutsche Zivilprozeßrecht und seine Ausstrahlung auf andere Rechtsordnungen, 1991.
*Haft*, Verhandeln – Die Alternative zum Rechtsstreit, 1992.
*Henrich*, Internationales Scheidungsrecht, 1998.
*Hillach/Rohs*, Handbuch des Streitwerts usw, 7. Aufl 1988.
*Hippler/Winterstein*, Die eidesstattliche Versicherung durch den Gerichtsvollzieher, 1999.
*Hohloch* (Hrsg), Internationales Scheidungs- und Scheidungsfolgenrecht, 1998.
*Internationales Institut für Rechts- und Verwaltungssprache* (Herausgeber), Zivilprozeß, Deutsch/Französisch, Handbuch, 1982.
*Jayme* (Herausgeber), Ein internationales Zivilverfahrensrecht für Gesamteuropa (EuGVÜ usw), 1991.
*Jayme/Hausmann*, Internationales Privat- und Verfahrensrecht, 9. Aufl 1998.
*Jessnitzer/Frieling*, Der gerichtliche Sachverständige, 10. Aufl 1992.
*Kaissis*, Die Verwertbarkeit materiell-rechtswidrig erlangter Beweismittel im Zivilprozeß, 1978.
*Klußmann*, Das Kind im Rechtsstreit des Erwachsenen, 1981.
*Koch*, Verbraucherprozeßrecht usw, 1990.
*Koch*, Zivilprozeßpraxis in EDV-Sachen, 1988.
*Koch*, Einwirkungen des Gemeinschaftsrechts auf das nationale Verfahrensrecht im Falle richterlicher Vertragsverletzungen im Zivilprozeß, 1994.
*Krauß*, Der Umfang der Prüfung von Zivilurteilen durch das Bundesverfassungsgericht, 1987.
*Kuß*, Öffentlichkeitsmaxime der Judikative und das Verbot von Fernsehaufnahmen im Gerichtssaal, 1999.
*Labes/Lörcher*, Nationales und Internationales Schiedsverfahrensrecht (Textsammlung), 1998.
*Leipold*, Wege zur Konzentration von Zivilprozessen, 1999.
*Liebscher*, Datenschutz bei der Datenübermittlung im Zivilverfahren, 1994.
*Lörcher/Lörcher*, Das Schiedsverfahren usw, 1998.
*Lüke*, Die Beteiligung Dritter im Zivilprozeß, 1993.
*von Luxbug*, Das neue Kundschaftsrecht, 1998.
*Mauder*, Der Anspruch auf rechtliches Gehör usw, 1986.
*May*, Die Schutzschrift im Arrest- und Einstweiligen-Verfügungs-Verfahren, 1983.
*May*, Die Revision in den zivil- und verwaltungsgerichtlichen Verfahren usw, 2. Aufl 1997.
*Melullis*, Handbuch des Wettbewerbsrechts, 2. Aufl 1995.
*Müller*, Der Sachverständige im gerichtlichen Verfahren, 3. Aufl 1988.
*Musielak/Stadler*, Grundfragen des Beweisrechts, 1984.
*Nagel/Gottwald*, Internationales Zivilprozeßrecht, 4. Aufl 1997.
*Nirk/Kurtze*, Wettbewerbsstreitigkeiten, 2. Aufl 1992.
*Pastor/Ahrens*, Der Wettbewerbsprozeß, Ein Praxishandbuch, 4. Aufl 1999.
*Pastor*, Die Unterlassungsvollstreckung nach § 890 ZPO, 3. Aufl 1982.
*Peschel-Gutzeit*, Verfahren und Rechtsmittel in Familiensachen, 1988.
*Peters*, Richterliche Hinweispflichten und Beweisinitiativen im Zivilprozeß, 1983.
*Pfeiffer*, Internationale Zuständigkeit und prozessuale Gerechtigkeit, 1995.
*Piech*, Der Prozeßbetrug im Zivilprozeß, 1998.
*Prütting*, Die Zulassung der Revision, 1977.
*Prütting/Weth*, Rechtskraftdurchbrechung bei unrichtigen Titeln, 2. Aufl 1994.
*Ratte*, Wiederholung der Beschwerde und Gegendarstellung, 1975.
*Rimmelspacher*, Materiellrechtlicher Anspruch und Streitgegenstandsprobleme im Zivilprozeß, 1970.
*Rinsche*, Die Haftung des Rechtsanwalts und Notars, 6. Aufl 1998.
*Rosenberg*, Die Beweislast usw, 5. Aufl 1965.
*Schlosser*, Das Recht der internationalen privaten Schiedsgerichtsbarkeit, 1975.
*Schmidt-Parzefall*, Die Auslegung des Parallelübereinkommens von Lugano, 1995.
*Schneider*, Beweis und Beweiswürdigung, 5. Aufl 1994.
*Schneider*, Befangenheitsablehnung im Zivilprozeß usw, 1993.
*Schneider/Herget*, Streitwert-Kommentar für den Zivilprozeß, 11. Aufl 1996.
*Schneider/Herget*, Die Kostenentscheidung im Zivilurteil, 3. Aufl 1990.
*Schober*, Drittbeteiligung im Zivilprozeß usw, 1990.
*Schöpflin*, Die Beweiserhebung von Amts wegen im Zivilprozeß, 1992.
*Scholz*, Das Problem der autonomen Auslegung des EuGVÜ, 1998.
*Schumann*, Die Berufung in Zivilsachen, 5. Aufl 1997.
*Schumann*, Bundesverfassungsgericht, Grundgesetz und Zivilprozeß, 1983.
*Schuster*, Prozeßkostenhilfe, 1980.
*Schütze*, Schiedsgericht und Schiedsgerichtsverfahren, 3. Aufl 1999.
*Schwab/Walter*, Schiedsgerichtsbarkeit, 5. Aufl 1995.
*Schwab/Gottwald*, Verfassung und Zivilprozeß, 1983.
*Semmelmayer*, Der Berufungsgegenstand, 1996.
*Sorth*, Rundfunkberichterstattung aus Gerichtsverfahren usw, 1999.
*Steiner/Riedel*, Zwangsversteigerung und Zwangsverwaltung, 9. Aufl, Band 1 (§§ 1–104 ZVG) 1984, Band 2 (§§ 105–185 ZVG) 1986.
*Stöber*, Forderungspfändung, 12. Aufl 1999.
*Stürner*, Die Aufklärungspflicht der Parteien im Zivilprozeß, 1976.
*Stürner*, Die richterliche Aufklärungspflicht im Zivilprozeß, 1982.
*Tempel*, Materielles Recht im Zivilprozeß, 3. Aufl 1999.
*Teplitzky*, Wettbewerbsrechtliche Ansprüche, Unterlassung, Beseitigung, Schadensersatz, 7. Aufl 1997.
*Thalmann*, Praktikum des Familienrechts (familiengerichtliches Verfahren), 1987.
*Trepte*, Umfang und Grenzen des sozialen Zivilprozesses, 1994.

*Volbers,* Fristen und Termine, 8. Aufl 1997.
*Vollkommer,* Formenstrenge und prozessuale Billigkeit, 1973.
*Vollkommer,* Anwaltshaftungsrecht, 1981.
*Waldner,* Der Anspruch auf rechtliches Gehör, 1989.
*Wellmann/Schneider/Hüttemann/Weidhaas,* Der Sachverständige in der Praxis, 6. Aufl 1997.
*Werner/Pastor,* Der Bauprozeß, 9. Aufl 1999.
*Weth,* Die Zurückweisung verspäteten Vorbringens im Zivilprozeß, 1988.
*Wieser,* Grundzüge des Zivilprozeßrechts usw, 2. Aufl 1997.

## 8   4) Hilfsmittel

*Alpmann/Schmidt,* Zivilprozeß-Stagen und Examen, 4. Aufl 1997.
*Anders/Gehle,* Das Assessorexamen im Zivilrecht, 5. Aufl 1996.
*Anders/Gehle,* Streitwert-Lexikon, 3. aufl 1997.
*Anders/Gehle,* Antrag und Entscheidung im Zivilprozeß, 3. Aufl 1997.
*Ast/Belgardt/Hintzen/Müller/Riess,* Prozeßformularsammlung, seit 1995 (Loseblattsammlung).
*Balzer,* Examensklausuren Zivilrecht, Bd 1: 3. Aufl 1987; Bd 2: 2. Aufl 1987.
*Balzer/Forsen,* Relations- und Urteilstechnik, Aktenvortrag, 7. Aufl 1993.
*Baumfalk,* ZPO, Erkenntnisverfahren, Vollstreckungsverfahren, Grundsätze des Insolvenzverfahrens, 10. Aufl 1999.
*Baumfalk,* Zivilprozeß-Stagen und Examen, 5. Aufl 1999.
*Baumfalk,* Die zivilrechtliche Assessorklausur, 8. Aufl 1998.
*Baumfalk,* Die zivilrechtliche Anwaltsklausur im Assessorexamen, 1998.
*Baumgärtel,* Der Zivilprozeßrechtsfall, 8. Aufl 1995.
*Baumgärtel/Prütting,* Einführung in das Zivilprozeßrecht mit Examinatorium, 8. Aufl 1994.
*Baur/Stürner,* Zwangsvollstreckungs-, Konkurs- und Vergleichsrecht, Fälle und Lösungen nach höchstrichterlichen Entscheidungen, 6. Aufl 1989.
*Becht,* Prüfungsschwerpunkte im Zivilprozeß, 2. Aufl 1998.
*Becht,* Einführung in die Praxis des Zivilprozesses, 1995.
*Bender/Nack,* Tatsachenfeststellung vor Gericht, Band I: Glaubwürdigkeits- und Beweislehre, 2. Aufl 1995; Band II: Vernehmungslehre, 2. Aufl 1995.
*Berg/Zimmermann,* Gutachten und Urteil, 16. Aufl 1994.
*Bull/Puls,* Prozeßhilfen, 4. Aufl 1981.
*Dresenkamp,* JA-Zivilakte usw, 1999.
*Fleischmann/Rupp,* Zivilprozeßrecht in Praxis und Examen, 1987.
*Furtner,* Das Urteil im Zivilprozeß, 5. Aufl 1985.
*Gerhardt,* Zivilprozeßrecht, Fälle und Lösungen nach höchstrichterlichen Entscheidungen, 5. Aufl 1996.
*Gilles,* Optisches Zivilprozeßrecht, 1977.
*Gilles,* Juristenausbildung und Zivilverfahrensrecht, 1983.
*Gilles,* Theorie und Praxis im Zivilprozeßrecht, 1984.
*Gottwald,* Das Zivilurteil (Anleitung für Klausur und Praxis), 1999.
*Grunsky,* Taktik im Zivilprozeß, 2. Aufl 1996.
*Grunsky,* Der Anwalt in Berufungssachen, 1987.
*Jayme/Hausmann,* Internationales Privat- und Verfahrensrecht (Texte), 9. Aufl 1998.
*Hansen,* Zivilprozeßrecht, I. Erkenntnisverfahren, 2. Aufl 1985; II. Zwangsvollstreckung, 3. Aufl 1985.
*Heilmann/Schlichting,* Verfahrensgestaltung im Zivilprozeß praktische Fälle zur Richterausbildung, 1984.
*Heintzmann,* Zivilprozeßrecht, 1. Erkenntnisverfahren erster Instanz und Gerichtsverfassung, 1985; 2. Rechtsmittel, Besondere Verfahrensarten, Verfahren in Familiensachen, Zwangsvollstreckungsrecht, 2. Aufl 1998. (*Schaeffers* Grundriß Bd 6.1, 6.2).
*Höppner/Hintzen/Bellgardt,* Prozeßformularsammlung, 2. Aufl 1994.
*Knöringer,* Die Assessorklausur im Zivilprozeß, 7. Aufl 1998.
*Koch,* Zivilprozeßpraxis in EDV-Sachen, 1988.
*Köttgen,* Der Kurzvortrag in der Assessorprüfung, 1988.
*Lassen,* 30 Klausuren usw, 1987.
*Lippross,* Vollstreckungsrecht (anhand von Fällen), 8. Aufl 1997.
*Locher/Mes,* Prozeßformularbuch, 8. Aufl 1998.
*Luchterhand,* Prozeßformularsammlung (Loseblattausgabe), seit 1995.
*Lüke,* Zivilprozeßrecht (Schönfelder, Prüfe dein Wissen), Erkenntnisverfahren: 5. Aufl 1977.
*Lüke,* Zwangsvollstreckungsrecht (Prüfe dein Wissen), 2. Aufl 1993.
*Lüke,* Fälle zum Zivilprozeßrecht (Erkenntnis- und Vollstreckungsverfahren der ZPO), 2. Aufl 1993.
*Menne,* Was man vom Zivilprozeß wissen sollte, 2. Aufl 1987.
*Michel/von der Seipen,* Der Schriftsatz des Anwalts im Zivilprozeß, 4. Aufl 1997.
*Müller/Oelkers,* Anwaltliche Strategien im Zivilprozeß, 3. Aufl 1998.
*Münzberg/Wagner,* Höchstrichterliche Rechtsprechung zum Zivilprozeßrecht, 1994.
*Mürbe/Geiger/Wenz,* Die Anwaltsklausur in der Assessorprüfung, 2. Aufl 1996.
*Nordhues/Trinczek,* Technik der Rechtsfindung, 6. Aufl 1994.
*Oberheim,* Zivilprozeßrecht für Referendare, 4. Aufl 1999.
*Oelkers/Müller,* Anwaltliche Strategien im Zivilprozeß, 3. Aufl 1998.
*Olzen,* Zivilprozeßrecht in der bürgerlich-rechtlichen Examensklausur, 1998.
*Pantle,* Die Praxis des Zivilprozesses, 2. Aufl 1991.
*Peter,* Zivilprozeß und Zwangsvollstreckung (Diktat- und Arbeitsbuch), Stand Februar 1989.
*Prütting/Wagner,* Höchstrichterliche Rechtsprechung zum Zivilprozeßrecht usw, 1994.
*Pukall,* Der Zivilprozeß in der gerichtlichen Praxis, 5. Aufl 1991.

III. Anwendungshilfen

*Raddatz,* Vollstreckungsrecht (Lehrgang), 1993.
*Rinsche,* Prozeßtaktik, 6. Aufl 1998.
*Rosenberg/Solbach/Wahrendorff,* Der Aktenvortrag im Zivilrecht usw (ASSEX), 2. Aufl 1996.
*Sattelmacher/Sirp (Schuschke),* Bericht, Gutachten und Urteil, 32. Aufl 1994.
*Schack,* Höchstrichterliche Rechtsprechung zum Internationalen Privat- und Verfahrensrecht, 1993.
*Schellhammer,* Die Arbeitsmethode des Zivilrichters, 12. Aufl 1997.
*Schlichting,* Praktikum des Zivilprozeßrechts, 1981.
*Schlosser* (Herausgeber), Die Informationsbeschaffung für den Zivilprozeß, 1996.
*Schmitz,* Zivilrechtliche Musterklausuren für die Assessorprüfung, 3. Aufl 1996.
*Schmitz/Ernemann/Frisch,* Die Station in Zivilsachen, 4. Aufl 1993.
*Schneider,* Zivilrechtliche Klausuren, 4. Aufl 1984.
*Schneider,* Der Zivilrechtsfall in Prüfung und Praxis, 7. Aufl 1988.
*Schneider,* Richterliche Arbeitstechnik, 3. Aufl 1991.
*Schneider,* Logik für Juristen, 4. Aufl 1995.
*Schneider/Teubner,* Typische Fehler in Gutachten und Urteil usw, 3. Aufl 1990.
*Schrader/Steinert,* Handbuch der Rechtspraxis Band 1a: Zivilprozeß, 7. Aufl 1990; Band 1b: Zwangsvollstreckung in das bewegliche Vermögen, 6. Aufl 1981.
*Schreiber,* Übungen im Zivilprozeßrecht, 2. Aufl 1996.
*Schüller,* Prozeßformularbuch, 1988.
*Schumann,* Die ZPO-Klausur, 1981.
*Schumann,* Die Berufung in Zivilsachen, 5. Aufl 1997.
*Seitz/Büchel,* Beck'sches Richterhandbuch, 2. Aufl 1999.
*Siegburg,* Einführung in die Urteils- und Relationstechnik, 4. Aufl 1989.
*Stöber/Zeller,* Handbuch der Rechtspraxis, Band 2: Zwangsvollstreckung in das unbewegliche Vermögen, 6. Aufl 1992.
*Stöhr,* Arbeitsblätter für Rechtsreferendare (Verfahrensrecht, Zwangsvollstreckung), 1991.
*Tempel,* Mustertexte zum Zivilprozeß, I. Erkenntnisverfahren 1. Instanz, 4. Aufl 1995; II. Arrest, einstweilige Verfügung, Zwangsvollstreckung, Kostenwesen, Rechtsmittel und Prozeßvergleich, Relationstechnik, 4. Aufl 1996.
*Tempel,* Materielles Recht im Zivilprozeß, 2. Aufl 1992.
*Thalmann,* Praktikum des Familienrechts (Verfahren), 3. Aufl 1989.
*Vespermann,* Familiensachen, Diktat- und Arbeitsbuch, Bd 1: Scheidungs- und Scheidungsverbundverfahren, Bd 2: Unterhalt außerhalb des Scheidungsverbundes, 4. Aufl, Stand Januar 1991.
*Vollkommer,* Die Stellung des Anwalts im Zivilprozeß usw, 1984.
*Wagner/Zartmann,* Das Prozeßformularbuch, 5. Aufl 1981.
*Wenz,* Zwangsvollstreckung (Examenskurs), 3. Aufl 1999.
*Wieser,* Bibliographie des Zivilverfahrensrechts usw, 1976.
*Zimmermann,* ZPO-Fallrepetitorium, 2. Aufl 1997.

**5) Zeitschriften** 9
Außer den allgemeinen: Zeitschrift für den Zivilprozeß (ZZP), begründet von Busch 1879, herausgegeben von Baur und Schwab.

**6) Reformarbeiten** 10
Berichte der *Kommission* zur Vorbereitung einer Reform für das Zivilprozeßrecht.
„recht"-laufende Information des *Bundesminister der Justiz.*
*Grunsky/Stürner/Walter/Wolf* (Hrsg), Wege zu einem europäischen Zivilprozeßrecht, 1992.
*Stoll* (Herausgeber), Stellungnahmen und Gutachten zum Europäischen Internationalen Zivilverfahrens- und Versicherungsrecht, im Auftrag des Deutschen Rates für Internationales Privatrecht, 1991.

### III. Anwendungshilfen

**Hinweis:** Die Grundbegriffe des Prozeßrechts wie Parteiherrschaft, Prozeßhandlung sind bei der im Sachverzeichnis zu ermittelnden Stelle der Erläuterungen erörtert.

#### Gliederung

| | |
|---|---|
| 1) **Abgrenzung des Zivilprozesses** ........ 1–7 | D. Übermaßverbot, Gewissensfreiheit, gesetzlicher Richter .................. 22 |
|    A. Grundsatz: Durchführung bürgerlich-rechtlicher Ansprüche ............... 1, 2 | E. Beibringung, Zusammenfassung, faires Verfahren, Verhältnismäßigkeit usw ... 23–26 |
|    B. Ausnahmen ...................... 3, 4 | F. Fürsorgepflicht...................... 27–29 |
|    C. Erkenntnisverfahren ................ 5 | 4) **Zwingende Vorschriften** .............. 30 |
|    D. Vollstreckungsverfahren ............ 6 | 5) **Nachgiebige Vorschriften** ............ 31–34 |
|    E. Vorläufiges Verfahren .............. 7 |    A. Sollvorschriften...................... 32 |
| 2) **Ziel und Rechtsnatur des Zivilprozesses** ..................... 8–13 |    B. Kannvorschriften.................... 33, 34 |
|    A. Verwirklichung des sachlichen Rechts. 9–12 | 6) **Auslegung der Zivilprozeßvorschriften** ................................... 35–52 |
|    B. Formelle Eingruppierung............ 13 |    A. Gerechtigkeit; Parteiwille............ 36 |
| 3) **Leitgedanken des Zivilprozeßrechts** ... 14–29 |    B. Zweckmäßigkeit: Keine Förmelei..... 37, 38 |
|    A. Rechtsstaatlichkeit ................. 15 |    C. Gesetzesbindung ................... 39 |
|    B. Öffentlichkeit, rechtliches Gehör ..... 16–20 |    D. Sinnermittlung .................... 40, 41 |
|    C. Selbstbestimmung, Waffengleichheit, Willkürverbot...................... 21 |    E. Entstehungsgeschichte.............. 42 |

| | | | | |
|---|---|---|---|---|
| F. Rechtssicherheit | 43 | B. Angriffs- und Verteidigungsmittel | 70, 71 |
| G. Sinnähnlichkeit: Vorhandensein ähnlicher Vorschriften | 44–47 | C. Verordneter Richter | 72 |
| H. Gesetzeslücke | 48–51 | D. Anspruch | 73 |
| I. Einfluß anderer Gesetze | 52 | E. Prozeßrechtsverhältnis | 73 |
| 7) **Treu und Glauben** | 53–67 | 9) **Örtliche Geltung des Zivilprozeßrechts** | 74–77 |
| A. Rechtsmißbrauch | 54–63 | A. Bundesrepublik Deutschland | 74–76 |
| B. Keine prozessuale Verwirkung | 64, 65 | B. Frühere Deutsche Demokratische Republik | 77 |
| C. „Querulantentum" | 66, 67 | | |
| 8) **Einige Begriffe des Zivilprozeßrechts** | 68–73 | 10) **Zeitliche Geltung des Zivilprozeßrechts** | 78 |
| A. Verschulden | 68, 69 | | |

**1** **1) Abgrenzung des Zivilprozesses.** Es sind unterschiedliche Aspekte zu beachten:
**A. Grundsatz: Durchführung bürgerlichrechtlicher Ansprüche.** Man darf einen bürgerlichrechtlichen Anspruch, dh ein Recht gegenüber einem anderen auf ein Tun oder Unterlassen, § 194 BGB, nur vereinzelt durch Selbsthilfe verwirklichen, nämlich in den Fällen der §§ 229, 561, 859, 904, 962 BGB. Darum muß der Staat der Durchführung und Sicherung bürgerlichrechtlicher Ansprüche seinen Arm leihen, dem Bürger einen Justizgewährungsanspruch geben, Artt 2 I, 20 III GG, Rn 15, BVerfG NJW **97**, 312; er tut es im Zivilprozeß (dem „bürgerlichen Rechtsstreit"). Ein Seitenstück zum Zivilprozeß ist das Schiedsverfahren, das die Durchsetzung von Ansprüchen auf Grund eines Schiedsvertrags und einer staatlichen Vollstreckbarerklärung zuläßt.

**2** *Gegensätze* sind die freiwillige Gerichtsbarkeit, der Strafprozeß, die Verwaltungsgerichtsbarkeit, Verwaltungsmaßnahmen. Die Verwaltungsgerichtsbarkeit schützt gegen unberechtigte Eingriffe der Staatshoheit. Die freiwillige Gerichtsbarkeit gewährt Hilfe in bürgerlichrechtlichen Angelegenheiten, bei denen es sich meist nicht um die zwangsweise Durchführung eines bürgerlichrechtlichen Anspruchs handelt; nach diesem Verfahren werden aber auch echte Streitsachen behandelt, zB die Verteilung nach der HausratsVO, das Vertragshilfeverfahren.

**3** **B. Ausnahmen.** Die geltende Gesetzgebung verwischt die Grenzen. Sie verweist gelegentlich den durch Hoheitshandlungen Geschädigten auf den Zivilprozeß (den „Rechtsweg"); so den Enteigneten wegen der Höhe seines Entschädigungsanspruchs, Art 14 III GG, und vermögensrechtliche Ansprüche aus Aufopferung, § 40 II VwGO. Ein anderes Mal läßt sie die Entscheidung über bürgerlichrechtliche Ansprüche durch die Verwaltungsgerichte zu, § 13 GVG, wenn auch § 40 VwGO die Unklarheit zwischen dem Rechtsweg zur ordentlichen und zur Verwaltungsgerichtsbarkeit im wesentlichen beseitigt hat. Dann wieder findet die Erledigung bürgerlichrechtlicher Ansprüche im Strafverfahren statt, vgl §§ 403 ff StPO. Schließlich gehört nach geltendem Recht zur freiwilligen Gerichtsbarkeit jeder Anspruch, den das Gesetz nicht der streitigen Gerichtsbarkeit (dem Zivil- oder Strafprozeß) unterwirft; andererseits sind einzelne Angelegenheiten der freiwilligen Gerichtsbarkeit ins Zivilprozeßverfahren verwiesen, während zB § 621 e zum Teil auf das FGG verweist. Die neuere Gesetzgebung entzieht dem Zivilprozeß auch immer weitere Gebiete zugunsten der freiwilligen Gerichtsbarkeit; so namentlich durch das Vertragshilfeverfahren, Verfahren nach der HausrVO.

**4** *Unklar* ist auch die Zugehörigkeit einzelner Rechtseinrichtungen zum Prozeßrecht oder zum sachlichen Recht; zu den Querverbindungen Berges KTS **76**, 165 (materielles Prozeßrecht), Konzen, Rechtsverhältnisse zwischen Prozeßparteien usw, 1976. So bei der Beweislast, der Rechtskraft, dem Prozeßvergleich. Auch diese Unklarheit ist nicht ohne nachteilige Bedeutung.

**5** **C. Erkenntnisverfahren,** dazu *Henke* ZZP **109**, 135 (Üb über den Aufbau der ZPO): Dieses Verfahren, auch Entscheidungsverfahren, Urteilsverfahren, Streitverfahren genannt, hat das Ziel, durch Urteil den Anspruch festzustellen, ihn in einen erzwingbaren Leistungsanspruch zu verwandeln oder ihn zu gestalten. Das Erkenntnisverfahren kann das ordentliche (gewöhnliche) ein besonderes, auf bestimmte Arten von Ansprüchen zugeschnittenes und besonders geordnetes sein, wie der Urkunden- u Wechselprozeß, das Eheverfahren.

**6** **D. Vollstreckungsverfahren.** Dieses Verfahren hat das Ziel der Erzwingung des zugesprochenen Anspruchs, Dempewolf MDR **77**, 801.

**7** **E. Vorläufiges Verfahren.** Das summarische Verfahren hat das Ziel einer einstweiligen Sicherung durch einen Arrest oder eine einstweilige Verfügung.

**8** **2) Ziel und Rechtsnatur des Zivilprozesses**

Schrifttum: *Arens,* Die Grundprinzipien des Zivilprozeßrechts, in: *Gilles,* Humane Justiz (1977), 1; *Baur,* Funktionswandel des Zivilprozesses? Festschrift *Tübinger Juristenfakultät* (1977) 159; *Bottke,* Materielle und formelle Verfahrensgerechtigkeit im demokratischen Rechtsstaat, 1991; *Henckel,* Prozeßrecht und materielles Recht, 1970; *Hoffmann,* Verfahrensgerechtigkeit usw, 1992; *Otte,* Umfassende Streitentscheidung durch Beachtung von Sachzusammenhängen usw, 1998; *Smid,* Richterliche Rechtserkenntnis: zum Zusammenhang von Recht, richtigem Urteil und Urteilsfragen im pluralistischen Staat, 1989; *Stürner,* Prozeßzweck und Verfassung, Festschrift für *Baumgärtel* (1990); *Vollkommer,* Der Anspruch der Parteien auf ein faires Verfahren im Zivilprozeß, Gedächtnisschrift für *Bruns* (1980) 195.

**9** **A. Verwirklichung des sachlichen Rechts.** Ziel des Zivilprozesses ist die Verwirklichung (teilweise freilich auch die Gestaltung) des sachlichen (materiellen) Rechts, Schlesw RR **90**, 1216, grundsätzlich richtig auch Zweibr MDR **92**, 998, ferner Krüger NJW **90**, 1208, insbesondere der Grundrechte, BVerfG **49**, 257 und NJW **95**, 2607, auf der Grundlage der Wahrheit, aber auch des Rechtsfriedens, ohne daß letzteres Ziel überbetont werden darf. Immerhin geht das Ziel damit weiter als Rödig meint (Die Theorie des gerichtlichen Erkenntnisverfahrens, 1973, 3: Der Prozeß werde zum Zweck der maßgeblichen Bestätigung oder Widerlegung einer bestimmten Behauptung geführt; krit Adomeit AcP **174**, 407).

III. Anwendungshilfen **Einl III**

Der Prozeß ist natürlich *niemals* ein *Selbstzweck*: Das Prozeßrecht darf *nicht* derart gehandhabt werden, daß 10
sachlichrechtliche Ansprüche schlechterdings undurchsetzbar werden, BVerfG NJW 92, 1673 (Kostenrisiko),
BGH MDR 89, 429, Düss FamRZ 91, 351. Dasselbe Ziel hat jedes staatliche Verfahren, zB dasjenige der
freiwilligen Gerichtsbarkeit, der Strafprozeß und die Verwaltungsverfahren. Vgl auch Grdz 2–4 vor § 253.
Trotzdem besteht ein erheblicher Unterschied. Über einen privatrechtlichen Anspruch können die Beteiligten regelmäßig frei verfügen; sie können auf ihn verzichten, sich über ihn vergleichen usw. Diese Verfügung
will und darf ihnen auch der Zivilprozeß nicht nehmen. Auch im Prozeß behält die Partei, von den wenigen Fällen des Hineinspielens gewisser öffentlicher Belange abgesehen, die Verfügung über ihren
Anspruch, kann zB anerkennen oder verzichten, Grdz 48 ff vor § 128.

Das geltende Prozeßrecht räumt der Partei aber auch die *Verfügung über das Verfahren* in weitem Umfang 11
ein, erlaubt zB Geständnis, Verfügung über Beweismittel, Herbeiführung eines Versäumnisurteils, auch sind
Prozeßverträge mit verpflichtendem oder unmittelbar gestaltendem Inhalt vielfältig zulässig, sofern nicht
gesetz- oder sittenwidrig, BGH FamRZ 82, 784 mwN, Baumgärtel ZZP 87, 133, zB auf Rücknahme von
Klage oder Rechtsmittel, Nichteinlegung eines Rechtsmittels, Unterlassung der Vollstreckung, Grdz 22 vor
§ 704, Verzicht auf Urkundenprozeß, Beschränkung von Beweismitteln, Verzicht auf Aufrechnung, ebenso
Parteivereinbarungen über vorgreifliche Rechtsverhältnisse, sogar evtl im Bereich zwingenden Rechts,
solange kein Verstoß gegen Grundsätze des ordre public vorliegt. So können die Parteien die Erforschung
der wirklichen, sachlichen Wahrheit häufig praktisch unmöglich machen; die Wahrheitspflicht des § 138
schützt dagegen nicht ausreichend.

Regelmäßig erreicht der Zivilprozeß also nur die Ermittlung der äußeren (formellen) Wahrheit. Anders, 12
wo *öffentliche Belange* berührt sind, wie im Eheverfahren. Dort entfällt das Verfügungsrecht der Parteien oder
tritt zurück; entsprechend ermittelt das Gericht die sachliche Wahrheit von Amts wegen. Im Strafprozeß
oder Verwaltungsgerichtsverfahren ist der Streitstoff der Verfügung der Beteiligten entzogen; kein Parteiwille,
keine Parteihandlung kann dort die Erforschung der sachlichen Wahrheit beeinträchtigen; die geschieht
immer von Amts wegen.

**B. Formelle Eingruppierung.** Der Zivilprozeß gilt als Zweig des öffentlichen Rechts. Ganz abgesehen 13
von der Fragwürdigkeit des Werts der Unterscheidung zwischen öffentlichem und Privatrecht läßt sich der
Zivilprozeß aus den in Rn 9–12 angegebenen Gründen dem sonstigen öffentlichen Recht nicht zur Seite
stellen. Er bedarf bei ihm, von wenigen Ausnahmefällen des Ehe- und Kindschaftsrechts abgesehen, immer
des Parteiantriebs; der Staat scheidet nicht einmal eine Ehe von Amts wegen.

**3) Leitgedanken des Zivilprozeßrechts.** Die Leitgedanken ergeben sich teils unmittelbar aus dem 14
Gesetz, vor allem natürlich auch aus dem GG, das auch den Prozeß beherrscht, BVerfG DtZ 93, 85, und das
einer Landesverfassung vorgeht, VerfGH Brdb NJW 95, 1018, ferner teils aus der Natur des Zivilprozesses als
einer Regelung menschlicher Lebensbeziehungen im Rahmen der staatlichen Gemeinschaft.

**A. Rechtsstaatlichkeit.** Im Gesetz verankert sind zB das Gebot der Rechtsstaatlichkeit des Verfahrens, 15
Art 20 III GG, BVerfG NJW 98, 3703, Art 6 MRK, Rn 21, 25, EGMR NJW 95, 1413 und NJW 99, 2429,
EurKomm MDR 95, 1255 und 1256, BVerfG NJW 87, 2067 mwN, Gilles, Rechtstatsachenforschung und
Rechtsstaat, Festschrift für Lüke (1997) 139, Schlosser NJW 95, 1404. Die Vorschrift hat Bedeutung zB für
die Notwendigkeit einer effektiven Verfahrensförderung durch das Gericht, Schmidt-Jortzig NJW 94, 2569,
vgl § 216 Rn 9 (Fragwürdigkeit der sog Warteliste).

**B. Öffentlichkeit, rechtliches Gehör.** Ferner gehört hierher der Grundsatz der Öffentlichkeit des 16
Verfahrens, deren Bedeutung hier freilich nicht an die im Strafprozeß heranreicht, ferner die Unmittelbarkeit,
die *Mündlichkeit* (abgeschwächt). Sehr wesentlich gehört hierher die Gewährung *rechtlichen Gehörs*, Art 103 I
GG, dh der Gelegenheit, sich sachlich zu dem Tatsachenstoff zu äußern (evtl auch zur rechtlichen Beurteilung, BVerfG NJW 99, 1307 und WoM 99, 383, teils mit eigenartiger Großzügigkeit), wenn auch insofern
nicht stets, BVerfG NJW 80, 1093), BVerwG NJW 96, 1533, BayVerfGH FamRZ 99, 451. Das Recht auf
das rechtliche Gehör wird vom BVerfG WoM 94, 187, auch als „Prozeßgrundrecht" bezeichnet, so auch
Düss ZMR 91, 433, LG Münst RR 89, 381. Es gilt auch im Verfahren mit Amtsermittlung, Grdz 38 vor
§ 128, BVerfG RR 93, 382, und erfaßt auch Änderungen der vorläufigen Rechtsansicht des Gerichts,
insbesondere nach einem Richterwechsel, BVerfG RR 96, 205 (ziemlich strapaziös ausgewertet), sowie
Rechtsausführungen einer Partei, BVerfG RR 93, 383. Das Gericht muß jedenfalls die Gelegenheit zur
Äußerung auch durch aktive Maßnahmen herbeiführen, BVerfG NJW 99, 1079. Manche, aber nicht jede
fehlerhafte Zurückweisung wegen Verspätung verletzt den Art 103 I GG, zB einerseits BVerfG NJW 92,
681, andererseits BVerfG NJW 90, 566 mwN. Allerdings bejaht zB BVerfG NJW 89, 3212 die verfassungsrechtliche Überprüfbarkeit recht großzügig; wesentlich strengere Anforderungen stellt aber mit Recht
BVerfG NJW 99, 1177 mwN (einfaches Versehen reicht nicht).

Im übrigen liegt ein Verstoß gegen Art 103 I GG nicht stets schon dann vor, wenn das Gericht ein 17
Vorbringen aus Gründen des sachlichen Rechts unberücksichtigt hat, BVerfG NJW 97, 311; es liegt vielmehr
nur dann vor, wenn sich im Einzelfall klar ergibt, daß das Gericht ein rechtzeitiges tatsächliches Vorbringen
eines Beteiligten entweder überhaupt nicht zur Kenntnis genommen oder bei seiner Entscheidung pflichtwidrig *nicht erwogen* hat, BVerfG NJW 96, 3202 und 3203. Ein Verstoß fehlt auch bei einer Entscheidung vor
dem selbst gesetzten Fristablauf, wenn der Anzuhörende bereits Stellung genommen *hat* und nicht zu
erkennen gegeben hat, er wolle in der restlichen Frist noch weitere Ausführungen machen, BGH VersR 95,
70.

Ferner muß die Partei schon wegen der bloßen *Hilfsfunktion (Subsidiarität)* der Verfassungsbeschwerde ihre
prozessualen Rechte auch ausschöpfen, BVerfG NJW 98, 2664, AnwBl 99, 487 und RR 99, 1149 (Wiedereinsetzung), BVerwG NJW 92, 3185 (Antrag nach [gemeint] § 156), BlnVerfGH NJW 99, 275, HessStGH
NJW 99, 1539, Zuck MDR 99, 577. Das gilt auch, wenn zur Zeit der Einlegung der Verfassungsbeschwerde
die Zulässigkeit eines Rechtsbehelfs in der fachgerichtlichen Rechtsprechung zwar noch nicht geklärt, aber auch
noch nicht höchst zweifelhaft ist, BVerfG NJW 97, 649 (eine haarfeine Höchstanforderung). Insofern darf
man aber auch ihre Obliegenheit nicht überspannen, BVerfG NJW 93, 51, Bender NJW 88, 809 (krit zum

BVerfG), besonders nicht nach einem Verfahrensfehler des Gerichts, BayObLG NJW **89**, 706, vgl BayVGH NJW **84**, 2454. Rechtsmißbrauch, Einl III 54, ist auch hier verboten, BVerfG NJW **97**, 1433.

Kritisch zur Rechtsprechung des BVerfG hat sich der *Deutsche Richterbund* geäußert, vgl *Marqua* DRiZ **80**, 436. Kritisch zB auch *Isensee* JZ **96**, 1085.

**18** Däubler JZ **84**, 361 mwN hält die persönliche Kenntnisnahme jedes Mitglieds eines Kollegiums vom *gesamten Akteninhalt* durch unmittelbares Lesen mit Recht für grundsätzlich unverzichtbar; dagegen zB BVerfG NJW **87**, 2220, Rudolphi DRiZ **92**, 9, ZöSGre 7 vor § 128, aM BGH NJW **86**, 2706 für ein Amtsermittlungsverfahren im Sinn von Grdz 38 vor § 128. Zum schlafenden Richter Günther MDR **90**, 875 (ausf). Braun NJW **81**, 428 schlägt wegen einer Tendenz des BVerfG, Verfassungsbeschwerden nach Art 103 I GG bei kleinen Verstößen bzw Werten abzulehnen, die entsprechende Anwendung des § 579 I Z 4 vor, ähnlich Schumann NJW **85**, 1139; dagegen im Ergebnis Brschw OLGZ **74**, 53.

**19** Dabei muß man zwischen einem *unmittelbaren* und einem zur Nachprüfung durch das BVerfG nicht ausreichenden mittelbaren *Verstoß* gegen das GG unterscheiden, vgl zB BVerfG DtZ **92**, 183, Waldner ZZP **98**, 215 je mwN.

Zur Notwendigkeit der Beachtung des *Art 103 I GG* ferner zB BGH **86**, 222, BAG DB **82**, 1172, BFH DB **91**, 318, BSG MDR **85**, 700, BVerwG NJW **92**, 327, *Pawlowski*, Zum außerordentlichen Rechtsschutz usw, 1994.

**20** Das rechtliche Gehör ist grundsätzlich auch im Verfahren vor dem *Rechtspfleger* erforderlich, Eickmann Rpfleger **82**, 449. Es gibt grundsätzlich keinen Anspruch darauf, daß das Gericht vor seiner Entscheidung mitteile, wie es die Sache rechtlich beurteile, BayObLG FamRZ **83**, 1261, vgl freilich §§ 139, 278 III. Das Gericht braucht nicht unbedingt eine Frist zu setzen, sondern nur angemessene Zeit hindurch zu warten, Köln Rpfleger **84**, 424, und muß den Fristablauf auch beim Schweigen des Anzuhörenden abwarten, zB BVerwG NJW **92**, 327. Das rechtliche Gehör steht auch einem gem § 640 e Beizuladenden zu, BGH **89**, 123. Außerhalb des Anwaltsprozesses erfordert Art 103 I GG nicht stets einen Anwalt, BGH **91**, 314.

**21** **C. Selbstbestimmung, Waffengleichheit, Willkürverbot.** Hier sind ferner zu erwähnen: Das Recht auf *informationelle Selbstbestimmung* als Ausfluß des *Art 1, 2 GG*, BVerfG JZ **88**, 555 (Grenzen der Zulässigkeit öffentlicher Bekanntmachungen), NJW **88**, 3009 (Schuldnerverzeichnis) und NJW **97**, 311 (zu hoher Wert), vgl Gola NJW **89**, 2596 (Rspr-Üb); es erfaßt alle zwangsweisen Erhebungen personenbezogener Daten auch im Zivilprozeß, Ehmann CR **89**, 49; der allgemeine *Gleichheitsgrundsatz* und das aus ihm folgende Gebot der *Waffengleichheit*, *Art 6 MRK*, EGMR NJW **95**, 1413, *Art 3 GG*, Rn 15, 25, BVerfG NJW **88**, 2597, BGH VersR **99**, 995, Schlosser NJW **95**, 1404, die auch eine materielle und nicht nur formelle Gleichstellung anstrebt, Baumgärtel Festschrift für Matscher (Wien 1993) 30 mwN, Vollkommer Festschrift für Schwab (1990) 520; das aus *Art 2 I GG* folgende Recht auf Gewährleistung eines *wirkungsvollen Rechtsschutzes*, zB BVerfG NJW **97**, 2167 (dazu freilich Grdz 3, 4 vor § 253).

*Hier gehört ferner das* freilich problematische, manchmal aus ziemlichem Subjektivismus geforderte und manchmal maßlos übersteigerte *Willkürverbot*, *Art 3 GG*, also das Verbot einer objektiven Unangemessenheit einer Maßnahme, die unabhängig von einem Schuldvorwurf bei einer verständigen Würdigung der das GG beherrschenden Gedanken also objektiv nicht mehr verständlich ist, eine offensichtlich einschlägige Norm nicht beachtet oder den Inhalt einer Norm krass mißbraucht, ohne eine Begründung zu geben, KG MDR **99**, 439, sodaß sich der Schluß aufdrängt, daß sie auf sachfremden Erwägungen beruht, die schlechthin unhaltbar sind (Vorsicht!), BVerfG MietR **96**, 54 (das BVerfG, ebenso KG MDR **98**, 735, versteinert eine „absolut herrschende Meinung" und verkennt die Fragwürdigkeit solcher Begriffe, dazu Rn 47), BVerfG NJW **98**, 745 und BGH FamRZ **97**, 173, BayVerfGH FamRZ **99**, 452, KG MDR **99**, 439 vgl aber auch BVerfG NJW **87**, 2499 (Literaturauswahl ist Ermessenssache); Höfling JZ **91**, 960 („bundesverfassungsgerichtliche Superformel", vom BVerfG überdies uneinheitlich angewandt), Kirchberg NJW **87**, 1988 warnen vor seiner Überspannung; vgl ferner Fischer NJW **93**, 2421, Winter, Richterliche Willkür usw, in: Festschrift für Merz (1992); Zuck MDR **86**, 723 (zum Begriff).

**22** **D. Übermaßverbot, Gewissensfreiheit, gesetzlicher Richter.** Ferner zu erwähnen sind: Das *Übermaßverbot*, BGH **86**, 224 mwN; die Glaubens-, Gewissens- und *Bekenntnisfreiheit*, *Art 4 GG*, BVerfG NJW **84**, 969; der Grundsatz des *gesetzlichen Richters*, *Art 102 I 2 GG*, BVerfG NJW **98**, 370.

**23** **E. Beibringung, Zusammenfassung, faires Verfahren, Verhältnismäßigkeit usw.** Schließlich sind zu erwähnen: Der *Beibringungsgrundsatz* (die Verhandlungsmaxime, Grdz 3 vor § 128) und der *Zusammenfassungsgrundsatz* (die Konzentrationsmaxime, Üb 6 vor § 253); ferner das aus dem Rechtsstaatsprinzip folgende Gebot eines rechtsstaatlichen, *fairen* Verfahrens, BVerfG NJW **96**, 3202 mwN und WoM **97**, 318 (aber nicht nur das Gericht hat Rücksicht zu üben, sondern zumindest haben die Parteien die prozessualen Obliegenheiten zu beachten), BGH VersR **98**, 386, BSG NJW **96**, 677, Karlsr Rpfleger **93**, 414. Das gilt zB gegenüber dem des Deutschen nicht genügend mächtigen Prozeßbeteiligten, BVerfG **64**, 135 (StPO). Van Els FamRZ **94**, 735 leitet aus dem Grundsatz eines fairen Verfahrens einen *Beschleunigungsgrundsatz* ab. Ferner ist der Grundsatz der *Verhältnismäßigkeit* der Mittel, eine „Allhzweckwaffe", Eylmann Rpfleger **98**, 46, zu beachten, BVerfG DGVZ **98**, 26, AG Mü DGVZ **85**, 62, Ciyiltepe-Pilarsky, Der Grundsatz der Verhältnismäßigkeit usw, 1995.

*Vgl dazu ferner Baumgärtel*, Ausprägung der prozessualen Grundprinzipien der Waffengleichheit und der fairen Prozeßführung im zivilprozessualen Beweisrecht, Festschrift für *Matscher* (Wien 1993) 30; *Bötticher*, Gleichbehandlung und Waffengleichheit, Überlegungen zum Gleichheitssatz, 1979; *Debernitz*, Das Recht auf ein sachgerechtes Verfahren im Zivilprozeß, 1987; *Dörr*, Faires Verfahren, 1984; *Haag*, Effektiver Rechtsschutz usw, Diss Konstanz 1985; *Karwacki*, Der Anspruch der Parteien auf einen fairen Zivilprozeß usw, 1984; *Schwab/Gottwald*, Verfassung und Zivilprozeß (1984) 63; *Tettinger*, Fairneß und Waffengleichheit, Rechtsstaatliche Direktiven für Prozeß usw, 1984; *Vollkommer*, Der Grundsatz der Waffengleichheit im Zivilprozeß – eine neue Prozeßmaxime?, Festschrift für *Schwab* (1990) 503.

**24** Zur *unmittelbaren* Einwirkung *des GG auf den Zivilprozeß* und zu den Grenzen dieser Einwirkung zB BVerfG **67**, 94; LG Lüb NJW **87**, 959; *Benda/Weber* ZZP **96**, 285; *Frohn*, Rechtliches Gehör und

## III. Anwendungshilfen

richterliche Entscheidung usw, 1989; *Jung,* Der Grundsatz der Waffengleichheit im Zivilprozeß, 1990; *Pawlowski,* Zum außerordentlichen Rechtsschutz gegen Urteile und Beschlüsse bei Verletzung des Rechts auf Gehör usw, 1994; *Schumann,* Menschenrechtskonvention und Zivilprozeß, Festschrift für *Schwab* (1990) 449; *Schwab/Gottwald,* Verfassung und Zivilprozeß, 1983.

Art 103 I GG begründet aber *keine allgemeine Aufklärungs- und Fragepflicht* des Gerichts, BVerfG **42,** 64, 85 (abw Geiger), BGH **85,** 291.

S auch Grdz 41 vor § 128. Zum Einfluß des *Völkerrechts* vgl *Glossner,* Völkerrecht und Zivilprozeß, in: **25** Festschrift für *Trinkner* (1995). Zur mittlerweile direkteren Einwirkung der *Europäischen Menschenrechtskonvention* Rn 15, 21 sowie *Matscher* Festschrift für *Henckel* (1995) 13, *Schumann* Festschrift für *Schwab* (1990) 449 (ausf).

Die geltende Auffassung des Zivilprozesses als keines rein privaten Vorgangs führt zu einer neuen Anwen- **26** dung des Begriffs des *Prozeßrechtsverhältnisses.* Diesem entfließen die Mitwirkungspflicht (Verstoß führt zum Versäumnisverfahren), die Förderungspflicht (Verstoß führt zu Kostenfolgen u Zurückweisung von Vorbringen), die Lauterkeitspflicht mit der Wahrheitspflicht (Verstoß evtl auch strafbar), schließlich die Pflicht zur Prozeßwirtschaftlichkeit, dh zur möglichst zweckmäßigen Handhabung des Verfahrens. S Grdz 3 vor § 128. Vgl auch Damrau, Die Entwicklung einzelner Prozeßmaximen usw, 1975.

F. **Fürsorgepflicht,** dazu *Koch,* Einwirkungen des Gemeinschaftsrechts auf das nationale Verfahrensrecht **27** im Falle richterlicher Vertragsverletzung im Zivilprozeß, 1994; *Voßkuhle,* Rechtsschutz gegen den Richter, 1993: Das Gericht darf nie vergessen, daß es *Helfer und Schützer* der Rechtsuchenden ist, besonders der sozial Schwachen, nicht ihr Feind oder ihr Hemmschuh, vgl BVerfG **42,** 76 (insof krit Geiger). Es hat eine prozessuale Fürsorgepflicht, *Art 19 IV GG,* BVerfG NJW **98,** 2044, BAG DB **77,** 920. Es verstößt gegen seine richtig verstandenen Pflichten, wenn es aus förmlichen Gründen abweist oder zurückverweist, wo es sachlich entscheiden könnte, Baumgärtel Fetschrift für Matscher (Wien 1993) 30 mwN, und soweit nicht zB Verspätungsvorschriften, etwa §§ 282, 296, entgegenstehen. Namentlich die in ihrer Tragweite so wenig gewürdigte Verweisung in einen anderen Prozeß darf nur im äußersten Notfall geschehen.

*Schadensersatzansprüche* des Unterlegenen *gegen den Staat* betr den Richter, zB wegen allzu massiver **28** „Sammeltermine", Arndt DRiZ **79,** 143, gegen Sachverständige, Zeugen wegen deren Fehlverhaltens sind denkbar, Köndgen JZ **79,** 249, vgl freilich Üb 17–19 vor § 402. Auch eine verzögerte Bearbeitung kann eine Staatshaftung und bei einem Verschulden des Richters dessen Haftung, Blomeyer NJW **77,** 560, ferner eine Verfassungsbeschwerde begründen, Kloepfer JZ **79,** 215.

Freilich hat die Fürsorgepflicht auch *Grenzen, Smid,* Rechtsprechung: Zur Unterscheidung von Rechts- **29** fürsorge und Prozeß, 1990: Das Gericht ist jedenfalls außerhalb des Bereichs von Beratungs- oder Prozeßkostenhilfe keine Fürsorgebehörde und entgegen eilfertiger Bemühungen mancher Justizverwaltung durchaus kein Servicebetrieb, der auf Kundschaft wartet. Man darf daher die Grundsatz der prozessualen Fürsorgepflicht keineswegs überspannen, denn das wäre weder mit Art 2 GG noch mit der Parteiherrschaft und dem Beibringungsgrundsatz, Grdz 18, 20 vor § 128, vereinbar. Der Staat soll jedenfalls als Gericht nicht die Rolle eines allmächtigen Fürsorgers spielen, auch nicht gemäß Art 103 I GG, BVerfG **67,** 95, BGH NJW **84,** 310.

4) **Zwingende Vorschriften.** Die sog Mußvorschriften, weil meist durch „muß" gekennzeichnet, sind **30** unbedingt verbindlich. Das Gericht muß sie von Amts wegen beachten. Die Folgen der Verletzung sind verschieden: Es kann eine völlige Unwirksamkeit der betroffenen Rechtshandlung eintreten. Das gilt nur selten, meist bei Prozeßhandlungen der Parteien, ausnahmsweise auch bei behördlichen Maßnahmen. Es kann auch eine bloße Anfechtbarkeit vorliegen; die Wirksamkeit ist auflösend bedingt durch behördliche Abänderung. So der Regelfall, der namentlich beim Urteil zu beachten ist, aber auch bei allen Entscheidungen und rechtsbegründenden oder -vernichtenden Maßnahmen einer Behörde, Grdz 58 vor § 704. Eine Heilung des Mangels ist in weitem Umfang zulässig (s bei § 295). Die Rechtsprechung schreitet bewußt zu immer milderer Anwendung auch zwingender Vorschriften fort. Das liegt im Geist der Zeit; das gute Recht darf möglichst nicht an Formvorschriften scheitern. Die ZPO ist eine Zweckmäßigkeitsnorm, nicht Selbstzweck, KG FamRZ **77,** 819, Karlsr FamRZ **75,** 508. Andererseits dürfen freilich Billigkeitserwägungen nicht zur Mißachtung ausdrücklicher Vorschriften führen; der Richter steht nicht über dem Gesetzgeber.

5) **Nachgiebige Vorschriften.** Das sind solche, die nur mangels anderweiter Bestimmung der Beteiligten **31** gelten. Bei den für das Gericht geltenden Vorschriften finden sich die folgenden Unterarten.

A. **Sollvorschriften.** Es gibt anweisende (Sollvorschriften, weil regelmäßig durch das Wort „soll" ge- **32** kennzeichnet). Sie binden das Gericht genau wie Mußvorschriften, BayObLG Rpfleger **81,** 76 mwN; indessen bleibt ihre Verletzung durch Gericht oder Partei im allgemeinen ohne prozessuale Folgen; vgl aber zB § 118 Rn 2–5.

B. **Kannvorschriften.** Es gibt ferner Ermessensvorschriften (Kannvorschriften, weil oft durch „kann" **33** kenntlich gemacht). Sie stellen die Maßnahmen ins pflichtmäßige Ermessen des Gerichts, BAG DB **92,** 2197. Sie zerfallen in zweierlei Arten:

– *Ermessen beim Ob.* Es gibt Vorschriften, die eine Prozeßhandlung ins Belieben des Gerichts stellen, je nachdem sie ihm zweckmäßig scheint.

*Beispiele:* Die Vorabentscheidung über den Grund des Anspruchs nach § 304.

Hier ist die Nachprüfung der Anwendung des Ermessens in höherer Instanz weitgehend ausgeschlossen; freigestellte mündliche Verhandlung, aber grundsätzlich wegen Art 103 I GG wenigstens Anhörung des Betroffenen nötig, BVerfG **34,** 7 mwN, und stets wegen Art 3 GG Verbot objektiver Willkür, BVerfG **42,** 74 (im Ergbn zustm Geiger).

– *Ermessen beim Wie.* Es gibt Vorschriften, die das Gericht zu einer Prozeßhandlung nötigen, ihm aber in der Art der Ausführung Spielraum lassen.

*Beispiel:* Das Gericht entscheidet nach freier Überzeugung darüber, ob und in welcher Höhe einer Partei ein Schaden entstanden ist.

Es muß den Schaden feststellen, die einzelnen Erwägungen stehen in seinem *Ermessen*. Hier sind die sachgemäße Anwendung und die *Grenzen* des Ermessens in höherer Instanz eher nachzuprüfen, weil unsachgemäße Anwendung oder Überschreitung der Grenzen bei Willkür verfassungswidrig wäre, BVerfG **62**, 192.

Zum Ermessen auch *Behrens*, Die Nachprüfbarkeit zivilrichterlicher Ermessensentscheidungen, 1979; *Schiffczyk*, Das „freie Ermessen" des Richters im Zivilprozeßrecht, Diss Erlangen/Nürnb 1979; *Schmidt-Lorenz*, Richterliches Ermessen im Zivilprozeß, Diss Freibg/Br 1983. Zu Ermessensfehlern *Alexy* JZ **86**, 701.

**34** Die *Fassung* der Vorschrift gibt immer nur einen Anhalt. Manche Mußvorschrift kleidet sich in Sollform und umgekehrt; es entscheiden stets Inhalt und Zweck der Vorschrift.

**35** **6) Auslegung der Zivilprozeßvorschriften**

**Schrifttum:** *Achterberg* ua, Rechtsprechungslehre, 1986; *Adomeit*, Gesetzesauslegung in Zeiten abnehmender Gesetzesqualität, 1998; *Bettermann*, Die verfassungskonforme Auslegung, Grenzen und Gefahren, 1986; *Hassold*, Strukturen der Gesetzesauslegung, Festschrift für *Larenz* (1983) 211; *Jauernig*, Von der Schwierigkeit der Suche nach dem korrekten Gesetzestext, Festschrift für *Baumgärtel* (1990); *Koch/Rüßmann*, Juristische Begründungslehre, 1982; *Langenbucher*, Die Entwicklung und Auslegung von Richterrecht usw, 1996; *Larenz*, Methodenlehre der Rechtswissenschaft, 5. Aufl 1983; *Meurer*, Denkgesetze und Erfahrungsregeln, in Festschrift für *Wolf* (1985); *Neuner*, Die Rechtsfindung contra legem, 1992; *Pawlowski*, Methodenlehre für Juristen, 2. Aufl 1991; *Roth*, Der Zivilprozeß zwischen Rechtsklärung und Rechtsschöpfung, Festschrift für *Habscheid* (1989) 253; *Schmidt*, Der Umgang mit Normtatsachen im Zivilprozeß, Festschrift für *Wassermann* (1985) 807; *Schumann*, Die materiell-rechtsfreundliche Auslegung des Prozeßgesetzes, Festschrift für *Larenz* (1983) 571; *Seifert*, Argumentation und Präjudiz usw, 1996; *Struck*, Salomonisches Urteil und dogmatische Rechtswissenschaft, Festschrift für *Schneider* (1997) 1; *Stürner*, Verfahrensgrundsätze des Zivilprozesses und Verfassung, Festschrift für *Baur* (1981) 647; *Tempel*, Materielles Recht im Zivilprozeß, 2. Aufl 1992; *Wank*, Die Auslegung von Gesetzen, 1997 (Bespr *Unruh* JZ **98**, 35); *Zippelius*, Einführung in die juristische Methodenlehre, 3. Aufl 1980; *Zippelius*, Auslegung als Legitimationsproblem, Festschrift für *Larenz* (1983) 739.

**36** **A. Gerechtigkeit; Parteiwille.** Für die Auslegung von Prozeßvorschriften gelten die allgemeinen Regeln, Benda ZZP **98**, 377, Dütz DB **77**, 2218, vgl auch Rn 30. Oberster Grundsatz ist die aus dem Rechtsstaatsprinzip, Art 20 I, III GG, zumindest mitableitbare Gerechtigkeit durch eine Gleichheit vor dem Gesetz, Art 3 GG, BVerfG **59**, 330, BGH **105**, 201 mwN, BFH NJW **74**, 1582, BSG NJW **75**, 1383. Überhaupt ist die Verfassungsmäßigkeit auch so mancher Verfahrensvorschrift zweifelhaft und daher prüfenswert. Die ZPO ist verfassungskonform auszulegen, BVerfG **49**, 235, Schumann Festschrift für Schwab (1990) 449. Die Auslegung durch das BVerfG ist teilweise nicht überzeugend, zB § 890 Rn 21, 22, Schumann NJW **82**, 1613, Lappe Rpfleger **83**, 85. Zum grundsätzlichen Verhältnis von GG und ZPO Lorenz NJW **77**, 865 mwN. Bei der Auslegung einer Parteiprozeßhandlung, Grdz 47 vor § 128, ist Maßstab dasjenige, was vernünftig ist und der recht verstandenen Interessenlage entspricht, BGH NJW **94**, 1538 mwN. Der übereinstimmende Wille der (Vertrags-)Parteien geht, soweit es sich um den Bereich der Parteiherrschaft handelt, Grdz 18 vor § 128, dem (Vertrags-)Wortlaut und jeder anderweitigen Interpretation vor, BGH RR **88**, 265.

**37** **B. Zweckmäßigkeit: Keine Förmelei.** Prozeßrecht ist Zweckmäßigkeitsrecht, BGH **105**, 200, BayObLG **80**, 80, Hamm FamRZ **80**, 65; Begriffsjurisprudenz und Förmelei sind im Prozeß besonders unangebracht, Vollkommer, Formenstrenge und prozessuale Billigkeit, 1973. Selbst der Wert von „blockierendem" System (Viehweg, Topik und Jurisprudenz, 3. Aufl 1965, 45) und (normativer) „spitziger" Dogmatik (Zweigert Festschrift für Bötticher [1969] 447; Berges KTS **76**, 165: „Trampelpfad rein begrifflicher Subsumtionstechnik") läßt sich bezweifeln, wenn man Rechtswissenschaft nicht als Wahrheitssuche (Geisteswissenschaft), sondern als ein von Lebenssituationen bestimmtes Problemdenken rein sozialwissenschaftlicher Zielsetzung sieht.

**38** Verfahrensrecht darf *nie Selbstzweck*, werden, BGH **105**, 201, grundsätzlich richtig auch Zweibr MDR **92**, 998, ferner Otto Rpfleger **89**, 431, und nicht unter dogmatischer Kruste erstarren, mag „Pragmatik statt Dogmatik" (Meyer-Cording, Kann der Jurist heute noch Dogmatiker sein?, 1973; krit Stuck JZ **75**, 84 mwN) auch ein seinerseits wieder verfänglicher Dogma sein, vgl Redeker NJW **74**, 1548. Es geht nicht nur um das, was gilt, sondern auch um das, was vernünftig, sinnvoll, zweckmäßig und in diesem Sinne richtig ist, vgl LG Hbg FamRZ **94**, 403, Dempewolf MDR **77**, 803, Peters ZZP **91**, 342. Dabei fließen stets auch irrationale Elemente in die Urteilsbildung ein, KG NJW **76**, 1357. „Ein sicheres Judiz und ein empfindliches Gerechtigkeitsgefühl können mehr wert sein als die scharfsinnigste Gesetzesinterpretation und -subsumtion", Bachof Festschrift für Baur (1981) 174.

**39** **C. Gesetzesbindung.** Gesetzesbindung als eine Basis richterlicher Wertung hat, wenn nicht als mechanische mißverstanden, dabei um so zentralere Bedeutung, je mehr Bestrebungen der Politisierung des Richters und Tendenzen einen trotz Art 19 IV GG dem Gerichtsschutz entgleitenden Steuerung weiter Lebensbereiche die Dritte Gewalt bedrängen, Rupp NJW **73**, 1769. Deshalb kann ein *eindeutiger* Wortlaut der Auslegung Grenzen setzen, zB KG NJW **90**, 459, Karlsr VersR **90**, 915, LG Ffm RR **89**, 1466. Das bedenkt BGH NJW **94**, 591 nicht genug. Das gilt erst recht, wenn Wortlaut und Sinn eindeutig sind, BGH RR **90**, 256. Das bedenkt BGH **123**, 185 nicht genug. Freilich kann die Notwendigkeit einer verfassungskonformen Auslegung, Rn 40, sogar zum Gegenteil eines zumindest scheinbar eindeutigen Wortlauts führen, BVerfG **89**, 38 (zu § 48 II) und MDR **99**, 1089 (zu §§ 114 ff sowie § 58 II GKG).

Zum Problem einer Direktwirkung von Richtlinien des Gemeinschaftsrechts *Oldenbourg*, Die unmittelbare Wirkung von EG-Richtlinien im innerstaatlichen Bereich, 1984; *Ress*, Die Direktwirkung von Richtlinien usw, Gedächtnisschrift für *Arens* (1993) 351 mwN; *Walter*, Neuere Entwicklungen im Internationalen Zivilprozeßrecht, Festschrift für *Lüke* (1997) 921. Zur Wirkung einer Regierungserklärung *Friederich*, Auswärtige Angelegenheiten in der deutschen Gerichtspraxis usw, Diss Heidelb 1970.

III. Anwendungshilfen **Einl III**

**D. Sinnermittlung.** Letztlich entscheidet abgesehen vom Fall Rn 39 nicht der Wortlaut, zumal die ZPO  **40**
trotz des hohen Grads ihrer sprachlichen und systematischen Durcharbeitung, Gottwald FamRZ **90**, 85
(Anm), doch in Wahrheit kaum einen Fachausdruck eindeutig gebraucht, die Auslegung also nicht so wie
beim BGB davon ausgehen kann, daß das Gesetz die Begriffe einheitlich verwendet; entscheidend sind
vielmehr der Zusammenhang und der Zweck, BGH RR **94**, 568, Gaul AcP **168**, 37, Leipold ZZP **84**, 160,
sowie die Vereinbarkeit mit der Verfassung (sog verfassungskonforme Auslegung), BVerfG **89**, 38.

Maßgeblich ist also statt des damaligen subjektiven Willens des Gesetzgebers der aus jetziger Sicht zu  **41**
ermittelnde *„objektivierte Wille"*, der Sinn (sog teleologische Reduktion oder Auslegung, zu deutsch: Was
nicht sein darf, kann auch nicht sein, evtl selbst bei prompt als nur scheinbar entgegenstehend bewertetem,
eindeutig anderem Gesetzestext), BVerfG **67**, 250, BGH NJW **93**, 2542, grds richtig auch Düss Rpfleger **90**,
480, ferner Mü VersR **80**, 1078 (dort auch zur grammatischen, historischen, systematischen und
teleologischen Auslegung), zur letzteren auch Mü MDR **99**, 59), LG Aachen RR **87**, 1406, Gottwald
FamRZ **90**, 85 (Anm), Herzberg NJW **90**, 2525 (auch krit), Raape/Sturm IPR Bd I6 132 Z 4 (auch dann
Teleologie, wenn die ratio legis „nur anklingt"), Wieser JZ **85**, 409 (zum Unterschied zwischen empirischer
und normativer Auslegung). Bei einer Regelvorschrift kommt eher eine weite Auslegung in Betracht, bei
einer Ausnahmevorschrift meist nur eine enge Auslegung, zB Karlsr RR **87**, 1407. Zur Beseitigung einer
Vorschrift darf die Auslegung aber nicht führen. Mit der Beweislast hat die Auslegung nichts zu tun, BGH
FamRZ **89**, 959.

**E. Entstehungsgeschichte.** Die Entstehungsgeschichte ist nur hilfsweise beachtlich, nämlich zwecks  **42**
zusätzlicher Zinsermittlung, so wohl auch BGH **115**, 94, ferner Hamm MDR **91**, 62, KG NJW **90**, 459,
Wedel, Die Rolle entstehungsgeschichtlicher Argumente in der Rechtsprechung des BGH in Zivilsachen,
Diss Bre 1988. Mit Äußerungen irgendwelcher Abgeordneter oder Regierungsvertreter, vgl zB LG Köln
NJW **78**, 1866, Vollkommer Rpfleger **75**, 118, läßt sich zwar manchmal, aber keineswegs stets etwas
Ersprießliches anfangen. Am ehesten Aufschluß geben insoweit amtliche Begründungen (früher Motive
genannt), s auch das Parlamentsarchiv des Deutschen Bundestags. Freilich sind amtliche Begründungen
entgegen zB Mü MDR **99**, 59 meist weder zur bindenden Auslegung noch zur Ausfüllung einer Gesetzes-
bestimmung geeignet, BGH **52**, 390. Was bei Erlaß des Gesetzes zweckmäßig war und der damaligen
Überzeugung entsprach, braucht es später nicht mehr zu sein. Eine veränderte Zeit kann dem Gesetz einen
veränderten Inhalt geben. Das ändert allerdings auch nichts daran, daß es nützlich sein kann, sich zumindest
bei der Sinnermittlung, c, auch daran zu orientieren, was sich der Gesetzgeber gedacht hat.

**F. Rechtssicherheit.** Vor gewissen Formvorschriften muß die mildeste Handhabung haltmachen. Freilich  **43**
soll die Form dem Schutz des sachlichen Rechts dienen und nicht seiner Vereitelung. Indessen sind hier zwei
Gesichtspunkte sorgfältig abzuwägen: Es stehen sich gegenüber das sachliche Recht der einen Partei und die
Belange der Gegenpartei, darüber hinaus aber die der Allgemeinheit. Rechtssicherheit ist ein wesentlicher
Bestandteil des Rechtsstaats, BVerfG RR **93**, 232, BGH RR **93**, 131, und ein unschätzbares Gut; es
verschmerzt sich leichter ein sachliches Unrecht als eine Rechtsanwendung, die man wegen ihrer Unbe-
rechenbarkeit als Willkür empfindet. Darum ist bei Formvorschriften immer zu fragen: Wie wirkt eine milde
Handhabung auf die Rechtssicherheit? So darf man keinen Finger breit von strengster Einhaltung der
Rechtsmittelfristen abweichen. Es ist unerträglich, wenn der Obsiegende trotz Erteilung eines Rechtskraftzeugnisses nicht wissen kann, ob sein Urteil rechtskräftig ist. Zum Problem BVerfG **35**, 46, abw von
Schlabrendorff BVerfG **35**, 51 mwN; Vollkommer, Formenstrenge und prozessuale Billigkeit, 1973.

**G. Sinnähnlichkeit: Vorhandensein ähnlicher Vorschriften.** Von besonderer Bedeutung ist die  **44**
Anwendung der Sinnähnlichkeit (Analogie, die „sinngemäße Anwendung" einer Vorschrift). Sie ist freilich
nur dann zulässig, wenn der zu beurteilende Sachverhalt demjenigen vergleichbar ist, den das Gesetz direkt
regelt, BGH **105**, 143. Auch Sondervorschriften (Ausnahmevorschriften) sind der sinngemäßen Anwendung
zugänglich.

Der *Umkehrschluß*, sog. argumentum e contrario, ist aber eines der gefährlichsten Auslegungsmittel und  **45**
enthält oft einen logischen Fehlschluß. Weil ein Rechtssatz nur für einen bestimmten Fall ausgesprochen ist,
ist er keineswegs notwendig auf alle übrigen Fälle unanwendbar. Auch hier entscheidet der Zweck des
Gesetzes. Sind mehrere Auslegungen möglich, so ist die falsch, die zu einem unbilligen und unzweckmäßigen Ergebnis führt. Es spricht eine Vermutung für die Vernunft des Gesetzes.

Nicht nur bei Auslegung, sondern bei jeder Rechtsprechung gilt angesichts der Flut veröffentlichter  **46**
Entscheidungen und sonstiger juristischer Literatur das Wort Wieackers in Festschrift für Bötticher (1969)
395: „Der deutsche Richter ist ... nicht nur nicht verpflichtet, sondern vielleicht nicht einmal unbeschränkt
berechtigt, sich durchweg von höchst- oder instanzgerichtlichen Entscheidungen oder gar von wissenschaftlichen Autoritäten leiten zu lassen." Abgesehen von der Bindungswirkung, vgl § 538 Rn 2, 3, bleibt der
Richter schon wegen Art 97 I GG zur kritischen Überprüfung auch sog *Grundsatzurteile* verpflichtet, die
gegen Art 20 II 2 GG verstoßen können, vgl Schlüter, Das obiter dictum usw, 1973, § 313 Rn 34.

Jedenfalls ist auch eine „gefestigte" Rechtsprechung oder die sog *„herrschende Meinung"* oder gar „absolut  **47**
herrschende Auffassung", BVerfG MietR **96**, 54, Hamm OLGZ **94**, 244, in aller ihrer seit Jahrhunderten
erkannten Fragwürdigkeit, Zasius DGVZ **87**, 80, der auch ein zwei Jahrhunderte nach dem Ende des
Absolutismus ziemlich übles, einer Geisteswissenschaft unwürdiges und obendrein oft genug ziemlich kühn
behauptetes Element rein quantitativer Bedrängung angehört, trotz ihrer natürlich stets erheblichen Beachtlichkeit doch keinesfalls so vornherein ausreichend, um vor eigener kritischer Gedankenarbeit abzusehen,
vgl BVerfG **17**, 297, Herr MDR **85**, 187. Dafür bieten BVerfG MietR **96**, 54, BGH NJW **94**, 2364;
Ullmann NJW **98**, 2582 (unvollständig zitierend) bedenkliche Beispiele. Dasselbe gilt von dem Gegenstück
der „absoluten Mindermeinung", mit der BVerfG NJW **93**, 3130 in abwertender Weise umgeht, oder von
der nicht minder abwertenden Gegenüberstellung einer angeblich „älteren" und einer angeblich „im
Vordringen befindlichen" Meinung, zB LG Ffm Rpfleger **93**, 502 (könnte das Ältere auch einmal das
Ausgereiftere sein?). Eine Änderung der Rechtsprechung kann freilich gegenüber dem, der sich auf sie
beruft, uU zur Arglisteinrede führen, vgl Arndt, Probleme rückwirkender Rechtsprechungsänderung, 1974.

**48** **H. Gesetzeslücke.** „Lücken des Gesetzes" in dem Sinn, daß der Wortlaut den Einzelfall nicht voll deckt, sind äußerst zahlreich. In dem Sinn, daß eine Handhabe für eine vernünftige und zweckmäßige Entscheidung fehle, sind sie nicht oder kaum vorhanden. Man muß sorgfältig prüfen, ob überhaupt eine Lücke vorliegt, BVerwG WoM **97**, 504, Hamm Rpfleger **89**, 34.

**49** Der Richter darf das Recht in solcher Lage nicht verweigern. Er muß solche Lücken rechtsschöpferisch ausfüllen, vgl zB Schilten JR **84**, 449, denn er ist gemäß Art 20 III GG an Gesetz und Recht gebunden, und Recht kann nicht mehr sein als das Gesetz. Richten heißt nicht nur den Willen des Gesetzgebers aussprechen, sondern dort, wo er schweigt (dazu Köln MDR **75**, 498, LG Lübeck MDR **84**, 61), die verfassungsgemäßen Rechtswerte erkennen und auch willenhaft verwirklichen, BVerfG **34**, 287, vgl auch BVerfG JZ **90**, 811 (abl Roellecke); dabei gilt das Gebot einer *verfassungskonformen* Auslegung. Es gibt insbesondere auch keine Entscheidung „non liquet". Der Richter darf nicht Recht verweigern; s dazu Schumann ZZP **81**, 79. Nicht das Gesetz versagt, sondern die Rechtsprechung, wenn man ein unbilliges Ergebnis mit einer Lücke des Gesetzes begründet.

**50** Zwar darf der Gesetzgeber den Richter keineswegs in die Rolle eines generellen Normsetzers drängen, Dütz ZZP **87**, 403; wohl aber ist richterliche Rechtsfortbildung zur *Lückenausfüllung* zulässig, BVerfG **34**, 287, **37**, 81, sofern sie nicht die Verfassung, insbesondere den Art 20 III GG, verletzt, BVerfG **67**, 250, Hillgruber FamRZ **96**, 124 (enge Grenzen), und hat Vorrang vor einer früheren Rechtsauffassung, OGB BGH **60**, 398. Zu einem zugleich problematischen Fall Düss FamRZ **85**, 600 mwN einerseits, Einf 28–32 vor §§ 322–327 andererseits. Ein derartiger Vorrang gilt freilich nicht mehr, wenn eine gesetzliche Regelung dicht bevorsteht, BAG DB **74**, 436, vgl auch Kloepfer, Vorwirkung von Gesetzen 1974.

**51** Zu ihrem Sinn und ihren *Grenzen* beim rechtlichen Gehör Brschw OLGZ **74**, 53; *Lames*, Rechtsfortbildung und Prozeßrecht, 1993; *Prütting*, Prozessuale Aspekte richterlicher Rechtsfortbildung, Festschrift 600-Jahr-Feier der *Universität Köln* (1988) 305 ff (er fordert mit Recht eine saubere Methode, Vorsicht und Zurückhaltung, Mäßigung und Selbstbeschränkung, Berücksichtigung des Prinzips der nur hilfsweisen Anwendung und die Beachtung der sich aus der verfahrensrechtlichen Leistungsfähigkeit ergebenden Grenzen, vgl auch *Gerhardt* KTS **89**, 423).

Zur *allgemeinen* Problematik unter anderem BVerfG DRiZ **84**, 363, LG Hbg Rpfleger **80**, 485; *Arens*, Die richterliche Rechtsfortbildung in Deutschland usw; *Borck*, Vom Willen des Gesetzgebers, Festschrift für *Piper* (1996) 61; *Christensen* NJW **89**, 3194; *Hergenröder*, Zivilprozessuale Grundlagen richterlicher Rechtsfortbildung, 1995; *Hesselberger*, Entwicklung, Grenzen und Gefahren richterlicher Rechtsfortbildung, in: Festschrift für Kellermann, 1991; *Kalbe*, Des Anwalts Argumente vor Gericht: Grundlage und Beitrag zur richterlichen Rechtsfindung und -fortbildung, in: Festschrift für *Trinkner* (1995); *Klamaris*, Das prozessuale Gewohnheitsrecht usw, Festschrift für Baumgärtel (1990) 229; *Lames*, Rechtsfortbildung als Prozeßzweck, 1993; *Langenbucher*, Die Entwicklung und Auslegung von Richterrecht, 1996; *Lieb*, Rückwirkung von (neuem) Richterrecht, in: Festschrift für *Gaul* (1997); *Neuner*, Die Rechtsfindung contra legem, 1992; *Schneider*, Die Heranziehung der außerprozeßrechtlichen Behandlung sog Rechtsfortbildungstatsachen durch die Gerichte, Diss Köln 1993. Zur Methodik der Argumentation vgl auch *Gottwald* ZZP **98**, 113; *Westermann*, Gedanken zur Methode der richterlichen Rechtsfortbildung, Festschrift für Larenz (1983) 723.

**52** **I. Einfluß anderer Gesetze.** Aus anderen Prozeßarten, etwa dem Strafprozeß, ist für den Zivilprozeß wegen der wesentlich anderen Voraussetzungen im Weg sinngemäßer Anwendung kaum etwas zu gewinnen. Mit dieser Einschränkung ist aber zu beachten, daß die Reichsjustizgesetze als Einheit aufzufassen sind, so daß eine gewisse Ergänzung möglich ist. Die Übertragung bürgerlichrechtlicher Vorschriften auf den Prozeßweg ist ganz unstatthaft. Das Zivilprozeßrecht ist aus sich selbst heraus auszulegen und fortzubilden. Gerade gegen diese Grundregel wird sehr häufig verstoßen. Insbesondere gilt das von der Übertragung der zivilrechtlichen Haftung für Verschulden. Im Zivilprozeß kommt lediglich prozessuales Verschulden in Frage, Rn 68. Das Einstehen für Handlungen Dritter ist von Fall zu Fall und ohne jede Bindung an die Vorschriften des BGB zu prüfen.

**53** **7) Treu und Glauben**

**Schrifttum:** *Klamaris*, Der Rechtsmißbrauch im griechischen Zivilprozeßrecht, Festschrift für *Baur* (1981) 483 (rechtsvergleichend); *Pfister*, Die neuere Rechtsprechung zu Treu und Glauben im Zivilprozeß, 1998.

**54** **A. Rechtsmißbrauch.** Treu und Glauben beherrschen das gesamte Recht, vgl BVerfG NJW **97**, 1433 (zur Verfassungsbeschwerde), also auch das Zivilprozeßrecht, vgl auch Grdz 44 vor § 704, § 127 Rn 25, BVerfG **46**, 334 (Anspruch auf faire Verfahrensführung), BGH MDR **97**, 1164, NJW **99**, 648 und 1407, BAG NJW **83**, 1693, BFH NJW **97**, 1030, Ffm RR **92**, 448, Hamm NJW **89**, 3289, Karlsr VersR **89**, 375, grds richtig auch Stgt NJW **87**, 444. Das ist ein Rechtsgrundsatz, der leider noch in zu geringem Maße zur Anerkennung gelangt ist, der aber fruchtbare Ergebnisse für den Prozeß verspricht. Es ist nicht Zweck einer staatlichen Einrichtung, der ungerechten oder gewissenlos geführten Sache zum Sieg zu verhelfen, Hbg VersR **82**, 341.

**55** Jeder Rechtsmißbrauch, also Rechtsgebrauch zu Zwecken, die zu schützen unter keinem denkbaren Gesichtspunkt gerechtfertigt ist, BGH NJW **87**, 1947, verstößt *gegen Treu und Glauben* und ist ohne Heilungsmöglichkeit etwa nach §§ 39, 295 *von Amts wegen* zu beachten, KG FamRZ **89**, 1105 mwN, vgl grds Roth-Stielow FamRZ **77**, 766; s ferner Grdz 44 vor § 704. „Die Qualifikation eines rechtlich gebotenen Verhaltens als erste Rechtspflicht wird nicht durch den Umstand berührt, daß es nicht Gegenstand eines konkreten gerichtlichen Befehls und einer entsprechenden Zwangsvollstreckung ist", Dölle Festschrift für Riese (1964) 291, vgl § 138 Rn 23. Freilich gibt es keinen allgemeinen Grundsatz, daß nur derjenige Rechte geltend machen kann, der sich selbst rechtstreu verhalten hat, BayObLG NZM **99**, 85.

**56** Wer aber sachlichrechtlich gegen Treu und Glauben verstößt, kann, schon und auch wegen des Grundsatzes der Prozeßwirtschaftlichkeit, Grdz 14 vor § 128, mit prozessualen Mitteln nicht erreicht werden; darum ist bereits jede objektive, wenn auch vielleicht unbeabsichtigte *Erschleichung des Gerichtsstands* verbo-

## III. Anwendungshilfen **Einl III**

ten, zB § 2 Rn 7, Üb 22 vor § 12, § 38 Rn 10, § 114 Rn 113 „Erschleichung des Gerichtsstands", § 260 Rn 2, § 504 Rn 3, 4, Köln MDR **74**, 311, LG Bln RR **97**, 378. Deshalb ist auch eine solche Rüge unzulässig, die nur der Verschleppung dient. Man darf auch nicht die Entscheidung des gesetzlich zuständigen Richters durch die Anrufung eines anderen Gerichts mit Hilfe einer nur scheinbaren Anspruchsgrundlage überspielen, BGH VersR **84**, 78.

Jeder *Mißbrauch* des Prozeßrechts zu verfahrensfremden Zwecken, „Magie" und „Tricks", ArbG Düss RR **57** **92**, 367, sind *unstatthaft*, Düss MDR **88**, 972 (nicht stets schon bei sachlichrechtlicher Verwirkung, Mü OLGZ **83**, 369, grds auch AG Köln VersR **80**, 272, Fischer MDR **93**, 838 (mißbräuchliches Rechtshilfegesuch); das verkennt BGH VersR **85**, 43 mwN teilweise.

Der Mißbrauch ist auch im *Prozeßkostenhilfeverfahren* verboten, Kblz FamRZ **86**, 376, insofern aM LSG **58** Schlesw SchlHA **84**, 149, und kann Schadensersatzpflichten auslösen, zB gemäß §§ 138, 823 BGB in Verbindung mit 263 StGB, BGH RR **93**, 1116, Klamaris, Die mißbräuchliche Rechtsausübung im Zivilprozeßrecht, 1980.

Die *Einrede der Arglist*, dazu Zeiss, Die arglistige Prozeßpartei usw, 1967, Baumgärtel AcP **169**, 181, ist **59** auch gegenüber Prozeßhandlungen der Partei gegeben.

*Beispiele:* Wenn der Kläger sich verpflichtet, aus Kostenersparnisgründen nicht zu klagen und das Ergebnis **60** des Musterprozesses abzuwarten, insbesondere, wenn die Gegenseite auf die Einrede der Verjährung in diesem Zusammenhang verzichtet oder wenn es um eine Schiedseinrede geht, BGH NJW **88**, 1215, oder wenn ein ProzBev eine verbotene Mehrfachvertretung trotz Interessenkollision vornimmt, § 157 Rn 1, § 158 Rn 1.

Jede Partei ist auch an den ihr ungünstigen Erklärungen *festzuhalten*, sofern kein Irrtum vorlag, vgl BGH **61** MDR **87**, 1006, so daß zB Bestreiten wegen vorprozessualen Verhaltens unbeachtlich sein kann, Bbg VersR **73**, 548, krit Baumgärtel ZZP **86**, 365 (im Verhältnis der Parteien zueinander kein Verbot widersprechenden Verhaltens).

Eine Grenze ziehen die *Rechtskraft*, Einf 26 ff vor §§ 322–327, und überhaupt das Bedürfnis der Rechts- **62** sicherheit, BGH NJW **78**, 427 links (zustm Zeiss JR **78**, 159), KG MDR **76**, 847. Rechtsmißbrauch verdient und erhält keinen Rechtsschutz, auch nicht im Zivilprozeß, BGH LM § 37 PatG aF Nr 17.

*Beispiele:* Ein Sich-Verstecken unter einem falschen Namen oder in einer „anonymen" Hausbesetzer- **63** gruppe, Raeschke-Kessler NJW **81**, 663, vgl § 253 Rn 24, 25, oder ein Scheidungsbegehren, dem das AG stattgegeben hat, gegen dessen Urteil aber Berufung eingelegt ist, die dann nach langem weiteren Zusammenleben plötzlich zurückgenommen wird, wenn das Scheidungsurteil des AG dann willkürlich als wirksam betrachtet wird, oder eine Klage eines Anwalts wegen eines Wettbewerbsverstoßes, deren wahrer Grund die Erzielung von Anwaltsgebühren ist, Düss DB **83**, 766, oder die Benennung eines Zeugen, der ein Gespräch heimlich abgehört hat, Üb 11 ff vor § 371, oder die Berufung auf die bloße Paraphe (statt Unterschrift) des eigenen Anwalts bei einem Empfangsbekenntnis, Hamm NJW **89**, 3289, oder ein Trennen, um durch sofort anschließendes Verbinden eine Verbesserung der Prozeßlage zu erreichen, ArbG Düss RR **92**, 367, oder ein Eheaufhebungsverfahren wegen Doppelehe, wenn es erst nach langer Zeit beantragt wird.

Mißbrauch wäre auch ein *so spätes Einlegen* eines nicht befristeten Rechtsbehelfs, daß der Gegner mit ihr nicht mehr zu rechnen bräuchte, § 567 Rn 13, Celle GRUR **80**, 946, auch eine Geltendmachung des Vorbehalts nach § 600 erst nach über 5 Jahren, Ffm MDR **90**, 256, oder eine Berufung auf eine Formmangel lange nach dem Abschluß des gerichtlichen Vergleichs, BAG NJW **70**, 349, aM Reinicke NJW **70**, 306. Rechtsmißbräuchlich wäre auch die Berufung auf eine offensichtlich irrige Rechtsmittelrücknahme, BGH VersR **77**, 574. Wegen Massenklagen Stürner JZ **78**, 500.

**B. Keine prozessuale Verwirkung.** Von Verwirkung in solchen Fällen zu reden, ist bedenklich und **64** außerdem unnötig, aM BAG BB **89**, 991, Ffm MDR **90**, 256, Mü OLGZ **83**, 369, Menzel, Grundfragen der Verwirkung, 1987. Allerdings nimmt BAG **AP** § 242 BGB Nr 8 vor allem unter Berufung auf Baumgärtel sogar eine Verwirkung der Klagebefugnis an, wenn neben einem Zeitablauf besondere Umstände vorliegen, aus denen sich für den Gegner ein selbständiger prozessualer, sich also gerade auf die Klageerhebung erstrekkender Vertrauensschutz ergibt, und das Interesse des Vertrauensschutzes für den Gegner derart überwiegt, daß das Interesse des Berechtigten an der sachlichen Prüfung seines Anspruchs zurücktreten muß; Folge: Abweisung der Klage als unzulässig, auch ohne Rücksicht auf eine etwaige reformatio in peius, da eine Prozeßbedingung fehlt.

Tatsächlich bedurfte es auch hier *keiner Verwirkung*, da die erhobene Feststellungsklage unzulässig war; **65** zudem kann eine solche Abschneidung der Klagebefugnis gegen Art 19 IV GG (vgl allerdings BVerfG NJW **72**, 675) verstoßen.

**C. „Querulantentum"**, dazu *Dinger*, Querulatorisches Verhalten im Justizsystem usw, Diss Freibg 1988; **66** Dinger/Koch, Querulanz in Gericht und Verwaltung, 1992; *Klag*, Die Querulantenklage in der Sozialgerichtsbarkeit, 1980: Das Verfahrensrecht mißbrauchen auch manche unbelehrbaren Personen, die hartnäckig immer wieder dieselben sinnlosen Eingaben machen. Sie sind wohl jedem Gericht bekannt. Sie vermehren durch ihr unsoziales Verhalten unnütz die Arbeitslast und tragen zu einer Vergeudung wertvoller Arbeitskraft bei. § 157 II gibt keine Hilfe, weil er nicht auf schriftliche Eingaben bezieht. Im einzelnen ist manches noch ungeklärt, Baumgärtel ZZP **86**, 369; eine vernünftige Rechtsauffassung verlangt gewohnheitsrechtlich aber, daß der Richter derartige Eingaben nach vorheriger sachlicher Bescheidung und Verwarnung künftig unbeachtet zu den Akten nimmt, BVerfG **11**, 5, BGH NJW **74**, 55, LG Stgt NJW **94**, 1077.

Freilich bleibt stets zu prüfen, ob hinter einer ehrverletzenden Form ein *ernstzunehmender* Antrag steht, **67** dessen Nichtbearbeitung gegen Art 103 I GG und den Rechtsschutzanspruch verstoßen könnte, Rn 16, Walchshöfer MDR **75**, 12. Stgt NJW **77**, 112 unterscheidet (beim Ablehnungsgesuch) zwischen Bösgläubigkeit und schuldlos unsachlichem Vortrag. Überhaupt ist ein Querulant nicht stets abzuwerten. Querulanz ist weder stets eine Geisteskrankheit noch auch stets die Geschäfts-, Prozeß- oder Zurechnungsfähigkeit sonstwie einschränkender Zustand, sondern oft hartnäckige Kritik und furchtloser Widerspruch; die Rüge der „Nichtigkeits-Querel" war einst ehrbar, Sangmeister DStZ **89**, 359 mwN, und kann es übertragen auch heute sein. Freilich kann Querulantentum auch zB zu selbstverschuldeten, deshalb unbeachtlichen Störungen führen, AG Hann Rpfleger **90**, 174.

Vgl im übrigen § 42 Rn 6, 7.

68   **8) Einige Begriffe des Zivilprozeßrechts.** Hier nur eine Auswahl; weitere Begriffe zB in den Grdz vor § 128.

**A. Verschulden.** Die ZPO knüpft oft Rechtsfolgen an ein Verschulden. Sie meint damit immer rein prozeßrechtliches, so auch Herber/Schmuck VersR **91**, 1212, das vorwerfbare, also direkt oder bedingt vorsätzliche oder bewußt bzw unbewußt fahrlässige Verabsäumen der für einen gewissenhaften Prozeßführenden gebotenen Sorgfalt; insofern ist § 276 BGB entsprechend anwendbar. Für die Frage, ob nun aber einer dieser Verschuldensgrade auch im bestimmten Einzelfall vorliegt, scheidet der allgemeine bürgerlich-rechtliche Maßstab weitgehend aus. „Grobes Verschulden" ist die Versäumung jeder prozessualen Sorgfalt, etwa beim Rechtsanwalt das Unterlassen einer auf der Hand liegenden Rüge.

69   Verschulden des gesetzlichen *Vertreters oder Prozeßbevollmächtigten* ist solches der Partei, §§ 51 II, 85 II, Schrader DRiZ **74**, 291. Da aber Bildungsgrad und Rechtskunde des Schuldigen von Bedeutung sind, ist bei der Partei ein niedrigerer Maßstab anzulegen als beim Rechtsanwalt. Rechtsirrtum steht dem gewöhnlichen Irrtum gleich; auch hier kann bei Rechtskundigen unentschuldbar sein, was sonst entschuldbar ist.

70   **B. Angriffs- und Verteidigungsmittel**, §§ 146, 282, 527 ff, 615. Letztere sind alles, was der Abwehr des Prozeßangriffs dient, wie Bestreiten, BGH JZ **77**, 102, Köln NJW **73**, 1847, oder Einwendungen. Gegensatz: Angriffsmittel, dh Mittel, die dem Prozeßangriff dienen, sofern sie einen Tatbestand betreffen, der für sich allein rechtsbegründend ist, BGH NJW **80**, 1794 mwN. Zu den (nicht selbständigen, BGH **LM** § 41 p PatG aF Nr 26) Angriffs- und Verteidigungsmitteln gehören auch Beweisanträge, Beweismittel und Beweiseinreden BGH NJW **84**, 1964.

71   *Keine* Angriffs- und Verteidigungsmittel sind Sachanträge, § 297 Rn 4, BGH FamRZ **96**, 1071, zB die Klage, Widerklage und deren Begründung, BGH NJW **95**, 1224, Knöringer NJW **77**, 2336, Schneider MDR **77**, 796, einschließlich der nach § 253 II Z 2 erforderlichen Aufgliederung, BGH MDR **97**, 288. Auch Rechtsbehelfe gehören ebensowenig hierhin wie neue im Wege der Klageänderung vorgebrachte Ansprüche, BGH **LM** § 264 aF Nr 6, Karlsr NJW **79**, 879, eine Klageerweiterung, BGH NJW **95**, 1224, Mü RR **95**, 740 mwN, Butzer NJW **93**, 2649, ein Parteiwechsel, vgl Deubner NJW **77**, 291, *wohl aber* Klagegründe, neugefaßte Patentansprüche, BGH **LM** § 41 p PatG aF Nr 25, abw auch BGH NJW **80**, 1794, vgl § 146 Rn 4.

72   **C. Verordneter Richter.** Unter diesem Namen kann man folgende Begriffe zusammenfassen: Den *beauftragten* Richter. Er erledigt als Mitglied eines Kollegiums (nicht also der gemäß § 10 GVG tätige Referendar, Hahn NJW **73**, 1783) einen ihm von diesem Kollegium erteilten Auftrag; ferner den *ersuchten* Richter. Er erledigt als außerhalb des ersuchenden Gerichts stehender Richter ein Ersuchen des Gerichts. Gebräuchlich ist für den verordneten Richter der Ausdruck Richterkommissar; das Gesetz kennt beide Ausdrücke nicht.

73   **D. Anspruch** im Sinne der ZPO ist der prozeßrechtliche, dh der begehrte Rechtsausspruch, BGH VersR **78**, 59 mwN, der Streitgegenstand, § 2 Rn 3, von einer anderen Seite, also nicht der nach § 194 BGB. Derselbe bürgerlichrechtliche Anspruch kann im Gegenteil Gegenstand verschiedener prozessualer Ansprüche sein, prozessual sind eine Leistungs-, Feststellungs- und Gestaltungsklage denkbar, Grdz 7–11 vor § 253.

**E. Prozeßrechtsverhältnis**, vgl Grdz 3 vor § 128.

74   **9) Örtliche Geltung des Zivilprozeßrechts**

**Schrifttum:** *Grzybek,* Prozessuale Grundrechte im Europäischen Gemeinschaftsrecht, 1994; *Roth,* Die Reichweite der lex-fori-Regel im internationalen Zivilprozeßrecht, Festschrift für *Stree* und *Wessels,* 1993.

**A. Bundesrepublik Deutschland.** Die ZPO gilt in der BRep. Vor deren Gerichten ist grundsätzlich nach prozessualem Deutschem Prozeßrecht zu verhandeln *(lex fori),* BGH **125**, 199 und FamRZ **94**, 301, Hamm FamRZ **93**, 215. Das gilt, gleichgültig, welcher Staatsangehörigkeit die Parteien sind, vgl zB BVerfG **64**, 18 ff, und welches sachliche Recht anzuwenden ist, BGH **78**, 114, LAG Mü IPRax **92**, 100, Fastrich ZZP **97**, 423, aM Grunsky ZZP **89**, 254 (stellt auf Zumutbarkeit ab), Kropholler Festschrift für Bosch (1976) 525 (maßgeblich sei, welche Aufgabe die fragliche Vorschrift habe).

75   Jedoch ist zB *fremdstaatliches Recht* zu beachten nach §§ 110, 114 ZPO, 24 EGZPO, oder bei der Klärung, ob eine Rechtshängigkeit im Ausland vorliegt, § 261 Rn 9, BGH NJW **86**, 663 mwN. Nach deutschem Recht wird auch seitens der Gerichte Rechtshilfe gewährt. Zum Stand des internationalen Zivilprozeßrechts zB Grunsky ZZP **89**, 246, Roggemann NJW **72**, 1609. Zum Einfluß des Völkerrechts, insbesondere auf die Zwangsvollstreckung, zB BVerfG **64**, 40.

76   Im *früheren Westberlin* galt die ZPO infolge des Rechtseinheitsgesetzes vom 9. 1. 51, VOBl 99, KG NJW **77**, 1694, und infolge der Übernahmegesetze, als Bundesrecht; daher war das Gesetz über die Vollstreckung von Entscheidungen auswärtiger Gerichte vom 26. 2. 53, GVBl 152, jedenfalls zum Teil nichtig, KG NJW **79**, 881, vgl § 723 Rn 4. Vgl auch Einl II 3.

77   **B. Frühere Deutsche Demokratische Republik**

**Schrifttum:** *Brunner,* Einführung in das Recht der DDR, 2. Aufl 1979; *Kellner und andere,* Zivilprozeßrecht der DDR, 1980; *Lohmann,* Gerichtsverfassung und Rechtsschutz in der DDR, 1986.

Infolge des Beitritts der DDR nach Art 23 S 2 GG zur BRep ist nach Artt 3, 8 EV grundsätzlich auch die ZPO der BRep sowie die Fülle der Nebengesetze wegen Artt 70 ff GG auch im Gebiet der früheren DDR sofort und direkt in Kraft getreten, BGH VersR **92**, 1024; wegen der abändernden Maßgaben EV Anl I KapIII Abschn III Z 5 a–l, BGBl **90**, 889 (927 ff); diese Maßgaben sind bei den einschlägigen Vorschriften der ZPO eingearbeitet worden; wegen der im EV erzielten, seit 3. 10. 90 geltenden Übergangsregelung vgl das Vorwort dieser Auflage und den Überblick in der Titelei. Solange die DDR noch bestand, galt im

IV. Zwischenstaatliches Zivilprozeßrecht                                    Einl III, IV

wesentlichen noch der folgende, nur skizzierte Zustand, auch für solche Fälle, die nach dem Beitritt zur BRep noch nach Altrecht zu beurteilen wären: Im Verhältnis zur BRep war sie kein Ausland, waren ihre Bewohner keine Ausländer, sondern Deutsche, Artt 16, 116 I GG, und wie Bürger der BRep zu behandeln, (zumindest) soweit sie in den Schutzbereich der BRep und des GG gerieten, BVerfG **57**, 64, BGH **84**, 18, Schlesw SchlHA **83**, 13 je mwN, vgl OVG Münst JZ **79**, 136.

Soweit Prozeßrecht zwischen der BRep und der DDR noch verschieden war (*interlokales Recht*), galt § 293, dort Rn 2, und im übrigen ebenfalls der Grundsatz der lex fori, BGH **84**, 19, Köln DtZ **91**, 28, AG Bln-Schöneberg FamRZ **74**, 203. Für innerdeutsches Kollisionsrecht war das IPR der BRep anwendbar, Mü OLGZ **86**, 189 mwN. Wegen eines früheren DDR-Anwalts SchlAnh VII Üb 1. Wegen der Anerkennung und Vollstreckung eines früheren DDR-Titels Einf 1, 2 vor § 328. Die innerdeutsche Rechts- und Amtshilfe war lt Erlassen der JM des Bundes und der Länder normalisiert worden; eine Beteiligung der Justizverwaltungen war entfallen.

**10) Zeitliche Geltung des Zivilprozeßrechts**                                          78

**Schrifttum:** *Heß,* Intertemporales Privatrecht, 1998; *Lüke,* Tempus regit actum – Anmerkungen zur zeitlichen Geltung von Verfahrensrecht, Festschrift für *Lüke* (1997) 391; *Pollinger,* Intertemporales Zivilprozeßrecht, Diss Mü 1988.

Neue Prozeßgesetze werden mit *Inkrafttreten* auch für anhängige Verfahren wirksam, soweit sie nichts Abweichendes bestimmen, BVerfG **39**, 167, BGH **114**, 4 mwN, BGH DtZ **92**, 149 (frühere DDR). Abgeschlossene prozessuale Tatbestände, wie ein Anerkenntnis, erfaßt das neue Gesetz nicht, Sedemund-Treiber DRiZ **77**, 104. Meist enthalten neue Prozeßgesetze Übergangsvorschriften; zu deren Vereinbarkeit mit dem GG grundsätzlich BVerfG RR **93**, 253 mwN. Bürgerlichrechtliche Vorschriften der Prozeßgesetze sind nach dem neuen Prozeßgesetz zu beurteilen, wenn es zur Zeit der Verwirklichung ihres Tatbestands gilt, vorausgesetzt, daß das deutsche Recht anwendbar ist.

## IV. Zwischenstaatliches Zivilprozeßrecht

**Schrifttum** (Auswahl): *Bülow/Böckstiegel/Geimer/Schütze,* Der Internationale Rechtsverkehr in Zivil- und   1 Handelssachen, 3. Aufl, ab 1983; *Geimer/Schütze,* Europäisches Zivilverfahrensrecht, 1997; *Geimer,* Internationales Zivilprozeßrecht, 3. Aufl 1997; *Geimer,* Anerkennung ausländischer Entscheidungen in Deutschland, 1995; *Geimer/Schütze,* Internationale Urteilsanerkennung, Bd I 1 1983, I 2 1984, II 1971; *Gottwald,* Internationales Zivilprozeßrecht, MüKo Schlußanh, 1992; *Handbuch* des internationalen Zivilverfahrensrechts, hrsg v Max-Planck-Institut, Bd III 1 u 2 1984; *Jayme/Hausmann,* Internationales Privat- u Verfahrensrecht, 9. Aufl, 1998; *Kropholler,* Europäisches Zivilprozeßrecht, 6. Aufl 1998; *Linke,* Internationales Zivilprozeßrecht, 2. Aufl 1995; *Nagel/Gottwald,* Internationales Zivilprozeßrecht, 4. Aufl 1997; *Schack,* Internationales Zivilverfahrensrecht, 1991; *Schlosser,* EuGVÜ, 1996; *Schütze,* Deutsches Internationales Zivilprozeßrecht, 1985.

**1) ZPO-Vorschriften.** Einige einschlägige Vorschriften finden sich in der ZPO (§ 110: Sicherheitspflicht, §§ 199 ff: Zustellung, § 328: Anerkennung ausländischer Urteile, §§ 363, 364: Beweisaufnahme, §§ 722, 723: Zwangsvollstreckung aus ausländischen Urteilen, § 791: Zwangsvollstreckung im Ausland). Doch sind damit die zivilprozeßrechtlichen Rechtsbeziehungen zum Ausland nicht annähernd erschöpft. Staatsverträge enthalten vielfach besondere Vorschriften, die der ZPO als Sonderrecht vorgehen. Auf die wichtigsten dieser Verträge wird im folgenden hingewiesen.

**2) EuGVÜ.** Von großer Bedeutung für den Bereich der Europäischen Gemeinschaft ist das am 27. 9. 68  2 geschlossene **Übereinkommen über die gerichtliche Zuständigkeit und die Vollstreckung gerichtlicher Entscheidungen in Zivil- und Handelssachen,** BGBl 72 II 774, das am 1. 2. 73 in Kraft getreten ist (BBGS 600–607); das zu ihm ergangene AusfG v 29. 7. 72, BGBl 1328, ist mWv 8. 6. 88 durch das AVAG, Schlußanh V D, ersetzt worden. Das Übereinkommen gilt im Verhältnis der Bundesrepublik (einschließlich der früheren DDR und Ost-Berlins, Art 10 u 11 EV, dazu Mansel JR **90**, 446 mwN, Üb Schlußanh V C) zu Belgien, Frankreich, Italien, Luxemburg und den Niederlanden (einschließlich Suriname mit Zusatzerklärungen, Bek v 13. 2. 75, BGBl II 243, sowie Aruba, Bek v. 9. 9. 86, BGBl II 919) sowie aufgrund des Beitritts-Übk mit Dänemark, Irland und dem Vereinigten Königreich v 9. 10. 78 (Ratifizierungs G v 22. 12. 83, BGBl II 802) im Verhältnis zu Dänemark (ohne Grönland) seit dem 1. 11. 86 (Bek v 14. 11. 86, BGBl II 1020, Zusatzbek v 23. 8. 88, BGBl II 791), im Verhältnis zum Vereinigten Königreich – ohne die Kanalinseln – seit dem 1. 1. 87 (Bek v 12. 12. 86, BGBl II 1146), im Verhältnis zu Irland seit dem 1. 6. 88 (Bek v 20. 6. 88, BGBl II 610 sowie agrd des Beitr-Übk v 25. 10. 82, BGBl 88 II 453), im Verhältnis zu Griechenland seit dem 1. 4. 89 (Bek v 15. 2. 89, BGBl II 214) aufgrund des BeitrÜbk v 25. 10. 82 (BGBl 88 II 453) sowie aufgrund des Beitr-Übk v 26. 5. 89 (BGBl 94 II 519) im Verhältnis zu Portugal und Spanien, BGBl 94 II 518, seit dem 1. 12. 94, BGBl II 3707. Damit gelten das EuGÜbk und das ihm beigefügte Protokoll, BGBl 72 II 808, sowie das Auslegungsprotokoll v 3. 6. 71, BGBl 72 II 845, zZt in der Fassung der letztgenannten BeitrÜbk, vgl den Abdruck und die Erläuterungen im **Schlußanh V C.** Das BeitrÜbk mit Finnland, Österreich und Schweden v 29. 11. 96, BGBl 98 II 1411, ist für Deutschland am 1. 1. 99 in Kraft getreten, für Dänemark (ohne Färöer und Grönland), die Niederlande und Österreich am 1. 12. 98, Bek v 3. 12. 98, BGBl 99 II 419, ferner für Finnland (1. 4. 99), Italien (1. 6. 99), Schweden (1. 1. 99) u Spanien (1. 4. 99), Bek v 13. 7. 99, BGBl II 697 (Zusatzerklärungen); im Verhältnis zu diesen Staaten gelten das EuGÜbk und die ihm beigefügten Protokolle in der Fassung dieses Beitrittsübereinkommens, s die Erläuterungen zu den einzelnen Vorschriften, Schlußanh V C.

Wegen des fast gleichlautenden **LuganoÜbk mit den EFTA-Staaten** v 16. 9. 88, BGBl 94 II 2660, das seit dem 1. 3. 95 für Deutschland in Kraft getreten ist, BGBl II 221, s **Schlußanh V D** (mit Liste der Vertragsstaaten, Üb Rn 1, s auch unten Rn 15 ff). Zum Verhältnis des LuganoÜbk zum EuGVÜ s dessen Art 54 u Art 54b LuganoÜbk, Schlußanh V C 1 u V D 1.

Für die Ausführung beider Übk gilt das **AVAG, Schlußanh V E**.

**3) Weitere Staatsverträge.** Auch sie gelten für das gesamte Staatsgebiet der Bundesrepublik (einschließlich der früheren DDR und Ost-Berlins, Art 11 EV, dazu Andrae IPrax **94**, 223 mwN, ua Siehr RabelsZ **91**, 243, Mansel JR **90**, 441 mwN, OGH Wien IPrax **92**, 104), vgl Schlußanh V A u B, VI. Zur einstweiligen Fortgeltung der von der früheren DDR abgeschlossenen Staatsverträge und zu ihrem Erlöschen, Art 12 EV, s Andrae aaO, Leible FamRZ **91**, 1245 mwN, Siehr RabelsZ **91**, 245, v. Hoffmann IPrax **91**, 9, Mansel aaO, Drobnig DtZ **91**, 76, Dannemann DtZ **91**, 130, vgl Schlußanh V Üb 2 (auch zu den Bek über ihr Erlöschen).[1]

**A. Rechtsschutz und Rechtshilfe. a)** Hierhin gehörte vor allem das **Haager Abk über den Zivilprozeß** vom 17. 7. 05, RGBl 09, 409, mit AusfG v 5. 4. 09, RGBl 430. Es gilt nur noch im Verhältnis der Bundesrepublik zu Island (Bek v 5. 6. 26, RGBl II 553).

An die Stelle dieses Abk ist im Verhältnis zu allen anderen Vertragsstaaten das **Haager Übk über den Zivilprozeß** v 1. 3. 54, BGBl 58 II 577, getreten, Art 29, in der Bundesrepublik in Kraft seit 1. 1. 60, Bek v 2. 12. 59, BGBl II 1388 (BBGS 100–190). Vertragsstaaten sind: Ägypten, Argentinien, Armenien, Belgien, Bosnien/Herzegowina, Dänemark, Frankreich, Georgien, Israel, Italien, Japan, (ehem) Jugoslawien (s u Rn 18), Kasachstan, Kirgisistan, Kroatien, Lettland, Libanon, Luxemburg, Marokko, Mazedonien, Republik Moldau, Niederlande, Norwegen, Österreich, Polen, Portugal, Rumänien, Russische Föderation, Schweden, Schweiz, Slowakei, Slowenien, (ehem) Sowjetunion, Spanien, Suriname, Tschechische Republik, (ehem) Tschechoslowakei, Türkei, Ungarn, Usbekistan, Vatikanstadt, Weißrußland. Es gilt nur für die europäischen Gebiete der Vertragsstaaten; die Ausdehnung auf außereuropäische Gebiete ist in Art 30 II vorgesehen und zT erfolgt. Art 1–16 des Übk werden im Verhältnis zwischen den Vertragsparteien durch die Haager Zustl- u BewAufnÜbk ersetzt, s u. Teile der amtlichen Übersetzung des Übk sind an folgenden Stellen dieses Werks abgedruckt: die Vorschriften über das Zustellungswesen Anh § 202 ZPO, Rechtshilfeersuchen Anh I § 168 GVG, Sicherheitsleistung für Prozeßkosten Anh § 110 ZPO, Vollstreckbarerklärung von Kostenentscheidungen Schlußanh V A 1, Prozeßkostenhilfe (Armenrecht) Anh § 114, Personenhaft Anh § 918 ZPO. Das zum Vertrag erlassene AusfG vom 18. 12. 58, BGBl I 939, ist in seinen betreffenden Teilen an den angegebenen Stellen abgedruckt.

Das **Haager Übk über die Zustellung gerichtlicher und außergerichtlicher Schriftstücke im Ausland in Zivil- oder Handelssachen** v 15. 11. 65, BGBl **77** II 1453 (BBGS 350–354), und das **Haager Übk über die Beweisaufnahme im Ausland in Zivil- oder Handelssachen** v 18. 3. 1970, BGBl 77 II 1472 (BBGS 370–374), die im Verhältnis zu den ihnen beitretenden Staaten die entsprechenden Vorschriften der Konvention von 1954 (Art 1–7 u 8–16) ersetzen, Böckstiegel/Schlafen NJW **78**, 1073 (ZustimmungsG v 22. 12. 77, BGBl II 1452, u AusfG v 22. 12. 77, BGBl I 3105), sind seit dem 26. 6. 79 für die BRep in Kraft, Bek v 21. 6. 79, BGBl II 779/780. – Wegen des Abdrucks vgl Anh § 202, Anh § 363 u Anh § 168 GVG. **Geltungsbereich des Zustellungs-Übk** gemäß Bek v 23. 6. 80, BGBl II 907, und weiteren Bek (dort ist auch der Wortlaut der von den Vertragsstaaten notifizierten Erklärungen und Erstreckungen veröffentlicht): Ägypten, Anguilla (Bek v 29. 11. 82, BGBl II 1055), Antigua u Barbuda (Bek v 23. 9. 87, BGBl II 613, u v 7. 10. 88, BGBl II 966), Bahamas (Bek v 4. 2. 98, BGBl II 288 u 23. 4. 99, BGBl II 400), Barbados, Belgien, Botsuana, China (Bek v 21. 1. 92, BGBl II 88, m Zusatzerkl, u v 27. 5. 96, BGBl II 2531), Dänemark, Estland (Bek v 5. 11. 96, BGBl II 2758), Finnland, Frankreich (Zusatz-Bek v 22. 3. 84, BGBl II 265), Griechenland (Bek v 1. 9. 83, BGBl II 575), Irland (Bek v 5. 11. 96, BGBl II 2758), Israel, Italien (Bek v 22. 4. 82, BGBl II 522), Japan, Kanada (Bek v 24. 8. 89, BGBl II 807), Lettland (Bek v 14. 11. 95, BGBl II 1065), Luxemburg, Malawi, Niederlande (für das Königreich in Europa u Aruba, Bek v 6. 3. 87, BGBl II 214, mit Zusatzerklärung, Bek v 31. 10. 89, BGBl II 863), Norwegen, Pakistan (Bek v 24. 10. 90, BGBl II 1650), Polen (Bek v 27. 9. 96, BGBl II 2531), Portugal (u Macau, Bek v 23. 4. 99, BGBl II 400), Schweden, Schweiz (Bek v 17. 7. 95, BGBl II 755), Seychellen (Bek v 6. 11. 81, BGBl II 1029), Slowakei (vgl Bek v 2. 11. 93, BGBl II 2164, u v 27. 9. 96, BGBl II 2531), Spanien (Bek v 23. 9. 87, BGBl II 613, v 27. 9. 96, BGBl II 2531, u 13. 7. 99, BGBl II 714), Tschechische Republik (vgl Bek v 2. 11. 93, BGBl II 2164), (ehem) Tschechoslowakei, Türkei, Venezuela (Bek v 17. 7. 95, BGBl II 757), Vereinigtes Königreich (Bek v 29. 8. 80, BGBl II 1281) einschl St. Christoph-Nevis (Bek v 22. 4. 83, BGBl II 321), Vereinigte Staaten (einschl Nördliche Marianen, Bek v 4. 2. 98, BGBl II 288) sowie Zypern (Bek v 7. 5. 84, BGBl II 506). Wegen weiterer **Erstreckungserklärungen** s Anh § 202 Bem zu Art 2 des Übk. – Das **Beweisaufnahme-Übk** ist in Kraft, vgl Bek v 5. 9. 80, BGBl II 1290 (dort ist auch der Wortlaut der von den Vertragsstaaten notifizierten Erklärungen und Vorbehalte veröffentlicht), im Verhältnis zu: Argentinien (Zusatzerklärung, Bek v 30. 8. 88, BGBl II 823), Australien (Zusatzerklärung, Bek v 23. 9. 93, BGBl II 2398), Barbados, China (Zusatzerklärungen, Bek v 1. 7. 98, BGBl 98 II 1729), Dänemark (Zusatzerklärung, Bek v 12. 11. 80, BGBl II 1440), Estland (Zusatzerklärung, Bek v 29. 8. 96, BGBl II 2494), Finnland (Zusatzerklärungen, Bek v 19. 2. 81, BGBl II 123, v 5. 7. 82, BGBl II 682), Frankreich, Israel (Zusatzerklärungen, Bek v 5. 6. 81, BGBl II 374, u v 20. 5. 87, BGBl II 307), Italien (Zusatzerklärungen, Bek v 9. 11. 82, BGBl II 998), Lettland (Bek v 27. 11. 95, BGBl 96 II 16), Luxemburg, Mexiko (Zusatzerklärung, Bek v 26. 3. 90, BGBl II 298), Monaco (Zusatzerklärung, Bek v 3. 12. 86, BGBl II 4135), Niederlande für das Königreich in Europa (Zusatzerklärung, Bek v 17. 7. 81, BGBl II 573) u Aruba (Bek v 3. 12. 86, BGBl II 1136), Norwegen (Zusatzerklärung, Bek v 12. 11. 80, BGBl II 1440), Polen (Bek v 28. 8. 96, BGBl II 2494, u v 9. 12. 96, BGBl 97 II 161), Portugal, Schweden (Zusatzerklärung, Bek v 12. 11. 80, BGBl II 1440), Schweiz (Zusatzerklärung, Bek v 6. 12. 95, BGBl II 532), Singapur (Zusatzerklärung, Bek v 21. 10. 81, BGBl II 962), Slowakei (Bek v 23. 9. 93, BGBl II 2398), Spanien (Zusatzerklärung, Bek v 11. 8. 99, BGBl II 788), Südafrika (Zusatzerklärungen, Bek v 2. 12. 97, BGBl II 2225), Tschechische Republik (Bek v 23. 9. 93, BGBl II 2398), (ehem) Tschechoslowakei, Venezuela (Zusatzerklärung, Bek v 29. 9. 94, BGBl II 3647),

---

[1] Soweit die Abkommen nicht abgedruckt sind, vgl die im Text folgenden Hinweise, wird auf die Wiedergabe bei Jayme/Hausmann, Internationales Privat- und Verfahrensrecht, 9. Aufl 1998, verwiesen.

IV. Zwischenstaatliches Zivilprozeßrecht					Einl IV

Vereinigtes Königreich (dazu Bek v 29. 8. 80, BGBl II 1281, u Bek v 12. 11. 80, BGBl II 1440 u Bek v 3. 12. 86, BGBl II 1137, betr Anguilla, sowie Bek v 20. 5. 87, BGBl 306, betr Jersey), Vereinigte Staaten und Zypern (Bek v 12. 6. 84, BGBl II 567, u v 13. 9. 84, BGBl II 919). Vgl i ü Anh A § 363.

**Zusatzvereinbarungen** zur weiteren Erleichterung des Rechtsverkehrs bestanden zuletzt (und bestehen **5** hinsichtlich der nicht durch die neuen Übk ersetzten Teile) mit Belgien v 25. 4. 59, BGBl II 1525, Dänemark v 1. 6. 10, RGBl 873, idFass v 6. 1. 32, RGBl II 20, u 1. 6. 14, RGBl 205, Frankreich v 6. 5. 61, BGBl II 1040, Luxemburg v 1. 8. 09, RGBl 910, den Niederlanden v 30. 8. 62, BGBl 64 II 469 (seit 3. 5. 64 an Stelle des bisherigen Vertrages v 31. 7. 09) nebst den niederländischen Antillen v 5. 2. 68, BGBl II 95, Norwegen v 2. 8. 09, RGBl 912, BGBl 53 II 257, und v 17. 6. 77, BGBl 79 II 1292, Österreich v 6. 6. 59, BGBl II 1523, Polen v 7./22. 10. 93, BGBl 94 II 361, Schweden v 1. 2. 10, RGBl 456, der Schweiz v 30. 4. 10, RGBl 674; im Verhältnis zur Schweiz gilt ferner das Abk über das Verfahren bei Anträgen auf Vollstreckbarerklärung der im Art 18 HZPrAbk v 17. 7. 05 bezeichneten Kostenentscheidungen v 24. 12. 29, RGBl 30 II 1, weiter.

**b)** Der Erleichterung der Verfolgung von Unterhaltsansprüchen dient das **UN-Übk über die Geltendmachung von Unterhaltsansprüchen im Ausland** v 20. 6. 56, BGBl 59 II 150. Es ist im Anh II § 168 GVG (mit Liste der Vertragsstaaten) abgedruckt und erläutert. Daneben tritt das Auslandsunterhaltsgesetz v 19. 12. 86, BGBl 2563; vgl Anh III § 168 GVG. Wegen des Haager UnterhVollstrÜbk s unten Rn 7.

**c) Ferner bestehen** mit mehreren Staaten **Sonderverträge**, nämlich im Verhältnis zu: **Griechenland**, **6** Abk vom 11. 5. 38, RGBl 39 II 849, wieder in Kraft seit 1. 2. 52 (Bek v 26. 6. 52, BGBl II 634), nebst AusfVO vom 31. 5. 39, RGBl II 847; für **Großbritannien mit Nordirland** Abk v 20. 3. 28, RGBl II 624, wieder in Kraft seit 1. 1. 53 (Bek v 13. 3. 53, BGBl II 116), nebst AusfVO v 5. 3. 29, RGBl II 135; gilt ebenso für Barbados, Bek vom 14. 5. 71, BGBl II 467, für Fidschi, Bek v 7. 8. 72, BGBl II 904, für Gambia, Bek v 27. 10. 69, BGBl II 2177, für Kanada, Bek vom 29. 11. 35, RGBl II 848, wieder in Kraft seit 1. 11. 53, Bek vom 14. 12. 53, BGBl 54 II 15; für Neuseeland, Bek vom 31. 8. 29, RGBl II 637, wieder in Kraft seit 1. 1. 53 (Bek vom 13. 3. 53, BGBl II 118); für Australien, Bek vom 17. 12. 32, RGBl II 307, wieder in Kraft seit 1. 7. 54 (Bek vom 6. 6. 55, BGBl II 699, Bek vom 24. 10. 55, BGBl II 918, Bek v 24. 7. 56, BGBl II 890, Bek v 18. 7. 57, BGBl II 744); für die Föderation von Rhodesien u Nyassaland, Bek v 30. 7. 57, BGBl II 1276, wieder in Kraft seit 20. 8. 55; für weitere britische oder ehemals britische Gebiete, darunter Hongkong, Bek v 13. 4. 60, BGBl II 1518, Malaysia, Bek v 29. 4. 75, BGBl II 576, Malta, Bek v 6. 2. 68, BGBl II 95, und Mauritius, Bek v 26. 7. 71, BGBl II 1108, Singapur, Bek v 29. 4. 76, BGBl II 576, Swasiland, Bek v 30. 3. 71, BGBl II 224, Trinidad, BGBl 61 II 1681, und Tobago, Bek v 25. 11. 66, BGBl II 1564, Jamaica, Bek v 18. 8. 66, BGBl II 835, Nigeria, Bek v 1. 10. 67, BGBl II 827, Malawi, Bek v 18. 5. 67, BGBl II 1748, Lesotho, Bek v 26. 6. 74, BGBl II 987, Zypern, Bek v 23. 4. 75, BGBl II 1129, Seychellen, Bek v 5. 12. 77, BGBl II 1271, Bahamas, Bek v 15. 6. 78, BGBl II 915. Sierra Leone betrachtet sich als an das Abkommen gebunden, Bek v 23. 9. 67, BGBl II 2366, ebenso Grenada, Bek v 12. 3. 75, BGBl II 366, und die Salomonen, Bek v 23. 9. 80, BGBl II 1346, sowie St. Lucia, Bek v 1. 12. 83, BGBl II 798. Das Abkommen gilt ferner im Verhältnis zu Nauru, Bek v 22. 7. 82, BGBl II 750, und Dominica, Bek v 13. 1. 86, BGBl II 416, dagegen **nicht** mehr im Verhältnis zu Ghana, Jordanien, Kamerun, Sri Lanka und Uganda. Weitere Rechtshilfeverträge mit: **Marokko**, Vertrag v 29. 10. 85, BGBl 88 II 1055, in Kraft 23. 6. 94, BGBl II 1192; **Türkei**, Abk v 28. 5. 29, RGBl 30 II 7, wieder in Kraft seit 1. 3. 52 (Bek v 29. 5. 52, BGBl II 608), nebst AusfVO vom 26. 8. 31, RGBl II 537. **USA**, Freundschafts-, Handels- und Schiffahrtsvertrag v 29. 10. 54, BGBl 56 II 488, in Kraft seit 14. 7. 56, Bek v 28. 6. 56, BGBl II 763 (enthält auch Bestimmungen über die Anerkennung von Schiedsverträgen sowie die Anerkennung und Vollstreckung von Schiedssprüchen). Mit **Liechtenstein** besteht eine Verständigung, daß der unmittelbare Geschäftsverkehr zwischen den beiderseitigen Justizbehörden zugelassen wird, Bek v 25. 3. 59, BAnz Nr 73 S 1. Bestimmungen über Rechtsschutz und Rechtshilfe enthält auch der Vertrag mit **Tunesien** v 19. 7. 66, BGBl 69 II 889, vgl Schlußanh V B 8.

**B. Anerkennung und Vollstreckung. a)** Das **Haager Übereinkommen über die Anerkennung 7 und Vollstreckung von Entscheidungen auf dem Gebiet der Unterhaltspflicht gegenüber Kindern** v 15. 4. 58, BGBl 61 II 1005, u AusfG v 18. 7. 61, BGBl I 1033, in Kraft für die Bundesrepublik seit 1. 1. 62, Bek v 15. 12. 61, BGBl 62 II 15, gilt noch im Verhältnis zu den Vertragsstaaten, die dem neuen Übk, s u, nicht beigetreten sind: Belgien (1. 1. 62), übersesische Gebiete Frankreichs (25. 7. 66), Liechtenstein (7. 12. 72), Österreich (1. 1. 62), Suriname (25. 11. 75, weitere Bek BGBl 80 II 1416) und Ungarn (19. 12. 64). Vgl Schlußanh V A 2 Rn 1. – Das **Haager Übereinkommen über die Anerkennung und Vollstreckung von Unterhaltsentscheidungen** v 2. 10. 73, BGBl 86 II 825, ist für die BRep (mit Zusatzerklärung) im Verhältnis zu folgenden Staaten am 1. 4. 87 in Kraft getreten (Bek v 25. 3. 87, BGBl II 221): Finnland, Frankreich (ohne überseeische Gebiete), Italien, Luxemburg, Mazedonien, Niederlande, Norwegen, Polen, Portugal, Schweden, Schweiz (s BGBl 93 II 1008), Slowakei (s BGBl 93 II 2170), Tschechische Republik (s BGBl 93 II 1008), (ehem) Tschechoslowakei, Türkei und Vereinigtes Königreich (alle diese Staaten haben Zusatzerklärungen abgegeben), ferner für Dänemark (einschließlich Färöer, ohne Grönland) am 1. 1. 88 (Bek v 6. 1. 88, BGBl II 98), für Estland am 1. 4. 98 (Bek v 11. 3. 98, BGBl II 684) u für Spanien am 1. 9. 87 (Bek v 14. 7. 87, BGBl II 404), jeweils mit Zusatzerklärung. Das AusfG v 25. 7. 86, BGBl 1156, ist mWv 8. 6. 88 durch das AVAG, Schlußanh V D, ersetzt worden. Wegen des Abdrucks s **Schlußanh V A 2**. – Zum **Haager Übereinkommen über Kindesentführung und zum Europäischen Sorgerechtsübereinkommen** v 25. 10. 80 bzw 20. 5. 80, BGBl 90 II 207 bzw 220, und zum AusfG v 5. 4. 90, BGBl 701, s **Schlußanh V A 3** (mit Liste der Vertragsstaaten).

**b)** Im übrigen gelten **Sonderverträge**, die im **Schlußanh V B** abgedruckt und teilweise erläutert sind: **8** Das **deutsch-schweizerische Abkommen über Anerkennung und Vollstreckung von gerichtlichen Entscheidungen und Schiedssprüchen** v 2. 11. 29, RGBl 30 II 1065, in Kraft seit 1. 12. 30, Bek v 5. 11. 30, RGBl II 1270, mit AusfVO v 23. 8. 30, RGBl II 1209. – Das **deutsch-italienische Abkommen über Anerkennung und Vollstreckung gerichtlicher Entscheidungen** in Zivil- und Handelssachen v 9. 3.

**Einl IV** Einleitung

36, RGBl 37 II 145, wieder in Kraft seit 1. 10. 52 (Bek v 23. 12. 52, BGBl 986), nebst AusfVO dazu v 18. 5. 37, RGBl II 143. Es enthält auch Bestimmungen über die Anerkennung und Vollstreckung von Schiedssprüchen, Art. 8. Wirksam ist es nur noch auf Gebieten, für die das EuGVÜ nicht gilt. – Der **deutsch-österreichische Vertrag über die gegenseitige Anerkennung und Vollstreckung von gerichtlichen Entscheidungen, Vergleichen und öffentlichen Urkunden** in Zivil- und Handelssachen v 6. 6. 59, BGBl 60 II 1246, in Kraft seit 29. 5. 60, Bek v 4. 5. 60, BGBl II 1523, nebst AusfG v 8. 3. 60, BGBl I 169. – Das **deutsch-belgische Abkommen über die gegenseitige Anerkennung und Vollstreckung von gerichtlichen Entscheidungen, Schiedssprüchen und öffentlichen Urkunden** in Handels- und Zivilsachen v 30. 8. 58, BGBl 59 II 766, in Kraft seit 27. 1. 61, Bek v 23. 11. 60, BGBl II 2408; dazu G v 26. 6. 59, BGBl II 765. Wirksam ist es nur noch auf Gebieten, für die das EuGVÜ nicht gilt. – Das **deutsch-britische Abkommen über die gegenseitige Anerkennung und Vollstreckung von gerichtlichen Entscheidungen in Zivil- und Handelssachen** v 14. 7. 60, BGBl 61 II 302, in Kraft seit 15. 7. 61, Bek v 28. 6. 61, BGBl II 1025; dazu G v 28. 3. 61, BGBl I 301. Wirksam ist es nur noch auf Gebieten, für die das EuGVÜ nicht gilt. Erstreckung auf Hongkong, Bek v 13. 8. 73, BGBl II 1306, u 23. 11. 73, BGBl II 1667. – Der **deutsch-griechische Vertrag über die gegenseitige Anerkennung und Vollstreckung von gerichtlichen Entscheidungen, Vergleichen und öffentlichen Urkunden** in Zivil- und Handelssachen v 4. 11. 61, BGBl 63 II 109, in Kraft seit 18. 9. 63, Bek v 12. 9. 63, BGBl II 1278; dazu AusfG v 5. 2. 63, BGBl I 129, in Kraft seit 18. 9. 63, Bek v 12. 9. 63, BGBl I 766. – Der **deutsch-niederländische Vertrag über die gegenseitige Anerkennung und Vollstreckung gerichtlicher Entscheidungen und anderer Schuldtitel** in Zivil- und Handelssachen v 30. 8. 1962, BGBl 65 II 27, nebst AusfG v 15. 1. 65, BGBl I 17, beide in Kraft seit 15. 9. 65, Bek v 11. 8. 65, BGBl I 1040, seit dem 1. 2. 71 auch für die Niederländischen Antillen, Bek v 14. 1. 71, BGBl II 11. Wirksam ist er nur noch auf Gebieten, für die das EuGVÜ nicht gilt. – Der **deutsch-tunesische Vertrag über Rechtsschutz und Rechtshilfe, die Anerkennung und Vollstreckung gerichtlicher Entscheidungen in Zivil- und Handelssachen sowie über die Handelsschiedsgerichtsbarkeit** v 19. 7. 66, G v 29. 4. 69, BGBl II 889, in Kraft seit 13. 3. 70, Bek v 2. 3. 70, BGBl I 307. – Der **deutsch-israelische Vertrag über die gegenseitige Anerkennung und Vollstreckung gerichtlicher Entscheidungen in Zivil- und Handelssachen** v 20. 7. 77, G v 13. 5. 80, BGBl II 925, in Kraft seit 1. 1. 81, Bek v 19. 12. 80, BGBl II 2354. – Der **deutsch-norwegische Vertrag über die gegenseitige Anerkennung und Vollstreckung gerichtlicher Entscheidungen und anderer Schuldtitel in Zivil- und Handelssachen** v 17. 6. 77, G v 10. 6. 81, BGBl II 341, in Kraft seit 3. 10. 81, Bek v 14. 9. 81, BGBl II 901. – Der **deutsch-spanische Vertrag über die Anerkennung und Vollstreckung von gerichtlichen Entscheidungen und Vergleichen sowie vollstreckbaren öffentlichen Urkunden** v 14. 11. 83, G v 14. 1. 87, BGBl II 34, in Kraft seit 18. 4. 88, Bek v 28. 1. 88, BGBl II 207, mit Berichtigung v 23. 3. 88, BGBl II 375. – Der Ausführung der zuletzt genannten drei Verträge dient das **AVAG, Schlußanh V E**.

9 **C. Entmündigungssachen.** Das **Haager Abkommen über die Entmündigung usw** v 17. 7. 05, RGBl 12, 463, hatte nach der Aufhebung der §§ 645 ff durch das BtG Bedeutung nur noch für die Anerkennung italienischer Entmündigungen. Es ist für die BRep mWv 23. 8. 92 außer Kraft getreten, Bek v 23. 3. 92, BGBl II 272.

10 **D. Schiedsgerichtswesen. a)** Das **UN-Übereinkommen über die Anerkennung und Vollstreckung ausländischer Schiedssprüche** v 10. 6. 58, BGBl 61 II 122 (spanische Fassung berichtigt gemäß Bek v 3. 7. 87, BGBl II 389), BBGS 714–716; Zustimmung der Bundesrepublik durch Gesetz v 15. 3. 61, BGBl II 121. Für die Bundesrepublik in Kraft seit 28. 9. 61, Bek v 23. 3. 62, BGBl II 102. Es gilt ferner für folgende Länder, von denen viele bei ihrem Beitritt Vorbehalte gemacht haben (in Klammern das Datum des Inkrafttretens): Ägypten (7. 6. 59), Algerien (8. 5. 89), Antigua und Barbuda (3. 5. 89), Argentinien (12. 6. 89), Armenien (29. 3. 98), Australien (24. 6. 75), Bahrain (5. 7. 88), Bangladesch (4. 8. 92), Barbados (14. 6. 93), Belgien (16. 11. 75), Benin (14. 8. 74), Bermuda (12. 2. 80), Bolivien (27. 7 95), Bosnien-Herzegowina (6. 3. 92), Botsuana (19. 3. 72), Brunei Darussalam (23. 10. 96), Bulgarien (8. 1. 62), Burkina Faso (21. 6. 87), Chile (3. 12. 75), China (22. 4. 87), Costa Rica (24. 1. 88), Côte d'Ivoire (2. 5. 91), Dänemark (22. 3. 73), auch für Färöer u Grönland, Dominica (26. 1. 89), Dschibuti (Bek v 6. 12. 84, BGBl 85 II 50), Ecuador (3. 4. 62), El Salvador (27. 5. 98), Estland (28. 11. 93), Finnland (19. 4. 62), Frankreich (24. 9. 59), Georgien (31. 8. 94), Ghana (8. 7. 68), Griechenland (14. 10. 62) mit Zusatzerklärung, Bek v 12. 11. 80, BGBl II 1439, Guatemala (19. 6. 84), Guinea (23. 4. 91), Haiti (4. 3. 84), Heiliger Stuhl (12. 8. 75), Indien (11. 10. 60), Indonesien (5. 1. 82), Irland (10. 8. 81), Israel (7. 6. 59), Italien (1. 5. 69), Japan (18. 9. 61), Jordanien (13. 2. 80), (ehem) Jugoslawien (27. 5. 82), dazu Rn 18, Kambodscha (4. 4. 60), Kamerun (19. 5. 88), Kanada (10. 8. 86) mit Zusatzerklärungen (Bek v 21. 9. 87, BGBl II 612, u v 2. 3. 89, BGBl II 292), Kasachstan (18. 2. 96), Kenia (11. 5. 89), Kirgisistan (18. 3. 97), Kolumbien (24. 12. 79), Korea (9. 5. 73), Kroatien (8. 10. 91), Kuba (30. 3. 75), Kuwait (27. 7. 78), Laos (15. 9. 98), Lesotho (11. 9. 89), Lettland (13. 7. 92), Libanon (9. 11. 98), Litauen (12. 6. 95), Luxemburg (8. 12. 83), Madagaskar (14. 10. 62), Malaysia (3. 2. 86), Mali (12. 12. 94), Marokko (7. 6. 59), Mauretanien (30. 4. 97), Mauritius (17. 9. 96), Mazedonien (17. 9. 91), Mexiko (13. 7. 71), Republik Moldau (17. 12. 98), Monaco (31. 8. 82), Mongolei (22. 1. 95), Mosambik (9. 9. 98), Nepal (2. 6. 98), Neuseeland (6. 4. 83), Niederlande (23. 7. 64), Niger (12. 1. 65), Nigeria (15. 6. 70), Norwegen (12. 6. 61), Österreich (31. 7. 61), Oman (26. 5. 99), Panama (8. 1. 85), Paraguay (1. 9. 98), Peru (10. 10. 88), Philippinen (4. 10. 67), Polen (1. 1. 62), Portugal (16. 1. 95), Rumänien (12. 12. 61), Russische Föderation (22. 11. 60), San Marino (15. 8. 79), Saudi-Arabien (18. 7. 94), Schweden (27. 4. 72), Schweiz (30. 8. 65, s BGBl 93 II 1940), Senegal (15. 1. 95), Simbabwe (28. 12. 94), Singapur (19. 11. 86), Slowakei (1. 1. 93), Slowenien (25. 6. 91), (ehem) Sowjetunion, Spanien (10. 8. 77), Sri Lanka (8. 7. 62), Südafrika (1. 8. 76), Syrien (7. 6. 59), Tansania (11. 1. 65), Thailand (20. 3. 60), Trinidad und Tobago (15. 6. 66), Tschechische Republik (1. 1. 93), (ehem) Tschechoslowakei (8. 10. 59), Türkei (30. 9. 92), Tunesien (15. 10. 67), Uganda (12. 5. 92), Ukraine (8. 1. 61), Ungarn (3. 6. 62), Uruguay (28. 6. 83), Usbekistan (7. 5. 96), Venezuela (12. 6. 95), Vereinigtes Königreich (23. 12. 75) unter

IV. Zwischenstaatliches Zivilprozeßrecht  **Einl IV**

Erstreckung auf Hongkong (21. 4. 77) und Belize und die Kaimaninsel (24. 2. 81) sowie Guernsey (18. 7. 85), wegen der Zusatzerklärung s Bek v 12. 11. 80, BGBl II 1439, Vereinigte Staaten von Amerika (29. 12. 70) und Gebiete, deren Beziehungen die USA wahrnehmen (1. 2. 71), Vietnam (11. 12. 95), Weißrußland (13. 2. 61), Zentralafrikanische Republik (13. 1. 63), Zypern (29. 3. 81). Die amtliche Übersetzung des Übereinkommens ist im **Schlußanh VI A 1** abgedruckt und erläutert.

b) Das **Genfer Protokoll über Schiedsklauseln im Handelsverkehr** v 24. 9. 23, RGBl 25 II 47, und **11** das **Genfer Abkommen zur Vollstreckung ausländischer Schiedssprüche** v 26. 9. 27, RGBl 30 II 1067 (**Abdruck:** SchwW Anh A I 1 u 2). Soweit Vertragsstaaten dem UN-Übk beigetreten sind, sind GenfProt und GenfAbk für diese außer Kraft getreten, Art 7 II Übk. Es gelten noch im Verhältnis der Bundesrepublik zu: Albanien GenfProt RGBl 25 II 47. – Anguilla GenfAbk Bek 15. 4. 86, BGBl II 633. – Bahamas GenfProt, GenfAbk, Bek 28. 4. 77, BGBl II 443. – Birma (Myanmar) GenfProt, GenfAbk RGBl 38 II 879. – Brasilien GenfProt Bek 14. 11. 53, BGBl II 593; seit 1. 9. 53. – Irak GenfProt RGBl 26 II 791. – Malta GenfProt, GenfAbk seit 16. 8. 66, BGBl II 1525. – Mauritius GenfProt u GenfAbk seit 12. 3. 68, Bek 13. 2. 73, BGBl II 95. – Pakistan GenfProt, GenfAbk, Bek vom 13. 2. 54, BGBl II 465.

c) Das **Europäische Übereinkommen über die internationale Handelsschiedsgerichtsbarkeit** v **12** 21. 4. 61, BGBl 64 II 427; Zustimmung der Bundesrepublik durch Gesetz v 17. 4. 64, BGBl II 425 (BGBS 720–725). Für die Bundesrepublik in Kraft getreten am 25. 1. 65, Bek v 21. 1. 65, BGBl II 107. Das Übereinkommen gilt im Verhältnis zu Armenien (18. 12. 92), Belgien (7. 1. 76), Bosnien-Herzegowina (6. 3. 92), Bulgarien (11. 8. 64), Dänemark (22. 3. 73) einschließlich Färöer und Grönland (1. 1. 76), Frankreich (16. 3. 67), Georgien (9. 9. 92), Italien (1. 11. 70), (ehem) Jugoslawien (7. 1. 64), dazu Rn 18, Kasachstan (18. 2. 96), Kirgisistan (4. 7. 92), Kroatien (8. 10. 91), Kuba (30. 11. 65), Luxemburg (24. 6. 82), Mazedonien (17. 9. 91), Republik Moldau (3. 6. 98), Obervolta (26. 4. 65), Österreich (4. 6. 64), Polen (14. 12. 64), Rumänien (7. 1. 64), Russische Föderation (7. 1. 64), Slowakei (1. 1. 93), Slowenien (25. 6. 91), (ehem) Sowjetunion (7. 1. 64), Spanien (10. 8. 75), Tschechische Republik (1. 1. 93), (ehem) Tschechoslowakei, Türkei (23. 4. 92), Ukraine (7. 1. 64), Ungarn (7. 1. 64), Usbekistan (26. 10. 93), Weißrußland (12. 1. 64). Dazu besteht die Vereinbarung über die Anwendung dieses Übereinkommens v 17. 12. 62, BGBl 64 II 449; Zustimmung der Bundesrepublik v 17. 4. 64, BGBl II 448. Diese Vereinbarung gilt aber nur für die Bundesrepublik und Österreich ab 25. 1. 65, Bek v 15. 3. 65, BGBl II 271, Frankreich, Bek v 28. 8. 67, BGBl II 2329, ab 16. 3. 67, Dänemark, Bek v 2. 3. 73, BGBl II 171, ab 22. 3. 73, Belgien, Bek v 17. 12. 75, BGBl 76 II 139, seit 7. 1. 76, Italien, Bek v 8. 6. 76, BGBl II 1016, seit 9. 6. 76, Luxemburg, Bek v 28. 6. 82, BGBl II 671 und Republik Moldau, Bek v 27. 5. 98, BGBl II 1176, seit 3. 6. 98. Übereinkommen und Vereinbarung sind im **Schlußanh VI A 2** abgedruckt und erläutert.

d) **Besondere Verträge** über die Anerkennung von Schiedsverträgen und die Vollstreckung von Schieds- **13** sprüchen bestehen mit den Nachfolgestaaten der **UdSSR**, Abk v 25. 4. 58, BGBl 59 II 222, Art 8, in Kraft seit 24. 4. 59, Bek v 30. 4. 59, BGBl II 469, verlängert durch Protokoll v 31. 12. 60, BGBl 61 II 1086, dazu Gesetz v 2. 8. 61, BGBl II 1085 u BGBl 62 II 1477 (vgl die Bek für Armenien BGBl 93 II 169, Aserbaidschan BGBl 96 II 2471, Georgien BGBl 92 II 1128, Kasachstan BGBl 89 II 1120, Kirgisistan BGBl 92 II 1015, die Russische Föderation BGBl 92 II 1016, Tadschikistan, BGBl 95 II 255, die Ukraine, BGBl 93 II 1189, Usbekistan, BGBl 93 II 2038, u Weißrußland, BGBl 94 II 2533), sowie mit den **USA**, dazu oben Rn 6 gegen Ende (beide sind auszugsweise abgedruckt und erläutert im **Schlußanh VI B**), ferner mit **verschiedenen anderen Staaten**, vgl **Üb Schlußanh VI**.

E. **Sonstiges.** Schließlich enthalten einzelne Übk auch prozessuale Vorschriften, zB Art 31 des Übk über **14** den Beförderungsvertrag im internationalen Straßengüterverkehr (**CMR**) v 19. 5. 56, BGBl 61 II 1119, für Deutschland in Kraft seit 5. 2. 62, BGBl II 12, vgl Bytomski FamRZ **97**, 986. Wegen der Vertragsstaaten s Fundstellennachweis B des BGBl (Abschnitt Mehrseitige Verträge).

4) **Übersicht** (Stand: 1. 9. 98). Es ergibt sich also folgende **Übersicht über die zur Zeit für die 15 Bundesrepublik geltenden zivilprozessualen Staatsverträge** (ohne Rechtshilfeabkommen, s dazu Anh zu § 168 GVG, und ohne die Abkommen über die Befreiung ausländischer Urkunden von der Legalisation, s § 438 Rn 4, sowie ohne die Haager Kindesentführungsübk, Schlußanh VI A 3), wobei sich die Geltung auch auf die frühere DDR und Ost-Berlin erstreckt, Art 10 u 11 EV, Andrae IPrax **94**, 223 mwN:

Ägypten HZPrÜbk, Haager ZustlÜbk, UN-ÜbkSchdG;
Albanien GenfProt;
Algerien UN-UnterhÜbk, UN-ÜbkSchdG;
Anguilla Haager BewAufn- u ZustlÜbk, GenfAbk;
Antigua u Barbuda Haager ZustlÜbk, UN-ÜbkSchdG;
Argentinien HZPrÜbk, Haager BewAufnÜbk, UN-UnterhÜbk, UN-ÜbkSchdG;
Armenien HZPrÜbk, UN-ÜbkSchdG;
Aruba EuGÜbk, Haager BewAufn- u ZustlÜbk, HUnterhVollstrÜbk (B);
Aserbaidschan s unter GUS;
Australien Haager BewAufnÜbk, Sondervertrag (A), UN-UnterhÜbk, UN-ÜbkSchdG;
Bahamas Sondervertrag (A), Haager ZustlÜbk, GenfAbk;
Bahrain UN-ÜbkSchdG;
Bangladesch UN-ÜbkSchdG;
Barbados Sondervertrag (A), Haager BewAufn- u ZustlÜbk, UN-UnterhÜbk, UN-ÜbkSchdG;
Belarus s Weißrußland;
Belgien EuGVÜ, LuganoÜbk, HZPrÜbk (m Zusatzvereinbarung), Haager ZustlÜbk, VollstrAbk (B), UN- **16** UnterhÜbk, HUnterhVollstrÜbk 1958 (B), EuSorgeRÜbk, UN-ÜbkSchdG, EuÜbkHSch (mit Zusatzvereinbarung);
Benin UN-ÜbkSchdG;
Bermuda UN-ÜbkSchdG;

**Einl IV**  Einleitung

Bolivien UN-ÜbkSchdG;
Birma (siehe Myanmar);
Bosnien/Herzegowina HZPrÜbk, UN-UnterhÜbk, UN-ÜbkSchdG, EuÜbkHSch;
Botsuana Haager ZustlÜbk, UN-ÜbkSchdG;
Brasilien UN-UnterhÜbk, GenfProt;
Brunei Darussalam UN-ÜbkSchdG;
Bulgarien UN-Übk-SchdG, EuÜbkHSch;
Burkina Faso UN-UnterhÜbk, UN-ÜbkSchdG, EuÜbkHSch;
Ceylon (siehe Sri Lanka);
Chile UN-UnterhÜbk, UN-ÜbkSchdG;
China Haager BewAufn- u ZustlÜbk, UN-UnterhÜbk, UN-ÜbkSchdG;
Costa Rica UN-ÜbkSchdG;
Côte d'Ivoire UN-ÜbkSchdG;

17 Dänemark EuGVÜ (F 1996), LuganoÜbk, HZPrÜbk (m Zusatzvereinbarungen), Haager BewAufn- u ZustlÜbk, UN-UnterhÜbk, HUnterhVollstrÜbk (B), EuSorgeRÜbk, UN-ÜbkSchdG, EuÜbkHSch (m Zusatzvereinbarung);
Dominica Sondervertrag (A), UN-ÜbkSchdG;
Dschibuti UN-ÜbkSchdG;
Ecuador UN-UnterhÜbk, UN-ÜbkSchdG;
El Salvador UN-ÜbkSchdG;
Estland Haager Zustl- u BewAufnÜbk, HUnterhVollstrÜbk (B), UN-ÜbkSchdG;
Fidschi Sondervertrag (A);
Finnland EuGVÜ (F 1996), LuganoÜbk, HZPrÜbk, Haager BewAufn- u ZustlÜbk, HUnterhVollstrÜbk (B), EuSorgeRÜbk, UN-ÜbkSchdG;
Frankreich EuGVÜ, LuganoÜbk (Vorbehalt), HZPrÜbk (m Zusatzvereinbarung), Haager BewAufn- u ZustlÜbk, UN-UnterhÜbk, HUnterhVollstrÜbk (B), s Rn 7, EuSorgeRÜbk, UN-ÜbkSchdG, EuÜbkSch (m Zusatzvereinbarung);
Gambia Sondervertrag (A);
Georgien UN-ÜbkSchdG, s bei GUS;
Ghana UN-ÜbkSchdG;
Grenada Sondervertrag (A);
Griechenland EuGVÜ, LuganoÜbk, Sondervertrag (A), Haager ZustlÜbk, VollstrAbk (B), EuSorgeRÜbk, UN-UnterhÜbk, UN-ÜbkSchdG;
Großbritannien u Nordirland EuGVÜ, LuganoÜbk, Haager BewAufn- u ZustlÜbk, Sondervertrag (A), UN-UnterhÜbk, HUnterhVollstrÜbk (B), EuSorgeRÜbk, VollstrAbk (B), UN-ÜbkSchdG;
Guatemala UN-UnterhÜbk, UN-ÜbkSchdG;
Guinea UN-ÜbkSchdG;
GUS (Nachfolgestaaten der UdSSR) HZPrÜbk, UN-ÜbkSchdG, EuÜbkHSch, SchdGVertrag (D) (Weitergeltung bekanntgemacht im Verhältnis zu Armenien, Aserbeidschan, Georgien, Kasachstan, Kirgisistan, der Russischen Föderation, Tadschikistan, der Ukraine, Usbekistan u Weißrußland, s o Rn 13);
Haiti UN-UnterhÜbk, UN-ÜbkSchdG;
Heiliger Stuhl HZPrÜbk, UN-UnterhÜbk, UN-ÜbkSchdG;
Indonesien UN-ÜbkSchdG;
Indien UN-ÜbkSchdG;
Irak GenfProt;
Irland EuGVÜ, LuganoÜbk, Haager ZustlÜbk, UN-UnterhÜbk, EuSorgeRÜbk, UN-ÜbkSchdG (vorher GenfProt, GenfAbk);
Island LuganoÜbk, HZPrAbk;
Israel HZPrÜbk, Haager BewAufn- u ZustlÜbk, UN-UnterhÜbk, VollstrAbk (B), UN-ÜbkSchdG;

18 Italien EuGVÜ (F 1996), LuganoÜbk, HZPrÜbk (m Zusatzvereinbarung), Haager BewAufn- u ZustlÜbk, UN-UnterhÜbk, VollstrAbk (B), HUnterhVollstrÜbk (B), EuSorgeRÜbk, UN-ÜbkSchdG, EuÜbkHSch (mit Zusatzvereinbarung);
Jamaika Sondervertrag (A);
Japan HZPrÜbk, Haager ZustlÜbk, UN-ÜbkSchdG;
Jordanien UN-ÜbkSchdG;
Jugoslawien (BRep), s Jugoslawien (ehem)
Jugoslawien (ehem)[1] HZPrÜbk, UN-UnterhÜbk, UN-ÜbkSchdG (vorher GenfProt, GenfAbk), EuÜbkHSch;
Kambodscha UN-ÜbkSchdG;
Kamerun UN-ÜbkSchdG;
Kanada Haager ZustlÜbk, Sondervertrag (A), UN-ÜbkSchdG;
Kap Verde UN-UnterhÜbk;
Kasachstan s unter GUS;
Kenia UN-ÜbkSchdG;
Kirgisistan HZPrÜbk, UN-ÜbkSchdG, EuÜbkHSch, SchdGVertrag (D);
Kolumbien UN-ÜbkSchdG;
Korea UN-ÜbkSchdG;

---

[1] Wegen der Fortgeltung für die Nachfolgestaaten s unter Bosnien-Herzegowina, Jugoslawien (BRep), Kroatien, Mazedonien und Slowenien; von der Fortgeltung für Serbien-Montenegro ist auszugehen, vgl zum HZPrÜbk Zweibr IPrax **96**, 28 (zustm Schweisfurth/Blöcker IPrax **96**, 9, diff Kondring IPrax **96**, 161).

IV. Zwischenstaatliches Zivilprozeßrecht  **Einl IV**

Kroatien HZPrÜbk, UN-UnterhÜbk, UN-ÜbkSchdG, EuÜbkHSch;
Kuba EuÜbkSch, UN-ÜbkSchdG;
Kuwait UN-ÜbkSchdG;
Laos UN-ÜbkSchdG;
Lesotho Sondervertrag (A), UN-ÜbkSchdG;
Lettland HZPrÜbk, Haager BewAufn- u ZustlÜbk, UN-ÜbkSchdG;
Libanon HZPrÜbk, UN-ÜbkSchdG;
Liechtenstein Sondervereinbarung (A), HUnterhVollstrÜbk 1958 (B), EuSorgeRÜbk;
Litauen UN-ÜbkSchdG;
Luxemburg EuGVÜ, LuganoÜbk, HZPrÜbk (m Zusatzvereinbarung), Haager BewAufn- u ZustlÜbk, UN-UnterhÜbk, HUnterhVollstrÜbk (B), EuSorgeRÜbk, UN-ÜbkSchdG (vorher GenfProt, GenfAbk), EuÜbkHSch (mit Zusatzvereinbarung);
Madagaskar UN-ÜbkSchdG;
Malawi Sondervertrag (A), Haager ZustlÜbk;
Malaysia Sondervertrag (A), UN-ÜbkSchdG;
Mali UN-ÜbkSchdG;
Malta Sondervertrag (A), GenfProt, GenfAbk;
Marokko HZPrÜbk, Sondervertrag (A), UN-UnterhÜbk, UN-ÜbkSchdG;
Mauretanien UN-ÜbkSchdG;
Mauritius Sondervertrag (A), UN-ÜbkSchdG (vorher GenfProt, GenfAbk);
Mazedonien HZPrÜbk, UN-UnterhÜbk, UN-ÜbkSchdG, EuÜbkHSch;
Mexiko Haager BewAufnÜbk, UN-UnterhÜbk, UN-ÜbkSchdG;
Moldau, Republik HZPrÜbk, UN-ÜbkSchdG, EuÜbkHSch (mit Zusatzvereinbarung);
Monaco Haager BewAufnÜbk, UN-ÜbkSchdG (vorher GenfProt);
Mongolei UN-ÜbkSchdG;
Mosambik UN-ÜbkSchdG
Myanmar (Birma) GenfProt, GenfAbk;
Nauru Sondervertrag (A);
Nepal UN-ÜbkSchdG;
Neuseeland Sondervertrag (A), UN-UnterhÜbk, UN-ÜbkSchdG (vorher GenfProt, GenfAbk);
Niederlande EuGVÜ (F 1996), LuganoÜbk (für das Königreich in Europa), HZPrÜbk (in Zusatzvereinbarung), Haager BewAufn- und ZustlÜbk, UN-UnterhÜbk, HUnterhVollstrÜbk (B), EuSorgeRÜbk, VollstrAbk (B), UN-ÜbkSchdG;
Niger UN-UnterhÜbk, UN-ÜbkSchdG;
Nigeria Sondervertrag (A), UN-ÜbkSchdG;
Norwegen LuganoÜbk, HZPrÜbk, Haager BewAufn- u ZustlÜbk, UN-UnterhÜbk, HUnterhVollstrÜbk (B), EuSorgeRÜbk, VollstrAbk (B), UN-ÜbkSchdG;
Obervolta s Burkina Faso;
Österreich EuGVÜ (F 1996), LuganoÜbk (Zusatzerklärung), HZPrÜbk (mit Zusatzvereinbarung), UN-UnterhÜbk, VollstrAbk (B), HUnterhVollstrÜbk 1958 (B), EuSorgeRÜbk, UN-ÜbkSchdG, EuÜbkHSch (mit Zusatzvereinbarung);
Oman UN-ÜbkSchG;
Pakistan Haager ZustlÜbk, UN-UnterhÜbk, GenfProt, GenfAbk;
Panama UN-ÜbkSchdG;
Paraguay UN-ÜbkSchdG;
Peru UN-ÜbkSchdG;
Philippinen UN-UnterhÜbk, UN-ÜbkSchdG;
Polen HZPrÜbk (mit Zusatzvereinbarung), Haager Zustl- u BewAufnÜbk, UN-UnterhÜbk, HUnterhVollstrÜbk (B), EuSorgeRÜbk, UN-ÜbkSchdG, EuÜbkHSch;
Portugal EuGVÜ, LuganoÜbk, HZPrÜbk, Haager BewAufn- u ZustlÜbk, UN-UnterhÜbk, HUnterhVollstrÜbk (B), EuSorgeRÜbk, UN-ÜbkSchdG;
Rhodesien (siehe Simbabwe);
Rumänien HZPrÜbk, UN-UnterhÜbk, UN-ÜbkSchdG, EuÜbkHSch;
Russische Föderation HZPrÜbk, UN-ÜbkSchdG, EuÜbkHSch, SchdGVertrag (D);
Salomonen Sondervertrag (A);
San Marino UN-ÜbkSchdG;
Saudi-Arabien UN-ÜbkSchdG (Zusatzerklärung);
Schweden EuGVÜ (F 1996), LuganoÜbk (Zusatzerklärung), HZPrÜbk (mit Zusatzvereinbarung), Haager BewAufn- u ZustlÜbk, UN-UnterhÜbk, HUnterhVollstrÜbk (B), EuSorgeRÜbk, UN-ÜbkSchdG;
Schweiz LuganoÜbk (Zusatzerklärung), HZPrÜbk (mit Zusatzvereinbarung), Haager Zustl- u BewAufnÜbk (Zusatzerklärungen), UN-UnterhÜbk, HUnterhVollstrÜbk (B), EuSorgeRÜbk, VollstrAbk (B), UN-ÜbkSchdG;
Serbien-Montenegro s ehem Jugoslawien[1]
Seychellen Haager ZustlÜbk, Sondervertrag (A);
Sierra Leone Sondervertrag (A);
Simbabwe Sondervertrag (A), Weitergeltung fraglich;
Singapur Haager BewAufnÜbk, Sondervertrag (A), UN-ÜbkSchdG;
Slowakei HZPrÜbk, UN-UnterhÜbk, UN-ÜbkSchdG, EuÜbkHSch;
Slowenien s ehem Jugoslawien;

---

[1] Zur Fortgeltung der Abkommen vgl S 22 FN 1.

**Einl IV** Einleitung

Sowjetunion (ehem) s unter GUS;
Spanien EuGVÜ (F 1996), LuganoÜbk, HZPrÜbk, Haager BewAufn- u ZustlÜbk, Sondervertrag (A), UN-UnterhÜbk, HUnterhVollstrÜbk (B), EuSorgeRÜbk, UN-ÜbkSchdG, EuÜbkHSch;
Sri Lanka UN-UnterhÜbk, UN-ÜbkSchdG;
St. Lucia Sondervertrag (A);
Südafrika Haager BewAufnÜbk, UN-ÜbkSchdG;
Suriname EuGVÜ, HZPrÜbk, UN-UnterhÜbk, HUnterhVollstrÜbk 1958 (B);
Syrien UN-ÜbkSchdG;
23 Swasiland Sondervertrag (A);
Tadschikistan UN-ÜbkSchdG, s i ü GUS;
Tansania UN-ÜbkSchdG;
Thailand UN-ÜbkSchdG;
Trinidad und Tobago Sondervertrag (A), UN-ÜbkSchdG;
Tschechische Republik s ehem Tschechoslowakei;
Tschechoslowakei (ehem) HZPrÜbk, Haager BewAufn- u ZustlÜbk, UN-UnterhÜbk, HUnterhVollstrÜbk (B), UN-ÜbkSchdG, EuÜbkHSch;
Türkei HZPrÜbk, Haager ZustlÜbk, Sondervertrag (A), UN-UnterhÜbk, HUnterhVollstrÜbk (B), UN-ÜbkSchdG, EuÜbkHSch;
Tunesien UN-UnterhÜbk, VollstrAbk (B), UN-ÜbkSchdG, SchdGVertrag (D);
UdSSR (siehe GUS);
Uganda UN-ÜbkSchdG;
Ukraine UN-ÜbkSchdG, EuÜbkHSch (siehe iü GUS);
Ungarn HZPrÜbk, UN-UnterhÜbk, UnterhVollstrÜbk 1958 (B), UN-ÜbkSchdG, EuÜbkHSch;
Uruguay UN-ÜbkSchdG;
USA Haager BewAufn- u ZustlÜbk, UN-ÜbkSchdG, SchdGVertrag (D);
Usbekistan s GUS;
24 Vatikanstaat (siehe Heiliger Stuhl);
Venezuela Haager Zustl- u BewAufnÜbk (Zusatzerklärungen), UN-ÜbkSchdG;
Vereinigtes Königreich s Groß-Britannien;
Vietnam UN-ÜbkSchdG;
Weißrußland (Belarus) HZPrÜbk, Haager ZustlÜbk, UN-UnterhÜbk, UN-ÜbkSchdG, EuÜbkHSch (siehe iü GUS);
Zentralafrikanische Republik UN-UnterhÜbk, UN-ÜbkSchdG;
Zypern Haager BewAufn- u ZustlÜbk, Sondervertrag (A), UN-UnterhÜbk, EuSorgeRÜbk, UN-ÜbkSchdG.

Ergänzend ist auf den jährlich vom BJM im Rahmen des BGBl II herausgegebenen Fundstellennachweis B (Völkerrechtliche Vereinbarungen) zu verweisen. Die Bezeichnung und die Schreibweise der Staaten entsprechen diesem Fundstellennachweis.

# Zivilprozeßordnung[1]

v 30. Januar 1877
idF der Bek v 12. 9. 50, BGBl 533, zuletzt geändert durch G v 21. 5. 99, BGBl 1026
Die Überschriften der einzelnen §§ sind nur im 10. Buch amtlich

## Erstes Buch. Allgemeine Vorschriften

Bearbeiter: Dr. Dr. Hartmann

### 1. Abschnitt. Gerichte

**Grundzüge**

**1) Systematik.** Der Abschnitt I enthält Ergänzungen des GVG für den Zivilprozeß. Das zur Entschei- 1
dung berufene Gericht einschließlich der Personen der Richter läßt sich nur so bestimmen, daß man die einschlägigen Vorschriften sowohl der ZPO als auch des GVG berücksichtigt. Titel 1 enthält Ergänzungen zur sachlichen Zuständigkeit und Wertvorschriften. Die Titel 2 und 3 regeln die örtliche Zuständigkeit, vereinzelt auch die sachliche Zuständigkeit. Titel 4 ergänzt den Titel 1 des GVG, soweit es um die Frage geht, wer im Einzelfall zum Richteramt geeignet ist.

### Erster Titel. Sachliche Zuständigkeit der Gerichte und Wertvorschriften

**Gliederung**

| | |
|---|---|
| 1) **Systematik** .......................... 1 | F. Ausschließliche sachliche Zuständigkeit. 9 |
| 2) **Regelungszweck** ...................... 2 | G. Prüfung von Amts wegen .......... 10 |
| 3) **Geltungsbereich** ..................... 3 | 5) **Vermögensrechtlicher Anspruch** ....... 11–17 |
| 4) **Zuständigkeitsarten** ................. 4–10 | A. Grundsatz: Maßgeblichkeit der Rechtsnatur ........................... 11 |
| A. Örtliche Zuständigkeit ............. 4 | B. Beispiele zur Frage des Vorliegens eines vermögens- oder nichtvermögensrechtlichen Anspruchs ................. 12–17 |
| B. Sachliche Zuständigkeit ........... 5 | |
| C. Geschäftliche Zuständigkeit ........ 6 | |
| D. Geschäftsverteilung ............... 7 | 6) Geltung für Kosten ................ 18 |
| E. Grundsatz: Ausschließliche Zuständigkeit nur bei Ausdrücklichkeit ........ 8 | 7) *VwGO* ........................... 19 |

**1) Systematik.** Unter dem Begriff Zuständigkeit versteht man die Befugnis und die Verpflichtung zu 1
einer Tätigkeit. Im Bereich der Gerichtsbarkeit bedeutet das: Die Zuständigkeitsregeln legen fest, welches Gericht und welches Rechtspflegeorgan im einzelnen Fall zur Tätigkeit befugt und verpflichtet ist. Demgegenüber ergibt die Regelung der Zulässigkeit des ordentlichen Rechtswegs, welche Fälle vor die ordentlichen Gerichte gehören und welche vor die Gerichte anderer Gerichtsbarkeiten, zB vor ein Finanzgericht oder ein Verwaltungsgericht.

**2) Regelungszweck.** Die Zuständigkeitsvorschriften dienen der Durchsetzung des Gebots des gesetz- 2
lichen Richters, Art 101 I 2 GG, und damit der Rechtssicherheit, Einl III 43, und der Rechtsstaatlichkeit, Art 20 GG. Indessen spielt insbesondere im Bereich des § 3 auch die im dortigen Ermessen zum Ausdruck kommende Rechtswirtschaftlichkeit eine erhebliche Rolle. Grdz 14 vor § 128. Das alles macht eine behutsame Abwägung bei der Auslegung ratsam.

**3) Geltungsbereich.** §§ 1 ff gelten in allen Verfahrensarten nach der ZPO. 3

**4) Zuständigkeitsarten.** Die Zuständigkeit läßt sich nach verschiedenen Gesichtspunkten ordnen. 4

**A. Örtliche Zuständigkeit.** Sie klärt die räumlichen Grenzen, innerhalb derer ein Gericht tätig sein darf und muß. Maßgebend ist der landesrechtlich geregelte jeweilige Bezirk, in dem das Gericht den Sitz hat.

---

[1] Außer einer Reihe von besonderen Verweisungen der *VwGO* auf Vorschriften der ZPO in §§ 54, 98, 123 III–V, 153, 166 I, 167 I 1 sind gemäß § 173 *VwGO* GVG und ZPO entsprechend anzuwenden, soweit die *VwGO* keine Bestimmungen über das Verfahren enthält und die grundsätzlichen Unterschiede der beiden VerfArten das nicht ausschließen (entsprechendes gilt nach § 155 FGO und § 202 SGG). In erster Linie sind allerdings Lücken des verwaltungsgerichtlichen Verfahrens mit Hilfe der *VwGO* zu schließen, erst in zweiter Linie mit Hilfe der ZPO (dazu: Auer, Inhalt, Reichweite und Grenzen der Verweisung in § 173 *VwGO*, Diss Passau 1992; Falk, Die Anwendung der ZPO und des GVG nach § 173 *VwGO*, Diss Mainz 1975). Im folgenden wird (jeweils in den letzten Anmerkungen in Kursivdruck) dargestellt, ob und inwieweit eine Anwendung für das verwaltungsgerichtliche Verfahren möglich und geboten ist. Das Fehlen eines solchen Hinweises bedeutet Unanwendbarkeit.

**5** **B. Sachliche Zuständigkeit.** Sie klärt die Frage, welches erstinstanzliche Gericht nach der Art der Angelegenheit tätig sein darf und muß. Im Bereich bürgerlicher Rechtsstreitigkeiten, § 13 GVG, gehört die Abgrenzung zwischen dem AG oder LG einerseits und dem ArbG andererseits jetzt zum Bereich der Zulässigkeit des Rechtswegs. Das ergibt sich aus §§ 17, 17 a, b GVG und aus § 48 I ArbGG, Albers § 14 GVG Rn 6.

**6** **C. Geschäftliche Zuständigkeit**, auch funktionelle Zuständigkeit genannt. Sie klärt die Frage, welcher im Gesetz genannte Spruchkörper eine dort allgemein genannte rechtliche Angelegenheit zu betreuen hat.
*Hierher gehört zB:* Die Abgrenzung zwischen dem Prozeßgericht und dem Vollstreckungsgericht, § 764, zwischen dem Kollegium und dem Einzelrichter, § 348, zwischen dem entscheidenden und dem ersuchten bzw beauftragten Richter, §§ 361, 362, zwischen dem Richter und dem Rpfl, Anh § 153 GVG, zwischen dem Rpfl und dem Urkundsbeamten, § 153 GVG, zwischen dem Gericht und dem Gerichtsvollzieher, § 753, zwischen dem Prozeßgericht und dem Familiengericht, § 621, zwischen dem Prozeßgericht und dem Arrestgericht, § 919, oder dem Gericht der einstweiligen Verfügung, § 937, Hamm OLGZ **89**, 339.

**7** **D. Geschäftsverteilung** auf die einzelnen gleichartigen Abteilungen, Kammern oder Senate desselben Gerichts. Sie klärt die Frage, welcher einzelner Spruchkörper im konkreten Einzelfall und zum fraglichen Zeitpunkt entscheiden darf bzw muß. Diese zwar auf gesetzlichen Regeln des GVG beruhende, aber im einzelnen für jedes Geschäftsjahr vom Präsidium bzw vom Vorsitzenden zu beschließende und nur in Ausnahmefällen abänderbare Regelung hat nach der Systematik des Gesetzes zunächst eine innerdienstliche Bedeutung. Freilich sind die praktischen Auswirkungen gleichwohl erheblich, schon wegen Art 101 I 2 GG (Gebot des gesetzlichen Richters). Deshalb ergibt auch erst die Klärung sämtlicher vorgenannter Fragen eine Antwort darauf, welche Gerichtsperson die gewünschte oder erforderliche Handlung jeweils vornehmen darf und muß.

**8** **E. Grundsatz: Ausschließliche Zuständigkeit nur bei Ausdrücklichkeit.** Eine weitere Unterscheidungsmöglichkeit besteht darin, daß das Gesetz die Zuständigkeit teils zwingend vorschreibt, teils nur hilfsweise regelt und den Parteien im letzteren Fall die Möglichkeit beläßt, eine abweichende Vereinbarung zu treffen, zB nach § 38. Die örtliche und die sachliche Zuständigkeit ist nur in denjenigen Fällen ausschließlich, in denen das Gesetz dies ausdrücklich bestimmt, zB §§ 29 a, 40. Die geschäftliche Zuständigkeit ist immer dem Parteiwillen, Grdz 18 vor § 128, entzogen. Die Geschäftsverteilung ist ohnehin schon deshalb nicht der Parteivereinbarung eröffnet, weil es sich nicht um eine Zuständigkeitsfrage handelt, Rn 5. Die Frage, ob die Zivilkammer des LG oder seine Kammer für Handelssachen tätig werden sollen und müssen, ist nach den Regeln der sachlichen Zuständigkeit zu beurteilen, sofern nicht §§ 97 ff GVG etwas anderes bestimmen. Sondergesetze geben Spezialregeln, zB für Baulandsachen § 217 I 4 BauGB.

**9** **F. Ausschließliche sachliche Zuständigkeit.** Sie besteht in folgenden Fällen: Bei einem nichtvermögensrechtlichen Prozeß, Rn 10; bei § 71 III GVG; in einigen Fällen des sachlichen Zusammenhangs (Anhangsprozesse), zB bei einer Einmischungsklage (Hauptintervention), § 64; dann, wenn das Gesetz sie ausdrücklich angeordnet hat, § 71 GVG Rn 5. Eine ausschließliche Zuständigkeit kann insbesondere bei einer Widerklage bestehen, vgl zB § 33 II.

**10** **G. Prüfung von Amts wegen.** Die Zuständigkeit ist eine Prozeßvoraussetzung, Grdz 22 vor § 253. Sie ist von Amts wegen zu prüfen; vgl aber §§ 38, 512 a. Die ZPO nennt den Vorgang, daß man sich auf eine Unzuständigkeit beruft, eine Zulässigkeitsrüge, § 282 III.

**11** **5) Vermögensrechtlicher Anspruch.** Die Abgrenzung kann schwierig sein.
**A. Grundsatz: Maßgeblichkeit der Rechtsnatur.** Wegen § 128 III, ferner wegen § 708 Z 11, ferner wegen § 12 II, III GKG und damit mittelbar auch für die sachliche Zuständigkeit kommt es alleine auf die Abgrenzung zwischen einem vermögensrechtlichen und einem nichtvermögensrechtlichen Anspruch an. Für die Frage, ob die eine oder die andere Art von Anspruch vorliegt, kommt es allein auf die Natur des Rechts an, für das der Kläger einen Schutz verlangt, Fricke VersR **97**, 406. Es ist also unerheblich, was der Bekl mit seinem Einwand bezweckt. Es können auch verschiedenartige Ansprüche vorliegen, zB: Die Gestattung des Getrenntlebens und die Übertragung der Personensorge; der Anspruch auf die Unterlassung einer Ehrenkränkung und der Anspruch auf deren Widerruf.
Als *vermögensrechtlich* ist jeder Anspruch anzusehen, der entweder auf einer vermögensrechtlichen Beziehung beruht oder auf Geld oder Geldeswert geht, vgl BAG Bre AnwBl **84**,165, LAG Mü AnwBl **87**, 287, ohne Rücksicht auf seinen Ursprung und Zweck. Deshalb ist ein Unterhaltsanspruch oder ein Unterlassungsanspruch des gewerblichen Rechtsschutzes immer vermögensrechtlich. Der Anspruch kann sich auch zwar auf ein nichtvermögensrechtliches Verhältnis gründen, ist aber gleichwohl dann vermögensrechtlich, wenn er eine vermögenswerte Leistung zum Gegenstand hat. Der Kostenstreit in einer nichtvermögensrechtlichen Sache ist insoweit vermögensrechtlich, als er zur Hauptsache geworden ist.

**12** **B. Beispiele zur Frage des Vorliegens eines vermögens- oder nichtvermögensrechtlichen Anspruchs**
**Abmahnung:** Vermögensrechtlich ist eine mit einer Kündigungsdrohung verbundene Abmahnung, BAG MDR **82**, 694.
S auch Rn 15 „Personalakte".
**Änderung des Streitgegenstands:** Eine solche Änderung kann die Rechtsnatur ändern, zB dann, wenn in einer bisher nichtvermögensrechtlichen Sache wegen übereinstimmender voller Erledigterklärungen beider Parteien die Kosten zur Hauptsache werden, Rn 14 „Kostenstreit".
**Arbeitsrecht:** Nichtvermögensrechtlich sind: Ein Anspruch nach § 99 IV BetrVG, LAG Hann AnwBl **84**, 166; meist ein Beschlußverfahren zwischen dem Auftraggeber und dem Betriebsrat, LAG Hbg NZA **93**, 43 mwN (Mitbestimmung), LAG Mü AnwBl **87**, 287.
S auch „Abmahnung", Rn 12 „Ehre", Rn 15 „Personalakte".
**Auskunft:** Vermögensrechtlich ist der Auskunftsanspruch nach §§ 1361 IV 1, 1605 BGB, BGH NJW **82**, 1651.
S auch Rn 16 „Unterhalt".

1. Titel. Sachl. Zuständigkeit d. Gerichte u. Wertvorschriften **Grdz § 1**

**Ausschließung:** Rn 14 „Körperschaft".
**Aussetzung:** S „Ehe".
**Berufsehre:** Rn 12 „Ehre".
**Betriebsrat:** S „Arbeitsrecht".
**Bild:** Nichtvermögensrechtlich ist grds eine vorbeugende Unterlassungsklage wegen der Verletzung des Rechts am eigenen Bild, BGH NJW **96**, 1000 (Ausnahme: Wahrung wirtschaftlicher Belange), KG Rpfleger **70**, 34.
**Ehe:** Nichtvermögensrechtlich sind: Eine Ehesache nach § 606 (nicht nach § 614), § 3 Rn 25 „Aussetzungsantrag"; die Gestattung des Getrenntlebens; der Schutz des räumlichen Bereichs der Ehe, BGH **35**, 305; die Anerkennung einer ausländischen Entscheidung nach Art 7 § 1 FamRÄndG, BayObLG FamRZ **99**, 604.
S auch Rn 15 „Personensorge".
**Ehre:** Vermögensrechtlich ist ein Anspruch zB auf einen Widerruf, wenn er allein oder auch aus wirtschaft- **13** lichen Gründen erfolgt, BGH NJW **85**, 979 mwN. Vermögensrechtlich kann ein Rechtsstreit nach dem Inhalt des Klageanspruchs auch dann sein, wenn es dem Kläger nur um die Verteidigung seiner Ehre geht, BGH GRUR **81**, 297.
*Nichtvermögensrechtlich* ist allerdings grundsätzlich der Ehrenanspruch, also der soziale Geltungsanspruch, BGH NJW **85**, 979, auch des Arbeitnehmers, LAG Hamm AnwBl **84**, 156, etwa der den Angriff auf die Ehre abwehrende und auf §§ 823 II BGB, 185, 186 StGB gestützte Unterlassungsanspruch, BGH NJW **85**, 979, vgl Köln VersR **74**, 151, selbst wenn der Berufsehre des Verletzten, BGH VersR **91**, 202 und 792, oder Vermögensinteressen des Gegners mitberührt werden, BGH VersR **83**, 832, oder wenn ein Vermögensschaden eingetreten ist, falls der Kläger den Vermögensschaden nicht (mit) geltend macht, es sei denn, sein Rechtsschutzbegehren solle wesentlich auch wirtschaftlichen Belangen dienen, BGH NJW **85**, 979, Mü JB **77**, 852.
S auch Rn 14 „Körperschaft".
**Erledigung der Hauptsache:** Ein nichtvermögensrechtlicher Anspruch wird nicht schon dadurch zu einem vermögensrechtlichen, daß der Kläger einseitig die Erledigung der Hauptsache erklärt, BGH NJW **82**, 767.
S aber auch Rn 14 „Kostenstreit".
**Firma:** S Rn 15 „Name".
**Gegendarstellung:** Nichtvermögensrechtlich ist der Anspruch auf die Veröffentlichung einer Gegendarstellung, Diederichsen BB **74**, 382.
**Gemeinschaft:** Rn 14 „Hausbesichtigung".
**Genossenschaft:** Rn 14 „Körperschaft".
**Geschäftsbezeichnung:** Rn 15 „Name".
**Getrenntleben:** Rn 11 „Ehe".
**Gewerblicher Rechtsschutz:** Vermögensrechtlich ist jeder Unterlassungsanspruch des gewerblichen Rechtsschutzes, KG RR **91**, 41.
**Grab:** Nichtvermögensrechtlich sind: Der Anspruch auf die Beisetzung in einem bestimmten Grab; eine Umbettung.
**Hausbesichtigung:** Vermögensrechtlich ist der Anspruch auf eine Hausbesichtigung nach §§ 745, 2038 **14** BGB, BGH NJW **82**, 1765.
**Herausgabe:** Rn 16 „Tagebuch".
**Hundehaltung:** Rn 15 „Miete".
**Kindschaft:** Nichtvermögensrechtlich ist eine Kindschaftssache nach §§ 640 ff, etwa die Klage auf die Feststellung der Vaterschaft, KG NJW **73**, 1050, oder die Klage auf die Feststellung der Unwirksamkeit der Anerkennung der Vaterschaft, § 1600 e BGB.
**Körperschaft:** Vermögensrechtlich ist der Anspruch auf die Ausschließung aus einer Körperschaft, soweit es nicht auch um die Ehre und die allgemeine Achtung geht, Köln MDR **84**, 153.
*Nichtvermögensrechtlich* ist der Streit um den Ausschluß aus einer Genossenschaft wegen eines ehrenwürdigen Verhaltens.
S auch Rn 12 „Ehre".
**Kostenstreit:** Vermögensrechtlich ist der Kostenstreit in einer nichtvermögensrechtlichen Sache insoweit, als er zur Hauptsache geworden ist, Schlesw SchlHA **74**, 113, zB nach übereinstimmenden wirksamen vollen Erledigterklärungen beider Parteien.
**Kreditgefährdung:** Vermögensrechtlich ist der Unterlassungsanspruch nach § 824 BGB, Köln MDR **57**, 238, LG Bayreuth JB **75**, 1356.
**Kündigung:** Rn 11 „Abmahnung".
**Mahnung:** Rn 11 „Abmahnung". **15**
**Marke:** S „Name".
**Miete:** Vermögensrechtlich ist ein mietrechtlicher Unterlassungsanspruch, etwa wegen einer Hundehaltung, LG Mannh ZMR **92**, 546.
**Mitbestimmung:** Rn 11 „Arbeitsrecht".
**Name:** Bei einer Klage aus einem Namensrecht muß man unterscheiden: Soweit es sich um die wirtschaftliche Verwertung des Namens handelt, etwa in einer Firma, einer Marke, einer sonstigen geschäflichen Bezeichnung, ist der Name vermögensrechtlich, BGH LM § 16 UWG Nr 6; im übrigen hat er keinen Vermögenswert.
**Persönlichkeitsrecht:** Nichtvermögensrechtlich sind: Das Persönlichkeitsrecht; ein Beseitigungsanspruch zum Schutz des Persönlichkeitsrechts, BGH VersR **82**, 296.
S auch Rn 16 „Telefonbelästigung".
**Personalakte:** Vermögensrechtlich ist der Anspruch auf die Entfernung einer Abmahnung aus der Personalakte, LAG Hamm MDR **84**, 877.
*Nichtvermögensrechtlich* ist der Anspruch auf eine Einsicht in die Personalakte, Köln VersR **80**, 490.

**Personensorge:** Nichtvermögensrechtlich ist die Übertragung der Personensorge im Verfahren nach § 627, s auch § 20 II GKG, oder im Verfahren nach § 1671 BGB, Mü NJW **74**, 370.
*Etwas anderes gilt* allerdings im Verfahren nach § 1672 BGB, so schon Schlesw AnwBl **78**, 180 (dann gilt § 95 I Z 4, II KostO).
**Personenstand:** Rn 11 „Ehe", Rn 14 „Kindschaft", Rn 16 „Vaterschaft".
**Politische Partei:** Nichtvermögensrechtlich ist ein Streit über die Auflösung des Landesverbandes einer politischen Partei, KG JB **70**, 309.
**Presserecht:** Rn 11 „Bild", Rn 12 „Ehre", Rn 13 „Gegendarstellung".

16 **Schmerzensgeld:** Vermögensrechtlich ist ein Anspruch auf Schmerzensgeld auch dann, wenn die Ehre verletzt wurde, Köln VersR **94**, 875.
**Standesrecht:** Nichtvermögensrechtlich ist ein nur körperliches Standes- oder Familienrecht.
**Stiftung:** Vermögensrechtlich ist der Streit um die personelle Besetzung eines Stiftungskuratoriums, Hamm OLGZ **94**, 100.
**Tagebuch:** Nichtvermögensrechtlich ist der Anspruch auf die Herausgabe eines Tagebuchs.
**Telefonbelästigung:** Nichtvermögensrechtlich ist ein Anspruch auf die Unterlassung von Telefonanrufen, die (nur) eine Störung und Belästigung des persönlichen Bereichs darstellen, BGH NJW **85**, 809.
S auch Rn 15 „Persönlichkeitsrecht".
**Tierhaltung:** Rn 15 „Miete".
**Unerlaubte Handlung:** Rn 14 „Kreditgefährdung".
**Unterhalt:** Vermögensrechtlich ist jeder Unterhaltsanspruch.
S auch Rn 11 „Auskunft".
**Unterlassung:** Nicht jeder weiter Verstoß begründet einen selbständigen Streitgegenstand, § 322 Rn 67, § 890 Rn 2.
S auch Rn 11 „Bild", Rn 12 „Ehre", Rn 14 „Kreditgefährdung", Rn 15 „Miete", Rn 16 „Telefonbelästigung", „Urheberrecht", Anh § 3 Rn 147.
**Urheberrecht:** Vermögensrechtlich ist ein urheberrechtlicher Unterlassungsanspruch, soweit es sich neben den ideellen Belangen auch um die wirtschaftliche Auswertung des Werks handelt, BGH GRUR **58**, 101.
**Verein:** Es entscheidet seine Rechtsnatur, Köln MDR **84**, 153, Diederichsen BB **74**, 382. Nichtvermögensrechtlich ist die Zugehörigkeit zu einem Idealverein, Köln MDR **84**, 153, wohl auch ein Streit über eine Vorstandswahl, Düss AnwBl **97**, 680, LG Saarbr JB **95**, 26.
S auch Rn 14 „Körperschaft", Rn 15 „Politische Partei".
**Veröffentlichung:** Rn 13 „Gegendarstellung".

17 **Wettbewerbsrecht:** Rn 13 „Gewerblicher Rechtsschutz".
**Widerruf:** Rn 12 „Ehre".
**Zwischenstreit:** Anh § 3 Rn 147.

18 **6) Geltung für Kosten.** Titel 1 betrifft diejenigen Fälle, in denen es für die Zulässigkeit der Klage oder des Rechtsmittels oder für die vorläufige Vollstreckbarkeit auf den Wert ankommt. Doch ist eine Wertfestsetzung nach dem Titel 1 vorbehaltlich den §§ 14–20 GKG auch für die Berechnung der Gerichtsgebühren und der Anwaltsgebühren maßgeblich, §§ 24 GKG, 9 BRAGO.

19 **7) VwGO:** Wegen der Sondervorschriften über die sachliche Zuständigkeit, §§ 45–51 VwGO, und über die Bemessung des Streitwerts, § 13 GKG, ist der 1. Titel nur *zT entsprechend* anwendbar, § 2 Rn 9, nämlich §§ 10, 11 sowie §§ 3–7 für die Festsetzung der Beschwerdesumme, § 146 III VwGO, sowie in Ergänzung von § 13 GKG für den Gebührenwert, Hartmann § 13 GKG Rn 6, Zimmer NVwZ **95**, 138, Zimmer/Schmidt, *Der Streitwert im Verw- u Finanzprozeß*, 1991, Rn 13 ff.

**1** *Hinweis auf das GVG.* Die sachliche Zuständigkeit der Gerichte wird durch das Gesetz über die Gerichtsverfassung bestimmt.

1 **1) Systematik, Regelungszweck.** Vgl Grdz 1, 2 vor § 1.
2 **2) Geltungsbereich.** Vgl zunächst Grdz 3 vor § 1; zum Begriff der sachlichen Zuständigkeit Grdz 4 vor § 1. Das GVG regelt die sachliche Zuständigkeit allerdings nicht abschließend. Die sachliche Zuständigkeit des AG wird in den §§ 23–23 c GVG geregelt, die sachliche Zuständigkeit der Zivilkammer wird in den §§ 71, 72 GVG geregelt, diejenige der Kammer für Handelssachen in den §§ 94, 95, 72 GVG, diejenige des OLG in § 119 GVG und diejenige des BGH in § 133 GVG. Wenn das Prozeßgericht der ersten Instanz zuständig ist, wie zB nach § 767, dann ist entweder das AG oder das LG als solches zuständig, nicht etwa ist diejenige Abteilung oder Kammer zuständig, die zuvor entschieden hatte; wegen der Kammer für Handelssachen § 767 Rn 45.

**2** *Wert.* Kommt es nach den Vorschriften dieses Gesetzes oder des Gerichtsverfassungsgesetzes auf den Wert des Streitgegenstandes, des Beschwerdegegenstandes, der Beschwer oder der Verurteilung an, so gelten die nachfolgenden Vorschriften.

### Gliederung

| | |
|---|---|
| 1) Systematik, Regelungszweck .......... 1 | B. Einzelheiten ............................ 5 |
| 2) Geltungsbereich ........................ 2 | C. Mehrheit von Ansprüchen ............ 6 |
| 3) Streitgegenstand ....................... 3–6 | 4) Erschleichung der Zuständigkeit ...... 7, 8 |
| A. Prozessualer Anspruch ............. 3, 4 | 5) *VwGO* ................................... 9 |

## 1. Titel. Sachl. Zuständigkeit d. Gerichte u. Wertvorschriften § 2

**1) Systematik, Regelungszweck.** Vgl zunächst Grdz 1, 2 vor § 1. Wenn es nach der ZPO oder nach **1** dem GVG auf den Wert ankommt, sind die §§ 3–9 anwendbar. Das gilt zB: Für die Zuständigkeit; für den Streitgegenstand; für den Beschwerdegegenstand, § 511a Rn 11, BVerfG NJW **96**, 1531, für die Beschwer, § 546 Rn 8, BVerfG NJW **96**, 1531; für die Verurteilung, § 708 Rn 12, 13. Unerheblich ist die Frage, ob es sich um einen vermögensrechtlichen oder um einen nichtvermögensrechtlichen Anspruch handelt. Die Wertvorschriften gelten auch in einem nichtstreitigen Verfahren, etwa im Aufgebotsverfahren. Im Fall des § 866 III gelten nur die §§ 4 und 5. Für den Kostenstreitwert sind die §§ 3–9 nur im Rahmen des GKG bzw der BRAGO anwendbar. Auch das gilt für jede Art von Anspruch und Verfahren.

**2) Geltungsbereich.** Vgl Grdz 3 vor § 1. § 2 gilt auch im WEG-Verfahren, Köln ZMR **98**, 374 (krit **2** Rau).

**3) Streitgegenstand** **3**

**Schrifttum** (Auswahl): *Böhm*, Die Ausrichtung des Streitgegenstands am Rechtsschutzziel, Festschrift für *Kralik* (1986) 24; *Costede*, Unorthodoxe Gedanken zur Streitgegenstandslehre im Zivilprozeß, in: Festschrift für *Deutsch* (1999); *Detterbeck*, Streitgegenstand und Entscheidungswirkungen im öffentlichen Recht, 1994; *Habscheid*, Die neuere Entwicklung der Lehre vom Streitgegenstand im Zivilprozeß, Festschrift für *Schwab* (1990) 181; *Henckel*, Parteilehre und Streitgegenstand im Zivilprozeß, 1961; *Henckel*, Der Streitgegenstand im konkursrechtlichen Anfechtungsprozeß, Festschrift für *Schwab* (1990) 213; *Jauernig*, Verhandlungsmaxime, Inquisitionsmaxime, Streitgegenstand, 1967; *Köhler*, Der Streitgegenstand bei Gestaltungsklagen, 1995; *Kralik*, Der Streitgegenstand im Rechtsmittelverfahren, Festschrift für *Baumgärtel* (1990) 261; *Lüke*, Zur Streitgegenstandslehre Schwabs – eine zivilprozessuale Retrospektive, Festschrift für *Schwab* (1990) 309; *Prütting*, Der Streitgegenstand im Arbeitsgerichtsprozeß, Festschrift für *Lüke* (1997) 617; *Rimmelspacher*, Materiellrechtlicher Anspruch und Streitgegenstandsprobleme im Zivilprozeß, 1970; *Rödig*, Die Theorie des gerichtlichen Erkenntnisverfahrens usw (1973), 163 ff; *Schwab*, Der Streitgegenstand im Zivilprozeß, 1954; *Schwab*, Noch einmal: Bemerkungen zum Streitgegenstand, Festschrift für *Lüke* (1997) 793; *Vollkommer*, Zum „Streitgegenstand" im Mahnverfahren, Festschrift für *Schneider* (1997) 231.

**A. Prozessualer Anspruch.** Zu Art 21 EuGVÜ Walker ZZP **111**, 429 (Üb). Die ZPO gebraucht den Begriff Streitgegenstand mehrdeutig. In § 2 bezeichnet er den prozessualen Anspruch, BGH NJW **99**, 1407 und 2119. Das ist die vom Kläger und vom Widerkläger und nur von diesen, nicht (auch) von Bekl oder Widerkläger, BAG NJW **94**, 605, auf Grund eines bestimmten tatsächlichen Vorgangs, eines bestimmten Sachverhalts, Karlsr GRUR **93**, 510, aufgestellte Forderung, über deren Berechtigung ein Ausspruch des Gerichts begehrt wird, BGH NJW **99**, 1407 und 2119, Düss GRUR **94**, 82, Köln ZMR **98**, 374. Das gilt auch für ihr kontradiktorisches Gegenteil, Köln MDR **83**, 411 (bitte den dortigen Fall lesen). In diesem Zusammenhang ist es unerheblich, ob sich aus einem und demselben tatsächlichen Sachverhalt mehrere sachlichrechtliche Ansprüche ergeben und ob auf Grund jenes Sachverhalts auch mehrere Anträge gestellt werden; es reicht aus, daß sich die Ansprüche und Anträge bei natürlicher Betrachtungsweise auf dasselbe Ziel richten, BGH DB **99**, 1315, Karlsr GRUR **93**, 510. Beim Unterlassungsanspruch begründet nicht jede Variante von Verstößen einen neuen Streitgegenstand, sog Kerntheorie, § 322 Rn 67 „Unterlassungsanspruch", § 890 Rn 4.

Trotz gleicher Ziele und Anträge können allerdings *verschiedene* Ansprüche vorliegen, BGH RR **92**, 227 (Klage gegen mehrere Gesellschaftsbeschlüsse), Düss GRUR **94**, 82, Karlsr GRUR **93**, 510, LG Bln ZMR **85**, 130 (zu § 2 MHG), auch zB bei untereinander gestaffelten Hilfsanträgen, BGH NJW **84**, 371.

*Weitere Ansichten:* Bruns ZPR Rn 139 c bezeichnet als Streitgegenstand „das Rechtsverhältnis der Parteien **4** im Rahmen der vom Kläger (dh willentlich fixierten) Rechtsfolge". Unter Rechtsverhältnis versteht er Rn 139 g „das in den Tatsachen des Sachverhalts ruhende Element des Streitgegenstandes". Schwab JuS **76**, 71 mwN mißt unter Ablehnung der sachlichrechtlichen Theorien dem Antrag die entscheidende Bedeutung zu (krit Lüke Festschrift für Schwab – 1990 – 319), ähnlich zB OVG Münster NJW **76**, 2037 (beiläufig). Jauernig (Rn 3) betont stärker die Bedeutung des Sachverhalts und weist daraufhin, daß der Streitgegenstand wesentlich davon abhängt, ob im Prozeß der Beibringungsgrundsatz oder die Amtsermittlung herrscht. BGH NJW **81**, 2306 läßt ausdrücklich offen, in welchem dieser Elemente der Schwerpunkt zu sehen ist. Rödig (Rn 3) 224 bezeichnet als Streitgegenstand eine „Menge von vermittels gewisser Kriterien charakterisierter sowie bezüglich ihrer gegenseitigen Verhältnisse und jeweils ihrer Wahrheit problematischer Aussagen"; dazu krit Grunsky JZ **74**, 753, vgl auch Röhl ZZP **88**, 350. Henckel (Rn 3) erfaßt den Anspruch als einen Verfügungsgegenstand, so daß ein sachlichrechtliches Abtretungsrecht den Streitgegenstand festlege. Übersichten über den derzeitigen Meinungsstand zur Streitgegenstandslehre finden sich bei Habscheid (Rn 3) 181, Schwab JuS **76**, 71.

Der Streitgegenstand hat unter anderem in folgenden Fällen eine *Bedeutung:* Es geht um die Frage, ob eine Rechtshängigkeit eingetreten ist, § 261, zB Düss MDR **84**, 765; es geht um die Frage, ob eine Klagehäufung vorliegt, § 260, oder ob eine Klageänderung anzunehmen ist, § 263; es ist zu prüfen, ob die Streitfrage bereits rechtskräftig entschieden wurde, § 322; es geht um die Verjährung, BGH RR **97**, 1217, Schaaff NJW **86**, 1030.

**B. Einzelheiten.** Maßgebend ist der wirklich gestellte Antrag, Hbg GRUR **99**, 430, freilich unter einer **5** Berücksichtigung seiner tatsächlichen Begründung, BGH RR **93**, 239, KG ZMR **93**, 346, LG Halle WoM **94**, 532. Dabei ist ein offensichtlicher Schreib- oder Rechenfehler zu berichtigen.

*Unbeachtet* bleiben folgende Umstände: Grundsätzlich eine Einwendung des Bekl, BAG BB **73**, 91. Etwas anderes gilt nur dann, wenn man das wahre Streitverhältnis erst aus der Einlassung des Bekl erkennen kann, wie es zB bei einer Feststellungsklage der Fall sein kann (nicht muß), LAG Köln MDR **92**, 60, insbesondere bei einer verneinenden. Unbeachtet bleiben ferner: Die Belange des Widersprechenden im vorläufigen Verfahren, zB die Frage, ob der Anspruch begründet sei oder dem Gegner ihn gar anerkennt; eine etwaige Gegenleistung, selbst im Fall einer Wandlung; eine Aufrechnung, BGH **60**, 87; ein Zurückbehaltungsrecht, § 6 Rn 2, Waldner NJW **80**, 217; Umstände, die im Antrag eine selbständige Bedeutung haben, etwa bei einer Klage auf die Zahlung des Kaufpreises die Abnahme der Kaufsache oder bei einer Klage auf Grund Eigentums ein Anerkenntnis des Eigentums.

**6** **C. Mehrheit von Ansprüchen.** Mehrere Ansprüche müssen zusammengerechnet werden, wenn sie selbständig sind. Wenn ein Hauptanspruch und ein Hilfsanspruch vorliegen, dann entscheidet der höhere Wert, vgl jedoch auch § 5 Rn 3 und BGH NJW **84**, 371. Bei einem Wahlanspruch mit einem Wahlrecht des Klägers entscheidet die höhere Leistung. Bei einem Wahlanspruch mit einem Wahlrecht des Bekl ist der Wert nach § 3 zu schätzen. Dabei muß man von der geringeren Leistung ausgehen. Eine Klage mit dem Ziel einer Aufhebung des Mietverhältnisses und ein auf §§ 985 ff BGB (Eigentum) gestütztes Räumungsverlangen sieht BGH **9**, 27 als ein einheitliches Klagebegehren an.

**7** **4) Erschleichung der Zuständigkeit**

**Schrifttum:** *Gravenhorst,* Die Aufspaltung der Gerichtszuständigkeit nach Anspruchsgrundlagen, 1972.

Der Gläubiger darf einen sachlichrechtlichen Anspruch grundsätzlich in zwei oder mehr Teilansprüche zerlegen und diese zB nacheinander geltend machen, etwa um das Kostenrisiko gering zu halten. Er darf eine solche Zerlegung aber nicht vornehmen, soweit er nur durch sie das AG zuständig machen kann. Wenn er etwa statt einer an sich möglichen Klage auf eine Zahlung von 10 200 DM vor dem LG im Anwaltszwang nun zwei Klagen mit Anträgen auf die Zahlung von je 5100 DM vor dem AG (kein Anwaltszwang) erhebt, dann handelt es sich um eine objektive und bereits damit verbotene Erschleichung der Zuständigkeit, und zwar auch dann, wenn das im bloßen Kostenpreise geschieht; dieses findet eben seine Grenze am Gebot der Prozeßwirtschaftlichkeit, Grdz 14, 15 vor § 128, das auch und gerade für den Kläger gilt. Eine derartige Anspruchszerlegung ist also grundsätzlich als ein Verstoß gegen Treu und Glauben unzulässig, Mü GK **54**, 63, Üb 22, 23 vor § 12, KG FamRZ **89**, 1105, AG Ffm VersR **78**, 878, Hager KTS **92**, 325. Man kann also keineswegs die Unzulässigkeit nur dann bejahen, wenn die Anspruchszerlegung nur den Zweck der Gerichtsstandserschleichung haben könne; sie ist in aller Regel als solche, wenn auch vielleicht unbeabsichtigte, Erschleichung zu bewerten, vgl KG FamRZ **89**, 1105.

**8** Bei einem *Verstoß* dieser Art muß das AG beide Klagen in Ausübung seiner Befugnis nach § 147 verbinden. Sein grundsätzliches pflichtgemäßes Ermessen nach § 147 ist insofern eingeschränkt. Nach der Verbindung erfolgt ein Hinweis gemäß § 504 und auf Grund eines etwaigen Verweisungsantrags (Hilfsantrags) eine Verweisung gemäß §§ 506, 281 an das LG, andernfalls dann, wenn der Bekl die jetzt vorhandene Unzuständigkeit rügt, eine Abweisung als unzulässig (Prozeßabweisung).

**9** **5) VwGO:** Entsprechend anzuwenden, § 173 VwGO, BVerwG NVwZ-RR **89**, 582 u NVwZ **87**, 219. Nach §§ 45–50 VwGO hängt die (erstinstanzliche) Zuständigkeit in keinem Fall vom Streitwert ab, ebensowenig die Zulässigkeit der Berufung, § 124 VwGO. Dagegen ist in bestimmten Beschwerdesachen, § 146 III VwGO, eine Rechtsmittelsumme vorgesehen. Maßgeblich ist insoweit der Beschwerdewert, § 511 a Rn 11 ff, der geringer sein kann als die Beschwer, BVerwG aaO, VGH Mannh NVwZ-RR **96**, 618, in der Sache auch VGH Kassel MDR **83**, 609 (alle zum früheren § 131 VwGO).

**Einführung vor §§ 3–9**

**Wertfestsetzung**

**Gliederung**

| | | | |
|---|---|---|---|
| 1) Systematik | 1 | 7) Verfahren | 9 |
| 2) Regelungszweck | 2 | 8) Rechtsbehelfe | 10–15 |
| 3) Geltungsbereich | 3 |   A. Zuständigkeitswert | 10 |
| 4) Wertarten | 4–6 |   B. Kostenwert | 11–14 |
|   A. Zuständigkeitswert | 4 |   C. Rechtsmittelwert | 15 |
|   B. Kostenwert | 5 | 9) Arbeitsgerichtsverfahren | 16 |
|   C. Beschwerdewert | 6 | 10) Finanzgerichtsverfahren | 17 |
| 5) Festsetzungsarten: Auf Antrag oder von Amts wegen | 7 | 11) Baulandsache | 18 |
| 6) Höhere Instanz | 8 | 12) *VwGO* | 19 |

**1** **1) Systematik.** Der Streitwert hat vielfache Bedeutung, Schumann NJW **82**, 1257. Er ist Abgrenzungsmerkmal für die sachliche Zuständigkeit, Rn 4, für die Höhe von Kosten, Rn 5, und für die Zulässigkeit eines Rechtsmittels, Rn 6.

**2** **2) Regelungszweck.** In allen Fällen Rn 4–6 dienen §§ 3–9 der Rechtssicherh, Einl III 43, wie der nicht nur kostenmäßigen Gerechtigkeit, Einl III 9. Sie sind daher durchweg streng auszulegen. Indessen zwingen die unendlichen Variationen im Einzelfall oft auch zu einer gewissen Beweglichkeit bei der Auslegung.

**3** **3) Geltungsbereich.** Vgl zunächst Grdz 2 vor § 1, ferner Rn 16 ff.

**4** **4) Wertarten.** Man muß mehrere Wertarten unterscheiden, Mü MDR **98**, 1243.

**A. Zuständigkeitswert.** Die Wertfestsetzung erfolgt nach den §§ 3–9, wenn der Wert eine Bedeutung für die sachliche Zuständigkeit oder für die Zulässigkeit eines Rechtsmittels, BVerfG NJW **96**, 1531, oder für die vorläufige Vollstreckbarkeit hat.

**5** **B. Kostenwert.** § 12 I 1 GKG verweist in bürgerlichen Rechtsstreitigkeiten auf alle diejenigen Wertvorschriften, auch und gerade außerhalb des GKG, die für die Zuständigkeit des Prozeßgerichts oder für die Zulässigkeit eines Rechtsmittels maßgeblich sind. Die wesentlichen Vorschriften dieser Art sind in §§ 3–9 sowie im Anh nach § 3 dargestellt und kommentiert; hinzu treten zB §§ 511 ff. Die Wertfestsetzung erfolgt nach § 25 GKG, wenn der Wert eine Grundlage für die Berechnung der Gerichtsgebühren und der Anwaltsgebühren bilden soll (§ 7 BRAGO nennt den Wert Gegenstandswert). Trotz einer Festsetzung nach § 25 GKG können die Parteien den Wert zB in einem Prozeßvergleich abweichend vereinbaren. Eine solche Regelung ist dann allerdings nur für die Berechnung und Verrechnung der außergerichtlichen Gebühren beachtlich, dagegen für die entsprechende Behandlung der Gerichtskosten unbeachtlich, Hamm AnwBl **75**, 96. Wenn das Gericht den Wert nach §§ 3–9 festgesetzt hat, ist diese Festsetzung auch für die Gebührenberechnung maßgeblich, § 24 GKG; zum Problem KG VersR **80**, 873 mwN, Mü MDR **88**, 973. Das gilt mit Ausnahme vor allem eines Miet- oder Pachtanspruchs, eines Unterhaltsanspruchs, einer Stufenklage, einer Widerklage, eines Arrests und einer einstweiligen Verfügung, §§ 14–20 GKG. Der Wert darf nicht so hoch angesetzt werden, daß kein Justizgewährungsanspruch mehr bestünde, Einl III 1, BVerfG NJW **97**, 312 (unzumutbares Kostenrisiko genügt).

**C. Beschwerdewert.** Er stimmt nicht notwendigerweise mit dem Kosten- oder Zuständigkeitswert überein, BGH **124**, 315 und NZM **99**, 561. Maßgebend sind die Regeln § 511 a Rn 11 ff, BVerfG NJW **96**, 1531, BGH NZM **99**, 561 (also è 3). **6**

**5) Festsetzungsarten: Auf Antrag oder von Amts wegen.** Die Voraussetzungen einer Wertfestsetzung **7** sind davon abhängig, ob die Wertfestsetzung für die Zuständigkeit oder für die Kostenberechnung erfolgen soll, vgl BGH **59**, 20.
Eine Festsetzung für die sachliche *Zuständigkeit* erfolgt regelmäßig nur dann, wenn die Parteien über die Zuständigkeit oder über die Zulässigkeit des Rechtsmittels streiten. Das Gericht darf in einem solchen Fall bereits zu Beginn des Rechtsstreits oder in dessen Verlauf durch einen Beschluß entscheiden, braucht seine Entscheidung aber erst im Urteil zu treffen. Das Gericht darf und muß den Zuständigkeitswert aber auch von Amts wegen festsetzen, zB wenn seine sachliche Zuständigkeit nach dem Tatsachenvortrag des Klägers fehlt und daher eine Verweisung in Betracht kommt.
Demgegenüber erfolgt eine Festsetzung für die *Kosten* in folgenden Fällen, stets durch einen Beschluß:
– *Antrag.* Eine Partei, ihr ProzBev oder die Staatskasse stellen einen Antrag. Er wird zurückgewiesen, wenn das Rechtsschutzbedürfnis fehlt, das auch hier erforderlich ist, vgl BFH BB **75**, 545, wenn also zB der Wert unzweideutig feststeht, wie im Fall einer Forderung auf die Zahlung einer bestimmten Geldsumme.
– *Von Amts wegen.* Das Gericht hält eine Wertfestsetzung für angemessen, etwa um Zweifel des Kostenbeamten zu beheben oder muß den Wert nach § 25 I 1 GKG von Amts wegen vorläufig bzw nach § 25 II 1 Hs 1 GKG endgültig von Amts wegen festsetzen.

**6) Höhere Instanz.** Sowohl bei einer Wertfestsetzung für die Zuständigkeit oder für die Zulässigkeit **8** eines Rechtsmittels als auch bei einer Wertfestsetzung für die Kosten setzt die höhere Instanz den Wert grundsätzlich nach ihrem eigenen pflichtgemäßen Ermessen fest, vgl LAG Mü AnwBl **85**, 96, Wenzel DB **81**, 162 (für das arbeitsgerichtliche Verfahren). Wenn das für die sachliche Zuständigkeit geschehen ist, dann muß die untere Instanz den Wert bei einer etwa zeitlich nachfolgenden gleichartigen Entscheidung mindestens so hoch festsetzen, daß die Zuständigkeitsgrenze und die Grenze des Beschwerdewerts erreicht werden. Wegen der Festsetzung des Werts der Beschwer durch das OLG vgl § 546 II. Das höhere Gericht kann den Kostenwert für die untere Instanz bindend festsetzen. Wenn eine solche Festsetzung nicht erfolgt ist, ist die untere Instanz insoweit nicht gebunden. Wenn die untere Instanz seine sachliche Zuständigkeit mit Recht oder zu Unrecht bejaht, dann ist das Beschwerdegericht an diese Entscheidung gebunden; der Wert liegt nicht unterhalb jener Grenze, Köln Rpfleger **74**, 22 und JB **75**, 1355.

**7) Verfahren.** Die Parteien sind anzuhören, § 3 Rn 6. Das Gericht muß den Wertfestsetzungsbeschluß **9** grundsätzlich begründen, § 329 Rn 4, Ffm GRUR **89**, 934, KG Rpfleger **75**, 109, Schneider MDR **74**, 802. Sie läßt sich im Abhilfe- bzw Nichtabhilfebeschluß nachholen, Ffm GRUR **89**, 934. Die Begründung kann sich aus dem engen Zusammenhang mit einem Verweisungsbeschluß ergeben, Mü MDR **88**, 973. Der Beschluß wird allen Beteiligten, also allen denjenigen, deren Gebührenschuld oder Gebührenanspruch berührt wird, KG Rpfleger **75**, 109, grundsätzlich von Amts wegen formlos mitgeteilt, § 329 II 1. Im Fall des § 107 II wird der Beschluß allerdings förmlich zugestellt, § 329 II 2. Das Gericht darf und muß seine Wertfestsetzung von Amts wegen ändern, sobald die Rechtslage die Änderung verlangt, und zwar auch dann, wenn die Sache inzwischen beim Rechtsmittelgericht anhängig ist, vgl BGH KR § 23 GKG (aF) Nr 80, Schneider MDR **72**, 100 mwN. Eine solche Änderung ist allerdings nur innerhalb von sechs Monaten seit der Rechtskraft der Entscheidung in der Hauptsache oder seit einer anderweitigen Erledigung des Verfahrens zulässig, § 25 II 2, 3 GKG.
*Gebühren*: Das Verfahren ist gerichtsgebührenfrei; auch der RA erhält keine Gebühr, § 37 Z 3 BRAGO.

**8) Rechtsbehelfe.** Es kommt auch hier auf die Wertart an. **10**
**A. Zuständigkeitswert.** Wenn das Gericht den Wert für die sachliche Zuständigkeit festgesetzt hat, ist gegen einen etwaigen bloßen Wertfestsetzungsbeschluß kein Rechtsmittel statthaft. Denn die Wertfestsetzung für die sachliche Zuständigkeit stellt nur eine vorläufige Kundgebung dar, Ffm WoM **92**, 39, Köln RR **98**, 279, Mü MDR **98**, 1243, aM Bre RR **93**, 191. Ein Verweisungsbeschluß ist unanfechtbar, § 281. Im übrigen ist nur diejenige Entscheidung anfechtbar, durch die das Gericht über seine Zuständigkeit entschieden hat, unabhängig davon, ob das in einem Urteil oder in einem Beschluß geschehen ist.

**B. Kostenwert.** Wenn das Gericht den Kostenstreitwert festgesetzt hat, ist die Beschwerde nach § 25 III **11** GKG unter folgenden Voraussetzungen statthaft: Die Staatskasse hält den Streitwert für zu niedrig; oder der RA hält den Streitwert für zu niedrig, § 9 II BRAGO; oder eine Partei hält den Streitwert für zu hoch. In anderen Fällen fehlt die Beschwer, Hbg MDR **77**, 407, falls die von der Gegenseite zu erstattenden Anwaltsgebühren hinter denjenigen zurückbleiben, die man nach der eigenen Honorarvereinbarung zahlen muß. Die andere Partei ist im Beschwerdeverfahren kein Gegner, selbst wenn sie widerspricht, VGH Kassel AnwBl **84**, 49 mwN, aM Stgt NJW **59**, 890 (aber es handelt sich nicht um einen Parteienstreit, sondern um eine Festsetzung zum Zweck der Berechnung der Gerichts- und Anwaltskosten, vgl auch Hartmann Teil I § 25 GKG Rn 69 ff).

**Einf §§ 3–9, § 3**   1. Buch. 1. Abschnitt. Gerichte

**12** Die *Beschwerdesumme* muß 100 DM übersteigen, § 567 II 2. Dieser Betrag wird nach dem Unterschiedsbetrag der Gebühren berechnet, derentwegen eine Festsetzung des Kostenstreitwerts beantragt worden ist.

**13** Eine *weitere Beschwerde* ist unzulässig, § 568 III. Wenn das LG den Kostenstreitwert erstmalig als Berufungsgericht festsetzt, dann ist eine Beschwerde gegen den für das Verfahren vor dem AG festgesetzten Wert nicht als weitere Beschwerde, sondern als erste Beschwerde anzusehen, Ffm Rpfleger **53**, 88; gleichwohl ist sie nach § 567 III 1 unzulässig. Durch die Festsetzung des Kostenstreitwerts werden grundsätzlich weder Gerichtsgebühren noch Rechtsanwaltsgebühren ausgelöst. Im Beschwerdeverfahren ergeht eine Kostenentscheidung nur dann, wenn die Beschwerde zurückgewiesen wird, § 97 I. Wenn die Beschwerde nämlich Erfolg hat, fehlt ein Gegner, so daß § 91 nicht anwendbar ist.

**14** Im *Beschwerdeverfahren* nach § 25 III GKG entsteht keine Gerichtsgebühr, § 25 IV GKG; vgl im übrigen KV 1906. Das Beschwerdeverfahren kann auch noch dann fortgesetzt werden, wenn das Urteil in der Sache selbst bereits rechtskräftig ist. Wenn sich dann ein Wert ergibt, der zur Folge hat, daß die Kostenentscheidung unrichtig geworden ist, dann gilt das in § 319 Rn 5 Ausgeführte.

**15** **C. Rechtsmittelwert.** Wenn das LG den Wert als Berufungsgericht zB zur Vorbereitung eines Verwerfungsbeschlusses festgesetzt hat, um darauf hinzuweisen, daß die Berufungssumme des § 511 a nicht erreicht sei, ist keine Beschwerde statthaft, § 567 III 1, Ffm WoM **92**, 39.

**16** 9) **Arbeitsgerichtsverfahren**, dazu *Baldus/Deventer*, Gebühren, Kostenerstattung und Streitwertfestsetzung in Arbeitssachen, 1993; *Hecker* AnwBl **84**, 116 (ausf): In diesem Verfahren erfolgt die Wertfestsetzung im Urteil, § 61 I ArbGG, und zwar entweder im Tenor oder in den Entscheidungsgründen, Wenzel DB **81**, 166. Unabhängig von diesem für das Rechtsmittelverfahren der Hauptsache grundsätzlich unanfechtbaren und bindenden Urteilsstreitwert, BAG AnwBl **84**, 146, LAG Hamm DB **84**, 1685, kann das ArbG den Kostenstreitwert aber gesondert festsetzen, soweit Bedenken gegen die Richtigkeit des Urteilsstreitwerts bestehen, LAG Hamm MDR **84**, 259 mwN, LAG Mainz DB **92**, 2512, aM LAG Mü AnwBl **84**, 147. Der Gebührenstreitwert richtet sich nicht nach dem zuletzt gestellten Antrag, sondern nach dem höchsten Wert der Instanz, der eine Gebühr ausgelöst hat, Wenzel DB **81**, 166. Das Rechtsmittelgericht, das mit der Hauptsache befaßt ist, kann die Streitwertfestsetzung von Amts wegen oder auf Grund eines Antrags ändern, § 25 II 2 GKG, Wenzel DB **81**, 166, und für das Rechtsmittelverfahren einen eigenen Kostenstreitwert festsetzen, LAG Mü AnwBl **85**, 96.
Gegen die mit dem Urteil verbundene Wertfestsetzung findet unabhängig von einem etwaigen Rechtsmittel in der Hauptsache die *Beschwerde* statt, § 25 III GKG, Wenzel DB **81**, 166. Gegen die Streitwertfestsetzung durch das LAG ist die Gegenvorstellung zulässig; das LAG kann den Urteilsstreitwert durch einen Beschluß berichtigen, § 25 II 2 GKG, Wenzel DB **81**, 166. Wegen der Bedeutung des Werts für die Revisionsinstanz vgl § 546 Rn 29–31. Wenn das Urteil keine Wertfestsetzung enthält, sind die §§ 319, 321 anwendbar.
S auch Anh § 3 Rn 8 „Arbeitsverhältnis".

**17** 10) **Finanzgerichtsverfahren.** In diesem Verfahren ist gegen die Wertfestsetzung des Gerichts keine Beschwerde statthaft; Art 1 Z 4 BFHEntlG hat den Vorrang vor § 5 II 3 GKG aF, Hartmann Teil I § 5 GKG Rn 34, BFH NJW **76**, 648.

**18** 11) **Baulandsache.** In diesem Verfahren entscheidet über eine Streitwertbeschwerde der Zivilsenat des OLG in der Besetzung mit drei Berufsrichtern.

**19** 12) *VwGO:* Die Festsetzung für die Zulässigkeit eines Rechtsmittels, § 2 Rn 9, erfolgt in der Entscheidung über das Rechtsmittel. Wegen der Wertfestsetzung für die Berechnung der Gebühren s § 25 GKG.

**§ 3** *Wertfestsetzung nach Ermessen.* **Der Wert wird von dem Gericht nach freiem Ermessen festgesetzt; es kann eine beantragte Beweisaufnahme sowie von Amts wegen die Einnahme des Augenscheins und die Begutachtung durch Sachverständige anordnen.**

**Vorbem.** Für die *neuen Bundesländer* gilt
**EV Anl I Kap III Sachgeb A Abschn II Z 19 b. Das Gericht kann unter Berücksichtigung aller Umstände des Einzelfalles, insbesondere des Umfangs und der Bedeutung der Sache und der Vermögens- und Einkommensverhältnisse der Beteiligten, einen um bis zu einem Drittel geringeren Wert festsetzen, wenn nach den gesetzlichen Vorschriften ein Mindestwert oder ein fiktiver Wert festgelegt ist, weil genügende tatsächliche Anhaltspunkte für die Bestimmung des Wertes nicht bestehen.**
Diese Regelung gilt nicht in Berlin, EV Anl I Kap III Sachgeb A Abschn IV Z 3 f.

**Schrifttum:** *Anders/Gehle*, Streitwert-Lexikon, 3. Aufl 1998; *Dörndorfer*, Der Streitwert für Anfänger, 2. Aufl 1995; *Finke*, Streitwerttabelle, 1996; *Hillach/Rohs*, Handbuch des Streitwerts in Zivilsachen, 9. Aufl 1995; *Hirte* ZRP **99**, 182 (rechtspolitisch); *Madert*, Der Gegenstandswert in bürgerlichen Rechtsangelegenheiten, 4. Aufl 1999 (Bespr *Fischer* Rpfleger **99**, 244); *Oestreich/Winter/Hellstab*, Streitwerthandbuch, 2. Aufl 1998 (Bespr *Fischer* Rpfleger **99**, 296); *Gerhard Rohs*, Der Streitwert in nichtvermögensrechtlichen Streitigkeiten usw, Diss Münster 1975; *Günther Rohs*, Streitwert in Ehe- und Folgesachen, Festschrift für *Schmidt* (1981) 183; *Schmidtchen/Kirstein*, Abkoppelung der Prozeßkosten vom Streitwert? usw, Festschrift für *Lüke* (1997) 741 (rechtspolitisch); *Schneider/Herget*, Streitwert-Kommentar für den Zivilprozeß, 11. Aufl 1996.

Gliederung

| | |   | | |
|---|---|---|---|---|
| 1) Systematik, Regelungszweck | 1 | | A. Verkehrswert | 3–5 |
| 2) Geltungsbereich | 2 | | B. Umfang der Prüfung | 6, 7 |
| 3) Ermessen | 3–7 | | 4) *VwGO* | 8 |

1. Titel. Sachl. Zuständigkeit d. Gerichte u. Wertvorschriften  **§ 3, Anh § 3**

**1) Systematik, Regelungszweck.** Vgl zunächst die Einf vor § 3. Das Gericht setzt in den Grenzen Einf 1
4 vor §§ 3–9 den Wert nach seinem pflichtgemäßen Ermessen fest, soweit die §§ 4–9 ZPO, 14–20 GKG
unanwendbar sind oder soweit der Streitgegenstand, der Beschwerdegegenstand, die Beschwer oder die
Verurteilung nicht schon in einer bestimmten Geldsumme bestehen. Eine etwaige Uneinbringlichkeit ist nur
bei § 182 InsO zu beachten. Ein Zwischenzins ist nicht abzuziehen.

**2) Geltungsbereich.** Vgl Einf 3 vor §§ 3–9.  2

**3) Ermessen.** § 3 gibt eine Freiheit, begrenzt sie aber auch.  3

**A. Verkehrswert.** Der Ausdruck „freies Ermessen" in § 3 befreit das Gericht nicht von der Pflicht, den
vollen Wert zu ermitteln und festzusetzen, vgl Ffm NJW **73**, 1888. Das Gericht hat nur insofern eine
Freiheit, als es darum geht, ob es überhaupt eine Wertfestsetzung vornehmen will. Wenn es sich zu einer
Wertfestsetzung entschließt, muß es ein pflichtgemäßes Ermessen ausüben, LAG Stgt JB **90**, 1333. Von der
Notwendigkeit, den vollen Streitwert festzusetzen, gelten bei den §§ 23 a, b UWG, 144 PatG, §§ 85 II 3,
142 MarkenG, §§ 247, 249 I, 256 VII, 275 IV AktG Ausnahmen.

Maßgebend sind zunächst etwaige *gesetzliche Sonderregeln*, Schumann NJW **82**, 1263, jedoch stets auf der
Grundlage des Antrags des *Klägers*, BVerfG NJW **97**, 312, Brdb JB **96**, 589, Ffm AnwBl **82**, 198, Karlsr
FamRZ **91**, 468, unabhängig von dessen Zulässigkeit und Begründetheit, Düss AnwBl **82**, 435. Soweit
Sonderregeln fehlen, ist das *wahre Interesse*, der *objektive Verkehrswert* maßgeblich, BayObLG AnwBl **83**, 30,
nicht der Liebhaberwert oder der Wert nur für den Kläger. Es kommt also nicht nur auf diejenige wirtschaftliche Bedeutung an, die gerade der Kläger seinen Anträgen beimißt, insofern richtig Schönbach NJW **77**,
857, insofern aM zB Bbg JB **77**, 851. Freilich sind die Wertangaben des Klägers ein wichtiger Anhaltspunkt
für den wahren Streitwert, Ffm AnwBl **83**, 89, Köln MDR **85**, 153 mwN. Die Durchsetzbarkeit, etwa einer
bezifferten Forderung, ist unerheblich, LAG Hamm MDR **91**, 1204. Maßgeblicher Zeitpunkt ist die Klageeinreichung, vgl § 15 GKG, Brschw JB **98**, 259, LAG Stgt JB **91**, 1537. Nach Verhandlungsschluß sind
wegen § 296 a Umstände unerheblich, die erst jetzt bekannt werden, vgl Saarbr JB **98**, 363.

Die *Belange des Bekl* sind grundsätzlich unerheblich, § 2 Rn 5, KG ZMR **93**, 346. Das Gericht muß die 4
Ausführungen des Bekl aber mitberücksichtigen, um die Eigenart und die wirtschaftliche Bedeutung der
Klage richtig zu erkennen, Schneider MDR **72**, 277.

Wenn der Kläger dazu übergegangen ist, das *Interesse* zu fordern, § 264 Z 3, dann entscheidet das Interesse. 5
Wenn der Anspruch für jede Partei einen anderen Wert hat, dann entscheidet grundsätzlich der Verkehrswert
für den Kläger, Schmidt AnwBl **76**, 123. Die Klagebegründung dient als ein Auslegungsmittel. Offenbare
Schreibfehler oder Rechenfehler der Klageschrift sind zu berichtigen. Sie verändern den Streitwert nicht. In
der höheren Instanz entscheidet das wahre Interesse, wie es sich aus dem Antrag des Rechtsmittelführers
ergibt, § 14 I GKG, LG Mannh ZMR **76**, 90.

**B. Umfang der Prüfung.** Das „freie Ermessen" darf nicht zu einer Willkür des Gerichts führen, BAG 6
DB **88**, 187, LAG Stgt JB **90**, 1333 und JB **91**, 1537 mwN. Freilich fehlen oft die notwendigen Unterlagen.
In einem solchen Fall muß die Schätzung oft ziemlich willkürlich sein. Das Gericht braucht keinen Beweis
zu erheben, Mü Rpfleger **92**, 409. Das ergibt sich aus dem Wort „kann" im Gesetzestext. Das Gericht darf
und muß das Verhalten der Parteien berücksichtigen. So spricht zB die Hinzuziehung eines Privatgutachters
für einen höheren Wert. Die schon wegen Art 103 I GG stets gebotene Anhörung der Parteien ist unter
Umständen zusätzlich nach § 278 III erforderlich.

Die Parteien sollen den Wert *bei jedem Antrag angeben*, der nicht auf die Zahlung einer bestimmten Geldsumme 7
hinausläuft oder dessen Wert sich nicht aus früheren Anträgen ergibt, § 23 I GKG, § 253 III. Wenn das Gericht
Beweise erhebt, dann geschieht das auch zum Nutzen der Staatskasse. Brschw JB **77**, 403 wendet hilfsweise § 13
I 2 GKG entsprechend an. Ein erstinstanzliches Ermessen ist auch für das Beschwerdegericht maßgeblich,
solange keine neuen Tatsachen zu beurteilen sind, gegen BAG DB **88**, 188 mwN. Wenn das Gericht lediglich den
Kostenstreitwert festsetzt, entstehen für die Partei Kosten nur nach § 26 GKG. Wenn das Gericht den Wert für
die sachliche Zuständigkeit festsetzt, entstehen allenfalls Auslagen, jedenfalls keine Gerichtsgebühren.

**4) VwGO:** Nur selten anwendbar, weil es sich dort, wo die Zulässigkeit eines Rechtsmittels von einem Mindestwert 8
abhängt, § 2 Rn 9, stets um eine Geldleistung handelt, deren Betrag zu ermitteln ist (anders nach FGO, BFH BStBl
**77** II 843, **82** II 705 u **86** II 708), und daß für den Streitwert maßgebliche wirtschaftliche Interesse des Rechtsmittelführers nur ausnahmsweise darüber hinausgehen kann. Wegen des Gebührenwerts s § 13 GKG und Sondervorschriften,
Hartmann Anh I A § 13 GKG.

### Anhang nach § 3

#### Wertschlüssel

Die Rechtsprechung ist unübersehbar umfangreich. Die Tendenzen schwanken. Man kann daher Ent- 1
scheidungen nur zurückhaltend als Anhaltspunkte benutzen. Vor allem die vor der Kostennovelle 1975
veröffentlichte Rechtsprechung und Lehre ist zum Teil nur noch bedingt verwertbar. Wenn nichts anderes
gesagt ist, sollte man den Wert nach § 3 an Hand der Fingerzeige schätzen.

**Abänderungsklage:** Maßgeblich sind §§ 9 ZPO, 17 GKG, und zwar auf der Basis der Differenz zwischen 2
dem abzuändernden Vollstreckungstitel und dem jetzt geforderten Betrag, Hbg FamRZ **82**, 322. Die
Werte von Klage und Widerklage können zu addieren sein, soweit verschiedene Streitgegenstände
vorliegen, Hamm **KR** § 19 GKG Nr 48. Bei § 642 d I ist auf der Grundlage des Regelbedarfs ein
Jahresbetrag zu schätzen. Bei Vertragsunterhalt gilt § 9.

**Abberufung:** Rn 62 „Gesellschaft".

**Abfindungsvergleich:** Maßgeblich ist der Vergleichsgegenstand, Düss JB **92**, 51, Ffm Rpfleger **71**, 116,
nicht eine sonstige Leistung, LAG Mainz AnwBl **81**, 35. Es kommt nur auf den Inhalt an, nicht zB auf nur
sprachlich einbezogene, in Wahrheit bereits vorher geklärte Punkte, Schlesw SchlH **80**, 23.
S auch Rn 127 „Vergleich".

**Anh § 3**  1. Buch. 1. Abschnitt. Gerichte

**3 Ablehnung des Richters:** Grundsätzlich ist der Wert der Hauptsache maßgeblich, es sei denn, daß die Befangenheit nur im Hinblick auf einen einzelnen Anspruch besteht, BayObLG WoM **97**, 70 (WEG), Brdb RR **99**, 1291, Kblz RR **98**, 1222, aM BFH BStBl **76** II 691, Kblz Rpfleger **88**, 508 (je abgelehnten Richter seien 10% des Werts der Hauptsache anzusetzen), Hbg MDR **90**, 58, LAG Köln AnwBl **96**, 644, VGH Kassel JB **93**, 108 ($^1/_3$ bis $^1/_{10}$ der Hauptsache). Nürnb MDR **83**, 846 mwN hält eine Bewertung nach § 12 II GKG für richtig, da es sich um eine nichtvermögensrechtliche Sache handle; Köln Rpfleger **87**, 166 mwN wendet § 12 II GKG auch in einer vermögensrechtlichen Sache an.

Im Insolvenzverfahren ist die voraussichtliche Insolvenzquote zu beachten, BayObLG NJW **89**, 44. Lange MDR **74**, 276 wendet je nach der Art des Hauptverfahrens § 3 ZPO oder § 12 II GKG an.

S auch Rn 4 „Ablehnung des Schiedsrichters", Rn 141 „Wohnungseigentum".

**4 Ablehnung des Sachverständigen:** Der Wert liegt meist unter dem Wert der Hauptsache, Drsd JB **98**, 318 (bei § 485 : $^1/_{10}$). Es entscheidet das Interesse daran, daß dieser Sachverständige nicht mitwirke, Bre JB **76**, 1357. Daraus ergibt sich, daß als Wert im allgemeinen das Interesse an der Wichtigkeit des Beweispunkts angesetzt werden muß. Schneider ABC „Ablehnung" Nr 3, aM Kblz RR **98**, 1222, Mü JB **80**, 1055 (diese Gerichte wenden den Wert der Hauptsache an). Ffm MDR **80**, 145 begrenzt den Beschwerdewert des Zwischenstreits über die Ablehnung des Sachverständigen auf ein Drittel des Werts der Hauptsache; Hbg NJW **70**, 239 wendet hier § 3 an. Köln MDR **76**, 322 wendet § 12 II GKG an, da es sich auch hier um eine nichtvermögensrechtliche Sache handle.

**Ablehnung des Schiedsrichters:** Maßgeblich ist grundsätzlich der Wert der Hauptsache, Hamm JMBlNRW **78**, 87, aM Hbg MDR **90**, 58 ($^1/_3$ der Hauptsache), Köln Rpfleger **87**, 166 (§ 12 II GKG).

S auch Rn 3 „Ablehnung des Richters", Rn 96 „Schiedsgerichtsverfahren: a) Beschlußverfahren".

**5 Abnahme der Kaufsache:** Maßgeblich ist das Interesse des Klägers an der Abnahme. § 6 ist unanwendbar. Der Anspruch auf die Kaufpreisforderung und derjenige auf die Abnahme der Kaufsache werden nicht zusammengerechnet, § 5 Rn 7 „Kaufpreis". Bei einer Bierabnahme ist die Umsatzminderung der Brauerei maßgeblich, Bbg MDR **77**, 935, Boschw JB **79**, 436.

**Abrechnung:** Maßgeblich ist das wirtschaftliche und evtl auch das ideelle Interesse an ihrer Erteilung.

S auch Rn 108 „Stufenklage: a) Rechnungslegung"; Rn 144 „Zwangsvollstreckung: a) Erwirkung von Handlungen und Unterlassungen".

**Absonderungsrecht:** Maßgeblich ist § 6, dort Rn 10.

**Abstammung:** Gemäß § 12 II 3 GKG ist von 4000 DM auszugehen.

**Abstandszahlung:** Bei ihr, vgl Art 9 I VerbrKrG, ist ihr Betrag und nicht das Erfüllungsinteresse maßgebend, LG Münst AnwBl **78**, 147.

**Abstraktes Schuldanerkenntnis:** Rn 7 „Anerkenntnis".

**Abtretung:** Maßgeblich ist zunächst § 6, also die abzutretende Forderung, BGH RR **97**, 1562, bei der Abtretung eines wiederkehrenden Rechts jedoch § 9. Bei einer Klage auf Abtretung einer Nachlaßforderung gegen einen Miterben ist sie im Erbanteil abzuziehen, BGH MDR **75**, 741, Schneider JB **77**, 433.

**Abwehranspruch:** Rn 33 „Eigentum".

**6 Allgemeine Geschäftsbedingungen:** Maßgeblich ist das Interesse des Klägers an der Durchsetzung seines Unterlassungsanspruchs, Bunte DB **80**, 486 mwN. Es ist wie beim Widerrufsanspruch, § 13 I AGBG, nach § 3 zu schätzen. Unter Umständen ist das Interesse der Allgemeinheit an der Ausschaltung der umstrittenen Klausel maßgeblich. Bei einer Klausel von erheblicher wirtschaftlicher Bedeutung kann ein revisionseröffnender Wert nötig sein, BGH RR **91**, 1074, aM Lindacher MDR **94**, 231. Der Höchstwert beträgt 500 000 DM, § 12 I 2 GKG, Celle NJW **95**, 890. Je angegriffene Klausel können 3000 bis 5000 DM festgesetzt werden, soweit nicht eine Klausel eine grundlegende Bedeutung für einen ganzen Wirtschaftszweig hat, BGH NZM **98**, 402, Mü WoM **97**, 631, Naumburg WoM **95**, 547. Im Verbandsprozeß ist nämlich das Interesse an der Beseitigung einer gesetzwidrigen AGB-Klausel maßgeblich, BGH RR **91**, 179.

S auch Rn 118 ff „Unterlassung".

**Altenteil:** Das Wohnrecht ist nach § 3 zu schützen. Bei dinglicher Sicherung ist der Betrag der zu sichernden Forderung maßgeblich, § 6. Soweit kein gesetzlicher Unterhalt vorliegt, gilt gebührenrechtlich § 9, LG Freibg AnwBl **73**, 169, sonst § 17 I GKG.

**7 Anerkenntnis:** Es führt grds nicht zu einer Verringerung des Streitwerts, Düss FamRZ **87**, 1281 mwN. Ein Teilanerkenntnis kann den Wert einer Beweisaufnahme mindern, soweit es erhebliche Tatsachen betrifft, Ffm AnwBl **81**, 155, Schneider MDR **85**, 356. Zinsen, die mit der Hauptforderung zusammengerechnet sind, bleiben nur beim deklaratorischen Anerkenntnis unberücksichtigt, Köln **KR** § 22 GKG Nr. 8.

**Anfechtung:** Rn 62 „Gesellschaft", § 6 Rn 16.

**Anmeldung zum Handelsregister:** Der Wert einer Mitwirkung wird nach § 3 geschätzt. Dabei kommt es auf das Interesse des Klägers an der Klarstellung der Beteiligung an, Köln DB **71**, 1055, und auf die Frage, ob eine Tatsache streitig ist. Dabei ist die Höhe der Einlage oder des Gesellschaftsanteils ein bloßer Anhaltspunkt, vgl BGH BB **79**, 647. Oft sind 10%–25% des Klägeranteils angemessen, Bbg JB **84**, 756, Köln MDR **74**, 53 (Prokura). Der Wert kann aber auch höher liegen, BGH BB **79**, 647.

**Annahmeverzug:** Maßgebend ist die Einsparung des Aufwands des Angebots der eigenen Leistung, ZöHe 16 „Annahmeverzug", aM Düss **KR** Nr 1161 (1% des zu vollstreckenden Werts), Ffm JB **91**, 410 (100 DM).

**Anschlußrechtsmittel:** Die Streitwerte des Rechtsmittels und des unselbständigen Anschlußrechtsmittels können bei einer Ablehnung des ersteren zusammenzurechnen sein, sofern das letztere überhaupt einen eigenen Streitwert hat, also zB nicht bloß um Zinsen geht, BGH MDR **85**, 52. Dasselbe gilt bei einem „Hilfsanschlußrechtsmittel", BGH VersR **89**, 647.

**Anspruchsmehrheit:** Üb bei Frank, Anspruchsmehrheiten im Streitwertrecht, 1986.

**Antragsüberschreitung:** Für die Fälle des § 308 vgl Schneider MDR **71**, 437.

**Anwaltsbeiordnung:** Bei §§ 78 b, 116 ist das Interesse nach § 3 zu schätzen, ZöHe 16 „Anwaltsbeiordnung", aM Bre JB **77**, 91, Zweibr JB **77**, 1001 (geplante Hauptsache).

1. Titel. Sachl. Zuständigkeit d. Gerichte u. Wertvorschriften **Anh § 3**

**Arbeitsverhältnis,** dazu *Baldus/Deventer,* Gebühren, Kostenerstattung und Streitwertfestsetzung in Arbeits- **8** sachen, 1993; *Tschischgale/Satzky,* Das Kostenrecht in Arbeitssachen, 3. Aufl 1982; *Zenke/Brandenburg,* Kosten des finanzgerichtlichen Prozesses, 1997: Vgl zunächst Einf 16 vor §§ 3–9. Wegen des künftigen Lohns Vossen DB **86,** 326 (ausf). Die Dreimonatsgrenze nach § 12 VII ArbGG ist nur der Höchstwert je Kündigung, LAG Hbg AnwBl **91,** 165, LAG Hamm AnwBl **85,** 98, LAG Stgt AnwBl **85,** 99. Innerhalb der so gegebenen Grenze muß das Gericht den wahren Streitwert nach § 3 schätzen, BAG BB **85,** 1472, LAG AnwBl **83,** 35, LAG Düss AnwBl **82,** 36, aM LAG Mü AnwBl **86,** 106. Nach einer Verweisung vom ArbG an das ordentliche Gericht und überhaupt vor dem letzteren gilt nicht mehr § 12 VII ArbGG, sondern § 3 ZPO bzw § 9 GKG, BGH RR **86,** 676, KG DB **96,** 2275, Mü RR **88,** 190. Vgl auch Einf 16 vor § 3 und Rn 93 „Rechtswegverweisung". Wenn der Kläger nur die Feststellung der Unwirksamkeit einer Kündigung als einer außerordentlichen Kündigung begehrt, ist nur der Zeitraum von ihrem angeblichen Wirksamwerden bis zum Ablauf der ordentlichen Kündigungsfrist maßgeblich, die infolge einer Umdeutung begonnen haben kann, BAG DB **80,** 312.

Wegen der sog *Änderungsschutzklage,* § 2 KSchG, BAG DB **89,** 1880, LAG Ffm MDR **99,** 945, LAG **9** Hbg BB **98,** 1695 (§ 12 VII 1 ArbGG), aM LAG Bre AnwBl **88,** 425 mwN, LAG Mü AnwBl **85,** 96, LAG Stgt AnwBl **85,** 1539 (VII 2 sei anwendbar). Wegen eines Betriebskredits LAG Bre AnwBl **85,** 100. Wegen des bloßen Auflösungsantrags LAG Hamm DB **89,** 2032 (²/₃ des Feststellungsantrags). Wenn der Arbeitnehmer neben der Kündigungsfeststellungsklage die Erteilung eines Zwischenzeugnisses, LAG Hbg AnwBl **85,** 98, LAG Hamm AnwBl **85,** 98, oder ein Gehalt für einen Zeitraum einklagt, für den der Bestand des Arbeitsverhältnisses streitig war, dann muß man die Streitwerte zusammenrechnen, LAG Bln AnwBl **84,** 151, LAG Hbg AnwBl **84,** 150, LAG Hann AnwBl **85,** 98, aM LAG Bre AnwBl **83,** 38 (für die ersten 3 Monate seit der Kündigung), LAG Düss **KR** Nr 1, Schumann BB **83,** 505.

Eine Wertzusammenrechnung ist auch notwendig, soweit der Arbeitnehmer neben der Kündigungs- **10** schutzklage eine Entlassungsentschädigung verlangt, LAG Hamm MDR **82,** 259, aber nicht, wenn neben dem Feststellungsantrag ein Weiterbeschäftigungsantrag vorliegt, BAG DB **85,** 556, LAG Chemnitz JB **96,** 147. Der Wert eines gesondert zu bewertenden *Beschäftigungsanspruchs* läßt sich mit dem doppelten Betrag eines Monatsentgelts bewerten, LAG Düss AnwBl **87,** 554, LAG Hamm MDR **87,** 85, abw LAG Mainz AnwBl **83,** 36 (das Gericht setzt die Hälfte des Werts des Kündigungsantrags an), LAG Hbg AnwBl **90,** 50 (das Gericht setzt nur einen Monatsverdienst an). Der Antrag auf die Zahlung eines nicht bezifferten Bruttolohns „gemäß BAT II (bestehend aus Grundvergütung, Ortszuschlag, Zulage)" für vier kalendermäßig bestimmte Monate liegt unter dem Viermonatsbetrag, LAG Hamm DB **81,** 2548. Wegen mehrerer Kündigungen LAG Hamm DB **82,** 1472.

Eine *Versetzung ohne Lohnänderung* kann 500 DM wert sein, LAG Mü AnwBl **88,** 486. Bei der Klage auf eine angemessene Vergütung für eine Arbeitnehmererfindung muß man den sozialen Zweck des § 38 ArbEG mitbeachten, Düss GRUR **84,** 653. Der Wert einer Abmahnung kann ein Drittel des Werts eines fiktiven Kündigungsprozesses ausmachen, LAG Kiel BB **95,** 1596. Der Anspruch auf die Entfernung einer Abmahnung aus der Personalakte läßt sich mit einem Monatseinkommen bewerten, LAG Hamm DB **89,** 2032 (das Gericht läßt offen, ob der Wert bei mehreren Abmahnungen steigt). Der Antrag auf die Ersetzung der Zustimmung zur außerordentlichen Kündigung eines Betriebsratsmitglieds ist mit drei Monatsgehältern zu bewerten, LAG Bre DB **85,** 396. Für Ausfüllung und Herausgabe von Arbeitspapieren sind je Papier 500 DM anzusetzen, LAG Düss AnwBl **97,** 290. Bei einer Weisung des Arbeitgebers kommt ein Monatslohn in Betracht, LAG Drsd DB **99,** 1508.

S auch Rn 54 „Feststellungsklage: b) Leugnende Feststellungsklage", Rn 69 „Herausgabe: b) Herausgabe einer Urkunde", Rn 142 „Zeugnis".

**Arrest:** Der Kostenstreitwert ist gemäß § 20 I GKG nach § 3 ZPO zu schätzen, Brschw RR **96,** 256 links, **11** auch beim Besitzstreit, Düss AnwBl **86,** 37. Man muß von dem Wert des zu sichernden Anspruchs ausgehen. Da das Arrestverfahren aber nur eine vorläufige Klärung bringen kann, ist der Wert grundsätzlich geringer als derjenige des Hauptanspruchs, je nach der Sachlage zB ein Drittel oder die Hälfte des Werts des Hauptanspruchs, ähnlich Kblz JB **92,** 191; Schneider MDR **74,** 273 setzt bei einem ausländischen Schuldner die Hälfte des Werts des Hauptanspruchs an. Der Wert im vorläufigen Verfahren kann aber den Wert des Hauptanspruchs dann erreichen, wenn andernfalls die Vollstreckung ganz vereitelt werden würde, Köln ZMR **95,** 258, LG Darmst JB **76,** 1090. Bei einem Seeschiff können 75% der Arrestforderung anzusetzen sein, Hbg MDR **91,** 1196. Auch beim persönlichen Arrest sind die Wertregeln des dinglichen anwendbar, Kblz JB **92,** 191. In einer Markensache kommt es auf die Gefährlichkeit der unbefugten Benutzung an, Kblz GRUR **96,** 139.

Im *Widerspruchs- und Aufhebungsverfahren* ist derselbe Wert wie im Antragsverfahren anzusetzen, Köln **12** VersR **73,** 1032. Denn auch in diesem Verfahrensabschnitt ist das Interesse des Antragstellers maßgeblich, weil der Widerspruch kein Rechtsmittel ist. Nur bei einem auf die Kostenfrage beschränkten Widerspruch, § 924 Rn 4, ist das bloße Kosteninteresse maßgeblich, Ffm JB **90,** 1210 und 1331, Hbg JB **85,** 283, Mü AnwBl **87,** 289. Das Interesse des Antragstellers entscheidet unter Umständen auch dann, wenn es um die Einstellung der Zwangsvollstreckung auf Grund eines Urteils geht, wenn also ein Arrestbeschluß aufgehoben hat, Köln VersR **73,** 1032. Bei § 927 ist Obergrenze der Wert, den der aufzuhebende Titel bei der Klagerhebung noch für den Kläger hat. Das Interesse des Schuldners entscheidet dann, wenn es um die Vollziehung, KG Rpfleger **91,** 126 (Obergrenze: Wert der Anordnung), Köln Rpfleger **93,** 508, oder um deren Aufhebung geht, § 934. Wenn es sich nur um die formelle Beseitigung des Arrests handelt, dann ist ein geringerer Wert anzusetzen. Das Problem, Vollzugsgegenstände zu finden, ist nicht beachtlich, LG Darmst JB **76,** 1090. Im markenrechtlichen Widerspruchs-Beschwerdeverfahren seit 1994 setzt BPatG GRUR **99,** 65 (für § 10 BRAGO) grds 20 000 DM an.

In einer *Unterhaltssache* wird der Wert nach § 17 I GKG berechnet. Das gilt grundsätzlich auch für **13** einen Arrest, Brschw RR **96,** 256 links, Düss FamRZ **85,** 1155, aM Schneider MDR **89,** 389 (§ 20 II 1 GKG entsprechend), oder für eine einstweilige Verfügung nach § 1615 o BGB. Das Kostenpauschquantum ist zu berücksichtigen. Das Gericht darf keinen höheren Wert als denjenigen der Hauptsache annehmen, Düss FamRZ **85**, 1156 mwN. Eine Forderungspfändung, § 930, wird nicht berücksichtigt.

**14** **Aufgebot:** Maßgebend ist das Interesse des Antragstellers, § 3. Es kommt auf das Objekt des Aufgebots an. Im Aufgebotsverfahren wegen eines Hypothekenbriefs, eines Grundschuldbriefs oder eines Rentenbriefs ist als Streitwert daher nicht der Betrag der Hypothekenforderung anzusetzen, denn es handelt sich nicht um diese. Maßgeblich sind dann vielmehr grds 10–20% des Nennwerts der Hypothek, soweit nicht der Grundstückswert usw geringer ist, LG Bln Rpfleger **88**, 549 mwN. Wenn es um ein Aufgebotsverfahren nach dem G v 18. 4. 50, BGBl **88**, geht, sind die §§ 3 und 6 ZPO nicht anwendbar, weil die Hypothek nicht der Gegenstand der Verfügung ist.

**Aufhebung:** Rn 60 „Gemeinschaft", Rn 98 „Schiedsgerichtsverfahren: d) Aufhebungsklage".

**Auflassung:** § 6 Rn 2. Entgegennahme s Rn 5 „Abnahme der Kaufsache", aM Bbg JB **94**, 361, Ffm RR **96**, 636 mwN (es sei § 3 anwendbar).

S auch Rn 41 „Erbrechtlicher Anspruch".

**Auflassungsvormerkung:** § 6 Rn 14, 15.

**Auflösung:** S bei den Gegenständen der Auflösung.

**Aufopferung:** Die Entschädigung wegen eines Impfschadens ist nach § 17 II GKG zu berechnen, BGH **53**, 172, aM BGH **7**, 335 (diese Entscheidung geht von § 9 ZPO aus).

**15** **Aufrechnung,** vgl auch *Schulte,* Die Kostenentscheidung bei der Aufrechnung durch den Beklagten im Zivilprozeß, 1990; *Sonnenberg/Steder* Rpfleger **95**, 60 (ausf):

A. **Kostenstreitwert.** Für den Kostenstreitwert ist folgende Unterscheidung zu treffen:

a) **Hauptaufrechnung.** Hier sind folgende Unterscheidungen notwendig:

– *Unstreitigkeit der Gegenforderung.* Im Fall einer unbedingten Hauptaufrechnung oder dann, wenn der Bekl eine unstreitige Gegenforderung im Weg einer Haupt- oder Hilfsaufrechnung geltend macht, ist die Klageforderung maßgeblich, abw Pfennig NJW **76**, 1074. Macht der Bekl in 2. Instanz nur die Hauptaufrechnung geltend und wird er verurteilt, ohne daß das Gericht die Zahlung von der Erfüllung einer Nachbesserung abhängig macht, so wird der Bekl durch den Wert der ursprünglichen Zug-um-Zug-Leistung nicht beschwert, BGH DB **92**, 89.

– *Streitigkeit der Gegenforderung.* Auch soweit der Bekl mit einer oder mehreren streitigen Gegenforderungen aufrechnet, ist nur die Klageforderung maßgeblich, abw Hamm AnwBl **86**, 204.

**16** b) **Hilfsaufrechnung mit streitiger Gegenforderung.** Vgl dazu

**GKG § 19.** **III** **Macht der Beklagte hilfsweise die Aufrechnung mit einer bestrittenen Gegenforderung geltend, so erhöht sich der Streitwert um den Wert der Gegenforderung, soweit eine der Rechtskraft fähige Entscheidung über sie ergeht.**

**IV** **Bei einer Erledigung des Rechtsstreits durch Vergleich sind die Absätze 1 bis 3 entsprechend anzuwenden.**

Zur Entstehungsgeschichte zB Schneider NJW **75**, 2106 mwN. Zur Systematik *Kanzlsperger* MDR **95**, 883, *Madert,* Der Streitwert bei der Eventualaufrechnung usw Festschrift für *Schmidt* (1981) 67, *Schneider* MDR **84**, 196. Die Erhöhung des Streitwerts um den Wert der zur Aufrechnung gestellten Forderung erfolgt nur dann, wenn folgende Bedingungen zusammentreffen, Schlesw SchlHA **81**, 189:

**17** – *Wirkliche Aufrechnung.* Es muß sich um eine echte Aufrechnung handeln, also um einen Anspruch mit einem von der Klageforderung unabhängigen Wert, Kblz JZ **85**, 1012, und nicht etwa um eine Einrede oder eine sonstige Einwendung des Bekl wie ein Zurückbehaltungsrecht, die Einrede des nichterfüllten Vertrags, eine Wandlung, eine Minderung, Düss AnwBl **84**, 614, ein geltend gemachtes Pfandrecht, soweit der Bekl ihretwegen keine Widerklage erhoben hat. Der Einwand des Bürgen, der Hauptschuldner habe aufgerechnet, genügt nicht, BGH NJW **73**, 146, aM ZöHe § 3 Rn 16 „Aufrechnung". Eine Hilfsaufrechnung fehlt, wenn der Bekl sich in erster Linie nur mit der Rüge des Fehlens einer Prozeßvoraussetzung verteidigt, Karlsr MDR **98**, 1249 (internationale Zuständigkeit). Düss AnwBl **84**, 614 stellt der Aufrechnung im Ergebnis ein Vorgehen nach § 633 III BGB gleich, aM Mü MDR **87**, 670. BGH NJW **78**, 814 verneint für einen Anspruch aus § 635 BGB den Aufrechnungscharakter, aM Ffm BauR **86**, 611, Nürnb MDR **99**, 957.

**18** – *Bloße Hilfsaufrechnung.* Der Bekl darf die zur Aufrechnung gestellte Forderung lediglich hilfsweise geltend gemacht haben. Man muß seine Erklärungen nicht wie sonst auslegen, Köln JB **94**, 495. Eine Hauptaufrechnung macht III vom Zeitpunkt ihrer Erklärung an unanwendbar, Drsd MDR **99**, 120, Karlsr MDR **95**, 643, Mü DB **87**, 1481, aM Ffm RR **86**, 1064, Schneider MDR **89**, 302. Etwas anderes gilt, wenn zur Haupt- eine Hilfsaufrechnung mit einer anderen Forderung tritt: dann erfolgt in der geltend gemachten Reihenfolge eine Zusammenrechnung, BGH MDR **92**, 307, Karlsr MDR **89**, 921, LG Erfurt JB **97**, 535. Dabei bleibt freilich die erste, unbedingte Aufrechnung unberücksichtigt, falls mehrere hilfsweise gestaffelte Gegenforderungen folgen, Köln VersR **92**, 1027. Eine Hilfsaufrechnung kann auch neben anderen Einwendungen nach § 767 erfolgen, Düss MDR **99**, 1092.

**19** – *Streitigkeit und Entscheidungsbedürftigkeit der Hilfsaufrechnung.* Die zur Hilfsaufrechnung gestellte Forderung muß entweder von vornherein streitig gewesen oder doch im Laufe des Rechtsstreits streitig geworden sein, sei es wegen einer angeblichen Unzulässigkeit, sei es wegen einer angeblichen Unbegründetheit der Hilfsaufrechnung; § 15 GKG stellt stets auf den Zeitpunkt der die Instanz einleitenden Antragstellung ab.

Es muß auch ein *Entscheidungsbedürfnis* über die Hilfsaufrechnung bestehen. Daran fehlt es, solange der Hauptanspruch nicht abgewiesen wird, BGH RR **99**, 1157.

**20** – *Rechtskraftfähige Entscheidung.* Über die streitige Hilfsaufrechnung muß eine der inneren und nicht nur formellen Rechtskraft fähige Entscheidung ergangen sein, Ffm Rpfleger **85**, 510, Köln VersR **96**, 125, LG Bayreuth JB **81**, 1865, auch ja durch ein Versäumnisurteil gegen den Bekl, denn auch dieses ist der inneren Rechtskraft fähig, § 322 Rn 1, aM LAG Mainz KR Nr 10. Es darf zB nicht in Wahrheit bloß zu klären sein, ob die Klageforderung entstanden ist, BGH RR **94**, 827, KG VersR **81**, 860, Köln MDR **79**,

413. Es reicht auch nicht aus, daß das Gericht die Hilfsaufrechnung als unzulässig bezeichnet, BGH MDR **91**, 240, Düss WoM **97**, 428, Ffm JB **91**, 1387. Eine Zurückweisung der Hilfsaufrechnung als verspätet ist aber ausreichend, Ffm MDR **84**, 239. Nach § 322 II ist die Entscheidung, daß die Gegenforderung nicht bestehe, bis zur Höhe desjenigen Betrags der Rechtskraft fähig, für den die Aufrechnung geltend gemacht wird, § 322 Rn 21, Celle AnwBl **84**, 311, Düss MDR **96**, 1299, so wohl auch Nürnb VersR **83**, 864. Maßgeblich ist das Urteil, nicht der Vergleich, aM Mü JB **98**, 260 (aber er ist keine „Entscheidung"), und nicht die Aufrechnungserklärung, BGH RR **97**, 1157. Es kommt für den erstinstanzlichen Wert nur auf die Entscheidung dieser ersten Instanz an, BGH **87**, 38, Saarbr AnwBl **80**, 155, LG Kassel RR **92**, 831, aM Mü MDR **90**, 934, Schlesw SchlHA **83**, 61. Damit ist eine endgültige Abkehr von der früher einhelligen Rechtsprechung erfolgt. Deshalb ist unter anderem BGH (GSZ) **59**, 17 insoweit überholt. Vielmehr muß man jetzt an BGH **48**, 212 und an die dieser Entscheidung folgende Rechtsprechung und Lehre anknüpfen, Schmidt Rpfleger **72**, 164, Schneider MDR **74**, 182. Schlesw SchlHA **81**, 189 läßt die zur Hilfsaufrechnung gestellte Forderung auch dann bis zur vollen Höhe der ursprünglichen Klageforderung zu, wenn der Kläger im Prozeß im Insolvenzverfahren zu einer Feststellungsklage übergegangen ist und wenn das Prozeßgericht den Wert dieses Feststellungsantrags mit 10% der Ursprungsforderung festgesetzt hat. Wegen der Feststellung der Beschwer vgl auch BGH **LM** § 546 Nr 80, BAG DB **76**, 444.

– *Rechtsmittelinstanz.* In ihr kommt es darauf an, ob das Vordergericht oder das Rechtsmittelgericht 21 über die Hilfsaufrechnung entschieden hatte, BGH Rpfleger **87**, 38, Düss MDR **98**, 497, Köln VersR **96**, 125, aM Mü MDR **90**, 934, Schlesw SchlHA **83**, 61.

– *Vergleich.* Im Fall der Erledigung des Rechtsstreits durch einen Vergleich gilt § 19 I–III GKG gemäß 22 § 19 IV GKG entsprechend, vgl schon (zum alten Recht) Mü AnwBl **88**, 247 mwN (krit Madert); vgl auch Rn 127 „Vergleich".

**B. Zuständigkeitswert.** Maßgeblich ist nur die Klageforderung, KG MDR **99**, 439. 23
**Auseinandersetzung:** Rn 60 „Gemeinschaft".
**Ausgleichsanspruch:** Rn 41 „Erbrechtlicher Anspruch", Rn 67 „Handelsvertreter".
**Auskunft:** Der Wert hängt von dem Interesse an der Auskunftserteilung ab, § 3, BGH FamRZ **93**, 46, Düss 24 AnwBl **92**, 286, Ffm FamRZ **97**, 38. Er beträgt in der Regel einen Bruchteil desjenigen Anspruchs, dessen Geltendmachung die Auskunft erleichtern soll, BGH FER **99**, 250, Bbg FamRZ **97**, 40, Ffm FamRZ **97**, 38. Er beträgt zB nur einen geringen Bruchteil, etwa 10% des zu schätzenden Leistungsanspruchs, wenn die fraglichen Verhältnisse fast bekannt sind, BGH **KR** Nr 613, etwa wenn es um den Lohn des Gegners geht, Schlesw SchlHA **78**, 22. Er kann auch 25% ausmachen, KG FamRZ **96**, 500. Es ist aber auch ein höheres Interesse möglich, BGH FamRZ **93**, 1189, Bbg FamRZ **86**, 1144, Düss FamRZ **88**, 1188. Das gilt etwa dann, wenn der Kläger einen Zahlungsanspruch ohne die Auskunft voraussichtlich nicht weiter verfolgen kann. In einem solchen Fall kann der Wert der Auskunft fast den Wert des Zahlungsanspruchs erreichen, Ffm MDR **87**, 509. Das Interesse des Bekl, die Auskunft zu erschweren, ist in erster Instanz unerheblich, BGH Rpfleger **78**, 53; das übersieht LG Kiel FamRZ **96**, 47. Andererseits darf das Gericht nicht außer Acht lassen, ob eine Ungewißheit über bestimmte Geschäfte beseitigt wird, selbst wenn das nicht in der gehörigen Form geschieht.
Wenn es um ein Rechtsmittel des *Klägers* geht, bleibt sein Interesse maßgeblich, BGH FER **99**, 250. Das gilt auch beim Anspruch auf eine Auskunft Zug um Zug, BGH NJW **93**, 3206. Wenn es um ein Rechtsmittel des *Bekl* geht, dann ist als Wert das Interesse des Bekl daran maßgeblich, die Auskunft nicht leisten zu müssen. Maßgeblich ist dabei der Aufwand an Zeit und Kosten, die die Erfüllung des titulierten Anspruchs erfordert, BGH FamRZ **99**, 649, Köln RR **99**, 833 (Buchauszug), sowie das etwaige schutzwürdige Geheimhaltungsinteresse des Verurteilten, BGH MDR **99**, 1080, aM insofern BGH NJW **92**, 3246, nicht aber der Wert des Auskunftsanspruches und grds auch nicht das Interesse des Bekl an der Vermeidung einer ihm nachteiligen Kostenentscheidung, BVerfG NJW **97**, 2229, BGH FamRZ **98**, 364 (Erbe) und 368 (Betreuer), Mü FamRZ **99**, 453 (anders nur bei Unbrauchbarkeit des Titels), aM KG RR **88**, 1214, Saarbr JB **85**, 1238. Dasselbe gilt dann, wenn das LG einen Auskunftsanspruch und einen entsprechenden Zahlungsanspruch abgewiesen hat, das OLG den Bekl aber zur Auskunft verurteilt hat und wenn das OLG den sich daraus ergebenden Zahlungsanspruch abgewiesen hat, BGH NJW **70**, 1083.
Maßgeblich ist der Zeitpunkt der *Einreichung der Klage,* Ffm MDR **87**, 508. Der Wert ermäßigt sich also nicht, wenn sich auf Grund der Auskunftserteilung herausstellt, daß der Leistungsanspruch weniger oder gar nichts wert ist, Düss AnwBl **92**, 286, insofern aM Ffm MDR **87**, 508. Man muß schätzen, von welchem Betrag auszugehen ist. Dabei kann die Angabe des erhofften Betrags nur einen Anhaltspunkt bieten. Eine Zusammenfassung mit dem Wert der Rechnungslegung ist zulässig. Die Feststellung einer Schadensersatzpflicht ist neben der Auskunftserteilung besonders zu bewerten. Für die Gerichts- und Anwaltskosten entscheidet im Fall der Stufenklage der höchste Wert, § 18 GKG. Vgl ferner § 132 V 5, 6 AktG, dazu Düss DB **74**, 770, § 140 MarkenG, dazu KG GRUR **92**, 611.
S auch Rn 33 „Eidesstattliche Versicherung", Rn 62 „Gesellschaft", Rn 77 „Mietverhältnis. Klage auf Auskunft".
**Auslandswährung:** Maßgeblich ist (noch) der Umrechnungsbetrag in DM, Ffm NJW **91**, 643, Ritten 25 NJW **99**, 1215, und zwar grundsätzlich im Zeitpunkt der Klagerhebung bzw Rechtsmitteleinlegung, Ffm NJW **91**, 643 (beim Währungsverfall evtl im Zeitpunkt der letzten Verhandlung). Beim Kostenstreitwert ist § 15 GKG zu beachten.
S auch Rn 59 „Geldforderung".
**Ausscheiden und Ausschließung:** Maßgeblich ist sowohl beim wirtschaftlichen Verein als auch bei der Gesellschaft, auch der stillen atypischen, Köln JB **70**, 427, jeweils § 3. Der Wert der Kapitalanteile der Kläger ist zu berücksichtigen, Ffm JB **85**, 1083, ZöHe 16 „Ausschluß", aM Köln MDR **71**, 768 (maßgeblich ist der wirtschaftliche Wert des Interesses am Ausscheiden). Beim Idealverein ist § 12 II 1 GKG maßgeblich.
S auch Rn 62 „Gesellschaft".

**Aussetzungsantrag:** Maßgeblich ist das Interesse der Parteien an der Aussetzung, nicht der Wert des Hauptverfahrens, Bbg JB **78**, 1243, Düss FamRZ **74**, 312, Schneider MDR **73**, 542 (grundsätzlich $1/5$). ThP § 3 Rn 24 „Aussetzung" setzen den Wert keineswegs höher als $1/3$ des Werts des Hauptverfahrens an; indessen kann gerade an einer Aussetzung zB zur „Vorklärung" im Strafverfahren ein derartiges Interesse bestehen, daß $1/3$ keineswegs ausreichen. Im Abgabenprozeß sind 5% des streitigen Betrags maßgeblich, BFH BB **71**, 598. Im Beschwerdeverfahren sind grundsätzlich 20% des Hauptsachewerts anzusetzen, Köln MDR **73**, 683, aM Ffm RR **94**, 957 ($1/3$).

**Aussonderung:** Maßgeblich ist § 6.

**26 Baubeschränkung:** Maßgeblich ist § 7.

**Bauhandwerkersicherungshypothek:** Es kommt auf das Interesse an der Eintragung an, LG Ffm AnwBl **83**, 556, meist also auf die zu sichernde Forderung. Bei der Eintragung einer Vormerkung ist $1/3$–$1/4$ des Hypothekenrechts anzusetzen, Bbg JB **75**, 649, Bre JB **82**, 1052, Ffm JB **77**, 719, aM Saarbr JB **87**, 1218 ($1/2$). Bei der Klage auf die Bewilligung der Bauhandwerkerhypothek ist der Wert der zu sichernden Forderung maßgeblich, Ffm JB **77**, 1136, Köln VersR **74**, 673.

S auch Rn 37 „Einstweilige Verfügung" sowie § 6 Rn 15.

**Baulandsache:** Im Fall einer vorzeitigen Besitzeinweisung nach § 116 BauGB ist das Interesse an der Aufhebung grundsätzlich mit *20% des Grundstückswerts* anzusetzen, BGH **61**, 252, Köln Rpfleger **76**, 140. In einem Verfahren nach § 224 BauGB beträgt der Wert $1/6$ des Grundstückswerts. Bei einer unbezifferten Leistungsklage liegt der angemessene Entschädigungsbetrag im Rahmen der etwa genannten Mindest- und Höchstbeträge, Köln JB **70**, 606. Wenn es um die Anfechtung der Einleitung eines Umlegungsverfahrens geht, beträgt der Wert ebenso wie bei einer Zuweisung von Ersatzland statt einer Geldentschädigung und umgekehrt 20% des Werts der einzuziehenden Fläche und etwaige Aufbauten. Dasselbe gilt im Fall der Anfechtung des Umlegungsplans nach § 66 BauGB, BGH **51**, 341. Wenn es um eine Grenzregulierung geht, ist der Wert der abzugebenden Teilfläche maßgeblich, BGH **50**, 291. Im Fall der Aufhebung des Umlegungsplans zur Schaffung einer besseren Zufahrt sind 10% der einbezogenen Fläche als Streitwert anzusetzen, Karlsr AnwBl **74**, 353.

S auch Rn 40 „Enteignung".

**Bauverpflichtung:** Sie ist nach § 3 zu bewerten, Ffm Rpfleger **57**, 390 (geringerer Bruchteil der Baukosten).

**27 Bedingter Anspruch:** Man muß bei der Schätzung nach § 3, BGH MDR **82**, 36, den Grad der Wahrscheinlichkeit des Bedingungseintritts schätzen.

**Befreiung:** Maßgeblich ist der vom Kläger genannte Geldbetrag der Verbindlichkeit, BGH MDR **95**, 196, Düss AnwBl **94**, 47 (Nichtigkeit), Mü JB **84**, 1235 (Vertragsrücktritt). Wenn es um die Befreiung von der persönlichen Haftung für eine Hypothek geht, ist der Betrag der Schuld maßgeblich, Karlsr AnwBl **73**, 168. Die persönliche und die dingliche Haftung werden nicht zusammengezählt. Wenn es um die Befreiung von der Bürgschaftsverpflichtung geht, ist ebenfalls der Betrag der Schuld maßgeblich, Karlsr AwBl **73**, 168. Wenn es um die Befreiung von der gesetzlichen Unterhaltspflicht geht, ist § 3 anzuwenden, nicht § 9, auch nicht etwa § 17 III GKG, BGH RR **95**, 197, Oldb FamRZ **91**, 966. Bei einer unbezifferten Schuld lassen sich 20% vom Idealbetrag abziehen, BGH RR **90**, 985, KG JZ **98**, 800. Wenn es um die Befreiung eines Gesamtschuldners im Innenverhältnis geht, ist der Wert des übernommenen Anteils maßgeblich, Düss FamRZ **94**, 57 (Unterhaltsvergleich), Hbg JB **80**, 279. Zinsen des Anspruchs, von dem der Kläger die Befreiung verlangt, können Nebenforderungen sein, § 4, aM Görmer NJW **99**, 1310. Anders verhält es sich mit den Kosten des Vorprozesses, BGH MDR **76**, 649, Görmer NJW **99**, 1310.

**Befristeter Anspruch:** Man muß den Wert nach § 3 schätzen, Köln FamRZ **89**, 417, und zwar im Zeitpunkt der Geltendmachung des Anspruchs, § 4, und dabei die Fälligkeit oder den Zeitpunkt des Wegfalls des Anspruches berücksichtigen.

**Beleidigung:** Rn 32 „Ehre".

**28 Bereicherung:** Bei einer Sache ist § 6 maßgeblich, sonst grds die Forderung, § 9.

**Berichtigung der Entscheidung:** Im Verfahren nach § 319 ist grds § 3 anwendbar, also das Interesse des Antragstellers maßgeblich, Zweibr **KR** Nr 695. Es kann von 20% der Hauptsache, Saarbr JB **89**, 522 (vorübergehende Unterlassung der Vollstreckung) bis zu 100% reichen, Ffm JB **80**, 1893 (endgültige Beseitigung der Vollstreckbarkeit).

**Berichtigung des Grundbuchs:** Maßgebend ist das Interesse des Klägers, § 3, Saarbr AnwBl **78**, 106. Der Wert der Klage auf eine Zustimmung zur Berichtigung ist nach dem Berichtigungsinteresse zu schätzen und kann den Verkehrswert erreichen, § 6, BezG Potsdam VersR **93**, 1382, auch im Eilverfahren, Köln ZMR **95**, 258, aber auch erheblich darunter bleiben, etwa bei Unstreitigkeit der Verhältnisse, Zweibr JB **87**, 265, LG Bayreuth JB **79**, 1884.

**Berufung:** Maßgeblich ist grds das Interesse an der Änderung des Urteils, meist also der Antrag des Berufungsklägers, BGH NJW **74**, 1286, Mü MDR **74**, 590. Wegen des Ausspruchs auf den Verlust der Berufung Rn 129 „Verlustigkeitsbeschluß". Der Wert der versehentlich eingelegten Berufung kann mit dem gesetzlichen Tabellen-Mindestwert angesetzt werden, Ffm MDR **84**, 237. Der Wert der mangels Beschwer unzulässigen Berufung beträgt mindestens 1500,01 DM, vgl schon (zum alten Recht) Ffm MDR **84**, 502, aM Markl/Meyer § 14 GKG Rn 4 (maßgeblich sei der Wert der Mindestgebühr). Erfolgt die Berufung nur wegen einer Gegenleistung, so ist diese maßgeblich, BGH NJW **73**, 654. Eine Zug-um-Zug-Leistung erhöht den Wert nicht, BGH **KR** Nr 829. Bei wechselseitiger Berufung gilt § 19 II GKG. Mindestens ist das Interesse des Bekl an der Vermeidung einer ihm nachteiligen Kostenentscheidung maßgeblich, BGH NJW **94**, 1740.

S auch Rn 7 „Anschlußrechtsmittel".

**29 Beschwerde:** Eine Bewertung ist nicht erforderlich, soweit keine Festgebühr entsteht: sie erfolgt also zB bei KV 1900, 1904, 1908. Maßgeblich ist das Interesse des Beschwerdeführers an einer Änderung der angefochtenen Entscheidung. Die Wertfestsetzung gehört zur Prüfung der Zulässigkeit der Beschwerde. Eine etwaige Gegenleistung bleibt unberücksichtigt, auch wenn sie von vornherein angeboten wurde.

## 1. Titel. Sachl. Zuständigkeit d. Gerichte u. Wertvorschriften   Anh § 3

Wenn eine Zug um Zug zu erbringende Gegenleistung der alleinige Gegenstand der Beschwerde ist, dann ist der Wert dieser Gegenleistung maßgeblich. Er wird nach oben durch den Wert des Kiaganspruchs begrenzt, BGH NJW **73**, 654. Bei einer Zinsforderung mit einem ungewissen Erfüllungszeitpunkt erfolgt eine Schätzung nach § 3, BGH BB **81**, 1491.

S auch Rn 3 „Ablehnung des Richters", Rn 74 „Kartellsache", Rn 87 „Ordnungs- und Zwangsmittel", Rn 103 „Sicherheitsleistung".

**Beseitigung:** § 7 Rn 2.
**Besichtigung:** Rn 83.
**Besitzstreit:** Der Wert richtet sich im Prozeß nach § 6, dort Rn 2, bei der einstweiligen Verfügung usw nach § 20 GKG, Düss AnwBl **86**, 37. Im Fall einer Besitzstörung ist § 3 maßgeblich, Düss MDR **91**, 353 (Kosten der Beseitigung der Störung), Köln JMBlNRW **76**, 71 (hoch bei Aggressivität), LG Bielef FamRZ **92**, 1095 (1-Jahres-Wert bei Wiedereinräumung). § 16 I GKG bildet den Höchstwert, Neust Rpfleger **67**, 2, Zweibr KR § 6 Nr 100.
**Bestimmung der Zuständigkeit:** Rn 143 „Zuständigkeit".
**Betagter Anspruch:** Maßgeblich ist § 3, LG Bielef KR Nr 483. Ein Zwischenzins darf nicht abgezogen werden, Voormann MDR **87**, 722, aM LAG Köln MDR **87**, 169 (zustm Hirte).
**Beweisaufnahme:** Der Wert richtet sich nach dem Gegenstand des Beweises, Ffm KR Nr 620 (Klagerhöhung), Hamm JB **81**, 1860. Falls sich die Beweisaufnahme nur auf einen Teil der Klageforderung erstreckt, ist also nur dieser Teil maßgeblich, Düss JB **83**, 1042, LAG Hamm KR § 21 GKG Nr 3.
**Beweissicherung:** Rn 102 „Selbständiges Beweisverfahren".
**Bezugsverpflichtung:** Der Wert orientiert sich nicht am Umsatz, sondern am Gewinn und ist nach § 3 zu schätzen, Bbg JB **85**, 441, KG Rpfleger **69**, 443.
**Buchauszug, -einsicht:** Rn 24 „Auskunft".
**Bürgschaft:** Maßgeblich ist der Betrag der gesicherten oder zu sichernden Forderung ohne Rücksicht auf eine etwaige Betagung oder Bedingung, § 6 Rn 9. Bei der Klage gegen den Hauptschuldner und den Bürgen erfolgt keine Zusammenrechnung nach § 5. Bei der Klage gegen den Bürgen ist für Zinsen und Kosten § 4 I anwendbar. Bei der Klage des Bürgen gegen den Hauptschuldner zählen die vom Bürgen gezahlten Zinsen und Kosten als Teil der Hauptforderung.

S auch Rn 69 „Herausgabe: b) Herausgabe einer Urkunde".

**Darlehen:** Maßgeblich ist grds die streitige Darlehenssumme abzüglich eines etwaigen Ablösungsbetrags, BGH KR Nr 745. Im Rechtsmittelverfahren ist der aberkannte Betrag maßgebend, BGH WertpMitt **85**, 279.
**Dauervertrag:** Der Wert wird nach § 3 und nicht nach § 9 berechnet. Denn ein Dauervertrag läuft regelmäßig kürzer als ein Vertrag der in § 9 genannten Art, Bre Rpfleger **89**, 427 (Stromlieferung: 5-Jahres-Durchschnittskosten – sehr hoch! –). Der Umsatz ist bei einem langfristigen Liefervertrag nur ein Anhaltspunkt. Daneben ist der Gewinn maßgeblich, Bbg MDR **77**, 935. Ein Automatenaufstellvertrag der üblichen Art ist nicht nach § 16 GKG zu bewerten, sondern nach § 3, Kblz VersR **80**, 1123. Beim Miet- und Pachtvertrag usw ist § 16 GKG anwendbar. Beim Arbeitsvertrag ist zunächst § 12 VII ArbGG zu beachten, im übrigen gilt § 17 III GKG.
**Dauerwohnrecht:** Der Wert der Inhaberschaft richtet sich nach § 9, aM AG Ffm AnwBl **84**, 449 (§§ 3, 6). Im übrigen gilt § 16 GKG. Der Wert seiner Löschung wird nach § 3 berechnet. Maßgeblich ist dabei die Wertminderung des Grundstücks durch das Wohnrecht.
**Deckungsprozeß:** Rn 130 „Versicherung: a) Deckungsprozeß".
**Deklaratorisches Schuldanerkenntnis:** Rn 10 „Anerkenntnis".
**Dienstbarkeit:** Der Wert ist nach § 7 zu berechnen.
**Dienstvertrag:** Maßgeblich ist § 3, soweit es um die Anstellung, die Beendigung usw geht, BGH RR **86**, 676; jedoch gelten für die Zuständigkeit § 9 und für die Kosten § 17 III GKG, soweit das Entgelt umstritten ist. Die letztere Vorschrift kann auch als Ausgangswert bei der Feststellung des Bestehens des Vertrags von Bedeutung sein, BGH RR **86**, 676. § 12 VII ArbGG gilt nur für das arbeitsgerichtliche Verfahren, BGH RR **86**, 676.
**Dingliche Sicherung:** Es ist § 6 anwendbar.
**Drittschuldnerprozeß:** Soweit der Gläubiger den Drittschuldner auf Zahlung verklagt, ist wie stets der Wert *dieser* Klageforderung maßgeblich, Mü JB **85**, 1522, LAG Düss MDR **92**, 59, Schneider MDR **90**, 21. Wertprivilegien der eingeklagten Forderung können beachtlich sein, Köln JZ **91**, 987.
**Drittwiderspruchsklage:** Rn 139 „Widerspruchsklage: a) Widerspruchsklage des Dritten, § 771".
**Duldung der Begutachtung:** Maßgeblich ist das Interesse des Gläubigers, wie stets, also gerade nicht dasjenige des Schuldners. Das ist BGH NZM **99**, 65.
**Duldung der Zwangsvollstreckung:** Die Duldung hat neben einem Anspruch auf eine Verurteilung zu einer Leistung keinen besonderen Wert, § 5. Maßgebend ist also die zu vollstreckende Forderung nebst Zinsen und Kosten, BGH RR **99**, 1080. Wenn der Anspruch auf eine Duldung selbständig geltend gemacht wird, ist er dem vollen Wert der Forderung oder der Haftungsmasse gleichzusetzen, je nachdem, ob die Forderung oder die Haftungsmasse kleiner ist, KG AnwBl **79**, 229.

S auch Rn 144 „Zwangsvollstreckung".

**Durchsuchung:** Bei § 758 ist ein Bruchteil der zu vollstreckenden Forderung oder des Werts des zu pfändenden Gegenstands anzusetzen, Köln MDR **88**, 329 (50%).
**Ehesache,** dazu *Haberzettl*, Streitwert und Kosten in Ehe- und Familiensachen, 2. Aufl 1985; *Günther Rohs,* Streitwert in Ehe- und Folgesachen, Festschrift für *Schmidt* (1981) 183: Der Wert ist nach den §§ 12 II, III, 17 a, 19 a GKG zu berechnen, Hamm FamRZ **97**, 690 (grds 4000 DM). Maßgebend ist der Zeitpunkt des Eingangs des Antrags, § 15 GKG, Brschw JB **98**, 259. Man muß eine Gesamtabwägung vornehmen, Bbg JB **76**, 217, 799, Ffm JB **76**, 290, aM Ffm NJW **72**, 589. Die Einkommensverhältnisse sind nur *ein*, nur auch wichtiger, Faktor, Celle JB **76**, 797. Rechtsprechungs-Übersicht bei Hartmann Teil I § 12 GKG Rn 3 ff, vgl Schmidt AnwBl **77**, 442 je mwN. Bei Berufung nur gegen das Scheidungsurteil gilt nur

der Scheidungswert, Karlsr Just **87**, 379. Im Beschwerdeverfahren wegen einer Aussetzung ist der Wert nach den zum Stichwort „Aussetzungsantrag" genannten Gesichtspunkten zu bemessen.

Der Wert einer *einstweiligen Anordnung* wird nach § 20 II GKG berechnet. Ein Verbot des Betretens der Wohnung hat neben einer Entscheidung über das Recht zum Getrenntleben keinen besonderen Wert. Im Fall des § 1389 BGB ist grundsätzlich die Höhe der verlangten Sicherheitsleistung maßgeblich, Mü Rpfleger **77**, 176. Das Getrenntleben und der Unterhalt sind gesondert zu bewerten, Saarbr NJW **75**, 1791, auch der Getrenntlebens- und der Geschiedenenunterhalt, Hbg FamRZ **84**, 1250. Bei einer Regelung wegen der Ehewohnung ist vom Jahresmietwert auszugehen, § 21 III 1 Hs 1 HausrVO, Karlsr FamRZ **94**, 249, aM Hbg FamRZ **91**, 968, Köln FamRZ **95**, 562 (je: halber Jahresmietwert), Saarbr AnwBl **81**, 405 (halber Hausratswert). Es ist unerheblich, ob das Gericht eine Prozeßkostenhilfe bewilligt hat, Düss AnwBl **92**, 280, Hamm (1. FamG) JB **84**, 733, Zweibr FamRZ **84**, 725, aM Hamm (5. FamG) AnwBl **84**, 505 (krit Schmidt), ZöHe § 3 Rn 16 „Ehesache".

Vgl ferner zur Bewertung von Scheidungsvereinbarungen Köln FER **98**, 18, Mü FamRZ **86**, 828, Mümmler JB **70**, 109.

S auch Rn 60 „Gemeinschaft", Rn 103 „Sicherheitsleistung", Rn 117 „Unterhalt".

**Ehre:** Der Wert ist nach § 12 II, III GKG zu berechnen, BAG BB **98**, 1487, LG Oldb JB **95**, 369, LAG Hamm AnwBl **84**, 156.

S auch Rn 129 „Veröffentlichungsbefugnis".

33 **Eidesstattliche Versicherung:** Wegen der Festgebühr von 40 DM nach KV 1644 oder 1645 ist keine Wertfestsetzung für die Gerichtskosten notwendig. Für die Anwaltsvergütung gilt § 57 II Z 5 BRAGO (höchstes 3000 DM). Im Fall des § 883 II gilt § 6, LG Köln JB **77**, 404. Soweit im erfolglosen Beschwerdeverfahren keine Änderung des Streitgegenstands erfolgt, gilt wiederum nur die Festgebühr des KV 1952. Die diesbezügliche frühere Streitfrage ist durch KV 1952 erledigt. Das übersieht BGH NZM **99**, 65.

S auch Rn 24 „Auskunft".

**Eigentum:** Im Fall einer Störung, § 1004 BGB, ist § 3 maßgeblich, BGH **124**, 315, Düss MDR **91**, 353 (Kosten der Beseitigung der Störung), Kblz JB **95**, 27 (Wert des Verbots für Kläger). Nachteile für den Bekl sind unbeachtlich, Köln JB **90**, 246 (Notweg). Bei Beseitigung von Sondermüll sind die Entsorgungskosten maßgebend, Düss MDR **91**, 353. Im übrigen gilt § 6, dort Rn 2, auch wegen eines Eigentumsvorbehalts. Der Beschwerdewert kann den Streitwert übersteigen, BGH **124**, 315. Beim Miteigentum ist der Klägeranteil abzuziehen, Karlsr Just **80**, 148.

S auch Rn 141 „Wohnungseigentum".

**Einheitswert:** Auch beim Einheitswert zum Stichtag 1. 1. 1964 sind als Streitwert 40% des streitigen Unterschiedsbetrags anzusetzen, BFH BB **72**, 206.

**Einrede der Nichterfüllung:** Rn 58 „Gegenseitiger Vertrag".

**Einsichtnahme:** Rn 62 „Gesellschaft".

34 **Einstweilige Anordnung:** Der Wert wird nach § 20 II, III GKG berechnet. Ein gemäß § 620 Z 4 unzulässiger Anspruch auf einen Unterhalt für die Vergangenheit erhöht gleichwohl den Streitwert, Düss AnwBl **82**, 435. Bei § 620 Z 5 ist von 1000 DM auszugehen, Köln Rpfleger **95**, 110 mwN. Soweit es um eine verneinende Feststellungsklage gegen eine einstweilige Anordnung geht, richtet sich der Kostenstreitwert nach § 17 GKG, nicht nach § 20 II GKG, Schlesw JB **92**, 488.

**Einstweilige Einstellung:** Rn 145 „Zwangsvollstreckung: b) Einstellung, Beschränkung, Aufhebung".

35 **Einstweilige Verfügung:** Der Wert ist für die Gebührenberechnung nach § 20 I GKG nach dem Interesse des Antragstellers an der begehrten Sicherstellung zu schätzen, § 3, Düss WettbR **96**, 44, Kblz MDR **94**, 738, Schlesw SchlHA **78**, 22. Er liegt meist unter dem Wert der Hauptsache. Denn das Verfahren auf den Erlaß einer einstweiligen Verfügung kann nur eine vorläufige Regelung herbeiführen. Im allgemeinen beträgt der Wert $1/3$–$1/2$ des Werts der Hauptsache, Kblz MDR **94**, 738, Oldb RR **96**, 946, LG Ffm JB **95**, 487. Das darf aber nicht schematisch erfolgen, Düss WettbR **96**, 44. Ein noch geringerer Bruchteil wäre meist nicht gerechtfertigt, abw Köln GRUR **88**, 726 ($1/7$–$1/8$; abl Ahrens). Wenn die einstweilige Verfügung nur einen bestimmten Gegenstand erfaßt, zB das Bankdepot eines Ausländers im Inland, dann liegt der Wert nicht höher als derjenige dieses Gegenstands. Beim Notbedarfsanspruch ist meist ein 6-Monats-Betrag angemessen, KG MDR **88**, 154 mwN, Nürnb JB **97**, 196.

36 Der Wert kann sich jedoch demjenigen der *Hauptsache nähern*, Bbg JB **75**, 793. Das gilt zB dann, wenn der Streit durch die einstweilige Verfügung praktisch auch bereits in der Hauptsache entschieden wird, Bbg JB **78**, 1552 (Grundbuchwiderspruch), Ffm AnwBl **83**, 89, Köln FamRZ **97**, 39, Saarbr **KR** § 20 GKG Nr 8 (Herausgabe), Schlesw SchlHA **78**, 22 (Prozeßkostenvorschuß), LG Bayreuth JB **77**, 1269, LAG Hamm AnwBl **81**, 107. Das gilt zB dann, wenn es um die Unterlassung, Köln JB **95**, 486, etwa eines Ausverkaufs werbung, geht. Ähnliches gilt bei einer einstweiligen Verfügung, die allein eine Vollstreckungsmöglichkeit schafft und genügend pfändbare Gegenstände in die Hände des Gläubigers bringt, LG Darmst JB **76**, 1090, und überhaupt bei der Leistungsverfügung, Grdz 6–9 vor § 916, Mü FamRZ **97**, 691.

37 Auch im Fall einer drohenden *Zwangsversteigerung*, wenn es um den Verkauf eines Grundstücks geht, kann die Eintragung einer Vormerkung zur Sicherung für die Bestellung einer Hypothek dem Hypothekenbetrag annähernd gleichgesetzt werden, Bbg JB **78**, 1552, Schneider MDR **72**, 371. Denn hier wäre die Zwangsversteigerung oder der Verkauf dem völligen Rechtsverlust gleichzusetzen. Wenn es um eine Vormerkung wegen einer Bauhandwerkerhypothek geht, beträgt der Wert etwa $1/3$–$1/2$ der Forderung des Handwerkers, Düss JB **75**, 649, Ffm JB **77**, 719, aM Bre AnwBl **76**, 441, LG Saarbr AnwBl **81**, 70 (diese Gerichte setzen $9/10$ des Werts der Handwerkerforderung an). Das Kostenpauschquantum ist zu berücksichtigen. Der Wert der Hauptsache darf aber nicht überschritten werden. In einem nichtvermögensrechtlichen Streit ist von § 12 II 1 GKG auszugehen, LG Saarbr JB **95**, 26. Geht es um die Herausgabe eines Kindes, so gilt der gesetzliche Mindestwert. Wenn es um die Einräumung eines Nießbrauchs oder um die Eintragung eines Wohnrechts geht, dann muß man die voraussichtliche Lebensdauer des Berechtigten schätzen und dann etwa $1/4$ des sich ergebenden Werts ansetzen. Bei einer Unterhalts-

1. Titel. Sachl. Zuständigkeit d. Gerichte u. Wertvorschriften **Anh § 3**

rente ist evtl von § 17 GKG auszugehen, wenn der Hauptprozeß bereits oder noch anhängig ist, soweit nicht ohnehin (meist) nur eine kürzer begrenzte Regelung begehrt wird, Düss JB **82**, 285, Hbg MDR **79**, 854, Luthin FamRZ **87**, 780.

Wenn aber nur eine Regelung bis zur Entscheidung des *Hauptprozesses* erstrebt wird, vgl § 20 II GKG; Düss JB **86**, 253, Mü JB **85**, 917, Schneider MDR **89**, 389, liegt der Wert meist beim 6-Monats-Betrag (Notbedarf), KG MDR **88**, 154, Zweibr FamRZ **93**, 1336, selbst wenn das Gericht keine ausdrückliche derartige Begrenzung vornimmt, Hamm JB **91**, 1535, und jedenfalls niedriger als derjenige des Hauptprozesses, Ffm MDR **71**, 145.

Im *Widerspruchsverfahren und im Aufhebungsverfahren* gelten die Bewertungsregeln ebenso wie im Verfahren auf den Erlaß einer einstweiligen Verfügung, Köln VersR **73**, 1032. Dasselbe gilt beim Vollzug der einstweiligen Verfügung, KG **KR** § 20 GKG Nr 79, LG Darmst JB **76**, 1091. Maßgeblich ist also nicht das Interesse des Gegners, dessen Bestreiten ja auch im übrigen grundsätzlich nicht bewertet wird; es kommt vielmehr auf das Interesse des Antragstellers an, Bbg JB **74**, 1150, und zwar unter Umständen auch dann, wenn es um die Einstellung der Zwangsvollstreckung auf Grund eines Urteils geht, das eine einstweilige Verfügung aufgehoben hat, vgl Köln VersR **73**, 1032. Entsprechend ist die Situation in Fall einer Klage gegen den Gläubiger mit dem Ziel der Erteilung einer Löschungsbewilligung zu beurteilen, Köln MDR **77**, 495. Soweit es zum Vergleich auch über die Hauptsache kommt, ist zusammenzurechnen. **38**

Im Verfahren vor den *Arbeitsgerichten* ist § 3 anwendbar, etwa wegen eines Anspruchs nach § 102 V 2 BetrVG, ArbG Bln DB **73**, 192. Im Verfahren vor den Finanzgerichten um einen Arrest nach §§ 324 ff AO wird der Wert meist um die Hälfte unterschritten, und zwar bei einer einstweiligen Verfügung in bestimmte Gegenstände begrenzt durch ihren Wert, BFH BStBl **66** II 653 (der Wert beträgt die Hälfte der Hinterlegungssumme). Wegen der §§ 69 III, IV, 114 FGO bzw 80 V–VII VwGO vgl §§ 20 III, 13 I GKG. **39**

S auch Rn 11 ff „Arrest", Rn 63 ff „Gewerblicher Rechtsschutz".

**Eintragungsbewilligung:** Man muß von dem Anspruch ausgehen, auf dem die Eintragung beruhen soll, also gilt zB beim Eigentum § 6, bei einer Grunddienstbarkeit § 7, bei einer Reallast § 9. Das gilt auch beim Berichtigungsanspruch. Bei einer nur formalen Klärung kann nach § 3 geringer zu bewerten sein, Zweibr JB **87**, 267. Es kann der auch zu zahlende Kaufpreisrest maßgeblich sein, Bbg JB **96**, 85. **40**

**Einwilligung:** S „Eintragungsbewilligung", Rn 71 „Hinterlegung".
**Elterliche Sorge:** Maßgeblich ist § 12 II 3 GKG.
**Enteignung:** Maßgeblich ist, auch bei einer Rückenteignung, Mü JB **79**, 896, der Sachwert, der objektive Verkehrswert, der nach § 6 berechnet wird, Hamm RdL **71**, 109, und zwar auch bei einer Teilfläche. Danach bemißt sich sowohl der Wert des Antrags auf die Einleitung des Enteignungsverfahrens als auch der Wert eines Antrags auf den Erlaß einer gerichtlichen Entscheidung, der sich gegen die Enteignung richtet. Zinsen auf den Entschädigungsbetrag sind unbeachtlich, BGH MDR **70**, 994. Beim Streit nur um die Höhe der Entschädigung ist der Unterschied zwischen dem festgesetzten und dem begehrten Betrag maßgeblich, § 3. Eine etwaige Wertminderung des Restgrundstücks ist unerheblich.
S auch Rn 26 „Baulandsache".

**Erbbaurecht:** Sein Wert läßt sich nach § 3 feststellen, Mü WoM **95**, 193. Der Wert setzt sich zusammen aus dem kapitalisierten Erbbauzins (§ 9) und dem Gebäudewert, Nürnb JB **92**, 52 mwN. Wenn es um eine Erhöhung des Erbbauzinses geht, gilt § 9, Brschw **KR** § 9 Nr 24, Ffm JB **77**, 1132, Mü JB **77**, 1002. Der Wert beträgt also (jetzt) das 3,5fache des Erhöhungsbetrags, vgl § 9 Rn 8, 10. Beim Heimfallrecht ist nicht § 16 II GKG anwendbar, sondern der Verkehrswert ohne Belastungen anzuwenden, Nürnb JB **92**, 52 (Kaufpreis als Anhaltspunkt). Auf die Feststellung der Wirksamkeit des Erbbaurechtsvertrags ist § 3 anwendbar, Düss JB **95**, 485. **41**

**Erbrechtlicher Anspruch,** dazu *Schneider* Rpfleger **82**, 268 (zu Miterbenklagen): Es ist grds § 3 maßgeblich und dabei eine wirtschaftliche Betrachtung geboten, BGH MDR **75**, 741. Wenn es um die Nichtigkeit eines Testaments geht, ist das Interesse an dieser Feststellung maßgeblich, BGH **LM** § 9 BRAGO Nr 2. Bei einer Klage auf die Zustimmung zu einer Erbauseinandersetzung maßgeblich ist das Interesse des Klägers an seinem Auseinandersetzungsplan maßgeblich, BGH **LM** § 9 BRAGO Nr 2, aM Schmidt NJW **75**, 1417 (der volle Nachlaßwert sei maßgeblich). Wenn es um die Klage auf die Feststellung der Unzulässigkeit einer Auseinandersetzungsversteigerung geht, ist das Interesse des Klägers am Fortbestand der Erbengemeinschaft maßgeblich, Hamm JB **77**, 1616. Wenn bei einer Erbauseinandersetzung über mehrere Grundstücke nur die Verteilung einiger dieser Grundstücke streitig ist, dann ist nur der Wert der streitigen Grundstücke maßgeblich. Der Wert eines Prozeßvergleichs auf Grund einer Auseinandersetzungsklage richtet sich nach dem wirtschaftlichen Interesse des betreibenden Miterben, Kblz JB **91**, 103.

Bei einer Klage des Miterben gegen einen *Nachlaßschuldner* auf eine Leistung an alle Erben nach § 2039 BGB ist der Wert der ganzen eingeklagten Leistung und nicht nur das anteilige Interesse des klagenden Miterben maßgeblich, BGH **LM** § 3 Nr 9. Wenn aber ein Miterbe von einem anderen Miterben eine Hinterlegung oder Herausgabe zu Gunsten des Nachlasses verlangt, dann ist die eingeklagte Forderung um denjenigen Betrag zu kürzen, der auf den beklagten Miterben entfällt, Karlsr Rpfleger **92**, 254. Bei einer Forderung auf Übertragung auf den klagenden Miterben ist dessen Anteil maßgebend, Hbg JB **94**, 364. Dasselbe gilt bei der Klage eines Miterben gegen den anderen auf Unterlassung der Eigentumsumschrift nur auf letzteren, Köln JB **75**, 939. Wenn ein Miterbe die Berichtigung des Grundbuchs dahin verlangt, daß anstelle des beklagten Miterben alle Erben in Erbengemeinschaft eingetragen werden sollen, dann entscheidet der Grundstückswert abzüglich desjenigen Anteils, dem der Erbteil des bereits eingetragenen Erben entspricht, BayObLG JB **93**, 228, Köln JB **75**, 939. Dasselbe gilt bei der Klage auf Zustimmung zu einer Löschung, Ffm JB **81**, 775, oder bei einer Klage eines Miterben gegen einen anderen Miterben auf eine Mitwirkung bei der Auflassung eines Nachlaßgrundstücks, BGH **LM** § 3 Nr 44, Stgt NJW **75**, 394. Denn dem beklagten Miterben verbleibt sein Anteil.

Bei einem Streit um die Auflassung des Grundstücks an einen *Dritten* ist der ganze Wert maßgeblich, soweit der beklagte Erbe bei der Auflassung mitwirken soll, BGH **LM** § 6 Nr 4. Dasselbe gilt dann, wenn **42** der ganze Nachlaß an einen Dritten zwecks Versteigerung herausgegeben werden soll, Hbg Rpfleger **51**, 633.

Wenn ein Miterbe zugleich ein *Nachlaß*gläubiger ist und wenn er eine gegen den Nachlaß gerichtete Forderung anderen Miterben gegenüber geltend macht, dann muß man berücksichtigen, daß diese Forderung den Kläger als Miterben in Höhe seines Anteils belastet. Deshalb muß man den Teil der Forderung, der seinem Anteil entspricht, als außer Streit befindlich ansehen und daher von der Gesamtforderung abziehen, BGH **LM** § 6 Nr 5. Wenn ein Miterbe mit einer Klage dahingehend erhebt, daß eine Forderung gegen den Nachlaß nicht bestehe, dann ist der Wert lediglich nach dem Interesse des Klägers an der Befreiung von der Verbindlichkeit anzunehmen, BGH Rpfleger **55**, 101. Dasselbe gilt im Fall einer positiven Feststellungsklage dahin, daß ein von der Erbengemeinschaft mit einem Dritten abgeschlossener Vertrag wirksam bestehe, BGH **LM** § 10 GKG aF Nr 10.

Das Interesse des Miterben, also sein *Anteil,* seine Besserstellung, ist dann maßgeblich, wenn es sich um die Klage auf die Feststellung seines Erbrechts handelt, Bbg JB **75**, 1367, oder wenn es um eine Feststellung der gesetzlichen Erbfolge geht. Freilich muß man in diesen Fällen unstreitige Pflichtteilsansprüche abziehen, BGH **LM** § 3 Nr 50. Wenn es sich um eine Erbunwürdigkeitsklage handelt, ist nur derjenige Vorteil maßgeblich, den der Kläger erstrebt, Speckmann MDR **72**, 908, aM BGH **LM** § 3 Nr 41, Kblz MDR **97**, 693. Bei einer Klage auf die Feststellung einer Ausgleichspflicht ist das Interesse des Klägers an der Ausgleichung maßgeblich, BGH **LM** § 3 Nr 9.

**43** Wenn es sich um die Klage auf die Vorlegung eines *Nachlaßverzeichnisses* und um eine Auskunft über den Verbleib von Erbschaftsgegenständen handelt, dann kommt es auf das Interesse des Klägers an, Schwierigkeiten bei der Ermittlung des Erbschaftsbestandes zu überwinden. Der Wert der Gegenstände hat also nur eine mittelbare Bedeutung, KG JB **73**, 151. Eine Haftungsbeschränkung des Erben ist erst bei einer Zwangsvollstreckung erheblich und daher im Streitverfahren noch nicht beachtlich. Im Erbschein-Einziehungsverfahren ist der Wert des beanspruchten Erbteils maßgeblich, BGH JZ **77**, 137. Bei der Klage des Vorerben auf eine Zustimmung ist § 3 anwendbar. Der Vorerbe hat auch dann wertmäßig eine schwächere Stellung als der Nacherbe, wenn der Nacherbfall erst mit dem Tod des Vorerben eintritt, BGH FamRZ **89**, 959.

S auch Rn 60 „Gemeinschaft", Rn 114 „Testamentsvollstreckung".

**44 Erfüllung:** Rn 58 „Gegenseitiger Vertrag".

**45 Erledigterklärung:** Hier sind folgende Situationen zu unterscheiden:

**a) Volle Erledigung streitig; Beklagter säumig.** Der Kläger beantragt, die gesamte Hauptsache für erledigt zu erklären, der Bekl beantragt, die Klage abzuweisen, oder der Bekl ist säumig. In diesen beiden Fällen muß das Gericht eine Entscheidung in der Hauptsache treffen, sie bleibt also Streitgegenstand, § 91 a Rn 170. Daher ist als Wert der Betrag der Klageforderung anzunehmen.

Diese Frage ist **streitig. Wie hier** zB Brdb RR **96**, 1472, Düss RR **93**, 510, Köln MDR **95**, 103, Mü JB **96**, 368, ZöHe § 3 Rn 16 „Einseitige Erledigungserklärung".

Eine **teilweise abweichende Meinung** vertreten zB BGH NJW **82**, 768 (der Streitwert könne ausnahmsweise den Wert der Hauptsache erreichen), Hamm (4. ZS) JB **76**, 1684 (der Wert sei durchweg geringer), Schlesw SchlHA **83**, 58 (es komme darauf an, ob der Bekl ein über die Kosten hinausgehendes wirtschaftliches Interesse verfolge), Mü MDR **95**, 642, LG Mü AnwBl **81**, 112, ThP § 91 a Rn 59 (es sei ein Abschlag von 50% gegenüber dem Wert der Hauptsache angemessen; abl Chemnitz).

**Anderer Meinung** sind, untereinander uneinig, zB BGH FamRZ **90**, 1226 mwN (maßgeblich sei der Betrag der bisherigen Kosten, begrenzt auf das Hauptsacheinteresse), so auch zB BFH DB **89**, 28, Bbg JB **93**, 1393, Hamm RR **95**, 960 (für den Beschwerdewert), KG MDR **99**, 380, ferner jetzt auch grds Karlsr MDR **94**, 217, ferner Kblz (14. ZS) ZMR **88**, 434 mwN, insofern auch Köln VersR **94**, 954 (letztere Entscheidung: 50% der Hauptsache), ferner Mü RR **95**, 1086, Rostock MDR **93**, 1019 (nur „aus Gründen der Rechtssicherheit, obwohl die besseren Argumente für ... einen unveränderten Streitwert" sprächen!), ferner Stgt MDR **89**, 266, LG Aachen AnwBl **84**, 373, ZöV § 91 a Rn 48 (maßgeblich sei nur die Summe derjenigen Kosten, die bis zum Zeitpunkt der Erledigterklärung des Klägers entstanden seien, ebenso Köln AnwBl **82**, 199 bei einer Erledigterklärung alsbald nach der Zustellung des Mahnbescheids vor der Abgabe der Akten an das Streitgericht, Hbg MDR **71**, 768 für den Wert des Rechtsmittels des Bekl gegen ein Urteil, das die Erledigung der Hauptsache ausspricht; dagegen Köln DB **73**, 1399, Schneider MDR **73**, 626 mwN, die auch dann den Wert der Hauptsache als maßgeblich ansehen).

Der Kostenstreitwert und der Beschwerdewert sind evtl auch in diesen Fällen *unterschiedlich hoch,* vgl Schneider MDR **77**, 967. Bei § 926 II setzt Ffm GRUR **87**, 652 nur das Kosteninteresse an.

S auch Rn 85 „Nichtvermögensrechtlicher Anspruch".

**46 b) Vor Rechtshängigkeit.** Wird eine „Erledigterklärung" vor oder zugleich mit der Klage zugestellt, so liegt in Wahrheit keine Erledigung der Hauptsache vor, da vor dem Eintritt der Rechtshängigkeit kein Prozeßrechtsverhältnis entstanden ist, § 91 a Rn 68. Das übersieht Hamm MDR **73**, 941.

**47 c) Beiderseitige wirksame Vollerledigterklärungen.** Bei beiderseitigen wirksamen Erledigterklärungen wegen der gesamten Hauptsache kommt es zunächst auf deren Wirksamkeit an, § 91 a Rn 68–95, LG Köln VersR **86**, 1246. Sodann, nicht schon bei bloß tatsächlicher Erledigung Düss JR **93**, 327, ist als Wert grundsätzlich der Betrag der bisher entstandenen Kosten anzusetzen, Brdb JB **96**, 193, Hbg MDR **97**, 890. Das gilt auch dann, wenn die Parteien die Hauptsache durch einen Vergleich erledigen, Köln DB **72**, 436, oder wenn die Parteien über eine deren beiderseitigen Erledigterklärungen zugrunde liegende Zahlung irrten, Köln VersR **74**, 605. Noch unklare außergerichtliche Kosten bleiben außer Ansatz, KG MDR **88**, 236. Der Wert der Hauptsache bildet die Obergrenze, LG Gött WoM **89**, 410.

**48 d) Beiderseitige wirksame Teilerledigterklärungen.** Bei beiderseitigen wirksamen Teilerledigterklärungen ist als Wert nunmehr, Bbg JB **92**, 762, der Betrag der restlichen Hauptforderung nebst den Kosten des erledigten Teils anzusetzen, § 22 III GKG, BGH RR **95**, 1090, Hbg WettbR **97**, 205, Kblz JB **98**, 538, aM BGH **LM** § 91 a Nr 15, Nürnb RR **87**, 1279, LG Wuppertal AnwBl **78**, 108 (maßgeblich sei die restliche Hauptforderung nebst Zinsen, § 4), Köln VersR **74**, 605 (maßgeblich sei die restliche Hauptforderung nebst Zinsen und Kosten), BGH RR **91**, 510, Karlsr MDR **96**, 1298, LG Nürnb-Fürth JB **94**, 493 (maßgeblich sei nur die restliche Hauptforderung).

Beim *Kostenvergleich* nebst übereinstimmender Resterledigterklärungen kann man zum Vergleichswert diejenigen Kosten hinzurechnen, die die Resterledigung betreffen, Bbg JB **74**, 1440.

**e) Einseitige wirksame Teilerledigterklärung.** Bei einer einseitigen wirksamen Teilerledigterklärung ist der Wert der gesamten Hauptsache maßgeblich, Bbg JB **92**, 762, Stgt JB **75**, 1500, Schneider MDR **73**, 627, aM BGH VersR **93**, 626 (grds zur Beschwer, auch zu einer Ausnahme bei Widerklage), Hbg JB **90**, 911, Mü MDR **98**, 62 (maßgeblich seien die restliche Hauptforderung und der Betrag der Kosten des für erledigt erklärten Teils), Köln FamRZ **91**, 1207 (nur noch die bisherigen Kosten). Zinsen bleiben unbeachtet, Celle MDR **88**, 414. **49**

**f) Sonstige Fragen.** Im Mahnverfahren ist der Übergang von der Anhängigkeit zur Rechtshängigkeit nach § 696 III zu beurteilen, insofern unklar Karlsr MDR **88**, 1066, aM Mü MDR **98**, 62. Wegen eines Verfahrens vor den Finanzgerichten BFH BB **71**, 1039. Wegen des Beschwerdewerts in der Rechtsmittelinstanz vgl auch § 511 a Rn 11. **50**

**Ermessensantrag:** § 3 Rn 3. S auch Rn 99 „Schmerzensgeld". **51**
**Erörterung:** Für die Erörterungsgebühr nach § 31 I Z 4 BRAGO kommt es (nur) auf den Gegenstand der Erörterung an, Stgt AnwBl **83**, 522, Schneider JB **80**, 177.
**Errichtung eines Vermögesverzeichnisses:** Rn 136 „Vornahme einer Handlung".
**Ersatzvornahme:** Rn 144 „Zwangsvollstreckung: a) Erwirkung einer Handlung oder Unterlassung".
**Erwerbsverbot:** Rn 35 ff „Einstweilige Verfügung" sowie § 6.
**Erwirkung einer Handlung:** Rn 136 „Vornahme einer Handlung", Rn 144 „Zwangsvollstreckung: a) Erwirkung einer Handlung oder Unterlassung".
**Erzwingung:** Rn 87 „Ordnungs- und Zwangsmittel".
**Eventualantrag:** Rn 71 „Hilfsantrag".
**Eventualwiderklage:** Rn 71 „Hilfswiderklage".
**Fälligkeit:** Maßgebend ist grds der Wert der geltendgemachten Leistung, BGH **KR** Nr 1178 (künftige Leistung), Hbg AnwBl **82**, 335, Schmidt AnwBl **80**, 257, aM BGH **KR** Nr 13, Schlesw SchlHA **83**, 142, LG Bielefeld AnwBl **80**, 256 (maßgeblich sei nur das Interesse des Bekl an der Hinauszögerung der Fälligkeit). **52**
**Familiensache:** Rn 32 „Ehesache", Rn 67 „Hausrat", Rn 117 „Unterhalt", Rn 131 „Versorgungsausgleich".
**Fernwärme:** Rn 137 „Wärmelieferungsvertrag".
**Feststellungsklage:** Hier sind folgende Fälle zu unterscheiden: **53**

**a) Behauptende Feststellungsklage.** Bei ihr gilt im allgemeinen als ein etwas geringerer Wert als derjenige des Leistungsanspruchs ohne Zinsen, BGH **KR** § 4 Nr 61. Es sind grds etwa 20% abzuziehen, vgl § 9 Rn 8, BGH RR **97**, 1562, KG DB **96**, 2275, Saarbr VersR **98**, 344 (Versicherungsvertrag). Ausnahmsweise können 50% des Werts des Leistungsanspruchs genügen, oder sogar nur 40%, Ffm AnwBl **82**, 436, oder ein wesentlich geringerer Betrag, BGH RR **97**, 1562 (20%), etwa bei der Feststellung eines Schuldnerverzugs, Ffm JB **91**, 410. Wenn sicher ist, daß der Bekl auf Grund eines Feststellungsurteils zahlen wird, dann kann der Wert der Feststellungsklage erreichen den Wert der Leistungsklage, Schneider MDR **85**, 268, aM BGH RR **99**, 362 (aber auch hier entscheidet eine wirtschaftliche Betrachtungsweise). Dasselbe gilt bei einer Feststellung der Miterbenschaft, BGH **KR** Nr 873. Bei der Feststellung von Eigentum gilt § 3, nicht § 6, Celle **KR** § 6 Nr 97, Mü **KR** § 6 Nr 96, aM KG Rpfleger **70**, 69.

Der Wert der Feststellungsklage kann *unter keinen Umständen höher* als der Wert der Leistungsklage. Bei einer zeitlich begrenzten Feststellungsklage auf Fortbestand des Arbeitverhältnisses gilt (höchstens) die Bruttovergütung für diesen Zeitraum, begrenzt durch § 12 VII 1 ArbGG, LAG Ffm MDR **99**, 427. Ideelle Belange des Klägers bleiben unberücksichtigt. Wenn es um die Feststellung eines ziffernmäßig unbestimmten Anspruchs geht, erfolgt eine Schätzung nach dem inneren Interesse des Klägers. Der Wert wird in diesem Fall nach oben durch die Höhe des Anspruchs begrenzt. Es kommt auch darauf an, wie hoch das Risiko eines künftigen Schadens und einer tatsächlichen Inanspruchnahme des Bekl durch den Kläger ist, BGH RR **91**, 509. Wenn der Eintritt eines Schadens unwahrscheinlich ist, gilt evtl nur ein „Erinnerungswert", BGH AnwBl **92**, 451, Düss JB **75**, 232. Maßgeblich ist stets der Verhandlungsschluß, Bbg JB **80**, 1865, Ffm MDR **89**, 743.

S auch Rn 126 „Vaterschaftsanerkenntnis", Rn 137 „Wandlung".

**b) Leugnende Feststellungsklage.** Es gilt grds der volle Wert der aus dem Rechtsverhältnis abgeleiteten, nicht nur der etwa eingeklagten Forderung. Denn die Klage soll die Möglichkeit einer Leistungsklage des Gegners ausschließen, BGH NJW **97**, 1787, Düss AnwBl **87**, 681, Oldb MDR **96**, 101, aM Karlsr MDR **59**, 401 (es gelte derselbe Wert wie bei einer behauptenden Feststellungsklage, da sich das Interesse des Klägers einer leugnenden Feststellungsklage nicht mit dem Interesse des Gegners an einer Leistungsklage decke. Aber das Interesse des Klägers besteht darin, daß er überhaupt nicht zu leisten braucht, Bbg JB **90**, 1659; deshalb liegt ein negatives Spiegelbild der Leistungsklage vor, vgl Köln DB **71**, 1155). **54**

Deshalb sind auch Hamm MDR **72**, 335, Kblz MDR **96**, 103 unrichtig, wonach bei einer leugnenden Feststellungsklage betreffend die Fälligkeit auf alle Umstände abzustellen sei, insbesondere auf die Zeit bis zur Fälligkeit. Das gilt auch bei einer leugnenden Feststellungwiderklage, dazu auch Rn 138 „Widerklage", und im Fall wiederkehrender Leistungen, Mü RR **88**, 190, und bei einem Unterlassungsanspruch, aM Mü DB **86**, 1920. Unerheblich sind eine Zug-um-Zug-Leistung, oder ein Zweifel an der Zahlungsfähigkeit des Klägers den Wert. Wenn die Höhe auf einer Schätzung beruht, dann ist eine zahlenmäßige Angabe des Bekl nicht unbedingt maßgebend. S auch § 9 Rn 8.

**c) Häufung einer Feststellungs- und einer Leistungsklage.** In diesem Fall ist zu prüfen, ob die Feststellung eine selbständige Bedeutung hat, § 5, BGH RR **92**, 698. Der Wert einer Zwischenklage nach **55**

§ 280 ist für die Kosten nicht durch den Wert des ursprünglichen Streitgegenstands begrenzt. Etwas anderes gilt für den Beschwerdewert, BGH **LM** § 280 Nr 18.

**56** **d) Insolvenzfeststellungsklage.** Der Wert richtet sich nach der voraussichtlichen Insolvenzdividende, und zwar ohne Rücksicht auf sonstige Sicherungsrechte, Hartmann Teil I § 12 GKG Anh II (§ 122 InsO) Rn 4, Rn 74 „Insolvenzverfahren", Rn 136 „Vorrecht".

**57 Firma:** Rn 85 „Name" und Üb 10 vor § 1.

**Fischereirecht:** Man muß den Wert schätzen. Als Anhaltspunkte dienen: Der im gewöhnlichen Geschäftsverkehr erzielbare Kaufpreis; bei einer Feststellung des Jahresertrag, vgl Hbg NJW **65**, 2406; eine Wertminderung des an den Fischgrund angrenzenden Grundstücks und ein 20facher Jahresbetrag, der sich bei einer Verpachtung erzielen läßt, die ja nur auf eine vorübergehende Zeit erfolgen würde, BGH **LM** § 3 Nr 40.

**Folgesache:** Rn 32 „Ehesache" und wegen des Kostenstreitwerts Hartmann Teil I § 19 GKG Rn 4 „Folgesache".

**Forderung:** Maßgeblich ist der Nennbetrag. Bei der Klage auf die Erfüllung ist der Wert der Sachforderung entscheidend. Wenn ihre Fälligkeit streitig ist, gilt grds ihr voller Betrag, Rn 52 „Fälligkeit". Wenn der Schuldner eine leugnende Feststellungsklage dahin erhoben hat, die Forderung sei noch nicht fällig, dann gilt sein Interesse an dieser Feststellung als der Wert, Hbg MDR **72**, 335.

S auch Rn 59 „Geldforderung", Rn 99 „Schmerzensgeld".

**Freigabe** eines Bankguthabens: Maßgeblich ist der volle Betrag und nicht nur das Interesse an der sofortigen Verfügungsmöglichkeit.

**Freistellung:** Rn 27 „Befreiung".

**58 Gebrauchsmuster:** Rn 121 „Unterlassung: e) Gewerblicher Rechtsschutz".

**Gegendarstellung:** Maßgeblich ist § 12 II GKG.

**Gegenleistung:** § 6 Rn 6.

**Gegenseitiger Vertrag:** Bei einem Anspruch auf die Erfüllung des Vertrags gilt der Wert der verlangten Leistung ohne einen Abzug der Gegenleistung, Kblz MDR **94**, 738, grds auch LG Kiel WoM **95**, 320. Das gilt auch bei einer Leistung Zug um Zug, § 6 Rn 7. Eine Gegenleistung ist überhaupt nicht zu beachten. Andernfalls würde ja bei einer Gleichwertigkeit der Leistung und der Gegenleistung ein Wert völlig fehlen, OVG Bre AnwBl **84**, 50. Beim Streit um die Art der Erfüllung gilt das Interesse des Klägers, § 3, BGH MDR **82**, 36. Beim Streit um die Einrede der Nichterfüllung kann die volle Forderung anzusetzen sein, BGH MDR **95**, 1162. Wenn es um einen Anspruch auf eine Nichtigerklärung geht, dann ist das Interesse des Klägers am Nichtbestehen maßgeblich, Brschw JB **83**, 434, Ffm AnwBl **82**, 247, aM Celle AnwBl **84**, 448, Schmidt AnwBl **85**, 29 mwN (maßgebend sei der volle Ursprungswert). Das gilt selbst dann, wenn der Anspruch auf die Nichtigerklärung eine selbständige Bedeutung hat, § 2 Rn 3–5. Dabei muß man die Vorteile und Nachteile miteinander abwägen. Es sind nicht etwa die weiteren Folgen der Aufrechterhaltung zu berücksichtigen.

**59 Gehalt:** Maßgeblich sind § 12 VII ArbGG, § 17 III, IV GKG. Bei der Forderung des Vertretungsorgans einer Handelsgesellschaft ist § 9 anwendbar, dort Rn 3.

**Geldforderung:** Maßgeblich ist der Betrag der Klageforderung, also bei einer DM-Forderung (noch) DM, bei einer EUR-Forderung EUR, Art 8 I EG-VO 974/98, Ritten NJW **99**, 1215. Das gilt auch dann, wenn es um die Freigabe eines Guthabens geht. In einem solchen Fall kommt es also nicht auf das Interesse an der Freigabe an. Bei einem unbezifferten Antrag gilt unter Umständen der zugesprochene Betrag als maßgeblich, Köln BB **73**, 729. Wenn die Fälligkeit streitig ist, dann ist der volle Betrag der Forderung maßgeblich. Hat der Schuldner eine leugnende Feststellungsklage dahin erhoben, die Forderung sei noch nicht fällig, dann ist das Interesse an dieser Feststellung maßgeblich, Hbg MDR **72**, 335.

S auch Rn 25 „Auslandswährung", Rn 57 „Forderung", Rn 99 „Schmerzensgeld".

**60 Gemeinschaft:** Bei der Klage auf ihre Aufhebung ist das Interesse des Klägers maßgeblich, § 3. Wenn es um ihre Teilung geht, ist der volle Wert des zu Verteilenden maßgeblich, Brdb JB **98**, 421, aM Ffm JB **79**, 1195, ZöHe § 3 Rn 16 „Gemeinschaft" (maßgeblich sei nur der Anteil des Klägers), ThP § 3 Rn 73 „Gemeinschaft" (der Anteil des Klägers bleibe außer Betracht). Etwas anderes gilt nur bei einem Streit um die Art, aM Schlesw SchlHA **79**, 57, oder den Zeitpunkt der Teilung. Unter Umständen gilt aber der Wert des einzelnen Gegenstands, um den es zB bei einer Scheidungsvereinbarung ausschließlich geht, Stgt JB **76**, 371. Bei einer Klage auf die Vornahme eines vorzeitigen Zugewinnausgleichs ist grundsätzlich 1/4 des zu erwartenden Ausgleichs maßgeblich; kurz vor der Scheidung ist ein geringerer Wert anzusetzen, BGH **LM** § 3 Nr 46, ähnlich Schlesw SchlHA **79**, 180. Bei Verbindung mit einer Klage auf Zahlung des Ausgleichs ist zu addieren, § 5, KG Rpfleger **65**, 354. Im Fall einer Klage mit dem Ziel der Aufhebung einer fortgesetzten Gütergemeinschaft ist die Hälfte des Anteils des Klägers maßgeblich, BGH **LM** § 3 Nr 45, vgl auch „Erbrechtlicher Anspruch".

**Genehmigung:** Maßgeblich ist der Wert des zu genehmigenden Vorgangs.

**Genossenschaft:** Wenn es um die Feststellung der Unwirksamkeit einer Ausschließung geht und soweit der Anspruch vermögensrechtlich ist, gelten nicht der Mietwert der Genossenschaftswohnung oder das Vorstandsgehalt, sondern der Wert des Anteils mit allen Vorteilen der Mitgliedschaft. Bei einer Anfechtungsklage ist § 247 I AktG entsprechend anwendbar, Naumbg JB **99**, 310.

**61 Gesamtschuldner:** § 5 Rn 5.

**Geschäftsanteil:** Rn 62 „Gesellschaft".

**Geschäftsbedingungen:** Rn 6 „Allgemeine Geschäftsbedingungen".

**62 Gesellschaft:** Bei der Feststellung des Fortbestehens usw des Gesellschaftsvertrags ist eine Berücksichtigung aller Faktoren ohne das Interesse der übrigen Gesellschafter geboten, Köln ZIP **82**, 1006. Im Fall der Anfechtung eines Beschlusses der Hauptversammlung einer Aktiengesellschaft setzt das Gericht den Wert auf Grund der gesamten Verhältnisse unter einer Berücksichtigung des Interesses der Gesellschaft an der Aufrechterhaltung des Beschlusses fest, § 247 I AktG, BGH RR **99**, 910 (diese Lösung ist allerdings bei der Gesellschaft mit beschränkter Haftung nicht entsprechend anwendbar, Celle Rpfleger **74**, 233 mwN,

## 1. Titel. Sachl. Zuständigkeit d. Gerichte u. Wertvorschriften  Anh § 3

aM LG Bayreuth JB **85**, 768). Dabei sind die Möglichkeiten nach §§ 114 ff mitzuberücksichtigen, Ffm OLGZ **90**, 352. Bei der Anfechtungsklage gegen die Entlastung des Aufsichtsratsvorsitzenden sind die Interessen des Klägers und die wirtschaftlichen Auswirkungen zu beachten, Stgt BB **95**, 2442. Mehrere Beschlüsse sind stets gesondert zu bewerten, Ffm WertpMitt **84**, 655, Schneider MDR **85**, 355. Das Gericht hat die Möglichkeit, den Kostenstreitwert der wirtschaftlichen Lage einer Partei anzupassen, § 247 II AktG, BGH MDR **93**, 184, Ffm JB **76**, 347, auch noch in der Berufungsinstanz, Ffm BB **85**, 1360, freilich nicht wegen rechtsmißbräuchlicher Aktionärsklage, BGH NJW **92**, 569. Dasselbe gilt im Fall einer Nichtigkeitsklage nach den §§ 249, 256 VII, 275 IV AktG. Der Kläger kann sich nicht darauf berufen, er sei an der Gesellschaft nur in geringem Umfang beteiligt, KG Rpfleger **62**, 154. Die Einsichtnahme in Geschäftsunterlagen ist nach dem privaten oder geschäftlichen Interesse an ihr zu bewerten, Ffm DB **91**, 272. Wegen einer Auskunftserzwingung nach § 132 AktG Stgt DB **92**, 1179.

Bei der *Auflösung* einer Offenen Handelsgesellschaft ist das Interesse des Klägers maßgeblich, Köln BB **82**, 1384. Bei der Auflösung einer Gesellschaft mit beschränkter Haftung gelten dieselben Grundsätze, Köln DB **88**, 281, Schneider MDR **89**, 303. Wenn es um die Klage eines Gesellschafters gegen einen Mitgesellschafter mit dem Ziel einer Leistung an die Gesellschaft geht, dann ist der volle Betrag der Forderung ohne einen Abzug des Anteils des Klägers maßgeblich, aM ZöHe § 3 Rn 16 „Gesellschaft". Im Fall der Ausschließung eines Gesellschafters ist § 3 unter einer Berücksichtigung des Werts der Anteile des Klägers anzuwenden. Dasselbe gilt beim Ausscheiden des Gesellschafters, BVerfG NJW **97**, 312 (Grenze: unzumutbares Kostenrisiko), Köln MDR **71**, 768, oder bei einer Klage mit dem Ziel der Eintragung des Ausscheidens, BGH Rpfleger **79**, 194 (der Wert beträgt dann etwa $1/4$ des Anteils des Klägers), oder bei einer Eintragung einer Gesamtprokura, Köln MDR **74**, 53 (das Gericht legt jeweils nur $1/10$ der Einlage zugrunde). Es kommt stets auf den Verkaufs-, nicht auf den Nennwert an, Ffm **KR** Nr 469. Vgl auch § 9 Rn 8. Bei der Abberufung eines Organmitglieds einer Kapitalgesellschaft ist das Interesse der Gesellschaft an seiner Fernhaltung oder sein Gegeninteresse maßgeblich, BGH RR **95**, 1502. Bei der Abberufung des Geschäftsführers kann sein Anstellungsvertrag bestehen geblieben sein, so daß nur § 3, nicht § 9 anwendbar ist, vgl § 9 Rn 3, BGH RR **90**, 1124.

S auch Rn 25 „Ausscheiden und Ausschließung".

**Getrenntleben:** Rn 32 „Ehesache".

**Gewerblicher Rechtsschutz,** dazu *Kur,* Streitwert und Kosten im Verfahren wegen unlauteren Wettbewerbs usw, 1980; *Ulrich* GRUR **89**, 401 (ausf): Vgl zunächst § 12b GKG. In seinem Rahmen gilt: Maßgeblich sind die Art, die Gefährlichkeit und der Umfang der Verletzungshandlung, Stgt RR **87**, 429, evtl auch der Verschuldensgrad, vgl Ffm JB **83**, 1249, aber auch die Bedeutung und der Umsatz des Geschädigten, Karlsr BB **75**, 108, nicht aber das Verhalten eines Dritten, LG Mosbach BB **83**, 2073. Das Gericht muß die Schädigung schätzen. In diesem Zusammenhang ist ein Regelstreitwert, wie ihn Oldb MDR **91**, 955 versucht, kaum durchführbar, Brdb MDR **97**, 1070. Das Gericht muß eine Umsatzschmälerung des Klägers (und nur in diesem Zusammenhang die Umsatzsteigerung des Bekl) berücksichtigen, Düss WettbR **96**, 44, unter Umständen auch den Umstand, daß die Produktionsfähigkeit nicht voll ausgenutzt werden kann, Ffm JB **76**, 368 und 1249, oder den Umfang der Arbeit von Gericht und ProzBev, Brdb MDR **97**, 1070. Das Gericht darf aber die Umsatzentwicklung nicht als die alleinige Berechnungsgrundlage verwerten, BGH NJW **82**, 2775, vgl Ffm GRUR **92**, 459. Wenn es um einen Verstoß gegen die Karenzzeit vor dem Beginn eines Schlußverkaufs geht, dann liegt der Wert selten unter 10 000 DM, Hbg GRUR **75**, 40. Wegen einer Verbandsklage, etwa nach § 13 UWG, Rn 118 „Unterlassung: a) Allgemeine Geschäftsbedingungen".

Wenn es sich um eine *einstweilige Verfügung* handelt, dann erledigt ein gerichtliches Verbot oft den ganzen Streit. In einem solchen Fall ist der Wert des vorläufigen Verfahrens demjenigen der Hauptsache anzunähern. Das bedenkt Oldb MDR **91**, 955 (grds 50%) nicht genug. Etwas ähnliches gilt auch bei einer Markenverletzung, bei der die Schädigung des guten Rufs infolge schlechter Qualität und die Verwässerungsgefahr besonders wesentlich sein können. Das Interesse an einer Befugnis zur Bekanntmachung der Entscheidung wird oft im Interesse am Unterlassungsanspruch enthalten sein, es kann aber auch grundsätzlich nicht besonders zu bewerten sein, aM ThP § 3 Rn 77 „Gewerblicher Rechtsschutz". Das Bekanntmachungsinteresse kann aber auch insbesondere im Fall einer schädigenden Äußerung erheblich über den Unterlassungsanspruch hinausgehen.

Vgl ferner gemäß § 12b II GKG die Vorschriften, die eine *Herabsetzung* des Streitwerts zugunsten des wirtschaftlich Unterlegenen ermöglichen: §§ 26 GebrMG, 144 PatG, 142 MarkenG, 247 II, III AktG, ferner §§ 23 a, b UWG. Sie sind mit dem GG vereinbar, BVerfG NJW **97**, 312 (Grenze: unzumutbares Kostenrisiko), BGH BB **94**, 678 (Einzelfallabwägung), BGH BB **98**, 1443 (Verband), Ffm GRUR **89**, 133, KG GRUR **87**, 452 (die Vorschriften regeln nur den Kostenstreitwert; auch zum Übergangsrecht), Köln DB **87**, 2641 (RabG-Verstoß reicht, wenn auch UWG-Verstoß vorliegt), KG GRUR **88**, 148 (Anwendbarkeit auf leugnende Feststellungsklage), Kblz GRUR **88**, 474 (Herabsetzung als Schutzmaßnahme gegen Rechtsmißbrauch durch Verbandsklagen usw), Kblz GRUR **89**, 764, Köln RR **88**, 304 (rechtlich eindeutiger Verstoß ist der Art nach einfach iSv §§ 23 a, b UWG), Köln MDR **88**, 267 (Zeitungsanzeige als „einfach gelagerte" Sache, Köln GRUR **88**, 775 (es reicht, daß jedenfalls *auch* ein Verstoß gegen eine der in §§ 23 a, b UWG genannten Vorschriften vorliegt), Schlesw SchlHA **87**, 60 (kein Schematismus; abw insofern KG GRUR **87**, 453 – regelmäßig Herabsetzung auf 50% –), Ffm GRUR **89**, 932, Stgt RR **88**, 304 (MarkenG-Verstoß reicht, freilich nur dann, wenn auch UWG-Verstoß vorliegt).

Ein Streit über die *Prozeßführungsbefugnis* kann unbeachtlich sein, Kblz GRUR **91**, 66. Ein Verfahren auf Erlaß einer einstweiligen Verfügung stellt nicht schon deshalb eine einfache Sache dar, Hamm GRUR **91**, 259. Nicht mehr einfach ist eine Sache, die drei Instanzen beansprucht, BGH RR **90**, 1323, oder wenn der Antragsgegner verschiedene Einwendungen erhoben und umfangreiche Unterlagen vorgelegt hat, Kblz GRUR **90**, 58.

S auch Rn 74 „Kartellsache", Rn 121 „Unterlassung: e) Gewerblicher Rechtsschutz".

**Grundbuch:** Rn 28 „Berichtigung des Grundbuchs", Rn 40 „Eintragungsbewilligung".

63

64

65

66

**Grund des Anspruchs:** Bei einer Entscheidung nach § 304 ist der gesamte Anspruch des Klägers maßgeblich, und zwar selbst dann, wenn das Gericht später im Betragsverfahren eine geringere Forderung als die begehrte zuerkannt hat, BGH VersR **76**, 988.
**Grunddienstbarkeit:** Der Wert ist nach § 7 zu berechnen.
**Grundpfandrecht:** S § 6 Rn 10–15.
**Grundschuld:** § 6 Rn 12.
**Grundstück:** Rn 14 „Auflassung", Rn 33 „Eigentum".
67 **Haftpflichtversicherung:** Rn 130 „Versicherung".
**Handelsregister:** Rn 7 „Anmeldung zum Handelsregister".
**Handelsvertreter:** Vgl Mü AnwBl **77**, 468, Schneider BB **76**, 1298 mwN: zB gilt bei einem unbezifferten Antrag diejenige Summe, die nach dem Tatsachenvortrag des Klägers schlüssig wäre, vgl Köln VersR **73**, 1065. Der Auskunftsanspruch läßt sich mit 20% der erhofften Zahlung bewerten, BGH BB **60**, 796. Ein zusätzlicher Ausgleichsanspruch nach § 89 b HGB ist hinzuzurechnen, LG Bayreuth JB **77**, 1747. Seine Klage auf die Feststellung der Unwirksamkeit einer ihm gegenüber erklärten Kündigung bestimmt sich nach § 3, nicht nach § 17 III GKG, Ffm MDR **74**, 1028, Mü DB **85**, 645, aM Bbg JB **91**, 1693.
**Handlung:** Rn 144 „Zwangsvollstreckung: a) Erwirkung einer Handlung oder Unterlassung".
**Hauptversammlung:** Bei der Anfechtungsklage ist § 247 AktG zu beachten.
**Hausrat:** Beim Streit um eine Benutzung, § 620 Z 7, ist § 3 ZPO anwendbar, § 20 II 2 GKG, Düss JB **92**, 53 ($1/4$ des Verkehrswerts), Köln FamRZ **89**, 417. Im übrigen ist der Verkehrswert, nicht der Wiederbeschaffungswert maßgeblich, Düss JB **92**, 53, Nürnb MDR **97**, 510, Saarbr AnwBl **84**, 372, und zwar des gesamten Hausrats, vgl § 21 II 1 HausrVO, Ffm JB **89**, 1563, aM Nürnb MDR **97**, 510.
**Heimfall:** Rn 41 „Erbbaurecht".
68 **Herausgabe:** S zunächst § 6. Es sind folgende Fälle zu unterscheiden:
**a) Herausgabe einer Sache.** Es gilt der Wert der Sache, § 6, zB der Vorbehaltsware, selbst wenn nur noch ein Restbetrag der Kaufpreisforderung aussteht, Ffm AnwBl **84**, 94. Wenn der Wert jedoch infolge einer Rücknahme oder Wegnahme nachhaltig gesunken ist, muß dieser Umstand wertmindernd berücksichtigt werden, BGH NJW **91**, 3222. Das gilt zB dann, wenn gelieferte Einbauten beschädigt wurden, Ffm NJW **70**, 334, Schneider MDR **72**, 277. Im übrigen ist nicht der Kaufpreis maßgeblich, sondern der wahre Verkehrswert, Köln MDR **73**, 147, beim Klageingang, § 4 I Hs 1. Im Fall des zusätzlichen Antrags, dem Bekl eine Herausgabefrist zu setzen und ihn nach dem ergebnislosen Fristablauf zum Schadensersatz zu verurteilen, gilt der Wert des höheren der beiden Anträge, LG Köln MDR **84**, 501, aM Schneider MDR **84**, 853. Zum Wert bei § 510 b Schneider MDR **87**, 60, aM LG Karlsr MDR **87**, 60.
S auch Rn 92 „Räumung".
69 **b) Herausgabe einer Urkunde.** Wenn es sich um ein Wertpapier handelt, dann ist der Wert des verbrieften Rechts maßgeblich, zB der Kurswert zur Zeit der die Instanz einleitenden Antragstellung, § 15 GKG, BGH NJW **89**, 2755, Düss AnwBl **94**, 47 (Herausgabe eines fälligen, noch nicht bezahlten Wechsels), StJR § 6 Rn 7, ZöHe § 6 Rn 7, aM BGH NJW **88**, 2804 (der Wert der Beschwer beschränke sich auf das Interesse an der Herausgabe; aber das ist doch durchweg der Wert zB der Wechselsumme). Andernfalls, etwa bei der Herausgabe eines Grundschuld- oder Hypothekenbriefs oder eines Urteils, ist der Wert zu schätzen, dem das Interesse des Klägers am Besitz der Urkunde entspricht, Bre Rpfleger **85**, 78, Köln VersR **92**, 256, etwa dem Interesse am Unterbleiben einer rechtsmißbräuchlichen Benutzung, BGH FamRZ **92**, 170, KG Rpfleger **70**, 96 und 353 (Vollmacht). Dabei kann der Betrag einer nach § 273 III BGB zu berechnenden Sicherheitsleistung ausreichen, Bre Rpfleger **85**, 78. Wenn es um die Unveräußerlichkeit geht, gilt § 12 II GKG, Köln BB **73**, 67. Wenn beide Parteien den Hypothekenbrief jeweils als angeblicher Gläubiger herausverlangen, ist der Wert der Hypothek maßgeblich. Bei einem Sparkassenbuch mit Sicherungskarte ist das eingetragene Guthaben maßgeblich, KG Rpfleger **70**, 96, aM Schneider ABC. Beim Schuldschein, § 371 BGB, können 20–30% der Forderung reichen, Köln MDR **97**, 204.

Der Wert einer Klage auf die Herausgabe einer *Bürgschaftsurkunde* wird bei einer gleichzeitigen Zahlungsklage nicht berücksichtigt, Bbg JB **74**, 1437. Er entspricht jedenfalls dann, wenn der Kläger die Inanspruchnahme des Bürgen durch den Bekl verhindern will, dem Wert der durch die Bürgschaft gesicherten Forderung und nicht (nur) dem Kostenaufwand der Erlangung oder des Fortbestands der Bürgschaft, BGH RR **94**, 758, Ffm AnwBl **80**, 460, Köln VersR **93**, 1552, aM Hamm JB **81**, 434, Stgt JB **80**, 896, LG Köln AnwBl **82**, 437 (diese Gerichte setzen mangels besonderer Umstände einen Bruchteil des Werts der Forderung an, etwa 20–30%). Im übrigen ist nach § 3 zu schätzen, BGH RR **94**, 758.
70 Beim *Kraftfahrzeugbrief* gilt weder der Gebührenbetrag für eine Neuanschaffung noch der Wert des Wagens, da der Wert des Fahrzeugs nicht geschmälert wird. Die letzteren Gesichtspunkte können aber eine mitentscheidende Bedeutung haben, Düss MDR **99**, 891 (evtl $1/3$), Saarbr JB **90**, 1661, LG Bochum AnwBl **84**, 202 ($1/10$–$1/2$ des Fahrzeugwerts). Wenn es um die Vorlegung einer Urkunde geht, dann ist das Interesse des Klägers an der Vorlegung maßgeblich. Dieses Interesse kann erheblich sein, wenn erst eine Vorlegung weitere Maßnahmen ermöglicht, etwa eine Schadensberechnung, Rn 147 „Zwischenstreit". Der Anspruch auf die Herausgabe einer Lohnsteuerkarte und des Versicherungsnachweisheftes usw läßt sich mit 500 DM bewerten, LAG Hamm DB **85**, 1897, LAG Köln BB **98**, 543; ebenso hoch lassen sich jeweils die Ansprüche auf die Erteilung einer Arbeitsbescheinigung im Sinn des § 133 AFG und auf die Erteilung einer Verdienstbescheinigung zwecks Insolvenzausfallgelds ansetzen, LAG Hamm DB **85**, 1897.

Im übrigen ist nach *§ 3* frei zu schätzen, BGH RR **94**, 758.
71 **Hilfsantrag:** Vgl § 5 Rn 6, wegen der Gebühren aber § 19 I 2 GKG. Danach ist der Hilfsanspruch mit dem Hauptanspruch (jetzt) zusammenzurechnen, soweit das Gericht über den Hilfsanspruch entscheidet, so auch Köln JB **96**, 476 (auch zum Vergleich), Emde MDR **95**, 991. Eine Entscheidung über den Hilfsanspruch fehlt dann, wenn der Hilfsanspruch nur im Rahmen einer Klagänderung erhoben worden ist und wenn das Gericht diese Klagänderung nicht zugelassen hat, Nürnb MDR **80**, 238. In den sonstigen Fällen

1. Titel. Sachl. Zuständigkeit d. Gerichte u. Wertvorschriften **Anh § 3**

ist ein höherer Wert unerheblich, ein gleich hoher oder ein niedrigerer Wert sind ohnehin unerheblich. Es findet also nach dem Wortlaut des § 19 I 2 GKG eine Zusammenrechnung (jetzt) unabhängig von der Höhe des Hilfsanspruchs statt, freilich nur, soweit eine Entscheidung über den Hilfsanspruch ergeht. Die diesbezügliche frühere Streitfrage ist überholt.
**Hilfsaufrechnung:** Rn 16 „Aufrechnung: A. Kostenstreitwert. b) Hilfsaufrechnung usw".
**Hilfswiderklage:** § 19 (jetzt) I 2, III GKG sind entsprechend anwendbar, so schon (zum alten Recht) Bbg JB **94**, 112, Schneider MDR **88**, 464 mwN, ferner jetzt Kblz MDR **97**, 404. Beim Vergleich ist nur dann zusammenzurechnen, wenn die Forderung der Hilfswiderklage einbezogen wurde, Köln JMBlNRW **75**, 143.
S auch § 5 Rn 6 „Hilfsantrag".
**Hinterlegung:** Beim Streit um ihre Vornahme ist der Wert nach § 3 zu schätzen. Bei einer Klage nach § 13 II Z 2 HO ist der Wert der Sache maßgeblich. Wenn es um die Einwilligung zur Herausgabe des Hinterlegten geht, ist § 6 anwendbar, KG JB **78**, 427. Die Zinsen zählen nicht zu den Nebenforderungen nach § 4, Köln JB **80**, 281. Bei mehreren Berechtigten ist der Mitberechtigungsanteil abzuziehen, KG AnwBl **78**, 107. Bei mehreren Bekl können die Werte unterschiedlich hoch sein, Ffm Rpfleger **70**, 353.
**Hypothek:** Rn 69 „Herausgabe: b) Herausgabe einer Urkunde", ferner § 6 Rn 12, 13.
**Immission:** Maßgeblich ist diejenige Wertminderung, die man angesichts der voraussichtlichen Dauer der **72** Störung befürchten muß, Kblz JB **95**, 27, aM Schlesw SchlHA **73**, 88, Schneider ABC (maßgeblich sei eine unbestimmte Dauer der Störung). Bei einer Mehrheit von Klägern findet keine Werterhöhung statt, BGH **KR** § 5 Nr 68 (das gestörte Grundstück bleibt dasselbe).
**Insolvenzverfahren:** Grundsätzlich ist die Insolvenzmasse maßgeblich. Im Streit über die Richtigkeit oder **73** das Vorrecht einer Forderung ist mit Rücksicht auf das Verhältnis der Teilungs- zur Schuldenmasse der Wert nach „freiem", in Wahrheit pflichtgemäßem, aber weiten Ermessen festzusetzen, § 182 InsO. Maßgeblich ist dann also nach oben die voraussichtliche Dividende, so schon BGH **LM** § 148 KO Nr 2, Ffm NJW **73**, 1888, Schneider MDR **74**, 102. Maßgebend ist der Zeitpunkt der Klagerhebung, Ffm KTS **80**, 66, bzw der Aufnahme des Verfahrens gegenüber dem Insolvenzverwalter, BGH KTS **80**, 247, Schlesw SchlHA **81**, 119, LAG Bre Rpfleger **88**, 378. Da der Vollstreckungstitel immer noch einen Wert für den Fall von Neuerwerb durch den Schuldner hat, ist der Wert bei einer voraussichtlichen Quote von 0 auf 10% anzusetzen, Ffm KTS **86**, 709, LAG Ffm BB **90**, 44, aM BGH MDR **93**, 287, Bbg JB **78**, 724, LAG Köln AnwBl **95**, 380 (maßgeblich sei die niedrigste Gebührenstufe).
Bei einer höheren Dividende ist dann, wenn bei der Beendigung der Instanz feststeht, § 15 I GKG anwendbar. Für eine Klage eines Massegläubigers ist der Steitwert nicht nach § 182 InsO, sondern nach § 3 ZPO zu bestimmen. Bei einer Klage auf Grund eines Absonderungs- oder Aussonderungsrechts ist § 6 anwendbar. S auch Hartmann Teil I § 12 GKG Anh II.
S auch Rn 56 „Feststellungsklage: d) Insolvenzfeststellungsklage", Rn 136 „Vorrecht".
**Jagdrecht:** Es ist § 3 anzuwenden. Bei einer Klage über das Bestehen oder die Beendigung der Jagdpacht ist für die Zuständigkeit und die Beschwer § 8 anwendbar, BGH **KR** § 8 Nr 7, und für die Gebühren § 16 GKG anwendbar, LG Saarbr JB **91**, 582.
**Kapitalabfindung:** Rn 2 „Abfindungsvergleich". **74**
**Kartellsache:** Maßgebend ist das Interesse an der Änderung der Entscheidung der Kartellbehörde, Stgt BB **60**, 576. Wegen Beschwerde vgl § 12 a GKG, Hartmann Teil I.
**Kaution:** Rn 103 „Sicherheitsleistung".
**Kindschaftssache:** Es ist, insbesondere bei § 640 II Z 2, von dem Regelstreitwert nach § 12 II 3 GKG (4000 DM) auszugehen, Düss FamRZ **96**, 501. Abweichungen sind im Rahmen des § 12 II 4 GKG möglich. Bei mehreren Kindern ist zusammenzurechnen, Hbg JB **87**, 882, Karlsr Just **87**, 147, Zweibr JB **84**, 1541. Bei einer Verbindung von Vaterschaftsfeststellung und Klage auf den Regelunterhalt ist nur der höhere Betrag maßgeblich, Köln JB **72**, 1093, Mü DAVorm **81**, 681.
S auch Rn 126 „Vaterschaftsanerkenntnis".
**Klage und Widerklage:** Rn 138 „Widerklage".
**Klagänderung, Klagerweiterung:** Grds ist nur der höchste Wert maßgeblich, § 21 III GKG, § 13 II 1 BRAGO. Man muß evtl die Werte für die Verfahrensabschnitte vor und nach ihrer Vornahme gesondert berechnen, Bbg JB **77**, 960, KG JB **70**, 246.
**Klagenhäufung:** S § 5.
**Klagerücknahme:** Beim Antrag nach § 269 III 3 ist § 3 anwendbar, aM zB ThP § 3 Rn 94 „Klagerücknahme" (maßgeblich seien nur die bis zur Klagerücknahme erwachsenen Kosten). Beim Streit um die Wirksamkeit der Klagerücknahme oder beim Vergleich mit Klagerücknahmepflicht ist der Wert der Hauptsache maßgeblich; Kosten bleiben selbst bei einer von § 269 III 3 abweichenden Vereinbarung unbeachtlich, Köln JB **70**, 803.
**Kosten:** S § 4 I ZPO, § 22 I–III GKG.
**Kostenfestsetzung:** Maßgeblich ist der noch verlangte bzw bestrittene Betrag.
**Kostengefährdung,** § 110: Rn 90 „Prozeßvoraussetzungen".
**Kraftloserklärung:** Rn 14 „Aufgebot".
**Kreditschädigung:** Maßgeblich ist § 3, Köln MDR **57**, 238, LG Bayreuth JB **75**, 1356.
**Lagerkosten:** § 4 Rn 17. **75**
**Leasing:** Es gelten meist dieselben Grundsätze wie bei der Miete, BGH **KR** § 16 GKG Nr 57, Celle MDR **93**, 1020, Ffm MDR **78**, 145 (bei einem Streit um den Bestand gelten evtl §§ 16 GKG, 6 ZPO).
S auch Rn 130 „Versicherung: a) Deckungsprozeß".
**Lebensversicherung:** Rn 130 „Versicherung: c) Todesfallrisiko".
**Leibrente:** S § 9 Rn 3.
**Leistung:** Der Antrag ist auch beim Verstoß des Gerichts gegen § 308 I maßgeblich, BGH MDR **74**, 36.
Bei künftiger Leistung gilt § 3.

*Hartmann*

**Löschung:** Es sind folgende Fälle zu unterscheiden:
    **a) Löschung einer Auflassungsvormerkung.** Vgl § 6 Rn 15.
    **b) Löschung einer Hypothek.** Vgl § 6 Rn 12, 13.
    **c) Löschung einer Marke oder eines Gebrauchsmusters.** Maßgeblich ist das Interesse des Klägers an der Löschung. Im Fall einer Volksklage (Popularklage), zB nach § 55 II Z 1 MarkenG, ist das Interesse der Allgemeinheit an der Beseitigung des Wettbewerbs maßgeblich. Dasselbe gilt bei der Löschung eines Patents, BPatG GRUR **78**, 535.
**Lohn:** Rn 59 „Gehalt".

76 **Markensache:** Rn 11 „Arrest", Rn 121.
**Mehrheit von Ansprüchen:** Rn 7 „Anspruchsmehrheit".
**Mietverhältnis:** Maßgeblich sind für die Zuständigkeit § 8, bei Wohnraum § 29 a; für den Kostenstreitwert gilt jedoch § 16 GKG. Zum Anwaltsgebühren-Gegenstandswert Wiesner AnwBl **85**, 237. Die Regelung gilt auch für die Untermiete.
    **a) Klage auf den Abschluß eines Mietvertrags.** Es gilt § 3, Hamm Rpfleger **49**, 570, LG Dortm WoM **91**, 358 (Jahresmiete).

77     **b) Klage auf Auskunft über die Miete.** Der Wert einer Klage, gemäß § 29 NMVO Auskunft über die Ermittlung und Zusammensetzung der zulässigen Miete zu geben und durch eine Wirtschaftlichkeitsberechnung sowie durch die Vorlage der zugehörigen Unterlagen zu belegen, läßt sich mit 1000 DM festsetzen, AG Köln WoM **81**, 283. Der Wert einer Einsicht außerhalb des Orts der Wohnung ist nach den Aufwendungen des Vermieters zu schätzen, LG Kiel WoM **88**, 283.

78     **c) Klage wegen des Bestehens oder der Dauer des Vertrags.** S zunächst § 8, LG Bln WoM **92**, 462, und wegen der Räumung Rn 91 „Räumung". Hierher gehört auch die bloße Feststellung, Düss **KR** § 16 GKG Nr 53, Köln **KR** § 16 GKG Nr 36. Zu dem Zins im Sinn von § 16 GKG zählen nicht nur der eigentliche Mietzins (einschließlich Mehrwertsteuer, LG Duisb JB **89**, 1306), wie LG Hann WoM **79**, 39 jetzt, ferner LG Stgt MDR **83**, 763 meinen, sondern auch zB ein Optionsrecht auf eine Vertragsverlängerung, Hbg WoM **94**, 553, oder vertragliche Gegenleistungen anderer Art, zB die Übernahme öffentlicher Abgaben, LG Saarbr JB **97**, 197, etwa der Grundsteuer, Hamm Rpfleger **76**, 435, und sonstige Leistungen, Feuerversicherungsprämien, Instandsetzungskosten, Baukostenzuschüsse, Drsd ZMR **97**, 527, aber nicht Leistungen nebensächlicher Art und sonstige Leistungen, die im Verkehr nicht als Entgelt für die Gebrauchsüberlassung angesehen werden, also grds *nicht* Vorauszahlungen auf Nebenkosten, BGH ZMR **99**, 615 (frühestens ab Erkennbarkeit der verbrauchsunabhängigen Enkosten), und nicht das Entgelt für *Heizung und Warmwasser*, LG Köln WoM **89**, 436, LG Mü WoM **85**, 125, LG Saarbr MDR **94**, 316, aM (es gelte die Nettomiete) Brdb FamRZ **96**, 502, Köln WoM **96**, 288, LG Halle WoM **94**, 532, ferner (es gelte die Bruttomiete) LG Heilbr (1 b-ZK) MDR **89**, 750 rechts, LG Kiel WoM **87**, 61, LG Köln JB **99**, 304; zum Problem Mutter MDR **95**, 343.
    Der *Mietzins* bestimmt sich nach dem Vertrag, soweit nicht der gesetzliche Mietzins zugrunde zu legen ist. Nach § 16 I GKG ist auch der Anspruch des Mieters auf eine Gebrauchsüberlassung zu bewerten, aM Celle MDR **89**, 272 (es sei § 16 II GKG anwendbar. Aber das ist eine eng auszulegende Sondervorschrift).

79     **d) Klage auf eine Zustimmung zur Mieterhöhung** nach §§ 2 ff MHG. Zumindest als Kostenwert ist beim Wohnraum mangels eines bestimmten Gesamtzeitraumes, der zunächst maßgeblich ist, LG Gießen WoM **95**, 705, höchstens der *Jahresbetrag* des zusätzlich geforderten Mietzinses maßgebend, § 16 V GKG (das ist beim Wohnraum eine gegenüber § 9 ZPO vorrangige Spezialvorschrift). Das gilt aber auch in Wahrheit auch für den Beschwerdewert. Trotz der Herabsetzung des in § 9 genannten Betrags vom 12½fachen Jahresbetrag auf den 3½fachen ist § 9 bei die Neufassung des § 16 für die Wohnungsmieten immer noch sozial zu bedenklich. Das hätte BVerfG NJW **96**, 1531 (wendet § 9 an) deutlicher miterwägen sollen.
    Es ist also in Wahrheit unverändert eine sog *teleologische Reduktion* nötig, wohl ebenso BVerfG NJW **93**, 3130, ferner LG Darmst RR **97**, 775, LG Köln WoM **98**, 110, LG Saarbr WoM **98**, 234, aM (untereinander uneinig) BVerfG NJW **96**, 1531, LG Bre WoM **97**, 334 (zwar gegen BVerfG, aber 15facher Monatsbeitrag), LG Köln WoM **98**, 297 (15facher Monatsbetrag), LG Arnsberg WoM **92**, 443, LG Bln (62. ZK) WoM **95**, 541, LG Bonn WoM **95**, 113, LG Nürnb-Fürth WoM **96**, 158 (es gelte der 3fache Jahreszusatzbetrag), LG Bln WoM **97**, 268, LG Hildesh WoM **96**, 351, Gärtner WoM **97**, 161, (dreieinhalbfacher Jahreszusatzbetrag), LG Kaisersl ZMR **79**, 82 (4facher Jahreszusatzbetrag), LG Köln WoM **85**, 126, LG Hagen ZMR **87**, 97 (5facher Jahreszusatzbetrag), LG Köln ZMR **86**, 124 (15facher Jahreszusatzbetrag), LG Bln MDR **85**, 1034 (Differenz während der restlichen Mietdauer), LG Wiesb WoM **93**, 470 (vorgenannte Differenz, jedoch höchstens dreifacher Jahreszusatzbetrag), LG Hagen WoM **85**, 130 (eingeklagter Betrag).
    Die Zahlung eines *Teils* des Erhöhungsbetrags bereits vor der Rechtshängigkeit oder gar nach ihrem Eintritt hat auf die Streitwerthöhe grundsätzlich keinen Einfluß, denn diese richtet sich nur nach dem Klagevorbringen und einer etwaigen Klagerhöhung, AG Wuppert WoM **93**, 478, aM LG Bre WoM **82**, 131. Die Vorschrift gilt aber nur bei Wohnräumen, Hartmann Teil I § 16 GKG Rn 53. Beim Gewerberaum gilt statt § 16 V GKG die Vorschrift des § 9 ZPO, Hbg WoM **95**, 595, Köln MDR **91**, 345.

80     **e) Feststellungsklage wegen künftiger Mietzinsen.** Hier gilt bei einer unbestimmten Mietdauer § 3, aM Stgt WoM **97**, 278 (§ 9); § 8 ZPO und § 16 GKG sind unanwendbar, da weder das Bestehen noch die Dauer streitig ist und § 16 GKG ohnehin nur in Regelung für unbestimmte Verhältnisse trifft, während der Kläger bei einem Anspruch auf die Feststellung der Verpflichtung des Bekl zu einer erhöhten Mietzahlung einen bestimmten Anspruch geltend macht. Es entscheidet das Interesse des Klägers an der Feststellung und an dem mutmaßlichen Eintritt der Erhöhung. Es liegt nahe, auf den Beschwerdewert § 16 V GKG entsprechend anzuwenden, LG Köln JB **99**, 305, aM LG Bln WoM **89**, 440, LG Hbg WoM **89**, 430 (es gelte der 3fache Jahreszins, evtl abzüglich 20%).
    Dasselbe gilt bei der Feststellung des *Vertragsinhalts,* sofern die Wirksamkeit des Vertrags unstreitig ist. Kblz ZMR **78**, 64. KG NJW **64**, 1480 will auch bei einem langen Mietvertrag nur den vollen Jahresbetrag

# 1. Titel. Sachl. Zuständigkeit d. Gerichte u. Wertvorschriften  Anh § 3

anwenden, da § 16 I GKG die Obergrenze bilde und da der Streitwert für einen einzelnen vertraglichen Anspruch auch über § 3 nicht höher festgesetzt werden könne als für den Bestand des ganzen Vertrags; ähnlich LG Bln ZMR **75**, 218 für eine Klage auf die Vornahme einer Vermieterreparatur. Demgegenüber gilt § 9, wenn künftige Miet- oder Pachtzinsen auf Grund eines auf bestimmte Zeit abgeschlossenen Vertrags streitig sind, Düss Rpfleger **73**, 145, LG Hbg WoM **96**,287 (Minderung), aM Ffm Rpfleger **80**, 299, Karlsr MDR **77**, 407 (§ 3).

**f) Klage auf Duldung einer Modernisierung.** In einem solchen Fall ist höchstens der 12fache Monats- [81] betrag der voraussichtlichen Mieterhöhung maßgeblich, § 16 V GKG entsprechend, Hbg DWW **93**, 264, LG Köln WoM **89**, 566, aM LG Aachen RR **96**, 777, LG Bln ZMR **99**, 554 (dreieinhalbfacher Jahresbetrag des Zuschlags), LG Hbg ZMR **99**, 403 (dreieinhalbfacher Jahresbetrag einer etwaigen Minderung).

**g) Mangel der Mietsache.** Der Anspruch auf eine Beseitigung bemißt sich nach dem (nach der [82] Änderung des § 9) dreieinhalbfachen Jahresbetrag der Mietminderung, Hbg WoM **95**, 595, LG Bln ZMR **99**, 556, LG Hbg WoM **98**, 171, aM LG Aachen RR **96**, 777, LG Hann WoM **89**, 432, LG Tüb WoM **97**, 42 (einfacher Jahresbetrag), LG Kiel WoM **95**, 320 (Beseitigungskosten), LG Detm WoM **96**, 50 (Beseitigungskosten, höchstens dreifacher Jahresbetrag). Das gilt auch bei einem zugehörigen selbständigen Beweisverfahren, AG Miesbach WoM **89**, 432 (auch Beseitigungskosten).

**h) Sonstige Fälle.** Bei Besichtigung durch Mietinteressenten gilt § 3, oft 1 Monatsmiete, ZöHe 16 [83] „Besichtigung". Bei ständigem Zahlungsverzug ist für die Klage nach § 259 $1/5$ der Jahresmiete ansetzbar, AG Kerpen WoM **91**, 439. Bei der Klage auf Zahlung eines erhöhten Mietzinses ist der Jahresbetrag der Erhöhung maßgeblich, LG Hbg WoM **89**, 435. Bei der Klage eines Mieters gegen einen anderen wegen Lärms kann als Wert der Jahresbetrag einer berechtigten Mietminderung in Betracht kommen, Ffm WoM **86**, 19. Beim Streit, ob § 5 WiStG verletzt ist, gilt die 3jährige Differenz, LG Hbg WoM **87**, 61. Beim Streit um die Entfernung einer Balkonplane setzt LG Hbg WoM **89**, 10 etwa 500 DM an; beim Streit um die Entfernung einer Antenne nimmt LG Hbg WoM **91**, 359 als Wert 1000 DM an; LG Kiel WoM **96**, 632 setzt die Beseitigungskosten an, LG Wuppert setzt 2000 DM an.

Beim Streit um *Treppenhaus-Mißbrauch* setzt LG Mannh WoM **99**, 224 statt nach § 3 verfehlt nach § 9 an. Beim Streit um Haustierhaltung kommt es auf die gedachte Zusatzabnutzung an, LG Hbg WoM **86**, 232; die Mieterinteressen sind mitzuberücksichtigen, LG Hbg WoM **89**, 10, LG Mü WoM **92**, 495 (1000 DM), LG Hann WoM **89**, 567, LG Mannh ZMR **92**, 546 (1200 DM), LG Brschw WoM **96**, 291 (2000 DM); AG Rüsselsheim ZMR **87**, 344 schlägt dann monatlich 25–35 DM auf; LG Würzb WoM **88**, 157 bewertet den Antrag auf Entfernung eines Zwergschnauzers nebst Unterlassung der Hundehaltung mit 1000 DM je Instanz, LG Hbg ZMR **92**, 506 setzt beim Streit um eine Hauskatze 1500 DM an, wie LG Hbg MDR **93**, 90 setzt dann 1000 DM an; LG Wiesb WoM **94**, 486, AG Kenzingen WoM **86**, 248 bewertet die Unterlassung der Hundehaltung außergerichtlich meist mit bis zu 2000 DM; LG Mü WoM **92**, 495 nimmt selbst beim angeblichen Musterprozeß dazu (nur) 2000 DM an.

Beim Streit um eine Zustimmung zur *Untervermietung* kann man den Jahresbetrag des angebotenen Mietzuschlags ansetzen, LG Bad Kreuznach WoM **89**, 433, abw LG Kiel WoM **95**, 320 (Einjahresbetrag der Entlastung durch Untervermietung, aM LG Hbg WoM **92**, 264 (3jährige Differenz). Beim Streit um Untermiete ist der Zins-Zuschlag für höheren Aufwand ansetzbar, BGH RR **97**, 648. Bei einer *Rechnungslegung* wegen Nebenkosten kann man $1/4$ bis $1/3$ des etwaigen Zahlungsanspruchs ansetzen, LG Bonn JB **92**, 117 ($1/4$), LG Bückeb WoM **89**, 434, LG Stgt WoM **89**, 434, abw LG Freibg WoM **91**, 504, LG Köln WoM **97**, 447 ($1/5$–$1/10$). Ähnliches gilt wegen der Verwendung einer Kaution, AG Neumünster WoM **96**, 632. Beim Streit darüber, ob ein Müllcontainer schon am Vorabend der Leerung auf der Straße abgestellt werden kann, setzt LG Köln WoM **90**, 394 den Jahresbetrag einer möglichen Mietminderung an. Dasselbe gilt beim Streit um ordnungsgemäße Beheizung, LG Hbg JB **91**, 116. Beim Streit um Wasser- und Energieversorgung kann man $1/2$ des Jahresentgelts ansetzen, AG Kerpen MDR **90**, 929. Beim Streit über eine Auskunft des Veräußerers an den Erwerber betr Verbleib von Mietkaution kann man 600 DM ansetzen, AG Pinneb WoM **99**, 337.

Vgl auch Rn 68 „Herausgabe", Rn 92 „Räumung", Rn 118 „Unterlassung", Rn 124 „Urkunde", Rn 137 „Wärmelieferungsvertrag".

**Minderung:** Maßgeblich ist derjenige Betrag, um den der Kläger den Preis herabsetzen lassen will. § 19 III [84] GKG ist unanwendbar, Köln MDR **79**, 413.
**Miteigentum:** Rn 33 „Eigentum", R 139 „Widerspruchsklage: c) Teilungsversteigerung, § 180 ZVG".
**Miterbe:** Rn 41 „Erbrechtlicher Anspruch".
**Musterprozeß:** Es gilt grds kein höherer Wert als im „normalen" Prozeß, LG Mü WoM **92**, 495.
**Nacherbe:** Rn 41 „Erbrechtlicher Anspruch". [85]
**Nachforderung:** Bei der Klage nach § 324 ist wegen der Sicherstellung § 6 anwendbar, dort Rn 9.
**Nachlaßverzeichnis:** Rn 43 „Erbrechtlicher Anspruch".
**Nachverfahren:** Maßgeblich ist derjenige Betrag, dessentwegen das Gericht dem Bekl die Ausführung seiner Rechte vorbehalten hat, Mü MDR **87**, 766 mwN. Es kommt also auf eine Ermäßigung im Vorverfahren an, zB durch ein Teilanerkenntnis, Schneider MDR **88**, 270.
**Name:** Der Streit ist in der Regel nichtvermögensrechtlich, § 12 II GKG; vgl aber auch Üb 11 vor § 1. Der geschäftliche Name ist vermögensrechtlich. Das gilt insbesondere für die Firma. Maßgeblich ist nur das Klägerinteresse, Stgt WettbR **96**, 197.
**Nebenforderung:** Der Wert ist nach § 4 und für die Kosten nach § 22 GKG zu berechnen.
**Nebenintervention:** Rn 106 „Streithilfe".
**Nichterfüllung:** Rn 58 „Gegenseitiger Vertrag".
**Nichtigkeit:** Rn 27 „Befreiung".
**Nichtigkeitsklage:** Es gilt der Wert der Verurteilung, deren Aufhebung der Kläger begehrt, BGH AnwBl **78**, 82, Seetzen NJW **84**, 348, ohne Zinsen und Kosten.
**Nichtvermögensrechtlicher Anspruch:** Maßgeblich ist § 12 II GKG, Mü MDR **89**, 360, Hartmann Teil I § 12 GKG Rn 3 ff. Die Anwendung von § 13 I 2 GKG ist gekünstelt, aM LAG Hamm **KR** § 12 GKG

**Anh § 3**  1. Buch. 1. Abschnitt. Gerichte

Nr 31. Ein nichtvermögensrechtlicher Anspruch wird nicht dadurch zu einem vermögensrechtlichen, daß der Kläger einseitig die Hauptsache für erledigt erklärt, BGH VersR **82**, 296.

86 **Nießbrauch:** Bei der Einräumung gilt § 3, BGH RR **88**, 396 mwN zu dieser Streitfrage; bei der Erfüllung, Aufhebung und Löschung gilt § 6. Maßgeblich ist der Wert nach dem Reinertrag abzüglich der Unkosten für die voraussichtliche Dauer des Nießbrauchs. Der Wert einer Vormerkung ist niedriger; evtl ist § 24 III KostO entsprechend anwendbar, Bbg JB **75**, 649. Für den Kostenstreitwert kann § 16 II GKG („ähnliches Nutzungsverhältnis") gelten, Köln WoM **85**, 125, aM Schlesw SchlHA **86**, 46 (§ 3).
**Notanwalt,** §§ 78 b, c: Maßgeblich ist der Wert der Hauptsache, Bre JB **77**, 91, Zweibr JB **77**, 1001.
**Notweg:** § 7 Rn 1.
**Nutzung:** Sofern sie als eine Nebenforderung geltend gemacht wird, gilt § 4. Bei einer als Hauptsache geltend gemachten wiederkehrenden Nutzung gilt § 9 und für die Kosten § 16 GKG, § 8 Rn 4.
**Nutzungsverhältnis:** § 16 I GKG gilt auch für ein der Miete oder Pacht ähnliches Nutzungsverhältnis. S daher Rn 76 ff „Mietverhältnis".

87 **Offenbarung:** Rn 33 „Eidesstattliche Versicherung".
**Öffentliche Zustellung:** Rn 143 „Zustellung".
**Ordnungs- und Zwangsmittel:** Bei der Verhängung gegen eine Partei, § 141, gegen einen Zeugen, § 380, gegen einen Sachverständigen, §§ 409, 411, oder im Weg der Anordnung nach §§ 177, 178 GVG ist der verhängte Betrag ausschlaggebend. Bei einer Festsetzung nach den §§ 888, 890 ist nicht die Schwere der Maßnahme maßgeblich, auch nicht der Wert der Hauptsache, wie ThP § 3 Rn 115 „Ordnungsmittel", „Zwangsvollstreckung" meinen, sondern es gilt das Interesse an der Abwehr eines weiteren Verstoßes, KG Rpfleger **70**, 97, Mü OLGZ **84**, 66, Nürnb MDR **84**, 762. Dieses Interesse kann oft mit 30–50% der Hauptsache zu bewerten sein, Hbg WRP **82**, 592, Karlsr WRP **92**, 198, Mü MDR **83**, 1029. Das Interesse kann sich aber im Fall einer Fortsetzung der Verletzungen oder angesichts einer sehr groben Verletzung dem Wert der Hauptsache nähern, Ffm Rpfleger **74**, 73. Auch im Fall der Androhung eines Zwangsmittels oder Ordnungsmittels ist das Interesse an der Durchsetzung des vollstreckbaren Anspruchs maßgeblich. Wenn es um derartige Maßnahmen in einem Verfahren auf den Erlaß eines Arrests oder einer einstweiligen Verfügung geht, sind von dem Wert der zugehörigen Hauptsache in der Regel $^{1}/_{3}$ –$^{1}/_{4}$ anzusetzen. Im Beschwerdeverfahren liegt die untere Wertgrenze bei dem angefochtenen Betrag, Brschw JB **77**, 1148, Düss MDR **77**, 676; Mü **KR** Nr 521 legt 20% des zulässigen Höchstbetrags zugrunde.

88 **Pachtverhältnis:** Es gilt, auch für die Unterpacht, § 8 und für den Kostenstreitwert § 16 GKG. Bei einem Streit nur über die Höhe des Pachtzinses ist § 3 und nicht § 9 anwendbar, Ffm JB **75**, 372, Karlsr AnwBl **83**, 174, aM Brschw AnwBl **82**, 487.
S auch Rn 72 „Jagdrecht".
**Patent:** Vgl zunächst § 12 b GKG. Im Beschwerdeverfahren vor dem Patentgericht und im Nichtigkeitsverfahren ist das Interesse der Allgemeinheit an der Patentvernichtung maßgeblich. Dieses Interesse entspricht meist dem gemeinen Wert des Patents im Zeitpunkt der Klagerhebung oder im Zeitpunkt der Berufungseinlegung zuzüglich der etwa aufgelaufenen Schadensersatzansprüche, BGH NJW **57**, 144, BPatG JB **96**, 197 mwN. Zur Problematik Struif GRUR **85**, 248. Bei einem Streit um eine Unterlassung, eine Auskunft, eine Schadensersatzpflicht sind die Art und der Umfang der Verletzung maßgeblich, aber auch der Umsatz des Geschädigten, Karlsr BB **75**, 109. Im Berufungs- und im Rechtsbeschwerdeverfahren ist der Wert nach § 3 zu schätzen. Gebührenrechtlich besteht die Möglichkeit, im Patentverfahren bei einer Gefährdung der wirtschaftlichen Lage einer Partei den Wert niedriger anzusetzen, §§ 102 II, 121 I, § 144 PatG. Zur zeitlichen Grenze des Antrags BPatG GRUR **82**, 363.

89 **Persönlichkeitsrecht:** S § 12 II GKG, BAG BB **98**, 1497. S auch Rn 99 „Schmerzensgeld".
**Pfandrecht:** Es ist § 6 anzuwenden.
**Pfändung:** Bei der Pfändung einer Forderung oder eines sonstigen Rechts ist für die Gerichtsgebühren die Festgebühr KV 1640 bzw 1905 zu beachten. Für die Anwaltsgebühren ist der Betrag der zu vollstreckenden Forderung maßgeblich. Wenn der Wert des gepfändeten Rechts niedriger ist, dann gilt dieser geringere Wert, § 6 Rn 11, Köln Rpfleger **74**, 165 mwN. Wenn es um ein künftig fällig werdendes Arbeitseinkommen geht, § 850 d III, dann gilt nur der Wert der zu vollstreckenden Forderung, abw LG Detm Rpfleger **92**, 538, aM Köln MDR **87**, 61, AG Freyung MDR **85**, 858 (evtl nur Wert des Pfandgegenstands). Wegen des Werts eines Unterhaltsanspruchs vgl § 6 Rn 16. Im Beschwerdeverfahren ist § 57 II 6 BRAGO (Interesse des Beschwerdeführers) zu beachten.
**Pflichtteilsanspruch:** Rn 41 „Erbrechtlicher Anspruch", Rn 53 „Feststellungsklage", Rn 59 „Geldforderung".
**Preisbindung:** Rn 63 „Gewerblicher Rechtsschutz".

90 **Prozeßhindernde Einrede:** S „Prozeßvoraussetzungen".
**Prozeßkostenhilfe:** Maßgeblich ist bei einer wegen KV 1905 nur im Fall einer erfolglosen Beschwerde, § 127, in Betracht kommenden Kostenentscheidung, § 127 Rn 20, die Festgebühr des KV 1952. Es ist also für die Gerichtskosten kein Wert zu ermitteln. Die diesbezügliche frühere Streitfrage ist überholt. Bei nur teilweiser Verwerfung oder Zurückweisung der Beschwerde kann das Gericht nach KV 1952 die Festgebühr von 50 DM ermäßigen oder die Nichterhebung der Festgebühr anordnen; auch insoweit ist also kein Wert zu ermitteln. Für die Anwaltskosten in der Beschwerdeinstanz vgl § 51 II BRAGO.
**Prozeßkostensicherheit:** S „Prozeßvoraussetzungen".
**Prozeßtrennung, -verbindung:** Rn 114 „Trennung", Rn 126 „Verbindung".
**Prozeßvoraussetzungen:** Maßgeblich ist stets der Wert der Hauptsache, BGH VersR **91**, 122, Düss JB **72**, 1021, Zweibr NJW **95**, 538, aM Brschw NJW **73**, 1846.
S auch Rn 93 „Rechtswegverweisung".

1. Titel. Sachl. Zuständigkeit d. Gerichte u. Wertvorschriften **Anh § 3**

**Rangfolge:** Man muß den Wert nach § 3 schätzen. Dabei sind die in den einheitlich vereinbarten Gesamt- **91** betrag des Kredits einbezogenen Nebenforderungen auch in den Streitwert aufzunehmen, Düss **KR** § 22 GKG Nr 17, Mü JB **76**, 237, aM Bbg JB **76**, 343.
**Ratenzahlung:** Der Wert einer Vereinbarung ist nach § 3 zu schätzen.
**Räumung:** Es gilt § 16 II GKG, KG JB **78**, 892, LG Köln WoM **93**, 555, im Ergebnis auch LG Stendal **92** WoM **94**, 79. Maßgebend ist also aus sozialen Gründen, Ffm AnwBl **84**, 203, ohne Rücksicht darauf, auf wieviele Kündigungen dieser Räumungsanspruch gestützt wird, AG Hbg WoM **93**, 479, oder ob über das Bestehen des Nutzungsverhältnisses Streit besteht, LG Erfurt WoM **96**, 234, LG Hbg ZMR **86**, 125, höchstens der für die *Dauer eines Jahres* zu entrichtende Zins, wenn sich nicht nach § 16 I GKG ein geringerer Wert ergibt, BGH RR **97**, 648, Stgt JB **95**, 487, LG Kblz DGVZ **96**, 61. Verlangt der Kläger die Räumung oder Herausgabe „auch", nicht nur, LG Kassel Rpfleger **87**, 425 (Zuschlag), aus einem anderen Rechtsgrund, dann ist nach § 16 II 2 GKG der Wert der Nutzung eines Jahres maßgebend, Düss **KR** § 16 GKG Nr 54. Soweit das eine Objekt vermietet, das andere vertragslos genützt wird, ist zusammenzurechnen, Bbg JB **88**, 516. Werden der Anspruch auf eine Räumung von Wohnraum und der Anspruch nach den §§ 556a, 556b BGB auf eine Fortsetzung des Mietverhältnisses über diesen Wohnraum in demselben Prozeß verhandelt, so werden die Werte nach § 16 III GKG nicht zusammengerechnet.

Zum Mietzins zählen grundsätzlich die *gleichbleibenden Umlagen*, zB für Grundsteuer, Hamm Rpfleger **76**, 435, Feuerversicherungsprämien, nicht aber die Leistungen nebensächlicher Art und nicht sonstige Nebenkosten, die im Verkehr nicht als ein Entgelt für die eigentliche Gebrauchsüberlassung angesehen werden oder die der Mieter selbst abrechnet, LG Köln WoM **96**, 50. Nicht einzurechnen sind zB: Heizkosten und Warmwasser, Düss JB **92**, 114, LG Lpz WoM **96**, 234, LG Neuruppin NZM **99**, 304, aM Brdb FamRZ **96**, 502, Köln ZMR **98**, 697, LG Münst WoM **98**, 43 (man dürfe neben der Nettomiete überhaupt keine gesondert vereinbarten Nebenleistungen ansetzen), LG Kblz ZMR **87**, 24 (man müsse eine Nebenkostenpauschale einbeziehen), LG Bochum WoM **95**, 548, LG Kiel WoM **98**, 45, LG Mainz MDR **96**, 1080 (meist Bruttomiete).
**Räumungsfrist:** Im Verfahren nach §§ 721, 794a muß man den Wert nach § 3 schätzen. Er beträgt also die **93** Miete bzw Nutzungsentschädigung für die begehrte Frist, jedoch höchstens für 1 Jahr, errechnet gemäß §§ 721 V 2 bzw 794a III. Wegen eines Verfahrens nach § 765a RN 134 „Vollstreckungsschutz".
**Reallast:** Maßgeblich ist § 9. Bei der Forderung nach einer Rente und deren Absicherung durch eine Reallast erfolgt keine Zusammenrechnung.
**Rechnungslegung:** Maßgeblich ist das Interesse des Klägers an der Erleichterung der Begründung des Zahlungsanspruchs. In der Regel ist nur ein geringer Bruchteil des mutmaßlichen Zahlungsanspruchs anzusetzen, BGH BB **60**, 796 (20%), KG Rpfleger **62**, 153 (20–50%), Köln VersR **76**, 1154, (25%) LG Konst WoM **92**, 494 (33%). Das Gericht muß auch den etwaigen Umstand berücksichtigen, daß der Bekl die Unklarheit über die Höhe des Hauptanspruchs vielleicht schon weitgehend beseitigt hat. Der Wert kann denjenigen der Hauptsache fast erreichen, wenn der Kläger für die Geltendmachung des Hauptanspruchs auf die Rechnungslegung angewiesen ist, LG Landau ZMR **90**, 21. Durch einen Streit über den Grund wird der Wert nicht erhöht. Bei einem Rechtsmittel gilt das Interesse des Beschwerdeführers an der Nichteinlegung (vgl aber „Zwangsvollstreckung"), begrenzt durch das Interesse des Gegners, Köln JB **93**, 165. Dasselbe gilt bei einem Streit wegen der Erteilung eines Buchauszugs nach § 87c HGB. Kostenrechtlich gilt für die Stufenklage § 18 GKG.
S auch Rn 108 „Stufenklage".
**Rechtshängigkeit:** Bei einem Streit über die Rechtshängigkeit ist der volle Wert des Anspruchs maßgebend.
**Rechtsmittel**, dazu *Märten,* Die Streitwertbemessung bei nachträglicher Rechtsmittelbeschränkung, 1981: Maßgeblich ist § 14 GKG, und zwar der tatsächliche Antrag, nicht seine Zulässigkeit usw, Karlsr NJW **75**, 1933. Beim Anschlußrechtsmittel ist § 19 II GKG zu beachten. Beim Verfahren auf Zulassung des Rechtsmittels ist dessen Wert maßgebend, VGH Mannh JB **98**, 94.
**Rechtswegverweisung:** Im Beschwerdeverfahren ist das Interesse des Beschwerdeführers maßgeblich, Karlsr MDR **94**, 415, Köln VersR **94**, 499, aM BGH NJW **98**, 909, BayObLG WoM **99**, 232 (je $^{1}/_{3}$–$^{1}/_{5}$ des Klageanspruchs), LAG Hamm **KR** § 3 Nr 777 ($^{1}/_{3}$), LAG Köln **93**, 915 (voller Klaganspruch).
**Regelunterhalt:** Maßgeblich ist der Jahresbetrag des Regelbedarfs, zur Zeit der Klageeinreichung, § 17 I 2 **94** GKG.
S auch Rn 2 „Abänderungsklage".
**Registeranmeldung:** Rn 7 „Anmeldung zum Handelsregister".
**Rente:** Der Wert ist nach § 9 zu berechnen, der Kostenwert nach § 17 II GKG, vgl auch „Aufopferung".
**Restitutionsklage:** Rn 85 „Nichtigkeitsklage".
**Revision:** Rn 7 „Anschlußrechtsmittel", Rn 93 „Rechtsmittel".
**Richterablehnung:** Rn 3 „Ablehnung des Richters".
**Rückauflassung:** § 6 Rn 3 „Rückgewähr".
**Rückerstattung:** Bei einer Rückerstattung nach § 717 ist der Wert nicht höher als derjenige des vorangegangenen Rechtsstreits. Zinsen und Kosten werden nicht hinzugerechnet.
S auch Rn 125 „Urteilsänderung".
**Rücknahme** einer Sache: Maßgeblich ist § 3, Karlsr Just **70**, 12.
**Rückstand:** Rn 117 „Unterhalt".
**Rücktritt:** Rn 27 „Befreiung" sowie bei den einzelnen Rücktrittsgründen.
**Sachenrechtsbereinigungsgesetz:** Bei § 108 I des G ist der Wert des bebauten Grundstücks maßgeblich, BGH MDR **99**, 1022.
**Sachverständigenablehnung:** Rn 4 „Ablehnung des Sachverständigen".
**Schadensersatz:** Bei einer bezifferten Summe ist sie maßgeblich, § 3. Bei einer unbezifferten Summe **95** kann eine Schätzung nach §§ 3, 287 in Betracht kommen; s im übrigen Rn 99 „Schmerzensgeld". Bei einer Wiederherstellung des früheren Zustands in natura kommen §§ 3, 6 als Ausgangspunkte in

## Anh § 3

Betracht. Bei Verbindung mit anderen Ansprüchen ist nach § 5 zusammenzurechnen, abw LG Karls MDR **87**, 60.
S auch Rn 53 „Feststellungsklage".
**Schätzung:** Wenn der Kläger den fraglichen Betrag in das Ermessen des Gerichts gestellt hat, dann bleibt im allgemeinen eine etwaige eigene Schätzung des Klägers außer Betracht. Sein tatsächliches Vorbringen ist aber zu beachten. Mangels jeglicher Anhaltspunkte wenden zB Brschw NdsRpfl **77**, 126, Köln JB **71**, 719 § 12 II 3 GKG entsprechend an (4000 DM).
S auch Rn 99 „Schmerzensgeld".
**Scheck:** Rn 59 „Geldforderung", Rn 69 „Herausgabe: b) Herausgabe einer Urkunde".
**Scheidung:** Rn 32 „Ehesache".
**Scheidungsfolgen:** Rn 32 „Ehesache".

96 **Schiedsrichterliches Verfahren:** Soweit in dem Verfahren vor dem Schiedsgericht nach der Schiedsvereinbarung, §§ 1029, 1042, überhaupt wertabhängige Gebühren entstehen, sind die allgemeinen Wertregeln zumindest entsprechend anwendbar. Soweit das staatliche Gericht tätig wird, sind folgende Fälle zu unterscheiden:
a) **Beschlußverfahren.** Im Verfahren zB nach §§ 1034 II, 1035 III–V, 1037 III, 1038 I, 1041 III, 1050 ist das Interesse des Antragstellers an der Maßnahme maßgeblich. Das gilt auch beim Streit um das Erlöschen der Schiedsvereinbarung. Die Bestellung und die Ablehnung eines Schiedsrichters betreffen den ganzen Anspruch. Da es sich um einen vorbereitenden Akt handelt, ist die Gebühr schon durch KV 1630–1638, § 46 II BRAGO ermäßigt.
S auch Rn 4 „Ablehnung des Schiedsrichters".

97 b) **Vollstreckbarerklärung.** In diesem Verfahren, §§ 1060, 1061, ist der volle Wert des Schiedsspruchs maßgeblich. Denn erst die Vollstreckbarerklärung stellt den Vollstreckungstitel als rechtswirksam fest. Das gilt grundsätzlich auch dann, wenn nur ein Teil des Titels vollstreckbar ist. Die Partei kann aber ihren Antrag auf einen Teil des Schiedsspruchs beschränken. Das kann auch stillschweigend geschehen, Düss Rpfleger **75**, 257. Dann ist als Wert nur dieser Teilbetrag anzusetzen, Düss Rpfleger **75**, 257, aM Ffm JB **75**, 229, LG Bonn NJW **76**, 1981 (es gelte stets nur derjenige Teil des Vergleichs, der dem Antragsteller günstig sei). Dasselbe gilt bei zwei Ansprüchen, von denen einer abgewiesen wurde und darum nicht vollstreckbar ist.

98 c) **Aufhebungsantrag.** In diesem Verfahren, §§ 1059, 1062 ff, ist der Wert der Abweisung maßgeblich. Dasjenige, was schon durch den Schiedsspruch abgewiesen wurde, ist nicht hinzuzurechnen. Kosten und Zinsen sind nicht mitzurechnen.
**Schiedsrichterablehnung:** Rn 4 „Ablehnung des Schiedsrichters".
**Schiffahrtsrechtliches Verteilungsverfahren:** Es ist § 3 anwendbar, vgl § 35 GKG.
**Schlußurteil:** Es kommt auf seinen Umfang an; die Zinsen können jetzt selbständig zu bewerten sein, § 4 I 2, BGH **KR** § 20 GKG Nr 5, aM Köln ZZP **70**, 134, ebenso die Kosten, aM Köln ZZP **69**, 382 (wegen Berufung).

99 **Schmerzensgeld:** Maßgeblich ist grundsätzlich diejenige Summe, die sich auf Grund des Tatsachenvortrags des Klägers bei dessen objektiver Würdigung als angemessen ergibt, BayObLG AnwBl **89**, 164, Mü MDR **87**, 851, Steinle VersR **92**, 425, aM LG Karlsr AnwBl **81**, 445 (maßgeblich sei die erkennbare Vorstellung des Klägers vom Streitwert). Eine vom Kläger genannte *Mindestsumme* ist nicht schon als solche maßgeblich, Ffm VersR **79**, 265, aM BayObLG AnwBl **89**, 164, Zweibr JB **98**, 260.

100 In der Regel ist der Wert aber auch bei der eben erforderlichen objektiven Würdigung nicht geringer als der Betrag, den der Kläger *mindestens begehrt*, Hamm AnwBl **84**, 202, Mü VersR **95**, 1117, LG Hbg JB **92**, 699, LG Itzehoe AnwBl **85**, 43. Wenn der Kläger einen höheren Betrag als denjenigen nennt, den das Gericht an sich für angemessen hält, dann sollte dieser Umstand in der Regel mitberücksichtigt werden, Mü MDR **87**, 851, Zweibr JZ **78**, 109. Ein bloßer Wertvorschlag beim unbezifferten Antrag läßt eine Abweichung von 20% bei der Wertfestsetzung zu, Ffm MDR **82**, 674. Die im Urteil zugesprochene Summe ist nur dann für die Wertfestsetzung maßgeblich, wenn die nach dem Tatsachenvortrag des Klägers bei seiner objektiven Bewertung maßgeblichen Bemessungsumstände auch der Entscheidung zugrunde lagen, Mü VersR **74**, 347. Dieser Fall liegt nicht vor, wenn zB die Klagebehauptungen ganz oder zum Teil unbewiesen geblieben sind. Dann ist als Wert wiederum derjenige Betrag anzusetzen, der nach dem Tatsachenvortrag des Klägers angemessen gewesen wäre, wenn seine Behauptungen voll bewiesen worden wären, Ffm MDR **76**, 432, Kblz JB **77**, 718 (natürlich bleibt § 92 anwendbar).

Dasselbe gilt bei einer *teilweisen* Klagerücknahme. Wegen einer Wertänderung in der Berufungsinstanz Zweibr JZ **78**, 244.

101 **Schuldanerkenntnis:** Rn 7 „Anerkenntnis".
**Schuldbefreiung:** Rn 27 „Befreiung".
**Schuldschein:** Rn 69 „Herausgabe: b) Herausgabe einer Urkunde".

102 **Selbständiges Beweisverfahren,** dazu *Wirges* JB **97**, 565 (ausf): Bei einem derartigen Verfahren während des Prozesses gilt dessen Streitwert, Kblz BB **85**, 2202, aM Rostock RR **93**, 1086. Soweit eine Schätzung erst durch den Sachverständigen möglich ist, gilt sie für den (endgültigen) Wert, Köln RR **97**, 1292, Naumbg MDR **99**, 1093, aM Celle Rpfleger **97**, 452. Bei jedem isolierten selbständigen Verfahren ist der Wert des zu sichernden Anspruchs (bei Verfahrenseinleitung) maßgeblich, evtl also auch derjenige der Hauptsache bzw der im Streit befindlichen Teils der Hauptsache, Karlsr JB **97**, 531, Kblz JB **98**, 267, Köln VersR **97**, 1030, aM Bbg JB **98**, 95, Schlesw MDR **94**, 949 ($^{1}/_{2}$–$^{4}/_{5}$), Stgt JB **96**, 573 (maßgeblich sei das Interesse an der Maßnahme, also evtl nur ein Bruchteil des Werts des Hauptanspruchs; diesem ähnlich LG Kaisersl Rpfleger **81**, 317 (das Interesse sei maßgeblich, wenn ein bestimmter Anspruch für das Gericht noch nicht erkennbar sei).

Wenn ein *Teil* des Anspruchs unstreitig ist, scheidet er für die Wertberechnung aus. Wenn mehrere Rechtsstreitigkeiten vorliegen oder wenn der Wert den der Hauptsache übersteigt, findet eine Aufteilung im Verhältnis des Streitwerts statt, Düss RR **98**, 358, Köln NJW **72**, 953, aM Ffm AnwBl **79**, 431 (die

1. Titel. Sachl. Zuständigkeit d. Gerichte u. Wertvorschriften **Anh § 3**

Kosten seien in derjenigen Höhe zu erstatten, in der sie bei Zugrundelegung des Streitwerts der Hauptsache angefallen wären). Wegen der Zuständigkeit bei der Festsetzung Hamm NJW **76**, 116. Ein Gegenantrag ist unerheblich, LG Osnabr JB **98**, 548 (bei Unselbständigkeit).

**Sicherheitsleistung:** Wenn es um eine Einrede der mangelnden Sicherheitsleistung geht, entspricht der 103 Wert demjenigen der Klage, BGH VersR **91**, 122, § 718 Rn 2, 3, aM Karlsr MDR **86**, 594 (Wert der Sicherheitsleistung). Bei drohender Uneinbringlichkeit kann ebenfalls der Hauptsachewert maßgeblich sein, KG JB **71**, 1083. Im Fall des § 713 ist ebenfalls der Wert der Hauptsache maßgeblich, Hbg MDR **74**, 53. Im Fall des § 716 ist ein Bruchteil der Hauptsache (Ausfallgefahr) maßgeblich. Im Fall des § 718 ist das Interesse des Antragstellers maßgeblich, KG MDR **74**, 323. Im Fall einer Beschwerde gegen die Unterlassung oder Aufhebung der Anordnung einer Sicherheitsleistung nach § 769 sind grds 10% des Werts der Hauptsache anzusetzen, Mü Rpfleger **77**, 92. Das Interesse an der Art der Sicherheitsleistung läßt sich mit 5% ihrer Höhe bewerten, Hbg MDR **90**, 252, ähnlich LG Bln Rpfleger **90**, 137. Bei der Klage auf die Rückzahlung einer Kaution sind die Zinsen einzurechnen, AG Michelstadt WoM **87**, 353. Beim Geschiedenenunterhalt kann das Interesse am Wegfall einer Sicherheitsleistung maßgeblich sein, BGH NJW **99**, 723.
S auch Rn 32 „Ehesache".

**Sicherstellung:** Es ist § 6 anwendbar. 104
**Sicherungshypothek:** § 6 Rn 12, 13.
**Sicherungsübereignung:** Vgl § 6 Rn 9.
**Sommersache:** Man kann 20% der Hauptsache ansetzen.
**Sorgerecht:** Bei seiner Regelung ist § 12 II, III GKG anwendbar.
S auch Rn 32 „Ehesache".

**Stationierungsschaden:** Wenn er im Weg eines Vergleichs vor der Erhebung der Klage abgegolten wurde, ist der Berechnung der Anwaltsgebühr der zuerkannte Ersatzbetrag zugrunde zu legen. Dieser Betrag ist auch dann maßgeblich, wenn es um ein Schmerzensgeld und einen merkantilen Minderwert geht.

**Stiftung:** Der (vermögensrechtliche) Streit um die personelle Besetzung eines Stiftungskuratorium ist nach § 3 zu bewerten, Hamm OLGZ **94**, 100.
S auch Rn 93 „Rechtswegverweisung".

**Streitgenossenschaft:** Es findet keine Addition statt, soweit es wirtschaftlich um nur *einen* Gegenstand geht, 105 Karlsr MDR **91**, 353. Das ist auch dann so, wenn es um eine Verbindung persönlicher und dinglicher Klagen oder um mehrere Ansprüche geht, Köln DB **74**, 429, oder um eine zusätzliche Forderung gegen einen der Streitgenossen, Ffm JB **57**, 316. Im übrigen ist nach § 5 zusammenzurechnen, BGH **KR** § 5 Nr 53.

**Streithilfe:** Maßgeblich ist derjenige Teil des Anspruchs der Hauptpartei, auf den sich das Interesse des 106 Streithelfers erstreckt, Hbg JB **92**, 252, also die Auswirkung des Urteils auf ihn, Hbg MDR **77**, 1026 und AnwBl **85**, 263, Köln VersR **93**, 80, evtl 20% Abzug vom Hauptanspruch, niemals aber ein höherer Wert als derjenige des Hauptspruchs, Kblz Rpfleger **77**, 175, Mü MDR **58**, 112, Stgt AnwBl **79**, 431. Wenn der Streithelfer dieselben Anträge wie die Hauptpartei stellt, dann ist der Wert der Hauptsache maßgeblich, Hbg (6. ZS) AnwBl **85**, 263, Mü MDR **97**, 788, in Wahrheit auch 1166, aM Hbg (10. ZS) MDR **77**, 1026, Kblz MDR **83**, 59, Köln VersR **93**, 80 (auch in dieser Situation sei nur das Interesse des Streithelfers maßgeblich, jedenfalls in der ersten Instanz, Kblz MDR **83**, 59).

Bei einem Streit um die *Zulassung* des Streithelfers ist sein Interesse am Beitritt maßgeblich. Der Wert kann unter dem Wert des Hauptprozesses liegen, BGH **LM** § 71 Nr 2. In einem Gebrauchsmuster-Löschungsverfahren das wirtschaftliche Interesse der Allgemeinheit maßgeblich sein, BPatG GRUR **85**, 524. Einzelheiten Schneider JB **74**, 273.

**Streitwertbeschwerde:** Maßgeblich ist der Unterschiedsbetrag zwischen dem festgesetzten und dem ange- 107 strebten Wert. Die Auslagenpauschale ist unbeachtlich, LG Stade AnwBl **82**, 438.

**Stufenklage:** Vgl zunächst Rn 24 „Auskunft", Rn 93 „Rechnungslegung", Rn 117 „Unterhalt", § 5 Rn 8 108 „Stufenklage", Schneider Rpfleger **77**, 92. Maßgeblich ist das Interesse des Klägers. Es ist nur der höchste Anspruch maßgebend, § 18 GKG, Ffm JB **99**, 303, Karlsr FamRZ **90**, 74, Köln FamRZ **98**, 1601. Daher ist jeder der verbundenen Ansprüche sogleich bei der Klageerhebung nach § 3 zu schätzen, Bbg JB **94**, 114, Drsd MDR **98**, 64, KG JB **94**, 108 (späterer Verlauf ist unerheblich), aM Schlesw MDR **95**, 643 (nur der Rechnungslegungsanspruch sei maßgeblich, wenn der Herausgabeanspruch auch nicht nachträglich beziffert werde).

a) **Rechnungslegung.** Ihr Wert richtet sich nach dem Interesse des Klägers daran, sich die Begründung des Zahlungsanspruchs zu erleichtern, KG AnwBl **84**, 612, Köln VersR **76**, 1154. Dieses Interesse kann im Einzelfall so hoch wie der Herausgabeanspruch zu bewerten sein, nämlich dann, wenn der Kläger ohne eine Rechnungslegung keinerlei Anhaltspunkte hätte, Ffm MDR **87**, 509. Im allgemeinen ist das Interesse an der Rechnungslegung aber niedriger anzusetzen, zB auf 25% des mutmaßlichen Zahlungsanspruchs, Köln VersR **76**, 1154. Maßgeblich ist der Zeitpunkt der Klagerhebung. Wenn eine Berufung nur die eidesstattliche Versicherung zur Offenbarung betrifft, kann zB 50% des Auskunftsanspruchs anzusetzen sein, Köln Rpfleger **77**, 116. Auch der Antrag auf die Ermittlung des Werts eines zum Nachlaß gehörenden Grundstücks ist nach dem Grundsatz zu behandeln, daß der höchste der verbundenen Ansprüche maßgebend ist, Hamm AnwBl **81**, 69.

b) **Eidesstattliche Versicherung.** Das Interesse an ihrer Abnahme bestimmt sich nach demjenigen 109 Mehrbetrag, den sich der Kläger von diesem Verfahren verspricht, Bbg FamRZ **97**, 40. Der Beschwerdewert ist nach dem Aufwand von Zeit und Kosten zu berechnen, BGH RR **94**, 898.

c) **Leistungsanspruch.** Sein Wert ist auch dann zu berechnen, wenn es nicht mehr zu dieser Stufe 110 kommt, Bbg FamRZ **98**, 312. Er ist ebenso hoch wie der Wert desjenigen anzusetzen, das herausgegeben werden muß, KG AnwBl **84**, 612. Maßgeblich ist wegen § 15 GKG für den Kostenstreitwert der Instanzbeginn, Hamm FamRZ **98**, 1308, KG (1. ZS) JB **94**, 108, Köln FamRZ **98**, 1601, aM KG (16. ZS) MDR **97**, 598 (Instanzende).

**111** **d) Wertänderung.** Es ergibt sich meist, daß für die Verfahrensgebühr praktisch im allgemeinen der Wert des Herausgabeanspruchs allein maßgeblich ist. Für spätere Gebühren kann der Herausgabeanspruch niedriger sein. Höher ist er auch dann praktisch nicht. Denn wenn der Kläger auf Grund der erhaltenen Rechnungslegung einen höher bezifferten Antrag auf eine Herausgabe stellt, dann ist der Streitwert auch für das übrige Verfahren nach § 15 GKG zu erhöhen, vgl KG MDR **93**, 696. Etwas anderes gilt nur dann, wenn sich der Herausgabeanspruch nach der Rechnungslegung infolge einer Teilleistung ermäßigt. Wenn die Klage nur auf eine Auskunftserteilung und auf die Leistung der eidesstattlichen Versicherung abzielt, dann ist für die Wertfestsetzung die Vorstellung des Klägers davon maßgebend, was er durch dieses Verfahren erlangen könnte. Unter Umständen kann dann der nachgeschobene Zahlungsanspruch niedriger sein, Düss FamRZ **87**, 1282, vgl Ffm FamRZ **87**, 85, KG MDR **93**, 696.

**112** **e) Teilabweisung.** Wenn das Gericht bereits den Auskunftsanspruch als unbegründet abweisen mußte, ist die Vorstellung des Klägers davon maßgeblich, was er durch die Auskunft und die Leistung der eidesstattlichen Versicherung seitens des Bekl erhalten konnte, Düss NJW **61**, 2021. Anders ausgedrückt: Wenn der Kläger die Anträge aller Stufen gestellt hatte und bereits der erste Antrag abgewiesen wird, ist der Wert aller Stufen maßgeblich, BGH MDR **92**, 1091, Hamm FamRZ **92**, 1095, Ffm JB **99**, 303, aM FamRZ **90**, 652 (aber die Antragstellung war einerseits zum Teil unnötig, andererseits zulässig).

**113** **f) Leistungs- und Stufenklage.** Die Werte sind zusammenzurechnen, Ffm MDR **95**, 207, Mü MDR **89**, 646, LG Bayreuth JB **77**, 1734.
**g) Stufen- und Widerklage.** Die Streitwerte sind zusammenzurechnen, Karlsr AnwBl **84**, 203.

**114 Teilklage:** Maßgeblich ist der geforderte (Teil-)Anspruch. Bei einer Widerklage wegen des Rests ist zusammenzurechnen, Bbg JB **79**, 252 (unterschiedliche Streitgegenstände). Bei Abweisung der Gesamtklage durch das Rechtsmittelgericht gilt der Gesamtwert.
**Teilungsklage:** Rn 60 „Gemeinschaft".
**Teilstreitwert:** Maßgeblich ist § 21 GKG.
**Teilungsversteigerung:** Rn 139 „Widerspruchsklage: c) Teilungsversteigerung".
**Teilzahlung:** Während des Prozesses gezahlte Teilbeträge sind wegen § 366 I BGB nur mangels vorrangiger Bestimmung seitens des Schuldners in der Reihenfolge des § 366 II BGB zu verrechnen. Im Antrag „... abzüglich x DM" liegt meist eine Bestimmung nach § 366 I BGB, das übersieht ZöHe § 3 Rn 16 „Teilzahlung".
**Testament:** Rn 41 „Erbrechtlicher Anspruch".
**Testamentsvollstrecker:** Maßgeblich ist § 3. Bei der Klage des Testamentsvollstreckers auf seine Einsetzung wenden Schneider ABC, ThP § 3 Rn 144 „Testamentsvollstrecker" § 9 als Ausgangsvorschrift an. Der Streit um die Beendigung des Amts ist geringer als das Erbteil des zu Klägers zu bewerten, Ffm JB **61**, 1692.
**Titulierungsinteresse:** Rn 117 „Unterhalt".
**Trennung:** Vom Zeitpunkt der Trennung in mehrere Prozesse an ist eine Aufspaltung in die Einzelwerte vorzunehmen, FG Bln EFG **83**, 198, Schneider MDR **74**, 9, aM FG Hbg EFG **83**, 254. Vorher entstandene Gebühren bleiben bestehen.

**115 Überbau:** § 7 Rn 2, § 9 Rn 4.
**Übereignung:** Maßgeblich ist, wie bei einer Herausgabe, § 6, dort Rn 2.
**Übergabe einer Sache:** Maßgeblich ist, wie bei einer Herausgabe, § 6.
**Überweisung einer Forderung:** Maßgeblich ist § 6, also ist der Wert des Pfandrechts die Obergrenze.
**Umlegungsverfahren:** Der Streit um die Einbeziehung eines Grundstücks in das Umlegungsverfahren ist kein Eigentumsstreit. Daher ist § 6 grds unanwendbar, Karlsr AnwBl **84**, 202. Als Wert sind vielmehr 20% des Werts des eingeworfenen Grund und Bodens anzunehmen, Karlsr AnwBl **84**, 202. Dabei sind die etwa vorhandenen Aufbauten, Anpflanzungen und sonstigen Einrichtungen einzubeziehen, BGH **49**, 317 (krit Mü Rpfleger **71**, 366). Derselbe Grundsatz gilt dann, wenn ein Umlegungsplan nach § 66 BauGB angefochten wird, BGH **51**, 341, oder wenn es sich um einen Streit um die Zustellung eines Auszugs aus der Bestandskarte oder dem Bestandsverzeichnis handelt, vgl schon (bei einem alten Recht) BGH Rpfleger **78**, 95. Steht Flächenverlust im Vordergrund, mag ausnahmsweise der Verkehrswert gelten, Bbg JB **98**, 548.
**Umweltschutz:** Das UmweltHG enthält keine Streitwertregelung. Maßgeblich ist das Interesse des Klägers und nicht das Interesse des Bekl, Roth NJW **72**, 925. Je nach der Begründung der Klage ist entweder § 3 anzuwenden, wenn nämlich eine Störung des Eigentums oder des Besitzes behauptet wird, oder § 12 II GKG maßgeblich, wenn eine Beeinträchtigung des Persönlichkeitsrechts behauptet wird.
**Unbezifferter Antrag:** § 3 Rn 3.
S auch Rn 99 „Schmerzensgeld".

**116 Unfall:** Verschiedenartige Ansprüche sind zusammenzuzählen. Wenn der Kläger einen Anspruch mit der Einschränkung stellt, er verlange die Leistung nur, „soweit die Ansprüche nicht auf den Sozialversicherungsträger übergegangen sind", dann muß man die übergegangenen Ansprüche abziehen.

**117 Unlauterer Wettbewerb:** Rn 63 „Gewerblicher Rechtsschutz".
**Unterhalt:** Maßgeblich ist für die Zuständigkeit § 9, dort Rn 2, BGH RR **99**, 1080. Für den Kostenstreitwert gilt § 17 GKG, Brschw RR **96**, 256 rechts, Ffm AnwBl **82**, 198. Nur ein eindeutig auf den nicht freiwillig gezahlten Spitzenbetrag beschränkter Klagantrag begrenzt den Wert entsprechend, Mü FamRZ **98**, 573. Ein bloßes Titulierungsinteresse, Bbg JB **93**, 110, etwa wegen der Einbeziehung eines unstreitigen Teilanspruchs in einen Vergleich, Brschw RR **96**, 256 rechts, läßt sich mit 25% des Werts nach § 17 I GKG ansetzen, Kblz AnwBl **84**, 205, aM Nürnb JB **94**, 737 (5%), Bbg JB **92**, 628 (10%), Düss FamRZ **87**, 1281 (15%).
Ein *Rückstand* ist nach § 17 IV GKG zusätzlich zu bewerten. Da ein Unterhalt im voraus zu zahlen ist, § 1612 III 1 BGB, zählt der Einreichungsmonat voll zum Rückstand, Brdb JB **97**, 196, Hamm FamRZ **98**, 312, Köln JB **96**, 84. Bei einer Stufenklage reicht der mit dem Auskunftsanspruch geltend gemachte, noch unbezifferte Zahlungsanspruch aus, BGH NJW **81**, 1731, Bbg JB **91**, 108, Hbg JB **90**, 1336. Durch

eine Klagerhöhung entsteht kein Rückstand, Hbg MDR **83**, 1032, Saarbr JB **90** 97, aM Karslr FamRZ **86**, 195, Schneider MDR **91**, 198 (Rückwirkung sogar beim Vergleich). Die im Eilverfahren bis zum Übergang in das Hauptverfahren entstandenen Beträge sind als Rückstand hinzuzurechnen, Ffm § 17 GKG Nr 111.

S auch Rn 2 „Abänderungsklage", Rn 24 „Auskunft", Rn 7 „Befreiung", Rn 32 „Ehesache", Rn 34 „Einstweilige Anordnung", Rn 35 „Einstweilige Verfügung", Rn 126 „Vereinfachtes Verfahren".

**Unterlassung:** Hier sind folgende Fälle zu unterscheiden: 118
    **a) Allgemeine Geschäftsbedingungen.** Bei einer Verbandsklage wegen eines Verstoßes gegen das AGBG ist der Wert mit höchstens 500 000 DM anzusetzen, § 12 I 2 GKG. Maßgeblich ist im übrigen das Interesse des Klägers, Bunte DB **80**, 486. Ist zu erwarten, daß der Bekl sich einem schon zugunsten eines anderen Verletzten ergangenen Titel fügen wird, kann der Wert des nachfolgenden Parallelstreits geringer sein, Bbg **KR** Nr 888, Ffm WRP **83**, 523, Kblz WRP **85**, 45. Je angegriffene Klausel können 3000–5000 DM angesetzt werden, Bunte DB **80**, 485.
    **b) Beleidigung.** Es ist von § 12 II GKG auszugehen, LG Oldb JB **95**, 369. Das Ausmaß der Rufbeein- 119 trächtigung kann den Streitwert natürlich erheblich beeinflussen, Ffm AnwBl **83**, 89. Man muß unter Umständen die wirtschaftliche Auswirkung mitberücksichtigen, Mü JB **77**, 852 mwN. Die Streitwerte eines Widerrufs- und eines Unterlassungsanspruchs sind zusammenzurechnen, Düss AnwBl **80**, 358.
    **c) Besitz- und Eigentumsstörung.** Die Schuldform ist evtl mitbeachtlich, Köln VersR **76**, 740. 120
    **d) Dienstbarkeit.** Im Fall der Abwehrklage gegen eine Dienstbarkeit vgl § 7 Rn 1–3.
    **e) Gewerblicher Rechtsschutz,** dazu *Ulrich* GRUR **84**, 177 (ausf): Vgl zunächst § 12 b GKG. 121 Maßgeblich ist die Beeinträchtigung des Rechts des Klägers, vgl auch Düss ZMR **93**, 377, KG ZMR **93**, 346, also seine voraussichtliche Umsatzschmälerung, Ffm JB **76**, 368, Karlsr MDR **80**, 59, Stgt WettbR **97**, 207, aM BezG Drsd DB **91**, 2283 (evtl das höhere Interesse des Bekl; aber es kommt beim Wert stets auf dasjenige der Klägers an), LG Mosbach BB **85**, 2073, LAG Nürnb BB **99**, 1929 (je: maßgeblich sei der drohende Schaden). Bei der Klage eines Anwalts auf die Unterlassung der Ankündigung einer unerlaubten Rechtsberatung kann sein Interesse maßgeblich sein, LG Ffm AnwBl **82**, 83. Man muß ohne Regelwert, gar von 100 000 DM, KG WettbR **98**, 139, die Verwirrung des Verkehrs und die Verwässerung einer Marke infolge des Verhaltens des Bekl nach § 3 mitberücksichtigen, Ffm Rpfleger **74**, 117. Es ist ferner zu berücksichtigen, daß jedes Unterlassungsurteil auch eine Entscheidung mit einer der Rechtskraft fähigen Feststellungswirkung enthält. Diese Wirkung muß mitbewertet werden, Einf 15 vor §§ 322–327. Bei einer Immobilienwerbung können 10% des Kaufpreises anzusetzen sein, KG RR **87**, 878, im Ergebnis ähnlich KG GRUR **89**, 629.

Wenn entweder mehrere natürliche oder juristische Personen oder eine wirtschaftliche *Interessenvereinigung* klagen, dann ist die Summe der Interessen aller Kläger maßgeblich, also zB die Summe derjenigen Beträge, die durch eine Abwerbung jährlich hätten verloren gehen können, Karlsr MDR **80**, 59. Unter Umständen muß man einen höheren Wert ansetzen, wenn die Kläger auch Belange von Nichtmitgliedern wahrnehmen. Im Fall einer Verbandsklage nach § 13 UWG gilt das Interesse der Allgemeinheit als der Wert, also nicht das Interesse der gesamten Mitglieder oder der jeweils betroffenen Mitglieder, Hamm AnwBl **87**, 45, Oldb RR **96**, 946 je mwN, aM Marotzke ZZP **98**, 199. Es entscheiden also in einem solchen Fall folgende Faktoren, vgl allgemein BGH RR **90**, 1322: Die allgemeine Bedeutung der beanstandeten Handlung; die Gefahr der Nachahmung; die Größe der Verletzungen; der Umfang der in Erscheinung tretenden Handlungen, BGH **LM** Nr 52, Düss JB **75**, 229, aM Karlsr BB **68**, 642. Zur Herabsetzung bei gehäuften Abmahnungen Düss GRUR **84**, 218. Als Beschwerdegegenstand ist das Ziel des Rechtsmittelklägers an der Aufhebung des Verbots für den Zeitraum nach der Entscheidung über das Rechtsmittel relevant. Außerdem muß man das Interesse des Rechtsmittelklägers an der Beseitigung der Feststellungswirkung des Unterlassungsurteils berücksichtigen, also das Interesse daran, daß über die Unterlassung nicht anders entschieden werden kann, und zwar auch nicht als Vorfrage, BGH **52**, 5.

Wenn es um die Unterlassung einer *Kritik* an einem wirtschaftlichen Unternehmen durch eine einstweilige Verfügung geht, dann ist die Höhe der Gefahr eines Schadens bis zum Erlaß des Urteils in der Hauptsache maßgeblich. Bei einem Spitzensportler sind Beeinträchtigungen seiner Vermarktungsmöglichkeiten mitbeachtlich, Stgt WettbR **97**, 91. Bei einer wirtschaftlich schwachen Partei kann der Wert für die Gebührenberechnung niedriger festgesetzt werden, § 85 II, UWG MarkenG, § 23 a, b UWG, vgl aber (zum alten Recht) Düss DB **77**, 1598 (es kann nämlich unter Umständen ein Rechtsmißbrauch vorliegen), KG AnwBl **78**, 142 (man muß ein gewisses Verhältnis zu dem an sich angemessenen Wert herstellen). Bei Unterlassung einer Einwirkung (Immission) muß man den Wert nach der Wertminderung schätzen. § 7 kann nur begrenzt Anhalt geben; er ist nicht direkt anwendbar.

S auch Rn 63ff „Gewerblicher Rechtsschutz".
    **f) Mietvertrag.** Eine Unterlassungsklage auf Grund eines Mietvertrags ist nicht nach § 16 GKG zu 122 bewerten, sondern nach § 3 ZPO, so wohl auch LG Hann WoM **85**, 128, aM LG Mannh WoM **99**, 224 (evtl § 9 ZPO). Wegen Hundehaltung Rn 83 „Mietverhältnis: h) Sonstige Fälle".
    **g) Zwangsvollstreckung.** Im Fall einer Klage auf eine Unterlassung der Zwangsvollstreckung aus 123 einem angeblich erschlichenen Urteil bleiben die nach diesem Urteil zu zahlenden Zinsen und Kosten außer Betracht, Karlsr MDR **91**, 353, Mü BB **88**, 1843, LG Hbg RR **90**, 624, aM Hbg MDR **88**, 1060 (aber Unterlassung ist kein Schadensersatz).

**Unzulässigkeit:** Rn 134 „Vollstreckungsklausel".
**Urheberrechtschiedsstelle:** Nach § 13 III VO v 20. 12. 85, BGBl 2543, gilt die ZPO. 124
**Urkunde:** Beim Streit um ihre Feststellung gilt § 3, ebenso beim Streit um ihre Vorlegung zur Einsichtnahme, BGH RR **97**, 648, Köln MDR **83**, 321 ($^1/_4$ des Hauptsachewerts).

S auch Rn 69 „Herausgabe: b) Herausgabe einer Urkunde", Rn 147 „Zwischenstreit".
**Urteilsänderung:** Wenn es um einen Anspruch nach § 717 geht, dann findet keine Erhöhung des Werts 125 statt, falls dieser Anspruch in demselben Verfahren geltend gemacht wird, ohne daß der Antragsteller einen

**Anh § 3**  1. Buch. 1. Abschnitt. Gerichte

weitergehenden Schaden ersetzt verlangt. Das gilt auch bei einem einfachen Antrag nach § 717 II, LAG Bln DB **88**, 612. Man darf auch weder Zinsen noch Kosten hinzurechnen, und zwar unabhängig davon, in welcher Klageform der Schadensersatz verlangt wird, § 717 Rn 14, Stgt AnwBl **76**, 133. Entsprechendes gilt in den Fällen der §§ 302 IV, 600 II.
**Urteilsberichtigung:** Rn 28 „Berichtigung der Entscheidung".
**Urteilsergänzung:** In den Fällen §§ 321, 716, 721 I 3 ist das Interesse des Antragstellers maßgeblich.

126 **Valuta:** Im Fall einer Klage auf eine Zahlung in einer ausländischen Währung ist der Kurswert im Zeitpunkt der Klagerhebung oder im Zeitpunkt der Einlegung des Rechtsmittels maßgeblich, § 4.
**Vaterschaftsanerkenntnis:** In den Fällen der §§ 1592ff BGB in Verbindung mit § 640 II Z 1 Hs 2 ZPO, ist nach § 12 II 3 GKG von einem Regelstreitwert von 4000 DM auszugehen.
S auch Rn 73 „Kindschaftssache".
**Veräußerungsverbot:** § 6 Rn 3 „Veräußerungsverbot".
**Verbandsklage:** Rn 6 „Allgemeine Geschäftsbedingungen".
**Verbindung:** Vgl § 5 Rn 2.
**Verbundverfahren:** Rn 32 „Ehesache".
**Verein:** Bei der Zugehörigkeit zum Verein entscheidet für die Zuständigkeit stets § 3 und für die Gebühren seine Natur, Grdz 11 vor § 1: Bei einer vermögensrechtlichen Sache ist auch dann § 3 maßgebend; nichtvermögensrechtlich, § 12 II GKG, ist der Streit beim Idealverein, Düss AnwBl **97**, 680, Köln MDR **84**, 153 (1000 DM), oder der Streit über die Auflösung des Landesvorstandes einer politischen Partei, KG JB **70**, 309. Beim Zusammentreffen beider Anspruchsarten ist nach § 5 zusammenzurechnen. § 247 I AktG gilt nicht entsprechend, BGH MDR **93**, 183.
S auch Rn 25 „Ausscheiden und Ausschließung".
**Vereinfachtes Verfahren,** dazu *Groß* Rpfleger **99**, 303 (Üb): Wegen der Festgebühr KV 1801 ist ein Wert nur im Fall KV 1800 und stets für die Anwaltsgebühren nach § 44 BRAGO erforderlich und nach den Regeln Rn 1 „Abänderungsklage" zu ermitteln.
**Verfügungsbeschränkung:** § 6 Rn 3 „Verfügungsbeschränkung".

127 **Vergleich:** Maßgeblich ist der Wert sämtlicher streitigen Ansprüche, die in den Vergleich einbezogen worden sind. Maßgebend ist also nicht der Betrag oder Wert, auf den sich die Parteien einigen, Köln JB **96**, 476 (auch zum Hilfsantrag), Schlesw JB **91**, 584, LG Köln AnwBl **98**, 212.
Das gilt auch zB bei einem *Totalschaden*, LG Freibg AnwBl **71**, 361. S auch Rn 104 „Stationierungsschaden". Zinsen und Kosten bleiben unbeachtet, Düss JB **84**, 1865, Schneider MDR **84**, 265. Wenn ein bisher unstreitiges Rechtsverhältnis in den Vergleich einbezogen worden ist, dann ist zwar von § 779 BGB auszugehen; man muß aber den dortigen Begriff „Unsicherheit" weit auslegen, Schmidt MDR **75**, 27, ähnlich Zweibr MDR **78**, 496 (dieses Gericht hält das Interesse an der Titulierung für maßgeblich), Markl Festschrift für Schmidt (1981) 87 aM Schneider Rpfleger **86**, 83.

128 Man muß also zB unterscheiden, ob nur ein deklaratorischer Vergleich vorliegt; dann muß man ihn grundsätzlich unberücksichtigt lassen, vgl auch LG Verden JB **70**, 256, LAG Stgt DB **84**, 784, oder ob auch für das bisher unstreitige Rechtsverhältnis immerhin zumindest vorsorglich eben ein besonderer *Vollstreckungstitel* geschaffen werden sollte. S auch Rn 15 „Aufrechnung", Rn 91 „Ratenzahlung". Wegen einer vergleichsweisen Verpflichtung zur Rücknahme einer Klage vgl Köln MDR **71**, 58. Die Übernahme der Verpflichtung zur Rücknahme eines in einem anderen Verfahren gegen einen Dritten eingelegten Rechtsmittels braucht den Vergleichswert nicht zu erhöhen, Köln MDR **71**, 58, LAG Hamm MDR **80**, 613. Bei Einbeziehung eines Eilverfahrens, §§ 620ff, 915ff, ist zusammenzurechnen, LG Hildesh JB **63**, 772, Schneider MDR **82**, 272, ZöHe § 3 Rn 16 „Vergleich", aM Ffm **KR** Nr 534. Wenn eine Partei im Vergleich auf einen Teil des bisher nicht eingeklagten Anspruchs verzichtet, weil dessen Durchsetzbarkeit zweifelhaft ist, dann erhöht sich der Vergleichswert nur um einen angemessenen Teilbetrag, LAG Düss **KR** Nr 911, LAG Hbg JB **86**, 752, LAG Hamm MDR **80**, 613 (abl Schmidt AnwBl **84**, 363).
Beim *wechselseitigen Unterhaltsverzicht* sind oft 2400–3600 DM angemessen, Düss JB **84**, 1542. Wenn ein zur Aufrechnung gestellter Anspruch nur evtl nicht durchsetzbar ist, zB wegen einer Verjährung, will Karlsr MDR **81**, 57 das beim Streitwert berücksichtigen. Diese Auffassung verkennt, daß es zum Wesen des Vergleichs gehört, gerade eine Ungewißheit zu beseitigen, § 779 I BGB. Es ist für den Wert dann unerheblich, ob die Parteien den Vergleich in einem anderen Verfahren geschlossen haben, Hamm Rpfleger **83**, 504, oder ob für die Prüfung der Gegenforderung ein anderes Gericht zuständig gewesen wäre, etwa das FamG, KG Rpfleger **83**, 505.
Beim Vergleich nur über die Kosten des Rechtsstreits ist der Betrag aller bisher entstandenen Kosten maßgeblich. Beim Streit um die Wirksamkeit des Vergleichs ist der Wert des ursprünglichen Klagantrags maßgeblich, Köln **KR** Nr 119, aM Bbg JB **98**, 541 (das Interesse). Vgl auch Schneider Rpfleger **86**, 81.
S auch Rn 2 „Abfindungsvergleich".

129 **Verlustigkeitsbeschluß:** Im Fall des § 515 III, auch in Verbindung mit § 346, sind diejenigen gerichtlichen und außergerichtlichen Kosten maßgeblich, die bis zum Antrag auf den Erlaß der Verlustigkeitserklärung und der Kostenentscheidung entstanden sind, Kblz JB **96**, 307, Schlesw SchlHA **76**, 142, aM Schneider JB **70**, 899, ZöHe 16 „Berufungszurücknahme" (§ 3, oberhalb des Kosteninteresses).
**Veröffentlichungsbefugnis:** Ihr Wert ist neben demjenigen einer Unterlassungs- oder Schadensersatzklage besonders zu bewerten, Hbg MDR **77**, 142.

130 **Versicherung:** Hier sind folgende Situationen zu unterscheiden:
**a) Deckungsprozeß.** Die §§ 3 und 9 sind anwendbar, Hamm AnwBl **84**, 95, und zwar wegen § 17 II 2 GKG auch für den Kostenstreitwert, BGH NJW **82**, 1399, aM Hamm JB **91**, 1536 (es gelte der Wert des behaupteten Haftpflichtanspruchs, begrenzt durch die Versicherungssumme und einen üblichen Abschlag beim Feststellungsantrag), Hamm NJW **74**, 1387 (die Leistung des Versicherers sei mit höchstens 5000 DM anzusetzen), Düss VersR **74**, 1034 (die Begrenzung gelte nur insofern, als die Versicherung schon gezahlt habe), Schlesw VersR **76**, 333 (die Begrenzung gelte nur dann, wenn man ausschließlich dem Rückgriffsanspruch vorbeuge).

1. Titel. Sachl. Zuständigkeit d. Gerichte u. Wertvorschriften   **Anh § 3**

Die *Selbstbeteiligung* ist abzuziehen, Ffm **KR** Nr 634. Bei der Deckungsklage eines Autoleasingnehmers aus einer Fahrzeugversicherung ist auf die Verhältnisse des Leasinggebers abzustellen, BGH RR **91**, 1150.
**b) Krankenhaustagegeld.** Bei dieser Versicherung ist § 3 anwendbar, Köln JB **77**, 1131 (das Gericht geht von einer Fünfjahresprämie aus).
**c) Todesfallrisiko.** Bei einer Versicherung auf dieses Risiko ist § 3 anwendbar, Hamm AnwBl **94**, 45, Saarbr JB **93**, 738 (Lebensversicherung). Man kann § 6 mit heranziehen, Brschw JB **75**, 1099. Es kann das Interesse an der Befreiung von Prämien maßgeblich sein. Zu Einzelfragen BGH RR **92**, 608.
**d) Versicherungsagentur:** Sie hat keinen über die Substanz hinausgehenden Wert, Stgt VersR **94**, 753.
S auch Rn 53 „Feststellungsklage: Behauptende Feststellungsklage".
**Versorgungsausgleich:** Maßgeblich ist § 17 a GKG.   **131**
**Vertagung:** Maßgeblich ist evtl die Hauptsache, § 3, Düss JB **94**, 158, meist aber weniger etwa 33%, Düss AnwBl **90**, 324.
**Verteilungsverfahren:** Maßgeblich ist die Verteilungsmasse ohne einen Abzug der Kosten und ohne eine Hinzurechnung von Zinsen. Wenn ein Überschuß für den Schuldner verbleibt, dann ist nach § 6 der verteilte und für die Kosten verwendete Betrag maßgeblich. Beim Widerspruch gegen den Teilungsplan ist das Interesse des Klägers daran maßgeblich, daß seine Forderung vorrangig berücksichtigt werde, Bbg JB **91**, 1691.
**Vertragsabschluß:** Maßgeblich ist § 3, LAG Stgt JB **92**, 627 (Interesse am Abschluß); § 16 GKG ist nicht anwendbar.
**Vertragsentwurf:** Wegen des Gegenstandswerts beim Anwalt gelten §§ 7 I, 8 II, 118 BRAGO in Verbindung mit zB § 39 II KostO. Beim Notar gilt § 145 KostO.
**Vertragserfüllung:** Rn 58 „Gegenseitiger Vertrag".
**Verwahrung:** § 6 Rn 3 „Verwahrung".
**Verzugszinsen:** Neben der Hauptforderung sind Zinsen nach § 4 ZPO, § 22 GKG zu beurteilen, auch bei einer Kapitalisierung, Schneider MDR **84**, 265 mwN. Es kann auch das bloße Fälligkeitsinteresse maßgebend sein, LG Bielef **KR** Nr 484. Wenn Verzugszinsen selbständig eingeklagt werden, ist § 3 und nicht etwa § 9 anwendbar, Düss JB **93**, 166.
**Vollmacht:** Rn 138 „Widerruf".
**Vollstreckbarerklärung:** Maßgeblich ist § 3. Kosten sind nur bei Bezifferung im ausländischen Titel **132** beachtlich, Zweibr JB **86**, 1404. Zinsen sind grds unbeachtlich, Ffm JB **94**, 117. Bei einer Beschwerde nach § 534 ist der Wert desjenigen Teils des Urteils maßgeblich, auf den sich der Antrag auf Vollstreckbarerklärung erstreckt, GSEM § 49 BRAGO Rn 16, Hartmann Teil X § 49 BRAGO Rn 17 mwN, aM Hamm FamRZ **94**, 248 (nur ein Bruchteil).
S auch Rn 97 „Schiedsgerichtsverfahren: b) Vollstreckbarerklärung", Rn 144 „Zwangsvollstreckung".
**Vollstreckungsabwehrklage:** Maßgeblich ist der Umfang der Ausschließung der Zwangsvollstreckung, **133** Düss JB **90**, 326, Hamm Rpfleger **90**, 387, auch bei Vermögensverfall, BGH RR **88**, 444, oder im Fall des § 768, Köln MDR **80**, 852. Dasselbe gilt auch dann, wenn die Zwangsvollstreckung auf Grund einer notariellen Urkunde stattfindet. Soweit es nach unstreitiger Teilerfüllung um die Unzulässigkeit gleichwohl der Zwangsvollstreckung insgesamt geht, schätzt Kblz VersR **88**, 1304 den Wert der Teilerfüllung (nur) nach § 3; ähnlich Bbg JB **84**, 1398, Hamm Rpfleger **91**, 1237 (voller Wert). Falls der Kläger allerdings nur die Unzulässigkeitserklärung eines Teils jener Urkunde erreichen will, dann ist nur jener Teil der Urkunde maßgeblich, BGH NJW **95**, 3318, Düss JB **99**, 326, Köln Rpfleger **76**, 139. Wenn auf Grund des streitigen Vollstreckungstitels Kosten festgesetzt wurden, dann sind diese nach § 4 eine Nebenforderung und werden daher gar nicht hinzugerechnet, Karlsr MDR **91**, 353. Entsprechendes gilt für Zinsen, Karlsr MDR **91**, 353, soweit sie nicht zur Hauptforderung werden, § 4 Rn 11. Wenn der Kläger gleichzeitig beantragt, bereits durchgeführte Zwangsvollstreckungsmaßnahmen rückgängig zu machen, dann erhöht sich der Wert durch diesen Zusatzantrag nicht, BGH **KR** Nr 789. Falls nur die Fälligkeit streitig ist, gilt nur der Wert der einstweiligen Ausschließung, Schlesw SchlHA **83**, 142. In der Beschwerdeinstanz gegenüber einer Maßnahme nach § 769 ist nur ein nach § 3 bemessener Bruchteil des Werts der Hauptsache anzusetzen, KG Rpfleger **82**, 308.
S auch Rn 24 „Auskunft", Rn 144 „Zwangsvollstreckung".
**Vollstreckungsklausel:** Im Fall einer Klage auf die Erteilung der Klausel nach § 731 ist der Wert desjenigen **134** Anspruchs (ohne Zinsen und Kosten) maßgeblich, der beigetrieben wird. Im Fall des § 768 ist der Umfang der Ausschließung der Zwangsvollstreckung maßgeblich, Köln MDR **80**, 852. Dasselbe gilt im Fall des § 732, LG Aachen JB **85**, 264. Bei § 733 ZPO gilt der Wert des zu vollstreckenden Anspruches, LG Mü JB **99**, 276.
S auch Rn 144 „Zwangsvollstreckung".
**Vollstreckungsschutz:** Während des Rechtsstreits zur Hauptsache gilt kein besonderer Wert. Im Verfahren nach § 765 a entsteht nach KV 1641 für die Gerichtskosten eine Festgebühr, ist also kein Wert festzustellen, so auch LG Mü WoM **96**, 235 (Schutzdauer), LG Münst WoM **95**, 663. Für die Anwaltsgebühren ist, soweit überhaupt erforderlich, nach § 3 und nach § 57 BRAGO, meist mit einem Bruchteil der Hauptsache zu schätzen, vgl Bbg JB **83**, 200, LG Münst WoM **95**, 663, AG Hamm NdsRpfl **70**, 177. Im Verfahren nach § 813b ist der Unterschiedsbetrag zwischen dem gewöhnlichen Verkaufswert und dem geschätzten Versteigerungserlös maßgeblich, § 3, AG Hann NdsRpfl **70**, 177.
**Vollstreckungsschaden:** Rn 94 „Rückerstattung".
**Vorbereitender Anspruch:** Rn 68 „Herausgabe", Rn 93 „Rechnungslegung", Rn 108 „Stufenklage".   **135**
**Vorkaufsrecht:** Wenn es um den Antrag auf die Herausgabe eines Gegenstands geht, der einem Vorkaufsrecht unterliegt, dann ist § 6 anwendbar. Im Fall einer Klage auf die Feststellung des Bestehens oder Nichtbestehens des Vorkaufsrechts oder der Feststellung, ob das Vorkaufsrecht rechtzeitig ausgeübt worden sei, ist § 3 anwendbar. Daher ist das Interesse an der Feststellung maßgeblich, BGH **LM** Nr 13, AG Lahnstein JB **78**, 1563. Im Fall der Aufhebung bzw Löschung ist § 3 anwendbar.

**Anh § 3**                  1. Buch. 1. Abschnitt. Gerichte

    **Vorläufige Vollstreckbarkeit:** Im Fall des § 718 besteht der Wert im Interesse des Antragstellers an der Entscheidung, BGH **KR** Nr 801 (10%), KG MDR **74**, 323.
    **Vorlegung einer Urkunde:** Rn 69 „Herausgabe, b) Herausgabe einer Urkunde", Rn 124 „Urkunde".
    **Vormerkung:** Vgl § 6 Rn 14, 15.
136  **Vornahme einer Handlung:** Bei der Klage ist § 3 anwendbar, also das (volle) Interesse des Klägers ohne die erforderlichen Kosten, begrenzt durch den etwa erwarteten Hauptanspruch, BGH RR **96**, 460, zB beim Vermögensverzeichnis.
    S auch Rn 144 „Zwangsvollstreckung: a) Erwirkung einer Handlung oder Unterlassung".
    **Vorrang:** § 6 Rn 12.
    **Vorrecht:** Bei einem Vorrecht im Insolvenzverfahren ist der Wert nach § 182 InsO zu bestimmen, s auch Rn 73 „Insolvenzverfahren". Im Fall einer Vollstreckungsklage ist der Wert der niedrigeren Forderung ohne Zinsen und Kosten anzusetzen.
    **Vorschußzahlung:** Eine unter einem Vorbehalt erfolgte Vorschußzahlung wird von der Klageforderung nicht abgezogen.
    S auch Rn 114 „Teilzahlung".
    **Vorzugsklage:** Maßgeblich ist der Wert der geringeren vollstreckbaren Forderung ohne Zinsen und Kosten.
137  **Wahlschuld:** Es sind folgende Fälle zu unterscheiden:
      **a) Wahlrecht des Klägers.** Maßgebend ist die höhere Leistung, soweit der Kläger nicht die niedrigere Leistung wählt. Beim Streit nur um die Person des Wahlberechtigten ist § 3 maßgeblich, also der etwaige Unterschiedsbetrag.
      **b) Wahlrecht des Beklagten.** In diesem Fall ist die niedrigere Leistung maßgeblich.
    **Währung:** Rn 25 „Auslandswährung".
    **Wandlung:** Im Fall des § 465 BGB gilt § 3, Düss JB **86**, 433 (Vermögensbeeinträchtigung). Im Fall des § 467 BGB gilt der Wert der Forderung oder der Sache. Bei der Klage auf die Rücknahme der Sache ist § 3 anwendbar, vgl Karlsr Just **70**, 12.
    **Wärmelieferungsvertrag:** Das Interesse des Klägers ist nach § 3 (nicht § 8) zu schätzen, BGH RR **89**, 381.
    **Wechsel:** S zunächst Rn 59 „Geldforderung". Für die Nebenforderungen gilt § 4 II.
    S auch Rn 69 „Herausgabe: b) Herausgabe einer Urkunde".
    **Wegnahme:** Rn 31 „Duldung der Zwangsvollstreckung".
    **Weitere vollstreckbare Ausfertigung:** Rn 134 „Vollstreckungsklausel".
    **Werkvertrag:** Die Abnahme ist mit einem Bruchteil des Lohns zu bewerten, der Lohn nach seiner Höhe, die Herstellung nach ihrem wirtschaftlichen Wert, die Mängelbeseitigung nach ihren Kosten, Düss RR **96**, 1469.
    **Wertangabe:** Sie ist ein Anzeichen für den wahren Wert, Bbg JB **89**, 1306, KG WRP **89**, 725, Köln MDR **85**, 153 (Widerlegbarkeit).
    **Wertpapier:** Rn 69 „Herausgabe: b) Herausgabe einer Urkunde".
    **Wettbewerbsrecht:** Rn 63 „Gewerblicher Rechtschutz".
138  **Widerklage:** Es ist § 5 anzuwenden. Die unzulässige Widerklage allein gegen einen Dritten ist auch bei einer hilfsweisen Erhebung unabhängig von § 19 (jetzt) I 2 GKG selbständig zu bewerten, Mü MDR **84**, 499. Für den Kostenstreitwert gilt im übrigen § 19 GKG, Bbg FamRZ **95**, 493.
    S auch Rn 71 „Hilfswiderklage".
    **Widerruf:** Maßgeblich ist § 3, vgl Celle NdsRpfl **70**, 207, LG Oldb JB **95**, 369. Soweit es um einen nichtvermögensrechtlichen Anspruch geht, Grdz 10 vor § 1, gilt § 12 II, III GKG.
139  **Widerspruch:** Es gilt nur 10% des Grundstückswerts, LG Bayreuth **KR** Nr 463.
    **Widerspruchsklage:** Es sind folgende Fälle zu unterscheiden:
      **a) Widerspruchsklage des Dritten, § 771.** Maßgeblich ist die Höhe derjenigen Forderung, für die gepfändet wurde, und zwar ohne Zinsen und Kosten. Der Wert beträgt jedoch höchstens den Wert des Pfändungsgegenstands, § 6, BGH WertpMitt **83**, 246, Düss Rpfleger **78**, 426, Mü Rpfleger **77**, 336 (und zwar für jeden Gläubiger besonders). Ausnahmsweise ist § 3 anwendbar, LG Ffm Rpfleger **75**, 322. Wert-Privilegien der eingeklagten Forderung sind beachtlich, Köln JB **91**, 967.
      **b) Widerspruchsklage des Nacherben, § 773.** Im Fall einer solchen Widerspruchsklage ist der Gesamtwert der Leistung maßgeblich, Rn 41 „Erbrechtlicher Anspruch".
      **c) Teilungsversteigerung, § 180 ZVG.** Maßgeblich ist § 3, BGH FamRZ **91**, 547, Bbg JB **91**, 1694, Saarbr JB **89**, 1598, LG Ffm Rpfleger **75**, 322. Ein Einstellungsverfahren ist selbständig zu bewerten, Schneider MDR **88**, 361, aM Celle **KR** § 16 GKG Nr 52.
140  **Wiederaufnahme:** S zunächst § 4 Rn 25. Maßgeblich ist § 3, nach oben begrenzt durch den Wert des aufzunehmenden Verfahrens, ohne Zinsen und Kosten.
    S auch Rn 85 „Nichtigkeitsklage".
    **Wiederkehrende Leistung:** Vgl bei den einzelnen Leistungsarten.
    **Willenserklärung:** Beim Streit um ihre Abgabe muß man das Interesse des Klägers nach § 3 schätzen, Düss JB **95**, 254, KG WoM **92**, 323, Mü AnwBl **88**, 645, und dabei berücksichtigen, ob durch die Willenserklärung ein vermögensrechtlicher, nichtvermögensrechtlicher oder kombinierter Erfolg eintritt. Eine Willenserklärung, die nach Beurkundung der Auflassung weiter der Vollziehung dient, kann mit $^1/_{10}$ bis $^1/_4$ des Grundstückswerts zu bemessen sein, Mü AnwBl **88**, 645.
    **Wohnrecht:** Auf das mietähnliche Dauerwohnrecht ist § 16 GKG anwendbar, Hartmann Teil I § 16 GKG Rn 9 „Dauerwohnrecht". Im übrigen gilt: Der Wert ist nach § 7 zu bestimmen, aM LG Bayreuth JB **79**, 895, LG Heidelb AnwBl **84**, 373 (sie wenden § 3 an). BGH RR **94**, 909 wendet bei Beschwerde § 3 an.
141  **Wohnungseigentum:** Es kommt auf eine Interessenabwägung im Einzelfall an, Köln JB **96**, 645. Wenn es um die Entziehung des Wohnungseigentums geht, §§ 18, 19 WEG, dann ist das Interesse der Kläger am Eigentumswechsel maßgeblich, in der Regel also der objektive Verkehrswert, BayObLG WoM **90**, 95 mwN, Karlsr AnwBl **80**, 255, LG Köln WoM **98**, 120, aM Celle **KR** § 18 WEG Nr 1 (Interesse

## 1. Titel. Sachl. Zuständigkeit d. Gerichte u. Wertvorschriften **Anh § 3**

der anderen an Beseitigung der Störung), LG Hbg WoM **91**, 55 (Höhe des streitigen Wohngeldes). Im gerichtlichen Verfahren setzt der Richter den Wert nach dem Interesse aller Beteiligten fest, § 48 III 1 WEG, BayObLG WoM **98**, 313, 687 (Rechtsmittel) und 688. Beim Streit um die Gültigkeit einer Verwalterwahl kommt seine Vergütung in Betracht, BayObLG WoM **97**, 245. Der Gegenstand des angefochtenen Beschlusses kann ungeachtet eines Vergleichs anzusetzen sein, LG Stgt WoM **97**, 128. Der Wert ist niedriger festzusetzen, wenn die nach § 48 III 1 WEG berechneten Kosten des Verfahrens zu dem Interesse eines Beteiligten nicht in einem angemessenen Verhältnis stehen, § 48 III 2 WEG, BayObLG JB **96**, 59, KG WoM **97**, 523. Dabei ist eine Abwägung der Umstände des Einzelfalls notwendig, BayObLG JB **96**, 645, und sind nur notwendige Kosten zu beachten, Karlsr WoM **96**, 180.

Zum Geschäftswert bei der Anfechtung eines Eigentümerbeschlusses über *Jahresabrechnung* und Wirtschaftsplan BayObLG WoM **97**, 400, Zweibr ZMR, **99**, 663. Bei der Berichtigung des Versammlungprotokolls ist das Interesse (statt der Kosten) maßgeblich, BayObLG WoM **96**, 728. Bei einer nur auf Verfahrensfehler bei der Anberaumung der Versammlung der Wohnungseigentümer gestützten Anfechtung ihres Beschlusses begrenzt LG Köln RR **89**, 81 den Wert auf die Kosten einer neuen Versammlung. Bei der Klage auf die Herausgabe einer gekauften Eigentumswohnung ist § 6 anwendbar, also nicht § 16 II 2 GKG, Ffm AnwBl **84**, 203. Beim Streit darüber, ob ein Eigentümerbeschluß die Fälligkeit von Wohngeld herbeiführt, können 5000 DM angemessen sein, KG WoM **90**, 238. Soweit es um die Zustimmung zu einer Veräußerung geht, sind meist 10–20% des Preises angemessen, BayObLG **90**, 27.

Bei der Klage auf *Unterlassung der Prostitution* durch einen Mieter und Forderung an den Vermieter, deshalb Räumung zu verlangen, können 30 000 DM angemessen sein, LG Augsb WoM **95**, 73. Beim gescheiterten Kauf einer Eigentumswohnung kann § 16 II GKG entsprechend anwendbar sein, unabhängig von § 985 BGB, Köln ZMR **95**, 550. Wegen einer Dachsanierung BayObLG WoM **96**, 247. Beim Streit um die Nutzung von Gemeinschaftseigentum sind die Interessen der Beteiligten maßgeblich, Schlesw WoM **96**, 305, ebenso bei § 51 WEG, Köln ZMR **99**, 284. Beim Streit um die Entfernung einer Parabolantenne setzt LG Bre WoM **97**, 70 sogar 5000 DM an (vgl aber Rn 83). Beim Streit um Verwalterzutritt nennt BayObLG WoM **98**, 54 nur 1000 DM. Beim Streit um zwei kostenunterschiedliche Möglichkeiten gilt die Differenz, BayObLG WoM **98**, 313, Hamm FGPrax **99**, 49.
S auch Rn 98 „Rechtsweg".

**Zeugnis:** Wenn es um die Ausstellung eines Zeugnisses geht, ist § 3 anzuwenden. Beim endgültigen qualifizierten Zeugnis ist grds ein Monatslohn anzusetzen, LAG Bre AnwBl **84**, 155. LAG Hamm AnwBl **87**, 497, LAG Kiel AnwBl **87**, 497, LAG Köln JB **92**, 24. LAG Hamm BB **89**, 634 setzt beim Zwischenzeugnis einen halben Monatslohn an, LAG Kiel AnwBl **88**, 697 auch dann einen vollen.
**Zeugnisverweigerungsrecht:** Maßgeblich ist entweder § 3 ZPO oder (im nichtvermögensrechtlich begründeten Verweigerungsfall) § 12 II GKG. Man muß den Wert der Hauptsache im Zwischenstreit nach § 387 mitberücksichtigen, auch die Bedeutung der etwaigen Aussage, soweit sie erkennbar ist.
**Zinsen:** Es ist § 4 anwendbar. Für den Kostenstreitwert gilt § 22 GKG. Soweit Zinsen zur Hauptforderung werden, gilt § 3, nicht § 9, auch in der Beschwerdeinstanz, BGH BB **81**, 1491.
**Zug-um-Zug-Leistung:** Rn 24 „Auskunft", Rn 103 „Sicherheitsleistung", § 6 Rn 7.
**Zurückbehaltungsrecht:** Vgl § 6 Rn 6.
**Zurückverweisung:** Wegen der Einheitlichkeit der Instanz ist der alte Wert maßgeblich.
**Zuständigkeit:** Im Fall einer abgesonderten Verhandlung über die Zuständigkeit ist der Wert der Hauptsache maßgeblich, Düss Rpfleger **72**, 463. Im Verfahren nach §§ 36, 37 kann ¹/₄ des Hauptsachewerts angemessen sein, BayObLG JB **92**, 700, ähnlich Stgt Just **93**, 143 (untere Tabellengrenze). In der Berufungsinstanz ist bei einem Hilfsantrag auf eine Verweisung ¹/₃ des Werts der Hauptsache anzusetzen, LG Brschw NJW **73**, 1846.
**Zustellung:** Die Zulassung einer öffentlichen Zustellung ist nach § 3 zu bewerten, ZöHe § 3 ZPO Rn 16 „Öffentliche Zustellung", aM Zweibr **KR** § 3 ZPO Nr 63.
**Zustimmung:** Rn 28 „Berichtigung des Grundbuchs", Rn 140 „Willenserklärung".
**Zutritt:** Maßgeblich ist § 3, Zweibr JB **98**, 474.
**Zwangsversteigerung:** Rn 139 „Widerspruchsklage: c) Teilungsversteigerung", Rn 145 „Zwangsvollstreckung: b) Einstellung, Beschränkung, Aufhebung".
**Zwangsvollstreckung:** Vgl zunächst die Festgebühr KV 1640 im dortigen Geltungsbereich.
   a) **Erwirkung einer Handlung oder Unterlassung.** Maßgeblich ist, auch in der Beschwerdeinstanz, BayObLG **88**, 444, der Wert einer Durchführung der Zwangsvollstreckung für den Gläubiger, Bbg JB **77**, 1277, Mü MDR **83**, 1029, LG Bln WoM **91**, 584. Dieser Wert ist in der Regel ebenso hoch wie der Wert der Hauptsache anzusetzen, BayObLG **88**, 444, Köln JB **92**, 251, LG Bln AnwBl **94**, 425, aM Nürnb AnwBl **79**, 390 (es handle sich um eine Frage, die nur von Fall zu Fall entschieden werden könne; mitbeachtlich sei die Art des Verstoßes). Die Höhe eines Zwangsmittels oder Ordnungsmittels ist grds unerheblich, Brschw JB **77**, 1148, LG Bln AnwBl **94**, 425, LAG Stgt AnwBl **86**, 106. Der Betrag eines Zwangs- oder Ordnungsmittels muß aber im Beschwerdeverfahren bei §§ 888, 890 beachtet werden, Düss MDR **77**, 676, Stgt Rpfleger **73**, 314, aM Mü MDR **83**, 1029, LAG Bre AnwBl **88**, 174, LAG Stgt DB **85**, 2004.
Der Wert ist allerdings *unter Umständen höher*, nämlich dann, wenn zusätzlich Streit darüber besteht, ob der Schuldner das zugrundeliegende Verhalten wiederholen darf, Düss MDR **77**, 676. Bei einer Klage auf die Beschaffung einer Genehmigung des Vormundschaftsgerichts zum Abschluß eines Kaufvertrags über ein Grundstück ist der Wert des Grundstücks maßgeblich.
   b) **Einstellung, Beschränkung, Aufhebung.** In diesen Fällen, zB nach §§ 707, 719, 769, 771 III, 785, 786, gilt der Rest der Schuld, vgl § 6, LG Kblz JB **91**, 110, auf Grund des Vollstreckungstitels ohne Zinsen und Kosten. Wenn es um einen bloßen Aufschub geht, ist ein nach § 3 bemessener Bruchteil der Restforderung anzusetzen, etwa ¹/₅ der Hauptsache, BGH NJW **91**, 2282, KG Rpfleger **82**, 308 mwN, LG Bayreuth JB **76**, 803. Bei einer Zwangsversteigerung wird der Wert des Grundstückswerts, jedoch durch die Forderungshöhe begrenzt, Stgt Just **86**, 413. Wenn die Zwangsvollstreckung nur wegen der Kosten möglich ist, dann sind nur die Kosten maßgeblich.

c) **Vollstreckungsklage.** In dieser Situation ist der Wert desjenigen Anspruchs maßgeblich, der vollstreckt werden soll.

146 d) **Unzulässigkeit.** Im Fall einer Klage auf die Unzulässigkeit der Zwangsvollstreckung ist die Höhe des gesamten Zahlungsanspruchs maßgeblich. Falls der Kläger die Zwangsvollstreckung nur wegen eines Teils der Ansprüche für unzulässig hält, ist nur der umstrittene Teil maßgeblich.

e) **Zinsen, Kosten.** Sie sind auch in der Zwangsvollstreckung wie sonst zu behandeln, § 4 ZPO, § 22 GKG, Ffm JB **94**, 117, Karlsr MDR **91**, 353, Mü BB **88**, 1843, aM Köln DGVZ **86**, 151 (wegen KV 1640, 1906, § 57 II 1 BRAGO seien die Zinsen im Beschwerdeverfahren hinzuzurechnen). Prozeßkosten sind hinzuzurechnen. Die Kosten der Zwangsvollstreckung sind nicht hinzuzurechnen, vgl § 6.

S auch Rn 31 „Duldung der Zwangsvollstreckung", Rn 89 „Pfändung", Rn 123 „Unterlassung: g) Zwangsvollstreckung", Rn 132 „Vollstreckbarerklärung", Rn 133 „Vollsteckungsabwehrklage", Rn 134 „Vollstreckungsschutz".

**Zwischenfeststellungsklage:** Rn 53 „Feststellungsklage".

147 **Zwischenstreit:** Der Wert ist nach dem Wert der Aussage des Zeugen für die Hauptsache zu schätzen, § 3, BGH **KR** Nr 1034, Köln MDR **83**, 321 (¼ des Hauptsachewerts), aM Köln VersR **73**, 832 (unabhängig von dem Wert der Hauptsache gelte § 12 II GKG. Aber die vermögensrechtliche Beziehung ist oft auch für den Zwischenstreit die Grundlage). Wenn es um den ausschlaggebenden, evtl den einzigen Zeugen geht, dann kann der Wert des Zwischenstreits den Wert der Hauptsache erreichen. Vgl auch Schneider JB **78**, 26.

S auch Rn 91 „Prozeßvoraussetzungen", Rn 124 „Urkunde", Rn 143 „Zuständigkeit".

## 4 *Wertberechnung. Nebenforderungen.* 

I Für die Wertberechnung ist der Zeitpunkt der Einreichung der Klage, in der Rechtsmittelinstanz der Zeitpunkt der Einlegung des Rechtsmittels, bei der Verurteilung der Zeitpunkt des Schlusses der mündlichen Verhandlung, auf die das Urteil ergeht, entscheidend; Früchte, Nutzungen, Zinsen und Kosten bleiben unberücksichtigt, wenn sie als Nebenforderungen geltend gemacht werden.

II Bei Ansprüchen aus Wechseln im Sinne des Wechselgesetzes sind Zinsen, Kosten und Provision, die außer der Wechselsumme gefordert werden, als Nebenforderungen anzusehen.

**Gliederung**

| | |
|---|---|
| 1) Systematik, Regelungszweck, I, II ..... 1 | 4) Nebenforderung, I ..................... 10–26 |
| 2) Geltungsbereich, I, II ................. 2 |   A. Grundsatz: Keine Berücksichtigung .... 10 |
| 3) Zeitpunkt für die Wertberechnung, I .. 3–9 |   B. Ausnahmen beim Hauptanspruch ...... 11 |
|   A. Klageeinreichung .................. 3 |   C. Andere Unkosten ................... 12 |
|   B. Berufung ........................... 4 |   D. Beispiele zur Frage einer Hinzurech- |
|   C. Revision ........................... 5 |     nung nach I ....................... 13–26 |
|   D. Sonstige Rechtsmittel .............. 6 | 5) Wechselanspruch, II ................... 27 |
|   E. Verurteilung ....................... 7 | 6) Scheckanspruch, II .................... 28 |
|   F. Sonstige Fälle ..................... 8 | 7) *VwGO* ................................ 29 |
|   G. Weitere Einzelheiten ............... 9 | |

1 **1) Systematik, Regelungszweck, I, II.** Bei der Kostenberechnung muß man außer dem § 4 auch die §§ 14, 15, 22 GKG, 8 ff BRAGO beachten. Nach § 15 GKG ist zwecks Vereinfachung und Vereinheitlichung der Wert zur Zeit der die Instanz einleitenden Antragstellung maßgebend, § 137 Rn 7, kann also im Verlaufe des Verfahrens infolge einer Erweiterung des Streitgegenstands steigen, § 264 Z 2, etwa bei einer Klageerweiterung, § 264 Z 2, nicht aber zB infolge eines bloßen Ansteigens des Börsenkurses. Eine Wertverminderung im Verlauf der Instanz bleibt unbeachtet, Düss AnwBl **81**, 444. Vgl aber auch § 14 II GKG. Die Fälligkeit der Gebühr richtet sich nach § 61 GKG.

Wegen des *Regelungszwecks* vgl Einf 2 vor § 3.

2 **2) Geltungsbereich, I, II.** Vgl Einf 2 vor §§ 3–9.

3 **3) Zeitpunkt für die Wertberechnung, I.** Er hat erhebliche Bedeutung.

**A. Klageeinreichung.** Zunächst kommt der Zeitpunkt der Einreichung der Klage oder Antragsschrift in Betracht, also der Zeitpunkt ihres Eingangs beim Gericht, nicht etwa der Zeitpunkt der Klagerhebung, also nicht etwa der Zeitpunkt der Zustellung an den Bekl, §§ 253, 261, aM Zeiss 29 (abl Schumann NJW **81**, 1718). Es ist unerheblich, ob die Klage bei ihrer Einreichung mangelhaft oder ordnungsgemäß war, vgl Köln VersR **74**, 605. Eine Änderung der Umstände ohne Änderung des Streitgegenstands ist für die Zuständigkeit ab Rechtshängigkeit unbeachtlich, § 261 III Z 2, unklar insofern Köln JB **96**, 31. Nach einem Mahnverfahren, §§ 688 ff, ist der Zeitpunkt des Akteneingangs beim Gericht des streitigen Verfahrens maßgeblich, § 696 Rn 8 mwN, auch bei einer Erledigung oder Teilerledigung, § 91 a, LG Bayreuth JB **87**, 1692, aM Bbg JB **92**, 762; evtl findet freilich die Rückwirkung nach § 693 II statt, dort Rn 11.

4 **B. Berufung.** Ferner kommt der Zeitpunkt der Einlegung der Berufung in Betracht, § 518, vgl BGH NJW **89**, 2755. Der Eingang der Berufungsbegründung ist maßgeblich, wenn erst sie den Sachantrag enthält, § 519 Rn 17, Düss NJW **71**, 148. Wegen der Gebührenberechnung gilt § 15 GKG. Der Zeitpunkt der Einlegung der Berufung hat aber nur dann eine Bedeutung, wenn sich der Wert zwischen der Einreichung der Klage und der Einlegung des Rechtsmittels verändert hat. Vgl dazu § 511 a. Wegen einer Zinsberechnung Köln RR **93**, 1215. Der Beschwerdewert kann über den Streitwert der ersten Instanz steigen. Man muß beide Werte im Zeitpunkt der Einlegung der Berufung miteinander vergleichen. Wenn der Berufungskläger die Berufung freiwillig unter die Rechtsmittelgrenze ermäßigt, dann wird sein Rechtsmittel unzulässig, Düss

1. Titel. Sachl. Zuständigkeit d. Gerichte u. Wertvorschriften § 4

FamRZ **82**, 498. Etwas anderes gilt dann, wenn die Ermäßigung unfreiwillig erfolgte, BGH **LM** § 546 Nr 8, 54 (etwa zur Abwendung der Zwangsvollstreckung, was ausdrücklich erklärt werden muß, Hamm NJW **75**, 1843), oder wenn der Berufungsbekl seinen Abweisungsantrag aufrecht erhält und nur hilfsweise die Hauptsache für erledigt erklärt.

**C. Revision.** Wegen § 546 II ist ferner der Zeitpunkt des Erlasses des Berufungsurteils maßgeblich, 5 soweit es um den Wert der Beschwer geht und soweit die Zulässigkeit der Revision von diesem Wert abhängig ist. Im übrigen ist der Zeitpunkt der Einlegung der Revision maßgeblich, vgl BGH VersR **82**, 591.

**D. Sonstiges Rechtsmittel.** Maßgeblich ist der Zeitpunkt seiner Einlegung. 6

**E. Verurteilung.** Maßgeblich ist der Schluß der letzten mündlichen Verhandlung, §§ 136 IV, 296 a. 7 Wenn keine mündliche Verhandlung stattgefunden hat, ist derjenige Zeitpunkt maßgeblich, der dem Schluß einer mündlichen Verhandlung nach § 128 II 2, III 2 gleichsteht. Bei § 495 a kommt es auf den vom Gericht gesetzten Schlußzeitpunkt der Prüfungsmöglichkeit an, soweit keine Verhandlung stattfand.

**F. Sonstige Fälle.** Maßgeblich ist der Zeitpunkt des Eingangs des Antrags. 8

**G. Weitere Einzelheiten.** Nach Rn 3–8 sind bei einer Unterhaltsklage die bei der Klageinreichung 9 fälligen Beträge usw dem Streitwert hinzuzurechnen, § 17 IV GKG; die nach der Klageinreichung fällig gewordenen Beträge bleiben außer Betracht, vgl BGH **LM** § 9 Nr 12 (zum alten Recht), Oldb FamRZ **79**, 64. Wenn der Kläger zunächst die Feststellungsklage eingereicht hatte und nun wegen der inzwischen fällig gewordenen Beträge zur Leistungsklage übergegangen ist, dann werden die Werte zusammengerechnet, vgl auch § 9 Rn 8. Eine Verbindung nach § 147 oder eine Trennung der Prozesse nach § 145 hat auf die sachliche Zuständigkeit des Gerichts keinen Einfluß. Eine solche Maßnahme wirkt wegen des Kostenstreitwerts nur für die Zukunft. Eine Minderung des Verkehrswerts des Streitsache während des Verfahrens in derselben Instanz ist unerheblich; s § 511 a Rn 21, 22 (für die Kostenberechnung vgl oben Rn 1). Eine Erweiterung der Klage oder eine Widerklage, § 264 Z 2, Anh § 253, können eine Verweisung vom AG an das LG notwendig machen, § 506. § 4 gilt nicht, wenn die Sondervorschrift des § 8 anwendbar ist, BGH **LM** § 5 Nr 12. Bei einem Verstoß gegen § 308 I bleibt der Antrag maßgeblich, BGH **LM** § 5 Nr 12.

**4) Nebenforderung, I.** Es ist wie folgt zu unterscheiden: 10

**A. Grundsatz: Keine Berücksichtigung.** Eine Nebenforderung ist ein Anspruch, den dieselbe Partei neben dem Hauptanspruch erhebt und der sachlichrechtlich vom Hauptanspruch abhängig ist, BGH **LM** § 5 VVG Nr 2, Celle MDR **88**, 414, Schlesw Rpfleger **82**, 301. Die Höhe der Nebenforderung ist für ihre Einordnung unerheblich. Eine Forderung bleibt bei der Wertberechnung dann unberücksichtigt, wenn sie als eine bloße Nebenforderung geltend gemacht wird. Wenn der Kläger jedoch die fragliche Forderung als Hauptforderung geltend macht oder wenn das vorerwähnte Abhängigkeitsverhältnis fehlt, dann muß die Nebenforderung der Hauptforderung hinzugerechnet werden, vgl Mü RR **94**, 1484.

**B. Ausnahmen beim Hauptanspruch.** Eine bisherige Nebenforderung ist hinzuzurechnen, soweit sie 11 zum alleinigen oder weiteren Hauptanspruch wird, etwa wegen eines Schuldanerkenntnisses, Kblz MDR **99**, 197, nach der Erledigung des bisherigen Hauptanspruchs, § 91 a, Schlesw Rpfleger **82**, 301. Ob eine Zahlung usw auf den Hauptanspruch erfolgt ist, richtet sich nach dem sachlichen Recht, §§ 366, 367 BGB, aM AG Hagen JB **92**, 192 (abl Mümmler). Wird nur ein Teilbetrag des Hauptanspruchs erledigt, so werden auch die zu diesem Teilbetrag gehörenden Zinsen neben dem in derselben Instanz weiterhin geltend gemachten Rest des Hauptanspruchs zu einem weiteren Hauptanspruch, BGH NJW **94**, 1870, Ffm JB **78**, 591.

**C. Andere Unkosten.** Nur die in § 4 aufgeführten Nebenforderungen bleiben unberücksichtigt. Alle 12 anderen Nebenforderungen sind hinzuzurechnen.

**D. Beispiele zur Frage einer Hinzurechnung nach I** 13
**Aktienrecht:** Hinzuzurechnen ist das Bezugsrecht auf junge Aktien neben dem Anspruch auf die Herausgabe der Aktien.
**Anfechtungsgesetz:** Hinzuzurechnen sind Kosten oder Zinsen in einem Anfechtungsprozeß außerhalb eines Insolvenzverfahrens, denn sie erhöhen die Forderung.
**Anschlußrechtsmittel:** Nicht hinzuzurechnen sind Zinsen, die man im Weg einer Anschlußberufung fordert, Schlesw SchlHA **76**, 14. Wegen einer Anschlußrevision BGH MDR **85**, 52.
**Aufwendung:** Eine Aufwendung, die man im Prozeß auf die Hauptsache macht, ist hinzuzurechnen. Denn es liegen keine Kosten im Sinn von I Hs 2 vor. Das gilt zB: Für Frachtspesen; für Futterkosten; für ein Lagergeld.
S auch Rn 20 „Rechtsgeschäft".
**Ausländisches Urteil:** Rn 24 „Vollstreckungsklage".
**Außergerichtliche Kosten:** Es gelten die Regeln Rn 18 „Kosten". Das gilt selbst dann, wenn diese Unkosten sich auf Teile des Hauptanspruchs beziehen, die nicht mehr im Streit befindlich sind.
**Befreiung:** Nicht hinzuzurechnen sind Zinsen desjenigen Anspruchs, von dem der Kläger eine Befreiung begehrt, BGH **LM** Nr 14. Hinzuzurechnen sind aber Kosten, BGH **LM** § 5 VVG Nr 2.
**Beschwerdesumme:** Sie läßt sich nicht dadurch künstlich erhöhen bzw erreichen, daß man die Zinsen hinzurechnet.
**Bezifferung:** Rn 17 „Kapitalisierung".
**Darlehen:** Rn 20 „Rechtsgeschäft". 14
**Dingliche Klage:** Die Regeln Rn 18 „Kosten" gelten für die Kosten der Befriedigung aus einem Grundstück bei einer dinglichen Klage, BGH **LM** § 3 Nr 6.
**Dritter:** Hinzuzurechnen sind Kosten oder Zinsen eines Dritten, die man im Wege eines Rückgriffs geltend macht.
**Enteignung:** Nicht hinzuzurechnen ist eine Enteignungsentschädigung nach § 17 IV LandbeschG oder nach dem BauGB, BGH NJW **70**, 1083, Zweibr Rpfleger **87**, 156.

**§ 4**

**Erschleichung:** Bei einer Klage auf die Unterlassung der Zwangsvollstreckung aus einem erschlichenen Urteil und aus dem zugehörigen Kostenfestsetzungsbeschluß gelten die Regeln Rn 18 „Kosten" für die festgesetzten Beträge.

15 **Frachtspesen:** Rn 13 „Aufwendung".
**Früchte:** Nicht hinzuzurechnen sind Früchte, § 99 BGB, soweit sie als Nebenforderung geltend gemacht werden, I Hs 2.
**Früherer Prozeß:** Rn 26 „Zwangsvollstreckung".
**Futterkosten:** Rn 13 „Aufwendung".

16 **Hinterlegung:** Hinzuzurechnen sind bei einer Klage auf die Einwilligung in eine Auszahlung des hinterlegten Betrages diejenigen Zinsen, die bis zur Einlegung des Rechtsmittels aufgelaufen sind. Denn es liegt ein einheitliches Verfahren vor, es handelt sich also nicht um eine bloße Nebenforderung gegenüber dem Bekl, vielmehr muß der Staat den Betrag verzinsen, Köln JB **80**, 281.
S auch Rn 20 „Rechtsgeschäft".
**Inkassokosten:** Es gelten die Regeln Rn 18 „Kosten", Saarbr JB **77**, 1277 mwN. Das gilt selbst dann, wenn diese Unkosten sich auf Teile des Hauptanspruchs beziehen, die nicht mehr im Streit befindlich sind.

17 **Kapitalisierung:** Hinzuzurechnen sind kapitalisierte (bezifferte) Zinsen erst nach der Erledigung aller anderen Hauptansprüche, BGH RR **95**, 707 mwN, Celle MDR **71**, 404, Ffm FamRZ Rpfleger **89**, 523 je mwN; bis dahin bleiben sie auch bei einer Bezifferung als Nebenansprüche außer Betracht, BGH RR **88**, 1199, Köln GRUR **85**, 459, Schneider MDR **84**, 265, ZöHe 11, aM Hamm AnwBl **84**, 504 (abl Chemnitz). Hinzuzurechnen sind Zinsen allerdings ausnahmsweise insoweit, als sie kontokorrentmäßig oder vertraglich zum Kapital zugeschlagen werden dürfen, Bbg JB **76**, 344, Düss JB **84**, 1865 (Vergleich), Mü JB **76**, 238.
**Klagerücknahme:** Es gelten die Regeln „Kapitalisierung".

18 **Kosten:** Hierher zählen alle im Prozeß und grds auch vor dem Prozeß entstandenen Unkosten zur Durchsetzung des Anspruchs, § 91 Rn 15, 70 ff, Bbg JB **76**, 344, Mü BB **88**, 1843. Sie bleiben neben der Hauptforderung unberücksichtigt, I Hs 2. Sie werden erst nach der Erledigung aller Hauptansprüche zum (neuen) Hauptanspruch, BGH RR **95**, 707, Köln GRUR **85**, 458. Die Kosten einer nur teilweise erledigten Hauptsache werden nicht zum Hauptanspruch. Dasselbe gilt dann, wenn gegen ein Teilurteil die Berufung und gegen die Kostenentscheidung des Schlußurteils ebenfalls die Berufung eingelegt wird, vgl § 99 Rn 29. Man darf auch in diesem Fall die Kosten auf Grund des Schlußurteils nicht dem Wert der Beschwer aus dem Teilurteil hinzufügen. Wenn der Kläger ein Rechtsmittel gegenüber mehreren Bekl eingelegt hat, einem der Bekl gegenüber aber nur deshalb, weil er den Rechtsstreit in der Hauptsache ihm gegenüber nicht für erledigt erklärt hat, dann ist der Wert einheitlich festzusetzen. Das Gericht muß das insoweit bestehende Kosteninteresse des Klägers mitberücksichtigen, BGH **LM** Nr 9.
S auch bei den einzelnen Hauptanspruchs- und Kostenarten in diesem ABC.

19 **Kredit:** Rn 20 „Rechtsgeschäft".
**Lagergeld:** Rn 13 „Aufwendung".
**Mahnung:** Für die Kosten einer Mahnung gelten die Regeln Rn 18 „Kosten".
**Mehrwertsteuer:** Rn 22 „Umsatzsteuer".
**Nutzungen:** Nicht hinzuzurechnen sind Nutzungen, § 100 BGB, soweit sie als Nebenforderungen geltend gemacht werden, I Hs 2.

20 **Protokoll:** Für Kosten eines Protokolls gelten die Regeln Rn 18 „Kosten".
**Rechtsgeschäft:** Die Regeln Rn 18 „Kosten" gelten auch für solche Unkosten, die bei der Vornahme des der Klage zugrunde liegenden Rechtsgeschäfts entstanden sind, etwa für die Kosten einer Kreditgebühr, Bbg JB **76**, 344, einer Versendung, einer Hinterlegung, s dort, einer vertraglichen Wandlung.
S auch Rn 13 „Aufwendung".
**Rechtsmißbrauch:** Rn 14 „Erschleichung".
**Rückgriff:** Rn 14 „Dritter".
**Rückstand:** Hinzuzurechnen ist evtl ein rückständiger Betrag neben einer wiederkehrenden Leistung, vgl Rn 8, Mü RR **94**, 1484.

21 **Schaden:** Er ist hinzuzurechnen. Denn es liegen keine Kosten im Sinn von I Hs 2 vor.
**Schiedsrichterliches Verfahren:** Nicht hinzuzurechnen sind die im Schiedsspruch zuerkannten Zinsen und Kosten bei einem Antrag auf die Aufhebung des Schiedsspruchs.
**Selbsthilfeverkauf:** Für seine Kosten gelten die Regeln Rn 18 „Kosten".
**Steuerrecht:** Nicht hinzuzurechnen ist ein Steuersäumniszuschlag, BGH Rpfleger **79**, 111.

22 **Teilerledigung:** Rn 11.
**Umsatzsteuer:** Wenn Zinsen Nebenforderungen sind, ist auch die auf die Zinsen etwa entfallende Umsatzsteuer (Mehrwertsteuer) eine bloße Nebenforderung, BGH **LM** Nr 19, vgl freilich auch KG OLGZ **80**, 246.
**Unfallfinanzierung:** Es gelten die Regeln Rn 18 „Kosten", Köln VersR **74**, 605.

23 **Versendung:** Rn 20 „Rechtsgeschäft".
**Verzugsschaden:** Rn 21 „Schaden", Rn 26 „Zinsen".
**Verzugszinsen:** Rn 26 „Zinsen".

24 **Vollstreckungsabwehrklage:** § 4 gilt auch bei einer Vollstreckungsabwehrklage nach § 767 (die Kosten des Vorprozesses sind als Nebenforderung nicht hinzuzurechnen).
**Vollstreckungsklage:** Nicht hinzuzurechnen sind die Verfahrenskosten einer Vollstreckungsklage nach § 722. Hinzuzurechnen sind Kosten, die in dem ausländischen Urteil ziffernmäßig allein oder neben der Hauptforderung genannt worden sind. Denn dann liegt keine Nebenforderung vor, BGH **LM** Nr 7.
**Vollstreckungsschaden:** § 4 gilt auch dann, wenn der Kläger einen Vollstreckungsschaden infolge einer Änderung des Urteils geltend macht, § 717 Rn 14.
**Vorprozeß:** Rn 26 „Zwangsvollstreckung".
**Vorrecht:** § 3 Anh Rn 136 „Vorrecht".

25 **Wandlung:** Rn 20 „Rechtsgeschäft".

1. Titel. Sachl. Zuständigkeit d. Gerichte u. Wertvorschriften  **§§ 4, 5**

**Widerspruchsklage:** § 3 Anh Rn 139 „Widerspruchsklage".
**Wiederaufnahme:** § 4 gilt auch bei einer Wiederaufnahmeklage.
**Zinsen:** Hinzuzurechnen sind Zinsen aus einem nicht miteingeklagten Kapital, auch beim Teilungsplan, 26
BGH RR **98**, 1284, oder dann, wenn sie zum Hauptanspruch werden, Rn 11.
   *Nicht* hinzuzurechnen sind Zinsen, soweit sie als Nebenforderung geltend gemacht werden, I Hs 2, BayObLG WoM **94**, 574, Kblz MDR **99**, 197, LG Köln WoM **95**, 719 (abw bei Kautionszinsen). Hierher gehören vertragliche und gesetzliche Zinsen, BGH NJW **90**, 2754, Mü BB **88**, 1843, und zwar auch solche Zinsen, die ein ausländisches Gericht in seinem Urteil zuerkannt hat, wenn es jetzt um eine Klage mit dem Ziel einer Vollstreckbarerklärung jenes Urteils geht, BGH **LM** Nr 7, Ffm JB **94**, 117 mwN. Die Zinsen gehören auch dann hierher, wenn nunmehr ein Bürge oder eine Versicherung für die Zinsen in Anspruch genommen werden, Nürnb VersR **78**, 854. Schäden, die der Kläger in der Form von Zinsen geltend macht, etwa Verzugszinsen, sind als Zinsen nicht hinzuzurechnen, wenn sie neben dem Hauptanspruch geltend gemacht werden und vom Hauptanspruch abhängig sind. Denn in solchem Fall liegt keine Hauptforderung vor, sondern eine Nebenforderung, Bbg JB **78**, 1549. Wegen Vorfälligkeitszinsen BGH NJW **98**, 2060.
   S auch bei den einzelnen Hauptanspruchsarten in diesem ABC, zB Rn 17 „Kapitalisierung".
**Zusammenfassung:** Rn 17 „Kapitalisierung".
**Zuwachs:** Seine Kosten sind hinzuzurechnen. Denn es liegen keine Kosten im Sinn von I Hs 2 vor.
**Zwangsvollstreckung:** Hinzuzurechnen sind Kosten eines früheren Prozesses bei einer Maßnahme der Zwangsvollstreckung.
   S auch Rn 14 „Erschleichung", Rn 24 „Vollstreckungsabwehrklage", „Vollstreckungsklage", „Vollstreckungsschaden".

**5) Wechselanspruch, II.** Bei ihm sind die Zinsen, die Kosten und die Provisionen Nebenforderungen, 27 und zwar sowohl im Wechselprozeß, § 602, als auch im ordentlichen Verfahren. Etwas anderes gilt bei einer Klage aus dem Grundgeschäft. Zum Begriff des Wechselanspruchs vgl bei § 602.

**6) Scheckanspruch, II.** II gilt im Scheckprozeß des § 605a entsprechend. 28

**7) VwGO: I** ist entsprechend anwendbar in den § 2 Rn 9 genannten Fällen, VGH Mannh VBlBW **80**, 55 mwN, 29 so daß Zinsen als Nebenforderung außer Betracht bleiben, KoppSch § 146 Rn 12 aE, ebenso Kosten, BVerwG NVwZ **87**, 219. Für die Festsetzung des Gebührenwerts gilt I ebenfalls entsprechend, soweit nicht Sondervorschriften eingreifen, §§ 14, 15 und 22 GKG, Hartmann § 13 GKG Rn 6 u Anh I A § 13 GKG.

**5** *Mehrere Ansprüche.* Mehrere in einer Klage geltend gemachte Ansprüche werden zusammengerechnet; dies gilt nicht für den Gegenstand der Klage und der Widerklage.

**Schrifttum:** *Frank,* Anspruchsmehrheiten im Streitwertrecht, 1986.

### Gliederung

| | |
|---|---|
| 1) Systematik, Regelungszweck ........ 1 | B. Beispiele zur Frage der Zusammenrechnung ................... 4–10 |
| 2) Geltungsbereich ................. 2 | C. Nebenforderung ................. 11 |
| 3) Mehrere Ansprüche .............. 3–11 | 4) Klage und Widerklage ............. 12 |
| A. Grundsatz: Zusammenrechnung ...... 3 | 5) *VwGO* ....................... 13 |

**1) Systematik, Regelungszweck.** Der erste Halbsatz der Vorschrift ist auch für die Gebührenberech- 1 nung anwendbar; kostenrechtlich gelten aber im übrigen vorrangige Sonderregeln, zB § 12 II, III GKG. Wegen des Beschwerdewerts bei Klage und Widerklage Albers § 511a Rn 23, 24 mwN. Die Zusammenrechnung für den Kostenstreit erfolgt im Interesse der Kostengerechtigkeit (Vermeidung zu hoher Kosten) nur dann, wenn die Klage und die Widerklage nicht denselben Streitgegenstand betreffen, § 2 Rn 2, §§ 19 I 1, 3 GKG, 8 BRAGO.

**2) Geltungsbereich.** Vgl zunächst Einf 2 vor §§ 3–9. Im Verfahren vor dem Arbeitsgericht gilt: Die 2 Wertfestsetzung ist sachlichrechtlich zugleich eine Festsetzung des Beschwerdewerts der höheren Instanz, vgl BGH VersR **81**, 157, BAG BB **75**, 885. In einer Baulandsache kann § 5 entsprechend anwendbar sein, BGH NJW **89**, 1039. Für die Anwaltsgebühren erfolgt unter Umständen abweichend von § 5 keine Zusammenrechnung, Mü MDR **73**, 771.

**3) Mehrere Ansprüche.** Schon Hs 1 enthält Grundsatz und Ausnahme. 3
   **A. Grundsatz: Zusammenrechnung.** Mehrere in derselben Klage geltend gemachte Ansprüche sind zusammenzurechnen. Das betrifft sowohl die Klägerhäufung, §§ 59ff, BGH VersR **91**, 360, als auch die Anspruchshäufung (subjektive oder objektive Klagenhäufung), § 260, BGH VersR **81**, 157, Kblz GRUR **84**, 909, natürlich erst recht deren Zusammentreffen, Mü MDR **93**, 286. Die Anspruchsbegründung ist unerheblich, Rn 7 „Mehrheit von Anspruchsbegründungen". Der Grundsatz der Zusammenrechnung gilt auch dann, wenn eine Verbindung erfolgt, § 147 Rn 11, Schneider MDR **74**, 9. Die Ansprüche müssen aber einen selbständigen Wert, also verschiedene Streitgegenstände haben, § 2 Rn 3, BGH VersR **91**, 360, Ffm JB **77**, 1136, LG Mönchengladb ZMR **85**, 164. Die Verbindung läßt die vor ihrer Vornahme entstandenen Werte (und Kosten) unberührt, Köln VersR **92**, 518, Mü AnwBl **81**, 155.

   **B. Beispiele zur Frage der Zusammenrechnung** 4
   **Abnahme:** Rn 7 „Kaufpreis".
   **Anfechtungsgesetz:** Nicht zusammenzurechnen sind ein Anspruch des Anfechtungsgläubigers auf die Zahlung eines Wertsatzes und auf die Duldung der Zwangsvollstreckung über den Rechtsnachfolger.

## § 5

**Annahmeverzug:** Nicht zusammenzurechnen sind der Leistungsantrag und der Antrag auf die Feststellung des Annahmeverzugs des Bekl mit der Rücknahme von Gegenständen, LG Mönchengladb ZMR **85**, 164, offen BGH RR **89**, 826.
**Anschlußberufung:** Zusammenzurechnen ist bei Verschiedenheit der Streitgegenstände, LG Bln JB **85**, 259.
**Anzahlung:** Zusammenzurechnen ist bei einer Klage auf eine Anzahlung und einer Widerklage auf volle Erfüllung, Celle NdsRpfl **85**, 1.
**Arrest, einstweilige Verfügung:** Zusammenzurechnen ist auch in diesen Eilverfahren.
**Aufrechnung:** Zusammenzurechnen ist wegen § 322 II, wenn die Klage zwar begründet ist, wenn das Gericht aber feststellt, daß eine Gegenforderung nicht besteht, oder wenn die letztere Feststellung in einem Vergleich getroffen wird, Düss MDR **70**, 1021.
S auch § 3 Anh Rn 15 ff „Aufrechnung".
**Auskunftsklage:** Rn 8 „Stufenklage".
**Bürge:** Nicht zusammenzurechnen sind die Ansprüche gegenüber dem Hauptschuldner und dem Bürgen.
**Duldung:** Nicht zusammenzurechnen sind der Anspruch auf die Leistung gegenüber dem einen Schuldner und der Anspruch auf die Duldung der Zwangsvollstreckung demselben gegenüber, KG AnwBl **79**, 229 (wirtschaftliche Nämlichkeit), gegenüber dem anderen Schuldner, denn derselbe Anspruch geht hier in zwei verschiedene Richtungen. Das gilt zB bei einem Anspruch des Anfechtungsgläubigers nach dem AnfG auf die Zahlung eines Wertersatzes und auf die Duldung der Zwangsvollstreckung über den Rechtsnachfolger.
**Ehescheidung:** Zusammenzurechnen sind der Anspruch auf die Gestattung des Getrenntlebens und derjenige auf die Übertragung des elterlichen Sorgerechts, § 620.
**Eigentumsvorbehalt:** Rn 7 „Kaufpreis".
**Einstweilige Verfügung:** Rn 3 „Arrest, einstweilige Verfügung".
**Entschädigung:** Rn 9 „Vornahme einer Handlung".
5 **Feststellung:** Rn 8 „Teilbetrag".
**Gesamtgläubiger:** Nicht zusammenzurechnen ist wegen des Anspruchs mehrerer Gesamtgläubiger auf dieselbe Leistung, zB auf eine Unterlassung, BGH BB **87**, 641, oder bei einem Anspruch eines Gesamtgläubigers und einem Anspruch des Gesamtschuldners, wenn jeweils das Ganze im Streit ist, vgl LAG Hamm BB **82**, 374 mwN (wenn man gegen einen Streitgenossen ein Rechtsmittel eingelegt hat, wird allerdings der Wert zusammengerechnet, soweit die Ansprüche gegenüber diesem Streitgenossen identisch sind).
**Gesamtschuldner:** Nicht zusammenzurechnen sind der Anspruch eines Gesamtgläubigers und der Anspruch eines Gesamtschuldners, wenn jeweils das Ganze im Streit ist, vgl LAG Hamm BB **82**, 374 mwN (wenn man gegen einen Streitgenossen ein Rechtsmittel einlegt, wird der Wert zusammengerechnet, soweit die Ansprüche gegenüber diesem Streitgenossen identisch sind).
*Nicht* zusammenzurechnen ist ferner beim Anspruch auf eine unteilbare Leistung gegenüber mehreren Schuldnern.
S auch Rn 10 „Wertersatz".
**Getrenntleben:** Rn 4 „Ehescheidung".
6 **Herausgabe:** Rn 7 „Kaufpreis", Rn 10 „Wertersatz".
**Hilfsantrag:** Zusammenzurechnen sind der Haupt- und der Hilfsantrag, wenn das Gericht über beide entschieden hat, § 19 I 2 GKG, vgl schon BGH NJW **73**, 98, Bbg JB **94**, 112, oder wenn der Hilfsantrag vom Hauptantrag unabhängig ist und wenn das Gericht den Hauptantrag abweist, ferner dann, wenn das Gericht den Bekl auf Grund des Hilfsantrags verurteilt oder wenn es die Klage auf Grund des Hilfsantrags des Bekl abgewiesen hat, Ffm JB **70**, 687.
*Nicht* zusammenzurechnen sind der Haupt- und der Hilfsantrag im übrigen kostenrechtlich, § 19 I 2 GKG, vgl schon BGH NJW **73**, 98, wie für die Zuständigkeit; maßgeblich ist in den letzteren Fällen nur der höhere Wert.
**Hilfswiderklage:** § 3 Anh Rn 71 „Hilfswiderklage".
7 **Kaufpreis:** Nicht zusammenzurechnen sind: Die Kaufpreisforderung und der Anspruch auf die Abnahme der Kaufsache; der Anspruch auf die Herausgabe einer Ware, die man unter einem Eigentumsvorbehalt geliefert hat, und der Anspruch auf die Zahlung des Restkaufpreises.
S auch Rn 3 „Annahmeverzug".
**Klageänderung:** Nicht zusammenzurechnen sind der Anspruch, der vor der Klageänderung geltend gemacht wurde, und der jetzige, denn die Ansprüche werden unter diesen Umständen nicht nebeneinander erhoben.
**Klageerweiterung:** Rn 8 „Streitgenossen".
**Mahnverfahren:** Zusammenzurechnen ist auch im Mahnverfahren.
**Mehrheit von Ansprüchen:** Zusammenzurechnen sind mehrere in derselben Klage geltend gemachte Ansprüche, Rn 2, BGH VersR **81**, 157, Kblz GRUR **84**, 909.
*Nicht* zusammenzurechnen sind unabhängige Ansprüche in Klage und Widerklage, Köln JB **90**, 241.
**Mehrheit von Anspruchsbegründungen:** Nicht zusammenzurechnen ist, wenn für denselben Anspruch nur mehrere rechtliche Begründungen gegeben werden oder infragekommen, Rn 2.
**Mehrheit von Klägern:** Zusammenzurechnen sind mehrere in derselben Klage geltend gemachte Ansprüche, Rn 2, auch im Fall der Klägerhäufung, BGH VersR **91**, 360.
**Nichtvermögensrechtlicher Anspruch:** Es ist mit einem vermögensrechtlichen Anspruch zusammenzurechnen, jedoch nicht, soweit aus dem nichtvermögensrechtlichen ein vermögensrechtlicher Anspruch hergeleitet wird, § 12 III GKG (dann nur der höhere).
**Patentverfahren:** BPatG GRUR **92**, 690 hält eine Zusammenrechnung jedenfalls im Nichtigkeitsverfahren erster Instanz nicht für statthaft.
**Quittung:** Rn 10 „Zwangsvollstreckung".

1. Titel. Sachl. Zuständigkeit d. Gerichte u. Wertvorschriften **§§ 5, 6**

**Sicherungsanspruch:** Nicht zusammenzurechnen sind ein Sicherungsanspruch, etwa aus einer Pfandklage, **8** und eine persönliche Forderung, Ffm JB **77**, 1136, Schlesw SchlHA **86**, 184.
**Sorgerecht:** Rn 4 „Ehescheidung".
**Streitgenossen:** Nicht zusammenzurechnen sind Ansprüche gegen mehrere Streitgenossen auf dieselbe Leistung, auch bei nachträglicher Klageerweiterung, Kblz AnwBl **85**, 203. Im übrigen kann wie sonst zusammenzurechnen sein. Bei Rechtsmitteln ist unerheblich, ob alle sie einlegen und wie das geschieht.
   S auch Rn 5 „Gesamtschuldner".
**Stufenklage:** Zusammenzurechnen sind der Anspruch der ersten (beiden) Stufen und die schließliche Leistungsforderung, KG Rpfleger **73**, 226, vgl freilich auch § 18 GKG, Schneider Rpfleger **77**, 92.
   Etwas anderes gilt auch dann, wenn man von dem zunächst erhobenen Auskunftsanspruch zum Schadensersatzanspruch übergeht, Celle DB **71**, 865.
**Teilbetrag:** Nicht zusammenzurechnen sind die Feststellung des gesamten Rechtsverhältnisses und ein Anspruch auf die Leistung eines Teilbetrages, BGH **LM** Nr 8 (wenn das Teilurteil angefochten wird, dann gilt in der Rechtsmittelinstanz der Wert des gesamten Rechtsverhältnisses).
**Unteilbare Leistung:** Rn 5 „Gesamtschuldner".
**Unterhalt:** Bei einer Verbindung der Klagen auf rückwirkende Herabsetzung und auf Rückzahlung ist nicht zusammenzurechnen, Hbg JB **94**, 493.
**Unterlassung:** Zusammenzurechnen ist, soweit keine Gesamtschuldner, Rn 5, vorliegen, Kblz WRP **85**, 45.
**Vaterschaft:** Zusammenzurechnen sind der Anspruch aus einer Ehelichkeitsanfechtungsklage gegenüber **9** dem einen wie dem anderen Geschwister.
**Verbindung:** Rn 3.
**Vergleich:** Rn 4 „Aufrechnung".
**Vollstreckungsabwehrklage:** Nicht zusammenzurechnen sind der Anspruch aus einer Vollstreckungsabwehrklage und der Anspruch auf die Rückgewähr der Leistung, BGH **LM** Nr 13.
   S auch Rn 10 „Zwangsvollstreckung".
**Vornahme einer Handlung:** Nicht zusammenzurechnen sind der Vornahmeanspruch und der Anspruch auf eine Entschädigung nach § 510 b.
**Wahlantrag:** Nicht zusammenzurechnen sind Wahlanträge, vgl § 3 Anh Rn 137 „Wahlschuld". **10**
**Wertersatz:** Nicht zusammenzurechnen sind: Der Anspruch auf die Herausgabe einer Sache und der Anspruch auf die Zahlung einer Geldsumme als eines Wertersatzes für den Fall der Unmöglichkeit der Herausgabe; der Anspruch des Anfechtungsgläubigers nach dem AnfG auf die Zahlung eines Wertersatzes und auf die Duldung der Zwangsvollstreckung über den Rechtsnachfolger.
**Zwangsvollstreckung:** Nicht zusammenzurechnen sind der Anspruch auf die Feststellung der Unzulässigkeit der Zwangsvollstreckung und der Anspruch auf die Aushändigung einer löschungsfähigen Quittung.
   S auch Rn 4 „Duldung", Rn 9 „Vollstreckungsabwehrklage".

**C. Nebenforderung.** Eine solche bleibt unberücksichtigt, § 4. Eine nachträgliche Prozeßverbindung, **11** § 147, oder Prozeßtrennung, § 145, ist für die Gebühren bedeutungslos, muß allerdings bei der Beurteilung der weiteren sachlichen Zuständigkeit beachtet werden. Wenn für den einen der Ansprüche eine ausschließliche Zuständigkeit besteht, Üb 14 vor § 12, für den anderen nur eine gewöhnliche Zuständigkeit, dann darf man die Ansprüche zur Beurteilung der Zuständigkeit nicht zusammenrechnen. Man kann zB eine vor das AG gehörende Vollstreckungsabwehrklage nach § 767 nicht mit einer anderen Klage zusammenrechnen, um das LG zuständig zu machen. Wegen des Kostenstreitwerts s § 22 GKG. Wenn das AG ohne Rücksicht auf den Streitwert zuständig ist, § 23 Z 2 GVG, dann darf man einen derartigen Anspruch nicht mit einem anderen zusammen beim LG erheben, § 206. Eine Zusammenrechnung erfolgt also auch in diesem Fall nur für den Kostenstreitwert. Für den Beschwerdewert gilt bei allen Rechtsmitteln § 5 entsprechend.

**4) Klage und Widerklage.** Sie dürfen zur Beurteilung der Zuständigkeit in keinem Fall zusammenge- **12** rechnet werden, Schneider MDR **88**, 271. Es gilt also nur der höhere Wert. Für den Kostenstreitwert vgl Rn 1; wegen des Beschwerdewerts vgl § 511 a Rn 23. Zeitlich getrennte Ansprüche der Widerklage, Anh § 253, können einzeln und zusammengerechnet eine Verweisung nach § 506 erforderlich machen. Wegen eines Ersatzanspruchs auf Grund einer Änderung des Urteils Anh nach § 3 Rn 125 „Urteilsänderung".

**5) VwGO:** Entsprechend anwendbar unter den bei § 2 Rn 9 genannten Voraussetzungen für die Beschwerdesumme, **13** BVerwG NVwZ-RR **89**, 582 u NVwZ **89**, 219, VGH Kassel LS NJW **83**, 2047 (zur Berechnung der Rechtsmittelsumme bei sachwidrig getrennten Verf vgl OVG Münst DÖV **82**, 373), ferner bei der Ermittlung des Gebührenwertes, BVerwG DÖV **82**, 410, nach Maßgabe der Rn 1. Wegen der Einzelheiten vgl insoweit Hartmann Anh I B § 13 GKG Rn 3 (u Bem dazu).

**6** *Besitz. Sicherstellung. Pfandrecht.* ¹Der Wert wird bestimmt: durch den Wert einer Sache, wenn es auf deren Besitz, und durch den Betrag einer Forderung, wenn es auf deren Sicherstellung oder ein Pfandrecht ankommt. ²Hat der Gegenstand des Pfandrechts einen geringeren Wert, so ist dieser maßgebend.

### Gliederung

| | |
|---|---|
| 1) Besitzstreit, Eigentumsstreit, S 1, 2 .... | 1–8 |
|    A. Grundsatz: Sachwert ................ | 1 |
|    B. Beispiele zur Frage der Anwendbarkeit . | 2, 3 |
|    C. Verkehrswert ....................... | 4 |
|    D. Lasten ............................. | 5 |
|    E. Gegenleistung ...................... | 6, 7 |
|    F. Einzelfragen ........................ | 8 |
| 2) Sicherstellung einer Forderung, S 1, 2 . | 9 |
| 3) Pfandrecht, S 1, 2 ...................... | 10–15 |
|    A. Geltungsbereich .................... | 10 |
|    B. Wertgrundsatz: Forderung, evtl nur Pfandrecht ......................... | 11 |
|    C. Einzelfragen ........................ | 12–15 |
| 4) Sinngemäße Anwendung, S 1, 2 ........ | 16 |
| 5) VwGO ................................ | 17 |

## § 6

**1) Besitzstreit, Eigentumsstreit, S. 1, 2.** Die Vorschrift gilt für alle drei Wertarten im Sinn von Einf 1–5 vor §§ 3–9, abw zB Ffm JB **81**, 759, Schneider MDR **84**, 266 (beim Kostenwert nur entsprechend).

**A. Grundsatz: Sachwert.** Soweit es auf den Besitz einer Sache oder auf ihr Eigentum ankommt, dazu Köln MDR **73**, 147, ist der Wert der Sache maßgeblich, BGH NJW **70**, 2018.

**B. Beispiele zur Frage der Anwendbarkeit**
**Abnahme:** § 6 ist unanwendbar auf eine Klage des Verkäufers auf die Abnahme der Kaufsache, Stgt Rpfleger **64**, 162.
**Abwehrklage:** § 6 ist unanwendbar auf eine Abwehrklage (negatorische Klage).
**Anfechtung:** Rn 16.
**Arrest, Einstweilige Verfügung:** § 6 ist unanwendbar auf einen Antrag auf eine nur vorläufige Regelung im Wege eines Arrests oder einer einstweiligen Verfügung; vielmehr gilt dann der vorrangige § 20 GKG, dazu Köln VersR **76**, 740.
**Auflassung:** § 6 ist anwendbar auf eine Klage auf die Erteilung einer Auflassung, vgl auch Rn 4, Mü MDR **97**, 599 (auch bei einer Gegenforderung), Nürnb MDR **95**, 966, Oldb MDR **98**, 1406 (wirtschaftliche Bedeutung), aM Celle RR **98**, 142 (nur, wenn auch Herausgabe), Ffm RR **96**, 636 (§ 3). Bei ideellem Grundstücksteil gilt dessen Wert, Schlesw Rpfleger **80**, 239. Beim Zusammentreffen von Auflassung und Löschung bereits eingetragener Lasten ist der Grundstückswert der Höchstwert, Köln JB **88**, 1388.
S auch „Eigentumsfeststellung, Rn 3 „Rückgewähr", Rn 14, 15 wegen einer Vormerkung.
**Baulandsache:** § 6 ist unanwendbar auf eine Klage auf eine vorzeitige Besitzeinweisung in einer Baulandsache nach dem BauGB; vielmehr gilt dann § 20 GKG entsprechend und es entscheidet das Interesse des Klägers, meist etwa ⅓ des Werts der Fläche, vgl aber auch § 13 GKG.
**Befreiung:** § 3 Anh Rn 27 „Befreiung".
**Besitzeinweisung:** S „Baulandsache".
**Besitzklage:** § 6 ist anwendbar auf eine Besitzklage jeder Art, aM Zweibr **KR** Nr 100 (bei einer Besitzstörung sei § 3 anwendbar).
**Beweisurkunde:** § 6 ist unanwendbar auf eine Klage auf die Herausgabe einer Beweisurkunde oder einer anderen Urkunde, die keine Wertträger sind, § 3 Rn 69 „Herausgabe einer Urkunde".
**Ehewohnung:** Soweit nicht überhaupt ein FGG-Verfahren vor dem FamG vorliegt, ist § 6 (und nicht § 16 GKG) anwendbar, aM Köln MDR **99**, 637 (mit Recht abl Schneider).
**Eigentumsfeststellung:** § 6 ist anwendbar auf eine Klage auf die Feststellung des Eigentums, KG MDR **70**, 152.
S auch „Auflassung".
**Eigentumsübertragung:** Rn 3 „Zugewinnausgleich".
**Eigentumsvorbehalt:** § 6 ist anwendbar auf eine Klage auf die Herausgabe einer Sache, die der Kläger unter einem Eigentumsvorbehalt geliefert hat, Ffm NJW **70**, 334. Das gilt auch bei der Feststellung der Wirksamkeit des Eigentumsvorbehalts.
**Enteignung:** § 3 Rn 40.
**Erbbaurecht:** § 6 ist anwendbar auf eine Klage mit dem Ziel der Bestellung eines Erbbaurechts, Saarbr AnwBl **78**, 107, und auf die Herausgabe nach dem Erbbaurechtsende, Hbg AnwBl **96**, 411.
**Freistellung:** S „Befreiung".
**Herausgabe:** Für die Bewertung kommt es auf den wirtschaftlichen Zweck der Herausgabe evtl mit an, Mü JB **84**, 1401. Bei Miete und Pacht gelten § 8 sowie § 16 GKG.
S auch „Beweisurkunde", „Eigentumsvorbehalt", „Hinterlegung", Rn 3 „Rückgewähr", Rn 3 „Wertpapier".
**Hinterlegung:** § 6 ist anwendbar auf eine Klage auf die Erteilung einer Einwilligung zur Herausgabe einer hinterlegten Sache, KG AnwBl **78**, 107.
S auch § 3 Rn 68 „Herausgabe: a) Herausgabe einer Sache".
**Miete:** Rn 2 „Besitzklage", Rn 3 „Räumungsklage".
**Räumungsklage:** § 6 ist unanwendbar auf eine Räumungsklage, § 3 Rn 92 „Räumung".
**Rückgewähr:** § 6 ist anwendbar auf eine Klage auf die Rückgewähr einer Sache wegen Nichterfüllung, Schlesw Rpfleger **80**, 293 (beim ideellen Anteil gilt dieser), LG Bayreuth JB **77**, 1116, LG Ffm AnwBl **77**, 252. § 6 ist ferner anwendbar auf einen Anspruch auf Rückgewähr wegen der Nichtigkeit eines Vertrages, ferner § 463 BGB, aM Schlesw JB **98**, 421 (§ 3).
**Scheidung:** S „Zugewinnausgleich".
**Teilungsversteigerung:** § 6 ist unanwendbar auf eine Widerspruchsklage bei § 180 ZVG, § 3 Rn 139 „Widerspruchsklage: c) Teilungsversteigerung".
**Testamentsvollstrecker:** Rn 2 „Besitzklage".
**Übergabe:** § 6 ist anwendbar auf eine Klage des Käufers auf die Übergabe der Kaufsache.
S auch Rn 2 „Abnahme", „Eigentumsvorbehalt", Rn 3 „Zugewinnausgleich".
**Umlegungsstreit:** § 6 ist unanwendbar auf eine Klage dazu, ob ein Grundstück in ein Umlegungsverfahren einbezogen werden soll.
**Urkunde:** Rn 2 „Beweisurkunde", Rn 3 „Wertpapier".
**Veräußerungsverbot:** § 6 ist anwendbar auf ein gesetzliches oder vertragliches Veräußerungsverbot. Maßgeblich ist der Verkehrswert, also nicht das wirtschaftliche Ziel, Kblz **KR** § 3 Nr 1165, Köln **KR** § 20 GKG Nr 36.
**Verbotene Eigenmacht:** Rn 2 „Besitzklage".
**Verfügungsbeschränkung:** Ähnlich wie beim Veräußerungsverbot ist vom Verkehrswert auszugehen, Kblz **KR** § 3 Nr 1165, und die Gefährdung zu beachten.
**Verwahrung:** Die vorzeitige Rückgabe ist nach § 3 (Zeitinteresse), die endgültige nach § 6 zu behandeln.
**Vorbereitende Klage:** § 6 ist unanwendbar auf eine nur vorbereitende Klage, vgl § 3 Rn 135.
S auch Rn 2 „Arrest, Einstweilige Verfügung".

1. Titel. Sachl. Zuständigkeit d. Gerichte u. Wertvorschriften  § 6

**Vorkaufsrecht:** § 3 Rn 40.
**Vorläufige Regelung:** Rn 2 „Arrest, Einstweilige Verfügung".
**Wertpapier:** Es entscheidet sein Kurswert, § 3 Rn 69 „Herausgabe: b) Herausgabe einer Urkunde".
**Widerspruchsklage:** S „Teilungsversteigerung".
**Zugewinnausgleich:** § 6 ist anwendbar auf eine Klage des Käufers auf die Übergabe der Sache nebst Eigentumsübertragung unter Anrechnung auf den Zugewinnausgleich, Ffm MDR **90**, 58.
**Zug-um-Zug:** Rn 7.
**Zwangsversteigerung:** S „Teilungsversteigerung".

**C. Verkehrswert.** Maßgebend ist der Wert der Sache, also der objektive Verkehrswert, § 3 Rn 3, Ffm **4** RR **96**, 1471, Kblz AnwBl **94**, 368, Oldb MDR **98**, 1406 (wirtschaftliche Bedeutung), bei einem Grundstück und bei der Klage auf die Feststellung des Eigentums, KG NJW **70**, 334, also nicht der Einheitswert, bei der Auflassung eines Erbbaurechtsgrundstücks nur der Bodenwert, Bbg JB **92**, 629. Bei einem noch zu vermessenden Teil ist nach § 3 zu schätzen, Köln JB **71**, 719. Der Verkehrswert gilt auch dann, wenn es um ein Mietwohngrundstück geht. Beim Geschäftswert stellt LG Mü WoM **95**, 197 auf den 17fachen Jahresmietwert ab. Der Kaufpreis ist nicht maßgeblich, Köln MDR **73**, 147. Er erbringt aber meist einen Anscheinsbeweis für die Höhe des Verkehrswerts, Anh § 286 Rn 15. Bei Edelmetall ist der Ankaufskurs maßgeblich, BGH RR **91**, 1210. Stets kommt es auf den Zeitpunkt der Entscheidungsreife bzw des Schlusses der letzten Verhandlung an, § 300 Rn 6, BGH RR **91**, 1210. Daher ist zB bei der Rückauflassung eines inzwischen bebauten Grundstücks die Bebauung mitzubewerten.

**D. Lasten**, zB valutierende Grundpfandrechte, Bbg JB **77**, 1278, mindern den Wert auf das wirtschaft- **5** liche Interesse des Klägers an der Herausgabe usw herab. Das Gesetz nennt zwar keinen Mindestbetrag, Schlesw Rpfleger **80**, 239; eine völlige Wertlosigkeit liegt aber keineswegs vor, soweit man um eine Sache streitet, LG Köln NJW **77**, 256. Selbst bei einem zur Zeit nicht einlösbaren Wechsel kann ein gewisses Interesse an der Herausgabe bestehen, Ffm MDR **81**, 590, Köln MDR **75**, 60, LG Köln NJW **77**, 255, aM BGH LM Nr 1, 5, KG Rpfleger **74**, 439, Mü MDR **81**, 501.

**E. Gegenleistung.** Eine Gegenleistung bleibt grundsätzlich außer Betracht, Bbg JB **89**, 1598, Ffm **6** AnwBl **84**, 94, Stgt AnwBl **82**, 529, aM Ffm Rpfleger **70**, 357, ZöHe 16 „Auflassung".
*Das gilt zB* für das Angebot der geschuldeten Gegenleistung (etwas anderes gilt natürlich dann, wenn ein aufgerechneter Betrag abgezogen werden muß) oder für den Einwand, der Schuldner brauche nur Zug um Zug zu erfüllen, oder für ein behauptetes Zurückbehaltungsrecht, BGH JZ **96**, 636, Bbg JB **78**, 428. Beim auf die Gegenleistung beschränkten Rechtsmittel ist allerdings nur die Gegenleistung maßgeblich, Rn 8. Wenn der Kläger auf eine Auflassung oder auf eine Herausgabe klagt und wenn nur ein Zurückbehaltungsrecht des Bekl streitig ist, dann ist die Gegenleistung für die Wertberechnung unerheblich, BGH JZ **96**, 636, insofern auch Mü MDR **81**, 501 mwN, und zwar unabhängig davon, ob der Anspruch, der das Zurückbehaltungsrecht begründet, gegenüber dem Klaganspruch höher oder geringer ist, Celle MDR **77**, 672, Waldner NJW **80**, 217, aM Schneider NJW **74**, 1692.
Wenn der Kläger vom Bekl eine Zahlung *Zug um Zug* gegen die Lieferung des verkauften Kraftfahrzeugs **7** fordert, dann ist der Preis des Fahrzeugs maßgeblich, auch wenn die Parteien (nur) über den Wert eines in Zahlung gegebenen Altwagens streiten, Nürnb Rpfleger **70**, 249, aM Brschw NJW **73**, 1982, Böhmer JZ **74**, 656 (sie gehen nur von der Gegenleistung aus). Bei einer Verurteilung nur Zug um Zug gegen Mängelbeseitigung liegt der Beschwerdewert für den Kläger bei den Beseitigungskosten, Düss MDR **99**, 628.

**F. Einzelfragen.** Wenn es um eine Mietersache geht, die in das Mietgrundstück eingebaut war und **8** getrennt wurde, dann ist ihr Wert maßgeblich, KG Rpfleger **71**, 227; wenn die Duldung der Entfernung bzw die Herausgabe der eingebauten Sache verlangt wird, dann muß man den durch die Wegnahme bzw Herausgabe verminderten Wert ansetzen, BGH NJW **91**, 3222 mwN, Ffm Rpfleger **70**, 69. Wenn der Bekl nur eine kurzfristige Räumungsfrist beantragt, § 721, muß man den Wert nach § 3 in Verbindung mit § 16 II GKG schätzen. Wenn der Kläger nur einen Teil der Sache beansprucht, dann ist der Wert dieses Teils maßgeblich; das gilt auch bei einem Hinterlegungsgläubiger, KG AnwBl **78**, 107, Schlesw JB **76**, 239. Wenn der Kläger gegen diejenigen Gesamthandeigentümer vorgeht, die eine Herausgabe verweigern, während die übrigen Gesamthandeigentümer die Herausgabe bewilligen, dann ist für die Verkaufswert der Rechtsfolge maßgeblich, also der Wert des gesamten Grundstücks, BGH LM Nr 4. Wenn in der höheren Instanz nur noch streitig ist, ob der Bekl auf Grund seines Zurückbehaltungsrechts nur Zug um Zug leisten muß, dann ist der Wert des Zurückbehaltungsrechts maßgeblich, BGH BB **91**, 937, KG OLGZ **79**, 348 mwN, Saarbr AnwBl **79**, 154. Das gilt begrenzt durch den vollen Wert des Auskunftsanspruchs, BGH BB **91**, 937, vgl Saarbr **KR** Nr 71.
Vgl auch Anh nach § 3 Rn 26 „Baulandsache", Rn 41 „Erbrechtlicher Anspruch", Rn 68ff „Herausgabe".

**2) Sicherstellung einer Forderung, S 1, 2.** Wenn man um eine beliebige bestehende oder erst **9** noch zu bestellende Sicherheit streitet, etwa um eine Bürgschaft, dann entscheidet der Betrag der gesicherten oder zu sichernden Forderung ohne Rücksicht auf etwaige Betagung oder Bedingung, Ffm AnwBl **80**, 460, Stgt MDR **80**, 678, oder Gegenforderung, Hamm JB **81**, 434. Wegen des Streits um ein Pfandrecht vgl Rn 11. Im Fall der Eintragung eines Widerspruchs ist immer § 3 anwendbar. Wenn es um die Herausgabe einer zur Sicherung übereigneten Sache geht, dann ist der Wert der Forderung maßgeblich, falls dieser Wert unter demjenigen der Sache selbst liegt. Denn man muß das Sicherungseigentum eher wie ein Pfandrecht behandeln, LG Stgt MDR **77**, 676. Wenn dagegen eine unter einem Eigentumsvorbehalt verkaufte Sache zurückverlangt wird, dann ist der volle Sachwert maßgeblich.

**3) Pfandrecht, S 1, 2.** Die Vorschrift umfaßt recht unterschiedliche Lagen. **10**

## §§ 6, 7

**A. Geltungsbereich.** § 6 betrifft das Fahrnispfandrecht und das Grundstückspfandrecht. Das Gesetz verwendet also den Ausdruck „Pfandrecht" nicht in dem beschränkten Sinn des BGB. Die Art der Klage ist unerheblich. Es ist auch unerheblich, ob das Pfandrecht vertraglich oder gesetzlich begründet wurde.
*Beispiele:* Die Widerspruchsklage nach § 771, vgl auch Anh § 3 Rn 139; eine Klage auf die Löschung einer Hypothek; ein Absonderungsanspruch im Insolvenzverfahren; eine Erinnerung gegen eine Pfändung und Überweisung (der Wert beträgt dann höchstens die gepfändete Forderung); ein Streit über die Art und Weise der Verwertung eines Pfandrechts.

**11 B. Wertgrundsatz: Forderung, evtl nur Pfandrecht.** Die Wertberechnung erfolgt nach dem Betrag der Forderung, Köln DB **74**, 429. Wenn der Gegenstand des Pfandrechts aber einen geringeren Wert als den Betrag der Forderung hat, dann ist dieser geringere Wert maßgeblich. Diese Regelung gilt für ein bestehendes Pfandrecht. Wenn das Pfandrecht erst noch zu bestellen ist, dann gilt sie auch für dieses Pfandrecht, falls für die Sicherung der Forderung ein bestimmter Gegenstand bezeichnet worden ist. Die Forderung ist nach § 4 zu berechnen. Gegenstand des Pfandrechts ist die Pfandsache. Ein Vorpfandrecht ist nicht zu berücksichtigen. Denn jede Pfändung ergreift den ganzen Gegenstand. Andernfalls müßte man im Fall der Erschöpfung des Werts durch vorangegangene Vorpfandrechte das nachfolgende Vorpfandrecht mit 0 DM bewerten, aM StJR 27 (er legt nur den Überschuß zugrunde). Dasselbe gilt im Fall einer Widerspruchsklage, BGH WertpMitt **83**, 246 (Drittwiderspruch). Wenn es sich um eine Zwangsüberweisung nach § 825 handelt, ist der Wert der Pfandsache maßgeblich, falls dieser geringer ist.

**12 C. Einzelfragen.** In einem Rangstreit erfolgt die Berechnung nach der kleineren Forderung. Ffm AnwBl **82**, 111 wendet beim Anspruch auf die Einräumung des Vorrangs § 23 III 1 KostO entsprechend an. Bei Eintragung auch zu Lasten eines anderen Grundstücks ist § 6 anwendbar. Bei einer Klage auf die Herausgabe der Pfandsache ist deren höherer Wert unerheblich. Wenn ein Dritter die Pfandsache herausverlangt und wenn der Besitzer die Sache wegen eines Pfandrechts zurückhält, dann gilt § 6. Denn der Dritte kann die Sache ja auslösen. Im Fall der Löschung einer Grundschuld oder Hypothek ist ihr Nennbetrag maßgeblich, Celle MDR **77**, 935, Düss MDR **99**, 506, aM Hbg MDR **75**, 847 (dieses Gericht geht von dem jeweiligen Restbetrag der Hypothek aus), Köln BB **95**, 952 mwN (dieses Gericht berechnet den Streitwert nach § 6, soweit die zu sichernde Forderung noch besteht, im übrigen aber nach dem Interesse des Klägers an der Löschung, § 3).

**13** Im Fall der Löschung einer *Höchstbetragshypothek* ist derjenige Höchstbetrag der Forderung maßgeblich, der sich aus dem Grundbuch ergibt. Denn das Grundstück haftet gegebenenfalls bis zu dieser Höhe. Wenn es um die Abtretung einer Hypothek geht, dann ist ihr Nennwert und nicht ihre Valutierung maßgeblich.

**14** Bei einer *einstweiligen Verfügung* mit dem Ziel der Eintragung einer Vormerkung zur Sicherung einer Forderung, § 940 Rn 34 „Grundbuch", ist von dieser Forderung auszugehen und das Interesse des Antragstellers an der Sicherung nach § 3 zu schätzen, also ein Bruchteil festzustellen, Bre Rpfleger **76**, 441 (das Gericht legt 90% zugrunde), Ffm DB **83**, 2354, LG Frankenth AnwBl **83**, 557 (das Gericht legt 33% zugrunde), LG Lpz JB **95**, 26 (25–33%). Dasselbe gilt im Fall einer Auflassungsvormerkung, Bbg JB **76**, 1094, aM Zweibr Rpfleger **67**, 2 (dieses Gericht wendet § 6 an).

**15** Wenn es um die *Löschung einer Auflassungsvormerkung* geht, dann ist die Höhe derjenigen Nachteile maßgeblich, die durch die Löschung wirtschaftlich verursacht werden, BGH **LM** § 3 Nr 47 (er geht von 25% des Verkehrswerts aus, nimmt aber nach einer Zwangsversteigerung nur 5% des Verkehrswerts als Wert an), Bbg JB **90**, 1511 (Interesse an der Beseitigung der Vormerkung), Celle Rpfleger **70**, 248, Ffm AnwBl **83**, 174, Köln MDR **83**, 495 (diese Gerichte legen je 10% zugrunde), Mü JB **78**, 1564 mwN (dieses Gericht legt 25% zugrunde), Nürnb NJW **77**, 857, Saarbr AnwBl **79**, 114, Schneider MDR **83**, 639 (sie gehen von keinem allgemeinen Prozentsatz aus). Bbg JB **75**, 649 nimmt bei der Eintragung der Vormerkung wegen einer Bauhandwerkerhypothek 25–33% des Hypothekenwerts an. Bbg JB **75**, 940 geht bei einer Löschung einer solchen Vormerkung von demselben Wert aus. Ffm JB **75**, 514 geht bei der Löschung von einer Vormerkung von 25% des Hypothekenwerts aus.

**16 4) Sinngemäße Anwendung, S 1, 2.** § 6 ist bei einer Anfechtung außerhalb und innerhalb eines Insolvenzverfahrens entsprechend anwendbar, BGH KTS **82**, 449. Man muß dann von dem Wert des Zurückzugewährenden abzüglich der Belastungen ausgehen, soweit nicht diejenige Forderung geringer ist, derentwegen die Anfechtung erfolgt ist, im Ergebnis ebenso BGH KTS **82**, 449. Entsprechend und nicht nach § 17 GKG ist der Wert auch im Fall eines Unterhaltsanspruchs anzusetzen. Zinsen und Kosten gehören als ein Teil des Hauptanspruchs zur Forderung, BGH KTS **82**, 449. Eine Nebenforderung bleibt außer Ansatz, § 4 I. Wenn die Anfechtung ein Grundstück der Zwangsvollstreckung unterwerfen soll, dann gilt der Grundstückswert abzüglich der Lasten als maßgeblich. In diesem Zusammenhang kommt es darauf an, inwieweit der Kläger mit einer Befriedigung rechnen kann (Versteigerungswert). Köln VersR **82**, 50 hält § 6 für den Kostenstreitwert überhaupt nur für entsprechend anwendbar und fordert eine einschränkende Auslegung.

S auch Anh nach § 3 Rn 31 „Duldung", Rn 41 „Erbrechtlicher Anspruch".

**17 5) VwGO:** Im Rahmen des bei § 2 Rn 9 Gesagten unanwendbar; wegen des Gebührenwerts s Hartmann Anh I A u B § 13 GKG.

## 7 Grunddienstbarkeit.
Der Wert einer Grunddienstbarkeit wird durch den Wert, den sie für das herrschende Grundstück hat, und wenn der Betrag, um den sich der Wert des dienenden Grundstücks durch die Dienstbarkeit mindert, größer ist, durch diesen Betrag bestimmt.

**1 1) Systematik, Regelungszweck.** § 7 bezieht sich auf Grunddienstbarkeiten im Sinn des § 1018 BGB, nicht auf persönliche Dienstbarkeiten, BGH **KR** Nr 2, oder auf Reallasten. Denn bei den letzteren handelt es sich nicht um Beziehungen zwischen Grundstücken. Diesem Unterschied trägt das Gesetz im Interesse der Kostengerechtigkeit Rechnung.

1. Titel. Sachl. Zuständigkeit d. Gerichte u. Wertvorschriften  **§§ 7, 8**

**2) Geltungsbereich.** Vgl zunächst Rn 1. § 7 ist auf Nachbarrechtsbeschränkungen nach §§ 906 ff BGB  **2**
entsprechend anzuwenden, wenn diese Beschränkungen ähnlich wie eine Dienstbarkeit wirken (sonst gilt
§ 3). Das ist zB bei einem Licht- oder Fensterrecht, oder bei einem Notwegrecht der Fall, Jena MDR **99**,
196, Schneider ZMR **76**, 193, im Ergebnis auch ThP § 3 Rn 111 „Notweg", aM zB Köln JB **91**, 1386 (§ 9,
jetzt 3¹/₂fach), ZöHe § 3 Rn 16 „Notweg" (§§ 3, 7, 9). Wenn es um die Beseitigung eines Überbaus geht,
muß man den Wert nach dem Interesse des Klägers schätzen; § 7 ist dann nicht entsprechend anwendbar,
BGH RR **86**, 737, aM BGH NJW **72**, 201 (er geht vom Verkehrswert der überbauten Fläche aus), LG
Bayreuth JB **85**, 441 (es legt die durch den Überbau bewirkte Wertminderung zugrunde), StJR 4.

§ 7 gilt ferner bei einem Streit über das Bestehen oder über den Umfang einer *Dienstbarkeit* oder bei einem  **3**
Streit um die Einräumung oder die Beseitigung einer Dienstbarkeit. Wenn es um einen Abwehranspruch
geht, dann ist die Vorschrift nur dann anwendbar, wenn die Störung gerade in der Ausübung einer Dienstbarkeit besteht oder sich gegen eine Dienstbarkeit richtet, ZöHe 3, insofern aM BGH RR **86**, 737;
andernfalls ist § 3 anzuwenden. In einem bloßen Streit über eine Wiederholungsgefahr ist § 3 anwendbar.

**3) Wertberechnung.** Man muß den Wert für das herrschende Grundstück und die Wertminderung beim  **4**
dienenden Grundstück miteinander vergleichen und beide Werte nach § 3 einschätzen, Jura MDR **99**, 196.
Der höhere Wert entscheidet. Die Kosten der Beseitigung der als unerlaubt bekämpften Anlage sind zu
berücksichtigen. In der Revisionsinstanz ist nur das Interesse des Revisionsklägers maßgebend. In diesem
Abschnitt findet kein Wertvergleich nach § 7 statt.

**4) VwGO:** *Entsprechend anwendbar* für den Gebührenwert, soweit Streitigkeiten dieser Art, oben Rn 1, vor die  **5**
*VerwGerichte kommen können, § 40 VwGO, zB aus öffentlichem Eigentum, § 4 HbgWegeG, dazu BVerwG* **27**,
*131 u Schmidt-Jortzig NVwZ* **87**, *1025.*

**8** *Pacht- oder Mietverhältnis.* **Ist das Bestehen oder die Dauer eines Pacht- oder Mietverhältnisses streitig, so ist der Betrag des auf die gesamte streitige Zeit fallenden Zinses und, wenn der fünfundzwanzigfache Betrag des einjährigen Zinses geringer ist, dieser Betrag für die Wertberechnung entscheidend.**

**1) Systematik, Regelungszweck.** § 8 gilt nur für die Feststellung der sachlichen Zuständigkeit, soweit  **1**
nicht § 23 Z 2a GVG eingreifen, und für den Rechtsmittelwert, BVerfG MietR **96**, 54 mwN,
BGH NZM **99**, 189, LG Bre WoM **92**, 202, LG Hbg WoM **92**, 145. Für die Kosten gilt bei einer mehr als
einjährigen Dauer des Miet- oder Pachtverhältnisses § 16 I GKG, ebenso Celle JB **72**, 1080, LG Saarbr JB
**91**, 582; das übersieht LG Zweibr JB **78**, 255. Bei einer Räumung ist § 16 II GKG für die Kosten
maßgeblich, BGH MDR **95**, 530.
Wegen des *Regelungszwecks* vgl Einf 2 vor § 3.

**2) Geltungsbereich.** Vgl zunächst Einf 2 vor §§ 3–9.  **2**
**A. Streit um Miet- oder Pachtverhältnis.** § 8 betrifft nur einen Streit über das Bestehen oder über die
Dauer eines Miet- oder Pachtverhältnisses über eine bewegliche oder unbewegliche Sache, also nicht einen
Streit wegen eines Anspruchs auf die Zahlung von Geld oder auf sonstige Leistungen. Das Miet- oder
Pachtverhältnis muß die Grundlage des Anspruchs bilden. § 8 ist eine Sondervorschrift gegenüber § 6.

**B. Beispiele der Anwendbarkeit:** Es geht um die Feststellung, daß das Mietverhältnis seit einem  **3**
bestimmten Tage infolge einer fristlosen Kündigung nicht mehr bestehe, BGH MDR **95**, 530 (für die
Gebührenberechnung gilt auch hier § 16 GKG); es geht um eine Klage auf Grund einer Untermiete oder
Unterpacht; es geht um eine Überlassung, Benutzung oder Räumung, wenn nach dem Tatsachenvortrag des
Klägers irgendwie streitig ist, ob ein Miet- oder Pachtverhältnis besteht, BGH MDR **94**, 100; es geht um
ein mietrechtsähnliches Verhältnis, BGH NZM **99**, 189 (wendet hilfsweise § 8 an).

**C. Beispiele der Unanwendbarkeit:** Es geht um die Zahlung von Miet- und Pachtzinsen; es geht um  **4**
deren Erhöhung, § 16 V GKG; es geht um einen Vertragsabschluß; es geht um ein Nutzungsrecht, das dem
Mietrecht oder Pachtrecht nur ähnlich ist, BayObLG JB **95**, 27 zB ein Teilzeitwohnrecht nach dem G v
20. 12. 96, BGBl 2154; dann gilt evtl § 6 (nicht § 9, soweit nur einmalige Zahlung) und für die Kosten
§ 16 GKG. Es handelt sich um eine Klage, die allein auf das Eigentum gestützt wird, § 6 Rn 2. Es handelt
sich um eine Klage auf die Herausgabe des Rentenguts, dann gilt § 6; unstreitig ist der Vertrag erloschen
oder wird innerhalb eines bestimmten Zeitraums erlöschen. Dann betrifft nämlich die Klage auf die
Feststellung der Nichtigkeit des Vertrags nur der Abwehr der Schadensfolgen. Deshalb gilt in einem solchen
Fall § 3; es geht um die Klage eines Dritten mit dem Ziel der Feststellung der Nichtigkeit des Pachtvertrags,
BGH **LM** § 256 Nr 25 (das Gericht hält das Interesse des Dritten für maßgeblich); es geht nach dem
Vertragsende nur noch um die Räumung, Karlsr WoM **94**, 339; es geht nur um die Besorgnis künftiger
Nichterfüllung, § 259, Bbg JB **85**, 589, Ffm JB **80**, 929; es geht um eine Reparatur; es geht um die Art der
Bewirtschaftung.

**3) Wertberechnung.** Hier sind folgende Fälle zu unterscheiden:  **5**
**A. Gesamte streitige Zeit.** Grundsätzlich ist derjenige Zins maßgeblich, der in der gesamten streitigen
Zeit anfällt, BGH WertpMitt **91**, 1916. Bei verschieden hohen Jahresbeträgen ist der höchste maßgeblich.
Zins ist nicht nur der eigentliche, vereinbarte Miet- oder Pachtzins, BGH MietR **96**, 55, mag er in bar oder
in Naturalien zu leisten sein, sondern auch eine vertragliche Gegenleistung anderer Art, zB: Die Übernahme
öffentlicher Abgaben und sonstiger Lasten; die Übernahme der Feuerversicherungsprämie; die Übernahme
von Instandhaltungskosten; die Zahlung eines Baukostenzuschusses.

*Nicht zum Zins zählen zB:* Das Entgelt für zusätzliche Leistungen außerhalb der Überlassung des Raumes,  **6**
etwa Heizkosten; Warmwasserkosten; Leistungen unbedeutender Art, die im Verkehr im allgemeinen nicht
als ein Teil des Entgelts der Gebrauchsüberlassung angesehen werden; Nebenpflichten des Pächters anläßlich
seiner Räumung, zB Kosten der Entfernung von Bäumen, BGH MDR **94**, 100. Der Beginn des maßge-

§§ 8, 9                                                                 1. Buch. 1. Abschnitt. Gerichte

benden Zeitraums liegt im allgemeinen im Zeitpunkt der Klagerhebung, nicht früher. Wenn der Kläger die Feststellung begehrt, daß eine fristlose Kündigung wirksam sei, dann liegt der Beginn im Zeitpunkt der behaupteten Beendigung des Mietverhältnisses, BGH **LM** § 3 Nr 14. Es kommt nicht auf den Zeitpunkt der Einlegung eines Rechtsmittels an. Denn § 4 gilt gegenüber der Sondervorschrift des § 8 nicht, BGH **LM** § 4 Nr 12.

**7**   Das Ende des maßgeblichen Zeitraums liegt im Fall einer bestimmten Mietdauer im Zeitpunkt des Ablaufs der Mietzeit, BGH MDR **92**, 913. Bei einer *unbestimmten* Mietdauer handelt es sich regelmäßig um den nächsten zulässigen Kündigungstag, BGH MDR **92**, 913, LG Bre WoM **92**, 202; LG Hbg WoM **92**, 145 setzt einen 3-Jahres-Wert an. Soweit ein Mieterschutz behauptet wird, dauert die „streitige Zeit" bis zu dem Zeitpunkt, den der Mieter als den für ihn günstigsten in Anspruch nimmt, BGH MDR **92**, 913. Soweit kein Mieterschutz besteht, ergibt sich der Wert aus dem Unterschied der beiderseitigen Berechnung bis zu diesem Tag. Das gilt auch dann, wenn der Gegner den Widerruf der Kündigung einredeweise geltend macht, BGH **LM** Nr 4. Wenn das Mietverhältnis nur durch eine Klage aufgehoben werden kann, dann muß man die Dauer schätzen.

**8**   *Nebenleistungen* bleiben unberücksichtigt. Das gilt etwa für die vertragsmäßige Übernahme von Wildschäden. Naturalleistungen des Pächters sind nach § 3 zu schätzen. Der Anspruch auf den Mietzins ist ebenso wie der Anspruch auf die Räumung ein Hauptanspruch. Man darf nicht schon deswegen einen Wertabzug vornehmen, weil eine Feststellungsklage vorliegt. Denn § 8 bezieht sich ja in erster Linie auf eine solche Klageart, BGH **LM** § 3 Nr 14.

**9**   **B. 25facher Jahresbetrag.** Wenn der 25fache Betrag des einjährigen Zinses geringer als die gesamte Streitsumme ist, dann entscheidet der 25fache Betrag.

**10**   **4)** *VwGO:* Unanwendbar, weil die Vorschrift nur für die sachliche Zuständigkeit bedeutsam ist, oben Rn 1, und diese in vergleichbaren Streitigkeiten vor den VerwGerichten, zB bei Wohnungssachen, nicht vom Streitwert abhängt, vgl § 2 Rn 9. Für die Gebührenberechnung gilt § 13 GKG.

**9**   **Wiederkehrende Nutzungen und Leistungen.** ¹Der Wert des Rechts auf wiederkehrende Nutzungen oder Leistungen wird nach dem dreieinhalbfachen Wert des einjährigen Bezugs berechnet. ²Bei bestimmter Dauer des Bezugsrechts ist der Gesamtbetrag der künftigen Bezüge maßgebend, wenn er der geringere ist.

**Gliederung**

| | | | |
|---|---|---|---|
| 1) Systematik, Regelungszweck, S 1, 2... | 1–3 | 4) Wertberechnung, S 1, 2................ | 8–10 |
| 2) Geltungsbereiche, S 1, 2................ | 4 | A. 3½facher Betrag, S 1 .............. | 8 |
| 3) Voraussetzungen, S 1, 2 ............... | 5–7 | B. Geringerer Höchstbetrag bei bestimmter Dauer, S 2 ........................ | 9 |
| A. Recht auf wiederkehrende Nutzungen oder Leistungen .................. | 5, 6 | C. Schwankende Beträge usw, S 1, 2 ...... | 10 |
| B. Keine Dauernutzung ................ | 7 | 5) *VwGO*................................. | 11 |

**1**   **1) Systematik, Regelungszweck, S 1, 2.** Die Vorschrift ist mit dem GG vereinbar, Ffm JB **94**, 738, aM Lappe NJW **93**, 2785. Das Gericht sollte zur Streitwertfestsetzung erkennen und zum Ausdruck bringen, daß wegen der Kostengerechtigkeit § 9 grundsätzlich nur für die Zuständigkeit und die Zulässigkeit eines Rechtsmittels gilt, BGH RR **99**, 1080, § 17 GKG demgegenüber nur für die Gebühren, BGH RR **86**, 676, Hbg FamRZ **82**, 322, KG DB **96**, 2275, aM Köln MDR **96**, 1194.

**2**   § 9 gilt insbesondere *nicht* für die Gebühren in folgenden Fällen:
– *Unterhalt:* Es handelt sich um einen gesetzlichen Unterhaltsanspruch. In einem solchen Fall gilt der dreieinhalbjährige Betrag. Wenn streitig ist, ob eine vertragliche Verpflichtung vorliegt, die über eine gesetzliche Verpflichtung hinausgeht, dann gilt § 9 nur für denjenigen Betrag, der über die gesetzliche Verpflichtung hinausgeht. Im übrigen ist dann § 17 GKG anzuwenden, Hbg FamRZ **82**, 322. Bei einem Streit um die Befreiung von der gesetzlichen Unterhaltspflicht gilt § 3 und nicht etwa § 17 II GKG entsprechend, vgl BGH NJW **74**, 2128. Auch beim bloßen Verweigern eines Vollstreckungstitels bleibt der volle Streitwert eines Verweigerns jeder Zahlung maßgeblich, Karlsr FamRZ **84**, 585 mwN. Der Anspruch der Eltern auf den Ersatz ihrer Unterhaltsaufwendungen für ein wegen fehlgeschlagener Sterilisation entgegen der Familienplanung geborenes gesundes Kind ist auch für die Kosten entsprechend § 9 zu bewerten, § 17 I, II GKG ist insoweit unanwendbar, BGH NJW **81**, 1318.

**3**   – *Rente:* Es geht um einen gesetzlichen Rentenzahlungsanspruch wegen einer Körperverletzung oder einer Haftpflichtverletzung sowie um einen wiederkehrenden Anspruch aus einem Beamtenverhältnis oder einem Arbeitsverhältnis oder um den Anspruch eines Dritten wegen des Wegfalls eines Dienstes nach § 845 BGB (dann ist höchstens der 5jährige bzw 3jährige Bezug maßgeblich). Denn in diesen Fällen ist § 17 II, III GKG anwendbar; es geht um den Anspruch des Organmitglieds einer Gesellschaft aus seinem Anstellungsvertrag, BGH RR **90**, 1124, Bbg JB **75**, 65, aM Kblz Rpfleger **80**, 68, Schlesw SchlHA **80**, 151.
– *Weitere Fälle:* Es handelt sich um einen Rentenzahlungsanspruch auf Grund einer Aufopferung; es geht um einen Anspruch eines Handelsvertreters, Ffm MDR **74**, 1028, Schneider BB **76**, 1300; es geht um eine Überbaurente, Celle JR **51**, 56; es geht um eine Versicherung, Köln VersR **97**, 601.

**4**   **2) Geltungsbereich, S 1, 2.** Vgl Einf 3 vor §§ 3–9 und oben Rn 1–3.

**5**   **3) Voraussetzungen, S 1, 2.** Es müssen folgende Voraussetzungen zusammentreffen:
**A. Recht auf wiederkehrende Nutzungen oder Leistungen.** Vgl § 100 BGB. Nach dem Sinn und Zweck des § 9 wird auch ein solches Recht erfaßt, das seiner Natur nach auf Dauer angelegt ist, Bre Rpfleger **89**, 427. Das Stammrecht muß betroffen sein, Düss JB **93**, 166, so daß Verzugszinsen für eine nicht eingeklagte Forderung hier ausscheiden, Düss JB **93**, 166. Auch die in Rn 1–4 genannten Ansprüche werden

erfaßt, ferner zB: Eine Unterhaltsrente, BGH FamRZ **95**, 730; eine Überbaurente, Celle JR **51**, 26; eine Notwegrente; eine Reallast; ein Altenteils- oder Leibgedingevertrag, LG Freibg AnwBl **73**, 169; laufende Versicherungsleistungen, BGH NVersZ **99**, 239 (auch zu einem Altfall), LG Hbg MDR **97**, 1169. Über Mietzinsen s Anh nach § 3 Rn 79 „Mietverhältnis: d) Klage auf Zustimmung zur Mieterhöhung"; § 9 ist also beim Streit um die Erhöhung von Mietzins für Wohnraum unanwendbar, bei demjenigen für Gewerberaum anwendbar, Brdb JB **96**, 193, Ffm MDR **93**, 697, Köln MDR **91**, 545, aM Schneider MDR **91**, 501, ZöHe 4 (§ 16 V GKG entsprechend).

§ 9 ist aber beim *Stromlieferungsvertrag* usw unanwendbar, Anh § 3 Rn 30 „Dauervertrag".

Das Recht muß *wiederkehrend* sein. Es muß sich also in einem gleichen oder nahezu gleichen Zwischenraum aus demselben Rechtsgrund wiederholen. Der Zwischenraum braucht nicht ein Jahr zu umfassen. Wenn das Recht bedingt ist, dann muß man es im Weg einer Schätzung nach § 3 bewerten. Wenn eine Feststellungsklage vorliegt, sind die Regeln Rn 8–10 zu beachten. Dasselbe gilt im Fall einer Feststellungsklage wegen einer wiederkehrenden Leistung oder bei einem Anspruch gegenüber einem Dritten auf eine Befreiung von einer gesetzlichen Unterhaltspflicht, ferner bei einem Anspruch nach § 826 BGB, weil sich der Bekl durch die Erschleichung eines Scheidungsurteils der gesetzlichen Unterhaltspflicht entzogen habe. Demgegenüber muß man eine Unterhaltssumme, die auf Grund eines Vergleichs auch im Weg der Scheidung wegen der Schuld des Berechtigten gezahlt wird, als auf Grund des bisherigen familienrechtlichen Verhältnisses vereinbart ansehen; deshalb gilt dann § 17 I GKG.

6

**B. Keine Dauernutzung.** Die Nutzung darf nicht dauernd sein, wie der Nießbrauch oder ein Wohnrecht; das letztere ist unter Beachtung des § 24 KostO nach § 3 zu schätzen.

7

**4) Wertberechnung, S 1, 2.** Es sind folgende Fälle zu unterscheiden:

8

**A. 3½facher Betrag, S 1.** Diese Berechnung ist dann anzuwenden, wenn die Dauer des Bezugsrechts unbestimmt ist. Das gilt zunächst dann, wenn zwar das Stammrecht 3½ Jahre dauern kann, und wenn zwar gewiß ist, daß das Recht wegfallen wird, wenn zB bei einer Rente der spätere Wegfallzeitpunkt feststeht, Hamm AnwBl **87**, 47, wenn aber ungewiß ist, wann der Wegfall eintreten wird. Ob der Wegfall ungewiß ist, das bestimmt sich nach dem Zeitpunkt der Einreichung der Klage oder der Einlegung des Rechtsmittels, § 4. Die Beträge, die seit der Einreichung der Klage oder seit dem Erlaß des Urteils aufgelaufen sind, dürfen nicht hinzugerechnet werden, BGH NVersZ **99**, 239. Wohl aber muß man die zu diesen Zeitpunkten rückständig gewordenen Beträge hinzurechnen, § 4 Rn 8. In diesem Zusammenhang ist dann der Zeitpunkt der Einlegung einer Berufung unerheblich. Das Feststellungsinteresse ist bei einer behaupteten Feststellungsklage in bezug auf eine Rente im allgemeinen mit einem Abschlag zu bewerten, Hamm AnwBl **77**, 111.

Der 3½fache Betrag ist ferner dann anzusetzen, wenn *Wegfall und Dauer zweifelhaft* sind, Ffm JB **76**, 1097, aM Nürnb JB **92**, 50, Schneider MDR **76**, 273 (§ 3). Wenn es um eine leugnende Feststellungsklage geht, dann muß man den Wert voll ansetzen. Denn diese Klage schließt die Möglichkeit einer Leistungsklage aus.

**B. Geringerer Höchstbetrag bei bestimmter Dauer, S 2.** Wenn bei einer bestimmten Dauer des Bezugsrechts ein geringerer Höchstbetrag als der 3½fache Jahresbetrag feststeht, dann ist dieser geringere Betrag in allen Fällen maßgebend. Das gilt etwa dann, wenn ein Rentenanspruch nur noch Jahre andauern wird. Etwas anderes gilt dann, wenn der frühere Wegfall nur wahrscheinlich ist. Wenn es um unregelmäßige Bezüge geht, etwa eine Baulast usw, dann muß man die Berechnung nach dem jährlichen Durchschnitt vornehmen.

9

**C. Schwankende Beträge usw, S 1, 2.** Bei schwankenden Beträgen, dazu LG Essen MDR **76**, 676 mwN, erfolgt eine Berechnung nach den 3½ höchsten Jahressätzen. Denn sonst würde der sichere Anspruch niedriger bewertet werden. Voraussetzung für diese Berechnung ist aber, daß überhaupt so viele Beträge streitig sind. Andernfalls darf man nur die Zahl der streitigen Höchstjahresbeträge ansetzen, und zwar im Höchstfall insgesamt 3½ Jahresbeträge. Das gilt auch bei einem Streit um die Erhöhung des Erbbauzinses, Ffm JB **77**, 1132, Mü JB **77**, 1003. Wenn um noch nicht fälligen Abgaben nach dem LAG insgesamt im Streit sind, dann ist nicht der 3½fache Betrag anzusetzen, sondern der Zeitwert, § 77 LAG, vgl schon (zum alten Recht) BGH **LM** § 60 LAG Nr 3, aM Schlesw SchlHA **55**, 278 (dieses Gericht legt die Ablösungssumme nach § 119 LAG zugrunde).

10

**5) *VwGO:*** Unanwendbar, weil die Vorschrift für die in § 2 Rn 9 genannten Fälle ohne Bedeutung ist. Für den Gebührenwert gelten §§ 13, 17 I u III GKG (kein Rückgriff auf § 9, Hartmann § 13 GKG Rn 6).

11

## 10  Verstoß gegen sachliche Zuständigkeit. Das Urteil eines Landgerichts kann nicht aus dem Grunde angefochten werden, weil die Zuständigkeit des Amtsgerichts begründet gewesen sei.

**1) Systematik; Regelungszweck.** Die Vorschrift entzieht ein Urteil, das die sachliche Zuständigkeit des LG hat, jeder Anfechtung wegen einer angeblichen Unzuständigkeit. Der Grund dieser Regelung ist die Vermutung, daß das Kollegialgericht eine bessere Rechtsprechung ausübe, vgl dazu aber auch StJR 1.

1

**2) Geltungsbereich.** § 10 bezieht sich auf jede sachliche Zuständigkeit. Es ist unerheblich, ob das LG die Rüge der Unzuständigkeit ausdrücklich oder nur stillschweigend verworfen hat, etwa dadurch, daß es zur Hauptsache entschieden hat, oder ob die Entscheidung wegen des Streitwerts oder aus einem anderen Grunde ergangen ist. § 10 bezieht sich an sich nur auf ein Urteil. Die Vorschrift ist aber auch in den in §§ 23–23 c GVG genannten Fällen anwendbar. § 10 ist auf einen Beschluß sinngemäß anwendbar.

2

Die Vorschrift ist aber *nicht anwendbar,* wenn ein ganz anderes Verfahren stattfindet, etwa wenn der Antragsteller statt einer Erinnerung nach § 766 den Klageweg wählt, oder wenn es um einen Widerspruch gegen einen Arrest oder eine einstweilige Verfügung geht. Denn in dieser Situation ist die Entscheidungsbefugnis wegen des inneren Zusammenhangs dem Arrestgericht zugewiesen, § 924 Rn 6. Wenn statt des Rpfl der Richter entschieden hat, ist die Entscheidung rechtlich wirksam, § 7 I RPflG, Anh § 153 GVG.

3

Dasselbe gilt dann, wenn statt des Urkundsbeamten der Geschäftsstelle der Richter entschieden hat, Arndt § 7 RPflG.

**4** § 10 betrifft *nicht die örtliche Zuständigkeit*, auch nicht das Verhältnis des LG zum ArbG sowie zum Rheinschiffahrtsgericht oder zu den anderen Schiffahrtsgerichten, Bre MDR **52**, 364. Denn hier handelt es sich um Sondergerichte in einer fachmännischen Besetzung. Auf sie trifft die gesetzgeberische Vermutung der besseren Rechtsprechung des LG nicht zu. § 10 ist auch bei einer funktionalen Unzuständigkeit unanwendbar, etwa dann, wenn im Erinnerungsverfahren nach § 766 statt des AG das LG entschieden hat, Hamm MDR **74**, 239, vgl aber auch Hamm Rpfleger **76**, 220, offen Kblz NJW **76**, 2082. Die Vorschrift ist im FGG-Verfahren unanwendbar, BayObLG **97**, 144 mwN, ebenso in einer Landwirtschaftssache, Ffm RR **93**, 1342.

**5** **3) Unanfechtbarkeit.** Das Gesetz meint mit den Worten „kann nicht angefochten werden" nur, daß ein Rechtsmittel unzulässig ist. Ein anderer Rechtsbehelf ist zulässig, insbesondere der Einspruch.

**6** **4) VwGO:** Entsprechend anzuwenden, § 173, wenn an Stelle des zuständigen VG das OVG entschieden hat, BVerwG **11**, 128 (aM Ule VPrR § 17 III, weil es keine dem AG entsprechenden Gerichte gebe: aber der gesetzgeberische Grund, oben Rn 1, gilt auch im Verhältnis zwischen VG und OVG).

## 11 Bindender Ausspruch über die Unzuständigkeit. Ist die Unzuständigkeit eines Gerichts auf Grund der Vorschriften über die sachliche Zuständigkeit der Gerichte rechtskräftig ausgesprochen, so ist diese Entscheidung für das Gericht bindend, bei dem die Sache später anhängig wird.

**1** **1) Systematik; Regelungszweck.** § 11 räumt einen Fall der allseitigen sachlichen Zuständigkeitsleugnung, des negativen Kompetenzkonflikts, aus. § 11 dient der Prozeßwirtschaftlichkeit, Grdz 14 vor § 128, BGH MDR **97**, 290. Das ist bei der Auslegung zu beachten.

**2** **2) Geltungsbereich.** Die Vorschrift bezieht sich nur auf die sachliche, BGH MDR **97**, 290, und auf die geschäftliche Zuständigkeit, nicht auf die örtliche Zuständigkeit. Wegen des Verhältnisses zwischen der Zivilkammer und der Kammer für Handelssachen vgl § 102 GVG. Wenn das AG oder das LG den Rechtsstreit an das zuständige Gericht verweist oder ihn dorthin abgibt, dann bindet diese Entscheidung dasjenige Gericht, an das die Sache verwiesen bzw dorthin abgegeben worden ist, §§ 281, 506, 696, 700. Wenn ein ordentliches Gericht oder ein ArbG die Klage wegen sachlicher Unzuständigkeit abweist, dann gilt dieselbe Wirkung ohne Rücksicht auf die Begründung der Entscheidung und daher sogar dann, wenn das entscheidende Gericht die etwa objektiv bestehende ausschließliche Zuständigkeit verkannt hatte. Die Frage der sachlichen Zuständigkeit läßt sich auch aus einem anderen Grund nicht wieder aufrollen. Demgegenüber bindet die Bezeichnung eines bestimmten Gerichts oder ArbG nicht. Im Verhältnis zu dem Gericht eines anderen Rechtszweigs gilt Entsprechendes, § 17 GVG Rn 3, 4.

**3** **3) Voraussetzung: Rechtskraft.** § 11 setzt voraus, daß die Entscheidung rechtskräftig geworden ist. Das gilt auch bei einem Beschluß, der einem Urteil gleichsteht, wie es im Vollstreckungsverfahren oft der Fall ist. Bei einem Beschluß im Erkenntnisverfahren, etwa einem Beschluß, durch den der Antrag auf die Bewilligung einer Prozeßkostenhilfe zurückgewiesen wurde, § 127, gilt § 11 nicht.

**4** **4) VwGO:** Im Verhältnis der erstinstanzlich zuständigen Gerichte der VerwGerichtsbarkeit, §§ 45–50 u 52 VwGO, ist eine Verweisung wegen sachlicher Unzuständigkeit ebenfalls bindend, § 83 VwGO iVm § 17 a GVG, vgl § 281 Rn 60.

## Zweiter Titel. Gerichtsstand

### Übersicht

**Schrifttum:** *Gaede,* Zuständigkeitsmängel und ihre Folgen nach der ZPO, 1989; *Gravenhorst,* Die Aufspaltung der Gerichtszuständigkeiten nach Anspruchsgrundlagen, 1972; *Hofmann,* Die gerichtliche Zuständigkeit in Binnenschiffahrtssachen, 1996; *Schwab,* Streitgegenstand und Zuständigkeitsentscheidung, Festschrift für *Rammos* (Athen 1979) 845; *Schwab,* Zum Sachzusammenhang bei Rechtsweg- und Zuständigkeitsentscheidung, in: Festschrift für *Zeuner* (1994); *Steinkamp,* Die Gerichte und ihre Zuständigkeiten, 1989. S auch bei Rn 4.

### Gliederung

| | |
|---|---|
| 1) Systematik, Regelungszweck ......... 1 | A. Gesetzlicher Gerichtsstand ............ 11 |
| 2) Geltungsbereich ......................... 2 | B. Vereinbarter Gerichtsstand ........... 12 |
| 3) Begriff des Gerichtsstands: Pflicht zur Beachtung eines Bezirks ............ 3 | C. Gerichtlich bestimmter Gerichtsstand .. 13 |
| | D. Ausschließlicher Gerichtsstand ........ 14 |
| 4) Gerichtsstand und Gerichtsbarkeit ..... 4 | E. Wahlfreier Gerichtsstand ............. 15 |
| 5) Internationale Zuständigkeit ........... 5–10 | 7) Bedeutung im Prozeß ................. 16–21 |
| A. Allgemeines .......................... 5 | A. Prüfungspflicht des Gerichts ......... 17 |
| B. Anwendbarkeit der Gerichtsstandsregeln ............................... 6–8 | B. Gerichtsstand des Beklagten ......... 18 |
| | C. Beweislast ........................... 19 |
| C. Prüfungsreihenfolge ................. 9 | D. Folgen der Unzuständigkeit ......... 20 |
| D. Sonderfälle .......................... 10 | E. Abhängiger Anspruch ................ 21 |
| 6) Einteilung der Gerichtsstände .......... 11–15 | 8) Erschleichung des Gerichtsstands ...... 22–25 |

2. Titel. Gerichtsstand                                                                   **Übers § 12**

| A. Verstoß des Klägers | 22, 23 | 9) *VwGO* | 26 |
| B. Verstoß des Beklagten | 24, 25 | | |

**1) Systematik, Regelungszweck.** Art 101 I 2 GG enthält um der in Art 20 GG verankerten Rechts- **1** staatlichkeit willen das Gebot des gesetzlichen Richters. Daraus folgt die Notwendigkeit der gesetzlichen Regelung des sachlich und örtlich zuständigen Richters. §§ 23 ff, 71 GVG regeln die (erstinstanzliche) sachliche Zuständigkeit, §§ 12 ff die örtliche. Die Vorschriften sind teils zwingend, teils abdingbar, um der Parteiherrschaft, Grdz 18 vor § 128, möglichst breiten Raum zu lassen.

**2) Geltungsbereich.** §§ 12 ff gelten grundsätzlich in allen Verfahrensarten nach der ZPO. **2**

**3) Begriff des Gerichtsstands: Pflicht zur Beachtung eines Bezirks.** Unter dem Gerichtsstand ist an **3** sich die Verpflichtung zu verstehen, sein Recht vor einem bestimmten Gericht zu nehmen, sei es als Kläger, sei es als Bekl, vgl BGH **101**, 273. Insofern würde der Begriff Gerichtsstand die örtliche, sachliche und alle anderen Arten der Zuständigkeit umfassen. Die Prozeßgesetze unterscheiden aber zwischen der sachlichen Zuständigkeit und dem Gerichtsstand als der örtlichen Zuständigkeit, Grdz 3, 4 vor § 1. So verstanden bedeutet Gerichtsstand die Pflicht, die Streitsache vor das Gericht eines bestimmten Bezirks, eines bestimmten Gerichtssprengels, zu bringen. Allerdings ist die Fachsprache der ZPO nicht einheitlich. In den §§ 34, 40 II, 802 versteht die ZPO unter dem Begriff Gerichtsstand die örtliche und die sachliche Zuständigkeit; die §§ 12 ff regeln nur die örtliche Zuständigkeit für die erste Instanz; die örtliche Zuständigkeit der höheren Instanzen folgt ohne weiteres aus derjenigen der ersten Instanz. Wegen des Verhältnisses zwischen der Zivilkammer und der Kammer für Handelssachen Üb vor § 93 GVG.

**4) Gerichtsstand und Gerichtsbarkeit.** Über das Verhältnis dieser beiden Begriffe Kblz OLGZ **75**, **4** 380, Geimer NJW **74**, 2189, Üb vor § 1 GVG. Über die Exterritorialität vgl auch § 18 GVG. Soweit in der BRep ein Gerichtsstand fehlt, darf kein Gericht der BRep tätig werden. Gesetze der BRep können keinen ausländischen Gerichtsstand begründen (Territorialitätsprinzip). Ob ein ausländischer Gerichtsstand vertraglich begründet ist, muß man durch eine Auslegung ermitteln. Wenn keinerlei Anhaltspunkt für eine andere Regelung vorhanden ist, dann gilt nach dem internationalen Recht der Gerichtsstand des Erfüllungsorts, vgl BVerwG NJW **78**, 1761.

**5) Internationale Zuständigkeit** **5**

**Schrifttum:** *Ahrendt,* Der Zuständigkeitsstreit im Schiedsverfahren, 1996 (rechtsvergleichend betr §§ 1025 ff); *Buchner,* Kläger- und Beklagtenschutz im Recht der internationalen Zuständigkeit usw, 1998; *Bülow/Böckstiegel/Geimer/Schütze,* Der Internationale Rechtsverkehr in Zivil- und Handelssachen (Loseblattausgabe), 3. Aufl seit 1990; *Geimer,* Internationales Zivilprozeßrecht, 3. Aufl 1997 (Bespr *Hüßtege* NJW **98**, 1214; *Pfeiffer,* FamRZ **98**, 1013); *Gerichtshof der Europäischen Gemeinschaften* (Herausgeber), Internationale Zuständigkeit und Urteilsanerkennung in Europa, 1993; *Jayme/Hausmann,* Internationales Privat- und Verfahrensrecht, 9. Aufl 1998; *Kubis,* Internationale Zuständigkeit bei Persönlichkeits- und Immaterialgutsverletzungen, 1999; *Kropholler,* Europäisches Zivilprozeßrecht, 6. Aufl 1998 (Bespr *Hintzen* Rpfleger **99**, 156); *Kropholler,* Internationales Privatrecht, 3. Aufl 1997, § 58; *Kropholler,* Internationale Zuständigkeit, in: Handbuch des Internationalen Zivilprozeßrechts Bd I (1982); *Leipold,* Lex fori, Souveränität, Discovery, Grundfragen des Internationalen Zivilprozeßrechts, 1989; *Linke,* Internationales Zivilprozeßrecht, 2. Aufl 1995, § 4; *Müller,* Internationale Zuständigkeit bei der Durchgriffshaftung, 1987; *Nagel/Gottwald,* Internationales Zivilprozeßrecht, 4. Aufl 1997 (Bespr *Taupitz* FamRZ **99**, 145); *Pfeiffer,* Internationale Zuständigkeit und prozessuale Gerechtigkeit, 1995; *Pfennig,* Die internationale Zuständigkeit in Zivil- und Handelssachen, 1988; *Roth,* Die Reichweite der lex-fori-Regel im internationalen Zivilprozeßrecht, Festschrift für *Stree* und *Wessels,* 1993; *Schack,* Internationales Zivilverfahrensrecht, 2. Aufl 1996; *Schack,* Internationale Zuständigkeit und Inlandsbeziehung, in: Festschrift für *Nakamura* (1996); *Schütze,* Deutsches Internationales Zivilprozeßrecht, 1985; *Schulze-Beckhausen,* Internationale Zuständigkeit durch rügelose Einlassung im Europäischen Zivilprozeßrecht, 1994; *Schumann,* Internationale Zuständigkeit: Besonderheiten, Wahlfeststellung, doppelrelevante Tatsachen, Festschrift für *Nagel* (1987) 402; *Wagner,* Das deutsche internationale Privatrecht bei Persönlichkeitsrechtsverletzungen, 1986.

**A. Allgemeines.** Die Regeln zur internationalen Zuständigkeit beantworten die Frage, ob eine Streitsache von einem Gericht der BRep oder von einem ausländischen Gericht zu entscheiden ist, BGH ZZP **112**, 100. Diese Frage ist nach deutschem Recht zu prüfen, BGH NJW **76**, 1581 und 1583, Kblz ZMR **97**, 186. Die internationale Zuständigkeit ist nach ihrem Wesen und nach ihrer Funktion von der örtlichen Zuständigkeit zu unterscheiden, BGH ZZP **112**, 100, Schütze ZZP **90**, 73. Die Notwendigkeit einer solchen Unterscheidung folgt auch daraus, daß die Verletzung der internationalen Zuständigkeit zur Folge hat, daß die ausländische Entscheidung nicht in der BRep anerkannt werden kann, jedenfalls dann nicht, wenn ihre ausschließliche internationale Zuständigkeit verletzt wurde. Wenn ein ausländisches Gericht die Regeln der internationalen Zuständigkeit verletzt hat, dann wird seine Entscheidung nicht von einem Gericht der BRep aufgehoben; der ausländischen Entscheidung wird nur die Wirksamkeit in der BRep versagt. Wenn eine Klage vom Standpunkt des Rechts der BRep aus nicht von einem inländischen, sondern von einem ausländischen Gericht entschieden werden müßte, dann darf das Gericht der BRep den Prozeß nicht an das ausländische Gericht verweisen, sondern muß die Klage abweisen.

Im deutschen Recht gibt es nur einige wenige *ausdrückliche Regelungen* zur internationalen Zuständigkeit, zB in den §§ 23 a, 328 I Z 1, 606 a, Düss NJW **91**, 1492. In den zunächst zu prüfenden internationalen Verträgen, BGH **134**, 132, findet man solche Regeln häufiger. Insofern gilt vor allem das EuGVÜ, dort zB Art 18, SchlAnh V C 1 Art 2 ff, dazu zB BGH **134**, 132 und NJW **96**, 1412 (keine Rückwirkung), Fricke VersR **97**, 400; vgl im übrigen zB Art 3 des deutsch-schweizerischen Abkommens, SchlAnh V B 1, ferner zB das Europäische Übk über Staatenimmunität. Man muß freilich stets beachten, daß der Richter des Urteilsstaats seine Zuständigkeit auch dann auf Grund der heimischen ZPO prüft, wenn ein internationaler Anerkennungs- und Vollstreckungsvertrag gilt. Der internationale Vertrag wendet sich vielmehr erst an den

Richter des Anerkennungsstaats, BGH DB **77**, 719. Es handelt sich insofern um eine bloße Beurteilungsregelung.

**6** **B. Anwendbarkeit der Gerichtsstandsregeln.** Die Vorschriften über die örtliche Zuständigkeit geben immerhin Fingerzeige dafür, ob eine Angelegenheit vom Standpunkt des deutschen Rechts aus der inländischen Gerichtsbarkeit unterliegt, sog Doppelfunktion, vgl auch § 328 Rn 16, BGH NJW **99**, 1396, BAG NJW **85**, 2911, Stgt FamRZ **99**, 887.

**7** Soweit Regeln zur Zuständigkeit herangezogen werden, muß man beachten, welche *Funktion* sie jeweils haben. Sie können sowohl die örtliche inländische Zuständigkeit als auch die internationale Zuständigkeit zum Gegenstand haben, BGH DB **77**, 719, vgl auch BGH MDR **71**, 11 (das Gericht erörtert Fragen zur Verbreitung deutschsprachiger schweizerischer Zeitungen mit Werbeanzeigen innerhalb der BRep). § 18 Z 1 VOB/B regelt zB nur die örtliche, nicht die internationale Zuständigkeit, BGH **94**, 159. Im übrigen muß die Interessenlage bei der örtlichen und bei der internationalen Zuständigkeit gleich oder doch vergleichbar sein, um die Anwendbarkeit der Regeln zur ersteren auf die letztere zu ermöglichen, BGH NJW **81**, 2643.

**8** Soweit es sich *nur* um die *örtliche* Zuständigkeit handelt, gilt zB § 512 a. Soweit es sich dagegen um die internationale Zuständigkeit handelt, gilt diese Vorschrift nicht. Vielmehr ist diese Prozeßvoraussetzung eigener Art, BGH DB **77**, 719, in jedem Verfahrensabschnitt, auch in der Revisionsinstanz, *von Amts wegen* zu prüfen, BGH NJW **96**, 1412, Karlsr RR **89**, 188. Daher kann man die Berufung und die Revision darauf stützen, der Vorderrichter habe die Zuständigkeit zu Unrecht angenommen, BGH DB **77**, 719, Karlsr RR **89**, 188; vgl § 512 a Rn 3, § 549 Rn 19, 20.

**9** **C. Prüfungsreihenfolge.** Wegen der vorherigen Erwägungen muß man auch die internationale Zuständigkeit grundsätzlich vor der örtlichen Zuständigkeit prüfen, BGH VersR **83**, 282, Hamm FamRZ **77**, 133. Jedoch ist eine Rüge der internationalen Unzuständigkeit des angerufenen ArbG in der Berufungsinstanz nicht mehr zu beachten, falls ein anderes ArbG der BRep örtlich und damit international zuständig ist, BAG NJW **71**, 2143. Von der Prüfung der internationalen Zuständigkeit hängt unter anderem die Frage ab, ob eine ausländische Entscheidung anerkannt werden kann, § 328 Rn 16–19. Anders liegt es insofern bei einer solchen Entscheidung der Freiwilligen Gerichtsbarkeit, BayObLG FamRZ **59**, 364.

**10** **D. Sonderfälle.** Wegen der internationalen Zuständigkeit in Ehesachen § 606 a Rn 3; in Kindschaftssachen §§ 640 Rn 8, 641 a; in Eisenbahnsachen Art 44, 52 CIM, 40, 48 CIV, dazu Art 15 G v 26. 4. 74, BGBl II 357, vgl Einl IV 14. Wegen CMR vgl zB Saarbr VersR **76**, 267. Wegen einer Vereinbarung, die die internationale Zuständigkeit zum Gegenstand hat, vgl § 38 Rn 21 ff.

**11** **6) Einteilung der Gerichtsstände.** Man teilt die Gerichtsstände meist wie folgt ein:

**A. Gesetzlicher Gerichtsstand.** Er ist in einem Gesetz angeordnet. Man findet solche Gerichtsstände in der ZPO nicht nur im 2. Titel, sondern vielfach, aber auch in anderen Gesetzen, zB in den §§ 488, 508 HGB, dazu Basedow VersR **78**, 497; in § 105 UrhG; in § 15 GeschmG; in § 6 BinnenSchiffVerfG; in §§ 2, 37 SVertO (vgl bei § 872); in den §§ 246, 249, 275 AktG; in § 219 BauGB (Baulandsache); in den §§ 61, 69 GmbHG; in § 14 AGBG; jeweils in § 34 der VOen über die Allgemeinen Bedingungen für die Versorgung mit elektrischem Strom, mit Gas, mit Fernwärme, mit Wasser. Zu dieser Gruppe zählen auch diejenigen Gerichtsstände, die sich in einer Rechtsverordnung befinden, die auf Grund eines Gesetzes erlassen wurde, zB die Gerichtsstände von Energieversorgungsunternehmen auf Grund der AVB, Schulz-Jander BB **74**, 571 mwN. Es kann eine staatsvertragliche Regelung vorliegen, zB beim Abk über die Zuständigkeit des LG Hbg für Rechtsstreitigkeiten über technische Schutzrechte zwischen den Ländern Bremen, Hamburg, Mecklenburg-Vorpommern und Schleswig-Holstein, abgedruckt auch in GRUR **94**, 350.

Die gesetzlichen Gerichtsstände lassen sich wiederum einteilen in *allgemeine* Gerichtsstände; sie gelten für alle Streitsachen, für die ein besonderer ausschließlicher Gerichtsstand fehlt, §§ 12–18; ferner in besondere Gerichtsstände. Sie gelten nur für bestimmte Streitsachen oder Gattungen solcher. Zur Zuständigkeit kraft Sachzusammenhangs Spellenberg ZZP **95**, 17.

**12** **B. Vereinbarter Gerichtsstand.** Er wird vertraglich begründet, §§ 38–40.

**13** **C. Gerichtlich bestimmter Gerichtsstand.** Er wird durch gerichtliche Anordnung begründet, § 36.

**14** **D. Ausschließlicher Gerichtsstand.** Er verbietet grundsätzlich jeden anderen gesetzlichen, vereinbarten oder besonderen Gerichtsstand. Er besteht immer für die geschäftliche Zuständigkeit und für nichtvermögensrechtliche Sachen. Im übrigen besteht er nur dann, soweit das Gesetz ausdrücklich eine ausschließliche Zuständigkeit festlegt, zB in § 14 AGBG, § 78 b GVG Anh III. Unter zwei konkurrierenden ausschließlichen Gerichtsständen gilt der etwa als vorrangig bestimmte, § 689 II 3. Andernfalls gilt derjenige Gerichtsstand, den das später erlassene Gesetz bestimmt oder den die Parteien ausnahmsweise vereinbaren dürfen, vgl zB § 7 II HaustürgeschäfteG, § 29 Anh.

**15** **E. Wahlfreier Gerichtsstand.** Unter mehreren solchen Gerichtsständen kann der Kläger frei wählen. Man darf diese Wahl keineswegs aus Kostenerwägungen einschränken, Köln MDR **76**, 496.

**16** **7) Bedeutung im Prozeß.** Grundgedanke der Regelung ist die Bemühung um eine an der Natur der Sache und dem Gerechtigkeitsgedanken orientierte prozessuale Lastenverteilung, Hbg WoM **90**, 394. Das ist bei der Ermittlung des Gerichtsstands mitzubeachten.

**17** **A. Prüfungspflicht des Gerichts.** Das Gericht muß den Gerichtsstand ebenso wie seine sachliche Zuständigkeit als eine weitere Prozeßvoraussetzung, Grdz 22 vor § 253, von Amts wegen prüfen, Grdz 39 vor § 128, auch in der Revisionsinstanz, BGH NJW **99**, 1395. Von diesem Grundsatz gelten nach § 39 und in den höheren Instanzen nach den §§ 512 a, 529 II, 566 Einschränkungen. Soweit eine Gerichtsstandsvereinbarung zulässig ist, § 38, und soweit beide Parteien im Termin trotz den § 504 gebotenen Belehrung rügelos zur Hauptsache verhandeln, erübrigt sich nach § 39 eine weitere Prüfung. Eine Ausnahme von dieser Regel gilt nach § 40 II 2. Ist der Bekl säumig, gilt die vom Kläger behauptete örtliche Zuständigkeit nur

2. Titel. Gerichtsstand  **Übers § 12, § 12**

noch eingeschränkt als zugestanden, § 331 I 2. Treffen mehrere Klagegründe zusammen, muß man die örtliche Zuständigkeit für jeden von ihnen prüfen.

Das Gericht darf sich nicht auf eine Nachprüfung der rechtlichen Ausführungen in der Klagebegründung beschränken; es muß vielmehr prüfen, ob nach den vorgebrachten tatsächlichen Behauptungen *irgendein* Gerichtsstand bei ihm begründet ist, AG Marbach MDR **88**, 1061. Dabei ist zunächst die Klageschrift maßgeblich, vgl freilich § 331 Rn 6. Es genügt auch, daß die örtliche Zuständigkeit entweder bei Klagerhebung, § 261 III Z 2, oder bis zum Schluß der letzten Tatsachenverhandlung vorlag, § 300 Rn 6.

**B. Gerichtsstand des Beklagten.** In der Regel entscheidet der Gerichtsstand des Bekl, § 12. Etwas **18** anderes gilt zB bei einer Klage auf Grund eines kaufmännischen Zurückbehaltungsrechts, § 371 IV HGB. Eine Duldungsklage ist ein Anhängsel der Klage gegen den Leistungspflichtigen. Deshalb gilt bei einer Verbindung der Gerichtsstand des letzteren. Im Mahnverfahren entscheidet grundsätzlich der Gerichtsstand des Antragstellers, § 689 II 1.

**C. Beweislast.** Der Kläger muß die örtliche Zuständigkeit des angerufenen Gerichts beweisen, wenn der **19** Bekl diesen Gerichtsstand bestreitet. Nun fallen aber diejenigen Tatsachen, die die örtliche Zuständigkeit begründen, häufig mit solchen Tatsachen zusammen, die auch den sachlichrechtlichen Anspruch begründen. In einem solchen Fall braucht der Kläger die örtliche Zuständigkeit nicht besonders zu beweisen, soweit die zur örtlichen Zuständigkeit maßgeblichen Tatsachen zugleich zur Begründung des sachlichrechtlichen Anspruchs bewiesen werden müssen, Saarbr FamRZ **79**, 797, Balzer NJW **92**, 2723. Wenn der Bekl den sachlichrechtlichen Anspruch bestreitet, dann bestreitet er noch nicht stets auch die örtliche Zuständigkeit des vom Kläger angerufenen Gerichts.

**D. Folgen der Unzuständigkeit.** Sobald die örtliche Unzuständigkeit des angerufenen Gerichts fest- **20** steht, muß zunächst geklärt werden, ob entweder von Amts wegen eine Verweisung oder Abgabe erfolgen muß, §§ 696, 700, oder ob der Kläger (und nicht auch oder nur der Bekl) einen Antrag stellt, das Verfahren an das zuständige ordentliche Gericht oder ArbG zu verweisen, §§ 281 ZPO, 48 ArbGG, 17 ff GVG. Wenn eine derartige Verweisung oder Abgabe nicht von Amts wegen erfolgen darf oder muß und wenn auch der unter diesen Umständen erforderliche Antrag fehlt oder falls schließlich eine Verweisung aus anderen Gründen nicht möglich ist, dann muß das Gericht die Klage durch ein Prozeßurteil als unzulässig abweisen, Üb 5 vor § 300, AG Marbach MDR **88**, 1061. Eine solche Prozeßabweisung hat sachlichrechtlich keine innere Rechtskraftwirkung zur Hauptsache, § 322 Rn 5 „Prozeßurteil".

Eine Klage, die bei dem örtlich unzuständigen Gericht erhoben wird, unterbricht die *Verjährung* dann nicht, wenn das Gericht die Klage wegen seiner Unzuständigkeit rechtskräftig als unzulässig abweist und wenn die Klage nicht binnen 6 Monaten neu erhoben wird, § 212 BGB. Die Einreichung einer Klage bei einem örtlich unzuständigen Gericht wahrt eine Ausschlußfrist, falls dieses Gericht den Rechtsstreit an das zuständige Gericht verweist. Das gilt selbst dann, wenn der Kläger eine ausschließliche Zuständigkeit übersehen hatte.

**E. Abhängiger Anspruch.** Für einen solchen Anspruch gilt der Gerichtsstand des Hauptanspruchs, **21** wenn der abhängige Anspruch im Prozeß gegen den Hauptschuldner erhoben wird. Das kommt zB für einen Anspruch auf eine Duldung der Zwangsvollstreckung in Betracht.

**8) Erschleichung des Gerichtsstands.** Es kommt auf die Person des Täters an. **22**

**A. Verstoß des Klägers.** Treu und Glauben beherrschen auch das Prozeßrecht, Einl III 54. Niemand darf seinem gesetzlichen Richter gegen seinen Willen entzogen werden, Art 101 I GG. Es ist durchaus nicht unerheblich, welcher Richter urteilt. Das gilt schon deshalb, weil die Verteidigung aus der Sicht des Bekl bei dem einen Richter leichter sein mag als beim anderen. Aus diesen Gründen und wegen des Gebots der Prozeßwirtschaftlichkeit, Grdz 14, 15 vor § 128, begründet bereits jede objektive, wenn auch vielleicht unbeabsichtigte, Erschleichung des Gerichtsstands den Einwand der Arglist, § 2 Rn 7, Düss FamRZ **87**, 281, KG FamRZ **89**, 1105, LG Bln RR **97**, 378.

Das Gericht muß den erschlichenen Gerichtsstand aber auch *von Amts wegen* verneinen, Grdz 39 vor **23** § 128. Denn Treu und Glauben sind ohne Heilungsmöglichkeit etwa nach §§ 39, 295 in jeder Lage des Verfahrens auch von Amts wegen zu beachten, Hamm FamRZ **79**, 849. Das scheint Kblz MDR **86**, 1032 nicht geprüft zu haben. Wegen der Problematik der Allgemeinen Geschäftsbedingungen s § 38 Rn 6 ff.

**B. Verstoß des Beklagten.** Solange der Kläger lauter und nicht verwerflich handelt, wäre es arglistig, **24** Einl III 54, wenn sich der Bekl hinter einer an sich feststehenden Unzuständigkeit verschanzen dürfte, ohne sachliche Einwände vortragen zu können. Dann würde das Verhalten des Bekl nämlich lediglich einer Verschleppung dienen. Dabei sind scharfe Anforderungen zu stellen, insofern richtig Ffm MDR **80**, 318. In einem solchen Fall muß das Gericht trotz seiner örtlichen Unzuständigkeit und trotz ihrer etwaigen Rüge zur Sache verhandeln und den Bekl verurteilen.

Diese Möglichkeit besteht nicht, soweit ein anderes Gericht örtlich *ausschließlich* zuständig ist, Rn 14. **25**

**9) VwGO:** *Die Vorschriften des 2. Titels sind unanwendbar, weil Sonderbestimmungen gelten, §§ 52 u 53* **26** *VwGO. Wegen Einzelfragen s bei §§ 33–37.*

## 12
*Begriff des allgemeinen Gerichtsstands.* **Das Gericht, bei dem eine Person ihren allgemeinen Gerichtsstand hat, ist für alle gegen sie zu erhebenden Klagen zuständig, sofern nicht für eine Klage ein ausschließlicher Gerichtsstand begründet ist.**

**1) Systematik, Regelungszweck.** Zur Einteilung der Gerichtsstände Üb 11 ff vor § 12. Der allgemeine, **1** gesetzliche, Gerichtsstand einer natürlichen Person, auch derjenigen als Partei kraft Amts, Grdz 8 ff vor § 50, zB des Insolvenzverwalters, Rn 3, wird im Interesse der Prozeßwirtschaftlichkeit, Grdz 14 vor § 128, nach dem erfahrungsgemäß vorhandenen Grad der Schwierigkeit des Auffindens und unter Berücksichtigung

§ 12 1. Buch. 1. Abschnitt. Gerichte

Lebenserfahrung, aus der ja der Wohnsitz abgeleitet ist, in folgender Reihenfolge geprüft: Zunächst nach dem Wohnsitz, §§ 13, 15; anschließend nach dem Aufenthaltsort im Inland, § 16 Hs 1; sodann nach dem letzten Wohnsitz, § 16 Hs 2; schließlich nach einem etwaigen besonderen Gerichtsstand, §§ 20 ff. Wenn nach keiner dieser Möglichkeiten ein Gerichtsstand besteht, muß man im Ausland klagen.
Es ist nicht selbstverständlich, auf den *Bekl* abzustellen. Im Mahnverfahren stellt die ZPO jedenfalls zunächst auf den Antragsteller ab, § 689 II 1. Das hat aber seinen Grund in der grundsätzlich ja auch statistisch belegbar berechtigten Annahme, es werde dort gar nicht erst zum streitigen Verfahren kommen. Eine Klage löst aber stets ein solches aus; wer einen anderen in ein Prozeßrechtsverhältnis zieht, das auf ein Urteil abzielt, der soll den Bekl nicht auch noch stets zu Reisen zwingen.

**2** **2) Geltungsbereich.** Vgl Üb 2 vor § 12.

**3** **3) Verhältnis zu besonderen Gerichtsständen.** Es stehen sich Grundsatz und Ausnahmen gegenüber.

**A. Grundsatz: Geltung neben einem „einfachen" besonderen Gerichtsstand.** § 12 gilt auch dann, wenn daneben ein besonderer, aber nicht gerade nach Üb 14 vor § 12 ausschließlicher, Gerichtsstand besteht. Ein derart „einfacher" besonderer Gerichtsstand kann durch ein Gesetz oder für bestimmte Arten von Geschäften durch die Satzung einer öffentlichrechtlichen Körperschaft anders bestimmt werden, soweit ein Gesetz oder eine gesetzliche Ermächtigung für eine solche Satzung vorliegen, BGH MDR **60**, 31. Wegen des Insolvenzverwalters § 19 a Rn 1.

**4** **B. Vorrang eines ausschließlichen Gerichtsstands.** Insbesondere soweit das Gesetz ausdrücklich einen Gerichtsstand als den ausschließlichen bezeichnet, hat diese Form des besonderen Gerichtsstands allerdings den Vorrang vor § 12; vgl Üb 14 vor § 12.

**5** **4) Beispiele zur Frage einer ausschließlichen Zuständigkeit**
**Abzahlungsgeschäft:** Rn 11 „Verbraucherkredit".
**Aktiengesellschaft:** Im Fall der Anfechtung des Beschlusses einer Hauptversammlung oder bei der Nichtigkeitsklage gegen einen solchen Beschluß geben §§ 246, 249 AktG ausschließliche Zuständigkeiten.
**Allgemeine Geschäftsbedingungen:** Rn 11 „Verbandsklage".
**Allgemeiner Gerichtsstand:** Auch er kann ausschließlich sein, zB bei §§ 802, 828, Rn 12 „Zwangsvollstreckung", sowie bei § 26 FernUSG.
**Ehesache:** § 606 nennt gestufte ausschließliche Zuständigkeiten. Das ergibt schon der jeweilige Wortlaut.
**Familiensache:** § 621 enthält schon nach seinem Wortlaut ausschließliche Zuständigkeiten des FamG.
**Fernunterricht:** Der allgemeine Gerichtsstand nach § 26 FernUSG ist ein ausschließlicher.
**Genossenschaft:** §§ 51, 109, 112 GenG geben ausschließliche Zuständigkeiten.
**Gesellschaft mit beschränkter Haftung:** §§ 61, 62 GmbHG geben ausschließliche Zuständigkeiten.
**Güterrecht:** S „Familiensache".
**6** **Hausratssache:** Rn 5 „Familiensache".
**Haustürgeschäft:** § 7 des in § 29 Anh abgedruckten Gesetzes nennt in I grds einen ausschließlichen Gerichtsstand, gibt aber in II die Möglichkeit abweichender und dann natürlich vorrangiger Vereinbarungen und ist daher ungeachtet des Wortlauts von I in Wahrheit nur hilfsweise eine ausschließliche Zuständigkeitsregel, § 29 Anh Rn 5, 6.
**Insolvenz:** Die in der InsO genannten Zuständigkeiten sind ausschließliche; vgl aber Rn 3.
**Kindschaftssache:** § 640 a I enthält schon dem Wortlaut nach ausschließliche örtliche Zuständigkeiten.
**Kindesherausgabe:** Rn 5 „Familiensache".
**7** **Mahnverfahren:** § 689 II, III enthalten ausschließliche örtliche Zuständigkeiten. Daher gibt auch § 700 für den entsprechenden Vollstreckungsbescheid eine ausschließliche Zuständigkeit („das Gericht" meint dasjenige nach § 689).
**Miete:** Ein ausschließlicher Gerichtsstand gilt nach § 29 a für die dort genannten Ansprüche.
**Pacht:** Ein ausschließlicher Gerichtsstand gilt nach § 29 a für die dort genannten Ansprüche.
**Patentsache:** Die Patentgerichte sind ausschließlich zuständig.
**Pflegschaft:** Rn 6 „Kindschaftssache".
**8** **Raum:** Rn 7 „Miete", „Pacht".
**Scheidung:** Rn 5 „Ehesache".
**9** **Selbständiges Beweisverfahren:** Die in § 486 I–III genannten Gerichte sind im jeweiligen dortigen Rahmen ausschließlich zuständig. Das ergibt sich zwar nicht aus dem Wortlaut von § 486, wohl aber aus der Natur der Sache. § 486 III eröffnet zwar eine gewisse Wahlmöglichkeit, aber nur zwischen mehreren nach der Wahl jeweils ausschließlichen Gerichtsständen.
**Sorgerecht:** Rn 5 „Familiensache".
**10** **Unlauterer Wettbewerb:** § 24 UWG gibt in einer unvollständigen Aufzählung ausschließliche Zuständigkeit, vgl schon BGH MDR **85**, 911.
**Unterhalt:** Rn 5 „Familiensache".
**11** **Verbandsklage:** Bei § 14 AGBG gilt eine ausschließliche Zuständigkeit, § 78 b GVG Anh III, dazu in Bayern VO v 5. 5. 77, GVBl 197, in Nordrhein-Westfalen VO v 18. 3. 77, GVBl 133.
**Verbraucherkredit:** Nach dem VerbrKrG gibt es keinen besonderen Gerichtsstand.
**Versicherungsrecht:** § 48 VVG gibt eine ausschließliche Zuständigkeit. Die Vorschrift gilt freilich nicht bei einer Klage des geschädigten Dritten gegen die Versicherung, LG Mü VersR **74**, 738.
**Versorgungsausgleich:** Rn 5 „Familiensache".
**Vormundschaft:** Rn 6 „Kindschaftssache".
**12** **Zurückbehaltungsrecht:** § 371 IV HGB (Gerichtsstand des Klägers beim Befriedigungsrecht) ist nicht ausschließlich.
**Zwangsvollstreckung:** § 764 II enthält nach der Sache nach eine ausschließliche örtliche und sachliche Zuständigkeit; das klärt § 802 auch für alle übrigen im 8. Buch angeordneten Gerichtsstände.

## 2. Titel. Gerichtsstand   §§ 13–16

**13** *Allgemeiner Gerichtsstand des Wohnsitzes.* **Der allgemeine Gerichtsstand einer Person wird durch den Wohnsitz bestimmt.**

**1) Systematik, Regelungszweck.** Vgl zunächst Üb 1 vor § 12, ferner § 12 Rn 1. Die Technik der 1 (indirekten) Verweisung auf das BGB, Rn 2, ist sinnvoll und zweckmäßig. Der Wohnsitzbegriff sollte prozessual nicht zu eng ausgelegt werden.

**2) Geltungsbereich.** Vgl Üb 2 vor § 12. 2

**3) Wohnsitz.** Der inländische Wohnsitz einer natürlichen Person und nur dieser, nicht ein ausländischer, 3 BGH NJW **96**, 1412, bildet ihren allgemeinen Gerichtsstand. Das gilt bei jeder Art von Partei, Düss JB **96**, 98, auch zB bei der Partei kraft Amts, Grdz 8 ff vor § 50, etwa beim Insolvenzverwalter, BGH Rpfleger **84**, 68. Der Wohnsitz, nicht dasselbe wie eine Wohnung nach § 181, ist nach den §§ 7–11 BGB zu beurteilen, vgl BGH FamRZ **87**, 694, Bengelsdorf BB **89**, 2394; s aber auch § 15. Die Anmeldung beim Einwohnermeldeamt ist weder erforderlich noch ausreichend, allerdings meist ein Beweisanzeichen, BGH NJW **90**, 507. Strafhaft begründet nicht stets einen Wohnsitz, BGH RR **96**, 1217, ebensowenig eine bloße Briefkastenanschrift, BGH **132**, 196. Die Ehefrau kann einen eigenen Wohnsitz begründen. Der dreiwöchige Aufenthalt im Frauenhaus reicht nicht, BGH NJW **95**, 1224. Wegen des abgeleiteten Wohnsitzes der Kinder vgl § 11 BGB, BGH RR **92**, 578. Wenn ein Wohnsitz im Inland fehlt und wenn auch § 16 nicht anwendbar ist, dann fehlt ein inländischer allgemeiner Gerichtsstand. Ein Wohnsitz im Ausland hat nur eine ausschließende Bedeutung, § 16 Rn 1.

*Wo* jemand *innerhalb* der BRep seinen Wohnsitz hat, das richtet sich auch bei einem *Ausländer* nach dem 4 Recht der BRep., BGH FamRZ **94**, 299, § 13 macht die §§ 7 ff BGB für die Beurteilung des Gerichtsstands zu seinem Bestandteil, BGH DB **75**, 2081, offen wegen eines Minderjährigen BGH FamRZ **82**, 263. Wegen der deutschen Gerichtsbarkeit über Angehörige der fremden Streitkräfte vgl SchlAnh III. Wenn eine politische Gemeinde in mehrere Gerichtssprengel zerfällt, dann entscheidet die ständige Niederlassung innerhalb der Gemeinde, BVerfG NJW **80**, 1619 mwN. Mehrere Wohnsitze können mehrere Gerichtsstände begründen.

**14** *Allgemeiner Gerichtsstand der Wehrmachtsangehörigen.* (weggefallen)

**15** *Allgemeiner Gerichtsstand für im Ausland beschäftigte deutsche Angehörige des öffentlichen Dienstes.* I [1]**Deutsche, die das Recht der Exterritorialität genießen, sowie die im Ausland beschäftigten deutschen Angehörigen des öffentlichen Dienstes behalten den Gerichtsstand ihres letzten inländischen Wohnsitzes.** [2]**Wenn sie einen solchen Wohnsitz nicht hatten, haben sie ihren allgemeinen Gerichtsstand am Sitz der Bundesregierung.**

II **Auf Honorarkonsuln ist diese Vorschrift nicht anzuwenden.**

**1) Systematik, Regelungszweck, I, II.** Vgl zunächst Üb 1 vor § 12, § 12 Rn 1. § 15 ist eine 1 prozessuale Sondervorschrift. Sie ergänzt die §§ 7 ff BGB und läßt die besonderen Gerichtsstände und einen etwa bestehenden ausländischen Gerichtsstand unberührt. Sie dient auch der Aufrechterhaltung der tatsächlichen deutschen Gerichtsbarkeit im Interesse der Prozeßwirtschaftlichkeit im weiteren Sinn, Grdz 14 vor § 128.

**2) Geltungsbereich, I, II.** Vgl zunächst Üb 2 vor § 12. Die Vorschrift gilt für folgende Personen: Für 2 einen exterritorialen Deutschen, also für einen im Ausland nach dem Völkerrecht Exterritorialen; ferner für einen im Ausland dauernd beschäftigten, dort aber nicht exterritorialen deutschen Angehörigen des öffentlichen Dienstes, sei er ein Beamter, Angestellter oder ein Arbeiter, auch für einen Berufskonsul, nicht aber für einen Honorarkonsul, II; ferner für ein Kind einer solchen Person, soweit das Kind einen abgeleiteten Gerichtsstand hat; hilfsweise nach I 2 auch als ein besonderer Gerichtsstand der Erbschaft, § 27 II.

Eine in einem dieser Fälle genannte Person behält den Gerichtsstand ihres *letzten Wohnsitzes* im Inland 3 auch dann, wenn sie sich im Ausland befindet, und ferner auch dann, wenn sie den Wohnsitz im Inland aufgegeben hatte. Wenn sie überhaupt keinen inländischen letzten Wohnsitz hatte, dann hat sie ihren allgemeinen Gerichtsstand am Sitz der Bundesregierung.

In einer *Ehesache* geht § 606 vor, zumal jene Vorschrift auch einen Ersatzgerichtsstand zur Verfügung 4 stellt.

**16** *Allgemeiner Gerichtsstand des Aufenthalts und des letzten Wohnsitzes.* **Der allgemeine Gerichtsstand einer Person, die keinen Wohnsitz hat, wird durch den Aufenthaltsort im Inland und, wenn ein solcher nicht bekannt ist, durch den letzten Wohnsitz bestimmt.**

**1) Systematik, Regelungszweck.** Vgl zunächst Üb 1 vor § 12, § 12 Rn 1 und sodann die auch auf 1 § 16 anwendbaren Erwägungen § 15 Rn 1.

**2) Geltungsbereich.** Vgl zunächst Üb 2 vor § 12. § 16 ist dann anwendbar, wenn jemand überhaupt 2 keinen Wohnsitz hat, Saarbr RR **93**, 191. Wenn er einen Wohnsitz im Ausland hat, dann muß man die Klage gegen ihn dort erheben, falls ein besonderer inländischer Gerichtsstand fehlt. Ob ein Deutscher einen Wohnsitz im Ausland hat, richtet sich nach dem Recht der BRep, vgl § 13 Rn 1. Ob ein Ausländer einen Wohnsitz im Ausland hat, richtet sich nach dem ausländischen Recht. § 16 gilt nur für denjenigen, der persönlich keinen Wohnsitz hat. Eine Sonderregelung gilt nach § 14 I 2 AGBG, § 78b GVG Anh III. Wegen des EuGVÜ SchlAnh V C 1, besonders Art 4, 32 II, § 2 II AVAG, dazu zB Saarbr RR **93**, 191.

## §§ 16, 17

**3** **3) Aufenthalt.** Für denjenigen, der überhaupt keinen Wohnsitz hat, Saarbr RR **93**, 191, enthält § 16 den allgemeinen Gerichtsstand des Aufenthalts. § 16 ist anwendbar, wenn unklar ist, ob bei der Aufgabe des letzten Wohnsitzes noch Geschäftsfähigkeit bestand, BGH FamRZ **87**, 694. Aufenthalt ist das tatsächliche gewollte oder ungewollte, gewöhnliche dauernde (firma habitatio) oder vorübergehende körperliche Sein an einem Ort, vgl LG Hbg RR **95**, 184 mwN (an Bord eines Motorschiffs auf den Bahamas). Eine Durchfahrt kann ausreichen, vgl KG OLGZ **73**, 151, freilich auch § 606 Rn 10. Eine vorübergehende Unterbrechung beseitigt den auf eine längere Zeit berechneten Aufenthalt nicht. Wenn kein Aufenthalt bekannt ist, dann bestimmt der letzte Aufenthaltsort den allgemeinen Gerichtsstand, BGH RR **92**, 578. Das gilt auch dann, wenn ein Aufenthalt im Ausland bekannt ist, aber nicht dann, wenn im Ausland ein Wohnsitz besteht, StJSchu 2. Unter dem Begriff „Inland" ist bei § 16 ganz Deutschland zu verstehen, Einl III 77, aber auch nicht mehr, § 917 Rn 10.

**4** **4) Beweislast.** Es ist stets ausreichend, wenn der Kläger nachweist, daß er seine Ermittlungen mit aller Sorgfalt angestellt hat. Für den Gerichtsstand des Aufenthalts muß er beweisen, daß ein Wohnsitz des Bekl im Inland wie im Ausland fehlt und daß der Bekl sich im Bezirk des Gerichts aufhält. Der Bekl kann dann den Gerichtsstand des § 16 dadurch ausschließen, daß er einen Wohnsitz nachweist. Für den Gerichtsstand des letzten Wohnsitzes muß der Kläger beweisen, daß ein Wohnsitz des Bekl im Inland wie im Ausland fehlt und daß auch kein deutscher Aufenthaltsort bekannt ist. Der Bekl kann dann die Anwendbarkeit des § 16 entweder wie bei Rn 3 oder durch den Gegenbeweis ausschließen, daß ein Aufenthaltsort bekannt und nicht bloß vorhanden ist.

**17** *Allgemeiner Gerichtsstand der juristischen Personen usw.* [I] [1]Der allgemeine Gerichtsstand der Gemeinden, der Korporationen sowie derjenigen Gesellschaften, Genossenschaften oder anderen Vereine und derjenigen Stiftungen, Anstalten und Vermögensmassen, die als solche verklagt werden können, wird durch ihren Sitz bestimmt. [2]Als Sitz gilt, wenn sich nichts anderes ergibt, der Ort, wo die Verwaltung geführt wird.

[II] Gewerkschaften haben den allgemeinen Gerichtsstand bei dem Gericht, in dessen Bezirk das Bergwerk liegt, Behörden, wenn sie als solche verklagt werden können, bei dem Gericht ihres Amtssitzes.

[III] Neben dem durch die Vorschriften dieses Paragraphen bestimmten Gerichtsstand ist ein durch Statut oder in anderer Weise besonders geregelter Gerichtsstand zulässig.

**1** **1) Systematik, Regelungszweck, I–III.** Vgl zunächst Üb 1, 2 vor § 12. Während §§ 12–16 die natürliche Person betreffen, regeln §§ 17–22 die Rechtslage bei den verbleibenden anderen Rechtssubjekten als Bekl. § 17 enthält einen allgemeinen Gerichtsstand für jede Prozeßpartei, die parteifähig ist, *ohne* eine natürliche Person zu sein, § 50 Rn 6. Auch hier ist ein ausschließlicher Gerichtsstand möglich, Üb 14 vor § 12. Der Gerichtsstand des § 17 endet erst mit dem Verlust der Parteifähigkeit und nicht schon mit dem Eintritt in das Stadium der Abwicklung, § 50 Rn 21. Dabei gelten wegen des Regelungszwecks die Erwägungen § 12 Rn 1, § 13 Rn 1 entsprechend.

**2** **2) Gemeinden usw, I.** Die in I Genannten haben einen allgemeinen Gerichtsstand an ihrem Sitz. Das ist im Zweifel der Ort, an dem sich die Verwaltung befindet, also die geschäftliche Leitung durch den oder die gesetzlichen Vertreter, Dütz DB **77**, 2217. Daher bestimmen den Sitz: In erster Linie das Gesetz, die Satzung oder die Verleihung, §§ 24, 80, 22 BGB, Dütz DB **77**, 2217. Wegen der Vertretungsorgane der Gemeinden § 51 Rn 14, § 170 Rn 3; hilfsweise der Mittelpunkt der (wirklichen) Oberleitung. Einzelheiten Rn 6ff.

**3** **3) Bergrechtliche Gewerkschaft, II.** Die Vorschrift erfaßt nur eine solche Gewerkschaft, die Parteifähigkeit besitzt. Es entscheidet die Lage des Grubenfelds. Unter Umständen sind also mehrere Gerichte örtlich zuständig. Der Sitz der Verwaltung ist bei II unerheblich.

**4** **4) Behörden, II.** Es ist sehr zweifelhaft, ob es eine Behörde gibt, die nicht als eine selbständige juristische Person unter I fällt, gleichwohl „als solche verklagt werden kann". Richtig ist es wohl, auch eine solche Behörde als einen Vertreter des Fiskus aufzufassen. II ergibt insofern einen Gerichtsstand des Fiskus.

**5** **5) Besondere Regelung, III.** Eine Satzung, ein Statut oder eine behördliche Genehmigung usw können für die in § 17 genannte Person einen weiteren allgemeinen Gerichtsstand schaffen, BGH NJW **98**, 1322 (offen, ob auch für das Mahnverfahren). Dieser weitere Gerichtsstand besteht aber immer nur neben demjenigen aus § 17 und schließt den letzteren keineswegs aus. Die Anordnung braucht nicht nur verbandsintern erfolgt zu sein. Eine derartige Anordnung für bestimmte Rechtsverhältnisse kann aus § 38 wirken.

**6** **6) Beispiele zur Frage der Geltung von I, III**
**Aktiengesellschaft:** I, III gelten auch für die Aktiengesellschaft, BGH NJW **98**, 1322. Hier ist in erster Linie die Satzung sowie die Eintragung maßgeblich.
**Briefkastenfirma:** Bei einer bloßen sog Briefkastenfirma (Briefkastensitz) wird dieser Rechtsmißbrauch auch hier nicht geschützt, Einl III 54.
**Deutsche Post:** I, III gelten auch für die Deutsche Post AG. Sie hat ihren Sitz in Bonn, § 1 II ihrer Satzung (Anh zu § 7 PostUmwG). Dasselbe gilt für die Deutsche Postbank AG und die Deutsche Telekom AG.
**Fiskus:** In Abweichung von Rn 7 „Juristische Person" gelten I–III nicht für den Fiskus; vgl für ihn § 18.
**7** **Genossenschaft:** I, III gelten neben §§ 6, 12, 87 GenG auch für die Genossenschaft.
**Gesellschaft mit beschränkter Haftung:** I, III gelten auch für die GmbH, § 3 I Z 1, § 7 GmbHG. Der Sitz ist auch dann maßgeblich, wenn die Verwaltung, vgl Stgt BB **77**, 414, oder die Zweigniederlassung an einem anderen Ort besteht, BGH NJW **78**, 321, oder wenn es um ein Abwicklungsproblem einer gelöschten GmbH geht, Kblz Rpfleger **89**, 251.
**Gewerkschaft des Arbeitsrechts:** I, III gelten auch für eine solche Gewerkschaft (II erfaßt eine bergrechtliche), BGH NJW **80**, 343 mwN, aM insofern Schrader MDR **76**, 726.

2. Titel. Gerichtsstand §§ 17, 18

**Insolvenzverfahren:** Wegen der Insolvenzmasse vgl § 12 Rn 2.
**Juristische Person:** I, III gelten grds auch bei einer juristischen Person, Hbg MDR **77**, 759. Der Sitz ergibt sich grds aus der Registeranmeldung. Sie kann mehrere Sitze haben.
S aber auch Rn 6 „Fiskus".
**Kirche:** Wegen der evangelisch-lutherischen Kirche Scheffler NJW **77**, 740 (Üb). 8
**Kommanditgesellschaft:** I, III gelten auch für die KG.
**Offene Handelsgesellschaft:** I, III gelten auch für die OHG. Sie hat ihren Sitz am Betriebsmittelpunkt. 9
**Politische Partei:** I, III gelten auch für eine politische Partei, Köln DtZ **91**, 28.
**Post:** Rn 6 „Deutsche Post".
**Rechtsmißbrauch:** Rn 6 „Briefkastenfirma".
**Telekom:** Rn 6 „Deutsche Post". 10
**Verein:** I, III gelten auch für den nicht rechtsfähigen Verein, Dütz DB **77**, 2217 mwN.
**Versicherung:** Bei einem privaten Versicherungsunternehmen gilt das VAG, LG Ffm VersR **75**,994. Das erörtert BGH NJW **98**, 1322 nicht mit.

**18** *Allgemeiner Gerichtsstand des Fiskus.* **Der allgemeine Gerichtsstand des Fiskus wird durch den Sitz der Behörde bestimmt, die berufen ist, den Fiskus in dem Rechtsstreit zu vertreten.**

**Schrifttum:** *Piller/Hermann,* Justizverwaltungsvorschriften (Loseblattausgabe) Nr 5 c.

**Gliederung**

| | | | |
|---|---|---|---|
| 1) Systematik................ | 1 | 4) Beispiele zur Frage einer Vertretung des Fiskus........................ | 5–9 |
| 2) Regelungszweck.......... | 2 | | |
| 3) Geltungsbereich........... | 3, 4 | | |

**1) Systematik.** Vgl zunächst Üb 1, 2 vor § 12, § 17 Rn 1. § 18, ergänzt durch § 19, betrifft als eine **1** vorrangige Sondervorschrift im Bereich der juristischen Person als Bekl den allgemeinen Gerichtsstand des Fiskus, also des Staates als eines Trägers von Vermögensrechten, nicht von Hoheitsrechten.

**2) Regelungszweck.** Der für die natürliche wie für die sonstige juristische Person geltende Grund- **2** gedanke § 12 Rn 1 gilt auch beim Fiskus. Der in Rn 5 ff dargestellte Umstand, daß die Ermittlung der Vertretungsverhältnisse beim Fiskus eine vielfach äußerst dornenreiche Aufgabe ist, die der Rechtssicherheit, Einl III 43, in einer die Zweite Gewalt nach wie vor auch an diesem Punkt bedenklich bevorzugenden Weise nicht gerade überzeugend dient, ändert nichts an der Richtigkeit des Grundsatzes, den Fiskus dort verklagen zu müssen, wo er jeweils sitzt. Mögen die oft erheblichen Vorbereitungskosten vom Sieger zur Erstattung angemeldet werden, § 91 Rn 270 ff.

**3) Geltungsbereich.** Vgl zunächst Üb 2 vor § 12. Die Vorschrift gilt auch für den Fiskus der Länder (ein **3** solcher bestand auch früher trotz des Verlusts der Hoheitsrechte weiter) sowie für den Fiskus der sonstigen Gebietsteile. Wegen des Deutschen Reichs vgl Rn 9. Die gesetzliche Vertretung eines ausländischen Fiskus bestimmt sich nach dem ausländischen Recht. Wenn sich der ausländische Fiskus auf einen gesetzlichen Mangel seiner Vertretung beruft, kann dieser Mangel infolge einer Anscheinsvollmacht behoben sein.
Man muß den Vorschriften des *Verwaltungsrechts* (Gesetze, Verordnungen, Satzungen) entnehmen, welche Behörde den Fiskus im Prozeß zu vertreten hat. Nach dem Verwaltungsrecht richtet sich auch das Recht der Übertragung des Vertretungsrechts auf nachgeordnete Stellen (Delegation) sowie das Eintrittsrecht der vorgesetzten Dienststelle. Das Gericht darf nur einen solchen diesbezüglichen Verwaltungsakt beachten, der vor der Klagerhebung vorgenommen worden ist.
Wenn sich ein *Minister* durch seine *Einlassung* auf einen Prozeß zum gesetzlichen Vertreter bestellt hat, **4** dann bindet ihn dieses Verhalten. Soweit die Vertretung nicht ausdrücklich geregelt worden ist, muß man vermuten, daß diejenige Stelle zur Vertretung berufen ist, die dasjenige Vermögen verwaltet, das durch den Rechtsstreit betroffen wird.
Das Gericht *prüft* zunächst, ob die gesetzliche Vertretung geklärt ist, und erst anschließend die Frage, ob es örtlich zuständig ist. Der Sitz ist nach § 17 und notfalls nach der Lage des Dienstgebäudes zu bestimmen. Die Vertretung ist im Einzelfall unsicher. Wenn die Klage auf mehrere Gründe gestützt wird, muß man prüfen, ob die Vertretung für jeden dieser Gründe zutrifft. Unter Umständen sind also mehrere Stellen nebeneinander die Vertreter. Ein etwa vorhandener besonderer Gerichtsstand, zB nach § 29 für Dienstbezüge, bleibt vorrangig.

**4) Beispiele zur Frage einer Vertretung des Fiskus.** Man muß jeweils beachten, daß die rechts- **5** schäftliche und die prozessuale Vertretung unter Umständen verschieden zu beurteilen sind.
**Bund:** Er wird durch den Bundesminister für seinen Geschäftsbereich vertreten, Kunz MDR **89**, 592, und zwar für die aktive wie passive Seite und für sämtliche Rechtsgründe, aus denen ein Anspruch geltend gemacht wird. Im Geschäftsbereich des Bundesministers des Innern gilt die AnO v 9. 4. 76, GMBl 162, geändert zuletzt am 18. 3. 94, GMBl 484. Falls der Rechtsstreit dem Geschäftsbereich keines einzigen Einzelministers zugeordnet werden kann, wird der Bund durch den Bundesfinanzminister vertreten, StJSchu 8. Im Geschäftsbereich des Bundesfinanzministers ist die Vertretungsbefugnis im gerichtlichen Verfahren nach deren Art aufgeteilt, zB auf den Minister, den Präsidenten des deutschen Patentamts, den Amtskassenleiter usw, Anordnung v 25. 4. 58, BAnz Nr 82 mit Änderung v 10. 10. 58, BAnz Nr 201 (Vertretungsordnung des Bundesjustizministers). Diese Anordnung enthält auch Ausführungsvorschriften für das Verfahren.

§ 18                                                           1. Buch. 1. Abschnitt. Gerichte

Bei einer Klage aus dem *Beamtenverhältnis* ist die AnO v 6. 10. 80, BGBl 1954, zu beachten. Im Geschäftsbereich des Bundesministers für Verteidigung sind die einzelnen Wehrbereichsverwaltungen mit gewissen Vorbehalten zur Vertretung befugt, VerwAnO v 21. 3. 69, VMBl 185. Als Drittschuldner darf der Kommandeur des für den Soldaten zuständigen Truppenteils auftreten, VerwAnO VertMin v 20. 11. 81, BAnz **82** Nr 9, bzw das Wehrgebührnisamt auftreten, evtl auch die Standortkasse, Kreutzer AnwBl **74**, 173. Im Geschäftsbereich des Bundesinnenministers sind bei einer Klage aus dem Beamtenverhältnis ab 1. 3. 68 die Präsidenten des jeweiligen Amtsbereichs zuständig, AnO v 26. 1. 68, BGBl 121. Soweit Bestimmungen fehlen, gelten die Grundsätze für die Vertretung des Fiskus.

**6 Bundesautobahn:** Sie steht zwar im Eigentum des Bundes, wird aber im Auftrag des Bundes von den Ländern verwaltet, Art 90 GG, G v 2. 3. 51, BGBl 157, BayObLG **95**, 68; vgl auch BGH **4**, 253 sowie das BundesfernstraßenG idF v 1. 10. 74, BGBl 2414.

**Bundeseisenbahnvermögen:** Es ist ein öffentlichrechtliches Sondervermögen des Bundes, Art 1 §§ 1, 6 V ENeuOG v 27. 12. 93, BGBl 2378. Es kann trotz Fehlens einer Rechtsfähigkeit, Art 1 § 1 ENeuOG, im Rechtsverkehr unter seinem Namen klagen und verklagt werden, Art 1 § 4 I ENeuOG. Es wird durch seinen Präsidenten gerichtlich und außergerichtlich vertreten, Art 1 § 6 III ENeuOG, soweit nicht die Verwaltungsordnung nach Art 1 § 6 VI ENeuOG etwas anderes bestimmt. Bei einer Klage aus dem Beamtenverhältnis gilt für die Vertretung die Allgemeine AnO v 18. 3. 99, BGBl 943. Sein allgemeiner Gerichtsstand wird nach Art 1 § 4 II ENeuOG durch den Sitz derjenigen Behörde bestimmt, die nach der in Art 1 § 6 VI ENeuOG genannten Verwaltungsordnung berufen ist, das Bundeseisenbahnvermögen im Rechtsstreit zu vertreten. Die Verwaltungsordnung wird vom Präsidenten des Bundeseisenbahnvermögens mit Zustimmung des Bundesministeriums für Verkehr aufgestellt, Art 1 § 6 VI 2 ENeuOG. Danach bestimmt im Ergebnis der gesetzliche Vertreter kraft gesetzlicher Ermächtigung selbst seinen aktiven und passiven Gerichtsstand, obwohl der Vertretene gar nicht rechtsfähig ist, eine einigermaßen atemberaubende Konstruktion.

Für die *Deutsche Bahn Aktiengesellschaft,* Art 2 § 1 II ENeuOG, gelten die für jede privatrechtliche solche Gesellschaft getroffenen Regeln, zB § 17.

**Bundesversorgungsrücklagegesetz:** Dieses „nicht" rechtsfähige (?) Sondervermögen kann gleichwohl unter seinem Namen klagen und verklagt werden; allgemeiner Gerichtsstand ist Berlin, § 4 VersRücklG.

**Deutsche Post usw:** Die rechtsfähige *Anstalt* des öffentlichen Rechts „Bundesanstalt für Post und Telekommunikation Deutsche Bundespost" kann unter ihrem Namen klagen und verklagt werden, § 3 S 2 der Satzung (Anlage zu § 8 S 1 BAPostG). Sie wird durch die Mitglieder des Vorstands vertreten, § 4 I BAPostG. Die Vertretung ist im einzelnen durch die Satzung geregelt, §§ 4 IV, 8 BAPostG in Verbindung mit der Anlage.

Die *Deutsche Post AG, Deutsche Postbank AG und Deutsche Telekom AG* werden jeweils durch zwei Vorstandsmitglieder oder durch eines in Gemeinschaft mit einem Prokuristen vertreten; Stellvertreter stehen gleich, § 7 ihrer jeweiligen Satzung. Im übrigen gilt für den Gerichtsstand dasselbe wie bei jeder Aktiengesellschaft; vgl also § 17 (zum Sitz Bonn dort Rn 6), § 171.

**7 Gemeinde:** S § 51 Rn 14, 17.

**8 Landesfiskus:** Hier gilt folgende Regelung:

– **(Baden-Württemberg):** Die Vertretung erfolgt durch die oberste Landesbehörde innerhalb ihres Geschäftsbereichs, AnO v 17. 1. 55, GBl 8, geändert durch AnO v 29. 7. 73, GBl 210; ferner VO v 12. 10. 87, GBl 464. Die Vertretungsbefugnis ist zum Teil auf nachgeordnete Behörden übertragen worden, Bek v 17. 1. 55, GBl 9. Vgl ferner für den Geschäftsbereich des Landesjustizministers Bek v 17. 11. 61, GBl 344, geändert durch Bek v 26. 9. 73, GBl 384.

– **(Bayern):** Die Vertretung erfolgt grundsätzlich durch den Landesfinanzminister und die Finanzmittelstellen des Landes Bayern in Ansbach, Augsburg, München, Regensburg, Würzburg, vgl auch VGH Mü BayVBl **73**, 76. In einigen Fällen ist der Landesjustizminister zuständig. Die Vertretung des Landes als eines Drittschuldners ist Sache des Leiters derjenigen Kasse, die die Auszahlung vorzunehmen hat. Wenn das Land als ein Drittschuldner auf die Herausgabe oder auf die Leistung einer körperlichen Sache in Anspruch genommen wird, dann ist die Hinterlegungsstelle oder die Verwahrungsstelle zuständig. Im übrigen ist diejenige Behörde zuständig, aus deren Verhalten ein Anspruch hergeleitet wird, §§ 2, 4–6 der VertretungsVO v 24. 3. 60, GVBl 33, 242, geändert durch VO v 5. 3. 63, GVBl 35, Art 35 G v 8. 2. 77, GVBl 88.

– **(Berlin):** VO v 13. 3. 89, GVBl 653, AV v 26. 9. 52, ABl 865, geändert durch AV v 10. 7. 61, ABl 834, sowie AnO v 10. 11. 79, ABl 2110, AnO v 21. 9. 87, ABl 1484.

– **(Brandenburg):** Die Vertretung erfolgt grds durch den zuständigen Minister, Art 89 S 2 BraVerf v 20. 8. 92, GVBl 298. Art 91 II BraVerf regelt (nur) die staatsrechtliche Außenvertretung.

– **(Bremen):** Die Vertretung erfolgt grds durch den Senat, Art 118 I 2 BreVerf. Sein Präsident oder dessen Stellvertreter können rechtsverbindliche Erklärungen abgeben, Art 118 I 3 BreVerf. Innerhalb seines Geschäftsbereichs ist jeder Senator vertretungsbefugt, Art 120 BreVerf. Verfassung, DVO v 7. 10. 58, GVBl 947, 974, 1020, 1028.

– **(Hamburg):** G v 30. 7. 52, zuletzt geändert durch G v 20. 2. 89, GVBl 31; wegen der Form G v. 18. 9. 73, GVBl 405; vgl ferner G v 22. 5. 78, GVBl 178, zuletzt geändert durch G v. 26. 1. 87, GVBl 11; AnO v 6. 10. 87, AmtlAnz 2077 (die Anordnung enthält eine Regelung im einzelnen).

– **(Hessen):** Das Land wird durch den Ministerpräsidenten vertreten, Art 103 HessVerf. Er kann die Vertretungsbefugnis auf einen Fachminister und auf die diesem unmittelbar unterstellten Behörden übertragen und hat das getan, Erl v 15. 12. 60, StAnz 1502, v 16. 9. 74, StAnz 1792, und v 11. 3. 83, StAnz 810.

– **(Mecklenburg-Vorpommern):** Die Vertretung liegt grds beim Ministerpräsidenten, § 5 II des vorläufigen Status, und im Rechtsstreit grds beim Fachminister; dieser kann delegieren.

– **(Niedersachsen):** Auf Grund von Art 28 VorlNdsVerf ist nach dem gemeinsamen Runderlaß der Staatskanzlei und sämtlicher Ministerien v 16. 10. 79, MBl 1801, zuletzt geändert durch Erl v 5. 12.

2. Titel. Gerichtsstand §§ 18–19a

85, MBl 1060, jeder Minister in seinem Geschäftsbereich Vertretungsbehörde, beim Zusammentreffen mehrerer Geschäftsbereiche der federführende Minister. Innerhalb dieser Geschäftsbereiche sind die Bezirksregierungen und die Oberfinanzpräsidenten in diesen Bereichen einschließlich derjenigen der nachgeordneten Behörden zuständig; in allen Angelegenheiten der Justiz sind die Generalstaatsanwälte Vertretungsbehörde, Gem RdErl IV. A. 3, jedoch sind die Bezirksrevisoren in ihrem Geschäftsbereich Vertretungsbehörde.
- **(Nordrhein-Westfalen):** Grds vertritt jeder Minister wegen Art 55 II NRWVerf das Land innerhalb seines Geschäftsbereichs. Bei einer Klage aus dem Richterverhältnis oder aus einem Beamtenverhältnis im Geschäftsbereich des Justizministers sind der zuständige Präsident des Oberlandesgerichts, der Generalstaatsanwalt, das Landesamt für Besoldung und Versorgung zur Vertretung berufen, VO v 24. 1. 67, GVBl 22, geändert zuletzt durch VO v 4. 10. 86 GVBl 408, sowie VO v 17. 3. 87, JMBl 89, zuletzt geändert durch AV v 13. 4. 88, JMBl 109. Im übrigen ist im Zweifel der Regierungspräsident zur Vertretung berufen, soweit die Vertretungsbefugnis nicht auf eine andere Behörde übertragen worden ist, § 8 OrgG v 10. 7. 62, GVBl 421.
- **(Rheinland-Pfalz):** Art 104 RhPfVerf; vgl MBl **51**, 687, 691, JBl **52**, 71, nebst Änderung v 31. 3. 60, MBl 409; VO v 10. 5. 88, GVBl 106 (Justiz) und v 18. 11. 89, GVBl 293 (Finanz).
- **(Saarland):** G Nr 739 v 15. 11. 60, ABl 920. Im Bereich der Justizverwaltung vgl Bek v 27. 4. 62, ABl 348, idF der Bek v 14. 6. 77, ABl 605, sowie Erl v 21. 12. 78, ABl **79**, 33. Grds ist jeder Minister in seinem Fachbereich vertretungsbefugt, hilfsweise der Ministerpräsident. Die Übertragung auf nachgeordnete Behörden ist statthaft. Im Bereich des Justizministers zählen dazu ua der leitende Oberstaatsanwalt, der Leiter des Gerichtskasse, der Leiter der Vollzugsanstalt, der Bezirksrevisor.
- **(Sachsen):** Art 65 I SächsVerf v 27. 5. 92, GVBl 243; AnO v 22. 1. 91, GVBl 65, nebst Bek v 23. 4. 91, GVBl 66. Vertreter ist im Prozeß die Oberste Landesbehörde. Vor dem ordentlichen Gericht ist die Vertretung von ihr dem Landesamt für Finanzen übertragen.
- **(Sachsen-Anhalt):** Art 69 I SachsAnhVerf v 16. 7. 92, GVBl 600; Bek v 1. 5. 91. Das Land wird grds vom Fachminister vertreten, der die Vertretung auf nachgeordnete Behörden übertragen kann.
- **(Schleswig-Holstein):** Das Land wird grundsätzlich durch den zuständigen Fachminister vertreten. Er kann die Vertretungsbefugnis allgemein oder im Einzelfall weiterübertragen, Erl des Ministerpräsidenten idF v 26. 4. 66, ABl 219, iVm der Gemeinsamen Geschäftsordnung der Ministerien (GGO) v 8. 12. 81, ABl **82**, 117. Im Geschäftsbereich der Landesjustizverwaltung ist der Generalstaatsanwalt in einigen Ausnahmen zur Vertretung berufen, AV v 16. 1. 67, SchlHA 77. S auch Art 25 der Landessatzung v 15. 3. 62, GVBl 123.
- **(Thüringen):** § 7 ThürAGGVG v 30. 6. 92, GVBl 303; VertrO v 27. 3. 92, GVBl 133. Im Bereich des JustMin sind neben ihm im Erkenntnisverfahren der Generalstaatsanwalt, in der Zwangsvollstreckung der vor dem Erlaß des Vollstreckungstitels zuständige Landesvertreter befugt, ZöV 31.
- **(Preußen):** Rn 9 „Reich".

**Reich:** Das Deutsche Reich kann weiterhin klagen und verklagt werden. Es wird durch die Bundesvermögensverwaltung und durch die Bauabteilung der Oberfinanzdirektion vertreten. Zur Vertretung sind auch die Länder oder die sonst nach dem Landesrecht zuständigen Aufgabenvertreter befugt, denen die Verwaltung des jeweils in Frage stehenden Vermögensrechts zukommt, G v 6. 9. 50, BGBl 448, und v 21. 7. 51, BGBl 467, ferner DVO v 26. 7. 51, BGBl 471. Das gilt auch, soweit das Reichsvermögen auf den Bund übergegangen ist. Vgl aber auch BGH **8**, 169. Wenn man keinen zur Vertretung befugten örtlich zuständigen Oberfinanzpräsidenten bestimmen kann, dann ist der Bundesfinanzminister zur Vertretung berufen, BGH BB **56**, 62. Vgl im übrigen § 50 Rn 10. 9

**19** **Mehrere Gerichtsbezirke am Sitz einer Behörde.** Ist der Ort, an dem eine Behörde ihren Sitz hat, in mehrere Gerichtsbezirke geteilt, so wird der Bezirk, der im Sinne der §§ 17, 18 als Sitz der Behörde gilt, für die Bundesbehörden von dem Bundesminister der Justiz, im übrigen von der Landesjustizverwaltung durch allgemeine Anordnung bestimmt.

**1) Systematik, Regelungszweck.** Die Vorschrift ist eine Ergänzung zu § 18. Sie soll die Ermittlung des 1 örtlich zuständigen Gerichts erleichtern.

**2) Geltungsbereich.** Vgl zunächst Üb 2 vor § 12. § 19 gilt nur für Behörden, nicht für die Gemeinden 2 oder für Körperschaften und andere juristische Personen nach § 17; insofern ist der tatsächliche Sitz entscheidend. Falls erforderlich, muß das zuständige Gericht nach § 36 Z 2 bestimmt werden. § 19 betrifft nur den allgemeinen Gerichtsstand, nicht einen besonderen Gerichtsstand.

**19a** **Gerichtsstand des Insolvenzverwalters.** Der allgemeine Gerichtsstand eines Insolvenzverwalters für Klagen, die sich auf die Insolvenzmasse beziehen, wird durch den Sitz des Insolvenzgerichts bestimmt.

**Vorbem.** Eingefügt dch Art 18 Z 1 EGInsO v 5. 10. 94, BGBl 2911, in Kraft seit 1. 1. 99, Art 110 I EGInsO, ÜbergangsR Artt 103, 104 EGInsO:

*EGInsO Art 103. Anwendung des bisherigen Rechts.* ¹Auf Konkurs-, Vergleichs- und Gesamtvollstreckungsverfahren, die vor dem 1. Januar 1999 beantragt worden sind, und deren Wirkungen sind weiter die bisherigen gesetzlichen Vorschriften anzuwenden. ²Gleiches gilt für Anschlußkonkursverfahren, bei denen der dem Verfahren vorausgehende Vergleichsantrag vor dem 1. Januar 1999 gestellt worden ist.

*EGInsO Art 104. Anwendung des neuen Rechts.* In einem Insolvenzverfahren, das nach dem 31. Dezember 1998 beantragt wird, gelten die Insolvenzordnung und dieses Gesetz auch für

## §§ 19a–21

**Rechtsverhältnisse und Rechte, die vor dem 1. Januar 1999 begründet worden sind.**

**Schrifttum:** *Klug,* Neue Regelungen im Bereich der Gerichtsstände der ZPO, 1998.

1  **1) Systematik, Regelungszweck.** Die Vorschrift regelt nicht einen zu §§ 12 ff hinzutretenden besonderen, sondern den „allgemeinen" Gerichtsstand ihres Geltungsbereichs, Rn 2, 3. Sie tritt also als Spezialvorschrift an die Stelle von §§ 12 ff, ist freilich nicht als ausschließlicher Gerichtsstand gestaltet. Soweit § 19 a unanwendbar ist, gelten §§ 12 ff.

*Regelungszweck* ist auch hier die Erzielung der Ortsnähe und Sachvertrautheit des Gerichts. Damit dient § 19 a der Prozeßwirtschaftlichkeit, Grdz 14 vor § 128, und ist entsprechend weit auslegbar.

2  **2) Sachlicher Geltungsbereich.** Die Vorschrift erfaßt Klagen, die sich auf die Insolvenzmasse beziehen. Zum Begriff der Insolvenzmasse § 240 Rn 10, zu Beispielen der Zugehörigkeit oder Nichtzugehörigkeit § 240 Rn 11, 12. Auch das, was nicht im engeren Sinn zur Insolvenzmasse gehört, kann sich doch auf sie beziehen (mittelbare Zugehörigkeit).

*Nicht jede* auf die Insolvenzmasse bezogene Klage wird von § 19 a erfaßt, sondern nur eine solche, die in den persönlichen Geltungsbereich fällt, Rn 3. Maßgeblicher Zeitpunkt ist derjenige, in dem das Gericht seine örtliche Zuständigkeit zu prüfen und darüber (mit)zuentscheiden hat, wie stets. § 261 III Z 2 ist anwendbar.

3  **3) Persönlicher Geltungsbereich.** Die Vorschrift erfaßt eine Klage des Insolvenzverwalters, §§ 56 ff InsO. Das betrifft nur scheinbar lediglich Aktivprozesse des Verwalters. Der weit auszulegende Regelungszweck, Rn 1, gestattet und erfordert auch dann die Anwendung des § 19 a, wenn es um eine Klage gegen den Insolvenzverwalter geht. Natürlich gehört auch ein Mahnverfahren hierher, ferner eine im Eilantrag, §§ 916 ff. Auch eine Wiederaufnahmeklage kann hierher zählen, ferner eine solche im Urkundenprozeß. Auch der vorläufige Verwalter, § 22 InsO, gehört hierher, Rn 2.

*Nicht jede* vom oder gegen den Verwalter erhobene Klage usw wird von § 19 a erfaßt, sondern nur eine solche, die sich auch auf den sachlichen Geltungsbereich bezieht, Rn 2.

## 20 *Besonderer Gerichtsstand der Beschäftigung.* Wenn Personen an einem Ort unter Verhältnissen, die ihrer Natur nach auf einen Aufenthalt von längerer Dauer hinweisen, insbesondere als Hausgehilfen, Arbeiter, Gewerbegehilfen, Studierende, Schüler oder Lehrlinge sich aufhalten, so ist das Gericht des Aufenthaltsortes für alle Klagen zuständig, die gegen diese Personen wegen vermögensrechtlicher Ansprüche erhoben werden.

1  **1) Systematik, Regelungszweck.** Die Vorschrift eröffnet eine Reihe von besonderen Gerichtsständen, die teilweise zu den allgemeinen der §§ 12–19 wahlweise hinzutreten, diesen aber teilweise auch als zwingende Sonderregeln vorgehen. Gemeinsamer Zweck aller dieser besonderen Gerichtsstände ist die Bereitstellung eines Gerichts, das entweder besonders sachkundig ist oder in einer rein tatsächlich nahen Beziehung zu dem Streitgegenstand oder wenigstens einer der Parteien steht und daher so oder so eine bequemere und Zeit wie Geld sparende Abwicklung des Prozesses verspricht, mithin der Prozeßwirtschaftlichkeit dient, Grdz 14 vor § 128. § 20 gibt einen Wahlgerichtsstand der Beschäftigung für einen vermögensrechtlichen Anspruch, Begriff Grdz 10 vor § 1, wenn dieser einen Bezug zum Aufenthalt hat, ThP 2.

2  **2) Geltungsbereich.** Vgl zunächst Üb 2 vor § 12. Die Vorschrift gilt für einen Inländer wie für einen Ausländer, nicht für eine juristische Person. § 20 verlangt Verhältnisse, die entweder keinen Wohnsitz begründen oder aber einen längeren, wenn auch gelegentlich unterbrochenen Aufenthalt bedingen. I gibt für solche Verhältnisse nur einige Beispiele. *Andere Beispiele* sind: Der Abgeordnete während der Tagung; ein Kranker im Krankenhaus; der längere Insasse einer Justizvollzugsanstalt, BGH NJW **97**, 1154; ein Referendar im Vorbereitungsdienst; ein minderjähriger Soldat; ein Arbeiter während der Montage auf einer Großbaustelle, Bengelsdorf BB **89**, 2394; ein Saisonarbeitsaufenthalt, Bengelsdorf BB **89**, 2394; ein Kuraufenthalt, Bengelsdorf BB **89**, 2394.

3  **3) Aufenthalt.** Der Aufenthalt muß nach der Natur der Verhältnisse auf eine längere Dauer hinweisen. Wenn das der Fall ist, dann bleibt die tatsächliche Dauer des Aufenthalts unerheblich, ebenso wie eine etwaige vorübergehende Abwesenheit oder eine Abwesenheit im Zeitpunkt der Zustellung der Klage. Ein bloßer Aufenthalt an der Arbeitsstätte während der Arbeitsstunden genügt nicht. Ebensowenig genügt ein Aufenthalt, der von vornherein nur vorübergehend ist, wie derjenige eines Künstlers oder eines Geschäftsreisenden. Kblz NJW **79**, 1309 läßt weitgehend einen wiederholten Aufenthalt im Zweithaus ausreichen.

## 21 *Besonderer Gerichtsstand der Niederlassung.* I Hat jemand zum Betriebe einer Fabrik, einer Handlung oder eines anderen Gewerbes eine Niederlassung, von der aus unmittelbar Geschäfte geschlossen werden, so können gegen ihn alle Klagen, die auf den Geschäftsbetrieb der Niederlassung Bezug haben, bei dem Gericht des Ortes erhoben werden, wo die Niederlassung sich befindet.

II Der Gerichtsstand der Niederlassung ist auch für Klagen gegen Personen begründet, die ein mit Wohn- und Wirtschaftsgebäuden versehenes Gut als Eigentümer, Nutznießer oder Pächter bewirtschaften, soweit diese Klagen die auf die Bewirtschaftung des Gutes sich beziehenden Rechtsverhältnisse betreffen.

**Schrifttum:** *Schücking,* Wirtschaftsrechtliche Schranken für Gerichtsstandsvereinbarungen, Gedächtnisschrift für *Arens* (1993) 385.

1  **1) Systematik, Regelungszweck, I, II.** Vgl zunächst § 20 Rn 1. § 21 gibt unabhängig vom Fehlen der Parteifähigkeit, § 50 Rn 17, neben dem allgemeinen Gerichtsstand, §§ 13, 17, als eine eng auszulegende

## 2. Titel. Gerichtsstand §§ 21, 22

Sondervorschrift, Hbg WoM **90**, 394, den besonderen Passiv-Wahlgerichtsstand der Niederlassung für eine natürliche wie für eine juristische Person, BGH NJW **98**, 1322, AG Köln RR **93**, 1504. Dieser Gerichtsstand ist demjenigen des Wohnsitzes nachgebildet worden, Hbg WoM **90**, 394. Doch begründet die Niederlassung weder einen Wohnsitz noch einen Nebenwohnsitz, vgl auch Hbg MDR **77**, 759.

**2) Geltungsbereich, I, II.** Vgl zunächst Üb 2 vor § 12. Der Gerichtsstand des § 21 ist für eine reine **2** Wettbewerbsklage ausschließlich, § 24 UWG, ebenso für eine Verbandsklage nach § 14 AGBG (es gilt dann nur hilfsweise der Gerichtsstand des Wohnsitzes usw), § 78 b GVG Anh III. Im Insolvenzverfahren gehen die Gerichtsstände der §§ 19 a, 21 dem allgemeinen Gerichtsstand vor, §§ 2, 180 InsO. Die §§ 17 und 22 haben keineswegs immer den Vorrang vor § 21, BGH NJW **75**, 2142. Wegen der internationalen Zuständigkeit § 53 III KWG, dazu Schücking (vor Rn 1) 394; vgl ferner Düss RR **89**, 433, Geimer WertpMitt **76**, 146; wegen des EuGVÜ SchlAnh V C 1, besonders Art 5 Z 5. Zur „Paramountklausel" Hbg VersR **73**, 1023.

**3) Gewerbliche Niederlassung, I.** I verlangt eine Niederlassung zum Betrieb eines beliebigen Gewer- **3** bes, BGH IPRax **98**, 211, auch eines freien Berufs, also eines Erwerbsunternehmens im weitesten Sinn. Eine Lehranstalt oder eine Berufsgenossenschaft zählt nicht hierher. Es sind insofern folgende Voraussetzungen erforderlich:

**A. Gewerbemittelpunkt.** Das Gewerbe muß an dem Ort der Niederlassung seinen Mittelpunkt haben, **4** wenn auch nur für einen Teil.

**B. Zeitdauer.** Die Niederlassung muß für eine gewisse Zeitdauer bestehen, BayObLG Rpfleger **80**, 486, **5** Ffm MDR **79**, 1027, sie darf also nicht nur während einer Messe bestehen.

**C. Äußere Einrichtungen.** Es müssen äußere Einrichtungen vorhanden sein, die auf eine Niederlassung **6** hindeuten, BGH NJW **98**, 1322, BayObLG Rpfleger **80**, 486, Ffm MDR **79**, 1027.

**D. Selbständige Leitung.** Die Niederlassung muß eine im wesentlichen selbständige Leitung mit dem **7** Recht haben, aus eigener Entschließung Geschäfte abzuschließen, deren Abschluß der Niederlassung auch übertragen worden ist, BGH NJW **98**, 1322, BAG NJW **85**, 2911, Köln VersR **93**, 1172. Es reicht also nicht aus, daß die Leitung nur nach Weisungen handeln darf, die sie von der Hauptstelle erhält.

**E. Einzelfragen.** Es ist nicht erforderlich, daß sich der Bekl am Ort der Niederlassung aufhält. Es ist **8** unerheblich, welcher Art das Recht des Bekl an der Niederlassung ist, solange die Niederlassung nur auf seinen Namen betrieben wird. Es entscheidet vielmehr, ob der Bekl nach außen den Anschein einer selbständigen Handelsniederlassung erweckt, Düss RR **88**, 1261, offen BGH NJW **98**, 1322. Wenn dieser Anschein besteht, dann ist es unerheblich, ob tatsächlich eine innere Abhängigkeit vorhanden ist, solange sie eben nicht nach außen hervortritt, Düss MDR **78**, 930, Mü Rpfleger **88**, 162, AG Freibg NJW **77**, 2319. Wenn der Bekl eine Niederlassung arglistig vorgespiegelt hat, dann muß er im Gerichtsstand der Niederlassung auf Grund von Treu und Glauben gegen sich gelten lassen, Einl III 53 ff.

Eine *Zweigniederlassung* genügt grundsätzlich, Düss Rpfleger **97**, 32, jedoch grundsätzlich nicht im Fall des **9** § 689 II, BGH NJW **98**, 1322. Eine Ausnahme gilt bei einer Versicherungsgesellschaft, § 689 Rn 3. Eine Eintragung im Handelsregister ist nicht erforderlich, Ffm MDR **79**, 1027. Eine solche Eintragung wirkt aber immer gegen den Eingetragenen, Düss Rpfleger **97**, 32. Die Niederlassung muß im Zeitpunkt der Zustellung der Klage bestehen. § 21 ist auf eine Klage aus einem solchen Miet- oder Pachtverhältnis unanwendbar, das den Betrieb der Niederlassung erst ermöglichen soll, Hamm OLGZ **91**, 80, vgl auch insofern LG Hbg MDR **76**, 760 (das Gericht lehnt aber die Anwendbarkeit des § 21 zu Unrecht auch dann ab, wenn die Niederlassung schon besteht), ThP 4, aM StJSchu 15. Eine „Generalrepräsentanz" einer ausländischen Firma kann ausreichen, Mü WertpMitt **75**, 872. Eine Agentur oder Vermittlungsvertretung ist grundsätzlich keine Niederlassung, BGH NJW **87**, 3081, BayObLG BB **89**, 583, und zwar selbst dann nicht, wenn der Agent eine Abschlußvollmacht hat; vgl aber für eine Klage gegen den Versicherer § 48 VVG, AG Köln RR **93**, 1504, strenger LG Karlsr VersR **97**, 384 (bloßes Schadensbüro). Die Annahmestelle einer Färberei ist als solche keine Niederlassung. Der Deutsche Leichtathletikverband ist keine Niederlassung des Internationalen, Mü VHR **96**, 96.

**4) Geschäftsbetrieb, I.** Der Gerichtsstand besteht auch beim Vorliegen von Rn 3–9 nur für eine Klage, **10** die sich auch und direkt auf den Geschäftsbetrieb der Niederlassung bezieht, BGH NJW **95**, 1225. Hierzu gehört auch eine unlautere Werbung der Niederlassung oder eine Anstellung für den Geschäftsbetrieb der Niederlassung. Es ist unerheblich, welcher Rechtsgrund geltend gemacht wird, wo der Vertrag abgeschlossen wurde und wo er erfüllt werden muß. Es reicht nicht aus, daß sich eine herausverlangte Sache in dem Bereich der Niederlassung befindet; das Geschäft muß von der Niederlassung ausgegangen sein, BGH **4**, 62. Es muß sich ferner wegen der Notwendigkeit einer engen Auslegung, Rn 1, um eine betriebstypische Angelegenheit handeln, nicht „nur" zB um Anmietung von Geschäftsraum, Hbg WoM **90**, 394.

**5) Landwirtschaftliche Niederlassung, II.** Voraussetzung dieses Gerichtsstands ist zunächst ein Gut, **11** das mit Wohn- und Wirtschaftsgebäuden versehen ist; Voraussetzung ist ferner ein Streit über eine Frage wegen der Bewirtschaftung durch den Eigentümer, den Nutznießer oder den Pächter, selbst wenn die Bewirtschaftung tatsächlich durch andere Personen im Namen und auf Rechnung des Bekl erfolgt. Der Verpächter nimmt keine solche Bewirtschaftung vor.

**6) Beförderungsbedingungen.** Gerichtsstand für alle Streitigkeiten aus dem Beförderungsverkehr mit **12** Straßenbahnen, Omnibussen, Kraftfahrzeugen im Linienverkehr ist der Sitz des jeweiligen Unternehmens, § 17 VO v 27. 2. 70, BGBl 230.

**22** *Besonderer Gerichtsstand der Mitgliedschaft.* Das Gericht, bei dem Gemeinden, Korporationen, Gesellschaften, Genossenschaften oder andere Vereine den allgemeinen Gerichtsstand haben, ist für die Klagen zuständig, die von ihnen gegen ihre Mitglieder als solche oder von den Mitgliedern in dieser Eigenschaft gegeneinander erhoben werden.

## §§ 22, 23

**1** **1) Systematik, Regelungszweck.** Vgl zunächst § 20 Rn 1. Die Vorschrift macht den allgemeinen Gerichtsstand des § 13 als einen besonderen Wahlgerichtsstand für eine Klage aus dem Rechtsverhältnis der Mitgliedschaft anwendbar. Deshalb ist der Kreis der Personengesamtheit durch § 17, dort Rn 1, begrenzt, Dütz DB **77**, 2217. Ein Treugeber kann als Gesellschafter gelten, BGH ZIP **85**, 1198.

Der *Zweck* der Vorschrift besteht darin, Streitigkeiten, die die inneren Rechtsbeziehungen einer parteifähigen Gesellschaft betreffen, am Gesellschaftssitz zu konzentrieren, BGH **76**, 235, Gieseke DB **84**, 973. § 22 gilt für alle, auch nichtvermögensrechtliche, Streitigkeiten. Die Gesellschaft muß freilich parteifähig sein, BayObLG RR **90**, 1020.

**2** **2) Geltungsbereich.** Vgl Üb 2 vor § 12.

**3** **3) Voraussetzungen.** Der Gerichtsstand gilt für eine Klage jeder Art, Dütz DB **77**, 2217, unter folgenden Voraussetzungen:

**A. Personengesamtheit gegen Mitglied.** Es muß sich um eine Klage handeln, die die Personengesamtheit gegen ihre Mitglieder als solche erhebt, also auf Grund der Mitgliedschaft, vgl Hbg IPRax **93**, 172. Eine solche Klage liegt beispielsweise dann vor, wenn es um einen Beitrag oder um andere Vereinspflichten oder einen Ausschluß geht oder wenn ein Versicherungsverein auf Gegenseitigkeit gegen einen Versicherten auf die Zahlung einer rückständigen Prämie klagt, Celle VersR **75**, 993, Löwe VersR **75**, 1067, Voosen VersR **75**, 500 (die Berufung auf § 22 könne rechtsmißbräuchlich sein; gegen diese Ansicht wendet sich LG Karlsr VersR **76**, 1029 mwN; LG Hann VersR **79**, 341 stellt auf die Größe des Versicherungsvereins auf Gegenseitigkeit ab).

*Weitere Fälle:* Es geht um ein Verfahren nach § 140 HGB zwischen der Gesellschaft und einem Treuhänder über dessen Ausschluß aus der Gesellschaft, Gieseke DB **84**, 973, oder um eine Klage des Insolvenzverwalters gegen einen treugebenden Gesellschafter, Karlsr 4 W 169/97 v 20. 1. 98; es geht um die Erteilung der Zustimmung zur Übertragung der mittelbaren Beteiligung des Treugebers, Gieseke DB **84**, 973. Wenn die Klage aber wegen eines Regreßanspruchs nach § 158c VVG wegen einer unerlaubten Handlung eines Mitglieds erhoben wird, ist § 22 unanwendbar. § 22 ist ferner dann unanwendbar, wenn ein Vorstandsmitglied oder ein Mitglied des Aufsichtsrats eine unerlaubte Handlung begangen haben. Der geschäftsführende Gesellschafter der Offenen Handelsgesellschaft haftet aus der Mitgliedschaft. Die Mitgliedschaft braucht noch nicht, ZöV 5, aM AG Ebersberg MDR **87**, 146, und nicht mehr zu bestehen, ThP 2, ZöV 5.

**4** **B. Mitglieder gegeneinander.** Der Gerichtsstand gilt für eine solche Klage, die von einem Mitglied gegen ein anderes erhoben wird, etwa wegen einer Ausgleichungspflicht unter Gesamtschuldnern oder auf Grund der Auflösung einer Offenen Handelsgesellschaft. Der Gerichtsstand besteht auch unter Umständen schon während des Gründungsstadiums, BGH **76**, 235, BayObLG BB **78**, 1685. Er besteht ebenso lange fort wie derjenige des § 17, also auch noch während des Stadiums der Abwicklung. Er besteht auch gegenüber einem ausgeschiedenen Mitglied, Celle VersR **75**, 993, und einem Rechtsnachfolger eines Mitglieds, Dütz DB **77**, 2217 mwN, nicht aber für den Insolvenzverwalter nach § 171 II HGB, Schlesw ZIP **80**, 256.

**5** **4) Einzelfragen.** Wegen des EuGVÜ SchlAnh V C 1, besonders Art 16 Z 2. Die Vorschrift erfaßt nicht eine Gesellschaft des BGB, BayObLG RR **90**, 742, oder eine stille Gesellschaft. Für die Aktiengesellschaft, die Gesellschaft mit beschränkter Haftung, die Genossenschaft gelten die jeweiligen Sondervorschriften der §§ 132, 246, 249, 275 AktG, 61 III, 75 GmbHG, 51 III GenG. Auch der Gerichtsstand des § 48 VVG geht vor, und zwar unabdingbar, § 48 II VVG. Eine arbeitsrechtliche Gewerkschaft gehört nur dann hierher, wenn sie als ein Verein eingerichtet worden ist, § 17 Rn 3, insofern ebenso Schrader MDR **76**, 726. Unter dieser Voraussetzung ist aber die Größe der arbeitsrechtlichen Gewerkschaft unerheblich, BGH NJW **80**, 343, Dütz DB **77**, 2223, Müller-Guntrum/Plugge NJW **77**, 1811, aM LG Ffm NJW **77**, 539.

**23** *Besonderer Gerichtsstand des Vermögens und des Streitgegenstands.* [1]Für Klagen wegen vermögensrechtlicher Ansprüche gegen eine Person, die im Inland keinen Wohnsitz hat, ist das Gericht zuständig, in dessen Bezirk sich Vermögen derselben oder der mit der Klage in Anspruch genommene Gegenstand befindet. [2]Bei Forderungen gilt als der Ort, wo das Vermögen sich befindet, der Wohnsitz des Schuldners und, wenn für die Forderungen eine Sache zur Sicherheit haftet, auch der Ort, wo die Sache sich befindet.

**Schrifttum:** *Bittighofer,* Der internationale Gerichtsstand des Vermögens, 1994; *Brandes,* Der gemeinsame Gerichtsstand usw (Art. 6 Nr. 1 EuGVÜ/LÜ), 1998; *Buchner,* Kläger- und Beklagtenschutz im Recht der internationalen Zuständigkeit usw, 1998; *Geimer,* Internationales Zivilprozeßrecht, 3. Aufl 1997 (Bespr *Hüßtege* NJW **98**, 1214), Rn 1346 ff; *Geimer/Schütze,* Europäisches Zivilverfahrensrecht, 1997; *Dorsel,* Forum non conveniens usw (rechtsvergleichend), 1994; *Kleinstück,* Due Process – Beschränkungen des Vermögensgerichtsstandes durch hinreichenden Inlandsbezug und Minimum Contacts, 1994; *Kropholler,* Internationale Zuständigkeit, in: Handbuch des Internationalen Zivilverfahrensrechts, Bd I (1992) Rn 295 ff; *Kropholler,* Europäisches Zivilprozeßrecht, 6. Aufl 1998, § 58 II; *Linke,* Internationales Zivilprozeßrecht, 2. Aufl 1995, Rn 167; *Möllers,* Internationale Zuständigkeit bei der Durchgriffshaftung, 1987; *Pfeiffer,* Internationale Zuständigkeit und prozessuale Gerechtigkeit, 1995; *Schack,* Deutsche internationale Zuständigkeit made in Hongkong und der VR China, Festschrift für *Kegel* (1987) 505 ff; *Schack,* Internationales Zivilverfahrensrecht, 2. Aufl 1996, Rn 323 ff; *Schack,* Internationale Zuständigkeit und Inlandsbeziehung, in: Festschrift für *Nakamura* (1996); *Schütze,* Deutsches internationales Zivilprozeßrecht (1985) 62 ff.

### Gliederung

| | |
|---|---|
| 1) Systematik, S 1, 2 .................... 1 | 3) Geltungsbereich, S 1, 2 ................ 3–6 |
| 2) Regelungszweck, S 1, 2 ................ 2 | 4) Erschleichung, S 1, 2 .................. 7 |

2. Titel. Gerichtsstand § 23

| 5) Gerichtsstand des Vermögens, S 1, 2 .. | 8–21 | 6) Gerichtsstand des Streitgegenstands, S 1, 2 | 22 |
| A. Allgemeines | 8 | | |
| B. Beispiele zur Frage des Gerichtsstands des Vermögens | 9–21 | | |

**1) Systematik, S 1, 2.** Vgl zunächst § 20 Rn 1. § 23 gibt zwei besondere Wahlgerichtsstände für einen **1** vermögensrechtlichen Anspruch, Begriff Grdz 10 vor § 1. Sie ermöglicht den Gerichtsstand des Vermögens und denjenigen des Streitgegenstands. Sie setzt also nicht etwa voraus, daß sich entweder nur Vermögen oder nur der Streitgegenstand im Bezirk des Gerichts befinden dürfen, so daß bei einer Identität des Vermögens mit dem Streitgegenstand überhaupt kein inländischer Gerichtsstand begründet wäre. Vielmehr ergänzt der Gerichtsstand des Streitgegenstands denjenigen des Vermögens, Ffm MDR **81**, 323. Eine völkerrechtliche Vereinbarung kann Vorrang haben, Ffm RR **96**, 187.

**2) Regelungszweck, S 1, 2.** Vgl zunächst § 20 Rn 1. Der Zweck der Regelung besteht darin, innerhalb **2** der BRep eine Rechtsverfolgung zu ermöglichen, BGH NJW **93**, 2684; Ffm RR **93**, 305, richtig insofern Hbg RR **96**, 203.

**3) Geltungsbereich, S 1, 2.** Vgl zunächst Üb 2 vor § 12. Die Vorschrift gilt für und gegen einen **3** Inländer ebenso wie für und gegen einen Ausländer, BVerfG **64**, 18 (auch zur völkerrechtlichen Problematik), BGH FamRZ **92**, 1061, LG Bonn NJW **89**, 1225, Kropholler (vor Rn 1) Rn 303, Schütze DWiR **91**, 240, ThP 2, aM Schumann ZZP **93**, 432.
Die Vorschrift ist auch in einem Verfahren auf den Erlaß eines *Arrests* oder einer *einstweiligen Verfügung*, §§ 916 ff, 935 ff, anwendbar, Ffm MDR **87**, 412 (auch zu den Grenzen), Schütze BB **79**, 349, StJSchu 33, offen BVerfG **64**,19. Die Vorschrift gilt ferner in der *Zwangsvollstreckung*, ThP 2. § 35 ist anwendbar.
Diese Regelung ist allerdings *unanwendbar*, soweit ein ausschließlicher Gerichtsstand besteht, Üb 14 vor **4** § 12. Der Bekl kann eine juristische Person sein, BAG NJW **85**, 2911, Hbg MDR **77**, 759. Ihr Vermögen ist aber nicht mit demjenigen ihres Alleingesellschafters gleichzusetzen, BGH NJW **93**, 2684. Er kann auch eine parteifähige Personenmehrheit sein. Ob auch der ausländische Fiskus gemeint ist, ist zumindest unklar, AG Bonn NJW **88**, 1394 mwN, LG Bonn NJW **89**, 1225. Nicht erfaßt ist das seiner Immunität unterliegende Vermögen, AG Bonn NJW **88**, 1394. An die Stelle des fehlenden inländischen Wohnsitzes, der Voraussetzung des § 23, tritt in einem solchen Fall das Fehlen eines Sitzes im Inland, § 17, BVerfG **64**, 18, Hbg MDR **77**, 759. Im Verfahren nach dem GeschmMG kann ein ausländischer Beteiligter evtl nur mit Hilfe eines inländischen Anwalts oder Patentanwalts teilnehmen, dessen Büro als Ort des Vermögens im Sinn von § 23 gilt, § 16 S 3 GeschmMG.
Der Gerichtsstand ist *abdingbar*. Er ist bei einer Wettbewerbsklage nach § 24 UWG unanwendbar. Er ist **5** ferner insoweit unanwendbar, als das *EuGVÜ*, SchlAnh V C 1 Art 3, 53, *Vorrang* hat, EuGH NJW **85**, 905 (Mietsachen), Mü RR **93**, 92, AG Mü Rpfleger **91**, 425 (zustm Druwe, auch zur Anwendbarkeit, falls der Schuldner außerhalb der EG wohnt, aber in ihr einen Zustellungsbevollmächtigten hat), Schütze DWiR **91**, 240. Die Vorschrift verstößt nicht gegen das Völkerrecht, BGH NJW **84**, 2037.
*Rechtspolitisch* und -vergleichend Geimer JZ **84**, 979, Schack ZZP **97**, 46, Schumann ZZP **93**, 442 **6** (einschränkende Auslegung, Abschaffung des § 23), Schütze DWiR **91**, 243 (je ausf).

**4) Erschleichung.** Eine Erschleichung des Gerichtsstands ist arglistig und führt dazu, daß das Gericht die **7** örtliche Zuständigkeit verneinen und notfalls die Klage durch ein Prozeßurteil als unzulässig abweisen muß, Einl III 56, Üb 22 vor § 12, Grdz 15 vor § 128. Dieser Fall kann etwa dann eintreten, wenn der Kläger dem Bekl durch die Erhebung einer Klage bei einem örtlich unzuständigen Gericht einen Anspruch auf eine Kostenerstattung verschaffen würde oder wenn ein Vermögensstück geflissentlich herbeigeschafft würde, Schütze DWiR **91**, 241.

**5) Gerichtsstand des Vermögens, S 1, 2.** Die Vorschrift enthält Tücken. **8**
**A. Allgemeines.** Zuständig ist dasjenige Gericht, in dessen Bezirk sich ein Vermögen des Bekl befindet, und zwar im Zeitpunkt des Eintritts der Rechtshängigkeit, § 261 Rn 1 ff, Schütze DWiR **91**, 241, ZöV 13, abw Schumann (vor Rn 1) 861 (noch bei Verhandlungsschluß). Grundsätzlich reicht jedes Vermögensstück aus, das einen selbständigen, eigenen Vermögenswert hat, BGH (10. ZS) NJW **97**, 326, Schütze DWiR **91**, 241, Rn 20 „Wert", offen BGH (11. ZS) **115**, 92.

**B. Beispiele zur Frage des Gerichtsstands des Vermögens** **9**
**Aktie:** Rn 20 „Wertpapier".
**Anspruch:** Rn 13 „Forderung".
**Anwartschaft:** Für § 23 reicht eine bloße Anwartschaft grds nicht aus; es handelt sich um eine Fallfrage, abw ThP 6.
**Aufrechnung:** Für § 23 ist es unerheblich, ob eine Aufrechenbarkeit besteht oder ob nach der Klagerhebung eine Aufrechnung erfolgt ist, Düss NJW **91**, 3103, aM ZöV 8.
**Auskunft:** Für § 23 reicht ein Anspruch auf den Erhalt einer Auskunft nicht aus.
**Ausländer:** Die Regeln Rn 17 „Mehrheit von Personen" gelten auch für eine Forderung eines im Ausland wohnenden Ausländers gegenüber einem im Inland wohnenden Deutschen, selbst wenn das ausländische Recht, dem die Forderung untersteht, eine dem § 23 entsprechende Vorschrift nicht kennt.
**Bankguthaben:** Rn 13 „Forderung". Maßgeblich ist der Sitz der Bank(filiale), BGH RR **88**, 173. **10**
**Bedingung:** Rn 20 „Unpfändbarkeit".
**Befreiung:** Für § 23 reicht ein Anspruch auf eine Schuldbefreiung aus, Hbg VersR **75**, 830.
**Befriedigung:** Für § 23 ist es unerheblich, ob das Vermögensstück eine Befriedigung ermöglicht, BGH NJW **97**, 326 mwN (zustm Schlosser JZ **97**, 364), aM Mü RR **93**, 701.
**Beschränkte Wirksamkeit:** Für § 23 reicht ein beschränkt wirksames Vermögensstück aus, etwa der Anteil des Abkömmlings am Gesamtgut der fortgesetzten Gütergemeinschaft.
**Betagung:** Rn 20 „Unpfändbarkeit". **11**

## § 23

**Bezeichnung:** Der Kläger muß zwar das Vermögensstück bestimmt bezeichnen, LG Bonn NJW **89**, 1225. Man darf aber die Anforderungen auch nicht überspannen und daher nicht etwa nähere Darlegungen über Art und Umfang einer Büroausstattung fordern, BGH RR **91**, 425.
**Brief:** Für § 23 reicht ein Brief grds nicht als Vermögensstück aus. Eine Ausnahme gilt natürlich zB bei einem wertvollen Originalbrief eines Berühmten usw.
**Büro:** Für § 23 reicht das Vorhandensein eines Büros aus, BGH RR **91**, 425. Man braucht nicht Art und Umfang seiner Ausstattung näher darzulegen, BGH RR **91**, 425.

12 **Drittschuldner:** Rn 17 „Mehrheit von Personen".
**Ehesache:** Rn 10 „Beschränkte Wirksamkeit".
**Eigentumswohnung:** Für § 23 reicht das Vorhandensein einer Eigentumswohnung aus, BGH FamRZ **92**, 1061.
**Erfüllungsort:** Für § 23 ist es unerheblich, wo eine Verbindlichkeit zu erfüllen ist. Vgl aber auch Rn 17 „Mehrheit von Personen".
**Fälligkeit:** Für § 23 ist es unerheblich, ob die Fälligkeit streitig ist.

13 **Forderung:** Für § 23 reicht eine Forderung des Klägers gegen den Bekl aus, BGH RR **88**, 173, Düss NJW **91**, 3103, vgl auch LG Bonn NJW **89**, 1225 (je wegen Bankguthaben). Eine Forderung des Bekl gegen den Kläger kann ausreichen, soweit sie der Kläger nicht bestreitet und soweit sie sich nicht mit dem Anspruch des Klägers gegenseitig ausschließt. Maßgeblich sind der Sitz bzw Wohnsitz des Schuldners, S 2, Hbg RR **96**, 203.
**Fortschaffung:** Soweit sich das Vermögensstück bei Rechtshängigkeit, § 261 Rn 4, im Gerichtsbezirk befunden hat, schadet seine spätere Fortschaffung nicht, § 261 III Z 2, Schütze DWiR **91**, 241. Es genügt auch das Vorhandensein beim Schluß der letzten Verhandlung, § 296 a; dieser Zustand ist freilich nicht erforderlich. Im Mahnverfahren ist keine Rückbeziehung möglich.

14 **Gesellschaft:** Der Geschäftsanteil befindet sich sowohl am Sitz der Gesellschaft als auch am Wohnsitz des Gesellschafters.
S auch Rn 21 „Zweigniederlassung".
**Gewerblicher Rechtsschutz:** Wegen eines Schutzrechts vgl zB §§ 28 GebrMG, 25 PatG.
**Grundschuld:** Rn 18 „Recht", Rn 19 „Sache". Wenn es um die Herausgabe eines Grundschuldbriefs geht, dann ist die Zuständigkeit jedenfalls auch dort begründet, wo das Grundstück liegt, BGH DB **77**, 719.
**Grundstück:** Rn 19 „Sache".

15 **Handakten:** Für § 23 reicht eine Handakte nicht aus.
**Handelsbuch:** Für § 23 kann ein Handelsbuch als Vermögensstück auch dann ausreichen, wenn es schon (teilweise) benutzt ist.
**Hinterlegung:** Es kann der Ort ausreichen, an dem die Sache nach § 923 hinterlegt worden ist, Ffm OLGZ **83**, 100 mwN.
**Hypothek:** Rn 18 „Recht".
**Inhaber:** Für § 23 beurteilt sich die Frage, ob ein Vermögensstück dem Bekl im Zeitpunkt der Klageerhebung gehört, nach dem maßgebenden sachlichen Recht.

16 **Inlandsbezug:** Es ist angesichts des klaren Wortlauts des § 23 nicht zulässig, die Vorschrift wegen eines als rechtspolitisch unbefriedigend empfundenen Ergebnisses dahin einschränkend auszulegen, daß zur Belegenheit von Vermögen ein Wohnsitz bzw gewöhnlicher Aufenthalt auch des Klägers im Inland oder zu einem sonstigen berechtigten Interesse des Klägers an einer inländischen Entscheidung hinzutreten müsse, BGH (10. ZS) NJW **97**, 325 (zu § 722; zustm Mankowski JR **97**, 464, Schlosser JZ **97**, 364), Ffm RR **93**, 306, Koch IPRax **97**, 232 (Diskriminierung eines EU-Ausländers), Lüke ZZP **105**, 321, Schack JZ **92**, 54, Schütze DWiR **91**, 243, aM (zum Erkenntnisverfahren) BGH (11. ZS) NJW **97**, 2886 und (12. ZS) NJW **99**, 1396, BAG NJW **97**, 3462 (LS), Hbg RR **96**, 203, Mü IPRax **93**, 239 (krit Geimer 216), StJSchu 31 e–h (aber Auslegung findet ihre Grenze am klaren Wortlaut, Einl III 39, und das stets notwendige Rechtsschutzinteresse erfordert keine einengende Auslegung, schon gar keine noch so „teleologische Reduktion"; zu ihren Gefahren Einl III 41). Mag das Gesetz geändert werden.

17 **Kleidung:** Für § 23 reichen die Kleider nicht aus, die jemand am Leib trägt. Sonst würde jeder Inlandsaufenthalt den Gerichtsstand begründen. Etwas anderes mag bei einem Reisenden mit erheblichem Gepäck gelten.
**Konto:** Für § 23 reicht ein bloßes Konto ohne Guthaben nicht aus, Ffm MDR **87**, 412.
S aber auch Rn 13 „Forderung".
**Kostenerstattung:** Für § 23 reicht ein Recht als Anspruch auf die Erstattung von Prozeßkosten auf Grund eines Vorprozesses, soweit keine Erschleichung vorliegt, Rn 7, BGH DB **77**, 720. Der zukünftige Anspruch auf die Erstattung von Kosten eines schwebenden Prozesses ist keine Anwartschaft, Rn 9, sondern ein aufschiebend bedingter und darum grds ausreichender Anspruch; man muß jedoch einen selbständigen Vermögenswert verlangen, Geimer JZ **84**, 979.
**Mahnverfahren:** Rn 13 „Fortschaffung".
**Mehrheit von Personen:** Maßgeblich ist der Sitz, §§ 12 ff, 17, des Schuldners, also der Sitz des Drittschuldners, BGH DB **77**, 719, nicht der Erfüllungsort.
S auch Rn 9 „Ausländer".

18 **Pfandverstrickung:** Für § 23 ist es unerheblich, ob das Vermögensstück pfandverstrickt ist, Schütze DWiR **92**, 241.
**Quittung:** Für § 23 reicht ein Anspruch auf Erhalt einer Quittung nicht aus.
**Rechnungslegung:** Für § 23 reicht ein Anspruch auf eine Rechnungslegung nicht aus.
**Recht:** Für § 23 reicht ein Recht als Vermögensstück aus, zB ein dingliches Verwertungsrecht, wie etwa eine Grundschuld, Ffm MDR **81**, 323, oder eine Forderung, s dort. Das Recht an einer Sache befindet sich dort, wo die Sache ist, BGH DB **77**, 719 (wegen eines Grundschuldbriefs), Ffm MDR **81**, 323 (wegen eines Grundstücks).

2. Titel. Gerichtsstand §§ 23, 23a

**Sache:** Für § 23 reicht eine Sache als Vermögensstück aus, zB ein Schiff, Hbg GRUR 89, 1164. **19**
S auch Rn 18 „Recht".
**Schiff:** S „Sache".
**Schuldbefreiung:** Rn 10 „Befreiung".
**Sicherung:** Rn 15 „Hinterlegung".
**Übertragbarkeit:** Für § 23 ist es unerheblich, ob das Vermögensstück übertragbar ist, Schütze DWiR 91, **20**
241 mwN.
**Unpfändbarkeit:** Für § 23 reicht das Vorhandensein eines unpfändbaren Vermögensstücks aus, BGH RR 91, 425, Schütze DWiR 91, 241, aM StJSchu 16, etwa eines bedingten oder betagten.
**Wert:** Für § 23 ist es unerheblich, ob der Wert des Vermögensstücks im rechten Verhältnis zum Streitwert steht. Andernfalls würde man schon die inländische Klagemöglichkeit davon abhängen lassen, ob sich der Kläger auch in der Zwangsvollstreckung voll befriedigen könnte (und auch das wäre nicht einmal dann halbwegs sicher, wenn das Vermögensstück bei Prozeßbeginn einen viel höheren Wert als der Streitgegenstand hätte, denn bis zur Zwangsvollstreckung könnte noch so mancher Vermögensverfall eintreten. Daß ein winziges Vermögen bei einer Riesenforderung zur Erschleichung dieses Gerichtsstands führen könnte, Einl III 54, Üb 22 vor § 12, ist eine andere Sache, BGH RR 91, 425, Fricke VersR 97, 406, MüKoPa 8, 15, offen BGH 115, 94; aM Mü RR 93, 704, StJSchu 1, 16a, 31e, ZöV 1, 7.
**Wertpapier:** Für § 23 befindet sich das Recht aus oder an ihm dort, wo die Urkunde lagert, Ffm RR 96, 187 mwN.
**Zeitpunkt:** Rn 13 „Fortschaffung". **21**
**Zukünftiger Anspruch:** Für § 23 reicht ein Anspruch nicht aus, der erst in der Zukunft entsteht, Schütze DWiR 91, 241.
S auch Rn 9 „Anwartschaft".
**Zweigniederlassung:** Bei einer inländischen Zweigniederlassung bleibt der (evtl ausländische) Gesellschaftssitz maßgeblich, Hbg MDR 77, 759 (vgl freilich § 21).
**6) Gerichtsstand des Streitgegenstands, S 1, 2.** Zuständig ist dasjenige Gericht, in dessen Bezirk **22**
sich der in Anspruch genommene Gegenstand befindet, also jedes Vermögensrecht, nicht nur eine Sache. Bei einer Sache ist unerheblich, wer ihr Besitzer ist. Eine Inanspruchnahme liegt sowohl bei einer Leistungsklage oder einer bejahenden Feststellungsklage, als auch bei einer verneinenden Feststellungsklage vor, BGH JZ 79, 231 mwN (abl Maier). Auch der Streit mehrerer Beansprucher enthält eine Inanspruchnahme des Streitgegenstands. Ein Unterhaltsanspruch ist hier nicht ausreichend, BayObLG 85, 19.

**23a** *Hilfsgerichtsstand in Unterhaltssachen.* **Für Klagen in Unterhaltssachen gegen eine Person, die im Inland keinen Gerichtsstand hat, ist das Gericht zuständig, bei dem der Kläger im Inland seinen allgemeinen Gerichtsstand hat.**

**Schrifttum:** *Kropholler,* Internationales Privatrecht, 2. Aufl 1994, § 58 II.

**1) Systematik.** Vgl zunächst § 20 Rn 1. Die Vorschrift wurde aus Anlaß des Inkrafttretens des Haager **1**
Übereinkommens über die Unterhaltspflicht gegenüber Kindern eingefügt. § 23a gilt nur hilfsweise, wenn kein anderer Gerichtsstand besteht, auch nicht derjenige nach § 23. Man kann dann entsprechend Art 3 Z 2 HÜbk im allgemeinen Gerichtsstand des Klägers nach §§ 13 und 16 klagen. Das ist freilich nur dann zweckmäßig, wenn das Urteil voraussichtlich im Staat des Verpflichteten anerkannt wird und vollstreckt werden kann. Diese Wirkungen sind dann zweifelhaft, wenn es sich nicht um einen Vertragsstaat oder um einen solchen Staat handelt, bei dem eine Anerkennung und Vollstreckungsmöglichkeit durch einen anderen Staatsvertrag gesichert worden ist. Wegen der vorrangigen EuGVÜ SchlAnh V C 1, besonders Art 5 Z 2, dazu Schlesw FamRZ 93, 1333, Gottwald FamRZ 96, 1087, Schumann FamRZ 77, 158 je mwN. Wegen der früheren DDR § 23 Rn 4.
**2) Regelungszweck.** Vgl zunächst § 20 Rn 1. § 23a soll dem sozial Schwachen die Durchsetzung eines **2**
Unterhaltsanspruchs im Inland zumindest bis zur Sachentscheidung ermöglichen, Kropholler Rn 1).
**3) Geltungsbereich.** Vgl zunächst Üb 2 vor § 12. Die allgemeine Fassung des § 23a ergibt, daß der **3**
Gerichtsstand für jede Klage in einer Unterhaltssache gilt. Das ist auch dann der Fall, wenn der Streit eine Unterhaltspflicht nur „betrifft", BGH 106, 302 mwN, aM Oldb FamRZ 88, 632. Er gilt auf Grund von Vertrag oder Gesetz, BGH 106, 302 mwN, also auch für eine Klage der Ehefrau oder der geschiedenen Ehefrau gegen ihren (früheren) Ehemann oder für eine Klage der Eltern gegen ein Kind oder für eine Klage eines ehelichen oder nichtehelichen Kindes. Die Vorschrift ist also nicht auf Angehörige der Vertragsstaaten des Haager Übereinkommens oder auf solche Parteien beschränkt, die ihren Aufenthalt im Bereich eines solchen Vertragsstaats haben. Die Vorschrift gilt auch beim Arrest und bei der einstweiligen Verfügung.
Der *Rechtsgrund* ist unerheblich. § 23a gilt also auch für einen Hinterbliebenen mit einem Anspruch nach **4**
§§ 843, 844 BGB, oder für die Entbindungs- und Unterhaltskosten der Mutter während der Geburt, § 16151 BGB. Eine Klage in einer Unterhaltssache liegt auch dann vor, wenn der Kläger eine Abänderung nach § 323, BayObLG 85, 19 mwN, Schumann FamRZ 77, 158, oder nach den §§ 645 ff erstrebt. Das gilt sowohl für eine Abänderungsklage des bisher Berechtigten als auch für eine solche des bisher Verpflichteten, BayObLG 85, 19 mwN, als schließlich auch für eine Klage eines Dritten oder für eine Klage auf Freistellung von der einem Dritten gegenüber bestehenden Unterhaltspflicht, BGH 106, 302 mwN, aM Oldb FamRZ 88, 632.

## Einführung vor §§ 24–26
### Dinglicher Gerichtsstand

**1** **1) Systematik, Regelungszweck.** Vgl zunächst § 20 Rn 1. §§ 24–26 bilden innerhalb der besonderen Gerichtsstände eine eigene sachliche Untergruppe mit einem zwingenden und zwei wahlweisen Gerichtsständen.

**2** **2) Geltungsbereich.** Vgl zunächst Üb 2 vor § 12. Der dingliche Gerichtsstand, auch der Gerichtsstand der belegenen Sache genannt, forum rei sitae, betrifft nur eine solche Klage, die sich auf ein Grundstück oder auf ein grundstücksgleiches Recht bezieht. Er besteht nur für bestimmte Arten von Klagen, außer den in den §§ 24–26 genannten für eine Klage nach § 800 III, für die Grundstückszwangsvollstreckung, § 1 ZVG, und in einigen anderen Fällen. Der Gerichtsstand wirkt nicht über die Grenzen des Gerichtsbezirks hinaus. Wenn ein Grundstück in mehreren Bezirken liegt, dann muß man § 36 Z 4 anwenden.

**3** **3) Ausschließlichkeit.** Der dingliche Gerichtsstand ist ein ausschließlicher im Fall des § 24 (auch im Fall des § 800 III sowie im Fall des § 1 ZVG), und zwar auch für einen Exterritorialen, § 20 GVG. Der dingliche Gerichtsstand ist nicht ausschließlich in den Fällen der §§ 25, 26, s aber § 26 Rn 7. In diesen Fällen wirkt der Gerichtsstand deshalb auch nicht gegen einen Exterritorialen. Wegen des EuGVÜ SchlAnh V C 1, besonders Art 16 Z 1.

## 24 Ausschließlicher dinglicher Gerichtsstand. 
**I** Für Klagen, durch die das Eigentum, eine dingliche Belastung oder die Freiheit von einer solchen geltend gemacht wird, für Grenzscheidungs-, Teilungs- und Besitzklagen ist, sofern es sich um unbewegliche Sachen handelt, das Gericht ausschließlich zuständig, in dessen Bezirk die Sache belegen ist.

**II** Bei den eine Grunddienstbarkeit, eine Reallast oder ein Vorkaufsrecht betreffenden Klagen ist die Lage des dienenden oder belasteten Grundstücks entscheidend.

### Gliederung

| | | | |
|---|---|---|---|
| 1) Systematik, Regelungszweck, I, II | 1 | E. Teilungsklage | 12 |
| 2) Geltungsbereich, I, II | 2–14 | F. Besitzklage | 13, 14 |
| A. Klage aus Eigentum | 2–4 | 3) Streit um unbewegliche Sache, I | 15–17 |
| B. Klage aus dinglicher Belastung | 5–7 | 4) Ausschließlichkeit, I | 18 |
| C. Klage auf Freiheit von einer dinglichen Belastung | 8–10 | 5) Grunddienstbarkeit, Reallast, Vorkaufsrecht, II | 19 |
| D. Grenzscheidungsklage | 11 | | |

**1** **1) Systematik, Regelungszweck, I, II.** Vgl zunächst Einf 1 vor § 24. In § 24 ist für die Zuständigkeit die Belegenheit der Sache maßgeblich, um die oder um deren Belastung usw es geht, und zwar unabhängig davon, ob es sich um eine Leistungsklage oder eine Feststellungsklage nach § 256 handelt.

**2** **2) Geltungsbereich, I, II.** Vgl zunächst Einf 2 vor §§ 24–26.

**A. Klage aus Eigentum.** Es handelt sich um eine Klage, deren Begründung das Eigentum ist.

**3** *Hierhin gehören zB:* Eine Klage auf Grund eines bestehenden Eigentums, zB auf eine Herausgabe, §§ 985 ff BGB; die Klage auf die Unterlassung einer Störung, § 1004 BGB, BayObLG **96**, 15, Celle VersR **78**, 570; die Klage auf Grund eines Miteigentums; die Klage auf die Erteilung einer Zustimmung zu einer Berichtigung des Grundbuchs, § 894 BGB; die Klage auf Grund Nachbarrechts nach §§ 906 ff BGB.

**4** *Nicht hierher gehören zB:* Die Erbschaftsklage nach §§ 2018 ff BGB. Denn mit dieser Klage wird das Grundstück als ein Bestandteil des Nachlasses herausverlangt; die Klage auf Grund einer Anwartschaft des Nacherben; die persönliche Klage mit dem Ziel einer Übertragung des Eigentums, also eine Auflassung, auch nicht bei einer Vormerkung; eine Anfechtungsklage, die ein Grundstück betrifft, Celle MDR **86**, 1031, aM LG Itzehoe MDR **83**, 674.

**5** **B. Klage aus dinglicher Belastung.** Hier mag die Klage gegen den Eigentümer oder gegen einen Dritten gehen. Es handelt sich um eine behauptete, konfessorische Klage.

**6** *Hierher gehören zB:* Es wird eine gesetzliche Eigentumsbeschränkung geltend gemacht; es handelt sich um eine Dienstbarkeit; es geht um eine Reallast; es handelt sich um ein dingliches, also gegen jeden Erwerber wirksames Vorkaufsrecht, §§ 1094 ff BGB, auch um ein derartiges gesetzliches Vorkaufsrecht (allerdings nicht um ein solches am Anteil des Miterben, § 2034 BGB), BGH **90**, 293, StJSchu 14; es geht um eine Hypothek, eine Grundschuld oder eine Rentenschuld; der Streit behandelt ein Erbbaurecht; es geht um eine öffentlichrechtliche Last (in einem solchen Fall muß das Gericht die Zulässigkeit des Rechtswegs prüfen); die Klage beruht auf einer Vormerkung zur Sicherung eines persönlichen Anspruchs oder zielt auf die Zustimmung zur Löschung einer solchen Vormerkung ab, soweit ihre Wirkung gegenüber einem Dritten in Frage steht, § 883 II BGB. Wenn es um eine Klage gegen den persönlich Verpflichteten geht, ist allerdings § 26 anwendbar; es geht um eine Grundbuchberichtigung nach § 894 BGB; es handelt sich um ein Pfändungspfandrecht an einer Hypothek, wenn der Eigentümer Partei ist, oder umgekehrt im Weg einer leugnenden Feststellungsklage (nicht aber sonst); es geht um die Duldung der Zwangsvollstreckung in das Grundstück.

**7** *Nicht hierher gehört* eine Klage gegen einen anderen Gläubiger mit dem Ziel der Umschreibung einer eingetragenen Hypothek. Denn dann liegt kein Streit um die Belastung vor.

**8** **C. Klage auf Freiheit von einer dinglichen Belastung** (negatorische Klage).

**9** *Hierher gehören zB:* Eine Löschungsklage; die Klage auf die Befreiung von einer Belastung, auch von einer Vormerkung; die Klage auf Grund einer Anfechtung, auch einer Konkursanfechtung wegen einer Hypothek; es geht um die Umschreibung einer Hypothek in eine Eigentümergrundschuld; es handelt sich um die Klage auf die Aushändigung einer Urkunde, die zu einer Löschung notwendig ist.

2. Titel. Gerichtsstand  §§ 24–26

*Nicht hierher gehören zB:* Eine Klage des Grundstückseigentümers gegen einen Grundschuldgläubiger auf 10
die Übertragung einer Grundschuld wegen des Wegfalls des Sicherungsgrundes, BGH **54**, 201 (da nur ein
Wechsel in der Person eintrete, nicht eine Freiheit von einer Belastung eintrete. Die Entscheidung ist
allerdings wenig überzeugend); die Klage gegen einen Dritten wegen seiner Verpflichtung, die Hypothek zur
Löschung zu bringen; die Klage auf die Feststellung der Unwirksamkeit einer Kündigung.

**D. Grenzscheidungsklage.** Vgl §§ 919–923 BGB.  11

**E. Teilungsklage.** *Hierher gehören* nur Klagen mit dem Ziel der Teilung eines einzelnen Grundstücks und 12
grundstücksgleicher Rechte, zB nach den §§ 749 ff, 1008 ff BGB. Eine Klage mit dem Ziel der Teilung
einer Vermögensmasse oder der Teilung von Erträgnissen zählt ebensowenig hierher wie eine Klage im
Zusammenhang mit der Auseinandersetzung einer Gesamthandgemeinschaft, also etwa zwischen Gesellschaftern oder zwischen Miterben, und zwar selbst dann nicht, wenn das Eigentum der Gesamthandgesellschaft nur aus dem Grundstück besteht. In einer Familiensache ist das Familiengericht zuständig, Mü
FamRZ **78**, 604.

**F. Besitzklage.** *Hierher zählen* Klagen wegen der Entziehung des Besitzes oder der Störung im Besitz, 13
§§ 854 ff BGB, ferner eine Klage auf Grund eines Dienstbarkeitsbesitzes nach §§ 1029, 1090 BGB.
*Nicht hierher gehört* eine Klage mit dem Ziel der Einräumung des Besitzes oder eine Klage gegen einen 14
Erbschaftsbesitzer.

**3) Streit um unbewegliche Sache, I.** Der Begriff der unbeweglichen Sache ist nicht derjenige des 15
„unbeweglichen Vermögens" in § 864. Er ist vielmehr dem sachlichen Recht zu entnehmen. Er umfaßt ein
inländisches Grundstück und ein solches Recht, das nach dem Bundesrecht oder Landesrecht einem Grundstück gleichsteht. Hierher gehören auch Bruchteile, zB nach § 1008 BGB, §§ 1, 2 WEG.

*Hierher gehören zB:* Das Grundstück; ein wesentlicher Bestandteil des Grundstücks, §§ 93 ff BGB, dagegen 16
nicht das Zubehör des Grundstücks, §§ 97, 98 BGB; ein Recht, das mit dem Eigentum an einem Grundstück gebunden ist, § 96 BGB; zB: Eine Grunddienstbarkeit; eine Reallast im Falle des § 1105 II BGB, ein
subjektiv dingliches Vorkaufsrecht nach § 1094 II BGB, ferner ein landesrechtliches Erbpachtrecht usw, vgl
Art 65 ff, 196 EG BGB; das Erbbaurecht, § 11 ErbbVO; ein Recht nach den §§ 51, 52 WEG.

*Nicht hierher gehören zB:* Die Hypothek; eine Grundschuld; eine Rentenschuld. Der dingliche Gerichts- 17
stand ist ausnahmsweise für eine Klage mit dem Ziel der Herausgabe des Briefs im Fall der Besitzverhinderung gegeben, Einf 2 vor § 1003, § 12 G v 18. 4. 50, Anh § 1024.

**4) Ausschließlichkeit, I.** Der Gerichtsstand des § 24 schließt in seinem Geltungsbereich jeden allgemei- 18
nen und besonderen oder vereinbarten Gerichtsstand aus. § 24 gilt sogar gegenüber einem Exterritorialen,
auch gegenüber einem Ausländer. Er gilt auch für die Widerklage, Anh § 253, und für die Zwischenklage
nach § 256 II. Über die Vorfrage des Eigentums kann jedes Gericht ohne die Rechtskraftwirkung beiläufig
entscheiden. Zuständig ist dasjenige Gericht, in dessen Bezirk die Sache belegen ist, Celle VersR **78**, 570,
unabhängig vom Ort, an dem das Grundbuch geführt wird. Der Ort der Störung ist unerheblich. Er kann
namentlich den § 36 Z 4 nicht entbehrlich machen.

**5) Grunddienstbarkeit, Reallast, Vorkaufsrecht, II.** Bei einer Grunddienstbarkeit sowie bei einer 19
Reallast oder einem Vorkaufsrecht bestimmt die Lage des dienenden, belasteten Grundstücks den Gerichtsstand. Das stellt II nur in Ergänzung zu, nicht in Abweichung von I klar. Das gilt unabhängig davon, wer
klagt. Dasselbe gilt auch bei einem Nachbarrecht.

**25** *Dinglicher Gerichtsstand des Sachzusammenhangs.* In dem dinglichen Gerichtsstand kann
mit der Klage aus einer Hypothek, Grundschuld oder Rentenschuld die Schuldklage, mit
der Klage auf Umschreibung oder Löschung einer Hypothek, Grundschuld oder Rentenschuld
die Klage auf Befreiung von der persönlichen Verbindlichkeit, mit der Klage auf Anerkennung
einer Reallast die Klage auf rückständige Leistungen erhoben werden, wenn die verbundenen
Klagen gegen denselben Beklagten gerichtet sind.

**1) Systematik, Regelungszweck.** Vgl zunächst Einf 1 vor § 24. Es gibt keinen allgemeinen Gerichts- 1
stand des Sachzusammenhangs, BGH **132**, 105. § 25 läßt aber ausnahmsweise eine Klagenverbindung nach
§ 260 und den daraus folgenden Wahlgerichtsstand wegen eines sachlichen Zusammenhangs zu, freilich nur
unter der Voraussetzung, daß alle Erfordernisse einer Verbindung bis auf dasjenige der örtlichen Zuständigkeit für die persönliche Klage vorliegen, daß also namentlich die sachliche Zuständigkeit gegeben ist. Die
Vorschrift begründet keinen selbständigen Gerichtsstand. Es muß aber in allen Verfahren derselbe Bekl
vorhanden sein. Wenn verschiedene Bekl vorhanden sind, ist § 36 Z 3 anwendbar. Wenn die dingliche Klage
unbegründet ist, dann bleibt die Zuständigkeit für die persönliche Klage bestehen.

**2) Geltungsbereich.** Vgl zunächst Einf 2 vor §§ 24–26. „Schuldklage" meint die Klage gegen den 2
persönlichen Schuldner mit dem Ziel einer Leistung oder einer Feststellung und auch die Klage auf die
Befreiung von der persönlichen Schuld, auch als leugnende Feststellungsklage nach § 256, ThP 1. „Klage auf
Umschreibung" meint eine Umschreibung in eine Eigentümergrundschuld. Denn andernfalls würde der
dingliche Gerichtsstand fehlen, § 24 Rn 10.

**26** *Dinglicher Gerichtsstand für persönliche Klagen.* In dem dinglichen Gerichtsstand können
persönliche Klagen, die gegen den Eigentümer oder Besitzer einer unbeweglichen Sache
als solche gerichtet werden, sowie Klagen wegen Beschädigung eines Grundstücks oder hinsichtlich der Entschädigung wegen Enteignung eines Grundstücks erhoben werden.

**1) Systematik, Regelungszweck.** Vgl zunächst Einf 1 vor § 24. § 26 gibt einen dinglichen Wahlge- 1
richtsstand für gewisse persönliche Klagen. Wenn eine Klage sowohl unter § 26 als auch unter § 24 fällt,

**§§ 26, 27**  1. Buch. 1. Abschnitt. Gerichte

dann geht § 24 als eine ausschließliche Gerichtsstandsregelung vor. Bei einer Enteignungsentschädigung kann nach Landesrecht eine ausschließliche Zuständigkeit vorliegen, § 15 Z 2 EGZPO.

2  **2) Geltungsbereich.** Vgl Einf 2 vor §§ 24–26. Die Vorschrift gilt auch für und gegen Miteigentümer, Stgt NZM **99**, 174.

3  **3) Klage gegen den Eigentümer oder Besitzer** einer unbeweglichen Sache (Begriff § 24 Rn 15) als solchen. Der Bekl muß wegen seines Eigentums oder Besitzes zur Zeit der Klagerhebung der richtige Bekl sein.

4  *Hierher zählen zB:* Eine Klage nach § 748 BGB auf Kostenbeteiligung, Stgt NZM **99**, 174; eine Klage § 888 BGB oder aus einer Verwendung nach §§ 994 ff BGB; eine Klage auf Grund eines Überbaus, § 915 BGB; eine Klage mit dem Ziel der Gestattung einer Besichtigung nach § 809 BGB; eine Klage mit dem Ziel der Gestattung einer Wegschaffung nach §§ 867, 1005 BGB.

5  *Nicht hierher zählen zB:* Eine Klage auf Grund des Einsturzes eines Gebäudes. Denn sie richtet sich nicht notwendigerweise gegen den Besitzer des Gebäudes als solchen, § 908 BGB; eine Klage auf Grund einer Haftpflicht eine Anfechtungsklage, die Klage auf Grund einer Bauhandwerkerhypothek nach § 648 BGB, Brschw OLGZ **74**, 211.

6  **4) Klage wegen Beschädigung eines Grundstücks.** Die Beschädigung muß der einzige Klagegrund sein. Es ist unerheblich, aus welchem Rechtsgrund die Klage erhoben wird und ob es um eine rechtmäßige oder rechtswidrige, schuldlose oder schuldhafte Verhaltensweise geht. Es ist ebenfalls unerheblich, ob der Kläger noch Eigentümer oder Besitzer ist.
*Beispiele:* Eine Klage auf Grund einer unerlaubten Handlung nach §§ 823, 826 BGB; eine Klage auf Grund des Einsturzes eines benachbarten Gebäudes; eine Klage nach § 867 S 2 BGB, auch in Verbindung mit § 1005 BGB; eine Klage auf die Zahlung einer Vergütung nach § 904 BGB; eine Klage auf den Ersatz eines Wild- oder Jagdschadens nach §§ 29 ff BJagdG.

7  **5) Klage auf eine Entschädigung wegen einer Enteignung.** Hierher zählen zB die Klagen nach § 59 III LandbeschaffungsG, § 25 III SchutzbereichsG. Außerdem erklären die meisten Landesgesetze den Gerichtsstand für solche Klagen als einen ausschließlichen; vgl aber auch § 13 GVG Rn 38 „Enteignung".

**27** *Besonderer Gerichtsstand der Erbschaft.* <sup>I</sup> Klagen, welche die Feststellung des Erbrechts, Ansprüche des Erben gegen einen Erbschaftsbesitzer, Ansprüche aus Vermächtnissen oder sonstigen Verfügungen von Todes wegen, Pflichtteilsansprüche oder die Teilung der Erbschaft zum Gegenstand haben, können vor dem Gericht erhoben werden, bei dem der Erblasser zur Zeit seines Todes den allgemeinen Gerichtsstand gehabt hat.

<sup>II</sup> Ist der Erblasser ein Deutscher und hatte er zur Zeit seines Todes im Inland keinen allgemeinen Gerichtsstand, so können die in Absatz 1 bezeichneten Klagen vor dem Gericht erhoben werden, in dessen Bezirk der Erblasser seinen letzten inländischen Wohnsitz hatte; wenn er einen solchen Wohnsitz nicht hatte, so gilt die Vorschrift des § 15 Abs. 1 Satz 2 entsprechend.

1  **1) Systematik, Regelungszweck, I, II.** Vgl zunächst § 20 Rn 1. § 27 gibt für eine erbrechtliche Streitigkeit den besonderen Wahlgerichtsstand der Erbschaft im allgemeinen Gerichtsstand des Erblassers, §§ 12–16. Der Kläger darf unter mehreren solchen Gerichtsständen frei wählen. Maßgeblich ist der Zeitpunkt des Todes, und zwar auch dann, wenn dieser Zeitpunkt in einer Todeserklärung amtlich festgestellt worden ist. Es ist nicht erforderlich, daß sich jemals ein Nachlaßgegenstand im Bezirk dieses Gerichts befunden hatte; insofern weicht § 27 von § 28 ab.

2  **2) Geltungsbereich, I, II.** Vgl Üb 2 vor § 12.

3  **3) Klage auf die Feststellung des Erbrechts, I**, nach dem Eintritt des Erbfalls. Es ist unerheblich, ob es sich um eine Feststellungsklage, um eine Klage auf Grund einer angeblichen Erbunwürdigkeit, um die Geltendmachung eines Erbverzichts oder um eine Anfechtung usw handelt.

4  *Hierher zählen zB:* Eine Klage wegen des Erbrechts des Fiskus nach § 1936 BGB; eine Klage wegen des Rechts eines Nacherben nach § 2100 BGB; eine Klage wegen der Fortsetzung der allgemeinen Gütergemeinschaft nach § 1483 BGB, denn § 27 ist auf jede Gesamtrechtsnachfolge von Todes wegen sinngemäß anwendbar. Man kann auch den Fall des vorzeitigen Erbausgleichs, § 1934 d BGB, entsprechend behandeln, LG Hbg FamRZ **94**, 403 (anstelle des Todeszeitpunkts tritt die Anhängigkeit der Klage), PalEdenh § 1934 d BGB Rn 21, ThP 4, ZöV 2, offen Hbg RR **96**, 203, aM wohl Staud/Werner § 1934 d BGB Rn 21.
*Nicht hierher zählen zB:* Das Recht des Erbschaftskäufers, das rein schuldrechtlich ist, § 2374 BGB; eine Klage wegen eines Rechts an einem einzelnen Nachlaßgegenstand; eine Klage wegen des Rechts auf den Widerruf einer in einem Erbvertrag vorgenommenen Erbeinsetzung.

5  **4) Klage des Erben gegen einen Erbschaftsbesitzer, I.** Gemeint ist der Fall des § 2018 BGB. Es muß sich um einen Herausgabeanspruch handeln.
*Hierhin zählen zB:* Die Klage auf die Erteilung einer Auskunft nach § 2027 I oder II BGB, Nürnb OLGZ **81**, 116 mwN, nicht aber nach § 2028 BGB; die Klage gegen einen Erbschaftskäufer, § 2030 BGB; eine Klage des Testamentsvollstreckers oder des Nachlaßpflegers.
*Nicht hierher gehören zB:* Eine Klage auf die Herausgabe des Erbscheins oder des Testamentsvollstreckerzeugnisses; eine Einzelklage nach § 985 BGB gegen den Erbschaftsbesitzer.

6  **5) Klage wegen eines Anspruchs aus einem Vermächtnis,** Mü Rpfleger **78**, 185, **oder auf Grund einer sonstigen Verfügung von Todes wegen, I.** Solche Klage richtet sich gegen den Belasteten, mag er der Erbe oder ein Dritter sein, und gegen seinen Rechtsnachfolger, auch gegen einen Testamentsvollstrecker, Mü Rpfleger **78**, 185.

## 2. Titel. Gerichtsstand §§ 27–29

*Hierher zählen zB:* Eine Klage auf den Voraus nach § 1932 BGB; eine Klage auf Grund eines Vermächt- **7** nisses oder einer Auflage nach den §§ 1939 ff BGB; eine Klage auf Grund eines Erbvertrags nach § 1941 BGB; eine Klage auf Grund eines Vorausvermächtnisses nach § 2150 BGB; eine Klage auf Grund einer vertragsmäßigen Zuwendung oder Auflage nach § 2279 BGB; eine Klage auf Grund einer Schenkung von Todes wegen, § 2301 BGB; eine Klage auf eine Gewährung von Unterhalt an einen Angehörigen des Erblassers nach § 1969 BGB.

**6) Klage wegen eines Pflichtteilsanspruchs, I.** Hierher zählen zB: Der persönlicher Anspruch an den **8** Erben auf eine Barzahlung, § 2303 BGB; der Auskunftsanspruch nach § 2314 BGB; der Anspruch auf die Ergänzung des Pflichtteils usw nach §§ 2325, 2329 BGB; der Anspruch gegenüber einem Pflichtteilsberechtigten wegen dessen Erbunwürdigkeit nach § 2345 II BGB.

**7) Klage auf eine Teilung der Erbschaft, I,** §§ 2042 ff BGB; vgl auch §§ 86 ff FGG. Hierin zählen **9** auch die Klage auf Ausgleichung unter Miterben, § 2057 a BGB, BGH NJW **92**, 364, und der Fall des § 1483 II BGB, aM StJSchu 7.

*Nicht hierher zählt* eine Klage auf die Vornahme einer Auseinandersetzung einer fortgesetzten Gütergemeinschaft.

**8) Kein allgemeiner inländischer Gerichtsstand, II.** II beruhte darauf, daß ein Deutscher nach **10** Art 24 EGBGB aF nach deutschem Recht beerbt wurde, wenn er seinen Wohnsitz im Ausland hatte. II ist nach der Neufassung des Erbstatus, wie sie sich jetzt aus Art 25 I EGBGB ergibt (Maßgeblichkeit der Staatsangehörigkeit), unverändert geblieben. Gerichtsstand ist also das Gericht des letzten inländischen Wohnsitzes. Hilfsweise gilt dieselbe Regelung wie bei § 15 I 2.

**28** *Erweiterter Gerichtsstand der Erbschaft.* In dem Gerichtsstand der Erbschaft können auch Klagen wegen anderer Nachlaßverbindlichkeiten erhoben werden, solange sich der Nachlaß noch ganz oder teilweise im Bezirk des Gerichts befindet oder die vorhandenen mehreren Erben noch als Gesamtschuldner haften.

**1) Systematik, Regelungszweck.** Vgl zunächst § 20 Rn 1. § 28 gibt den besonderen Wahlgerichtsstand **1** der Erbschaft für eine Klage wegen einer Nachlaßschuld. Insofern geht die Regelung über diejenige des § 27 hinaus.

**2) Geltungsbereich.** Vgl zunächst Üb 2 vor § 12. Es ist unerheblich, wer klagt und wer verklagt wird, **2** ob es sich also um den Erben handelt, den Testamentsvollstrecker, den Nachlaßverwalter, den Erbschaftskäufer oder den Lebensgefährten des Erblassers, Saarbr FamRZ **79**, 797.

*Hierher zählen zB:* Eine Klage wegen einer vom Erblasser herrührenden Schuld nach § 1967 BGB; eine Klage wegen der Beerdigungskosten nach § 1968 BGB; eine Klage wegen des Unterhaltsanspruchs der schwangeren Witwe nach § 1963 BGB; eine Klage wegen derjenigen Kosten, die infolge einer Verwaltung der Erbschaft und der Ausschlagung der Erbschaft entstanden sind; eine leugnende Feststellungsklage eines Belangten gegen den Belangenden.

*Nicht hierher zählt zB* eine Klage wegen eines Anspruchs des Nachlasses.

**3) Arglist.** Eine arglistige Begründung oder Beseitigung des Gerichtsstands verstößt gegen Treu und **3** Glauben, Einl III 54. Sie kann daher nicht die erstrebte Rechtsfolge haben. Denn es handelt sich um eine Erschleichung des Gerichtsstands, Üb 22 vor § 12. Wenn der Nachlaß gutgläubig aus dem Bezirk des Gerichts entfernt wurde, entfällt dieser Gerichtsstand.

**4) Verbleib im Bezirk.** Der Gerichtsstand nach § 28 ist begründet, wenn sich der Nachlaß ganz oder **4** teilweise im Bezirk des Gerichts befindet, also wenigstens mit irgendeinem Nachlaßstück. Wenn es um eine Forderung geht, ist § 23 S 2 anwendbar.

**5) Gesamtschuldnerische Haftung.** Unabhängig von Rn 4 ist § 28 auch dann anwendbar, wenn **5** noch eine gesamtschuldnerische Haftung der Miterben besteht, und zwar gerade wegen der eingeklagten Nachlaßverbindlichkeit. In diesem Fall ist es unerheblich, ob sich im Gerichtsbezirk ein Nachlaßstück befindet.

**6) Beweislast.** Die Beweislast liegt grundsätzlich beim Kläger, Üb 19 vor § 12. Wenn es aber um den **6** Wegfall einer Gesamthaftung geht, ist insofern der Bekl beweispflichtig, weil er die Aufhebung eines Rechts geltend macht.

**29** *Besonderer Gerichtsstand des Erfüllungsorts.* I Für Streitigkeiten aus einem Vertragsverhältnis und über dessen Bestehen ist das Gericht des Ortes zuständig, an dem die streitige Verpflichtung zu erfüllen ist.

II Eine Vereinbarung über den Erfüllungsort begründet die Zuständigkeit nur, wenn die Vertragsparteien Kaufleute, juristische Personen des öffentlichen Rechts oder öffentlich-rechtliche Sondervermögen sind.

**Vorbem.** II idF Art 18 Z 1 HRefG v. 22. 6. 98, BGBl 1474, in Kraft seit 1. 7. 98, Art 29 IV HRefG, ÜbergangsR Einl III 78.

**Schrifttum:** *Lüderitz,* Fremdbestimmte internationale Zuständigkeit? Versuch einer Neubestimmung von § 29 ZPO usw, Festschrift für *Zweigert* (1981) 233; *Schack,* Der Erfüllungsort im deutschen, ausländischen und internationalen Privat- und Zivilprozeßrecht, 1985; *Scherer,* Gerichtsstände zum Schutz des Verbrauchers in Sondergesetzen. Das neue Verbraucherkreditgesetz usw, 1991; *Wrangel,* Der Gerichtsstand des Erfüllungsortes im deutschen, italienischen und europäischen Recht, 1988.

# § 29

**1. Buch. 1. Abschnitt. Gerichte**

### Gliederung

| | | | |
|---|---|---|---|
| 1) Systematik, I, II | 1 | 7) **Gericht des gesetzlichen Erfüllungsorts, I** | 13–34 |
| 2) Regelungszweck, I, II | 2 | A. Streitige Verpflichtung | 13 |
| 3) Geltungsbereich, I, II | 3, 4 | B. Erfüllungsort beim Beklagten | 14, 15 |
| 4) **Persönlicher Geltungsbereich, I, II** | 5 | C. Erfüllungsort beim Kläger | 16 |
| 5) Mißbrauch, I, II | 6 | D. Bestimmung; Natur des Schuldverhältnisses | 17 |
| 6) Fälle, I | 7–12 | E. Beispiele zur Frage des gesetzlichen Erfüllungsorts, I | 18–34 |
| A. Feststellung des Bestehens oder Nichtbestehens eines Vertrags | 7 | 8) **Vereinbarung des Erfüllungsorts, II** | 35, 36 |
| B. Erfüllung eines Vertrags | 8, 9 | A. Willenseinigung | 35 |
| C. Vertragsaufhebung durch Richterspruch | 10, 11 | B. Grenzen der Vereinbarkeit | 36 |
| D. Nichterfüllung oder nicht gehörige Erfüllung | 12 | | |

**1**   **1) Systematik, I, II.** Vgl zunächst § 20 Rn 1. Der Gerichtsstand des Erfüllungsorts, des Vertrags, das forum contractus, ist im Geschäftsverkehr der wichtigste besondere Gerichtsstand. Er ist aber kein ausschließlicher gesetzlicher Gerichtsstand. Das wird oft übersehen. Er geht nur auf Grund einer wirksamen Vereinbarung nach § 38 anderen gesetzlichen Gerichtsständen vor. Wegen des vorrangigen § 7 HWiG vgl § 29 Anh Rn 1. Wegen Art 5 § 1 EuGVÜ BGH MDR **97**, 874, Köln VersR **97**, 81 (Vorrang von § 38 II) und Rn 4.

**2**   **2) Regelungszweck, I, II.** Der Gerichtsstand des § 29 dient der Sachnähe des Gerichts, nur insofern grundsätzlich richtig LG Kiel NJW **89**, 841. Freilich kann sich diese Sachnähe durchaus bei mehreren Gerichten ergeben. Das ist bei der Auslegung mitzubeachten. Wegen des vielfachen Mißbrauchs ist eine Vereinbarung des Erfüllungsorts nur noch beschränkt zulässig, II.

**3**   **3) Geltungsbereich, I, II.** Vgl zunächst Üb 2 vor § 12. Der Gerichtsstand gilt für jede Art von Klage auf Grund eines schuldrechtlichen Vertrags, BGH **132**, 105, unabhängig von der Art der Verpflichtung. Die Vorschrift ist deshalb auch im Fall einer schuldrechtlichen Klage auf Grund eines öffentlichrechtlichen oder eines familienrechtlichen Vertrags anwendbar, etwa bei einer Klage nach § 1298 BGB, Celle MDR **49**, 368, StJSchu 3, aM BGH **132**, 105, Mankowski IPRax **97**, 175 mwN, RoSGo § 36 II 1. § 29 gilt auch bei einem Vertrag zugunsten eines Dritten, § 328 BGB, oder bei einem Vertrag auf Grund eines indossablen Papiers. Denn dessen Begebung steht einem Vertragsabschluß gleich.

*Die Vorschrift ist nicht anwendbar:* Bei einer Klage wegen eines Anspruchs aus einem dinglichen Vertrag; bei einer Klage auf Grund eines Erbvertrags; bei einer Forderung auf Grund einer gesetzlichen Vorschrift, etwa einer Geschäftsführung ohne Auftrag, BayObLG MDR **81**, 234 mwN, oder auf die Erteilung einer Quittung; bei einer Klage wegen Anfechtung des Vertrags oder dann, wenn der Vertrag als nichtig erachtet wird, Rn 11; bei einer Klage auf Grund eines vertragsähnlichen Verhältnisses, etwa einer Geschäftsführung ohne Auftrag; bei einer Klage auf Grund einer ungerechtfertigten Bereicherung, und zwar auch dann nicht, wenn der Kläger seinen Anspruch in erster Linie auf eine Rückgewähr infolge einer vertraglichen Wandlung stützt oder wenn er in erster Linie eine Vertragsanfechtung geltend macht und einen Anspruch aus einer ungerechtfertigten Bereicherung nur hilfsweise geltend macht; bei einer Klage aus einem Inhaberpapier wegen § 794 BGB; bei einer Klage auf Grund einer Urkunde, die nur eine gesetzliche Pflicht präzisiert, BayObLG FamRZ **99**, 935; bei einer Klage auf Grund eines Beamtenverhältnisses.

**4**   Wenn am Erfüllungsort eine *unerlaubte Handlung* begangen worden ist, dann kann man eine Klage mit einem Anspruch, der auf eine vertragliche Wandlung gestützt wird, im Gerichtsstand des § 29 erheben. Das Gericht darf den Sachverhalt dann auch unter dem Gesichtspunkt der unerlaubten Handlung prüfen. Etwas anderes gilt aber dann, wenn neben einer unerlaubten Handlung ein Verschulden bei bloßen Vertragsverhandlungen in Frage kommt, BGH VersR **80**, 846. Vgl Üb 19 vor § 12 (BewL), § 32 Rn 14.

Wegen des *EuGVÜ* vgl SchlAnh V C 1, besonders Art 5 Z 1, dazu EuGH NJW **77**, 490, 491 (Anm Geimer) und NJW **77**, 493, BGH **134**, 205, Piltz NJW **81**, 1876. Bernstein Festschrift für Ferid (1978) 94 läßt internationalrechtlich bei einem gesetzlichen Erfüllungsort dessen Recht entscheiden, bei einem vertraglichen Erfüllungsort dasjenige Recht, das auf die Gerichtsstandsvereinbarung anwendbar ist. Es ist rechtspolitisch eine Angleichung an internationalen Standard wünschenswert, zB Nagel JR **89**, 41.

**5**   **4) Persönlicher Geltungsbereich, I, II.** I gilt für jeden Kläger. II gilt nach seinem klaren Wortlaut nur für die dort bezeichneten Vertragsparteien, Rn 36.

**6**   **5) Mißbrauch I, II.** Wegen der Mißbrauchsgefahr, Rn 2, ist stets zu prüfen, ob es sich nicht um eine Erschleichung des Gerichtsstands handelt, so daß die Vereinbarung unwirksam wäre, Üb 22 vor § 12. Wegen der Problematik der Allgemeinen Geschäftsbedingungen § 38 Rn 6.

**7**   **6) Fälle, I.** Unter § 29 fallen Klagen aller Art aus einem Vertragsverhältnis, insbesondere:

**A. Feststellung des Bestehens oder Nichtbestehens eines Vertrags.** In solchem Fall geht es um eine Vertragswirkung oder um einen Anspruch auf Grund des Vertrags. Eine bloße Feststellung der Tatsache des Vertragsabschlusses ist prozessual unzulässig, § 256.

**8**   **B. Erfüllung eines Vertrags.** In solchem Fall geht es um einen Anspruch auf eine Haupt- oder Nebenleistung, etwa eine Vertragsstrafe, eine Unterlassung, insbesondere dann, wenn andernfalls eine Schlechterfüllung vorliegen würde, BGH VersR **74**, 199.

**9**   *Ferner zählen hierher:* Ein vertragsmäßiger Rücktritt; ein Anspruch auf eine Rückgewähr wegen einer Wandlung oder Minderung; eine Klage gegen den Gesellschafter einer Offenen Handelsgesellschaft aus Gesellschaftsschulden; eine Klage gegen den Kommanditisten einer Kommanditgesellschaft, auch gegen einen vollmachtlosen Vertreter, da er ebenso haftet, als ob seine Vertretungsmacht wirksam gewesen wäre, Hbg MDR **75**, 227; eine Klage nach § 43 II GmbHG, BGH BB **92**, 726; eine Klage auf Grund eines Anwaltsvertrags.

## 2. Titel. Gerichtsstand § 29

**C. Vertragsaufhebung durch Richterspruch**, etwa auf Grund der §§ 133, 140 HGB. Hierher zählen 10 auch: Die Bestimmung des Inhalts der Leistung, etwa nach § 315 III BGB; die Herabsetzung einer Vertragsstrafe nach § 343 BGB; die Herabsetzung einer Anwaltsgebühr nach § 3 III BRAGO.

*Nicht hierher zählen zB:* Eine Anfechtung. Denn in einem solchen Fall liegt ein gesetzlicher Bereicherungs- 11 anspruch vor, BayObLG BB **90**, 2442; eine Klage auf Grund einer ungerechtfertigten Bereicherung, weil eine Anfechtung erfolgt sei, BayObLG BB **90**, 2442, Karlsr MDR **79**, 681, und zwar auch dann nicht, wenn der Bereicherungsanspruch nur hilfsweise neben dem Hauptanspruch auf Grund einer Wandlung geltend gemacht wird, BGH **LM** Nr 1. Wegen eines Schadensersatzanspruchs wegen einer unerlaubten Handlung, die am Erfüllungsort begangen wurde, vgl BGH **LM** § 32 Nr 5; eine Klage auf Grund eines Rücktritts, sofern der Anspruch nicht auf die Verletzung einer besonderen Vertragspflicht gestützt wird, LG Essen NJW **73**, 1704.

**D. Nichterfüllung oder nicht gehörige Erfüllung.** Hierher zählen zB: Eine Klage auf den Ersatz eines 12 Schadens wegen eines Verschuldens während der Vertragsverhandlungen, BayObLG VersR **85**, 743, Mü NJW **80**, 1531, Küpper DRiZ **90**, 444 je mwN, aM LG Kiel NJW **89**, 841 mwN (aber es liegt ein vertragsähnliches Verhältnis vor, PalH § 276 BGB Rn 65. Dieses Verhältnis läßt zumindest eine entsprechende Anwendung des § 29 zu. LG Kiel NJW **89**, 841 betont neben der unerheblichen Entstehungsgeschichte, Einl III 42, zu sehr das Fehlen einer Gesetzeslücke; in Wahrheit kommt es auf die Sinnermittlung an, Einl III 40).

*Hierher gehören ferner zB:* Eine Klage wegen des Bruchs eines Verlöbnisses, aM BGH NJW **96**, 1412 mwN (kennzeichnend für die Abwertung des Verlöbnisses in einer Zeit, in der kaum die Ehe noch den in Art 6 I GG genannten Rang auch tatsächlich noch wirksam zugebilligt bekommt); eine Klage auf eine Wandlung oder Minderung oder auf Schadensersatz an ihrer Stelle, LG Lüneb MDR **91**, 992; eine Klage wegen Schlechterfüllung, BayObLG VersR **85**, 743.

**7) Gericht des gesetzlichen Erfüllungsorts, I.** Es kommt auf die jeweilige Leistung an. 13

**A. Streitige Verpflichtung.** Gemeint ist entweder diejenige Verpflichtung des Bekl, die der Kläger in der Klage behauptet, Bengelsdorf BB **89**, 2394, oder diejenige Verpflichtung des Klägers, die er mit seiner Klage leugnet. Es kommen im einzelnen folgende gesetzliche Erfüllungsorte in Betracht:

**B. Erfüllungsort beim Beklagten.** Er ist in aller Regel maßgeblich, vgl Schmid MDR **93**, 411, aM 14 Schack Rn 195 ff, 354 (krit Geimer NJW **86**, 643). Bei der Geldschuld handelt es sich meist um eine Schickschuld, Hamm OLGZ **91**, 80; daher ist der Wohnort des Bekl maßgebend, LG Bonn MDR **85**, 588. Wenn es um eine Wandlung geht, dann ist als Erfüllungsort für beide Parteien derjenige Ort anzusehen, an dem sich die Ware vertragsgemäß befindet, also der Austauschort, vgl zB BGH **87**, 110, Nürnb NJW **74**, 2237. Er bleibt es auch, wenn der Käufer die Ware zurückgesandt hat, bevor er die Klage erhebt. Denn der Käufer muß dem Gläubiger den Kaufpreis an dessen Wohnsitz übermitteln, und der Käufer kann nicht wegen einer vorzeitigen Rücksendung schlechter gestellt werden, Celle SJZ **48**, 764, aM zB StJSchu 32 a (er fordert eine selbständige Bestimmung des Erfüllungsorts, da keine Leistung Zug um Zug mehr vorliege). Roussos BB **93**, 16 mwN betont, daß es sich bei der Wandlungsklage in erster Linie um die Befreiung des Käufers von seiner Zahlungspflicht handelt, so daß der Ort der Wandlung der dieser Zahlungspflicht maßgeblich sein muß; zum Problem auch LG Krefeld MDR **77**, 1018.

Der Gerichtsstand des Austauschortes gilt auch dann, wenn die Ware untergegangen ist oder versteigert 15 wurde. Eine Verpflichtung zur Zahlung von *Frachtkosten* Zug um Zug ist eine Nebenleistung. Es entscheidet immer die Hauptverpflichtung, auch wenn der Kläger eine Vertragsstrafe geltend macht. Von mehreren Hauptansprüchen ist im übrigen jeder selbständig zu prüfen. Wenn es sich um eine Klage auf die Zahlung des Kaufpreises und zugleich auf die Abnahme der verkauften Sache handelt, dann entscheidet der Ort, an dem die Zahlungsverpflichtung zu erfüllen ist. Wenn es sich um eine Klage auf die Zahlung einer Entschädigung wegen einer Nichterfüllung oder einer Schlechterfüllung handelt, dann ist nicht der einzelne Anspruch im Streit, sondern es geht um die Verletzung des Vertrags insgesamt. Daher liegt der Erfüllungsort dort, wo die vertragliche Hauptpflicht zu erfüllen ist, Fricke VersR **97**, 404. Der Leistungsort kann für die Vertragspflichten jedes Partners gesondert zu bestimmen sein, BGH NJW **88**, 967, BayObLG BB **83**, 1696, Hamm OLGZ **91**, 80. Ein rechtlich entbehrlicher Nebenantrag bleibt unberücksichtigt.

**C. Erfüllungsort beim Kläger.** Er ist zB in folgenden Fällen maßgeblich: Bei einer Klage mit dem Ziel 16 einer Aufhebung des Vertrags; bei einer verneinenden Feststellungsklage; bei einer Klage auf die Feststellung des Bestehens einer begrenzteren Vertragspflicht.

**D. Bestimmung; Natur des Schuldverhältnisses.** Wo zu erfüllen ist, das ergibt sich nicht nach eigenen 17 Prozeßregeln, sondern nach dem sachlichen Recht, Geimer DNotZ **96**, 1054, StJSchu 21 a, zB aus §§ 269, 270 BGB, BayObLG RR **97**, 699, Düss NJW **91**, 1492, Hamm OLGZ **91**, 80. Vgl in diesem Zusammenhang PalH § 269 BGB Rn 8 ff, Rewolle BB **79**, 170. Hier sind insofern nur Andeutungen möglich. Es entscheidet in erster Linie die Bestimmung. Sie kann auf dem Gesetz beruhen, etwa bei § 374 BGB, oder auf einer rechtsgeschäftlichen Vereinbarung. Die Vereinbarung des Erfüllungsorts ist jedoch für die Zuständigkeit nur noch unter den Voraussetzungen II beachtlich, Rn 2, vgl freilich auch § 39. Mangels einer Bestimmung entscheiden die Umstände, insbesondere die Natur des Schuldverhältnisses, BayObLG MDR **92**, 296, Hamm OLGZ **91**, 80. Ganz hilfsweise entscheidet der Wohnsitz oder die gewerbliche Niederlassung des Schuldners im Zeitpunkt des Vertragsschlusses, Hamm OLGZ **91**, 80. Etwas anderes gilt bei einer Vereinbarung, §§ 697, 700 BGB.

**E. Beispiele zur Frage des gesetzlichen Erfüllungsorts, I** 18

**Anwaltsvertrag:** Bei einem Streit um die Zahlung des Honorars oder um dessen Höhe wie auch beim Streit um Schadensersatz wegen Schlechterfüllung, BayObLG MDR **95**, 1262 mwN, ist der Ort der Kanzlei des Rechtsanwalts maßgeblich, BGH NJW **91**, 3096 und VersR **91**, 719 mwN (auch internationalrechtlich, wenn deutsches Recht anwendbar ist), BayObLG MDR **92**, 296 (für ProzBev und Verkehrsanwalt gesonderte Erfüllungsorte, evtl §§ 36, 37), Köln RR **97**, 825, aM Bosch FamRZ **86**, 347. Auch wegen

## § 29

des Honorars für die Vertretung in einer Familiensache ist das Prozeßgericht zuständig, vgl § 34 Rn 5, BayObLG NJW **82**, 587. Es kann auch § 34 anwendbar sein, vgl BayObLG NJW **82**, 587.

**19 Arbeitsrecht:** Maßgeblich ist der wirtschaftliche und technische Mittelpunkt des Arbeitsverhältnisses, LAG Nürnb BB **69**, 1271, also meist der Ort, an dem die Arbeitsleistung zu erbringen ist, BGH ZIP **85**, 157, BAG **41**, 132, Bengelsdorf BB **89**, 2397 mwN. Wegen einer Kündigungsschutzklage des Arbeitnehmers vgl Brehm/John/Preusche NJW **75**, 26. Bei einem Streit um eine Arbeitnehmererfindung entscheidet der wirtschaftliche Mittelpunkt des Arbeitsverhältnisses, LG Brschw GRUR **76**, 587. Er kann auch sonst maßgeblich sein und zB beim ausländischen Tochterunternehmen liegen, LAG Düss DB **84**, 1686. Beim Reisenden ist der Schwerpunkt seiner Tätigkeit und nur in diesem Rahmen sein Wohnsitz maßgeblich, vgl BAG RR **88**, 482, ArbG Regensb BB **89**, 634; bei weisungsgebundener Entsendung ist der Ort der Erteilung der Weisung maßgeblich, LAG Mainz NZA **85**, 540.

**Architektenvertrag:** Rn 33 „Werkvertrag".
**Auftragsverhältnis:** Maßgeblich ist der Ort der Ausführung.

**20 Ausbildungsvertrag:** Maßgeblich ist der Ort, an dem der Kurs abgehalten wird, Karlsr RR **86**, 351, auch der Sitz eines Internats, Hamm RR **89**, 1530.

**Auskunft:** Rn 29 „Nebenpflicht".
**Bank:** Rn 21 „Darlehen".
**Bauwerk:** Rn 33 „Werkvertrag".
**Beförderungsvertrag:** Rn 22 „Frachtvertrag".
**Beherbergungsvertrag:** Rn 28 „Mietvertrag".
**Bürgschaft:** Es ist nicht immer derjenige Ort maßgeblich, an dem der Hauptschuldner seine Verbindlichkeit zu erfüllen hat, sondern der Wohnsitz des Bürgen, BGH **134**, 132, LG Hbg RR **95**, 183 mwN, beim Wechselbürgen auch der Zahlungsort, § 603, Düss NJW **69**, 380.

**21 Darlehen:** Für die Klage auf die Rückzahlung des Darlehens ist der Wohnsitz des Darlehnsnehmers zum Zeitpunkt der Darlehensgewährung, §§ 269, 270 I, IV BGB, maßgeblich, Stgt BB **92**, 2386 (offen beim Bankdarlehen), LG Kassel RR **89**, 106 mwN, Vollkommer BB **74**, 1317, ZöV 25 „Darlehensvertrag", aM AG Hbg BB **74**, 1316 (dieses Gericht hält den Sitz der Bank für maßgeblich). Der Übergabeort ist unerheblich.

**Dienstvertrag:** Maßgeblich ist grds derjenige Ort, an dem die vertragliche Dienstleistung zu erbringen ist, BGH ZIP **85**, 157 (auch zu einer Ausnahme), BayObLG ZIP **92**, 1652, Celle NJW **90**, 777.
Für Dienstbezüge gilt § 269 BGB, PalH 7.

**Energieversorgung:** Rn 32 „Versorgungsvertrag".
**Ferienhaus:** Rn 28 „Mietvertrag, Pachtvertrag".
**Fernunterricht:** Zur Problematik *Börnke,* Rechtsanwendungsproblem im Zusammenhang mit ... § 26 I FernUSG, Diss Ffm 1995.
**Feststellungsklage:** Rn 32 „Verneinende Feststellungsklage".

**22 Frachtvertrag:** Er ist Werkvertrag; Erfüllungsort ist (auch) für die Pflichten des Fachtführers bzw (im Straßengüterverkehr) Unternehmers der Ablieferungsort, § 407 I HGB, für die Bezahlung der Fracht, § 407 II HGB, bzw des Beförderungsentgelts der Ort der Niederlassung des Absenders; auch der Empfänger des Frachtguts kann Frachtschuldner sein, § 421 II 1 HGB, und haftet dann neben dem Absender als Gesamtschuldner. Insoweit ist für die Pflicht des Empfängers auf Bezahlung der Fracht der Ablieferungsort Erfüllungsort. Ohne Frachtbrief tritt indes nur eine eingeschränkte Zahlungspflicht des Empfängers ein, § 421 II 2 HGB. Für einen Streit aus einer Beförderung nach §§ 407 ff HGB ist nach § 440 I HGB auch das Gericht der Übernahme oder der vorgesehenen Ablieferung, für eine Klage gegen den ausführenden Frachtführer ist auch das Gericht oder dasjenige der Frachtführers zuständig, § 440 II HGB. Mangels abweichender Vereinbarung gilt auch bei Anwendbarkeit der CMR der Erfüllungsort, Hamm VersR **87**, 663. Beim Seefrachtvertrag ist der Bestimmungshafen maßgeblich, Bre VersR **85**, 987.

**Freiberufler:** Nicht stets ist der Praxissitz Erfüllungsort, AG Köln RR **95**, 185 (Psychologe, -therapeut).
**Freistellung:** Bei einer Verpflichtung zur Freistellung ist derjenige Ort maßgeblich, an dem die Pflicht zu erfüllen ist, Oldb FamRZ **88**, 632.

**23 Gartenarchitektenvertrag:** Rn 33 „Werkvertrag".
**Gesellschaftsrecht:** Bei einer Klage aus einer sog Organhaftung ist der Gesellschaftssitz maßgeblich, BGH RR **92**, 801. Die Klage eines BGB-Gesellschafters gegen den anderen wegen Schlechterfüllung ist am Wohnsitz des Schuldners zu erheben, BayObLG BB **96**, 2115.

**Girovertrag:** Maßgeblich ist der Wohnsitz des Kontoinhabers, BayObLG WertpMitt **89**, 871.

**24 Handelsvertretervertrag:** Es besteht nicht schon grds ein einheitlicher Erfüllungsort für die beiderseitigen Leistungen, BGH NJW **88**, 967. Bei einem Streit um einen Buchauszug ist der Sitz des Unternehmens maßgeblich, BGH NJW **88**, 967. Beim Reisenden mit großem Bezirk ist sein Wohnsitz maßgeblich, wenn er von dort aus reist, auch wenn er nicht täglich zurückkehrt, BAG DB **87**, 1742.

**Heilpraktiker:** Erfüllungsort ist der Ort der Dienstleistung, AG Rottweil RR **99**, 866.
**Heuer:** Vgl BAG BB **63**, 977.
**Hotel:** Rn 28 „Mietvertrag: Beherbergungsvertrag".

**25 Internatsvertrag:** Erfüllungsort ist der Internatssitz, Hamm FamRZ **89**, 1199.

**26 Kaufvertrag:** Bei der Klage auf die Zahlung des Kaufpreises handelt es sich grds (Ausnahme: Auktion, Düss NJW **91**, 1493) um eine Schickschuld, wie meist bei einer Geldschuld, LG Brschw BB **74**, 571. Infolgedessen ist der Wohnort des Käufers maßgeblich, Düss NJW **91**, 1492, im Ergebnis auch Schmid MDR **93**, 411. Derselbe Wohnsitz ist bei der Klage auf Abnahme der Kaufsache maßgeblich. Der Übergabeort ist unerheblich. Wenn es um einen Rücktritt geht, ist für die Rückgabepflicht der Wohnort des Käufers maßgeblich, Nürnb NJW **74**, 2237, AG Marbach MDR **88**, 1061. Beim Schadensersatz nach § 463 BGB Zug um Zug gegen Rückgabe der Kaufsache ist der Sitz des Verkäufers maßgeblich, LG Tüb MDR **86**, 756, aM Köln MDR **89**, 63, ZöV 25 „Kaufvertrag". Bei einer in Wahrheit nur auf Bereicherung oder unerlaubte Handlung stützbaren Klage fehlt ein Gerichtsstand nach § 29, AG Marbach MDR **88**, 1061.

## 2. Titel. Gerichtsstand § 29

Verzugszinsen begründen für Gesamtschuldner nicht stets einen gemeinsamen Erfüllungsort, BayObLG RR **97**, 699.
**Kraftfahrzeugreparatur:** Rn 33 „Werkvertrag".
**Krankenhaus:** Beim stationären Aufenthalt ist für eine Klage aus dem Aufnahmevertrag der Ort des Krankenhauses als Erfüllungsort maßgeblich, Celle NJW **90**, 777.
**Leasingvertrag:** Es gelten dieselben Regeln wie bei Rn 28 „Mietvertrag, Pachtvertrag". Beim Streit um eine Leasingrate ist der Wohnsitz des Leasingnehmers beim Vertragsschluß maßgeblich, BGH NJW **88**, 1914.
**Maklervertrag:** Es kommt für die Provision bei § 269 BGB auf den Abschluß des Maklervertrags und nicht 27 des vermittelten Geschäfts an, Stgt RR **87**, 1076.
**Mietvertrag, Pachtvertrag:** Maßgeblich ist grundsätzlich derjenige Ort, an dem der Mieter bzw Pächter 28 die Sache gebrauchen darf, Hamm OLGZ **91**, 80 mwN. Wenn der Mieter aber an einem anderen Ort wohnt, mag sein Wohnsitz maßgeblich sein. Jedenfalls ist der Wohnsitz des Vermieters grundsätzlich auch nicht schon deshalb maßgeblich, weil der Mieter die Miete auf ein im Vertrag angegebenes Konto des Vermieters überweisen soll, vgl Hamm OLGZ **91**, 80, ferner LG Trier NJW **82**, 287.

Bei einem *Beherbergungsvertrag* ist die Bezahlung zwar im Fall der Durchführung meist, LG Kempten BB **87**, 929 mwN (zustm Nettesheim), sonst aber keineswegs immer am geplanten Ort der Beherbergung zu erbringen, zumal viele Mieter etwa von Ferienhäusern usw ihre Verpflichtung längst vor dem Antritt des Urlaubs oder nach dessen Beendigung vom Wohnsitz aus durch eine Überweisung erfüllen. Der Beherbergungsort ist jedenfalls dann nicht maßgeblich, wenn der Gast nicht gerade zwecks Inanspruchnahme der bereits vereinbarten Leistungen (und nicht nur zwecks Anmietung) aufsucht, Nürnb NJW **85**, 1297, LG Bonn MDR **85**, 588, ZöV 25 „Beherbergungsvertrag" aM LG Kempten BB **87**, 929, Joachim DB **90**, 1604, MüKoPa 32.
**Nebenpflicht:** Maßgeblich ist der Ort, an dem die Hauptpflicht zu erfüllen ist, EuGH NJW **87**, 1132, LG 29 Offenb ZIP **88**, 1563, Pilz NJW **81**, 1877, aM BGH NJW **85**, 562.
**Provision:** Rn 24 „Handelsvertretervertrag", Rn 27 „Maklervertrag".
**Psychologe, Psychotherapeut:** Rn 22 „Freiberufler".
**Rechtsanwalt:** Rn 18 „Anwaltsvertrag". 30
**Reisender:** Rn 19 „Arbeitsrecht".
**Reisevertrag, §§ 651 a ff BGB:** Bei der Klage des Veranstalters auf Zahlung des Reisepreises ist der Wohnsitz des Reisenden maßgeblich. Bei der Klage des Reisenden gilt evtl der Zielort oder § 21.
**Schadensersatz:** Rn 34 „Zahlung".
**Schuldbeitritt:** Bei einer kumulativen Schuldmitübernahme übernimmt der neue Schuldner die Schuld als 31 eine eigene. Daraus folgt, daß sie nicht notwendig an demselben Ort zu erfüllen ist wie die ursprüngliche Schuld, Schlesw SchlHA **81**, 189, PalH § 269 BGB Rn 18.
**Steuerberatervertrag:** Es gelten dieselben Regeln wie beim Anwaltsvertrag, Rn 18, BayObLG MDR **96**, 850, LG Darmst AnwBl **84**, 503.
**Transportvertrag:** Rn 22 „Frachtvertrag".
**Übergabe:** Als Erfüllungsort für die Übergabe einer beweglichen Sache ist derjenige Ort anzusehen, an dem 32 sich die Sache befindet.
**Unterhaltsvertrag:** Er reicht trotz auch gesetzlicher Pflicht aus, AG Siegburg MDR **98**, 61.
**Unterlassung:** Maßgeblich ist grds derjenige Ort, an dem der Schuldner bei der Entstehung des Schuldverhältnisses wohnte, BGH NJW **74**, 410, LAG Mü **AP** Nr 2 mwN, Bengelsdorf DB **92**, 1345. Soweit sogleich nur ein anderer bestimmter Ort für den Verstoß in Betracht kommt, gilt ausnahmsweise dieser, BGH NJW **85**, 562.
**Unterrichtsvertrag:** Rn 20 „Ausbildungsvertrag".
**Verlöbnis:** Rn 2.
**Verneinende Feststellungsklage:** Maßgeblich ist der Erfüllungsort des Klägers.
**Versicherung:** Bei der Prämie ist Erfüllungsort der Wohnsitz des Versicherungsnehmers zur Zeit der Klagerhebung, Fricke VersR **97**, 404.
**Versorgungsvertrag:** Erfüllungsort ist meist derjenige der Abnahme, zB der Energie, Jena MDR **98**, 828, Rostock RdE **97**, 76, LG Darmst RdE **94**, 75, aM LG Lpz MDR **99**, 1086 (nur Schuldnerwohnsitz). Es kann auch die Betriebsstätte des Vertrages oder der Wohnsitz des Abnehmers vereinbart sein.
**Vertragsstrafe:** Maßgeblich ist der Erfüllungsort der Hauptpflicht, Bengelsdorf BB **89**, 2395.
**Verwahrungsvertrag:** Maßgeblich ist derjenige Ort, an dem sich die Sache befindet, §§ 697, 700 BGB.
S auch Rn 28 „Mietvertrag, Pachtvertrag".
**Werkvertrag:** Maßgeblich ist auch hier nach dem Klägervortrag, LG Mü RR **93**, 212, der Schwerpunkt des 33 Vertrages für beide Parteien, Celle NJW **90**, 777. Das ist grds die Leistung des Unternehmers, Schlesw RR **93**, 314 (auch zum IPR; krit Vollkommer IPRax **93**, 79). Bei einer Kraftfahrzeugreparatur ist der Sitz der Werkstatt maßgeblich, Düss MDR **76**, 496, Ffm DB **78**, 2217. Beim Bauvertrag gilt § 18 Z 1 VOB/B nur beim öffentlichen Auftraggeber, Brdb MDR **97**, 1158, großzügiger Ffm RR **99**, 604, und ist der Ort des Bauwerks maßgeblich, BGH NJW **86**, 935, BayObLG MDR **98**, 737, Ffm MDR **93**, 684, aM Nürnb BauR **77**, 70, LG Konst BauR **84**, 86, LG Wiesb BauR **84**, 88.

Auch bei einem Auftrag für *Montage* einer technischen Anlage kann der Aufstellungsort maßgeblich sein, Kblz RR **88**, 1401 (Abwasseraufbereitungsanlage). Beim Architekten- oder Gartenarchitektenvertrag ist für das Honorar der Büroort maßgeblich, BayObLG NJW **88**, 815 (Planung; aber auch nicht anders bei Bauaufsicht), Zweibr BauR **90**, 513, LG Mü RR **93**, 212 (zumindest für die Leistungsphase 1 und 2), AG Lübeck MDR **81**, 233, aM Köln MDR **94**, 729 (für die Leistungsphase 5; aber auch sie ist Teil eines Werkvertrags), LG Mainz RR **99**, 670, LG Tüb MDR **95**, 1208 (je: beim nur planenden Architekten sei der Wohnsitz des Auftraggebers maßgebend). Insofern sind die beim Anwaltsvertrag, s oben, geltenden Grundsätze entsprechend anwendbar, aM Nürnb BauR **77**, 70, LG Kaisersl NJW **88**, 652, Duffek BauR **80**, 316 (maßgeblich sei der Ort der Bauausführung).

*Hartmann* 95

## § 29, Anh § 29    1. Buch. 1. Abschnitt. Gerichte

Ist dem Architekten nur die *Planung* übertragen, mag für seine Honorarklage der (Wohn-)Sitz des Auftraggebers maßgeblich sein, LG Kaisersl NJW **88**, 652; indessen kommt es auch hier auf die Einzelumstände an, LG Mü RR **93**, 212.

**34** **Zahlung:** Maßgeblich ist wegen dieser Schickschuld grds der Sitz des Schuldners, auch beim Schadensersatz, BayObLG MDR **98**, 737, LG Lüneb MDR **91**, 992, auch beim Akkreditiv, BGH NJW **81**, 1905.

**Zug-um-Zug-Leistung:** Als Erfüllungsort gilt derjenige Ort, wo diejenige Pflicht zu erfüllen ist, die nach dem Vertrag die größere Bedeutung hat und ihm das wesentliche Gepräge gibt, Stgt NJW **82**, 529, aM ZöV 25 „Zug-um-Zug-Leistung" (kein gemeinsamer Erfüllungsort). Ergänzend gilt derjenige Ort, an dem sich die Sache befindet, die herauszugeben ist, Stgt NJW **82**, 529. Ein Zurückbehaltungsrecht ändert bei einer Vorleistungspflicht des Gegners an diesem Erfüllungsort nichts.

**35** **8) Vereinbarung des Erfüllungsorts, II.** Es ist begrenzt möglich.

**A. Willenseinigung.** Sie ist erforderlich. Ob sie vorliegt, muß man nach dem bürgerlichen Recht feststellen, vgl § 38 Rn 2, Hbg VersR **85**, 858. Wenn die Parteien einen „Erfüllungsort" vereinbaren, der vom tatsächlichen Leistungsort abweicht, dann müssen sie dazu Tatsachen vortragen, LG Mü NJW **73**, 59. In einem solchen Fall liegt oft nur eine Gerichtsstandsvereinbarung oder eine Vereinbarung darüber vor, welches Recht angewendet werden soll. Die Erfüllung darf keineswegs deshalb scheitern, weil es keinen Erfüllungsort gebe. Deshalb kann sich der Erfüllungsort auch anhand eines nur schwachen Anknüpfungspunkts ergeben. Eine Vereinbarung wegen des Erfüllungsorts gilt im Zweifel für alle Vertragspartner. Aus der Natur der Sache oder des Vertrags kann sich aber eine Abweichung von dieser Regel ergeben. Die Vereinbarung des § 65 ADSp, auch die stillschweigende, kann den Gerichtsstand nach Art 5 Z 1 EuGVÜ, SchlAnh V C 1, begründen, BGH MDR **85**, 468. Ein einseitiger Vermerk über einen Erfüllungsort auf einer Rechnung (Faktur) kann den Erfüllungsort nur dann begründen, wenn dieser Vermerk ein Teil eines Bestätigungsschreibens ist und wenn dieses Bestätigungsschreiben ausreicht. Dieser Vorbehalt ist selbst dann zu beachten, wenn die Parteien in ständiger Geschäftsbeziehung standen und wenn der Empfänger die Rechnung vorbehaltlos angenommen hat. Vgl im übrigen zu Allgemeinen Geschäftsbedingungen § 38 Rn 6.

**36** **B. Grenzen der Vereinbarkeit.** II erlaubt nur bestimmten Partnern eine Vereinbarung, BayObLG RR **90**, 742. Beide müssen im Zeitpunkt der Vereinbarung einer der in II genannten Gruppen angehört haben. Vgl im übrigen zu den Einzelgruppen § 38 Rn 17–19. Eine Form ist nicht erforderlich, soweit sie nicht zur Wirksamkeit des sachlichrechtlichen Vertrags vorgeschrieben ist.

### Anhang nach § 29
### Gerichtsstand bei Haustürgeschäften und ähnlichen Geschäften

**HWiG § 7. Ausschließlicher Gerichtsstand.** [I] Für Klagen aus Geschäften im Sinne des § 1 ist das Gericht ausschließlich zuständig, in dessen Bezirk der Kunde zur Zeit der Klageerhebung seinen Wohnsitz, in Ermangelung eines solchen seinen gewöhnlichen Aufenthaltsort hat.

[II] Eine abweichende Vereinbarung ist jedoch zulässig für den Fall, daß der Kunde nach Vertragsschluß seinen Wohnsitz oder gewöhnlichen Aufenthaltsort aus dem Geltungsbereich dieses Gesetzes verlegt oder sein Wohnsitz oder gewöhnlicher Aufenthaltsort im Zeitpunkt der Klageerhebung nicht bekannt ist.

**Schrifttum:** *Börnke,* Rechtsanwendungsprobleme im Zusammenhang mit ... § 7 I HWiG, Diss Ffm 1995; *Gilles,* Prozessuale Weiterungen des Verbraucherschutzes bei Kreditgeschäften, Festschrift für *Kitagawa* (1992) 347; *Jayme,* Die Internationale Zuständigkeit bei Haustürgeschäften, in: Festschrift für *Nagel* (1987); *Klug,* Neue Regelungen im Bereich der Gerichtsstände der ZPO, 1998.

**1** **1) Systematik, Regelungszweck, I, II.** Vgl zunächst § 20 Rn 1. Die Vorschrift bringt einen grundsätzlich zwingenden (ausschließlichen), im Fall II aber wahlweisen, besonderen Gerichtsstand mit Vorrang für seinen Geltungsbereich, auch gegenüber § 29. Sie schützt den Kunden. Er soll nur an einem ihm günstigen Ort klagen oder verklagt werden können.

**2** **2) Geltungsbereich: Haustürgeschäft usw, I, II.** Es muß sich um eine vertraglich vereinbarte entgeltliche Leistung handeln, bei der der Kunde zu seiner Willenserklärung auf den Vertragsabschluß entweder durch mündliche Verhandlung an seinem Arbeitsplatz oder im Bereich der Privatwohnung, § 1 I Z 1 G, auch bei Verlegung des Vertragsabschlusses in ein nahes Café, AG Freising RR **88**, 1326, oder anläßlich einer vom Vertragsgegner oder einem Dritten zumindest auch in dessen Interesse durchgeführten Freizeitveranstaltung, § 1 I Z 2 G, zB bei einer sog Kaffeefahrt (nicht schon bei einer Verkaufsmesse, LG Bre RR **88**, 1325), oder im Anschluß an ein überraschendes Ansprechen in einem Verkehrsmittel oder im Bereich eines öffentlichen Verkehrswegs bestimmt worden ist, § 1 I Z 3 G.

**3** Für den Gerichtsstand ist es, anders als für das sachlichrechtliche Widerrufsrecht, vgl § 1 II Z 1 G, *unerheblich,* ob bei Z 1 eine Bestellung des Kunden vorangegangen war (zum Begriff Hbg RR **88**, 1327, Stgt RR **88**, 1327) oder ob und wieviel er sofort geleistet bzw gezahlt hat oder ob ein Notar seine Willenserklärung beurkundet hat. Ebenso unerheblich ist für den Gerichtsstand, ob der Kunde ein Widerrufsrecht rechtzeitig oder verspätet oder sonst unwirksam ausgeübt hat.

**4** **3) Wohnsitz, Aufenthalt des Kunden, I.** Es genügt, daß eine Klage eines der Partner eines Geschäfts im Sinn von § 1 G vorliegt. Es entsteht grundsätzlich eine ausschließliche Zuständigkeit, Rn 1. Sie liegt zunächst beim Wohnsitzgericht des Kunden, §§ 12 ff, gleich ob er als Kläger oder Bekl auftritt. Vgl § 13 Rn 1. Hilfsweise gilt der gewöhnliche Aufenthaltsort als maßgeblich. Vgl § 16 Rn 2. Es kommt jeweils auf den Zeitpunkt der Klageerhebung, also ihrer Zustellung, an, §§ 253 I, 261 I.

**5** **4) Gerichtsstandsvereinbarung, II.** In allen Fällen einer Klage aus einem Geschäft im Sinn des § 1 G ist als Ausnahme vom Grundsatz der ausschließlichen Zuständigkeit, Rn 1, eine abweichende Gerichtsstandsvereinbarung (nur) zulässig, falls entweder der Kunde nach dem Vertragsschluß seinen Wohnsitz oder gewöhnlichen Aufenthaltsort aus dem Geltungsbereich des G endgültig verlegt oder wenn sein Wohnsitz usw bei Klagezustellung nicht bekannt sind.

Eine abweichende Vereinbarung muß sich auf ein bestimmtes *Einzelgeschäft* beziehen. Eine solche Verein- 6 barung ist also nur für denjenigen Fall zulässig, daß der Käufer seinen Wohnsitz oder seinen gewöhnlichen Aufenthaltsort nach dem Vertragsabschluß in das Ausland verlegt. Denn dann kann man dem Abzahlungsverkäufer die Durchführung des Prozesses im Ausland wegen der erfahrungsgemäß in solcher Situation auftretenden Schwierigkeiten nicht zumuten.

**29a** *Ausschließlicher Gerichtsstand bei Prozessen über Räume.* I Für Streitigkeiten über Ansprüche aus Miet- oder Pachtverhältnissen über Räume oder über das Bestehen solcher Verhältnisse ist das Gericht ausschließlich zuständig, in dessen Bezirk sich die Räume befinden.

II Absatz 1 ist nicht anzuwenden, wenn es sich um Wohnraum der in § 556 a Abs. 8 des Bürgerlichen Gesetzbuchs genannten Art handelt.

**Schrifttum:** *Bub/Treier,* Handbuch der Geschäfts- und Wohnraummiete, 1989.

### Gliederung

| | |
|---|---|
| 1) Systematik, Regelungszweck, I, II ..... 1 | 5) Ausschließlicher Gerichtsstand, I ...... 13 |
| 2) Geltungsbereich, I, II ................. 2 | 6) Ausschließliche sachliche Zuständigkeit des AG, I, II ........................ 14 |
| 3) Raum, I, II ........................... 3 | |
| 4) Beispiele zur Frage der Anwendbarkeit, I ............................. 4–12 | |

**1) Systematik, Regelungszweck, I, II.** Vgl zunächst § 20 Rn 1. Die dem § 29 nachgebildete Vor- 1 schrift, § 29 Rn 7 ff, schafft eine vorrangige Spezialregelung. Diese ist wegen der Ausschließlichkeit unabdingbar, § 40 II 1 Hs 2, § 295 Rn 60 „Zuständigkeit".

Weiter *Schutzzweck* ist die soziale Beachtung der Sachnähe des Gerichts der Belegenheit, Ffm WoM **89**, 585, LG Frankenth RR **97**, 334, LG Köln WoM **91**, 563. Die Vorschrift ist weit auszulegen, abw (zum alten Recht) LG Flensb MDR **81**, 57. Sie kann auch auf Hausbesetzer anwendbar sein, Bre WoM **90**, 527. Sie soll vor allem den vom Gesetzgeber als sozial schwächer angesehenen Mieter bzw Pächter schützen, BGH **89**, 283, Hamm ZMR **86**, 12, und die Entscheidung demjenigen AG vorbehalten, das die Situation am Ort kennt, LG Frankenth RR **97**, 334. Wegen der Ausschließlichkeit Rn 13.

**2) Geltungsbereich, I, II.** Vgl Üb 2 vor § 12. 2

**3) Raum, I, II.** Die Vorschrift erfaßt in I jeden Raum, in II bestimmte Wohnräume. Der Begriff des 3 Raums entspricht demjenigen im Sinne des BGB, insofern grundsätzlich richtig BGH NJW **81**, 1377 (zum Wohnraumbegriff): Es geht um ein Gebäude oder dessen Innenraum. Hierher zählt jetzt auch, PalP Einf 68 vor § 535 BGB: Ein Geschäftsraum; ein Laden; eine Werkstatt; ein Kino; ein Fabrikgebäude; eine Gaststätte; ein Lagerraum; eine Garage, eine Sporthalle; ein Vortragssaal; natürlich auch jeglicher Wohnraum. Raum ist, PalP Einf 68 vor § 535 BGB: Ein Platz oder Stand in einem Raum, BGH LM § 581 BGB Nr 31; eine bewegliche Sache und deren Innenraum, zB: ein Schiffsraum; ein Wohncontainer; ein Gerätewagen; ein Wohnwagen; ein demontierbares Bürohaus, Düss WoM **92**, 111. Das gilt selbst bei fester Aufstellung.

Ein *Wohnraum* liegt vor, wenn der strittige Raum für den Fall der Entschädigung wegen Nichterfüllung im Klagezeitraum, sonst zur Zeit der letzten mündlichen Verhandlung zumindest auch als Wohnraum genutzt wurde bzw wird oder werden soll, und zwar vom „Endbenutzer", Rn 1.

**4) Beispiele zur Frage der Anwendbarkeit, I** 4
(Die nachfolgenden Fundstellen beziehen sich teilweise auf das alte Recht)
**Altenheimvertrag:** Er kann zumindest dann unter § 29 a fallen, wenn der Insasse zB nur eine Teilverpflegung beanspruchen kann, LG Gött ZMR **81**, 274.
**Arbeitsverhältnis:** § 29 ist jetzt auf solchen Raum anwendbar, der im Zusammenhang mit einem Arbeitsverhältnis genutzt wird. Der frühere Streit, etwa bei der Werkmietwohnung, § 565 b BGH, oder bei einer Werkdienstwohnung, § 565 e BGB, ist überholt, soweit es sich nicht um Wohnraum nach II in Verbindung mit §§ 556 a VIII, 564 b VII Nr 1, 2, 4, 5 BGB handelt (dann ist I ganz unanwendbar), vgl LG Augsb ZMR **94**, 333.
**Dritter:** § 29 a ist nicht anwendbar, wenn ein Dritter klagt, der aus Anlaß der Abwicklung eines Mietvertrages begünstigt wurde und nun einen Schadensersatzanspruch geltend macht, Mü ZMR **73**, 84.
S auch Rn 9 „Schadensersatz".
**Ferienwohnung:** Wegen der Unanwendbarkeit des § 29 a auf einen nur zu vorübergehendem Gebrauch vermieteten Wohnraum, II, Hbg WoM **90**, 393, ist die Vorschrift unanwendbar auf eine Ferienwohnung, vgl Hamm ZMR **86**, 235, oder auf die Überlassung des heimischen Wohnraumes während einer Ferienreise ihres Inhabers. Indessen kann § 29 a bei einer langfristigen Vermietung eines solchen Objekts anwendbar sein. Denn dann liegt kein bloß vorübergehender Gebrauchszweck vor, auf den es nach II in Verbindung mit § 556 a VIII BGB, dieser in Verbindung mit § 564 b VII Z 1 BGB, ankommt, Hbg ZMR **92**, 539 mwN, LG Lüb WoM **89**, 632, aM im Ergebnis PalP § 564 b BGB Rn 10 (keine Mehrheit von Lebensmittelpunkten. Aber man kann zB in mehreren Wohnungen je halbjährlich wohnen).
**Fortsetzungsverlangen:** Rn 9 „Sozialklausel".
**Gewerbeunternehmen:** § 29 a ist jetzt auch anwendbar bei einer Vermietung an ein Gewerbeunterneh- 5 men, auch wenn dieses den Raum als Wohnraum im Wege einer sog gewerblichen Zwischenvermietung untervermieten will. § 29 ist ferner anwendbar, soweit es um einen Streit zwischen dem gewerblichen Zwischenvermieter und seinem (Unter-)Mieter geht und soweit dieser letztere dort wohnt.

## § 29a

**Haupt-, Untermietvertrag:** § 29 a ist anwendbar, wenn es um Tatsachen geht, deren rechtliche Beurteilung ergibt, daß es um Miete oder Untermiete auch über einen Raum geht, Mü MDR **79**, 940. S auch Rn 4 „Arbeitsverhältnis", Rn 5 „Gewerbeunternehmen", Rn 6 „Mischmiete".

**Hotelzimmer:** Wegen der Unanwendbarkeit des § 29 a auf einen nur zu vorübergehendem Gebrauch vermieteten Wohnraum, II, Hbg WoM **90**, 393, ist die Vorschrift grds unanwendbar auf ein Hotelzimmer; vgl aber auch Rn 4 „Ferienwohnung".

**Innenverhältnis:** Es kommt darauf an, ob hier zB das Gesellschaftsverhältnis oder auch das Miet- oder Untermietverhältnis betroffen ist.

**Mieterhöhung:** § 29 a ist anwendbar beim Anspruch auf eine Zustimmung des Mieters zur Mieterhöhung nach § 2 MHG, vgl LG Mannh ZMR **77**, 31, ArbG Hann DB **91**, 1838.

**Mietkaution:** § 29 a erfaßt den Streit über die Zahlung oder Rückgewähr einer Kaution, Düss WoM **92**, 548 mwN. Das gilt wegen des Schutzzwecks, Rn 1, auch im Verhältnis zum Erwerber, § 572 BGB.

**Mietsicherheit:** S „Mietkaution".

**Mietzins:** § 29 a ist anwendbar beim Anspruch des Vermieters auf die Zahlung des Mietzinses, denn er geht auf „Erfüllung", auch bei demjenigen aus einem inzwischen beendeten Mietverhältnis. Das gilt auch bei einem Streitwert von über 10 000 DM.

6 **Mischmiete:** § 29 a ist auf jede Art von Mischmiete (Wohnen + Arbeiten) anwendbar. Denn die Vorschrift erfaßt jetzt jede Art von Raum.

**Möblierter Raum:** § 29 a ist unanwendbar auf eine nur vorübergehende Vermietung, II, Hbg WoM **90**, 393, daher auch auf eine solche teilweise oder voll möblierten Wohnraumes für eine nicht dauernd dort wohnende Familie, also etwa an einen auswärtigen Arbeiter oder während eines vorübergehenden auswärtigen Aufenthalts des bisherigen Benutzers, §§ 556 a VIII, 564 b VII Nr 1 BGB, oder bei kurzer Mietzeit eines Studenten (anders bei längerer Studienzeit dort, Rn 10 „Student").

7 **Nebenkosten:** § 29 a ist wegen seines weiten Schutzzwecks, Rn 1, auch beim Anspruch des Vermieters auf Leistung der Nebenverpflichtungen und auf Zahlung der Nebenkosten anwendbar, auch wegen vergangener auf Grund eines inzwischen beendeten Mietverhältnisses.

8 **Pacht:** Sie steht jetzt der Miete gleich, wie schon der Wortlaut von I ergibt.

**Räumung:** I erfaßt jede Streitigkeit, also auch alle Arten von Räumungsforderungen. Hierunter fällt auch eine Herausgabe auf Grund von § 985 BGB, also unabhängig davon, ob ein Mietverhältnis und auch gerade ein solches zwischen den Parteien bestand.

**Renovierungskosten:** Nach § 29 a sind, soweit es sich um Wohnraum handelt, wegen § 23 Z 2 a GVG auch solche Fälle zu behandeln, deren Streitwert 10 000 DM übersteigt, zB wenn es sich zB um eine Renovierungsforderung handelt, Düss WoM **73**, 225.

**Rückzahlung:** § 29 a erfaßt wegen seines Schutzzwecks, Rn 1, auch die Klage auf eine Rückzahlung zu unrecht geleisteter Beträge, BGH **89**, 281, BAG WoM **90**, 391, StJSchu 16, aM LG Karlsr WoM **82**, 132.

9 **Schadensersatz:** Wegen des weiten Schutzzwecks, Rn 1, ist § 29 a anwendbar auf eine Schadensersatzforderung, etwa wegen einer unvollständigen Gebrauchsüberlassung oder wegen einer nicht rechtzeitigen Herausgabe der Mietsache oder wegen eines Schadensersatzanspruchs durch den Geschäftsführer des Vermieters, Hbg WoM **90**, 542, überhaupt wegen einer mit der Miete zusammenhängenden Schadensersatzforderung, Düss WoM **73**, 225.
S auch Rn 4 „Dritter".

**Sozialklausel:** § 29 a erfaßt den Streit über eine Fortsetzung des Mietverhältnisses auf Grund der Sozialklausel der §§ 556 a–b BGB, LG Mannh ZMR **77**, 31.

10 **Student:** Da § 29 a unanwendbar ist, wenn es um eine nur vorübergehende Vermietung geht, II, so schon Hbg WoM **90**, 393, kommt es für eine geplante Dauer des Verbleibs an diesem Ort an (nicht auf eine dann tatsächlich im Verlauf eingetretene Dauer, soweit nicht insofern eine Vertragsänderung eingetreten ist). Ein Zimmer im Studentenwohnheim für mehr als ein Semester macht § 29 a anwendbar, Hamm ZMR **86**, 235.

**Teilzeit-Wohnrecht:** Ein Recht nach dem Teilzeitwohnrechtegesetz v 20. 12. 96, BGBl 2154, mag zwar viele Ähnlichkeiten mit dem Miet- oder Pachtrecht haben, ist aber gesetzlich doch weitgehend anders bestimmt und unterfällt daher nicht dem § 29 a.

**Untermiete:** Rn 5 „Haupt-, Untermietvertrag".

**Unterpacht:** Es gilt dasselbe wie bei einer Untermiete, s dort.

**Verschulden bei Vertragsverhandlung:** Die Situation fällt nicht unter § 29 a (noch kein „Miet- oder Pachtverhältnis"), LG Frankenth RR **97**, 335.

11 **Verwendungsersatz:** § 29 a erfaßt die Mieterklage auf einen Verwendungsersatz, Düss ZMR **85**, 383.

**Vollmachtloser Vertreter:** Eine Klage gegen ihn ist nicht nach § 29 a zu beurteilen. Denn zu ihrer Begründung gehört die Behauptung, es sei gerade nicht ein Mietverhältnis zustandegekommen.

**Vorkaufsrecht:** Das Recht nach § 2 b WoBindG, die daraus resultierende Mitteilungspflicht des Vermieters über die Absicht eines Drittverkaufs usw machen § 29 a anwendbar, BayObLG WoM **92**, 352.

**Vorübergehender Gebrauch:** § 29 a ist gemäß II auf solchen Wohnraum **un**anwendbar, der nur zu einem vorübergehenden Gebrauch vermietet wird, so schon Hbg WoM **90**, 393.
S auch Rn 4 „Ferienwohnung", Rn 5 „Hotelzimmer", Rn 9 „Möblierter Raum", Rn 10 „Student".

12 **Werkdienstwohnung:** Rn 4 „Arbeitsverhältnis", Rn 6 „Mischmiete".

**Werkmietwohnung:** Rn 4 „Arbeitsverhältnis", Rn 6 „Mischmiete".

**Wohnungsausstattung:** § 29 a erfaßt die Klage auf die Zahlung eines Vorschusses für die Wohnungsausstattung, Düss ZMR **85**, 383 mwN.

**Zwangsvollstreckung:** Wegen des weiten Schutzzwecks, Rn 1, ist § 29 a anwendbar auf eine Klage auf die Unterlassung der Vollstreckung, Ffm WoM **89**, 585.

**Zwischenvermieter:** Rn 5 „Gewerbeunternehmen", „Haupt-, Untermietvertrag".

13 **5) Ausschließlicher Gerichtsstand, I.** Dasjenige Gericht, in dessen Bezirk sich der Raum befindet, ist gemäß I örtlich ausschließlich zuständig, Üb 14 vor § 12. Denn dieses Gericht hat die besten Möglichkeiten,

in die örtliche Verhältnisse Einblick zu nehmen, Rn 2, BGH **89**, 275, LG Frankenth RR **97**, 334, LG Köln RR **89**, 404 mwN. Aus diesem Grund ist eine Zuständigkeitsvereinbarung unzulässig, Ffm MDR **79**, 851, LG Mü ZMR **87**, 271, und eine Verweisung unter Umständen unbeachtlich, LG Mü ZMR **87**, 271. Die ausschließliche Zuständigkeit soll auch verhindern, daß der sozial unter Umständen schwächere Mieter an einem entfernten Gericht klagen muß. § 1025 a hat einen ähnlichen Schutzzweck. Wenn es sich um einen ausländischen Raum handelt, sind die §§ 12 ff anwendbar, Düss ZMR **90**, 144. Man muß den Rechtsstreit unter Umständen an das Gericht des § 29 a zurückverweisen, und zwar auch bei einem Rechtsstreit um einen inländischen Raum, vgl § 696 V 1. § 530 geht dem § 29 a vor, LG Mannh ZMR **77**, 31. Wegen des EuGVÜ SchlAnh V C 1, besonders des vorrangigen Art 16 Z 1, EuGH NJW **85**, 905, Düss ZMR **90**, 144, AG Offenbach NJW **82**, 2735, Trenk-Hinterberger ZMR **78**, 165.

**6) Ausschließliche sachliche Zuständigkeit des AG, I, II.** Bei Wohnraum und nur bei diesem gibt  14
§ 23 Z 2 a GVG dem AG (der Belegenheit, Rn 13–15) die ausschließliche sachliche Zuständigk. Bei Streitigkeiten über Miet- oder andere Verträge oder gesetzliche Ansprüche wegen anderer als Wohnräume gilt § 23 Z 2 a GVG demgegenüber nicht mehr.

**29b** *Wohnungseigentum: Klagen Dritter.* **Für Klagen Dritter, die sich gegen Mitglieder oder frühere Mitglieder einer Wohnungseigentümergemeinschaft richten und sich auf das gemeinschaftliche Eigentum, seine Verwaltung oder auf das Sondereigentum beziehen, ist das Gericht zuständig, in dessen Bezirk das Grundstück liegt.**

**1) Systematik, Regelungszweck.** Vgl zunächst § 20 Rn 1. Die Vorschrift schafft keine ausschließliche  1
Zuständigkeit, sondern neben §§ 12 ff einen besonderen Wahlgerichtsstand, ebenso Baumgärtel DNotZ **92**, 270. Sie soll durch Eröffnung der Zuständigkeit des Gerichts der Belegenheit der Vereinfachung und Straffung und damit der Prozeßwirtschaftlichkeit dienen, Grdz 14 vor § 128. Sie ist daher weit auszulegen, Steike NJW **92**, 2401.

**2) Geltungsbereich.** Vgl zunächst Üb 2 vor § 12. Erfaßt werden alle Klagen derjenigen „Dritter", die  2
nicht jetzige oder frühere Mitglieder einer Wohnungseigentümergemeinschaft sind; das ergibt sich bereits aus dem klaren Wortlaut, MüKoPa 2, Steike NJW **92**, 2401, ThP 2, aM Baumgärtel DNotZ **92**, 270, ZöV 4 (bei einer verneinenden Feststellungsklage könne auch der frühere Wohnungseigentümer als Kläger auftreten). *Beispiele eines Dritten:* Der Mieter, Zwischenvermieter, Untermieter, Handwerker, ein Versorgungsunternehmen, evtl auch der Verwalter (Fallfrage), Steike NJW **92**, 2401, aM LG Karlsr NJW **96**, 1481. Es kommen nur solche Klagen in Betracht, die sich auf das gemeinschaftliche Eigentum, § 1 V WEG, seine Verwaltung, § 20 ff WEG, oder auf das Sondereigentum, § 5 WEG, beziehen.

**3) Gerichtsstand der Belegenheit.** Zuständig ist dasjenige Gericht, in dessen Bezirk das Grundstück  3
liegt, unabhängig vom Ort, an dem das Grundbuch geführt wird. Der Ort der Störung ist unerheblich. Wenn ein Grundstück in mehreren Bezirken liegt, dann muß man § 36 Z 4 anwenden.

**30** *Besonderer Gerichtsstand des Meß- und Marktorts.* (aufgehoben)

**31** *Besonderer Gerichtsstand der Vermögensverwaltung.* **Für Klagen, die aus einer Vermögensverwaltung von dem Geschäftsherrn gegen den Verwalter oder von dem Verwalter gegen den Geschäftsherrn erhoben werden, ist das Gericht des Ortes zuständig, wo die Verwaltung geführt ist.**

**1) Systematik, Regelungszweck.** Vgl zunächst § 20 Rn 1. Der besondere Wahlgerichtsstand der  1
Vermögensverwaltung ist nur für einen Anspruch des Geschäftsherrn gegen den Vermögensverwalter oder umgekehrt zulässig, nicht für einen Dritten. Er dient der Sachnähe und damit der Prozeßwirtschaftlichkeit, Grdz 14 vor § 128.

**2) Geltungsbereich.** Vgl zunächst Üb 2 vor § 12. § 31 erfaßt zB: Den Anspruch auf eine Rechnungsle-  2
gung; den Anspruch auf eine Herausgabe; den Anspruch auf eine Entlastung. Die Vorschrift setzt einen Kreis von Geschäften voraus, etwa die Geschäfte des Generalagenten einer Versicherungsgesellschaft. Ein einfaches Geschäft, zB dasjenige eines gewöhnlichen Agenten, reicht nicht aus. Die Verwaltung kann auf folgenden Grundlagen beruhen: Auf einem Vertrag, auf einer gesetzlichen Vorschrift, etwa beim Vormund; auf einer letztwilligen Verfügung, etwa beim Vorerben; auf einer auftragslosen Tätigkeit. Hierher zählt auch eine Verwaltung von Wohnungseigentum, BAG NJW **74**, 1016.

**3) Zuständigkeit.** Es ist das Gericht desjenigen Orts zuständig, an dem die Verwaltung geführt worden  3
ist oder geführt wird. Ihr geschäftlicher Mittelpunkt, der Sitz, entscheidet ohne eine Rücksicht darauf, wo das Vermögen liegt oder wo die Aufsicht geführt wird.

**32** *Besonderer Gerichtsstand des Tatorts.* **Für Klagen aus unerlaubten Handlungen ist das Gericht zuständig, in dessen Bezirk die Handlung begangen ist.**

**Schrifttum:** *Lindacher,* Der Gerichtsstand der Wettbewerbshandlung nach autonomem deutschen IZPR, in: Festschrift für *Nakamura* (1996); *Schwab,* Streitgegenstand und Zuständigkeitsentscheidung, Festschrift für *Rammos* (Athen 1979) 845; *Schwarz,* Der Gerichtsstand der unerlaubten Handlung nach deutschem und europäischem Zivilprozeßrecht, 1991; *Vollkommer,* Umfassende Entscheidung über den prozessualen Anspruch im Gerichtsstand der unerlaubten Handlung auch unter dem Gesichtspunkt des positiven Vertragsverletzung und des Verschuldens bei Vertragsverhandlungen?, in: Festschrift für *Deutsch* (1999).

# § 32   1. Buch. 1. Abschnitt. Gerichte

**Gliederung**

| | |
|---|---|
| 1) Systematik .................................... | 1–4 |
| 2) Regelungszweck ........................... | 5 |
| 3) Sachlicher Geltungsbereich ........... | 6–15 |
|    A. Begriff der unerlaubten Handlung ...... | 6 |
|    B. Beispiele zur Frage einer unerlaubten Handlung | 7–15 |
| 4) Persönlicher Geltungsbereich .......... | 16 |
| 5) Begehungsort .................................. | 17–23 |
|    A. Grundsatz: Verwirklichung eines Tatbestandsmerkmals ........................ | 17, 18 |
|    B. Fehlen eines Tatorts ..................... | 19, 20 |
|    C. Einzelfragen ................................ | 21, 22 |
|    D. Unerheblichkeit des Orts der Schadensfolgen usw. ........................... | 23 |

**1**  **1) Systematik.** Vgl zunächst § 20 Rn 1. § 32 gibt den besonderen Wahlgerichtsstand des Tatorts der unerlaubten Handlung, das forum delicti commissi. Es handelt sich nicht um einen ausschließlichen Gerichtsstand, Üb 14 vor § 12, BayObLG VersR **78**, 1011. Man muß nach den Umständen des einzelnen Falls ermitteln, ob ein Gerichtsstand, der für den Fall einer Vertragsverletzung vereinbart worden ist, auch für den Fall einer unerlaubten Handlung gilt, soweit eine solche Auslegung überhaupt zulässig ist, vgl § 40 Rn 1, Stgt BB **74**, 1270.

**2**  Wenn der unmittelbar verletzte Kläger seinen Anspruch sowohl auf den Gesichtspunkt einer unerlaubten Handlung als auch auf denjenigen eines *unlauteren Wettbewerbs* stützt, gilt § 32 wahlweise neben § 24 UWG, BGH **LM** § 249 (D) BGB Nr 14, Mü GRUR **75**, 151, ThP 7, aM Sack NJW **75**, 1308 (§ 24 UWG).

**3**  Wenn die Klagen behaupteten Tatsachen allenfalls einen Verstoß gegen das UWG ergeben, ist formell lediglich *§ 24 II 1 UWG anwendbar*, Köln NJW **70**, 477, ähnlich Mü BB **86**, 425. Seit 1. 8. 94 ist durch § 24 II UWG die Gerichtsstandswahl (nur) für einen nicht unmittelbar verletzten Kläger erschwert bzw beseitigt, Düss NJW **95**, 60, Hbg RR **95**, 1449. Das gilt für die zur Klage nach § 13 II Z 2–4 UWG befugten Verbände usw, Düss NJW **95**, 60.

**4**  Vgl ferner Üb 5 vor § 12 (wegen der *internationalen* Zuständigkeit), dazu BGH ZZP **112**, 100 (krit Vollkommer), Hamm RR **86**, 1047, Mü GRUR **90**, 677, Würthwein ZZP **106**, 51 (ausf). Art 6, 7 des Internationalen Übk zur Vereinheitlichung von Regeln über den Arrest in Seeschiffe, vgl Grdz 1 vor § 916, enthalten keine Abweichung, BGH VersR **85**, 335. Zur kollisionsrechtlichen Problematik (Gleichlauf vertraglicher Haftung und solcher aus unerlaubter Handlung, Rechtswahl) Mansel ZVglRWiss **87**, 19.

§ 32 ist auch dann anwendbar, wenn ein *Wirtschaftsverband* wegen einer angeblich unzulässigen Zugabe, § 2 ZugabeVO, eine Unterlassungsklage erhebt. Denn die ZugabeVO enthält keine dem § 24 UWG entsprechende Vorschrift. Zum Verhältnis zwischen § 32 und § 24 UWG nach dem G vom 25. 7. 94 KG BB **94**, 2231. Die Ausführungsvorschriften der Länder zum *BJagdG* enthalten Sondervorschriften für die Fälle von Wildschäden oder Jagdschäden, vgl § 23 GVG Rn 11. Vgl ferner § 14 HaftpflG idF v 4. 1. 78, BGBl 145. Wegen des *EuGVÜ* SchlAnh V C 1, besonders Art 5 Z 3, 4; wegen des *LugÜbk* Köln VersR **98**, 1306.

**5**  **2) Regelungszweck.** Die Vorschrift dient als Ausnahme vom Wohnsitzprinzip der §§ 12 ff der Sachnähe, Hamm NJW **87**, 138, und damit der Prozeßwirtschaftlichkeit, Grdz 14 vor § 128.

**6**  **3) Sachlicher Geltungsbereich.** Vgl zunächst Üb 2 vor § 12.

**A. Begriff der unerlaubten Handlung.** Es ist nach dem Recht des Tatorts, KG NJW **97**, 3321, zB nach §§ 823 ff BGB zu prüfen, ob sie vorliegt. Dabei ist eine weite Auslegung geboten, Baumgärtel/Laumen JA **81**, 215. § 32 gilt sowohl im Fall einer Straftat als auch dann, wenn eine bürgerlichrechtliche Haftung in Betracht kommt. Dann kommt es nicht darauf an, ob die Haftung von Verschulden abhängig ist oder nicht, oder es eine Haftung nach dem BGB oder nach einer ähnlichen gesetzlichen Vorschrift ist.

**7**  **B. Beispiele zur Frage einer unerlaubten Handlung**
**Amtshaftung:** § 32 ist auf jede Art von Amts- bzw Staatshaftung anwendbar, zB nach § 839 BGB.
  S aber auch „Aufopferungsanspruch".
**Anfechtungsklage:** § 32 ist anwendbar auf eine Anfechtungsklage innerhalb wie außerhalb des Insolvenzverfahrens, aM insofern Karlsr MDR **79**, 681.
**Arbeitsgericht:** Rn 11 „Rechtsweg".
**Aufopferungsanspruch:** § 32 ist unanwendbar, soweit es sich um einen solchen Anspruch handelt.
**Bereicherung:** § 32 ist anwendbar auf eine Klage mit dem Ziel der Herausgabe einer ungerechtfertigten Bereicherung, Kühnen GRUR **97**, 21 mwN, soweit dieser Anspruch an die Stelle eines Schadensersatzanspruchs getreten ist, etwa im Fall des § 852 II BGB.
**Besitz:** § 32 ist anwendbar auf eine Klage nach §§ 858 ff BGB, Baumgärtel/Laumen JA **81**, 215.
  S aber auch Rn 8 „Dinglicher Anspruch".
**8  Dinglicher Anspruch:** § 32 ist unanwendbar auf einen gewöhnlichen dinglichen Anspruch, etwa denjenigen aus dem Eigentum bei einem fehlerhaften Besitz.
**Firmenrecht:** § 32 ist anwendbar, KG NJW **97**, 3321.
**9  Gefährdungshaftung:** § 32 ist auf jede Art von Gefährdungshaftung anwendbar, Baumgärtel/Laumen JA **81**, 215, zB auf eine solche nach § 7 ff StVG.
**Gewerblicher Rechtsschutz:** § 32 ist anwendbar auf eine Schadensersatzforderung wegen der Verletzung eines gewerblichen Schutzrechts oder wegen eines unlauteren Wettbewerbs oder wegen eines Verstoßes im Sinn von § 35 GWB, BGH NJW **80**, 1225 (abl Schlosser), Stgt BB **79**, 391, Winkler BB **79**, 402 je mwN, oder wegen einer Klage gegen ein pharmazeutisches Unternehmen auch §§ 84, 94 a AMG, BGH **90**, 2316. Vgl aber auch Rn 22.
**Internet:** dazu *Bachmann* IPRax **98**, 179, *Hoeren/Sieber/Pichler*, Handbuch Multimedia-Recht (1999), Abschn 31 (je: Üb): § 32 ist anwendbar, KG NJW **97**, 3321. Ausreichend ist jeder Ort, an dem das Angebot Dritten nicht bloß zufällig zur Kenntnis kommen kann, KG NJW **97**, 3321, oder kommt, LG Düss RR **98**, 979. Die internationale Zuständigkeit folgt dem Presserecht, Bachmann IPRax **98**, 187; vgl Rn 22. Zum Internet Cornils JZ **99**, 394 (Strafrecht: Begehungsort bei Einspeisung von Deutschland aus

## 2. Titel. Gerichtsstand § 32

hier, bei Ablage vom Ausland aus auf einem in Deutschland installierten Server: Begehungsort hier, bei Speicherung vom Ausland aus auf ausländischem Server: Begehungsort Ausland).
**Juristische Person:** § 32 ist auf eine Haftung ihres Organs anwendbar, zB nach §§ 31, 89 BGB. **10**
**Namensrecht:** § 32 ist anwendbar, KG NJW **97**, 3321.
**Patentrecht:** § 32 ist unanwendbar auf einen Anspruch nach §§ 24 V, 33 PatG, Kühnen GRUR **97**, 21.
**Persönlichkeitsrecht:** § 32 ist anwendbar auf eine Verletzung des Persönlichkeitsrechts, BGH LM Nr 9. **11**
   S auch Rn 13 „Urheberrecht".
**Rechtsweg:** § 32 schafft keine rechtswegüberschreitende Zuständigkeit, Ffm RR **95**, 319.
**Sachzusammenhang:** Rn 14. **12**
**Schiffsunfall:** § 32 ist auf die Haftung auf Grund eines Schiffszusammenstoßes nach §§ 735–739 HGB, 92 BinnenSchiffG anwendbar.
**Tierhalterhaftung:** § 32 ist auf eine Tierhalterhaftung nach §§ 833, 834 BGB anwendbar.
**Unterlassungsklage:** § 32 ist anwendbar, KG NJW **97**, 3321.
**Urheberrecht:** § 32 ist anwendbar auf eine Klage wegen einer Verletzung des Urheberrechts, BGH GRUR **13** 80, 230, Mü GRUR **90**, 677.
   S auch Rn 11 „Persönlichkeitsrecht", Rn 15 „Verwertungsgesellschaft".
**Verein:** Rn 10 „Juristische Person".
**Verrichtungsgehilfe:** § 32 ist auf eine Haftung für ihn nach § 831 BGB anwendbar.
**Versicherungsfragen:** § 32 ist anwendbar auf den *Direktanspruch* des Geschädigten nach § 3 Z I PflVG, BGH NJW **83**, 1799; auf die *Rückgriffsklage* des Haftpflichtversicherers gegenüber dem Versicherten.
**Vertragsanspruch, Verschulden bei Vertragsschluß usw.** dazu *Vollkommer* (vor Rn 1): Es gibt, trotz § 17 **14** II GVG, keinen allgemeinen Gerichtsstand des Sachzusammenhangs, BGH **132**, 105, Peglau JA **99**, 142, offen BGH ZZP **112**, 100 (krit Vollkommer, aM BayObLG MDR **95**, 1261, Hbg MDR **97**, 884, Köln RR **99**, 1081 (aber bloße angebliche Zweckmäßigkeit rechtfertigt keine Sprengung des kasuistischen Gesetzessystems).
   a) **Nur Vertrag usw:** Stützt der Kläger den Anspruch nur auf Vertrag und ergeben sich auch aus der Sicht des Gerichts nur vertragliche Anspruchsgründe, dann ist § 32 unanwendbar. Das gilt auch, soweit es um ein Verschulden bei den Vertragsverhandlungen geht.
   b) **Nur unerlaubte Handlung:** Stützt der Kläger den Anspruch nur auf unerlaubte Handlung, so ist zunächst zu prüfen, welche rechtliche Einordnung sich aus der Sicht des Gerichts ergibt. Kommt dieses zu rein vertraglichen Ansprüchen, so ist wie bei a) zu verfahren, LG Kassel MDR **95**, 205, dabei allerdings eine etwaige Gerichtsstandsvereinbarung zu beachten, Rn 1 ff. Wegen § 24 UWG Rn 2, 3.
   c) **Sowohl Vertrag usw als auch unerlaubte Handlung:** Stützt der Kläger den Anspruch sowohl auf Vertrag bzw auf ein Verschulden beim Vertragsschluß als auch auf unerlaubte Handlung, so ist wiederum zunächst zu prüfen, welche rechtliche Einordnung sich aus der Sicht des Gericht ergibt, a), b).
      Beurteilt das Gericht den Sachverhalt lediglich als unerlaubte Handlung, so ist § 32 anwendbar, BGH **132**, 105. *Andernfalls* unterliegen die vertraglichen Klagegründe usw der Zuständigkeit nach § 32 *nicht*, auch wenn das Gericht für beide Ansprüche zuständig wäre (auch keine Verweisung, § 301 Rn 24 „Rechtliche Grundlagen"), BGH **132**, 105, Ffm MDR **82**, 1023, Lerch DRiZ **86**, 17, aM BGH (12. ZS) NJW **96**, 1413 (warum keine Vorlage?), Hbg MDR **97**, 884, Schneider MDR **98**, 72, ZöV § 12 Rn 21 (sie stellen auf den Sachzusammenhang ab).
**Verwertungsgesellschaft:** § 32 ist unanwendbar auf den Anspruch einer Verwertungsgesellschaft wegen **15** der Verletzung eines von ihr wahrgenommenen Nutzungs- oder Einwilligungsrechts. Denn dann besteht ein ausschließlicher Gerichtsstand nach § 17 WahrnehmungsG v. 9. 9. 65, BGBl 1294. Das gilt auch dann, wenn der Verletzer keine Einwilligung der Verwertungsgesellschaft eingeholt hat, BGH **52**, 108.
   S auch Rn 13 „Urheberrecht".
**Zwangsvollstreckung:** § 32 ist anwendbar auf eine Schadensersatzklage auf Grund einer unberechtigten Zwangsvollstreckung nach § 717 II (nicht III), auf eine Feststellungsklage nach § 850 f II, dort Rn 8, oder auf eine Schadensersatzklage nach § 945.
**4) Persönlicher Geltungsbereich.** § 32 gilt für: Den Täter; den Teilnehmer; den Anstifter; den **16** Gehilfen; einen Mittäter; einen haftenden Dritten, etwa den Komplementär einer Kommanditgesellschaft, BayObLG Rpfleger **80**, 156; einen Rechtsnachfolger; einen Vermögensübernehmer nach § 419 BGB. Es ist unerheblich, wer klagt oder verklagt wird, BGH NJW **90**, 1533 und 2316. Die Vorschrift ist auch im Fall einer Rückgriffsklage wegen einer unerlaubten Handlung anwendbar, zB bei einer Klage des Fiskus gegen einen Beamten oder im Fall einer Gefährdungshaftung des Kraftfahrzeughaftpflichtversicherers für seine Klage gegenüber dem Versicherten, § 158 f VVG, oder überhaupt bei einer Klage aus abgetretenem oder übergegangenem Recht, BGH NJW **90**, 1533. Die Vorschrift gilt auch gegenüber einem Ausländer, BGH LM Nr 9.
**5) Begehungsort.** § 32 überläßt die Begriffsklärung der Lehre und Rechtsprechung. **17**
   **A. Grundsatz: Verwirklichung eines Tatbestandsmerkmals.** Zuständig ist dasjenige Gericht, in dessen Bezirk die unerlaubte Handlung begangen worden ist, BGH **132**, 105, nur insofern richtig Düss RR **88**, 940. Es genügt, daß irgendein Tatbestandsmerkmal verwirklicht wurde, BGH **124**, 245 mwN (er spricht allerdings von einem „wesentlichen" Tatbestandsmerkmal, aber was wäre wesentlich?), Hamm RR **86**, 1047, Mü GRUR **90**, 677, Schlesw RR **92**, 240 (unnötig auf eine „Vollstreckungs"-Handlung abstellend). Eine bloße Vorbereitungshandlung reicht grundsätzlich nicht aus. Unter Umständen sind also mehrere Tatorte vorhanden. Indessen kann die Werbung am Ort zum Gerichtsstand auch wegen der Durchführung der beworbenen Maßnahme führen, LG Hbg RR **93**, 173.
   Bei einer *Pressestraftat* kommt jeder Ort in Betracht, an dem das Exemplar normalerweise verbreitet wird, **18** Düss RR **88**, 232 (zu § 24 II UWG), Ffm RR **89**, 491, Mü GRUR **84**, 831 (§ 7 II StPO ist in diesem Fall unanwendbar, aM Karlsr GRUR **85**, 557 (eine tatsächliche Verbreitung genüge nicht; vielmehr komme es darauf an, ob zur regelmäßigen Verbreitung im Gerichtsbezirk eine Eignung zur Beeinflussung des dortigen

## §§ 32, 32a  1. Buch. 1. Abschnitt. Gerichte

Wettbewerbs zu Gunsten des Werbenden unter einer Berücksichtigung der Attraktivität des Angebots, der Entfernung und der Zahl der regelmäßigen Bezieher hinzutrete und ob man außerdem die Verbreitung und die wettbewerbliche Wirkung im Gerichtsbezirk vorhersehen könne. Damit überspannt das OLG indes die Anforderungen, so richtig auch Mü GRUR **84**, 831; man kann im übrigen schon aus der tatsächlichen Verbreitung jedenfalls bei einem nicht ganz untergeordneten Absatz nach den Regeln des Anscheinsbeweises genug für die von ihm weiter genannten Faktoren unterstellen).

Wenn es um einen *Brief* geht, ist sowohl der Absendungsort als auch der Ankunftsort Tatort. Bei einem Wettbewerbsverstoß steht einer Anwendung des § 32 die ausschließliche Zuständigkeit des § 24 UWG dann nicht entgegen, wenn die Klage auch auf einen Verstoß gegen die §§ 823 ff BGB gestützt ist, Köln MDR **73**, 143. Bei einem Verstoß gegen eine Preisbindung besteht ein Gerichtsstand auch am Sitz des preisbindenden Unternehmens. Denn der Verstoß stellt einen Eingriff in den eingerichteten und ausgeübten Gewerbebetrieb dieses Unternehmens dar.

**19** **B. Fehlen eines Tatorts.** Ein Tatort fehlt, wenn der Erfolg einer Verletzungshandlung bereits an einem anderen Ort vollendet wurde und wenn die Auswirkung auf den Betrieb des Geschädigten nur eine weitere Schadensfolge ist, BGH NJW **80**, 1225, Köln RR **87**, 942 (betr § 826 BGB/Vollstreckungsbescheid), RoSGo § 36 II 8, StJSchu 16, aM Kblz RR **89**, 1013 mwN (betr § 826 BGB/Vollstreckungsbescheid).

**20** Etwas ähnliches gilt bei einem *Wettbewerbsverstoß* eines Inländers im Ausland und im umgekehrten Fall. Wegen eines Verstoßes anläßlich eines Transitverkehrs und wegen eines Verstoßes gegen ein ausländisches Markenrecht eines inländischen Unternehmens BGH **LM** § 12 BGB Nr 18 e. In einem solchen Fall kann der Kläger wählen; § 36 Z 2 ist wegen einer tatsächlichen Ungewißheit unanwendbar.

**21** **C. Einzelfragen.** Wenn die vom Kläger vorgetragenen Tatsachen bei ihrer rechtlichen Beurteilung ergeben, daß eine unerlaubte Handlung vorliegen kann, BGH **132**, 105, dann ist es für den Gerichtsstand des § 32 unerheblich, ob der Kläger mit seiner Klage auch im Ergebnis Erfolg haben kann, Köln VersR **98**, 1306, aM offenbar Mü RR **94**, 190 (aber § 32 spricht überhaupt nicht von einem „Erfolgsort"). Im Fall einer Unterlassungsklage kommt es darauf an, wo der Bekl hätte handeln müssen. Wenn es um ein lizenziertes Werk geht, ist ein Gerichtsstand daher auch an demjenigen Ort begründet, an dem der Bekl die Lizenz hätte einholen müssen, Bötticher bei Schulze, Recht und Unrecht, 225 (GEMA), aM BGH **52**, 108 (er hält einen solchen Fall nicht für ein Unterlassungsdelikt). Das im Gerichtsstand des § 32 angerufene Gericht darf und muß als Vorfrage auch darüber entscheiden, ob eine Verletzungshandlung auf Grund vertraglicher Vereinbarung rechtmäßig ist, BGH GRUR **88**, 483.

**22** Wenn es sich um einen Verstoß gegen das *MarkenG* und gegen das *UWG* handelt, dann ist der Gerichtsstand nicht von § 24 UWG abhängig, § 141 MarkenG, und ist der Gerichtsstand des § 32 auch an demjenigen Ort gegeben, an dem die bloße Gefahr oder die Wiederholungsgefahr einer solchen Verletzung droht, KG NJW **97**, 3321. Denn dort sind die Voraussetzungen für eine vorbeugende Unterlassungsklage erfüllt, Hbg GRUR **87**, 403, Hamm RR **87**, 1337. Das gilt auch im Fall der Unterlassung der Zwangsvollstreckung und Herausgabe des Titels, Hamm RR **87**, 1337.

**23** **D. Unerheblichkeit des Orts der Schadensfolgen usw.** An demjenigen Ort, an dem lediglich Schadensfolgen eingetreten sind, ist kein Gerichtsstand nach § 32 gegeben, Ffm DB **86**, 1223 (Boykottaufruf), Hamm RR **86**, 1047. Es reicht auch nicht schon aus, daß der Betroffene an dem fraglichen Ort wohnt oder seinen Sitz hat, Hamm RR **86**, 1047, Mü RR **93**, 703 (je betr das internationale Recht). Wenn mehrere Personen haften, muß man den Gerichtsstand für jeden selbständig bestimmen. Wegen der Beweislast vgl Üb 19 vor § 12. Im Fall einer leugnenden Feststellungsklage ist dasjenige Gericht zuständig, das für die Leistungsklage des Bekl gegen den Kläger zuständig wäre, Köln GRUR **78**, 658 mwN.

## 32a

**Besonderer Gerichtsstand bei Umwelthaftung.** ¹Für Klagen gegen den Inhaber einer im Anhang 1 des Umwelthaftungsgesetzes genannten Anlage, mit denen der Ersatz eines durch eine Umwelteinwirkung verursachten Schadens geltend gemacht wird, ist das Gericht ausschließlich zuständig, in dessen Bezirk die Umwelteinwirkung von der Anlage ausgegangen ist. ²Dies gilt nicht, wenn die Anlage im Ausland belegen ist.

**1** 1) Systematik, Regelungszweck, S 1, 2. Vgl zunächst § 20 Rn 1. Die von Pfeiffer ZZP **106**, 179 (ausf) reichlich pointiert als „Störfall" bezeichnete Vorschrift bringt einen zwingenden (ausschließlichen) besonderen Gerichtsstand zwecks Sachnähe des Gerichts, soweit die umstrittene Anklage im Inland liegt, S 1. Andernfalls bleibt es bei den sonstigen Gerichtsständen, S 2.

**2** 2) Geltungsbereich, S 1, 2. Vgl Üb 2 vor § 12. Die Vorschrift ist nur auf die Klage gegen den Inhaber einer im Anhang 1 des UmweltHG genannten Anlage anwendbar, S 1, es sei denn, daß sie im Ausland liegt, S 2. Der Auslandsbegriff ist bei § 917 II, dort Rn 10, in Bewegung geraten; die dortige Problematik ist entsprechend zu beurteilen. Der Kreis der Anlagen ist in diesem amtlichen Anhang anschließend und eng auslegbar umrissen. Der Anhang 1 des UmweltHG ist umfangreich; vom Mitabdruck mußte daher hier abgesehen werden. Die derzeitige Fassung befindet sich hinter dem UmweltHG im BGBl **90**, 2639). Der Begriff des Inhabers der Anlage ist im UmweltHG nicht bestimmt. Natürlich kann und wird oft eine juristische Person des privaten oder öffentlichen Rechts Inhaber sein. Es kommt auf die rechtliche Inhaberschaft an; die wirtschaftliche Beherrschung ist nicht entscheidend, denn das UmweltHG macht den Inhaber und nicht den Betreiber zivilrechtlich haftbar; der Betreiber kann allerdings strafrechtlich haften, § 22 UmweltHG, oder ordnungswidrig handeln, § 23 UmweltHG. Gerade aus diesen letzteren andersartigen Haftungsarten wird aber deutlich, daß eben zivilrechtlich die Inhaberschaft entscheidet, § 1 UmweltHG.

**3** Es muß außerdem gerade um einen Anspruch auf Ersatz „eines durch eine *Umwelteinwirkung* verursachten Schadens" gehen. Auch dieser Begriff ist nicht gesetzlich bestimmt, läßt sich aber indirekt durch § 3 I UmweltHG mitbestimmen. Dort ist festgelegt, wann durch eine Umwelteinwirkung ein Schaden entsteht. Die Verursachung wird in § 6 I UmweltHG vermutet und ist nach § 6 II–IV sowie nach § 7 UmweltHG unter den dortigen Voraussetzungen nicht zu vermuten. Wegen der Beweislast Anh nach § 286 Rn 195 „Umwelthaftung".

**3) Ausschließliche Zuständigkeit, S 1.** Unter den Voraussetzungen Rn 1 tritt eine ausschließliche **4** Zuständigkeit kraft Gesetzes ein. Gerichtsstandsvereinbarungen sind daher auch dann unwirksam, wenn sie an sich nach § 38 zustandegekommen sind, § 40 II 1 Hs 2. Daher nützt auch kein sonst nach § 39 ausreichendes rügeloses Verhandeln, § 40 II 2.

**4) Gerichtsstand des Ausgangs der Umwelteinwirkung, S 1.** Ausschließlich zuständig, Rn 4, ist **5** dasjenige Gericht, „in dessen Bezirk die Umwelteinwirkung von der Anlage ausgegangen ist". Die sachliche Zuständigkeit ist wie sonst zu bestimmen. Anlage sind (nur) ortsfeste Einrichtungen wie Betriebsstätten und Lager, § 3 II UmweltHG. Ob die Umwelteinwirkung zumindest auch gerade von dieser Anlage ausgegangen ist, läßt sich nur unter Berücksichtigung aller Umstände des Einzelfalls feststellen. Der Begriff der Verursachung, Rn 2, mit den nur zu ihm vorhandenen gesetzlichen Vermutungsregeln gibt nur einen, wenn auch meist ausschlaggebenden, Anhalt dafür, ob die Einwirkung auch von einer bestimmten Anlage ausging. Für oder gegen das letztere kann auch ein AnschBew gelten.

Soweit *mehrere* in verschiedenen Gerichtsbezirken liegende Anlagen als Ausgangspunkte einer oder meh- **6** rere Einwirkungen in Betracht kommen, können mehrere Gerichte örtlich nach § 32 a zuständig sein, sodaß trotz der Ausschließlichkeit dieses Gerichtsstandes im Ergebnis doch § 35 anwendbar ist, dort Rn 1. Notfalls ist die Zuständigkeit nach §§ 36, 37 zu bestimmen.

## 33 *Besonderer Gerichtsstand der Widerklage.* [I] Bei dem Gericht der Klage kann eine Widerklage erhoben werden, wenn der Gegenanspruch mit dem in der Klage geltend gemachten Anspruch oder mit den gegen ihn vorgebrachten Verteidigungsmitteln in Zusammenhang steht.

[II] Dies gilt nicht, wenn für eine Klage wegen des Gegenanspruchs die Vereinbarung der Zuständigkeit des Gerichts nach § 40 Abs. 2 unzulässig ist.

**Schrifttum:** *Eickhoff,* Inländische Gerichtsbarkeit und internationale Zuständigkeit für Aufrechnung und Widerklage usw., 1985; *Rimmelspacher,* Zur Bedeutung des § 33 ZPO, Festschrift für *Lüke* (1997) 655; *Schwab,* Zum Sachzusammenhang bei Rechtsweg- und Zuständigkeitsentscheidung, in: Festschrift für *Zeuner* (1994). S auch Anh nach § 253.

### Gliederung

| | | | |
|---|---|---|---|
| 1) Systematik, I, II | 1, 2 | 5) Begriff des Zusammenhangs, I | 8 |
| 2) Regelungszweck, I, II | 3 | 6) Beispiele eines Zusammenhangs, I | 9 |
| 3) Geltungsbereich, I, II | 4 | 7) Beispiele des Fehlens eines Zusammenhangs, I | 10 |
| 4) Zulässigkeit beim Zusammentreffen dreier Voraussetzungen, I | 5–7 | 8) Rügelose Einlassung, I | 11 |
| A. Zusammenhang mit Klaganspruch | 5 | 9) Unzulässigkeit der Widerklage, II | 12 |
| B. Zusammenhang mit Verteidigungsmitteln | 6 | 10) *VwGO* | 13 |
| C. Fehlen ausschließlicher Zuständigkeit | 7 | | |

**1) Systematik, I, II.** Vgl zunächst § 20 Rn 1. Über den Begriff und das Recht der Widerklage vgl Anh **1** nach § 253. Die Vorschrift ordnet nur den besonderen Gerichtsstand der Widerklage, Jauernig § 46 II, StJSchu 6, ThP 1, ZöV 2, aM Rimmelspacher (vor Rn 1) 665 (auch Schutz des Klägers vor nicht mit dem Klaganspruch zusammenhängender Gegenforderung), BGH NJW 75, 1228, RoSGo § 98 II 2 c (§ 33 ordne auch die Voraussetzungen einer Widerklage).

Es folgt *nicht nur* aus *§ 33,* daß eine Widerklage zulässig ist. Es ergibt sich schon aus dem Begriff der **2** Widerklage, daß sie nur im Gerichtsstand der Klage möglich ist. § 33 gibt keinen besonderen Gerichtsstand für eine Widerklage gegen einen am Prozeß bisher nicht beteiligten Dritten (dazu Anh nach § 253 Rn 3). Es ist kein Zusammenhang zwischen der Klage und der Widerklage nötig; es genügt völlig, daß der Kläger den Widerkläger in irgendeinem Gerichtsstand belangt hat. Das Wort „Zusammenhang" in § 33 meint nur die örtliche Zuständigkeit. Wenn ein Zusammenhang in diesem Sinn fehlt, dann ist eine Widerklage zwar zulässig, aber sie ist bei einem örtlich unzuständigen Gericht erhoben worden. Man muß die Widerklage dann abtrennen und als eine selbständige Klage behandeln, § 145 II; diese Vorschrift ergibt ja von der Zulässigkeit einer solchen Widerklage aus, die ohne einen rechtlichen Zusammenhang erhoben worden ist. Ein Streithelfer hat nicht die Stellung einer Partei. Er ist also auch nicht zu einer Widerklage berechtigt, § 66 Rn 1.

Wenn der Widerkläger einen *Verweisungsantrag* stellt, dann muß das Gericht die Widerklage an das für die Widerklage zuständige Gericht verweisen. Wenn kein derartiger Antrag erfolgt, ist die Widerklage wegen der Unzuständigkeit des Gerichts durch ein Prozeßurteil abzuweisen, nicht etwa wegen einer sonstigen Unzulässigkeit. Wenn die Gegenmeinung richtig wäre, dann wäre die Regelung der Voraussetzungen des § 33 unverständlich. Außerdem betrifft II einmal unstreitig nicht die Zuständigkeit. Schließlich ergänzt die Gegenmeinung den Gesetzestext in I bei dem Wort „Widerklage" durch das Wort „nur". Das ist unzulässig. Eine Widerklage ist nicht schon deshalb unzulässig, weil sie nur zu dem Zweck erhoben wurde, einen revisionsfähigen Streitwert zu erreichen. Wegen des EuGVÜ vgl SchlAnh V C 1, besonders Art 6 Z 3. § 33 enthält keinen ausschließlichen Gerichtsstand kraft Gesetzes. §§ 38 ff haben Vorrang, BGH NJW **81**, 2644. Auch eine internationale Zuständigkeit kann sich aus § 33 ergeben, BGH MDR **85**, 911. Ist sie wirksam abbedungen, so ist die Widerklage im Gerichtsstand des § 33 unzulässig, BGH MDR **85**, 911.

## §§ 33, 34

**3**   2) **Regelungszweck, I, II.** Vgl zunächst § 20 Rn 1. § 33 soll zersplitterte Prozesse über zusammenhängende Fragen vermeiden helfen, BGH NJW **81**, 2643. Die Vorschrift dient also auch der Prozeßwirtschaftlichkeit, Grdz 14 vor § 128. Das ist bei der Auslegung mitzubeachten.

**4**   3) **Geltungsbereich, I, II.** Vgl Üb 2 vor § 12.

**5**   4) **Zulässigkeit beim Zusammentreffen dreier Voraussetzungen, I.** Man darf die Widerklage im nicht ausschließlichen Gerichtsstand der Klage unter folgenden Voraussetzungen erheben:
   **A. Zusammenhang mit Klaganspruch.** Es muß entweder ein Zusammenhang mit dem Klaganspruch bestehen, BGH MDR **83**, 554 mwN. Zum Begriff des Anspruchs Einl III 73. Eine Gerichtsstandsklausel des Inhalts, daß ein Gericht am Wohnsitz usw des Verkäufers allein zuständig sein soll, daß der Verkäufer aber auch am Wohnsitz usw des Käufers klagen kann, kann allerdings bewirken, daß der Gerichtsstand der Widerklage ausgeschlossen ist. Zum unbekannten Aufenthalt beim Scheidungsantrag Zweibr FamRZ **85**, 82.

**6**   **B. Zusammenhang mit Verteidigungsmitteln.** Oder: Der Widerklageanspruch muß mit einem gegen den Klaganspruch vorgebrachten Verteidigungsmittel in einem Zusammenhang stehen. Zum Begriff des Verteidigungsmittels Einl III 70. Das Verteidigungsmittel muß prozessual zulässig, braucht aber nicht sachlichrechtlich begründet zu sein.

**7**   **C. Fehlen ausschließlicher Zuständigkeit.** Für den Widerklageanspruch darf bei Rn 6, 7 keine vorrangige, weil ausschließliche andere Zuständigkeit bestehen, zB nach § 24, ZöV 4.

**8**   5) **Begriff des Zusammenhangs, I.** Mit diesem Wort ist in § 33 ein rechtlicher Zusammenhang gemeint, ebenso wie in den §§ 145, 147, 302. Ein rein tatsächlicher Zusammenhang genügt also nicht. Das bedeutet: Die Klage oder ein Verteidigungsmittel einerseits und die Widerklage müssen auf demselben Rechtsverhältnis beruhen oder sich auf Grund desselben Rechtsverhältnisses gegenseitig bedingen, BGH **LM** § 302 Nr 1, Düss RR **91**, 369. Ein unmittelbarer wirtschaftlicher Zusammenhang, vgl § 2 I Z 4a ArbGG, also ein Wurzeln in demselben wirtschaftlichen Verhältnis, enthält regelmäßig auch einen rechtlichen Zusammenhang, im Ergebnis ebenso Zweibr Rpfleger **77**, 142, LG Mü NJW **78**, 953. Das Verteidigungsmittel muß überhaupt in Betracht kommen. Es muß also prozessual und sachlichrechtlich zulässig sein. Es ist unerheblich, ob es auch unbegründet ist.

**9**   6) **Beispiele eines Zusammenhangs, I:** Es geht um eine Forderung und um eine *aufrechenbare* Gegenforderung; es handelt sich um eine Eigentumsklage und um eine Besitzwiderklage und umgekehrt, BGH **73**, 357, Hager KTS **89**, 521, StJSchu 13, ThP 6, ZöV 29, aM RoSGo § 98 II 2 c; es geht einerseits um den Kaufpreis, anderseits um Mängelbeseitigungsansprüche, BGH **52**, 34, oder um einen Schadensersatzanspruch wegen Nichterfüllung; es geht um den Anspruch auf die Übergabe der Ware oder einen Wandlungsanspruch oder auf Herausgabe einer ungerechtfertigten Bereicherung einerseits, den Anspruch auf die Zahlung des Kaufpreises anderseits; es handelt sich um eine Klage auf Grund einer Verletzung einer Marke und um eine Widerklage mit dem Ziel der Löschung des Zeichens; es handelt sich um zusammengefaßte, einheitliche oder umtauschbare Ansprüche.

**10**   7) **Beispiele des Fehlens eines Zusammenhangs, I:** Es geht um eine Forderung und eine den Betrag der Klage übersteigende und insofern nicht mit aufrechenbare Gegenforderung oder um ein kaufmännisches Zurückbehaltungsrecht, §§ 369 ff HGB; es handelt sich um eine Klage aus dem Kauf der einen Sache und um eine Widerklage aus dem Kauf einer anderen Sache; die Klage beruht auf einem Mietvertrag, die Widerklage auf einem Kaufvertrag; die Klage wird mit der Verletzung der einen Marke begründet, die Widerklage mit der Verletzung der anderen Marke; eine Übereinstimmung zwischen der Klage und der Widerklage besteht nur insofern, als für beide dieselben Rechtssätze anwendbar sind.

**11**   8) **Rügelose Einlassung.** Wenn der rechtliche Zusammenhang fehlt und das Gericht auch nicht sonstwie zuständig ist, etwa nach § 35, dann enthält eine rügelose Einlassung des Klägers auf die Widerklage eine stillschweigende Vereinbarung des Gerichtsstands der Widerklage, §§ 38, 39. Eine solche Vereinbarung ist im Rahmen der Zulässigkeit, II, wirksam. Die hier nicht vertretene Meinung Rn 1 kommt zu demselben Ergebnis, in dem sie in einem solchen Fall § 295 anwendet, BGH **LM** § 1025 Nr 7. Bei Vereinbarung eines anderen Gerichts als international ausschließlich zuständig kommt es nicht allein auf die rügelose Einlassung, § 295, so derjenigen nach § 33 an, BGH NJW **81**, 2644 (krit Pfaff ZZP **96**, 334). Soweit auf der vorstehenden Wegen keine Zuständigkeit eintritt, muß das Gericht eine Verweisung gemäß § 139, 278 III, 281 anregen und die Widerklage notfalls als unzulässig abweisen.

**12**   9) **Unzulässigkeit der Widerklage, II.** Wenn eine Vereinbarung der örtlichen Zuständigkeit oder der sachlichen Zuständigkeit für den Gegenanspruch nach § 40 II unzulässig ist, dann ist § 33 unanwendbar. In einem solchen Fall muß man nach § 145 abtrennen und den Rechtsstreit insofern an das zuständige Gericht verweisen oder die Widerklage als unzulässig abweisen, Rn 3. Wegen des Verhältnisses zwischen der Zivilkammer und der Kammer für Handelssachen vgl §§ 97–99 GVG. II ist auf die bloße Aufrechnung nicht entsprechend anwendbar, Schreiber ZZP **90**, 408.

**13**   10) *VwGO:* Für die Widerklage gelten besondere Bestimmungen, § 89 VwGO.

## 34 Besonderer Gerichtsstand des Hauptprozesses.
Für Klagen der Prozeßbevollmächtigten, der Beistände, der Zustellungsbevollmächtigten und der Gerichtsvollzieher wegen Gebühren und Auslagen ist das Gericht des Hauptprozesses zuständig.

**1**   1) **Systematik.** Vgl zunächst § 20 Rn 1. § 34 gibt einen besonderen Wahlgerichtsstand, BAG NJW **98**, 1092, Schlesw FamRZ **84**, 1119. Das ist eine nicht zwingende, aber oft ratsame Sonderregelung.

2. Titel. Gerichtsstand §§ 34–35a

**2) Regelungszweck.** Vgl zunächst § 20 Rn 1. Die Vorschrift dient der Konzentration der Kostenfragen, um die es ja meist geht, beim Gericht der Hauptsache und insoweit der Prozeßwirtschaftlichkeit, Grdz 14 vor § 128. Das ist bei der Auslegung mitzubeachten. **2**

**3) Sachlicher Geltungsbereich.** Vgl zunächst Üb 2 vor § 12. Die Vorschrift gilt nur für die sachliche wie örtliche Zuständigkeit, nicht für den Rechtsweg, BAG NJW **98**, 1092. Der Gerichtsstand besteht nur für gesetzliche oder vereinbarte Gebühren und Auslagen, die infolge des Prozesses entstanden sind. Er besteht wegen des Regelungszwecks, Rn 2, bei dem Gericht des Hauptprozesses, also bei dem erstinstanzlich mit dem Prozeß befaßten Gericht, etwa bei einem Familiengericht, KG FamRZ **81**, 1090, ThP 3, aM BGH **97**, 81 (zustm Bosch FamRZ **86**, 348 mit Hinweis auf die problematischen gebührenrechtlichen Auswirkungen, Sojka ZZP **99**, 471, abl Walter JZ **86**, 588). **3**

Dieses erstinstanzliche Gericht ist auch wegen derjenigen Kosten zuständig, die im Hauptprozeß während der höheren Instanz entstanden sind. Es muß sich aber um ein *ordentliches* Gericht handeln. § 34 eröffnet also nicht eine Zuständigkeit des ArbG. Für das Urteilsverfahren verweist § 46 II ArbGG auf die ZPO und damit auf § 34, BAG NJW **98**, 1092; für die übrigen Verfahren folgt die Zuständigkeit der ordentlichen Rechtswegs aus § 2 ff ArbGG, BAG NJW **98**, 1092. Es ist nicht notwendig dieselbe Abteilung oder Kammer wie im Hauptprozeß zuständig. Wohl aber muß je nachdem, wer im Hauptprozeß entschieden hat, entweder die Zivilkammer oder das FamG entscheiden, Hbg FamRZ **85**, 409 mwN, aM Ffm FamRZ **84**, 1119, Saarbr FamRZ **86**, 73. Es mag auch die Kammer für Handelssachen auch nach § 34 tätig werden, KG FamRZ **81**, 1090, StJSchu 16. Unter Hauptprozeß ist jedes zivilprozessuale Verfahren zu verstehen. **4**

*Hierher zählen* also auch: Die Zwangsvollstreckung; das Insolvenzverfahren; ein Zwangsversteigerungsverfahren. *Nicht* hierher zählt ein Strafverfahren.

**4) Persönlicher Geltungsbereich.** § 34 gilt zunächst für den ProzBev. Hier zählt zu diesem Begriff jeder, der auf Grund einer prozessualen Vollmacht für eine Partei ein prozessuales Geschäft besorgt hat, zB: Der Verkehrsanwalt; der Unterbevollmächtigte, und zwar auch im Fall einer Klage gegen den ProzBev, der ihm die Untervollmacht gab. Vgl aber auch § 19 BRAGO (Festsetzungsverfahren). § 34 gilt ferner für den Beistand nach § 90; für den Zustellungsbevollmächtigten, § 174 Rn 1; für den Gerichtsvollzieher. Insofern ist allerdings § 34 gegenstandslos. Denn der Gerichtsvollzieher ist ein Beamter, Üb 3 vor § 154 GVG, und die durch seine Tätigkeit entstandenen Kosten sind solche des Staats; sie werden nach § 1 I Z 7 JBeitrO beigetrieben, GVKostGrds Nr 8 II. Bei einem Notar entsteht wegen seiner Forderung auf Grund eines Notargeschäfts kein ordentlicher Rechtsweg, § 155 KostO. Richtiger Bekl sind stets nur der Vollmachtgeber und seine Rechtsnachfolger sowie sonstige Personen, die für ihn haften, nicht aber der Prozeßgegner und keinesweg ein Dritter. **5**

**5) VwGO:** *Unanwendbar, weil den VerwGerichten ebenso wie den Arbeitsgerichten, oben Rn 4, die sachliche Zuständigkeit für diese Klagen fehlt, vgl FG Mü LS EFG* **82**, *315.* **6**

**35** *Mehrere Gerichtsstände.* **Unter mehreren zuständigen Gerichten hat der Kläger die Wahl.**

**Schrifttum:** *Albicker,* Der Gerichtsstand der Streitgenossenschaft, 1996; *Gravenhorst,* Die Aufspaltung der Gerichtszuständigkeit nach Anspruchsgrundlagen, 1972.

**1) Systematik, Regelungszweck.** Vgl zunächst § 20 Rn 1. Es handelt sich um eine angesichts der Fülle von Gerichtsständen der ZPO und anderer einschlägiger Gesetze technisch notwendige Regelung, die man natürlich dahin begrenzen muß, daß eine getroffene Wahl grundsätzlich endgültig ist, Rn 4, weil sonst der Willkür Tür und Tor geöffnet wäre, Einl III 54. **1**

**2) Geltungsbereich.** Vgl zunächst Üb 2 vor § 12. § 35 bezieht sich auf den Fall, daß mehrere Gerichte eines allgemeinen oder besonderen Gerichtsstandes zuständig sind, vgl BGH FER **97**, 136 (FGG). Die Vorschrift erfaßt auch den Fall, daß mehrere solche Gerichte ausschließlich zuständig sind, Üb 14 vor § 12, Thümmel NJW **86**, 558 mwN. **2**

**3) Ausübung des Wahlrechts.** Der Kläger trifft seine Wahl durch die Klagerhebung, Köln MDR **80**, 763. Wegen des Mahnantrags vgl § 690 Rn 11, § 696 Rn 20. Ein Arrestgesuch, §§ 916 ff, stellt keine derartige Wahl dar, Karlsr NJW **73**, 1509. Wegen § 797 dort Rn 6. **3**

Die einmal getroffene Wahl ist für diesen Prozeß *endgültig,* BayObLG RR **91**, 188, Köln MDR **80**, 763. Nach einer Klagrücknahme, § 269, entsteht allerdings ein neues Wahlrecht. § 35 bezieht sich auch auf eine Wahl zwischen einem Staatsgericht und einem Schiedsgericht. Wenn der Kläger eine Verweisung an das zuständige Gericht beantragen kann, §§ 281 ZPO, 48 ArbGG, §§ 17 ff GVG, so liegt darin kein ein neues Wahlrecht. Dieses Wahlrecht erlischt aber mit der Verweisung. Das Wahlrecht darf bei § 35 nicht durch das Kostenfestsetzungsverfahren nach §§ 103 ff nachträglich beeinträchtigt werden, Ffm AnwBl **83**, 186, Hbg MDR **99**, 638 mwN, ZöV 3, aM ZöHe § 91 Rn 13 „Wahl des Gerichtsstands"; anders bei § 696, dort Rn 19–21. **4**

**4) VwGO:** *Unanwendbar, weil ein Wahlrecht des Klägers durch § 53 I Nr 3 VwGO ausgeschlossen wird.* **5**

**35a** *Gerichtsstand der Unterhaltsklage des Kindes.* **Das Kind kann die Klage, durch die beide Eltern auf Erfüllung der Unterhaltspflicht in Anspruch genommen werden, vor dem Gericht erheben, bei dem der Vater oder die Mutter einen Gerichtsstand hat.**

**1) Systematik, Regelungszweck.** Vgl zunächst § 20 Rn 1. § 35 a bringt zwei weitere Wahlgerichtsstände, von denen keiner die sonstigen ausschließt, Rn 3. Das alles dient zwecks Prozeßwirtschaftlichkeit, Grdz 14 vor § 128, der Erleichterung der Durchsetzung einer Anspruchsart, die von einem meist ja **1**

§§ 35a, 36                                    1. Buch. 1. Abschnitt. Gerichte

ohnehin rechtlich wie tatsächlich schwachen Kläger mühsam genug bewältigt werden muß. Das ist bei der Auslegung mitzubeachten.

2  **2) Geltungsbereich.** Vgl zunächst Üb 2 vor § 12. Die Ehefrau hat infolge ihrer Gleichberechtigung keinen abgeleiteten Wohnsitz mehr. Beide Eltern sind nebeneinander unterhaltsverpflichtet, § 1606 III 1 BGB. Es ist also möglich, daß die verheiratete Frau einen anderen Gerichtsstand als der Mann hat. Das ist insbesondere nach einer Scheidung oft der Fall. Die Situation ist auch bei einer nichtehelichen Mutter häufig so. Wenn das Kind nun beide Eltern auf die Gewährung von Unterhalt in Anspruch nehmen will, dann hat es ein Wahlrecht, § 35 Rn 1. Es kann im Gerichtsstand des Vaters oder in demjenigen der Mutter klagen.

3  Der *andere Elternteil* kann sich also nicht darauf berufen, daß es für ihn kein Gerichtsstand begründet sei. Diese Rüge ist auch dann nicht möglich, wenn die Klage gegen den einen Elternteil in der Hauptsache erledigt ist und wenn das Kind nun nur noch den anderen Elternteil weiterhin in dem bisherigen Gerichtsstand in Anspruch nimmt. Das Kind kann die Klage im allgemeinen Gerichtsstand nach den §§ 12 ff wie in den besonderen Gerichtsstand der Beschäftigung nach § 20 erheben. Das ergibt sich aus den Worten des Gesetzes „... einen Gerichtsstand hat".

4  *Sachlich* ist das AG zuständig, § 23 a Z 2 GVG, vgl dort Rn 3, auch wegen des Unterhaltsbegriffs. § 35 a gilt für Unterhaltsklagen jeder Art, auch für eine Feststellungsklage. Wenn das Kind nur einen Elternteil verklagt, ist § 35 a unanwendbar, Nürnb FamRZ 96, 172. Eine solche Klage muß an dem Gerichtsstand des beklagten Elternteils erhoben werden.

**36** *Gerichtlich bestimmter Gerichtsstand.* [I] Das zuständige Gericht wird durch das im Rechtszuge zunächst höhere Gericht bestimmt:
1. wenn das an sich zuständige Gericht in einem einzelnen Falle an der Ausübung des Richteramtes rechtlich oder tatsächlich verhindert ist;
2. wenn es mit Rücksicht auf die Grenzen verschiedener Gerichtsbezirke ungewiß ist, welches Gericht für den Rechtsstreit zuständig sei;
3. wenn mehrere Personen, die bei verschiedenen Gerichten ihren allgemeinen Gerichtsstand haben, als Streitgenossen im allgemeinen Gerichtsstand verklagt werden sollen und für den Rechtsstreit ein gemeinschaftlicher besonderer Gerichtsstand nicht begründet ist;
4. wenn die Klage in dem dinglichen Gerichtsstand erhoben werden soll und die Sache in den Bezirken verschiedener Gerichte belegen ist;
5. wenn in einem Rechtsstreit verschiedene Gerichte sich rechtskräftig für zuständig erklärt haben;
6. wenn verschiedene Gerichte, von denen eines für den Rechtsstreit zuständig ist, sich rechtskräftig für unzuständig erklärt haben.

[II] Ist das zunächst höhere gemeinschaftliche Gericht der Bundesgerichtshof, so wird das zuständige Gericht durch das Oberlandesgericht bestimmt, zu dessen Bezirk das zuerst mit der Sache befaßte Gericht gehört.

[III] [1]Will das Oberlandesgericht bei der Bestimmung des zuständigen Gerichts in einer Rechtsfrage von der Entscheidung eines anderen Oberlandesgerichts oder des Bundesgerichtshofs abweichen, so hat es die Sache unter Begründung seiner Rechtsauffassung dem Bundesgerichtshof vorzulegen. [2]In diesem Fall entscheidet der Bundesgerichtshof.

**Vorbem.** Bisheriger Text zu I, neue II, III angefügt dch Art 1 Z 1 a, b SchiedsVfG v 22. 12. 97, BGBl 3224, in kraft seit 1. 4. 98, Art 5 II SchiedsVfG. Übergangsrechtlich bestimmte bis zum 31. 3. 99, Art 5 III SchiedsVfG (maßgeblich: Anhängigkeit des Zwischenverfahrens, BGH NJW 98, 2830):

> **SchiedsVfG Art 4 § 2. Entlastung des Bundesgerichtshofes.** In Verfahren zur Bestimmung der Zuständigkeit eines Gerichts nach § 36 der Zivilprozeßordnung, § 9 des Gesetzes betreffend die Einführung der Zivilprozeßordnung und § 2 des Gesetzes über die Zwangsversteigerung und die Zwangsverwaltung, die am 1. April 1998 anhängig sind, sind diese Vorschriften in der bisherigen Fassung weiter anzuwenden.

**Schrifttum:** *Gaede,* Zuständigkeitsmängel und ihre Folgen nach der ZPO, 1989; *Herz,* Die gerichtliche Zuständigkeitsbestimmung: Voraussetzungen und Verfahren, 1990; *Schwab,* Zum Sachzusammenhang bei Rechtsweg- und Zuständigkeitsentscheidung, in: Festschrift für *Zeuner* (1994).

**Gliederung**

| | |
|---|---|
| 1) Systematik, I–III ............................ 1 | A. Verschiedene inländische Gerichtsstände ........................... 16 |
| 2) Regelungszweck, I–III ...................... 2 | B. Kein gemeinsamer besonderer Gerichtsstand ............................... 17 |
| 3) Sachlicher Geltungsbereich: Umfassende Anwendbarkeit, I–III ........... 3 | C. Streitgenossenschaft ................. 18 |
| 4) Beispiele zur Frage des sachlichen Geltungsbereichs, I–III ................ 4–6 | D. Beispiele zur Frage der Anwendbarkeit von I Z 3 ................................ 19–22 |
| 5) Antragszwang, I–III ...................... 7–9 | 10) Dinglicher Gerichtsstand, I Z 4 ..... 23 |
| 6) Bestimmendes Gericht, I–III ......... 10–12 | 11) Konfliktsarten, I Z 5, 6 ............. 24–29 |
| 7) Verhinderung des zuständigen Gerichts, I Z 1 .............................. 13 | A. Zuständigkeitsbejahung ............. 25 |
| | B. Zuständigkeitsleugnung ............ 26–29 |
| 8) Ungewißheit über die Zuständigkeit, I Z 2 ................................. 14 | 12) Zuständigkeitsarten, I Z 5, 6 ...... 30–42 |
| 9) Streitgenossen, I Z 3 ................. 15–22 | A. Familiengericht gegen Familiengericht .................................... 31 |

2. Titel. Gerichtsstand § 36

B. Familiengericht gegen Gericht der (allgemeinen) freiwilligen Gerichtsbarkeit ............................... 32
C. Prozeßgericht gegen Familiengericht . 33, 34
D. Prozeßgericht gegen Gericht der freiwilligen Gerichtsbarkeit ............. 35
E. Prozeßgericht gegen Vollstreckungsgericht .............................. 35
F. Zivilkammer gegen Kammer für Baulandsachen ......................... 35
G. Zivilkammer gegen Kammer für Handelssachen ............................ 35
H. Sonstige Fälle ....................... 35
I. Weitere Einzelheiten ................ 36–42
13) *VwGO* ................................ 43

**1) Systematik, I–III.** Die Bestimmung des zuständigen Gerichts ist kein Akt der Justizverwaltung, **1** sondern ein Akt der Rechtspflege. Diese Bestimmung ist den Gerichten zugewiesen, Anh I nach § 21 GVG. Die Justizverwaltung hat schon wegen § 16 S 2 GVG keine Möglichkeit, auf die Bestimmung des im Einzelfall zuständigen Gerichts Einfluß zu nehmen. Im Fall des § 14 GVG liegt eine allgemeine gesetzliche Bestimmung vor. § 36 nennt die Voraussetzungen, § 37 das Verfahren des Zwischenstreits der Zuständigkeitsbestimmung, zu dem auch § 329 mitbeachtlich ist. Bei der sachlichen Zuständigkeit geht § 11 vor, BGH MDR **97**, 290, kann aber § 36 anwendbar bleiben, BGH NJW **98**, 685.

**2) Regelungszweck, I–III.** Der Zweck des § 36 besteht darin, im Interesse nicht nur der Prozeßförderung, **2** Grdz 12 vor § 128, und der Prozeßwirtschaftlichkeit, Grdz 14 vor § 128, sondern auch der Rechtssicherheit, Einl III 43, eine möglichst umfassende einfache und rasche Abhilfe zu schaffen, wenn die anderen Vorschriften über die Zuständigkeiten zur Lösung des Konflikts nicht ausreichen, vgl BGH **90**, 157, ferner Karlsr FamRZ **91**, 90 mwN, Oldb NJW **73**, 810. Eine Bestimmung des zuständigen Gerichts nach § 36 wird ohne weiteres hinfällig, wenn die tatsächlichen Voraussetzungen, unter denen die Bestimmung erfolgte, im Zeitpunkt der Klagerhebung nicht mehr vorliegen. Im übrigen darf das nach § 36 bestimmte Gericht seine örtliche Zuständigkeit keineswegs mehr nachprüfen. Übersicht über die Probleme bei Bornkamm NJW **89**, 2713.

**3) Sachlicher Geltungsbereich: Umfassende Anwendbarkeit, I–III.** § 36 gilt in allen Prozeßarten, **3** BayObLG NJW **88**, 2184. Natürlich muß überhaupt ein gerichtliches Verfahren vorliegen, also grundsätzlich Rechtshängigkeit, § 261 Rn 1, und damit ein Prozeßrechtsverhältnis voraus, Grdz 3 vor § 128. Rechtshängigkeit erfordert grundsätzlich (Ausnahmen im Eilverfahren, §§ 920 Rn 7, 936 Rn 2) zumindest eine Mitteilung der das Verfahren in Gang setzenden Antragsschrift an den Prozeßgegner, BGH FER **97**, 89, Düss FamRZ **88**, 299, großzügiger BayObLG VersR **85**, 742, mit Recht eher strenger ZöV 26. Man kann also grundsätzlich keineswegs „vorweg" klären lassen, welches Gericht für ein Verfahren zuständig sein würde, das noch nicht einmal irgendwo anhängig ist, § 261 Rn 1.

*Ausnahmen* können gelten, soweit der Gegner nicht zu hören ist, BayObLG Rpfleger **86**, 98.

**4) Beispiele zur Frage des sachlichen Geltungsbereichs, I–III** **4**
**Arbeitsgerichtsverfahren:** § 36 gilt vor den Arbeitsgerichten entsprechend, BGH NJW **90**, 54, BAG DB **98**, 2332 (bei I Z 6 bleibt das BAG zuständig). Die Vorschrift schafft aber keine rechtswegübergreifende Zuständigkeit, Ffm RR **95**, 319.
**Arrest, einstweilige Verfügung:** § 36 gilt einem Verfahren nach §§ 916 ff, 935 ff.
**Aufgebotsverfahren:** § 36 gilt im Verfahren nach §§ 946 ff.
**Auslandsberührung:** § 36 gilt im Verfahren mit einer Auslandsberührung, BGH FamRZ **84**, 162, BayObLG NJW **88**, 2184.
**Beratungshilfeverfahren:** § 36 gilt im Verfahren auf eine Beratungshilfe, BGH FamRZ **84**, 774.
**Einstweilige Verfügung:** S „Arrest, einstweilige Verfügung".
**Familiensachen:** S „Freiwillige Gerichtsbarkeit". **5**
**Freiwillige Gerichtsbarkeit:** Im echten FGG-Verfahren gilt vorrangig § 5 FGG, aber nur für die örtliche Zuständigkeit. Im übrigen ist § 36 Z 6 entsprechend anwendbar, BGH NZM **98**, 976 links. Zur Zuständigkeit des BayObLG vgl BayObLG RR **98**, 475. Im streitigen Verfahren über eine Familiensache gilt gemäß § 621a I nicht § 5 FGG, sondern § 36, BGH FamRZ **92**, 664 und FER **97**, 186 (Sorgerecht).
**Insolvenzverfahren:** Im Eröffnungsverfahren gilt § 36 in Verbindung mit § 4 InsO, BGH **132**, 196, BayObLG KTS **99**, 126, Kblz Rpfleger **89**, 251, auch im weiteren Verfahren, BGH **132**, 196.
**Kostenfestsetzungsverfahren:** § 36 gilt im Festsetzungsverfahren, BayObLG AnwBl **89**, 161.
**Mahnverfahren:** § 36 ist im Mahnverfahren anwendbar. Das gilt vor der Abgabe an das Streitgericht, BGH VersR **82**, 371, wie nach der Abgabe oder Verweisung, vgl § 696 Rn 17 ff, BayObLG MDR **95**, 312.
**Prozeßkostenhilfeverfahren:** § 36 gilt im Verfahren auf eine Prozeßkostenhilfe, §§ 114 ff, vgl auch **6** Rn 28, BGH FER **97**, 40 und 80, Drsd NJW **99**, 798, Karlsr NJW **98**, 3360.
**Rechtsmittelverfahren:** § 36 gilt in jedem Rechtsmittelverfahren nach der ZPO, BGH NJW **86**, 2764, auch bei einer Auslandsberührung, Rn 4 „Auslandsberührung".
**Rechtsweg:** § 36 schafft keine rechtswegübergreifende Zuständigkeit, Ffm RR **95**, 319.
**Selbständiges Beweisverfahren:** § 36 gilt im selbständigen Beweisverfahren, BayObLG RR **99**, 1010, Ffm MDR **93**, 683, Mü ZMR **86**, 242. Die Zulässigkeit des Antrags nach § 485 ist hier noch nicht erheblich, BayObLG RR **99**, 1010.
**Wohnungseigentum:** Rn 5 „Freiwillige Gerichtsbarkeit".
**Zwangsversteigerung:** § 36 gilt im Verfahren der Zwangsversteigerung usw, vgl § 2 ZVG.
S auch „Zwangsvollstreckung".
**Zwangsvollstreckung:** § 36 gilt im Verfahren der Zwangsvollstreckung, BGH NJW **83**, 1859, BayObLG Rpfleger **99**, 31. Eine Bestimmung des zuständigen Gerichts ist auch zB dann denkbar, wenn die zu pfändende Forderung mehreren Schuldnern gemeinsam zusteht, vgl Rn 17, BayObLG Rpfleger **99**, 31, aber nicht bei Nämlichkeit beider Parteien, Karlsr Rpfleger **97**, 173.
S auch „Zwangsversteigerung".

**5) Antragszwang, I–III.** Die Bestimmung des zuständigen Gerichts erfolgt nur auf Grund eines Antrags **7** einer Partei. Das ergibt sich schon aus dem klaren Wortlaut des § 37 I („Gesuch"). Es erfolgt also keine

**§ 36**  1. Buch. 1. Abschnitt. Gerichte

Vorlegung von Amts wegen, BGH NJW **87**, 439 und (zu Z 3) RR **91**, 767, BayObLG RR **91**, 1358, aM BGH FamRZ **84**, 774, BayObLG WoM **91**, 361, Karlsr FamRZ **91**, 90.

**8**  Der Antrag ist auch noch *nach der Rechtshängigkeit* zulässig, BayObLG BayObLG **93**, 171. Die Entscheidung ist kein Teil desjenigen Verfahrens, für das sie stattfindet, RoSGo § 38 I, vgl BayObLG NJW **74**, 1204. Wegen eines besonderen Falls der Bestimmung des Gerichts in einer Ehesache § 606 II 4. Gegen einen Beschluß ist evtl Verfassungsbeschwerde zulässig, BVerfG **29**, 50.

**9**  *Gebühren:* Des Gerichts keine; des RA: Sie sind grundsätzlich durch die sonstigen Gebühren abgegolten, §§ 13, 37, 33 BRAGO. Falls er die Partei aber nicht mehr weiter vertritt, halbe Gebühr, § 56 I Z 1 BRAGO.

**10**  **6) Bestimmendes Gericht, I–III.** Die Bestimmung des zuständigen Gerichts steht demjenigen Gericht zu, das im Instanzenzug im Rang nächsthöher ist. In den Fällen I Z 2–6 steht die Bestimmung dem gemeinschaftlichen übergeordneten Gericht zu, BayObLG RR **90**, 64. Wenn das LG die Bestimmung vorzunehmen hat, ist in einer Handelssache seine Kammer für Handelssachen für die Bestimmung zuständig. Bei einem bis zum 1. 4. 98 anhängig gewordenen Streit zwischen verschiedener Gerichten verschiedener OLG-Bezirke im Geltungsbereich des GG ohne gemeinsames Oberstes Landesgericht war bis zum 31. 3. 99 noch wie bisher der BGH zur Bestimmung berufen, Artt 4 II, 5 III SchiedsVfG, abgedruckt in der Vorbem. Seit 1. 4. 99 grundsätzlich desjenige OLG zur Bestimmung berufen, zu dessen Bezirk das zuerst mit der Sache befaßte Gericht gehört, II, BGH NJW **99**, 221, BayObLG FER **99**, 125 links. Das gilt auch, soweit sich der Konflikt, zB nach I Z 6, erst auf der OLG-Ebene ergibt, BGH FamRZ **99**, 886. „Befaßt" ist das Gericht ab Eingang eines Bestimmungsantrags oder bei der Bestimmung von Amts wegen ab Aktenvorlage, aM Karlsr NJW **98**, 3359 (evtl das OLG im Bezirk des PKH-Gerichts), im Mahnverfahren das zuerst mit I Z 6 befaßte Gericht, BayObLG **98**, 209, beim Zuständigkeitsstreit erst im streitigen Verfahren also dasjenige OLG, bei dem letzteres begann, BayObLG **98**, 191, Köln NZM **99**, 319. Will dieses OLG dabei in einer *Rechtsfrage* von einem anderen OLG (auch einem dritten) oder dem BGH abweichen, so hat es durch einen zu begründenden Beschluß, § 329 Rn 4, dem BGH vorzulegen, III 1, der bindend zu entscheiden hat, III 2, BGH NJW **99**, 1403.

**11**  Bei einem Zuständigkeitsstreit zwischen mehreren Gerichten, die in verschiedenen *bayerischen* OLG-Bezirken liegen, ist das *BayObLG* zur Bestimmung berufen, so (bis 31. 3. 99) BayObLG Rpfleger **74**, 147, BayObLG FGPrax **99**, 61 (ab 1. 4. 99), § 9 EGZPO, BayObLG **99**, 95. Dasselbe gilt bei einem Zuständigkeitsstreit zwischen einem bayerischen AG als Familiengericht und einem LG oder dem OLG München oder bei einem Streit zwischen einem Münchener und einem auswärtigen Senat des OLG München, BayObLG RR **97**, 629 und RR **98**, 815. Es entscheidet auch bei einem Streit zwischen einem Zivilsenat und einem Familiensenat desselben bayerischen OLG, BayObLG FamRZ **85**, 946, 948 und 1058 je mwN, oder bei einem Streit zwischen Prozeß- und WEG-Gericht im selben bayerischen OLG-Bezirk, BayObLG WoM **91**, 361 oder (entsprechend) bei einem Streit zwischen mehreren Zivilsenaten derselben bayerischen OLG, BayObLG DB **97**, 972 (auch bei Art 4 II 2 EuGVÜ).

**12**  Bei einem Zuständigkeitsstreit zwischen Gerichten *verschiedener Gerichtsbarkeiten* (Gerichtszweige) entscheidet dasjenige oberste Gericht, das zuerst darum angegangen wird, II, III entsprechend, BGH NJW **99**, 221, sofern es nur einer der umstrittenen Gerichtsbarkeiten und nicht nur einem auf keinen Fall (schon oder noch) befaßten dritten Gerichtszweig angehört; es kann zB ein AG dem BSG (statt dem BGH) vorlegen, BSG MDR **89**, 189. Das bestimmte Gericht darf nur ein ihm nachgeordnetes Gericht für zuständig erklären. In einem Streit zwischen zwei Familiengerichten darf allerdings auch ein Vormundschaftsgericht als zuständig erklärt werden, Hamm FamRZ **79**, 314. Bei einem Streit zwischen einem FamG und einem Gericht der freiwilligen Gerichtsbarkeit ist der BGH nur dann zuständig, wenn es um mehr als die örtliche Zuständigkeit geht, BGH Rpfleger **90**, 511.

**13**  **7) Verhinderung des zuständigen Gerichts, I Z 1.** Das an sich zuständige Gericht muß an der Ausübung des Richteramts im Einzelfall verhindert sein. Die Verhinderung kann aus Rechtsgründen bestehen, etwa infolge einer erfolgreichen Ablehnung; sie kann auch aus tatsächlichen Gründen bestehen, etwa infolge eines Aufruhrs. Wenn ein Einzelrichter erkrankt ist, besteht eine Verhinderung dieses Gerichts nur für den Fall, daß auch der geschäftsplanmäßige Vertreter dieses Richters verhindert ist. Eine Verhinderung kann auch dann bestehen, wenn noch ein anderes Gericht zuständig wäre. Das bestimmende Gericht muß die sachliche Zuständigkeit und die örtliche Zuständigkeit prüfen. Das bestimmte Gericht darf die Zuständigkeit grundsätzlich nicht mehr prüfen, § 37 Rn 7. Die Bestimmung ist vor und nach der Anhängigkeit des Rechtsstreits zulässig. Ist die Bestimmung erst nach der Anhängigkeit erfolgt, geht die Wirkung der Anhängigkeit auf das bestimmte Gericht über.

**14**  **8) Ungewißheit über die Zuständigkeit, I Z 2.** Die Ungewißheit muß in bezug auf die Grenzen des Gerichtsbezirks bestehen. Sie muß auf Grund tatsächlicher Ungewißheit entstehen; eine bloß rechtliche Ungewißheit genügt nicht. Es reicht zB aus, daß eine Grenze ein Grundstück schneidet. Die Ungewißheit mag vor oder nach der Anhängigkeit entstanden sein. § 3 I 2 BinnSchVerfG enthält eine Sondervorschrift.

**15**  **9) Streitgenossen, I Z 3**, dazu *Albicher*, Der Gerichtsstand der Streitgenossenschaft, 1996: Es muß sich objektiv um Streitgenossen im Sinn der §§ 59 ff handeln, BayObLG MDR **99**, 807, also nicht nur nach der Rechtsansicht des Klägers, BGH NJW **92**, 981 und 982, Zweibr MDR **83**, 495, aM Köln MDR **89**, 71. Kblz MDR **98**, 1305 hält evtl nach Wahl des Antragstellers dasjenige OLG für zuständig, das er ausruft oder zu dessen Bezirk das vorgeschlagene Gericht gehört. Das bestimmende Gericht muß prüfen, ob Streitgenossenschaft vorliegt, freilich nur nach dem Tatsachenvortrag des Klägers, BayObLG FER **99**, 125 links. Z 3 kann noch nach Rechtshängigkeit angewandt werden, insbesondere nach Mahnverfahren, BayObLG FER **99**, 125 links. Zum Verhältnis zwischen Z 3 und Z 6 BayObLG **99**, 95.

**16**  **A. Verschiedene inländische Gerichtsstände.** Die als Streitgenossen zu Verklagenden müssen verschiedene allgemeine inländische Gerichtsstände haben, BAG BB **96**, 2414, BayObLG RR **98**, 815. Z 3 ist daher bei einer Wechselklage nach § 603 II unanwendbar.

**17**  **B. Kein gemeinsamer besonderer Gerichtsstand.** In Deutschland darf kein gemeinsamer inländischer besonderer Gerichtsstand vorliegen, BGH NJW **80**, 189, BAG BB **96**, 2414, BayObLG FER **99**, 125 links.

2. Titel. Gerichtsstand § 36

Wenn mehrere Erben in verschiedenen OLG-Bezirken wohnen, könnte der besondere Gerichtsstand des § 27, Mü Rpfleger **78**, 185 mwN, oder des § 28 gegeben sein, BayObLG FER **99**, 125 links. Ein ausländischer gemeinsamer Gerichtsstand nach § 32 bleibt unberücksichtigt, BayObLG NJW **88**, 2184.

**C. Streitgenossenschaft.** Der Kläger muß die Bekl als Streitgenossen im allgemeinen Gerichtsstand **18** verklagen wollen, BGH NJW **98**, 685, BAG BB **96**, 2414, BayObLG RR **98**, 815. Es muß also zumindest einer der Streitgenossen bei dem zu bestimmenden Gericht den allgemeinen Gerichtsstand haben, BGH NJW **86**, 3209, aM ZöV § 12 Rn 2. Die als Streitgenossen in Anspruch genommenen Personen müssen zumindest einem gemeinsamen Gegner gegenüberstehen, BGH NJW **92**, 981. Es ist unerheblich, ob der allgemeine Gerichtsstand ausgeschlossen ist, BGH **90**, 156, aM StJSchu 11, 14 (nur bei notwendigen Streitgenossen). Der Kläger ist bei Z 3 nicht zu nur *einer* Klage verpflichtet; er kann bei verschiedenen Gerichtsständen gegen jeden *gesondert* im jeweiligen Gerichtsstand klagen, Kblz MDR **90**, 159.

**D. Beispiele zur Frage der Anwendbarkeit von I Z 3** **19**
**Abdingbarkeit:** Z 3 ist unanwendbar, soweit der Kläger durch eine Vereinbarung mit dem Bekl einen an sich bestehenden gesetzlichen allgemeinen Gerichtsstand ausgeschlossen hat, BGH **LM** Z 3 Nr 6, BayObLG BB **78**, 1685.
S auch „Ausschließlicher Gerichtsstand", Rn 22 „Verzicht".
**Anwaltszwang:** Z 3 ist auch dann anwendbar, wenn daraus ein Anwaltszwang mit einer Kostenerhöhung entsteht, BGH **90**, 156.
**Auslandsbezug:** Z 3 ist entsprechend anwendbar, soweit der allgemeine Gerichtsstand eines Bekl im Ausland liegt, aber ein inländischer besonderer Gerichtsstand für ihn besteht, etwa nach § 23, BGH NJW **71**, 196. Für die Zuständigkeit einschließlich des Verfahrens über die Bestimmung des zuständigen Gerichts ist das deutsche Recht als lex fori maßgebend, sofern das deutsche Gericht in der Sache nach dem deutschen Recht international zuständig ist, BGH FamRZ **90**, 1225 mwN, BayObLG DB **97**, 972.
**Ausschließlicher Gerichtsstand:** Die Klage nimmt keinem Bekl das Recht, die Vereinbarung eines ausschließlichen Gerichtsstands einzuwenden, abw BGH NJW **88**, 646.
**Beweisaufnahme:** Z 3 ist unanwendbar, soweit bereits eine Beweisaufnahme zur Hauptsache stattgefunden **20** hat, BGH NJW **78**, 321, BayObLG **87**, 390 mwN, Vollkommer MDR **87**, 804. Allerdings hindert sie die Bestimmung nicht, wenn das bisher befaßte Gericht zuständig bleibt, Düss Rpfleger **80**, 299.
**Bürgschaft:** Nach Vereinbarung eines ausschließlichen Gerichtsstands mit dem Hauptschuldner kann dieser Gerichtsstand nicht dem Bürgen aufgedrängt werden, BayObLG **99**, 76.
**Fehlen einer Streitgenossenschaft:** Bestimmbar ist nur *eines* der für einen Streitgenossen zuständigen Gerichte. Z 3 ist unanwendbar, soweit objektiv keinerlei Streitgenossenschaft vorliegt, Zweibr MDR **83**, 195, oder soweit bereits gegen einen Streitgenossen ein Sachurteil ergangen ist, BGH NJW **80**, 180 mwN, Ffm Rpfleger **78**, 223, sei es auch nur ein Vorbehaltsurteil nach § 599, BayObLG **80**, 225. Streitgenossen, die durch den vereinbarten Verzicht auf einen Gerichtsstand gebunden sind, haben kein Antragsrecht nach Z 3.
**Funktionelle Zuständigkeit:** Z 3 ist für die funktionelle Zuständigkeit anwendbar, BGH NJW **98**, 685 (Familien- und Zivilsache), Düss MDR **96**, 524, Ffm NJW **92**, 2900.
**Kostenerhöhung:** Rn 19 „Anwaltszwang".
**Prorogation:** Rn 19 „Abdingbarkeit". **21**
**Prozeßurteil:** S „Rechtshängigkeit".
**Rechtshängigkeit:** Trotz des Wortlauts von Z 3 ist eine Bestimmung des zuständigen Gerichts wegen eines praktischen Bedürfnisses auch nach dem Eintritt der Rechtshängigkeit zulässig, BayObLG MDR **92**, 803, Ffm NJW **92**, 2900 je mwN. Das gilt auch noch nach demjenigen Zeitpunkt, in dem der Bekl die Unzuständigkeit des bisherigen Gerichts gerügt hat, BGH NJW **80**, 189, Vollkommer MDR **88**, 804, und sogar noch nach einem bloßen Prozeßurteil, BGH NJW **80**, 189, Vollkommer MDR **88**, 804.
**Rechtsweg:** Z 3 ist nur anwendbar, wenn verschiedene Rechtswege in Betracht kommen, zB gegen A der ordentliche, gegen B die Arbeitsgerichtsbarkeit, BGH NJW **94**, 2032, aM LAG Mainz BB **99**, 964 (LS).
**Rüge der Unzuständigkeit:** S „Rechtshängigkeit".
**Vereinbarung:** Rn 19 „Abdingbarkeit". **22**
**Verweisung:** Z 3 ist unanwendbar, soweit das Gericht den Rechtsstreit bereits zB nach § 281 an ein anderes Gericht verwiesen hat, BAG DB **97**, 284, BayObLG MDR **92**, 803 mwN, RoSGo § 38 II, ZöV 16, aM Köln MDR **87**, 851. Freilich wäre eine nicht bindende Verweisung unbeachtlich, BGH FamRZ **90**, 1225.
**Verzicht:** Z 3 ist unanwendbar, soweit der Kläger wirksam auf einen an sich gesetzlich bestehenden allgemeinen Gerichtsstand verzichtet hat, BGH **LM** § 6 a AbzG aF Nr 1.
S auch Rn 19 „Abdingbarkeit", Rn 21 „Streitgenossenschaft".
**Vorbehaltsurteil:** Rn 21 „Streitgenossenschaft".
**Widerklage:** Z 3 ist anwendbar, soweit sich die Widerklage gegen mehrere Widerbekl richtet, BGH FamRZ **99**, 1023, BayObLG **96**, 89 (auch beim zusätzlichen Drittwiderbekl). Z 3 ist unanwendbar, soweit durch die Widerklage nur ein bisher nicht beteiligter Dritter beansprucht wird, BGH FamRZ **98**, 1023, Karlsr JB **98**, 311.
**Zwangsvollstreckung:** Rn 6 „Zwangsvollstreckung".

**10) Dinglicher Gerichtsstand, I Z 4.** Hier geht es um den Fall, daß das Grundstück im Bezirk **23** verschiedener Gerichte liegt. Es muß sich um ein einheitliches Grundstück handeln. Das ist auch dann der Fall, wenn mehrere Grundstücke rechtlich zu einer Einheit verbunden, also auf demselben Grundbuchblatt als dasselbe Grundstück eingetragen worden sind. Z 4 gilt aber sinngemäß auch dann, wenn andere Grundstücke gesamtschuldnerisch mithaften, BayObLG Rpfleger **77**, 448 mwN. Z 4 gilt auch im Fall der Kraftloserklärung eines Hypothekenbriefs im Aufgebotsverfahren, falls die belasteten Grundstücke in verschiedenen

## § 36　1. Buch. 1. Abschnitt. Gerichte

Bezirken liegen. Man muß den Zeitpunkt der Bestimmung und das bestimmbare Gericht wie bei Rn 10 ff ermitteln.

**24**　**11) Konfliktarten, I Z 5, 6.** Mehrere ordentliche Gerichte oder Arbeitsgerichte, LAG Nürnb BB **95**, 2432, müssen über ihre örtliche, sachliche oder funktionelle Zuständigkeit, BayObLG Rpfleger **89**, 80, Nürnb MDR **96**, 1068, oder über die Rechtsmittelzuständigkeit unterschiedlicher Meinung sein, BGH FamRZ **84**, 36 und FamRZ **92**, 664. Es darf weder ein Sondergericht noch ein Verwaltungsgericht beteiligt sein, vgl bei § 17 GVG. Es kann aber auch ein Streit mehrerer Berufungsgerichte vorliegen, BGH NJW **72**, 111. Die mehreren Gerichte müssen jeweils rechtskräftige Entscheidungen über ihre Zuständigkeit getroffen haben, vgl BGH FamRZ **85**, 800. Die Vorschrift gilt auch bei einer Auslandsberührung, BGH FamRZ **92**, 664. Die Zuständigkeitsbestimmung setzt eine gesetzmäßige Mitteilung des Hauptantrags an den Gegner voraus, BGH FamRZ **92**, 664 und RR **92**, 579. Übersicht über die Probleme bei Bornkamm NJW **89**, 2718. Diese Entscheidungen können im einzelnen wie folgt lauten:

**25**　**A. Zuständigkeitsbejahung,** dazu auch *Hau*, Positive Kompetenzkonflikte im Internationalen Zivilprozeßrecht usw, 1996: Jedes Gericht mag sich durch ein rechtskräftiges Zwischenurteil nach § 280 für zuständig erklärt haben (positiver Kompetenzkonflikt), BGH FER **97**, 136 (offen, ob auch bei einem Beschluß über eine einstweilige Anordnung), LG Gött Rpfleger **95**, 309. Wenn eines dieser Gerichte auch in der Sache selbst bereits rechtskräftig entschieden hat, dann ist Z 5 unanwendbar.

**26**　**B. Zuständigkeitsleugnung,** dazu *Ewers* FamRZ **99**, 74 (Üb, er spricht vom „Schwarzen Peter"): Jedes der Gerichte mag sich „rechtskräftig", BGH FER **97**, 88, für unzuständig erklärt haben (negativer Kompetenzkonflikt), BGH RR **94**, 126 und 1282, Bbg FamRZ **90**, 180, LAG Nürnb BB **95**, 2432, aM Ffm BB **80**, 552 (zwei gegenläufige formlose Abgaben seien ausreichend).

**27**　Diese Entscheidung mag sogar durch dasjenige Gericht erfolgt sein, *an das* der Rechtsstreit *verwiesen* wurde, BGH FamRZ **78**, 232, Düss MDR **96**, 311 je mwN, selbst wenn diese Entscheidung unzulässig war, § 281 Rn 27, 30, BayObLG MDR **83**, 322. Z 6 ist aber nach einer Zurückverweisung unanwendbar, BGH FamRZ **98**, 477. Die formellen Voraussetzungen für die Bestimmung durch das übergeordnete gemeinsame Gericht liegen auch dann vor, wenn sich eine von mehreren in Betracht kommenden Abteilungen des AG, BayObLG FamRZ **92**, 333, oder mehrere Abteilungen, Kammern oder Senate desselben Gerichts unanfechtbar für unzuständig erklärt haben, denn dann geht es nicht mehr um die Geschäftsverteilung und damit nicht mehr um eine Befugnis des Präsidiums usw, sondern um die gesetzliche Zuständigkeitsregelung, Bbg FamRZ **90**, 180. Es mag auch folgender Fall vorliegen: Das ArbG hat den Rechtsstreit an das ordentliche Gericht verwiesen, das ordentliche Gericht hat in unzulässiger Weise an das ArbG zurückverwiesen. Das ArbG mag auch eine Zurückverweisung an das ordentliche Gericht vorgenommen haben, und dieses mag die Sache dem BGH vorgelegt haben.

**28**　Die Situationen Rn 25 oder Rn 26 können im *Prozeßkostenhilfeverfahren* entstehen, Rn 6, BGH RR **94**, 706 rechts und links, Celle Rpfleger **96**, 278, Drsd NJW **99**, 798, zB auch durch erstinstanzliche, mitgeteilte, BGH FamRZ **88**, 1160, und nach § 127 nicht mehr anfechtbar Entscheidungen, BGH AnwBl **88**, 174. Denn andernfalls wäre diejenige Partei, die die Prozeßkostenhilfe beantragt, ohne einen Rechtsschutz, vgl Hbg NJW **73**, 814. Der Zuständigkeitsstreit kann auch dann entstanden sein, wenn der gesetzliche Rechtsweg nicht beschritten werden kann, BGH NJW **72**, 111. Der Zuständigkeitsstreit mag auch im Kostenfestsetzungsverfahren, §§ 103 ff, BayObLG Rpfleger **89**, 80, oder im Mahnverfahren entstehen, §§ 688 ff, BGH Rpfleger **78**, 13, BAG Rpfleger **75**, 127. Grundsätzlich müssen die Klage bzw Antragsschrift vor der Entstehung des Zuständigkeitsstreits zugestellt worden sein, es muß also die Rechtshängigkeit nach § 261 eingetreten sein, BGH RR **93**, 130 und RR **96**, 254, Jauernig NJW **95**, 2018, wegen der Ausnahmen Rn 37. Ein Streit nur zur Frage der Anhängigkeit, zum Begriff § 261 Rn 1, reicht nicht, Düss FamRZ **86**, 821.

**29**　Bei Rn 25 ist die wahre Zuständigkeit unerheblich. Bei Rn 26 muß eines der Gerichte *bei objektiver Betrachtung zuständig* gewesen sein, BGH NJW **95**, 534 mwN, BAG BB **74**, 1123 (dieses Gericht setzt außerdem voraus, daß die Klage zugestellt wurde und daß eine Verhandlung stattgefunden hat; vgl aber Üb 19 vor § 300). Es ist in diesem Fall unerheblich, daß außerdem etwa noch ein anderes Gericht zuständig wäre. Bei einer allseitigen Zuständigkeitsleugnung zwischen dem ordentlichen und dem ArbG entscheidet das zuerst angegangene oberste Bundesgericht, BAG BB **73**, 754.

**30**　**12) Zuständigkeitsarten, I Z 5, 6.** Die Vorschriften betreffen die sachliche, vgl BGH **90**, 157, die örtliche und in entsprechender Anwendung auch die geschäftliche (funktionelle, instanzielle) Zuständigkeit, soweit die Entscheidung nicht auf Grund einer gesetzlichen Regelung im Weg einer Geschäftsverteilung vorzunehmen ist, BGH NJW **94**, 2956, BFH ZZP **100**, 82, Ffm FamRZ **89**, 518, aM Sangmeister MDR **88**, 192. Es kann sich im einzelnen um folgende Streitigkeiten handeln:

**31**　**A. Familiengericht gegen Familiengericht,** BGH FER **97**, 89, BayObLG FamRZ **97**, 297. Das gilt auch bei einem Streit in der höheren Instanz, BGH NJW **79**, 2517, BayObLG **79**, 47, nicht aber bei einem Streit zwischen dem Erinnerungsgericht und dem Beschwerdegericht, BGH NJW **79**, 719. Wegen einer Familiensache der freiwilligen Gerichtsbarkeit Düss FamRZ **84**, 914.

**32**　**B. Familiengericht gegen Gericht der (allgemeinen) freiwilligen Gerichtsbarkeit,** zB gegen das Vormundschaftsgericht, BGH FamRZ **95**, 145, BayObLG FGPrax **99**, 61, Düss FamRZ **99**, 615, Hamm NJW **99**, 432. Zum Problem betreffend Familiensachen im übrigen zB Ffm FamRZ **86**, 692 (maßgeblich ist die Anspruchsbegründung), Diederichsen ZZP **91**, 404.

**33**　**C. Prozeßgericht gegen Familiengericht,** BGH NJW **83**, 47, BayObLG WoM **99**, 232, Kblz FamRZ **99**, 658, Zweibr RR **93**, 518 (im Zweifel sei das FamG zuständig, zB beim Steuererstattungsanspruch des einen gegen den anderen Ehegatten).

**34**　Dabei entscheidet im *höheren* Gericht dessen *Familiengericht,* BGH NJW **83**, 47, Hamm FamRZ **88**, 518, Zweibr FamRZ **87**, 1275, aM BGH NJW **80**, 1282. „Der Zuständigkeits-Wirrwarr ist bald komplett", Bosch FamRZ **86**, 821.

## 2. Titel. Gerichtsstand § 36

**D. Prozeßgericht gegen Gericht der freiwilligen Gerichtsbarkeit**, BGH NJW **84**, 740, möglicher- 35
weise auch BGH FamRZ **95**, 145, ferner BayObLG NZM **98**, 976 links (WEG), Mü RR **89**, 272.

**E. Prozeßgericht gegen Vollstreckungsgericht**, BayObLG Rpfleger **87**, 125.

**F. Zivilkammer gegen Kammer für Baulandsachen**, Oldb MDR **77**, 498.

**G. Zivilkammer gegen Kammer für Handelssachen**, Brschw RR **95**, 1535 mwN, Ffm BB **80**, 552, Nürnb MDR **96**, 1068.

**H. Sonstige Fälle.** Z 6 ist auch beim Streit zwischen Nachlaß- und Landwirtschaftsgericht anwendbar, BGH RR **95**, 198, ebenso entsprechend bei einem Streit zwischen Nachlaß- und Vormundschaftsgericht, Köln FamRZ **96**, 357 (§ 5 FGG gilt nur für die örtliche Zuständigkeit). Die Vorschrift ist auch beim Streit zwischen ordentlichen und ArbG, BAG DB **98**, 2332 (evtl unverändert BAG zur Bestimmung zuständig), oder zwischen ArbG und SG anwendbar; zur Bestimmung ist dasjenige obere Gericht zuständig, das zuerst angegangen wird, BAG NJW **84**, 752. Wenn freilich das SG an ein ordentliches Gericht weiterverwiesen hat, ist nicht mehr das BAG, sondern das BSG zuständig, BAG DB **88**, 2108. II ist beim Streit um den Rechtsweg unanwendbar, BayObLG **99**, 80 (ordentliches Gericht gegen VG).

**I. Weitere Einzelheiten.** In einer Familiensache müssen alle sachlichrechtlich Beteiligten die das Ver- 36
fahren einleitende Antragschrift mitgeteilt erhalten haben, BGH FamRZ **95**, 145, BayObLG NJW **99**, 367, Stgt FamRZ **97**, 1085. Es müssen stets wirksame Erklärungen der Unzuständigkeit durch echte Entscheidungen vorliegen, BGH FamRZ **94**, 299, BayObLG NZM **98**, 976 links, KG MDR **99**, 439. Eine solche Erklärung kann vorliegen, wenn das „verweisende" Gericht die Akten dem anderen Gericht vorlegt und seine Verneinung der eigenen Zuständigkeit erkennbar macht, Karlsr FamRZ **91**, 90 mwN, oder wenn das Gericht die Ablehnung der Übernahme mit dem Fehlen seiner Zuständigkeit begründet, BGH FamRZ **93**, 49.

Eine solche Erklärung liegt nicht vor, wenn das Gericht seine Auffassung zur Zuständigkeit nur in einem Vermerk niedergelegt hat, den es den Parteien *nicht* oder nur formlos *bekannt gegeben* hat, BGH FamRZ **98**, 610, BayObLG KTS **99**, 127, Karlsr FamRZ **91**, 90, aM Drsd NJW **99**, 798 (bei voraussichtlich endlosem Streit großzügiger. Aber ihn soll ja gerade erst das OLG beenden). Eine wirksame Entscheidung fehlt ferner grundsätzlich, wenn das Gericht lediglich formlos an das andere Gericht abgegeben oder zurückgegeben hat, BGH JZ **89**, 50, Schlesw SchlHA **82**, 137, LAG Nürnb BB **95**, 2432, ohne die Parteien anzuhören, BGH RR **94**, 645, BayObLG FamRZ **98**, 376, oder zumindest zu verständigen, BGH NJW **81**, 126, BayObLG WoM **94**, 111, Zweibr FamRZ **87**, 1275. Etwas anders gilt wenn die Anhörung verboten ist, zB bei § 834, BGH NJW **83**, 1859, oder evtl bei einer einstweiligen Anordnung, §§ 620 ff, Köln FamRZ **95**, 1509.

Bei einer im übrigen ordnungsgemäßen formlosen Abgabe *vor der Rechtshängigkeit*, § 261 Rn 1, ist 37
allerdings zwecks baldiger Beendigung des Zuständigkeitsstreits, also wegen der Prozeßwirtschaftlichkeit, Grdz 14, 15 vor § 128, Rn 2, als Ausnahme von Rn 28 die Z 6 entsprechend anwendbar, BGH Rpfleger **83**, 160, BayObLG **99**, 96, Karlsr FamRZ **91**, 91, aM BGH RR **96**, 254, Düss FamRZ **88**, 299, ZöV 26.

Die Partei muß die *Rechtsbehelfe erschöpft* haben, Brschw NJW **79**, 223. Sie muß also eine etwa zulässige 38
Beschwerde erfolglos eingelegt haben, BAG NJW **72**, 1216, insofern auch Oldb MDR **77**, 498 mwN (aber Z 6 setzt eine rechtskräftige Entscheidung voraus).

Freilich ist auch bei einem zwar *grob fehlerhaften*, aber immerhin formell *erlassenen* Verweisungsbeschluß wegen der Prozeßwirtschaftlichkeit, Grdz 14, 15 vor § 128, keine vorherige Anfechtung nötig, BayObLG **91**, 243. Die (auch formlose) Erklärung der Unzuständigkeit kann dabei einem Beschluß nach § 281 gleichstehen, BayObLG **91**, 243. Das bestimmende Gericht muß grundsätzlich beachten, daß das eher spezialisierte der in Frage kommenden Gerichte zuständig wird. Wenn zB der Kläger den einheitlichen prozessualen Anspruch, § 2 Rn 3, mit mehreren sachlichrechtlichen Begründungen versieht oder wenn mehrere derartige Begründungen in Frage kommen, von denen die eine vom allgemeinen Prozeßgericht, die andere vom Familiengericht zu prüfen wäre, sollte grundsätzlich das letztere zuständig werden, BGH FamRZ **83**, 156 – auch zur Unzulässigkeit einer generellen Prozeßtrennung in einem solchen Fall, § 145 Rn 3 – (zustm Walter FamRZ **83**, 363), Bbg FamRZ **89**, 409 mwN. Bei § 7 I 3 Z 5 BetrVG sollte das für den Pensionssicherungsverein zuständige Gericht vor dem für den Arbeitnehmer zuständigen den Vorrang haben, BAG DB **84**, 300.

Das bestimmende Gericht kann eines der beteiligten Gerichte oder ein *drittes* Gericht, das etwa wirklich 39
zuständig ist, zum zuständigen Gericht bestimmen, BGH **71**, 74, Nürnb MDR **82**, 235. Kann es nicht ohne weitere Tatsachenaufklärung ein zuständiges Gericht feststellen, verweist es zurück, BGH NJW **95**, 534. Wenn dasjenige Gericht, an das die Sache nach § 281 oder nach § 48 ArbGG verwiesen worden war, eine unzulässige Rückverweisung oder Weiterverweisung vorgenommen oder dort die Übernahme einfach abgelehnt hatte, dann stellt das bestimmende Gericht den ersten Verweisungsbeschluß wieder her, selbst wenn dieser erste Verweisungsbeschluß sachlich unrichtig war, BayObLG Rpfleger **89**, 80, solange nicht eben wegen solcher Fehler eine Bindungswirkung fehlt, BayObLG VersR **85**, 472. Wenn mit einer Kindschaftssache nach § 640 II ein Antrag nach § 653 verbunden worden war, ist das OLG als Berufungsgericht zuständig, § 119 Z 1 GVG, falls sich das Rechtsmittel nur auf diesen Antrag bezieht, so schon BGH NJW **72**, 111.

Ein *Fehler* in einem Verweisungsbeschluß hindert ein Verfahren nach Z 6 erst dann, wenn der Verwei- 40
sungsbeschluß wegen des Fehlers offensichtlich gesetzwidrig geworden ist, § 281 Rn 39, BAG DB **94**, 436. Das kann der Fall sein: Wenn das rechtliche Gehör verletzt wurde, BGH NJW **82**, 1001, BAG BB **79**, 274; wenn das ordentliche Gericht im Nachverfahren nach einem Urkundenprozeß eine Verweisung an das ArbG vorgenommen hat, BAG BB **73**, 754. In solchen Fällen ist die Akte an das verweisende Gericht zurückzugeben. Eine Bestimmung nach Z 6 findet nicht statt, wenn sich überhaupt nur ein Gericht für unzuständig erklärt hat, weil die Sache bereits bei einem anderen Gericht rechtshängig sei, und die Sache deshalb an dieses andere Gericht verwiesen hat, BGH NJW **80**, 290.

**§§ 36, 37**

41　Eine Entscheidung liegt nicht vor, wenn das Familiengericht lediglich seine *Abteilung,* nicht aber auch die Prozeßabteilung für unzuständig erklärt, BayObLG FamRZ **80**, 1035, Ffm RR **89**, 6, und solange nicht auch der Richter der Prozeßabteilung sich für unzuständig erklärt, Ffm RR **89**, 6. Bei einem Streit zwischen verschiedenen Familienabteilungen des AG entscheidet das Präsidium, und zwar auch dann, wenn im Geschäftsverteilungsplan kein solcher Entscheidungsvorbehalt vorhanden ist.

42　Eine Zuständigkeitsbestimmung im *Prozeßkostenhilfeverfahren,* Rn 6, findet nur für dieses, Karlsr OLGZ **85**, 124, aM Düss Rpfleger **79**, 431. Eine solche für die erste Instanz ist für die zweite Instanz nicht bindend, BGH NJW **80**, 1282.

43　13) *VwGO:* An Stelle des § 36 gilt § 53 VwGO. Zur Frage einer entsprechenden Anwendung des § 36 Z 3 iRv § 53 *VwGO* vgl BVerwG NVwZ **96**, 998 u NVwZ-RR **95**, 479 sowie BVerwG **12**, 363 (betr selbständiges Beweisverfahren, oben Rn 6), zur Anwendung von § 53 I Z 5 VwGO iSv § 36 Z 6 vgl VGH Kassel NVwZ-RR **96**, 611.

**37** *Verfahren bei der Bestimmung des Gerichts.* ¹Die Entscheidung über das Gesuch um Bestimmung des zuständigen Gerichts kann ohne mündliche Verhandlung ergehen.
II Der Beschluß, der das zuständige Gericht bestimmt, ist nicht anfechtbar.

1　**1) Systematik, Regelungszweck, I, II.** Während § 36 die Voraussetzungen der Zuständigkeitsbestimmung nennt, regelt § 37 das Verfahren einschließlich der Entscheidung, zur letzteren ergänzt durch § 329. Das Zwischenverfahren soll im Interesse der in § 36 Rn 2 erläuterten Ziele möglichst rasch und ohne viele Zusatzkosten ablaufen. Ob die bisweilen reichlich lapidare Handhabung der Entscheidung durch Weglassen jeder Begründung dem Rechtsfrieden sonderlich dient, ist zweifelhaft.

2　**2) Geltungsbereich, I, II.** Vgl § 36 Rn 3–6.

3　**3) Verfahren, I.** Zur Notwendigkeit eines „Gesuchs" § 36 Rn 7. Der Antrag kann formlos gestellt werden. Es herrscht kein Anwaltszwang. Der Antrag kann auch zum gerichtlichen Protokoll gestellt werden. Als Antragsteller sind grundsätzlich nur der Kläger oder ein Streithelfer zugelassen, BGH NJW **90**, 2752 mwN, lediglich in den Fällen des § 36 Z 1, 5, 6 auch der Bekl, Düss MDR **89**, 646 oder sein Streithelfer. Prozeßkostenhilfe ist statthaft, § 114 Rn 45.

Das Gericht darf eine mündliche *Verhandlung* ansetzen, ist dazu aber nicht verpflichtet, § 128 Rn 10, BayObLG **85**, 19. Eine Rüge der Unzuständigkeit, die einem früheren Hilfsantrag entgegensteht, ist unbeachtlich, BAG BB **73**, 801. Das Gericht geht vom Klägervortrag aus, BayObLG MDR **98**, 180. Es darf und muß von Amts wegen Ermittlungen anstellen, Grdz 38 vor § 128. Denn es liegt kein Erkenntnisverfahren vor. Freilich ermittelt der BGH nicht die zur Entscheidung erforderlichen Tatsachen, BGH FamRZ **97**, 172. Das Gericht braucht die Prozeßvoraussetzungen, Grdz 13 vor § 253, außer derjenigen der Zuständigkeit nicht zu prüfen, BayObLG MDR **75**, 407, RoSGo § 38 I, StJSchu 2, aM BAG **AP** § 36 Nr 5, ThP 4 (sie wollen auch die Prozeßfähigkeit prüfen; die letzteren unterstellen sie freilich im Ergebnis). Natürlich muß das Gericht die Voraussetzungen des § 36 prüfen. BayObLG **94**, 122 läßt dabei Zweckmäßigkeitserwägungen im Rahmen von Art 101 I 2 GG zu. Sie beherrschen ohnehin oft die Praxis.

4　**4) Entscheidung, I.** Die Entscheidung setzt grundsätzlich Rechtshängigkeit voraus, BGH RR **98**, 1161. Sie erfolgt durch einen Beschluß, § 329. Er kann die Zuständigkeit eines dritten Gerichts begründen, BGH FamRZ **97**, 172. Er ist zu begründen, da ein meist schwer zu beurteilender Zwischenstreit beendet wird, der den gesetzlichen Richter bestimmt, § 329 Rn 4.

Der Beschluß enthält *keine Kostenentscheidung,* weder bei einer Bestimmung, insofern ebenso BGH RR **87**, 757, noch bei ihrer Ablehnung oder bei einer Antragsrücknahme, aM insofern BGH RR **87**, 757 (er wendet § 269 III schon deshalb in sich widersprüchlich an, weil er fälschlich keinen Antrag voraussetzt, § 36 Rn 7; im übrigen ist durchaus nicht erkennbar, weshalb das Klageverfahren nur dann keine Hauptsache mehr sein soll). Man muß die Kosten notfalls gesondert einklagen, Düss MDR **83**, 846, Schmidt AnwBl **84**, 553.

5　Wenn eine mündliche Verhandlung stattfand, ist der Beschluß zu verkünden oder schriftlich *mitzuteilen.* Wenn der Rechtsstreit noch nicht anhängig ist, wird der Beschluß nur dem Antragsteller bekanntgegeben. Nach der Anhängigkeit wird er beiden Parteien bekanntgegeben. Eine formlose Mitteilung genügt, § 329 II 2. Wenn der Beschluß vor dem Zeitpunkt der Klagzustellung usw ergangen ist, dann muß ihn der Kläger der nachfolgenden Klage bzw seinem nachfolgenden Antrag beifügen.

6　**5) Rechtsbehelfe, II.** Gegen einen zurückweisenden Beschluß ist die Beschwerde nach § 567 I zulässig. Gegen einen zurückweisenden Beschluß des LG im Beschwerdeverfahren ist eine Beschwerde unzulässig, § 567 III 1. Gegen einen Beschluß, durch den ein Gericht als zuständig bestimmt worden ist, ist grundsätzlich kein Rechtsbehelf statthaft. BayObLG WoM **98**, 119 gibt gegen Zurückverweisung evtl die sofortige Beschwerde. Die Prozeßparteien können wegen der ausdrücklichen Unanfechtbarkeit des bestimmenden Beschlusses die daraus folgende Zuständigkeit weder im Prozeß noch sonstwie bemängeln. Das gilt selbst dann, wenn das bestimmende Gericht einen Verfahrensfehler begangen, BGH FamRZ **80**, 671, etwa den Grundsatz des rechtlichen Gehörs verletzt haben sollte, BAG BB **74**, 188. Nur bei greifbarer Gesetzwidrigkeit, § 127 Rn 25, kommt eine Beschwerde in Betracht, BGH RR **94**, 1213 mwN. Beim Rpfl gilt § 11 RPflG, vgl § 104 Rn 41 ff.

7　**6) Bindung, II.** § 37 enthält keine ausdrückliche Bindungswirkung, anders als § 281 II 2, AG Lübeck NJW **78**, 649. Trotzdem ist die Bestimmung des zuständigen Gerichts wegen des Regelungszwecks, § 36 Rn 2, grundsätzlich für das bestimmte Gericht bindend, § 329 Rn 17, BGH FamRZ **80**, 671, BAG NJW **96**, 413, Mü FamRZ **78**, 350. Diese Bindungswirkung tritt freilich nur insoweit ein, als ein Bindungswille des bestimmenden Gerichts erkennbar geworden ist, AG Lübeck NJW **78**, 649. Sie fehlt, soweit das

3. Titel. Vereinbarung über Zuständigkeit § 37, Übers § 38

bestimmende Gericht gegen Art 103 I GG verstoßen, zB eine selbst gesetzte Äußerungsfrist nicht eingehalten hat, BGH RR **88**, 522. Das bestimmte Gericht muß auch prüfen, ob das bestimmende Gericht überhaupt denselben Sachverhalt geprüft hat, der auch der Klage zugrunde liegt. Freilich bleibt die Bestimmung bindend, wenn das bestimmende Gericht den Sachverhalt nicht ganz vollständig berücksichtigt hat, BGH FamRZ **80**, 671. Die Zuständigkeitsbestimmung bleibt ferner dann wirksam, wenn die Klage auf ein Weniger hinausläuft, wenn die Klage also etwa nur eine Feststellung statt einer Leistung begehrt. Auch das übergeordnete Gericht des bestimmten Gerichts, zB das Beschwerdegericht, bleibt gebunden, BGH FamRZ **80**, 670, BayObLG Rpfleger **87**, 125 mwN. Etwas anderes gilt dann, wenn die Klage auf ein Mehr hinausläuft oder wenn der Kläger gegen denjenigen Streitgenossen, § 59, dessentwegen die Zuständigkeitsbestimmung nach § 36 Z 3 gerade erfolgen mußte, nun keine Klage erhebt, Mü MDR **87**, 851.

**7)** *VwGO:* **I** *entspricht § 53 III 2 VwGO. Die Unanfechtbarkeit des Beschlusses,* **II**, *ergibt sich aus § 152* **8** *VwGO.*

### Dritter Titel. Vereinbarung über die Zuständigkeit der Gerichte

### Übersicht

**Schrifttum:** *Ahrendt,* Der Zuständigkeitsstreit im Schiedsverfahren, 1996 (rechtsvergleichend betr §§ 1025 ff); *Aull,* Der Geltungsanspruch des EuGVÜ usw, 1996; *von Baum,* Die prozessuale Modifizierung von Wertpapieren durch Gerichtsstands- und Schiedsvereinbarungen, 1998; *de Bra,* Verbraucherschutz durch Gerichtsstandsregelungen im deutschen und europäischen Zivilprozeßrecht, 1992; *Dorsel,* Forum non conveniens usw (rechtsvergleichend), 1994; *Eilers,* Maßnahmen des einstweiligen Rechtsschutzes im Europäischen Zivilrechtsverkehr, 1991; *Gottwald,* Grenzen internationaler Gerichtsstandsvereinbarungen, Festschrift für *Firsching* (1985) 89; *Gottwald,* Internationale Gerichtsstandsvereinbarungen – Verträge zwischen Prozeßrecht und materiellem Recht, Festschrift für *Henckel* (1995) 295; *Hausmann,* Rechtliche Anknüpfung internationaler Gerichtsstands- und Schiedsvereinbarungen?, in: Festschrift für *Lorenz*, 1991; *Jayme,* Inhaltskontrolle von Rechtswahlklauseln in Allgemeinen Geschäftsbedingungen, in: Festschrift für *Lorenz*, 1991; *Kropholler,* Internationales Privatrecht, 3. Aufl 1997, § 58 III; *Kropholler/Pfeifer,* Das neue europäische Recht der Zuständigkeitsvereinbarung, in: Festschrift für *Nagel* (1987) 157; *Möllers,* Internationale Zuständigkeit bei der Durchgriffshaftung, 1987; *Rahmann,* Ausschluß staatlicher Gerichtszuständigkeit usw, 1984 (rechtsvergleichend: USA); *Reiser,* Gerichtsstandsvereinbarungen nach IPR-Gesetz und Lugano-Übereinkommen, Zürich 1995; *Reithmann,* Internationales Vertragsrecht, 3. Aufl 1980; *Sandrock,* Die Vereinbarung eines „neutralen" internationalen Gerichtsstandes, Zivilverfahrensrecht, 2. Aufl 1996; *Schlosser,* EuGVÜ usw, 1996; *Schücking,* Wirtschaftsrechtliche Schranken für Gerichtsstandsvereinbarungen, Gedächtnisschrift für *Arens* (1993) 385; *Staehelin,* Gerichtsstandsvereinbarungen im internationalen Handelsverkehr Europas usw, 1994; *Stöve,* Gerichtsstandsvereinbarungen nach Handelsbrauch, Art 17 EuGVÜ und § 38 ZPO usw, 1993; *Vial,* Die Gerichtsstandswahl und der Zugang zum internationalen Zivilprozeß im deutsch-italienischen Rechtsverkehr usw, 1999; *Weth,* Prämien für gute Richter, Festschrift für *Lüke* (1997) 961; *Weyland,* Zur Frage der Ausschließlichkeit internationaler Gerichtsstandsvereinbarungen, Gedächtnisschrift für *Arens* (1993) 417.

### Gliederung

| | |
|---|---|
| 1) Systematik .................. 1 | 4) Internationales Recht ................ 7–10 |
| 2) Regelungszweck ............. 2 | 5) VwGO .............................. 11 |
| 3) Geltungsbereich ............ 3–6 | |

**1) Systematik.** Die Novelle 74 hat den früheren Grundsatz der freien Vereinbarkeit der sachlichen und **1** örtlichen Zuständigkeit (Prorogation) fast ins Gegenteil verkehrt, LG Trier NJW **82**, 287, und eine erhebliche Einschränkung der Parteiherrschaft bewirkt, Grdz 18 ff vor § 128, LG Bln RR **97**, 378. § 290 und andere ausschließliche Gerichtsstände geben vor, § 40 II 1 Hs 1.

**2) Regelungszweck.** Nun soll zwar niemand gegen seinen Willen dem gesetzlichen Richter entzogen **2** werden, Art 101 I 2 GG, LG Bln RR **97**, 378; besonders in Allgemeinen Geschäftsbedingungen ist enormer Mißbrauch getrieben worden. Trotzdem besteht oft ein ganz erhebliches Bedürfnis beider Partner nach der Möglichkeit einer freien Zuständigkeitswahl. Die Neuregelung würgt solche Möglichkeiten zu sehr ab. Freilich bleibt die Schiedsvereinbarung zulässig, durch den der ordentliche Richter (inkonsequent) überhaupt ausgeschaltet werden kann; insofern kritisch Bettermann ZZP **91**, 392, Wolf ZZP **88**, 345. Falls vor allem Allgemeine Geschäftsbedingungen auf ihn ausweichen, bleibt doch nur eine Fortsetzung der (dann schieds-) richterlichen Inhaltskontrolle.

**3) Geltungsbereich.** Vgl zunächst Üb 2 vor § 12. §§ 38–40 gelten für die sachliche Zuständigkeit, KG **3** VersR **80**, 874, aM LG Bre VersR **78**, 978, ferner für örtliche und internationale Zuständigkeit, Üb 5 vor § 12, BGH NJW **81**, 2644, Mü MDR **75**, 494, Nürnb NJW **85**, 1296. §§ 38–40 gelten nicht für die geschäftliche (funktionale, instanzielle) Zuständigkeit, Rn 5, BGH VersR **77**, 430. Die Zuständigkeit ist von Amts wegen zu prüfen, Grdz 39 vor § 128, BGH **LM** Nr 6. Beim AG besteht eine Belehrungspflicht über die sachliche wie örtliche Unzuständigkeit, § 504. Ein Versäumnisurteil aufgrund einer bloßen Behauptung der Zuständigkeitsvereinbarung ist evtl unzulässig, selbst wenn die letztere mit Tatsachen belegt wird, § 331 I 2, dort Rn 8, Ffm MDR **75**, 232. Eine rügelose Einlassung heilt nur bedingt, §§ 39, 40 II.

**Übers § 38, § 38**  1. Buch. 1. Abschnitt. Gerichte

Im *Mahnverfahren* gilt § 689 II, III; es ist also keine Zuständigkeitsvereinbarung mehr möglich. Für das anschließende streitige Verfahren ist eine Zuständigkeitsvereinbarung jedenfalls dann nicht mehr zulässig, wenn inzwischen Rechtshängigkeit eingetreten ist, §§ 261 III Z 2, 696 III, aM Müller-Lerch AnwBl **82**, 46.

4   Für *Haustürgeschäfte* usw vgl § 29 Anh. Im Patentverfahren gilt § 78 b GVG Anh I; weitere Sondervorschriften enthalten zB §§ 109, 147 III VAG, 48 I VVG; 26 FernUSG (dessen II Z 1, 2 entspricht etwa dem § 38 III Z 1, 2 ZPO; vgl aber auch Anh § 29 Rn 7–12), zu alledem Schücking (vor Rn 1) 386. §§ 38–40 sind auf Verfahren gemäß LVO unanwendbar, BGH **LM** § 1 LVO Nr 6.

5   Die *geschäftsplanmäßige* (funktionale, instanzielle) Zuständigkeit, etwa einer bestimmten Kammer, läßt sich nicht vereinbaren (Ausnahmen gelten für die Kammer für Handelssachen). Die Wahl des Rechtswegs unterliegt keiner Vereinbarung, § 13 GVG. Statthaft ist eine Zuständigkeitsvereinbarung nur im Urteilsverfahren, nicht im Beschlußverfahren, auch eine Vereinbarung wegen eines bloßen Teilanspruchs ist unzulässig.

6   Das vereinbarte Gericht wird ohne seinen Willen zuständig. Nach dem Eintritt der *Rechtshängigkeit* fällt die Zuständigkeit nicht mehr weg, § 261 III 2, vgl § 281 Rn 45. Wegen der Auswirkung einer Zuständigkeitsvereinbarung auf eine Aufrechnungsmöglichkeit § 145 Rn 18. Besteht am Ort der vereinbarten Zuständigkeit keine deutsche Gerichtsbarkeit mehr, ist die Vereinbarung erledigt. Eine Vereinbarung der Zuständigkeit durch die Tarifpartner, § 48 II ArbGG, ist möglich geblieben, auch noch im Gütetermin, BAG BB **74**, 1124.

7   **4) Internationales Recht.** Es sind gemäß § 293 zunächst etwaige Gesetzesvorschriften zu beachten, nach denen ein gesetzlicher Gerichtsstand nicht vertraglich ausschließbar ist, zB: § 53 III KWG, Schücking (vor Rn 1) 394; § 109 VAG, Schücking (vor Rn 1) 386; zum Problem Schücking (vor Rn 1) auf. Im übrigen gilt: Die Vereinbarung der nationalen Zuständigkeit ist zulässig, soweit sie nicht bürgerlichrechtlich unwirksam ist; daher ist sie auch formularmäßig grundsätzlich statthaft, BAG NJW **73**, 727, Bbg RR **89**, 371, LG Hbg VersR **82**, 140 (wegen eines Konnossements; wegen der Rechtswahl Hbg VersR **86**, 1022). Die Vereinbarung der internationalen Zuständigkeit, Üb 5 vor § 12, ist zulässig, BGH NJW **86**, 1438 (zustm Geimer), BAG DB **78**, 698, soweit nicht die Schutzbedürftigkeit des Arbeitnehmers vorrangig ist, BAG NJW **73**, 963; in der Revisionsinstanz ist die Vereinbarung einer internationalen Zuständigkeit von Amts wegen zu prüfen, BAG NJW **73**, 963. Zulässigkeit und Wirkung sind nach Rn 38 zu prüfen.

Zulässigkeit und Wirkung der Vereinbarung sind grundsätzlich nach deutschem Recht zu prüfen, BGH NJW **97**, 2886 und BB **98**, 2283, Zustandekommen im übrigen nach dem Vertragsrecht der maßgebenden Rechtsordnung, BGH NJW **98**, 2286, ähnlich Köln VersR **98**, 736. Es kann sich auch nach *ausländischem* Recht richten, BGH NJW **98**, 2886, Bbg RR **89**, 371, aM Saarbr RR **89**, 829. Das gilt unabhängig davon, ob die dortigen maßgebenden Bestimmungen zu seinem sachlichen Recht oder zu seinem Prozeßrecht zählen, BGH NJW **89**, 1431. Der ordre public darf nicht verletzt sein, Ffm IPRax **99**, 249.

8   Das *EuGVÜ* und das *LugÜbk*, dazu SchlAnh V C Üb 5, 6, BGH BB **98**, 2284, Kblz ZMR **97**, 186 (je: Schweiz), sind *vorrangig*, Mü MDR **81**, 592 mwN, Baumgärtel Festschrift für Kegel [1978] 287, auch für Vollkaufleute, Karlsr NJW **82**, 1950), dazu Kropholler, Europäisches Zivilprozeßrecht (Komm), 5. Aufl 1996, Art 17 EuGVÜ Rn 19, vgl SchlAnh V C 1, bes Art 5, dazu EuGH DB **82**, 951. Das gilt insbesondere wegen *Art 17 EuGVÜ*, EuGH IPRax **93**, 32 und DB **97**, 619 (mündliche Vereinbarung über Erfüllungsort), BGH NJW **94**, 54 und 2699 sowie GRUR **94**, 530 (wegen Art 5 bei vorbeugender Unterlassungsklage Vorlage beim EuGH), Stgt IPRax **92**, 88, Graf von Westphalen NJW **94**, 2119. Freilich sind nach Art 17 EuGVÜ nur die Zulässigkeit, Form und Wirkung der Gerichtsstandsvereinbarung zu prüfen, unabhängig von der Wirksamkeit des Hauptvertrag, EuGH JZ **98**, 896 (zustm Mankowski); welche sachlichrechtlichen Anforderungen zu stellen sind, bestimmt sich nach demjenigen Recht, das von dem angerufenen Gericht nach seinem internationalen Privatrecht für anwendbar erklärt wird, Saarbr NJW **92**, 987.

9   Die internationale Zuständigkeit des deutschen Gerichts ist in jeder Verfahrenslage nach Art 19 EuGVÜ *von Amts wegen zu prüfen,* Grdz 39 vor § 128, soweit Anhaltspunkte dafür bestehen, daß das EuGVÜ anwendbar und die ausschließliche internationale Zuständigkeit der Gerichte eines anderen Vertragsstaats nach Art 16 EuGVÜ gegeben sein könnte, BGH EuZW **90**, 37.

10   Zum *Warschauer Abkommen* Wegner VersR **82**, 423. Es ist rechtspolitisch eine Angleichung an internationalen Standard wünschenswert, Nagel JR **89**, 41.

11   **5) *VwGO:*** Der 3. Titel ist unanwendbar, hM, vgl Ey § 52 Rn 27, auch in sog Parteistreitigkeiten, RedOe § 52 Anm 2 mwN, VG Stgt NJW **67**, 411 mwN, aM Grunsky § 36 III 2. Die Regelung der sachlichen und örtlichen Zuständigkeit, §§ 45–53 VwGO, läßt keinen Raum für Vereinbarungen, da der Kläger nicht einmal das Wahlrecht zwischen mehreren zuständigen Gerichten hat, § 35 Rn 5. Außerdem ist nach § 40 II ZPO gerade in Fällen, bei denen eine ähnliche Lage wie im VerwProzeß besteht, eine Vereinbarung ausgeschlossen, vgl Peters DÖV **67**, 407, und das gleiche gilt allgemein nach § 59 SGG (dazu Meyer-Ladewig Rn 2).

**38** *Grundsätze.* [1]Ein an sich unzuständiges Gericht des ersten Rechtszuges wird durch ausdrückliche oder stillschweigende Vereinbarung der Parteien zuständig, wenn die Vertragsparteien Kaufleute, juristische Personen des öffentlichen Rechts oder öffentlich-rechtliche Sondervermögen sind.

II [1]Die Zuständigkeit eines Gerichts des ersten Rechtszuges kann ferner vereinbart werden, wenn mindestens eine der Vertragsparteien keinen allgemeinen Gerichtsstand im Inland hat. [2]Die Vereinbarung muß schriftlich abgeschlossen oder, falls sie mündlich getroffen wird, schriftlich bestätigt werden. [3]Hat eine der Parteien einen inländischen allgemeinen Gerichtsstand, so kann für das Inland nur ein Gericht gewählt werden, bei dem diese Partei ihren allgemeinen Gerichtsstand hat oder ein besonderer Gerichtsstand begründet ist.

### 3. Titel. Vereinbarung über Zuständigkeit   § 38

**III** Im übrigen ist eine Gerichtsstandsvereinbarung nur zulässig, wenn sie ausdrücklich und schriftlich
1. nach dem Entstehen der Streitigkeit oder
2. für den Fall geschlossen wird, daß die im Klageweg in Anspruch zu nehmende Partei nach Vertragsschluß ihren Wohnsitz oder gewöhnlichen Aufenthaltsort aus dem Geltungsbereich dieses Gesetzes verlegt oder ihr Wohnsitz oder gewöhnlicher Aufenthalt im Zeitpunkt der Klageerhebung nicht bekannt ist.

**Vorbem.** I idF Art 18 Z 1 HRefG v 22. 6. 98, BGBl 1474, in Kraft seit 1. 7. 98, Art 29 IV HRefG, ÜbergangsR Einl III 78.

**Gliederung**

| | |
|---|---|
| 1) Systematik, Regelungszweck, I–III .... 1 | D. Öffentlichrechtliches Sondervermögen . 19 |
| 2) Geltungsbereich, I–III .................. 2 | E. Form, I............................. 20 |
| 3) An sich unzuständig, I. ................ 3 | 6) Auslandsberührung, II................. 21–32 |
| 4) Vereinbarung, I ........................ 4–14 | A. Grundsatz: Begrenzte Zulässigkeit...... 21, 22 |
| A. Einigung............................ 4, 5 | B. Fälle................................ 23–25 |
| B. Allgemeine Geschäftsbedingungen (AGB): Beachtlichkeit bei Vereinbarung 6, 7 | C. Form, II............................ 26 |
| C. Unterwerfung unter AGB............. 8, 9 | D. Einzelfragen ........................ 27–32 |
| D. Inhaltskontrolle von AGB............. 10, 11 | 7) Vereinbarung, III ...................... 33–36 |
| E. Ungewöhnlichkeit einer AGB-Klausel . 12, 13 | A. Grundsatz: Hilfsweise Geltung ........ 33 |
| F. Weitere Prüfung ...................... 14 | B. Nach dem Entstehen der Streitigkeit, III Z 1 ............................. 34 |
| 5) Partner, Form, I ....................... 15–20 | C. Wohnsitzverlegung usw, III Z 2 ........ 35 |
| A. Grundsatz: Nur bestimmte Partner ..... 15, 16 | D. Mahnverfahren ..................... 36 |
| B. Kaufmann ........................... 17 | 8) Rügelose Einlassung, I–III.............. 37 |
| C. Juristische Person des öffentlichen Rechts ................................. 18 | |

**1) Systematik, Regelungszweck, I–III.** Die Vorschrift schafft Sonderregeln gegenüber denjenigen **1** einer (nur) örtlichen Zuständigkeit. Sie wird durch § 39 ergänzt und durch § 40 begrenzt. § 38 zählt zu den wesentlichen Grundgedanken der gesetzlichen Regelung im Sinn von § 9 II Z 1 AGBG, LG Düss RR **95**, 441. III gilt neben §§ 12 ff nur hilfsweise, LAG Düss DB **84**, 1686.

Die Vorschrift *dient der* Parteiherrschaft, Grdz 18 vor § 128. Obwohl diese ein Grundgedanke des Zivilprozeßrechts ist, stellt § 38 doch systematisch eine Ausnahme, Rn 1, vor dem im Interesse der Rechtssicherheit, Einl III 43, und des Verfassungsgebots eines gesetzlichen Richters geschaffenen System gesetzlicher Zuständigkeiten dar, vgl Üb 1 vor § 38. Daher ist § 38 eng auszulegen, LG Trier NJW **82**, 287 (zu I).

**2) Geltungsbereich, I–III.** Vgl Üb 3 vor § 38. **2**

**3) An sich unzuständig, I.** Gemeint ist allein ein ordentliches Gericht I. Instanz, also ein AG oder LG. **3** Die Zuständigkeit höherer Gerichte folgt zwangsläufig aus deren Tätigkeit. Bei der Zuständigkeit eines ordentlichen wie eines ArbG, § 3 ArbGG, geht es bei der Vereinbarung auf das eine oder andere hinaus. Eine Vereinbarung eines Verwaltungsorgans oder dgl gilt höchstens als eine Schiedsvereinbarung, §§ 1025 ff. Wahl des unzuständigen bedeutet natürlich zugleich grundsätzlich Abwahl des sonst zuständigen Gerichts.

**4) Vereinbarung, I.** Zur Verfassungsmäßigkeit BVerfG NJW **71**, 1449 (betr § 6 a des früheren AbzG), **4** AG Köln Rpfleger **74**, 271.

**A. Einigung.** Erforderlich ist eine Willenseinigung. Dies gilt auch für eine Widerklage, Anh § 253, für die das Gericht ohne § 33 unzuständig wäre. Sie ist, wenn sie vor der Klageerhebung, §§ 253, 261, vereinbart worden war, ein sachlichrechtlicher Vertrag über prozessuale Beziehungen, BGH NJW **94**, 1439; folglich sind ihre Voraussetzungen vom deutschen Gericht, nach sachlichem Recht zu prüfen, BGH NJW **94**, 51, nach sachlichem Recht zu prüfen, BGH **57**, 75, Hbg VersR **85**, 858, Wirth NJW **78**, 461, aM (die Zuständigkeitsvereinbarung sei stets eine Prozeßhandlung, sie sei also nur von einem Prozeßfähigen oder einem ProzBev vereinbar) BGH **59**, 26, wohl auch Mü NJW **74**, 195, Hervé Vollkommer NJW **74**, 196. Die Bestimmung muß zwar sein; zB meint aber „München" das derzeitige LG Mü II, BGH NJW **96**, 3013.

Ob die Vereinbarung bei einem Streit über die Wirksamkeit des übrigen Vertrags maßgeblich ist, ist eine **5** *Auslegungsfrage*, Düss NJW **91**, 1492, Ffm RR **99**, 604, Kblz BB **83**, 1635. In der Regel soll das vereinbarte Gericht auch dazu entscheiden, was natürlich dann auch nicht der Form der Hauptverhandlung unterworfen ist, vgl BGH **LM** Nr 4, KG BB **83**, 213. Eine Vereinbarung umfaßt auch einen deliktischen Anspruch, der einen Bezug zum Vertrag hat, Stgt IPRax **92**, 88 (zustm Roth IPRax **92**, 68). Keine Vereinbarung liegt vor, wenn ein Anspruch aus Verschulden bei Vertragsverhandlungen geltend gemacht wird (Ausnahme: Es besteht schon ein Rahmenvertrag), oder wenn eine Partei meint, das Gericht, an das beide eine Verweisung beantragen, sei an sich zuständig, BGH FER **97**, 88, oder wenn es um einen Anspruch aus einem vertragsähnlichen Vertrauensverhältnis geht, LG Brschw BB **74**, 571, oder wenn es sich um eine einseitige Klausel handelt, die zB im Briefkopf steht und gegen das AGBG verstoßen kann, BGH **101**, 273 („Gerichtsstand X"); krit Lindacher ZZP **188**, 502).

Wer *Partner* sein muß und welche *Form* nötig ist, ergibt sich aus Rn 15 ff. Die Vereinbarung wirkt für den Insolvenzverwalter und den Rechtsnachfolger wie jeder Vertrag, BGH NJW **80**, 2023, nicht ohne weiteres für einen Bürgen, nicht für einen Streitgenossen, soweit nicht § 62 gilt. Die Vereinbarung kann grundsätzlich jeden gesetzlich zulässigen Inhalt haben, auch zB ein Wahlrecht des etwaigen Bekl, BGH NJW **83**, 996, oder eine ausschließliche ausländische Zuständigkeit, BGH BB **98**, 2284 (Auslegungsfrage), Kblz ZMR **97**, 186. Für letztere besteht aber keine Vermutung, KG MDR **99**, 56.

§ 38                                                           1. Buch. 1. Abschnitt. Gerichte

**6**   **B. Allgemeine Geschäftsbedingungen (AGB): Beachtlichkeit bei Vereinbarkeit.** Solche Bedingungen sind beachtlich, soweit eine Vereinbarung zulässig ist. Auch dann sind sie nur gültig, soweit sie wirklich vereinbart wurden, Rn 3–5, Düss NJW **91**, 1492, und soweit kein Verstoß gegen das AGBG, vgl § 78 b GVG Anh III, vorliegt, Karlsr NJW **96**, 2041, Oldb RR **96**, 1486, LG Frankenth NJW **97**, 203 (evtl § 9 AGBG). Mit dem VOB/B ist evtl auch deren Gerichtsstand nach dort § 18 Z 1 mit Vorrang vor § 29 vereinbart, § 29 Rn 33 „Werkvertrag".

**7**   Keine Vereinbarungen sind die als *Rechtsverordnung* erlassenen Allgemeinen Versorgungsbedingungen (AVB) zB Mü Energieunternehmen, LG Bochum BB **75**, 937, Schulz-Jander BB **74**, 571 (sie enthalten, freilich nur für Tarifkunden, Edelmann NJW **75**, 1923, einen gesetzlichen Gerichtsstand, was zulässig ist, Üb 11 vor § 12), aM Diederichsen BB **74**, 378; vgl auch § 23 II Z 2 AGBGB.

**8**   **C. Unterwerfung unter AGB.** Eine Vereinbarung ist auch durch eine (selbst stillschweigende, soweit I gilt, Kblz BB **83**, 1635, bei telefonischer Bestellung zweifelhafte, Ffm NJW **74**, 63, bei ungewöhnlichen Klauseln unwahrscheinliche, § 3 AGBG) Unterwerfung möglich, BGH **LM** Allg BeschBd Nr 47, Mü NJW **73**, 1560 (betr die internationale Geltung der ADSp), einmal wegen der gerade auch im Interesse der Rechtssicherheit zu achtenden Vertragsfreiheit, Mü NJW **73**, 1621, zum anderen wegen der meist vorhandenen völligen Gleichgültigkeit gegenüber AGB, Ffm NJW **74**, 194, und weil mit ihnen bisher besonders bei Großfirmen in weitem Umfang zu rechnen ist, BAG NJW **73**, 727, Karlsr MDR **74**, 236, Nürnb MDR **74**, 406; die Vereinbarung ist also nicht nur bei einem schutzwürdigen Interesse möglich, aM LG Nürnb-Fürth NJW **73**, 1618.

**9**   Es ist also trotz des AGBG keineswegs die Wirksamkeit aus allgemeinen *sozialen* Erwägungen abzuleiten, vgl schon Mü NJW **73**, 1620, selbst wenn man mit Karlsr NJW **74**, 1060, Vollkommer NJW **73**, 1592, aM Mü OLGZ **73**, 360, §§ 12 ff schon nach aF als Schutzgesetz zugunsten des Beklagten sähe. Im Zweifel ist eine Auslegung zu Lasten des Verwenders notwendig, § 5 AGBGB.

**10**   **D. Inhaltskontrolle von AGB.** Bei einer Unterwerfung unter einseitig vorformulierte (auch kurze, Köln NJW **73**, 1882) Vertragsklauseln (diese sind zu Lasten desjenigen auszulegen, der von der ZPO abweicht, vgl § 5 AGBG, Karlsr NJW **73**, 1931, Stgt BB **74**, 1270) ist die Vereinbarung besonders sorgfältig auf Verstoß gegen Treu und Glauben und gegen § 138 BGB zu prüfen, also auch auf eine etwaige Erschleichung und etwaigen sonstigen Rechtsmißbrauch, KG FamRZ **89**, 1105, Vollkommer NJW **73**, 1593, Üb 22 vor § 12: es ist eine Inhaltskontrolle notwendig, §§ 3, 8 ff AGBG, BGH **52**, 171, Oldb RR **96**, 1486, aM ThP 28, 29.

**11**   *Maßgeblich ist, ob* der Partner des Verwenders der AGB gegen Treu und Glauben unangemessen benachteiligt wird, § 9 AGBG, nur in diesem Gedankenansatz richtig LG Karlsr JZ **89**, 690 (abl Wolf). Bedenklich ist es zB, wenn die Klausel nicht in einer der Verhandlungssprachen abgefaßt ist, Düss DB **73**, 2390.

**12**   **E. Ungewöhnlichkeit einer AGB-Klausel.** Daher kann zB eine aus der Sicht nicht nur des Unterworfenen, sondern jedes vernünftigen Dritten, LG Ravensb NJW **73**, 2303, völlig ungewöhnliche Klausel (sie ist bei einem Kaufmann als Kunde selten, LG Hbg BB **73**, 1370) zumindest mangels eines rechtzeitigen Hinweises auf sie, LG Mü BB **73**, 167, unwirksam sein, § 3 AGBG, BGH NJW **73**, 195 (betr Vollmacht), LG Kblz BB **73**, 444, LG Mü NJW **73**, 59. Eine Vereinbarung auf das Gericht des Zessionars ist denkbar, denn § 40 fordert keinen genauen Ort, sondern nur eine Bestimmbarkeit, LG Bielef MDR **77**, 672; freilich sind scharfe Anforderungen zu stellen, insbesondere bei einer Inkassostelle. Eine im AGB enthaltene Klausel auf den Sitz des Verwenders begründet im Zweifel einen ausschließlichen Gerichtsstand nur gegen, nicht für ihn, Bbg RR **89**, 371.

**13**   *Zu unbestimmt* ist die Klausel, wenn der jeweilige Kläger das Gericht frei bestimmen dürfte, Karlsr DB **74**, 184, LG Bielef MDR **77**, 672. S ferner § 29. Die etwaige Befugnis höherer Gerichte, dem vereinbarten Gericht die Sache zu entziehen, oder eine Kassationsmöglichkeit sind grundsätzlich unschädlich, Hbg MDR **73**, 940. Gegenüber einem Kaufmann (wenn der Vertrag zu seinem Handelsgewerbe zählt) und gegenüber einer juristischen Person des öffentlichen Rechts bzw einem öffentlichrechtlichen Sondervermögen sind AGB nur eingeschränkt anwendbar, § 24 AGBG. Eine AGB-Klausel für eindeutig nicht als AGB anfallende Vollkaufleute kann unwirksam und vom Kaufmann angreifbar sein, LG Karlsr MDR **97**, 29, aM Ffm MDR **98**, 664.

**14**   **F. Weitere Prüfung.** Neben Rn 3–5 bzw Rn 6–13 ist zu prüfen, ob eine der Fallgruppen I–III vorliegt. Diese sind Musterbeispiele eines übersteigerten Gerechtigkeitsstrebens auf Kosten der Rechtssicherheit; es gibt allein drei Formvarianten, die außerdem zum Teil sprachlich unklar abgefaßt sind. Wegen der Einschränkung der Parteiherrschaft, Üb 1 vor § 38, ist keine ausdehnende Auslegung zulässig, Rn 2.

**15**   **5) Partner, Form, I.** Es kommt auf die Person an.
**A. Grundsatz: Nur bestimmte Partner.** I erlaubt nur bestimmten Partnern eine Zuständigkeitsvereinbarung. Seine sprachliche Fassung ist unklar: „Parteien" – „Vertragsparteien" Gemeint ist: die Zuständigkeitsvereinbarung muß zwischen den Parteien, §§ 50 ff, dieses Prozesses geschlossen worden sein, LG Trier NJW **82**, 287, und jede Partei muß zur Zeit der Zuständigkeitsvereinbarung, Köln RR **92**, 571 mwN (also sind spätere Änderungen unerheblich), der einen oder anderen in I genannten Gruppen angehört haben, BayObLG BB **78**, 1685 (eine Zugehörigkeit zu derselben Gruppe ist nicht erforderlich, Diederichsen BB **74**, 379, ausreichend ist zB ein Vertrag zwischen einem Kaufmann und einer juristischen Person), LG Trier NJW **82**, 287. Sonst könnte zB durch eine Abtretung doch wieder der gerade bekämpfte frühere Zwang zur Einlassung vor dem auswärtigen Gericht eintreten. Der Rechtsnachfolger ist an eine wirksame Vereinbarung gebunden, BayObLG **99**, 76 (Insolvenzverwalter).

**16**   *Nicht ausreichend* ist zB, daß der dem Prozeß zugrundeliegende Kaufvertrag zwischen Kaufleuten geschlossen worden war, wenn eine der Prozeßparteien kein Kaufmann war und kein Fall von II oder III vorliegt, LG Düss RR **95**, 441, LG Trier NJW **82**, 287 (abl Ackmann ZIP **82**, 462), ZöV 10, aM Meyer-Lindemann JZ **82**, 595 mwN (aber auch ein „sprachlicher Mißgriff" kann eindeutig regeln).

**17**   **B. Kaufmann.** Gemeint ist im Sinn von §§ 1 ff HGB je idF Art 3 Z 1–6 HRefG v 22. 6. 98, BGBl 1474, in Kraft seit 1. 7. 98, Art 29 IV HRefG:

3. Titel. Vereinbarung über Zuständigkeit **§ 38**

*HGB § 1.* ¹ Kaufmann im Sinne dieses Gesetzbuchs ist, wer ein Handelsgewerbe betreibt.
² Handelsgewerbe ist jeder Gewerbebetrieb, es sei denn, daß das Unternehmen nach Art oder Umfang einen in kaufmännischer Weise eingerichteten Geschäftsbetrieb nicht erfordert.

*HGB § 2.* ¹ Ein gewerbliches Unternehmen, dessen Gewerbebetrieb nicht schon nach § 1 Abs. 2 Handelsgewerbe ist, gilt als Handelsgewerbe im Sinne dieses Gesetzbuchs, wenn die Firma des Unternehmens in das Handelsregister eingetragen ist. ²,³ ...
² ...

*HGB § 3.* ¹ Auf den Betrieb der Land- und Forstwirtschaft finden die Vorschriften der §§ 1 und 2 keine Anwendung.
² Für ein land- oder forstwirtschaftliches Unternehmen, das nach Art und Umfang einen in kaufmännischer Weise eingerichteten Geschäftsbetrieb erfordert, gilt § 2 mit der Maßgabe, daß nach Eintragung in das Handelsregister eine Löschung der Firma nur nach den allgemeinen Vorschriften stattfindet, welche für die Löschung kaufmännischer Firmen gelten.

*HGB § 4.* (aufgehoben)

*HGB § 5.* Ist eine Firma im Handelsregister eingetragen, so kann gegenüber demjenigen, welcher sich auf die Eintragung beruft, nicht geltend gemacht werden, daß das unter der Firma betriebene Gewerbe kein Handelsgewerbe sei.

*HGB § 6.* ¹ Die in betreff der Kaufleute gegebenen Vorschriften finden auch auf die Handelsgesellschaften Anwendung.
² Die Rechte und Pflichten eines Vereins, dem das Gesetz ohne Rücksicht auf den Gegenstand des Unternehmens die Eigenschaft eines Kaufmanns beilegt, bleiben unberührt, auch wenn die Voraussetzungen des § 1 Abs. 2 nicht vorliegen.

Vgl die Kommentare zum HGB, zB *Baumbach/Hopt*. Ein *Minderkaufmann,* § 1 II Hs 2 HGB, ist also kein Kaufmann im Sinn von I. Die Registereintragung ist nicht allein maßgeblich, vgl aber § 5 HGB. Unerheblich ist, ob die Kaufmannseigenschaft bzw deren tatsächliche Grundlage dem Partner bekannt war; Ffm MDR **75**, 233 versagt freilich demjenigen, der sich als Vollkaufmann ausgab, gegenüber dem entsprechend gutgläubigen Partner eine Berufung auf I in Verbindung mit (jetzt) § 2 II Hs 2 HGB. Freilich ist insofern evtl eine Anfechtung möglich und nach BGB zu beurteilen. Unerheblich ist auch, *ob* ein Handelsgeschäft iSv § 343 HGB vorliegt, Löwe NJW **74**, 475, Scholz BB **74**, 570, Vollkommer Rpfleger **74**, 131, aM Diederichsen BB **74**, 379 (aber I stellt eindeutig nur auf die Person ab). Der persönlich haftende Gesellschafter einer Offenen Handelsgesellschaft oder Kommanditgesellschaft ist Kaufmann im Sinn von I, Häuser JZ **80**, 761, StJBo 4. Der Betrieb eines Handelsgewerbes im Sinn von § 1 HGB (Vorbereitung genügt, Düss NJW **98**, 2981) ist kein Anscheinsbeweis im Sinn von Anh § 286 Rn 15 dafür, daß ein Kaufmann im Sinn von I anzunehmen ist, da trotzdem (jetzt) § 2 II Hs 2 HGB anwendbar sein kann, aM Unruh NJW **91**, 1114. Die Parteifähigkeit ist wie sonst zu beurteilen, §§ 50 ff. Eine BGB-Gesellschaft kann als solche kein Kaufmann sein, Ffm MDR **79**, 1027.

**C. Juristische Person des öffentlichen Rechts.** Hierher gehören Körperschaften (verbandsförmig **18** organisiert, dh wesentlich auf der Mitgliedschaft aufgebaut, zB Hochschulen, Berufskammern, Innungen, auch Gebietskörperschaften, wie die Gemeinde, Kreise), Anstalten (Verwaltungseinrichtungen, die bestimmten Nutzungszwecken dienen, soweit auch vollrechtsfähig sind, zB BfA, Rundfunkanstalten), Stiftungen (mit eigener Rechtspersönlichkeit ausgestatte Vermögensbestände, die bestimmten Stiftungszwecken gewidmet sind, unabhängig davon, ob diese gemeinnützig sind – „öffentliche Stiftung" – oder nicht. Gegensatz: Stiftungen des Privatrechts. Maßgeblich ist das Landesrecht; wesentlich ist die Einfügung in einen öffentlichrechtlichen Verband, vgl PalH 5 vor § 80 BGB mwN). Vgl §§ 17, 18.

**D. Öffentlichrechtliches Sondervermögen.** Hierher gehören zB: Das Bundeseisenbahnvermögen, vgl **19** § 18 Rn 6 (nicht aber die Deutsche Bahn AG, s dort); die öffentlichrechtliche Anstalt Deutsche Bundespost (nicht aber die Deutsche Post AG, die Deutsche Postbank AG, die Deutsche Telekom AG); das ERPSondervermögen; der LAG-Ausgleichsfonds, Diederichsen BB **74**, 379 mwN. Maßgeblich ist, daß keine juristische Person vorliegt (dann gilt freilich b).

**E. Form, I.** Die Vereinbarung ist formlos möglich. Das gilt auch wegen mehrerer bestimmter Gerichts- **20** stände oder desjenigen, an dem kein Beteiligter eine Niederlassung oder einen Wohnsitz hat, LG Bielef MDR **77**, 672, vgl freilich das AGB, AG bei einer überraschenden Klausel, LG Konstanz BB **83**, 1372, denn wegen der internationalen Zuständigkeit, Samtleben NJW **75**, 1606 mwN, abw Putzo NJW **75**, 502, beide gegen AG Bln-Charlottenb NJW **75**, 502; I ist also nicht durch II verdrängt), Saarbr RR **89**, 829). Die Vereinbarung ist auch telefonisch oder stillschweigend möglich (anders II, III), wozu eine Auslegung gem §§ 133, 157 BGB nötig ist. Ein Verstoß gegen die Form von II, III ist unschädlich, soweit I erfüllt ist.

**6) Auslandsberührung, II.** Nationales und übernationales Recht greifen ineinander. **21**

**A. Grundsatz: Begrenzte Zulässigkeit.** II erlaubt ferner, dh zusätzlich, nicht etwa anstelle von I, Rn 20, eine Zuständigkeitsvereinbarung, falls mindestens einer der Partner und damit eine der Prozeßparteien, Rn 15, im Inland keinen allgemeinen Gerichtsstand hat, § 12 Rn 1. Ein besonderer inländischer Gerichtsstand, §§ 20 ff, ist also grundsätzlich unschädlich, Fricke VersR **97**, 406, vgl aber II 3. Maßgebliche Zeitpunkte sind sowohl die Zuständigkeitsvereinbarung als auch die Klagerhebung, Rn 15; zwischenzeitliche Veränderungen sind unbeachtlich, sofern die Lage bei der Klagerhebung wieder so wie bei der Zuständigkeitsvereinbarung ist. Vgl aber auch III Z 2. Eine Veränderung nach dem Eintritt der Rechtshängigkeit ist unbeachtlich, § 261 III Z 2, s III Z 1. Die Staatsangehörigkeit ist unbeachtlich, Löwe NJW **74**, 475, Ausnahme § 15.

**§ 38**

**22** Das *EuGVÜ* und das *LugAbk,* Üb 1 v § 38, sind vorrangig, BGH NJW **80**, 2023, Mü MDR **81**, 592 und IPRax **91**, 47 je mwN, RoSGo § 20 VI 3 e (zustm Grunsky AcP **181**, 344); sie sind aber nur anwendbar, wenn die Klage nach ihrem Inkrafttreten erhoben oder aufgenommen worden war, Mü NJW **74**, 2182. II gilt also nur, wenn wenigstens einer der Partner außerhalb des Geltungsbereichs des EuGVÜ bzw LugAbk wohnt, Wirth NJW **78**, 461 mwN, aM Diederichsen BB **74**, 380 (das EuGVÜ gelte nur für die Angehörigen der 6 ursprünglichen EWG-Staaten), Piltz NJW **78**, 1094. Das Übk v 19. 6. 80, BGBl **86** II 810, gilt hier nicht, Art 1 II d.

**23 B. Fälle.** Eine freie Wahl des Gerichtsstands ist zulässig, wenn überhaupt kein Partner der Zuständigkeitsvereinbarung einen allgemeinen Gerichtsstand im Inland hat. Andernfalls gilt folgendes:

**24** Wenn nur *ein* Partner einen allgemeinen inländischen Gerichtsstand hat, dann ist bei Anwendbarkeit des EuGVÜ jeder Gerichtsstand vereinbar, Samtleben NJW **74**, 1596, aM Katholnigg BB **74**, 396, sonst unter den inländischen Gerichtsständen (nur des Bekl, Katholnigg BB **74**, 397) nur ein beliebiger gesetzlicher allgemeiner oder besonderer Gerichtsstand, zB der des Wohnsitzes, § 12, oder der der Belegenheit, § 24; freilich ist grundsätzlich auch eine Vereinbarung eines ausschließlichen ausländischen Gerichtsstands zulässig (s allerdings § 40 II), Kblz FamRZ **97**. Innerhalb des allgemeinen Gerichtsstands gilt die Rangfolge § 12 Rn 1 (II 3 sagt „ihren", nicht „einen" allgemeinen Gerichtsstand), jedoch hat der allgemeine keinen Vorrang vor einem besonderen Gerichtsstand; innerhalb der besonderen Gerichtsstände besteht keine besondere Reihenfolge.

**25** Wenn *sämtliche* Partner einen allgemeinen inländischen Gerichtsstand haben, gilt II unanwendbar, selbst wenn ein Partner außerdem einen ausländischen allgemeinen Gerichtsstand hat, BGH NJW **86**, 1439 (krit Geimer). Dies gilt aber nicht, wenn zB nur ein Streitgenosse im Inland wohnt; Streithelfer sind dagegen unbeachtlich. Ob die Wahl des falschen Gerichts in eine Vereinbarung des zulässigen umdeutbar ist, das ist eine Auslegungsfrage; im Zweifel ist keine wirksame Vereinbarung nach II entstanden.

**26 C. Form, II.** Trotz der Stellung von S 2 vor S 3 gilt bei sämtlichen Fällen II mindestens die Notwendigkeit einer nachträglichen schriftlichen Bestätigung, BGH **116**, 80 mwN, noch großzügiger Heß IPRax **92**, 359, und zwar in gewissem zeitlichen Zusammenhang mit dem Vertragsabschluß, Düss RR **98**, 1145; eine vorherige Vereinbarung (sie ist dann nötig, Katholnigg BB **74**, 397) ist auch stillschweigend möglich, strenger BAG NJW **84**, 1320, Nürnb NJW **85**, 1296. Ab Rechtshängigkeit ist wegen § 261 III Z 2 eine Bestätigung nicht mehr möglich.

**27 D. Einzelfragen.** Unter den Voraussetzungen Rn 21–26 sowie für die nach altem Recht zu prüfenden Fälle gilt: Die Vereinbarung entzieht der inländischen Partei nicht den gesetzlichen Richter, ArbG Hbg BB **80**, 1695. Aus einer (auch stillschweigenden, BGH DB **76**, 1009) Rechtswahl ist nicht stets eine Gerichtswahl ableitbar, vgl freilich BGH DB **76**, 1009; aber meist gilt das umgekehrte, BAG NJW **75**, 408, Hbg MDR **73**, 1025, vgl LG Ffm RR **92**, 109 (auch zum ordre public).

**28** Die Vereinbarung auf ein *ausländisches* ordentliches Gericht wirkt meist nach ausländischem Recht zuständigkeitsbegründend, wenn dieses sie zuläßt, zumindest in der Regel für einen Anspruch gegen diejenige Partei, deren Heimatgericht zuständig sein soll, BGH LM Nr 18 (Anm Geimer NJW **73**, 951, Walchshöfer ZZP **86**, 333) und zuständigkeitsaufhebend nach deutschem Recht, Schütze DB **74**, 1418. Die Zulässigkeit und Wirkung der Vereinbarung der internationalen Zuständigkeit ist nach deutschem Recht zu beurteilen, vgl zB § 10 Z 8, 12 AGBG, BGH NJW **94**, 262, BAG NJW **79**, 1120, Karlsr RR **93**, 568, aM Baumgärtel Festschrift für Kegel (1977) 285, 302, Wirth NJW **78**, 463, ZöV 27, 28 (auch getrennte Schriftstücke seien grds ausreichend, wenn aus ihnen nur hinreichend der Wille hervorgehe, einen Gerichtsstand zu begründen, vgl Rn 26). Ist die Rechtsverfolgung im Ausland nicht möglich, bleibt die internationale Zuständigkeit des deutschen Gerichts bestehen, BAG NJW **79**, 1120.

**29** Die Vereinbarung eines lediglich *wahlweise* statthaften Gerichtsstands läßt eine kraft Gesetzes bestehende internationale Zuständigkeit eines deutschen Gerichts unberührt, Weyland (vor Rn 1) 417. Die Vereinbarung einer ausschließlichen Zuständigkeit ist nur grundsätzlich zumindest dann zulässig, wenn nicht etwa das deutsche Gericht ausschließlich zuständig ist, und soweit nicht die Unwirksamkeit auch der Zuständigkeitswahl behauptet wird, etwa wegen Sittenwidrigkeit, Köln VersR **97**, 1556. Samtleben NJW **74**, 1596. Bei deutscher ausschließlicher Zuständigkeit eine vereinbarte ausländische ausschließliche hilft der Doppelfunktionstheorie aber nicht weiter, Eilers (vor Rn 1) 35, Geimer NJW **92**, 611. Man muß dann die Gesamtumstände des Einzelfalls prüfen, also den Parteiwillen auslegen, Weyland (vor Rn 1) 418 mwN; die deutsche ausschließliche Zuständigkeit darf nicht einfach dazu führen, den Parteiwillen auszuhebeln.

Die Verbürgung der *Gegenseitigkeit* ist ohne Bedeutung, BGH VersR **74**, 471. Die wirksame Vereinbarung einer ausländischen ausschließlichen Zuständigkeit beseitigt daher evtl jede deutsche Zuständigkeit, Weyland (vor Rn 1) 417 mwN. Die etwaige Nichtanerkennung des ausländischen Urteils in der BRep steht also nicht entgegen; dies gilt auch bei einem Streit aus einem Seefrachtvertrag, insbesondere wegen Konnossementen (Rechtswahl), Bre VersR **85**, 987, Hbg VersR **86**, 1023.

**30** Dabei ist Vereinbarung gültig, solange vor dem ausländischen Gericht wesentliche rechtsstaatliche Garantien erfüllbar sind, BGH VersR **74**, 471 betr Thailand, BGH NJW **83**, 2772 betr Indien, Hbg MDR **73**, 940 betr UdSSR; sie wirkt auch gegen den deutschen *Empfänger,* BGH NJW **71**, 325, Bre VersR **85**, 987, falls im Ausland genug Vermögen vorhanden ist, in das vollstreckt werden könnte, und wenn nicht etwa durch die Vereinbarung die Vollstreckung für die deutsche Partei unmöglich gemacht werden soll, BGH VersR **74**, 471, und wenn das betreffende ausländische Seefrachtrecht bei Geltung der Haager Regeln die Höchsthaftung des Verfrachters beschränkt, Hbg VersR **82**, 1097. Zum Streitstand beim Konnossement Rüßmann VersR **87**, 226. Zur Klausel „otherwise conline bn" Hbg VersR **88**, 799.

**31** Ist im Land des vereinbarten Gerichtsstand, dessen Urteil mangels Gegenseitigkeit nicht anerkannt wird, Anh § 328, *kein vollstreckungsfähiges Vermögen* vorhanden, so bleibt es trotz einer in der BRep hinterlegten Sicherheit bei der Vereinbarung der ausschließlichen Zuständigkeit für den Ersatzanspruch, § 40 II, im Ausland, BGH MDR **71**, 376. Die schlichte Vereinbarung eines deutschen Gerichtsstands bei einem Liefergeschäft ins Ausland bewirkt nicht, daß damit der Gerichtsstand der Widerklage des ausländischen Käufers ausgeschlossen wird, wenn der deutsche Verkäufer den Käufer vor dessen Heimatgericht verklagt,

### 3. Titel. Vereinbarung über Zuständigkeit §§ 38, 39

BGH **59**, 116. Ob AGB des deutschen Importeurs Vertragsinhalt sind, ist unter Umständen nach dem ausländischen Recht zu beurteilen, LG Zweibr NJW **74**, 1061. Eine Umgehung von § 38 durch eine scheininternationale Fallgestaltung ist unzulässig, Einl III 54, Samtleben NJW **74**, 1596, Üb 5 vor § 12; Schütze DB **74**, 1419 fordert eine Wertbewegung, die den Bereich einer Rechtsordnung überschreite. Zum Börsentermingeschäft BGH NJW **84**, 2037.

Die Anwendung der *CMR*-Bestimmungen über die internationale Zuständigkeit schließt eine innerstaatliche Gerichtsstandsabrede nach den Allgemeinen Deutschen Spediteurbedingungen nicht aus, LG Hbg VersR **81**, 475. Indessen können die Parteien einen nach dem deutschen Prozeßrecht gegebenen Gerichtsstand nicht ausschließen, soweit dem Kläger dadurch zugleich die nach Art 31 I b CMR begründete internationale Zuständigkeit genommen würde, Hbg VersR **84**, 687 (zustm Dannenberg). 32

**7) Vereinbarung, III.** Die praktische Bedeutung von III wird oft verkannt. 33

**A. Grundsatz: Hilfsweise Geltung.** Die hilfsweise geltende Vorschrift, Rn 1, erlaubt eine Zuständigkeitsvereinbarung unter zwei höchst unterschiedlichen Voraussetzungen, von denen nur eine vorliegen muß. Die Form muß jeweils von vornherein ausdrücklich, dh inhaltlich bestimmt sein, AG Köln Rpfleger **74**, 270, und außerdem schriftlich erfolgt sein, aber nicht nach § 126 BGB, BVerfG **15**, 292, BFH DB **74**, 708, Samtleben NJW **74**, 1595, aM Diederichsen BB **74**, 381. Dabei ist freilich eine „Bestätigung" oft in eine anfängliche Vereinbarung umdeutbar. Man darf und muß überhaupt eine Auslegung, auch zB nach § 139 BGB, vornehmen, BGH DB **84**, 825.

**B. Nach dem Entstehen der Streitigkeit, III Z 1.** Irgendeine Unsicherheit, § 256 Rn 25 ff, genügt, Geimer NJW **86**, 1439, aM Gottwald NJW **74**, 1315, Löwe NJW **74**, 475 (gegensätzliche Ansichten über die Rechtsfolgen), Wolf ZZP **88**, 346 (ein gerichtliches Verfahren müsse bevorstehen). 34

Freilich ist wegen der *Umgehungsgefahr* keine (schon gar nicht formularmäßige) Klausel bei einem Vertrag zulässig, man streite sich bereits oä, Diederichsen BB **74**, 380. Ab Rechtshängigkeit, nach einem Mahnverfahren ab dem nach § 696 III zu ermittelnden Zeitpunkt, ist eine objektiv unzuständiges Gericht begründende Abwahl unzulässig, § 261 III Z 2. Das ist eine in der Praxis von allen Beteiligten nur zu gern „übersehene" Regelung; auch so mancher Richter ist in dieser Hinsicht im Blick auf die Möglichkeit, sich für unzuständig zu erklären, bemerkenswert „großzügig". Beim objektiv unzuständigen Gericht ist ab Rechtshängigkeit eine Vereinbarung auf dieses oder ein anderes Gericht allerdings zulässig, BGH **LM** § 39 Nr 6.

**C. Wohnsitzverlegung usw, III Z 2.** Sie kann genügen. Das betrifft nur die örtliche Zuständigkeit, Diederichsen BB **74**, 380. Die Vereinbarung ist nur beachtlich, falls sie von vornherein oder später, Diederichsen BB **74**, 380, für derartige Ereignisse beim zukünftigen Beklagten getroffen worden ist (das kann der Gläubiger wie Schuldner oder Bürge usw sein), vgl AG Köln Rpfleger **74**, 270, Diederichsen BB **74**, 383. Die sog Zukunftsklausel muß sich direkt aus der Gerichtsstandsvereinbarung ergeben und nicht nur aus dem übrigen Vertragsinhalt ableitbar sein, LAG Düss DB **84**, 1686. Der Wohnsitz ist nach §§ 13, 15, der Aufenthaltsort nach § 16, bei juristischen Personen usw nach §§ 17, 18 entsprechend zu beurteilen, soweit nicht I gilt. Verlegung: Zumindest ernsthaft und auf unbestimmte Zeit; die maßgeblichen Zeitpunkte sind wie Rn 21 zu beurteilen. Die Unbekanntheit des Wohnsitzes oder Aufenthaltsorts muß bei der gerichtlichen Zuständigkeitsprüfung fortbestehen, dazu § 203 Rn 1 entsprechend. 35

**D. Mahnverfahren.** Für dieses Verfahren ist eine Zuständigkeitsvereinbarung nicht mehr zulässig. Vgl § 689 II, III. Für das anschließende streitige Verfahren gelten die Regeln Rn 34, 35. 36

**8) Rügelose Einlassung, I–III.** In allen Fällen I–III heilt eine rügelose Einlassung. § 39 S 1, aber nur, wenn vor dem AG eine Belehrung über die örtliche und sachliche etwaige Unzuständigkeit erfolgt, § 504, ebenso vor dem ArbG, § 46 II 1 ArbGG, und wenn auch kein Fall von § 40 II vorliegt, dort S 2. Wenn die Parteien durch die Vereinbarung eines alleinigen ausländischen Gerichtsstands und den Gerichtsstand der Widerklage abbedungen haben, wird dieser nicht ohne weiteres dadurch wiederhergestellt, daß der ausländische Vertragspartner vor einem deutschen Gericht klagt und daß sich der Bekl rügelos auf die Klage einläßt, BGH NJW **81**, 2644, dazu krit Pfaff ZZP **96**, 306. 37

## 39
*Rügelose Einlassung.* ¹Die Zuständigkeit eines Gerichts des ersten Rechtszuges wird ferner dadurch begründet, daß der Beklagte, ohne die Unzuständigkeit geltend zu machen, zur Hauptsache mündlich verhandelt. ²Dies gilt nicht, wenn die Belehrung nach § 504 unterblieben ist.

**1) Systematik, Regelungszweck, S 1, 2.** § 39 ergänzt und erweitert die Regeln der §§ 230, 281, 282 III. Nach den letzteren Vorschriften bleibt es im Interesse der Prozeßförderung und Prozeßwirtschaftlichkeit, Grdz 12, 14 vor § 128, wie auch im Interesse der Parteiherrschaft, Grdz 18 vor § 128, grundsätzlich dem Bekl überlassen, ob er die etwaige Unzuständigkeit des Gerichts rügen will, § 295. Er muß seine Rüge der Unzuständigkeit gleichzeitig und vor seiner Verhandlung zur Hauptsache vorbringen, im schriftlichen Vorverfahren wegen § 277 Rn 4 sogar schon innerhalb der ihm gesetzten Frist, LG Ffm RIW **93**, 933, Grunsky JZ **77**, 205, StJBo 14, aM Ffm OLGZ **83**, 102, Köln NJW **88**, 2182, MüKoPa 5, ZöV 5 (aber das widerspricht den §§ 277 I, 296 I). Wegen der Pflicht des Gerichts, die Zulässigkeit in jeder Lage von Amts wegen vor der Begründetheitsfrage zu prüfen, Grdz 14 vor § 253, reicht auch eine hilfsweise Zuständigkeitsrüge, vgl auch § 138 Rn 2. Evtl ist die Rüge nach einer Klagerweiterung auch (erstmals) in der Berufungsinstanz zulässig, BGH NJW **86**, 2437. 1

Die Versäumung hat allgemein zur Folge, daß er mit der Prozeßhandlung *ausgeschlossen* wird. Demgemäß enthält § 39 S 1 den Grundsatz, daß ein an sich örtlich und/oder sachlich unzuständiges Gericht auch dann zuständig wird, wenn der Bekl mündlich zur Hauptsache verhandelt, ohne die Zuständigkeit geltend zu machen. Von diesem Grundsatz enthält erst S 2 eine Ausnahme beim AG: Nur dort besteht gemäß § 504 die Belehrungspflicht des Vorsitzenden, Stürner, Die richterliche Aufklärungspflicht im Zivilprozeß (1982) 2

**§§ 39, 40**  1. Buch. 1. Abschnitt. Gerichte

66. Eine weitere Ausnahme liegt bei gnerischem Rechtsmißbrauch, zB bei einer Erschleichung des Gerichtsstands, vor, Einl III 54, § 504 Rn 3, LG Bln RR **97**, 378.

**3**  In diesem System zeigt sich, daß an sich weder beim LG noch bei einem anderen Gericht eine entsprechende *Belehrungspflicht* besteht. Trotz § 139 I 1 mit seiner Pflicht des Vorsitzenden, sachdienliche Parteianträge herbeizuführen, ist es zweifelhaft, ob ein anderes Gericht als das AG überhaupt auf seine etwaige Unzuständigkeit von Amts wegen hinweisen darf, solange der Bekl die Unzuständigkeit nicht gerügt hat. Aus einem voreiligen Hinweis könnte ein Ablehnungsrecht abgeleitet werden.

**4**  2) **Geltungsbereich, S 1, 2.** Vgl Üb 2 vor § 12. Solange die immerhin nach § 504 „vorgeschriebene" Belehnung nicht korrekt durchgeführt wurde, bleibt dem Bekl die Möglichkeit der Rüge der Unzuständigkeit erhalten, unter Umständen also bis zum Schluß der letzten mündlichen Verhandlung, Vollkommer Rpfleger **74**, 137. Der Bekl kann allerdings auf die Möglichkeit der Rüge *verzichten*. Ein solcher Verzicht ist freilich erst nach dem Entstehen der Streitigkeit, § 38 Rn 34, und nur dann wirksam, wenn er in der Form des § 38 III Z 1 erfolgt, Bülow VersR **76**, 416, Diederichsen BB **74**, 383, Löwe NJW **74**, 477; s aber auch § 40 II 2. Nach einem wirksamen Rügeverzicht oder nach einem wirksamen rügelosen Verhandeln zur Sache des Bekl zur Hauptsache gilt das bisher unzuständige Gericht als seit Beginn des Rechtsstreits zuständig, Wieser ZZP **100**, 369 (§§ 282 III, 296 III sind unanwendbar). Es tritt also mehr ein als eine bloße unwiderlegbare Vermutung, § 292 Rn 2, der Gerichtsstandsvereinbarung, aM Zeiss 38, 335 (abl Schuhmann NJW **81**, 1718).

**5**  § 39 gilt auch für die *internationale* Zuständigkeit, BGH **134**, 132 (auch zur Verspätungsfrage), Düss NJW **91**, 1493, Schütze ZZP **90**, 68. Wegen des EuGVÜ SchlAnh V C 1, Ffm OLGZ **83**, 101, besonders Art 18 ff, dazu Schütze ZZP **90**, 75. Wackenhuth KTS **85**, 429 erwägt eine entsprechende Anwendung vor dem Schiedsgericht. Wegen des Umstands, daß das Verhältnis der ordentlichen und der Arbeitsgerichtsbarkeit jetzt nicht mehr nach den Regeln der sachlichen Zuständigkeit, sondern nach demjenigen des Rechtswegs zu prüfen ist, § 17 GVG, heilt eine insoweit rügelose Einlassung nicht mehr, § 295 Rn 47 „Rechtsweg", ArbG Passau BB **92**, 359.

**6**  3) **Verhandeln zur Hauptsache, S 1, 2.** Die ZPO gebraucht diesen Begriff nicht einheitlich. In § 39 meint er die Sacherörterung mit den Parteien, die erst mit den Anträgen beginnt, § 137 Rn 7, Bbg MDR **88**, 148, Drsd MDR **97**, 498 (zu § 269); nicht aber: Eine Verhandlung über einen Prozeßantrag, etwa über ein Ablehnungsgesuch, § 42; eine Güte- oder Vergleichsverhandlung, Bbg MDR **88**, 148; eine Verhandlung über eine Rüge der Unzulässigkeit, denn eine solche Rüge betrifft zwar die Verhandlung zur Sache, aber nicht die Verhandlung zur Hauptsache.

**7**  Im *schriftlichen* Verfahren nach § 128 II, III steht eine vorbehaltlose schriftliche Einlassung der Verhandlung zur Hauptsache gleich. Dasselbe gilt dann, wenn das Gericht eine Entscheidung nach Lage der Akten angekündigt hat, oder in einem Verfahren, das keine Verhandlung erhält und auch keine solche erhalten muß, etwa bei § 281 (das übersieht Künzl BB **91**, 758) oder bei § 495 a I 1, solange nicht ein rechtzeitiger Antrag nach § 495 a I 2 vorliegt. Im Versäumnisverfahren gegen den Bekl nach § 331 ist § 39 natürlich unanwendbar. Bei einer Säumnis des Klägers, § 330, liegt die Verhandlung des Bekl zur Hauptsache in seinem Antrag auf den Erlaß eines Versäumnisurteils oder auf den Erlaß einer Entscheidung nach Lage der Akten. Wenn der Bekl nur die örtliche Unzuständigkeit rügt, dann kann das außerdem bisher sachlich unzuständige Gericht unter Umständen nach § 39 zuständig werden, BGH RR **92**, 1091, und umgekehrt.

**8**  Die Rüge der Unzuständigkeit kann wegen *Rechtsmißbrauchs* unbeachtlich sein, Einl III 54, etwa dann, wenn der Bekl eine Gerichtsstandsklausel angreift, die er selbst aufgestellt hatte, Bülow VersR **76**, 416.

**9**  4) **Belehrung, S 2.** Die nach § 504 dem Amtsrichter „vorgeschriebene", vgl Rn 4, Belehrung ist von Amts wegen zu erteilen. Sie umfaßt eine anfängliche örtliche und sachliche Unzuständigkeit. Die Belehrung ist spätestens dann notwendig, wenn der Bekl mit seiner Verhandlung zur Hauptsache ansetzt. Solange die Belehrung nach § 504 unterbleibt, kann das Gericht nicht nach § 39 zuständig werden; anders bei § 506, LG Hbg MDR **78**, 940, Zeiss § 15 VI 1, aM Müller MDR **81**, 11, MüKoPa 10, ZöV 10.

**10**  Eine *unvollständige* Belehrung ist so zu beurteilen, als ob überhaupt keine Belehrung erfolgt wäre. Zu einer vollständigen Belehrung gehört auch ein Hinweis auf die Rechtsfolgen einer rügelosen Einlassung. Nun ist allerdings eine Mitteilung des in Wahrheit zuständigen Gerichts nicht immer sogleich möglich. Es ist in einem solchen Fall genügt eine Belehrung dahin, daß jedenfalls dieses AG unzuständig sei. Es ist ratsam, die Belehrung in das Protokoll aufzunehmen, § 160 II. Für ihre Wirksamkeit ist die Aufnahme in das Protokoll aber keine Bedingung. Ein Hinweis oder eine „Belehrung" des Bekl durch den Kläger oder durch andere Beteiligte ist solange unbeachtlich, bis der Amtsrichter den Bekl eindeutig belehrt hat.

**11**  Wenn der Amtsrichter die Belehrung *verspätet* oder erst zu einem verspäteten Zeitpunkt vollständig erteilt hat, wird das AG erst dann zuständig, wenn der Bekl seine Verhandlung zur Hauptsache nunmehr fortsetzt. Eine solche Fortsetzung liegt nicht nur dann vor, wenn der Bekl seinen Antrag zur Hauptsache jetzt ausdrücklich wiederholt. Trotzdem sollte der Amtsrichter zur Klarheit darüber schaffen, ob wirklich eine rügelose Verhandlung zur Hauptsache vorliegt, § 139. Der Amtsrichter muß den Bekl auch dann nach § 504 belehren, wenn dieser anwaltlich vertreten wird, Vollkommer Rpfleger **74**, 137. Vgl im übrigen bei § 504.

**40** *Unzulässigkeit der Vereinbarung.* ¹Die Vereinbarung hat keine rechtliche Wirkung, wenn sie nicht auf ein bestimmtes Rechtsverhältnis und die aus ihm entspringenden Rechtsstreitigkeiten sich bezieht.

II ¹Eine Vereinbarung ist unzulässig, wenn
1. der Rechtsstreit nichtvermögensrechtliche Ansprüche betrifft, die den Amtsgerichten ohne Rücksicht auf den Wert des Streitgegenstandes zugewiesen sind, oder
2. für die Klage ein ausschließlicher Gerichtsstand begründet ist.

²In diesen Fällen wird die Zuständigkeit eines Gerichts auch nicht durch rügeloses Verhandeln zur Hauptsache begründet.

4. Titel. Ausschließung und Ablehnung der Gerichtspersonen § 40, Übers § 41

**1) Systematik, Regelungszweck, I, II.** Die Vorschrift enthält in I eine zur Rechtssicherheit, Einl III 43, notwendige Klarstellung, auch zwecks Vermeidung von Rechtsmißbrauch, Einl III 54, in der Form uferloser Gerichtsstands„vereinbarungen", die in Wahrheit schrankenlose Gerichtsstandsdiktate wären. In II 1 wird der in §§ 12ff vielbenutzte Begriff der Ausschließlichkeit geklärt, in II 2 werden §§ 39, 295 der Sache nach im Interesse der in den verschiedenen zwingenden Gerichtsständen geschaffenen Sachnähe des Gerichts usw ausgeschlossen. Entsprechend streng sollte man § 40 insgesamt auslegen.

**2) Geltungsbereich, I, II.** Vgl Üb 3 vor § 38.

**3) Unbestimmtes Rechtsverhältnis, I.** Die Vereinbarung der Zuständigkeit eines Gerichts ist nur dann wirksam, wenn sie ein bestimmtes Rechtsverhältnis betrifft, Diederichsen BB 74, 382. Ausreichend ist zB eine Vereinbarung für „alle Klagen aus demselben Rechtsverhältnis". Nicht ausreichend ist zB eine Vereinbarung für „alle Klagen aus dem ganzen Geschäftsverkehr" oder „alle künftigen Klagen". Die Zuständigkeit kann auch für eine Klage wegen einer bereits begangenen unerlaubten Handlung vereinbart werden. Zu der Frage, ob ein Gerichtsstand, der für den Fall einer Vertragsverletzung vereinbart worden war, auch für eine künftige unerlaubte Handlung gilt, vgl § 32 Rn 1. Die Wirksamkeit der Zuständigkeitsvereinbarung ist wie bei § 38 Rn 2–14 zu beurteilen. Das Gericht muß die etwaige Unwirksamkeit der Zuständigkeitsvereinbarung von Amts wegen beachten; vgl aber auch §§ 512a, 549 II.

**4) Unzulässigkeit, II.** Eine Zuständigkeitsvereinbarung ist in folgenden drei Fällen unzulässig:

**A. Nichtvermögensrechtlicher Anspruch.** Die Vereinbarung ist unwirksam, wenn sie einen nichtvermögensrechtlichen Anspruch betrifft, Grdz 11 vor § 1.

**B. Ausschließlicher Gerichtsstand.** Eine Zuständigkeitsvereinbarung ist dann unzulässig, wenn bereits ein ausschließlicher Gerichtsstand besteht, Üb 14 vor § 12, Düss WoM 92, 548, LG Mü ZMR 87, 271, AG Grevenbroich NJW 90, 1305. Fälle § 12 Rn 4. Dieser ausschließliche Gerichtsstand mag im Mahnverfahren, zB bei § 689 II 1, BGH BB 85, 691, und stets örtlich, sachlich oder international bestehen, BGH MDR 85, 911, KG OLGZ 76, 40. Im Prozeßkostenhilfeverfahren mag noch keine ausschließliche Zuständigkeit nach § 621 I bestehen, BGH FER 97, 88. Wegen des EuGVÜ Samtleben NJW 74, 1595. Wegen der Arbeitsgerichtsbarkeit § 39 Rn 5.

Freilich gilt II für die *internationale* Zuständigkeit nur, soweit eine ausschließliche deutsche internationale Zuständigkeit eingeschränkt würde, Köln Rpfleger 86, 96. Wenn nur ein örtlich ausschließlicher Gerichtsstand vorliegt, dann ist eine Vereinbarung der sachlichen Zuständigkeit zulässig, und umgekehrt. Wegen § 2 III ArbGG BAG NJW 75, 1944.

**C. Rechtsmißbrauch.** Eine Zuständigkeitsvereinbarung ist über den Wortlaut von II hinaus auch dann unzulässig, wenn sie rechtsmißbräuchlich oder sittenwidrig ist, Einl III 54. Eine solche Situation liegt aber nicht schon dann vor, wenn die Zuständigkeit eines staatlichen Gerichts vereinbart wurde. Wer allerdings einen wirtschaftlich Schwachen durch eine Knebelung vor ein Gericht zwingt, das dem Gegner unbequem und teuer ist, um dem Gegner die Rechtsverfolgung zu erschweren, der kann sittenwidrig handeln. Freilich ist eine solche Vereinbarung meist nach § 38 ohnehin unwirksam. ArbG Heilbronn BB 71, 173 hält den Ausschluß der Gerichtsstände der Niederlassung und des Erfüllungsorts in einem Arbeitsvertrag für unzulässig, aM ArbG Kassel DB 71, 1775.

**5) Beachtung von Amts wegen, I, II.** Das Gericht muß die etwaige Unzulässigkeit von Amts wegen beachten. Aus II 2 ergibt sich, daß diese Pflicht auch dann fortbesteht, wenn der Bekl die Zuständigkeit nach den Regeln der §§ 282 III, 296 III an sich verspätet gerügt hat. Sogar eine etwaige Belehrung wäre in einem solchen Fall unerheblich. In der höheren Instanz greifen aber im Bereich der sachlichen Unzuständigkeit die §§ 529, 566 und im Bereich der örtlichen Zuständigkeit die §§ 512a, 549 II ein.

## Vierter Titel. Ausschließung und Ablehnung der Gerichtspersonen

### Übersicht

**Schrifttum:** *Günther,* Der „vorbefaßte" Zivil- oder Verwaltungsrichter, VerwArch **82**, 179; *Horn,* Der befangene Richter (Rechtstatsachen), 1977; *Knöpfle,* Besetzung der Richterbank, insbesondere Richterausschließung und Richterablehnung, Festgabe zum 25jährigen Bestehen des *Bundesverfassungsgerichts* (1976) Bd I, 142; *Overhoff,* Ausschluß und Ablehnung des Richters in den deutschen Verfahrensordnungen usw, Diss Münster 1975; *Riedel,* Das Postulat der Unparteilichkeit des Richters usw, 1980; *Schneider,* Befangenheitsablehnung im Zivilprozeß, 1993; *Stemmler,* Befangenheit im Richteramt. Eine systematische Darstellung der Ausschließungs- und Ablehnungsgründe usw, Diss Tüb 1974; *Vollkommer,* Richterpersönlichkeit und Persönlichkeitsrecht, in: Festschrift für *Hubmann* (1985) 445; vgl auch die Angaben bei § 42.

### Gliederung

| | | | | |
|---|---|---|---|---|
| 1) Systematik | 1 | | A. Richterbegriff | 5 |
| 2) Regelungzweck | 2 | | B. Übrige Beteiligte | 6 |
| 3) Sachlicher Geltungsbereich | 3, 4 | | 5) Verstoß | 7 |
| 4) Persönlicher Geltungsbereich | 5, 6 | | 6) VwGO | 8 |

**1) Systematik.** §§ 41ff stellen notwendige Ergänzungen zu den anderweitig erfolgten Regelungen über den gesetzlichen Richter dar. Ein Richter muß zunächst die allgemeinen staatlichen Voraussetzungen zur

## Übers § 41
### 1. Buch. 1. Abschnitt. Gerichte

Ausübung des Richteramts erfüllen. Er muß nach der Geschäftsverteilung überhaupt zuständig sein, vgl zB Mü MDR **75**, 584. Trotzdem kann er aus prozessualen Gründen zur Ausübung des Richteramts im Einzelfall unfähig sein. Denn als gesetzlicher Richter im Sinn von Art 101 I 2 GG, § 16 S 2 GVG ist verständigerweise nur derjenige Richter anzusehen, der auch wirklich unparteilich ist und nicht einmal parteilich scheint, BVerfG NJW **98**, 370, Nürnb MDR **83**, 846. Die ZPO unterscheidet zwischen zwei Fällen der Unfähigkeit zum Richteramt, dem Ausschluß kraft Gesetzes und der Ablehnbarkeit wegen einer Besorgnis der Befangenheit.

2 **2) Regelungszweck.** §§ 41 ff sollen einerseits verhindern, daß eine Partei einen ihr unbequemen Richter allzu leicht ausschalten kann, andererseits aber auch verhindern, daß der nur formell zuständige Richter über das allgemeinmenschliche Maß einer Befangenheit im weiteren Sinn hinaus hoheitlich tätig werden darf und muß. Diese widersprüchlichen Zwecke sind bei der Auslegung mit zu beachten.

3 **3) Sachlicher Geltungsbereich.** §§ 41 ff gelten in sämtlichen Verfahren nach der ZPO, soweit die Ausübung des Richteramts schon und noch in Betracht kommt, BFH BB **90**, 271. Sie gelten auch: Im Insolvenzverfahren, § 4 InsO, AG Stgt Rpfleger **99**, 289; vor dem Bundesverfassungsgericht, zB BVerfG **72**, 297 und **73**, 335, Wassermann NJW **87**, 418, ferner in einem streitigen Verfahren der Freiwilligen Gerichtsbarkeit, da § 6 II 2 FGG durch das GG überholt ist, BVerfG **21**, 147, BGH RR **92**, 383 (allerdings keine Rechtsbeschwerde), BayObLG MDR **98**, 37, Zweibr MDR **83**, 414.

4 §§ 42 ff *gelten ferner:* In Streitigkeiten nach § 48 I 1 LwVG, ferner entsprechend zB im Einigungsverfahren nach § 27 a II 5 UWG, Ffm GRUR **88**, 151, Stgt RR **90**, 245, im Verfahren vor den Finanzgerichten, § 51 I 1, II, III FGO, BFH BB **90**, 271, ebenso zB im Verfahren vor den Sozialgerichten, § 60 II, III SGG, und im Verfahren vor dem Patentamt, § 57 MarkenG, § 27 VI PatG, BPatG GRUR **83**, 503, §§ 10 IV GebrMG, 10 I GeschmMG, sowie im Verfahren in einer Markensache vor dem PatG, § 72 MarkenG, oder vor dem BGH, § 88 I 1 MarkenG, und im Beschwerdegerichtsverfahren nach § 73 GWB. Vgl ferner §§ 18 f BVerfGG, dazu BVerfG **47**, 107 (enge Auslegung) und **72**, 297 (insoweit offen).

5 **4) Persönlicher Geltungsbereich.** Erfaßt werden alle Gerichtspersonen.

**A. Richterbegriff.** Zu den Richtern gehören auch die ehrenamtlichen, zB diejenigen eines Arbeitsgerichts, vgl BAG BB **78**, 100, oder diejenigen der Kammer für Handelssachen, § 112 GVG, § 45 a DRiG, BayObLG Rpfleger **78**, 18, nicht aber die Beisitzer eines Verfahrens vor der Einigungsstelle, LAG Düss/Köln BB **81**, 81; wegen einer Einigungsstelle zur Beilegung von Wettbewerbsstreitigkeiten LG Stgt AnwBl **89**, 675. Beide Arten der Unfähigkeit können immer nur einen bestimmten einzelnen Richter persönlich und immer nur einen bestimmten einzelnen Prozeß betreffen; allenfalls können verbundene Prozesse betroffen sein, §§ 59, 60, 147. Ein Gericht kann nicht als solches, also als allgemeines Rechtspflegeorgan, unfähig sein, BayObLG Rpfleger **82**, 264, Stgt RR **90**, 245 (zu § 27 a UWG). Das gilt selbst dann nicht, wenn sämtliche Richter dieses Gerichts entweder ausgeschlossen sind oder als befangen anzusehen sind, BGH **LM** § 42 Nr 5, LG Kiel SchlHA **87**, 55. Man kann auch nicht sämtliche Mitglieder eines Kollegiums als unfähig bezeichnen, solange sie nicht namentlich genannt werden, vgl BVerfG **46**, 200, freilich auch BVerwG MDR **76**, 783, VG Stgt JZ **76**, 278 (diese Entscheidungen betreffen den gesamten Spruchkörper).

Ein derartiges Gesuch ist allerdings stets darauf zu prüfen, ob die Begründung zur Ablehnung des gesamten Gerichts ergibt, daß in Wahrheit jedes *individuelle* Mitglied abgelehnt wird. In diesem Fall liegt nämlich eine zulässige Häufung von Ablehnungen einzelner Richter vor, LG Kiel SchlHA **87**, 55. Deshalb ist ein Gesuch, daß das gesamte Gericht abgelehnt wird, auch nur dann als mißbräuchlich anzusehen, wenn eine Befangenheit unter keinem denkbaren Gesichtspunkt gerechtfertigt ist, Einl III 54, BVerwG NJW **77**, 312.

6 **B. Übrige Beteiligte.** Titel 4 gilt im wesentlichen auch: Für den Urkundsbeamten der Geschäftsstelle, § 49. Für den Sachverständigen gilt § 406, auch im Arbeitsgerichtsverfahren (in Verbindung mit § 78 I ArbGG), LAG Hamm MDR **86**, 787 mwN. Für den Gerichtsvollzieher gilt § 155 GVG, LG Coburg DGVZ **90**, 89. Für den Dolmetscher gilt § 191 GVG. Für den Schiedsrichter gilt § 1032. Für den Rechtspfleger gilt § 10 RPflG, § 153 GVG Anh, vgl auch § 49 Rn 5. AG Hildesh KTS **85**, 130 zählt auch ein Mitglied des Gläubigerausschusses im Insolvenzverfahren hierher. Haarmeyer InVO **97**, 57 zählt den Insolvenzverwalter zumindest bei § 42 hierher.

7 **5) Verstoß.** Wenn ein ausgeschlossener oder zu Recht abgelehnter Richter trotzdem im Verfahren weiterhin mitwirkt, und zwar nur an einer Verkündung, vgl § 41 Rn 5, und außerhalb des Notfegnis des § 47, dann ist die Entscheidung nicht etwa nichtig, sondern anfechtbar, Üb 20 vor § 300. Auch die übrigen Prozeßhandlungen des Gerichts bleiben wirksam, vgl BGH NJW **81**, 133 (StPO). Es kann und darf das Gericht in der Besetzung mit dem nach der Geschäftsverteilung bestellten Vertreter die Prozeßhandlung wiederholen, vgl Düss DRiZ **80**, 110 (StPO), soweit es nicht nach § 318 gebunden und soweit der Rechtszug noch nicht beendet ist. Außerdem sind die gewöhnlichen Rechtsbehelfe zulässig, vgl zB §§ 539, 551 Z 2, 577 II 3. Die Entscheidung beruht insofern grundsätzlich auf einer Verletzung des Gesetzes, vgl BayObLG **80**, 311. Es kann eine Zurückverweisung erforderlich sein, § 539, Ffm NJW **76**, 1545. Außerdem ist dann die Nichtigkeitsklage des § 579 I Z 2, 3 zulässig. Man kann auf die Einhaltung der öffentlichrechtlichen Vorschriften über die Ausschließung nicht wirksam verzichten, § 295 Rn 16 ff, Ffm NJW **76**, 1545. Eine Parteiprozeßhandlung, Grdz 47 vor § 128, ist aber nicht schon deshalb unwirksam, weil sie vor dem abgelehnten oder abgeschlossenen Richter erfolgte.

8 **6) VwGO:** Nach § 54 I VwGO gelten die §§ 41–49 entsprechend mit einigen Ergänzungen, die sich aus § 54 II und III VwGO ergeben, für die Gerichtspersonen, dh Richter und ehrenamtliche Richter, §§ 19–34 VwGO, sowie den Urkundsbeamten der Geschäftsstelle, § 13 VwGO, dazu eingehend Günther VerwArch **82**, 179. Wegen der Ablehnung von Sachverständigen s § 406 Rn 35.

4. Titel. Ausschließung und Ablehnung der Gerichtspersonen　　　　　　　　**§ 41**

**41** *Ausschließung.* **Ein Richter ist von der Ausübung des Richteramtes kraft Gesetzes ausgeschlossen:**
1. **in Sachen, in denen er selbst Partei ist oder bei denen er zu einer Partei in dem Verhältnis eines Mitberechtigten, Mitverpflichteten oder Regreßpflichtigen steht;**
2. **in Sachen seines Ehegatten, auch wenn die Ehe nicht mehr besteht;**
3. **in Sachen einer Person, mit der er in gerader Linie verwandt oder verschwägert, in der Seitenlinie bis zum dritten Grad verwandt oder bis zum zweiten Grad verschwägert ist oder war;**
4. **in Sachen, in denen er als Prozeßbevollmächtigter oder Beistand einer Partei bestellt oder als gesetzlicher Vertreter einer Partei aufzutreten berechtigt ist oder gewesen ist;**
5. **in Sachen, in denen er als Zeuge oder Sachverständiger vernommen ist;**
6. **in Sachen, in denen er in einem früheren Rechtszuge oder im schiedsrichterlichen Verfahren bei dem Erlaß der angefochtenen Entscheidung mitgewirkt hat, sofern es sich nicht um die Tätigkeit eines beauftragten oder ersuchten Richters handelt.**

### Gliederung

| | | | |
|---|---|---|---|
| 1) Systematik, Regelungszweck, Z 1–6… | 1 | A. Mitwirkung der Partei usw als Richter, Z 1 | 7, 8 |
| 2) Geltungsbereich, Z 1–6 | 2 | B. Ehegatte und früherer Gatte, Z 2 | 9 |
| 3) Ausschließungsarten und -folgen, Z 1–6 | 3–6 | C. Verwandter und Verschwägerter, Z 3 | 10, 11 |
| A. Unbedingte, absolute Ausschließungsgründe | 3 | D. Vertretungsbefugnis, Z 4 | 12 |
| B. Fallweise, relative Ausschließungsgründe | 4 | E. Stattgefundene Vernehmung, Z 5 | 13 |
| C. Keine Ausübung des Richteramts | 5 | F. Mitwirkung bei der angefochtenen Entscheidung, Z 6 | 14 |
| D. Verstoß | 6 | G. Beispiele zur Frage der Ausschließung, Z 1–6 | 15–20 |
| 4) Ausschließung des Prozeßrichters, Z 1–6 | 7–20 | 5) Ausschließung des verordneten Richters, Z 1–6 | 21 |
| | | 6) *VwGO* | 22 |

**1) Systematik, Regelungszweck, Z 1–6.** Vgl zunächst Üb 1, 2 vor § 41. Die Vorschrift regelt den **1** Ausschluß kraft Gesetzes im Gegensatz zur Ablehnung, die nie kraft Gesetzes eintritt, sondern allenfalls von Amts wegen, § 48, oder aber auf Antrag festgestellt werden muß, §§ 42–47. Die Ausschließungslage erfordert eine strikte Verhinderung der Tätigkeit des Ausgeschlossenen; das Gebot des gesetzlichen Richters fordert eine ebenso strikte Verhinderung einer vorschnellen Ausschließungsannahme. Beides ist bei der Auslegung mitzubeachten. Sinn von Z 6 ist zu verhindern, daß in einem mehrinstanzlichen Verfahren derjenige bei der Nachprüfung mitwirkt, der die nachzuprüfende Entscheidung erlassen hat, BPatG GRUR **83**, 503.

**2) Geltungsbereich, Z 1–6.** Vgl Üb 3 ff vor § 41. **2**

**3) Ausschließungsarten und -folgen, Z 1–6.** Man kann zwei Gruppen bilden: **3**
**A. Unbedingte, absolute Ausschließungsgründe.** Sie sind immer beachtlich. Hierhin gehören zB: Eine Geisteskrankheit; das Fehlen der staatlichen Voraussetzungen der Ausübung des Richteramts nach §§ 8 ff DRiG, SchlAnh I A.

**B. Fallweise, relative Ausschließungsgründe.** Sie ergeben sich aus einer Beziehung des Richters zu **4** einem bestimmten Prozeß. § 41 behandelt nur die letzte Gruppe. In seinem gesamten Bereich wirkt eine Ausschließung kraft zwingenden öffentlichen Rechts, Ffm NJW **76**, 1545. Es ist daher unerheblich, ob der Ausgeschlossene den Ausschließungsgrund kannte. § 41 enthält eine abschließende gesetzliche Aufzählung, BGH **LM** Art 101 GG Nr 19 (wegen Art 101 GG findet keine ausdehnende Auslegung statt), und DRiZ **91**, 99 (enge Auslegbarkeit), BFH DB **74**, 904, BVerwG NJW **80**, 2722. § 51 III FGO erweitert den Katalog des § 41 ZPO nicht, BFH DB **74**, 2140. Freilich kann § 42 anwendbar sein. Zum Problem eines unter Umständen unwirksamen Geschäftsverteilungsplans BVerwG DRiZ **76**, 181. Bei einem Zweifel über das Vorliegen eines Ausschließungsgrundes ist § 48 anwendbar.

**C. Keine Ausübung des Richteramts.** Jeder Ausschließungsgrund verbietet kraft Gesetzes die Aus- **5** übung des Richteramts. Hierunter ist jede rechtsordnende Tätigkeit zu verstehen, und zwar auch ein bloß rechtspflegerisches Geschäft, Begriff Üb § 21 GVG Anh. Die Ausschließung ist in jedem Stadium des Prozesses von Amts wegen zu beachten, Grdz 39 vor § 128. Eine bloße Mitwirkung bei einer Urteilsverkündung schadet nicht, §§ 551 Z 2, 579 I Z 2 („bei der Entscheidung". Das Urteil beruht auch nicht auf dieser Mitwirkung).

**D. Verstoß.** Ein Verstoß im *einen* Termin wirkt sich nicht stets auf alle folgenden weiteren Termine aus, **6** BAG DB **99**, 644. Er begründet den sonst zulässigen Rechtsbehelf. Die Amtshandlung bleibt also zunächst bedingt wirksam, Einl III 30, § 551 Z 2. Nach der Rechtskraft der Entscheidung ist eine Nichtigkeitsklage nach § 579 I Z 2 zulässig, BAG DB **99**, 644. Eine Amtshandlung, die der Ausgeschlossene vor der Entscheidung vorgenommen hat, ist nur zusammen mit der Entscheidung anfechtbar. Eine Parteihandlung vor dem ausgeschlossenen Richter bleibt voll wirksam.

**4) Ausschließung des Prozeßrichters, Z 1–6.** Die Aufzählung ist abschließend. **7**
**A. Mitwirkung der Partei usw als Richter, Z 1.** Der Begriff „Partei" ist hier ganz weit zu verstehen, vgl auch § 42 Rn 59. Partei ist jeder, für oder gegen den die Entscheidung wirkt, §§ 265, 325, 727.
*Hierher zählt* also namentlich auch der Streitgehilfe, §§ 66 ff, oder ein Dritter, §§ 75 ff. Der Streitverkündungsgegner ist vor seinem Beitritt nicht als Partei anzusehen, §§ 72, 73. Die Begriffe „Mitberechtigte" usw verlangen eine unmittelbare Beteiligung, BGH DRiZ **91**, 99, zB: Als Bürge; als ein Mitglied des beklagten, nicht rechtsfähigen Vereins, § 50 Rn 9, weil der Verein die Gesamtheit der Mitglieder ist. Wegen der

## § 41

Gewerkschaft BAG **AP** § 322 Nr 6; als Gesamtgläubiger oder -schuldner, §§ 421 ff BGB; als Gesellschafter, zB einer Offenen Handelsgesellschaft oder einer juristischen Person, BGH **113**, 277, auch wenn ein Treuhänder die Anteile hält, BGH **113**, 277.

8   *Nicht hierher zählen:* Eine Beteiligung als Aktionär; als ein Mitglied eines nicht rechtsfähigen Vereins; als ein Mitglied einer öffentlichen Körperschaft; eine nur mittelbare Beteiligung (in diesen Fällen besteht aber unter Umständen ein Ablehnungsrecht), BGH DRiZ **91**, 99 und VersR **91**, 713. Ein Arbeitsrichter nach § 46 II 1 ArbGG kann nicht schon wegen seiner Zugehörigkeit zu einem Arbeitgeber- oder Arbeitnehmerverband abgelehnt werden.

9   **B. Ehegatte und früherer Gatte, Z 2.** Ein solcher Richter ist dann ausgeschlossen, wenn er im Sinn von Z 1 als Partei anzusehen ist. Das gilt auch dann, wenn die Ehe aufgehoben ist oder wegen Scheidung nicht mehr besteht. Etwas anderes gilt bei einer bloßen Nichtehe. Bei einem Verlöbnis kommt nur eine Ablehnbarkeit in Betracht.
*Nicht hierher* zählt eine Ehe des Richters mit dem bloßen ProzBev einer Partei, aM möglicherweise LSG Schlesw FamRZ **99**, 384 (LS: Schreibfehler?).

10  **C. Verwandter und Verschwägerter, Z 3.** Ein solcher Richter ist ausgeschlossen, wenn er als Partei im Sinn von Z 1 anzusehen ist. Die Verwandtschaft usw ist nach dem bürgerlichen Recht zu beurteilen, §§ 1589 ff, 1754 ff (Ausnahme: § 1770) BGB, Art 33 EG BGB.
*Hierher* zählt also auch die durch eine nichteheliche Vaterschaft, §§ 1600 e ff BGB, oder durch eine Annahme als Kind vermittelte Verwandtschaft. Der Verwandtschaftsgrad usw bestimmt sich nach der Zahl der vermittelnden Geburten.

11  *Nicht ausreichend* ist eine Verwandtschaft usw mit einem anderen Prozeßbeteiligten oder mit einem ProzBev, § 81, mit einem Beistand, § 90, oder mit einem gesetzlichen Vertreter, § 51. Bei einer Partei kraft Amtes, Grdz 8 vor § 50, entscheidet ihre Verwandtschaft usw mit der Amtsperson, etwa des Konkursverwalter, und mit dem durch sie Dargestellten, etwa dem Gemeinschuldner. Die Ausschließung besteht auch nach einer Auflösung der Annahme als Kind oder nach einer Anfechtung der Ehelichkeit fort.

12  **D. Vertretungsbefugnis, Z 4.** Die Vertretungsbefugnis mag bestehen oder bestanden haben.
*Beispiele:* Der ProzBev, § 81, auch der amtlich bestellte Vertreter, § 53 BRAO, oder ein Unterbevollmächtigter; der Beistand, § 90; der gesetzliche Vertreter, § 51; einer von mehreren solchen Personen, und zwar ohne Rücksicht darauf, ob er selbst auch tätig geworden ist. Wegen des Geschäftsführers einer kassenzahnärztlichen Vereinigung vgl auch BSG NJW **93**, 2070. Die Vertretungsbefugnis muß in derselben Rechtsangelegenheit, aber nicht in demselben Prozeß bestanden haben. Eine Tätigkeit in einer früheren Sache, BGH NJW **79**, 2160 (StPO), als ein bloßer Zustellungsbevollmächtigter, § 174, als Schiedsrichter oder als ein Referendar beim Geschäftsabschluß, vgl zB §§ 2231, 2276 BGB, schadet nicht.

13  **E. Stattgefundene Vernehmung, Z 5.** Die Vernehmung kann auch nach § 377 III (schriftliche Anhörung) erfolgt sein, insofern richtig Ffm FamRZ **89**, 519. Sie muß zu demselben Sachverhalt stattgefunden haben. Sie braucht nicht in demselben Prozeß erfolgt zu sein, vgl BGH NJW **83**, 2711 (StPO), insofern richtig auch Ffm FamRZ **89**, 519. Es muß aber ein prozeßrechtlicher Zusammenhang bestehen, etwa im Wiederaufnahmeverfahren, §§ 578 ff, oder bei einer Vollstreckungsabwehrklage, § 767, insofern richtig Ffm FamRZ **89**, 519. Es reicht nicht aus, daß die Vernehmung in einem anderen Prozeß mit demselben Sachverhalt stattfand, insofern aM Ffm FamRZ **89**, 519. In diesem letzteren Fall mag der Richter allerdings ablehnbar sein. Die bloße Benennung des Richters als Zeuge oder Sachverständiger reicht zum Ausschluß nicht aus, BVerwG MDR **80**, 168 mwN. Deshalb scheidet der Richter erst nach dem ihn selbst benennenden Beweisbeschluß aus; freilich kann er deshalb vorher befangen sein. Eine dienstliche Äußerung ist kein Zeugnis, BVerwG MDR **80**, 168.

14  **F. Mitwirkung bei der angefochtenen Entscheidung, Z 6,** dazu *Brandt-Janczyk,* Richterliche Befangenheit durch Vorbefassung im Wiederaufnahmeverfahren, 1978:
Die Mitwirkung muß in der Vorinstanz oder in einem schiedsrichterlichen Verfahren stattgefunden haben. Sie muß gerade bei der durch ein Rechtsmittel nach §§ 511 ff, 545 ff oder 567 ff angefochtenen Entscheidung erfolgt sein, nicht bei einer anderen, BGH NJW **81**, 1273, BVerwG NJW **80**, 2722. Der Richter muß als erkennender Richter oder als ein Schiedsrichter, § 1036, gerade über das Streitverhältnis mitentschieden haben, § 309, und nicht nur an einer Verkündung nach § 311 beteiligt gewesen sein.

15  **G. Beispiele zur Frage der Ausschließung, Z 1–6**
**Abänderungsklage:** Ein Ausschluß liegt nicht vor, wenn es um eine Abänderungsklage nach § 323 geht. S auch Rn 17 „Neuer Prozeß".
**Arrest, einstweilige Verfügung:** Ein Ausschluß kann vorliegen, wenn der Richter an einem Arrest oder einer einstweiligen Verfügung mitgewirkt hat, die inzwischen auf Grund eines Widerspruchs bestätigt worden ist.
**Berater:** Wegen eines Beraters Düss BB **76**, 252.
**Betragsverfahren:** Ein Ausschluß liegt nicht vor, wenn der Richter im Verfahren über den Grund mitgewirkt hatte, Karlsr FamRZ **92**, 1194.
**Beweisaufnahme:** Ein Ausschluß liegt nicht vor, wenn der Richter nur an einem Beweisbeschluß oder an einer Beweisaufnahme mitgewirkt hat.

16 **Dieselbe Instanz:** Ein Ausschluß liegt nicht vor, wenn der Richter lediglich an einer Entscheidung derselben Instanz mitgewirkt hat, Schmidt NJW **74**, 729, Stemmler NJW **74**, 1546, etwa im Mahnverfahren oder an einem Versäumnisurteil oder an einem Zwischenurteil nach § 303 oder an einem Grundurteil nach § 304 oder an einem Vorbehaltsurteil nach §§ 320, 599.
S auch Rn 18 „Urkundenprozeß", Rn 19 „Versäumnisurteil", Rn 20 „Zurückverweisung".
**Disziplinarsache:** Wegen eines Notarrichters im Disziplinarsenat BGH DNotZ **91**, 323.
**Einzelrichter:** Ein Ausschluß liegt nicht vor, wenn der Richter als nicht erkennender Einzelrichter tätig war.

4. Titel. Ausschließung und Ablehnung der Gerichtspersonen §§ 41, 42

**Grundurteil:** Rn 15 „Betragsverfahren".
**Mahnverfahren:** S „Dieselbe Instanz".
**Neuer Prozeß:** Ein Ausschluß liegt nicht vor, wenn der Richter jetzt in einem anderen, formell ganz 17 selbständigen weiteren Prozeß tätig wird. Denn dann liegt kein „früherer Rechtszug" vor, selbst wenn der frühere Prozeß für den jetzigen erheblich sein mag, offen Baur Festschrift für Larenz (1973) 1073.
S auch Rn 15 „Abänderungsklage", Rn 20 „Wiederaufnahmeverfahren".
**Notarsache:** Rn 16 „Disziplinarsache".
**Patentsache:** Wegen einer Patentabteilung BPatG GRUR 82, 359. Wegen eines PatG BGH MDR 76, 574.
**Schiedsrichterliches Verfahren:** Rn 14.
**Urkundenprozeß:** Ein Ausschluß liegt nicht vor, wenn der Richter im Urkundenprozeß mitgewirkt hat, 18 etwa an einem Vorbehaltsurteil nach § 599, und jetzt im Nachverfahren tätig wird.
S auch Rn 16 „Dieselbe Instanz".
**Verfassungsfragen:** Rn 19 „Vorlagebeschluß".
**Verkündung:** Ein Ausschluß liegt nicht vor, wenn der Richter nur an der Verkündung einer Entscheidung mitgewirkt hat.
**Versäumnisurteil:** Ein Ausschluß liegt vor, wenn der Richter an einem Versäumnisurteil der Vorinstanz 19 gegen den Bekl mitgewirkt hat. Denn dort mußte ja auch die Schlüssigkeit der Klage nach § 331 II geprüft werden.
Ein Ausschluß liegt *nicht* vor, wenn der Richter an einem inzwischen aufgehobenen Versäumnisurteil mitgewirkt hat. Denn jene Entscheidung hat für die jetzt zu treffende keine unmittelbare Bedeutung mehr.
S auch Rn 16 „Dieselbe Instanz".
**Vollstreckungsfragen:** Rn 20 „Zwangsvollstreckung".
**Vorentscheidung:** Ein Ausschluß liegt vor, wenn der Richter an einer Vor- oder Zwischenentscheidung beteiligt war, die der höheren Instanz nach §§ 512, 548 unterbreitet worden ist, etwa bei einem Zwischenurteil oder bei einem inzwischen bestätigten Versäumnisurteil.
Ein Ausschluß liegt *nicht* vor, wenn sich die Mitwirkung des Richters auf einen Vorbescheid beschränkt hat, BFH DB 74, 409.
S auch Rn 18 „Urkundenprozeß", Rn 19 „Versäumnisurteil".
**Vorlagebeschluß:** Ein Ausschluß liegt nicht vor, wenn der Richter an einem Vorlagebeschluß nach Art 100 GG beim BVerfG oder nach Art 177 II EWGVertrag beim EuGH mitgewirkt hat, BFH 129, 251.
**Widerspruch:** Rn 15 „Arrest, einstweilige Verfügung". 20
**Wiederaufnahmeverfahren:** Ein Ausschluß liegt nicht vor, wenn es jetzt um ein Wiederaufnahmeverfahren geht, §§ 578 ff, BGH NJW 81, 1274.
S auch Rn 17 „Neuer Prozeß".
**Zurückverweisung:** Ein Ausschluß liegt nicht vor, wenn der Richter nach einer Zurückverweisung (weiter) mitwirkt, BVerwG NJW 75, 1241. Dabei ist es unerheblich, ob nunmehr dasselbe oder ein im übrigen anderes Kollegium tätig wird, BVerfG DRiZ 68, 141.
S auch Rn 16 „Dieselbe Instanz".
**Zwangsvollstreckung:** Ein Ausschluß liegt nicht vor, wenn der Richter über eine Einwendung gegen die Zulässigkeit der von ihm erteilten Vollstreckungsklausel, vgl Ffm NJW 68, 801, oder bei einer anschließenden Vollstreckungsabwehrklage entscheiden soll.
**Zwischenentscheidung:** Rn 16 „Dieselbe Instanz", Rn 19 „Vorentscheitung".

**5) Ausschließung des verordneten Richters, Z 1–6.** Ein Richter, der in der Vorinstanz an der 21 Entscheidung mitwirkte, ist als verordneter Richter der höheren Instanz nicht ausgeschlossen. Auch das ergibt sich aus Z 6. Zum Begriff des verordneten Richters Einl III 72. Eine Tätigkeit als verordneter Richter in der früheren Instanz ist ohnehin unschädlich. Wer als verordneter Richter tätig war, darf auch bei einer Entscheidung nach § 576 I mitwirken.

*6) VwGO:* Gilt entsprechend, § 54 I VwGO, *für Richter und ehrenamtliche VerwRichter (nicht auch für den* 22 *VdÖI, OVG Münst NVwZ 91, 489), vgl Günther VerwArch 82, 181 mwN. Sie sind auch ausgeschlossen, § 54 II, wenn sie im vorausgegangenen VerwVerfahren mitgewirkt haben, dazu BVerwG NVwZ 90, 461 (krit zum Einzelfall BVerfG NVwZ 96, 885), BVerwG 52, 47 u DÖV 83, 552, Kopp § 54 Rn 8. Z 4 greift ein, wenn der Richter in derselben Sache früher als Landesanwalt tätig war, VGH Mü BayVBl 81, 368. Nicht unter Z 6 fällt, Rn 15–20, die Mitwirkung an einer Entscheidung im vorläufigen Rechtsschutz, BVerwG NVwZ-RR 98, 268 mwN, an einer PKH-Entscheidung, OVG Schlesw FamRZ 82, 347, an einer Gerichtsbescheid, § 84 VwGO, unter der unberührt bleibenden rechtskräftigen Entscheidung, BVerwG NVwZ-RR 96, 122, ebensowenig die Mitwirkung an einer Vorlage an den EuGH, BFH BStBl 80 II 158, oder an das BVerfG, Offerhaus NJW 80, 2290, vgl iü Kopp § 54 Rn 7; soweit Z 6 nicht eingreift, kommt bei konkreten Anhaltspunkten eine Ablehnung wegen Befangenheit, § 42 I, in Betracht, BVerwG NVwZ-RR 98, 268, Buchholz 303 § 42 Nr 1 u 310 § 54 Nr 49. Eine Erweiterung der Ausschließungsgründe im Wege der Auslegung ist ausgeschlossen, BVerwG NVwZ 90, 461 u NJW 80, 2722.*

**42** *Fälle der Ablehnung.* [I] **Ein Richter kann sowohl in den Fällen, in denen er von der Ausübung des Richteramts kraft Gesetzes ausgeschlossen ist, als auch wegen Besorgnis der Befangenheit abgelehnt werden.**

[II] **Wegen Besorgnis der Befangenheit findet die Ablehnung statt, wenn ein Grund vorliegt, der geeignet ist, Mißtrauen gegen die Unparteilichkeit eines Richters zu rechtfertigen.**

[III] **Das Ablehnungsrecht steht in jedem Falle beiden Parteien zu.**

**Schrifttum:** *Brandt-Janczyk,* Richterliche Befangenheit durch Vorbefassung im Wiederaufnahmeverfahren, 1978; *Deguchi,* Das mißbräuchliche Ablehnungsgesetz im Zivilprozeß, Gedächtnisschrift für *Arens*

## § 42

(1993) 31; *Gerdes,* Die Ablehnung wegen Besorgnis der Befangenheit aufgrund von Meinungsäußerungen des Richters, 1992; *Günther,* Der „vorbefaßte" Zivil- oder Verwaltungsrichter, VerwArch **82**, 179; *Horn,* Der befangene Richter usw (Rechtstatsachen), 1977; *Nowak,* Richterliche Aufklärungspflicht und Befangenheit, 1991; *Onart,* Umfang und Grenzen politischer Betätigungsfreiheit des Richters usw, 1990; *Peters,* Richter entscheiden über Richter, Festschrift für *Lüke* (1997) 603; *Riedel,* Das Postulat der Unparteilichkeit des Richters im deutschen Verfassungs- und Verfahrensrecht, 1980; *Schmidt,* Richterwegfall und Richterwechsel im Zivilprozeß, Diss Hann 1993; *Schneider,* Befangenheitsablehnung im Zivilprozeß usw, 1993; *Vollkommer,* Richterpersönlichkeit und Persönlichkeitsrecht, Festschrift für *Hubmann* (1985) 445; *Wand,* Zum Begriff der „Besorgnis der Befangenheit" in § 19 BVerfGG, Festgabe zum 10jährigen Jubiläum der *Gesellschaft für Rechtspolitik* (1984) 515; *Wassermann,* Zur Richterablehnung im verfassungsgerichtlichen Verfahren, Festschrift für *Hirsch* (1981) 465; vgl auch vor Üb 1 vor § 41.

### Gliederung

| | |
|---|---|
| 1) Systematik, I–III .................... 1 | 8) Sonstige Zurückweisungsfolgen, I–III .... 8 |
| 2) Regelungszweck, I–III ............... 2 | 9) Ablehnungsgründe, I, II .............. 9–58 |
| 3) Sachlicher Geltungsbereich, I–III ..... 3 |    A. Ausschlußgrund ...................... 9 |
| 4) Persönlicher Geltungsbereich, I–III ... 4 |    B. Besorgnis der Befangenheit: Parteiobjektiver Maßstab ....................... 10 |
| 5) Notwendigkeit eines Antrags, I–III ... 5 |    C. Auslegungsregeln bei Befangenheit ... 11–13 |
| 6) Rechtsschutzbedürfnis, I–III ......... 6 |    D. Beispiele zur Frage der Ablehnbarkeit. 14–58 |
| 7) Rechtsmißbrauch, I–III............... 7 | 10) *VwGO* .................................. 59 |

**1**  **1) Systematik, I–III.** Vgl zunächst Üb 1 vor § 41. § 42 regelt in Wahrheit nicht nur im Gegensatz, sondern auch in Ergänzung zu § 41 Fälle des Ausschlusses wie der Ablehnung eines Richters. Für das Verfahren der Ablehnung des Richters gelten zusätzlich §§ 43–48. Beim befangenen Urkundsbeamten gilt zunächst vorrangig § 49 mit seiner Verweisung auf §§ 42–48.

**2**  **2) Regelungszweck, I–III.** Vgl zunächst Üb 2 vor § 41. Lamprecht NJW **93**, 2222 sieht im Ablehnungsrecht generell ein prozessuales Grundrecht gegenüber der Dritten Gewalt. Die Vorschrift soll die Unvoreingenommenheit sichern, Ffm RR **97**, 1084, und der Gefahr unsachlicher Beweggründe bei der Rechtsprechung begegnen, BayObLG **86**, 250, Schneider NJW **96**, 2285. Die Vorschrift dient also der Gerechtigkeit, Einl III 9. Sie soll aber auch ein „Abschießen" des zwar unbequemen, aber keineswegs voreingenommenen Richters und damit eine Umgehung des gesetzlichen Richters des Art 101 I 2 GG verhindern, BVerfG NJW **98**, 370, und dient damit auch der Rechtssicherheit, Einl III 45, und der Bekämpfung von Rechtsmißbrauch, Einl III 54, Rn 7. Das ist bei der Auslegung, Rn 11–13, mitzubeachten.

**3**  **3) Sachlicher Geltungsbereich, I–III.** Vgl zunächst Üb 3, 4 vor § 41. Die Regelung gilt für alle Verfahrensabschnitte und -arten, LG Bonn NJW **96**, 2169 (Schiedsgericht), auch für eine Familiensache, §§ 606 ff, Ffm FamRZ **83**, 630, oder für das Tatbestandsberichtigungsverfahren, § 320, oder im Vollstreckungsverfahren, Karlsr Rpfleger **95**, 402 (ZVG), oder im FGG-Verfahren, BGH NJW **95**, 1030 (Landwirtschaftssache), BayObLG FamRZ **98**, 634 und NJW **96**, 1875 (WEG).

**4**  **4) Persönlicher Geltungsbereich, I–III.** Vgl zunächst Üb 5, 6 vor § 41. Das Ablehnungsrecht steht beiden Parteien unabhängig von einander zu. Es steht auch dem Prozeßgegner der unmittelbar betroffenen Partei zu, Schneider JB **77**, 1183. Der Begriff Partei ist im weitesten Sinn zu verstehen, vgl auch § 41 Rn 7. Als Partei gilt jeder an einem Verfahren nach der ZPO parteiartig Beteiligte, auch der zu Betreuende, auch ein einzelner Genosse bei §§ 105 ff GenG, Brdb Rpfleger **97**, 302. Eine möglicherweise nach § 51 prozeßunfähige Partei gilt für das Ablehnungsverfahren als prozeßfähig, damit nicht die Prozeßfähigkeit in diesem Nebenverfahren geklärt werden muß, Schlesw SchlHA **80**, 213. Dieses Recht ist zeitlich begrenzt, § 43, vgl aber auch § 44 IV. Der Streithelfer hat zunächst ein selbständiges Ablehnungsrecht. Denn III ist eine Sondervorschrift gegenüber § 41, vgl aber § 67 Rn 8. Ein Dritter hat nur in einem Zwischenstreit mit den Prozeßparteien ein Ablehnungsrecht. Der ProzBev, § 81, hat ein Ablehnungsrecht grundsätzlich nur für die Partei und nicht für seine eigene Person, vgl BayObLG NJW **75**, 699, s aber auch Rn 10. Man muß die Erklärung der Partei zur Klärung der Frage, ob sie ein Ablehnungsgesuch stellt, auslegen, Schneider MDR **83**, 188, und zwar als Gericht selbstkritisch, aber nicht übertrieben ängstlich. Wegen des Insovenzverwalters Üb 6 vor § 41.

**5**  **5) Notwendigkeit eines Antrags, I–III.** Es ist ein Ablehnungsantrag erforderlich, § 44 I, VG Köln NJW **86**, 2207. Er ist eine Parteiprozeßhandlung, Grdz 47 vor § 128. Zur Form § 44. Es gibt kein Ablehnungsverfahren von Amts wegen, vgl BVerfG NJW **46**, 37, BGH NJW **81**, 1274, VG Köln NJW **86**, 2207, sondern nur das Selbstablehnungsverfahren ohne Mitwirkung der Parteien, § 48 II. Man kann nicht ein ganzes Gericht als solches ablehnen, Üb 5 vor § 41. Man kann einen Richter auch nicht ein für allemal ablehnen, vgl BayObLG Rpfleger **80**, 194. Der Ablehnungsantrag ist bis zum Zeitpunkt der Entscheidung über das Gesuch widerruflich. Der ProzBev hat nicht aus eigenem Recht eine Ablehnungsmöglichkeit, stellt den Antrag freilich meist zulässig stillschweigend im Namen der Partei, Karlsr RR **87**, 127.

**6**  **6) Rechtsschutzbedürfnis, I–III.** Das Rechtsschutzbedürfnis muß wie stets vorliegen, Grdz 33 vor § 253. Es entfällt, soweit der Richter bereits in der Hauptsache entschieden hat, BFH BB **90**, 271, BayObLG NJW **68**, 802, grds auch Hbg NJW **92**, 1462.

**7**  **7) Rechtsmißbrauch, I–III,** dazu *Deguchi* (vor Rn 1): Zwar muß das Gericht stets prüfen, ob hinter Schimpfereien ein ernstzunehmender Antrag steht, § 46 Rn 4. Soweit aber feststeht, daß ein Ablehnungsgesuch nur einer Verschleppung dienen soll, Düss Rpfleger **94**, 340, Kblz Rpfleger **85**, 368, Köln RR **97**, 828, oder wenn das Gesuch sonst ersichtlich lediglich rechtsmißbräuchlich eingelegt wurde, Einl III 54, darf und muß das Gericht kraft Gewohnheitsrechts, Celle RR **89**, 569, den Antrag in seiner bisherigen Besetzung

## 4. Titel. Ausschließung und Ablehnung der Gerichtspersonen § 42

zurückweisen, § 45 Rn 3, BVerfG MDR **61**, 26, BGH NJW **95**, 1030, LG Lüb MDR **99**, 57, Pentz NJW **99**, 2000. Eine Zurückweisung in der bisherigen Besetzung erfolgt insbesondere dann, wenn der Antragsteller das Gesuch nicht ernst meint, BPatG GRUR **82**, 359, oder ein bereits einmal abgelehntes Gesuch einfach erneut einreicht, ohne neue tatsächliche Behauptungen aufzustellen, LG Kiel Rpfleger **88**, 544 (zustm Wabnitz), oder wenn er die Ablehnung nur auf die Zugehörigkeit des Richters zu einem bestimmten Gericht stützt, BGH NJW **74**, 55, oder wenn das Gesuch nur grobe Beleidigungen und Beschimpfungen der Richter enthält, Karlsr NJW **73**, 1658. Natürlich soll man mit solcher Art von Zurückweisung eines Ablehnungsgesuchs vorsichtig sein, Zweibr MDR **80**, 1026.

Bei einem völlig eindeutigen Rechtsmißbrauch, etwa wegen bloßer Verschleppungsabsicht, auch im Gewand einer „Verhinderung", kann es sogar gerechtfertigt sein, das Ablehnungsgesuch *nicht weiter zu bearbeiten*, Einl III 66, § 46 Rn 3, BVerfG **11**, 5, BFH BB **72**, 865, KG FamRZ **86**, 1023, strenger VerfGH Sachsen RR **99**, 287. In einem solchen Fall ist ein Aktenvermerk nicht nur natürlich zulässig, sondern auch ratsam, Engel Rpfleger **81**, 84; das Gericht sollte durch die Form des Vermerks klarstellen, daß es sich dabei nicht etwa um eine mitteilungsbedürftige und beschwerdefähige Entscheidung handelt, Engel Rpfleger **81**, 85. Eine Mitteilung in Beschlußform ist für sich noch keine Entscheidung über das Ablehnungsgesuch, KG FamRZ **86**, 1023. Auch bei dieser Form der Bewältigung des Rechtsmißbrauchs ist Zurückhaltung geboten, Engel Rpfleger **81**, 84. Im übrigen kann ein offensichtlich unbegründetes, zur Verzögerung führendes Gesuch eine *Gebühr* nach § 34 GKG auslösen, Düss MDR **84**, 857.

**8) Sonstige Zurückweisungsfolgen, I–III.** Ein unberechtigter Ablehnungsantrag kann die Ehre des 8 abgelehnten Richters rechtswidrig angreifen, Nürnb MDR **83**, 846. Daher können der Abgelehnte wie sein Dienstvorgesetzter wegen dieser Ehrverletzung vorgehen; der letztere kann dazu wegen seiner Fürsorgepflicht verpflichtet sein.

**9) Ablehnungsgründe, I, II.** Zur Ablehnung des Richters berechtigen zwei Gruppen von Gründen: 9

**A. Ausschlußgrund.** Es mag ein Grund zu einer Ausschließung nach § 41 vorliegen. § 41 ist also auch im Rahmen des § 42 beachtlich, dazu krit Mü MDR **75**, 584. Ein Verstoß gegen § 21 g II GVG reicht aber insofern nicht zur Ablehnung aus, Mü MDR **75**, 584. Wenn das Ablehnungsgesuch auf § 41 gestützt wird, ist § 43 unanwendbar. Wenn das Ablehnungsgesuch für unbegründet erklärt worden ist, entfällt die Möglichkeit einer Nichtigkeitsklage, § 579 Z 2.

**B. Besorgnis der Befangenheit: Parteiobjektiver Maßstab.** Eine Besorgnis der Befangenheit liegt nur 10 dann vor, wenn ein objektiv vernünftiger Grund gegeben ist, der die Partei dann auch von ihrem Standpunkt aus, Bre NJW **86**, 999, Lamprecht DRiZ **85**, 86, vernünftigerweise befürchten lassen kann, der Richter werde nicht unparteiisch sachlich entscheiden, BVerfG **46**, 38, BGH NJW **86**, 738, Karlsr MDR **99**, 956, Zweibr FamRZ **99**, 936. Zum Begriff eines objektiv vernünftigen Grundes krit VG Stgt JZ **76**, 277 (abw Horn 125, zustm Arzt ZZP **91**, 88: Man müsse auf die persönlichen Verhältnisse des Antragstellers abstellen), Berglar ZRP **84**, 8, aM Schneider MDR **98**, 1339 (ein dem Ablehnenden unbekannter objektiver Grund sei unbeachtlich. Aber der Maßstab ist ein partei-„objektiver"). Der Ablehnungsgrund liegt vor, wenn er glaubhaft ist, § 44 II.

Eine rein *subjektive*, unvernünftige *Vorstellung ist also unerheblich*, BSG NJW **93**, 2262, BayObLG RR **88**, 191, Hbg FamRZ **88**, 186, Karlsr RR **87**, 127. Eine dienstliche Äußerung nach § 44 III dahingehend, man fühle sich befangen oder nicht befangen, ist jedenfalls nicht allein maßgeblich, BVerfG **73**, 335, BFH DB **77**, 1124, LG Bayreuth RR **86**, 678, aM Oldb FamRZ **92**, 192 (sie sei ganz unbeachtlich). Es kommt auch nicht darauf an, ob der Richter vom Standpunkt eines jeden, also auch wirklich, befangen ist, Celle AnwBl **97**, 295, VGH Mannh NJW **86**, 2068, LG Bln NJW **86**, 1000. Wer über ein Ablehnungsgesuch entscheiden muß, der muß sich also in die Rolle der ablehnenden Partei zu versetzen versuchen und ihre persönlichen Befürchtungen zwar zugrundelegen, aber zugleich vom Standpunkt eines außenstehenden Dritten auf ihre Stichhaltigkeit überprüfen. Erst wenn auch aus der Sicht eines solchen unparteiischen Dritten subjektive Befürchtungen der ablehnenden Partei immerhin verständlich und nicht ziemlich grundlos zu sein scheinen, ist die Besorgnis der Befangenheit gegeben. Dabei ist eine Gesamtabwägung aller Argumente notwendig.

**C. Auslegungsregeln bei Befangenheit.** Die §§ 42 ff müssen im Zusammenhang mit Art 101 I 2 GG 11 ausgelegt werden, Üb 1, 2 vor § 41; Zuck DRiZ **88**, 179 stellt auf den Grundsatz der Notwendigkeit eines fairen Verfahrens ab, vgl Einl III 22. §§ 42 ff betreffen wegen ihres Regelungszwecks, Rn 2, ohnehin nur eine subjektive ernst gemeinte und objektiv auch ernst zu nehmende Ablehnung. Sie wollen den Parteien keineswegs Möglichkeiten an die Hand geben, den Prozeß zu verschleppen oder sich eines unliebsamen Richters zu entledigen, Rn 4, VGH Kassel NJW **85**, 1106. Die Zahl von Ablehnungsanträgen steigt erheblich. Das ergibt sich schon aus der zunehmenden Fülle einschlägiger im Fachzeitschriftum veröffentlichter Entscheidungen. Diese Tendenz ist eine Folge des überall zu beobachtenden Verfalls jeglicher Autorität, auch staatlicher. Man sieht im Richter den unvollkommenen Menschen. Er ist unvollkommen. Trotzdem hat der Gesetzgeber ihn nicht zu einem beliebig austauschbaren Verwaltungsbeamten gemacht, sondern im Rahmen des Geschäftsverteilungsplans zum allein berufenen gesetzlichen Richter bestimmt.

Natürlich darf man in der Tendenz zu mehr Ablehnungsanträgen auch die richtige Erkenntnis sehen, daß 12 alle staatliche Autorität und Gewalt einer schärferen Selbstkontrolle bedarf, als man sie früher für notwendig hielt. Diese Erkenntnis berechtigt aber nicht zu einer gar nicht selten zu beobachtenden, wenig überzeugenden *Neigung, den Richter* allzu rasch für *befangen* zu halten. Eine solche Tendenz ist unvermeidbar mit einer Schwächung der Unabhängigkeit des Richteramts verbunden. Sie dient niemandem. Die seit jeher vorhandenen Grauzonen des Bereichs einer oft unbewußten Befangenheit, der sich rechtlich nicht aufdecken läßt, vgl Lamprecht DRiZ **88**, 166, lassen sich durch keine noch so ablehnungsfreudige Tendenz beseitigen. Der allzu oft angegriffene Richter wird nur zu einer Einstellung gedrängt, die gerade den Angreifern auf die Dauer am wenigsten nützt. Das sollte auch der Anwalt bedenken, ebenso Schlosser Zivilprozeßrecht 76, aM Bergerfurth FamRZ **83**, 980 (aber der Anwalt muß das Allzumenschliche des Richters sehr wohl mitsehen).

## § 42   1. Buch. 1. Abschnitt. Gerichte

Man muß im übrigen beachten, daß der Richter schon wegen § 278 III zu einem *Rechtsgespräch* verpflichtet ist. Insgesamt sollten Befangenheitsanträge nur zurückhaltend für begründet erklärt werden, Rasehorn NJW 73, 288, Schneider DRiZ 78, 42, aM BayObLG 74, 131, ThP 13, ZöV 10.

**13** Gegen die erkennbare Meinung des betroffenen Richters sollte seine Befangenheit *keineswegs voreilig bejaht* werden. Bei einem echten Zweifel darüber, ob er noch als unbefangen angesehen werden kann, muß man aber schon wegen Artt 2 und 5 GG zugunsten des Antragstellers entscheiden, Schneider DRiZ 78, 44, ThP 9, aM BayObLG DRiZ 77, 245. Dabei mag auch die Erwägung berechtigt sein, das Vertrauen in die Rechtspflege nicht allzu sehr der evtl unberechtigten Kritik des einzelnen zu unterstellen, ThP 9. Das BVerfG prüft im Verfahren nach § 44 nur, ob objektiv eine Willkür des Gerichts vorliegt, BVerfG NJW 80, 1379. Bei § 48 mag seine Prüfungspflicht weitergehen.

**14** **D. Beispiele zur Frage der Ablehnbarkeit.** Es bedeuten: „*Ja*": Es besteht eine Besorgnis der Befangenheit; „*nein*": Es besteht keine Besorgnis der Befangenheit. Jeder Schematismus ist verfehlt; maßgebend können nur die Gesamtumstände des Einzelfalls sein.
**Allgemeine Auffassungen:** *Nein*, soweit der Richter lediglich allgemeine Werteinschätzungen und Grundhaltungen äußert oder zugrunde legt oder erkennbar hat, vgl BVerfG 46, 36, Zweibr MDR 82, 940, vgl auch Michael JZ 80, 421, oder soweit die Partei nur allgemein abwertende Auffassungen andeutet, BVerwG NJW 97, 3327.
 Vgl auch Rn 23 „Festhalten an einer Ansicht", Rn 34 „Parteizugehörigkeit", Rn 35 „Politische Äußerungen", Rn 44 „Rechtsansicht", Rn 57 „Wissenschaftliche Äußerung".
**Allgemeine geschäftliche Beziehungen:** *Nein*, LG Regensb FamRZ 79, 525, Schneider DRiZ 78, 45, soweit nicht konkrete wirtschaftliche Interessen hinzukommen.
 Vgl auch Rn 56 „Wirtschaftliches Interesse".
**Amtstracht:** vgl Rn 46 „Robe".
**15 Anfrage:** *Nein*, wenn der Richter telefonisch im Büro eines ProzBev anruft und fragt, ob man noch mit dem Erscheinen des Anwalts im Termin rechnen könne, vgl Ffm FamRZ 89, 410 (zu § 406 III), ferner LG Bln AnwBl 78, 419 mwN; nein bei einer Anfrage des Richters, ob der Kläger seine Klage im Hinblick auf eine bereits ergangene höchstrichterliche Grundsatzentscheidung zurücknehmen wolle, vgl BFH BStBl 71, 527; nein für eine anregende Frage, ob im Antrag geändert werden solle, selbst wenn diese Anregung wegen einer geänderten rechtlichen Beurteilung durch das Gericht geboten ist, vgl Teplitzky MDR 75, 149; nein bei einer Anfrage wegen eines weiteren Beweisantrags, Ffm NJW 76, 2026; nein schon wegen der bloßen, gar telefonischen Vorsprache nur der einen Partei beim Richter, BayObLG MDR 86, 417, vgl Bachof Festschrift für Baur (1981) 175.
 Vgl auch Rn 38 „Ratschlag", Rn 44 „Rechtsansicht".
**Angriff:** *Nein* bei einem schriftlichen persönlichen Angriff gegen den Richter, BAG BB 73, 754, solange dieser nicht massiv erfolgt, vgl „Beleidigung". Ob die Befangenheit dann eintritt, wenn der angegriffene Richter nicht nur äußert, er halte den Angriff für rechtswidrig und evtl auch für strafbar, sondern wenn er dem Angreifer außerdem eine Frist zur Abgabe einer Ehrenerklärung setzt und sich weitere Schritte vorbehält, ist eine *Fallfrage*, LG Ulm MDR 79, 1028 mwN, strenger LG Aachen MDR 65, 667 (in einem solchen Fall sei meist die Besorgnis der Befangenheit anzunehmen), großzügiger BAG AP Nr 2. Vgl auch Rn 19 „Beleidigung".

**16 Anordnung:** *Ja*, wenn der Richter die Zivilprozeßakte unaufgefordert wegen eines noch so berechtigten Straftatverdachts der Staatsanwaltschaft außerhalb des Bereichs des § 183 GVG zuleitet, ähnlich Ffm MDR 84, 499 (großzügiger).
 *Nein* bei einer unerwünschten Beweisanordnung, etwa gemäß § 372a, Köln VersR 80, 93. Nein bei der Anordnung einer Verzögerungsgebühr, BFH DB 77, 1124, erst recht nein bei ihrer Androhung. Nein überhaupt bei einer solchen Anordnung, die sich im Rahmen der Sitzungsgewalt hält und sachlich zumindest zu rechtfertigen ist, LG Bln MDR 82, 154 (Ausweiskontrolle usw), selbst wenn sie im Umfang und/oder in ihrer Art und Weise unzweckmäßig sein mag oder als fragwürdig erscheint; zum Problem Molketin MDR 84, 20. Nein bei einer prozeßleitenden Verfügung im Anfangsstadium ohne vorherige Anhörung des Betroffenen, BVerfG NJW 80, 1379. Die Grenze liegt dort, wo die Anordnung weder sachlich noch nach dem Tonfall des Richters zu rechtfertigen ist.
 S auch Rn 50 „Terminierung".
**Arbeitgebervereinigung:** *Nein* bei einer Zugehörigkeit des Richters zu ihr, BAG MDR 98, 165, selbst wenn der Hauptverband der Vereinigung am Prozeß beteiligt ist, BAG BB 78, 100.
 Vgl auch Rn 27 „Gewerkschaft".
**Arbeitsrecht:** Vgl *Hümmerich* AnwBl 94, 157 (ausf).
**Aufrechnung:** *Nein*, wenn der Vorsitzende des Berufungsgerichts den Kläger vor dem Haupttermin dazu auffordert, binnen einer Frist zu erklären, ob er in die erstmals im Berufungsrechtszug erfolgte Aufrechnung des Bekl einwillige, Düss MDR 82, 940.

**17 Ausdrucksweise:** *Ja*, wenn der Richter erklärt, er halte den Prozeß für völlig überflüssig (so weit wäre die Äußerung für sich allein evtl noch haltbar) und sei nicht verpflichtet, sich jeden Blödsinn anzuhören, Hbg MDR 89, 71; er habe keine Zeit für solche Kinkerlitzchen, Hbg NJW 92, 2036; er „lasse sich nicht verarschen", Ffm FamRZ 94, 909; „doch", das „nehme er persönlich" und „werde es sich merken", zumal keine Berufungsfähigkeit und ein „Fall des § 313a" vorliege, LG Bln RR 97, 316. Freilich kommt es auf die Gesamtsituation und den Tonart aller Beteiligten an, Ffm RR 98, 858 (zu streng), Köln MDR 96, 1180 (mit Recht krit Schneider).
 *Nein*, solange sich die Ausdrucksweise des Richters innerhalb seines Verhaltensspielraums bewegt. Dieser Spielraum ist sehr erheblich, vgl zB Mü AnwBl 93, 242 (betr Ironie), und viel weiter, als manche übrigen Prozeßbeteiligten wahrhaben wollen. Es ist die Aufgabe des Richters, zB eine nach seinem Eindruck krankheitsbedingte Prozeßunfähigkeit mit ihren Folgen ungeschminkt zu beschreiben, vgl auch BGH 77, 73 (dort zur dienstrechtlichen Problematik). Er hat ferner die Aufgabe, als Vorsitzender die

## 4. Titel. Ausschließung und Ablehnung der Gerichtspersonen § 42

Sitzungsgewalt gegenüber jedermann im Saal auszuüben und dafür zu sorgen, daß bei aller gebotenen sachlichen Auseinandersetzung doch stets Ruhe und Ordnung und eine von Würde getragene Atmosphäre erhalten bleiben. Es ist die Pflicht aller übrigen Prozeßbeteiligten, den Richter in dieser Aufgabe zu unterstützen. Im Zweifel müssen sie sich ihm beugen. Wenn er zur Wahrung dieser Aufgabe zu Ausdrücken greift, die sich sachlich auch nur irgendwie halten lassen, dann ist sein Verhalten nicht als befangen anzusehen. Er darf zB eine offensichtlich abwegige Ausführung als solche bezeichnen, Ffm FamRZ **83**, 631. „Utopie" kann unschädlich sein, Brdb FamRZ **95**, 1498.

Im übrigen ist stets zu prüfen, *in welchem Grad* der Richter zu seiner Ausdrucksweise von anderen Prozeßbeteiligten veranlaßt wurde, in welchem Maße sie ihn zB vielleicht gereizt hatten oder auch einander mit harten Worten bedacht hatten, die zB LG Bochum selbst bei Formulierungen wie „ganz ausgekochter Betrüger" als zulässig ansieht. Der Richter ist zwar zur Besonnenheit und Unparteilichkeit verpflichtet. Er ist aber Mensch und darf menschlich reagieren. Die sattsam bekannte, aus großen Strafprozessen berüchtigte Taktik, einen Richter bis zu einem Punkt anzustacheln, an dem er eine unbedachte Äußerung macht, um ihn ablehnen zu können, darf unter keinen Umständen durch großzügige Bejahung der Befangenheit begünstigt werden. Der in § 193 StGB zum Ausdruck kommende Grundgedanke der Berechtigung tadelnder Äußerungen ist auch im Bereich des Zivilprozesses zu Gunsten des Richters zu berücksichtigen.

Vgl auch Rn 19 „Beleidigung", Rn 22 „Feindschaft, Freundschaft", Rn 27 „Gestik, Mimik", Rn 57 „Wortentzug".

**Auskunft:** *Ja,* wenn der schon Abgelehnte noch dem Gegner Auskunft über mehr als zweifelsfreie Rechtsfragen gibt, BayObLG WoM **97**, 69.  **18**
*Nein,* wenn der Richter über persönliche Verhältnisse keine Auskunft erteilt, soweit seine Verhältnisse nicht bei objektiver Betrachtung eine Ablehnung rechtfertigen könnten, BayObLG Rpfleger **78**, 18.
**Ausschluß des Prozeßbevollmächtigten:** *Ja,* auch wenn die Parteien persönlich zwecks Vergleichs geladen sind, Brdb FamRZ **97**, 428.
**Aussetzung:** § 149 Rn 2.
**Bekanntschaft:** Rn 22 „Feindschaft, Freundschaft".  **19**
**Beleidigung:** *Ja,* wenn der Richter im Prozeß gegenüber einer Partei oder einem Parteivertreter eindeutig gehässig ist, Ffm MDR **79**, 940, Ffm NJW **92**, 2036. Das gilt etwa dann, wenn er den Kopf auf den Tisch legt und sich mit den Fingern an die Stirn tippt, Ffm FamRZ **83**, 631. *Ja,* wenn der Richter ein reines Schimpfwort gebraucht, das nicht mehr irgendwie sachlich zu rechtfertigen ist, Hbg MDR **89**, 71. Solange seine Verhaltensweise aber auch nur irgendwie sachlich bei der Zubilligung eines weiten Verhaltensspielraums zu rechtfertigen ist, vgl „Ausdrucksweise", ist das Verhalten des Richters zumindest durch den entsprechend anwendbaren § 193 StGB gedeckt, vgl auch BGH **77**, 72 (dort zur dienstrechtlichen Problematik). *Ja* bei einem Vorwurf vom Grad zB einer Rechtsbeugung usw einerseits, Beleidigung usw andererseits, vgl LG Ulm MDR **79**, 1028 mwN. *Ja* bei Verwahrungsbruch, LG Bayr RR **86**, 678.
*Nein,* wenn der Richter die Beziehungen zwischen einer Ehefrau und einem anderen Mann als „Bratkartoffelverhältnis" bezeichnet, Schlesw SchlHA **79**, 51, Schneider JB **79**, 1126. *Nein* wegen eines den Richter beleidigenden Schreibens der Partei, das diesen nicht wirklich voreingenommen macht, vgl BAG **AP** Nr 2; die Grenze liegt bei massiven persönlichen Anwürfen der Partei, Zweibr MDR **94**, 832.
S auch Rn 45 „Rechtsbeugung".
**Beratung:** *Ja,* soweit das Gericht jemanden im Beratungszimmer ohne die Parteien anhört, aM Stgt RR **96**, 1470 (verstößt eindeutig gegen § 193 GVG).
**Beweisantritt:** *Nein,* soweit der Richter berechtigt oder sogar verpflichtet ist, auf einen Beweisantritt hinzuwirken, § 139 Rn 53 „Beweis, Entlastungsbeweis".
**Bewirtung:** *Ja,* wenn eine Partei den Richter mit einem nicht ganz unerheblichen Aufwand bewirtet hat, auch aus Anlaß eines Lokaltermins auf dem Lande.
*Nein,* wenn die Bewirtung nur in einer kleinen Aufmerksamkeit bestand, etwa in einer Tasse Kaffee, Schneider DRiZ **78**, 44. *Nein,* wenn der Richter im Pkw einer Partei aus Anlaß eines *Ortstermins mitgefahren* ist.
**DDR, frühere:** Ein Richter der früheren DDR ist nicht schon deshalb befangen, BVerfG DtZ **92**, 119,  **20**
auch nicht im Prozeß eines Mitglieds und Funktionärs der früheren SED; man kann erwarten, daß er sich von den früher an ihn gestellten Erwartungen freimacht, BezG Rostock DtZ **92**, 62.
**Denkgesetze:** *Nein* beim bloßen Verdacht eines Verstoßes gegen sie, Hbg OLGZ **89**, 206 (Prozeßvergleich wird trotz Zweifel an Prozeßfähigkeit zugelassen).
**Dienstherr:** *Ja,* wenn der Richter auf Probe über den Vorwurf einer vorsätzlichen unerlaubten Handlung der obersten Dienstbehörde entscheiden soll, LG Bln NJW **56**, 1402, aM Schneider DRiZ **78**, 45, ZöV 11. *Ja,* soweit Äußerungen des Dienstherrn als jetzt erkennenden Richters mißverständlich oder überflüssig sind, BayObLG MDR **88**, 970.
*Nein,* wenn der Dienstvorgesetzte des angegriffenen Richters den letzteren nur zurückhaltend in Schutz genommen hat und nunmehr jetzt auch in der Sache entscheidet, LG Bonn NJW **73**, 2069. *Nein,* schon weil der Richter in bezug auf eine Partei oder ihren ProzBev dienstaufsichtlich tätig war, BayObLG MDR **88**, 970, LG Bonn NJW **73**, 2069. *Nein,* soweit der Dienstherr eines Richters auf Probe Partei ist, ohne daß besondere Umstände hinzutreten, KG MDR **95**, 1164. *Nein,* wenn ein ProzBev früher Vorgesetzter des Richtes war, LG Magdeb WoM **93**, 183.
S auch Rn 30 „Kollegialität".
**Ehe:** *Ja* evtl auch bei einer Ehe mit einem ProzBev, LSG Mainz RR **98**, 1765, so wohl auch in Wahrheit  **21**
LSG Schlesw FamRZ **99**, 384, oder mit einem Magistratsmitglied der Partei, VGH Kassel AnwBl **91**, 161.

§ 42    1. Buch. 1. Abschnitt. Gerichte

22 **Feindschaft, Freundschaft:** *Ja* bei fortdauernden Verhältnissen dieser Art zu einer Partei, Göbel NJW 85, 1058, Schneider DRiZ **78**, 45. Es kommt natürlich auf die Nähe der Beziehung an, BGH **LM** Nr 2, BayObLG RR **87**, 127 mwN, etwa bei einem kleinen Gericht, LG Kiel SchlHA **87**, 56.
Vgl auch Rn 30 „Kollegialität", Rn 31 „Liebesverhältnis", Rn 48 „Spannung", Rn 54 „Verein", „Verlöbnis".

23 **Festhalten an einer Ansicht:** *Ja*, wenn der Richter sich stur zeigt. Dies kann der Fall sein, wenn er sich in eine Kette von Ungeschicklichkeiten verrannt hat, Hbg NJW **92**, 1462, oder wenn er sich so äußert, daß man befürchten muß, er werde Gegengründen gegenüber nicht mehr aufgeschlossen sein, BFH BB **85**, 2160 (Vorsicht vor solcher Annahme!). Wenn der Richter an einer Rechtsansicht festhält, die vom Berufungsgericht in einer zurückverweisenden Entscheidung verworfen wurde, dann ist zu prüfen, ob sich dieses Festhalten auf die Art und Weise der neuen Verhandlungsleitung auswirkt, Ffm MDR **84**, 408, Karlsr RR **97**, 1350. Selbst eine Befangenheit aber nur anzunehmen, falls der Richter wirklich keinen sachlichen Grund mehr für solche Sturheit hat, Ffm MDR **88**, 415 (zustm Schneider). Ja, wenn der Richter unter Berufung auf Art 97 GG jede Bindung an ein zurückverweisendes Urteil ablehnt, LG Ffm MDR **88**, 1062.
*Nein*, wenn der Richter sonst an einer Rechtsansicht festhält, VGH Mannh NJW **86**, 2068, vgl auch BVerfG **78**, 126, zB an derjenigen, die das Berufungsgericht bei der Zurückverweisung verworfen hatte, falls der Richter sein Verhalten auf einen offensichtlichen, erst dem Berufungsgericht unterlaufenen weiteren Fehler gründet. Er mag zB die Rechtsansicht des Berufungsgerichts aus sachlich diskutablen Gründen für nicht bindend halten, falls zB das Berufungsgericht eine höchstrichterliche Rechtsprechung übersehen hat, LG Ffm MDR **88**, 151, 1062. Es kommt im übrigen darauf an, ob er eine Bereitschaft zu erkennen gibt, seine bisherige Meinung selbstkritisch zu überprüfen, BAG NJW **93**, 879, BPatG GRUR **83**, 504, Karlsr OLGZ **84**, 104.
*Nein* beim Aufrechterhalten eines objektiv fehlerhaften Beweisbeschlusses, solange nicht daraus eine unsachliche Einstellung ableitbar ist, Hamm WoM **89**, 152, Zweibr MDR **82**, 940. Nein bei einem Verfahrensfehler oder einer unrichtigen Ansicht, solange sie nicht auf einer unsachlichen Einstellung beruht, BayObLG MDR **80**, 945. Die gelegentlich geäußerte Ansicht, schon die Zahl ähnlicher Ablehnungsgesuche zeige die Sturheit des Richters, ist eine erschreckende Voreingenommenheit, ein „Anscheinsbeweis", der rein quantitativem Zusammenspiel jede noch so sorgsam begründete Ansicht eines Gerichts abwürgen könnte.
Vgl auch Rn 29 „Irrtum", Rn 44 „Rechtsansicht", Rn 49 „Straftatverdacht", Rn 57 „Wissenschaftliche Äußerung".
**Freundschaft:** Rn 22 „Feindschaft, Freundschaft".
**Frühere Ablehnung:** *Ja*, wenn der Richter schon in einem oder mehreren anderen Prozessen von einer Partei erfolgreich abgelehnt worden war, Celle NdsRpfl **76**, 215.
*Nein*, soweit nur eben bereits ein anderes Ablehnungsverfahren vorliegt oder vorlag, BayObLG Rpfleger **80**, 194, Ffm FamRZ **86**, 291 (frühere Selbstablehnung).

24 **Frühere Mitwirkung,** dazu *Peters* (vor Rn 1) 609: *Ja*, soweit § 41 Z 5, 6 anwendbar ist. Ja, wenn der Richter in einem vorangegangenen Strafverfahren als Staatsanwalt, LG Würzb MDR **85**, 850, oder als Strafrichter einen dort entscheidenden Punkt beurteilt hatte, der im jetzt vorliegenden Zivilprozeß nunmehr für dieses Verfahren wiederum zu beurteilen ist, Ffm Rpfleger **80**, 300, ZöV 17, aM Karlsr OLGZ **75**, 243, Schmid NJW **74**, 730, ThP 13. Ja zumindest dann, wenn der Richter zu erkennen gibt, daß er nicht bereit sei, seine damalige Auffassung jetzt erneut selbstkritisch zu überprüfen, Naumburg MDR **99**, 824, Schmid NJW **74**, 731. Stemmler NJW **74**, 1545 stellt im übrigen darauf ab, ob die frühere Entscheidung das Instanz beendete. Auch Baur Festschrift für Larenz (1973) 1072 befürwortet zumindest dann, wenn im Strafverfahren eine Sachentscheidung ergangen war, unter Hinweis auf § 354 II StPO die Ablehnbarkeit. Entsprechendes gilt auch im Fall des § 580 Z 5, Hbg FamRZ **88**, 186. Zum Problem Brandt-Janczyk, Richterliche Befangenheit durch Vorbefassung im Wiederaufnahmeverfahren, 1978, Roth DÖV **98**, 916 (wegen Art 6 I EMRK: Ja, wenn die frühere Entscheidung dasselbe Überzeugungsmaß voraussetzte, etwa bei Gerichtsbescheid nach der VwGO).

25 *Nein*: Abgesehen von den unter „Ja" genannten Situationen für eine Mitwirkung bei einer früheren Entscheidung für oder gegen die Partei in derselben Sache, Karlsr FamRZ **96**, 556, Naumbg MDR **99**, 824, ohne in einer gleichliegenden Sache, BFH DB **80**, 480, BayObLG MDR **80**, 1063, Zweibr FamRZ **99**, 936. Das gilt etwa in einem Verfahren auf die Bewilligung einer Prozeßkostenhilfe, Hamm NJW **76**, 1459 mwN, oder bei einer Zurückverweisung, Karlsr OLGZ **75**, 244, ZöV 16, aM Köln RR **86**, 420, Schlichting NJW **89**, 1344. Nein ferner bei einer Mitwirkung vor dem Rückgriffsprozeß, BayObLG WoM **99**, 186, Düss RR **98**, 1763, aM LG Darmst RR, **99**, 289, Baur Festschrift für Larenz (1973) 1073, oder in einem Verfahren auf den Erlaß eines Arrests oder einer einstweiligen Verfügung, Saarbr OLGZ **76**, 469 oder im Urkundenprozeß, Schmid NJW **74**, 730, oder im einstweiligen Vollstreckungsverfahren, Ffm Rpfleger **80**, 300, oder im Patentnichtigkeitsverfahren wegen der Mitwirkung im ausgesetzten Patentverletzungsprozeß, BGH RR **86**, 738. Freilich ist diese Auffassung wegen § 23 II StPO ohnehin nur von Fall zu Fall richtig, Düss NJW **71**, 1221, aM Zweibr NJW **74**, 955. Nein, wenn ein Richter am Berufungsgericht angegriffen wird, der schon an einem erstinstanzlichen Beweisbeschluß oder Teilurteil usw mitgewirkt hatte, ähnlich BFH DB **78**, 1260, ferner Karlsr FamRZ **96**, 556, oder wenn er vor vielen Jahren Ratsmitglied der Gemeinde war, die jetzt eine Enteignung betreibt, BGH RR **88**, 767.

26 **Fürsorgepflicht:** *Nein*, soweit der Richter trotz seiner sozialstaatlich gebotenen Fürsorgepflicht die ebenfalls gebotene Unparteilichkeit beachtet, Bre NJW **79**, 2215, Hbg ZMR **88**, 226, Köln RR **93**, 1277.
Vgl auch Rn 38 „Ratschlag".

27 **Geschlecht:** Grundsätzlich *nein*, BayObLG DRiZ **80**, 432 mwN.
**Gestik, Mimik:** *Ja* bei einseitigen Gebärden usw, die über typbezogene Persönlichkeitsmerkmale hinausgehen, etwa bei einem „fernsehreifen" Augenverdrehen, OVG Lüneb AnwBl **74**, 132 (krit Koch DRiZ

## 4. Titel. Ausschließung und Ablehnung der Gerichtspersonen § 42

**74**, 293), oder bei einem Ausdruck wie „weichkochen", KG NJW **75**, 1843, oder dann, wenn der Richter den Kopf auf den Tisch legt und sich mit den Fingern an die Stirn tippt, Ffm FamRZ **83**, 631.
Auch hier muß aber der weite Verhaltensspielraum des Gerichts berücksichtigt werden.
Vgl auch Rn 17 „Ausdrucksweise", Rn 19 „Beleidigung".

**Gewerkschaft,** dazu *Brandis,* Der Richter als Mitglied der Gewerkschaft, 1990; *Vollkommer,* Gewerkschaftszugehörigkeit und gewerkschaftliches Engagement von Berufsrichtern der Arbeitsgerichtsbarkeit, in: Festschrift für *Wolf* (1985) 659:
*Nein,* wenn der Richter auf einer Gewerkschaftsveranstaltung eine im übrigen erlaubte, wenn auch nicht von richterlicher Zurückhaltung zeugende Ansicht vertreten hat, VGH Mannh NJW **86**, 2069; wenn er überhaupt einer Gewerkschaft angehört(e), BVerfG NJW **84**, 1874, BAG DB **96**, 2394, selbst wenn der Hauptverband prozeßbeteiligt ist, BAG BB **78**, 100.
Vgl auch Rn 16 „Arbeitgeberverband".

**Glaubwürdigkeit:** *Nein,* soweit der Richter Zweifel an der Glaubwürdigkeit äußert und (ruhig) zur Wahrheit ermahnt, Zweibr FamRZ **93**, 576. 28

**Handelsrichter:** *Ja,* soweit er auf eine sachlich vertretbare, nur auf seine Person bezogene Parteiausführung mit einem persönlichen Angriff reagiert, Stgt RR **95**, 300.
*Nein,* soweit er nur mittelbar von der Partei wirtschaftlich abhängt, Stgt RR **95**, 300 (Kredit).

**Hinweis:** Rn 38 „Ratschlag".
**Identität:** Rn 18 „Auskunft". 29
**Insolvenzverwalter:** Man kann ihn hier als Bev des Schuldners behandeln, Köln BB **87**, 1978.
**Ironie:** Rn 17 „Ausdrucksweise".
**Irrtum:** *Ja,* wenn eine Kette erheblicher Irrtümer vorliegt, Ffm Rpfleger **78**, 100, durch die sich der Richter verrannt hat, vgl Köln NJW **72**, 953, auch wenn erst ihr letztes Glied das Maß voll macht, vgl BPatG GRUR **85**, 434. Zum Problem Günther DRiZ **94**, 374.
*Nein,* wenn der Richter eine irrige Rechtsauffassung äußert, solange weder eine unsachliche, noch eine willkürliche, noch eine beleidigende, noch eine völlig uneinsichtige Haltung zugrunde liegt, sondern eine eben unveränderte, sorgfältig erarbeitete Rechtsauffassung. Das gilt auch dann, wenn das nächsthöhere Gericht bereits in ständiger Rechtsprechung anders entscheidet. Zur irrigen Rechtsauffassung zB BayObLG Rpfleger **80**, 193, Celle AnwBl **84**, 502 (zu streng), Köln RR **86**, 420 (problematisch), Zweibr MDR **82**, 940, LG Kassel AnwBl **86**, 104.
S auch Rn 23 „Festhalten an einer Ansicht", Rn 44 „Rechtsansicht", Rn 52 „Unsachlichkeit".

**Kollegialität,** dazu *Peters* (vor Rn 1) 607: *Ja,* soweit aus der bloßen Kollegialität eine Feindschaft oder 30 Freundschaft geworden ist, vgl „Feindschaft, Freundschaft". Ja wegen der Zugehörigkeit zu demselben Spruchkörper, insofern auch Hamm MDR **78**, 583 mwN, aM Schlesw MDR **88**, 236 (Handelsrichter); vgl freilich auch Rn 34 „Parteizugehörigkeit".
*Nein* schon wegen der Zugehörigkeit zu demselben Gericht wie derjenige Richter, dessen Fall nun vor dem Gericht schwebt, BGH LM Nr 2, Celle NdsRpfl **71**, 231, oder schon wegen der Zugehörigkeit zu derselben Justizbehörde. Die Fragen lassen sich nur von Fall zu Fall klären, wobei die örtlichen Verhältnisse eine erhebliche Rolle spielen. Bloße Mitautorenschaft kann im Einzelfall erheblich befangen machen, tut das aber nicht stets, LG Gött NJW **99**, 2826.
S auch Rn 20 „Dienstherr".

**Konfession:** Rn 46 „Religion".
**Langsame Arbeitsweise:** Rn 52 „Untätigkeit".
**Liebesverhältnis:** Durchweg *ja,* auch im Verhältnis zum ProzBev, ThP 11. 31
**Mündliche Verhandlung:** *Ja,* soweit der Richter sie in eindeutig verfahrenswidriger Weise ablehnt, offen 32 Karlsr FamRZ **89**, 642.

**Ortstermin:** *Ja,* wenn der Richter die Ortsbesichtigung nur mit dem Zeugen bzw der Ehefrau des Klägers 33 vorgenommen hat.
Vgl auch Rn 19 „Bewirtung".

**Parteizugehörigkeit:** *Ja* bei Zugehörigkeit zu bestimmten Körperschaften, deren Interessen das Verfahren 34 berührt, vgl §§ 51 III FGO, 60 III SGG, 54 III VwGO.
*Nein,* solange nicht weitere Umstände hinzukommen, etwa die Festlegung auf eine bestimmte Meinung, BVerfG **1**, 3, LSG Essen AnwBl **89**, 614, Gilles DRiZ **83**, 48, aM Celle NdsRpfl **76**, 91 wegen der Zugehörigkeit zu einem Parteiorgan. Vgl Hamm MDR **78**, 583 wegen eines Richters der Kammer für Handelssachen.
Vgl auch „Politische Äußerung".

**Person des Richters:** *Nein,* nur weil sie den Parteien nicht vorher mitgeteilt wird, BVerfG NJW **98**, 370.
**Persönliches Erscheinen:** *Ja,* falls die Klage nicht zurückgenommen ist und § 141 nicht vorliegt, Köln FamRZ **97**, 429.

**Politische Äußerung oder Betätigung,** dazu zB BVerfG **73**, 335, BVerwG NJW **88**, 1748, *Berglar* ZRP 35 **84**, 8, *Rumpf,* Richterliches Sozialengagement und Befangenheit usw, 1997:
*Ja,* wenn eine politische Äußerung mit den Rechtsfragen eines anhängigen Verfahrens so zusammenhängt, BVerfG **35**, 253, grds auch VGH Kassel NJW **85**, 1106, aM Seuffert, Rupp, Hirsch BVerfG **35**, 257. Man muß klar das Richteramt und die Teilnahme am politischem Meinungskampf trennen, BVerwG NJW **88**, 1748. Gerade der angeblich unpolitische, vorsichtige, im Weltbild einer „Crew" lebende, nicht aneckende Richter kann im übrigen befangen sein, Krause ZRP **83**, 55. Dabei muß man allerdings den Unterschied zwischen der Zielrichtung des § 39 DRiG (Vertrauensschutz der Allgemeinheit) und § 42 (Schutz der Parteien) sehen, Göbel NJW **85**, 1058, unklar VGH Kassel NJW **85**, 1106.
*Nein,* sofern es sich lediglich um allgemeine Auffassungen, Werteinschätzungen und Grundhaltungen handelt, vgl BVerfG **46**, 36; sehr großzügig ArbG Ffm NJW **84**, 143. Auch der unbequeme Richter kann unbefangen sein, Krause ZRP **83**, 55. Nein grds wegen der Zugehörigkeit zu einer bestimmten politischen Partei, Rn 34 „Parteizugehörigkeit", BVerfG **88**, 13, VGH Mannh NJW **75**, 1048, Gilles DRiZ **83**, 48, aM Dütz JuS **85**, 753 (er rät dazu, hier mehr auf die subjektive Sicht der Partei abzustellen).

§ 42　　　　　　　　　　　　　　　　　　　　　　1. Buch. 1. Abschnitt. Gerichte

Vgl auch Rn 14 „Allgemeine Auffassungen", Rn 34 „Parteizugehörigkeit", Rn 57 „Wissenschaftliche Äußerung".

36 **Privatgutachten:** *Ja* nach der Erstattung eines Privatgutachtens in derselben Sache für eine Partei. *Nein* wegen Zulassung von Änderungen des Privatgutachters bei einer Beweisaufnahme für seine Partei, Mü RR **88**, 1534.

Vgl auch Rn 57 „Wissenschaftliche Äußerung".

**Privatwissen:** S *Lipps,* Das private Wissen des Richters usw, 1995 (Bespr *Saenger* ZZP **110**, 244).

**Protokollierung:** Ja bei objektiv wie subjektiv inhaltloser Darstellung des Verhaltens eines Prozeßbeteiligten, grds richtig Celle MDR **88**, 970 (es arbeitet unzulässig einfach mit einer Unterstellung zu Lasten des Vorsitzenden). Ja evtl beim Verstoß gegen § 160 III, Köln FamRZ **98**, 1444 (Vorsicht !), etwa beim Unterlassen der Protokollierung eines konkreten Ablehnungsantrags, Köln RR **98**, 857 (krit Schneider MDR **98**, 798).

**Prozeßbevollmächtigter:** Vgl bei den einzelnen Schlagwörtern, zB Rn 19 „Beleidigung", Rn 48 „Spannung".

**Prozeßkostenhilfe:** Trotz der Notwendigkeit, grds bei Bewilligungsreife, § 119 Rn 5, über das Gesuch zu befinden, ist eine spätere Entscheidung nicht schon wegen des Zeitablaufs ein Ablehnungsgrund. Denn das Gericht kann und muß evtl rückwirkend bewilligen, § 119 Rn 10. Das übersieht Oldb FamRZ **92**, 193. Die Beurteilung, es liege „keinerlei" Erfolgsaussicht vor, kann bei entsprechender Begründung sogar notwendig sein, aM Oldb FamRZ **92**, 193 (aber es versteht sich ja grds von selbst, daß im PKH-Verfahren nur eine vorläufige Beurteilung erfolgt). Ja bei wiederholtem Übersehen eines Antrags nach § 117, Bbg FamRZ **97**, 1223.

*Nein,* wenn der Richter gegen den Willen einer Partei eine Gehaltsauskunft anfordert, aM Zweibr FamRZ **94**, 908 (abl Gottwald).

**Prozeßvergleich:** Rn 54 „Vergleich".

37 **Randbemerkung:** *Ja* für unsachliche Randbemerkungen zu Schriftsätzen einer Partei. Ja, soweit der Familienrichter dem Jugendamt gegenüber seinen Endruck von der Ernsthaftigkeit eines Antrags äußert, den gegenteiligen Standpunkt eines anderen Beteiligten aber nicht erwähnt, Hbg FamRZ **88**, 633.

38 **Ratschlag:** *Ja,* soweit der Richter seine Unparteilichkeit aufgibt, Schlesw OLGZ **93**, 479. Ob dies geschehen ist, darf nur unter einer Berücksichtigung der Pflicht des Gerichts zum Rechtsgespräch nach §§ 139, 278 III entschieden werden. Ja, wenn der Richter einer Partei eine ihr günstige tatsächliche Begründung oder Verhaltensweise an die Hand gibt, BayObLG **74**, 136, § 139 Rn 72. Ja, wenn der Gegner den Einwand einer mangelnden Aktivlegitimation erhoben hat und der Richter nun dazu rät, sich den Anspruch abtreten zu lassen, Ffm NJW **70**, 1884 (abl Schneider: Das sei ein sachgemäßer Hinweis zwecks Ergänzung der Aktivlegitimation).

Ja wegen des *Rats* an eine Partei, sich auf eine mögliche *Verjährung* zu berufen, Bre NJW **79**, 2215 (abl Wacke/Seelig NJW **80**, 1170), insofern richtig auch Hbg NJW **84**, 2710 je mwN, Schneider MDR **79**, 977, ThP 12, abw RoSGo § 25 II 2 b. Das Erfordernis der Erklärung dieser Einrede ist entgegen Schneider MDR **81**, 525 gerade nicht zugunsten des Einredeberechtigten, sondern zugunsten des Einredegegners geschaffen: Das Gericht soll die Verjährung eben nicht von Amts wegen beachten, sondern zugunsten des Gegners abwarten, ob der Einredeberechtigte die Einrede erhebt. Evtl ja wegen eines Hinweises auf eine Rechtsbehelfsmöglichkeit, BVerfG **75**, 189.

39　Ein bloßer *Hinweis* auf solche Möglichkeiten ohne einen entsprechenden Ratschlag rechtfertigt aber die Besorgnis der Befangenheit *nicht,* BayObLG NJW **99**, 1875 (WEG), Düss NJW **93**, 2542, Köln (2.ZS) MDR **90**, 158, aM BGH NJW **98**, 612 (unvollständig zitierend), Bre NJW **86**, 1000, KG FamRZ **90**, 1006 (abl Peters), AG Lörrach JB **99**, 484.

40　*Nein* zumindest dann nicht, wenn die *Partei* erkennbar auch wegen des Zeitablaufs *Bedenken* gegen den Anspruch erhebt, Bergerfurth, Der Anwaltszwang usw (1981) Rn 189, LG Ffm MDR **80**, 145, Schneider DRiZ **80**, 221, aM Köln MDR **79**, 1027, Prütting NJW **80**, 365. Zumindest ist die Ablehnung dann nicht gerechtfertigt, wenn sich der Richter einen bloßen Hinweis auf diejenige Rechtsprechung und Lehre stützt, die den Hinweis für zulässig hält. LG Darmst MDR **82**, 236, Schneider MDR **87**, 374. Daher ist zB ein bloßer Hinweis auf die Schonfrist des § 554 II Z 2 BGB, auch schon bei der Übersendung der Klageschrift, zulässig, Hbg ZMR **88**, 226.

41　Eine Erörterung der Frage, ob der Vermieter das *Erhöhungsverlangen* nach § 2 III 2 MHG im Prozeß nachholen soll, ist ebenso wie eine Erörterung der Verjährungsfragen zu beurteilen. Denn auch ein nachträgliches Erhöhungsverlangen ist, hier als rechtsgeschäftliche Willenserklärung des Vermieters, durchaus in seine Entscheidung zu stellen. Nein also beim bloßen Hinweis auf eine solche Möglichkeit ohne einen Ratschlag, ja beim direkten Ratschlag.

42　*Ja* für den Rat an eine Partei, sich wegen einer zugleich als unschlüssig erklärten Klage einen Anwalt zu nehmen, Köln MDR **99**, 375, oder für den Rat, eine Anschlußberufung einzulegen, aM RoSGo § 25 II 2 b, ZöV 26. Evtl ja nach einem Rat des Richters, statt der richtig bezeichneten, aber objektiv falschen Partei die objektiv richtige Partei zu verklagen, Hamm MDR **77**, 944, vgl freilich § 263 Rn 10. Ja, wenn der Richter „bittet", die Hauptsache für erledigt zu erklären, wenn er dabei nicht ohne prozessual nachteilige, vom ihm nicht miterläuterte Möglichkeiten gibt, VGH Kassel NJW **83**, 901. Meist ja wegen des Rats, das Rechtsmittel zurückzunehmen, aM ZöV 26. Ja wegen der Bitte des Richters an den Vorgesetzten um eine „grundlegende Besprechung", Schlesw OLGZ **93**, 479.

43　*Nein,* wenn der Richter von einem Versäumnisurteil gegen einen anwaltlich vertretenen Gegner abrät. Nein wegen eines bloßen Hinweises auf die Möglichkeit einer „Flucht in die Säumnis", Meyer JB **94**, 450. Nein wegen eines bloßen Hinweises auf § 93 (wegen eines entsprechenden Rats Rn 42 „Ja"). Nein wegen einer Anregung zu einer Änderung des Antrags, soweit diese wegen der geänderten Beurteilung des Gerichts geboten ist, Teplitzky MDR **75**, 149, oder soweit die Antragstellung schwierig ist, Köln RR **93**, 1277 (Unterlassung im Wettbewerbsrecht), oder wegen einer Anregung, einen weiteren Beweisantrag zu stellen, Ffm NJW **76**, 2026.

## 4. Titel. Ausschließung und Ablehnung der Gerichtspersonen § 42

Vgl auch Rn 15 „Anfrage", Rn 18 „Auskunft", Rn 36 „Privatgutachten", Rn 44 „Rechtsansicht", Rn 54 „Versäumnisurteil".

**Rechtsansicht,** dazu *Sendler* NJW **84**, 693: *Ja,* soweit sich der Richter durch eine Kette von Verstößen und **44** Ungeschicklichkeiten verrannt hat, Hbg NJW **92**, 1462; ja, soweit der Richter nach der Zurückverweisung an ihn an der vom Rechtsmittelgericht gerade in seiner Verantwortung verworfenen Rechtsansicht festhält, soweit sich das auf die Art und Weise der neuen Verhandlungsleitung auswirkt, Ffm MDR **84**, 408, Karlsr OLGZ **84**, 104, LG Lüb MDR **99**, 57, und sofern kein sachlicher Grund mehr für solche „Sturheit" erkennbar ist, vgl aber auch „Festhalten an einer Ansicht".

*Nein,* soweit eine allgemeine Auffassung, Werteinschätzung und Grundhaltung zum Ausdruck kommt, vgl BVerfG **46**, 36; nein, soweit der Richter im Rahmen der ihm nicht nur erlaubten, sondern sogar oft gebotenen rechtlichen Erörterung, §§ 139, 278 I 1 und III, Karlsr DRiZ **82**, 33, eine *vorläufige* Äußerung zu den Erfolgsaussichten von sich gibt, BVerfG **42**, 78, BGH **77**, 73, Brdb FamRZ **96**, 172. Dabei muß er keineswegs laufend auf diese Vorläufigkeit hinweisen, KG MDR **99**, 252; sie ist ihm ohnehin grds ganz einfach zu unterstellen. Nein ferner, soweit der Richter nur zwecks Vorbereitung der Verhandlung im Kollegium einen Bericht abfaßt, sei es auch im Urteilsstil, vgl BFH NJW **96**, 216, oder auf telefonische Anfrage zu einer einfachen Frage auf die einschlägigen Vorschriften hinweist, BayObLG WoM **96**, 181, oder nur eine prozeßleitende Verfügung ohne eine Anhörung des Betroffenen erläßt, BVerfG NJW **80**, 1379. Es ist nicht stets notwendig, die Rechtsaussichten nur in der Möglichkeitsform zu erörtern, Karlsr OLGZ **87**, 248, oder eine Erwägung stets beiden Parteien mitzuteilen, strenger LAG Bln DB **97**, 684.

*Nein* insbesondere im Rahmen von rechtlichen Erörterungen aus Anlaß des Versuchs einer gütlichen **45** Beilegung, BGH NJW **98**, 612, Karlsr OLGZ **87**, 248; nein, solange lediglich eine richtige oder falsche *Rechtsauffassung geäußert* wird, Brdb FamRZ **95**, 1498, Ffm FamRZ **93**, 1468, LG Bochum MDR **93**, 1237. Nein ferner bei einer Erörterung insbesondere eben im Rahmen von § 278 III, dort Rn 12. Kritisch ist freilich eine Meinungsäußerung auf Grund eines privaten Augenscheins zu werten, sofern der Richter nicht zu einer selbstkritischen Überprüfung Bereitschaft zeigt. Nein, sofern der Richter eine zwar eigenwillige, aber immerhin objektiv noch vertretbare Ansicht äußert, Köln BB **87**, 1978, OVG Bln MDR **96**, 1069, auch wenn er objektiv eine verfahrensrechtliche Bestimmung verletzt, solange er nicht unsachlich vorgeht, BayObLG **86**, 253, Zweibr MDR **82**, 940. Der etwaige Versuch, den eine unliebsame Rechtsauffassung vertretenden Richter unter dem – evtl nicht einmal unter Auseinandersetzung mit ihr vorgeschützten – Vorwand, er handle willkürlich (!), aus der Bearbeitung zu hebeln, ist wegen Verstoßes auch gegen Art 101 I 2 GG mit aller Klarheit zu bekämpfen und nicht auch noch gerichtlich zu fördern. Man sollte lieber froh sein, haben, einer Richter vor sich zu haben, der nicht bis zum Urteil wie eine Sphinx schweigt, sondern sich der Auseinandersetzung stellt und damit die Parteien ehrt.

*Nein,* wenn sich der Richter zu Rechtsfragen in einem Leserbrief an eine Tageszeitung äußert, vgl BVerfG **37**, 268, strenger LG Bln DRiZ **78**, 57 (StPO, Äußerung zu einem Dezernatsfall).

Vgl auch Rn 14 „Allgemeine Auffassungen", Rn 23 „Festhalten an einer Ansicht", Rn 38 „Ratschlag", Rn 47 „Schlüssigkeit", Rn 57 „Wissenschaftliche Äußerung".

**Rechtsbeugung:** Der Richter braucht den – obwohl haltlosen – Vorwurf der Rechtsbeugung, noch dazu nebst Schadensersatzforderung gegen sich, nicht mit Gelassenheit hinzunehmen und daher auch in einem Parallel- oder Folgeprozeß derselben Parteien nicht zu amtieren, Zweibr FamRZ **94**, 1182, aM Mü NJW **71**, 384.

**Rechtsmißbrauch:** Rn 4, 5.

**Religion:** *Ja,* wenn der Richter eine diesbezügliche Äußerung von vornherein als völlig unerheblich abtut, **46** ohne sie irgendwie abzuwägen, Ffm FamRZ **83**, 631.

*Nein* schon wegen der bloßen Zugehörigkeit zu einer Glaubensgemeinschaft, Brdb FamRZ **98**, 172.

**Robe:** *Nein,* soweit der Richter einen Anwalt von der Verhandlung ausschließt, weil dieser sich weigert, seine Robe anzulegen, Brschw NJW **95**, 2113. Daran sollte auch § 20 S 2 BerufsO 1997 (keine Berufspflicht zur Robe vor dem AG in Zivilsachen) nichts ändern: Der vorrangige § 1 BRAO hat auch eine Pflicht zur Amtstracht zur Folge, um die besondere Stellung des Anwalts als Rechtspflegeorgan für jedermann klarzustellen.

**Säumnis:** Rn 43 „Ratschlag". **47**

**Schlüssigkeit:** *Nein,* soweit (nur) sie bejaht wird, Karlsr FamRZ **98**, 1120.

**Schriftliches Verfahren:** *Nein,* soweit das Gericht die ständige Praxis einer mündlichen Verhandlung beibehält, auch wenn es nie eilfertig begründet; die Verhandlung bedarf kaum je einer Begründung, um auch im Rahmen von § 227 II als Ermessensausübung zu gelten. Das verkennt Karlsr MDR **91**, 1195.

**Schutzschrift:** Wegen ihrer Bedenklichkeit, Grdz 8 vor § 128, ist große Zurückhaltung vor Ablehnbarkeit wegen ihrer Nichtbeachtung geboten, strenger Köln MDR **98**, 433 (im Ergebnis ebenso Schneider).

**Schwägerschaft:** Rn 54 „Verwandtschaft, Schwägerschaft".

**Selbständiges Beweisverfahren:** Wegen des Sachverständigen § 487 Rn 6.

**Sitzungspolizei:** Rn 16 „Anordnung".

**Sommersache:** *Nein* durch die streitige Entscheidung, die Sache sei besonders eilbedürftig, (jetzt) § 227 III 3, selbst wenn der Verhandlungstermin deshalb in die Urlaubszeit (des ProzBev) fällt, vgl (zum alten Recht) Karlsr OLGZ **84**, 101.

**Spannung,** dazu *Günther* ZZP **105**, 20 (ausf): *Ja* nur, soweit sich eine Spannung zwischen dem Prozeßver- **48** treter und dem Richter auf Grund bestimmter Tatsachen zum Nachteil der Partei auswirken kann, BVerfG KTS **88**, 309, BFH BB **78**, 33, vgl Ffm FamRZ **91**, 839. Hier ist aber vor der Annahme einer Befangenheit eine äußerste Zurückhaltung am Platz. Es gehört zum Beruf des Richters, über Rechtsfragen, über die Glaubwürdigkeit eines Zeugen usw unter Umständen ganz anderer Ansicht zu sein als etwa ein ProzBev ohne daß auch mit dem eigenen Temperament und mit allen rechtlich zulässigen Mitteln zu äußern, ohne daß darin schon eine grundsätzliche Befangenheit zum Ausdruck käme. Ebenso gehört es angesichts einer Verrohung der Umgangsformen, die vielfach zu beobachten ist, zu den Pflichten

**§ 42**  1. Buch. 1. Abschnitt. Gerichte

des Richters, das Verhalten so mancher Prozeßbeteiligter auch nach deren Form und Wortwahl, mag sie schriftlich oder mündlich geschehen, einer Kritik zu unterziehen. Dies kann schon zur Aufrechterhaltung von Ruhe und Ordnung im Sitzungssaal notwendig sein, aber es mag auch zur Eindämmung sich zeigender Auswüchse, Nachlässigkeiten, Unpünktlichkeiten und ähnlichen Unkorrektheiten notwendig, zweckmäßig, ratsam oder jedenfalls objektiv vertretbar sein. In allen diesen Fällen hat der Richter einen weiten Verhaltensspielraum, der ihm nicht entzogen werden darf, vgl Köln BB **87**, 1978, schon gar nicht auf disziplinarischem Umweg. Selbst eine im Prozeß A zur Ablehnung berechtigende Spannung kann im (auch gleichzeitigen) Prozeß B nur dann ausreichen, wenn sie sich auch in ihm konkret auswirkt, Nürnb OLGZ **94**, 209.

Vgl auch Rn 15 „Angriff", Rn 17 „Ausdrucksweise", Rn 19 „Beleidigung", Rn 22 „Feindschaft, Freundschaft", Rn 44 „Rechtsansicht", Rn 45 „Rechtsbeugung".

**49 Staatsanwaltschaft:** *Ja,* wenn der Richter in einem Strafverfahren, in dem dieselbe Tatsache zu beurteilen war, als Staatsanwalt aufgetreten war.

*Nein* bei einer Aussetzung nach § 149, dort Rn 1.

Vgl auch Rn 24 „Frühere Mitwirkung".

**Straftatverdacht:** *Ja,* soweit der Richter nach dem geäußerten Verdacht gegenüber einer Partei nicht bereit ist, der Möglichkeit eines Irrtums oder Mißverständnisses nachzugehen, Hbg MDR **89**, 1000. Ja, wenn der (Familien-)Richter in einem Unterhaltsprozeß auf die einseitige Behauptung der einen Partei hin ohne Anhörung der anderen dem Finanzamt über den Verdacht einer Steuerstraftat Mitteilung macht, Hamm FamRZ **92**, 575. Freilich ist er nicht zu einer umfassenden Prüfung verpflichtet, sondern zum (gemessenen) Hinweis auf strafrechtliche Folgen eines prozessualen Verhaltens berechtigt, Brdb MDR **97**, 779 (§ 149) und evtl auch nach § 183 GVG zur Aktenübersendung an die Staatsanwaltschaft verpflichtet, Hbg MDR **89**, 1000, Zweibr FamRZ **93**, 576, Nierwetberg NJW **96**, 435. Es wäre grotesk, ihn deswegen als befangen zu betrachten.

S auch Rn 23 „Festhalten an einer Ansicht".

**50 Terminierung:** *Ja* nur ganz ausnahmsweise, Kblz WoM **93**, 456. Das Gericht ist keineswegs über jede Erwägung Rechenschaft schuldig. Ja bei ungeübter (zweiter) Terminierung oder Vertagung trotz eines Ablehnungsgesuchs, soweit nicht die Voraussetzungen Rn 7 oder § 47 vorliegen. Ja beim Eilantrag bei Termin erst in 7 Wochen, Hamm FamRZ **99**, 937. Ja, soweit Gehörsverweigerung oder Willkür vorliegen, Brdb RR **99**, 1291.

*Nein* deshalb, wenn das Gericht nicht sofort einen auf § 227 gestützten Antrag bescheidet, aM LG Hann MDR **93**, 82. Nein, wenn das Gericht einen Antrag auf eine Terminsverlegung mit der Begründung ablehnt, es handle sich nicht um einen Anwaltsprozeß, aM LG Verden AnwBl **80**, 152 (diese Entscheidung ist überhaupt nicht überzeugend), oder wenn es sonst eine Begründung etwa durch Hinweis auf Überlastung oder auf die Vorbereitung anderer Beteiligter auf den bisherigen Termin gibt, BayObLG MDR **86**, 416, LG Lüb MDR **99**, 57 (abl Schneider) oder auch nur objektiv erkennbar die ohnehin gebotene zügige Verfahrensabwicklung bezweckt, BayObLG MDR **90**, 343 (zum FGG-Verfahren), aM Zweibr MDR **99**, 114 (zustm Schneider; aber ein Anwalt muß sich im Urlaub ohnehin vertreten lassen), oder ein Rechtshilfeersuchen im Ausland abwarten will, Köln MDR **98**, 434 (evtl §§ 203 ff), oder aus nicht dargelegten, aber immerhin naheliegenden, schon daher auch nicht ausschließbaren Erwägungen eine Entscheidung über den Antrag erst nach Anhörung des Gegners im Termin treffen will, Köln RR **97**, 828; das bedenken Karlsr MDR **91**, 1195, Schlesw NJW **94**, 1227 (dazu § 227 Rn 14) nicht mit.

**51 Ungeschicklichkeit:** *Ja,* soweit sich der Richter durch eine Kette von erheblichen Irrtümern, Ungeschicklichkeiten und dergleichen regelrecht verrannt hat, Ffm MDR **78**, 409, Köln NJW **72**, 953. Daß das geschehen ist, sollte man nur mit größter Zurückhaltung feststellen.

**52 Unsachlichkeit:** *Ja,* sofern das Verhalten des Richters unter keinem denkbaren Gesichtspunkt mehr als sachbezogen bewertet werden kann, BVerfG NJW **84**, 1874, BayObLG MDR **88**, 1063. Ja, soweit sein sachlich vielleicht vertretbares Verhalten eine Form annimmt, die unzumutbar ist. Auch in diesem Bereich hat der Richter aber einen erheblichen Verhaltensspielraum, der respektiert werden muß. Ja unter diesen Voraussetzungen nur dann, wenn der Richter sich gegenüber einem Parteivertreter wirklich unsachlich verhält, wenn er ihm etwa schon deshalb das Wort entzieht, weil der Parteivertreter Bedenken gegen eine Formulierung geäußert hat, die der Richter beim Diktat einer vorher angehörten Zeugenaussage in die vorläufige Niederschrift des Urkundsbeamten trifft, BVerwG NJW **80**, 1972. Natürlich braucht aber der Vorsitzende keine anhaltende Mäkelei zu dulden, zumal ja zunächst noch kein endgültiges Protokoll vorliegen dürfte. Ja bei ungerechtfertigter Erweiterung der Prozeßkostenhilfe und zwecks Herbeiführung der Zuständigkeit, Hbg HbgJVBl **75**, 107.

*Nein,* soweit der Richter nur auf eine früheren von ihm abgelaufenen Prozeß der Partei hinweist, denn er gehört zum gerichtsbekannten Stoff, oder wenn er ein Telefonat gegenüber dem wiederholt insistierenden Anrufer schließlich durch Auflegen des Hörers beendet, BayObLG MDR **90**, 344.

Vgl auch Rn 15 „Angriff", Rn 16 „Anordnung", Rn 17 „Ausdrucksweise", Rn 19 „Beleidigung", Rn 27 „Gestik und Mimik", Rn 38 „Randbemerkung", Rn 57 „Wortentzug".

**Untätigkeit:** *Ja,* soweit eine eindeutig unvertretbare erhebliche, vorwerfbare Verfahrensverzögerung, Karlsr FamRZ **94**, 46, strenger Schneider MDR **98**, 1399, oder eine völlige Untätigkeit vorliegen, etwa durch Nichtbeantwortung von Erinnerungsschriftsätzen, Hamm JMBl NRW **76**, 111.

*Nein,* soweit die Untätigkeit in Wahrheit zB durch Überlastung erzwungen ist oder soweit sie jedenfalls aus einem anderen Grund unverschuldet ist, so wohl auch BayObLG **98**, 38. Bbg FamRZ **98**, 1443 (krit Heilmann FamRZ **99**, 446) rechnet fälschlich auch den Fall hierher, daß ohnehin zu Lasten des Ablehnenden zu entscheiden wäre.

**53 Unterschiedliche Darstellung:** *Ja,* wenn die Darstellung des Richters in seiner dienstlichen Äußerung in einem wesentlichen Punkt eindeutig falsch ist, Ffm MDR **78**, 409.

*Nein,* wenn der Richter und ein RA über den Ablauf der Verhandlung unterschiedliche, noch nicht einwandfrei geklärte Darstellungen geben, ohne daß andere Gesichtspunkte hinzutreten, aM LG Bochum

#### 4. Titel. Ausschließung und Ablehnung der Gerichtspersonen § 42

AnwBl 78, 102, wohl auch ZöV 24 (aber dann wäre eine Ablehnung allzu bequem möglich; man brauchte nur eine von der dienstlichen Äußerung des Richters abweichende Darstellung zu geben).

**Verein:** Es kommt auf seine Größe und die Stellung der Beteiligten an. Durchweg nein zB bei einem **54** Großverein wie etwa dem ADAC. Hochproblematisch verneinen Ffm RR **98**, 1764, Karlsr RR **88**, 1534 im Fall der Zugehörigkeit von Gericht und Partei zu demselben elitären Club (Rotary usw) die Befangenheit.

**Verfahrensdauer:** Grds *nein*, selbst bei schwer erkennbarem Grund, Düss MDR **98**, 1052. Aber Vorsicht!

**Vergleich:** *Nein*, soweit der Richter gemäß seiner ohnehin nach § 279 bestehenden Pflicht eine gütliche Einigung herbeizuführen versucht, ohne eine Partei unter prozessual unzulässigen Druck zu setzen, Geffert DRiZ **94**, 421, Lempp DRiZ **94**, 422, aM Salje DRiZ **94**, 285. Selbst ein Hinweis auf eine andernfalls der einen Partei drohende nachteilige Entscheidung kann durchaus erlaubt, ja geboten sein, zB wegen §§ 139, 278 III. Nur bei allzu sturem Zureden usw evtl ja.
S auch Rn 44 „Rechtsansicht".

**Verjährung:** Rn 38 „Ratschlag".

**Verlöbnis:** Durchweg *ja*, auch im Verhältnis zum ProzBev.

**Versäumnisurteil:** *Ja* evtl beim Rat zur „Flucht in die Säumnis", Mü NJW **94**, 60.

**Verwandtschaft, Schwägerschaft:** Soweit nicht schon nach § 41 entscheidend, durchweg *ja*, sofern der Grad nicht allzu weit entfernt ist, KG MDR **99**, 1018. Es kommt auf die von Familie zu Familie stark unterschiedliche Intensität der Pflege entfernterer Beziehungen an, ferner darauf, ob der Richter über die Sache gesprochen hatte, KG MDR **99**, 1018.

**Verzögerung:** Rn 4 „Mißbrauch", Rn 52 „Untätigkeit".

**Vorbefassung:** Rn 24 „Frühere Mitwirkung".

**Vorschuß:** *Nein* schon wegen seiner Höhe, sofern diese sachlich haltbar ist, Karlsr OLGZ **84**, 103.

**Wartefrist:** Der, auch wiederholte, Verstoß gegen § 47 ermöglicht eine Ablehnung nicht mehr nach der die **55** Instanz abschließenden Entscheidung, § 47 Rn 5 „Endurteil", aM BayObLG WoM **94**, 410.

**Weigerung:** *Ja*, soweit der Richter nicht bereit ist, den Parteivortrag ganz anzuhören und zu würdigen, so grds (aber nicht im dortigen Fall!) richtig Hamm VersR **78**, 647; ja, wenn der Richter es ablehnt, während der Verhandlung einen Befangenheitsantrag entgegenzunehmen, Ffm MDR **79**, 762; ja, wenn sich der Richter weigert, einen Schriftsatz dem Prozeßgegner zuzuleiten, LG Verden AnwBl **80**, 290, selbst einen beleidigenden, LG Frankenth FamRZ **77**, 562, vgl freilich auch Rn 4, oder einen Antrag ins Protokoll zu nehmen, Köln OLGZ **71**, 376, sofern der Antrag überhaupt ins Protokoll gehört, § 160 III Z 2. Ja, soweit sich der Richter bei bloßer Mußmaßung der Mutwilligkeit weigert, eine ihr evtl akustisch unverständliche Äußerung zu wiederholen, LG Kiel SchlHA **85**, 178.

*Nein*, wenn der Richter sich weigert, über seine persönlichen Verhältnisse Auskunft zu geben, soweit diese persönlichen Verhältnisse nicht verständlicherweise eine Ablehnung rechtfertigen könnten, BayObLG Rpfleger **78**, 18. Nein, soweit der Richter ein mögliches Zitat einer wissenschaftlichen Äußerung ohne eine erkennbare Boykottabsicht unterläßt, OVG Münster DRiZ **82**, 232.

**Wirtschaftliches Interesse:** *Ja*, soweit ernstlich wirtschaftliche Belange des Richters auf dem Spiel stehen, **56** BGH **113**, 277; dieser Bereich ist weit zu fassen, vgl BGH VersR **91**, 713. Deshalb zB ja, wenn ein Handwerker am Prozeß als Partei, Sachverständiger oder Zeuge beteiligt ist, mit dem der Richter in einigermaßen ständiger Geschäftsbeziehung steht, weil er dessen Hilfe am eigenen Haus usw benötigt. Ja, wenn der Richter als Großaktionär am Prozeß der beteiligten Aktiengesellschaft ist, oder einen zwar nur einen kleineren, aber für die Gesellschaft wichtigen Aktienbesitz hat, BGH **113**, 277.

*Nein*, sofern nur eine schlichte Mitgliedschaft, zB an einem Zweckverband, LG Gött Rpfleger **76**, 55, oder am ADAC, oder an der prozeßbeteiligten Aktiengesellschaft besteht. Bei § 306 IV 2 AktG nein für Antragsteller nach § 304 IV oder § 305 V 4 AktG, BayObLG DB **80**, 76.

*Nein* bei erst geplanter Zusammenarbeit mit einer Partei, Zweibr RR **98**, 858.

**Wissenschaftliche Äußerung:** *Nein*, BVerfG **35**, 173, **43**, 128, Köln NJW **71**, 569. Dürholt ZRP **77**, 218, **57** und zwar auch dann nicht, wenn sich etwa ein wissenschaftlicher Aufsatz des Richters oder eine von ihm verfaßte Kommentierung mit der Problematik, ja mit dem Fall zustimmend oder ablehnend auseinandersetzen, BSG NJW **93**, 2262, Köln NJW **71**, 569. Freilich sind auch in solchen Fällen Grenzen gezogen, jenseits derer ein Ablehnungsantrag begründet sein mag, insbesondere während der Anhängigkeit des erörterten Falls, vgl BVerfG **37**, 268, LG Bln DRiZ **78**, 57, vgl auch Redeker NJW **83**, 1035.

Vgl ferner Rn 14 „Allgemeine Auffassungen", Rn 23 „Festhalten an einer Ansicht", Rn 35 „Politische Äußerung", Rn 36 „Privatgutachten", Rn 44 „Rechtsansicht".

**Wortentzug:** *Ja*, sofern ein unsachliches, gehässiges Verhalten erkennbar ist, BVerwG NJW **80**, 1972, Rn 19 „Beleidigung", Rn 52 „Unsachlichkeit".

*Nein*, wenn der Richter nach einer langen Anhörung das Wort entzieht oder sich weigert, die mündliche Verhandlung ohne einen neuen Tatsachenvortrag wieder zu eröffnen, Köln NJW **75**, 788, oder wenn er die Drohung ausspricht, beide ProzBev nunmehr „vor die Tür zu setzen", Mü FamRZ **78**, 353.

**Zeuge:** *Ja*, sobald und soweit die Vernehmung eines Zeugen in Betracht kommt, zu dem der Richter in **58** einem besonderen Verhältnis steht, etwa als ständiger Geschäftspartner, als Freund oder Feind, als Nachbar usw. Keineswegs liegt eine Befangenheit erst dann vor, wenn die Glaubwürdigkeit vor oder gar nach der Aussage des Zeugen geprüft werden muß. Schon die Art und Weise der Terminsvorbereitung, die Behandlung etwaiger Terminsänderungswünsche des Zeugen usw, die Art und Weise seiner Befragung bringen bei Verhältnissen der genannten Art Schwierigkeiten mit sich, die eine Besorgnis der Befangenheit auch aus der Sicht eines objektiven Dritten vom Standpunkt der Partei aus sehr wohl begründen können. Auch unabhängig von einem besonderen Verhältnis ja, sofern der Richter mit dem Zeugen den Streitstoff in Abwesenheit einer Partei erörtert, Ffm NJW **72**, 2310, Giessler NJW **73**, 981. Freilich darf er zB nach §§ 273 II, 377 III, IV Fragen zur Klärung prozeßleitender Anordnungen stellen. Man sollte Vertrauen setzen, daß der Richter sich dadurch nicht beeinflussen läßt.

*Nein*, nur weil der Richter in einem zurückliegenden Fall Bedenken gegen die Glaubwürdigkeit oder Äußerungen über eine besonders starke Glaubwürdigkeit des Zeugen usw gemacht hatte, die damals

## §§ 42, 43

immerhin sachlich zu rechtfertigen waren. Nein, wenn der Richter einen Zeugen telefonisch lädt, LG Verden AnwBl **80**, 290. Nein, wenn der Richter nur anregt, weitere Zeugen zu vernehmen, Ffm NJW **76**, 2025. Nein schon wegen pflichtgemäßer Entscheidung nach § 397 III, KG MDR **93**, 797. Evtl nein, soweit der Richter eine private Beobachtung den Parteien vermittelt und ihnen Gelegenheit zur Äußerung gibt, OVG Hbg NJW **94**, 2779.

Vgl auch Rn 24 „Frühere Mitwirkung".

**Zwischenverfahren:** Ja für den Beteiligten eines Zwischenverfahrens, jedenfalls während seiner Dauer, BayObLG FamRZ **92**, 574 (freilich müssen die sonstigen Voraussetzungen einer Ablehnung vorliegen).

59  **10) *VwGO*:** Gilt entsprechend, § 54 I VwGO, für Richter und ehrenamtliche VerwRichter, dazu *Günther* VerwArch **82**, 196 mwN, OVG Bln NVwZ-RR **97**, 141, OVG Hbg NJW **94**, 2779, VGH Kassel AnwBl **91**, 160. Sie können auch dann abgelehnt werden, § 54 III, wenn sie der Vertretung einer Körperschaft angehören, deren Interessen durch das Verfahren berührt werden, vgl BVerwG NVwZ **90**, 461 (rechtzeitiges Ablehnungsgesuch erforderlich). Wegen eines Hinweises auf §§ 125 II oder 130 a VwGO ist keine Ablehnung gerechtfertigt, BVerwG DVBl **79**, 560, OVG Bln aaO, ebensowenig wegen einer Aufklärungsverfügung, VGH Mannh bei *Melullis* MDR **94**, 337, VGH Kassel NJW **83**, 901, vgl auch OVG Hbg DRiZ **94**, 385. Zum rechtsmißbräuchlichen Gesuch, oben Rn 7, vgl BVerwG Buchholz 310 § 54 Nr 50 u NJW **88**, 722 mwN (zustm *Kopp* § 54 Rn 16, krit *Roidl* NVwZ **88**, 905, dazu *Schwintuchowski* NVwZ **89**, 1144), OVG Bln aaO; zum Verhältnis des Ablehnungsrechts zu § 39 DRiG vgl dort Rn 5 u oben Rn 35.

**43** *Verlust des Ablehnungsrechts.* Eine Partei kann einen Richter wegen Besorgnis der Befangenheit nicht mehr ablehnen, wenn sie sich bei ihm, ohne den ihr bekannten Ablehnungsgrund geltend zu machen, in eine Verhandlung eingelassen oder Anträge gestellt hat.

1  **1) Systematik.** Vgl zunächst Üb 1 vor § 41. § 43 stellt eine unwiderlegliche Vermutung, § 292 Rn 2, dafür auf, daß eine Partei mit der Person desjenigen Richters einverstanden sei, vor dem sie trotz eines ihr bekannten Ablehnungsgrunds in eine Verhandlung einläßt oder Anträge stellt, BVerwG MDR **93**, 1242, LG Mannh WoM **74**, 62. Ein gesetzlicher Vertreter, § 51 II, oder ein ProzBev, § 81, und deren Kenntnis von einem Ablehnungsgrund stehen der Partei und deren Kenntnis gleich, Hbg MDR **76**, 845.

2  **2) Regelungszweck.** Vgl zunächst Üb 2 vor § 41. § 43 soll willkürlicher Verzögerung entgegenwirken und verhindern, daß bereits geleistete prozessuale Arbeit nutzlos wird, Karlsr MDR **92**, 409. Die Vorschrift dient damit auch der Prozeßwirtschaftlichkeit, *Grdz* 14 vor § 128. § 43 vernichtet das versäumte Ablehnungsrecht. Es wird also unzulässig. Trotz der Versäumung muß der Abgelehnte aber prüfen, ob er sich nicht von Amts wegen für befangen erklären soll, § 48. Für Ausschlußgründe gilt § 43 nicht, vgl § 42 Rn 9. Ein Verzicht auf das Ablehnungsrecht kann wirksam erklärt werden. Er stellt klar, was § 43 nur vermutet.

3  **3) Geltungsbereich.** Vgl zunächst Üb 3 ff vor § 41. Die Vorschrift gilt allgemein im Prozeßrecht, BVerwG MDR **93**, 1242, also zB auch bei § 406, Düss MDR **94**, 620; sie gilt entsprechend auch im Verfahren der freiwilligen Gerichtsbarkeit, und zwar auch im dortigen streitigen Verfahren, etwa bei einer WEG-Sache, BayObLG WoM **96**, 503 mwN, Zweibr MDR **83**, 414.

4  **4) Rechtsverlust: Schädlichkeit von Kenntnis.** Schädlich ist nur eine Kenntnis. Ein bloßes Kennenmüssen, vgl § 122 II BGB, führt nicht zum Verlust des Ablehnungsrechts.

5  **5) Einlassung.** Die Worte des Gesetzes „. . . in eine Verhandlung eingelassen" bedeuten nicht etwa nur: In eine Verhandlung zur Hauptsache eingelassen. Es muß aber eine Verhandlung in derselben Sache vorliegen. Denn eine Partei braucht die etwaige Befangenheit eines Richters nur nach den besonderen Umständen des konkreten Einzelfalls zu prüfen, nicht im Hinblick auf eine vielleicht mögliche, von ihr aber noch nicht übersehbare andersartige Befangenheit, Ffm FamRZ **91**, 839 mwN, Karlsr MDR **92**, 409, Kblz MDR **89**, 647. Wer den Richter in einem vorangegangenen ähnlichen Verfahren nicht abgelehnt hatte, muß freilich zumindest damit rechnen, daß auf Grund seines jetzigen Ablehnungsgesuchs geprüft wird, warum die Ablehnung früher nicht geltend gemacht wurde, § 42 Rn 24. BFH DB **87**, 1976, Karlsr MDR **92**, 409, *Schneider* MDR **77**, 443 mwN meinen, ein Verlust des Ablehnungsrechts trete nur dann ein, wenn zwischen dem Vorprozeß und dem jetzigen Verfahren ein rechtlicher oder tatsächlicher Zusammenhang bestehe.

Ein *vorprozessuales* Erhöhungsverlangen nach § 2 MHG schadet nicht, nur im Ergebnis richtig AG Freibg WoM **87**, 266. Schädlich ist auch die Einlassung im zugehörigen Nebenverfahren, Karlsr FamRZ **89**, 643. Eine Einlassung in eine Verhandlung liegt vor, sobald irgendeine sachliche Betätigung, insbesondere im Termin erfolgt ist, Köln RR **96**, 1339, LG Tüb MDR **82**, 412, oder sobald die Partei zB im Prozeßkostenhilfeverfahren Beschwerde einlegt, § 127, Kblz MDR **86**, 60, oder gegen einen Kostenfestsetzungsbeschluß des abgelehnten Rpfl, § 49 Rn 5, Erinnerung einlegt, § 104 III, § 11 RPflG, Düss Rpfleger **93**, 188, oder sobald eine Erklärung im schriftlichen Verfahren abgegeben wurde, § 128 II, III, BayObLG MDR **88**, 1063, LG Mannh WoM **74**, 62. Ein Widerrufsvergleich reicht aus, BayObLG WoM **94**, 299, Ffm FamRZ **91**, 839.

6  Ein bloßer *Vertagungsantrag* nach § 227 ist keine Einlassung. Denn eine Verhandlung über einen Vertagungsantrag stellt keine Kundgebung des Vertrauens gegenüber gerade dem bisherigen Richter dar, MüKoFei 4, StJBo 5, ThP 5, ZöV 5, aM BPatG GRUR **82**, 360, LG Tüb MDR **82**, 412. Das Ablehnungsrecht wird nicht verwirkt, wenn die Partei nur deshalb verhandelt, weil der Richter zumindest aus ihrer Sicht gegen § 47 verstößt und weil die Partei zB ein Versäumnisurteil vermeiden möchte, KG NJW **75**, 1842, Köln VersR **93**, 1550.

7  **6) Antragstellung.** Die Partei hat im Sinn des § 43 einen Antrag gestellt, sobald sie sich mündlich oder schriftlich mit einem Antrag gemeldet hat. Der Antrag wird in der mündlichen Verhandlung in der Regel dadurch wirksam, daß die Partei ihn vorträgt, § 137 Rn 7, Karlsr FamRZ **89**, 643, im schriftlichen Verfahren dadurch, daß sie ihn schriftlich einreicht, BayObLG MDR **88**, 1063. Eine Zustimmungserklärung nach § 128 II steht einem Antrag gleich, BFH DB **87**, 1976, Mü MDR **80**, 146. Ein Antrag führt nur zum

4. Titel. Ausschließung und Ablehnung der Gerichtspersonen    §§ 43, 44

Verlust des Ablehnungsrechts, wenn die Partei die Person des Richters kannte, BayObLG Rpfleger **78**, 18, vgl Köln OLGZ **74**, 422 (FGG-Verfahren), wenn auch nicht notwendig seinen (richtigen) Namen. Daher hat jeder Ablehnungsberechtigte einen Anspruch darauf, die Namen der Richter zu erfahren, BayObLG Rpfleger **78**, 17. Eine Gegenvorstellung im Sinn von Üb 3 vor § 567 genügt. Ein Gesuch um eine Terminsbestimmung, § 216, genügt ebensowenig wie ein Vertagungsantrag, Rn 5, oder eine bloße Anzeige zur Akte, etwa nach § 176 Rn 5. Einzelheiten bei Schneider MDR **77**, 441 mwN. Bei einem staatlichen Richter gehen nur die Ablehnungsgründe nach § 42 verloren, beim Schiedsrichter auch diejenigen nach § 41. Denn beim Schiedsrichter gibt es keine Ausschließung. Wenn der Ablehnungsgrund erst nach dem Zeitpunkt der Antragstellung im Sinn von § 137 Rn 7 eintritt, kann er natürlich auch jetzt noch geltend gemacht werden, Ffm MDR **79**, 762. Dann ist § 44 IV zu beachten.

**7) *VwGO*:** *Gilt entsprechend, § 54 I VwGO. Einlassen in eine Verhandlung, oben Rn 5–7, liegt schon in Erklärungen zur Sache während des einleitenden Vortrags, § 103 II VwGO, OVG Bre NJW **85**, 823, oder sonstigen Erörterungen vor Stellung der Anträge, § 103 III VwGO. Beim Gerichtsbescheid, § 84 VwGO, muß die Ablehnung bei der vorgeschriebenen Anhörung erklärt werden, RedOe § 54 Anm 13, ebenso bei der Entscheidung über die Berufung nach §§ 125 II, 130 a VwGO.* **8**

**44** **Ablehnungsgesuch.** ¹Das Ablehnungsgesuch ist bei dem Gericht, dem der Richter angehört, anzubringen; es kann vor der Geschäftsstelle zu Protokoll erklärt werden.

II ¹Der Ablehnungsgrund ist glaubhaft zu machen; zur Versicherung an Eides Statt darf die Partei nicht zugelassen werden. ²Zur Glaubhaftmachung kann auf das Zeugnis des abgelehnten Richters Bezug genommen werden.

III Der abgelehnte Richter hat sich über den Ablehnungsgrund dienstlich zu äußern.

IV Wird ein Richter, bei dem die Partei sich in eine Verhandlung eingelassen oder Anträge gestellt hat, wegen Besorgnis der Befangenheit abgelehnt, so ist glaubhaft zu machen, daß der Ablehnungsgrund erst später entstanden oder der Partei bekanntgeworden sei.

### Gliederung

| | | | |
|---|---|---|---|
| 1) Systematik, Regelungszweck, I–IV.... | 1 | A. Zeugnis und Bewertung................ | 5 |
| 2) Geltungsbereich, I–IV.................. | 2 | B. Einzelfragen........................... | 6 |
| 3) Ablehnungsgesuch, I.................. | 3 | 6) Einlassung oder Antragstellung, IV.... | 7 |
| 4) Glaubhaftmachung, II................. | 4 | 7) *VwGO*................................ | 8 |
| 5) Dienstliche Äußerung, III............. | 5, 6 | | |

**1) Systematik, Regelungszweck, I–IV.** Vgl zunächst Üb 1 vor § 41. § 44 regelt zusammen mit **1** §§ 46 I, 294 das Ablehnungsverfahren bis zur Entscheidungsreife mit Ausnahme der Sonderfälle des § 45 II 2 (der Amtsrichter hält ein Ablehnungsgesuch für begründet) und des § 47 (unaufschiebbare Handlungen des Abgelehnten). Die Entscheidung ist in § 45 I, II 1 (mit § 46 I), Rechtsmittel sind in § 46 II geregelt.

Wegen des *Regelungszwecks* vgl zunächst Üb 2 vor § 41. Die Möglichkeit, einen Ausschließungsgrund im Sinn von § 41 auch über einen Antrag nach §§ 42, 44 zur unverzüglichen Prüfung vor das Gericht zu bringen, tritt zusätzlich zu der ja an sich schon von Amts wegen zu beachtenden, kraft Gesetzes eingetretenen Lage der Sicherung der Parteien vor dem verbotenen Richter und damit der Rechtsstaatlichkeit, Einl III 15. Die Notwendigkeit einer Glaubhaftmachung eines jeden Ablehnungsgrundes und überhaupt eines Antrags bei einem echten bloßen Ablehnungsgrund nach § 42 dient ebenso wie die Pflicht des Abgelehnten zur dienstlichen Äußerung. III, der Abwehr voreiliger oder gar rechtsmißbräuchlicher Ablehnungsverfahren, Einl III 54, und damit sowohl der Aufrechterhaltung des gesetzlichen Richters, Art 101 I 2 GG (auch er gehört zur Rechtsstaatlichkeit) als auch der Vermeidung von Verzögerung und damit der Prozeßförderung und der Prozeßwirtschaftlichkeit, Grdz 12, 14 vor § 128. In diesem Sinn ist auch IV zu verstehen. Die dienstliche Äußerung soll dem nunmehr über das Ablehnungsgesuch entscheidenden Gericht seine Meinungsbildung erleichtern, vgl auch BGH DRiZ **80**, 391. Sie dient aber keineswegs dazu, ihm die Ermittlungsarbeit usw abzunehmen.

**2) Geltungsbereich, I–IV.** Vgl Üb 3 ff vor § 41. **2**

**3) Ablehnungsgesuch, I.** Ein ordnungsgemäßes Ablehnungsgesuch ist eine Zulässigkeitsbedingung, **3** Köln RR **96**, 1339. Das Ablehnungsgesuch ist zumindest mit dem in Kern erfolgender Begründung sogleich, Köln RR **96**, 1339, bei dem Gericht des abgelehnten Richters, § 45, mündlich, schriftlich oder zum Protokoll der Geschäftsstelle, in diesem Fall auch bei jedem anderen Gericht anzubringen, § 129 a. Deshalb besteht kein Anwaltszwang, § 78 III, Köln RR **98**, 857. In der mündlichen Verhandlung ist der Antrag zu protokollieren, § 160 II, IV 1. Wenn ein Richter am Amtsgericht, auch als Familienrichter, abgelehnt wird, ist das Gesuch beim AG anzubringen. Wegen des schiedsrichterlichen Verfahrens vgl § 1032. Der Richter muß, soweit möglich, § 43 Rn 7, namentlich benannt werden; andernfalls ist das Gesuch unzulässig, BVerfG MDR **61**, 26, es sei denn, daß über die Person des Richters kein Zweifel besteht, vgl Üb 3 vor § 41, § 43 Rn 7, BGH **LM** § 42 Nr 5, BAG **20**, 271, BFH NJW **73**, 536. Der Gegner des Abzulehnenden ist im Ablehnungsverfahren grundsätzlich nicht Partei, § 91 Rn 70. Ausnahmen gelten nach § 46 Rn 8 ff. Seine Anhörung kann aber geboten sein, Art 103 I GG, da es auch für ihn um den gesetzlichen Richter geht, Nürnb MDR **83**, 846.

**4) Glaubhaftmachung, II.** Eine Tatsache, die die Ablehnung begründen soll, ist im einzelnen darzulegen, **4** BVerwG NJW **97**, 3327, und glaubhaft zu machen, § 294. Man kann die Glaubhaftmachung bis zur Entscheidung nachholen. Eine eidesstattliche Versicherung ist aber unzulässig, II 1 Hs 2. Eine Glaubhaftmachung ist dann entbehrlich, wenn die Tatsache offenkundig ist, § 291 Rn 3, 4, oder wenn der Ablehnungsgrund in

## §§ 44, 45  1. Buch. 1. Abschnitt. Gerichte

tatsächlicher Hinsicht als wahr unterstellt werden kann, VGH Mannh NJW **75**, 1048. Das Gesetz versteht unter dem Begriff „Zeugnis des abgelehnten Richters" die in III vorgesehene dienstliche Äußerung. Wenn ein Anwalt ein Ablehnungsgesuch stellt, darf man nicht unterstellen, daß er stillschweigend auf das Zeugnis des abgelehnten Richters Bezug nimmt. Denn man muß berücksichtigen, daß ein Anwalt unter Umständen gerade diesen Weg der Glaubhaftmachung nicht wählen will, Ffm NJW **77**, 768. Die Glaubhaftmachung fehlt, soweit sich das Gegenteil aus einer vorangegangenen Entscheidung ergibt, VG Stgt JZ **76**, 277.

**5** 5) **Dienstliche Äußerung, III.** Die Regelung ist wenig hilfreich.

**A. Zeugnis und Bewertung.** Wie sich aus II 2 ergibt, kann der Ablehnende auf ein „Zeugnis" des Abgelehnten Bezug nehmen. Gemeint ist nicht etwa eine Bescheinigung, sondern eine Darstellung der vom Abgelehnten für entscheidungserheblich erachteten Tatsachen, soweit sie noch nicht aktenkundig oder dem Abgelehnten gegenüber streitig sind (insofern eine Art Zeugenaussage), und darüber hinaus eine Bewertung, soweit sie der Abgelehnte für sinnvoll, ratsam, notwendig hält. Die in III vorgeschriebene dienstliche Äußerung hat denselben Sinn. Sie muß unabhängig davon abgegeben werden, ob eine Bezugnahme nach II 2 erfolgt ist oder ob der Ablehnende beantragt, der Abgelehnte möge sich dienstlich äußern. Der Abgelehnte hat also das Recht und die Pflicht zur dienstlichen Äußerung, auch wenn sie ihm nicht unaufschiebbar erscheint, § 47. Wegen des Zwecks von III, Rn 2, liegen Art und Umfang der dienstlichen Äußerung im pflichtgemäßen Ermessen des Abgelehnten. Will das zur Entscheidung berufene Gericht mehr von ihm wissen und verweigert er eine Ergänzung, so mag er als Zeuge vernommen werden, vgl § 46 I.

**6** **B. Einzelfragen.** Der Abgelehnte soll sich über die für das Ablehnungsverfahren entscheidungserheblichen Tatsachen äußern, soweit ihm das notwendig oder zweckmäßig erscheint. Zu Rechtsausführungen oder zu einer Beurteilung des Ablehnungsgesuchs ist der Abgelehnte berechtigt, soweit ihm das zum Verständnis seines beanstandeten Verhaltens sinnvoll erscheint, so wohl auch ThP 3, aM ZöV 4. Er ist zu solchen Ausführungen aber nicht verpflichtet, und zwar auch nicht auf ein Verlangen des entscheidenden Gerichts. Die dienstliche Äußerung ist dem Ablehnenden mitzuteilen, Art 103 I GG, vgl (zum alten Recht) BVerfG **24**, 62, Kblz JB **76**, 1624, VGH Kassel NJW **83**, 901.

Die dienstliche Äußerung sollte deshalb durchweg *schriftlich* erfolgen; eine mündliche Äußerung ist vom entscheidenden Gericht aktenkundig zu machen. Die Notwendigkeit einer dienstlichen Äußerung besteht auch bei einer Selbstablehnung nach § 48, Ffm NJW **76**, 1545. Eine dienstliche Äußerung ist angesichts eines querulatorischen Ablehnungsgesuchs, § 42 Rn 7, *unnötig*, BVerfG **11**, 3, BVerwG Buchholz § 54 VwGO Nr 30, Günther NJW **86**, 289 mwN. Eine allzu mangelhafte Stellungnahme kann sich auf die Beurteilung der Befangenheit auswirken, vgl LG Bochum AnwBl **78**, 101. Indessen ist zB eine bloße Bezugnahme auf die Akten sogar in demselben Vorgang anhängigen und anhängig gewesenen Dienstaufsichtsverfahrens zulässig, Bre NJW **86**, 999, aber auch Fleischer MDR **98**, 757. Der Abgelehnte kann auch zumindest hilfsweise bitten ihm aufzugeben, zu welchen Punkten das vorgeordnete Gericht noch eine (weitere) Erklärung wünscht. Der Abgelehnte ist weder verpflichtet noch grundsätzlich überhaupt berechtigt, solche Beiakten von sich aus beizuziehen und mit vorzulegen. Das entscheidende Gericht darf sie dem Ablehnenden nicht ohne die Genehmigung aller von ihnen Betroffenen zur Einsicht geben.

Die dienstliche Äußerung gehört zum engeren Bereich der richterlichen Entscheidungstätigkeit, vgl § 26 I DRiG, SchlAnh I A, und ist daher der *Dienstaufsicht* nur in engen Grenzen, keineswegs also unbeschränkt, unterworfen, BGH DRiZ **86**, 424 mwN, Kasten/Rapsch JR **85**, 314. Sie ist weder im Streit stets der Darstellung des Ablehnenden unterzuordnen, aM Köln MDR **96**, 1181 (zustm Schneider) noch umgekehrt, sondern nach § 286 zu beurteilen.

**7** 6) **Einlassung oder Antragstellung, IV.** Wenn der Ablehnungsgrund erst nach dem Zeitpunkt einer Einlassung oder Antragstellung im Sinn von § 43 entstanden ist, sei es auch zB erst im Tatbestandsberichtigungsverfahren, § 320, Ffm MDR **79**, 940, besteht natürlich ein Ablehnungsrecht. Es ist glaubhaft zu machen, daß der Ablehnungsgrund entweder erst später entstanden oder der Partei erst später bekannt geworden ist. Hier ist im Gegensatz zu II auch die eidesstattliche Versicherung zulässig, soweit es um den Zeitpunkt der Kenntnis vom späteren Ablehnungsgrund geht. Die Partei hat keine besondere Erkundigungspflicht. Sie muß das Ablehnungsgesuch aber vor der nächsten Einlassung oder Antragstellung, § 137 Rn 7, seit dem Entstehen oder der Kenntnis des Ablehnungsgrunds stellen, spätestens bis zum Schluß der mündlichen Verhandlung, §§ 136 IV, 296 a, Ffm OLGZ **79**, 452. Sie darf zur Sache nur unter Vorbehalt weiterverhandeln. Andernfalls gilt wieder § 43. Wenn die Ablehnung aus einer Kette kleinerer Verstöße abgeleitet wird, deren letztes Glied erst das Maß voll macht, kann die Partei auch zusätzlich auf die früheren, schon seit damals bekannten Vorfälle zurückgreifen, vgl BPatG GRUR **85**, 434. Der Partei stehen der gesetzliche Vertreter, § 51 II, wie der ProzBev gleich, § 85 II. IV gilt nicht, wenn der Richter wegen eines Ausschließungsgrundes abgelehnt wird, vgl § 42 Rn 9. Denn das ist in jeder Verfahrenslage von Amts wegen zu prüfen, Grdz 39 vor § 128; § 295 ist unanwendbar.

**8** 7) *VwGO:* Gilt entsprechend, § 54 I VwGO; daher besteht auch beim BVerwG und beim OVG kein Anwaltszwang. Zum rechtsmißbräuchlichen bzw offensichtlich unschlüssigen Gesuch vgl BVerwG NJW, **97**, 3327 u **88**, 722 mwN, zustm Kopp/Sch § 54 Rn 16, krit Roidl NVwZ **88**, 905, diff Meissner in SchSchmAP § 54 Rn 61–63, ferner OVG Bln NVwZ-RR **97**, 141. Unzulässig ist ein Gesuch, wenn über eine Selbstablehnung aus demselben Grund unanfechtbar entschieden worden ist, BVerwG Buchholz 303 § 42 ZPO Nr 3.

**45** *Entscheidung über die Ablehnung.* ¹Über das Ablehnungsgesuch entscheidet das Gericht, dem der Abgelehnte angehört; wenn dieses Gericht durch Ausscheiden des abgelehnten Mitglieds beschlußunfähig wird, das im Rechtszuge zunächst höhere Gericht.

II ¹Wird ein Richter beim Amtsgericht abgelehnt, so entscheidet das Landgericht, bei Ablehnung eines Familienrichters das Oberlandesgericht. ²Einer Entscheidung bedarf es nicht, wenn der Richter beim Amtsgericht das Ablehnungsgesuch für begründet hält.

### 4. Titel. Ausschließung und Ablehnung der Gerichtspersonen § 45

**Vorbem.** II 1 idF Art 6 Z 1 KindRG v 16. 12. 97, BGBl 2942, in Kraft seit 1. 7. 98, Art 17 § 1 KindRG, ÜbergangsR Art 15 KindRG.

**Gliederung**

| | |
|---|---|
| 1) Systematik, Regelungszweck, I, II ..... 1 | 4) Ablehnung eines Richters beim Amtsgericht, II ............................. 7–11 |
| 2) Geltungsbereich, I, II ................... 2 | A. Prüfungspflicht des Abgelehnten ....... 7 |
| 3) Ablehnung eines Richters beim Kollegialgericht, I ............................ 3–6 | B. Unzulässigkeit des Gesuchs............. 8 |
| A. Zuständigkeit des Gerichts des Abgelehnten................................ 3 | C. Unbegründetheit des Gesuchs.......... 9 |
| B. Grundsatz: Ohne Mitwirkung des Abgelehnten................................. 4 | D. Zulässigkeit und Begründetheit: Verfahren des Abgelehnten ................. 10 |
| C. Ausnahme: Mitwirkung................ 5 | E. Zulässigkeit und Begründetheit: Verfahren des Vertreters ..................... 11 |
| D. Zuständigkeit des höheren Gerichts .... 6 | 5) *VwGO*................................. 12 |
| E. Selbstablehnung ....................... 6 | |

**1) Systematik, Regelungszweck, I, II.** Vgl zunächst Üb 1 vor § 41. Während § 42 die Ablehnungs- 1 gründe nennt (zu denen auch die Ausschließungsgründe des § 41 zählen), §§ 44, 46 I das Verfahren regeln, ergänzt durch §§ 43, 45 II 2, 47, nennt § 45 I, II 1 den Vorgang der Entscheidung, ergänzt durch § 329. Daran schließt sich das in § 46 geregelte Rechtsmittelverfahren an. § 48 regelt den Sonderfall der Selbstablehnung vom Eintreten des entsprechenden Grundes an bis zur Entscheidung.
Wegen des *Regelungszwecks* vgl zunächst Üb 2 vor § 41. § 45 dient in allen Teilen der Prozeßwirtschaftlichkeit, Grdz 14 vor § 128, vor allem in II. Die Vorschrift hat das Leitbild eines trotz etwaiger Ablehnbarkeit doch ehrbaren, im übrigen vertrauenswürdigen Richters vor Augen. Das kann auch schon wegen des Grundgedankens eines gesetzlichen Richters, Art 101 I 2 GG, im Interesse der Rechtsstaatlichkeit, Einl III 15, gar nicht anders sein. Dieses Vertrauen trotz etwaiger Ablehnbarkeit sollte auch bei der Auslegung Ausdruck finden. Es liegt bis zur die Ablehnung bejahenden Entscheidung keine „Verurteilung" und selbst dann keine Bestrafung und nicht einmal stets ein Schuldspruch vor. Auch in den Gründen eines Ablehnungsbeschlusses dient die Justiz der Sache durch Zurückhaltung. Vgl auch Rn 11.

**2) Geltungsbereich, I, II.** Vgl Üb 3 ff vor § 41. 2

**3) Ablehnung eines Richters beim Kollegialgericht, I.** Es muß wie folgt unterschieden werden: 3

**A. Zuständigkeit des Gerichts des Abgelehnten.** Hierher gehört die Ablehnung eines Richters beim LG, OLG, BayObLG, BGH. Über das Ablehnungsgesuch entscheidet grundsätzlich das Gericht des Abgelehnten, § 44 Rn 3. Über die Ablehnung eines Einzelrichters entscheidet sein Kollegium, Düss JMBl NRW **78**, 68, Karlsr OLGZ **78**, 256. Dasselbe gilt für die Ablehnung des Vorsitzenden der Kammer für Handelssachen, BayObLG MDR **80**, 237. Allerdings kann der Geschäftsverteilungsplan einen anderen Spruchkörper desselben „Gerichts" im Sinn von Hs 1 betrauen.

**B. Grundsatz: Ohne Mitwirkung des Abgelehnten.** Der Abgelehnte wirkt in der Sache vom Eingang 4 des Ablehnungsgesuchs an bis zur Entscheidung über die Ablehnung grundsätzlich nicht mehr mit, § 47. Er kann also dann, wenn mehrere Richter abgelehnt werden, auch nicht über die Ablehnungsgesuche gegenüber den anderen Kollegen entscheiden. Sein geschäftsplanmäßiger Vertreter tritt im Ablehnungsverfahren an seine Stelle. Das Gericht entscheidet also *in voller Besetzung*, BAG BB **73**, 754, LAG Köln BB **92**, 2084, zB einschließlich der Handelsrichter, BayObLG **80**, 364; s auch § 21 e GVG Rn 3.

**C. Ausnahme: Mitwirkung.** Wenn die Abgelehnten kraft Gewohnheitsrechts, BGH NJW **92**, 984, KG 5 MDR **92**, 997, ausnahmsweise selbst über ein unzulässiges Ablehnungsgesuch befinden dürfen und müssen, zB weil sie das Gesuch als rechtsmißbräuchlich ansehen, § 42 Rn 7, Ffm RR **96**, 418, darf das höhere Gericht erst auf Grund einer sofortigen Beschwerde, § 46 Rn 8, tätig werden, § 42 Rn 7.
Das untere Gericht bleibt auch dann zur Entscheidung über das Ablehnungsgesuch zuständig, wenn der Antragsteller ohne Zweifel *prozeßunfähig* ist, § 51 Rn 1, aM StJl 1. Allerdings darf das höhere Gericht im letzten Fall ebenfalls entscheiden.

**D. Zuständigkeit des höheren Gerichts.** Das höhere Gericht darf erst und muß grundsätzlich dann 6 über das Ablehnungsgesuch entscheiden, wenn das ganze untere Gericht durch das Ablehnungsgesuch beschlußunfähig wird, vgl Ffm MDR **89**, 168. Es darf keine Ergänzung durch einen zu diesem Zweck herangezogenen Hilfsrichter stattfinden. Wegen Rechtsmißbrauchs § 46 Rn 3, Ffm MDR **89**, 168.

**E. Selbstablehnung.** Im Fall einer Selbstablehnung ist § 48 anwendbar.

**4) Ablehnung eines Richters beim Amtsgericht, II.** Abweichend von I gilt: 7

**A. Prüfungspflicht des Abgelehnten.** Wenn ein Richter beim Amtsgericht, auch als Familienrichter, abgelehnt wird, auch als verordneter Richter, darf und muß er zunächst selbst im Rahmen eines pflichtgemäßen Ermessens prüfen, ob er das Ablehnungsgesuch für zulässig und begründet hält. In diesem Rahmen darf und muß er das Gesuch mit dem Antragsteller und/oder mit der Gegenpartei des Antragstellers erörtern, ja sogar Ermittlungen usw anstellen, Grdz 38 vor § 128, soweit solche Handlungen keinen Aufschub gestatten, § 47, oder zu seiner Entscheidungsbildung über die Zulässigkeit und Begründetheit des Antrags unvermeidbar sind. Bei solchen Handlungen sollte der abgelehnte Richter besondere Zurückhaltung üben. Bis zu seiner Meinungsbildung darüber, ob das Gesuch zulässig und begründet ist, bleibt er in jeder Beziehung zuständig; seine Handlungen sind wirksam, auch beim Verstoß gegen § 47.

**B. Unzulässigkeit des Gesuchs.** Wenn der Richter beim Amtsgericht, auch als Familienrichter, das 8 Ablehnungsgesuch nach den Grundsätzen Rn 7 für unzulässig, weil zB rechtsmißbräuchlich, hält, § 42 Rn 4, darf und muß er selbst das Gesuch kraft Gewohnheitsrechts zurückweisen, Rn 5 Peutz NJW **99**, 2000.

§§ 45, 46                                                      1. Buch. 1. Abschnitt. Gerichte

9   **C. Unbegründetheit des Gesuchs.** Wenn der Richter beim Amtsgericht, auch als Familienrichter, das Ablehnungsgesuch für zulässig, aber für unbegründet hält, darf er nur noch solche Handlungen vornehmen, die keinen Aufschub gestatten, § 47. Im übrigen muß der Richter am Amtsgericht die Akten unverzüglich dem vorgeordneten Gericht vorlegen, und zwar als Familienrichter, dem OLG, § 119 I Z 1, 2 GVG, im übrigen dem LG, §§ 72, 100 GVG. Denn dann entscheidet nicht sein geschäftsplanmäßiger Vertreter, sondern das vorgeordnete Gericht, Karlsr OLGZ *78*, 256.
    Die vorstehende Regel gilt auch dann, wenn sich der Richter in der Sache selbst für unzuständig hält, solange er das Verfahren nicht wirksam abgegeben oder verwiesen hat. Denn es kommt darauf an, wer entscheiden *würde,* nicht darauf, wer entscheiden *müßte,* vgl §§ 72, 119 I Z 1, 2 GVG. In einer Handelssache entscheidet im LG dessen Kammer für Handelssachen, BayObLG *87,* 211 (auch in einer nach dem FGG), BayObLG RR *97,* 869, Peutz NJW *99,* 2003. Ein abweichender Geschäftsverteilungsplan des LG ist insoweit unwirksam, BayObLG *87,* 211. Über ein Ablehnungsgesuch gegenüber einem ersuchten Richter beim Amtsgericht, § 362, auch als Familienrichter, entscheidet dasjenige LG bzw OLG, zu dessen Bezirk das ersuchte AG gehört, LG Düss Rpfleger *80,* 114. Eine Rechtsansicht des LG zur Hauptsache bindet den anschließend wieder oder neu zuständigen Spruchrichter nicht, LG Ffm NJW *88,* 77. Über die Ablehnung eines Landwirtschaftsrichters entscheidet nicht das OLG, sondern das LG, BGH MDR *89,* 610, aM Peutz NJW *99,* 2003.

10  **D. Zulässigkeit und Begründetheit: Verfahren des Abgelehnten.** Wenn der Richter beim Amtsgericht, auch als Familienrichter, im Verfahren nach Rn 3–7 zu dem Ergebnis kommt, das Ablehnungsgesuch sei zulässig und begründet, hat er in der Hauptakte einen entsprechenden kurzen Aktenvermerk zu machen. Er braucht seine Ansicht nicht näher zu begründen. Wenn das Ablehnungsgesuch allerdings nur für ihn voll verständlich ist, nicht für einen Dritten, ist eine jedenfalls stichwortartige Begründung der Ansicht des Richters beim Amtsgericht ratsam und zur Vermeidung unliebsamer Vorwürfe auch je nach der Sachlage notwendig. Der abgelehnte Richter beim Amtsgericht scheidet, auch als Familienrichter, mit diesem Aktenvermerk aus der Zuständigkeit aus. Die Geschäftsstelle hat die Akte dem geschäftsplanmäßigen Vertreter vorzulegen, nicht etwa dem jeweils vorgeordneten LG oder OLG.

11  **E. Zulässigkeit und Begründetheit: Verfahren des Vertreters.** Der geschäftsplanmäßige Vertreter ist an die Ansicht des Ausgeschiedenen grundsätzlich ohne eine eigene Nachprüfungsmöglichkeit gebunden, Ffm FamRZ *89,* 519. Er tritt an die Stelle des Ausgeschiedenen. Wenn sich weder aus dem Ablehnungsgesuch noch aus dem Aktenvermerk des Ausgeschiedenen irgendeine auch nur halbwegs erkennbare sachliche Begründetheit des Gesuchs ergibt, darf der Vertreter den Ausgeschiedenen um eine ergänzende Stellungnahme ersuchen. Denn auch der Vertreter muß in jeder Lage des Verfahrens prüfen, ob er überhaupt tätig werden darf, Ffm FamRZ *89,* 519. Notfalls muß der Vertreter nach § 36 Z 1 eine Bestimmung des nunmehr zuständigen Richters beim Amtsgericht, auch des Familienrichters, herbeiführen, im Ergebnis ebenso Ffm FamRZ *89,* 519 (wendet § 36 Z 6 an).
    Das darf nicht dazu führen, daß der Vertreter – noch dazu etwa in schöner Eintracht mit dem LG – eine nach seiner Meinung nicht überzeugende Haltung des Abgelehnten zum Vorwand nimmt, die *lästige Mehrarbeit* auf diesen *zurückübertragen* zu lassen, wie es in der Praxis tatsächlich vorkommt. Das Gesetz hat es in II 2 dem Abgelehnten und nicht dessen Vertreter und schon gar nicht der höheren Instanz anvertraut, ob er sich einem Ablehnungsgesuch förmlich anschließt, und von ihm gerade nicht eine förmliche Entscheidung mit Gründen verlangt. Man kann den Art 103 I GG auch aus Bequemlichkeit überstrapazieren. Auch solche Art Rechtsmißbrauch, diesmal durch Richter, ist verboten, Einl III 54 (Rechtsbeugung!?).

12  **5) *VwGO: I*** gilt entsprechend, § 54 I VwGO; die ehrenamtlichen Richter wirken nur bei einer Entscheidung in der mündlichen Verhandlung mit, RedOe § 54 Anm 17. Über die Ablehnung des Einzelrichters entscheidet die Kammer, VGH Kassel NVwZ *97,* 311 mwN. Zur Entscheidung durch die abgelehnten Richter über ein mißbräuchliches oder offensichtlich unschlüssiges Gesuch, oben Rn 5, s BVerwG Buchholz 310 § 138 Z 1 Nr 28 u NJW *88,* 722 mwN, krit Roidl NVwZ *88,* 905 (dazu Schwintuchowski NVwZ *89,* 1144), OVG Bln NVwZ-RR *97,* 141; zur entspr Anwendung von § 295 vgl BVerwG NJW *92,* 1186. II ist unanwendbar, weil die VerwGerichte stets Kollegialgerichte sind.

**46** *Rechtsmittel.* ¹Die Entscheidung über das Ablehnungsgesuch kann ohne mündliche Verhandlung ergehen.
    ᴵᴵ **Gegen den Beschluß, durch den das Gesuch für begründet erklärt wird, findet kein Rechtsmittel, gegen den Beschluß, durch den das Gesuch für unbegründet erklärt wird, findet sofortige Beschwerde statt.**

### Gliederung

| | |
|---|---|
| 1) Systematik, Regelungszweck, I, II ..... 1 | 5) Bei Zurückweisung: Sofortige Beschwerde, II .................... 8–16 |
| 2) Geltungsbereich, I, II .................. 2 | A. Zulässigkeit ........................ 8–10 |
| 3) Verfahren, I ........................... 3–6 | B. Anwaltszwang ...................... 11 |
| A. Amtsermittlung ..................... 3 | C. Weitere Einzelfragen ............... 12, 13 |
| B. Unterbleiben der Bearbeitung ....... 4 | D. Gegenstandslosigkeit .............. 14–16 |
| C. Entscheidung ...................... 5 | 6) Verfassungsbeschwerde, I, II .......... 17 |
| D. Gebühren ......................... 6 | 7) Kosten, I, II ........................ 18 |
| 4) Rechtsbehelfe gegen Stattgabe, II ..... 7 | 8) *VwGO* ............................ 19 |

1   **1) Systematik, Regelungszweck, I, II.** Die Vorschrift regelt in I das Verfahren jeder Instanz ab Eingang des Ablehnungsgesuchs oder der Selbstablehnungsanzeige nach § 48 bis zur Entscheidungsreife, während § 45 I, II 1 die Entscheidung selbst betrifft. In II ist das Rechtsmittelsystem genannt, ergänzt durch

## 4. Titel. Ausschließung und Ablehnung der Gerichtspersonen § 46

§§ 567 ff, 577. I dient der Prozeßförderung und Prozeßwirtschaftlichkeit, Grdz 12, 14 vor § 128. II dient der Gerechtigkeit, Einl III 9, in einer verfassungsrechtlich nicht zwingend gebotenen, auf diesem (wichtigen, aber nicht alles überragenden) Nebenschauplatz keineswegs von einem gewissen Luxus der Rechtsgewährung ganz freien Weise: Gegen die gewisse, verborgene Befangenheit, vor der auch der um größte Redlichkeit bemühte Richter einmal stehen kann, schützt kein Rechtsmittel, sondern eine vertrauensbemühte Haltung am wirksamsten.

**2) Geltungsbereich, I, II.** Vgl Üb 3 ff vor § 41. Wegen II s Rn 10.    **2**

**3) Verfahren, I.** Das Verfahren erfordert Behutsamkeit.    **3**

**A. Amtsermittlung.** Die Entscheidung über das Ablehnungsgesuch erfolgt auf Grund einer freigestellten mündlichen Verhandlung, § 128 Rn 10. Das Gericht muß den Sachverhalt von Amts wegen ermitteln, Grdz 38 vor § 128, BAG **14**, 50, Ffm OLGZ **80**, 110 mwN. Denn das Verfahren hat eine öffentliche Bedeutung. Das rechtliche Gehör ist zur dienstlichen Äußerung zumindest vor einer Zurückweisung des Ablehnungsgesuchs notwendig, soweit sie ihm gegenüber neue Gesichtspunkte enthält, § 44 Rn 6. Der Prozeßgegner des Ablehnenden muß in diesem Zwischenverfahren nur insoweit gehört werden, als er auch gerade an den Ablehnungsumständen beteiligt ist, vgl Schlesw SchlHA **89**, 131.

**B. Unterbleiben der Bearbeitung.** Ein Ablehnungsgesuch, das lediglich unflätige oder hemmungslose   **4** Beschimpfungen usw enthält, braucht nicht bearbeitet zu werden, vgl Einl III 62 ff, § 42 Rn 7, BFH RR **96**, 702, Karlsr NJW **73**, 1658 (betr Strafrechtsfragen). Freilich muß das Gericht selbst in einem solchen Fall prüfen, ob hinter den Schimpfereien ein ernstzunehmender Antrag steckt, Walchshöfer MDR **75**, 12. Stgt NJW **77**, 112 unterscheidet zwischen einem böswilligen und deshalb unbeachtlichen Vortrag und einem solchen, der zwar objektiv unsachlich ist, den man aber dem Absender nicht vorwerfen kann und der deswegen beschieden werden muß.

Die *Grenze* zwischen den danach beachtlichen und unbeachtlichen Eingaben ist zwar fließend; auch sollte im Zweifel eine Entscheidung ergehen. Andererseits ist die ängstliche Bearbeitung auch einer offensichtlich von Unbeherrschtheit und Polemik bestimmten Eingabe, die durch keine sachlichen Gründe getragen wird, des Gerichts unwürdig und fördert nur einen Querulanten. Die Gründe der Nichtbearbeitung eines solchen Gesuchs sollten in einem Aktenvermerk skizziert werden. Im Fall solchen Rechtsmißbrauchs ergeht keine gesonderte Entscheidung über das Ablehnungsgesuch und ist infolgedessen auch kein gesondertes Rechtsmittel zulässig, BFH RR **96**, 701 (kurze Erwähnung im Urteil genügt).

**C. Entscheidung.** Soweit die Bearbeitung nicht unterbleibt, Rn 3, muß das Gericht über das Ableh- **5** nungsgesuch auch dann entscheiden, wenn eine Vertagung im Prozeß stattfand, § 227, und das Prozeßgericht im neuen Termin ohne den Abgelehnten tätig wurde.

Die Entscheidung ergeht in der Form eines *Beschlusses*, § 329. Er weist das Gesuch als unzulässig oder unbegründet zurück oder gibt ihm statt, indem er die Befangenheit oder auch nur den Grund für begründet erklärt. Er ist grundsätzlich zu begründen, § 329 Rn 4, Düss OLGZ **72**, 245, und zwar auch im Fall der Stattgabe. Eine formelhafte Wiederholung des Gesetzestextes ist keine Begründung, vgl Düss FamRZ **78**, 919. Nach einer mündlichen Verhandlung wird der Beschluß verkündet, § 329 I 1, oder schriftlich übermittelt. Im Verfahren ohne eine mündliche Verhandlung findet eine schriftliche Mitteilung statt. Soweit das Gericht dem Ablehnungsantrag stattgibt, teilt es die Entscheidung beiden Parteien formlos mit, § 329 II 1. Ein ablehnender Beschluß wird dem Antragsteller wegen II förmlich zugestellt, § 329 III. Im Fall einer Selbstablehnung ist § 48 anwendbar. Die Entscheidung wirkt nur für das in ihr bezeichnete einzelne Verfahren, BayObLG Rpfleger **80**, 194.

**D. Gebühren.** Des Gerichts: Keine; des Anwalts: § 37 Z 3 BRAGO. Wegen der Kostenerstattung § 91 **6** Rn 70. Streitwert: Anh § 3 Rn 3. Vgl auch Rn 18.

**4) Rechtsbehelfe gegen Stattgabe, II.** Es gibt grundsätzlich keinen Rechtsbehelf, BGH VersR **95**, 317 **7** (auch keine Überprüfung durch das Revisionsgericht). Wenn das Gericht jedoch das rechtliche Gehör verletzt hat, Art 103 I GG, ist die sofortige Beschwerde zulässig (soweit diese überhaupt statthaft ist, Rn 5), Ffm RR **95**, 831, MüKo Fei 2, ZöV 13, aM BGH VersR **95**, 317 (jedenfalls nicht gegen eine Entscheidung des OLG, § 567 IV). Ferner kommt eine Gegenvorstellung in Betracht, Üb 3 vor § 567, BGH VersR **95**, 317.

**5) Bei Zurückweisung: Sofortige Beschwerde, II.** Die Regelung ist kompliziert.    **8**

**A. Zulässigkeit.** Die sofortige Beschwerde, § 577, ist zulässig, soweit das Gericht ein Ablehnungsgesuch als unzulässig verworfen hat, BayObLG WoM **93**, 212 (der Abgelehnte hat wegen Rechtsmißbrauchs des Ablehnenden selbst entschieden), Bre MDR **98**, 1242, Ffm FamRZ **93**, 1467, Peutz NJW **99**, 2003, aM Köln MDR **99**, 850, Schneider NJW **99**, 18 (aber das unterläuft gerade die Möglichkeit § 42 Rn 7). Die sofortige Beschwerde ist ferner grundsätzlich (Ausnahme: Rn 9) zulässig, soweit der abgelehnte Richter das Ablehnungsgesuch wegen Rechtsmißbrauchs, Einl III 54, selbst zurückgewiesen hatte, § 45 Rn 6, Bre MDR **98**, 1242. Dann gilt die das Rechtsmittel zurückweisende Entscheidung des LG als Erstentscheidung nach § 45 II 1, Nürnb OLGZ **93**, 85, aM Bre MDR **98**, 1242. Die sofortige Beschwerde ist ferner zulässig, soweit das Gericht ein Ablehnungsgesuch als unbegründet zurückgewiesen hat.

Wenn ein *bayerischer Familienrichter* erfolglos abgelehnt wurde, ist die Beschwerde an das OLG zu richten, **9** vgl schon BayObLG FamRZ **78**, 354. In einer Familiensache entscheidet der Familiensenat, nicht der Zivilsenat, BGH FamRZ **86**, 1197, Bergerfurth FamRZ **87**, 28. Gegen seine Entscheidung ist kein Rechtsmittel statthaft, § 567 IV 1, BGH RR **93**, 644, Bergerfurth FamRZ **87**, 28. Die sofortige Beschwerde ist nach § 567 III 2 auch insoweit zulässig, als das LG als Berufungs- oder Beschwerdegericht entschieden hat. Soweit es freilich als erstinstanzliches Gericht über die Ablehnung eines Richters am AG entschieden hat, § 45 II 2, gilt § 46 II unmittelbar.

Im *Arbeitsgerichtsverfahren* ist trotz der grundsätzlichen Unanfechtbarkeit auch des zurückweisenden Be- **10** schlusses, § 49 III ArbGG, mit Rücksicht auf Art 101 I 2 GG eine Überprüfung zumindest dann zuzulassen,

## §§ 46, 47

wenn das Ablehnungsgesuch unter der Mitwirkung des Abgelehnten als rechtsmißbräuchlich zurückgewiesen worden ist, ZöV 22. § 86 I PatG verweist nicht mit auf § 46 II ZPO, BGH **95**, 306. In einer Patentsache ist II gegenüber einer ablehnenden Entscheidung des BPatG schon deshalb unanwendbar, weil § 86 I PatG nicht auf II mitverweist, BGH **110**, 26.

**11** **B. Anwaltszwang.** Ein Anwaltszwang, § 78 Rn 1, besteht (mit der Einschränkung der §§ 569 II, 78 III, KG MDR **83**, 60, Köln MDR **96**, 1182 je mwN (zustm Vollkommer 1129), in der Regel nur für den Antragsteller, Hamm Rpfleger **74**, 404. Ein Anwaltszwang besteht freilich auch für die Gegenpartei, soweit sie sich den Ablehnungsgrund zu eigen macht und soweit sie ein eigenes Ablehnungsrecht nicht verloren hat. Denn es wäre sinnlos, die Gegenpartei auf ein neues Ablehnungsgesuch zu verweisen. Das gilt auch dann, wenn der Abgelehnte selbst entschieden hat.

**12** **C. Weitere Einzelfragen.** Ein neuer Ablehnungsgrund ist im Beschwerdeverfahren grundsätzlich unbeachtlich, BayObLG MDR **86**, 60 mwN. Das Rechtsmittel hat bei § 47 eine aufschiebende Wirkung, so wohl auch Günther MDR **89**, 691. Das gilt aber nicht im Fall des Rechtsmißbrauchs, Einl III 54, § 42 Rn 7, Engel Rpfleger **81**, 85. Schon deshalb muß das Rechtsmittelgericht in der Begründung seiner Entscheidung den Rechtsmißbrauch als solchen bezeichnen, Engel Rpfleger **81**, 84. Der Betroffene muß vor einer ihm nachteiligen Entscheidung angehört werden, Art 103 I GG, Rn 1, BVerfG **34**, 346, Ffm MDR **79**, 940. Durch diese Anhörung heilt der Mangel einer erstinstanzlichen Anhörung, KblZ OLGZ **77**, 111, VGH Kassel NJW **83**, 901. Der Rechtsmittelzug bleibt unverändert, wenn der Richter beim Amtsgericht, auch als Familienrichter, das Ablehnungsgesuch als unzulässig zurückgewiesen hat, KG (17. FamS) FamRZ **85**, 730 mwN, aM KG (11. ZS) MDR **83**, 60. Eine rechtskräftige Entscheidung über das Ablehnungsgesuch bindet die Beteiligten in diesem Verfahren.

**13** Eine *weitere Beschwerde* ist unzulässig, § 568 II 1, BayObLG RR **97**, 869, Karlsr Rpfleger **95**, 402 (ZVG), aM KG MDR **92**, 997. Eine zurückweisende Entscheidung des OLG ist wegen des vorrangig gebliebenen § 567 IV nicht mit einer Beschwerde anfechtbar, BGH FamRZ **86**, 1107, BayObLG NJW **89**, 44, und auch in der Revisionsinstanz wegen der §§ 548, 567 IV nicht nachprüfbar, BGH **85**, 148.

**14** **D. Gegenstandslosigkeit.** Soweit im übrigen der abgelehnte Richter eine die Instanz beendende Entscheidung, vor allem ein streitmäßiges Endurteil gefällt hat, wird die sofortige Beschwerde vorbehaltlich der Rechtsmittel gegen das Urteil gegenstandslos, BGH NJW **81**, 1274, BFH RR **96**, 57, BayObLG FamRZ **94**, 1270, aM BFH **34**, 531, BayObLG WoM **94**, 410, Kblz RR **92**, 1464 (aber was soll dann eigentlich geschehen, Üb 19 vor § 300?).

**15** Ein trotzdem aufrechterhaltenes Gesuch ist mangels (fortbestehenden) Rechtsschutzbedürfnisses, Grdz 33 vor § 253, als unzulässig zu *verwerfen*, KG FamRZ **86**, 1024. Dasselbe gilt, wenn der abgelehnte Richter zwar inzwischen aus dem Spruchkörper ausgeschieden ist, aber eine selbständig anfechtbare, noch nicht rechtskräftige Zwischenentscheidung erlassen hatte, aM BayObLG **86**, 251. Der abgelehnte Richter sollte außer im Fall einer offensichtlichen Verschleppung keineswegs noch ein solches streitmäßiges Endurteil fällen. Die Mitwirkung des abgelehnten Richters an einem solchen Urteil begründet weder eine Revision noch eine Nichtigkeitsklage. Denn die Ablehnung war nicht zur Zeit der Entscheidung „für begründet erklärt worden", vgl § 47 Rn 2.

**16** Dagegen ist die sofortige Beschwerde nicht gegenstandslos, soweit der abgelehnte Richter über denjenigen Rechtsbehelf entschieden hat, der zu einer *Fortsetzung* des Verfahrens vor demselben Richter führen kann wie der Einspruch, oder soweit der abgelehnte Richter im Urkundenprozeß ein Vorbehaltsurteil erlassen hat, Ffm MDR **79**, 762, oder soweit er zB in einer anderen als der schon entschiedenen Folgesache tätig werden kann, KG FamRZ **86**, 1023. Zu Einzelfragen Günther MDR **89**, 693.

**17** **6) Verfassungsbeschwerde, I, II.** Sie ist statthaft, soweit die letztinstanzliche Entscheidung auf einer willkürlichen Erwägung beruht, BVerfG **31**, 64, BayVerfGH NJW **82**, 1746.

**18** **7) Kosten, I, II.** Im Fall der Erfolglosigkeit ist § 97 I anwendbar. Im Fall des Erfolgs, § 97 Rn 42, sind die Kosten solche des Prozesses, Ffm Rpfleger **81**, 408, VGH Kassel NJW **83**, 902, ZöV 20, aM Celle Rpfleger **83**, Hamm Rpfleger **74**, 404. Vgl auch Rn 6.

*Gebühren:* Des Gerichts: KV 1906 (Beschwerdeinstanz); des Anwalts: §§ 37 Z 3, 61 BRAGO. Wegen der Kostenerstattung § 91 Rn 70. Streitwert: § 3 Anh Rn 3.

**19** **8) VwGO:** *I* ist entsprechend anwendbar, § 54 I VwGO, *II* ist seit dem 1. 1. 97 unanwendbar: nach § 146 II VwGO idF des 6. ÄndG v 1. 11. 96, BGBl 1626, ist eine Beschwerde stets ausgeschlossen, OVG Münst NVwZ-RR **98**, 600.

## 47 *Unaufschiebbare Amtshandlungen.* Ein abgelehnter Richter hat vor Erledigung des Ablehnungsgesuchs nur solche Handlungen vorzunehmen, die keinen Aufschub gestatten.

**Gliederung**

| | |
|---|---|
| 1) Systematik, Regelungszweck .......... 1 | 6) Verstoß ............................ 9, 10 |
| 2) Geltungsbereich .................. 2 | A. Zurückweisung des Gesuchs .......... 9 |
| 3) Vor Erledigung des Gesuchs .......... 3 | B. Stattgeben ........................ 10 |
| 4) Begriff der Unaufschiebbarkeit ...... 4 | 7) *VwGO* ........................... 11 |
| 5) Beispiele zur Frage der Unaufschiebbarkeit ................................ 5–8 | |

**1** **1) Systematik, Regelungszweck.** Die Vorschrift nennt eine im Interesse der Gerechtigkeit, Einl III 9, wie auch der richtig verstandenen Prozeßwirtschaftlichkeit, Grdz 14 vor § 128, unentbehrliche Ausnahme von dem Grundsatz, daß der für ablehnbar Erachtete vor Erledigung dieses Zwischenstreits nicht

## 4. Titel. Ausschließung und Ablehnung der Gerichtspersonen § 47

tätig werden darf, wie es in § 47 ebenfalls zum Ausdruck kommt. Die Auslegung darf weder dazu führen, den einfach ungerührt Weiteramtierenden übermäßig zu schützen, noch dazu, den im Interesse der drängenden Sache mutig das Nötigste regelnden Richter nun auch noch in schwerste strafrechtliche Gefahr (§ 336 StGB?) zu bringen. Ein würdeloses Hin und Her ist zu vermeiden.

**2) Geltungsbereich.** Vgl Üb 3 ff vor § 41. 2

**3) Vor Erledigung des Gesuchs.** Erst nach der Erledigung des Ablehnungsgesuchs nimmt der Prozeß 3 seinen gewöhnlichen Fortgang und muß man zB die Folgen eines Nichtverhandelns tragen, BGH RR **86**, 1254. § 47 betrifft den Zeitraum vom Eingang des Ablehnungsgesuchs an, Ffm NJW **98**, 1238 (Kenntnis ist unerheblich), bis zur Erledigung des Gesuchs. Darunter ist die *rechtskräftige Beendigung* des Ablehnungsverfahrens zu verstehen, BFH BB **75**, 259, Hamm MDR **99**, 374, Karlsr RR **97**, 1350, aM Ffm MDR **92**, 409, OVG Bln MDR **97**, 97 Günther MDR **89**, 695 (aber das wäre höchst unpraktisch, weil zum Hin und Her führend, Rn 1).

Ein *ausgeschlossener* Richter darf im vorliegenden Verfahren und nur in diesem, vgl BayObLG Rpfleger **80**, 194, ohnehin keine Amtshandlung mehr vornehmen, insbesondere nicht zur Beeinflussung der Entscheidung über sein Ablehnungsgesuch, soweit es nicht um die dienstliche Äußerung nach § 44 III geht.

**4) Begriff der Unaufschiebbarkeit.** Ein abgelehnter Richter darf dagegen solche Handlungen vorneh- 4 men, die keinen Aufschub dulden. Der Richter beim Amtsgericht, der, auch als Familienrichter, das Gesuch für begründet hält, steht an sich einem ausgeschlossenen Richter gleich, § 45 II 2, kann aber unter Umständen ebenfalls noch unaufschiebbare Handlungen vornehmen. „Keinen Aufschub gestatten" solche Handlungen, die einer Partei wesentliche Nachteile ersparen, BPatG GRUR **85**, 373, Weber Rpfleger **83**, 491.

**5) Beispiele zur Frage der Unaufschiebbarkeit** 5
**Aktenbehandlung:** Unaufschiebbar sind grds alle Maßnahmen zur Weiter- oder Zurückleitung etwa irrig erneut vorgelegter oder sonstwie noch beim abgelehnten Richter befindlicher Akten einschließlich der zum Verständnis erforderlichen Vermerke oder Anordnungen an die Geschäftsstelle.
**Arrest, einstweilige Verfügung:** Unaufschiebbar ist grds jede Maßnahme in einem dieser Eilverfahren, vgl LG Konst Rpfleger **83**, 491, auch durch ein Urteil bei Entscheidungsreife. Freilich mag zB nach einer fristsetzenden Verfügung, etwa bei Gelegenheit zur gegnerischen Stellungnahme, sogleich anschließend an die Verfügung das Verfahren nach §§ 42 ff Vorrang haben.
**Beweis:** Rn 5 „Gefahr im Verzug", Rn 7 „Selbständiges Beweisverfahren".
**Dienstliche Äußerung:** Die Äußerung nach § 44 III ist natürlich schon wegen ihrer dort bestimmten Notwendigkeit zugleich nach § 47 zulässig, auch wenn das höhere Gericht zB ihre Ergänzung erst nach Wochen oder Monaten erbittet.
**Einstweilige Anordnung:** Es gelten dieselben Regeln bei „Arrest, einstweilige Verfügung".
**Endurteil:** Unaufschiebbar kann ausnahmsweise sogar ein Endurteil sein, falls der Prozeßgegner es dringend benötigt. Rechtsfolgen: § 46 Rn 14. Das alles gilt unabhängig davon, ob und wie das Endurteil anfechtbar ist.
**Entlassung:** Unaufschiebbar ist die Entlassung von geladenen Personen einschließlich der notwendigen Anweisungen zu ihrer Entschädigung und zu ihren weiteren Obliegenheiten usw.
**Fristsetzung:** Rn 7 „Stellungnahme".
**Gefahr im Verzug:** Unaufschiebbar ist jede Maßnahme im Fall einer Gefahr im Verzug, BPatG GRUR **85**, 6 373, LG Konst Rpfleger **83**, 491.
**Insolvenz:** Unaufschiebbar sind grds alle ihrer Natur nach besonders eilbedürftigen Maßnahmen, auch eine im Interesse der Gläubiger möglichst bald durchzuführende, bereits anberaumte oder sogar noch anzuberaumende Schlußverteilung, vgl BVerfG KTS **88**, 311.
**Protokoll:** Unaufschiebbar und ja auch grds dringend geboten ist die Anfertigung, Fertigstellung oder Berichtigung des Protokolls, zumal die höhere Instanz es ja meist ohnehin wegen Abwesenheit während der Verhandlung nicht selbst ändern darf.
**Rechtsmißbrauch:** Vgl grds Einl III 54, ferner § 42 Rn 7 ff.
**Rechtsmittelanfrage:** Sie ist zur Klärung der Frage, ob das Ablehnungsgesuch im Sinn von § 47 erledigt ist, erforderlich, und zwar zB dann, wenn rechtsirrig oder –mißbräuchlich etwa die höhere Instanz eine gesetzlich gar nicht vorgesehene Entscheidung getroffen hat (zB nach einer wirksamen Anschließung des Amtsrichters nach § 45 II 2), auch vorsorglich. Sie ist grds nicht unaufschiebbar, weil für den Fall, daß die Geschäftsstelle sie nicht von sich aus vornimmt, vom Vertreter des noch Abgelehnten vorzunehmen. Seine Weigerung und Untätigkeit vor der Dienstaufsicht zu rügen; die Partei kann dies anregen.
**Selbständiges Beweisverfahren:** Unaufschiebbar ist grds jede Maßnahme in diesem Verfahren, §§ 485 ff. 7 Freilich mag zB nach einer fristsetzenden Verfügung, etwa bei Gelegenheit zur Stellungnahme, sogleich anschließend an die Verfügung das Verfahren nach §§ 42 ff Vorrang haben.
**Sitzungsgewalt:** Unaufschiebbar ist grds jede Maßnahme zur Aufrechterhaltung der Ordnung usw, §§ 176 ff GVG. Andernfalls könnte jedermann durch irgendwelche Unverschämtheit jede Sitzung zu Fall bringen. Freilich mag zB eine Verhängung von Ordnungsgeld wegen Ungebühr im Einzelfall deshalb noch nicht unaufschiebbar sein, weil ein anderer Beteiligter ein Ablehnungsgesuch aus anderem Grund gestellt hat und deshalb die Sitzung ohnehin abgebrochen werden muß. Das ändert nichts an der etwaigen Unaufschiebbarkeit einer nach einem Ablehnungsgesuch eingetretenen Ungebühr, LSG Essen NJW **73**, 2224.
**Sommersache:** Rn 8 „Terminsaufhebung".
**Stellungnahme:** Unaufschiebbar ist jede Maßnahme die fristsetzende Verfügung, durch die der Abgelehnte dem Prozeßgegner Gelegenheit zur Stellungnahme vor einer Entscheidung gibt, ob der Abgelehnte sich nach § 45 II 2 anschließt sowie welche dienstliche Äußerung er zu den Akten gibt.

## §§ 47, 48                                   1. Buch. 1. Abschnitt. Gerichte

8  **Terminsaufhebung, -verlegung:** Unaufschiebbar ist insbesondere in einer Sommersache, § 227 III 2, grds die vorsorgliche Aufhebung oder Verlegung, jedenfalls desjenigen Termins, der bereits so dicht bevorsteht, daß der abgelehnte oder sich selbst nach § 48 als auch nur evtl befangen fühlende Richter bei Einschätzung der voraussichtlichen Dauer bis zur Erledigung des Ablehnungsverfahrens, also auch bis zur Rückkehr einer Rechtsmittelanfrage, nicht mit der Klärung bis zum Termin rechnen kann. Vgl BPatG GRUR **85**, 373.
**Urteil:** Rn 5 „Endurteil".
**Verfassungsbeschwerde:** Da sie kein Rechtsmittel ist, bleibt sie ab Rechtskraft unbeachtlich und findet erst recht nicht ihretwegen eine Aussetzung statt, Hamm MDR **99**, 374.
**Versteigerungstermin:** Unaufschiebbar ist grds die (auch weitere) Durchführung eines Versteigerungstermins, Celle RR **89**, 569, LG Kiel Rpfleger **88**, 544, Meyer-Stolte Rpfleger **90**, 140, aM LG Konst Rpfleger **83**, 491.

9  **6) Verstoß.** Bei einem Verstoß gegen § 47, einem schweren Verfahrensfehler, BPatG GRUR **85**, 373, Bre OLGZ **92**, 487, gilt folgendes:
   **A. Zurückweisung des Gesuchs.** Wenn das Ablehnungsgesuch von den dazu berufenen Richtern zurückgewiesen wird, bleibt ein Verstoß des abgelehnten Richters unbeachtet, BayVerfGH NJW **82**, 1746, BayObLG **86**, 252, LG Kiel Rpfleger **88**, 544 (zustm Wabnitz), aM BayObLG MDR **88**, 500 (bei wiederholtem Verstoß sei die Ablehnung noch nicht rechtzeitig, wenn gegen die instanzabschließende Entscheidung Rechtsmittel eingelegt und als Ablehnungsgrund der Verstoß gegen § 47 bezeichnet sei), Bre OLGZ **92**, 487 (eine Ablehnung sei möglich, falls nur eine entsprechende Anwendung von § 579 I Z 3 verbleibe).

10 **B. Stattgeben.** Soweit das Gericht das Ablehnungsgesuch in einem Urteil für begründet erklärt, sind gegen das Urteil nur die gewöhnlichen Rechtsbehelfe zulässig, nicht die Revision nach § 551 Z 3 oder die Nichtigkeitsklage nach § 579 I Z 3, aM ZöV 6. Das Rechtsmittelgericht muß das Verfahren evtl zurückverweisen, BPatG GRUR **85**, 373, BayObLG **86**, 252, Karlsr OLGZ **78**, 225. Eine nicht selbständig anfechtbare Amtshandlung ist dann zu wiederholen. Dringende, stattgefundene Amtshandlungen bleiben jedoch wirksam, vgl BayObLG **80**, 312 mwN, soweit die Ablehnung nicht auch auf einem Ausschluß nach § 41 beruhte, ThP 2.

11 **7) VwGO:** Gilt entsprechend, § 54 I VwGO, bis zur Zurückweisung des Gesuchs, weil es keine Beschwerde dagegen gibt, § 46 Rn 19 (zur Rechtslage vor dem 1. 1. 97 vgl 55. Aufl, ferner OVG Bln NVwZ-RR **97**, 142 u VGH Kassel NVwZ-RR **96**, 617). In Verfahren ohne mündliche Verhandlung hat ein Gesuch die Wirkung des § 47, wenn es eingeht, bevor das Urteil das Gericht verläßt, BVerwG **58**, 146.

## 48  Selbstablehnung des Richters.
Das für die Erledigung eines Ablehnungsgesuchs zuständige Gericht hat auch dann zu entscheiden, wenn ein solches Gesuch nicht angebracht ist, ein Richter aber von einem Verhältnis Anzeige macht, das seine Ablehnung rechtfertigen könnte, oder wenn aus anderer Veranlassung Zweifel darüber entstehen, ob ein Richter kraft Gesetzes ausgeschlossen sei.

**Schrifttum:** *Jansen,* Geheimhaltungsvorschriften im Prozeßrecht, Diss Bochum 1989; *Waldner,* Aktuelle Probleme des rechtlichen Gehörs, Diss Erlangen 1983.

### Gliederung

| | |
|---|---|
| 1) Systematik ............................... 1 | 5) Entscheidung ......................... 8–11 |
| 2) Regelungszweck ....................... 2 |   A. Notwendigkeit ........................ 8 |
| 3) Geltungsbereich ....................... 3 |   B. Begründung............................ 9–11 |
| 4) Verfahren................................. 4–7 | 6) Rechtsbehelf: Grundsatz der Unan- |
|   A. Anzeige des Richters .............. 4 |   fechtbarkeit ................................ 12 |
|   B. Keine Sonderakten mehr......... 5 | 7) Gegenvorstellung usw .............. 13 |
|   C. Zuständigkeit......................... 6 | 8) *VwGO*..................................... 14 |
|   D. Anhörung der Parteien .......... 7 | |

1  **1) Systematik.** § 48 enthält zwei verschiedene Fälle: Zunächst denjenigen der Selbstablehnung eines Richters, wenn er einen Ablehnungsgrund nach § 42 (diese Vorschrift ist auch bei § 48 maßgebend, Saarbr RR **94**, 763) für vorliegend oder für immerhin möglich hält; ferner denjenigen, daß aus einem anderen Grund Zweifel daran bestehen, ob der Richter nicht kraft Gesetzes ausgeschlossen ist, § 41, etwa auf Grund einer Anregung eines anderen Richters oder eines anderen Prozeßbeteiligten. In allen anderen Fällen ist eine Entscheidung erforderlich, es sei denn, daß ein Ausschließungsgrund eindeutig vorliegt. Ein Verlust des Ablehnungsrechts einer Partei ist unerheblich. Umgekehrt ist auch das Ablehnungsrecht von einer Selbstablehnung nach § 48 unabhängig.

2  **2) Regelungszweck.** Die Vorschrift dient dem Gebot des gesetzlichen Richters, Art 101 I 2 GG, und insofern auch dem Gebot des rechtlichen Gehörs, Art 103 I GG, BGH NJW **95**, 403 und 1679. Der Richter hat daher als Verfahrenspflicht (auch den Parteien gegenüber) einen ihm und gegebenenfalls von Amts wegen mitzuteilen, BGH NJW **95**, 1679. Das gilt auch für ein Mitglied des Kollegiums. In Betracht kommen Tatsachen und Rechtsverhältnisse, auch zB Kollegialität, § 42 Rn 30 „Kollegialität", aM ZöV 3, oder ein anderer Gewissenskonflikt. Der Richter darf außerhalb der Fälle nach I keineswegs eine Amtstätigkeit nur deshalb unterlassen, weil irgendeine andere Person seine Tätigkeit für das Handeln eines befangenen Richters hält, BayObLG **18**, 108. Andererseits darf das Gericht nach § 48 ebensowenig wie nach § 42 von Amts wegen ohne Anzeige des etwa befangenen Gerichtes ein Verfahren zur Überprüfung der Befangenheit

## 4. Titel. Ausschließung und Ablehnung der Gerichtspersonen § 48

einleiten, vgl BVerfG **46**, 38, sondern darf und muß nur den etwaigen Ausschluß nach § 41 in jeder Verfahrenslage von Amts wegen beachten.

§ 45 II 2 ist deshalb *unanwendbar.* Der Richter beim Amtsgericht, auch als Familienrichter, darf also die Bearbeitung keineswegs ohne weiteres seinem Vertreter übergeben. Anderseits darf der Richter eine Fremdablehnung anregen und sich dem Gesuch beim Vorliegen ausreichende Gründe anschließen.

**3) Geltungsbereich.** Vgl zunächst Üb 3 ff vor § 41. § 48 gilt im FGG-Verfahren entsprechend, **3** BayObLG Rpfleger **79**, 423, Ffm OLGZ **80**, 110.

**4) Verfahren.** Es hat sich wegen Rn 2 erheblich geändert. **4**

**A. Anzeige des Richters.** Der sich selbst ablehnende Richter legt die Prozeßakten mit einer dienstlichen Äußerung im Sinn des § 44 III vor. Er sollte seine Selbstablehnung so begründen, daß das zur Entscheidung berufene Gericht ohne weiteres eine Entscheidung treffen kann. Er braucht seine Gründe aber nicht so ausführlich darzustellen, daß er etwa Einzelheiten seiner Privatsphäre usw bekanntgeben müßte, soweit das nicht zur Verständlichkeit seiner Haltung unerläßlich ist. § 47 gilt entsprechend. Seine Ansicht, das Verhalten einer Partei sei nicht mehr für ihn hinnehmbar, kann reichen, Karlsr MDR **99**, 956. Natürlich wäre aber auch hier Mißbrauch unbeachtlich, Einl III 54.

**B. Keine Sonderakten mehr.** Die frühere Auffassung, das ganze Verfahren nach § 48 betreffe nur den **5** inneren Dienst, deshalb werde es auch grundsätzlich nicht in der Prozeßakte abgewickelt, sondern in den anzulegenden Sonderakten für die Fälle einer Selbstablehnung, zB Oldb MDR **72**, 615, ist mit Art 103 I GG unvereinbar, BVerfG **89**, 36 (daher keine internen Sonderakten mehr).

**C. Zuständigkeit.** Zuständig ist dasselbe Gericht wie bei § 45. **6**

**D. Anhörung der Parteien.** Das Verfahren kennt zwar keine notwendige mündliche Verhandlung, **7** § 128 Rn 5. Die Parteien des Rechtsstreits werden wegen Art 103 I GG aber auch hier zumindest schriftlich angehört, vgl schon BVerfG NJW **93**, 2229, ferner jetzt BGH VersR **95**, 316, Ffm FamRZ **98**, 377. Erforderlich ist also die Übersendung der Anzeige nach § 48 und der etwa ergänzenden dienstlichen Äußerung des Richters, BGH VersR **95**, 317, evtl auch der Stellungnahme der Prozeßparteien.

**5) Entscheidung.** Man muß mehrere Aspekte beachten. **8**

**A. Notwendigkeit.** Die Entscheidung ergeht durch einen Beschluß, § 329, soweit nicht ein eindeutiger Fall des Ausschlusses und damit des Ausscheidens und des Eintritts des Vertreters vorliegt. Der Anzeigende ist erst dann an der Ausübung des Richteramts verhindert, wenn das Gericht entschieden hat, daß die Selbstanzeige begründet ist, BayObLG WoM **89**, 45 (WEG). Der Beschluß lautet wie bei § 46 Rn 5. Er kann ausnahmsweise stillschweigend erfolgen, BayObLG NZM **99**, 509; aber Vorsicht!

**B. Begründung.** Der Beschluß bedarf zwar wie jeder Beschluß grundsätzlich einer gewissen Begrün- **9** dung, § 329 Rn 4. Freilich ist er unanfechtbar, Rn 12. Deshalb darf er sich, anders als bei § 46, auch ausnahmsweise auf eine Wiedergabe des Wortlauts des § 48 nebst evtl einiger weniger zusätzlicher Stichworte beschränken, sofern dem Selbstablehnungsgesuch stattgegeben wird. Soweit das Gericht das Gesuch zurückweist, ist zwar eine etwas ausführlichere Begründung möglich, jedoch diejenige Zurückhaltung erforderlich, die es dem nach § 48 vorlegenden Richter ermöglicht, ohne eine jetzt erst recht eingetretene Voreingenommenheit weiter unparteiisch in der Sache zu entscheiden.

In keinem Fall darf die Zurückweisung einer Selbstablehnung dazu führen, daß der Richter in Wahrheit **10** gegen eine objektiv anzuerkennende Überzeugung von der eigenen Befangenheit zu einer weiteren richterlichen Tätigkeit gezwungen wird. Deshalb muß das Selbstablehnungsgesuch *im Zweifel für begründet* erachtet werden. Freilich darf dies nicht etwa in Wahrheit aus Gründen geschehen, die mit den vom Richter vorgetragenen gar nicht übereinstimmen, selbst wenn sie bei objektiver Betrachtung von dem Richter erst recht hätten vorgebracht werden müssen. Denn § 48 gibt dem entscheidenden Gericht keineswegs eine umfassende Überprüfungsbefugnis ohne einen auch insofern erkennbaren Vorlagewillen des Richters. Insofern herrscht auch keine Amtsermittlung im Sinn von Grdz 38 vor § 128.

Das ganze Verfahren erfordert erhebliches *Fingerspitzengefühl* des entscheidenden Gerichts. Ein Ableh- **11** nungsgesuch einer Partei darf im Verfahren nach § 48 ungeachtet ihrer Anhörung nur begrenzt beachtet werden. Das gilt selbst dann, wenn dasselbe Gericht zur Entscheidung über die Fremdablehnung und über das Selbstablehnungsgesuch zuständig ist. Eine Anfechtung eines Urteils ist unzulässig, soweit sie nur mit der Begründung erfolgt, der erkennende Richter habe nicht von einem Sachverhalt Anzeige gemacht, der seine Selbstablehnung gerechtfertigt hätte, BGH **LM** § 302 Nr 4, aM StJBo **77**, ZöV 11 (überhaupt keine Anfechtung). Dem anzeigenden Richter ist die Entscheidung in vollem Wortlaut dienstlich mitzuteilen, und zwar (auch) schriftlich. Wegen der Notwendigkeit einer Anhörung der Parteien und mit Rücksicht darauf, daß die Parteien immerhin wegen Art 101 I 2 GG am Ergebnis eines solchen Verfahrens interessiert sein können, muß das Gericht die Entscheidung (zur Hauptakte abgeheftet) den Parteien formlos mitteilen.

*Kosten:* Des Gerichts: keine; des Anwalts: mangels Parteianhörung keine.

**6) Rechtsbehelf: Grundsatz der Unanfechtbarkeit.** Die ablehnende Entscheidung wie die stattge- **12** bende Entscheidung sind für den vorlegenden Richter grundsätzlich unanfechtbar, BGHSt **25**, 127 (StPO), Bre FamRZ **76**, 112, VGH Kassel AnwBl **94**, 478, aM Schneider JR **77**, 272. Für die Parteien ist die Entscheidung ebenfalls unanfechtbar (kein „Gesuch" im Sinn von § 567 I Hs 2). Die Entscheidung ist bei Verstoß gegen Art 103 I GG jedenfalls nicht unwirksam (Üb 20 vor § 300, aM Ffm FamRZ **98**, 371.

**7) Gegenvorstellung usw.** Der Richter, dessen Selbstablehnungsgesuch zurückgewiesen wurde, wie die **13** von einer Entscheidung nach § 48 betroffenen Parteien haben aber mindestens das Recht der Gegenvorstellung unter den Voraussetzungen Üb 3 vor § 567, BGH VersR **95**, 317. Der Richter mag auch eine neue Selbstablehnung unter Anführung weiterer, bisher als unerheblich gehaltener tatsächlicher oder rechtlicher Erwägungen betreiben und hat in diesem Fall einen Anspruch auf eine erneute Entscheidung.

**8) *VwGO*:** Gilt entsprechend, § 54 I VwGO, VGH Kassel NJW **94**, 1083 (im Einzelnen durch BVerfG NJW **14** **93**, 2229 und die Streichung des früheren II überholt, vgl Vollkommer NJW **94**, 2007).

## § 49, Grdz § 50

**49** *Urkundsbeamte.* **Die Vorschriften dieses Titels sind auf den Urkundsbeamten der Geschäftsstelle entsprechend anzuwenden; die Entscheidung ergeht durch das Gericht, bei dem er angestellt ist.**

**Vorbem.** Vgl in *Sachsen* das G vom 25. 3. 91, GVBl 55, nach dessen § 4 I auch andere Personen als die in § 153 GVG genannten Aufgaben des Urkundsbeamten wahrnehmen dürfen.

1 **1) Systematik, Regelungszweck.** In einer sprachlich zu engen Fassung (erwähnt wird der Urkundsbeamte, nicht aber der Rpfl, Rn 5) trägt § 49 der Notwendigkeit Rechnung, auch die weiteren Gerichtspersonen, die an der Prozeßleitung bzw Entscheidung wesentlich beteiligt sind, wie einen Richter der Ausschließung oder Ablehnbarkeit zu unterwerfen. Vgl daher die jeweiligen Eingangserläuterungen zu §§ 41–48.

2 **2) Geltungsbereich.** Vgl Üb 3 ff vor § 41.

3 **3) Urkundsbeamter.** Die Ausschließung oder die Ablehnung eines Urkundsbeamten der Geschäftsstelle bei jeder Art von Tätigkeit, zB beim Protokollieren, §§ 159 ff, Ffm FamRZ **91**, 839, oder bei der Erteilung der Vollstreckungsklausel, § 724, unterliegt denselben Vorschriften wie diejenige eines Richters. Es entscheidet allerdings immer das Gericht, zu dem der Urkundsbeamte der Geschäftsstelle gehört. § 41 Z 6 ist anwendbar, soweit der Urkundsbeamte der Geschäftsstelle in einer früheren Instanz als ein Rpfl tätig war, etwa beim Erlaß eines Mahnbescheids, §§ 19 Z 1, 26 I RPflG, § 153 GVG Anh, StJBo 2, aM ZöV 1 (aber auch nach dem Wegfall der Schlüssigkeitsprüfung bleibt zB die Zulässigkeitsprüfung notwendig, § 691 Rn 2). Eine frühere Tätigkeit in den eigentlichen Geschäften der Geschäftsstelle schadet dagegen nicht. Eine Verwandtschaft oder eine Verschwägerung mit dem Richter ist zwar kein Ausschließungsgrund, wohl aber evtl ein Ablehnungsgrund. Ein Referendar, der als Urkundsbeamter der Geschäftsstelle handelt, fällt unter § 49. Da die Parteien keinen Anspruch auf die Mitwirkung eines bestimmten Urkundsbeamten haben, erübrigt sich jede Entscheidung, wenn ein anderer Urkundsbeamter in den inneren Dienst eintritt.

4 **4) Verstoß.** Soweit gegen § 49 verstoßen wurde, indem ein kraft Gesetzes ausgeschlossener Urkundenbeamter protokolliert hat, kann das auf Grund einer solchen Verhandlung ergangene Urteil aufzuheben und die Sache zurückzuverweisen sein. Im übrigen ist kein Rechtsbehelf zulässig.

5 **5) Rechtspfleger.** Zu seiner Stellung grundsätzlich Wolf ZZP **99**, 361. Nach §§ 3 Z 1 h, 10 S 2, 28 RPflG, § 153 GVG Anh, sind die §§ 41–48 entsprechend auf den Rpfl anwendbar, Düss Rpfleger **93**, 188, LG Detm Rpfleger **98**, 152. Unaufschiebbar im Sinn von § 47 kann zB ein Versteigerungstermin sein, LG Aachen Rpfleger **86**, 59. Über ein Ablehnungsgesuch gegenüber einem Rpfl entscheidet derjenige Richter, in dessen Dezernat der Rpfl tätig geworden ist, Ffm Rpfleger **82**, 190, AG Gött Rpfleger **99**, 289 (Insolvenzverfahren). Auch hier gilt der Amtsermittlungsgrundsatz, Grdz 38 vor § 128, Ffm OLGZ **80**, 110. Gegen seine zurückweisende Entscheidung ist die sofortige Beschwerde zulässig, BayVerGH NJW **82**, 1746. Über eine Beschwerde in einer Familiensache entscheidet das OLG, Ffm Rpfleger **82**, 190.

6 **6) Bezirksrevisor.** Diesen weisungsgebundenen Beamten, den Vertreter der Staatskasse, kann man nicht als befangen ablehnen, Kblz MDR **85**, 257.

7 **7) Gerichtsvollzieher.** Vgl § 155 GVG Rn 1.

8 **8) VwGO:** Gilt entsprechend, § 54 I VwGO, für den Urkundsbeamten der Geschäftsstelle, § 13 VwGO.

## Zweiter Abschnitt. Parteien

### Grundzüge

#### Gliederung

| | |
|---|---|
| 1) Systematik, Regelungszweck ......... 1 | 5) Prozeßführungsrecht und Sachbefugnis (Sachlegitimation) .................. 21–50 |
| 2) Geltungsbereich ..................... 2 | A. Begriff ........................... 22–25 |
| 3) Parteibegriff ........................ 3–16 | B. Gesetzliche Prozeßstandschaft: Möglichkeit bei jeder Klageart .......... 26 |
| A. Partei ............................ 3–6 | |
| B. Vertreter ......................... 7 | C. Beispiele zur Frage einer gesetzlichen Prozeßstandschaft ................ 27, 28 |
| C. Partei kraft Amts .................. 8–12 | |
| D. Fiskus ............................ 13 | D. Gewillkürte Prozeßstandschaft (Prozeßgeschäftsführung): Notwendigkeit eines berechtigten eigenen Grundes ........ 29–33 |
| E. Partei kraft Ladung usw ............. 14 | |
| F. Kampfstellung .................... 15, 16 | |
| 4) Falsche und nichtbestehende Partei .... 17–20 | E. Beispiele zur Frage einer gewillkürten Prozeßstandschaft ................... 34–50 |
| A. Falsche Partei ...................... 18 | |
| B. Nichtbestehende Partei ............. 19, 20 | 6) VwGO ............................... 51 |

1 **1) Systematik, Regelungszweck**

**Schrifttum:** *Henckel,* Parteilehre und Streitgegenstand im Zivilprozeß, 1961.

Der geltende Zivilprozeß baut sich auf dem Zweiparteiensystem auf. Partei ist, von wem und gegen wen im Zivilprozeß Rechtsschutz begehrt wird, Grdz 1 vor § 253. Man darf nicht die prozessuale Partei mit der sachlichrechtlichen, der Vertragspartei, dem Vertragsgenossen verwechseln. Die ZPO verwendet den Ausdruck wenig sorgfältig. Bisweilen versteht sie unter der Partei auch den Streithelfer, § 66, zB in § 41 Z 1, bisweilen selbst andere Personen, vgl § 42 Rn 59. Die Parteien heißen im Erkenntnisverfahren auf Grund einer Klage nach §§ 253 ff Kläger und Beklagter, bei der Scheidung nach §§ 606 ff, auf Grund eines Antrags

## 2. Abschnitt. Parteien                                                        Grdz § 50

und im Mahnverfahren nach §§ 688 ff Antragsteller und Antragsgegner, im Zwangsvollstreckungsverfahren nach §§ 704 ff Gläubiger und Schuldner (anders BGB), im vorläufigen Verfahren nach §§ 916 ff, 935 ff Arrest-(Verfügungs-)kläger und -beklagter.

Die Parteieigenschaft hat die *größte prozessuale Bedeutung*. Das gilt: Für die Rechtshängigkeit, § 261; für den Gerichtsstand, §§ 12 ff; für die Partei- oder Zeugenvernehmung, §§ 373 ff, 445 ff; für den Anspruch auf die Bewilligung einer Prozeßkostenhilfe, §§ 114 ff; für eine Sicherheitsleistung, §§ 108 ff; für die Kostenpflicht, §§ 91 ff; für die Parteiherrschaft, Grdz 18 vor § 128. Auf die Partei lautet das Urteil, gegen sie geht die Zwangsvollstreckung. Sorgfalt bei Ermittlung und Bezeichnung der Partei ist geboten.

**2) Geltungsbereich.** §§ 50 ff gelten in allen Verfahren nach der ZPO, auch im arbeitsgerichtlichen Urteilsverfahren, § 46 II 1 ArbGG, und Beschlußverfahren, § 80 II 1 ArbGG. **2**

**3) Parteibegriff** **3**

**Schrifttum:** *Baumgärtel,* Die Kriterien zur Abgrenzung von Parteiberichtigung und Parteiwechsel, Festschrift für *Schnorr von Carolsfeld* (1972) 19; *Gerlichs,* Passivprozesse des Testamentsvollstreckers, 1996; *Gottwald,* Die Stellung des Ausländers im Prozeß, in: Tagungsbericht 1987 Nauplia, 1991; *Klamaris,* Der Ausländer im Prozeß, in: Tagungsbericht 1987 Nauplia, 1991; *Kleffmann,* „Unbekannt" als Parteibezeichnung usw, 1983; *Offergeld,* Die Rechtsstellung des Testamentsvollstreckers, 1995; *Schilken,* Veränderungen der Passivlegitimation im Zivilprozeß: Studien zur prozessualen Bedeutung der Rechtsnachfolge auf Beklagtenseite außerhalb des Parteiwechsels, 1987; *Schmid,* Die Passivlegitimation im Arzthaftpflichtprozeß usw, 1988; *Söllner,* Der Zwangsverwalter nach dem ZVG zwischen Unternehmer und Vollstreckungsorgan, Diss Erlangen/Nürnb 1990; *Zieglrum,* Sicherungs- und Prozeßpflegschaft (§§ 1960, 1961 BGB), 1986.

**A. Partei.** Partei ist, wer in Wahrheit klagt oder verklagt sein soll, auf wen sich die prozeßbegründenden Erklärungen wirklich beziehen, BGH RR 95, 764 und NJW 96, 320 (wegen der Berufungsinstanz), BFH BB 87, 398, Düss MDR 90, 639, Ffm Rpfleger 90, 202 mwN, Hamm RR 99, 469, Köln BB 95, 2292 (Firma: Inhaber), Naumb RR 98, 357 (Berufungsinstanz).

Partei ist also nicht schon derjenige, den der Mahnantrag bzw -bescheid, Düss Rpfleger 97, 32, Mü MDR 90, 60, AG Hagen BB 95, 264, oder der Klag- oder sonstige Antragskopf als Partei bezeichnet, § 253 Rn 22, Hamm RR 99, 469, Nürnb OLGZ 97, 483 mwN, LG Marbg VersR 93, 1424, oder dem die Klage nur zugestellt wird, BGH RR 95, 764, BPatG GRUR 97, 526, Hamm RR 99, 469, oder wer klagen will oder wer hinterm Prozeß steckt, ihn etwa bezahlt, vgl freilich Ffm RR 96, 1213 (Kostenhaftung des Veranlassers; abl Zimmermann/Damrau MDR 97, 303).

Wer Partei ist, ist zwar nicht durch Ausforschung, wohl aber durch *Auslegung* zu ermitteln, BGH NJW 88, 1587, BFH BB 87, 398, Nürnb OLGZ 87, 483. Bei einer Gesellschaft ist ihr Name maßgeblich, nicht der evtl unrichtige Zusatz eines Inhaltsnamens, BGH NJW 99, 1871. Gibt die Klageschrift zweifelsfrei einen falschen Namen bzw eine falsche Rechtsform an, ist sie zu berichtigen, Hamm RR 91, 188, Jena MDR 97, 1030. Maßgeblich ist die objektive Erkennbarkeit, Hamm RR 91, 188, Nürnb OLGZ 87, 483. Maßgeblich ist die Zeit der Klagezustellung, § 253 I, Baumgärtel Festschrift für Schnorr von Carolsfeld (1972) 33.

Unerheblich bleibt eine falsche rechtliche Bezeichnung, Naumb RR 98, 357, etwa der Insolvenzmasse **4** oder einer Fabrik als Beklagter. Solche *Irrtümer* berichtigt, wenn sie einwandfrei feststehen, das Gericht sogar von Amts wegen, Grdz 38 vor § 128, vgl auch § 319; so zu bezeichnen ist zB die letzten Gesellschafter einer Offenen Handelsgesellschaft als Beklagte, wenn irrig die erloschene Gesellschaft verklagt wurde.

An diesen Regeln kann auch ein *Geschäftsverteilungsplan* nichts ändern, etwa dadurch, daß er statt der **5** Auslegung eine „Namensänderung" annimmt und damit den Art 101 I 2 GG ungewollt umgeht. Sehr weitgehend wollen BGH NJW 81, 1454, BAG BB 75, 842. Unklarheiten der Parteibezeichnung jederzeit richtigstellen. Die Bezeichnung mit einem Decknamen (Pseudonym) genügt ist notfalls im bürgerlichen Namen zu berichten. Da die Klage regelmäßig durch eine Zustellung erhoben wird, müssen der in der Klage genannten Beklagte und der Empfänger der Zustellung dieselbe Person sein. Eine falsche Zustellung schadet nicht, wenn der in der Klageschrift Bezeichnete auftritt, BGH NJW 83, 2449.

Im Lauf des Prozesses können die Parteien durch Rechtsnachfolge *wechseln;* wegen einer Klagänderung **6** und eines Parteiwechsels vgl § 263 Rn 3 ff.

**B. Vertreter.** Er ist nicht Partei, weder der gewillkürte (Bevollmächtigte) noch der gesetzliche, dh der **7** durch Gesetz oder Verwaltungsanordnung einer natürlichen oder juristischen Person oder einer Reihe solcher Personen zur Wahrung ihrer Rechte bestellte. Beispiele und Näheres s § 51 Rn 11 ff. Der gesetzliche Vertreter kann freilich einen eigenen Anspruch neben dem des Vertretenen verfolgen, zB bei einer gegen den Sohn begangenen unerlaubten Handlung; dann sind sie neben dem Vertretenen Partei, vgl KG Rpfleger 78, 105. Der gesetzliche Vertreter soll in den vorbereitenden Schriftsätzen, also insbesondere der Klageschrift, angegeben werden, §§ 130 Z 1, 253 IV. Er wird schon für jede Zustellung gebraucht, § 171 Rn 2, § 191 Rn 6. Wegen des Generalbundesanwalts im Verfahren nach dem AUG vgl Rn 28.

**C. Partei kraft Amts.** Handelt es sich bei mehreren Vertretenen nicht um die Wahrung gleichlaufender **8** Rechte, sondern um den behördlichen Auftrag, nach eigenem Befinden ohne Rücksicht auf die Belange bestimmter Beteiligter zu handeln, also die widerstreitenden Belange zu wahren, so kann man im Gegensatz zur sog Vertretungstheorie trotz der unverkennbaren Problematik doch nicht nur von einer gesetzlichen Vertretung sprechen.

So vertritt der *Nachlaßpfleger* den einen oder die mehreren Erben mit ihren gleichlaufenden Belangen, ist **9** also ein gesetzlicher Vertreter und keine Partei kraft Amts, BGH NJW 89, 2134 mwN; demgegenüber vertritt aber der Nachlaßverwalter die Belange der Erben und außerdem die möglicherweise widerstreitenden der Nachlaßgläubiger, § 1985 BGB. Beim Nachlaßverwalter liegt daher ein amtliches Treuhandverhältnis vor (sog Amtstheorie, zB RoSGo § 40 II 3 mwN). Er und nicht der Vertretene ist Partei. § 116 Z 1 nennt solche Parteien Partei kraft Amtes; besser wäre Partei kraft gesetzlicher Treuhand, denn ein „Amt" hat auch der gesetzliche Vertreter.

10  Partei kraft Amts sind auch: Der *Testamentsvollstrecker,* Hbg MDR **78**, 1031 (natürlich kann er Prozeßstandschafter sein, wenn er zB ein Recht geltend macht, das nicht in den Nachlaß fällt, Tiedtke JZ **81**, 432).

11  Partei kraft Amts ist auch der *Insolvenzverwalter,* BAG KTS **87**, 725, KG NJW **90**, 459, Köln VersR **96**, 1255, aM StJBo 3 vor § 50 (sie halten ihn für den Vertreter des Gemeinschuldners, während Bötticher ZZP **77**, 55 ihn als ein Organ der Masse ansieht, das als solches nur die Stellung eines gesetzlichen Vertreters hat, Schmidt NJW **84**, 1342). Schmidt NJW **95**, 912 differenziert: Der Insolvenzverwalter sei im Verfahren der Handelgesellschaft oder eines Vereinsorgans des Verbandes, im Verfahren der natürlichen Person deren Repräsentant im Hinblick auf die zu verwaltende Masse; bei einem Rechtsgeschäft und im Prozeß sei er gesetzlicher Vertreter des Schuldners.

Das alles gilt auch wegen des *ausländischen Vermögens* des Schuldners, BGH **68**, 17.

12  *Ferner gehören hierher:* Der vorläufige Insolvenzverwalter gemäß § 21 II Z 1 InsO, so schon LG Ffm RR **97**, 796, jedenfalls sofern das Gericht ein allgemeines Verfügungsverbot gegen den Schuldner erläßt, Fricke MDR **78**, 103; der Zwangsverwalter, vgl Hamm VersR **89**, 928, freilich nicht mehr nach der Zwangsbeendigung, Hamm RR **89**, 1467, also evtl nicht nach der Aufhebung der Zwangsverwaltung, Düss Rpfleger **90**, 381; der Pfleger des Sammelvermögens, § 1914 BGB, BGH **LM** § 1914 BGB Nr 1; die Treuhandanstalt, LAG Bln DB **95**, 1872. Der Kreis der Parteien kraft Amts ist auf die vom Gesetz bestimmten Fälle beschränkt; es kann also nicht durch einen Verwaltungsakt ein Treuhänder ohne eine gesetzliche Grundlage eingesetzt werden. Wegen des Generalbundesanwalts im Verfahren nach dem AUG vgl Rn 28.

13  **D. Fiskus.** Er ist ein einheitlicher Rechtsträger, den nur verschiedene Amtsstellen, stationes fisci, vertreten. Deshalb kann trotz § 395 BGB keine Stelle mit der anderen prozessieren. Bezeichnet die Klageschrift die vertretende Amtsstelle unrichtig, so darf die richtige ohne weiteres an die Stelle treten. Tut sie das nicht und berichtigt der Kläger nicht (gegebenenfalls nach einem Hinweis durch das Gericht), vgl auch § 56 Rn 14 ff, so ist die Klage wegen mangelnder gesetzlicher Vertretung abzuweisen. Vgl auch § 18 Rn 5 ff und § 50 Rn 10.

14  **E. Partei kraft Ladung usw.** Eine bloße Zustellung schafft keine Partei, Rn 3, Düss RR **96**, 892, Hamm MDR **91**, 1201, Nürnb OLGZ **87**, 484, Hamm RR **99**, 218, Stgt RR **99**, 216. Ist aber jemand in der Klageschrift als Partei bezeichnet und geladen, so muß er das Recht haben, im Prozeß als Partei aufzutreten. Er hätte ja sonst durch eine Verurteilung und die Zwangsvollstreckung Nachteile zu befürchten, Hamm MDR **91**, 1201, Stgt RR **99**, 216. Darum darf er stets eine Kostenentscheidung zu seinen Gunsten verlangen, Düss RR **96**, 892, Hamm MDR **91**, 1201, Stgt RR **99**, 216. Das gilt selbst dann, wenn der Kläger seinen Irrtum berichtigt und keine Anträge stellt, Hamm MDR **91**, 1201. Freilich ergeht eine Entscheidung dann nur wegen der bis dann entstandenen Kosten, und zwar durch einen Beschluß. Das Rechtsmittel des unrichtigerweise Beklagten, also des sachlich nicht Legitimierten, ist nicht als unzulässig zu verwerfen, sondern die Klage ist als unzulässig abzuweisen.

15  **F. Kampfstellung.** Jeder Zivilprozeß verlangt zwei verschiedene Parteien, vgl auch BVerwG NJW **74**, 1836, in Kampfstellung gegenüber, von denen jede einen Rechtsschutz gegen die andere verlangt und die prozessual gleichberechtigt sind. Niemand kann mit sich selbst prozessieren, und zwar in gar keiner Weise, auch nicht als gesetzlicher Vertreter, BGH NJW **84**, 58, KG Rpfleger **78**, 106, oder als Streitgenosse, § 59, oder Streithelfer, § 66. Zum Beispiel kann ein Kaufmann nicht gegen sich selbst als Korrespondentreeder auf Ersatz klagen. Wohl aber ist ein Prozeß zwischen dem Insolvenzverwalter und dem Schulder oder einem Insolvenzgläubiger möglich, weil der Verwalter Partei kraft Amts ist, Rn 11.

16  Wird eine Partei *Rechtsnachfolgerin* der anderen, § 325, ist kein Prozeß mehr möglich. Gegen eine unbestimmte, nicht greifbar bezeichnete Person ist kein Prozeß statthaft. Davon gibt es nur ganz wenige Ausnahmen, zB beim selbständigen Beweisverfahren, §§ 485 ff. Eine Personensamtheit kann gegen ihre Mitglieder prozessieren oder umgekehrt; so eine Gemeinde, eine Offene Handelsgesellschaft, eine Aktiengesellschaft; zu diesen Fragen Lewerenz, Leistungsklagen zwischen Organen und Organmitgliedern der Aktiengesellschaft, 1977; Schmidt ZZP **92**, 212. Auf jeder Seite können mehrere als Partei stehen (Streitgenossen, § 59). Dritte, die sich am Verfahren beteiligen (Streithelfer, § 66), werden nicht Partei; sie Nebenpartei zu nennen im Gegensatz zur Hauptpartei, fördert nicht. Die ZPO bringt mehrfach Rechtsverfolgungen ins Gewand des Zivilprozesses, die damit eigentlich nichts gemein haben; auch da verlangt sie außer beim Aufgebotverfahren zwei Parteien und stellt das Parteiverhältnis notfalls künstlich her.

17  **4) Falsche und nichtbestehende Partei**

**Schrifttum:** *Abend,* Prozesse nicht parteifähiger und nicht existenter Parteien, Diss Erlangen 1953; *Kunz,* Die Vorgesellschaft im Prozeß und in der Zwangsvollstreckung usw, 1994; *Lindacher,* Die Nachgesellschaft – Prozessuale Fragen bei gelöschten Kapitalgesellschaften, Festschrift für *Henckel* (1995) 549; *Schmidt,* Zur Vollbeendigung juristischer Personen, 1989.

18  **A. Falsche Partei.** Tritt eine falsche Partei namens der richtigen auf, so ist sie entsprechend § 56 durch einen Beschluß aus dem Prozeß zu verweisen oder auf ihren Antrag zu entlassen, vgl § 75, Ffm BB **85**, 1219. Das gilt auch dann, wenn eine falsche Partei den ProzBev bestellt hatte, § 176. Er muß die Verwechslung unverzüglich rügen, Kblz RR **90**, 960. Rechtsbehelf ist die Beschwerde, § 567, bei einem Urteil die Berufung, Naumb RR **98**, 357. Prozeßhandlungen der falschen Partei berühren die richtige nicht. Sie bedürfen einer Genehmigung des wirksam. Das folgt daraus, daß ein die die richtige Partei bezeichnendes Urteil, wenn nur die richtige Partei gemeint ist, für und gegen die richtige wirkt und nur mit Rechtsbehelfen, notfalls Nichtigkeitsklage, § 579 I Z 4, zu beseitigen ist. Das Urteil wird mit dem Ablauf der Rechtsmittelfrist rechtskräftig, § 705. Im Parteiprozeß, § 78 Rn 1, ist die Parteinämlichkeit in jeder Lage des Verfahrens von Amts wegen zu prüfen, sobald der Verdacht einer Unstimmigkeit auftaucht, Grdz 39 vor § 128. Tritt ein Rechtsanwalt als Bevollmächtigter auf, steht § 88 einer solchen Nachprüfung entgegen.

**B. Nichtbestehende Partei.** Besteht der Kläger in Wahrheit nicht (mehr), so ist die Klage als unzulässig  19
abzuweisen, Ffm RR **96**, 1213 (abl Zimmermann/Damrau MDR **97**, 303). Wer sein Bestehen behauptet
hat, ist in die Kosten zu verurteilen, Ffm RR **96**, 1213 (der gutgläubige ProzBev haftet nicht selbst). Stellt
sich später heraus, daß der Kläger doch besteht, so ist er dadurch beschwert, daß eine Kostenentscheidung
zwischen den Parteien noch nicht ergangen ist, BGH **LM** § 99 Nr 6. Besteht der Beklagte nicht, so hat der
Kläger die Kosten des als gesetzlicher Vertreter oder Partei kraft Amts Geladenen zu tragen, Hbg MDR **76**,
846, Mü RR **99**, 1264 (letzter Geschäftsführer). Ein etwa ergehendes Sachurteil ist wirkungslos, aber nicht
nichtig, Hbg MDR **76**, 846, aM BayObLG **86**, 233 mwN (zu § 156 KostO). Freilich liegt meist nur eine
falsche Bezeichnung vor, die zu berichtigen ist, Rn 3 („OHG" bei einem Einzelkaufmann), Jena MDR **97**,
1030 (Rechtsnachfolger eine Gemeinde). Man kann ein Sachurteil für oder gegen eine nichtbestehende
Partei durch Rechtsmittel bekämpfen, BGH NJW **93**, 2944.

Zu beachten ist auch, daß *Handelsgesellschaften*, Partnerschaftsgesellschaften und Genossenschaften mit ihrem  20
Erlöschen noch nicht unbedingt aus dem Rechtsleben verschwinden, § 50 Rn 23, § 239 Rn 4, Hbg KTS **86**,
507, Saarbr Rpfleger **91**, 513, LG Brschw RR **99**, 1265. Trotzdem ist der Wille des Klägers maßgebend, wenn
er (nur) die Geschäftsführer einer gelöschten Gesellschaft verklagt, Kblz VersR **83**, 671. Nach der Löschung
muß ein (neuer) Liquidator bestellt werden, vgl AG Lüneb DGVZ **89**, 191. Ist ein Verein aufgelöst und
gelöscht, so kann auch ein Zwangsmittel, § 888, gegen ihn nicht mehr ergehen, er hat auch keine Beschwerdemöglichkeit, da nichts von ihm übriggeblieben ist. Klagt der ProzBev nach dem Tod seiner Partei, so liegt nur
eine falsche Bezeichnung der Partei vor, § 86. Wegen des Urteils gegen einen nicht Parteifähigen § 50 Rn 11 ff.

**5) Prozeßführungsrecht und Sachbefugnis** (Sachlegitimation)  21

**Schrifttum:** *Bernstein*, Gesetzlicher Forderungsübergang und Prozeßführungsbefugnis im Internationalen
Privatrecht usw, Festschrift für *Sieg* (1976) 49; *Heintzmann*, Die Prozeßführungsbefugnis, 1970; *Henckel*,
Einziehungsermächtigung und Inkassozession, Festschrift für *Larenz* (1973) 643; *Homburger/Kötz*, Klagen
Privater im öffentlichen Interesse, 1975; *Jänisch*, Prozessuale Auswirkung der Übertragung der Mitgliedschaft,
1996; *Liedtke*, Der partei- und streitgegenstandsbezogene Inhalt des Vermögensrechtsstreits. (Das Verhältnis
von Parteibegriff und Prozeßführungsbefugnis usw), Diss Ffm 1971; *Michaelis*, Der materielle Gehalt des
rechtlichen Interesses bei ... der gewillkürten Prozeßstandschaft, Festschrift für *Larenz* (1983) 443; *Schütz*,
Sachlegitimation und richtige Prozeßpartei bei mindergesellschaftlichen Streitigkeiten in den Personengesellschaft, 1994; *Schwab*, Die prozeßrechtlichen Probleme des § 407 II BGB, Gedächtnisschrift für *Bruns* (1980)
181; *Tsantinis*, Aktivlegitimation und Prozeßführungsbefugnis von Individuen und Organisationen im
UWG-Prozeßrecht, 1995; *Urbanczyk*, Zur Verbandsklage im Zivilprozeß, 1981; *Weber*, Die Prozeßführungsbefugnis als Sachurteilsvoraussetzung im Zivilprozeß und im Verwaltungsprozeß, Diss Augsb 1992; *Wrobel*,
Die Prozeßführungsbefugnis des Zwangsverwalters, 1993; *Wunderlich*, Zur Prozeßstandschaft im internationalen Recht usw (auch rechtsvergleichend), Diss Tüb 1970; *von Zwoll*, Die Prozeßstandschaft auf der
Beklagtenseite, 1993. Zur Verbandsklage auch Grdz 29–31 vor § 253.

**A. Begriff.** Prozeßführungsrecht ist das Recht, einen bestimmten Prozeß als richtige Partei im eigenen  22
Namen zu führen, BGH JZ **85**, 888 (insofern zustm Reinicke/Tiedtke), AG Neuss WoM **89**, 88; so ist der
Deutsche Anwaltverein als ermächtigt anzusehen, Unterlassungsansprüche nach dem RBerG für die in ihm
zusammengeschlossenen Rechtsanwälte im eigenen Namen gerichtlich geltend zu machen, BGH **48**, 14; ein
Verein zur Bekämpfung unlauteren Wettbewerbs kann nach § 13 I UWG befugt sein, einen wettbewerbsrechtlichen Anspruch geltend zu machen, zB Kblz GRUR **81**, 91, sofern er sich finanziell, sachlich und
personell ausreichend ausstattet, sowie Wettbewerbsverstöße tatsächlich verfolgt und zB Unterlassungsansprüche auch gerichtlich durchsetzt, zB BGH RR **91**, 1138, Balzer NJW **92**, 2721 je mwN, LG Hagen BB
**84**, 879; freilich muß er damit auch einmal anfangen dürfen. Oft spricht man statt von Prozeßführungsrecht
von Sachbefugnis (Aktivlegitimation = Klagebefugnis, Passivlegitimation = Stellung als richtiger Bekl).

Die *Sachbefugnis* bezeichnet indessen richtig die sachlichrechtliche Seite, nämlich das Zustehen eines  23
Rechts, hat somit eine Beziehung zur sachlichen Klageberechtigung (der Klagebegründetheit), nicht zur
prozessualen. Die Sachbefugnis ist ein Teil der Sachbegründung; fehlt sie, so ist sachlich, mit einer Rechtskraftwirkung in der Sache selbst, abzuweisen, § 322, BGH NJW **86**, 3207. Zeitablauf kann zur Verwirkung
des Einwands führen, der Bekl sei nicht der Verpflichtete, Schlesw VersR **96**, 635. Fehlt das Prozeßführungsrecht, so ist die Klage prozessual unzulässig, es fehlt eine Prozeßvoraussetzung (Begriff Grdz 13 vor § 253);
das Gericht muß die Klage daher durch ein Prozeßurteil abweisen, also ohne eine innere Rechtskraftwirkung, BGH NJW **94**, 653, Ffm FamRZ **83**, 1268, Schwab Gedächtnisschrift für Bruns (1980) 191.

Meist treffen das Prozeßführungsrecht und die Sachbefugnis *zusammen*, vgl BayObLG DB **79**, 936; 24
notwendig ist das nicht, Reinicke/Tiedtke JZ **85**, 892. Zum Beispiel ist ein Gesellschafter als Kläger unter
Umständen prozeßführungsberechtigt, indem er die Leistung an alle Gesellschafter verlangen kann, vgl auch
BGH JZ **75**, 178, krit Hadding JZ **75**, 164 mwN; sachlich befugt ist er nicht, denn ihm fehlt der sachlichrechtliche Anspruch. Wer eine Forderung zur Sicherung abtritt, bleibt auch dann befugt, sie gerichtlich
geltend zu machen, wenn sein Anspruch auf die Rückabtretung nach der Erfüllung der gesicherten Forderung von einem Gläubiger gepfändet und diesem zur Einziehung überwiesen wird, Ffm MDR **84**, 228. Zur
Problematik Brehm KTS **85**, 5. Das Prozeßführungsrecht muß beim Schluß der letzten Tatsachenverhandlung vorliegen, §§ 136 IV, 296 a, vgl BGH ZZP **91**, 315.

Klagt der aus dem Rechtsverhältnis sachlich Berechtigte, ist es, soweit nicht gesetzliche Vorschriften  25
entgegenstehen, der Lebenserfahrung nach anzunehmen; bei einem Streit hat es der Kläger für sich und den
Beklagten zu beweisen. Als eine *Prozeßvoraussetzung*, Rn 23, ist das Prozeßführungsrecht in jeder Lage des
Verfahrens, auch in der Revisionsinstanz, von Amts wegen vor der Sachbefugnis zu prüfen, Grdz 39 vor
§ 128, BGH NJW **94**, 653, krit Balzer NJW **92**, 2721 (ausf). Daß auch die Sachbefugnis zu prüfen ist, folgt
aus ihrer Natur als Teil der rechtlichen Klagbegründung.

**B. Gesetzliche Prozeßstandschaft: Möglichkeit bei jeder Klageart.** Nicht selten darf oder muß man  26
sogar einen Anspruch, der nach dem möglichen Recht an sich einem anderen zusteht oder zustand, in

*Hartmann*

eigenem Namen im Prozeß verfolgen, Hamm FamRZ **88**, 188, Karlsr FamRZ **88**, 636, Kblz FamRZ **88**, 637. Geschieht das auf Grund einer eigenen gesetzlichen Befugnis, so liegt eine sog gesetzliche Prozeßstandschaft vor (so zuerst Kohler), Eickmann Rpfleger **81**, 214. Das kann bei jeder Klageart geschehen, LG Saarbr ZMR **92**, 61. Den Gegensatz bildet die sog gewillkürte Prozeßstandschaft oder Prozeßgeschäftsführung, dazu Rn 29.

27 **C. Beispiele zur Frage einer gesetzlichen Prozeßstandschaft**
**Auslandsunterhalt:** Der Generalbundesanwalt als Zentrale Behörde im Verfahren auf ein sog eingehendes Gesuch um Auslandsunterhalt, §§ 2 II, 7 ff AUG, ist weder Partei kraft Amtes, noch Prozeßgeschäftsführer, noch gesetzlicher Vertreter, sondern Prozeßbevollmächtigter kraft Gesetzes, Üb 8 vor § 78.
S auch Rn 28 „Unterhalt".
**Drittschuldner:** Rn 28 „Überweisung".
**Drittwiderspruchsklage:** S „Insolvenz".
**Ehegüterrecht:** Der allein verwaltende Ehegatte darf die Rechte des anderen am Gesamtgut kraft eigenen Rechts geltend machen, § 1422 BGB. Bei einer Gütergemeinschaft kann sich einer der Ehegatten vom anderen ermächtigen lassen, BGH NJW **94**, 653.
S aber auch Rn 28 „Schmerzensgeld".
**Erbrecht:** Eine gesetzliche Prozeßstandschaft liegt vor, soweit ein Miterbe nach § 2039 BGB vorgeht, Habermeier ZZP **105**, 182 (ausf).
**Forderungsübergang:** Eine gesetzliche Prozeßstandschaft fehlt, soweit eine Partei infolge gesetzlichen Forderungsübergangs auf sie klagt. Denn sie ist ja jetzt kraft Gesetzes selbst neue Gläubigerin.
**Heimarbeit:** Eine gesetzliche Prozeßstandschaft liegt vor, soweit das Land den Entgeltanspruch eines Heimarbeiters verfolgt, BAG BB **85**, 929.
**Insolvenz:** Eine gesetzliche Prozeßstandschaft liegt vor, soweit der Insolvenzverwalter klagt, so schon LG Bln MDR **89**, 171.
**Markenrecht:** Eine gesetzliche Prozeßstandschaft liegt bei § 27 III MarkenG vor, Drsd WettbR **99**, 135.
28 **Orchestervorstand:** Eine gesetzliche Prozeßstandschaft liegt vor, soweit der Orchestervorstand usw nach § 80 II UrhG vorgeht, BGH **121**, 322, Ffm GRUR **85**, 381.
**Rentenrecht:** Eine gesetzliche Prozeßstandschaft liegt vor, soweit der vom Land ermächtigte Bund hinsichtlich privatrechtlicher Forderungen des Versorgungsträgers wegen Ersatzes gezahlter Renten gegen Dritte vorgeht.
**Schmerzensgeld:** Ein Vater kann nicht das Schmerzensgeld des volljährigen Kindes kraft Gesetzes im eigenen Namen geltend machen, BGH **LM** § 847 BGB Nr 3, ebensowenig der Ehemann im gesetzlichen Güterstand.
**Testamentsvollstrecker:** Sein Recht ist im Gesellschaftsrecht begrenzt, BGH JZ **98**, 468 (krit Ulmer).
**Überweisung:** Eine gesetzliche Prozeßstandschaft liegt vor, soweit ein Überweisungsgläubiger die Rechte des Schuldners im eigenen Namen geltend macht, § 841.
**Unterhalt:** Eine gesetzliche Prozeßstandschaft liegt vor, soweit ein Elternteil nach § 1629 II 2, III BGB den Unterhaltsanspruch des *minderjährigen* Kindes gegen den anderen Elternteil im eigenen Namen geltend macht, vgl § 114 Rn 55, § 323 Rn 70, § 794 Rn 11, BGH NJW **83**, 2085, Karlsr FamRZ **89**, 644, Köln FamRZ **95**, 1497, strenger Kblz FamRZ **87**, 495; zum Erlöschen der Prozeßstandschaft Brdb FamRZ **97**, 509 (Volljährigkeit), Rogner NJW **94**, 3325 (ausf); rechtspolitisch krit Schmitz FamRZ **88**, 1131.
Die Mutter kann aber nicht den Unterhaltsanspruch des *volljährigen* Kindes im eigenen Namen geltend machen, selbst wenn es in ihrem Haushalt lebt, Ffm FamRZ **79**, 175.
S auch Rn 27 „Auslandsunterhalt".
**Versicherung:** Sieg VersR **97**, 159 (Üb).
**Zwangsverwaltung:** Eine gesetzliche Prozeßstandschaft liegt vor, soweit der Zwangsverwalter nach der Aufhebung des Verfahrens noch Nutzungen aus der Zeit der Zwangsverwaltung einklagt, BGH RR **90**, 1213, Stgt NJW **75**, 266, LG Kref Rpfleger **88**, 113.

29 **D. Gewillkürte Prozeßstandschaft (Prozeßgeschäftsführung): Notwendigkeit eines berechtigten eigenen Grundes.** Eine Prozeßgeschäftsführung liegt vor, wenn jemand einen an sich einem anderen zustehenden sachlichrechtlichen Anspruch im Prozeß verfolgt, der auch abtretbar ist, Köln RR **97**, 1072, aber eben noch nicht an ihn abgetreten wurde (sonst wäre er ja selbst jetzt Rechtsinhaber), und wenn er dabei im eigenen Namen handelt, aber im Gegensatz zur Situation Rn 26 ohne Übertragung einer eigenen gesetzlichen Befugnis, sondern nur auf Grund einer auch prozessual darzulegenden rechtsgeschäftlich erhaltenen Erlaubnis, BGH NJW **99**, 1717 (meist nennt man auch das Prozeßstandschaft, und zwar die sog gewillkürte, BGH NJW **98**, 1149). Wenn die Berechtigung nach außen fehlt, nicht auch eine sachlichrechtliche Übertragung stattgefunden hat, ist das Prozeßführungsrecht grundsätzlich zu verneinen, so zB wenn der Kläger stillschweigend ermächtigt wurde, Ansprüche eines Dritten im eigenen Namen geltend zu machen, PalH § 398 BGB Rn 26–28.

30 Man gewährt es zweckmäßig, wenn der Kläger einen *berechtigten eigenen Grund* zur Geltendmachung des fremden Rechts hat, BGH NJW **99**, 1717, also ein *eigenes rechtliches* und nicht nur wirtschaftliches Interesse; das letztere ist nur bei der Prüfung des ersteren heranzuziehen, BGH NJW **98**, 1149, Brdb ZMR **99**, 97 (Befreiung von Verbindlichkeit), Düss VersR **99**, 445, Hbg RR **96**, 511 (IPR), aM Boecken/Krause NJW **87**, 421 (sie fordern die Beachtung von Treu und Glauben, aber das ist selbstverständlich, Einl III 54), Koch JZ **84**, 815 (die Rechtsfigur sei entbehrlich; grundsätzlich fehle das Rechtsschutzbedürfnis nach Grdz 33 vor § 253. Das ist von der Entwicklung der Praxis überholt.

31 Ein eigenes rechtsschutzwürdiges Interesse liegt nur insoweit vor, als die Entscheidung des Prozesses die eigene *Rechtslage* des Prozeßführenden beeinflußt, Celle NJW **89**, 2477, KG FamRZ **82**, 427 je mwN, LG Bln RR **93**, 1234. Diese Situation kann bei einer sicherungshalber abgetretenen Anspruch vorliegen, zB BGH NJW **89**, 1932 mwN, LG Kassel VersR **79**, 616; zur Problematik Brehm KTS **85**, 5. Bei einer bloßen Inkassozession verlangt BGH NJW **80**, 991 mwN allerdings kein eigenes rechtliches Interesse des Abtre-

tungsnehmers. Der Prozeßstandschafter, Grdz 26 vor § 50, unten Rn 34, muß diese Position grundsätzlich vor Gericht offenlegen, BGH **94**, 122, LG Karlsr WoM **88**, 89; es genügt, daß sie am Verhandlungsschluß vorliegt, freilich muß eine etwaige Klagefrist gewahrt sein, LG Karlsr WoM **88**, 89 (zu § 2 MHG). Nur bei eindeutig klarer Prozeßstandschaft ist ihre Erklärung entbehrlich, BGH **94**, 122, LG Karlsr WoM **88**, 89.

Ferner darf der *Gegner* durch die gewählte Art der Prozeßführung nicht unbillig benachteiligt sein, zB **32** BGH NJW **89**, 1933 und RR **89**, 1104 je mwN. *Rechtsmißbrauch* ist auch hier verboten, Einl III 54. Auch das RBerG kann entgegenstehen, LG Bln RR **93**, 1234 (Verwalter klagt Miete ein). Eine Übertragung auf einen Dritten ist grundsätzlich unzulässig, BGH NJW **98**, 3205.

Eine bloße *Prozeßwirtschaftlichkeit* kann trotz ihrer Bedeutung, Grdz 14 vor § 128, das gerade rechtlich **33** erforderliche Interesse nicht begründen, BAG DB **84**, 2566.

### E. Beispiele zur Frage einer gewillkürten Prozeßstandschaft **34**

**Abtretung:** Es liegt ein Prozeßführungsrecht vor, wenn der Abtretende mit einer Ermächtigung des Abtretungsnehmers klagt (das Urteil schafft eine Rechtskraft für und gegen diesen), BGH DB **99**, 1316, Hamm NJW **89**, 463, KG MDR **75**, 756. Das gilt auch bei einer Sicherungsabtretung, BGH DB **99**, 1316 (zumindest nach deren Offenlegung).

Ein Prozeßführungsrecht *fehlt* beim Zessionar, weil er ja ein jetzt eigenes Recht geltend macht, sogar grds bei bloßer Sicherungsabtretung, PalH § 398 BGB Rn 21. Es fehlt ferner, wenn der Zessionar wegen einer Forderung klagt, die nicht abtretbar ist, KG MietR **97**, 170, aM Köln MDR **79**, 935.

S auch Rn 39 „Inkassozession", Rn 40 „Kreditgeber", Rn 45 „Treuhänder".

**Aktiengesellschaft:** Es liegt ein Prozeßführungsrecht vor, wenn ein Gläubiger gem § 93 V 1 AktG klagt, Habscheid Festschrift für Weber (1975) 202, ferner im Fall des § 350 AktG.

**Allgemeine Geschäftsbedingungen:** Rn 47 „Verbandsklage".

**Assekuradeur:** Ein Hamburger Assekuradeur hat wegen des Anspruchs eines Versicherten gegen den Schädiger evtl ein Prozeßführungsrecht, Düss VersR **97**, 132.

**Auslandsberührung:** Grds ist die lex fori maßgeblich, Einl III 74, BGH **125**, 199 (auch zu einer Ausnahme beim Auslandskonkurs), Hbg RR **96**, 511.

**CMR – Vertrag:** Vgl Piper VersR **88**, 203. **35**

**Dienstbarkeit:** Ein Prozeßführungsrecht fehlt, wenn der Berechtigte aus einer beschränkten persönlichen Dienstbarkeit einen Dritten zur Klage gegen den Eigentümer des belasteten Grundstücks ermächtigt, soweit die Überlassung des Rechts der Ausübung nach nicht gestattet ist.

**Drittschadensinteresse:** Es liegt ein Prozeßführungsrecht vor, wenn derjenige Geschädigte klagt, den der eigentlich Ersatzberechtigte vertraglich ermächtigt hat und dem die Ersatzleistung letztlich zugute kommt (Berechtigung aus Drittschaden).

**Eherecht:** Rn 27 „Ehegüterrecht", Rn 28 „Unterhalt". **36**

**Einziehungsindossatar:** Es liegt ein Prozeßführungsrecht vor, vgl BGH NJW **93**, 1397, Henckel Festschrift für Larenz (1973) 643.

S auch Rn 44 „Sicherungseigentum", Rn 48 „Vollmachtsindossatar".

**Erbrecht:** Ein Prozeßführungsrecht liegt vor, wenn ein Erbe mit Ermächtigung des Nachlaßverwalters im eigenen Namen und Interesse auf die Auflassung eines Grundstücks klagt, das dann der Nachlaßverwaltung unterliegen soll.

S aber auch Rn 41 „Mißbrauch".

**Ermächtigung zum Auftreten:** Für Prozeßführungsrecht liegt vor, soweit der Kläger eine Ermächtigung zum Auftreten vor Gericht hat, BGH NJW **99**, 1717.

**Gebrauchsmustergesetz:** Rn 48 „Volkskläger". **37**

**Generalbundesanwalt:** Rn 28.

**Gesellschaft mit beschränkter Haftung,** dazu *Happ,* Die GmbH im Prozeß, 1997 (Bespr Müller NJW **99**, 347); Es liegt ein Prozeßführungsrecht vor, wenn der fast sämtliche Anteile besitzende Gesellschafter im Auftrag der Gesellschaft klagt, BGH RR **87**, 57, oder die übrigen Gesellschafter auch für ihn rechtskräftig zur Zustimmung zur Veruteilten klagen, BGH **64**, 259, nicht aber, wenn die in Vermögensverfall geratene GmbH (oder GmbH u Co KG) ohne Aussicht ist, ihre Geschäfte fortzuführen, BGH NJW **99**, 1718. Zum Problem Frahm VersR **96**, 163.

S auch Rn 40 „Konzern".

**Gesellschaft bürgerlichen Rechts:** Es liegt ein Prozeßführungsrecht vor, wenn ein Gesellschafter einen Anspruch der „Gesellschaft" (?; so aber BGH! NJW **97**, 1236, nicht nur begrifflich verunglückt), geltend macht, BGH NJW **88**, 1586.

**Gewerblicher Rechtsschutz:** Rn 47 „Verbandsklage".

**Heimarbeiter:** Rn 28. **38**

**Höchstpersönliches Recht:** Ein Prozeßführungsrecht fehlt, wenn es um ein höchstpersönliches Recht geht, BGH NJW **83**, 1561 mwN, bzw um ein solches, das unübertragbar ist, BGH GRUR **78**, 585, BFH DB **78**, 2060.

**Inkassozession,** dazu *Michalski* BB **95**, 1361: Ein Prozeßführungsrecht liegt als eng auszulegende Aus- **39** nahme vom Grundsatz Rn 34 „Abtretung" in einer eigentlich systemwidrigen Weise aus Zweckmäßigkeitserwägungen bei einer bloßen Inkassozession vor (zum Begriff PalH § 398 BGB Rn 26), BGH VersR **96**, 909 (bei Einschaltung eines Anwalts), Drsd VersR **95**, 1071, LG Bonn JB **95**, 660, aM Hamm MDR **92**, 1187 (bei Befugnis nur zu außergerichtlicher Einziehung ist die gerichtliche Geltendmachung im eigenen Namen bei Bestellung eines ProzBev des Inkassobüros statthaft), Köln MDR **91**, 1985 (abl Mittag), Nürnb RR **90**, 1261.

S auch Rn 34 „Abtretung".

**Insolvenzverfahren:** Es liegt ein Prozeßführungsrecht vor, wenn der Insolvenzverwalter bei Insolvenz einer KG in dieser Eigenschaft eine Forderung gegen einen mithaftenden Gesellschafter einklagt und dazu vom Insolvenzgläubiger ermächtigt worden ist, um den Erlös allen Insolvenzgläubigern zugute kommen zu lassen, BGH **LM** § 185 BGB Nr 1, oder wenn der Insolvenzverwalter mit Ermächtigung eines Absonderungsberechtigten klagt, um auch für die Masse etwas zu erhalten, BGH NJW **88**, 1210, oder wenn der Schuldner als natürliche Person ein zur Insolvenzmasse zählendes Recht einklagt, BGH NJW **87**, 2018.

Ein Prozeßführungsrecht *fehlt*, wenn der Verwalter eine Forderung freigibt, um die Insolvenzmasse vom Prozeßrisiko zu befreien, sich aber vom Schuldner sofort wieder Zahlungsansprüche oder den Erlös zur Insolvenzmasse abtreten läßt oder vereinbart, daß ein erstrittener Erlös zur Insolvenzmasse abzuführen ist, und wenn der Schuldner kein eigenes rechtsschutzwürdiges Interesse an der Klage hat.

S auch Rn 34 „Auslandsberührung", Rn 48 „vorläufiger Insolvenzverwalter", ferner Rn 27.

40 **Kommanditgesellschaft:** Rn 37 „Gesellschaft mit beschränkter Haftung".
**Kommission:** Es liegt ein Prozeßführungsrecht vor, wenn der Kommissionär im Einverständnis des Kommittenten im eigenen Namen gegen einen Dritten auf Ersatz klagt.
**Konzern:** Es liegt grds ein Prozeßführungsrecht vor, wenn die Muttergesellschaft einen Anspruch einer 100%igen Tochter geltend macht, BGH GRUR **95**, 54.
**Kostenrisiko:** Ein Prozeßführungsrecht fehlt, wenn man nur das Kostenrisiko zu Lasten des Prozeßgegners vermindern oder ausschließen will, KG MDR **83**, 752.
**Kreditgeber:** Ohne besondere Umstände liegt kein Prozeßführungsrecht des Kreditgebers des Versicherungsnehmers für eine Klage gegen den Versicherer vor, Hamm VersR **96**, 255.
**Leasing:** Der Leasingnehmer kann ein Prozeßführungsrecht haben, Düss NVersZ **99**, 40.

41 **Markengesetz:** Es liegt ein Prozeßführungsrecht beim Unterlassungsanspruch vor, BGH RR **89**, 690.
S auch Rn 48 „Volkskläger".
**Mietrecht:** Ein Prozeßführungsrecht liegt vor, wenn der vom Vermieter eigens hierzu ermächtigte Hausverwalter einen Anspruch des Vermieters gegen den Mieter geltend macht, LG Bre WoM **93**, 605, Scholzen ZMR **81**, 3, aM LG Kassel RR **91**, 529. Das gilt evtl sogar nach seinem Ausscheiden aus dem Amt, vgl § 265 Rn 1, nicht aber beim Fehlen einer Ermächtigung des Vermieters, LG Hbg WoM **91**, 599. Freilich kann ein Verstoß gegen § 134 BGB und gegen das RBerG vorliegen, LG Bln RR **93**, 1234 (Verwalter klagt Miete ein). Ein Prozeßführungsrecht liegt ferner dann vor, wenn ein Vermieter den auch der Ehefrau zustehenden Anspruch einklagt, BGH **94**, 117. Freilich muß man gerade in diesem Fall an das Vorliegen eines berechtigten eigenen Grundes scharfe Anforderungen stellen, AG Wuppert WoM **93**, 416.
**Mißbrauch:** Ein Rechtsmißbrauch ist, wie stets, auch hier schädlich, vgl Einl III 54 ff, BGH RR **90**, 506, Hamm JB **92**, 701, Ramm KTS **90**, 617. Er liegt zB dann vor, wenn ein Miterbe allein einen zum Nachlaß gehörigen Anspruch arglistig geltend macht, § 2039 S 1 BGB, und die anderen Miterben der Klageerhebung widersprechen.

42 **Nachlaßverwaltung:** Rn 36 „Erbrecht".
**Orchestervorstand:** Rn 28.
**Partnerschaftsgesellschaft:** Da jeder Partner die Partnerschaftsgesellschaft grds allein vertreten kann, § 7 III PartGG in Verbindung mit § 125 I HGB, liegt keine Notwendigkeit zur Annahme eines Prozeßführungsrechts vor, solange nicht der Partnerschaftsvertrag (zulässigerweise), § 7 III PartGG in Verbindung mit §§ 125 II, IV, 126, 127 HGB) die Vertretungsmacht einschränkt. In diesem letzteren Fall läßt sich nur nach den Gesamtumständen klären, ob ein Prozeßführungsrecht des auftretenden oder verklagten Partners vorliegt. Es kommt auf Art und Umfang der Beschränkung seiner Vertretungsmacht an, aber auch auf die Interessen des Prozeßgegners.
**Politische Partei:** Nicht hierher gehört die Klage des Vorstands des Kreisverbandes einer politischen Partei, Celle NJW **89**, 2477.

43 **Rechtsmißbrauch:** Rn 41 „Mißbrauch".

44 **Schadensersatz:** Rn 35 „Drittschadensinteresse".
**Sicherungsabtretung:** Rn 34 „Abtretung".
**Sicherungseigentum:** Es liegt ein Prozeßführungsrecht vor, wenn der Sicherungsgeber mit einer Ermächtigung des Sicherungseigentümers klagt, BGH NJW **90**, 1116 (evtl sogar nach einem anschließenden Vermögensverfall des Klägers), Nürnb NJW **77**, 1543. Dabei kann man die Zustimmung stillschweigend erteilen, BGH RR **88**, 127 mwN. Evtl liegt auch allgemein beim Sicherungsabtretenden ein Prozeßgeschäftsführungsrecht vor, vgl auch BGH NJW **89**, 1932. Der Sicherungsgeber darf die ihm erteilte Ermächtigung aber nicht auf einen Dritten übertragen, Jena MDR **98**, 1468.
S auch Rn 45 „Treuhänder".

45 **Treuhänder:** Ein Prozeßführungsrecht kann vorliegen, soweit ein Treuhänder tätig wird. Freilich wird er durch Abtretung an ihn selbst Rechtsinhaber, Rn 29.
S auch Rn 34 „Abtretung", Rn 44 „Sicherungseigentum".

46 **Überschuldung:** Ein Prozeßführungsrecht kann zugunsten einer natürlichen Person (anders als bei der GmbH, Rn 37) trotz Überschuldung usw bestehen, BGH NJW **99**, 1718.
S auch Rn 47 „Vermögensloser".
**Unterhalt:** Ein Prozeßführungsrecht fehlt, wenn das Jugendamt von einem Anspruchsübergang einen *Rückstand* aus der Zeit vor der Rechtshängigkeit einklagt, Hamm FamRZ **90**, 1370. Ein Prozeßführungsrecht fehlt ferner, sobald der Unterhaltsgläubiger wegen Empfangs von Sozialhilfe seinen Anspruch wegen des grds jetzt kraft Gesetzes auf den Sozialhilfeträger übergehenden Anspruchs, § 91 I BSHG (Ausnahme §§ 91 I 3, 11 BSHG) verliert (keine Notwendigkeit einer Überleitungs- oder Rechtswahrungsanzeige mehr), BGH RR **96**, 1345, Bre FamRZ **95**, 821, Jena FamRZ **96**, 951, aM Köln FamRZ **94**, 971, Schlesw MDR **94**, 726, ZöV 49 vor § 50. Düss FamRZ **95**, 818 erklärt eine Einziehungsermächtigung durch die Sozialbehörde für statthaft. Bei *künftigem* Unterhalt hat der Sozialleistungsträger gewillkürte Prozeßstandschaft, BGH FamRZ **98**, 357.
S auch Rn 27, 28.
**Unterlassungsanspruch:** Rn 41 „Markengesetz".
**Unübertragbarkeit:** Rn 38 „Höchstpersönliches Recht".

1. Titel. Parteifähigkeit. Prozeßfähigkeit **Grdz § 50, Übers § 50**

**Unzulässige Rechtsausübung:** Rn 41 „Mißbrauch".
**Urheberrecht:** Es liegt ein Prozeßführungsrecht vor, wenn der Herausgeber oder Verleger die Rechte des namenlosen Urhebers wahrt, § 10 II UrhG.
**Veräußerung der Streitsache:** Es liegt ein Prozeßführungsrecht vor, wenn der Veräußerer des Streitgegen- 47 stands den Prozeß weiterführt, §§ 265, 266, BGH RR **88**, 289.
**Verbandsklage,** dazu *Hinz,* Wettbewerbsklagen in Verbänden im Sinne des § 13 Abs. 2 Ziff. 2 UWG in gewillkürter Prozeßstandschaft, Festschrift für *Piper* (1996) 257: Es liegt ein Prozeßführungsrecht vor, wenn ein Verband nach § 13 I UWG satzungsgemäß die Förderung der geschäftlichen Interessen der Mitglieder betreibt, BGH NJW **83**, 1559, aM BGH **89**, 3. Daran ändert auch § 13 II Z 2 UWG nichts, KG GRUR **95**, 141.

Nicht hierher gehören eine Einzelklage gem AGBG für den Verband, Sieg VersR **77**, 494, oder die Klage eines Verbandes, dessen Mitglieder trotz seiner Satzungsaufgaben zur Wahrung ihrer Interessen auch selbst klagen dürfen, BAG DB **84**, 2566, oder der nur im Prozeßstandschaft ohne eigenes rechtliches Interesse klagt, BGH BB **98**, 233.
**Verjährung:** S „Versicherung".
**Vermögensloser:** Ein Prozeßführungsrecht fehlt bei seinem Vorschieben, BGH RR **88**, 127, aber nicht bei einem echten eigenen Interesse, BGH NJW **99**, 1718.
S auch Rn 46 „Überschuldung".
**Versicherung,** dazu *Sieg* VersR **97**, 181 (Üb): Nach rechtskräftigem Unterliegen im Hauptprozeß und Leistung durch den Versicherer kann der Versicherungsnehmer nicht mehr ohne Zustimmung des Versicherers vom Anwalt Schadensersatz fordern, Düss VersR **99**, 445.
**Versorgungsrecht:** Wegen des Versorgungsträgers Rn 27.
**Volkskläger:** Im Fall der §§ 15 GebrMG, 55 II Z 1 MarkenG liegt ein Prozeßführungsrecht vor. 48
**Vollmachtsindossatar:** Es liegt ein Prozeßführunsrecht vor, Art 18 WG.
S auch Rn 36 „Einziehungsindossatar".
**Vollstreckungsstandschaft:** Sie ist grds nicht statthaft, Einf 2 vor §§ 727–729.
**Vorläufiger Insolvenzverwalter:** Zum (eingeschränkten) Prozeßführungsrecht des nach §§ 21, 22 InsO bestellten vorläufigen Insolvenzverwalters vgl schon Hbg ZIP **82**, 860 (krit Paulus ZZP **96**, 356 mwN), LG Ffm RR **97**, 796.
**Wettbewerbsrecht:** Rn 47 „Verbandsklage". 49
**Wohnungseigentum,** dazu *Blackert,* Die Wohnungseigentümergemeinschaft im Zivilprozeß, 1999; *Wenzel* DNotZ **93**, 303 (ausf): Ein Prozeßführungsrecht liegt zwar nicht stets, LG Görlitz WoM **97**, 683, wohl aber zB dann vor, wenn der Verwalter auf Grund eines Beschlusses der Wohnungseigentümer gegen ein Mitglied vorgeht, BGH Rpfleger **98**, 479 (er vertritt nur die anderen), einen Nachbesserungsanspruch wegen eines Mangels am Sonder- bzw gemeinschaftlichen Eigentum im eigenen Namen einklagt usw, BGH BB **86**, 1948, BayObLG MietR **97**, 116, Köln NZM **98**, 874. Ein Prozeßführungsrecht gilt ferner vor, soweit einzelne Wohnungseigentümer mit Ermächtigung der Gemeinschaft so, wie der Verwalter, vorgehen, Köln WoM **94**, 34.

Ein Prozeßführungsrecht *fehlt,* wenn der Verwalter ohne besondere Ermächtigung des Eigentümers einer gesondert verwalteten Wohnung Rechte geltend macht, LG Kiel WoM **98**, 233, AG Neuss WoM **89**, 88 (eine Generalermächtigung reicht nach § 134 BGB nichtig).
**Zahlungsunfähigkeit:** Trotz ihres Eintritts kann ein Prozeßführungsrecht fortdauern, BGH NJW **95**, 3186. 50
**Zeuge:** Es liegt ein Prozeßführungsrecht vor, wenn der Rechtsinhaber zum Zeugen wird, BGH RR **88**, 127.
**Zwangsverwaltung,** dazu *Wrobel,* KTS **95**, 19 (ausf): Ein Prozeßführungsrecht liegt vor, wenn der Zwangsverwalter tätig wird, denn er wickelt ab; daher bleibt dieses Recht evtl sogar nach der Aufhebung der Zwangsverwaltung bestehen, BGH DB **92**, 2624.
S auch Rn 27.
**Zwangsvollstreckung:** Wegen des Überweisungsgläubigers Rn 27.

6) **VwGO:** *An die Stelle des Begriffs der Partei tritt im VerwRechtsstreit der Begriff des Beteiligten, § 63 VwGO;* 51 *das sind außer dem Kläger und dem Beklagten auch der Beigeladene, § 65 VwGO, und der Oberbundesanwalt sowie (falls landesrechtlich vorgesehen) der Vertreter des öffentlichen Interesses, §§ 35–37 VwGO, und nach Spezialgesetzen zu beteiligende Stellen, vgl Ule VPrR § 20 I. Beteiligungsfähig sind nach Landesrecht auch Behörden, § 61 Nr 3 VwGO. Mit dieser Maßgabe gelten die vorstehend dargelegten Grundsätze auch im Verfahren der VerwGerichte. Das Prozeßverhältnis, oben Rn 1, besteht auch hier zwischen dem Kläger (Antragsteller) und dem Beklagten (Antragsgegner). Die Partei kraft Amtes, oben Rn 8 ff, ist an Stelle des Vertretenen Beteiligter. Das Verfahren der VerwGerichte kennt keine allgemeine Prozeßstandschaft, oben Rn 26 ff, der Organisationen und Vereinigungen, die diese zur prozessualen Wahrnehmung der Rechte ihrer Mitglieder im eigenen Namen ermächtigt, BVerwG NJW **80**, 1911. Prozeßgeschäftsführung, oben Rn 29 ff, ist insoweit zulässig, als über den geltend gemachten Anspruch verfügt werden kann (nicht bei Anfechtungs- und Verpflichtungsklagen, RedOe § 42 Anm 27), falls der Kläger ein berechtigtes eigenes Interesse verfolgt, OVG Münst ZMR* **70**, *29 mwN, Bettermann ZZP* **85**, *134.*

## Erster Titel. Parteifähigkeit. Prozeßfähigkeit

### Übersicht

**1) Systematik, Regelungszweck.** Parteifähig ist, wer Prozeßpartei sein kann, Grdz 3 vor § 50, dh 1 prozessualrechtsfähig ist. Die ZPO verknüpft die prozessuale Rechtsfähigkeit, von § 50 II abgesehen, wegen der sachlichen Verwandtschaft zwecks Vereinfachung mit der sachlichrechtlichen. Prozeßfähig ist, wer wirksame Prozeßhandlungen vornehmen und einen ProzBev, § 81, bestellen kann, § 51. Die Prozeßfähigkeit hängt von der sachlichrechtlichen Fähigkeit ab, sich durch Verträge zu verpflichten, trifft also wesentlich mit der Geschäftsfähigkeit nach dem BGB zusammen. Sie befähigt zu allen prozessualen Handlungen; eine Beschränkung auf gewisse Prozeßgattungen, nicht aber auf einzelne Prozeßhandlungen, ist dem Gesetz bekannt.

2   Parteifähigkeit und Prozeßfähigkeit sind *Prozeßhandlungsvoraussetzungen,* Grdz 18 vor § 253, BGH MDR **92**, 911; ihr Mangel führt, falls nicht der gesetzliche Vertreter nachträglich genehmigt, BGH MDR **92**, 911, zur Prozeßabweisung ohne Rechtskraft für die Sache selbst, Grdz 14 vor § 253. Die gerichtliche Bestellung eines Vertreters für Prozeßunfähige sieht § 57 vor. Prozeßführungsrecht und Verfügungsbefugnis, Grdz 21 vor § 50, haben mit der Prozeßfähigkeit nichts zu tun.

3   **2) Geltungsbereich.** Vgl Grdz 2 vor § 50.

4   **3) *VwGO*.** Aus den in *Grdz § 50 Rn 51* genannten Gründen kennt das Verfahren der VerwGerichte statt der Parteifähigkeit die Fähigkeit, am Verfahren beteiligt zu sein, § 61 VwGO, dazu Dolde F Menger (1985) 423–440; der Sache nach ist auch das prozessuale Rechtsfähigkeit. Die Prozeßfähigkeit, § 62 VwGO, ist entsprechend dem Zivilprozeß geregelt.

## 50 *Parteifähigkeit.*
I Parteifähig ist, wer rechtsfähig ist.
II Ein Verein, der nicht rechtsfähig ist, kann verklagt werden; in dem Rechtsstreit hat der Verein die Stellung eines rechtsfähigen Vereins.

**Schrifttum:** *Brondics,* Die Aktionärsklage usw, 1988; *Eckhardt,* Die Vor-GmbH im zivilprozessualen Erkenntnisverfahren und in der Einzelvollstreckung, 1990; *Eicker,* Die Gesellschaft bürgerlichen Rechts im Prozeß und in der Zwangsvollstreckung, Diss Gießen 1991; *Eickhoff,* Die Gesellschafterklage im GmbH-Recht, 1988; *Furtak,* Die Parteifähigkeit im Zivilverfahren mit Auslandsberührung, Prozeßrecht zwischen Kollisionsrecht, Fremdenrecht und Sachrecht, 1995; *Garlichs,* Passivprozesse des Testamentsvollstreckers usw, 1996; *Göckeler,* Die Stellung der Gesellschaft bürgerlichen Rechts im Erkenntnis-, Vollstreckungs- und Konkursverfahren usw, 1992; *Grunewald,* Die Gesellschafterklage in der Personengesellschaft und der GmbH, 1990; *Heller,* Der Zivilprozeß der Gesellschaft bürgerlichen Rechts, 1989; *Hüffer,* Die Gesamthandsgesellschaft im Prozeß, Zwangsvollstreckung und Konkurs, Festschrift für *Stimpel* (1985) 165; *Kunz,* Die Vorgesellschaft im Prozeß und in der Zwangsvollstreckung usw. 1994; *Reichert,* Die BGB-Gesellschaft im Zivilprozeß, 1988; *Schmidt,* Zur Vollbeendigung juristischer Personen, 1989; *Schulz,* Die Parteifähigkeit nicht rechtsfähiger Vereine im Zivilprozeß, 1992.

**Gliederung**

| | |
|---|---|
| 1) Systematik, Regelungszweck, I, II ..... | 1 |
| 2) Geltungsbereich, I, II ................. | 2 |
| 3) Begriffe, I, II .......................... | 3 |
| 4) Begriff der Parteifähigkeit, I, II ....... | 4–10 |
|    A. Inländische natürliche Person ........ | 4 |
|    B. Ausländer ........................... | 5 |
|    C. Juristische Person .................... | 6, 7 |
|    D. Offene Handelsgesellschaft ........... | 8 |
|    E. Partnerschaftsgesellschaft, Europäische wirtschaftliche Interessenvereinigung ... | 8 |
|    F. Kommanditgesellschaft................ | 9 |
|    G. Reederei ............................. | 9 |
|    H. Nicht rechtsfähiger Verein als Beklagter. | 9 |
|    I. Behörde ............................. | 10 |
| 5) Fehlen der Parteifähigkeit, I, II ........ | 11–19 |
|    A. Firma des Einzelkaufmanns .......... | 11 |
|    B. Gesellschaft oder Gemeinschaft des BGB ................................. | 12 |
|    C. Stille Gesellschaft .................... | 13 |
|    D. Nicht rechtsfähiger Verein als Kläger ... | 14 |
|    E. Politische Partei ...................... | 15 |
|    F. Gewerkschaft ........................ | 16 |
|    G. Zweigniederlassung .................. | 17 |
|    H. Wohnungseigentümerschaft.......... | 18 |
|    I. Sonstige Fälle ........................ | 19 |
| 6) Erlöschen der Parteifähigkeit, I, II ..... | 20–23 |
|    A. Gesamtnachfolge .................... | 20 |
|    B. Abwicklung ......................... | 21 |
|    C. Vermögensverteilung ................ | 22, 23 |
| 7) Sonderregeln beim nicht rechtsfähigen Verein usw, II............................ | 24–31 |
|    A. Passive Parteifähigkeit ............... | 24–28 |
|    B. Aktive Parteifähigkeit ................ | 29, 30 |
|    C. Arbeitsrecht ......................... | 31 |
| 8) Tragweite der Parteifähigkeit, I, II ..... | 32–34 |
|    A. Während des Prozesses ............... | 32 |
|    B. Nach dem Urteil .................... | 33 |
|    C. Streit über die Parteifähigkeit......... | 34 |
| 9) *VwGO* ................................. | 35 |

1   **1) Systematik, Regelungszweck, I, II.** § 50 regelt die Voraussetzungen der Parteifähigkeit, § 56 das Verfahren ihrer Prüfung im Prozeß, während §§ 51 ff die von der Parteifähigkeit zu unterscheidende Prozeßfähigkeit behandeln. Als Prozeßvoraussetzung, Grdz 13 vor § 253, bedarf die von Amts wegen zu beachtende Parteifähigkeit sorgsamster Prüfung, § 56 Rn 1, im Interesse aller den Prozeß tragenden Verfahrensgrundsätze, Grdz 12 ff vor § 128.

2   **2) Geltungsbereich, I, II.** Vgl Grdz 2 vor § 50.

3   **3) Begriffe, I, II.** Parteifähigkeit ist die Fähigkeit, Partei zu sein, also im eigenen Namen eine Rechtsverfolgung als Kläger oder Bekl zu betreiben, sei es auch in einer Wahrnehmung eines fremden Rechts, Grdz 26 ff vor § 50. Parteifähig ist derjenige, der im Sinn des BGB rechtsfähig ist, Mü RR **95**, 704. Dieser Satz gilt aber nicht umgekehrt; das ergibt sich aus II.

4   **4) Begriff der Parteifähigkeit, I, II.** Maßgeblich ist die Art der Partei.
**A. Inländische natürliche Person.** Sie ist parteifähig, auch als Verschollener, § 1 BGB. Die Leibesfrucht ist auflösend parteifähig, soweit sie einen Pfleger nach § 1912 BGB hat. Er ist ihr gesetzlicher Vertreter. Dasselbe gilt bei einer noch nicht erzeugten, jedoch bereits in einer letztwilligen Verfügung bedachten Person, §§ 1913, 2101, 2162, 2178 BGB.

## 1. Titel. Parteifähigkeit. Prozeßfähigkeit § 50

**B. Ausländer.** Ein Ausländer kann Partei sein, wenn er nach seinem Recht parteifähig (rechtsfähig) ist, 5 selbst wenn er nach dem Recht der BRep nicht parteifähig (rechtsfähig) ist, Art 7 EG BGB, BGH NJW **92**, 627, Zweibr NJW **87**, 2168; aM Pagenstecher ZZP **64**, 262, 272 (es komme lediglich darauf an, ob die Parteifähigkeit nach dem Heimatrecht vorhanden sei. Ob nach diesem Heimatrecht eine Rechtsfähigkeit vorliege, sei nur dann erheblich, wenn das Heimatrecht die Parteifähigkeit von der Rechtsfähigkeit abhängig mache, denn I gelte für einen Ausländer nicht). Freilich mag ein Wegfall der Parteifähigkeit nach dem Schluß der (ausländischen) mündlichen Verhandlung zu prüfen sein, BGH NJW **92**, 627. Maßgeblich ist das Recht am Ort des tatsächlichen (Haupt)Verwaltungssitzes, sog Sitztheorie, BGH NJW **97**, 269, Ffm NJW **90**, 2204, Mü RR **95**, 704 (Societé Anonyme), bei Verweisung evtl auch des Gründungsstaates, Ffm NJW **90**, 2204. Wegen eines ausländischen Vereins vgl § 23 BGB. Wenn eine ausländische Vereinigung wie eine juristische Person auftritt, dann kann sie verklagt werden, soweit ein redlicher Geschäftsverkehr dies erfordert, BGH **LM** Nr 10, selbst wenn ihre Rechtspersönlichkeit fraglich sein.

**C. Juristische Person,** dazu *Happ,* Die GmbH im Prozeß, 1997 (Bespr *Müller* NJW **99**, 347): Jede 6 juristische Person des öffentlichen oder privaten Rechts ist parteifähig, BGH NJW **94**, 245 (Erzbistum), zB auch eine Rechtsanwaltsgesellschaft, § 59 c BRAO, oder eine Patentanwaltsgesellschaft, § 52 c I PatAnwO, oder Europol, Art 26 I, II G v 16. 12. 97, BGBl II 2150, oder die Deutsche Welle, Art 1 § 1 II G v 16. 12. 97, BGBl 3094. Auch ihre Vorform kann klagen und jedenfalls verklagt werden, soweit sie bereits einen körperschaftlichen Charakter hat und deshalb nicht als eine bürgerlichrechtliche Gesellschaft aufzufassen ist, BGH NJW **98**, 1080 (zustm Demuth BB **98**, 966), Köln NJW **98**, 236, LAG Nürnb Rpfleger **98**, 296 (betr eine im Gründungsstadium befindliche Gesellschaft mit beschränkter Haftung). Allerdings fehlt die Parteifähigkeit der Vor-GmbH ab Rechtskraft der Ablehnung ihrer Eintragung, Köln VersR **98**, 207. Unter Umständen besteht die Parteifähigkeit der juristischen Person noch nach ihrer Löschung grundsätzlich bis zur Eintragung auch ihrer Vermögenslosigkeit fort, BGH NJW RR **94**, 542, BAG NJW **88**, 2637, Hamm BB **98**, 1654, aM Drsd JB **98**, 480, Bork JZ **91**, 841 (ausf). Ein eingetragener Verein ist nach I parteifähig, BGH GRUR **84**, 459, Ffm Rpfleger **78**, 134. Nach § 13 AGBG gelten für eine Unterlassungs- oder Widerklage eines rechtsfähigen Verbands oder einer Industrie- und Handelskammer Sonderregeln. Viele Handelsverträge enthalten für ausländische Handelsgesellschaften Vorschriften.

Soweit sich die GmbH noch einer *Forderung berühmt,* ist sie nicht vermögenslos, BAG NJW **88**, 2638, Mü 7 RR **95**, 613. Wegen eines Prozeßpflegers § 57 Rn 4. Wegen eines Nachtragsliquidators vgl auch BayObLG BB **83**, 1627. Wegen der Amtsstellen des Fiskus Grdz 13 vor § 50, § 18 Rn 5 ff, wegen der Parteifähigkeit einer Behörde Rn 10, § 17 Rn 7; wegen der Parteifähigkeit der evangelisch-lutherischen Kirche § 17 Rn 5.

**D. Offene Handelsgesellschaft,** dazu *Huber* ZZP **82**, 224: Ihre Rechtsnatur ist umstritten. Man muß 8 aus § 124 I HGB jedenfalls die Parteifähigkeit der OHG ablesen. Was würde es sonst bedeuten, daß die Gesellschaft „unter ihrer Firma vor Gericht klagen und verklagt werden kann"? Außerdem lassen auch die §§ 124 II, 129 HGB keine andere Auffassung zu. Es läßt sich nur so erklären, daß ein Prozeß zwischen der Gesellschaft und ihren Gesellschaftern möglich ist. Die Gesellschafter sind gesetzliche Vertreter der Gesellschaft, soweit sie nicht sachlichrechtlich von der Vertretung ausgeschlossen worden sind. Im Rechtsstreit muß die Gesellschaft durch die erforderliche Zahl von vertretungsberechtigten Gesellschaftern vertreten werden. Auch § 744 II BGB begründet nicht etwa ein Recht eines Gesellschafters, im Namen der Gesellschaft eine Klage ohne eine Zustimmung der mit Ermächtigung des neuen Gläubigers eine abgetretene Forderung ein, BGH NJW **86**, 850 vertretungsberechtigten Gesellschafter zu erheben. Die gesetzlichen Vertreter sind namhaft zu machen. Die Formulierung, die Offene Handelsgesellschaft sei „durch die Gesellschafter vertreten", reicht nicht aus. Ein Wechsel der Gesellschaft während des Rechtsstreits ist unerheblich. Ein Wegfall eines Gesellschafters unterbricht den Prozeß nur, falls die gesetzliche Vertretung infolge des Wegfalls nicht mehr vorhanden ist.

**E. Partnerschaftsgesellschaft, Europäische wirtschaftliche Interessenvereinigung.** Sie sind wie eine OHG zu beurteilen, § 7 II PartGG in Verbindung mit § 124 I HGB, § 1 Hs 2 AGEWIV.

**F. Kommanditgesellschaft,** §§ 161, 164 HGB. Für sie gelten dieselben Grundsätze wie bei der OHG. 9 Sie verliert die Parteifähigkeit als Bekl nicht schon infolge Eröffnung, BGH NJW **96**, 2035, oder Einstellung des Konkursverfahrens mangels Masse, BGH NJW **95**, 196.

**G. Reederei.** Ihr gesetzlicher Vertreter ist der Korrespondentreeder, § 493 III HGB. Wenn er fehlt, sind die Mitreeder die gesetzlichen Vertreter.

**H. Nicht rechtsfähiger Verein als Beklagter,** dazu *Schulz,* Die Parteifähigkeit nicht rechtsfähiger Vereine im Zivilprozeß, 1992: Der nicht rechtsfähige Verein ist nur als Bekl parteifähig, II, Rn 24. Wegen der Verbände Grdz 29–31 vor § 253. Wegen einer Bürgerinitiative LG Aachen NJW **77**, 255.

**I. Behörde.** Sie vertritt die §§ 525 II, 2194 BGB, 62 GmbHG den Fiskus. Wegen des Bundeseisenbahn- 10 vermögens (im Gegensatz zur Deutschen Bahn AG) § 18 Rn 6 „Bundeseisenbahnvermögen". Die Deutsche Post AG, Postbank AG, Telekom AG sind keine Behörden. Ein Regierungspräsident ist nicht parteifähig, BGH **LM** Preuß EnteignG Nr 16. Wegen der ausländischen Streitkräfte Art 56 VIII ZAbkNTrSt, ArbG Bln DB **88**, 1608 (zu Berlin). Eine nach dem BauGB beteiligte Stelle ist in einer Baulandsache parteifähig, BGH NJW **75**, 1658.

**5) Fehlen der Parteifähigkeit, I, II.** Hier kommen folgende Fälle in Betracht: 11

**A. Firma des Einzelkaufmanns.** Sie bezeichnet nur den Kaufmann selbst, § 17 II HGB, Ffm BB **85**, 1219. Wenn der Firmeninhaber wechselt, dann wechselt damit die Partei, Ffm BB **85**, 1219. Wenn die Firma wechselt, dann kann die Partei bestehen bleiben. Das Gericht braucht den Firmeninhaber nur insoweit festzustellen, als es auf seine Nämlichkeit ankommt, etwa um die Einheit einer Parteivernehmung. Man kann den Einzelkaufmann und seine Firma weder als Streitgenossen noch nacheinander verklagen.

**B. Gesellschaft oder Gemeinschaft des BGB,** dazu *Blackert,* Die Wohnungseigentümergemeinschaft 12 im Zivilprozeß, 1999: Sie sind grundsätzlich nicht rechtsfähig, BGH **80**, 222, PalSpau § 705 BGB Rn 17,

## § 50

1. Buch. 2. Abschnitt. Parteien

und folglich grundsätzlich auch nicht parteifähig, BGH NJW 93, 2944, Düss VHR 97, 111, AG Augsb WoM 98, 670, PalSpau § 705 BGB Rn 17, aM BGH NJW 97, 2754, Ffm MDR 99, 766 (aber das ist in solcher Allgemeinheit bloßes Zweckdenken). Sie ist die Summe der Gesellschafter, Mü Rpfleger 91, 174. Deshalb müssen sämtliche Gesellschafter zusammen klagen, vgl aber auch Grdz 22–24 vor § 50 und BGH NJW 97, 1236 (läßt bei Unvollständigkeit eine „Berichtigung" zu und eröffnet damit dem „Versehen" Tür und Tor). Sämtliche Gesellschafter müssen auch gegebenenfalls zusammen verklagt werden. Wenn die Forderung zum Gesellschaftsvermögen gehört, § 718 BGB, dann darf das Gericht die Gesellschafter aber nicht einzeln abweisen. Die geschäftsführenden Gesellschafter sind keine gesetzlichen Vertreter, sondern nur Prozeßbevollmächtigte. Zulässig ist aber eine Klage eines einzelnen Gesellschafters gegen einen Dritten wegen eines gesellschaftswidrigen Verhaltens der anderen Gesellschafter und wegen eines Zusammenspiels mit einem Schuldner der Gesellschaft. Wegen einer Bürgerinitiative Seitz/Schmidt/Schoener NJW 80, 1557.

13   **C. Stille Gesellschaft.**

14   **D. Nicht rechtsfähiger Verein als Kläger**, dazu *Canditt*, Der nicht rechtsfähige Verein im Aktivprozeß, Diss Gött 1986; *Schulz*, Die Parteifähigkeit nicht rechtsfähiger Vereine im Zivilprozeß, 1992:
Der nicht rechtsfähige Verein ist als Kläger grundsätzlich nicht parteifähig, Schmidt NJW 84, 2251, aM LG Aachen NJW 77, 255, Stoltenberg MDR 89, 494.

15   **E. Politische Partei.** Hier muß man allerdings unterscheiden: Soweit sie als nichtrechtsfähiger Verein organisiert ist oder soweit ihr Gebietsverband der jeweils höchsten Stufe auftritt, ist sie aktiv und passiv prozeßfähig, § 3 ParteienG, BGH 73, 277, Köln NJW 78, 227, LG Hann NJW 94, 2236. Die Bezirksverwaltung der politischen Partei ist nicht parteifähig, Zweibr RR 86, 181. Dasselbe gilt für einen Ortsverband oder Kreisverband, Ffm MDR 84, 1030, Hamm DB 70, 1972, LG Bonn NJW 76, 810, aM LG Düss RR 90, 832 (maßgebend ist, ob eine eigene Satzung vorliege), KG NJW 88, 3160, Kainz NJW 85, 2619. Wegen II LG Ffm NJW 79, 1661, vgl im übrigen Rn 29. Eine Parteifähigkeit liegt aber vor, wenn auch der Bezirksvorstand als ein nichtrechtsfähiger Verein organisiert und dadurch passiv prozeßfähig ist, Bbg NJW 82, 895, Karlsr OLGZ 78, 226, LG Arnsberg NJW 87, 1413. Wegen einer Fraktion LG Bre RR 92, 447, ArbG Bln NJW 90, 534.

16   **F. Gewerkschaft.** Sie ist grundsätzlich zumindest aktiv parteifähig, BGH 109, 15 mwN, Lindacher JZ 89, 378 mwN, abw RoSgO § 43 II 4 (nicht die Unterorganisation). Die Bezirksverwaltung der Deutschen Postgewerkschaft ist nicht parteifähig, da sie nicht tariffähig ist, vgl BGH **LM** Nr 25, aM Fenn ZZP 86, 177. Eine körperschaftlich organisierte Unterorganisation mit eigenständiger Tätigkeit ist passiv parteifähig, Düss RR 86, 1506.

17   **G. Zweigniederlassung.** Sie ist als solche nicht parteifähig, LG Aurich RR 98, 1255. Allerdings ist die Rechtsperson unter der Firma ihrer Zweigniederlassung parteifähig.

18   **H. Wohnungseigentümergemeinschaft.** Auch sie ist nicht parteifähig, BGH **LM** § 253 Nr 58, Kblz NJW 77, 56 (auch II ist nicht anwendbar).

19   **I. Sonstige Fälle.** Nicht parteifähig ist ein „Institut", soweit es nicht nach Rn 7–14 organisiert ist, BGH GRUR 90, 349.

20   **6) Erlöschen der Parteifähigkeit, I, II.** Die Parteifähigkeit erlischt mit dem Verlust der Rechtsfähigkeit. Man muß im einzelnen bei einer juristischen Person, einer parteifähigen Handelsgesellschaft, BGH NJW 96, 2035, BAG JZ 82, 373, Huber ZZP 82, 224, einer ihr auch für die Liquidation grundsätzlich gleichstehenden Partnerschaftsgesellschaft, § 10 I, II PartGG, und bei einem rechtsfähigen Verein, vgl (nur grds) BGH 74, 213, wie folgt unterscheiden:

   **A. Gesamtnachfolge.** Sie kommt zB in Betracht, wenn Aktiengesellschaften usw ohne eine Abwicklung miteinander verschmolzen werden, §§ 339 ff AktG. Der Prozeß wird mit dem Rechtsnachfolger fortgesetzt.

21   **B. Abwicklung**, dazu *Hess*, Rechtsfragen der Liquidation von Treuhandunternehmen usw, 1993: Sie findet im Fall einer Auflösung in aller Regel statt. Die Abwicklungsgesellschaft setzt die Gesellschaft in einer anderen Form fort. Sie ist daher dieselbe Rechtsperson. Die Parteifähigkeit bleibt selbst nach dem Abschluß der Abwicklung zumindest solange bestehen, wie ein verteilbares Vermögen vorhanden ist; es genügt, daß dies behauptet wird, BGH DtZ 95, 50, BAG NJW 88, 2638, Kblz RR 99, 40 (wegen Erstattungsanspruchs: Vermutung), Stgt RR 94, 1064, aM BayObLG WettbR 99, 39 (Verbraucherschutzverein. Aber warum nur gerade bei ihm nicht?). Die vorstehenden Regeln gelten auch dann, wenn die Gesellschaft erfolglos ein Insolvenzverfahren beantragt, selbst wenn die Ablehnung seiner Eröffnung mangels Masse erfolgte, BGH NJW 95, 196, Kblz RR 94, 501, oder wenn das Insolvenzverfahren erst eröffnet wird, BGH NJW 96, 2035, oder wenn eine ausländische Gesellschaft, der die Erlaubnis zum Betreiben von Bankgeschäften vom Aufsichtsamt entzogen wurde, durch ihren deutschen Abwickler handelt, der auf Veranlassung des Aufsichtsamts hin bestellt worden war, BGH NJW 70, 1187.

22   **C. Vermögensverteilung.** Die Gesellschaft erlischt grundsätzlich, wenn ihr Vermögen völlig verteilt worden ist (sog Vollbeendigung), BGH NJW 96, 2035. Wenn also die Liquidation abgeschlossen wurde und die Löschung im Handelsregister eingetragen worden ist, dann kann man in einem Vollstreckungsverfahren kein Rechtsmittel mehr einlegen. Allerdings dauert die Parteifähigkeit sogar in solcher Lage in einem noch anhängigen Prozeß fort, vgl BGH RR 86, 394 (für die Genossenschaft). Denn niemand kann ohne einen gesetzlichen Grund eigenmächtig aus dem Prozeßrechtsverhältnis ausscheiden, BGH VersR 91, 121, BAG NJW 88, 2637, Hamm RR 87, 1255, aM BGH NJW 82, 238, Hamm JR 88, 334.

23   Wegen der Rechtslage für und gegen eine *Gesellschaft mit beschränkter Haftung*, die entweder auf Grund eines Antrags oder von Amts wegen gelöscht worden ist, BGH VersR 91, 121, Kblz RR 99, 40, Saarbr RR 98, 1605; vgl auch § 57 Rn 3, § 239 Rn 2, LG Brschw RR 99, 1265 (solange die Vermögenslosigkeit nicht feststeht). Über eine Unterbrechung im Stadium der Abwicklung der vermögenslos gewordenen Gesellschaft vgl § 241 Rn 1, 2.

## 1. Titel. Parteifähigkeit. Prozeßfähigkeit § 50

**7) Sonderregeln beim nicht rechtsfähigen Verein usw, II.** Zu unterscheiden sind folgende Situationen: 24

**A. Passive Parteifähigkeit.** Der nicht rechtsfähige Verein ist nur als Bekl parteifähig, nicht als Kläger. Dies ergibt sich aus dem klaren Wortlaut von II und läßt sich auch nicht aus Zweckmäßigkeitserwägungen oder/und durch „verfassungskonforme Auslegung" ändern. Die Vorschrift widerspricht dem praktischen Bedürfnis. Da das Gesetz aber unzweideutig lautet, muß sich der Richter ihm beugen, BGH **109**, 17, RoSGo § 43 II 3 a, StJBo 20, aM Habscheid ZZP **78**, 237, PalH § 54 BGB Rn 12, Schulz NJW **90**, 1893.

*Im Prozeß* hat der beklagte nicht rechtsfähige Verein die Stellung eines rechtsfähigen. Infolgedessen ist der 25 Vereinsvorstand der gesetzliche Vertreter, § 51. Die Mitglieder des Vereins sind nicht Partei. Der Verein kann im Prozeß alles das tun oder lassen, was eine juristische Person tun oder unterlassen dürfte. Eine im Rechtsverkehr im eigenen Namen auftretende Untergliederung, zB eine Ortsgruppe, kann als ein selbständiger nicht rechtsfähiger Verein anzusehen sein, unabhängig von der Satzung, BGH **90**, 332, LG Regensb RR **88**, 184 (Tennisabteilung).

*Er kann zB:* Eine Aufrechnung erklären und das abgetrennte Verfahren betreiben, § 145; eine Widerklage 26 erheben, Anh § 253, Nieder MDR **79**, 10 mwN (allerdings nicht, wenn der Verein erst als ein Dritter eine Widerklage erhebt, Nieder MDR **79**, 11); einen Schadensersatz wegen einer unberechtigten Zwangsvollstreckung nach § 717 fordern, freilich nicht in einem bereits abgetrennten Prozeß; eine Wiederaufnahme des Verfahrens beantragen, §§ 578 ff, denn der Antrag ist ein Rechtsbehelf; ein Rechtsmittel einlegen, also Rechtsmittelkläger sein; aus einem Urteil die Zwangsvollstreckung betreiben, §§ 704 ff.

*Er kann zB nicht:* Eine Forderungsüberweisung erlangen, denn er kann nicht Gläubiger werden und nicht 27 klagen; als ein Streithelfer einer Partei auftreten, § 66, auch nicht als ein Streithelfer eines Bekl; sich eine Zwangshypothek eintragen lassen; auf eine Freigabe einer Sicherheit, auf eine Duldung der Zwangsvollstreckung oder die Erteilung einer Vollstreckungsklausel klagen, §§ 724 ff. In den letzten Fällen müssen sämtliche Vereinsmitglieder auftreten. Die Vereinsmitglieder können als Zeugen auftreten, § 373 Rn 23 „Verein". Eine Parteivernehmung, §§ 445 ff, kommt nur beim Vereinsvorstand in Frage.

II ist entsprechend auf eine *werdende Stiftung*, die schon als juristische Person aufgetreten ist, LG Heidelb 28 RR **91**, 969, und auf eine Verwaltungsorganisation von Miteigentümern mit einer körperschaftsähnlichen Verfassung und einem eigenen Namen anwendbar. Eine örtliche Untergliederung einer Gewerkschaft oder einer parteiähnlichen Korporation kann ein nicht rechtsfähiger Verein sein, Karlsr OLGZ **78**, 227. Wegen eines ausländischen Unternehmens BGH **97**, 270.

**B. Aktive Parteifähigkeit.** Vgl zunächst Rn 24–28. Wenn ein nicht rechtsfähiger Verein klagen will, 29 dann müssen also sämtliche Mitglieder als Kläger auftreten. Es reicht eine Bezeichnung etwa mit folgendem Text: Verein Eintracht, bestehend aus folgenden Mitgliedern (es folgen sämtliche Namen, Berufsangaben, Anschriften usw). Sämtliche Vereinsmitglieder sind notwendige Streitgenossen, § 62 Rn 15 „Verein". Wenn auch nur ein Vereinsmitglied in der Aufzählung fehlt, dann fehlt das Prozeßführungsrecht, Grdz 22 vor § 50. Maßgeblich ist der Zeitpunkt der Klagerhebung, § 253. Infolgedessen muß ein Wechsel im Bestand der Mitglieder zwischen dem Zeitpunkt der Klageinreichung und demjenigen der Klagzustellung unverzüglich dem Gericht mitgeteilt werden. Denn erst mit der Klagerhebung beginnt das Prozeßrechtsverhältnis, Grdz 3 vor § 128. Der Eintritt oder der Austritt eines Mitglieds nach der Klagerhebung hat auf den Fortgang des Prozesses keinen Einfluß. Denn insofern tritt eine Rechtsnachfolge in das Vereinsvermögen ein, § 738 BGB. Infolgedessen ist § 265 I anwendbar. Die nachträgliche Angabe vergessener Mitglieder ist allerdings eine zulässige Klageberichtigung. Ein ausscheidendes Mitglied kann trotz der bisher notwendigen Streitgenossenschaft für seine Person die Klage zurücknehmen, § 269. Die Klage bleibt dann für die anderen Vereinsmitglieder anhängig. Der Vorstand hat nur die Stellung eines ProzBev. Je nach der Satzung kann er auch seinerseits eine Prozeßvollmacht erteilen. Wegen einer Untergliederung vgl Rn 24–28.

Wegen der großen und wechselnden Mitgliederzahl ergeben sich oft Schwierigkeiten. Deshalb pflegen die 30 Vorstandsmitglieder eines nicht rechtsfähigen Vereins als Treuhänder des auf sie übertragenen Vermögens oder im Weg einer *Prozeßstandschaft* der Mitglieder im eigenen Namen zu klagen, Grdz 45 „Treuhänder" vor § 50. Dieser Weg ist zulässig. BGH **50**, 325 billigt einer Gewerkschaft die aktive Prozeßfähigkeit zu. Für den Verein Deutscher Studenten (VDS) verneint Mü NJW **69**, 618 die aktive Prozeßfähigkeit; für eine Burschenschaft kommt Kblz RR **93**, 697 zu demselben Ergebnis. Die Parteifähigkeit bejahen Habscheid ZZP **78**, 236, ähnlich Jung NJW **86**, 163 (es komme auf das sachliche Recht an); zum Problem Lindacher ZZP **90**, 140. Das Mitglied eines klagenden nicht rechtsfähigen Vereins kann nicht als Zeuge auftreten, Üb 23 „Verein" vor § 373. Seine Parteivernehmung nach §§ 445 ff ist zulässig.

**C. Arbeitsrecht.** Im Verfahren vor den Arbeitsgerichten ist die Parteifähigkeit auch auf die meist als nicht 31 rechtsfähige Vereine organisierten Gewerkschaften sowie auf die Vereinigungen von Arbeitgebern und auf die Zusammenschlüsse solcher Verbände zu Spitzenverbänden ausgedehnt, § 10 ArbGG, soweit solche Zusammenschlüsse nicht schon nach § 50 parteifähig sind. BAG DB **75**, 1272 hält den Sprecherausschuß der leitenden Angestellten zumindest in einem Rechtsstreit über seine Zulässigkeit für parteifähig. Wegen der arbeitsrechtlichen Einigungsstellen Lepke BB **77**, 54.

**8) Tragweite der Parteifähigkeit, I, II.** Es sind zeitliche und sachliche Unterschiede zu beachten. 32

**A. Während des Prozesses.** Die Parteifähigkeit muß während der ganzen Dauer des Rechtsstreits von der Klage bis zum Urteil vorliegen. Denn ohne sie müßte jede Prozeßhandlung wirkungslos, BGH **LM** Preuß EnteignungsG Nr 16. Wenn ein Parteiunfähiger während des Rechtsstreits parteifähig wird und nunmehr die bisherige Prozeßführung genehmigt, dann wird dadurch eine bisher mangelhafte Prozeßhandlung, die nach dem Recht des Prozeßgerichts zu beurteilen ist, sogar noch in der Revisionsinstanz geheilt, BGH **51**, 27, vgl auch BayObLG MDR **75**, 408, § 51 Rn 6–9, § 52 Rn 4. Die Parteifähigkeit ist eine Prozeßvoraussetzung, Grdz 13 vor § 253. Das Gericht muß sie daher in jeder Lage des Verfahrens von Amts wegen prüfen, § 56 Rn 3. Das Gericht braucht aber nicht das Verfahren bei der Schaffung der

## §§ 50, 51
1. Buch. 2. Abschnitt. Parteien

Grundlagen der Parteifähigkeit nachzuprüfen, also zB nicht zu kontrollieren, ob die Voraussetzungen einer erfolgten Eintragung ins Handelsregister vorlagen.

**33 B. Nach dem Urteil.** Wenn gegen einen nicht Parteifähigen ein Urteil ergangen ist, dann darf er das zulässige Rechtsmittel einlegen. Er ist also für die höhere Instanz parteifähig, Düss MDR **77**, 759. Denn ein rechtskräftiges Urteil wäre wirksam und vollstreckbar. Etwas anderes gilt nur dann, wenn die Partei in Wahrheit überhaupt nicht besteht, Grdz 19 vor § 50. Im Vollstreckungsverfahren ist die Parteifähigkeit von Amts wegen zu prüfen, Grdz 39 vor § 128, Grdz 39 vor § 704, Hamm Rpfleger **90**, 131.

**34 C. Streit über die Parteifähigkeit.** In einem Rechtsstreit über die Parteifähigkeit wird der angeblich Parteiunfähige als parteifähig behandelt, BGH NJW **93**, 2944 mwN, BayObLG MDR **75**, 408, Schlesw SchlHA **78**, 178 (auch wegen der Kostenfestsetzung), zB dann, wenn streitig ist, ob nicht doch noch ein Vermögen einer an sich bereits aufgelösten Erwerbsgesellschaft vorliegt, Rn 21, 22.

**35 9) VwGO:** Es gilt § 61 VwGO, dazu *Dolde F Menger* (1985) 423–440. Danach sind fähig, am Verfahren beteiligt zu sein, (rechtsfähige) natürliche und jur Personen (Nr 1) sowie Vereinigungen, soweit ihnen ein Recht zustehen kann (Nr 2), also abweichend von II auch der nichtrechtsfähige Verein als Kläger, nicht aber eine Bauherrengemeinschaft, VGH Kassel AnwBl **87**, 498, oder eine Bruchteilsgemeinschaft, VGH Mü BayVBl **79**, 20, und schließlich, ähnlich wie der Staatsanwalt in den Fällen der Rn 10, Behörden, sofern das Landesrecht dies bestimmt (Nr 3). Dem Vertreter, der für eine nicht beteiligungsfähige Partei ein Rechtsmittel eingelegt hat, sind die Kosten aufzuerlegen, OVG Münst NJW **81**, 2373.

**51** *Prozeßfähigkeit. Gesetzliche Vertretung. Prozeßführung.* ¹Die Fähigkeit einer Partei, vor Gericht zu stehen, die Vertretung nicht prozeßfähiger Parteien durch andere Personen (gesetzliche Vertreter) und die Notwendigkeit einer besonderen Ermächtigung zur Prozeßführung bestimmt sich nach den Vorschriften des bürgerlichen Rechts, soweit nicht die nachfolgenden Paragraphen abweichende Vorschriften enthalten.

II Das Verschulden eines gesetzlichen Vertreters steht dem Verschulden der Partei gleich.

**Schrifttum:** *Brandner*, Zur gerichtlichen Vertretung der Gesellschaft gegenüber ausgeschiedenen Vorstandsmitgliedern/Geschäftsführern, in: Festschrift für *Quack* (1991); *Findeisen*, Der minderjährige Zeuge im Zivilprozeß, 1992; *Grundmann*, Der Minderjährige im Zivilprozeß, 1980; *Heintzmann*, Die Prozeßführungsbefugnis, 1970; *Loritz*, Rechtsprobleme der Vertretung von Gesellschaften mit beschränkter Haftung im Zivilprozeß bei Unwirksamkeit von Anteilsübertragungen, in: Festschrift für *Nakamura* (1996); *Oda*, Die Prozeßfähigkeit als Voraussetzung und Gegenstand des Verfahrens, 1996; *Reinicke*, Der Zugang des Minderjährigen zum Zivilprozeß usw, 1989; *Tsukasa*, Die Prozeßfähigkeit als Voraussetzung und Gegenstand des Verfahrens, 1996; *Zieglrum*, Sicherungs- und Prozeßpflegschaft, §§ 1960, 1961 BGB, 1986.

**Gliederung**

| | |
|---|---|
| 1) Systematik, Regelungszweck, I, II ..... 1 | 5) Ermächtigung der Partei zur Prozeßführung, I ..... 24 |
| 2) Geltungsbereich, I, II ..... 2 | 6) Tragweite der Prozeßfähigkeit, I ..... 25 |
| 3) Begriff der Prozeßfähigkeit, I ..... 3–5 | 7) Verschulden des gesetzlichen Vertreters, II ..... 26 |
| 4) Vertretung Prozeßunfähiger, I ..... 6–23 | 8) VwGO ..... 27 |
| A. Aufgabe des gesetzlichen Vertreters ..... 6–9 | |
| B. Prozessuale Gleichstellung ..... 10 | |
| C. Gerichtliche Bestellung eines Vertreters ..... 11 | |
| D. Beispiele zur Frage einer gesetzlichen Vertretung, I ..... 12–23 | |

**1 1) Systematik, Regelungszweck, I, II.** Während § 50 die Voraussetzungen der Parteifähigkeit nennt, regeln §§ 51 ff diejenigen der gesondert zu beurteilenden Prozeßfähigkeit und § 56 (auch) das Verfahren ihrer Prüfung im Prozeß. II entspricht dem § 85 II (Haftung des ProzBev). Von der Prozeßfähigkeit ist die *Verhandlungsfähigkeit* (Postulationsfähigkeit) als eine sog Prozeßhandlungsvoraussetzung, Grdz 18 vor § 253, zu unterscheiden, vgl Üb 1 vor § 78. Als Prozeßhandlungsvoraussetzung, Rn 5, bedarf die Prozeßfähigkeit (wie die Parteifähigkeit) sorgsamster Prüfung, § 56 Rn 1, im Interesse aller den Prozeß tragenden Verfahrensgrundsätze, Grdz 12 ff vor § 128.

**2 2) Geltungsbereich, I, II.** Vgl Grdz 2 vor § 50.

**3 3) Begriff der Prozeßfähigkeit, I.** Die „Fähigkeit, vor Gericht zu stehen" bzw „vor Gericht aufzutreten", Art 26 II 2 G v 16. 12. 97, BGBl II 2150 (betr Europol), also die Prozeßfähigkeit, nicht zu verwechseln mit der Parteifähigkeit, Hbg RR **97**, 1400, ist die Fähigkeit, einen Prozeß selbst oder mit Hilfe eines ProzBev zu führen und Entscheidungen von vernünftigen Erwägungen leiten zu lassen, Ffm RR **92**, 763. Es handelt sich also um die prozessuale Geschäftsfähigkeit, § 52 Rn 3, Bork MDR **91**, 97. Nach I soll sie sich nach dem bürgerlichen Recht richten. Dieses enthält aber keine derartige Vorschrift. Solche Vorschriften sind auch nicht erforderlich. Denn § 52 bestimmt die Prozeßfähigkeit durch die Geschäftsfähigkeit. Beispiele einer Prozeßunfähigkeit vgl § 52 Rn 4 ff. Ein beschränkt Geschäftsfähiger ist grundsätzlich voll prozeßunfähig, LG Bonn NJW **74**, 1387, LG Nürnb-Fürth NJW **76**, 633. Das gilt grundsätzlich auch für den mit Einwilligungsvorbehalt Betreuten, Bork MDR **91**, 98 (ausf). Der ohne solchen Vorbehalt Betreute bleibt geschäftsfähig, Bork MDR **91**, 98. Mit dem Eintritt der Volljährigkeit entsteht die volle Prozeßfähigkeit ohne weiteres, Düss FamRZ **99**, 653.

Es ist auch zulässig, die Geschäftsfähigkeit und Prozeßfähigkeit, etwa wegen einer geistigen Störung, für einen beschränkten Kreis von Angelegenheiten *(partielle Geschäfts- und Prozeßunfähigkeit)* auszuschließen, etwa für die Führung eines Eheverfahrens. Eine Beschränkung der Prozeßfähigkeit kann auch bei einem Anwalt

## 1. Titel. Parteifähigkeit. Prozeßfähigkeit § 51

vorliegen, § 78 Rn 26, § 244 Rn 8, BVerfG **37**, 76. Die teilweise Geschäfts- und Prozeßunfähigkeit erstreckt sich dann allgemein auf dieses gesamte Sachgebiet, also auf den ganzen Prozeß. Es gibt allerdings keine Geschäftsunfähigkeit, die nur auf einen Kreis besonders schwieriger Geschäfte beschränkt wäre. Querulanz, Einl III 66, ist nicht stets Prozeßunfähigkeit, Saarbr ZMR **98**, 212.

Kein Prozeßunfähiger kann schon deshalb prozessieren, weil sein gesetzlicher Vertreter zustimmt. Wohl **4** aber kann man der vollen Prozeßfähigkeit eine beschränkte insoweit gegenüberstellen, als eine Person, die nur in gewisser Beziehung geschäftsfähig ist, auch nur insoweit die (volle) Prozeßfähigkeit besitzt, § 52 Rn 6–8. Ein *Zweifel* an der Geschäftsfähigkeit eines Anwalts schließt in einem Verfahren mit dem Ziel der Rücknahme seiner Zulassung zur Anwaltschaft eine Prozeßfähigkeit nicht aus, anders als evtl etwa im Prozeß des Auftraggebers, BGH **52**, 1. Für eines der in § 1712 I BGB genannten Verfahren gilt § 53 a. Für Ehe- und Kindschaftssachen geben die §§ 607, 640 b Sondervorschriften. Bei einer Auslandsbeteiligung ist Art 7 I EGBGB zu beachten, KG FamRZ **91**, 1456 (Geschäftsfähigkeit des Minderjährigen infolge Ehe). Wegen eines Streits über die Prozeßfähigkeit § 56 Rn 13.

Die Prozeßfähigkeit ist eine *Prozeßhandlungsvoraussetzung,* Grdz 18 vor § 253, BGH NJW **98**, 1647, **5** BayObLG **90**, 337. Das Gericht muß sie daher in jeder Lage des Verfahrens von Amts wegen prüfen, § 56 Rn 3. Das gilt zumindest bei irgendeinem Zweifel, BVerwG Buchholz 310 § 138 Z 4 VwGO Nr 3. Das gilt entgegen BGH MDR **87**, 558 durchaus auch im Verfahren nach §§ 36, 37 schon für das bestimmende Gericht. Das Revisionsgericht kann allerdings eine insoweit etwa erforderliche Beweisaufnahme dem Berufungsgericht überlassen, BAG BB **78**, 158. Bis zur Klärung liegt Parteifähigkeit vor, Kblz RR **99**, 40. Beim endgültigen Zweifel fehlt sie aber, Ffm RR **92**, 763, Mü RR **89**, 256. Weiteres bei § 52.

**4) Vertretung Prozeßunfähiger, I.** Es werden sehr unterschiedliche Lagen erfaßt. **6**

**A. Aufgabe des gesetzlichen Vertreters.** Einen Prozeßunfähigen vertritt derjenige, der nach dem sachlichen (nicht nur nach dem bürgerlichen) Recht sein gesetzlicher Vertreter ist (Begriff Grdz 7 vor § 50), BGH MDR **92**, 911, vgl BayVGH Rpfleger **76**, 350 (zustm Kirberger). Der gesetzliche Vertreter handelt im Prozeß an Stelle der Partei. Das sachliche Recht ergibt den Umfang seiner Vertretungsmacht, vgl ArbG Düss RR **92**, 366. Soweit die Vertretungsmacht auf dem Willen des Vertretenen beruht, liegt keine gesetzliche Vertretung vor. Der Prozeßunfähige kann nur mit Hilfe seines gesetzlichen Vertreters prozessieren. Soweit ein gesetzlicher Vertreter fehlt oder rechtlich verhindert ist, kann der Prozeßunfähige keine Klage erheben. Er hat aber als ein zu Unrecht in Anspruch Genommener die prozessualen Rechte einer Partei, BGH RR **7** **86**, 1119, Köln MDR **76**, 937. Das gilt auch beim *Streit* gerade um die Prozeßfähigkeit, BGH **86**, 188, Hamm AnwBl **82**, 70. Eine mangelhafte Vertretung bleibt unschädlich, soweit der gesetzliche Vertreter bzw der prozeßfähig Gewordene, § 50 Rn 32, oder sein Erbe, § 52 Rn 5, die Prozeßführung genehmigen.

Ein Prozeßunfähiger kann *vorläufig zugelassen* werden, § 56 II, vgl BGH MDR **92**, 911. Ein gesetzlicher **8** Vertreter kann nicht mit sich selbst prozessieren, Grdz 15 vor § 50. Wenn der Prozeßunfähige seinen gesetzlichen Vertreter verklagen will oder wenn der gesetzliche Vertreter den Prozeßunfähigen verklagen will, dann muß zunächst ein anderer Vertreter bestellt werden. Im Verhältnis zwischen einem Kind und einem Elternteil darf ein Pfleger wegen §§ 1629 II, 3, 1796 II BGB nur dann bestellt werden, wenn ein erheblicher Interessengegensatz besteht, BGH **LM** § 1796 BGB Nr 1.

Wenn mehrere gesetzliche Vertreter vorhanden sind, dann ergibt sich aus dem sachlichen Recht, ob jeder **9** für sich oder nur alle zusammen vertreten (Einzel- oder Gesamtvertretung), vgl BGH NJW **87**, 1948, ArbG Düss RR **92**, 366, und wie man widersprüchliche Erklärungen mehrerer Einzelvertreter würdigen muß. Der *Vertreter* muß seinerseits prozeßfähig sein, aM StJBo § 51 Rn 26 (die Frage sei nach dem sachlichen Recht zu beantworten. Aber es wäre ein innerer Widerspruch, jemanden zu einer Prozeßführung für einen anderen zuzulassen, der nicht einmal einen eigenen Prozeß führen kann.

**B. Prozessuale Gleichstellung.** Der gesetzliche Vertreter ist nicht selbst Partei. Er steht aber prozessual **10** der Partei gleich. Wegen seines unanständigen Verschuldens Rn 26. Über den gesetzlichen Vertreter als Partei neben dem Vertretenen vgl Grdz 7 vor § 50.

**C. Gerichtliche Bestellung eines Vertreters.** In gewissen Fällen kann das Gericht einen gesetzlichen **11** Vertreter bestellen, § 29 BGB (die Vorschrift gilt auch für die Gesellschaft mit beschränkter Haftung, § 76 AktG. Ein solcher gesetzlicher Vertreter darf die Partei auch im Prozeß vertreten.

**D. Beispiele zur Frage einer gesetzlichen Vertretung, I** **12**
**Beistand:** Der Beistand, § 53 a in Verbindung mit §§ 1712 ff BGB, ist in seinem Aufgabenkreis der gesetzliche Prozeßvertreter, § 53 a Rn 3.
**Betreuer:** Der Betreuer, §§ 1896 ff BGB, ist in seinem vom Vormundschaftsgericht festzulegenden Aufgabenkreis der gesetzliche Vertreter des Betreuten, und zwar auch und gerade vor Gericht, § 1902 BGB, Bork MDR **91**, 97. Das gilt unabhängig davon, ob der Betreute geschäftsfähig ist oder nicht.
S auch Rn 23 „Volljähriger".
**Bundeseisenbahnvermögen:** § 18 Rn 6 „Bundeseisenbahnvermögen".
Vgl aber auch Rn 16 „Gesellschaft: Aktiengesellschaft" (wegen der Deutsche Bahn AG).
**Bundespost:** § 18 Rn 6 „Bundespost".
**Deutsche Welle:** Der Intendant ist ihr gesetzlicher Vertreter, Art 1 § 42 II G v 16. 12. 97, BGBl 3094.
**Erbe:** Als gesetzlicher Vertreter kommt der Nachlaßpfleger in Betracht. **13**
**Europol.:** Der Direktor ist der gesetzliche Vertreter von Europol, Art 29 V G v. 16. 12. 97, BGBl II 2150.
**Fiskus:** Der Fiskus wird durch die zuständige Behörde gesetzlich vertreten, vgl bei § 17. **14**
**Gemeinschaft:** Bei der Gemeinschaft der Miterben ist der Nachlaßpfleger ihr gesetzlicher Vertreter, BGH **15** NJW **89**, 2134 mwN. Wegen des Nachlaß*verwalters* Grdz 9 vor § 50. Bei der Gemeinschaft der Wohnungseigentümer ist der Verwalter im Rahmen des § 27 II WEG als gesetzlicher Vertreter zu behandeln, BGH **78**, 171 mwN. Das hat unter anderem zur Folge, daß er mehr als ein bloßer Zustellungsbevollmächtigter ist, BGH DB **81**, 209. Er muß aber eindeutig erkennen können, daß ihm auch gerade als dem Verwalter zugestellt werden soll, BayObLG BB **88**, 1076.

## § 51

**Genossenschaft:** Sie wird durch den Vorstand vertreten; im Prozeß gegen ein Vorstandsmitglied ist der Aufsichtsrat berufen, BGH NJW **98**, 1647, aM Hamm RR **95**, 1317 (ebenfalls der Vorstand).

16 **Gesellschaft:** Hier sind folgende Fälle zu unterscheiden:
- **(Aktiengesellschaft):** Sie wird durch den Vorstand vertreten. Das gilt auch für die Deutsche Bahn AG, vgl § 18 Rn 6 „Bundeseisenbahnvermögen", für die Deutsche Post AG, die Deutsche Postbank AG und die Deutsche Telekom AG, § 18 Rn 6 „Bundespost". Im Anfechtungsprozeß sind der Vorstand und der Aufsichtsrat, aber auch der Aufsichtsrat allein die gesetzlichen Vertreter, § 246 III AktG. Vgl ferner § 278 III AktG. In Betracht kommt ferner der Aufsichtsrat für eine inländische Zweigstelle eines ausländischen Kreditinstituts in der Form einer Aktiengesellschaft, und zwar ohne Rücksicht auf das rechtliche Schicksal der ausländischen Gesellschaft, BGH **53**, 383.

  *Keine* Vertretungsmacht oder Klagebefugnis hat ein Aufsichtsratmitglied oder eine Gruppe von ihnen, die bei einer Abstimmung wegen Mißbilligung des Vorstandes unterlagen, Ffm BB **88**, 364.

- **(Genossenschaft):** Eine Erwerbs- und Wirtschaftsgenossenschaft wird durch den Vorstand vertreten, der durch eine Bescheinigung ausgewiesen ist, §§ 24, 26 II GenG. Im Stadium der Abwicklung ist der Abwickler der gesetzliche Vertreter.
- **(Gesellschaft mit beschränkter Haftung),** dazu *Happ,* Die GmbH im Prozeß, 1997 (Bespr *Müller* NJW **99**, 347): Sie wird durch den oder die Geschäftsführer vertreten, § 35 I GmbHG, BayObLG BB **89**, 171, Düss FGPrax **98**, 231. Wegen der Lage in einem Rechtsstreit für oder gegen eine auf Grund einer Anmeldung oder von Amts wegen gelöschte GmbH Hbg RR **97**, 1400, Kblz VersR **83**, 671. Der Abwickler ist der gesetzliche Vertreter. Mit dem Liquidationsende erlischt die Prozeßfähigkeit, Hamm MDR **97**, 972. Bei einem Streit über die Wirksamkeit der Bestellung eines Geschäftsführers vertritt derjenige die Gesellschaft, der im Fall ihres Sieges als ihr Geschäftsführer anzusehen ist, also nicht der bloße Notgeschäftsführer, BGH DB **81**, 368.

  S auch Rn 16 „Patentanwaltsgesellschaft", Rn 21 „Rechtsanwaltsgesellschaft".
- **(Kommanditgesellschaft):** Sie wird durch den persönlich haftenden Gesellschafter, BGH DB **88**, 1210 (also evtl durch den Geschäftsführer der Komplementär-GmbH, § 125 I HGB, BayObLG BB **89**, 171), unter Umständen durch den Aufsichtsrat vertreten. Das gilt auch für die Kommanditgesellschaft auf Aktien, §§ 161 II, 170 HGB, 278 III AktG. Im Stadium der Abwicklung wird sie durch den Abwickler vertreten.
- **(Partnerschaftsgesellschaft):** Sie wird grds durch jeden Partner vertreten, § 7 III PartGG in Verbindung mit § 125 I HGB. Der Partnerschaftsvertrag kann freilich Beschränkungen der Vertretungsmacht vorsehen, § 7 III PartGG in Verbindung mit §§ 125 II, IV, 126, 127 HGB.
- **(Patentanwaltsgesellschaft):** Sie wird von Geschäftsführern vertreten, die mehrheitlich Patentanwälte sein müssen, § 52 f I PatAnwO.
- **(Rechtsanwaltsgesellschaft):** Sie wird von Geschäftsführern vertreten, die mehrheitlich Anwälte sein müssen, § 59 f I BRAO.

17 **Juristische Person:** Eine juristische Person des öffentlichen Rechts wird durch das staatsrechtlich berufene Organ gesetzlich vertreten.

18 **Kind:** Vgl zunächst § 53 a. Im übrigen:
- **(Eheliches Kind):** Gesetzliche Vertreter sind beide Eltern, § 1629 I 1 BGB. Vgl freilich für den Fall des Getrenntlebens oder der Scheidung § 1629 I 2, III BGB. Als gesetzlicher Vertreter kommt im Rahmen von § 38 I, III KJHG auch die Pflegeperson nach § 1630 III BGB in Betracht.
- **(Leibesfrucht):** Sie wird durch den Pfleger nach 1912 BGB vertreten, Hamm NJW **74**, 505.
- **(Minderjähriger schlechthin):** Als gesetzlicher Vertreter kommen in den gesetzlich vorgeschriebenen Fällen der Vormund, der Pfleger, ferner nach SGB VIII das Jugendamt in Betracht, Düss FamRZ **85**, 641.
- **(Nichteheliches Kind):** Es wird durch seine Eltern, gesetzlich vertreten, § 1629 I 1 BGB.

19 **Nachlaßpfleger:** Er ist als Vertreter des oder der unbekannten Erben nicht Partei kraft Amtes, sondern gesetzlicher Vertreter, BGH NJW **89**, 2134.

20 **Patentanwalt:** Die beim Rechtsanwalt, s dort, geltenden Regeln sind für den Patentanwalt ebenso vorhanden, § 46 IX 1 PatAnwO (von Amts wegen bestellter Vertreter), § 48 III 2 PatAnwO (Abwickler).

**Politische Partei:** Wegen einer Fraktion LG Bre RR **92**, 447.

**Post:** Rn 12 „Bundespost" (TELEKOM).

21 **Rechtsanwalt:** Sein von Amts wegen bestellter Vertreter wird trotz der mißverständlichen Worte in § 53 IX BRAO, er handle „in eigener Verantwortung", doch nicht als Prozeßstandschafter, sondern eben als „Vertreter" tätig, wie derselbe Gesetzestext besagt; zumal er „für Rechnung und auf Kosten des Vertretenen" arbeitet, wie § 53 IX BRAO ebenfalls besagt. Demgegenüber ist der Abwickler zwar nicht verpflichtet, die Kostenforderung des verstorbenen Rechtsanwalts „im eigenen Namen" (für Rechnung der Erben) geltend zu machen, § 55 III 2 BRAO; insoweit ist er also Prozeßstandschafter.

S auch Rn 16 „Partnerschaftsgesellschaft", Rn 21 „Rechtsanwaltsgesellschaft".

22 **Verein:** Er wird durch den Vorstand vertreten, § 26 II BGB. Im Stadium der Abwicklung ist der Abwickler sein gesetzlicher Vertreter. Zum Verzicht auf die Rechtsfähigkeit einer als Verein eingetragenen politischen Partei Hamm OlGZ **93**, 20.

23 **Volljähriger:** Er kann durch einen Betreuer oder einen Pfleger gesetzlich vertreten werden, soweit hierfür besondere gesetzliche Grundlagen gegeben sind, etwa für den Fall der Geschäftsunfähigkeit. In einer persönlichen Angelegenheit ist der Abwesenheitspfleger kein gesetzlicher Vertreter, Kblz FamRZ **74**, 223 (freilich ist entgegen dieser Entscheidung die Bestellung eines Pflegers ohne eine gesetzliche Grundlage nicht nichtig, sondern lediglich aufhebbar; im übrigen gilt § 53, BGH FamRZ **74**, 302).

S auch Rn 12 „Betreuer".

24 **5) Ermächtigung der Partei zur Prozeßführung, I.** Eine solche Ermächtigung im Sinn des § 51 gibt es nicht. Wohl aber gibt es eine Ermächtigung des gesetzlichen Vertreters. § 51 meint nur eine Ermächtigung

1. Titel. Parteifähigkeit. Prozeßfähigkeit　　　　　　　　　　　　　　　**§§ 51, 52**

im Außenverhältnis. Eine Beschränkung im Innenverhältnis ist prozessual bedeutungslos. Bundesrechtliche Ermächtigungen sind zB in den folgenden Vorschriften enthalten: §§ 607 II, 640 b ZPO, 1595 II, 1597 BGB (Scheidungsklage, Eheaufhebungsklage, Ehelichkeitsanfechtungsklage, Anerkennung der Vaterschaft durch den gesetzlichen Vertreter nur mit einer Genehmigung des Vormundschaftsgerichts).

**6) Tragweite der Prozeßfähigkeit, I.** Die Prozeßfähigkeit ist eine Prozeßhandlungsvoraussetzung, **25** Rn 4. Das Gericht muß daher die Vertretungsbefugnis in jeder Lage des Verfahrens von Amts wegen prüfen, Rn 4. Das Gericht muß ebenfalls prüfen, ob die sachlich zuständige Stelle den Vertreter in der vorgeschriebenen Form bestellt hat. Der Nachweis der Bestellung erfolgt durch die Vorlage einer Bestallungsurkunde, durch die Vorlage eines Handelsregisterauszugs, einer Bescheinigung der vorgesetzten Behörde usw. Vgl auch bei § 56. Eine nachträgliche Aufhebung der Bestellung berührt die Wirksamkeit früherer Prozeßhandlungen selbst dann nicht, wenn die frühere Bestellung dem sachlichen Recht widersprach. Das Gericht braucht nicht zu prüfen, ob die sachlichrechtlichen Voraussetzungen einer erfolgten Vertreterbestellung vorlagen. Wenn die Prozeßfähigkeit beim Erlaß des Urteils fehlt, muß das Gericht die Klage durch ein Prozeßurteil als unzulässig abweisen, Grdz 14 vor § 253.

**7) Verschulden des gesetzlichen Vertreters, II.** Die Vorschrift schützt den Prozeßgegner und ist mit **26** Art 20 III GG vereinbar, BGH RR **93**, 131. Ein Verschulden des gesetzlichen Vertreters kann sowohl in der Form einer Fahrlässigkeit als auch in der Form eines Vorsatzes vorliegen. Die Fahrlässigkeit ist auch dann zu bejahen, wenn man dem gesetzlichen Vertreter nur einen leichten Vorwurf machen kann. Ein Vorsatz liegt schon dann vor, wenn der Vertreter nur aus völliger Gleichgültigkeit über den als möglich erkannten Folgen seines Tuns handelte (bedingter Vorsatz). Eine Absicht unredlichen Verhaltens ist nicht erforderlich. II stellt ein Verschulden des gesetzlichen Vertreters demjenigen der Partei gleich. Das gilt in jeder Lage des Verfahrens und in jeder Prozeßart, auch zB im Statusverfahren, §§ 640 ff, BGH RR **93**, 131 mwN. Das gilt auch unabhängig davon, ob die Partei im Innenverhältnis gegenüber dem gesetzlichen Vertreter wegen seines Verhaltens einen Rückgriff nehmen kann. Vgl im übrigen § 85 Rn 8 sowie § 233.

**8) VwGO:** *Die Sonderregelung in § 62 VwGO faßt §§ 51 I und 52 zusammen. Danach sind fähig zur Vornahme* **27** *von Verfahrenshandlungen die nach bürgerlichem Recht Geschäftsfähigen (I Nr 1) mit der sich aus II ergebenden Einschränkung, ferner die nach bürgerlichem Recht in der Geschäftsfähigkeit Beschränkten, soweit sie durch Vorschriften des bürgerlichen oder öffentlichen Rechts für den Gegenstand des Verfahrens als geschäftsfähig anerkannt sind (I Nr 2), zB nach Wehrpflg, BVerwG 7, 66 u 358, oder nach § 7 I StVZO, BVerwG Buchholz 442.16 § 7 Nr 1, oder nach § 68 AuslG bzw § 12 (früher § 6) AsylVfG. Prozeßfähig sind auch die nach den §§ 12 VwVfG, 79 AO, 36 SGB I u 11 SGB X Handlungsfähigen, vgl Kopp VwVfG § 12 Rn 1, Meyer-Ladewig SGG § 71 Rn 5, Laubinger F Ule (1987). Dazu und zur Bestellung eines RA durch einen minderjährigen Verfahrensfähigen vgl Robbers DVBl 87, 709, Lappe Rpfleger 82, 10. – Entsprechend anwendbar ist II, der einen allgemeinen Rechtsgedanken enthält, BVerwG Buchholz 310 § 60 Nr 171.*

**52** **Prozeßfähigkeit. Eine Person ist insoweit prozeßfähig, als sie sich durch Verträge verpflichten kann.**

**Schrifttum:** *Reinicke, Der Zugang des Minderjährigen zum Zivilprozeß, 1989; Reinicke, Entspricht die objektive Beweislast bei Prozeßfähigkeit derjenigen bei der Geschäftsfähigkeit, Festschrift für Lukes (1989) 755.*

**1) Systematik, Regelungszweck.** Während § 51 die Notwendigkeit der Prozeßfähigkeit klärt, regelt **1** § 52 in Anlehnung an die Geschäftsfähigkeit nach BGB, Musielak NJW **97**, 1741, ihren Umfang, ergänzt durch §§ 53–55. Nicht nur das Ob, sondern auch das Inwieweit der Prozeßfähigkeit bedarf aus den in § 51 Rn 2 genannten Gründen sorgsamster Klärung, zumal beides ineinander verwoben ist.

**2) Geltungsbereich.** Vgl Grdz 2 vor § 50.　　　　　　　　　　　　　　　　　　　**2**

**3) Umfang der Prozeßfähigkeit.** Prozeßfähigkeit ist die prozessuale Geschäftsfähigkeit, § 51 Rn 1. Für **3** einen Prozeßunfähigen und für den volljährigen Betreuten muß der gesetzliche Vertreter handeln, § 51 Rn 2. Wegen der Vollmacht § 86 Rn 8. Die Prozeßfähigkeit erstreckt sich auf alle Prozeßhandlungen, Grdz 46 vor § 128; dabei ist das Persönlichkeitsrecht eine Grundlage für eine weite Auslegung, Kahlke ZZP **100**, 32. Sie erstreckt sich auf eine Widerklage, Anh § 253, nur insoweit, als die Prozeßfähigkeit für die Prozeßhandlung im Rahmen einer Klage bestehen würde. Sie muß noch am Schluß der letzten Tatsachenverhandlung vorliegen, § 136 IV, 296 a, Roth JZ **87**, 895. Sie hat grundsätzlich auch in der Rechtsmittelinstanz Bedeutung, BGH **110**, 295 (auch zu den Ausnahmen). Sie erstreckt sich auch auf eine Prozeßhandlung während der Zwangsvollstreckung und auf eine solche Klage, die aus einer Zwangsvollstreckung erwachsen kann. Eine erweiterte Prozeßfähigkeit gilt im Eheverfahren, § 607, und im Kindschaftsverfahren, § 640 b.

**4) Beispiele der Prozeßunfähigkeit.** Hier sind folgende Fallgruppen zu unterscheiden:　　　**4**

**A. Geschäftsunfähigkeit.** Hierher zählen: Die juristische Person; eine Handelsgesellschaft; eine Partnerschaftsgesellschaft; der parteifähige Verein. Alle diese Personen können nur durch ihre gesetzlichen Vertreter handeln, zB Barfuß NJW **77**, 1274; ein Kind unter 7 Jahren, § 104 Z 1 BGB; derjenige, der nicht nur vorübergehend geistesgestört ist, § 104 Z 2 BGB. Freilich kann zB eine paranoid-halluzinatorische Psychose die Prozeßfähigkeit trotzdem bestehen lassen, Düss VersR **86**, 603; derjenige, der nach einem Unfall wochenlang künstlich beatmet und ernährt werden muß, Mü RR **89**, 255.

**B. Beschränkte Geschäftsfähigkeit.** Der nur beschränkt Geschäftsfähige ist unfähig, sich selbst durch **5** einen Vertrag zu verpflichten. Hierher zählt der Minderjährige über 7 Jahren, § 106 BGB, vgl LG Trier DGVZ **94**, 73.

## § 52, Anh § 52  1. Buch. 2. Abschnitt. Parteien

Wenn ein Prozeßunfähiger für *prozeßfähig* gehalten worden ist, dann kann ein gegen ihn ergangenes Urteil rechtskräftig werden. Ein von ihm erklärter Rechtsmittelverzicht oder eine von ihm erklärte Rechtsmittelrücknahme können wirksam sein. In einem solchen Fall kommt nur eine Nichtigkeitsklage nach § 579 I Z 4 in Betracht, LG Bonn NJW **74**, 1387.

Das Prozeßgericht muß *von Amts wegen* prüfen, ob sich Zweifel an der Prozeßfähigkeit aufklären lassen, Grdz 39 vor § 128, BGH NJW **96**, 1059. Es darf daher zB einen Sachverständigenbeweis nach § 144 erheben, im Ergebnis ebenso BGH NJW **96**, 1059. Es kann die Geisteskrankheit auch dann als erwiesen ansehen, wenn die Bestellung eines Betreuers von dem dafür zuständigen Gericht abgelehnt worden war. Der Erbe eines Geschäftsunfähigen kann den Mangel der Prozeßfähigkeit dadurch beseitigen, daß er den Rechtsstreit seinerseits aufnimmt und die Handlungen des Geschäftsunfähigen genehmigt. Eine Genehmigung der Prozeßführung kann zwar rückwirken, tut das aber nicht stets, Köln NJW **98**, 320. Im Insolvenzverfahren ist der Schuldner zwar prozeßfähig; ihm fehlt aber im Umfang der Insolvenzmasse die Sachbefugnis, Grdz 23 vor § 50, Düss DB **74**, 2001, Ffm JB **90**, 1215. Dann ist der Verwalter Partei kraft Amts, Grdz 8 vor § 50.

**6**  **5) Beispiele einer beschränkten Geschäftsfähigkeit.** Hier sind folgende Gruppen zu unterscheiden:
**A. Erwerbsgeschäft.** Wer als Minderjähriger zum selbständigen Betrieb eines Erwerbsgeschäfts ermächtigt worden ist, ist im Umfang aller derjenigen Geschäfte prozeßfähig, die der Betrieb des Erwerbsgeschäfts mit sich bringt, § 112 BGB, auch Betreuung mit Einwilligungsvorbehalt, Bork MDR **91**, 98.

**7**  **B. Dienst- oder Arbeitsübernahme usw.** Wer als Minderjähriger ermächtigt worden ist, einen Dienst oder eine Arbeit zu übernehmen, ist für diejenigen Geschäfte prozeßfähig, die sich aus der Eingehung, der Erfüllung oder der Aufhebung solcher Verträge ergeben, § 113 BGB, LG Bonn NJW **74**, 1387. Das gilt auch bei Betreuung mit Einwilligungsvorbehalt, Bork MDR **91**, 98.

**8**  **C. Sonstige Fälle.** Eine beschränkte Prozeßfähigkeit ist auch in anderen Fällen in gewissem Umfang notwendig und anerkannt, § 51 Rn 3, zB: Bei Insolvenz, BPatG GRUR **93**, 111; für den Jugendvertreter nach §§ 60 ff BetrVG, wegen eigener Rechte, ArbG Bielefeld DB **73**, 1754. Auch darf ein krankhafter Querulant nach der Abweisung seiner Klage als unbegründet die Berufung einlegen. Wenn er das aber selbst tut, dann muß das Gericht die Klage wegen seiner Prozeßunfähigkeit als unzulässig abweisen. Dem einem Betreuer „Unterstellte" bleibt zwar sachlichrechtlich geschäftsfähig, Bork MDR **91**, 97; kann den Betreuer als gesetzlichen Vertreter aber trotz § 1901 II BGB grundsätzlich, abgesehen von Rn 6, 7, nicht mit Außenwirkung beschränken, Bork MDR **91**, 97.

**9**  **6) VwGO:** S § 51 Rn 27. Zur Zulässigkeit eines Rechtsmittels des Prozeßunfähigen s Grdz § 511 Rn 9, OVG Münst NVwZ-RR **96**, 619, VGH Kassel NVwZ-RR **96**, 614.

### Anhang nach § 52
### Prozeßführungsrecht und Güterstand

#### Gliederung

| | |
|---|---|
| 1) Systematik, Regelungszweck ......... 1 | A. Gesamtgutsverwaltung ............... 4 |
| 2) Zugewinngemeinschaft ............. 2 | B. Gütergemeinschaft .................. 5 |
| 3) Gütertrennung........................ 3 | 5) **Gesamtgut** ............................ 6–8 |
| 4) Gütergemeinschaft: Mehrheit von Möglichkeiten ........................ 4, 5 | A. Einzelverwaltung ................... 6 |
| | B. Gemeinsame Verwaltung........... 7 |
| | C. Beendigung der Gütergemeinschaft .... 8 |

**1**  **1) Systematik, Regelungszweck.** Sachlichrechtlich hat sich die Lage durch die Gleichberechtigung von Mann und Frau seit Jahrzehnten grundlegend geändert. Der vorher geltende gesetzliche Güterstand der Verwaltung und Nutznießung des Ehemannes trat als solcher außer Kraft, BGH NJW **53**, 1345. Es galt die Gütertrennung. Das GleichberG führte vom 1. 7. 1958 ab die Zugewinngemeinschaft als den gesetzlichen Güterstand ein, §§ 1363 ff BGB. Als vertragliche Güterstände kennt das BGB idF des GleichberG nur noch die Gütertrennung, § 1414 BGB, und die Gütergemeinschaft, §§ 1415 ff BGB. Errungenschafts- u Fahrnisgemeinschaft, §§ 1519 ff aF, 1549 aF BGB, bestehen nur noch, wenn die Ehegatten bereits am 1. 7. 58 in diesen Güterständen lebten, Art 8 I Z 7 GleichbG.

Das hat Auswirkungen auf das in Grdz 21 ff vor § 50 dargestellte *Prozeßführungsrecht*. Denn der Güterstand entscheidet maßgeblich darüber, ob und inwieweit ein Ehegatte im Prozeß hinsichtlich von Rechten, Obliegenheiten oder Pflichten des anderen mit Rechtswirkung für oder gegen den letzteren auftreten kann. Eine Klärung dieser Befugnis und ihrer Grenzen liegt vor allem im Interesse der Rechtssicherheit, Einl III 43.

**2**  **2) Zugewinngemeinschaft.** Die Vermögen der Ehegatten werden nicht gemeinschaftliches Vermögen, vielmehr behält jeder Ehegatte ein volles Verfügungs- und das alleinige Verwaltungsrecht mit den sich aus §§ 1365 ff BGB ergebenden Einschränkungen. Erst bei der Beendigung der Zugewinngemeinschaft wird der in der Ehe erzielte Zugewinn ausgeglichen, § 1363 II BGB. Jeder Ehegatte hat also auch das alleinige Recht zur Führung von Rechtsstreitigkeiten hinsichtlich seines Vermögens; der andere Ehegatte ist an ihnen nicht beteiligt. Das ist auch dann der Fall, wenn der Ehegatte nicht ohne eine Zustimmung des anderen verfügen darf, §§ 1365, 1369 BGB (Vermögen im ganzen, Haushaltsgegenstände). Werden aber solche Verfügungen eines Ehegatten ohne die Zustimmung des anderen getroffen, so kann dieser die sich aus der Unwirksamkeit eines solchen Vertrages ergebenden Rechte gegen Dritte im eigenen Namen geltend machen, § 1368 BGB. Der Antrag geht auf die Herausgabe oder Zahlung an den Ehegatten, zu dessen Vermögen sie gehören, aber auch an den klagenden Ehegatten, der sie seinerseits seinem Ehegatten herausgeben muß. Denn an dessen Eigentums- und Verwaltungsrecht wird dadurch nichts geändert. Für die Vollstreckung in das Vermögen eines Ehegatten gilt die allgemeine Regel des § 739. Daher ist es auch wegen des möglichen Gewahrsams oder Besitzes des anderen Ehegatten im Passivprozeß gegen einen Ehegatten nicht erforderlich, den anderen auf eine Duldung mitzuverklagen, § 739 Rn 1, aber auch unten Rn 4, vgl ferner Grdz 26 vor § 50. Wegen des Übergangs in den neuen Bundesländern von der Errungenschaftsgemeinschaft zur Zugewinngemeinschaft Broudré DB **92**, 447.

**3) Gütertrennung.** Jeder Ehegatte verwaltet sein Vermögen allein, führt demgemäß auch die Rechts- **3** streitigkeiten allein. Auch hier gilt § 739 für die Vollstreckung.

**4) Gütergemeinschaft: Mehrheit von Möglichkeiten.** Im wesentlichen gilt folgendes: **4**

**A. Gesamtgutsverwaltung.** Die Ehegatten können im Ehevertrag vereinbaren, daß nur ein Ehegatte – entweder der Mann oder die Frau – oder beide gemeinschaftlich das Gesamtgut verwalten, § 1421 BGB. Sein Sondergut verwaltet jeder Ehegatte selbständig. Insofern kann also jeder Ehegatte für sich klagen und verklagt werden. Da es aber für die Rechnung des Gesamtgutes verwaltet wird, fallen diesem die Nutzungen zu, § 1417 III BGB. Werden Nutzungen eingeklagt, so ist die Leistung an den für das Gesamtgut verwaltungsberechtigten Ehegatten, gegebenenfalls also auch an beide, zu verlangen. Das Vorbehaltsgut verwaltet jeder Ehegatte selbständig für eigene Rechnung, § 1418 III BGB. Er führt also auch die das Vorbehaltsgut betreffenden Rechtsstreitigkeiten allein.

**B. Gütergemeinschaft.** Lebten die Ehegatten am 1. 7. 58 in Gütergemeinschaft, so gelten die Vorschrif- **5** ten des GleichberG über die Gütergemeinschaft. Hatten sie die Gütergemeinschaft bis zum 1. 4. 53 vereinbart, so verwaltet weiterhin der Mann das Gesamtgut, BayObLG RR **90**, 6. Haben sie die Gütergemeinschaft später vereinbart, so bleibt die Vereinbarung über die Verwaltung bestehen, Art 8 I Z 6 GleichberG. Der Wille der Ehegatten ist insoweit notfalls durch Auslegung zu ermitteln, BayObLG RR **90**, 6.

**5) Gesamtgut.** Hier sind die folgende Fälle zu unterscheiden. **6**

**A. Einzelverwaltung.** Wenn ein Ehegatte allein verwaltungsberechtigt ist, dann kommt es auf seine prozessuale Stellung wie folgt an: Falls der allein verwaltungsberechtigte Ehegatte der Kläger ist, dann ist er allein prozeßführungsberechtigt und führt die Rechtsstreitigkeiten im eigenen Namen, § 1422 BGB. Der Antrag lautet auf eine Leistung an ihn persönlich. Eine Zustimmung des anderen Ehegatten ist nicht erforderlich. Eine Prozeßführungsbefugnis des nicht verwaltungsberechtigten Ehegatten besteht nur in den Fällen der §§ 1428, 1429, 1431, 1433 BGB, aber auch, wenn der verwaltungsberechtigte Ehegatte zustimmt, vgl § 1438 I BGB. Der Antrag kann auch auf eine Leistung an den verwaltungsberechtigten Ehegatten lauten, im Fall des § 1428 (Geltendmachung der Rechte gegen Dritte durch denjenigen Ehegatten, der hätte zustimmen müssen, aber nicht zugestimmt hat) auch auf eine Leistung an sich selbst. Falls der allein verwaltungsberechtigte Ehegatte der Beklagte ist, dann ist er prozeßführungsberechtigt. Aus einem Urteil gegen ihn erfolgt die Vollstreckung ins Gesamtgut. Der andere Ehegatte ist zwar in seinem Prozeßführungsrecht nicht beschränkt; ein Urteil gegen ihn wirken aber nicht gegen das Gesamtgut, § 740 I.

*Etwas anderes gilt* nur immer wegen der *Kosten*, § 1438 II BGB, ferner, wenn der verwaltungsberechtigte Ehegatte der Prozeßführung zugestimmt hat, § 1438 I BGB, oder wenn der nicht verwaltungsberechtigte Ehegatte allein klagen darf (oben bei aa). Es können aber auch beide Ehegatten verklagt werden, wenn es sich um persönliche Schulden des nicht verwaltungsberechtigten Ehegatten handelt. Auch eine Klage gegen beide Ehegatten in der Form, daß der verwaltende Ehegatte auf eine Leistung, der andere auf eine Duldung verklagt wird, muß als zulässig angesehen werden; solche Verurteilung ist im Fall des § 743 sogar erforderlich. Bei Gesamtgutsverbindlichkeiten sind Ehegatten notwendige, sonst einfache Streitgenossen.

**B. Gemeinsame Verwaltung.** Wenn beide Ehegatten zusammen verwaltungsberechtigt sind, §§ 1421, **7** 1450 ff BGB, BayObLG RR **90**, 6, dann kommt es auf ihre prozessuale Stellung wie folgt an:
Sie sind als *Kläger* notwendige Streitgenossen, § 62; klagt nur ein Ehegatte, ist die Klage, da er allein nicht verfügungsberechtigt ist, wegen mangelnder Sachbefugnis, Grdz 23 vor § 50, abzuweisen, BGH FamRZ **75**, 406 mwN, BayObLG RR **90**, 6, VGH Mü RR **88**, 454, aM BGH **36**, 191 (mangels Prozeßführungsbefugnis, § 62 Rn 12). Unter den Voraussetzungen des § 1452 I BGB kann die Zustimmung des anderen Ehegatten ersetzt werden, BayObLG RR **90**, 6. Ausnahmen bestehen für die Fälle, in denen ein Ehegatte allein handeln kann, §§ 1454, 1455 Z 6 ff, 1456 BGB. Der Antrag lautet auch dann auf eine Leistung an beide; jedoch muß auch eine Leistung an den Kläger zulässig sein, wenn auch der andere Ehegatte die Sache sodann sofort wieder in Mitbesitz nehmen kann, § 1450 I 2 BGB.
Als *Beklagte* sind die Ehegatten notwendige Streitgenossen, wenn es sich um Gesamtgutsschulden handelt, BGH FamRZ **75**, 406, aM (für § 1459 BGB) VGH Mü RR **88**, 454. Zur Vollstreckung ins Gesamtgut ist grundsätzlich ein Leistungstitel gegen beide erforderlich, § 740 II. Ausnahmen wie oben. Vgl aber auch § 740 Rn 2, 5.

**C. Beendigung der Gütergemeinschaft.** Ist die Gütergemeinschaft beendet, die Auseinandersetzung **8** aber noch nicht erfolgt, so erfolgt im Fall a wie b eine gemeinschaftliche Verwaltung, § 1472 I BGB. Beide Ehegatten sind nur zusammen klageberechtigt; beide sind auch zusammen zu verklagen. Zur Vollstreckung in das noch nicht auseinandergesetzte Gesamtgut ist ein Leistungsurt gegen beide erforderlich. Genügend ist aber auch ein Urteil, in dem ein Ehegatte zur Leistung, der andere zur Duldung verurteilt ist, § 743.

**53** *Unterstellte Prozeßunfähigkeit.* **Wird in einem Rechtsstreit eine prozeßfähige Person durch einen Betreuer oder Pfleger vertreten, so steht sie für den Rechtsstreit einer nicht prozeßfähigen Person gleich.**

**Schrifttum:** *Bienwald*, Untersuchungen zur Rechtsstellung des Gebrechlichkeitspflegers unter Berücksichtigung von Entwürfen eines Gesetzes über die Betreuung Volljähriger usw, 1992.

## §§ 53, 53a

**1** **1) Systematik, Regelungszweck.** Vgl zunächst § 52 Rn 1. Eine prozeßfähige Person hat unter Umständen für gewisse Rechtsbeziehungen einen gesetzlichen Vertreter. Er beschränkt ihre Verfügungsmacht zum Teil rechtlich, etwa dann, wenn er als ein Pfleger des abwesenden Beschuldigten eingesetzt worden ist, § 292 StPO, teils ist der Vertreter nur wegen einer tatsächlichen Verhinderung bestellt, wie der Abwesenheitspfleger nach § 1911 BGB (er ist im Eheverfahren unzulässig) oder der Betreuer nach § 1902 BGB. In allen diesen Fällen unterstellt § 53 im Interesse einer sachgemäßen und einheitlichen Prozeßführung, LG Hann FamRZ **98**, 381, und damit sowohl der Gerechtigkeit, Einl III 9, als auch der Prozeßwirtschaftlichkeit, Grdz 14 vor § 128, eine Prozeßunfähigkeit des Vertretenen, BGH NJW **88**, 51 mwN. Daher kann der Vertreter auch nicht im Namen eines Dritten auftreten, Stgt JB **76**, 1098. Der Vertreter nach § 57 steht nicht dem Betreuer gleich, BSG NJW **94**, 215.

**2** **2) Direkte Anwendbarkeit.** Vgl grundsätzlich Grdz 2 vor § 50. Im *Eheverfahren* gilt § 53 (jetzt) *nur bedingt.*

**3** Der *Vertretene* bleibt solange prozeßfähig, wie sein Vertreter ihn nicht „im" Prozeß vertritt, also solange, bis sein Vertreter in den Prozeß eintritt, BFH DB **83**, 320. Der Vertretene kann also zunächst selbst klagen, BFH DB **83**, 320, und selbst verklagt werden, soiwe Rechtsmittel einlegen, aM LG Hann FamRZ **98**, 380. Im Fall einer nur rechtlichen Beschränkung seiner Verfügungsmacht fehlt dem Vertretenen nicht das Prozeßführungsrecht, sondern nur die Verfügungsbefugnis, Grdz 23 vor § 50. Der Vertreter kann aber jederzeit in den Prozeß eintreten, selbst gegen den Widerspruch des Vertretenen, Düss OLGZ **83**, 121 mwN, und zwar an Stelle des Vertretenen, nicht etwa nur als dessen Streithelfer, § 66. Bei seinem Eintritt sind Zustellungen als Vorlage nur an ihn zu richten, BFH BStBl **83** II 239. Der Vertretene hat gegenüber dem Eintritt des Vertreters in den Prozeß kein Widerspruchsrecht; die Prozeßhandlung als Vertreter hat anders als im sachlichen Recht den Vorrang, BGH NJW **88**, 51. Einer weiteren Klage würde die Rüge der Rechtshängigkeit entgegenstehen, § 261 Rn 26. Freilich kann der rechtsgeschäftliche Wille des geschäftsfähigen Vertretenen auch in Bezug auf den eingeklagten Anspruch beachtlich bleiben und zB zu einem sachlichrechtlich wirksamen Erlaßvertrag mit der Folge führen, daß das Gericht die Klage als unbegründet abweisen muß, Düss OLGZ **83**, 120 mwN. Im Fall eines Verschuldens des gesetzlichen Vertreters ist § 51 II anwendbar.

**4** **3) Sinngemäße Anwendbarkeit.** Trotz seines engen Wortlauts ist § 53 immer dann anwendbar, wenn zwar nicht ein Betreuer oder ein Pfleger bestellt wurde, wenn aber ein Vertreter eine einem Betreuer oder Pfleger sachlich entsprechende Stellung hat. Das ist zB in folgenden Fällen der Fall: Beim Vertreter des unbekannten Gegners in einem selbständigen Beweisverfahren, § 494 II; bei einem Vertreter im Rahmen einer Zwangsvollstreckung in den Nachlaß, § 797 II. Die Klage des Herausgebers oder des Verlegers für den namenlosen Urheber nach § 10 II UrhRG ist ein Fall der Prozeßgeschäftsführung, Grdz 29 vor § 50. Sie gehört daher nicht hierher.

**5** **4) Unanwendbarkeit.** § 53 ist nicht anwendbar, wenn eine prozeßunfähige Partei nicht durch ihren Betreuer oder Pfleger vertreten wird, zum letzteren LSG Düss MDR **85**, 701. Im Betreuungsverfahren ist der zu Betreuende oder Betreute verfahrensfähig, § 66 FGG; § 53 gilt hier nicht, Bork MDR **91**, 98. Wegen einer Beistandschaft nach §§ 1712 ff BGB vgl § 53 a.

**6** **5) *VwGO:*** Gilt entsprechend, § 62 IV *VwGO*, vgl BVerwG Buchholz 303 § 53 Nr 1, 310 § 62 Nr 25.

### 53a
**Beistand.** Wird in einem Rechtsstreit ein Kind durch einen Beistand vertreten, so ist die Vertretung durch den sorgeberechtigten Elternteil ausgeschlossen.

**Vorbem.** Eingefügt dch Art 5 § 2 G v 4. 12. 97, BGBl 2846, in Kraft seit 1. 7. 98, Art 6.

**1** **1) Systematik, Regelungszweck.** Die Vorschrift stellt eine in ihrem Geltungsbereich auch gegenüber § 1629 I 1 BGB vorrangige Sonderbestimmung dar. Sie dient der Klarstellung, durch wen allein eine Vertretung im Prozeß erfolgen kann, und damit vor allem der Rechtssicherheit, Einl III 43, aber auch der Prozeßwirtschaftlichkeit, Grdz 14 vor § 128, durch die Konzentration auf nur einen einzigen Vertretungsberechtigten. Da die Beistandschaft nur auf Antrag entsteht, § 1712 I BGB, und jedenfalls auch auf Antrag jederzeit endet, § 1715 I BGB, ist auch die aus der Beistandschaft folgende Prozeßvertretung verfassungsgemäß. Alles das ist bei der Auslegung mitzubeachten. §§ 53, 54 bleiben unverändert.

**2** **2) Geltungsbereich.** Es muß eine Beistandschaft im Sinn von §§ 1712 ff BGB sein und noch vorliegen und nun ein Rechtsstreit bestehen, an dem das Kind als Partei beteiligt ist. Auch eine Beteiligung als Streithelfer usw, §§ 66 ff, reicht aus. Die Art des Rechtsstreits ergibt sich aus dem in § 1712 I BGB abschließend genannten Aufgabenkreis (Feststellung der Vaterschaft, dort Z 1, oder Geltendmachung von Unterhaltsansprüchen dort Z 2).

**3** **3) Ausschluß der Vertretung durch Sorgeberechtigten.** Im Geltungsbereich, Rn 2, ist der Beistand kraft Gesetzes der alleinige Vertreter des Kindes; der oder die Sorgeberechtigte ist von der Prozeßvertretung schlechthin ausgeschlossen. Das gilt für die Dauer der Beistandschaft. Soweit und solange sie nicht wirksam zustandegekommen ist oder nicht wirksam fortbesteht, bleibt der Sorgeberechtigte auch im Prozeß vertretungsberechtigt und -verpflichtet. Haftung: jeweils § 51 II.

**4** **4) Verstoß.** Eine Parteiprozeßhandlung des objektiv im jeweils maßgebenden Zeitpunkt nicht Vertretungsberechtigten ist wie sonst zu beurteilen, zB nach § 295. Dasselbe gilt für eine Verhaltensweise des Gegners, eines sonst Prozeßbeteiligten oder des Gerichts gegenüber dem objektiv derzeit nicht Vertretungsberechtigten, mag dies nur der „Beistand" oder der sonst Sorgeberechtigte sein.

**5** **5) *VwGO:*** Gilt entsprechend, § 62 IV *VwGO*.

1. Titel. Parteifähigkeit. Prozeßfähigkeit                               **§§ 54–56**

**54** *Besondere Ermächtigung zu Prozeßhandlungen.* **Einzelne Prozeßhandlungen, zu denen nach den Vorschriften des bürgerlichen Rechts eine besondere Ermächtigung erforderlich ist, sind ohne sie gültig, wenn die Ermächtigung zur Prozeßführung im allgemeinen erteilt oder die Prozeßführung auch ohne eine solche Ermächtigung im allgemeinen statthaft ist.**

**1) Systematik, Regelungszweck.** Vgl zunächst § 52 Rn 1. § 54 gibt in einer Abweichung vom bürger- 1 lichen Recht dem gesetzlichen Vertreter im Interesse der Prozeßwirtschaftlichkeit, Grdz 14 vor § 128, einer Prozeßpartei dieselbe unbeschränkte und unbeschränkbare Vertretungsmacht, die die §§ 81, 83 dem ProzBev verleihen. § 54 enthält aber nicht eine dem § 83 entsprechende Einschränkung. § 54 betrifft nur das Außenverhältnis. Überschreitung einer Befugnis kann im Innenverhältnis ersatzpflichtig machen.

**2) Geltungsbereich.** Vgl Grdz 2 vor § 50. 2

**3) Besondere Ermächtigung zur Prozeßführung.** Sie ist nach dem bürgerlichen Recht zB in folgen- 3 den Fällen notwendig: Nach den §§ 1821, 1822 BGB für den Vormund, ferner für die Eltern im Umfang des § 1643 in Verbindung mit §§ 1821, 1822 BGB, etwa im Fall eines Vergleichsabschlusses über mehr als 300 DM; bei einem Vergleichsabschluß über einen Unterhalt, § 1615 e BGB. Eine vormundschaftsgerichtliche Genehmigung wird durch § 54 nicht überflüssig gemacht. Es ist unerheblich, ob die Prozeßhandlung gleichzeitig einen sachlichrechtlichen Inhalt hat. Deshalb ist § 54 auch im Fall eines Anerkenntnisses oder eines Verzichts oder bei einem Vergleich beachtlich, Anh nach § 307 Rn 34.

**4) VwGO:** *Gilt entsprechend,* § 62 IV VwGO. 4

**55** *Ausländer.* **Ein Ausländer, dem nach dem Recht seines Landes die Prozeßfähigkeit mangelt, gilt als prozeßfähig, wenn ihm nach dem Recht des Prozeßgerichts die Prozeßfähigkeit zusteht.**

**1) Systematik.** Vgl zunächst § 52 Rn 1. Ein Ausländer (wegen der früheren DDR Einl III 77) ist im 1 allgemeinen prozeßfähig, soweit er in seinem Heimatstaat geschäftsfähig ist, Art 7 I EG BGB, § 52. Darüber hinaus gibt § 55 dem Ausländer die Prozeßfähigkeit, soweit sie nach dem inländischen Recht bestünde. Ein in der BRep unter Betreuung gestellter Ausländer ist trotzdem stets prozeßunfähig, Art 8 EG BGB. Eine gesetzliche Vertretung ist bei § 55 ausgeschlossen.

**2) Regelungszweck.** Der *Zweck der Vorschrift* besteht in einer Vereinfachung entsprechend dem auch 2 anderweitig geltenden Grundsatz des Abstellens auf eine etwaige Gegenseitigkeit, vgl § 328 I Z 5, und im Interesse der Prozeßförderung und Prozeßwirtschaftlichkeit, Grdz 12, 14 vor § 128. Ein Fall des § 13 liegt nicht vor. Ein ausländischer gesetzlicher Vertreter kann nur als Beistand nach § 90 auftreten. Seine Vernehmung als Zeuge ist zulässig. Die gesetzliche Vertretung eines prozeßunfähigen Ausländers richtet sich nach seinem Heimatrecht, Art 7 EGBGB, Art 1–3 HaagVormschAbk v 12. 6. 02, RGBl 04, 240.

**3) Sachlicher Geltungsbereich.** Vgl Grdz 2 vor § 50. 3

**4) Persönlicher Geltungsbereich.** Die Vorschrift gilt für: Die Ehefrau; einen nach dem Heimatrecht 4 noch Minderjährigen über 18 Jahre; den Gemeinschuldner. Sie gilt auch für eine einzelne Prozeßhandlung, Grdz 46 vor § 128, selbst wenn sie im Heimatland des Ausländers vorzunehmen ist.

**5) VwGO:** *Gilt entsprechend,* § 62 IV VwGO. Zur Teilprozeßfähigkeit von Ausländern, § 51 Rn 27, vgl 5 BVerwG *DÖV 82,* 452.

**56** *Gerichtliche Prüfung. Vorläufige Zulassung.* I **Das Gericht hat den Mangel der Parteifähigkeit, der Prozeßfähigkeit, der Legitimation eines gesetzlichen Vertreters und der erforderlichen Ermächtigung zur Prozeßführung von Amts wegen zu berücksichtigen.**

II **¹Die Partei oder deren gesetzlicher Vertreter kann zur Prozeßführung mit Vorbehalt der Beseitigung des Mangels zugelassen werden, wenn mit dem Verzuge Gefahr für die Partei verbunden ist. ²Das Endurteil darf erst erlassen werden, nachdem die für die Beseitigung des Mangels zu bestimmende Frist abgelaufen ist.**

**Schrifttum:** Martin, Prozeßvoraussetzungen und Revision, 1974; Reinicke, Entspricht die Beweislast bei Prozeßfähigkeit derjenigen bei der Geschäftsfähigkeit?, in: Festschrift für *Lukes* (1989) 755; *Sauer,* Die Reihenfolge der Prüfung von Zulässigkeit und Begründetheit einer Klage im Zivilprozeß, 1974.

**Gliederung**

| | | | | |
|---|---|---|---|---|
| 1) Systematik, Regelungszweck, I, II .... | 1 | | B. Anfängliche Mängel.................... | 16–18 |
| 2) Geltungsbereich, I, II ................. | 2 | | C. Rechtsmittel ........................... | 19 |
| 3) Amtsprüfung, I ....................... | 3 | 8) | Bejahung der Prozeßvoraussetzung, I. | 20 |
| 4) Keine Amtsermittlung, I ............. | 4–8 | 9) | Vorläufige Zulassung, II ............... | 21–25 |
| 5) Mängelheilung, I ..................... | 9–12 | | A. Grundsatz: Ermessen ................ | 21 |
| 6) Zulassung, I .......................... | 13 | | B. Behebbarkeit ......................... | 22 |
| 7) Mängelfolgen, I ...................... | 14–19 | | C. Gefahr im Verzug .................... | 23 |
| A. Ordnungsgemäße Klage ........... | 15 | | D. Baldige Behebung ................... | 24 |
| | | | E. Verfahren ............................. | 25 |
| | | 10) | VwGO ................................... | 26 |

**1) Systematik, Regelungszweck, I, II.** Während §§ 50–55 die Voraussetzungen der Partei- bzw 1 Prozeßfähigkeit nennen, regelt § 56, ergänzt durch §§ 57, 58, das zugehörige Prüfungsverfahren. Wegen der

## § 56

### 1. Buch. 2. Abschnitt. Parteien

zentralen Bedeutung der vorgenannten beiden Prozeßvoraussetzungen, Grdz 2 vor § 50, Grdz 13 vor § 253, ist trotz der bloßen Amtsprüfung, Rn 3, nicht Amtsermittlung, Rn 4, einerseits die sorgsamste Prüfung geboten, andererseits bei II 1 nicht allzu kleinlich vorzugehen, und zwar im wohlverstandenen Interesse *beider* Parteien an zügiger Abwicklung des Prozesses, Grdz 12, 14 vor § 128.

2  **2) Geltungsbereich, I, II.** Vgl Grdz 2 vor § 50.

3  **3) Amtsprüfung, I.** § 56 schreibt eine Amtsprüfung, Grdz 39 vor § 128, Stgt FamRZ **95**, 1161, Zweibr FamRZ **99**, 28, für vier Punkte vor: die Parteifähigkeit, § 50 Rn 32; die Prozeßfähigkeit, § 52, auch beim noch nicht Betreuten, aber Geschäftsunfähigen, Bork MDR **91**, 98; den Nachweis der gesetzlichen Vertretung, § 51; die etwa notwendige Ermächtigung zur Prozeßführung, §§ 51, 54.

Diese vier Punkte sind *Prozeßvoraussetzungen,* Grdz 13 vor § 253, Hamm MDR **92**, 412 (zur Prozeßfähigkeit). Sie sind einer Parteiverfügung nach § 295 entzogen. Mängel können sich geheilt werden. Ein diesbezügliches Anerkenntnis oder Geständnis ist nicht wirksam. Das gilt auch für dasjenige Anerkenntnis, das an sich vom Gesetz im Fall einer Säumnis unterstellt wird. Da aber ein Mangel grundsätzlich nicht zu vermuten ist, braucht das Gericht einen Punkt nur dann zu prüfen, wenn es aus eigener Erkenntnis oder auf Grund einer Anregung oder eines Antrags diesbezügliche Bedenken hat oder haben muß.

Die Prüfung muß jeder Sachprüfung und selbst der Prüfung der Zulässigkeit des Rechtswegs vorangehen, Kblz NJW **77**, 57. Sie ist *in jeder Lage* des Verfahrens geboten, BGH RR **86**, 157 rechte Spalte Mitte (unklar rechte Spalte ganz unten), Ffm RR **92**, 763, Saarbr ZMR **98**, 212, LG Mainz Rpfleger **97**, 178, vgl aber auch § 51 Rn 12 ff. Die Prüfung ist auch im Prozeßkostenhilfeverfahren, §§ 114 ff, Köln JB **93**, 744, im Berufungsverfahren, §§ 511 ff, Hamm MDR **92**, 412, in der Revisionsinstanz nach §§ 545 ff, BGH RR **86**, 157, BAG DB **74**, 1244, und im Beschwerdeverfahren nach §§ 567 ff erforderlich, Saarbr ZMR **98**, 212; die Beschränkungen des § 561 gelten nicht, BGH RR **86**, 157. Das Revisionsgericht muß auch prüfen, ob die Prozeßfähigkeit in der letzten mündlichen Verhandlung der Berufungsinstanz vorhanden gewesen war, BGH NJW **70**, 1683. Falls der Rechtsstreit in die Berufungsinstanz zurückverwiesen wurde, muß das Berufungsgericht die Prüfung vornehmen, soweit die Frage nicht bereits in der Revisionsinstanz abschließend erörtert werden konnte, BGH LM § 50 Nr 10. Wegen der Zwangsvollstreckung Grdz 46 vor § 704.

4  **4) Keine Amtsermittlung, I.** Die Notwendigkeit einer Prüfung der Parteifähigkeit usw von Amts wegen bedeutet nicht, daß das Gericht insofern auch zu einer Ermittlung von Amts wegen, Grdz 38 vor § 128, gezwungen wäre. Die Amtsprüfung zwingt das Gericht nur dazu, den etwaigen Mangel von Amts wegen zu berücksichtigen, dh ihn auch dann zu beachten, wenn er von keinem Beteiligten im Weg einer Zulässigkeitsrüge beanstandet wurde, Grdz 39 vor § 128.

5  Die *Beweislast* liegt bei demjenigen, der auf Grund der umstrittenen Prozeßvoraussetzung ein Recht für sich herleitet, Anh § 286 Rn 148 „Prozeßvoraussetzungen". Für das Vorliegen der Parteifähigkeit und Prozeßfähigkeit beider Parteien ist also im allgemeinen der Kläger beweispflichtig, so wohl auch BGH RR **86**, 157 (wer die eigene Prozeßunfähigkeit behauptet, müsse diese ausreichend mit Tatsachen darlegen), Hamm FamRZ **98**, 687 (auch im Eilverfahren). Eine diesbezügliche Unklarheit geht zu seinen Lasten und führt zu einer Abweisung der Klage als unzulässig, Grdz 14 vor § 253, Celle RR **95**, 519, Hamm MDR **92**, 412, Rosenberg Beweislast § 32 III. Nach BAG **AP** Nr 2, wohl auch nach BAG DB **74**, 1244 muß jede Partei, deren Prozeßfähigkeit bezweifelt wird, die Prozeßfähigkeit nachweisen. Der Richter kann aber im allgemeinen davon ausgehen, daß eine Partei prozeßfähig ist, solange ihm keine sachlichen Bedenken vorliegen, LAG Hamm BB **85**, 1920. Ein Vertreter muß die Tatsachen beweisen, aus denen sich die Notwendigkeit und gesetzlichen Voraussetzungen seiner wirksamen Bestellung ergeben, vgl auch § 51 Rn 25.

6  Das Gericht darf und muß evtl, Köln JB **93**, 744, *Beweise* zu allen diesen Fragen in demselben Umfang erheben und würdigen, wie es sonst bei der Feststellung von Prozeßvoraussetzungen geschieht, vgl Einf 9 vor § 284. Es braucht die strengen Vorschriften über das Beweisverfahren nicht einzuhalten, im Ergebnis auch BGH NJW **96**, 1059. Es ist zB eine Verwertung von Erhebungen in einem selbständigen Beweisverfahren für einen anderen Rechtsstreit im Weg des Urkundenbeweises auch ohne eine Zustimmung der Parteien zulässig. Das Gericht darf allerdings die Partei nicht dazu anhalten, sich auf ihren Geisteszustand untersuchen zu lassen, oder gar ihre Vorführung vor einem Arzt anordnen, solange kein Abstammungsprozeß und dort ein Fall des § 372 a vorliegt, Üb 6, 8 vor § 371.

7  Die Prüfung der Parteifähigkeit usw erfolgt auch im *Versäumnisverfahren,* BAG DB **74**, 1244, im Verfahren auf eine Entscheidung nach Lage der Akten, § 251 a, und im schriftlichen Verfahren, § 128 II, III. Es genügt, daß die Prozeßvoraussetzungen am Schluß der letzten mündlichen Verhandlung, §§ 136 IV, 296 a, oder in dem diesem Schluß gleichstehenden Zeitpunkt des schriftlichen Verfahrens vorliegen. Das gilt selbst für die Revisionsinstanz. Einzelne Prozeßhandlungen sind aber unwirksam, wenn im Zeitpunkt ihrer Vornahme eine Prozeßvoraussetzung fehlte. Das Gericht muß eine solche Unwirksamkeit von Amts wegen beachten, Grdz 39 vor § 128.

8  Wenn das Gericht einen Mangel dieser Art im *Urteil* übersehen hat, dann ist das Urteil bis zu seiner Aufhebung auf Grund eines statthaften Rechtsmittels oder Einspruchs auflösend bedingt wirksam, Einl III 30, Üb 19 vor § 300. Eine Nichtigkeitsklage nach § 579 I Z 4 ist sinngemäß auch dann zulässig, wenn es um die Parteifähigkeit geht, Kblz NJW **77**, 57.

9  **5) Mängelheilung, I.** Ein Mangel kann stets rückwirkend durch eine Genehmigung des bisherigen Verfahrens nach der Beseitigung des Mangels und in Kenntnis der Umstände geheilt werden, BGH **92**, 141, Celle RR **95**, 519, Saarbr Rpfleger **91**, 513, aM Urbanczyk ZZP **95**, 361. Es genügt auch eine spätere Ermächtigung. Die Genehmigung kann in einer Fortsetzung des vom angeblichen Vertreter betriebenen Verfahrens liegen, Saarbr Rpfleger **91**, 513. Der Miterbe kann die Prozeßführung des verstorbenen Geschäftsunfähigen genehmigen. Die Genehmigung muß die ganze Prozeßführung erfassen und darf sich nicht nur auf einzelne Prozeßhandlungen erstrecken. Denn man darf nicht aus einem Prozeß willkürlich einzelne Handlungen oder Abschnitte herausreißen, § 78 Rn 34, § 81 Rn 1, BGH NJW **87**, 130, aM Fenger NJW **87**, 1183.

## 1. Titel. Parteifähigkeit. Prozeßfähigkeit § 56

Eine Genehmigung ist *von Amts wegen* zu beachten, Grdz 39 vor § 128, vgl BGH **86**, 189. Das gilt auch **10** dann, wenn die Genehmigung erst in der Revisionsinstanz erklärt worden ist. Eine unwirksame Zustellung der Klage an einen Prozeßunfähigen wird durch den Eintritt seines gesetzlichen Vertreters oder durch eine Genehmigung des inzwischen Volljährigen zumindest stillschweigend geheilt, Karlsr FamRZ **73**, 273, aM LG Paderborn NJW **75**, 1748. Eine Zustimmung des Gegners ist in keinem Fall erforderlich.

Ein *Urteil*, beliebiger Art oder der Vollstreckungsbescheid können selbst dann nach § 322 rechtskräftig **11** werden, wenn die Partei nicht ordnungsgemäß vertreten war und wenn das Urteil einem falschen Vertreter zugestellt wurde. Das ergibt sich aus §§ 579 I Z 4, 578 I, 586 III, BGH **104**, 111, Ffm FamRZ **85**, 613 Zweibr FamRZ **99**, 28, StJBo 2, ZöV 15, aM LG Ffm NJW **76**, 757, RoSGo § 44 IV 6. Andere, nicht mit der Rechtskraft zusammenhängender Folgen eines Verstoßes bleiben unberührt, Zweibr FamRZ **99**, 28.

Die Rechtskraft tritt auch dann ein, wenn eine prozeßunfähige, gesetzlich vertretene Partei das Rechts- **12** mittel *zurückgenommen* hat, §§ 515, 566, 573 Rn 7, BGH **LM** § 52 Nr 3.

**6) Zulassung, I.** Im Verfahren zur Prüfung der in Rn 3 genannten Prozeßvoraussetzungen ist die **13** betroffene Partei oder ihr angeblicher Vertreter zuzulassen, BGH RR **86**, 158 mwN, Ffm FamRZ **94**, 1477 (auch zur Postulationsfähigkeit), Hbg RR **87**, 1342. Das gilt auch in der Rechtsmittelinstanz, BGH NJW **90**, 3152, Düss MDR **97**, 500. Diese Zulassung ist aber nicht mit derjenigen nach II zu verwechseln, wo die Sachprüfung gemeint ist. Wer als in Vertreter zu einem Termin geladen wurde, kann im Termin auftreten und vortragen, er sei kein Vertreter. Er kann zur Klärung dieser Frage sogar das zulässige Rechtsmittel einlegen. Andererseits darf der wahre gesetzliche Vertreter jederzeit in den Prozeß eintreten und die bisherige falsche Vertretung rügen, und zwar auch dadurch, daß er das zulässige Rechtsmittel einlegt.

**7) Mängelfolgen, I.** Wenn das Gericht einen der vier in Rn 3 genannten Mängel feststellt, dann muß es **14** zunächst prüfen, ob der Mangel behebbar ist. Wenn dies bejaht werden kann, muß das Gericht dem Betroffenen eine ausreichende Gelegenheit zur Mängelbeseitigung geben, etwa durch eine Vertagung nach § 227 oder durch einen Auflagenbeschluß etwa nach § 273 II Z 2, Schneider Rpfleger **76**, 231. Das Gericht kann auch von der Möglichkeit nach II Gebrauch machen. Eine Aussetzung ist nur im Rahmen der §§ 148, 241 ff zulässig. Wenn das Gericht nach dem Ablauf dieses Zwischenverfahrens oder von Anfang an zu dem Ergebnis kommt, daß der Mangel endgültig vorliegt, dann muß man folgende Situationen unterscheiden:

**A. Ordnungsgemäße Klage.** Die Klage ist ordnungsmäßig, also durch einen Berechtigten, erhoben. In **15** diesem Fall muß das Gericht die auftretende nichtberechtigte Person durch einen Beschluß zurückweisen, § 329. Gegen den Beschluß ist die einfache Beschwerde nach §§ 252, 567 zulässig. Gegen eine folglich nicht vertretene Partei kann und muß auf Antrag unverzüglich, § 300 Rn 5, eine Versäumnisentscheidung nach §§ 330 ff ergehen. Wenn der Mangel erst während des Rechtsstreits eintritt, mag das Verfahren nach §§ 239 ff, 246 zu unterbrechen sein. Wenn gegen eine prozeßunfähige Partei ein Sachurteil ergangen ist, darf sich die Partei im Rechtsmittelzug ebenso wehren, wie es einer prozeßfähigen Partei erlaubt wäre, BGH RR **86**, 1119.

**B. Anfängliche Mängel.** Schon die Klage mag mangelhaft sein. Dann muß das Gericht die Klage durch **16** ein Prozeßurteil unverzüglich, § 300 Rn 6, als unzulässig abweisen, Grdz 14 vor § 253, Hamm MDR **92**, 412, Kblz NJW **77**, 56, und zwar gegenüber der unbefugt vertretenen Partei, § 88 Rn 13, Schneider Rpfleger **76**, 231. Das gilt auch in der höheren Instanz, Hamm MDR **92**, 412. Hier wird das Rechtsmittel nicht etwa als unzulässig verworfen, Hamm MDR **92**, 412. Gleichzeitig wird in der höheren Instanz ein etwa in der Vorinstanz ergangenes, stattgebendes Urteil aufgehoben. Von der Mangelhaftigkeit der Klage ist die Mangelhaftigkeit ihrer Zustellung zu unterscheiden; letztere ist heilbar (nochmalige Zustellung), BGH RR **86**, 1119.

Im *Versäumnisverfahren* gilt folgendes: Das Gericht muß eine Versäumnisentscheidung ablehnen, wenn nur **17** ein Nachweis fehlt, § 335 I Z 1; die Klage muß durch ein streitiges Prozeßurteil (ein unechtes Versäumnisurteil) unverzüglich, § 300 Rn 6, als unzulässig abgewiesen werden, wenn die Unheilbarkeit feststeht oder wenn keine Heilung erfolgt ist, § 330 Rn 4.

Es ist *unerheblich*, ob der *Kläger* oder der *Bekl* betroffen ist. Wenn schon die Klage mangelhaft war, dann ist **18** von vornherein zweifelhaft, wer Partei ist, der Vertretene oder der falsche Vertreter. Je nach dem Ergebnis der Prüfung dieser Frage sind das Urteil und die Kostenentscheidung auf den einen oder den anderen zu stellen. Das Gericht darf die Kosten dem falschen Vertreter aber nur dann auferlegen, wenn die Partei die Klage nicht veranlaßt hatte. Das gilt selbst dann, wenn die Klagabweisung gegenüber der unbefugt vertretenen Partei ergangen ist, BGH WertpMitt **86**, 1128, Hamm OLGZ **89**, 321, Karlsr FamRZ **96**, 1335, aM Renner MDR **74**, 356, Köln Rpfleger **76**, 102 (die Kostenentscheidung sei stets auf den Vertretenen abzustellen. Aber er hat keine Genehmigung erklärt; es handelt sich nur formell um seinen Prozeß).

**C. Rechtsmittel.** Der Prozeßunfähige, der in erster Instanz als prozeßfähig behandelt wurde, kann ein **19** Rechtsmittel einlegen, Düss FamRZ **97**, 887. Der Vertreter kann im Umfang von Rn 13 Rechtsmittel einlegen, aM insofern Karlsr FamRZ **96**, 1335 (abl Vollkommer). Vgl auch Rn 13.

**8) Bejahung der Prozeßvoraussetzung, I.** Wenn das Gericht eine zunächst zweifelhaft gewesene **20** Prozeßvoraussetzung bejaht, dann geschieht das entweder in den Entscheidungsgründen des Endurteils oder im Weg eines Zwischenurteils nach § 280 II. Wenn es um das Fehlen einer Ermächtigung zu einer Prozeßführung ging, dann ist die Klärung nur im Endurteil oder allenfalls in einem unselbständigen Zwischenurteil nach § 303 zulässig.

**9) Vorläufige Zulassung, II.** Es ist wegen des Zwecks, Rn 1, Behutsamkeit nötig. **21**

**A. Grundsatz: Ermessen.** II ermöglicht dem Gericht eine Entscheidung im Rahmen seines auch hier pflichtgemäßen Ermessens, das allerdings der Nachprüfung weitgehend entzogen ist, vgl Einl III 33. Das Gericht kann nämlich die Partei oder ihren gesetzlichen Vertreter unter dem Vorbehalt der Beseitigung des Mangels einstweilen zulassen. Das Gericht sollte auch in geeigneten Fällen so vorgehen. Es ist zB ratsam, die Einlegung eines Rechtsmittels im Namen eines Toten so anzusehen, als ob das Rechtsmittel für seine Erben eingelegt worden wäre.

## § 56, Einf §§ 57, 58, § 57

**22** **B. Behebbarkeit.** Der Mangel muß bereits feststehen. Er muß aber behebbar sein. Hierher gehört auch der Fall, daß der Nachweis des Vorliegens der Prozeßvoraussetzungen nicht sogleich erbracht werden kann.

**23** **C. Gefahr im Verzug.** Es muß für diejenige Partei, die einstweilen zugelassen werden soll, eine Gefahr im Verzug für den Fall bestehen, daß die Zulassung nicht erfolgen würde. Für ihren Gegner braucht keine Gefahr im Verzug vorzuliegen. Eine derartige Gefahr kann etwa dann vorliegen, wenn der Ablauf einer Verjährungsfrist bevorsteht. Bei noch fehlender Betreuung hilft II meist nicht, Bork MDR **91**, 99, ebensowenig bei bloßer Entscheidungsreife zu Gunsten des Gegners, denn der fehlerhaft Auftretende muß stets damit rechnen, daß das Gericht bei dieser Lage pflichtgemäß entscheidet, § 300 Rn 6; mag die Frage, ob Art 103 I GG verletzt wurde, in höherer Instanz überprüft werden.

**24** **D. Baldige Behebung.** Man muß damit rechnen können, daß der Mangel in einer angemessenen Zeit beseitigt oder daß ein fehlender Nachweis innerhalb desselben Zeitraums nachgereicht werden wird.

**25** **E. Verfahren.** Die einstweilige Zulassung der Partei erfolgt für die Sache selbst. Das Gericht muß zur Sache verhandeln. Die einstweilige Zulassung erfolgt grundsätzlich formlos. Wenn die Parteien über die Zulässigkeit der einstweiligen Zulassung streiten, ist ein Beschluß nach § 329 erforderlich. Er bedarf wie jeder Beschluß grundsätzlich einer Begründung, § 329 Rn 4. Er ist unanfechtbar. In jedem Fall muß das Gericht eine Frist zur Mängelbehebung setzen, wenn es eine solche Fristsetzung vorher versäumt hatte. Die Frist kann nach § 224 II verlängert werden. Vor dem Ablauf der Frist ist nur eine Verhandlung zulässig, nicht eine Entscheidung. Nach dem Ablauf der Frist und vor einer Entscheidung muß in jedem Fall nochmals mündlich verhandelt werden. Nach einem ergebnislosen Ablauf der Frist ist alles bisher Geschehene einschließlich eines etwaigen unselbständigen Zwischenurteils unwirksam. Eine Nachholung ist bis zum Schluß der letzten mündlichen Verhandlung zulässig, §§ 136 IV, 231, 296 a. Über eine Heilung infolge einer Genehmigung vgl Rn 9, 10.

**26** **10) *VwGO:*** I u II sind entsprechend anwendbar, § 62 IV VwGO, jedoch greift bei Bedenken die Amtsermittlung ein, § 86 VwGO. Unklarheiten hinsichtlich der Beteiligten- und Prozeßfähigkeit gehen auch im VerwProzeß zu Lasten des Klägers, oben Rn 5.

### Einführung vor §§ 57, 58
### Gerichtliche Vertreterbestellung

**1** **1) Systematik.** §§ 57, 58 ergänzen den § 56. Das Recht kennt verschiedene Fälle, in denen das Gericht einer Partei einen Vertreter für den Prozeß bestellt, vgl BGH **93**, 9. Zwei solche Fälle behandeln §§ 57, 58. Hierher gehört auch die Bestellung zur Führung eines Ersatzprozesses der Aktiengesellschaft aus der Gründung, § 147 III AktG. In allen diesen Fällen ist der Bestellte gesetzlicher Vertreter mit einer Beschränkung auf diesen Prozeß, so auch LG Ffm WoM **93**, 61.

**2** **2) Regelungszweck.** Vgl zunächst § 56 Rn 2. Zweck der Vorschrift ist, dem Kläger einen prozeßfähigen Gegner gegenüberzustellen, damit er einen Anspruch geltend machen kann, BGH **93**, 9, OVG HbgJVBl **85**, 169; andererseits dürfen aber auch die prozessualen Rechte des Beklagten nicht zu kurz kommen. Eine entsprechende Vorschrift für den Kläger gibt es nicht.

**3** **3) Geltungsbereich.** Vgl Grdz 2 vor § 50.

**4** **4) Verfahren.** Den Vertreter bestellt der Vorsitzende des Prozeßgerichts durch eine Handlung der freiwilligen Gerichtsbarkeit. Wegen der Nachprüfung der Bestellung § 51 Rn 25, § 57 Rn 7 ff. Der bestellte Vertreter braucht die Vertretung nicht zu übernehmen. Da er ablehnen kann, hat er kein Beschwerderecht. Einen Anspruch auf eine Vergütung hat er gegen den Kläger nicht, gegen den Beklagten aus dem vorliegenden Zwangsdienstvertrag (die gerichtliche Bestellung zwingt zum Abschluß), vgl Eckert KTS **90**, 38. Bei der Kostenfestsetzung ist das zu berücksichtigen. Freilich kann das Gericht vom Antragsteller einen Kostenvorschuß fordern, Eckert KTS **90**, 38.
*Gebühren* bei §§ 57, 58: Des Gerichts keine; des Rechtsanwalts: Gehört zum Rechtszug, § 37 Z 3 BRAGO. § 19 BRAGO ist auf den zum Vertreter bestellten Rechtsanwalt unanwendbar, Düss VersR **80**, 389, Mü MDR **74**, 413 mwN, aM Schneider MDR **72**, 155.
Der bestellte Vertreter ist entsprechend § 1835 BGB zu *entschädigen*, Mü MDR **74**, 413, OVG Hbg HbgJVBl **85**, 169 mwN, Schneider MDR **72**, 155. Der Vertreter kann aber auch im Weg der Prozeßkostenhilfe beigeordnet werden, OVG Hbg HbgJVBl **85**, 169.

**5** **5) *VwGO:*** §§ 57 und 58 gelten entsprechend, § 62 IV VwGO.

## 57 Gerichtliche Vertreter für Prozeßunfähige.

<sup>I</sup> Soll eine nicht prozeßfähige Partei verklagt werden, die ohne gesetzlichen Vertreter ist, so hat ihr der Vorsitzende des Prozeßgerichts, falls mit dem Verzuge Gefahr verbunden ist, auf Antrag bis zu dem Eintritt des gesetzlichen Vertreters einen besonderen Vertreter zu bestellen.

<sup>II</sup> Der Vorsitzende kann einen solchen Vertreter auch bestellen, wenn in den Fällen des § 20 eine nicht prozeßfähige Person bei dem Gericht ihres Aufenthaltsortes verklagt werden soll.

**Schrifttum:** *Käck,* Der Prozeßpfleger, 1991.

### Gliederung

| | | | |
|---|---|---|---|
| 1) Systematik, Regelungszweck, I, II | 1 | 3) Gefahr in Verzug, I | 3–9 |
| 2) Geltungsbereich, I, II | 2 | A. Beabsichtigte Klage | 3 |

1. Titel. Parteifähigkeit. Prozeßfähigkeit § 57

| B. Gegner prozeßunfähig usw | 4 | 4) Gerichtsstand des Beschäftigungsortes, II | 10 |
| C. Gefahr für Kläger | 5 | | |
| D. Antrag | 6 | 5) Stellung des Bestellten, I, II | 11, 12 |
| E. Verfahren | 7, 8 | 6) VwGO | 13 |
| F. Rechtsbehelfe | 9 | | |

**1) Systematik, Regelungszweck, I, II.** Vgl Einf 1, 2 vor §§ 57, 58. **1**

**2) Geltungsbereich, I, II.** Vgl Grdz 2 vor § 50, Einf 2 vor §§ 57, 58. **2**

**3) Gefahr im Verzug, I.** Die Voraussetzungen der Bestellung eines besonderen Vertreters nach I müssen **3** entsprechend dem Zweck der Vorschrift, Rn 2, vom Kläger aus gesehen werden:

**A. Beabsichtigte Klage.** Der Kläger muß eine Klage beabsichtigen. Es genügt aber, daß er ein Mahnverfahren nach §§ 688 ff oder ein Verfahren auf den Erlaß eines Arrests oder einer einstweiligen Verfügung nach §§ 916 ff, 935 ff betreiben will. Die Bestellung ist auch dann zulässig, wenn sich eine Prozeßunfähigkeit, § 51, oder ein Mangel der Vertretungsmacht erst in einem Prozeß herausstellt, Stgt MDR **96**, 198 mwN, Bork MDR **91**, 99 (zu Betreuender), MüKoLi 2, StJBo 2, aM ZöV 3 (§ 241). Die Vorschrift hilft nicht bei Geschäftsunfähigkeit schon des Klägers, Bork MDR **91**, 99.

**B. Gegner prozeßunfähig usw.** Die Klage bzw das Verfahren müssen sich gegen einen Prozeßunfähigen **4** richten, der keinen gesetzlichen Vertreter hat. Ein bloßes Bedenken gegenüber der Prozeßfähigkeit genügt nicht. Man kann immerhin auch keinen vollen Beweis der Prozeßunfähigkeit fordern, zumal dann nicht, wenn eben eine Gefahr im Verzug ist. Die behauptete Prozeßunfähigkeit muß jedoch glaubhaft gemacht werden, § 294. I ist aber dann entsprechend anwendbar, wenn sich nicht klären läßt, ob der Gegner prozeßfähig ist, Bork MDR **91**, 99 (zu Betreuender).

Die *Bestellung* erfolgt erst dann, wenn das Vormundschaftsgericht die Bestellung eines gesetzlichen Vertreters abgelehnt hat, es sei denn, daß eine Gefahr für die Rechtsverfolgung besteht, Saarbr OLGZ **67**, 423. Wenn ein Vertreter bestellt worden ist, aber nicht tätig wird, dann kann die Partei das Rechtsmittel selbst einlegen; § 53 ist dann nicht anwendbar. Sie kann aber auch von seiner Prozeßhandlung abweichend wirksam vorgehen, zB nicht ein Rechtsmittel gegen einen Beschluß nach § 269 einlegen, nachdem er die Klage oder den Antrag wirksam zurückgenommen hat.

*In diese Gruppe gehört* auch eine juristische Person, etwa eine Gesellschaft mit beschränkter Haftung, Eckert KTS **90**, 38, oder eine Aktiengesellschaft, wenn zB weder ihr Vorstand noch der Aufsichtsrat als Vertreter tätig werden können; § 76 AktG steht nicht entgegen. Wegen eines Prozeßpflegers für eine gelöschte, aber rechtlich fortbestehende Gesellschaft mit beschränkter Haftung BFH DB **80**, 2068 mwN, Mü OLGZ **90**, 345, LAG Hann MDR **85**, 170. Bei einem prozeßfähig Anwesenden ist § 57 unanwendbar. Der gesetzliche Vertreter muß entweder fehlen oder rechtlich, nicht nur tatsächlich, verhindert sein.

**C. Gefahr für Kläger.** Die Gefahr im Verzug muß für den Kläger bestehen. Eine Gefahr für den Gegner **5** ist unerheblich. Ob für den Kläger eine Gefahr im Verzug besteht, steht im pflichtgemäßen, aber nicht nachprüfbaren Ermessen des Vorsitzenden.

**D. Antrag.** Es ist ein Antrag erforderlich. Er kann schriftlich oder zum Protokoll der Geschäftsstelle **6** erklärt werden. Für den Antrag besteht grundsätzlich kein Anwaltszwang, § 78 III. Der Anwaltszwang ist nur dann zu beachten, wenn der Antrag ausnahmsweise erst während eines Anwaltsprozesses im Sinn von § 78 Rn 1 zulässig wird, Rn 1. Eine Glaubhaftmachung der tatsächlichen Angaben nach § 294 ist notwendig, Eckert KTS **90**, 38, StJL 7, ZöV 1, und reicht aus.

**E. Verfahren.** Der Antrag wird dem Vorsitzenden des Prozeßgerichts vorgelegt, also dem Richter **7** derjenigen Abteilung oder Kammer, die der Kläger im eigentlichen Rechtsstreit anrufen will. In FGG-Verfahren ist § 57 entsprechend anwendbar, zB vor dem Nachlaßgericht, BGH FamRZ **89**, 271. Der Vorsitzende prüft die Voraussetzungen des § 57. Er braucht aber grundsätzlich nicht zu prüfen, ob dieses Gericht auch für den beabsichtigten Rechtsstreit zuständig sein würde. Denn jene Zuständigkeitsprüfung erfolgt erst im beabsichtigten Rechtsstreit, und die Zuständigkeit mag einer Parteivereinbarung unterliegen. Wenn allerdings eine Zuständigkeit ganz offenbar nicht gegeben ist und wenn auch eine Zuständigkeits- **8** vereinbarung offenbar unzulässig wäre oder wenn die Klage aus anderen Gründen offensichtlich völlig *aussichtslos* wäre, muß der Vorsitzende den Antrag zurückweisen. Bei der Prüfung dieser Aussichtslosigkeit ist eine besondere Vorsicht erforderlich. Andernfalls bestellt der Vorsitzende den besonderen Vertreter ohne eine mündliche Verhandlung durch eine Verfügung. Eine Zurückweisung erfolgt durch einen Beschluß, § 329. Er ist grundsätzlich zu begründen, § 329 Rn 4, und dem Antragsteller formlos mitzuteilen, § 329 II 1.

**F. Rechtsbehelfe.** Gegen die stattgebende Verfügung ist kein Rechtsbehelf zulässig. Gegen den zurück- **9** weisenden Beschluß ist die einfache Beschwerde nach § 567 I zulässig. Gegen eine Zurückweisung durch das LG als Berufung oder Beschwerdegericht ist keine Beschwerde zulässig, § 567 III, ebensowenig gegen eine Zurückweisung durch das OLG, § 567 IV 1. Beim Rpfl gilt § 11 RPflG, vgl § 104 Rn 41 ff.

**4) Gerichtsstand des Beschäftigungsortes, II.** In den Fällen II ist die Bestellung eines besonderen **10** Vertreters auch ohne eine Gefahr im Verzug und selbst dann zulässig, wenn zwar ein gesetzlicher Vertreter vorhanden ist, wenn dieser aber nicht am Aufenthaltsort wohnt. Der Vorsitzende des Prozeßgerichts hat insofern ein pflichtgemäßes Ermessen. Vgl im übrigen Rn 7 ff sowie Einf 2 vor §§ 57, 58.

**5) Stellung des Bestellten, I, II.** Der besondere Vertreter ist nicht zur Annahme des Amtes verpflichtet, **11** BayObLG WoM **89**, 535. Mangels Ablehnung ist er ein gesetzlicher Vertreter, allerdings nur für den beabsichtigten bzw stattfindenden Prozeß, LG Hbg MDR **96**, 145 mwN; er kann in diesem Zusammenhang auch, ähnlich wie ein ProzBev, sachlichrechtliche Erklärungen abgeben und entgegennehmen, LG Hbg MDR **96**, 145 mwN (zB eine Kündigung). Nach einer anderen Meinung ist er ein Pfleger; vgl aber zB § 147 III AktG. Er ist kein Betreuer nach § 53, BSG NJW **94**, 215. Die Bestellung gilt allerdings auch für die Vertretung im Verfahren über eine Widerklage, Anh § 253, oder für einen Zwischenstreit. Der besondere

**§§ 57, 58**

Vertreter kann die bisherige Prozeßführung genehmigen oder die Prozeßunfähigkeit geltend machen. Trotz der Bestellung muß das Gericht grundsätzlich Zustellungen und Ladungen auch an den Bekl richten. Denn er könnte sonst um das rechtliche Gehör gebracht werden, Art 103 I GG, vgl auch BSG NJW *94*, 215. Etwas anderes gilt natürlich, wenn das Gericht von der Prozeßunfähigkeit des Bekl überzeugt ist, Dunz *61*, 443. Wegen der Vergütung Einf 2 vor §§ 57, 58.

12  Das Amt des besonderen Vertreters *endet* mit dem Eintritt des ordentlichen gesetzlichen Vertreters, der dem Gegner anzuzeigen ist, § 241 entsprechend, also nicht schon mit der Bestellung. Das Amt endet auch mit dem Eintritt der Prozeßfähigkeit. Es endet schließlich mit dem Widerruf der Bestellung. Der Widerruf ist nur aus einem wichtigen Grund zulässig und berührt die Wirksamkeit des Geschehenen nicht.

13  6) *VwGO:* Gilt entsprechend, § 62 IV VwGO, BVerwG Buchholz 303 § 57 Nr 2 mwN; zulässig ist auch die Bestellung eines Prozeßvertreters für eine aufgelöste Gemeinde, BVerwG Buchholz 415.1 Allg KommR Nr 31. An die Stelle von § 20, II, tritt § 52 Nr 5 VwGO. Auch dem prozeßunfähigen Kläger ist ausnahmsweise entsprechend § 57 ein Vertreter zu bestellen, BVerwG DVBl *96*, 112, VGH Kassel NVwZ-RR *96*, 615, VGH Mannh VBlBW *90*, 135, a) in Anfechtungssachen, BVerwG *23*, 15 (nicht aber im Normenkontrollverf nach § 47 VwGO, VGH Mü BayVBl *84*, 757), b) in Sozialhilfesachen, wenn die Hilfsbedürftigkeit durch die geistige Behinderung hervorgerufen ist, BVerwG *25*, 36 und *30*, 24, OVG Münst NVwZ-RR *98*, 406 (aber nicht für aussichtslose Klagen, VGH Kassel LS ZfSH/SGB *87*, 548, insbesondere von Querulanten, vgl OVG Kblz NVwZ-RR *98*, 693). Ein Antrag ist hier entbehrlich; vgl auch § 72 SGG und dazu Brennert NJW *75*, 1491. Die Bestellung wirkt stets für den ganzen Rechtsstreit, nicht nur für die Instanz, BVerwG *39*, 261; zur rückwirkenden Heilung fehlerhafter Prozeßhandlungen durch Genehmigung des Vertreters vgl BVerwG Buchholz 237.6 § 37 Nr. 2. Der Bestellte hat die Stellung eines gesetzlichen Vertreters, oben Rn 11, dazu BVerwG Buchholz 310 § 62 Nr 22. Wegen der Vergütung, Einf Rn 4, s OVG Hbg HbgJVBl *85*, 169. Rechtsmittel: Beschwerde nach §§ 146ff VwGO, OVG Kblz NVwZ-RR *98*, 693, OVG Münst NVwZ-RR *98*, 406. – Die umfassendere und zweckmäßigere Regelung in den §§ 16 VwVfG, 81 AO und 15 SGB X gilt (leider) nur für das Verf vor VerwBehörden.

**58** *Gerichtlicher Vertreter bei herrenlosem Grundstück und Schiff.* ¹ Soll ein Recht an einem Grundstück, das von dem bisherigen Eigentümer nach § 928 des Bürgerlichen Gesetzbuchs aufgegeben und von dem Aneignungsberechtigten noch nicht erworben worden ist, im Wege der Klage geltend gemacht werden, so hat der Vorsitzende des Prozeßgerichts auf Antrag einen Vertreter zu bestellen, dem bis zur Eintragung eines neuen Eigentümers die Wahrnehmung der sich aus dem Eigentum ergebenden Rechte und Verpflichtungen im Rechtsstreit obliegt.

II Absatz 1 gilt entsprechend, wenn im Wege der Klage ein Recht an einem eingetragenen Schiff oder Schiffsbauwerk geltend gemacht werden soll, das von dem bisherigen Eigentümer nach § 7 des Gesetzes über Rechte an eingetragenen Schiffen und Schiffsbauwerken vom 15. November 1940 (Reichsgesetzbl. I S. 1499) aufgegeben und von dem Aneignungsberechtigten noch nicht erworben worden ist.

1  1) *Systematik, Regelungszweck, I, II.* Vgl zunächst Einf 1, 2 vor §§ 57, 58 sowie für den Bereich der Zwangsvollstreckung entsprechenden § 787. Nach § 928 BGB erlischt das Eigentum an einem Grundstück durch den Verzicht des eingetragenen Eigentümers gegenüber dem Grundbuchamt und durch die Eintragung in das Grundbuch. Durch diese Vorgänge wird das Grundstück herrenlos. Ähnliches gilt für ein eingetragenes Schiff oder Schiffsbauwerk nach § 7 SchiffsG, ebenso für ein Luftfahrzeug nach § 99 I LuftfzRG. § 58 versteht unter dem Begriff Grundstück dasselbe wie § 928 BGB.

2  2) *Geltungsbereich, I, II.* Vgl Grdz 2 vor § 50.

3  3) *Voraussetzungen, I, II.* Zur Bestellung eines Vertreters sind folgende Voraussetzungen erforderlich:
**A. Herrenlosigkeit.** Das Grundstück, das Schiff oder das Schiffsbauwerk sowie das in der Luftfahrzeugrolle eingetragene Luftfahrzeug müssen noch herrenlos sein.

4  **B. Klageabsicht.** Jemand muß ein Recht an dem Grundstück im Sinn des § 24, am Schiff oder Schiffsbauwerk im Sinn des SchiffsG, am Luftfahrzeug im Sinn des LuftfzRG, einklagen wollen.

5  **C. Antrag.** Es muß ein Antrag vorliegen. Er muß stets vor dem Zeitpunkt der Rechtshängigkeit gestellt werden, § 261. Denn von der Rechtshängigkeit an bleibt der Eigentümer der richtige Bekl, § 265. Für den Antrag besteht kein Anwaltszwang. Eine Gefahr im Verzug ist nicht erforderlich. Die Voraussetzungen Rn 3, 4 sind glaubhaft zu machen, § 294. Der Antragsteller muß auch die Zuständigkeit glaubhaft machen. Denn es handelt sich um eine ausschließliche Zuständigkeit, Üb 14 vor § 12. Wenn die Voraussetzungen der Bestellung des Vertreters vorliegen, besteht eine Amtspflicht zur Bestellung. Als Vorsitzender des Prozeßgerichts ist bei einem Grundstück nur der Vorsitzende des nach § 4 zuständigen Gerichts anzusehen.

6  4) *Stellung des Bestellten, I, II.* Der Vertreter ist ein gesetzlicher Vertreter des künftigen Eigentümers. Er muß wie ein sorgsamer Eigentümer handeln. Er darf das Grundstück an denjenigen auflassen, der auf Grund einer Auflassungsvormerkung im Grundbuch als Berechtigter eingetragen ist. Für die Kosten der Vertretung haften das Grundstück, das Schiff oder Schiffsbauwerk usw wie die Konkursmasse für die Kosten des Konkursverwalters, vgl auch § 1118 BGB, ferner §§ 10 II und 162 ZVG (Kosten der Rechtsverfolgung). Das Amt des Vertreters endet mit der Eintragung des neuen Eigentümers, auch ohne daß dieser in den Prozeß eintritt. Es endet auch mit dem Ende der Herrenlosigkeit des Grundstücks usw. Es endet schließlich dann, wenn der Vorsitzende die Bestellung widerruft. Vgl im übrigen § 57 Rn 11, 12.

7  5) *VwGO:* Gilt entsprechend, § 62 IV VwGO, für die Geltendmachung von Rechten des öffentlichen Rechts an Grundstücken, zB für den Streit um öffentliche Lasten.

## Zweiter Titel. Streitgenossenschaft

### Übersicht

**Schrifttum:** *Hassold,* Die Voraussetzungen der besonderen Streitgenossenschaft usw, 1970; *Lüke,* Die Beteiligung Dritter im Zivilprozeß, 1993; *Schultes,* Die Beteiligung Dritter am Zivilprozeß, 1994; *Schwab,* Mehrparteienschiedsgerichtsbarkeit und Streitgenossenschaft, Festschrift für *Habscheid* (1989) 285.

#### Gliederung

| | | | |
|---|---|---|---|
| 1) Systematik, Regelungszweck | 1 | 5) Selbständigkeit der Prozesse | 6, 7 |
| 2) Geltungsbereich | 2 | A. Prozeßart | 6 |
| 3) Begriff der Streitgenossenschaft | 3 | B. Prozeßvoraussetzungen | 7 |
| 4) Dauer der Streitgenossenschaft | 4, 5 | 6) *VwGO* | 8 |
| A. Beginn | 4 | | |
| B. Ende | 5 | | |

**1) Systematik, Regelungszweck.** Die Beteiligung mehrerer Personen am Rechtsstreit läßt sich in drei **1** Gruppen einteilen: In die Beteiligung eines Klägers und eines Bekl; in die Beteiligung von zwei oder mehr Personen auf der einen und/oder der anderen Parteiseite als Partei; in die Beteiligung einer oder mehrerer Personen, die zumindest zunächst noch nicht Partei sind, es aber werden sollen oder zwecks Vermeidung von Nachteilen werden müssen oder die auch ohne ein solches Hineinwachsen zur Erzielung von Vorteilen oder Vermeidung von Nachteilen in das Prozeßgeschehen in einer anderen Weise als derjenigen einer Beweisperson hineingezogen werden. §§ 59–77 erfassen alle diese Gruppierungen, teilen sie aber in die Hauptgruppen der „Streitgenossenschaft", §§ 59–63, und der „Beteiligung Dritter", §§ 64–77.
Die Gesamtregelung *dient* nicht nur der Prozeßwirtschaftlichkeit, Grdz 14 vor § 128, sondern auch der Erzielung von Ergebnissen, die für mehr als zwei Personen als gerecht empfunden werden können, Einl III 9, und daher bei der Rechtsfrieden schneller und umfassender wiederherstellen. Das ist bei der Auslegung mitzubeachten.

**2) Geltungsbereich.** Vgl Grdz 2 vor § 50. **2**

**3) Begriff der Streitgenossenschaft.** Sie liegt vor, wenn in einem Prozeß in derselben Parteistellung **3** mehrere Personen auftreten, entweder als Kläger (Klaggenossen, aktive Streitgenossen) oder Beklagte (Verteidigungsgenossen, passive Streitgenossen). Die Streitgenossenschaft ist nichts anderes als die Vereinigung mehrerer Einzelprozesse zu einem einzigen Prozeß aus Zweckmäßigkeitsgründen, Grdz 14, 15 vor § 128, BGH NJW **92**, 982 oben links, BAG BB **96**, 2414, Schumann NJW **81**, 1718; jeder etwa bisher selbständige Prozeß behält seine Selbständigkeit ganz oder eingeschränkt bei, BAG BB **96**, 2414, Mü RR **92**, 423.
Streitgenossenschaft liegt vor einer *Parteienhäufung* (subjektiver Klaghäufung), § 59, und bei einer Gleichartigkeit der Ansprüche, § 60. Regelmäßig ist sie freiwillig, in bestimmten Fällen notwendig, § 62. Keine Streitgenossenschaft liegt vor, wenn eine nur eine Partei bildende Personenmehrheit auf einer Seite steht, etwa eine Offene Handelsgesellschaft, oder wenn mehrere gesetzliche Vertreter für eine Partei auftreten. Anders ist es, wenn gesetzliche Vertreter mehrere vertritt, wenn er sowohl für sich als für einen Vertretenen prozessiert oder wenn die Gesellschaft und die Gesellschafter klagen, vgl BGH **62**, 132. In einer Baulandsache gehen §§ 217–231 BauGB den §§ 59 ff grundsätzlich vor, BGH NJW **89**, 1039 mwN.

**4) Dauer der Streitgenossenschaft.** Sie ist sorgfältig zu klären. **4**
**A. Beginn.** Die Streitgenossenschaft entsteht durch die Einleitung eines Verfahrens, zB durch eine Klagerhebung, § 253, unabhängig davon, ob die Klage gemeinsam zugestellt wird, oder durch den Antrag auf den Erlaß eines Arrests oder einer einstweiligen Verfügung, §§ 920, 936. Über die Bestimmung eines gemeinsamen zuständigen Gerichts s § 36 Z 3. Sie entsteht ferner infolge des späteren Eintritts anderer als Partei durch eine Rechtsnachfolge, einen Beitritt, eine Prozeßverbindung, § 147, Köln VersR **73**, 285.
**B. Ende.** Die Streitgenossenschaft endet durch den Wegfall von Streitgenossen wegen Rechtsnachfolge **5** oder Prozeßtrennung oder durch das Ausscheiden aus der Erledigung des Prozesses für diesen Streitgenossen durch eine Klagerücknahme, § 269, ein Teilurteil usw, § 301. Solange ein Streitgenosse noch irgendwie am Prozeß beteiligt ist, sei es nur wegen der Kosten oder in höherer Instanz, bleibt er Partei.

**5) Selbständigkeit der Prozesse.** Aus der Selbständigkeit der durch eine Streitgenossenschaft verbunde- **6** nen Prozesse folgt:
**A. Prozeßart.** Dieselbe Prozeßart muß für alle Genossen zulässig und gewählt sein, Emde DB **96**, 1557.
**B. Prozeßvoraussetzungen.** Die Prozeßvoraussetzungen, Grdz 13 vor § 253, sind für jeden der einzelnen **7** Prozesse gesondert zu prüfen und müssen für jeden Streitgenossen vorliegen, Ffm RR **95**, 319. Es darf zB keiner exterritorial sein, die Zuständigkeit muß für jeden begründet sein; zu beachten ist § 603. Für die sachliche Zuständigkeit erfolgt eine Zusammenrechnung der Ansprüche, § 5. Fehlt Rn 5, so ist der Prozeß abzutrennen, § 145. Fehlt Rn 6, erfolgt ein Teilurteil, § 301, oder eine Teilverweisung mit Abtrennung, § 281. Fehlt ein Erfordernis der §§ 59, 60, so muß das Gericht auf Grund einer Rüge oder darf von Amts wegen abtrennen.

**6) *VwGO:*** Nach § 64 VwGO gelten §§ 59 bis 63 entsprechend. **8**

## § 59

**59** *Parteienhäufung.* Mehrere Personen können als Streitgenossen gemeinschaftlich klagen oder verklagt werden, wenn sie hinsichtlich des Streitgegenstandes in Rechtsgemeinschaft stehen oder wenn sie aus demselben tatsächlichen und rechtlichen Grunde berechtigt oder verpflichtet sind.

## §§ 59–61  1. Buch. 2. Abschnitt. Parteien

**1** **1) Systematik, Regelungszweck.** Vgl zunächst Üb 1, 2 vor § 59. Die Vorschrift erfaßt die erste dort genannte Gruppe, ergänzt durch §§ 60–63. Sie dient zwar der Zweckmäßigkeit läßt solche aber nicht allein genügen, aM BayObLG MDR **99**, 807.

**2** **2) Geltungsbereich.** Vgl Grdz 2 vor § 50.

**3** **3) Streitgenossen.** § 59 betrifft zunächst den Fall, daß mehrere Personen entweder als Kläger oder als Bekl auftreten, Üb 1 vor § 59. Man spricht dann auch von einer subjektiven Klaghäufung. Wenn dieselbe Person mehrere Ansprüche geltend macht, liegt demgegenüber eine objektive Klaghäufung vor, vgl dazu § 60. Es steht den mehreren Klägern frei, als Streitgenossen aufzutreten. Vgl allerdings auch § 147. Der Bekl kann den Kläger nicht dazu zwingen, sich mit einem anderen als Streitgenossen zu verbünden. Freilich können solche Mehrkosten, die infolge einer unzweckmäßigen Folge selbständiger Einzelprozesse entstehen, trotz eines Siegs erstattungsunfähig sein, vgl bei § 91.

Sogar notwendige Streitgenossen, § 62, *können* an sich prozessual *getrennt* vorgehen. Soweit das sachliche Recht eine gemeinsame Klage fordert, haben getrennte Prozesse nur zur Folge, daß jeweils die Sachbefugnis fehlt, Grdz 23 vor § 50, und die jeweilige Klage daher als unbegründet abgewiesen werden muß, Grdz 23 vor § 50, StJBo 1, aM BGH **LM** UStG 1967 Nr 6 mwN (der BGH meint, in einem solchen Fall fehle das Prozeßführungsrecht; er weist eine Klage deshalb dann als unzulässig ab). Wegen der weitgehenden Verbindungsbefugnis des § 60 hat die aufzählende Abgrenzung des § 59 keine große praktische Bedeutung. Eine Klage gegen den Bekl zu 2 für den Fall, daß die Klage gegen den Bekl zu 1 abgewiesen werde, ist unzulässig. Denn sie würde eine bedingte Klagerhebung bedeuten, BGH NJW **72**, 2302, BAG NJW **94**, 1086 mwN.

**4** **4) Rechtsgemeinschaft.** § 59 betrifft auch den Fall einer Rechtsgemeinschaft wegen desselben Streitgegenstands, § 2 Rn 3, Zweibr MDR **83**, 495, zB: Eine Gemeinschaft zur gesamten Hand; eine Bruchteilsgemeinschaft; eine Gesamtschuld, BayObLG MDR **98**, 180; das Verhältnis zwischen dem Hauptschuldner und dem Bürgen; das Verhältnis zwischen dem Grundstückseigentümer und dem persönlichen Schuldner desjenigen Betrags, dessentwegen im Grundbuch eine Hypothek eingetragen worden ist.

**5** **5) Berechtigung oder Verpflichtung aus demselben Grund.** § 59 erfaßt schließlich die Fälle einer Berechtigung oder Verpflichtung mehrerer Personen aus demselben rechtlichen und zugleich aus demselben tatsächlichen Grund. Das ist weit auslegbar, BayObLG MDR **99**, 807 (anteilige gesetzliche Unterhaltshaftung). Hierher zählt zB folgende Fälle: Ein gemeinsamer Vertrag; eine gemeinsame unerlaubte Handlung, vgl BayObLG DB **92**, 2434; eine gemeinsame Gefährdungshaftung, BGH MDR **78**, 130. Eine etwaige Rechtsnachfolge bei der Person des einen oder anderen Berechtigten oder Verpflichteten ist unerheblich. Nicht hierher zählt eine gemeinsame Berechtigung oder Verpflichtung lediglich auf Grund derselben Tatsachen, jedoch aus verschiedenen Rechtsgründen.

**6** **6) VwGO:** *Entsprechend anwendbar,* § *64 VwGO.*

---

**60** *Gleichartigkeit der Ansprüche.* Mehrere Personen können auch dann als Streitgenossen gemeinschaftlich klagen oder verklagt werden, wenn gleichartige und auf einem im wesentlichen gleichartigen tatsächlichen und rechtlichen Grunde beruhende Ansprüche oder Verpflichtungen den Gegenstand des Rechtsstreits bilden.

**1** **1) Systematik, Regelungszweck.** Vgl § 59 Rn 1.

**2** **2) Geltungsbereich.** Vgl. Grdz 2 vor § 50.

**3** **3) Gleichartigkeit.** § 60 läßt eine Streitgenossenschaft zu, wenn der rechtliche und der tatsächliche Grund ganz oder doch zu einem wesentlichen Teil gleichartig sind, BGH JZ **90**, 1036 mwN, vgl BayObLG DB **92**, 2434, Hbg JB **77**, 199. Die Vorschrift ist sehr dehnbar, BGH NJW **92**, 982 oben links. Da es sich um eine Zweckmäßigkeitsregel handelt, darf man § 60 weit auslegen, BGH NJW **92**, 982 oben links mwN, Zweibr MDR **83**, 495, Wunderlich DB **93**, 2272. Die Ansprüche müssen aber in einem inneren Zusammenhang stehen, BGH JZ **90**, 1036 mwN, Zweibr MDR **83**, 495; eine bloße sachliche Ähnlichkeit des Geschehensablaufs und wirtschaftlichen Hintergrunds reicht nicht, BGH NJW **92**, 982 oben links.

*Hierher zählen zB:* Die Unterhaltsklage, auch Abänderungsklage, § 323, mehrerer oder gegen mehrere, BGH NJW **86**, 3209; die Anfechtung der Anerkennung einer nichtehelichen Vaterschaft, § 640 e; die Klage des Inhabers eines Wechsels gegenüber mehreren aus dem Wechsel verpflichteten Schuldnern; die Klage gegen den einen Bekl auf eine Leistung, gegen den anderen Bekl auf eine Duldung der Zwangsvollstreckung; eine Klage des Versicherers gegenüber mehreren gleichmäßig Versicherten; in selbständigen Beweisverfahren wegen desselben Bauwerts gegen Gegner an verschiedenen Orten, BayObLG RR **98**, 209.

*Nicht hierher zählen zB:* Eine Klage gegenüber mehreren Personen, die auf Grund selbständiger unerlaubter Handlungen haften, etwa gegenüber einem Kraftfahrer, der einen Fußgänger angefahren hat, und gegenüber dem Fahrgast, der den Kraftfahrer daraufhin mißhandelt hat; eine Klage eines Maklers gegen den Käufer und den Verkäufer auf Courtagezahlung, Zweibr MDR **83**, 495, ZöV 7, aM insofern BGH JZ **90**, 1036. Vgl auch Üb 3 vor § 59.

**4** **4) VwGO:** *Entsprechend anwendbar,* § *64 VwGO.*

---

**61** *Prozessuale Stellung der Streitgenossen.* Streitgenossen stehen, soweit nicht aus den Vorschriften des bürgerlichen Rechts oder dieses Gesetzes sich ein anderes ergibt, dem Gegner dergestalt als einzelne gegenüber, daß die Handlungen des einen Streitgenossen dem anderen weder zum Vorteil noch zum Nachteil gereichen.

**Schrifttum:** *Brückner,* Das Verhalten der Streitgenossen im Prozeß, Diss Ffm 1971.

## 2. Titel. Streitgenossenschaft §§ 61, 62

**1) Systematik, Regelungszweck.** Vgl zunächst § 59 Rn 1. § 61 umreißt die prozeßrechtliche Stellung 1 der Streitgenossen. Sie sind grundsätzlich selbständig, Üb 3, 6 vor § 59. Von diesem Grundsatz gelten als Folge sachlichrechtlicher Erwägungen zwei Ausnahmen: Zunächst auf Grund anderweitiger Vorschriften des sachlichen Rechts. Hierhin mag man zB die §§ 422 ff, 429 BGB rechnen; ferner auf Grund von Sonderregeln der ZPO, etwa auf Grund der §§ 62, 63, 426, 449. Eine Streitgenossenschaft hat auf die rechtlichen Beziehungen der Streitgenossen im Innenverhältnis untereinander keinen Einfluß. Kein Streitgenosse kann gegen den anderen ein Urteil erwirken oder gegen ein solches Urteil einen Rechtsbehelf einlegen.

**2) Geltungsbereich.** Vgl Grdz 2 vor § 50. 2

**3) Selbständigkeit jedes Streitgenossen.** Jeder Streitgenosse steht in der Regel rechtlich ebenso da, als 3 ob nur er allein mit dem Gegner prozessieren würde. Das hat eine Reihe von Folgen:

**A. Prozeßvoraussetzungen.** Man muß bei jedem Streitgenossen selbständig prüfen, ob die Prozeßvoraussetzungen vorliegen, Üb 6 vor § 59.

**B. Prozeßbevollmächtigter.** Jeder Streitgenosse darf einen eigenen ProzBev bestellen, § 81, nur inso- 4 fern richtig KG MDR **84**, 852 mwN. Die Kosten sind jeweils erstattungsfähig, vgl § 91 Rn 132. Von diesem Grundsatz gilt nur nach § 69 AktG eine Ausnahme (Mitberechtigung an Aktien).

**C. Streithilfe.** Jeder Streitgenosse kann unter Umständen dem anderen Streitgenossen als Streithelfer 5 beitreten, § 66. Daher ist auch eine Streitverkündung nach ihm zulässig.

**D. Selbständiges Verfahren.** Jeder Streitgenosse betreibt sein Verfahren besonders, BGH MDR **89**, 899, 6 BAG BB **96**, 2414, nur insofern ebenso KG MDR **84**, 852. Die Prozeßvoraussetzungen, Grdz 13 vor § 253, müssen bei jedem Streitgenossen selbständig vorliegen, BGH GRUR **84**, 37. Evtl ist § 36 Z 3 anwendbar, dort Rn 20 „Funktionelle Zuständigkeit". Jeder Streitgenosse darf Angriffs- und Verteidigungsmittel gebrauchen, Einl III 70, selbst wenn sie solchen des Streitgenossen widersprechen. Er darf auch selbständig über den Streitgegenstand im Sinn von § 2 Rn 3 verfügen, soweit der Streitgegenstand diesen Streitgenossen betrifft, BFH BB **77**, 1493. Jeder Streitgenosse darf ein Anerkenntnis oder einen Verzicht aussprechen, §§ 306, 307. Jeder Streitgenosse darf einen Prozeßvergleich schließen, Anh § 307. Jeder darf selbständig die zulässigen Rechtsbehelfe einlegen, BGH GRUR **84**, 37. Das Urteil kann für jeden Streitgenossen anders lauten, BAG BB **96**, 2414. Dieselbe Tatsache kann wegen einer ausdrücklichen gesetzlichen Vorschrift im Verhältnis zu dem einen Streitgenossen als wahr, im Verhältnis zum anderen Streitgenossen als unwahr zu behandeln sein, zB im Fall der Säumnis eines Streitgenossen.

Die *Fristen* laufen für jeden Streitgenossen getrennt, BGH GRUR **84**, 37, KG VersR **75**, 350. Dement- 7 sprechend kann die Rechtskraft nach § 322 für jeden Streitgenossen gesondert eintreten, Karlsr OLGZ **89**, 77. Eine Unterbrechung, §§ 239 ff, und eine Aussetzung, §§ 148 ff, wirken nur für und gegen den betreffenden Streitgenossen, § 239 Rn 5, § 240 Rn 9, vgl aber auch § 62 Rn 27.

Der *Rechtsbehelf* des einen Streitgenossen läßt die diesbezüglichen Möglichkeiten des anderen Streitgenos- 8 sen grundsätzlich unberührt, vgl Karlsr OLGZ **89**, 77. Wenn zB ein Streitgenosse rechtskräftig ausgeschieden ist und wenn ein anderer Streitgenosse ein Rechtsmittel eingelegt hat, dann kann sich der Gegner nicht wegen des Ausgeschiedenen anschließen. Ein Hilfsanschlußrechtsmittel des Klägers für den Fall, daß der Anspruch eines nicht notwendigen Streitgenossen abgewiesen wird, ist unzulässig, BGH MDR **89**, 899.

**E. Zeuge.** Ein Streitgenosse kann nur insoweit als Zeuge auftreten, als er an diesem Teil des Verfahrens 9 rechtlich ganz unbeteiligt ist, § 373 Rn 22 „Streitgenosse", KG OLGZ **77**, 245, oder soweit eine Verfahrenstrennung, § 145, oder ein rechtskräftiges Ausscheiden erfolgt sind.

**F. Schriftliches Verfahren.** Eine schriftliche Entscheidung nach § 128 II, III ist im Verhältnis zu einem 10 Streitgenossen zulässig, soweit er und der Gegner das schriftliche Verfahren beantragen, aM StJL 14 (er hält die schriftliche Entscheidung nach einer Trennung der Verfahren für zulässig), oder soweit das Gericht das schriftliche Verfahren von Amts wegen nach § 128 III angeordnet hat.

**4) Gemeinsame Wirkungen.** Aus dem gemeinsamen Verfahren ergeben gemeinsame Wirkungen: 11

**A. Gemeinsame Verhandlung.** Die mündliche Verhandlung und die zugehörige Vorbereitung können, müssen aber nicht gemeinsam sein. Zustellungen erfolgen an jeden Streitgenossen besonders. Wenn mehrere Streitgenossen einen gemeinsamen gesetzlichen Vertreter oder ProzBev haben, genügt allerdings eine einzige Zustellung an ihn.

**B. Zustimmungsbedürftigkeit.** Soweit das Verfahren nur einheitlich betrieben und entschieden werden 12 kann, müssen grundsätzlich alle Streitgenossen zustimmen. Etwas anderes gilt nur bei Rn 10.

**C. Beweiswürdigung.** Das Gericht muß alle Tatsachen für sämtliche Streitgenossen im Fall einer gleich- 13 zeitigen Entscheidung in derselben Weise auf ihre Beweiskraft nach § 286 würdigen. Ein Teilurteil ist nur wie sonst zulässig, § 301, vgl BGH RR **92**, 254. Das Gericht darf eine Tatsache nicht für den einen Streitgenossen so wahr ansehen, für den anderen als unwahr, vgl BGH RR **92**, 254. Etwas anderes gilt nur in den Fällen Rn 6. Denn dort findet keine freie Beweiswürdigung statt. Eine Beweisaufnahme ist im Verhältnis zu sämtlichen Streitgenossen auswertbar, soweit sie am Verfahren beteiligt sind. Die Beweisaufnahme ist also nicht verwertbar, soweit das Verfahren gegen einen Streitgenossen ruhte.

**D. Erklärungen.** Jeder Streitgenosse muß zwar seine Erklärungen selbst abgeben; bei einer gemeinsamen 14 Tatsache ist aber häufig anzunehmen, daß sich der eine Streitgenosse die Erklärung des anderen Streitgenossen zu eigen macht. Das gilt zB für einen Beweisantritt, BGH LM Nr 1. Ein Urteil, das den Prozeß für den einen Streitgenossen voll erledigt, ist ein Teilurteil, § 301 Rn 27, Schlesw SchlHA **80**, 187.

**5)** *VwGO: Entsprechend anwendbar, § 64 VwGO.* 15

**62** **Notwendige Streitgenossenschaft.** [1]Kann das streitige Rechtsverhältnis allen Streitgenossen gegenüber nur einheitlich festgestellt werden oder ist die Streitgenossenschaft aus einem

## § 62

sonstigen Grunde eine notwendige, so werden, wenn ein Termin oder eine Frist nur von einzelnen Streitgenossen versäumt wird, die säumigen Streitgenossen als durch die nicht säumigen vertreten angesehen.

**II Die säumigen Streitgenossen sind auch in dem späteren Verfahren zuzuziehen.**

**Schrifttum:** *Gerhardt,* Der Haftpflichtprozeß gegen Kraftfahrzeugversicherung und Versicherten – Ein Fall der besonderen Streitgenossenschaft gem § 62 ZPO?, Festschrift für *Henckel* (1995) 273; *Lüke,* Die Beteiligung Dritter im Zivilprozeß, 1993; *Mitsopoulos,* Die notwendige Streitgenossenschaft nach dem griechischen Zivilprozeßrecht, Festschrift für *Baur* (1981) 503 (rechtsvergleichend); *Schaefer,* Drittinteressen im Zivilprozeß, Diss Mü 1993; *Schmidt,* Mehrseitige Gestaltungsprozesse bei Personengesellschaften, Studien und Thesen ... zur notwendigen Streigenossenschaft nach § 62 ZPO, 1992; *Selle,* Die Verfahrensbeteiligung des notwendigen Streitgenossen usw, Diss Münst 1976; *Stettner,* Das Verhältnis der notwendigen Beiladung zur notwendigen Streitgenossenschaft im Verwaltungsprozeß, 1974; *Winte,* Die Rechtsfolgen der notwendigen Streitgenossenschaft usw, 1988.

### Gliederung

| | |
|---|---|
| **1) Systematik, Regelungszweck, I, II** .... | 1, 2 |
|   A. Einheitliche Feststellung .............. | 1 |
|   B. Sonstige Notwendigkeit .............. | 2 |
| **2) Geltungsbereich, I, II** .................. | 3 |
| **3) Notwendigkeit einheitlicher Feststellung, I** .................................. | 4, 5 |
|   A. Rechtskrafterstreckung .............. | 4 |
|   B. Nämlichkeit des Streitgegenstands .... | 5 |
| **4) Notwendigkeit gemeinsamer Rechtsverfolgung, I** ........................ | 6–8 |
|   A. Grundsatz: Keine Sachbefugnis des einzelnen ................................ | 6 |
|   B. Gesamthandverhältnis ................ | 7 |
|   C. Gestaltungsklage .................... | 7 |
|   D. Verbindung nach sachlichem Recht .... | 8 |
| **5) Beispiele zur Frage der Notwendigkeit einer Streitgenossenschaft, I, II** ........ | 9–16 |
| **6) Verfahren, I, II** .......................... | 17–24 |
|   A. Grundsatz: Notwendigkeit einheitlicher Entscheidung ........................ | 17 |
|   B. Angriffs- und Verteidigungsmittel ...... | 18 |
|   C. Frist .............................. | 19 |
|   D. Anerkenntnis, Verzicht, Vergleich ...... | 20 |
|   E. Vertretungsbefugnis .................. | 21 |
|   F. Zustellung .......................... | 21 |
|   G. Vorherige Leistungsverpflichtung ...... | 21 |
|   H. Säumnis ............................ | 22, 23 |
|   I. Gemeinsame Sachentscheidung ........ | 24 |
| **7) Unterbrechung, Aussetzung, I, II** ...... | 25 |
| **8) Rechtsmittel, I, II** ...................... | 26 |
| **9) *VwGO*** ................................ | 27 |

**1**   **1) Systematik, Regelungszweck, I, II.** Vgl zunächst Üb 1, 2 vor § 59. § 62, eine zwingende, abschließende Regelung, BAG MDR **83,** 1052, und ein zwecks Prozeßwirtschaftlichkeit, Grdz 14 vor § 128, zwar vom Gesetzgeber gut gemeintes, im Ergebnis aber zum Kreuz der Rechtsprechung gewordenes Gebilde, vgl auch Schopp ZMR **93,** 360, faßt unter der Bezeichnung notwendige Streit genossenschaft zwei Fälle zusammen, die sich greifbar unterscheiden:

Die gesetzliche Regelung führt zu *mancherlei Unlogik.* Das tritt etwa bei der Rechtskraftwirkung unerwünscht zutage, § 325 Rn 1–3. Was unlogisch ist, sollte nicht Recht sein können. Aber die verfehlte gesetzliche Regelung, die keine amtliche Hinzuziehung eines Dritten zum Zivilprozeß kennt, zwingt zu solchen eigenartigen Ergebnissen; vgl allerdings BVerfG **60,** 14 und Rn 4.

**A. Einheitliche Feststellung.** Es gibt zunächst eine notwendige Streitgenossenschaft, wenn das fragliche Rechtsverhältnis nur einheitlich festgestellt werden kann, BGH NJW **96,** 1061, Karlsr GRUR **84,** 812. Das notwendig Gemeinsame liegt dann nicht in der Rechtsverfolgung, sondern in der prozessualen Feststellung, in der *Urteilswirkung,* Üb 2 vor § 300. Es handelt sich in diesem Fall um eine „zufällige", „uneigentliche" Streitgenossenschaft, BayObLG BB **73,** 959, um eine „solidarische" Streitgenossenschaft, Bettermann ZZP **90,** 122.

**2**   **B. Sonstige Notwendigkeit.** Es gibt ferner eine Streitgenossenschaft, die aus einem sonstigen, vor allem sachlichrechtlichen Grund bei der Rechtsverfolgung notwendig ist. In diesen Fällen müssen mehrere Personen gemeinsam klagen, oder es muß eine einzelne Person notwendigerweise mehrere andere gemeinsam verklagen, BGH NJW **92,** 1102 (auch zu Ausnahmen), Karlsr GRUR **84,** 812. Hier kommt es *nicht* auch auf eine einheitliche Urteilswirkung an. Streng genommen ist der „Streit" nur im letzten Fall notwendig gemeinsam, Bettermann ZZP **90,** 122. Das Gesetz beschränkt sich leider auf eine ganz dürftige Regelung. Schmidt (vor Rn 1) 118 usw leitet aus dieser Lückenhaftigkeit die Notwendigkeit ab, in bestimmten Fällen einheitlicher Gestaltungsprozesse zB nach §§ 117, 127, 133, 140 HGB von einem mehrseitigen Prozeßrechtsverhältnis zu sprechen, das nicht nur jeden Streitgenossen mit je einem Prozeßgegner, sondern auch die Streitgenossen untereinander verbinde. § 62 betrifft nur die Versäumung eines Termins oder einer Frist. Für eine Parteivernehmung gilt auch hier § 449.

**3**   **2) Geltungsbereich, I, II.** Vgl Grdz 2 vor § 50.

**4**   **3) Notwendigkeit einheitlicher Feststellung, I.** Es sind sich evtl überlappende Lagen zu beachten.

**A. Rechtskrafterstreckung.** Eine einheitliche Feststellung ist dann notwendig, wenn sich die Rechtskraft der Entscheidung auf alle Streitgenossen erstreckt, falls auch nur einer klagt oder verklagt worden ist, BGH **112,** 98, Köln MDR **89,** 1111. Es genügt, daß die Rechtskrafterstreckung nur im Fall eines Siegs oder nur im Fall einer Niederlage eintritt.

**5**   **B. Nämlichkeit des Streitgegenstands.** Eine notwendige Streitgenossenschaft liegt vor, sofern eine Nämlichkeit des Streitgegenstands anzunehmen ist. Auf diesen Gesichtspunkt stellt Hassold (vor Rn 1) 110 entscheidend ab. Es bleibt grundsätzlich unbeachtlich, ob logische Erwägungen oder ein praktisches Bedürfnis eine einheitliche Feststellung verlangen würden. Das zeigt die Gesamtschuld, Rn 1, 2.

**6**   **4) Notwendigkeit gemeinsamer Rechtsverfolgung, I.** Es gelten die folgenden Regeln:

## 2. Titel. Streitgenossenschaft § 62

**A. Grundsatz: Keine Sachbefugnis des einzelnen.** Eine solche Notwendigkeit, ein „sonstiger Grund", liegt vor, wenn die Klage eines einzelnen Streitgenossen oder gegenüber einem einzelnen Streitgenossen wegen des Fehlens einer Sachbefugnis, Grdz 23 vor § 50, als unbegründet abzuweisen wäre. BGH LM UStG 1967 Nr 6 mwN meint irrig, in einem solchen Fall müsse die Klage durch ein Prozeßurteil als unzulässig abgewiesen werden, Grdz 14 vor § 253. Hier kommt also der Fall in Betracht, daß nur alle Streitgenossen gemeinsam sachlichrechtlich befugt sind, § 59 Rn 3. Oft muß man die Sachbefugnis beim Kläger anders beurteilen als beim Bekl.

**B. Gesamthandverhältnis.** Hierher zählt zunächst ein Gesamthandverhältnis für den Kläger, nicht für **7** den Bekl, BayObLG **90**, 263, Hbg JB **78**, 1806.

**C. Gestaltungsklage.** Hierher zählt ferner die Gruppe derjenigen Klagen, die ein Gestaltungsrecht geltend machen und mehrere Personen betreffen, BGH NJW **90**, 2689.

**D. Verbindung nach sachlichem Recht.** Hierher zählen schließlich Fälle, in denen das sachliche Recht **8** mehrere Berechtigte oder Verpflichtete zusammenkoppelt, BGH NJW **96**, 1061.
Einer sachlichrechtlich etwa zulässigen Klage des einen auf die Leistung an alle steht nichts im Weg.

**5) Beispiele zur Frage der Notwendigkeit einer Streitgenossenschaft, I, II**     **9**
**Abtretung:** Eine Streitgenossenschaft ist **nicht** notwendig bei der Klage des Abtretenden gegen den Abtretungsnehmer und gegen den Schuldner.
**Aktiengesellschaft:** Eine Streitgenossenschaft ist wegen Rechtskrafterstreckung notwendig, wenn es sich um eine Klage auf die Nichtigerklärung eines Beschlusses der Hauptversammlung nach § 200 AktG oder um eine Klage auf die Nichtigkeit der Gesellschaft nach § 201 AktG handelt oder wenn es um eine Anfechtungsklage mehrerer Aktionäre geht, § 248 I AktG, BGH **122**, 240.
S auch Rn 11 „Gesellschaft allgemein".
**Anfechtung:** Die Notwendigkeit gemeinsamer Rechtsverfolgung, Rn 6, fehlt bei einer Anfechtung.
**Auflassung:** Eine Streitgenossenschaft ist wegen Verbindung nach dem sachlichen Recht, Rn 8, notwendig bei einer Auflassungsklage, die man nur gegen die Miteigentümer gemeinsam erheben kann.
**Baulandsache:** Miteigentümer sind nicht stets notwendige Streitgenossen, BGH NJW **97**, 2115.
**Baulast:** Eine Streitgenossenschaft ist wegen einer Verbindung nach dem sachlichen Recht, Rn 8, grds notwendig, wenn es um eine Baulast geht, BGH NJW **92**, 1102 (auch zu einer Ausnahme).
**Beanspruchersterit:** Im Streit mehrerer Beansprucher, § 75, sind die jeweils mehreren auf einer Seite keine notwendigen Streitgenossen, vgl. BGH MDR **92**, 1056 mwN (für mehrere Bekl).
**Bürgschaft:** Eine Streitgenossenschaft ist nicht notwendig bei der Klage gegen den Hauptschuldner und gegen den Bürgen.
S auch Rn 11 „Gesamtschuld".
**CIV:** Die Notwendigkeit gemeinsamer Rechtsverfolgung, Rn 6, fehlt bei den nach Art 50 § 2 CIV zu verbindenden Rückgriffsklagen.
**Eherecht:** Eine Streitgenossenschaft ist wegen Rechtskrafterstreckung notwendig, wenn es um die Klage **10** mehrerer Abkömmlinge mit dem Ziel der Aufhebung einer fortgesetzten Gütergemeinschaft nach § 1495 BGB geht, oder wenn es sich um eine Klage gegenüber dem gütergemeinschaftlichen Ehegatten im Fall einer Gesamtgutsverbindlichkeit handelt, Anh § 52 Rn 6–8 (auch wegen der Ausnahmen), oder wenn es sich um die Gestaltungsklage in einer Ehesache handelt. Eine Streitgenossenschaft ist wegen Nämlichkeit des Streitgegenstands notwendig, wenn es um die Klage des in Gütergemeinschaft lebenden Ehegatten im Fall einer gemeinsamen Verwaltung geht, Anh § 52 Rn 7.
**Eigentum:** Eine Streitgenossenschaft ist wegen Nämlichkeit des Streitgegenstands notwendig bei einer Klage mehrerer Miteigentümer mit dem Ziel einer Herausgabe einer Sache oder einer Löschung der Hypothek oder wegen einer Unterlassung, StJBo 8, ThP 13, ZöV 16, aM BGH **92**, 353 (zustm Waldner JZ **85**, 634), Karlsr RR **86**, 1342.
S auch Rn 11 „Gesamthand", Rn 16 „Wohnungseigentum".
**Erbrecht:** Eine Streitgenossenschaft ist wegen Rechtskrafterstreckung notwendig, wenn es sich um die Vorerben und den Nacherben nach den §§ 326 ff, 728 handelt. Eine Streitgenossenschaft ist wegen Nämlichkeit des Streitgegenstandes notwendig bei einer Klage von Miterben nach § 2032 BGB, BFH FamRZ **89**, 977, oder bei einer Klage gegen Miterben, BGH NJW **96**, 1061, Naumb RR **98**, 309. Eine Streitgenossenschaft ist wegen einer Verbindung nach dem sachlichen Recht, Rn 8, notwendig bei der Klage mehrerer Testamentsvollstrecker nach § 2224 BGB, Hbg MDR **78**, 1031.
Eine Streitgenossenschaft ist *nicht* notwendig: Bei der Klage gegenüber einem Miterben mit dem Ziel der Feststellung eines Pflichtteils; bei einer Klage gegen diesen aus einem anderen Grunde oder wegen eines zum Nachlaß gehörenden Anspruchs gegenüber einem Dritten nach § 2039 BGB; bei der Klage auf die Nichtigkeit eines Testaments; bei der Klage nur gegen den Testamentsvollstrecker statt auch gegen Miterben, Karlsr RR **94**, 905; bei der Klage eines Nachlaßgläubigers gegenüber einem Miterben, und zwar auch dann, wenn der Nachlaß noch nicht geteilt ist; bei einer Klage des Nacherben nach § 773, BGH NJW **93**, 1583.
S aber auch Rn 12 „Mißbrauch".
**Finanzgerichtsverfahren:** Zur Anwendbarkeit des § 62 BFH DB **86**, 2646.
**Genossenschaft,** dazu *Frank,* Die actio pro socio in der eingetragenen Genossenschaft, 1996: Eine Streitgenossenschaft ist wegen Rechtskrafterstreckung notwendig, wenn es sich um eine Klage auf die Nichtigkeit der Genossenschaft nach §§ 51, 96 GenG handelt.
**Gesamthand:** Eine Streitgenossenschaft ist wegen der Notwendigkeit gemeinsamer Rechtsverfolgung grds **11** notwendig, LG Kassel WoM **94**, 534, soweit es um mehrere Gesamthänder als Kläger geht, Rn 13.
S auch Rn 10 „Eigentum", Rn 10 „Erbrecht", Rn 11 „Gesamtschuld", Rn 11 „Gesellschaft allgemein" (sowie den bei den verschiedenen Gesellschaftsformen), Rn 15 „Verein".
**Gesamtgläubigerschaft, -schuld:** Sie begründet keine notwendige Streitgenossenschaft, zB nicht bei §§ 425 II, 429 II, 431, 432 II, 2058 BGB, BGH VersR **87**, 589, Ffm VersR **96**, 213, Hamm RR **97**, 90,

## § 62

aM Kblz RR **98**, 64. Daran ändern auch zB §§ 743, 745 nichts, denn sie schreiben nicht einen einheitlichen Titel vor.

**Gesellschaft allgemein:** Eine Streitgenossenschaft ist wegen der Notwendigkeit gemeinsamer Rechtsverfolgung notwendig, wenn es um die Klage mehrerer Gesellschafter auf die Entziehung der Geschäftsführungsbefugnis oder der Vertretungsmacht geht (Gestaltungsklage, Rn 14), oder beim Prozeß der Gesellschafter über das Gesellschaftsvermögen, vgl allerdings § 50 Rn 29, oder bei der Klage eines Gesellschafters gegen die übrigen auf Feststellung der Nichtigkeit eines Gesellschaftsbeschlusses, Köln RR **94**, 491, oder bei einer Kündigungsschutzklage, LAG Bln MDR **98**, 293.

Eine Streitgenossenschaft ist *nicht* notwendig bei der Feststellungsklage des einen Gesellschafters darüber, daß ein anderer Gesellschafter ausgeschieden sei.

S auch Rn 9 „Aktiengesellschaft", Rn 11 „Gesellschaft bürgerliches Recht", „Gesellschaft mit beschränkter Haftung", „Kommanditgesellschaft", Rn 13 „Offene Handelsgesellschaft".

**Gesellschaft mit beschränkter Haftung:** Eine Streitgenossenschaft ist wegen Rechtskrafterstreckung notwendig, wenn es sich um die Klage auf die Nichtigkeit der Gesellschaft nach § 75 GmbHG handelt. Eine Streitgenossenschaft ist wegen Nämlichkeit des Streitgegenstands notwendig, wenn es um die Auflösung der GmbH geht, BVerfG **60**, 14 (das Gericht muß daher auch die am Verfahren nicht direkt beteiligten Gesellschafter anhören).

S auch Rn 11 „Gesellschaft allgemein".

**Gesellschaft bürgerlichen Rechts:** Eine Streitgenossenschaft ist wegen der Notwendigkeit gemeinsamer Rechtsverfolgung notwendig (Gesamthandverhältnis) bei der Klage mehrerer Gesellschafter, BayObLG **90**, 263, Hbg JB **78**, 1806, Rostock RR **95**, 381.

S auch bei Rn 11 „Gesamthand", „Gesamtschuld", „Gesellschaft allgemein".

**Grunddienstbarkeit:** Eine Streitgenossenschaft ist wegen einer Verbindung nach dem sachlichen Recht, Rn 15, grds bei einer Grunddienstbarkeit notwendig, BGH NJW **92**, 1102 (auch zu einer Ausnahme).

**Herausgabe:** Rn 10 „Eigentum".

**Hypothek:** Rn 10 „Eigentum".

**Insolvenzverfahren:** Eine Streitgenossenschaft ist wegen Rechtskrafterstreckung notwendig, wenn es sich um einen Fall nach § 183 I InsO handelt, BGH **112**, 98. Eine Streitgenossenschaft ist wegen Nämlichkeit des Streitgegenstands notwendig bei einer Klage auf die Feststellung zur Tabelle gegenüber mehreren Widersprechenden.

S auch Rn 14 „Seerechtliches Verteilungsverfahren".

**Kindschaftssache:** Eine Streitgenossenschaft ist wegen Rechtskrafterstreckung notwendig, wenn es sich um die Gestaltungsklage in einer Kindschaftssache handelt.

**Kommanditgesellschaft:** Eine Streitgenossenschaft ist nicht notwendig bei einer Klage gegen die KG und gegen deren persönlich haftende Gesellschafter wegen einer Gesellschaftsschuld, BGH NJW **88**, 2113.

S auch Rn 11 „Gesellschaft allgemein".

12 **Mietrecht:** Eine Streitgenossenschaft ist wegen einer Verbindung nach dem sachlichen Recht, Rn 8, notwendig, zB bei einer Klage auf die Feststellung der Wirksamkeit oder Unwirksamkeit eines Mietvertrags, Celle DWW **94**, 148 mwN, oder bei einer Klage gegen mehrere Mitmieter nach § 2 MHG, KG WoM **86**, 108 mwN, LG Kiel ZMR **89**, 429 (anders, wenn der weitere Streitgenosse schon zugestimmt hat).

**Mißbrauch:** Ein Rechtsmißbrauch ist stets, Einl III 54 ff, und daher auch hier verboten. Als unzulässig kann man zB ansehen, daß ein Miterbe, der gegenüber den Nachlaßschuldnern arglistig handelte, allein trotz des Widerspruchs der anderen Miterben einen auf sein Verhalten gestützten Anspruch geltend macht, BGH **44**, 372.

**Miteigentümer:** Rn 10 „Eigentum".

**Miterbe:** Rn 10 „Erbrecht".

**Nacherbe:** Rn 10 „Erbrecht".

**Nachlaßgläubiger:** Rn 10 „Erbrecht".

**Notweg:** Eine Streitgenossenschaft ist wegen einer Verbindung nach dem sachlichen Recht, Rn 8, notwendig, wenn es um einen Notweg auf einem Grundstück geht, das mehreren Personen zu ideellen Bruchteilen gehört, BGH NJW **84**, 2210, aM LG Nürnb-Fürth NJW **80**, 2478, Waldner JR **81**, 184.

13 **Offene Handelsgesellschaft:** Eine Streitgenossenschaft ist wegen Nämlichkeit des Streitgegenstands notwendig bei einer Klage mehrerer Gesellschafter gegen mehrere andere Gesellschafter mit dem Ziel einer Auflösung der OHG, § 133 HGB (allerdings brauchen sich die Gesellschafter nicht zu beteiligen, sofern sie sich in einer verbindlichen Weise mit der Auflösung einverstanden erklärt haben), BGH LM § 133 HGB Nr 3.

Eine Streitgenossenschaft ist *nicht* notwendig bei einer Klage wegen einer Gesellschaftsschuld gegenüber der OHG und gegenüber deren Gesellschaftern, die keine persönlichen Einwendungen erheben, § 129 I HGB, BGH VersR **85**, 548. Eine Streitgenossenschaft ist ferner notwendig beim Streit zwischen Gesellschaftern über ihre Beteiligung oder über einen Ausschließungsbescheid, BGH LM § 140 HGB Nr 6.

S auch Rn 11 „Gesellschaft allgemein".

**Patentrecht:** Eine Streitgenossenschaft ist wegen der Erforderlichkeit einheitlicher Entscheidung bei mehreren Patentanmeldern notwendig, BPatG GRUR **99**, 702. Sie ist wegen Rechtskrafterstreckung notwendig, wenn es um mehrere Patentinhaber mit dem Ziel einer angemessenen Benutzungsvergütung nach § 23 IV PatG geht.

**Pfandsache:** Eine Streitgenossenschaft ist wegen einer Verbindung nach dem sachlichen Recht, Rn 8, notwendig bei der Klage mehrerer Pfandgläubiger und Miteigentümer der Pfandsache nach § 1258 II BGB.

**Pflichtteil:** Rn 10 „Erbrecht".

**Rechtsanwalt:** Eine Streitgenossenschaft ist wegen Rechtskrafterstreckung notwendig, wenn es sich um mehrere Sozien handelt, und zwar selbst dann, wenn ein inzwischen verstorbener Sozius durch seine übrigen Sozien vertreten wird, I, BAG NJW **72**, 1388.

**Rechtsmißbrauch:** Rn 12 „Mißbrauch".

**Rücktritt:** Die Notwendigkeit gemeinsamer Rechtsverfolgung, Rn 5, fehlt bei einem Rücktritt, weil dieser bereits durch seine Erklärung vollzogen wird, § 356 BGB.

**Schadensersatz:** Die Notwendigkeit gemeinsamer Rechtsverfolgung, Rn 5, fehlt bei Klagen mehrerer aus gemeinsam erlittenen Schäden. **14**

**Seerechtliches Verteilungsverfahren:** Es besteht keine Notwendigkeit, mehrere Widersprechende gemeinsam zu verklagen, vgl BGH **112**, 98 (zu § 147 S 1 KO).

S auch Rn 11 „Insolvenzverfahren".

**Sozius:** Rn 13 „Rechtsanwalt".

**Testament:** Rn 10 „Erbrecht".

**Unterhalt:** Eine Streitgenossenschaft ist *nicht* notwendig bei der Klage gegenüber mehreren Unterhaltspflichtigen.

S auch Rn 11 „Gesamtschuld".

**Unterlassung:** Rn 10 „Eigentum", Rn 16 „Wohnungseigentum".

**Urheberrecht:** Wegen mehrerer Miturheber und -herausgeber Karlsr GRUR **84**, 812.

**Verband:** Eine Streigenossenschaft ist nicht notwendig im Verhältnis zwischen einem Verband von Briefmarkenhändlern und einem Bund von Sammlern, BGH GRUR **80**, 795. **15**

**Verein:** Eine Streitgenossenschaft ist wegen des Zwecks gemeinsamer Rechtsverfolgung notwendig (Gesamthandverhältnis) bei der Klage von Mitgliedern eines nicht rechtsfähigen Vereins.

S auch Rn 11 „Gesamthand", Rn 15 „Verband".

**Verjährung:** Die Unterbrechung der Verjährung durch Klagerhebung gegenüber dem einen notwendigen Streitgenossen (aus sachlichrechtlichen Gründen) bewirkt nicht die Unterbrechung der Verjährung gegenüber dem anderen, BGH NJW **96**, 1061.

**Verkehrsunfall:** Eine Streitgenossenschaft ist in der Regel wegen Rechtskrafterstreckung notwendig bei einer Klage gegenüber dem Fahrzeughalter, der Versicherungsgesellschaft und dem Versicherungsnehmer, BayObLG VersR **85**, 841, Köln VersR **74**, 64, Zeiss ZZP **93**, 483, aM BGH VersR **81**, 1159, Karlsr VersR **88**, 1193 (das OLG weist freilich auf § 3 Z 8 PflVG hin), RoSGo § 49 II 2 b (die notwendige Streitgenossenschaft fehle bei der Klage gegen den Versicherer und den Versicherungsnehmer und sei nur bei deren gemeinsamer Klage gegeben).

Eine Streitgenossenschaft ist *nicht* notwendig bei einer Klage gegenüber der Versicherungsgesellschaft und einem Mitversicherten im Sinne von § 10 Z 2 AKB, Ffm VersR **78**, 260.

**Versicherungsrecht:** S „Verkehrsunfall".

**Vorerbe:** Rn 10 „Erbrecht".

**Wandlung:** Die Notwendigkeit gemeinsamer Rechtsverfolgung, Rn 5, fehlt bei der Rückzahlungsklage mehrerer Käufer nach einer Wandlung, BGH NJW **90**, 2689. **16**

**Wohnungseigentum:** Eine Streitgenossenschaft ist *nicht* notwendig bei der Klage mehrerer Wohnungseigentümer nach § 1004 BGB, Köln MDR **89**, 1111, aM RoSGo § 49 III 1 b, ZöV 16.

S auch Rn 10 „Eigentum".

**Zwangsvollstreckung:** Eine Streitgenossenschaft ist wegen Nämlichkeit des Streitgegenstands notwendig bei einer Klage gegenüber mehreren Pfändungsgläubigern einer Pfandsache.

**6) Verfahren, I, II.** Es sind recht unterschiedliche Aspekte zu beachten. **17**

**A. Grundsatz: Notwendigkeit einheitlicher Entscheidung**: Grundsätzlich ist jeder notwendige Streitgenosse in seinen Entscheidungen ebenso frei wie ein gewöhnlicher Streitgenosse nach § 61, vgl BGH NJW **96**, 1061 mwN. Andererseits darf das Gericht nur eine alle notwendigen Streitgenossen erfassende einheitliche Entscheidung treffen. Daraus ergeben sich Schwierigkeiten. Sie sind teilweise kaum im Einklang mit den sonstigen Vorschriften zu lösen, Rn 1. § 62 nennt in einer unzureichenden Aufzählung einige Abweichungen von der gewöhnlichen Streitgenossenschaft. II ist eine Ausnahmevorschrift. Sie erlaubt deshalb nur eine enge Auslegung. Die Selbständigkeit eines jeden notwendigen Streitgenossen ergibt sich etwa in folgender Weise:

**B. Angriffs- und Verteidigungsmittel.** Jeder notwendige Streitgenosse kann unabhängig vom anderen **18** Angriffs- und Verteidigungsmittel wählen, Einl III 70, soweit nicht eine einheitliche Entscheidung gefährdet würde, BGH NJW **96**, 1061. Deshalb bindet ein Geständnis des einen Streitgenossen nach § 288 nur diesen. Das Gericht muß dieses Geständnis aber auch im Hinblick auf die übrigen Streitgenossen frei würdigen, soweit diese übrigen Streitgenossen nicht etwa ebenfalls ein Geständnis ablegen. Eine Versäumung einer einzelnen Prozeßhandlung, etwa der Erklärung über eine Tatsache, bleibt unschädlich, wenn die Prozeßhandlungen der übrigen Streitgenossen ausreichen.

**C. Frist.** Eine Frist läuft für und gegen jeden notwendigen Streitgenossen getrennt, BGH NJW **96**, 1061. **19** Das gilt auch für die Rechtsmittelfrist. Ein nicht säumiger Streitgenosse vertritt die säumigen nur, wenn die Frist für die säumigen Streitgenossen noch nicht verstrichen ist.

**D. Anerkenntnis, Verzicht, Vergleich.** Die Verfügung eines notwendigen Streitgenossen über den **20** Streitgegenstand im Weg eines Anerkenntnisses, eines Verzichts oder eines Vergleichs bindet die anderen Streitgenossen nur insoweit, als der Verfügende ein Verfügungsrecht besaß. Darüber hinaus ist eine solche Verfügung bedeutungslos. Man muß die einseitig erklärte Klagerücknahme, § 269, in den in Rn 6–8 genannten Fällen als unzulässig ansehen, ThP § 794 Rn 5, aM Rostock RR **95**, 382, RoSGo § 49 1 a, StJBo 35 (er weist die Klage ab, soweit ein Zwang zu einer gemeinschaftlichen Klage oder zu einer Klage gegen mehrere Streitgenossen bestand, da dann die Sachbefugnis entfallen sei).

**E. Vertretungsbefugnis.** Jeder notwendige Streitgenosse darf sich selbständig vertreten lassen. **21**

**F. Zustellung.** Sie erfolgt an jeden notwendigen Streitgenossen besonders, BGH NJW **96**, 1061.

**G. Vorherige Leistungsverpflichtung.** Die Klage ist aus prozeßwirtschaftlichen Erwägungen, Grdz 14 vor § 128, ausnahmsweise gegen einzelne notwendige Streitgenossen zulässig, wenn die übrigen erklärt haben, zu der mit der Klage begehrten Leistung verpflichtet und bereit zu sein, BGH ZMR **91**, 100.

§§ 62, 63                                                                1. Buch. 2. Abschnitt. Parteien

22    **H. Säumnis.** Nach I vertreten die nicht säumigen notwendigen Streitgenossen die säumigen im Hinblick auf Termine und Fristen, BGH NJW **96**, 1061. § 62 ergibt darüber hinaus keine Vertretungsbefugnis. I enthält eine unwiderlegliche Vermutung, § 292 Rn 2. Deshalb kommt es nicht darauf an, welchen Willen die Beteiligten haben. Das Gericht darf also gegen den säumigen notwendigen Streitgenossen kein Versäumnisurteil erlassen, solange ein anderer notwendiger Streitgenosse verhandelt oder sonstwie nicht säumig ist. Die Vertretungsbefugnis deckt alle Prozeßhandlungen, Grdz 46 vor § 128, vgl aber Rn 18, 20.

23    Ein Urteil, das auf Grund der mündlichen Verhandlung auch nur eines notwendigen Streitgenossen ergeht, muß stets ein streitmäßiges Urteil sein, Üb 7 vor § 300. Wenn das Gericht trotzdem ein *Versäumnisurteil* erlassen hat, §§ 330 ff, das obendrein noch ein unzulässiges Teilurteil ist, § 301, dann ist allerdings nur der Einspruch nach §§ 338 ff statthaft. Ein solches Versäumnisurteil kann aber im Hinblick auf den Zweck des § 62, die Einheitlichkeit der Entscheidung, trotz formeller Rechtskraft nicht wirksam werden, StJBo 27, ThP 30, ZöV 31, aM BGH JR **90**, 459 (zustm Schilken), RoSGo § 49 IV 3 b. Es müßte auch allen notwendigen Streitgenossen zugestellt werden, wenn es gegenüber allen wirken sollte. Ein Säumiger kann aber die anderen Streitgenossen nicht um deren Rechte bringen. Wenn ein notwendiger Streitgenosse die Gebühren eingezahlt hat oder ein Rechtsmittel begründet hat, dann wirkt dieser Vorgang zugunsten aller anderen Streitgenossen. Eine Fristverlängerung zugunsten des einen Streitgenossen nach § 224 wirkt ebenfalls zugunsten aller übrigen. Wenn ein notwendiger Streitgenosse prozessual ausscheidet, kann er sich trotzdem im Rahmen des sonst Zulässigen an dem Verfahren der übrigen Streitgenossen beteiligen und ist insofern auch hinzuzuziehen. Der vorher vertretene Streitgenosse kann andere Erklärungen abgeben, soweit das nach den allgemeinen prozessualen Grundsätzen zulässig ist.

24    **I. Gemeinsame Sachentscheidung.** Grundsätzlich darf das Gericht wegen der Notwendigkeit einer einheitlichen Entscheidung nur eine gemeinsame Sachentscheidung treffen, BGH **63**, 53, Köln VersR **74**, 64. Ganz ausnahmsweise ist dann ein Teilurteil nach § 301 zulässig, wenn die übrigen Streitgenossen zur eingeklagten Leistung bereit sind.

25    **7) Unterbrechung, Aussetzung, I, II.** Die Unterbrechung des Rechtsstreits nach §§ 239 ff wegen des einen notwendigen Streitgenossen wirkt zugleich im Hinblick auf alle übrigen Streitgenossen. Eine Aussetzung nach §§ 148 ff im Verhältnis nur zu dem einen Streitgenossen ist unzulässig. Denn dieser Streitgenosse wäre im folgenden Verfahren der übrigen Streitgenossen nicht vertreten; ohne die Mitwirkung aller Streitgenossen würde aber die Sachbefugnis fehlen. Vgl § 61 Rn 6, § 239 Rn 5.

26    **8) Rechtsmittel, I, II.** Man muß ein Rechtsmittel gegenüber jedem Streitgenossen einlegen, BGH NJW **96**, 1061. Wenn das nicht geschieht, ist das Rechtsmittel unzulässig, BGH FamRZ **75**, 406. Wenn nur einzelne Streitgenossen ein Rechtsmittel eingelegt haben, dann hat ein jetzt ergehendes Urteil eine Wirkung auch gegenüber denjenigen weiteren Streitgenossen, die sich am Rechtsmittelverfahren nicht beteiligen oder ihrerseits zu spät ein Rechtsmittel eingelegt haben. Das ergibt sich aus II. Die Rechtskraft einer angefochtenen Entscheidung bleibt also solange in der Schwebe, als noch einer der Streitgenossen anfechten kann, ebenso insofern Kblz RR **98**, 64. So liegt es auch bei einem Einspruch und im Wiederaufnahmeverfahren, §§ 578 ff. Soweit ein Rechtsmittel verspätet eingelegt wird, muß das Gericht dieses Rechtsmittel gegenüber diesem Streitgenossen im Endurteil mit der Kostenfolge § 100 Rn 32–34 verwerfen, aM Schumann ZZP **76**, 395 (er will auf Grund dieses Rechtsmittels eine Entscheidung entspr BGH **24**, 180, vgl § 518 Rn 1, nur dann ergehen lassen, wenn der Nichtsäumige mit seinem Rechtsmittel nicht durchdringt. Für diese Lösung ist aber keine Notwendigkeit gegeben. Sie würde den Säumigen unberechtigterweise von der Kostenlast befreien). Wenn ein für den Säumigen ungünstiges Berufungsurteil ergeht, dann kann er sich wieder am Prozeß dadurch beteiligen, daß er Revision einlegt, eine der Ungereimtheiten des § 62, vgl Rn 1. Wenn ein Sachurteil versehentlich nur wegen eines Streitgenossen erlassen worden ist, muß das Revisionsgericht diesen Umstand von Amts wegen berücksichtigen.

27    **9) *VwGO*:** Entsprechend anzuwenden, § 64 VwGO, auf alle Klagearten der VwGO, obwohl die Versäumung eines Termins, I, im *VerwProzeß* ohne Bedeutung ist, BVerwG NVwZ-RR **95**, 479. Beispiele (vgl Kopp/Sch § 64 Rn 5–7): Notwendigkeit einheitlicher Entscheidung bei Klagen auf oder gegen die Genehmigung eines Vertrages, an dem auf einer Seite mehrere beteiligt sind, oder bei einer Verpflichtungsklage, mit der mehrere gemeinsam die Erteilung einer Genehmigung, BVerwG VerwRspr **31**, 580, oder Eheleute die Änderung des Ehenamens erstreben, BVerwG NJW **83**, 1133 (abw für die Klage gegen eine Namensfeststellung BVerwG VerwRspr **32**, 534), oder wenn verschiedene Personen eine Allgemeinverfügung anfechten, oben Rn 6 ff (zur Streitgenossenschaft von Miterben, Rn 10, vgl BVerwG Buchholz 112 § 2 a Nr 1); Notwendigkeit gemeinsamer Rechtsverfolgung, wenn Eltern aufgrund ihres Elternrechts klagen, Maetzel DVBl **75**, 734, OVG Münst FamRZ **75**, 44, oder mehrere Kläger in einem Gesamthandverhältnis stehen, BVerwG **3**, 208 (abl Rupp DÖV **57**, 144); vgl dazu Martens VerwArch **60**, 213, Grunsky § 29 II 2, eingehend Stettner, Das Verhältnis der notwendigen Beiladung zur notwendigen Streitgenossenschaft im VerwProzeß, 1974 (Bespr Bettermann ZZP **90**, 121). Wegen der Wirkungen vgl oben Rn 17 ff; das Fehlen eines Streitgenossen kann bei notwendiger gemeinsamer Rechtsverfolgung nicht durch Beiladung ersetzt werden, VGH Mü BayVBl **80**, 596 mwN. Die Einlegung eines Rechtsmittels durch einen Streitgenossen kommt im Ergebnis auch den anderen zugute, BVerwG Buchholz 310 § 173 VwGO Anh: § 62 Nr 1.

## 63  *Prozeßbetrieb durch einen Streitgenossen.* Das Recht zur Betreibung des Prozesses steht jedem Streitgenossen zu; zu allen Terminen sind sämtliche Streitgenossen zu laden.

1    **1) Systematik, Regelungszweck.** Vgl zunächst Üb 1, 2 vor § 59 und § 59 Rn 1. § 63 gilt als sinnvolle Folge der dort genannten Gesetzesziele für alle Fälle der Streitgenossenschaft nach § 62, BGH NJW **96**, 1061. Ein Streitgenosse braucht beim Prozeßbetrieb auf den anderen keine Rücksicht zu nehmen. Er ist mit seinem Vorbringen und seinen Anträgen selbständig und kann sich seinen eigenen Anwalt nehmen, § 91 Rn 132.

2    **2) Geltungsbereich.** Vgl Grdz 2 vor § 50.

3. Titel. Beteiligung Dritter am Rechtsstreit § 63, Übers § 64, § 64

**3) Ladung von Amts wegen.** Die Ladung sämtlicher Streitgenossen erfolgt von Amts wegen durch das 3
Gericht, §§ 214, 270 I. Es muß die Streitgenossen mitladen, wenn auf Grund des Antrags nur eines
Streitgenossen oder auf Grund der Prozeßhandlung auch nur eines Streitgenossen ein Termin anberaumt
wird. Die Ladung ist nur gegenüber einem völlig ausgeschiedenen Streitgenossen unnötig. Das alles gilt auch
im Wiederaufnahmeverfahren, § 578. Es ist unerheblich, ob die Streitgenossen bisher säumig waren. Die
Rechtsmittelschrift und die Rechtsmittelbegründung sind allen Streitgenossen zuzustellen, soweit sie nicht
ersichtlich am Rechtsmittel unbeteiligt sind. Im Fall einer notwendigen Streitgenossenschaft stellt die
Geschäftsstelle vorsorglich allen Streitgenossen zu, § 270 I. Eine Terminsbekanntmachung nach den
§§ 340 a, 520, 555 erfolgt ebenfalls an alle Streitgenossen. Vgl wegen der Berufungs- und Revisionsschrift
auch §§ 519 a, 553 a II.

**4) Verstoß.** Bei einem Verstoß gegen § 63 darf kein Versäumnisurteil gegen den nicht geladenen Streitge- 4
nossen ergehen. Im Fall der notwendigen Streitgenossenschaft vertritt ein erschienener Streitgenosse die
geladenen, aber nicht erschienenen anderen Streitgenossen. Es findet aber keine Verhandlung statt, wenn ein
notwendiger Streitgenosse nicht geladen wurde und entweder nicht erschienen ist oder erscheint, aber das
Fehlen der ordnungsmäßigen Ladung rügt.

**5) VwGO:** *Entsprechend anwendbar, § 64 VwGO. Die Ladung, oben Rn 3, erfolgt durch das Gericht, §§ 102,* 5
*56 VwGO.*

### Dritter Titel. Beteiligung Dritter am Rechtsstreit

#### Übersicht

**Schrifttum:** *Benkel,* Die Verfahrensbeteiligung Dritter, 1996; *Frohn,* Nebenintervention ... in der Freiwilligen Gerichtsbarkeit, Diss Münst 1998; *Lammenett,* Nebenintervention, Streitverkündung und Beiladung usw, Diss Köln 1976; *Lüke,* Die Beteiligung Dritter am Zivilprozeß (rechtsvergleichend), 1993; *Mansel,* Streitverkündung und Interventionsklage im Europäischen internationalen Zivilprozeßrecht usw, in: Hommelhoff/Jayme/Mangold, Europäischer Binnenmarkt, IPR und Rechtsangleichung, 1995; *Mansel,* Streitverkündung usw, in: Herausforderungen des Internationalen Zivilverfahrensrechts (1994) 63; *Picker,* Hauptintervention, Forderungsprätendentenstreit und Urheberbenennung usw, Festschrift für *Flume* (1978) I 649; *Schäfer,* Nebenintervention und Streitverkündung, 1991; *Schäfer,* Drittinteressen im Zivilprozeß, Diss Mü 1993; *Schober,* Drittbeteiligung im Zivilprozeß usw (auch rechtsvergleichend), 1990; *Schultes,* Beteiligung Dritter am Zivilprozeß, 1994.

**1) Systematik.** Vgl zunächst Üb 1 vor § 59. Ein Dritter beteiligt sich am Prozeß durch eine Streithilfe 1
(Nebenintervention), §§ 66–71, dh indem er einer Partei zu deren Unterstützung beitritt, ohne regelmäßig
zum Streitgenossen nach §§ 59 ff zu werden. Man kann die Streithilfe durch eine Streitverkündung vorbereiten, §§ 72–74.

Darüber hinaus gibt Titel 3 Vorschriften für die *Einmischungsklage* (Hauptintervention), §§ 64 ff; durch sie
beansprucht der Dritter den Streitgegenstand mit einer gegen beide Parteien als Streitgenossen gerichteten
Klage. Eine Abart dieser Prozeßfigur ist der Eintritt eines Anspruchsforderers an Stelle des Beklagten, § 75.
Weiter kann ein Dritter als benannter Urheber in den Prozeß eintreten, §§ 76, 77. Zu zahlreichen Einzelfragen gegenüber der hier vertretenen Meinung jeweils aM Picker Festschrift für Flume (1978) 649 (wenig
überzeugend). Eine amtliche Beiladung kennt der eigentliche Zivilprozeß nicht. Eine solche sehen
§§ 666 II, 856 III mit jeweils anderen Wirkungen vor.

**2) Regelungszweck.** Vgl zunächst Üb 2 vor § 59. §§ 72–74 zeigen einem Dritten das Schweben des 2
Prozesses an, um ihm eine Gelegenheit zur Beteiligung, vereinzelt, §§ 75–77, auch zur Übernahme des
Prozesses, zu geben. Streithilfe und Streitverkündung sind im geltenden Prozeß das einzige Mittel, die sonst
auf die Parteien beschränkte Rechtskraftwirkung auf Dritte auszudehnen, s § 68. Die Vorschriften dienen
der Vermeidung von Folgeprozessen und damit der Prozeßwirtschaftlichkeit. Grdz 14 vor § 128. Sie sind
deshalb weit auslegbar.

**3) Geltungsbereich.** Vgl zunächst Grdz 2 vor § 50. §§ 64 ff gelten nicht im selbständigen Beweis- 3
fahren der §§ 485 ff, Bohnen BB **95**, 2338. In einer Baulandsache gehen §§ 217–231 BauGB den §§ 64 ff
grundsätzlich vor, BGH NJW **89**, 1039. Wegen des FGG Frohn (vor Rn 1).

**4) Stellung des Staatsanwalts.** Der Staatsanwalt ist nie Streithelfer. In besonders geordneten Fällen ist er 4
Prozeßpartei, § 632, kein Dritter. Er wirkt stets als Vertreter des Staates.

**5) VwGO:** *An die Stelle der Streithilfe und Streitverkündung tritt die Beiladung, §§ 65 u 66 VwGO, Grunsky* 5
*§ 31 I 4 u II 4. Dagegen sind die sonstigen Vorschriften des 3. Titels, §§ 64, 65, 75–77, entsprechend anzuwenden,*
*§ 173 VwGO (str, aM RedOe § 64 Anm 1, Kopp § 65 Rn 2 mwN). Da es sich um besondere Klageverfahren und*
*nicht um den Hinzutritt Dritter handelt, steht weder die Aufzählung in § 63 VwGO noch das Fehlen einer Verweisung*
*in § 64 VwGO entgegen (aM Koehler § 65 VII). Die praktische Bedeutung dieser besonderen Verfahren, nur für*
*sog Parteistreitigkeiten in Betracht kommen (vgl Bettermann MDR* **67***, 950), wird stets gering sein. Eingehende*
*Darstellung bei Stahl, Beiladung und Nebenintervention, 1972 (Bespr Habscheid ZZP* **86** *, 101).*

**64** **Einmischungsklage.** Wer die Sache oder das Recht, worüber zwischen anderen Personen
ein Rechtsstreit anhängig geworden ist, ganz oder teilweise für sich in Anspruch nimmt, ist
bis zur rechtskräftigen Entscheidung dieses Rechtsstreits berechtigt, seinen Anspruch durch eine

## § 64

gegen beide Parteien gerichtete Klage bei dem Gericht geltend zu machen, vor dem der Rechtsstreit im ersten Rechtszuge anhängig wurde.

**Schrifttum:** *Benkel,* Die Verfahrensbeteiligung Dritter, 1996; *Heimann,* Die Problematik der dogmatischen Qualifizierung der Interventionsfiguren Hauptintervention usw, Diss Bonn 1996; *Lüke,* Die Beteiligung Dritter im Zivilprozeß, 1993; *Picker,* Hauptintervention, Forderungsprätendentenstreit und Urheberbenennung usw, Festschrift für *Flume* (1978) I 649; vgl vor Üb 1 vor § 64.

1   **1) Systematik, Regelungszweck.** Vgl Üb 1, 2 vor § 64. §§ 64–69 regeln die Voraussetzungen, §§ 70, 71 das Verfahren des Beitritts eines Streithelfers.

2   **2) Geltungsbereich.** Vgl. Üb 3 vor § 64.

3   **3) Einmischungsklage.** Die Einmischungsklage, auch Hauptintervention genannt, ist eine gegen beide Prozeßparteien, Grdz 3 vor § 50, gerichtete Klage eines Dritten, der den Streitgegenstand, § 2 Rn 3, für sich beansprucht. Sie ist nicht mit der Widerspruchsklage nach § 771 zu verwechseln. Die Einmischungsklage ist eine seltene Prozeßfigur. Das ist entgegen der Unterstellung von Picker Festschrift für Flume (1978) 651 keineswegs eine abwertende Beurteilung. Die Einmischungsklage hat den Zweck, unnötige Prozesse und einander widersprechende Urteile zu verhindern, dient also der Prozeßwirtschaftlichkeit, Grdz 14 vor § 128. Zur Geschichte, Dogmatik und aktuellen Bedeutung Koussoulis ZZP **100**, 211.

Sie leitet einen *neuen* Prozeß ein. Er verläuft neben dem anderen, dem Erstprozeß, den § 65 irreführend als den Hauptprozeß bezeichnet. Die Einmischungsklage gehört zur Streitgenossenschaft. Denn sie macht die Erstparteien zu Streitgenossen, §§ 59 ff. Das Gericht kann den Erstprozeß aussetzen oder mit dem Einmischungsprozeß verbinden, § 65. Im Fall der Veräußerung der Streitsache gilt § 265 II. Der Dritte ist zur Einmischungsklage berechtigt, aber keineswegs verpflichtet. Er kann auch mehrere Einzelklagen erheben.

4   **4) Voraussetzungen.** Es müssen zwei Bedingungen zusammentreffen.

**A. Beanspruchung des Streitgegenstands.** Jemand muß den Streitgegenstand, § 2 Rn 3, ganz oder teilweise für sich beanspruchen. In Betracht kommt zunächst eine Sache, genauer ein Recht an einer Sache oder ein Recht auf eine Sache einschließlich der unbeweglichen Sachen. Es ist die Nämlichkeit der Sache notwendig, nicht die Nämlichkeit des Rechts. In Betracht kommt ferner ein Recht, genauer ein anderes Recht, etwa die Übertragung von Besitz und Eigentum, die Herausgabe eines Kindes, eine Forderung oder ein Urheberrecht. Es ist die Nämlichkeit des Rechts notwendig. Der Einmischungskläger kann seinen Anspruch auf ein ausschließliches Recht stützen, etwa auf das Eigentum, oder auf ein jedenfalls stärkeres Recht, etwa auf eine Überweisung zur Einziehung in einem Streit zwischen dem Schuldner und dem Drittschuldner.

5   **B. Rechtshängigkeit.** Über die Sache oder das Recht muß bei einem ordentlichen Gericht ein Prozeß anhängig, richtiger rechtshängig sein, § 261 Rn 1, BGH NJW **75**, 929. Ein Urkunden- oder Wechselprozeß nach §§ 592 ff genügen. Ein Mahnverfahren, § 688, oder ein vorläufiges Verfahren, §§ 916 ff, 935 ff, genügen nicht, Ffm NJW **85**, 811. Der Streithelfer des Erstprozesses ist zur Klage befugt. Der Erstprozeß darf noch nicht rechtskräftig entschieden sein, § 322. Er darf also nicht in Wahrheit irgendwie endgültig und unbedingt erledigt sein, auch nicht durch einen Vergleich, Anh § 307. Die Einmischungsklage ist auch in der höheren Instanz zulässig, ferner auch im Nachverfahren nach § 302 IV oder im Verfahren nach einer Klagerücknahme, die sich als unwirksam erweist, § 269 Rn 29.

6   **5) Klage.** Es gelten gegenüber §§ 253 ff die folgenden Sonderregeln.

**A. Verfahren.** Die Einmischungsklage ist gegen beide Parteien des Erstprozesses zu erheben, Grdz 3 vor § 50. Es ist unerheblich, wie die Einmischungsklage diese Parteien bezeichnet. Die Einmischungsklage braucht nicht in derselben Prozeßart des Erstprozesses erhoben zu werden. Eine Prozeßvollmacht für den Erstprozeß, § 80, gilt auch im Einmischungsprozeß, § 82. Deshalb ist eine Zustellung der Klage auch an die ProzBev des Erstprozesses wirksam, § 176. Die Parteien des Erstprozesses werden Streitgenossen, §§ 59 ff, und zwar je nach der Rechtslage gewöhnliche oder notwendige. Da der Kläger stets beide Parteien des Erstprozesses verklagen muß, muß er zwei verschiedene Anträge stellen. Die Rechtslage ergibt, wie diese Anträge jeweils lauten müssen.

*Beispiele:* Die Einmischungsklage geht gegen den einen auf eine Feststellung, gegen den anderen auf eine Herausgabe, Ffm RR **94**, 957; es geht um eine Rückübertragung der im Hauptprozeß geltend gemachten Forderung, Ffm RR **94**, 957.

7   Das *Rechtsschutzbedürfnis* für die Einmischungsklage, Grdz 33 vor § 253, ist bereits im Gesetz bejaht. Das Gericht braucht diesen Punkt daher nicht zu prüfen. Der Erstprozeß und der Einmischungsprozeß laufen völlig unabhängig voneinander fort. Eine Aussetzung richtet sich nach § 65, eine Verbindung nach § 147. Die Entscheidung braucht nicht dann für sämtliche Streitgenossen einheitlich zu sein, wenn es sich um eine notwendige Streitgenossenschaft handelt.

Der Erstprozeß und der Einmischungsprozeß lassen im übrigen verschiedene Entscheidungen zu. Das Urteil im einen Prozeß hat im anderen Prozeß grundsätzlich *keine Rechtskraftwirkung* nach § 322. Diese Folge ist sehr unbefriedigend, ergibt sich aber aus dem Gesetz. Etwas anderes gilt nur dann, wenn ausnahmsweise besondere Umstände hinzutreten, etwa dann, wenn der Einmischungskläger der Streitverkündungsgegner des Erstbeklagten war, §§ 68, 74.

8   **B. Zuständigkeit.** Für die Einmischungsklage ist das Gericht der ersten Instanz des Erstprozesses örtlich und sachlich ausschließlich zuständig. Es handelt sich um einen besonderen Gerichtsstand. Es braucht aber nicht notwendig innerhalb dieses Gerichts dieselbe Abteilung oder Kammer wie im Erstprozeß tätig zu werden. Wegen der Zuständigkeit der Kammer für Handelssachen vgl § 103 GVG. Wegen des EuGVÜ SchlAnh V C 1, besonders Art 6 Z 2.

9   **6) VwGO:** Entsprechend anwendbar § 173 *VwGO,* in Parteistreitigkeiten, Üb § 64 Rn 5.

3. Titel. Beteiligung Dritter am Rechtsstreit  §§ 65, 66

**65** *Aussetzung des Hauptprozesses.* **Der Hauptprozeß kann auf Antrag einer Partei bis zur rechtskräftigen Entscheidung über die Hauptintervention ausgesetzt werden.**

**1) Systematik, Regelungszweck.** Es handelt sich um eine zu §§ 148 ff hinzutretende Sondervorschrift 1 zwecks Vermeidung widersprüchlicher Ergebnisse und damit im Interesse der Gerechtigkeit, Einl III 9, wie der Rechtssicherheit, Einl III 43, aber auch einer recht verstandenen Prozeßwirtschaftlichkeit, Grdz 14 vor § 128. Das ist bei der Ermessensausübung nach Rn 2 mitzubeachten.

**2) Geltungsbereich.** Vgl Üb 3 vor § 64. 2

**3) Ermessen.** Das Gericht darf den Erstprozeß nach seinem pflichtgemäßen, aber nicht nachprüfbaren 3 Ermessen aussetzen, sofern eine Partei des Erstprozesses die Aussetzung beantragt, vgl Ffm RR **94**, 957. Ein Antrag des Einmischungsklägers reicht nicht aus. Neben § 65 bleiben alle anderen Aussetzungsfälle der §§ 148 ff anwendbar. Die Aussetzung ist bis zur Rechtskraft eines Urteils nach § 322 zulässig, also auch in der höheren Instanz. Das Gericht braucht über die Aussetzungsfrage keine mündliche Verhandlung durchzuführen, § 148 Rn 36. Die Wirkung einer Aussetzung und eine Aufnahme des Verfahrens richten sich nach den §§ 249, 250. Eine Einstellung der Zwangsvollstreckung wegen der Einmischungsklage ist nicht vorgesehen und daher unzulässig. Notfalls ist ein Verfahren nach §§ 916 ff, 935 ff zu empfehlen.

**4) *VwGO:* Vgl § 64 Rn 9.** 4

**66** *Streithilfe, Zulässigkeit.* **I Wer ein rechtliches Interesse daran hat, daß in einem zwischen anderen Personen anhängigen Rechtsstreit die eine Partei obsiege, kann dieser Partei zum Zwecke ihrer Unterstützung beitreten.**

**II Die Nebenintervention kann in jeder Lage des Rechtsstreits bis zur rechtskräftigen Entscheidung, auch in Verbindung mit der Einlegung eines Rechtsmittels, erfolgen.**

**Schrifttum:** *Benkel,* Die Verfahrensbeteiligung Dritter, 1996; *Costa Filho,* Die streitgenössische Widerklage usw, 1997; *Deixler-Hübner,* Die Nebenintervention im Zivilprozeß, Wien 1993; *Lüke,* Die Beteiligung Dritter im Zivilprozeß, 1993; *Schäfer,* Nebenintervention und Streitverkündung usw, 1990; *Schultes,* Die Beteiligung Dritter am Zivilprozeß, 1994; *Windel,* Der Interventionsgrund des § 66 Abs. 1 ZPO als Prozeßführungsbefugnis, 1992; s auch vor Üb 1 vor § 64.

**Gliederung**

| | |
|---|---|
| 1) Systematik, Regelungszweck, §§ 66–71 ............................ 1 | C. Rechtliches Interesse .................. 5 |
| 2) Geltungsbereich, §§ 66–71 ............. 2 | D. Beispiele zur Frage der Zulässigkeit eines Beitritts, I ....................... 6–16 |
| 3) Streithilfegrund, I ...................... 3–16 | 4) Zeitpunkt des Beitritts, II ............... 17, 18 |
| A. Rechtshängigkeit ................... 3 | 5) *VwGO* ................................ 19 |
| B. Beitritt ............................ 4 | |

**1) Systematik, Regelungszweck, §§ 66–71.** Vgl zunächst Üb 1, 2 vor § 59: Die Streithilfe, Neben- 1 intervention, ist die Beteiligung eines Dritten an einem rechtshängigen Prozeß zum Zweck der Wahrung eigener Interessen, die schon im Interesse der Vermeidung eines weiteren Rechtsstreits (wenn auch evtl zwischen teilweise anderen Personen) schutzwürdig sind (Grundsatz der Prozeßwirtschaftlichkeit, Grdz 14 vor § 128). Manche nennen den Streithelfer auch eine Nebenpartei und die unterstützte Partei auch die Hauptpartei. § 66 enthält die Voraussetzungen, den Streithilfegrund. Das Gericht prüft nicht von Amts wegen, ob diese Voraussetzungen vorliegen, Grdz 39 vor § 128. Die allgemeinen Prozeßvoraussetzungen, Grdz 13 vor § 253, die sich mit der Person befassen, müssen auch beim Streithelfer vorliegen, also: Die Parteifähigkeit, § 50; die Prozeßfähigkeit, § 51; eine gesetzliche Vertretung, § 51 II; eine prozessuale Vollmacht, § 80. Ein nicht rechtsfähiger Verein kann nicht beitreten. Andere Prozeßvoraussetzungen sind für den Streithelfer unerheblich.

Die *Einmischungsklage* nach § 64 und eine Streithilfe schließen sich nicht gegenseitig aus. Jedoch ergibt sich aus einem Beitritt auf der Seite des Bekl nicht ein Recht zur Erhebung der Widerklage, Anh § 253, BGH NJW **75**, 1228. Es handelt sich vielmehr um selbständige Rechtsstreitigkeiten, die unter den Voraussetzungen des § 147 miteinander verbunden werden können. Das steht im Ermessen des Gerichts.

**2) Geltungsbereich, §§ 66–71.** Vgl zunächst Üb 3 vor § 64. Zur Anwendbarkeit der §§ 66 ff im 2 streitigen FGG-Verfahren Hamm FamRZ **91**, 844, Wittgruber, Zur Übertragbarkeit der zivilprozessualen Nebenintervention in das Verfahren der Freiwilligen Gerichtsbarkeit, Diss Bonn 1996, und im Patenterteilungsverfahren van Hees GRUR **87**, 855. Im Prozeß um die Löschung einer Marke nach §§ 55 ff MarkenG sind §§ 66 ff entsprechend anwendbar, § 55 IV 2 MarkenG. Im Verfahren wegen der Nichtigkeit des Beschlusses einer Patentanwaltskammer sind §§ 66 ff unanwendbar, BGH **70**, 346. Zum amerikanischen „amicus-curiae-brief" Hirte ZZP **104**, 41.

**3) Streithilfegrund, I.** Es müssen folgende Bedingungen zusammentreffen. 3

**A. Rechtshängigkeit.** Zwischen anderen Personen muß ein Rechtsstreit anhängig, richtiger rechtshängig sein, § 261, BGH NJW **75**, 929. Es genügt auch ein Verfahren mit dem Ziel der Vollstreckbarerklärung eines Schiedsspruchs, § 1060. Der Streithelfer darf nicht ohnehin eine Partei oder ein gesetzlicher Vertreter einer der Parteien sein, Grdz 7 vor § 50, Hamm FamRZ **94**, 386. Der Prozeß muß schon oder noch rechtshängig sein.

**B. Beitritt.** Der Streithelfer kann einer Partei zu deren Unterstützung beitreten, § 67 Rn 4. Er darf 4 keinesfalls beiden Parteien beitreten. Zum Beitritt besteht zwar unter Umständen ein Recht, nie aber eine Pflicht. Deshalb kann der Streithelfer auch ohne eine Einwilligung der Prozeßparteien eine Rücknahme des

## § 66
### 1. Buch. 2. Abschnitt. Parteien

Beitritts erklären. Er muß dazu dieselbe Form wie bei einer Klagerücknahme nach § 269 wählen. Das Unterlassen des Beitritts zieht die Streithilfewirkung des § 68 nicht nach sich, abgesehen vom Fall der Streitverkündung, § 72.

5 **C. Rechtliches Interesse.** Der Streithelfer muß ein rechtliches Interesse an einem Sieg der unterstützten Partei haben, BAG DB **87**, 444, ArbG Düss RR **92**, 366. Die Entscheidung oder ihre Vollstreckung müssen den Streithelfer in bestimmten Rechtsbeziehungen zur Partei oder zum Streitgegenstand gefährden, also seine Rechtslage verändern, Mü GRUR **76**, 388, LG Osnabr VersR **79**, 92. Das Interesse ist ein prozeßrechtliches. Eine Rechtskraftwirkung des Urteils für den Streithelfer nach § 322 ist nicht erforderlich, Mü GRUR **76**, 388. Der Streithelfer muß immer ein eigenes Interesse haben. Im übrigen spricht alles gegen eine enge und für eine weite Auslegung, LG Osnabr VersR **79**, 92. Für die Voraussetzungen der Streithilfe sind die Behauptungen der unterstützten Partei maßgeblich. Denn man kann ihren Einfluß auf die Entscheidung nicht berechnen. Wegen des auf eine Zustimmung zur Ausschließung eines Gesellschafters verklagten anderen Gesellschafters BGH **68**, 85 mwN (krit Haarmann, Holtkamp NJW **77**, 1396).

6 **D. Beispiele zur Frage der Zulässigkeit eines Beitritts, I**
**Allgemeininteresse:** Als Beitrittsgrund reicht ein rechtliches Interesse der Allgemeinheit nicht aus.
**Arrest, einstweilige Verfügung:** Beitrittsberecht ist der Arrestgläubiger des später vollzogenen Arrestes beim Zusammentreffen mehrerer Arreste.
**Aufgebotsverfahren:** Eine Rechtshängigkeit im Aufgebotsverfahren, §§ 946 ff, reicht nicht aus.
7 **Beeinträchtigung:** Als Beitrittsgrund reicht grds jede Art von Befürchtung einer Beeinträchtigung aus, auch die Befürchtung einer Erschwerung der Durchsetzung.
S auch Rn 12 „Rückgriff".
**Berühmung:** Als Beitrittsgrund reicht der Umstand aus, daß sich eine Partei eines entsprechenden Anspruchs berühmt, LG Osnabr VersR **79**, 92.
**Beweisaufnahme:** Als Beitrittsgrund reicht die Gefahr eines nachteiligen Beweisergebnisses aus, etwa deshalb, weil sich ein Zeuge auf seine Aussage oder ein Sachverständiger auf sein Gutachten festlegen könnten, Baumgärtel Festschrift für Rödig (1978) 316.
**Bürgschaft:** Beitrittsberechtigt ist der Bürge im Prozeß des Hauptschuldners.
8 **Duldung:** Beitrittsberechtigt ist derjenige, der eine Zwangsvollstreckung usw dulden muß bzw mußte.
**Eherecht:** Beitrittsberechtigt ist derjenige Ehegatte, der nicht verfügt und zugestimmt hat, im Prozeß gegen den anderen Ehegatten wegen dessen Verfügung über das Vermögen im ganzen oder über Haushaltsgegenstände, §§ 1365, 1369 BGB.
**Ehre:** Rn 13 „Sittliches Interesse".
**Ehrengerichtliches Verfahren:** Rn 11 „Öffentlichrechtliches Interesse".
**Eigentum:** Rn 11 „Pfandrecht".
**Erinnerungsverfahren:** Eine Rechtshängigkeit im Verfahren auf Grund einer Erinnerung, zB nach § 766, reicht nicht aus.
9 **Förmliche Berechtigung:** Als Beitrittsgrund reicht eine förmliche Berechtigung aus, zB eine Eintragung in die Markenrolle.
**Gesellschaftsrecht:** Beitrittsberechtigt sind: Der Gesellschafter im Prozeß der OHG oder der KG, BGH **62**, 132, ArbG Düss RR **92**, 366; der Gesellschafter der GmbH bei einer Anfechtung eines Gesellschafterbeschlusses.
*Nicht* als Beitrittsgrund ausreichend ist das Interesse des Aktionärs am Sieg der AG in einem bedeutenden Prozeß.
**Gleichartiger Prozeß:** Rn 16 „Weiterer Prozeß".
**Haftpflichtversicherer:** Er kann dem Versicherungsnehmer beitreten, Hamm MDR **96**, 962, zB wenn dieser ein Versäumnisurteil nicht angreift und eine Verabredung zwischen ihm und dem Unfallgegner in Betracht kommt, Ffm VersR **96**, 212.
10 **Insolvenzrecht:** Beitrittsberechtigt ist der Schuldner oder der Insolvenzgläubiger im Prozeß des Insolvenzverwalters, denn dieser ist eine Partei kraft Amts, Grdz 10 vor § 50.
*Nicht* beitrittsberechtigt ist der Schuldner im Prozeß gegen den Insolvenzverwalter mit dem Ziel der Feststellung einer Forderung zur Insolvenztabelle.
**Kostenerstattung:** Nicht beitrittsberechtigt ist der Anwalt wegen eines Anspruchs auf Kostenerstattung, der erst durch den Prozeß entstehen kann.
**Mahnverfahren:** Eine Rechtshängigkeit im Mahnverfahren reicht nicht aus.
**Markenrecht:** Rn 9 „Förmliche Berechtigung".
**Notarkostenbeschwerde:** Im Verfahren nach § 156 KostO sind §§ 66 ff anwendbar, Schlesw DNotZ **96**, 398.
11 **Öffentliches Interesse:** Rn 6 „Allgemeininteresse".
**Öffentlichrechtliches Interesse:** Als Beitrittsgrund reicht ein solches Interesse aus. Das gilt zB bei der Gefahr einer strafrechtlichen Verfolgung oder eines Ehrenverfahrens.
**Patentrecht:** Beitrittsberechtigt ist derjenige, der von einem Patentinhaber bereits verwarnt wurde oder gegen den bereits die Verletzungsklage erhoben worden ist.
*Nicht* beitrittsberechtigt ist derjenige, der ein ganz selbständiges Interesse an der Vernichtung des Streitpatents hat.
**Pensionssicherung:** Als Beitrittsgrund reicht die Stellung als eines Pensionssicherungsvereins im Prozeß zwischen dem Arbeitgeber und dem Arbeitnehmer aus, BAG DB **87**, 444.
**Pfandrecht:** Beitrittsberechtigt ist der Eigentümer der Pfandsache im Prozeß zwischen dem Verpfänder und dem Gläubiger.
12 **Rechtsanwalt:** Rn 10 „Kostenerstattung".
**Rechtskraftwirkung:** Als Beitrittsgrund reicht eine erstrebte oder befürchtete Rechtskraftwirkung aus, ist aber nicht erforderlich Rn 5.

3. Titel. Beteiligung Dritter am Rechtsstreit §§ 66, 67

*Nicht* beitrittsberechtigt ist derjenige, den nur solche Punkte berühren würden, über die im Prozeß keine der Rechtskraft fähige Entscheidung ergehen wird.
**Rechtsnachfolger:** Er ist „geradezu klassisch" beitrittsberechtigt, vgl § 265, Schmidt JuS **97**, 108, StJBo 18.
**Rentenrecht:** Beitrittsberechtigt ist das Versorgungsamt, das dem Kläger bei einem Unterliegen des unterhaltspflichtigen Bekl die Rente kürzen könnte, LG Flensb FamRZ **74**, 534.
**Rückgriff:** Als Beitrittsgrund reicht die Besorgnis eines Rückgriffs der Partei aus; ebenso die Befürchtung, statt der Partei belangt zu werden. Das Gericht braucht nicht festzustellen, daß der angedrohte Rückgriff zur Zeit nicht mit Sicherheit als aussichtslos bezeichnet werden kann, Ffm NJW **70**, 817.
S auch Rn 7 „Beeinträchtigung".
**Schiedsrichterliches Verfahren:** S zunächst § 1042. Vgl ferner Rn 15 „Vollstreckbarerklärung". **13**
**Selbständiges Beweisverfahren:** Als Beitrittsgrund reicht ein solches Verfahren nicht aus, aM KG MDR **88**, 680, Kblz MDR **93**, 575, Hoeren ZZP **108**, 357 je mwN (aber schon eine Ablehnung des Sachverständigen ist dort eben nicht zulässig, § 487 Rn 6).
**Sittliches Interesse:** Als Beitrittsgrund reicht ein solches Interesse aus, soweit es sich um ein privatrechtlich geschütztes Gut handelt, etwa um die Ehre.
**Sozialversicherung:** Rn 15 „Versicherungsrecht".
**Strafrecht:** Rn 11 „Öffentlichrechtliches Interesse".
**Streitgenosse:** Beitrittsberechtigt sind: Ein nicht notwendiger Streitgenosse, LG Köln VersR **93**, 1096; ein **14** Streitgenosse des Gegners, BGH VersR **85**, 81, aM BGH **LM** Nr 1. Beitreten darf er erst recht dem eigenen Streitgenossen, AG Düss VersR **97**, 53.
**Streitverkündung:** Der Streitverkündungsgegner darf der Gegenpartei beitreten, evtl nach einer Aufgabe des früheren Beitritts.
**Testamentsvollstrecker:** Beitrittsberechtigt ist der Testamentsvollstrecker im Prozeß des Erben.
**Treuhandschaft:** Beitrittsberechtigt ist der Treugeber im Prozeß des Treuhänders um Treugut.
**Vaterschaft:** Beitrittsberechtigt ist im Vaterschaftsanfechtungsprozeß die am Verfahren nicht als Partei **15** beteiligte Mutter, BGH **89**, 124, sowie der Dritte, der als Vater in Betracht kommt, BGH RR **87**, 898, Hamm FamRZ **81**, 811, aM Hamm NJW **79**, 1256.
**Versicherungsrecht:** Der Kfz-Versicherer kann dem Kunden beitreten, Karlsr VersR **98**, 386. Es ist unerheblich, ob der Streithelfer durch einen Versicherer gedeckt ist, Hamm RR **97**, 157.
*Nicht* als Beitrittsgrund ausreichend ist das Interesse des Sozialversicherers in einem Schadensersatzprozeß des Geschädigten, soweit nur derjenige Teil des Anspruchs geltend gemacht wird, der nicht auf den Sozialversicherer übergegangen ist. Denn dann liegt nur ein wirtschaftliches oder tatsächliches Interesse vor, das dem Sozialversicherer die Geltendmachung der eigenen Klageansprüche erleichtern soll, Köln MDR **71**, 849.
**Vollstreckbarerklärung:** Eine Rechtshängigkeit im Verfahren nach §§ 1060ff oder im Verfahren nach Art 18 HZPfÜbk, SchlAnh V A 1, reicht aus.
**Vollstreckungswirkung:** Als Beitrittsgrund reicht eine erhoffte oder befürchtete Vollstreckungswirkung.
**Vorteil:** Nicht beitrittsberechtigt ist derjenige, dem ein Sieg der Partei nur wirtschaftliche Vorteile bringen würde, Mü VersR **76**, 73.
**Weiterer Prozeß:** Als Beitrittsgrund reicht nicht schon aus, daß es einen gleichartigen Prozeß desselben **16** Klägers gegen den Streithelfer gibt, Mü GRUR **76**, 388, oder daß es ein gleichartiges Verfahren, zB eines anderes Wohnungseigentümers, gibt, Kellmann DB **79**, 2264.
**Zwangsversteigerung:** Eine Rechtshängigkeit in diesem Verfahren reicht aus, Ffm Rpfleger **78**, 417.
**Zwangsvollstreckung:** Rn 8 „Duldung".

4) **Zeitpunkt des Beitritts, II.** Der Streithelfer kann dem Prozeß in jeder Lage beitreten, also auch in **17** Verbindung mit der Einlegung eines Rechtsmittels, BGH NJW **94**, 1537, Schmidt JuS **97**, 108, der Einspruchs oder in der Revisionsinstanz, solange das Gericht den Beitritt nicht rechtskräftig zurückgewiesen hat, BGH NJW **99**, 2047. Der Beitritt geschieht in einem solchen Fall durch die Einreichung eines Schriftsatzes bei dem Rechtsmittelgericht, BGH **89**, 124, Hamm FamRZ **84**, 811. Das spricht § 70 ausdrücklich aus. Der Beitritt ist eine bedingungsfeindliche Parteiprozeßhandlung, Grdz 47, 51 vor § 128, BGH MDR **89**, 539. Der Streithelfer ist auch zur Wiederaufnahmeklage befugt, §§ 578ff. Denn sie ist einem Rechtsmittel vergleichbar, BayObLG NJW **74**, 1147, vgl aber Rn 5.

Nach einer rechtskräftigen *Beendigung* des Prozesses nach § 322 ist kein Beitritt mehr möglich, BGH NJW **18** **91**, 230. Der Streithelfer kann sich nicht auf Grund seiner eigenen Position einen Antrag auf Wiedereinsetzung in den vorigen Stand stellen, §§ 233ff, BVerfG **60**, 13, BGH NJW **91**, 230, Hbg WoM **91**, 316, aM RoSGo § 50 II 1 c, ZöV 15. Wer § 66 nicht nutzt, hat keine Verfassungsbeschwerde, BVerfG NJW **98**, 2664.

5) **VwGO:** Vgl Üb § 64 Rn 5. **19**

**67** **Unselbständiger Streithelfer.** Der Nebenintervenient muß den Rechtsstreit in der Lage annehmen, in der er sich zur Zeit seines Beitritts befindet; er ist berechtigt, Angriffs- und Verteidigungsmittel geltend zu machen und alle Prozeßhandlungen wirksam vorzunehmen, insoweit nicht seine Erklärungen und Handlungen mit Erklärungen und Handlungen der Hauptpartei in Widerspruch stehen.

Gliederung

| | | | |
|---|---|---|---|
| 1) **Systematik, Regelungszweck** ......... | 1, 2 | 2) **Geltungsbereich** ...................... | 3 |
| A. Gewöhnlicher Streithelfer............. | 1 | 3) **Bindung des unselbständigen Streithelfers** ................................ | 4–9 |
| B. Streitgenössischer Streithelfer ......... | 2 | | |

## § 67

1. Buch. 2. Abschnitt. Parteien

| | |
|---|---|
| A. Bloßer Helfer .......................... 4 | 4) **Befugnisse des Streithelfers** ............ 10–14 |
| B. Hinnahme der Prozeßlage ............. 5 | A. Angriffs- und Verteidigungsmittel usw.. 10–13 |
| C. Grenzen der Befugnisse ............... 6, 7 | B. Sachlichrechtliche Erklärung ......... 14 |
| D. Vorrang der Parteihandlungen ........ 8, 9 | |

**1** **1) Systematik, Regelungszweck.** Vgl zunächst § 66 Rn 1. Die Stellung des Streithelfers ist wie folgt zu beurteilen:

**A. Gewöhnlicher Streithelfer.** In der Regel ist der Streithelfer lediglich der Helfer der unterstützten Partei kraft eigenen Rechts, nicht etwa als deren gesetzlicher Vertreter. Diesen Fall einer gewöhnlichen, unselbständigen Streithilfe regelt § 67. Der gewöhnliche Streithelfer wird nicht Partei, Grdz 3 vor § 50, BGH NJW **86**, 257 mwN, und zwar auch dann nicht, wenn die Partei ihm die volle Prozeßführung überläßt, LAG Kiel DB **84**, 1630. Daher kann auch der Prozeßgegner ihm gegenüber keine Sachanträge stellen, Köln JR **55**, 186. Die Stellung des gewöhnlichen Streithelfers bewirkt, daß er alles für die unterstützte Partei, aber nichts gegen deren erklärten Willen tun kann, BGH NJW **86**, 257, Hamm MDR **98**, 286. Die Belange des gewöhnlichen Streithelfers treten also im Interesse des zügigen Fortgangs des Prozesses, Grdz 12, 14 vor § 128, hinter denjenigen der Partei zurück, selbst wenn das aus der Sicht des gewöhnlichen Streithelfers zu einem ungerechten Ergebnis führen kann. Diese Inkaufnahme durch das Gesetz muß man auch bei der Auslegung mitbeachten.

**2** **B. Streitgenössischer Streithelfer.** Vereinzelt gilt der Streithelfer als ein Streitgenosse der unterstützten Partei, § 59. Diesen Fall der streitgenössischen Streithilfe regelt § 69. Eine solche Situation liegt vor, wenn sich eine Rechtskraftwirkung, § 322, auf den Streithelfer erstreckt.

**3** **2) Geltungsbereich.** Vgl § 66 Rn 2.

**4** **3) Bindung des unselbständigen Streithelfers.** Sie ist oft nur schwierig abgrenzbar.

**A. Bloßer Helfer.** Der unselbständige Streithelfer ist nur ein Hilfsgenosse der Partei, nicht selbst Partei, BGH NJW **97**, 2385. Deshalb steht er im Prozeß hinter der Partei zurück. Seine Beteiligung kann die Natur des Rechtsstreits nicht beeinflussen, BGH NJW **86**, 257 mwN. Freilich handelt er aus eigenem Recht und in eigenem Namen. Soweit er seine Rechte überschreitet, sind seine Handlungen wirkungslos. Heilen kann nur eine Genehmigung der Partei, keinesfalls ein Rügeverzicht nach § 295, der begrifflich ohnehin nicht möglich ist, abw StJL 15 (er hält eine Heilung stets für unzulässig). Eine Handlung des Streithelfers macht nur dann eine Entscheidung erforderlich, wenn eine Entscheidung auf Grund einer entsprechenden Handlung der Partei notwendig wäre. Das Gericht muß zB ein unzulässiges Rechtsmittel des Streithelfers verwerfen, vgl BGH **76**, 301, BAG DB **85**, 184.

**5** **B. Hinnahme der Prozeßlage.** Der gewöhnliche Streithelfer muß die Prozeßlage im Zeitpunkt seines Beitritts hinnehmen. Das gilt etwa für ein Ablehnungsrecht, § 42, Kblz MDR **90**, 161, für ein Geständnis, § 288, Hamm MDR **98**, 286, einen Verzicht, § 306, eine Versäumung, §§ 330ff, BGH VersR **82**, 976, den Beginn oder den Ablauf einer Rechtsmittelfrist oder sonstigen Frist, BGH NJW **91**, 230 mwN, BAG DB **85**, 184, BayObLG WoM **87**, 334. Er kann Zeuge sein, § 373 Rn 22 „Streithelfer". Er darf nicht für sich persönlich Anträge stellen, §§ 137 Rn 7, 297. Sein Vorbringen gilt grundsätzlich als für die unterstützte Partei vorgetragen. Anträge, Widerklagen, Rechtsbehelfe gegen ihn als Partei sind nicht möglich. Das Urteil darf ihm nichts zusprechen.

*Unterbrechungsgründe* aus seiner Person, §§ 239ff, wirken zwar unmittelbar als solche weder für ihn noch für die Partei, insofern richtig Düss MDR **85**, 504; sie verhindern aber seine nach § 71 vorgeschriebene Hinzuziehung und damit die gesamte Prozeßführung wie eine Unterbrechung, insofern aM Düss MDR **85**, 504. Die Aufnahme erfolgt entsprechend den §§ 239ff. Eine Unterbrechung und eine Aussetzung des Verfahrens, §§ 148ff, aus der Person der Partei wirken auch im Hinblick auf den Streithelfer.

**6** **C. Grenzen der Befugnisse.** Der Streithelfer kann nichts tun, was ihm nicht nach der abschließenden Regelung des § 67 erlaubt ist, LAG Kiel DB **84**, 1630. Er kann also namentlich nicht: Die Klage ändern, § 263, BAG BB **74**, 372, LAG Kiel DB **84**, 1630; eine Widerklage erheben, Anh § 253; eine Einrede oder eine Aufrechnung aus eigenem Recht geltend machen, ThP 6, aM Gerhardt KTS **84**, 191.

**7** Der Streithelfer kann *ferner nicht* das von der unterstützten Partei verfolgte Recht wie ein Einmischungskläger nach § 64 für sich beanspruchen, vgl auch Deubner JuS **91**, 501. Der Streithelfer muß alle nach dem Zeitpunkt seines Eintritts von der unterstützten Partei geschaffenen prozessualen Tatsachen gelten lassen. Eine bereits eingetretene Versäumung der Partei wirkt gegen ihn, § 66 Rn 13, Hbg WoM **91**, 316, Kblz MDR **90**, 161, Fuhrmann NJW **82**, 978. Die Verspätung ist so zu beurteilen, als ob sie von der Partei stammt, BGH NJW **90**, 190. Eine noch nicht eingetretene Versäumung der Partei kann der Streithelfer verhindern. Die Folgen der Versäumung kann der Streithelfer nur aus solchen Gründen beseitigen, die in der Person der Partei liegen. Der Streithelfer darf einen Rechtsbehelf bzw ein Rechtsmittel nur in der für die Partei laufenden Frist einlegen, BGH NJW **90**, 190, BAG VersR **86**, 687. Eine Wiedereinsetzung, § 233, kommt für ihn jedenfalls dann nicht in Betracht, wenn er sich schuldhaft nicht nach dem Zeitpunkt der fristschaffenden Zustellung an die Hauptpartei erkundigt hat, BGH NJW **86**, 257, BAG DB **85**, 184, RoSGo § 50 II 1 c, aM StJBo 5, 6. Der Streithelfer kann Erklärungen der Partei nur mit den eigenen Beschränkungen und nur unter einer Beachtung derjenigen Beschränkungen widerrufen, die auch der Partei insofern auferlegt sein mögen.

**8** **D. Vorrang der Parteihandlungen.** Eine Erklärung oder Handlung des Streithelfers ist grundsätzlich unwirksam, soweit sie derjenigen der unterstützten Partei zuwiderlaufen würde, BGH RR **97**, 157 mwN, Hamm MDR **98**, 286, LG Siegen VersR **94**, 1368. Denn der Streithelfer ist ja gerade nur „zum Zweck ihrer Unterstützung" beigetreten, § 66, ArbG Düss RR **92**, 366. Der Sinn der Vorschrift besteht darin, den Erklärungen und Handlungen der Partei den Vorrang zu lassen, Köln NJW **75**, 2109 (insofern zustm Gorski NJW **76**, 811). Der Streithelfer darf also nicht anders handeln und keine anderen Erklärungen abgeben, als sie schon von der Partei abgegeben wurden, sofern sich nicht die Umstände geändert haben.

### 3. Titel. Beteiligung Dritter am Rechtsstreit § 67

Die Prozeßhandlungen des Streithelfers sind aber wirksam, solange sich nicht aus dem *Gesamtverhalten der unterstützten Partei* ergibt, daß diese sie nicht gegen sich gelten lassen will, BGH RR **97**, 157 mwN, LG Siegen VersR **94**, 1368. Im Zweifel ist die Prozeßhandlung des Streithelfers wirksam, LG Siegen VersR **94**, 1368. Die bloße Untätigkeit der Hauptpartei beeinträchtigt die Wirksamkeit der Prozeßhandlung des Streithelfers nicht, LG Siegen VersR **94**, 1368.

Soweit die Partei bestreitet, darf der Streithelfer *nicht gestehen,* § 288, abw StJL 12 (das Gericht müsse das Geständnis des Streithelfers in einem solchen Fall frei würdigen. Aber das widerspricht dem § 67. An ein Geständnis der Partei ist der einfache Streithelfer grundsätzlich gebunden, Schlesw MDR **99**, 1152 (Ausnahme: Arglist, Einl III 54). Das Gericht darf nach § 139 anregen, den Streithelfer als Zeugen zu vernehmen). Der Streithelfer kann eine Klagerücknahme der Partei, § 269, nicht verhindern. Er darf seinerseits weder die Klage noch ein Rechtsmittel zurücknehmen, §§ 515, 566. Haben Hauptsache und Streithelfer jedoch Rechtsmittel eingelegt, so liegt ein einheitliches Rechtsmittel vor, vgl Drsd RR **94**, 1550; die Rechtsmittelrücknahme (nur) durch die Hauptpartei hat lediglich zur Folge, daß dieses einheitliche Rechtsmittel unzulässig wird, BGH NJW **93**, 2944 (auch zu den Kosten). Der Streithelfer kann ferner nicht wirksam den von der Partei benannten Sachverständigen nach § 406 ablehnen. Der Streithelfer kann die grundsätzlich zulässige Ablehnung des Richters, Rn 11, nicht mehr wirksam geltend machen, sobald die Partei die Fortsetzung der Sachverständigentätigkeit usw wünscht, Ffm MDR **83**, 233.

Der Streithelfer kann auch nicht gegen den Willen der Partei die *Verjährung* einwenden, BGH VersR **85**, **9** 81 (wohl aber natürlich mit ihrem Willen), oder im Weg einer Anschlußberufung den Patentschutz voll aufrechterhalten wollen, obwohl der Patentinhaber ihn vielleicht nur eingeschränkt in Anspruch nimmt, BGH **LM** Nr 4. Wenn die Partei einen bloßen Rechtsmittelverzicht erklärt oder nur ein Rechtsmittel zurücknimmt, dann hindert das den Streithelfer nicht an der Durchführung des eigenen Rechtsmittels, Rn 11, BGH **76**, 302, Hbg NJW **89**, 1362, Pantle MDR **88**, 924 mwN, es sei denn, daß die Partei auch auf den zugrundeliegenden sachlichrechtlichen Anspruch verzichtet hat. Denn die bloße Rücknahme bedeutet nur die Einlegung des Rechtsmittels. Haben sich die Hauptparteien verglichen, Anh § 307, und ist vom Bekl demnach irrig Klagabweisung beantragt worden, dann ist ein Rechtsmittel des Streithelfers unzulässig, Drsd RR **94**, 1550. Jede Erklärung des Streithelfers in der mündlichen Verhandlung verliert ihre Wirkung, falls die Partei diese Erklärung sofort widerruft. Im schriftlichen Verfahren, § 128 II, III, genügt ein unverzüglicher schriftlicher Widerruf, vgl Mü JB **77**, 94.

**4) Befugnisse des Streithelfers.** Es sind prozessuale und andere Grenzen zu beachten. **10**

**A. Angriffs- und Verteidigungsmittel usw.** Der Streithelfer darf Angriffs- und Verteidigungsmittel, Begriff Einl III 70, geltend machen und Prozeßhandlungen vornehmen, Grdz 46 vor § 128. Er darf in dieser Weise neben der unterstützten Partei oder auch an ihrer Stelle vorgehen. Im letzteren Fall hat sein Verhalten dieselbe Wirkung, als wenn die Partei gehandelt hätte, BGH NJW **97**, 2385.

Der *Streithelfer* kann zB folgendes unternehmen: Er kann einen Antrag stellen, der über denjenigen der **11** Hauptpartei hinausgeht; er kann Tatsachen behaupten, BGH RR **91**, 361 mwN; er kann alle Beweismittel geltend machen; er darf den Richter ablehnen, § 42, Ffm MDR **82**, 232 (vgl aber Rn 8); er kann jemandem den Streit verkünden, § 72; er darf ein Geständnis der Partei im Rahmen von § 290 widerrufen, BGH **LM** § 73 Nr 1 mwN, aM zB Wieser ZZP **79**, 265; er darf einen Antrag auf die Festsetzung des Streitwerts stellen, § 25 GKG, § 3; er darf eine Entscheidung im schriftlichen Verfahren beantragen, § 128 II, III; er kann (nur) für die und zugunsten der Partei einen Rechtsbehelf, zB einen Einspruch nach §§ 338, 700, LG Siegen VersR **94**, 1368, bzw ein Rechtsmittel einlegen (Ausnahme Rn 9), BGH NJW **97**, 2385, Hamm FamRZ **91**, 844, großzügiger Düss RR **98**, 606. Er darf ein Rechtsmittel begründen, BGH NJW **99**, 2047. Der Streithelfer darf den Rechtsbehelf selbst dann geltend machen, soweit die Partei persönlich von dem Rechtsbehelf keinen Gebrauch machen will oder nur „ihr" Rechtsmittel mit dem Zusatz „zurücknimmt", sie sei mit der Fortführung „seines" Rechtsmittels einverstanden, BGH NJW **89**, 1357, Hamm RR **97**, 1156 mwN; das gilt freilich nicht, soweit sich die unterstützte Partei mit ihrem Gegner ohne Beteiligung des Streithelfers außergerichtlich verglichen hat, BGH NJW **88**, 712.

Im übrigen ist er als unselbständiger Streithelfer an die *Rechtsmittelfrist der Hauptpartei* gebunden, Rn 6, 7. **12** Seine „Berufung" im Anschluß an die Berufung der Hauptpartei gilt als Unterstützungserklärung und nicht als ein selbständiges Rechtsmittel, BGH NJW **90**, 190 mwN, im Ergebnis aM BGH NJW **85**, 2480. Für die Zulässigkeit ist die Höhe der Beschwer der Partei maßgebend, BGH NJW **97**, 2385 mwN, BAG **AP** § 511 Nr 1, Köln NJW **75**, 2108 (insofern zustm Gorski NJW **76**, 811). Wegen der Kostenfrage vgl § 101 Rn 1. Der Streithelfer darf ein Rechtsmittel begründen und darf auch eine Verlängerung der Rechtsmittelbegründungsfrist beantragen, BGH JZ **82**, 429; die ihm gewährte Fristverlängerung wirkt auch für die Hauptpartei, BGH NJW **90**, 190 mwN; er darf sich dem Rechtsmittel des Gegners anschließen, selbst wenn die Partei nur die Zurückweisung beantragt; er darf ein Rechtsmittel beschränken, fallskechtsmittel beschränken, falls die Partei den Anspruch nicht weiter verfolgt.

Der *Gegner* muß sein Rechtsmittel gegenüber der Partei einlegen. Der Gegner darf sich dem Rechtsmittel **13** anschließen, selbst wenn sich die Partei dem Verfahren fernhält. Überhaupt stört ein Fernbleiben der Partei weder den Streithelfer noch den Gegner. Der Streithelfer darf in der mündlichen Verhandlung alle Erklärungen und Handlungen entgegennehmen. Er steht insofern der abwesenden Partei gleich.

**B. Sachlichrechtliche Erklärung.** Der Streithelfer kann nicht solche Prozeßhandlungen im Sinn von **14** Grdz 46 vor § 128 vornehmen, die gleichzeitig einen sachlichrechtlichen Inhalt haben. Denn er darf keine Verfügungen über den Streitgegenstand im Sinn von § 2 Rn 3 treffen. Sofern es sich um einen Verzicht, § 306, und ein Anerkenntnis handelt, § 307, also nicht um sachlichrechtliche Verfügungen, handelt es sich auch nicht um Unterstützungshandlungen, Düss MDR **74**, 406 (es billigt die Geltendmachung solcher sachlichrechtlichen Rechte zu, die eine Hauptpartei bereits im Prozeß ausgeübt hat, sei es auch in der Vorinstanz). Der Verzicht auf die Geltendmachung einer das Verfahren betreffenden Rüge nach § 295 kann nicht für die gegenteilige Meinung angeführt werden. Denn er hat einen ganz anderen Charakter. Wenn der Streithelfer mit einer Forderung aufrechnet, § 145 Rn 8, die ihm nicht zusteht, dann ist zwar seine

§§ 67, 68                                      1. Buch. 2. Abschnitt. Parteien

prozessuale Erklärung zulässig; da aber sachlichrechtlich der Gegenstand fehlt, ist die Aufrechnung im Ergebnis trotzdem wirkungslos, § 145 Rn 10.

**68** *Streithilfewirkung.* **Der Nebenintervenient wird im Verhältnis zu der Hauptpartei mit der Behauptung nicht gehört, daß der Rechtsstreit, wie er dem Richter vorgelegen habe, unrichtig entschieden sei; er wird mit der Behauptung, daß die Hauptpartei den Rechtsstreit mangelhaft geführt habe, nur insoweit gehört, als er durch die Lage des Rechtsstreits zur Zeit seines Beitritts oder durch Erklärungen und Handlungen der Hauptpartei verhindert worden ist, Angriffs- oder Verteidigungsmittel geltend zu machen, oder als Angriffs- oder Verteidigungsmittel, die ihm unbekannt waren, von der Hauptpartei absichtlich oder durch grobes Verschulden nicht geltend gemacht sind.**

**Gliederung**

| | | | | |
|---|---|---|---|---|
| 1) Systematik, Regelungszweck ......... | 1–4 | 4) Einwand schlechter Prozeßführung ... | 8–11 |
| A. Streithilfewirkung ................... | 1–3 | A. Grundsatz: Umfassende Geltung ...... | 8 |
| B. Fehlen einer Streithilfewirkung ....... | 4 | B. Beeinträchtigung im Beitrittszeitpunkt . | 9 |
| 2) Geltungsbereich ...................... | 5 | C. Beeinträchtigung nach dem Beitritt .... | 10 |
| 3) Einwand unrichtiger Entscheidung .... | 6, 7 | D. Unterlassung von Prozeßhandlungen ... | 11 |

1 **1) Systematik, Regelungszweck.** Vgl zunächst § 66 Rn 1.
**A. Streithilfewirkung.** Die gesetzliche Interventionswirkung besteht im Interesse der gesetzlich gewollten vorrangigen Prozeßförderung und Prozeßwirtschaftlichkeit, Grdz 12, 14 vor § 128, darin, daß der Streithelfer die Richtigkeit des Urteils unabhängig vom Umfang einer Rechtskraftwirkung nach § 322 und trotz der aus seiner Sicht drohenden Nachteile nicht bestreiten darf, vgl LSG Darmst FamRZ **90**, 178 und daß er auf die praktisch wenig bedeutsame Einrede einer schlechten Prozeßführung angewiesen ist, insofern unklar BGH MDR **84**, 651. Es handelt sich insofern nicht um eine Ausdehnung der Rechtskraftwirkung auf den Streitgenossen. Die Wirkung erstreckt sich auf die tragenden Entscheidungsgründe, Rn 6, nicht auf das, was im konkreten Verfahren gar nicht zu klären war, LG Stgt RR **93**, 297. Man kann die Interventionswirkung auch außergerichtlich vereinbaren, Düss RR **93**, 1471 mwN. Die Streithilfewirkung ist auch im Verfahren nach § 43 WEG zu beachten, Hamm FGPrax **95**, 230.

Eine Interventionswirkung *tritt nicht ein,* wenn die Parteien nach der Einlegung eines Rechtsmittels einen Prozeßvergleich schließen, Anh § 307. Die Interventionswirkung tritt aber ein, wenn das Urteil dadurch bestehen bleibt, daß die Parteien ihre Rechtsmittel durch Vergleich zurücknehmen.

2 Im Fall einer *Teilklage,* § 301, entsteht auch die Interventionswirkung (nicht eine Rechtskraftwirkung), BGH VersR **85**, 569, Hamm RR **88**, 156. Also entsteht eine Bindung auch wegen der vorgreiflichen Rechtsverhältnisse, § 148 Rn 1, und der tatsächlichen Feststellungen des Vorprozeßurteils, soweit die Entscheidung auf ihnen beruht, BGH VersR **88**, 1379, Hamm RR **88**, 156. Der im ersten Prozeß Streitverkündete, § 72, muß im zweiten Prozeß die früheren Ergebnisse insoweit gegen sich gelten lassen, Ffm MDR **76**, 937.

3 Das Gericht muß die Streithilfewirkung *von Amts wegen* beachten, Grdz 39 vor § 128, Bischof JB **84**, 1144, und zwar auch in der Revisionsinstanz, BGH VersR **85**, 569. Eine Rüge nach § 559 ist nicht erforderlich. Eine falsche Würdigung ist ein sachlicher Mangel.

4 **B. Fehlen einer Streithilfewirkung.** Eine Streithilfewirkung tritt nicht ein: Gegen die unterstützte Partei, Köln OLGZ **94**, 574, aM StJBo 12. Sie kann das Urteil gelten lassen oder verzichten, § 74 Rn 5–7, wenn ein Dritter den Prozeß geführt hatte, sei es auch für eine Rechnung der Partei oder als ihr gesetzlicher Vertreter; im Verhältnis zwischen dem Streithelfer und dem Gegner der Partei, BGH RR **90**, 122 mwN, außer im Fall des § 69; über den Streitgegenstand in seinen Grenzen in Rn 3 hinaus, dh nicht auf den Rest der eingeklagten Teilsumme, Häsemeyer ZZP **84**, 200, aM RoSGo § 50 V 2, StJBo 5, ThP 7, ZöV 10.

Eine Streithilfewirkung tritt ferner nicht durch eine Streitverkündung im schiedsrichterlichen Verfahren nach §§ 1025 ff ein, wenn der Streitverkündete nicht beitritt oder wenn er das Verfahren nicht gegen sich gelten lassen will, so schon BGH LM § 1025 Nr 23.

5 **2) Geltungsbereich.** Vgl § 66 Rn 2.

6 **3) Einwand unrichtiger Entscheidung.** Der Streithelfer darf im Verhältnis zur unterstützten Partei nicht einwenden, das Gericht habe den Prozeß so, wie er ihm vorgelegen habe, unrichtig entschieden. Das bedeutet: Die Streithilfewirkung ergreift, anders als sonst die Rechtskraftwirkung, Rn 1, alle notwendigen tatsächlichen und rechtlichen Grundlagen des Urteils, also die sogenannten Urteilselemente, § 322 Rn 9, BGH NJW **98**, 80, BAG VersR **90**, 1256, Köln FamRZ **91**, 958.

7 Die Streithilfewirkung gilt zwar ohne Rücksicht auf den Umfang der Anhängigkeit im Vorprozeß. Es tritt also eine *Bindung* des Richters an die gesamten tatsächlichen und rechtlichen Umstände und nicht nur an einzelne solcher Umstände ein, auf denen das erste Urteil beruhte, § 318, BGH RR **90**, 122, Köln FamRZ **91**, 958. Dabei kommt es nicht auf die Sicht des Vorderrichters, sondern wie stets auf die Auslegung jenes Urteils durch das jetzige Gericht, Hamm RR **96**, 1506, Vollkommer NJW **86**, 264, aM Mü NJW **86**, 263. Das gilt zB für die Nichtigkeit eines Vertrags im Rückgriffsprozeß. Andernfalls hätte eine Streithilfe eine nur geringe praktische Bedeutung. Diese Wirkungen treten auch in folgenden Fällen ein: Das Urteil des Vorprozesses betraf eine andersartige Haftung; der Vorprozeß führte nur zu einem Grundurteil, § 304, BGH **65**, 135; im Vorprozeß wurde ein Prozeßvergleich geschlossen, Anh § 307, Feiber NJW **83**, 1103.

*Weitere Beispiele:* Der Nachprozeß ist ein Rückgriffsprozeß, in dem das Gericht erstmalig über ein Verschulden entscheidet; im Vorprozeß war Verjährung verneint worden, Ffm MDR **76**, 937.

3. Titel. Beteiligung Dritter am Rechtsstreit  §§ 68, 69

Die Streithilfewirkung darf nicht zu einer Veränderung der sonst im Folgeprozeß geltenden *Beweislast* führen, Anh § 286, BGH **85**, 260. Daher erstreckt sich die Streithilfewirkung zB nur darauf, daß die betreffende Tatfrage nicht zu klären ist, nicht etwa darauf, daß sie mangels Feststellbarkeit nun überhaupt nicht bestehe, BGH **85**, 258. Folglich kann die Hauptpartei als Beweispflichtige auch gegenüber dem Streitverkündeten im Folgeprozeß wiederum aus Beweislastgründen unterliegen, BGH **85**, 260, aM Düss NJW **92**, 1176.

**4) Einwand schlechter Prozeßführung.** Es gibt ganz unterschiedliche Gründe.  **8**

**A. Grundsatz: Umfassende Geltung.** Der Einwand einer schlechten Prozeßführung macht eine mangelhafte Beibringung des Prozeßstoffes und das Unterlassen von Prozeßhandlungen geltend, etwa von Einreden, Rechtsbehelfen usw. Der Streithelfer müßte beweisen, daß durch die Beibringung solcher Teile des Prozeßstoffes und durch die Vornahme solcher Prozeßhandlungen im Vorprozeß ein günstigeres Ergebnis herbeigeführt worden wäre.

**B. Beeinträchtigung im Beitrittszeitpunkt.** Die Prozeßlage muß den Streithelfer im Zeitpunkt seines **9** tatsächlichen oder ihm möglichen Beitritts, § 74 III, in der Wahrung seines Rechts beeinträchtigt haben, vgl BGH NJW **82**, 282 mwN. Das wäre etwa dann der Fall, wenn die Partei inzwischen ein Anerkenntnis abgegeben hatte oder wenn sie eine ungeeignete Klage erhoben hatte. Es wäre nicht der Fall, soweit der Streithelfer imstande gewesen war, die Prozeßlage zu verbessern, und sei es auch nur durch die Einlegung eines Rechtsmittels, BGH **LM** § 73 Nr 1. Der Streithelfer darf sich nicht auf ein mitwirkendes Verschulden berufen, § 254 BGB.

**C. Beeinträchtigung nach dem Beitritt.** Eine Prozeßhandlung der Partei muß den Streithelfer nach **10** seinem Beitritt beeinträchtigt haben. Dies wäre etwa dann der Fall, wenn die Partei sein zweckmäßiges Vorbringen durch einen eigenen Widerspruch ausschaltete oder wenn sie mit dem Prozeßgegner ohne eine Mitwirkung des Streithelfers einen Prozeßvergleich schloß, Anh § 307.

**D. Unterlassung von Prozeßhandlungen.** Die Partei muß absichtlich oder zumindest grob fahrlässig **11** eine Prozeßhandlung, Grdz 47 vor § 128, unterlassen haben, die dem Streithelfer nicht vornehmen konnte, etwa deshalb nicht, weil ihm die Lage unverschuldet unbekannt war. Soweit er die Prozeßhandlung selbst vornehmen konnte, vgl auch § 67 Rn 8, 14, kann sich der Streithelfer auch in diesem Zusammenhang nicht auf ein mitwirkendes Verschulden der Partei berufen, § 254 BGB. Der Ausdruck „absichtlich" im Gesetz läßt im Gegensatz zu dem Begriff „vorsätzlich" jedes bewußte Handeln genügen, selbst wenn es auf einer durchaus sittlichen Erwägung beruhte, etwa im Fall, daß die Hauptpartei sich nicht auf eine Verjährung berufen wollte. Soweit der Streithelfer die ihm nachteiligen Folgen selbst abwenden konnte, etwa durch die Einlegung eines geeigneten Rechtsmittels, kann er sich auf diese Einrede nicht berufen. Über den Begriff des Verschuldens im übrigen Einl III 68.

**69** *Streitgenössische Streithilfe.* Insofern nach den Vorschriften des bürgerlichen Rechts die Rechtskraft der in dem Hauptprozeß erlassenen Entscheidung auf das Rechtsverhältnis des Nebenintervenienten zu dem Gegner von Wirksamkeit ist, gilt der Nebenintervenient im Sinne des § 61 als Streitgenosse der Hauptpartei.

**1) Systematik, Regelungszweck.** Vgl zunächst § 66 Rn 1. Die in Anschluß an die von §§ 66–68 **1** erfaßte unselbständige Streithilfe in § 69 geregelte streitgenössische, selbständige Streithilfe, Nebenintervention, ist zur Vermeidung drohender Ungerechtigkeiten, Einl III 9, immer dann zulässig, wenn nach dem sachlichen Recht, nicht nur nach dem „bürgerlichen", die Rechtskraft oder die Vollstreckungs- oder Gestaltungswirkung einer Entscheidung im Vorprozeß unmittelbar ein Rechtsverhältnis zwischen dem Streithelfer und dem Gegner ergreift, BGH GRUR **98**, 387, BAG DB **87**, 443, Schlesw RR **93**, 930. Es handelt sich um solche Fälle, in denen das Urteil nicht nur zwischen den Parteien, sondern darüber hinaus für und gegen den Streithelfer wirkt, § 322 Rn 64 „Streithelfer", BGH FamRZ **97**, 919, Schlesw RR **93**, 930, sei es auch nur für die Kosten oder für die Zwangsvollstreckung, LG Saarbr JB **77**, 1146.

Eine Anfechtung der *Vaterschaft*, §§ 640 ff, hat auch für einen nicht beteiligten, aber zugeladenen Elternteil oder für den als Vater in Betracht kommenden Dritten eine Bedeutung, BGH **89**, 123, Celle FamRZ **76**, 159, aM BGH **92**, 277, Hamm FamRZ **84**, 811. Bei der Anfechtung oder Anerkennung der Vaterschaft durch die Mutter ergeben sich auch für das unschuldige Kind Rechtswirkungen, § 640 e, vgl auch BGH NJW **84**, 353; ein Pensions-Sicherungs-Verein kann dem Prozeß zwischen dem Arbeitgeber und dem Arbeitnehmer nach § 69 beitreten, BAG DB **85**, 1538; er kann zB durch die Feststellung beschwert sein, daß die Einstellung von Versorgungsleistungen des Arbeitgebers wegen dessen wirtschaftlicher Notlage zulässig ist, LAG Saarl BB **81**, 304. Der Gesetzestext ist zu eng gefaßt.

Allerdings reicht eine etwa voreliegende *bloße Ersatzpflicht* des Streithelfers nicht aus, um die streitgenössische Streithilfe zuzulassen, Ffm VersR **96**, 213, ebensowenig stets eine Stellung als Pensionssicherungsverein, BAG DB **87**, 444. Ein Aktionär, der einer Anfechtungsklage eines anderen gegen die Gesellschaft beitritt, wird zum streitgenössischen Streithelfer, Köln RR **95**, 1251. Zur Stellung des gemeinsamen Vertreters nach §§ 306 IV AktG und 33 UmwG, Düss DB **72**, 958, Düss DB **72**, 1820, Kley-Lehmann BB **73**, 1096, aM Meilicke DB **72**, 663 (er wendet § 62 an). Der Insolvenzgläubiger als Streithelfer im Anfechtungsprozeß des Insolvenzverwalters gehört nicht zu den Fällen des § 69. Wenn während des Prozesses infolge der Veräußerung der Streitsache eine Rechtsnachfolge eintritt, ist § 69 nach § 265 II 3 unanwendbar. Etwas anderes gilt im Fall der Rechtsnachfolge in eine Marke, § 27 MarkenG. Wer im Patentnichtigkeitsverfahren als angeblicher Verletzer dem Patentinhaber beitritt, ist nur einfacher Streithelfer, BGH GRUR **98**, 387.

**2) Geltungsbereich.** Vgl § 66 Rn 2.  **2**

**3) Notwendigkeit einer Zulassung.** Die Rechte und Pflichten des streitgenössischen Streithelfers sind **3** zwar von einer Zulassung nach § 71 abhängig, ergeben sich aber in ihrem Umfang nicht aus jener Vorschrift,

§§ 69, 70

sondern aus den übrigen gesetzlichen Bestimmungen. Wenn der Streithelfer die erweiterten Befugnisse des § 69 zu Unrecht beansprucht, bleiben seine Prozeßhandlungen insoweit unbeachtet, vgl § 67 Rn 4.

4  **4) Stellung des Zugelassenen: Streitgenosse.** Der streitgenössische Streithelfer gilt als ein Streitgenosse der unterstützten Partei, § 59. Er gilt als solcher; er ist kein solcher. Denn er müßte als Partei eintreten, um Streitgenosse zu sein, Celle KTS **88**, 369. Dies tut er aber gerade nicht. Die Fiktion der Streitgenossenschaft betrifft den Prozeßbetrieb, nicht die selbständige Rechtsverfolgung. Sie tritt „im Sinn des § 61" ein. Der streitgenössische Streithelfer gilt also als gewöhnlicher Streitgenosse nur, soweit nicht (wie meist) eine notwendige Streitgenossenschaft nach § 62 eintritt, BGH RR **99**, 286, Ffm VersR **96**, 213. Der letzte Fall liegt zB vor: Bei einem Aktionär, der einem Anfechtungskläger iS § 245 AktG beitritt; bei einem Gesellschafter der Gesellschaft mit beschränkter Haftung im Fall einer Anfechtung eines Gesellschafterbeschlusses.

5  **5) Weitere Folgen der Zulassung.** Die Erstreckung der Rechtskraftwirkung oder der Vollstreckungswirkung auf den Streithelfer ist nicht notwendig von den Beschränkungen des § 67, Celle KTS **88**, 369, soweit diese Beschränkungen nicht begrifflich bedingt sind. Der streitgenössische Streithelfer kann zB eine Prozeßhandlung, Grdz 46 vor § 128, oder eine Erklärung auch ohne Kenntnis und sogar gegen den Widerspruch der unterstützten Partei wirksam vornehmen, Schlesw RR **93**, 930, zB ein Rechtsmittel einlegen, BGH RR **99**, 286 (vgl aber Rn 6), BAG NJW **97**, 1028, Schlesw RR **93**, 930. Gesteht er, während die Partei leugnet, § 288, so muß das Gericht sein Geständnis frei würdigen. Er kann auch einer Prozeßhandlung oder einer Erklärung der Partei widersprechen, die seinem Beitritt vorangegangen ist, Celle FamRZ **76**, 159, LAG Saarbr BB **81**, 304, soweit der Stand des Prozesses das zuläßt; er kann zB einem Anerkenntnis nach § 306, einem Bestreiten mit Nichtwissen nach § 138 IV oder einem Geständnis nach § 288 durch die Berufung widersprechen, LAG Saarl BB **81**, 304. Er kann den Prozeß nicht weiterführen, soweit ihn die Hauptparteien beenden, Celle KTS **88**, 369.

6  Er kann *nicht Zeuge* sein, Üb 22 vor § 373 „Streitgenosse". Denn er gilt als Partei, auch wenn er keine solche ist, Rn 6. Deshalb kann er aber auch als Partei vernommen werden, Hamm FamRZ **78**, 205. Für eine Zustellung, auch für diejenige des Urteils, § 317, gilt er grundsätzlich als Partei. Eine Rechtsbehelfsfrist läuft gegen ihn erst seit der Zustellung an ihn, soweit für die Frist eine Zustellung erforderlich ist, BGH **LM** § 321 Nr 6. Wenn er erst nach dem Beginn einer Frist beitritt, ist er auf deren Rest angewiesen, BGH RR **99**, 286. Eine Unterbrechung des Verfahrens aus einem in seiner Person entstandenen Grund nach §§ 239 ff wirkt sich auch auf die Partei aus. Wegen der Kosten vgl § 101 II.

7  **6) Abhängigkeit.** Von den Folgen nach Rn 7 abgesehen gilt § 67. Der Streithelfer muß den Prozeß so hinnehmen, wie er ihn im Zeitpunkt seines Beitritts vorfindet, BGH VersR **98**, 385 (nur Restfrist). Er kann also endgültige Entscheidungen usw nicht ändern. Er kann keine Widerklage nach Anh § 253 erheben, keine Anträge für sich stellen, §§ 137, 297, keine Rechtsbehelfe aus eigenem Recht einlegen, § 67 Rn 5.

8  **7) Streithilfewirkung.** Die Interventionswirkung ist hier grundsätzlich dieselbe wie bei § 68. Es besteht allerdings insofern eine Abweichung, als eine Einwendung nach § 68 nur in Betracht kommt, wenn die Rechtskraft den Streithelfer nicht ganz ergreift.

**70** *Beitritt des Streithelfers.* I ¹Der Beitritt des Nebenintervenienten erfolgt durch Einreichung eines Schriftsatzes bei dem Prozeßgericht und, wenn er mit der Einlegung eines Rechtsmittels verbunden wird, durch Einreichung eines Schriftsatzes bei dem Rechtsmittelgericht. ²Der Schriftsatz ist beiden Parteien zuzustellen und muß enthalten:
1. die Bezeichnung der Parteien und des Rechtsstreits;
2. die bestimmte Angabe des Interesses, das der Nebenintervenient hat;
3. die Erklärung des Beitritts.

II Außerdem gelten die allgemeinen Vorschriften über die vorbereitenden Schriftsätze.

**Schrifttum:** *Walder-Richli,* Prozeßbeitritt und streitgenössische Nebenintervention, Festschrift für *Gaul* (1997) 779.

1  **1) Systematik, Regelungszweck, I, II.** Während §§ 64–69 die Voraussetzungen des Beitritts eines Streithelfers in den verschiedenen Formen der Streithilfe regeln, nennen §§ 70, 71 die Verfahrensregeln. Dabei erfaßt § 70 die Beitrittserklärung. Ihre gesetzlichen Förmlichkeiten dienen denselben Zwecken wie bei jedem bestimmenden, also ein Verfahren einleitenden oder irgendwie erweiternden Schriftsatz, § 129 Rn 1, 2, 5 ff.

2  **2) Geltungsbereich, I, II.** Vgl § 66 Rn 2.

3  **3) Form des Beitritts, I 1.** Der Streithelfer tritt dadurch bei, daß er einen Schriftsatz beim Gericht einreicht, BGH NJW **91**, 230. Eine bloße Anzeige zu den Akten genügt nicht. Anwaltszwang herrscht ie sonst, § 78 Rn 1, 2, BGH NJW **91**, 230. Wenn der Streithelfer gleichzeitig ein Rechtsmittel einlegt, erfolgt sein Beitritt dadurch, daß er seinen Beitrittsschriftsatz bei dem Rechtsmittelgericht einreicht, BGH NJW **97**, 2385 mwN, Hamm RR **94**, 1278. Denn Rechtsmittel und Beitritt sind zwei selbständige Parteiprozeßhandlungen, Grdz 47 vor § 128, BGH NJW **97**, 2385. Freilich kann ein Rechtsmittel „namens des Streitverkündeten" zugleich als dessen Beitritt auszulegen sein, BGH NJW **94**, 1537 mwN. Dieselben Regeln gelten für den Fall, daß er zugleich mit dem Beitritt einen Einspruch einlegt. Der Schriftsatz ist ein bestimmender Schriftsatz nach § 129, BGH NJW **91**, 230. Er unterliegt auch den Vorschriften der §§ 130–133 über vorbereitende Schriftsätze. Beim AG erfolgt der Beitritt durch eine schriftliche Einreichung oder durch eine Erklärung zum Protokoll der Geschäftsstelle nach § 496. Der Urkundsbeamte der Geschäftsstelle muß den Beitrittsschriftsatz beiden Parteien von Amts wegen zustellen, § 270 I.

4  **4) Inhalt des Beitritts, I 2.** Der Beitrittsschriftsatz muß im wesentlichen folgenden Inhalt haben:

3. Titel. Beteiligung Dritter am Rechtsstreit  **§§ 70, 71**

**A. Parteien und Prozeß, I 2 Z 1.** Der Beitrittsschriftsatz muß den Prozeß bezeichnen, zu dem der Beitritt erfolgen soll, BGH NJW 97, 2385. Das Aktenzeichen der Instanz genügt. Er muß außerdem die Parteien jenes Prozesses unverwechselbar angeben, § 253 Rn 22, BGH NJW 97, 2385.

**B. Rechtliches Interesse, I 2 Z 2.** Der Beitrittsschriftsatz muß diejenigen Tatsachen angeben, die das 5 rechtliche Interesse an dem Beitritt begründen sollen, BGH NJW 94, 1537. Der Zweck dieser Angabe liegt darin, den Parteien den Beitrittsgrund klar zu machen. Deshalb genügt jede über diesen Grund unterrichtende Angabe, etwa ein Hinweis auf die Streitverkündung, BGH NJW 97, 2385, oder auf ein anderes Schriftstück, das sich bereits im Besitz beider Parteien befindet. Immerhin sollte der Schriftsatz auch so klar gefaßt sein, daß auch das Gericht erkennen kann, ob das rechtliche Interesse für den Beitritt vorhanden ist. Die Angaben sind entbehrlich, soweit das rechtliche Interesse ersichtlich ist, Hamm FamRZ 84, 811.

**C. Beitrittserklärung, I 2 Z 3.** Der Beitrittsschriftsatz muß jedenfalls dem Sinne nach unzweideutig den 6 Willen zum Ausdruck bringen, als Streithelfer in den Prozeß einzutreten, BGH NJW 97, 2385. Die Beitrittserklärung erfolgt im Zweifel nur im Umfang des befürchteten Rückgriffs, Düss RR 97, 443 (Erweiterung ist möglich). Sie kann sich auf einen von mehreren Streitgegenständen, § 2 Rn 3, oder Streitsnossen beschränken, § 59. Sie liegt auch in der Einlegung eines Rechtsmittels unter der Bezeichnung „Streitverkündeter", BGH NJW 97, 2385, „Streithelfer", „Streitgehilfe" oder „Nebenintervenient". Ein Sachantrag im Sinn von § 297 Rn 1 ist ratsam, aber nicht schon im Rahmen von § 70 erforderlich; er kann aber kostenrechtlich erheblich sein, vgl Nürnb AnwBl 94, 197 (zu § 32 BRAGO). Eine Meldung „für den Streitverkündeten" ist oft mißverständlich, denn der Beitretende ist bereits Streithelfer, Woesner SchlHA 89, 171 (Auslegung).

**5) Rücknahme des Beitritts, I 1, 2.** Der Streithelfer kann seine Beitrittserklärung jederzeit zurück- 7 nehmen, § 66 Rn 5. Eine Rücknahme steht einem anschließenden erneuten Beitritt nicht entgegen. § 269 IV ist aber sinngemäß anwendbar. Ein erneuter Beitritt zur Gegenpartei ist allerdings ohne weiteres statthaft. Der Rücktritt ist für eine schon eingetretene Streithilfe nach § 68 nicht hinfällig.

**6) Mängel des Beitritts, I, II.** Solche Mängel sind ebenso heilbar wie Mängel einer Klageschrift, 8 namentlich nach § 295. Daher finden sie keine Beachtung von Amts wegen nach Grdz 39 vor § 128. Der Streithelfer ist bis zu einer Bemängelung zuzuziehen. Im Fall einer Bemängelung gilt § 71. Ein Leugnen der rechtlichen Voraussetzungen des Beitritts bemängelt noch nicht die Form des Beitritts. Mängel der Zustellung kann die Partei nur für sich selbst rügen, nicht für die Gegenpartei. Ein Verstoß gegen I Z 1–3 ist jederzeit heilbar, soweit nicht ein endgültiger Rechtsverlust eingetreten ist.

**71** *Zulassung und Zurückweisung des Streithelfers.* [1] ¹Über den Antrag auf Zurückweisung einer Nebenintervention wird nach mündlicher Verhandlung unter den Parteien und dem Nebenintervenienten entschieden. ²Der Nebenintervenient ist zuzulassen, wenn er sein Interesse glaubhaft macht.

**II** Gegen das Zwischenurteil findet sofortige Beschwerde statt.

**III** Solange nicht die Unzulässigkeit der Intervention rechtskräftig ausgesprochen ist, wird der Intervenient im Hauptverfahren zugezogen.

**Gliederung**

| | | | |
|---|---|---|---|
| 1) Systematik, Regelungszweck, I–III.... | 1 | 4) Zwischenurteil und Beschwerde, II.... | 7 |
| 2) Geltungsbereich, I–III................ | 2 | 5) Zuziehung des Streithelfers, III........ | 8–10 |
| 3) Verfahren, I......................... | 3–6 | A. Grundsatz: Beitrittsfolge = Zuziehungs- | |
| A. Allgemeines...................... | 3 | pflicht........................... | 8, 9 |
| B. Zurückweisungsantrag.............. | 4 | B. Verstoß........................ | 10 |
| C. Zwischenstreit.................... | 5 | | |
| D. Säumnis......................... | 6 | | |

**1) Systematik, Regelungszweck, I–III.** Die Vorschrift nennt die Regeln zu dem Verfahren im An- 1 schluß an den in § 70 behandelten Beitrittsantrag. Sie enthält eine Abwägung von Grundsätzen, einerseits der Prozeßförderung und Prozeßwirtschaftlichkeit, Grdz 12, 14 vor § 128, andererseits der Rechtssicherheit, Einl III 43, wenn immerhin für einen Streit über die Zulassung nur eine mündliche Verhandlung für notwendig erklärt wird, § 128 Rn 2, und wenn ein verfassungsrechtlich nicht zwingend gebotenes Rechtsmittel eröffnet wird. Diese Abwägung im Gesetz ist auch bei seiner Darlegung mitzubeachten.

**2) Geltungsbereich, I–III.** Vgl § 66 Rn 2. 2

**3) Verfahren, I.** Es erfolgt ein besonderes Zulassungsverfahren. 3

**A. Allgemeines.** Das Gericht läßt den Streithelfer grundsätzlich stillschweigend zu. Eine förmliche Entscheidung über seine Zulassung ist nur dann erforderlich, wenn entweder einer der Parteien der Zulassung widerspricht oder dem Streithelfer eine persönliche Prozeßvoraussetzung nach § 66 Rn 1 fehlt. In diesen beiden Fällen erfolgt die Entscheidung grundsätzlich wegen III durch ein Zwischenurteil, § 280, BGH 76, 301. Nur im Patentnichtigkeitsverfahren erfolgt die Zulassung durch einen Beschluß. Eine Zulassung liegt aber auch dann vor, wenn das Gericht die Zulassung nicht zurückgewiesen hatte, sondern vielmehr dem Streithelfer im Endurteil die Kosten der Nebenintervention auferlegt hat. Die Zulassung wird rechtskräftig, wenn sie nicht angefochten wird. Eine Zulassung im Endurteil unterliegt der sofortigen Beschwerde, § 577. Falls das Gericht im Fall b durch ein Urteil entschieden hatte, ist die Zulassung nur zusammen mit dem Urteil anfechtbar. Im übrigen erfolgt die Zurückweisung des Zulassungsantrags durch einen Beschluß. Gegen ihn ist die einfache Beschwerde zulässig.

**B. Zurückweisungsantrag.** Jede Partei, Grdz 3 vor § 50, und jeder Streitgenosse, §§ 59 ff, darf einen 4 Zurückweisungsantrag stellen. Die Form des § 297 braucht nicht eingehalten zu werden. Denn es handelt

## § 71, Einf §§ 72–74          1. Buch. 2. Abschnitt. Parteien

sich um einen rein leugnenden Antrag, aM StJL 3. Der Verlust des Antragsrechts tritt dadurch ein, daß man entweder auf die Einhaltung der Beitrittsvoraussetzungen des § 66 verzichtet oder daß man angesichts eines förmlichen Mangels, § 270, einen Verzicht nach § 295 ausspricht. Das gilt auch dann, wenn man der Zulassung aus einem sachlichen Grund widerspricht. Ein Verzicht erstreckt sich aber nicht auf solche Tatsachen, die erst nach der Verzichtserklärung eingetreten oder bekannt geworden sind. Der Antrag auf die Zurückweisung eines *Rechtsbehelfs*, den ein Streithelfer eingelegt hat, richtet sich gegen die Partei. Deshalb genügt ein solcher Antrag selbst dann nicht, wenn er damit begründet wird, die Streithilfe sei unwirksam, BGH **LM** § 66 Nr 1. Der Streitverkünder darf einem Beitritt nur dann widersprechen, wenn der Streithelfer der Gegenpartei beitritt.

**5**    **C. Zwischenstreit.** Durch den Antrag entsteht ein Zwischenstreit zwischen dem Streithelfer und der widersprechenden Partei, also unter Umständen beiden Parteien. Eine Partei, die dem Beitritt etwa ausdrücklich zugestimmt hat, steht auf der Seite des Streithelfers. Eine Partei, die dem Beitritt weder zugestimmt hat noch widersprochen hat, bleibt im Zwischenstreit unbeteiligt. Im Anwaltszwang herrscht wie sonst, § 78 Rn 1, 2. Das Gericht muß eine mündliche Verhandlung anberaumen, § 128 Rn 2. Ein Termin zur Verhandlung in der Hauptsache ist im Zweifel auch zur Verhandlung im Zwischenstreit angesetzt worden. Der Streithelfer muß diejenigen Tatsachen beweisen, aus denen sich die Zulässigkeit seines Beitritts ergibt, § 68 Rn 7. Er braucht aber diejenigen Tatsachen, aus denen sich sein rechtliches Interesse ergibt, lediglich nach § 294 glaubhaft zu machen.

**6**    **D. Säumnis.** Wenn der Streithelfer säumig ist, Üb 3 vor § 330, entscheidet das Gericht auf Grund des einseitigen Parteivortrags und auf Grund der Beitrittsschrift. Eine Säumnis der zustimmenden Partei ist unerheblich. Im Fall der Säumnis der widersprechenden Partei entscheidet das Gericht auf Grund des einseitigen Parteivortrags und auf Grund der Beitrittsschrift. Im Fall der Säumnis des Streithelfers und des Widersprechenden entscheidet das Gericht nach der Aktenlage, §§ 251 a, 331 a, oder ordnet eine Vertagung an, § 337.

**7**    **4) Zwischenurteil und Beschwerde, II.** Das Zwischenurteil muß auf die Zulassung des Streithelfers oder auf seine Zurückweisung lauten. Der Unterliegende muß die Kosten tragen. Für die Beurteilung ist der Schluß der mündlichen Verhandlung maßgeblich. Gegen das Zwischenurteil ist die sofortige Beschwerde zulässig, § 577, BGH MDR **82**, 650. Sie kann im Fall einer Zurückweisung des Streithelfers von ihm und von der unterstützten Partei eingelegt werden. Denn auch die letztere hat wegen § 68 ein Interesse am Beitritt des Streithelfers, aM StJBo 8.

Gegen eine Zulassung können beide Parteien die *sofortige Beschwerde* einlegen. Dieses Recht steht auch derjenigen Partei zu, die sich am Zwischenstreit nicht beteiligt hat. Die sofortige Beschwerde ist auch dann statthaft, wenn das Gericht die Entscheidung über die Zulassung des Streithelfers im Endurteil aufgenommen hatte, Nürnb MDR **94**, 834. Denn es liegt insofern nur eine äußerliche Verbindung vor. Die sofortige Beschwerde ist nach § 567 III 2 auch gegen eine Entscheidung des LG als Berufungs- oder Beschwerdegericht zulässig. Eine rechtskräftige Entscheidung zur Hauptsache macht die sofortige Beschwerde freilich praktisch gegenstandslos, Nürnb MDR **94**, 834. Das Patentamt entscheidet über die Zulassung im Nichtigkeitsverfahren durch einen Beschluß.

*Gebühren:* Des Gerichts KV 1900, GV 9300 (Beschwerdeverfahren); des Anwalts: §§ 37 Z 3, 61 I Z 1 BRAGO.

**8**    **5) Zuziehung des Streithelfers, III.** Es gelten die folgenden Regeldn:

**A. Grundsatz: Beitrittsfolge = Zuziehungspflicht.** Auf Grund des Beitritts *muß* das Gericht den Streithelfer zum Verfahren *hinzuziehen*, bis er durch ein Zwischenurteil rechtskräftig zurückgewiesen worden ist, also bis zur Erledigung eines Beschwerdeverfahrens nach II, vgl BGH NJW **83**, 2378, BAG MDR **88**, 346. Deshalb sind Prozeßhandlungen des Streithelfers bis zu diesem Zeitpunkt wirksam möglich, BGH VersR **85**, 551 mwN, und darf das Gericht bis zu diesem Zeitpunkt keine Versäumnisentscheidung gegen die Partei erlassen, solange der Streithelfer für die Partei auftritt. Das Gericht muß dem Streithelfer alle Termine, Ladungen und Schriftsätze zustellen bzw bekanntgeben, BAG MDR **88**, 346, Bischof JB **84**, 978 mwN. Wenn er nicht geladen wurde, gilt auch seine Partei als nicht geladen. Das Gericht muß in diesem Fall selbst dann eine Vertagung anordnen, wenn beide Parteien zur Sache verhandeln wollen. Eine Verhandlung ist aber insoweit zulässig, als dadurch kein Rechtsnachteil erwachsen kann. Dieser Fall ist etwa dann denkbar, wenn eine Revision der von ihm unterstützten Partei Erfolg hat.

**9**    Das Urteil und andere gerichtliche *Entscheidungen* brauchen dem Streithelfer an sich nicht zugestellt zu werden. Denn der Streithelfer ist an diejenigen Fristen gebunden, die gegenüber der von ihm unterstützten Partei laufen, BGH **LM** § 320 Nr 5 (Frist für eine Berichtigung des Tatbestands). Eine Zustellung der Entscheidung ist aber insoweit nötig, als der Streithelfer einen Antrag nach § 321 II wegen der Übergehung des Kostenpunkts nach § 100 I stellen kann, BGH **LM** § 321 Nr 6 mwN. Wenn das Gericht den Beitritt zurückgewiesen hatte, weil beim Streithelfer persönliche Prozeßvoraussetzungen nach § 66 Rn 3 ff fehlten, sind seine Prozeßhandlungen wirkungslos, Rn 2. Die Insolvenz des Streithelfers kann wie eine Unterbrechung wirken, vgl § 240. Die Rechtskraft erfaßt alle bisher geltend gemachten Gründe, § 322 Rn 64 „Streithelfer". Daher kann der Streithelfer keine Prozeßhandlungen mehr vornehmen, Grdz 46 vor § 128, etwa ein Rechtsmittel einlegen. Neue Streithilfegründe lassen natürlich einen neuen Beitritt zu.

**10**    **B. Verstoß.** Ein Verstoß kann zugleich Art 103 I GG verletzen und zur Zurückverweisung nach § 539 führen, BAG MDR **88**, 346.

**Einführung vor §§ 72–74**

**Streitverkündung**

**Schrifttum:** *Benke,* Die Verfahrensbeteiligung Dritter, 1996; *Bischof,* MDR **99**, 787 (Üb); *Frohn,* Nebenintervention und Streitverkündung in der Freiwilligen Gerichtsbarkeit, Diss Münst 1998; *Laumen,* Streitver-

### 3. Titel. Beteiligung Dritter am Rechtsstreit        Einf §§ 72–74, § 72

kündung, Interventionswirkung und Beweislastverteilung bei alternativer Vertragspartnerschaft, Festschrift für *Baumgärtel* (1990) 281; *Lüke,* Die Beteiligung Dritter im Zivilprozeß, 1993; *Michel/von der Seipen,* Der Schriftsatz des Anwalts im Zivilprozeß, 4. Aufl 1997; *Schäfer,* Nebenintervention und Streitverkündung, 1991; *Schaefer,* Drittinteressen im Zivilprozeß, Diss Mü 1993; *Schober,* Drittbeteiligung im Zivilprozeß usw (auch rechtsvergleichend), 1990; *Schultes,* Die Beteiligung Dritte am Zivilprozeß, 1994; s auch die Nachweise vor Üb 1 vor § 64.

**Gliederung**

| | | | | |
|---|---|---|---|---|
| 1) **Systematik** | ............................ | 1 | 4) **Wirkung** ............................ | 4, 5 |
| 2) **Regelungszweck** | ....................... | 2 | 5) *VwGO* ............................ | 6 |
| 3) **Geltungsbereich** | ....................... | 3 | | |

**1) Systematik.** Die Streitverkündung, Litisdenunziation, besteht darin, daß eine Partei einen anderen **1** förmlich davon benachrichtigt, daß ein Prozeß schwebt. Sie ist eine Parteiprozeßhandlung, Grdz 47 vor § 128, BGH MDR **89**, 539. Daher duldet sie keine Bedingung, Grdz 54 vor § 128, BGH MDR **89**, 539. Mehr ist die Streitverkündung zunächst nicht, Köln NJW **81**, 2263, Bischof JB **84**, 969. Sie erhebt also *keinen sachlichrechtlichen oder prozessualen Anspruch*. Sie steht daher grundsätzlich einer Klagerhebung nach § 253 nicht gleich, soweit nicht ausnahmsweise das Gegenteil gilt, zB bei § 209 BGB. Die Streitverkündung steht ebensowenig einer gesetzlich notwendigen Mitteilung von der Erhebung eines eigenen Anspruchs gleich. Eine Streitverkündung liegt auch dann vor, wenn der Verkünder eine Gelegenheit zu einer Einmischungsklage gegen einen Forderungsbeansprucher oder zum Eintritt in einen Besitzstreit usw als Partei geben will, §§ 75–77. Zur Streitverkündung besteht prozessual nach § 841 eine Pflicht (Klage des Pfändungspfandgläubigers gegen den Drittschuldner).

**2) Regelungszweck.** Der Zweck der gewöhnlichen Streitverkündung besteht in der Einladung zu einer **2** Nebenintervention nach §§ 66 ff, Schmidt JuS **97**, 108, also darin, dem Dritten, dem Verkündungsgegner, die Gelegenheit zur Unterstützung des Verkünders im Prozeß zu geben und sich außerdem unabhängig vom Umfang einer Rechtskraftwirkung nach § 322 gegen den etwaigen Einwand zu schützen, man habe den Prozeß schlecht geführt und eine unrichtige Entscheidung herbeigeführt, § 68, BGH **116**, 100, LSG Darmst FamRZ **90**, 178. Sie dient ferner der Vorbereitung der Rechtsverfolgung gegenüber dem Streitkündenden, Mü MDR **89**, 548. Freilich ist sie nicht der einzige Weg zur Klärung dieser Fragen, aM Schlesw VersR **87**, 624. Außerdem soll sie einen weiteren Prozeß und widersprechende Ergebnisse der verschiedenen Prozesse verhindern, BGH LM § 485 HGB Nr 13, Bernstein Festschrift für Ferid (1978) 85, freilich nur, soweit das Interesse des Streitkünders dies erfordert, Karlsr OLGZ **84**, 233.

**3) Geltungsbereich.** Vgl zunächst Üb 3 vor § 64. Im Grundbuchverfahren ist keine Streitverkündung **3** statthaft, BayObLG Rpfleger **80**, 153, ebensowenig im selbständigen Beweisverfahren, §§ 485 ff, sondern allenfalls im etwa bereits nach § 261 rechtshängigen zugehörigen Prozeß. Denn der Zweck läßt sich im selbständigen Beweisverfahren wegen § 493 II, einen weiteren Streit zu vermeiden oder doch zu vereinfachen, nicht voll erreichen, Saarbr RR **89**, 1216, Bohnen BB **95**, 2338, StJBo § 72 Rn 10 b, ZöV § 66 Rn 2 a, aM BGH **134**, 192, Karlsr MDR **98**, 239, Müther MDR **98**, 1338, RoSGo § 47 II 1 a, ThP § 66 Rn 2.

**4) Wirkung.** Der Dritte kann frei entscheiden, ob er sich an dem ihm bekanntgegebenen Prozeß **4** beteiligen will. Er sollte seinen Entschluß sorgfältig abwägen. Denn die Streithilfewirkung tritt bei einer gewöhnlichen Streitverkündung auch ohne die Streithilfe ein, § 74 III. In den Fällen der §§ 75–77 gelten besondere Wirkungen. Die Streitverkündung hat auch eine sachlichrechtliche Wirkung, BGH **70**, 189 mwN, soweit sie zulässig ist, BGH **100**, 259 mwN, Hamm MDR **86**, 1031.
*Beispiele:* § 209 II Z 4 BGB (Verjährung), Hbg VersR **84**, 1049, Hamm NJW **94**, 203, Köln VersR **92**, **5** 334, aM Hamm RR **89**, 682, § 941 BGB (Ersitzung), §§ 487, 485 BGB (Mängelrügen), §§ 414, 423, 439 HGB (Verjährung im Speditionsgeschäft, im Lagergeschäft, im Frachtgeschäft), BGH **116**, 100 (Drittschadensliquidation). Ein Beitritt nach dem Schluß der letzten Tatsachenverhandlung in einer nicht revisiblen Sache ist unzumutbar, Köln MDR **83**, 409. Für das Prozeßgericht ist eine Streitverkündung bis zum wirksamen Beitritt des Verkündeten unbeachtlich.

**5) VwGO:** Vgl Üb § 64 Rn 5. **6**

## 72  Streitverkündung. Zulässigkeit.
¹Eine Partei, die für den Fall des ihr ungünstigen Ausganges des Rechtsstreits einen Anspruch auf Gewährleistung oder Schadloshaltung gegen einen Dritten erheben zu können glaubt oder den Anspruch eines Dritten besorgt, kann bis zur rechtskräftigen Entscheidung des Rechtsstreits dem Dritten gerichtlich den Streit verkünden.
II Der Dritte ist zu einer weiteren Streitverkündung berechtigt.

*SachenRBerG § 108. Feststellung der Anspruchsberechtigung.* III Nehmen mehrere Personen die Rechte als Nutzer für sich in Anspruch und ist in einem Rechtsstreit zwischen ihnen die Anspruchsberechtigung festzustellen, können beide Parteien dem Grundstückseigentümer den Streit verkünden.

1) **Systematik, Regelungszweck, I, II.** Vgl Einf 1, 2 vor §§ 72–74. **1**
2) **Geltungsbereich, I, II.** Vgl Einf 3 vor §§ 72–74, ferner bei § 1047. **2**
3) **Voraussetzungen, I.** Es müssen folgende Bedingungen zusammentreffen. **3**
**A. Rechtshängigkeit.** Es muß ein Prozeß nach § 261 rechtshängig sein, Saarbr RR **89**, 1216 mwN. Denn erst die Rechtshängigkeit begründet überhaupt ein Prozeßrechtsverhältnis zwischen den Parteien, Grdz 5 vor § 128, vgl auch § 91 a Rn 30, § 261 Rn 2. Eine bloße Anhängigkeit, § 261 Rn 1, genügt nicht, StJL 10, aM BGH **92**, 257 mwN (aus prozeßwirtschaftlichen, in einer so wichtigen Frage wie dem Prozeß-

## §§ 72, 73

rechtsverhältnis aber problematischen Erwägungen), auch nicht im Mahnverfahren nach §§ 688 ff. Wegen des selbständigen Beweisverfahrens Einf 3 vor §§ 72–74. Es tritt auch keine Rückbeziehung nach den §§ 696 III, 700 für eine Streitverkündung ein. Das gilt auch in der Berufungs- und Revisionsinstanz.

**4** **B. Rückgriffsanspruch.** Eine der Parteien des Prozesses muß im Zeitpunkt der Streitverkündung, BGH **65**, 131, wegen eines Schadensersatzanspruchs entweder einen Rückgriffsanspruch zumindest: auch, BGH VersR **97**, 1365, gegenüber dem Verkündungsgegner haben können, BayObLG NJW **87**, 1952, Hamm MDR **85**, 588, Mü NJW **86**, 263, oder einen solchen Anspruch befürchten, BGH **116**, 100. Dabei ist unerheblich, ob der Prozeß in seinen tatsächlichen oder rechtlichen Grundlagen für den Streitverkünder einen ungünstigen Ausgang nimmt, BGH **70**, 189, Hbg VersR **84**, 1049. Es ist also eine weite Auslegung zulässig und geboten, BGH **116**, 100, Bbg OLGZ **79**, 210, Hamm MDR **85**, 588. Wegen der Streitverkündungswirkung vgl § 74 III, § 68 Rn 1–3, 6 ff, Werres NJW **84**, 208. Nach dem Umfang der Interventionswirkung richtet sich die Zulässigkeit der Streitverkündung, abw Werres NJW **84**, 208.

**5** **4) Beispiele zur Frage einer Zulässigkeit, I**
**Dritter:** Ausreichend ist es, wenn ein Dritter die Forderung für sich beansprucht oder wenn die Partei einem Dritten haftet, zB nach dem Handelsrecht, wenn ein Prozeß für Rechnung und Gefahr eines Dritten läuft, etwa bei einer Kommission, einer Spedition, einem Frachtrecht, so wohl BGH **116**, 100.
 Nicht ausreichend ist es, wenn die Partei und ein Dritter von Anfang an nebeneinander, BGH **65**, 131, Hamm MDR **86**, 1031, oder kumulativ haften, BGH NJW **87**, 1894, Hbg VersR **84**, 1049.
**Fracht:** S „Dritter", Rn 6 „Rückgriff", „Schadloshaltung".
**Gerichtsstandsvereinbarung:** Die Vereinbarung einer ausländischen Zuständigkeit nach §§ 38, 40 hat keinen Einfluß auf die Zulässigkeit der Streitverkündung, Mansel ZZP **109**, 76.
**Gesamtschuldner:** S „Dritter".
**Gewährleistung:** Ausreichend ist ein Anspruch auf eine Gewährleistung wegen eines Mangels, etwa nach § 365 BGB (Hingabe an Erfüllungs Statt), nach §§ 433 ff BGB (Kauf), nach §§ 537 ff BGB (Miete), nach §§ 631 ff BGB (Werkvertrag), nach §§ 1624 ff BGB (Ausstattung), nach §§ 2182 f BGB (Vermächtnis).
**6 Hilfsweise Haftung:** Nicht ausreichend ist eine nur hilfsweise Haftung des Verkündungsgegners, etwa nach § 19 I 2 BNotO, Hamm MDR **85**, 588.
**Kauf:** Ausreichend ist die Frage, ob die Kaufsache einen Rechtsmangel hat, sodaß Käufer und Drittkäufer nicht auf Zahlung haften, BGH VersR **97**, 1365.
**Kommission:** Rn 5 „Dritter".
**Mängelhaftung:** Rn 5 „Gewährleistung".
**Notar:** S „Hilfsweise Haftung".
**Rückgriff:** Vgl zunächst Rn 4. Nicht ausreichend ist es, wenn der Frachtführer, der den Unterfrachtführer in Rückgriff nimmt, in diesem letzteren Prozeß den Absender für den Fall des Obsiegens in Anspruch nehmen will, Karlsr OLGZ **84**, 230.
**Schadloshaltung:** Ausreichend ist ein Anspruch auf eine Schadloshaltung, also ein Rückgriffsanspruch auf Grund eines Vertrages oder einer gesetzlichen Bestimmung, auch in den Fällen einer wahlweisen Haftung des Bekl und des Verkündungsgegners, Rn 7 „Wahlweise Haftung".
 Kein Anspruch auf Schadloshaltung ist derjenige auf einen Frachtlohn, Karlsruhe OLGZ **84**, 233.
**Selbständiges Beweisverfahren:** Vgl Einf 3 vor § 72.
**Sozialversicherung:** Rn 7 „Wahlweise Haftung".
**Spedition:** Rn 5 „Dritter".
**Streitgenosse:** Eine Streitverkündung ist auch gegenüber Streitgenossen statthaft, Hamm RR **96**, 969.
**7 Versicherer:** Rn 5 „Dritter", Rn 7 „Wahlweise Haftung".
**Wahlweise Haftung:** Ausreichend ist ein Anspruch, für den der Bekl und der Verkündungsgegner wahlweise in Anspruch genommen werden können, BGH RR **92**, 1525 mwN, Hbg VersR **84**, 1049, Hamm RR **89**, 682. Das gilt etwa dann, wenn streitig ist, wer als Versicherer haftet oder ob überhaupt beim Unterliegen etwa des Unterhaltsgläubigers gegenüber dem Ehegatten ein Anspruch gegen den Sozialversicherungsträger in Betracht kommt, LSG Darmst FamRZ **90**, 178.

**8** **5) Verfahren, I.** Wenn der Verkündungsgegner dem Prozeß nicht beitritt, dann prüft das Gericht die Frage, ob die prozessualen Voraussetzungen einer Streitverkündung vorlagen, erst im Prozeß zwischen dem Verkünder und dem Verkündungsgegner, BGH NJW **87**, 1894, Hbg VersR **84**, 1049. Wenn der Verkündungsgegner dem Prozeß beitritt, muß das Gericht die Voraussetzungen der Streithilfe prüfen, aM Hbg VersR **84**, 1049. Wenn die Voraussetzungen des § 72 fehlen, kann keine Streithilfewirkung eintreten, §§ 68, 74, Bbg OLGZ **79**, 210, LG Hbg VersR **78**, 716. Der Verkünder trägt die Kosten der Streitverkündung vorbehaltlich seines Rechts, diese Kosten als eine Nebenforderung im Prozeß gegen den Verkündungsgegner geltend zu machen. Diese Kosten können nicht ohne einen zugrundeliegenden sachlichrechtlichen Anspruch festgesetzt werden. Die Gebühren des Anwalts sind durch die Prozeßgebühr abgegolten.

**9** **6) Verkündung, I, II.** Die Verkündung ist bis zum Zeitpunkt der Rechtskraft der Entscheidung zulässig. Als „Dritter" kommt derjenige in Betracht, der Streithelfer sein kann, auch ein Streitgenosse des Verkünders oder des Gegners, § 66 Rn 5. Die Gegenpartei kann nicht ein „Dritter" sein. Der Verkündungsgegner darf seinerseits weiter verkünden, auch wenn er nicht beitritt. Er darf dann im eigenen Interesse verkünden, und zwar auch nicht als ein streitgenössischer Streitgehilfe nach § 69, aM BGH VersR **97**, 1365 (aber die Streitverkündung darf keine zu weite Eigenentwicklung erhalten).

## 73  Form der Streitverkündung. [1]Zum Zwecke der Streitverkündung hat die Partei einen Schriftsatz einzureichen, in dem der Grund der Streitverkündung und die Lage des Rechtsstreits anzugeben ist. [2]Der Schriftsatz ist dem Dritten zuzustellen und dem Gegner des Streitver-

### 3. Titel. Beteiligung Dritter am Rechtsstreit §§ 73, 74

künders in Abschrift mitzuteilen. ³Die Streitverkündung wird erst mit der Zustellung an den Dritten wirksam.

**Schrifttum:** *Michel,* Der Schriftsatz des Anwalts im Zivilprozeß, 1984.

**1) Systematik, Regelungszweck, S 1–3.** Vgl Einf 1, 2 vor §§ 72–74. Die Vorschrift enthält die gesetz- 1
lichen Mindestvoraussetzungen für eine wirksame Form der Streitverkündung.

**2) Geltungsbereich, S 1–3.** Vgl Einf 3 vor §§ 72–74. 2

**3) Voraussetzungen, S 1–3.** Es muß folgendes zusammentreffen. 3

**A. Schriftsatz.** Die Partei muß beim Gericht einen Schriftsatz einreichen. Er muß als bestimmender Schriftsatz, § 129 Rn 5, dessen Anforderungen erfüllen, insbesondere also ordnungsgemäß unterschrieben sein, § 129 Rn 9, BGH **92**, 254. Beim AG kann sie auch eine Erklärung zum Protokoll der Geschäftsstelle jedes AG abgeben, § 129 a. Die Streitverkündung wird erst in demjenigen Zeitpunkt wirksam, in dem der Urkundsbeamte den Schriftsatz oder die Erklärung zum Protokoll der Geschäftsstelle von Amts wegen dem Dritten zustellt, § 270 I. Die Einreichung des Schriftsatzes beim Gericht reicht also zur Wirksamkeit der Streitverkündung noch nicht aus. Das ist wegen § 74 III wichtig.

Die *Zustellung* erfolgt formlos, § 270 II, Köln NJW **81**, 2264. Das Gericht teilt außerdem eine Abschrift des Schriftsatzes dem Prozeßgegner des Streitverkünders mit. Diese Mitteilung ist freilich für die Wirksamkeit der Streitverkündung unerheblich. Es herrscht kein Anwaltszwang nach § 78 Rn 1, 2, denn der Verkündungsgegner befindet sich noch nicht im Prozeß.

**B. Grund der Streitverkündung.** Die Partei muß den Grund der Streitverkündung angeben. Sie muß 4 also diejenige Rechtsbeziehung zum Verkündungsgegner darlegen, aus der sich ergibt, daß die Voraussetzungen des § 72 erfüllt sind.

**C. Lage des Rechtsstreits.** Die Partei muß den Rechtsstreit in seiner derzeitigen Lage umreißen. Sie 5 muß eine so genaue Bezeichnung von dem Prozeß und dem Streitgegenstand geben, daß der Verkündungsgegner unzweideutig ersehen kann, um was es sich handelt. Die Partei muß auch den gegenseitigen Streitstand mitteilen. Sie muß also zB mitteilen, daß das Gericht einen Beweisbeschluß erlassen hat oder daß dann und dann Termin ansteht. Eine Mitteilung von Abschriften der Klage und der Schriftsätze ist nicht vorgeschrieben, Mü MDR **89**, 548. Der Verkündungsgegner ist insoweit auf eine Akteneinsicht nach § 299 angewiesen, § 299, Mü MDR **89**, 548.

*Mängel* der Streitverkündungsschrift können infolge eines Verzichts des Verkündungsgegners oder nach 6 § 295 heilen, BGH **LM** Nr 1 mwN. Die Wirkung des § 295 tritt mit dem Schluß der ersten mündlichen Verhandlung des Verkündungsgegners, §§ 136 IV, 296 a, oder dann, wenn er dem Termin fernblieb, mit dem Schluß der ersten mündlichen Verhandlung im Prozeß über den Rückgriff oder über den Anspruch des Dritten an den Verkünder ein. Wegen der Kosten vgl § 91 Rn 206 „Streitverkündung".

**74** *Wirkung der Streitverkündung.* ¹Wenn der Dritte dem Streitverkünder beitritt, so bestimmt sich sein Verhältnis zu den Parteien nach den Grundsätzen über die Nebenintervention.

II Lehnt der Dritte den Beitritt ab oder erklärt er sich nicht, so wird der Rechtsstreit ohne Rücksicht auf ihn fortgesetzt.

III In allen Fällen dieses Paragraphen sind gegen den Dritten die Vorschriften des § 68 mit der Abweichung anzuwenden, daß statt der Zeit des Beitritts die Zeit entscheidet, zu welcher der Beitritt infolge der Streitverkündung möglich war.

**1) Systematik, Regelungszweck, I–III.** Vgl Ein 1, 2 vor §§ 72–74. 1

**2) Geltungsbereich, I–III.** Vgl. Einf 3 vor §§ 72–74. 2

**3) Beitritt, I.** Er erfolgt nach § 70. Eine bloße Meldung zu den Akten ist kein Beitritt. Das Gericht 3 muß den Verkündungsgegner von seinem Beitritt an als neuen Streithelfer hinzuziehen, § 71. Der Beitritt ist auch gegenüber dem Gegner des Streitverkünders zulässig, BGH **85**, 255. In diesem Fall steht der Beigetretene im Verhältnis zum Streitverkünder einem Ferngebliebenen gleich. Die Streitverkündung ist im Verhältnis zum Verkünder ein Beitrittsgrund, Hamm RR **88**, 155; vgl jedoch auch für das Verhältnis zum Gegner § 66 I, Bischof Rpfleger **86**, 160, sowie § 66 Rn 9. Der Beitritt enthält keine Anerkennung einer Haftung. Es hängt vom Sachverhalt ab, ob der Beitretende zum gewöhnlichen Streithelfer oder zum streitgenössischen Streithelfer wird, §§ 67, 69. Das Gericht entscheidet nach § 71 über die Zulässigkeit des Beitritts.

**4) Fernbleiben, II.** Wenn der Verkündungsgegner dem Rechtsstreit nicht beitritt, läßt das Gericht die 4 Streitverkündung unbeachtet. Der Verkündungsgegner behält seine Stellung außerhalb des Prozesses, KG MDR **94**, 413.

**5) Streithilfewirkung, III.** Die bloße Streitverkündung hat in jedem Fall, freilich nur „gegen" den 5 Verkündungsgegner, also nur zugunsten des Verkünders, BGH NJW **97**, 2385, die Wirkung des § 68 bzw des § 69 Rn 10 (Interventionswirkung), BayObLG NJW **87**, 1952, Hbg VersR **84**, 1049, Hamm RR **88**, 155. Das gilt unabhängig davon, ob der Verkündungsgegner dem Streitverkünder beitritt oder nicht und ob er etwa dem Gegner des Streitverkünders als Streithelfer beitritt, BGH NJW **88**, 1379. Etwas anderes gilt nur dann, wenn die Streitverkündung nach dem Schluß der letzten Tatsachenverhandlung in einer nicht revisiblen Sache erfolgte, Köln MDR **83**, 409, oder wenn sein Beitritt zum Verkünder rechtskräftig zurückgewiesen wurde, § 71. Insofern unterscheidet sich die Streithilfewirkung von der französischen assignation en garantie (Freistellungsanspruch), BGH **LM** § 723 Nr 6, Karlsr NJW **74**, 1059, und vom amerikanischen Impleader (Third-Party-Complaint), Bernstein Festschrift für Ferid (1978), 85. Die Interventionswirkungen

## §§ 74, 75

nach §§ 74, 68 treten aber nicht ein, wenn dadurch eine Bindung des Streitverkündeten in einem späteren Verfahren, für das ein anderer Rechtsweg gegeben ist, herbeigeführt würde, BGH **123**, 46.

**6** Beim *Verkündungsgegner* entscheidet allerdings nicht der Zeitpunkt des Beitritts, sondern derjenige Zeitpunkt, zu dem die Verkündung den Beitritt ermöglichte. Eine Streitverkündung in der Revisionsinstanz schneidet die tatsächlichen Einreden nicht ab. Etwas anderes gilt nur dann, wenn der Verkündungsgegner die Verspätung verschuldet hat. Das Urteil im Prozeß bindet nur den Verkündungsgegner, auch seine Erben, gegenüber dem Verkünder, BGH NJW **87**, 1895. Es bleibt dem Verkünder (nur) überlassen, ob er das Urteil ganz oder gar nicht gelten lassen will.

**7** Im Verhältnis vom Verkündungsgegner zu irgendeinem *Dritten*, etwa einem sachlich Berechtigten, ist das Urteil unerheblich, BGH **70**, 192. Entsprechend III treten auch die sachlichrechtlichen Wirkungen ein, vgl § 68 Rn 6. Die Streithilfewirkung ist auch im Verfahren nach § 43 WEG zu beachten, Hamm FGPrax **95**, 230. Eine Streitverkündung in einem ausländischen Prozeß kann auch im Inland prozessual wirken, Bernstein Festschrift für Ferid (1978) 90 mwN, vgl § 328 Rn 1 ff. Man muß nach dem sachlichen Recht urteilen, ob auch sachlichrechtliche Wirkungen einer solchen Streitverkündung eintreten. Die Streithilfewirkung erzielt auch die vertragliche Verpflichtung, das Urteil nach den §§ 74 III, 68 gegen sich gelten zu lassen.

**75** *Beanspruchungsstreit.* ¹Wird von dem verklagten Schuldner einem Dritten, der die geltend gemachte Forderung für sich in Anspruch nimmt, der Streit verkündet und tritt der Dritte in den Streit ein, so ist der Beklagte, wenn er den Betrag der Forderung zugunsten der streitenden Gläubiger unter Verzicht auf das Recht zur Rücknahme hinterlegt, auf seinen Antrag aus dem Rechtsstreit unter Verurteilung in die durch seinen unbegründeten Widerspruch veranlaßten Kosten zu entlassen und der Rechtsstreit über die Berechtigung an der Forderung zwischen den streitenden Gläubigern allein fortzusetzen. ²Dem Obsiegenden ist der hinterlegte Betrag zuzusprechen und der Unterliegende auch zur Erstattung der dem Beklagten entstandenen, nicht durch dessen unbegründeten Widerspruch veranlaßten Kosten, einschließlich der Kosten der Hinterlegung, zu verurteilen.

**Schrifttum:** *Heimann,* Die Problematik der Qualifizierung der Interventionsfiguren ... Forderungsprätendentenstreit und Urheberbenennung, Diss Bonn 1996; *Lüke,* Die Beteiligung Dritter im Zivilprozeß, 1993; *Picker,* Hauptintervention, Forderungsprätendentenstreit und Urheberbenennung usw, Festschrift für *Flume* (1978) I 649.

### Gliederung

| | |
|---|---|
| 1) Systematik, Regelungszweck, S 1, 2 ... 1 | 4) Entlassung des Beklagten, S 1, 2 ....... 7–9 |
| 2) Geltungsbereich, S 1, 2 ................... 2 |    A. Kein Antrag .......................... 8 |
| 3) Voraussetzungen, S 1, 2 ............... 3–6 |    B. Antrag ................................. 9 |
|    A. Forderung .................................. 3 | 5) Fortgang des Prozesses, S 1, 2 ......... 10 |
|    B. Beanspruchung durch Dritten ........ 4 | 6) Rechtsmittel, S 1, 2 ...................... 11 |
|    C. Streitverkündung ....................... 5 | 7) *VwGO* ..................................... 12 |
|    D. Hinterlegung ........................... 6 | |

**1** **1) Systematik, Regelungszweck, S 1, 2.** § 372 BGB regelt den Fall, daß mehrere Personen dasselbe Recht für sich beanspruchen, BGH MDR **96**, 596. Der Schuldner darf dann eine hinterlegungsfähige Sache hinterlegen. Er ist befreit, wenn die Rücknahme ausgeschlossen ist, vor allem dann, wenn der Schuldner auf das Recht der Rücknahme verzichtet hat, § 378 BGB. Der vor einer Hinterlegung verklagte Schuldner darf dem nicht klagenden Gläubiger, dem anderen Beanspruchenden (Prätendenten), den Streit verkünden, § 72, BGH KTS **81**, 218. Der Verkündungsgegner kann als Streithelfer beitreten, § 66.

Der Schuldner kann aber nach der Erhebung der Klage, § 253, unter einem Verzicht auf das Recht der Rücknahme *hinterlegen.* Dann wäre der klagende Forderer abzuweisen und auf einen Prozeß mit dem anderen Fordernden verwiesen. Diese Wirkung soll § 75 vermeiden. Er ist allerdings unklar gefaßt. Er hat kaum praktische Bedeutung, BGH RR **87**, 1440.

§ 75 sieht für diesen Fall *zwecks Vereinfachung,* also Prozeßwirtschaftlichkeit, Grdz 14 vor § 128, eine *Einmischung* vor. Sie weicht freilich von derjenigen des § 74 ab. Denn sie schafft keinen neuen Prozeß neben dem alten, sondern nimmt denjenigen, der sich einmischt, anstelle des Schuldners in den Prozeß hinein. Ein Dritter kann statt dieses Verfahrens auch die gewöhnliche Einmischungsklage des § 64 wählen. In einem solchen Fall beginnt ein neuer Prozeß neben dem alten. Es kann auch jeder Beansprucher gegen jeden weiteren Beansprucher auf Feststellung klagen, BGH RR **87**, 1440.

**2** **2) Geltungsbereich, S 1, 2.** Vgl Grdz 2 vor § 50.

**3** **3) Voraussetzungen, S 1, 2.** Es müssen folgende Bedingungen zusammentreffen.

**A. Forderung.** Ein Schuldner muß wegen einer Forderung verklagt oder widerbeklagt sein. Die Forderung muß auf eine Leistung lauten. Denn eine Hinterlegung entspricht der Leistung. Eine Aufrechnung, § 145 Rn 9, genügt nicht. Denn eine aufgerechnete Forderung ist nicht rechtshängig. Die Forderung kann auf Geld oder auf eine hinterlegungsfähige Sache lauten, selbst wenn die Sache unvertretbar ist. Da eine Einmischung vorliegt, Rn 1, muß die vom Einmischer beanspruchte Forderung genau mit der eingeklagten Forderung übereinstimmen, BGH MDR **96**, 596.

**4** **B. Beanspruchung durch Dritten.** Der Dritte muß die Forderung ganz oder teilweise für sich beanspruchen. Dieses Erfordernis entspricht demjenigen in § 64.

3. Titel. Beteiligung Dritter am Rechtsstreit     §§ 75, 76

**C. Streitverkündung.** Der Bekl muß dem Dritten den Streit verkünden, § 73, sofern nicht beide 5
Parteien auf dieses Erfordernis verzichten.

**D. Hinterlegung.** Der Bekl muß den Betrag der Forderung, richtiger ihren Gegenstand im Sinn des 6
§ 372 BGB und der HO, hinterlegen. Die Hinterlegung muß den Bekl nach dem sachlichen Recht befreien.
Sie muß also rechtmäßig sein und die ganze Schuld einschließlich der Zinsen und Nebenleistungen umfassen.
Sie braucht aber nicht auch diejenigen Prozeßkosten zu umfassen, die dem Kläger entstanden sind. Wenn der
Dritte nur einen Teil der Forderung beansprucht, ist entsprechend zu hinterlegen.

**4) Entlassung des Beklagten, S 1, 2.** Es kommt darauf an, ob der Bekl seine Entlassung beantragt.     7

**A. Kein Antrag.** Wenn der Bekl nicht seine Entlassung aus dem Prozeß beantragt, dann ist der Einge- 8
tretene als ein Streithelfer des Bekl anzusehen, § 74. Er muß seinen Antrag ändern. Wenn er diese Änderung
ablehnt, muß das Gericht ihn wie eine unberufene Partei aus dem Prozeß verweisen, vgl Grdz 18 vor § 50.

**B. Antrag.** Wenn der Bekl seine Entlassung beantragt, dann muß zwischen dem Kläger einerseits, dem 9
Bekl und dem Eintretenden als dem Streitgenossen andererseits mündlich verhandelt werden. Der Entlassungsantrag ist ein Sachantrag, § 297. Die Entscheidung kann auf eine Zurückweisung des Eintritts lauten.
Diese Entscheidung erfolgt durch einen Beschluß, aM StJL 9 (er schlägt ein Zwischenurteil vor. Aber wie
soll es angefochten werden?). Gegen den Beschluß ist die einfache Beschwerde nach § 567 zulässig. Die
Entscheidung kann auch dahin lauten, daß dem Antrag stattgegeben wird. Diese Entscheidung erfolgt durch
ein Endurteil, § 300. Das Urteil muß dem Bekl die „durch seinen unbegründeten Widerspruch" gegen die
Forderung verursachten Kosten auferlegen. Das schreibt jedenfalls der Gesetzestext vor. Da der Bekl aber mit
dem ganzen Prozeß überhaupt nichts mehr zu schaffen hat, muß das Gericht über seine gesamten Kosten
endgültig entscheiden. Es ist unhaltbar, den Bekl bis zur Beendigung des Prozesses (als dritte Partei?) im
Prozeß festzuhalten. Da der Kläger jedenfalls gegenüber dem Bekl unterliegt, muß er die dem Bekl bis jetzt
erwachsenen Kosten erstatten. Dazu gehören die Kosten der Hinterlegung. § 75 letzter Satz, der diese Folge
ausspricht, betrifft freilich im übrigen nur das Verhältnis zwischen dem Kläger und dem Eintretenden.

**5) Fortgang des Prozesses, S 1, 2.** Parteien sind nunmehr der Kläger und der Eintretende als Bekl. Der 10
Entlassene scheidet ganz aus dem Prozeß aus, vgl allerdings Rn 8–10. Der Prozeß ist als ein ganz neuer
Rechtsstreit anzusehen. Dasjenige, was bisher geschah, kommt weder dem Kläger noch dem Bekl zugute.
Der Antrag des Klägers lautet zweckmäßigerweise, „ihm den hinterlegten Betrag zuzusprechen". Der Ausgeschiedene hat ja anerkannt, daß er nur einer der Beansprucher der wahre Gläubiger sein könnte. Das Urteil
weist den Sieger bei der Hinterlegungsstelle aus. Wenn sich der Prozeß ohne ein Urteil erledigt, dann muß
der Ausgeschiedene gegen die Beansprucher auf eine Einwilligung in die Rückgabe klagen. Der Schlußsatz
des § 75 ist schwer zu verstehen. Er kann nur meinen, daß der Unterliegende alle im alten und neuen Prozeß
erwachsenen Kosten trägt und daß davon nur die Kosten des unbegründeten Widerspruchs des Ausgeschiedenen ausgenommen sein sollen. Da das Gericht nun über dessen Kosten bereits entscheiden mußte, Rn 10,
und da die Widerspruchskosten den siegenden Kläger nichts angehen, ist der Text so zu verstehen, daß der
unterliegende Eingetretene die dem Kläger früher auferlegten Kosten des Ausgeschiedenen zu erstatten hat.
Diese Kosten sind zu beziffern und werden zum Hauptanspruch.

**6) Rechtsmittel, S 1, 2.** Gegen die Sachentscheidung kann nur der Beanspruchende das jeweilige 11
Rechtsmittel einlegen. Der Ausgeschiedene hat lediglich die sofortige Beschwerde, § 577, entsprechend
§ 91 a II. Denn er ist nur im Kostenpunkt beteiligt. Beim Rpfl gilt § 11 RPflG, vgl § 104 Rn 41 ff.

**7) *VwGO:*** *Entsprechend anwendbar, § 173 VwGO, in Parteistreitigkeiten, vgl Üb § 64 Rn 5.*     12

## 76 Urheberbenennung des Besitzers.

I ¹Wer als Besitzer einer Sache verklagt ist, die er auf Grund eines Rechtsverhältnisses der im § 868 des Bürgerlichen Gesetzbuchs bezeichneten Art zu besitzen behauptet, kann vor der Verhandlung zur Hauptsache unter Einreichung eines Schriftsatzes, in dem er den mittelbaren Besitzer benennt, und einer Streitverkündungsschrift die Ladung des mittelbaren Besitzers zur Erklärung beantragen. ²Bis zu dieser Erklärung oder bis zum Schluß des Termins, in dem sich der Benannte zu erklären hat, kann der Beklagte die Verhandlung zur Hauptsache verweigern.

II Bestreitet der Benannte die Behauptung des Beklagten oder erklärt er sich nicht, so ist der Beklagte berechtigt, dem Klageantrage zu genügen.

III ¹Wird die Behauptung des Beklagten von dem Benannten als richtig anerkannt, so ist dieser berechtigt, mit Zustimmung des Beklagten an dessen Stelle den Prozeß zu übernehmen. ²Die Zustimmung des Klägers ist nur insoweit erforderlich, als er Ansprüche geltend macht, die unabhängig davon sind, daß der Beklagte auf Grund eines Rechtsverhältnisses der im Absatz 1 bezeichneten Art besitzt.

IV ¹Hat der Benannte den Prozeß übernommen, so ist der Beklagte auf seinen Antrag von der Klage zu entbinden. ²Die Entscheidung ist in Ansehung der Sache selbst auch gegen den Beklagten wirksam und vollstreckbar.

**Schrifttum:** S bei § 75.

### Gliederung

| | |
|---|---|
| 1) Systematik, Regelungszweck, §§ 76, 77 ............ 1 | A. Sachlich befugter Besitz ............ 3 |
| 2) Geltungsbereich, I–IV ............ 2 | B. Unmittelbarer Besitz ............ 4 |
| 3) Voraussetzungen, I ............ 3–5 | C. Rechtshängigkeit ............ 5 |
| | 4) **Verfahren, I** ............ 6 |

§ 76    1. Buch. 2. Abschnitt. Parteien

    5) Bestreiten oder Schweigen, II .......... 7    A. Verfahren .................... 9
    6) Übernahme des Prozesses, III .......... 8    B. Wirkung .................... 10
    7) Ausscheiden des Beklagten, IV ........ 9, 10    8) *VwGO* ...................... 11

**1**  **1) Systematik, Regelungszweck, §§ 76, 77.** Die Urheberbenennung, nominatio oder laudatio auctoris, gibt demjenigen, der als unmittelbarer Besitzer oder als ein Drittberechtigter verklagt wurde, das Recht, sich dem Prozeß durch die Benennung des besser Berechtigten und durch eine Streitverkündung an ihn zu entziehen, § 72. Der Benannte kann den Prozeß zwecks Prozeßwirtschaftlichkeit, Grdz 14 vor § 128, anstelle des Bekl übernehmen. Diese Prozeßfigur ist indessen ebenso wie der Beanspruchersreit mehr ein juristisches Gedankenspiel als eine Erscheinung der Praxis.

**2**  **2) Geltungsbereich, I–IV.** Vgl Grdz 2 vor § 50.

**3**  **3) Voraussetzungen, I.** Es müssen folgende Bedingungen zusammentreffen.

**A. Sachlich befugter Besitz.** Der Bekl muß als ein sachlich befugter Besitzer einer beweglichen Sache oder eines Grundstücks beklagt sein. Hierher gehören zB: Der dingliche Anspruch auf eine Herausgabe, §§ 985, 1065, 1227 BGB, 11 ErbbauVO; der Anspruch auf eine Aufsuchung, § 867 BGB; der Anspruch auf eine Vorlegung, §§ 809, 810 BGB; die Klage des früheren Besitzers, § 1007 BGB. Der Umstand, daß der Benennende und der Urheber als Streitgenossen verklagt worden sind, ist unerheblich.

*Nicht hierher* gehört eine Herausgabeklage auf Grund eines Schuldverhältnisses.

**4**  **B. Unmittelbarer Besitz.** Der Streit muß sich auf ein Rechtsverhältnis des § 868 BGB stützen. Es muß sich also um den unmittelbaren Besitz des Nießbrauchers, des Pfandgläubigers, des Pächters, des Mieters, des Verwahrers usw handeln. KG MDR 93, 1234 zählt hierzu auch die Beschlagnahmebehörde, zB die Staatsanwaltschaft. Es genügt, daß eine solche Art von Besitz behauptet wird. Zum Ausscheiden des Bekl ist aber der entsprechende Beweis erforderlich.

**5**  **C. Rechtshängigkeit.** Der Prozeß muß rechtshängig sein, § 261 Rn 1. Eine bloße Anhängigkeit genügt nicht. Eine Verhandlung zur Hauptsache, § 39 Rn 6, muß noch bevorstehen. Eine spätere Benennung ist dann zulässig, wenn beide Parteien zustimmen.

**6**  **4) Verfahren, I.** Der Bekl muß dem mittelbaren Besitzer nach § 73 den Streit verkünden, ihn dem Kläger benennen und seine Ladung zur Erklärung veranlassen. Das Gericht bestimmt einen Verhandlungstermin nach § 216 und stellt die Ladung und die Streitverkündung beiden Parteien von Amts wegen zu, §§ 214, 497, vgl aber auch § 215. Eine rügelose Verhandlung aller Beteiligten heilt etwaige Mängel nach § 295. Der Bekl darf die Verhandlung zur Hauptsache bis zur Erklärung des Verkündungsgegners oder bis zum Schluß des Erklärungstermins verweigern. Er hat eine rein aufschiebende Prozeßeinrede, keine Zulässigkeitsrüge. Es besteht keine prozessuale Pflicht. Ob eine sachlichrechtliche Pflicht besteht, richtet sich nach dem sachlichen Recht. Das Weigerungsrecht entsteht mit der Einreichung des Schriftsatzes zwecks Ladung. Es erlischt mit dem Schluß des daraufhin bestimmten Verhandlungstermins, §§ 136 IV, 296 a.

**7**  **5) Bestreiten oder Schweigen, II.** Wenn der Benannte schweigt oder bestreitet, entsteht folgende Rechtslage: Der Bekl kann den Kläger befriedigen. Er darf das ohne die Gefahr einer Haftung tun. Dann ist die Hauptsache erledigt. Das Gericht muß allenfalls noch über die Kosten entscheiden. Der Bekl mag auch entscheiden, den Kläger nicht zu befriedigen. Dann geht der Prozeß weiter.

**8**  **6) Übernahme des Prozesses, III.** Der Benannte darf den Prozeß anstelle des Bekl übernehmen, falls er das behauptete Rechtsverhältnis zugesteht und falls der Bekl zustimmt. Der Bekl ist zur Übernahme keineswegs verpflichtet. Eine Zustimmung des Klägers ist nicht erforderlich, soweit er nicht einen Anspruch darüberhinaus verfolgt, etwa einen persönlichen Anspruch. Die Übernahme kann nur in der mündlichen Verhandlung erfolgen. Die Übernahme macht den Benannten zum Rechtsnachfolger des Bekl im Prozeß. Das im Prozeß bisher Geschehene ist verwertbar, anders als bei § 75.

Der Benannte kann auch die *Einmischungsklage* erheben oder dem Bekl als ein Streithelfer beitreten, § 66, statt in den Prozeß einzutreten. Wenn er nichts eintritt, obwohl er das Rechtsverhältnis zugesteht, ist dann II unanwendbar. Man muß nach dem bürgerlichen Recht entscheiden, ob der Bekl den Kläger ohne die Gefahr eines Rücktritts befriedigen darf. Er darf den Kläger jedenfalls dann befriedigen, wenn der Dritte den Prozeß trotz einer Androhung der Befriedigung nicht beitritt.

**9**  **7) Ausscheiden des Beklagten, IV.** Es findet ein besonderes Verfahren statt.

**A. Verfahren.** Hat der Benannte den Prozeß übernommen, so ist der Bekl auf seinen Antrag von der Klage zu entbinden. Ohne einen solchen Antrag bleibt der Bekl im Prozeß und gilt als ein Streitgenosse des Benannten, § 59. Über die Wirksamkeit der Übernahme entscheidet dann das Endurteil, § 300. Es findet eine mündliche Verhandlung über den Antrag statt, § 128 Rn 2. Die Entscheidung ergeht wie bei § 75 Rn 9, aM Düss OLGZ 92, 255 (durch Zwischenurteil). Eine Anfechtung ist unzulässig, wenn das Gericht zuvor bereits sachlich über die Klage entschieden hatte, Mü OLGZ 92, 255. Das Gericht muß über die Kosten des ausscheidenden Bekl schon jetzt erkennen, § 75 Rn 10, aM StJBo 21 (aber der Kläger unterliegt dem Bekl gegenüber im Sinn des § 91 so, als wäre zB seine Parteifähigkeit weggefallen). Der Ausgeschiedene ist nicht mehr Partei. Er kann als Zeuge vernommen werden, Üb 10 vor § 373.

**10**  **B. Wirkung.** Das Endurteil erstreckt seine Rechtskraft, § 322, und seine Vollstreckungswirkung unmittelbar auf den ausgeschiedenen Bekl. Die Zwangsvollstreckung verlangt eine namentliche Bezeichnung des Bekl in der Vollstreckungsklausel, § 750. Die Erweiterung gilt nicht für die Kosten. Die bereits dem Kläger auferlegten Kosten bleiben unberührt. Die Erweiterung gilt auch nicht für einen Anspruch, der nicht übergegangen ist. Wegen der Vollstreckungswirkung empfiehlt sich die Feststellung der Haftung des Bekl wenigstens in den Urteilsgründen. Der Bekl kann auch seine persönlichen Einwendungen gegen die Vollstreckung nicht geltend machen.

**11**  **8) *VwGO*:** *Entsprechend anwendbar, § 173 VwGO, in Parteistreitigkeiten, Üb § 64 Rn 5.*

4. Titel. Prozeßbevollmächtigte und Beistände § 77, Übers § 78

**77** *Urheberbenennung bei Unterlassungsklagen usw.* **Ist von dem Eigentümer einer Sache oder von demjenigen, dem ein Recht an einer Sache zusteht, wegen einer Beeinträchtigung des Eigentums oder seines Rechtes Klage auf Beseitigung der Beeinträchtigung oder auf Unterlassung weiterer Beeinträchtigungen erhoben, so sind die Vorschriften des § 76 entsprechend anzuwenden, sofern der Beklagte die Beeinträchtigung in Ausübung des Rechtes eines Dritten vorgenommen zu haben behauptet.**

1) Systematik, Regelungszweck. Vgl § 76 Rn 1. 1

2) Geltungsbereich. Vgl Grdz 2 vor § 50. 2

3) **Beeinträchtigung.** § 77 betrifft diejenigen Fälle, in denen das Eigentum oder ein anderes dingliches 3 Recht auf eine andere Weise als durch eine Entziehung des Besitzes beeinträchtigt ist. Hierher gehören namentlich die Fälle der Abwehrklage, § 1004 BGB. Als Rechte kommen zB in Frage: Das Erbbaurecht; eine Grunddienstbarkeit; ein Nießbrauch; ein anderes durch § 1004 BGB geschütztes Ausschlußrecht, etwa ein Patentrecht, ein Namensrecht, ein Urheberrecht, ein Markenrecht.

*Nicht hierher* gehören zB: Eine Klage wegen einer Besitzstörung, denn der Besitz ist kein Recht an der Sache, mag er auch gelegentlich so behandelt werden, § 823 I BGB; eine Klage auf einen Schadensersatz; eine Feststellungsklage.

§ 76 ist *sinngemäß* anwendbar, wenn der Bekl die Ausübung des Rechts eines Dritten behauptet, etwa dann, 4 wenn der Nießbraucher eine Grunddienstbarkeit ausübt. In diesem Fall begründet auch eine Besitzdienerschaft die Sachbefugnis des Bekl.

4) *VwGO:* Entsprechend anwendbar, § 173 VwGO, Üb § 64 Rn 5, sofern der VerwRechtsweg gegeben ist. 5

### Vierter Titel. Prozeßbevollmächtigte und Beistände

### Übersicht

#### Gliederung

| | | | |
|---|---|---|---|
| 1) Systematik | 1 | B. Prozeßvollmacht | 5–7 |
| 2) Regelungszweck | 2 | C. Gesetzliche Vollmacht | 8 |
| 3) Geltungsbereich | 3 | D. Beistandschaft | 9 |
| 4) Begriffe | 4–9 | 5) Rechtsberatung | 10 |
| A. Gesetzliche Vertretung | 4 | 6) VwGO | 11 |

1) **Systematik.** §§ 78–90 regeln die Frage, ob und unter welchen Voraussetzungen jemand, vor allem als 1 Partei, vor Gericht durch einen gewählten Dritten vertreten sein darf oder muß, um wirksam verhandeln zu können. Demgegenüber regelt § 51 (teilweise) in Verbindung mit sachlichrechtlichen Vorschriften, ob und inwieweit zum gewählten Vertreter ein gesetzlicher hinzutreten muß (bzw umgekehrt). Die BRAO regelt ergänzend, unter welchen Voraussetzungen man Rechtsanwalt im Sinn von §§ 78 ff ist.

Man muß zwischen der Prozeßfähigkeit, § 51, und der Prozeßhandlungsvoraussetzung der Verhandlungsfähigkeit, Grdz 18 vor § 253, der *Postulationsfähigkeit,* unterscheiden, BGH 111, 221; Stgt FamRZ 81, 789, also der Fähigkeit, in eigener Person wirksam mit dem Gegner und dem Gericht im Prozeß zu verhandeln, Hamm MDR **98**, 286. Die Verhandlungsfähigkeit ist auch bei einem Prozeßfähigen evtl vor dem Landgericht (zur Problematik § 78 Rn 4–12), vor dem Oberlandesgericht, BGH RR **99**, 508 (auch seit dem 1. 1. 2000 bzw 1. 1. 2005), vor dem Bayerischen Obersten Landesgericht und vor dem Bundesgerichtshof beschränkt, Köln AnwBl **89**, 227, vor dem Amtsgericht evtl in den Fällen des § 78 I 2 Z 1–3 (zur Problematik § 78 Rn 4–12). In den übrigen Verfahren vor dem Amtsgericht ist die Verhandlungsfähigkeit lediglich im Rahmen des § 157 I 2, II eingeschränkt; in allen diesen Fällen handelt es sich um einen sog Parteiprozeß. Ein Verstoß gegen § 227 b II BRAO berührt die Verhandlungsfähigkeit nicht, Köln AnwBl **89**, 227. Ein Verhandlungsunfähiger braucht einen Rechtsanwalt als seinen ProzBev.

Ein nicht verhandlungsfähiger Anwalt kann auch nicht als *amtlich bestellter Vertreter* eines Verhandlungsfähigen auftreten, aM offenbar BGH NJW **99**, 365 (LS; aber das würde dem Vertreter mehr Rechte geben als dem Vertretenen). Der Rechtsanwalt verhandelt für ihn. Seine Postulationsfähigkeit beginnt allgemein mit der Aushändigung seiner Zulassungsurkunde (für das hier fragliche Gericht), BGH NJW **92**, 2706, Oldb RR **97**, 566. Die Zuziehung einer anderen Person als ProzBev oder Beistand genügt grundsätzlich nicht; wegen des AUG vgl Rn 8.

2) **Regelungszweck.** §§ 78–90 dienen zunächst der Rechtssicherheit, Einl III 43. Denn es muß mög- 2 lichst klar sein, ob jemand für einen anderen schon, noch und in welchem Umfang vor Gericht eine Parteiprozeßhandlung, Grdz 47 vor § 128, mit ihren oft weitreichenden und endgültigen Rechtsfolgen, auch für Mitbetroffene, vornehmen kann. Zugleich dient die Regelung aber auch der Prozeßwirtschaftlichkeit, weil sie – wenn auch durchweg kostenträchtig – dem Rechtsunkundigen hilft und das Verfahren eher in die richtigen Bahnen lenkt. Sie ist auch Ausdruck einer – wenn auch begrenzten – Parteiherrschaft, Grdz 18 vor § 128. Alles das ist bei der Auslegung mitzubeachten.

3) **Geltungsbereich.** §§ 78–90 gelten in allen Verfahrensarten nach der ZPO, auch im arbeitsgerichtli- 3 chen Verfahren, §§ 46 II 1, 80 II 1 ArbGG, dort freilich ohne Anwaltszwang, und vor dem Beschwerdegericht nach § 73 Z 2 GWB.

4) **Begriffe.** Der Zivilprozeß kennt drei Arten der Stellvertretung: 4

# Übers § 78, § 78  1. Buch. 2. Abschnitt. Parteien

**A. Gesetzliche Vertretung.** Zunächst kommt die gesetzliche Vertretung in Betracht, § 51. Bei ihr ist die Vertretungsmacht von einem Parteiwillen unabhängig.

5 **B. Prozeßvollmacht.** Der ProzBev leitet seine Vertretungsmacht unmittelbar oder mittelbar aus einer „Vollmacht" des Vertretenen her, selbst, wenn er der Partei amtlich beigeordnet ist.
Man muß streng zwischen dem *bürgerlichrechtlichen Rechtsgeschäft* unterscheiden, das das Innenverhältnis zwischen dem ProzBev und der Partei regelt, meist in der Form eines Geschäftsbesorgungsvertrags, und der nach dem sog *Abstraktionsprinzip* zu beurteilenden *prozeßrechtlichen Vollmacht,* die nach außen wirkt und die die ZPO ganz allein regelt, § 80 Rn 3, BGH NJW **93**, 1926, Hamm NJW **92**, 1175 mwN, vgl § 155 V BRAO, insofern mißverständlich Ffm MDR **84**, 500 (die Prozeßvollmacht sei „zugleich" auch eine sachlichrechtliche Erklärung. Sie ist das nur „zumeist"). Nach außen ist die Prozeßvollmacht kaum beschränkbar.
Sie *erlischt* nicht ganz übereinstimmend mit dem bürgerlichen Recht und hat noch nach ihrem Erlöschen gewisse prozessuale Wirkungen. Die ZPO kennt auch eine vermutete Prozeßvollmacht, indem sie es zuläßt, daß ein Vertreter eine wirksame Prozeßhandlung vornimmt, in dem, aber auch daß seine Vollmacht geprüft wird, vgl auch bei §§ 176, 87. Der ProzBev kann gelegentlich auch im eigenen Namen handeln, zB nach § 9 II BRAGO (Auslegungsfrage). In aller Regel handelt er aber für die Partei.

6 Im *Anwaltsprozeß,* § 78 Rn 1, kann grundsätzlich nur ein Rechtsanwalt ProzBev sein. Das gilt bis zum 31. 12. 2004 auch noch vor dem LG eines jeden der neuen Bundesländer (ohne Berlin) mit den zusätzlichen Anforderungen, die in § 78 Rn 2–12 dargestellt und problematisiert sind, während seit dem 1. 1. 2000 vor den LGen der alten Bundesländer und Berlins und evtl den dortigen FamG die Zulassung bei irgendeinem AG oder LG genügt. Dem Anwalt stehen eine Rechtsanwaltsgesellschaft, § 591 BRAO, und ein Erlaubnisträger nach § 209 BRAO gleich, § 25 EGZPO. Soweit der Generalbundesanwalt nach § 8 II AUG, Rn 8, selbst tätig wird und keine Untervollmacht erteilt, gilt er als ProzBev. Soweit er Untervollmacht erteilt, gelten wieder für den Unterbevollmächtigten die normalen Regeln zur Prozeßvollmacht, falls er ein Anwalt ist. Ein Unterbevollmächtigter des Generalbundesanwalts gilt als ProzBev. Wegen eines ausländischen Anwalts SchlAnh VII.

7 Im *Parteiprozeß* kann jede prozeßfähige Person ProzBev sein. Über die Stellung des Rechtsanwalts und über den Aufbau der Anwaltschaft s die BRAO, zT Anh § 155 GVG.

8 **C. Gesetzliche Vollmacht.** Im Verfahren nach dem AUG gilt für die sog eingehenden (ausländischen) Gesuche, §§ 7 ff AUG, der Generalbundesanwalt beim BGH als Zentrale Behörde, § 2 II AUG, wie folgt als ermächtigt:

**AUG § 8.** II **Die Zentrale Behörde gilt als bevollmächtigt, im Namen des Berechtigten selbst oder im Wege der Untervollmacht durch Vertreter außergerichtlich oder gerichtlich tätig zu werden. Hierzu gehört insbesondere eine Regelung des Anspruchs im Wege des Vergleichs oder der Anerkennung und, falls erforderlich, die Erhebung und Verfolgung einer Unterhaltsklage sowie das Betreiben der Vollstreckung eines Titels auf Zahlung von Unterhalt.**

9 **D. Beistandschaft.** Im Parteiprozeß ist auch eine Beistandschaft zulässig. Der Beistand ist ein bloßer Wortführer der Partei.

10 **5) Rechtsberatung.** Der Rechtsanwalt besorgt von Berufs wegen fremde Rechtsangelegenheiten. Dasselbe tut der Rechtsbeistand (Prozeßagent). S Anh § 155 GVG. Ein ausländischer Anwalt ist grundsätzlich kein Rechtsanwalt im Sinn der ZPO (wie der BRAO, vgl deren § 4 und 12. Teil), vgl aber wegen der Mitglieder der Europäischen Gemeinschaft und anderer Vertragsstaaten des Abkommens über den Europäischen Wirtschaftsraum (EWR) das RADG, SchlAnh VII; es gestattet ihm nach seinem § 2 I 2 in der BRep die Führung der Berufsbezeichnung „Rechtsanwalt" allenfalls mit der zusätzlichen Angabe des Herkunftsstaates. Die geschäftsmäßige Besorgung fremder Rechtsangelegenheiten bedarf der Erlaubnis nach dem RBerG. Vgl aber wegen eines Auszubildenden des Anwalts LG Oldb AnwBl **82**, 374.

11 **6) *VwGO:*** Die Verhandlungsfähigkeit, oben Rn 1, ist vor dem BVerwG u OVG beschränkt, § 67 I VwGO, sonst nur, wenn die Bestellung eines Bevollmächtigten vom Gericht angeordnet wird, §§ 67 II 2 u 67 a VwGO. Für die *Vollmacht* und die Stellung des Bevollmächtigten im Gerichtsverfahren gelten §§ 81 ff entsprechend, § 173 VwGO, desgleichen im *VerwVorverfahren,* VGH Mü NJW **76**, 1118 (zustm Redeker); keiner Vollmacht bedürfen eigene Beamte und Angestellte als Vertreter von Behörden, BVerwG NVwZ **94**, 266.

## 78 *Anwaltsprozeß.* Neue Fassung I, II für Berlin und alte Bundesländer seit 1. 1. 2000:

I Vor den Landgerichten müssen sich die Parteien durch einen bei einem Amts- oder Landgericht zugelassenen Rechtsanwalt und vor allen Gerichten des höheren Rechtszuges durch einen bei dem Prozeßgericht zugelassenen Rechtsanwalt als Bevollmächtigten vertreten lassen (Anwaltsprozeß).

II 1 In Familiensachen müssen sich die Parteien und Beteiligten vor den Familiengerichten durch einen bei einem Amts- oder Landgericht zugelassenen Rechtsanwalt und vor allen Gerichten des höheren Rechtszuges durch einen bei dem Prozeßgericht zugelassenen Rechtsanwalt nach Maßgabe der folgenden Vorschriften vertreten lassen:
1. die Ehegatten in Ehesachen und Folgesachen in allen Rechtszügen, am Verfahren über Folgesachen beteiligte Dritte nur für die weitere Beschwerde nach § 621 e Abs. 2 vor dem Bundesgerichtshof,
2. die Parteien und am Verfahren beteiligte Dritte in selbständigen Familiensachen des § 621 Abs. 1 Nr. 8 in allen Rechtszügen, in selbständigen Familiensachen des § 621 Abs. 1 Nr. 4 und 5 nur vor den Gerichten des höheren Rechtszuges,

4. Titel. Prozeßbevollmächtigte und Beistände       § 78

3. die Beteiligten in selbständigen Familiensachen des § 621 Abs. 1 Nr. 1 bis 3, 6 nur für die weitere Beschwerde nach § 621 e Abs. 2 vor dem Bundesgerichtshof.
² Das Jugendamt, die Träger der gesetzlichen Rentenversicherungen sowie sonstige Körperschaften, Anstalten oder Stiftungen des öffentlichen Rechts oder deren Verbände einschließlich der Spitzenverbände und ihre Arbeitsgemeinschaften brauchen sich in den Fällen des Satzes 1 Nr. 1 und 3 nicht durch einen Rechtsanwalt vertreten zu lassen.

*Alte Fassung I, II für neue Bundesländer (ohne Berlin) bis 31. 12. 2004:*
ᴵ Vor den Landgerichten und vor allen Gerichten des höheren Rechtszuges müssen die Parteien sich durch einen bei dem Prozeßgericht zugelassenen Rechtsanwalt als Bevollmächtigten vertreten lassen (Anwaltsprozeß).
ᴵᴵ ¹ In Familiensachen müssen sich die Parteien und Beteiligten nach Maßgabe der folgenden Vorschriften durch einen bei dem Gericht zugelassenen Rechtsanwalt vertreten lassen:
1. die Ehegatten in Ehesachen und Folgesachen in allen Rechtszügen, am Verfahren über Folgesachen beteiligte Dritte nur für die weitere Beschwerde nach § 621 e Abs. 2 vor dem Bundesgerichtshof,
2. die Parteien und am Verfahren beteiligte Dritte in selbständigen Familiensachen des § 621 Abs. 1 Nr. 8 in allen Rechtszügen, in selbständigen Familiensachen des § 621 Abs. 1 Nr. 4, 5, 10 mit Ausnahme der Verfahren nach § 1600 e Abs. 2 des Bürgerlichen Gesetzbuchs sowie 11 nur vor den Gerichten des höheren Rechtszuges,
3. die Beteiligten in selbständigen Familiensachen des § 621 Abs. 1 Nr. 1 bis 3, 6, 10 in Verfahren nach § 1600 e Abs. 2 des Bürgerlichen Gesetzbuchs sowie 12 nur für die weitere Beschwerde nach § 621 e Abs. 2 vor dem Bundesgerichtshof.
² Vor dem Familiengericht ist auch ein bei dem übergeordneten Landgericht zugelassener Rechtsanwalt zur Vertretung berechtigt. ³ Das Jugendamt, die Träger der gesetzlichen Rentenversicherungen sowie sonstige Körperschaften, Anstalten oder Stiftungen des öffentlichen Rechts und deren Verbände einschließlich der Spitzenverbände und ihrer Arbeitsgemeinschaften brauchen sich in den Fällen des Satzes 1 Nr. 1 und 3 nicht durch einen Rechtsanwalt vertreten zu lassen.

*Fassung III, IV gesamtes Bundesgebiet (im Ergebnis unverändert):*
ᴵᴵᴵ Diese Vorschriften sind auf das Verfahren vor einem beauftragten oder ersuchten Richter sowie auf Prozeßhandlungen, die vor dem Urkundsbeamten der Geschäftsstelle vorgenommen werden können, nicht anzuwenden.
ᴵⱽ Ein Rechtsanwalt, der nach Maßgabe der Absätze 1 und 2 zur Vertretung berechtigt ist, kann sich selbst vertreten.

**Vorbem.** II 1 Z 2, 3 aF zunächst idF Art 6 Z 2 a, b KindRG v 16. 12. 97, BGBl 2942, in Kraft seit 1. 7. 98, Art 17 § 1 KindRG. Sodann II 1 Z 3 aF geändert durch Art 1 b Z 1 BtÄndG v 25. 6. 98, BGBl 1580, in Kraft seit 1. 7. 98, Art 5 I BtÄndG. Sodann formelle Neufassung der gesamten Vorschrift, inhaltliche Neufassung (nur) von I, II dch Art 3 Z 1 G v 2. 9. 94, BGBl 2278, formell in Kraft in Berlin und den alten Bundesländern seit 1. 1. 2000, in den neuen ab 1. 1. 2005, Art 22 II G:
**G Art 22 II.** ¹ Artikel 1 Nr. 5, 11 und 38 sowie die Artikel 3 und 10 bis 20 treten in den Ländern Baden-Württemberg, Bayern, Berlin, Bremen, Hamburg, Hessen, Niedersachsen, Nordrhein-Westfalen, Rheinland-Pfalz, Saarland und Schleswig-Holstein am 1. Januar 2000 in Kraft. ² In den übrigen Ländern treten sie am 1. Januar 2005 in Kraft.
Zur *verfassungsrechtlichen Problematik* unten Rn 4–12.
*Weiteres ÜbergangsR* Einl III 78 und wegen der Wiedervereinigung an dieser Stelle in der 57. Aufl. (1999).
Ferner gilt für *OLG-Anwälte* mit Geltung wie bei § 78 I, II als ÜbergangsR:
**G über die Zuständigkeit bei Änderung der Gerichtseinteilung. Art 1 § 8.** Für einen bei der Änderung eines Oberlandesgerichtsbezirks oder bei der Aufhebung eines Oberlandesgerichts anhängigen Rechtsstreit bleibt der zum Prozeßbevollmächtigten bestellte Rechtsanwalt, der nicht mehr bei dem für den Rechtsstreit zuständigen Oberlandesgericht zugelassen ist, befugt, die Vertretung fortzuführen, solange er bei einem anderen Oberlandesgericht zugelassen ist.
**Schrifttum:** (teilweise zum alten Recht): *Bergerfurth,* Der Anwaltszwang und seine Ausnahmen, 2. Aufl 1988; *Bern,* Verfassungs- und verfahrensrechtliche Probleme anwaltlicher Vertretung im Zivilprozeß, 1992; *Fabienke,* Grundprinzipien des Anwaltszwangs und ihre Verwirklichung im Zivilprozeß, 1997; *Krauch,* Gesetzlicher Anwaltszwang als organisatorische und argumentative Kontrolle anwaltlicher Rechtsverteidigung, 1987; *Vollkommer,* Die Stellung des Anwalts im Zivilprozeß, Anwaltszwang usw, 1984.

**Gliederung**

| | |
|---|---|
| 1) Systematik, I–IV ............... 1 | D. Folgerungen für diese Kommentierung ........................ 13 |
| 2) Gesetzeslage von 2000 bis 2004, I, II .. 2, 3 | 5) Regelungszweck, I–IV ............... 14 |
| 3) Teilnichtigkeit von I, II alter Fassung beim „Ost"-Anwalt .................. 4, 5 | 6) Geltungsbereich, I–IV ............... 15, 16 |
| 4) Teilnichtigkeit von I, II alter Fassung auch beim „West"-Anwalt? ........... 6–13 | A. Gerichte mit Anwaltszwang .......... 15 |
| A. Keine Mitentscheidung des Bundesverfassungsgerichts ................ 7 | B. Verfahren mit Anwaltszwang ........ 16 |
| B. Mitbeachtlichkeit seiner Kriterien .... 8–11 | 7) Stellung der Partei oder des Beteiligten, I, II ........................ 17–21 |
| C. Auch keine Gleichberechtigung ...... 12 | A. Rechte ........................ 17 |
| | B. Pflichten ...................... 18 |

## § 78

| | | | | |
|---|---|---|---|---|
| C. Beiordnung | 19 | C. Rechtspfleger | | 39 |
| D. Parteibegriff usw | 20, 21 | D. Urkundsbeamter | | 40–42 |
| 8) **Zulassung beim Prozeßgericht, I, II** | 22–26 | E. Zustellung | | 43 |
| A. Etwaiges Lokalisierungsgebot | 22 | F. Justizverwaltung | | 44 |
| B. Prozeßgericht | 23–25 | G. Erklärung eines Dritten usw | | 45 |
| C. Weitere Einzelfragen | 26 | H. Güteversuch | | 46 |
| 9) **Ausnahmen vom Zulassungszwang, I, II** | 27–31 | I. Baulandsache | | 47 |
| | | J. Arbeitsgericht | | 48 |
| A. Amtlich bestellter Vertreter | 27 | K. Entschädigungssache | | 49 |
| B. Verhandlungsvertreter | 28 | L. Rechtsmittelverzicht | | 50 |
| C. Überlassung des Vortrags | 29 | M. Klagerücknahme | | 51 |
| D. Auslandsunterhaltsgesetz | 30 | N. Rechtsmittelrücknahme | | 52 |
| E. Kostenantrag nur bei Berufungsrücknahme | 31 | O. Zeuge | | 53 |
| | | P. Disziplinarsache | | 54 |
| 10) **Verstoß, I, II** | 32–34 | Q. Stellung der Partei oder des Beteiligten | | 55 |
| 11) **Ausnahmen vom Anwaltszwang, II, III** | 35–55 | 12) **Selbstvertretung des Rechtsanwalts, IV** | | 56 |
| A. Amtsgericht | 35, 36 | 13) *VwGO* | | 57, 58 |
| B. Verordneter Richter | 37, 38 | | | |

**1** **1) Systematik, I–IV.** Die Vorschrift regelt zwei Voraussetzungen der Wirksamkeit eines Sachantrags, die man unterscheiden sollte. Es geht zunächst darum, ob überhaupt ein Anwalt auftreten muß, ob also ein sog Anwaltszwang und damit ein sog Anwaltsprozeß besteht; zum Begriff Zück JZ **93**, 500 (ausf). In solchem Fall geht es zusätzlich darum, ob der auftretende Anwalt auch gerade vor diesem Gericht und gerade in diesem Prozeß einen Sachantrag stellen darf, ob also seine sog Postulationsfähigkeit vorliegt, Üb 1 vor § 78. Erst beim Zusammentreffen beider Voraussetzungen kann der Sachantrag wirksam erfolgen.

**2** **2) Gesetzeslage von 2000 bis 2004, I, II.** Durch die in der Vorbem genannten Gesetzesnovellen ist formell für die Zeit vom 1. 1. 2000 bis zum 31. 12. 2004 zweierlei Gesetz nebeneinander zu beachten: I, II gelten in der oben an erster Stelle abgedruckten neuen Fassung (nF) vor den dort genannten Gerichtsarten LG und evtl FamG, soweit diese in den alten Bundesländern und in ganz Berlin liegen. Vor diesen „West"-Gerichten besteht zwar unverändert Anwaltszwang; die Postulationsfähigkeit ist aber davon unabhängig, daß der Anwalt gerade vor diesem LG bzw (beim Verfahren beim FamG) vor dem FamG oder dem übergeordneten LG zugelassen ist; eine Zulassung bei irgendeinem deutschen AG und/oder LG genügt; damit ist das sog Lokalisierungsgebot, Rn 22, entfallen; vielmehr ist jeder Anwalt postulationsfähig.

**3** *Demgegenüber* besteht vor entsprechenden „Ost"-Gerichten (neue Bundesländer ohne Berlin) das Lokalisierungsgebot noch bis zum 31. 12. 2004 zumindest teilweise formell fort und entfällt erst ab 1. 1. 2005 auch dort ganz. Bis dahin gelten nämlich I, II in der schon vor 2000 vorhandenen, oben noch an zweiter Stelle mitabgedruckten alten Fassung (aF) fort. Diese formelle Gesetzeslage ist allerdings wiederum teilweise vom BVerfG mit (vorrangiger) Gesetzeskraft beseitigt worden und in einem weiteren Teil möglicherweise ebenfalls verfassungswidrig.

**4** **3) Teilnichtigkeit von I, II alter Fassung beim „Ost"-Anwalt.** Gegenüber einem Anwalt, der bei irgendeinem AG und/oder LG eines der neuen Bundesländer (ohne Berlin) allgemein antragsgemäß nach der BRAO zugelassen ist, einem hier sog „Ost"-Anwalt, sind I, II aF weder vor 2000 noch von 2000 bis 2004 beachtlich, soweit sie ein Lokalisierungsgebot enthalten, sondern nur insoweit verbindlich, als sie überhaupt einen Anwaltszwang bringen, Rn 1.

**5** Denn das Lokalisierungsgebot ist wegen *Verfassungswidrigkeit* im vorgenannten Umfang entfallen; I, II aF sind insoweit nichtig. Das hat das BVerfG mit vorrangiger Gesetzeskraft festgestellt, und zwar zunächst in einer einstweiligen Anordnung BGBl **95** I 93 = BVerfG **91**, 328 und sodann in einer Schlußentscheidung BGBl **96** I 563 = AnwBl **96**, 164, vgl. auch Rostock MDR **98**, 1187. Ab 1. 1. 2005 gelten I, II aF ohnehin auch vor einem „Ost"-FamG oder -LG nicht mehr.

**6** **4) Teilnichtigkeit von I, II alter Fassung auch beim „West"-Anwalt?** Auch gegenüber einem Anwalt mit Zulassung vor irgendeinem AG und/oder LG eines der alten Bundesländer einschl ganz Berlins, einem hier sog „West"-Anwalt, ist die Beachtlichkeit von I, II aF zumindest für 2000 bis 2004 zweifelhaft, soweit sie ein Lokalisierungsgebot enthalten. Denn auch insoweit kann Verfassungswidrigkeit vorliegen.

**7** **A. Keine Mitentscheidung des Bundesverfassungsgerichts.** Allerdings hat das BVerfG in seinen in Rn 5 genannten Entscheidungen keineswegs, gar mit Gesetzeskraft, auch im Hinblick auf einen „West"-Anwalt mitentschieden. Dazu bestand kein unmittelbarer Anlaß; dortiger Antragsteller war ein „Ost"-Anwalt. Zwar gehen die Entscheidungen über das Rechtsverhältnis zwischen den damaligen Prozeßbeteiligten hinaus, wie ja auch die Veröffentlichungen im BGBl zeigen; das BVerfG hat aber keinen Anlaß genommen, auch die Rechtslage der „West"-Anwälte im Hinblick auf ihre Postulationsfähigkeit vor „Ost"-Gerichten zum Gegenstand einer Mitentscheidung zu machen. Ein „West"-Anwalt war ja vor dem 1. 1. 2000 auch vor „Ost"-Gerichten nur örtlich beschränkt postulationsfähig. An alledem ändert die beiläufige Erwähnung eines Konkurrenzschutzes der „Ost"- vor den „West"-Anwälten in der Schlußentscheidung des BVerfG nichts (sie enthält übrigens in AnwBl **98**, 164 rechte Spalte Z 3 einen sinnverwirrenden Druckfehler: es muß statt „1. 1. 2005" natürlich richtig heißen: „1. 1. 2000").

**8** **B. Mitbeachtlichkeit seiner Kriterien.** Ungeachtet Rn 7 ergeben bereits die vom BVerfG in seinen Entscheidungen Rn 5 allgemein genannten Kriterien, daß die Verfassungsmäßigkeit von I, II aF schon wegen Art 12 I 2 GG gegenüber dem „West"-Anwalt zweifelhaft sein kann, soweit er seine Postulationsfähigkeit vor der dort genannten „Ost"-FamG oder -LG verneinen.

## 4. Titel. Prozeßbevollmächtigte und Beistände　　　　　　　　　　　　　§ 78

Es dürfte schon an einer *Rechtfertigung durch Gemeinwohl fehlen*. Die vom BVerfG AnwBl **96**, 165 erwähn- **9**
ten Bedingungen dazu dürften weitgehend entfallen sein: Gewährleistung einer regional flächendeckenden
Verteilung des anwaltlichen Dienstleistungsangebots, zügige Durchführung von Zivilprozessen, Förderung
der vertrauensvollen Zusammenarbeit von Gericht und Anwaltschaft, Verbesserung der anwaltlichen Beratung durch Kenntnis örtlicher Gepflogenheiten – das alles läßt sich jedenfalls rd zehn Jahre nach der Wiedervereinigung und nach dem breiten Einströmen ehemaliger „West"-Anwälte und überregionaler „West-Ost"-Sozietäten mit Zulassungen auch von „Ost"-Anwälten in „Ost"-Kanzleien auch dann erreichen, wenn „West"-Anwälte vor „Ost"-Gerichten auftreten dürfen.

„Ost"-Anwälte bedürfen auch *keines Konkurrenzschutzes* mehr. Ihre Zahl hat sich mittlerweile vervielfacht. **10**
Außerdem dürfen sie seit dem 1. 1. 2000 vor von I, II nF erfaßten „West"-Gerichten ebenso auftreten wie
alle „West"-Anwälte, haben also ein ganz erheblich weiteres Betätigungsfeld gewonnen, das zumindest auch
als Ausgleich zur etwaigen „West"-Konkurrenz zu berücksichtigen ist.

Daher *fehlt* auch die *Erforderlichkeit* der in I, II aF gegenüber „West"-Anwälten liegenden Beeinträchtigung **11**
der Berufsausübungsfreiheit nach Art 12 I 2 GG. Das Ziel kann auch ohne die Begrenzung der Postulationsfähigkeit erreicht werden, weil eben der etwa zu befürchtenden nochmals verstärkten Konkurrenz durch „West"-Anwälte eine mindestens ebenso erhebliche Verstärkung der Konkurrenzfähigkeit durch „Ost"-Anwälte vor Gerichten der alten Bundesländer und ganz Berlins gegenübertritt.

**C. Auch keine Gleichberechtigung.** Es dürfte bei der Anwendung von I, II aF gegenüber „West"- **12**
Anwälten infolge der fünf Jahre hindurch noch formell fehlenden Postulationsfähigkeit vor den „Ost"-LG
und -FamG (bei Anwaltszwang) auch ein Verstoß gegen Art 3 I, III 1 (Herkunft) GG vorliegen, den mitzuprüfen das BVerfG bei seinen Entscheidungen Rn 5 noch keine Veranlassung hatte. Denn von 2000–2004
stehen „West"-Anwälte im Ergebnis schlechter da als „Ost"-Anwälte, nur weil die ersteren formell (nur) vor
einem „West"-AG und/oder -LG zugelassen sind: Für „Ost"-Anwälte besteht vor den eben genannten
Gerichten weder in den alten noch in den neuen Ländern eine Beschränkung der Postulationsfähigkeit, für
„West"-Anwälte aber sehr wohl.

**D. Folgerungen für diese Kommentierung.** Da das BVerfG vermutlich vor dem 1. 1. 2000 mangels **13**
Beschwer eines „West"-Anwalts kaum auch über die in Rn 6–12 aufgeworfenen Fragen abschließend
entscheiden dürfte, wird im folgenden von der formellen Fortgeltung von I, II aF bis zum 31. 12. 2004 gegenüber „West"-Anwälten ausgegangen
und daher jeweils, soweit ratsam, auf das problematische Nebeneinander unterschiedlicher Regelungen für
diesen Fünfjahreszeitraum aufmerksam gemacht.

**5) Regelungszweck, I–IV.** Ungeachtet der verfassungsrechtlichen Teilnichtigkeit bzw Problematik von **14**
I, II, Rn 4–12, dient die Vorschrift insgesamt auch ihrer neuer Fassung (III, IV sind ohnehin inhaltlich
unverändert) den Parteiinteressen wie der Rechtspflege, BGH FamRZ **87**, 58, BVerwG NJW **80**, 1706. Das
gilt auch im Hinblick auf die Niederlassungsfreiheit nach dem europäischen Gemeinschaftsrecht, BVerfG
AnwBl **89**, 669, BGH NJW **90**, 3086. Der Anwaltszwang dient sowohl dem allgemeinen Interesse an einer
geordneten Rechtspflege als auch dem Rechtsschutzinteresse einer rechtsunkundigen Partei im Einzelfall,
BVerwG NJW **84**, 625, Ffm FamRZ **90**, 766. Das ist bei der Auslegung mitzubeachten.

**6) Geltungsbereich, I–IV.** Man muß nach Gerichten und Verfahrensarten unterscheiden. **15**

**A. Gerichte mit Anwaltszwang.** Es herrscht eine erhebliche Unübersichtlichkeit, Schneider ZZP **95**,
90. Das gilt trotz der Neuregelungen von 1986/2000 auch in Familiensachen, Diederichsen NJW **86**, 1463.
Der Anwaltszwang besteht grundsätzlich (wegen des AUG Üb 6, 8 vor § 78) vor folgenden Gerichten:

– **Vor dem Amtsgericht als Familiengericht**, jedoch nur in den in II Z 1–3 genannten Fällen, also
in folgenden Situationen:

**II 1 Z 1:** Für die Parteien und grundsätzlich auch für die am Verfahren beteiligten Dritten (Ausnahmen
Rn 35, 36) in einer Ehesache, §§ 606–620 g, BGH FamRZ **92**, 49, Zweibr FER **99**, 130. Wegen einer
einstweiligen Anordnung Ffm FamRZ **83**, 516, Mü FamRZ **81**, 382 (abl Bergerfurth FamRZ **81**, 582),
Zweibr FamRZ **81**, 187. Wegen des Anwaltszwangs nur für den Antragsteller im Fall einer offenen Konventionalscheidung Jost NJW **80**, 332. Ferner für die Parteien wegen der Folgesache einer Scheidungssache,
§§ 623 I 1 in Verbindung mit 621 I Z 5–9 und II Z 4, vgl (zum alten Recht) BGH NJW **87**, 3266. Das
gilt auch dann, wenn es sich um eine isolierte Anfechtung der Folgesache handelt, Drsd FamRZ **97**, 824, aM
Bbg FamRZ **80**, 811, Hamm FamRZ **79**, 46.

Z 1 gilt auch, wenn es sich zB um einen *Auskunftsanspruch* handelt, der der Vorbereitung der Folgesache
Versorgungsausgleich dient und mit ihr verbunden wird, Hbg FamRZ **81**, 179, oder der der Vorbereitung
der mit dem Scheidungsantrag verbundenen Unterhaltsklage dient, Schlesw SchlHA **82**, 71. Z 1 gilt nicht
für eine aus einem Eheaufhebungsverfahren folgende Sache, BGH NJW **82**, 2386.

**II 1 Z 2:** Für die Parteien und grundsätzlich auch für die am Verfahren beteiligten Dritten (Ausnahmen
Rn 35, 36) wegen eines Anspruchs aus dem ehelichen Güterrecht, § 621 I Z 8, soweit es sich nicht um eine
Scheidungsfolgesache handelt. Vgl allerdings auch Rn 35, 36 und § 922 Rn 13. Freilich besteht der
Anwaltszwang gemäß Z 2 Hs 2 nicht, wenn es sich um selbständigen Familiensache des § 621 I Z 8, nicht
der aF, Rn 2–13, auch in den Fällen des § 621 I Z 10 (Ausnahme: § 1600 e II BGB) und Z 11 (diese Ziffer
ist nicht als weitere Ausnahme zu verstehen, obwohl das Komma vor ihr fehlt), und zwar in allen Fällen Z 4,
5, 10 und 11 nur in der höheren Instanz, BGH FamRZ **91**, 296.

**II 1 Z 3:** Vgl § 621 e; das Jugendamt unterliegt also bei Anwendung der aF, Rn 2–13, im Verfahren der
weiteren Beschwerde (jetzt) dem Anwaltszwang, soweit es in einer Kindschaftssache nach § 621 I Z 10 und
Z 12 (Verfahren nach §§ 1303 II–IV, 1308 II, 1315 I 1 Z 1, I 3 BGB) tätig wird.

– **Vor dem Landgericht**, auch im Zivilverfahren nach § 13 I StrEG, BGH MDR **93**, 796. Dabei reicht
im Prozeß vor einem LG in Berlin und den alten Bundesländern seit 1. 1. 2000 die Zulassung des Anwalts
bei irgendeinem deutschen AG oder LG ohne Rücksicht darauf, wo er seine Kanzlei hat, wo seine Sozien
residieren und wo er wohnt, Rn 1. Wegen eines Prozesses vor einem LG der neuen Bundesländer (ohne

## § 78
### 1. Buch. 2. Abschnitt. Parteien

Berlin) vgl Rn 2–13. Wegen einer Kennzeichenstreitsache gilt § 140 III MarkenG, wegen einer Sortenschutzsache gilt § 38 SortenSchG.

– **Vor dem Oberlandesgericht.** Hier ist unveärndert stets eine Zulassung bei diesem OLG notwendig, unabhängig davon, in welchem Bundesland es sich befindet, BGH RR **99**, 496. Der Anwaltszwang vor dem OLG (KG) ist verfassungsgemäß, BGH FamRZ **87**, 58. Vgl im einzelnen II Z 1, 3.

– **Vor dem Bayerischen Obersten Landesgericht.**

– **Vor dem Bundesgerichtshof.** Wegen der Regelung in Familiensachen für Dritte vgl Rn 45. Vor dem BGH als Disziplinarinstanz herrscht kein Anwaltszwang, BGH MDR **89**, 257. In einer Markensache gelten §§ 78 ff vor dem BGH entsprechend im Rechtsbeschwerdeverfahren, § 88 I 1 MarkenG.

– **Vor dem Landesarbeitsgericht.** Hier ist die Vertretung durch jeden bei einem deutschen Gericht zugelassenen Anwalt oder durch eine andere nach § 11 II ArbGG zugelassene Person zulässig.

– **Vor dem Bundesarbeitsgericht.** Auch hier ist die Vertretung durch jeden bei einem deutschen Gericht zugelassenen Anwalt oder durch eine andere nach § 11 II ArbGG zugelassene Person zulässig.

– **Vor dem Bundesfinanzhof.** Hier ist auch eine Vertretung durch eine in Art 1 Z 1 BFHEntlG genannte Person zulässig, auch für einen Antrag auf eine Wiedereinsetzung, § 233, BFH NJW **78**, 1992.

16  **B. Verfahren mit Anwaltszwang.** Soweit ein Anwaltszwang herrscht, Rn 1, 15, unterliegt grundsätzlich das gesamte Verfahren vor dem Prozeßgericht diesem Anwaltszwang, BGH FamRZ **92**, 49, Düss MDR **83**, 942. Das gilt auch: Für das Verfahren vor dem Einzelrichter, § 348; für das Verfahren vor dem Vorsitzenden der Kammer für Handelssachen, § 349, Bergerfurth NJW **75**, 335; für eine Verweisung oder Weiterverweisung nach § 281, auch wenn dazu keine mündliche Verhandlung stattfindet, Ffm AnwBl **80**, 198, KG AnwBl **84**, 208, Deubner JuS **81**, 54, aM LG Darmst NJW **81**, 2709, LG Hof Rpfleger **79**, 390, Bergerfurth Rpfleger **79**, 365.

Anwaltszwang herrscht *ferner*: Für einen gerichtlichen Vergleich, Anh § 307 Rn 28; für einen Einspruch, §§ 338, 700 BGH NJW **92**, 1701; für die Einlegung einer Berufung, Hamm NJW **96**, 601 (Baulandsache); für den Antrag auf eine Verlängerung der Frist zur Begründung eines Rechtsmittels, §§ 519 II 2, 566, BGH NJW **88**, 211 mwN; für die Rechtsmittelrücknahme, § 515 Rn 10, § 566 Rn 3, BGH NJW **84**, 805, vgl aber auch BGH **93**, 303, für einen Rechtsmittelverzicht, §§ 514, 566, BGH NJW **84**, 1465; für Anträge nach §§ 566, 515 III 2, und zwar auch dann, wenn in einer bayerischen Sache Revision direkt beim BGH eingelegt worden war, BGH NJW **87**, 1333 (eine Ausnahme gilt nur bei der Revisionseinlegung beim BayObLG; vgl aber BGH NJW **89**, 3226); für das Verfahren über die Zulassung eines Rechtsmittels, § 546, BGH NJW **89**, 3226 (auch zum BayObLG); für das Verfahren nach den §§ 887 ff, § 891 Rn 2; für das Ordnungsmittelverfahren (mit Ausnahme seiner Einlegung, Hamm FamRZ **84**, 183), zB § 320. Der Anwaltszwang gilt allerdings ohne Einschränkung nur für eine Vertretung beim Handeln, etwa für die Unterzeichnung eines Schriftsatzes, BGH MDR **76**, 570. Für die Entgegennahme der Prozeßhandlung des Gegners besteht Anwaltszwang nur in der mündlichen Verhandlung. Wegen der Zustellung vgl § 176.

17  **7) Stellung der Partei oder des Beteiligten, I, II.** Soweit ein Anwaltszwang herrscht, Rn 1, 15, 16, gilt folgendes:

**A. Rechte.** Man kann stets neben seinem Anwalt vor dem Gericht erscheinen und neben ihm, wenn auch nicht anstelle seines Anwalts, das Wort verlangen, § 137 IV, BVerwG NJW **84**, 625. Man kann eine tatsächliche Erklärung selbst abgeben. Man kann eine tatsächliche Erklärung seines Anwalts sofort widerrufen oder berichtigen, § 85 Rn 4. Das Gericht muß eine solche Erklärung berücksichtigen, namentlich ein Geständnis, vgl § 288 Rn 6. Man kann aber im übrigen keine Prozeßhandlungen selbst vornehmen, Grdz 47 vor § 128, zB nicht einen Rechtsmittelverzicht erklären, Rn 32, BGH NJW **84**, 1465.

18  **B. Pflichten.** Die Partei muß dann erscheinen, wenn das Gericht ihr persönliches Erscheinen angeordnet hat, §§ 141, 273 II Z 3, 279 II, 613, 640.

19  **C. Beiordnung.** Der Partei kann unter den Voraussetzungen der §§ 78 b, 78 c, 625 ein Anwalt beigeordnet werden, vgl zum letzteren Fall AG Ettlingen FamRZ **78**, 340.

20  **D. Parteibegriff usw.** Für Rn 17–19 gilt: Der Begriff „*Partei*" in I ist in einer Familiensache oder Folgesache eng zu verstehen, wie der Gegensatz der Worte „Partei" und „Beteiligten" in II 1 zeigt. In allen anderen Verfahrensarten ist der Parteibegriff im weitesten Sinn zu verstehen. Er umfaßt in diesen letzteren Fällen also: Den Streithelfer, § 66; einen Dritten, der in den Prozeß eintreten will, etwa als benannter Urheber oder als ein Forderungsbeanspruchter, §§ 75–77; einen Dritten, den die Parteien in einen Vergleich hineingezogen haben, Anh § 307. Denn nur dann entsteht auch für ihn ein vollstreckbarer Titel, vgl auch § 794 I Z 1, der den Vergleich zwischen der Partei und einem Dritten ausdrücklich erwähnt. Auch eine rechtskundige Person und der Staat unterliegen grundsätzlich demselben Anwaltszwang wie andere Personen.

21  Die alleinigen *Ausnahme* von dieser Regel lautet: Der Anwalt kann sich unter Umständen gemäß IV selbst vertreten.

22  **8) Zulassung beim Prozeßgericht, I, II.** Soweit ein Anwaltszwang besteht, Rn 1, 15, 16, ist weiter zu prüfen, ob jeder Anwalt oder nur ein begrenzter Kreis von ihnen den Sachantrag stellen kann, ob also ein sog Lokalisierungsgebot vorliegt, ob nur der gerade bei diesem Gericht Zugelassene auftreten darf.

**A. Etwaiges Lokalisierungsgebot.** Vgl zunächst Rn 2–13. Im übrigen gilt: Ein Lokalisierungsgebot besteht vor dem OLG (in Berlin: KG), dem BayObLG und dem BGH.

Eine *Ausnahme* vom Lokalisationsgebot gilt im Fall II 2 der einschlägigen Fassung (Familiengericht), ferner in beschränktem Umfang in folgenden Fällen: Vor dem BayObLG, §§ 7, 8 EGZPO (unten abgedruckt) iVm Art 21 BayAGGVG, SchlAnh I B; § 143 III PatG; § 16 PatG (Inlandsvertreter), BGH **57**, 269; § 27 III GebrMG; §§ 15 III, 16 GeschmMG; § 81 MarkenG. Zu allen diesen Fällen Anh I § 78 b GVG. Ein weiterer Ausnahmefall ergibt sich aus § 224 II 2 BEG, dazu BVerfG **34**, 330, BGH MDR **78**, 573. Wegen des sog Außenbezirksanwalts nach § 105 IV UrhG Karlsr GRUR **83**, 606. Wegen des ausländischen Anwalts vgl das RADG, SchlAnh VII.

4. Titel. Prozeßbevollmächtigte und Beistände § 78

**B. Prozeßgericht.** Als Prozeßgericht ist dasjenige Gericht anzusehen, an das sich die Prozeßhandlung 23
wendet. Unter Umständen ist also ein auswärtiger Senat als Prozeßgericht anzusehen. Im Zeitraum zwischen
der Zustellung des Urteils und der Einlegung des Rechtsmittels ist das niedrigere Gericht als Prozeßgericht
anzusehen. Während der Rechtshängigkeit in der höheren Instanz ist grundsätzlich das höhere Gericht das
Prozeßgericht. Trotzdem läßt BGH **14**, 210 aus prozeßwirtschaftlichen Erwägungen zu, daß der Berufungsanwalt die Klage des Revisionsbeklagten, der noch keinen Revisionsanwalt hat, zurücknimmt. Dann aber
muß auch der erstinstanzliche Anwalt die Klage des Berufungsbeklagten zurücknehmen dürfen, Kblz
Rpfleger **74**, 117, Vollkommer Rpfleger **74**, 90, vgl § 269 Rn 26.

Ferner ist der Bekl persönlich befugt, im Anwaltsprozeß eine etwa nach § 269 I notwendige Einwilligung 24
zur *Klagrücknahme* zu erklären, Karlsr OLGZ **77**, 479 (vgl freilich wegen der fehlenden Notwendigkeit einer
solchen Einwilligung in einer Ehesache § 269 Rn 26). Der erstinstanzliche Anwalt des Berufungsbekl (der
keinen ProzBev für die Berufungsinstanz bestellt hat) *kann* im Fall der Rücknahme der Berufung beantragen, den Berufungskläger der Berufung für verlustig zu erklären und ihm die Kosten der Berufung
aufzuerlegen. Das stellt § 515 III 2 Hs 2 klar, vgl § 515 Rn 23. Damit ist die frühere Streitfrage erledigt.

Wenn eine *Beschwerdeschrift* bei dem niedrigeren Gericht eingereicht wird, kann der Anwaltszwang fehlen, 25
vgl BGH VersR **84**, 788. Wird sie bei dem höheren Gericht eingereicht, besteht grundsätzlich Anwaltszwang, vgl freilich II Z 1, 3 und § 567 II 2; wegen des EV BGH NJW **93**, 332. Wegen der Einwilligung in
eine Sprungrevision vgl § 566a II 2, BGH NJW **75**, 831. Über die Zulassung des Anwalts Anh I 3 nach
§ 155 GVG. Zur Zulassung reicht eine Aushändigung der Zulassungsurkunde aus, BVerfG **34**, 328. Es ist
nach außen unerheblich, ob der Anwalt dadurch standeswidrig handelt, daß er diese Vertretung übernimmt.
Eine rein formelle Beiordnung des Anwalts genügt nicht, soweit es um eine Prozeßhandlung von besonderer
Bedeutung geht, etwa um einen Rechtsmittelverzicht, §§ 514, 566. Ein Unterbevollmächtigter muß ebenfalls beim Prozeßgericht zugelassen sein, um eine Prozeßhandlung wirksam vornehmen zu können, Karlsr
VersR **88**, 588.

**C. Weitere Einzelfragen.** Der Anwalt muß geschäftsfähig und damit prozeßfähig sein, vgl § 51, BVerfG 26
**37**, 76 und 82 (es verlangt eine Prüfung der Geschäftsfähigkeit und der Prozeßfähigkeit von Amts wegen).
Schon wegen Art 103 I GG ist ein Zwischenurteil entsprechend §§ 71, 387 erforderlich. Eine sofortige
Beschwerde gegen dieses Zwischenurteil ist auch dann zulässig, wenn das OLG entschieden hat. Ein
Vertretungsverbot nach den §§ 150 ff BRAO zwingt das Gericht zu einer Zurückweisung dieses Anwalts,
§ 156 II BRAO. Seine bisherigen Prozeßhandlungen bleiben aber wirksam, § 155 V BRAO.

**9) Ausnahmen vom Zulassungszwang, I, II.** Sie bestehen nur in folgenden Fällen. 27

**A. Amtlich bestellter Vertreter.** Der amtlich bestellte Vertreter des Anwalts, sein Vollvertreter, Generalsubstitut, steht ihm völlig gleich, § 53 III, IV, VII BRAO, BGH NJW **81**, 1741 mwN, und zwar ohne
Rücksicht darauf, ob der Anwalt die nach § 53 VI BRAO vorgeschriebene Anzeige erstattet hat, BGH NJW
**75**, 542; es reicht aus, daß sich sein Handeln als Vertreter aus den Umständen hinreichend deutlich ergibt,
BGH VersR **96**, 254 mwN. Dasselbe gilt für einen Praxisabwickler, § 55 BRAO. Der amtlich bestellte
Vertreter hat also grundsätzlich alle Befugnisse desjenigen Anwalts, den er vertritt, kann ebenso wie der
Vertretene tätig werden und wirksam alle Prozeßhandlungen bei einem Gericht vornehmen, bei dem der
vertretene Anwalt zugelassen ist, BGH NJW **81**, 1741. Der amtlich bestellte Vertreter kann also auch eine
Handlung vornehmen, die der vertretene Anwalt seinerseits als Vertreter eines anderen Anwalts wirksam
vornehmen könnte, BGH NJW **81**, 1741.

Sowohl der amtlich bestellte Vertreter als auch der Abwickler sind natürlich nur insofern befugt, als sie
gerade *in diesen Eigenschaften* und nicht etwa für die eigene Praxis tätig werden, BGH NJW **91**, 1176. In
einem Schriftsatz braucht die Vertretung nicht besonders betont zu werden, § 130 Rn 8, zumindest nicht in
einem nachfolgenden, BGH NJW **91**, 1176. Im übrigen muß der amtlich bestellte Vertreter selbst überhaupt
verhandlungsfähig sein, Rn 1.

**B. Verhandlungsvertreter.** Der für die mündliche Verhandlung bestellte Vertreter des Anwalts, der 28
Verhandlungsvertreter, Substitut, kann in der mündlichen Verhandlung als ein Untervertreter auftreten, § 81.
Als ein solcher Vertreter darf aber nur ein Anwalt auftreten, der selbst in diesem Verfahren zum ProzBev
bestellt werden kann, § 52 I BRAO.

**C. Überlassung des Vortrags.** Ein zugelassener Anwalt kann in der mündlichen Verhandlung die 29
Ausübung der Parteirechte bis auf die Antragstellung, vgl auch BGH MDR **76**, 570, einem dort nicht
zugelassenen Anwalt überlassen, § 52 II BRAO. Ein in die Anwaltskammer nach § 209 BRAO aufgenommener Erlaubnisinhaber steht nach § 25 EGZPO einem Anwalt nicht auch nach § 78 gleich. Beides gilt
auch in der mündlichen Verhandlung vor dem BGH. Wegen eines ausländischen Anwalts vgl das RADG,
abgedruckt SchlAnh VII.

**D. Auslandsunterhaltsgesetz.** Vgl Üb 6, 8 vor § 78. 30

**E. Kostenantrag usw bei Berufungsrücknahme.** Nach einer Berufungsrücknahme kann der Antrag 31
nach § 515 III 2 Hs 1 auf Verlustigkeitserklärung und Feststellung der Kostenpflicht auch durch einen beim
Berufungsgericht nicht zugelassenen Anwalt, nicht aber von der Partei selbst, gestellt werden, § 515 III 2
Hs 2.

**10) Verstoß, I, II.** Der nicht Postulationsfähige ist im Streit hierüber als postulationsfähig zu behandeln, 32
ähnliches wie bei einer Prozeßunfähigkeit, § 56 Rn 13, Ffm FamRZ **94**, 1477. Ein Verstoß gegen I macht
eine vorgenommene Parteiprozeßhandlung, Grdz 47 vor § 128, grundsätzlich unwirksam, Grdz 18 vor
§ 253, BGH NJW **90**, 3152, Zweibr FamRZ **89**, 191, aM BVerwG Buchholz 310 § 67 VwGO Nr 42,
Granderath MDR **72**, 830 (es handle sich hier auch um eine Prozeßvoraussetzung). Wenn der Verstoß die
Klagerhebung nach § 253 betrifft, darf das Gericht unter Umständen weder eine Klagezustellung veranlassen,
BGH **90**, 253, noch einen Termin bestimmen. Im übrigen muß die Klage dann durch ein Prozeßurteil als
unzulässig abgewiesen werden, Grdz 13 vor § 253, BGH **90**, 253, BVerwG MDR **76**, 781, Ffm FamRZ **94**,
1477. Ein Verzicht der Partei persönlich nach § 295 ist nicht wirksam. Denn es handelt sich um einen

§ 78 1. Buch. 2. Abschnitt. Parteien

Verstoß gegen eine öffentlichrechtliche, zwingende Vorschrift, Köln MDR **82**, 1024. Unwirksam ist zB auch ein Rechtsmittelverzicht der Partei persönlich, BGH NJW **84**, 1465.

**33** Allerdings kann nunmehr ein zugelassener Anwalt als ProzBev in den Prozeß eintreten und die gesamte bisherige Prozeßführung *genehmigen*. In einem solchen Fall kann eine Heilung der bisherigen Mängel eintreten, § 551 Z 5, BGH NJW **90**, 3086, StJBo 10, ThP 2, aM BVerfG **8**, 95, Köln MDR **82**, 1024.

**34** Freilich kann man die Versäumung *nicht rückwirkend* durch eine erst nach dem Fristablauf abgegebene Genehmigung heilen, BVerfG **8**, 94, BGH NJW **90**, 3086, BFH BB **77**, 436. Eine Genehmigung kann nicht auf einzelne Prozeßhandlungen beschränkt werden, § 56 Rn 9, § 81 Rn 1, BGH NJW **87**, 130. Soweit eine unwirksame Prozeßhandlung zugleich ein sachlichrechtliches Rechtsgeschäft enthält, Grdz 61 vor § 128, kann das letztere wirksam sein und sogar zu der Vornahme der Prozeßhandlung verpflichten. Ein Verstoß gegen § 227 b II BRAO beeinträchtigt aber die Verhandlungsfähigkeit usw nicht, Köln AnwBl **89**, 227.

**35** **11) Ausnahmen vom Anwaltszwang, II, III.** Die Regelung ist abschließend.

**A. Amtsgericht.** Das gesamte Verfahren vor dem AG ist vom Anwaltszwang grundsätzlich befreit, jedoch vor dem Familiengericht nur, soweit keine der Fälle II 1 Z 1–3 vorliegt. Kein Anwaltszwang besteht zB für am Verfahren über Folgesachen beteiligte Dritte und für Parteien wie beteiligte Dritte in selbständigen Folgesachen des § 621 I Z 4, 5, oder für einen Prozeß wegen der gesetzlichen Unterhaltspflicht gegenüber einem ehelichen Kind, BGH FamRZ **92**, 49.

**36** Soweit eine *Nicht-Familiensache* aus irgendeinem Grund vor das Familiengericht gerät, herrscht dort kein Anwaltszwang, im Ergebnis ebenso Diederichsen NJW **86**, 1463. Soweit vor dem Amtsgericht als Familiengericht an sich Anwaltszwang besteht, sind doch gemäß II 3 aF bzw II 2 nF das Jugendamt, die Träger der gesetzlichen Rentenversicherung sowie die sonstigen Körperschaften, Anstalten oder Stiftungen des öffentlichen Rechts und deren Verbände einschließlich der Spitzenverbände und ihrer Arbeitsgemeinschaften im Verfahren nach II 1 Z 1, 3 nicht dem Anwaltszwang unterworfen. Als Ausnahme von dem in Familiensachen wohl als Regel anzusehenden Anwaltszwang wäre II 3 aF bzw II 2 nF an sich eng auszulegen; die pauschale Verweisung auf die „sonstigen" Körperschaften usw rechtfertigt indes eine weite Auslegung. BGH NJW **89**, 2136 zählt (zum alten Recht) trotzdem eine Ärztekammer nur dann hierher, wenn es um ein Versorgungsrecht eines bei der versicherten Arztes geht. Wegen des AUG vgl Üb 6, 8 vor § 78.

**37** **B. Verordneter Richter.** Hier sind folgende Situationen zu unterscheiden: Grundsätzlich herrscht kein Anwaltszwang, III Hs 1 Karlsr JB **76**, 372. Das gilt sowohl vor dem beauftragten Richter, § 361, BGH NJW **80**, 2309, Bbg JB **75**, 517, Schneider DRiZ **77**, 14, als auch vor dem ersuchten Richter, § 362.

**38** *Ausnahmsweise* besteht ein Anwaltszwang vor dem verordneten Richter: In der Beschwerdeinstanz, § 269, vgl freilich dort II 2, ferner § 573; vor dem Vorsitzenden der Kammer für Handelssachen, § 349, Bergerfurth NJW **75**, 335; vor dem Einzelrichter der §§ 348, 524, Karlsr JB **76**, 372.

**39** **C. Rechtspfleger.** Das gesamte Verfahren vor dem Rpfl unterliegt keinem Anwaltszwang, § 13 RPflG, Anh § 153 GVG, so grundsätzlich richtig Bergerfurth Rpfleger **78**, 205, vgl aber § 700 Rn 10.

**40** **D. Urkundsbeamter.** Das Verfahren ist vom Anwaltszwang frei, soweit eine Prozeßhandlung zum Protokoll des Urkundsbeamten der Geschäftsstelle erfolgen kann, III Hs 2, vgl Saarbr FamRZ **92**, 111. Es kommt in solchem Fall nicht darauf an, ob die Prozeßhandlung auch tatsächlich zu jenem Protokoll vorgenommen wurde oder anders erfolgt ist, LG Ffm Rpfleger **79**, 429, aM Köln ZMR **96**, 140. Das Gesetz bestimmt im Einzelfall, ob eine Prozeßhandlung zum Protokoll des Urkundsbeamten vorgenommen werden kann.

**41** *Beispiele:* Die Ablehnung eines Richters, § 44; der Antrag auf eine Bewilligung der Prozeßkostenhilfe, § 117 I 1; ein Verweisungsantrag oder eine Erklärung dazu, § 281 II 1; ein Arrestantrag, § 920; eine Schutzschrift gegenüber einem Arrestantrag, Grdz 7 vor § 128, und zwar auch eine solche, die der Arrestantragsteller beim Gericht eingeht, Brschw JB **93**, 218 mwN; eine Erinnerung gegenüber der Entscheidung des Urkundsbeamten der Geschäftsstelle, § 576 Rn 3. Sie ergreift die zugehörigen Nebenhandlungen, etwa ein Gesuch um eine öffentliche Zustellung des beantragten Arrestbefehls, §§ 203 ff; die bloße Einlegung der sofortigen Beschwerde im Fall des § 104 III in Verbindung mit § 11 I RPflG, vgl § 104 Rn 56 (wegen des weiteren Beschwerdeverfahrens vgl dort Rn 41).

**42** *Nicht hierher* gehört eine Beschwerde im Fall Rn 38. Wegen § 621 I vgl BGH NJW **81**, 234; wegen § 621 e vgl BGH NJW **80**, 1958, Celle FamRZ **78**, 139, von Hornhardt FamRZ **78**, 170, aM Bbg JB **75**, 1498, Oldb NJW **79**, 113. Wegen des weiteren Verfahrens vgl § 104 Rn 78, § 569 Rn 3, § 573 Rn 6.

**43** **E. Zustellung.** Im Zustellungsverfahren für den Auftrag besteht kein Anwaltszwang. Denn hier liegt keine eigentliche Prozeßhandlung vor.

**44** **F. Justizverwaltung.** In einer Angelegenheit der Justizverwaltung oder der gerichtlichen Verwaltung besteht kein Anwaltszwang.

**45** **G. Erklärung eines Dritten usw.** Für eine Erklärung oder einen Antrag eines Dritten oder gegen einen Dritten, etwa für eine Streitverkündung, § 72, besteht grundsätzlich kein Anwaltszwang. Denn der Dritte ist keine Partei. Etwas anderes gilt dann, wenn der Dritte eine Parteipflicht übernimmt oder Partei werden will, etwa der beim Prozeßvergleich, Anh § 307, hinzugezogene Dritte oder der benannte Urheber, § 76. Wegen des an einer Familiensache vor dem Amtsgericht als Familiengericht beteiligten Dritten vgl Rn 35. Vor dem OLG ist ein solcher Dritter dem Anwaltszwang in einer Folgesache grundsätzlich nicht unterworfen. In einer selbständigen Familiensache gelten die Sonderregeln des II 2, 3. Vor dem BGH herrscht für den Dritten Anwaltszwang für die weitere Beschwerde nach § 621 e II sowie in den selbständigen Verfahren nach § 621 I Z 4, 5, 8 stets.

**46** **H. Güteversuch.** Für den Güteversuch nach § 279 gilt grundsätzlich kein Anwaltszwang, vgl freilich dort Rn 4.

4. Titel. Prozeßbevollmächtigte und Beistände　§§ 78, 78a

**I. Baulandsache.** In einer Baulandsache herrscht als Ausnahme von dem grundsätzlich auch dort 47 geltenden Anwaltszwang, BGH RR **94**, 1021, kein solcher, § 222 III 2 BauGB, soweit der Beteiligte im Verfahren vor dem LG oder dem OLG keinen Antrag in der Hauptsache stellt, BGH zuletzt RR **94**, 1021 mwN. Es gilt also kein Anwaltszwang für die Einreichung des Antrags auf eine gerichtliche Entscheidung bei derjenigen Stelle, die den Verwaltungsakt erlassen hat, BGH MDR **85**, 30, oder für die Einwilligung in eine Sprungrevision, BGH NJW **75**, 831. Ein Anwaltszwang gilt aber im weiteren Besitzeinweisungsverfahren. Denn insofern wird ein Antrag zur Hauptsache gestellt. Dasselbe gilt bei einer Beschwerde gegen einen die Berufung als unzulässig verwerfenden Beschluß, BGH VersR **87**, 681 (zum alten Recht).

**J. Arbeitsgericht.** Im Verfahren vor dem ArbG herrscht kein Anwaltszwang, § 11 I ArbGG, vgl Rn 48. 48 Ein Rechtsbeistand ist vor den Arbeitsgerichten nicht vertretungsberechtigt, BAG BB **88**, 916.

**K. Entschädigungssache.** Im Verfahren nach § 224 I BEG herrscht kein Anwaltszwang, BVerfG **34**, 49 330.

**L. Rechtsmittelverzicht.** Für einen Rechtsmittelverzicht, §§ 514, 566, herrscht kein Anwaltszwang, 50 soweit er nur gegenüber dem Gegner erklärt wird (dieser kann ihn durch eine Rüge einführen), BGH NJW **75**, 831 mwN. Soweit der Rechtsmittelverzicht in einem Anwaltsprozeß gegenüber dem Gericht erklärt wird, herrscht der Anwaltszwang, zB in einer Ehesache, Düss FamRZ **80**, 709.

**M. Klagerücknahme.** Vgl dazu Rn 24. 51

**N. Rechtsmittelrücknahme.** Man kann sich außergerichtlich zu ihr ohne Anwaltszwang verpflichten. 52 Auf Einrede ist das Rechtsmittel daraufhin als unzulässig zu verwerfen, BGH FamRZ **89**, 268. Eine Berufungsrücknahme nach § 515 kann ohne einen Anwaltszwang erfolgen, wenn die Berufung zum LG eingelegt worden war, vgl Rn 24.

**O. Zeuge.** Er kann stets ohne einen eigenen Anwalt erscheinen und aussagen, § 387 II. 53

**P. Disziplinarsache.** Selbst vor dem BGH besteht in einer solchen Sache kein Anwaltszwang, BGH 54 MDR **89**, 257.

**Q. Stellung der Partei oder des Beteiligten.** Soweit kein Anwaltszwang herrscht, kann man selbst 55 oder durch einen beliebigen ProzBev handeln, § 79. Man darf auch während des Prozesses ein privatrechtliches Rechtsgeschäft frei vornehmen, etwa einen außergerichtlichen Vergleich abschließen. Ein solches Geschäft wirkt aber als eine Prozeßhandlung nur insoweit, als es in einem Anwaltsprozeß vom zugelassenen Anwalt vorgetragen wird. Wenn man also einen Vergleich über den Streitgegenstand hinaus abschließt, Anh § 307 Rn 6, dann muß der Anwalt auch insofern auftreten, wenn die Wirkung des § 794 I Z 1 erzielt werden soll, aM RoSGo § 131 III 2 g.

**12) Selbstvertretung des Rechtsanwalts, IV.** Der Anwalt kann sich in einer eigenen Angelegenheit 56 selbst vertreten, BFH DB **85**, 28, LAG Mü AnwBl **88**, 72. Das ist auch im Zweifel anzunehmen, BFH DB **85**, 28. Es empfiehlt sich, im Protokoll ungeachtet des § 313 Rn 6 klarzustellen, ob der Anwalt mit als Partei oder als deren ProzBev auftritt, § 91 Rn 57, 171. Er kann sich auch zB als Partei kraft Amts, Grdz 8 vor § 50, oder als gesetzlicher Vertreter vertreten, § 51, BFH DB **85**, 28, BSG MDR **74**, 348. In allen diesen Fällen ist der Anwalt auch sitzungspolizeilich als Anwalt zu behandeln. § 246 ist unanwendbar. Das gilt entsprechend vor dem BFH, BFH BB **76**, 728. IV ist grundsätzlich nicht ausdehnend auslegbar. Etwas anderes gilt im Patentnichtigkeitsberufungsverfahren, BGH GRUR **87**, 354. Die Vorschrift gilt also zB nicht: Für einen anderen Rechtskundigen; für eine Behörde; für einen nicht zugelassenen Anwalt. Er kann also zB eine Beschwerdeschrift nur beim erstinstanzlichen AG als Prozeßgericht wirksam einlegen, nicht bei einem solchen LG als Beschwerdegericht, bei dem er nicht zugelassen ist.

**13)** *VwGO:* An Stelle von **I** tritt § 67 I u II *VwGO,* gegen dessen Gültigkeit keine Bedenken bestehen, *BVerwG* 57 *BayVBl* **94**, 31; eine Vertretung jedes Beteiligten, der einen Antrag stellt, durch einen bei einem deutschen Gericht zugelassenen RA oder einen Hochschullehrer, *BVerfG NVwZ* **93**, 664, *BVerwG DVBl* **99**, 94 u *NJW* **97**, 2399 *mwN* (Fachhochschullehrer fallen nicht unter § 67, aM Quambusch RiA **98**, 175), bzw durch (eigene) Beamte oder Angestellte mit Befähigung zum Richteramt, *BVerwG NVwZ* **99**, 762, *NVwZ-RR* **95**, 548, *Kuchler NVwZ* **96**, 244 (zur Vertretung einer Behörde durch Bedienstete einer anderen Behörde s *BVerwG NVwZ* **96**, 121, OVG Schlesw NVwZ **99**, 784, OVG Kblz NVwZ **98**, 205) ist danach vor dem BVerwG und seit dem 1. 1. 97 nach § 67 I 1–3 VwGO nF auch vor dem OVG nötig, *Schenke NJW* **97**, 85, *Stüer DVBl* **97**, 334 (Übergangsvorschrift: Art 10 III 6. *VwGOÄndG,* BGBl **96**, 1626, dazu VGH Mü BayVBl **99**, 445); zu der Frage, ob der Hochschullehrer hier und beim VG den Vorschriften des RBerG unterliegt, vgl *BVerwG NVwZ* **98**, 2535 *mwN,* bejahend *BVerwG NJW* **88**, 220, *VGH Mannh NJW* **91**, 1195 *mwN, VGH Mü NJW* **88**, 2553, *OVG Kblz NJW* **88**, 2555, verneinend *BVerwG NJW* **87**, 1657, *VGH Mü NJW* **88**, 2554 u **87**, 460, *alle mwN,* dazu *Schenke NJW* **97**, 85 u *DVBl* **90**, 1151 *mwN,* u a, Mußgnug NJW **89**, 2037, Chemnitz AnwBl **88**, 303, Deumeland RiA **88**, 118. Wegen abw Vorschriften für das OVG in bestimmten Angelegenheiten s § 67 I 4–6 VwGO nF u Art 4 6.ÄndG (betr Flurbereinigung), *Schenke aaO, VGH Mannh DVBl* **97**, 659. – Vor BVerwG und OVG sind **III** u **IV** entsprechend 58 anwendbar, *BVerwG (GrS) DVBl* **61**, 738. Beispiele für III: Prozeßkostenhilfe, § 117 iVm § 166 *VwGO, BVerwG Rpfleger* **91**, 63, *VGH Kassel NVwZ* **98**, 203, *VGH Mannh NVwZ* **97**, 693 (beachte § 127 Rn 105); Kostenfestsetzung, § 164 *VwGO, BVerwG NJW* **60**, 1973, Erinnerung, § 5 GKG, *BVerwG VerwRspr* **15**, 372, Antrag eines Beigeladenen auf Urteilsergänzung wegen der Kosten, *BVerwG NJW* **65**, 125, zulassungsfreie Beschwerde, § 147 I VwGO, VGH Kassel NVwZ-RR **98**, 77, VGH Mannh DVBl **97**, 1329, OVG Münst NVwZ-RR **99**, 474 mwN, aM OVG Münst NVwZ **98**, 204, offen NVwZ-RR **98**, 595.

# 78a (entfallen)

## § 78 b

**78b** *Notanwalt.* [I] [1] Insoweit eine Vertretung durch Anwälte geboten ist, hat das Prozeßgericht einer Partei auf ihren Antrag für den Rechtszug einen Rechtsanwalt zur Wahrnehmung ihrer Rechte beizuordnen, wenn sie einen zu ihrer Vertretung bereiten Rechtsanwalt nicht findet und die Rechtsverfolgung oder Rechtsverteidigung nicht mutwillig oder aussichtslos erscheint. [2] Über den Antrag kann ohne mündliche Verhandlung entschieden werden.

[II] Gegen den Beschluß, durch den die Beiordnung eines Rechtsanwalts abgelehnt wird, findet die Beschwerde statt.

1   **1) Systematik, I, II.** Die Vorschrift betrifft nur den Anwaltsprozeß, § 78 Rn 1, also zB nicht ein Disziplinarverfahren, BGH MDR **89**, 257. Im Parteiprozeß, § 78 Rn 1, besteht keine Notwendigkeit zur Beiordnung eines Anwalts. § 78 b regelt die Voraussetzungen und zusammen mit § 78 c das Verfahren zu der Frage, ob der Partei überhaupt ein Anwalt beigeordnet werden kann. § 78 c regelt die anschließende Frage, welcher Anwalt nun im Einzelfall beigeordnet werden soll und unter welchen Voraussetzungen er tätig werden muß. Wegen des Scheidungsverfahrens vgl § 625. § 78 b spricht nur von der Partei, nicht von einem Beteiligten, gilt also wegen § 78 II 1 in Familiensachen und Folgesachen für ihn nicht.

2   **2) Regelungszweck, I, II.** Der Sinn der Regelung des I 1 liegt nicht etwa darin, eine unnötige Ausgabe von Staatsgeldern zu verhindern. Es geht vielmehr nur darum, daß ein Anwalt zur Vertretung einer unzumutbaren Sache bestellt wird.

3   **3) Geltungsbereich, I, II.** Vgl Üb 3 vor § 78. Vor dem BFH ist § 78 b seit dem BFHEntlastG entsprechend anwendbar, BFH NJW **78**, 448. Die Vorschrift ist im Anklageerzwingungsverfahren der StPO ebenfalls entsprechend anwendbar, Kblz NJW **82**, 61, Meyer-Goßner NStZ **85**, 235, Rieß NStZ **86**, 433, aM Düss MDR **95**, 193, Hamm MDR **88**, 990.

4   **4) Voraussetzungen, I.** Die Beiordnung erfolgt nur auf Grund eines Antrags der Partei. Die Partei muß folgendes darlegen:

   **A. Kein Anwalt bereit.** Die Partei hat unter den beim Prozeßgericht zugelassenen Anwälten keinen solchen Anwalt gefunden, der zu ihrer Vertretung bereit ist, BFH NJW **78**, 448. Das muß die Partei nachweisen, BGH RR **95**, 1016. Die Anforderungen an die Partei dürfen nicht überspannt werden. Die Partei braucht nicht an sämtliche bei dem Gericht zugelassenen Anwälte herangetreten zu sein. Sie muß allerdings jedenfalls in einer Großstadt zumindest eine gewisse Anzahl von Anwälten nachweisbar vergeblich um eine Übernahme ihrer Vertretung gebeten haben, KG OLGZ **77**, 247, vgl auch Kblz NJW **82**, 61 (StPO).

5   **B. Keine Mutwilligkeit oder Aussichtslosigkeit.** Die Rechtsverfolgung oder die Rechtsverteidigung dürfen weder mutwillig noch aussichtslos erscheinen. Die Partei braucht also nicht etwa darzulegen oder sogar glaubhaft zu machen, daß eine hinreichende Erfolgsaussicht besteht. Aus ihrem Tatsachenvortrag darf lediglich nicht zwingend abzuleiten sein, daß entweder überhaupt keine Erfolgsaussicht besteht oder daß Mutwille vorliegt. Die Beiordnung muß also unter Umständen selbst dann erfolgen, wenn der Partei eine Prozeßkostenhilfe nach den §§ 114 ff bewilligt werden müßte. Denn § 114 verbietet eine Prozeßkostenhilfe schon dann, wenn keine „hinreichende Aussicht auf Erfolg" besteht, während I 1 eine Beiordnung erst dann verbietet, wenn die Sache schlechthin „aussichtslos" erscheint, BGH FamRZ **88**, 1153. Freilich ist dem Kern nach mit den beiden unterschiedlichen Begriffen nahezu dasselbe gemeint. Soweit eine Mutwilligkeit zu beurteilen ist, sind die Voraussetzungen nach I 1 und nach § 114 S 1 dieselben.

Eine Beiordnung darf in folgenden Fällen *nicht* erfolgen: Der Schaden muß erst noch ermittelt und errechnet werden, KG OLGZ **77**, 247; es ist bereits ein bei dem Prozeßgericht zugelassener Anwalt als Pfleger zur Prozeßführung bestellt worden, BVerwG NJW **79**, 2117; es soll nur eine Revisionsschrift eingeführt werden, die von einer beim Revisionsgericht nicht postulationsfähigen Partei stammt, BGH RR **98**, 575.

6   **5) Beiordnung, I.** Das Prozeßgericht muß die Voraussetzungen einer Beiordnung prüfen. Eine mündliche Verhandlung ist nicht erforderlich. Zuständig ist das Prozeßgericht in voller Besetzung, nicht etwa nur sein Vorsitzender; er ist nur für die anschließenden Maßnahmen nach § 78 c zuständig. Die Entscheidung ergeht durch einen Beschluß. Der Beschluß bedarf grundsätzlich einer Begründung, § 329 Rn 4. Er wird beiden Parteien formlos mitgeteilt, § 329 II 1. Wenn in demselben Beschluß nicht nur die Beiordnung nach I, II, sondern auch die Auswahl des beizuordnenden Anwalts nach § 78 c enthalten ist, gilt die letztere Entscheidung als nur vom Vorsitzenden gefällt.

Der *Anwaltsvertrag* entsteht nicht schon durch die Beiordnung, vgl LG Arnsb AnwBl **83**, 180, wohl aber dann, wenn der Notanwalt die Beiordnung der Partei mitteilt und wenn die Partei daraufhin schweigt, LG Traunstein AnwBl **76**, 345. *Wert:* § 3 Anh Rn 86 „Notanwalt".

7   **6) Rechtsbehelfe, II.** Beim Rpfl gilt § 11 RPflG, vgl § 104 Rn 41 ff. Im übrigen gilt:

   **A. Gegen Ablehnung der Beiordnung.** Gegen die Ablehnung einer Beiordnung ist die einfache Beschwerde nach § 567 I zulässig, II, vgl Mü MDR **93**, 484. Das gilt aber nicht (mehr), wenn das LG als Berufungs- oder Beschwerdeinstanz entscheidet, § 567 III 1. Wenn das OLG entschieden hat, ist keine Beschwerde zulässig, § 567 IV 1. Ein Anwaltszwang gilt wie sonst. *Wert:* § 3 Anh Rn 86 „Notanwalt".

8   **B. Gegen Beiordnung.** Gegen den Beiordnungsbeschluß ist kein Rechtsbehelf statthaft, § 567 I Hs 1. Soweit der Beiordnungsbeschluß auch die Person des beizuordnenden Anwalts bestimmt, ist dieser Teil der Entscheidung nach § 78 c III anfechtbar, dort Rn 11. *Wert:* § 3 Anh Rn 86 „Notanwalt".

9   **7) VwGO: I** ist entsprechend anwendbar, § 173 *VwGO*, im Verfahren vor dem BVerwG und dem OVG, BVerwG Buchholz 303 § 78 b Nr 2 (auch hinsichtlich der Beiordnung eines Rechtslehrers), VGH Mannh NVwZ-RR **99**, 280 (Zulassung der Berufung), nicht vor dem VG, § 67 II *VwGO*; **II** *(Beschwerde)* ist unanwendbar, § 152 *VwGO*. Die Entscheidung ergeht durch das zur Entscheidung über das Rechtsmittel bzw den Antrag, § 67 I 1 u 2 *VwGO*, zuständige Gericht, auch im Verfahren über eine Nichtzulassungsbeschwerde, § 133 *VwGO*. Eine Beiordnung entfällt,

4. Titel. Prozeßbevollmächtigte und Beistände  §§ 78b, 78c

*wenn dem Beteiligten in der Person seines Pflegers bereits ein RA als Bevollmächtigter staatlich bestellt worden ist,* B*Verw*G N*JW* **79**, 2117.

**78c** **Auswahl.** [I] Der nach § 78 b beizuordnende Rechtsanwalt wird durch den Vorsitzenden des Gerichts aus der Zahl der bei dem Prozeßgericht zugelassenen Rechtsanwälte ausgewählt; *§ 78 Abs. 2 Satz 2 gilt entsprechend.*

[II] Der beigeordnete Rechtsanwalt kann die Übernahme der Vertretung davon abhängig machen, daß die Partei ihm einen Vorschuß zahlt, der nach der Bundesgebührenordnung für Rechtsanwälte zu bemessen ist.

[III] [1] Gegen eine Verfügung, die nach Absatz 1 getroffen wird, steht der Partei und dem Rechtsanwalt die Beschwerde zu. [2] Dem Rechtsanwalt steht die Beschwerde auch zu, wenn der Vorsitzende des Gerichts den Antrag, die Beiordnung aufzuheben (§ 48 Abs. 2 der Bundesrechtsanwaltsordnung), ablehnt.

**Vorbem.** I idF Art 3 Z 2 G v 2. 9. 94, BGBl 2278, in Kraft in Berlin und den alten Bundesländern seit 1. 1. 2000, in den neuen ab 1. 1. 2005, Art 22 II G, abgedruckt bei § 78. Der *kursive* Text von I Hs 2 gilt also bis 31. 12. 2004 in den neuen Bundesländern (ohne Berlin) fort. Vgl. auch § 78 Vorbem. Weiteres ÜbergangsR Einl III 78.

**Gliederung**

| | | | | |
|---|---|---|---|---|
| 1) Systematik, I–III | 1 | | A. Übernahmepflicht, I | 8, 9 |
| 2) Regelungszweck, I–III | 2 | | B. Vorschuß, II | 10 |
| 3) Geltungsbereich, I–III | 3 | 6) | Rechtsbehelfe, III | 11–14 |
| 4) Auswahl, I | 4–7 | | A. Gegen Auswahlverfügung | 11 |
| A. Zeitpunkt | 4 | | B. Gegen Ablehnung der Aufhebung | 12 |
| B. Person des Auszuwählenden | 5 | | C. Keine Beschwerde gegen Verfügung des Vorsitzenden des Berufungsgerichts | 13 |
| C. Auswahlverfahren | 6 | | D. Keine weitere Beschwerde | 14 |
| D. Entscheidung | 7 | 7) | Wert, I–III | 15 |
| 5) Folgen der Auswahl, I, II | 8–10 | 8) | VwGO | 16 |

**1) Systematik, I–III.** Vgl zunächst § 78 b Rn 1, 2. Während § 78 b die Voraussetzungen und das Verfahren zu der Frage regelt, ob einer Partei überhaupt ein Notanwalt beizuordnen ist, regelt § 78 c die Auswahl des in Betracht kommenden Anwalts auf Grund des Beiordnungsbeschlusses, die Voraussetzungen seiner Pflicht zum Tätigwerden und die zugehörigen Rechtsbehelfe. **1**

**2) Regelungszweck, I–III.** I dient der Übersehbarkeit des Kreises der Beizuordnenden und damit der Eignungskontrolle. II dient dem wirtschaftlichen Interesse des Beigeordneten. III bezweckt eine Überprüfbarkeit der Entscheidung nach I und damit der Rechtsstaatlichkeit und Rechtssicherheit. Diese Gesichtspunkte sind bei der Auslegung jeweils mitzubeachten. **2**

**3) Geltungsbereich, I–III.** Vgl Üb 3 vor § 78. **3**

**4) Auswahl. I.** Es sind Fragen zum Wann, Wer und Wie zu unterscheiden. **4**

**A. Zeitpunkt.** Sobald das Prozeßgericht in voller Besetzung beschlossen hat, der Partei einen Notanwalt beizuordnen, § 78 b, muß der Vorsitzende dieses Gerichts gemäß I einen bestimmten Anwalt auswählen und damit die Beiordnung vollziehen. Die Pflicht zur unverzüglichen Tätigkeit (§ 216 II enthält einen allgemeinen Rechtsgedanken) ergibt sich aus der Fürsorgepflicht des Gerichts. Eine verzögerte Tätigkeit des Vorsitzenden kann mit der Dienstaufsichtsbeschwerde gerügt werden.

**B. Person des Auszuwählenden.** Der Vorsitzende ist an den Kreis derjenigen Anwälte gebunden, die bei dem Prozeßgericht zugelassen sind, I Hs 1, oder die dann, wenn das Prozeßgericht ein AG in den neuen Bundesländern (ohne Berlin) ist, bei dem diesem AG übergeordneten LG zugelassen sind, I Hs 2 in Verbindung mit § 78 II 2 aF (zur Problematik der Fortgeltung von § 78 I, II aF vgl dort Rn 2–13). Die Auswahl eines danach nicht Zugelassenen ist unwirksam. Der Auszuwählende muß schon und noch zugelassen sein. Es kommt nicht darauf an, ob er grundsätzlich oder für diesen Fall bereits sein Einverständnis erklärt hat. Ebensowenig kommt es darauf an, ob die Partei bereits ihr Einverständnis erklärt hat. **5**

**C. Auswahlverfahren.** Mit den Einschränkungen Rn 5 hat der Vorsitzende ein pflichtgemäßes Ermessen. Dieses zwingt ihn zur Berücksichtigung etwaiger Wünsche oder Bedenken sowohl der Partei als auch des Notanwalts, unter Umständen sogar des Gegners oder eines sonstigen Prozeßbeteiligten. Stets kommt es darauf an, ob vom Standpunkt der Partei aus, objektiv betrachtet, Hindernisgründe oder besondere Motive für oder gegen die Beiordnung eines bestimmten Anwalts bestehen, vgl Brschw NJW **62**, 256. **6**

Der Vorsitzende darf alle Beteiligten mündlich oder schriftlich *anhören*. Er sollte von dieser Möglichkeit insoweit Gebrauch machen, als Wünsche oder Bedenken erkennbar sind oder geäußert wurden. Die Partei hat allerdings grundsätzlich kein Recht auf die Auswahl eines von ihr bestimmten Anwalts, Schlesw SchlHA **78**, 84 mwN. Ihr darf aber kein solcher Anwalt aufgezwungen werden, zu dem kein Vertrauen bestehen kann oder gegen den sonst sachliche Bedenken bestehen, BGH **60**, 258, Schlesw SchlHA **78**, 84. Wenn der Anwalt zum Pfleger bestellt wurde, kommt im allgemeinen auch seine Auswahl als Notanwalt in Betracht.

**D. Entscheidung.** Der Vorsitzende entscheidet durch eine Verfügung, wie sich aus III 1 ergibt. Eine Entscheidung in der Form eines Beschlusses ist ebenfalls zulässig. Die Entscheidung bedarf grundsätzlich einer Begründung, § 329 Rn 4. Sie wird den Parteien und dem ausgewählten Anwalt formlos mitgeteilt, § 329 II 1. Sie wird nicht vor demjenigen Zeitpunkt wirksam, in dem der grundsätzliche Beiordnungsbeschluß nach § 78 b wirksam ist. Eine vorher mitgeteilte Auswahlentscheidung ist höchstens aufschiebend **7**

§§ 78c, 79                                           1. Buch. 2. Abschnitt. Parteien

bedingt wirksam. Die Begründung darf in der Regel auf wenige Stichworte beschränkt bleiben. Fehlt sie, so ist die Auswahl nicht schon deshalb unwirksam.

Der Vorsitzende darf seine Entscheidung jederzeit *ändern*, sofern alle Beteiligten zustimmen. Andernfalls bedarf es zu einer Änderung wichtiger Gründe, §§ 45, 48 II BRAO. Das Änderungsverfahren verläuft im übrigen nach den Regeln des Auswahlverfahrens, Rn 6.

**8**   **5) Folgen der Auswahl, I, II.** Einer Pflicht entspricht ein Recht des Ausgewählten.

A. **Übernahmepflicht, I.** Der ausgewählte Anwalt ist unter der Voraussetzung einer ordnungsgemäßen Auswahl grundsätzlich zur Übernahme der Vertretung der Partei verpflichtet, § 48 I Z 1, 2 BRAO, Brangsch AnwBl **82**, 99. Die Übernahme ist eine Berufspflicht, BGH **60**, 258. Sie ist mit der Menschenrechtskonvention vereinbar, EKMR AnwBl **75**, 137. Die Auswahlverfügung verpflichtet daher den Anwalt zum unverzüglichen Abschluß des Anwaltsvertrags mit der Partei. Dieser wird weder durch die Beiordnungsentscheidung des Prozeßgerichts noch durch die Auswahlverfügung des Vorsitzenden ersetzt.

**9**   Der Anwalt muß aber auf Grund der wirksamen Auswahl an die Partei herantreten und ihr seine *Bereitschaft* zur Übernahme der Vertretung mitteilen. Er darf diese Bereitschaft nicht von anderen Bedingungen als einer Vorschußzahlung nach II, Rn 10, abhängig machen. Der Anwalt muß prüfen, ob er vielleicht nach § 45 BRAO nicht tätig werden darf. Dann darf er die Übernahme der Vertretung ohne weiteres ablehnen.

**10**  **B. Vorschuß, II.** Der ausgewählte Anwalt darf die Übernahme der Vertretung stets davon abhängig machen, daß die Partei ihm einen Vorschuß zahlt. Er kann diese Bedingung ohne eine Angabe von Gründen stellen. Erforderlich und ausreichend ist die Mitteilung seiner Bedingung gegenüber der Partei. Wenn die Partei nicht zahlen will, aber zahlen muß, hat das Gericht wie auch beim Vorliegen sonstiger wichtiger Gründe, § 45 BRAO, die Beiordnung wieder aufzuheben, § 48 II BRAO. Der Anwaltsvertrag kommt auch dann zustande, wenn die Partei auf die Mitteilung der Beiordnung und Auswahl schweigt, LG Traunstein AnwBl **76**, 345. Der Vorschuß bemißt sich nach § 17 BRAGO. Der Anwalt kann also sowohl für die entstandenen als auch für die voraussichtlich entstehenden Gebühren und Auslagen einen angemessenen Vorschuß fordern.

**11**  **6) Rechtsbehelfe, III.** Beim Rpfl gilt § 11 RPflG, vgl § 104 Rn 41 ff. Im übrigen gilt:

A. **Gegen Auswahlverfügung.** Gegen die Auswahlverfügung oder den Auswahlbeschluß des Vorsitzenden hat sowohl die Partei als auch der ausgewählte Anwalt die Beschwerde nach § 567, III 1. Das vom auswählenden Vorsitzenden geübte Ermessen ist also nachprüfbar.

**12**  **B. Gegen Ablehnung der Aufhebung.** Der Anwalt kann die einmal pflichtgemäß übernommene Vertretung der Partei grundsätzlich nicht von sich aus auflösen. Denn er hat unter öffentlichem Zwang abgeschlossen. Er kann aber beantragen, die Beiordnung aus einem wichtigen Grund aufzuheben, § 48 II, 45 BRAO, BGH **60**, 258, Düss FamRZ **95**, 241. Dieser Antrag ist an den Vorsitzenden des Prozeßgerichts zu richten, III 2. Gegen eine ablehnende Entscheidung des Vorsitzenden hat der Anwalt die Beschwerde nach § 567, Düss FamRZ **95**, 241, Zweibr NJW **88**, 570, III 2. Der Anwalt kann die Vertretung nicht niederlegen, weil die Partei ihn nicht unterrichtet.

**13**  **C. Keine Beschwerde gegen Verfügung des Vorsitzenden des Berufungsgerichts.** Wenn der Vorsitzende des Berufungsgerichts die Entscheidung erlassen hat, ist eine Beschwerde unzulässig, § 567 III 1. Das gilt sowohl dann, wenn der Vorsitzende einer Berufungskammer tätig wurde, als auch dann, wenn der Vorsitzende eines Senats des OLG entschieden hat. Die Vorschriften über die diesbezügliche weitere Beschwerde bleiben unberührt, § 567 III 2.

**14**  **D. Keine weitere Beschwerde.** Eine weitere Beschwerde gegen die Beschwerdeentscheidung des LG ist ausgeschlossen. Das ergibt sich aus § 568 II 1 und dem Fehlen der Zulassung einer weiteren Beschwerde in § 78 c.

**15**  **7) Wert, I–III.** Wegen des Streitwerts § 3 Anh Rn 86 „Notanwalt".

**16**  **8) VwGO:** *Wegen der entsprechenden Anwendung von I und II, § 173 VwGO, im Verfahren vor BVerwG und OVG vgl § 78 Rn 57. Der Vorschuß, II, ist nach § 114 BRAGO zu bemessen, vgl Hartmann X.*

**79**  *Parteiprozeß.* Insoweit eine Vertretung durch Anwälte nicht geboten ist, können die Parteien den Rechtsstreit selbst oder durch jede prozeßfähige Person als Bevollmächtigten führen.

**1**   **1) Systematik, Regelungszweck.** Vgl. zunächst Üb 1, 2 vor § 78. Im Parteiprozeß, § 78 Rn 1, kann sich jede Partei bzw bei am Verfahren beteiligte Dritte selbst vertreten oder sich durch jede beliebige prozeßfähige Person vertreten lassen. Eine juristische Person kann als solche nicht ProzBev sein; indessen ist ihre „Vollmacht" dahin auszulegen, daß ihr gesetzlicher Vertreter bevollmächtigt ist und Untervollmacht erteilen kann, vgl auch BayObLG FamRZ **86**, 598 (zum FGG). Der bevollmächtigte Anwalt braucht in solchem Fall nicht beim Prozeßgericht zugelassen zu sein, BGH NJW **93**, 1209. Er hat grundsätzlich dasselbe Recht wie jeder andere ProzBev. Vgl allerdings §§ 104 II, 135, 157 I, II, dazu § 157 Rn 1 ff, ferner §§ 170, 198, 212 a, 397 II.

**2**   **2) Geltungsbereich.** Vgl Üb 3 vor § 78.

**3**   **3) Unzulässiger Vertreter.** Ein nicht zulässiger Vertreter ist zurückzuweisen. Das gilt vor allem dann, wenn dem Vertreter eine Erlaubnis nach dem RBerG fehlt, Üb 10 vor § 78, LG Kblz Rpfleger **86**, 396. Die Prozeßhandlungen eines zurückgewiesenen Vertreters sind aber insofern nicht wirkungslos, als sie vor dem Zeitpunkt erfolgt sind, in dem die Zurückweisung wirksam wurde, Köln MDR **74**, 310. Die Entscheidung über solche Handlung ergeht an die Partei selbst.

### 4. Titel. Prozeßbevollmächtigte und Beistände §§ 79, 80

**4) Prozeßunfähiger Vertreter.** Die Vollmacht auf einen Prozeßunfähigen ist unwirksam, vgl auch § 51 **4** Rn 6. Die Partei kann aber je nach der Lage des Falls den gesetzlichen Vertreter des Prozeßunfähigen oder eine Person meinen, die sonst für den Prozeßunfähigen handelt. Das ist vor allem dann anzunehmen, wenn die Partei eine Handelsgesellschaft bevollmächtigt. Meist meint sie dann deren gesetzlichen Vertreter. Eine vor der Löschung erfüllte Vollmacht kann nach der Löschung fortwirken, BGH RR **94**, 542.

**5) *VwGO:*** Statt § 79 gilt vor dem VG § 67 II 1 u 3 VwGO. Aus § 67 II 3 folgt, daß der Bevollmächtigte nicht **5** *prozeßfähig zu sein braucht, aM Ey Rn 11, RedOe Anm 13, Kopp Rn 12,* alle zu § 67; *danach darf in der mündlichen Verhandlung jede Person auftreten, die zum sachgemäßen Vortrag fähig ist.* Da diese Voraussetzung nur bei natürlichen Personen erfüllt ist, können jur Personen und Behörden als solche auch keine Prozeßvollmacht, die zum mündlichen Verhandeln berechtigt, § 83, erhalten, *OVG Bln NJW **74**, 2254, aM VGH Kassel VerwRspr **21**, 884 u für das Verf vor dem FG BFH BStBl **91** II 524, dazu Herden/Gmach NJW **92**, 799, im Anschluß an BFH (GrS) BStBl **69** II 435, dazu Rüggeberg NJW **70**, 309.* Zur Vertretung durch Verbände RedOe § 67 Anm 13 mwN, zur Vertretung durch Hochschullehrer, Beamte und Angestellte § 78 Rn 57.

**80** *Prozeßrechtliche Vollmacht.* ¹ Der Bevollmächtigte hat die Bevollmächtigung durch eine schriftliche Vollmacht nachzuweisen und diese zu den Gerichtsakten abzugeben.

II ¹ Das Gericht kann auf Antrag des Gegners die öffentliche Beglaubigung einer Privaturkunde anordnen. ² Wird der Antrag zurückgewiesen, so ist dagegen kein Rechtsmittel zulässig. ³ Bei der Beglaubigung bedarf es weder der Zuziehung von Zeugen noch der Aufnahme eines Protokolls.

**Schrifttum:** *Brunn,* Die Vollmacht im Zivilprozeß, Diss Gießen 1988.

#### Gliederung

| | | | |
|---|---|---|---|
| 1) Systematik, Regelungszweck, I, II .... | 1 | A. Notwendigkeit des Nachweises ........ | 10 |
| 2) Geltungsbereich, I, II ................ | 2 | B. Abgabe der Originalvollmacht ........ | 11 |
| 3) Vollmachtsnachweis, I, II .............. | 3–9 | C. Registerauszug usw ................... | 12 |
| A. Begriffe ........................... | 3 | D. Generalakte, Generalvollmacht ........ | 13 |
| B. Außen- und Innenverhältnis .......... | 4 | E. Mangel ............................... | 14 |
| C. Erteilung ........................... | 5 | 5) Beglaubigung, II ...................... | 15, 16 |
| D. Erklärungsempfänger ................ | 6, 7 | 6) Rechtsbehelf, I, II ..................... | 17 |
| E. Prozessuale Folgen einer sachlichrechtlichen Vollmacht .................... | 8, 9 | 7) VwGO ............................... | 18 |
| 4) Nachweis der Vollmacht, I ............ | 10–14 | | |

**1) Systematik, Regelungszweck, I, II.** Die Vorschrift regelt einen wichtigen Teil der bei einer Prozeß- **1** vollmacht auftretenden Fragen, nämlich das Bindeglied zwischen wahrer Erteilung und Gebrauchsmöglichkeit. Sie ergänzt die Anwaltsbestellung nach § 176.

Die Vorschrift *dient* vor allem der Rechtssicherheit, Einl III 43: Es soll von vornherein aus einer ganzen Reihe von Gründen klar sein, wer in welchem Umfang, wenn gegenüber und für welchen Zeitraum Bevollmächtigter mit allen weitreichenden Rechtsfragen ist, von der Notwendigkeit der Zustellung und Ladung an ihn, § 176, bis zur Haftung, § 85 II. Daher ist eine durchaus strenge Auslegung entgegen einer oft erschreckend laxen Praxis, die bis zur bewußten Beschimpfung des lästig gesetzestreuen Anwenders gehen kann, zwingend geboten.

**2) Geltungsbereich, I, II.** Vgl Üb 3 vor § 78. **2**

**3) Vollmachtsnachweis, I, II.** Die Vorschriften haben eine oft unterschätzte Bedeutung. **3**

**A. Begriffe.** Unter einer sachlichrechtlichen Vollmacht versteht man die sachliche Vertretungsmacht nach § 166 II BGB. Unter einer prozeßrechtlichen Vollmacht ist die prozessuale Vertretungsmacht zu verstehen. Die ZPO gebraucht den Begriff Vollmacht auch für die Vollmachtsurkunde, § 80 I. Die prozessuale Vollmacht kann eine Vollmacht für den gesamten Prozeß sein. Dann spricht man von der Prozeßvollmacht, vgl BGH MDR **85**, 30 mwN. Sie kann auch eine Sondervollmacht nur für eine einzelne Prozeßhandlung darstellen. Eine solche Sondervollmacht ist im Parteiprozeß stets statthaft, im Anwaltsprozeß nur in der Form einer Untervollmacht für Handlungen außerhalb des Anwaltszwangs.

**B. Außen- und Innenverhältnis.** Jede prozessuale Vollmacht geht neben einer sachlichrechtlichen Voll- **4** macht her. Deshalb muß man streng zwischen der Vertretungsmacht nach außen und derjenigen im Verhältnis zwischen dem Vollmachtgeber und dem Vollmachtnehmer unterscheiden, Üb 4 vor § 78, BGH NJW **93**, 1926, Hamm AnwBl **89**, 397, LAG Bln AnwBl **87**, 241. Der Umfang der beiden Vollmachtsarten kann sehr unterschiedlich sein. Die prozessuale Vollmacht kann erloschen sein, wenn die sachlichrechtliche Vollmacht noch fortdauert. Die sachlichrechtliche Vollmacht richtet sich ganz nach dem BGB, BAG AnwBl **80**, 149, auch dann, wenn es um die Folgen eines Willensmangels geht. Die Prozeßvollmacht kann trotz Nichtigkeit des sachlichrechtlichen Grundgeschäfts wirksam sein, Hamm AnwBl **89**, 397, aM LG Frankenth VersR **96**, 777. Ein Standesrechtsverstoß eines Anwalts führt nicht stets zur Unwirksamkeit seiner Prozeßvollmacht, Hamm MDR **89**, 266.

**C. Erteilung.** Man erteilt die prozessuale Vollmacht durch eine Parteiprozeßhandlung, Grdz 47 vor **5** § 128, nach BGH FamRZ **95**, 1484 durch eine rechtsgeschäftliche Erklärung, Mü OLGZ **93**, 224, so daß die Geschäftsfähigkeit ausreicht, vgl die Zusammenstellung der Meinungen bei Baumgärtel Prozeßhandlungen 173, Urbanczyk ZZP **95**, 344. Deshalb bleibt ein etwaiger Willensmangel bei der Erteilung der prozessualen Vollmacht unbeachtlich, Grdz 56 vor § 128. Die Erteilung der prozessualen Vollmacht ist auch deshalb eine Prozeßhandlung, wenn sie der Erhebung der Klage vorangeht. Denn das Ziel der Vollmachts-

§ 80                                                          1. Buch. 2. Abschnitt. Parteien

erteilung ist in der Regel unmittelbar auf eine Tätigkeit im Prozeß gerichtet. Eine Bestätigung durch einen Dritten reicht nicht aus, Mü OLGZ **93**, 224.

Die Vollmachtserteilung leitet also in einem weiteren Sinn den Prozeß ein. Deshalb muß der Vollmachtgeber im Zeitpunkt der Vollmachtserteilung prozeßfähig sein, §§ 51, 52. Die prozessuale Vollmacht ist in ihrer *Gültigkeit* nach dem Recht der BRep zu beurteilen, selbst wenn sie im Ausland erteilt wurde, BGH NJW **90**, 3088; davon zu unterscheiden ist die sachlichrechtliche Vertretungmacht, die evtl nach dem ausländischen Recht des Erteilers zu beurteilen ist, BGH DB **90**, 2217. Wegen der Prozeßfähigkeit des Bevollmächtigten § 78 Rn 26, § 79 Rn 4.

6   **D. Erklärungsempfänger.** Man erteilt die prozessuale Vollmacht durch eine einseitige Erklärung, insofern richtig BGH FamRZ **95**, 1484, gegenüber dem zu Bevollmächtigenden, dem Gegner oder dem Gericht. Die Vollmacht wird mit dem Zugang der Erklärung wirksam, insofern richtig BGH FamRZ **95**, 1484, und zwar auch dann, wenn der Erklärungsempfänger von dem Zugang keine Kenntnis nimmt. Mit diesem Zugang ist die Erklärung dann auch anderen gegenüber wirksam. Wenn die Vollmacht zB gegenüber dem Gericht erklärt wird, dann wird sie in diesem Zeitpunkt auch gegenüber dem Bevollmächtigten wirksam, unabhängig davon, ob er von der Erklärung sogleich Kenntnis erhält, BGH VersR **74**, 548.

Die Erklärung kann *formlos* erfolgen; auch eine stillschweigende Erklärung ist ausreichend, BGH FamRZ **95**, 1484, LAG Mü AnwBl **74**, 26. Die Schriftform dient nur dem Nachweis, BGH NJW **94**, 2298, Karst NJW **95**, 3280. Ein Telegramm reicht aus, BFH DB **87**, 2012. Wenn die Partei aber im Verfahren auf die Bewilligung einer Prozeßkostenhilfe, § 114, lediglich um die „Beiordnung eines Anwalts" bittet, dann ist der Beigeordnete noch nicht durch diese Bitte der Partei als bevollmächtigt anzusehen. Auf einem ganz anderen Gebiet liegt die Frage der Verhandlungsfähigkeit, Üb 1 vor § 78.

7   Im Anwaltsprozeß, § 78 Rn 1, ist auch eine solche Prozeßvollmacht wirksam, die die Partei einem bei dem Prozeßgericht *nicht zugelassenen* Anwalt erteilt hat, Mü AnwBl **93**, 576. Der Bevollmächtigte kann im Rahmen seiner Verhandlungsfähigkeit, die allgemein mit der Aushändigung der Zulassungsurkunde (für auch dieses Gericht) beginnt, BGH NJW **92**, 2706, selbst verhandeln. Im übrigen kann er nur durch einen Vertreter handeln, Mü AnwBl **93**, 576 mwN, und muß notfalls selbst einen ProzBev bestellen, Mü AnwBl **85**, 44. Die dem Anwalt erteilte Prozeßvollmacht ermächtigt kraft Gesetzes auch seinen Allgemeinvertreter, § 53 III BRAO. Der bevollmächtigte Anwalt ist an eine Weisung der Partei nur im Innenverhältnis gebunden. Auch die einer überörtlichen Sozietät erteilte Vollmacht ist auslegbar und auslegungsbedürftig, wie jede Parteiprozeßhandlung, Grdz 52 vor § 128, FG Bln JB **99**, 364.

8   **E. Prozessuale Folgen einer sachlichrechtlichen Vollmacht.** Manche umfassende sachlichrechtliche Vollmacht schließt als gesetzliche Folge eine Ermächtigung zur Prozeßführung ein, zB in folgenden Fällen: Eine *Generalvollmacht* ermächtigt zur Prozeßführung in allen Vermögensangelegenheiten oder in einem Kreis derartiger Angelegenheiten. Die Prokura, § 49 HGB, ermächtigt für alle Prozesse aus dem Betrieb irgendeines Handelsgewerbes, auch wegen eines Grundstücks. § 49 II HGB betrifft die Prozeßführung nicht. Die Handlungsvollmacht ermächtigt im Fall ihrer allgemeinen Erteilung auch allgemein zur Führung der zugehörigen Prozesse, § 54 HGB. Eine Vertretung des ausländischen Inhabers eines gewerblichen Schutzrechts ermächtigt zur Prozeßführung, §§ 16 PatG, 28 GebrMG, § 96 MarkenG. Zur Prozeßführung ermächtigt auch eine Anstellung als geschäftsführender Gesellschafter, § 714 BGB, oder die Funktion des Vorstands eines nicht rechtsfähigen Vereins, § 54 BGB. Die Bestellung zum Abwickler einer Firma usw berechtigt zur Prozeßführung, BFH DB **85**, 28.

9   In allen diesen Fällen muß man prüfen, ob die umfassende sachlichrechtliche Vollmacht *wirksam* erteilt worden ist. Wenn das geschehen war, dann liegt auch eine wirksame prozessuale Vollmacht vor, BFH DB **85**, 28.Soweit sich ein Prozeßführungsrecht ausschließlich auf eine gesetzliche Bestimmung stützt, Grdz 26 vor § 50, liegt lediglich eine gesetzliche Vertretung vor, zB: Bei einem Schiffer außerhalb des Heimathafens, § 527 II HGB; bei der Gütergemeinschaft im Fall der Verhinderung des anderen Ehegatten, §§ 1429, 1454 BGB.

10  **4) Nachweis der Vollmacht, I.** Die Vorschrift wird immer wieder mißachtet.

**A. Notwendigkeit des Nachweises.** Der Bevollmächtigte muß seine Vollmacht dem Gegner immer dann nachweisen, wenn der Gegner es verlangt, BGH BB **97**, 1816. Dem Gericht gegenüber ist der Vollmachtsnachweis nur dann erforderlich, wenn der Bevollmächtigte kein Anwalt ist oder wenn die Vollmacht bemängelt wurde, § 88. Die Berufung ist also dann unzulässig, wenn der Anwalt des Rechtsmittelklägers trotz einer Rüge des Gegners bis zum Schluß der letzten Tatsachenverhandlung keine schriftliche Vollmacht zu den Akten gegeben hat, BGH MDR **71**, 483. Allerdings kann der Nachweis im Revisionsrechtszug nachgeholt werden, BGH BB **97**, 1816. Auch der Pflichtanwalt muß seine Vollmacht nach den vorgenannten Regeln nachweisen. Zu diesem Nachweis ist also auch ein im Verfahren auf die Bewilligung einer Prozeßkostenhilfe beigeordneter Anwalt, § 121, oder der Notanwalt nach den §§ 78 b, c verpflichtet. Im Mahnverfahren, §§ 688 ff, ist kein Vollmachtsnachweis erforderlich, § 703; anstelle des Nachweises ist allerdings unter Umständen eine Versicherung der Bevollmächtigten erforderlich. Der Nachweis betrifft nur die Tatsache der Bevollmächtigung. Ein Nachweis des Befugnis des Vollmachtgebers, etwa eines gesetzlichen Vertreters, fällt unter § 56, ist also stets zu führen.

11  **B. Abgabe der Originalvollmacht.** In der Regel ist eine Vollmachtsurkunde vorzulegen. Sie muß von der Partei, zulässigerweise mit ihrer Firma, handschriftlich unterschrieben worden sein, vgl § 129 Rn 9. Diese Urkunde ist unabhängig von § 88 II grundsätzlich zu den Prozeßakten abzugeben, BGH RR **86**, 1253, BFH NJW **96**, 872, Karst NJW **95**, 3282 (ausf), vgl auch § 62 III FGO, § 73 II SGG, LSG Bln NJW **89**, 191, § 67 III VwGO. Ein Datum ist entbehrlich, vgl BFH BB **91**, 2362. Denn der Nachweis hat, gerade anders als bei § 89, dort Rn 15, nur für die Zukunft eine Bedeutung, aM Karlsr GRUR **92**, 877. Eine Erklärung der Bevollmächtigung kann auch zum Protokoll des Gerichts erfolgen. Eine ordnungsgemäß unterschriebene Blankovollmacht kann ausreichen, vgl BFH DB **88**, 1684 (zu § 62 III 1 FGO), BVerwG MDR **84**, 256.

### 4. Titel. Prozeßbevollmächtigte und Beistände §§ 80, 81

Vorzulegen und abzugeben ist entgegen weitverbreiteter Laxheit bei allen Beteiligten nach dem klaren Sinn des § 80 das *Original,* BGH BB **97**, 1816, Hbg WettbR **99**, 170 (Eilverfahren), wie übrigens auch bei § 174 S 1 BGB, dazu LAG Düss BB **95**, 731, FG Kassel RR **95**, 638, oder im wettbewerbsrechtlichen Abmahnverfahren, Drsch WettbR **99**, 140. Ein Telefax ist nach BFH DB **94**, 2012 (LS) ausreichend, nach BGH NJW **94**, 2298, BFH JZ **97**, 255 (krit Bork) nicht, vgl aber § 129 Rn 44 „Telefax"; eine Fotokopie usw reicht nicht aus, BGH **126**, 267, BFH BB **91**, 2364, LAG Ffm DB **88**, 2656, FG Kassel RR **95**, 638 (Telefax), auch nicht eine beglaubigte Abschrift, auch nicht dann, wenn Vollmachtgeber zB eine Behörde ist; diese Notwendigkeit entfällt nicht etwa durch den Vorgang Rn 16. Daher reicht es auch nicht aus, das Original nur vorzuzeigen und eine Kopie einzureichen, denn das Original ist nicht „zur Einsicht vorzulegen", sondern „zu den Gerichtsakten abzugeben", um sicherzustellen, daß im gesamten weiteren Prozeßverlauf die von Amts wegen zu prüfende Prozeßvoraussetzung einer ordnungsgemäßen Vollmacht erfüllt ist. Daher hat das Gericht es auch keineswegs in der Hand, an dieser Stelle laxe Unsitten durch weitere „Großzügigkeit" weiterzufördern. Eine Rückgabe der zu den Akten eingereichten Originalvollmacht kommt auch nach dem Prozeßende nicht in Betracht, aM Karlsr GRUR **92**, 877, ZöV 11.

**C. Registerauszug usw.** Bei den nach Rn 8, 9 zur Prozeßführung Ermächtigten genügt eine Vorlage **12** der entsprechenden Urkunde, zB eines Auszugs aus dem Handelsregister im Rahmen von § 88, wenn es um eine Prokura geht. Wenn ein Prokurist eine Vollmachtsurkunde unterschrieben hat, ist die Bevollmächtigung im Weg einer freien Beweiswürdigung nachzuprüfen, § 286, und ist § 80 unanwendbar.

**D. Generalakte, Generalvollmacht.** Der Bezug auf eine Generalvollmacht, die zu einer anderen Akte **13** eingereicht wurde, etwa zu den Generalakten des Gerichts, genügt nur dann, wenn sich diese Generalakten sofort, bei mündlicher Verhandlung in den Sitzungssaal, beschaffen lassen, vgl BGH RR **86**, 1253, BFH BB **91**, 2364, Erlaß BMI v 24. 1. 97 – Z 7-004003/1 –. Eine solche Bezugnahme reicht also zB nicht während einer Sitzung in einem Saal aus, der von der Verwaltungsgeschäftsstelle ziemlich weit entfernt ist, wenn es zwischen den Räumen weder eine Telefonverbindung noch einen Wachtmeister als Boten gibt und wenn nach dem Terminsfahrplan auch keine Zeit zu einer Unterbrechung der Sitzung vorhanden ist oder wenn der Gerichtsvorstand die Herausgabe auch nur für die Dauer der Prüfung während der Sitzung verweigert, wie es – kaum glaublich und unter solchen Umständen eindeutig rechtswidrig, schikanös, weil von keinerlei auch nur entfernt vernünftig vertretbaren Gründen mehr tragbar – vorkommt (notfalls Verfahren nach § 23 EGGVG und währenddessen Aussetzung, § 148).

**E. Mangel.** Soweit die Prozeßvollmacht nicht einwandfrei nachgewiesen wurde, sind §§ 88, 89 anwend- **14** bar. Allerdings genügt eine Prozeßvollmacht auch für die anschließende Zwangsvollstreckung auf Grund des in diesem Verfahren ergangenen Vollstreckungstitels, § 81. Daher muß sich das Vollstreckungsgericht in der Regel damit begnügen, daß der ProzBev im Urteil als solcher erwähnt wurde, selbst wenn das Vollstreckungsgericht nicht in derselben Besetzung wie das Prozeßgericht tätig wird.

**5) Beglaubigung, II.** Das Gericht darf die öffentliche Beglaubigung einer privaten Vollmachtsurkunde, **15** die stets ohnehin im Original vorzulegen ist, Rn 11, nur auf Grund eines Antrags des Gegners anordnen, also nicht von Amts wegen. Das Verfahren erfordert keine mündliche Verhandlung, § 128 Rn 5. Das Gericht entscheidet auf Grund seines pflichtgemäßen, aber nicht nachprüfbaren Ermessens. Es entscheidet durch eine Verfügung oder durch einen Beschluß, § 329. Er ist grundsätzlich kurz zu begründen, § 329 Rn 4. Der Antrag des Gegners wird zurückgewiesen, wenn der Gegner zur Begründung keine sachlich haltbaren Bedenken gegen die behauptete Bevollmächtigung vortragen kann oder will. Das Gericht setzt im übrigen eine Frist zur Beglaubigung. Es entscheidet nicht vor Fristablauf.

Das Gericht kann allerdings in geeigneten Fällen eine *vorläufige Zulassung* nach § 89 aussprechen. Es kann **16** auch eine mündliche Verhandlung anordnen und zu ihr von Amts wegen das persönliche Erscheinen der Partei anordnen, § 141 I. Praktisch verlangt der Gegner in solchem Fall meist die Beglaubigung. Die öffentliche Beglaubigung erfolgt nach § 129 BGB. Eine Hinzuziehung von Zeugen oder eine Protokollierung sind unnötig, II. Der Vollmachtgeber trägt die Kosten der Beglaubigung. Sie sind im Rahmen des § 91 erstattungsfähig.

**6) Rechtsbehelf I, II.** Ein Rechtsmittel ist weder gegen die Anordnung der Beglaubigung, § 567, noch **17** gegen die Zurückweisung einer solchen Anordnung statthaft, II. Beim Rpfl gilt § 11 II RPflG, vgl § 104 Rn 41 ff.

**7) *VwGO:*** Eigene Regelung in § 67 III 1 u 2 VwGO; I 2. Halbs ist ergänzend anzuwenden, vgl BFH NVwZ- **18** RR **98**, 528. Die Schriftform ist Wirksamkeitsvoraussetzung, Kopp/Sch § 67 Rn 24 mwN (vgl aber § 88 Rn 18), zur Bezugnahme auf das in einer anderen Akte befindliche Original BFH NVwZ-RR **98**, 528. Keiner Vollmacht bedürfen eigene Beamte und Angestellte einer Behörde, BVerwG NVwZ **94**, 266. Zur Wirksamkeit einer Blanko-Vollmacht BVerwG BayVBl **84**, 30. *II* ist entsprechend anwendbar, § 173 VwGO; ein Antrag ist nicht erforderlich, BVerwG Buchholz 310 § 67 Nr 59. Zur prozessualen Vollmacht allgemein oben Rn 1–9, zur Fähigkeit, eine solche Vollmacht zu erteilen, auch § 51 Rn 27.

**81** *Umfang der Prozeßvollmacht.* Die Prozeßvollmacht ermächtigt zu allen den Rechtsstreit betreffenden Prozeßhandlungen, einschließlich derjenigen, die durch eine Widerklage, eine Wiederaufnahme des Verfahrens und die Zwangsvollstreckung veranlaßt werden; zur Bestellung eines Vertreters sowie eines Bevollmächtigten für die höheren Instanzen; zur Beseitigung des Rechtsstreits durch Vergleich, Verzichtleistung auf den Streitgegenstand oder Anerkennung des von dem Gegner geltend gemachten Anspruchs; zur Empfangnahme der von dem Gegner oder aus der Staatskasse zu erstattenden Kosten.

# § 81

1. Buch. 2. Abschnitt. Parteien

**Gliederung**

| | | | |
|---|---|---|---|
| 1) Systematik, Regelungszweck | 1 | 5) Sachlichrechtliche Willenserklärung | 5 |
| 2) Geltungsbereich | 2 | 6) Beispiele zur Frage des Umfangs einer Prozeßvollmacht | 6–25 |
| 3) Umfang der Ermächtigung: Prozeßhandlung | 3 | 7) VwGO | 26 |
| 4) Vertreter usw | 4 | | |

**1** **1) Systematik, Regelungszweck.** Die Vorschrift regelt, ergänzt durch §§ 82–84, die außerordentlich wichtige Frage, welchen Umfang die erteilte Prozeßvollmacht denn nun wirklich hat. Sie dient damit allen in Üb 2 vor § 78 genannten Prinzipien und ist durchaus strikt auszulegen.

Die Prozeßvollmacht ist eine Vollmacht für den *Prozeß als Ganzes*, BGH MDR **85**, 30 mwN. Man kann sie erweitern, BAG DB **78**, 167. Man kann sie aber im Außenverhältnis grundsätzlich nicht beschränken. BGH **92**, 142, BFH NJW **97**, 1029. Eine etwa doch im Außenverhältnis erfolgte Beschränkung wirkt dem Gegner gegenüber nur im Rahmen von § 83 I, BFH NJW **97**, 1030. Im Innenverhältnis zwischen dem Auftraggeber und dem ProzBev sind Beschränkungen beliebig zulässig, vgl BGH **LM** § 665 BGB Nr 11, Düss AnwBl **78**, 233. Eine Beschränkung kann aber für einen Anwalt standesunwürdig sein oder seine sachgemäße Prozeßführung verhindern. Sie verpflichtet ihn dann zur Niederlegung des Auftrags. Eine Überschreitung der Prozeßvollmacht berührt mit Ausnahme eines Rechtsmißbrauchs, Einl III 54, BFH NJW **97**, 1030 (sinnlose Prozeßführung), die Wirksamkeit einer Prozeßhandlung nicht, macht aber schadensersatzpflichtig. § 81 ist zwingendes Recht. Die Vorschrift ist entsprechend anwendbar, wenn die Prozeßvollmacht nur ein besonderes Verfahren betrifft, etwa nur eine Instanz oder die zugehörige Zwangsvollstreckung. Man spricht in diesen Fällen von einer Instanzvollmacht.

**2** **2) Geltungsbereich.** Vgl zunächst Üb 3 vor § 78. Die Vorschrift gilt auch im finanzgerichtlichen Verfahren, § 155 FGO, BFH NJW **97**, 1029. BayObLG NZM **99**, 79 läßt offen, ob § 81 auch im WEG-Verfahren auf den Verwalter anwendbar ist.

**3** **3) Umfang der Ermächtigung: Prozeßhandlung.** Die Prozeßvollmacht ermächtigt zu allen den Prozeß betreffenden Prozeßhandlungen, BFH NJW **97**, 1029, LAG Düss MDR **95**, 1074, und liegt auch nur dann vor. Der Begriff Prozeßhandlung ist ganz weit zu verstehen. Er meint jede Handlung, die das Betreiben des Verfahrens einschließlich der Entscheidung und ihrer Durchführung oder die Beendigung des Verfahrens betrifft, BGH VersR **93**, 121 (freilich auch nicht mehr), BAG DB **78**, 167. Er erfaßt freilich nicht auch einen sachlichrechtlichen Vorgang als solchen, Rn 15–17. § 81 nennt eine Reihe von Prozeßhandlungen, auf die sich eine Prozeßvollmacht erstreckt. Die Aufzählung ist keineswegs abschließend.

**4** **4) Vertreter usw.** Die Bestellung eines Vertreters und eines Bevollmächtigten für die höheren Instanzen ist nach § 81 auf Grund der Prozeßvollmacht erlaubt, BGH MDR **78**, 573. An sich ist die Vollmacht unübertragbar und ergreift auch die höheren Instanzen, vgl auch BayObLG ZMR **79**, 57 mwN (betreffend einen Verwalter nach dem WEG), selbst wenn der bisher bevollmächtigte Anwalt in der höheren Instanz nicht zugelassen ist, § 80 Rn 7. Wenn er aber aus diesem oder aus einem anderen Grund verhindert ist, dann darf er die Vollmacht auf einen Geeigneten übertragen. Wer nur für eine einzelne Prozeßhandlung oder für einen einzelnen Termin bestellt wurde, heißt Vertreter, Substitut, Ersatzmann, BGH GRUR **87**, 813 mwN. Wer für die ganze Instanz, aber nur für diese Instanz bestellt wurde, heißt Prozeßbevollmächtigter, Bevollmächtigter.

Die Vollmacht *erlischt* in dem Zeitpunkt, in dem die Entscheidung über das Rechtsmittel rechtskräftig wird. Der ProzBev darf nicht schon auf Grund der allgemeinen Prozeßvollmacht für den Prozeß als Ganzes einen anderen zum Vertreter bestellen, BGH NJW **81**, 1728 mwN. Das ergibt sich schon aus der Gegenüberstellung der Begriffe Vertreter und Bevollmächtigter im Gesetz. Der ProzBev kann aber eine Vollmacht oder Anscheinsvollmacht zu einer umfassenden Weiterbevollmächtigung haben, BGH NJW **81**, 1728. Die Vertretung ändert auch an der Prozeßvollmacht des ProzBev nichts; wegen der Zustellung § 176 Rn 7–9. Der Vertreter hat im Rahmen seiner Bestellung dieselben Rechte wie der ProzBev, falls er nicht etwa für ein besonderes Geschäft bestellt worden ist, etwa nur für einen Beweistermin.

Der Vertreter hat im Zweifel *keinen unmittelbaren Gebührenanspruch* gegen die Partei, BGH NJW **81**, 1728, Seltmann VersR **74**, 98. Man darf die Haftung der Partei nicht von der Interessenlage abhängen lassen oder die Partei dann unmittelbar zahlungspflichtig machen, wenn ein Anwalt an einem auswärtigen Gerichtsort beauftragt wurde. Denn das ist eine sehr unsichere Unterscheidung. Sie bürdet dem beauftragten Anwalt das Prozeßrisiko wegen des richtigen Bekl auf.

Die Vertretungsmacht des Substituten *erlischt* infolge eines Widerrufs oder dann, wenn die Prozeßvollmacht erlischt. Die Bestellung eines Untervertreters ist grundsätzlich zulässig, BGH NJW **80**, 999 mwN (Anwaltssozien sind als gegenseitig vertretungsberechtigt anzusehen). Der Untervertreter muß jedoch unter anderem die Möglichkeit haben, sich von dem Streitstoff ein eigenes Bild zu machen und zB seine etwaige Befangenheit zu prüfen. Daher ist die Bestellung eines bloßen „Kartellanwalts" im Sinn von § 216 Rn 20 unzulässig, soweit derartige Möglichkeiten nicht eingeräumt wurden, Düss NJW **76**, 1324.

**5** **5) Sachlichrechtliche Willenserklärung.** Die Prozeßvollmacht ermächtigt insoweit zur Abgabe und Entgegennahme einer (meist einseitigen) sachlichrechtlichen Willenserklärung, als diese Erklärung im Prozeß im Rahmen der Rechtsverfolgung abgegeben wird und zur Durchsetzung der Rechtsposition des Auftraggebers auch erforderlich ist, vgl BGH Rpfleger **94**, 29. Denn insoweit ist eine solche Willenserklärung meist zugleich auch eine Parteiprozeßhandlung, Grdz 62 vor § 128, BAG DB **88**, 2108, LAG Ffm BB **88**, 1894, LG Ffm WoM **93**, 61 (zu § 57). Es ist unerheblich, ob die Willenserklärung in der Verhandlung oder schriftlich erfolgt. Soweit sie außerhalb des Prozesses abgegeben wird, hängt ihre Wirksamkeit von dem sachlichrechtlichen Inhalt der Vollmacht ab, BAG DB **78**, 167.

## 4. Titel. Prozeßbevollmächtigte und Beistände § 81

**6) Beispiele zur Frage des Umfangs einer Prozeßvollmacht** 6
**Abänderungsklage:** Der ProzBev braucht eine neue Prozeßvollmacht (neuer Streitgegenstand), vgl § 323 Rn 43.
**Abgabe:** Der ProzBev darf auch im Verfahren auf eine Abgabe gleich welcher Art mitwirken.
**Abtretung:** Rn 11 „Kostenerstattung".
**Anerkenntnis:** Der ProzBev darf ein schon nach dem Wortlaut von Hs 3 prozessuales Anerkenntnis erklären, denn dieses ist eine rein prozessuale Erklärung, Einf 1 vor §§ 306, 307.
Ein rein *außerprozessuales* Anerkenntnis ohne Bezug auf den Rechtsstreit ist aber von der Prozeßvollmacht nicht gedeckt, aM StJBo 11 (aber nicht die Prozeßvollmacht kann ermächtigen, sondern nur der ihr zugrundeliegende Dienst- oder Werkvertrag).
S auch Rn 21 „Vergleich", Rn 22 „Verzicht".
**Anfechtung:** Der ProzBev darf aus den Gründen Rn 5 auch eine Anfechtung vornehmen, zB wegen eines 7 Willensmangels, §§ 119 ff BGB.
**Arbeitsrecht:** Der ProzBev darf aus den Gründen Rn 5 auch zB eine Schwangerschaft der Partei deren Arbeitgeber mitteilen, BAG DB **88**, 2108.
S auch Rn 12 „Kündigung".
**Arrest, einstweilige Verfügung:** Der ProzBev darf auch in einem solchen Eilverfahren tätig werden, das mit dem geplanten oder bereits anhängigen Hauptprozeß zusammenhängt, § 82. Andernfalls benötigt er für das Eilverfahren eine besondere Prozeßvollmacht. Sie kann stillschweigend erteilt sein und in der Prozeßvollmacht des Hauptverfahrens stecken, aber Vorsicht!
**Auflassung:** Der ProzBev darf aus den Gründen Rn 5 auch eine Auflassung erklären oder sonstwie an ihr mitwirken.
**Aufrechnung:** Der ProzBev darf aus den Gründen Rn 5 grds auch eine Aufrechnung erklären oder entgegennehmen, BGH Rpfleger **94**, 29, freilich ausnahmsweise nicht wegen der Kosten seiner Partei.
**Auslandsunterhalt:** Üb 6, 8 vor § 78.
**Beweisverfahren:** Rn 14 „Nebenverfahren". 8
**Dritter:** Rn 22 „Vertragsabschluß".
**Ehesache:** § 609 schränkt den Umfang der Prozeßvollmacht ein. Vgl aber auch Rn 9 „Folgesache".
**Einmischungsklage:** Der ProzBev darf auch nach § 64 tätig werden, § 82.
**Einstweilige Verfügung:** Rn 6 „Arrest, einstweilige Verfügung".
**Empfangnahme:** Rn 19 „Streitgegenstand".
**Erfüllung:** Rn 19 „Streitgegenstand". Der Schuldner, der an den ProzBev außerhalb von dessen Prozeßvollmacht leistet, tut das grds auf eigene Gefahr und Kosten.
S aber auch Rn 10 „Inkassovollmacht".
**Folgesache:** Im Rahmen eines Scheidungsverfahrens, § 609, erstreckt sich eine Prozeßvollmacht auch auf 9 die Folgesachen, § 624.
**Gerichtsstandsvereinbarung:** Rn 25 „Zuständigkeit".
**Gesellschaft:** Die Prozeßvollmacht berechtigt nicht zur Vertretung eines Gesellschafters in der Gesellschafterversammlung, Düss Rpfleger **79**, 312.
**Geständnis:** Der ProzBev darf ein Geständnis für seine Partei erklären, §§ 288 ff.
**Hauptintervention:** Rn 8 „Einmischungsklage".
**Höhere Instanz:** Rn 3, 4.
**Inkassovollmacht:** Vgl zunächst Rn 19 „Streitgegenstand". Der ProzBev kann aber neben der Prozeßvoll- 10 macht eine weitere Vollmacht, zum Empfang des Streitgegenstands, erhalten haben, eine „Inkassovollmacht", und zwar auch stillschweigend; das übersieht Eich DGVZ **88**, 70.
**Kauf:** Rn 6 „Auflassung".
**Insolvenz:** Rn 19 „Streitgegenstand".
**Klagerhebung:** Eine Vollmacht zur „Klagerhebung" oder gar nur deren Bestätigung sind keine Prozeßvollmacht. Denn Klagerhebung ist der in §§ 253, 261 abschließend genannte bloße Einleitungsvorgang.
**Klagänderung:** Der ProzBev darf zwecks und nach Klagänderung der eigenen Partei oder des Gegners tätig werden.
S auch Rn 15 „Parteiwechsel".
**Klagerücknahme:** Der ProzBev darf die Klage zurücknehmen, auch teilweise. Er darf nach gegnerischer Rücknahme den Feststellungsantrag wegen der gesetzlich eingetretenen Kostenfolge nach § 269 III usw stellen.
**Kostenerstattung:** Der ProzBev darf schon nach dem Wortlaut von Hs 4 diejenigen Kosten empfangen, die 11 der Gegner erstattet, aM Ffm Rpfleger **86**, 392. Er darf auch die von der Staatskasse erstatteten Kosten entgegennehmen, ohne daß der Kostenbeamte eine besondere Vollmacht dazu anfordern muß, soweit der ProzBev ein Anwalt, Notar oder Rechtsbeistand ist, vgl § 36 IV KostVfg, Hartmann Teil VII A. Der ProzBev darf auch eine Quittung darüber erteilen. Soweit er eine Entgegennahme ablehnt, fehlt für eine Kostenfestsetzung evtl das Rechtsschutzbedürfnis, Einf 14 vor §§ 103–107, so schon (zum alten Recht) LG Bln VersR **91**, 443.
Eine *Abtretung* des Erstattungsanspruchs kann, sogar formularmäßig, zulässig sein, LG Nürnb-Fürth AnwBl **76**, 166, vgl OVG Münst NJW **87**, 3029 (§ 3 AGBG).
S auch Rn 6 „Aufrechnung".
**Kostenfestsetzung:** Der ProzBev darf (und muß evtl wegen der Prozeßwirtschaftlichkeit, Einf 3 vor 12 §§ 103–107) das Kostenfestsetzungsverfahren nach §§ 103 ff ZPO, 19 BRAGO betreiben, BVerfG **81**, 127, Kblz RR **97**, 1023, Köln JB **92**, 421, letzteres nur dann nicht, wenn es sich an einen anderen, früheren Prozeß seinetwegen anschließt und der Anwalt dort nicht (auch) ProzBev war usw, KG Rpfleger **79**, 275, Hartmann Teil X § 19 BRAGO Rn 19.
S auch Rn 11 „Kostenerstattung".
**Kündigung:** Der ProzBev darf aus den Gründen Rn 5 grds auch eine prozessuale Kündigung aussprechen, BGH Rpfleger **94**, 29, zB in einem Räumungsprozeß, LG Tüb RR **91**, 972. Das gilt auch im Fall einer

§ 81                                                                                      1. Buch. 2. Abschnitt. Parteien

im Kündigungsschutzprozeß nachgeschobenen Kündigung, BAG NJW **88**, 2693, LAG Ffm BB **88**, 1894.

Auch eine *vorprozessuale* Kündigung darf grds vom ProzBev ausgesprochen werden, LG Hbg ZMR **73**, 14, aM AG Düss DWW **86**, 247. Dagegen ist deren bloße Entgegennahme nicht stets durch eine Prozeßvollmacht gedeckt, LG Hbg MDR **93**, 44, aM StJL 10, ZöV 11.

13 **Leistung des Interesses:** Die Prozeßvollmacht erstreckt sich nicht auch auf das Vorgehen des Gläubigers nach § 893. Freilich wird man in der Vollmacht für das Erkenntnis- (und damit das zugehörige Zwangsvollstreckungs-)Verfahren meist zulässigerweise eine zumindest stillschweigende Vollmacht auch für § 893 erblicken können.

**Mieterhöhung:** Der ProzBev darf aus den Gründen Rn 5 auch ein solches Mieterhöhungsbegehren aussprechen oder auf ein solches reagieren, das entweder im Prozeß erklärt oder nachgeschoben wird oder auf einen bereits angedrohten Prozeß Bezug nimmt usw, aM LG Karlsr WoM **85**, 321. Für ein zunächst noch rein außerprozessuales Begehren, dessen Ergebnis der Auftraggeber vor einer Entscheidung über eine Klagerhebung abwarten und noch nicht mit einer Klagandrohung verbinden will, benötigt der Anwalt eine gesonderte Vollmacht, AG Neuss RR **94**, 1036.

14 **Nachverfahren:** Der ProzBev darf die Partei auch in einem Nachverfahren vertreten, zB bei §§ 302, 323, 324, 599, 600, 717, 945, Hamm JB **76**, 1644.

**Nebenverfahren:** Der ProzBev darf die Partei grds, vgl § 82, zumindest auch in folgenden Nebenverfahren vertreten: Bei einer Streitverkündung, Rn 19 „Streithilfe"; bei einer Beweisaufnahme; im Verfahren auf die Bewilligung einer Prozeßkostenhilfe zugunsten der Partei wie des Gegners, BPatG GRUR **86**, 734, und zwar auch in der nächsthöheren Instanz, BGH NJW **78**, 1919.

S auch Rn 18 „Selbständiges Beweisverfahren", Rn 19 „Urkundenvorlage".

**Nießbrauch:** Die Prozeßvollmacht berechtigt nicht in einem Prozeß um eine Entschädigung des Nießbrauchers für vorenthaltene Nutzungen zur Erklärung einer Einwilligung in die Löschung des Nießbrauchs, auch nicht vergleichsweise, BGH NJW **92**, 1963.

15 **Parteivernehmung:** Der ProzBev darf Anträge auf Vernehmung der eigenen Partei oder des Prozeßgegners stellen, eine Vernehmung von Amts wegen anregen und eine Erklärung zum gegnerischen Antrag auf Parteivernehmung (Einverständnis oder Ablehnung) abgeben, §§ 445 ff.

**Parteiwechsel:** Der ProzBev darf zwecks oder nach dem Eintritt des anderen Gegners oder eines Rechtsnachfolgers (nicht eines sonstigen Wechsels) des Vollmachtgebers tätig werden bzw bleiben.

S auch Rn 90 „Klagänderung".

**Prorogation:** Rn 25 „Zuständigkeit".

**Prozeßkostenhilfeverfahren:** Rn 14 „Nebenverfahren".

**Prozeßvergleich:** Rn 21 „Vergleich".

**Quittung:** Rn 11 „Kostenerstattung", Rn 19 „Streitgegenstand".

16 **Rechtsmittel:** Der erstinstanzliche wie natürlich der zweitinstanzliche ProzBev dürfen ein Rechtsmittel einlegen, BGH VersR **84**, 790 mwN (natürlich müssen sie beim Rechtsmittelgericht grds zugelassen sein). Der ProzBev darf einen Rechtsmittelverzicht erklären, BGH FamRZ **94**, 301. Er darf eine Rechtsmittelrücknahme erklären, BGH FamRZ **88**, 496.

**Rechtsweg:** Rn 22 „Verweisung".

**Rücktritt:** Der ProzBev darf aus den Gründen Rn 5 auch einen Rücktritt erklären, BGH Rpfleger **94**, 29.

17 **Sachlichrechtliche Handlung:** Rn 19 „Streitgegenstand", ferner Rn 5.

**Schiedsrichterliches Verfahren:** Der ProzBev darf grds auch in einem zugehörigen schiedsrichterlichen Verfahren tätig werden, § 1042 II, so schon BGH NJW **94**, 2156.

Die *Schiedsvereinbarung* selbst darf er aber nicht schon auf Grund einer Prozeßvollmacht abschließen, sondern nur auf Grund einer sachlichrechtlichen Vollmacht. Sie kann zwar stillschweigend erteilt sein und in der Prozeßvollmacht stecken; insoweit ist aber Vorsicht geboten.

**Schriftliches Verfahren:** Der ProzBev darf einen Antrag auf Durchführung eines schriftlichen Verfahrens stellen, etwa bei §§ 128 II, III, 495 a, einschließlich der dortigen Entscheidungen.

18 **Selbständiges Beweisverfahren:** Der ProzBev für das schon anhängige Hauptverfahren darf die Partei auch im zugehörigen selbständigen Beweisverfahren vertreten, Rn 14 „Nebenverfahren". Soweit das Hauptverfahren noch nicht anhängig ist, § 486 II, mag schon eine Prozeßvollmacht für das geplante Hauptverfahren vorliegen; dann deckt sie auch die Tätigkeit im vorangehenden selbständigen Beweisverfahren. Liegt die letztgenannte Art der Prozeßvollmacht nicht vor, bedarf es einer zusätzlichen (oder isolierten) Prozeßvollmacht für das vorangehende Verfahren nach §§ 485 ff.

**Sicherheitsleistung:** Der ProzBev darf eine Sicherheitsleistung fordern, anbieten, erbringen (lassen), zurückfordern usw.

**Sozialamt:** Der ProzBev darf eine Verpflichtungserklärung des Sozialamts nach § 554 II Z 2 BGB entgegennehmen, LG Hbg ZMR **96**, 331.

19 **Streitgegenstand:** Der ProzBev darf nicht schon als solcher den Streitgegenstand für den Auftraggeber empfangen, selbst nicht in der Zwangsvollstreckung oder im Insolvenzverfahren, Kblz VersR **69**, 1003, LG Brschw DGVZ **77**, 22, Pawlowski DGVZ **94**, 177, Scherer DGVZ **94**, 104 mwN, aM Christmann DGVZ **91**, 132 (aber die sachlichrechtliche Erfüllung ist als solche gerade keine Parteiprozeßhandlung, auch wenn prozessuale und sachlichrechtliche Handlungen zusammentreffen können).

S aber auch Rn 10 „Inkassovollmacht", Rn 11 „Kostenerstattung".

**Streithilfe:** Wenn die Klage auf einen Streitgehilfen erstreckt wird, umfaßt eine dem Streitgehilfen als solchem erteilte Vollmacht auch seine Vertretung als Bekl.

**Streitwertbeschwerde:** Der ProzBev darf für die Partei diese Beschwerde einlegen, nicht aber ohne Wissen des Auftraggebers nur auf Anweisung des Rechtsschutzversicherers derart vorgehen, LAG Düss MDR **95**, 1075.

**Urkundenvorlage:** Trotz der Befugnis zur Vertretung in einer Beweisaufnahme hat der ProzBev nicht automatisch auch die Vollmacht zur Vertretung im Verfahren nach § 429.

## 4. Titel. Prozeßbevollmächtigte und Beistände §§ 81–83

**Vaterschaftsverfahren:** § 640 I schränkt den Umfang der Prozeßvollmacht ein. **20**
**Vergleich:** Der ProzBev darf schon nach dem Wortlaut von Hs 3 einen Prozeßvergleich abschließen, unge- **21** achtet des Streits darüber, ob er nur prozessualer Natur oder auch sachlichrechtlicher Natur ist, denn auch im letzteren Fall liegt zumindest auch eine Parteiprozeßhandlung vor, vgl § 307 Anh Rn 3. Der ProzBev darf auch mit einem hinzugezogenen Dritten einen Vergleich (mit)abschließen, solange ein Zusammenhang mit dem Prozeß vorliegt, BGH VersR **93**, 121. Er darf den Prozeßvergleich aber nicht ohne zusätzliche Vollmacht auf einen außerhalb des Streitstoffs bezogenen Umstand erstrecken, BGH VersR **93**, 121.
    Ein nur *außergerichtlicher* Vergleich, § 779 BGB, bedarf als bloß sachlichrechtliches Rechtsgeschäft einer besonderen diesbezüglichen Vollmacht, Rn 5, ZöV 11, aM StJBo 11. Sie kann zwar stillschweigend erfolgt sein und in der Prozeßvollmacht stecken, aber Vorsicht! Ein Anwaltsvergleich, §§ 796 a–c, bedarf der Vollmacht, aber nicht einer Prozeßvollmacht.
    S auch Rn 24 „Widerruf".
**Vertragsabschluß:** Die Prozeßvollmacht ermächtigt nicht zum Abschluß eines Vertrages mit einem Dritten, **22** selbst wenn der Vertrag mit dem Prozeß in Verbindung steht, BGH Rpfleger **94**, 29. Die Vollmacht zur Vertretung „vor Gericht und bei Behörden" ermächtigt zum Vertragsschluß zwischen Privaten, LG Neubrandenbg MDR **95**, 1270.
**Verweisung:** Der ProzBev darf im Verfahren auf eine Verweisung gleich welcher Art, zB nach §§ 281, 506, 696, 700, mitwirken.
**Verzicht:** Der ProzBev darf schon nach dem Wortlaut von Hs 3 einen prozessualen Verzicht erklären, denn **23** dieser ist eine rein prozessualen Erklärung, Einf 1 vor §§ 306, 307.
    Ein rein *außerprozessualer* Verzicht ohne Bezug auf den Prozeß ist aber von der Prozeßvollmacht nicht gedeckt, aM StJBo 11 (aber nicht die Prozeßvollmacht kann ermächtigen, sondern nur der ihr zugrundeliegende Dienst- oder Werkvertrag).
    S auch Rn 6 „Anerkenntnis", Rn 21 „Vergleich".
**Widerklage:** Der ProzBev darf eine Widerklage erheben, auch im gesetzlich zulässigen Umfang gegenüber **24** einem Dritten, § 253 Anh Rn 1 ff, und die Partei gegenüber einer Widerklage vertreten. Das folgt schon aus dem Wortlaut Hs 1, vgl im übrigen BGH **112**, 347 (auch zu einer Ausnahme).
**Widerruf:** Der ProzBev darf aus den Gründen Rn 5 auch einen Widerruf erklären, BGH Rpfleger **94**, 29.
    S Rn 21 „Vergleich".
**Wiederaufnahme:** Der ProzBev darf ein Wiederaufnahmeverfahren nach §§ 578 ff betreiben und in ihm tätig werden, auch als Gegner des Wiederaufnehmenden. Das folgt schon aus dem Wortlaut von Hs 1. Allerdings muß der frühere ProzBev in der Regel neu beauftragt werden, um auch zum Vertreter im Sinn von § 85 II anerkannt werden. Vgl auch § 586 Rn 9, 10.
**Zuständigkeit:** Der ProzBev darf die Unzuständigkeit rügen, einen Rügeverzicht erklären, abgesonderte **25** Verhandlung dazu beantragen, eine Vereinbarung zur Zuständigkeit im Rahmen des gesetzlich Zulässigen treffen usw, §§ 36 ff.
**Zustellung:** Der ProzBev darf einen Zustellungsauftrag erteilen, BGH VersR **75**, 548, und eine Zustellung entgegennehmen.
**Zwangsvollstreckung:** Der ProzBev ist zu allen Prozeßhandlungen in der Zwangsvollstreckung befugt. Das folgt schon aus dem Wortlaut Hs 1. Das gilt auch für einen Prozeß, der aus einer Zwangsvollstreckung erwächst, etwa für eine Vollstreckungsabwehrklage nach § 767 oder für eine Drittwiderspruchsklage nach § 771, und zwar auch dann, wenn ein Dritter eine solche Klage erhebt. Auch ein aus der Zwangsvollstreckung entstehendes Insolvenzverfahren gehört zur Zwangsvollstreckung, aM StJBo 7. Wegen des AUG vgl Üb 6, 8 vor § 78.
    S auch Rn 19 „Streitgegenstand".

*7) VwGO: Entsprechend anwendbar, § 173 VwGO, BVerwG NJW 97, 2898. Die Vollmacht für das VerwVer-* **26** *fahren ermächtigt als solche nicht zu Prozeßhandlungen, RedOe § 67 Anm 6, v. Mutius VerwArch 64, 445, BSG NJW 92, 196 (differenzierend), str, aM OVG Münster NJW 72, 1910, Ey § 67 Rn 19, Kopp § 67 Rn 26 aE mwN. Zum Vollmachtsmißbrauch vgl BFH NJW 97, 1029 m red Anm.*

**82** **Nebenverfahren.** Die Vollmacht für den Hauptprozeß umfaßt die Vollmacht für das eine Hauptintervention, einen Arrest oder eine einstweilige Verfügung betreffende Verfahren.

**1) Systematik, Regelungszweck.** Vgl zunächst § 81 Rn 1. § 82 erstreckt die Prozeßvollmacht auf die **1** Einmischungsklage (Hauptintervention), § 64, sowie auf ein vorläufiges Verfahren zur Erwirkung eines Arrests oder einer einstweiligen Verfügung nach den §§ 916 ff, 935 ff. Es gilt nicht etwa eine umgekehrte Ermächtigung. In beiden Fällen können, nicht müssen, Zustellungen an den ProzBev des Hauptprozesses (Erstprozesses) ergehen, § 176, Ffm MDR **84**, 58 mwN. Im vorläufigen Verfahren ist es unerheblich, ob das dortige Gericht das nämliche wie dasjenige des Hauptprozesses ist und ob das vorläufige Verfahren dem Hauptprozeß vorangeht.

**2) Geltungsbereich.** Vgl Üb 3 vor § 78, § 81 Rn 2. **2**

*3) VwGO: Entsprechend anwendbar, § 173 VwGO. Dabei treten an die Stelle des Arrests und der einstwVfg die* **3** *vorläufigen Verfahren des VerwProzesses: Wiederherstellung der aufschiebenden Wirkung, § 80 VwGO, und einstwAnO, § 123 VwGO, VGH Mü BayVBl 78, 190. Darauf, ob das Verfahren der einstwAnO bei einem anderen Gericht betrieben werden muß, kommt es nicht an, RedOe § 67 Anm 5.*

**83** **Beschränkung der Vollmacht.** [1] Eine Beschränkung des gesetzlichen Umfanges der Vollmacht hat dem Gegner gegenüber nur insoweit rechtliche Wirkung, als diese Beschränkung die Beseitigung des Rechtsstreits durch Vergleich, Verzichtleistung auf den Streitgegenstand oder Anerkennung des von dem Gegner geltend gemachten Anspruchs betrifft.

**§§ 83, 84**  1. Buch. 2. Abschnitt. Parteien

II Insoweit eine Vertretung durch Anwälte nicht geboten ist, kann eine Vollmacht für einzelne Prozeßhandlungen erteilt werden.

1   1) **Systematik, Regelungszweck, I, II.** Die Vertretungsbefugnis ist beliebig beschränkbar. Die Beschränkung wirkt aber nur im Innenverhältnis, § 81 Rn 1, BGH **92**, 142. Die Prozeßvollmacht ist mit Rücksicht auf das Gebot der Rechtssicherheit, Einl III 43, im Außenverhältnis grundsätzlich nicht beschränkbar, BGH NJW **87**, 130, eine Folge des sog Abstraktionsprinzips, Üb 4 vor § 78, BGH NJW **92**, 1175 mwN. Das gilt auch im Statusverfahren nach §§ 640 ff, BGH FamRZ **88**, 496. Das gilt selbst dann, wenn der Gegner die im Innenverhältnis vorgenommene Beschränkung kennt oder wenn die Vollmachtsurkunde eine solche Beschränkung enthält. § 83 ist zwingendes öffentliches Recht. Unzulässig ist namentlich eine Beschränkung auf einzelne Anträge, BGH NJW **87**, 130, oder auf die „Wahrung der Nichtenlassung", BGH NJW **76**, 1581. Eine Verletzung der im Innenverhältnis bestehenden Beschränkung ist zwar im Außenverhältnis prozessual unerheblich; sie kann aber dem Auftraggeber gegenüber ersatzpflichtig machen.

2   Allerdings kann im Fall eines *Interessenstreits* das Gebot von Treu und Glauben, Einl III 54, zu einer Beschränkung der Außenwirkung führen, BGH **112**, 347 (Vollmacht des Versicherers beider Parteien).
   *Zulässig* ist eine Beschränkung der Prozeßvollmacht, auch beim Pflichtanwalt, für folgende Fälle: Abschluß eines Prozeßvergleichs, Anh § 307; Verzicht, § 306; Anerkenntnis, § 307. Insoweit kann der Auftraggeber die Vollmacht einschränken oder ausschließen. Die Beschränkung wird mit einer eindeutigen Erklärung gegenüber dem Gegner oder dadurch wirksam, daß sie der Auftraggeber in die Vollmachtsurkunde aufnimmt, die dem Gericht eingereicht wird. Ein Verstoß gegen diese Beschränkung macht die Handlung vollmachtslos. Die Befugnis zu einem Geständnis läßt sich nicht ausschließen.

3   2) **Geltungsbereich, I, II.** Vgl Üb 3 vor § 78, § 81 Rn 2. Die Ausnahmeregelung des II läßt sich nicht ausdehnend auslegen, zB nicht auf das Patenterteilungsverfahren, BGH **94**, 143.

4   3) **Parteiprozeß, II.** Im Anwaltsprozeß, § 78 Rn 1, ist nur eine Prozeßvollmacht zulässig. Eine Vollmacht lediglich für einzelne Handlungen kann im Anwaltsprozeß nur in der Form einer Untervollmacht oder für solche Handlungen erteilt werden, die auch dort keinem Anwaltszwang unterliegen. Im Parteiprozeß, § 78 Rn 1, ist demgegenüber auch eine Vollmacht nur für einzelne Prozeßhandlungen, § 81 Rn 2 ff, zulässig; das Gesetz verhindert dadurch einen indirekten Anwaltszwang, BGH **92**, 143. Eine Terminsvollmacht ermächtigt zu allen im Termin seinem Zweck nach vorkommenden Prozeßhandlungen. Eine Verhandlungsterminsvollmacht ermächtigt auch zum Abschluß eines Vergleichs, zur Erklärung eines Verzichts oder zur Abgabe eines Anerkenntnisses. Eine solche Vollmacht wirkt aber nicht über den Termin hinaus, etwa für eine Zustellung oder für die Einlegung eines Rechtsbehelfs außerhalb der Verhandlung, LAG Ffm DB **88**, 2656. Wegen einer Generalvollmacht § 80 Rn 12.

5   4) *VwGO: I* ist entsprechend anwendbar, § 173 *VwGO*, BVerwG NJW **97**, 2898, ebenso **II** im Verfahren vor dem VG, § 67 II *VwGO*, vgl RedOe § 67 Anm 5; hier kann die Vollmacht auf die Vertretung in einem Rechtszug beschränkt werden, § 81 Rn 3, BVerwG NJW **85**, 1178, BFH BStBl **83** II 645.

## 84 Mehrere Bevollmächtigte.

¹ Mehrere Bevollmächtigte sind berechtigt, sowohl gemeinschaftlich als einzeln die Partei zu vertreten. ² Eine abweichende Bestimmung der Vollmacht hat dem Gegner gegenüber keine rechtliche Wirkung.

1   1) **Systematik, Regelungszweck, S 1, 2.** Die Vorschrift regelt den außerordentlich häufigen Fall der Bevollmächtigung mehrerer im Gesamtbereich der §§ 78 ff. Bezweckt wird die Klarstellung der umfassenden Gesamtvollmacht in der Sache nach erteiltem Umfang im Interesse der Rechtssicherheit, Einl III 43. § 84 umfaßt zum einen die Bevollmächtigung mehrerer Bevollmächtigter, insbesondere mehrerer Anwälte, gemeinsam, vgl § 5 BRAGO, zum anderen die wahlweise Bevollmächtigung mehrerer Bevollmächtigter, wie sie bei einer *Sozietät* von Anwälten die Regel ist. BGH **56**, 355, Kornblum BB **73**, 227, aM BGH LM § 611 BGB Nr 22 (er geht davon aus, daß allerdings regelmäßig nur ein Mitglied der Sozietät beauftragt worden sei und daß der Auftraggeber gleichzeitig damit einverstanden sei, daß ein anderer Sozius den Beauftragten vertrete). Im Fall der wahlweisen Bevollmächtigung mehrerer Anwälte kann man eine stillschweigende Bevollmächtigung auch eines solchen Teilhabers annehmen, der erst nach der Vollmachtserteilung in die Sozietät eingetreten ist. Dieser nachträgliche Teilhaber tritt dann nach dem Wegfall des früheren Teilhabers an dessen Stelle. Prozeß- und sonstige Vollmacht fallen unter § 84, Kblz RR **97**, 1023.

2   2) **Geltungsbereich, S 1, 2.** Vgl Üb 3 vor § 78, § 81 Rn 2.

3   3) **Bindungswirkung, S 1, 2.** Jeder der mehreren Bevollmächtigten hat kraft zwingenden Rechts eine Vollmacht. Sie ist nur nach § 83 beschränkbar, BSG NJW **98**, 2078. Die Erklärung eines jeden Bevollmächtigten bindet den anderen Bevollmächtigten wie dessen eigene Erklärung, BSG NJW **98**, 2078. Widersprechende gleichzeitige Erklärungen müssen frei gewürdigt werden, § 226. Im übrigen gilt die spätere Erklärung, soweit die Partei ein Widerrufsrecht hätte. Eine Zustellung kann an jeden der mehreren Bevollmächtigten gehen, BGH MDR **86**, 582, BVerwG NJW **84**, 2115, Kblz RR **97**, 1023. Für den Beginn einer Frist ist die zeitlich erste wirksame Zustellung maßgeblich, BVerwG NJW **84**, 2115 mwN; auf die Kenntnis der anderen Prozeßbevollmächtigten von der Zustellung kommt es nicht an, OVG Münst (LS) DÖV **76**, 608. Wenn die prozessuale Vollmacht einem sachlichrechtlichen Rechtsverhältnis entfließt, § 80 Rn 8, dann richtet sich die Stellung mehrerer Bevollmächtigter nach diesem sachlichrechtlichen Rechtsverhältnis, zB bei einer Gesamtprokura, § 48 II HGB; bei einem mehrgliedrigen Vereinsvorstand, § 28 I BGB. Soweit zB Anwaltssozien nur Drittschuldner sind, ist eine Zustellung an jeden erforderlich, AG Köln DGVZ **88**, 123.

4   4) *VwGO:* Entsprechend anwendbar, § 173 *VwGO*, BVerwG NJW **98**, 3582 mwN, VGH Mannh VBlBW **95**, 314 (vgl oben Rn 3).

## 4. Titel. Prozeßbevollmächtigte und Beistände § 85

**85** **Unmittelbare Stellvertretung.** ¹ ¹ Die von dem Bevollmächtigten vorgenommenen Prozeßhandlungen sind für die Partei in gleicher Art verpflichtend, als wenn sie von der Partei selbst vorgenommen wären. ² Dies gilt von Geständnissen und anderen tatsächlichen Erklärungen, insoweit sie nicht von der miterschienenen Partei sofort widerrufen oder berichtigt werden. II Das Verschulden des Bevollmächtigten steht dem Verschulden der Partei gleich.

**Schrifttum:** *Bern*, Verfassungs- und verfahrensrechtliche Probleme anwaltlicher Vertretung im Zivilprozeß, 1992; *Borgmann/Haug*, Anwaltshaftung usw, 3. Aufl 1995; *Commichau*, Die anwaltliche Praxis in Zivilsachen, 1983; *von Gierke*, Die Dritthaftung des Rechtsanwalts, 1984 (rechtsvergleichend); *Graef*, Die Haftung des deutschen und englischen Anwalts für fehlerhafte Prozeßführung, 1995; *Hanna*, Anwaltliches Standesrecht im Konflikt mit zivilrechtlichen Ansprüchen des Mandanten, 1988; *Karl*, Der Bevollmächtigte nach § 85 Abs. 2 ZPO, 1993; *Krebs*, Anwaltstätigkeit im Falle des Unterliegens in erster Instanz, 1999; *Poll*, Die Haftung der freien Berufe ... am Beispiel des Rechtsanwalts 1994 (rechtsvergleichend); *Rinsche*, Die Haftung des Rechtsanwalts und Notars, 6. Aufl 1998 (Bespr *Kleine-Cosack* NJW **99**, 1534); *Ruppel*, Standeswidriges Verhalten des Anwalts im Zivilprozeß und seine prozessualen und materiellrechtlichen Folgen, Diss Gießen 1984; *Stehmann*, Beschäftigungsverhältnisse unter Rechtsanwälten usw, Diss Köln 1989; *Thomas*, Verschuldenszurechnung im zivilprozessualen Anwaltsprozeß, § 85 Abs. 2 ZPO, 1999; *Vogels*, Haftung von Rechtsanwälten in der Sozietät, 1995; *Vollkommer*, Anwaltshaftungsrecht, 1989; *Wolf*, Anwaltshaftung in der Sozietät, Festschrift für *Schneider* (1997) 349.

### Gliederung

| | | | |
|---|---|---|---|
| 1) Systematik, I, II | 1 | 6) **Verschulden des Bevollmächtigten, II** | 8–40 |
| 2) Regelungszweck, I, II | 2 | A. Verfassungsmäßigkeit | 8 |
| 3) Geltungsbereich, I, II | 3 | B. Verschuldensunterstellung | 9–12 |
| 4) Prozeßhandlung, I 1 | 4, 5 | C. Beispiele zur Frage des Verschuldens | 13–25 |
| 5) Geständnis usw, I 2 | 6, 7 | D. Bevollmächtigter: Grundsatz | 26 |
| A. Tatsachenerklärung | 6 | E. Beispiele zur Frage der Bevollmächtigung | 27–40 |
| B. Andere Erklärung | 7 | 7) VwGO | 41 |

**1) Systematik, I, II.** Die Vorschrift regelt die Rechtswirkung der Handlung des ProzBev und seine **1** daraus folgende Haftung. II entspricht dem § 51 II (Haftung des gesetzlichen Vertreters).

**2) Regelungszweck, I, II.** Es ist im Interesse der Rechtssicherheit, wie der übrigen in Üb 2 **2** vor § 78 genannten Grundsätze notwendig, einer wirksamen Vertreterhandlung grundsätzlich dieselbe Rechtswirkung zuzuerkennen wie einer von der Partei persönlich vorgenommenen, I 1. Da indessen der Vertreter oft nicht die volle Kenntnis der dem Prozeß vorangegangenen oder ihn begleitenden tatsächlichen Vorgänge haben kann, muß zur Verhinderung gutgemeinter, aber eben auf Tatsachenirrtum beruhender Verhaltensweisen der Vorrang der Erklärung des Vollmachtgebers gewahrt bleiben, um Ungerechtigkeiten zu verhüten, die zB nur oder auch auf Mißverständnissen zwischen Vollmachtgeber und Bevollmächtigtem beruhen. II 2 entspricht weitgehend dem Zweck des § 290. Die Haftung nach II ist eine in jeder Hinsicht unvermeidbare Folge der Voll-Macht.
Bei *II* gilt: Die Partei, die ihren Prozeß durch einen von ihr bestellten Vertreter führt, soll in jeder Weise ebenso dastehen, als wenn sie den Prozeß selbst führen würde; die Heranziehung des ProzBev soll nicht zu einer Verschiebung des Prozeßrisikos zu Lasten des Gegners führen, vgl § 1 III BerufsO, BGH RR **93**, 131, BVerwG NVwZ **82**, 35.

**3) Geltungsbereich, I, II.** Vgl zunächst Üb 3 vor § 78, § 81 Rn 2. II ist eine ganz allgemein anwendbare **3** Vorschrift, BGH **66**, 125, BSG KTS **93**, 308, Kblz MDR **88**, 986, vgl allerdings auch LAG Hamm MDR **96**, 1159 betr § 5 KSchG (zustm Vollkommer).
*II bezieht sich auf* jede Art von Partei, auch zB auf eine Behörde, Schneider MDR **85**, 641, und auf jedes Verschulden des Anwalts, abw VG Stade NJW **83**, 1509 (nicht auch bei Vorsatz), im Rahmen der Prozeßführung, BPatG GRUR **78**, 559, LAG Hamm NJW **81**, 1231. Die Vorschrift gilt auch im Wiedereinsetzungsverfahren, § 233, BGH FER **96**, 41. Sie gilt auch im Prozeßkostenhilfeverfahren, § 114, und zwar gerade auch im Anwaltsprozeß, § 78 Rn 1, BGH NJW **87**, 440, Düss FamRZ **92**, 81, Köln RR **94**, 1093, aM Düss FamRZ **86**, 288 (aber §§ 114 ff sind, auch im isolierten Verfahren, unabhängig vom Sozialzweck ganz prozeßförmig ausgestaltet und setzen sich in 1. Buch der ZPO, vgl auch § 118 I 1; das übersehen Schneider MDR **90**, 597, ZöV **11**).
II ist auch im *verwaltungsgerichtlichen* Verfahren verfassungsmäßig, soweit eine Frist nicht eingehalten wurde, BVerfG **60**, 266 = BGBl **82**, 1169. II gilt *nicht* beim Erlaubnisträger nach § 209 BRAO, denn § 25 EGZPO verweist nicht auch auf II.

**4) Prozeßhandlung, I 1.** Der Bevollmächtigte handelt in einer unmittelbaren Stellvertretung. I sagt **4** insofern ungenau dasselbe wie § 164 I BGB. Das Handeln verpflichtet nicht nur, sondern berechtigt auch. Ein Verschulden des ProzBev im Prozeß ist ein Verschulden der Partei, II. Das gilt auch für Handlungen und Unterlassungen.
Der Begriff *„Prozeßhandlungen"* ist in I wie bei § 81 Rn 3 ff zu verstehen, vgl Karlsr NJW **75**, 1933 (die **5** Entscheidung betrifft die Einlegung einer Berufung). Er umfaßt Unterlassungen, die Kenntnisnahme und die Entgegennahme von Erklärungen. § 85 betrifft allerdings nur die prozessualen Wirkungen, LAG Hamm MDR **94**, 811, LAG Köln BB **94**, 1940, aM LAG Hbg MDR **87**, 875 (Klagefrist), LAG Mü BB **81**, 915. Die sachlichrechtlichen Wirkungen richten sich nach dem bürgerlichen Recht, vgl BAG FamRZ **84**, 1008, LAG Hamm zuletzt MDR **94**, 811. So haftet der Vollmachtgeber für die Handlung eines ProzBev sachlichrechtlich nur nach § 831 BGB.

**5) Geständnis usw, I 2.** Es kommt auf den Inhalt Art der Erklärung an. **6**

## § 85

**A. Tatsachenerklärung.** Bei allen Tatsachenerklärungen einschließlich der Geständnisse, § 288, gilt im Anwalts- wie im Parteiprozeß eine unmittelbare Stellvertretung nur, soweit die in der mündlichen Verhandlung miterschienene und zum Wort zugelassene Partei die Erklärung nicht sofort widerruft oder berichtigt. Wenn sie sofort widerruft oder berichtigt, gilt nur die Parteierklärung. Die Parteierklärung ist auch dann allein maßgeblich, wenn die Partei sich bereits vorher erklärt hat. Der ProzBev kann nämlich der Partei nicht wirksam widersprechen. Abgesehen davon ist eine tatsächliche Erklärung der Partei selbst einer Erklärung ihres ProzBev in aller Regel vorzuziehen, § 78 Rn 17, § 288 Rn 6, BGH RR **97**, 157 mwN. Ein späterer Widerruf der Erklärung des ProzBev durch die Partei ist in demselben Umfang zulässig wie ein Widerruf einer eigenen Erklärung.

*Nicht unter I 2 fällt* eine Prozeßhandlung des ProzBev, und zwar auch nicht, soweit in ihr eine Verfügung über den Streitgegenstand liegt, wie etwa bei einem Vergleich, einem Anerkenntnis oder einem Verzicht. Blomeyer § 9 III 5 wendet S 2 im Parteiprozeß dort nicht an, da sich die Partei selbst vertreten kann. Eine Rechtsausführung fällt in keinem Fall unter I 2 und bindet niemanden.

7 **B. Andere Erklärung.** Eine andere Erklärung als die unter Rn 4 genannte bindet die Partei unwiderruflich. Das gilt auch für einen Verzicht oder ein Anerkenntnis. Das Gesetz trennt solche Erklärungen ja scharf von Tatsachenerklärungen, vgl § 307 Rn 1. Der Vergleich bezieht sich auf den Anspruch selbst.

8 **6) Verschulden des Bevollmächtigten, II.** Die Regelung hat erhebliche praktische Bedeutung.

**A. Verfassungsmäßigkeit.** Es handelt sich nicht etwa um eine Untervorschrift zu I, VGH Mannh NJW **78**, 122.

II *verstößt nicht gegen das GG,* BVerfG BGBl **73**, 762 (allgemein, Gesetzeskraft) = BVerfG **35**, 41 und RR **93**, 131 (Kindschaftssachen), BGH VersR **75**, 571, aM mit schwerwiegenden Gründen v Schlabrendorff BVerfG **35**, 51. Berkemann FamRZ **74**, 295, Bosch FamRZ **73**, 449 fordern für Kindschafts- und andere Statussachen eine Gesetzesänderung, vgl aber Einl III 43. Stgt FamRZ **73**, 604 hält II bei einem schwerwiegenden Versagen des Anwalts des Bekl und des Gerichts evtl wegen Art 20 III GG für verfassungswidrig und widerspricht in DAVorm **74**, 187 dem BVerfG.

9 **B. Verschuldensunterstellung.** Ein Verschulden des Bevollmächtigten ist als Verschulden der Partei anzusehen, (nur grundsätzlich richtig) BGH NJW **85**, 495, Düss FamRZ **92**, 81, Karlsr NJW **84**, 619. Das gilt auch dann, wenn das Gericht die Nachteile der verschuldeten Fehlhandlung des Bevollmächtigten noch hätte abwenden können, BGH NJW **94**, 56.

10 Es gilt dies alles selbst dann, wenn die Partei eine Freiheitsstrafe verbüßt, BGH VersR **84**, 851 mwN. Es gilt auch *im Kündigungsschutzprozeß,* LAG Köln DB **87**, 1796, LAG Mü BB **81**, 915, aM BAG MDR **74**, 698, LAG Hbg NJW **78**, 446, ZöV 11.

11 Die vorstehenden Regeln gelten allerdings *nicht vor dem Beginn* des Kündigungsschutzprozesses, so grds richtig LAG Hamm NJW **81**, 1231, aM LAG Mainz NJW **82**, 2461. Die vorstehenden Regeln gelten auch im Strafprozeß, BGHSt **26**, 127, Düss MDR **88**, 986, zumindest soweit es nicht um den Verteidiger geht, Kblz MDR **88**, 986. Sie gelten ferner bei einem Anspruch nach dem StrEG, BGH **66**, 123, sowie im Privatrecht, BGH NJW **77**, 1198, BGH **17**, 205 für den Fall der Verjährung, ferner in Patentsachen, BPatG GRUR **78**, 559, sowie im Sortenschutzverfahren, § 40 V SortSchG.

12 Der Anwalt muß, auch unabhängig vom Gericht, nur insofern richtig Düss NJW **87**, 2564, *die größtmögliche Sorgfalt* anwenden, § 233 Rn 116, BGH VersR **99**, 443, krit Prinz VersR **86**, 317. Freilich darf man seine Sorgfaltspflicht auch *nicht überspannen,* BVerfG NJW **90**, 2374, BGH FamRZ **88**, 828 (Ausländer). Keine Überspannung!, Schneider NJW **98**, 3696.

13 **C. Beispiele zur Frage des Verschuldens,** vgl auch die umfangreichen weiteren Nachweise speziell zur Frage einer Wiedereinsetzung bei § 233 Rn 49 ff:
**Adresse:** Wenn der Anwalt der (an sich ausreichenden) gesetzlichen Bezeichnung des Gerichts und seines Orts die Straße und Hausnummer beifügt, muß sie ebenso wie die Postleitzahl zutreffen, darf sich aber auf geschultes Personal verlassen, BGH (8. ZS) VersR **94**, 75, LAG Köln MDR **97**, 854, aM BGH (6. ZS) VersR **93**, 1381.
**Alleiniger Sachbearbeiter:** Rn 20 „Sozietät".
**Allgemeine Geschäftsbedingungen:** Formularmäßige Mandatsbedingungen unterliegen dem AGBG und können die Anwaltshaftung keineswegs beliebig einschränken, Bunte NJW **81**, 2657, aM offenbar Prinz VersR **86**, 320.
**Anwaltshaftung:** Rn 20 „Schadensersatz", Rn 24 „Verjährung".
**Anwaltskartell:** Rn 24 „Versäumnis".
**Arbeitstempo:** Rn 18 „Prozeßführung".
**Aufwand:** Rn 18 „Prozeßführung".
14 **Bedenken:** Der Anwalt muß seine Bedenken gegen eine Weisung des Auftraggebers vortragen, BGH BB **99**, 763 und VersR **99**, 443. Der Anwalt muß auch das Gericht auf eine Unschlüssigkeit des gegnerischen Vortrags hinweisen, Kblz RR **90**, 960 (Parteiverwechslung), Köln AnwBl **84**, 92.
**Beratung:** Der Grundsatz der Notwendigkeit umfassender Wahrnehmung der Interessen des Auftraggebers, Rn 23, gilt auch bei jeder Beratung, BGH VersR **99**, 443, LG Hbg VersR **89**, 805. Freilich braucht der Anwalt die Beratung grds auch nicht besonders nachdrücklich oder eindringlich vorzunehmen, BGH NJW **87**, 1323. Immerhin muß er umfassend auf das Prozeßrisiko und auf das Kostenrisiko hinweisen, BGH BB **99**, 763, Kblz RR **93**, 695, Mü RR **91**, 1460. Er muß auch auf Zweifel und Bedenken hinweisen, BGH VersR **99**, 443, Karlsr VersR **89**, 1296, LG Hbg VersR **89**, 805. Der Schutzbereich der Amtspflicht ist zu beachten, BGH DB **97**, 2120.
**Beratungshilfe:** Der Anwalt muß den Auftraggeber auf die Möglichkeit einer Beratungshilfe hinweisen, soweit ihm bekannt ist, daß der Auftraggeber deren Voraussetzungen (wahrscheinlich) erfüllt, vgl auch § 16 I BerufsO, Düss MDR **84**, 937. Er muß im Beratungshilfeverfahren alle Möglichkeiten ausschöpfen, vgl BGH NJW **87**, 3121.

### 4. Titel. Prozeßbevollmächtigte und Beistände § 85

**Beweissicherung:** Rn 24 „Vorbereitung".
**Botendienst:** Der Anwalt muß darauf achten, daß ein privater Botendiener (zB des Anwaltsvereins) funktioniert, OVG Münst NJW **94**, 402.
**Ehesache:** Rn 25 „Wirtschaftliche Auswirkungen". 15
**Eilmaßnahme:** Der Anwalt muß evtl schon vor Erhalt des Auftrags eine Eilmaßnahme erwägen und vornehmen, §§ 677 ff BGB, KG Rpfleger **85**, 40, und eine gegnerische Eilmaßnahme unverzüglich dem Auftraggeber mitteilen, insofern grds richtig Düss VersR **88**, 861, ferner Ffm GRUR **87**, 652. Wegen seiner Pflicht zum Vorgehen innerhalb der kürzestmöglichen Zeit muß er auch im statt eines Hauptprozesses oder zusätzlich zu diesem mögliches Eilverfahren bedenken und evtl veranlassen, vgl LG Bonn JB **90**, 1318. Der Anwalt muß den Posteingang auf etwa notwendige Sofortmaßnahmen prüfen, BGH VersR **85**, 69 mwN, Köln VersR **97**, 605.
**Entscheidungspraxis des angerufenen Gerichts:** Die Grundsätze, daß der Anwalt den kostensparendsten, sichersten und gefahrlosesten Weg zu gehen hat, Rn 17 „Mehrheit möglicher Entscheidungen" mwN, gelten auch dann, wenn ihm oder sonst objektiv eine Entscheidungspraxis des angerufenen Gerichts bekannt ist, soweit sie objektiv den rechtlichen Anforderungen genügt, BVerfG **79**, 376. Das gilt auch im ersten Rechtszug. Freilich darf der Anwalt nicht schon deshalb einen wesentlichen Tatsachenvortrag zurückhalten oder bewußt verschweigen, § 138 I, II, BGH VersR **83**, 562.
Vgl aber auch Rn 24 „Verjährung".
**Fristwahrung,** dazu *Francken,* Das Verschulden des Prozeßbevollmächtigten an der Versäumung der Klagefristen des § 4 KSchG, des § 1 Abs. 1 BeschFG und des § 113 Abs. I InsO, 1998: Der Anwalt muß jede Frist, deren Kontrolle seine ureigene Aufgabe ist, BGH NJW **92**, 820, streng beachten, BGH NJW **95**, 522, Karlsr VersR **89**, 1296, auch bei § 4 I 1 KSchG, LAG Köln MDR **99**, 772, Tschöpe/Fleddermann BB **98**, 160. Das alles gilt auch beim bloßen „Stempelanwalt", Hamm MDR **99**, 900. Jeder Anwalt muß auch eine verfrühte Einreichung verhindern, BGH VersR **93**, 1548. Bei einer überörtlichen Sozietät ist vor allem derjenige zuständig, der die Partei im Prozeß vertritt, BGH NJW **94**, 1878.
S auch § 233 Rn 85 ff, 93 ff.
**Gericht:** Der Anwalt kann sich grds auf die inhaltliche Richtigkeit einer Mitteilung des Gericht, zB über einen Eingangstag, verlassen, BVerfG NJW **95**, 711.
**Gesetzesunkenntnis:** § 233 Rn 114 ff.
**Interessenwahrnehmung:** Rn 23 „Umfassende Interessenwahrnehmung". 16
**Kartellanwalt:** Rn 24 „Versäumnis".
**Kostenrisiko:** Der Anwalt muß den Auftraggeber auf ein etwaiges hohes Kostenrisiko hinweisen, Mü RR **91**, 1460, auch allgemein auf die zu erwartenden Anwaltskosten, LG Flensb AnwBl **87**, 193, aM Köln VersR **98**, 1282 (§ 242 BGB).
S auch Rn 14 „Beratung".
**Kündigung:** Der Gekündigte braucht mangels Fristdrucks keinen Rat mehr zu geben, BGH MDR **97**, 196. Der Anwalt muß gegen *jede* erfolgte Kündigung vorgehen, BGH BB **99**, 763.
**Mehrheit möglicher Maßnahmen:** Wenn mehrere Maßnahmen in Betracht kommen, muß der Anwalt 17 diejenige ergreifen, die die *kostensparendste,* Düss FamRZ **89**, 204, AG Mü JB **93**, 671, sowie in der Sache die *sicherste und gefahrloseste* ist, BGH BB **99**, 763 und VersR **99**, 443, Hamm MDR **98**, 503 und 1127, Mü FamRZ **94**, 311; das übersieht LG Tüb RR **87**, 1213.
S auch Rn 15 „Entscheidungspraxis des angerufenen Gerichts".
**Mitverschulden:** Ein nicht völlig unerhebliches ist schädlich, BGH BB **99**, 763.
**Parteigutachten:** Der Anwalt muß den Auftraggeber auf die nach der Sachlage möglichen Zweifel und 18 Bedenken auch dann hinweisen, wenn diese trotz eines eingeholten Parteigutachtens bestehen bleiben können, BGH NJW **85**, 264.
S auch Rn 14 „Bedenken".
**Parteiverhalten:** Die Partei muß für ihren ProzBev erreichbar sein, BGH FamRZ **95**, 1484.
**Posteingang:** Rn 14 „Eilmaßnahme".
**Postulationsfähigkeit:** Der Anwalt muß alle einschlägigen Vorschriften beachten, BGH MDR **94**, 1150. Dazu kann ein Zwang zur Robenbenutzung zählen, § 59 b Z 6 c BRAO in Verbindung mit § 20 BerufsO (sein S 2 befreit vor dem AG; das ist wegen der Stellung des Anwalts nach § 1 BRAO problematisch; zum Landesrecht Weber NJW **98**, 1674).
**Prozeßführung:** Der Anwalt muß den Prozeß so führen, daß er innerhalb der *kürzestmöglichen Zeit* vorankommt. Das gilt auch im Prozeßkostenhilfeverfahren, BGH NJW **87**, 3121, Düss FamRZ **89**, 204, oder dann, wenn ein Eilverfahren in Betracht kommt, LG Bonn JB **90**, 1318, oder in der Zwangsvollstreckung, Köln VersR **86**, 300. Er muß mit dem *geringstmöglichen Aufwand* das günstigste mögliche Ergebnis zu erzielen versuchen, Oldb VersR **81**, 341. Er muß im Rahmen des ihm Möglichen und *Zumutbaren* alles, was vertretbar und auch nur evtl sinnvoll zu sein scheint, erwägen und tun. Freilich ist nicht der Anwalt, sondern dessen Auftraggeber der „Arbeitgeber" des Gerichts; der Anwalt ist nur der Beauftragte desjenigen, für den das Gericht tätig wird. Das verkennt Kroppen AnwBl **80**, 129.
S auch Rn 24 „Verkehrsanwalt".
**Prozeßkostenhilfe:** Der *Anwalt* muß den Auftraggeber auf die Möglichkeit einer Prozeßkostenhilfe hinweisen, soweit ihm bekannt ist, daß der Auftraggeber deren Voraussetzungen (wahrscheinlich) erfüllt, vgl auch § 16 I BerufsO, Düss MDR **84**, 937. Er muß im PKHVerfahren alle Möglichkeiten ausschöpfen, vgl BGH NJW **87**, 3121. Wegen der Pflicht auch des *Gerichts* zu einem Hinweis auf PKH Üb 5 vor § 114.
**Prozeßvergleich:** Rn 24 „Vergleich".
**Rechtsmittelbelehrung:** Eine solche unrichtige durch das Gericht beseitigt ein Verschulden des Anwalts 19 nur bei ihrer Nachvollziehbarkeit, BGH VersR **97**, 1522.
**Rechtsprechung:** Da der Anwalt eine bestehende Rechtsprechung zu beachten hat, vgl BVerfG NJW **97**, 1433, Habscheid JR **99**, 102, darf er grds auf ihren Fortbestand zumindest bei einer bisher ständigen Rechtsprechung vertrauen, wenn auch nicht blindlings, BGH BB **93**, 2268.

## § 85
1. Buch. 2. Abschnitt. Parteien

**Regreß:** Rn 20 „Schadensersatz", Rn 24 „Verjährung".
20 **Sachbearbeiter:** Rn 21 „Sozietät".
**Sachverhaltsklärung:** Der Anwalt muß im Rahmen des ihm Möglichen und Zumutbaren den Sachverhalt genau klären, auch schon vor einer Beratung. Er darf freilich auf die Richtigkeit der vom Auftraggeber erteilten tatsächlichen Information grds vertrauen, BGH VersR **94**, 1344. Dieses Vertrauen darf aber andererseits auch nicht zu Leichtgläubigkeit oder Gedanken- bzw Arbeitsfaulheit führen, Düss AnwBl **99**, 351 zB dann nicht, wenn Lücken oder Widersprüche für Juristen auf der Hand liegen oder ernsthaft in Betracht kommen, BGH NJW **98**, 2048. Eine Rechtstatsache muß der Anwalt selbst klären, zB das Datum einer Zustellung, BGH NJW **96**, 1968, Düss AnwBl **99**, 351.
**Schadensersatz:** Wegen der Notwendigkeit umfassender Beratung, Rn 14 „Beratung", muß der Anwalt den Auftraggeber auch auf einen etwaigen Schadensersatzanspruch gegen sich selbst unverzüglich hinweisen, BGH NJW **92**, 837 mwN. Das gilt jedenfalls, solange und soweit der Auftraggeber von dieser Anwaltshaftung nichts weiß, Celle VersR **81**, 237. Freilich entfällt solche Pflicht dann, wenn der Anwalt den Auftraggeber rechtzeitig vor der Verjährung wegen der Haftungsfrage berät, BGH NJW **92**, 837.
S auch Rn 24 „Verjährung", „Vorbereitung".
21 **Sicherheitsleistung:** Der Anwalt muß die Möglichkeit erörtern, für den Auftraggeber eine Sicherheitsleistung zu erbringen, zu erhalten oder zurückzuerhalten, BGH NJW **90**, 2129.
**Sofortmaßnahme:** Rn 15 „Eilmaßnahme".
**Sozietät:** Wegen des Umstands, daß grds jeder Sozius als beauftragt und bevollmächtigt gilt, Rn 36 „Sozius", muß grds auch jeder Sozius das ihm Mögliche und Zumutbare unverzüglich und auf dem für den Auftraggeber kostensparendsten, sichersten und gefahrlosesten Wege veranlassen, vgl BGH RR **88**, 1299 (Treuhandauftrag), und darf sich nicht hinter dem anderen Sozius als dem „Sachbearbeiter" oder gar dem „allein bearbeitetenden" Kollegen verstecken, BGH NJW **93**, 1780. Ausnahmen gelten bei „gemischter" Sozietät zugunsten desjenigen, der auf diesem Gebiet nicht tätig werden darf, Köln RR **97**, 438.
**Steuerliche Auswirkungen:** Rn 25 „Wirtschaftliche Auswirkungen".
22 **Telefax:** Der Anwalt muß Störungen im Telefaxverkehr bedenken, § 233 Rn 164 „Telefax", Mü NJW **91**, 303.
**Termin:** Der Anwalt muß stets mit Verkehrsbehinderungen rechnen. § 337 Rn 13 „Verkehrsprobleme". Er muß den Auftraggeber von der Aufhebung eines Termins, an dem der Auftraggeber teilnehmen soll oder will, unverzüglich verständigen, Kblz JB **91**, 1544. Vgl auch § 227 Rn 25.
**Treuhandauftrag:** In einer Sozietät, Rn 21, gilt im Zweifel jeder Sozius als Treuhänder, BGH RR **88**, 1299, mit allen Rechten und Pflichten.
23 **Umfassende Interessenwahrnehmung:** Der Anwalt muß die Interessen des Auftraggebers stets nach jeder Richtung umfassend wahrnehmen, BGH VersR **99**, 443, Hamm VersR **88**, 192, Karlsr VersR **89**, 1296. Das gilt zB auch bei der Frage, ob ein Vergleich abgeschlossen oder widerrufen werden soll, LG Mü NJW **90**, 1369, oder bei einer Beratung, BGH NJW **88**, 706 und 2113, LG Hbg VersR **89**, 805. Das gilt ab Mandatsende nur noch bei Fristdruck, BGH MDR **97**, 196.
**Unschlüssigkeit:** Rn 14 „Bedenken".
**Unterschrift:** Die Grundsätze Rn 8–12 gelten auch für die Unterschrift, BGH NJW **87**, 957. Der Anwalt hat auch die Regeln § 129 Rn 9 ff zu beachten. Wer unterzeichnet, muß sicherstellen, daß nicht verfrüht eingereicht wird, BGH VersR **93**, 1548.
**Unvollständigkeit des Vortrags:** Der ProzBev darf nicht einen objektiv bereits notwendigen Vortrag, zB nach § 138 II, zurückhalten, Schlesw FamRZ **93**, 336.
**Urkundenprozeß:** Der Anwalt muß eine Klage im Urkundenprozeß erwägen, wenn ein besonderes Beschleunigungsbedürfnis besteht, BGH VersR **94**, 1234, Wolf DB **99**, 1103.
24 **Verfahrensweise des Gerichts:** Der Anwalt muß, insbesondere als ProzBev des Bekl, stets kritisch die Verfahrensweise des Gerichts überdenken, Hamm MDR **87**, 582, und zwar natürlich auch selbstkritisch.
**Vergleich:** Der Grundsatz der Notwendigkeit umfassender Wahrnehmung der Interessen des Auftraggebers, Rn 23, gilt auch bei der Frage, ob ein Vergleich abgeschlossen oder widerrufen werden soll und bis wann das geschehen muß, vgl BGH NJW **95**, 522 mwN, Hamm MDR **94**, 309, LG Mü NJW **90**, 1369. Der Anwalt darf einen bindenden Abfindungsvergleich mit nicht unerheblicher Tragweite erst nach Zustimmung des entsprechend belehrten Auftraggebers abschließen, BGH VersR **94**, 1299.
**Verjährung:** Der Anwalt muß den Auftraggeber vor jeder Art von Verjährung schützen und kann sich nur ganz ausnahmsweise wegen dessen Rechtskunde auf dessen Mitverschulden berufen, BGH NJW **92**, 820. Er muß im Zweifel die kürzere Verjährungsfrist zugrunde legen, BGH NJW **94**, 324. Er muß auch aktiv helfen, den Verjährungseintritt zu vermeiden, BGH NJW **93**, 1780, Düss VersR **85**, 347. Ein Hinweis auf drohende Verjährung muß rechtzeitig erfolgen, BGH NJW **92**, 837, Mü AnwBl **98**, 607. Der Anwalt kann sogar nach Beendigung seiner Tätigkeit zum Hinweis auf eine drohende Verjährung verpflichtet sein, BGH BB **97**, 440 (einschränkend Hamm VersR **99**, 446), auch aus Anlaß eines neuen Auftrags, BGH NJW **86**, 582. Er braucht grds nicht mit Abweichung eines LG vom BGH zu rechnen, Brschw RR **98**, 350; vgl freilich Rn 15 „Entscheidungspraxis".
S auch Rn 20 „Schadensersatz".
**Verkehrsanwalt:** Die Pflichten des *ProzBev* zur sachgemäßen Prozeßführung ändern sich nicht durch die Einschaltung eines Verkehrsanwalts, BGH NJW **88**, 3014, aM Düss VersR **89**, 850. Der Verkehrsanwalt ist kein Erfüllungsgehilfe des ProzBev nach § 278 BGB, Ffm MDR **94**, 99.
Der *Verkehrsanwalt* haftet natürlich im Rahmen seines Auftrags, BGH NJW **93**, 3140, Düss VersR **89**, 850, insoweit aber voll, BGH VersR **96**, 606.
S auch Rn 18 „Prozeßführung".
**Verkündung:** Der Anwalt muß sich rechtzeitig danach erkundigen, was im ihm bekannten Verkündungstermin geschehen ist, Ffm MDR **98**, 124.
**Versäumnis:** Der Anwalt muß im Rahmen des ihm Möglichen und Zumutbaren verhindern, daß Säumnisfolgen eintreten, LG Duisb RR **91**, 1022 (Hinterlegung der Akten nebst Zettel-„Auftrag" an irgendeinen

## 4. Titel. Prozeßbevollmächtigte und Beistände § 85

evtl anwesenden Anwalt zur Antragstellung). Das gilt insbesondere vor einem Zweiten Versäumnisurteil, BGH NJW **93**, 1324.
**Vertragsverhandlungen:** Der Anwalt muß schon während der Vertragsverhandlungen seines Auftraggebers aufpassen, BGH BB **88**, 1992.
**Vorbereitung:** Ein Anwalt kann zB zur Vorbereitung eines Schadensersatzprozesses zu einer Beweissicherung verpflichtet sein, BGH NJW **93**, 2677.
**Wirtschaftliche Auswirkungen:** Der Anwalt muß den Auftraggeber auf die Gefahr wirtschaftlicher Aus- 25 wirkungen hinweisen, Düss GRUR **85**, 220, etwa wegen einer Rücknahme eines Scheidungsantrags, Hamm FamRZ **93**, 817, oder wegen einer vom Auftraggeber ausgehandelten Scheidungsvereinbarung, BGH FamRZ **90**, 37, auch bei Gefahr einer Vereitelung des Zugewinnausgleichs auf die dann möglichen Sicherungsmaßnahmen, zB nach §§ 916 ff, Hamm RR **92**, 1410, und auch auf steuerliche Auswirkungen aller Art, BGH RR **87**, 605, auch auf einen etwaigen Schadensersatzanspruch gegen sich selbst, Rn 20 „Schadensersatz".
S auch Rn 14 „Beratung", Rn 16 „Kostenrisiko".
**Zurückweisung wegen Verspätung:** Der Anwalt muß im Rahmen des ihm Möglichen und Zumutbaren verhindern, daß das Gericht ein Vorbringen des Auftraggebers als verspätet zurückweist, Baur Festschrift für Schwab (1990) 54.
**Zwangsvollstreckung:** Der Grundsatz der Notwendigkeit umfassender Wahrnehmung der Interessen des Auftraggebers gilt auch in der Zwangsvollstreckung, Köln VersR **86**, 300.
**Zweifelhafte Rechtslage:** Die Grundsätze, daß der Anwalt den kostensparendsten, sichersten und gefahrlosesten Weg zu gehen hat, Rn 17 „Mehrheit möglicher Maßnahmen" mwN, gelten auch bei einer zweifelhaften Rechtslage, BGH DB **92**, 887 (rechte Spalte ganz unten), grds richtig auch Düss VersR **88**, 861, ferner Karlsr VersR **89**, 1296.

**D. Bevollmächtigter: Grundsatz.** Bevollmächtigter, vor allem Prozeßbevollmächtigter, ist man, sobald 26 man den Auftrag angenommen hat, BGH VersR **82**, 950, und solange, bis dasjenige Rechtsverhältnis beendet ist, das der Vollmachtserteilung zugrunde liegt (insofern kann es sich um eine Abweichung von § 87), BGH VersR **83**, 540, BAG MDR **79**, 965, also zB nur bis zur mündlichen Kündigung, auch wenn sie nur im Innenverhältnis erfolgt, BGH VersR **85**, 1186. Denn nur insofern besteht dasjenige Vertrauensverhältnis, das eine Haftung des Auftraggebers rechtfertigt, BGH VersR **85**, 1186. Eine Vollmacht muß auch dann erteilt worden sein, wenn das Gericht den Anwalt nach § 121 beigeordnet hat, § 121 Rn 16.

**E. Beispiele zur Frage der Bevollmächtigung** 27
**Amtlich bestellter Vertreter:** Auch der für Behinderungsfälle oder uneingeschränkt amtlich bestellte Vertreter ist bevollmächtigt, BGH VersR **84**, 586, BayObLG JR **85**, 254 (StPO), OVG Hbg MDR **93**, 688. Das gilt selbst dann, wenn der amtlich bestellte Vertreter noch ein Referendar ist, BGH VersR **76**, 92 und JB **76**, 1048, BAG NJW **73**, 343. Nach dem Tod des vertretenen Anwalts bleibt die Vollmacht des bisherigen amtlichen Vertreters aber nicht als solche bestehen, selbst wenn der bestellte Vertreter noch nach § 54 BRAO, Anh § 155 GVG, tätig wird, BGH VersR **82**, 191 und 365.
**Angestellter Anwalt:** Bevollmächtigter ist der angestellte Anwalt, soweit und solange er die Sache selbständig bearbeitet, BGH RR **93**, 893, strenger zB Saarbr VersR **93**, 1550 (L). Dabei reicht ein wesentlicher Abschnitt aus, zB die Einlegung eines Rechtsmittels, BGH VersR **84**, 240, oder die Alleinbearbeitung an einem bestimmten Tag, BAG NJW **87**, 1355. Im letzteren Fall kommt es auch nicht auf eine Unterschriftsbefugnis an, BGH VersR **84**, 87, und auch nicht darauf, ob der angestellte Anwalt im Termin als ProzBev auftritt, BGH VersR **83**, 84; vielmehr reicht im allgemeinen die Aktenvorlage gerade bei diesem letzteren Anwalt aus, BGH VersR **77**, 720, Mü NJW **74**, 755. Ein unselbständig tätiger Hilfsarbeiter ist *nicht* als Bevollmächtigter im Sinn von § 85 anzusehen, Hbg NJW **96**, 2939, insbesondere nicht, solange er nicht mit der Sache befaßt ist und zB eine Beratung der mit der Fristenkontrolle beauftragten Büroangestellten ablehnt, BGH RR **93**, 893, BVerwG NJW **85**, 1178.
Vgl allerdings Rn 26.
**Anwaltskartell:** Die Einrichtung eines sog Anwaltskartells ist unzulässig, vgl auch § 216 Rn 20, § 272 28 Rn 12, § 296 Rn 14, Düss NJW **82**, 1889.
**Assessor:** Ein nur vorläufig beim Anwalt beschäftigter Assessor, dem eine Vertretungsmacht nicht übertragen worden ist, gilt nicht als Bevollmächtigter, BGH **LM** § 232 aF Nr 15, BVerwG NJW **77**, 773.
S auch Rn 27 „Amtlich bestellter Vertreter", „Angestellter Anwalt".
**Auftragsbeendigung:** Der Anwalt, dessen Auftrag beendet ist, gilt nicht mehr als Bevollmächtigter im Sinn von § 85, BGH MDR **80**, 299, Düss MDR **75**, 234, selbst wenn er noch um einen Rechtsrat befragt worden ist, BGH LM Nr 9, und selbst dann nicht, wenn eine Zustellung noch nach den §§ 87, 176 an ihn erfolgen muß. Der Anwalt muß allerdings die Beendigung seiner Tätigkeit unzweideutig erklärt haben. Für diese Erklärung ist der früheste Zugang maßgeblich, BGH VersR **73**, 185. Wenn eine Frist läuft, muß der Anwalt auf die Beendigung seiner Tätigkeit hinweisen, falls er die Frist nicht noch selbst wahren will, insbesondere dann, wenn er die Kündigung (mit)verschuldet hat, BGH VersR **92**, 378.
S auch Rn 27 „Amtlich bestellter Vertreter".
**Auftragserteilung:** Das Verschulden eines Anwalts, dem in dieser Sache kein Auftrag erteilt war, gilt nicht als Verschulden der Partei, BGH FamRZ **96**, 409.
**Beaufsichtigung:** Es ist unerheblich, ob die Partei den Anwalt „beaufsichtigen" kann. Denn es handelt sich 29 hier um einen unsicheren Maßstab. Er würde auch die Rechtssicherheit gefährden. In einem solchen Fall ist die Partei lediglich auf einen Ersatzanspruch gegen den Anwalt angewiesen. Wegen der Angestellten des Anwalts § 233 Rn 74 ff.
**Beigeordneter Anwalt:** Rn 35 „Pflichtanwalt", „Prozeßkostenhilfe".
**Bürogemeinschaft:** Rn 34 „Nachbarschaftshilfe".
**Diplomkaufmann:** Rn 34 „Nichtanwalt". 30
**Ehegatte:** Er ist nicht stets als Bevollmächtigter anzusehen, LAG Mü NJW **87**, 2542. 31

## § 85       1. Buch. 2. Abschnitt. Parteien

32 **Generalbevollmächtigter:** Er ist als Bevollmächtigter auch nach § 85 anzusehen, BGH VersR **85**, 1186.
S auch Rn 31 „Ehegatte".
33 **Kartellanwalt:** Rn 28 „Anwaltskartell".
**Mitbearbeitung einzelner Sachen:** Als Bevollmächtigter ist auch derjenige Anwalt anzusehen, der als Entgelt für die Mitbenutzung der Kanzlei des ersteren Anwalts dessen einzelne Sachen mitbearbeitet, BGH **LM** § 233 Nr 72.
S auch Rn 28 „Anwaltskartell", Rn 34 „Nachbarschaftshilfe".
34 **Nachbarschaftshilfe:** Als bevollmächtigt gilt auch derjenige, der für den Kollegen in einer „Nachbarschaftshilfe" tätig wird, BGH VersR **75**, 1150, aM BGH VersR **79**, 160, BayObLG MDR **88**, 683 (je betr eine Bürogemeinschaft).
S auch Rn 33 „Mitbearbeitung einzelner Sachen".
**Nichtanwalt:** Auch ein solcher kann als Bevollmächtigter im Sinn von § 85 anzusehen sein, zB ein Diplomkaufmann, BGH VersR **83**, 1083, BVerwG Buchholz 303 § 85 Nr 2.
**Notanwalt:** Rn 35 „Pflichtanwalt".
35 **Pflichtanwalt:** Der Pflichtanwalt, insbesondere der Notanwalt, ist nicht Bevollmächtigter im Sinn von § 85, bevor er den Auftrag angenommen hat, mag ihm auch gleichzeitig mit dem Auftrag bereits eine Vollmacht erteilt worden sein. Der Zugang des Auftrags entscheidet trotz § 44 BRAO nicht, BGH **47**, 320, und zwar auch dann nicht, wenn der Anwalt auf Grund eines ausdrücklichen Wunsches der Partei beigeordnet worden ist.
**Postulationsfähigkeit:** Ihr Fehlen steht der Haftung nicht entgegen, BGH FamRZ **98**, 1506.
**Prozeßkostenhilfe:** Ein Anwalt, der in einem Verfahren auf die Bewilligung einer Prozeßkostenhilfe beigeordnet wurde, ist nicht schon vom Zeitpunkt der Kenntnis der Vollmacht der Partei auf ihn als Bevollmächtigter anzusehen, sondern erst von demjenigen Zeitpunkt an, in dem er den Auftrag übernimmt, vgl BGH VersR **73**, 447 (zum alten Recht). Sein Sozius ist ausnahmsweise nicht mitbevollmächtigt, BGH NJW **91**, 2294. Wegen § 124 Z 2 vgl § 124 Rn 38.
**Referendar:** Rn 27 „Amtlich bestellter Vertreter".
36 **Sozius:** Auch der Sozius ist grundsätzlich als (mit)bevollmächtigt anzusehen, BGH NJW **93**, 1780, BayObLG JR **83**, 254 (StPO), Köln RR **97**, 438. Das gilt auch für den später eintretenden Sozius, BGH **124**, 49. Allerdings wird nicht jedes Mandat in die Sozietät eingebracht, BGH DB **88**, 1113 (auch zum Tod eines Sozius): Mancher will sich nur dem Sozius seines Vertrauens offenbaren. Es kommt daher auf den Einzelfall an; meist besteht Anscheinsbeweis für die Bevollmächtigung aller Sozien, BGH NJW **95**, 1841.
*Nicht* als Bevollmächtigter ist derjenige Anwalt anzusehen, dem ein Schreiben vorgelegt wird, das an einen früheren Sozius gerichtet ist und sich mit einer Berufungseinlegung befaßt und das der frühere Sozius dem jetzigen Empfänger ohne eine besondere Rücksprache übermitteln läßt.
S auch Rn 35 „Prozeßkostenhilfe".
37 **Terminsanwalt:** Ein nur zur Terminswahrnehmung unterbevollmächtigter Anwalt ist nicht als Bevollmächtigter im Sinn von § 85 anzusehen, BGH VersR **79**, 255.
**Tod des Anwalts:** Rn 27 „Amtlich bestellter Vertreter".
38 **Übermittlung:** Bevollmächtigt ist auch derjenige Anwalt, der die Sache nicht selbst bearbeitet, sondern nur die Übermittlung eines Schriftsatzes übernimmt, BGH NJW **84**, 1992.
S auch „Unterbevollmächtigter".
**Unterbevollmächtigter:** Auch ein Unterbevollmächtigter ist „Bevollmächtigter" im Sinn von II, BGH VersR **84**, 239, wie überhaupt jeder andere Anwalt, den der von der Partei beauftragte Kollege bittet, die weitere Bearbeitung zu übernehmen. Bevollmächtigt ist auch derjenige, der die Sache nicht selbst bearbeitet, sondern nur die Übermittlung eines Schriftsatzes übernimmt, BFH NJW **84**, 1992.
S aber auch Rn 37 „Terminsanwalt".
**Urkundbeamter der Geschäftsstelle:** Er ist auch dann *nicht* Bevollmächtigter im Sinn von § 85, wenn er eine Zustellung vermittelt. Denn die Partei kann ihm keine bindende Weisung erteilen, § 168.
39 **Verkehrsanwalt:** Er ist grds als Bevollmächtigter im Sinn von § 85 anzusehen, BGH VersR **88**, 418, Bauer/ Fröhlich FamRZ **83**, 123. Freilich obliegt die Pflicht zu einem ordnungsgemäßen prozessualen Handeln gegenüber dem Prozeßgericht dem ProzBev und nicht dem Verkehrsanwalt, BGH NJW **88**, 1079. Der Verkehrsanwalt ist also insofern nicht der Erfüllungsgehilfe des ProzBev. Infolgedessen hat der ProzBev ein Verschulden des Verkehrsanwalts nicht gegenüber der Partei zu vertreten, LG Regensb AnwBl **97**, 109.
40 **Zustellungsbeamter:** Er ist *nicht* Bevollmächtigter im Sinn von § 85, mag es sich um einen Gerichtsvollzieher oder einen Postbediensteten handeln.
**Zustellungsbevollmächtigter:** Er ist als Bevollmächtigter auch im Sinn von § 85 anzusehen.

41 **7) VwGO:** *I 1* ist entsprechend anwendbar, § 173 *VwGO*; *I 2* ist unanwendbar, weil Tatsachenerklärungen der Beteiligten wegen des Ermittlungsgrundsatzes, § 86 *VwGO*, ohnehin nicht bindend sind. Auch im *VerwProzeß* ist das Verschulden des Bevollmächtigten bei Versäumung Verschulden des Beteiligten, oben Rn 7 ff, da *II* entsprechend anzuwenden ist, § 173 *VwGO*, ganz hM, KoppSch § 60 Rn 20 mwN, BVerwG Buchholz 303 § 85 ZPO Nr 2, *VerwRspr* **32**, 502, VGH Mannh VBlBW **81**, 321 mwN; das gilt auch im Kriegsdienstverweigerungsverf, BVerwG NVwZ **82**, 35, und im AsylVerf, BVerwG BayVBl **78**, 474, VGH Mü BayVBl **82**, 250 (kein Verstoß gegen Art 19 IV GG, BVerfG **60**, 253 = NJW **82**, 2425 zu VG Stgt NJW **82**, 541 m Anm Scharnhorst); zum Einzelfall eines nicht zurechenbaren Anwaltsverschuldens VG Stade NJW **83**, 1509 (s aber auch Rn 13 ff). Bevollmächtigter ist auch der RA, der in abhängiger Stellung von dem Prozeßbevollmächtigten mit der selbständigen Prozeßführung beauftragt worden ist, BVerwG DÖV **63**, 483, ebenso der vom RA bestellte Urlaubsvertreter, OVG Hbg NJW **93**, 747 mwN, auch der Nichtanwalt, der für einen Beteiligten die Korrespondenz mit dem ProzBev führt, BVerwG Buchholz 303 § 85 Nr 2, wie überhaupt jeder Vertreter, zB ein Behördenbediensteter, BVerwG DÖV **98**, 42, oben Rn 27 ff, nicht aber Büropersonal und sonstige Beauftragte, zB ein beim ProzBev angestellter RA, BVerwG NJW **85**, 1178, NVwZ **89**, 1058, ebensowenig ein bloßer Sprachmittler, VGH Mü NJW **97**, 1324.

4. Titel. Prozeßbevollmächtigte und Beistände **§ 86**

**86** *Tod usw. des Vollmachtgebers.* **Die Vollmacht wird weder durch den Tod des Vollmachtgebers noch durch eine Veränderung in seiner Prozeßfähigkeit oder seiner gesetzlichen Vertretung aufgehoben; der Bevollmächtigte hat jedoch, wenn er nach Aussetzung des Rechtsstreits für den Nachfolger im Rechtsstreit auftritt, dessen Vollmacht beizubringen.**

**1) Systematik, Regelungszweck.** Die Vorschriften der ZPO über das Erlöschen der Vollmacht, §§ 86, 1 87, sind unvollständig. Die sachlichrechtliche Vollmacht erlischt immer nach den Vorschriften des sachlichen Rechts. Die prozessuale Vollmacht und die sachlichrechtliche Vollmacht erlöschen nicht stets gleichzeitig. Prozessual wird die Rechtssicherheit, Einl III 43, verständlicherweise stärker beachtet als sachlichrechtlich: Der Prozeßgegner soll ebenso wie das Gericht von einer möglichst einfachen Lage bei der Beurteilung des Endes einer Prozeßvollmacht ausgehen können; auch soll der Prozeß im Interesse der Prozeßwirtschaftlichkeit, Grdz 14 vor § 128, möglichst fortlaufen können. Freilich entsteht dadurch in Wahrheit oft eine außerordentlich schwierige Lage für den ProzBev; er muß im Innenverhältnis oft nach den Regeln einer Geschäftsführung ohne (klaren weiteren) Auftrag (durch die Rechtsnachfolger usw), §§ 577 ff BGB, entscheiden. Das sollte ihm bei der Auslegung zugute gehalten werden.

**2) Geltungsbereich.** Vgl Üb 3 vor § 78. § 81 Rn 2. 2

**3) Erlöschen der Vollmacht.** Die prozessuale Vollmacht erlischt (nur) in folgenden Fällen: 3

**A. Prozeßbeendigung.** Sie erlischt dann, wenn der Rechtsstreit endgültig beendet ist, vorbehaltlich einiger Nachwirkungen in der Zwangsvollstreckung, einer etwaigen Wiederaufnahme des Verfahrens usw, § 81 Rn 21. Eine bloße Prozeßabweisung, etwa wegen einer Unzuständigkeit, Grdz 14 vor § 253, führt nicht zum Erlöschen der Prozeßvollmacht. Die bloße Beendigung dieser Instanz führt ebenfalls nicht zum Erlöschen der Vollmacht. Der Anwalt der unteren Instanz bleibt in diesem Fall zu folgenden Handlungen bevollmächtigt: Zum Empfang von Zustellungen, vgl bei § 176; zu einem Rechtsmittelverzicht, §§ 514, 566; zu parteiprozeßmäßiger Vertretung; zu einer vollen Vertretung der Partei nach einer Zurückverweisung, § 539. Wenn der Anwalt der höheren Instanz wegfällt, sind alle Zustellungen wieder an den ProzBev der niedrigeren Instanz zu richten.

**B. Kündigung.** Die prozessuale Vollmacht erlischt ferner durch eine Kündigung der Partei, § 87. 4

**C. Tod des Prozeßbevollmächtigten.** Die prozessuale Vollmacht erlischt ferner durch den Tod des 5 ProzBev, Düss MDR 89, 468. Eine Vertretungsbefugnis des bestellten Vertreters eines Anwalts, § 53 BRAO, erlischt zwar mit dem Tod des vertretenen Anwalts; wenn aber der Vertreter Rechtshandlungen vor der Löschung des verstorbenen Anwalts in der Anwaltsliste vorgenommen hatte, dann sind solche Handlungen jedoch wirksam, soweit der Anwalt im Zeitpunkt ihrer Vornahme schon verstorben war, § 54 BRAO. Dasselbe gilt dann, wenn der Vertreter etwa erst nach dem Tod des Anwalts von der Landesjustizverwaltung bestellt worden war. Die Landesjustizverwaltung kann aber für den verstorbenen Anwalt auch einen Abwickler bestellen. Er gilt ohne weiteres für schwebende Angelegenheiten als bevollmächtigt, sofern die Partei nicht selbst für die Wahrnehmung ihrer Rechte gesorgt hat, § 55 II BRAO. Vgl ferner § 244 Rn 1.

**D. Vertretungsunfähigkeit.** Die Prozeßvollmacht endet dann, wenn der ProzBev vertretungsunfähig 6 wird. Hierhin gehören: Der Wegfall der Prozeßfähigkeit, § 78 Rn 26; eine völlige Löschung; der Wegfall der Zulassung beim Prozeßgericht. Zum Wegfall der Postulationsfähigkeit, insbesondere nach der Unterzeichnung eines bestimmenden Schriftsatzes, vgl auch Ffm NJW 84, 2896.

**E. Wegfall der sachlichrechtlichen Vollmacht.** Die Prozeßvollmacht erlischt schließlich, sobald eine 7 umfassende sachlichrechtliche Vollmacht endet, der die Prozeßvollmacht entflossen war, § 80 Rn 8.

**4) Kein Erlöschen der Vollmacht.** Die prozessuale Vollmacht erlischt in folgenden Fällen nicht: 8

**A. Tod des Vollmachtgebers.** Trotz des Todes des Vollmachtgebers bleibt die prozessuale Vollmacht bestehen, KG Rpflege 98, 530, und zwar selbst dann, wenn die Klage im Todeszeitpunkt noch nicht erhoben worden war. Nach dem Tode sind die Erben Kläger. Der Klagekopf ist einfach zu berichten, Mü MDR **91**, 672, StJBo § 50 Rn 43, ZöV 8, 12, aM AG Ellwangen AnwBl **76**, 345 (es hält mindestens die Unterschrift des Klägers usw vor dem Tod des Auftraggebers für notwendig). Das gilt auch dann, wenn der ProzBev im Namen der unbekannten Erben klagt, BGH **LM** § 325 Nr 10, Mü MDR **91**, 672. Eine Handlung des ProzBev wirkt für und gegen die Erben. Das erstreckt sich auch auf die Einlegung eines Rechtsmittels, Mü MDR **91**, 673. Ein Urteil gegenüber einer verstorbenen Partei ist ein Urteil gegenüber den Erben. Nach diesen Grundsätzen ist auch der Wegfall einer Partei kraft Amts, Grdz 8 vor § 50, zu behandeln.

**B. Erlöschen der Prozeßfähigkeit der Partei.** Die Prozeßvollmacht erlischt nicht schon deshalb, weil 9 die Partei inzwischen prozeßunfähig geworden ist, §§ 51, 52, BGH **121**, 266, zB wenn die Partei nach der Bevollmächtigung geisteskrank geworden ist, BGH **LM** § 52 Nr 6, oder wenn sie im Handelsregister gelöscht wurde, Köln OLGZ **75**, 350, LG Bonn RR **98**, 181, oder dann, wenn eine Betreuung notwendig wird, vgl § 56, Bork MDR **91**, 99. Es ist unerheblich, ob der Verlust der Prozeßfähigkeit zwar nach der Vollmachtserteilung, aber dann vor oder nach der Rechtshängigkeit eingetreten ist, BGH **121**, 266. Etwas anderes gilt im Prozeß gegen den früheren Bev, LG Augsb JB **98**, 480.

**C. Wegfall des gesetzlichen Vertreters.** Der Wegfall des gesetzlichen Vertreters der Partei hat auf die 10 vorher wirksam erteilte prozessuale Vollmacht keinen Einfluß, Hbg FamRZ **83**, 1262. Das gilt unabhängig davon, aus welchem Grund der gesetzliche Vertreter weggefallen ist.

**D. Wegfall der Prozeßkostenhilfe.** Eine Aufhebung der Bewilligung einer Prozeßkostenhilfe, § 124, 11 hat auf eine einmal wirksam erteilte Vollmacht keinen Einfluß.

**E. Insolvenz.** Die wirksam erteilte prozessuale Vollmacht erlischt nicht schon dann, wenn über das 12 Vermögen des Vollmachtgebers das Insolvenzverfahren eröffnet wird, vgl schon BFH DB **78**, 776, aM BGH BB **98**, 2177 (ohne Gründe und ohne Beachtung von § 244). Wegen des Zustellungsbevollmächtigten § 176 Rn 18. Wegen Rn 8–10 vgl §§ 239 ff.

*Hartmann*

§§ 86, 87                                              1. Buch. 2. Abschnitt. Parteien

13      5) **Auftreten nach einer Aussetzung.** Wenn der ProzBev nach einer Aussetzung des Verfahrens, § 246, oder nach einer Unterbrechung des Verfahrens, §§ 239–241, 244, für den Rechtsnachfolger auftritt, dann muß er eine neue Prozeßvollmacht dieses Rechtsnachfolgers beibringen. Das gilt nach dem klaren Wortlaut des Hs 2 schon unabhängig davon, ob der Gegner das Fehlen rügt, erst recht aber natürlich auf Grund solcher Rüge, LG Bln ZMR **92**, 26. Die Vorschrift betrifft nur den Nachweis der Vollmacht, nicht deren Fortdauer, LG Gött Rpfleger **90**, 91. Eine einstweilige Zulassung erfolgt nach § 89.

14      6) *VwGO: Entsprechend anwendbar,* § 173 *VwGO*, VGH Mannh NJW **84**, 195 *(auch Halbs 2, OVG Münst NJW* **86**, *1707).*

**87** **Kündigung der Vollmacht.** ¹ Dem Gegner gegenüber erlangt die Kündigung des Vollmachtvertrags erst durch die Anzeige des Erlöschens der Vollmacht, in Anwaltsprozessen erst durch die Anzeige der Bestellung eines anderen Anwalts rechtliche Wirksamkeit.

ᴵᴵ **Der Bevollmächtigte wird durch die von seiner Seite erfolgte Kündigung nicht gehindert, für den Vollmachtgeber so lange zu handeln, bis dieser für Wahrnehmung seiner Rechte in anderer Weise gesorgt hat.**

1       **1) Systematik, I, II.** Der Vollmachtgeber und der Bevollmächtigte können den sachlichrechtlichen Geschäftsbesorgungsvertrag (das Gesetz spricht ungenau von einem Vollmachtsvertrag, Schmellenkamp AnwBl **85**, 14 mwN) jederzeit aufkündigen. Während eine solche Kündigung im Innenverhältnis sofort wirkt, freilich im Fall einer unzeitigen Erklärung eine Schadensersatzpflicht auslösen kann, trifft § 87 für die prozessuale Wirkung einer Kündigung eine besondere Regelung.

2       **2) Regelungszweck, I, II.** Es gelten ähnliche Erwägungen wie bei § 86, dort Rn 1. Der Fortgang des Prozesses soll insbesondere für den Gegner ohne Schwierigkeiten möglich bleiben, Grdz 14 vor § 128, BGH RR **94**, 760, BFH NJW **79**, 888, Schmellenkamp AnwBl **85**, 15. Das ist eine Folge des sog Abstraktionsprinzips, Üb 4 vor § 78, Hamm NJW **92**, 1175.

3       **3) Geltungsbereich, I, II.** Vgl zunächst Üb 3 vor § 78, § 81 Rn 2. StJBo 1 entnimmt dem § 87 den allgemeinen Gedanken, daß eine Kündigung als Endigungsgrund der Vollmacht schlechthin auch für die prozessuale Vollmacht gelten solle, da prozessual wie sachlichrechtlich, § 170 BGB, eine Anzeige des Erlöschens erforderlich sei. Mit einer solchen Lösung verwischt man aber die Grenze zwischen dem Außen- und Innenverhältnis. Der Abbruch des Kontakts zwischen dem Auftraggeber und dem Bevollmächtigten bedeutet nicht ohne weiteres eine Kündigung, BGH VersR **77**, 334, Schmellenkamp AnwBl **85**, 14, aM KG NJW **72**, 574, wohl auch StJBo 3. Ebensowenig bedeutet eine Aufhebung der Prozeßkostenhilfe nach § 124 ohne weiteres eine Kündigung. I gilt entsprechend vor dem ArbG, vgl LAG Ffm BB **80**, 891, und vor dem BFH, BFH NJW **79**, 888, im WEGVerfahren, KG ZMR **98**, 514, und im Patentnichtigkeitsverfahren, BGH GRUR **96**, 757.

4       **4) Wirksamwerden der Kündigung, I.** Der Vollmachtgeber kann durch eine formlose Erklärung gegenüber dem Bevollmächtigten kündigen; dasselbe gilt umgekehrt, BGH VersR **77**, 334. Mit einer solchen Erklärung wird die Kündigung im Innenverhältnis gegenüber dem Vertragspartner wirksam. Das gilt auch für § 85 II, BGH VersR **83**, 540 mwN. Der Prozeßgegner braucht die Kündigung aber im Außenverhältnis erst dann zu beachten, wenn ihm im Parteiprozeß, § 78 Rn 1, von der Kündigung eine Anzeige gemacht wurde und wenn im Anwaltsprozeß, § 78 Rn 1, außerdem die Bestellung eines neuen, mit seinem Namen zu benennenden Anwalts an Stelle des alten, also nicht zusätzlich zu ihm, angezeigt worden ist, vgl auch § 15 I BerufsO, BGH VersR **90**, 329, Kblz RR **97**, 1023, Zweibr FER **99**, 130. Entsprechendes muß grundsätzlich auch für die Wirkung gegenüber dem Gericht gelten, BGH VersR **90**, 329, BAG NJW **82**, 2520, Zweibr FER **99**, 130, aM Hamm JMBlNRW **78**, 88.

5       **5) Einzelfragen, I.** Nur wenn ein Irrtum des bisherigen ProzBev dem Gegner und dem Gericht ganz offensichtlich war, gebieten Treu und Glauben, Einl III 54, die irrig erfolgte vollmachtlose Parteiprozeßhandlung, Grdz 47 vor § 128, dieses früheren ProzBev als unwirksam zu behandeln, BGH VersR **90**, 329 mwN. Wenn die Anzeige der Kündigung fehlt, dann gelten der alte und der neue Anwalt als bevollmächtigt, Hamm Rpfleger **78**, 422. Der bloße Umstand, daß eine im Parteiprozeß anwaltlich vertretene Partei später, gar in der Zwangsvollstreckung, selbst einen Antrag einreicht, läßt sich nur unter Berücksichtigung aller Umstände des Einzelfalls darauf beurteilen, ob eine Kündigung vorliegt, aM LG Bln MDR **94**, 307. Bis zum Eintritt der Wirkung ist der alte Bevollmächtigte befugt. Daher muß das Gericht entsprechend § 176 Zustellungen noch an ihn richten, Köln FamRZ **85**, 1278 (auch nach einer Verweisung).
        Das gilt auch für die Zustellung desjenigen *Urteils,* das den *Rechtszug abschließt,* BGH VersR **87**, 989. Wenn ein Abwickler bestellt wurde, gilt er solange als bevollmächtigt, bis die Bestellung eines anderen Anwalts angezeigt worden ist. Eine gerichtliche Beiordnung des Anwalts ändert an I nichts. Als Anzeige genügt eine schlüssige Handlung, etwa die Zustellung eines Schriftsatzes, in der die Zustellung an den neuen Anwalt als ProzBev anstelle des alten und nicht etwa nur neben diesem auftritt, BGH NJW **80**, 2310, Ffm Rpfleger **86**, 391. Wenn der Rechtsstreit vom AG an das LG verwiesen worden ist, § 281, dann ist die Kündigung der Vollmacht des beim AG zugelassenen Anwalts sofort wirksam. In diesem Fall braucht man keine Anzeige von der Bestellung eines anderen Anwalts zu machen.

6       Für das *Kostenfestsetzungsverfahren,* §§ 103 ff, ist derjenige Anwalt, der den Auftrag niedergelegt hat, nicht mehr als ProzBev anzusehen. Denn dieses Verfahren hat keinen Anwaltszwang, und zwar selbst dann nicht, wenn der Hauptprozeß dem Anwaltszwang unterlag, § 103 Rn 35, Kblz VersR **84**, 545, Mü Rpfleger **79**, 465, aM Celle NdsRpfl **77**, 21. Dasselbe gilt bei einem entsprechenden anderen Nebenverfahren, LG Ansbach DGVZ **83**, 78.

7       **6) Fortwirken der Vollmacht, II.** Die Vorschrift ist eine Ausnahme von der Regel des I, Schmellenkamp AnwBl **85**, 16. Der Bevollmächtigte darf bis zum Wirksamwerden der Kündigung nach I wie ein

### 4. Titel. Prozeßbevollmächtigte und Beistände §§ 87, 88

Bevollmächtigter weiter für die Partei sorgen, KG ZMR **98**, 514, sogar nach der Löschung des Auftraggebers im Handelsregister, Hbg MDR **86**, 324. Er ist zu einer solchen Tätigkeit zwar keineswegs prozessual verpflichtet, BGH NJW **80**, 999, wohl aber unter Umständen sachlichrechtlich verpflichtet. Er muß zB den früheren Auftraggeber von einer noch an ihn erfolgten Zustellung unterrichten, BGH NJW **80**, 999, Schmellenkamp AnwBl **85**, 15. Eine Zustellung darf (Schmellenkamp AnwBl **85**, 1) sogar: muß) bis zum Wirksamwerden der Kündigung an ihn erfolgen, Bre Rpfleger **86**, 99, Hamm NJW **82**, 1887, RoSgo § 55 II 7 a, Schmellenkamp AnwBl **85**, 16, StJBo 14. Die Zustellung kann von dem bisherigen ProBev bis zur Wirksamkeit der Kündigung ebenfalls noch wirksam vorgenommen werden.

**7)** *VwGO: Entsprechend anzuwenden, § 173 VwGO, sind I, BVerwG NVwZ 85, 337, und II, so daß das* **8** *Erlöschen der Vollmacht erst mit Eingang der Anzeige bei Gericht wirksam wird, BVerwG NJW 83, 2155, OVG Bln NJW 77, 1167 (für die Anzeige genügt ausnahmsweise ein schlüssiges Handeln, das aber nicht schon in der eigenen Abgabe prozessualer Erklärungen liegt, VGH Mü BayVBl 76, 220); trotz Anzeige der Mandatsniederlegung kann wirksam nur dem ProzBev zugestellt werden, wenn die Vollmacht in Wirklichkeit fortbesteht, BVerwG NVwZ 85, 337 mwN (aM für das VerwVerf OVG Hbg NVwZ 85, 350). „Anwaltsprozesse", I, sind nur die Verfahren vor dem BVerwG und dem OVG, § 67 I VwGO nF, § 78 Rn 57.*

## 88 Mangel der Vollmacht.
[1] Der Mangel der Vollmacht kann von dem Gegner in jeder Lage des Rechtsstreits gerügt werden.

[II] Das Gericht hat den Mangel der Vollmacht von Amts wegen zu berücksichtigen, wenn nicht als Bevollmächtigter ein Rechtsanwalt auftritt.

### Gliederung

| | | | |
|---|---|---|---|
| 1) Systematik, I, II | 1 | B. Fehlen der Vollmacht im Parteiprozeß | 8, 9 |
| 2) Regelungszweck, I, II | 2 | 5) Mängelprüfung im einzelnen, I, II | 10–17 |
| 3) Sachlicher Geltungsbereich, I, II | 3 | A. Verfahren | 10–12 |
| 4) Persönlicher Geltungsbereich, I, II | 4–9 | B. Entscheidung | 13–16 |
| A. Fehlen der Vollmacht im Anwaltsprozeß | 5–7 | C. Unerheblichkeit der Parteistellung | 17 |
| | | 6) VwGO | 18 |

**1) Systematik, I, II.** Ein Mangel der Vollmacht liegt vor, wenn die Vollmacht entweder in keinem **1** Zeitpunkt erteilt worden ist, oder erloschen ist, oder zulässig beschränkt worden ist, § 83, oder nicht nachgewiesen worden ist, § 80, BGH MDR **77**, 1006, Pawlowski DGVZ **94**, 179, oder nicht erkennen läßt, wer bevollmächtigt ist, und wozu er bevollmächtigt ist und für wen er bevollmächtigt ist, vgl BFH BB **84**, 2052. Das gilt auch für eine Untervollmacht. Alle fünf Fälle stehen gleich. Nicht § 88, sondern § 56 ist anwendbar, wenn ein falscher gesetzlicher Vertreter den ProzBev bestellt hat. Wirksam ist aber auch der Abschluß eines Prozeßvergleichs, Anh § 307, durch einen Anwalt, den ein Angestellter der Partei bevollmächtigt hatte, der nach den Regeln einer Anscheinsvollmacht als ein vertretungsberechtigter Mitarbeiter der Partei anzusehen war, BGH MDR **70**, 41.

Die *Rechtsnatur* bei Prozeßvollmacht ist *streitig*, vgl § 78 Rn 32, 33, Grdz 18 vor § 253. Nach zB BVerwG Buchholz 310 § 67 VwGO Nr 42 ist die Vollmacht eine Prozeßvoraussetzung. Nach BFH DB **78**, 238, BSG SozR § 166 SGG Nr 22, BayObLG NJW **87**, 137, Schneider MDR **83**, 187 ist die Prozeßvollmacht nur eine „Prozeßhandlungsvoraussetzung". Die Frage, ob der Bevollmächtigte befugt ist, gerade vor diesem Gericht aufzutreten, § 78 Rn 22, hat nichts mit der Wirksamkeit oder Mangelhaftigkeit der Vollmacht zu tun.

**2) Regelungszweck, I, II.** Die Vorschrift dient einerseits der Rechtssicherheit, Einl III 43: Es soll **2** verhindert werden, daß als Parteivertreter ein Unbefugter auftritt und in Erwirkung eines Rechtskraft etwas herbeiführt, was die Partei nicht weiß oder will. Sie dient andererseits der Parteiherrschaft, Grdz 18 vor § 128: In vernünftigen Grenzen soll sich das Gericht nicht um Vollmachtsprobleme kümmern müssen, besonders wenn ein Anwalt mit der Verantwortung eines selbständigen Organs der Rechtspflege auftritt, § 1 BRAO. Bei der Auslegung ist diese doppelte, nicht widerspruchsfreie Zielsetzung mitzubeachten.

Es ist erschreckend, mit welcher nicht ganz selten geradezu aggressiven Verärgerung zB manche *Behördenvertreter* reagieren, wenn das Gericht es wagt, II anzuwenden und etwa die Untervollmacht des die Klageschrift unterzeichnenden Sachbearbeiters oder Abteilungsleiters nachzufordern, von der fehlenden Einzelvollmacht des zuständigen Ministers auf den Behördenleiter ganz zu schweigen, die sich vielleicht aus unveröffentlichten, noch gar mit einem Landesgesetz über die Vertretungsbefugnis in Widerspruch stehenden Geschäftsverteilungsplänen usw nicht wirksam ergibt. Man beruft sich geradezu angewidert darauf, „noch nie dergleichen geboten bekommen zu haben", statt sich der kleinen Mühe zu unterziehen, schlicht einmal ins Gesetz zu schauen oder wenigstens zunächst darauf zu vertrauen, daß Gericht werde schon keine unangemessenen Forderungen stellen. Diese Form des contempt of Court sollte im Interesse der Rechtspflege, deren Geordnetheit zu wahren eine Amtspflicht des Gerichts ist, nicht auch noch durch die leider recht oft vorkommende gleichgültige oder gar furchtsame „Vergeßlichkeit" seitens des Gerichts begünstigt werden. Die Erfahrung lehrt, daß es auch keinen Anscheinsbeweis einer ausreichenden (Unter-)Vollmacht gibt, der bei einer von Amts wegen zu prüfenden Prozeßvoraussetzung ohnehin kaum hilft.

**3) Sachlicher Geltungsbereich, I, II.** Die Vorschrift ist in allen Verfahren nach der ZPO und in allen **3** Stadien anwendbar; wegen des jeweiligen Anwaltszwangs und seiner Grenzen vgl zB Üb 6 vor § 78, § 920 Rn 11. I, II sind im arbeitsgerichtlichen Urteilsverfahren wie im Beschlußverfahren anwendbar, Lorenz BB **77**, 1003, Philippsen pp NJW **77**, 1133, ebenso im FGG-Verfahren, LG Bonn AnwBl **83**, 519. I, II sind im

## § 88                                                                    1. Buch. 2. Abschnitt. Parteien

sozialgerichtlichen Verfahren in Verbindung mit § 202 SGG entsprechend anwendbar, LSG Bln NJW **89**, 191. II ist im finanzgerichtlichen Verfahren unanwendbar, BFH BB **81**, 1568 (das Finanzamt prüft das Vorliegen einer Vollmacht stets von Amts wegen).

**4**    **4) Persönlicher Geltungsbereich, I, II.** Die Vorschrift gilt grds für jeden deutschen Anwalt. Ihm steht nach § 209 BRAO gleich, § 25 EGZPO. Unabhängig von der Vollmachtsfrage hat ein ausländischer Anwalt aus einem Land der EG dem Gericht auf Verlangen seine Berechtigung nachzuweisen, § 2 II G v 16. 8. 80, BGBl 1453, SchlAnh VII.

**5**    **A. Fehlen der Vollmacht im Anwaltsprozeß.** Das Gericht prüft erst dann nach, ob die Vollmacht im Anwaltsprozeß ordnungsgemäß erteilt wurde, wenn der Gegner diese Frage vor Gericht rügt, BGH VersR **80**, 90, Hbg WettbR **99**, 170. Auch in der Zwangsvollstreckung und Teilungsversteigerung gilt § 88, aM LG Saarbr Rpfleger **87**, 211 (abl Mayer). Die Prüfung findet nach einer solchen Rüge allerdings nicht statt, wenn der Gegner im Verhandlungstermin nunmehr säumig ist. Die Prüfung findet nach einer Rüge selbst dann statt, wenn für den gegenwärtigen Verfahrensabschnitt kein Anwaltszwang mehr besteht, etwa im Eheverfahren, § 609, Hamm NJW **79**, 2316, aM StJSchl § 609 Rn 5; in einer Familiensache, soweit sie überhaupt im anwaltlich vertretenen Parteiprozeß verhandelt wird, § 621 b III; in einer Kindschaftssache, § 640; im Fall des § 78 a II; dann, wenn ein nicht prozeßbevollmächtigter Anwalt außerhalb des Anwaltszwangs auftritt, etwa im Kostenfestsetzungsverfahren, § 103.

**6**    Die Rüge ist *in jeder Lage* des Verfahrens zulässig, vgl BGH **LM** Nr 3, Hbg VersR **82**, 969. Sie ist auch seitens einer anwaltlich vertretenen Partei statthaft, Köln ZMR **92**, 388. Sie ist zB in folgenden Fällen zulässig: Im Kostenfestsetzungsverfahren, Bbg JB **77**, 1440, Kblz RR **97**, 1023, aM LG Bonn AnwBl **83**, 519; vgl freilich § 104 Rn 10; in der Berufungsinstanz, Mü OLGZ **92**, 217; in der Revisionsinstanz, BFH BB **84**, 2249, im Zwangsvollstreckungsverfahren; im Eilverfahren, Hbg WettbR **99**, 170. Die Rüge kann allerdings nicht schon in dem Zeitpunkt der Einreichung der Klage wirksam erhoben werden. Denn in jenem Zeitpunkt darf das Gericht noch nicht prüfen, ob die Prozeßvoraussetzungen vorliegen, weil noch kein Prozeßrechtsverhältnis entstanden ist, Grdz 3 vor § 128. Es tritt ja erst mit der Rechtshängigkeit ein. Eine Wiederholung der Rüge in der höheren Instanz ist nicht erforderlich, BGH RR **86**, 1253.

**7**    Andererseits muß der Grundgedanke des § 282 auch hier gelten. Eine Rüge ist grundsätzlich *unverzichtbar*, Mü OLGZ **92**, 217 mwN, ZöV 3. Die Rüge kann aber bei Arglist, Einl III 54, wegen *Verspätung* unbeachtlich sein. LG Münster MDR **80**, 854. Ihre *Rücknahme* ist zulässig, Köln ZMR **92**, 387.

**8**    **B. Fehlen der Vollmacht im Parteiprozeß.** Wenn ein Anwalt als ProzBev oder als Unterbevollmächtigter auftritt, dann ist das Fehlen der Vollmacht im Parteiprozeß, § 78 Rn 1, nach denselben Grundsätzen wie das Fehlen der Vollmacht im Anwaltsprozeß zu prüfen, Rn 5–7. Wenn ein anderer als ProzBev oder als ein Unterbevollmächtigter auftritt, vgl Uhlenbruck MDR **78**, 9, etwa ein Referendar, ein Assessor, der Sachbearbeiter oder Abteilungsleiter, auch der Leiter einer Behörde oder ein Bürovorsteher, dann muß das Gericht den Mangel der Vollmacht von Amts wegen beachten. Denn in diesem letzteren Fall ist eine Rüge nur eine zusätzliche Anregung. Das Gericht muß die Einreichung der Vollmachtsurkunde verlangen, evtl der ganzen Vollmachtskette, und zwar im Original, § 80 Rn 11, Hbg WettbR **99**, 170, Köln Rpfleger **76**, 103. Eine Terminsbestimmung darf nur dann verweigert werden, wenn feststeht, daß der Mangel nicht behoben werden kann (§ 78 a II gilt nur im Anwaltsprozeß). Der Mangel der Vollmacht muß in jeder Lage des Verfahrens berücksichtigt werden.

**9**    Es handelt sich um eine *zwingende* Vorschrift. Daher kann kein wirksamer Verzicht auf die Einhaltung dieser Prüfung erfolgen. Vgl Rn 2. Das Berufungsgericht muß von Amts wegen die Vollmacht des erstinstanzlichen ProzBev nachprüfen. Grdz 39 vor § 128. Das Vollstreckungsgericht braucht an sich die Vollmacht nicht von Amts wegen nachzuprüfen, wenn ein Anwaltsprozeß vorausgegangen war. Wenn sich der Auftretende auf eine Untervollmacht seitens seines Anwalts beruft, muß das Gericht von Amts wegen nur überprüfen, ob die Untervollmacht vorliegt, nicht auch, ob der Anwalt seinerseits eine Hauptvollmacht hat, aM FG Bln EFG **81**, 189.

**10**    **5) Mängelprüfung im einzelnen, I, II.** Es kommt auf eine Behebbarkeit an.

**A. Verfahren.** Wenn ein Mangel der Vollmacht nicht behoben werden kann, muß das Gericht sofort eine abschließende Entscheidung zur Vollmachtsfrage treffen, vgl BayObLG NJW **87**, 137. Wenn die Behebung des Mangels möglich ist, darf das Gericht zwar grundsätzlich ebenfalls sofort zur Vollmachtsfrage entscheiden, etwa bei erheblicher prozessualer Nachlässigkeit, sollte das aber nicht tun, soweit in einem sonstigen Fall kein nennenswerter Nachteil aus der Verzögerung droht, auch wegen seiner Fürsorgepflicht. Das Gericht sollte vielmehr eine Frist zur Behebung des Mangels setzen und das weitere Verfahren bis zum Fristablauf vertagen. Im Eilverfahren kommt allerdings nach Verhandlungsschluß keine Nachfrist in Betracht, Rn 12. Die Fristsetzung erfordert eine volle Unterschrift, § 129 Rn 9; ein Handzeichen genügt nicht, § 329 Rn 9, 13, BFH BB **83**, 1335, Woerner BB **84**, 2053.

**11**    Keineswegs darf das Gericht etwa auf Grund der telefonischen Bitte des ProzBev diesem erst im Sitzungssaal einen „*Fluranwalt*" als Unterbevollmächtigten bestellen, schon gar nicht gegen den Willen des Prozeßgegners, Schneider MDR **83**, 187. Daran ändern auch manche örtlichen Unsitten nichts, auf die sich auswärtige Anwälte manchmal erbost berufen. Das Gericht muß so vorgehen, wenn die Rüge der mangelhaften Vollmacht erst nach einer Verhandlung zur Sache erfolgt war, BGH **LM** Nr 3. Das Gericht darf den Vertreter nach § 89 vorläufig zulassen, also in eine Sachverhandlung eintreten. Zur Verhandlung über den Mangel ist der Vertreter unbedingt zuzulassen. Das Gericht ermittelt den Sachverhalt nicht etwa nach Grdz 39 vor § 128 von Amts wegen, sondern weist nur auf seine Bedenken hin, Grdz 39 vor § 128. Der Vertreter muß seine Vollmacht vielmehr nachweisen.

**12**    *Maßgebender Zeitpunkt* für den Nachweis ist der Schluß der mündlichen Verhandlung, §§ 136 IV, 296 a, BFH BB **88**, 332, Hbg WettbR **99**, 170. Auf Grund eines schriftlichen Verfahrens, § 128 II, III, ist der maßgebende Zeitpunkt derjenige der Hinausgabe der Entscheidung zur Zustellung. Das gilt auch bei einer Beschwerde. Ein Mangel der Vollmachtserteilung im Zeitpunkt einer früheren Prozeßhandlung bleibt außer

4. Titel. Prozeßbevollmächtigte und Beistände　　　　　　　　　　　　　　　　　§§ 88, 89

Betracht, wenn die Partei später eine wirksame Prozeßvollmacht erteilt hat. Denn durch diese spätere Erteilung sind frühere Mängel kraft Genehmigung geheilt, § 89 Rn 11.

**B. Entscheidung.** Wenn die Klage von einem Berechtigten erhoben worden war, wird der vollmachtlose 13 Vertreter durch einen Beschluß, § 329, zurückgewiesen, aus dem Verfahren verwiesen, BPatG GRUR **87**, 813. Gegen die nunmehr nicht mehr wirksam vertretene Partei ergeht auf Grund eines Antrags des Gegners eine Versäumnisentscheidung. Wegen der Kosten vgl § 89 Rn 8. Ein vom vollmachtlosen Vertreter eingelegter Rechtsbehelf wird als unzulässig verworfen. Wenn bereits die Klage von einem nicht Berechtigten erhoben wurde, weist das Gericht die Klage durch ein Prozeßurteil als unzulässig ab, Grdz 14 vor § 253, BGH RR **87**, 323, Hbg VersR **82**, 969. Im übrigen kann bei zu grobem Unverständnis, vgl Rn 2, 9, die Anwendung von § 178 GVG (Ungebühr) geboten sein.

In der *höheren Instanz* wird das Rechtsmittel als unzulässig verworfen, Hbg VersR **82**, 969, insofern richtig 14 auch Köln MDR **82**, 239. Das Gericht weist aber die Klage unter einer Aufhebung des früheren Urteils ab, wenn die erste Instanz den Mangel übersehen hatte, Köln Rpfleger **76**, 102. Das Urteil lautet auf den Namen des Vertretenen, BFH BB **74**, 449, Renner MDR **74**, 354. Denn der Vertretene konnte den Mangel genehmigen, BGH VersR **80**, 90. Wegen der Kosten vgl § 56 Rn 16.

Gegen das Urteil kann die Partei stets das zulässige *Rechtsmittel* einlegen. § 99 ist unanwendbar, BGH 15 NJW **83**, 884 mwN; wegen des Rechtsmittels s § 89 Rn 9. Der „Vertreter" kann zwar beim Mangel einer gesetzlichen Vollmacht wirksam ein Rechtsmittel einlegen, BGH **111**, 222, BayObLG **90**, 337, nicht aber auch beim Mangel einer gewillkürten Vollmacht, BGH **111**, 222.

Das Gericht darf trotz eines Antrags *kein Versäumnisurteil* fällen, wenn lediglich der Nachweis der Vollmacht 16 fehlt, § 335 I Z 1. Wenn endgültig feststeht, daß die Vollmacht des Klägervertreters fehlt, muß das Gericht die Klage vielmehr durch ein unechtes Versäumnisurteil als unzulässig abweisen, Grdz 14 vor § 253, vgl § 331 Rn 13.

**C. Unerheblichkeit der Parteistellung.** Es ist unerheblich, ob der Mangel der Vollmacht den Kläger 17 oder den Bekl betrifft. Wenn die Vollmacht zwar tatsächlich erteilt wurde, die Erteilung aber nichtig ist, etwa wegen einer Prozeßunfähigkeit des Vollmachtgebers, §§ 51, 52, dann muß der Vollmachtgeber die Kosten tragen. Über die Heilung durch eine Genehmigung vgl § 89 Rn 11.

**6) *VwGO*:** Entsprechend anzuwenden, § 173 *VwGO*, sind **I**, BVerwG NJW **66**, 1378, und **II**; wegen § 67 I 18 und II *VwGO*, § 78 Rn 57, gilt das oben bei Rn 8 u 9 Gesagte für die Verfahren vor VG, während die Ausführungen in Rn 5 u 7 für die Verfahren vor dem BVerwG und dem OVG gelten (entsprechend II findet keine Prüfung vAw statt, wenn dort ein Rechtslehrer auftritt, § 67 I *VwGO*). § 67 III VwGO und der Untersuchungsgrundsatz hindern die Anwendung von II 2. Halbsatz nicht, wie auch dessen Geltung in FamS, § 609, zeigt, BVerwG Buchholz 310 § 67 Nr 69, NJW **85**, 2963 u **85**, 1178 mwN, RedOe § 67 Anm 24, Sannwald DÖV **83**, 762 u **84**, 110, aM BFH BStBl **81** II 678, VGH Mü BayVBl **83**, 29 mwN, Riedl DÖV **84**, 109; doch ist der Mangel dann vAw zu berücksichtigen, wenn das Gericht ihn kennt, OVG Kblz NJW **78**, 1455, oder wenn besondere Umstände dazu Anlaß geben, die Bevollmächtigung des RA in Zweifel zu ziehen, BVerwG Buchholz 310 § 67 Nr 63, OVG Münst NJW **93**, 3155 mwN, Kopp § 67 Rn 25 (vgl LSG Bln NJW **89**, 191), wofür eine unsubstantiierte Rüge der Gegenpartei nicht genügt, VG Bln InfAuslR **92**, 80. Wird die Klage abgewiesen, weil die angeforderte schriftliche Vollmacht nicht vorgelegt wird, kann der Mangel im Rechtsmittelverfahren nicht rückwirkend geheilt werden, GmS NJW **84**, 2149, BVerwG **69**, 380, BSG DÖV **87**, 208, OVG Hbg LS HbgJVBl **88**, 21. Wegen der Kostentragungspflicht des vollmachtlosen Vertreters s § 89 Rn 13.

**89** *Vertretung ohne Vollmacht.* [I] ¹Handelt jemand für eine Partei als Geschäftsführer ohne Auftrag oder als Bevollmächtigter ohne Beibringung einer Vollmacht, so kann er gegen oder ohne Sicherheitsleistung für Kosten und Schäden zur Prozeßführung einstweilen zugelassen werden. ²Das Endurteil darf erst erlassen werden, nachdem die für die Beibringung der Genehmigung zu bestimmende Frist abgelaufen ist. ³Ist zu der Zeit, zu der das Endurteil erlassen wird, die Genehmigung nicht beigebracht, so ist der einstweilen zur Prozeßführung Zugelassene zum Ersatz der dem Gegner infolge der Zulassung erwachsenen Kosten zu verurteilen; auch hat er dem Gegner die infolge der Zulassung entstandenen Schäden zu ersetzen.

[II] Die Partei muß die Prozeßführung gegen sich gelten lassen, wenn sie auch nur mündlich Vollmacht erteilt oder wenn sie die Prozeßführung ausdrücklich oder stillschweigend genehmigt hat.

**Schrifttum:** *Christmann*, Der vollmachtlose Stellvertreter im Zivilprozeß, Diss Marbg 1971.

**Gliederung**

| | | | |
|---|---|---|---|
| 1) Systematik, Regelungszweck, I, II .... | 1 | A. Verhandlung ........................... | 6 |
| 2) Geltungsbereich, I, II ................ | 2 | B. Entscheidung ........................... | 7, 8 |
| 3) Zulassung zur Prozeßführung, I ...... | 3 | C. Rechtsmittel ........................... | 9 |
| 4) Folgen der Zulassung, I .............. | 4 | D. Schadensersatzpflicht .............. | 10 |
| 5) Fristsetzung, I ........................ | 5 | 7) Wirksamkeit gegen die Partei, II ...... | 11–14 |
| 6) Verfahren nach erfolglosem Fristablauf, I ........................ | 6–10 | 8) *VwGO* ................................. | 15 |

**1) Systematik, Regelungszweck, I, II.** Die Vorschrift behandelt nicht das vollmachtlose Auftreten für 1 eine Prozeßpartei schlechthin, sondern das einstweilig zugelassene vollmachtlose Auftreten. Wer entweder überhaupt keine Vollmacht hat, also lediglich ein „Geschäftsführer ohne Auftrag" ist, oder zwar eine Vollmacht hat, sie aber nicht nachweisen kann, obwohl er sie nachweisen muß, § 88 Rn 1, den kann das Gericht

§ 89   1. Buch. 2. Abschnitt. Parteien

nach seinem pflichtgemäßen, aber nicht nachprüfbaren Ermessen, BAG NJW **65**, 1041, ThP 3, aM LAG Hamm MDR **76**, 699, und jederzeit widerruflich einstweilen zulassen. Eine Gefahr im Verzug braucht nicht vorzuliegen, anders als bei § 56 II.

Die Vorschrift *dient* in I 1 der Prozeßwirtschaftlichkeit, Grdz 14 vor § 128, freilich in I 2, 3 der Rechtssicherheit, Einl III 43, und dem Schutz vor in Wahrheit von einem auch nur eventuell Unbefugten herbeigeführten Fehlentscheidung, AG Hbg RR **96**, 1060. In II sind zwecks Rechtsklarheit die unvermeidbaren Auswirkungen eines nicht völlig klaren Parteiverhaltens geregelt. Diese unterschiedlichen Ziele sind bei der Auslegung mitzubeachten: II ist als Ausnahme, BPatG GRUR **89**, 46, eng auszulegen; daher sind die sachlichrechtlichen Vorschriften über die Genehmigung vollmachtlosen Handelns hier nicht anwendbar, StJBo 13, aM MüKoMe 22.

2   **2) Geltungsbereich, I, II.** Vgl Üb 3 vor § 78, § 81 Rn 2.

3   **3) Zulassung zur Prozeßführung, I.** Die Zulassung kann auch stillschweigend erfolgen, soweit der Gegner nicht widerspricht, vgl BPatG GRUR **87**, 813. Wenn er widerspricht, ist über die Frage der Zulassung eine mündliche Verhandlung erforderlich, § 128 Rn 2. Das Gericht entscheidet dann durch einen Beschluß, § 329. Er ist unanfechtbar, soweit eine vorläufige Zulassung erfolgt, § 567 I, und mit der Beschwerde anfechtbar, soweit die Zulassung verweigert wird, § 567 I. Der Sache nach liegt im letzteren Fall meist eine Anordnung des Ruhens des Verfahrens, § 251 a, die das Gericht natürlich auch ausdrücklich aussprechen darf und evtl muß. Sie ist nach § 252 anfechtbar. I gilt auch dann, wenn das Gericht nach § 80 II eine öffentliche Beglaubigung anordnet, wenn also die vorgelegte Vollmachtsurkunde nicht ausreicht.

Die Zulassung darf nicht erfolgen, wenn bereits feststeht, daß der Mangel der Vollmacht *nicht behebbar* ist, oder wenn die Partei die Behebung des Mangels ablehnt, § 88 Rn 10. In diesem Fall muß das Gericht eine Prozeßabweisung vornehmen, Grdz 14 vor § 253. Das Gericht kann, nicht muß, eine Sicherheitsleistung wegen der Kosten und der Schäden anordnen. Es darf aber keine Sicherheitsleistung wegen des Streitgegenstands festgesetzt werden. Bei Notwendigkeit einer Sicherheitsleistung vertagt das Gericht die Verhandlung zur Sache und läßt den Bevollmächtigten erst nach der Sicherheitsleistung zu. Sie erfolgt nach § 108.

4   **4) Folgen der Zulassung, I.** Die vorläufige Zulassung gibt dem Zugelassenen vorläufig alle Rechte und Pflichten eines ProzBev. Sie berechtigt und verpflichtet den Gegner zu einer entsprechenden Behandlung des Zugelassenen für die Dauer der Zulassung. Vor der endgültigen Klärung der Vollmachtsfrage darf das Gericht den Rechtsstreit nicht an ein anderes Gericht verweisen und kein Endurteil erlassen, auch kein Versäumnisurteil, es sei denn, daß der Zugelassene säumig wäre. Es dürfen ferner folgende Entscheidungen zunächst nicht ergehen: Ein Vollstreckungsbescheid, § 699; ein Vorbehaltsurteil, §§ 302, 599; ein selbständiges Zwischenurteil, zB § 280. Auch ein unbedingter Vergleich, Anh § 307, im Streitverfahren ist unzulässig. Denn es muß verhindert werden, daß das Verfahren einen auch nur vorläufigen Abschluß erhält, bevor die Vollmachtsfrage endgültig geklärt ist.

5   **5) Fristsetzung, I.** Das Gericht muß im Fall einer vorläufigen Zulassung zur Beibringung der Vollmacht oder zur Beibringung der Genehmigung der Partei eine Frist setzen, vgl BFH DB **89**, 2586. Wegen der Unterschrift § 88 Rn 10. Die Frist kann zugleich mit der vorläufigen Zulassung oder später gesetzt werden. Eine allzu kurze Bemessung der Frist kann den Anspruch auf die Gewährung des rechtlichen Gehörs verletzen, Art 103 I GG, BFH DB **80**, 2020. Sie kann nach § 224 verlängert werden. Die Vollmacht oder die Genehmigung kann auch noch nach dem Fristablauf bis zum Schluß der letzten mündlichen Verhandlung, §§ 136 IV, 296 a, beigebracht werden, § 231 II. Der Fristablauf ist erfolglos, wenn die beigebrachte Vollmacht oder Genehmigung nicht das ganze bisherige Verfahren deckt. Denn dieses bildet eine Einheit. Die Vollmacht muß vorbehaltlos sein und darf nicht über das nach § 83 zulässige Maß hinaus Einschränkungen enthalten. Ein Telefax reicht nach BFH DB **94**, 2012 (LS) aus. Die Fotokopie einer Vollmacht reicht nicht aus, § 80 Rn 11, BFH DB **87**, 1130. Die Vollmacht enthält die Genehmigung. Eine Genehmigung bevollmächtigt nicht für die Zukunft.

6   **6) Verfahren nach erfolglosem Fristablauf, I.** Es hat unterschiedliche Auswirkungen.

**A. Verhandlung.** Wenn das Gericht zu dem Ergebnis kommt, daß die gesetzte Frist erfolglos abgelaufen sei, muß eine neue mündliche Verhandlung über die Folgen anberaumt werden. Der vorläufig Zugelassene ist zu dieser Verhandlung zu laden.

7   **B. Entscheidung.** Das Endurteil in der Sache selbst ergeht entsprechend § 88 Rn 13. Ein Rechtsmittel in der Sache selbst ist, auch beim Mangel der gewillkürten Vertretung, mangels Nachholung der Vollmacht für die Rechtsmittelinstanz unzulässig, BGH **111**, 222.

8   Soweit der vorläufig Zugelassene nicht schon danach die gesamten *Prozeßkosten* trägt, § 91, vgl Hamm RR **89**, 1534, ferner OVG Bln JB **96**, 657 mwN, ist er nach I in diejenigen Kosten zu verurteilen, die durch seine vorläufige Zulassung verursacht wurden, § 56 Rn 18, Bre VersR **91**, 1282, Karlsr FamRZ **96**, 1335 (zustm insofern Vollkommer), also nur in die Kosten der Einmischung. In diesem Zusammenhang kommt es nicht darauf an, ob den vorläufig Zugelassenen ein Verschulden trifft, aM KG WoM **96**, 377 (gegen den klaren Wortlaut). Kostenpflichtig ist der angebliche Hauptbevollmächtigte, nicht der von ihm bestellte Unterbevollmächtigte, Mü OLGZ **93**, 224. Das Gericht entscheidet von Amts wegen durch einen Beschluß, § 329. Er ist zu begründen, da er anfechtbar ist, Rn 9, § 329 III. Der angeblich Vertretene haftet nicht neben dem Vertreter, BGH NJW **92**, 1459, LG Heidelb MDR **91**, 449. Die Kosten der vorläufigen Zulassung des Vertreters gehen den angeblich Vertretenen ja gar nichts an, BGH NJW **92**, 1459. Etwas anderes gilt nur dann, wenn lediglich die Formgültigkeit des Nachweises der Vollmacht fehlte.

9   **C. Rechtsmittel.** Gegen den Kostenbeschluß hat der angebliche Vertreter grundsätzlich die sofortige Beschwerde, § 577, BGH NJW **88**, 50, Karlsr FamRZ **96**, 1335 (zustm insofern Vollkommer). Das gilt nach § 567 III 2 auch gegen eine Entscheidung des LG als Berufungs- oder Beschwerdegericht, aber nicht gegen eine Entscheidung des OLG, § 567 IV 1, BGH NJW **88**, 51. Soweit das Gericht ohne Fristsetzung oder vor dem Ablauf der Frist entschieden hat, liegt ein Verstoß gegen das rechtliche Gehör vor, Art 103 I GG, und

4. Titel. Prozeßbevollmächtigte und Beistände  §§ 89, 90

ist ein Rechtsmittel wie sonst statthaft; evtl ist zurückzuverweisen, § 539. Beim Rpfl gilt § 11 RPflG, vgl § 104 Rn 41 ff.

**D. Schadensersatzpflicht.** Der vorläufig Zugelassene hat neben der Kostenpflicht, Rn 8, die Pflicht, **10** dem Gegner denjenigen Schaden zu ersetzen, der diesem durch die vorläufige Zulassung entstanden ist, vgl AG Hbg RR **86**, 1120. Der vorläufig Zugelassene muß den Gegner also so stellen, als wäre er selbst nicht zugelassen worden. Das ist eine rein sachlichrechtliche Vorschrift. Der Gegner muß den Ersatz in einem besonderen Prozeß verlangen. Er kann seinen Anspruch grundsätzlich nicht im bisherigen Prozeß stellen. Denn der vorläufig Zugelassene ist dort ja nicht Partei. Etwas anderes mag gelten, wenn der Schadensersatzanspruch im Weg einer Widerklage geltend gemacht wird und der vorläufig Zugelassene auf diese Weise zulässig in den Prozeß hineingezogen werden kann, Anh § 253 Rn 1, 9. Der vollmachtlose Vertreter kann unabhängig von I 3 für die Prozeßkosten haften, Üb 55 „Dritter" vor § 91.

7) **Wirksamkeit gegen die Partei, II.** Die Vorschrift stellt eine eng auslegbare Ausnahmebestimmung **11** dar, Rn 2. Die Prozeßführung des nicht Bevollmächtigten wirkt für und gegen, also nicht nur gegen die Partei, soweit diese entweder eine schriftliche oder mündliche Vollmacht erteilt oder die Prozeßführung ausdrücklich oder stillschweigend genehmigt, BayObLG RR **94**, 528, zB durch eine Vollmachtserteilung oder durch die Erteilung einer Untervollmacht, BGH VersR **84**, 781. Die Erklärung erfolgt wie bei der prozessualen Vollmacht formlos gegenüber dem Vertreter, dem Gegner oder dem Gericht, unter Umständen auch schon dadurch, daß die Partei im Termin erscheint.

Die Genehmigung *wirkt in der Regel zurück*, BGH NJW **91**, 1176, BPatG GRUR **89**, 46 und 496, BVerwG **12** NJW **84**, 318, ZöV 11, 12, aM BFH BB **77**, 436; wegen der Ausnahmen in der Revisionsinstanz OGB BGH NJW **91**, 1176, BFH BB **84**, 2249, Ffm MDR **84**, 499. Freilich kann eine Rückwirkung nur bei einer Genehmigung bis zu der Verkündung der die Instanz beendenden Entscheidung eintreten, BFH DB **89**, 1118 (Prozeßurteil). Durch eine Genehmigung kann eine Unterbrechung der Verjährung bereits im Zeitpunkt der Klagerhebung eingetreten sein, BGH **LM** § 209 BGB Nr 10. Das gilt aber nicht, wenn ein Unberechtigter Klage erhoben hat, selbst wenn der Berechtigte auch die Forderung während des Rechtsstreits mit einer Genehmigung des wirklichen Gläubigers erworben haben mag. Die Genehmigung läßt sich nicht wirksam auf einzelne Prozeßhandlungen beschränken, § 56 Rn 9, § 78 Rn 34, § 81 Rn 1.

Wenn der Vertreter *nicht zugelassen* worden ist, Rn 1 ff, dann bleibt die Genehmigung der Prozeßführung **13** für diesen Rechtsstreit wirkungslos. II gilt allgemein bei einer Zulassung nach I, und zwar noch im Vollstreckungsverfahren, aber auch dann, wenn der Mangel übersehen worden war. Ist das Urteil dann rechtskräftig geworden, dann läßt es sich nur im Weg einer Nichtigkeitsklage nach § 579 I Z 4 beseitigen, Kblz VersR **85**, 672. Wenn die Partei diese Möglichkeit versäumt hat, ist das Urteil für sie endgültig bindend. Freilich kommt stets eine Rückgriffsklage in Betracht, Kblz VersR **85**, 672. Ein Verstoß gegen die nach § 83 zulässig vorgenommene Beschränkung der Vollmacht macht die Erklärung schlechthin unwirksam. Ein auf Grund dieser Erklärung ergangenes Urteil, etwa ein Anerkenntnisurteil, ist durch die Aufhebung auf Grund eines Rechtsmittels auflösend bedingt. Eine Verletzung einer sachlichrechtlichen Beschränkung der Vollmacht ist prozessual unerheblich.

Die Genehmigung macht die Partei im Prozeß zur *Rechtsnachfolgerin* des Vertreters, auch im Sinn des **14** § 727. Die Vollstreckungsklausel ist daher auf die Partei umzuschreiben, soweit das Urteil noch auf den Vertreter lautete. Die prozessuale Genehmigung läßt auch die sachlichrechtlichen Wirkungen der Prozeßhandlungen eintreten, Grdz 60 vor § 128, zB der Klagschrift an die Rechtshängigkeit, § 261 (Rückwirkung, gerade anders als bei § 80, dort Rn 11) oder diejenige der Zustellung, zB der Klagschrift an einen nicht bevollmächtigten Anwalt. Jedoch kann keine Rückwirkung für einen Rechtsmittelverzicht eintreten, von dem die Partei im Zeitpunkt der nachträglichen Erteilung der Vollmacht nichts wußte. Wegen II bleibt für §§ 233 ff kein Raum, BGH **128**, 283.

8) *VwGO:* Entsprechend anwendbar, § 173 VwGO, in Ergänzung von § 67 III 2 VwGO, vgl BVerwG ZBR **15** *78, 376, VGH Kassel NJW 67, 2130, VG Schlesw SchlHA 82, 63, RedOe § 67 Anm 25; zu II vgl GmS NJW 84, 2149 zu BVerwG NJW 84, 318 (keine rückwirkende Genehmigung in der Revisionsinstanz, wenn die vollmachtlos eingelegte Berufung nach Fristsetzung deswegen verworfen worden ist), OVG Kblz NJW 83, 2457 mwN (rückwirkende Genehmigung in der Berufungsinstanz), VGH Mannh VBlBW 74, 133 (Genehmigung nach Ablauf der Frist), vgl BSG DVBl 87, 244 (einschränkend). Dem vollmachtlosen Vertreter sind die Kosten aufzuerlegen, BVerwG NVwZ 82, 499, OVG Bln MDR 96, 1079 mwN, RedOe § 67 Anm 26 mwN (dagegen sollen sie nach Meinung des BFH, BStBl 84 II 831, der Partei selbst zur Last fallen, wenn sie die Klage durch ein Rechtsmittel weiterverfolgt); werden ihm die Kosten durch Urteil oder GerBescheid auferlegt, steht ihm dagegen nur die Beschwerde zu, OVG Hbg LS HbgJVBl 88, 21.*

**90** **Beistand.** ¹ Insoweit eine Vertretung durch Anwälte nicht geboten ist, kann eine Partei mit jeder prozeßfähigen Person als Beistand erscheinen.

II Das von dem Beistand Vorgetragene gilt als von der Partei vorgebracht, insoweit es nicht von dieser sofort widerrufen oder berichtigt wird.

1) **Systematik, Regelungszweck, I, II.** Es handelt sich um eine zwecks Kostendämpfung zu begrün- **1** dende, der Parteiherrschaft nach Grdz 18 vor § 128 Rechnung tragende, das persönliche Vertrauen der Partei zu vielleicht einem nahen Angehörigen als Beistand achtende Möglichkeit der Unterstützung der Partei, der man zwar im Fall der Ungeeignetheit im Interesse geordneter Rechtspflege nach § 157 II Grenzen ziehen muß, die man aber im Prinzip großzügig gewähren sollte, auch wenn ein nicht rechtskundiger Beistand etwas anstrengend sein kann, und von der zu wenig Gebrauch gemacht wird.

2) **Geltungsbereich, I, II.** Vgl Üb 3 vor § 78, § 81 Rn 2. Gilt auch im FGG-Verfahren, Hamm FamRZ **2** **98**, 307.

**3   3) Beistand, I.** Beistand ist derjenige, der neben der Partei im Sinn des § 78 Rn 20 zu ihrer Unterstützung beim mündlichen Vortrag auftritt. Dieser Auftritt ist zulässig, soweit kein Anwaltszwang besteht, § 78 Rn 35 ff. Der Partei steht der gesetzliche Vertreter gleich, aber nicht der ProzBev. Der Beistand, vgl auch Anh § 155 GVG, wird auf Grund einer Einführung durch die Partei tätig. Er muß prozeßfähig sein, § 52. Wegen seiner Zurückweisung vgl § 157 II. Es erfolgt keine gerichtliche Beiordnung. Über einen technischen Beistand vgl § 137 Rn 42.

**4   4) Mündlicher Vortrag, II.** Der Vortrag des Beistands gilt als Vortrag der Partei, soweit sie den Vortrag des Beistands nicht sofort widerruft oder berichtigt. Eine Einschränkung geht weiter als beim ProzBev, § 85, weil sie nicht nur die tatsächlichen Erklärungen ergreift, also zB den Widerruf eines Anerkenntnisses zuläßt.

**5   5) Verstoß, I, II.** Er kann einen Verstoß auch gegen Art 103 I GG bedeuten, Hamm FamRZ 98, 307.

**6   6) *VwGO*:** Das Auftreten eines Beistandes in der mündlichen Verhandlung ist beim VG zulässig, § 67 II 1 VwGO. Er muß zum sachgemäßen Vortrag fähig sein, § 67 II 3 VwGO, sonst ist er entsprechend § 157 II zurückzuweisen. Für das Vorbringen des Beistandes ist II entsprechend anwendbar, § 173 VwGO, so daß die Partei alle Prozeßhandlungen (nicht nur tatsächliche Erklärungen), sofort widerrufen darf.

### Fünfter Titel. Prozeßkosten

### Übersicht

**Schrifttum:** *Brieske,* Die anwaltliche Praxis in Kostensachen, 1991; *Bydlinski,* Der Kostenersatz im Zivilprozeß, Wien 1992; *von Eicken,* Erstattungsfähige Kosten und Erstattungsverfahren usw, 5. Aufl 1990; *Fleddermann,* Kostenrechtliche Probleme der Beteiligung am Zivilprozeß usw, 1998; *Hünnekens,* Kostenabwicklung in Zivil- und Familiensachen und bei Prozeßkostenhilfe, 2. Aufl 1999 (Bespr *Nikisch* NJW **99**, 1386); *Kur,* Streitwert und Kosten in Verfahren wegen unlauteren Wettbewerbs, 1980; *Lappe,* Justizkostenrecht, 2. Aufl 1995; *Lappe,* Kosten in Familiensachen, 5. Aufl 1994; *Müller-Rabe,* Kosten, in: *Gerhardt* pp, Handbuch des Fachanwalts Familienrecht, 1997; *Olivet,* Die Kostenverteilung im Zivilurteil, 3. Aufl 1996; *Sarres,* Gebühren und Kosten im Familien- und Erbrecht, 1999; *Sonnen,* Kostenentscheidung und materielles Recht, Diss Bln 1971.

### Gliederung

| | |
|---|---|
| 1) Systematik des Kostenabschnitts ..... 1–8 | E. Kosten eines Dritten ................ 25 |
| A. Aufbau der §§ 91–101 ............ 1–4 | 8) **Prozessualer Erstattungsanspruch** .... 26–42 |
| B. Abgrenzung zu §§ 103 ff ............ 5 | A. Grundsatz: Unterliegenshaftung ...... 27–31 |
| C. Weitere Kostenvorschriften ........ 6–8 | B. Abgrenzung zum sachlichrechtlichen Ersatzanspruch ............. 32 |
| 2) **Regelungszwecke des Kostenabschnitts** ................ 9–11 | C. Entstehung des Erstattungsanspruchs . 33, 34 |
| 3) **Sachlicher Geltungsbereich des Kostenabschnitts** ................ 12 | D. Funktion der Kostengrundentscheidung ................. 35–40 |
| 4) **Persönlicher Geltungsbereich des Kostenabschnitts** ................ 13 | E. Bindungswirkung ................ 41, 42 |
| 5) **Begriff der „Kosten des Rechtsstreits"** ................ 14 | 9) **Sachlichrechtlicher Ersatzanspruch** .. 43–70 |
| 6) **Begriff der Gerichtskosten** ....... 15–20 | A. Unabhängigkeit vom prozessualen Erstattungsanspruch ............. 43–46 |
| 7) **Begriff der außergerichtlichen Kosten** ................ 21–25 | B. Überschneidungen ................ 47–51 |
| A. Kosten der Partei persönlich ........ 21 | C. Vorschußpflicht für fremde Prozeßkosten ................ 52 |
| B. Kosten des Prozeßbevollmächtigten .. 22 | D. Beispiele zur Frage des sachlichrechtlichen Ersatzanspruchs ........... 53–70 |
| C. Kosten des Beistands ............ 23 | 10) *VwGO* ................ 71 |
| D. Kosten des Gerichtsvollziehers ...... 24 | |

**1   1) Systematik des Kostenabschnitts.** Eine Übersicht gelingt am ehesten wie folgt.

**A. Aufbau der §§ 91–101.** Die Vorschriften enthalten zum einen Regeln dazu, wer überhaupt Kosten zu tragen hat. Teilweise ergibt sich die Antwort unmittelbar aus dem Gesetz; teilweise ist dazu eine sog *Kostengrundentscheidung* des Gerichts erforderlich, die freilich ihrerseits nur in bestimmten Fällen auf Grund eines Ermessens, meist dagegen auf Grund zwingender gesetzlicher Vorschriften ergehen muß. §§ 91–101 enthalten aber auch Vorschriften dazu, welche Kostenarten und in welchem Umfang Kosten zu tragen sind. Insofern handelt es sich um Fragen nicht der Kostengrundentscheidung, sondern der sog *Kostenerstattung,* deren Verfahren in §§ 103 ff gesondert geregelt ist.

**2**   Tragender Grundsatz des Kostenrechts ist die in § 91 I 1 verankerte sog *Unterliegenshaftung,* Rn 27, § 91 Rn 19: Die unterliegende Partei hat die Kosten des Rechtsstreits zu tragen, insbesondere dem Gegner erwachsenen notwendigen Kosten zu erstatten.

**3**   Von diesem Grundsatz des § 91 gibt es in den ihm folgenden Vorschriften eine Reihe von Besonderheiten für einzelne Teilgebiete und von *Ausnahmen.* In § 91 a wird der Fall der Erledigung der Hauptsache geregelt, freilich nur sehr unvollkommen. In § 92 finden sich die Hauptregeln für den Fall, daß eine Partei nur teilweise obsiegt und teilweise unterliegt. § 93 begünstigt ein sofortiges Anerkenntnis des Bekl, soweit er nicht zur Klageerhebung Veranlassung gegeben hat. § 93 a enthält Sonderregeln zum Ehescheidungs- und Eheaufhebungsverfahren. § 93 b enthält Sonderregeln für Räumungsprozesse bei Anwendung der Sozialklausel. § 93 c trifft die Abweichung vom Grundsatz der Unterliegenshaftung für den Kindschaftsprozeß in bestimmten Fällen Anordnungen. § 93 d enthält Sonderregeln beim Auskunftsverstoß eines Unterhalts-

5. Titel. Prozeßkosten **Übers § 91**

schuldners. § 94 enthält Sonderregeln für die Klage eines Rechtsnachfolgers. § 95 ermöglicht es dem Gericht, einer säumigen Partei in jeder Verfahrensart die durch die Säumnis verursachten Kosten aufzuerlegen. Ähnliche Zwecke hat der im Anh nach § 95 abgedruckte § 34 GKG. § 96 betrifft die Kosten eines erfolglos gebliebenen Angriffs- oder Verteidigungsmittels. § 97 enthält die vorrangig Regeln für die Rechtsmittelinstanz. § 98 enthält Sondervorschriften für den Fall eines Prozeßvergleichs und wird entsprechend auf den außergerichtlichen Vergleich angewandt. § 99 begrenzt die Möglichkeiten der Anfechtung der bloßen Kostenentscheidung. § 100 enthält Sonderbestimmungen bei der Streitgenossenschaft, § 101 solche bei der einfachen und streitgenössischen Streithilfe.

Im einzelnen sind die systematischen Verhältnisse einer jeden Vorschrift in ihrer jeweiligen Rn 1 dargestellt. Insgesamt gibt es in diesen (und anderen) Sonderregeln ein gemeinsames Prinzip. Man kann es als *Kostentrennung* bezeichnen. Es weicht von dem Grundsatz ab, daß der Unterliegende die gesamten Kosten des Rechtsstreits trägt, und dient der Kostengerechtigkeit im Einzelfall. 4

**B. Abgrenzung zu §§ 103 ff.** Das in den §§ 103 ff geregelte Verfahren der Kostenfestsetzung und der 5 gegen sie möglichen Rechtsbehelfe setzt eine nach §§ 91–101 ergangene Kostengrundentscheidung oder gesetzliche Kostenhaftung voraus. Es regelt auf solcher Basis das Ob und Wie der Kostenbelastung. Dazu sind allerdings auch Rückgriffe auf einzelne Bestimmungen der §§ 91–101 unvermeidbar.

**C. Weitere Kostenvorschriften.** §§ 91 ff enthalten keineswegs sämtliche Kostenbestimmungen. Sowohl 6 zur Kostengrundentscheidung bzw zur Frage, wer überhaupt kraft Gesetzes Kosten trägt, als auch zur Kostenerstattung im einzelnen gibt es zahlreiche weitere, in der ZPO verstreute Vorschriften. Sie sind teilweise sogar gegenüber §§ 91 ff vorrangig. Für gewisse Verfahrensarten gelten Sonderregeln.

*Zu beachten sind zum Beispiel:* § 75 (Eintritt eines Dritten, der die eingeklagte Forderung für sich in 7 Anspruch nimmt); § 89 (Haftung des vollmachtlosen Vertreters); § 238 IV (Kosten der Wiedereinsetzung in den vorigen Stand); § 269 III (gesetzliche Kostenfolge und Kostenausspruch bei einer Klagerücknahme); § 281 III (Kosten im Fall einer Verweisung); § 302 IV (Kosten im Fall eines Vorbehaltsurteils); § 344 (Kosten einer Säumnis, Versäumnisurteil); § 380 I (Kostenlast eines ausgebliebenen Zeugen); § 390 I (Kosten des sich unberechtigt weigernden Zeugen); § 409 I (Kosten des ausgebliebenen oder sich weigernden Sachverständigen); § 515 III (Kosten im Fall der Rücknahme der Berufung, beim Versäumnisurteil in Verbindung mit § 345); § 566 (Kosten im Fall der Rücknahme der Revision); § 631 V (Kostenhaftung der im Eheaufhebungsverfahren unterliegenden Verwaltungsbehörde); § 696 V (Kosten im Fall einer Verweisung nach einem Mahnverfahren); § 788 (Kosten der Zwangsvollstreckung, vgl KG MDR 79, 408); § 887 II (Verurteilung zur Kostenvorauszahlung bei der Zwangsvollstreckung zur Vornahme einer vertretbaren Handlung); § 891 S 3 (Verweisung auf §§ 91 ff in den Fällen der §§ 887–890); § 945 (Kostenhaftung im Rahmen einer Schadensersatzpflicht nach einer Eilanordnung).

Von den Vorschriften über die *Auferlegung* von Kosten sind diejenigen über eine *Befreiung* von Kosten zu 8 unterscheiden. Diese finden sich teilweise in den Kostengesetzen, zB § 2 GKG, teilweise in der ZPO, vor allem in §§ 114 ff ZPO (Prozeßkostenhilfeverfahren). Die vorstehenden Aufzählungen sind keineswegs vollständig. Man muß prüfen, ob und welche Vorschriften außerhalb §§ 91 ff anwendbar sind.

**2) Regelungszwecke des Kostenabschnitts.** Die Vorschriften sind zur Durchführung des Grundsatzes 9 notwendig, daß der Staat die Tätigkeit der Gerichte nicht kostenlos zur Verfügung stellt. Sie binden grundsätzlich das Gericht. Sie sind auch insofern notwendig, als zB auf Grund einer Prozeßkostenhilfe nach §§ 114 ff eine teilweise vorläufige oder endgültige Freistellung von Kostenpflichten erfolgt. Sie ergänzen die in den Kostengesetzen, zB §§ 49 ff GKG, enthaltenen Vorschriften der unmittelbaren Kostenhaftung gegenüber dem Staat (Staatskasse). Sie betreffen in erster Linie das Verhältnis der Parteien zueinander. Sie bestimmen also, welcher Prozeßbeteiligte welchem anderen wieviel zu zahlen hat.

Das alles dient natürlich in erster Linie der sog *Kostengerechtigkeit*. Es muß für jeden Prozeßbeteiligten von 10 vornherein wenigstens in Umrissen übersehbar sein, welches Kostenrisiko auf ihn zukommt. Davon hängt ja auch ab, ob und mit welcher Erfolgsaussicht er zB Prozeßkostenhilfe beantragen kann. Der Grundsatz der Unterliegensfrage, § 91 I 1, kann nicht ausnahmslos durchgeführt werden; das würde zu krassen Ungerechtigkeiten führen. Sie zu beseitigen ist der Zweck der folgenden Vorschriften.

Gleichzeitig dienen sie aber auch einer gewissen *Verfahrensvereinfachung* und damit der Prozeßwirtschaftlichkeit, Grdz 14 vor § 128. Das Kostenrecht ist trotz aller oft entscheidenden wirtschaftlichen Bedeutung doch eben nur ein Nebenschauplatz des Zivilprozesses. In seinem Mittelpunkt muß die Frage bleiben, wer in der Hauptsache Recht bekommt. Die Kostenauswirkungen dürfen die anderen Prozeßfragen auch nur praktisch nahezu überwuchern; so auch Herr DRiZ 89, 87.

Das alles ist bei der *Auslegung* aller Kostenvorschriften mitzubeachten. Im typisch deutschen Bestreben 11 nach perfekter Regelung sind gerade in Kostenfragen nahezu groteske Aufsplitterungen in feinste Verästelungen der Probleme zu beachten. Da gewissenhafte Parteien und Anwälte eine einmal vorhandene Rechtsprechung und Lehre zu beachten haben, § 85 Rn 19, wird die Materie immer undurchschaubarer. Ein Gericht, das dieser Entwicklung nach Kräften entgegensteuert, bewegt sich mit Sicherheit im Rahmen eines pflichtgemäßen Ermessens, falls es nach dem Gesetz überhaupt einen Ermessensspielraum hat. Diese Möglichkeit der gewissen Vereinfachung, selbst auf Kosten einer gewissen Vergröberung der Gerechtigkeit im Einzelfall, sollte viel mehr genutzt werden; vgl auch den ähnlichen Erwägungen § 296 Rn 2.

**3) Sachlicher Geltungsbereich des Kostenabschnitts.** §§ 91 ff gelten grundsätzlich für alle der ZPO 12 unterliegenden Verfahrensarten. Bei §§ 887–890 gelten nach § 891 S 3 die dortgenannten Teile der §§ 91 ff und in allen Instanzen; wegen des schiedsrichterlichen Verfahrens vgl § 1057. Sie gelten für das jeweilige Hauptverfahren und alle dazugehörigen Nebenverfahren, etwa nach § 17 a GVG, BGH NJW 93, 2542; wegen § 119 vgl § 91 Rn 154. §§ 91 ff gelten kraft Bezugnahme in anderen Gesetzen vielfach entsprechend oder direkt, auch soweit das Verfahren zunächst außerhalb der ZPO abläuft. Das gilt etwa beim echten Streitverfahren der freiwilligen Gerichtsbarkeit, § 13 a FGG, BayObLG FGPrax **99**, 78, Mü Rpfleger **96**, 215, aM Karlsr JB **97**, 598, und eingeschränkt im Patentnichtigkeitsverfahren, § 121 II PatG, BGH RR **98**, 334. Im WEG-Verfahren gilt § 47 WEG, Rau ZMR **98**, 1. Sie sind im Zweifel zumindest nach ihren

# Übers § 91

1. Buch. 2. Abschnitt. Parteien

Grundgedanken mit heranzuziehen, BVerfG NJW **99**, 134. Freilich sind die jeweiligen Verfahrensbesonderheiten zu beachten, BVerfG NJW **93**, 2793. §§ 91 ff gelten nicht im arbeitsgerichtlichen Beschlußverfahren, BAG BB **99**, 1964. Vgl auch bei den einzelnen Vorschriften.

13   **4) Persönlicher Geltungsbereich des Kostenabschnitts.** §§ 91 ff gelten grundsätzlich für alle rechtlich am Zivilprozeß Beteiligten, oft auch für nur wirtschaftlich Beteiligte. Sie haben darüber hinaus Auswirkungen auch für nur mittelbar beteiligte Dritte. Der persönliche Geltungsbereich der einzelnen Vorschrift ist in ihrer jeweiligen Kommentierung dargestellt.

14   **5) Begriff der „Kosten des Rechtsstreits".** § 91 I 1 enthält den Begriff der „Kosten des Rechtsstreits". Diese sog Prozeßkosten sind von solchen Kosten oder Unkosten oder Schäden oder Nachteilen zu unterscheiden, die nicht prozessual, sondern aus dem sachlichen Recht, etwa des BGB, entstehen und bedingt sind. Über die letzteren Rn 43 ff. Prozeßkosten sind alle diejenigen Aufwendungen, die im Prozeß selbst entstehen. Darüber hinaus zählen hierher diejenigen Aufwendungen, die ein Prozeßbeteiligter zur Vorbereitung oder Durchführung des Prozesses machen mußte, sofern sie in einem unmittelbaren Zusammenhang mit dem Prozeß stehen, aber eben auch nur solche, Kblz NJW**78**, 1751.

15   **6) Begriff der Gerichtskosten.** Innerhalb der Prozeßkosten, Rn 14, kann man zwei Hauptgruppen von Kosten unterscheiden: Die Gerichtskosten und die außergerichtlichen Kosten, BSG MDR **97**, 200. Zu denletzteren Rn 21. Gerichtskosten sind diejenigen Gebühren und Auslagen, § 1 GKG, die ein Prozeßbeteiligter dem Staat (Land oder Bund) als dem Träger der Justizhoheit zu entrichten hat. Der Staat bietet seine Rechtspflege grundsätzlich nicht unentgeltlich an. Die Prozeßbeteiligten sollen die Kosten hauptsächlich selbst aufbringen. Die Gerichtskosten zerfallen in Gebühren, also öffentlich-rechtliche Ausgaben, Justizsteuern, die ohne Rücksicht auf den Einzelfall nach dem Streitwert, § 11 II GKG, pauschmäßig bestimmt werden, und in Auslagen, also entstandene oder bevorstehende Unkosten, die zunächst aus der Staatskasse entrichtet wurden. Die Gerichtskosten werden wie öffentliche Abgaben beigetrieben. Für die Kostenerstattung kommen sie nur als Parteikosten in Frage, also insoweit, als die Partei sie verausgabt hat.

16   *Schuldner* der Gerichtskosten ist unmittelbar kraft Gesetzes, das auch die Fälligkeit, die etwaige Befreiung von der Kostenschuld und den etwa zu zahlenden Vorschuß festlegt, zunächst der *Antragsteller*, Kläger, Rechtsmittelkläger, § 49 S 1 GKG. Antragsteller ist derjenige, der ein Verfahren einleitet oder erweitert.

17   Ferner haftet für die Gerichtskosten der sog *Entscheidungsschuldner*, also derjenige, den das Gericht zur Kostenzahlung verurteilt hat, § 54 Z 1 GKG. Diese Haftung kann nach § 57 S 1 GKG erlöschen, soweit die Kostenentscheidung aufgehoben oder abgeändert wird, LAG Düss JB **92**, 470. Eine Erledigung der Hauptsache in der Rechtsmittelinstanz oder eine wirksame Klagerücknahme in ihr reichen aus. Ein Beschluß nach § 344 reicht aus, § 269 Rn 34; ein Beschluß nach 269 III 3 kann jetzt ausreichen; ein Vergleich, Anh § 307, reicht nicht schon nach § 54 Z 1 GKG aus (sondern allenfalls nach § 54 Z 2 GKG), Düss Rpfleger **74**, 234, KG MDR **72**, 960.

18   Ferner ist dem Staat gegenüber kostenpflichtig der sog *Übernahmeschuldner,* also derjenige, der die Gerichtskosten dem Gericht gegenüber übernommen hat, § 54 Z 2 GKG, zB durch einen Vergleich, dazu § 98 sowie § 54 Z 2 Hs 2 GKG. Ferner ist der Staatskasse gegenüber kostenpflichtig derjenige, der für eine fremde Kostenschuld kraft Gesetzes haftet, § 54 Z 3 GKG. Eine Kostengrundentscheidung ist dazu nicht notwendig, selbst wenn nur eine Duldungshaftung in Betracht kommt, BGH **LM** § 99 GKG aF Nr 3.

19   Schließlich ist der Staatskasse kostenpflichtig der sog *Vollstreckungsschuldner* für die notwendigen Kosten der Zwangsvollstreckung im Sinn von § 788; dazu § 54 Z 4 GKG.

20   Mehrere derartige Kostenschuldner haften der Staatskasse gegenüber als *Gesamtschuldner*, § 58 I GKG. Der Entscheidungsschuldner ist im übrigen sog Erstschuldner, § 58 II GKG. Die Kostenschuld besteht unabhängig von einem etwaigen Erstattungsanspruch, vgl freilich auch dazu § 58 II GKG. Eine Ergänzung des GKG, vor allem für den Kostenbeamten, gibt die Kostenverfügung, dazu Hartmann Teil VII.

21   **7) Begriff der außergerichtlichen Kosten.** Von den Gerichtskosten, Rn 15, muß man die sog außergerichtlichen Kosten unterscheiden, BSG MDR **97**, 200. Das sind die direkt auf den Prozeß bezogenen, bis zu einem prozessualen Erstattungsanspruch zunächst selbst zu tragenden Aufwendungen eines Prozeßbeteiligten, insbesondere der Parteien.

**A. Kosten der Partei persönlich.** Hierzu zählen Aufwendungen etwa für Reisen oder Porto oder für den Zeitverlust, ferner unter Umständen die Kosten für die Beschaffung von Gutachten, für die Vertretung durch einen technischen Beistand und dergleichen. Auch ein Sachwalter einer späteren GmbH kann hierher zählen, aM Ffm RR **98**, 1535 (vgl aber § 50 Rn 24 ff).

*Nicht hierher* zählen die allgemeinen Nachteile oder Unkosten oder Schäden aus Anlaß eines Prozesses. Sie können freilich einen sachlichrechtlichen Ersatzanspruch auslösen, Rn 43.

22   **B. Kosten des Prozeßbevollmächtigten.** Die Kosten eines jeden ProzBev sind ganz überwiegend direkt auf den Prozeß bezogen und daher Teil der außergerichtlichen Kosten des Rechtsstreits. Sie werden dann, wenn der ProzBev ein Anwalt ist, nach der BRAGO berechnet und sind zunächst vom Auftraggeber dem Anwalt zu bezahlen. § 1 I BRAGO unterscheidet ähnlich dem GKG zwischen Gebühren und Auslagen des Anwalts und gilt die Gebühren nach dem Streitwert pauschmäßig ab. Die Ansprüche können auch vor dem Prozeß entstanden sein, zB für ein Mahn- oder Kündigungsschreiben. Auch solche Ansprüche muß der Auftraggeber dem Anwalt zunächst nach der BRAGO vergüten. Sie sind aber je nach den Umständen auf die Gebühr des Anwalts für das anschließende gerichtliche Verfahren anzurechnen, vgl §§ 37 Z 1, 118 II, 120 BRAGO. Kosten „des Rechtsstreits" sind alle diese Kosten im allgemeinen nicht, vgl Jäckle JZ **78**, 679; eine Ausnahme gilt zB bei einer Übernahmeverpflichtung durch einen Vergleich, Hamm MDR **73**, 770. Ein Anspruch auf die Erstattung dieser Kosten besteht nur im Rahmen der sog Vorbereitungskosten, § 91 Rn 270, 290.

23   **C. Kosten des Beistands.** Soweit ein Beistand für eine Partei tätig ist, vgl § 90, sind seine Kosten Teil der außergerichtlichen Kosten. Dasselbe gilt für die Tätigkeit eines Rechtsbeistands; seine Gebühren und Auslagen regelt Art XI § 1 KostÄndG, Schönfelder Nr 124, Hartmann Teil XII.

5. Titel. Prozeßkosten    **Übers § 91**

**D. Kosten des Gerichtsvollziehers.** Die Kosten der zB für eine Zustellung im Erkenntnisverfahren 24 oder für eine Tätigkeit in der Zwangsvollstreckung eingeschalteten Gerichtsvollzieher zählen ebenfalls zu den außergerichtlichen Kosten, LG Karlsr VersR **77**, 1121. Die Höhe richtet sich nach dem GVKostG, Schönfelder Nr 123, Hartmann Teil XI. Es unterscheidet ähnlich dem GKG und der BRAGO zwischen Gebühren und Auslagen.

**E. Kosten eines Dritten.** Die Kosten eines nicht unter Rn 21–24 fallenden Dritten können ebenfalls zu 25 den außergerichtlichen Kosten zählen, abw BSG MDR **97**, 200. Daneben kann ein Anspruch des Dritten oder seine Haftung gegenüber einem Prozeßbeteiligten aus dem sachlichen Recht bestehen, dazu Rn 43. Auch zur Durchführung eines sachlichrechtlichen solchen Anspruchs ist immer ein besonderer Vollstreckungstitel gegenüber dem Dritten notwendig.

**8) Prozessualer Erstattungsanspruch.** Aus dem Prozeßrechtsverhältnis, Grdz 3 vor § 128, folgen auch 26 kostenrechtliche Pflichten der Partei gegenüber dem Gericht und der Parteien untereinander, vgl BGH BB **97**, 2550, KG RR **96**, 847. Während die Kostenpflicht der Prozeßbeteiligten gegenüber dem Staat durch die Kostengrundentscheidung oder die gesetzliche Kostenvorschrift ausgelöst und im einzelnen vorwiegend durch das GKG geregelt ist, ergibt sich die Kostenpflicht einer Partei gegenüber einer anderen aus §§ 91 ff und den sonstigen in Rn 6 angedeuteten Kostenvorschriften.

**A. Grundsatz: Unterliegenshaftung.** § 91 I 1 enthält den tragenden Grundsatz der prozessualen Ko- 27 stenerstattungspflicht: „Die unterliegende Partei hat ... die dem Gegner erwachsenen Kosten zu erstatten". Dieser dem Veranlasserprinzip entnommene Grundsatz gilt weitgehend, wenn auch nicht lückenlos, vgl BGH VersR **92**, 1285. Er ist im einzelnen durch zahlreiche Sonderregeln bestätigt (zB durch § 631 V), abgeschwächt, erweitert oder abgeändert. Er durchzieht aber als Grundgedanke das gesamte Kostenrecht und ist daher im Zweifel bei der Auslegung mitzubeachten. Er bürdet beiden Parteien ein erhebliches Kostenrisiko auf. Das beachtet LG Freibg MDR **84**, 238 nicht genug.

Das Kostenrisiko ist allerdings *rechtspolitisch* lebhaft umstritten. Baur JZ **72**, 75 regt zur Beseitigung dieses 28 Risikos eine Pflichtrechtsschutzversicherung an; krit André ZRP **76**, 177, Bauer VersR **73**, 110, Baumgärtel JZ **75**, 430 (er fordert eine „Prozeßhilfe"). Die prozessuale Kostenerstattungspflicht ist zwar ein privatrechtlicher Vorgang zwischen den Parteien. Sie beruht aber dennoch ausschließlich auf der ZPO. Ihre Grundlage ist innerhalb des Prozeßrechtsverhältnisses insbesondere dasjenige der Parteien zueinander, Grdz 5 vor § 128, Hbg GRUR **83**, 201, Schlesw SchlHA **79**, 44 und 225. Sie ist in der ZPO abschließend geregelt; das übersieht LAG Bre Rpfleger **88**, 165. Sie ist ein Ausgleich dafür, daß die Partei überhaupt unbeschränkt eine Klage erheben kann.

Bereits die *bloße Tatsache des schließlichen Unterliegens* macht grundsätzlich kosten- und erstattungspflichtig 29 (Ausnahme: § 107 SachenRBerG, abgedruckt bei § 91); BGH **94**, 318, BFH **119**, 409, BSG MDR **92**, 387, BVerwG **50**, 10. Das gilt jedenfalls, soweit Kosten objektiv notwendig waren. Diese Regel gilt ohne Rücksicht darauf, aus welchem Grund die Partei unterlegen ist, Hamm MDR **82**, 676. Es ist unerheblich, ob sie ein Verschulden trifft, vgl Hbg GRUR **83**, 201, ob eine Rechtsänderung Kosten verursachte, BGH **37**, 246, BSG MDR **92**, 387 mwN, ob die Partei überhaupt geschäfts- oder prozeßfähig war, BGH **121**, 399 (krit Schlosser IPRax **93**, 533), BayObLG **91**, 114.

Deshalb umfaßt auch eine Haftungsbeschränkung in der Hauptsache die Kostenpflicht nicht. Soweit 30 Kosten allerdings schon in der Person des Erblassers entstanden sind, haftet der *Erbe* nur beschränkt. Die Auferlegung von Mehrkosten usw auf den Sieger ist nur in den gesetzlich geregelten Fällen statthaft, zB nach §§ 281 III 2, 344, also nicht schon auf Grund eines in Wahrheit gar nicht geltenden „Verursachungsprinzips", aM LAG Bre Rpfleger **88**, 165. Dem Verlierer steht derjenige gleich, der sich freiwillig und unnötig durch eine Klagerücknahme, § 269, durch ein Anerkenntnis, § 307, usw in dessen Rolle begibt; Ausnahmen bestehen in den §§ 93–93 d, 95, 97 usw. Grundsätzlich können nur die Parteien und ihre Streithelfer, § 66, kostenpflichtig werden. Ein Dritter kann nur ausnahmsweise kostenpflichtig werden, etwa in einem Zwischenstreit mit einer Partei oder einem Streithelfer, zB nach §§ 89, 101, 380, 390, 409, oder wenn der Dritte für einen nicht Parteifähigen den Prozeß veranlaßt hat, Düss MDR **77**, 759 mwN. In einem solchen Fall ist – wie bei der sachlichrechtlichen Ersatzpflicht eines Dritten – ein besonderer Prozeß auf die Erstattung nötig.

Eine Partei *kraft Amts*, Grdz 8 vor § 50 vertritt fremde Belange und haftet daher nicht mit ihrem 31 persönlichen Vermögen, Karlsr FamRZ **88**, 637. Ein Prozeßstandschafter, Grdz 26, 29 vor § 50, hat ein eigenes Interesse im Prozeß und haftet daher auch mit seinem persönlichen Vermögen, Karlsr FamRZ **88**, 637. Jedoch ist ein Testamentsvollstrecker, den die Erben auf die Erteilung einer Auskunft verklagt haben, keine Partei kraft Amts. Über die außergerichtlichen Kosten kann in einem Erinnerungs- und Beschwerdeverfahren des Gläubigers gegen den Gerichtsvollzieher wegen der Zwangsvollstreckung dann nicht entschieden werden, wenn der Schuldner am Verfahren nicht beteiligt ist, LG Bochum Rpfleger **70**, 357.

**B. Abgrenzung zum sachlichrechtlichen Ersatzanspruch.** Man muß von dem Grundsatz der pro- 32 zessualen Unterliegenshaftung, Rn 27, eine etwa vorhandene sachlichrechtliche Ersatzpflicht unterscheiden, Rn 43. Zwar kann sich auch ein sachlichrechtlicher Ersatzanspruch im Zusammenhang mit prozessualen Vorgängen ergeben. Grundsätzlich ist aber der prozessuale Erstattungsanspruch nur aus der ZPO ableitbar, nämlich aus dem Prozeßrechtsverhältnis, Grdz 3 vor § 128. Daher kann man Vorschriften des sachlichen Rechts zB zu einer Schadensersatzpflicht nicht auch nur ergänzend zur Auslegung von Regeln der prozessualen Erstattungspflicht anwenden, Schlesw JB **78**, 1568.

**C. Entstehung des Erstattungsanspruchs.** Der prozessuale Kostenerstattungsanspruch einer Partei 33 oder ihres Streithelfers gegen die andere oder deren Streithelfer, § 66, läßt sich nur im zugehörigen Prozeß geltend machen, BGH NJW **83**, 284, und zwar im Kostenfestsetzungsverfahren nach §§ 103 ff. Er entsteht allerdings nicht erst im Zeitpunkt der Kostengrundentscheidung, sondern schon im Zeitpunkt der Begründung des Prozeßrechtsverhältnisses, Grdz 3 vor § 128, meist also mit der Rechtshängigkeit, § 261 Rn 3, also der Zustellung der Klage, des Scheidungsantrags usw. Denn die Ursache für eine Pflicht, einem anderen

Prozeßbeteiligten überhaupt dessen Kosten auch nur teilweise zu erstatten, liegt ja schon in dem Umstand, daß man ihn überhaupt in prozessuale Rechte und Pflichten hineingezogen hat oder seine Hineinziehung durch eigenes Verhalten verursacht oder gar verschuldet hat, BGH NJW **88**, 3205, Ffm MDR **84**, 148, Hbg GRUR **83**, 201.

34  Ein prozessualer Kostenerstattungsanspruch entsteht auch zugunsten desjenigen, der sich auf eine unzulässig gegen ihn erhobene Klage oder Widerklage eingelassen hat, Mü MDR **84**, 498. Vor dem Erlaß einer Kostengrundentscheidung oder dem Eintritt eines Ereignisses, das eine gesetzliche Kostengrundvorschrift wirksam werden läßt, etwa einer wirksamen Klagerücknahme, § 269 III 2, ist der prozessuale Kostenerstattungsanspruch allerdings noch nicht fällig, sondern *aufschiebend bedingt*, BGH MDR **92**, 911, der Höhe nach noch ungewiß, wenn auch nicht unbestimmbar. Wenn eine Partei während des Rechtsstreits prozeßunfähig war, §§ 51, 52, ergibt sich ihr Erstattungsanspruch dann, wenn der Pfleger die Prozeßhandlungen nachträglich genehmigt, BGH MDR **92**, 911. Der Kostenerstattungsanspruch ist auch als aufschiebend bedingter abtretbar. Man kann ihn zum Insolvenzverfahren anmelden. Er ist auch als aufschiebend bedingter Anspruch bereits pfändbar, Grdz 91 vor § 704 „Kostenerstattungsanspruch". Über ihn kann ein Arrest nach §§ 916 ff verhängt werden. Vor dem Eintritt der aufschiebenden Bedingung, Rn 35, ist der Anspruch nicht aufrechenbar, § 387 BGB, Ffm MDR **84**, 148.

35  **D. Funktion der Kostengrundentscheidung.** Die Kostengrundentscheidung bestimmt den Anspruch nicht der Höhe nach, sondern überläßt diese Bestimmung dem Kostenfestsetzungsverfahren, §§ 103 ff. Sie verwandelt den bisher aufschiebend bedingten Anspruch, Rn 33, in einen auflösend bedingten, selbst wenn sie nur vorläufig vollstreckbar ist, BGH NJW **88**, 3205, Ffm MDR **84**, 148.

36  Erst mit dem Eintritt der *Rechtskraft* der Kostengrundentscheidung, § 705, entfällt dann die auflösende Bedingung, BGH NJW **88**, 3205. Ein Vergleich, Anh § 307, und eine Kostenfolge kraft Gesetzes, zB nach §§ 269 III, 515 III, 566, stehen dem Urteil gleich.

37  Jede gerichtliche Entscheidung, die einen *selbständigen Verfahrensabschnitt* abschließt, zB bei § 254, dort Rn 20, Mü MDR **88**, 782, Karlsr JB **93**, 619, muß in Abweichung vom Grundsatz der Einheit der Kostenentscheidung, § 91 Rn 23, eine *Kostenentscheidung* für diesen Abschnitt enthalten, und zwar von Amts wegen, § 308 II, Hamm FamRZ **93**, 1343 (Stufenklage). Das Rechtsmittelgericht darf bei Erfolglosigkeit die Kostenentscheidung der Vorinstanz wegen § 308 II von Amts wegen ändern, § 97 Rn 39, BGH WertpMitt **81**, 46. Eine Kostenentscheidung ist auch dann erforderlich, wenn das Gericht eine Härteklausel, zB bei § 765 a, anwendet, vgl § 788 III. Über das Verfahren nach den §§ 620 ff vgl § 620 g. Wegen des Arrests § 91 Rn 73. Ein bloßes Zwischenurteil, insbesondere nach § 304, kann keine Kostenentscheidung enthalten; wegen des Teilurteils § 301 Rn 7 ff; wegen eines Verweisungsbeschlusses § 281 Rn 54.

Die Kostengrundentscheidung enthält meist nur einen Ausspruch darüber, *wer* die Kosten (evtl zu welchem Teil) trägt. Darin liegt freilich auch die Verpflichtung zu einer entsprechenden Kostenerstattung zwischen den Parteien, ohne daß sie zusätzlich ausdrücklich als solche ausgesprochen werden müßte. Immerhin muß das Gericht der Sache nach eine so genaue und klare Formulierung treffen, daß man im anschließenden Kostenfestsetzungsverfahren nach §§ 103 ff nur noch die Höhe der zu erstattenden Beträge ermitteln muß.

38  Unzulässig ist eine Berechnung nach *Zeitabschnitten*, von den Sonderfällen zB des § 97 (Rechtsmittelkosten) abgesehen. Dagegen kann es zulässig sein, eine bestimmte Gebühr aus der Kostenpflicht herauszunehmen, zB dann, wenn eine Beweisaufnahme unnötig erfolgte, § 95. Das Gericht darf auch einer Partei einen bezifferten Betrag als ihren Beitrag zur gesamten Kostenpflicht auferlegen, § 92 Rn 38.

39  Eine *Änderung des Streitwerts* führt grundsätzlich nicht zur Berichtigung der Kostengrundentscheidung, § 319 Rn 5. Ohne die Kostengrundentscheidung usw läßt sich kein Kostenfestsetzungsverfahren durchführen und daher keine Kostenerstattung verwirklichen, BGH FamRZ **88**, 143. Soweit ein Kostenerstattungsanspruch besteht, gibt es außerhalb des Festsetzungsverfahrens nach §§ 103 ff kein Rechtsschutzbedürfnis, insbesondere nicht für eine Klage auf Erstattung, Einf 3, 14 vor §§ 103–107, Köln MDR **81**, 763, auch nicht im Weg einer Widerklage.

40  Der Kostenerstattungsanspruch *verjährt* in 30 Jahren, §§ 195, 218 BGB, Ffm MDR **77**, 665. § 196 Z 15 BGB ist nämlich nur im Verhältnis zwischen dem Anwalt und seinem Auftraggeber beachtlich. Der Erstattungsschuldner kann eine Verjährung der Forderung des Anwalts deshalb nur dann einwenden, wenn schon der Schuldner des Anwalts diese Verjährung geltend gemacht hatte; andernfalls läge eine Einwendung aus einem fremden Recht vor. Da die Kostengrundentscheidung die Bestimmung der Höhe des Erstattungsanspruchs dem Festsetzungsverfahren vorbehält, ist sie der Höhe nach an jenes Verfahren gebunden.

41  **E. Bindungswirkung.** Die Kostenvorschriften sind öffentlichrechtlicher Natur. Sie binden das Gericht, soweit sie ihm nicht ausdrücklich einen Ermessensspielraum lassen. Parteivereinbarungen über die prozessuale Kostenerstattungspflicht sind zwar grundsätzlich zulässig, aber für eine etwa noch notwendige Kostengrundentscheidung ebenso grundsätzlich unbeachtlich. Ausnahmen bestehen zB bei §§ 93 a I 3, 98, 101 I 1. Das Gericht ist an seine einmal erlassene Kostengrundentscheidung wie an andere Entscheidungen gebunden, §§ 318, 329. Wegen einer Berichtigung, Ergänzung usw vgl §§ 319–321, 329.

42  Es ist dem durch die Kostengrundentscheidung Begünstigten überlassen, seine Kosten im *Kostenfestsetzungsverfahren* nach §§ 103 ff erstattet zu fordern, auch evtl auf Grund einer Vereinbarung zwischen den Parteien. Eine dem Gericht mitgeteilte Kostenübernahme, § 54 Z 2 GKG, macht zwar den Übernehmer zum Kostenschuldner der Staatskasse gegenüber, ändert aber im übrigen an den Wirkungen der Kostengrundentscheidung nichts.

43  **9) Sachlichrechtlicher Ersatzanspruch**

**Schrifttum:** *Becker-Eberhard,* Grundlagen der Kostenerstattung bei der Verfolgung zivilrechtlicher Ansprüche, 1985; *Haller* JB **97**, 342 (Üb); *Loritz,* Die Konkurrenz materiellrechtlicher und prozessualer Kostenerstattung, 1981; *Siebert,* Die Prinzipien des Kostenerstattungsrechts und die Erstattungsfähigkeit vorgericht-

5. Titel. Prozeßkosten　　　　　　　　　　　　　　　　　　　　　　　Übers § 91

licher Kosten des Rechtsstreits, 1985; *Wolf,* Materiellrechtliche Kostenerstattung im kostenrechtlichen Gewand?, Festschrift für *Henckel* (1995) 911.

**A. Unabhängigkeit vom prozessualen Erstattungsanspruch.** Es kann unabhängig vom Vorhandensein oder Fehlen eines prozessualen Kostenerstattungsanspruchs, Rn 26, ein aus dem sachlichen Recht ableitbarer Anspruch auf den Ersatz von Kosten vorhanden sein, BGH GRUR **95**, 170 mwN (krit Becker-Eberhard JZ **95**, 814), Drsd NJW **98**, 1872, KG RR **96**, 847, LG Kassel JB **92**, 41, LG Lüneb FamRZ **91**, 1095 (Scheinvater). Das gilt trotz des Umstands, daß das deutsche bürgerliche Recht keine allgemeine Kostenerstattungspflicht kennt.

Ein sachlichrechtlicher Ersatzanspruch läßt sich am ehesten als eine Unterart von *Schadensersatzanspruch* **44** begreifen. Er kann sich gegen den Prozeßgegner oder gegen einen Dritten richten. Er bestimmt sich seinem Umfang nach im Zweifel nach §§ 249 ff BGB. §§ 91 ff ZPO sind auf ihn grundsätzlich unanwendbar, ThP 13 vor § 91, so wie umgekehrt auf den prozessualen Erstattungsanspruch die Vorschriften des sachlichen Rechts grundsätzlich unanwendbar sind, Rn 32.

Der sachlichrechtliche Ersatzanspruch bedarf zu seiner Durchsetzung einer besonderen *Klage,* § 253, unter **45** anderem mit einem zu beziffernden und zu begründenden Antrag, § 253 II Z 2. Wenn allerdings im bisherigen Hauptverfahren die Klage zugestellt worden war, kann und sollte das Gericht einen etwa nun eintretenden oder schon vorhanden gewesenen sachlichrechtlichen Ersatzanspruch in demselben Prozeß als Anspruchshäufung ansehen, § 260, und möglichst im Weg einer Klagänderung zulassen, §§ 263–264, vgl auch § 840 Rn 15 ff, Schneider MDR **81**, 353.

Wenn freilich eine Klage noch *nicht zugestellt* worden war, fehlt es an der Rechtshängigkeit, § 261, und am **46** Prozeßrechtsverhältnis, Grdz 3 vor § 128, und daher auch an einem Anlaß, den Prozeß nur wegen eines jetzt etwa entscheidungsbedürftigen sachlichrechtlichen Ersatzanspruchs in Wahrheit erst anlaufen zu lassen.

**B. Überschneidungen.** Es können sich Überschneidungen des prozessualen Kostenerstattungsanspruchs **47** und eines sachlichrechtlichen Ersatzanspruchs ergeben. In solchen Fällen sollte das Gericht großzügig prüfen, ob es die Klärung des sachlichrechtlichen Ersatzanspruchs im Rahmen des Hauptprozesses und damit im Rahmen seiner prozessualen Erstattungspflicht mitklärt, vgl Kblz OLGZ **91**, 127; daraus folgt, daß ein Rechtsschutzbedürfnis, Grdz 33 vor § 253, insoweit kaum besteht, LG Karlsr AnwBl **94**, 94.

*Beispiele:* Es kann eine Kostengrundentscheidung fehlen oder einen prozessualen Kostenerstattungsan- **48** spruch verneinen, gleichwohl aber ein sachlichrechtlicher Ersatzanspruch bestehenbleiben, vgl BGH **66**, 114. Vor der Anhängigkeit entstandene Kosten, etwa solche eines selbständigen Beweisverfahrens nach §§ 485 ff, kann der Kläger neben dem Hauptanspruch ersetzt fordern, soweit sie nicht ohne weiteres zum Prozeß gehören. Soweit das Gesetz eine Kostenerstattung nicht zuläßt, vgl zB BAG DB **78**, 896 mwN, ist damit keineswegs auch ein sachlichrechtlicher Ersatzanspruch, etwa nach § 839 BGB, abgelehnt. Natürlich kann der Gläubiger trotz einer solchen Überschneidung von Ansprüchen seine Kosten grundsätzlich nur nach der Zurückweisung einer prozessualen Erstattung neuer mit demselben Sachverhalt sachlichrechtlich ersetzt fordern, BGH GRUR **95**, 170 (Ausnahme evtl bei § 826 BGB, und seine Kosten) insgesamt nur einmal ersetzt bzw ersetzt fordern, BayObLG **79**, 20, Schlesw RR **87**, 952, ZöHe 13 vor § 91, aM Ffm AnwBl **85**, 210 (nach einem Prozeßteil).

Soweit ein rechtskräftiger *Kostenfestsetzungsbeschluß* nach § 104 vorliegt, hat das Gericht über die zuge- **49** sprochenen und die abgesprochenen Kosten endgültig entschieden. Solange sich der zugrundeliegende Sachverhalt nicht ändert, kann man daher nicht abweichend von der Kostenfestsetzung einen sachlichrechtlichen Ersatz fordern, BGH **LM** § 252 BGB Nr 18, VGH Kassel AnwBl **97**, 287. Daher kann man ja die im Prozeß entstandenen Kosten grundsätzlich auch nur im Festsetzungsverfahren erstattet fordern, Rn 42, BGH **75**, 235, ArbG Gelsenk BB **74**, 1443, StJL 20 vor § 91, ThP 15 vor § 91, aM ZöHe 13 vor § 91.

Handelt es sich dagegen um solche Kosten, die zwar zu den Prozeßkosten zählen, Rn 14–25, jedoch im **50** Kostenfestsetzungsverfahren ausnahmsweise dennoch nicht geltend gemacht werden konnten, dann kann man solche Kosten durch eine *besondere Ersatzklage* geltend machen. Dasselbe gilt bei solchen Kosten, die mit dem eigentlichen Prozeß gar nichts zu tun hatten. Auch ist ein Kostenfestsetzungsverfahren nicht schon deshalb unzulässig, weil über sachlichrechtliche Kosten ein abweisendes Urteil ergangen ist, BGH WertpMitt **87**, 247, vgl BayObLG **79**, 20, Schlesw RR **87**, 952, LG Hechingen VersR **86**, 351.

Man muß allerdings beachten, daß die Gerichte „Vorbereitungskosten" für den Rechtsstreit weitgehend **51** zulassen, § 91 Rn 270, Köln Rpfleger **81**, 318. Es ist im übrigen eine Fallfrage, ob man einen sachlichrechtlichen Ersatzanspruch nach dessen Abweisung durch ein Urteil nun im Kostenfestsetzungsverfahren geltend machen kann. Das hängt unter anderem davon ab, ob *neue Tatsachen* usw angeführt werden können, BGH GRUR **95**, 169, aM Kblz MDR **86**, 324, Köln JB **77**, 1773, ZöHe 13 vor § 91. Im übrigen kann natürlich ein Vergleich, Anh § 307, dem Kostenfestsetzungsverfahren entgegenstehen, § 98, Mü RR **97**, 1894.

**C. Vorschußpflicht für fremde Prozeßkosten.** Eine solche Vorschußpflicht besteht insofern, als die **52** Eltern, regelmäßig also der Vater, dem Kind die Prozeßkosten in einer persönlichen Angelegenheit vorschießen müssen. Ein Ehegatte ist für Prozesse des anderen vorschußpflichtig, soweit es um dessen höchstpersönliche Angelegenheiten geht, die also weder durch einen Dritten erfüllbar sind noch auf einen Dritten übertragen werden können, § 127 a, Koch NJW **74**, 89. Voraussetzung für eine Vorschußpflicht ist ferner, daß der andere Ehegatte die Kosten nicht tragen kann und daß die Vorschußleistung der Billigkeit entspricht, § 1360a IV BGB. Bei der Gütergemeinschaft ergibt sich die Vorschußpflicht des verwaltenden Ehegatten gegenüber dem anderen, jedoch ohne diese Einschränkung, auch aus §§ 1437 II, 1438 II BGB. Bei einer gemeinschaftlichen Verwaltung muß der andere Ehegatte demgemäß die Entnahme dulden, §§ 1459 II, 1460 II BGB. Die Kostenpflicht im Innenverhältnis zwischen den Ehegatten und der Ehefrau oder den Eltern und dem Kind ist hier unerheblich. Wegen einer einstweiligen Anordnung vgl § 127 a. Vgl § 103 Rn 2 ff.

**Übers § 91**

53 **D. Beispiele zur Frage des sachlichrechtlichen Ersatzanspruchs**
**Abmahnung:** Aufwendungen für eine vorprozessuale anwaltliche oder eigene Abmahnung können ausreichen, BGH MDR **81**, 24, KG WRP **80**, 413, Eser GRUR **86**, 35.
**Abschlußschreiben:** Aufwendungen für ein sog Abschlußschreiben, zum Begriff § 93 Rn 50, können ausreichen, Prelinger AnwBl **84**, 533.
**Amtspflichtverletzung:** Die Haftung des Staats als eines Dritten, etwa wegen einer Amtspflichtverletzung, kann ausreichen, vgl Kblz Rpfleger **86**, 466.
**Anspruchshäufung:** Rn 62 „Klagänderung".
**Arbeitsgerichtsverfahren,** dazu *Baldus/Deventer*, Gebühren, Kostenerstattung und Streitwertfestsetzung in Arbeitssachen, 1993: Ein sachlichrechtlicher Ersatzanspruch ist gem § 12a I 1 ArbGG grundsätzlich ausgeschlossen.
**Arrest, einstweilige Verfügung:** Arrestkosten, über die das Gericht fälschlicherweise nicht im Eilverfahren mit entschieden hatte, können ausreichen. Dasselbe gilt im Verfahren auf eine einstweilige Verfügung. Trotz Unterliegens im Eilverfahren kann ein Ersatzanspruch bestehen, Drsd NJW **98**, 1872.
54 **Bankrecht:** Ein Anspruch der Bank auf Erstattung von Prozeßkosten entfließt dem Prozeßrechtsverhältnis und nicht einer bankmäßigen Verbindung, BGH BB **97**, 2550.
**Befriedigung:** Ein sachlichrechtlicher Ersatzanspruch kommt in Betracht, wenn der Schuldner den Gläubiger (Kläger) zwar nach dem Zeitpunkt der Klageinreichung, aber vor demjenigen der Klagezustellung und damit der Rechtshängigkeit befriedigt hatte, dazu § 91a Rn 30, 68; vgl Bücking ZZP **88**, 314.
**Beitreibung:** Rn 61 „Inkasso".
55 **Detektiv:** Seine Kosten können ersatzfähig sein, BGH **111**, 171.
**Dritter:** Ein Dritter kann wegen irriger Hineinziehung in einen Prozeß einen sachlichrechtlichen Kostenerstattungsanspruch haben, Brdb MDR **96**, 317. Ein Dritter kann aber auch sachlichrechtlich den Ersatz von Kosten schulden. Zur Durchführung des Anspruchs ist auch gegen ihn ein Vollstreckungstitel notwendig. Dieser läßt sich dann beschaffen, wenn ein Vollstreckungstitel gegenüber der Partei vorliegt, der Titel gegenüber dem Dritten kann wie schon bei dessen etwaiger prozessualer Erstattungspflicht, Rn 26, nicht gleichzeitig mit demjenigen gegenüber der Partei erwirkt werden. Denn eine Klage gegen den Dritten auf die Kosten allein ist wegen der Unbestimmtheit des Anspruchs unzulässig.
*Beispiele* der Haftung eines Dritten: Als verwaltender Ehegatte für die Kostenschuld des anderen gesamtschuldnerisch kraft Güterrechts, §§ 1437 II, 1438 II BGB, vgl auch Anh § 52 Rn 6; als Vermögensübernehmer, § 419 BGB; als Erwerber eines Handelsgeschäfts im Fall der Fortführung der Firma, § 25 HGB; als ein Gesellschafter der Offenen Handelsgesellschaft oder als der persönlich haftende Gesellschafter einer Kommanditgesellschaft, §§ 128, 161 HGB, für die Kosten der Gesellschaft, § 1967 I BGB; als Staat, etwa § 139 BGB, vgl Kblz Rpfleger **86**, 446; als vollmachtloser Vertreter, BGH MDR **97**, 1066, auch außerhalb von § 89 I 3.
**Drittschuldner:** Kosten der Bearbeitung einer Drittschuldnererklärung nach § 840 I können ausreichen, Eckert MDR **86**, 799.
56 **Ehegatte:** Wegen des Vorschusses Rn 52. S auch Rn 55 „Dritter".
**Erbe:** Rn 55 „Dritter".
57 **Erledigung der Hauptsache:** Vor der Anhängigkeit entstandene Kosten, etwa solche der Beweissicherung, kann der Kläger neben dem Hauptanspruch ersetzt fordern, soweit sie nicht ohne weiteres zum Prozeß gehören. Nach beiderseitigen wirksamen Erledigterklärungen kann das Gericht einen sachlichrechtlichen Ersatzanspruch mitberücksichtigen, § 91a Rn 134.
S auch Rn 54 „Befriedigung", Rn 66 „Selbständiges Beweisverfahren".
58 **Finanzierungskosten:** Rn 62 „Kreditkosten".
59 **Gefährdungshaftung:** Ein sachlichrechtlicher Ersatzanspruch ist auf diejenigen Kosten begrenzt, die eben nicht zu den Prozeßkosten, Rn 14, zählen. Eine sachlichrechtliche Haftung kann auch unabhängig von einem Verschulden auf Grund einer sog Gefährdungshaftung eintreten, etwa nach § 7 I StVG. Sie umfaßt grds nicht die meist (aus Zweckmäßigkeitsgründen) den Prozeßkosten zuzuordnenden sog Vorbereitungskosten, § 91 Rn 270. Sie kann durch Gesetz ausgeschlossen sein.
**Gesellschaft:** Rn 55 „Dritter".
**Geschäftsführung ohne Auftrag:** Ein Anspruch aus §§ 677 ff BGB kann ausreichen.
60 **Handelsgeschäft:** Rn 55 „Dritter".
61 **Inkasso,** dazu *Peter* JB **99**, 174 (ausf): Es kommt zunächst darauf an, ob Inkassokosten zu den Prozeßkosten zählen, § 91 Rn 108, 182.
Soweit auch keine Erstattungsfähigkeit nach Art XI § 1 KostÄndG, Schönfelder Nr 124, Hartmann Teil XII, in Betracht kommt, kann ein sachlichrechtlicher Ersatzanspruch bestehen, soweit die Partei mit einer außergerichtlichen Beitreibung rechnen konnte, also nicht wegen solcher Kosten, die auf Grund einer Forderung entstanden, die der Schuldner bereits *ernsthaft bestritten* hatte, Stgt Rpfleger **88**, 536, LG Stgt Rpfleger **88**, 535, AG Celle JB **96**, 648, großzügiger AG Überlingen JB **91**, 1655, Löwisch NJW **86**, 1727, Rentsch/Bersiener BB **86**, 1245, strenger LG Bln BB **96**, 290.
62 **Kaufvertrag:** Die Kosten der Rückabwicklung können ausreichen, LG Kassel JB **92**, 41.
**Klagänderung:** Soweit ein sachlichrechtlicher Ersatzanspruch besteht, sollte das Gericht nach Möglichkeit seine Geltendmachung im bisherigen Rechtsstreit durch Annahme einer Anspruchshäufung, § 260, im Weg einer Klagänderung zulassen, §§ 263, 264, vgl auch § 840 Rn 15, Schneider MDR **81**, 353. Freilich muß der Anspruch auch sofort bezifferbar sein, § 253 II Z 2.
**Kostenfestsetzung:** Vgl Rn 49.
**Kreditkosten:** Kosten eines Kredits oder einer Finanzierung, auch des Prozesses, können ausreichen, BGH VersR **74**, 90, Klimke VersR **73**, 881. Das gilt auch für den Fall eines Verlusts infolge eines Notverkaufs zwecks Beschaffung des Gelds für die Prozeßführung.
S auch Rn 61 „Inkasso".
**Kündigung:** Die Kosten für eine Kündigungsschreiben können als Teil eines Verzugsschadens ausreichen.

5. Titel. Prozeßkosten                                                                            **Übers § 91, § 91**

**Mahnung:** Rn 53 „Abmahnung".                                                                                              63
**Positive Vertragsverletzung:** Ein Anspruch aus einer sog positiven Vertragsverletzung (Schlechterfüllung)  64
kann ausreichen, BGH NJW **90,** 1906, Köln WettbR **97,** 283.
**Rechtsbeistand:** Rn 61 „Inkasso".                                                                                         65
**Schiffahrtsrecht:** Ein Anspruch wegen Experten- und Verklarungsverfahrenskosten kann ausreichen, Karlsr  66
JB **94,** 224.
**Selbständiges Beweisverfahren:** Es kommt zunächst darauf an, ob die Kosten zu denjenigen eines etwa
gleichzeitigen oder nachfolgenden Hauptprozesses gehören, dazu § 91 Rn 193. Soweit es sich nicht um
Prozeßkosten handelt, kann ein sachlichrechtlicher Ersatzanspruch bestehen und kann man daher notfalls
auf den Ersatz dieser Kosten klagen, vor allem nach einem isolierten Beweisverfahren, in dem ja keine
Kostengrundentscheidung zulässig ist, § 91 Rn 193, Wielgoss JB **99,** 125, aM KG RR **96,** 847. Aber
auch nach einem gleichzeitigen oder nachfolgenden Beweisverfahren mag die Erstattungsfähigkeit fehlen,
weil es zB an der Identität der Parteien und der Streitgegenstände fehlt, § 91 Rn 197, BGH MDR **83,**
204, Nürnb OLGZ **94,** 242, LG Aachen RR **92,** 472, aM AG Norderstedt SchlHA **87,** 152.
**Staat:** Rn 53 „Amtspflichtverletzung".
**Testkauf:** Der nach §§ 91 ff Erstattungspflichtige kann einen sachlichrechtlichen Anspruch auf Übereignung  67
der Testkaufsachen haben, KG Rpfleger **91,** 80.
**Umfang:** Für den Umfang eines sachlichrechtlichen Ersatzanspruchs sind im Zweifel §§ 249 ff BGB her-  68
anzuziehen; §§ 91 ff sind grds unanwendbar.
**Unerlaubte Handlung:** Es kann irgendeine unerlaubte Handlung, zB nach §§ 823 ff BGB, 847 BGB,
ausreichen, BGH NJW **86,** 2244, Düss Rpfleger **86,** 1241.
**Vater:** Rn 70 „Vorschuß".                                                                                                 69
**Vergleich:** Ein Prozeßvergleich oder außergerichtlicher Vergleich kann einem Kostenfestsetzungsverfahren
entgegenstehen, § 98, Hbg JB **81,** 439. Auch unabhängig davon kann sich aus einem Vergleich ein gerade
nur sachlichrechtlicher Ersatzanspruch ergeben. Denn ein Vergleich ist ebenso wie ein sonstiger Vertrag
jedenfalls nach der absolut herrschenden Meinung sogar im Fall des Prozeßvergleichs (auch) ein sachlichrechtliches Rechtsgeschäft, Anh § 307 Rn 4. Die Parteien können seinem Inhalt grds frei bestimmen.
Freilich bleibt § 98 beachtlich.
**Vermögensübernehmer:** Rn 55 „Dritter".
**Verschulden:** Ein sachlichrechtlicher Ersatzanspruch kann auf einem Verschulden beruhen, zB bei Vertragsschluß, AG Geislingen AnwBl **80,** 80, ferner auf jeder Art von vertraglichem Verschulden, §§ 276 ff,
insbesondere bei positiver Vertragsverletzung (Schlechterfüllung), Rn 64 „Positive Vertragsverletzung",
ferner auf einem Verschulden im Rahmen einer unerlaubten Handlung, Rn 68 „Unerlaubte Handlung",
schließlich beim Verzug, s „Verzug".
**Vertrag:** Ein sachlichrechtlicher Ersatzanspruch kann *aus jeder Art von Vertrag* erwachsen, AG Albstadt
AnwBl **79,** 160 (zu § 467 S 1 BGB), Ulrich MDR **73,** 559. Er kann entstehen *insbesondere aus* Verschul-
den bei Vertragsschluß oder sog positiver Vertragsverletzung (Schlechterfüllung), Rn 64 „Positive Ver-
tragsverletzung".
**Verzug:** Ein sachlichrechtlicher Ersatzanspruch kann auf einem Verzug beruhen, §§ 284 ff, 288 II, BGH
GRUR **95,** 170, Köln Rpfleger **81,** 318.
S auch Rn 62 „Kündigung".
**Vorbereitungskosten:** Die etwaige sachlichrechtliche Ersatzpflicht umfaßt grds nicht die meist (aus Zweck-  70
mäßigkeitsgründen) den Prozeßkosten zuzuordnenden sog Vorbereitungskosten, § 91 Rn 270.
S auch Rn 61 „Inkasso".
**Vorschuß:** Vgl Rn 52.
**10) *VwGO:*** Die Kostenvorschriften, *§§ 154–165 VwGO,* sind den *§§ 91 ff* nachgebildet und durch Sonder-  71
*bestimmungen ergänzt, die dem Verfahren vor den VerwGerichten Rechnung tragen, zB hinsichtlich der Beiladung und
des Vorverfahrens. Der Umfang der Kostenpflicht ergibt sich aus § 162 VwGO. Gerichtskosten, oben Rn 15 ff, werden
nach GKG erhoben (Sondervorschriften in §§ 13, 20 III). Anwaltskosten, oben Rn 22 ff, richten sich einheitlich nach
§§ 114 ff BRAGO, vgl Hartmann X. Die Grundsätze über die prozessuale Kostenpflicht, oben Rn 26 ff, gelten auch
im Verfahren der VGe; auch hier hat das Gericht stets über die Kosten zu entscheiden, und zwar von Amts wegen,
§ 161 I VwGO. Ferner gelten die Grundsätze über die sachlichrechtliche Kostenpflicht und ihr Verhältnis zur
prozessualen Kostenpflicht, oben Rn 43 ff, sowie über die Vorschußpflicht, Rn 52, entsprechend auch für die Verfahren
der Verwaltungsgerichtsbarkeit.*

**91** **Grundsatz, Umfang der Kostenpflicht.** [1] **1 Die unterliegende Partei hat die Kosten des
Rechtsstreits zu tragen, insbesondere die dem Gegner erwachsenen Kosten zu erstatten,
soweit sie zur zweckentsprechenden Rechtsverfolgung oder Rechtsverteidigung notwendig waren. ² Die Kostenerstattung umfaßt auch die Entschädigung des Gegners für die durch notwendige
Reisen oder durch die notwendige Wahrnehmung von Terminen entstandene Zeitversäumnis; die
für die Entschädigung von Zeugen geltenden Vorschriften sind entsprechend anzuwenden.**

[II] ¹ Die gesetzlichen Gebühren und Auslagen des Rechtsanwalts der obsiegenden Partei sind in
allen Prozessen zu erstatten, Reisekosten eines Rechtsanwalts, der nicht bei dem Prozeßgericht
zugelassen ist und am Ort des Prozeßgerichts auch nicht wohnt, jedoch nur insoweit, als die
Zuziehung zur zweckentsprechenden Rechtsverfolgung oder Rechtsverteidigung notwendig war.
² Der obsiegenden Partei sind die Mehrkosten nicht zu erstatten, die dadurch entstehen, daß der
bei dem Prozeßgericht zugelassene Rechtsanwalt seinen Wohnsitz oder seine Kanzlei nicht an dem
Ort hat, an dem sich das Prozeßgericht oder eine auswärtige Abteilung dieses Gerichts befindet.
³ Die Kosten mehrerer Rechtsanwälte sind nur insoweit zu erstatten, als sie die Kosten eines
Rechtsanwalts nicht übersteigen oder als in der Person des Rechtsanwalts ein Wechsel eintreten

## § 91

mußte. [4] In eigener Sache sind dem Rechtsanwalt die Gebühren und Auslagen zu erstatten, die er als Gebühren und Auslagen eines bevollmächtigten Rechtsanwalts erstattet verlangen könnte.

III Zu den Kosten des Rechtsstreits im Sinn der Absätze 1, 2 gehören auch die Gebühren, die durch ein Güteverfahren vor einer durch die Landesjustizverwaltung eingerichteten oder anerkannten Gütestelle entstanden sind; dies gilt nicht, wenn zwischen der Beendigung des Güteverfahrens und der Klageerhebung mehr als ein Jahr verstrichen ist.

**Vorbem.** Wegen der *neuen Bundesländer* vgl § 78 Vorbem (betr Anwaltszulassung). Wegen der dortigen *Gebührenhöhe* gilt unter anderem

*EV Anl I Kap III Sachgeb A Abschn III Z 19 a.* [1] Die sich aus den in Kraft gesetzten Vorschriften ergebenden Gebühren ermäßigen sich um 10 vom Hundert, wenn der Kostenschuldner seinen allgemeinen Gerichtsstand in dem in Artikel 3 des Vertrages genannten Gebiet hat. [2] Die Ermäßigung erstreckt sich auf andere Kostenschuldner, die als Zweitschuldner gemäß § 58 Abs. 2 in Anspruch genommen werden.[3] § 11 Abs. 3 bleibt unberührt.
**Bem.** Fassg § 1 VO v 15. 4. 96, BGBl 604, in Kraft seit 1. 7. 96, § 3 VO. Zur Verfassungsmäßigkeit vgl BVerfG JB **98**, 256 (BRAGO).

*SachenRBerG § 107. Kosten.* [1] Über die Kosten entscheidet das Gericht unter Berücksichtigung des Sach- und Streitstands nach billigem Ermessen. [2] Es kann hierbei berücksichtigen, inwieweit der Inhalt der richterlichen Feststellung von den im Rechtsstreit gestellten Anträgen abweicht und eine Partei zur Erhebung im Rechtsstreit zusätzlich entstandener Kosten Veranlassung gegeben hat.

Zum *Streitwert* vgl § 3 Vorbem.

### Gliederung

| | |
|---|---|
| 1) **Systematik,** I–III ..... 1, 2 | A. Begriff des Rechtsanwalts der obsiegenden Partei ..... 40 |
|    A. Verhältnis der Vorschriften zueinander. 1 | B. Begriff der gesetzlichen Gebühren und Auslagen ..... 41, 42 |
|    B. Aufbau der Kommentierung ..... 2 | C. Anwendbarkeit in allen Prozessen .... 43 |
| 2) **Regelungszweck,** I–III ..... 3 | D. Zwingende Kostenfolge ..... 44 |
| 3) **Sachlicher Geltungsbereich,** I–III ..... 4, 5 | 12) **Reisekosten des auswärtigen, beim Prozeßgericht nicht zugelassenen Anwalts,** II 1 Hs 2 ..... 45–48 |
|    A. Kostenentscheidung ..... 4 | |
|    B. Kostenerstattung ..... 5 | A. Begriff der Nichtzulassung beim Prozeßgericht ..... 46 |
| 4) **Persönlicher Geltungsbereich,** I–III .. 6–14 | B. Begriff des Nichtwohnens am Ort des Prozeßgerichts ..... 47 |
|    A. Partei ..... 7 | |
|    B. Gesetzlicher Vertreter ..... 8 | C. Begrenzung der Erstattung darauf, daß die Zuziehung notwendig war ..... 48 |
|    C. Prozeßbevollmächtigter ..... 9 | |
|    D. Beweisanwalt, Terminsanwalt, Verkehrsanwalt, Anwaltsvertreter ..... 10 | 13) **Keine Erstattung der „Mehrkosten des beim Prozeßgericht zugelassenen" auswärtigen Anwalts,** II 2 ..... 49–51 |
|    E. Streitgenosse ..... 11 | A. Begriff des auswärtigen Rechtsanwalts ..... 50 |
|    F. Streithelfer ..... 12 | |
|    G. Dritter ..... 13 | B. Begriff der Mehrkosten ..... 51 |
|    H. Gerichtsvollzieher ..... 14 | 14) **Grenzen der Erstattungsfähigkeit von „Kosten mehrerer Rechtsanwälte",** II 3 ..... 52–55 |
| 5) **„Kosten des Rechtsstreits",** I–III ..... 15, 16 | |
|    A. Begriff ..... 15 | A. Begriff des Anwaltsmehrheit ..... 53 |
|    B. Abgrenzung zu anderen Kosten ..... 16 | B. Grenze: Kosten nur eines Anwalts .... 54 |
| 6) **„Unterliegen",** I ..... 17, 18 | C. Notwendigkeit eines Wechsels in der Person des Rechtsanwalts ..... 55 |
|    A. Begriff ..... 17 | |
|    B. Abgrenzung zu anderen Fällen ..... 18 | 15) **Erstattungsanspruch „in einer eigenen Sache des Rechtsanwalts",** II 4 ... 56–58 |
| 7) **„... hat die Kosten zu tragen",** I 1 ... 19–25 | |
|    A. Grundsatz: Unterliegenshaftung ..... 19–21 | A. Begriff der eigenen Sache ..... 57 |
|    B. Zwingende Kostenfolge ..... 22 | B. Gleichstellung mit einem bevollmächtigten Rechtsanwalt ..... 58 |
|    C. Einheit der Kostenentscheidung ..... 23 | |
|    D. Aufrechnung im Prozeß ..... 24, 25 | 16) **Kosten eines „Güteverfahrens",** III ... 59–64 |
| 8) **„... insbesondere die dem Gegner erwachsenen Kosten",** I 1 ..... 26, 27 | A. Begriff des Güteverfahrens ..... 60, 61 |
|    A. Begriff des Gegners ..... 26 | B. Grenze der Erstattungsfähigkeit: „Mehr als ein Jahr ..." ..... 62–64 |
|    B. Begriff seiner Kosten ..... 27 | |
| 9) **„... soweit sie ... notwendig waren",** I 1 ..... 28–32 | 17) **Verfahrensfragen,** I–III ..... 65 |
|    A. Begriff der Notwendigkeit ..... 28, 29 | 18) **Rechtsmittel gegen die Kostenentscheidung,** I–III ..... 66, 67 |
|    B. Begriff der Rechtsverfolgung oder Rechtsverteidigung ..... 30 | A. Grundsatz: Anfechtbarkeit ..... 66 |
|    C. Begriff der Zweckentsprechung ..... 31, 32 | B. Einschränkungen bei der isolierten Kostenentscheidung ..... 67 |
| 10) **„Kostenerstattung umfaßt auch die Entschädigung des Gegners für Zeitversäumnis",** I 2 ..... 33–38 | 19) **Rechtsmittel gegen die Kostenfestsetzung,** I–III ..... 68 |
|    A. Begriff der notwendigen Reise ..... 34 | 20) **Verfassungsbeschwerde,** I–III ..... 69 |
|    B. Begriff des notwendigen Terminswahrnehmung ..... 35 | 21) **Beispiele zur Kostengrundentscheidung und zur Kostenerstattung,** I–III . 70–302 |
|    C. Begriff der Entschädigung ..... 36 | 22) *VwGO* ..... 303 |
|    D. Notwendigkeit eines Ursachenzusammenhangs ..... 37, 38 | |
| 11) **„Die gesetzlichen Gebühren und Auslagen des Rechtsanwalts sind zu erstatten",** II 1 Hs 1 ..... 39–44 | |

5. Titel. Prozeßkosten                                                                                    § 91

**1) Systematik, I–III.** Die Kommentierungen der einzelnen Vorschriften dieses Abschnitts enthalten 1 jeweils in Rn 1 ff eine Übersicht über die systematischen Zusammenhänge. Deshalb hier nur eine kurze Zusammenfassung.
  **A. Verhältnis der Vorschriften zueinander.** Der Aufbau der §§ 91–101 ist in Üb 1 vor § 91 dargestellt. Die im wesentlichen weiter in Betracht kommenden Kostenvorschriften sind in Üb 6 vor § 91 zusammengestellt.
  Der Grundsatz der *Unterliegenshaftung*, Üb 29 vor § 91, findet danach in einer ganzen Reihe von zusätzlichen Vorschriften teilweise eine nähere Ausprägung, teilweise eine Abschwächung. Das ändert nichts an seiner das ganze Kostenrecht beherrschenden Bedeutung. Sie ergibt sich im wesentlichen aus § 91.
  **B. Aufbau der Kommentierung.** Wie der Wortlaut von I–III ergibt, zählt die Vorschrift nur einen sehr 2 geringen Teil der Fragen auf, die sich im Zusammenhang mit dem Grundsatz der Unterliegenshaftung und dem prozessualen Kostenerstattungsanspruch in der Praxis ergeben. Anderseits gehört es zu einem Kommentar, daß er zunächst dem äußeren Aufbau des Gesetzestextes folgt. Daher wird nachfolgend zunächst eine Übersicht über die gemeinsame Begriffe aller Teile des § 91 gegeben. Daran schließt sich eine weitere Übersicht über die Einzelregelungen der Vorschrift in ihrer Reihenfolge an. Die ganze Fülle der Auswirkungen auf die Praxis ist sodann in der ABC-Sammlung zu Beispielen in Rn 70 ff dargestellt.

**2) Regelungszweck, I–III.** Die Vorschrift dient zwei im wesentlichen gleichrangigen Grundsätzen, dem 3 der Kostengerechtigkeit und dem der Prozeßwirtschaftlichkeit, Grdz 24 vor § 128, durch eine Vereinfachung der Kostenentscheidung, so auch Düss JB **93**, 605. Die Kostenfolgen sollen nicht den Mittelpunkt eines Zivilprozesses bilden, trotz ihrer oft entscheidenden wirtschaftlichen Bedeutung, vgl auch BPatG GRUR **92**, 506. Man erkennt in *I–III* einerseits das Bestreben, eine Partei nur entsprechend ihrem Anteil am Sieg und Verlust des Prozesses kostenmäßig zu beteiligen. Anderseits wird der Zwang deutlich, Kosten stets im Rahmen des wirklich Notwendigen zu halten, wenn man sie erstattet fordern will. *II* versucht diese Regeln insbesondere für den Fall der Einschaltung eines oder mehrerer Anwälte einigermaßen folgerichtig durchzuführen. *III* dient zwar nicht dem rechtspolitisch wieder zunehmenden Bestreben, Zivilprozesse zu vermeiden oder doch zu beschränken, wohl aber der Kostenvereinfachung im Fall eines doch anschließenden Rechtsstreits.
  Man muß daher sowohl den Gedanken der Kostengerechtigkeit als auch nicht minder denjenigen der Kostenvereinfachung bei der *Auslegung* gleichrangig mitberücksichtigen. Gerechtigkeit und Zweckmäßigkeit sind zwei gleichwichtige Bestandteile der Rechtsidee. Das wird oft bei der immer weiter verfeinerten Aufsplitterung gerade von Kostenrechtsproblemen übersehen.

**3) Sachlicher Geltungsbereich, I–III.** Zum sachlichen Geltungsbereich des ganzen Kostenabschnitts 4 Üb 12 vor § 91.
  **A. Kostenentscheidung.** § 91 gilt zunächst für die Aufgabe, die sog Kostengrundentscheidung zu finden, also zu bestimmen, welcher Prozeßbeteiligte welchen Teil der gesamten Prozeßkosten, Üb 14 ff vor § 91, überhaupt dem Grunde nach tragen soll.
  **B. Kostenerstattung.** § 91 enthält ferner die aus der Kostengrundentscheidung, Rn 4, entstehende 5 Folge eines prozessualen Erstattungsanspruchs, Üb 26 vor § 91. Die Vorschrift regelt ihn dem Grunde nach; zur Höhe des jeweiligen Erstattungsbetrags enthält sie nur allgemeine Richtlinien, die in Rspr und Lehre durch eine kaum noch übersehbare Flut von Entscheidungen und Äußerungen auf alle nur denkbaren Lebenssituationen untersucht worden sind; dazu die Beispielsammlung in Rn 70 ff. Ergänzend bestimmt §§ 103 ff, wie das Kostenfestsetzungsverfahren im einzelnen abläuft.

**4) Persönlicher Geltungsbereich, I–III.** Die Vorschrift gilt grundsätzlich für alle diejenigen, die an 6 einem insgesamt oder wenigstens im Kostenpunkt der ZPO unterstellten Verfahren beteiligt sind. Auch zum persönlichen Geltungsbereich vgl die Beispiele in Rn 3. Hier nur einige Grundsätze:
  **A. Partei.** § 91 gilt für alle Parteien, Grdz 2 vor § 50, auch für juristische Personen, Hamm RR **97**, 768. 7 Wer Partei ist, ist notfalls durch Auslegung zu ermitteln, BGH NJW **88**, 1587. Beim Prozeß zwischen Gesellschafter und 2-Mann-GmbH ist die unterliegende GmbH die kostenpflichtige Partei, LG Karslr RR **99**, 486.
  **B. Gesetzlicher Vertreter.** § 91 gilt auch für den gesetzlichen Vertreter einer Partei, Grdz 7 vor § 50, 8 § 51. Er kann allerdings grundsätzlich nicht mit seinem persönlichen Vermögen haften; eine Ausnahme gilt zB nach § 89.
  **C. Prozeßbevollmächtigter.** § 91, insbesondere II, gilt auch für alle ProzBev eines jeden Prozeßbeteilig- 9 ten (Parteien, Streitgenossen, Streithelfer, Dritter), § 81. Das gilt auch unter Umständen über die Beendigung des Prozeßauftrags hinaus, etwa in den Fällen §§ 86 ff.
  **D. Beweisanwalt, Terminsanwalt, Verkehrsanwalt, Anwaltsvertreter.** § 91, insbesondere II, gilt 10 nicht nur für den ProzBev, sondern auch für jeden weiteren für eine Partei, einen Streitgenossen usw tätigen Beauftragten in einer der vorgenannten Eigenschaften, vgl zB Düss AnwBl **92**, 45 (auswärtiger Beweisanwalt); zu deren Abgrenzung Hartmann Teil X §§ 52 ff BRAGO.
  **E. Streitgenosse.** § 91 gilt, in Verbindung mit §§ 100, 101 II, auch für jeden einfachen oder not- 11 wendigen Streitgenossen, §§ 59 ff, 62 ff, und streitgenössischen Streithelfer, § 69.
  **F. Streithelfer.** § 91, in Verbindung mit § 101 I, gilt auch für den einfachen, unselbständigen Streithelfer, 12 §§ 66 ff. Wegen des streitgenössischen Streithelfers, § 69, Rn 11.
  **G. Dritter.** § 91 gilt auch für jeden in einem Rechtsstreit als Prozeßbeteiligten verwickelten Dritten, 13 Üb 25 vor § 91.
  **H. Gerichtsvollzieher.** § 91 gilt schließlich auch für den Gerichtsvollzieher, soweit dieser im Erkennt- 14 nisverfahren tätig wird, etwa bei einer Zustellung, Üb 24 vor § 91. Wegen der Zwangsvollstreckung gilt § 788.

## § 91

**15**  5) „**Kosten des Rechtsstreits**", I–III. Die Vorschrift enthält in allen Teilen den Begriff der „Kosten des Rechtsstreits".

**A. Begriff.** Der Begriff „Rechtsstreit" ist weit auszulegen. Hierher gehört insbesondere das gesamte Verfahren zwischen der Einreichung einer Klage bzw eines Antrags und der Zustellung des Urteils oder der sonstigen das Erkenntnisverfahren beendenden Entscheidung, BGH VersR **79**, 444, Schlesw SchlHA **88**, 171 mwN. Also gehört auch das Widerklageverfahren hierher, Anh § 253. Auch soweit andere Gesetze die ZPO für anwendbar erklären, zB das WEG, richtet sich die Kostenentscheidung nach §§ 91 ff, Zweibr Rpfleger **89**, 19.

*Weitere Beispiele* für einen „Rechtsstreit", vgl im einzelnen Rn 70 ff: Ein Güteverfahren; das Mahnverfahren, §§ 688 ff; das Verfahren auf einen Arrest, §§ 916 ff, eine einstweilige Anordnung oder Verfügung §§ 620, 935 ff; das Zuständigkeitsstreitverfahren, §§ 36 ff; das selbständige Beweisverfahren, §§ 485 ff; das Verweisungsverfahren, § 281; die Berichtigung oder Ergänzung des Urteils, §§ 319 ff; das Rechtsmittelverfahren, §§ 511 ff.

Unter „*Kosten*" des Rechtsstreits sind die Prozeßkosten (Gerichts- und außergerichtliche Kosten) zu verstehen, Üb 14–25 vor § 91.

**16**  **B. Abgrenzung zu anderen Kosten.** Nicht zu den Kosten des „Rechtsstreits" zählen, vgl im einzelnen Rn 70 ff: Die Kosten der Zwangsvollstreckung, § 788; diejenigen des Vollzugs eines Arrests, § 928; diejenigen des Verfahrens vor dem FGG-Gericht, § 13 a I FGG, soweit nicht nach § 13 a II Hs 1 FGG der § 91 I 2 entsprechend anwendbar wird. Wegen der Kosten im Prozeßkostenhilfeverfahren Rn 153, 154.

**17**  6) „**Unterliegen**", I. Die Vorschrift regelt den Fall des völligen Unterliegens einer Partei, während § 92 den des teilweisen Unterliegens erfaßt.

**A. Begriff.** Man versteht unter dem „Unterliegen" die bloße Tatsache des Verlusts im rechtlichen Sinn, BGH **94**, 318 mwN. Das gilt unabhängig davon, ob man freiwillig unterliegt, zB infolge eines Anerkenntnisses, § 307, oder auf Grund einer Aufrechnung, § 145 Rn 9, oder ob man den Prozeß trotz seines Sträubens verliert. Die Kosten trägt eben derjenige, der im rechtlichen Ergebnis unrecht behält, so auch Kahlke ZZP **88**, 19.

**18**  **B. Abgrenzung zu anderen Fällen.** Vom Fall des völligen Unterliegens ist nicht nur derjenige des teilweisen Unterliegens, § 92, zu unterscheiden, sondern auch eine Reihe von Fällen, die in §§ 91 a, 93 ff gesondert geregelt sind, obwohl auch dort ein zumindest teilweises Unterliegen eintreten kann. Jene Sonderregeln haben teilweise Vorrang; vgl die jeweiligen Rn 1.

**19**  7) „**. . . hat die Kosten zu tragen**", I 1. Die unterliegende Partei „hat die Kosten des Rechtsstreits zu tragen".

**A. Grundsatz: Unterliegenshaftung.** Der fast das ganze Kostenrecht beherrschende Grundsatz der Unterliegenshaftung, Üb 29 vor § 91, geht von der bloßen Tatsache des rechtlichen Verlusts des Prozesses aus. Angesichts des starren Verluststandpunkts des Gesetzes ist ein Verschulden grundsätzlich unerheblich. Es ist daher auch grundsätzlich für Billigkeitserwägungen grundsätzlich kein Raum, vgl auch BayObLG DB **75**, 2079. Das mißachtet („durchbricht") LG Freibg MDR **84**, 238. Wegen der Ausnahme in § 107 SachenR-BerG vgl den Text vor Rn 1. Deshalb muß der schließlich Unterliegende auch grundsätzlich die Kosten aller bisherigen Rechtszüge tragen, auch wenn er in einem oder mehreren vorläufig gesiegt hatte. Das gilt auch dann, wenn im Anschluß an das Berufungsurteil eine Gesetzesänderung in Kraft getreten ist und den Ausschlag gab.

Soweit auch ein prozessuales Verschulden des Verlierers vorliegt, mag der Sieger einen etwaigen *sachlichrechtlichen* Ersatzanspruch haben und zusätzlich zum prozessualen Kostenerstattungsanspruch geltend machen können, Üb 43–51 vor § 91.

**20**  Es ist unerheblich, ob die Klage schon von Anfang an zulässig und begründet war. Entscheidend ist nur das *endgültige* Unterliegen. Der Bekl muß die gesamten Kosten auch dann tragen, wenn sie erst im Laufe des Rechtsstreits, ja sogar erst in der mündlichen Verhandlung begründet wurde und wenn nicht der Bekl in derjenigen Verhandlung, die auf diesen Zeitpunkt folgte, den Anspruch anerkannt hat, § 93. Das gilt zB auch dann, wenn die Klage ohne eine Parteiänderung oder eine Streitwertminderung geändert wird, § 263, BGH MDR **62**, 387. Der Grund des Unterliegens ist ebenfalls grundsätzlich unerheblich, Ffm MDR **98**, 1373 (Anerkenntnis, Säumnis), KG JB **97**, 320. Eine etwaige Parteivereinbarung über die Kosten bleibt außerhalb des Anwendungsbereichs von § 98 unberücksichtigt.

Die etwaige Haftung eines *vollmachtlosen Vertreters*, zB nach § 89 I 3, besteht unabhängig von der Unterliegenshaftung der Partei und unabhängig von einer etwaigen Rückgriffsmöglichkeit bei einem Dritten, vgl BGH NJW **83**, 883. Dieser Dritte kann ebenfalls haftbar sein, wenn er das vollmachtlose Auftreten veranlaßt hat, BGH zB WertpMitt **81**, 1332 und 1353, Schneider Rpfleger **76**, 229.

**21**  Man darf die Kostenentscheidung auch nicht davon abhängig machen, ob das Urteil mit einer *Restitutionsklage* angegriffen werden könnte, BGH **76**, 54.

**22**  **B. Zwingende Kostenfolge.** Das Gericht muß über die Kostenpflicht von Amts wegen entscheiden, § 308 II. Es ist eine klare und einfache Kostengrundentscheidung zu treffen, am besten in einem eigenen Absatz oder doch Satz, auch wenn es nur um einen bloßen Beschluß geht. Das Rechtsmittelgericht entscheidet über die vorinstanzlichen Kosten mit, soweit es das Vorderurteil ändert, sonst jedenfalls über seine eigenen, § 97. Soweit das Gericht eine erforderliche Kostenentscheidung versäumt hat, ist das Urteil nach § 321 zu ergänzen, allerdings nur sehr beschränkt nach § 319 zu berichtigen, dort Rn 5.

Der Rpfl darf die Kostengrundentscheidung *nicht im Kostenfestsetzungsverfahren* nachholen, ergänzen oder gar abändern, sondern allenfalls auslegen, Einf 17, 19 vor §§ 103–107. Die Zuständigkeiten sind also scharf abgegrenzt. Eine Kostenentscheidung ist geboten, sobald die Kostenpflicht endgültig feststeht. Sie steht in der Regel erst dann endgültig fest, wenn die Instanz für die Partei voll beendet ist. Der Ausspruch, die Partei trage „die Kosten des Rechtsstreits" oder „die Kosten", bezieht sich im Zweifel auf sämtliche Prozeßkosten, auch auf die Kosten eines früheren Urteils. Wenn daher eine Kostenentscheidung vorausgegangen war, etwa

5. Titel. Prozeßkosten § 91

in einem Versäumnisurteil, dann muß unter Umständen in der Kostenentscheidung des Schlußurteils eine Einschränkung vorgenommen werden.

**C. Einheit der Kostenentscheidung.** Der Unterliegende trägt grundsätzlich die Kosten des gesamten 23 Prozesses, sog Einheit der Kostenentscheidung. Es darf kein Prozeßabschnitt und keine Instanz ausgenommen werden, vgl auch Mü Rpfleger **89**, 128, LG Freibg VersR **80**, 728 (abl Schneider VersR **80**, 953).

Von diesem Grundsatz gelten dann *Ausnahmen*, wenn es sich um einen selbständigen Verfahrensabschnitt handelt, Üb 37 vor § 91, oder wenn sich zwischen einem Berufungsurteil und dem zugehörigen Revisionsurteil eine Gesetzesänderung ergibt, wenn dann die davon betroffene Partei sofort davon Abstand nimmt, ihren bisherigen Antrag weiterzuverfolgen. Eine verschiedene Bemessung der Kosten, je nach dem Unterliegen der einen oder der anderen Partei, lassen im übrigen zB § 144 PatG für Patentstreitsachen und ferner die §§ 26 GebrMG, §§ 71, 90 MarkenG, 23 a, b UWG, 247 II und III AktG zu. Eine Rechtsnachfolge im Prozeß erstreckt sich auf die Kostenpflicht.

**D. Aufrechnung im Prozeß.** Bei einer Aufrechnung im Prozeß, vgl § 145 Rn 10, entscheidet nicht der 24 Zeitpunkt der Aufrechnungserklärung, sondern derjenige des Eintritts der Aufrechenbarkeit. Wenn die Forderung schon vor dem Zeitpunkt der Anhängigkeit aufrechenbar geworden war, muß der Kläger die Kosten tragen. Denn die wirksame Aufrechnung wirkt zurück. Wenn die Forderung erst nach dem Zeitpunkt der Anhängigkeit aufrechenbar geworden ist, muß der Bekl die Kosten für den Fall tragen, daß der Kläger die Hauptsache sofort für erledigt erklärt, § 91 a.

Ebenso ist die *Hilfsaufrechnung* zu beurteilen. Wenn sie trotz eines Bestreitens durchgreift, dann unterliegt 25 der Kläger voll, Schlesw (7. ZS) SchlHA **79**, 126. Daran ändert auch § 19 III GKG nichts, vgl schon Schlesw 7 U 135/77 v. 14. 12. 78, aM Schlesw (9. ZS) VersR **87**, 996. Wenn der Kläger die Gegenforderung nicht bestreitet, dann war die Klage nicht nur vorher rechtshängig und mußte, KG MDR **76**, 846, Förste NJW **74**, 222, aM (§ 92 sei anwendbar) Köln MDR **83**, 226, Oldb JB **91**, 1257, Schlesw VersR **87**, 996, Speckmann MDR **73**, 892 (aber gerade seine Konsequenzen zeigen die Unhaltbarkeit der aM).

8) „... insbesondere die dem Gegner erwachsenen Kosten", I 1. Die unterliegende Partei hat 26 „insbesondere die dem Gegner erwachsenen Kosten zu erstatten".

**A. Begriff des Gegners.** Unter diesem Begriff ist jeder zu verstehen, der den Angriff des Siegers rechtlich in diesem Verfahren bekämpft oder bekämpft hat, sei es als Bekl, Widerbekl, Anh § 253, Streithelfer des Bekl, § 66, Streitgenosse des Bekl, § 59, usw. Es geht also um die gegnerische „Partei", Grdz 2 vor § 50, also um denjenigen, auf den sich die prozeßbegründenden Erklärungen wirklich beziehen. Mangels eines Gegners gibt es keine Notwendigkeit einer Kostenentscheidung, Kblz Rpfleger **89**, 340.

**B. Begriff seiner Kosten.** Zu erstatten sind alle diejenigen außergerichtlichen Kosten dieses Gegners, 27 Üb 21 vor § 91, die gerade ihm „erwachsen" sind, also im Sinn von § 91 zur zweckentsprechenden Rechtsverfolgung oder Rechtsverteidigung notwendig waren.

9) „... soweit sie notwendig waren", I 1. Weitere Voraussetzung einer Kostenerstattung ist, daß die 28 Kosten der Rechtsverfolgung oder Rechtsverteidigung auch „notwendig" waren.

**A. Begriff der Notwendigkeit.** Im gesamten Kostenerstattungsrecht hat der Begriff der „Notwendigkeit" von Kosten eine zentrale Bedeutung. Das ist auch nur zu berechtigt. Wenn nach dem Gesetz der Verlierer grundsätzlich die gesamten Kosten des Gerichts, des Gegners, aller übrigen Prozeßbeteiligten und seine eigenen außergerichtlichen Kosten tragen muß, dann sollen die übrigen Beteiligten keine überhöhten Erstattungsansprüche stellen dürfen. Es ist daher eine der wichtigsten, ja die einzig wesentliche Frage für das gesamte Kostenerstattungsverfahren, ob vom Gegner angemeldete Kosten auch wirklich notwendig waren.

Der Begriff der Notwendigkeit ist im Gesetz nicht näher umschrieben. Man muß ihn unabhängig von 29 §§ 114 ff, LAG Mü JB **96**, 534, nach *Treu und Glauben* auslegen, Einl III 40, KG Rpfleger **94**, 31, LG Hann NZM **98**, 121, die ja auch im Prozeß in jeder Lage des Verfahrens gelten, Einl III 54. Darüber hinaus sind §§ 249 ff, insbesondere 254 BGB zwar nicht direkt anwendbar, wohl aber ihren Grundgedanken nach entsprechend verwertbar, vgl Düss JB **93**, 605. Wie im Bereich sachlichrechtlicher Schadensersatzansprüche, muß man auch bei der prozessualen Kostenerstattung die sog Schadensminderungspflicht des Gläubigers stets mitbeachten. Notwendig sind Kosten, die man in der konkreten Lage vernünftigerweise als sachdienlich ansehen darf und muß. Dabei ist seit 1. 1. 2000 vor einem LG in Berlin und den alten Bundesländern, ab 1. 1. 2005 vor allen LG zu bedenken, daß jeder Anwalt dort postulationsfähig ist. Kosten, die der Anwalt vermeiden konnte, waren bei der gebotenen objektivierenden, also nicht nur auf den Standpunkt der Partei abstellenden, Betrachtungsweise eben nicht „notwendig", BPatG GRUR **89**, 193, KG Rpfleger **94**, 31, aM Zweibr DGVZ **98**, 9.

Man muß also die Kosten *möglichst niedrig* halten, BVerfG NJW **90**, 3073, BPatG GRUR **93**, 548, Karlsr JB **95**, 89. Das gilt auch bei Bewilligung von Prozeßkostenhilfe nach §§ 114 ff, Düss Rpfleger **92**, 526. Dabei geben I 2, II, III teilweise verbindliche Anweisungen zur Frage der Erstattungsfähigkeit, enthalten aber im Kern doch den Gedanken der Abhängigkeit der Erstattungspflicht von der Notwendigkeit der jeweiligen Kosten ausdrücklich oder stillschweigend ebenfalls.

**B. Begriff der Rechtsverfolgung oder Rechtsverteidigung.** Es kommt also auf die Frage an, ob die 30 Kosten des Gegners gerade zur zweckentsprechenden Rechtsverfolgung oder Rechtsverteidigung notwendig waren. Damit ist jedes Angriffs- oder Verteidigungsmittel gemeint, Einl III 70, darüber hinaus aber auch jeder Angriff und jede Verteidigung selbst, also zB eine Klageerweiterung, Klageänderung, § 263, Widerklage, Anh § 253, ein Antrag auf ein selbständiges Beweisverfahen, §§ 485 ff, usw.

**C. Begriff der Zweckentsprechung.** Nach dem Wortlaut von I 1 muß die Rechtsverfolgung oder 31 Rechtsverteidigung auch „zweckentsprechend" gewesen sein. Das ist ein gewisser Anklang an den zB in § 114 S 1 enthaltenen Gedanken des Verbots der Mutwilligkeit, also des Rechtsmißbrauchs; er ist ja im gesamten Prozeßrecht als Verstoß gegen Treu und Glauben verboten, Einl III 54. Es wären also selbst die

## § 91

objektiv technisch unvermeidbaren Kosten eines nicht zweckentsprechenden Angriffs usw dennoch nicht erstattungsfähig. In der Praxis wird allerdings die Frage der Notwendigkeit zum alleinigen Merkmal der Erstattungsfähigkeit gemacht. Immerhin entsteht zB aus einer von vornherein zwecklosen Maßnahme kein Erstattungsanspruch.

32 *Beispiele des Fehlens der Zweckentsprechung:* Der Anwalt scheint so verspätet, daß der Termin bereits beendet werden mußte, LG Kassel MDR **92**, 1189 (auch bei weiter Anreise); der Kläger zerlegt einen Anspruch grundlos in mehrere Teilklagen, Üb 22 vor § 12, Düss FamRZ **95**, 1215, Mü MDR **87**, 677 (mehrere Bekl), LG Köln JB **91**, 1352, ThP 10, aM Hamm JB **81**, 448. Wenn der Kläger freilich schrittweise Teilklagen erhoben hat, dann können die Mehrkosten erstattungsfähig sein, soweit ein vertretbarer Grund für die Zerlegung vorlag, Düss FamRZ **95**, 1215, Kblz Rpfleger **83**, 38, soweit zB der Kläger damit rechnen konnte, der Bekl werde bereits nach einem Sieg des Klägers auf Grund der ersten Teilklage auch den restlichen Anspruch erfüllen. Bei § 35 kann das Wahlrecht grundsätzlich unabhängig von der jeweiligen Kostenfolge ausgeübt werden, dort Rn 2, anders als bei § 696, dort Rn 20, 21.

33 **10) „Kostenerstattung umfaßt auch die Entschädigung des Gegners für Zeitversäumnis", I 2.** Unter den zahlreichen Problemen der Kostenerstattung regelt die Vorschrift eine, freilich auch wichtige, Teilfrage ausdrücklich. Vgl im einzelnen Rn 92–95, 209 „Terminswahrnehmung", Rn 294, 295 usw. Hier nur die Grundregeln.

34 **A. Begriff der notwendigen Reise.** Notwendig ist eine Reise dann, wenn sie bei einer rückschauenden Betrachtung zwar vielleicht nicht objektiv, aber doch aus der Sicht der Partei, also nach ihrem Erkenntnisstand und ihren Beurteilungsmöglichkeiten, nicht nur sinnvoll, wünschenswert oder förderlich, sondern zumindest vorsorglich dringend ratsam war. Aus dem Prozeßrechtsverhältnis, Grdz 3 vor § 128, und dem Grundsatz von Treu und Glauben, Einl III 54, ergibt sich auch bei Reisekosten die Pflicht, den Aufwand im Rahmen des Verständigen möglichst niedrig zu halten, so auch VGH Mannh JB **91**, 1247. Deshalb entsteht aus einer Reise, die die Partei bei Anwendung des ihr damals möglichen Sorgfaltsmaßstabs nicht als auch gerade notwendig erkennen konnte, kein Erstattungsanspruch. Wenn sie die Fahrt aber für notwendig halten durfte, kommt es nicht darauf an, ob die Reise später auch zum Erfolg beigetragen hat, vgl BPatG GRUR **81**, 815. Denn die Partei kann nicht wissen, nach welchen Erwägungen das Gericht schließlich urteilen wird. Das übersehen zB Ffm VersR **83**, 465, Hamm MDR **73**, 59, LG Mannh MDR **73**, 236 (zum allgemeinen Notwendigkeitsbegriff).

35 **B. Begriff der notwendigen Terminswahrnehmung.** Nach den Regeln Rn 34 ist auch zu beurteilen, ob eine Reise gerade zum Zweck der Wahrnehmung eines Termins notwendig war. Grundsätzlich hat eine Partei immer einen Anspruch darauf, an jedem wie immer gearteten Termin teilzunehmen. Das gilt auch bei einem bloßen Verkündungstermin. Das wird oft übersehen. Im Verkündungstermin kann zB ein Beweisbeschluß mit einer Frist zur Einzahlung eines Vorschusses oder der Angabe einer ladungsfähigen Anschrift ergehen. Es kann auch im Verkündungstermin ein neuer Verhandlungstermin anberaumt sein. Dann erhält die Partei nicht zwingend zusätzlich Nachricht von dem Verkündeten; sie muß sich selbst um das Ergebnis kümmern, vgl § 218. Wer das nicht tut, riskiert sogar den endgültigen Prozeßverlust, wenn beispielsweise im verkündeten neuen Termin eine Entscheidung nach Lage der Akten angekündigt wird, die zum Unterliegen führt.

36 **C. Begriff der Entschädigung.** I 2 Hs 2 verweist auf „die für die Entschädigung von Zeugen geltenden Vorschriften", also auf das ZSEG, dazu Hartmann Teil V.

37 **D. Notwendigkeit des Ursachenzusammenhangs.** Die Vorschrift gestattet die Kostenerstattung nur wegen der „durch" die Reise oder die Terminswahrnehmung entstandenen Zeitversäumnis. Es muß also zwischen der Fahrt und dem Zeitverlust ein Ursachenzusammenhang vorliegen.

38 *Beispiele:* Ein Ursachenzusammenhang würde dann fehlen, wenn die Partei die Reise mit praktisch fast demselben Zeitaufwand ohnehin an jenem Tag oder an einem anderen (mit gleicher Dauer) für andere Zwecke angetreten hätte oder gar hätte antreten müssen, sei es für einen anderen Prozeß, sei es für außerprozessuale Zwecke. Soweit die Reise zu mehreren Terminen an demselben Tag vor demselben Gericht oder doch an demselben Gerichtsort stattfinden mußte, muß man die Kosten auf die verschiedenen Prozesse aufteilen, wobei der Zeitaufwand im einzelnen Prozeß (zB die Terminsdauer) eine gewisse Bedeutung haben kann, meist aber gegenüber dem Gesamtzeitaufwand der Fahrt zurücktreten wird; im letzteren Fall empfiehlt sich eine anteilige Aufteilung. Sie darf jedenfalls nicht nach dem Verhältnis der Streitwerte vorgenommen werden.

39 **11) „Die gesetzlichen Gebühren und Auslagen des Rechtsanwalts sind zu erstatten", II 1 Hs 1.** Die Vorschrift übernimmt den Grundsatz der Unterliegenshaftung für den wertmäßig meist im Vordergrund stehenden Betrag der Anwaltskosten des Prozeßgegners. Vgl im einzelnen Rn 114 ff, 157 ff. Demgegenüber werden die Kosten des auswärtigen Anwalts, des Verkehrsanwalts usw in den folgenden Teilen der Vorschrift geregelt, vgl Rn 45 ff.

40 **A. Begriff des Rechtsanwalts der obsiegenden Partei.** Gemeint ist der ProzBev, §§ 81 ff, aber auch der nicht bei dem Prozeßgericht zugelassene Anwalt, der Beweisanwalt, Verkehrsanwalt, der Unterbevollmächtigte und (in entsprechender Anwendung) der Rechtsbeistand. Natürlich gehört auch der Notanwalt, § 78 b, hierher. Auch der allgemeine Vertreter ist mitumfaßt. Bei einer Mehrheit von Anwälten (Sozietät oder Beauftragung nebeneinander) enthält II 3 eine eigene Regelung, Rn 52. Es kommen dann die in Rn 124 ff dargestellten Regeln zur Anwendung.

41 **B. Begriff der gesetzlichen Gebühren und Auslagen.** Gemeint sind beim Rechtsanwalt die BRAGO, Hartmann Teil X, beim Rechtsbeistand Art IX KostÄndG, Hartmann Teil XII. Erstattungsfähig sind jeweils also nur die gesetzlichen Beträge, nicht etwa vereinbarte höhere Vergütungen, unabhängig davon, ob solche Vereinbarung im Innenverhältnis zwischen dem Auftraggeber und dem Rechtsanwalt wirksam ist, § 3 BRAGO, LAG Kiel DB **99**, 940. Das gilt sowohl für eine Vereinbarung zum eigentlichen Gebührenanspruch als auch für eine Vereinbarung wegen einer zB höheren Pauschale für Auslagen.

## 5. Titel. Prozeßkosten § 91

Nach dem Wortlaut von II 1 wäre die gesetzliche Vergütung auch dann erstattungsfähig, wenn der **42** Auftraggeber mit dem Anwalt *geringere* als die gesetzlichen Beträge vereinbart hätte, was zulässig ist, Hartmann Teil X § 3 BRAGO Rn 56 ff. Indessen würde das zu einer Bereicherung des Auftraggebers auf Kosten des Prozeßgegners führen. Auch der Anwalt könnte ja wegen der Vereinbarung nur die unter dem Gesetz bleibende Vergütung vom Auftraggeber fordern. Nach dem Grundgedanken der Notwendigkeit, Kosten so gering wie möglich zu halten, bleibt es daher in solchem Fall bei der Erstattungsfähigkeit der vereinbarten geringeren Vergütung. Andererseits besteht aber ein Erstattungsanspruch trotz des Gebots, Kosten niedrig zu halten, Rn 29, auch dann in Höhe „gesetzlicher" Gebühren und Anlagen, wenn zB die letzteren bei der Partei selbst oder auf dem freien Markt geringer sein könnten, etwa Schreibauslagen, Düss RR **96**, 576, Mü MDR **89**, 367, aM Köln MDR **87**, 678.

**C. Anwendbarkeit in allen Prozessen.** Wie der Wortlaut klarstellt, gelten die vorstehenden Grundsätze **43** für alle Arten und alle Stadien von Prozessen, auf denen die BRAGO direkt oder entsprechend anwendbar ist. Wegen des ausländischen Verkehrsanwalts Rn 224–227.

**D. Zwingende Kostenfolge.** Wie schon der Wortlaut ergibt („sind zu erstatten"), besteht ein unbeding- **44** ter Kostenerstattungsanspruch des Siegers, den man auch im Kostenfestsetzungsverfahren nicht dem Grunde nach schmälern darf. Freilich werden die Kosten ungeachtet der Notwendigkeit einer Kostengrundentscheidung von Amts wegen, § 308 II, im Festsetzungsverfahren nur auf Grund eines Erstattungsanspruchs festgesetzt, § 103 I, II. Beträge, die der Antragsteller zB bei den Anwaltskosten nicht mit zur Festsetzung beantragt und die dem Gericht daher überhaupt nicht bekannt werden, können auch nicht festgesetzt werden und nicht zum Vollstreckungstitel führen.

**12) Reisekosten des auswärtigen, beim Prozeßgericht nicht zugelassenen Anwalts, II 1 Hs 2.** Man **45** muß zwischen demjenigen Anwalt, der bei dem Prozeßgericht zugelassen ist, und dem dort nicht Zugelassenen unterscheiden, beim letzteren wiederum zwischen der Lage, daß er am Ort des Prozeßgerichts wohnt oder eine Kanzlei hat, und derjenigen, daß er auswärts wohnt. Den letzteren Fall regelt II 1 Hs 2 gesondert.

**A. Begriff der Nichtzulassung beim Prozeßgericht.** Die BRAO unterscheidet zwischen der Zulas- **46** sung zur Rechtsanwaltschaft überhaupt, § 6, und der Zulassung bei einem bestimmten Gericht (Lokalisierung), §§ 18 ff. Jeder Anwalt ist entweder zunächst bei einem AG oder nur bei einem OLG oder dem BGH zugelassen. Es hängt von seinem Antrag ab, ob er außer dem LG auch beim vorgeordneten LG zuzulassen ist, § 23 BRAO. Es kommt auch eine Zulassung bei einem weiteren LG in Betracht, § 24 BRAO. Mancherorts erfolgt auch die Zulassung zugleich beim AG, LG und OLG, zB in Hamburg. Jedenfalls ist die formelle Zulassung nach der BRAO maßgeblich.

**B. Begriff des Nichtwohnens am Ort des Prozeßgerichts.** Die Vorschrift nennt nur die Wohnung **47** und stellt auf sie ab. Es ist also für II 1 Hs 2 unerheblich, wo sich die Kanzlei befindet, ob am (auswärtigen) Wohnort oder sogar am Ort des Prozeßgerichts, sobald eben nur die dortige Zulassung fehlt und jedenfalls die Wohnung auswärts liegt. Maßgeblich sind §§ 7 ff BGB. Es kommt also auf die ständige Niederlassung zur Begründung eines Lebensmittelpunkts an. Wie § 7 II BGB klärt, kann ein Wohnsitz gleichzeitig an mehreren Orten bestehen. Das gilt trotz der dieser Vorschrift widersprechenden Regelung des Anwaltswesens, daß man nur einen Wohnsitz haben könne. Im übrigen sind §§ 181 ff zum Wohnungsbegriff mitheranziehbar.

**C. Begrenzung der Erstattung darauf, daß die Zuziehung notwendig war.** Die Kosten des aus- **48** wärtigen, beim Prozeßgericht nicht zugelassenen Anwalts sind nach dem ausdrücklichen Gesetzestext nur insoweit erstattungsfähig, „als die Zuziehung zur zweckentsprechenden Rechtsverfolgung oder Rechtsverteidigung notwendig war", zB Düss AnwBl **89**, 166. Damit schränkt das Gesetz vor allem bei den Kosten des sog Verkehrsanwalts, Rn 220 ff, die Erstattungsfähigkeit erheblich ein. Die Hinzuziehung des bloßen „Hausanwalts" oder „Vertrauensanwalts" bleibt für den Sieger also nur dann im Ergebnis kostenlos, wenn diese Zuziehung auch wirklich rückschauend betrachtet notwendig war. Dabei muß man freilich auf seinen Erkenntnisstand und seine Beurteilungsmöglichkeiten abstellen. Soweit danach die Notwendigkeit rückschauend zu bejahen ist, kommt es nicht darauf an, ob der auswärtige Anwalt durch seine Tätigkeit zum Erfolg beitragen konnte.

**13) Keine Erstattung der „Mehrkosten des beim Prozeßgericht zugelassenen" auswärtigen 49 Rechtsanwalts, II 2.** Wie in Rn 45–48 dargestellt, muß man beim auswärtigen Anwalt zwischen dem beim Prozeßgericht nicht zugelassenen und demjenigen Anwalt unterscheiden, der beim Prozeßgericht zugelassen ist, aber nicht am Ort dieses Gerichts seinen Wohnsitz oder seine Kanzlei hat. Diesen letzteren Fall des sog Simultananwalts regelt II 2 besonders. Im dritten Fall des beim Prozeßgericht zugelassenen und auch am Ort des Prozeßgerichts wohnenden oder residierenden Anwalts ist die Erstattungsfähigkeit wie beim Normalfall des Ortsansässigen zu beurteilen.

**A. Begriff des auswärtigen Rechtsanwalts.** Während es beim nicht beim Prozeßgericht zugelassenen **50** Anwalt nur auf die auswärtige Wohnung ankommt, Rn 47, ist beim Simultananwalt (Anwalt nach II 2) unerheblich, ob nur der Wohnsitz, nur die Kanzlei oder beides außerhalb desjenigen Orts liegen, „an dem sich das Prozeßgericht oder eine auswärtige Abteilung dieses Gerichts befindet". Er muß aber gerade bei dem Prozeßgericht zugelassen sein, dazu Rn 45. Für die Frage der Auswärtigkeit der Wohnung und/oder der Kanzlei kommt es auf die politischen Grenzen des Orts des Prozeßgerichts oder seiner auswärtigen Abteilung an. Befinden sich Wohnung und/oder Kanzlei außerhalb dieses Orts, so sind die Mehrkosten des beim Prozeßgericht Zugelassenen auch dann nicht erstattungsfähig, wenn die Entfernung erheblich oder die Verkehrsverbindungen schlecht sind. Grundgedanke ist die Erwägung, daß der Anwalt mit seinem Antrag auf Zulassung bei dem Prozeßgericht trotz des auswärtigen Wohnsitzes oder der auswärtigen Kanzlei die Mehrkosten und den zusätzlichen Zeitaufwand abschätzen und generell auf seine eigene Rechnung nehmen konnte, daß also der „Luxus" seiner auswärtigen Kanzlei usw nicht auf Kosten des Prozeßgegners seines Auftraggebers gehen darf. Daher fehlt eine Erstattungsfähigkeit, wenn der Anwalt am Ort einer auswärtigen Abteilung residiert und nur zum Sitz des Hauptgerichts fährt, LG Mü MDR **85**, 589, StJBo 99, aM Ffm MDR **99**, 958 (aber II 2 stellt Prozeßgericht „oder" auswärtige Abteilung gleich).

**51** **B. Begriff der Mehrkosten.** Unter den „Mehrkosten" sind nur diejenigen zu verstehen, die gerade „dadurch entstehen", daß Wohnsitz und/oder Kanzlei auswärts liegen. Das sind in erster Linie Fahrkosten, aber auch zB zusätzliche Telefon-, Telefax-, Fernschreib- oder Telegrammkosten usw. Dagegen sind natürlich alle diejenigen Kosten wie sonst nach II 1 erstattungsfähig, die unabhängig von dem auswärtigen Wohnsitz oder der auswärtigen Kanzlei des beim Prozeßgericht zugelassenen Anwalts entstehen.

**52** **14) Grenzen der Erstattungsfähigkeit von „Kosten mehrerer Rechtsanwälte", II 3.** Die Vorschrift enthält eine Begrenzung der Erstattungsfähigkeit von Anwaltskosten für den Fall, daß im Laufe des Prozesses für dieselbe Partei mehrere Anwälte tätig gewesen sind, sei es gleichzeitig oder nacheinander.

**53** **A. Begriff der Anwaltsmehrheit.** Vgl zunächst Rn 124–138. Es kann sich bei den mehreren Anwälten zum einen um den Fall der Häufung von ProzBev handeln, zum anderen um den Fall des Anwaltswechsels. Dieser Fall kann auch und gerade nach einem Mahnverfahren eintreten, Rn 114 ff. Eine Anwaltsmehrheit kann sowohl dann vorliegen, wenn der Sieger aus nur einer Person besteht, als auch vor allem dann, wenn Streitgenossen gesiegt haben. Auch der Fall des Anwaltswechsels kann in dieser Differenzierung auftreten. Natürlich muß man den Fall der Mehrheit von Anwälten von denjenigen der Mehrheit von Prozessen unterscheiden; vgl auch dazu Rn 139, 140 „Mehrheit von Prozessen".

Eine Mehrheit von Anwälten liegt an sich auch dann vor, wenn in einer *Anwaltssozietät* gleichzeitig oder nacheinander mehrere Sozien für denselben Auftraggeber tätig werden. Diesen Fall meint II 3 aber nicht. Das ergibt sich auch beim Vergleich mit § 5 BRAGO. Die Vorschrift spricht davon, wenn ein Auftrag „mehreren Rechtsanwälten zur gemeinschaftlichen Erledigung übertragen" ist. Beim Auftrag an eine Anwaltsgemeinschaft liegt aber grundsätzlich nur ein einziger Auftrag vor, die Sozien arbeiten nicht nebeneinander, sondern füreinander, als Gesamtschuldner und Gesamtgläubiger, BGH VersR **86**, 686, Hartmann Teil X § 5 BRAGO Rn 4. Das gilt auch bei einer überörtlichen Sozietät. Soweit eine Mehrheit von Anwälten, insbesondere eine Sozietät, in eigener Sache Kostenerstattung fordert, enthält im übrigen II 4 eine vorrangige, eng auszulegende Sonderregelung.

**54** **B. Grenze: Kosten nur eines Anwalts.** II 3 bestimmt, daß bei einer Anwaltsmehrheit eine Erstattungsfähigkeit der Kosten „nur insoweit" eintritt, „als sie die Kosten eines Rechtsanwalts nicht übersteigen" (oder soweit ein Anwaltswechsel eintreten mußte, dazu Rn 55). Man muß also die insgesamt durch die Tätigkeit der mehreren Anwälte für diesen Auftraggeber entstandenen gesetzlichen Gebühren und Auslagen der Höhe nach mit denjenigen vergleichen, die dann hätten gefordert werden können, wenn der Auftraggeber nur einen einzigen Anwalt beauftragt hätte. Die Mehrkosten sind nicht erstattungsfähig, unabhängig davon, ob sie aus Sicht des Auftraggebers und/oder des bisherigen Anwalts erforderlich waren und ob das Hinzutreten eines weiteren Anwalts irgendwie zum Sieg des Auftraggebers beigetragen hat. Damit bemüht sich das Gesetz erneut um eine Kostendämpfung bei den Anwaltskosten. Es nimmt gewisse Kostenungerechtigkeiten zu Lasten des Siegers hin, um einer Ausuferung der erstattungsfähigen Anwaltskosten vorzubeugen. Das muß man bei der Auslegung berücksichtigen.

**55** **C. Notwendigkeit eines Wechsels in der Person des Rechtsanwalts.** Statt der Voraussetzung Rn 54 reicht es auch, wenn „in der Person des Rechtsanwalts ein Wechsel eintreten mußte". Soweit man dies bejahen muß, sind die gesetzlichen Gebühren und Auslagen sowohl des früheren als auch des späteren Anwalts grundsätzlich erstattungsfähig.

Zu den Voraussetzungen des notwendigen Anwaltswechsels Rn 114 ff, 124 ff. Es reicht keinesfalls stets aus, daß der frühere und/oder der spätere ProzBev den Wechsel für notwendig hielten, vielmehr muß man bei *rückschauender* Betrachtung zu dem Ergebnis kommen, daß angesichts des Erkenntnisstands der (durch den ersten Anwalt bereits beratenen) Partei und ihrer (entsprechend erweiterten) Beurteilungsmöglichkeiten ein Wechsel des Anwalts nicht nur zweckmäßig, wünschenswert oder wahrscheinlich förderlich war, sondern mindestens dringend ratsam, wenn nicht unvermeidbar. Dabei sind psychologische Gesichtspunkte keineswegs völlig unbeachtlich, andererseits aber auch keineswegs allein ausschlaggebend. Die Verschlechterung des Vertrauensverhältnisses zwischen dem Auftraggeber und dem bisherigen Anwalt kann, muß aber nicht stets zu einem Anwaltswechsel führen. Jedenfalls macht schon der Wortlaut von II 3 deutlich, daß nicht die bloße Tatsache des Wechsels, sondern jedenfalls die zusätzliche Notwendigkeit des Wechsels zur Erstattungsfähigkeit der Kosten auch des weiteren (ersten oder zweiten) Anwalts führt.

**56** **15) Erstattungsanspruch „in einer eigenen Sache des Rechtsanwalts", II 4.** Vgl Rn 170 ff. Die Vorschrift trifft eine eng auszulegende vorrangige Sonderregelung für den Fall, daß ein einzelner Anwalt in einer eigenen Sache, also als Partei des Zivilprozesses, tätig geworden ist. Soweit eine Mehrheit von Anwälten derart in eigener Sache tätig wird, zB als Anwaltsgemeinschaft (Sozietät), gilt II 3 ergänzend.

**57** **A. Begriff der eigenen Sache.** Erste Voraussetzung ist ein Tätigwerden „in eigener Sache". Es ist für die Erstattungspflicht unerheblich, ob der Anwalt schriftsätzlich und/oder im Termin nur „als Partei", auch als Partei kraft Amtes, Grdz 8 vor § 50, zB als Insolvenz-, Nachlaß- oder Zwangsverwalter, Testamentsvollstrecker, LG Bln Rpfleger **98**, 173 (auch zur Erhöhung nach § 6 BRAGO), oder Vorsitzender eines Berufungsausschusses, LSG Stgt MDR **95**, 1152, oder „als eigener ProzBev" aufgetreten ist. Das ergibt sich daraus, daß er in eigener Sache, wenn überhaupt, nach II 4 eine Vergütung so fordern kann, wie sie er als bevollmächtigter Rechtsanwalt erstattet verlangen „könnte". Hier macht die Vorschrift schon im Wortlaut deutlich, daß es nicht darauf ankommt, ob er sich tatsächlich zum ProzBev bestellt hat. Gleichwohl empfiehlt es sich, zu Protokoll klarzustellen, ob der Anwalt im Termin als ProzBev auftritt. Seine dann prozessuale Stellung ist dann nicht nur zB wegen § 183 II ZPO, §§ 177, 178 GVG anders bzw stärker als die der (eigenen) Partei, sondern es treten dann zB auch für den Fall seiner urlaubs- oder krankheitsbedingten längeren Arbeitsunfähigkeit andere Folgen ein, zB standesrechtlich.

**58** **B. Gleichstellung mit einem bevollmächtigten Rechtsanwalt.** Wie II 4 klarstellt, ist der in eigener Sache tätige Rechtsanwalt im Kostenanspruch so gestellt wie ein „bevollmächtigter Rechtsanwalt", also sind II 1–3 anwendbar. Das ist zwar eine sehr erhebliche Ausweitung des Kostenerstattungsanspruchs zu Lasten des Prozeßgegners, die oft nicht berechtigt erscheint. Denn zB in einer eigenen Kaufvertrags- oder Mietsache

## 5. Titel. Prozeßkosten § 91

einfacherer Art würde eine Partei, die nicht zufällig von Beruf Rechtsanwalt ist, möglicherweise zur Verringerung des eigenen Kostenrisikos durchaus im Parteiprozeß von der Beauftragung eines ProzBev abgesehen haben. Indessen nimmt II 4 ersichtlich bewußt solche etwaigen Härten in Kauf, um der Kostenvereinfachung zu dienen. Man kann die rechtspolitische Berechtigung dieser gesetzlichen Entscheidung durchaus kritisch sehen. Man darf jedoch nicht vergessen, daß auch in eigener Sache oft dieselbe Gedankenarbeit und derselbe Aufwand notwendig sind wie dann, wenn der Anwalt denselben Prozeß für einen anderen Auftraggeber zu führen hätte.

**16) Kosten eines „Güteverfahrens", III.** Die Vorschrift enthält eine vorrangige, eng auszulegende 59 Sonderregel für die Erstattungsfähigkeit der Kosten eines Güteverfahrens der dort genannten Art. Diese Regelung ist insofern an dieser Stelle systemfremd, als ein Güteverfahren ja regelmäßig vor dem Prozeß ablief. Andererseits zählen sog Vorbereitungskosten auch bei strenger Auslegung des Begriffs der Notwendigkeit von Prozeßkosten nach der Praxis in weitem Umfang zu den erstattungsfähigen Prozeßkosten, Rn 270.

**A. Begriff des Güteverfahrens.** Gemeint ist nicht jedes beliebige Güteverfahren, sondern nur ein 60 solches „vor einer durch die Landesjustizverwaltung eingerichteten oder anerkannten Gütestelle". Das ist derselbe Begriff wie in § 794 I Z 1, vgl dort Rn 3. Es ist auch derselbe Begriff wie in § 65 I Z 1 BRAGO.

*Nicht hierher* gehören aber Verfahren der zB in § 65 I Z 2–4 genannten Art, insbesondere also vor 61 „sonstigen gesetzlich eingerichteten Einigungsstellen, Gütestellen oder Schiedsstellen", etwa vor dem Schiedsmann oder dem Preußischen SchiedsmannO, vor einer Einigungsstelle nach dem BetrVG, Hartmann Teil X § 65 BRAGO Rn 5. In diesen letzteren Fällen kann allerdings die Erstattungsfähigkeit von Kosten zwar nicht nach III, wohl aber nach I, II zu bejahen sein.

**B. Grenze der Erstattungsfähigkeit: „Mehr als ein Jahr ...".** III Hs 2 stellt eine Zeitgrenze für die 62 Erstattungsfähigkeit auf: Zwischen der Beendigung des Güteverfahrens und der Klageerhebung darf nicht mehr als ein Jahr verstrichen sein. Wann das Güteverfahren „beendet" ist, muß man durch Berücksichtigung aller Umstände des Einzelfalls feststellen. In Betracht kommen zB: Ein Ruhen ohne anschließendes Wiederaufnehmen; eine Antragsrücknahme; beiderseitige „Erledigterklärungen"; ein sonstiger nach der jeweiligen Verfahrensordnung des Güteverfahrens vorgesehener Beendigungsgrund.

Unter *„Klageerhebung"* versteht III Hs 2 dasselbe wie § 253 I, also die Zustellung der Klageschrift, Antrags- 63 schrift usw. Soweit sich an das Güteverfahren nicht ein Klageverfahren, sondern zB ein Verfahren auf den Erlaß eines Arrests oder einer einstweiligen Verfügung anschloß, §§ 916 ff, 935 ff, ist unter „Klageerhebung" allerdings schon der Eingang des entsprechenden Antrags beim Gericht der Eilsache zu verstehen, § 261 Rn 8, § 920 Rn 3. Denn bereits ein eigener Zeitpunkt tritt ein in § 261 I genannte Rechtshängigkeit ein, die in jenen Verfahren gerade nicht von der Klagezustellung abhängt.

Soweit sich nur ein *Prozeßkostenhilfeverfahren* anschloß, §§ 114 ff, kommt es darauf an, ob das Gericht 64 bereits in jenem Bewilligungsverfahren die Antrags- oder Klageschrift gerade zur Begründung der Rechtshängigkeit des beabsichtigten Hauptprozesses förmlich hat zustellen lassen oder ob die etwa erfolgte förmliche Zustellung nur wegen der Frist zur Stellungnahme im Bewilligungsverfahren nach § 118 I 1 erfolgte. Im letzteren Fall müßte ja nach der Bewilligung die Klageschrift nochmals zur Begründung der Rechtshängigkeit zugestellt werden. Erst der letztere Vorgang wäre die „Klageerhebung" auch nach III Hs 2. Wegen der Einzelheiten s auch § 253 Rn 7–11, auch wegen einer Widerklage, Zwischenfeststellungsklage, Klagänderung usw. Die Jahresfrist ist nach § 222 in Verbindung mit §§ 187 ff BGB zu bestimmen.

**17) Verfahrensfragen, I–III.** Die Vorschrift gibt scheinbar nur die Regeln zur Kostengrundentschei- 65 dung, Rn 19, also dazu, wer überhaupt welchen Teil der (im einzelnen noch nicht bezifferten) Kosten tragen muß, Üb 35 vor § 91, und daraus abzuleitenden Folgen für den prozessualen Kostenerstattungsanspruch im Grunde nach, Üb 27 vor § 91. In Wahrheit nennt sie natürlich auch schon tragende Grundsätze für das Kostenfestsetzungsverfahren nach §§ 103 ff mit. Denn dort darf der Rpfl die Kostengrundentscheidung und die daraus folgende Kostenerstattungspflicht nicht ändern, sondern allenfalls auslegen, Einf 19 vor §§ 103–107. Das Verfahren im einzelnen ist allerdings weder in § 91 noch in §§ 91a–101 geregelt, sondern in §§ 103 ff.

**18) Rechtsmittel gegen die Kostenentscheidung, I–III.** Es gilt ein Grundsatz mit Ausnahmen. 66

**A. Grundsatz: Anfechtbarkeit.** Die Kostengrundentscheidung ist bei genauer Prüfung der systematischen Zusammenhänge grundsätzlich anfechtbar, § 99 Rn 4. Freilich muß man die übrigen Voraussetzungen der Statthaftigkeit, Zulässigkeit und Begründetheit eines Rechtsmittels wie sonst prüfen.

**B. Einschränkungen bei der isolierten Kostenentscheidung.** Wie § 99 I klarstellt, ist allerdings die 67 Kostenentscheidung nur zusammen mit der Entscheidung in der Hauptsache anfechtbar. Das gilt gemäß § 99 II 1 allerdings dann nicht, wenn die Hauptsache auf Grund eines Anerkenntnisses erledigt wurde. Einzelheiten § 99 Rn 31 ff.

**19) Rechtsmittel gegen die Kostenfestsetzung, I–III.** Soweit es nicht um die Kostengrundentschei- 68 dung nach §§ 91–101 geht, sondern um die im Kostenfestsetzungsverfahren jeweils getroffene Entscheidung, ist § 104 anzuwenden. Vgl die dortigen Rn.

**20) Verfassungsbeschwerde, I–III.** Sie ist wie sonst statthaft. 69

**21) Beispiele zur Kostengrundentscheidung und zur Kostenerstattung, I–III** 70

**Schrifttum:** *Becker-Eberhard,* Grundlagen der Kostenerstattung bei der Verfolgung zivilrechtlicher Ansprüche, 1985; *Brieske,* Erstattung von Anwaltsgebühren durch Gegner und Dritte, 1987; *von Eicken,* Erstattungsfähige Kosten und Erstattungsverfahren, 5. Aufl 1990; *Gerold/Schmidt/von Eicken/Madert,* BRAGO 14. Aufl 1999; *Hartmann,* Kostengesetze, 29. Aufl 2000; *Rauer* (Herausgeber), Kostenerstattung und Streitwert, Festschrift für *Schmidt,* 1981; *Riedel/Sußbauer,* BRAGO, 7. Aufl 1995; *Siebert,* Die

## § 91

Prinzipien der Kostenerstattung und der Erstattungsfähigkeit vorgerichtlicher Kosten des Rechtsstreits, 1985.

**Ablehnung:** Der Gegner des Ablehnenden kann weder im Fall der Ablehnung eines Richters noch in demjenigen der Ablehnung eines Sachverständigen seine Kosten erstattet verlangen. Denn er ist im Ablehnungsverfahren nicht Partei, auch wenn er am Ausgang des Ablehnungsverfahrens Interesse haben mag, Ffm RR **92**, 510, Mü MDR **94**, 627, OVG Sachsen MDR **92**, 1006, aM Kblz JB **91**, 1510, Köln Rpfleger **89**, 428, Saarbr JB **92**, 743.

Indessen ist der Rpfl gebunden, wenn das *Gericht* dem Ablehnenden die Kosten des Prozeßgegners im Ablehnungsverfahren *auferlegt,* Einf 17 vor §§ 103–107, Düss Rpfleger **85**, 208, Ffm Rpfleger **86**, 194, aM Düss MDR **85**, 589, Schlesw SchlHA **89**, 131.

Eine Erstattungsfähigkeit kommt auch dann in Betracht, wenn der *Gegner* des Ablehnenden nun seinerseits eine Ablehnung ausspricht oder soweit er persönlich beteiligt ist, Hamm JB **79**, 117.

71 **Ablichtung:** Rn 184 ff „Schreibauslagen", Rn 217 „Unterrichtung: C. Unterrichtung des Versicherers".
**Abmahnschreiben:** Rn 286.
**Abschlußschreiben:** Rn 271 „Abschlußschreiben".
**Abtretung:** Die Kosten einer Abtretung der späteren Klageforderung sind keine notwendigen Prozeßkosten des Klägers und insoweit nicht erstattungsfähig, Schlesw JB **97**, 203.
**Abwickler:** Rn 110 „Kanzleiabwickler".
**Allgemeine Geschäftsunkosten:** Rn 81 „Bearbeitung des Prozesses", Rn 158 „Rechtsanwalt: A. Allgemeines", Rn 269 „Vertragsabschluß".
**Allgemeiner Prozeßaufwand:** Rn 81, 164, 294, 295.
**Angestellter:** Rn 81, 297.
**Anordnung des persönlichen Erscheinens:** Rn 92–95.
**Anwalt:** Rn 124 ff, 157 ff, 220 ff.
**Anwaltswechsel:** Rn 115 ff, 124.

72 **Arbeitsgerichtsverfahren:** Im ersten Rechtszug sind Anwaltskosten wegen § 12a I 1 ArbGG *grds nicht* erstattungsfähig, auch nicht über § 788, Karlsr Rpfleger **90**, 223, LG Oldb Rpfleger **82**, 198, aM KG MDR **89**, 745, AG Wipperfürth JB **99**, 102, LAG Stgt JB **94**, 136. § 91 gilt nicht im Beschlußverfahren, BAG BB **99**, 1964. Eine Erstattungsfähigkeit fehlt ferner zB bei einer Selbstvertretung, LAG Mü AnwBl **88**, 72, oder bei einer Verweisung nach § 48 ArbGG, §§ 17–17 b GVG (vgl freilich § 12 a I 3 ArbGG, LAG Ffm MDR **99**, 1144, LAG Hann Rpfleger **91**, 218), oder bei derjenigen vom ArbG an das ordentliche Gericht, Karlsr Rpfleger **90**, 223 mwN, es sei denn, daß höhere Reisekosten der Partei erspart wurden, Mü AnwBl **64**, 264, LAG Hamm MDR **71**, 877, LAG Köln AnwBl **85**, 274, oder daß der Anwalt den Gebührentatbestand nach der Verweisung erneut verwirklicht, Karlsr Rpfleger **90**, 223.

In der *zweiten Instanz* ist eine Kostenerstattung möglich, vgl BAG BB **91**, 206. Ein Verbandsvertreter gilt kostenmäßig als Anwalt, § 12 a II 1 ArbGG, vgl LAG Hamm MDR **80**, 612.

Die *Reisekosten* eines nicht am Sitz des BAG ansässigen Anwalts sind erstattungsfähig, soweit die Partei ihn beauftragt hatte, als er vorinstanzlich an ihrem Wohnsitz oder im Bezirk des damals zuständigen Gerichts residierte. Im übrigen kommt es wie stets auf die *Notwendigkeit der Zuziehung* an, LAG Düss JB **92**, 477.

73 **Arrest, einstweilige Verfügung:** Es gelten im wesentlichen die folgenden Regeln.

**A. Zugehörigkeit zu den Prozeßkosten.** Zu den Kosten des Rechtsstreits, I, III, zählen die Kosten des Verfahrens über die Anordnung eines Arrests oder einer einstweiligen Verfügung, §§ 916 ff, Nürnb MDR **77**, 936, soweit dabei zu Unrecht nicht über die Kosten besonders entschieden worden ist. Der im Hauptverfahren verurteilte Bekl trägt aber nicht die Kosten, soweit das Arrestgericht die Anordnung des Arrests abgelehnt hatte, und ebensowenig der im Hauptverfahren unterliegende Kläger die Kosten des erfolgreichen Arrestverfahrens. Vgl auch § 924 Rn 5.

74 **B. Kostengrundentscheidung.** Im einstweiligen Verfahren ergeht sowohl im Fall der Zurückweisung des Antrags als auch bei einer Anordnung des Arrests usw von Amts wegen, § 308 II, eine Kostenentscheidung. Das gilt unabhängig davon, ob gleichzeitig bereits ein Hauptsacheverfahren anhängig ist und ob beide Verfahren vor demselben Gericht stattfinden oder stattfinden werden.

Das Arrestgericht muß die Kosten dem Antragsteller auferlegen, soweit es seinen Antrag zurückweist. Soweit es den Arrest usw anordnet, hat es den Antragsgegner in die Kosten verurteilen, Hamm NJW **76**, 1460. Der Einwand, man dürfe den Antragsgegner nicht schon auf Grund einer bloß vorläufigen Prüfung und eines nur einseitigen Vorbringens des Antragstellers mit den Kosten belasten, übersieht den Umstand, daß man dann auch nicht in der Sache gegen ihn entscheiden dürfte. Außerdem ist eine Einstellung der Zwangsvollstreckung zulässig, § 294 III. Zunächst einmal unterliegt der Gegner jedenfalls. Außerdem sollte man den Antragsteller nicht bloß wegen der Kosten auf einen sonst oft unnötig werdenden Prozeß verweisen. Auch im Fall einer Antragsrücknahme muß das Gericht über die Kosten entscheiden. Bei einer einstweiligen Anordnung nach §§ 620 ff ergeht keine Kostenentscheidung. Das ergibt sich aus § 620 g. Die Kostenentscheidung des Hauptprozesses deckt im Zweifel nicht das Fehlen einer Kostenentscheidung des einstweiligen Verfahrens. Mangels jeglicher Kostenentscheidung muß man die Arrestkosten gesondert einklagen.

75 **C. Kostenerstattung.** Vgl zunächst Rn 73. Wenn der Antragsgegner nach dem Eingang des Antrags, aber vor der Zustellung des Arrests usw Aufwendungen zu seiner Rechtsverteidigung gemacht hatte, dann sind auch diese Aufwendungen erstattungsfähig, KG MDR **93**, 481, Köln VersR **93**, 124, Mü MDR **82**, 412, aM KG JB **80**, 1430. Kosten der Gestellung eines Zeugen können erstattungsfähig sein, soweit seine Vernehmung ernsthaft in Betracht kam und eine eidesstattliche Versicherung des Zeugen nicht auszureichen schien, Kblz MDR **97**, 888, oder wenn mit weiteren Mitteln der Glaubhaftmachung seitens des Gegners zu rechnen war, Ffm AnwBl **86**, 206. Man sollte insofern großzügig sein. Die Möglichkeit der

Befragung eines Zeugen ist gegenüber seiner nur schriftlichen Erklärung auch dann höher einzuschätzen, wenn es nur um eine Glaubhaftmachung geht.

Kosten eines *Sachverständigen* sind erstattungsfähig, soweit sie zur Rechtsverteidigung notwendig waren, **76** Düss ZIP **81**, 540. Eine Partei muß im allgemeinen damit rechnen, daß der Gegner gegen einen ohne mündliche Verhandlung erlassenen Arrest usw Widerspruch einlegt; insofern sind also die Kosten der Partei notwendig gewesen, Ffm Rpfleger **88**, 163, Kblz Rpfleger **81**, 494, aber auch Köln JB **92**, 336 (Anwaltswechsel nicht notwendig), ähnlich Köln JB **93**, 429 (Fallfrage). Etwas anderes gilt allenfalls bei einem wettbewerbsrechtlichen Unterlassungsanspruch, Karlsr GRUR **90**, 223, Schlesw JB **91**, 385. Kosten für die Löschung eines nach Arrest oder einstweiliger Verfügung im Grundbuch eingetragenen Widerspruchs sind weder nach §§ 91 ff noch nach § 788 erstattungsfähig, Schlesw SchlHA **88**, 171. Wird der Antrag wegen Versäumung der Vollziehungsfrist zurückgenommen, so kann der Antragsteller trotz Obsiegens in der Hauptsache keinen sachlichrechtlichen Ersatz der Kosten des Eilverfahrens fordern, BGH GRUR **95**, 170.

S auch Rn 102–105, 124 ff, 145 ff, 192, 302.
**Assessor:** Rn 83–85, 158 ff.
**Aufrechnung,** dazu *Ganter,* Die Aufrechnung mit dem oder gegen den prozessualen Kostenerstattungsan- **77** spruch, in: Festschrift für *Merz* (1992); *Schulte,* Die Kostenentscheidung bei der Aufrechnung durch den Beklagten im Zivilprozeß, 1990: Es gelten im wesentlichen die folgenden Regeln.

    **A. Aufrechenbarkeit im Prozeß.** Bei einer Aufrechnung im Prozeß entscheidet nicht der Zeitpunkt der Aufrechnungserklärung, sondern der Zeitpunkt des Eintritts der Aufrechenbarkeit, § 387 BGB. Wenn die Forderung schon vor dem Zeitpunkt der Anhängigkeit, § 261 Rn 1, aufrechenbar geworden war, muß der Kläger die Kosten tragen. Denn die Aufrechnung wirkt zurück. Wenn die Forderung erst nach dem Zeitpunkt der Anhängigkeit aufrechenbar geworden ist, muß der Bekl die Kosten für den Fall tragen, daß der Kläger die Hauptsache sofort für erledigt erklärt. Ebenso ist eine Hilfsaufrechnung zu beurteilen. Wenn sie trotz eines Bestreitens durchgreift, unterliegt der Kläger voll, Schlesw (7. ZS) SchlHA **79**, 126. Daran ändert auch § 19 III GKG nichts, aM Schlesw VersR **87**, 996.

    Wenn der Kläger die Gegenforderung *nicht* bestreitet, dann war seine Klage unbegründet, weil er selbst vorher hätte aufrechnen können und müssen, KG MDR **76**, 846, Förste NJW **74**, 222, aM (§ 92 sei anwendbar) Celle VersR **76**, 51, LG Kiel SchlHA **77**, 117, ZöHe 4 (aber gerade seine Konsequenzen zeigen die Unhaltbarkeit der aM).

    **B. Kostenerstattung.** Die Erstattungsfähigkeit hängt wie sonst von der Kostengrundentscheidung ab. **78**
**Ausfertigung:** Rn 184 ff. **79**
**Auskunft:** Rn 90.
**Ausländer, ausländischer Rechtsanwalt:** Rn 223 ff.
**Auslobung:** Rn 90.
**Ausscheiden einer Partei:** § 263 Rn 5 ff.
**Aussöhnung:** Die Gebühr nach § 36 II BRAGO setzt eine irgendwie ursächliche Mitwirkung des Anwalts voraus. Ausreichend ist zB das Wecken und Fördern der Aussöhnungsbereitschaft. Man kann es im Fall der Anwesenheit der Partei im Versöhnungstermin annehmen. Der Kostenschuldner kann die Vermutung der Ursächlichkeit der Anwaltsbemühungen entkräften, KG MDR **72**, 156. Vgl Hartmann Teil X § 36 BRAGO Rn 22 ff.
**Auswärtige Abteilung:** Rn 166.
**Auswärtiger Rechtsanwalt:** Rn 166.
**Avalprovision:** Rn 204.
**Bankbürgschaft:** Rn 204. **80**
**Bayerisches Oberstes Landesgericht:** Soweit im Verfahren auf die Klärung seiner Zuständigkeit für den Revisionsbekl ein beim BGH nicht zugelassener Anwalt mitwirkt, sind seine Kosten nicht erstattungsfähig, Bbg JB **98**, 368, Mü JB **81**, 50, auch nicht bei einer Aufklärungsrüge, Ffm JB **81**, 1068.
**Beamter:** Grundsätzlich ist keine Erstattung anteiliger Besoldung usw wegen der Zeitversäumnis aus Anlaß eines Termins möglich, Rn 294–296, dort auch zu den Reisekosten.
**Bearbeitung des Prozesses:** Die im üblichen Rahmen entstehenden Aufwendungen zur Bearbeitung des **81** Prozesses einschließlich der dabei erforderlichen Zeitaufwendungen, auch durch Angestellte, in der Freizeit, sind grds nicht erstattungsfähig, BGH **75**, 230, Drsd RR **94**, 1141, Kblz AnwBl **96**, 412, Stgt Just **81**, 204 (Einkommensverlust infolge Maschinenausfalls). Das gilt auch dann, wenn das Organ einer juristischen Person den Prozeß bearbeitet, Hbg MDR **74**, 590, Köln JB **80**, 723, VGH Mannh JB **90**, 1005, aM Stgt MDR **90**, 636. Das gilt auch für den Liquidator, Hamm Rpfleger **82**, 80, aM Hbg JB **79**, 108. Erst recht nicht erstattungsfähig ist ein allgemeiner Verwaltungsaufwand, LG Krefeld VersR **74**, 556.

S aber auch Rn 102–105, 209, 277, 294–296.
**Behörde:** Rn 81, 83, 92, 132, 278. **82**
**Beistand:** Der Beistand nach § 90 ist wie ein Untervertreter zu beurteilen. Der beigeordnete Anwalt, §§ 78, 625, ist wie ein Rechtsanwalt zu beurteilen.
**Beratung:** Ihre Kosten zählen im nachfolgenden Prozeß zu dessen Kosten und sind mit ihnen erstattungsfähig, soweit sie zB zur Informationsaufnahme notwendig waren. Im übrigen sind Kosten der Beratung zB zu den Erfolgsaussichten grds nicht erstattbar, aM Bbg JB **71**, 431.
**Besprechung:** Rn 261.
**Bestimmung der Zuständigkeit:** Rn 302 „Zuständigkeitsbestimmung".
**Berufung:** Rn 158, 229.
**Betreuung:** Die Anwaltskosten eines Antrags auf eine solche Maßnahme sind mangels Anwaltszwang oft nicht notwendige Prozeßkosten; freilich sind solche Fälle oft schwierig, und auch wegen der Tragweite solcher Verfahren ist eine gewisse Großzügigkeit geboten.

S auch Rn 152 „Pflegschaft, Vormundschaft".

## § 91

**Beweissicherung:** Rn 193.
**Beweistermin:** Es gelten die folgenden Regeln:

83 **A. Grundsatz: Erstattungsfähigkeit.** Die Kosten der Wahrnehmung eines Beweistermins sind grds erstattungsfähig. Denn jede Partei hat das unbedingte Recht der Teilnahme an einem solchen Termin, § 357 I. Ihre Mitwirkung in solchem Termin kann das ganze Prozeßergebnis ändern. Sie darf daher insbesondere auch persönlich neben ihrem Anwalt am Beweistermin teilnehmen und ihre persönlichen Teilnahmekosten erstattet fordern, sofern das nicht offenbar unbillig ist, Ffm Rpfleger **86**, 492 mwN, Hamm JB **94**, 475, Kblz MDR **86**, 764 (damaliger Konkursverwalter), ZöHe 13 „Beweistermin", aM Bre JB **76**, 93 (nur bei verwickeltem Sachverhalt). Freilich darf die Anwesenheit der Partei nicht nur der Klärung oder Vervollständigung eines Schriftsatzes dienen sollen, Hbg JB **82**, 603. Die Partei darf auch den Beweistermin grds durch einen Anwalt wahrnehmen lassen, Ffm AnwBl **88**, 298. Das gilt insbesondere dann, wenn es sich um einen schwierigen Stoff handelt und wenn die Partei nicht absehen kann, wie sich ein Zeuge verhalten wird, oder wenn es sich um einen besonders wichtigen Beweisvorgang handelt, insofern auch Bre JB **76**, 92.

84 **B. Einzelfragen.** Ob der ProzBev den Beweistermin persönlich wahrnehmen muß, hängt unter anderem von seiner Person und von der Art und dem Umfang seiner Tätigkeit, der Entfernung des Beweisortes vom Sitz seiner Kanzlei und der voraussichtlichen Länge des Beweistermins ab, Bre JB **76**, 92 (Ausland), Ffm JB **82**, 238, strenger Mü AnwBl **84**, 211. Soweit der ProzBev den Termin selbst wahrnimmt, sind seine Kosten auch dann als notwendige erstattungsfähig, wenn sie fiktive Kosten eines Vertreters vor Ort übersteigen, Stgt Just **84**, 182. Die Kosten eines Vertreters des ProzBev sind grds im Rahmen des § 4 BRAGO bis zu derjenigen Höhe erstattungsfähig, die dann entstanden wäre, wenn der ProzBev den Beweistermin persönlich wahrgenommen hätte, Düss AnwBl **92**, 45, Hbg MDR **86**, 592.

85 Ein darüber hinausgehender Betrag ist nach § 54 BRAGO nur dann erstattungsfähig, wenn zB gleichzeitig ein *anderer* Termin stattgefunden hat und wenn das Gericht einem in beiden Fällen gestellten Vertagungsantrag in keinem dieser beiden Fälle stattgegeben hat, Ffm AnwBl **84**, 618, Hamm MDR **84**, 587. Eine Erstattungsfähigkeit liegt ferner vor, wenn es dem ProzBev aus einem anderen Grund nicht zuzumuten war, den Beweistermin persönlich wahrzunehmen, Hamm MDR **84**, 587, Kblz VersR **86**, 1031. Zur Erstattung der Kosten eines ausländischen Beweisanwalts LG Köln VersR **88**, 862. Der Anwalt, der als Insolvenzverwalter tätig ist, kann nicht die Erstattung der Teilnahme am auswärtigen Beweistermin fordern, Ffm AnwBl **88**, 298, Kblz MDR **88**, 764. Soweit die Partei neben dem ProzBev am Termin teilnimmt, muß es immerhin nach dem Beweisthema überhaupt als möglich erscheinen, daß sie aus eigener Kenntnis zur Aufklärung des Sachverhalts beitragen kann, Hamm Rpfleger **84**, 431, KG JB **82**, 1247. Die vorstehenden Regeln gelten auch bei Ermittlungen eines Sachverständigen, § 407a Rn 11. Freilich kann die Partei selbst dann keine Aufwandsentschädigung erstattet fordern.

86 Erstattungsfähig sein können auch *Vorbereitungskosten,* s dort, zB auch Abschleppkosten eines zur Beweisaufnahme probegefahrenen und dabei liegengebliebenen Fahrzeugs, Ffm Rpfleger **83**, 123.
S auch Rn 92, 158, 165, 220.
**Bürgschaft:** Die Kosten der Prozesse gegen den Hauptschuldner und den Bürgen sind nebeneinander erstattungsfähig, Kblz JB **91**, 547. Mehrkosten getrennter Prozesse gegen mehrere Bürgen in derselben Sache sind nicht erstattungsfähig, Kblz VersR **92**, 339 (rechts Mitte).
S auch Rn 139, 204.
**Detektiv:** Rn 89–91, 274.
87 **Deutsche Bundesbahn:** Rn 92.
**Dolmetscherkosten:** Rn 210.
88 **Ehesache:** Vgl Haberzettl, Streitwert und Kosten in Ehe- und Familiensachen 1984. Kosten einer Wertermittlung zwecks Zugewinnausgleich sind zurückhaltend einzustufen, Karlsr FamRZ **99**, 175.
**Einstweilige Verfügung:** Rn 73.
89 **Ermittlungen der Partei:** Es gelten die folgenden Regeln:
**A. Vor dem Prozeß.** Vgl wegen solcher Kosten Rn 270 ff.
90 **B. Im Prozeß.** Die Erstattungsfähigkeit hängt von den Umständen des Einzelfalls ab. Die Notwendigkeit ist von Fall zu Fall streng zu prüfen, Hamm VersR **83**, 498. Kosten eines Detektivs können erstattungsfähig sein, soweit seine Einschaltung im Zeitpunkt seiner Beauftragung aus der Sicht eines vernünftigen Dritten als notwendig oder zumindest sachdienlich erschien, Düss JB **96**, 430, Karlsr FamRZ **99**, 174, Kblz MDR **99**, 384; das übersieht AG Hbg WoM **97**, 220 (bejaht sachlichrechtlichen Anspruch). Dieser Fall kann etwa dann vorliegen, wenn ein Beweis bisher fehlte, Bbg JB **76**, 1251. Allerdings ist die Einschaltung des Detektivs nicht erforderlich, wenn die Partei nicht damit rechnen muß, daß der Gegner die von ihr behaupteten ehewidrigen Beziehungen bestreiten wird, Schlesw SchlHA **75**, 76; sofern es überhaupt auf solche Beziehungen ankommt, strenger Hamm MDR **75**, 413, oder wenn das Ermittlungsziel bereits erreicht worden ist, Schlesw JB **78**, 436, oder wenn man zB das Meldeamt erfolgreich einschalten könnte; anders wenn es eine Auskunft mit Recht verweigert, vgl LG Bln Rpfleger **86**, 107 (zu § 788).

91 Eine *Ausforschung* ist im allgemeinen nicht notwendig, Ffm VersR **78**, 1145. Vielmehr muß zunächst ein bestimmter Verdacht bestehen, bevor die Partei damit rechnen kann, Ermittlungskosten erstattet zu bekommen, Ffm JB **81**, 922, Hamm VersR **83**, 498. Selbst in einem solchen Fall müssen die Ermittlungskosten in einem klaren Zusammenhang mit dem Prozeß stehen, Düss JB **75**, 231, LAG Nürnb JB **95**, 90, zB bei einer Wohnungsermittlung. Mü MDR **70**, 429 fordert auch die Einführung der Ergebnisse in den Prozeß. Die Ermittlungskosten müssen stets in einem vernünftigen Verhältnis zur Sache stehen, Düss JB **76**, 1552, Kblz NJW **75**, 174. Daher kommen neben den vereinbarten oder üblichen Kosten besondere Kosten, etwa wegen eines Verzehrs oder wegen der Benutzung eines Pkw, unter Umständen nicht in Betracht. Alle Kosten, insbesondere für einen Detektiv, sind zu belegen, Ffm VersR **78**, 1145. Beim Erfolgshonorar ist eine strenge Prüfung notwendig.

## 5. Titel. Prozeßkosten § 91

*Nicht* erstattungsfähig sind die Kosten der Aufnahme eines Darlehens, etwa zur Bezahlung eines an sich notwendigen Detektivs, Düss JB 77, 1005. Wegen einer Arbeitssache Lepke DB 85, 1231 (ausf).
S auch Rn 262, 297.

**Fahrtkosten der Partei:** Es handelt sich um die auch in I 2 ausdrücklich geregelten Kosten, dazu 92 Rn 33. Die Kosten sind grds im Rahmen des Notwendigen stets erstattungsfähig, BVerwG Rpfleger 84, 158, Stgt Rpfleger 92, 448. Sie sind insbesondere insoweit erstattungsfähig, als das Gericht das persönliche Erscheinen der Partei zum Termin angeordnet hat, Mü GRUR 84, 162. Dann sind auch unter Umständen die Kosten eines Vertreters der Partei erstattungsfähig, Ffm JB 79, 1519, Kblz Rpfleger 76, 325, LG Nürnb-Fürth VersR 96, 387, strenger KG MDR 85, 148. Es reicht auch aus, daß das Gericht das persönliche Erscheinen auch bzw nur des Prozeßgegners angeordnet hat, Düss RR 96, 1342.

Ferner reicht es aus, daß das Erscheinen der Partei selbst vernünftigerweise *notwendig erscheint*, Schlesw JB 92, 407, zB wegen eines Beweistermins, Ffm Rpfleger 80, 156, oder daß es gar notwendig *ist*, Mü GRUR 84, 162, etwa zum Zweck der Information des ProzBev, falls eine schriftliche Information nicht (mehr) möglich war, Bbg JB 84, 436, Hbg JB 82, 603, Hamm MDR 85, 59 (nicht bei einem ganz einfachen Sachverhalt). Das kann auch zB zugunsten eines Patentanwalts als Partei gelten, Hamm AnwBl 87, 48. Man sollte die Erstattungsfähigkeit schon wegen § 278 I 2 nicht zu streng beurteilen, Kblz JB 79, 442, Mümmler JB 81, 1129. Zu großzügig billigt allerdings Kblz MDR 86, 764 mwN die Erstattung zu, solange keine offenbare Unbilligkeit vorliege, Düss RR 96, 1342, Kblz BB 88, 26 (1600 DM Fahrtkosten bei 40 000 DM Streitwert), strenger Kblz VersR 87, 914.

Bei *mehreren* Terminen in verschiedenen Sachen am selben Tag vor demselben Gericht oder vor 93 mehreren Gerichten an demselben Ort muß man die Fahrtkosten der Partei nach der Verfahrenzahl aufteilen, LG Bln Rpfleger 89, 228.

Reisekosten liegen vor, falls die politische *Gemeinde* verlassen wird, in der man wohnt, Stgt JB 84, 762. Insofern ist die tatsächliche Entfernung unerheblich, Stgt JB 84, 762, aM Köln Rpfleger 87, 96. Reisekosten des Bediensteten einer ausgelagerten Abteilung der am Hauptsitz verklagten Behörde sind unter Umständen nicht erstattungsfähig, LAG Nds Rpfleger 84, 33. Reisekosten eines Beamten sind nicht erstattungsfähig, wenn ein Beamter mit Amtssitz am Gerichtsort auftreten konnte, Mü JB 92, 171, LAG Bln DB 94, 1628, ArbG Gießen AnwBl 85, 275, aM AG Essen MDR 84, 500 (Terminsbeamter). Dagegen ist es unerheblich, ob die Behörde einen ProzBev hätte beauftragen können, ZöHe 13 „Behörde", aM VG Stade Rpfleger 86, 278. Bahnkosten sind nicht zugunsten der Deutschen BahnAG als Partei erstattungsfähig, Kblz VersR 89, 929.

Eine Erstattungsfähigkeit der Fahrtkosten der Partei persönlich scheidet grds aus, soweit sie einen 94 *Verkehrsanwalt* eingeschaltet hatte und keine vernünftigen Gründe hat, neben ihm persönlich am Termin teilzunehmen, Mü MDR 87, 333, und soweit ihr Erstwohnsitz am Prozeßort liegt und sie nur vom Zweitwohnsitz anreist, Düss RR 97, 190. Soweit solche Fälle überhaupt zur Erstattungsfähigkeit führen, ist die Erstattung durch die Höhe der Kosten eines Verkehrsanwalts begrenzt, LG Bayreuth JB 81, 135.

Fahrtkosten sind der *Höhe* nach wie diejenigen eines Zeugen zu erstatten, I 2 Hs 2, vgl § 9 ZSEG, BVerwG Rpfleger 84, 158, Hbg MDR 75, 500, aM Karlsr **KR** (B) Nr 42 (krit Schmidt Just 69, 224) und (B-Auslagen) Nr 8 (das ZSEG sei nur wegen des Zeitverlusts anwendbar). Es kann sich ergeben, daß die erstattungsfähigen Fahrtkosten der Partei den Streitgegenstand und die Anwaltsgebühren übersteigen. Kosten des Pkw sind erstattungsfähig, soweit Eisenbahnkosten annähernd gleich hoch gewesen wären, Mü AnwBl 82, 201. Bei Insolvenz darf man nicht mehr die 1. Klasse benutzen, Kblz VersR 87, 914. Zum Arbeitsgerichtsprozeß Wenzel MDR 80, 540.

Die vorstehenden Regeln gelten auch bei einem von der Partei bezahlten *Vertreter*, KG MDR 85, 148.  95
*Nicht* erstattungsfähig sind bloß fiktive Fahrtkosten, Düss JB 93, 485, selbst nicht in einer schwierigen Sache, KG Rpfleger 75, 100. Wegen § 35 dort Rn 3.
S auch Rn 83, 153, 209, 294.

**Fahrtkosten des Rechtsanwalts:** Rn 158, 165.  96
**Fernsprechkosten:** Sie sind grds erstattungsfähig, Düss Rpfleger 74, 230. Das gilt insbesondere für ein Telefonat, das erforderlich wird, um Zeit zu gewinnen, oder das eine schnellere und genauere Information ermöglicht.
**Filiale:** Rn 81, 92, 294.
**Forderungsabtretung:** Rn 71 „Abtretung".
**Foto:** Seine Kosten sind grds erstattungsfähig. Man sollte nämlich die Notwendigkeit eines Fotos großzügig bejahen. Es ist meist zur Klärung des Sachverhalts und zur Verminderung von sonstigen Beweiskosten durchaus geeignet, selbst wenn man es dann im Termin nicht als Beweismittel auswertet, vgl Hbg JB 77, 1444, LG Flensb JB 85, 777.
**Fotokopie:** Rn 184, 217.
**Freiwillige Gerichtsbarkeit:** Üb 12 vor § 91.
**Gebrauchsmuster:** Die Mehrkosten infolge der Vertretung durch einen nicht beim Prozeßgericht zuge- 97 lassenen Anwalt, § 27 III GebrMG, sind nicht erstattungsfähig, § 27 IV GebrMG.
S auch Rn 145.
**Geld:** Es gelten die folgenden Regeln.  98
**A. Grundsatz: Erstattungsfähigkeit.** Die Kosten der Erhebung und der Ablieferung von Geld sind grds erstattungsfähig, aM ZöHe 13 „Geld". Das Gericht muß allerdings an die Notwendigkeit solcher Kosten einen strengen Maßstab anlegen. Die Hebegebühr des Anwalts, § 22 BRAGO, gehört zu den Kosten des Rechtsstreits. Sie fällt daher auch unter das Kostenfestsetzungsverfahren, §§ 103 ff, LG Ffm AnwBl 89, 109. Ihre Erstattungsfähigkeit richtet sich nach §§ 91, 788 und den entsprechenden Vorschriften in anderen Verfahrensgesetzen. Die Erstattungsfähigkeit setzt voraus, daß die Auszahlung oder Rückzahlung, Ablieferung oder Rücklieferung durch den Anwalt zur zweckentsprechenden

## § 91
1. Buch. 2. Abschnitt. Parteien

Rechtsverfolgung oder Rechtsverteidigung nötig war, KG Rpfleger **81**, 410, Mü MDR **98**, 438, Nürnb JB **92**, 107. Auch diese Voraussetzungen müssen streng geprüft werden, LG Münst Rpfleger **80**, 402.

99     **B. Beispiele der Erstattungsfähigkeit:** Es liegt ein besonderes Eilbedürfnis vor; die Rechtslage ist besonders schwierig, etwa dann, wenn der Anwalt eine Hinterlegung vornimmt, aM AG Bruchsal VersR **86**, 689; der Gläubiger hat ein schutzwürdiges Interesse an der Einschaltung eines Anwalts etwa zwecks Überwachung unregelmäßiger Raten, der Hinterleger wohnt im Ausland; der Schuldner zahlt freiwillig an den ProzBev statt an den Gläubiger und der Anwalt hat einen Auftrag zur Entgegennahme, Ffm Rpfleger **81**, 367, Mü JB **92**, 178 (auch für das Fehlen der Erstattungsfähigkeit), LG Ffm AnwBl **89**, 109 (auch zu einer Ausnahme), aM Hbg MDR **91**, 679. Die Erstattungsfähigkeit ist in allen diesen Fällen unabhängig davon, ob der Anwalt gegenüber seinem Auftraggeber unterhaltspflichtig ist, LG Bln JB **77**, 1447.

100     **C. Beispiele des Fehlens der Erstattungsfähigkeit:** Der Anwalt hat den Gegner des Auftraggebers zu einer Zahlung an sich selbst aufgefordert oder sich für einziehungsermächtigt erklärt, ohne den Gegner zugleich auf die Entstehung einer Hebegebühr im Fall dieses Zahlungswegs hinzuweisen. Denn in einem solchen Fall muß der Gegner des Auftraggebers zur Vermeidung der Gefahr einer Zwangsvollstreckung vorsichtshalber an den Anwalt (und nicht an den Gläubiger direkt) zahlen, Mü JB **92**, 178 mwN, AG Bonn VersR **84**, 196; es handelt sich um Kreditkosten für die Beschaffung von Geldmitteln zur Bezahlung von Prozeßkosten, denn man muß sie gesondert einklagen, Kblz FamRZ **88**, 161 mwN; ein ungedeckter Scheck des Vollstreckungsschuldners wird zurückgewiesen, und dann wird ein Scheck des Schuldnervertreters angenommen, Nürnb JB **92**, 107.
S auch Rn 108.
**Gerichtsstandwahl:** Rn 239 „Gerichtsstandwahl".
**Gerichtsvollzieher:** Rn 302 „Zustellung".
**Geschäftsreise:** Rn 158, 165.
**Geschmacksmuster:** Es gelten dieselben Regeln wie in Gebrauchsmuster- oder Patentsachen, Ffm Rpfleger **94**, 82 (eine ohne jeden Anlaß auf bloßen Verdacht durchgeführte Neuheitsrecherche ist nicht zu berücksichtigen). Die Mehrkosten infolge der Vertretung durch einen nicht beim Prozeßgericht zugelassenen Anwalt, § 15 III GeschmMG, sind nicht erstattungsfähig, § 15 IV GeschmMG.
**Glaubhaftmachung:** Ihre Kosten sind nicht erstattungsfähig, soweit voraussichtlich eine billigere Art der Glaubhaftmachung nach § 294, evtl in Verbindung mit § 920 II, genügen würde.

101  **Gutachten:** Es gelten die folgenden Regeln.
    **A. Vor dem Prozeß.** Vgl Rn 277.

102     **B. Im Prozeß.** Hier muß man die folgenden Situationen unterscheiden.
Die Kosten eines vom *Gericht* angeordneten bzw eingeholten Gutachtens sind stets erstattungsfähig.
Die Kosten eines von der *Partei* eingeholten sog *Privatgutachtens* sind insoweit erstattungsfähig, als die Partei ihre Behauptungen nur mit Hilfe eines solchen Privatgutachtens ausreichend darlegen bzw unter Beweis stellen kann. Dabei ist insbesondere der Grundsatz der sog Waffengleichheit zu beachten, ebenso wie beim vorprozessualen Gutachten, BPatG GRUR **93**, 548, in Wahrheit auch BVerwG Rpfleger **91**, 388, insofern auch Düss RR **97**, 1431, ferner Hamm RR **96**, 830, Karlsr JB **98**, 85, Kblz VersR **96**, 1561, Zweibr DB **97**, 218.

103     Soweit die vorstehenden Voraussetzungen vorliegen und auch nicht nur eine ganz einseitige „gutachterliche", im Wahrheit völlig unbrauchbare Stellungnahme vorliegt, Karlsr JB **92**, 746, hängt die Erstattungsfähigkeit auch *nicht* davon ab, ob und welchen *Einfluß* das Privatgutachten auf die Entscheidung des Gerichts gehabt hat, BPatG GRUR **81**, 815, Ffm Rpfleger **90**, 182, Stgt RR **96**, 255, aM Düss RR **97**, 1431, Hamm RR **96**, 830, Schlesw VersR **91**, 117. Freilich ist die Einführung des Privatgutachtens in den Prozeß notwendig, Mü JB **95**, 372, aM Saarbr JB **95**, 623.

104     *Einzelfragen:* Ein Vergleich schließt die Erstattungsfähigkeit mangels anderweitiger Absprachen nicht aus, LG Brschw MDR **79**, 320. Bei schwierigen technischen Fragen sind die Kosten des Privatgutachtens fast immer erstattungsfähig. Das gilt zB dann, wenn der Gutachter einen anderen privaten oder gerichtlich bestellten Gutachter widerlegen soll, Hbg JB **82**, 287, Kblz JB **90**, 1007 (120 DM Stundensatz), LG Kaisersl VersR **90**, 1409. Die Erstattungsfähigkeit ist ferner dann zu bejahen, wenn das Privatgutachten ein vom Gericht sonst einzuholendes Gutachten ersparte, LG Düss VersR **92**, 472 (nicht aber nach dessen Auftragserteilung, Kblz VersR **96**, 1561), oder wenn es um ein schwieriges Rechtsproblem geht, BVerfG NJW **93**, 2793 (dort wird freilich ein in Wahrheit vorprozessuales Gutachten erörtert), BayVerfGH NJW **93**, 2795 (streng), Mü JB **91**, 388 (Anwendbarkeit mehrerer Rechtsordnungen), oder um eine schwierige wirtschaftliche Frage, Zweibr DB **97**, 218 (Unternehmensbewertung).
Eine Erstattungsfähigkeit liegt ferner vor, wenn es sich um einen *Musterprozeß* mit schwierigen wirtschaftlichen Überlegungen und einer großen rechtlichen oder wirtschaftlichen Tragweite handelt oder wenn es um Gebührenprobleme in einem Spezialgebiet geht, Kblz Rpfleger **86**, 108, Mü MDR **92**, 194. Die Erstattungsfähigkeit ist auch bei einer ungewöhnlichen Klage im allgemeinen zu bejahen, vgl Hbg JB **76**, 97, Hamm Rpfleger **86**, 141. Auch die Kosten eines Meinungsumfrage-Gutachtens können erstattungsfähig sein, KG Rpfleger **87**, 262. Ein Rechtsgutachten zu einer medizinischen Frage ist nach den Gesamtumständen zu beurteilen, strenger Stgt RR **93**, 1339 (LS).
Die Erstattungsfähigkeit ist insbesondere für ein Privatgutachten zu bejahen, das in einem *vorläufigen* Verfahren eingeholt wurde, BGH NJW **90**, 123, KG Rpfleger **87**, 171 (auch für mehrere Gutachten), Kblz VersR **92**, 1277. Das gilt auch für die Kosten eines Sachverständigen, den die Partei zB in der Verhandlung über einen Antrag auf den Erlaß eines Arrests oder einer einstweiligen Verfügung wegen der Notwendigkeit einer sofortigen Glaubhaftmachung nach §§ 920 II, 936, 294 II gestellt hat, Düss DB **81**, 785 (das OLG billigt mit Recht in einem solchen Fall einen frei vereinbarten Stundensatz im Rahmen des Üblichen zu), Kblz VersR **92**, 1277. Neben einem vom Gericht eingeholten Gutachten kommt eine

## 5. Titel. Prozeßkosten                                                                 § 91

Erstattung der Kosten eines nun erst eingeholtes Parteigutachtens nur dann in Betracht, wenn es das Gerichtsgutachten widerlegen sollte, Kblz Rpfleger 91, 389, und wenn das Gericht es wenigstens für beachtlich hielt, Köln VersR 93, 716.

Die Kosten eines Gutachtens über die Aussichten eines *Rechtsmittels* können erstattungsfähig sein, abw **105** Mü MDR 92, 194, aM Schlesw SchlHA 84, 47. Freilich ist in der höheren Instanz Zurückhaltung geboten, Hbg MDR 97, 784. Bei Verwendung des Gutachtens in mehreren Prozessen muß man seine Kosten aufteilen. Dafür sind die Streitwerte zu beachten, aber natürlich auch die jeweilige Bedeutung des Gutachtens für den Prozeß, Bbg JB 71, 624. Zwar ist die Rechtsprechung oft zu engherzig; eine Verweisung zB auf § 293 ist oft nur ein Ausdruck einer Selbsttäuschung des Gerichts. Andererseits sind die Kosten eines juristischen Privatgutachtens keineswegs automatisch erstattungsfähig, Ffm RR 87, 380. Natürlich kann mangels prozessualer Erstattungsfähigkeit ein sachlichrechtlicher Ersatzanspruch vorliegen, Üb 43 vor § 91, Nürnb JB 78, 117.

S auch Rn 183 „Schaden", „Schiedsgutachten".

**Güteverfahren:** Zur Erstattungsfähigkeit seiner Kosten enthält II eine ausdrückliche Regelung, Rn 59 ff. **106** Die Anwaltskosten zählen nicht hierher. Denn III erfaßt nur die „Gebühren" der amtlichen Gütestelle. Nicht zufällig wurde bei der Abschaffung der Abs III, IV aF durch Art 2 Z 10 VereinhG und der gleichzeitigen Neufassung von III aus dem früheren Wort „Kosten" das Wort „Gebühren". Aber auch die bloßen Gebühren des Anwalts (ohne seine Auslagen) sind nicht erstattungsfähig. Das Güteverfahren kennt die Erstattungsfähigkeit solcher Gebühren ebensowenig wie zB das Prozeßkostenhilfeverfahren, § 118 I 4. Das entspricht dem Wesen solcher Vorverfahren: Es ist durchaus vertretbar, die im Vorfeld eines Prozesses entstandenen Anwaltskosten vom Auftraggeber, prozessual betrachtet, endgültig tragen zu lassen, also nicht dem vereinfachten Kostenfestsetzungsverfahren zugänglich zu machen. Deshalb ist „Gebühren" in III eng auszulegen, trotz des Fehlens eines ausdrücklichen Erstattungsverbots, LG Mü Rpfleger 97, 408, GSEM § 65 BRAGO Rn 14, aM LG Hbg 75 O 348/78 (es übersieht, daß ein sachlichrechtlicher Ersatzanspruch bestehenbleiben kann, Üb 43 vor § 91). Die Parteien können freilich eine Kostenerstattung vereinbaren. GSEM § 65 BRAGO Rn 14.

**Hauseigentümervereinigung:** Rn 140 „Mieterverein". **107**
**Hebegebühr:** Rn 98.
**Hinterlegung:** Rn 98, 204 „Sicherheitsleistung".
**Hochschullehrer:** Soweit er ProzBev ist und sein darf, § 78, sind auch seine Kosten dem Grunde nach erstattungsfähig, Rn 9, strenger LG Münst MDR 95, 1175 (abl Deumeland ZMR 96, 386). II 4 ist unanwendbar, BVerfG 71, 24.
**Honorarvereinbarung:** Kosten des Anwalts, die über die gesetzlichen hinaus vereinbart wurden, sind nur nach vertraglicher Übernahme durch den Gegner erstattungsfähig, Rn 41, 44. Die Übernahme kann natürlich auch in einem Prozeßvergleich vereinbart werden, Hamm AnwBl 75, 96. Man muß im Kostenfestsetzungsverfahren glaubhaft machen, daß der Auftraggeber die Formvorschriften des § 3 BRAGO eingehalten hatte, Kblz Rpfleger 77, 107. Mit einer „Übernahme der Kosten" sind im Zweifel nur die gesetzlichen gemeint. Deshalb ist auch eine Beschwerde der Partei auf eine Erhöhung des Streitwerts unzulässig.
**Information:** Rn 215, 220, 242. **108**
**Inkasso,** dazu *David,* Zusammenarbeit mit Inkassounternehmen usw, 1989; *Jäckle,* Die Erstattungsfähigkeit der Kosten eines Inkassobüros, 1978: Inkassokosten können als Teil der Prozeßkosten erstattungsfähig sein, LG Münst JB 91, 1215, sofern der Inkassounternehmer Erlaubnisträger nach dem RBerG ist, vgl „Rechtsbeistand", ferner Hartmann Teil XII Art IX KostÄndG Rn 12, aM Jäckle BB 93, 2466, aM Mü Rpfleger 89, 301 (das OLG übersieht, daß Art IX KostÄndG in seinem Abs II nur den Abs I S 1, 2 ausschließt, nicht auch den Abs I S 3). Das Gesetz unterscheidet für die Erstattungsfähigkeit nicht zwischen einer gerichtlichen und einer außergerichtlichen Tätigkeit des Erlaubnisträgers. Insofern sind die vielfachen Probleme des alten Rechts überholt.

Der *bloße Verzug* macht nicht stets die Einschaltung eines Inkassobüros notwendig, LG Bln RR 87, 302. Es kommt darauf an, ob der Gläubiger damit rechnen konnte, durch diese Einschaltung einen Prozeß wirklich auch vermeiden zu können, Drsd RR 96, 1471, Karlsr Rpfleger 87, 422, LG Schwerin JB 96, 257. Neben Anwaltskosten sind Inkassokosten grds kaum erstattungsfähig, Drsd RR 94, 1141, LG Mosbach Rpfleger 84, 199. Sie sind ohnehin höchstens bis zur Grenze der gesetzlichen Gebühren eines Anwalts erstattungsfähig, Drsd RR 96, 1471, AG Otterndorf JB 95, 593, Wedel JB 99, 173 (zur Überschreitung einer $^{15}/_{10}$ Gebühr im Mahnverfahren). Soweit ein prozessualer Erstattungsanspruch ausscheidet, können Inkassokosten einen sachlichrechtlichen Ersatzanspruch begründen, Üb 61 vor § 91.
**Insolvenz:** Rn 127, 178, 235.
**Juristische Person:** Rn 81, 255 ff, 294 ff. **109**
**Kanzleiabwickler:** Es können natürlich nur solche persönlichen Kosten des für den verstorbenen Anwalt **110** bestellten Abwicklers erstattungsfähig sein, die noch nicht in der Sache durch eine Tätigkeit des Verstorbenen entstanden waren.

S auch Rn 126.
**Kartellsache:** Vgl KG Ffm AnwBl 91, 165, krit Hoffmann/Schaub DB 85, 2335 (je Üb).
**Klageänderung:** Rn 144.
**Klageerweiterung:** Rn 127.
**Klagerücknahme:** Es gelten die folgenden Regeln. **111**

  A. **Kostengrundentscheidung.** Wegen der vielfältigen diesbezüglichen Fragen § 269 Rn 33–44.

  B. **Kostenerstattung.** Bis zur Wirksamkeit der Klagerücknahme, § 269 Rn 14, 22, darf und muß der ProzBev des Bekl vorsorglich einen Beweisbeschluß prüfen, aM LG Bln VersR 88, 391 (aber er kann zB nicht abschließend klären, ob das Gericht die angekündigte Rücknahme als wirksam beurteilen wird, vgl

## § 91

auch § 85 Rn 9 ff. Die Kosten zB einer entschuldbar „ahnungslosen" Klagerwiderung (Prozeßgebühr, Hartmann § 32 BRAGO Rn 34 „Klagabweisung") sind erstattbar. § 344 behält Vorrang, § 269 Rn 34. Eine durch den Kostenantrag nach § 269 III 3 entstandene Verhandlungsgebühr ist erstattungsfähig, LG Bln JB **84**, 921. Wegen der Erstattung bei nachfolgender neuen Klage, § 294 IV, vgl § 269 Rn 49.

S auch Rn 243 „Klagerücknahme".

**Korrespondenzanwalt:** Rn 220.
**Kostenantrag:** Rn 111.
**Kostenwiderspruch:** Anh § 3 Rn 12.

112 **Kreditkosten:** Rn 301 „Zinsen".
**Lichtbild:** Rn 96 „Foto".
113 **Lohnausfall:** Rn 296.
114 **Mahnschreiben:** Rn 286.
**Mahnverfahren:** Es gelten die folgenden Regeln.

**A. Allgemeines,** dazu *Hansens* Rpfleger **89**, 487: Der Gläubiger hat ein *Wahlrecht,* ob er den Anspruch zunächst im Mahnverfahren geltend machen will und dann riskiert, daß das streitige Verfahren von einem anderen Gericht entschieden werden muß, §§ 696 ff, oder ob er sogleich im Klageweg vorgehen und damit ein solches Gericht anrufen will, das für den gesamten Rechtsstreit zuständig bleibt. Dieser Umstand wird bei der Auseinandersetzung über die Erstattungsfähigkeit von Mahnkosten vielfach zu Unrecht übersehen, zB von Düss AnwBl **88**, 652, Hbg AnwBl **88**, 297. Konsequent angewandt, führt er dazu, daß eine Verweisung nach § 696 in manchem Fall überhaupt nicht zulässig ist, § 696 Rn 20 mwN. Selbst wenn eine Verweisung notwendig ist, sei es auch wegen §§ 690 I Z 5, 692 I Z 1, ändert das nichts daran, daß zuvor im Hinblick auf die Verfahrensart sehr wohl ein Wahlrecht bestand und nicht kostenmäßig auf dem Rücken des Antragsgegners bzw Bekl ausgeübt werden durfte, Düss VersR **85**, 554, aM Düss Rpfleger **92**, 131, Hamm JB **91**, 1354, LG Wiesb NJW **92**, 1634.

Der allgemein anerkannte Grundsatz, daß man die *Prozeßkosten so gering wie möglich* halten muß, Rn 29, ist auch in diesem Zusammenhang zu beachten und schränkt das Wahlrecht des Gläubigers ein. Denn unabhängig von einem solchen prozessualen Wahlrecht besteht die sachlichrechtliche Schadensminderungspflicht des Gläubigers. Sie nötigt ihn dazu, bei der Ausübung seiner prozessualen Rechte auf die Interessen des Gegners im zumutbaren Maße Rücksicht zu nehmen. Sein Anwalt braucht aber zB verschiedene Ansprüche aus verschiedenen Sachverhalten nicht mit demselben Mahnantrag geltend zu machen, AG Nürtingen AnwBl **87**, 193.

115 **B. Einzelfälle.** Die nachfolgenden Nachweise beziehen sich teils auf das vor dem 1. 1. 2000 geltende Recht. Die Kosten mehrerer Anwälte, s auch Rn 124, sind nur insoweit erstattungsfähig, als sie die Kosten eines einzelnen Anwalts nicht übersteigen oder als in der Person des Anwalts ein Wechsel eintreten mußte, II 3, Hamm Rpfleger **78**, 385, Zweibr JB **78**, 717, Lappe NJW **88**, 2380, aM Bre Rpfleger **79**, 221.

116 – **Erstattungsfähigkeit,** dazu *Hansens* Rpfleger **89**, 487: Soweit das streitige Verfahren vor einem AG oder in Berlin oder den alten Bundesländern vor einem LG erfolgt, ist unabhängig von Zulassungsfragen nach dem Grundsatz Rn 116 zu prüfen.

Erstattungsfähig sind die Mahnkosten evtl, soweit der Antragsteller *nicht* oder nur teilweise, Kblz AnwBl **86**, 254, NJW **99**, 656, Schlesw JB **96**, 94, *mit einem Widerspruch des Antragsgegners zu rechnen braucht,* etwa deshalb, weil der Anspruch ersichtlich unbestreitbar ist, aM Düss BB **77**, 268 (abl Schmidt), oder soweit trotz Vorhersehbarkeit eines Widerspruchs doch ein Anwaltswechsel notwendig wurde, etwa wegen eines Umzugs des Bekl., Schlesw SchlHA **87**, 100. Unter solchen Voraussetzungen können auch die Kosten eines Rechtsbeistands, Kblz KTS **85**, 121, sowie eines solchen Anwalts erstattungsfähig sein, der im Mahnverfahren tätig wird und beim dortigen Gericht zugelassen ist, jedoch auch nach der Neuregelung in § 78 zum 1. 1. 2000 bzw 1. 1. 2005 nicht beim Gericht des streitigen Verfahrens in den neuen Bundesländern (ohne Berlin) zugelassen ist, (teils zum alten Recht) Bbg MDR **99**, 1022, Düss MDR **98**, 1055, KG JB **99**, 30, aM Nürnb NJW **98**, 389 (abl Schneider NJW **98**, 356, Schütt MDR **98**, 127), Rostock MDR **98**, 243.

117 Die *Beweislast* für die Unvorhersehbarkeit eines Widerspruchs liegt schon wegen des Erfordernisses einer Notwendigkeit von Kosten *beim Gläubiger,* Kblz MDR **79**, 320, Schlesw SchlHA **86**, 64, Zweibr JB **79**, 1323, aM Köln JB **79**, 213 und 715, Mü JB **82**, 405, Riecke MDR **99**, 84. Dabei kann der Umstand zugunsten des Gläubigers sprechen, daß der Schuldner gegen sich ein Versäumnisurteil ergehen läßt, Bbg JB **90**, 1478, Hbg JB **96**, 38. Zwei an verschiedenen Orten wohnende Antragsgegner können je einen an ihrem Wohnsitz residierenden Anwalt beauftragen und dessen Kosten auch dann erstatten fordern, wenn zB der BGH das Prozeßgericht am anderen Ort als das zuständige bestimmt, Düss AnwBl **81**, 506.

118 Erstattungsfähig können auch die Kosten eines auswärtigen, ständigen *Vertrauensanwalts* sein, KG Rpfleger **86**, 491, vgl Kblz JB **90**, 997, aM Nürnb NJW **98**, 389 (abl Schneider NJW **98**, 356, Schütt MDR **98**, 127). Freilich müssen auch solche Kosten unvermeidbar sein, Düss AnwBl **89**, 166. Erstattungsfähig können zB die Kosten einer notwendigen Reise zum Anwalt des Prozeßgerichts werden, Ffm JB **79**, 1666, KG JB **77**, 1732. Erstattungsfähig können die Kosten sein, die dadurch entstehen, daß der ProzBev einen Vollstreckungsbescheid beantragt, weil die Widerspruchsfrist abgelaufen ist und das Gericht ihn von einem inzwischen dort eingegangenen Widerspruch noch nicht benachrichtigt hatte. Erstattungsfähig sind die Anwaltskosten des Antragsgegners, selbst wenn der Antragsteller ihm gegenüber eine Antragsrücknahme angekündigt hat, aM LG Augsb Rpfleger **88**, 160 (s. aber Rn 158). Erstattungsfähig sind die Kosten des Anwalts des Antrags*gegners* wegen eines von *ihm* gestellten Antrags auf streitiges Verfahren nach monatelanger Unklarheit, wie sich der Antrag*steller* verhalten wird, LG Hamm JB **99**, 29.

119 – **Fehlen einer Erstattungsfähigkeit.** Soweit das streitige Verfahren vor einem AG oder in Berlin oder den alten Bundesländern vor einem LG erfolgt, ist unabhängig von Zulassungsfragen nach dem Grundsatz Rn 116 zu prüfen.

### 5. Titel. Prozeßkosten § 91

Nicht erstattungsfähig sind die Kosten des Mahnverfahrens evtl, soweit der Antragsteller mit einem zusätzliche Anwaltskosten auslösenden *Widerspruch* des Antragsgegners gegen den Mahnbescheid rechnen muß, Bre JB **91**, 386, Düss AnwBl **85**, 269 (es sei durchweg mit einem Widerspruch zu rechnen), Hbg AnwBl **88**, 297 (der Senat entscheidet nur dann so, wenn der „Mahnanwalt" seinen Sitz weder beim Mahngericht, noch beim Prozeßgericht hat), Hamm MDR **94**, 103 (nach ergebnisloser Einschaltung eines Inkassobüros), KG Rpfleger **90**, 224 (Ausnahme bei § 98), Kblz VersR **88**, 588 (hohe Zinsen einer Kreditbank), Köln JB **93**, 682 (hohe Inkassokosten), Mü JB **93**, 298. Stgt JB **91**, 1351 (Versicherung lehnt Zahlung ab), LG Hanau Rpfleger **91**, 174, aM Düss AnwBl **95**, 422 (stets Erstattungsfähigkeit), LG Mü MDR **98**, 563 (nach Inkassobüro Erstattbarkeit wegen Säumnis. Aber die war nicht zu erwarten und besagt nichts, § 342).

Das gilt selbst dann, wenn man mit einem Widerspruch nur zu dem Zweck der *Hinauszögerung* einer **120** Zahlung zu rechnen ist, Düss MDR **85**, 504, Kblz AnwBl **80**, 165, Schlesw SchlHA **84**, 134, aM Düss AnwBl **82**, 24, Hbg JB **82**, 1359, ThP 37, ZöHe 13 „Mahnverfahren" (vgl aber Rn 114).

Es reicht für den Wegfall der Erstattungsfähigkeit aus, daß mit einem *Teilwiderspruch* zu rechnen ist, Mü MDR **88**, 416. Eine Verweisung nach § 696 V ist dann unerheblich, Rn 114. Wegen der Beweislast Rn 117. Der Antragsteller braucht aber nicht schon deshalb mit einem Widerspruch des Gegners zu rechnen, wenn der letztere schweigt, Kblz JB **78**, 238, Schlesw SchlHA **83**, 59, Stgt JB **78**, 438, aM Düss VersR **87**, 1019.

Der Antragsteller braucht ferner dann nicht mit einem Widerspruch zu rechnen, wenn der Schuldner **121** eine *Teilzahlung* geleistet hat, Zweibr JB **79**, 222, oder wenn er eine *Sicherheit* geleistet hat, Düss AnwBl **85**, 590. Das gilt selbst dann, wenn es sich um einen Urkunden-, zB einen Wechselmahnbescheid handelt, Düss VersR **86**, 921, Kblz JB **82**, 407, Mü JB **81**, 74, aM Düss AnwBl VersR **86**, 921. Etwas anderes gilt, wenn der Bekl zwar nicht den Urkundenanspruch, wohl aber die zugrundeliegende Forderung bestreitet, Mü MDR **87**, 61. Es ist in diesem Zusammenhang unerheblich, ob ein bereits gelten gemachter außergerichtlicher Einwand des Antragsgegners begründet erscheint. Der Antragsteller muß gleichwohl mit einem Widerspruch des Antragsgegners rechnen, sofern der außergerichtliche Einwand eben erhoben wurde, Brschw MDR **99**, 570, Mü MDR **93**, 285, Stgt AnwBl **85**, 269, und nicht einen Rechtsmißbrauch darstellt, Hbg JB **76**, 61.

Nicht erstattungsfähig sind die Kosten des Mahnverfahrens ferner dann, wenn der Antragsgegner einen **122** *unbedingten Prozeßauftrag* erteilt, bevor er bzw der Antragsteller des Mahnverfahrens einen Antrag auf die Durchführung des streitigen Verfahrens nach § 696 I 1 gestellt haben, Schlesw SchlHA **81**, 72, aM Hbg MDR **83**, 233.

Eine Erstattungsfähigkeit fehlt ferner, wenn die *Parteien denselben Wohnsitz* haben, Schlesw SchlHA **85**, **123** 180, oder wenn sie in demselben LG-Bezirk wohnen, Schlesw JB **90**, 1471, oder wenn der Gläubiger im Mahnverfahren einen auch beim Gericht des streitigen Verfahrens vor einem Prozeßgericht in den neuen Bundesländern (ohne Berlin) dort zugelassenen Anwalt hätte beauftragen können, Düss MDR **97**, 301, oder *ein Sozius* am Ort der Partei die Kanzlei hat, die andere am Ort des Prozeßgerichts, KG JB **96**, 140. Etwas anderes gilt nur dann, wenn das Gericht trotz des Fehlens eines Antrags auf die Durchführung des streitigen Verfahrens fälschlich einen Verhandlungstermin anberaumt. Nicht erstattungsfähig sind Rechtsbeistandskosten neben Rechtsanwaltskosten, Karlsr Rpfleger **87**, 422, oder Kosten einer genossenschaftlichen Treuhandstelle, die von einer Bank zugezogen wurde, Kblz Rpfleger **89**, 524.

**Markensache:** S zunächst Rn 149. Die Mehrkosten infolge Vertretung durch einen beim Prozeßgericht zugelassenen Anwalt sind nicht erstattungsfähig, § 140 IV MarkenG. Wegen eines Patentanwalts § 140 V MarkenG und Rn 147. Die Kosten eines weiteren Anwalts, der nicht Patentanwalt ist, sind nicht erstattungsfähig, Düss JB **86**, 2084.

**Mehrheit von Gerichtsständen:** § 35 Rn 4. **124**

**Mehrheit von Prozeßbevollmächtigten, II 3:** Die Kosten mehrerer Anwälte sind insoweit erstattungspflichtig, als sie die Kosten eines einzelnen Anwalts nicht übersteigen, Düss AnwBl **93**, 40, oder als in der Person des Anwalts ein Wechsel eintreten mußte, II 3, Rn 55. Dieser Grundsatz läßt Ausnahmen zu, BVerfG **66**, 323. Es sind im einzelnen folgende beiden Fallgruppen zu unterscheiden:

**A. Anwaltswechsel.** Ein Grundsatz hat zahlreiche Auswirkungen.

**a) Grundsatz: Erstattungsfähigkeit bei Schuldlosigkeit.** Es kommt darauf an, ob die Partei die Kosten so niedrig hält, wie es eine redliche Prozeßführung verlangt, Schneider MDR **81**, 451. Die Kosten beider Anwälte sind insoweit erstattungsfähig, als die Partei und der erste Anwalt am Wechsel *schuldlos* sind, Düss RR **95**, 376 (Überörtliche Sozietät), Ffm AnwBl **85**, 38, Mü AnwBl **93**, 285, ZöHe 13 „Anwaltswechsel", aM Schneider MDR **81**, 451 (das Veranlassungsprinzip dürfe nicht in eine Verschuldenshaftung übergeführt werden). Die Partei muß im Zweifel *beweisen*, daß sie am Wechsel schuldlos ist. Dieser Fall kann zB vorliegen, wenn ihr Anwalt die Zulassung des Gerichts der Vertretung zulässigerweise aufgegeben hat, ohne daß die Partei ihm durch das eigene Verhalten dazu einen Anlaß gegeben hätte, Ffm Rpfleger **86**, 66, Kblz MDR **91**, 1098, oder wenn ihre Kündigung berechtigt war und wenn sie deren Notwendigkeit auch nicht früher erkennen konnte, Kblz JB **91**, 965.

**b) Beispiele zur Frage einer Erstattungsfähigkeit der Mehrkosten beim Anwaltswechsel** **125**
– **(Abgabe):** Erstattungsfähigkeit fehlt, soweit es vor der Rechtshängigkeit zur Abgabe kommt, Schlesw JB **91**, 702.
S auch Rn 130 „– (Unzuständigkeit)".
– **(Abmahnung):** S „– (Arrest, einstweilige Verfügung)".
– **(Abwickler):** Erstattungsfähigkeit liegt vor, soweit für den ausgeschiedenen bzw verstorbenen Anwalt zwar ein Abwickler bestellt worden ist, die Partei aber nun einen anderen als diesen Abwickler zu ihrem ProzBev bestellt, Hbg JB **85**, 1870, Mü AnwBl **94**, 301 (Ausnahme: Praxiskauf durch den Abwickler), AG Köln AnwBl **97**, 291.
S aber auch Rn 128 „– (Niederlegung)".

§ 91   1. Buch. 2. Abschnitt. Parteien

- **(Alter):** Erstattungsfähigkeit liegt vor, soweit der Anwalt wegen seines hohen Alters ausscheidet, Brschw JB **75**, 871, Ffm JB **74**, 1599, so wohl auch Ffm AnwBl **83**, 566.
- **(Anfechtung):** Rn 131 „– (Vergleich)".
- **(Arrest, einstweilige Verfügung):** Erstattungsfähigkeit fehlt, soweit die Partei vor einem wettbewerbsrechtlichen Eilverfahren den Gegner nicht abgemahnt hat, Ffm Rpfleger **90**, 313, oder soweit ein Antrag nach § 942 I nicht beim dafür ebenfalls zuständigen Gericht des Rechtfertigungsverfahrens gestellt worden ist, Kblz JB **91**, 90.
- **(Aufgabe der Vertretung):** Rn 128 „– (Niederlegung)".

126
- **(Benennung durch Gegner):** Erstattungsfähigkeit fehlt, soweit zu erwarten war, daß der ProzBev vom Gegner benannt werden würde, Hamm MDR **77**, 143.
- **(Betreuer):** Es gelten dieselben Regeln wie Rn 129 „– (Pfleger)".
- **(Eilverfahren):** Rn 125 „– (Arrest, einstweilige Verfügung)", Rn 129 „– (Selbständiges Beweisverfahren)".
- **(Erbe):** Rn 130 „– (Tod)".
- **(Ermittlungsverfahren):** Rn 130 „– (Untersuchungshaft)".
- **(Erschleichung des Gerichtsstands),** dazu § 12 Rn 22: Die Erstattungsfähigkeit fehlt dann, vgl Düss RR **98**, 71.
- **(Fahrzeughalter):** Erstattungsfähigkeit fehlt, soweit der Fahrzeughalter des Bekl zur Erhebung einer Widerklage einen anderen Anwalt bestellt, Düss MDR **95**, 474.
  S auch „– (Haftpflichtversicherung)".
- **(Freiwilligkeit):** Rn 128 „– (Niederlegung)"; Rn 129 „– (Streitgenossen)".
- **(Haft):** Rn 130 „– (Untersuchungshaft)".
- **(Haftpflichtversicherung):** Erstattungsfähigkeit fehlt, soweit der Haftpflichtversicherer des Klägers zur Abwehr der Widerklage einen anderen Anwalt bestellt, Köln AnwBl **85**, 534.
  S auch „– (Fahrzeughalter)".
- **(Hauptprozeß):** Rn 129 „– (Selbständiges Beweisverfahren)".

127
- **(Insolvenzverwalter):** Erstattungsfähigkeit fehlt, soweit der Anwalt zum Insolvenzverwalter wird und den Prozeß als solcher weiterführt, Kblz KTS **84**, 304, Mü MDR **89**, 460.
  S auch Rn 128 „– (Niederlegung)".
- **(Interessenkollision):** Erstattungsfähigkeit liegt vor, soweit objektiv eine vom Anwalt nicht vorhersehbare Interessenkollision die Beendigung seiner Tätigkeit herbeizwingt, Düss JB **93**, 731, Ffm AnwBl **83**, 566.
  Erstattungsfähigkeit *fehlt,* soweit der Anwaltswechsel darauf beruht, daß die Partei zu Unrecht einen Interessengegensatz befürchtet hat, Kblz MDR **79**, 407.
- **(Kündigung der Partei):** Erstattungsfähigkeit fehlt, soweit die Partei ohne zwingenden Grund kündigt (Fallfrage!), Ffm AnwBl **83**, 566, Hbg MDR **79**, 762, Hamm Rpfleger **81**, 29.
  S auch Rn 128 „– (Niederlegung)".
- **(Löschung):** Rn 128 „– (Niederlegung)".
- **(Mehrheit von Gegnern):** Erstattungsfähigkeit fehlt grds, soweit mehrere Gegner miteinander oder nebeneinander auftreten, KG NJW **72**, 960.
- **(Mißbrauch):** Rn 129 „– (Streitgenossen)".
- **(Nachlaßverwalter):** Erstattungsfähigkeit fehlt, soweit der Anwalt zum Nachlaßverwalter bestellt wird, vgl Ffm Rpfleger **78**, 419.
  S auch Rn 128 „– (Niederlegung)".

128
- **(Niederlegung):** Die Erstattungsfähigkeit fehlt, soweit der bisherige Anwalt die Vertretung freiwillig bzw vorwerfbar aufgibt oder niederlegt, Hbg JB **85**, 1871, LG Flensb Rpfleger **94**, 383, sei es auch wegen Arbeitsüberlastung oder grds schon wegen Benennung oder Vernehmung als Zeuge, Hamm Rpfleger **76**, 435, LG Bonn AnwBl **84**, 103, oder wenn die Partei einen Vorschuß nicht gezahlt hat, Mü JB **78**, 437, oder wenn er die Vertretung vorwerfbar verliert, Hartmann Teil X § 125 BRAGO Rn 6. Denn dann ist die Partei nach § 628 BGB von ihrer Leistungspflicht frei, Hbg MDR **81**, 768. Sie kann einen bereits gezahlten Vorschuß zurückverlangen, notfalls sogar im Klageweg.
  Die Erstattungsfähigkeit muß im allgemeinen auch dann verneint werden, wenn der Anwalt seine *Zulassung freiwillig aufgibt,* aM Hbg JB **93**, 351. Das gilt besonders dann, wenn der Anwalt seine Absicht, sich alsbald löschen zu lassen, oder die sonstigen Gründe, aus denen er den Prozeßauftrag voraussichtlich nicht werde beenden können, der Partei verschwiegen hat, Bbg JB **84**, 1562, Ffm BB **84**, 177, oder wenn er nach seiner Ernennung zum Beamten keinen Praxisabwickler bei der Landesjustizverwaltung verlangt, Hbg MDR **81**, 767. Es kommt jedoch auf die Umstände des Einzelfalls an, Ffm BB **84**, 177, Hamm RR **96**, 1343.
  S auch Rn 127 „– (Kündigung der Partei)".

129
- **(Pfleger):** Erstattungsfähigkeit fehlt, soweit der Anwalt zum Pfleger eines Streitgenossen wird usw, Hbg MDR **75**, 323.
- **(Pflichtanwalt):** S „– (Soziuseintritt)".
- **(Praxiskauf):** Rn 125 „– (Abwickler)".
- **(Rechtshängigkeit):** Rn 125 „– (Abgabe)".
- **(Selbständiges Beweisverfahren):** Erstattungsfähigkeit fehlt, soweit die Partei nach einem selbständigen Beweisverfahren für den Hauptprozeß einen anderen Anwalt beauftragt, weil der frühere im Hauptverfahren nicht zugelassen ist, Düss RR **98**, 1611 (nicht bei Unvorhersehbarkeit), Kblz JB **96**, 34, evtl auch wegen Differenzen, Hbg MDR **98**, 928 (Vorsicht!).
- **(Soziusaustritt):** Erstattungsfähigkeit fehlt, soweit die Partei nicht nach dem Ausscheiden eines Sozius einen anderen Sozius beauftragt, Mü JB **79**, 108, Schlesw JB **78**, 921; Ausnahmen können beim Vertrauensanwalt gelten, vgl Rn 130 „– (Tod)".

5. Titel. Prozeßkosten § 91

- **(Soziuseintritt):** Soweit ein Sozius eintritt, liegt überhaupt kein Anwaltswechsel vor, Hbg JB **75**, 773. Das gilt grds auch dann, wenn der neue Sozius erst nach der Bevollmächtigung zum Teilhaber wurde, § 84 Rn 2.
  *Anders* liegt es aber beim Pflichtanwalt. Denn dort begründet die Ausstellung der Vollmacht auf den Sozius keinen Anwaltsvertrag. Vgl auch § 100 Rn 49 ff.
- **(Streitgenossen):** Erstattungsfähigkeit fehlt, soweit Streitgenossen, die zunächst einen gemeinsamen Anwalt hatten, das Mandat ohne weiteren Grund freiwillig aufspalten, Ffm AnwBl **88**, 74 mwN, großzügiger jetzt Düss MDR **88**, 324 (nur bei Mißbrauch).
- **(Tod):** Erstattungsfähigkeit liegt vor, wenn der allein bearbeitende ProzBev stirbt, Ffm AnwBl **90**, 567, **130** Hbg JB **85**, 1870, ZöHe 13 „Anwaltswechsel", aM Düss Rpfleger **87**, 80, oder wenn der Verstorbene zwar Sozien hatte, aber persönlich das besondere Vertrauen der Partei genoß, Düss Rpfleger **87**, 80, strenger Ffm AnwBl **90**, 567, Mü AnwBl **95**, 109.
  Erstattungsfähigkeit *fehlt,* soweit die *Partei* stirbt und soweit keine besonderen Umstände dem Erben einen Anwaltswechsel als dringlich erscheinen lassen, Hbg MDR **79**, 762.
- **(Überlastung):** Rn 128 „– (Niederlegung)".
- **(Untersuchungshaft):** Ob eine Erstattungsfähigkeit vorliegt, soweit der ProzBev in Untersuchungshaft war, läßt sich erst auf Grund des Ausgangs des Ermittlungsverfahrens usw beurteilen, großzügiger FG Bre EFG **85**, 85.
- **(Unzuständigkeit):** Erstattungsfähigkeit kann vorliegen, soweit der Anwaltswechsel infolge der Rüge einer Unzuständigkeit notwendig geworden ist, Ffm AnwBl **82**, 384, Schlesw SchlHA **81**, 118. Das gilt allerdings nicht, soweit der Kläger von vornherein mit der Unzuständigkeit rechnen mußte, Düss MDR **84**, 320 (auch bei einer Klageerweiterung), Hamm MDR **97**, 201 (Widerklage), Kblz VersR **88**, 277. Im übrigen kommt es zunächst auf die Verweisung nach § 281 III 2 an, ferner darauf, ob die Partei damit rechnen mußte, daß in einem Verfahren mit grundsätzlichem Anwaltszwang über die Zuständigkeitsfrage überhaupt eine nach § 281 II 1 freigestellte mündliche Verhandlung stattfinden werde, § 281 Rn 22, 23.
  S auch Rn 125 „– (Abgabe)", „– (Arrest, einstweilige Verfügung)", Rn 131 „– (Zurückverweisung)".
- **(Vergleich):** Für die Erstattungsfähigkeit kommt es im Fall der Anfechtung eines Vergleichs darauf an, **131** wie lange er schon zurückliegt.
- **(Verschulden):** Rn 128 „– (Niederlegung)".
- **(Verschweigen):** Rn 128 „– (Niederlegung)".
- **(Vertrauensanwalt):** Rn 130 „– (Tod)".
- **(Verweisung):** Rn 130 „– (Unzuständigkeit)".
- **(Vorhersehbarkeit):** Vgl Rn 124.
- **(Vorprozeß):** Erstattungsfähigkeit kann vorliegen, soweit die Partei nicht den Anwalt des Vorprozesses erneut bestellt hatte, denn dazu ist sie keineswegs stets verpflichtet, auch nicht zwecks Kostenersparnis, Hbg AnwBl **80**, 372.
- **(Vorschuß):** Rn 128 „– (Niederlegung)".
- **(Widerklage):** Rn 130 „– (Unzuständigkeit)".
- **(Zeuge):** Erstattungsfähigkeit fehlt, soweit der Anwalt zum Zeugen der eigenen Partei wird, Hamm Rpfleger **76**, 435, oder zum Zeugen des Gegners.
  S auch Rn 128 „– (Niederlegung)".
- **(Zulassung):** Rn 128 „– (Niederlegung)".
- **(Zurückverweisung):** Ob eine Erstattungsfähigkeit vorliegt, soweit es zu einer Zurückverweisung gekommen ist, läßt sich nur nach den Umständen des Einzelfalls klären, Hbg MDR **75**, 852, im Ergebnis ebenso Köln JB **92**, 175.
  S auch Rn 130 „– (Unzuständigkeit)".
- **(Zuständigkeit):** Rn 130 „– (Unzuständigkeit)".

**B. Häufung von Prozeßbevollmächtigten,** dazu *Engels* MDR **99**, 1043 (Üb): Es ist wie folgt zu **132** unterscheiden.
  **a) Erstattungsfähigkeit bei Streitgenossen.** Jeder Streitgenosse und jeder Streithelfer darf grundsätzlich zunächst einen eigenen ProzBev beauftragen und unterrichten, BVerfG **81**, 390, Düss (21. ZS) JB **83**, 1094, LG Bielef JB **87**, 260, LG Münst JB **98**, 84, StJL **84**, 103, strenger Düss (10. ZS) Rpfleger **84**, 32, Köln JB **99**, 418, ZöHe 13 „Streitgenossen: 2". Das gilt auch dann, wenn erstmals in der zweiten Instanz mehrere Anwälte beauftragt werden, Düss Rpfleger **84**, 33, Karlsr AnwBl **94**, 41, Schlesw JB **92**, 473. Jeder Streitgenosse kann grds auch einen Anwalt für die anderen mitbeauftragen, LG Gött AnwBl **87**, 284 (auch zu Ausnahmen), LG Kiel AnwBl **88**, 297. Vgl zur Erstattungsfähigkeit bei Streitgenossen Rn 253, § 100 Rn 55. Soweit die Partei eine *Sozietät* beauftragt hat, ist § 6 BRAGO anwendbar und daher auch für die Erstattungsfähigkeit beachtlich, Rn 136 „Sozius".
  **b) Im übrigen: Oft keine Erstattungsfähigkeit.** Von Rn 132 abgesehen sind die Mehrkosten **133** mehrerer ProzBev grundsätzlich nicht erstattungsfähig, BVerfG MDR **84**, 729, Düss BB **81**, 1733, KG JB **96**, 140 (wegen einer überörtlichen Sozietät), Köln JB **94**, 95, Zweibr JB **98**, 651, aM Düss JB **93**, 686, Herrlein Rpfleger **95**, 400 (bei einer überörtlichen Sozietät; aber wo liegen die Grenzen?).
  **c) Beispiele zur Frage einer Erstattungsfähigkeit der Mehrkosten bei einer Häufung von 134 Prozeßbevollmächtigten**
- **(Ausländischer Anwalt):** Soweit er nach dem RADG auftritt, SchlAnH VII, ist deutsches Recht anwendbar, Mü Rpfleger **98**, 539.
  Vgl auch Rn 223, 224.
- **(Beweistermin):** Erstattungsfähigkeit kann für den Beweisanwalt vorliegen, Rn 83.
- **(Dritter):** Erstattungsfähigkeit fehlt, soweit die Partei die Auswahl des ProzBev einem Dritten überlassen hat und soweit ein weiterer Anwalt dem Dritten den Streit verkünden muß, Ffm VersR **80**, 584.

## § 91

- **(Einvernehmensanwalt):** Seine Kosten, vgl § 24a BRAGO, sind grds nicht erstattungsfähig, Mü MDR **98**, 1054.
- **(Erlaubnisträger):** Er kann jetzt bei einer eigenen Forderung Mahnanwaltskosten erstattet fordern, Hartmann Teil XII Art IX KostÄndG Rn 15: Hbg JB **98**, 545 ist überholt.
- **(Fahrer):** Rn 138 „– (Versicherung)".
- **(Finanzgericht):** § 139 FGO ist keine Sonderregel, BFH NJW **76**, 1264.
- **(Fiskus):** Erstattungsfähigkeit fehlt, soweit der Fiskus, zB die BRep, durch mehrere Ressortminister vertreten wird und jeder seinen eigenen Anwalt beauftragt, Köln JMBlNRW **70**, 159. Das gilt selbst dann, wenn die Ressortminister unterschiedliche Ansichten vertreten, Köln Rpfleger **80**, 157.
- **(Großunternehmer):** Erstattungsfähigkeit fehlt, soweit ein Großunternehmer für seine Mahnverfahren besondere Anwälte oder Rechtsbeistände einschaltet, Düss VersR **85**, 554.

135
- **(Halter):** Rn 138 „– (Versicherung)".
- **(Interessengleichheit):** S „– (Mißbrauch)".
- **(Krankheit):** Erstattungsfähigkeit fehlt, soweit der Anwalt für auch längere Zeit erkrankt ist, Mü MDR **70**, 428.
- **(Mahnverfahren):** Rn 134 „– (Großunternehmen)".
- **(Massenverfahren):** Rn 134 „– (Großunternehmen)".
- **(Mißbrauch):** Erstattungsfähigkeit fehlt, soweit Rechtsmißbrauch vorliegt, etwa bei deckungsgleicher Interessenlage, Karlsr AnwBl **94**, 41, Schlesw JB **92**, 473.
- **(Mitauftrag):** Erstattungsfähigkeit kann vorliegen, soweit ein Streitgenosse einen Anwalt für die anderen mitbeauftragt, LG Gött AnwBl **87**, 284 (auch zu Ausnahmen), LG Kiel AnwBl **88**, 297.

136
- **(Sozius):** Bei der Beauftragung einer Sozietät ist § 6 BRAGO auch im Rahmen der Erstattungsfrage mitbeachtlich, Ffm AnwBl **88**, 70, KG JB **99**, 417, LG Nürnb-Fürth BB **81**, 1975, aM Düss Rpfleger **93**, 369, Hamm AnwBl **81**, 31. Bei Erfolglosigkeit kann gegen einen früheren Sozius können die Kosten eines jeden Streitgenossen erstattungsfähig sein, Hbg MDR **89**, 824.
- **(Spezialrecht):** Der Grundsatz des Fehlens einer Erstattungsfähigkeit, Rn 133, gilt auch insoweit, als es sich um Spezialfragen handelt, BPatG GRUR **89**, 193 und 910, Kblz JB **84**, 922, Stgt AnwBl **81**, 196, aM Hamm JB **77**, 68, Kblz GRUR **87**, 576.
- **(Streitgenossen):** Rn 132.
- **(Streitverkündung):** Rn 134 „– (Dritter)".

137
- **(Überlassung des Vortrags):** Erstattungsfähigkeit fehlt auch insoweit, als der ProzBev den mündlichen Vortrag einem anderen Anwalt überlassen hat, Hamm JB **77**, 76.
- **(Überörtliche Sozietät):** Rn 136 „– (Sozius)".
- **(Verkehrsanwalt):** Die Mehrkosten eines Verkehrsanwalts können erstattungsfähig sein, Rn 220 ff.
- **(Verkehrsunfall):** Rn 138 „– (Versicherung)".
- **(Versicherung):** Die Mehrkosten sind grds nicht erstattungsfähig, wenn eine Versicherung für die Klage und für die Widerklage je einen Anwalt beauftragt, Hbg MDR **71**, 935, KG MDR **75**, 499, oder wenn sie für alle Bekl einen gemeinsamen Anwalt beauftragt und wenn der Fahrer oder Halter gleichzeitig oder später einen (weiteren) eigenen Anwalt ohne einen besonderen sachlichen Grund beauftragen, Kblz AnwBl **95**, 206, Köln JB **95**, 265, LG Bln NJW **97**, 2827, aM Mü AnwBl **98**, 284 (Mitversicherter), LG Bielef JB **97**, 260 (aber § 7 II Abs 5 AKB verpflichten Halter und Führer, sich mit dem Versicherer abzustimmen), LG Mü MDR **98**, 713.

138
Ein zur Erstattungsfähigkeit ausreichender *besonderer Grund* liegt aber vor, soweit der Versicherungsnehmer auch einen eigenen Anspruch geltend machen will, etwa durch eine Widerklage, Bbg VersR **86**, 396. Die Erstattungsfähigkeit dürfte auch grds immer bestehen, als der Versicherungsnehmer den eigenen Anwalt zeitlich zuerst beauftragt hat, KG JB **98** 199, LG Bln VersR **85**, 483, oder als eben kein gemeinsamer Anwalt, sondern für jeden Beteiligten ein eigener Anwalt auftritt, Schlesw SchlHA **84**, 133, oder soweit der von der Versicherung zusätzlich für den Halter mitbeauftragte Anwalt insoweit auf Erstattung verzichtet, Kblz VersR **89**, 929, oder soweit ein Interessenkonflikt besteht, Kblz AnwBl **95**, 206. Hat die Partei die Auswahl des ProzBev einem Dritten überlassen und muß ein weiterer Anwalt dem Dritten den Streit verkünden, dann sind die dadurch entstehenden Kosten nicht zur Rechtsverfolgung oder Rechtsverteidigung notwendig, Ffm VersR **80**, 584. § 139 II 1 FGO ist keine Sonderregel, BFH NJW **76**, 1264.
- **(Widerklage):** S „– (Versicherung)".

139 **Mehrheit von Prozessen:** Die Kosten mehrerer Prozesse können grundsätzlich erstattungsfähig sein. Denn keine Partei braucht grundsätzlich mehrere sachlichrechtliche Ansprüche in derselben Klage zu häufen, Kblz Rpfleger **91**, 80 (zwei Klagen gegenüber dem Hauptschuldner und dem Bürgen), Mü Rpfleger **94**, 431, LG Köln JB **91**, 1352, aM Hbg JB **83**, 1255. Wenn dieselben Auslagen, etwa Reisekosten, mehrere Prozesse betreffen, sind sie gegenüber jedem Unterlegenen als Gesamtschuldner erstattungsfähig. Denn kein Verlierer hat einen Anspruch auf eine Vergünstigung. Ab Verbindung sind nur noch die neu entstehenden Kosten eines Anwalts erstattungsfähig, die vor Verbindung entstandenen Kosten sind nach den obigen Regeln zu beurteilen.

140 Die Erstattungsfähigkeit *fehlt aber,* soweit für eine Trennung in mehrere Prozesse jeder sachliche Grund fehlt. Dieser Fall kann zB dann vorliegen, wenn der Gläubiger mehrere rechtlich selbständige gleichartige, einem einheitlichen Lebensverhältnis entspringende Ansprüche (zB Mieten, Wechsel) gegenüber demselben Schuldner in gesonderten Rechtsstreiten geltend macht, KG RR **92**, 1298, Mü Rpfleger **94**, 431, Zweibr Rpfleger **93**, 41, aM LG Köln JB **91**, 1352. Die Erstattungsfähigkeit fehlt ferner, wenn der Kläger aus einem einheitlichen Sachverhalt Ansprüche gegen mehrere Personen in getrennten Prozessen erhebt, Kblz AnwBl **90**, 46, aM LG Saarbr JB **99**, 366. Die Erstattungsfähigkeit kann fehlen, wenn der Kläger mehrere Bekl ohne einen sachlichen Grund in getrennten Prozessen statt in der Streitgenossenschaft desselben Prozesses belangt, was freilich bis § 36 Z 3 in seinem Belieben steht, Kblz MDR **90**, 159, oder wenn er sonstige willkürliche Zerlegung in mehrere Prozesse vorgenommen hat (Erschleichung des

5. Titel. Prozeßkosten § 91

Gerichtsstands), oder wenn er zB zwei Bürgen getrennt verklagt, Kblz Rpfleger **91**, 81. In den vorgenannten Fällen fehlt die Erstattungsfähigkeit aber nur für die Mehrkosten einer Mehrheit von Prozessen.
**Mehrkosten:** Rn 110 „Kennzeichenstreitsache", Rn 209 „Terminswahrnehmung", Rn 255.
**Mehrwertsteuer:** Rn 213.
**Meinungsumfrage:** Rn 277.
**Mieterverein:** Die Kosten sind insoweit erstattungsfähig, als der Mieterverein außerhalb der mündlichen 141 Verhandlung eingeschaltet wird. In diesem Fall richtet sich die Erstattungsfähigkeit im einzelnen nach derjenigen der Kosten eines Rechtsbeistands, Rn 182, LG Aachen JB **83**, 270, LG Siegen WoM **79**, 38, AG Leverkusen WoM **80**, 204; aM LG Düss JB **82**, 1722. Die Kosten sind nicht erstattungsfähig, soweit es sich um eine Terminswahrnehmung handelt, § 157 Rn 4, insofern aM Miesbach WoM **77**, 132. Eine Pauschalsumme ist nicht erstattungsfähig, AG Tostedt WoM **80**, 61.
S auch Rn 283.
**Nebenintervenient:** Rn 206 „Streithelfer". 142
**Normenkontrollverfahren:** Die Kosten dieses Verfahrens sind nicht erstattungsfähig. Denn es handelt sich um ein abgeschlossenes besonderes Verfahren.
**Notanwalt, Beiordnung:** Es gelten dieselben Regeln wie im Ablehnungsverfahren, Rn 70, abw Mü MDR **93**, 484.
**Ordnungsmittel:** Die Kosten eines Verfahrens um ein Ordnungsmittel gegen eine Partei, einen Zeugen 143 oder Sachverständigen zählen grds zu den Kosten des Hauptprozesses und sind mit diesen erstattungsfähig. Im zugehörigen Zwischenstreit oder Beschwerdeverfahren kann eine Erstattbarkeit zB dann bestehen, wenn das Gericht eine Stellungnahme der Partei eingefordert hat oder wenn es um einen Ablehnungsgrund geht, Hamm JB **79**, 117, Schneider DRiZ **79**, 186. Im übrigen besteht im Beschwerdeverfahren mangels eines Streits gerade zwischen den Parteien des Hauptprozesses grds keine Erstattungsfähigkeit, Hamm JB **79**, 119.
**Parteiwechsel:** § 263 Rn 15, 16.
**Patentanwalt:** Dazu gilt in den *neuen Bundesländern,* dazu KG JB **93**, 492: 144

*EV Anl I Kap III Sachgeb A Abschn III Z 11a.* **¹ Patentanwälte und Patentassessoren, die am Tag des Wirksamwerdens des Beitritts in die beim Patentamt der Deutschen Demokratischen Republik geführten Listen der Patentanwälte oder der Patentassessoren nicht nur vorläufig eingetragen sind, stehen Personen gleich, die nach § 5 der Patentanwaltsordnung die Voraussetzungen für den Zugang zum Beruf des Patentanwalts durch Prüfung erlangt haben. ² Die in die beim Patentamt der Deutschen Demokratischen Republik geführte Liste eingetragenen Patentanwälte sind nach der Patentanwaltsordnung zur Patentanwaltschaft zugelassen.**

A. **Grundsatz: Erstattungsfähigkeit bei Notwendigkeit.** Die Kosten des Patentanwalts sind im notwendigen Umfang grds erstattungsfähig, § 143 V PatG, Anh § 78 b GVG, BPatG GRUR **90**, 351, Mü MDR **98**, 308 mwN (Auftraggeber = Patentanwalt), LG Düss BB **75**, 328, ferner § 38 IV SortenSchG.
Die Erstattungsfähigkeit besteht *bis zur Höhe einer Anwaltsgebühr* nach § 11 I 1–4, II BRAGO, BPatG GRUR **89**, 910, Düss GRUR **86**, 166, Ffm JB **90**, 1296, KG JB **93**, 492 (20% Ermäßigung in den neuen Bundesländern) Karlsr AnwBl **89**, 107. § 11 I 3 BRAGO (Revisionsverfahren) findet allerdings keine Anwendung, Hbg MDR **88**, 684, Mü GRUR **79**, 339, aM Ffm GRUR **88**, 530.

B. **Beispiele zur Frage einer Erstattungsfähigkeit der Kosten eines Patentanwalts** 145
– (**Arbeitnehmererfindung**): Die Regeln Rn 149 „– (Rechtsanwalt)" gelten auch in einem Streit wegen einer Arbeitnehmererfindung, Karlsr AnwBl **89**, 106 (keine Anrechnung).
– (**Arrest, einstweilige Verfügung**): Erstattungsfähigkeit kann auch in solchem Eilverfahren vorliegen, Ffm JB **90**, 1296.
– (**Auslagen**): Erstattungsfähigkeit liegt auch wegen notwendiger Auslagen vor, BPatG GRUR **89**, 911, Düss GRUR **84**, 651, Ffm JB **90**, 1034.
S auch bei den einzelnen Auslagenarten.
– (**Auslandpatent**): Erstattungsfähigkeit liegt auch beim Streit über ein ausländisches Patent vor, Ffm GRUR **83**, 435.
– (**Auswärtiger**): Eine Partei ist nicht verpflichtet, stets nur einen am Geschäftsort residierenden Patentanwalt zu beauftragen, Ffm GRUR **98**, 1034.
– (**Eigene Sache**): Erstattungsfähigkeit fehlt grds, soweit der Patentanwalt in eigener Sache tätig ist, denn 146 II 4 ist nicht ausdehnend auslegbar und § 143 V PatG enthält keine entsprechende Regelung, Ffm Rpfleger **75**, 323, Mü JB **91**, 387, ZöHe 13 „Patentanwaltskosten", aM BPatG GRUR **82**, 293.
Erstattbar können aber die *Reisekosten* des Patentanwalts als Partei sein, Hamm AnwBl **87**, 48.
– (**Eintragung**): Erstattungsfähigkeit liegt vor, soweit formelle Eintragungsfragen zu klären sind, Ffm JB **97**, 599.
– (**Firmenschutz**): Da jetzt auch eine Firmenschutzsache nach § 140 MarkenG zu beurteilen ist, gilt für den mitwirkenden Patentanwalt § 140 V MarkenG in Verbindung mit § 11 BRAGO.
– (**Gebrauchsmuster**): Die Regeln zum Patentanwalt gelten auch im Verfahren nach § 27 GebrMG, Düss GRUR **80**, 136, Ffm JB **90**, 1296.
– (**Geschmacksmuster**): Die Regeln zum Patentanwalt gelten auch im Verfahren nach § 15 V GeschmMG, vgl Ffm JB **90**, 1296.
– (**Irreführende Werbung**): Erstattungsfähigkeit liegt vor, soweit der Patentanwalt wegen einer irreführ- 147 enden Werbung tätig wird, auch neben einem Rechtsanwalt, Rn 149 „– (Rechtsanwalt)".
– (**Name**): Rn 146 „Firmenschutz".
– (**Marke**): Die Regeln zum Patentanwalt gelten auch im Verfahren nach § 140 V MarkenG, Düss RR **98**, 1222, Ffm GRUR **98**, 1034, Hbg MDR **98**, 1311.
– (**Mehrheit von Auftraggebern**): Rn 150 „– (Streitgenossen)".

§ 91  1. Buch. 2. Abschnitt. Parteien

– **(Mitwirkung):** Erstattungsfähigkeit liegt vor, soweit der Patentanwalt mitwirkte und auch mitwirken mußte, BPatG GRUR **89**, 193, Düss BB **81**, 1546, Mü AnwBl **86**, 157, aM Düss Rpfleger **86**, 278, Ffm GRUR **83**, 435.

148 – **(Nichtigkeitsverfahren):** Erstattungsfähigkeit liegt vor, soweit der Patentanwalt im Patentnichtigkeitsverfahren tätig wird, BPatG GRUR **89**, 910 (auch in erster Instanz), auch neben einem Rechtsanwalt, Rn 149 „– (Rechtsanwalt)".

– **(Notwendigkeit):** Rn 144 sowie Rn 147 „– (Mitwirkung)".

– **(Patentrecherche):** Erstattungsfähigkeit liegt vor, soweit der Patentanwalt eine eigene Patentrecherche betreibt, Karlsr GRUR **83**, 507.

S auch Rn 145 „– (Auslagen)".

149 – **(Rechtsanwalt):** Erstattungsfähigkeit kann vorliegen, soweit der Patentanwalt neben einem Rechtsanwalt tätig geworden ist, BPatG GRUR **89**, 193, Nürnb GRUR **90**, 130. Das gilt sogar auch dann, wenn der Rechtsanwalt ein Mitglied derselben Sozietät war, BPatG GRUR **91**, 205. In einem technisch und/oder rechtlich schwierigen Fall ist solche Erstattungsfähigkeit im allgemeinen zu bejahen. Vgl bei den einzelnen Streitarten.

– **(Reisekosten):** Erstattungsfähigkeit liegt vor, soweit es sich um notwendige Reisekosten des Patentanwalts handelt, auch eines auswärtigen, Ffm Rpfleger **93**, 420 (keine Zulassung bei einem bestimmten Gericht).

S auch Rn 145 „– (Auslagen)", Rn 146 „– (Eigene Sache)".

150 – **(Sklavische Nachahmung):** Erstattungsfähigkeit liegt vor, soweit der Patentanwalt wegen einer sklavischen Nachahmung tätig wird, auch neben einem Rechtsanwalt, Rn 149 „– (Rechtsanwalt)", strenger Mü RR **86**, 616.

– **(Sortenschutz):** Die Regeln zum Patentanwalt gelten auch im Verfahren nach § 38 SortenSchG.

– **(Streitgenossen):** Erstattungsfähigkeit kann vorliegen, soweit Streitgenossen einen gemeinsamen Patentanwalt haben, und zwar der Höhe nach unter Beachtung von § 6 I 2 BRAGO, Düss BB **81**, 1546, Ffm Rpfleger **93**, 420.

– **(Technische Streitfrage):** Erstattungsfähigkeit liegt vor, soweit der Patentanwalt wegen einer schwierigen technischen Streitfrage eingeschaltet wird, Düss GRUR **77**, 277, Hamm JB **77**, 1007 je mwN, auch neben einem Rechtsanwalt, Rn 149 „– (Rechtsanwalt)", strenger Mü RR **86**, 616.

Erstattungsfähigkeit *fehlt* bei einer einfachen technischen Streitfrage, Ffm GRUR **93**, 161 (Zerlegen eines Hammers).

151 – **(Vergleichende Werbung):** Erstattungsfähigkeit liegt vor, soweit der Patentanwalt wegen einer vergleichenden Werbung tätig wird, auch neben einem Rechtsanwalt, Rn 149 „– (Rechtsanwalt)", strenger Düss GRUR **86**, 166.

– **(Vollstreckungsabwehrklage):** S „– (Zwangsvollstreckung)".

– **(Zwangsversteigerung):** Erstattungsfähigkeit kann auch im Verfahren nach dem ZVG vorliegen, Ffm Rpfleger **79**, 148.

– **(Zwangsvollstreckung):** Erstattungsfähigkeit kann vorliegen, soweit der Patentanwalt in einem Zwangsvollstreckungsverfahren tätig wird, zB nach §§ 887–890, Düss GRUR **83**, 512, oder bei einer Vollstreckungsabwehrklage nach § 767, Düss GRUR **85**, 220, auch neben einem Rechtsanwalt, Rn 149 „– (Rechtsanwalt)".

S auch „– (Zwangsversteigerung)".

152 **Patentingenieur:** Ein Patentingenieur ist kein Patentanwalt. Bei ihm ist die Erstattungsfähigkeit immer besonders zu prüfen. Dasselbe gilt bei einem anderen erlaubten technischen Berater.

**Pflegschaft, Vormundschaft:** Die Anwaltskosten eines Antrags auf eine solche Maßnahme sind mangels Anwaltszwangs vor dem Vormundschaftsgericht oft nicht nowendige Prozeßkosten, KG MDR **89**, 744, Mü JB **92**, 612, Schlesw SchlHA **87**, 46. Freilich sind solche Fälle oft schwierig, und auch wegen der Tragweite solcher Verfahren ist eine gewisse Großzügigkeit geboten.

S auch Rn 82 „Betreuung".

**Portokosten:** Sie sind grundsätzlich erstattungsfähig, Düss Rpfleger **74**, 230, jedenfalls soweit sie zur Vorbereitung nötig waren, Schlesw JB **92**, 172, VGH Mannh JB **90**, 1002, aM ThP 22. Einzelheiten Hartmann Teil X § 26 BRAGO Rn 10, 11.

**Postulationsfähigkeit:** Das Fehlen steht der Erstattungsfähigkeit nicht entgegen, soweit die Tätigkeit des Anwalts gleichwohl zweckdienlich war, KG Rpfleger **96**, 171.

**Privatgutachten:** Rn 102–106.

**Prozeßagent:** Rn 182.

153 **Prozeßkostenhilfe:** Das Verfahren zu ihrer Bewilligung ist kein Prozeß. Es läßt für eine Kostenentscheidung und eine Kostenerstattung keinen Raum, § 118 I 4, Ffm RR **97**, 1085, grds auch nicht in der Beschwerdeinstanz. Das letztere stellt § 127 IV klar, dort Rn 103. Eine zu Unrecht ergangene echte Kostenentscheidung kann ungeachtet ihrer Anfechtungsmöglichkeiten im Kostenfestsetzungsverfahren nicht mehr überprüft werden, Einf 17 vor §§ 103–107.

154 Wenn sich aber ein *Prozeß anschließt,* sind die erstinstanzlichen Kosten des PKH-Verfahrens des schließlich den Prozeß gewinnenden Antragstellers ein Teil der Prozeßkosten, Ffm Rpfleger **79**, 111, Köln FamRZ **98**, 836 (nicht über die Beiordnung hinaus), Stgt JB **98**, 936, aM Kblz JB **86**, 1412. Demgegenüber hat den im Hauptprozeß siegende Prozeßgegner des Antragstellers wegen § 118 I 4 keinen Erstattungsanspruch wegen seiner Auslagen im Bewilligungsverfahren des anderen, BGH **91**, 314, Celle AnwBl **83**, 92, Schlesw SchlHA **80**, 165, LG Duisb JB **81**, 771. Fahrtkosten und Verdienstausfall sind keineswegs stets zu erstatten, aM Stgt MDR **85**, 852.

S auch Rn 157, 220, 270.

155 **Prozeßstandschaft.** Erstattungsfähig sind allenfalls Kosten der auftretenden Partei, nicht solche der durch sie „vertretenen", Mü Rpfleger **80**, 232.

## 5. Titel. Prozeßkosten § 91

**Ratsgebühr,** dazu *Dittmar* NJW **86,** 2091 (ausf): Die Kosten der Beratung durch einen Anwalt dazu, welches **156** auswärtige Gericht zuständig und welcher dort zugelassene Anwalt auszuwählen ist, sind zumindest in der Höhe einer Beratungsgebühr erstattungsfähig, Düss MDR **83,** 760, Stgt AnwBl **82,** 439, strenger Bre JB **92,** 681. Die Kosten der Beratung dazu, ob sich der Bekl auf den bevorstehenden Prozeß einlassen soll, sind erstattungsfähig, KG MDR **85,** 1038 (wegen einer Ehesache), LG Bln MDR **82,** 499, LG Mannh **73,** 676 (betr eine Rechtsschutzversicherung), AG Marbg VersR **84,** 71 (betr eine Kaskoversicherung). Die Erstattungsfähigkeit besteht allerdings nur insoweit, als der zugrundeliegende Anspruch auch begründet ist, BGH NJW **70,** 1122, LG Duisb VersR **73,** 866. Es kommt nicht stets darauf an, ob die Voraussetzungen für die Bestellung eines Verkehrsanwalts vorlagen, Oldb JB **78,** 1811. Erstattungsfähig können auch die Kosten der Beratung im verwaltungsgerichtlichen Vorverfahren sein, OVG Bln AnwBl **85,** 53.

Erstattungsfähigkeit kann auch eine Ratsgebühr des erstinstanzlichen Anwalts wegen der Aussichten eines *gegnerischen Rechtsmittels* sein, Düss JB **92,** 39. Soweit jemand die Aufforderung erhalten hat, zu einem bereits anhängigen Verfahren eine Stellungnahme abzugeben, sich dann den Rat eines Anwalts geholt und unter Umständen auch die erbetene Stellungnahme abgegeben hat, dem Verfahren aber nicht förmlich beigetreten ist, kommt für oder gegen ihn im Verfahren grundsätzlich auch keine Kostenentscheidung in Betracht, vgl § 13 a FGG. In einem solchen Fall ist die Gebühr, die der Auftraggeber seinem Anwalt zahlen muß, nach den prozessualen Grundsätzen erstattungsfähig, BGH **31,** 97. Aus dem sachlichen Recht mag sich aber eine Ersatzpflicht desjenigen ergeben, der die Aufforderung zur Stellungnahme ausgesprochen hat. Eine solche Pflicht besteht freilich nicht, soweit die „Aufforderung" in Wahrheit nur eine „Anheimgabe" war.

Anwaltskosten für *vorprozessuale* Verhandlungen sind aber *nicht automatisch* erstattungsfähig, BGH RR **88,** 1199, Düss Rpfleger **96,** 526. Dasselbe gilt für Kosten eines Rats, der mit einer anderen gebührenpflichtigen Handlung zusammenhängt, Düss AnwBl **99,** 290.

**Rechtsanwalt,** dazu gilt in den *neuen Bundesländern* **157**

*EV Anl I Kap III Sachgeb A Abschn III Z 26 a.* [1] **Die sich aus den in Kraft gesetzten Vorschriften ergebenden Gebühren ermäßigen sich bei der Tätigkeit von Rechtsanwälten, die ihre Kanzlei in dem in Artikel 3 des Vertrages genannten Gebiet eingerichtet haben, um 10 vom Hundert.** [2] **Die Gebühren ermäßigen sich in gleicher Weise, wenn ein Rechtsanwalt vor Gerichten oder Behörden, die ihren Sitz in dem in Artikel 1 Abs. 1 des Vertrages genannten Gebiet haben, im Auftrag eines Beteiligten tätig wird, der seinen Wohnsitz oder Sitz in dem in Artikel 3 des Vertrages genannten Gebiet hat.** [3] **§ 11 Abs. 2 bleibt unberührt.**

*EV Anl I Kap III Sachgeb A Abschn III Z 27.* [1] **Der Bundesminister der Justiz wird ermächtigt, durch Rechtsverordnung die jeweils in den Buchstaben a) der Maßgaben zum Gerichtskostengesetz, zur Kostenordnung, zum Gesetz über Kosten der Gerichtsvollzieher, zum Gesetz über die Entschädigung der ehrenamtlichen Richter, zum Gesetz über die Entschädigung von Zeugen und Sachverständigen und zur Bundesgebührenordnung für Rechtsanwälte bestimmten Ermäßigungssätze zur Anpassung an die wirtschaftlichen Verhältnisse neu festzusetzen oder aufzuheben.** [2] **Die Rechtsverordnungen bedürfen der Zustimmung des Bundesrates, wenn sie sich auf Gesetze beziehen, die der Zustimmung des Bundesrates bedürfen.**

**Vorbem.** Z 26 a S 1 idF § 1 VO v 15. 4. 96, BGBl 604, in Kraft seit 1. 7. 96, § 3 VO.

**A. Allgemeines.** Vgl zunächst Rn 33 ff. Die gesetzlichen Gebühren und Auslagen des prozeßbevoll- **158** mächtigten RA und seines unter § 4 BRAGO fallenden Untervertreters, Hartmann Teil X § 4 BRAGO Rn 5 ff, 21, 22, Mü JB **93,** 485, s auch LG Konst JB **97,** 429 (nur bei Spezialrecht), sind nach II (nur) im Umfang der BRAGO, LG Oldb Rpfleger **84,** 35, *grundsätzlich* erstattungsfähig, *soweit die Mitwirkung des Anwalts zulässig* ist, Mü MDR **87,** 1030, AG Gelnhausen VersR **89,** 99. Das gilt auch dann, wenn sich die Partei nur für die eigene Prozeßführung beraten ließ, ohne den RA zum ProzBev zu bestellen, LG Bln MDR **82,** 499. Die Erstattungsfähigkeit besteht also auch im Parteiprozeß sowie im Mahnverfahren und dann, wenn der Kläger nach einem Übergang in das streitige Verfahren erklärt, er werde den Prozeß nicht weiter betreiben, andererseits aber auch die Klage nicht zurücknimmt, Saarbr JB **77,** 253. Einschränkungen gelten bei § 12 a I 1 ArbGG, Rn 72. Höhere als die gesetzlichen Beträge sind nicht erstattungsfähig, VGH Kassel AnwBl **97,** 287, soweit nicht zB durch Vergleich übernommen.

Wer im *Prozeß* (Klage, Antrag, auch im Eilverfahren usw Mahnbescheid), einer Entscheidung **159** *oder einem Rechtsmittel überzogen* worden ist, so daß auch für diesen Rechtszug ein Prozeßrechtsverhältnis entstanden ist, Grdz 3 vor § 128, Mü MDR **87,** 1006 (anders vorher, LG Ffm AnwBl **90,** 100), der *darf grundsätzlich* ohne weiteres und *sofort* einen *Anwalt* mit der erstattungsfähigen Wahrnehmung seiner Interessen *beauftragen*, BGH VersR **74,** 194, Köln FamRZ **88,** 1312, Schlesw MDR **99,** 382, aM Mü JB **99,** 35. Das gilt auch in einem einfachen Fall, LG Bln VersR **88,** 303 (Einspruch gegen ein Versäumnisurteil, das eine Teilklagerücknahme nicht beachtet hatte), aM AG Aschaffenb FamRZ **92,** 1342, AG Dortm VersR **84,** 48, oder wenn die Klage nicht wirksam oder vor dem unzuständigen Gericht erhoben worden ist, Düss MDR **86,** 37, oder wenn sie offensichtlich unbegründet ist, zB wegen einer Namensverwechslung, LG Bln MDR **89,** 165, vgl auch LG Bln MDR **90,** 1122, oder wenn der Gegner erklärt, er wolle das Verfahren nicht weiterbetreiben, wenn das Rechtsmittel nur zur *Wahrung der Rechtsmittelfrist* eingelegt worden ist. Denn es besteht bereits die Gefahr des Erlasses eines vollstreckbaren Urteils oder einer Zwangsvollstreckung aus einem bereits ergangenen.

Diese letztere Frage ist **heftig umstritten. Wie hier** zB Ffm (6. ZS) RR **86,** 1320 mwN, Hbg JB **97,** 142, Köln BB **97,** 2452, Schlesw AnwBl **97,** 291, Stgt Rpfleger **98,** 261, LAG Köln MDR **97,** 754 links, ZöHe 13 „Berufung".

**Abweichender Meinung** sind zB Bbg JB **95,** 658, ferner Drsd JB **98,** 469, Ffm (12. ZS) JB **84,** 1030, Karlsr (11. ZS) JB **95,** 89, Köln (17. ZS) JB **92,** 1087 und 1189, Naumb AnwBl **99,** 56, im Ergebnis auch Nürnb JB **93,** 91; **anderer Meinung** sind zB Brschw MDR **97,** 981, Düss RR **99,** 142, Ffm (18.

## § 91

ZS) MDR **94**, 1151, Hbg JB **97**, 141, KG AnwBl **84**, 621, Karlsr Rpfleger **97**, 128, LG Bückeb AnwBl **92**, 285.

**160** Man muß allerdings ein *Stillhalteabkommen* der Parteien berücksichtigen, Ffm RR **86**, 1320, Nürnb NJW **82**, 1056. Die bloße Bitte des Gegners um Stillhalten ist kein entsprechendes Abkommen. Ein Fristverlängerungsgesuch beendet ein solches Abkommen, richtig insofern Karlsr Rpfleger **97**, 128.

**161** Die Erstattungsfähigkeit besteht im übrigen unabhängig davon, in welchem *Zeitpunkt* der Anwalt beauftragt worden ist, Mü AnwBl **85**, 44, also auch unabhängig davon, ob infolge eines früheren oder späteren Auftrags höhere oder geringere Gebühren entstanden wären, Hamm AnwBl **76**, 444. Es kann zB die Hinzuziehung eines Anwalts auch noch dann notwendig werden, wenn der Prozeßgegner in einer Nachfrist nach § 283 plötzlich Neues vorträgt, LG Bln MDR **84**, 58. Sie ist auch unabhängig davon, ob der Anwalt vor dem Rechtsmittelgericht wirksam Anträge stellen kann, KG RR **96**, 53 mwN, aM Karlsr MDR **97**, 508; es reicht aus, daß er dennoch eine sinnvolle Tätigkeit ausüben kann, etwa durch einen Vortrag im Amtsermittlungsverfahren nach Grdz 38 vor § 128 vor dem Rechtsmittelgericht, Zweibr FamRZ **82**, 187. Die Erstattungsfähigkeit ist auch unabhängig davon, ob der Anwalt seine Kosten dem Auftraggeber schon berechnet hat und ob der letztere sie schon bezahlt hat, Hbg JB **78**, 442, und ob sich dem Gericht oder dem Gegner des Auftraggebers als solcher zu erkennen gegeben hat, LG Bln VersR **89**, 409, LG Neubrdb JB **96**, 640.

Wenn *mehrere Personen* in denselben Prozeß verwickelt werden, kann sich zunächst jede einen besonderen Anwalt nehmen, Düss MDR **74**, 853, Hamm Rpfleger **81**, 29. Erstattungsfähig sind auch Kosten eines Antrags des erstinstanzlichen Anwalts nach § 515 III, aM Schlesw JB **96**, 540 und 541. Ist aber erst im Rechtsmittelverfahren und nur zwecks Anträgen nach § 515 III eingehaltetn Anwalt mag eine Erstattungsfähigkeit fehlen, sollte aber nach den Gesamtumständen geprüft werden, etwa bei einer Unklarheit, ob die Rücknahme wirksam war, Mü MDR **99**, 568.

**162** Die *Hebegebühr* kann erstattungsfähig sein, vgl das Hauptstichwort „Geld". Die Erstattungsfähigkeit ist unabhängig davon, ob der Anwalt dem Auftraggeber unterhaltspflichtig ist, LG Bln JB **77**, 1447.

**163** *Reisekosten* des prozeßbevollmächtigten Anwalt zu einem auswärtigen Termin sind regelmäßig bis zur Höhe der Kosten eines auswärtigen Anwalts erstattungsfähig, Köln JB **96**, 94. Wenn der auswärtige Beweistermin wegen seiner Wichtigkeit persönlich wahrzunehmen ist, AG Aichach AnwBl **77**, 314, was man großzügig bejahen sollte, vgl LG Hagen AnwBl **74**, 165, dann sind die vollen notwendigen Reisekosten des Anwalts erstattungsfähig. Dasselbe gilt für eine Reise zu einem Termin, der dem Abschluß eines Prozeßvergleichs dienen soll. Im übrigen ist stets zu prüfen, ob die Hinzuziehung gerade dieses Anwalts erforderlich war, LAG Kiel MDR **94**, 216. Wegen der Höhe der Reisekosten vgl § 28 BRAGO.

Erstattungsfähig sind auch die Anwaltskosten aus Anlaß der *Teilnahme an einem Termin*, den ein Sachverständiger anberaumt hatte, § 407 a Rn 15, oder zur Besichtigung, soweit sie für eine Stellungnahme im Prozeß erforderlich ist, VG Stgt AnwBl **85**, 544.

**164** *Keine* Erstattungsfähigkeit liegt vor, soweit das nach § 3 BRAGO vereinbarte Honorar seine gesetzliche Vergütung übersteigt, abw Fritze GRUR **98**, 225 (zT unkorrekt zitierend), oder soweit der Anwaltsauftrag offensichtlich ausschließlich dem Gegner Kosten verursachen soll, Hamm NJW **70**, 2217, oder soweit es sich um den nach § 25 I BRAGO mit abgegoltenen allgemeinen Geschäftsaufwand des Anwalts handelt (evtl Ausnahme zB Juris-Recherchekosten, SG Bln AnwBl **94**, 367), oder soweit ein nicht nach § 4 BRAGO zu beurteilender Vertreter des Anwalts für ihn handelt, etwa ein Assessor, ZöHe 13 „Angestellte", vgl Hartmann Teil X § 4 BRAGO Rn 5 ff, aM Ffm MDR **75**, 767, oder wenn die Partei eine von ihrem ProzBev vorzunehmende, ihm ohnehin zu vergütende Tätigkeit durch einen anderen Anwalt vornehmen läßt, oder soweit der RA gegen das RBerG verstößt, AG Freibg VersR **73**, 974, oder soweit der Anwalt an die Geschäftsreise eine Urlaubsreise anknüpft, Mü AnwBl **96**, 645. Im Verfahren zur Bewilligung einer Prozeßkostenhilfe hat der Antragsgegner grundsätzlich keinen Erstattungsanspruch.

**165** **B. Kosten des auswärtigen Rechtsanwalts, II 1, 2.** Vgl zunächst Rn 45. Es kommen hier in erster Linie die Kosten eines solchen RA in Betracht, der bei einem Prozeßgericht in den neuen Bundesländern (ohne Berlin) weder beim Prozeßgericht bzw nach § 78 I beim übergeordneten LG zugelassen ist, noch der im Prozeß vor einem AG oder LG in Berlin oder den alten Bundesländern am Ort des Prozeßgerichts wohnt, II 1 Hs 2, Rn 46 ff.

Solche Kosten sind erstattungsfähig, soweit die Hinzuziehung dieses RA zu einer zweckentsprechenden Rechtsverfolgung oder Rechtsverteidigung notwendig ist, Kblz JB **95**, 264, LAG Düss AnwBl **81**, 504, AG Emmendingen WoM **89**, 426. Die Erstattungsfähigkeit ist also hier gegenüber der grundsätzlichen Erstattungsfähigkeit, Rn 158, eingeschränkt. Immerhin kann der am Ort der auswärtigen Zweigstelle wohnende Anwalt Reisekosten zum Hauptgericht erstattet fordern, LAG Nds Rpfleger **84**, 33, Schneider MDR **83**, 811, ZöHe 13 „Auswärtige Abteilung", aM LG Mü MDR **85**, 588 mwN. Das gilt auch beim bloßen Verkündungstermin, denn er kann zB Auflagen und Fristen auslösen; das übersieht VGH Mannh Rpfleger **89**, 301.

**166** Wenn der Anwalt, und zwar beim Prozeßgericht in den neuen Bundesländern (ohne Berlin) der beim Prozeßgericht zugelassene, seinen Wohnsitz oder seine Kanzlei *am Ort des Prozeßgerichts* oder von dessen auswärtiger Abteilung hat, ergeben sich keine Besonderheiten. Die Erstattungsfähigkeit seiner Mehrkosten ist auch dann zu bejahen, wenn er seine Kanzlei am Ort der auswärtigen Abteilung hat und wenn der Prozeß nicht ebenfalls dort stattfindet, Karlsr Rpfleger **94**, 383, aM LG Mü MDR **85**, 589.

Wenn der Anwalt, und zwar beim Prozeßgericht in den neuen Bundesländern (ohne Berlin) der beim Prozeßgericht zugelassene, seinen Wohnsitz oder seine Kanzlei aber an einem *anderen Ort* als dem Prozeßgericht oder einer auswärtigen Abteilung dieses Gerichts hat *(Simultananwalt)*, II 2, Rn 49, dann muß man die Kosten einschließlich der Reisekosten des tatsächlich hinzugezogenen Anwalts denjenigen Kosten *gegenüberstellen*, die dann entstanden wären, wenn die Partei einen am Ort des Prozeßgerichts bzw seiner auswärtigen Abteilung wohnenden Anwalt beauftragt hätte, Kblz JB **93**, 428, Mü MDR **92**, 308.

## 5. Titel. Prozeßkosten § 91

Dabei muß man auch die Kosten mindestens einer notwendigen *Informationsreise* der Partei zu diesem 167 RA berücksichtigen, Bbg JB **91**, 1659, Karlsr AnwBl **82**, 203, Mü MDR **92**, 308 (in der Berufungsinstanz strengere Anforderungen), strenger Bbg (1. ZS) JB **92**, 612, LAG Köln AnwBl **85**, 275, LG Mü AnwBl **85**, 533 (abl Schmidt).

In einem nicht ganz einfachen Fall sind auch die Kosten einer *weiteren* Reise zu berücksichtigen, Ffm AnwBl **82**, 489. Ebenso muß man die Kosten für etwaige Beweistermine berücksichtigen, die von dem auswärtigen Anwalt ohne Reisekosten wahrgenommen werden konnten, während sonst ein anderer Anwalt hätte beauftragt werden müssen oder während sonst für den Anwalt vom Ort des LG Reisekosten entstanden wären.

Dabei kann sich ergeben, daß die Beauftragung des auswärtigen Anwalt sogar *billiger* sein kann. In 168 diesem Fall sind seine Reisekosten natürlich erst recht erstattungsfähig, ähnlich Hamm JB **78**, 1035, LG Bonn Rpfleger **91**, 388, Ffm AnwBl **86**, 406. Dem steht nicht entgegen, daß nicht wirklich entstandene Kosten grundsätzlich auch nicht ersetzt werden können. Denn das „Mehr" kann durch die Einsetzung der genannten Rechnungsposten berechnet werden. Man darf aber nicht die fiktiven Reisekosten der Partei zum Gericht mit den Kosten des auswärtigen Anwalts vergleichen, Karlsr MDR **82**, 1025. Im übrigen werden solche Mehrkosten des Simultananwalts nicht ersetzt, II 2, insbesondere nicht bei einem auffälligen Mißverhältnis zur Bedeutung der Sache und zur Höhe der weiteren Prozeßkosten, Stgt Just **74**, 182; aber Vorsicht mit solcher Annahme! Das gilt auch bei einer Verweisung vom AG ans LG. Allerdings sind eben nur die Mehrkosten nicht erstattungsfähig. Zur Erstattung der Kosten eines ausländischen Beweisanwalts LG Köln AnwBl **82**, 532.

Im *Arbeitsgerichtsverfahren* ist Großzügigkeit geboten, LAG Düss ZIP **80**, 471 (Betriebsrente), LAG Stgt 169 BB **79**, 1352, ArbG Wetzlar BB **93**, 583; vgl freilich auch § 12 a I 1 ArbGG, dazu LAG Bln BB **93**, 583; zur Hinweispflicht des RA Rewolle BB **79**, 1353.

Im *Finanzgerichtsverfahren* gelten dieselben Grundsätze wie im Zivilprozeß, vgl zB FG Bln EFG **86**, 518, FG Saarbr EFG **85**, 33. Im *Verwaltungsgerichtsverfahren* gilt § 162 II VwGO; die Vorschrift enthält nicht die Einschränkung des § 91 II ZPO, VG Karlsr AnwBl **82**, 208. Das scheint VGH Mannh Rpfleger **89**, 301 zusätzlich zu übersehen. Vgl Rn 303.

Der Anwalt darf in den Grenzen von Rechtsmißbrauch, Einl III 54, Rn 173 die bequemste und *zeitsparendste Reiseart* wählen; das ist auch bei der Erstattungsfähigkeit zu beachten, Bbg JB **81**, 1305, Ffm GRUR **98**, 1034. Einzelheiten Hartmann Teil X § 28 BRAGO.

**C. Vertretung in eigener Sache, II 4.** Vgl Rn 56 ff. Die Vorschrift regelt eine eng auszulegende 170 Ausnahme, LG Wuppert ZMR **91**, 183. Sie regelt nicht einen Vergütungsanspruch gegen einen Auftraggeber, sondern einen Erstattungsanspruch des sich selbst vertretenden Anwalts gegen seinen Prozeßgegner, LG Wuppert ZMR **91**, 183. Sie zieht die Folgerungen aus § 78 (jetzt) IV, BVerfG **53**, 207.

Der RA muß *selbst tätig* geworden sein, und zwar als: Partei; Streitgenosse, insbes Sozius, Düss ZMR 171 **97**, 528; Streithelfer; gesetzlicher Vertreter eines Beteiligten; Vorstandsmitglied; Partei kraft Amts, Grdz 8 vor § 50, Kblz Vers **82**, 197. Es reicht also nicht aus, daß der RA in einer anderen Eigenschaft als anderen RA unterrichtet, § 1 II BRAGO, Kblz JB **92**, 399. Ebensowenig reicht es aus, daß ein RA nur in seiner weiteren Eigenschaft als Notar tätig wird, AG Friedberg DGVZ **81**, 47, oder daß der Anwalt überhaupt nicht in einer Art tätig wird, auf die die BRAGO anwendbar ist, Hartmann Teil X § 1 BRAGO Rn 22 ff, zB als Beisitzer einer Einigungsstelle nach dem BetrVG, BAG DB **87**, 441. Entscheidend ist das tatsächliche Tätigwerden in eigener Sache, nicht dessen Erkennbarkeit, Rn 57, VG Schlesw NJW **84**, 940.

Der RA hat unter dieser Voraussetzung (hinsichtlich des Verfahrens der freiwilligen Gerichtsbarkeit 172 EGH Hamm AnwBl **77**, 323 mwN; wegen des finanzgerichtlichen Verfahrens FG Bre AnwBl **97**, 124) einen *Anspruch* auf die Vergütung eines bevollmächtigten RA. Diese Regelung ist in allen Verfahrensverordnungen im Prinzip anwendbar, BVerfG **71**, 24 (für die Verfassungsbeschwerde, freilich nicht für einen Hochschullehrer); eine abweichende Regelung enthält § 13 a FGG, Köln MDR **91**, 547. Die ZPO-Regelung ist nur dann vgl vereinbar, BVerfG **53**, 213, aM LG Zweibr Rpfleger **83**, 330 (für den Strafprozeß). Sie gilt, soweit nicht eine bloße Bagatelle mit einem klaren Sachverhalt vorliegt.

Die Erstattungsfähigkeit besteht mit dieser Einschränkung auch für den Fall einer *außergerichtlichen* 173 Geltendmachung, LG Mannh AnwBl **75**, 68, AG Bielefeld AnwBl **76**, 50, AG Neunkirchen AnwBl **78**, 185, aM LG Hbg AnwBl **80**, 82.

Erstattungsfähig sind auch die *Reisekosten*, wenn der RA nicht am Prozeßort wohnt, dort aber zuge- 174 lassen ist, Ffm Rpfleger **72**, 180, Hamm MDR **75**, 762, ThP 13 ff, aM Mü Rpfleger **70**, 291. Erstattungsfähig ist der Aufwand zur Wahrnehmung eines auswärtigen Beweistermins, soweit die persönliche Anwesenheit erforderlich ist, wie § 357 I (das Anwesenheitsrecht gibt auch zusammen mit der prozessualen Obliegenheit). Erstattungsfähig ist auch eine Verkehrsgebühr, soweit der RA als ProzBev seiner Ehefrau eine Unterrichtung eines auswärtigen Kollegen vornimmt, § 1364 BGB, BFH NJW **70**, 912.

Wenn *mehrere* Anwälte Partei sind, kann sich jeder Anwalt grundsätzlich selbst vertreten. Jeder kann 175 also seine Kosten erstattet verlangen, es sei denn, er habe einen der anderen Anwälte bevollmächtigt, Düss ZMR **97**, 528, Mü Rpfleger **81**, 71, Stgt JB **98**, 142, aM Karlsr JB **98**, 142, LG Bln JB **98**, 143 (Berufung), ZöHe 13 „Rechtsanwalt". Dem steht weder entgegen, daß die getrennt eingereichten Schriftsätze inhaltlich übereinstimmen, noch, daß nicht alle Anwälte im Termin anwesend waren, Ffm AnwBl **81**, 155. Wegen eines Simultananwalts in eigener Sache vgl Rn 165. Wegen des Einspruchsverfahrens vor dem Finanzamt BFH NJW **73**, 1720. Wegen einer Verfassungsbeschwerde BVerfG AnwBl **76**, 164.

Die Grenzen der Erstattungsfähigkeit liegen dort, wo *Treu und Glauben* verletzt würden, Einl III 54, 176 Rn 169, Düss ZMR **97**, 528, Hbg MDR **80**, 501, Kblz VersR **85**, 747, großzügiger Mü Rpfleger **81**, 71, strenger KG MDR **85**, 851, Stgt Rpfleger **80**, 194, LG Bln MDR **89**, 166 (sie stellen darauf ab, ob für die Aufspaltung der Mandate sachliche Gründe vorlagen).

177  Die *Verkehrsgebühr* ist im übrigen grundsätzlich nicht erstattungsfähig, Kblz MDR **87**, 852. Denn der RA hat im allgemeinen die Fähigkeit, selbst einen anderen RA zu unterrichten, Düss Rpfleger **84**, 37, Mü JB **82**, 1035, Schlesw JB **86**, 884.

178  Das gilt auch dann, wenn der RA als Testamentsvollstrecker einen anderen Anwalt unterrichtet oder wenn er eine solche Tätigkeit als Insolvenzverwalter oder sonstwie als *Partei kraft Amts* vornimmt, Düss MDR **80**, 320, KG Rpfleger **81**, 411, Stgt Rpfleger **83**, 501, aM Karlsr KTS **78**, 260, Stgt JB **76**, 192. Mit der oben genannten Ausnahme sind auch die Kosten des Verkehrsanwalts der Ehefrau nicht erstattungsfähig, Kblz VersR **86**, 451, Schlesw SchlHA **86**, 144. S auch Rn 236.

179  Die rechnerisch auf die Gebühren und Auslagen entfallende *Umsatzsteuer* ist grundsätzlich nicht erstattungsfähig, soweit der Anwalt in einer eigenen beruflichen, nicht privaten Angelegenheit tätig war, BFH **120**, 133, Hbg MDR **99**, 764, Hamm AnwBl **86**, 453, aM Düss MDR **93**, 483, LG Bln Rpfleger **77**, 220.

180  Allerdings ist die durch eine Besteuerung des *Eigenverbrauches* bei einer Vertretung in einer eigenen Angelegenheit ausgelöste Umsatzsteuer erstattungsfähig, sofern der Anwalt überhaupt umsatzsteuerpflichtig ist, Hamm AnwBl **86**, 453, OVG Münst AnwBl **89**, 399. Zum Begriff des Eigenverbrauches Hamm MDR **85**, 683, Schlesw SchlHA **85**, 78, OFD Düss BB **82**, 850.
S auch Rn 213.

181  **D. Anwaltsvertreter.** Die Erstattungsfähigkeit der Gebühren und Auslagen eines Anwaltsvertreters ist dann, wenn es sich um einen Assessor handelt, von Fall zu Fall zu prüfen, da § 4 BRAGO unanwendbar ist, LG Freibg AnwBl **74**, 284, AG Hagen NJW **75**, 940 mwN. Wenn es sich um einen Referendar handelt, gelten die §§ 4, 28 II BRAGO. Wegen der Vertretung durch den Bürovorsteher vgl Hartmann Teil X § 4 BRAGO Rn 10 „Bürovorsteher".

182  **Rechtsbeistand:** Die Kosten eines solchen Rechtsbeistands, der auf Grund des RBerG erlaubtermaßen tätig ist, sind selbst dann erstattungsfähig, wenn er nicht als Prozeßagent zugelassen ist. Das ergibt sich aus

KostÄndG Art IX. ¹ ¹ **Die Bundesgebührenordnung für Rechtsanwälte gilt für die Vergütung von Personen, denen die Erlaubnis zur geschäftsmäßigen Besorgung fremder Rechtsangelegenheiten erteilt worden ist, sinngemäß.** ² **Eine Vereinbarung, durch die die Höhe der Vergütung vom Ausgang der Sache oder sonst vom Erfolg der Tätigkeit abhängig gemacht wird, ist nichtig.** ³ **Für die Erstattung der Vergütung gelten die Vorschriften der Verfahrensordnungen über die Erstattung der Vergütung eines Rechtsanwalts sinngemäß.**

II **Absatz 1 Satz 2 gilt nicht für Frachtprüfer und Inkassobüros.**

Vgl also zunächst Rn 114, 157, § 157 Rn 7, KG NJW **91**, 1305, Kblz KTS **85**, 122. Die Erstattungsfähigkeit fehlt zB dann, wenn der Rechtsbeistand nicht auftreten darf, OVG Münster Rpfleger **73**, 145, vgl auch Rn 141, oder im Mahnverfahren neben Anwaltskosten, Karlsr Rpfleger **87**, 422. Die Erstattungsfähigkeit ist jetzt auch der Höhe nach ebenso wie beim RA zu beurteilen. *Nicht* erstattungsfähig sind solche Kosten, die für die Vertretung einer genossenschaftlichen Treuhandstelle aufgewendet wurden, einschließlich der zugehörigen Auslagen.

**Rechtsgutachten:** Rn 101.
**Rechtsschutzversicherung:** Sie ändert grds nichts an der Erstattungsfähigkeit, Kblz JB **99**, 420.
**Referendar:** Rn 84, 157.
**Reisekosten:** Rn 84, 92, 145, 147, 157, 165, 215, 221, 294.
**Rentenberater:** Rn 269 „Versorgungsausgleich".
**Revision:** Rn 80 „Bayerisches Oberstes Landesgericht", Rn 249.
**Richterablehnung:** Rn 70.
**Sachverständiger:** Soweit seine Kosten zu den Gerichtskosten zählen, sind sie stets erstattungsfähig. Wegen des Parteigutachtens Rn 83, 101, 277.
S auch Rn 101 „Gutachten", Rn 277 „(-Gutachten)".

183  **Schaden:** Er ist erstattungsfähig, soweit ihn ein gerichtlicher Sachverständiger nicht vermeiden kann, Kblz JB **78**, 120.
Er ist *nicht* erstattungsfähig, soweit es sich nicht um Aufwendungen für die Prozeßführung handelt. Das gilt zB für: Einen Zinsverlust; Finanzierungskosten; eine Entwertung; einen entgangenen Gewinn. In diesen Fällen besteht allenfalls ein sachlichrechtlicher Anspruch auf Grund einer unerlaubten Handlung. Wegen der Zwangsvollstreckung vgl § 788 Rn 19.

**Schiedsrichterliches Verfahren:** Seine Kosten richten sich nach § 1057.

184  **Schreibauslagen:** Es gelten die folgenden Regeln:

**A. Schreibauslagen des Rechtsanwalts.** Während die Frage, ob und in welchem Umfang der Anwalt vom Auftraggeber den Ersatz von Schreibauslagen usw fordern kann, nach den §§ 25 II, 27 BRAGO abschließend zu beantworten ist, richtet sich die Erstattungsfähigkeit im Verhältnis zwischen dem Auftraggeber und dessen Prozeßgegner nach den Grundsätzen des § 91, vgl auch (allgemein) BVerfG **61**, 209 und **65**, 74 (je zu § 34 IV BVerfGG), Düss RR **96**, 576. Dabei ist ein zwar nicht kleinlicher, aber auch *nicht zu großzügiger* Maßstab geboten, BVerwG NJW **71**, 709, Schlesw JB **85**, 248, LAG Hamm AnwBl **84**, 316, aM Ffm AnwBl **79**, 437, ZöHe 13 „Ablichtungen, Abschriften"; zu großzügig bejaht Ffm AnwBl **85**, 205 allgemein die Erstattungsfähigkeit auch wegen solcher Fotokopien, deren Originale sich beim Prozeßgegner befinden (sollen).

185  Es kommt dabei auf den *Herstellungszeitpunkt* an, Bbg JB **84**, 1358.

186  *Allgemeine Geschäftsunkosten* sind auch hier nicht erstattungsfähig. Die Schreibauslagen sind erstattungsfähig, soweit der Auftraggeber dazu berechtigt war, eine *Abschrift* eines Schriftsatzes oder eines Protokolls usw vom Anwalt zu fordern. Die Herstellungsart ist wegen der klaren Wortlauts von II 1 grds unerheblich, Rn 41 ff. Die Erstattungsfähigkeit fehlt, soweit der RA nach dem Vertrag mit dem Auftraggeber ohnehin

## 5. Titel. Prozeßkosten § 91

zur kostenfreien Erteilung einer Abschrift verpflichtet ist oder eine Abschrift gemäß KV 9000 III a kostenfrei beziehen kann, Mü Rpfleger **83**, 86. Den ersten Durchschlag eines eigenen Schriftsatzes muß der RA auslagenfrei geben. Zusätzlich geforderte Durchschläge braucht er nur gegen ein Entgelt zu liefern. Insofern ist § 27 BRAGO auch hier beachtlich.
Eine *Fotokopie* ist im allgemeinen wie eine Abschrift zu behandeln. Schlesw SchlHA **73**, 176. Ihre Notwendigkeit ist also grundsätzlich unabhängig von § 27 BRAGO zu prüfen, Rn 42, Drsd **99**, 147, Stgt MDR **88**, 500 (großzügig).

*Beispiele der Erstattungsfähigkeit:* Die Anlage ist nach § 131 erforderlich, Ffm Rpfleger **75**, 31, Stgt **187** AnwBl **74**, 355, ZöHe 13 „Ablichtungen, Abschriften", aM Ffm JB **78**, 1342. In Betracht kommt ferner folgender Fall: Die Anlage ist nach § 133 erforderlich, Karlsr AnwBl **86**, 547, Kblz JB **91**, 537, LG Mü MDR **91**, 256; die obliegende Partei hätte Ablichtungen selbst billiger herstellen können als ihr Anwalt, Rn 42.

*Weitere Beispiele:* Es handelt sich um ungewöhnlich viele Streitgenossen, Mü Rpfleger **78**, 152, Schlesw SchlHA **83**, 143; es geht um die Information einer Versicherungsgesellschaft, Düss Rpfleger **73**, 316, LG Düss AnwBl **83**, 557; die Kopie ist für den selbständig vertretenen Streitgenossen des Auftraggebers bestimmt, LAG Hamm MDR **88**, 524; die Abschrift oder Kopie kann zur Beschleunigung des Prozesses eher beitragen als das Original, KG Rpfleger **75**, 107; das Original ist unersetzbar, Bbg JB **81**, 1679, LG Ffm AnwBl **82**, 319; das Gericht nimmt in einer Entscheidung auf eine Antragsanlage Bezug, Ffm Rpfleger **75**, 31; die Akten eines Vorprozesses sind schwer erreichbar, vgl Hbg MDR **75**, 935; für das Verhalten der Partei im Prozeß sind Kopien wichtig, Ffm MDR **78**, 498; der ProzBev benötige die Gutachten ständig, LG Bln MDR **82**, 327; es handelt sich um eine im Arrestverfahren, LG Ffm **76**, 471; das Gesamtbild einer Urkunde ist wichtig, Schlesw SchlHA **79**, 43; es handelt sich um die Abschrift eines erstattungsfähigen, eingereichten Privatgutachtens, OVG Lüneb AnwBl **84**, 322; es geht um Urkundenkopien (Doppel für den Prozeßgegner) im Urkunden-, Scheck- oder Wechselprozeß, Kblz BB **89**, 2288.

*Beispiele des Fehlens der Erstattungsfähigkeit:* Es handelt sich um eine Urschrift für das Gericht, um eine **188** Abschrift für die Handakten, den Auftraggeber und den Prozeßgegner, um eine Urteilsabschrift, eine Protokollabschrift, um eine Abschrift einer Behördenauskunft, Bbg JB **86**, 68; der Anwalt hätte die Urkunde in den Text der Klageschrift usw einarbeiten müssen, § 253 II Z 2, Drsd RR **99**, 147; es geht um die Information eines nicht einmal wirtschaftlich am Prozeß beteiligten Dritten, Ffm NJW **74**, 2095, Schlesw JB **73**, 966; es handelt sich um zahlreiche, wahllose, bedeutungslose Kopien, LG Essen JMBlNRW **79**, 104; es geht um ganze Akten, soweit ein Auszug gereicht hätte, Ffm MDR **78**, 498, Hbg JB **78**, 1511. Reichlich engherzig versagt LAG Hamm MDR **81**, 789 die Erstattung der Kosten von Fotokopien unveröffentlichter Entscheidungen schlechthin. Nicht erstattungsfähig sind aber Fotokopien aus der Fachliteratur, Schlesw SchlHA **82**, 60, LAG Hamm MDR **81**, 789, aM LAG Köln JB **84**, 872.

**B. Schreibauslagen der Partei.** Sie sind insoweit erstattungsfähig, als sie notwendig sind, vgl auch **189** (allgemein) BVerfG **61**, 209. Das kann zB nach § 169 I der Fall sein, AG Darmstadt JB **78**, 750, ferner bei einer nicht anwaltlich vertretenen Partei, OVG Hbg Rpfleger **84**, 329, Schreibauslagen einer Behörde sind als solche hier ebenfalls eines Anwalts zu behandeln, Hamm Rpfleger **82**, 439. Zu Behördenkopierkosten usw Hüttenhofer Rpfleger **87**, 292.

**C. Schreibauslagen des Gerichts.** Sie sind nicht erstattungsfähig, soweit es sich um eine Abschrift **190** handelt, die zum Zweck einer von Amts wegen notwendigen Zustellung angefertigt werden muß. In einer Schiffahrtssache ist eine großzügige Bejahung geboten, KG Rpfleger **74**, 25.

**D. Schreibauslagen des Streithelfers.** Soweit der Prozeßgegner der vom Streithelfer unterstützten **191** Hauptpartei seine Kosten trägt, § 101 I Hs 1, sind auch die zB zur Information aus einer Gerichtsakte angefallenen Schreibauslagen des Streithelfers erstattungsfähig, Düss VersR **79**, 870.
S auch Rn 124.

**Schutzschrift,** dazu *Deutsch* GRUR **90**, 327 (332), *Hilgard*, Die Schutzschrift im Wettbewerbsrecht, 1986; **192** *May,* Die Schutzschrift im Arrest- und Einstweiligen-Verfügungs-Verfahren, 1983, *Steinmetz*, Der „kleine" Wettbewerbsprozeß, 1993; *Wilke*, Abmahnung und Schutzschrift im gewerblichen Rechtsschutz, 1991:
Die Kosten einer (trotz der dogmatischen Probleme besonders in Wettbewerbssachen eingebürgerten) sog Schutzvorschrift, Grdz 7 vor § 128, § 920 Rn 3, können unabhängig von der Zulassung des Anwalts bei diesem Gericht und vor Entstehung eines *Prozeßrechtsverhältnisses*, Grdz 5 ff vor § 128, erstattungsfähig sein, also nicht vorher, Düss JB **91**, 942, Hbg JB **96**, 91, Mü Rpfleger **93**, 126, aM Ffm GRUR **96**, 229, Köln Rpfleger **95**, 518, Bülow ZZP **87**, 275. Die Kosten einer erst nach der Beendigung des Prozeßrechtsverhältnisses eingehenden Schutzschrift sind aber nicht erstattungsfähig, Köln JB **81**, 1827.

**Selbständiges Beweisverfahren,** dazu *Hansens* Rpfleger **97**, 363, *Wirges* JB **97**, 567 (je: Üb): **193**
**A. Kostengrundentscheidung.** Mangels Vergleichs, § 98, Kblz MDR **98**, 562, gilt:
**– Grundsatz: Keine Entscheidung.** Im selbständigen Beweisverfahren ergeht regelmäßig jedenfalls zunächst grundsätzlich keine Kostengrundentscheidung. Das gilt sowohl dann, wenn ein zugehöriger Hauptprozeß noch ungewiß ist, als auch dann, wenn er bereits anhängig ist, vgl auch § 494a (zur Ausnahme, Rn 194). Es kommt auch nicht darauf an, ob das Gericht den Beweisantrag als unzulässig verwirft oder als unbegründet abweist oder ob es ihm stattgibt. Es kommt auch nicht darauf an, ob die Beweisaufnahme in einem Gutachten oder in einer Augenscheinseinnahme oder in einer Zeugenvernehmung oder in einer anderen Beweisaufnahmeart besteht und ob es im Beweisverfahren zu einer mündlichen Verhandlung, zur schriftlichen Ergänzung eines Gutachtens, zu einer Ablehnung und denen ein Erfolg kommt usw.
Die Frage der grundsätzlichen Notwendigkeit oder Entbehrlichkeit einer Kostengrundentscheidung ist allerdings **streitig. Wie hier** zB BGH **132**, 104, Düss MDR **97**, 692, Karlsr BB **98**, 1127.
**Demgegenüber** meinen manche, untereinander uneinig, eine Kostengrundentscheidung sei jedenfalls dann notwendig, wenn das Gericht einen Beweisantrag ablehne, wenn der Antrag zurückgenommen werde, wenn im Beweisverfahren eine Erledigung dieser „Hauptsache" eintrete, Lindacher JR **99**, 278 (aM) Hbg MDR **98**, 242) oder wenn keine Hauptsacheentscheidung folge, Hbg MDR **98**, 1124,

oder wenn das Gericht den Beweisantrag zurückweise, Ffm MDR **98**, oder den Beweisbeschluß aufhebe; so Hamm RR **97**, 959, Karlsr JB **96**, 375, LG Hann JB **98**, 98.

Diese Ansichten **überzeugen nicht**. Natürlich wird das Gericht auch im Beweisverfahren nicht kostenlos tätig, soweit nicht Prozeßkostenhilfe bewilligt werde. Indessen ist der Antragsteller Kostenschuldner gegenüber der Staatskasse nach §§ 49 ff GKG. Er ist auch als Auftraggeber seinem Anwalt gegenüber zahlungspflichtig. Der Gegner des Antragstellers ist dem eigenen Anwalt gegenüber ebenso als Auftraggeber zahlungspflichtig. Für die Auslagen des Gerichts, zB wegen eines Sachverständigen, haftet der Antragsschuldner mit. Aus allen diesen Gründen wäre eine Kostengrundentscheidung im Beweisverfahren allenfalls als Grundlage eines prozessualen Kostenerstattungsanspruchs sinnvoll. Indessen ist das Beweisverfahren in seiner gegenwärtigen Ausprägung weder ein Rechtsstreit, Köln VersR **92**, 639, noch ein ihm ähnliches Eilverfahren, etwa demjenigen nach §§ 916 ff vergleichbar. Es handelt sich vielmehr um ein selbständiges gerichtliches Verfahren, dessen Ergebnisse zwar unter Umständen in einem gleichzeitigen oder nachfolgenden Hauptprozeß erhebliche Bedeutung haben können, das aber nicht ein Prozeßrechtsverhältnis gegenüber dem etwaigen Prozeßgegner des Antragstellers begründet, zumindest nicht im engeren Sinn, Köln VersR **92**, 639.

Daher ist derjenige, der die im Beweisverfahren entstandenen Kosten ersetzt haben möchte, für den Fall eines gleichzeitigen oder nachträglichen Hauptprozesses auf ihre Geltendmachung als Prozeßkosten im dortigen Verfahren angewiesen, soweit sie dort anerkannt werden können, oder muß einen etwaigen sachlichrechtlichen Ersatzanspruch notfalls gesondert *einklagen,* Üb 66 vor § 91, Hbg MDR **71**, 852, insofern unklar BGH NJW **83**, 284, aM Düss MDR **97**, 886. Natürlich ist eine etwa doch im Beweisverfahren ergangene Kostengrundentscheidung bis zu ihrer Aufhebung usw ein Festsetzungstitel nach §§ 103 ff, LG Bln JB **86**, 440.

**194** – **Ausnahme: Kostenentscheidung.** S § 494 a. Diese bloße Ausnahme ist als solche gerade *nicht* ausdehnend anwendbar; das verkennen Celle MDR **93**, 914, Ffm MDR **98**, 128, Karlsr MDR **91**, 993.

**195** **B. Kostenerstattung.** Im isolierten Beweisverfahren erfolgt mangels Kostengrundentscheidung, Rn 193, etwa nach § 494 a II 1, auch keine Kostenerstattung, Düss RR **97**, 1312, AG Dortm WoM **90**, 339. Soweit es gleichzeitig mit einem oder im Anschluß an ein Beweisverfahren zu einem oder mehreren Hauptprozessen kommt (und nicht nur zum Eilverfahren etwa nach §§ 916 ff, Mü MDR **98**, 1183, aM Kblz JB **95**, 482), die sich auch nur teilweise auf die Fragen erstrecken, die Gegenstand der Beweisaufnahme waren oder sein sollten, können die Kosten der Beweisaufnahme mit Ausnahme derjenigen, über die eine rechtskräftige Entscheidung nach § 494 a II 1 ergangen ist, § 494 a Rn 9 ff, 15, zu den Kosten des oder der Hauptprozesse zählen und insofern wie sonst erstattungsfähig sein, BGH **132**, 104. Das gilt grds unabhängig davon, ob die Ergebnisse der Beweisaufnahme im Hauptverfahren mitverwertet werden konnten, mitverwertet worden sind und auf das Ergebnis des Hauptprozesses Einfluß hatten, BGH NJW **83**, 284, KG JB **97**, 320, Nürnb JB **94**, 104, aM Kblz VersR **84**, 1175, Nürnb OLGZ **94**, 351 (Abhängigkeit von Verwertung), Schlesw JB **95**, 36.

**196** Freilich muß zwischen den *Parteien* des Beweisverfahrens (Antragsteller und „Antragsgegner") einerseits und den Parteien des oder der Hauptprozesse *Nämlichkeit* bestehen, Hbg MDR **99**, 766, Mü JB **96**, 36, aM Schlesw AnwBl **95**, 270.

**197** Ferner muß zwischen dem *Streitgegenstand,* § 2 Rn 3, des Beweisverfahrens und des Hauptprozesses ebenfalls *Nämlichkeit* vorliegen, Hamm JB **96**, 376, Kblz JB **96**, 36 und 375, Nürnb JB **96**, 35, aM Karlsr JB **96**, 36, Schlesw AnwBl **95**, 269 (je: Teilnämlichkeit: anteilig), Hamm JB **82**, 920.

**198** Ferner muß über den Gegenstand des Beweisverfahrens überhaupt *mitentschieden* worden sein, Hbg MDR **89**, 362, Mü Rpfleger **82**, 196. Ob ein Versäumnisurteil die erforderliche Sachentscheidung enthält, ist notfalls anhand der Klagebegründung zu prüfen, § 322 Rn 8, KG Rpfleger **82**, 195. Die Abweisung eines Hilfsanspruchs als unschlüssig ist eine der Rechtskraft fähige Sachentscheidung; das verkennt Hbg JB **90**, 1470. Bei einer Klagerücknahme umfaßt der ja nur klarstellende Anspruch nach § 269 III die Kosten des vor der Anhängigkeit der Hauptsache stattgefundenen selbständigen Beweisverfahrens nicht, Mü MDR **98**, 307, aM Celle JB **84**, 1581.

**199** Soweit überhaupt eine Erstattungsfähigkeit in Betracht kommt, etwa wegen gesetzwidrig erzwungener isolierter Kostenentscheidung, Rn 195, sind die Kosten der Beweisaufnahme, wiederum mit Ausnahme der nach § 494 a II 1 vorab ausgeurteilten, Rn 195, als *außergerichtliche* Kosten des Hauptprozesses zu betrachten, nicht also als Gerichtskosten. Das gilt unabhängig von § 493, eher ja nur die Beweisaufnahme als eine solche des Hauptprozesses bewertet, nicht auch die Kosten des Beweisverfahrens als solche des Gerichts bestimmt, Ffm JB **92**, 173, Mü MDR **99**, 893, Nürnb JB **96**, 33, aM (es handle sich stets um Gerichtskosten) Karlsr Rpfleger **96**, 375, Mü MDR **99**, 637, Zweibr MDR **96**, 1078.

**200** Aus der Zugehörigkeit der Kosten zu den außergerichtlichen Kosten des Hauptprozesses folgt: Soweit die Kosten des nachfolgenden Hauptprozesses *gegeneinander aufgehoben* werden, hat keine Partei einen Erstattungsanspruch, § 92 I 2. Denn sie sind außergerichtliche Kosten, s oben.

**201** Soweit es um *mehrere* gleichzeitige oder nachfolgende Hauptprozesse geht, muß man die Kosten des selbständigen Beweisverfahrens im Verhältnis der Streitwerte auf diese Prozesse verteilen, Hbg JB **83**, 1257, LG Bln ZMR **88**, 341, ZöHe 13 „Selbständiges Beweisverfahren", aM Mü MDR **89**, 548 (das Streitwertverhältnis sei nur bei überschießendem Wert des Beweisverfahrens maßgeblich).

**202** Wenn der Wert des Beweisverfahrens, dazu Anh § 3 Rn 102, den Wert des nachfolgenden Prozesses *übersteigt,* dann muß man eine Verteilung und Quotelung vornehmen, Celle Rpfleger **97**, 452, Mü Rpfleger **89**, 302, LG Stgt JB **97**, 532. Das gilt auch bei wertunabhängigen Kosten, aM LG Landau Rpfleger **90**, 386. Entsprechendes kann gelten, wenn es nur gegen einzelne Gegner des zunächst isolierten Beweisverfahrens zum Prozeß kommt, Hbg MDR **86**, 592, Kblz JB **90**, 1010 (kein Schematismus), LG Tüb MDR **98**, 499. Die Kosten eines Beweisverfahrens für eine im Hauptprozeß zur Aufrechnung gestellte Forderung sind nur insoweit erstattungsfähig, als das Gericht über die Aufrechnung mit einer Rechtskraftwirkung entschieden hat, Mü Rpfleger **82**, 196.

## 5. Titel. Prozeßkosten § 91

Erstattungsfähig sind auch die Kosten des Beweisverfahrens des Erstgläubigers im Prozeß des *Abtretungs-* 203
*nehmers* mit dem Schuldner jedenfalls auch unter dem Gesichtspunkt von Vorbereitungskosten, Düss
MDR **85**, 1032. Daher sind auch die Kosten eines zurückgewiesenen Antrags auf die Durchführung eines
Beweisverfahrens Kosten des Rechtsstreits, soweit man später zu dem Ergebnis kommen muß, daß ein
Beweisverfahren zweckmäßig gewesen wäre, Düss NJW **72**, 295, Nürnb NJW **72**, 771, aM Schlesw
SchlHA **75**, 88 (solche Kosten seien dann nicht erstattungsfähig). In jedem Fall ist wie sonst bei § 91 zu
prüfen, ob die Kosten „notwendig" waren, ob man sie also im Zeitpunkt ihrer Entstehung im Beweisverfahren, rückwirkend betrachtet, als nicht nur sinnvoll, sondern geradezu erforderlich betrachten mußte,
Hamm Rpfleger **87**, 385, Kblz VersR **90**, 1255, LG Aachen RR **92**, 472. Allerdings findet im Kostenfestsetzungsverfahren nur noch eine Prüfung darauf statt, ob die Kosten des Beweisverfahrens auch im
einzelnen (und nicht das ganze Verfahren überhaupt) notwendig waren, Hamm Rpfleger **73**, 370. Für die
Notwendigkeit ist es wiederum unerheblich, ob die Ergebnisse des Beweisverfahrens auch im Hauptprozeß benutzt worden sind, Nürnb NJW **72**, 771.
**Sicherheitsleistung:** Erstattungsfähig sind: Die Kosten für eine Sicherheitsleistung nach § 110; die Kosten 204
der Rücknahme der Sicherheitsleistung; die Kosten einer Bankbürgschaft, BGH NJW **86**, 2438, Düss JB
**96**, 430, Nürnb JB **90**, 1473.
S aber auch Rn 285. Vgl auch § 788 Rn 38.
**Sondervergütung:** Rn 107 „Honorarvereinbarung".
**Sozietät:** Rn 132.
**Standesrecht:** Ein Verstoß kann nur dann zur Beeinträchtigung der Erstattungsfähigkeit führen, wenn
dadurch vermeidbare, nicht „notwendige" Kosten verursacht worden sind, Hbg JB **80**, 720, LG Bonn
Rpfleger **90**, 436, strenger Stgt JB **99**, 314 (bei § 46 I BRAO).
**Steuerberater:** Die Erstattungsfähigkeit seiner Kosten ist nur nach den Gesamtumständen des Einzelfalls 205
unter Anwendung von §§ 612 II, 632 II BGB zu beurteilen. Die Vergütungsordnung ist mitverwertbar, aber nicht bindend. Die Erstattungsfähigkeit kann nicht über die gesetzliche Vergütung des RA
nach der BRAGO hinausgehen. Vgl ferner Mü Rpfleger **77**, 327, für die Zwangsvollstreckung § 788
Rn 43 „Steuerberater", für das finanzgerichtliche Verfahren § 139 III 1 FGO und zB FG Hbg EFG
**85**, 84.
**Streitgenossen:** Rn 132, 253, 254, § 100 Rn 56 ff. 206
**Streithelfer:** Rn 132, 253, 254, § 100 Rn 56 ff.
**Streitverkündung:** Ihre Kosten sind nicht erstattungsfähig. Denn die Streitverkündung wahrt nur die
Interessen gegenüber einem Dritten und nicht gegenüber dem Prozeßgegner, Ffm AnwBl **80**, 258, Mü
MDR **89**, 548, aM Düss VersR **78**, 64. Ausnahmen gelten bei §§ 75, 841. Wenn der Verkündungsgegner
dem Rechtsstreit beitritt, gilt für ihn § 101 I und II.
**Streitwert:** Bei seiner Festsetzung entstehen keine Gerichtsgebühren, § 25 IV 1 GKG, und findet keine 207
Kostenerstattung statt, § 25 IV 2 GKG. Bei einer Schätzung muß entweder die veranlassende Partei die
Kosten tragen, § 26 S 2 GKG, oder die Staatskasse, vgl § 1 GKG.
**Stufenklage:** Vgl Üb 37 vor § 91, § 254 Rn 20, dazu Mü MDR **88**, 782. Unterliegt der Kläger also in der
letzten Stufe, so hat er grds (vgl aber auch § 93 d) die Kosten des gesamten Rechtsstreits zu tragen, Hamm
RR **91**, 1407. Erkennt der Bekl den Anspruch der ersten Stufe (durch Gutachtenvorlage) an und siegt er
in der letzten Stufe, so kann er die Gutachterkosten nicht auf Grund des Kostentitels (zur letzten Stufe)
erstattet fordern, Kblz JB **90**, 1473. Im übrigen ist grds nach jeder Stufe über die zugehörigen Kosten zu
entscheiden. Auskunftskosten können erstattbar sein, Kblz JB **97**, 430.
**Syndikus:** Rn 204 „Standesrecht".
**Teilklagen:** Rn 139, 140. 208
**Telefonkosten:** Rn 96 „Fernsprechkosten".
**Terminswahrnehmung:** Die Reisekosten zwecks Wahrnehmung eines Verhandlungstermins sind grds 209
erstattungsfähig, vgl BVerfG **36**, 308, ferner Stgt JB **92**, 471, VGH Mü BayVBl **76**, 317 mwN, und zwar
bei der gebotenen großzügigen Betrachtung der Parteikosten im Anwaltsprozeß bzw bei anwaltlicher
Vertretung, vgl auch Rn 92, Hamm Rpfleger **92**, 83, Kblz AnwBl **96**, 412, Köln VersR **93**, 75, aM Mü
GRUR **84**, 162, LG Lpz JB **97**, 427 (aber die persönliche Anwesenheit der Partei ist jedenfalls im Prinzip
meist auch dann sinnvoll, wenn das Gericht ihr Erscheinen nicht angeordnet hat). Die Terminswahrnehmung kann für die Partei sogar vor dem Revisionsgericht geboten sein, wenn es zB einen Vergleich
angeregt hat, Schlesw JB **71**, 255. Auch die Kosten der Wahrnehmung eines bloßen Verkündungstermins
sind grds erstattungsfähig. Denn in einem solchen Termin kann zB eine Entscheidung verkündet werden,
die eine Frist bereits durch die Verkündung in Lauf setzt. Die Partei muß imstande sein, den Fristbeginn
unverzüglich zu erfahren; das übersehen ThP 16.
Der reine *Zeitverlust* ist grds nicht erstattungsfähig, Karlsr VersR **85**, 1095, aM Düss MDR **97**,
1070 (Urlaub), Hbg JB **91**, 1089 (Handelsgesellschaft), Stgt MDR **90**, 636 (Behörde). Freilich darf die
Partei nicht die Mehrkosten ihrer betriebsinternen Zentralorganisation auf den Erstattungspflichtigen
mitabwälzen, Ffm JB **85**, 1884, LG Landau Rpfleger **92**, 269, LG Schweinf JB **94**, 685.
S auch Rn 83, 92, 96, 258, 294.
**Testkauf:** Rn 289.
**Trennung:** Rn 140.
**Treuhandstelle:** Ihre Kosten sind nicht erstattungsfähig.
**Übernachtungskosten:** Sie können bei über 10 Stunden Hin- und Herfahrt erstattungsfähig sein, Drsd
RR **98**, 1292.
**Übersetzungskosten,** dazu *Jessnitzer*, Dolmetscher (1982) 7. Abschnitt P: Auch hier gilt der Grundsatz, daß 210
man die Kosten möglichst niedrig halten muß, Rn 29, BVerfG NJW **90**, 3073. Sie sind in diesem Rahmen
grds erstattungsfähig, BVerfG NJW **90**, 3072, Ffm VersR **80**, 1123, LG Münst JB **79**, 903 (wegen der
Übersetzung für eine Zustellung). Das gilt auch für den Schriftwechsel der Partei mit ihrem Anwalt, wenn
er die Sprache der Partei nicht beherrscht, BPatG GRUR **92**, 689, Düss AnwBl **83**, 560, ZöHe 13

# § 91
### 1. Buch. 2. Abschnitt. Parteien

„Übersetzungskosten", aM Düss Rpfleger **83**, 367. Das gilt jedenfalls, soweit die Übersetzung zur Rechtsverfolgung erforderlich ist. Das letztere muß regelmäßig bejaht werden.

**211** *Dolmetscherkosten* sind evtl nicht erstattungsfähig, wenn es um einen einfachen Sachverhalt geht, die schriftliche Übersetzung für das Vorgehen der Parteien ohne Bedeutung ist und ihre Kosten außer Verhältnis zur Klagforderung stehen, vgl BVerfG NJW **90**, 3072.

**212** Bei einem *sprachkundigen Anwalt* genügt unter Umständen eine mündliche Information, LG Waldshut VersR **74**, 70. Bei einer schriftlichen Übersetzung kommt es also darauf an, ob gerade die Schriftform notwendig ist, LG Waldshut VersR **74**, 70. Die Kosten der Übersetzertätigkeit des RA sind insoweit erstattungsfähig, als er eine Urkunde, ein Urteil usw genau übersetzen muß. Denn insofern liegt nicht eine typische Anwaltstätigkeit vor, BPatG GRUR **92**, 689, Stgt Rpfleger **81**, 834, OVG Münst AnwBl **91**, 593.
S auch Rn 224 „Ausländischer Verkehrsanwalt".

**213 Umsatzsteuer** (Mehrwertsteuer): Sie ist *nur insoweit* erstattungsfähig, *als* die *Partei* gerade die in diesem Fall entstandene Umsatzsteuer zweifelsfrei, Düss AnwBl **93**, 42, aM Bre JB **93**, 286, *nicht als Vorsteuer abziehen kann*, LG Münst MDR **98**, 929. Das gilt auch bei einer im vorstehenden Fall vom *Rechtsanwalt* oder Patentanwalt berechneten Mehrwertsteuer, vgl auch § 104 II 3, BVerfG NJW **96**, 383 (es meint, der Gesetzgeber habe inzwischen gegen ein BFH entschieden. Das Gegenteil ist der Fall), BGH RR **94**, 890 (keine greifbare Gesetzwidrigkeit), BFH BB **90**, 1263, Kblz MDR **97**, 889. Eine Ausnahme gilt in eigener Anwaltssache, BFH **120**, 333, Hbg MDR **99**, 764, Hartmann Teil X § 25 BRAGO Rn 8, aM LG Bln Rpfleger **77**, 220.

Die Erstattungspflicht kann auch dann bestehen, wenn der Erstattungspflichtige als *Ausländer* nicht umsatzsteuerpflichtig ist, so grundsätzlich richtig Ffm Rpfleger **84**, 116. Maßgebend ist der Zeitpunkt der Leistung, nicht der Fälligkeit der Geführen, Düss JB **93**, 289, FG Saarl EFG **84**, 253. Eine ausländische Partei, die ein Unternehmer ist und ihren Sitz im Ausland hat, kann zu dem Kostenanspruch ihres inländischen Anwalts, der durch seine Tätigkeit als ProzBev oder Verkehrsanwalt vor einem inländischen Gericht entstanden ist, grds nicht die Erstattung von Umsatzsteuer fordern, Ffm DB **83**, 43, Kblz JB **91**, 246 mwN, LG Ffm AnwBl **86**, 406; eine Ausnahme kann gelten, wenn die Partei im EG-Ausland wohnt und nicht als Unternehmer auftritt, Düss RR **93**, 704. Der unterliegende Ausländer hat diejenige Umsatzsteuer zu erstatten, die der siegende Inländer seinem ProzBev schuldet, Kblz NJW **92**, 641 mwN. Zum gesonderten Ausweis der Umsatzsteuer gegenüber dem ausländischen Auftraggeber Hansch AnwBl **87**, 527 (Üb).

**214** Maßgebend ist der Steuersatz bei *Fälligkeit* der Vergütung, Düss MDR **83**, 142, Ffm Rpfleger **83**, 41, Karlsr VersR **83**, 1042, Kblz JB **99**, 304, aM Düss Rpfleger **83**, 40, Meyer MDR **93**, 10 (Zeitpunkt der Leistungsausführung). Umsatzsteuer entfällt nicht auf Zinsen, EuGH NJW **83**, 505, Ffm MDR **83**, 225, Schneider DGVZ **83**, 113, und natürlich nicht auf kraft Gesetzes umsatzsteuerfreie Leistungen, etwa auf die unmittelbar dem Postwesen dienenden Umsätze der Deutschen Post AG, § 4 Z 11 b UStG, oder auf Grund eines Versicherungsverhältnisses, Düss MDR **92**, 307, oder bei einer Leistung an einen Ausländer mit Wohnsitz außerhalb der EG, Karlsr AnwBl **93**, 42, unklar Schlesw AnwBl **95**, 152 (auch bei Auftragserteilung durch eine deutsche Vermögensverwaltungsgesellschaft?).

Bei unterliegenden *Streitgenossen*, von denen nur einer zum Abzug von Vorsteuer berechtigt ist, kann der Sieger wegen ihrer gesamtschuldnerischen Haftung nach seinem Belieben auch den nicht zum Abzug Berechtigten in Anspruch nehmen und insoweit die Umsatzsteuer erstattet fordern, Hamm Rpfleger **92**, 220, LG Aachen Rpfleger **94**, 127, aM Bbg JB **93**, 89, Schlesw JB **97**, 644, Stgt Rpfleger **96**, 82. Nur der betroffene siegende Streitgenosse kann Erstattung fordern, Düss JB **93**, 355, LG Bln JB **97**, 428, aM KG JB **98**, 197. Bei einer Abtretung ist der neue Gläubiger maßgeblich, Schlesw JB **97**, 202.
S auch Rn 170 ff.

**215 Unterrichtung** (Information): Es kommt auf die Person als Unterrichteten an.

**A. Unterrichtung des Gerichts.** Die Kosten sind ausnahmsweise in einem Patentverletzungsstreit erstattungsfähig, Düss GRUR **79**, 191.

**216 B. Unterrichtung des Prozeßbevollmächtigten.** In aller Regel darf eine Partei wenigstens *eine* Unterrichtungsreise in jeder Instanz zu ihrem ProzBev unternehmen, Bbg JB **93**, 98, Brdb NJW **99**, 1268 (evtl auch zwei Reisen), VGH Mannh JB **90**, 1002 (nur diese eine). Das gilt auch dann, wenn die Partei ein Handelsunternehmen ist, Hamm MDR **85**, 59, Stgt AnwBl **83**, 191. Die Informationsreise ist insbesondere zur Besprechung eines nicht ganz einfachen Vergleichsvorschlags oder zur Wahrnehmung eines wichtigen Beweistermins erlaubt, an dem anschließend verhandelt werden soll und an dessen Ende ein Urteil zu erwarten ist. Es ist grundsätzlich unerheblich, ob die Informationskosten im rechten Verhältnis zum Streitwert stehen. Es kommt vielmehr darauf an, wie wichtig die Information des ProzBev für die Partei ist, Bbg JB **93**, 98, Hamm RR **97**, 768 (Auslandsreise), und ob eine schriftliche oder telefonische Information reicht, Brdb NJW **99**, 1268. Die Rechtsprechung legt oft ein zu hohes Gewicht auf die Bildung und Gewandtheit der Partei, zB Kblz Rpfleger **75**, 100. Auch ein Rechtskundiger urteilt in eigener Sache meist schlecht. Unter Umständen sind mehrere Informationsreisen erstattungsfähig, LG Freibg AnwBl **94**, 151.

In der *Berufungsinstanz* ist die Prozeßgebühr erstattungsfähig, selbst wenn die Unterrichtung vor der Anberaumung eines Verhandlungstermins stattfindet. In der Revisionsinstanz sind die Informationskosten des ProzBev nur ausnahmsweise erstattungsfähig. Bei einer ganz einfachen Sachlage kann die Erstattungsfähigkeit überhaupt fehlen, Kblz JB **77**, 66, Schlesw SchlHA **80**, 218.
S auch Rn 92, 242.

**217 C. Unterrichtung des Versicherers.** Die Kosten der Unterrichtung des Pflichtversicherers können erstattungsfähig sein, diejenigen eines anderen Haftpflichtversicherers meist nicht, Stgt Rpfleger **82**, 233, aM Düss AnwBl **80**, 78.
S auch Rn 269.

## 5. Titel. Prozeßkosten § 91

**Untervertreter:** Rn 83, 158. **218**
**Urteil:** Die Kosten der zusätzlichen Ausfertigung und Zustellung sind erstattungsfähig. Eine Festsetzung ist unnötig, § 788.
**Verbandsvertreter:** Unabhängig davon, ob er zur Prozeßvertretung eines Mitglieds befugt ist, ist jedenfalls **219** die BRAGO auf ihn als Nichtanwalt unanwendbar, soweit es um die Erstattungsfähigkeit seiner Kosten geht, LAG Hamm DB **94**, 336.
**Verbindung:** Rn 139.
**Verdienstausfall:** Rn 294.
**Vergleich:** Vgl dazu § 98. S auch Rn 261.
**Verjährung:** Der prozessuale Kostenerstattungsanspruch verjährt nach 30 Jahren, Mü AnwBl **88**, 249 mwN, Schmidt NJW **71**, 1767, aM OVG Münst NJW **71**, 1767.
**Verkehrsanwalt:** Es gelten die folgenden Regeln: **220**
    **A. Allgemeines:** Die Erstattungsfähigkeit der Kosten desjenigen Anwalts (nicht eines Dritten, Hbg JB **93**, 157), der am Wohnsitz des Auftraggebers oder in dessen nächster Nähe residiert und nicht beim Prozeßgericht zugelassen ist, deshalb den Verkehr mit dem ProzBev führt, Düss RR **97**, 190, Hartmann Teil X § 52 BRAGO Rn 5 ff, richtet sich nicht nach II 1. Denn diese Vorschrift regelt die Kosten desjenigen Anwalts, der die Partei vor dem Prozeßgericht vertritt. Die Erstattungsfähigkeit richtet sich vielmehr nach I. Es kommt also darauf an, ob die Kosten des Verkehrsanwalts zu einer zweckentsprechenden Rechtsverfolgung oder Rechtsverteidigung notwendig sind. In diesem Zusammenhang ist die allgemeine Pflicht jeder Partei zu beachten, die Kosten im Rahmen des Verständigen möglichst niedrig zu halten, Rn 29. Man muß sämtliche Umstände des Einzelfalls beachten, Düss Rpfleger **91**, 522, Kblz Rpfleger **83**, 367, Mü MDR **87**, 333, aM ThP 27 (grds keine Erstattungsfähigkeit. Das ist zu streng).
    Die Gerichte stellen darauf ab, ob man es der Partei zumuten kann, den auswärtigen ProzBev *persönlich zu unterrichten,* Bbg JB **92**, 745, Düss AnwBl **93**, 39 und 40, Karlsr GRUR **90**, 223. In diesem Zusammenhang prüfen die Gerichte sowohl das Alter, den Gesundheitszustand und die Persönlichkeit der Partei sowie die Art und Größe ihres Unternehmens als auch die Art, Schwierigkeit und den Umfang des Prozeßstoffes. Eine gebildete Partei ist zu einer schriftlichen Unterrichtung des ProzBev eher in der Lage als eine ungebildete, Ffm AnwBl **85**, 211, Kblz JB **76**, 96 und **78**, 1068, aM LG Mü AnwBl **84**, 619. Das gilt erst recht für eine von einem Volljuristen vertretene Partei, Kblz VersR **83**, 644. Soweit eine schriftliche oder mündliche Unterrichtung ausreicht, sind die Kosten des Verkehrsanwalt nicht erstattungsfähig.
    Unabhängig davon, ob eine schriftliche Information des ProzBev möglich wäre, hat eine Partei aber grundsätzlich ein schutzwürdiges Interesse daran, den ProzBev *persönlich kennenzulernen,* Ffm AnwBl **85**, 211, LG Kblz AnwBl **82**, 24. Deshalb sind die Reisekosten des Verkehrsanwalts bis zur Höhe von *ersparten Reisekosten* der Partei zum ProzBev grundsätzlich erstattungsfähig, Düss Rpfleger **91**, 522, Hamm AnwBl **93**, 532, Kblz MDR **93**, 484, aM Kblz JB **91**, 1519, Köln JB **93**, 682, Mü MDR **93**, 1130 (beim Alltagsfall). Der Rpfl muß die ersparten Reisekosten von Amts wegen ermitteln, Hamm AnwBl **83**, 559.
    Die Partei kann neben Verkehrsanwaltskosten grds keine eigenen Reisekosten zur Information des ProzBev erstattet fordern, Mü MDR **87**, 333. Mehrkosten wegen eines auswärtigen Verkehrsanwalts sind grds nicht erstattungsfähig, Ffm Rpfleger **88**, 163. Die Kosten eines Verkehrsanwalts, den die Partei einschaltet, obwohl er an demselben Ort residiert wie der ProzBev, sind nicht erstattungsfähig, Düss MDR **76**, 406. Die Erstattungsfähigkeit sollte weder zu streng noch zu großzügig beurteilt werden.
    **B. Einzelfragen.** Im Rahmen der grundsätzlichen Regeln Rn 220 läßt sich die Erstattungsfähigkeit **221** im einzelnen etwa wie folgt beurteilen:
– **(Abschreibungsgesellschaft):** Die Einschaltung eines Verkehrsanwalts, der zentral die Stoffsammlung und rechtliche Aufarbeitung usw beim Anspruch auf rückständige Einlagen vornahm, war nicht notwendig, Mü AnwBl **91**, 276.
– **(Alter):** Das hohe Lebensalter kann die Hinzuziehung eines Verkehrsanwalts zwecks Vermeidung von Reisen zum ProzBev eher als notwendig erscheinen lassen, Bbg JB **77**, 672.
– **(Arbeitsgerichtsverfahren):** Die Kosten des vor der Verweisung an das ordentliche Gericht als ProzBev tätig gewesenen jetzigen Verkehrsanwalts sind erstattungsfähig, soweit sie jetzt noch erforderlich sind, Hbg JB **83**, 771.
– **(Arrest, einstweilige Verfügung):** Die Kosten sind eher als sonst erstattungsfähig, Ffm Rpfleger **88**, **222** 163 (linke und rechte Spalte), Stgt Just **82**, 262, aM Karlsr GRUR **90**, 223, Kblz VersR **88**, 471, Mü AnwBl **98**, 485 (die Erstattungsfähigkeit hänge davon ab, daß mit einem Widerspruch nicht zu rechnen sei. Aber das Eilverfahren erlaubt keine solche, im Mahnverfahren eher angebrachte, Unterscheidung).
    Es kommt auch hier auf die *Zumutbarkeit* einer direkten Information des ProzBev an, Mü AnwBl **85**, 47, Schlesw JB **79**, 1668 (Ffm AnwBl **85**, 46 linke Spalte stellt auch hier auf Entfernung vom Gerichtsort und Reisezeit der Partei ab). Das gilt auch für die Kosten der Verteidigung gegenüber einem Antrag im vorläufigen Verfahren. Erstattungsfähig wird insbesondere die Verteidigungskosten gegenüber einer solchen einstweiligen Verfügung, die während der Sommerzeit (1. 7.–31. 8.), § 227 III 2 Z 1, erlassen wird, Karlsr JB **75**, 1470, enger Hbg JB **75**, 657. Evtl sind die Kosten auf die Hauptsache und das Eilverfahren zu verteilen, Kblz JB **92**, 470.
    Erstattungsfähig sind auch die Kosten in der *Rechtsmittelinstanz,* also in der Beschwerdeinstanz, Karlsr JB **75**, 1471, und in der Berufungsinstanz. Das gilt auch für die Kosten einer Tätigkeit vor dem Eingang der gegnerischen Berufungsbegründung, aM Düss NJW **74**, 245, Ffm Rpfleger **71**, 187. Zumindest kommt im vorläufigen Verfahren die Erstattungsfähigkeit einer Ratsgebühr nach § 20 BRAGO in Betracht. Keineswegs ist aber die Einschaltung von insgesamt mehr als zwei Anwaltskanzleien notwendig, auch nicht im Auslandsfall, Nürnb AnwBl **88**, 653.
– **(Auslandsberührung):** Hier sind folgende Fallgruppen zu unterscheiden: **223**

## § 91

### 1. Buch. 2. Abschnitt. Parteien

**A. Ausländer im Ausland.** Bei dieser Gruppe muß man wiederum folgende Unterscheidung machen:

224 **a) Ausländischer Verkehrsanwalt.** Seine Kosten sind grundsätzlich erstattungsfähig, soweit seine Hinzuziehung erforderlich ist, Celle MDR **86**, 61, Düss AnwBl **93**, 39 (nicht, soweit die Information eines inländischen ProzBev zumutbar ist), Ffm GRUR **93**, 162, Hbg MDR **86**, 61, großzügiger insofern Stgt AnwBl **85**, 211, ZöHe 13 „Ausländischer Anwalt". Das gilt insbesondere dann, wenn er das deutsche Recht kennt und deutsch spricht, vgl auch Kblz NJW **78**, 1751, ferner Schlesw SchlHA **74**, 88. Die Notwendigkeit kann auch dann zu bejahen sein, wenn eine Informationsreise der Partei vom Ausland zum ProzBev billiger gewesen wäre, Hbg MDR **86**, 336. Das Ob der Erstattung ist nach dem deutschen Recht zu prüfen, die Höhe der erstattungsfähigen Anwaltskosten ist nach dem ausländischen Recht zu prüfen, Ffm GRUR **93**, 162, Hbg Rpfleger JB **75**, 783, Mü AnwBl **95**, 378.

Eine *Honorarvereinbarung* zwischen dem ausländischen Verkehrsanwalt und dem Auftraggeber ist für die Kostenerstattungspflicht nicht stets maßgeblich, Hbg MDR **80**, 589, großzügiger Ffm Rpfleger **87**, 216. Man darf aber auch nicht schematisch die Erstattung auf den nach deutschem Recht erstattungsfähigen Betrag beschränken, aM LG Köln AnwBl **82**, 532. Auf das Bestehen einer Gegenseitigkeitsvereinbarung der beteiligten Staaten kommt es nicht an. Die Kosten der Übersetzung in die Sprache der ausländischen Partei sind evtl nicht erstattungsfähig, soweit die Partei neben einem deutschen ProzBev einen ausländischen Verkehrsanwalt hat, BPatG GRUR **83**, 265, aM BPatG GRUR **92**, 689, Hbg Rpfleger **96**, 370.

S auch Rn 212 „Übersetzungskosten".

225 **b) Inländischer Verkehrsanwalt.** Auch seine Kosten sind grundsätzlich erstattungsfähig, Drsd JB **98**, 145, Ffm Rpfleger **92**, 85, Hbg MDR **99**, 443, Jena JB **98**, 597, aM Nürnb JB **98**, 597 (zu eng). Freilich setzt die Erstattungsfähigkeit auch hier die Notwendigkeit seiner Hinzuziehung voraus, Düss Rpfleger **97**, 188, Ffm Rpfleger **92**, 85, Kblz JB **91**, 245. Diese Notwendigkeit besteht zumindest dann, wenn mehr als ein bloßes Bestreiten erforderlich ist, Hamm AnwBl **85**, 591, Kblz AnwBl **95**, 267 (Hongkong, schwieriges Recht, Übersetzung), Stgt AnwBl **85**, 211, aM Bbg JB **89**, 857 (in diesem Fall sei unter Umständen nur eine Ratsgebühr erstattbar, Celle JB **76**, 1667, Düss Rpfleger **83**, 368.

Auch hier ist das *Ob* der Erstattung nach dem deutschen Recht zu beurteilen, die *Höhe* der erstattungsfähigen Kosten nach dem ausländischen Recht zu prüfen, Ffm AnwBl **77**, 28. Reisekosten der Partei sind nur ausnahmsweise zusätzlich erstattungsfähig, Ffm Rpfleger **88**, 163.

Die Kosten des inländischen Verkehrsanwalts sind insoweit *nicht* erstattungsfähig, als er nur, wenn auch notwendigerweise, die Schriftsätze der ausländischen Partei *übersetzt*, insoweit im Ergebnis aM Düss MDR **87**, 851, oder als die ausländische Partei sprachkundig, geschäfts- oder sogar prozeßerfahren ist und außerdem eine inländische Niederlassung hat, die die schriftliche Information des ProzBev hätte vornehmen können, Hbg MDR **86**, 61, Köln JB **86**, 1028, LG Freibg AnwBl **81**, 162, aM Kblz AnwBl **89**, 683 rechts unten. Das gilt auch bei der Wahrnehmung einer eigenen Angelegenheit, Mü AnwBl **87**, 245, oder soweit auch ein Gerichtsstand am Sitz des inländischen Anwalts infrage kam, Hbg MDR **99**, 443. Die Kosten einer Teilnahme des Verkehrsanwalts neben dem ProzBev an einem Termin im Inland sind nicht schon deshalb erstattungsfähig, weil die Partei ihm besonders vertraut, Bbg JB **86**, 438.

Vgl auch Rn 213, 220.

226 **B. Ausländer im Inland.** Er darf grds die Kosten eines inländischen oder ausländischen Verkehrsanwalts erstattet fordern, Ffm AnwBl **84**, 619, Hbg JB **86**, 1085. Ein Ausländer, der sich regelmäßig in der BRep geschäftlich aufhält oder regelmäßig mit Inländern geschäftliche Beziehungen unterhält oder als Inländer am deutschen Rechtsverkehr teilnimmt, ist wie ein Inländer zu behandeln, Düss Rpfleger **97**, 188, Karlsr JB **93**, 352, Kblz VersR **88**, 1164. Das gilt auch bei der Wahrnehmung einer eigenen Angelegenheit, Mü AnwBl **87**, 245.

227 **C. Inländerprobleme.** Die Erstattungsfähigkeit der Kosten eines inländischen oder ausländischen Verkehrsanwalts kann dann bejaht werden, wenn es sich um Spezialfragen eines ausländischen Rechtsgebiets handelt. Freilich darf die Erstattungsfähigkeit in solchen Fällen keineswegs schematisch bejaht werden. Ein vorübergehender Auslandsaufenthalt gibt nicht stets einen Erstattungsanspruch, Ffm Rpfleger **82**, 311.

S auch Rn 232, 255, 259.

228 – **(Beiderseitige Verkehrsanwälte):** Ob ihre Einschaltung schon wegen der Beiderseitigkeit notwendig war, läßt sich nur von Fall zu Fall klären; freilich ist dann eher eine gewisse Großzügigkeit angebracht.

229 – **(Berufung):** Im Berufungsverfahren gelten strengere Maßstäbe als in der ersten Instanz. Denn es liegt schon eine tatsächliche und rechtliche Würdigung durch ein Urteil vor, Düss MDR **85**, 774, Hbg JB **83**, 1715 (auch gegenüber einem Ausländer), Kblz VersR **88**, 839, aM Ffm AnwBl **81**, 506 (dieser Grundsatz gelte nur, falls derselbe Anwalt wie in der ersten Instanz tätig werde). Deshalb kommt es auch nicht nur darauf an, daß die Kosten des Verkehrsanwalts nur gering über den sonst entstandenen Kosten einer Informationsreise der Partei und einer Parteireise zu einem Beweistermin lagen, aM LG Stgt AnwBl **85**, 214. Man darf die Anforderungen aber auch *nicht überspannen*, Stgt AnwBl **84**, 380, Dinslage AnwBl **83**, 563. Jedenfalls können die Kosten des Verkehrsanwalts ausnahmsweise erstattungsfähig sein.

230 *Beispiele der Erstattungsfähigkeit:* Es geht um einen lebenswichtigen Prozeß, Kblz VersR **88**, 839; es geht nur die Zurechnungsfähigkeit einer Partei, Kblz JB **90**, 243; es handelt sich um einen neuen Tatsachenvortrag, Ffm JB **78**, 1342, Hbg JB **90**, 888; es handelt sich um eine unübersichtliche, Düss FamRZ **86**, 824, bzw umfangreiche und (daher oder ohnehin) schwierige Sache, Ffm JB **92**, 333, Hbg JB **90**, 888, Kblz VersR **87**, 1225, Stgt AnwBl **83**, 191. Das gilt auch dann, wenn es sich um eine geschäftsgewandte Partei handelt, LG Stgt AnwBl **81**, 101, und wenn kein neuer Tatsachenvortrag erfolgt; die Sache hat für die Partei eine besondere Bedeutung, Schlesw SchlHA **84**, 151; die Partei kann den Berufungsanwalt nicht oder nur schlechter selbst informieren, Düss AnwBl **86**, 413, Ffm JB

## 5. Titel. Prozeßkosten § 91

92, 407, Hbg JB 90, 888 (Alter, Behinderung), Kblz VersR 87, 996 (Krankheit) und 1225 (Vorprozeß); die Einschaltung des Verkehrsanwalts ermöglichte erst einen Vergleich, Bbg JB 71, 431; die Streitverkündung erfolgt erst während der Berufungsfrist, Kblz VersR 88, 193.

Unter diesen Voraussetzungen können sogar diejenigen Kosten des Verkehrsanwalts des Berufungsbekl erstattungsfähig sein, die durch seine Tätigkeit *vor* dem Eingang der Berufungsbegründung entstehen, Ffm AnwBl 80, 462, aM Düss NJW 74, 245, Hamm JB 84, 1835, ZöHe 13 „Berufung". Im übrigen sind die Kosten des Verkehrsanwalts bis zur Höhe der dadurch ersparten, an sich zweckmäßigen Informationsreise der Partei zum Berufungsanwalt erstattungsfähig, Bbg JB 73, 849, aM Schlesw JB 80, 1854. Freilich muß der Berufungsanwalt selbst bei einer starken beruflichen Belastung grundsätzlich zB ein auswärtiges Grundbuch selbst einsehen, Schlesw SchlHA 80, 218.

- **(Beschwerde):** Wenn gegen einen Kostenfestsetzungsbeschluß eine nur teilweise Beschwerde eingelegt worden ist, tritt auch wegen des Rests unter Umständen eine Bindung im Hinblick auf die Frage der Erstattungsfähigkeit der Verkehrsanwaltskosten ein, KG MDR 77, 937. **231**
- **(Bierbezugsvertrag):** Vgl Ffm MDR 92, 193.
- **(Dritter):** Rn 261. **232**
- **(Ehegatte):** Es kommt auch hier auf die *Gesamtumstände* an. Der Ehegatte eines für ihn vorprozessual tätig gewesenen Richters mag einen Verkehrsanwalt einschalten dürfen, Hbg MDR 92, 616, auch derjenige eines Anwalts.
- **(Ehesache):** Soweit eine Beiordnung erfolgt ist, zB nach § 121 III, sind die Kosten des Verkehrsanwalts erstattungsfähig. Sie können darüber hinaus erstattungsfähig sein, KG FamRZ 82, 1227, strenger Kblz JB 83, 758, Köln JB 83, 1047. **233**

    S auch Rn 247 „Prozeßkostenhilfe".
- **(Eigene Sache):** Hier sind folgende Fallgruppen zu unterscheiden: **234**

    **A. Gesetzliche Vertretung.** Der Anwalt, der als ein gesetzlicher Vertreter auftritt, kann die Kosten eines Verkehrsanwalts insoweit erstattet fordern, als ein nicht rechtskundiger Vertreter einen Anwalt hinzuziehen dürfte, Düss BB 77, 1575, Kblz VersR 81, 865, Schlesw SchlHA 79, 60. Soweit die Information nicht zum Aufgabenkreis des gesetzlichen Vertreters zählt, KG MDR 87, 679. Im übrigen besteht keine Erstattungsfähigkeit, Düss MDR 80, 320. Nach diesen Grundsätzen ist die Erstattungsfähigkeit zu beurteilen, wenn der Anwalt in einer der folgenden Eigenschaften auftritt:
    - **Als Betreuer;**
    - **als Pfleger,** Düss BB 77, 1575, KG Rpfleger 76, 248, aM Stgt JB 76, 192;
    - **als Vereinsvorstand,** Düss MDR 80, 320, KG MDR 87, 679;
    - **als Vormund,** Kblz VersR 81, 865, Schlesw SchlHA 79, 60, ZöHe 13 „Verkehrsanwalt", aM Köln MDR 73, 1031. Soweit die Tätigkeit des Anwalts über diejenige hinausgeht, die er als gesetzlicher Vertreter wahrzunehmen hat, kann die Erstattungsfähigkeit vorliegen, Düss BB 77, 1575.

    **B. Partei kraft Amts.** Der Anwalt, der als eine Partei kraft Amts handelt, kann grundsätzlich keine Kosten eines Verkehrsanwalts erstattet fordern. Denn die Rechtslage ist in diesem Fall nicht anders als dann zu beurteilen, wenn er in einer eigenen Sache handelt. Es gehört ja zu den Amtspflichten, die nun einmal vorhandenen Kenntnisse und daher eben auch Rechtskenntnisse im Interesse des Vertretenen und im Rahmen der für die Amtsführung als Partei kraft Amts erhaltenen generellen Vergütung wahrzunehmen. Demgemäß fehlt eine Erstattungsfähigkeit zB dann, wenn der Anwalt in folgenden Eigenschaften auftritt: **235**
    - **Als Insolvenzverwalter,** Ffm GRUR 88, 487, KG Rpfleger 81, 411, Stgt Rpfleger 83, 501, aM Karlsr KTS 78, 260;
    - **als Liquidator;**
    - **als Nachlaßverwalter,** Ffm Rpfleger 80, 69;
    - **als Testamentsvollstrecker,** Stgt AnwBl 80, 360;
    - **als sonstiger Vermögensverwalter.**

    **C. Persönliche Angelegenheit.** Der Anwalt, der sich in einer persönlichen Angelegenheit selbst vertritt, II 4, kann grundsätzlich die Kosten eines Verkehrsanwalts erstattet fordern. Denn er könnte einen auswärtigen ProzBev mündlich oder schriftlich informieren, Kblz MDR 87, 852, Mü AnwBl 87, 245. Das alles gilt auch bei einem ausländischen Anwalt, Mü AnwBl 87, 245. **236**

    S auch Rn 170.
- **(Einstellung):** Rn 262 „Vollstreckungsabwehrklage". **237**
- **(Einstweilige Verfügung):** Rn 222. **238**
- **(Factoring Bank):** Sie kann grds schriftlich informieren, Kblz VersR 89, 929.
- **(Finanzmakler):** Er kann grds schriftlich informieren, Kblz VersR 89, 929.
- **(Fischereirecht):** Rn 252. **239**
- **(Gebührenvereinbarung):** Höhere als die gesetzlichen Gebühren sind allenfalls bei demjenigen ausländischen Verkehrsanwalt erstattungsfähig, der keine solchen kennt und zB auf Stundenlohnbasis abrechnen darf, Ffm AnwBl 90, 48.

    S auch Rn 224.
- **(Gerichtsstandswahl):** Sie darf auch im an sich erlaubten Bereich, KG Rpfleger 76, 323, Köln MDR 76, 496, nicht kostenmäßig ohne sachlich vertretbaren Grund auf dem Rücken des Gegners ausgeübt werden (Gebot, die Kosten niedrig zu halten).
- **(Gewerblicher Rechtsschutz):** Rn 251, 252.
- **(Hausanwalt):** Rn 256. Die dort erläuterten Regeln können auch zB beim langjährigen Vertrauensanwalt einer Interessengemeinschaft anwendbar sein, Kblz AnwBl 92, 548. **240**
- **(Immobilienfirma):** Sie kann grds den ProzBev schriftlich informieren, Kblz VersR 89, 929. **241**
- **(Informationsreise):** Die Kosten eines Verkehrsanwalts sind grds jedenfalls bis zur Höhe derjenigen Kosten erstattungsfähig, die für *eine* Informationsreise der Partei je Instanz zu dem beim Prozeßgericht zugelassenen bzw postulationsfähigen ProzBev notwendig sind, Bbg JB 91, 703 (Drittort), Düss BB 97, **242**

2397, Ffm AnwBl **85**, 211. Es kann auch ein geringer Betrag darüber hinaus erstattungsfähig sein, Bbg JB **91**, 703 (Drittort), Karlsr AnwBl **82**, 248, Köln AnwBl **83**, 189. Das gilt insbesondere dann, wenn die Information des ProzBev durch die Partei nur deshalb ausreicht, weil der Verkehrsanwalt vor dem Prozeßbeginn bereits eingeschaltet war, KG JB **76**, 204, Bbg JB **77**, 1140. Bei einem tatsächlich oder rechtlich schwierigen Fall kann die Erstattungsfähigkeit auch in Höhe derjenigen Beträge bejaht werden, die für *mehrere* Informationsreisen der Partei zum ProzBev notwendig würden, Ffm AnwBl **85**, 211, LG Wiesb AnwBl **99**, 180. Die Reisekosten sind, falls überhaupt, wie bei einem Zeugen erstattungsfähig, Düss BB **97**, 2397.

Die Erstattungsfähigkeit darf allerdings *keineswegs schematisch* bejaht werden, sobald die Partei zur Unterrichtung des ProzBev mehr als einen halben Arbeitstag brauchen würde, Kblz MDR **94**, 630, Mü AnwBl **88**, 69, aM Ffm Rpfleger **85**, 212. Ebensowenig darf man die Erstattungsfähigkeit schematisch verneinen, sofern die Informationsreise zB nur wegen eines (vollen) Tag dauern würde, aM Celle Rpfleger **84**, 287. In einer einfachen Sache mag nicht einmal ein Betrag in Höhe einer Informationsreise erstattungsfähig sein, Ffm AnwBl **84**, 508, Schlesw SchlHA **78**, 23. Es kommt eben darauf an, ob eine telefonische oder schriftliche Information des ProzBev ausreichen würde, Düss AnwBl **99**, 288, Kblz JB **76**, 96, zB durch einen auswärtigen Sozius einer überörtlichen Anwaltssozietät, Rn 254.

S auch Rn 216, 220, 246.

- **(Insolvenzverwalter):** Rn 235.
**243** - **(Klagerücknahme):** Die Kosten des Verkehrsanwalts können auch dann erstattungsfähig sein, wenn es wegen einer Klagerücknahme nicht mehr zur Bestellung eines ProzBev kommt, Karlsr JB **97**, 144, Mü AnwBl **78**, 110.
- **(Kontakt):** Mangels Notwendigkeit ist er unbeachtlich, Schlesw AnwBl **96**, 477.
- **(Krankenversicherung):** Rn 262 „Versicherungsgesellschaft".
**244** - **(Leasing):** In der Regel muß der Leasinggeber den ProzBev schriftlich informieren können, Kblz VersR **88**, 583, LG Hanau Rpfleger **91**, 173.
- **(Lebensalter):** Rn 221 „Alter".
**245** - **(Mahnverfahren):** Rn 114.
- **(Mehrheit von Anwälten):** Rn 124.
- **(Milchwirtschaft):** Rn 251.
**246** - **(Nachlaßverwalter):** Rn 235.
- **(Niederlassung):** Soweit sie im Sinn von § 21 vorliegt, kommt die Erstattung weder von Verkehrsanwaltskosten noch von fiktiven Informationsreisekosten in Betracht, Mü Rpfleger **88**, 162.
**247** - **(Parallelprozeß):** Die Möglichkeit der Information in ihm kann die Erstattungsfähigkeit ausschließen, Bbg JB **91**, 705.
- **(Patent):** Rn 251.
- **(Pfleger):** Rn 234 „Gesetzliche Vertretung".
- **(Prozeßkostenhilfe):** Soweit eine Beiordnung nach § 121 III erfolgt ist, sind die erstinstanzlichen Kosten des Verkehrsanwalts grds erstattungsfähig, insofern auch Nürnb RR **87**, 1202, aM Hamm MDR **83**, 584, Kblz MDR **99**, 445. Sie können darüber hinaus erstattungsfähig sein, vgl aber § 127 IV, dort Rn 103.

S auch Rn 232, 233.

- **(Prozeßstandschaft):** Die nur in dieser Eigenschaft beteiligte Partei kann die Kosten des Verkehrsanwalts des Trägers des sachlichen Rechts nicht erstattet fordern, Kblz Rpfleger **86**, 449.
- **(Prozeßvergleich):** Rn 261 „Vergleich".
**248** - **(Ratsgebühr):** Karlsr JB **96**, 39, Stgt AnwBl **82**, 439 halten sie neben den gedachten Kosten einer Informationsreise für erstattungsfähig; strenger Bre JB **92**, 681, Düss JR **96**, 423.

S auch Rn 156.

- **(Rechtskundige Partei):** Ein Referendar kann kurz vor dem Assessorexamen die Information grds selbst geben, Kblz VersR **87**, 914. Besitzt eine juristische Person ein rechtskundiges Organ, so kann sie schriftlich informieren, Kblz GRUR **87**, 941.

S auch Rn 234, 255.

**249** - **(Revision):** Die Kosten eines Anwalts, der für die Partei mit dem beim Revisionsgericht zugelassenen ProzBev korrespondiert, sind grundsätzlich nicht erstattungsfähig. Denn ein neues tatsächliches Vorbringen ist grundsätzlich unzulässig, und der beim Revisionsgericht zugelassene ProzBev ist zu einer rechtlichen Beurteilung durchweg ausreichend geeignet, Drsd MDR **98**, 1372, Mü MDR **92**, 524.

Die Erstattungsfähigkeit kann nur *ausnahmsweise bejaht* werden, etwa in folgenden Fällen: Es ist eine tatsächliche Aufklärung erforderlich, Düss VersR **79**, 86, Hbg JB **76**, 99, LG Hanau AnwBl **80**, 166; es geht um einen schwierigen Briefwechsel des bisherigen Anwalts mit dem Revisionsanwalt über die Aussichten der Revision; es handelt sich um eine außergewöhnlich schwierige Rechtslage; das Revisionsgericht knüpft an frühere Vergleichsverhandlungen an, KG NJW **72**, 114; bei einem schwierigen Sachverhalt rügt die Revision die Verletzung des § 139, Ffm AnwBl **76**, 219, Zweibr VersR **76**, 475, Karlsr JB **99**, 86 billigt aber nur $^{13}/_{10}$ zu.

Die Kosten einer Stellungnahme des Berufungsanwalts des *Revisionsbekl* gegenüber dem BGH, zB im Zusammenhang mit einem Verfahren nach § 554b, § 566a, sind grundsätzlich nicht erstattungsfähig, Saarbr RR **97**, 190, es sei denn, der Berufungsanwalt hätte die Stellungnahme auf eine Veranlassung des BGH hin abgegeben, Hamm MDR **72**, 790 und 960, Mü NJW **71**, 149, aM Hbg AnwBl **80**, 35, Mü AnwBl **78**, 471; wegen Bayern Mü AnwBl **77**, 309.

**250** - **(Scheckprozeß):** Es ist nicht schon wegen dieser Prozeßart ein Verkehrsanwalt nötig, Bbg JB **78**, 1022, auch nicht bein einem Scheck eines Kaufmanns, Düss JB **81**, 75 (zu einem Wechsel), Kblz AnwBl **89**, 683 rechts oben (zu einem Scheck).

S auch Rn 259.

5. Titel. Prozeßkosten **§ 91**

- **(Sozietät):** Rn 254 „Überörtliche Sozietät".
- **(Sparkasse):** Sie kann grds schriftlich informieren, Kblz VersR **89**, 929.
- **(Spezialrecht):** Selbst ein Allgemeinjurist kann heute oft einen Spezialisten nicht mehr entbehren. 251 Deshalb muß die Erstattungsfähigkeit in einem Fall mit ausgefallenen Rechtsfragen großzügig bejaht werden, Hamm JB **84**, 439, Kblz VersR **82**, 1173. Freilich darf die Erstattungsfähigkeit auch bei rechtlichen Spezialfragen keineswegs schematisch bejaht werden, Ffm Rpfleger **80**, 26, Mü AnwBl **85**, 47.

Die Grundsätze sind zB auf *folgende Rechtsgebiete* anzuwenden: Betriebsrentenrecht, LAG Düss AnwBl 252 **81**, 505, und zugehöriges Insolvenzrecht, LAG Düss AnwBl **80**, 267; Europarecht, Ffm MDR **92**, 193; Fischereirecht, Stgt AnwBl **81**, 196; Heilmittelrecht, Karslr AnwBl **98**, 540; internationales Privat- und Prozeßrecht, Kblz VersR **82**, 1173; Internetrecht, Düss AnwBl **99**, 289 (dort verneint); Kartellrecht, Ffm MDR **92**, 193; Allgemeine Bedingungen für die Kraftverkehrsversicherung, Kblz VersR **75**, 742; Lebensmittelrecht, Karlsr AnwBl **98**, 540; Milchwirtschaftsrecht; Patentrecht, (allgemein) Hbg JB **76**, 513, Kblz GRUR **87**, 941 rechts. Der Verzicht auf einen Patentanwalt führt aber nicht schon zur Erstattungsfähigkeit der Kosten eines Verkehrsanwalts, Düss Rpfleger **86**, 278; Scheckrecht, Köln MDR **85**, 243; spanisches Recht, Kblz VersR **82**, 1173; Termingeschäft, Düss JB **96**, 539; Verfassungsrecht, aM Karlsr MDR **90**, 159; Waffenrecht, VGH Mannh JB **96**, 92; Waldrecht, aM Stgt AnwBl **81**, 505 (abl Schmidt); Wettbewerbsrecht, Hbg JB **76**, 513, Hamm AnwBl **83**, 559 (krit Schmidt), Kblz GRUR **87**, 941 links, Mü Rpfleger **90**, 314 (Wettbewerbsverein), aM Kblz BB **87**, 1494, Mü AnwBl **98**, 485 (je: Wettbewerbsverein).

- **(Staat):** Rn 81, 83, 92, 294.
- **(Strafprozeß):** Akteneinsicht in Strafakten durch den Verkehrsanwalt kann bei Verwertung zur Erstat- 253 tbarkeit führen, Düss JB **93**, 484.
- **(Streitgenosse):** Die Kosten des Verkehrsanwalts eines Streitgenossen können durchaus erstattungsfähig sein, Düss AnwBl **83**, 190, Hbg MDR **84**, 588. Es kommt aber auch hier selbst bei einem gemeinsamen Verkehrsanwalt von Fall zu Fall auf die Notwendigkeit seiner Einschaltung an, Bbg AnwBl **85**, 215, Düss (10. ZS) Rpfleger **84**, 32, Hbg MDR **84**, 588, großzügiger Düss (21. ZS) JB **83**, 1094.

Die Kosten des Verkehrsanwalts können unter dieser Voraussetzung insoweit erstattungsfähig sein, als 254 sie nicht diejenigen Kosten übersteigen, die dann angefallen wären, wenn *jeder* Streitgenosse einen *eigenen* ProzBev bestellt hätte, Mü MDR **91**, 256, aM Düss (10. ZS) Rpfleger **84**, 33, Hbg MDR **84**, 588, Kblz VersR **85**, 672. Die Erstattungsfähigkeit ist jedenfalls dann zu bejahen, wenn die Bestellung eines gemeinsamen ProzBev durch die Einschaltung des Verkehrsanwalts erleichtert wird, Celle JB **77**, 66, Düss AnwBl **83**, 190, aM Hbg JB **77**, 1005.

- **(Streithelfer):** Die Kosten eines Verkehrsanwalts können, falls notwendig, auch bei ihm erstattungsfähig sein, Ffm AnwBl **78**, 68.
- **(Streitverkündung):** Erfolgt sie erst während einer Rechtsmittelfrist, dann kann die Kürze der Zeit usw einen Verkehrsanwalt rechtfertigen, Kblz VersR **88**, 193.
- **(Überörtliche Sozietät):** Die Frage der Notwendigkeit der Hinzuziehung eines Verkehrsanwalts ist unabhängig davon zu klären, ob der Verkehrsanwalt und der ProzBev in einer überörtlichen Sozietät zusammengeschlossen sind, Ffm MDR **99**, 384, strenger KG JB **96**, 140, Mü Rpfleger **94**, 40, Schlesw JB **95**, 32 (aber es kommt ungeachtet der Gesamtgläubiger- und -schuldnerschaft von Sozien doch auch auf deren tatsächliche Funktionen und deren Teilungen an).
- **(Unternehmen):** Auch hier kommt es von Fall zu Fall darauf an, ob eine fernmündliche oder schrift- 255 liche Unterrichtung des ProzBev zumutbar ist, Düss Rpfleger **91**, 522 und AnwBl **93**, 40 (Sprachprobleme), Schlesw AnwBl **88**, 356. Dabei müssen unter anderem die Bedeutung des Rechtsstreits und seine tatsächliche oder rechtliche Problematik beachtet werden, ferner die Größe des Unternehmens und damit unter Umständen die Tatsache, daß es über juristisch geschulte Mitarbeiter verfügt, zB in einer eigenen Rechtsabteilung, Köln Rpfleger **86**, 235, Schlesw AnwBl **83**, 92.

Ein *größeres* Unternehmen kann Kosten *im allgemeinen nicht* erstattet fordern, Ffm JB **92**, 292, Köln 256 Rpfleger **86**, 235 (krit Sauren), LG Ravensb AnwBl **84**, 382. Ein *kleineres*, auf die Arbeitskraft des Inhabers zugeschnittenes Unternehmen kann die Kosten eines Verkehrsanwalts oft erstatten fordern, Nürnb AnwBl **89**, 113, *allerdings nicht in jeder Alltagsfrage*, Düss AnwBl **84**, 380, Ffm AnwBl **84**, 378, Kblz VersR **85**, 273. Die Kosten eines „*Hausanwalts*" sind *keineswegs* erstattungsfähig, Düss AnwBl **84**, 380, Kblz JB **85**, 618. Andernfalls würde jeder, der einen Hausanwalt vom Gegner hat, mit doppelten Kosten rechnen müssen, Schlesw SchlHA **74**, 195, LG Bayreuth JB **76**, 1379.

Auch ein Prozeß von existentieller Bedeutung rechtfertigt *nicht automatisch* die Hinzuziehung eines 257 „Hausanwalts," Kblz VersR **83**, 44 und JB **92**, 26. Auch eine Bank muß im allgemeinen jedenfalls bei einem Rechtsstreit über eine Alltagsfrage ihres Arbeitsgebiets ohne Verkehrsanwalt auskommen, Bbg JB **77**, 1006, Schlesw AnwBl **88**, 356. Ähnliches gilt zB für eine GmbH (sie muß entsprechend organisiert sein), Düss VersR **87**, 1019, KG JB **77**, 63 (Geschäftsführer ist Anwalt), für ein Versicherungsunternehmen, Hbg MDR **88**, 782, Kblz Rpfleger **75**, 99, Schlesw JB **82**, 411, abw Ffm VersR **77**, 921, für eine Versorgungskasse, Kblz VersR **75**, 958, oder für einen Wettbewerbsverband, Stgt JB **83**, 1836. Freilich kann ein tatsächlich oder rechtlich schwieriger Prozeß zur Erstattungsfähigkeit der Verkehrsanwaltskosten auch eines solchen Unternehmens führen, Düss BB **76**, 1198, Ffm AnwBl **80**, 263, aber gerade nicht schon wegen ständigen Wechsels der Bearbeiter bei der Partei, aM Kblz RR **96**, 315.

Wenn die *Zweigniederlassung* eines Unternehmens am Prozeßort klagt, sind die Kosten eines Ver- 258 kehrsanwalts mit dem Sitz am Ort der Hauptverwaltung auch dann nicht erstattungsfähig, wenn der Prozeß in Wahrheit von der Hauptverwaltung geführt wird, Ffm JB **96**, 39, Köln VersR **93**, 1172, Stgt JB **92**, 688. Wird sie am Ort der Zweigniederlassung verklagt, dann kann sie nicht die Kosten des Verkehrsanwalts am Ort der Hauptniederlassung oder gar an einem dritten Ort ersetzt fordern, Hbg MDR **88**, 782, Kblz VersR **86**, 171, Köln VersR **93**, 1572.

S auch Rn 213, 223, 242, 251.

**§ 91**                                                                1. Buch. 2. Abschnitt. Parteien

259 — **(Urkundenprozeß):** Es ist nicht schon wegen dieser Prozeßart ein Verkehrsanwalt nötig, vgl Bbg JB **78**, 1022 (wegen eines Schecks). Die Verkehrsgebühr des auswärtigen Vertrauensanwalts des ausländischen Klägers kann zB in Höhe einer 2/10-Ratsgebühr selbst dann erstattungsfähig sein, wenn ein deutschsprachiges Schuldanerkenntnis vorliegt, Kblz VersR **84**, 545.
S auch Rn 250, 267.

260 — **(Vereinsvorstand):** Rn 234 „Gesetzliche Vertretung".
— **(Verfassungsrecht):** Rn 252.

261 — **(Vergleich):** Die Vergleichsgebühr eines Verkehrsanwalts ist unabhängig davon, ob sie gegenüber dem Auftraggeber entstanden ist, Mü MDR **81**, 681, aM Ffm AnwBl **82**, 248, grundsätzlich nur in demjenigen Umfang erstattungsfähig, in dem er am Vergleich *mitwirken muß*, Ffm Rpfleger **86**, 151, Hamm Rpfleger **86**, 238, Schlesw SchlHA **88**, 146, aM Ffm AnwBl **84**, 101, Mü AnwBl **83**, 558, LG Freibg AnwBl **84**, 98 (sie sei neben derjenigen eines ProzBev nie erstattbar. Aber das verkennt die gar nicht seltene Notwendigkeit der Mitwirkung auch gerade des Verkehrsanwalts, der „seine" Partei am besten kennt).

Das ist *zB der Fall*, wenn sich der Prozeßgegner direkt an den Verkehrsanwalt zu Vergleichsverhandlungen wendet und dieser am Zustandekommen des Vergleichs mitwirkt, Kblz VersR **84**, 587, Schlesw SchlHA **87**, 191, oder bei völliger Schreibungewandtheit der Partei, Hbg MDR **83**, 1034. Eine Verhandlung des Verkehrsanwalts mit einem Dritten, der sich an den Auswirkungen des Prozeßvergleichs wirtschaftlich beteiligen soll, kann aber als solche keine Erstattungsfähigkeit der Vergleichsgebühr begründen.

— **(Verkehrsunfallsache):** Im Normalfall ohne besondere Umstände sind Kosten des Verkehrsanwalts nicht erstattungsfähig, Düss JB **91**, 88.
— **(Vermögensverwalter):** Rn 235.

262 — **(Versicherungsgesellschaft):** Wenn eine auswärtige Versicherungsgesellschaft für die am Gerichtsort wohnende Partei einen auswärtigen Anwalt bestellt hat, sind seine Kosten grundsätzlich nicht erstattungsfähig, Kblz VersR **89**, 929, Schlesw JB **82**, 411. Davon kann bei einer ausländischen Versicherungsgesellschaft eine Ausnahme gelten, wenn sie eine Vielzahl von internationalen Autoverschiebungen aus Deutschland verfolgt, Kblz VersR **94**, 196. Vom vorgenannten Grundsatz kann ferner in einem tatsächlich oder rechtlich schwierigen Fall eine Ausnahme gelten, vgl Ffm AnwBl **80**, 263. Rationalisierungserwägungen reichen freilich nicht zur Erstattungsfähigkeit aus, Hbg MDR **88**, 782. Eine umfassende Tätigkeit in einem großen Komplex kann aber im Einzelfall zur Erstattungsfähigkeit führen, Karlsr VersR **89**, 715.

— **(Versorgungskasse):** Sie soll grds schriftlich informieren, Kblz VersR **89**, 929.
— **(Vertrauensanwalt):** Rn 240 „Hausanwalt".
— **(Verwandtschaft):** Eine nahe Verwandtschaft zum Verkehrsanwalt steht der Erstattungsfähigkeit grds nicht entgegen, Schlesw JB **92**, 170.
— **(Verweisung):** Soweit es sich nicht um Mehrkosten im Sinn von § 281 III 2 handelt, kommt eine Erstattung der Prozeßgebühr des ersten Anwalts als Verkehrsgebühr in Betracht, Hbg AnwBl **72**, 396, abw MDR **97**, 888.
— **(Verwertungsgesellschaft):** Sie muß so ausgestattet sein, daß sie den ProzBev selbst informieren kann, Ffm MDR **85**, 327.
S auch Rn 132.
— **(Vollstreckungsabwehrklage):** Erhält ihr Bekl nur 5 Tage Zeit zur Stellungnahme zum Einstellungsantrag, so ist die Hinzuziehung eines Verkehrsanwalts gerechtfertigt, Kblz VersR **88**, 643.
— **(Vormund):** Rn 234 „Gesetzliche Vertretung".

263 — **(Vorprozeß):** Keine Partei ist verpflichtet, zur Ersparung sonst anfallender Kosten eines Verkehrsanwalts den Anwalt des Vorprozesses stets erneut zum ProzBev zu bestellen, Hbg AnwBl **80**, 372. Die Kosten des Verkehrsanwalts sind erstattungsfähig, wenn er den ProzBev über einen schwierigen Vorprozeß informiert, etwa bei einer Erbauseinandersetzungsfrage, die die nicht juristisch geschulte Partei nicht übersehen kann. Die Erstattungsfähigkeit ist auch dann zu bejahen, wenn der Verkehrsanwalt wegen seiner Beschäftigung mit dem Streitstoff vor dem Prozeß oder in einem anderen Prozeß eine umfassendere Auskunft geben kann als die Partei selbst, Bbg JB **80**, 285, 1369, Ffm JB **83**, 276, Kblz VersR **82**, 1173.

264 Das gilt insbesondere, wenn der Verkehrsanwalt aus Anlaß eines Vorprozesses den nachfolgenden Prozeß *maßgeblich vorbereitet* hat, zB ein Scheidungsverfahren, Düss NJW **76**, 2065 (im letzteren Fall ist die Erstattungsfähigkeit der Verkehrsanwaltskosten ohnehin eher zu bejahen, weil eine oft schwer abschätzbare Zahl notwendiger Rücksprachen vorliegt, KG Rpfleger **75**, 143, aM Hamm Rpfleger **76**, 106).

265 Die Erstattungsfähigkeit ist auch dann zu bejahen, wenn die Bestellung eines *gemeinsamen* ProzBev durch den Verkehrsanwalt erleichtert wird, Celle JB **77**, 66, Düss Rpfleger **76**, 105, Schlesw SchlHA **79**, 181, aM Hbg JB **77**, 1105. Die Erstattungsfähigkeit ist ferner zu bejahen, wenn der Verkehrsanwalt seine Kenntnis durch die Einsicht in Strafakten erworben hat, die der Partei selbst nicht zugänglich waren. Die Erstattungsfähigkeit ist zu bejahen, soweit vorprozessuale Kosten der Partei nahezu ebenso hoch gewesen wären wie die Einschaltung eines Verkehrsanwalts, Bbg JB **77**, 1140. Natürlich dürfen auch solche Kosten nicht schematisch, sondern nur von Fall zu Fall als erstattungsfähig anerkannt werden, vgl Düss JB **75**, 627. Das gilt insbesondere bei einem einfacheren Sachverhalt, Hamm AnwBl **82**, 378.

266 — **(Wahrnehmungsgesellschaft):** Rn 262 „Verwertungsgesellschaft".
— **(Wasserrecht):** Rn 252.

267 — **(Wechselprozeß):** Es ist nicht schon wegen dieser Prozeßart ein Verkehrsanwalt nötig, vgl Bbg JB **78**, 1022 (zu einem Scheck), auch nicht bei einem Wechsel eines Kaufmannes, Düss JB **81**, 75 (zu einem Wechsel), Kblz AnwBl **89**, 683 rechts oben (zu einem Scheck).
S auch Rn 250, 259.

## 5. Titel. Prozeßkosten    § 91

- **(Widerklage):** Man darf die Erstattungsfähigkeit von Kosten des Verkehrsanwalts nicht für die Klage und die Widerklage unterschiedlich beurteilen, sofern beide Klagen denselben Sachverhalt betreffen, Stgt JB **76**, 1075.
- **(Zeitaufwand):** Rn 242.

**Verklarung:** Die Kosten solchen Verfahrens sind notwendige Kosten des Hauptprozesses, Köln JB **95**, 208.
**Verkündungstermin:** Rn 209. 268
**Vermiedene Kosten:** Soweit durch nicht erstattungsfähige Kosten erstattungsfähige vermieden wurden, ist nur der Mehrbetrag abzusetzen, vgl BPatG GRUR **92**, 690.
**Versäumnisurteil:** Hat das Gericht bei seinem Erlaß eine vorherige teilweise Klagerücknahme übersehen, so darf der Bekl für den vollen Einspruch trotz Kenntnis der Teilrücknahme einen Anwalt beauftragen und diese Kosten erstattet fordern, LG Bln VersR **88**, 303. Ist das Versäumnisurteil gesetzwidrig ergangen und wußte der Klägervertreter das, so sind die Gebühren für seinen Antrag auf ein Versäumnisurteil nicht erstattungsfähig, Kblz AnwBl **89**, 237.
**Versicherungsgesellschaft:** Wenn sie kraft vertraglicher Bindung in Wahrheit den Prozeß führt, dann sind 269 auch ihre Kosten Prozeßkosten, soweit die Partei die Beträge verständigerweise selbst aufgewendet hätte, vgl LG Hbg NJW **91**, 3156. Das gilt auch für Detektivkosten, soweit sie im eigenen Interesse der Gesellschaft oder im wohlverstandenen (objektiven) Interesse des Versicherungsnehmers aufgewendet wurden, Ffm VersR **78**, 1146. Die Erstattungsfähigkeit ist erst recht für notwendige Aufwendungen der Gesellschaft zu bejahen, etwa wegen eines Gutachtens oder eines Aktenauszugs, Ffm Rpfleger **80**, 393, Mü Rpfleger **87**, 171, aM Karlsr VersR **80**, 337.
S auch Rn 101, 132, 217, 220, 262, 270, 297.
**Versorgungsausgleich:** Die Kosten des vom ProzBev zugezogenen Rentenberaters sind nicht erstattungsfähig, Bbg JB **81**, 275, Stgt Just **80**, 442, Köln AnwBl **82**, 114 hält Kosten in Fotokopien für stets erstattungsfähig; s aber Rn 184, Zweibr Rpfleger **82**, 157 hält die Kosten des vor dem Beschwerdegericht nicht zugelassenen Anwalts für erstattungsfähig.
**Vertragsabschluß:** Anwaltskosten aus seinem Anlaß sind nicht erstattungsfähig, Kblz NJW **78**, 1751.
**Vertreter:** Rn 83, 92, 157.
**Verwahrung:** Ihre Kosten können erstattungsfähig sein, um dem Vorwurf einer Beweisvereitelung vorzubeugen, Kblz MDR **97**, 511.
**Verwaltungsaufwand:** Rn 81.
**Verweisung:** Rn 72, 114, 124.
**Vorbereitungskosten**, vgl auch Üb 22, 43 ff vor § 91. Es ist sehr zu differenzieren. 270

    **A. Allgemeines.** Die Vorbereitungskosten sind in demjenigen Umfang erstattungsfähig, der gerade der Vorbereitung dieses bestimmten Prozesses mit seinen Anträgen, dient, BSG AnwBl **77**, 249, BayObLG FGPrax **99**, 78, Düss JB **93**, 224, aM Hamm JB **78**, 386. Eine solche Sachdienlichkeit ist aus Gründen der Prozeßwirtschaftlichkeit, Grdz 14 vor § 128, großzügig zu bejahen, BPatG GRUR **80**, 987, LG Bückebg ZMR **79**, 19, Dittmar NJW **86**, 2088 (ausf), aM Ffm Rpfleger **87**, 34, Hamm JB **85**, 1401 (keine Erstattbarkeit, soweit geprüft wird, ob überhaupt geklagt werden soll), Kblz AnwBl **85**, 214.

    Die Maßnahme muß natürlich im Einzelfall zur Rechtsverfolgung *erforderlich* sein, BPatG GRUR **80**, 987, KG MDR **76**, 670. Die Maßnahme muß auch in einem vernünftigen Verhältnis zur Sache stehen, in Wahrheit ebenso BPatG GRUR **80**, 987 (es stellt auf die Angemessenheit ab), Ffm GRUR **85**, 401 (kein Auskauf im eigenen Testkauf), ferner LG Köln WoM **86**, 19. Denn II bezieht sich nur auf das eigentliche Prozeßverfahren, nicht zB auf ein Eilverfahren, Ulrich MDR **73**, 560. Die Kosten eines gestellten Zeugen können erstattungsfähig sein, Kblz VersR **86**, 666. Soweit eine prozessuale Erstattungsfähigkeit ausscheidet, kann ein sachlichrechtlicher Ersatzanspruch bestehen, Üb 43 vor § 91.

    **B. Einzelfragen.** Nach den Regeln Rn 270 lassen sich im Einzelfall etwa folgende Feststellungen 271 treffen:
- **(Abhilfeverfahren):** Bei einem Anspruch gegen den Staat zählt das sog Abhilfeverfahren nicht zu dem Abschnitt, der erstattungsfähige Vorbereitungskosten auslösen kann.
  S auch Rn 290.
- **(Abmahnung):** Rn 286.
- **(Abtretung):** Kosten der Abtretung der späteren Klageforderung sind grds keine (notwendigen) Vorbereitungskosten, Düss JB **93**, 224.
- **(Abschlußschreiben):** Soweit es notwendig ist, § 93 Rn 77, können seine Kosten erstattungsfähig sein, aM Ffm GRUR **89**, 374, LG Hbg WRP **81**, 58, LG Lüb WRP **81**, 62.
- **(Aktenauszug):** Die Kosten der Beschaffung eines Auszugs aus einer Akte, Kblz JB **91**, 88, LG Ffm VersR **82**, 809, oder aus einem Register sind grundsätzlich erstattungsfähig.
- **(Anzeige):** Rn 259 „Fahndungsanzeige", Rn 288 „Strafanzeige".
- **(Anwaltskosten):** Es gelten die Grundsätze Rn 270, aM Dittmar NJW **86**, 2087, ThP 7.
- **(Arrest, einstweilige Verfügung):** Wegen der Erstattungsfähigkeit der Kosten einer Schutzschrift, die 272 vor den Beginn eines Verfahrens auf den Erlaß einer einstweiligen Verfügung angefertigt bzw beim Gericht eingereicht wurde, vgl Ffm MDR **78**, 675, Hbg Rpfleger **79**, 28. Die Kosten eines Eilverfahrens sind grds nicht im Hauptprozeß als dessen Vorbereitungskosten erstattungsfähig, soweit im Eilverfahren eine eigene Kostenentscheidung ergeht.
  S auch Rn 192, 277.
- **(Auskunft, Auslobung):** Ihre Kosten können erstattungsfähig sein. 273
- **(Beratung):** Rn 156.
- **(Besichtigung):** Die Kosten einer Reise zum Unfallort zum Zweck der Besichtigung der Unfallstelle sind grundsätzlich erstattungsfähig.
- **(Beweissicherung):** Rn 193.

## § 91

274
- **(Datenbankrecherche):** Ihre Kosten können als zeitgemäß erstattungsfähig sein, aM Stgt JB **98**, 424.
- **(Detektiv):** Die Kosten eines Detektivs können auch im Rahmen der Vorbereitung eines Rechtsstreits grundsätzlich erstattungsfähig sein, sofern sie notwendig und nicht unverhältnismäßig hoch sind, BGH **111**, 177, Karlsr FamRZ **99**, 174, Kblz MDR **99**, 384, aM BAG BB **87**, 689 (sachlichrechtlicher Ersatzanspruch), Düss VersR **97**, 382 (keine Notwendigkeit). Alles das gilt auch bei der Einschaltung sonstiger Fachleute, Ffm NJW **99**, 366 (Scientology-Kenntnis).
    S auch Rn 89, 270.
- **(Durcharbeitung des Streitstoffs):** Ihre Kosten sind grds nicht erstattungsfähig. Das gilt bei persönlicher Vornahme wie bei Beauftragung eines Dritten, der nicht ProzBev usw ist, Hbg MDR **85**, 237, KG MDR **85**, 414.
    *Ausnahmen* können bestehen, wenn die Partei keine ausreichende Kenntnis hat, KG MDR **85**, 414.
- **(Einigungsstelle):** Rn 60.

275
- **(Fahndungsanzeige):** Die Kosten einer Fahndungsanzeige nebst einer Auslobung in einer Zeitung sind grundsätzlich nicht erstattungsfähig, KG MDR **78**, 762.
- **(Fangprämie):** Rn 297.
- **(Foto):** Wegen der Erstattungsfähigkeit von Fotokopien zur Vorbereitung des Prozesses Crämer AnwBl **77**, 50 (Übersicht).
    S auch Rn 96 „Foto".

276
- **(Geschäftsgebühr):** Die Gebühren nach § 118 sind nicht im Rahmen von § 91 erstattungsfähig, Nürnb JB **95**, 592, Rostock JB **98**, 200.

277
- **(Gutachten):** Wegen derjenigen *im* Prozeß Rn 102.
    *Vorprozessual* gilt: Es kommt darauf an, ob die Partei ohne Gutachten ausreichend vortragen kann, Hamm RR **96**, 830. Die Kosten von Arbeiten der Partei zur Vorbereitung einer vom Gericht anzuordnenden Begutachtung, etwa vom Aufbau eines Baugerüsts oder von Abschlepparbeiten am Unfallwagen oder von Arbeiten zur Freilegung eines Mauerwerks, sind grundsätzlich nicht erstattungsfähig, Ffm Rpfleger **83**, 123, Kblz MDR **86**, 855. Erstattungsfähig sind auch die Kosten der Beseitigung von Schäden, die der Sachverständige nicht verhindern konnte, Kblz JB **78**, 120, aM Düss MDR **97**, 886, KG JB **78**, 1247. Erstattbar sind die Beträge jeweils in Höhe der üblichen Vergütung, soweit sie zum Geschäftsbereich der Partei zählen und deren gewöhnliche, zumutbaren Prozeßaufwand übersteigen, Schlesw SchlHA **84**, 132, aM KG Rpfleger **81**, 203, oder soweit sie die Kosten eines gerichtlich bestellten Sachverständigen übersteigen, Kblz AnwBl **88**, 298. Die Stundensätze des ZSEG sind nur Anhaltspunkte, Kblz VersR **88**, 702.

278
*Beispiele der Erstattungsfähigkeit:* Die Kosten eines vor dem Prozeß erstatteten *Privatgutachtens* können durchaus erstattungsfähig sein. Es kommt auf die Erforderlichkeit aus der Sicht einer vernünftigen Partei an, Düss RR **96**, 572 mwN, Hbg JB **90**, 1476, LG Kaisersl VersR **90**, 1409. In diesem Zusammenhang muß der Grundsatz der Waffengleichheit für beide Parteien beachtet werden, vgl LG Mü VersR **86**, 1246, FG Nds EFG **87**, 303. Er kann es erforderlich machen, die Erstattungsfähigkeit dann zu bejahen, wenn die Partei sonst gar nicht sachlich fundiert vortragen kann, Hbg MDR **85**, 237, Kblz Rpfleger **80**, 194, oder wenn der Gegner auf dem betreffenden Sachgebiet kundig ist, Mü NJW **72**, 2273. Das alles übersieht BVerfG NJW **93**, 2793, das die Regeln der Erstattungsfähigkeit eines vorprozessualen Gutachtens mit demjenigen eines (dort gar nicht erfolgten) im Prozeß eingeholten Gutachtens verwechselt.

279
Erstattungsfähig können also die Kosten eines Privatgutachtens sein, das man zur *Beurteilung der Prozeßaussichten* einholt, Bbg JB **79**, 909, Bre VersR **82**, 362, Köln JB **96**, 90, strenger Hamm JB **76**, 94, Kblz JB **95**, 87 (direkte Prozeßabsicht; das ist praktisch nicht kontrollierbar). Das gilt auch zwecks Vorbereitung eines *Rechtsmittels,* Kblz AnwBl **88**, 298.

280
Soweit nach den vorstehenden Regeln eine Erstattungsfähigkeit zu bejahen ist, besteht sie auch dann, wenn ein selbständiges Beweisverfahren möglich gewesen wäre, Stgt Just **80**, 328, oder wenn das Gutachten den Ausgang des nachfolgenden Prozesses *nicht beeinflußt,* Bbg AnwBl **85**, 387, Düss RR **96**, 572, ZöHe 13 „Privatgutachten", aM Ffm JB **84**, 1038, LG Bln JB **75**, 126.
Die Erstattungsfähigkeit besteht jedenfalls unabhängig von einem gleichartigen *sachlichrechtlichen* Ersatzanspruch, etwa nach § 2314 I 2 BGB, Mü Rpfleger **83**, 486. Ein Anzeichen für die Erstattungsfähigkeit ist natürlich die Verwendung des Gutachtens durch das Gericht, Stgt VersR **79**, 849; oder seine Ursächlichkeit für einen Vergleich, LG Brschw MDR **79**, 320.

281
Die Kosten eines Privatgutachtens können insbesondere dann erstattungsfähig sein, wenn es von einer *Versicherungsgesellschaft* vor dem Prozeß eingeholt worden ist, Ffm VersR **96**, 122, Kblz MDR **94**, 522 (jedenfalls nach gegnerischem Beweissicherungsgutachten), LG Köln VersR **98**, 1172, aM Düss VersR **96**, 1124, Kblz JB **90**, 1474, Mü MDR **92**, 416.

282
Eine Erstattungsfähigkeit besteht auch, wenn die *gegnerische* Versicherungsgesellschaft nunmehr ihrerseits ein Privatgutachten eingeholt hat, LG Mü VersR **86**, 1246. Eine Erstattungsfähigkeit besteht auch dann, wenn die Versicherungsgesellschaft das Gutachten während eines Strafverfahrens mit Rücksicht auf einen bestimmt gegen den Versicherten zu erwartenden Schadensersatzprozeß eingeholt hat. In diesem Fall sind auf die Höhe des erstattungsfähigen Betrags die Regeln des ZSEG als Richtsätze anwendbar, Kblz VersR **76**, 1051, LG Mainz VersR **74**, 916. Wenn man im Zeitpunkt der Einholung des Privatgutachtens noch keineswegs an einen Prozeß denken konnte, kann man die Kosten dieses Gutachtens unter Umständen zusammen mit der Klageforderung geltend machen. Man darf die Erledigung eines Strafverfahrens gegen sich abwarten, Hbg JB **90**, 1469.

283
*Beispiele des Fehlens der Erstattungsfähigkeit:* Nicht erstattungsfähig sind: Die Kosten eines Gutachtens über nur innerdeutsche Rechtsfragen, Ffm Rpfleger **78**, 385, Kblz Rpfleger **86**, 107, es sei denn, man braucht es zB zum Nachweis eines Verstoßes des Berufungsgerichts gegen Denkgesetze usw zwecks Revision, Hamm JB **78**, 1079; die Kosten eines nach § 2 MHG vor einer Mieterhöhungsforderung eingeholten Privatgutachtens, LG Köln WoM **97**, 269, LG Saarbr AnwBl **85**, 210. Erst recht nicht

## 5. Titel. Prozeßkosten § 91

erstattungsfähig sind die Kosten eines weiteren derartigen vorprozessualen Gutachtens, aM AG Lehrte WoM **83**, 320 (abl Röchling); die Kosten eines Privatgutachtens bei § 93 c, Hamm Rpfleger **79**, 142.
- **(Information)**: Reisekosten zur Information zwecks Ermittlung des Sachverhalts können erstattungsfähig sein, Kblz DB **90**, 2260.   284
- **(Inkasso)**: Rn 108.
- **(Insolvenzverfahren)**: Die Kosten eines dem Rechtsstreit vorangegangenen Insolvenzverfahrens sind in der Regel nicht erstattungsfähig, so schon KG JB **76**, 1103.   285
- **(Kündigung)**: Die Kosten einer vorprozessualen Kündigung sind regelmäßig nicht erstattungsfähig. Denn die Kündigung macht den Kaganspruch meist erst fällig, vgl LG Bückebg ZMR **79**, 20.
- **(Mahnung)**, dazu *Steinmetz*, Der „kleine" Wettbewerbsprozeß, 1993; *Wilke*, Abmahnung und Schutzschrift im gewerblichen Rechtsschutz, 1991: Die Kosten einer vorprozessualen Mahnung, Abmahnung usw, etwa auf Grund eines Testkaufs einschließlich seiner Kosten wegen eines unlauteren Wettbewerbs, sind aus den Gründen Rn 270 erstattungsfähig, BGH **52**, 393, Drsd GRUR **97**, 318, Ffm Rpfleger **85**, 163, aM BGH RR **88**, 1199, Hamm MDR **97**, 206, Karlsr AnwBl **97**, 681.   286
Vgl aber auch Rn 81, § 93 Rn 66 ff.
- **(Markensache)**: Kosten der Aufforderung der Glaubhaftmachung der Zeichenbenutzung sind nicht erstattungsfähig, BGH MDR **81**, 24.
- **(Patentrecherchen)**: Ob Ermittlungen nach dem vorveröffentlichten Stand der Technik notwendig waren, ist nach einem großzügigen Maßstab anhand des Angemessenen aus der Sicht des Zeitpunkts der Einleitung der Ermittlungen zu beurteilen, BPatG GRUR **80**, 986, Ffm GRUR **97**, 967.   287
- **(Prozeßkostenhilfe)**: Rn 153. Vgl auch §§ 37 Z 3, 13 I, II, 51 BRAGO. Stets ist die Notwendigkeit zu prüfen, unabhängig von § 121 III, Ffm AnwBl **82**, 381, Schlesw SchlHA **89**, 162.
- **(Schiedsrichterliches Verfahren)**: Die Kostenfragen richten sich nach §§ 1029, 1030, 1047.   288
- **(Selbständiges Beweisverfahren)**: Soweit eine Abtretung erfolgt ist, sind Kosten des selbständigen Beweisverfahrens im Prozeß des neuen Gläubigers als Vorbereitungskosten erstattungsfähig, KG JB **81**, 1392. Natürlich kann ein Vergleich eine vorrangige „andere Vereinbarung" treffen, dazu § 98 Rn 50. Ist nach dem Ergebnis der Beweissicherung ein Dritter der Schadensverursacher, so sind im Hauptprozeß gegen ihn die Beweissicherungskosten evtl als Vorbereitungskosten erstattungsfähig, vgl auch Rn 277, aM Mü JB **92**, 105.
S auch Rn 193.
- **(Strafanzeige)**: Die Anwaltskosten können erstattungsfähig sein, KG AnwBl **83**, 363, LG Ffm MDR **82**, 759.
- **(Testkauf)**: Auch hier gilt der Grundsatz, daß die Erstattungsfähigkeit von der Notwendigkeit abhängt, Düss JB **86**, 99, Mü GRUR **92**, 345, Stgt JB **95**, 37, aM Hamm MDR **85**, 414, KG Rpfleger **83**, 172. Man muß sparsam und wirtschaftlich vorgehen, darf zwar evtl eine größere und nur deshalb beim Verkäufer kein Mißtrauen erregende Partie kaufen, aber keinen Auskauf betreiben, Ffm GRUR **85**, 401. Der Erstattungspflichtige kann einen sachlichrechtlichen Anspruch auf die Übereignung der Testkaufsachen haben, Üb 67 vor § 91. Nicht erstattungsfähig sind Kosten, die nur einen weiteren Gerichtsstand begründen sollen, Mü Rpfleger **76**, 219.   289
- **(Verein)**: Ein Verein zur Bekämpfung des unlauteren Wettbewerbs ist grds in der Lage, den ProzBev ohne einen Verkehrsanwalt schriftlich zu informieren, Mü BB **90**, 950.   290
- **(Vergleich)**: Die Kosten seiner Vorbereitung, zB eine Besprechungsgebühr nach § 118 I Z 2 BRAGO, können erstattungsfähig sein.
- **(Verwahrung)**: Die Kosten der Verwahrung bis zur Rückgabe Zug um Zug nach einer Wandlung sind sachlichrechtliche Kosten, keine Prozeßkosten, Mü AnwBl **88**, 484.
- **(Verwaltungsverfahren)**: Die Kosten eines notwendigerweise vorgeschalteten Verwaltungsverfahrens sind erstattungsfähig, falls man sie als Kosten des Rechtsstreits ansehen kann, Rn 15, 16, Mü MDR **90**, 1020, aM Hbg JB **92**, 336, Schlesw JB **92**, 170, Stgt JB **91**, 84. Mit Rücksicht auf die Entstehungsgeschichte sind aber in einer Baulandsache die Kosten eines vorangegangenen Enteignungsverfahrens nicht erstattungsfähig, Stgt JB **91**, 84 (für das Verfahren nach § 43 II BauGB). Nicht erstattungsfähig sind auch die Kosten eines Bevollmächtigten bei einem Sieg im steuerrechtlichen Vorverfahren, BVerfG **35**, 283, und zwar auch dann nicht, wenn man nur den Kostenteil der Einspruchsentscheidung des Finanzamts angefochten hat, BFH BB **73**, 1153, oder die Kosten vor dem Amt für Verteidigungslasten, Ffm AnwBl **77**, 310.
S auch Rn 271 „Abhilfeverfahren".
- **(Vorgerichtliche Mahnkosten)**: Die vorprozessualen Mahnkosten sind entgegen einer weitverbreiteten Übung nicht als Teil der Hauptforderung im Rahmen des Erkenntnisverfahrens vom Spruchrichter zu bescheiden, sondern als Teil der etwaigen Vorbereitungskosten nur im Kostenfestsetzungsverfahren nach §§ 103 ff zu prüfen. Soweit eine Partei trotzdem eine Entscheidung des Spruchrichters durch Sachantrag erzwingt, § 308 I, ist dieser Teil der Klage mangels Rechtsschutzbedürfnisses wegen der einfacheren Klärungsart im Festsetzungsverfahren, Einf 2, 3 vor §§ 103–107, als unzulässig abzuweisen.
- **(Wandlung)**: S „Verwahrung".   291
**Vormundschaft**: Rn 152 „Pflegschaft, Vormundschaft."   292
**Vorpfändung**: § 788 Rn 48 „Vorpfändung".
**Vorprozeß**: Man muß die Erstattungsfähigkeit für die Kosten eines jeden Rechtsstreits grds selbständig beurteilen. Kosten im Zusammenhang mit einem Vorprozeß können als sachlichrechtliche Ersatzanspruch zum Hauptanspruch eines nachfolgenden Prozesses werden, wenn sie im Vorprozeß nicht erstattungsfähig werden. Vgl zur Problematik Klimke VersR **81**, 17 (ausf).
**Vorschuß**: Die Summe von Vorschuß und Erstattungsbetrag muß den Betrag übersteigen, den der Vorschußempfänger insgesamt für den Prozeß aufwenden muß, Bbg JB **99**, 28.
Vgl. auch § 103 Rn 23.
**Vorsorglicher Prozeßauftrag**: Rn 192.

§ 91                                                      1. Buch. 2. Abschnitt. Parteien

**Wahl des Gerichtsstands:** Rn 239 „Gerichtsstandswahl".

293 **Wohnungseigentum:** Im FGG-Verfahren ist § 13 a II FGG und nicht § 91 II ZPO anwendbar, LG Wuppert ZMR **91**, 183. Nach der Abgabe vom WEG-Gericht an das Prozeßgericht sind §§ 91 ff auf die gesamten Prozeßkosten anwendbar, § 50 WEG, KG OLGZ **90**, 193. Erstattungsfähig kann auch ein zur Prozeßführung ausgesetztes Sonderhonorar des Verwalters sein, KG WoM **89**, 94. Freilich bleibt zu prüfen, ob seine Tätigkeit überhaupt mit dem RBerG vereinbar ist, § 134 BGB, vgl AG Neuss WoM **89**, 89. Erstattungsfähig können auch Verwalterkosten zur Information der Wohnungseigentümer über einen Prozeß sein, ZöHe 13 „Wohnungseigentümer", aM LG Brschw **KR** § 47 WEG Nr 10, LG Hann NZM **98**, 121. Der Verwalter ist grds nicht schon wegen § 6 BRAGO verpflichtet, Ansprüche der Gemeinschaft im eigenen Namen geltend zu machen, LG Bln VersR **90**, 1161 (zustm Madert AnwBl **90**, 632).

**Zentrale Behörde** (Generalbundesanwalt) nach AUG: Vgl Üb 6, 8 vor § 78.

294 **Zeitversäumnis:** Erstattungsfähig sind die Kosten notwendiger Reisen (zum Begriff Köln Rpfleger **76**, 141), Ffm JZ **77**, 97, auch einer notwendigen Informationsreise, so grundsätzlich richtig Kblz MDR **82**, 590, Köln JB **96**, 94, VGH Mannh JB **90**, 1002, vgl „Bearbeitung des Prozesses", und die Kosten einschließlich Verdienstausfall wegen einer notwendigen Terminswahrnehmung, Hamm AnwBl **96**, 412, und zwar auch dann, wenn ein Mitarbeiter der Partei den Termin wahrnimmt, Bbg JB **92**, 243, Karlsr VersR **85**, 1095, Stgt AnwBl **89**, 166, strenger Hamm MDR **84**, 673, LG Bln MDR **89**, 917, LG Mannh VersR **88**, 1057.

295 Dabei ist § 2 ZSEG anwendbar, Hamm MDR **97**, 206, Kblz MDR **82**, 590, LAG Düss JB **92**, 686, OVG Kblz NJW **88**, 1807 (evtl nur dessen III), auch zugunsten eines „Hausmanns". Ferner sind §§ 8–11, 13 ZSEG anwendbar, vgl § 91 I ZPO. Der Ausfall im Betrieb rechtfertigt nicht stets die Annahme eines Verdienstausfalls, Stgt Just **81**, 204, aM KG MDR **85**, 851. Mit einer Vertagung braucht im allgemeinen keine Partei im voraus zu rechnen. Auch eine juristische Person kann einen Erstattungsanspruch haben, Bbg JB **92**, 243, Hamm MDR **97**, 206, Stgt RR **90**, 1341. Das gilt aber nicht automatisch auch zugunsten einer Behörde, BVerwG Rpfleger **89**, 256, LG Köln JB **94**, 229, aM Bbg JB **92**, 243, Stgt RR **90**, 1344, LG Ffm MDR **85**, 589.

Die einer mittellosen Partei im Fall der Anordnung ihres *persönlichen Erscheinens* gewährten Reisekosten sind erstattungsfähige Gerichtskosten. Der Deutschen Bahn AG als Partei ist ein Betrag zu erstatten, den einer ihrer Beamten für eine notwendige Reise hätte aufwenden müssen, wenn er keinen Freifahrschein erhalten hätte. Der Partei ist unter Umständen auch der Aufwand einer Reise im Kraftfahrzeug oder Flugzeug zu erstatten. Erstattungsfähig sind auch die Kosten der Bereitstellung eines Beweisgegenstands, etwa die Kosten der Vorführung eines Lastzugs. Über die vorgenannten Fälle hinaus ist keine Erstattung möglich, auch nicht zugunsten einer Behörde, Hamm MDR **78**, 1026, OVG Kblz NJW **82**, 1115, aM Stgt MDR **90**, 636.

296 *Nicht erstattet* werden also zB: Die Kosten der Bearbeitung des Prozesses, Drsd RR **94**, 1141, vgl Rn 81, Hamm Rpfleger **91**, 266 (auch in der Freizeit), Kblz MDR **96**, 412, VGH Mannh JB **90**, 1002; Kosten zur sonstigen Vorbereitung eines Ortstermins, KG JB **78**, 1248; die Reisekosten eines Vertreters von einem anderen Ort her, sofern die Firma an einem ihrer Gerichtsstände nach den §§ 17, 19, 21 verklagt worden ist, Bbg JB **76**, 90; ein Verdienstausfall als solcher allgemein, Ffm MDR **84**, 501, Stgt Just **81**, 204, auch nicht derjenige eines Liquidators, Hamm Rpfleger **82**, 82, oder gar eines Beamten.

S auch Rn 81, 92, 209 „Terminswahrnehmung", Rn 215, 216.

297 **Zeuge und Sachverständiger:** Wegen seiner Ermittlung Rn 89 „Ermittlungskosten". Soweit er vom Gericht geladen oder doch zB auf Grund einer durch die Partei erfolgten Gestellung bzw Sistierung vernommen wird und daher nach dem ZSEG zu entschädigen ist, sind diese Kosten Teil der Gerichtskosten und in diesem Rahmen stets erstattungsfähig, KV 9005, Ffm JB **85**, 1402, Kblz JB **83**, 1661. Die Kosten einer Belohnung oder Auslobung für die Benennung eines Zeugen sind erstattungsfähig, falls die Partei das Verhaltens des Gegners für nötig halten darf, Kblz NJW **75**, 1931, aM Hbg JB **91**, 1518. Freilich darf der Zeuge nicht „gekauft" worden sein, insoweit richtig Hbg MDR **98**, 496. Im übrigen sind die Kosten insoweit erstattungsfähig, als die *Gestellung* des Zeugen oder Sachverständigen zu einer zweckentsprechenden Rechtsverfolgung oder Rechtsverteidigung vom Gericht angeregt wurde oder (sonstwie) notwendig ist, etwa im Verfahren auf den Erlaß einer einstweiligen Verfügung, Hbg JB **95**, 30 und MDR **95**, 210 (auch bei vielen Zeugen), Hamm MDR **75**, 75, Mü GRUR **92**, 345, aM Ffm JB **77**, 555 (nach der Ansicht dieses Gerichts handelt es sich dann um eine nur von Fall zu Fall zu entscheidende Frage), Ffm VersR **83**, 841, Kblz DB **86**, 1820 (erstattungsfähig sei auch dann nur der nach dem ZSEG gezahlte Betrag).

298 Erstattungsfähig sind die einem Zeugen von der Partei im Rahmen des ZSEG gezahlten Auslagen (zu ihnen Bach JB **92**, 8) und Entschädigungen, durch die ein *Gebührenverzicht* des Zeugen erwirkt wurde, Hbg JB **79**, 598, KG JB **82**, 1247, Karlsr JB **91**, 1514, aM Bbg JB **77**, 1619, Kblz RR **98**, 717.

In den *neuen Bundesländern* gilt das ZSEG zunächst mit folgenden Maßgaben:

*EV Art I Kap III Sachgeb A Abschn III 2 Z 25 a, b.* a) [1] Die sich aus § 2 Abs. 3 Satz 2, §§ 3, 5 Abs. 1, 2 und 3 Satz 1, §§ 17 und 17 a Abs. 1 bis 3 ergebende Entschädigung sowie die in § 2 Abs. 2 und § 5 Abs. 3 Satz 2 festgesetzen Höchstbeträge ermäßigen sich für Beteiligte, die ihren Wohnsitz oder Sitz in dem in Artikel 3 des Vertrages genannten Gebiet haben, um 10 vom Hundert. [2] Die Entschädigung kann im Einzelfall unter Berücksichtigung aller Umstände bis zu den Höchstsätzen dieses Gesetzes festgesetzt werden, wenn die sich nach Satz 1 ergebende Entschädigung unbillig wäre.

b) § 18 gilt auch für das Inkrafttreten dieses Gesetzes in dem in Artikel 3 des Vertrages genannten Gebiet.

Vorbem. Z 25 a idF § 1 VO v 15. 4. 96, BGBl 604, in Kraft seit 1. 7. 96, § 3 VO.

5. Titel. Prozeßkosten **§§ 91, 91a**

Freilich bildet derjenige Betrag, den das Gericht dem Zeugen hätte zahlen dürfen, die *Obergrenze* der **299** Erstattungsfähigkeit auch hier, Hbg MDR 87, 147, Mü JB 81, 1245. Wegen der Kosten eines ausgebliebenen Zeugen vgl § 380 Rn 6.
*Nicht erstattungsfähig* sind die Kosten einer privaten Zeugenanhörung. Denn ein solches Vorgehen ist **300** nicht zweckmäßig, weil eine Zeugenvernehmung grundsätzlich allein dem Gericht vorbehalten ist.
**Zinsen:** Solche zur Finanzierung von Prozeßkosten einschließlich einer Sicherheitsleistung sind nicht **301** erstattungsfähig, Düss Rpfleger 81, 121, Kblz RR 98, 718, Mü MDR 89, 267. Freilich kann ein sachlich-rechtlicher Ersatzanspruch unter dem Gesichtspunkt eines Verzugsschadens bestehen.
**Zug um Zug:** Rn 290 „Verwahrung".
**Zurücknahme der Klage:** Rn 111 „Klagerücknahme".
**Zurücknahme der Berufung:** § 515 Rn 19.
**Zuständigkeitsbestimmung:** Im Verfahren nach § 36 Z 3 sind die Kosten desjenigen Anwalts, der bei dem als zuständig bestimmten Gericht nicht zugelassen ist, dennoch erstattungsfähig, Zweibr JB 85, 925.
**Zustellung:** Ihre Kosten sind erstattungsfähig, soweit sie für die berechtigten Parteiinteressen in einem **302** zweckdienlichen Umfang notwendig waren. Die Mehrkosten der Zustellung durch einen Gerichtsvollzieher sind erstattungsfähig, soweit die Zustellung andernfalls von Anwalt zu Anwalt erfolgt wäre und soweit die zustellende Partei ein berechtigtes sachliches Interesse an einer schnellen und sicheren Zustellung hat, etwa bei der Zustellung einer einstweiligen Verfügung, KG Rpfleger 81, 121, oder bei einem berechtigten Zweifel an der Zuverlässigkeit desjenigen gegnerischen Anwalts, der das Empfangsbekenntnis einer Zustellung von Anwalt zu Anwalt ausstellen müßte, KG Rpfleger 81, 121. Die Kosten der Hinzuziehung eines Anwalts in den neuen Bundesländern waren anfangs evtl in einer Eilsache notwendig, Ffm JB 91, 1347. Die Mehrkosten der Zustellung durch einen Gerichtsvollzieher sind nicht erstattungsfähig, soweit die Zustellung andernfalls durch die Post zuverlässig genug erfolgt wäre, § 197.
**Zwangsvollstreckung:** § 788 Rn 19ff.
**Zweigstelle:** Rn 166.

**22)** *VwGO:* I 1 und II 1 (1. Halbsatz) sind in § 154 I, § 162 I und II *VwGO* übernommen; zu erstatten sind **303** nur notwendige Kosten, OVG Münst **KR** § 162 VwGO Nr 51, VGH Mü RiA 81, 138. Ergänzend anwendbar, § 173 *VwGO*, sind **I 2**, BVerwG Rpfleger 89, 255 mwN, VGH Mannh NVwZ-RR 92, 447 u 90, 665 mwN (keine Entschädigung für Zeitversäumnis von Behördenvertretern, BVerwG aaO, OVG Lüneb NVwZ-RR 97, 143 mwN, insoweit begrenzt Entschädigung für Beteiligte, VGH Kassel NVwZ-RR 99, 213 mwN), und die weiteren Bestimmungen in **II**, die auf dem allgemein geltenden Grundsatz beruhen, daß Kosten niedrig zu halten sind, vgl OVG Greifsw LS AnwBl 99, 132. Zur Erstattung von Reisekosten des RA, oben Rn 163, vgl Hartmann § 28 BRAGO Rn 56, RedOe § 162 Anm 11 mwN, VGH Mannh VBlBW 91, 342, zur Erstattung der Kosten mehrerer RAe, II 3, vgl RedOe § 162 Anm 12 und VGH Kassel NJW 69, 1640. Auch **II 4** (RA in eigener Sache) ist entsprechend anwendbar (vgl auch BFH NJW 69, 951 u BStBl 72 II 94), auch für die Kosten des Vorverfahrens, OVG Münst NVwZ-RR 90, 668, Kopp § 162 Rn 19, Hartmann § 119 BRAGO Rn 12, beide mwN, str, aM ua RedOe § 162 Anm 13 a, OVG Münst JB 78, 1334 mwN, VGH Mü NJW 78, 2414 mwN m abl Anm Czermak BayVBl 78, 704; II 4 gilt nicht für Hochschullehrer, VGH Mü NJW 86, 422, OVG Münst JB 78, 1334. Kosten sind auch im VerwProzeß die gesetzlichen Gebühren und Auslagen des RA, OVG Münst NJW 69, 709; die Notwendigkeit der Zuziehung eines RA ist nicht zu prüfen, RedOe § 162 Anm 10. Zur Erstattung der Kosten eines Hochschullehrers s BVerwG NJW 78, 1173, VGH Mü NJW 92, 853.

**91a** *Erledigung der Hauptsache.* **I** ¹Haben die Parteien in der mündlichen Verhandlung oder durch Einreichung eines Schriftsatzes oder zu Protokoll der Geschäftsstelle den Rechtsstreit in der Hauptsache für erledigt erklärt, so entscheidet das Gericht über die Kosten unter Berücksichtigung des bisherigen Sach- und Streitstandes nach billigem Ermessen durch Beschluß. ²Die Entscheidung kann ohne mündliche Verhandlung ergehen.
**II** ¹Gegen die Entscheidung findet sofortige Beschwerde statt. ²Vor der Entscheidung über die Beschwerde ist der Gegner zu hören.

**Schrifttum:** *El-Gayar,* Die einseitige Erledigungserklärung des Klägers im Zivil-, Arbeits- und Verwaltungsgerichtsprozeß, 1998; *Grunsky,* Grenzen des Gleichlaufs von Hauptsache- und Kostenentscheidung. Zugleich ein Beitrag zur einseitigen Erledigungserklärung, Festschrift für *Schwab* (1990) 165; *Lüke,* Zur Erledigung der Hauptsache, Festschrift für *Weber* (1975) 323; *Mertin,* Die Erledigung der Hauptsache im Verfahren der freiwilligen Gerichtsbarkeit, Diss Saarbr 1986; *Schiller,* Klageerneuerung nach Erledigung des Rechtsstreits in der Hauptsache im Zivilprozeß, Diss Bonn 1979; *Stahlnecker,* Die einseitige Erledigungserklärung im Zivil- und Verwaltungsprozeß, 1994; *Ulrich* NJW 94, 2793 (Üb); *Vogeno,* Die einseitige Erledigungserklärung im Zivilprozeß, 1996; *Wosgien,* Konkurs und Erledigung der Hauptsache, 1984.

**Gliederung**

| | |
|---|---|
| 1) **Systematik, I, II** ................ 1, 2 | 4) **„Hauptsache", I, II** ................ 22 |
|    A. Verhältnis der Vorschriften zueinander ................ 1 | 5) **„Erledigung", I, II** ................ 23–61 |
|    B. Aufbau der Kommentierung ......... 2 |    A. Begriff des erledigenden Ereignisses .. 24 |
| 2) **Regelungszweck, I, II** ................ 3 |    B. Abgrenzung zur „Erledigterklärung" . 25 |
| 3) **Sachlicher Geltungsbereich, I, II** ..... 4–21 |    C. Kein erledigendes Ereignis vor Anhängigkeit der Hauptsache ................ 26–29 |
|    A. Grundsatz: Umfassende Anwendbarkeit ................ 4 |    D. Kein erledigendes Ereignis zwischen Anhängigkeit und Rechtshängigkeit .... 30–38 |
|    B. Beispiele zur Frage des sachlichen Geltungsbereichs ................ 5–21 |    E. Möglichkeit eines erledigenden Ereignisses ab Rechtshängigkeit ............ 39 |

## § 91a

F. Kein erledigendes Ereignis ab Rechtskraft bzw Wegfall der Rechtshängigkeit .................... 40
G. Beispiele zur Frage des erledigenden Ereignisses .................... 41–61
6) „Erledigterklärung", I .................... 62–95
  A. Begriff der Erledigterklärung .... 62, 63
  B. Abgrenzung zum erledigenden Ereignis .................... 64
  C. Form .................... 65
  D. Kein Anwaltszwang .................... 66
  E. Inhalt .................... 67
  F. Unwirksamkeit der Erledigterklärung vor Rechtshängigkeit der Hauptsache . 68–70
  G. Wirksamkeit der Erledigterklärung bis zum Schluß der ersten Instanz .... 71
  H. Erledigterklärung zwischen den Instanzen .................... 72
  I. Wirksamkeit der Erledigterklärung in höherer Instanz .................... 73
  J. Keine Anfechtbarkeit .................... 74
  K. Bedingte Erledigterklärung .................... 75
  L. Hilfsweise Erledigterklärung .................... 76
  M. Teilweise Erledigterklärung .................... 77
  N. Erledigterklärung bei Streitgenossenschaft .................... 78
  O. Beispiele zum Vorliegen einer Erledigterklärung .................... 79–95
7) Beiderseitige „Erledigterklärungen", I .................... 96–105
  A. Begriff übereinstimmender Erledigterklärungen .................... 96
  B. Unbeachtlichkeit der Reihenfolge ... 97
  C. Notwendigkeit einer Wirksamkeit beider Erledigterklärungen .................... 98
  D. Erster Rechtszug .................... 99
  E. Zwischen den Instanzen .................... 100
  F. Höherer Rechtszug .................... 101, 102
  G. Beiderseitige teilweise Erledigterklärungen .................... 103, 104
  H. Beispiele zum Vorliegen beiderseitiger Erledigterklärungen .................... 105
8) Folgen beiderseitiger wirksamer Erledigterklärungen: Kostenentscheidung, I 1 .................... 106–141
  A. Zulässigkeit der Kostenentscheidung . 107
  B. Entscheidung nur noch „über die Kosten" .................... 108–111
  C. „Unter Berücksichtigung des bisherigen Sach- und Streitstandes" .................... 112–117
  D. „Nach billigem Ermessen" .................... 118
  E. Beispiele zur Kostenentscheidung .... 119–141
9) Verfahren zur Kostenentscheidung nach beiderseitigen wirksamen Erledigterklärungen, I 1, 2 .................... 142–150
  A. Grundsatz: Freigestellte mündliche Verhandlung .................... 142–145
  B. Kein Anwaltszwang .................... 146
  C. Kostenentscheidung durch Beschluß . 147
  D. Beschlußinhalt .................... 148
  E. Mitteilung .................... 149
  F. Vollstreckbarkeit .................... 150
10) „Sofortige Beschwerde", II 1 .................... 151–158
  A. Geltungsbereich: Jede Entscheidung nach I 1 .................... 152, 153
  B. Form .................... 154

C. Frist: Zwei Wochen .................... 155
D. Zulässigkeitsgrenzen .................... 156
E. Anschlußbeschwerde .................... 157
F. Unzulässigkeit weiterer sofortiger Beschwerde .................... 158
11) Beschwerdeverfahren, II 2 .................... 159–163
  A. Zulässigkeitsprüfung .................... 159
  B. Begründetheitsprüfung .................... 160
  C. Anhörung des Beschwerdegegners ... 161
  D. Beschwerdeentscheidung .................... 162
  E. Mitteilung .................... 163
12) Kostenfragen, I, II .................... 164, 165
  A. Streitwert .................... 164
  B. Gebühren .................... 165
13) Rechtskraft, I, II .................... 166, 167
  A. Formelle (äußere) Rechtskraft .................... 166
  B. Persönliche und sachliche (innere) Rechtskraft .................... 167
14) Einseitige Erledigterklärung des Klägers .................... 168
  A. Begriffe .................... 168
  B. Unwirksamkeit der Erledigterklärung vor Rechtshängigkeit der Hauptsache . 168
15) Folgen der einseitigen Erledigterklärung des Klägers .................... 169–188
  A. Notwendigkeit einer Entscheidung zur Hauptsache .................... 170, 171
  B. Streit um Zulässigkeit und Begründetheit der Klageforderung .................... 172
  C. Feststellung der Erledigung .................... 173–176
  D. Fehlen der Erledigung: Klagabweisung .................... 177–182
  E. Kosten .................... 183, 184
  F. Vorläufige Vollstreckbarkeit .................... 185
  G. Mitteilung .................... 186
  H. Rechtsmittel .................... 187
  I. Rechtskraft .................... 188
16) Einseitige Erledigterklärung des Beklagten .................... 189–194
  A. Begriff .................... 189
  B. Verfahren .................... 190–194
17) Erledigterklärung eines Rechtsmittels, I, II .................... 195–199
  A. Begriff .................... 195, 196
  B. Folgen beiderseitiger derartiger Erledigterklärungen: § 91a entsprechend anwendbar .................... 197, 198
  C. Folgen einer einseitigen derartigen Erledigterklärung: Sachurteil des Rechtsmittelgerichts .................... 199
18) Teilerledigung, I, II .................... 200–205
  A. Begriff .................... 200
  B. Auslegung erforderlich .................... 201
  C. Folgen beiderseitiger Teilerledigterklärungen: Sachurteil über den Rest, einheitliche Kostenentscheidung im Urteil .................... 202, 203
  D. Folgen einer einseitigen Teilerledigterklärung: Wie bei einseitiger Vollerledigterklärung .................... 204
  E. Kosten .................... 205
19) Verfassungsbeschwerde .................... 206
20) *VwGO* .................... 207

**1**  **1) Systematik, I, II.** Es gilt eine breit aufgefächerte Lehre und Rspr zu beachten.

  **A. Verhältnis der Vorschriften zueinander.** Der nur scheinbar übersichtliche § 91a bietet in Wahrheit eine Fülle von Problemen. Das rührt vor allem daher, daß die Vorschrift nur einen Teil der Voraussetzungen und Folgen einer Erledigung der Hauptsache regelt. Denn sie behandelt nur den Fall der vollen beiderseitigen wirksamen Erledigterklärungen. Der praktisch sehr häufige Fall einer einseitigen vollen oder teilweisen Erledigterklärung des Klägers oder Widerklägers ist nur teilweise und indirekt miterfaßt und im übrigen von §§ 91, 92ff ZPO geregelt. Selbst im Fall beiderseitig übereinstimmender voller Erledigterklärungen erfaßt § 91a die Kostenfolge nicht stets; § 98 ist grundsätzlich vorrangig, BGH **LM** Nr 30, Mü JB **83**, 1882, vgl freilich § 98 Rn 30 „Anrufung des Gerichts" und Rn 41 „Hauptsache". Auch andere Vorschriften können vorrangig sein, zB §§ 93a, 619, 640, 640g, Stgt FamRZ **73**, 466. Andererseits enthält *II* eine Sonderregelung gegenüber §§ 99, 269 III, Brdb Rpfleger **98**, 484. Es liegt also insgesamt ein Nebeneinander von

5. Titel. Prozeßkosten § 91a

Vorrang, Gleichrang und Nachrang vor. Man kann nur im bestimmten Einzelfall feststellen, welche der Vorschriften anwendbar ist.

**B. Aufbau der Kommentierung.** Aus der dogmatischen Unübersichtlichkeit, Rn 1, folgen Probleme **2** beim Aufbau einer Kommentierung. Man könnte zB den Komplex der einseitigen Erledigterklärung bei § 91 a behandeln. Man könnte die von § 91 a I, II ausdrücklich erfaßte Situation der beiderseitigen vollen Erledigterklärungen an den Beginn stellen.

Die folgende Kommentierung versucht *anders* vorzugehen: Nach der Klärung des Regelungszwecks und des sachlichen Geltungsbereichs ist es immerhin vertretbar, zunächst die Begriffe „Hauptsache", „erledigendes Ereignis" und „Erledigterklärung" zu erörtern, weil sowohl im Fall der beiderseitigen Erledigterklärungen als auch im Fall einer nur einseitigen derartigen Erklärung beachtlich sind. Anschließend soll der Fall der beiderseitigen Erledigterklärungen dargestellt werden; ihm schließen sich die möglichen Fälle einseitiger derartiger Erklärungen an.

2) **Regelungszweck, I, II.** Wie schon die Stellung der Vorschrift im Abschnitt über die Prozeßkosten **3** zeigt, dient § 91 a der *Kostengerechtigkeit*, so auch Zweibr ZMR **92**, 403. Ohne die Vorschrift würde zB der Kläger trotz anfänglich zulässiger und begründeter Klage das volle Kostenrisiko tragen, wenn nur die Klageforderung vor der Entscheidung über die Hauptsache etwa durch Erfüllung erlischt. Er müßte dann nämlich entweder die Klage zurücknehmen, soweit noch zulässig, und dann stets die Kosten tragen, § 269 III 2, oder sogar auf den Anspruch verzichten und ein Verzichtsurteil mit derselben Kostenlast riskieren, § 306. Insofern bietet § 91 a ein gewisses Grundstück zu § 93, dessen Grundgedanken evtl mitbeachtlich sind. Das alles gilt allerdings nur im Fall beiderseitiger Erledigterklärungen. *Bei* nur *einseitiger* derartiger *Erklärung* sind aus § 91 a allenfalls die Anknüpfungsbegriffe anwendbar, während die Kostenfolgen nach den normalen Regeln eintreten, Rn 1.

3) **Sachlicher Geltungsbereich, I, II.** Der umfassende Grundgedanke des § 91 a bestimmt seinen **4** Geltungsbereich.

**A. Grundsatz: Umfassende Anwendbarkeit.** Der Zweck einer Kostengerechtigkeit, Rn 2, hat zur Folge, daß § 91 a und auch die Folgen einer nur einseitigen Erledigterklärung grundsätzlich in allen Verfahren anwendbar sind, auf die die ZPO überhaupt anwendbar ist, und daß dies auch in allen Instanzen gilt. Freilich ist eine wirksame Erledigterklärung unter anderem davon abhängig, daß der Anspruch überhaupt der Parteiherrschaft, dem Beibringungsgrundsatz und der Verhandlungsmaxime unterliegt, Grdz 18 vor § 128. Soweit das nicht der Fall ist, gelten die in Rn 1 genannten Sonderregeln, zB §§ 93 a, 619, 640, 640 g, mit Vorrang, Stgt FamRZ **73**, 466. Die Regelung gilt entsprechend auch in einer Reihe von Verfahren außerhalb der ZPO.

**B. Beispiele zur Frage des sachlichen Geltungsbereichs** **5**
**Anerkenntnis:** § 93 ist vorrangig, BGH FamRZ **83**, 683.
**Arbeitsgericht:** Die Regelung ist im arbeitsgerichtlichen Verfahren grundsätzlich anwendbar. Wegen des **6** arbeitsgerichtlichen Beschlußverfahrens, § 83a ArbGG, vgl LAG Bln BB **76**, 420, Lepke DB **75**, 1938 und 1988.
**Arrest, einstweilige Verfügung:** Die Regelung ist in diesen Verfahrensarten anwendbar, Ffm OLGZ **94**, 92, grds auch Hamm MDR **79**, 407. Die Regelung gilt auch im Aufhebungsverfahren nach § 926, dort Rn 3 ff, 13, und im Beschwerdeverfahren, Ulrich GRUR **82**, 15.
**Aufhebungsverfahren:** S „Arrest", „einstweilige Verfügung".
**Ausländisches Urteil:** Für das Verfahren auf seine Vollstreckbarerklärung wendet Hbg MDR **89**, 553 nicht § 91 a, sondern bei „Erledigterklärung" den § 788 an.
**Baulandsache:** Die Regelung ist entsprechend in einer Baulandsache anwendbar, Kblz NJW **83**, 2036. **7**
**Beschwerdeverfahren:** Die Regelung ist auch im Beschwerdeverfahren anwendbar, Rn 159. Wegen einer Erledigterklärung eines Rechtsmittels Rn 195. Vgl auch Kblz JB **82**, 1897.
S auch Rn 6 „Arrest", „einstweilige Verfügung".
**Beweissicherung:** Rn 16 „Selbständiges Beweisverfahren".
**Eheaufhebung, -scheidung:** Die Regelung ist grds anwendbar; jedoch enthält § 93 a eine vorrangige **8** Sonderregelung, dort Rn 1, 2. Wegen § 620 g vgl dort Rn 2. Wegen des Übergangsrechts nach dem KindRG Rn 9 „Folgesache".
**Ehrengericht:** Rn 13, 15 „Rechtsanwaltsordnung".
**Einstweilige Anordnung oder Verfügung:** Rn 6 „Arrest, einstweilige Verfügung", Rn 8 „Ehescheidung", Rn 9 „Folgesache". Wegen §§ 620 ff vgl § 620 g.
**Erinnerungsverfahren:** Rn 21 „Zwangsvollstreckung".
**Finanzgericht:** Die Regelung ist im finanzgerichtlichen Verfahren entsprechend anwendbar, § 138 I FGO. **9**
**Folgesache:** Die Regelung ist grds anwendbar; jedoch enthält § 93 a eine vorrangige Sonderregelung; dort Rn 1. Wegen § 620 g vgl dort Rn 2. Zu beachten ist die gesetzliche Unterstellung der Erledigung im Übergangsrecht des Art 15 § 2 IV, VI KindRG v 16. 12. 97, BGBl 2942, in Kraft bis 30. 6. 2003, Art 17 § 2 KindRG.
S auch Rn 8 „Ehescheidung".
**Freiwillige Gerichtsbarkeit:** In einem Verfahren nach dem FGG ist zu unterscheiden, so auch Windel ZZP **110**, 389: Soweit es sich um ein sog echtes streitiges Verfahren handelt, ist § 91 a entsprechend anwendbar, BGH NJW **82**, 2506, BayObLG NZM **99**, 320 (Prüfung wegen § 12 FGG von Amts wegen), Hamm FGPrax **99**, 49, Zweibr Rpfleger **89**, 19, am KG ZMR **98**, 656. Im übrigen gilt § 13 a I 1 FGG (entsprechend), 119, Bbg FamRZ **82**, 398, Köln OLGZ **88**, 296, Lerch NJW **87**, 1923.
**Gebrauchsmuster:** Die Regelung ist im Löschungsverfahren vor dem Patentamt und -gericht entsprechend anwendbar, BGH **135**, 61.
**Handlungsvornahme:** Rn 21 „Zwangsvollstreckung". **10**
**Hausratssache:** Rn 20 „Wohnungszuweisung".

## § 91a

**11** **Insolvenz:** Die Regelung ist im Verfahren auf die Eröffnung eines Insolvenzverfahrens entsprechend anwendbar, Brdb Rpfleger **98**, 487, LG Bre MDR **92**, 46, LG Köln KTS **88**, 171 und 176, LG Traunstein MDR **91**, 989.
**Kartellsache:** Auf das Kartellverwaltungsverfahren sind §§ 70 II 2, 77, 78 GWB und nicht § 91 a anwendbar, BGH WettbR **97**, 211, Mü GRUR **87**, 316. Zu § 96 II GWB Köln MDR **86**, 1025.
**Kindschaftssache:** Die Regelung ist grds anwendbar, jedoch enthalten zB §§ 93 a, 619, 640, 640 g teilweise vorrangige Sonderregelungen, Stgt FamRZ **73**, 466. Zu beachten ist auch die gesetzliche Unterstellung der Erledigung im Übergangsrecht des Art 15 § 2 II, VI KindRG v 16. 12. 97, BGBl 2942, in Kraft bis 30. 6. 2003, Art 17 § 2 KindRG.
**Kostenfestsetzung:** § 91 a ist im Verfahren nach §§ 103 ff entsprechend anwendbar, Kblz JB **95**, 208.

**12** **Mahnverfahren:** Die Regelung ist im Mahnverfahren anwendbar, Karlsr MDR **88**, 1066.
**Miete:** Rn 21 „Zwangsvollstreckung".

**13** **Notarsache:** Die Regelung ist entsprechend bei § 111 BNotO anwendbar, BGH DNotZ **73**, 438.

**14** **Patentsache:** Die Regelung ist entsprechend im Verfahren nach (jetzt) § 84 II PatG anwendbar, BPatG MDR **84**, 665; dasselbe gilt im Verfahren nach § 110 III 2 PatG, BGH GRUR **84**, 339.
**Räumung:** Rn 21 „Zwangsvollstreckung".

**15** **Rechtsanwaltsordnung:** § 91 a ist entsprechend anwendbar bei §§ 90, 91 BRAO, BGH **84**, 151.
**Regelunterhalt:** §§ 640, 640 g, 645 ff sind vorrangig. Stgt FamRZ **73**, 466 nimmt eine Erledigung des Antrags auf Zahlung eines Regelunterhalts von Amts wegen an, wenn ein Abstammungsantrag erledigt ist, zB infolge eines Todesfalles.

**16** **Selbständiges Beweisverfahren:** Wegen der Kostenregelung im Fall der Erledigung eines selbständigen Beweisverfahren § 91 Rn 193.
**Sozialgericht:** Die Regelung ist im dortigen Verfahren entsprechend anwendbar, § 193 I Hs 2 SGG.

**17** **Tod:** §§ 619, 640 g sind vorrangig, Rn 1.
S auch Rn 15 „Regelunterhalt".

**18** **Unterlassung:** Rn 21 „Zwangsvollstreckung".

**19** **Verfassungsgericht:** Wegen § 89 BVerfGG sind keine übereinstimmenden Erledigterklärungen als Voraussetzung einer Kostenentscheidung notwendig.
**Vergleich:** Die Regelung ist grds auch auf den Fall anwendbar, daß die Erledigung durch einen Vergleich eintritt. Indessen muß man im einzelnen unterscheiden: Wenn die Parteien in einem Vergleich keine Kostenregelung getroffen haben, ist zunächst der vorrangige § 98 anwendbar, Saarbr RR **96**, 320; nur wenn sie überdies die Anwendbarkeit des § 98 ausgeschlossen haben, § 98 Rn 22, ist § 91 a anwendbar, abw ThP 3, 6; im übrigen ist aber wiederum vorrangig § 98 anwendbar, und zwar sowohl auf einen Prozeßvergleich als auch (entsprechend) auf einen außergerichtlichen Vergleich, in dem sich die Parteien auch über die Kosten geeinigt haben. Denn in diesem Fall ist auch der Kostenstreit schon selbst erledigt, BGH MDR **70**, 46, Hamm AnwBl **82**, 73, aM Bre MDR **79**, 500, StJL 30. Wegen der Einzelheiten vgl bei § 98.
**Vollstreckbarerklärung:** Rn 6 „Ausländisches Urteil".
**Vollstreckungsvereinbarung:** Rn 21 „Zwangsvollstreckung". Im Fall einer internationalen derartigen Vereinbarung ist § 91 a unanwendbar, Hbg NJW **87**, 2165.
**Vornahme einer Handlung:** Rn 21 „Zwangsvollstreckung".

**20** **Wahl:** Rn 13, 15 „Rechtsanwaltsordnung".
**Wettbewerbssache:** Die Regelung ist grds im Wettbewerbsprozeß voll anwendbar. Einzelheiten zB bei Ulrich GRUR **82**, 14 (ausf).
S auch Rn 6 „Arrest, einstweilige Verfügung".
**Wohnungszuweisung:** Im Verfahren nach §§ 1, 5 HausratsVO ist der Grundgedanke des § 91 a anwendbar, Köln FER **99**, 160.
**Wohnungseigentum:** Die Regelung ist in einer WEG-Sache entsprechend anwendbar, Rn 9 „Freiwillige Gerichtsbarkeit", BayObLG ZMR **99**, 117 links, Hamm FGPrax **99**, 49, Demharter ZMR **87**, 201, aM Zweibr ZMR **92**, 402 (Erledigung auch vor Rechtshängigkeit), Koss JR **96**, 359 (ausf). Freilich setzt BayObLG WoM **92**, 568 auch bei nur einseitiger Erledigterklärung als Wert lediglich das Kosteninteresse an.

**21** **Zwangsversteigerung:** Die Regelung ist in einem Zwangsversteigerungsverfahren anwendbar.
**Zwangsvollstreckung:** Die Regelung ist im gesamten Bereich der Zwangsvollstreckung anwendbar, soweit nicht § 788 vorrangig gilt, Düss JB **96**, 235 (§ 788 bei Erledigung), Kblz AnwBl **84**, 216, LG Fulda Rpfleger **93**, 172. Das gilt zB: Im Erinnerungsverfahren nach § 766, LG Frankent Rpfleger **84**, 361; im Verfahren nach § 794 a, LG Waldshut-Tiengen WoM **93**, 621: wegen § 891 S 3 in einem Verfahren nach §§ 887–890. Freilich wird die Erledigung nicht schon durch bloße Leistung zwecks Vollstreckungsabwehr bewirkt, BGH WertpMitt **77**, 1308, Nürnb OLGZ **73**, 39.
S auch Rn 6 „Ausländisches Urteil", „Zwangsversteigerung".
**Zwischenstreit:** Die Regelung ist in einem Zwischenstreit beliebiger Art anwendbar. Das gilt zB: In einem Verfahren nach § 71, Oldb VersR **66**, 1173.

**22** **4) „Hauptsache", I, II.** Sowohl die Regelung des § 91 a als auch die Grundsätze einer nur einseitigen Erledigterklärung setzen voraus, daß gerade die Hauptsache erledigt ist oder doch sein soll. Unter dem Begriff „Hauptsache" versteht man den jeweiligen Streitgegenstand des Erkenntnisverfahrens, § 2 Rn 3. In den anderen Verfahrensarten ist unter Hauptsache die vom Antragsteller begehrte Rechtsfolge zu verstehen, zB die Erklärung einer Pfändung als unzulässig. Nebenforderungen im Sinn von § 4 I Hs 2 bleiben unberücksichtigt. Sie werden erst nach Erledigung der anderen Hauptsache ihrerseits allenfalls zur Hauptsache, § 4 Rn 11. Auch die Kosten des Rechtsstreits zählen jedenfalls zunächst nicht zur Hauptsache. Sie werden auch nicht etwa schon dadurch zur Hauptsache, daß der Streitgegenstand ohne Kostenregelung voll durch Anerkenntnisurteil oder Vergleich erledigt ist. Die Formulierung, der Kostenpunkt sei „in der Hauptsache" erledigt, führt also nicht schon zur Anwendbarkeit von § 91 a.

5. Titel. Prozeßkosten  § 91a

**5) „Erledigung", I, II.** Wie sich zeigen wird, kommt es sowohl bei übereinstimmenden Erledigterklä- 23
rungen als auch bei einer nur einseitigen Erledigterklärung unter anderem auf die Frage an, ob die Hauptsache überhaupt objektiv erledigt ist. Von diesem Vorliegen des erledigenden Ereignisses ist dann die entsprechende Erledigterklärung zu unterscheiden. Schon für die Frage, ob überhaupt objektiv eine Erledigung vorliegt, kommt es auf den Zeitpunkt des fraglichen Ereignisses an.

**A. Begriff des erledigenden Ereignisses.** § 91 a spricht nur von der Erklärung „für erledigt", nicht 24
auch ausdrücklich davon, daß die Erledigung auch wirklich eingetreten sein muß. Die Vorschrift enthält auch weder den Begriff „Erledigung" noch denjenigen eines „erledigenden Ereignisses". Gleichwohl kommt es sehr wohl in jedem Fall unter anderem auf das erledigende Ereignis an.

Es liegt vor, wenn und soweit ein tatsächlicher Vorgang dazu führt, daß eine bei rechtlicher Betrachtung bisher zulässige und begründete Klageforderung *nicht mehr* mit *Erfolgsaussicht* weiter im Prozeß verfolgt werden kann, sei es, daß die Klage unzulässig geworden wäre, sei es, daß sie unbegründet geworden wäre, sei es, daß die Forderung nicht mehr gerichtlich durchsetzbar ist, etwa wegen Verjährung, Rn 59. Dabei kommt es zwar zunächst und immer auch darauf an, daß dieses Ereignis die Hauptsache betrifft, Rn 22. Es kommt aber sodann weiter darauf an, ob auch die Nebenforderungen, § 4 I Hs 2, II, im vorgenannten Sinn nunmehr wegfallen oder nicht mehr durchsetzbar sind. Soweit sie noch durchsetzbar bleiben, mögen sie allerdings ihrerseits zur Hauptsache werden. Soweit es nicht um ein Erkenntnisverfahren erster Instanz geht, sondern um ein anderes Verfahren, auf das die Regelung Anwendung findet, Rn 5 ff, tritt an die Stelle der Klageforderung der Hauptantrag oder das sonstige hauptsächliche Rechtsschutzbegehren, also in jedem Fall der Streitgegenstand, § 2 Rn 3, Grdz 11 vor § 916. Freilich darf man diesen Gegenstand des besonderen Verfahrens nicht mit demjenigen des Erkenntnisverfahrens verwechseln.

**B. Abgrenzung zur „Erledigterklärung".** Man muß scharf zwischen dem objektiv erledigenden 25
Ereignis einerseits und einer Erklärung einer oder beider Parteien „für erledigt", der Erledigterklärung (auch: Erledigungserklärung), unterscheiden, BGH NJW 86, 589. Solange die objektiv eingetretene Erledigung nicht auch mindestens von einer der Parteien dem Gericht gegenüber erklärt wird, Düss JB 91, 409 (freilich ist eine mündliche Verhandlung doch nicht mehr nötig), mag sie dem Gericht Anlaß zu einer Anregung nach §§ 139, 278 III geben, eine solche Erklärung abzugeben, um deren Rechtsfolgen herbeizuführen; unterbleibt aber eine derartige Erledigterklärung, so ist jedenfalls nicht § 91 a anwendbar. Soweit umgekehrt eine oder mehrere Erledigterklärungen vorliegen, treten die Rechtsfolgen unter anderem erst dann ein, wenn auch objektiv ein erledigendes Ereignis vorliegt, wie unten auszuführen sein wird. Dabei unterscheidet BVerwG NVwZ 91, 160 zwischen der Erledigterklärung und dem Antrag, die Hauptsache für erledigt zu erklären; diese Unterscheidung ist indessen in Wahrheit gar nicht möglich, denn im Antrag liegt stets die Erklärung, und umgekehrt, und zwar auch und gerade dann, wenn die Erledigungswirkung streitig ist.

*Nachfolgend* wird zunächst weiter dargelegt, unter welchen Voraussetzungen das objektiv erledigende Ereignis eintritt. In Rn 62 ff folgt sodann die Darstellung der Voraussetzungen wirksamer „Erledigterklärungen".

**C. Kein erledigendes Ereignis vor Anhängigkeit der Hauptsache.** Ein objektiv erledigendes Ereignis 26
kann nicht eintreten, solange die Hauptsache, Rn 22, noch nicht einmal anhängig ist, vgl Köln FamRZ 92, 334. Eine Klage wird grundsätzlich durch ihre Einreichung bei irgendeinem (zuständigen oder unzuständigen) Gericht anhängig, § 261 Rn 1. Maßgeblich ist der Eingang bei der Posteingangsstelle, auch im Nachtbriefkasten dieses Gerichts, vgl § 233 Rn 20 mwN. Soweit es um einen anderen ein Verfahren einleitenden Antrag geht, zB den Scheidungsantrag oder den Antrag auf den Erlaß eines Arrests, einer einstweiligen Anordnung oder einer einstweiligen Verfügung, §§ 916 ff, 935 ff, ist deren Eingang für die Anhängigkeit maßgeblich. Bei einer Erweiterung der Klage oder des sonstigen Antrags, § 263, ist derjenige Zeitpunkt maßgeblich, in dem diese Erweiterung erstmals zur Kenntnis des Gerichts kommt, etwa beim Eingang des entsprechenden Schriftsatzes oder bei der Geltendmachung in einer mündlichen Verhandlung. Bei einer Widerklage, Anh nach § 253, kommt es auf deren Eingang oder auf deren Geltendmachung in der mündlichen Verhandlung an.

Es ist unerheblich, ob der Antrag, die Klage usw zulässig sind, ob insbesondere das zunächst angegangene 27
Gericht örtlich und sachlich zuständig ist. Auch eine *unzulässige* Klage kann die Anhängigkeit (und Rechtshängigkeit) begründen. Solange nach diesen Regeln noch keine Anhängigkeit vorliegt, kann auch keine Rechtshängigkeit bestehen. Selbst in den Fällen, in denen Anhängigkeit und Rechtshängigkeit zusammenfallen, geht die Rechtshängigkeit keineswegs zeitlich vor.

Im Stadium *vor der Anhängigkeit* liegt weder ein Sach- und Streitstand noch eine Hauptsache vor. Ein 28
Ereignis, das den Kläger daran hindert, seine Forderung gerichtlich zu verfolgen, ist daher keineswegs ein erledigendes Ereignis nach § 91 a. Es fehlt nämlich noch die Grundlage jeder prozessualen Verpflichtung, das Prozeßrechtsverhältnis, Grdz 3, 5 vor § 128. Prozeßwirtschaftliche Erwägungen können daran nichts ändern. Sie würden nur tragende prozessuale Grundsätze verwischen. Daran ändert auch ein etwaiger sachlichrechtlicher Schadensersatzanspruch, etwa aus dem Gesichtspunkt eines Verzugsschadens, nichts.

Die Frage, ob es bei übereinstimmenden Erledigterklärungen auch auf das *wirkliche* Vorliegen eines objektiv 29
erledigenden Ereignisses ankomme, ist streitig, vgl Rn 24, 68. Auch zur Frage, ob vor Anhängigkeit ein erledigendes Ereignis eintreten kann, gibt es keine Einigkeit, Bücking ZZP 88, 317 mwN, ThP 4, 5, aM Reinelt NJW 74, 344, ZöV 16. Aus der Unanwendbarkeit von § 91 a in diesem Stadium folgt die (auch nur entsprechende) Unanwendbarkeit des § 93 in diesem Stadium, aM Haubelt ZZP 89, 196.

**D. Kein erledigendes Ereignis zwischen Anhängigkeit und Rechtshängigkeit.** Sofern zwar An- 30
hängigkeit, Rn 26, aber noch keine Rechtshängigkeit eingetreten ist, § 261 Rn 1, kann objektiv kein erledigendes Ereignis eintreten. Das ergibt sich schon sprachlich: Eine Hauptsache kann sich nur erledigen, wenn sie vorher bestanden hat, wenn also ein Prozeßrechtsverhältnis vorlag, Grdz 3 vor § 128. Dieses kann grundsätzlich erst dann entstehen, wenn und soweit Beziehungen nicht nur zwischen einer Partei und dem Gericht, sondern auch zwischen den Parteien entstanden sind, Grdz 5 vor § 128 mwN. Denn erst von diesem Augenblick an können grundsätzlich irgendwelche prozessualen Pflichten des Antragsgegners bzw

§ 91a

Bekl eintreten; vorher kann er ja noch gar nicht von seiner Einbeziehung in ein gerichtliches Vorgehen des Gegners wissen. Auch für das Stadium der Anhängigkeit vor dem Eintritt der Rechtshängigkeit müssen gegenüber diesen Erwägungen prozeßwirtschaftliche Gesichtspunkte außer Betracht bleiben. Es ist erneut darauf hinzuweisen, daß man zwischen dem objektiv erledigenden Ereignis und der entsprechenden Erledigterklärung einer oder beider Parteien unterscheiden muß, Rn 25.

31  Die *Rechtshängigkeit* tritt bei der Klage nicht schon mit dem Eingang bei Gericht (Anhängigkeit), ein, sondern erst mit der ordnungsgemäßen Zustellung an den oder die Bekl, § 261 Rn 4. Bei einem ein sonstiges Verfahren einleitenden Antrag kommt es grundsätzlich auf dessen Zustellung an den Gegner an; bei einer Klagerweiterung §§ 263, 264, kommt es auf die Zustellung des entsprechenden Schriftsatzes an den Bekl oder ihre Geltendmachung in der mündlichen Verhandlung (auch bei Säumnis des Bekl) an. Die Widerklage, Anh § 253, ist mit Zustellung des entsprechenden Schriftsatzes an den Widerbekl oder mit der Geltendmachung in der mündlichen Verhandlung rechtshängig.

32  Ausnahmsweise genügen für die Möglichkeit eines erledigenden Ereignisses der Eingang bei Gericht, weil insofern Anhängigkeit und Rechtshängigkeit *zusammenfallen*, § 920 Rn 3.

33  Die *bloße Anhängigkeit* genügt also nicht, BGH WettbR **97**, 211, BFH NJW **77**, 80, Hamm FamRZ **98**, 444, KG RR **98**, 1074, aM (überwiegend aus der Zeit vor Veröffentlichung der obigen Entscheidung des BGH) LG Hbg MDR **93**, 577, AG Hbg RR **98**, 1448.

34  Wegen der Notwendigkeit eines *Prozeßrechtsverhältnisses* als einer der wesentlichen Voraussetzungen für die Herbeiführung sowohl der Wirkungen des § 91a bei übereinstimmenden Erledigterklärungen als auch der Wirkungen der §§ 91, 92ff bei einer einseitigen Erledigterklärung kann man auch nicht argumentieren, die übereinstimmenden Erledigterklärungen genügten, so daß dann nicht mehr zu prüfen sei, ob die Hauptsache auch wirklich vorhanden und erledigt worden sei.

35  *Noch weniger* würde übrigens eine *einseitige* Erledigterklärung des Klägers und eine zunächst zulässig und begründet erscheinende Klageschrift vor dem Stadium der Rechtshängigkeit ausreichen; insofern offen Schlesw SchlHA **80**, 199, aM Mü NJW **79**, 274.

36  *Ohne Prozeßrechtsverhältnis* kann eben auch keine Lage entstehen, in der überhaupt von Prozeßkosten gesprochen werden könnte, Ostendorf DRiZ **73**, 388, aM Kblz MDR **94**, 1046 (wendet § 93 entsprechend an), Feldhahn NJW **84**, 2929 (der Eintritt der Rechtshängigkeit sei allerdings „besser"). Daher ist auch keine Klage (jetzt) auf Feststellung der Erledigung möglich, Ffm MDR **89**, 166. Der Rechtsstreit kann auch insofern nicht etwa nur wegen der Kosten „fort"-geführt werden, § 99 I; er hat ja noch gar nicht begonnen, Köln NJW **78**, 112, aM KG MDR **91**, 63, LG Stgt RR **87**, 660. Es ist vielmehr nach einer Rücknahme der bisherigen Klage, § 269, wegen der bisher entstandenen Unkosten des Klägers wegen des dadurch allenfalls entstandenen sachlichrechtlichen Erstattungsanspruchs ein neuer Prozeß möglich, BGH **83**, 16, Ffm MDR **89**, 166, aM Mertins DRiZ **89**, 289.

37  Er wäre nur dann entbehrlich, wenn diese Unkosten sich schon für eine *Klagänderung* nach §§ 263, 264 beziffern ließen, BGH **83**, 16, Ffm MDR **89**, 166. Eine Änderung des Klagantrags auf Feststellung der Kostentragungspflicht ist aber schon deshalb unzulässig, weil ja nicht etwa ein Leistungsklage, sondern das (bisherige) Kostenfestsetzungsverfahren vorbereitet werden soll, Stöhr JR **85**, 491, ZöV **40**, aM BGH Wertp-Mitt **81**, 232, 387, KG MDR **91**, 63, Brüchert AnwBl **89**, 83.

38  Man kann auch nicht bei *Erfüllung vor Rechtshängigkeit* die Kosten trotz einer einseitigen sofortigen Erledigterklärung des Klägers dem Bekl auflegen, nur weil dieser Klaganlaß gegeben hatte, denn es liegt eben überhaupt noch kein erledigendes Ereignis vor; das übersieht Ffm MDR **89**, 166 nur scheinbar eingangs nicht, im Ergebnis aber dann doch.

39  **E. Möglichkeit eines erledigenden Ereignisses ab Rechtshängigkeit.** Indessen kann ein erledigendes Ereignis eintreten, sobald die Hauptsache, Rn 22, rechtshängig geworden ist, § 261 Rn 4. Denn jetzt liegen ein Prozeßrechtsverhältnis, Grdz 3 vor § 128, ein Sach- und Streitgegenstand, eine Hauptsache, ein Streitgegenstand vor, Karlsr GRUR **85**, 454.

40  **F. Kein erledigendes Ereignis ab Rechtskraft bzw Wegfall der Rechtshängigkeit.** Indessen endet die Möglichkeit, objektiv ein erledigendes Ereignis anzunehmen, mit dem Eintritt der formellen Rechtskraft der Hauptsacheentscheidung, § 322, oder mit dem Wegfall der Rechtshängigkeit. Denn jetzt endet derjenige Zeitraum, in dem der Kläger bzw Antragsteller überhaupt noch auf das Gericht im Sinn der gewünschten Hauptsacheentscheidung einwirken darf. Das übersieht BayObLG DB **96**, 927. Freilich bleibt bei einer einseitigen Erledigterklärung trotz I 2 die Grenze des § 296a bestehen; das übersieht LG Hbg MDR **95**, 204.

41  **G. Beispiele zur Frage des erledigenden Ereignisses**
**Abtretung:** Wegen § 265 II kann der frühere Gläubiger den Prozeß (nunmehr auf Leistung an den neuen Gläubiger) weiterführen. Insofern ist die Abtretung kein erledigendes Ereignis, AG Köln WoM **89**, 31.
**Abwehr der Zwangsvollstreckung:** Rn 61 „Zwangsvollstreckung".
**Anhängigkeit:** Vgl Rn 26, 30.

42  **Anordnung der Klagerhebung:** Rn 42 „Arrest, einstweilige Verfügung".
**Anschlußrechtsmittel:** Die Rücknahme des Hauptrechtsmittels erledigt das unselbständige Anschlußrechtsmittel, Ffm FamRZ **95**, 945.
**Arrest, einstweilige Verfügung:** Der Eingang des Gesuchs auf den Erlaß eines Arrests oder einer einstweiligen Verfügung macht zwar das Arrestverfahren rechtshängig, nicht aber auch die Hauptsache; denn Streitgegenstand des vorläufigen Verfahrens ist noch nicht der sachlichrechtliche Anspruch, sondern nur die Frage der Sicherung dieses Anspruchs, Grdz 11 vor § 916, § 920 Rn 7. Infolgedessen liegt noch kein erledigendes Ereignis (wegen der Hauptsache) vor, solange zwar beim Gericht der Antrag im Eilverfahren eingegangen ist, das Gericht aber noch nicht zB eine Aufforderung an den Antragsgegner, oder etwa verfügte Ladung zu einer mündlichen Verhandlung zustellen ließ, aM Köln GRUR **88**, 646, AG Weilheim MDR **85**, 148. Ein erledigendes Ereignis fehlt auch, wenn der Antragsgegner nach

## 5. Titel. Prozeßkosten § 91a

Eingang eines Antrags im Eilverfahren zufällig von diesem hört, Brdb RR **97**, 1470, aM Hbg MDR **77**, 498, Köln NJW **73**, 207 und 2071.

Es reicht unter diesen Voraussetzungen auch nicht aus, daß sich der Antragsgegner (vor Zugang einer Aufforderung des Gerichts usw an ihn) von sich aus an einer Erledigterklärung des Antragstellers *beteiligt*. Wenn allerdings der Schuldner einen Antrag auf Aufhebung des Arrests usw nach § 926 II stellt und gezahlt hat, der Gläubiger ihn als dann vor der Arrestlast befreit hat, ist auch die Hauptsache erledigt, § 926 Rn 4, 5.

Die Versäumung der *Vollziehungsfrist*, § 929 II, ist kein erledigendes Ereignis, Hamm GRUR **89**, 932. Dasselbe gilt für eine erst nach der Versäumung der Vollziehungsfrist abgegebene strafbewehrte Unterlassungserklärung, Hamm GRUR **89**, 932. Wohl aber kann ein nach der vorgenannten Versäumung erklärter Verzicht auf die Rechte aus der einstweiligen Verfügung ein erledigendes Ereignis sein, Ffm OLGZ **94**, 92. Ein vorläufig vollstreckbarer Titel zur Hauptsache erledigt die Eilsache nicht stets, Schlesw WettbR **98**, 116. Der Schuldner kann zwischen Abschlußerklärung und Unterwerfung wählen, § 93 Rn 79.

**Aufrechnung:** Da auch durch eine Aufrechnung eine Erfüllung eintreten kann und grds jede Art von Erfüllung reicht, kann auch die Aufrechnung ein erledigendes Ereignis darstellen; vgl aber auch LG Berlin ZMR **89**, 98 (keine Ursächlichkeit der Aufrechnung für die Abweisungsreife). **43**

**Auskunft:** Rn 55 „Stufenklage". **44**

**Begründetheit:** Erledigend kann ein Ereignis sein, das den Antragsteller, Kläger usw rechtlich daran hindert, den Streitgegenstand, die begehrte Rechtsfolge, meist also die bisher zulässige und begründete Klageforderung einschließlich der Nebenforderungen, weiter geltend zu machen, BGH NJW **86**, 589, BAG NZA **85**, 636, Düss FamRZ **88**, 1071, StJL 5, ThP 4, ZöV 3, aM RoSGo § 132 I 1. Vgl im übrigen Rn 24. Die Klage usw muß aber bis in den Zeitraum der Rechtshängigkeit, E, begründet gewesen sein. Daran fehlt es, wenn etwa wegen einer rückwirkenden Nichtigkeit einer Kündigung rechtlich eine Begründetheit von vornherein fehlte, auch bei § 554 II Z 2 S 1 BGB, Rn 52 „Mietrecht". Eine erst nach dem erledigenden Ereignis, also nicht rückwirkend, eintretende Unbegründetheit ist als solche unschädlich, BGH NJW **86**, 589. Der umgekehrte Fall, daß eine zunächst unbegründet gewesene Klage im Laufe des Prozesses, nach Rechtshängigkeit, begründet wird, ist vom § 93 geregelt, falls der Bekl die dortigen Voraussetzungen seines Schutzes vor Kosten erfüllt.

S auch Rn 60 „Zulässigkeit".

**Beteiligung:** Rn 6, 42 „Arrest, einstweilige Verfügung".

**Beweislast:** Anh nach § 286 Rn 90.

**Dritter:** Die Erfüllung bzw Zahlung durch einen Dritten kann ein erledigendes Ereignis darstellen, vgl BGH LM Nr 4. Sie muß allerdings ebenso vorbehaltlos erfolgen wie diejenige des Schuldners. **45**

S auch Rn 61 „Zwangsvollstreckung".

**Ehesache:** Rn 8 „Ehescheidung", Rn 56 „Tod". **46**

**Einreichung der Klageschrift:** Rn 41 „Anhängigkeit".

**Entwurf der Klageschrift:** Rn 53 „Prozeßkostenhilfe".

**Erbausschlagung:** Da der wirksam Ausschlagende schon wegen § 1953 I BGB sachlichrechtlich von Anfang an als Nichterbe gilt, BGH **106**, 364, war die auf seine nur scheinbare Erbenstellung gestützte Klage in Wahrheit von Anfang an unbegründet, ähnlich wie im Fall des § 554 II Z 2 S 1 BGB, s „Mietrecht". Eine Erledigung ist nicht eingetreten; das übersieht BGH **106**, 366.

**Erbschaft:** Wenn eine Partei den Gegner beerbt, endet der Prozeß von selbst. Über die Kosten ist dann entsprechend § 97 I zu entscheiden, BGH RR **99**, 1152.

**Erfüllung:** Jede Art von freiwilliger Erfüllung kann grds ein erledigendes Ereignis darstellen. Den Gegensatz bildet eine Leistung nur zur Abwendung einer drohenden Zwangsvollstreckung, BGH NJW **94**, 943. Zur Erfüllung können zB zählen: Eine Aufrechnung; der Abdruck einer Gegendarstellung, Karlsr OLGZ **79**, 353; eine Herausgabe; die Vornahme der verlangten Handlung; der Wegfall einer Wiederholungsgefahr, BGH **81**, 222, Hamm GRUR **84**, 70; die vorbehaltlose Zahlung oder sonstige Leistung.

**Erledigterklärung:** Eine Erledigterklärung, Rn 62, 168, 189, ist weder mit dem objektiv erledigenden Ereignis zu verwechseln, Rn 25. Daher reichen auch übereinstimmende Erledigterklärungen der Parteien trotz aller scheinbarer Bequemlichkeit der Folge nur noch eines Bankleiters nach § 91 a in Wahrheit doch schon wegen Rn 68, 69 nicht dazu aus, schon als solche auch objektiv zur Erledigung der Hauptsache zu führen; erst wenn beides zusammentrifft, können die Kostenfolgen des § 91 a eintreten, BGH NJW **99**, 955, aM Hamm MDR **84**, 852, Karlsr Just **85**, 51, Finkenauer FamRZ **99**, 81. Erst recht reicht eine Erledigterklärung des Klägers selbst dann nicht aus, wenn die Klage zunächst zulässig und begründet scheint; es muß eben auch ein erledigendes Ereignis hinzutreten, aM Mü NJW **79**, 274. **47**

**Feststellungswiderklage:** Wenn die Bekl eine leugnende Feststellungswiderklage in der Revisionsinstanz verfolgt und der Kläger nunmehr eine Leistungsklage erhebt, ist die Feststellungswiderklage nicht erledigt. Denn wenn der Widerkläger siegen würde, stünde fest, daß die Leistungsklage unbegründet war, BGH NJW **68**, 50; stets ist nicht § 91 a, sondern §§ 91, 92 ff anzuwenden.

**Folgesache:** Rn 9 „Folgesache".

**Gegendarstellung:** Der Abdruck einer Gegendarstellung kann als freiwillige Erfüllung ein erledigendes Ereignis darstellen, vgl Rn 46 „Erfüllung". **48**

*Anders* ist der Fall zu beurteilen, daß der Abdruck nur zwecks Abwendung einer Zwangsvollstreckung erfolgt, Rn 61 „Zwangsvollstreckung", BGH **94**, 274.

**Gesellschaft:** Vgl Bräutigam, Die Rechtsnachfolge in die Gesellschafterstellung als erledigendes Ereignis einer Ausschließungsklage, in: Festschrift für Quack (1991).

**Gesetzesänderung:** Rn 54 „Rechtsänderung".

**Handlung:** Rn 59 „Vornahme einer Handlung". **49**

**Herausgabe:** Die Herausgabe kann als freiwillige Erfüllung ein erledigendes Ereignis darstellen.

*Anders* ist die Herausgabe nur zwecks Abwendung einer drohenden Zwangsvollstreckung zu beurteilen, Rn 61 „Zwangsvollstreckung", BGH **94**, 274.

## § 91a

**Hinterlegung:** Die Auszahlung erledigt meist umfassend, BGH ZMR **97**, 171.
50 **Höchstpersönlicher Anspruch:** Rn 56 „Tod".
**Kindschaftssache:** Rn 11 „Kindschaftssache".
**Klagegrund:** Der Wegfall nur eines einzelnen Klagegrundes ist kein erledigendes Ereignis, solange nicht die Klagforderung insgesamt wegfällt, Düss MDR **78**, 762.
**Klagerhebung:** Rn 54 „Rechtshängigkeit".
**Kündigung:** Eine wirksame Kündigung kann ein erledigendes Ereignis darstellen.
Das gilt aber nicht, soweit sie zum rückwirkenden Wegfall des sachlichrechtlichen Anspruchs führt, etwa bei § 554 II Z 2 S 1 BGB, Rn 52 „Mietrecht". Denn dann war die Forderung in Wahrheit von Anfang an unbegründet.
51 **Mahnverfahren:** Auch im Mahnverfahren vor Abgabe an das Gericht des streitigen Verfahrens bzw vor einer Verweisung dieses Gerichts an ein anderes Gericht nach § 696 V kann ein erledigendes Ereignis eintreten, sofern die Hauptsache eben schon rechtshängig geworden war. Dieser Zeitpunkt ist nach § 696 III zu beurteilen, hängt also davon ab, ob die Streitsache alsbald nach Erhebung des Widerspruchs abgegeben wurde, unklar Karlsr MDR **88**, 1066. Wegen alsbaldiger Abgabe § 696 Rn 10.
**Mieterhöhung:** Rn 52 „Mietrecht".
52 **Mietrecht:** Ein erledigendes Ereignis tritt nicht schon dadurch ein, daß der Bekl dem gem § 2 III 2 Hs 1 MHG im Prozeß nachgeholten Mieterhöhungsverlangen in der Frist des § 2 III 2 Hs 2 MHG zustimmt; zur Problematik LG Verden JG **76**, 812, AG Hildesh NdsRpfl **76**, 112, AG Oberhausen ZMR **74**, 158. Denn dann war die Klage in Wahrheit zu keinem Zeitpunkt begründet. Im Fall des § 554 II Z 2 S 1 BGB kann im Umfang der Räumungsklage wegen der Rückwirkung der Nichtigkeit der Kündigung kein erledigendes Ereignis eintreten, vgl PalH Üb 26 vor § 104 BGB, PalTh § 554 BGB Rn 10. Das verkennt LG Hbg WoM **98**, 422 (aber sachliche Unbegründetheit führt zur Abweisung). Nur im Umfang der Zahlungsklage kann natürlich durch die Zahlung (nach Rechtshängigkeit) ein erledigendes Ereignis eingetreten sein, insofern richtig LG Bochum WoM **89**, 411.
**Motivation:** Die bloßen Motive einer Partei für ihre Erledigterklärung sind unbeachtlich; der Wegfall des Klagmotivs ist kein erledigendes Ereignis, AG Köln WoM **89**, 31.
53 **Prozeßkostenhilfe:** Auch im Verfahren auf die Bewilligung einer Prozeßkostenhilfe kommt es auf die Rechtshängigkeit der Hauptsache, also der beabsichtigten oder zugleich erhobenen Klage usw, an. Soweit der Antragsteller die Klage nur für den Fall der Bewilligung der Prozeßkostenhilfe erheben will, § 117 Rn 8, kann ein erledigendes Ereignis erst ab Zustellung der Klageschrift eintreten, freilich auch dann, wenn das Gericht den bloßen Klagentwurf gleichwohl schon bereits als Klageschrift (und nicht nur als Anlage zum Prozeßkostenhilfegesuch) dem Bekl hat förmlich zustellen lassen. Soweit der Bekl Prozeßkostenhilfe für die Verteidigung gegen eine bereits erhobene (zugestellte) Klage begehrt, kann ein erledigendes Ereignis sofort eintreten. Soweit er als Antragsgegner auf Grund seiner Anhörung im bloßen Bewilligungsverfahren seinerseits einen Prozeßkostenhilfeantrag stellt, bevor ihm die Klageschrift zugestellt wurde, kann noch kein erledigendes Ereignis eintreten, denn es bezieht sich ja auf die Hauptsache, die der Kläger mit der Klage geltend machen will.
**Prozeßrechtsverhältnis:** Ein erledigendes Ereignis kann nur eintreten, sobald, soweit und solange ein Prozeßrechtsverhältnis zwischen den Parteien besteht, dazu Grdz 3 vor § 128.
S auch Rn 26, 30.
54 **Räumungsklage:** Rn 52 „Mietrecht".
**Rechnungslegung:** Rn 55 „Stufenklage".
**Rechtsänderung:** Sie kann ein erledigendes Ereignis sein, Ffm GRUR **95**, 151, KG RR **95**, 1511.
**Rechtsfähigkeit:** Ein erledigendes Ereignis kann durch den Verlust der Rechtsfähigkeit eintreten, BGH NJW **82**, 238.
S auch Rn 60 „Zulässigkeit".
**Rechtshängigkeit:** Vgl Rn 26, 30, 39.
**Rückgabe:** Die Rückgabe kann als freiwillige Erfüllung ein erledigendes Ereignis darstellen. Etwas anderes gilt, soweit die Rückgabe nur zwecks Abwendung der drohenden Zwangsvollstreckung erfolgt, vgl BGH **94**, 274 mwN.
S auch Rn 46 „Erfüllung", Rn 61 „Zwangsvollstreckung".
55 **Sachlichrechtlicher Anspruch:** Die Erfüllung sachlichrechtlichen Anspruchs kann ein erledigendes Ereignis sein. Im übrigen kann gerade beim Fehlen eines solchen Ereignisses, etwa wegen des Wegfalls der bisherigen Klagforderung vor der Rechtshängigkeit der Hauptsache, ein sachlichrechtlicher Anspruch entstehen, zB auf den Ersatz des Schadens, der dem Kläger dadurch entsteht, daß er nun die Klage zurücknehmen muß. Rechtsgrund kann zB Verzug sein. Der Kläger mag in einer bezifferten Kostenklage und evtl sogar zu einer bloßen Klage auf die Feststellung der Pflicht des Bekl, die Kosten zu tragen, übergehen können, Sannwald NJW **85**, 898. Freilich ist in der Regel ein neuer Prozeß erforderlich. Denn die Bezifferung läßt sich durchweg nicht sogleich vornehmen, und der bisherige Prozeß ist meist nunmehr entscheidungsreif geworden. Für eine Entscheidung nach § 91 a in einem in Wahrheit ja erst bevorstehenden Prozeß ist jedenfalls kein Raum; vgl auch Üb 57 vor § 91, BGH **83**, 16, Köln NJW **78**, 112, Mü NJW **76**, 974, aM LG Stgt RR **87**, 660.
**Selbständiges Beweisverfahren:** Die Vornahme der Mangelbeseitigung durch einen mithaftenden Dritten ist kein erledigendes Ereignis, Mü MDR **99**, 639.
**Stufenklage:** Ein erledigendes Ereignis liegt vor, wenn der Bekl dem Kläger die Auskunft erst Rechtsmittelinstanz erteilt, BGH NJW **99**, 2522 (wegen der Erteilung in erster Instanz § 254 Rn 8).
Ein erledigendes Ereignis *fehlt*, soweit der Kläger eine Stufenklage nach § 254 erhoben hat und nun den Anspruch auf eine Auskunft und auf eine Rechnungslegung fallen läßt, um zur Leistungsklage überzugehen, oder wenn sich ergibt, daß kein Leistungsanspruch bestand, BGH NJW **94**, 2895 (krit Bork JZ **94**, 1011), Karlsr FER **99**, 163, Rixecker NJW **99**, 1695.

## 5. Titel. Prozeßkosten § 91a

**Teilweise Erledigung:** Eine teilweise Erledigung kann wegen desjenigen Teils der Hauptsache eintreten, der sich überhaupt ziffernmäßig oder doch sonstwie bestimmbar vom restlichen Streitgegenstand, der restlichen Hauptsache, abgrenzen läßt. Die strengen Voraussetzungen des § 301 brauchen nicht vorzuliegen, soweit Teilerledigterklärungen wirksam sind und inhaltlich übereinstimmen, Rn 103, 104. 56

**Titelschutz:** Auch eine willkürliche Beendigung der Benutzung des nach § 16 UWG geschützten Titels reicht aus, BGH RR **93**, 1320, aM Schlesw RR **86**, 39, ZöV 5, 50 „Verjährung".
S auch Rn 59 „Verjährung".

**Tod:** Der Tod kann ein erledigendes Ereignis darstellen, soweit es um einen höchstpersönlichen Anspruch geht, BGH RR **86**, 369, oder soweit es sich um eine Ehesache handelt, § 619, Nürnb FER **97**, 117, aM BGH FamRZ **86**, 253, Albers § 619 Rn 2.

**Übergang zur Leistungsklage:** Rn 55 „Stufenklage". 57
**Unbegründetheit:** Rn 44 „Begründetheit".
**Unzulässigkeit:** Rn 60 „Zulässigkeit".
**Verfahrensgebühr:** Der Umstand, daß der Kläger die Verfahrensgebühr nach § 65 GKG noch nicht bezahlt hat, kann unschädlich sein, soweit das Gericht (rechtswidrig) gleichwohl die Klage hat zustellen lassen. Soweit letzteres noch nicht der Fall war, ändert auch die Zahlung der Verfahrensgebühr bis zur Zustellung noch nichts daran, daß mangels Rechtshängigkeit, Rn 26–39, kein erledigendes Ereignis eingetreten sein kann. 58

**Vergleich:** Der Vergleich mit oder ohne eine Kostenregelung kann ein erledigendes Ereignis darstellen. Einzelheiten bei § 98. 59

**Verjährung,** dazu *El-Gayar* MDR **98**, 698 (Üb): Der bloße Ablauf der Verjährungsfrist stellt noch kein erledigendes Ereignis dar. Denn der sachlichrechtliche Anspruch fällt dadurch nicht weg. Soweit sich der Schuldner auch auf Verjährung beruft (und damit die prozessuale Durchsetzbarkeit der Forderung vernichtet), halten Hamm BB **79**, 1378, Schlesw RR **86**, 38 gleichwohl den Vorgang nicht für ein erledigendes Ereignis. Daran ist jedenfalls richtig, daß auch durch diese Einrede der sachlichrechtliche Anspruch nicht entfallen ist. Trotzdem müßte aber die Klage jetzt abgewiesen werden, Ffm MDR **97**, 1072 mwN, Stgt RR **96**, 1520,
S auch Rn 56 „Titelschutz".

**Verwirkung:** Die in jeder Lage von Amts wegen gem § 242 BGB zu berücksichtigende Verwirkung kann ein erledigendes Ereignis darstellen. Denn sie führt, weitergehend als bloße Verjährung, zum Wegfall des sachlichrechtlichen Anspruchs.

**Vorbehalt:** Soweit der Schuldner nur unter Vorbehalt zahlt, fehlt ein erledigendes Ereignis, BGH **80**, 272 und WertpMitt **77**, 1308, Nürnb OLGZ **73**, 39.
S auch Rn 61 „Zwangsvollstreckung".

**Vornahme einer Handlung:** Die Vornahme der verlangten Handlung kann als freiwillige Erfüllung ein erledigendes Ereignis darstellen.
Etwas anderes gilt, soweit die Vornahme nur zur Abwendung einer drohenden Zwangsvollstreckung erfolgt, BGH **94**, 274.
S auch Rn 46 „Erfüllung", Rn 61 „Zwangsvollstreckung".

**Wiederholungsgefahr:** Der Wegfall einer Wiederholungsgefahr kann ein erledigendes Ereignis darstellen, BGH **81**, 222, Hamm GRUR **84**, 70.

**Zahlung:** Die freiwillige Zahlung kann ein erledigendes Ereignis darstellen. Das gilt auch bei der Zahlung durch einen Dritten. 60
Wenn allerdings die Zahlung im Fall des § 554 II Z 2 S 1 BGB innerhalb der *Monatsfrist* seit Rechtshängigkeit erfolgt, gilt die Kündigung als rückwirkend nichtig und kann deshalb wegen der Räumungsklage (anders als wegen der Zahlungsklage) kein erledigendes Ereignis eingetreten sein, vgl Rn 52 „Mietrecht".

**Zeitablauf:** Ein Zeitablauf kann ein erledigendes Ereignis darstellen, BGH MDR **84**, 665.

**Zulässigkeit:** Da als erledigendes Ereignis der Umstand anzusehen ist, daß eine bisher zulässige (und begründete) Klageforderung usw nun rechtshängig unzulässig bzw unbegründet wird, ist die anfängliche Zulässigkeit in der Voraussetzungen eines erledigenden Ereignisses, mag auch seinen Eintritt nicht hindern, und ist der nachträgliche Wegfall der Zulässigkeit ebenfalls durchweg ein erledigendes Ereignis, BGH GRUR **83**, 560. Diese Unzulässigkeit kann etwa durch den Verlust der Rechtsfähigkeit eintreten, BGH NJW **82**, 238 (zustm Grundmann JR **82**, 104). Eine erst nach dem erledigenden Ereignis, also nicht rückwirkend, eintretende Unzulässigkeit ist als solche unschädlich, BGH NJW **86**, 589.

**Zustellung der Klage:** Solange die Klage nicht zugestellt wurde, kommt eine Erledigung der Hauptsache nicht in Betracht, da noch keine Rechtshängigkeit vorliegt, vgl Rn 26–39.
S auch Rn 55 „Sachlichrechtlicher Anspruch".

**Zustimmung:** Rn 52 „Mietrecht". 61

**Zwangsvollstreckung:** Eine Erledigung kann zwar insoweit eintreten, als nur eine vorläufige Vollstreckung erfolgt und noch keine Rechtskraft eingetreten ist, nicht aber während der endgültigen Zwangsvollstreckung, da die Rechtshängigkeit mit der Rechtskraft weggefallen ist, Rn 40. Das übersieht BayObLG DB **96**, 977. Die Beitreibung aus einem vorläufig vollstreckbaren Titel ist als (auflösend bedingte) Erfüllung ein erledigendes Ereignis, Czub ZZP **102**, 287. Soweit eine Leistung des Schuldners nur zur Abwendung einer drohenden Zwangsvollstreckung erfolgt, liegt kein erledigendes Ereignis vor. Denn der Bekl wendet sich ja in Wahrheit nach wie vor gegen den sachlichrechtlichen Anspruch, BGH **94**, 274, BAG BB **75**, 842, Mü NJW **88**, 349. Freilich kann eine Zahlung durch einen Dritten ohne Vorbehalt erfolgen und unabhängig von der Zwangsvollstreckung gegen den Schuldner zu einem erledigenden Ereignis führen.
S auch Rn 59 „Vorbehalt".

**6) „Erledigterklärung", I.** Die Kostenfolgen des § 91a wie diejenigen der §§ 91, 92 ff hängen unter anderem davon ab, daß der Rechtsstreit in der Hauptsache „für erledigt erklärt" wird. 62

## § 91a

**A. Begriff der Erledigterklärung.** § 91 a enthält weder den Begriff der „Erledigung" noch denjenigen eines „erledigenden Ereignisses", auch nicht denjenigen der „Erledigungserklärung", sondern denjenigen der „Erklärung für erledigt". Die Praxis benutzt die Ausdrücke „Erledigterklärung" und „Erledigungserklärung" gleichwertig. Die Erledigterklärung ist eine Parteiprozeßhandlung, Grdz 47 vor § 128, BGH RR **91**, 1211, Beuermann DRiZ **78**, 312. Es müssen daher die allgemeinen Voraussetzungen einer Parteiprozeßhandlung vorliegen. Die Erledigterklärung bezweckt die Herbeiführung der Kostenfolgen des § 91 a. Das gilt auch dann, wenn sie zunächst nur von einer der Parteien abgegeben wird. Sie dient zugleich der Verhinderung der ohne solche Erklärung jedenfalls zu Lasten des Klägers eintretenden Kostenfolgen einer Klagerücknahme usw, Rn 3.

63   Diese Zielrichtung ist bei der oft nur unter Schwierigkeiten möglichen *Auslegung* der Erklärung einer Partei zu beachten. Soweit sie keine Kostenfolge nach § 91 a erstrebt (oder sich wenigstens der gegnerischen derartigen Zielrichtung notgedrungen anschließt), liegt auch mangels eindeutigen Wortlauts keine Erledigterklärung vor. Das gilt sowohl dann, wenn die Erklärung in Wahrheit weiter geht, etwa die Rücknahme der Klage, § 269, dort Rn 1, des Antrags oder eines Rechtsmittels enthält, §§ 515, 566, als auch dann, wenn die Erklärung inhaltlich in Wahrheit nicht lediglich noch auf die Kostenfolge des § 91 a abzielt. Dagegen kommt es nicht entscheidend darauf an, ob die Erklärung ergibt, daß die in ihr stets enthaltene Rechtsansicht vom Eintritt eines erledigenden Ereignisses, Rn 24, durchdacht war, zutreffen könnte oder überhaupt ein Motiv der Erklärung war. Die bloße Erledigterklärung reicht bereits zur Notwendigkeit der Prüfung aus, ob wirklich eine derartige Erklärung abgegeben ist und ob auch ein erledigendes Ereignis vorliegt usw.

Man muß nicht das Wort „Erledigung" benutzen, BGH RR **91**, 1211; die Erledigterklärung ist sogar *stillschweigend* möglich. Im allgemeinen ist eine zu Gunsten des Erklärenden *großzügige* Auslegung statthaft, vgl Ffm MDR **77**, 56. Das gilt allerdings nicht, wenn objektiv kein erledigendes Ereignis vorliegt, Hamm VersR **86**, 1113. Es reicht aus, daß die Partei eine Erklärung abgibt, die nur im Sinn einer Erledigterklärung ausgelegt werden kann, BGH RR **91**, 1211, BFH BB **79**, 1595.

Freilich ist die beliebte Erklärung, man stelle den Klageantrag „*abzüglich* am . . . geleisteter *Zahlungen*" usw, keineswegs stets oder auch nur grundsätzlich, so Ffm MDR **77**, 56, als eine auch nur teilweise Erledigterklärung auszulegen. Denn es kann auch eine (teilweise) Klagerücknahme gemeint sein, deren Kostenfolgen nur vordergründig für den Kläger ungünstig wären; er mag auch einen (außergerichtlichen) Teilvergleich geschlossen haben usw. Solche Erklärungen sind daher gem § 139 zu behandeln.

64   **B. Abgrenzung zum erledigenden Ereignis.** Es gelten die in Rn 25 genannten Regeln.

65   **C. Form.** Die Erledigterklärung ist auch in einem Verfahrem mit notwendiger mündlicher Verhandlung, § 128 Rn 4, grundsätzlich zulässig, sobald sie in einer der drei der Partei zur Wahl gestellten Formen nach I 1 ergeht, also entweder in der mündlichen Verhandlung oder durch einen Schriftsatz, Hamm JB **96**, 85, oder zum Protokoll der Geschäftsstelle, auch jedes (anderen) Amtsgerichts, § 129 a. Freilich wird sie im letzteren Fall erst mit dem Eingang beim Prozeßgericht wirksam, § 129 a Rn 14. Das alles gilt auch im schriftlichen Verfahren, § 128 II, III, und im schriftlichen Vorverfahren, §§ 276, 697 II, 700 IV.

Im übrigen ist, wie in Rn 63 dargelegt, sogar eine *stillschweigende* Erklärung möglich. Es reicht also aus, daß sich aus dem Gesamtverhalten der Partei in der Verhandlung oder in ihren Schriftsätzen ergibt, daß sie eine Erledigterklärung abgibt. Wegen der Auslegung vgl Rn 62. Wer keinen Antrag zur Hauptsache stellt, kann bereits damit zum Ausdruck gebracht haben, die Hauptsache für erledigt zu erklären. Denn die Erledigterklärung tritt ja an die Stelle des ursprünglichen Hauptsacheantrags, weil sie eine zulässige Klage- bzw Antragsänderung ist, § 264 Z 2, also weder eine Klagerücknahme noch ein Anspruchsverzicht.

66   **D. Kein Anwaltszwang.** Auch soweit im Verfahren an sich Anwaltszwang herrscht, § 78 Rn 1, unterliegt die Erledigterklärung diesem Anwaltszwang doch nicht, Rn 146, Bbg FamRZ **97**, 1225, Schlesw MDR **99**, 253, aM ThP 10, ZöV 10.

67   **E. Inhalt.** Wie schon in Rn 62, 63 dargelegt, kommt es wesentlich darauf an, daß die Erklärung bezweckt, an die Stelle des ursprünglichen Hauptsacheantrags weder dessen Rücknahme noch den Verzicht auf den Anspruch zu setzen, sondern die Rechtsfolgen des § 91 herbeizuführen. Jede Erledigterklärung ist unter diesem Gesichtspunkt für sich allein auszulegen. Allerdings ist natürlich die zeitlich nachfolgende Erklärung meist sprachlich auf die vorangegangene gegnerische entsprechende Erklärung ausgerichtet; das ist bei der Auslegung zu berücksichtigen. Je weniger ein erledigendes Ereignis objektiv vorliegt, Rn 23 ff, desto weniger ist eine nicht eindeutige Erklärung als Erledigterklärung auszulegen. Wegen der Möglichkeit stillschweigender Erledigterklärung, Rn 65, kann schon im bloßen Ausbleiben eines Hauptsacheantrags eine Erledigterklärung liegen.

68   **F. Unwirksamkeit der Erledigterklärung vor Rechtshängigkeit der Hauptsache**, dazu *Herrlein/ Werner* JA **95**, 55 (ausf): Die zahlenmäßig wohl ganz überwiegende Meinung, zB Karlsr FER **99**, 163, Köln MDR **96**, 208, Bergerfurth NJW **92**, 1655, geht dahin, jedenfalls bei übereinstimmenden vollen Erledigterklärungen aller Beteiligten sei das Gericht zu einem Kostenausspruch nach § 91 a auch dann berechtigt und verpflichtet, wenn objektiv gar kein erledigendes Ereignis vorliege. Denn die Parteien könnten infolge der Parteiherrschaft, Grdz 18 vor § 128, über den Streitgegenstand ja noch weitergehend verfügen, zB durch Rücknahme der Klage, § 269, oder durch Anerkenntnis, § 307. Infolgedessen bestehe bei übereinstimmenden Erledigterklärungen kein Bedürfnis zur Prüfung des Vorliegens der Tatsachen, die erst bei einseitiger Erledigterklärung Bedeutung erlangten.

Diese Auffassung ist zwar hin und wieder vom Gericht anzunehmen; aber sie *überzeugt nicht*, vgl. auch Rn 25, 47. Über die Kosten entscheidet das Gericht von Amts wegen, § 308 II. Von dieser Regel gelten nur in denjenigen Fällen Ausnahmen, in denen das Gesetz eine Kostenfolge unmittelbar zwingend und abschließend selbst an eine Parteiprozeßhandlung knüpft, Grdz 47 vor § 128, etwa im Fall der Klagerücknahme, § 269 III 2, oder soweit die Parteien sich direkt über die Kostenfolgen einigen, beispielsweise in einem Prozeßvergleich mit umfassender Kostenregelung, Anh § 307. Im übrigen bleibt es bei der Pflicht des Gerichts zur Prüfung von Amts wegen, wer welche Kosten zu tragen hat. § 91 a enthält auch nicht eine unmittelbare zwingende abschlie-

## 5. Titel. Prozeßkosten § 91a

ßende Kostenregelung für den Einzelfall. Denn er eröffnet dem Gericht gerade einen weiten Ermessensspielraum für den Einzelfall, ganz anders als zB bei § 269 III 2.

Zwar stellt I dem bloßen Wortlaut nach scheinbar nur auf die (übereinstimmenden) Erledigterklärungen **69** ab, nicht auch auf das Vorliegen des objektiv erledigenden Ereignisses. Indessen setzt die Vorschrift erkennbar als *selbstverständlich* voraus, daß die Hauptsache auch *objektiv* erledigt ist. Denn es besteht kein Anlaß zu einer besonderen Kostenregelung, soweit überhaupt noch keine Hauptsache vorgelegen hat. Auch spricht I vom „bisherigen Sach- und Streitstand" als Grundlage der Kostenentscheidung. Ein „Sach- und Streitstand" setzt aber ein Prozeßrechtsverhältnis zwischen den Parteien voraus, Grdz 5 vor § 128. Dieses entsteht erst mit der Rechtshängigkeit, Rn 26–39.

Aus alledem folgt: Eine Erledigterklärung ist als solche nur insoweit beachtlich, als sie während der **70** Rechtshängigkeit der Hauptsache ergeht, auf die sie sich bezieht. Weder reicht das Stadium *vor* Anhängigkeit der Hauptsache, vgl zu diesem Rn 26, noch reicht die Erklärung im Stadium *zwischen* Anhängigkeit und Rechtshängigkeit der Hauptsache, Rn 30 ff. Dasselbe gilt sogar bei übereinstimmenden vollen Erledigterklärungen aller Beteiligten. Wegen des Meinungsstands zu dieser Streitfrage ist auf die eben genannten obigen Anmerkungen zu verweisen. Jedenfalls dürfte BGH **21**, 298 (Ausreichen übereinstimmender Erledigterklärungen) entgegen immer noch weitverbreiteter Ansicht in Wahrheit längst durch BGH (1. ZS) RR **88**, 1151 und (5. ZS) RR **83**, 14 auch zur Frage des Ausreichens bloßer übereinstimmender Erledigterklärungen *überholt* sein; so auch Hamm MDR **79**, 407, KG RR **98**, 1074, Köln NJW **78**, 111, aM Brüchert AnwBl **89**, 83.

**G. Wirksamkeit der Erledigterklärung bis zum Schluß der ersten Instanz.** Eine Erledigterklärung **71** ist bis zu demjenigen Zeitpunkt wirksam möglich, in dem die erste Instanz endet. Wegen der Einzelheiten vgl Rn 41 ff.

**H. Erledigterklärung zwischen den Instanzen.** Eine Erledigterklärung zwischen den Instanzen kann **72** wirksam sein, wenn sie vor dem Eintritt der Rechtskraft ergeht. Das gilt freilich nur, wenn *beide* Parteien übereinstimmende volle, wirksame Erledigterklärungen abgeben. Denn sie beenden die Rechtshängigkeit unmittelbar, Rn 108, LAG Hamm NJW **72**, 2063. Vgl freilich auch Rn 107.

**I. Wirksamkeit der Erledigterklärung in höherer Instanz.** § 91 a ist auch in jeder höheren Instanz ab **73** ihrem Beginn anwendbar, insoweit richtig BGH **123**, 266, KG WettbR **96**, 161. Für die Dauer dieser höheren Instanz gelten dieselben Regeln wie in der ersten Instanz.

**J. Keine Anfechtbarkeit.** Die Erledigterklärung ist als Parteiprozeßhandlung, Graz 97 vor § 128, vor **74** Wirksamkeit ihrer Abgabe frei anfechtbar bzw widerrufbar, LG Nürnb-Fürth NJW **81**, 2587. Ab Wirksamkeit der Abgabe ist die Erledigterklärung grundsätzlich unanfechtbar bzw unwiderruflich, Grdz 56, 58 vor § 128, aM Düss FamRZ **94**, 170, ZöV 35 (aber eine Parteiprozeßhandlung ist eben *doch* grundsätzlich unwiderruflich, Grdz 58 vor § 128; die dort genannten Ausnahmen bestätigen diese Regel).

**K. Bedingte Erledigterklärung.** Eine bedingte Erledigterklärung ist grundsätzlich zulässig, BPatG **75** GRUR **93**, 115, KG RR **98**, 1074, etwa für den Fall, daß die Parteien einen Prozeßvergleich mit einem Widerrufsvorbehalt geschlossen haben, Anh § 307 Rn 10, Ffm MDR **78**, 499. Der Kläger kann übrigens neben einer unbedingten Erledigterklärung den bisherigen Antrag zur Hauptsache auch als Hilfsantrag stellen, § 260 Rn 8. Dann muß das Gericht über den Hilfsantrag entscheiden, falls in Wahrheit kein erledigendes Ereignis vorliegt, BGH WertpMitt **82**, 1260, BFH BB **79**, 1757. Allerdings ist eine Erledigterklärung wegen des gesamten Anspruches, aber nur für einen gegenüber dem Zeitraum seit dem Eintritt des erledigenden Ereignisses nochmals eingeschränkten Zeitraum unzulässig, Brschw RR **96**, 380, aM Melullis GRUR **93**, 245.

**L. Hilfsweise Erledigterklärung.** Der Kläger darf neben dem Hauptantrag die Hauptsache hilfsweise für **76** erledigt erklären, § 260 Rn 8, aM Teubner/Prange MDR **89**, 588. Diese Möglichkeit besteht allerdings nur, solange sich der Bekl der Erledigterklärung nicht ebenfalls hilfsweise anschließt, BGH (I. ZS) RR **98**, 1572, Schlesw NJW **73**, 1933, ZöV 35, aM BGH (IV a-ZS) **106**, 366, BVerwG NVwZ **82**, 560, Kblz GRUR **88**, 46. Der Bekl darf zwar neben dem Hauptantrag auf Klageabweisung davon absehen, die Hauptsache hilfsweise für erledigt zu erklären, um einen Kostenbeschluß nach § 91 a zu verhindern. Er darf aber auch hilfsweise eine Erledigterklärung abgeben, BFH BB **80**, 1842, Schlesw NJW **73**, 1933, ZöV 13; aM BAG AP Nr 11, Düss JB **91**, 1545, Teubner/Prange MDR **89**, 588. Das Gericht entscheidet dann im Urteil über den Hilfsantrag, Schlesw NJW **73**, 1934.

**M. Teilweise Erledigterklärung.** Es ist eine Erledigterklärung für einen Teil der Hauptsache statthaft, **77** soweit dieser abtrennbar ist, § 301 Rn 4.

**N. Erledigterklärung bei Streitgenossenschaft.** Der einfache Nebenintervenient, § 67, braucht nicht **78** zuzustimmen; der streitgenössische muß zustimmen, § 69. Jeder einfache Streitgenosse kann (nur) für seine Person wirksam für erledigt erklären. Beim notwendigen Streitgenossen gilt § 62. Die Kostenregelung muß nicht stets einheitlich ausfallen, BGH MDR **85**, 915.

**O. Beispiele zum Vorliegen einer Erledigterklärung** **79**
**Abweisungsantrag:** Der Abweisungsantrag des Bekl scheint das Gegenteil einer Erledigterklärung zu sein. Denn er bezweckt die Herbeiführung eines Urteils, das den Klageanspruch abweist. Indessen mag Anlaß zur Erörterung bestehen nach §§ 139, 278 III bestehen, wenn zB ein nicht anwaltlich vertretener Bekl zwar zunächst den Abweisungsantrag stellt, der Sache aber erkennbar ebenfalls der Meinung ist, die Klage sei bis zur Rechtshängigkeit zulässig und begründet gewesen. Soweit er allerdings zum Ausdruck bringen will, das angeblich erledigende Ereignis habe in Wahrheit nicht bestanden, der Klageanspruch habe von Anfang an nicht existiert, ist zu solcher Auslegung des Abweisungsantrags kein Raum, vgl BGH VersR **80**, 385. Das gilt auch dann, wenn der Bekl den Abweisungsantrag trotz einer jetzt außergerichtlich erfolgenden vorbehaltlosen Leistung aufrechterhält, BGH NJW **81**, 686. Zur hilfsweisen Erklärung vgl L.

**§ 91a**      1. Buch. 2. Abschnitt. Parteien

80 **„abzüglich am ... gezahlter ... DM"**: Ein derartiger Antrag, in der Praxis beliebt, stellt keineswegs stets oder auch nur grundsätzlich, so Ffm MDR **77**, 56, eine auch nur teilweise Erledigterklärung dar. Denn es kann auch eine (teilweise) Klagrücknahme gemeint sein, deren Kostenfolgen nur vordergründig für den Kläger ungünstig wären; er mag auch einen (außergerichtlichen) Teilvergleich geschlossen haben usw. Eine solche Erklärung ist daher gem § 139 zu behandeln; mangels klarer Antwort liegt keine Erledigterklärung vor, Schneider MDR **83**, 370.

**Anerkenntnis**: Will der Bekl anerkennen, so kann ein Anerkenntnisurteil auf Feststellung der Erledigung sinnvoll sein, LG Tüb MDR **95**, 860. Trotz eines Anerkenntnisses kann es ausnahmsweise an einer Erledigterklärung fehlen, Hamm RR **95**, 1073 (vgl aber Rn 174).

**Anfechtung**: Rn 74.

S auch Rn 93 „Widerruf".

**Anhängigkeit**: Die bloße Anhängigkeit der Hauptsache kann nicht zur Wirksamkeit einer in diesem Stadium abgegebenen Erledigterklärung führen, Rn 68.

**Anschließung**: Diejenige Partei, die sich der gegnerischen Erledigterklärung anschließen will, braucht ebensowenig wie der Gegner die Worte des Gesetzes zu benutzen. Jede Partei kann ihre Anschließung sogar stillschweigend erklären. Ihr Verhalten muß natürlich ergeben, daß sie gegenüber der gegnerischen Erledigterklärung keinen Widerspruch erheben will, Ffm MDR **77**, 56 (dort zu großzügig ausgelegt), LG Oldb MDR **88**, 591. Ein Streit nur noch über die Kosten kann zB gerade die Folge beiderseitiger (stillschweigender) Erledigterklärungen sein und daher auch eine (stillschweigende) Anschließung an die gegnerische Erklärung bedeuten.

**Außergerichtlicher Vergleich**: Rn 92 „Vergleich".

**Auslegung**: Vgl zunächst Rn 67. Die stets zulässige und gebotene Auslegung, vgl BFH BB **79**, 1595, ist grds großzügig zu Gunsten des Erklärenden vorzunehmen. Er kann die Erledigterklärung ja sogar stillschweigend abgeben.

S auch Rn 80 „abzüglich am ... gezahlter ... DM", „Anschließung", Rn 88 „Stillschweigende Erklärung".

81 **Bedingung**: Rn 75.

**Begründung**: Die Partei braucht grds keine Begründung für ihre Erledigterklärung zu geben, jedenfalls soweit übereinstimmende derartige Erklärungen vorliegen. Allerdings kann es zur Klärung des wahren Sinns ihrer Worte notwendig sein, sie zu ergänzenden Ausführungen zu veranlassen, §§ 139, 278 III, um ihre Erklärung sachgerecht auslegen zu können. Im Fall einseitiger Erledigterklärung nimmt der Prozeß seinen streitigen Fortgang; man muß dann zwar nicht die Rechtsauffassung begründen, der Rechtsstreit sei erledigt, wohl aber die zugehörigen Tatsachen darlegen und evtl beweisen, wie sonst.

82 **Feststellung der Erledigung**: Soweit eine Partei beantragt, die Erledigung der Hauptsache „festzustellen", gibt sie eine Erledigterklärung ab. In einem Streit um die Zulässigkeit und Begründetheit der Klage kann seitens des Klägers auch stillschweigend ein Antrag auf „Feststellung der Erledigung der Hauptsache" gemeint sein; das ist durch Auslegung zu ermitteln.

83 **Hauptsacheantrag**: Die Erledigterklärung tritt an die Stelle des ursprünglichen Hauptsacheantrags. Sie ist jetzt der Sachantrag der Partei, denn diese begehrt jetzt nur noch eine Kostenentscheidung. Die Unterlassung des früheren Hauptsacheantrags kann bereits eine (stillschweigende) Erledigterklärung darstellen. Das gilt erst recht dann, wenn keine der Parteien im Termin auch nur überhaupt noch einen bisherigen Sachantrag stellt. Freilich empfiehlt sich ein Verhandeln ohne jeden Antrag trotz § 308 II schon wegen § 251 a III nicht. Im übrigen sollte das Gericht stets gem §§ 139, 278 III zu Protokoll klären, ob tatsächlich Erledigterklärungen vorliegen.

**Hilfsantrag**: Rn 73.

**Höherer Rechtszug**: Rn 71, 103, 159, 195.

84 **Klagänderung**: Eine Änderung des Klagantrags zur bisherigen Hauptsache dahin, daß nur noch die Feststellung der Pflicht des Gegners zur Tragung der Prozeßkosten begehrt wird, ist als solche schon deshalb unzulässig, weil es ja nach dem Willen des Antragstellers nun nicht mehr um ein Urteil auf eine Leistung gehen soll, sondern weil er nur das bisherige bloße Kostenfestsetzungsverfahren durch eine Kostengrundentscheidung nach § 91 a beeinflussen will, Stöhr JR **85**, 491, aM Sannwald NJW **85**, 898.

Indessen ist ein solcher Antrag grds als bloße Erledigterklärung auslegbar.

**Klagerücknahme**: In der Erklärung der Partei kann sogar trotz der von ihr benutzten Worte, etwa einer Erklärung „für erledigt", in Wahrheit eine teilweise oder gänzliche Klagrücknahme stecken, wenn nämlich die von ihr vorgetragenen oder zugestandenen oder die inzwischen bewiesenen Tatsachen ergeben, daß der Klaganspruch von Anfang an oder doch bis zur Rechtshängigkeit nicht bestand oder rückwirkend weggefallen ist. Im Fall einer nach Wortlaut und erkennbarem Sinn allerdings eindeutigen bloßen Erledigterklärung ist eine Umdeutung in eine Klagerücknahme und dergleichen schon wegen der dort evtl ganz anderen Kostenfolgen unzulässig, BayVGH BayVBl **86**, 87.

S auch Rn 80 „abzüglich am ... gezahlter ... DM".

**Kosteneinigung**: Rn 92 „Vergleich".

**Kostenstreit**: Ein Streit nur noch über die Kosten kann gerade die Folge von stillschweigenden Erledigterklärungen sein und schließt diese also keineswegs aus. Freilich kann in Wahrheit auch eine teilweise oder gänzliche Klagrücknahme vorliegen oder ein Vergleich erfolgt sein. Die Erklärungen sind daher, wie stets, auszulegen.

85 **Leistung**: In der bloßen Leistung des Bekl entsprechend dem bisherigen Hauptsacheantrag des Klägers liegt keine Erledigterklärung des Bekl. Sie mag aber dem Kläger Anlaß für eine durch Auslegung zu ermittelnde stillschweigende Erledigterklärung geben. Im übrigen kann eine vorbehaltlose Leistung des Bekl evtl auch als stillschweigende Erledigterklärung auslegbar sein; andernfalls ändert die Leistung nichts daran, daß das Gericht die Klage evtl abweisen muß, BGH NJW **81**, 686, wenn sich bei einseitiger Erledigterklärung des Klägers ergibt, daß jedenfalls ein Rechtsanspruch auf die Leistung von vornherein gar nicht bestand.

## 5. Titel. Prozeßkosten § 91a

**Prozeßrechtsverhältnis:** Eine Erledigterklärung kann wirksam nur während eines Prozeßrechtsverhältnisses zwischen den Parteien erklärt werden, Rn 68–71. **86**
**Prozeßvergleich:** Rn 92 „Vergleich".
**Prozeßvertrag:** Im Fall eindeutiger übereinstimmender Erledigterklärungen ist ihre Umdeutung in einen Prozeßvertrag oder eine prozessuale Vereinbarung, Grdz 48 vor § 128, nicht ohne weiteres zulässig. Indessen hängt auch hier alles von der Auslegung im Einzelfall ab.
**Rechtshängigkeit:** Eine Erledigterklärung kann nur während der Rechtshängigkeit der Hauptsache wirksam abgegeben werden, vgl Rn 68, 72. **87**
**Rechtskraft:** Da eine Erledigterklärung nur während der Rechtshängigkeit der Hauptsache wirksam abgegeben werden kann, Rn 68, 72, beendet die formelle (äußere) Rechtskraft den Zeitraum der Zulässigkeit einer Erledigterklärung, Hamm MDR **79**, 407.
Eine Ausnahme gilt allerdings im Fall der Wiederaufnahme des Verfahrens.
**Ruhen des Verfahrens:** Eine Erledigterklärung ist auch nach der Anordnung des Ruhens des Verfahrens wirksam möglich, solange noch keine Rechtskraft eingetreten ist. Denn die Anordnung des Ruhens beseitigt nicht die Rechtshängigkeit.
**Schriftliches Verfahren:** Im schriftlichen Verfahren ist die Erledigterklärung in Schriftform notwendig und ausreichend, § 128 II, III, ebenso im schriftlichen Vorverfahren; vgl Rn 65. **88**
**Stillschweigende Erklärung:** Eine Erledigterklärung kann stillschweigend erfolgen. Es muß sich aus dem Verhalten der Partei nur eindeutig ergeben, daß sie eben eine Erledigterklärung und nicht etwa eine (teilweise oder gänzliche) Klagrücknahme, einen Anspruchsverzicht, einen bereits geschlossenen Vergleich mit Kostenfolge und dergleichen meint. Man kann sich auch der gegnerischen Erledigterklärung stillschweigend anschließen.
S auch Rn 80 „Anschließung", „Auslegung", Rn 85.
**Streit über die Wirksamkeit der Erklärung:** Soweit die Parteien über die Wirksamkeit einer oder mehrerer Erledigterklärungen streiten, kann und muß das Gericht den bisherigen Rechtsstreit zur Klärung dieser Streitfrage fortführen, ähnlich wie dann, wenn Parteien über die Wirksamkeit eines Prozeßvergleichs streiten, Anh nach § 307 Rn 37. Soweit die Parteien vordergründig um die Wirksamkeit der Erledigterklärung des Klägers streiten, streiten sie in Wahrheit über die Zulässigkeit, BayObLG **83**, 18, und über die Begründetheit der Klage oder des sonstigen Verfahrens, BFH VersR **82**, 296, LG Bochum MDR **82**, 675, LG Mannh ZMR **77**, 306, aM LG Essen NJW **72**, 294, Schwab ZZP **72**, 136, ZöV 35 (man müsse die Erledigterklärung des Klägers dann dahin verstehen, daß er nunmehr die Feststellung beantrage, die Hauptsache sei erledigt). Dabei wird aber übersehen, daß der Kläger keineswegs immer einen zum Antrag des Bekl passenden Gegenantrag stellen muß: Der Kläger und nicht der Bekl führt zunächst einmal den Rechtsstreit und verfügt über den Streitgegenstand, außerdem besteht bei einem Streit um die Berechtigung einer Klagerücknahme dieselbe Prozeßlage).
Vgl ferner Rn 169 ff. **89**
**Teilerledigterklärung:** Vgl Rn 77. **90**
**Teilvergleich:** Rn 92 „Vergleich".
**Unanfechtbarkeit:** Rn 80 „Anfechtung". **91**
**Unterwerfung:** Eine Unterwerfungserklärung des Bekl und damit sein freiwilliges Unterliegen können sachlichrechtlich dazu führen, daß der Kläger seinen bisherigen Hauptanspruch verliert und daß damit ein erledigendes Ereignis eintritt; insofern kann in der Unterwerfungserklärung eine Erledigterklärung zumindest des Bekl stecken. Die bloße Leistung ist aber nicht stets als Erledigterklärung umzudeuten, Rn 85.
**Urteilsverkündung:** Eine Erledigterklärung kann während des gesamten Zeitraums der Rechtshängigkeit der Hauptsache wirksam abgegeben werden. Daher ist sie auch noch der Verkündung oder dem Erlaß des Urteils möglich, solange noch keine Rechtskraft eingetreten ist, Hbg NJW **70**, 762, ZöV 17, aM ThP 10. Sie ist dann bei demjenigen Gericht abzugeben, das das Urteil erlassen hat, LAG Hamm NJW **72**, 2063. Eine andere Frage ist freilich die, ob die Erklärung noch Einfluß auf den Prozeß hat. Das kann bei übereinstimmenden Erklärungen nicht der Fall sein, weil diese die Rechtshängigkeit unmittelbar beenden, Rn 108. Die nur einseitige Erledigterklärung nach Urteilserlaß usw mag in der nächsten Instanz Rechtswirkungen herbeiführen. Vgl auch Rn 71.
**Vergleich:** Man muß zwischen dem Prozeßvergleich einerseits, dem außergerichtlichen Vergleich andererseits, dem Vergleich mit Kostenregelung, mit oder ohne Widerrufsvorbehalt, dem teilweisen oder gänzlichen Vergleich unterscheiden. Im übrigen besteht für eine Umdeutung oder Auslegung in eine oder mehrere Erledigterklärungen nur insofern ein Bedürfnis, als die Parteien sich noch nicht auch über die gesamten Kosten des Rechtsstreits einschließlich derjenigen des Vergleichs oder etwa einbezogener weiterer Streitpunkte eindeutig geeinigt haben. Denn im Fall solcher völligen Einigung ist für eine Kostenentscheidung auch nach § 91 a ja kein Raum mehr, Naumbg RR **96**, 1216. **92**
Einzelheiten bei § 98 Rn 18, 21.
**Verzicht:** Er liegt meist nicht schon in der Erledigterklärung, § 306 Rn 2.
**Vorbehaltlose Leistung:** Rn 85.
**Vorverfahren:** Eine Erledigterklärung ist auch im schriftlichen Vorverfahren möglich und dann natürlich schriftlich vorzunehmen. Vgl Rn 65.
S auch Rn 88 „Schriftliches Verfahren".
**Wegfall der Rechtshängigkeit:** Eine Erledigterklärung ist wirksam während der Rechtshängigkeit der Hauptsache möglich. Sobald die Rechtshängigkeit wegfällt, kann man keine Erledigterklärung mehr wirksam einreichen, Hamm MDR **79**, 407; vgl Rn 68, 71. **93**
**Widerruf:** Da die Erledigterklärung eine Parteiprozeßhandlung ist, Rn 62, ist sie ab Wirksamkeit grds nicht mehr frei widerruflich, Grdz 56, 58 vor § 128, Köln VersR **74**, 605, ThP 15, ZöV 11, aM Mü JB **76**, 971. Von diesem Grundsatz gilt dann eine Ausnahme, wenn ein Wiederaufnahmegrund vorliegt. Denn man muß dann der Fortsetzung des Prozesses aus Gründen der Prozeßwirtschaftlichkeit zulassen, ähnlich wie beim Streit um die Wirksamkeit eines Vergleichs, Rn 89.

## § 91a

**94 Widerspruch des Beklagten:** Soweit der Bekl einer Erledigterklärung des Klägers erkennbar oder eindeutig widerspricht, will er zum Ausdruck bringen, der Kläger habe seine Erledigterklärung zu Unrecht abgegeben, das vom Kläger genannte Ereignis habe die Hauptsache also in Wahrheit nicht erledigt, vielmehr bestehe der Klaganspruch entweder von Anfang an nicht oder sei doch aus anderen Gründen oder zu einem anderen Zeitpunkt erloschen, vgl BGH VersR **80**, 385. Das gilt auch dann, wenn der Bekl den Abweisungsantrag trotz einer jetzt außergerichtlichen erfolgenden vorbehaltlosen Leistung aufrechterhält, BGH NJW **81**, 686. Das Gericht muß also in einem solchen Fall untersuchen, ob die Klagforderung bis zu demjenigen Zeitpunkt bestanden hatte, in dem das unbestrittene, zugestandene oder bewiesene Ereignis eintrat, das nach der Rechtsauffassung des Klägers zur Erledigung der Klage geführt haben soll; es liegt also nur eine einseitige Erledigterklärung des Klägers vor, Rn 169 ff. Der Bekl will mit seinem Widerspruch ja verhindern, daß der Kläger im Laufe des Verfahrens infolge einer besseren Erkenntnis seiner Rechtslage durch eine bloße Erledigterklärung von einer rechtlich schlechteren Klage Abstand nimmt, die in Wahrheit von vornherein erfolglos war, nur um sich kostenmäßig eine bessere Stellung zu verschaffen, als er sie im Fall einer Klagrücknahme, § 269 III, oder eines Anspruchsverzichts hätte, § 306, Bbg JB **77**, 1620, Düss MDR **78**, 763.

**Widerrufsvorbehalt:** Rn 93 „Widerruf".
**Wiederaufnahme:** Rn 87 „Rechtskraft", Rn 89.
**Wohnungseigentumsverwalter:** Soweit er nicht Rechtsanwalt oder Rechtsbeistand ist, darf er nicht nach Pauschsätzen abrechnen und sind solche Pauschsätze nicht erstattungsfähig, KG NJW **91**, 1304.

**95 Zeitpunkt der Erledigterklärung:** Eine Erledigterklärung ist nur beachtlich (wirksam), soweit sie während der Rechtshängigkeit der Hauptsache erklärt wurde, Rn 101–104. Innerhalb dieses zulässigen Zeitraums ist der Zeitpunkt ihrer Abgabe unbeachtlich und kommt es nur auf die weitere Frage an, wann das angeblich erledigende Ereignis eingetreten ist, BGH NJW **86**, 589, Ffm FamRZ **87**, 293, aM Grunsky AcP **186**, 525 (§ 93 entsprechend).
Vgl auch Rn 71.
**Zwischen den Instanzen:** Vgl Rn 72, 101.

**96 7) Beiderseitige „Erledigterklärungen", I.** Die Vorschrift regelt direkt (nur) den Fall, daß beide Parteien bzw alle am Verfahren Beteiligten die Hauptsache übereinstimmend vollständig für erledigt erklären.

**A. Begriff übereinstimmender Erledigterklärungen.** Übereinstimmende Erledigterklärungen liegen vor, soweit jede Erklärung, für sich allein betrachtet, die Anforderungen an eine wirksame Erledigterklärung im Sinn von Rn 62 ff erfüllt und soweit außerdem die Erklärungen dem Sinn, der Zweckrichtung nach übereinstimmen. Dabei mögen die Parteien natürlich durchaus unterschiedliche Vorstellungen davon haben, zu wessen Gunsten das Gericht nun über die Kosten nach I entscheiden wird. Wesentlich ist nur, daß sie überhaupt inhaltlich übereinstimmend zum Ausdruck bringen oder bringen wollen, daß sie den Streit zur Hauptsache bis auf den Kostenpunkt abbrechen und beenden wollen, ohne daß der eine die Klage zurücknimmt, der andere den Klaganspruch anerkennt usw und ohne daß sie auch zur Kostenfrage einen Vergleich abschließen. Unter diesen Voraussetzungen mögen die Erklärungen einen durchaus unterschiedlichen Wortlaut haben, mag die eine Erklärung ausdrücklich, die andere stillschweigend erfolgen, mag die eine einer Auslegung bedürfen, die ander nicht. Wesentlich bleibt nur, daß sie sich schließlich als inhaltlich übereinstimmend herausstellen.

**97 B. Unbeachtlichkeit der Reihenfolge:** Soweit die Erledigterklärungen inhaltlich übereinstimmen, kommt es auf die Reihenfolge, in der sie abgegeben bzw wirksam wurden, nicht an. Maßgeblich ist nur, daß jede Erklärung innerhalb des Zeitraums erfolgte, in der sie überhaupt wirksam werden konnte, Rn 68, 71.

**98 C. Notwendigkeit einer Wirksamkeit beider Erledigterklärungen.** Die Erledigterklärung jeder Partei bzw jedes Beteiligten muß, für sich allein betrachtet, nach den in Rn 62 ff dargelegten Grundsätzen wirksam sein, sowohl nach dem Zeitpunkt ihrer Abgabe, als auch nach der Form, dem Inhalt, etwaigen Einschränkungen usw.

**99 D. Erster Rechtszug.** Im ersten Rechtszug können übereinstimmende Erledigterklärungen ab Rechtshängigkeit, § 261 Rn 1, bis zu ihrem Ende oder Wegfall eintreten, Rn 68, 71, Hamm MDR **79**, 407. Sie können also auch nach der Anordnung des Ruhens des Verfahrens ergehen, §§ 251 a, 331 a, oder nach dem Schluß der Verhandlung, §§ 136 IV, 296 a, Karlsr JB **94**, 678, oder nach der Verkündung oder dem Erlaß des Urteils, solange es noch nicht nach § 322 rechtskräftig ist, Hbg NJW **70**, 762, ZöV 17, aM ThP 14. Sie sind dann bei demjenigen Gericht abzugeben, das das Urteil erlassen hat, LAG Hamm NJW **72**, 2063. Eine andere Frage ist die, welche Rechtsfolgen übereinstimmende Erledigterklärungen nach dem Verhandlungsschluß haben; dazu Rn 142.

**100 E. Zwischen den Instanzen.** Übereinstimmende Erledigterklärungen können bis zum Ende der Rechtshängigkeit oder ihrem Wegfall und daher auch zwischen den Instanzen grundsätzlich bis zur Rechtskraft ergehen. Vgl freilich auch Rn 101.

**101 F. Höherer Rechtszug.** Die Parteien können den Rechtsstreit auch in der höheren Instanz bis zum Ende der Rechtshängigkeit übereinstimmend für erledigt erklären. Das bedeutet zunächst: Das Rechtsmittel muß überhaupt zur Hauptsache statthaft und auch im konkreten Einzelfall zulässig sein, BGH WertpMitt **86**, 534, BAG AP Nr 9, Köln VersR **89**, 163. Es muß also zB eine ausreichende Beschwer wie sonst gegeben sein, Grdz 13 vor § 511, Köln VersR **89**, 163. Sie bleibt auch nach Klagabweisung weiter bestehen, sofern der Kläger eben das Rechtsmittel eingelegt hat. Die Zulässigkeit des Rechtsmittels fehlt, soweit ein erledigendes Ereignis zwar nach der Einreichung der Rechtsmittelbegründung eintritt, das Rechtsmittelgericht die etwa erforderliche Annahme des Rechtsmittels aber nicht vornimmt, BGH NJW **77**, 1883, oder wenn sich die Hauptsache dadurch erledigt, daß aA der Bekl jetzt erst zahlt bzw leistet, aM StJBo **48**, 51, ZöV 20.

Die Zulässigkeit des Rechtsmittels fehlt ferner, wenn sich die Hauptsache *auf eine andere Weise erledigt*, etwa durch eine Zug-um-Zug-Leistung gegen Empfang, und der Beschwerdeführer erst anschließend sein

5. Titel. Prozeßkosten § 91a

Rechtsmittel einlegt, § 99 Rn 3, Bbg VersR **76**, 890, Hbg RR **89**, 570, aM Ffm JB **91**, 1258, KG OLGZ **89**, 332, Bergerfurth NJW **92**, 1656. In diesen Fällen fehlt es nämlich wegen der Hauptsache an einer Beschwer.

Man muß zwischen Erledigterklärungen im höheren Rechtszug wegen der Hauptsache und Erledigterklä- 102 rungen des *Rechtsmittels* (während des Rechtszugs zur Hauptsache) unterscheiden. Zum letzteren Fall Rn 195. Eine Anfechtung nur des *Kostenpunkts* ist wegen § 99 I *unzulässig*, BGH **LM** Nr 4, aM Hbg VersR **83**, 1040, Zweibr OLGZ **75**, 46, Gottwald NJW **76**, 2251. Die Rechtsfrage, ob ein Rechtsentscheid zulässig ist, wenn das LG als Berufungsgericht nur noch über die Kosten zu entscheiden hat, kann nicht Gegenstand eines Rechtsentscheids sein, BGH NJW **89**, 29.

**G. Beiderseitige teilweise Erledigterklärungen.** Nach den vorstehend genannten Regeln kann sich 103 herausstellen, daß die Erledigterklärungen zwar teilweise, aber nicht voll übereinstimmen. Diesen Fall erfaßt I nicht direkt. Man muß in einem solchen Fall vielmehr wegen des streitigen Rests der Hauptsache wie sonst verfahren. Kommt in streitigen Verfahren zu einer instanzabschließenden Entscheidung, so hat das Gericht über die gesamten Kosten einschließlich derjenigen, die auf den übereinstimmend für erledigt erklärten Teil des Streitgegenstands entfallen, nach §§ 91, 92 ff zu entscheiden und kann dabei die Grundsätze der Kostenverteilung des § 91 a entsprechend auf den übereinstimmend für erledigt erklärten Teil anwenden. Das bedeutet aber nicht, daß § 91 a den abschließenden Maßstab gäbe; vielmehr finden seine Grundgedanken zur Kostenentscheidung nur auf die streitige Entscheidung über die gesamten Prozeßkosten entsprechende Anwendung, Ffm GRUR **89**, 934, Jena FamRZ **97**, 219.

*Keineswegs* darf das Gericht sogleich *nach* Wirksamkeit der beiderseitigen *Teil*erledigterklärungen über die 104 diesbezüglichen Kosten etwa durch Beschluß nach § 91 a entscheiden. Geschieht dies dennoch, liegt ein Verstoß gegen § 308 I, §§ 91, 92 ff vor, der mit den dagegen möglichen Rechtsmitteln bekämpft werden kann; es ist also unter anderem eine Anfechtung nur in diesem Kostenpunkt gem § 99 I unzulässig, aM Ffm GRUR **89**, 934. Im übrigen setzt die Wirksamkeit beiderseitiger teilweiser Erledigterklärungen voraus, daß überhaupt eine Teilerledigung vorliegt, Rn 56 „Teilweise Erledigung".

**H. Beispiele zum Vorliegen beiderseitiger Erledigterklärungen.** Vgl zunächst die in Rn 79 ff 105 dargestellten Beispiele. Man sollte sodann prüfen, ob jede Erledigterklärung den Anforderungen einer wirksamen derartigen Erklärung entspricht, Rn 68. Soweit dies der Fall ist, muß man anschließend prüfen, ob und wie weit die Erklärungen inhaltlich übereinstimmen, Rn 96. Bei nur teilweiser inhaltlicher Übereinstimmung gelten die Regeln Rn 103.

**8) Folgen beiderseitiger wirksamer Erledigterklärungen: Kostenentscheidung, I 1.** Wenn die 106 Parteien die Hauptsache übereinstimmend wirksam voll für erledigt erklären, liegt der einzige Fall vor, auf den I direkt anwendbar ist, Rn 1. In diesem Fall entscheidet das Gericht nur noch über die Kosten unter Berücksichtigung des bisherigen Sach- und Streitstandes nach billigem Ermessen durch einen besonderen Beschluß. Es ist nochmals darauf hinzuweisen, daß auch bei inhaltlich übereinstimmenden vollen Erledigterklärungen die Rechtsfolgen nach I nach der hier vertretenen Auffassung zu dieser Streitfrage nur unter der weiteren Voraussetzung eintreten können, daß auch objektiv ein erledigendes Ereignis eingetreten ist, Rn 68. In allen anderen Fällen ergeht die Entscheidung nach §§ 91, 92 ff zusammen mit derjenigen über die Kosten des gesamten (restlichen) Rechtsstreits wie sonst, meist also durch Urteil. Das gilt sowohl bei übereinstimmenden Erledigterklärungen nur wegen eines Teils der Hauptsache als auch dann, wenn und soweit die Erledigterklärungen inhaltlich nicht übereinstimmen oder soweit nur eine einseitige Erledigterklärung vorliegt.

**A. Zulässigkeit der Kostenentscheidung.** Selbst bei beiderseitigen vollen wirksamen Erledigterklärun- 107 gen ist die in I vorgesehene Kostenentscheidung nicht stets zulässig und notwendig. Sie setzt, wie jede Entscheidung, ein Rechtsschutzbedürfnis voraus. Dieses kann fehlen. Das gilt zB bei einem Vergleich, Anh § 307, in dem die Parteien auch den Kostenpunkt für die bisherige Hauptsache einschließlich des Vergleichs und etwa einbezogener weiterer Streitpunkte vollständig geregelt haben, § 98.

**B. Entscheidung nur noch „über die Kosten".** Das Gericht entscheidet nur noch „über die Kosten", 108 BGH NJW **99**, 955. Auch ein Rechtsentscheid ist nicht mehr statthaft, BayObLG ZMR **99**, 572, Hamm WoM **91**, 469. Denn der Streitgegenstand, § 2 Rn 3, ist durch wirksame übereinstimmende vollständige Erledigterklärungen aller Beteiligten weggefallen, die Rechtshängigkeit eben bis auf die Kostenfrage unmittelbar kraft Gesetzes beendet worden, BGH NJW **99**, 1337, Bbg FamRZ **97**, 1225 (keine Klagerücknahme mehr), BayObLG ZMR **99**, 572. Es ist nicht schon infolge der Erledigung Rechtskraft eingetreten, Celle FamRZ **98**, 684; etwa noch nicht rechtskräftige Sachentscheidungen sind rückwirkend wirkungslos geworden, BayVerfGH NJW **90**, 1784, Nürnb GRUR **96**, 79, ZöStö § 890 Rn 9 a, aM Hbg RR **87**, 1024, ThP § 890 Rn 10.

Daher kann keine Partei jetzt noch einen Sachantrag stellen, BayObLG JB **96**, 97, und darf das 109 Gericht jetzt *nicht mehr über die Hauptsache entscheiden,* § 308 I 1. Es darf den Rechtsstreit nicht einmal mehr wegen Unzuständigkeit nach § 281 verweisen, Ffm MDR **81**, 676, Mü MDR **86**, 61. Es darf nach dem Eingang schriftlicher Erledigterklärungen im Verfahren mit notwendiger mündlicher Verhandlung, § 128 Rn 4, zur Hauptsache lediglich noch zwecks Herbeiführung der Wirksamkeit der Erledigterklärungen und wegen der Kostenentscheidung einen Termin bestimmen. Eine weitere Terminsbestimmung kommt nur noch beim Streit über die Wirksamkeit von übereinstimmenden Erledigterklärungen in Betracht, Rn 89. Es ergeht kein Rechtsentscheid mehr, Oldb ZMR **89**, 299. Es ist keine Verfassungsbeschwerde mehr statthaft, BayVerfGH NJW **90**, 1784.

Infolge der unmittelbaren Beendigung der Rechtshängigkeit im Zeitpunkt der Wirksamkeit beiderseitiger 110 Erledigterklärungen kann keine innere Rechtskraft in der Hauptsachefrage entstehen, § 322 Rn 9, 36 „Erledigung", vgl Ffm MDR **81**, 676, LG Verden JB **78**, 431, sondern nur zur etwa noch ergehenden Kostenentscheidung, Nürnb NJW **79**, 169. Daher ist ein *neuer Prozeß* über denselben Streitgegenstand der Hauptsache grundsätzlich jederzeit zulässig, Hamm FamRZ **81**, 1065 mwN, ThP 50, aM Brox JA **83**, 295, RoSGo § 132 II 4 (für einen neuen Prozeß bestehe kein Rechtsschutzbedürfnis; aber der alte ist nicht zur

## § 91a
### 1. Buch. 2. Abschnitt. Parteien

Sache entschieden worden). Erst recht darf nach übereinstimmenden bloßen Teilerledigterklärungen der Kläger den Rest weiterverfolgen und die Klage erweitern, BGH NJW 99, 1337. Selbst über die Kosten darf keine Entscheidung mehr ergehen, soweit die Parteien auch zu dieser Frage durch Vergleich eine abschließende eindeutige umfassende Regelung getroffen haben, § 98 Rn 22. Eine Kostenentscheidung ergeht auch nicht im außerprozessualen selbständigen Beweisverfahren, § 91 Rn 193.

**111** Ein besonderer *Ausspruch,* die Hauptsache sei erledigt, ist nicht gesetzlich notwendig. Er kann evtl zur Verwechslungen mit einer streitigen derartigen Feststellung (auf Grund nur einseitiger Erledigterklärung) führen. Das Gericht darf aber entsprechend § 269 III 1, 3 die Wirkungslosigkeit eines etwa bereits erlassenen Urteils aussprechen.

**112** C. „**Unter Berücksichtigung des bisherigen Sach- und Streitstandes**". Soweit es überhaupt noch zu einer Kostenentscheidung kommt, Rn 108–111, ergeht sie unter Berücksichtigung nur des bisherigen Sach- und Streitstandes, Celle RR 94, 1276, Hamm ZMR 96, 660, LG Köln RR 98, 320. Das bedeutet nicht, daß die voraussichtliche weitere Entwicklung eines streitig weitergelaufenen Prozesses völlig unbeachtet bleiben dürfte. Sie darf und muß vielmehr im Rahmen der Prüfung der Kostenentscheidung in gewissem Umfang durchaus mitbeachtet werden, BVerfG NJW 93, 1061, KG RR 95, 1511 (Rechtsänderung), Stgt RR 99, 997, aM Hamm FamRZ 98, 444 (stellt nur auf die Rechtshängigkeit ab. Inzwischen kann aber viel geschehen sein).

Das Gericht muß und darf aber nur diejenigen Tatsachen beachten, die bis Eintritt des erledigenden Ereignisses *in den Prozeß eingeführt* worden waren, Karlsr KTS 89, 719, aM Ffm RR 99, 981 (bevorstehende Zustellung), und es hat auch nur die zugehörigen Beweisangebote im Rahmen ihrer Zulässigkeit zu beachten, Ffm GRUR 87, 472 rechts, KG BB 79, 487, freilich auch 1102. Der Rechtsstreit braucht also keineswegs schon im Sinn von § 300 Rn 6 entscheidungsreif zu sein und schon gar nicht zur Entscheidungsreife in der Hauptsache weitergeführt zu werden; letzteres ist bei beiderseitigen vollen übereinstimmenden Erledigterklärungen sogar unzulässig.

**113** Diese Grundsätze gelten auch in der *Beschwerdeinstanz.* § 570 ist jedenfalls grundsätzlich unanwendbar, Ffm GRUR 87, 472 rechts, Mü GRUR 83, 342. Freilich darf das Gericht dem Prozeßgegner die Möglichkeit einer Erwiderung auf einen Vortrag zur bloßen Kostenfrage nicht versagen. Das rechtliche Gehör, Art 103 I GG, gilt auch in diesem Stadium und in jeder Instanz, zB auch in der Beschwerdeinstanz, Düss JR 95, 205, und im Revisionsverfahren, BVerfG 60, 317. Ein solcher Fall kann zB dann vorliegen, wenn der Bekl der Klageschrift bis zum Eintritt des erledigenden Ereignisses (und seine Anschließung an die klägerische Erledigterklärung) noch nicht näher beantworten konnte.

**114** Andererseits kommt eine *Beweisaufnahme* grundsätzlich nicht mehr in Betracht und zwar auch nicht mit Hilfe solcher Beweismittel, die im Zeitpunkt des erledigenden Ereignisses oder der Wirksamkeit der beiderseitigen Erledigterklärungen sogleich ausgewertet werden könnten, Düss JR 95, 205, Hamm AnwBl 90, 48 (Ausnahme: Urkundenwürdigung), Köln GRUR 89, 705, aM Bbg FamRZ 99, 174, Stgt MDR 89, 1000 (abl Becht MDR 90, 122).

**115** Noch weniger kommt eine Beweisaufnahme in einem sog *Ausnahmefall* in Betracht, Köln MDR 69, 484, LG Mannh ZMR 77, 64 (aber welcher Fall ist ein Ausnahmefall?), Smid MDR 85, 191.

**116** Eine Beweisaufnahme läßt sich eben nicht mit der Anordnung schon des Gesetzeswortlauts vereinbaren, daß (nur) der *„bisherige"* Sach- und Streitstand zu berücksichtigen sei. Wo wäre auch das Ende einer solchen Beweisaufnahme? Eine bis zur Wirksamkeit der Erledigterklärungen bereits durchgeführte Beweisaufnahme ist natürlich nach §§ 286, 287 für die Kostenentscheidung wie sonst zu würdigen. Beim Streit über die Zulässigkeit einer Erledigterklärung mag sein Beweisaufnahme stattfinden. Ebensowenig darf das Gericht nach übereinstimmenden wirksamen Erledigterklärungen einen unstreitigen *neuen* Sachvortrag zulassen, Karlsr RR 90, 978, aM Düss MDR 93, 1120, ThP 46, ZöV 26 (aber auch das wäre ein Überschreiten des „bisherigen" Sach- und Streitstandes).

**117** Eine *Unterwerfungserklärung* der Partei und damit ihr „freiwilliges Unterliegen" sind, wenn sie erst nach Wirksamkeit der Erledigterklärungen erfolgt, nur noch bedingt beachtlich, Celle RR 86, 1061, Karlsr MDR 86, 240, Kblz GRUR 88, 566, aM BAG AP Nr 7. Es kann zB § 281 III 2 entsprechend anwendbar sein, Hbg GRUR 84, 82. Wenn der Bekl während der Rechtshängigkeit „freiwillig" und nicht nur zwecks Abwendung der Zwangsvollstreckung *geleistet* oder sonstwie erfüllt hat, Karlsr MDR 86, 240, wird das Gericht den Kläger in der Regel von Kosten freistellen. In diesem Zusammenhang muß allerdings geprüft werden, ob der Bekl vorwerfbar handelte oder nicht.

**118** D. „**Nach billigem Ermessen**". Soweit überhaupt noch eine Kostenentscheidung zu treffen ist, B, ist auf der Basis (nur) des bisherigen Sach- und Streitstandes, Rn 112, „nach billigem Ermessen" zu entscheiden. Mit diesen beiden Worten räumt das Gesetz dem Gericht den weitestmöglichen Spielraum ein, ohne dem Gericht sachfremde Erwägungen und damit Willkür zu erlauben. Dieser Ermessensspielraum wird in der Praxis gelegentlich unnötig unterschätzt. Es geht ja immerhin nicht mehr um die Hauptsache. Wenn auch die Kostenfragen, insbesondere bei hohem Streitwert, oft wirtschaftlich eine erhebliche Bedeutung haben, haben sie doch eben nach den Grundgedanken des Zivilprozeßrechts nicht die zentrale, alles überragende Bedeutung. Selbst bei streitiger Kostenentscheidung hat das Gericht zB bei einer Kostenteilung nach § 92 einen erheblichen Spielraum, ohne daß dort gar von „billigem" Ermessen gesprochen würde. Erst recht besteht dieser Ermessensspielraum im Fall des § 91 a I, 1. Das übersehen LG Magdeb WoM 98, 43, ZöV 24–26 a. Ein Kosten-„Einverständnis" ist nur im Ermessensrahmen evtl mitbeachtlich, aM Köln MDR 98, 1250 (solches sei stets beachtlich).

**119** E. **Beispiele zur Kostenentscheidung**
**Abmahnung:** Soweit in einem Wettbewerbsprozeß nach einer Abmahnung eine strafbewehrte Unterlassungserklärung erfolgt, sollte der Bekl nicht automatisch, sondern nur nach Abwägung der Gesamtumstände (freilich meist) die Kosten tragen, Hamm JB 81, 278, KG BB 79, 487, Karlsr WRP 85, 103, Stgt WRP 84, 576. Zum zunächst nicht strafbewehrt gewesenen Unterlassungsversprechen Düss WRP 71, 534; vgl § 93 Rn 68 ff.
S auch Rn 138 „Unterlassungsversprechen", Rn 140 „Wettbewerbsrecht".

5. Titel. Prozeßkosten § 91a

**Abschlußerklärung:** Eine im Verfahren auf einen Arrest oder eine einstweilige Verfügung abgegebene Abschlußerklärung erledigt zwar auch eine gleichzeitige diesbezügliche Hauptklage; doch ist § 93 mitbeachtlich, Hamm MDR **86**, 241.
S auch Rn 120 „Arrest, einstweilige Verfügung", Rn 138 „Unterlassungsversprechen".
**Anerkenntnis:** Soweit der Bekl die Verpflichtung wegen aller Hauptsacheanträge uneingeschränkt anerkannt hat, ist zwar grds Anlaß vorhanden, ihn die Kosten tragen zu lassen, Ffm MDR **96**, 426, KG FamRZ **94**, 209 (Vaterschaft). Indessen ist im Fall eines „sofortigen Anerkenntnisses", s dort, der Grundgedanke des § 93 zwar nicht allgemein, wohl aber nach den Gesamtumständen des Einzelfalls mitanwendbar, Hamm FamRZ **91**, 830, vgl LG Flensb JB **98**, 266. Wenn eine Partei erklärt, sie übernehme die Kosten, handelt es sich meist um eine „andere Vereinbarung" im Sinn von § 98 S 1, die das Gericht bindet, § 98 Rn 29 ff. § 307 ist entsprechend anwendbar, soweit die Partei eine Kostenpflicht anerkennt, BGH JZ **85**, 854, BAG NJW **88**, 990. Das Gericht muß eine derartige außergerichtliche Einigung in seinen Beschluß übernehmen, aM Hamm MDR **76**, 148 mwN. Soweit eine bloße schriftsätzliche Ankündigung eines solchen Anerkenntnisses vorliegt, das zu seiner Wirksamkeit der Erklärung in einer Verhandlung bedürfte, § 307 Rn 8, bleibt zu prüfen, ob ein erledigendes Ereignis eingetreten ist, Mü MDR **93**, 475. Eine freiwillige Zahlung bedeutet nicht stets Anerkenntnis, AG Hbg WoM **93**, 458.
S auch Rn 127 „Gesetzesänderung", Rn 135 „Sofortiges Anerkenntnis". 120
**Arrest, einstweilige Verfügung:** Wenn in einem Verfahren auf den Erlaß eines Arrests oder einer einstweiligen Verfügung die Dringlichkeit fehlte, Hamm MDR **87**, 589, oder wenn die Vollziehungsfrist nicht eingehalten worden war, § 929 II, und die Parteien nun den Gesamtumständen des Eilverfahrens für erledigt erklären, muß der Antragsteller meist die Kosten tragen, zB Kblz GRUR **81**, 93 mwN. Eine im Eilverfahren abgegebene Abschluß- und Unterwerfungserklärung erledigt zwar auch eine gleichzeitige diesbezügliche Hauptklage; doch ist § 93 meist mitbeachtlich, Hamm MDR **86**, 241. Zur Kostenentscheidung im Arrestaufhebungsverfahren Ffm MDR **82**, 328, mwN MDR **76**, 761.
S auch Rn 119 „Abmahnung", Rn 138 „Unterwerfungserklärung".
S auch Rn 120 „Arrest, einstweilige Verfügung".
**Aufrechnung:** Bei einer alsbald nach dem Eintritt der Rechtshängigkeit erklärten Aufrechnung kommt es darauf an, ob die Aufrechnungslage objektiv schon beim Eintritt der Rechtshängigkeit vorhanden war; in solcher Lage kann es notwendig sein, dem Kläger die Kosten aufzuerlegen; zur Problematik LG Köln WoM **87**, 232, Wiek WoM **89**, 549 (ausf zur Mieterkaution).
**Auskunft:** Rn 136 „Stufenklage".
**Auszug:** Rn 130 „Mietrecht".
**Baulandsache:** Wegen einer Baulandsache Kblz NJW **83**, 2036. 121
**Berufung:** I 1 ist auch in der Berufungsinstanz anwendbar, BGH NJW **86**, 852 (auch zur Ausschlußwirkung auf eine Anschlußberufung), Celle MDR **78**, 235, Düss GRUR **84**, 385. Wenn die Partei in der Berufungsinstanz nur auf Grund neuen Tatsachenvortrags gesiegt hat, muß das Gericht § 97 II mitbeachten. Zur entsprechenden Anwendung bei einem unselbständigen Anschlußrechtsmittel Ffm FamRZ **89**, 993.
**Beschwerde:** I 1 ist auch bei einer Erledigung der Hauptsache im Beschwerdeverfahren anwendbar, BAG DB **86**, 2396, BFH DB **83**, 2124. § 570 ist unanwendbar, Mü GRUR **83**, 342.
**Beweisaufnahme:** Vgl zunächst Rn 112. Eine Beweisaufnahme kommt also grds nicht mehr in Betracht. Soweit eine Beweisaufnahme nicht mehr stattfindet, kommt es auf die Gesamtumstände und die Beweislast an, Smid ZZP **97**, 278, aM Ffm BB **78**, 331, ZöV 26 (dann müsse man grds die Kosten gegeneinander aufheben; aber die Beweislast gehört durchaus zum „bisherigen Sach- und Streitstand" und dort zur Frage der Erfolgssicht.
S auch § 91 Rn 193 „Selbständiges Beweisverfahren".
**Bisheriger Sach- und Streitstand:** Vgl Rn 112.
**Contergan-Gesetz:** Das Ermessen nach I 1 kann durch eine gesetzliche zwingende Kostenregelung ausgeschaltet sein, zB nach § 24 ConterganG vom 17. 12. 1971, BGBl 2018 (das Gesetz ist mit dem GG vereinbar, BGH **64**, 38). 122
**Dritter:** Rn 126. 123
**Ehesache:** Vgl § 93 a. 124
**Einspruch:** I 1 ist auch nach Einspruch gegen einen Vollstreckungsbescheid oder ein Versäumnisurteil anwendbar. Man muß beachten, daß ein zulässiger Einspruch den Prozeß in die Lage zurückversetzt, in der er sich vor dem Eintritt der Versäumnis befand, § 342. § 344 ist mitbeachtlich, Stgt Just **84**, 19.
**Entscheidungsreife:** Vgl Rn 112.
Der Rechtsstreit braucht also keineswegs schon entscheidungsreif zu sein und darf schon gar nicht mehr grds noch dorthin weitergeführt werden.
**Erfolgsaussicht:** Im Rahmen des „billigen Ermessens" darf und muß das Gericht prüfen, ob die Klage, der Antrag usw bis zum Eintritt des erledigenden Ereignisses der Hauptsache zulässig, Hbg GRUR **84**, 82, und auch begründet war, Düss GRUR **84**, 385, Ffm MDR **81**, 676, LG Schweinf VersR **90**, 618. Dabei reicht eine *summarische* Prüfung der Erfolgsaussichten aus; es ist also keineswegs eine abschließende Prüfung erforderlich, Rn 118, BGH **67**, 345, BPatG GRUR **91**, 205, Ffm JB **91**, 431, aM Ffm GRUR **79**, 809, Herrmann JR **88**, 377 (aber das Gesetz spricht eben nur vom „billigen Ermessen"), Smid MDR **85**, 189 (grds trage der Bekl die Kosten; aber ein Ermessensspielraum enthält stets eine Pflicht zu einer Gesamtabwägung der Umstände des Einzelfalls). 125
Im allgemeinen ist an dem Grundgedanken des Kostenrechts festzuhalten, daß ein *Verlierer die Kosten trägt*, §§ 91, 92, 97, 100, 101, 788, BGH GRUR **83**, 560, BAG BB **85**, 2180, Köln VersR **91**, 820, aM LG Mü ZMR **86**, 125.
Insbesondere bei einem rechtlich oder tatsächlich *schwierig* gelagerten Fall braucht das Gericht keineswegs jeder Rechtsfrage nachzugehen, BGH **67**, 345. Wenn der Streitstand noch völlig ungeklärt ist, kann schon deshalb eine Kostenverteilung zu gleichen Anteilen bzw die Aufhebung der Kosten gegeneinander

## § 91a 1. Buch. 2. Abschnitt. Parteien

angemessen sein, Kblz MDR **99**, 500, Köln GRUR **89**, 705. Das Gericht darf auch einen sachlich-rechtlichen Anspruch auf die Erstattung von Kosten mitberücksichtigen, Köln MDR **79**, 1028, soweit sich sein Bestehen ohne besondere Schwierigkeiten feststellen läßt, insbesondere ohne weitere Beweisaufnahme, BGH MDR **81**, 126, LAG Hamm MDR **82**, 659. Der Grundgedanke des § 93 ist nicht allgemein, sondern nur im Einzelfall anwendbar, Rn 135. Im übrigen kommt es auf den bisherigen Sach- und Streitstand an, Rn 112.

**126 Erfüllung:** Wenn der Bekl erst während des Prozesses „freiwillig" und nicht nur zwecks Abwendung einer drohenden Zwangsvollstreckung, Saarbr RR **98**, 1068, erfüllt oder in sonstiger Weise geleistet hat, wird das Gericht den Kläger im allgemeinen von Kosten freistellen, Karlsr MDR **86**, 240, Köln MDR **94**, 270. In diesem Zusammenhang muß es allerdings prüfen, ob der Bekl vorwerfbar handelte, Köln MDR **85**, 505. Es kommt auf die Einzelumstände an, BGH NJW **94**, 943. Kblz MDR **99**, 500 (wirtschaftlicher Hintergrund). Hat ein Dritter geleistet, so kann es trotzdem notwendig sein, dem Kläger die Kosten aufzuerlegen, wenn die Klage von vornherein unbegründet war, AG Mosbach MDR **89**, 72.
S auch Rn 120 „Anerkenntnis", Rn 135 „Sofortiges Anerkenntnis", Rn 139 „Vergleich".

**127 Gesetzesänderung:** Rn 133 „Rechtsänderung".
**Herausgabe:** Die Herausgabe der herausverlangten Sache ist grds als Erfüllung zu bewerten, Rn 126.
**Höchstpersönliches Recht:** Rn 137.
**Höhere Instanz:** I 1 ist auch in allen höheren Instanzen anwendbar, Rn 121 „Berufung", „Beschwerde", Rn 133 „Rechtsbeschwerde", „Revision". Eine Anfechtung nur des Kostenpunkts ist wegen § 99 I unzulässig, BGH **LM** Nr 4, aM Hbg RR **89**, 570, Zweibr OLGZ **75**, 46, ThP 28.

**128 Insolvenz:** Es kommt darauf an, ob der Insolvenzantrag von Anfang an unzulässig war oder doch vor der Zahlung unzulässig wurde, Köln RR **94**, 445. Erfüllt der Insolvenzverwalter die Forderung, muß der Gläubiger die Kosten nicht stets schon deshalb tragen, weil die Leistungsklage inzwischen unzulässig geworden sein mag, Köln BB **95**, 2552.
**Klaganlaß:** Es kann mitbeachtlich sein, ob ein Klaganlaß bestand, Brdb NJW **95**, 1844.
**Kostenlast des Klägers:** Sie kommt in Betracht, wenn er den Gegenstand des Prozesses schuldhaft beiseitegeschafft hat, vgl Hbg MDR **90**, 59 mwN, oder wenn er nach einer Klagänderung (Einbeziehung eines weiteren Bekl) die Hauptsache infolge einer Leistung der neuen Partei für erledigt erklärt hat, Kblz JB **93**, 560.
**Kostenlast des Verlierers:** Im allgemeinen ist an dem Grundgedanken des Kostenrechts festzuhalten, daß der Verlierer die Kosten trägt, Rn 125.
**Kostenübernahme:** Wenn eine Partei bei übereinstimmenden Erledigterklärungen erklärt, sie wolle die Kosten übernehmen, dann handelt es sich meist um eine „andere Vereinbarung" im Sinn von § 98 S 1, die das Gericht bindet, § 98 Rn 44. Es kann aber auch § 91 a anwendbar sein, § 98 Rn 30 „Anrufung des Gerichts" und Rn 41 „Hauptsache".
S auch Rn 139.
**Kostenverteilung:** Wenn der bisherige Sach- und Streitstand noch nicht annähernd eine abschließende Beurteilung ermögliche, kann eine Kostenverteilung zu gleichen Anteilen angemessen sein, Ffm BB **78**, 331, LG Bln MDR **95**, 638, LG Hann ZMR **74**, 177. Auch im übrigen kann es durchaus zu einer Kostenverteilung im Rahmen des billigen Ermessens kommen, ohne daß das Gericht sie näher (oder gar noch präziser als zB im Fall streitiger Kostenverteilung nach § 92) begründen müßte, vgl Rn 118. Eine Kostenaufhebung gegeneinander kann zu vermeiden sein, wenn nur eine Teilung zu je $^{1}/_{2}$ eine gerechte gleiche Kostenlast herbeiführt, Saarbr VersR **96**, 387, etwa dann, wenn nur eine der Parteien anwaltlich vertreten war und jeder in der Sache zur Hälfte verliert.
S auch Rn 135.

**129 Leistung:** Rn 126.
**130 Mietrecht:** Soweit sich der Vermieter nicht klar sein konnte, ob und wann der Mieter nach wirksamer Vermieterkündigung räumen werde, bestand Klaganlaß, LG Darmst WoM **93**, 610. Wenn der Mieter während eines Räumungsprozesses auszieht, liegt darin kein automatisches Anerkenntnis, LG Köln WoM **93**, 202, LG Wuppert WoM **91**, 592, vgl allerdings auch LG Stgt ZMR **76**, 92. Im übrigen ist stets zu beachten, daß wegen der Rückwirkung der Nichtigkeit einer Vermieterkündigung im Fall der Zahlung der Miete innerhalb der Frist des § 554 II Z 2 S 1 BGB, PalP § 554 BGB Rn 10, PalH Grdz 26 ff vor § 104 BGB, nur wegen des etwaigen gleichzeitigen Zahlungsanspruchs eine Entscheidung nach I 1 in Betracht kommt, während wegen des Räumungsanspruchs überhaupt kein erledigendes Ereignis eingetreten sein kann, sondern die diesbezügliche Klage zwecks Vermeidung ihrer Abweisung zurückgenommen werden muß. Eine Härte für den Mieter gegenüber dem Eigenbedarf kann erheblich sein, AG Stgt WoM **98**, 296.
Auch bei einer Aufrechnung des Vermieters gegenüber dem Anspruch auf *Rückzahlung einer Mieterkaution* kommt es auf die Gesamtlage an, zB auf die Aufrechnungslage, abw Wiek WoM **89**, 549 (ausf). § 93 b III ist vorrangig, LG Frankenth ZMR **91**, 303, LG Mü WoM **83**, 118, LG Stgt WoM **83**, 118, aM LG Essen WoM **83**, 118. Ein Muster-Vorprozeß kann maßgebend sein, LG Magdeb WoM **98**, 43.
**Mutwille:** Wer mutwillig klagt, trägt die Kosten, Einl III 54 ff, Hamm RR **93**, 1280.

**131 Nachverfahren:** Der Grundgedanke des Kostenrechts, daß der Verlierer die Kosten trägt, ist auch im Nachverfahren zu berücksichtigen, sofern dafür überhaupt schon ein Prozeßstoff vorhanden war.
S auch Rn 141.
**Neuer Tatsachenvortrag:** Da es nur auf den bisherigen Sach- und Streitstand ankommt, ist ein neuer Tatsachenvortrag grds unbeachtlich, selbst wenn er unstreitig werden sollte, Rn 112 ff.
S allerdings auch Rn 133 „Rechtliches Gehör".

**132 Räumung:** Rn 130.
**133 Rechnungslegung:** Wenn das Gericht den Bekl zu einer Auskunft und Rechnungslegung verurteilt hat und wenn sich aus dem Urteil nichts für den Kläger ergibt und dieser die Zahlungsklage sofort für erledigt

## 5. Titel. Prozeßkosten § 91a

erklärt und der Bekl sich vor der Rechtskraft des Urteils der Erledigterklärung anschließt, muß der Bekl grds trotzdem die gesamten Kosten tragen. Denn er hat den Kaganspruch nicht vor dem Zeitpunkt der Klagerhebung erfüllt, Ffm MDR **89**, 1108, Karlsr FamRZ **89**, 1101, Köln FamRZ **93**, 346, aM Bbg FamRZ **86**, 371, Kblz FamRZ **94**, 1608.

S auch Rn 136 „Stufenklage".

**Rechtliches Gehör:** Trotz der grundsätzlichen Beschränkung auf den bisherigen Sach- und Streitstand, Rn 112, kann das Gericht gem Art 103 I GG gezwungen sein, dem Gegner das rechtliche Gehör zu geben, etwa dann, wenn er auf eine Klageschrift bis zum Eintritt des erledigenden Ereignisses und der beiderseitigen Erledigterklärungen noch nicht näher antworten konnte. Das rechtliche Gehör ist auch zB noch in der Revisionsinstanz zu gewähren, BVerfG **60**, 317. Eine Beweisaufnahme kommt aber selbst nach der Gewährung des Gehörs grds nicht in Betracht.

**Rechtsänderung:** Im Fall einer Gesetzesänderung, die zur Erledigung der Hauptsache führte, kann es notwendig sein, die Kosten dem jetzigen Sieger aufzuerlegen, Hbg ZMR **77**, 91 (etwas anderes gilt nur im Fall der Änderung der bloßen Rechtsprechung), ZöV 24, aM BFH BB **76**, 1445 (in dieser Situation trage der Verlierer die Kosten, auch wenn er sonst gesiegt hätte), Ffm GRUR **95**, 151. Es kommt maßgeblich auf den mutmaßlichen Verlauf ohne die Rechtsänderung an, KG RR **95**, 1511.

**Rechtsbeschwerde:** I 1 ist auch im Rechtsbeschwerdeverfahren anwendbar, BGH RR **87**, 1272.

**Rechtsfrage:** Rn 134 „Schwieriger Fall".

**Rechtsmißbrauch:** Er ist wie stets schädlich, Einl III 54, KG WettbR **98**, 160 rechts.

**Rechtsschutzbedürfnis:** Der Wegfall des Rechtsschutzbedürfnisses ist ein typischer Fall eines erledigenden Ereignisses. Infolgedessen muß das Gericht trotz dieses Umstands nun über die Kosten im Rahmen seines billigen Ermessens nach den Gesamtumständen des Einzelfalls entscheiden und darf die Kosten keineswegs stets dem Kläger auferlegen.

**Revision:** I 1 ist auch im Revisionsverfahren anwendbar, BGH FamRZ **89**, 498, BAG **AP** Nr 2 und 9, BFH BB **85**, 719.

**Sachlichrechtlicher Ersatzanspruch:** Das Gericht darf und muß auch einen sachlichrechtlichen Anspruch **134** auf den Ersatz von Kosten mitberücksichtigen, Köln MDR **79**, 1028, AG Bielef JB **91**, 132, Smid ZZP **97**, 308 f. Das gilt allerdings nur dann, wenn sich sein Bestehen ohne besondere Schwierigkeiten feststellen läßt, insbesondere ohne weitere Beweisaufnahme, BGH MDR **81**, 126, LAG Hamm MDR **82**, 695.

S auch Rn 128 „Anerkenntnis", Rn 135, Rn 138 „Unterwerfungserklärung".

**Schwieriger Fall:** In einem rechtlich und/oder tatsächlich schwierigen Fall braucht das Gericht keineswegs jeder rechtlichen und/oder tatsächlichen Frage nachzugehen, BGH **67**, 345, Stgt MDR **97**, 1138. Wenn der Streitstand noch völlig ungeklärt ist, kann eine Kostenverteilung zu gleichen Anteilen angemessen sein.

S auch Rn 128 „Anerkenntnis", Rn 130, Rn 134 „Sachlichrechtlicher Anspruch".

**Sofortiges Anerkenntnis.** Der Grundgedanke des § 93 ist nicht allgemein, sondern nur gemessen an den **135** Umständen des Einzelfalls anwendbar, dann aber durchaus mitzubeachten. Das Gericht entscheidet ja ohnehin im Rahmen eines zwar pflichtgemäßen, aber weiten „billigen" Ermessens, BPatG GRUR **83**, 505, Bbg FamRZ **84**, 303, Köln ZMR **93**, 77, aM Düss GRUR **80**, 135, Ffm BB **79**, 601, Hamm VersR **84**, 673. Das Gericht prüft unter anderem, ob ein Anlaß zur Klage bestand oder ob der Kläger eine billigere Möglichkeit zur Durchsetzung seines Anspruchs hatte.

**Stufenklage:** Bei der Stufenklage wird mit dem Anspruch auf Rechnungslegung auch der noch nicht **136** bezifferte Zahlungsanspruch in seinem ganzen, vom Kläger noch festzulegenden Umfang rechtshängig, § 254 Rn 5 mwN. Das ist bei I 1 mitzubeachten, Hbg FamRZ **96**, 883, Karlsr FER **99**, 163, Köln FamRZ **93**, 345 = 718, Mü FamRZ **93**, 725. Bei einer Rücknahme der Zahlungsklage ist § 92 anwendbar, dort Rn 22. Ein sachlichrechtlicher, leicht feststellbarer Kostenerstattungsanspruch ist mitzubeachtlich, Kblz FamRZ **96**, 882.

S auch Rn 133 „Rechnungslegung".

**Summarische Prüfung:** Es reicht eine summarische Prüfung der Erfolgsaussichten aus, Rn 125, BGH **97**, 345 mwN, BPatG GRUR **91**, 205.

**Tod:** Der Tod des Inhabers eines höchstpersönlichen Rechts eröffnet den Ermessensspielraum nach I 1. **137**

**Untergang:** Der Untergang der herausverlangten Sache eröffnet den Ermessensspielraum nach I 1. **138**

**Unterhalt:** Der Zeitraum ist mitzubeachten. Düss FamRZ **96**, 881.

**Unterlassungsversprechen:** Soweit im Wettbewerbsprozeß nach einer Abmahnung eine strafbewehrte Unterlassungserklärung erfolgt, ist der Bekl nicht stets kostenpflichtig, sondern nur nach Abwägung der Gesamtumstände (allerdings meist), § 93 Rn 67, Karlsr WRP **85**, 103, Stgt WRP **84**, 576; zum zunächst nicht strafbewehrt gewesenen Unterlassungsversprechen Düss WRP **71**, 534.

**Unterwerfungserklärung:** Eine Unterwerfungserklärung der Partei und damit ihr „freiwilliges Unterliegen" sind nur bedingt beachtlich, Karlsr MDR **86**, 240, Kblz GRUR **88**, 566, ZöV 25, aM BAG **AP** Nr 7. Eine im Verfahren auf den Erlaß eines Arrests oder einer einstweiligen Verfügung abgegebene Abschluß- und Unterwerfungserklärung erledigt zwar auch eine gleichzeitige diesbezügliche Hauptklage; doch ist § 93 mitbeachtlich, Hamm MDR **86**, 241.

S auch Rn 120 „Anerkenntnis", Rn 135.

**Vaterschaftsanfechtung:** Mitbeachtlich ist, ob eine Partei Klaganlaß gab, Nürnb FamRZ **96**, 883; anders **139** beim Klaganlaß durch einen Dritten, Köln FamRZ **98**, 443.

**Vergleich:** Wegen der Lage im Fall eines Vergleichs mit oder ohne Kostenentscheidung § 98 Rn 21 ff. Soweit nach dem Vergleich der § 91 a anwendbar bleibt, kann man bei der Prüfung des „bisherigen Sach- und Streitstands" den Vergleich zugrundelegen, Bre OLGZ **89**, 101, aM BGH **LM** Nr 30.

**Verjährung:** Im Fall der Geltendmachung der Einrede der Verjährung besteht zwar der sachlichrechtliche Anspruch weiter; er ist aber jedenfalls nicht mehr gerichtlich durchsetzbar; die Klage müßte von nun an schon deshalb abgewiesen werden. Diese Umstände sind bei der Entscheidung nach I 1 mitzubeachten, Ffm WRP **82**, 422, Kblz RR **96**, 1521, ThP 5, aM Schlesw RR **86**, 39, Stgt RR **96**, 1520.

## § 91a

**Verlust des Prozesses:** Im allgemeinen ist am Grundgedanken des Kostenrechts festzuhalten, daß der Verlierer die Kosten trägt, Rn 125.
**Verspätung:** Ihre Kosten können dem Säumigen aufzuerlegen sein, Hbg WettbR **96**, 200.
**Verweisung:** Man kann keineswegs eine bisher unzulässige Klage schon deshalb als gerade nach dem bisherigen Sach- und Streitstand erfolgreich ansehen, weil evtl ein Verweisungsantrag geholfen hätte, Brdb RR **96**, 955, aM Stgt MDR **89**, 1000, AG Bln-Schöneb MDR **94**, 202, Emde MDR **95**, 239 (für §§ 17, 17a GVG).
**Vollziehungsfrist:** Rn 120.

140 **Weiterbetreiben des Prozesses:** Wer nach dem Eintritt eines erledigenden Ereignisses den Prozeß zu Unrecht weiterbetreibt, muß im allgemeinen die diesbezüglichen Kosten tragen, Köln MDR **79**, 408.
**Wettbewerbsrecht:** Rn 119 „Abmahnung", Rn 120 „Anerkenntnis", „Arrest, einstweilige Verfügung", Rn 138 „Unterlassungsversprechen", „Unterwerfungserklärung".

141 **Zeitablauf:** Das Erlöschen eines Rechts infolge Zeitablaufs kann zur Ausübung des Ermessens nach I 1 führen.
**Zurückbehaltungsrecht:** Wenn die Parteien in Wahrheit über ein Zurückbehaltungsrecht stritten, muß das Gericht prüfen, wie weit ein Gegenanspruch durchgegriffen hätte.

142 **9) Verfahren zur Kostenentscheidung nach beiderseitigen wirksamen Erledigterklärungen, I, 1, 2.** Soweit das Gericht auf Grund wirksamer übereinstimmender voller Erledigterklärungen nach I 1 nur noch über die Kosten zu entscheiden hat, richtet sich der Verfahrensablauf nach I 2. Im einzelnen gilt:

**A. Grundsatz: Freigestellte mündliche Verhandlung.** Vor der Entscheidung zur Kostenfrage eine Verhandlung nicht notwendig. Das stellt I 2 klar; vgl auch § 128 Rn 10. Damit ist diese frühere Streitfrage erledigt, so auch BGH **123**, 266. Freilich ist eine mündliche Verhandlung zulässig, § 128 Rn 11. Die Worte „kann ... ergehen" in I 2 stellen nicht nur in die Zuständigkeit, sondern in das pflichtgemäße Ermessen des Gerichts. Eine Verhandlung kann zB zur Klärung der Frage zweckmäßig sein, ob überhaupt ein erledigendes Ereignis und/oder wirksame Erledigterklärungen vorliegen. Das gilt insbesondere dann, wenn eine einseitige Erledigterklärung erst unmittelbar vor einem längst anberaumten, bisher notwendig gewesenen Verhandlungstermin eingeht, selbst wenn der Absender die entsprechende Erklärung des Gegners (nur) ankündigt. Nach Erledigterklärungen in der Verhandlung kann die Kostenentschädigung demnach ohne (weitere) Verhandlung ergehen.

143 Auch in *schriftlichen* Verfahren, § 128 II, III, und im schriftlichen Vorverfahren, § 276, sowie im Mahnverfahren, § 688, ist eine mündliche Verhandlung zulässig. Es kann nach Ansicht des Gerichts ratsam oder notwendig sein, zur jetzt allein verbliebenen Kostenfrage in Rede und Gegenrede Klarheit herbeizuführen. Freilich liegt in der Anordnung mündlicher Verhandlung in einem bisher schriftlichen Verfahren der Übergang in das mündliche Verfahren; soweit dieser kraft Gesetzes unzulässig wäre, darf er auch nicht nach I 2 stattfinden. Soweit das Gericht eine mündliche Verhandlung nicht durchführen will, muß es den Gegner wegen Art 103 I GG zur Kostenfrage anhören, soweit er sich dazu nicht schon von sich aus geäußert hat. Die Anhörung erfolgt dann schriftlich. Das Gericht setzt dem Gegner eine zumutbare Frist zur Äußerung, § 128 Rn 14. Die Anhörung darf ausnahmsweise unterbleiben, wenn das Gericht zu Lasten des Gegners entscheiden will. Denn das rechtliche Gehör dient nur dazu, die Interessen des Anzuhörenden zu schützen.

144 Die Anordnung wie Ablehnung der mündlichen Verhandlung bedarf keiner Begründung, da sie *unanfechtbar* ist, § 329 Rn 6 mwN. Indessen kann es ratsam sein, zur Vermeidung des Vorwurfs eines Ermessensmißbrauchs eine stichwortartige Begründung der Ablehnung der mündlichen Verhandlung zu geben. Es bedarf weder zur mündlichen Verhandlung noch zu ihrer Ablehnung eines Antrags einer der Parteien. Denn das Gericht muß über die Kosten im Sinn von I 1 von Amts wegen entscheiden, da § 308 II auch hier gilt. Ein Antrag ist als Anregung auszulegen und zumindest zur Kenntnis zu nehmen, da er einen beachtlichen Gesichtspunkt für oder gegen die mündliche Verhandlung enthalten könnte.

145 Keine Partei kann die *Hinausschiebung* einer mündlichen Verhandlung etwa nur zu dem Zweck erzwingen, sie müsse noch „ergänzend vortragen". Denn die Entscheidung erfolgt ohnehin nur nach dem bisherigen Sach- und Streitstand, Rn 112. Auch außergerichtliche Vergleichsverhandlungen zur Kostenfrage sind solange unbeachtlich, § 227 I 2 Z 3, bis es zum Abschluß eines wirksamen Vergleichs (auch außergerichtlich) gekommen ist. Soweit er mitgeteilt wird, darf und muß das Gericht prüfen, ob die Parteien die Kostenfrage tatsächlich abschließend und für das Gericht verbindlich geregelt haben, § 98 Rn 2. Andernfalls darf und muß das Gericht über die Kosten mit oder ohne mündliche Verhandlung entscheiden; in einem solchen Fall empfiehlt sich in der Regel dringend die Anberaumung einer Verhandlung zur Klärung der meist den Parteien noch nicht bewußten, in Wahrheit vorhandenen Zweifelsfragen zur Kostenpflicht.

146 **B. Kein Anwaltszwang.** Es besteht kein Anwaltszwang für die Erledigterklärung, Rn 66. Denn nach I 1 ist sie auch in einem Verfahren mit an sich notwendiger mündlicher Verhandlung, § 128 Rn 4, doch nach der freien Wahl der Partei in der Verhandlung, durch Einreichung eines Schriftsatzes oder zum Protokoll der Geschäftsstelle zulässig; daher entfällt für sie der Anwaltszwang, § 78 III Hs 2, selbst wenn sie nicht vor der Geschäftsstelle erklärt wird. Das ist jedenfalls der Zweck der sprachlich unklaren Fassung von I 1, BGH **123**, 266, aM Bergerfurth NJW **92**, 1657 mwN. Daher kann insbesondere auch ein beim Prozeßgericht nicht zugelassener Anwalt eine wirksame Erledigterklärung abgeben, selbst wenn er das durch einen Schriftsatz oder in einer Verhandlung etwa vor dem höheren Gericht tut.

147 **C. Kostenentscheidung durch Beschluß.** I 1 nennt die Entscheidungsform: einen Beschluß, also nicht etwa ein Urteil (dazu Rn 152), Karlsr JB **94**, 678. Ein Beschluß ist mit oder ohne mündliche Verhandlung notwendig. Für ihn gilt § 329 in Verbindung mit den dort genannten Vorschriften. Das Gericht muß also in voller Besetzung entscheiden, soweit das Verfahren nicht (endgültig) dem Einzelrichter nach § 348 oder dem Vorsitzenden der Kammer für Handelssachen nach § 349 II Z 6 übertragen worden ist. In einer Familiensache, §§ 606 ff, bleibt das FamG zuständig, Zweibr FamRZ **92**, 830. In arbeitsgerichtlichen Verfahren ist das vollbesetzte ArbG zuständig. Der Beschluß ist grundsätzlich zu begründen, § 329 Rn 4, Hamm RR **94**, 1407, Schlesw MDR **97**, 1154. Es ist zu beachten, daß allerdings eine Begründung nicht in weiterem

## 5. Titel. Prozeßkosten § 91a

Umfang als bei einem Urteil erforderlich ist. Da sie schon bei ihm auf eine knappe Zusammenfassung der maßgeblichen Erwägungen beschränkt sein soll, § 313 III, bedarf auch der Beschluß nur entsprechend kurzer Gründe. Soweit ein Urteil überhaupt keine Entscheidungsgründe enthalten müßte, zB bei § 313 a, ist ein Beschluß nach I 1 zwar nicht automatisch vom Begründungszwang frei, Hamm MDR **89**, 919, jedoch meist nur stichwortartig zu begründen. Ein Verzicht der Partei auf eine Begründung kann einen Rechtsmittelverzicht bedeuten, §§ 514, 566, Hamm RR **94**, 1407 (aber Vorsicht!).

**D. Beschlußinhalt.** Das Gericht entscheidet ja nur noch „über die Kosten", Rn 108. Daher lautet sein **148** Beschluß zB: „Nach beiderseitigen vollständigen Erledigterklärungen trägt der Beklagte die Kosten". Die kraft Gesetzes eingetretene rückwirkende Wirkungslosigkeit einer bereits ergangenen Sachentscheidung kann auf Antrag entsprechend § 269 III 3 zusätzlich deklaratorisch ausgesprochen werden, Ffm MDR **89**, 460, Hamm MDR **85**, 591. Erforderlich ist eine solche Erklärung oder Klarstellung jedoch ebensowenig wie ein zusätzlicher Satz, der die „Erledigung der Hauptsache feststellt". Letztere Feststellung könnte zu dem Mißverständnis führen, es handele sich nach dem Willen des Gerichts um eine in Wahrheit nur einseitige Erledigterklärung. Indessen wäre auch ein solcher Ausspruch im übrigen unschädlich. Soweit die Hauptsache in Wahrheit nur zum Teil erledigt ist, ist im Urteil zur Hauptsache über die Kosten mitzuentscheiden, vgl Rn 183. Die Parteien können auf die an sich nach § 329 Rn 4 notwendige Begründung evtl verzichten, Hamm RR **96**, 63 (dann aber nicht stets auch Rechtsmittelverzicht, Hamm RR **97**, 318, Schlesw MDR **97**, 1154).

**E. Mitteilung.** Der Beschluß wird verkündet, soweit er auf Grund einer mündlichen Verhandlung **149** ergeht, § 329 I 1, oder förmlich zugestellt, soweit er ohne mündliche Verhandlung ergeht, weil er grundsätzlich der sofortigen Beschwerde nach II 1 unterliegt, § 329 III.

**F. Vollstreckbarkeit.** Der Beschluß nach I 1, 2 ist als Kostenentscheidung kraft Gesetzes vollstreckbar, **150** § 794 I Z 3 Hs 1. Er ist aber nicht (zunächst nur) vorläufig vollstreckbar. Denn § 708 nennt ihn in einer abschließenden Aufzählung nicht mit. Er ist auch kein „Urteil" im Sinn jener Vorschrift. Die Vollstreckbarkeit ergibt sich eben ohne jeden entsprechenden Ausspruch aus § 794 I Z 3.

**10) „Sofortige Beschwerde", II 1.** Gegen eine nach Rn 147 getroffene Entscheidung findet die **151** sofortige Beschwerde statt, § 577. Damit stellt II 1 scheinbar eine Ausnahme von § 99 I dar, wonach eine Anfechtung nur der Kostenentscheidung unzulässig ist, wenn nicht gegen die Entscheidung in der Hauptsache ein Rechtsmittel eingelegt wird. In Wahrheit überschneiden sich die Anwendungsbereiche nicht. Denn nach beiderseitigen wirksamen Erledigterklärungen (Voraussetzung einer Entscheidung nach I 1) ist die bisherige Hauptsache kraft Gesetzes unmittelbar weggefallen, ihre Rechtshängigkeit beendet worden, Rn 108. Es gibt also keine Hauptsache mehr, auch schon deshalb gar keine Anfechtung der Hauptsache mehr, LG Hann JB **91**, 117. Beim Rpfl gilt § 11 RPflG, vgl § 104 Rn 41 ff.

**A. Geltungsbereich: Jede Entscheidung nach I 1.** II 1 bezieht sich auf jede Entscheidung nach I 1. **152** Erfaßt werden also ein Beschluß oder eine Verfügung nur über die Kosten nach beiderseitigen vollständigen wirksamen Erledigterklärungen. Soweit das Gericht trotz solcher Lage über die Kosten nicht durch Beschluß (oder Verfügung), sondern fehlerhaft durch Urteil entschieden hat, gilt der sog Meistbegünstigungsgrundsatz, Grdz 28 vor § 511: Es ist dann wahlweise die sofortige Beschwerde oder das gegen das Urteil zulässige Rechtsmittel (Berufung) statthaft, Karlsr JB **94**, 678. Über eine in diesem Sinne eingelegte Berufung ist dann durch einen Beschluß und nicht durch Urteil zu entscheiden, Karlsr JB **94**, 678. Gegen diesen ist keine Revision statthaft, auch keine weitere sofortige Beschwerde gegen einen Beschluß des OLG, § 567 IV, BGH MDR **96**, 1295.

Soweit der Bekl teilweise *streitig* verurteilt wurde und die Hauptsache im übrigen erledigt war, kommt **153** allenfalls in der Hauptsache eine Berufung in Betracht, mit der man dann auch den Kostenpunkt im Umfang der Teilerledigung angreifen könnte, Mü NJW **70**, 2114. Dasselbe gilt grundsätzlich dann, wenn es einem durch streitiges Urteil (oder unechtes Versäumnisurteil, Üb 13 vor § 330) abgewiesenen Kläger vorwiegend oder nur auf eine Abänderung der ihn belastenden Kostenentscheidung ankommt, BGH **57**, 224. Soweit das Gericht im streitigen Urteil bzw im sog unechten Versäumnisurteil korrekt einheitlich über die Kosten des gesamten Rechtsstreits entschieden (der Übereinstimmend mit einem für erledigt erklärten Teil der Hauptsache die Grundsätze des § 91 a beachtet) hat, kommt allenfalls die Berufung in Betracht, und zwar nur, soweit der Berufungskläger auch die Entscheidung zur restlichen Hauptsache angreift, Düss GRUR **84**, 61, Hamm MDR **74**, 1023, aM Köln VersR **80**, 463, Schiffer ZZP **188**, 31 (II gelte dann zur Anfechtung – nur – der Entscheidung über die Kosten für erledigt erklärten Teils; aber insofern gilt § 99 I, weil zumindest eine Entscheidung zur Hauptsache vorliegt. In diesem Fall ist § 91 a auch nicht entsprechend anwendbar, Ffm VersR **81**, 538.

**B. Form.** Auf die sofortige Beschwerde sind §§ 567 ff, 577 anwendbar; vgl die dortigen Anm. Im **154** Umfang der sog Meistbegünstigungsklausel, Rn 152, muß man klären, welches der beiden möglichen Rechtsmittel vorliegt; danach richtet sich die erforderliche Form. Im übrigen ist eine irrige Bezeichnung des in Wahrheit eindeutig gemeinten Rechtsmittels unschädlich; das Gericht hat sie umzudeuten, LG Bln ZMR **85**, 305, und man muß diejenige Form wählen, die für das gewollte Rechtsmittel erforderlich ist. Ein Anwaltszwang besteht wie sonst bei der sofortigen Beschwerde, § 577 Rn 8. Die sofortige Beschwerde kann zu Protokoll nur unter den Voraussetzungen des § 569 II 2 wirksam erfolgen.

**C. Frist: Zwei Wochen.** Die sofortige Beschwerde ist gem § 577 II 1 binnen einer Notfrist von **155** 2 Wochen seit der Zustellung bzw Verkündung der angefochtenen, gem I 2 ergangenen Kostenentscheidung einzulegen. Soweit das Gericht irrig durch Urteil (nur) über die Kosten entschieden hat und der Beschwerdeführer nach dem sog Meistbegünstigungsgrundsatz, Rn 152, als Rechtsmittel die sofortige Beschwerde wählt, muß er deren Frist einhalten, andernfalls die Berufungsfrist.

**D. Zulässigkeitsgrenzen.** Es muß zunächst der Beschwerdewert nach § 567 II 1 von 200 DM über- **156** schritten sein. Denn es handelt sich um eine Kostengrundentscheidung, Üb 35 vor § 91, Bergerfurth NJW **92**, 1658. Daher ist § 567 II 2 unanwendbar. Beim erstinstanzlichen Verstoß gegen Art. 103 I GG kann ein

**§ 91a**

Beschwerdewert entbehrlich sein, Kblz FamzRZ **98**, 1239. Ferner muß trotz der Erwägungen Rn 152 die fiktive Rechtsmittelgrenze nach § 511a I von 1500 DM überschritten sein, vgl schon (zum alten Recht) Ffm RR **88**, 838, LG Hann JB **91**, 117 je mwN. Im übrigen muß eine Entscheidung des AG als Prozeßgericht vorliegen, also nicht als Familiengericht im Verfahren nach §§ 620ff, vgl § 620c, Ffm FamRZ **80**, 388, oder es muß eine Entscheidung des **LG** in der ersten Instanz vorliegen, vgl § 568 III, KG MDR **78**, 499.

Die *sofortige Beschwerde* ist *unzulässig*, soweit das LG als Berufungs- oder Beschwerdegericht entschieden hat, § 567 III 1. Soweit die Parteien in einem Vergleich die Kosten dem § 91a unterstellt hatten, gelten die allgemeinen Regeln zur Anfechtbarkeit, vgl § 98 Rn 62, zB Zweibr JB **74**, 759 (Statthaftigkeit, aber Unbegründetheit einer sofortigen Beschwerde nach II). Gegen eine Entscheidung des OLG ist keine sofortige Beschwerde zulässig, § 567 IV 1. Wer auf eine Begründung des angefochtenen Beschlusses verzichtet hatte, Rn 148, hat damit einen Rechtsmittelverzicht vorgenommen, Hamm RR **96**, 63.

**157** E. **Anschlußbeschwerde.** Vgl § 577a.

**158** F. **Unzulässigkeit weiterer sofortiger Beschwerde.** Eine weitere sofortige Beschwerde ist unstatthaft, § 568 III. Das gilt auch im Fall der Erledigung der Hauptsache im Beschwerdeverfahren und bei einer Entscheidung des LG über die Kosten, KG MDR **78**, 498. § 568 II 1 steht schon deshalb nicht entgegen, weil das Gesetz die Zulässigkeit der weiteren sofortigen Beschwerde im vorliegenden Fall nicht ausdrücklich bestimmt. Im übrigen geht § 568 III als Spezialvorschrift vor.

**159** **11) Beschwerdeverfahren, II 2.** Das Beschwerdeverfahren richtet sich grundsätzlich nach §§ 567ff, Karlsr NJW **87**, 287, aM ThP 52; vgl die dortigen Anm. Im einzelnen:

A. **Zulässigkeitsprüfung.** Das Beschwerdegericht muß zunächst die Statthaftigkeit der sofortigen Beschwerde prüfen, also die Frage klären, ob überhaupt eine sofortige Beschwerde nach I 1 vorliegt oder ob nach dem sog Meistbegünstigungsgrundsatz, Rn 152, auch die sofortige Beschwerde statthaft ist. Sodann muß das Beschwerdegericht die Zulässigkeit nach den Regeln Rn 154–156 prüfen. Dazu gehört auch die Klärung der Zuständigkeit des Beschwerdegerichts. § 10 ist anwendbar. Die Regeln zur Zulässigkeitsrüge nach § 529 sind entsprechend anwendbar.

**160** B. **Begründetheitsprüfung.** Sodann hat das Gericht die Begründetheit der sofortigen Beschwerde zu prüfen. Es darf und muß also eine erneute Ermessensentscheidung nach den in Rn 108–118 genannten Regeln treffen. Dabei darf und muß das Beschwerdegericht die gesamte Entscheidung überprüfen. Neue Tasachen und Beweismittel dürfen abweichend von § 570 nur insoweit berücksichtigt werden, als das in erster Instanz noch zulässig wäre, Ffm JB **91**, 1392 (auch zu einer Ausnahme), ThP 52, aM ZöV 26.

**161** C. **Anhörung des Beschwerdegegners.** Soweit das Beschwerdegericht nicht die sofortige Beschwerde als unzulässig oder unbegründet zurückweist, darf und muß es den Beschwerdegegner vor einer ihm nachteiligen Entscheidung hören. Das ergibt sich aus der ausdrücklichen Anordnung in II 2, die ein Ausdruck von Art 103 I GG ist, BVerfG **64**, 227. Zur Anhörung muß das Gericht dem Beschwerdegegner eine angemessene Frist setzen.

**162** D. **Beschwerdeentscheidung.** Das Beschwerdegericht entscheidet nach freigestellter mündlicher Verhandlung, § 128 Rn 10, § 573 I. Das Beschwerdegericht verwirft oder verwirft die Beschwerde als unzulässig, § 574 S 2, oder weist sie als unbegründet zurück, oder gibt ihr statt oder kann und muß im Fall eines erheblichen Verfahrensfehlers des unteren Gerichts an dieses zurückverweisen, etwa dann, wenn das erstinstanzliche Gericht rechtsirrig über eine einseitige Erledigterklärung nicht nach § 91 durch Urteil, sondern nach I 1 durch Beschluß entschieden hatte. Nach einer wirksamen Rücknahme der Berufung gegen das Urteil, das über die Kosten teils nach § 91 und teils nach § 91a einheitlich entschied, § 515, muß man über die etwa in der Berufung steckende Beschwerde nach II, soweit sie in der Frist des § 577 II eingelegt wurde, entscheiden.

Das Beschwerdegericht entscheidet über die *Kosten* des Beschwerdeverfahrens nach § 97. Die Vollstreckbarkeit richtet sich nach § 794 I Z 3; entgegen seinem zu engen Wortlaut kommt es nur darauf an, daß die Entscheidung beschwerdefähig (gewesen) wäre, wenn sie in der ersten Instanz ergangen wäre, § 794 Rn 15. Das Beschwerdegericht ist zu einer Änderung seiner der sofortigen Beschwerde unterliegenden Entscheidung nicht befugt, § 577 III.

**163** E. **Mitteilung.** Das Beschwerdegericht teilt die Entscheidung nach einer freigestellten mündlichen Verhandlung, § 128 Rn 10, durch Verkündung mit, § 329 I 1. Andernfalls ist zu unterscheiden: Soweit die Beschwerdeentscheidung einen Vollstreckungstitel enthält, sei es auch nur über die Kosten des Beschwerdeverfahrens, bedarf sie nach § 329 III Hs 1 der förmlichen Zustellung; andernfalls genügt eine formlose Mitteilung, § 329 II 1, da eine weitere sofortige Beschwerde nicht zulässig ist, Rn 158.

**164** **12) Kostenfragen, I, II.** Es sind Wert- und Gebührenfragen zu unterscheiden.

A. **Streitwert.** Die Streitwertprobleme sind ausführlich im Anh § 3 Rn 45 „Erledigterklärung" dargestellt.

**165** B. **Gebühren.** Im Fall des Beschlußverfahrens nach beiderseitigen vollen übereinstimmenden Erledigterklärungen in erster Instanz gelten für die Gebühren des Gerichts: KV 1202, 1221, 1228, 1229, 1231, 1238, 1239, 1312, 1323, 1324, 1414, 1415, 1424, 1425, 1434, 1435, 1510, 1518, 1519, 1521, 1528, 1529, 1531, 1538, 1539; GV 9117, 9118, 9128, 9129, 9138, 9139, 9168, 9300. Für den Anwalt gilt § 37 Z 7 BRAGO. Im Fall des Beschwerdeverfahrens gelten für das Gericht KV 1900 und für den Anwalt § 61 I Z 1 BRAGO.

**166** **13) Rechtskraft, I, II.** Wie stets, muß man zwischen äußerer und innerer Rechtskraft unterscheiden.

A. **Formelle (äußere) Rechtskraft.** Der erstinstanzliche Beschluß nach I 1 wird mit dem fruchtlosen Ablauf der Frist zur Einlegung der sofortigen Beschwerde, II 1, oder mit wirksamer Rücknahme des Rechtsmittels formell rechtskräftig, Einf 1 vor §§ 322–327. Der Beschluß des Beschwerdegerichts wird mit der gesetzmäßigen Mitteilung formell rechtskräftig.

5. Titel. Prozeßkosten  **§ 91a**

**B. Persönliche und sachliche (innere) Rechtskraft.** Der erst- wie zweitinstanzliche Beschluß ist der **167** sachlichen Rechtskraft fähig, Einf 2 vor §§ 322–327. Das gilt natürlich nur zur Kostenfrage, nicht auch zur Hauptsache, BGH NJW **91**, 2281 und GRUR **92**, 205. Man kann daher die Klage grundsätzlich wiederholen, BGH NJW **91**, 2281.

**14) Einseitige Erledigterklärung des Klägers,** dazu *El Gayar,* Die einseitige Erledigungserklärung des **168** Klägers usw, 1998: Wie in Rn 1 dargestellt, erfaßt § 91a nicht (direkt) den Fall einer nur einseitigen Erledigterklärung einer Partei. Man könnte daher diese Situation bei § 91 behandeln, Rn 2. Wegen des Sachzusammenhangs auf Grund des Umstands, daß immerhin eine wirksame Erledigterklärung vorliegen muß, soll die Situation aber hier behandelt werden.
  **A. Begriffe.** Ob ein erledigendes Ereignis vorliegt, richtet sich nach den in Rn 24 dargestellten Regeln. Ob eine wirksame Erledigterklärung des Klägers vorliegt, ergibt sich aus den in Rn 62ff erläuterten Umständen. Die einseitige Erledigterklärung ist eine Klagänderung, § 264 Rn 16 „Leistung – Erledigung".
  **B. Unwirksamkeit der Erledigterklärung vor Rechtshängigkeit der Hauptsache.** Insbesondere ist eine auch nur einseitige Erledigterklärung des Klägers nur wirksam, wenn sie nach dem Eintritt der Rechtshängigkeit ergeht, BGH Rn 68.

**15) Folgen der einseitigen Erledigterklärung des Klägers.** Wenn der Bekl mit der Erledigterklärung **169** des Klägers nicht einverstanden ist, wenn er ihr also widerspricht, dann liegt in diesem Widerspruch seine Behauptung, daß der Kläger die Erledigterklärung zu Unrecht abgegeben habe. Der Bekl will also zum Ausdruck bringen, das vom Kläger genannte Ereignis habe die Hauptsache in Wahrheit nicht erledigt, vielmehr bestehe der Klaganspruch von Anfang an nicht, BGH VersR **80**, 385, Saarbr RR **89**, 1513. Dies gilt auch dann, wenn der Bekl den Abweisungsantrag trotz einer jetzt außergerichtlich erfolgenden vorbehaltlosen Leistung aufrechterhält, BGH NJW **81**, 686.
  **A. Notwendigkeit einer Entscheidung zur Hauptsache.** Das Gericht darf und muß in dieser Situa- **170** tion prüfen, ob entweder die Hauptsache tatsächlich erledigt ist, BGH NJW **99**, 2516, KG MDR **99**, 185, oder ob es die Klage als unzulässig oder unbegründet abweisen muß, BGH RR **93**, 391, Celle FamRZ **93**, 438, Düss RR **97**, 1566. Die Hauptsache bleibt also Streitgegenstand, § 2 Rn 3. Es entfällt lediglich die Möglichkeit, der bisherigen Klageforderung noch stattzugeben, dem Kläger also die bis zu seiner Erledigterklärung verlangte Hauptsache noch zuzusprechen. Denn insofern hat er durch die wirksame Erledigterklärung ja in einer das Gericht gem § 308 I bindenden Weise sein bisheriges Ziel eines Vollstreckungstitels zur Hauptsache aufgegeben, Rn 172, BGH NJW **86**, 589, Saarbr RR **89**, 1513, LAG Mü MDR **94**, 305.
  Der Kläger hat ein *Rechtsschutzbedürfnis,* Grdz 33 vor § 253, an der Klärung der Frage, ob die Hauptsache **171** wirklich erledigt ist, BGH NJW **99**, 2522. Auch der Bekl hat ein Rechtsschutzbedürfnis an seinem fortbestehenden Klagabweisungsantrag. Denn es liegt ja ein Prozeßrechtsverhältnis zwischen den Parteien vor, Grdz 3 vor § 128; der Kläger hat den Bekl in einen Rechtsstreit hineingezogen, über dessen Kosten noch entschieden werden muß, soweit nicht eine insofern das Gericht bindende vergleichsweise Einigung vorliegt, § 98 Rn 37. Daher muß die Prüfung auch dann eintreten, wenn das erledigende Ereignis angeblich erst während der Rechtsmittelinstanz eingetreten sein soll, BGH RR **93**, 1123, LAG Stgt AnwBl **86**, 105, aM BVerwG ZZP **79**, 299. Der Bekl will ja mit seinem Widerspruch verhindern, daß der Kläger im Laufe des Verfahrens infolge einer besseren Erkenntnis seiner Rechtslage durch eine Erledigterklärung von einer nach Meinung des Bekl von vornherein unbegründeten Klage Abstand nimmt, nur um sich durch die Erledigterklärung kostenmäßig eine bessere Stellung zu verschaffen, als er sie sonst hätte, weil er die Klage sonst in Wahrheit zurücknehmen oder auf den Anspruch verzichten müßte, Rn 3.
  **B. Streit um Zulässigkeit und Begründetheit der Klageforderung.** Vordergründig streiten die **172** Parteien zwar nach einer einseitigen Erledigterklärung des Klägers nur noch um die Feststellung dieser Erledigung und um die Kosten. In Wahrheit streiten sie aber unverändert über die Zulässigkeit, BayObLG **83**, 18, und über die Begründetheit der Klage oder des sonstigen Verfahrens, Rn 170–171, BFH NJW **99**, 2522, Celle FamRZ **93**, 438, Nürnb RR **89**, 445, aM LAG Mü MDR **94**, 305, ThP 31 ff, ZöV 35 (der Kläger habe eine Klagänderung vorgenommen). Dabei übersieht man, daß der Kläger keineswegs immer einen zum Antrag des Bekl passenden Gegenantrag stellen muß. Der Kläger und nicht der Bekl führt zunächst einmal den Rechtsstreit und verfügt über den Streitgegenstand. Außerdem besteht bei einem Streit zB um die Berechtigung einer Klagerücknahme dieselbe Prozeßlage).
  **C. Feststellung der Erledigung.** Wenn die Wirksamkeit der einseitigen Erledigterklärung des Klägers **173** feststeht, muß das Gericht nicht nur klären, ob jetzt ein erledigendes Ereignis vorliegt (wegen der Beweislast Anh nach § 286 Rn 90 „Erledigung der Hauptsache"), sondern auch vor allem prüfen, ob die Klageforderung oder das bisherige sonstige Sachantrag bis zum Eintritt des erledigenden Ereignisses bestanden hatte. Ist das der Fall, so wird die Erledigung der Hauptsache in einem Urteil festgestellt, § 300, BGH NJW **99**, 2522, KG MDR **99**, 185, Stgt WettbR **96**, 83, aM BAG DB **90**, 2378 (für das arbeitsgerichtliche Beschlußverfahren), Assmann Erlanger Festschrift für Schwab (1990) 204, Künzl DB **90**, 2372 (für das arbeitsgerichtliche Urteilsverfahren).
  Dieses Urteil ist eine Entscheidung in der Hauptsache, ein *Sachurteil,* Mü MDR **86**, 61, LG Nürnb-Fürth **174** NJW **81**, 2587. Es kann sich um ein streitiges Urteil handeln. Dieses ist wie sonst anfechtbar, BGH **23**, 340, Ffm FamRZ **84**, 1118. Es kann sich auch um ein Versäumnisurteil handeln, denn auch bei Säumnis des Bekl im Sinne der §§ 331 ff liegt ja eine wirksame einseitige Erledigterklärung des Klägers vor. Es kann sich auch um ein Versäumnisurteil im schriftlichen Vorverfahren nach § 331 III handeln, Beuermann DRiZ **78**, 312, vgl allerdings auch § 335 Rn 7. Es kann auch ein Anerkenntnisurteil nach § 307 in Betracht kommen, Hamm RR **95**, 1073.
  Der *Tenor* des Urteils kann lauten: „Die Hauptsache ist erledigt", BGH VersR **82**, 296, Bbg VersR **76**, **175** 891. Vielfach wird auch so formuliert: „Es wird festgestellt, daß die Hauptsache erledigt ist". Dies ist nur bei ungenauer Betrachtung zutreffend. Denn während beiderseits übereinstimmende wirksame Erledigterklärun-

**§ 91a**                                                                       1. Buch. 2. Abschnitt. Parteien

gen auf Grund eines tatsächlich eingetretenen erledigenden Ereignisses die Rechtshängigkeit der bisherigen Hauptsache unmittelbar beenden, bleibt die Hauptsache im Fall einer nur einseitigen Erledigterklärung des Klägers bis zur Rechtskraft des die Erledigung aussprechenden Urteils rechtshängig. In diesem Fall führt also genau betrachtet erst der Eintritt der formellen Rechtskraft des Urteils überhaupt die Erledigung der Hauptsache herbei. Indessen endet die Rechtshängigkeit ja auch nach einer Feststellungsklage, § 256, erst mit der Rechtskraft des Urteils. Insofern ist also eine „Feststellung der Erledigung der Hauptsache" nicht unzulässig.

**176**   Der Erledigungsausspruch ist auch auf Grund eines bloßen *Hilfsantrags* (nur) des *Klägers* zulässig, § 260 Rn 8, Kblz GRUR **85**, 326, aM RoSGo § 132 III 2, StJL 17. Eine vorangegangene Entscheidung, zB ein (abweisendes oder stattgebendes) Versäumnisurteil, muß zwar nicht stets, darf aber und sollte aufgehoben werden, zB wegen § 343, obwohl sie in Wahrheit bereits mit dem Eintritt des erledigenden Ereignisses wirkungslos geworden ist; insofern ist § 269 III 1, 3 entsprechend anwendbar. Soweit ein solcher Ausspruch etwa in Beschlußform nach § 329 erfolgt, ist dieser Beschluß ein „Urteil" im Sinn von § 839 II BGB.

**177**   **D. Fehlen der Erledigung: Klagabweisung.** Wenn das Gericht im Anschluß an eine einseitige Erledigterklärung des Klägers zu dem Ergebnis kommt, daß seine Klage von vornherein aussichtslos war, dann ist in Wahrheit kein erledigendes Ereignis eingetreten, Brschw OLGZ **74**, 296. Das gilt auch dann, wenn sich diese Beurteilung erst während des Prozesses mit Rückwirkung vornehmen läßt, Celle FamRZ **93**, 438, oder wenn die Zulässigkeit oder Begründetheit jedenfalls *vor* dem „erledigenden Ereignis" wegfiel, BAG NJW **96**, 1980. Die Erledigterklärung des Klägers ist also insofern erfolglos, BFH BB **79**, 1757. Seine Erledigterklärung würde eine den Prozeß unmittelbar beendende Wirkung ja ohnehin nur dann haben, wenn sich der Gegner der Erledigterklärung wirksam anschließen würde.

**178**   Eine Erledigung fehlt, wenn die Klage von vornherein *unzulässig* war, Rn 60 „Zulässigkeit", BGH NJW **75**, 932, Mü MDR **86**, 61, oder soweit die Zulässigkeit weggefallen ist, BGH RR **93**, 391. Sie fehlt auch, wenn die Klage von vornherein unbegründet war, LG Bochum MDR **82**, 675.

**179**   Es kann auch ein Ereignis eingetreten sein, das die zulässige und begründete Klagforderung gerichtlich *undurchsetzbar* machte, etwa die wirksame Einrede der Verjährung oder der Umstand, daß die der Klage zugrundeliegende Vorschrift durch das BVerfG rückwirkend für nichtig erklärt worden ist oder daß sachlichrechtlich eine rückwirkende Nichtigkeit eingetreten ist, etwa des Räumungsanspruchs des Vermieters im Fall der Zahlung der Mietrückstände durch den Mieter innerhalb der Frist des § 554 II Z 1 S 1 BGB. Allerdings hat dann infolge dieser rückwirkenden Nichtigkeit der Klaganspruch eben in Wahrheit auch von Anfang an nicht bestanden. Dann ist auch § 93 nicht einmal entsprechend anwendbar.

**180**   Eine *vorbehaltlose Leistung* des Bekl ist zwar evtl als stillschweigende Erledigterklärung auslegbar; andernfalls mag sich aber nichts daran ändern, daß der Anspruch des Klägers in Wahrheit von vornherein nicht bestand, so daß seine einseitige Erledigterklärung wirkungslos bleibt, BGH NJW **81**, 686. Es kann sich allerdings auch ergeben, daß die Klage in Wahrheit noch zulässig und *begründet* wäre, wenn nicht der Kläger infolge Unwiderruflichkeit seiner einseitigen wirksamen Erledigterklärung eine der Klage stattgebende Entscheidung wegen § 308 I vereitelt hätte, Nürnb RR **89**, 445, AG Köln WoM **89**, 31. In diesem Fall würde auch ein Hinweis des Gerichts gem § 139, 278 III nur unter den Voraussetzungen Grdz 56–59 vor § 128 die Rückkehr zum bisherigen Sachantrag in diesem Verfahren zulassen. In allen diesen Fällen muß das Gericht dem Kläger nach §§ 139, 278 III evtl die Rücknahme der Klage, § 269, oder einen Verzicht auf den sachlichrechtlichen Anspruch anheimgeben, Einf 2 vor §§ 306, 307, damit er entscheiden kann, ob er das Risiko einer Klagabweisung (mit innerer Rechtskraftwirkung) tragen will. Eine Klagerücknahme mag freilich gem § 269 I nur noch mit Einwilligung des Bekl wirksam möglich sein.

**181**   *Andernfalls* muß das Gericht die Klage durch ein Urteil in der Hauptsache als unzulässig oder unbegründet *abweisen,* BGH NJW **86**, 589, Nürnb RR **89**, 445, AG Köln WoM **89**, 31.

**182**   Das gilt auch dann, wenn der Kläger den früheren Sachantrag nunmehr ausdrücklich dahin *umformuliert,* und zwar auch *hilfsweise,* das Gericht möge „die Erledigung der Hauptsache feststellen", oder wenn sein bisheriger Sachantrag nun so auszulegen ist, oder wenn er den bisherigen Sachantrag zulässigerweise neben der Erledigterklärung als bloßen Hilfsantrag aufrechterhält. Die „Abweisung der Klage" kann und muß evtl auch durch ein sog unechtes Versäumnisurteil erfolgen, also trotz Säumnis des Bekl, § 331 II Hs 2. Eine Verweisung, etwa nach § 281, auch nur hilfsweise beantragte, kommt jedenfalls nicht mehr in Betracht, da der Kläger mit seiner einseitigen Erledigterklärung ja nur noch eine ihm günstige Kostenentscheidung herbeiführen will und trotz des gegnerischen Abweisungsantrags oder der gegnerischen Säumnis bei dieser Haltung bleibt, also nicht mehr die Entscheidung über den bisherigen Hauptsacheantrag durch das in Wahrheit zuständige Gericht wünscht, § 308 I, Mü MDR **86**, 61.

**183**   **E. Kosten.** Über die Kosten hat das Gericht in seinem streitigen Urteil wie sonst nach §§ 91, 92ff zu entscheiden, BGH **83**, 15, Ffm MDR **98**, 559. Soweit es die Erledigung feststellt, trägt der Bekl die Kosten. Denn sein Abweisungsantrag hat sich als erfolglos erwiesen, BGH **83**, 15, Köln FamRZ **83**, 1263, StJBo 41, aM Mü RR **93**, 571 (bei „verspäteter" klägerischer Erledigterklärung. Aber bei § 91 kommt es stets nur auf das Ergebnis an, Üb 29 vor § 91).

    § 93 ist auch dann *nicht* entsprechend zu Lasten des Bekl anwendbar, wenn er einen Klaganlaß gegeben und zwischen *Anhängigkeit* und Rechtshängigkeit, § 261 Rn 1, geleistet hat. Der Kläger muß dann die Kosten evtl gesondert einklagen, Düss RR **97**, 1566, aM Ffm RR **89**, 571, (er könne sie in demselben Prozeß geltend machen; aber er kann sie meist noch gar nicht beziffern, und der Rechtsstreit ist im übrigen entscheidungsreif, das Gericht darf also nicht noch nur deshalb zuwarten), Deubner JuS **93**, 230 (er wendet § 93 an; aber es lag eben in Wahrheit kein erledigendes Ereignis vor).

**184**   Wenn die Klage *abzuweisen* ist, muß der Kläger als Verlierer die Kosten tragen. Denn sein Antrag auf Feststellung der Erledigung hat sich als erfolglos erwiesen. Das würde sogar dann gelten, wenn die Klagforderung in Wahrheit noch zulässig und begründet wäre, falls der Kläger nicht wirksam von der einseitigen Erledigterklärung Abstand nehmen kann und will.

**185**   **F. Vorläufige Vollstreckbarkeit.** Das Urteil, das die Erledigung feststellt, hat nur noch wegen der Kostenentscheidung den Charakter eines Vollstreckungstitels. Man muß daher gem § 708 Z 11 Hs 2 prüfen,

5. Titel. Prozeßkosten § 91a

ob eine Vollstreckung im Wert von nicht mehr als 2000 DM wegen der Kosten infrage kommt. In diesem Fall ist das Urteil ohne Sicherheitsleistung des Klägers vorläufig vollstreckbar; jedoch ist § 711 zu beachten. Soweit die Klage abzuweisen ist, gelten für die vorläufige Vollstreckbarkeit ebenfalls die §§ 708 ff unbeschränkt.

**G. Mitteilung.** Das Urteil ist wie sonst mitzuteilen, also nach mündlicher Verhandlung zu verkünden, § 311, darüber hinaus gem § 317 zuzustellen, im schriftlichen Verfahren nach § 128 II, III ebenfalls so zu behandeln, § 228 II 2, und in den Fällen § 307 II, 331 III nur zuzustellen, § 310 III. **186**

**H. Rechtsmittel.** Es gelten die für sonstige Urteile anwendbaren Regeln, vgl BVerwG NJW **89**, 184, auch der Meistbegünstigungsgrundsatz, Grdz 28 vor § 511, Köln RR **97**, 956. Das gilt auch zur Errechnung des Beschwerdewerts und der Rechtsmittelsumme beim die Erledigung feststellenden Urteil. Vgl ferner § 99 Rn 36. **187**

**I. Rechtskraft.** Das feststellende wie das abweisende Urteil erwachsen in äußere und innere Rechtskraft, Einf 1, 2 vor §§ 322–327, BGH NJW **91**, 2281. Im Folgeprozeß ist das dortige Gericht an den Erledigungsausspruch des Gerichts des Erstprozesses gebunden, Schlesw JB **84**, 1741. **188**

**16) Einseitige Erledigterklärung des Beklagten.** Es kommt in der Praxis durchaus vor, daß der Bekl die Hauptsache für erledigt erklärt, der Kläger jedoch den bisherigen Sachantrag auch weiterhin aufrechterhält. **189**

**A. Begriff.** Ob eine einseitige Erledigterklärung des Bekl vorliegt, ist nach den in Rn 62ff dargelegten Regeln zu prüfen. Man muß also sowohl prüfen, ob der Bekl überhaupt eine Erledigterklärung abgibt, als auch, ob das Gesamtverhalten des Klägers dahin auszulegen ist, daß in Wahrheit auch er die Hauptsache für erledigt erklärt. Im letzteren Fall sind die Regeln über die Folgen beiderseitiger Erledigterklärungen anwendbar, Rn 142ff.

**B. Verfahren.** Soweit die Auslegung ergibt, daß der Kläger einer Erledigterklärung des Bekl widerspricht und seinen Klaganspruch aufrechterhält, ist die einseitige Erledigterklärung des Bekl unbeachtlich, BGH NJW **94**, 2364. **190**

Das gilt selbst dann, wenn nach der Ansicht des Gerichts in der Tat ein *erledigendes Ereignis* im Sinn von Rn 23ff vorliegt und der Kläger daher den bisherigen Sachantrag nicht mehr mit Erfolgsaussicht aufrechterhalten kann. Zwar mag das Gericht ihm dann einen entsprechenden Hinweis gem §§ 139, 278 III geben müssen; er bestimmt aber allein den Streitgegenstand, § 2 Rn 3, BGH NJW **94**, 2364, Bergerfurth NJW **92**, 1659, Hölzer JB **82**, 162, aM BFH **118**, 521 (Finanzamt), Schwab ZZP **74**, 210. Der Bekl könnte ja auch mit einem unter diesen Umständen möglichen Klagabweisungsantrag mehr erreichen als er mit der bloßen Erledigterklärung bezweckt. **191**

Das Gericht muß also trotz der einseitigen Erledigterklärung des Bekl unverändert über den *Sachantrag des Klägers* entscheiden. Das gilt auch dann, wenn der Bekl neben seinem Abweisungsantrag *hilfsweise* den Rechtsstreit für erledigt erklärt, § 260 Rn 8. Das Gericht muß also der Klage stattgeben oder die Klage abweisen; zu einer Feststellung einer Erledigung ist kein Raum, LG Lübeck DAVorm **74**, 468, ThP 42, StJBo 50, ZöV 52, aM BFH NJW **80**, 1592 (es bestehe dann zu einer Sachentscheidung kein Rechtsschutzbedürfnis im Sinn von Grdz 33 vor § 253 mehr. In Wahrheit besteht nur für eine einseitige Erledigterklärung des Bekl kein Rechtsschutzbedürfnis, während dasjenige des Klägers natürlich fortbesteht). **192**

Freilich kann sich bei der erforderlichen Auslegung der „Erledigterklärung" des Bekl ergeben, daß er in Wahrheit ein *Anerkenntnis* nach § 307 erklären wollte und erklärt hat, Brox JA **83**, 289. Darauf ist der Kläger evtl gem §§ 139, 278 III ZPO zwecks Stellung des Antrags auf Erlaß eines Anerkenntnisurteils nach § 307 hinzuweisen. Auch ohne einen solchen Antrag ist dann das Gesamtverhalten des Bekl im Rahmen des in einer erforderlichen streitigen Endurteils als prozessuales Anerkenntnis zu würdigen. Es kann also infolgedessen zB die Notwendigkeit einer Beweisaufnahme entfallen. Freilich ist natürlich auch der Bekl auf diese Rechtsfolgen seines Verhaltens evtl hinzuweisen. **193**

Im übrigen kann natürlich der Bekl als *Widerkläger*, Anh § 253, eine einseitige wirksame Erledigterklärung der Widerklage abgeben. Sie ist dann so wie sonst eine einseitige Erledigterklärung eines Klägers zu beurteilen. Zur Rechtslage im Fall der einseitigen Erledigterklärung des Antragsgegners im Konkursverfahren Wieser ZZP **100**, 373. **194**

**17) Erledigterklärung eines Rechtsmittels, I, II.** Es kann der Fall eintreten, daß eine Partei nicht die Hauptsache, sondern nur ein Rechtsmittel für erledigt erklärt. Dann ist folgendes zu beachten. **195**

**A. Begriff.** Zur Abgrenzung sind folgende drei Fälle zu unterscheiden: Es kann sich in Wahrheit um eine oder mehrere Erledigterklärungen der Rechtshängigkeit der Hauptsache in einer höheren Instanz handeln. Dann gelten die Regeln Rn 73. Es kann sich auch um eine oder mehrere Erledigterklärungen zur Hauptsache während der Anhängigkeit eines Beschwerdeverfahrens nach II handeln. Dann gelten wiederum die Regeln Rn 73. Es kann sich aber auch bei der stets erforderlichen Auslegung des Gesamtverhaltens der Parteien darum handeln, daß eine oder mehrere Erledigterklärungen zu einem Rechtsmittel in der Hauptsache oder zur Beschwerde nach II vorliegen. Dieser Fall ist hier zu erörtern.

Das *Rechtsmittel* ist erledigt, wenn ein tatsächliches Ereignis ein bisher allgemein statthaftes, im Einzelfall zulässiges und auch begründetes Rechtsmittel nunmehr im Ergebnis erfolglos macht. Dieser Fall kann zB dann eintreten, wenn das Urteil infolge einer Änderung der Gesetzgebung oder wegen des Eintritts einer Fälligkeit inzwischen richtig geworden ist und wenn der Kläger inzwischen an der weiteren Durchführung der Klage kein Interesse mehr hat, Ffm RR **89**, 63, Bergerfurth NJW **92**, 1656, aM StJBo 52, ThP 8, ZöV 19, oder wenn die Klage zurückgenommen worden ist, BGH NJW **98**, 2454. Der Fall kann ferner eintreten, wenn eine Urteilsberichtigung nach §§ 319ff dem schon eingelegten Rechtsmittel den Boden entzieht, BGH **127**, 76 (auch zu den Grenzen), LG Bochum ZZP **97**, 215 (zustm Waldner ZZP **97**, 217), aM ZöV 19. Zum Problem ausführlich Heintzmann ZZP **87**, 199, Schneider MDR **79**, 499. Dagegen gehört der Fall der Rücknahme des Rechtsmittels, §§ 515, 566, nicht hierher, aM Ffm FamRZ **93**, 344. **196**

## § 91a

**197** **B. Folgen beiderseitiger derartiger Erledigterklärungen: § 91a entsprechend anwendbar.** Wenn die Gesamtauslegung ergibt, daß beide Parteien lediglich das Rechtsmittel für erledigt erklären, ist § 91a entsprechend anwendbar, BFH DB **83**, 2124, Ffm MDR **98**, 559, Schlesw MDR **97**, 1159, aM Hamm FamRZ **86**, 717, KG FamRZ **77**, 562, Karlsr FamRZ **91**, 465.

**198** Wenn der *Patentinhaber* im Patentnichtigkeitsverfahren wegen einer Veröffentlichung, die erst während der Berufungsinstanz vorgelegt wurde, auf das Patent verzichtet, dann muß er wie auch sonst bei einem Verzicht auf das Patent die Kosten tragen, BGH **LM** § 42 PatG aF Nr 9. Wenn das erledigende Ereignis während des Beschwerdeverfahrens im Anschluß an eine einstweilige Anordnung nach §§ 620 ff eintritt, dann faßt das Gericht in entsprechender Anwendung des § 91a seinen Beschluß wegen des § 620g nur für den Fall, daß das Beschwerdegericht eine Erfolgsaussicht verneint, Bre FamRZ **78**, 133 mwN, vgl auch Düss FamRZ **80**, 1048, aM Schellberg NJW **71**, 1347 (er meint, ein solcher Beschluß ergehe in keinem Fall; aber es muß über die Kosten entschieden werden).

**199** **C. Folgen einer einseitigen derartigen Erledigterklärung: Sachurteil des Rechtsmittelgerichts.** Wenn nur der Rechtsmittelführer oder nur der Rechtsmittelgegner das Rechtsmittel einseitig für erledigt erklären, ist für das Rechtsmittelgericht dieselbe Lage gegeben wie im Fall einer einseitigen Erledigterklärung in erster Instanz, Ffm RR **89**, 63. Es gelten also die Regeln Rn 168–194.

**200** **18) Teilerledigung, I, II.** In der Praxis tritt häufig der Fall ein, daß eine oder beide Parteien nur einen Teil der Hauptsache für erledigt erklären und über die restliche Hauptsache weiterhin streiten.

**A. Begriff.** Die Hauptsache ist dann teilweise erledigt, wenn das erledigende Ereignis, Rn 24, einen solchen Teil der bisherigen Hauptsache betrifft, der sich durch Bezifferung, Bewertung oder auf andere Weise präzise beschreiben läßt, während ein ebenso definierbarer anderer, nicht völlig unbeachtlicher Teil der bisherigen Hauptsache davon nicht miterfaßt wird. Die strengen Voraussetzungen eines Teilurteils, § 301, brauchen für den erledigten Teil nicht vorzuliegen. Die Erledigung kann einen oder mehrere aus der Gesamtheit der Klaganspüche betreffen. Sie mag auch innerhalb eines einheitlichen Anspruchs einen Teilbetrag oder einen Teilwert oder einen Teil der herausverlangten Sachgesamtheit betreffen. Sie kann einen Teil der verlangten Willenserklärungen, der geforderten Handlungen, Unterlassungen usw betreffen. Maßgeblich ist nur, daß der erledigte Teil nach seiner Nämlichkeit und etwaigen Vollstreckbarkeit abtrennbar ist. Auch ein Teil eines Feststellungsbegehrens mag erledigt sein.

**201** **B. Auslegung erforderlich.** Ob nach der Ansicht der einen, der anderen oder beider Parteien die Hauptsache teilweise erledigt ist, muß man im Wege der Auslegung der Erklärungen jeder Partei unter Berücksichtigung des Gesamtverhaltens der anderen Partei bzw des Gegners wie sonst ermitteln. Es mag sich ergeben, daß in Wahrheit nicht nur teilweise, sondern gänzlich für erledigt erklärt werden soll. Es mag sich auch ergeben, daß hinter der Teilerledigterklärung eine teilweise Klagrücknahme, § 269 Rn 9, ein teilweiser Anspruchsverzicht, § 306 Rn 1, ein außergerichtlicher oder gerichtlicher, etwa in einem anderen Prozeß mitgeschlossener Vergleich, Anh § 307, über Kostenfolgen des vorliegenden Rechtsstreits steckt. Es kann sich auch ergeben, daß in Wahrheit überhaupt keine Erledigterklärung vorliegt. Deshalb ist auch der Antrag auf Zahlung einer Restsumme „abzüglich der ... gezahlten x DM" auslegungsbedürftig und keineswegs stets als Teilerledigterklärung zu behandeln, Kblz AnwBl **90**, 172.

**202** **C. Folgen beiderseitiger Teilerledigterklärungen: Sachurteil über den Rest, einheitliche Kostenentscheidung im Urteil.** Soweit sich ergibt, daß beiderseitige Teilerledigterklärungen vorliegen, die denselben Teil des bisherigen Streitgegenstands umfassen, § 2 Rn 3, muß das Gericht wie sonst über den streitig gebliebenen restlichen Prozeßstoff verhandeln und evtl durch Sachurteil entscheiden und, soweit es überhaupt noch zu einem solchen kommt, dort eine Entscheidung über die Kosten des gesamten Rechtsstreits nach §§ 91, 92 ff treffen. Denn es liegen nicht beiderseitige volle Erledigterklärungen vor, wie I 1 es voraussetzt.

**203** Soweit die beiderseitigen Teilerledigterklärungen *unterschiedliche* Teile des bisherigen Streitgegenstands umfassen, gilt im Ergebnis dasselbe: Das Gericht muß über den in Wahrheit streitig gebliebenen Teil des Gegenstands wie sonst verhandeln und evtl durch Sachurteil entscheiden und auch hier über die gesamten Kosten des Rechtsstreits im etwaigen Urteil einheitlich nach §§ 91, 92 ff urteilen. Es kommt also keineswegs etwa im Umfang der Teilerledigterklärungen ein Beschluß nach § 91a in Betracht. Das gilt selbst dann, wenn beide Parteien einen derartigen Antrag unzweideutig und unbedingt stellen. § 308 II verpflichtet das Gericht ohnehin, über die Kosten unabhängig von etwaigen Anträgen zu entscheiden; wenn die Prüfung ergibt, daß § 91a mangels voller übereinstimmender Erledigterklärungen gar nicht anwendbar ist, können die Parteien dem Gericht keine Kostenentscheidung nach jenen Regeln aufzwingen. Sie können dem Gericht nur eine Kostenentscheidung über den übereinstimmend für erledigt erklärten Teil durch Vergleich ganz entziehen, § 98 S 1 Hs 1. Ob eine solche „andere Vereinbarung" vorliegt, muß man wieder durch Auslegung ermitteln.

**204** **D. Folgen einer einseitigen Teilerledigterklärung: Wie bei einseitiger Vollerledigterklärung.** Soweit es sich in Wahrheit nur um eine einseitige Erledigterklärung wegen eines Teils der Hauptsache handelt, treten dieselben Folgen wie bei einer vollen einseitigen Erledigterklärung, Rn 168–194. Man muß also zwischen der Erklärung des Klägers und derjenigen des Bekl unterscheiden. Wenn nach einseitiger Teilerledigterklärung des Klägers die Prüfung ergibt, daß die Hauptsache tatsächlich in diesem Umfang (oder in einem geringeren als erklärt) erledigt ist, ist diese Erledigung im Sachurteil über den streitig gebliebenen Rest festzustellen, etwa mit den Worten: „Die restliche Hauptsache ist erledigt" oder „im übrigen ist die Hauptsache erledigt". Ergibt die Prüfung, daß die Klage in dem vom Kläger einseitig teilweise für erledigt erklärten Umfang von vornherein unzulässig oder unbegründet oder undurchsetzbar war, muß die diesbezügliche Entscheidung zB lauten: „Im Umfang der Teilerledigterklärung des Klägers wird die Klage abgewiesen (oder: das Rechtsmittel verworfen usw)". Man könnte auch tenorieren: „Die restliche Klage wird abgewiesen" oder „im übrigen wird die Klage abgewiesen". Wenn der Bekl einseitig die Hauptsache teilweise für erledigt erklärt, treten die in Rn 189–194 dargestellten Folgen entsprechend ein.

## 5. Titel. Prozeßkosten §§ 91a, 92

**E. Kosten.** Da §§ 91, 92 ff anwendbar sind, nicht dagegen § 91 a, bleibt es bei dem Grundsatz des Kostenrechts, daß das Gericht über die Kosten des gesamten Rechtsstreits einheitlich entscheiden muß, § 91 Rn 23. Es darf und muß evtl eine Kostenverteilung nach § 92 usw vornehmen. Soweit es zu dem Ergebnis kommt, daß die Hauptsache im einseitig teilweise für erledigt erklärten Umfang tatsächlich erledigt ist, darf das Gericht die bei § 91 a I genannten Kostengesichtspunkte, Rn 112 ff, im Rahmen der einheitlichen streitigen Kostenentscheidung mitberücksichtigen, KG MDR **86**, 241, Köln FamRZ **88**, 1274. Soweit es zB zum Ruhen des Verfahrens (ohne Antrag auf neue Verhandlung) oder zu einer wirksamen Klagerücknahme kommt, ist nicht etwa nunmehr § 91 a auf den erledigten Teil der Hauptsache entsprechend anwendbar; vielmehr darf das Gericht dann überhaupt keine Kostengrundentscheidung mehr treffen. Für die Gerichtskosten gelten dann die im GKG für den Antragsteller usw genannten Haftungsregeln, für die Anwaltskosten gilt im Verhältnis zwischen dem Anwalt und dem Auftraggeber die BRAGO.

Die Parteien muß ihre etwaigen Kostenerstattungsansprüche dann notfalls im Wege einer *neuen Klage* geltend machen. Soweit der für erledigt erklärte Teil der Hauptsache freilich ihren Rest betrifft, weil die gesamte übrige Hauptsache schon durch Teilurteil, Teilrücknahme, Teilvergleich usw entschieden oder aus dem Prozeß ausgeschieden ist, liegt im Fall vor, daß der gesamte (eben restliche) Rechtsstreit für erledigt erklärt wird. Dies ist keine Teilerledigung, sondern nach den Regeln der vollen (einseitigen oder übereinstimmenden) Erledigterklärung zu beurteilen, LG Mü MDR **89**, 647.

**19) Verfassungsbeschwerde.** Sie kann wie sonst zulässig sein, BVerfG **64**, 227, aber auch BVerfG NJW **97**, 1693.

**20) VwGO:** An Stelle des § 91 a tritt § 161 II VwGO, der trotz geringfügig abweichender Fassung inhaltlich das gleiche bestimmt (gilt nicht im Fall des § 113 I 4 VwGO), vgl Burgi DVBl **91**, 193; zur Erledigung eines Rechtsmittels vgl BVerwG NVwZ **95**, 372 mwN, zur einseitigen Erledigungserklärung BVerwG NVwZ **91**, 162, Manssen NVwZ **90**, 1018 mwN, zur Rücknahme der Erklärung BVerwG NVwZ-RR **92**, 276, zur hilfsweisen Weiterverfolgung des ursprünglichen Antrags BVerwG NVwZ-RR **88**, 56. Eine übereinstimmende Erklärung der Hauptbeteiligten, daß die Hauptsache erledigt sei (dazu eingehend Pietzner VerwArch **75**, 79), läßt nur noch ein Kostenentscheidung zu, BVerwG DÖV **66**, 429; der Widerspruch auch des notwendigen Beigeladenen ist unbeachtlich, BVerwG **30**, 27. Bei Streit über die Erledigung ist durch Urteil oder durch Beschluß nach § 130 a VwGO zu entscheiden, BVerwG NVwZ-RR **94**, 362, in Beschlußverf durch Beschluß, vgl VGH Mü BayVBl **86** 86 mwN (auch zum Problem der „verschleierten Antragsrücknahme"). Bei teilweiser Erledigung kann über die Kosten des erledigten Teils im Urteil mitentschieden werden, BVerwG DVBl **63**, 522. Der Beschluß nach § 161 II VwGO ist unanfechtbar, § 158 II VwGO. Unanwendbar ist § 161 II VwGO im Vollstreckungsverfahren, hier gilt § 788 entsprechend, OVG Münst AS **35**, 106 u OVG Lüneb NJW **71**, 2324, str, aM für die Vollstreckung durch gerichtliche Entscheidung OVG Saarl NVwZ **82**, 254. – Für den Fall des § 75 VwGO trifft § 161 III VwGO eine besondere Kostenregelung, die für alle Untätigkeitsklagen gilt, Ring NVwZ **95**, 1191, BVerwG NJW **95**, 2867 u NVwZ **91**, 1180, VGH Mü VerwRspr **26**, 509, OVG Münst NJW **72**, 1485, alle mwN; die isolierte Kostenentscheidung ist auch hier unanfechtbar, § 158 II VwGO.

## 92

**Kostenteilung.** I ¹Wenn jede Partei teils obsiegt, teils unterliegt, so sind die Kosten gegeneinander aufzuheben oder verhältnismäßig zu teilen. ²Sind die Kosten gegeneinander aufgehoben, so fallen die Gerichtskosten jeder Partei zur Hälfte zur Last.

II Das Gericht kann der einen Partei die gesamten Prozeßkosten auferlegen, wenn die Zuvielforderung der anderen Partei verhältnismäßig geringfügig war und keine besonderen Kosten veranlaßt hat oder wenn der Betrag der Forderung der anderen Partei von der Festsetzung durch richterliches Ermessen, von der Ausmittlung durch Sachverständige oder von einer gegenseitigen Berechnung abhängig war.

**Schrifttum:** *Grunsky*, Grenzen des Gleichlaufs von Hauptsache- und Kostenentscheidung usw, Festschrift für *Schwab* (1990) 165; *Köcher*, Kostenquote, Berechnungsprogramm für Personal Computer, 1993, mit Ergänzungslieferung; *Olivet*, Die Kostenverteilung im Zivilurteil, 3. Aufl 1996.

### Gliederung

| | |
|---|---|
| 1) **Systematik, I, II** ................ 1 | 6) „**Aufhebung gegeneinander**", I 2 ..... 39–43 |
| 2) **Regelungszweck, I, II** .......... 2 |   A. Begriff der Aufhebung usw .......... 40–42 |
| 3) **Geltungsbereich, I, II** ........... 3 |   B. Abgrenzung zur „Kostenteilung" ..... 43 |
| 4) „**... teils obsiegt, teils unterliegt**", I 1 .............................. 4–26 | 7) „**Auferlegung der gesamten Prozeßkosten**", II ......................... 44–47 |
|   A. Begriff des Teilunterliegens ....... 4 |   A. Begriff der Auferlegung usw ......... 45 |
|   B. Abgrenzung zu den Fällen II ........ 5 |   B. Abgrenzung zur verhältnismäßigen Teilung und zur Aufhebung gegeneinander .............................. 46 |
|   C. Beispiele zur Frage des Teilunterliegens .............................. 6–26 |   C. Notwendigkeit der Kostengerechtigkeit ................................ 47 |
| 5) „**Verhältnismässige Kostenteilung**", I 1 ......................... 27–38 | 8) „**Zuvielforderung verhältnismäßig geringfügig**", II Hs 1 ................. 48, 49 |
|   A. Begriff der Kostenteilung .......... 27 |   A. Begriff der Zuvielforderung ......... 48 |
|   B. Abgrenzung zur „Aufhebung gegeneinander" ......................... 28 |   B. Begriff der Geringfügigkeit ........ 49 |
|   C. Notwendigkeit der Klarheit und Einfachheit der Kostenentscheidung ... 29–32 | 9) „**Keine besonderen Kosten veranlaßt**", II Hs 2 ............................. 50 |
|   D. Kostenteilung nach Bruchteilen ..... 33–36 | 10) „**Abhängigkeit**" der Forderung von richterlicher „**Festsetzung**", II Hs 2 .... 51–57 |
|   E. Kostenteilung nach Prozenten ...... 37 |   A. „... durch richterliches Ermessen" ... 52, 53 |
|   F. Kostenteilung nach Summe und Rest . 38 | |

# § 92

1. Buch. 2. Abschnitt. Parteien

    B. „Ausmittlung durch Sachverständige".    54, 55
    C. „Gegenseitige Berechnung" .......... 56, 57
11) Rechtsmittelinstanz, I, II ............. 58
12) Verstoß, I, II ........................... 59
13) *VwGO* ................................... 60

1  **1) Systematik, I, II.** Während § 91 den Grundsatz und den Umfang der Kostenpflicht des gänzlich Unterliegenden regelt, dort Rn 19, bringt § 92 die Regelung für den Fall teilweise Obsiegens und teilweisen Unterliegens. Die Vorschriften stehen also gleichberechtigt zur Regelung unterschiedlicher Sachverhalte nebeneinander. § 92 ist auch für die Fälle anwendbar, daß beiderseitige Erledigterklärungen nur einen Teil des Streitgegenstands umfassen oder daß nur eine Partei die Hauptsache teilweise für erledigt erklärt. Soweit ein sofortiges Anerkenntnis nur zu einem Teil des Streitgegenstands ergeht, ist statt § 93 insoweit § 92 anwendbar. Demgegenüber enthalten §§ 93 a–d vorrangige Sonderregeln für die dort genannten Spezialfälle. Das gilt auch für die vorrangigen §§ 100, 101. Wegen der nur scheinbaren Sonderregelung des § 620 g (einstweilige Anordnung) vgl Rn 8 „Einstweilige Anordnung". Neben § 92 sind §§ 94–99 stets mitbeachtlich.

2  **2) Regelungszweck, I, II.** Auch § 92 dient der Kostengerechtigkeit, Üb 10 vor § 91, vgl BGH VersR 92, 1285. Die Vorschrift leitet aus dem Grundgedanken des gesamten Kostenrechts, daß der Unterliegende die Kosten des Rechtsstreits trägt, § 91 Rn 19, Folgerungen für den Fall nur teilweisen Unterliegens ab; krit Grunsky (vgl Rn 1) 165. Diesem auch hier fortgeltenden Grundgedanken entspricht es, daß es unerheblich ist, welche Kosten auf die einzelnen Prozeßteile entfallen, daß keine Billigkeitserwägungen über die in I, II genannten Ermessensspielräume hinaus zulässig sind und daß vor allem ein Verschulden beim Teilunterliegen ebenso unbeachtlich ist wie beim gänzlichen Unterliegen, von den Sonderfällen der §§ 95, 96 abgesehen, BGH VersR **92**, 1285.

3  **3) Geltungsbereich, I, II.** Vgl zunächst § 91 Rn 4–14. Die Vorschrift betrifft jede „Partei" des Rechtsstreits. Das gilt sowohl im Fall I als auch im Sonderfall II. Ergänzend und vorrangig behandeln § 100 die Kostenhaftung von Streitgenossen und § 101 ergänzend und vorrangig die Kosten der Nebenintervention. Der Parteibegriff ist derselbe wie sonst, Grdz 3 vor § 50.

4  **4) „...teils obsiegt, teils unterliegt", I 1.** Für den Fall des Teilunterliegens enthält I nur einige der möglichen Kostenfolgen.
    **A. Begriff des Teilunterliegens.** Eine Partei ist immer dann teilweise unterlegen, wenn sie im Prozeß im Ergebnis nicht völlig Erfolg hatte. Auch hier entscheidet also allein der Grundgedanke des Kostenrechts, daß es allein auf den Erfolg im Hinblick auf den Streitgegenstand ankommt, § 2 Rn 3, § 91 Rn 19, BAG KTS **80**, aM Köln MDR **83**, 226. Auch zur Klärung der Frage, ob ein Teilunterliegen vorliegt, muß man vom Streitgegenstand ausgehen, also nicht etwa von einzelnen Prozeßabschnitten, Streitpunkten, selbständigen Anspruchsgrundlagen usw. Dabei ist der sog Kostenstreitwert maßgeblich, ähnlich Ffm JB **82**, 1701 (das OLG stellt auf das „gesamte Prozeßergebnis" ab).

5  **B. Abgrenzung zu den Fällen II.** I enthält nach dem Wortlaut eine scheinbar abschließende Regelung mit nur zwei Wahlmöglichkeiten (Aufhebung gegeneinander oder verhältnismäßige Teilung). In Wahrheit ist es zulässig, auch beim echten Teilunterliegen die Kostenlast evtl nur der einen Partei aufzuerlegen. Das ergibt sich aus II. Diese letztere Vorschrift ist für einen Teil der Fälle des Teilunterliegens eine vorrangige, eng auszulegende Sondervorschrift. Das ist schon bei I mitzubeachten. Sowohl im Bereich der Sachverhalte nach I als auch derjenigen nach II ist die Vorschrift insofern zwingendes Recht, als das Gericht keine anderen als die dort freigestellten Wahlmöglichkeiten hat.

6  **C. Beispiele zur Frage des Teilunterliegens**
    **Anspruchshäufung:** Im Fall der Abweisung einzelner selbständiger, also teilbarer, prozessualer Klagansprüche handelt es sich um ein Teilunterliegen. Denn man muß vom gesamten Kostenstreitwert ausgehen und darf nicht nur den einzelnen selbständigen Klaganspruch zum Ausgangspunkt wählen.
    **Arrest, einstweilige Verfügung:** Soweit das Gericht einem Antrag auf den Erlaß einer einstweiligen Verfügung nur teilweise stattgibt, handelt es sich zwar um ein Teilunterliegen; jedoch kann der vorrangige II eingreifen. Denn das Gericht ist in der Fassung seiner Anordnung im Rahmen des Ermessensspielraums des § 938 ohnehin frei; eine von ihm gewählte abweichende Fassung kann zwar, muß aber nicht stets gegenüber dem Antrag ein beachtliches Weniger darstellen. Soweit das Gericht einen Arrest oder eine einstweilige Verfügung nur gegen eine Sicherheitsleistung des Antragstellers vollziehbar werden läßt, handelt es sich um ein Teilunterliegen, Hamm GRUR **88**, 478.
    **Aufrechnung:** Wenn eine Hauptaufrechnung nur teilweise Erfolg hat, handelt es sich um ein Teilunterliegen, Köln MDR **83**, 226, Schleswig JB **86**, 1064.
    S auch Rn 12.

7  **Bedingte Verurteilung:** Bei einer nur bedingten statt der beantragten unbedingten Verurteilung handelt es sich um ein Teilunterliegen.
    **Begründetheit:** Wenn die Klage anfangs unbegründet, zuletzt aber begründet war, fehlt ein Teilunterliegen, aM LG Stgt ZMR **85**, 128 (aber es kommt im Kostenrecht immer nur auf den Enderfolg an). War die anfänglich begründete Klage schließlich teilweise unzulässig oder unbegründet geworden, so handelt es sich um ein Teilunterliegen eben wegen des nur teilweisen Enderfolgs.
    **Beweissicherung:** Rn 21 „Selbständiges Beweisverfahren".
    **Billigkeitserwägungen:** Für Billigkeitserwägungen über den Ermessensspielraum nach I, II hinaus bleibt kein Raum. Man muß die Frage des Teilunterliegens also unabhängig von solchen Erwägungen prüfen.

8  **Ehesache:** Für den Fall der Scheidung oder Aufhebung einer Ehe enthält § 93 a eine vorrangige Sonderregelung auch wegen der gleichzeitig oder vorweg beschiedenen Folgesachen. Nur soweit § 93 a danach unanwendbar ist, kann man nach § 92 vorgehen, sofern der jeweilige Antrag nur teilweise Enderfolg hatte.
    S auch „Einstweilige Anordnung".
    **Einstweilige Anordnung:** § 620 g enthält die vorrangige Regelung, daß die im Verfahren der einstweiligen Anordnung entstehenden Kosten für die Kostenentscheidung als Teil der Kosten der Hauptsache gelten

## 5. Titel. Prozeßkosten § 92

und daß § 96 entsprechend anwendbar ist. Im Ergebnis liegt also in der Sonderregelung eine bloße Verweisung auf §§ 91 ff, daher auch auf § 92.
**Einstweilige Verfügung:** Rn 6 „Arrest, einstweilige Verfügung".
**Folgesache:** Rn 8 „Ehesache". 9
**Gesamtschuldner:** Soweit das Gericht mehrere Bekl nicht nur nach Kopfteilen (wie beantragt), sondern als 10 Gesamtschuldner verurteilt, unterliegen sie voll. Denn ihre Haftung geht weiter als die beantragte.
S auch Rn 15 „Kopfhaftung".
**Hauptanspruch:** Da man vom gesamten Streitgegenstand und vom gesamten Kostenstreitwert ausgehen 11 muß, besteht für die Frage des Teilunterliegens kein Unterschied zwischen einem Hauptanspruch und einem Nebenanspruch, BGH **LM** Nr 7 (Hauptanspruch unbegründet, Zinsanspruch begründet).
S auch Rn 12.
**Hilfsanspruch:** Ein Teilunterliegen fehlt bei einem Erfolg zwar nicht des Hauptanspruchs, wohl aber des 12 nach dem Kostenstreitwert gleichwertigen Hilfsanspruchs, aM Düss NJW **91**, 3041; freilich ist dann § 19 I 2, 3 GKG mitbeachtlich. Soweit das Gericht nicht nach dem weitergehenden Hauptantrag, sondern nur nach dem auf Grund des Kostenstreitwerts geringerwertigen Hilfsantrag verurteilt, handelt es sich um ein Teilunterliegen, BGH **LM** Nr 8. Das gilt selbst dann, wenn der Kläger den Hilfsantrag erst im Berufungsrechtszug gestellt hat; dann gilt dieselbe Kostenverteilung für die erste Instanz, aM ZöHe 8 (er verteilt dann nach Rechtszügen; aber das widerspricht gerade dem auch von ihm Rn 5 vertretenen Prinzip der Kosteneinheit).
Wenn das Gericht statt nach dem Hauptantrag nach einem auf Grund des Kostenstreitwerts *höherwertigen Hilfsantrag* verurteilt hat, BGH **126**, 372, liegt kein Teilunterliegen vor, sondern ist § 91 anwendbar. Denn der Hilfsantrag ist in diesem Fall in Wahrheit nur ein Ausdruck einer andersartigen Begründung des Hauptanspruchs, aM ZöHe 8 (er läßt den prozessualen Verlauf entscheiden, also die Abweisung des Hauptantrags). Soweit das Gericht über einen Hilfsantrag nicht entscheidet, fehlt ein Teilunterliegen. Denn dann hat der Hilfsantrag keinen Einfluß auf den Kostenstreitwert, ZöHe 8, aM Merle ZZP **83**, 467 (er wendet §§ 269 III 2, 515 III 1 entsprechend an).
**Hilfsaufrechnung:** Wenn bei einer bestrittenen und abgewiesenen Klageforderung, Mittenzwei JR **75**, 13 94, eine den Kostenstreitwert erhöhende Hilfsaufrechnung teilweise Erfolg hat, liegt ein Teilunterliegen vor, § 19 III GKG, Köln MDR **83**, 226, Schlesw SchlHA **86**, 143, ThP 4, aM KG MDR **76**, 846.
S auch Rn 6 „Aufrechnung".
**Inzidentfragen:** Da es nur auf den Enderfolg ankommt, sind bloße Zwischenfragen (Inzidentfragen) 14 unbeachtlich.
**Kindschaftssache:** Es gilt zunächst der vorrangige § 93 c (Erfolg der Klage auf Anfechtung der Vaterschaft). 15 In den übrigen Fällen ist ein Teilunterliegen nach § 92 zu beurteilen.
**Klaganspruch:** Rn 11, 12.
**Klagerücknahme:** Im Fall der wirksamen Teilrücknahme der Klage ist bei der etwa noch erforderlichen Kostenentscheidung über den Rest der Klageforderungen zu prüfen, ob der Kläger mit diesem Rest voll oder wiederum nur teilweise obsiegt. Auf die danach erforderliche Entscheidung über die gesamten (etwa restlichen) Kosten ist § 92 mit der Maßgabe anwendbar, daß der durch die teilweise Klagerücknahme ausgeschiedene Teil der Gesamtkosten vom Kläger zu tragen ist, vgl BGH RR **96**, 256. Bei der Rücknahme der Klage nur gegen von mehreren Streitgenossen kann das Gericht nur sofort durch einen Beschluß die außergerichtlichen Kosten dieses Bekl dem Kläger auferlegen und muß über die Restkosten wie sonst nach einer nur teilweisen Klagerücknahme im Schlußurteil entscheiden, Köln MDR **76**, 496, Zweibr JB **83**, 1881.
Vgl im übrigen § 100.
**Kopfhaftung:** Soweit das Gericht mehrere Bekl nicht, wie beantragt, als Gesamtschuldner, sondern nur nach Kopfteilen verurteilt, handelt es sich um ein Teilunterliegen. Denn eine gesamtschuldnerische Haftung reicht weiter.
**Kostenstreitwert:** Für die Frage, ob es sich um ein Teilunterliegen handelt, muß man vom gesamten Kostenstreitwert ausgehen, Ffm JB **82**, 1701 (das OLG stellt auf den „gesamte Prozeßergebnis" ab).
**Leistungsart:** Soweit das Gericht den Bekl zu einer Art und Weise der Leistung verurteilt hat, die gegen- 16 über der vom Kläger begehrten für diesen nicht ganz unwesentlich ungünstiger ist, handelt es sich um ein Teilunterliegen.
**Leistungsort:** Soweit das Gericht den Bekl zur Leistung an einem Ort verurteilt hat, der gegenüber dem vom Kläger beantragten für diesen nicht ganz unwesentlich schlechter ist, handelt es sich um ein Teilunterliegen.
**Mietsache:** Für Räumung von Wohnraum gilt zunächst der vorrangige § 93 b. Soweit in einer Räumungs- 17 sache diese Vorschrift unanwendbar ist oder soweit es sich überhaupt nicht um eine Räumungssache handelt, ist das Teilunterliegen nach § 92 zu beurteilen.
S auch Rn 20 „Räumungsfrist".
**Nebenanspruch:** Da es nur auf den Enderfolg ankommt, besteht kein Unterschied zwischen einem Haupt- 18 anspruch und einem Nebenanspruch, BGH VersR **92**, 1291, LG Ffm JB **91**, 118. Soweit die Nebenforderung mehr als die Hälfte oder gar fast die Höhe der Hauptforderung erreicht, BGH VersR **92**, 1291, AG Freibg AnwBl **84**, 99.
S aber auch Rn 12, 13.
**Nebenintervention:** Es gilt der vorrangige § 101.
**Nichteheliches Kind:** Für den Fall, daß eine Klage auf Anfechtung der Vaterschaft Erfolg hat, schreibt § 93 c S 1 vorrangig verbindlich die Aufhebung der Kosten gegeneinander vor. In einem Verfahren über Unterhaltsansprüche bei Auskunftsmängel enthält § 93 d eine vorrangige Sonderregelung. In den übrigen Fällen ist das Teilunterliegen nach § 92 zu beurteilen.
S auch Rn 15 „Kindschaftssache".

## § 92

19 **Prozeßteil:** Da es nur auf den Enderfolg ankommt, ist es unerheblich, welche Kosten auf die einzelnen Prozeßteile entfallen.
20 **Räumungsfrist:** Bei einer Klage auf Räumung von Wohnraum gilt zunächst der vorrangige § 93 b. Soweit in einem anderen Fall, etwa bei § 721 I, das Gericht den Bekl zur Räumung in einem Zeitpunkt oder mit einer Frist verurteilt, die gegenüber dem vom Kläger Beantragten nicht völlig unerheblich später liegen, handelt es sich um ein Teilunterliegen, aM AG Bln-Schöneb MietR **96**, 105.
21 **Scheidung:** Rn 8 „Ehesache".
**Schmerzensgeld:** Soweit der Kläger das Schmerzensgeld (zulässigerweise) nicht beziffert hatte und der ihm schließlich zugesprochene Betrag unter dem von ihm (notwendigerweise) angegebenen Mindestbetrag oder Eckwert, BGH VersR **79**, 472, oder außerhalb der von ihm zumindest anzugebenden Größenordnung liegt, § 253 Rn 56, handelt es sich um ein Teilunterliegen, so wohl im Grunde auch Kblz AnwBl **90**, 398, ferner Köln VersR **95**, 358, Lindacher AcP **182**, 275.
**Selbständiges Beweisverfahren:** Wenn in einem selbständigen Beweisverfahren die festgestellten Mängel hinter den behaupteten zurückbleiben, handelt es sich um ein Teilunterliegen, LG Verden JB **83**, 1897.
**Sicherheitsleistung:** Rn 6 „Arrest, einstweilige Verfügung".
**Sozialklausel:** Es gilt der vorrangige § 93 b. Erst soweit diese Vorschrift keine Regelung enthält, ist ein Teilunterliegen nach § 92 zu beurteilen.
S auch Rn 17.
**Streitgegenstand:** Man muß zur Beurteilung des Teilunterliegens vom gesamten Streitgegenstand, § 2 Anm 2, und insofern hier vom gesamten Kostenstreitwert ausgehen.
S auch Rn 15 „Kostenstreitwert".
**Streitgenossen:** Vgl zunächst § 100.
S im übrigen Rn 15 „Klagerücknahme".
**Streithilfe:** Es gilt der vorrangige § 101.
22 **Stufenklage:** Soweit eine Partei mit einer Stufe einer Stufenklage unterliegt, handelt es sich um ein Teilunterliegen, Mü MDR **90**, 636, aM Zweibr NJW **86**, 939.
23 **Unbezifferter Antrag:** Rn 21 „Schmerzensgeld".
24 **Veröffentlichung:** Soweit das Gericht nur die Veröffentlichung des Urteils untersagt, etwa in einem Fall nach § 23 UWG, handelt es sich um ein Teilunterliegen.
**Verschulden:** Ein Verschulden bleibt bei der Frage, ob es sich um ein Teilunterliegen handelt, jedenfalls zunächst außer Betracht. Vgl freilich §§ 95, 96 mit vorrangigen Sonderregelungen.
25 **Widerklage:** Da es nur auf den Enderfolg des gesamten Prozesses ankommt, besteht kein Unterschied zwischen der Klage und der Widerklage; das Gericht muß auch in einem solchen Fall über die Gesamtkosten des Rechtsstreits einheitlich entscheiden. Im Fall der Abweisung sowohl der Klage als auch der Widerklage handelt es sich für jede Partei um ein Teilunterliegen.
26 **Zeitpunkt:** Soweit das Gericht den Bekl zu der vom Kläger beantragten Leistung erst zu einem für den Kläger nicht völlig unwesentlich späteren Zeitpunkt als dem begehrten verurteilt, handelt es sich um ein Teilunterliegen.
**Zinsen:** Soweit das Gericht dem Bekl zu einem geringeren Zinsfuß oder zu einem späteren Zinsbeginn als dem begehrten verurteilt, handelt es sich um ein Teilunterliegen. Dasselbe gilt, soweit das Gericht eine Verurteilung nur zu Zinsen statt zum Hauptanspruch ausspricht, BGH **LM** Nr 7.
S auch Rn 11, 18 „Nebenanspruch".
**Zug-um-Zug-Leistung:** Soweit die Verurteilung nicht wie beantragt schlechthin, sondern nur Zug um Zug erfolgt, handelt es sich um ein Teilunterliegen; freilich kann dann oft II anwendbar sein, vgl auch Hamm MDR **78**, 403. Maßgeblich ist die wirtschaftliche Tragweite, Hensen NJW **99**, 398 (zB bei streitigem Klageanspruch, unstreitigem Zurückbehaltungsrecht kein Kostennacheil des Klägers, in entgegengesetztem Fall Maßgeblichkeit des Durchdringens mit dem Gegenanspruch, bei Streitigkeit beider Ansprüche Maßgeblichkeit der jeweiligen Einzelwerte).
**Zwischenfrage:** Da es nur auf den Enderfolg ankommt, sind bloße Zwischenfragen (Inzidentfragen) unbeachtlich.

27 **5) „Verhältnismäßige Kostenteilung", I 1.** Soweit es sich um ein Teilunterliegen handelt, Rn 4, hat das Gericht zunächst zu prüfen, ob nicht einer der vorrangigen Sonderfälle nach II oder nach den übrigen in Rn 6 ff erwähnten Sondervorschriften vorliegt. Ist keine jener Sonderregeln anwendbar, so ist nach I 1 vorzugehen.

**A. Begriff der Kostenteilung.** Oberbegriff ist derjenige der „Teilung" der (gesamten) Prozeßkosten. Man könnte auch von einer „Verteilung" sprechen. Sowohl die „verhältnismäßige" Teilung als auch die „Aufhebung gegeneinander" sind Unterfälle der Kostenteilung. Innerhalb der „verhältnismäßigen" Teilung sind wieder die in Rn 33–38 genannten Teilungsmöglichkeiten untergeordnete Wege.

28 **B. Abgrenzung zur „Aufhebung gegeneinander".** Während I 1 den Begriff der „verhältnismäßigen Teilung" nicht näher erläutert, enthält I 2 eine gesetzliche Bestimmung des Begriffs der Aufhebung der Kosten gegeneinander; dazu Rn 40. Indessen kann zumindest im wirtschaftlichen Ergebnis auch eine nach dem Wortlaut der Kostenentscheidung unter I 1 fallende Teilung mit einer Aufhebung gegeneinander im Sinn von I 2 zusammenfallen oder dieser doch sehr nahekommen. Das gilt insbesondere dann, wenn das Gericht so entschieden hat, daß jede Partei die Kosten des Rechtsstreits zur Hälfte zu tragen habe, und wenn die außergerichtlichen Kosten jeder Partei gleich oder nahezu gleich hoch sind.

Man muß im Zweifelsfall durch *Auslegung* ermitteln, ob in Wahrheit nicht eine Teilung nach I 1, sondern eine Aufhebung gegeneinander nach I 2 gemeint war. Letzteres ist nicht selten der Fall. Es kommen aber auch in der Praxis Fälle vor, in denen sich ergibt, daß das Gericht in Wahrheit nicht nach I 2, sondern nach I 1 vorgehen wollte. Insofern mag jeweils § 319 anwendbar sein.

29 **C. Notwendigkeit der Klarheit und Einfachheit der Kostenentscheidung.** Das Gericht sollte schon wegen der in Rn 28 genannten möglichen Unklarheiten seiner Ausdrucksweise darauf achten, daß seine

5. Titel. Prozeßkosten                                                                                                    § 92

Kostenentscheidung gerade im Fall teilweisen Unterliegens einer Partei möglichst klar und einfach ist. Es muß darauf achten, den nach §§ 103 ff notwendigen Kostenausgleich durch seine Kostengrundentscheidung zu erleichtern und nicht zu erschweren. Es muß vor allem stets über die gesamten (evtl restlichen) Kosten des Rechtsstreits entscheiden, soweit nicht zB ein bloßes Teilurteil ergeht. Es muß gerade bei § 92 den Grundsatz der Kosteneinheit beachten, § 91 Rn 15.

Die Kostengrundentscheidung ist auch *im Kostenfestsetzungsverfahren auslegbar,* Einf 19 vor §§ 103–107, Mü Rpfleger **91**, 174. Es kommt auch an sich eine Berichtigung nach § 319 in Betracht, vgl aber dort Rn 5. Es ist auch eine Ergänzung nach § 321 I Hs 2 denkbar. Der Tenor „Jede Partei hat ihre Kosten zu tragen" meint ihre außergerichtlichen und die von ihr bereits bezahlten Gerichtskosten, läßt aber wegen der restlichen Gerichtskosten eine (evgl nur scheinbare) Lücke. Ihre echte Ergänzung ist dem Rpfl im Kostenfestsetzungsverfahren nicht erlaubt, Einf 17 vor §§ 103–107. Es hilft dann nur das System der Haftung von Kostenschuldnern nach dem GKG usw.

*Unzulässig* ist insbesondere eine Verteilung der Kosten nach der Klage einerseits, der Widerklage andererseits **30** (dann muß man vielmehr nach dem Verhältnis der Streitwerte verteilen), Mü Rpfleger **91**, 175. Unzulässig ist auch eine Verteilung nach einzelnen Anträgen oder Verfahrensgegenständen, Hamm **KR** Nr 30, oder nach einzelnen Prozeßvorgängen, etwa „soweit der Bekl anerkannt hat", vgl dazu Hamm **WRP 81**, 111, oder „soweit die Hauptsache erledigt ist". BFH **141**, 338 erlaube allerdings eine Verteilung gemäß einer teilweisen Klagerücknahme, § 269 Rn 9. Im übrigen kann in einer der eben skizzierten Formulierungen natürlich eine echte Streitwertquote stehen, die zulässig ist. Natürlich kann und muß man aber das Ergebnis einzelner Prozeßabschnitte mitberücksichtigen, zB einer Beweisaufnahme, und hiernach dann die Gesamtquote festlegt.

Andererseits ist eine Verteilung nach den *Zeitabschnitten* der Instanz *unzulässig,* Kblz **GRUR 84**, 838, Mü **31** Rpfleger **91**, 175, StJL 3, aM Köln **MDR 81**, 590 (bei einer Streitwertminderung im Laufe des Prozesses sowie beim Ausscheiden eines Streitgenossen könnten die Kosten für die verschiedenen Zeitabschnitte des Rechtsstreits getrennt in unterschiedlichen Quoten verhältnismäßig geteilt werden; zustm Zschockelt **MDR 81**, 536, diesem zögernd zustm Schneider **MDR 81**, 539. Aber solche scharfsinnig nachgerechneten und gutgemeinten Auslegungen unterlaufen im Ergebnis notgedrungen eine gesetzliche Regelung, die um leidlicher Klarheit willen kostenmäßige „Ungerechtigkeiten" in Kauf nimmt, die erfahrungsgemäß so oder so entstehen können, wie sich täglich (s bei der Anwendung von I 1 zeigt).

Es entscheidet vorbehaltlich § 97 der endgültige Erfolg am Ende der letzten durchgeführten Instanz. Das **32** *Wiederaufnahmeverfahren* nach §§ 578 ff mag gesondert zu beurteilen sein. Eine falsche Kostenverteilung mag im Weg einer Auslegung als eine Verteilung nach Bruchteilen umzudeuten sein, Köln **KR** § 103 B Nr 38, Mü Rpfleger **91**, 175, etwa wenn das Gericht fälschlich „die durch die Mehrforderung von x DM entstandenen Kosten dem Kläger" auferlegt hat oder wenn die Kostenentscheidung in Wahrheit in sich widersprüchlich ist, Mü Rpfleger **91**, 175 (unterschiedliche Kostenbelastung einer BGB-Gesellschaft und ihrer Gesellschafter). Wegen der Situation bei Streitgenossen vgl § 100. Tabellenvorschläge bei Ehlert **DRiZ 84**, 484, Held **DRiZ 85**, 101; vgl auch van Gelder **DRiZ 85**, 102, Voormann **DRiZ 85**, 57. Eine Kostenentscheidung erfordert stets Sorgfalt, denn es handelt sich um den Umgang mit fremdem Geld, Einl III 27–29 (Fürsorgepflicht, Haftung).

**D. Kostenteilung nach Bruchteilen.** Soweit das Gericht eine „verhältnismäßige" Teilung nach I 1 **33** vornimmt, kann und sollte es möglichst die Kosten nach Bruchteilen oder Prozenten verteilen, van Gelder **DRiZ 85**, 102. Dabei sollte es einerseits den Grundsatz der Klarheit und Einfachheit beachten, Rn 29, darf andererseits aber im Zeitalter des bequemen Taschenrechners versuchen, dem Verhältnis des Obsiegens und Unterliegens auch bei der Festlegung der Brüche oder Prozentsätze möglichst nahezukommen. Das Gericht kann zB eine zu $3/4$ siegende Partei mit $1/4$ der gesamten Prozeßkosten belasten, die andere mit $3/4$. Es kann auch die siegende Partei mit $1/4$ der gesamten Prozeßkosten belasten und die restlichen $3/4$ Kosten gegeneinander aufheben. Solche Kombinationen sollte man allerdings besser vermeiden und stattdessen entweder nur in Brüchen oder nur in Prozenten über die gesamten Kosten entscheiden. Statt einer Verteilung zu je $1/2$ oder 50% kann sich eine Aufhebung gegeneinander empfehlen, wenn dies gerecht erscheint, Rn 39.

Wenn nur über einen Teil der Tatsachen, die der Klage zugrundeliegen, eine *Beweisaufnahme* erforderlich **34** war, kann das Gericht von entsprechenden Streitwerten ausgehen. Man sollte aber nach I 1 beachten, wieviel jeder Partei von jeder entstandenen Gebühr zur Last fällt, vgl KV 1201 ff, § 31 BRAGO.

Man darf das *Prozeßverhalten* einer Partei insofern mitberücksichtigen, als nicht die vorrangigen §§ 95, 96 **35** anwendbar sind, BGH **LM** § 99 Nr 3; aber Vorsicht: Die Kostenverteilung darf nicht zur Prozeßstrafe werden und den Prozeßerfolg zum Pyrrhus-Sieg verwandeln.

Im Fall einer *Unterhaltsklage* ist im allgemeinen § 17 GKG zu beachten. Man setzt also dann, wenn die **36** Parteien teilweise unterliegen, die miteingeklagten rückständigen Beträge, § 17 IV GKG, zu dem Jahresbetrag in ein ungefähres Verhältnis. Mit Rücksicht auf die verschiedenen Gewichte der beiden Klageteile müßte allerdings dem aus sozialen Gründen im Streitwert niedrig bewerteten künftigen Anspruch, § 17 I GKG, der erheblich größere Teil zufallen, Mü **FamRZ 97**, 762. Nach einem Vorverfahren muß man das Verhältnis seines Kostenstreitwerts zu demjenigen des Hauptverfahrens mitberücksichtigen, Schlesw **JB 85**, 216 (Beweissicherung).

**E. Kostenteilung nach Prozenten.** Vgl zunächst Rn 33. Die Verteilung nach Prozenten statt nach **37** Bruchteilen kann präziser sein und dem tatsächlichen Verhältnis zwischen Sieg und Niederlage genauer entsprechen, sie sollte aber nur dann, wenn der Wert des gesamten Streitgegenstands, § 2 Rn 3, beziffert ist oder gleichzeitig durch Beschluß festgesetzt wird. Man sollte Kommastellen hinter den Prozentsätzen nur bei sehr hohen Streitwerten für notwendig halten, um das Rechenwerk nicht noch mehr zu beschweren. Überhaupt ist eine gewisse vergröbernde Vereinfachung auch bei der Anwendung von Prozentsätzen durchaus statthaft und üblich, etwa 60 (und 40) statt 58 (und 42) Prozent bei geringer Verschiebung im Streitwert.

**F. Kostenteilung nach Summe und Rest.** Das Gericht kann auch die eine Partei mit einem in DM **38** bezeichneten Teil der Gerichtskosten, die andere mit dem Rest belasten, etwa so: „Der Beklagte trägt die Kosten bis auf einen Betrag von 100 DM, den der Kläger zu den Gerichtskosten zu leisten hat". Auch in

## § 92

einem solchen Fall ist zB mitzubeachten, ob eine umfangreiche Beweisaufnahme nur durch das Verhalten einer Partei notwendig wurde. Wenn eine Partei insgesamt möglichst wenig belastet werden darf, kann sich eine Lösung nach F empfehlen. Grundsätzlich ist aber eine Verteilung nach Bruchteilen oder Prozenten vorzuziehen, weil sie einfacher ist.

**39** **6) „Aufhebung gegeneinander", I 2.** Soweit das Gericht nicht nach einer vorrangigen Sonderregel einschließlich II vorgeht, kann es die Kostenteilung auch dadurch vornehmen, daß es die „Kosten gegeneinander aufhebt".

**40** **A. Begriff der Aufhebung usw.** Sind die Kosten gegeneinander aufgehoben, „so fallen die Gerichtskosten jeder Partei zur Hälfte zur Last", BPatG GRUR **91**, 205, während jede Partei ihre außergewöhnlichen, oft unterschiedlich hohen, Kosten selbst trägt. Die Gerichtskosten bestehen, wie stets, aus den Gebühren und den Auslagen des Gerichts, § 1 I GKG, also auch aus den Beträgen, die das Gericht einem Sachverständigen oder Zeugen oder einem ehrenamtlichen Richter zu zahlen hat. Über die außergerichtlichen Kosten trifft I 2 nach dem bloßen Wortlaut scheinbar keine Bestimmung. Die Vorschrift ist aber nach ihrem Sinn eindeutig dahin zu verstehen, daß jede Partei bei Aufhebung der Kosten gegeneinander im Fall der Aufhebung der Kosten gegeneinander selbst tragen muß, und zwar unabhängig davon, ob überhaupt solche außergerichtlichen Kosten bei ihr entstanden sind und wie hoch sie geworden sind.

**41** Zu den außergerichtlichen Kosten zählen vor allem die Gebühren und Auslagen der *Anwälte* (ProzBev, Verkehrsanwälte, Terminsanwälte, Beweisanwälte usw), außerdem die Auslagen der Partei für Fahrten zum Termin, zum Anwalt, wegen Zeitversäumnis, wegen Verdienstausfalls usw, BPatG GRUR **91**, 205, Hamm Rpfleger **82**, 80, LG Köln ZMR **74**, 141, aM Celle KTS **88**, 370 (jede Partei trage bei Aufhebung der Kosten gegeneinander auch ihre außergerichtlichen Kosten nur zur Hälfte, wobei von deren genauer Ermittlung allerdings abgesehen werde. Aber diese Lösung ist jedenfalls formell wesentlich komplizierter und im Ergebnis auch nicht gerechter).

**42** Man kann nur nach den *Gesamtumständen* des Einzelfalls entscheiden, ob eine Aufhebung der Kosten gegeneinander oder eine verhältnismäßige Teilung auf andere Weise gerechter sind. Wenn beide Parteien durch eine gleiche Zahl von Anwälten jeweils derselben Funktionen vertreten sind und wenn beide Parteien in etwa demselben Umfang siegen und unterliegen, ist durchweg die Aufhebung gegeneinander angebracht, LG Hbg Rpfleger **85**, 374 (krit Schneider). Es kann allerdings auch dann eine Aufhebung der Kosten gegeneinander angebracht sein, wenn nur eine Partei anwaltlich vertreten ist. Das hängt allerdings davon ab, ob die Hinzuziehung eines Anwalts durch nur diese Partei trotz ihrer Zulässigkeit bei vernünftiger Betrachtung aus der damaligen Sicht des Auftraggebers nicht sonderlich notwendig war; dann mag er diesen Zusatzaufwand trotz etwa hälftigen Obsiegens allein tragen müssen.

**43** **B. Abgrenzung zur Kostenteilung.** Vgl Rn 28.

**44** **7) „Auferlegung der gesamten Prozeßkosten", II.** Soweit das Gericht nicht eine der vorrangigen Sonderregeln außerhalb von § 92 anwenden muß, ist zunächst zu klären, ob trotz formellen Teilunterliegens einer Partei doch einer der Grenzfälle vorliegt, in denen der gegenüber I vorrangige II anwendbar ist.

**45** **A. Begriff der Auferlegung usw.** Die Auferlegung der gesamten Prozeßkosten zu Lasten einer Partei ist dasselbe wie die in § 91 für den Fall völligen Unterliegens vorgeschriebene Kostenauferlegung. Soweit II zur Anwendung kommt, muß die belastete Partei die gesamten gerichtlichen Gebühren und Auslagen und außerdem die gesamten Gebühren und Auslagen aller am Prozeß beteiligten Parteien tragen, soweit das Gericht nicht für einzelne Streitgenossen, den Streithelfer usw die vorrangigen Sonderregeln beachtet hat. Das muß man bedenken. Soweit man dieses Ergebnis nicht erzielen will, darf man nicht II, sondern muß eine der Möglichkeiten nach I wählen, dazu Rn 27 ff, 39 ff.

**46** **B. Abgrenzung zur verhältnismäßigen Teilung und zur Aufhebung gegeneinander.** Vgl Rn 27, 28, 39 ff. Eine Auferlegung der gesamten Prozeßkosten läßt sich trotz des scheinbar eindeutigen Wortlauts möglicherweise in eine Maßnahme nach I umdeuten, aber Vorsicht!

**47** **C. Notwendigkeit der Kostengerechtigkeit.** Gerade bei Anwendung von II ist in hohem Maße auf eine Kostengerechtigkeit zu achten. Zwar hat das Gericht schon nach dem Wortlaut („... kann") einen weiten Ermessensspielraum. Es muß ihn aber pflichtgemäß ausfüllen und darf nicht willkürlich (nur aus sachfremden Motiven) vorgehen. Die Kostengrundentscheidung ist insbesondere bei Anwendung von II kein Weg einer Prozeßstrafe. Auf das Verschulden kommt es ohnehin nicht an; nur der Enderfolg entscheidet. Die Verhaltensweise der Partei kann zwar nach §§ 95 ff berücksichtigt werden; II schafft aber nicht eine zusätzliche weitere Möglichkeit solcher Berücksichtigung. Man darf insbesondere den Begriff der „verhältnismäßigen Geringfügigkeit" nicht dahin auslegen, daß auch ein in Wahrheit nicht mehr geringfügiger Teil als noch derart klein angesehen wird.

**48** **8) „Zuvielforderung verhältnismäßig geringfügig", II Hs 1.** Die Auferlegung der gesamten Prozeßkosten nur zu Lasten einer Partei setzt voraus, daß entweder die in Rn 48–50 genannten Voraussetzungen sämtlich zusammentreffen oder daß die in Rn 51 ff dargestellten Voraussetzungen vorliegen.

**A. Begriff der Zuvielforderung.** Eine Zuvielforderung (Mehrforderung) liegt zunächst vor, wenn die begehrte Hauptsumme höher liegt als die zugesprochene. Sie kann aber auch dann vorliegen, wenn zB die im Eilverfahren nach §§ 935 ff beantragte Maßnahme bei vernünftiger Gesamtbetrachtung weiter reichte als die schließlich (unter Berücksichtigung von § 938) angeordnete oder wenn beim unbezifferten Klagantrag der zunächst genannte Mindest- oder Eckbetrag oder die zunächst genannte Größenordnung höher lagen als die schließlich im Urteil beziffert zugesprochene Summe etwa des Schmerzensgelds, Mü VersR **89**, 862. Freilich kann man nicht einfach auch bei einem nun einmal bezifferten Antrag trotz halber Abweisung die Kosten trotzdem allein dem Bekl auferlegen, nur weil der Antrag auch unbeziffert zulässig gewesen wäre, wie es Köln NJW **89**, 720 vorsieht (ohne Übersicht für die Notwendigkeit, beim unbezifferten Antrag den Mindestbetrag oder die Größenordnung zu nennen). Es kommt also auf die Ermittlung des Kostenstreitwerts einerseits der Anfangsforderung, andererseits der zugesprochenen Leistung an.

**B. Begriff der Geringfügigkeit.** Die Zuvielforderung darf nur geringfügig gewesen sein. Ob nur 49 Geringfügigkeit vorliegt, muß man von Fall zu Fall nach den gesamten Umständen und durch Ermittlung des Verhältnisses der zugesprochenen Leistung zur ursprünglichen Klageforderung ermitteln; zum Problem Herr MDR **93**, 837. Man kann eine *Grenze der Geringfügigkeit bei 10%* ziehen, ThP 8, aM Kblz AnwBl **90**, 398 (13% noch unschädlich), Köln NJW **89**, 720 (50%), Mü VersR **89**, 862 (über 40%: jeweils unhaltbar, Rn 48). Auch eine Verurteilung nur Zug um Zug kann nach II zu beurteilen sein; es kommt aber sehr auf den Wert der Zug-um-Zug-Gegenleistung an. II ist natürlich auch zu Gunsten des fast ganz siegenden Bekl anwendbar.

9) „**Keine besonderen Kosten veranlaßt**", II Hs 2. Zu den Voraussetzungen nach Rn 48, 49 muß bei 50 Anwendung von II hinzutreten, daß die Zuvielforderung überhaupt keine besonderen Kosten veranlaßt hat, BGH **76**, 53, Mü MDR **88**, 501, ThP 8, aM ZöHe 11 (die Vorschrift sei auch dann noch anwendbar, wenn zwar gewisse, aber nur geringe Mehrkosten entstanden seien. Aber das Wort „besondere" ist zumindest dort, wo es auf Tabellensprünge ankommt, eindeutig und sollte auch dort, wo es zB auf Auslagen ankommt, nicht durch das Bestreben nach Gerechtigkeit überstrapaziert werden).

10) „**Abhängigkeit**" der Forderung von richterlicher „**Festsetzung**", II Hs 2. II ist auch dann 51 anwendbar, wenn zwar nicht die Voraussetzungen Rn 48–50, wohl aber diejenigen Anm 10 vorliegen. Das Wort „oder" trennt nämlich den Hs 1 (bis zu den Worten „veranlaßt hat") als eine Gruppe von Voraussetzungen und den Hs 2; nicht etwa muß man die Trennung im vorangegangenen Wort „und" sehen. Soweit Hs 2 anwendbar ist, genügt es, daß eine der in Rn 52–57 genannten Voraussetzungen vorliegt. Im einzelnen:

A. „**... durch richterliches Ermessen**". Es reicht zunächst aus (und ist erforderlich), daß der Betrag 52 der Forderung von der Festsetzung durch richterliches Ermessen abhing. Dieser Fall liegt vor allem beim unbezifferten Klagantrag, etwa auf die Zahlung eines ins Ermessen des Gerichts gestellten Schmerzensgelds nach § 847 BGB, vor, Köln VersR **95**, 358.
*Weitere Beispiele:* §§ 315, 319 BGB, 355 HGB, 287 ZPO. Der Schmerzensgeldantrag muß sich freilich in 53 vertretbaren Grenzen gehalten haben, Anh nach § 3 Rn 99, 100, BGH **KR** Nr 4, Mü NJW **86**, 3090, Düss DNotZ **78**, 684. Unter solcher Voraussetzung kann II ein Kostenrisiko des Geschädigten, das seinen sachlichrechtlichen Anspruch im Ergebnis mindern könnte, verringern, Gerstenberg NJW **88**, 1359, aM Husmann NJW **89**, 3126. Freilich darf das Gericht das Kostenrisiko auch nicht entgegen dem Grundsatz des § 91 auf den Bekl verlagern, Mü VersR **74**, 347. Wenn das Verfahren ergibt, daß der Kläger tatsächlich einen bestimmten Betrag verlangt, und wenn das Gericht ihm diesen Betrag nicht zusprechen kann, dann muß auch eine wirkliche Kostenteilung nach I stattfinden, sofern die Zuvielforderung nicht wirklich geringfügig war, BGH LM § 249 (Gb) BGB Nr 3. Ähnlich liegt es, wenn der Kläger einen vermeidbaren Schätzungsfehler beging und durch falsche Angaben eine vermeidbare Beweisaufnahme verursachte, Ffm GRUR **89**, 203. Im Fall einer Entscheidung nach § 938 kann sich ergeben, daß trotz der nach Wortlaut und Sinn gewissen Abweichung der Entscheidung vom Antrag in Wahrheit doch zumindest wirtschaftlich oder psychologisch ein voller Erfolg vorliegt, nicht nur eine (wenn auch nur geringfügige) Zuvielforderung.

B. „**Ausmittlung durch Sachverständige**". Es reicht auch aus, daß der Betrag der Forderung von der 54 Ermittlung (das Gesetz spricht veraltet von „Ausmittlung") durch einen Sachverständigen abhängig war. Hier kann es sich sowohl um eine bezifferte als auch um eine unbezifferte Klagforderung handeln. In Betracht kommen alle Fälle, in denen das Gericht bei der Ermittlung einer Schadenshöhe oder bei der Feststellung des Zustands einer Sache, etwa im Rahmen einer Beweissicherung, zumindest praktisch von einem Sachverständigen abhängig ist, mag er auch formell nur als Gehilfe des Richters gelten. Dagegen zählen **nicht** diejenigen Fälle hierher, in denen nur der Grund, nicht (auch oder nur) der Betrag einer Forderung von der Ermittlung durch einen Sachverständigen abhängt.
*Beispiel:* Die Feststellung der Vaterschaft als zwingende Voraussetzung einer Unterhaltspflicht dem Grunde 55 nach.

C. „**Gegenseitige Berechnung**". Es reicht schließlich aus, daß der Betrag der Forderung von einer 56 gegenseitigen „Berechnung" oder Abrechnung abhängt.
*Beispiel:* Der Kläger kennt zunächst unverschuldet noch nicht die Höhe einer Gegenforderung des Bekl, 57 vor allem bei einer Haupt- oder Hilfsaufrechnung.
Der Forderungsbetrag muß von solcher gegenseitigen Berechnung „abhängig" sein, und zwar im Zeitpunkt der Entscheidungsreife. Es reicht also nicht aus, daß etwa eine derartige Abhängigkeit nur im Fall einer bloßen *Hilfsaufrechnung* eintreten würde, § 145 Rn 13, solange das Gericht der Klage ohnehin schon wegen des Abweisungsantrags oder der Hauptaufrechnung des Bekl nicht stattgeben konnte.

11) **Rechtsmittelinstanz, I, II.** Die Vorschriften gelten in allen Instanzen, vgl (zu II) Hamm MDR **80**, 58 233, Köln VersR **95**, 358, Mü MDR **83**, 1029 (Vorsicht bei der Herabsetzung eines Ordnungsgeldes nach § 890 in der Beschwerdeinstanz).

12) **Verstoß, I, II.** Im Fall eines Verstoßes gegen I oder II ist § 99 zu beachten (Einschränkung der 59 Anfechtbarkeit einer bloßen Kostenentscheidung; Ausnahme bei Anerkenntnis). Im übrigen bestehen die Rechtsmittelmöglichkeiten wie sonst.

13) *VwGO:* Eine entsprechende Regelung enthält § 155 I VwGO, die von II abweicht: die Kosten können einem 60 Beteiligten nach § 155 I 3 VwGO dann ganz auferlegt werden, wenn der andere „*nur zu einem geringen Teil unterlegen ist*". Ob die Zuvielforderung besondere Kosten verursacht, ist also ohne Bedeutung. II (letzter Halbsatz) ist nicht anzuwenden, weil durch die abweichende Fassung des § 155 I 3 VwGO ausgeschlossen wird.

## § 93 Sofortiges Anerkenntnis.

**93** *Sofortiges Anerkenntnis.* **Hat der Beklagte nicht durch sein Verhalten zur Erhebung der Klage Veranlassung gegeben, so fallen dem Kläger die Prozeßkosten zur Last, wenn der Beklagte den Anspruch sofort anerkennt.**

**Schrifttum:** *Nink,* Die Kostenentscheidung nach § 93 ZPO im Urteilsverfahren des einstweiligen Rechtsschutzes, Diss Gießen 1990.

### Gliederung

| | |
|---|---|
| 1) Systematik | 1–3 |
| 2) Regelungszweck | 4 |
| 3) Sachlicher Geltungsbereich | 5–27 |
|    A. Direkte Anwendbarkeit | 5 |
|    B. Entsprechende Anwendbarkeit | 6 |
|    C. Unanwendbarkeit | 7 |
|    D. Beispiele zur Frage des sachlichen Geltungsbereichs | 8–27 |
| 4) Keine „Veranlassung zur Erhebung der Klage" | 28–84 |
|    A. Begriff der Klageerhebung | 28 |
|    B. Begriff der Klageveranlassung | 29 |
|    C. Maßgeblicher Zeitpunkt: Rückblick bei Entscheidungsreife | 30 |
|    D. Beispiele zur Frage der Klageveranlassung | 31–84 |
| 5) „Sofortiges Anerkenntnis des Anspruchs" | 85–106 |
|    A. Begriff des Anspruchs | 86 |
|    B. Begriff des Anerkenntnisses | 87 |
|    C. Begriff der Sofortigkeit | 88 |
|    D. Beispiele zur Frage der Sofortigkeit des Anerkenntnisses | 89–106 |
| 6) Rechtsfolgen: „Kostenlast" | 107–113 |
|    A. Kostenlast des Klägers | 108 |
|    B. Kostenlast des Beklagten | 109–111 |
|    C. Teilanerkenntnisfolgen | 112, 113 |
| 7) Verfahrensfragen | 114, 115 |
| 8) Rechtsmittel | 116 |
| 9) *VwGO* | 117 |

**1** **1) Systematik.** Die Vorschrift ergänzt den § 307 wegen der Kostenfolgen für einen Teil seines Anwendungsbereichs. Sie stellt nur scheinbar eine Ausnahme von der Grundregel des § 91 dar; in Wahrheit führt sie jene Grundregel folgerichtig fort, nur eben verfeinert: Die Frage, wer unterlegen ist, wird bei § 93 – anders als bei dem notwendigerweise groben Schema des § 91 – nicht vom äußeren Prozeßergebnis her beantwortet, sondern von dem im Grunde gerechteren Maßstab, ob ein Prozeß überhaupt notwendig war.

**2** Trotzdem ist § 93 im System der §§ 91 ff formell als Ausnahmeregel anzusehen, BGH NJW **94**, 2895 (krit Bork JZ **94**, 1011), Köln FamRZ **88**, 96, LG Mü KTS **86**, 508. Daher ist eine *enge Auslegung* seiner Voraussetzungen erforderlich; vgl aber Rn 5 ff. Die Vorschrift erfaßt nach dem Wortlaut nur das volle Anerkenntnis aller Klaganspruche. Beim bloßen Teilanerkenntnis ist § 93 auf die diesbezüglichen Kosten anwendbar, Rn 112. §§ 93 a ff, 94 ff enthalten teilweise vorrangige Sonderregeln.

**3** Die Vorschrift stellt keine Einschränkung der Regel dar, daß das Gericht nach § 308 II über Kosten stets *von Amts wegen* entscheiden muß. Denn die Kostenfolge ja ohnehin nicht von einem Antrag abhängig.

**4** **2) Regelungszweck.** § 93 soll dazu beitragen, unnötige Prozesse zu vermeiden, dient also der Prozeßwirtschaftlichkeit, Grdz 14 vor § 128, BPatG GRUR **89**, 588. Die Vorschrift dient ferner dazu, in einem nun einmal unnötigerweise eingeleiteten Prozeß dem Bekl wenigstens die Chance der Entlastung vom Kostenrisiko zu geben, AG Bln-Charlottenb FamRZ **94**, 118. Außerdem ergibt sich als Nebenerfolg eine Möglichkeit zur Verkürzung und Vereinfachung des Verfahrens. Insofern dient die Vorschrift auch dem öffentlichen Interesse. Das ist trotz der an sich gebotenen engen Auslegung der Voraussetzungen, Rn 2, mitzubeachten.

**5** **3) Sachlicher Geltungsbereich.** Während man wegen des formellen Ausnahmecharakters der Vorschrift, Rn 2, ihre Voraussetzungen an sich eng auslegen muß, ist die Frage, ob die Vorschrift überhaupt anwendbar ist, großzügig zu beantworten.

**A. Direkte Anwendbarkeit.** § 93 gilt grundsätzlich in jeder Verfahrensart nach der ZPO, in der der Bekl oder Antragsgegner oder Widerbekl ein nach § 307 wirksames Anerkenntnis erklären kann. In dem Verfahren muß also die Parteiherrschaft gelten, nicht (nur) der Ermittlungsgrundsatz, Grdz 18, 38 vor § 128.

**6** **B. Entsprechende Anwendbarkeit.** Der Rechtsgedanke des § 93 ist auch in jedem Verfahren anwendbar, das wenigstens im Kern einem Zivilprozeß mit Parteiherrschaft vergleichbar ist und keine vorrangige Sonderregelung enthält.

**7** **C. Unanwendbarkeit.** § 93 ist in einem Verfahren ohne Parteiherrschaft und damit ohne Möglichkeit eines nach § 307 wirksamen Anerkenntnisses unwirksam, also in demjenigen Verfahren, in dem der Ermittlungsgrundsatz herrscht, Grdz 38 vor § 128.

**8** **D. Beispiele zur Frage des sachlichen Geltungsbereichs**
**Anspruchsverzicht:** Im Fall eines Verzichts auf den Kiaganspruch, vgl § 306, ist § 93 unanwendbar, Hamm MDR **82**, 676, Kblz RR **86**, 1443, LG Hbg RR **87**, 381, aM Ffm OLGZ **93**, 299.
**9** **Arrest, einstweilige Verfügung:** § 93 gilt auch im Verfahren auf den Erlaß eines Arrests oder einer einstweiligen Verfügung, Ffm GRUR **89**, 934, Köln RR **88**, 1341, LG Hbg RR **87**, 381. Das gilt auch in dem Verfahren nach einem Widerspruch, §§ 924 ff, und im Aufhebungsverfahren nach § 927, dort Rn 11, freilich nur, wenn in Wahrheit keine Gefährdung vorlag oder wenn eine Gefährdung keine Voraussetzung des Eilverfahrens war, etwa in den Fällen der §§ 885 I 2, 899 II 2, 1615 o III BGB, §§ 11 I 2, 21 II 3 SchiffsRG, § 25 UWG, Borck NJW **81**, 2725, aM Liesegang JR **80**, 99 (er will von Fall zu Fall entscheiden).
**Aufgebotsverfahren:** Im Aufgebotsverfahren, §§ 946 ff, ist § 93 unanwendbar. Das ergibt sich aus der über die Interessen des Antragstellers weit hinausgehenden Bedeutung jenes Verfahrens trotz seiner Anklänge an ein Erkenntnisverfahren.
**Aufhebungsverfahren:** S „Arrest, einstweilige Verfügung".

## 5. Titel. Prozeßkosten § 93

**Beschlußverfahren:** § 93 gilt auch in einem Beschlußverfahren, soweit überhaupt die Voraussetzungen 10
Rn 5, 6 auf jene Verfahrensart zutreffen.
**Drittwiderspruchsklage:** § 93 gilt auch in einem Drittwiderspruchsprozeß nach § 771, Hamm FamRZ 11
**99**, 725 oder nach § 878. Denn dieses Verfahren ist ein nur äußerlich bei der Zwangsvollstreckung mitgeregeltes, in Wirklichkeit selbständiges (weiteres) Erkenntnisverfahren.
 S auch Rn 27 „Zwangsvollstreckung".
**Eheverfahren:** § 93 ist grundsätzlich in jeder Art von Eheverfahren wegen des dort geltenden Ermittlungs- 12
grundsatzes, Grdz 38 vor § 128, unanwendbar, Ffm FamRZ **84**, 1123.
 S freilich auch Rn 23 „Unterhalt".
**Erbausgleich:** Rn 25 „Vorzeitiger Erbausgleich".
**Feststellungsklage:** § 93 ist auch bei einer bloßen Feststellungsklage wie sonst anwendbar. 13
**Finanzgerichtsverfahren:** § 93 ist in einem Finanzgerichtsverfahren allenfalls insoweit anwendbar, als dort ausnahmsweise im konkreten Fall kein Ermittlungsgrundsatz herrscht, Grdz 38 vor § 128.
**Folgesache:** Rn 12 „Eheverfahren", Rn 23 „Unterhalt".
**Feiwillige Gerichtsbarkeit:** Rn 15 „Hausratssache"
**Gebrauchsmuster:** Der Rechtsgedanke des § 93 ist im Rahmen einer nach § 17 GebrMG in Verbindung 14
mit § 62 PatG zu treffenden Kostenentscheidung anwendbar, BGH GRUR **82**, 364 und 417, BPatG
GRUR **89**, 587.
**Gestaltungsklage:** § 93 ist auch bei einer Gestaltungsklage anwendbar, Düss RR **93**, 74, Naumbg RR **98**, 15
1095.
**Hausratssache:** § 93 gilt entsprechend in Verbindung mit § 20 HausratsVO, Köln FER **99**, 190
links.
**Insolvenz:** § 93 ist im Insolvenzverfahren grds unanwendbar, denn dort herrscht der Ermittlungsgrundsatz.
Grdz 38 vor § 128, Mü KTS **87**, 327, LG Ffm KTS **85**, 751. Die Vorschrift ist aber in einem aus Anlaß
eines Insolvenzverfahrens entstehenden Zivilprozeß wie sonst anwendbar, BGH RR **94**, 1213, LG Gött
KTS **90**, 137.
**Kindschaftssache:** § 93 ist in einem Kindschaftsverfahren wegen des dort herrschenden Ermittlungsgrund- 16
satzes, Grdz 38 vor § 128, unanwendbar.
 S allerdings auch Rn 23 „Unterhalt", Rn 24 „Vereinfachtes Verfahren".
**Klagerhöhung:** § 93 ist (auch) auf den Mehrbetrag anwendbar. Er ist wie eine weitere Klage zu beurteilen.
**Klagerücknahme:** § 93 ist in solchem Fall auch nicht entsprechend anwendbar, Stgt RR **97**, 1222. 17
Denn der Kostenausspruch nach § 269 III 2 ist ungeachtet etwaiger „Kostenanträge" in Wahrheit ja nur
die bloße Feststellung einer bereits zwangsläufig eingetretenen Kostenfolge. Bei § 93
muß das Gericht immerhin eine (unter den Voraussetzungen der Vorschrift ebenso zwangsläufige)
Kostenfolge durch eine Kostengrundentscheidung erst im Einzelfall herbeiführen, Düss JB **82**, 1240,
Hamm GRUR **83**, 608, Karlsr MDR **94**, 1245, aM AG Offenbach MDR **84**, 1032, Schneider MDR
**84**, 548.
**Kostenfestsetzungsverfahren:** § 93 ist im Kostenfestsetzungsverfahren anwendbar, § 104 Rn 20. Das gilt 18
trotz des Grundsatzes, daß das Gericht stets von Amts wegen über Kosten entscheiden muß, § 308 II,
Karlsr OLGZ **86**, 125.
**Künftige Leistung:** § 93 ist auch in einem Verfahren auf künftige Leistung nach §§ 257 ff anwendbar, auch
zB in einem Verfahren nach § 259. Denn § 93 setzt einen subjektiven Anlaß und nicht eine objektive
Besorgnis voraus.
**Leistungsklage:** § 93 ist bei einer Leistungsklage wie sonst anwendbar. 19
**Mahnverfahren:** Nach einem Mahnverfahren tritt beim Übergang in das streitige Verfahren unter Um- 20
ständen gemäß § 696 III eine Rückwirkung ein. Im übrigen ist § 93 anwendbar, soweit und sobald der
Antragsgegner den Mahnspruch gemäß § 307 überhaupt wirksam anerkennen kann.
**Patentverfahren:** § 93 ist in einem Verfahren nach § 84 II PatG anwendbar, BGH MDR **84**, 578. 21
 S auch Rn 14.
**Scheidung:** Rn 12. 22
**Schriftliches Vorverfahren:** § 93 ist auch bei § 307 II anwendbar.
**Sozialgerichtsverfahren:** § 93 ist im SGG-Verfahren unanwendbar, denn dort herrscht der Ermittlungsgrundsatz, Grdz 38 vor § 128, LSG Essen NJW **87**, 1360.
**Unterhalt:** § 93 ist in Unterhaltsverfahren wie sonst anwendbar, Ffm FamRZ **98**, 445. Das gilt auch, soweit 23
eine Folgesache lediglich Unterhaltsansprüche betrifft und nicht dem Ermittlungsgrundsatz, Grdz 38 vor
§ 128, unterliegt.
 S auch Rn 24 „Vereinfachtes Verfahren".
**Vaterschaftsfeststellung:** § 93 ist auch in Verfahren auf die Feststellung der Vaterschaft anwendbar, Köln 24
FamRZ **92**, 697.
**Vereinfachtes Verfahren:** Vgl § 656 III.
**Versäumnisverfahren:** § 93 ist auch nach einem Versäumnisverfahren, Köln VersR **92**, 635.
**Vollstreckbarkeit:** § 93 ist anwendbar, soweit es um die Vollstreckbarkeit eines festgestellten Anspruchs 25
geht und nicht der Ermittlungsgrundsatz, Grdz 38 vor § 128, herrscht. In Betracht kommt zB das
Vollstreckbarkeitsverfahren nach § 1042, vgl § 794 I Z 5.
**Vorverfahren:** Rn 22 „Schriftliches Vorverfahren".
**Vorzeitiger Erbausgleich:** § 93 ist im Verfahren auf Zahlung eines vorzeitigen Erbausgleichs anwendbar,
Düss RR **93**, 74.
**Widerspruchsverfahren:** Rn 9 „Arrest, einstweilige Verfügung", Rn 20.
**Wiederaufnahmeverfahren:** § 93 ist im Wiederaufnahmeverfahren, §§ 578 ff, anwendbar. 26
**Wiederkehrende Leistung:** Rn 18 „Künftige Leistung".
**Zwangsvollstreckung:** Im Zwangsvollstreckungsverfahren ist § 93 wegen des dort grds geltenden Ermitt- 27
lungsprinzips, Grdz 38 vor § 128 an sich unanwendbar. Jedoch ist § 93 auf einen aus Anlaß der Zwangs-

vollstreckung entstehenden Prozeß, etwa nach §§ 767, 771, 878, anwendbar, Hamm FamRZ **99**, 725, ebenso wegen § 891 S 3 in den Fällen der §§ 887–890.

S auch Rn 11, Rn 25 „Vollstreckbarkeit".

28 **4) Keine „Veranlassung zur Erhebung der Klage".** Erste Voraussetzung der Anwendbarkeit des § 93 ist, daß der Bekl „nicht durch sein Verhalten zur Erhebung der Klage Veranlassung gegeben hat". Dafür trägt der Bekl grundsätzlich die Darlegungs- und Beweislast, Anh § 286 Rn 36. Ist diese Voraussetzung erfüllt, so muß man weiter prüfen, ob auch ein „sofortiges Anerkenntnis" vorliegt, Rn 85.

**A. Begriff der Klageerhebung.** Aus dem Regelungszweck, Rn 4, folgt: Unter Klageerhebung muß man hier schon die Einreichung der Klage oder der Antragsschrift verstehen, Bbg JB **82**, 1884. Denn bereits durch diesen Vorgang können Kosten entstehen, die § 93 ja gerade vermeiden helfen will. Der Begriff der Klageerhebung weicht hier also von demjenigen des § 253 I ab. Es kommt nicht auf die Rechtshängigkeit an, sondern die bloße Anhängigkeit genügt, § 261 Rn 1.

29 **B. Begriff der Klageveranlassung.** Man gibt zur Erhebung der Klage durch ein Verhalten Anlaß, das vernünftigerweise den Schluß auf die Notwendigkeit eines Prozesses rechtfertigt, BGH NJW **79**, 2041, Drsd WettbR **99**, 17, Hamm ZMR **96**, 499.

30 **C. Maßgeblicher Zeitpunkt: Rückblick bei Entscheidungsreife.** Das Gericht muß bei der notwendigen Prüfung, ob objektiv ein Klaganlaß bestand, alle im Zeitpunkt der Kostenentscheidung, § 300 Rn 5, vorliegenden Umstände über den jetzt noch einer Kostenentscheidung bedürfenden Teil des Rechtsstreits beachten. Es muß aber auf dieser Grundlage rückblickend darauf abstellen, ob im Zeitpunkt der Klageerhebung, Rn 28, ein Klaganlaß schon und noch bestand, Ffm RR **93**, 127, Nürnb VersR **98**, 1130. Es ist also eine rückschauende Betrachtungsweise erforderlich, die freilich das Verhalten der Parteien bis zur Entscheidungsreife mitberücksichtigen darf und muß; Einzelheiten bei den Beispielen in Rn 31 ff.

31 **D. Beispiele zur Frage der Klageveranlassung**
**Abänderungsklage:** Bei der Klage nach § 323 ist trotz des Interesses des Klägers an einer baldigen Klagerhebung, vgl § 323 III, die Frage des Klaganlasses nicht anders als bei sonstigen Klagen zu beurteilen, Hbg FamRZ **88**, 1077. Der Bekl hat einen Klaganlaß gegeben, wenn er zwar einen erhöhten Unterhalt zahlt, sich aber nicht dazu bereit findet, eine neue vollstreckbare Urkunde zu unterzeichnen, LG Dortm FamRZ **68**, 328, AG Freibg FamRZ **78**, 437. Erst ab Erhalt einer schlüssigen Klagebegründung nebst angemessener Prüfungsfrist kann Klagveranlassung vorliegen, Köln FamRZ **97**, 1415.
S auch Rn 23.
**Abmahnung:** Außerhalb einer Wettbewerbssache kann eine Abmahnung zB vor einer Leistungs- oder Unterlassungsklage ebenfalls notwendig sein, Hamm, FamRZ **99**, 725, Köln FamRZ **97**, 764, Nürnb RR **87**, 695. Eine für den Gläubiger zumutbare Überlegungsfrist des Schuldners ist auch hier einzuhalten. Wegen der Notwendigkeit einer Abmahnung im Wettbewerbsrecht Rn 67 ff. Vor einer einstweiligen Verfügung mag eine Abmahnung außerhalb des Wettbewerbsrechts entbehrlich sein, Köln RR **97**, 1242.
S ferner Rn 33, Rn 41 „Feststellungsklage", Rn 53 ff.
**Abschlußschreiben:** Rn 77 ff.
**Änderung der Rechtslage:** Rn 52 „Rechtsänderung".

32 **Anfechtungsgesetz:** Der Bekl hat nicht schon deshalb einen Klaganlaß gegeben, weil er eine für den Gläubiger nachteilige anfechtbare Handlung vorgenommen hat, Schlesw MDR **77**, 321, wohl auch ZöHe 6 „Anfechtung"; im Ergebnis ebenso Düss KTS **84**, 495 (es komme aber stets auf die Gesamtumstände an), ZöHe 3, aM LG Kaisersl KTS **72**, 202. Der Schuldner, der zur Duldung der Zwangsvollstreckung verpflichtet ist, ohne auch der persönliche Schuldner zu sein, gibt erst dann Klageveranlassung, wenn er die Duldung verweigert, Saarbr MDR **90**, 637.
S auch Rn 37 „Dingliche Klage".
**Annahmeverzug des Gläubigers:** Soweit ein solcher Annahmeverzug vorliegt, hat der Bekl keinen Klaganlaß gegeben. Dasselbe gilt, soweit der Gläubiger eine von ihm zu erbringende Gegenleistung nicht gewährt hat, § 298 BGB.

33 **Arrest, einstweilige Verfügung:** Es sind zwei Fallgruppen zu trennen.
*Anlaß zum Antrag:* Soweit der Antragsteller keine Gefährdung glaubhaft zu machen braucht, kann der Antragsgegner einen Anlaß zu dem Antrag gegeben haben, auch wenn sich der Antragsteller ohne eine weitere außergerichtliche Auseinandersetzung sogleich an das Gericht gewendet hat, Köln GRUR **88**, 646, oder wenn er die von ihm gesetzte Frist für eine strafbewehrte Unterlassungserklärung nicht abwartet und wenn die Erklärung dann erst, wenn auch vor ihrem Fristablauf, eingeht, Mü MDR **90**, 556. Dieser Fall kann zB eintreten: Bei § 885 I 2 BGB, Köln NJW **75**, 455 (das Gericht betont, der Antragsteller brauche den Antragsgegner auch nicht zur Bewilligung einer Vormerkung aufzufordern; aM Hamm NJW **76**, 1460 und grds Köln ZMR **77**, 109); bei § 899 II 2 BGB; bei § 25 UWG.

34 *Kein Anlaß zum Antrag:* Der Antragsgegner hat keinen Anlaß zu dem Antrag gegeben, soweit er nach einem ohne seine Anhörung ergangenen Beschluß (also nicht nach einem Urteil) den Widerspruch zulässigerweise von vornherein auf die Kostenfrage beschränkt, § 924 Rn 4 (sog „Kostenwiderspruch"). Denn der Antragsgegner kann nur durch den Widerspruch seine Bereitschaft zum alsbaldigen Anerkenntnis ausdrücken, sofern er nicht vor dem Beginn des Verfahrens gehört worden war. Das setzt allerdings voraus, daß sein vorheriges Verhalten nicht ergibt, daß er in Wahrheit doch einen Anlaß zu dem Eilverfahren gegeben hatte, Düss RR **86**, 37, Ffm AnwBl **85**, 642, Lemke DRiZ **92**, 339, aM Hbg GRUR **89**, 458, Mü GRUR **85**, 327. Hat der Gegner auf eine Abmahnung auf Unterlassung nicht reagiert, so ist die neben dem Eilverfahren gleichzeitig erhobene Hauptsacheklage vom Bekl nicht stets veranlaßt, Drsd WettbR **96**, 138.
S auch Rn 34 „Aufhebungsverfahren", Rn 64 „Verwahrung gegen die Kosten", Rn 67 „Wettbewerbssache".
**Aufforderung:** Rn 31 „Abmahnung", Rn 67 „Wettbewerbssache".

5. Titel. Prozeßkosten § 93

**Aufhebungsverfahren:** § 926 Rn 13, § 927 Rn 6.
S auch Rn 33, 34.
**Auskunft:** Eine lückenhafte Auskunft gibt keinen Klaganlaß, solange weitere Auskunftsbereitschaft erkennbar bleibt, Köln WettbR **98**, 115.
S auch Rn 83.
**Auslandsaufenthalt:** Der bloße, wenn auch unbefristete, Auslandsaufenthalt gibt jedenfalls dann keinen 35 Anlaß zur Klage, wenn der Schuldner sicherstellt, daß die Post nachgesandt wird, Köln VersR **92**, 635.
**Bauhandwerkerhypothek:** Man muß nach den Gesamtumständen abwägen, ob eine Abmahnung zur Bewilligung einer Vormerkung nötig ist, ZöHe 6 „Vormerkung nach §§ 648, 885 BGB", aM LG Osnabr NdsRpfl **83**, 145 (sie sei nicht notwendig). Vgl im übrigen Hamm NJW **76**, 1459, Köln NJW **75**, 454.
**Bedingung:** Rn 38 „Einwendung", Rn 64 „Verwahrung gegen die Kosten".
**Befreiung:** Rn 41 „Freistellung".
**Bestreiten:** Soweit der Bekl zwar formell ein Anerkenntnis ausspricht, nach der stets erforderlichen Auslegung seines Gesamtverhaltens aber in Wahrheit die sachlichrechtliche Verpflichtung unverändert bestreitet, kann er einen Klaganlaß gegeben haben.
**Beweislast:** Anh § 286 Rn 36.
**Bürge:** Er hat keinen Klaganlaß gegeben, wenn der Kläger ihn nicht zuvor zur Leistung aufgefordert hatte, insofern ebenso Hamm DB **86**, 1719. Bei Voraushaftung muß der Kläger die Aufforderung begründet haben. Dasselbe gilt bei einem Wechselrückgriffsschuldner und in ähnlichen Fällen, BGH NJW **79**, 2041.
**Darlegungslast:** Anh § 286 Rn 36. 36
**DDR, frühere:** Wegen der Rechtslage bei einer Titelumstellung Karlsr FamRZ **92**, 576.
**Dingliche Klage:** Zu einer Klage auf Duldung der Zwangsvollstreckung auf Grund einer Hypothek usw 37 hat der Bekl keinen Anlaß gegeben, wenn der Gläubiger ihn nicht aufgefordert hatte, sich in einer vollstreckbaren Urkunde der Zwangsvollstreckung in dieses Grundstück zu unterwerfen, Hamm MDR **99**, 956, Mü MDR **84**, 674, Schlesw SchlHA **87**, 96, aM Ffm MDR **80**, 855, Köln NJW **77**, 256, RoSGo § 87 III 5 a (1).
Ein Klaganlaß fehlt auch dann, wenn der Bekl den Kläger auf Grund von dessen Mahnung *befriedigt* hatte oder wenn der Bekl auf eigene Kosten auch ohne eine weitere Aufforderung eine vollstreckbare Urkunde nach § 794 I Z 5 beigebracht hat. Wenn es um eine Zwangshypothek geht, hat der Bekl keinen Klaganlaß gegeben, falls der Kläger den Bekl nicht aufgefordert hat, eine vollstreckbare Urkunde nach § 794 I Z 5 zu übersenden, und wenn der Bekl nun den Klaganspruch sofort anerkennt, Mü MDR **84**, 674, aM Ffm MDR **80**, 855, Köln NJW **77**, 256. Bei einer Löschungsklage ist eine angemessene Frist zur Beibringung der Urkunden erforderlich.
S auch Rn 32 „Anfechtungsgesetz".
**Drittschuldnerklage:** § 840 Rn 19.
**Drittwiderspruchsklage:** Rn 82.
**Duldung der Zwangsvollstreckung:** Rn 37.
**Ehesache:** Der Bekl hat einen Anlaß zur Klage „auf vorzeitige Beendigung des Güterstands" gegeben, wenn 38 er zur Bedingung einer Einigung nach dreijähriger Trennung eine Einigung auch über den Zugewinnausgleich verlangte, Kblz FamRZ **90**, 1368.
**Eigenbedarf:** Rn 48.
**Einwendung:** Der Bekl hat einen Klaganlaß gegeben, wenn er vorprozessual nicht uneingeschränkt bei Fälligkeit usw anerkannt hatte, sondern nur unter einem Vorbehalt, nur bedingt, befristet, teilweise, Zug um Zug usw. Es kommt auch nicht darauf an, ob sich das Bestreiten auch prozeßverzögernd auswirkt, ZöHe 6 „Einwendungen", aM Bbg JB **82**, 1884.
S auch Rn 35 „Bestreiten".
**Erbe:** Er muß sich eine Klageveranlassung durch den Erblasser zurechnen lassen. Im übrigen kommt es zB für einen Verzug nach dem Erbfall auf den Erben an; der Gläubiger muß den Erben evtl abmahnen. Der Erbe hat Veranlassung zur Klage gegeben, wenn er die Zahlungspflicht vorprozessual und dann mittels Widerspruch gegen den Mahnbescheid bestritten hat, selbst wenn er seine Schuldnerstellung als Erbe zunächst nicht kannte, Köln RR **94**, 767, oder wenn er als Bekl einer Klage auf Zustimmung zum Auseinandersetzungsplan vorprozessual eine Teilauseinandersetzung verweigert hat, Köln FamRZ **97**, 641.
Der Erbe hat *keinen* Klaganlaß gegeben, soweit er nach der Annahme der Erbschaft und nach dem Ablauf der Fristen der §§ 2014, 2015 BGB die Erfüllung der Nachlaßverbindlichkeit verweigert hat oder wenn er nicht auf Grund einer Aufforderung eine vollstreckbare Urkunde unter dem Vorbehalt der Haftungsbeschränkung erteilt hat, solange noch aufschiebende Einreden laufen, Mü JB **95**, 659. Der Vorerbe muß den Nacherben nach § 2120 BGB auffordern, Düss FamRZ **96**, 315.
S auch Rn 52 „Rechtsvorgänger".
**Erfolgsaussicht:** Im Zusammenhang mit der Prüfung, ob ein Klaganlaß bestand, muß das Gericht auch 39 untersuchen, ob die Klage objektiv überhaupt eine Erfolgsaussicht gehabt hätte, Zweibr JB **79**, 445, LG Köln WoM **76**, 186, ZöHe 6 „Unschlüssige Klage", aM LG Tüb MDR **81**, 410, ThP 5 (wegen § 307. Aber die „Veranlassung" ist auch nach ihrer Meinung eben gesondert zum „Anerkenntnis" zu prüfen).
**Fälligkeit:** Rn 42, 53 ff. 40
**Feststellungsklage:** Der Bekl hat zur verneinenden Feststellungsklage jedenfalls außerhalb des Wettbe- 41 werbsrechts einen Anlaß gegeben, ohne daß der Kläger ihn abmahnen mußte. Denn der Bekl berühmt sich ja des umstrittenen Rechts, Ffm JB **81**, 1095, Hamm OLGR **92**, 38, AG Hbg WoM **93**, 458.
*Etwas anderes* kann beim Nachschieben neuer Klagegründe gelten, ZöHe 6 „Feststellungsklage".
S auch Rn 31 „Abmahnung", Rn 67 ff.
**Fiskus:** Rn 53.

*Hartmann*

## § 93

1. Buch. 2. Abschnitt. Parteien

**Freistellung:** Das bloße Anerkenntnis, sie zu schulden, genügt zur Entlastung des Bekl nicht; er muß sie auch tatsächlich vornehmen, und zwar auch wegen der künftigen durch Sicherheitsleistung usw, Saarbr FamRZ **90**, 59, hat allerdings evtl dazu eine dem Gläubiger zumutbare Frist.

**Gegendarstellung:** Zur sog gebündelten Gegendarstellung Celle RR **95**, 794.

42 **Geldforderung:** Es gelten folgende Regeln:

*Klageanlaß:* Soweit es um eine bereits fällige Geldforderung geht, hat der Bekl grds einen Klaganlaß gegeben, wenn er sie (natürlich nur bei Zahlungsfähigkeit) *nicht alsbald* bei deren *Fälligkeit bezahlt* hat. Denn das bloße Anerkenntnis schafft noch keine Vollstreckungstitel. Der Umstand, daß noch kein Verzug vorlag, läßt ja nur die Verzugsfolgen der §§ 286 ff BGB zunächst ausbleiben, nicht aber die Zahlungspflicht und grds auch nicht das Rechtsschutzbedürfnis entfallen, das ja sogar schon vor der Fälligkeit eintreten kann, §§ 257 ff, Düss RR **94**, 828, Köln FamRZ **95**, 1216, Saarbr FamR **90**, 58, aM BGH NJW **79**, 2041, Ffm RR **93**, 1472, Köln JB **92**, 120.

Ein Klaganlaß kann daher auch dann vorgelegen haben, wenn die Fälligkeit der Forderung erst *während des Prozesses* eintritt und wenn der Bekl die Forderung zwar sofort voll anerkennt, aber eben nicht gleichzeitig bezahlt, aM Schlesw MDR **97**, 887. Der Bekl hat ferner dann einen Klaganlaß gegeben, wenn er die Forderung zwar uneingeschränkt anerkennt, gleichzeitig aber erklärt, er könne den Anspruch etwa wegen seiner Vermögenslosigkeit nicht in absehbarer Zeit erfüllen, LG Freibg VersR **80**, 728, oder wenn er auf eine Abmahnung des Klägers nicht reagiert hat, Ffm BB **78**, 892, oder wenn er bei einer Bringschuld nicht auf Grund einer bloßen Aufforderung des Klägers erfüllt hat.

43 *Kein Klaganlaß:* Der Beklagte hat keinen Klaganlaß gegeben, wenn der Kläger seine Forderung trotz einer Bitte des Bekl nicht im einzelnen darlegt und belegt, LG Mü VersR **79**, 459. Freilich helfen unbegründete Bedenken dem Bekl nicht, Köln MDR **79**, 941, Ein Klaganlaß fehlt ferner, wenn der Bekl als persönlicher Schuldner nicht wußte, daß der Eigentümer die Hypothekenzinsen nicht bezahlt hatte, oder wenn der Kläger bei einer Holschuld die Sache nicht abgeholt hat, oder wenn der Kläger dem überschuldeten, unpfändbaren Bekl keinen Hinweis auf die Möglichkeit der Beibringung einer vollstreckbaren Urkunde gegeben hat, Ffm MDR **80**, 855. Das prozessuale Verhalten des Bekl kann höchstens zur Beurteilung des vorprozessualen herangezogen werden, BGH NJW **79**, 2040, Mü NJW **88**, 271. S auch Rn 53.

**Geschäftsunfähigkeit:** Rn 44 „Handlungsunfähigkeit".
**Gesellschaft:** Rn 49 „Nichtigkeitsklage".
**Gewerblicher Rechtsschutz:** Rn 67 „Wettbewerbssache".

44 **Haftpflichtversicherung:** Rn 54.

**Handlungsunfähigkeit:** Ihre bloße Behauptung hilft dem Bekl nicht. Daher gibt er trotzdem bis zu ihrem Nachweis einen Klaganlaß, KG VersR **81**, 464; vgl auch Anh § 286 Rn 99 „Handlungsunfähigkeit".

**Hauptklage:** Rn 33, 34.

**Herausgabe:** Der Bekl kat keinen Klaganlaß gegeben, wenn er die Sache bereithält (Holschuld), AG Rastatt JB **97**, 430.

**Hilfsanspruch:** Der Bekl hat keinen Klaganlaß gegeben, wenn der Kläger den Hauptantrag nach einem sofortigen Anerkenntnis des Hilfsanspruchs zurücknimmt.

**Hypothek:** Rn 35 „Bauhandwerkerhypothek".

45 **Insolvenz:** Es gelten zum Klaganlaß keine Sonderregeln, Karlsr KTS **89**, 720, Mü KTS **87**, 267. Auch der Insolvenzverwalter muß eine sonst erforderliche Abmahnung vornehmen, Bbg KTS **72**, 196. Auch der Aussonderungs- oder Absonderungsberechtigte muß den Bekl zunächst auffordern und sein Vorrecht glaubhaft machen, um einen Klaganlaß herbeizuführen. Der Verwalter hat einen Klaganlaß gegeben, wenn er eine vorprozessuale Aufforderung des Klägers nicht beantwortet hat, LG Gött KTS **90**, 137, oder wenn er eine zur Tabelle angemeldete Forderung ungeprüft bestreitet und erst im Prozeß des Gläubigers sofort anerkennt, Köln JB **95**, 489.

**Klagänderung:** Es kommt nicht darauf an, ob die ursprüngliche Klage berechtigt war, sondern darauf, ob der Bekl zur geänderten Klage einen Anlaß gegeben hat, Ffm MDR **84**, 238.

**Klagfrist:** Soweit der Versicherer die Frist nach § 12 III VVG nicht eindeutig verlängert usw, gibt er einen Klaganlaß, Kblz NVersZ **99**, 26.

**Kostenprotest, Kostenverwahrung:** Rn 33, 34, 64 „Verwahrung gegen die Kosten".

**Kostenwiderspruch:** Rn 33, 34.

46 **Mahnverfahren:** Ein Widerspruch oder gar Einspruch begründet grds einen „Klaganlaß", Ffm MDR **84**, 149, Hamm DB **88**, 959. Kein „Klaganlaß" liegt vor, wenn der Gläubiger dem Schuldner eine notwendige Unterrichtung vorenthalten hat, Hamm DB **88**, 960, oder wenn der Kläger eine Klagänderung, s dort, vornimmt und der Bekl den neuen Anspruch sofort anerkennt, Ffm MDR **81**, 410.
S auch Rn 47, 48.

47 **Miete:** Es gelten folgende Regeln:

*Klaganlaß:* Der Vermieter hat einen Klaganlaß gegeben, wenn er dem Mieter über die vereinbarte Kostenmiete nicht jederzeit Auskunft geben konnte, AG Langenfeld WoM **86**, 371. Der Mieter hat einen Klaganlaß gegeben, wenn er sich nicht ernsthaft um Erfüllung bemüht hat, AG Wiesb WoM **98**, 605, wenn es zB wirklich zu einer Erhöhungsklage kommen ließ, LG Hann WoM **80**, 14 aE (das Gericht hält freilich die Kosten des vorprozessualen Gutachtens, das der Vermieter einholte, in einem solchen Fall nicht für notwendige Kosten nach § 91). Das gilt sogar dann, wenn der Mieter zwar zumindest aus Nachlässigkeit nicht der Mieterhöhung zustimmte, dann aber den verlangten Mehrbetrag tatsächlich zahlte, LG Mü RR **86**, 13, LG Trier WoM **94**, 217. Der Mieter hat zur Modernisierungsklage Anlaß gegeben, wenn er keinen (erbetenen und zumutbaren) Termin zur Durchführung der Arbeiten durch die Handwerker des Vermieters gegeben hatte, AG Hbg MDR **87**, 768. Verspätete Auskunft kann einen Klaganlaß bedeuten, AG Köln MDR **90**, 637. Das gilt erst recht für ihr Ausbleiben, etwa bei einer Vermieteranfrage wegen Räumung, Stgt ZMR **99**, 553. Der gewerbliche Zwischenvermieter kann einen Klaganlaß gegeben haben, wenn er dem Hauptvermieter nicht rechtzeitig Auskunft über Untermieterfragen gegeben hat, AG Köln WoM **90**, 377.

5. Titel. Prozeßkosten **§ 93**

*Kein Klaganlaß:* Der Mieter hat grundsätzlich für die Eigenbedarfsklage keinen Anlaß gegeben, wenn sie **48** erst die Kündigung enthielt, LG Münst WoM **91**, 105, oder wenn die letztere erst nachfolgte, LG BadBad WoM **96**, 472, oder wenn der Mieter vor Rechtshängigkeit auszog, LG BadBad WoM **96**, 473. Er hat für eine Mietzinsklage keinen Klaganlaß gegeben, wenn der Vermieter den Betrag schon am Tag nach dessen Fälligkeit im Mahnverfahren geltend gemacht hat, AG Miesbach WoM **80**, 82, oder das Mahnverfahren ohne Einschaltung der Hausverwaltung schon beim erstmaligen Rückstand einleiten läßt, AG Köln WoM **87**, 144. Der Mieter hat keinen Anlaß für eine Klage des Vermieters auf die Bezahlung von Mietnebenkosten gegeben, wenn er die Nebenkosten (erst) sofort nach dem Erhalt einer objektiv nachprüfbaren Nebenkostenabrechnung anerkannt hat, LG Kiel WoM **77**, 14, AG Brühl WoM **97**, 631.

Solange infolge einer erkennbaren *Unvollständigkeit* des vom Vermieter zur Begründung eines Mieterhöhungsverlangens verwendeten Gutachtens in Wahrheit noch kein wirksames Erhöhungsverlangen vorlag, hat der Mieter zur Zustimmungsklage keinen Anlaß gegeben, AG Bonn WoM **83**, 56. Er hat zu ihr auch keinen Anlaß gegeben, wenn er kein nach § 2 MHG wirksames Zustimmungsverlangen erhalten hat, LG Bln ZMR **87**, 310. Ein nur vorsorglicher Widerspruch gegen die Vermieterkündigung gibt nicht stets einen Anlaß zur Räumungsklage, LG Düss WoM **93**, 465. Der Mieter hat zur Klage nach § 259 keinen Anlaß gegeben, wenn der Vermieter nach einem Anerkenntnis der Räumungspflicht durch den Mieter nicht eine Einigung über den Räumungstermin versucht hat, AG Olpe WoM **96**, 352.

S auch Rn 52 „Räumung", Rn 63 „Vermieterpfandrecht".

**Nachlaßanspruch:** Rn 38 „Erbe". **49**

**Nichtigkeitsklage:** Der Bekl hat einen Anlaß zur Klage nach § 579 gegeben, wenn der Kläger die Nichtigkeitsgründe glaubhaft dargelegt hat. Vor Erhebung einer Nichtigkeitsklage wegen unwirksamer Gesellschaftsbeschlüsse einer GmbH braucht der Kläger die GmbH jedenfalls dann nicht abzumahnen, wenn eine Eintragung mit Rechtsschein zu befürchten ist, Ffm DB **93**, 35.

S auch Rn 50 „Patentverfahren".

**Patentverfahren:** Der Patentinhaber hat durch eine Verletzungsklage dem Bekl Veranlassung zur Nichtig- **50** keitsklage gegeben, ohne daß dieser den Inhaber zum Verzicht aufgefordert haben muß, BPatG GRUR **87**, 233.

Der Nichtigkeitsbekl hat *keinen Klaganlaß* gegeben, wenn er erst aus der Klage das entscheidende Material erfuhr, BPatG GRUR **83**, 504, aM (für § 91 a) BPatG GRUR **87**, 233.

**Protest gegen die Kosten:** Rn 33, 34, 64 „Verwahrung gegen die Kosten".

**Prozeßkostenhilfe:** Der Bekl hat einen Klaganlaß gegeben, wenn er die Forderung erst nach der Bewilligung der Prozeßkostenhilfe anerkennt, Hamm KR Nr 143. Ein Anerkenntnis bereits während des Bewilligungsverfahrens kann den Klaganlaß je nach der Lage des Einzelfalls beseitigen.

**Prozessuales Verhalten:** Neben dem vorprozessualen Verhalten, s dort, kann auch das Verhalten im Prozeß **51** für die Frage der Klagveranlassung Bedeutung haben. Das gilt zunächst für das Verhalten des Klägers, etwa dann, wenn es sich nicht um eine kalendermäßig fällige Forderung handelt und wenn der Kläger den Bekl nicht zur Erfüllung aufgefordert hat. Es gilt aber auch für das Verhalten des Bekl. Es kann zB erheblich sein, ob der Bekl zwar ein Anerkenntnis ausspricht, in Wahrheit aber die sachlichrechtliche Verpflichtung bestreitet, oder ob er ein Versäumnisurteil gegen sich ergehen läßt, dann aber Einspruch einlegt und sich nun auf § 342 beruft.

Die Frage der Beachtlichkeit des prozessualen Verhaltens des Bekl. ist **streitig. Wie hier** zB Ffm MDR **84**, 149, Köln RR **88**, 187, ZöHe 3; **aM** zB BGH NJW **79**, 2041, Mü MDR **84**, 409.

**Räumung:** Vgl zunächst den in seinem Bereich vorrangigen § 93 b. Im übrigen gilt: **52**

*Klaganlaß:* Der Mieter hat zu einer Räumungsklage Anlaß gegeben, wenn er dem Vermieter nach einer ordnungsgemäß mitgeteilten Kündigung trotz Aufforderung keinen bestimmten Auszugstermin mitgeteilt und zugesichert hat, Mü ZMR **99**, 255 (evtl Ausnahme bei bloßer Bitte um kurze Räumungsfrist), LG Frankenth WoM **90**, 527, LG Zwickau WoM **97**, 335, aM Hamm ZMR **96**, 449, oder wenn er nicht eine fehlerhafte Kündigungsfrist in eine objektiv richtige umgedeutet hat, LG Köln WoM **93**, 541, aM LG Gött WoM **91**, 266.

*Kein Klaganlaß:* Der Mieter hat keinen Anlaß für die Räumungsklage gegeben, wenn er die Kündigung erst bei oder nach der Klagezustellung erhalten hat und wenn ihn der Vermieter vorher weder zur Räumung aufgefordert noch ihm einen Räumungsprozeß angekündigt hatte, Karls RR **90**, 978, LG Freibg WoM **97**, 335.

S auch Rn 47, 48.

**Rechtsänderung:** Der Bekl, der den Anspruch zunächst zutreffend abgelehnt hat, hat keinen Klaganlaß gegeben, wenn sich die Rechtslage erst nachträglich zugunsten des Klägers ändert (und der Bekl sich unverzüglich auf sie einstellt, VGH Mannh NJW **91**, 859.

**Rechtsschutzbedürfnis:** Man darf das Merkmal der Klageveranlassung nicht mit der Notwendigkeit eines Rechtsschutzbedürfnisses verwechseln. Beim Fehlen dieser Prozeßvoraussetzung, Grdz 33 vor § 253, muß das Gericht die Klage durch ein Prozeßurteil als unzulässig abweisen; beim Fehlen des Klaganlasses erfolgt lediglich eine bestimmte Kostenregelung im Zusammenhang mit einer Sachentscheidung.

**Rechtsvorgänger:** Der Rechtsnachfolger muß sich den vom Rechtsvorgänger geschaffenen Klaganlaß zurechnen lassen.

S auch Rn 38 „Erbe".

**Schadensersatz: Notwendigkeit einer Überprüfungszeit.** Der Bekl hat keinen Klaganlaß gegeben, **53** wenn ihm der Schädiger nicht eine ausreichende Zeit zur Überprüfung der Forderung gegeben hat. Das gilt trotz des Grundsatzes, daß eine fällige Geldforderung sofort bei ihrer Fälligkeit zu bezahlen ist, Rn 42. In Wahrheit gehört zur richtig verstandenen Fälligkeit die Vorlage ausreichend beigefügter Belege, soweit der Schuldner Art und Umfang des Schadens noch nicht selbst ausreichend übersehen und vor allem beziffern konnte; Treu und Glauben, § 242 BGB, erfordern eine gewisse Frist zur Überprüfung. Das gilt grds bei allen Arten von Schadensersatzforderungen und gegenüber allen Arten von Schuldnern, auch zB gegenüber dem Fiskus, jedenfalls dann, wenn er einen Zwischenbescheid gibt, LG Bonn VersR **78**, 356.

Andererseits kann der Schuldner vom Gläubiger nicht immer von vornherein den vollständigen Nachweis einer spezifizierten Schadensaufstellung verlangen, es sei denn, inzwischen wäre zB schon eine Reparatur durchgeführt, Köln VersR **88**, 1165 (dann nützt dem Gläubiger auch ein vorher eingeholtes Schadensgutachten nicht mehr).

54 *Versicherungsfragen:* Die vorstehenden Regeln gelten insbesondere im Verhältnis zwischen dem Geschädigten und der Haftpflichtversicherung des Schädigers, aber auch im Verhältnis zwischen Versicherungsnehmer und seiner Versicherung. Die Versicherung muß die Möglichkeit einer Schadensbesichtigung gehabt haben, Ffm VersR **97**, 645. Soweit Allgemeine Geschäftsbedingungen die Notwendigkeit eines Amtsarztattests vorsehen und der Versicherungsnehmer dieses nicht vorlegt, liegt kein Klaganlaß vor, Hamm VersR **83**, 1121.

55 Zur Prüfung muß die Versicherung unabhängig von einer tatsächlich gesetzten Frist, AG Münsingen VersR **97**, 893, eine nach den gesamten Fallumständen angemessene Frist erhalten, Ffm VersR **97**, 645, LG Mönchengladb VersR **82**, 710. Eine vertragliche Frist reicht aus, auch wenn sie durch Allgemeine Geschäftsbedingungen bestimmt worden ist, vgl Hamm VersR **74**, 330. Im übrigen gilt im wesentlichen: Eine Frist von nur *5 Arbeitstagen* ist regelmäßig zu kurz, vgl Mü VersR **79**, 479, auch eine solche von nur 8 Arbeitstagen, Köln VersR **83**, 451, Mü VersR **79**, 480, auch eine solche von 10 Tagen, wenn der Versicherer innerhalb dieser Frist immerhin ²/₃ der Forderung bezahlt und wegen des Rests eine Prüfung zugesagt hatte, Mü VersR **73**, 164. Natürlich muß man die selbst gesetzte Frist abwarten, vgl Ffm JB **92**, 164 (zu § 91 a). Auch eine Frist von *3–4 Wochen* kann noch notwendig sein, Ffm VersR **97**, 645, LG Köln VersR **89**, 303, LG Zweibr VersR **87**, 291. Das gilt insbesondere bei einem ausgefallenen Sachverhalt, Karlsr VersR **80**, 877 (Stationierungsschaden), oder dann, wenn in die Frist eine Reihe von Feiertagen fällt, LG Ellwangen VersR **81**, 564 (Weihnachtszeit).

56 Allerdings darf der Versicherer auch *nicht allzulange zögern,* also grds nicht mehr, wenn er alle Unterlagen erhalten hat, Hamm VersR **99**, 436, oder wenn der Versicherungsnehmer annehmen kann, die Ermittlungen seien beendet, Karlsr VersR **93**, 1547, oder nach dem Ablauf mehrerer Monate, auch nicht in einem Normalfall. Das gilt selbst dann, wenn weder der Versicherungsnehmer noch der Geschädigte die längst etwa erbetene Akteneinsicht erhielten. Denn sonst müßte der Geschädigte allzulang warten; mag der Versicherer unter Vorbehalt zahlen, aM Hamm VersR **88**, 1039 (aber wo läge die Zeitgrenze?).

Daher ist ein Prüfungszeitraum von etwa 4 Monaten selbst nach einer Anzahlung zu lang, LG Mannh VersR **83**, 962. In einem Fall mit Auslandsberührung ist zwar eine längere Prüfungsfrist als normal zuzubilligen, LG Trier VersR **73**, 189; jedenfalls im Fall einer Grünen Versicherungskarte darf die Frist aber auch hier nicht allzulang andauern, also nicht mehrere Monate, Hbg VersR **74**, 277, Köln VersR **74**, 268, aM LG Aachen VersR **74**, 473.

57 Nach einem *Sachverständigenverfahren* darf der Versicherer nicht wesentlich länger als die in § 11 AVB genannten 14 Tage (bis zur Fälligkeit) zögern, Hamm VersR **86**, 1173, LG Schweinf VersR **90**, 618.

58 Hat der Gegner einen *Vergleichsvorschlag* gemacht, so kann der Bekl auch nach Ablauf der Äußerungsfrist noch eine kurze Zeit prüfen, Nürnb VersR **73**, 1126. Nach dem Scheitern eines Regulierungsversuchs hat der Versicherer insofern etwa 8 Tage zur Zahlung Zeit, Köln VersR **83**, 451. Je früher der Versicherer eine Haftungsquote anerkannt und eine Teilzahlung geleistet hat, desto länger kann er endgültig prüfen, Karlsr VersR **70**, 1112. Soweit er trotz wiederholter Forderung 6 Wochen hindurch weder zahlt noch eine Zahlung ankündigt, liegt ein Klaganlaß vor, LG Mü VersR **73**, 288. Einzelheiten Baumgärtel VersR **70**, 969. S auch Rn 42, 43.

**Schuldbefreiung:** Rn 41 „Freistellung".
**Schuldrechtliche Klage:** Rn 42, 43, 53 ff, 60 ff.
**Telefax:** Hat sich der Absender geweigert, die verlangte Originalerklärung ebenfalls zu übersenden, so bestehen die Wiederholungsgefahr und damit ein Klaganlaß fort, Mü NJW **93**, 3146.

59 **Überschuldung:** Der überschuldete Bekl hat trotz eines wirksamen sofortigen Anerkenntnisses bei der stets erforderlichen Einbeziehung von Treu und Glauben, § 242 BGB, Einl III 54, trotzdem einen Klaganlaß gegeben. Denn der Kläger hat schon wegen etwa späterer Vermögensverbesserung des Bekl ein Rechtsschutzbedürfnis auf den Erhalt eines Vollstreckungstitels; im Ergebnis ebenso Ffm MDR **80**, 855, Köln MDR **82**, 584.

**Unfallschaden:** Rn 53 ff.
**Unpfändbarkeit:** S „Überschuldung".
**Unschlüssigkeit:** Der Schuldner hat keinen Klaganlaß gegeben, soweit die Klage unschlüssig war, Düss MDR **93**, 801, aM Hamm MDR **90**, 637, LG Bln MDR **87**, 768, MüKoBe 7, ZöHe 6 „Unschlüssige Klage".
**Unsicherheit:** Bestand eine in der Natur der Sache liegende Unsicherheit zur Höhe des Anspruchs und hat der Bekl eine als vertretbar auszusehende Summe geboten, so mag ein Klaganlaß gefehlt haben, Schlesw JB **93**, 620 (aber Vorsicht!).
**Unterbrechung:** Wenn der Rechtsnachfolger, § 239, zur Fortsetzung des Rechtsstreits keine Veranlassung gegeben hatte und wenn er zur Fortsetzung des Rechtsstreits geladen wurde, ohne den Prozeß zu kennen oder verzögert zu haben, hat er keinen Klaganlaß gegeben.

60 **Unterhalt:** Der Schuldner hat im allgemeinen erst vom Eintritt eines *Verzugs* an einen Klaganlaß gegeben. Der Anlaß kann in einer Verweigerung des Realsplittings liegen, Hamm FamRZ **91**, 830. Bei einer Klage auf künftigen Unterhalt hat er nur im Fall einer objektiv vorliegenden Besorgnis der Verweigerung der Erfüllung einen Klaganlaß gegeben, Hbg FamRZ **81**, 583, Hamm FamRZ **92**, 832. Ein Klaganlaß kann infolge des Antrags auf eine zweite vollstreckbare Ausfertigung eintreten, Hamm FamRZ **99**, 725. Der Schuldner hat keinen Klaganlaß gegeben, wenn der Kläger den Klaganspruch trotz einer Aufforderung des Bekl nicht vorprozessual beziffert und belegt hatte, LG Mü VersR **79**, 459. Das gilt auch, wenn der Auskunftspflichtige rechtzeitig zur eidesstattlichen Versicherung bereit war, Mü MDR **88**, 782, Nürnb FamRZ **86**, 87. Es gilt allerdings nicht, wenn der Schuldner die erforderliche Auskunft zwar anerkannt,

## 5. Titel. Prozeßkosten                                                                                                       § 93

aber noch nicht gegeben hat, Bbg FamRZ **85**, 610, Ffm **KR** Nr 137, Schlesw SchlHA **79**, 39, oder wenn er schon seit langem gezahlt hatte, Bre FamRZ **96**, 886. Vgl auch § 93 d.

Ein Klaganlaß fehlt auch insoweit, als der Erzeuger die Vaterschaft *anerkannt*, zwar die Unterschrift unter **61** einer Zahlungsverpflichtungsurkunde verweigert, aber den Unterhalt regelmäßig zahlt und keine Unterbrechung seiner Zahlung oder andere Unregelmäßigkeiten androht, Düss FamRZ **94**, 117, Ffm FamRZ **98**, 445, AG Stgt FamRZ **98**, 1125, aM Düss FamRZ **94**, 1484, Köln FamRZ **86**, 827, AG Königswinter FamRZ **93**, 468.

Soweit der Schuldner den in Wahrheit bereits (für den fraglichen Zeitraum) voll geschuldeten Unterhalt **62** unzulässigerweise nur *teilweise* anbietet, vgl § 266 BGB, gibt er dem Gläubiger trotz dieses Angebots einen Anlaß zur Erhebung der vollen Unterhaltsklage (für jenen Zeitraum), Düss FamRZ **91**, 1207, Köln RR **98**, 1703, AG Bln-Charlottenb FamRZ **94**, 118, aM Bre FamRZ **89**, 876, Hamm FamRZ **93**, 712, Karlsr FamRZ **85**, 955 (bei einem nur geringen Rest).

Ein Klaganlaß *fehlt* aber, wenn der Bekl sofort nach der *Auswechslung des Unterhaltszeitraums* durch den Kläger anerkennt, Bbg FamRZ **89**, 520.

**Unterlassung:** Rn 31 „Abmahnung", Rn 58 „Telefax", Rn 63 „Verjährung", Rn 67 „Wettbewerbssache".
**Unzuständigkeit:** Rn 84 „Zuständigkeit".
**Verbindlichkeit,** Befreiung von: Rn 41 „Freistellung". **63**
**Verfrühte Klage:** Rn 40.
**Verjährung:** Die Einrede der Verjährung bis zur Klärung etwa der Frage, wann ein Mahnbescheid zugestellt worden ist, kann unschädlich sein, LG Hagen VersR **73**, 777. Eine Aufforderung zum Verzicht auf die Verjährungseinrede ist nicht erforderlich, insbesondere nicht, solange keinerlei (Unterlassungs-)Titel vorliegt, Hamm GRUR **92**, 563.
**Vermieterpfandrecht:** Der Bekl hat wie bei einer Widerspruchsklage keinen Klaganlaß gegeben, soweit der angebliche Eigentümer nicht sein Eigentum glaubhaft gemacht hat.
**Versäumnisverfahren:** Der Bekl kann trotz rechtzeitigen Einspruchs und trotz der dann evtl eintretenden Rückwirkung nach § 342 sehr wohl schon zur Erhebung der Klage Anlaß gegeben haben.
**Versicherungsfragen:** Rn 45 „Klagefrist".
**Vertagung:** Soweit das Gericht eine Vertagung angeordnet hatte, kommt es darauf an, ob der Bekl im vertagten Termin zur Hauptsache einen Antrag hätte stellen können und müssen, abw ZöHe 6 „Vertagung" (§ 93 sei nach Vertagung stets unanwendbar. Aber es gelten die normalen Regeln, insbesondere bei einer vom Gericht oder vom Kläger verschuldeten Vertagung).
**Vertreter:** Er muß sich anrechnen lassen, daß der Vertretene einen Klaganlaß gegeben hatte. **64**
**Verwahrung gegen die Kosten:** Die beliebte Formulierung des Bekl, er erkenne an, verwahre sich aber gegen die Kosten oder protestiere gegen sie, ist wie jede vorprozessuale Willenserklärung oder prozessuale Parteihandlung auszulegen und darauf zu prüfen, ob er eine den Klaganlaß gebende Bedingung des Anerkenntnisses oder nur eine Bitte aussprechen wollte, ungeachtet eines unbedingten Anerkenntnisses von Kosten möglichst verschont zu bleiben.
S auch Rn 33, 34.
**Verzug:** Solange er im Sinn der §§ 284 ff BGB fehlt, kann ein Klaganlaß fehlen, vgl freilich Rn 42 „Geldforderung". Ein Klaganlaß liegt jedenfalls vor, soweit der Bekl schon jetzt die Erfüllung endgültig verweigert hatte und solche Klage auf künftige Leistung nach §§ 257 ff zulässig ist. Auch die Zustellung einer Stufenklage in einfacher Abschrift schafft Verzug, Brschw FamRZ **95**, 876.

Vom *Eintritt* des Verzugs an hat der Bekl meist unabhängig vom prozessualen Verhalten des Klägers einen Klaganlaß gegeben, Mü ZMR **99**, 255.
**Vollstreckungsabwehrklage:** Der Bekl hat als Gläubiger des Vorprozesses zum nachfolgenden Prozeß keinen Klaganlaß gegeben, wenn er dem Schuldner gegenüber zum Ausdruck bringt, auf die Durchsetzung des Anspruchs zu verzichten, zumindest sofern ein diesbezüglicher Vergleich möglich ist, Köln MDR **96**, 197 (warum eigentlich diese weitere Bedingung?).
**Vorbehalt:** Rn 38 „Einwendung".
**Vormerkung:** Rn 35 „Bauhandwerkerhypothek".
**Vorprozessuales Verhalten:** Das Verhalten des Bekl vor dem Prozeß ist von meist entscheidender Bedeu- **65** tung dafür, ob er einen Klaganlaß gegeben hat, BGH NJW **79**, 2041, Köln RR **88**, 187.
S auch Rn 40, 51.
**Vorzugsrecht:** § 805: Rn 82.
**Wechselprozeß:** Der Bekl hat keinen Klaganlaß gegeben, solange ihm der Kläger den Wechsel nicht **66** vorgelegt hat. Denn die Wechselforderung wird erst dann fällig, Art 38 I WG, Saarbr MDR **81**, 676.
**Wettbewerbssache:** Es gelten im wesentlichen die folgende Regeln: **67**
*Abmahnung,* dazu *Köhler,* „Abmahnverhältnis" und „Unterwerfungsverhältnis", Festschrift für *Piper* (1996) 309; *Steinmetz,* Der „kleine" Wettbewerbsprozeß, 1993; *Wilke/Jungeblut,* Abmahnung, Schutzschrift und Unterlassungserklärung im gewerblichen Rechtsschutz, 2. Aufl 1995: Es richtet sich nach den Gesamtumständen des Einzelfalls, ob der Gläubiger den Schuldner vor der Klagerhebung abmahnen muß, um anschließend keinen Klaganlaß zu haben. Man muß also weder stets abmahnen, noch ist eine Abmahnung grds oder gar stets entbehrlich. Vielmehr ist im Einzelfall abzuwägen, Drsd WettbR **99**, 17, Düss **68** RR **97**, 1064, Hamm GRUR **91**, 336, strenger Düss DB **85**, 1076, Köln GRUR **90**, 310, Mü BB **87**, 1494, (diese fordern grds eine vorprozessuale Abmahnung), Borck NJW **81**, 2721, ThP 6 (sie fordern eine Abmahnung jedenfalls grds vor dem Antrag auf eine einstweilige Verfügung). Zur Problematik krit Prelinger AnwBl **84**, 472, Vogt NJW **80**, 1500.

Die Abmahnung ist *entbehrlich,* soweit ihre Erfolglosigkeit von vornherein voraussehbar ist (Vorsicht!), **69** Hbg WettbR **96**, 94, Stgt WRP **81**, 116. Sie ist auch entbehrlich, soweit sie auf Grund besonderer Umstände dem Gläubiger unzumutbar ist, Düss WettbR **98**, 235, Hbg WRP **94**, 94 (je: Verzögerungsgefahr), Kblz GRUR **88**, 487, etwa nach einem vorsätzlichen Wettbewerbsverstoß des Gegners oder in einer (sonstigen) Pressesache, Ffm GRUR **92**, 565, Köln GRUR **86**, 563, Mü RR **92**, 731, aM Oldb RR

## § 93

90, 1330. An die Unzumutbarkeit sind freilich wegen der Schnelligkeit moderner Nachrichtenübermittlungswege hohe Anforderungen zu stellen, KG NJW **93**, 3336 (Telefax, Stundenfrist).

70 Die Abmahnung ist *ferner entbehrlich,* wenn der Verletzer trotz einer strafbewehrten Unterlassungsverpflichtung, das an sich die Wiederholungsgefahr beseitigen kann, BGH DB **96**, 771, kurz darauf einen erneuten Verstoß begangen hat, Hbg GRUR **89**, 707, aM KG GRUR **87**, 942, oder dann, wenn zB in einer Messesache dann keine rechtzeitige Zustellung mehr möglich wäre, LG Köln GRUR **89**, 77, oder dann, wenn es um eine verneinende Feststellungsklage geht, Hamm GRUR **85**, 84, LG Hbg RR **93**, 174, aM KG WRP **80**, 206, LG Köln GRUR **89**, 542.

71 Die Abmahnung ist ferner meist dann entbehrlich, wenn besondere Umstände einen *erneuten Verstoß* aus der Sicht des Verletzten erwarten lassen, Köln RR **87**, 1448. Sie ist jedenfalls nur dann erforderlich, wenn auch wirklich eine Verletzung begangen wurde, BGH **LM** § 24 WZG Nr 22, ferner dann, wenn ein Angestellter des Schuldners verboten handelte und wenn gegen den Betriebsinhaber selbst nichts spricht. Entbehrlichkeit bei Sequestation bedeutet solche auch bei zugehöriger Auskunft, Düss WettbR **98**, 235.

72 Soweit eine Abmahnung nach den Gesamtumständen *erforderlich* ist, muß sie eindeutig und umfassend sein, KG GRUR **88**, 242, Kblz WRP **83**, 700. Deshalb muß der Gläubiger den Schuldner unter anderem zur Abgabe einer ihm im Entwurf vorzulegenden sog strafbewehrten Unterlassungserklärung auffordern, Bre RR **88**, 625, Mü WettbR **98**, 65 (Vorsicht beim Telefon). Der Abmahner muß den Verstoß nachvollziehbar kennzeichnen, Stgt WettbR **96**, 281, und den Abgemahnten instandsetzen, den Verstoß im Kern rechtlich zu würdigen, Bre RR **88**, 625, Kblz GRUR **81**, 671. Der Abmahner braucht zwar grundsätzlich keine Belege beizufügen; kündigt er sie aber an, trägt er die Beweislast für ihren rechtzeitigen Zugang, Rn 73. Der Abmahner kann zur Vorlage von Rechtsprechungsnachweisen verpflichtet sein, Ffm AnwBl **84**, 513.

73 Das Risiko des *Empfangs* trägt, wie stets, der Absender, Anh § 286 Rn 151–155, Drsd WettbR **99**, 17, Stgt WettbR **96**, 163, ZöHe 6 „Wettbewerbsstreitigkeiten", aM Ffm DB **88**, 1544, Karlsr WettbR **97**, 128, Huber JR **85**, 181 (sie übersehen aber das Problem).

74 Der Abmahner muß dem Empfänger eine nach den Gesamtumständen angemessene *Abmahnungsfrist* setzen, Köln WettbR **99**, 93. Eine zu kurze Frist ist kostenschädlich, Ffm WettbR **97**, 46, Hbg GRUR **91**, 80 (Umdeutung in eine angemessene Frist). Der Schuldner darf eine objektiv angemessene Frist nicht überschreiten, Köln WettbR **99**, 93, Mü GRUR **80**, 1018. Er darf sie allerdings dann, wenn der Gläubiger keinen abweichenden Schlußzeitpunkt genannt hat, bis zum letzten Tag 24 Uhr ausnutzen. Der Abmahner muß auch in diesem Fall evtl bis 12 Uhr des folgenden Tags warten, KG GRUR **79**, 740, evtl sogar ein weiteres Mal abmahnen, KG DB **86**, 372 (auch zu den Grenzen dieser Anforderung; rechtspolitisch Sack BB **86**, 954). Eine Abmahnfrist von nur wenigen Stunden kann zB bei der Gefahr der Wiederholung einer Zeitungsanzeige ausreichend sein, Stgt WRP **83**, 305, eine solche von unter einer Stunde grundsätzlich nicht, Ffm WettbR **97**, 46. Wenn es freilich zB um einen Schlußverkauf geht und der Schuldner eine Karenzzeit vorher mißachtet hat, kann eine nur ganz kurze Abmahnfrist völlig ausreichen, sogar ganz entbehrlich sein, Hbg GRUR **75**, 39 und 41. Je stärker für den Gläubiger der Eindruck entstehen konnte, der Schuldner wolle nur Zeit gewinnen, desto kürzer kann eine Abmahnfrist sein (oder gar wegfallen), Düss DB **85**, 1076. Es sind evtl im Eilverfahren und in der Hauptsache unterschiedliche Fristen nötig, Mü BB **98**, 1443.

75 Die *Abmahnform* richtet sich nach den Gesamtumständen. Im Fall besonderer Eilbedürftigkeit kann zB eine mündliche Abmahnung zulässig und ausreichend sein, Ffm GRUR **84**, 693. Sonst ist grds die Schriftform erforderlich und üblich, Hamm WRP **79**, 563, aM Ffm WRP **84**, 416. Freilich sind auch zB Telebrief, Telefax usw ausreichend. Die Erstattung von Anwaltskosten richtet sich nach § 91, AG Bad Kreuznach WettbR **99**, 208. Eine Prozeßvollmacht ist zumindest auf Anforderung im Original vorzulegen, § 80 Rn 11, Drsd WettbR **99**, 140.

76 Der Abgemahnte gibt *Klaganlaß*, wenn er nur die Vollmachtsvorlage fordert, ohne eine Verpflichtungserklärung anzukündigen, Hbg NJW **86**, 2119, oder wenn er während einer erbetenen und gewährten Bedenkzeit einen weiteren Verstoß begeht, Ffm WRP **87**, 37, oder wenn er nur erwidert, sein zuständiger Mitarbeiter sei im Urlaub und werde später antworten, Ffm GRUR **87**, 732, oder wenn er statt einer bestimmten Summe die „gerichtlich festzusetzende" Vertragsstrafe verspricht, KG DB **87**, 272 (dann kann freilich eine nochmalige Abmahnung erforderlich werden), oder wenn er eine frühere Unterwerfungserklärung völlig widerruft, Nürnb WRP **81**, 229.

77 *Abschlußschreiben:* Wenn der Gläubiger eine einstweilige Verfügung erwirkt hat, muß er den Schuldner unter Umständen in einem sog Abschlußschreiben auffordern, auf die Einlegung aller Rechtsbehelfe nach §§ 924, 926, 927, Hbg WettbR **96**, 64, Köln WettbR **99**, 92, Stgt WettbR **96**, 63, einschließlich einer etwaigen Einrede der Verjährung, Köln GRUR **99**, 96, oder zumindest auf die Einlegung eines Widerspruchs zu verzichten, bevor ein Klaganlaß für eine anschließende Klage in der Hauptsache (Hauptklage) gegeben ist, BGH WRP **83**, 264, Karlsr WettbR **95**, 257, Köln GRUR **88**, 646. Ein solches Abschlußschreiben ist insbesondere dann erforderlich, wenn die einstweilige Verfügung den Streit praktisch erledigen könnte, weil sich der Antragsgegner möglicherweise nach ihr richten mag, KG WRP **81**, 277 und 583, Wedemeyer NJW **79**, 298.

78 Ein Abschlußschreiben ist erst recht grds dann erforderlich, wenn bereits eine mündliche *Verhandlung* über den Widerspruch des Schuldners im Eilverfahren stattgefunden hat und wenn dort nur noch ein Urteil bevorsteht, Düss GRUR **84**, 81, aM Hbg GRUR **89**, 458. Soweit der Antragsteller das Abschlußschreiben vor dem Ablauf einer angemessenen Frist nach dem Erlaß der einstweiligen Verfügung usw absendet, kann ein Anlaß zur Erhebung der Klage in der Hauptsache (Hauptklage) fehlen, Köln GRUR **88**, 646 (12 Tage), AG Mönchengladb RR **86**, 342 (1 Monat, sehr großzügig), Lindacher BB **84**, 639, aM Hamm GRUR **91**, 336. Eine Abschlußerklärung nach Fristablauf hilft bei § 93 nicht mehr, Köln WettbR **99**, 93.

79 Es kann sogar ein *zweites* Abschlußschreiben nötig werden, Düss GRUR **91**, 479, Köln GRUR **88**, 646. Der Gläubiger braucht allerdings mit dem Abschlußschreiben nicht auch bis zur Rechtskraft der zu

## 5. Titel. Prozeßkosten § 93

seinen Gunsten ergangenen einstweiligen Urteilsverfügung zu warten, LG Hbg RR **88**, 252. Ein Abschlußschreiben ist ungeeignet, die Wiederholungsgefahr zu beseitigen, wenn der Störer zB statt des vom Gläubiger geforderten Verzichts auf „alle Rechte aus den §§ 926, 927" nur einen solchen „insbesondere auf die Rechte aus § 926" erklärt, Hamm GRUR **93**, 1002, oder wenn der Störer nach einer strafbewehrten Unterlassungsverpflichtung eine erneute Zuwiderhandlung begangen hat, Hamm BB **90**, 2074. Zumindest kann der Schuldner zwischen Abschlußschreiben und Unterwerfung wählen, Karlsr WettbR **98**, 140. Eine nur mündliche Abschlußerklärung reicht grundsätzlich nicht, KG GRUR **91**, 258. Ein zweites Abschlußschreiben des Gläubigers ist entbehrlich, nachdem der Schuldner einen Widerspruch gegen die einstweilige Verfügung zurückgenommen hat, Hamm MDR **99**, 372.

*Geschmacksmustergesetz:* Zur Problematik beim Geschmacksmusterverstoß Ffm GRUR **84**, 758, Hbg GRUR **88**, 241. *Patentgesetz:* Wenn der Gläubiger einen Schutz beansprucht, der den Wortlaut eines Patents hinausgeht, dann muß er den Schuldner vorprozessual ausdrücklich auf diesen Schutzanspruch hinweisen und den Umfang des Unterlassungsbegehrens eindeutig abgrenzen, Düss GRUR **80**, 135. Aus der Reaktion auf die Abmahnung ergibt sich dann, ob ein Klaganlaß besteht, Schulte GRUR **80**, 472. *Rabattgesetz:* Zur Problematik beim Rabattverstoß Creutzig DB **84**, 177.

S auch Rn 33, 34.

**Widerspruch:** Rn 34. **81**

**Widerspruchsklage,** § 771: Die Frage, ob der Bekl einen Klaganlaß gab, hängt von dem Gesamtumständen **82** des Einzelfalls ab. Im allgemeinen muß der Kläger diejenigen Urkunden vorlegen, die das Recht beweisen sollen, das die Veräußerung hindert. Er muß überhaupt das die Veräußerung verhindernde Recht sorgfältig darlegen und glaubhaft machen, Ffm GRUR **90**, 1535. Der Gläubiger gibt eine Veranlassung zur Drittwiderspruchsklage, soweit er die Bemühung eines Dritten vereitelt, den Streit außergerichtlich beizulegen, Mü VersR **93**, 497. Wenn es um eine Sicherungsübereignung geht, muß der Kläger zB nicht nur die Übereignungsurkunden vorlegen, sondern auch diejenigen Unterlagen, aus denen sich ergibt, welchen Bestand die gesicherte Forderung derzeit hat, zB die Kontoauszüge.

Der Bekl hat keinen Klaganlaß gegeben, solange die *Glaubhaftmachung* fehlt, Ffm GRUR **90**, 1535, Mü WertpMitt **79**, 292. Ob der Bekl den Anspruch vorher bestritten hatte, ist unerheblich. Der Bekl muß aber insofern mitwirken, als er angeben muß, inwiefern er eine weitere Aufklärung wünscht, und trägt das Risiko einer falschen Einschätzung der Rechtslage, Hamm RR **96**, 1024. Er kann warten, bis ihm diejenigen tatsächlichen Umstände und Unterlagen bekannt sein können, die den Klagantrag rechtfertigen. Der Bekl muß eine gewisse Frist zur Erkundigung und zur Prüfung der gegnerischen Glaubhaftmachung und Unterlagen haben, strenger Mü WertpMitt **79**, 292, ThP 6 (es sei stets auch deren voller Nachweis notwendig). Das in der Klage behauptete, die Veräußerung hindernde Recht muß dem Bekl immerhin einigermaßen wahrscheinlich gemacht worden sein, Ffm GRUR **90**, 1535, Gerhardt Gedächtnisschrift für Arens (1993) 133.

Unter Umständen schadet also dem Bekl sogar eine *Beweisaufnahme* nicht, Düss RR **98**, 790 mwN. Eine eidesstattliche Versicherung des Klägers reicht für Glaubhaftmachung in solchen Fällen keineswegs stets aus, ZöHe 6 „Widerspruchsklage nach § 771", aM Ffm MDR **73**, 60 (aber § 771 ist ohnehin die Hoffnung aller faulen Schuldner). Schon gar nicht reicht ein Anruf eines dem Empfänger unbekannten Anwalts, Ffm GRUR **90**, 1535. Ein Pfändungsgläubiger haftet für die Angaben seines Anwalts nach § 278 BGB und nicht nur nach § 831 BGB, BGH **58**, 215; vgl Einf 4 vor §§ 771–774. Im Fall eines Rechts auf bevorzugte Befriedigung, § 805, gelten die Grundsätze zu § 771 entsprechend.

**Willenserklärung:** Der Bekl hat einen Klaganlaß gegeben, solange er die Erklärung nur ankündigt oder nur **83** anerkennt, zu ihrer Abgabe verpflichtet zu sein, ohne sie eben vorzunehmen, Köln KR Nr 171, AG Euskirchen WoM **89**, 329, oder solange er bei ihrer Vornahme die erforderliche Form nicht einhält.

S auch Rn 40.

**Zug-um-Zug-Anspruch:** Der Bekl hat einen Klaganlaß gegeben, wenn er gegenüber einer berechtigten **84** Forderung zur Leistung Zug um Zug eine völlige Abweisung der Klage beantragt hat. Der Bekl hat keinen Klaganlaß gegeben, wenn er gegenüber einem unberechtigten Anspruch des Klägers auf eine Verurteilung des Bekl zur Leistung schlechthin lediglich eine vorhandene Verpflichtung zur Leistung Zug um Zug anerkannt hat.

**Zurückbehaltungsrecht:** S „Zug-um-Zug-Anspruch".

**Zuständigkeit:** Ein wirksamer Rügeverzicht nach § 295 kann dem Bekl nicht helfen, Karlsr OLGZ **85**, 495.

**Zwangsvollstreckung:** Rn 82. **85**

**5) „Sofortiges Anerkenntnis des Anspruchs".** Die Kostenfolgen des § 93 treten nur dann ein, wenn neben dem Fehlen eines Klaganlasses, Rn 28, ein sofortiges Anerkenntnis des Anspruchs erfolgt ist. Beide Merkmale müssen also zusammen in allen ihren Teilen vorliegen.

**A. Begriff des Anspruchs.** Gegenstand des Anerkenntnisses muß gerade der „Anspruch" sein. Gemeint **86** ist der in der Klage geltend gemachte prozessuale Anspruch, der Streitgegenstand, § 2 Rn 3. Nach einer Klagänderung, §§ 263, 264, kommt es auf den neuen Kläganspruch an. Im Verfahren auf den Erlaß eines Arrestes, § 916 ff, einer einstweiligen Anordnung §§ 620 ff, einer einstweiligen Verfügung, §§ 935 ff, kommt es solange nur auf den Streitgegenstand jenes Eilverfahrens an, vgl Grdz 11 vor § 916, solange nur jenes Eilverfahren anhängig ist. Sobald auch die zugehörige Hauptklage anhängig ist, kommt es für die in diesem Hauptverfahren entstehenden Kosten auf ihren Streitgegenstand an.

**B. Begriff des Anerkenntnisses.** § 93 übernimmt den Anerkenntnisbegriff des § 307. Es gelten die **87** dortigen Erläuterungen. Das Anerkenntnis muß also zB unumschränkt sein, darf also keine Bedingung enthalten, BGH NJW **85**, 2716. Es muß im jeweiligen Verfahren überhaupt wirksam abgegeben werden können, das Verfahren muß also der Parteiherrschaft unterliegen, Rn 5. Es muß in ausreichender Form erfolgt sein, Einf 1 ff vor §§ 306 ff. Das einmal danach wirksam und ausreichend erklärte Anerkenntnis darf

## § 93

nicht nachträglich rückwirkend unwirksam geworden sein. Zur Unwirksamkeit Einf 8 vor §§ 306 ff, vgl auch Grdz 51 ff vor § 128.

**88  C. Begriff der Sofortigkeit.** Ein „sofortiges" Anerkenntnis liegt grundsätzlich nur dann vor, wenn der Bekl den Anspruch, Rn 86, vor der Stellung seines angekündigten oder nicht angekündigten sonstigen Sachantrags nach § 137 I, Mü WRP 85, 446, in der ersten streitigen mündlichen Verhandlung anerkennt, die vor dem endgültig zuständigen Gericht stattfindet und in der der Bekl diejenigen Tatsachen kennen kann, die den Klaganspruch objektiv begründen, Ffm GRUR 90, 1535, Köln RR 88, 1341, LG Köln GRUR 89, 542, aM Meiski NJW 93, 1905 (gibt stets 4 Wochen Frist). Es ist nicht erforderlich, daß es infolge des sofortigen Anerkenntnisses auch zu einem Anerkenntnis-Urteil gekommen ist.

**89  D. Beispiele zur Frage der Sofortigkeit des Anerkenntnisses**
**Arrest, einstweilige Verfügung:** Grundsätzlich ist ein Anerkenntnis allenfalls ab Schlüssigkeit notwendig, also auch erst ab Glaubhaftmachung von Verfügungsanspruch und Verfügungsgrund, § 920 II, Köln RR 88, 1341. Ein Anerkenntnis muß auch im Eilverfahren, also wegen des Verfügungsanspruchs, eindeutig und bedingungslos sein, Rn 87, Hamm NJW 76, 1459 (Bauhandwerkerhypothek). Wegen der etwa notwendigen Abmahnung Rn 67 „Wettbewerbssache".
**Aussetzung:** Ein sofortiges Anerkenntnis kann auch noch nach einem Abweisungsantrag und anschließender Aussetzung vorliegen, Nürnb MDR 97, 203 (sehr großzügig!).

**90  Bedingung:** Das Anerkenntnis muß bedingungslos sein, um als sofortiges gelten zu können, Rn 87. Wenn der Bekl die Auffassung vertritt, der Anspruch sei rechtlich unbegründet oder verjährt, oder wenn er die Zahlung von einer Abfindungserklärung des Klägers usw abhängig macht, auf die der Bekl keinen Anspruch hat, dann kann trotz äußeren Zahlungswillens ein sofortiges Anerkenntnis fehlen, Hamm MDR 88, 971. Eine begründete Zulässigkeitsrüge des Bekl ist unschädlich, etwa diejenige der Unzuständigkeit des Gerichts. Eine unbegründete Zulässigkeitsrüge ist aber schädlich. Ein strafbewehrtes Unterlassungsversprechen muß schon mit dem Widerspruch gegen die einstweilige Verfügung abgegeben werden, Düss MDR 91, 257.
**Beweislast:** Anh § 286 Rn 36.

**91  Einsichtnahme:** Es reicht aus, wenn der Versicherer erst im Prozeß Einsicht nehmen konnte und dann sofort anerkennt, LG Stgt VersR 89, 408.
**Einspruch:** Rn 102 „Versäumnisverfahren".
**Einwendung:** Rn 35 „Bedingung".

**92  Erfüllung:** Soweit eine Forderung fällig ist, muß zur Anerkenntniserklärung grds die Erfüllung hinzutreten, um ein „sofortiges Anerkenntis" herbeizuführen, Hbg FamRZ 89, 990, Schlesw (1. FamS) SchlHA 77, 191, ZöHe 4, 6 „Geldschulden"; aM Hamm FamRZ 93, 1345, Karlsr FamRZ 98, 846, MüKoBe 617.
Allerdings muß man dem Bekl eine gewisse, angemessene *Prüfungsfrist* nach dem Eingang der die Forderung ausreichend darlegenden Belege usw zubilligen, erst recht bei einem Dritten, der zahlen soll, also dem Versicherer des Schuldners, vgl Rn 54 „Schadensersatz", LG Schweinf VersR 90, 618. Das ändert aber nichts an der grundsätzlichen Notwendigkeit der sofortigen Leistung im Zeitpunkt der Fälligkeit.

**93  Fälligkeit:** Rn 92.
**Form:** Man muß zwischen dem Anerkenntis und der Erfüllung der anerkannten Schuld unterscheiden. Während zur letzteren zB bei der Abgabe einer verlangten Willenserklärung über ein Grundstücksgeschäft ein notarielle Beurkundung notwendig sein mag, ist zur bloßen Anerkennung der Schuld grds keine besondere Form erforderlich. Freilich liegt ein „sofortiges" Anerkenntnis nach der hier vertretenen Auffassung, daß zum Anerkenntnis die Erfüllung hinzutreten muß, Rn 92 „Erfüllung", erst dann vor, wenn eben auch die Erfüllungshandlung selbst in der notwendigen Form erfolgt oder alles zusammen noch rechtzeitig geschieht. Ein fernschriftliches Anerkenntnis kann ausreichen, § 129 Rn 21, ebenso ein solches mit einem der modernen anderen Telekommunikationsmittel, zB Telefax.
**Früher erster Termin:** Selbst dann, wenn der Bekl eine Äußerungsfrist erhalten hatte, reicht sein Anerkenntnis im Termin (vor streitiger Verhandlung) aus, Ffm GRUR 90, 1535.

**94  Gesetzesänderung:** Wenn der Kläger auf Grund einer Gesetzesänderung, die erst nach dem Erlaß des Berufungsurteils eintrat, in der Revisionsinstanz voraussichtlich siegen wird, muß der Bekl sofort anerkennen, um die Kostenlast aller Instanzen zu vermeiden.

**95  Haftungsbeschränkung:** Ein Anerkenntnis mit einer Haftungsbeschränkung kann genügen, wenn der Bekl vorher nur die unbedingte Leistung verweigert und hilfsweise die eingeschränkte Leistung angeboten hatte und wenn der Kläger auf die unbedingte Leistung in Wahrheit keinen Anspruch hat, Oldb NdsRpfl 73, 260 (zu einer Zug-um-Zug-Leistung).
**Handelssache:** In einer Handelssache ist das Anerkenntnis nur dann sofortig, wenn es bis zu einem Verweisungsantrag nach § 98 GVG ergeht. Denn die Zivilkammer ist bis dahin bereits endgültig zuständig gewesen, Saarbr MDR 81, 676.
**Insolvenz:** Ein Bestreiten im Prüfungstermin, § 179 InsO, ist für den Schuldner kostenschädlich, so schon Köln KTS 79, 119, LG Mü WertpMitt 86, 864. Ein vorläufiges Bestreiten kann bis zum Ablauf einer anschließenden Äußerungsfrist zum endgültigen Bestreiten für den Schuldner kostengünstig sein, Düss ZIP 82, 201.

**96  Klagänderung:** Nach einer Klagänderung kommt es für die Sofortigkeit auf die erste streitige mündliche Verhandlung oder auf den ersten Schriftsatz nach der Klagänderung an, Ffm MDR 84, 238, LG Gött MDR 95, 647, AG Bln-Charlottenb FamRZ 94, 118.

**97  Klagerwiderung:** In einem schriftlichen Vorverfahren liegt ein sofortiges Anerkenntnis wegen § 307 II 1 nur dann vor, wenn der Bekl den prozessualen Anspruch schon in seinem ersten Schriftsatz anerkennt, § 307 II 1. Nur in diesem Sinn kann eine „Klagerwiderung" rechtzeitig sein, nicht dann, wenn der Bekl zunächst nur eine Verteidigungsanzeige nach § 276 I 1 eingereicht hatte und erst in der gesonderten Klagerwiderung nach §§ 276 I 2, 277 anerkennt, vgl auch § 93 b Rn 36 ff, Brschw JB 99, 36, Celle RR

### 5. Titel. Prozeßkosten § 93

98, 1370, Nürnb MDR **98**, 680, aM Celle FamRZ **97**, 1416, Schlesw MDR **97**, 971, Meiski NJW **93**, 1905 (stets 4 Wochen Frist). Im übrigen ist ein Anerkenntnis in einer etwa eingereichten Klagerwiderung vor einer notwendigen mündlichen Verhandlung natürlich unschädlich, andererseits auch noch nicht notwendig. Die Klagerwiderung mag also sogar ein vorläufiges oder zunächst scheinbar endgültiges Bestreiten enthalten; maßgeblich ist in diesen Fällen erst das Verhalten des Bekl in der ersten streitigen mündlichen Verhandlung zur Sache vor dem endgültig zuständigen Gericht, LG Köln GRUR **89**, 542, StJL 6 mwN, aM zB Bre FamRZ **94**, 1484.
S auch Rn 102 „Verteidigungsanzeige".
**Nachverfahren:** Rn 101 „Urkunden-, Scheck-, Wechselprozeß". 98
**Räumung:** Ein Auszug ist nicht stets ein Anerkenntnis, LG Arnsberg WoM **97**, 232. Vgl im übrigen § 93b Rn 36 ff.
**Sachantrag:** Ein sofortiges Anerkenntnis liegt grds nur dann vor, wenn es in der ersten streitigen münd- 99 lichen Verhandlung vor der Stellung des (bisher angekündigten oder sonstigen) Sachantrags ergeht, § 137 I, Mü WRP **85**, 446.
S auch Rn 97 „Klagerwiderung", Rn 99 „Schriftsatz".
**Säumnis:** Rn 102.
**Schätzung:** Soweit der Klaganspruch von einer richterlichen Schätzung abhängig ist, etwa beim unbezifferten Schmerzensgeldantrag, muß der Bekl „den vom Gericht für angemessen gehaltenen Betrag" rechtzeitig anerkennen.
**Scheckprozeß:** Rn 101 „Urkunden-, Scheck-, Wechselprozeß".
**Schriftliches Verfahren:** S „Schriftsatz".
**Schriftliches Vorverfahren:** Rn 97 „Klagerwiderung", Rn 99 „Schriftsatz", Rn 102 „Verteidigungsanzeige".
**Schriftsatz:** Im schriftlichen Verfahren nach § 128 II, III ist der in § 128 II 2 Hs 1 genannte Zeitpunkt maßgeblich. Im schriftlichen Vorverfahren, § 276, muß das Anerkenntnis wegen § 307 II 1 schon in der Klagerwiderung vorliegen, s „Klagerwiderung". Im übrigen ist ein Anerkenntnis in einem vorbereitenden Schriftsatz natürlich zulässig, aber nicht nötig, sofern es in der ersten streitigen Verhandlung vor dem endgültig zuständigen Gericht vor Stellung des Sachantrags erfolgt, Ffm GRUR **90**, 1535; das gilt sogar dann, wenn der Bekl den Klaganspruch im vorbereitenden Schriftsatz zunächst bestritten hat.
**Stufenklage:** Es kann in jeder Stufe ein diesbezüglich rechtzeitiges Anerkenntnis ergehen, vgl auch Rixekker MDR **85**, 635 (auch wegen einer entsprechenden Anwendung auf den Kläger). Zu großzügig stellt Hamm FamRZ **97**, 1414 nur auf die Verhandlung zum Zahlungsantrag ab.
**Teilanerkenntnis:** Rn 112. 100
**Unzuständigkeit:** Rn 106. 101
**Urkunden-, Scheck-, Wechselprozeß:** In diesen Verfahrensarten ist ein Anerkenntnis, das erst im Nachverfahren erfolgt, nicht mehr sofortig, Düss MDR **83**, 496. Denn das Nachverfahren bildet mit dem Vorverfahren eine Einheit, § 600 Rn 1. Daher reicht es nicht aus, daß der Bekl im Vorverfahren lediglich widersprochen hat, um im Nachverfahren eine Aufrechnung vorzunehmen, Düss MDR **83**, 496. Soweit der Bekl sich auf Verjährung beruft, liegt kein sofortiges Anerkenntnis vor, vgl Hamm MDR **88**, 971.
**Vaterschaftsfeststellung:** Im Verfahren nach § 640 II Z 1 muß der Bekl durch ein sofortiges Anerkenntnis des Feststellungsanspruchs, etwa nach § 641c, den Kläger klaglos stellen, um die Kostenvorteile des § 93 zu erreichen, Köln FamRZ **92**, 697.
**Versäumnisverfahren:** Zugleich mit einem ordnungsgemäßen Einspruch, Köln VersR **92**, 635 (Auslands- 102 fall), sogar nach einem solchen, liegt ein sofortiges Anerkenntnis vor, wenn der Bekl es in der ersten streitigen Verhandlung nicht nur zum Einspruch, sondern auch zur Hauptsache vor der Stellung des dortigen Sachantrags erklärt. Das gilt selbst dann, wenn er bis zum Erlaß des Versäumnisurteils schriftsätzlich den Anspruch betritten hatte. Denn § 342 versetzt den Prozeß in den Zeitpunkt des Beginns der ersten streitigen Sachverhandlung zurück, Brdb MDR **99**, 505, LG Siegen WoM **83**, 118. Freilich kann das bisherige prozessuale Verhalten des Bekl bei der Prüfung, ob ein Klaganlaß bestand, mitbeachtlich sein, Rn 51, Rn 63 „Versäumnisverfahren".
**Verteidigungsanzeige:** Soweit der Bekl im schriftlichen Vorverfahren eine Anzeige der Verteidigungsabsicht nach § 276 I 1 eingereicht hat, ist ein gleichzeitiges Erkenntnis unschädlich in einem Prozeßkostenhilfeverfahren sofortig, Köln FamRZ **97**, 1415, und liegt wegen § 307 II 1 ein sofortiges Anerkenntnis mehr vor, wenn es erst nachträglich eingeht, sei es auch in der Klagerwiderung nach § 276 I 2, Bre JB **83**, 625, Hamm VersR **89**, 1211, aM Bbg FamRZ **95**, 1076, Schlesw MDR **98**, 439, Meiski, NJW **93**, 1905 (stets 4 Wochen Frist).
S auch Rn 97.
**Verwahrung gegen die Kosten:** Die beliebte Formulierung des Bekl, er erkenne an, verwahre sich aber 103 gegen die Kosten oder protestiere gegen sie, ist wie jede Parteiprozeßhandlung auszulegen und auch darauf zu prüfen, ob eine kostenschädliche Bedingung des Anerkenntnisses vorliegt oder ob der Bekl nur eine Bitte und Anregung auf den Erlaß einer für ihn möglichst günstigen Kostenentscheidung äußern will; nur im letzteren Fall kann das Anerkenntnis unter den weiteren Voraussetzungen ein „sofortiges" sein. Es kommt darauf an, ob der Bekl sich im Kern zumindest auch (noch) gegen den Klaganspruch wehrt.
**Verweisung:** Ein sofortiges Anerkenntnis liegt grds dann vor, wenn der Bekl bis zur ersten streitigen 104 mündlichen Verhandlung anerkennt, die vor dem endgültig zuständigen Gericht stattfindet. Daher kann es auch noch nach einer Verweisung rechtzeitig sein, Saarbr MDR **81**, 676. Allerdings ist eine Verweisung nach § 98 GVG bereits von einem zunächst endgültig zuständigen Gericht erfolgt, Rn 95 „Handelssache".
**Vorbehalt:** Ein Anerkenntnis unter einem Vorbehalt ist überhaupt nicht wirksam und daher auch nicht „sofortig", Rn 90. Eine Ausnahme kann nur bei einem ausreichenden Teilanerkenntnis über den in Wahrheit lediglich begründeten Anspruchsteil gelten, Rn 112.

## § 93
### 1. Buch. 2. Abschnitt. Parteien

**Vorverfahren:** Rn 97 „Klageerwiderung", Rn 99 „Schriftsatz", Rn 102 „Verteidigungsanzeige".
105 **Wechselprozeß:** Rn 101.
106 **Zug-um-Zug-Leistung:** Eine Anerkennung Zug um Zug kann genügen, sofern die Klage nur insofern berechtigt ist, Köln FamRZ **89**, 878. Andernfalls liegt eine unzulässige Bedingung vor.
**Zulässigkeitsrüge:** Ein im übrigen ausreichendes Anerkenntnis verliert seine Sofortigkeit nicht dadurch, daß der Bekl gleichzeitig eine objektiv begründete Zulässigkeitsrüge erhebt, etwa diejenige der Unzuständigkeit des Gerichts. Denn die Zulässigkeit ist vor der Begründetheit der Klageforderung zu prüfen. Eine objektiv unbegründete Zulässigkeitsrüge nimmt einem Anerkenntnis jedenfalls derzeit die Sofortigkeit.
**Zuständigkeit:** Rn 106 „Zulässigkeitsrüge".

107 **6) Rechtsfolgen: „Kostenlast".** Sofern kein Klaganlaß und ein sofortiges Anerkenntnis vorliegen, „fallen dem Kläger die Prozeßkosten zur Last". Das ist eine zwingende Kostenfolge ohne einen Ermessensspielraum des Gerichts, anders als zB bei § 91 a. Die Regelung unterscheidet sich aber von derjenigen etwa in § 269 III 2 (Kostenlast des Klägers nach Klagerücknahme) dadurch, daß sie trotz des insofern irreführenden Gesetzeswortlauts nach allgemeiner Ansicht eben nicht schon kraft Gesetzes eintritt und vom Gericht allenfalls auf Antrag bestätigend (deklaratorisch) auszusprechen wäre; vielmehr ist eine (konstitutive) Kostengrundentscheidung erforderlich; ohne sie kann keine entsprechende Kostenfestsetzung nach §§ 103 ff stattfinden.

108 **A. Kostenlast des Klägers.** § 93 nennt den Regelfall der Kostenlast des Klägers. Soweit kein Klaganlaß und ein volles sofortiges Anerkenntnis aller Klagansprüche durch den Bekl vorliegt, muß der Kläger auch alle Prozeßkosten tragen. Das Gericht hat keinen diesbezüglichen Verteilungsspielraum mehr. Es muß seine Entscheidung als Folge des § 308 II von Amts wegen treffen, Karlsr OLGZ **86**, 125. Wegen eines Teilanerkenntnisses Rn 112.

109 **B. Kostenlast des Beklagten.** Man kann § 93 in bestimmten Fällen entsprechend zu Lasten des Bekl anwenden und damit eine gewisse Umkehr der Vorschrift vornehmen. Das kommt auch in Betracht, wenn der Kläger den Antrag sofort nach dem Zeitpunkt, in dem seine bis dahin objektiv begründete Forderung *nach* dem Eintritt der Rechtshängigkeit (vorher vgl § 91 a Rn 36) unzulässig oder unbegründet wurde, auf die Bitte beschränkt, dem Bekl die Kosten aufzuerlegen, BGH NJW **82**, 238, BPatG GRUR **86**, 811, LG Hbg RR **87**, 328, aM Kblz RR **86**, 1443, LG Tüb JB **91**, 720, StJL 1 (der Kläger habe ja die Möglichkeit, die Hauptsache für erledigt zu erklären, § 91 a).

110 *Beispiele der Anwendbarkeit:* Es geht um einen Arrest oder eine einstweilige Verfügung, §§ 916 ff, 935 ff, Ffm OLGZ **81**, 101, LG Hbg RR **87**, 382; es geht um die Aufrechnung mit einer erst nach Prozeßbeginn entstandenen Forderung, § 145 Rn 10; der Kläger tritt wegen eines Verschuldens des Bekl nach § 326 BGB im Prozeß vom Vertrag zurück; der Bekl wendet Verjährung ein, der Kläger verzichtet, § 306, aM Hbg GRUR **89**, 296.

*Beispiele der Unanwendbarkeit:* Es handelt sich um eine wirksame Klagerücknahme (dann ist ein zusätzlicher Kosten-„Antrag" unbeachtlich, da die Kostenfolge des § 269 III 2 ohnehin kraft Gesetzes eintritt); es geht um ein Konkurseröffnungsverfahren, Bre KTS **74**, 51, LG Bln Rpfleger **78**, 379 (das Gericht wendet § 91 a entsprechend an).

111 Das „Anerkenntnis" des Klägers bedeutet in solcher Situation ein Abstandnehmen vom Klaganspruch. Es reicht dann aus, daß dieser Verzicht *ohne schuldhaftes Zögern* in der nächsten prozessual möglichen Situation erklärt wird, Ffm OLGZ **81**, 101, aM Hbg GRUR **89**, 296, Hamm MDR **82**, 676, LG Köln GRUR **89**, 77 (der Gegner müsse vorher zum Verzicht aufgefordert haben).

112 **C. Teilanerkenntnisfolgen.** Soweit der Bekl sein Anerkenntnis in zulässiger Weise auf einen Teil des Klagspruchs begrenzt und rechtzeitig erklärt hat, § 301, Hamm FamRZ **97**, 1414, gelten die folgenden Regeln. Es kann auf Antrag des Klägers, § 307 I, zum Anerkenntnisteilurteil (oder Teilanerkenntnisurteil) kommen. Damit befindet das Gericht über den anerkannten Teil der Klagansprüche in dieser Instanz endgültig. Die Voraussetzungen des § 301 müssen vorliegen. Es hängt von den Gesamtumständen ab, ob eine Kostenentscheidung über den anerkannten Teil der Klagansprüche erfolgen soll oder muß oder ob sie „dem Schlußurteil vorbehalten bleibt". Grundsätzlich sollte das Gericht über die Kosten des anerkannten Teils bereits jetzt entscheiden. Denn es ist ungewiß, ob es tatsächlich nicht zum Schlußurteil kommt; es mag zB eine wirksame Klagerücknahme wegen des Rests erfolgen; die Parteien mögen den streitigen Rest übereinstimmend für erledigt erklären; es mag zum Ruhen des Verfahrens wegen des Rests ohne erneute Terminsbitte kommen usw.

113 Auf die Kostenentscheidung des Teilurteils ist *§ 93 anwendbar*. Die Entscheidung kann zB lauten: „Im Umfang dieses Teilurteils trägt der Beklagte die Kosten". Es läßt sich dann später, evtl mit Hilfe eines Beschlusses über den (gesamten und aufgeteilten) Kostenstreitwert, der auf das Teilurteil entfallende Prozentsatz oder Bruchteil errechnen. Dementsprechend könnte es dann im etwaigen Schlußurteil heißen: „Im Umfang dieses Schlußurteils trägt ... die Kosten". Freilich muß das Gericht schon bei der Prüfung, ob im Teilurteil eine diesbezügliche Kostenentscheidung erfolgen soll, den Grundsatz beachten, daß die gesamten Prozeßkosten einheitlich zu beurteilen und etwa zu verteilen sind; es muß auf eine möglichst einfache und klare Fassung aller Aussprüche zu den Prozeßkosten achten. Daher kann es ratsam sein, zunächst überhaupt noch keine Kostenentscheidung zu fällen.

114 **7) Verfahrensfragen.** Beim Eingang eines schriftsätzlichen Anerkenntnisses in einem Verfahren mit notwendiger mündlicher Verhandlung, § 128 Rn 4, setzt das Gericht wie sonst Verhandlungstermin an und wartet ab, ob das Anerkenntnis auch im Termin erklärt wird; es hat darauf zu achten, daß dies vor der Stellung des Sachantrags des Bekl nach § 137 I erfolgt, insbesondere vor einem Klagabweisungsantrag (eine Zulässigkeitsrüge kann unschädlich sein, Rn 106 „Zulässigkeitsrüge").

115 Im *schriftlichen* Verfahren, §§ 128 II, III, oder im schriftlichen Vorverfahren, §§ 276 f, gelten wegen der dann bereits durch die Schriftform wirksamen Anerkenntniserklärung die dortigen Verfahrensregeln wie sonst, zB § 307 II 1 (Anerkenntnisurteil ohne Verhandlung). Da der Kläger keinen Kostenantrag stellen

muß, die Kostenfolge vielmehr kraft zwingender gesetzlicher Vorschrift vom Gericht (konstitutiv) auszusprechen ist, Rn 107, bedarf es auch keiner Anhörung des Klägers zum Anerkenntnis, soweit nicht über dessen Wirksamkeit oder Umfang Zweifel vorhanden sein können. Im übrigen gelten die Regeln § 307 Rn 14 ff zum Verfahren zum Anerkenntnisurteil und zu seiner Mitteilung. Wegen des Teilanerkenntnisses Rn 112. Wer sich als Bekl auf § 93 beruft, muß dessen Voraussetzungen darlegen und beweisen, Ffm RR 96 62.

**8) Rechtsmittel.** Vgl zunächst § 307 Rn 19. Zu beachten ist allerdings, daß die Kostenentscheidung im **116** Anerkenntnisurteil gemäß § 99 nur eingeschränkt angreifbar ist.

**9) VwGO:** Eine gleichlautende Regelung enthält § 156 VwGO. **117**

## 93a Kostenteilung in Ehesachen.

I ¹Wird auf Scheidung einer Ehe erkannt, so sind die Kosten der Scheidungssache und der Folgesachen, über die gleichzeitig entschieden wird oder über die nach § 627 Abs. 1 vorweg entschieden worden ist, gegeneinander aufzuheben; die Kosten einer Folgesache sind auch dann gegeneinander aufzuheben, wenn über die Folgesache infolge einer Abtrennung nach § 628 Abs. 1 Satz 1 gesondert zu entscheiden ist. ²Das Gericht kann die Kosten nach billigem Ermessen anderweitig verteilen, wenn

1. eine Kostenverteilung nach Satz 1 einen der Ehegatten in seiner Lebensführung unverhältnismäßig beeinträchtigen würde; die Bewilligung von Prozeßkostenhilfe ist dabei nicht zu berücksichtigen;
2. eine Kostenverteilung nach Satz 1 im Hinblick darauf als unbillig erscheint, daß ein Ehegatte in Folgesachen der in § 621 Abs. 1 Nr. 4, 5, 8 bezeichneten Art ganz oder teilweise unterlegen ist.

³Haben die Parteien eine Vereinbarung über die Kosten getroffen, so kann das Gericht sie ganz oder teilweise der Entscheidung zugrunde legen.

II ¹Wird ein Scheidungsantrag abgewiesen, so hat der Antragsteller auch die Kosten der Folgesachen zu tragen, die infolge der Abweisung gegenstandslos werden; dies gilt auch für die Kosten einer Folgesache, über die infolge einer Abtrennung nach § 623 Abs. 1 Satz 2 oder nach § 628 Abs. 1 Satz 1 gesondert zu entscheiden ist. ²Das Gericht kann die Kosten anderweitig verteilen, wenn eine Kostenverteilung nach Satz 1 im Hinblick auf den bisherigen Sach- und Streitstand in Folgesachen der in § 621 Abs. 1 Nr. 4, 5, 8 bezeichneten Art als unbillig erscheint.

III ¹Wird eine Ehe aufgehoben, so sind die Kosten des Rechtsstreits gegeneinander aufzuheben. ²Das Gericht kann die Kosten nach billigem Ermessen anderweitig verteilen, wenn eine Kostenverteilung nach Satz 1 einen der Ehegatten in seiner Lebensführung unverhältnismäßig beeinträchtigen würde oder wenn eine solche Kostenverteilung im Hinblick darauf als unbillig erscheint, daß bei der Eheschließung ein Ehegatte allein die Aufhebbarkeit der Ehe gekannt hat oder ein Ehegatte durch arglistige Täuschung oder widerrechtliche Drohung seitens des anderen Ehegatten oder mit dessen Wissen zur Eingehung der Ehe bestimmt worden ist.

IV Wird eine Ehe auf Antrag der zuständigen Verwaltungsbehörde oder bei Verstoß gegen § 1306 des Bürgerlichen Gesetzbuchs auf Antrag des Dritten aufgehoben, so ist Absatz 3 nicht anzuwenden.

**Vorbem.** Der in I 1 Hs 2, II 1 Hs 2 in Bezug genommene § 628 hat nur noch einen einzigen Absatz, Art 6 Z 25 b KindRG v 16. 12. 97, BGBl 2942; das hat der Gesetzgeber bei § 93 a mitzuändern vergessen. III 1, 2, IV idF Art 3 Z 1 a–c EheschlRG v 4. 5. 98, BGBl 833, in Kraft seit 1. 7. 98, Art 18 III EheschlRG, ÜbergangsR Einl III 78.

**Schrifttum:** *Haberzettl,* Streitwert und Kosten in Ehe- und Familiensachen, 2. Aufl 1985; *Lappe,* Kosten in Familiensachen, 4. Aufl 1983; *Müller-Rabe,* Kosten, in: *Gerhardt pp,* Handbuch des Fachanwalts Familiensachen, 1997; *Putzier,* Anforderungen an eine sozialstaatliche Kostenregelung für die Inanspruchnahme der Justiz bei Ehescheidungen, Diss Bre 1981.

### Gliederung

| | |
|---|---|
| 1) Systematik, I–IV ..................... 1 | 7) Bei „Scheidung": Ausnahmsweise anderweitige Verteilung, I 2 ............ 15–18 |
| 2) Regelungszweck, I–IV ............... 2 |    A. Härteklausel, I 2 Z 1 ............... 16 |
| 3) Sachlicher Geltungsbereich, I–IV .... 3 |    B. Billigkeitsklausel, I 2 Z 2 ......... 17, 18 |
| 4) Persönlicher Geltungsbereich, I–IV .. 4 | 8) Bei „Scheidung": Beachtlichkeit einer Kostenvereinbarung, I 3 .............. 19–21 |
| 5) Gemeinsame Begriffe, I–IV .......... 5–10 | |
|    A. „Kosten" ...................... 5 | 9) Bei „Abweisung des Scheidungsantrags": Kostenhaftung des Antragstellers für die Scheidungssache, II 1 ..... 22, 23 |
|    B. „Aufhebung gegeneinander" ....... 6 | |
|    C. „Anderweitige Verteilung" ......... 7 | |
|    D. „Billiges Ermessen" ............... 8 | 10) Bei „Abweisung des Scheidungsantrags": Grundsatz der Unterliegenshaftung auch für „gegenstandslos werdende Folgesachen", II 1 ......... 24, 25 |
|    E. „Unverhältnismäßige Beeinträchtigung in der Lebensführung": Härteklausel ........................ 9 | |
|    F. „Unbilligkeit" einer Aufhebung der Kosten gegeneinander: Billigkeitsklausel ............................ 10 | 11) Bei „Abweisung des Scheidungsantrags": Ausnahmsweise „anderweitige Verteilung", II 2 .................. 26, 27 |
| 6) Bei „Scheidung": Grundsatz der Kostenaufhebung, I 1 ................. 11–14 | |
|    A. Begriff der Scheidung ............ 12 | 12) Bei „Aufhebung der Ehe": Grundsatz der Kostenaufhebung gegeneinander, III 1 ................................ 28 |
|    B. „Scheidungssache und Folgesache" ... 13 | |
|    C. Einzelfragen ..................... 14 | |

# § 93a

13) Bei „Aufhebung der Ehe": Ausnahmsweise „anderweitige Verteilung", III 2 .......................... 29, 30

14) Bei „Aufhebung der Ehe" nach §§ 1306 (Drittantrag) oder 1316 BGB (Verwaltungsantrag): Unterliegenshaftung, IV ........................... 31

**1** **1) Systematik, I–IV.** Die Vorschrift regelt die Kosten in Scheidungsverfahren, §§ 606ff, und im Verfahren auf Aufhebung einer Ehe, §§ 631, 632. Sie bringt eine vorrangige, eng auszulegende Sonderregelung, Brdb FamRZ **94**, 1485, aM Köln MDR **96**, 1302; als Ausnahme von den Grundsätzen der §§ 91 ff, erfaßt aber nur einen Teil der in Ehesachen entstehenden Kostenfolgen. Insofern wirkt sie nur neben §§ 91 ff ergänzend. §§ 95 ff sind anwendbar, soweit dies nach der Verfahrensart des jeweiligen Eheprozesses überhaupt in Betracht kommt. Es kann auch § 97 I, III anwendbar sein, BGH AnwBl **84**, 502, Düss (1. FamS) zitiert in (5. FamS) FamRZ **82**, 1014 (der letzte Senat ist aM; gegen ihn mit Recht Tietze FamRZ **83**, 291, KG FamRZ **81**, 381), aM Hamm FamRZ **95**, 377 (Vorrang von § 93 a). § 98 ist gegenüber I 3 nachrangig. § 620 g hat Vorrang gegenüber § 93 a. § 93 a enthält mehrere voneinander zum Teil abweichende Prinzipien der Kostenverteilung, bietet also gerade nicht das sonstige Prinzip der Kosteneinheit, aM KG FamRZ **88**, 1075.

**2** **2) Regelungszweck, I–IV.** Die Vorschrift übernimmt nur indirekt und nur für den Fall der Abweisung des Scheidungsantrags das in § 91 verankerte Prinzip, daß der Unterliegende die Kosten trägt, dort Rn 19. Im übrigen enthält die Vorschrift durch die Prinzipien der Aufhebung der Kosten gegeneinander einerseits, der Möglichkeit einer anderweitigen Verteilung andererseits eine Regelung, die bei der angestrebten Kostengerechtigkeit den Umstand berücksichtigt, daß das Eheverfahren weit über die rechtlichen und wirtschaftlichen Interessen der Eheleute hinaus wirkt und daß auch insbesondere seit der Abschaffung des Verschuldensprinzips bei der Scheidung das bloße Siegen oder Unterliegen nicht zuletzt wegen der oft beträchtlichen Kostenstreitwerte zu unzumutbarer Belastung führen könnte. Insofern hat das Gericht innerhalb dieser Ausnahmeregelung doch nach den gesamten Umständen zu bemessendes Ermessen.

**3** **3) Sachlicher Geltungsbereich, I–IV.** I regelt die Kosten einer Ehescheidung, II diejenigen der Abweisung des Scheidungsantrags, III, IV diejenigen der Aufhebung der Ehe. Im jeweiligen Bereich der vorgenannten Hauptsachen sind auch die etwaigen Folgesachen teilweise ausdrücklich mitgeregelt; im übrigen werden auch die Kosten eines zugehörigen Verfahrens auf den Erlaß einer einstweiligen Anordnung insoweit miterfaßt, als nicht § 620 eine wiederum gegenüber § 93 a vorrangige Sonderregelung enthält, vgl Karlsr FamRZ **96**, 881. § 93 a gilt nicht beim vorzeitigen Zugewinnausgleich, Kblz FamRZ **90**, 1368.

**4** **4) Persönlicher Geltungsbereich, I–IV.** Die Vorschrift gilt nicht nur für die Ehegatten, sondern auch für die von Folgesachen erfaßten Kinder und auch für einen davon betroffenen Dritten, zB einen Vermieter, Hamm FamRZ **81**, 695, aM Karlsr FamRZ **95**, 363 (Zusatzversorgungskasse). Sie erfaßt dagegen nicht die Kosten eines Rentenversicherungsträgers. Denn das Gericht darf grundsätzlich nur über die Kosten der Parteien entscheiden, vgl Kblz **KR** Nr 14, vgl auch Rn 5.

**5** **5) Gemeinsame Begriffe, I–IV.** In allen Teilen der Vorschrift treten folgende gemeinsame Begriffe auf:
A. **„Kosten".** § 93 a betrifft allein die prozessuale Kostenlast, also nur die im jeweiligen Verfahren entstandenen Kosten, nicht eine etwaige sachlichrechtliche Rückzahlungs- oder Ersatzpflicht, KG FamRZ **81**, 464, AG Hildesh FamRZ **88**, 61. § 269 III 2 bleibt anwendbar, KG FamRZ **88**, 1075 mwN (aber § 93 a nennt den Fall der Klagerücknahme überhaupt nicht, und für eine Auslegung ist bei einem klaren Wortlaut kein Raum. Freilich ist auch § 269 III 2 Hs 2 zu beachten). Unter Kosten sind sowohl Gebühren als auch Auslagen zu verstehen. Die Vorschrift gilt also jeweils auch für die gerichtlichen Auslagen für Sachverständige und Zeugen sowie für diejenigen Auslagen, die ein ProzBev im Rahmen des Prozeßauftrags machen durfte. Sie gilt nicht für außerprozessuale Kosten eines Anwalts.

**6** B. **„Aufhebung gegeneinander".** In I, III heißt es, daß die Kosten „gegeneinander aufzuheben" sind. Darunter ist derselbe Vorgang zu verstehen wie in § 92 I 1, 2, vgl § 92 Rn 40. Jede Partei hat also ihre außergerichtlichen Kosten selbst zu tragen; jede Partei trägt außerdem die Hälfte der gerichtlichen Kosten; ein Kostenfestsetzungsverfahren findet demgemäß nicht statt.

**7** C. **„Anderweitige Verteilung".** I–III enthält als weitere Möglichkeit der Kostenregelung den Begriff der „anderweitigen Verteilung". Gemeint ist dasselbe wie die „verhältnismäßige Kostenteilung" in § 92 I, vgl § 92 Rn 27. Es kann also eine Kostenteilung nach Prozenten, nach Summe und Rest, auch nach Instanzen usw erfolgen, Brdb FamRZ **94**, 1485; das Gericht sollte auf Klarheit und Einfachheit seiner Entscheidung zur Kostenverteilung achten.

**8** D. **„Billiges Ermessen".** Soweit eine „anderweitige Verteilung", Rn 6, erfolgt, hat das Gericht jeweils im Rahmen eines „billigen Ermessens" zu entscheiden. Das ergibt sich in I, III schon aus dem Wortlaut des Gesetzes, in II indirekt daraus, daß die Verteilung nicht als „unbillig erscheint". Unter billigem Ermessen versteht die Vorschrift jeweils dasselbe wie in § 91 a I 1, vgl § 91 a Rn 118. Das Gericht hat also einen weiten Spielraum; es darf und muß alle Gesamtumstände des Einzelfalls abwägen und überschreitet seine Grenzen erst dann, wenn die Kostenentscheidung unter keinem denkbaren Gesichtspunkt mehr sachlich gerechtfertigt erscheint.

**9** E. **„Unverhältnismäßige Beeinträchtigung in der Lebensführung": Härteklausel.** Einer der in I, III ausdrücklich erwähnten, in II indirekt anwendbaren Maßstäbe einer „anderweitigen Verteilung", Rn 6, besteht in der Prüfung, ob einer der Ehegatten in seiner Lebensführung unverhältnismäßig beeinträchtigt würde. Diese sog Härteklausel bedeutet nicht, daß das Gericht von vornherein durch die wirtschaftlichen Verhältnisse strikt gebunden wäre. Das Gericht soll und muß aber doch berücksichtigen, welcher der Ehegatten der wirtschaftlich stärkere ist. Einzelheiten s unten.

**10** F. **„Unbilligkeit" einer Aufhebung der Kosten gegeneinander: Billigkeitsklausel.** Ein weiterer in I, III ausdrücklich, in II indirekt erwähnter Maßstab einer „anderweitigen Verteilung", Rn 7, besteht in der Prüfung, ob die bloße Aufhebung der Kosten gegeneinander, Rn 6, als unbillig erscheinen würde. Diese sog Billigkeitsklausel ermöglicht eine Verteilung auch nach anderen Gesichtspunkten als denjenigen der wirt-

5. Titel. Prozeßkosten § 93a

schaftlichen Lage der Beteiligten; sie nimmt auch auf den jeweiligen Verlauf des Verfahrens und dessen Vorgeschichte Rücksicht. Einzelheiten s unten.

**6) Bei „Scheidung": Grundsatz der Kostenaufhebung, I 1.** Im Fall der Ehescheidung trifft I 1 nur **11** scheinbar eine zwingende Kostenregelung, nämlich die der Aufhebung gegeneinander, Rn 6. In Wahrheit bleibt dem Gericht der weite Ermessensspielraum nach I 2 oder auch I 3. In Wahrheit enthält I 1 also nur eine Auffangklausel. Denn das Gericht muß stets zunächst prüfen, ob und wieweit es von seinen Ermessensmöglichkeiten nach I 2, 3 Gebrauch machen will. Freilich gibt I 1 auch zu erkennen, daß es immerhin mangels der besonderen Voraussetzungen der nächsten Sätze bei der Regel der Kostenaufhebung bleiben soll. Insofern enthält I 1 doch wieder einen Grundsatz.

**A. Begriff der Scheidung.** Es kommt nur darauf an, ob das Gericht „auf Scheidung einer Ehe erkennt". **12** Es ist also unbeachtlich, auf wessen Antrag die Ehescheidung erfolgt, ob der Antragsgegner die Abweisung des Scheidungsantrags begehrt oder seinerseits ebenfalls die Scheidung beantragt hatte und ob der ursprüngliche Antragsteller seinen Scheidungsantrag zurückgenommen hatte, ohne daß dies auch der ursprüngliche Antragsgegner getan hat.

**B. „Scheidungssache und Folgesachen".** I 1 stellt schon im Wortlaut klar, daß für die Kostenregelung **13** nicht nur die Scheidungssache, sondern auch diejenigen Folgesachen erfaßt werden, über die das Gericht gleichzeitig entscheidet, also im sog Entscheidungsverbund. Darüber hinaus erfaßt I 1 auch diejenigen Folgesachen, über die das Gericht nach § 627 I „vorweg entschieden" hat, Mü JB **98**, 645, also wegen der Regelung der elterlichen Sorge über ein gemeinschaftliches Kind. Im Fall der gleichzeitigen Entscheidung über Scheidungssache und Folgesache liegt der sog „Kostenverbund" vor, vgl § 629 I in Verbindung mit §§ 621 I, 623 I 1. Das gilt auch, soweit ein Antrag bzw eine Beschwerde wegen einer Folgesache inzwischen zurückgenommen worden ist, Ffm FamRZ **85**, 823, ZöHe 1, aM Köln FamRZ **97**, 222, Stgt FamRZ **83**, 939 (§ 139 I FGG). Beim teilweisen Erfolg der Berufung gegen ein Verbundurteil ist teils I 1, teils § 97 anwendbar, Hbg FamRZ **90**, 299. I 1 Hs 2 stellt außerdem klar, daß der Grundsatz der Kostenaufhebung auch eine solche Folgesache erfaßt, die infolge einer Abtrennung nach § 628 S 1 gesondert zu bescheiden ist. Das betrifft also eine Folgesache nach § 621 I Z 6 (Versorgungsausgleich) oder Z 8 (güterrechtlicher Anspruch), § 628 S 1 Z 1, AG Pinneb SchlHA **84**, 184; ferner eine ausgesetzte Folgesache über den Versorgungsausgleich, § 628 S 1 Z 2; schließlich eine Folgesache, die nicht im Verbund beschieden werden könnte, ohne daß die Entscheidung über den Scheidungsantrag unzumutbar lange aufgeschoben würde, § 628 S 1 Z 4.

**C. Einzelfragen.** Das Gericht muß im Fall der Scheidung auch die Kosten eines am Verfahren beteiligten **14** Dritten berücksichtigen, Rn 4. Das gilt auch für etwaige diesbezügliche Folgesachen. Erfaßt werden auch die Kosten über ein zugehöriges Auskunftsverfahren, vgl Hamm **KR** Nr 11. Aus I 1 folgt, daß eine etwaige Vorwegentscheidung nach § 627 I keine Kostenentscheidung enthalten darf. Sie darf vielmehr erst im Kostenverbund nachfolgen, vgl auch Bre **KR** Nr 12, Hamm AnwBl **78**, 423 (besondere Streitwertfestsetzung). Bei einer Kostenentscheidung wegen einer Abtrennung nach § 623 I 2 ist nicht § 93a, sondern § 91 anwendbar. Im Fall des § 629b (Zurückverweisung) sind I 1, § 97 unanwendbar, jedenfalls soweit die Entscheidung über den Scheidungsantrag verfrüht war, Zweibr FamRZ **83**, 627, aM Düss FamRZ **83**, 628.

**7) Bei „Scheidung": Ausnahmsweise anderweitige Verteilung, I 2.** Das Gericht kann auch die **15** Kosten nach billigem Ermessen anderweitig verteilen. Infrage kommt jede einfache, klare Art der anderweitigen Aufteilung, vgl Rn 7, Köln FamRZ **97**, 764 (auch wegen der Festsetzung: Differenzmethode). Wegen des weiten Ermessensspielraums s oben.

**A. Härteklausel, I 2 Z 1.** Eine derartige anderweitige Kostenverteilung kommt zunächst in Betracht, **16** wenn die Aufhebung der Kosten gegeneinander „einen der Ehegatten in seiner Lebensführung unverhältnismäßig beeinträchtigen würde". Das ist die sog Härteklausel, Rn 9. Das Gericht darf und soll sich bei seiner stets notwendigen Vorausschau mit einem Zeitraum begnügen, den es übersehen kann; ThP 5 schlagen bei Z 1 etwa 1 Jahr vor. Z 1 Hs 1 bestimmt, daß die „Bewilligung von Prozeßkostenhilfe nicht zu berücksichtigen ist". Das Gericht muß also unterstellen, es sei oder werde keinem der beteiligten Ehegatten eine Prozeßkostenhilfe nach §§ 114 ff bewilligt. Die Vorschrift soll den wirtschaftlich stärkeren Ehegatten und nicht mehr praktisch die Staatskasse belasten. Der Stärkere soll zwar nicht schon wegen dieses Umstands stets, wohl aber (meist) im Rahmen der Billigkeit die überwiegenden aller Kosten tragen, wenn der andere Ehegatte ohne Prozeßkostenhilfe in wirtschaftliche Bedrängnis geriete, falls er einen größeren Kostenanteil tragen müßte, vgl KG FamRZ **95**, 680. Der Schwächere und sein Anwalt sollen nicht auf die Prozeßkostenhilfe verwiesen werden.

**B. Billigkeitsklausel, I 2 Z 2.** Es kommt unabhängig von Z 1 als weitere Möglichkeit einer Abwei- **17** chung vom Grundsatz der Kostenaufhebung auch dann eine anderweitige Aufteilung in Betracht, wenn eine Aufhebung gegeneinander „im Hinblick darauf als unbillig erscheint", daß ein Ehegatte in einer der Folgesachen nach § 621 I Z 4, 5, 8 „ganz oder teilweise unterlegen ist" oder den Antrag zurücknimmt, Hamm FamRZ **97**, 765. Das ist die sog Billigkeitsklausel, Rn 10. Sie findet wegen ihres formellen Ausnahmecharakters, Rn 11, nur dann Anwendung, wenn es sich bei der Folgesache um die gesetzliche Unterhaltspflicht gegenüber einem ehelichen Kinde handelt, § 621 I Z 4, oder um den Unterhalt gegenüber dem Ehegatten, § 621 I Z 5, oder um das Güterrecht, § 621 I Z 8. Sie gilt nur für die durch die Folgesache entstandenen Mehrkosten, Mü MDR **99**, 101.

Im Fall des *Versorgungausgleichs*, § 621 I Z 6, gelten nach § 621a I demgegenüber die Regeln der frei- **18** willigen Gerichtsbarkeit, also § 13a FGG, Hbg FamRZ **79**, 326, Hamm FamRZ **82**, 1093, Mü FamRZ **80**, 473, Stgt FamRZ **83**, 937 (jedenfalls gegenüber den außergerichtlichen Kosten eines am Verfahren beteiligten Dritten), ZöHe 10, aM Ffm FamRZ **82**, 1093 (es gelte auch dann I). Es ist unerheblich, ob der Ehegatte ganz oder nur teilweise unterlegen ist; freilich muß man den Grundgedanken des § 92 II Hs 1 (Geringfügigkeit der Zuvielforderung) mitbeachten. Wenn also der Ehegatte in einer der genannten Folgesachen fast vollständig gesiegt hat, kommt die Billigkeitsklausel kaum in Betracht.

§ 93a                                                                1. Buch. 2. Abschnitt. Parteien

**19**   **8) Bei „Scheidung": Beachtlichkeit einer Kostenvereinbarung, I 3.** Im Rahmen der Befugnis des Gerichts, eine andere Kostenverteilung als die Aufhebung gegeneinander zu beschließen, kann und muß das Gericht auch beachten, ob die Parteien eine „Vereinbarung über die Kosten" getroffen haben. Im Fall solcher Vereinbarung ist das Gericht zur Berücksichtigung dieser Vereinbarung zwar nicht verpflichtet, aber im Rahmen eines auch hier geltenden billigen Ermessens berechtigt. Das ergibt sich zwar nicht aus dem Wortlaut von I 3, wohl aber aus dem Sinnzusammenhang mit I 2. Das Gericht kann, darf und muß also eine solche Kostenvereinbarung darauf prüfen, ob es sie seiner eigenen Entscheidung „ganz oder teilweise zugrunde legen" will.

**20**   Daraus wird zunächst deutlich: Eine Kostenvereinbarung ist in diesen Fällen für das Gericht nicht von vornherein *bindend*. Das beruht darauf, daß der Streitgegenstand insofern nicht der Parteiherrschaft unterliegt, Grdz 38 vor § 128, Bbg JB **82**, 769, Düss AnwBl **92**, 48, Ffm Rpfleger **84**, 159, aM Hamm Rpfleger **82**, 482 (ein Kostenvergleich sei auch hier für das Gericht bindend).

**21**   Das Gericht sollte insbesondere im Fall des § 630 III (die Ehegatten haben über die Regelung der Unterhaltspflicht gegenüber einem Kind, die eheliche Unterhaltspflicht sowie die Ehewohnung und den Hausrat einen vollstreckbaren Schuldtitel herbeigeführt) möglichst eine zugehörige Kostenvereinbarung mitberücksichtigen, soweit nicht erhebliche Gründe dagegensprechen. Die Kostenvereinbarung dürfte schon mühsam genug zustande gekommen sein. Sie sollte der Entscheidung nicht nur teilweise, sondern ganz zugrunde gelegt werden. Freilich wird die Entscheidung auch in diesem Fall nicht überflüssig, da jene Kostenvereinbarung eben formell noch nicht bindet. Wegen der Einzelheiten, auch zur Abgrenzung von den Fällen des § 98, Göppinger AnwBl **77**, 436.

**22**   **9) Bei „Abweisung des Scheidungsantrags": Kostenhaftung des Antragstellers für die Scheidungssache, II 1.** Wird ein Scheidungsantrag abgewiesen, so hat der Antragsteller die Kosten der eigentlichen Scheidungssache zu tragen. Das ergibt sich daraus, daß II 1 diese Folge in Hs 1 als selbstverständlich voraussetzt; das ergibt sich aus dem Wort „auch". Insofern gilt also § 91 uneingeschränkt und zwingend. Der Abweisungsgrund ist also unerheblich. Soweit jeder Ehegatte die Scheidung begehrt hatte und beide Scheidungsanträge abgewiesen werden müssen, ergibt sich: Wer das außerhalb des § 93 a geltende Prinzip der Einheitlichkeit der Kostenentscheidung anwendet, kommt meist zur Aufhebung der Kosten gegeneinander nach § 92; wer dieses Prinzip auch im vorgenannten, in II nicht ausdrücklich miterwähnten Fall wegen des Vorrangs des § 93 a zurücktreten läßt, wendet auf jeden abgewiesenen Scheidungsantrag § 91 an. Das Ergebnis stimmt jedenfalls dann wirtschaftlich überein, wenn die Werte der abgewiesenen Scheidungsanträge gleich hoch sind (unabhängig davon, ob ein einheitlicher Kostenwert für das Gesamtverfahren zu bilden ist).

**23**   Der Fall der *Rücknahme* eines Scheidungsantrags fällt nicht unter II, sondern unter § 269 III 1, 2, aM KG FamRZ **88**, 1075 (aber § 93 a nennt den Fall der Antragsrücknahme überhaupt nicht, und für eine Auslegung ist bei klarem Wortlaut kein Raum).

**24**   **10) Bei „Abweisung des Scheidungsantrags": Grundsatz der Unterliegenshaftung auch für „gegenstandslos werdende Folgesachen", II 2.** Der abgewiesene Scheidungsantragsteller hat auch die Kosten derjenigen Folgesachen zu tragen, die infolge der Abweisung des Scheidungsantrags „gegenstandslos werden", Hs 1. Dazu zählen auch die Kosten einer solchen Folgesache, über die das Gericht infolge einer Abtrennung gesondert entscheiden muß, freilich nur dann, wenn die Abtrennung entweder nach § 623 I 2 oder nach § 628 S 1 erfolgt ist. Das ist der Fall, wenn ein Dritter zum Verfahrensbeteiligten in einer Sache wegen der Unterhaltspflicht gegenüber Verwandten (§ 621 I Z 4) oder in einer Sache wegen der ehelichen gesetzlichen Unterhaltspflicht (§ 621 I Z 5) oder in einer Folgesache wegen des ehelichen Güterrechts geworden ist (§ 621 I Z 8), oder wenn das Gericht im Zeitpunkt der Scheidung noch nicht über Folgesachen wegen des Versorgungsausgleichs (§ 621 I Z 6) oder des Güterrechts (§ 621 I Z 8) entschieden konnte oder wenn es wegen des Versorgungsausgleichs das Verfahren aussetzen mußte, weil ein Rechtsstreit über den Bestand oder die Höhe einer auszugleichenden Versorgung vor einem anderen Gericht anhängig war, oder wenn eine ungewöhnliche Verzögerung bei gleichzeitiger Entscheidung über Scheidung und Folgesachen die Folge gewesen wäre.

**25**   Im Fall einer nach der Abweisung des Scheidungsantrags *selbständig* fortgeführten Folgesache, § 629 III 2, gelten bei § 621 I, Z 4, 5, 8 die §§ 91 ff, bei § 621 I Z 1–3, 6, 7, 9 der § 313 a FGG.

**26**   **11) Bei „Abweisung des Scheidungsantrags": Ausnahmsweise „anderweitige Verteilung", II 2.** In Abweichung von dem Grundsatz Anm 10 kann das Gericht zwar nicht wegen der Kosten der eigentlichen Scheidungssache, wohl aber wegen der Kosten der dadurch gegenstandslos gewordenen vorgenannten Folgesachen eine vom Grundsatz der Unterliegenshaftung abweichende, „anderweitige Verteilung" vornehmen, wenn die Unterliegenshaftung „im Hinblick auf den bisherigen Sach- und Streitstand" als „unbillig" erscheint. Das ist die in Rn 10 erörterte Billigkeitsklausel. Sie betrifft allerdings nur solche gegenstandslos gewordenen Folgesachen, die sich auf die gesetzliche Unterhaltspflicht gegenüber einem Verwandten (§ 621 I Z 4), auf die durch die Ehe begründete gesetzliche Unterhaltspflicht (§ 621 I Z 5) oder auf das eheliche Güterrecht (§ 621 I Z 8) beziehen. Das ergibt sich aus dem klaren Gesetzestext von II 2. Eine ausdehnende Auslegung auf andere Folgesachen ist bei dieser formell ohnehin als Ausnahme gestalteten Vorschrift nicht zulässig.

**27**   Das Gericht muß bei seiner Billigkeitsprüfung den gesamten *bisherigen Sach- und Streitstand* bedenken. Das ist derselbe Begriff wie in § 91 a I 1, dort Rn 112. Es findet also insbesondere nicht etwa zur Kostenentscheidung noch eine weitere Aufklärung oder gar Beweisaufnahme statt. Eine Herauszögerung von Terminen zwecks Überwindung des Trennungsjahres ist zu mißbilligen, offenbar abw KG FamRZ **87**, 724 (krit Meltendorf).

**28**   **12) Bei „Aufhebung der Ehe": Grundsatz der Kostenaufhebung gegeneinander, III 1.** Wird eine Ehe aufgehoben, so sind grundsätzlich die Kosten des Rechtsstreits „gegeneinander aufzuheben". Zu diesem Begriff Rn 6. Dieser Grundsatz folgt aus der Erwägung, daß es in einem solchen Fall nicht „Sieger" und „Verlierer" gibt, sondern daß vor allem auch im öffentlichen Interesse zu entscheiden war und daß daher das

Prinzip des § 91 nicht paßt. Einen ähnlichen Grundsatz enthält in Kindschaftssachen § 93 c. Allerdings sind die nachfolgenden Ausnahmen zu beachten.

**13) Bei „Aufhebung der Ehe": Ausnahmsweise „anderweitige Verteilung", III 2.** In formeller 29 Ausnahme von dem Grundsatz Rn 28 kann, darf und muß das Gericht im Rahmen seiner stets notwendigen Prüfung der Gesamtumstände eine „anderweitige Verteilung" vornehmen, wenn die Kostenaufhebung gegeneinander entweder die in Rn 9 erörterte „unverhältnismäßige Beeinträchtigung eines Ehegatten in der Lebensführung" (Härteklausel) nach sich ziehen würde oder wenn eine „Unbilligkeit" im Sinn von Rn 10 eintreten würde (Billigkeitsklausel). In jedem dieser Fälle entscheidet das Gericht wiederum im Rahmen eines „billigen Ermessens", Rn 8. Erst wenn dieses Ermessen zu dem Ergebnis kommt, daß keine solche anderweitige Verteilung möglich ist, bleibt es bei dem „Grundsatz" von III 1, sofern III nicht ohnehin nach IV ausgeschlossen ist.

Im Rahmen der vorgenannten Billigkeitsklausel darf das Gericht hier allerdings *nur* den Umstand berück- 30 sichtigen, daß bei der Eheschließung „ein Ehegatte allein die Aufhebbarkeit der Ehe gekannt hat oder ein Ehegatte durch arglistige Täuschung oder widerrechtliche Drohung seitens des anderen Ehegatten zur Eingehung der Ehe bestimmt worden ist", Hs 2. Vgl in diesem Zusammenhang §§ 1314, 1315 BGB. Ein bloßes Mitverschulden ist bei einer Kostenverteilung entsprechend zu beachten. Die Kostenverteilung kommt nicht in Betracht, wenn einer der Fälle IV vorliegt. Beim Ausspruch der Trennung von Tisch und Bett nach materiellem Recht durch ein deutsches Gericht ist auf den dann erforderlichen Ausspruch der Verantwortlichkeit III 2 entsprechend anwendbar, Stgt RR **89**, 261.

**14) Bei „Aufhebung der Ehe" nach §§ 1306 (Drittantrag) oder 1316 BGB (Verwaltungsantrag): 31 Unterliegenshaftung, IV.** Wenn eine Ehe auf Antrag der zuständigen Verwaltungsbehörde nach § 1316 I Z 1, III BGB oder auf Antrag eines Dritten nach §§ 1306, 1313 I Z 1 S 1 BGB aufgehoben wird, ist III gemäß IV unanwendbar. Das hat zur Folge: Es bleibt beim Grundsatz der Unterliegenshaftung, § 91; keineswegs kann eine Kostenaufhebung gegeneinander oder eine anderweitige Kostenverteilung stattfinden. Das stellt auch § 631 V für den Fall klar, daß die Verwaltungsbehörde unterliegt (Verweisung auf §§ 91–107).

**93b** *Kostenentscheidung für Räumungsprozesse bei Anwendung der Sozialklausel.* [I] [1]Wird einer Klage auf Räumung von Wohnraum mit Rücksicht darauf stattgegeben, daß ein Verlangen des Beklagten auf Fortsetzung des Mietverhältnisses auf Grund der §§ 556 a, 556 b des Bürgerlichen Gesetzbuchs wegen der berechtigten Interessen des Klägers nicht gerechtfertigt ist, so kann das Gericht die Kosten ganz oder teilweise dem Kläger auferlegen, wenn der Beklagte die Fortsetzung des Mietverhältnisses unter Angabe von Gründen verlangt hatte und

1. der Kläger aus Gründen obsiegt, die erst nachträglich entstanden sind (§ 556 a Abs. 1 Satz 3 des Bürgerlichen Gesetzbuchs), oder
2. in den Fällen des § 556 b des Bürgerlichen Gesetzbuchs der Kläger dem Beklagten nicht unverzüglich seine berechtigten Interessen bekanntgegeben hat.

[2]Dies gilt in einem Rechtsstreit wegen Fortsetzung des Mietverhältnisses bei Abweisung der Klage entsprechend.

II [1]Wird eine Klage auf Räumung von Wohnraum mit Rücksicht darauf abgewiesen, daß auf Verlangen des Beklagten die Fortsetzung des Mietverhältnisses auf Grund der §§ 556 a, 556 b des Bürgerlichen Gesetzbuchs bestimmt wird, so kann das Gericht die Kosten ganz oder teilweise dem Beklagten auferlegen, wenn er auf Verlangen des Klägers nicht unverzüglich über die Gründe des Widerspruchs Auskunft erteilt hat. [2]Dies gilt in einem Rechtsstreit wegen Fortsetzung des Mietverhältnisses entsprechend, wenn der Klage stattgegeben wird.

III Erkennt der Beklagte den Anspruch auf Räumung von Wohnraum sofort an, wird ihm jedoch eine Räumungsfrist bewilligt, so kann das Gericht die Kosten ganz oder teilweise dem Kläger auferlegen, wenn der Beklagte bereits vor Erhebung der Klage unter Angabe von Gründen die Fortsetzung des Mietverhältnisses oder eine den Umständen nach angemessene Räumungsfrist vom Kläger vergeblich begehrt hatte.

### Gliederung

| | |
|---|---|
| 1) **Systematik, I–III** ........... 1 | A. Fortsetzungsverlangen ist gestellt worden ........... 23 |
| 2) **Regelungszweck, I–III** ........... 2 | B. Fortsetzungsverlangen ist begründet worden ........... 24 |
| 3) **Geltungsbereich, I–III** ........... 3–17 | C. Fortsetzungsverlangen ist „wegen der berechtigten Interessen des Klägers nicht gerechtfertigt" ........... 25 |
|   A. Nur bei Räumung von Miet-Wohnraum ........... 3 | |
|   B. Beispiele für die Frage des Geltungsbereichs ........... 4–17 | D. Obsiegen des Klägers wegen „erst nachträglich entstandener Gründe", I 1 Z 1 ........... 26 |
| 4) **Gemeinsame Begriffe, I–III** ........... 18–22 | E. Kläger hat seine Interessen nicht „unverzüglich bekanntgemacht", I 1 Z 2 . ........... 27 |
|   A. „Räumung von Wohnraum" ........... 18 | 6) **„Abweisung der Klage auf Fortsetzung des Mietverhältnisses", I 2** ........... 28 |
|   B. „Verlangen", „Begehren" des Beklagten „auf Fortsetzung des Mietverhältnisses" ........... 19 | 7) **„Abweisung der Räumungsklage", II 1** ........... 29–33 |
|   C. „Angabe von Gründen" ........... 20 | A. Fortsetzungsverlangen des Beklagten ist gestellt worden ........... 30 |
|   D. Das Gericht „kann": Ermessen ........... 21 | B. Fortsetzung „wird bestimmt" ........... 31 |
|   E. Auferlegung der Kosten ganz oder teilweise ........... 22 | |
| 5) **Räumungsurteil ohne Räumungsfrist, I 1** ........... 23–27 | |

## § 93b  1. Buch. 2. Abschnitt. Parteien

 C. Kläger hat Auskunft „über die Gründe des Widerspruchs verlangt" .......... 32
 D. Beklagter hat Auskunft „nicht unverzüglich erteilt" ...................... 33
**8) Erfolg der Klage auf Fortsetzung des Mietverhältnisses, II 2** ................. 34
**9) „Räumungsfrist", III** ............. 35–45
 A. „Sofortiges Anerkenntnis" des Räumungsanspruchs ..................... 36–38
 B. „Bewilligung einer Räumungsfrist" .. 39, 40
 C. Vorprozessuales Begehren des Beklagten ................................ 41
 D. Angemessenheit der begehrten Räumungsfrist .......................... 42, 43
 E. Vergeblichkeit des Begehrens des Beklagten ............................. 44
 F. Entsprechende Anwendbarkeit ....... 45
**10) Verfahrensfragen, I–IV** ................ 46
**11) Rechtsmittel, I–IV** .................... 47–49
 A. Räumung, I, Abweisung der Räumungsklage, II ...................... 47
 B. Räumungsfrist, III ................... 48, 49

**1**   **1) Systematik, I–III.** Die Vorschrift enthält für ihren Geltungsbereich eine vorrangige, gegenüber §§ 91 ff, 94 ff grundsätzlich eng auszulegende Sonderregelung. Soweit sie unanwendbar ist, bleiben die genannten Vorschriften beachtlich. Zum Geltungsbereich Rn 3.

**2**   **2) Regelungszweck, I–III.** Die in § 93 b vorgesehenen Befugnisse des Gerichts zur Abweichung von dem Grundsatz, daß der Unterliegende die Kosten trägt, § 91 Rn 19, sind als Folge des Umstands zu sehen, daß §§ 556a, b BGB aus sozialen Erwägungen ihrerseits Abweichungen von den eigentlich geltenden sachlichrechtlichen Folgen einer Vermieterkündigung darstellen. Soziale Gründe, die eine Fortsetzung des Mietverhältnisses trotz eigentlich berechtigter Vermieterkündigung rechtfertigen, müssen auch entsprechend im Kostenrecht Beachtung finden, damit die Kostengerechtigkeit erhalten bleibt. Geht der Mieter in seinem Fortsetzungsverlangen zu weit, so erfordert dieselbe Kostengerechtigkeit eine entsprechende Besserstellung des Vermieters. In beiden Fällen spielen das vorprozessuale wie prozessuale Verhalten der Beteiligten dabei eine erhebliche Rolle.

**3**   **3) Geltungsbereich, I–III.** I–III gelten in den *neuen Bundesländern* entsprechend, Art 232 § 2 VI 2 EGBGB. Allgemein gilt:
 **A. Nur bei Räumung von Miet-Wohnraum.** Wegen der Notwendigkeit, die Vorschrift angesichts ihres Ausnahmecharakters eng auszulegen, Rn 1, gilt sie nur im Bereich der Räumung eines zur Miete bezogenen Wohnraums. Sie ist also auf andere Arten von Räumlichkeiten und auf andere Nutzungsverhältnisse über Wohnraum oder anderen Raum unanwendbar.

**4**   **B. Beispiele zur Frage des Geltungsbereichs**
 **Anderer Anspruch:** § 93 b ist auf einen anderen als den Räumungsanspruch aus einem Mietverhältnis (oder Pachtverhältnis) über Wohnraum unanwendbar, selbst wenn dieser andere Anspruch mit einem der in I–III genannten Ansprüche verbunden wird. Auf die erstere Forderung sind §§ 91 ff, 94 ff anwendbar. Das ändert freilich nichts an der Notwendigkeit einer einheitlichen Kostenentscheidung, soweit möglich. Sie ist eben nur in ihren verschiedenen Bestandteilen aus unterschiedlichen Vorschriften zu begründen. S auch Rn 9 „Geschäftsraum", Rn 13.
 **Anspruchshäufung:** S „Anderer Anspruch".
 **Anerkenntnis:** Ein Anerkenntnis des Mieters wegen des Räumungsanspruchs ist zunächst nach § 93 b und nur dann, wenn diese Vorschrift nicht eingreift, nach § 93 zu beurteilen. Wegen der Einzelheiten Rn 36. S auch „Auszug".
 **Auszug:** Der ohne Anerkenntnis des Räumungsanspruchs einfach ausziehende Mieter ist allein nach § 91a zu beurteilen, LG Köln ZMR **70**, 366. Er hat ja nicht (vergeblich) die Fortsetzung des Mietverhältnisses begehrt.

**5**   **Beschlußverfahren:** Ein im Erkenntnisverfahren übergangener, nach § 721 I 3 iVm § 321 nachgeholter Anspruch auf Gewährung einer Räumungsfrist soll auch die bisherige Kostenentscheidung ändern, und zwar nun unter Berücksichtigung von III, § 321 Rn 9. Eine erst nachträglich im Beschlußverfahren nach § 721 II–IV gewährte Räumungsfrist macht § 93 b ebenfalls anwendbar, § 721 Rn 11.

**6**   **Dienstwohnung:** § 93 b ist auch auf die Dienstwohnung anwendbar, denn auch sie ist ein Wohnraum, § 565b BGB.

**7**   **Erledigung der Hauptsache:** Im Fall beiderseitiger wirksamer Erledigterklärungen zur Hauptsache, auch nur wegen der Räumungsfrist, muß das Gericht über die Kosten im Rahmen der nach § 91a zu treffenden Entscheidung die in § 93 b I genannten Abwägungsgesichtspunkte mitberücksichtigen, entscheidet aber nicht direkt nur nach dieser Vorschrift, LG Mannh WoM **89**, 32.

**8**   **Fortsetzungsklage:** Rn 29, 34.

**9**   **Geschäftsraum:** Die Vorschrift ist anwendbar, soweit es sich zumindest auch um die Räumung gemieteten Wohnraums handelt, selbst wenn das Mietobjekt Wohn- und Geschäftsräume umfaßt. Die in § 29a Rn 2 ff zur örtlichen Zuständigkeit des Gerichts für Wohnraumprozesse genannten Regeln dazu, welchen Anteil der Geschäftsraum am Gesamtobjekt haben darf, sind zwar nicht unmittelbar, wohl aber entsprechend anwendbar. Denn die kostengerechte Entscheidung nach § 93 b ist am ehesten dem gemäß § 29a ausschließlich zuständigen Gericht möglich. Köln MietR **97**, 247 wendet III auch zwischen dem Hauptvermieter von Geschäftsraum und dem diesen als Wohnung nutzenden Untermieter an.
 **Gewerberaum:** S „Geschäftsraum".
 **Gestaltungsurteil:** II ist ein typischer Fall eines Gestaltungsurteils (eben auf Fortsetzung des Mietverhältnisses).

**10**   **Herausgabe:** § 93 b ist unanwendbar, soweit der Räumungsanspruch nicht auf Grund eines, wenn auch inzwischen angeblich beendeten, Mietverhältnisses bestehen soll, sondern nur zB auf Grund von §§ 985 ff BGB. Insofern gelten §§ 91 ff, 94. Sofern dagegen der Kläger die Räumung sowohl auf Grund eines früheren Mietverhältnisses als auch gemäß §§ 985 ff BGB fordert, kommt es auf die Entscheidungsgrundlage des Räumungsurteils an: Soweit sie auf das Mietverhältnis gestützt ist, ist § 93 b anwendbar; das gilt auch, soweit das Gericht dem Räumungsanspruch hilfsweise nach §§ 985 ff BGB stattgibt. Soweit dagegen

## 5. Titel. Prozeßkosten § 93 b

der Kläger nur nach den letzteren Vorschriften Erfolg hat, bleibt § 93 b unanwendbar. Soweit die Klage unter beiden Gesichtspunkten erfolglos bleibt, kann II anwendbar sein.

**Künftige Räumung:** § 93 b ist auch auf eine Klage mit dem Ziel einer künftigen Räumung unter den sonstigen Voraussetzungen anwendbar, vgl § 259 Rn 5. **11**

**Mietzahlungsanspruch:** Rn 4 „Anderer Anspruch". **12**

**Pacht:** Die Vorschrift gilt trotz der Notwendigkeit einer engen Auslegung, Rn 1, 3, vernünftigerweise beim Pacht- oder Unterpachtverhältnis ebenso wie beim Miet- oder Untermietverhältnis. **13**

**Räumung ohne Frist:** Rn 4 „Auszug". **14**

**Rechtzeitigkeit des Widerspruchs:** § 93 b ist unanwendbar, soweit der Vermieter seine Einwilligung zur Fortsetzung des Mietverhältnisses verweigern kann, weil der Mieter nicht rechtzeitig nach § 556 a VI 1 BGB widersprochen hatte. Denn der Regelungszweck, Rn 2, würde durch das Verhalten des Mieter vereitelt.

**Untermiete, Unterpacht:** Trotz der Notwendigkeit der grds engen Auslegung, Rn 1, 3, gilt die Vorschrift vernünftigerweise im Untermiet- oder Unterpachtverhältnis ebenso wie im Hauptmiet- oder Hauptpachtverhältnis. Der Begriff „Mietverhältnis" umfaßt alle diese Arten. **15**

**Verfrühte Klage:** § 93 b ist anwendbar, wenn der Vermieter ohne vorherige Kündigung usw sofort auf Räumung geklagt hat, so daß der Mieter vor der Klagerhebung keine Möglichkeit hatte, die Angabe von Kündigungsgründen zu fordern und/oder ein Fortsetzungsverlangen zu stellen, AG Weinh ZMR **73**, 87.

**Versäumnisurteil:** Es kommt darauf an, ob der Säumige die nach § 93 b erforderlichen Handlungen vor dem Eintritt der Säumnis wirksam vorgenommen hatte. Nur in diesem Fall ist § 93 b anwendbar. Auf das unechte Versäumnisurteil, § 331 II Hs 2, ist § 93 b wie sonst anwendbar. Die vorstehenden Regeln gelten bei Klage wie Widerklage.

**Vorübergehende Überlassung von Wohnraum:** Soweit der Wohnraum nur zur vorübergehenden Nutzung überlassen wurde, §§ 556 a VIII, 565 III BGB, sind die in § 93 b genannten anderen Teile der §§ 556 a, b BGB unanwendbar und ist daher § 93 b insgesamt unanwendbar.

**Werkmietwohnung:** Rn 6. **16**

**Widerklage:** § 93 b ist auch anwendbar, soweit es um eine Widerklage geht.

**Wiederholtes Fortsetzungsverlangen:** § 93 b ist anwendbar, soweit es sich um ein wiederholtes Fortsetzungsverlangen des Mieters handelt, § 556 c BGB, soweit die übrigen Voraussetzungen erfüllt sind.

**Zurücknahme des Fortsetzungsantrags:** § 93 b ist unanwendbar, soweit die Klage auf eine Räumung oder auf die Fortsetzung des Mietverhältnisses zurückgenommen wird. Denn durch eine Klagrücknahme entsteht kraft Gesetzes ohne Notwendigkeit einer Kostengrundentscheidung bereits die Kostenfolge des § 269. Demgegenüber erfordert § 93 b ja erst eine Abwägung und auf ihrer Grundlage eine Kostengrundentscheidung. **17**

**4) Gemeinsame Begriffe, I–III.** In allen Teilen der Vorschrift treten folgende gemeinsame Begriffe auf: **18**

**A. „Räumung von Wohnraum".** Es muß um die „Räumung von Wohnraum" gehen, und zwar von solchem, den der Benutzer zur Hauptmiete, Untermiete, Pacht oder Unterpacht innehatte, also nicht nur von solchem, den er ohne jeden Rechtsgrund innehatte, §§ 985 ff BGB, Rn 10. Auch eine erst künftige Räumung kann ausreichen. Die Verbindung von Wohn- und Geschäfts- bzw Gewerberaum ist unerheblich, solange der Wohnraum nicht völlig untergeordnete Bedeutung hat. Eine Dienst- oder Werkwohnung reicht aus. Eine bloß vorübergehende Nutzung reicht nicht aus. Vgl bei den einzelnen Stichworten in Rn 4 ff.

**B. „Verlangen", „Begehren" des Beklagten „auf Fortsetzung des Mietverhältnisses".** Bei einer Klage auf Räumung des Wohnraums muß der Bekl verlangt haben, das Mietverhältnis gem §§ 556 a, 556 b BGB fortzusetzen. Diese Anforderung gilt allerdings nicht im Fall III. Das „Verlangen" und „Begehren" ist eine Willenserklärung, die im Prozeß als Parteiprozeßhandlung zu beurteilen ist, Grdz 47 vor § 128. Über den zulässigen Zeitraum vgl bei den nachfolgenden Anm. Das Hinzutreten weiterer Erklärungen ist unschädlich, soweit ihnen das Fortsetzungsverlangen als solches eindeutig ist. Im Zweifel muß man durch Auslegung klären, Grdz 39 vor § 128, ob schon und noch ein solches Fortsetzungsverlangen vorliegt. Eine Bedingung kann, muß aber nicht schädlich sein; es kommt auf die Gesamtumstände an. Ein „Widerspruch gegen die Kündigung" ist zwar nach § 556 a I 1, V 1 BGB von dem „Fortsetzungsverlangen" an sich zu unterscheiden. In der Praxis fällt zumindest die Zielrichtung der einen wie der anderen Erklärung zusammen. Daher reicht auch ein „Widerspruch gegen die Kündigung" meist aus. Indessen kommt es auch hier auf die Gesamtauslegung an. Es ist ja unerheblich, ob der Mieter die Rechtsgrundlage seines Begehrens kennt und nennt. **19**

**C. „Angabe von Gründen".** Der Mieter muß die Fortsetzung des Mietverhältnisses „unter Angabe von Gründen" verlangt haben. Das bedeutet nur: Er muß Tatsachen genannt oder in Bezug genommen haben, die nach seiner erkennbaren Ansicht ein Fortsetzungsverlangen rechtfertigen können. Es ist an dieser Stelle noch nicht erforderlich, daß die Gründe auch objektiv aus der Sicht des Gerichts ausreichten. Es genügt also eine Substantiierung; ihre Schlüssigkeit ist nicht erforderlich. Entsprechend dem Regelungszweck, Anm 2, darf man die Anforderungen an das Vorliegen einer Begründung nicht überspannen. Die Vorschrift dient der Kostengerechtigkeit gerade in Fällen sozialer Härten und Unbilligkeiten, trifft also in Verhältnissen, die ohnehin keine hohen Anforderungen an Schreib- und Redegewandtheit zulassen. Nur beim völligen Fehlen irgendeiner Grundangabe oder bei solchen Darlegungen, die schon aus der Sicht des Mieters offensichtlich völlig unsinnig oder abwegig sind, liegt keine „Angabe von Gründen" vor. **20**

**D. Das Gericht „kann": Ermessen.** Das Wort „kann" stellt, wie so oft, nicht etwa nur in die Zuständigkeit, sondern in das Ermessen des Gerichts. Es darf und muß eine Gesamtabwägung der Umstände innerhalb des von der Vorschrift jeweils genannten Rahmens vornehmen, LG Arnsberg WoM **95**, 322. Solange seine Begründung noch irgendwie sachlich vertretbar ist, bleibt es im Rahmen seines pflichtgemäßen Ermessens. Es hat allerdings nicht einen so weiten Spielraum wie bei einem „billigen" Ermessen, **21**

§ 93b    1. Buch. 2. Abschnitt. Parteien

etwa bei § 91 a. Das Ermessen muß immerhin erkennen lassen, daß das Gericht sich von Bemühung um eine Kostengerechtigkeit leiten läßt.

22   E. „Auferlegung der Kosten ganz oder teilweise". Das Gericht kann im Rahmen seines pflichtgemäßen Ermessens, Rn 21, der jeweiligen Partei die gesamten Prozeßkosten „ganz oder teilweise" auferlegen. Das ist im Kern die Übernahme der in § 92 I Hs 2, II genannten Möglichkeiten, § 92 Rn 27, 44. Es kommen also eine Kostenteilung nach Bruchteilen oder Prozenten, nach Summe und Rest oder anderen Gesichtspunkten in Betracht. Wie stets, muß die Kostenentscheidung möglichst einfach und klar sein. Sie darf im Rahmen der von I–III genannten Merkmale das vorprozessuale und prozessuale Verhalten der Beteiligten mitberücksichtigen, auch die bisherige Erfolgsaussichten.

23   5) Räumungsurteil ohne Räumungsfrist, I 1. Die Vorschrift erfaßt den Fall, daß eine Klage auf Räumung von Wohnraum Erfolg hat, ohne daß das Gericht eine Räumungsfrist zubilligt. Es müssen folgende Voraussetzungen zusammentreffen:

   A. Fortsetzungsverlangen ist gestellt worden. Die Räumungsklage muß erfolgreich geworden sein, obwohl der Bekl die Fortsetzung des Mietverhältnisses auf Grund der §§ 556 a, 556 b BGB gefordert hatte, Rn 19. Das Fortsetzungsverlangen muß innerhalb der in § 556 VI, 565 d II BGB genannten Fristen dem Vermieter zugegangen sein, § 130 BGB. Es kommt also zunächst darauf an, ob der Vermieter rechtzeitig vor dem Ablauf der Widerspruchsfrist den in § 564 a II BGB bezeichneten Hinweis erteilt hatte, daß der Mieter die Möglichkeit des Widerspruchs und des Fortsetzungsverlangens nach § 556 a BGB habe und daß er dies in Schriftform und spätestens 2 Monate vor der Beendigung des Mietverhältnisses tun müsse. War diese Belehrung nicht erteilt worden, so reicht die Erklärung noch im ersten Termin des Räumungsrechtsstreits. Hatte der Mieter nach § 565 c 1 Z 1 BGB gekündigt, so muß der Mieter den Widerspruch 1 Monat vor der Beendigung des Mietverhältnisses erklärt haben. Das Gericht muß den Mieter auf die etwaige Möglichkeit hinweisen, den Widerspruch noch im ersten Termin zu erklären, § 139.

24   B. Fortsetzungsverlangen ist begründet worden. Der Mieter muß sein Fortsetzungsverlangen auch mit Gründen versehen haben, Rn 20.

25   C. Fortsetzungsverlangen ist „wegen der berechtigten Interessen des Klägers nicht gerechtfertigt". Das Gericht muß zu dem Ergebnis gekommen sein, daß das Fortsetzungsverlangen im Ergebnis nicht gerechtfertigt ist. Es mag schlüssig gewesen sein; es muß sich aber eben als unbegründet herausgestellt haben, weil die in § 556 a I BGB genannte Abwägung der Verhältnisse beider Parteien zu dem Ergebnis führte, daß keine derartige Härte für den Mieter vorliegt, daß er wohnen bleiben dürfe, sei es für eine sogleich zu bestimmende, sei es für eine zunächst unbestimmte Zeit.

   Bei der Interessenabwägung muß das Gericht also §§ 556 a I, 556 b I BGB mitbeachten. Die Interessen des Vermieters müssen im Ergebnis überwiegen. Das Fortsetzungsverlangen darf nicht nur deshalb zurückzuweisen sein, weil der Mieter die Frist zur Mitteilung seiner Fortsetzungsgründe versäumt hatte oder weil sie für sich allein betrachtet nicht ausreichen, LG Hagen ZMR 65, 141 mwN, etwa weil er selbst (ebenfalls) gekündigt hatte, § 556 a IV Z 1 BGB. Die bloße Bezugnahme auf § 556 a BGB ist aber wegen der Notwendigkeit großzügiger Auslegung des Fortsetzungsbegehrens, Rn 24, ohne Versäumung der Grundanlage zu beurteilen, aM LG Mannh MDR 65, 833, ZöHe 2. Bei der Interessenabwägung ist das Gesamtverhalten jeder Partei angemessen zu berücksichtigen. Das gilt zB für die Frage, ob der Vermieter dem Mieter auf Verlangen auch vor der Einlegung von dessen Widerspruch schon die Kündigungsgründe bekanntgegeben hatte, Pergande NJW 68, 131. Es muß sich sowohl bei dem Kläger als auch bei dem Bekl um den subjektiv wahrhaftigen und vollständigen Gründe handeln, also um geeignete, bestimmte Tatsachen. Der Mieter muß seine Gründe auch unabhängig von einem Verlangen des Vermieters, § 556 a V 1 BGB, genannt haben.

26   D. Obsiegen des Klägers wegen „erst nachträglich entstandener Gründe", I 1 Z 1. Soweit die Voraussetzungen Rn 23–25 vorliegen, müssen entweder die Voraussetzungen der Z 1 oder diejenigen der Z 2 hinzutreten. Z 1 fordert, daß die bei der Abwägung zu Gunsten des Klägers ausschlaggebenden Gründe erst gem § 556 a I 3 BGB nachträglich entstanden sind. Sie dürfen also auch nicht aus dem Kündigungsschreiben entstanden sein. Es kommt trotz der Zugangsbedürftigkeit einer Kündigung nicht auf den Zeitpunkt dieses Zugangs an, sondern auf den Zeitpunkt der Absendung. Denn von diesem Augenblick an hatte der klagende Vermieter keine Möglichkeit mehr, die Gründe bereits in dem Kündigungsschreiben im Sinn von § 556 a I 3 „anzugeben". Z 1 erfordert, daß die schließlich zum Obsiegen des Klägers führenden Gründe erst nachträglich objektiv entstanden sind.

   Beispiel: Der Eigenbedarf ergibt sich erst nach der Absendung der Kündigung (und konnte daher nicht schon in ihr zumindest auch angeführt werden).

27   E. Kläger hat seine Interessen nicht „unverzüglich bekanntgegeben", I 1 Z 2. Sofern die Voraussetzungen Rn 23–25 zusammentreffen, reicht es statt der Voraussetzungen Rn 26 auch aus, daß der Kläger dem Bekl seine berechtigten Interessen „nicht unverzüglich bekanntgegeben hat". Unverzüglich bedeutet, wie stets, ohne schuldhaftes Zögern, § 121 I BGB. Bekanntgabe bedeutet wegen der ohnehin erforderlichen Schriftform eines Kündigungsschreibens: Schriftliche Mitteilung. Es geht also um solche Gründe, die der Kläger vorwerfbar nachschiebt, selbst wenn sie bei der Abwägung zum Ausschlag zu seinen Gunsten gegeben haben.

28   6) „Abweisung der Klage auf Fortsetzung des Mietverhältnisses", I 2. Die in I 1 genannten Regeln gelten entsprechend „in einem Rechtsstreit wegen Fortsetzung des Mietverhältnisses" nach §§ 556 a–c BGB entsprechend, soweit das Gericht diese Gestaltungsklage des Mieters abweist. Auch in einem solchen Fall muß also der obsiegende Vermieter als Bekl die Kosten ganz oder teilweise tragen, wenn der unterliegende Mieter zwar im Ergebnis keine überwiegenden Gründe für sein Fortsetzungsbegehren hatte, wenn aber die für den Räumungsanspruch den Ausschlag gebenden Gründe des Vermieters erst objektiv entstanden waren, nachdem der Vermieter die Kündigung abgesandt hatte, oder wenn der Vermieter dem Mieter nicht unverzüglich seine berechtigten, im Ergebnis überwiegenden Gründe für den Räumungsanspruch vor der Erhebung der Gestaltungsklage des Mieters auf Fortsetzung bekanntgegeben hatte.

## 5. Titel. Prozeßkosten § 93b

**7) „Abweisung der Räumungsklage", II 1.** Die Vorschrift betrifft eine Klage auf Räumung von 29 Wohnraum, Rn 18. Das Gericht kann den Bekl ganz oder teilweise mit Kosten belasten, soweit das Gericht die Räumungsklage im Ergebnis aus folgenden Gründen abweist:

**A. Fortsetzungsverlangen des Beklagten ist gestellt worden.** Der Bekl muß rechtzeitig und in 30 wirksamer Weise die Fortsetzung des Mietverhältnisses verlangt haben, Rn 19. Das Fortsetzungsverlangen muß also schriftlich erfolgt sein, § 556a V BGB.

**B. Fortsetzung „wird bestimmt".** Das Fortsetzungsverlangen, Rn 30, muß auch im Ergebnis Erfolg 31 gehabt haben: Das Gericht muß die Räumungsklage gerade dergestalt abgewiesen haben, daß es über die Fortsetzung des Mietverhältnisses und über deren Dauer sowie über die Bedingungen, nach denen es fortgesetzt wird, „durch Urteil Bestimmung getroffen" hat, § 556a III 1 BGB, evtl auch dahin, daß das Mietverhältnis „auf unbestimmte Zeit fortgesetzt" werde, § 556a III 2 BGB. Es muß also ein Urteil nach § 308a I erfolgt sein. Es reicht aus, daß das Gericht diesen Ausspruch entweder gem § 319 oder gem § 321 nachholen kann und nachholt. Soweit das Gericht einen Fortsetzungsausspruch nicht vornehmen wollte und nicht vorgenommen hat, aus welchen Gründen auch immer, ist II unanwendbar.

**C. Kläger hat Auskunft „über die Gründe des Widerspruchs verlangt".** Der auf Räumung kla- 32 gende Vermieter muß den Mieter aufgefordert haben, über die Gründe seines Widerspruchs gegen die Kündigung (und natürlich über die Gründe seines Fortsetzungsverlangens) „Auskunft" zu erteilen. Es muß also zunächst ein „Verlangen" vorliegen, Rn 19, hier freilich nicht des Bekl, sondern des Klägers. Die verlangte Auskunft nach § 556a V 2 BGB (Sollvorschrift) erbeten worden sein. Die Auskunft braucht nicht schriftlich erfolgt zu sein; nur die eigentliche Widerspruch nebst Fortsetzungsverlangen bedarf nach § 556a V 1 BGB der Schriftform, nicht die zusätzliche Begründung. Eine Auskunft hat auch dann vorgelegen, wenn sie objektiv unvollständig war; es reicht aus, daß der Mieter überhaupt „Gründe angegeben" hat, Rn 20.

**D. Beklagter hat Auskunft „nicht unverzüglich erteilt".** Es muß hinzukommen, daß der die Fort- 33 setzung erbittende Bekl ein nach Rn 32 ausreichendes Auskunftsverlangen des Klägers nicht unverzüglich, also nur schuldhaft zögernd, § 121 I BGB, erteilt hat. Dem schuldhaften Zögern steht natürlich das völlige Ausbleiben der erbetenen Auskunft bis zur Entscheidungsreife über die Räumungsklage gleich.

**8) Erfolg der Klage auf Fortsetzung des Mietverhältnisses, II 2.** Soweit das Gericht einer Ge- 34 staltungsklage des auf Räumung verklagten Mieters auf Fortsetzung des Mietverhältnisses auf bestimmte oder unbestimmte Zeit stattgibt, Rn 31, kann es zu einer teilweise oder gänzlichen Kostenlast des siegenden Mieters kommen, wenn die entsprechend anwendbaren Voraussetzungen Rn 30–33 zusammentreffen. Die Vorschrift stellt ein Gegenstück zu I 2 dar. Es müssen sich also die zu Gunsten des Mieters sprechenden Gründe als überwiegend ergeben haben. Der im Gestaltungsprozeß verklagte Vermieter muß den Mieter aufgefordert haben, über diejenigen Gründe Auskunft zu geben, aus denen nach Auffassung des Mieters eine Fortsetzung des Mietverhältnisses in Betracht kommt. Der Mieter muß mit der Mitteilung dieser Erwägungen schuldhaft, § 121 I BGB, gezögert haben.

**9) „Räumungsfrist", III.** Während I, II die Fälle behandeln, in denen eine Räumungsklage mit einem 35 Verlangen des Mieters nach Fortsetzung des Mietverhältnisses zusammentrifft, erfaßt III den Fall, daß der Bekl, sei es nach eigener Kündigung, LG Freibg WoM **97**, 716, AG Kassel WoM **93**, 541, den Räumungsanspruch anerkennt und nur eine Räumungsfrist ohne echte Fortsetzung des Mietverhältnisses bewilligt erhält. In diesem Fall hängt eine teilweise oder gänzliche Kostenlast des Klägers vom Zusammentreffen der folgenden Voraussetzungen ab, vgl auch LG Karlsr ZMR **97**, 303, Harsch WoM **95**, 246 (Üb):

**A. „Sofortiges Anerkenntnis" des Räumungsanspruchs.** Der Bekl muß den Räumungsanspruch 36 „sofort anerkennen", § 93 Rn 86. Es muß gerade um den Anspruch auf Räumung von Wohnraum gehen, Rn 18. Es muß ein wirksames Anerkenntnis gerade dieses Anspruchs vorliegen, dazu § 93 Rn 86. Dieses Anerkenntnis muß auch sofort erfolgen, dazu § 93 Rn 88. Es reicht also im Verfahren ohne eine mündliche Verhandlung aus, daß das Anerkenntnis im ersten Schriftsatz des Bekl erfolgt; beim bloßen schriftlichen Vorverfahren darf er nicht zuvor eine gesonderte Verteidigungsanzeige erstattet haben, LG Köln WoM **93**, 460, LG Lüb **93**, 552, LG Regensb WoM **93**, 552; aM LG Freibg RR **90**, 383, LG Köln (6. ZK) WoM **93**, 553 und (10. ZK) WoM **96**, 567, AG Hann WoM **93**, 551.

Meldet sich der Bekl erstmals mit einem *Einspruch* oder *Widerspruch*, so reicht das dort erklärte Anerkenntnis aus, LG Kiel WoM **93**, 550, LG Köln NZM **98**, 663. Im Verfahren mit mündlicher Verhandlung reicht es aus, daß der Bekl vor der Stellung des angekündigten oder nicht angekündigten sonstigen Sachantrags nach § 137 I in der ersten streitigen mündlichen Verhandlung vor dem endgültig zuständigen Gericht anerkennt, in der er diejenigen Tatsachen kennen kann, die den Räumunganspruch objektiv begründen, LG Kblz WoM **89**, 429. Unter diesen Voraussetzungen ist es unschädlich, wenn der Bekl vor dem maßgeblichen Zeitpunkt der Kündigung widersprochen und/oder eine Fortsetzung des Mietverhältnisses verlangt hatte.

Wenn der Vermieter auf Räumung geklagt hatte, ohne einen *Einigungsversuch* unternommen zu haben, 37 und wenn der Mieter nun den Räumungsanspruch sofort uneingeschränkt anerkennt, ist III anwendbar, ThP 11, aM LG Mannh MDR **72**, 695 (wobei es indes in jener Entscheidung III ohne die Notwendigkeit einer vorprozessualen Bitte um eine Räumungsfrist an).

Ein Anerkenntnis *vor Fälligkeit* ist immer sofortig, LG Regensb WoM **93**, 545. Soweit der Räumungsan- 38 spruch erst zugleich mit der Klagerhebung eintritt, § 253 I, weil der Vermieter erst in der Klageschrift kündigt, Grdz 61 vor § 128, kann III entsprechend anwendbar sein. Soweit der Räumunganspruch erst während des Prozesses nach dem Eintritt der Rechtshängigkeit eintritt, § 261 Rn 1, reicht das Anerkenntnis im folgenden Schriftsatz bzw in der folgenden Verhandlung, LG Düss WoM **72**, 96, LG Karlsr WoM **93**, 461 (evtl sogar erst in der Berufungsinstanz), LG Köln WoM **93**, 542. Der Räumungsanspruch muß auch objektiv begründet gewesen sein, LG Köln WoM **76**, 185. Nach einer Umstellung der Begründung des Räumungsantrags zB von einer fristlosen auf eine ordentliche Kündigung reicht ein nunmehr sofortiges Anerkenntnis aus, LG Mannh MDR **72**, 695.

## § 93 b

**39** **B. „Bewilligung einer Räumungsfrist".** Das Gericht muß dem sofort anerkennenden Bekl eine „Räumungsfrist bewilligt" haben, AG Reutlingen WoM **89**, 430. Das muß an sich bereits im Räumungsurteil nach § 721 I 1, 2 geschehen sein. Die Bewilligung der Räumungsfrist braucht nicht auf Grund eines besonderen Antrags erfolgt zu sein. Denn das Gericht muß über die Bewilligung einer Räumungsfrist zwar auf Antrag, aber auch von Amts wegen entscheiden, § 721 I 1. Soweit der Mieter allerdings einen Antrag stellt, muß dies bis zum Schluß der letzten mündlichen Verhandlung geschehen, § 721 I 2, es sei denn, daß auf künftige Räumung erkannt wird und über eine Räumungsfrist bisher noch nicht entschieden wurde; dann ist der Antrag noch bis 2 Wochen vor dem Tage statthaft, an dem nach dem Urteil zu räumen ist, § 721 II 1. Wegen der Wiedereinsetzungsmöglichkeiten §§ 721 II 2. Soweit das Gericht einen vor dem Schluß der mündlichen Verhandlung gestellten Antrag übergangen hatte, reicht freilich die Nachholung der Bewilligung nach § 321, vgl § 721 I 3, § 321 Rn 12. Natürlich reicht auch eine Berichtigung nach § 319.

**40** Eine erst *nachträglich* im Beschlußverfahren nach § 721 II-IV gewährte Räumungsfrist macht § 93 b III ebenfalls anwendbar, § 721 Rn 11, und zwar auch dann, wenn die Klage auf § 564 b II BGB gestützt worden ist, Schmidt-Futterer NJW **72**, 5. Die Bewilligung muß allerdings insgesamt eindeutig gerade auf die Gewährung einer Räumungsfrist gehen, LG Mannh WoM **89**, 32. Eine Bewilligung nur von Vollstreckungsschutz reicht also nicht, selbst wenn sie durch das Prozeßgericht erfolgt sein sollte.

**41** **C. Vorprozessuales Begehren des Beklagten.** Der Bekl muß „bereits vor Erhebung der Klage" vom Kläger entweder die Fortsetzung des Mietverhältnisses oder eine Räumungsfrist begehrt gehabt haben, LG Köln NZM **98**, 663; auch das Begehren einer zusätzlichen Frist reicht aus, LG Köln WoM **93**, 544, LG Tüb WoM **93**, 545, AG Lörrach WoM **93**, 543, nicht aber das Begehren einer dritten oder weiteren Frist, LG Stgt WoM **93**, 544. Das Begehren der Fortsetzung ist als solches kein Begehren einer Räumungsfrist, LG Stgt WoM **93**, 550. Zum „Begehren" Rn 19. Eine vage Andeutung von Ersatzraumöglichkeiten kann (kaum) als Begehren einer Räumungsfrist auslegbar sein, AG Münst WoM **93**, 550. Die Klagerhebung ist nach § 253 I zu beurteilen. Der Mieter muß seinem Begehren die Angabe von Gründen beigefügt haben, Rn 20, aM LG Stgt NJW **73**, 1377. Ein nach § 556 a VI BGB verspäteter Widerspruch läßt sich evtl in einen Antrag auf eine Räumungsfrist umdeuten.

**42** **D. Angemessenheit der begehrten Räumungsfrist.** Für den Fall, daß der Bekl vor der Klagerhebung zwar nicht die Fortsetzung des Mietverhältnisses, wohl aber eine Räumungsfrist begehrt hatte, muß die verlangte Frist grundsätzlich (Ausnahme bei Rn 44) objektiv „angemessen", darf also nicht unangemessen lang gewesen sein, vgl LG Heidelbg WoM **82**, 302, LG Regensb WoM **93**, 545, AG Köln WoM **93**, 546. Diejenige Frist, die das Gericht dann aber schließlich zugebilligt hat, braucht nicht ebenso lang wie die vom Bekl begehrte gewesen zu sein, strenger AG Recklingh WoM **93**, 546.

**43** Der Bekl braucht auch *keinen bestimmten Auszugstermin* genannt zu haben, LG Stgt WoM **93**, 544, aM LG Frankenth WoM **93**, 547, wohl auch AG Recklingh WoM **93**, 545. Er muß freilich die nach seiner Meinung angemessene Frist einigermaßen sicher umschrieben haben, LG Kassel ZMR **72**, 16, LG Münst WoM **79**, 17, AG Freibg/Br WoM **94**, 551, aM LG Heilbr NZM **98**, 329 (es setzt voraus, daß der Bekl eine bestimmte Frist genannt hatte). Er kann aber zB dann, wenn er in eine noch im Bau befindliche Wohnung umziehen wollte, eine solche Frist nicht immer im voraus bestimmt genannt haben, AG Köln ZMR **73**, 87, strenger LG Mannh DWW **76**, 89, insofern auch ThP 14, ZöHe 8). Jedenfalls ist eine Bitte um eine erneute kurze Frist wegen eines Umzugs unschädlich, AG Köln ZMR **73**, 253.

**44** **E. Vergeblichkeit des Begehrens des Beklagten.** Schließlich muß das Begehren des Bekl entweder um die Fortsetzung des Mietverhältnisses oder um eine angemessene Räumungsfrist, Rn 42, auch „vergeblich" gewesen sein. Da dieses Begehren ja bereits vor der Klagerhebung geäußert sein muß, muß also der Vermieter dieses Begehren auch vor der Klagerhebung endgültig abgelehnt haben. Freilich muß der Mieter für den Fall einer Räumungsfrist zur Zahlung einer Nutzungsentschädigung bereit gewesen sein, LG Tüb WoM **90**, 218. Hat der Vermieter jede Räumungsfrist abgelehnt und sogleich Räumungsklage erhoben, so mag es in Abweichung von Rn 42 unschädlich sein, daß die vom Mieter begehrte Frist objektiv zu lang war, LG Wuppert WoM **93**, 548. Eine Ablehnung kann auch stillschweigend erfolgt sein, etwa eben durch Klage auf eine (künftige oder sofortige) Räumung. Sie liegt auch dann vor, wenn der Vermieter die Räumungsfrist davon abhängig macht, daß der Mieter den Räumungsanspruch „in vollstreckbarer Form, notariell beurkundet, schriftlich anerkennt", denn dergleichen wäre ein Verstoß gegen § 794 I Z 5, LG Mannh WoM **89**, 32.

**45** **F. Entsprechende Anwendbarkeit.** III ist schließlich entsprechend anwendbar, wenn der Mieter schon eine Ersatzwohnung hat und daher keine Räumungsfrist mehr benötigt, LG Köln WoM **97**, 568, LG Mannh WoM **78**, 135.

**46** **10) Verfahrensfragen, I–IV.** Zuständig ist das Prozeßgericht, das über den Räumungsanspruch, das Fortsetzungsbegehren, die Räumungsfrist zu entscheiden hat. Eine Anhörung des Gegners zur bloßen Kostenfrage ist wie sonst erforderlich, also vor einer ihm nachteiligen Entscheidung. Das Gericht trifft seine Kostenentscheidung nach pflichtgemäßem Ermessen, LG Frankenth WoM **93**, 547, und zwar im Räumungsurteil oder, soweit zulässig, bei dessen Berichtigung oder Ergänzung, vgl bei §§ 319, 321. Die Kostenentscheidung wird als Urteilsbestandteil mitgeteilt und ist nach Maßgabe des Urteilstenors vorläufig vollstreckbar.

**47** **11) Rechtsmittel, I–IV.** Die unterschiedlichen Ausgangslagen bedingen unterschiedliche Rechtsmittel.

**A. Räumung, I, Abweisung der Räumungsklage, II.** In beiden Fällen hat der Sieger der Hauptsache, also der Mieter, kein Rechtsmittel. Wegen § 99 I hat er daher auch wegen der Kosten kein Rechtsmittel. Der Verlierer der Hauptsache, also der Vermieter, kann unter den sonstigen Voraussetzungen Berufung einlegen und, soweit er im Kostenpunkt ebenfalls beschwert ist, gem § 99 I ebenfalls Rechtsmittel einlegen; Einzelheiten bei § 99.

**48** **B. Räumungsfrist, III.** Gegen die Versagung einer Räumungsfrist kommt die sofortige Beschwerde des Mieters in Betracht, § 577; gegen die Gewährung einer Räumungsfrist kommt die sofortige Beschwerde des

5. Titel. Prozeßkosten    **§§ 93b, 93c**

Vermieters in Betracht; gegen die bloße Bemessung der Räumungsfrist kommt die sofortige Beschwerde beider Parteien in Betracht. Sie muß aber jeweils auf die Frage der Versagung, Gewährung oder Bemessung beschränkt sein, § 721 VI 1 Z 1. Es darf sich auch nicht um eine Räumungsfrist-Entscheidung des Berufungsgerichts handeln, § 721 VI 2. Soweit die Hauptsache durch eine auf Grund eines Anerkenntnisses ausgesprochene Verurteilung erledigt ist, also im Fall III, hat der Vermieter gegen die ihn belastende Kostenentscheidung die sofortige Beschwerde nach § 99 II 1. Die sofortige Beschwerde ist unzulässig, soweit das LG als Berufungs- oder Beschwerdegericht entschieden hat, § 567 III 1.

Da eine *weitere* Beschwerde stets unstatthaft ist, § 721 VI 3 (hat Vorrang vor dem im Ergebnis gleichen § 568 II 1), ist gem § 99 I auch im Kostenpunkt keine weitere Beschwerde statthaft. **49**

**93c** *Kostenteilung im Kindschaftsprozeß.* [1]Hat eine Klage auf Anfechtung der Vaterschaft Erfolg, so sind die Kosten gegeneinander aufzuheben. [2]§ 96 gilt entsprechend.

**Vorbem.** Fassg Art 6 Z 3 KindRG v 16. 12. 97, BGBl 2942, in Kraft seit 1. 7. 98, Art 17 § 1 KindRG.

### Gliederung

| | | | |
|---|---|---|---|
| 1) Systematik, S 1, 2 | 1 | C. Mutter | 8 |
| 2) Regelungszweck, S 1, 2 | 2 | D. Streithelfer | 9 |
| 3) Sachlicher Geltungsbereich, S 1, 2 | 3–5 | 5) „Erfolg der Klage": Grundsatz der „Kostenaufhebung gegeneinander", S 1 | 10–12 |
| A. Anwendbarkeit bei Anfechtung der Vaterschaft, S 1 | 3 | | |
| B. Unanwendbarkeit beim Widerruf der Anerkennung, § 1597 III BGB | 4 | 6) „Erfolg der Klage": Ausnahmsweise Haftung des mit einem „Angriffs- oder Verteidigungsmittel" Unterlegenen, S 2 | 13, 14 |
| C. Unanwendbarkeit bei Vaterschaftsfeststellung, § 1600 d BGB | 5 | | |
| 4) Persönlicher Geltungsbereich, S 1, 2 | 6–9 | 7) Klagabweisung: Unterliegenshaftung, S 1, 2 | 15 |
| A. Ehemann, §§ 1592 Z 1, 1593, 1600 BGB | 6–9 | 8) Rechtsmittel, S 1, 2 | 16 |
| B. Kind | 7 | | |

**1) Systematik, S 1, 2.** Die Vorschrift enthält eine gegenüber §§ 91, 92 vorrangige Sonderregelung. Sie **1** ist insofern eng auszulegen. Sie verweist in S 2 auf § 96, der „entsprechend gilt". Neben ihr gelten ergänzend §§ 94 ff. Soweit § 93 c unanwendbar ist, gelten §§ 91–93, 94 ff.

**2) Regelungszweck, S 1, 2.** Die Vorschrift berücksichtigt den Umstand, daß man die Vaterschaft im **2** Sinn von § 1592 Z 1 BGB nur durch eine Anfechtungsklage rechtlich beseitigen kann. Damit liegt ein im öffentlichen Interesse wie im wohlverstandenen Interesse der Beteiligten geschaffenes, manchmal kompliziertes und stets äußerst kostspieliges Verfahren vor, bei dem es nicht im engeren Sinn Sieger und Besiegte gibt, schon weil die Ergebnisse des durchweg notwendigen Gutachtens keineswegs immer im voraus auch nur halbwegs sicher zu übersehen sind. Die Kostengerechtigkeit erfordert jedenfalls dann, wenn die weitreichenden Folgen der Anfechtung der Vaterschaft eintreten, eine gewisse Milderung der Kostenlast des „Unterliegenden". Nur bei Erfolgslosigkeit der Klage kann es beim Grundsatz des § 91 bleiben. § 93 c bestimmt allerdings nicht den Umfang des sachlichrechtlichen Ausgleichsanspruchs des Scheinvaters gegen den wahren abschließend, so schon BGH 103, 163, LG Lüneb RR **91**, 711.

**3) Sachlicher Geltungsbereich, S 1, 2.** Man muß folgende Fallgruppen unterscheiden. **3**
**A. Anwendbarkeit bei Anfechtung der Vaterschaft, S 1.** Es muß um eine Klage mit dem Ziel der Anfechtung der Vaterschaft nach § 1599 ff BGB gehen. Diese Klage ist nach § 1600 e BGB je nach der Person des Anfechtenden gegen unterschiedliche Beklagte zu erheben, solange das Kind noch lebt, nach dem Tod gemäß § 1600 e II BGB. Zuständig ist das AG, weil es sich um eine Kindschaftssache handelt, § 640 II Z 2 in Verbindung § 23 a Z 1 GVG.

**B. Unanwendbarkeit beim Widerruf der Anerkennung, § 1597 III BGB.** Soweit derjenige Mann, **4** der die Vaterschafdt nach §§ 1592 ff BGB anerkannt hat, seine Anerkennung nicht durch Klage nach §§ 1600 ff BGB anficht, sondern nach § 1597 III BGB durch öffentlich beurkundete Erklärung widerruft, ist § 93 c unanwendbar.

**C. Unanwendbarkeit bei Vaterschaftsfeststellung, § 1600 d BGB.** § 93 c gilt ferner nicht für den **5** Fall, daß die Vaterschaft gemäß § 1600 d BGB gerichtlich festzustellen ist. Auf diesen Prozeß sind §§ 91 ff, 94 ff anwendbar.

**4) Persönlicher Geltungsbereich, S 1, 2.** Man muß zwischen folgenden Beteiligten unterscheiden: **6**
**A. Ehemann, §§ 1592 Z 1, 1593, 1600 BGB.** § 93 c ist anwendbar, wenn es sich um die Klage des Ehemanns handelt, § 1593 Z 1 BGB, der der Fall gleichsteht, daß die Voraussetzungen des § 1593 BGB vorliegen (Tod des Ehemanns usw, und solange kein Dritter nach § 1599 II BGB wirksam anerkannt hat). Es kann sich auch um die Klage desjenigen Mannes handeln, der die Vaterschaft aus welchen Gründen auch immer zunächst anerkannt hatte, § 1592 Z 2, 1594 ff BGB. Zu dieser Klage ist dieser Mann gem § 1600 BGB berechtigt; für den Fall seiner Einschränkung der Geschäftsfähigkeit gelten die Sonderregeln des § 1600 a BGB. Die Klage ist gegen das Kind zu richten, § 1600 e I BGB; nach seinem Tod gilt § 1600 e II BGB.

**B. Kind.** § 93 c ist weiterhin anwendbar, wenn es um die Klage des Kindes auf Anfechtung wegen des **7** bisher als sein Vater anzusehenden Mannes geht. Das Kind hat ein Anfechtungsrecht unter den in §§ 1592 Z 1, 2, 1593, 1600 ff BGB genannten Voraussetzungen. Darüber hinaus ist aber auch dann eine solche

## §§ 93c, 93d

Anfechtungsklage zulässig, wenn das Kind den wahren Vater aus rechtlich schutzwürdigen Gründen ermitteln möchte und wenn nicht überwiegende Interessen des Schutzes der Ehe, in der es geboren ist, entgegenstehen, so schon BVerfG BGBl **89**, 253 = BVerfG **79**, 266 ff (diese Entscheidung ist wegen des auch seit dem KindRG verbleibenden Problems weiter beachtlich). Das minderjährige Kind muß gem § 1600a III, IV BGB vertreten werden, das volljährig gewordenen Kind kann selbst anfechten, § 1600b III BGB. Die Klage ist gem § 1600e I 2 BGB gegen den Mann zu richten. Ferner gehört hierhin die Klage des Kindes, das der Mann als sein Kind anerkannt hatte, auf Anfechtung der nach § 1592 Z 2 BGB begründeten Vaterschaft. Dazu ist das Kind gem § 1600 BGB berechtigt. Soweit es in der Geschäftsfähigkeit beschränkt ist, ist § 1600a BGB zu beachten. Die Klage ist gem § 1600e I BGB gegen den Mann zu richten.

**8**   **C. Mutter.** § 93c findet ferner Anwendung auf eine Klage der Mutter auf Anfechtung der Vaterschaft nach §§ 1592 Z 1, 2, 1593 BGB. Die Klage ist gegen den Mann zu richten; nach seinem Tod gilt § 1600e II BGB. Soweit die Mutter in der Geschäftsfähigkeit beschränkt ist, ist § 1600a IV BGB zu beachten.

**9**   **D. Streithelfer.** § 93c ist auf eine Klage des einfachen oder streitgenössischen Streithelfers (Nebenintervenienten), §§ 66 ff, unanwendbar. Das ergibt sich schon aus dem klaren, eng auszulegenden Wortlaut, Rn 1. Im übrigen bleibt insofern ja § 101 anwendbar. Danach sind die durch die Streithilfe verursachten Kosten dem Gegner der Hauptpartei aufzulegen, soweit er nach §§ 91 ff die Kosten des Rechtsstreits zu tragen hat, und andernfalls dem Streithelfer aufzuerlegen, § 101; soweit der Streithelfer als Streitgenosse der Hauptpartei gilt, § 69, sind allerdings die Regeln nach § 100 anwendbar. Der Streithelfer muß seine Kosten im Ergebnis selbst tragen, wenn die von ihm unterstützte Partei unterliegt, Kblz DAVorm **76**, 633.

**10**   **5) „Erfolg der Klage": Grundsatz der „Kostenaufhebung gegeneinander", S 1.** Die Vorschrift erfaßt nur den Fall der erfolgreichen Anfechtungsklage; wegen der erfolglosen Rn 15. Soweit im Prozeß zulässig oder unzulässig mit dem Anfechtungsziel andere Aufträge verbunden werden, findet § 93c auf die nach dem gesamten Kostenstreitwert zu ermittelnde Quote der Gesamtkosten im Rahmen der dann erforderlichen einheitlichen Kostenentscheidung Anwendung.

**11**   „Aufhebung der Kosten gegeneinander" ist dasselbe wie in § 92 I 2: Halbierung der Gerichtskosten (Gebühren und Auslagen), Haftung jeder Partei für ihre außergerichtlichen Kosten (Gebühren und Auslagen), § 92 Rn 40.

**12**   Diese Kostenregel ist beim Erfolg der vorgenannten Anfechtungsklagen zwingend. Das ergibt schon das Wort „sind" in S 1. Das Gericht hat also, anders als bei § 92 I 1, keinen Ermessensspielraum. Es sollte insofern auch keine vom Gesetzeswortlaut abweichende Fassung im Urteil wählen. Das gilt auch dann, wenn die Mutter mit ihrer Klage auf Anfechtung der Vaterschaft siegt, §§ 1600, 1600e I BGB. Zwar war sie evtl an der Ursache der Anfechtung, nämlich an der Anerkennung, zumindest dann nicht beteiligt, wenn der anerkennende Vater schon volljährig war. Indessen trifft das Gesetz eine auch im Interesse der Kostenvereinfachung klare Regelung, Rn 8.

**13**   **6) „Erfolg der Klage": Ausnahmsweise Haftung des mit einem „Angriffs- oder Verteidigungsmittel" Unterlegenen, S 2.** Soweit die Anfechtungsklage Erfolg hat, ist das Gericht wegen der Verweisung von S 2 auf § 96 in Abweichung von dem Grundsatz der Kostenaufteilung gegeneinander (S 1) dazu berechtigt, die Kosten eines dennoch „ohne Erfolg gebliebenen Angriffs- oder Verteidigungsmittel" derjenigen Partei aufzuerlegen, die es geltend gemacht hat, „auch wenn sie in der Hauptsache obsiegt". Das bedeutet also, daß der siegende Kläger die Kosten erfolgloser derartiger Mittel selbst tragen muß, wenn dies angemessen ist und vom Gericht so bestimmt wird.

**14**   Das Wort „können" in § 96 stellt, wie so oft, nicht in die Zuständigkeit, sondern ins pflichtgemäße Ermessen. Das Gericht muß, wie stets, die Gesamtumstände, zB die Erfolgsaussicht bei Einlegung des Angriffs- oder Verteidigungsmittels, berücksichtigen. Wenn es sich um ein Gutachten eines Sachverständigen handelt, geht es um den weitaus größten Teil der gesamten Kosten, und zwar der Gerichtskosten wie (beim Parteigutachten) der außergerichtlichen. Es bedarf daher großer Sorgfalt bei der Prüfung, ob der in der Hauptsache siegende Kläger zB die Kosten eines zur Vorbereitung eingeholten Parteigutachtens voll tragen muß, obwohl sie nach den Grundsätzen der Unterliegenshaftung unabhängig von der Brauchbarkeit des Gutachtens im Ergebnis sehr wohl unter Umständen erstattungsfähig wären, § 91 Rn 278–282. Es kommt also auf die Gesamtumstände an, ob nicht eine Partei die Kosten eines vorprozessualen Gutachtens selbst dann tragen muß, wenn das Gericht das Gutachten im Verfahren mitverwertet hat, abw Hamm Rpfleger **79**, 142 (die Partei müsse diese Kosten stets selbst tragen).

**15**   **7) Klagabweisung: Unterliegenshaftung, S 1, 2.** Soweit eine Anfechtungsklage erfolglos bleibt, ist § 93c schon nach dem eindeutigen, eng auszulegenden Wortlaut, Rn 1, unanwendbar. Es gelten also §§ 91 ff, 94 ff, freilich ebenfalls auch § 96 (diesmal nicht entsprechend, sondern direkt).

**16**   **8) Rechtsmittel, S 1, 2.** § 99 ist anwendbar. Daher ist ein Verstoß gegen § 93c nur zusammen mit der Hauptsache anfechtbar, Ffm MDR **82**, 152.

**93d**   **Kosten bei Klaganlaß durch Unterhaltsschuldner.** Hat zu einem Verfahren, das die gesetzliche Unterhaltspflicht betrifft, die in Anspruch genommene Partei dadurch Anlaß gegeben, daß sie der Verpflichtung, über ihre Einkünfte und ihr Vermögen Auskunft zu erteilen, nicht oder nicht vollständig nachgekommen ist, so können ihr die Kosten des Verfahrens abweichend von den Vorschriften der §§ 91 bis 93a, 269 Abs. 3 nach billigem Ermessen ganz oder teilweise auferlegt werden.

**Vorbem.** Fassg Art 3 Z 1 KindUG v 6. 4. 98, BGBl 666, in Kraft seit 1. 7. 98, Art 8 I 2 KindUG, kein besonderes diesbezügliches ÜbergangsR in Art 5 KindUG.

5. Titel. Prozeßkosten                                                                    §§ 93d, 94

### Gliederung

| | | | | |
|---|---|---|---|---|
| 1) Systematik | 1 | | 6) Verfahrensveranlassung | 6 |
| 2) Regelungszweck | 2 | | 7) „Auferlegung der Kosten ganz oder teilweise" | 7 |
| 3) Sachlicher Geltungsbereich | 3 | | 8) „Nach billigem Ermessen" | 8 |
| 4) Persönlicher Geltungsbereich | 4 | | 9) Rechtsmittel | 9 |
| 5) Unzureichende Auskunft | 5 | | | |

**1) Systematik.** Die Vorschrift enthält eine gegenüber §§ 91–93 a, 269 III vorrangige und daher eng **1** auszulegende Sonderregelung. §§ 94 ff gelten daneben wie sonst.

**2) Regelungszweck.** Das Ob, Wie und Wieviel, der Beginn und die Dauer einer Unterhaltsforderung **2** hängen von vielen gesetzlichen Faktoren ab, von der Bedürftigkeit über die Zahlungsfähigkeit bis zur Zahl gleichberechtigter anderer Unterhaltsgläubiger oder -schuldner. In dieser Lage kann der Schuldner zur Einschätzung dessen, was er vernünftigerweise zahlen oder leisten muß, unter anderem auf Auskünfte des Gläubigers angewiesen sein, die dessen Einkünfte aus anderen Quellen oder dessen Vermögen betreffen. Erhält der Schuldner sie nicht ausreichend, so soll er beim Unterliegen wegen folglich zu geringer außergerichtlicher Zahlungen wenigstens vor daraus erwachsenen unverschuldeten Prozeßkosten geschützt werden. Dasselbe gilt auf der Gläubigerseite bei zu hoher Forderung nur wegen unvollständiger Schuldnerauskünfte. Die Vorschrift ist als Ausnahme vom Grundsatz der Kostenhaftung des Unterliegenden, Üb 27 vor § 91, an sich eng auszulegen: indessen erlaubt das „billige Ermessen" doch in diesem mehr formellen Rahmen einen ziemlich weiten Spielraum. Bloß vertraglicher Unterhalt gehört nicht hierher, wohl aber der gesetzliche Teil weitergehenden vertraglichen Unterhalts.

**3) Sachlicher Geltungsbereich.** Die Vorschrift gilt in jedem Verfahren, das eine gesetzliche Unterhalts- **3** pflicht betrifft. Das kann ein Erst- oder Abänderungsverfahren sein, ein Urteils- oder Beschlußverfahren, ein auf den Unterhalt beschränktes oder der Unterhaltsteil eines weitergehenden Verfahrens sein.

**4) Persönlicher Geltungsbereich.** Die Vorschrift gilt im Verfahren zwischen beliebigen Beteiligten **4** eines Unterhaltsanspruchs. Es kommt nicht auf die Parteistellung des in Anspruch Genommenen an. Wohl aber ist erheblich, ob gerade er die erbetene oder geschuldete Auskunft verweigerte.

**5) Unzureichende Auskunft.** Der in Anspruch Genommene muß die erbetene oder sonstwie geschul- **5** dete Auskunft entweder gar nicht oder doch jedenfalls nicht vollständig erteilt haben, sei es zur Art der Einkünfte oder des Vermögens, sei es zur Höhe oder Dauer, zu Abzügen oder Belastungen, zu vor- oder gleichrangigen, das Einkommen oder Vermögen schwächenden Positionen usw. Die Auskunftspflicht mag erbeten, verlangt, eingeklagt worden sein oder kraft Gesetzes oder Vertrag auch unabhängig von einer Bitte des Auskunftsberechtigten bestanden haben.

**6) Verfahrensveranlassung.** Die mangelhafte Auskunft, Rn 5, muß für das Unterhaltsverfahren, Rn 3, **6** zumindest Mitveranlassung gegeben haben. Zur Veranlassung vgl § 93, dort Rn 28 ff. Eine völlig unbedeutende Mitveranlassung reicht nicht, dürfte aber auch nur selten vorliegen.

**7) „Auferlegung der Kosten ganz oder teilweise".** Sofern die Voraussetzungen Rn 3–6 zusammen- **7** treffen, kann das Gericht der Anspruch genommenen Partei, Rn 5, unabhängig von ihrer formalen Parteistellung die Kosten „ganz oder teilweise" auferlegen. Das ist dasselbe wie die „Kostenteilung" in § 92 I 1, dort Rn 27. Es kommt also eine Kostenverteilung nach Bruchteilen, nach Prozenten oder nach Summe + Rest in Betracht. Auch hier ist eine klare und einfache Kostenentscheidung dringend geboten, vgl § 92 Rn 29.

**8) „Nach billigem Ermessen".** Das Wort „billig" meint, wie so oft, kein unkontrollierbares, sondern **8** nur ein pflichtgemäßes Ermessen des Gerichts. Dabei ist das Gericht freilich nicht (mehr) auf „besondere" Gründe beschränkt.

**9) Rechtsmittel.** Es gelten die für das jeweilige Unterhaltsverfahren vorgesehenen Rechtsmittel. Frei- **9** lich bleibt stets § 99 zu beachten: Der Kostenpunkt ist nur anfechtbar, wenn auch in der Hauptsache, also im jeweiligen Unterhalts- bzw Abänderungsverfahren, ein Rechtsmittel eingelegt wird. Die sofortige Beschwerde ist unzulässig, soweit das LG als Berufungs- oder Beschwerdegericht entschieden hat, § 567 III 1.

## 94

**Klage des Rechtsnachfolgers.** Macht der Kläger einen auf ihn übergegangenen Anspruch geltend, ohne daß er vor der Erhebung der Klage dem Beklagten den Übergang mitgeteilt und auf Verlangen nachgewiesen hat, so fallen ihm die Prozeßkosten insoweit zur Last, als sie dadurch entstanden sind, daß der Beklagte durch die Unterlassung der Mitteilung oder des Nachweises veranlaßt worden ist, den Anspruch zu bestreiten.

### Gliederung

| | | | | |
|---|---|---|---|---|
| 1) Systematik, Regelungszweck | 1 | | D. Entsprechende Anwendbarkeit bei Prozeßstandschaft und Prozeßgeschäftsführung | 6 |
| 2) Geltungsbereich | 2 | | | |
| 3) „Geltendmachung des übergegangenen Anspruchs" | 3–6 | | 4) Keine „Mitteilung des Übergangs vor der Erhebung der Klage" | 7–10 |
| A. Jede Anspruchsart | 3 | | A. Erforderlichkeit der Mitteilung | 8 |
| B. Jede Übergangsart | 4 | | B. Form der Mitteilung | 9 |
| C. Jeder Übergangszeitpunkt | 5 | | | |

§ 94                                           1. Buch. 2. Abschnitt. Parteien

| C. Zeitpunkt der Mitteilung: Erst ab Klagerhebung | 10 | B. Begriff der Veranlassung | 15, 16 |
| --- | --- | --- | --- |
| 5) Kein „Nachweis des Übergangs auf Verlangen" | 11–13 | C. Beispiele | 17 |
| A. Erforderlichkeit nur auf Verlangen | 11 | 7) Kostenfolge: „Insoweit" Kostenlast | 18–21 |
| B. Form des Nachweises | 12 | A. Begriff der Kostenlast | 18 |
| C. Zeitpunkt des Nachweises: Erst ab Klagerhebung | 13 | B. Kein Ermessen | 19 |
| 6) „Durch die Unterlassung veranlaßt, den Anspruch zu bestreiten" | 14–17 | C. Kostenlast nur „insoweit" | 20 |
| A. Begriff des Bestreitens | 14 | D. Notwendigkeit der Klarheit und Einfachheit der Kostenentscheidung | 21 |
|  |  | 8) Rechtsmittel | 22 |
|  |  | 9) VwGO | 23 |

**1**  **1) Systematik, Regelungszweck.** Die Vorschrift enthält eine gegenüber §§ 91–92, 95 ff grundsätzlich vorrangige und daher eng auszulegende Sonderregelung. Sie ergänzt in § 93 für einen Prozeßabschnitt, in dem jene Vorschrift deshalb nicht anwendbar ist, weil jedenfalls kein sofortiges Anerkenntnis vorliegt. Soweit sich die Anwendungsbereiche von § 94 und § 96 überschneiden, geht § 94 wegen seiner zwingenden Kostenregelung vor. § 94 ist nicht etwa auf die Fälle anwendbar, in denen der bisherige Rechtsinhaber den Prozeß (evtl nunmehr zugunsten des Rechtsnachfolgers) selbst weiterführt und ein Urteil erwirkt, §§ 265, 325. In diesen Fällen gelten vielmehr §§ 91 ff wie sonst.

Die Vorschrift, die eine sog Kostentrennung ermöglicht, Üb 3 vor § 91, *schützt den Schuldner* solange, wie dieser von einem Übergang des sachlichrechtlichen Anspruchs des Gläubigers auf den jetzigen Kläger schuldlos keine Kenntnis hat und nur insofern scheinbar mit Recht die Sachbefugnis (Gläubigerschaft) des Klägers bestreitet. Soweit der Bekl den Anspruch ohnehin sofort anerkennt, bedarf es keines besonderen Schutzes und ist § 94 unanwendbar, Rn 1; soweit der Bekl den Anspruch aus anderen als den eben erwähnten Gründen weiter bestreitet, verdient er ebenfalls keinen Schutz und haftet nach §§ 91 ff.

**2**  **2) Geltungsbereich.** Vgl Üb 12, 13 vor § 91, § 91 Rn 4–14.

**3**  **3) „Geltendmachung des übergegangenen Anspruchs".** Erste Voraussetzung ist, daß der Kläger „einen auf ihn übergegangenen Anspruch geltend macht". Folgende Bedingungen müssen zusammentreffen:

**A. Jede Anspruchsart.** Die Art des übergegangenen sachlichrechtlichen Anspruchs und sein Rechtsgrund sind unerheblich. Es kann sich um einen schuldrechtlichen, dinglichrechtlichen oder sonstigen Anspruch handeln. Er mag auf Vertrag, einem vertragsähnlichen Verhältnis, ungerechtfertigter Bereicherung, unerlaubter Handlung oder sonstwie auf dem Gesetz beruhen.

**4**  **B. Jede Übergangart.** Es ist unerheblich, auf welche Weise der Anspruch auf den Kläger übergegangen ist. Es kann sich um einen Übergang kraft Gesetzes, Rechtsgeschäfts oder in sonstiger Weise handeln.

*Beispiele für gesetzlichen* Übergang: Der Versicherungsträger geht nach Leistungen zugunsten eines bei ihm versicherten Verletzten deren Kosten gem §§ 823 ff in Verbindung mit dem SGB gegen den Täter geltend; die Sozialbehörde geht nach Sozialleistungen kraft Übergangs auf sie etwa nach §§ 90, 91 BSHG gegen den unterhaltspflichtigen Angehörigen vor; der Erbe kraft gesetzlicher Erbfolge klagt gegen den Schuldner des Erblassers.

*Beispiele für rechtsgeschäftlichen* Übergang: Es geht um einen abgetretenen Anspruch; es liegt eine Vermögensübernahme vor.

**5**  **C. Jeder Übergangszeitpunkt.** Der Zeitpunkt des Übergangs des Anspruchs auf den Kläger ist unerheblich. Der Übergang mag vor der Anhängigkeit, vor der Rechtshängigkeit, § 261 Rn 1, vor dem Schluß der mündlichen Verhandlung, §§ 136 IV, 296 a, und sogar nach ihrem Schluß eingetreten sein, soweit im letzteren Fall das Gericht aus anderen Gründen (Verfahrensfehler) die mündliche Verhandlung wieder eröffnet, § 156. Keineswegs muß er vor Klagerhebung, § 253 I, erfolgt sein; etwas Abweichendes ergibt sich nur bei flüchtiger Prüfung des Gesetzeswortlauts. Daher kann der jetzige Kläger auch durchaus erst im Weg des Parteiwechsels (Klagänderung) in den Prozeß eingetreten sein, § 263 Rn 6.

**6**  **D. Entsprechende Anwendbarkeit bei Prozeßstandschaft und Prozeßgeschäftsführung.** Soweit jemand als sog Prozeßstandschafter handelt, Grdz 26 vor § 50, oder als sog Prozeßgeschäftsführer, Grdz 29 vor § 50, macht er zwar einen sachlichrechtlichen Anspruch geltend, der an sich einem anderen zusteht oder zustand; da er jedoch jeweils im eigenen Namen handelt, ist trotz der gebotenen engen Auslegung, Rn 1, ein solcher Fall ebenfalls nach § 94 zu beurteilen, zumal die Kosteninteressen vergleichbar sind.

**7**  **4) Keine „Mitteilung des Übergangs vor der Erhebung der Klage".** Weitere Voraussetzung ist, daß der Kläger „vor der Erhebung der Klage dem Beklagten den Übergang nicht mitgeteilt" hat. Es gelten im einzelnen folgende Bedingungen:

**8**  **A. Erforderlichkeit der Mitteilung.** Die Mitteilung muß überhaupt erforderlich gewesen sein. Die Erforderlichkeit hängt zunächst von einer etwaigen gesetzlichen oder vertraglich ausdrücklich vereinbarten Mitteilungspflicht, im übrigen von den Gesamtumständen ab, § 242 BGB. Wie der Wortlaut ergibt, hängt nicht schon die Mitteilung, sondern erst der in Rn 11 dargestellte Nachweis von einem Antrag oder einem Begehren des Bekl ab. Andererseits reicht ein Antrag des Bekl auf eine Mitteilung nicht automatisch. Er wird allerdings meist schon wegen des Prozeßverhältnisses zwischen den Parteien, Grdz 5 vor § 128, begründet sein. Ein redlicher Kläger hat nichts zu verbergen, vgl auch § 138 I, II. Eine Mitteilung ist nicht (mehr) erforderlich, wenn der Bekl aus einer anderen Quelle eine genügende Kenntnis vom Übergang des Anspruchs auf den Kläger hat. Das müßte freilich der Kläger beweisen. Bloßes Kennenmüssen reicht nach dem eindeutigen Gesetzeswortlaut nicht.

**9**  **B. Form der Mitteilung.** Soweit eine Mitteilung nach Rn 8 erforderlich ist, muß sie in der nötigen Klarheit erfolgt sein. Eine besondere Form ist nicht schon nach § 94, wohl aber evtl nach den einschlägigen gesetzlichen oder vertraglichen Vorschriften nötig und dann Bedingung für eine „Mitteilung" im Sinn von § 94. Soweit die Mitteilung auch andere Punkte umfaßt und insofern mangelhaft ist, reicht es, daß sie

5. Titel. Prozeßkosten § 94

jedenfalls zur hier allein erheblichen Frage des Anspruchsübergangs klar und unmißverständlich ist. Sofern sie im letzten Punkt unklar ist, heilt auch nicht eine Ordnungsmäßigkeit des weiteren Inhalts der Mitteilung. Wie ausführlich sie sein muß, hängt von den Gesamtumständen und der etwaigen Anfrage des Bekl mit ab.

**C. Zeitpunkt der Mitteilung: Erst ab Klagerhebung.** Weitere Bedingung ist, daß der Kläger eine 10 nach Rn 8 erforderliche Mitteilung nicht vor, sondern erst ab oder nach der Klagerhebung gemacht hat. Die Klage wird durch Zustellung der Klage- bzw Antragsschrift erhoben, § 253 I. Soweit also vor diesem Zeitpunkt eine Mitteilung beim Bekl zuging, § 130 BGB entsprechend (hier handelt es sich allerdings um eine sog Wissenserklärung), ist § 94 unanwendbar.

**5) Kein „Nachweis des Übergangs auf Verlangen".** Weitere Voraussetzung ist, daß der Kläger den 11 Anspruchsübergang dem Bekl nicht „auf Verlangen nachgewiesen hat". Es müssen folgende Bedingungen zusammentreffen:

**A. Erforderlichkeit nur auf Verlangen.** Der Bekl muß einen Nachweis des Anspruchsübergangs „verlangt" haben. Ohne eine solche Forderung braucht der Kläger den Anspruchsübergang nur mitzuteilen, nicht nachzuweisen. Das ergibt sich schon aus dem Gesetzeswortlaut. Das Verlangen des Bekl braucht nicht besonders begründet worden zu sein; es braucht keine besondere gesetzliche oder vertragliche Befugnis vorhanden gewesen zu sein, ein solches Verlangen zu stellen. Es richtet sich nach den Gesamtumständen, ob ein (auch stillschweigend mögliches) Verlangen vorliegt.

**B. Form des Nachweises.** Soweit der Kläger einen Nachweis des Anspruchsübergangs liefern muß, 12 Rn 11, hängt die Form des Nachweises von den Gesamtumständen ab. „Nachweis" ist weniger als bloße „Glaubhaftmachung", § 294; sondern fast dasselbe wie „Beweis". Andererseits spricht man im engeren Sinn erst dann von Beweis, wenn das Gericht (und nicht schon der Empfänger einer Mitteilung) überzeugt ist. Daher liegt ein Nachweis nicht immer erst dann vor, wenn auch prozessual Vollbeweis erbracht ist, § 286 Rn 16. Ein Erbschein ist zB nicht stets, wohl aber meist auf Verlangen zumindest in einfacher Abschrift mit dem Anerbieten notwendig, der Bekl könne in das Original oder die Nachlaßakten Einsicht nehmen.

**C. Zeitpunkt des Nachweises: Erst ab Klagerhebung.** Weitere Bedingung ist, daß der Bekl den auf 13 Verlangen zu liefernden Nachweis nicht vor, sondern erst ab oder nach der Klagerhebung, § 253 I, geliefert hat, daß der Nachweis also erst dann dem Bekl zugegangen ist, § 130 entsprechend (Wissenserklärung); vgl Rn 10.

**6) „Durch die Unterlassung veranlaßt, den Anspruch zu bestreiten".** Weitere Voraussetzung ist, 14 daß der Bekl gerade „durch die Unterlassung der Mitteilung oder des Nachweises veranlaßt worden ist, den Anspruch zu bestreiten". Es müssen folgende Bedingungen zusammentreffen:

**A. Begriff des Bestreitens.** Der Bekl muß den sachlichrechtlichen Anspruch bestritten haben. Der Begriff des Bestreitens ist wie sonst zu verstehen. Den Gegensatz bildet ein Anerkenntnis, § 307, oder eine Säumnis, § 331, der das Nichtstellen eines Antrags im Termin trotz Anwesenheit gleichsteht, § 333. Es kommt in diesem Zusammenhang noch nicht darauf an, bis zu welchem Zeitpunkt der Bekl hätte bestreiten müssen; vgl dazu Rn 12.

**B. Begriff der Veranlassung.** Das bloße Bestreiten muß auch gerade durch die Unterlassung der 15 Mitteilung oder des Nachweises, Rn 7, 11, veranlaßt worden sein. Es muß also ein Ursachenzusammenhang zwischen der gesetzwidrigen Unterlassung des Klägers und dem Bestreiten des Bekl vorliegen. Sinn der ganzen Regelung ist ja, den Bekl nur von solchen Kosten freizustellen, die er nach der an sich geltenden harten Kostenhaftung des Unterliegenden unabhängig davon tragen müßte, ob er den Anspruch zunächst mit Recht bestreiten konnte.

An dieser Stelle wird auch die *Abgrenzung zu § 93* deutlich: Während dem Bekl dort nur ein „sofortiges" 16 Anerkenntnis hilft, zu diesem Begriff § 93 Rn 88, kann bei § 94 auch dann noch eine Veranlassung zum Bestreiten vorliegen, wenn der Bekl den Anspruch noch im schriftlichen Vorverfahren, § 276 f, nach Einreichung einer Verteidigungsanzeige, im schriftlichen Verfahren, § 128 II, III, nach Einreichung des ersten Schriftsatzes, im Verfahren mit mündlicher Verhandlung, § 128 Rn 4, nach der Stellung des Sachantrags bestritten hatte, § 137 Rn 7. Denn über jene Zeitpunkte hinaus mag die erforderliche Mitteilung oder der verlangte Nachweis des Anspruchsübergangs ausgeblieben sein. Erst von den letztgenannten Zeitpunkten an fällt eine Veranlassung zum (weiteren Bestreiten) im Sinn von § 94 weg; erst jetzt wäre ein weiteres Bestreiten nicht mehr unverschuldet. Insofern bedeutet „Veranlassung" in Wahrheit über die bloße Ursache hinaus: Schuldlosigkeit. Der Bekl braucht aber noch nicht auf Grund bloßer vager Hinweise auf einen Anspruchsübergang sein Bestreiten der Sachbefugnis fallenzulassen. Das bloße Kennenmüssen genügt nicht; das Gesetz verlangt die klare „Mitteilung" und den „Nachweis", also Umstände, die dem Bekl positive Kenntnis verschaffen. Im Zweifel muß daher der Kläger diese Kenntnis beweisen.

**C. Beispiele:** Nach einer Abtretung hat der neue Gläubiger nicht die nach § 409 I BGB vorgesehene 17 Abtretungsanzeige erteilt; der Erbe hat dem Schuldner des Erblassers nicht den erforderlichen Erbschein wenigstens in Fotokopie übersandt; die vom Schuldner gem § 410 I BGB wirksam verlangte Aushändigung einer Abtretungsurkunde ist nicht erfolgt.

**7) Kostenfolge: „Insoweit" Kostenlast.** Soweit die Voraussetzungen Rn 3–17 zusammentreffen, ordnet 18 das Gesetz als Kostenfolge an, daß dem Kläger die Prozeßkosten „insoweit zur Last fallen".

**A. Begriff der Kostenlast.** Unter den „Prozeßkosten" sind sämtliche Gebühren und Auslagen des Gerichts und der Parteien zu verstehen, sofern sie überhaupt erstattungsfähig sind, vgl bei § 91.

**B. Kein Ermessen.** Soweit das Gericht die Voraussetzungen der Kostenfolge bejaht, hat es bei der 19 Kostenlast kein Verteilungsermessen. Das ergibt sich aus dem klaren Wortlaut („so fallen ihm ... zur Last").

## §§ 94, 95

**20** **C. Kostenlast nur „insoweit".** Der Kläger muß nur diejenigen Kosten tragen, die gerade durch seine pflichtwidrige Unterlassung veranlaßt wurden. Das ergibt sich aus dem Wort „insoweit". Zum Umfang der Veranlassung Rn 15–17.
  *Beispiel:* Der Bekl hat die Sachbefugnis des Klägers bestritten; es ist zu einer Beweisaufnahme über sie gekommen. An dieser haben für beide Parteien in einem auswärtigen Termin Verkehrsanwälte teilgenommen; es war auch ein Gutachten einzuholen. Nach der Beweisaufnahme erklärt das Gericht, die Sachbefugnis sei erwiesen. Sofort anschließend erkennt der Bekl den Klaganspruch an. Alle Kosten der Beweisaufnahme können unter den weiteren Voraussetzungen dem Kläger aufzuerlegen sein.

**21** **D. Notwendigkeit der Klarheit und Einfachheit der Kostenentscheidung.** Die Entscheidung, durch die das Gericht die Kosten nach § 94 trennt, sollte ebenso einfach und klar sein wie überhaupt jede Kostenentscheidung. Es gelten dieselben Grundsätze wie zB auch im Fall der Kostenteilung, § 92 Rn 30, 31.
  *Beispiel:* „Der Beklagte trägt die Kosten des Rechtsstreits bis auf die durch die Beweisaufnahme entstandenen Kosten; die letzteren werden dem Kläger auferlegt".

**22** **8) Rechtsmittel.** Es gelten die allgemeinen Regeln, insbesondere ist § 99 zu beachten. Daher ist die Anfechtung der Entscheidung nach § 94 unzulässig, wenn nicht zugleich gegen die Entscheidung in der zugehörigen Hauptsache ein Rechtsmittel eingelegt wird; ist die Hauptsache jedoch dadurch beendet worden, daß der Bekl (wie hier meist) ein (wenn auch nicht sofortiges) Anerkenntnis erklärt hat, so kommt sofortige Beschwerde auch isoliert über den Kostenpunkt in Betracht, § 99 II 1. Die sofortige Beschwerde ist unzulässig, soweit das LG als Berufungs- oder Beschwerdegericht entschieden hat, § 567 III 1.

**23** **9) VwGO:** Entsprechend anwendbar, § 173 *VwGO*, wenn auch kaum jemals praktisch werdend.

**95** **Kostenfolge bei Versäumung.** Die Partei, die einen Termin oder eine Frist versäumt oder die Verlegung eines Termins, die Vertagung einer Verhandlung, die Anberaumung eines Termins zur Fortsetzung der Verhandlung oder die Verlängerung einer Frist durch ihr Verschulden veranlaßt, hat die dadurch verursachten Kosten zu tragen.

**Schrifttum:** *Seifert-Cramer,* Kostennachteil statt Präklusion, Diss Gießen 1989.

### Gliederung

| | |
|---|---|
| 1) Systematik ............................ 1 | D. „Verlängerung einer Frist" ............ 11 |
| 2) Regelungszweck ................... 2 | E. „Veranlassung": Ursächlichkeit ........ 12 |
| 3) Geltungsbereich .................. 3 | F. „Verschulden" ........................ 13 |
| 4) „Versäumung eines Termins oder einer Frist" ........................ 4–7 | 6) Kostenfolge: Kostentragungspflicht ... 14–18 |
| A. Begriff des Termins .............. 4 | A. Ausscheidbarkeit der besonderen Kosten ........................ 14 |
| B. Begriff der Frist ................. 5 | B. Die Partei „hat ... zu tragen": Zwingende Folge ................. 15 |
| C. Begriff der Versäumung .......... 6 | C. Verfahrensfragen ................. 16 |
| D. Kein Verschulden notwendig ...... 7 | D. Entscheidungsform: Urteil ........ 17 |
| 5) „Verschuldete Veranlassung" einer Prozeßverlängerung .............. 8–13 | E. Notwendigkeit der Klarheit und Einfachheit der Kostenentscheidung ...... 18 |
| A. „Verlegung eines Termins" ........ 8 | 7) Rechtsmittel ........................ 19 |
| B. „Vertagung einer Verhandlung" ... 9 | 8) VwGO ............................... 20 |
| C. „Anberaumung eines Termins zur Fortsetzung der Verhandlung" ..... 10 | |

**1** **1) Systematik.** Die Vorschrift enthält eine gegenüber §§ 91 ff eng auszulegende Sonderregelung. Soweit die nach § 95 säumige oder schuldige Partei ohnehin wegen Unterliegens nach §§ 91, 92 die Kosten zu tragen hat, tritt § 95 zurück, Düss MDR 90, 832. Soweit sie aber sonst keine Kosten tragen müßte, hat § 95 gegenüber §§ 91 ff den Vorrang. Freilich müssen Kosten nach § 95 überhaupt ausscheidbar sein, Düss MDR 90, 832. Soweit der Geltungsbereich der Vorschrift mit demjenigen des § 238 IV (Kosten des Wiedereinsetzungsverfahrens) oder des § 344 (Kosten infolge eines Versäumnisurteils) übereinstimmt, gehen jene Vorschriften wegen ihres noch spezielleren Charakters dem § 95 vor. Soweit die Anwendungsbereiche sich nicht überschneiden, gelten jene Vorschriften gleichrangig neben § 96. Die Vorschrift gilt auch im Rechtsmittelverfahren; sie hat Vorrang auch gegenüber § 97 II, III. Dieses hat Vorrang ist sie jenen Vorschriften gegenüber spezieller. §§ 98 ff gelten wie sonst. § 34 GKG (Verzögerungsgebühr), Anh § 95, hat teilweise denselben Geltungsbereich wie § 95 ZPO. Beide Vorschriften sind dann nebeneinander anwendbar. Denn sie verfolgen dasselbe Ziel mit unterschiedlichen Mitteln.

**2** **2) Regelungszweck.** § 95 dient der Bekämpfung einer Prozeßverschleppung und damit der Prozeßwirtschaftlichkeit, Grdz 14 vor § 128. Da die Vorschrift unter ihren gesetzlichen Voraussetzungen den Richter zu dem Ausspruch der entsprechenden Kostenfolge zwingt (kein Ermessen), ist die in der Praxis verschwindend geringe Bedeutung keineswegs immer gerechtfertigt, anders als die ebenso geringe Bedeutung der Ermessensvorschrift des § 34 GKG, Anh § 95. Indessen entstehen im Fall einer Prozeßverschleppung keineswegs stets solche Kosten, die sich überhaupt sauber als gerade durch solche Verschleppung bedingt aussondern lassen. Wegen der Notwendigkeit enger Auslegung, Rn 1, ist § 95 im Zweifel nicht anwendbar.

**3** **3) Geltungsbereich.** Vgl zunächst Üb 12, 13 vor § 91, § 91 Rn 4–14. Partei ist auch hier, wer tatsächlich klagt oder verklagt ist, auf wen sich die prozeßbegründenden Erklärungen wirklich beziehen, Grdz 2 vor § 50. Maßgeblich ist die Parteistellung in derjenigen Instanz, in der es um die Versäumung oder Veranlassung der Terminsverlegung usw geht. Die Partei kraft Amts, Grdz 8 vor § 50, ist ebenso Partei wie der Prozeßstandschafter, Grdz 26 vor § 50, oder der Prozeßgeschäftsführer, Grdz 29 vor § 50. Der gesetzliche Vertreter oder der ProzBev sind als solche nicht Partei, Grdz 7 vor § 50. Soweit sie aber einen Termin

## 5. Titel. Prozeßkosten § 95

versäumen, treten die Kostenfolge auch unabhängig von ihrem Verschulden ein, weil sie ja für die Partei auftreten und die Prozeßfolgen herbeiführen. Soweit sie ihrerseits schuldhaft eine Verlegung usw veranlassen, haftet die Partei für sie ohnehin gem §§ 51 II, 85 II. Für den Streithelfer (Nebenintervenienten), § 66, gilt neben dem vorrangigen § 101 nicht etwa § 95, sondern die Normalregelung in §§ 91 ff.

**4) „Versäumung eines Termins oder einer Frist".** Es reicht für die Kostenfolge des § 95 zunächst aus, 4 daß die Partei „einen Termin oder eine Frist versäumt".

**A. Begriff des Termins.** Unter einem „Termin" ist an sich jede Terminsart zu verstehen, Üb 1 vor § 214. Auch ein Termin, den der Sachverständige etwa zur Besichtigung des Beweisobjekts unter Verständigung der Parteien anberaumt, § 407 a Rn 15, ist als „Termin" anzusehen, vgl Schlesw SchlHA **75**, 135. Auch die Nichtwahrnehmung eines bloßen Verkündungstermins, § 311 Rn 6, kann Kostenfolgen haben, wenn zB in ihm ein fristschaffender Beschluß (etwa über eine Auflage wegen einer Zeugenanschrift oder eines Vorschusses) oder ein neuer Verhandlungstermin anberaumt wurde, vgl § 218. In solchen Fällen liegt ein Verstoß zwar nicht gegen eine prozessuale Pflicht, wohl aber gegen eine prozessuale Obliegenheit vor.

**B. Begriff der Frist.** Unter „Frist" ist jede gesetzliche oder richterliche Frist zu verstehen, Üb 9 vor 5 § 214. Frist muß aber gerade der säumigen Partei gesetzt worden sein.

**C. Begriff der Versäumung.** Unter „Versäumung" ist die Nichtvornahme, die verspätete oder unwirk- 6 same Vornahme zu verstehen, Üb 1 vor § 230. Wenn allerdings ein Versäumnisurteil ergeht, §§ 330 ff, muß der Säumige alle Säumnis- und sonstigen Kosten ohnehin nach §§ 91, 344 tragen; insofern wäre ein zusätzlicher Kostenentscheid nach § 95 zwar denkbar, aber praktisch überflüssig. Nur insoweit mag man § 91 als gegenüber § 95 vorrangig ansehen.

**D. Kein Verschulden notwendig.** Eine „Versäumung" ist hier ebensowenig wie sonst von einem 7 Verschulden des Säumigen abhängig. Das gilt unabhängig davon, daß in bestimmten Fällen der Schuldlosigkeit ein Versäumnisurteil gem §§ 335, 337 nicht zulässig wäre. Jene Ausnahmeregeln zur Versäumnis lassen sich nicht in die eng auszulegende Voraussetzung der bloßen Versäumung im Sinn von § 95 hineinkonstruieren. Darüber besteht Einigkeit.

**5) „Verschuldete Veranlassung" einer Prozeßverlängerung.** Statt der Versäumung, Rn 4, reicht es 8 für die Kostenfolge nach § 95 auch aus, daß die Partei eine Prozeßverlängerung „durch ihr Verschulden veranlaßt".

**A. „Verlegung eines Termins".** Es genügt, daß infolge Verschuldens eine Terminsverlegung notwendig wird. Auch hier ist jeder Termin gemeint, vgl Rn 4. Praktisch geht es allerdings vor allem um die Verlegung eines Verhandlungstermins, und zwar meist auf einen späteren Zeitpunkt, theoretisch allerdings auch auf einen früheren, denn auch dadurch können besondere Kosten entstehen. „Verlegung" bedeutet die Bestimmung eines anderen Termins vor dem Beginn des anberaumten, § 227 Rn 3. Sie schließt eine Terminsaufhebung ein. Die bloße Änderung der Terminsstunde ist keine Verlegung. Es ist nur scheinbar unerheblich, ob die Verlegung gesetzmäßig war oder nicht. Im letzteren Fall müßten die Gerichtskosten ohnehin nach § 8 I 1, 2 GKG unerhoben bleiben. Die außergerichtlichen Kosten wären aber vernünftigerweise dann nicht durch auch noch schuldhaftes Verhalten der Partei „verursacht", sondern zumindest auch durch Verschulden des Gerichts. § 95 will ja nicht das fehlerhafte Verhalten des Gerichts kostenmäßig zusätzlich den Parteien anlasten. Daher kommt es praktisch darauf an, ob zB „erhebliche Gründe" im Sinn von § 227 vorlagen; zu dieser Voraussetzung vgl dort.

**B. „Vertagung einer Verhandlung".** Es reicht statt der Bedingung Rn 3 auch aus, daß die Partei „die 9 Vertagung einer Verhandlung" durch ihr Verschulden veranlaßt hat. Unter Vertagung ist diejenige des § 227 I 1 zu verstehen, also die Bestimmung eines neuen Termins nach dem Beginn des anberaumten Termins, § 227 Rn 4.

*Beispiele:* Es ergeht ein Beweisbeschluß, der einen neuen Termin erfordert, § 358; eine Partei erhält eine Nachfrist, § 283; es ist ein neuer Termin gem § 278 III, IV erforderlich. Vgl im übrigen wie bei Rn 8.

**C. „Anberaumung eines Termins zur Fortsetzung der Verhandlung".** Es reicht statt der Voraus- 10 setzungen Rn 8, 9 auch aus, daß die Partei „die Anberaumung eines Termins zur Fortsetzung der Verhandlung" durch ihr Verschulden veranlaßt.

*Beispiele:* Die Partei trägt nach dem Verhandlungsschluß, § 296 a, noch Umstände (Tatsachen und/oder Rechtserwägungen, Beweisanträge usw) vor, die das Gericht zu einer Wiedereröffnung der Verhandlung nach § 156 oder zu einer Nachfrist nach § 283 nebst anschließendem neuen Verhandlungstermin über fristgerecht nachgereichte Schriftsätze veranlassen. Freilich ist eine Wiedereröffnung in solcher Lage grundsätzlich nur dann notwendig, wenn dazu ein wichtiger Grund vorliegt, § 156 Rn 5. Auch eine Nachfrist kommt keineswegs stets schon deshalb in Betracht, weil die Partei einfach Gründe nachschiebt. Man muß nach der Gesamtlage prüfen, ob die Anberaumung eines neuen Verhandlungstermins trotz des Verschuldens der Partei immerhin vertragbar war, § 283 Rn 10 ff. Ist das nicht der Fall, so fehlt es an der „Verursachung" der etwa zugehörigen besonderen Kosten gerade durch das Verschulden der Partei; sie sind dann in Wahrheit zumindest auch vom Gericht verschuldet. Die Anberaumung eines bloßen (ersten oder weiteren) Verkündungstermins nach § 311 IV zählt nicht hierher.

**D. „Verlängerung einer Frist".** Statt der Voraussetzungen Rn 8–10 reicht es auch aus, daß die Partei 11 „die Verlängerung einer Frist" durch ihr Verschulden veranlaßt. Unter Frist ist jede prozessuale Frist zu verstehen, Rn 5. Eine Verlängerung mag kraft Gesetzes eintreten oder durch eine richterliche Maßnahme erfolgen, § 224 II, III. Soweit zur Verlängerung ein Antrag notwendig ist, muß er natürlich wirksam gestellt sein. Die Länge der Fristverlängerung ist grundsätzlich unerheblich; freilich entstehen bei nur sehr kurzer Verlängerung seltener zusätzliche Kosten.

**E. „Veranlassung": Ursächlichkeit.** In allen Fällen Rn 8–11 muß die jeweilige prozessuale Folge 12 gerade durch das Verhalten der Partei „veranlaßt" sein. Es muß also eine Ursächlichkeit vorliegen. Sie ist wie sonst im Prozeß zu beurteilen; vgl § 287 Rn 6. Eine Ursächlichkeit fehlt zB, wenn das Gericht die

# § 95, Anh § 95

Maßnahme von Amts wegen oder wegen eines eigenen prozessualen Verstoßes oder nur wegen eines Verschuldens eines anderen Prozeßbeteiligten angeordnet hat oder doch hätte anordnen müssen. Im Zweifel liegt keine Veranlassung vor, Rn 1.

**13**      **F. „Verschulden".** In allen Fällen 8–12 muß ein „Verschulden" der Partei vorliegen. Unter dem prozessualen Verschulden versteht man das bloße Verabsäumen der für einen gewissenhaft geführten Prozeß gebotenen Sorgfalt; der allgemeine bürgerlichrechtliche Maßstab scheidet aus, Einl III 68. Immerhin gibt § 276 BGB einen gewissen Anhaltspunkt. Ein Verschulden des gesetzlichen Vertreters gilt als solches der Partei, § 51 II; dasselbe gilt beim ProzBev, § 85 II. Es reicht danach aus, daß die Partei in vorwerfbarer prozessualer Nachlässigkeit gehandelt hat. Eine grobe Nachlässigkeit, also das Verabsäumen jeder prozessualen Sorgfalt, vgl § 296 Rn 62, ist nicht erforderlich.

**14**      **6) Kostenfolge: Kostentragungspflicht.** Soweit die Voraussetzungen entweder nach Rn 4–7 oder nach Rn 8–13 jeweils sämtlich vorliegen, muß das Gericht in Ausnahme von dem Grundsatz der Einheitlichkeit der Kostenentscheidung, § 91 Rn 23, eine sog Kostentrennung vornehmen, Üb 3 vor § 91. Im einzelnen:

**A. Ausscheidbarkeit der besonderen Kosten.** Es müssen gerade infolge der Säumnis und Schuld, Rn 4–13, überhaupt gesondert berechenbare, ausscheidbare Kosten entstanden sein, Düss MDR **90**, 832. Das läßt sich erst am Instanzende übersehen, Düss MDR **90**, 832.

**15**      **B. Die Partei „hat ... zu tragen": Zwingende Folge.** Schon der Wortlaut ergibt eindeutig, daß das Gericht bei Bejahung der Voraussetzungen kein Ermessen zur Kostenentscheidung mehr hat. Es muß zwar eine zugehörige Kostenentscheidung treffen, dabei aber die zwingende Anordnung des Gesetzes befolgen. Das Gericht darf aber zB nicht über § 95 einen Vorschuß, etwa für einen Sachverständigen, einfordern, Düss MDR **90**, 832.

**16**      **C. Verfahrensfragen.** Obwohl das Gericht über die Kosten auch im Fall des § 95 von Amts wegen entscheiden muß, § 308 II, ist vor einer der Partei nachteiligen besonderen Entscheidung nach § 95 wegen Art 103 I GG deren Anhörung grundsätzlich erforderlich. Sie mag unterbleiben, soweit die Partei zB anwaltlich vertreten ist und soweit § 95 ihrem ProzBev ohne Zweifel bekannt ist; aber Vorsicht, die Vorschrift ist weitgehend unbekannt, Rn 2. Das Gericht muß stets prüfen, ob es in Wahrheit allein oder zumindest auch durch eigene Nachlässigkeit jene Sonderkosten veranlaßt hat. Soweit auch der Prozeßgegner als Veranlasser in Betracht kommt, kann das Gericht von Amts wegen verpflichtet sein, nach Anhörung beider Parteien gegen beide nach § 95 vorzugehen, soweit sich die Sonderkosten überhaupt der jeweiligen Veranlassung durch die eine oder andere Partei eindeutig zuordnen lassen. Im Zweifel darf überhaupt keine Kostentrennung ergehen, Rn 1.

**17**      **D. Entscheidungsform: Urteil.** Über die Kostenfolge nach § 95 entscheidet das Gericht im Endurteil zur Hauptsache, Köln NJW **72**, 1999, Stgt Just **70**, 52. Es ergeht also nicht etwa ein besonderer Beschluß, Düss MDR **90**, 832. Denn § 95 ändert nichts an der Art der Kostenauferlegung. Außerdem fehlt ein Bedürfnis zu einer Vorwegnahme der Kostenentscheidung, Köln MDR **74**, 240. Auch ist erst am Instanzende zu übersehen, ob überhaupt ausscheidbare Kosten entstanden sind, Rn 14.

**18**      **E. Notwendigkeit der Klarheit und Einfachheit der Kostenentscheidung.** Wie stets, muß das Gericht auch hier besonders auf eine klare und einfache Fassung im Urteil achten. Keineswegs wäre eine bloße Änderung der nach § 92 erfolgten Quotierung ausreichend.
*Beispiel:* „Der Beklagte trägt die Kosten bis auf die durch die Verlegung des Termins vom ... entstandenen; diese letzteren werden dem Kläger auferlegt".

**19**      **7) Rechtsmittel.** Die Entscheidung nach § 95 ist wegen § 99 I nicht isoliert, sondern nur zusammen mit der Hauptsache unter den für diese geltenden Voraussetzungen anfechtbar, Düss MDR **90**, 832. Ist trotzdem ein isolierter Kostenbeschluß ergangen, so ist er wegen greifbarer Gesetzwidrigkeit, dazu problematischen Begriff Rn 25, mit der Beschwerde anfechtbar, § 99 Rn 19 „Unzulässige Kostenentscheidung", Düss MDR **90**, 832. Die Beschwerde ist unzulässig, soweit das LG als Berufungs- oder Beschwerdegericht entschieden hat, § 567 III 1.

**20**      **8) *VwGO*.** *Nach § 155 V VwGO können ausscheidbare Kosten, die durch Verschulden eines Beteiligten entstanden sind, diesem auferlegt werden. „Können" bedeutet Ermächtigung, nicht Ermessen, Ey § 155 Rn 10, wohl auch RedOe § 155 Anm 5 u 6, aM Kopp § 155 Rn 22. Deshalb umfaßt § 155 V VwGO auch die Fälle des § 95. Eine Verzögerungsgebühr nach § 34 GKG, Anh § 95, kann auch im Verwaltungsprozeß verhängt werden.*

## Anhang nach § 95
### Verzögerungsgebühr

**GKG § 34.** [I] [1]Wird außer im Fall des § 335 der Zivilprozeßordnung durch Verschulden des Klägers, des Beklagten oder eines Vertreters die Vertagung einer mündlichen Verhandlung oder die Anberaumung eines neuen Termins zur mündlichen Verhandlung nötig oder ist die Erledigung des Rechtsstreits durch nachträgliches Vorbringen von Angriffs- oder Verteidigungsmitteln, Beweismitteln oder Beweiseinreden, die früher vorgebracht werden konnten, verzögert worden, so kann das Gericht dem Kläger oder dem Beklagten von Amts wegen eine besondere Gebühr in Höhe einer Gebühr auferlegen. [2]Die Gebühr kann bis auf ein Viertel ermäßigt werden. [3]Dem Kläger, dem Beklagten oder dem Vertreter stehen gleich der Nebenintervenient, der Beigeladene, der Oberbundesanwalt und der Vertreter des öffentlichen Interesses sowie ihre Vertreter.

[II] [1]Gegen den Beschluß findet die Beschwerde statt, wenn der Wert des Beschwerdegegenstandes einhundert Deutsche Mark übersteigt. [2]§ 5 Abs. 2 Satz 2 und 3, Abs. 3 Satz 1 und 3, Abs. 4 Satz 1, 2 und 5 sowie Abs. 5 und 6 ist entsprechend anzuwenden.

5. Titel. Prozeßkosten **Anh § 95, § 96**

**Schrifttum:** *Schneider* JB **76**, 5 (ausf).

**1) Systematik, Regelungszweck, I, II.** § 34 GKG sieht einen Rechtsnachteil vor, den das Gericht **1** dann verhängen kann, wenn eine Partei ihre gesetzliche Prozeßförderungspflicht, Grdz 12 vor § 128, vgl ferner § 282 ZPO, schuldhaft verletzt hat und wenn es dadurch zu einer Verzögerung des Verfahrens gekommen ist, vgl § 296 Rn 40, und zwar ohne Mitverschulden des Gerichts, Düss RR **99**, 860. § 34 GKG ist mit dem GG vereinbar, BFH NJW **70**, 727.

*Zweck* ist also eine Ahndung begangener prozessualer Verstöße und damit eine Abschreckung davor. Die Praxis macht von der Möglichkeit des § 34 GKG zu selten Gebrauch, Schrader DRiZ **74**, 291; die Vorschrift ist vielen Juristen völlig unbekannt. Voraussetzung der Anwendung des § 34 GKG ist ein Verstoß der Partei als solcher. Er kann auch dann vorliegen, wenn das Gericht die Partei zur Aufklärung des Sachverhalts anhören wollte, § 141, Köln MDR **74**, 240. Ein derartiger Verstoß ist aber unerheblich, wenn er im Zusammenhang mit einer förmlichen Parteivernehmung nach den §§ 445 ff erfolgt ist.

**2) Geltungsbereich, I, II.** § 34 GKG kann *in jedem Verfahren* angewendet werden, das der ZPO unter- **2** worfen ist, Düss MDR **95**, 1172, Mü FamRZ **79**, 300, sofern in ihm eine notwendige oder freigestellte mündliche Verhandlung stattfindet, § 128 Rn 2, 10. Die Bestimmung ist daher auch anwendbar: Im Verfahren auf den Erlaß eines Arrests oder einer einstweiligen Verfügung, §§ 916 ff, 935 ff; im Beschwerdeverfahren, §§ 567 ff; im Verfahren zur Vollstreckbarerklärung eines Schiedsspruchs, §§ 1060, 1061.

Die Verzögerungsgebühr ist *von* einer *Kostenverteilung unabhängig*. Deshalb ist eine Maßnahme nach § 34 **3** GKG wirkungsvoller als eine Maßnahme nach § 95 ZPO, vgl § 95 ZPO Rn 2. Im Verfahren vor den Arbeitsgerichten ist § 34 GKG anwendbar, § 1 III GKG. Dasselbe gilt für das Verfahren vor den Finanzgerichten. § 1 I c GKG, vgl BFH DB **82**, 1444.

**3) Einzelfragen, I, II.** Dazu die Kommentierung bei Hartmann Teil I. **4**

**4) VwGO:** *Die Vorschrift gilt auch für die Verwaltungsgerichtsbarkeit,* § 1 I b GKG, vgl KV 2320; zur Nichtvor- **5** lage von Akten VGH Kassel NVwZ-RR **97**, 669. Die Beschwerde richtet sich nach II, nicht nach § 146 VwGO, weil das GKG als Spezialgesetz den allgemeinen Verfahrensvorschriften vorgeht, vgl (zu §§ 5 u 25 GKG) VGH Kassel MDR **94**, 737, VGH Mannh JB **94**, 34 mwN (zustm Hellstab), OVG Hbg HbgJVBl **94**, 19 mwN, VGH Mü BayVBl **94**, 92, OVG Münst JB **93**, 167, str, aM OVG Hbg HbgJVBl **94**, 18 mwN, OVG Münst KR § 25 Nr 152 m abl Anm Lappe.

## 96 Kosten eines erfolglosen Angriffs- oder Verteidigungsmittels.

Die Kosten eines ohne Erfolg gebliebenen Angriffs- oder Verteidigungsmittels können der Partei auferlegt werden, die es geltend gemacht hat, auch wenn sie in der Hauptsache obsiegt.

**Gliederung**

| | |
|---|---|
| 1) Systematik . . . . . . . . . . . . . . . . . . . . . . 1 | C. Einfluß eines Verschuldens . . . . . . . . . . 9 |
| 2) Regelungszweck . . . . . . . . . . . . . . . . . . 2 | 8) **Verfahrensfragen** . . . . . . . . . . . . . . . . . . . 10–13 |
| 3) Geltungsbereich . . . . . . . . . . . . . . . . . . . 3 | A. Anhörungspflicht . . . . . . . . . . . . . . . . . . 10 |
| 4) „Angriffs- oder Verteidigungsmittel". 4 | B. Entscheidungsform: Urteil . . . . . . . . . . 11 |
| 5) „ohne Erfolg geblieben" . . . . . . . . . . . 5 | C. Notwendigkeit der Klarheit und Einfachheit . . . . . . . . . . . . . . . . . . . . . . . . . . 12 |
| 6) Partei „obsiegt in der Hauptsache" . . 6 | D. Mitteilung . . . . . . . . . . . . . . . . . . . . . . . 13 |
| 7) Kosten „können auferlegt werden" . . . 7–9 | 9) Rechtsmittel . . . . . . . . . . . . . . . . . . . . . . . . . 14 |
| A. Aussonderbarkeit der Kosten . . . . . . . . 7 | 10) *VwGO* . . . . . . . . . . . . . . . . . . . . . . . . . . . . . 15 |
| B. Ermessen des Gerichts . . . . . . . . . . . . 8 | |

**1) Systematik.** Die Vorschrift enthält einen Fall der sog Kostentrennung, Üb 3 vor § 91. Sie ist als eine **1** Sonderregelung gegenüber §§ 91 ff eng auszulegen. Sie hat in ihrem Geltungsbereich Vorrang vor §§ 94, 95. Die Vorschrift gilt auch in der Rechtsmittelinstanz und hat insoweit Vorrang gegenüber § 97 II, III, soweit sich die Anwendungsbereiche überschneiden. § 34 GKG, Anh § 95, ist neben § 96 anwendbar. In einer Ehesache kann § 93 a vorrangig beachtlich sein. Ein Gegenstück enthält der vorrangige § 100 III für Streitgenossen.

**2) Regelungszweck.** Natürlich dient auch diese Vorschrift der Kostengerechtigkeit: Ohne § 96 würde **2** der Grundsatz der reinen Unterliegenshaftung, §§ 91 ff, zumindest insofern zu problematischen Kostenfolgen führen, wenn die Kosten eines erfolglosen einzelnen Angriffs- oder Verteidigungsmittels, Einl III 70, erheblich waren, etwa diejenigen einer umfangreichen Beweisaufnahme, auf die es schließlich wegen der erst anschließend geltend gemachten Einrede der Verjährung nicht mehr ankam.

**3) Geltungsbereich.** Die Vorschrift gilt in allen Verfahren nach der ZPO und in allen Instanzen. Sie gilt **3** auch im Vaterschaftsfeststellungsverfahren, §§ 640 ff, und bei einer einstweiligen Anordnung oder Verfügung, zB nach § 620, Hamm NJW **71**, 2079, oder bei § 641 d; § 620 g Hs 2 macht § 96 im Verfahren der einstweiligen Anordnung entsprechend anwendbar. Wegen der Ehesachen, §§ 606 ff, kann zunächst § 93 a beachtlich sein.

**4) „Angriffs- oder Verteidigungsmittel".** Erste Voraussetzung einer Kostentrennung ist, daß die Partei **4** ein „Angriffs- oder Verteidigungsmittel" geltend gemacht hat. Hierzu zählt alles, was dem Prozeßangriff oder der Abwehr dieses Angriffs dient, Einl III 70, § 282 Rn 5, § 296 Rn 57.

*Beispiele:* Das Bestreiten, BGH JZ **77**, 102, Köln NJW **73**, 1847; eine Aufrechnung, § 145 Rn 9; ein Beweisantrag, Einf 23 vor § 284, oder eine Beweiseinrede, BGH NJW **84**, 1964; ein Klagegrund, § 264, BGH NJW **80**, 1794 mwN; ein Antrag auf ein selbständiges Beweisverfahren, § 486, KG Rpfleger **79**, 143,

## § 96

Mü Rpfleger **73**, 446, insofern auch Schlesw SchlHA **75**, 88, vgl allerdings auch § 91 Rn 193; die Einrede der fehlenden Sicherheit für die Prozeßkosten, § 110 I, BGH NJW **80**, 839.

*Keine* Angriffs- oder Verteidigungsmittel sind zB: Die Klage, § 253, die Widerklage und deren Begründung, Anh § 253, BGH NJW **86**, 2258; ein neuer durch Klagänderung vorgebrachter Anspruch, BGH **LM** § 264 aF Nr 6, Karlsr NJW **79**, 879; eine Klageerweiterung, §§ 263, 264, BGH JZ **82**, 512; ein Parteiwechsel § 263 Rn 5; die Widerklage, Anh § 253.

5  5) **„Ohne Erfolg geblieben".** Weitere Voraussetzung ist, daß das Angriffs- oder Verteidigungsmittel, Einl III 70, „ohne Erfolg geblieben" ist. Erfolglosigkeit bedeutet: Ausbleiben eines jeden für die Partei vorteilhaften Einflusses auf die Entscheidung in der Hauptsache. Erfolglosigkeit fehlt also, sobald das Angriffs- oder Verteidigungsmittel auf die Endentscheidung, sei es auch nur zu einem durch Teilurteil, § 301, vorweg ausgeurteilten Teils der Klaganträge, einen irgendwie erkennbaren Einfluß gehabt hat. Ein derartiger Einfluß nur auf die Hilfsbegründung in den Entscheidungsgründen genügt aber nicht. Das gilt zunächst dann, wenn das Gericht die Klage in erster Linie als unzulässig, hilfsweise als unbegründet abweist, Grdz 17 vor § 253, aber auch bei einer Hilfsbegründung nur innerhalb der Prüfung der Begründetheit der Klagansprüche. Zwar hat das Gericht zu erkennen gegeben, daß es die Hilfserwägungen für ratsam hält; die Entscheidung ist aber jedenfalls in erster Linie nicht auf sie mit gestützt.

6  6) **Partei „obsiegt in der Hauptsache".** Weitere Voraussetzung der Anwendbarkeit von § 96 ist, daß die Partei, die das Angriffs- oder Verteidigungsmittel, Einl III 70, ohne Erfolg geltend gemacht hat, dennoch „in der Hauptsache obsiegt". Der Sieg muß mindestens zu demjenigen Teil der Hauptsache vorliegen, zu dem dieses Angriffs- oder Verteidigungsmittel vorgebracht wurde, aM Matthies JR **93**, 181.

*Beispiel:* Der Vermieter verlangt rückständige Miete und Räumung wegen fristloser Kündigung. Diese stützt er auch auf Störung des Hausfriedens. Dazu werden Zeugen vernommen. Sie bestätigen die Vorwürfe nicht. Der Räumungsanspruch hat schließlich wegen weiterer, im Termin fällig gewordener Mietrückstände dennoch Erfolg.

§ 96 ist im Fall der Rücknahme der diesbezüglichen Klage also *unanwendbar,* ebenso bei beiderseitigen wirksamen diesbezüglichen Erledigterklärungen. Dann hat die Partei ja nicht obsiegt.

7  7) **Kosten „können auferlegt werden".** Soweit die Voraussetzungen Rn 3–6 zusammentreffen, kommt die „Auferlegung der Kosten" auf die mit dem Angriffs- oder Verteidigungsmittel, Einl III 70, erfolglose Partei in Betracht.

**A. Aussonderbarkeit der Kosten.** Es müssen allerdings diejenigen Kosten, die gerade durch das erfolglose Angriffs- oder Verteidigungsmittel entstanden, von den übrigen Kosten klar aussonderbar sein, etwa als Kosten einer besonderen Beweisaufnahme. Andernfalls mag die Verzögerungsgebühr, Anh § 95, vorzuziehen sein.

8  **B. Ermessen des Gerichts.** Das Wort „können" zeigt schon, daß das Gericht im Rahmen eines pflichtgemäßen Ermessens handelt, LG Frankenth MDR **81**, 941. Ein Antrag ist nicht erforderlich; das Ermessen darf und muß von Amts wegen ausgeübt werden. Es ist eine Gesamtabwägung aller Umstände des Einzelfalls vorzunehmen. Dabei ist das Gericht nur in der Kostenfolge, nicht in der Feststellung der Voraussetzungen der Kostentrennung, zum Ermessen befugt.

9  **C. Einfluß eines Verschuldens.** Nach dem Wortlaut kommt es auf ein Verschulden bei der Geltendmachung des erfolglosen Angriffs- und Verteidigungsmittels zwar scheinbar nicht an. Indessen ist ein etwaiges prozessuales Verschulden, Einl III 68, im Rahmen des Ermessens zum Ob einer Kostentrennung doch vernünftigerweise mitzubeachten.

*Beispiele:* Es kommt also darauf an, ob sich die Erfolglosigkeit mit hoher Wahrscheinlichkeit voraussehen lassen konnte, ob das Gericht vor der ihm durch Beweisanträge aufgezwungenen Beweisaufnahme auf solche Umstände hingewiesen hatte, ob die außergewöhnlich hohen Kosten eines Schriftsachverständigen im Verhältnis zum Streitwert standen usw.

10  8) **Verfahrensfragen.** Es ergeben sich im wesentlichen folgende Anforderungen:

**A. Anhörungspflicht.** Das Gericht muß beide Parteien anhören, bevor es eine Kostentrennung vornimmt oder auch unterläßt, Art 103 I GG, es sei denn, daß zB der jeweilige ProzBev ersichtlich die Vorschrift bereits kennt und miterwogen hat, etwa durch einen Antrag. Durch eine Kostentrennung wird ja die Partei belastet, deren Angriffs- oder Verteidigungsmittel erfolglos war; durch die Unterlassung einer Kostentrennung wird aber deren Gegner wirtschaftlich ebenso belastet.

11  **B. Entscheidungsform: Urteil.** Das Gericht entscheidet über eine Kostentrennung oder über deren Unterlassung erst im Endurteil zur Hauptsache, sei es auch im Teilurteil. Denn es handelt sich um einen Bestandteil seiner Kostengrundentscheidung. Für einen besonderen Beschluß würde schon deshalb ein Rechtsschutzbedürfnis nach Grdz 33 vor § 253 fehlen, ähnlich wie bei § 95, vgl dort Rn 16. Die Höhe der abgetrennten Kosten ist erst im Kostenfestsetzungsverfahren nach §§ 103 ff zu klären.

12  **C. Notwendigkeit der Klarheit und Einfachheit.** Das Gericht muß, wie stets, auf eine klare und einfache Fassung der etwaigen Kostentrennung achten. Keinesfalls ist einfach eine andere Quotierung nach § 92 vorzunehmen.

*Beispiel:* „Der Beklagte trägt die Kosten mit Ausnahme der durch die Einholung des Gutachtens des Sachverständigen X entstandenen Kosten; diese letzteren werden dem Kläger auferlegt". Soweit das Gericht von einer Kostentrennung absieht, braucht es diese im Urteilstenor nicht zu erwähnen, sollte aber in den Entscheidungsgründen stichwortartig angeben, warum es abgesehen hat, weil hierin die Beschwer des Gegners, der mit dem Angriffs- oder Verteidigungsmittel erfolglos gebliebenen Partei liegt. Das Urteil muß ja insofern mitüberprüfbar sein.

13  **D. Mitteilung.** Es gelten die für das Urteil anzuwendenden Regeln.

14  9) **Rechtsmittel.** Es gelten die allgemeinen Regeln. Man kann grundsätzlich weder die Kostentrennung noch deren Unterlassung ohne gleichzeitige Anfechtung der Hauptsache bekämpfen, § 99 I.

5. Titel. Prozeßkosten   §§ 96, 97

10) *VwGO:* Entsprechend anwendbar, § 173 VwGO, zB bei der Zurückweisung einer Zulässigkeitsrüge, RedOe § 155 Anm 6.

## 97 Rechtsmittelkosten.

I Die Kosten eines ohne Erfolg eingelegten Rechtsmittels fallen der Partei zur Last, die es eingelegt hat.

II Die Kosten des Rechtsmittelverfahrens sind der obsiegenden Partei ganz oder teilweise aufzuerlegen, wenn sie auf Grund eines neuen Vorbringens obsiegt, das sie in einem früheren Rechtszug geltend zu machen imstande war.

III Absatz 1 und 2 gelten entsprechend für Familiensachen der in § 621 Abs. 1 Nr. 1 bis 3, 6, 7, 9 bezeichneten Art, die Folgesachen einer Scheidungssache sind.

### Gliederung

| | |
|---|---|
| 1) **Systematik, I–III** ... 1 | 9) **„Obsiegen", II** ... 42–45 |
| 2) **Regelungszweck, I–III** ... 2–5 | A. Begriff ... 42 |
| 3) **Sachlicher Geltungsbereich, I–III** ... 6 | B. Abgrenzung zur Zurückverweisung ... 42 |
| 4) **Persönlicher Geltungsbereich, I–III** ... 7–13 | C. Völliges Obsiegen ... 43 |
| A. „Partei" ... 8 | D. Teilweises Obsiegen ... 44 |
| B. Streitgenosse ... 9 | E. Obsiegen bei beiderseitigen Rechtsmitteln ... 45 |
| C. Streithelfer ... 10 | |
| D. Gesetzlicher Vertreter ... 11 | 10) **Beim Obsiegen: Grundsatz der Unterliegenshaftung, II** ... 46 |
| E. Prozeßbevollmächtigter ... 12 | |
| F. Dritter ... 13 | 11) **Beim Obsiegen: Ausnahmsweise Haftung des Siegers, II** ... 47–68 |
| 5) **„Rechtsmittel", I–III** ... 14–28 | A. „Auf Grund eines neuen Vorbringens" ... 48, 49 |
| A. Weite Auslegung ... 14 | B. „Imstande gewesen": Säumigkeit des Rechtsmittelführers ... 50 |
| B. Abgrenzung zum Rechtsbehelf: Anfallwirkung ... 15 | C. Beispiele zur Frage der Kostenlast des Siegers ... 51–68 |
| C. Beispiele zur Frage des Rechtsmittels ... 16–28 | |
| 6) **„Kosten des Rechtsmittels", I–III** ... 29, 30 | 12) **Kostenauferlegung „ganz oder teilweise", II** ... 69–71 |
| 7) **„Ohne Erfolg eingelegt", I** ... 31–36 | A. Eingeschränktes Ermessen ... 69 |
| A. Begriff der Erfolglosigkeit ... 32 | B. Möglichkeiten der Kostenverteilung ... 70 |
| B. Abgrenzung zur Zurückverweisung ... 33 | C. Notwendigkeit einer klaren und einfachen Kostenentscheidung ... 71 |
| C. Völlige Erfolglosigkeit ... 34 | |
| D. Teilweise Erfolglosigkeit ... 35 | 13) **„Entsprechende Geltung für Folgesachen einer Scheidungssache", III** ... 72–74 |
| E. Erfolglosigkeit bei beiderseitigen Rechtsmitteln ... 36 | A. Begriff der Scheidungsfolgesachen ... 73 |
| 8) **Bei Erfolglosigkeit: Kostenlast der Partei, „die das Rechtsmittel eingelegt hat", I** ... 37–41 | B. Kostenfolgen ... 74 |
| A. Begriff des Rechtsmittelführers ... 37 | 14) **Zurückverweisung, I–III** ... 75–78 |
| B. „Kosten fallen zur Last": Zwingende Folge ... 38 | A. Grundsatz: Noch keine Kostenentscheidung ... 76 |
| C. Entscheidung des Rechtsmittelgerichts ... 39 | B. Ausnahmsweise: Kostenentscheidung ... 77 |
| D. Entscheidung des Vordergerichts nach Zurückverweisung ... 40 | C. Teilweise Zurückverweisung ... 78 |
| E. Erneute Entscheidung des Rechtsmittelgerichts ... 41 | 15) **Rechtsmittel, I–III** ... 79 |
| | 16) *VwGO* ... 80 |

**1) Systematik, I–III.** Die Vorschrift erfaßt nur einen Teil der Kostenfragen in der Rechtsmittelinstanz. **1** I gilt nur für das erfolglose Rechtsmittel, II nur für einen Teil der erfolgreichen Rechtsmittel. III gilt nur für einen Teil der Scheidungsfolgesachen. Daraus folgt: § 97 ist nicht etwa neben §§ 91 ff gleichberechtigt, sondern nach der Systematik des Gesetzes als vorrangige Ausnahmevorschrift gefaßt und daher grundsätzlich eng auszulegen; daraus folgt weiter mit einer Ausnahme Rn 63 „Scheidungssache". Neben § 97 gelten nachrangig, Karls FamRZ **97**, 1276 (zu § 93 a), §§ 91 ff, 98 ff. Wie weit §§ 94–96, 238 IV, 281 III, 344 gegenüber § 97 noch speziellere Regelungen Vorrang haben, ist nach den Gesamtumständen des Einzelfalles zu entscheiden. Man darf nicht II mithilfe von Prozeßkostenhilfe unterlaufen, Jura MDR **99**, 257.

**2) Regelungszweck, I–III.** Die Vorschrift dient in ihren drei Absätzen unterschiedlichen Zwecken. **2** *I* könnte, streng betrachtet, sogar fehlen; es handelt sich insofern nur um eine feststellende (deklaratori- **3** sche) Vorschrift. Denn das erfolglose Rechtsmittel wird ja lediglich als unzulässig verworfen oder als unbegründet zurückgewiesen; die angefochtene Entscheidung bleibt also auch ohne besonderen Anspruch des Gerichts bestehen, und zwar einschließlich der dort für den ganzen (gemeint freilich nur: bisherigen) Prozeß getroffenen Kostenentscheidung. Diese umfaßt also nach ihrem Wortlaut streng genommen auch die Kosten des weiteren gesamten Verfahrens. Insofern scheint II sogar überflüssig. Indessen zeigen die unten näher zu erörternden Mischfälle schon, daß es durchaus ratsam, ja notwendig sein kann, in der das Rechtsmittel zurückweisenden Entscheidung auch einen zusätzlichen Kostengrundtitel für die Rechtsmittelkosten zu schaffen. Jedenfalls mit dem Wille des Gesetzes, ein Fall der sog Kostentrennung, Üb 3 vor § 91.

*II* scheint demgegenüber nur lückenhafte Regelungen zu treffen. Denn bei Erfolg des Rechtsmittels wird **4** die bisherige Entscheidung nebst ihrer Kostenentscheidung ja aufgehoben; es würde also stets einer nunmehr ersten, umfassenden Kostenregelung bedürfen. II setzt aber als selbstverständlich voraus, daß die in der Tat notwendige Kostenentscheidung des Rechtsmittelgerichts nach dem Grundprinzip der Kostenhaftung des letztendlich Unterliegenden, § 91, die Kosten des gesamten Rechtsstreits umfaßt, Oldb FamRZ **98**, 1528, also auch diejenigen des (erfolgreichen) Rechtsmittels. Es würde zwar näherliegen, diese Folge gerade beim

## § 97

erfolgreichen Rechtsmittel ausdrücklich gesetzlich klarzustellen; das ist indes unterblieben, ohne daß diese Folge irgendwie streitig wäre. II nennt vielmehr lediglich einen Fall der sog Kostentrennung, Üb 3 vor § 91, zum Zweck der Kostengerechtigkeit: Wenn im Grunde die ganze Rechtsmittelinstanz überflüssig war, weil das schließlich siegreiche Vorbringen schon in der Vorinstanz möglich war, soll der Sieger wenigstens die Kosten dieses überflüssigen Rechtsmittels tragen, vgl auch Hamm FamRZ **93**, 456.

**5** III dient der Durchsetzung des Grundsatzes der Einheit der Kostenentscheidung auch in denjenigen Scheidungssachen, die zwar in der Hauptsache nach dem Kostenrecht der ZPO zu regeln sind, in den mitgefaßten Folgesachen aber ohne III nach dem Kostenrecht des FGG zu behandeln wären.

**6** **3) Sachlicher Geltungsbereich, I–III.** Die Vorschrift gilt in jeder Verfahrensart, auf die die ZPO anwendbar ist. Das gilt zB: Für ein Grundurteil, § 304, oder ein Teilurteil, § 301, BGH **110**, 205, Oldb JB **92**, 492; für den Hauptprozeß und alle zugehörigen Nebenverfahren, Vorverfahren wie Nachverfahren. Wegen des Prozeßkostenhilfeverfahrens § 91 Rn 153, 154; wegen der Streitwertbeschwerde Einf 10 ff vor § 3; wegen des Kostenfestsetzungsverfahrens § 104 Rn 21. III erfaßt auch solche Scheidungsfolgesachen, die an sich nach dem FGG geregelt werden, um eine einheitliche Kostenbehandlung zu ermöglichen, Rn 2.

**7** **4) Persönlicher Geltungsbereich, I–III.** Die Kosten eines Rechtsmittels können folgenden Personen zur Last fallen:

**8** **A. „Partei".** I, II nennen als denjenigen, der die Kosten tragen muß, die „Partei" direkt, III nennt die Partei indirekt durch Bezugnahme. Unter Partei, Begriff Grdz 3 vor § 50, ist auch die Partei kraft Amts zu verstehen, Grdz 8 vor § 50, zB der Insolvenzverwalter, der Testamentsvollstrecker, der Sequester. Ferner gehört hierhin der Prozeßstandschafter, Grdz 26 vor § 50, zB der Elternteil nach § 1629 II 2, III BGB; der alleinverwaltende Ehegatte, § 1422 BGB; ferner der Prozeßgeschäftsführer, Grdz 29 vor § 50, zB der Inkassozessionar, der Verband zur Förderung geschäftlicher Interessen, § 13 I UWG.

**9** **B. Streitgenosse.** Streitgenossen, §§ 59 ff, sind zwar zunächst wegen der Kostenhaftung nach § 100 zu beurteilen. Soweit diese Vorschrift unanwendbar sein sollte, kann § 97 Anwendung finden.

**10** **C. Streithelfer.** Der Streithelfer (Nebenintervenient), § 66, ist wegen der Kostenhaftung zwar zunächst nach § 101 zu beurteilen. Soweit diese Vorschrift unanwendbar ist, kann aber § 97 Anwendung finden.

**11** **D. Gesetzlicher Vertreter.** Der gesetzliche Vertreter ist nicht Partei. Sein nach § 51 II zu beurteilendes Verschulden kann sich aber auch bei § 97 zu Lasten der Partei auswirken.

**12** **E. Prozeßbevollmächtigter.** Der ProzBev, § 81, ist ebenfalls nicht Partei. Auch sein nach § 85 II zu beurteilendes Verschulden kann sich zum Nachteil seiner Partei auswirken. Soweit ein Anwalt aus eigenem Recht Rechtsmittel einlegt, zB nach § 9 II BRAGO, ist er selbst Partei. Soweit er ohne Vollmacht für den Auftraggeber ein Rechtsmittel einlegt, muß das Gericht nicht nur evtl das Rechtsmittel auf Kosten des Vollmachtlosen verwerfen, sondern ihn sogar als Partei ansehen, § 88 Rn 13–27, es sei denn, der Vertretene hat das Auftreten veranlaßt oder nachträglich genehmigt.

**13** **F. Dritter.** Soweit ein Dritter ein Rechtsmittel einlegt, etwa im Verfahren über eine Scheidungsfolgesache als Jugendamt oder Versorgungsträger, kommt seine Kostenhaftung nach § 97 ebenfalls in Betracht, vgl KG FamRZ **81**, 381.

**14** **5) „Rechtsmittel", I–III.** Die Vorschrift erfaßt nur die Kosten eines „Rechtsmittels".

**A. Weite Auslegung.** Trotz des Ausnahmecharakters des § 97, Rn 1, ist der Begriff Rechtsmittel weit auszulegen. Denn die Vorschrift soll ersichtlich alle diejenigen Maßnahmen regeln, die in demselben Gesetz unter unterschiedlichen Bezeichnungen mit unterschiedlichen Funktionen, aber gleicher Zielrichtung und derselben Anfallswirkung, Rn 15, behandelt werden.

**15** **B. Abgrenzung zum Rechtsbehelf: Anfallwirkung.** Ein Rechtsmittel unterscheidet sich vom bloßen Rechtsbehelf hauptsächlich durch die sog Anfallwirkung, also die Notwendigkeit der Nachprüfung in einer höheren Instanz, Grdz 3 vor § 511. Ohne Anfallwirkung also kein Rechtsmittel im Sinn von § 97. Die Abgrenzung nach der Anfallwirkung (Devolutiveffekt) hat auch gerade kostenmäßig durchaus ihren Sinn: Gerade weil die Arbeit einer weiteren Instanz, also weiterer Richter und etwa weiterer, nur bei dem Rechtsmittelgericht zugelassenen Anwälte, erforderlich wird, entstehen ja meist überhaupt besondere Kosten.

**16** **C. Beispiele zur Frage des Rechtsmittels**
**Anschlußrechtsmittel:** Auch das selbständige oder unselbständige Anschlußrechtsmittel zählt hierher, sofern das Gericht überhaupt über dieses Anschlußrechtsmittel entscheidet, BGH **67**, 306; zum Problem Finger MDR **86**, 881, Maurer NJW **91**, 72.
**Bedingtes Rechtsmittel:** Auch ein bedingtes Rechtsmittel zählt hierher, mag die Bedingung zulässig sein oder nicht. Es kommt nur darauf an, ob das Gericht überhaupt über dieses bedingte Rechtsmittel entscheidet (und es zB als unzulässig verwirft).

**17** **Berufung:** Sie ist natürlich ein Rechtsmittel, BGH GRUR **92**, 109, Hbg FamRZ **90**, 299. Das gilt auch für die selbständige oder unselbständige Anschlußberufung, Rn 16 „Anschlußrechtsmittel". Wer also die Berufung zurücknimmt, muß auch die Kosten der gegnerischen Anschlußberufung tragen, Ffm FamRZ **92**, 81. Es kommt nicht auf die Zulässigkeit, sondern nur auf die Entscheidung über die Berufung insgesamt an.

**18** **Beschwerde:** Auch sie ist ein Rechtsmittel. Das gilt auch für die selbständige oder unselbständige Anschlußbeschwerde, Rn 16 „Anschlußrechtsmittel", und für die befristete, zB sofortige, Beschwerde. Eine Erinnerung wird erst dann zur Beschwerde, wenn das untere Gericht (wegen Nichtabhilfe) dem Gericht der Beschwerdeinstanz vorlegt. Die bis zur Vorlegung entstandenen Kosten sind keine Kosten eines Rechtsmittels, wenn es nicht zu einer Vorlegung kommt; von der Vorlegung ab gehören die vor ihr entstandenen Kosten zu denjenigen des Rechtmittels, mag auch die Vorlegung zulässig oder unzulässig sein, sofern nur das Rechtsmittelgericht über die nun als Beschwerde zu beurteilende Erinnerung entscheidet. Hierher kann zB die Erinnerung nach § 104 III in Verbindung mit § 11 II RPfG, Anh § 153 GVG, oder nach § 19 BRAGO gehören, Rn 19, Karlsr Rpfleger **96**, 83.

## 5. Titel. Prozeßkosten § 97

**Einspruch:** Er ist zwar ein Rechtsbehelf, aber kein Rechtsmittel, weil der Einspruch keine Anfallwirkung 19 beim höheren Gericht hat. Das gilt sowohl beim Einspruch gegen das Versäumnisurteil als auch bei demjenigen gegen den Vollstreckungsbescheid oder bei einem sonstigen Einspruch, zB gegen einen die Wiedereinsetzung zurückweisenden Beschluß, der sich auf die Versäumung einer Einspruchsfrist bezieht, ThP § 338 Rn 1 (aM dieselben § 97 Rn 1), ZöHe § 338 Rn 1, aM ZöHe § 97 Rn 1.
**Erinnerung:** Sie ist zunächst ein Rechtsbehelf, aber noch kein Rechtsmittel, solange sie noch von dem Gericht bearbeitet werden muß, das den angefochtenen Bescheid erlassen hat. Die vorstehende Regelung gilt auch für die bedingte oder befristete (sofortige) Erinnerung. Es kommt nicht darauf an, ob die Vorlage zulässig oder unzulässig war, sondern nur darauf, ob sie erfolgt ist. Vgl § 104 Rn 69 ff.
**Gegenvorstellung:** Sie ist allenfalls ein Rechtsbehelf, jedenfalls aber kein Rechtsmittel. Denn sie richtet 20 sich auf eine Änderung der angefochtenen Entscheidung ohne eine Anrufung der übergeordneten Instanz, Üb 3 vor § 567. Ihre Kosten sind also, falls überhaupt, nach §§ 91 ff zu beurteilen.
**Nachverfahren:** Das Nachverfahren ist als solches kein Rechtsmittel, sondern gerade die Fortsetzung des 21 vorangegangenen Verfahrens in derselben Instanz, zB im Urkundenprozeß, § 600 Rn 1, im Wechselprozeß, § 602, und im Scheckprozeß, § 605 a. Seine Kosten zählen zu denjenigen der nun weiterlaufenden Instanz.
**Prozeßkostenhilfebeschwerde:** Sie ist wie eine sonstige Beschwerde zu beurteilen, s dort, offen Schlesw 22 SchlHA 89, 163.
**Rechtspflegererinnerung:** Rn 18 „Beschwerde", Rn 19 „Erinnerung". 23
**Revision:** Sie ist natürlich ein Rechtsmittel. Das gilt auch bei einer selbständigen oder unselbständigen Anschlußrevision, bei einer Sprungrevision, bei einer Wertrevision, bei einer zulassungsgebundenen Revision.
**Selbständige Anschließung:** Rn 16 „Anschlußrechtsmittel". 24
**Sofortiges Rechtsmittel:** Sofern überhaupt ein Rechtsmittel vorliegt, bleibt es natürlich auch durch die Notwendigkeit befristeter Einlegung ein solches, unabhängig davon, ob die Frist eingehalten wurde oder nicht; es kommt nur darauf an, ob das Gericht über das sofortige Rechtsmittel entscheidet.
**Unselbständige Anschließung:** Rn 16 „Anschlußrechtsmittel". 25
**Verfassungsbeschwerde:** Sie hat gerade nicht den Charakter eines Rechtsmittels, denn sie wird ja über- 26 haupt erst nach Erschöpfung der Rechtsmittel statthaft. Ihre Kosten sind im BVerfGG und im GKG besonders geregelt.
**Vollstreckungsabwehrklage:** Sie ist kein Rechtsmittel, sondern eine rein prozessuale eigenständige Ge- 27 staltungsklage, § 767 Rn 1, und wie die Klage überhaupt als Angriff der ersten Instanz zu beurteilen.
**Widerklage:** Sie ist zwar im Laufe des Prozesses des Klägers und gegen ihn, gleichwohl selbständig erhobene Klage, Anh § 253 Rn 1, also gerade kein Rechtsmittel; ihre Kosten gehören zu denjenigen der Instanz, vor der die Klage anhängig ist.
**Widerspruch:** Er ist zwar ein Rechtsbehelf, aber kein Rechtsmittel. Denn über ihn muß dieselbe Instanz, die die angefochtene Entscheidung getroffen hat, abschließend entscheiden, wenn auch evtl durch eine andere Gerichtsperson, etwa der Richter über den Widerspruch gegen den Mahnbescheid des Rpfl. Seine Kosten zählen zu denjenigen der laufenden Instanz.
**Wiederaufnahmeverfahren:** Im Wiederaufnahmeverfahren sind natürlich weder die Nichtigkeitsklage, § 579, noch die Restitutionsklage, § 580, Rechtsmittel. Sie sind aber Rechtsmittel auch in diesem Verfahren insoweit zulässig, als sie gegen die Entscheidung der mit den Klagen befaßten Gerichte überhaupt stattfinden, § 591. Vgl daher bei den einzelnen Rechtsmitteln.
**Wiedereinsetzungsverfahren:** Der Wiedereinsetzungsantrag, §§ 234 ff, hat keine Anfallwirkung, sondern ist von demselben Gericht zu beurteilen, dem die Entscheidung über die nachgeholte Prozeßhandlung zusteht, § 237, § 238. Er ist daher kein Rechtsmittel; seine Kosten sind zunächst nach § 238 IV, im übrigen nach §§ 91 ff in der jeweiligen Instanz mitzubeurteilen. Ob ein (gem § 238 III unzulässiger) Angriff gegen eine Wiedereinsetzung oder ein Angriff gegen eine die Wiedereinsetzung ablehnende Entscheidung als Rechtsmittel einzustufen ist, richtet sich nach der Form der angegriffenen Entscheidung und den für sie geltenden Anfechtungsregeln.
**Zurückverweisung:** Rn 42. 28

**6) „Kosten des Rechtsmittels", I–III.** Die Vorschrift erfaßt jedenfalls nach dem Wortlaut direkt nur die 29 jeweiligen „Kosten des Rechtsmittels", oder „Rechtsmittelverfahrens". Gemeint sind sämtliche Kosten dieses Rechtsmittels, also gerichtliche wie außergerichtliche Gebühren und Auslagen. Für die letzteren kommt es wie bei § 91 I 1 auf ihre Notwendigkeit an. Hierher gehören sämtliche durch das Rechtsmittel objektiv veranlaßten, erforderlich gewordenen Kosten. Das gilt unabhängig davon, ob die ganze Rechtsmittelinstanz überhaupt erforderlich oder (wie im Fall II) im Grunde überflüssig war; für die Zugehörigkeit zu den „Kosten des Rechtsmittels" reicht es, daß die Kosten in der Instanz eben entstand, sei es auch durch ein unstatthaftes oder unzulässiges Rechtsmittel, und daß die Kosten auch zB für den Rechtsmittelgegner notwendig waren. Er darf sich auch gegenüber einem in der Zulässigkeit und Erfolgsaussicht sowie überhaupt in der Frage der weiteren Durchführung zweifelhaften Rechtsmittel grundsätzlich sogleich eines Anwalts bedienen, ohne zB eine notwendige Rechtsmittelbegründung abzuwarten, § 91 Rn 158.
Im Fall *beiderseitiger* (wechselseitiger) Rechtsmittel muß man für jedes dieser Rechtsmittel prüfen, ob und 30 wie weit Kosten gerade durch diese Maßnahme veranlaßt wurden und notwendig waren. Soweit die Trennung nicht möglich ist, bleibt § 97 unanwendbar. Zu den Kosten des Rechtsmittels zählen auch diejenigen, die nach einer Zurückverweisung an ein Rechtsmittelgericht entstehen. Denn diese Instanz ist dann zunächst noch nicht abgeschlossen gewesen. Das gilt auch zB in einer Ehesache wegen § 629 b I.

**7) „Ohne Erfolg eingelegt", I.** Die Vorschrift stellt entsprechend dem Grundsatz der Unterliegenshaf- 31 tung darauf ab, ob das Rechtsmittel, Rn 14, „ohne Erfolg eingelegt" ist.

**A. Begriff der Erfolglosigkeit.** Man muß entsprechend dem Grundsatz des Kostenrechts auf das End- 32 ergebnis abstellen, § 91 Rn 19. Erfolglosigkeit liegt vor, wenn sich die rechtliche Lage des Rechtsmittel-

## § 97

führers trotz des Rechtsmittels schließlich in keinem Punkt irgendwie verbessert hat. In der Regel treffen dabei rechtliche und wirtschaftliche Erfolglosigkeit zusammen; maßgebend ist aber nur die rechtliche. Die Beschwer, Grdz 13 vor § 511, muß schließlich voll geblieben sein. Es ist unerheblich, ob die Erfolglosigkeit wegen Unstatthaftigkeit bzw Unzulässigkeit (Verwerfung) oder Unbegründetheit (Zurückweisung) des Rechtsmittels eintritt. Dazu muß man den höchsten Antrag des Rechtsmittelführers mit der zugehörigen abschließenden Entscheidung vergleichen. Soweit das Rechtsmittel wirksam teilweise zurückgenommen wurde, kommt es für den Vergleich auf den restlichen Rechtsmittelantrag und die dazu gehörende abschließende Entscheidung an. Soweit das Rechtsmittel erweitert wurde, muß man den erweiterten Antrag und die zugehörige abschließende Entscheidung vergleichen. Jedes Rechtsmittel ist selbständig zu beurteilen, Rn 36. Im Fall einer Zurückverweisung, Rn 33, ist der Vergleich erst am Ende der anschließenden erneuten ersten Instanz möglich, Rn 40.

33   **B. Abgrenzung zur Zurückverweisung.** Die Zurückverweisung wegen eines Verfahrensfehlers, § 539, ist in I–III nur scheinbar nicht geregelt. In Wahrheit liegt im Zeitpunkt der Zurückverweisung weder eine Erfolglosigkeit im Sinn von I noch ein Obsiegen im Sinn von II vor, so daß grundsätzlich überhaupt noch keine Kostenentscheidung in Betracht kommt, Rn 76. Das gilt trotz des Umstands, daß die zurückverweisende Entscheidung die angefochtene zunächst regelmäßig „aufhebt". Es handelt sich eben noch nicht um eine abschließende Entscheidung über das Rechtsmittel. Wegen der Ausnahmen Rn 77.

34   **C. Völlige Erfolglosigkeit.** I erfaßt den Fall der völligen Erfolglosigkeit des Rechtsmittels. Das gilt sowohl dann, wenn sich das Rechtsmittel gegen die gesamte Entscheidung der Vorderinstanz richtet, als auch dann, wenn das Rechtsmittel von vornherein nur gegen einen Teil jener Entscheidung gerichtet war, aber eben in diesem (beschränkten) Umfang keinerlei Besserstellung bringt. Das gilt sowohl zur Hauptsache als auch zu denjenigen Nebenpunkten, die einen eigenen Streitwert auslösen, Karlsr JB **94**, 682. Ob das letztere der Fall ist, ist von Fall zu Fall zu prüfen.

35   **D. Teilweise Erfolglosigkeit.** I gilt auch im Fall eines teilweise erfolglos gebliebenen Rechtsmittels. Das gilt sowohl für den Fall, daß sich das Rechtsmittel gegen die gesamte Entscheidung der Vorderinstanz richtet, als auch für denjenigen, daß das Rechtsmittel auf einen Teil der Entscheidung der Vorderinstanz beschränkt war und in diesem Bereich nun den seinerseits teilweise erfolglos bleibt. Das gilt zur Hauptsache und zu den Nebenpunkten mit besonderem Streitwert, Rn 34. Soweit der erstrebte Erfolg nur zum Teil eingetreten ist, muß das Gericht freilich die Kosten nach § 92 verteilen, BGH NJW **92**, 2970, und kann dabei die Kostenentscheidung der Vorinstanz ändern, die einen im Rechtsmittelverfahren nicht mehr beteiligten Streitgenossen traf, BGH NJW **81**, 2360. Das gilt auch bei wechselseitigen Rechtsmitteln. Zum Problem Schneider MDR **73**, 979.

Im Fall einer nur *teilweisen Annahme der Revision* kommt eine Überprüfung der Kostenentscheidung nur in diesem Umfang in Betracht, BGH RR **86**, 549. Nach einem Teilurteil nach § 301 ohne Kostenentscheidung bleibt für die Verurteilung im Schlußurteil die Quote des Hauptsachespruchs im Teilurteil trotz Geltendmachung eines Restitutionsgrundes maßgeblich, BGH NJW **80**, 839. Im Fall der bloß teilweisen Zurückverweisung nach § 539 liegt insofern weder Erfolglosigkeit noch Teilerfolg vor, Rn 33. Man muß den nicht zurückverwiesenen Rest beurteilen.

36   **E. Erfolglosigkeit bei beiderseitigen Rechtsmitteln.** Soweit beide Parteien Rechtsmittel bzw Anschlußrechtsmittel eingelegt haben, mögen diese selbständig oder unselbständig sein, muß man jedes dieser Rechtsmittel kostenmäßig gesondert nach den Regeln Rn 32–35 beurteilen.

37   **8) Bei Erfolglosigkeit: Kostenlast der Partei, „die das Rechtsmittel eingelegt hat", I.** Soweit das Rechtsmittel erfolglos blieb, Rn 31, tritt die in I genannte Kostenlast ein.

**A. Begriff des Rechtsmittelführers.** Die Kostenlast trifft den Rechtsmittelführer. Das mag die „Partei", Rn 8, evtl aber auch einer der in Rn 9–12 genannten weiteren Beteiligten sein.

38   **B. „Kosten fallen zur Last": Zwingende Folge.** Anders als nach II tritt die Kostenfolge nach I schon nach seinem Wortlaut, aber auch nach dem Grundsatz der Unterliegenshaftung, § 91 Rn 19, zwingend ein. Es handelt sich um einen Fall der sog Kostentrennung, Grdz 3 vor § 91. Denn die angefochtene Entscheidung bleibt mit ihrem Kostenausspruch ja bestehen; es besteht nur ein Bedarf zur zusätzlichen Entscheidung über die Kosten des Rechtsmittels, Rn 29. Die Kostenfolge ist auch dann zwingend, wenn der Rechtsstreit im übrigen zB wegen einer Zurückverweisung weiterläuft. Das gilt auch im Fall eines Grundurteils nach § 304, BGH MDR **70**, 663, aM Ffm RR **88**, 1213 (aber dieses Rechtsmittel ist ja auf jeden Fall verloren). Die Kostenfolge tritt auch zB dann ein, wenn es wegen einer außergerichtlichen Vereinbarung der Rücknahme (mangels solcher) zur Verwerfung des Rechtsmittels kommt, BGH NJW **89**, 40, oder wenn das Rechtsmittel gegen ein Räumungsurteil nur dazu führt, daß der Mieter eine längere Räumungsfrist erhält, LG Stgt FamRZ **77**, 200, oder wenn nur eine Änderung bei den Zinsen erfolgt, oder nur bei den Kosten.

39   **C. Entscheidung des Rechtsmittelgerichts.** Das Rechtsmittelgericht darf und muß über die Kosten seiner Instanz selbst entscheiden, soweit es in der Hauptsache über das Rechtsmittel abschließend entscheidet. Es darf die Kostenentscheidung der Vorinstanz wegen § 308 II von Amts wegen ändern, BGH WertpMitt **81**, 46. Im Fall eines Verstoßes gelten die sonst zu beachtenden Regeln, §§ 319 ff, 329.

40   **D. Entscheidung des Vordergerichts nach Zurückverweisung.** Soweit das Rechtsmittelgericht den Prozeß an die Vorderinstanz zurückgewiesen hat, § 539, und deshalb über die Kosten dieses Teils des Rechtsmittels noch nicht selbst entscheiden durfte, Rn 76, darf und muß es in der zurückweisenden Entscheidung das Vordergericht anweisen, über die gesamten Kosten des Rechtsstreits einschließlich der durch den zurückverwiesenen Teil des Rechtsmittels entstandenen Kosten einheitlich zu entscheiden. Die bisherige erstinstanzliche Kostenentscheidung entfällt ja zusammen mit der notwendigen Aufhebung jener Entscheidung zur Hauptsache; das untere Gericht kann erst nach erneuter Prüfung übersehen, welche Entscheidung in der Hauptsache zu treffen ist, und erst danach richtet sich die entsprechende Kostenentscheidung nach §§ 91 ff. Insofern mag sich also herausstellen, daß schließlich weder eine völlige

## 5. Titel. Prozeßkosten § 97

noch eine teilweise Erfolglosigkeit des Rechtsmittels eingetreten ist: Der Enderfolg in der Sache entscheidet.

**E. Erneute Entscheidung des Rechtsmittelgerichts.** Nach einer Zurückverweisung und einer weite- 41 ren Entscheidung der Vorinstanz über die Kosten mag das Rechtsmittelgericht erneut vor die Frage kommen, ob ein gegen jene letztere Entscheidung eingelegtes Rechtsmittel seinerseits erfolglos war. Diese Frage ist dann nach Rn 37–40 zu entscheiden.

**9) „Obsiegen", II.** Die Vorschrift trifft eine nur scheinbar lückenhafte Regelung, in Wahrheit eine 42 vollständige, Rn 2.

**A. Begriff.** Man kann sagen: Soweit ein Rechtsmittel nicht im Sinn von Rn 31 ff erfolglos war, hat der Rechtsmittelführer obsiegt. Das würde dem äußeren Aufbau von § 97 gerecht. Man kann sagen: Jeder rechtliche Erfolg, jede Verringerung der Beschwer, Grdz 13 vor § 511, bedeutet ein Obsiegen. Auch hier kommt es wiederum auf den rechtlichen und nicht nur auf den wirtschaftlichen Vergleich an.

**B. Abgrenzung zur Zurückverweisung.** Es gelten dieselben Gesichtspunkte wie in Rn 33. Auch der Ausspruch der Aufhebung der angefochtenen Entscheidung in der zurückverweisenden des Rechtsmittelgerichts bedeutet weder Erfolg noch Obsiegen; die Zurückverweisung kann zum einen wie zum anderen führen; das übersieht Nürnb MDR **96**, 1301.

**C. Völliges Obsiegen.** II erfaßt zunächst den Fall des völligen Obsiegens mit dem Rechtsmittel. Das gilt 43 sowohl für den Fall, daß sich das Rechtsmittel gegen die gesamte Sachentscheidung der Vorinstanz richtete, als auch für denjenigen, daß es von vornherein oder nachträglich auf einen Teil jener Entscheidung beschränkt war und eben in diesem schließlichen Umfang vollen Erfolg hatte.

**D. Teilweises Obsiegen.** II meint aber auch den Fall eines jedenfalls teilweisen Obsiegens. Hier sind, 44 genau wie im Fall der teilweisen Erfolglosigkeit, Rn 35, mehrere Kombinationen denkbar. Es können zB ein teilweises Obsiegen und ein teilweises Unterliegen zusammentreffen, Hbg FamRZ **98**, 299, aber auch teilweises Obsiegen und eine restliche Zurückverweisung, schließlich ein teilweises Obsiegen, eine teilweise Zurückverweisung und eine teilweise Erfolglosigkeit des Rechtsmittels. Bei einer nur teilweisen Annahme der Revision kommt eine Überprüfung der Kostenentscheidung nur in diesem Umfang in Betracht, BGH RR **86**, 549.

**E. Obsiegen bei beiderseitigen Rechtsmitteln.** Es gelten dieselben Regeln wie bei der Erfolglosigkeit 45 beiderseitiger Rechtsmittel, Rn 35: Man muß jedes Rechtsmittel selbständig beurteilen.

**10) Beim Obsiegen: Grundsatz der Unterliegenshaftung, II.** Soweit die Partei obsiegt, muß ihr 46 Gegner die Kosten aller bisherigen Instanzen tragen. Es hätte zwar nahegelegen, diese Folgen ausdrücklich gesetzlich klarzustellen; das ist indes unterblieben, ohne daß diese Folge irgendwie streitig wäre, Rn 2. Das Rechtsmittelgericht hebt also die angegriffene Entscheidung auf (manche sprechen auch beim vollen Erfolg von „Abänderung"), formuliert die Sachentscheidung neu und verurteilt den Verlierer der Hauptsache zu sämtlichen Prozeßkosten aller bisherigen Instanzen gem §§ 91–96, 100–101, BGH VersR **79**, 444. Denn die ZPO zählt die Kosten des erfolgreichen Rechtsmittels stillschweigend zu denjenigen des Rechtsstreits. Das Gericht muß von Amts wegen über die gesamten Kosten entscheiden, selbst wenn die Vorinstanz ihrerseits einen Kostenausspruch fälschlich oder zu Recht unterlassen hatte.

Diese Regel gilt auch nach *bloßem Zeitablauf* zugunsten einer Partei, Oldb FamRZ **98**, 1528, oder nach einer Zurückverweisung nach § 539, denn auch dann stellt sich ja der Erfolg vom Ergebnis der anschließenden neuen Prüfung heraus, Rn 40. Von diesem Grundsatz der Unterliegenshaftung, § 91 Rn 19, gibt es neben den in Rn 47–74 erläuterten Ausnahmen weitere Abweichungen nur nach den §§ 94–96, 238 IV, Hamm MDR **82**, 501, sowie nach §§ 281 III, 344.

**11) Beim Obsiegen: Ausnahmsweise Haftung des Siegers, II.** Auch soweit die Partei obsiegt, 47 Rn 42, kann als Ausnahme vom Grundsatz der Haftung des unterliegenden Gegners, Rn 46, eine Kostenentscheidung zu Lasten des Rechtsmittelführers eintreten. Diese Ausnahmevorschrift ist eng auszulegen. Es müssen folgende Voraussetzungen zusammentreffen:

**A. „Auf Grund eines neuen Vorbringens".** Der Sieg darf gerade nur infolge eines neuen Vorbringens 48 eben dieser Partei als Rechtsmittelführerin eingetreten sein. Das Rechtsmittel muß also rückblickend ohne das neue Vorbringen mit Sicherheit erfolglos gewesen sein. Eine bloß mögliche Erfolglosigkeit auf Grund der erstinstanzlichen Vorbringens reicht nicht aus; es muß feststehen, daß das neue Vorbringen die alleinige Ursache für den Erfolg des Rechtsmittels war, BVerfG NJW **81**, 272, Hbg FamRZ **85**, 712. „Vorbringen" umfaßt alle Angriffs- und Verteidigungsmittel, Einl III 70, alle Behauptungen, Beweismittel, Beweisantritte, Erklärungen, Tatsachen und sonstige tatsächliche Umstände. Nicht hierher zählt zB eine bloße Rechtsansicht.

*„Neu"* ist das Vorbringen, wenn die Partei es erstmals in der Rechtsmittelinstanz in den Prozeß 49 einführt. Es ist unerheblich, ob das Vorbringen dem Rechtsmittelgegner und/oder dem Gericht in diesem Zeitpunkt schon bekannt war; die Partei muß es eben nur in der ersten Instanz zurückgehalten haben, Hamm NJW **84**, 1244, RoSGo § 87 IV 2 d, StJL 13, aM Düss RR **89**, 600, Hamm MDR **84**, 1032, ThP 13.

*Beispiele* sind unter Rn 51 ff genannt.

**B. „Imstande gewesen": Säumigkeit des Rechtsmittelführers.** Zur Voraussetzung Rn 48 muß 50 hinzutreten: Der obsiegende Rechtsmittelführer muß „imstande" gewesen sein, sein neues Vorbringen „in einem früheren Rechtszug geltend zu machen".

*„Instandesein"* bedeutet: Vorwerfbare Säumigkeit, Nachlässigkeit, prozessuales Verschulden, Einl III 68. Es kommt also einerseits auf die prozessuale Sorgfaltspflicht einer jeden Partei, ihre Förderungspflicht an, Grdz 12 vor § 128, BGH GRUR **92**, 109, zB nach §§ 138 II, 282, 296, andererseits aber unabhängig von den dortigen Verschuldensmaßstäben hier darauf, daß der Partei das rechtzeitige Vorbringen bis zum Abschluß der Vorinstanz, im Fall einer mündlichen Verhandlung also bis zu deren Schluß, §§ 136 IV, 296 a, möglich

## § 97

war, daß für eine vernünftige Partei Anlaß zum damaligen Vorbringen bestanden hatte, Schlesw SchlHA **78**, 172. Es mag zwar ein Anlaß erst im letzten Verhandlungstermin der Vorinstanz bestanden haben; das übersehen Köln MDR **73**, 324; es braucht auch weder Verschleppungsabsicht noch grobe Nachlässigkeit im Sinn von § 296 Rn 61 vorgelegen zu haben. Man muß aber insgesamt den Vorwurf erheben können, der Rechtsmittelführer habe diesen Vortrag in der Vorinstanz unterlassen, BGH GRUR **92**, 109, Köln ZMR **93**, 415, Zweibr FamRZ **97**, 839 (ein gerichtliches Mitverschulden ist unerheblich).

In „*einem*" früheren Rechtszug bedeutet: Es ist schädlich, daß das neue Vorbringen in irgendeinem der vorangegangenen Rechtszüge vorwerfbar unterlassen worden war.

*Beispiele:* Unterlassung in erster Instanz; Zurückverweisung durch das Rechtsmittelgericht; endgültiger Erfolg bei erneuter Verhandlung vor dem Berufungsgericht nur auf Grund des jetzt erst neuen Vortrags.

51 **C. Beispiele zur Frage der Kostenlast des Siegers**
**Von Amts wegen:** Ein von Amts wegen zu beachtender Umstand, zB eine von Amts wegen durchzuführende oder jedenfalls durchgeführte Beweisaufnahme, sind kein neues Vorbringen, Karlsr OLGZ **80**, 385. Soweit es um ein Wechselvorbehaltsurteil in der Berufungsinstanz geht und das Gericht den Rechtsstreit in die erste Instanz zum Nachverfahren zurückverweist, kommt in Abweichung von dem Grundsatz, daß die zurückverweisende Entscheidung nicht über Kosten befindet, Rn 76, eine Kostenentscheidung in Betracht.

**Anerkenntnis:** Der Kläger obsiegt auch dann, wenn nach dem Berufungsurteil eine Gesetzesänderung erging und der Bekl den Klaganspruch nicht anschließend sofort anerkannt hat. Im bloßen Zeitablauf liegt kein neues Vorbringen, soweit der Gegner die erst jetzt fällige Forderung wirksam sofort anerkennen kann, § 93.

**Angriffs- oder Verteidigungsmittel:** Jeder derartige Vorgang, Einl III 70, kann als neues Vorbringen zu bewerten sein. Vgl bei den einzelnen weiteren Stichworten, zB Rn 58.

**Anschlußrechtsmittel:** Soweit das Gericht über ein gegnerisches Rechtsmittel (Anschlußberufung, -revision, -beschwerde) gemeinsam mit dem Rechtsmittel entscheidet, kommt es auch für das Anschlußrechtsmittel auf die Voraussetzungen II an; bei der unselbständigen Anschlußberufung sind die Besonderheiten § 515 Rn 18 zu beachten. Man muß den Streitwert eines jeden Rechtsmittels gesondert klären.

**Arglist:** II setzt keine Arglist des Rechtsmittelführers voraus, ebensowenig wie seine Verschleppungsabsicht oder seine grobe Nachlässigkeit vorliegen müssen. Soweit der Gegner des Rechtsmittelführers die vom letzteren in der Rechtsmittelinstanz neu vorgebrachten Umstände nur infolge Arglist „nicht kannte", mag es an der Ursächlichkeit des neuen Vorbringens für den Rechtsmittelsieg fehlen, Ffm FamRZ **72**, 806, Hamm RR **96**, 1474.

52 **Berichtigung:** II ist auch dann anwendbar, wenn der mit dem Rechtsmittel erstrebte Erfolg auch durch eine bloße Berichtigung nach § 319 zu erreichen war. Evtl sind die Werte je Instanz unterschiedlich anzusetzen, Ffm OLGZ **90**, 77.

**Beschwerdeinstanz:** II ist direkt und nicht nur entsprechend anwendbar, aM Hamm MDR **74**, 941, KG Rpfleger **81**, 495. Das gilt auch für die weitere Beschwerde, Köln ZMR **96**, 86.

**Betragsurteil:** Rn 55 „Grundurteil".

**Beweismittel:** Jede Art von Beweismittel kann als neues Vorbringen zu beurteilen sein. Allerdings fehlt es an der erforderlichen Ursächlichkeit („... auf Grund"), soweit das Gericht eine erste oder weitere Beweisaufnahme von Amts wegen durchführen mußte oder durchgeführt hat, Karlsr OLGZ **80**, 385.

53 **Ehesache:** Rn 63.

**Erbschaft:** § 91 a Rn 46 „Erbschaft".

**Erklärung:** Jede nachgeholte Erklärung kann ein neues Vorbringen darstellen. Das gilt allerdings nicht bei der bloßen Rechtsansicht, s dort.

S auch Rn 57 „Kündigung", Rn 65 „Unterlassungserklärung".

54 **Fälligkeit:** Rn 68 „Zeitablauf".

**Folgesache:** Rn 72–74.

55 **Genehmigung:** Eine behördliche Genehmigung, die der Rechtsmittelführer erst nach dem Abschluß der ersten Instanz, § 296 a, beantragt und erhalten hat, ist ein Umstand, der eine sachlichrechtliche Klagevoraussetzung nachträglich erfüllt. Er zählt nicht als neues Vorbringen, selbst wenn der Antrag (und die Genehmigung) früher möglich gewesen wären, aM Ffm FamRZ **94**, 119 (aber II ist aus den Gründen Rn 4 ang auszulegen). Schädlich wäre es aber, wenn der Rechtsmittelführer die Genehmigungsbedürftigkeit schon in einer früheren Instanz direkt gekannt hatte, KG Rpfleger **86**, 445, Kblz NJW **88**, 3099.

**Gesellschaft:** Die Geltendmachung eines neuen, selbständigen Kündigungsgrundes kann als neues Vorbringen zu beurteilen sein, Ffm RR **94**, 500.

**Gesetzesänderung:** Ein Obsiegen des Klägers kann auch dann vorliegen, wenn der Bekl auf Grund einer erst nach dem Erlaß des Vorderurteils eingetretenen Gesetzesänderung den Klaganspruch nicht anschließend sofort anerkannt hat. Kein neues Vorbringen liegt vor, soweit sich eine Partei lediglich auf eine erst während der Rechtsmittelinstanz eingetretene Gesetzesänderung beruft (vgl aber § 93 Rn 94).

**Grobe Nachlässigkeit:** Solche des Rechtsmittelführers braucht nicht vorgelegen zu haben, ebensowenig wie Verschleppungsabsicht oder Arglist. Solche des Rechtsmittelgegners mag dazu führen, daß ähnlich wie bei seiner Arglist, Ffm FamRZ **72**, 806, eine Ursächlichkeit des neuen Vorbringens des Rechtsmittelführers vorliegt.

**Grundurteil:** Bei einem Grundurteil nach § 304 ist abweichend von dem Grundsatz, daß bei einer Zurückverweisung keine Kostenentscheidung erfolgt, ausnahmsweise eine Kostenentscheidung statthaft, Rn 74.

56 **Hilfsantrag:** Ein erst in der Rechtsmittelinstanz gestellter Hilfsantrag kann als neues Vorbringen zu beurteilen sein, Karlsr **KR** Nr 19.

57 **Kenntnis des Gegners:** Es ist bei II grds unerheblich, ob das neue Vorbringen des Rechtsmittelführers dem Rechtsmittelgegner bekannt war, Rn 49. Etwas anderes gilt bei Arglist des Gegners, Rn 51 „Arglist".

**Klagänderung:** Eine Klagänderung kann als neues Vorbringen zu beurteilen sein, Düss FER **97**, 87, Zweibr FamRZ **97**, 839.

## 5. Titel. Prozeßkosten    § 97

**Klagegrund:** Eine neue tatsächliche Begründung der Klage kann als neues Vorbringen zu werten sein. Eine nur rechtlich neue Begründung desselben Tatsachenstoffs wäre als bloße Rechtsansicht kein „neues Vorbringen", Rn 62 „Rechtsansicht".
**Kostenfestsetzung:** Vgl § 104 Rn 20. Jedenfalls ist eine zurückhaltende Anwendung von II geboten, großzügiger AG Überlingen MDR **84**, 588.
**Kündigung:** Wenn sie schon in erster Instanz möglich gewesen wäre, ist ihre Erklärung in zweiter Instanz trotz des durch sie erreichten Obsiegens kostenschädlich, Hamm MDR **90**, 450.
**Leistungsverweigerungsrecht:** Die Geltendmachung eines Leistungsverweigerungsrechts kann als neues **58** Vorbringen zu beurteilen sein, Hamm MDR **78**, 403, Schlesw SchlHA **78**, 172.
**Nebenverfahren:** Soweit in einem Nebenverfahren in der Vorinstanz keine Kostenentscheidung erfolgt, **59** weil die dortigen Kosten zu denjenigen der Hauptsache zählen, ergeht auch in der Rechtsmittelinstanz des Nebenverfahrens keine Kostenentscheidung, Ffm JB **82**, 934 (zu §§ 719, 769), § 127 Rn 21 (wegen Prozeßkostenhilfe).
**Ordnungsmittel:** Ein Obsiegen kann auch vorliegen, wenn sich ein Zeuge erfolgreich gegen einen **60** Ordnungsmittelbeschluß wendet, Karlsr Just **77**, 97.
**Prozeßbevollmächtigter:** Sein Verschulden ist dem Gegner gegenüber wie sonst nach § 85 II zu beur- **61** teilen und kann ihn dem Auftraggeber schadensersatzpflichtig machen, Köln VHR **98**, 265.
**Prozeßförderungspflicht:** Für die Frage, ob die Partei zum früheren Vortrag „imstande war", kommt es auf ihre Prozeßförderungspflicht an, BGH GRUR **92**, 209, Zweibr FamRZ **97**, 839, zB nach §§ 282, 296, aber auch darüber hinaus, Grdz 12 vor § 128.
S auch Rn 67 „Verschulden".
**Prozeßstandschaft:** Auch ein vorwerfbar erst in der höheren Instanz geltendgemachter Anspruch aus (gewillkürter) Prozeßstandschaft kann die Folgen nach II auslösen, BGH GRUR **92**, 109.
**Rechtsansicht:** Die bloße Rechtsansicht ist kein neues Vorbringen, daher auch nicht die bloß rechtlich **62** andere Begründung des Sachverhalts, Bbg JB **84**, 737.
**Rücknahme:** Soweit der Rechtsmittelführer sein Rechtsmittel wirksam zurücknimmt, ist es letztlich ohne Erfolg eingelegt, I, Ffm FamRZ **91**, 587. Das gilt auch dann, wenn der Anschlußberufungskläger der Rücknahme der Hauptberufung zustimmt, Mü MDR **89**, 552. Man mag auch § 269 III 2 entspr anwenden. Jedenfalls ist II insoweit unanwendbar.
**Scheidungsfolgesache:** Rn 72–74.
**Scheidungssache:** Der Ablauf des Trennungsjahres, § 1565 II BGB, vor der Scheidung mag trotz der **63** grundsätzlichen Notwendigkeit einer engen Auslegung von II, Rn 1, ausnahmsweise als neues Vorbringen zu beurteilen sein, BGH NJW **97**, 1007, es sei denn, beide hätten zu früh geklagt, Hamm FER **99**, 19. Bei nur teilweisem Erfolg einer Berufung gegen ein Verbundurteil sind teilweise § 97, teilweise § 93 a I 1 anwendbar, Hbg FamRZ **90**, 299.
**Schlußurteil:** Rn 55 „Grundurteil".
**Selbständiges Anschlußrechtsmittel:** Rn 51 „Anschlußrechtsmittel".
**Sorgfaltspflicht:** Für die Frage, ob der Rechtsmittelführer zum Vorbringen schon in einer früheren Instanz „imstande war", kommt es auf seine prozessuale Sorgfaltspflicht an, auf sein prozessuales Verschulden, Einl III 68.
S auch Rn 51 „Arglist", Rn 61, Rn 67 „Verschulden".
**Straftat:** Im Fall einer Straftat des Gegners hat eine vernünftige Partei grds einen Anlaß zum alsbaldigen Vorbringen gehabt.
II ist unanwendbar, soweit der Rechtsmittelführer lediglich eine eigene Straftat verschwiegen hatte.
**Trennungsjahr:** Rn 63 „Scheidungssache". **64**
**Übergang:** Rn 57 „Klageänderung". **65**
**Umstand:** Jeder dem Rechtsmittelsieger zurechenbare Umstand kann ein neues Vorbringen gewesen sein, BGH **31**, 350. Das gilt allerdings nicht bei einer bloßen Rechtsansicht, s dort.
**Unselbständiges Anschlußrechtsmittel:** Rn 51 „Anschlußrechtsmittel".
**Unterlassungserklärung:** Eine jetzt erst abgegebene Unterlassungserklärung kann als vermeidbar spätes neues Vorbringen anzusehen sein, Ffm WRP **76**, 47.
**Unredlichkeit:** Jede prozessuale Unredlichkeit des Rechtsmittelführers, Einl III 54, kann als Säumigkeit im Sinn von II anzusehen sein, Schlesw SchlHA **78**, 172, Zweibr FamRZ **97**, 839.
II ist aber unanwendbar, wenn der Gegner des Rechtsmittelführers nur durch eine eigene *unredliche* Prozeßführung in der Vorinstanz gesiegt hatte, Hamm RR **97**, 1474, Karlsr FamRZ **99**, 727.
S auch Rn 61, Rn 67 „Verschulden".
**Ursächlichkeit:** Vgl zunächst Rn 48. S auch Rn 52 „Berichtigung". **66**
**Verbundurteil:** Rn 63 „Scheidungssache".
**Verjährung:** Wenn die in der höheren Instanz erhobene Einrede der Verjährung Erfolg hat und wenn die Sache dadurch entscheidungsreif geworden ist, § 300, prüft das Gericht nicht der Sache nach, ob die Partei etwa auch noch aus einem anderen Grunde siegen würde, vgl BGH **61**, 227. Als neues Vorbringen kann auch eine Einrede der Verjährung gelten, die eindeutig schon in einer früheren Instanz sinnvoll gewesen wäre, Hamm VersR **82**, 1080. Der Sieger trägt sowohl die erstinstanzlichen Beweis- als auch die zweitinstanzlichen Kosten, Düss RR **99**, 283.
II ist aber *unanwendbar*, soweit rückblickend objektiv zweifelhaft ist, ob die Einrede schon in einer früheren Instanz sinnvoll gewesen wäre, oder wenn Zweifel bestehen, ob die Verjährung objektiv überhaupt schon während der früheren Instanz eingetreten war, BGH **61**, 227, oder wenn der Gläubiger sich mit der Verjährungseinrede nicht zufrieden gegeben hätte, Hamm WRP **79**, 327.
**Verschulden:** Jedes einfache prozessuale Verschulden, Einl III 68, führt zur Säumigkeit im Sinn von II, **67** also dazu, daß die Partei „imstande war". Eine Arglist, eine Verschleppungsabsicht oder eine grobe Nachlässigkeit brauchen nicht vorgelegen zu haben. Es reicht, daß eine vernünftige Partei Anlaß zum Vorbringen bis zum Schluß der früheren Instanz gehabt hatte, zB nach §§ 282, 296, Schlesw

## § 97  1. Buch. 2. Abschnitt. Parteien

SchlHA **78**, 172. II ist anwendbar, soweit die Fälligkeit erst im Prozeß eintrat, Hamm FamRZ **96**, 1078.
S auch Rn 62.
**Verwirkung:** II kann unanwendbar sein, wenn der Gegner unredlich handelte, Hamm RR **96**, 1474.
**Weitere Beschwerde:** Rn 52 „Beschwerdeinstanz".

68 **Zeitablauf:** Ein bloßer Zeitablauf ist kein nach II schädlicher Umstand, soweit der Gegner die erst jetzt fällige Forderung wirksam sofort anerkennen kann, § 93. II ist anwendbar, soweit die Fälligkeit erst im Prozeß eintrat, Hamm FamRZ **96**, 1078.
**Zeuge:** Rn 60.
**Zurückbehaltungsrecht:** Die Geltendmachung eines Zurückbehaltungsrechts kann als neues Vorbringen zu beurteilen sein, Hamm MDR **78**, 403.
S auch Rn 58.
**Zwangsvollstreckung:** II gilt, wenn die Auskunft nach Zwangsgeld und vor der Beschwerdeentscheidung ergeht, Mü FamRZ **98**, 180. Ein neues Vorbringen liegt vor, wenn der Gläubiger erst in dritter Instanz die Vollstreckungsvoraussetzungen nachweist, Köln JB **96**, 214.

69 **12) Kostenauferlegung „ganz oder teilweise", II.** Soweit die Voraussetzungen Rn 47–68 vorliegen, hat das Gericht die nachfolgenden Möglichkeiten.

**A. Eingeschränktes Ermessen.** Aus den Worten „die Kosten ... sind ... ganz oder teilweise aufzuerlegen" ergibt sich: Einerseits ist eine Kostenlast des obsiegenden Rechtsmittelführers zwingend vorgeschrieben; er darf von den Kosten des Rechtsmittels, Rn 29, nicht völlig befreit werden. Andererseits hat das Gericht bei der Frage, wieviel von diesen Kosten es ihm auferlegt, ein pflichtgemäßes Ermessen, so auch Brschw FamRZ **97**, 223. Es kann sie ihm ganz oder teilweise auferlegen. Es muß alle Umstände des Einzelfalls abwägen. Es muß sich vom Grundsatz der Kostengerechtigkeit leiten lassen, Üb 10 v § 91. Der Umstand, daß Kosten gerade nur auf Grund des neuen Vortrags während der Rechtsmittelinstanz entstanden und daß der Rechtsmittelführer sie schon früher hätte geltend machen können, zwingt noch nicht dazu, ihm die Kosten des Rechtsmittelverfahrens ganz aufzuerlegen; er eröffnet vielmehr gerade erst das Ermessensspielraum zum Wie der Kostenverteilung. Man muß also zusätzliche Umstände beachten, zB eine ungewöhnliche Höhe der Rechtsmittelkosten gerade infolge jenes neuen Vorbringens; einen besonders hohen Grad prozessualen Verschuldens (er ist nur hier beachtlich!); eine durch das gerade noch zulässige neue Vorbringen verursachte erhebliche Verlängerung des Rechtsmittelverfahrens usw.
Die bloße Notwendigkeit einer *Zurückverweisung* ist regelmäßig kein zusätzlicher Umstand zu Lasten des letztlich siegenden Rechtsmittelführers. Denn die Zurückverweisung beruht grundsätzlich auf einem Verfahrensfehler nur des Gerichts, vgl §§ 538, 539, 565, 575. Ein etwaiges sonstiges Mitverschulden des Gerichts und/oder des Rechtsmittelgegners ist erst recht in diesem Zusammenhang unbeachtlich; es hat schon dazu geführt, daß II unanwendbar wurde, weil die Partei in Wahrheit nicht „auf Grund" des neuen Vorbringens obsiegt hat, Rn 48.

70 **B. Möglichkeiten der Kostenverteilung.** Es gelten ähnliche Möglichkeiten wie bei § 92 I, dort Rn 27, 39. Das Gericht kann also die Kosten des Rechtsmittelverfahrens dem Sieger nach einem Bruchteil oder nach einem Prozentsatz oder nach einer festen Summe oder nach dem Rest auferlegen oder auch die Kosten des Rechtsmittelverfahrens gegeneinander aufheben. Das Gericht kann aber auch, wie bei § 92 II, dem Rechtsmittelführer die gesamten Kosten (hier allerdings nur: des Rechtsmittelverfahrens) auferlegen. Vgl § 92 Rn 44.

71 **C. Notwendigkeit einer klaren und einfachen Kostenentscheidung.** Wie stets bei einer Kostenverteilung, um die es sich ja hier im Grunde handelt, muß das Gericht eine möglichst klare und einfache Fassung wählen. Vgl zB § 92 Rn 29.

72 **13) „Entsprechende Geltung für Folgesachen einer Scheidungssache", III.** Die Vorschrift erfaßt abweichend von § 621a solche „Folgesachen einer Scheidungssache", die an sich nach dem FGG zu behandeln sind, um eine einheitliche Kostenbehandlung zu ermöglichen, BGH AnwBl **84**, 502, Ffm FamRZ **91**, 587, Karlsr MDR **84**, 60, aM Ffm FamRZ **86**, 368, Hamm FamRZ **82**, 1093, KG FamRZ **84**, 67 (sie wenden § 13a FGG an). Das gilt auch für einen an solchem Verfahren beteiligten Dritten, zB den Versorgungsträger oder das Jugendamt, KG FamRZ **81**, 381.

73 **A. Begriff der Scheidungsfolgesachen.** III macht I, II für die folgenden Verfahren nach § 621 I entsprechend anwendbar: Die Sorgerechtsregelung, Z 1; das Umgangsrecht, Z 2; die Herausgabe eines Kindes, Z 3; den Versorgungsausgleich, Z 6; den Hausrat und die Ehewohnung, Z 7; eine Ausgleichsforderung, Z 9. Die in III nicht genannten Scheidungsfolgesachen nach § 621 I Z 4, 5, 8 sind in direkter Anwendung von I, II zu beurteilen, da sie von Anfang an überhaupt nach der ZPO ablaufen.

74 **B. Kostenfolgen.** Es gelten die zu I, II dargestellten Regeln. Der Umstand, daß das Scheidungsverfahren zum Teil von Amts wegen abläuft, bedeutet nicht, daß zB niemals eine Säumigkeit, Rn 50, vorliegen könnte. Indessen ist bei II die erforderliche Ursächlichkeit des neuen Vortrags für das Obsiegen angesichts der weitergehenden Fürsorgepflicht des Gerichts im Verfahren von Amts wegen besonders kritisch zu prüfen.

75 **14) Zurückverweisung, I–III.** Soweit das Rechtsmittelgericht das Verfahren zurückverweist, liegt in diesem Zeitpunkt weder eine Erfolglosigkeit noch ein Obsiegen vor, Rn 33, 42. Denn es entscheidet ja erst der endgültige Ausgang im Umfang der Zurückverweisung über den Erfolg.

76 **A. Grundsatz: Noch keine Kostenentscheidung.** Das zurückverweisende Gericht trifft grundsätzlich keine Entscheidung im Umfang der Zurückverweisung. Es überläßt vielmehr, und zwar am besten ausdrücklich im Tenor oder in den Entscheidungsgründen, dem erneut mit der Sache befaßten unteren Gericht die notwendige Entscheidung über die gesamten Kosten des Rechtsstreits einschließlich derjenigen des Rechtsmittelverfahrens, und zwar nach §§ 91ff, aber natürlich auch nach § 97, Kblz Rpfleger **74**, 27. Das hat zur Folge, daß das untere Gericht sehr wohl auch prüfen muß, ob die Voraussetzungen I–III vorliegen. Das wird

5. Titel. Prozeßkosten **§§ 97, 98**

oft übersehen, selbst wenn das zurückverweisende Gericht ausdrücklich im Entscheidungssatz darauf hingewiesen hatte, das untere Gericht müsse „auch über die Kosten der Rechtsmittelinstanz" befinden. Übrigens ist ein solcher Hinweis streng genommen überflüssig, jedenfalls ist sein Fehlen unschädlich. Denn das untere Gericht hat § 97 von Amts wegen mitzubeachten.

**B. Ausnahmsweise: Kostenentscheidung.** Nur in einigen wenigen Ausnahmefällen darf und muß das **77** zurückverweisende Gericht im Umfang der Zurückverweisung sogleich eine eigene Kostenentscheidung treffen und dabei auch I–III mitbeachten.

*Beispiele:* Es handelt sich um ein Grundurteil nach § 304. In diesem Fall kann das Rechtsmittelgericht über die Kosten des Rechtsmittels selbst befinden, Köln OLGZ **76**, 91, oder die Entscheidung dem Betragsurteil überlassen, BGH **LM** BinnenschStrO 1966 Nr 4 (das letztere ist zweckmäßiger); es handelt sich um ein Wechselvorbehaltsurteil in der Berufungsinstanz, das Nachverfahren wird in die erste Instanz zurückverwiesen; das Rechtsmittelgericht hat wegen eines Streitgenossen teilweise entschieden und im übrigen zurückverwiesen; das Rechtsmittelgericht bestätigt zugleich mit der Zurückverweisung eine Vorabentscheidung über den Grund, § 538 Z 3; dann muß der erfolglose Rechtsmittelkläger, der im Betragsverfahren obsiegt, die Kosten des Rechtsmittels zum Grundverfahren nach dem vollen Streitwert tragen, Ffm NJW **70**, 334 (Teilurteil nach Erledigung der Hauptsache, vgl auch BGH MDR **76**, 379 wegen einer Erledigung in der Revisionsinstanz).

**C. Teilweise Zurückverweisung.** Soweit das Gericht die Sache nur teilweise zurückverweist, kann auf **78** den endgültig beschiedenen restlichen Teil I–III anwendbar sein; auf den zurückverwiesenen Teil sind die Regeln Rn 76, 77 anwendbar. Wenn irgend möglich, sollte das Gericht die Kostenentscheidung noch nicht treffen, aM ZöHe 8 (er will schutzwürdige Interessen des Erstattungsberechtigten zB durch die Zwangsvollstreckung beachten).

**15) Rechtsmittel, I–III.** Es gelten die allgemeinen Regeln. Insbesondere ist § 99 zu beachten. **79**

**16)** *VwGO:* **I** entspricht § 154 II VwGO. Bei Obsiegen aufgrund neuen Vorbringens, § 128 S 2 VwGO, gilt **II 80** entsprechend, Ey § 155 Rn 12, abw RedOe § 154 Anm 3 u Kopp § 154 Rn 4, die § 155 V VwGO heranziehen wollen (vgl aber § 137 S 1 FGO).

**98** *Vergleichskosten.* ¹Die Kosten eines abgeschlossenen Vergleichs sind als gegeneinander aufgehoben anzusehen, wenn nicht die Parteien ein anderes vereinbart haben. ²Das gleiche gilt von den Kosten des durch Vergleich erledigten Rechtsstreits, soweit nicht über sie bereits rechtskräftig erkannt ist.

Gliederung

| | | | |
|---|---|---|---|
| 1) **Systematik,** S 1, 2 | 1 | B. Begriff der zugehörigen Kosten | 19 |
| 2) **Regelungszweck,** S 1, 2 | 2, 3 | C. Begriff des „rechtskräftigen Erkenntnisses" | 20 |
| 3) **Sachlicher Geltungsbereich,** S 1, 2 | 4–10 | 7) **Kostenfolgen: Grundsatz der Maßgeblichkeit einer „anderen Vereinbarung",** S 1, 2 | 21–56 |
| A. Grundsatz: Umfassende Geltung | 4 | A. Vorrang der Kostenvereinbarung | 22 |
| B. Streit über Wirksamkeit des Vergleichs | 5 | B. Rechtsnatur der Kostenvereinbarung | 23 |
| C. Scheidungssache | 6 | C. Notwendigkeit weiter Auslegung | 24, 25 |
| D. Scheidungsfolgesache | 7 | D. Maßgeblicher Zeitpunkt: Kostenreife | 26 |
| E. Außergerichtlicher Vergleich | 8, 9 | E. Teilweise Kostenvereinbarung | 27 |
| F. Rücknahme von Klage oder Rechtsmittel | 10 | F. Grenzen des Vorrangs: Rechtskräftige Erkenntnis über die Kosten | 28 |
| 4) **Persönlicher Geltungsbereich,** S 1, 2 | 11–15 | G. Beispiele zur Frage einer „anderen Vereinbarung" | 29–56 |
| A. „Parteien" | 11 | | |
| B. Vertreter | 12 | 8) **Kostenfolgen: Hilfsweise „Aufhebung der Kosten gegeneinander",** S 1, 2 | 57–60 |
| C. Streitgenossen | 13 | A. Rechtsnatur: Kostenfolge kraft Gesetzes | 58 |
| D. Streithelfer | 14 | B. Begriff der Kostenaufhebung | 59 |
| E. Dritter | 15 | C. Teilweise Kostenaufhebung | 60 |
| 5) **„Kosten eines abgeschlossenen Vergleichs",** S 1 | 16, 17 | 9) **Verfahrensfragen** S 1, 2 | 61 |
| A. Begriff des Vergleichs | 16 | 10) **Rechtsmittel,** S 1, 2 | 62 |
| B. Begriff der Vergleichskosten | 17 | 11) *VwGO* | 63 |
| 6) **„Kosten des durch Vergleich erledigten Rechtsstreits",** S 2 | 18–20 | | |
| A. Begriff des erledigten Rechtsstreits | 18 | | |

**1) Systematik, S 1, 2.** Die Vorschrift ist nach ihrer Stellung im Kostenabschnitt eine vorrangige und **1** deshalb scheinbar eng auszulegende Ausnahmebestimmung. Das gilt aber nur bedingt. Denn S 1 Hs 2, auf den auch S 2 verweist, enthält in Wahrheit im Geltungsbereich der ganzen Vorschrift einen Grundsatz, der über den Regeln für die §§ 91 ff steht. Demgegenüber sind S 1 Hs 1, S 2 nur hilfsweise Auffangregelungen. Im übrigen enthält § 101 I 1 Hs 1 wegen der durch eine Streithilfe (Nebenintervention), § 66, verursachten Kosten eine gegenüber § 98 wiederum vorrangige Sonderregelung.

§§ 91 ff sind *grundsätzlich unanwendbar*, da § 98 ja einen Vergleich, Anh § 307, und keine streitige Hauptsacheentscheidung usw voraussetzt. Freilich ist die Begriffsbestimmung der Aufhebung von Kosten gegeneinander in § 92 I 2 natürlich auch bei § 98 anzuwenden. Die vorstehende Aufzählung enthält nur einen Teil der Rangverhältnisse; vgl im übrigen bei den einzelnen Anm.

**2) Regelungszweck, S 1, 2.** Die Vorschrift dient unterschiedlichen Zwecken. **2**

§ 98                                                                                    1. Buch. 2. Abschnitt. Parteien

S 1 Hs 2, der Ausgangspunkt, Rn 1, dient weniger einer Kostengerechtigkeit, Üb 10 vor § 91, und auch nicht einer Vereinfachung der Kostenregelung, sondern vielmehr der Parteiherrschaft, Grdz 18 vor § 128, aus der die Zulässigkeit des Prozeßvertrags folgt, Grdz 48 vor § 128. Soweit die Parteien überhaupt über den Streitgegenstand einen wirksamen Vergleich schließen können, tritt als Abweichung von § 308 II ihr übereinstimmender Wille wegen der Kosten an die erste Stelle und erübrigt eine gerichtliche Kostengrundentscheidung. Das gilt sowohl für die Kosten des Vergleichs als auch für die entsprechend geregelten Kosten des zugrundeliegenden Rechtsstreits, S 2. Bei ihnen hat lediglich die Rechtskraft nach § 322 Vorrang vor dem Parteiwillen, jedenfalls vor Gericht, wie stets.

3   S 1 Hs 1 (Auffangklausel der Kostenaufhebung) dient ebenfalls nicht so sehr der Kostengerechtigkeit, sondern vielmehr der Vereinfachung: Die zwingende Kostenfolge braucht nicht das Vergleichsergebnis in der Hauptsache zu spiegeln; wenn die Parteien eine Kostenregelung im Vergleich nicht für nötig hielten, soll sich auch das Gericht nicht mehr sonderlich mit der Kostenfrage beschäftigen müssen, selbst wenn die bloße Aufhebung gegeneinander dem „Erfolg" oder „Mißerfolg" der Vergleichspartner nicht annähernd entspricht. Diese Regelungszwecke sind sowohl bei der Frage, ob eine Kostenvereinbarung vorliegt, als auch bei ihrer Auslegung im einzelnen zu berücksichtigen.

4   **3) Sachlicher Geltungsbereich, S 1, 2.** Maßgeblich kann die Verfahrensart sein.
    **A. Grundsatz: Umfassende Geltung.** Die Vorschrift gilt grundsätzlich in jedem Verfahren, auf das die ZPO anwendbar ist. Das gilt auch bei einem sog streitigen Verfahren des FGG, BayObLG WoM **89**, 468 (WEG). Es kommt allerdings weiter darauf an, daß die Parteien des Verfahrens überhaupt einen wirksamen Prozeßvergleich schließen können, Anh § 307 Rn 8. Das setzt voraus, daß das Verfahren der Parteiherrschaft unterliegt, Grdz 18 vor § 128.

5   **B. Streit über Wirksamkeit des Vergleichs.** Die Vorschrift gilt auch in einem Verfahren, in dem die Parteien über die Wirksamkeit eines Prozeßvergleichs streiten. Denn dieser Streit führt zur Fortsetzung des bisherigen Prozesses trotz dessen umstrittener Beendigung durch den umstrittenen Vergleich, Anh § 307 Rn 37, Köln RR **95**, 509, aM ThP 3 (es sei denn ein neuer Prozeß erforderlich). Wenn also in dem Streit Einigkeit über die Wirksamkeit des bisherigen Vergleichs erzielt wird, gilt § 98 für den bisherigen; wenn die Parteien sich im Streit über die Wirksamkeit des bisherigen Vergleichs nunmehr endgültig anders einigen, gilt § 98 zumindest für den endgültigen Vergleich.

6   **C. Scheidungssache.** Die Vorschrift gilt theoretisch in einem Scheidungsverfahren, §§ 606 ff, soweit dieses überhaupt der Parteiherrschaft unterliegt, Grdz 18 vor § 128. Praktisch hat aber § 93 a I 3 den Vorrang, insbesondere bei einer einverständlichen Scheidung nach § 630 III, ThP 7, ZöHe 4, aM Düss MDR **72**, 54 (bei der Rücknahme eines Scheidungsantrags nach der Aussöhnung sei S 1 Hs 1 anwendbar).

7   **D. Scheidungsfolgesachen.** Soweit die Folgesache überhaupt der Parteiherrschaft unterliegt, Grdz 18 vor § 128, ist § 98 an sich anwendbar, vgl Bergerfurth FamRZ **76**, 583, Göppinger AnwBl **77**, 436. Praktisch geht allerdings auch insofern § 93 a I 3 meist vor. Soweit es um einen Vergleich geht, den die Parteien im Verfahren der einstweiligen Anordnung geschlossen haben, enthält § 620 g eine vorrangige Sonderregelung. Zwar spricht nicht ausdrücklich von den Vergleichskosten; sie bezieht sich aber insgesamt auf ein engeres Spezialgebiet, MDR **87**, 63, ThP 7, Düss VersR **77**, 726, aM (§ 98 sei vorrangig) Karlsr MDR **82**, 1025, Mü AnwBl **89**, 234.

8   **E. Außergerichtlicher Vergleich.** § 98 ist zumindest sinngemäß anwendbar, soweit die Parteien innerhalb eines Rechtsstreits, nach seinem Beginn, vor seinem Ende, aus seinem Anlaß usw einen außergerichtlichen Vergleich nach § 779 BGB schließen, Rn 43 „Kostenübernahme", Brdb MDR **99**, 188, Hbg JB **97**, 482, Saarbr RR **96**, 320. Denn auch dann ist es sinnvoll, zunächst den Parteiwillen wegen der Vergleichskosten zu beachten und hilfsweise den Grundsatz der Kostenaufhebung gegeneinander eintreten zu lassen, vgl Rn 2. Die Geltendmachung erfolgt durch die Fortsetzung des Prozesses oder der Klage, soweit nicht das Gericht inzwischen nach § 322 rechtskräftig entschieden hat, LG Mü JB **89**, 85, etwa nach § 269.

9   Freilich können die Parteien auch beim außergerichtlichen Vergleich den § 98 *ausdrücklich ausgeschlossen* haben. Dann ist § 91 a anwendbar. Allerdings ist diese letztere Vorschrift nicht schon deshalb zu beachten, weil der außergerichtliche Vergleich den Rechtsstreit überhaupt erledigt. Denn gerade den Erledigungsfall regelt ja § 98 schon nach seinem Wortlaut mit, BVerwG RiA **85**, 46, Karlsr JB **91**, 89, Kblz JB **91**, 263, aM (§ 91 a sei stets anwendbar) Mü AnwBl **98**, 287 (mangels Antrags keine Kostenentscheidung).

10  **F. Rücknahme von Klage oder Rechtsmittel.** § 98 ist auch anwendbar, soweit eine Klage oder ein Rechtsmittel auf Grund eines gerichtlichen oder außergerichtlichen Vergleichs zurückgenommen worden sind. Denn insofern liegt eine Lage vor, die im Ergebnis mit einem „rechtskräftigen Erkenntnis" im Sinn von § 269 III 2 Hs 1 übereinstimmt, BGH MDR **72**, 945, LAG Mü MDR **94**, 737, LAG Nürnb JB **94**, 304, aM Dürs Rpfleger **99**, 132, Ffm Rpfleger **90**, 91, Mü Rpfleger **92**, 272.
    Im Fall einer *Einigkeit* der Parteien *zur Hauptsache* kann trotz des Fehlens einer Kostenregelung im Vergleich ausnahmsweise § 515 III maßgeblich sein, insofern auch BGH NJW **89**, 40, ferner KG MDR **85**, 678. Für die Haftung der Staatskasse gegenüber gelten auch hier die allgemeinen Grundsätze, Üb 15 vor § 91.

11  **4) Persönlicher Geltungsbereich, S 1, 2.** Es sind folgende Personengruppen zu unterscheiden.
    **A. „Parteien".** Die Vorschrift erfaßt den Vergleich zwischen den „Parteien" des Rechtsstreits. Der Parteibegriff ist wie stets zu verstehen, Grdz 3 vor § 50. Hierher gehören auch der Prozeßstandschafter, Grdz 26 vor § 50, und der Prozeßgeschäftsführer, Grdz 29 vor § 50. Eine minderjährige Partei handelt durch den gesetzlichen Vertreter usw, § 51.

12  **B. Vertreter.** Da unter den Voraussetzungen des § 89 auch derjenige kostenpflichtig geworden sein kann, der als Bevollmächtigter ohne Prozeßvollmacht handelte, kommt bei einem anschließenden Vergleich § 98 auch insofern zur Anwendung, als dieser Vertreter sich persönlich am Vergleich beteiligt hat. Er ist insofern kein Dritter.

5. Titel. Prozeßkosten **§ 98**

**C. Streitgenossen.** Soweit nicht § 100 vorrangig gilt, ist § 98 auch auf Streitgenossen im Sinn von 13
§§ 59 ff anwendbar.

**D. Streithelfer.** Auf den Streithelfer (Nebenintervenienten), § 66, ist der vorrangige § 101 I Hs 1 14
anwendbar. Freilich ist auch für die Kosten des Streithelfers ein Vergleich zur Hauptsache notwendig, damit
sie nach § 101 zu regeln sind, Hbg JB **97**, 482, Zweibr OLGZ **83**, 21, aM Ffm MDR **79**, 763. Es reicht aber
aus, daß die Parteien den Vergleich dahin geschlossen haben, daß die Kosten der Streithilfe ausdrücklich von
ihm ausgenommen sind, selbst wenn der Streithelfer an ihm nicht beteiligt war, Hbg JB **97**, 482, LG
Rottweil AnwBl **83**, 558.

**E. Dritter.** § 98 ist nicht anwendbar, soweit es um einen Vergleich nur mit einem Dritten geht, Anh 15
§ 307 Rn 18, der auch nicht nach Rn 12 zu behandeln ist.

**5) „Kosten eines abgeschlossenen Vergleichs", S 1.** Die Vorschrift behandelt die gerade durch den 16
Vergleich entstandenen Kosten, Rn 17, während S 2 die restlichen Prozeßkosten behandelt.

**A. Begriff des Vergleichs.** Die Vorschrift umfaßt den Prozeßvergleich, Anh § 307, Oldb RR **92**, 1466,
aber auch in entsprechender Anwendung den außergerichtlichen, Rn 8. Die Rechtsnatur des Prozeßvergleichs, seine Zulässigkeit, Wirksamkeit, die Formerfordernisse, die Fragen der Vertretung beim Vergleichsabschluß usw sind nach den in Anh § 307 dargestellten Regeln zu beurteilen.

**B. Begriff der Vergleichskosten.** S 1 erfaßt die gerade durch den Vergleich entstandenen Kosten. 17
*Beispiele:* Eine etwaige Vergleichsgebühr nach KV 1660 (soweit der Wert des Vergleichsgegenstands den
Wert des Streitgegenstands übersteigt), dazu Hartmann Teil I KV 1660; gerichtliche Auslagen, etwa für einen
Sachverständigen, dessen Mitwirkung für das Zustandekommen des Prozeßvergleichs ursächlich war; ferner
vor allem die Vergleichsgebühren der etwa beteiligten Anwälte, § 23 BRAGO, dazu Hartmann Teil X § 23
BRAGO, einschließlich der sog Differenzgebühr, Hamm JB **98**, 544, Mü RR **98**, 430, und der gerade durch
die Mitwirkung am Vergleich ausgelösten Auslagen; evtl auch die Gebühren und Auslagen eines zum
Vergleichsabschluß eingeschalteten Verkehrsanwalts usw.
Den *Gegensatz* bilden die restlichen, nicht gerade durch den Vergleich ausgelösten Prozeßkosten, Rn 18,
sten des Vergleichs müssen sich, wie alle Prozeßkosten, Rn 18, aM LG Bonn JB **98**, 33.
Auch die Kosten des Vergleichs müssen sich, wie alle Prozeßkosten, im Rahmen des *Notwendigen*
halten, um erstattungsfähig zu sein, soweit es überhaupt auf eine Kostenerstattung ankommt § 91 Rn 28.

**6) „Kosten des durch Vergleich erledigten Rechtsstreits", S 2.** Die Vorschrift erfaßt alle diejenigen 18
Prozeßkosten, die nicht gerade durch den Vergleichsabschluß ausgelöst wurden.

**A. Begriff des erledigten Rechtsstreits.** Der Wortlaut von S 2 ist etwas irreführend. Man sollte besser
von den Kosten des durch Vergleich „beendigten" Rechtsstreits sprechen. Einerseits führt ja ein Vergleich im
weiteren Sinne zur Erledigung der Hauptsache, soweit er sie voll erfaßt. Mit der Wirksamkeit des Vergleichs
ist der Rechtsstreit beendet, die Rechtshängigkeit erloschen. Andererseits liegt im Vergleich nicht unbedingt
stets die Abgabe übereinstimmender Erledigterklärungen. Denn die Kostenfolgen solcher Erledigterklärungen können durchaus von denen abweichen, die die Parteien im Vergleich vereinbaren oder die mangels
Vereinbarung nach § 98 eintreten. Freilich ist Voraussetzung einer wirksamen Kostenvereinbarung ua, daß
die zugehörige Hauptsache wenigstens gleichzeitig mit dem Abschluß des außergerichtlichen oder gerichtlichen Vergleichs zu ihr voll beendet ist. Eine Kostenvereinbarung vor diesem letzteren Zeitpunkt wäre
wirkungslos, weil auch ein Urteil zu den Kosten dann noch nicht ergehen könnte.

**B. Begriff der zugehörigen Kosten.** S 2 erfaßt sämtliche Gebühren und Auslagen des Gerichts und der 19
am Vergleich Beteiligten, die weder gerade durch den Vergleich entstanden noch von einer bereits rechtskräftigen Kostengrundentscheidung erfaßt sind.

**C. Begriff des „rechtskräftigen Erkenntnisses".** Eine etwa bereits rechtskräftig gewordene Kosten- 20
grundentscheidung, Üb 34 vor § 91, bleibt gegenüber § 98 vorrangig stehen, soweit sie sich nur auf
diejenigen Prozeßkosten bezieht, die nicht gerade im Sinn von Rn 17 durch den abschließenden Vergleich
verursacht sind. Das stellt S 2 Hs 2 klar. Insofern können die Parteien auch nicht durch eine sachlichrechtliche Kostenabrede nach S 1 prozessual wirksam etwas Abweichendes vereinbaren, Hamm Rpfleger **89**,
522 mwN. Denn S 1 erfaßt eben nur die gerade durch den Vergleich verursachten Kosten. Freilich kann das
Gericht die Parteien nicht daran hindern, auch über restliche rechtskräftig ausgeurteilte Prozeßkosten andere
Abreden zu treffen bzw sich nach anderen Regeln zu richten. Nur bleiben diese eben für das Kostenfestsetzungsverfahren nach §§ 103 ff unbeachtlich, soweit es überhaupt noch stattfinden muß. Das ist der Sinn
des Hs 2. Im übrigen erfaßt zB eine „Kostenaufhebung" wegen der obigen Regelung die bereits rechtskräftig
ausgeurteilten Kosten im Zweifel nicht mit, Stgt MDR **89**, 1108, aM Kblz MDR **87**, 852.

**7) Kostenfolgen: Grundsatz der Maßgeblichkeit einer „anderen Vereinbarung", S 1, 2.** Soweit 21
die Voraussetzungen Rn 4–20 erfüllt sind, kommt es zunächst darauf an, ob und in welchem Umfang, mit
welchem Inhalt die Parteien über die jeweiligen Kosten etwas „vereinbart" haben.

**A. Vorrang der Kostenvereinbarung.** Soweit überhaupt eine Kostenvereinbarung zulässig ist, hat sie 22
auch Vorrang, Hamm JB **92**, 493, Kblz MDR **98**, 562, LG Köln VersR **95**, 459 (wegen § 2 III 9 ARB). Das
ist die Folge des Grundsatzes der Parteiherrschaft, Grdz 18 vor § 128, ArbG Bln AnwBl **94**, 95, und der
Zulässigkeit von Prozeßverträgen in diesem Rahmen, Grdz 48 vor § 128. Freilich bleibt durch eine wirksame
Kostenvereinbarung die gesetzliche Haftung für Gerichtskosten (Gebühren und Auslagen) nach §§ 49 ff, 54
GKG bestehen, Üb 16 ff vor § 91. Die Übernahme (auch der Kosten) kann zB eine Haftung als Übernahmeschuldner nach § 54 Z 2 GKG auslösen und den Schutz des § 58 II 2 GKG wegfallen lassen, Hartmann
Teil I § 58 GKG Rn 22. Ein Vergleich wirkt gegenüber der Staatskasse nur, soweit er sie nicht benachteiligt,
LG Köln AnwBl **84**, 624.

**B. Rechtsnatur der Kostenvereinbarung.** Die Vereinbarung über die Kosten ist entweder des Vergleichs 23
oder des (übrigen) Rechtsstreits ist ein Prozeßvertrag, Grdz 48 vor § 128, und darüber hinaus nach den
Regeln Anh § 307 zu beurteilen.

## § 98

**24  C. Notwendigkeit weiter Auslegung.** Dem Regelungszweck des § 98, Rn 2, 3, entspricht es, die etwaige Kostenvereinbarung, sei es nur über die Vergleichskosten, sei es über die übrigen Prozeßkosten, weit auszulegen, LAG Köln BB **96**, 2256. Man muß wie stets vom Wortlaut ausgehen, ergänzend aber den Sinn und Zweck der Regelung, den Parteiwillen erforschen und dabei Treu und Glauben, § 242 BGB, wie stets im Prozeßrecht mitbeachten, vgl Einl III 54. Auch ist § 157 BGB beachtlich, Hamm MDR **74**, 324, LAG Hbg MDR **87**, 962.

**25**  Bei der *Auslegung* ist zu beachten, daß die Parteien sowohl vor Gericht als auch beim außergerichtlichen Vergleich zwar wesentlich auch, manchmal ganz vorwiegend, an die Prozeßkosten denken; erfahrungsgemäß verwenden aber bedauerlicherweise oft weder das Gericht noch die ProzBev noch die Parteien selbst die notwendige und wünschenswerte Sorgfalt bei der Formulierung der Kostenvereinbarung. Eine bei nachträglicher Prüfung insofern scheinbar lückenhafte, widersprüchliche oder sonst unklare Formulierung sollte nicht rasch zu der Beurteilung führen, es sei in Wahrheit keine (ausreichende) Kostenvereinbarung zustande gekommen und es müsse daher die ja nur hilfsweise anzunehmende Kostenaufhebung gegeneinander stattfinden. Gerade in einer scheinbar lückenhaften Formulierung kann der deutliche Wille beider Parteien stecken, die Kosten anders als durch Aufhebung gegeneinander zu regeln.

Freilich darf man unklare Formulierungen auch *nicht überstrapazieren*. Es ist zu bedenken, daß eine Auslegung ja regelmäßig erst im Kostenfestsetzungsverfahren durch den Rpfl stattfindet. Auch wenn er den Kostengrundtitel auslegen darf und muß, Einf 17–19 vor §§ 103–107, darf er ihn doch nicht abändern, aaO, und man darf ihn auch nicht überfordern, vgl Naumbg RR **96**, 1216. Dann aber hat auch das Gericht im etwaigen Erinnerungs- bzw Beschwerdeverfahren nach § 104 nicht die Aufgabe, auf diesem prozessualen Nebenschauplatz nach einem Vergleich allzu quälende Erwägungen zur Ausdeutung unklarer Parteivereinbarungen anzustellen, nur um zur Kostengerechtigkeit zu einer Abweichung von einer gesetzlichen Hilfsregelung zu kommen, die ja gerade erkennbar der Vereinfachung den Vorrang vor Kostengerechtigkeit geben soll, Rn 2.

Das alles wird in der Rspr zu § 98 oft *zu wenig beachtet*.

**26  D. Maßgeblicher Zeitpunkt: Kostenreife.** Für die Auslegung, Rn 25, der Kostenvereinbarung muß auf den Zeitpunkt abstellen, in dem die Parteien ihre Vereinbarung wenigstens im Kern getroffen haben. Der Wortlaut von S 1 deutet schon an, daß die „Vereinbarung" zeitlich nicht mit dem „Vergleich" (zur Hauptsache) zusammenfallen muß. Die Kostenvereinbarung kann wirksam vor, zugleich (in anderer Urkunde usw) oder nach dem Vergleichsabschluß zustande gekommen sein. Beim zeitlichen Auseinanderfallen kommt es also nicht auf den Zeitpunkt der Einigung zur Hauptsache an, sondern auf denjenigen zu den Kosten sei es des Vergleichs, sei es auch oder nur der Hauptsache.

**27  E. Teilweise Kostenvereinbarung.** Soweit die Parteien eine Einigung nur über einen Teil der Kosten des gerichtlichen oder außergerichtlichen Vergleichs bzw nur über einen Teil der restlichen Prozeßkosten getroffen haben, ist diese Einigung mit dem Vorrang wie sonst zu beurteilen, Rn 22, Kblz AnwBl **90**, 48. Man muß auch hier versuchen, durch weite Auslegung, Rn 25, zu einer vernünftigen, den Parteiwillen aber auch nicht überstrapazierenden Lösung zu kommen. Auf den Rest ist die gesetzliche Hilfsregelung der Kostenaufhebung gegeneinander anzuwenden.

**28  F. Grenzen des Vorrangs: Rechtskräftige Erkenntnis über die Kosten.** Vgl Rn 22.

**29  G. Beispiele zur Frage einer „anderen Vereinbarung"**
**Anderer Prozeßvergleich:** Die Bezugnahme auf einen anderen Prozeßvergleich ohne ausdrückliche Mitbezugnahme auch auf dessen Kostenregelung reicht meist nicht aus, um eine Kostenvereinbarung auch im vorliegenden Rechtsstreit anzunehmen, LAG Hamm MDR **85**, 611.

**30  Anrufung des Gerichts:** Wenn die Parteien ausdrücklich vereinbaren, das Gericht solle über die Kosten ganz oder teilweise (zB nur über die Gerichtskosten) entscheiden, was grundsätzlich zulässig ist, Kblz AnwBl **90**, 48, kann gemeint sein, daß die Hilfsregelung des § 98, also die Aufhebung der Kosten gegeneinander, eintreten soll. Denn die Parteien übersehen meist, daß es nach dieser gesetzlichen Regelung überhaupt keiner „Entscheidung" des Gerichts mehr bedarf, weil sie ja von Amts wegen eintritt. Nur deshalb mögen sie rechtsirrig vereinbart haben, das Gericht solle „entscheiden". Es kann aber auch gemeint sein, daß das Gericht eine echte Entscheidung nach § 91 a (oder nach anderen Vorschriften, etwa nach § 92) treffen solle, Kblz AnwBl **90**, 48, Mü MDR **90**, 344.

Das ist insbesondere dann eher anzunehmen, wenn die Parteien anwaltlich vertreten waren und wenn über die Frage, wie die Vergleichskosten oder Prozeßkosten am gerechtesten aufzuteilen seien, *erheblicher Streit* herrscht. § 91a gilt zumindest dann, wenn die Parteien ausdrücklich vereinbaren, das Gericht solle „an § 98 ZPO nicht gebunden sein", AG Haßfurt WoM **93**, 55, oder wenn sie Kostenanträge stellen, BGH RR **97**, 510, oder wenn sie vereinbaren, das Gericht solle „nach § 91 a ZPO entscheiden", Hbg MDR **97**, 202, Oldb RR **92**, 1466, LG Tüb RR **95**, 1142. Das gilt freilich nur, soweit eine solche Vereinbarung überhaupt zulässig ist.

S auch Rn 37, Rn 41 „Hauptsache", Rn 43.

**Anwaltshaftung:** Der Anwalt, der nicht rechtzeitig auf den Umstand hinweist, daß die Haftung nach §§ 49 ff, 54 GKG bestehen bleibt, Rn 22, kann haften, Kblz **KR** § 58 GKG Nr 17, Schneider MDR **85**, 771.

**Arbeitsrecht:** Eine Ausgleichsklausel im Abfindungsvergleich erfaßt grds keine Verfahrenskosten, LAG Köln MDR **98**, 228.

**31  Ausklammerung:** Man muß durch Auslegung ermitteln, ob die Parteien bei einer Kostenvereinbarung bestimmte Teile der gesamten Kosten ausdrücklich oder doch stillschweigend eindeutig ausgeklammert haben, LAG Köln BB **96**, 2256. Sie mögen das auch ausdrücklich tun. In diesem Umfang gilt dann zunächst eine etwaige diesbezügliche Anrufung des Gerichts, s dort, und ganz hilfsweise die gesetzliche Hilfsregelung der Aufhebung gegeneinander.

**Auslegung:** Wegen der Notwendigkeit einer weiten Auslegung der Kostenvereinbarung vgl Rn 25.

5. Titel. Prozeßkosten § 98

**Ausschluß:** Die Parteien können im Vergleich, auch im außergerichtlichen, den § 98 ausdrücklich oder 32
stillschweigend ausgeschlossen haben. Dann kann § 91 a anwendbar sein, dabei muß man den mutmaßlichen Fortgang des Prozesses dann mitbeachten, Mü NJW **70**, 1329. Die Parteien können auch zB das Gericht gebeten haben, über die Kosten zu entscheiden, dabei aber nicht nach § 91 a, sondern nach § 92 vorzugehen. Da eine Kostenvereinbarung stets Vorrang hat, Rn 22, darf und muß das Gericht im Rahmen einer wirksamen Kostenvereinbarung auch solche Ausschlüsse beachten; freilich kann sich ergeben, daß in Wahrheit überhaupt keine wirkliche Kostenvereinbarung vorliegt, so daß dann doch wieder die gesetzliche Hilfsregelung des § 98, also Kostenaufhebung, eintritt.
**Außergerichtliche Kosten:** Die bloße Übernahme der außergerichtlichen Kosten ohne eine Vereinbarung wegen der Gerichtskosten führt zu der Teilung beider Kostenarten in je 50%, Bre MDR **79**, 500.
**Außergerichtlicher Vergleich:** Rn 8, 43 „Kostenübernahme".
**Berufungsrücknahme:** Rn 48 „Rechtsmittelrücknahme". 33
**Beweissicherung:** Rn 50.
**Bezugnahme:** Soweit die Parteien in ihrer Kostenvereinbarung auf Urkunden, andere Akten und andere 34
Vorgänge Bezug nehmen, muß man prüfen, ob diese Bezugnahme überhaupt ausreichend bestimmt ist. Dabei gelten allerdings nicht die strengeren Grundsätze einer Bezugnahme in bestimmenden oder vorbereitenden Schriftsätzen, denn es handelt sich ja um einen Prozeßvertrag.
 S auch Rn 29 „Anderer Prozeßvergleich".
**Dritter:** Für einen Vergleich mit einem Dritten gilt § 98 nicht, Rn 15. 35
**Ehesache:** Rn 6, 7. 36
**Einstweilige Anordnung:** Rn 7.
**Einverständliche Scheidung:** Rn 6.
**Erforderlichkeit:** Die Parteien können die Frage der „Erforderlichkeit" oder „Notwendigkeit" (und damit der Erstattungsfähigkeit) von Kosten im Vergleich bindend regeln, KG Rpfleger **90**, 244.
 S auch Rn 45.
**Erledigung:** Die Parteien können das Gericht bitten oder anweisen, über die Kosten des gerichtlichen 37
oder außergerichtlichen Vergleichs oder die sonstigen Kosten des Rechtsstreits nach den Kostenvorschriften für den Fall der Erledigung der Hauptsache nach § 91 a, zu entscheiden, Rn 30 „Anrufung des Gerichts". In diesem Zusammenhang muß das Gericht aber den Inhalt des Vergleichs und den Umfang des gegenseitigen Nachgebens bei der Ausübung seines Ermessens nach § 91 a mitberücksichtigen, Ffm MDR **99**, 189, Schlesw JB **93**, 745, Stgt RR **99**, 148, aM Bbg MDR **80**, 60, Hamm AnwBl **82**, 73, Nürnb MDR **79**, 1029 (diese Gerichte wenden den § 98 auch in einem solchen Fall an. Ihn konnten aber die Parteien schon beim Abschluß der Kostenvereinbarung berücksichtigen, wollten es ja aber gerade offensichtlich nicht so halten.
**Fortsetzung des Rechtsstreits:** Rn 51 „Streit über den Vergleich". 38
**Freiwillige Gerichtsbarkeit:** Ein Vergleich über die Kosten ist auch in einem sog streitigen Verfahren des FGG möglich und nach § 98 zu beurteilen.
**„Gericht soll entscheiden":** Rn 30 „Anrufung des Gerichts". 39
**Gesamtkosten:** Die Übernahme der „gesamten Kosten des Rechtsstreits" ergreift grds die gesamten Kosten 40
aller Instanzen, Hamm Rpfleger **89**, 522, Kblz MDR **87**, 857, aM Ffm BB **80**, 1720 (diese Vereinbarung erfasse nicht ohne weiteres die Gerichtskosten einer auch im Kostenpunkt rechtskräftig entschiedenen Berufung gegen ein vorangegangenes Grundurteil), Schlesw SchlHA **82**, 61. Die „Gesamtkosten des Rechtsstreits" erfassen im Zweifel auch die Kosten des gerichtlichen wie außergerichtlichen Vergleichs, Düss MDR **99**, 119, denn diese dienen ja der Beendigung des Rechtsstreits. Anders wäre die bloße Übernahme der „Kosten" (statt „Gesamt-"Kosten) zu beurteilen, weil § 98 ja gerade zwischen den Kosten des Vergleichs und den (übrigen) Kosten des durch Vergleich erledigten Rechtsstreits unterscheidet. Indessen muß man auch bei Übernahme (nur) der „Kosten" eine Auslegung vornehmen.
**Gutachten:** Die Erstattungsfähigkeit der Kosten eines Parteigutachtens ist mangels anderweitiger Absprachen nicht schon infolge des Vergleichs ausgeschlossen, LG Brschw MDR **79**, 320.
**Hauptsache:** Wenn die Parteien einen Vergleich ausdrücklich nur über die Hauptsache abschließen, ohne 41
zu den Kosten irgend etwas zu sagen, muß man durch Auslegung ermitteln, ob sie trotzdem in Wahrheit auch eine Kostenregelung getroffen haben; falls das nicht der Fall ist, sind durch die Hilfsregelung des § 98 die Kosten als gegeneinander aufgehoben anzusehen. Die Parteien mögen auch einen Vergleich nur zur Hauptsache abgeschlossen und eine Kostenregelung nach § 98 ausdrücklich oder erkennbar ausgeschlossen haben. Dann kann § 91 a anwendbar sein, obwohl er an sich nachrangig ist, dazu BGH **LM** § 91 a Nr 30, Mü JB **83**, 1882. Denn die Parteien haben dann insofern „etwas anderes vereinbart", Bre OLGZ **89**, 101 (es läßt im Rahmen von § 91 a den Vergleich maßgebend sein), Ffm GRUR **88**, 645, Karlsr FamRZ **96**, 1335, aM Bbg MDR **80**, 60, RoSGo § 87 II 4, StJL **7**, 60.
 S auch Rn 30 „Anrufung des Gerichts", Rn 37, 43.
**Höhere Gebühren:** Wenn der Vergleich eine Erstattung anderer oder höherer als der gesetzlichen Anwaltsgebühren vorsieht, dann ist diese Regelung nur insofern beachtlich, als die Vereinbarung nach § 3 BRAGO wirksam geworden ist, Kblz Rpfleger **77**, 107. Dann aber ist die Vereinbarung auch für das Kostenfestsetzungsverfahren maßgeblich, KG Rpfleger **90**, 224.
**Klagerücknahme:** Vgl Rn 10. 42
**Kostenschuldner:** Rn 51 „Staatskasse".
**Kostenübernahme:** Soweit eine Partei im außergerichtlichen oder Prozeßvergleich „die Kosten des 43
Prozesses" übernimmt, schließt diese Bereitschaft die Übernahme der Vergleichskosten grds ein, Mü MDR **97**, 787, erst recht bei ausdrücklicher Mitübernahme auch außergerichtlicher Vergleichskosten, Brdb MDR **99**, 188. Natürlich muß man die Vereinbarung nach ihren Gesamtumständen auslegen, Karlsr MDR **88**, 1063 Nr 81. Immerhin meint die Übernahme der Kosten des Prozesses die Vergleichskosten wohl meist selbst dann, wenn der Vergleich Gegenstände umfaßt, die über diejenigen des Prozesses hinausgehen. Natürlich gelten diese Regeln nur, soweit die Parteien über die Vergleichskosten keine

## § 98

besondere (ausdrückliche oder stillschweigende) ja vorrangige Regelung getroffen haben, Bbg AnwBl **89**, 111.

S auch Rn 8, Rn 30 „Anrufung des Gerichts", Rn 40 „Gesamtkosten", Rn 41 „Hauptsache".

**44 Nachverfahren:** Rn 53 „Urkundenprozeß".
**Nebenintervention:** Rn 51 „Streithelfer".

**45 Notwendige Kosten:** Soweit kein eindeutiger abweichender Parteiwille erkennbar ist, bezieht sich eine Kostenvereinbarung grds nur auf die notwendigen, also zu erstattenden Kosten im Sinn des § 91 Rn 28, aber natürlich auch auf alle solche Kosten, BPatG GRUR **82**, 485, Ffm MDR **83**, 760, KG MDR **79**, 408, strenger LAG Hbg MDR **87**, 962. Diese Regelung gilt unabhängig davon, ob und wieweit den Parteien die Kosten schon bei Vergleichsabschluß bekannt sind. Im übrigen können die Parteien die Frage, welche Kosten als „notwendig" anzusehen sind, bindend regeln, KG Rpfleger **90**, 224.

**46 Parteiwille:** Man muß stets zunächst prüfen, ob und inwieweit die Parteien die Kosten des Vergleichs und/oder die übrigen Prozeßkosten regeln wollten, Rn 22. Dabei ist eine weite Auslegung erforderlich, Rn 25. Das gilt beim gerichtlichen wie beim außergerichtlichen Vergleich, Rn 16.

**47 Prozeßkostenhilfe:** Im Fall einer Prozeßkostenhilfe ist ein Kostenvergleich mit Wirkung gegen die Staatskasse zulässig, soweit er nicht die Staatskasse schädigen soll und vor der Rechtskraft der Kostenentscheidung zustande kommt, LG Köln AnwBl **84**, 624.

S auch Rn 51 „Staatskasse".

**Prozeßvergleich:** Rn 16.
**48 Rechtskraft:** Rn 20.
**Rechtsmittelrücknahme:** Rn 10. Soweit das Rechtsmittel vor dem Vergleichsabschluß zurückgenommen worden war, kann die Vergleichsregelung über die Kosten „des Rechtsstreits einschließlich des Vergleichs" das Rechtsmittelverfahren umfassen, Kblz JB **91**, 116.
**Rücknahme:** Rn 48 „Rechtsmittelrücknahme".

**49 „Sämtliche Kosten":** Rn 40 „Gesamtkosten".
**Säumniskosten:** Die Übernahme der „Kosten des Rechtsstreits" bezieht sich zwar auf alle notwendigen Kosten, s dort, nicht aber grds auch auf Kosten einer Säumnis, aM Düss MDR **80**, 233, Mü Rpfleger **79**, 345 (aber der Gegner des Säumigen will im Zweifel auch nicht mehr, als durch den Prozeß wirklich bedingt, von den Kosten des Gegners auch nur mitübernehmen).
**Scheidungsfolgesache:** Rn 7.
**Scheidungssache:** Rn 6.

**50 Selbständiges Beweisverfahren:** Wenn eine Partei, die an einem den Streitgegenstand betreffenden vorprozessualen Beweisverfahren nicht beteiligt war, zusammen mit dem damaligen Antragsgegner durch einen Vergleich in Kenntnis der damaligen Kosten jetzt die „Kosten des Rechtsstreits" übernimmt, dann umfaßt diese Übernahme auch die Kosten jenes Beweisverfahrens, Ffm VersR **81**, 265. Im übrigen ist die Kostenvereinbarung wie sonst dahin zu prüfen, ob ihre Auslegung ergibt, daß die Kosten eines vorprozessualen Beweisverfahrens in ihr erfaßt sind, Hamm MDR **94**, 1051, Kblz AnwBl **98**, 562, Mü Rpfleger **94**, 227, aM Hbg MDR **86**, 591, Nürnb MDR **98**, 862. Die Vereinbarung der Aufhebung der Kosten gegeneinander bedeutet, daß man gegnerische außergerichtliche Beweiskosten nicht übernimmt, Ffm JB **83**, 1875. Die Kosten eines erst im Prozeß durchgeführten Beweisverfahrens zählen ohnehin zu den Prozeßkosten, § 91 Rn 193.

**51 Staatskasse:** Für die Haftung der Staatskasse gegenüber gelten auch hier die allgemeinen Grundsätze, Üb 16 vor § 91. Die Übernahme (auch) der Kosten kann eine Haftung als Übernahmeschuldner nach § 54 Z 2 GKG auslösen und den Schutz des § 58 II 2 GKG wegfallen lassen, Hartmann Teil I § 58 GKG Rn 22 mwN. Ein Vergleich wirkt gegenüber der Staatskasse, soweit er sie nicht benachteiligt, LG Köln AnwBl **84**, 624 (Prozeßkostenhilfe).
**Streitgenossen:** Vgl zunächst § 100. Bei einer Teilübernahme durch Streitgenossen mit demselben Anwalt sind meist nicht fiktive, sondern tatsächliche Kosten gemeint, Mü AnwBl **86**, 542. Die vereinbarte Quote bildet die Obergrenze, Mü MDR **93**, 804.
**Streithelfer:** Nach der ausdrücklichen Regelung in § 101 I Hs 1, die gegenüber § 98 Vorrang hat, Rn 1, gilt für die durch eine Nebenintervention verursachten Kosten gerade dann die dortige Sonderregelung (Auferlegung zu Lasten des Gegners der Hauptpartei); vgl die dortigen Anm. Freilich hat ein Vergleich auch dann Vorrang, Rn 22, § 101 Rn 23, 25, Karlsr MDR **97**, 401, Köln RR **95**, 1215, Nürnb MDR **95**, 533.
**Streit über den Vergleich:** Ein Streit über die nach einem Prozeßvergleich zu erstattenden Kosten ist im Weg einer Fortsetzung des Prozesses zu entscheiden, Köln Rpfleger **87**, 430 und OLGZ **87**, 470, aM ThP 3 (es sei ein neuer Prozeß notwendig). Es kann dann ein lediglich feststellender Beschluß ergehen, Bergerfurth NJW **72**, 1840. Die vorstehende Regelung gilt auch für die Übernahme der Kosten eines außergerichtlichen Vergleichs, soweit das Gericht nicht darüber im Prozeß rechtskräftig entschieden hat, etwa nach § 269.

**52 Teilübernahme:** Bei einer Teilübernahme durch Streitgenossen mit demselben Anwalt sind meist nicht fiktive, sondern tatsächliche Kosten gemeint, Mü AnwBl **86**, 542.

S auch „Teilurteil", „Teilvergleich".

**Teilurteil:** Die Übernahme der Kosten „des Rechtsstreits" kann auch die Kosten eines bereits rechtskräftigen Teilurteils umfassen, insofern aM Mü MDR **82**, 760 (für den Fall der Kostenteilung).
**Teilvergleich:** Im Fall eines Vergleichs nur über einen Teil des Streitgegenstands gilt nur S 1, es sei denn, es gehe jetzt in Wahrheit um den gesamten restlichen Streitgegenstand, Zweibr OLGZ **83**, 80.

**53 Übernahme:** Die Übernahme irgendwelcher Kosten ist als Kostenvereinbarung auszuwerten. Vgl bei den einzelnen weiteren Stichworten.
**Übernahmeschuldner:** Rn 51 „Staatskasse".
**Übersteigender Streitwert:** Rn 44.
**Unterhaltsverzicht:** Beim Unterhaltsverzicht der Eheleute wendet Brschw NdsRpfl **70**, 10 den § 98 an.

Vgl im übrigen Rn 7.

5. Titel. Prozeßkosten § 98

**Urkundenprozeß:** Im Urkundenprozeß mit einem Nachverfahren meint eine Übernahme „der Kosten des Rechtsstreits" meist die gesamten Kosten des ja als einheitlich geltenden Verfahrens, Hamm Rpfleger **75**, 322.
**Verkehrsanwalt:** Wegen der Übernahme von Kosten des Verkehrsanwalts § 91 Rn 261, Düss MDR **99**, 54 119 (sie kann in der Übernahme „sämtlicher Kosten" stecken).
**Versorgungsrechtlicher Anspruch:** Rn 7.
**Verweisung:** Die Übernahme der Kosten „des Rechtsstreits" bezieht sich meist wohl auch auf solche 55 Kosten, die nach § 281 III 2 entstanden sind, dort Rn 56, Düss MDR **99**, 568, Ffm Rpfleger **88**, 79, Karlsr MDR **88**, 1063, aM Bre JB **87**, 285, Köln Rpfleger **87**, 430, Zweibr MDR **96**, 972.
**Zwangsvollstreckung:** Die Übernahme der Kosten „des Rechtsstreits" bezieht sich nicht stets auch auf die 56 Kosten einer Zwangsvollstreckung, § 788 Rn 45, KG Rpfleger **81**, 410, Karlsr MDR **96**, 971.
**Zwischenvergleich:** Auch bei ihm kann § 98 anwendbar sein; auch bei ihm kann eine „andere Vereinbarung" vorliegen, Kblz JB **91**, 120.

**8) Kostenfolgen: Hilfsweise „Aufhebung der Kosten gegeneinander", S 1, 2.** Soweit die Parteien 57 keine „andere Vereinbarung" getroffen haben, Rn 21 ff, sind die Kosten „als gegeneinander aufgehoben anzusehen", Naumbg RR **96**, 1216. Das gilt sowohl wegen der Kosten des Vergleichs, S 1, als auch wegen der noch nicht rechtskräftig ausgeurteilten Kosten des durch diesen Vergleich beendeten Rechtsstreits, S 2.

**A. Rechtsnatur: Kostenfolge kraft Gesetzes.** Die mangels Vereinbarung vorgesehene Kostenfolge der 58 Aufhebung gegeneinander tritt unmittelbar kraft Gesetzes ein, ebenso wie zB bei § 269 III 2 im Fall der Klagerücknahme. Das ergibt sich bei genauer Prüfung schon des Wortlauts. Denn während zB § 92 I 1 davon spricht, daß die Kosten gegeneinander „aufzuheben sind", setzt § 98 S 1 fest, daß die Kosten als gegeneinander „aufgehoben anzusehen sind". Das ist auch sinnvoll. Denn die Vorschrift erfaßt ja die Kostenfolgen eines Vergleichs zur Hauptsache. Er bedarf zwar der mitverantwortlichen Protokollierung durch das Gericht, soweit es sich um einen Prozeßvergleich handelt; maßgebend ist aber letztlich der Parteiwille und nicht derjenige des Gerichts. Daher bleibt kein Raum für eine „Entscheidung" über die Kosten, auch nicht nach § 308 II. Soweit nun der Vergleich nicht auch eine Kostenvereinbarung enthält, soll § 98 die Kostenabwicklung doch vor allem erleichtern und vereinfachen, Rn 2. Dies geschieht am besten durch Unterstellung (Fiktion) eines Parteiwillens, denn dadurch wird ebenfalls eine zusätzliche Entscheidung des Gerichts überflüssig.

Daher bedarf es gerade beim Fehlen einer Kostenvereinbarung weder zu den Vergleichskosten noch zu den Prozeßkosten keines Kostenausspruchs durch das Gericht. Während § 269 III 3 immerhin vorsieht, daß das Gericht auf Antrag des Bekl die kraft Gesetzes eingetretene dortige Kostenfolge durch Beschluß ausspricht, ist eine entsprechende Regelung im § 98 nicht erfolgt. Das bedeutet: Das Gericht ist auch auf Antrag einer Partei *nicht verpflichtet*, die Aufhebung der Kosten gegeneinander auch nur bestätigend (deklaratorisch) auszusprechen. Einem solchen Antrag fehlt ein Rechtsschutzbedürfnis; er wäre allenfalls als unzulässig zurückzuweisen. Es ist zumindest zweifelhaft, ob das Gericht unter diesen Umständen überhaupt berechtigt wäre, eine derartige Bestätigung vorzunehmen, sei es von Amts wegen, sei es auf Antrag. Sie würde ja eine Kostengrundentscheidung im Sinn von §§ 103 ff ZPO schaffen. Auch § 308 II berechtigt nicht zu solcher Maßnahme, soweit für diese kein Rechtsschutzbedürfnis nach Grdz 33 vor § 253 besteht. Wenn freilich das Gericht einen solchen Ausspruch getan *hat*, ist diese Kostengrundentscheidung im Festsetzungsverfahren ebenso wie andere Entscheidungen zu beachten.

**B. Begriff der Kostenaufhebung.** Obwohl § 98 den §§ 91 ff grundsätzlich vorgeht, Rn 1, ist natürlich 59 mit der „Aufhebung gegeneinander" dasselbe wie im § 92 I 2 gemeint. Die Gerichtskosten fallen also jeder Partei zur Hälfte zur Last, jede Partei trägt ihre außergerichtlichen Kosten selbst, § 92 Rn 40, LAG Mü AnwBl **88**, 72. Das gilt dann für die Kosten des Vergleichs wie für die Kosten des durch ihn beendeten Prozesses. Voraussetzung ist nur, daß die Hauptsache gleichzeitig mit dem Prozeßvergleich voll erledigt (beendet) ist.

**C. Teilweise Kostenaufhebung.** Soweit nur ein Teilvergleich vorliegt, also ein Vergleich über nur einen 60 Teil des jetzt noch anhängigen Streitgegenstands, kommt es wiederum zunächst auf eine etwaige Kostenvereinbarung an, Rn 52 „Teilvergleich". Nur soweit diese fehlt, sind die Kosten in dem Umfang dieses Teilvergleichs zur Hauptsache als gegeneinander aufgehoben anzusehen. Über den streitigen Rest ist dann je nach dem Ausgang des Prozesses gem § 91 ff zu entscheiden, wie sonst. Nur wenn der Teilvergleich bereits den Rest einer irgendwie anderweitig (zB durch früheren ersten Teilvergleich, durch teilweise Klagrücknahme, § 269 Rn 9, durch teilweise übereinstimmende wirksame Erledigterklärungen, § 91 a Rn 202, usw) ausgeschiedenen Streitgegenstands erfaßt, bleibt es bei der kraft Gesetzes eintretenden hilfsweisen Kostenfolge nach § 98.

**9) Verfahrensfragen, S 1, 2.** Wie in Rn 58 dargelegt, ist mangels Kostenvereinbarung die Aufhebung 61 gegeneinander kraft Gesetzes eingetreten; es kommt grundsätzlich insofern keine „Entscheidung" mehr in Betracht. Im übrigen ist § 98 im Kostenfestsetzungsverfahren, §§ 103 ff, zu beachten. Insbesondere muß bereits der Rpfl dort den Vergleich und die etwa gesonderte Kostenvereinbarung vorrangig beachten und zu diesem Zweck auch im Fall einer Unklarheit oder Widersprüchlichkeit ebenso wie eine derartige Kostengrundentscheidung auslegen, Einf 19 vor §§ 103–107. Denn auch ein Vergleich ist ja ein zur Kostenfestsetzung geeigneter Vollstreckungstitel, soweit es sich um einen Prozeßvergleich im Sinn von § 794 I Z 1 handelt, § 103 Rn 4 ff; da § 98 auch auf den außergerichtlichen Vergleich nach § 779 BGB entsprechend anwendbar ist, Rn 8, 9, muß das hier auch für die Kostenfestsetzung entsprechend gelten. Soweit eine Auslegung stattfinden muß, hat das Gericht den davon etwa Benachteiligten unter angemessener Fristsetzung anzuhören, Art 103 I GG; zuständig ist die in § 104 Genannten. Für den Kostenfestsetzungsbeschluß, seine Mitteilung, Vollstreckbarkeit gelten §§ 103 ff.

## §§ 98, 99

**62** **10) Rechtsmittel, S 1, 2.** Soweit das Gericht trotz einer Kostenvereinbarung oder wegen ihres angeblichen oder wirklichen Fehlens eine Entscheidung über die Kosten des gerichtlichen und/oder außergerichtlichen Vergleichs oder der übrigen Kosten jenes Rechtsstreits getroffen hat, liegt nun einmal eine – vorausgesetzt: äußerlich wirksame – Entscheidung vor, mag sie auch mangelhaft sein, vgl Üb 19 vor § 300, evtl in Verbindung mit § 329. § 98 sieht, anders als der vergleichbare § 269 III, zwar nicht ausdrücklich vor, wie weit die Entscheidung anfechtbar sei, da sie eben überhaupt nicht vorgesehen ist. Indessen gelten die allgemeinen Regeln zur Anfechtbarkeit einer mangelhaften Entscheidung, Kblz JB **91**, 263. Freilich ist § 99 zu beachten, Nürnb MDR **97**, 974. Ein Verzicht auf eine Begründung einer Kostenentscheidung kann als Rechtsmittelverzicht nach §§ 514, 566 anzusehen sein, Brdb MDR **95**, 743. Soweit im Kostenfestsetzungsbeschluß § 98 entweder durch Anwendung der dort festgestellten Kostenvereinbarung oder durch Anwendung der hilfsweisen gesetzlichen Kostenaufhebung beachtet oder fälschlich bzw gar nicht beachtet ist, gelten die Regeln zur Anfechtung des Kostenfestsetzungsbeschlusses; vgl bei § 104.

**63** **11) VwGO:** Es gilt § 160 VwGO, der inhaltlich § 98 entspricht.

## 99 Anfechtung einer Kostenentscheidung.

**I** Die Anfechtung der Entscheidung über den Kostenpunkt ist unzulässig, wenn nicht gegen die Entscheidung in der Hauptsache ein Rechtsmittel eingelegt wird.

**II** ¹Ist die Hauptsache durch eine auf Grund eines Anerkenntnisses ausgesprochene Verurteilung erledigt, so findet gegen die Entscheidung über den Kostenpunkt sofortige Beschwerde statt. ²Vor der Entscheidung über die Beschwerde ist der Gegner zu hören.

**Schrifttum:** *Heintzmann,* Die Anfechtung der gemischten Kostenentscheidung, Festschrift für *Baumgärtel* (1990) 137.

### Gliederung

| | |
|---|---|
| 1) Systematik, I, II ............... 1, 2 | 10) „Hauptsache ... ist erledigt": Beendigung der Vorinstanz, II 1 ...... 40 |
| 2) Regelungszweck, I, II ......... 3 | 11) „Sofortige Beschwerde", II 1 ...... 41–44 |
| 3) Sachlicher Geltungsbereich, I, II ..... 4–21 |   A. Begriff ........................ 41 |
|   A. Grundsatz: Anfechtbarkeit der Kostenentscheidung ................ 4 |   B. Sofortige Beschwerde muß überhaupt statthaft sein ........... 42 |
|   B. Beispiele zur Frage des sachlichen Geltungsbereichs .......... 5–21 |   C. Rechtsmittel zur Hauptsache muß statthaft sein ........... 43 |
| 4) Persönlicher Geltungsbereich, I, II ... 22–26 |   D. Notwendigkeit einer Beschwer ... 44 |
|   A. Parteien ........................ 22 | 12) „Vor der Entscheidung ... ist der Gegner zu hören", II 2 ......... 45 |
|   B. Vertreter ........................ 23 | 13) Teilanerkenntnis und sonstige Mischfälle, I, II ........................ 46–58 |
|   C. Streitgenossen ................ 24 |   A. Grundsatz: Anfechtbarkeit ...... 46 |
|   D. Streithelfer .................... 25 |   B. Notwendigkeit einfacher und klarer Kostenentscheidung .......... 47 |
|   E. Dritter ........................ 26 |   C. Teilurteil ohne Kostenentscheidung .. 48, 49 |
| 5) „Anfechtung der Entscheidung über den Kostenpunkt", I, II ............ 27–29 |   D. Teilurteil in der Sache, Schlußurteil über die Hauptsache und die Kosten .. 50 |
|   A. Begriff der Kostenentscheidung .... 27 |   E. Teilurteil in der Sache, Schlußurteil nur über die Kosten ............ 51 |
|   B. Begriff der Anfechtung: Rechtsmittel ............ 28 |   F. Teilanerkenntnisurteil ohne Kostenentscheidung, Schlußurteil über den Rest und alle Kosten oder alles in einem Urteil .......... 52 |
|   C. Teilurteil usw ohne Kostenentscheidung .................... 29 |   G. Anerkenntnisurteil und gleichzeitiges streitiges Schlußurteil ............ 53 |
| 6) Kostenentscheidung „ist unzulässig": Statthaftigkeitsprüfung, I .......... 30 |   H. Streitiges Teilurteil, Schlußurteil über sämtliche Kosten ................ 54 |
| 7) Unzulässigkeit, „wenn nicht ... ein Rechtsmittel eingelegt wird": Zulässigkeitsprüfung zur Hauptsache, I ........ 31–34 |   I. „Schlußurteil", in Wahrheit Teilurteil mit Kostenentscheidung ............ 55 |
|   A. Notwendigkeit der Zulässigkeitsprüfung ............ 31 |   J. Prozeßvergleich über den Rest ...... 56 |
|   B. Notwendigkeit einer Beschwer in der Hauptsache .................... 32 |   K. Rücknahme des Rests nebst Anerkenntnis- Schlußurteil über die Kosten des erledigten Teils .......... 57 |
|   C. Notwendigkeit einer Beschwer im Kostenpunkt .................... 33 |   L. Versäumnisurteil, Einspruch nur zu den Kosten, streitiges Kostenurteil .... 58 |
|   D. Keine weitere Prüfung zur Hauptsache .......... 34 | 14) Weitere Verfahrensfragen, I, II ...... 59 |
| 8) „Entscheidung in der Hauptsache", I . 35, 36 | 15) Verstoß, I, II ........................ 60 |
|   A. Begriff ........................ 35 | 16) Verfassungsbeschwerde, I, II ........ 61 |
|   B. Erledigung der Hauptsache ........ 36 | 17) VwGO ........................ 62 |
| 9) „Verurteilung auf Grund eines Anerkenntnisses", II ................ 37–39 | |
|   A. Begriff des Anerkenntnisses ........ 37 | |
|   B. Wirksamkeitsprüfung ............ 38 | |
|   C. Streitiges Urteil genügt ............ 39 | |

**1** **1) Systematik, I, II.** Die Vorschrift stellt eine in I erhebliche Einschränkung der sonstigen Regeln zur Statthaftigkeit eines Rechtsmittels dar. Ohne I würde die Anfechtung der Kostenentscheidung nur den allgemeinen Vorschriften für Rechtsmittel unterliegen. Insofern ist I eine Ausnahmevorschrift. Sie enthält nicht etwa einen gleichberechtigten weiteren Grundsatz. Sie enthält ja überhaupt keine abschließende Regelung der Voraussetzungen eines Rechtsmittels: Soweit es nach § 99 statthaft ist, muß man seine Statthaftigkeit, Zulässigkeit und Begründetheit nach den allgemeinen Regeln wie sonst zusätzlich prüfen.

5. Titel. Prozeßkosten **§ 99**

Aus dem Ausnahmecharakter von I folgt die Notwendigkeit seiner *engen Auslegung*. Das ergibt auch die **2** erhebliche Zahl der Fälle, in denen die Anfechtung der Kostenentscheidung eben doch zulässig ist, Düss NJW **72**, 1955, Hbg MDR **76**, 674, aM Mü GRUR **85**, 327, Oldb MDR **76**, 674.
Demgegenüber stellt *II 1* eine „Ausnahme von der Ausnahme" dar: in seinem Umfang ist (unter den weiteren allgemeinen Voraussetzungen) ein nur gegen die Kostenentscheidung gerichtetes Rechtsmittel statthaft. Daher ist II an sich als Rückkehr zum Grundsatz der Anfechtbarkeit *weit auslegbar*. Freilich sind seine Grenzen ziemlich klar gezogen, und eine entsprechende Anwendbarkeit muß immerhin von Fall zu Fall sorgfältig geprüft werden, vgl § 925 Rn 11 (Kostenwiderspruch).
**2) Regelungszweck, I, II.** Die Vorschrift dient in *I* der Prozeßwirtschaftlichkeit, Grdz 14 vor § 128. **3** Das Rechtsmittelgericht soll nicht nur wegen der Kostenfrage tätig werden müssen, Hamm MDR **85**, 590, Köln RR **97**, 707, Schneider MDR **87**, 723. I nimmt zur Erreichung dieses Ziels bewußt eine wenn auch evtl erhebliche Kostenungerechtigkeit gegenüber einer Partei in seinen engen Grenzen, Rn 1, in Kauf. Demgegenüber dient *II* der Vermeidung allzu ungerechter Kostenentscheidungen in den Fällen, in denen anders als bei I eine Anfechtung der Hauptsache praktisch nicht in Betracht kommt, weil der Bekl ja insofern anerkannt hat. Daraus kann man allgemein ableiten: Sofern nur eine Kostenanfechtung überhaupt in Betracht kommt, soll sie auch statthaft sein. Dieser Gedanke kommt in zahlreichen Einzelbeispielen aus der Praxis zum Ausdruck, Rn 5 ff.
**3) Sachlicher Geltungsbereich, I, II.** Einem Grundsatz stehen manche Ausnahmen gegenüber. **4**
**A. Grundsatz: Anfechtbarkeit der Kostenentscheidung.** Da I als Ausnahme eng, II als Rückkehr zum Grundsatz weit auszulegen sind, Rn 2, ist im Zweifel eine auf den Kostenpunkt beschränkte Anfechtung insofern statthaft. Freilich muß man die übrigen Voraussetzungen der Statthaftigkeit, Zulässigkeit und Begründetheit eines Rechtsmittels wie sonst prüfen.
**B. Beispiele zur Frage des sachlichen Geltungsbereichs** **5**
**Ablehnung einer Kostenentscheidung:** Soweit das Gericht es abgelehnt hat, überhaupt eine Kostenentscheidung zu treffen, muß man zunächst prüfen, ob (kaum) ein Antrag auf Ergänzung nach § 321 sinnvoll ist. Falls nicht, ist ein Kostenrechtsmittel jedenfalls nicht wegen I unstatthaft. Denn es liegt in Wahrheit noch gar keine „Entscheidung über den Kostenpunkt" vor. Dasselbe gilt, soweit das Gericht es einfach unterlassen hat, eine Kostenentscheidung zu treffen, Zweibr FamRZ **97**, 622. Insofern mag es allerdings zusätzlich zunächst nötig sein, einen Berichtigungsantrag nach § 319 zu stellen, BGH KTS **87**, 738, Köln FamRZ **95**, 379, Zweibr MDR **90**, 253.
**Anerkenntnis:** Rn 37–58.
**Anschlußrechtsmittel:** Mit einem bloßen selbständigen oder unselbständigen Anschlußrechtsmittel kann man auch eine auf den Kostenpunkt beschränkte Anfechtung vornehmen.
**Arrest, einstweilige Verfügung:** Die Vorschrift gilt auch im Verfahren auf den Erlaß eines Arrests oder einer einstweiligen Verfügung. II ist bei einem auf die Kostenfrage beschränkten Widerspruch trotzdem unanwendbar, Mü WettbR **96**, 140, und zwar schon deshalb, weil der Widerspruch mangels Anfallwirkung, Grdz 3 vor § 511, überhaupt kein Rechtsmittel ist, Rn 27, § 925 Rn 11.
**Berichtigung:** Rn 8 „Ergänzung der Hauptsacheentscheidung". **6**
**Beschluß:** § 99 ist auf einen Beschluß entsprechend anwendbar, soweit nicht eine Beschwerde nur eine Ergänzung der fehlenden Kostenentscheidung bezweckt.
**Bloße Kostenentscheidung:** Soweit die angefochtene Entscheidung überhaupt nur zum Kostenpunkt ergangen ist, nicht auch zur Hauptsache, scheitert ein Rechtsmittel zum Kostenpunkt jedenfalls nicht an I, denn dieser setzt eine Entscheidung auch zur Hauptsache voraus, Kblz WRP **78**, 665, Köln OLGZ **87**, 470, Teplitzky DRiZ **82**, 45, aM Mü GRUR **85**, 327, Zweibr FamRZ **83**, 1154.
S auch Rn 5 „Arrest, einstweilige Verfügung", Rn 9 „Finanzgericht".
**Dritter:** Rn 25. **7**
**Einspruch:** Er ist wie sonst zulässig. Denn er stellt mangels Anfallwirkung, Grdz 3 vor § 511, überhaupt **8** kein Rechtsmittel und daher auch keine „Anfechtung" im Sinn von I dar.
**Einstweilige Anordnung:** § 99 ist auch im Verfahren über eine einstweilige Anordnung anwendbar. S auch Rn 5 „Ablehnung einer Kostenentscheidung".
**Einstweilige Verfügung:** Rn 5 „Arrest, einstweilige Verfügung".
**Ergänzung der Hauptsacheentscheidung:** Soweit es nur um einen Antrag auf eine Berichtigung nach §§ 319 ff geht, liegt kein Rechtsmittel und daher auch keine „Anfechtung" im Sinn von I vor. Daher ist der Antrag auch bei Beschränkung auf die Kostenfrage nicht schon wegen I unstatthaft, Zweibr FamRZ **83**, 621. Das gilt unabhängig davon, ob der Antrag nach §§ 319 ff zulässig ist. § 99 ist auch im Fall der Anfechtung einer Entscheidung nach § 321 anwendbar, Zweibr FamRZ **83**, 621.
**Erinnerung:** Die Statthaftigkeit einer auf den Kostenpunkt beschränkten Erinnerung ist von § 99 unabhängig. Denn die Erinnerung ist mangels Anfallwirkung, Grdz 3 vor § 511, kein Rechtsmittel und stellt daher keine „Anfechtung" im Sinn von I dar, Rn 27. Beim Rpfl gilt § 11 RPflG, vgl § 104 Rn 41 ff.
**Erledigung der Hauptsache:** Rn 36.
**Freiwillige Gerichtsbarkeit:** II ist unanwendbar, Köln RR **97**, 707.
**Finanzgericht:** Gegen eine bloße Kostenentscheidung des Finanzgerichts ist keine Beschwerde statthaft, **9** BFH BB **76**, 1111.
S auch Rn 6 „Bloße Kostenentscheidung".
**Greifbare Gesetzwidrigkeit:** Rn 19 „Unzulässige Kostenentscheidung". **10**
**Isolierte Kostenentscheidung:** Rn 5 „Arrest, einstweilige Verfügung", Rn 6 „Bloße Kostenentschei- **11** dung".
**Klagerücknahme:** Im Fall einer Klagerücknahme ist § 99 unanwendbar. Denn die dann eintretende **12** Kostenfolge ergibt sich aus dem vorrangigen § 269 III, § 91 Rn 17, Stgt RR **97**, 1222.
**Kostenwiderspruch:** § 925 Rn 11.
S auch Rn 5 „Arrest, einstweilige Verfügung".

## § 99

**13 Mischfälle:** Rn 46 ff.
**14 Nebenforderung:** Die Entscheidung über eine Nebenforderung zählt zur Entscheidung „in der Hauptsache", Rn 32.
**15 Prozeßfähigkeit:** Rn 19 „Unzulässige Kostenentscheidung".
**Prozeßkostenhilfe:** § 118 Rn 23.
S auch Rn 19 „Unzulässige Kostenentscheidung".
**Prozeßvergleich:** Rn 56.
**Prozeßvoraussetzung:** Die Entscheidung über eine Prozeßvoraussetzung zählt zur Entscheidung „in der Hauptsache", Rn 35.
**16 Rechtsbehelf:** Auf den bloßen Rechtsbehelf ist § 99 unanwendbar. Denn er ist mangels Anfallwirkung, Grdz 3 vor § 511, kein Rechtsmittel, Rn 28. Beim Rpfl gilt § 11 RPflG, vgl § 104 Rn 41 ff.
**Reine Kostenentscheidung:** Rn 6 „Bloße Kostenentscheidung".
**Restkosten:** Rn 56.
**17 Sachlichrechtlicher Ersatzanspruch:** Die Entscheidung über einen solchen Anspruch, Üb 43 vor § 91, ist Teil der Entscheidung „in der Hauptsache", Rn 35.
**Schlußurteil:** Rn 46 ff.
**18 Teilurteil:** Rn 46 ff.
**19 Unterlassung der Kostenentscheidung:** Rn 5.
**Unzulässige Kostenentscheidung:** Soweit das Gericht eine nach dem Gesetz völlig unzulässige, also „greifbar gesetzwidrige" Kostenentscheidung erlassen hat, ist § 99 unanwendbar, vgl zB § 494 a Rn 16. Denn es kann nicht sein Zweck sein, der damit belasteten Partei auch in einem so krassen Fall nur zwecks Arbeitsentlastung der Gerichte eine solche Kostenungerechtigkeit aufzuerlegen. Die völlig unhaltbare Kostenentscheidung ist also nicht schon wegen § 99 unanfechtbar; die Statthaftigkeit, Zulässigkeit und Begründetheit eines bloßen Kostenrechtsmittels ist nach den übrigen Rechtsmittelvorschriften zu prüfen, BGH MDR **97**, 1066, Karlsr FamRZ **97**, Kblz VersR **92**, 634, aM Kblz MDR **85**, 852 (beim Übersehen oder bei der fälschlichen Heranziehung von Kostenvorschriften sei § 99 anwendbar. Aber wie will man eindeutig abgrenzen?).
**20 Verfassungsbeschwerde:** Rn 60.
**Versäumnisurteil:** Rn 46 ff.
**Verweisung:** Soweit in der verweisenden Entscheidung fälschlich eine Kostenentscheidung wegen der durch die Verweisung entstandenen Kosten enthalten ist, gelten die Regeln zur „unzulässigen Kostenentscheidung", Rn 19. Soweit das Gericht richtigerweise in der Verweisungsentscheidung nicht über die Verweisungskosten befunden hat, gilt für sie § 281 III. Soweit man die in der Kostenentscheidung des Schlußteils usw nach jener Vorschrift behandelten Kosten angreift, gelten die Regeln nach § 99 wie sonst, vgl im einzelnen § 281 Rn 58, 59.
**Vollstreckbarkeit:** Die Entscheidung über die vorläufige oder endgültige Vollstreckbarkeit ist eine solche „in der Hauptsache", Rn 35.
**21 Wiederaufnahme:** § 99 gilt auch im Wiederaufnahmeverfahren. Denn es ähnelt einem Rechtsmittel in der Hauptsache vielfach.
**22 4) Persönlicher Geltungsbereich, I, II.** Es sind folgende Gruppen zu unterscheiden.
**A. Parteien.** Die Vorschrift erfaßt die Parteien des Rechtsstreits. Der Parteibegriff ist wie stets zu verstehen, Grdz 3 vor § 50. Hierher gehören auch der Prozeßstandschafter, Grdz 26 vor § 50, und der Prozeßgeschäftsführer, Grdz 29 vor § 50. Ein Minderjähriger handelt durch den gesetzlichen Vertreter usw, § 51.
**23 B. Vertreter.** Soweit er nach § 89 persönlich zu den infolge seiner vollmachtlosen Zulassung entstandenen Kosten verurteilt worden ist, ist § 99 unanwendbar. Denn er ist ja nicht auch in der Hauptsache verurteilt worden. Die etwaige Verurteilung zur zusätzlichen Erstattung der infolge seiner vorläufigen Zulassung dem Prozeßgegner seiner Partei entstandenen Schäden, § 89 I 3 Hs 2, ist ja nicht eine Verurteilung in der „Hauptsache" des Prozesses seiner Partei mit ihrem Gegner. Infolgedessen ist die Statthaftigkeit eines Rechtsmittels des Vertreters gegen seine persönliche Verurteilung unabhängig von den Schranken des § 99 wie sonst zu prüfen, BGH NJW **88**, 50.
**24 C. Streitgenossen.** Soweit nicht § 100 vorrangig gilt, ist § 99 grundsätzlich auch auf Streitgenossen im Sinn von §§ 59 ff anwendbar. Allerdings ist ein Streitgenosse, der durch Kosten beschwert wurde, nicht stets auch in der Hauptsache ebenso wie ein anderer Streitgenosse beschwert, kann also in der Hauptsache evtl nicht zulässigerweise ein Rechtsmittel einlegen, Köln VersR **73**, 642. Deshalb mag für ihn auch die Kostenanfechtung an I scheitern, Rn 31.
**25 D. Streithelfer.** Auf den Streithelfer (Nebenintervenienten), § 66, ist § 101 anwendbar. Im übrigen bleibt § 99 anwendbar.
**26 E. Dritter.** Wegen des vorläufig zugelassenen vollmachtlosen Vertreters Rn 23. Im übrigen ist § 99 anwendbar, soweit der Dritte in einem Zwischenstreit zu dessen Partei geworden ist, zB nach §§ 387 ff. In den Fällen, in denen eine Kostenentscheidung nicht zwischen den Parteien des Rechtsstreits oder dieses Zwischenstreits, sondern nur wegen des Rechtsstreits zu Lasten eines Dritten ergangen ist, ist das Kostenrechtsmittel dieses Dritten nicht von § 99 abhängig. Das gilt zB bei §§ 380 III, 409 II, Düss RR **93**, 828.
**27 5) „Anfechtung der Entscheidung über den Kostenpunkt", I, II.** Die Vorschrift begrenzt die Statthaftigkeit einer Anfechtung gerade der Kostenentscheidung.
**A. Begriff der Kostenentscheidung.** I, II meinen mit der „Entscheidung über den Kostenpunkt" diejenige zur prozessualen Kostenpflicht, Üb 26 vor § 91. Eine solche Entscheidung kann auch dann vorliegen, wenn nach Erledigung der Hauptsache die Kosten ihrerseits zur (restlichen oder jetzigen) Hauptsache geworden sind, solange es eben nur um die prozessuale Kostenerstattungspflicht geht, BGH **LM** § 4 Nr 5 und **KR** § 4 Nr 2, Schneider MDR **84**, 265.

*Keine* Kostenentscheidung ist diejenige zur (übrigen) Hauptsache, BGH RR **92**, 315, und diejenige zur sachlichrechtlichen Kostenpflicht, Üb 43 vor § 91. Wegen der Überschneidung der prozessualen und der sachlichrechtlichen Kostenpflicht Üb 47 vor § 91. Vgl im übrigen bei den einzelnen Stichworten Rn 5 ff.

**B. Begriff der Anfechtung: Rechtsmittel.** Unter „Anfechtung" versteht I ein Rechtsmittel, nicht **28** auch einen bloßen Rechtsbehelf. Das ergibt sich aus dem Umstand, daß die Kostenanfechtung nur zusammen mit einem „Rechtsmittel" in der Hauptsache statthaft ist. Zur Abgrenzung der Hauptsacheentscheidung von der Kostenentscheidung Rn 26. Unter „Rechtsmittel" ist dasselbe wie in § 97 zu verstehen, dort Rn 14. Dazu gehören also: Berufung, §§ 51 ff; Revision, §§ 545 ff; Beschwerde, §§ 567 ff; die einem Rechtsmittel ähnliche Wiederaufnahmeklage, §§ 578 ff; eine Ergänzungsentscheidung, Zweibr FamRZ **83**, 621.

*Nicht* zu den Rechtsmitteln zählen mangels Anfallwirkung die Rechtsbehelfe zB des Einspruchs, §§ 338, 700; der sofortigen Erinnerung, zB §§ 104 Rn 69 ff, Stgt Rpfleger **84**, 200; des Widerspruchs, zB nach § 924, dort Rn 1 sowie § 925 Rn 11 (dort zum Streitstand). In diesen Fällen ist also die Statthaftigkeit eines bloßen Kosten-Rechtsbehelfs unabhängig von § 99 zu prüfen. Vgl im einzelnen bei den Stichworten Rn 5 ff.

**C. Teilurteil usw ohne Kostenentscheidung.** Wegen der Fälle, in denen eine Sachentscheidung nicht **29** auch einen Kostenausspruch enthält, also eine Kostenentscheidung (noch) fehlt, Rn 46.

**6) Kostenentscheidung „ist unzulässig": Statthaftigkeitsprüfung, I.** Die Vorschrift spricht zwar **30** davon, daß die Kostenanfechtung evtl „unzulässig" sei, meint aber schon die Unstatthaftigkeit. Diese zählt zwar zur Unzulässigkeit im weiteren Sinn, Grdz 23 vor § 511, besagt aber, daß das Rechtsmittel schon seiner Art nach überhaupt nicht gegeben ist, unabhängig davon, ob es seiner Art nach in der Hauptsache zur Verfügung steht und dort nur von weiteren Zulässigkeitsvoraussetzungen abhängig wäre, etwa von einer Beschwer. Daß es sich in Wahrheit schon um die Statthaftigkeit handelt, ergibt sich indirekt aus den Worten „so findet ... statt" in II 1 für den dortigen (weiteren) Bereich.

**7) Unzulässigkeit, „wenn nicht ... ein Rechtsmittel eingelegt wird": Zulässigkeitsprüfung zur 31 Hauptsache, I.** Voraussetzung der Anfechtbarkeit der Kostenentscheidung nach I ist, daß auch gegen die Entscheidung in der Hauptsache ein Rechtsmittel „eingelegt wird", so in Wahrheit auch BGH RR **91**, 510.

**A. Notwendigkeit der Zulässigkeitsprüfung.** Entgegen dem Wortlaut kommt es nicht nur darauf an, daß das Hauptsache-Rechtsmittel eben tatsächlich eingelegt „wird", sondern daß es auch *zulässigerweise* eingelegt ist. Die Einlegung eines in der Hauptsache unstatthaften oder unzulässigen Rechtsmittels macht die Kostenanfechtung nicht schon nach I statthaft. Andernfalls wären Umgehungen möglich: Man könnte ein zB offensichtlich unzulässiges Hauptsache-Rechtsmittel einlegen, zugleich die Kostenentscheidung anfechten und so deren Überprüfung erzwingen, wenn auch um den Preis der Verwerfung des Hauptsache-Rechtsmittels, falls man es nicht zurücknehmen könnte. Das ist nicht der Sinn des Gesetzes, BGH FamRZ **81**, 451, Düss FamRZ **91**, 351, unklar insofern Düss MDR **90**, 62. Freilich reicht ein bloßer derartiger Verdacht der Umgehung nicht aus, um eine isolierte Kostenanfechtung unzulässig zu machen, krit Schreiber JR **76**, 247. Die Abgrenzung zwischen bloßem Verdacht und eindeutiger Umgehung läßt sich nur nach den Gesamtumständen des Einzelfalls treffen. Dabei ist wegen des bloßen Ausnahmecharakters von I, Rn 1, erst der eindeutige Umgehungsfall schädlich.

**B. Notwendigkeit einer Beschwer in der Hauptsache.** Da es auf die Zulässigkeit des Hauptsache- **32** rechtsmittels ankommt, muß unter anderem eine Beschwer vorliegen, Grdz 13 vor § 511. Sie muß allerdings nur bei Einlegung des Rechtsmittels vorliegen, ein späterer Wegfall schadet regelmäßig nicht, Grdz 23 vor § 511. In der Hauptsache muß eine ausreichende Beschwerdesumme erreicht sein, §§ 511 a, 546 I 1 usw.

**C. Beschwer im Kostenpunkt.** Zusätzlich zur Beschwer in der Hauptsache, Rn 32, muß auch im **33** Kostenpunkt die jeweils gesetzlich vorgeschriebene Beschwer vorliegen, zB nach § 567 II; vgl BGH WertpMitt **82**, 1336, Schlesw SchlHA **78**, 67, LG Duisb JB **83**, 449. Auch hier reicht allerdings das Vorliegen der Beschwerdesumme im Zeitpunkt der Einlegung des Kosten-Rechtsmittels aus. Eine Kostenanfechtung ist zulässig, wenn die Beschwerdesumme durch eine Aufrechnung mit einem Schadensersatzanspruch erreicht wird, nach dem der Kläger die Prozeßkosten der Vorinstanz nach dem sachlichen Recht erstatten müßte, BGH **LM** Nr 12.

**D. Keine weitere Prüfung zur Hauptsache.** Das Gericht darf grundsätzlich nicht prüfen, ob das **34** Hauptsache-Rechtsmittel auch begründet wäre und ob die Partei an der Entscheidung des Rechtsmittelgerichts zur Hauptsache ein wirtschaftliches Interesse hat oder ob es ihr im wesentlichen doch nur auf die Kostenanfechtung ankommt, ThP 3. Es darf eben nur keine Umgehung vorliegen, Rn 31. Freilich bleiben so grundlegende Gesichtspunkte wie der einer Sachbefugnis zur Hauptsache, Grdz 22 vor § 50, auch bei der Prüfung der Zulässigkeit des Kostenrechtsmittels mitbeachtlich, vgl Zweibr FamRZ **89**, 195 (sie liegt zB bei § 1629 III BGB nicht mehr nach Volljährigkeit des Kindes vor).

**8) „Entscheidung in der Hauptsache", I.** Ob überhaupt eine Kostenanfechtung statthaft ist, hängt **35** unter anderem davon ab, ob überhaupt eine „Entscheidung in der Hauptsache" ergangen ist.

**A. Begriff.** Unter Entscheidung in der Hauptsache jede Entscheidungsform (Urteil, Beschluß, Düss MDR **90**, 62, Verfügung) zu verstehen, die zumindest auch den Streitgegenstand betrifft, § 2 Rn 2, und nicht nur den Kostenpunkt.

*Beispiele:* Die Entscheidung über eine Nebenforderung, § 4; über eine Prozeßvoraussetzung, Grdz 13 vor § 253; über die vorläufige Vollstreckbarkeit, §§ 708 ff.

**B. Erledigung der Hauptsache.** Eine Entscheidung „in der Hauptsache" kann auch dann vorliegen, **36** wenn es sich um die Erledigung der Hauptsache im Sinn von § 91 a handelt, BGH NJW **92**, 1514 und RR **92**, 315, Oldb RR **93**, 1339. Eine Erledigung der Hauptsache macht die Kosten nicht selbst stets zur Hauptsache. Im einzelnen sind zusätzlich zu den Erläuterungen zu § 91 a im vorliegenden Zusammenhang

## § 99

folgende Regeln zu beachten: Wenn sich die Hauptsache zwischen dem Schluß der letzten mündlichen Verhandlung und der Urteilsverkündung erledigt hat, § 91 a Rn 72, ist eine Berufung zum Zweck der Änderung nur der Kostenentscheidung unzulässig, Köln JMBlNRW **70**, 19, aM Hbg RR **89**, 570, Hamm GRUR **84**, 69. Wenn sich die Hauptsache nach der Urteilsverkündung, aber vor der Einlegung des Hauptsache-Rechtsmittels erledigt hat, ist keine Anfechtung der Kostenentscheidung zulässig, falls kein sachlicher Streit mehr vorliegt, falls zB das Feststellungsinteresse erloschen ist oder falls der Bekl inzwischen erfüllt hat, Hamm GRUR **84**, 69. Wenn sich die Hauptsache erst nach der Einlegung des zugehörigen Rechtsmittels erledigt hat, bleibt das Kostenrechtsmittel grundsätzlich zulässig. Dann gilt dasselbe wie im Fall der Erledigung in der ersten Instanz. Der Rechtsmittelkläger trägt die Kosten, soweit er die Erledigung der Hauptsache willkürlich herbeigeführt hat.

**37**   9) „Verurteilung auf Grund eines Anerkenntnisses", II. Erste Voraussetzung der Statthaftigkeit einer sofortigen Beschwerde über den Kostenpunkt ist, daß eine „Verurteilung auf Grund eines Anerkenntnisses" erfolgt ist.

**A. Begriff des Anerkenntnisses.** II meint die prozessuale Anerkenntniserklärung, die man von dem in ihr steckenden etwaigen sachlichrechtlichen Anerkenntnis unterscheiden muß, Einf 2 vor §§ 306 ff. Es muß sich also um ein Anerkenntnis im Sinn von § 307 I, II handeln. Das Anerkenntnis mag also in der notwendigen mündlichen Verhandlung, § 128 Rn 4, Brdb MDR **99**, 504, oder im schriftlichen Vorverfahren nach §§ 276, 277 schriftsätzlich erfolgt sein, Brdb MDR **99**, 504; es mag den Hauptanspruch ganz oder nur zum Teil umfassen usw.

**38**   **B. Wirksamkeitsprüfung.** Das Anerkenntnis ist zwar im Verfahren der Kostenanfechtung nicht im einzelnen auf seine Voraussetzungen zu überprüfen. Es muß daher immerhin grundsätzlich wirksam erfolgt sein, § 307 Rn 10. Es darf also nicht eine Anerkennung über einen Punkt erfolgt sein, der der Parteiherrschaft nicht unterlag, Grdz 18 vor § 128, etwa in einer Ehesache, § 606 ff, oder in einer Familiensache, §§ 640 ff, Ffm FamRZ **84**, 1123, einschließlich des Falls der einverständlichen Scheidung, § 630, Kblz JB **82**, 446, oder nur ein eingeschränktes oder bedingtes Anerkenntnis, § 307 Rn 4, 5, Düss MDR **89**, 825, Naumbg RR **97**, 893, es sei denn, das Gericht hätte trotz eines solchen nur eingeschränkten Anerkenntnisses eine uneingeschränkte Verurteilung vorgenommen, Düss MDR **90**, 59, bzw fälschlich erklärt, es liege ein Anerkenntnis vor, Karlsr FamRZ **91**, 1456 (wendet II dann entsprechend an).

**39**   **C. Streitiges Urteil genügt.** Es ist nicht erforderlich, daß ein Anerkenntnisurteil im Sinn von § 307 in der Hauptsache ergangen ist, Mü MDR **92**, 184. Das ergibt sich schon aus dem Wortlaut von II: Er verlangt nur eine Verurteilung „auf Grund" eines Anerkenntnisses. Nach § 307 I erfolgt eine Verurteilung „dem Anerkenntnis gemäß" (also: durch Anerkenntnisurteil) nur, wenn zum Anerkenntnis des Bekl auch ein Antrag des Klägers gerade auf ein Anerkenntnisurteil hinzutritt, § 307 Rn 15. Erfolgt kein solcher Antrag, so darf und muß das Gericht das Anerkenntnis frei würdigen und sowohl ein Versäumnisurteil (zB in einer dem Anerkenntnis folgenden Verhandlung, in der der Bekl ausblieb), als auch ein streitiges Urteil „auf Grund", also unter Berücksichtigung des Anerkenntnisses fällen. Das reicht auch bei II, vgl Düss MDR **90**, 59, Mü MDR **92**, 184. Denn auch in diesem Fall wäre sonst eine Richtigstellung der Kostenentscheidung nicht möglich, auf die es ja bei II ankommt, Rn 3, Düss MDR **89**, 825, Köln FamRZ **89**, 878.

Eine sofortige Beschwerde ist auch dann statthaft, wenn das Gericht seine Entscheidung zur Hauptsache auf ein nach seiner Meinung wirksames Anerkenntnis gestützt hat, wenn auch *zu Unrecht,* Brdb FamRZ **98**, 1247, Düss MDR **89**, 825, aM ThP 11, oder wenn es § 93 entsprechend zu Lasten des sonst siegenden Bekl angewendet hat, LG Verden MDR **98**, 1435. Es findet also im Kostenanfechtungsverfahren keine Nachprüfung darüber statt, ob die Voraussetzungen des § 307 im Zeitpunkt des Erlasses eines vorliegenden Anerkenntnisurteils wirklich gegeben waren.

**40**   10) „Hauptsache ... ist erledigt": **Beendigung der Vorinstanz, II 1.** Durch die Verurteilung muß die Hauptsache „erledigt" sein. Damit ist aber nicht etwa eine Erledigung im Sinn von § 91 a gemeint; der Wortlaut von II 1 ist insofern mißverständlich. In Wahrheit ist vielmehr eine Beendigung der Instanz durch ein Anerkenntnisurteil oder doch eine Schlußentscheidung gemeint, die auf einem prozessualen Anerkenntnis beruht.

**41**   11) **„Sofortige Beschwerde", II 1.** Die sofortige Beschwerde ist unter den Voraussetzungen Rn 37–40 und unter folgenden weiteren Voraussetzungen möglich (beim Rpfl gilt § 11 RPflG, vgl § 104 Rn 41 ff).

**A. Begriff.** Er ist derselbe wie § 577. Man muß die Notfrist, § 224 I 2, von zwei Wochen seit der Zustellung der angefochtenen Entscheidung beachten, § 577 I, II. Die Einlegung bei dem Beschwerdegericht genügt, § 577 II 2. Wegen der Anschlußbeschwerde § 577 a.

**42**   **B. Sofortige Beschwerde muß überhaupt zulässig sein.** Die sofortige Beschwerde ist unzulässig, soweit das LG als Berufungs- oder Beschwerdegericht entschieden hat, § 567 III 1.

**43**   **C. Rechtsmittel zur Hauptsache muß statthaft sein.** Im Text von II 1 kommt eine weitere Voraussetzung nicht direkt zum Ausdruck. Sie ergibt sich aber aus dem Vergleich mit I. Wie in Rn 31 dargestellt, hängt die Anfechtbarkeit des Kostenpunkts ja unter anderem schon nach I davon ab, ob auch ein Rechtsmittel in der Hauptsache statthaft ist. Dasselbe gilt natürlich sinngemäß auch, wenn es sich um eine Kostenentscheidung auf Grund eines Anerkenntnisses handelt. Zwar wird in solchem Fall die Hauptsacheentscheidung durchweg nicht angefochten; ihr liegt ja gerade ein Anerkenntnis zugrunde. Dennoch bleibt der Grundgedanke des § 99, die Entlastung der Gerichte, die der Prozeßwirtschaftlichkeit dient, Grdz 14 vor § 128, auch bei II beachtlich, Rn 3. Eine sofortige Beschwerde ist also nur grundsätzlich (Ausnahme Rn 53) dann zulässig, wenn zur Hauptsache ein Rechtsmittel statthaft ist, § 127 Rn 37, 38, Düss FamRZ **94**, 1187, Schlesw SchlHA **78**, 67, LG Bln JB **98**, 99. Es gibt also keine weitere sofortige Beschwerde, §§ 567 III, 568 III, BGH VersR **75**, 344.

**44**   **D. Notwendigkeit einer Beschwer.** Ferner muß eine Beschwer, § 567 Rn 10, und eine Beschwerdesumme vorliegen, § 567 II, Schlesw SchlHA **78**, 67, ThP 11, aM Gölzenleuchter/Meier NJW **85**, 2813.

## 5. Titel. Prozeßkosten § 99

Der Beschwerdewert berechnet sich nach den Kosten. Der Beschwerdeführer kann nicht mehr rügen, die Klage sei unzulässig oder unbegründet gewesen. Er hätte ja nicht anzuerkennen brauchen, Hamm MDR 90, 638.

**12) „Vor der Entscheidung ... ist der Gegner zu hören", II 2.** Die Vorschrift stellt eine überflüssige, **45** weil selbstverständliche Ergänzung zu den im Verfahren der sofortigen Beschwerde nach § 577 II–IV zu beachtenden Regeln dar. Sie enspricht dem Art 103 I GG, BVerfG **64**, 227. Gegenstand der Anhörung kann freilich praktisch nur die Frage sein, ob § 91 oder §§ 93, 93 b anzuwenden waren oder ob überhaupt in einem Teilanerkenntnisurteil schon eine Kostenentscheidung zulässig war, ThP 12.

**13) Teilanerkenntnis und sonstige Mischfälle, I, II.** Im Fall eines bloßen Teilanerkenntnisses § 307 **46** Rn 5, und in zahlreichen weiteren sog Mischfällen gehen die Meinungen weit auseinander. Es gelten im wesentlichen die folgenden Regeln.

**A. Grundsatz: Anfechtbarkeit.** Der in Rn 4 dargestellte Grundsatz, daß die Kostenentscheidung im Zweifel anfechtbar ist, gilt auch im Bereich des Teilanerkenntnisses, Brdb FamRZ **99**, 725, und der weiteren Mischfälle. Freilich ist stets § 567 III 1 zu beachen, Rn 43.

**B. Notwendigkeit einfacher und klarer Kostenentscheidung.** Wie stets, sollte sich das Gericht um **47** eine einfache und klare Formulierung der Entscheidung über die Kostenentscheidung usw gerade bei den sog Mischfällen bemühen, vgl § 91 Rn 22. Sie verursachen ohnehin schon erhebliche Probleme. Diese sollte man nicht in das Kostenfestsetzungsverfahren verlagern. Zwar darf und muß der Rpfl die Kostengrundentscheidung auslegen, Einf 19 vor §§ 103–107. Das entbindet aber den Richter nicht von der Pflicht, gerade im sog Mischfall eindeutig festzulegen, wer welche Kosten tragen soll.
*Beispiel:* „Der Beklagte trägt die Kosten. Von den Kosten entfallen auf den streitig entschiedenen Teil des Rechtsstreits $^{3}/_{4}$, auf den für erledigt erklärten Teil des Rechtsstreits und auf den durch ein Anerkenntnisurteil behandelten Teil des Rechtsstreits je $^{1}/_{8}$". Durch solche Kostensonderung in der Entscheidungsformel kann man die Frage erleichtern, ob und in welchem Umfang eine Anfechtung zB die erforderliche Beschwerdesumme erreicht. Denn diese Frage wird ja nicht nach § 99 entschieden, sondern nach den sonstigen Vorschriften zu dem jeweiligen Rechtsmittel, Rn 31. Im übrigen kann man etwa folgende Situationen unterscheiden:

**C. Teilurteil ohne Kostenentscheidung.** Wenn sich ein Rechtsmittel in der Hauptsache gegen ein **48** Teilurteil ohne eine Kostenentscheidung richtet, § 301 Rn 19, dann ist neben diesem Rechtsmittel immer eine Anfechtung der Kostenentscheidung des Schlußurteils statthaft. Denn diese letztere Kostenentscheidung ergänzt das Teilurteil.

Man kann auch nicht etwa die Anfechtbarkeit der das Teilurteil betreffenden Kostenentscheidung des **49** Schlußurteils davon abhängig machen, ob in der Hauptsache ein Rechtsmittel gegen das Teilurteil zulässig ist und ob über dieses Rechtsmittel schon entschieden wurde oder jedenfalls die Rechtskraft der Entscheidung über jenes Rechtsmittel noch nicht eingetreten ist. Eine solche Lösung ließe sich mit der *Kostengerechtigkeit,* Üb 10 vor § 91, kaum vereinbaren, Ffm FamRZ **84**, 1230, ThP 8, aM BGH KTS **87**, 738, Ffm MDR **77**, 143. Jedenfalls muß man die Kostenentscheidung des Schlußurteils besonders angreifen, wenn sie nicht rechtskräftig werden soll, BGH VersR **86**, 1210, ThP 8, aM BGH NJW **84**, 496.

**D. Teilurteil in der Sache, Schlußurteil über die Hauptsache und die Kosten.** In diesem Fall **50** empfiehlt sich die Lösung Rn 48, 49 ebenfalls, KG MDR **90**, 160.

**E. Teilurteil in der Sache, Schlußurteil nur über die Kosten.** Auch in diesem Fall empfiehlt sich die **51** Lösung Rn 48, 49.

**F. Teilanerkenntnisurteil ohne Kostenentscheidung, Schlußurteil über den Rest und alle Kosten** **52** **oder alles in einem Urteil.** Vgl zunächst Rn 48, 49. In solcher Lage ist die sofortige Beschwerde und nicht die Berufung statthaft, und zwar wegen der Kosten aus jeder der beteiligten Entscheidungen, Hamm FamRZ **97**, 221, Saarbr AnwBl **92**, 397, aM Köln RR **94**, 767. Das gilt auch dann, wenn es sich um ein teilweises Anerkenntnis, eine teilweise Klagerücknahme und eine spätere streitige Schlußentscheidung handelt, Düss FamRZ **82**, 724.

**G. Anerkenntnisurteil und gleichzeitiges streitiges Schlußurteil.** In diesem Fall ist grundsätzlich die **53** Berufung statthaft, aM Kblz MDR **86**, 1032, Schlesw SchlHA **85**, 178, LG Stgt JB **90**, 98 (sofortige Beschwerde). Falls die Berufung aber wegen § 511 a unzulässig ist, so ist sie unter Umständen in eine sofortige Beschwerde nach II umzudeuten, Hamm NJW **74**, 2291, LG Mannh WoM **75**, 15.

**H. Streitiges Teilurteil, Schlußurteil über sämtliche Kosten.** Hier ist vieles streitig. Wegen der **54** getrennt zu berechnenden Kosten des „erledigten" Teils ist nur die sofortige Beschwerde zulässig, § 91 a II, Mü AnwBl **84**, 313, Zweibr NJW **73**, 1935, ThP 8, aM (es sei auch die Berufung zulässig) KG MDR **86**, 241. Im übrigen ist die Berufung zulässig, BGH **40**, 271 (diese Entscheidung bietet auch eine Lösungsmöglichkeit wegen der Berechnung), Zweibr NJW **73**, 1935. Nur BGH NJW **70**, 2114 sieht eine sofortige Beschwerde gegen die Kostenentscheidung als durch die gleichzeitig erfolgte Einlegung einer Berufung des Bekl mitumfaßt an, so daß keine besondere Entscheidung über die sofortige Beschwerde erforderlich sei. Die Berufung ist auch zulässig, soweit das einheitliche Urteil *zum Teil* die Hauptsache für erledigt erklärt, zum Teil eine streitige Entscheidung bringt und über sämtliche Kosten befindet. § 567 IV bleibt stets beachtlich, BGH **58**, 341.

**I. „Schlußurteil", in Wahrheit Teilurteil mit Kostenentscheidung.** In diesem Fall ist die Berufung **55** statthaft, Grdz 29–33 vor § 511, Zweibr FamRZ **83**, 1154, LG Bonn NJW **73**, 1375.

**J. Prozeßvergleich über den Rest. Es gilt § 98.** **56**

**K. Rücknahme des Rests nebst Anerkenntnis-Schlußurteil über die Kosten des erledigten Teils.** **57** Es gilt II.

## §§ 99, 100

**58  L. Versäumnisurteil, Einspruch nur zu den Kosten, streitiges Kostenurteil.** I ist anwendbar, BGH KR Nr 75, Stgt JB **81**, 1894, aM Brdb MDR **99**, 504, ZöHe 3 (II sei entsprechend anwendbar).

**59  14) Weitere Verfahrensfragen, I, II.** Soweit nun einmal ein Rechtsmittel oder ein Rechtsbehelf gegen eine Kostenentscheidung eingelegt sind, trifft das Gericht seine Entscheidung darüber in dem für jene Anfechtungsart jeweils gesetzlich vorgesehenen Verfahren, zB bei II nach § 577, sofern es sich überhaupt um eine wirkliche sofortige Beschwerde handelt. Ist gegen die Kostenentscheidung sofortige Beschwerde und gegen die Hauptsacheentscheidung Berufung eingelegt, dann erfaßt das Berufungsverfahren (zunächst) das Beschwerdeverfahren mit, Hamm AnwBl **89**, 614; wird dann die Berufung zurückgenommen, nicht aber die Beschwerde, so lebt das Beschwerdeverfahren wieder auf, Hamm AnwBl **89**, 614.

**60  15) Verstoß, I, II.** Es gelten die für eine fehlerhafte Entscheidung des Rechtsmittelgerichts geltenden Vorschriften wie sonst. Insbesondere sind §§ 567 III, 568 III zu beachten.

**61  16) Verfassungsbeschwerde.** Eine Verfassungsbeschwerde ist zulässig, soweit sich der behauptete Verstoß nur auf die Kostenentscheidung bezieht und die Hauptsache nicht berührt, BVerfG MDR **87**, 555. Sie ist aber im übrigen unzulässig, wenn eine Beschwer nicht mehr wegen der streitig entschiedenen Hauptsache vorliegt, sondern nur noch wegen der Kosten, BVerfG **33**, 256.

**62  17) VwGO:** Eine mit I inhaltlich übereinstimmende Regelung enthält § 158 I VwGO, vgl BVerwG NVwZ-RR **90**, 56, OVG Bln NVwZ-RR **96**, 546, OVG Münst NWVBl **90**, 105; II ist im Fall des § 156 VwGO nicht entsprechend anwendbar, weil § 158 II VwGO entgegensteht, vgl Kopp/Sch § 158 Rn 6. Nicht unter § 158 I VwGO fällt ein Beschluß nach § 162 II 2 VwGO, VGH Mannh Just **98**, 69 mwN, aM VGH Mü NVwZ-RR **93**, 221.

## 100 Streitgenossen.

<sup>I</sup> Besteht der unterliegende Teil aus mehreren Personen, so haften sie für die Kostenerstattung nach Kopfteilen.

<sup>II</sup> Bei einer erheblichen Verschiedenheit der Beteiligung am Rechtsstreit kann nach dem Ermessen des Gerichts die Beteiligung zum Maßstab genommen werden.

<sup>III</sup> Hat ein Streitgenosse ein besonderes Angriffs- oder Verteidigungsmittel geltend gemacht, so haften die übrigen Streitgenossen nicht für die dadurch veranlaßten Kosten.

<sup>IV</sup> ¹Werden mehrere Beklagte als Gesamtschuldner verurteilt, so haften sie auch für die Kostenerstattung, unbeschadet der Vorschrift des Absatzes 3, als Gesamtschuldner. ²Die Vorschriften des bürgerlichen Rechts, nach denen sich diese Haftung auf die im Absatz 3 bezeichneten Kosten erstreckt, bleiben unberührt.

**Schrifttum:** *Olivet*, Software – Kostenverteilungsprogramm (MS/DOS), seit 1988; *Olivet*, Die Kostenverteilung im Zivilurteil, 3. Aufl 1996.

### Gliederung

| | |
|---|---|
| 1) Systematik, I–IV ............... 1 | 8) „Verurteilung mehrerer Beklagter als Gesamtschuldner", IV ............ 41–45 |
| 2) Regelungszweck, I–IV ............... 2 | A. Zur Hauptsache gerade „als Gesamtschuldner" ............ 42, 43 |
| 3) Sachlicher Geltungsbereich, I–IV .... 3–24 | B. Kostenfolge: Grundsatz der gesamtschuldnerischen Kostenhaftung, IV 1 .. 44 |
| A. Grundsatz: Nur im Außenverhältnis .. 3 | C. Ausnahmsweise Einzelhaftung „für besonderes Angriffs- oder Verteidigungsmittel", IV 1, 2 ............ 45 |
| B. Erfassung aller derartiger Kosten ..... 4 | 9) Alle Streitgenossen siegen, I–IV ...... 46–48 |
| C. Erfassung aller Gruppierungen von Streitgenossen ............ 5 | A. Keine Gesamtgläubigerschaft ....... 47 |
| D. Beispiele zur Frage des sachlichen Geltungsbereichs ............ 6–24 | B. Bei erheblicher Verschiedenheit der Beteiligung: Entsprechende Kostenverteilung ............ 48 |
| 4) Persönlicher Geltungsbereich, I–IV .. 25–27 | 10) Ein Streitgenosse siegt, einer verliert, I–IV ............ 49–53 |
| A. „Mehrere Personen": Streitgenossen .. 25 | A. Grundsatz der Kostenteilung ......... 50 |
| B. Abgrenzung zur Streithilfe ......... 26 | B. Grundsatz der Kostentrennung ...... 51 |
| C. „Gesamtschuldner" ............ 27 | C. Baumbach'sche Formel ............ 52, 53 |
| 5) „Unterliegen mehrerer Personen": Grundsatz der Kostenhaftung „nach Kopfteilen", I | 11) Ausscheiden eines Streitgenossen, I–IV ............ 54 |
| A. Abgrenzung zu den Mischfällen ...... 28 | 12) Kostenerstattungsfragen, I–IV ........ 55–66 |
| B. Begriff der Kopfteilhaftung ......... 29 | A. Grundsatz: Nur anteilige Erstattung ... 56, 57 |
| C. Kostenfolge: Haftung zu gleichen Anteilen ............ 30 | B. Nur wegen notwendiger Kosten ..... 58 |
| 6) „Unterliegen mehrerer Personen": Ausnahmsweise „Beteiligungshaftung", II ............ 31–36 | C. Notwendigkeit von Anwaltskosten ... 59 |
| A. „Verschiedenheit der Beteiligung" ... 31 | D. Aufträge an gesonderte Anwälte ..... 60 |
| B. „Erhebliche Verschiedenheit" ...... 32 | E. Aufträge an gemeinsamen Anwalt ... 61, 62 |
| C. Abgrenzung zum „besonderen Angriffs- oder Verteidigungsmittel" .. 33 | F. Gemeinsame Festsetzungsanträge ... 63 |
| D. „Ermessen des Gerichts" ......... 34, 35 | G. Verbot des Rechtsmißbrauchs ........ 64 |
| E. „Beteiligung als Maßstab" ............ 36 | H. Notwendigkeit einer Glaubhaftmachung ............ 65 |
| 7) Ausnahmsweise Einzelhaftung für „besonderes Angriffs- oder Verteidigungsmittel", III ............ 37–40 | I. Weitere Verfahrensfragen ............ 66 |
| A. Begriff ............ 38 | 13) Teilunterliegen, Teilobsiegen mehrerer Streitgenossen, I–IV ............ 67 |
| B. „Dadurch verursachte Kosten" ...... 39 | 14) Rechtsmittel, I–IV ............ 68 |
| C. Kostenfolge: Einzelhaftung dieses Streitgenossen ............ 40 | 15) VwGO ............ 69 |

## 5. Titel. Prozeßkosten § 100

**1) Systematik, I–IV.** Die Vorschrift erfaßt nach ihrem Wortlaut nur einen Teil, nach ihrem Sinn aber 1 zumindest weitere Teile der Fälle, in denen als Prozeßgegner mindestens zwei oder mehr Personen vorhanden sind. Sie enthält für diese Gruppierungen eine vorrangige Regelung des Außenverhältnisses der Prozeßgegner zueinander und ist insofern eng auszulegen. Zum Verhältnis von III zu I, II, IV Rn 38. Ergänzend gelten §§ 91 ff. Für einen einfachen Streithelfer, § 66, gelten vorrangig § 101, sodann § 100 und schließlich hilfsweise §§ 91 ff. Der streitgenössische Streithelfer, § 69, ist wie ein Streitgenosse, § 59, nach § 100 zu beurteilen, § 101 II. II hat Vorrang gegenüber § 92; III, auch in Verbindung mit IV 1, hat Vorrang vor § 96. Allerdings enthalten §§ 97, 98 auf ihren engeren Spezialgebieten vorrangige Regelungen. §§ 238 IV, 788 bleiben unberührt. Auf das Innenverhältnis der Streitgenossen untereinander ist das sachliche Recht anwendbar, auch im Fall von Gesamtschuldnern.

**2) Regelungszweck, I–IV.** Die Vorschrift dient in erster Linie der Vereinfachung, einem Gesichtspunkt 2 der Prozeßwirtschaftlichkeit, Grdz 14 vor § 128, und nimmt zu diesem Zweck gewisse Kostenungerechtigkeiten bewußt in Kauf. Das muß man bei der Auslegung mitbeachten. Der Vereinfachungszweck wird in I, IV 1 Hs 1 zum Grundsatz. Zur Vermeidung allzu erheblicher Ungerechtigkeit bietet II eine Möglichkeit der Anpassung. III enthält sowohl für die Fälle I, II als auch IV 1 zur Vermeidung offensichtlicher Ungerechtigkeit eine Ausnahmeklausel, die im Gegensatz zu der vergleichbaren des § 96 zwingend eintritt.

**3) Sachlicher Geltungsbereich, I–IV.** Es stehen einschränkendes Prinzip und innerhalb von ihm weitere 3 Anwendung gegenüber.

**A. Grundsatz: Nur im Außenverhältnis.** I gilt grundsätzlich nur im Verhältnis der Prozeßgegner zueinander, also im sog Außenverhältnis. Demgegenüber enthalten III, IV 1 Hs 2 ausnahmsweise Sonderregeln für das Innenverhältnis der Streitgenossen zueinander, die dem sachlichen Recht, zB der für Gesamtschuldner geltenden Auffangklausel des § 426 I 1 BGB (Haftung zu gleichen Anteilen) wegen der unterschiedlichen prozessualen Gestaltungsmöglichkeiten vorgehen. Eine weitere Ausnahme ist zB für den Fall möglich, daß ein Mitschuldner einen Freistellungsanspruch verletzt haben kann, BGH **LM** Nr 4.

**B. Erfassung aller derartigen Kosten.** Soweit es um die in § 100 geregelten Bereiche geht, werden die 4 Kosten aller Beteiligten in jeder Prozeßlage, also auch jeder Instanz, unabhängig von der Art ihrer Entstehung und ihrem Umfang erfaßt. Die Vorschrift regelt also sowohl gerichtliche als auch außergerichtliche Gebühren wie Auslagen.

**C. Erfassung aller Gruppierungen von Streitgenossen.** Entgegen dem Wortlaut und trotz der 5 systematisch an sich gebotenen engen Auslegung, Rn 1, ergibt sich bei Streitgenossen, § 59, aus § 100 zumindest in Verbindung mit §§ 91 ff nach übereinstimmender Lehre und Rspr jedenfalls auch in den nicht ausdrücklich geregelten Fällen eine Grundlage für die Kostenhaftung, die etwa erforderliche Kostengrundentscheidung und damit die Kostenerstattung (Kostenfestsetzung). Erfaßt ist also nicht nur die Lage, wenn dem Sieger A die Verlierer X und Y gegenüberstehen, sei es als einfache Schuldner (I), sei es als Gesamtschuldner (IV). Anhaltspunkte ergeben sich auch für die Variante, daß zwei Siegern A und B ein Verlierer X oder zwei Verlierer X, Y oder drei Verlierer X–Z gegenüberstehen oder daß drei Siegern A–C ein Verlierer X, zwei Verlierer X, Y oder drei Verlierer X–Z gegenüberstehen usw. Insbesondere ist § 100 mitbeachtlich, soweit von mehreren Streitgenossen einer siegt, der andere unterliegt, sei es nur auf der einen Seite, sei es auf beiden Seiten des Prozesses. Ferner gehört hierhin auch der Fall des Ausscheidens eines oder mehrerer Streitgenossen im Laufe einer Instanz. Alle diese Gruppierungen sind in Rn 46–66 erörtert.

**D. Beispiele zur Frage des sachlichen Geltungsbereichs** 6
**Anschlußrechtsmittel:** § 100 gilt für jede Art von selbständigem wie unselbständigem Anschlußrechtsmittel, sofern nicht § 97 eine Sonderregelung enthält. § 99 bleibt beachtlich.
**Außenverhältnis:** Vgl Rn 3. Im Innenverhältnis findet keine Kostenfestsetzung statt, soweit nicht das Urteil oder die sonstige Kostengrundentscheidung oder ein Vergleich etwas anderes bestimmen.
**Außergerichtlicher Vergleich:** Soweit nicht der vorrangige § 98 ff Abweichungen enthält, ist § 100 vorsichtig ergänzend zur Auslegung mit heranziehbar.
**Ausgleichsanspruch:** Der nur im Innenverhältnis geltende etwaige vertragliche oder gesetzliche Ausgleichsanspruch, zB nach § 426 I 1 BGB, bleibt durch § 100 grds unberührt, kann allerdings durch die vorrangigen Regeln II, III, IV 1 Hs 2 verdrängt werden.
**Ausscheiden eines Streitgenossen:** Rn 56.
**Berufung:** Mehrere in der ersten Instanz als Gesamtschuldner verurteilte Bekl haften auch für die Kosten 7 ihrer erfolglosen Berufung nach §§ 97 I, 100 IV als Gesamtschuldner, ohne daß ein entsprechender Ausspruch im Berufungsurteil notwendig wäre, LG Köln MDR **81**, 502, ZöHe 11, aM ThP 9.
**Beschwerde:** § 100 ist neben § 97 anwendbar. III enthält auch für die Beschwerdeinstanz eine gegenüber § 99 vorrangige Sonderregelung.
S allerdings auch Rn 17 „Rechtsmittel".
**Bürgschaft:** Entgegen § 767 II BGB haften ein Hauptschuldner und ein Bürge nicht als Gesamtschuldner für die Kosten. Daher muß man die sachlichrechtliche Haftung eines selbstschuldnerischen Bürgen im Weg einer besonderen Klage verfolgen, aM Mü MDR **98**, 624.
**Drittwiderspruchsklage:** Vgl Meinhart DRiZ **84**, 188 (ausf). 8
**Einspruch:** Mangels Anfallwirkung, Grdz 3 vor § 511, ist er kein Rechtsmittel. Folglich gilt § 100 voll. 9
**Erinnerung:** Solange nicht das untere Gericht mangels Abhilfe die Erinnerung dem Beschwerdegericht zur Entscheidung vorlegt, ist sie mangels Anfallwirkung, Grdz 3 vor § 511, kein Rechtsmittel und gilt § 100 uneingeschränkt. Für die zur Beschwerde gewordene Erinnerung gelten die Regeln der Beschwerde, Rn 7. Beim Rpfl gilt § 11 RPflG, vgl § 104 Rn 41 ff.
**Gesamtgläubiger:** I, II, IV gilt auch für Gesamtgläubiger, Rn 46–66. IV ist auf unterliegende Gesamt- 10 gläubiger unanwendbar; sie werden ja zu Gesamtschuldnern, daher gilt ebenfalls I usw.
Vgl im übrigen Rn 41.
**Gesamtschuldner:** Rn 41.

*Hartmann*

## § 100
### 1. Buch. 2. Abschnitt. Parteien

**Gesellschaft:** Eine Gesellschaft und ihr Gesellschafter sind Gesamtschuldner im Sinn von IV, Tilmann GRUR **86**, 697, selbst wenn sie sachlichrechtlich keine Gesamtschuldner sind, Mü MDR **98**, 624, ThP 9, aM KG Rpfleger **75**, 144.

11 **Hauptschuldner:** Rn 7 „Bürgschaft".

12 **Innenverhältnis:** Vgl zunächst Rn 3. Die im Außenverhältnis nach II mögliche Verteilung der Kosten nach dem Verhältnis der Beteiligung am Rechtsstreit ist auch im Innenverhältnis nach § 426 BGB mitbeachtlich, BGH NJW **74**, 693.

13 **Klagerücknahme:** Rn 54.

14 **Mehrheit von Prozeßbevollmächtigten:** Rn 56 ff.

15 **Nachträgliche Streitgenossenschaft:** § 100 ist auch im Fall einer Prozeßverbindung, § 147, und einer dadurch eintretenden oder zB infolge einer Klageerweiterung beginnenden nachträglichen Streitgenossenschaft zumindest ab ihrem Beginn anwendbar und erfaßt wegen des Grundsatzes der Unterliegenshaftung dann grds auch die vorangegangenen Kosten des alleinigen Streitgenossen, soweit insofern nicht II, III zu anderen Ergebnissen führen.
**Nebenintervention:** Es gilt zunächst § 101 und nur hilfsweise § 100, Rn 1.
**Notwendige Streitgenossenschaft:** § 100 ist sowohl bei der einfachen als auch natürlich bei der notwendigen Streitgenossenschaft, § 62, anwendbar. Der Fall, daß ein Streitgenosse siegt, der andere unterliegt, kann allerdings nur bei solchen Streitgenossen vorkommen, die keine notwendigen sind; das Gericht muß dann § 92 anwenden. Vgl dazu im übrigen Rn 49 ff.

16 **Patentsache:** Bei einer Nichtigkeitsklage können I, III anwendbar sein, BGH RR **98**, 335.
**Prozeßbevollmächtigter:** Rn 56 ff.
**Prozeßtrennung:** Rn 15, 54.
**Prozeßverbindung:** Rn 15.
**Prozeßvergleich:** Auf einen am Prozeßvergleich beteiligten Streitgenossen sind I–III direkt, IV entsprechend anwendbar, ThP 2.

17 **Rechtsbehelf:** Mangels Anfallwirkung, Grdz 3 vor § 511, handelt es sich nicht um ein Rechtsmittel. Daher ist § 100 uneingeschränkt anwendbar. Beim Rpfl gilt § 11 RPflG, vgl § 104 Rn 41 ff. S auch Rn 9 „Einspruch", „Erinnerung", Rn 23 „Widerspruch".
**Rechtsmittel:** § 100 ist anwendbar, soweit nicht §§ 97, 99 vorrangige Regeln enthalten. Soweit nur ein Streitgenosse ein Rechtsmittel einlegt und siegt, ist § 100 allerdings selbst im Fall einer in Wahrheit notwendigen Streitgenossenschaft unanwendbar und darf das Rechtsmittelgericht die Kostenentscheidung der Vorinstanz ändern, auch zu Lasten des am Rechtsmittelverfahren unbeteiligten Streitgenossen, BGH NJW **81**, 2360, Schneider MDR **82**, 373. Beim Rpfl gilt § 11 RPflG, vgl § 104 Rn 41 ff.
**Rechtsmittelkosten:** S „Rechtsmittel".
**Revision:** S „Rechtsmittel".

18 **Sofortige Erinnerung, sofortige Beschwerde:** Rn 7 „Beschwerde", Rn 17 „Rechtsmittel".

19 **Staatskasse:** Die Haftung eines jeden Streitgenossen, sei es trotz eines Siegs, sei es infolge des Unterliegens, bleibt unabhängig vom Zeitpunkt seines Eintritts oder Ausscheidens nach §§ 59 ff GKG bestehen, dazu Hartmann Teil I.
**Streitgenössische Streithilfe:** § 100 ist anwendbar. Denn es handelt sich in Wahrheit um einen Fall der Streitgenossenschaft, § 69.
**Streithilfe:** Vgl § 101.
S aber auch „Streitgenössische Streithilfe".

20 **Teilerledigung:** § 91 a Rn 103, 200; ferner unten Rn 54.
**Teilobsiegen, Teilunterliegen:** Rn 49–66.
**Teilrücknahme:** S „Ausscheiden eines Streitgenossen":
**Teilurteil:** Wird die Klage durch ein Teilurteil gegen einen der Streitgenossen abgewiesen, dann darf und soll das Gericht über seine außergerichtlichen Kosten entscheiden. Hat eine Klage gegen einen von mehreren Streitgenossen Erfolg, so darf insofern eine Kostenentscheidung schon im Teilurteil ergehen. Sie bleibt vielmehr dem Schlußurteil nach den Regeln Rn 49–66 vorbehalten. IV ist auch dann anwendbar, wenn das Gericht den einen Streitgenossen durch ein Teilurteil, den anderen durch ein Schlußurteil verurteilt hat.
S auch Rn 56.
**Teilvergleich:** Rn 6 „Außergerichtlicher Vergleich", Rn 16 „Prozeßvergleich".
**Trennung:** Rn 56.

21 **Übernahme von Kosten:** Rn 6 „Außergerichtlicher Vergleich", Rn 16 „Prozeßvergleich".

22 **Verbindung:** § 100 ist auch im Fall einer Prozeßverbindung nach § 147 anwendbar.
**Vollstreckungskosten:** Rn 24.

23 **Widerklage:** Die Widerklage zB des Halters im Prozeß gegen ihn und den Haftpflichtversicherer wird durch Zahlung des Versicherers an den Kläger nicht gegenstandslos. Das Gericht muß über die auf die Widerklage fallende Kostenquote entscheiden und eine Kostenentscheidung wegen der außergerichtlichen Erledigung im übrigen unterlassen, Schneider VersR **80**, 953, ZöHe 2, aM LG Freibg VersR **80**, 725 (der Widerkläger müsse die gesamten Kosten tragen, weil eine außergerichtliche Kostenvereinbarung erfolgt sei).
**Widerspruch:** Mangels Anfallwirkung, Grdz 3 vor § 511, handelt es sich nicht um ein Rechtsmittel. Daher ist § 100 uneingeschränkt anwendbar.
**Wiederaufnahmeverfahren:** § 100 ist auf seine Kosten anwendbar.
**Wiedereinsetzung:** Es gilt zunächst § 238 IV und nur im übrigen § 100.
**Weitere Beschwerde:** Rn 7 „Beschwerde".

24 **Zwangsvollstreckung:** Die Zwangsvollstreckung aus einem Kostenfestsetzungsbeschluß kann ohne eine Vorlage des zugrundeliegenden Urteils erfolgen, LG Hbg AnwBl **74**, 167. Daher sollte spätestens im Kostenfestsetzungsbeschluß klargestellt werden, ob eine gesamtschuldnerische oder eine andere Art von

5. Titel. Prozeßkosten  § 100

Kostenhaftung vorliegt. Freilich darf der Rpfl die Kostengrundentscheidung nur auslegen, nicht abändern oder berichtigen, Einf 19 vor §§ 103–107. Auf die Vollstreckungskosten ist in den Fällen der §§ 887–890 wegen § 891 S 3 der § 100, im übrigen der vorrangige § 788 anwendbar.

**4) Persönlicher Geltungsbereich, I–IV.** Es sind Streitgenosse und Streithelfer zu unterscheiden. 25

**A. „Mehrere Personen": Streitgenossen.** Unter den Worten „mehrere Personen" in I ist dasselbe wie unter „Beteiligung am Rechtsstreit" in II und „Verurteilung als Gesamtschuldner" in IV zu verstehen, nämlich die „Streitgenossenschaft", die III endlich direkt ausspricht. § 100 ist auf eine Streitgenossenschaft beliebiger Art im Sinn von §§ 59 ff anwendbar, insbesondere auf die notwendige Streitgenossenschaft, § 62. Er gilt auch für den Fall der streitgenössischen Streithilfe, weil auch dieser eine Streitgenossenschaft darstellt, § 69.

**B. Abgrenzung zur Streithilfe.** § 101 gilt mit Vorrang gegenüber § 100 für den Fall der einfachen 26 (unselbständigen) Streithilfe (Nebenintervention), §§ 66–68. Aus § 101 II ergibt sich zusätzlich, was schon aus § 69 folgt: Eine streitgenössische Streithilfe ist ein Fall der Streitgenossenschaft und daher nach § 100 zu beurteilen.

**C. „Gesamtschuldner".** I–III gilt, sofern Streitgenossen in der Hauptsache in Wahrheit keine Gesamt- 27 schuldner sind und auch nicht als Gesamtschuldner verurteilt werden oder soweit sie zwar in Wahrheit Gesamtschuldner sind, aus irgendwelchen Gründen aber nicht auch gerade „als Gesamtschuldner" verurteilt werden. Nur in diesem letzteren Fall gilt IV (evtl in Verbindung mit III und den BGB-Sonderregeln). Dabei kommt es auf die etwa berichtigte oder ergänzte Kostenentscheidung an, §§ 319 ff. Vgl im übrigen Rn 41.

**5) „Unterliegen mehrerer Personen": Grundsatz der Kostenhaftung „nach Kopfteilen", I.** Die 28 Vorschrift erfaßt den Fall, daß einem oder mehreren Siegern mindestens zwei in der Hauptsache nicht gerade „als Gesamtschuldner verurteilte" Streitgenossen gegenüberstehen.

**A. Abgrenzung zu den Mischfällen.** I ist anwendbar, soweit die mehreren einfachen Streitgenossen, § 59, jeweils zur Hauptsache voll unterliegen. Dieser Fall kann sowohl eintreten, wenn der Sieger nur aus einer Person besteht, als auch dann, wenn mehrere Streitgenossen völlig siegen; in diesem letzteren Fall gilt I–III für die Haftung der Verlierer wie für die entsprechenden Erstattungsansprüche der Sieger, zu den letzteren Rn 46 ff. Soweit von den einfachen Streitgenossen einer oder mehrere siegen, ein oder mehrere Streitgenossen aber unterliegen, sowie im Fall des Ausscheidens eines Streitgenossen gelten die Regeln Rn 49–66.

**B. Begriff der Kopfteilshaftung.** Man muß zunächst prüfen, ob das Gericht die Streitgenossen über- 29 haupt in der Hauptsache verurteilt hat, ob sie also überhaupt den „unterliegenden Teil" bilden. Das richtet sich natürlich zunächst nach dem Urteilstenor. Man kann und muß ihn aber, wie stets, notfalls auslegen, sowohl aus dem Tatbestand als auch aus den Entscheidungsgründen, § 322 Rn 6. Maßgeblich ist die letztlich, evtl nach Berichtigung oder Ergänzung gem §§ 319 ff, entstandene Fassung. Es ist nicht erforderlich, daß das Urteil usw ausspricht, daß eine Haftung „nach Kopfteilen" oder „anteilig" usw erfolge. Es reicht aus, daß es zB heißt: „Die Beklagten tragen die Kosten". Soweit die Auslegung keine Klarheit ergibt, ist keine Verurteilung gerade „als Gesamtschuldner" im Sinn von IV erfolgt. Es bleibt mangels solcher Verurteilung unerheblich, in welchem Umfang der eine oder der andere Streitgenosse im Prozeß beteiligt war, falls das Gericht nicht nach II vorgeht. Das gilt auch zwischen Eheleuten, und zwar auch im Fall des § 743. Die etwaigen Ersatzansprüche der Streitgenossen untereinander richten sich ja grundsätzlich nach dem sachlichen Recht.

**C. Kostenfolge: Haftung zu gleichen Anteilen.** Soweit eine Verurteilung nach Rn 29 erfolgt ist, 30 haften die Streitgenossen ein jeder mit demselben Kostenanteil, KG Rpfleger **75**, 143. Hierin kann eine Kostenungerechtigkeit liegen. Sie wird von I zwecks Vereinfachung bewußt hingenommen, Rn 2. Das ist bei der Auslegung der Kostenentscheidung mitzubeachten. Diese Haftung zu gleichen Anteilen gilt auch bei unterschiedlichen Beteiligung am Rechtsstreit, mag sie auch erheblich sein, solange nicht das Gericht eindeutig nach II vorgeht. Die gesetzliche Haftung gegenüber der Staatskasse bleibt unberührt, Rn 19 „Staatskasse".

**6) „Unterliegen mehrerer Personen": Ausnahmsweise „Beteiligungshaftung", II.** Das Gericht 31 kann unter den Voraussetzungen II eine von I abweichende Kostenverteilung vornehmen.

**A. „Verschiedenheit der Beteiligung".** Erste Voraussetzung ist, daß überhaupt eine „Verschiedenheit der Beteiligung am Rechtsstreit" der nicht gerade als Gesamtschuldner verurteilten Streitgenossen bestand. Unter einer „Beteiligung am Rechtsstreit" ist der Umfang zu verstehen, in dem ein Streitgenosse in den Rechtsstreit hineingezogen wurde und in dem er im Rechtsstreit verblieb, Kblz RR **99**, 728. Man muß diese Situation von derjenigen unterscheiden, in der mehrere zu gleichen Teilen in den Rechtsstreit gezogene Streitgenossen schließlich unterschiedlich siegen oder verlieren.

*Beispiele:* Eine verschiedene Beteiligung liegt vor, wenn nach dem Klagantrag X nur 900 DM, Y nur weitere 100 DM zahlen soll. Sie fehlt dagegen, wenn X und Y als Gesamtschuldner insgesamt 1000 DM zahlen sollen und wenn X auf 900 DM, Y auf weitere 100 DM verurteilt (und die Klage gegen beide im übrigen abgewiesen) wird.

Die letzteren Fälle sind nach Rn 46–66 zu beurteilen.

**B. „Erhebliche Verschiedenheit".** Weitere Voraussetzung ist, daß der Grad der Verschiedenheit der 32 Beteiligung auch „erheblich" war. Diese Frage ist nach den Gesamtumständen des Einzelfalls zu beantworten. Zwar darf man an sich die Vorfrage der Erheblichkeit nicht vom erwünschten Ergebnis her, nämlich von der Absicht einer Kostenverteilung zu unterschiedlichen Anteilen als nach Kopfteilen, beantworten. Indessen spielt natürlich praktisch doch die entscheidende Rolle: Wenn eine Haftung zu gleichen Anteilen für die Kosten als unzumutbar erscheint, wird in der Regel auch eine erhebliche Verschiedenheit der Beteiligung vorliegen. Als Faustregel empfiehlt sich die Grenze von $^2/_3$ der

## § 100

Beteiligung. Man kann aber auch die Grenze bei etwa ³/₄ ziehen. Natürlich darf und muß man das etwaige Verschulden des einen wie anderen Beteiligten in die Abwägung zu seinen Lasten einbeziehen.

33    **C. Abgrenzung zum „besonderen Angriffs- oder Verteidigungsmittel".** Man muß zwischen der in II geregelten „erheblichen Verschiedenheit der Beteiligung am Rechtsstreit" und dem in III geregelten „besonderen Angriffs- oder Verteidigungsmittel" unterscheiden. Durch das letztere ändert sich der Grad der Beteiligung am Rechtsstreit grundsätzlich nicht. Ein Angriffs- oder Verteidigungsmittel, Einl III 70, ist ja gerade nicht dasselbe wie der Angriff selbst, wie also zB eine Klagerweiterung, § 263, oder eine Widerklage, Anh § 253. Deshalb kann sich auch der Grad der Verschiedenheit der Beteiligung zB durch Maßnahmen der letzteren Art ändern, ohne daß dazu ein besonderes Angriffs- oder Verteidigungsmittel eingeführt wird. Soweit sich die Beteiligung ändert und zu diesem Zweck oder unabhängig davon vorher, gleichzeitig oder anschließend ein besonderes Angriffs- oder Verteidigungsmittel eingeführt werden, können II, III nebeneinander anwendbar sein. Es kann also zunächst zu einer grundsätzlichen Kostenverteilung etwa ²/₃ : ¹/₃ und außerdem dazu kommen, daß eine Partei vorweg die Kosten ihres besonderen Angriffs- oder Verteidigungsmittels trägt. Das ist im Urteil eindeutig und klar auszusprechen.

*Beispiele* für II: Die Sache hat sich gegenüber (nur) einem Streitgenossen in der Hauptsache erledigt, BGH **LM** § 4 Nr 9; ein Streitgenosse ist durch Anerkenntnis vor Erörterung ausgeschieden, Kblz RR **99**, 728; ein Streitgenosse ist säumig gewesen, LG Münst JB **78**, 753. Man könnte auch das Anerkenntnis nur eines Streitgenossen hierher rechnen; es zählt aber besser nach III.

34    **D. „Ermessen des Gerichts".** Das Gericht kann im Fall II, anders als bei III, im Rahmen eines pflichtgemäßen Ermessens handeln. Es ist also nur zur sorgfältigen Abwägung der Gesamtumstände verpflichtet und darf durchaus eine gewisse Kostenungerechtigkeit hinnehmen, um die einfache Haftung nach Kopfteilen, I, bestehen zu lassen, Rn 2. Es sollte aber in den Entscheidungsgründen wenigstens stichwortartig andeuten, daß es den Ermessensspielraum nach II gesehen und geprüft hat. Freilich ist ein Verstoß nur nach Maßgabe des § 99 anfechtbar, Rn 67. Die Ausübung des Ermessens ist dann auch bei dem sachlichrechtlichen Kostenersatz der Streitgenossen im Innenverhältnis, etwa nach § 426 BGB, mitzubeachten, BGH NJW **74**, 693.

Soweit das Gericht von I abweichen und nach II anders verteilen will, muß eine richterliche *Kostengrundentscheidung* ergehen. Diese ist dann für das Kostenfestsetzungsverfahren nach §§ 103 ff verbindlich, Kblz RR **99**, 728, Schlesw SchlHA **83**, 173. Freilich kann der Rpfl die Kostenentscheidung wie sonst auslegen, Einl 19 vor §§ 103–107, KG MDR **77**, 321, LG Mü JB **78**, 754, ebenso wie den zugehörigen Erstattungsantrag, Mü AnwBl **85**, 43. Er darf aber eine Verteilung nach II nicht von sich aus nachholen, Kblz RR **99**, 728, Mü MDR **89**, 167.

35    Die *Revisionsinstanz* kann das Ermessen des Gerichts grundsätzlich nicht voll, wohl aber darauf überprüfen, ob der Vorderrichter die Grenzen des Ermessens eindeutig verkannt hat. Wegen der gesetzlichen Hinnahme einer gewissen Kostenungerechtigkeit, Rn 2, sollte man allerdings einen Ermessensmißbrauch nur sehr zurückhaltend annehmen, selbst wenn die Entscheidungsgründe zu diesem Punkt praktisch nichts hergeben. Das Urteil soll ohnehin schon zur Hauptsache ja nur noch eine „kurze Zusammenfassung" der tatsächlichen und rechtlichen Erwägungen sein, § 313 III. Vgl auch Rn 36.

36    **E. „Beteiligung als Maßstab".** Soweit die Gericht von I abweichende Kostenverteilung beschließt, ist es trotz seines Ermessens, Rn 34, nicht so frei wie zB in dem Fall des ähnlichen § 92 II. Vielmehr muß man die „Beteiligung zum Maßstab" nehmen. Das bedeutet: Die Auferlegung der gesamten Prozeßkosten auf nur einen oder einige der mehreren Streitgenossen ist erst dann zulässig, wenn sie fast völlig verloren haben, etwa zu 95% oder mehr. Andernfalls muß man eben die dem *Hauptsacheurteil* entsprechende Quotelung auch bei den Kosten wenigstens im Prinzip übernehmen und eine Abweichung von diesem Grundsatz mit sachlich vertretbaren Erwägungen etwa zum Verschulden eines Beteiligten begründen. Im übrigen lassen sich die Verteilungsmöglichkeiten wie bei § 92 wählen, dort Rn 33–39. Stets ist auf eine klare und einfache Fassung der Kostenverteilung zu achten.

37    **7) Ausnahmsweise Einzelhaftung für „besonderes Angriffs- oder Verteidigungsmittel", III.** Sowohl bei gleicher Beteiligungshöhe als auch bei unterschiedlicher Beteiligung, insbesondere bei erheblicher Verschiedenheit der Beteiligung, kann III anwendbar sein. Die Vorschrift tritt zu I, II oder IV 1 jeweils hinzu, ohne jene Regeln zu verdrängen.

38    **A. Begriff.** Ein „Angriffs- oder Verteidigungsmittel" ist alles, was dem Angriff oder dessen Abwehr dient, zB ein Beweisantrag, eine Beweiseinrede, Einl III 70. Der Angriff oder die Verteidigung selbst, zB Klage, § 253, Widerklage, Anh § 253, Klagänderung, § 263, sind keine Angriffs- oder Verteidigungsmittel. Zur Abgrenzung von einer „erheblichen Verschiedenheit der Beteiligung" Rn 33. Es ist für III anders als bei § 96 unerheblich, ob das besondere Angriffs- oder Verteidigungsmittel auch Erfolg gehabt hat. Die Vorschrift ist nicht auf solche Mittel anwendbar, die von, sondern gegenüber einem Streitgenossen benutzt worden sind. Auf ein Rechtsmittel ist § 97 I anwendbar.

*Beispiele der Anwendbarkeit:* Ein Streitgenosse hat den Kläganspruch (nur für seine Person) anerkannt; er hat eine Beweisaufnahme nur wegen seiner eigenen Behauptungen und/oder Beweisantritte verursacht.

*Beispiel der Unanwendbarkeit:* Die Beweisaufnahme war ohnehin von Amts wegen vorzunehmen, etwa nach § 448 im Ehe- oder Statusverfahren.

39    **B. „Dadurch verursachte Kosten".** III setzt weiter voraus, daß Kosten gerade „dadurch" veranlaßt wurden, daß ein besonderes Angriffs- oder Verteidigungsmittel eingeführt wurde. Es muß also ein klarer Ursachenzusammenhang zwischen beidem vorliegen. Im Zweifel ist daher III unanwendbar.

40    **C. Kostenfolge: Einzelhaftung dieses Streitgenossen.** Soweit die Voraussetzungen Rn 38, 39 zusammentreffen, schließt III, anders als bei § 96, kraft Gesetzes die übrigen Streitgenossen von der Haftung für diese besonderen Kosten aus. Das bedeutet praktisch: Derjenige, der sie veranlaßt hat, haftet für sie stets allein und voll. Das Gericht hat nach Bejahung der Voraussetzungen keinen Ermessensspielraum mehr; ein Verstoß wäre in den Grenzen des § 99 anfechtbar und auch in der Revisionsinstanz beachtlich.

5. Titel. Prozeßkosten     § 100

Zwar wäre nach dem Wortlaut von III ein besonderer *Ausspruch* der zwingenden Kostenfolge nicht nötig. Indessen ist es dringend ratsam, sie zusätzlich und eindeutig in die Kostengrundentscheidung aufzunehmen, obwohl eine derartige Befugnis nicht, wie zB in § 269 III 3, im Gesetz ausdrücklich vorgesehen ist; sie versteht sich aus dem Sinn und Zweck der Regelung, Rn 2, von selbst, ebenso insofern Schlesw JB **93**, 742 mwN. Beim Verstoß gelten §§ 319 ff. Der Rpfl kann die etwa unklare oder fehlende Entscheidung nach III in einem nach dem Sachverhalt klaren Fall im Weg der Auslegung der gesamten Kostenentscheidung, Einf 19 vor §§ 103–107, Schlesw JB **93**, 743, nicht aber im übrigen nachholen, Schlesw JB **93**, 743.
*Beispiel:* „Von den Kosten des Rechtsstreits tragen der Beklagte X 1/3, der Beklagte Y 2/3. Jedoch trägt X die Kosten der Beweisaufnahme vom ...".

**8) „Verurteilung mehrerer Beklagter als Gesamtschuldner", IV.** Für die Fälle, in denen in der **41** Hauptsache eine gesamtschuldnerische Verurteilung erfolgt ist, enthält IV einige Sonderregeln. Im übrigen gelten I–III ergänzend; auf das letztere weist IV 1 Hs 2 zusätzlich hin.

**A. Zur Hauptsache gerade „als Gesamtschuldner".** Das Gericht muß mehrere Bekl gerade als **42** Gesamtschuldner verurteilt haben. Das bedeutet: Es kommt nicht darauf an, ob sie tatsächlich sachlich-rechtlich in der Hauptsache Gesamtschuldner waren, §§ 421 ff BGB. Auch die fälschliche Verurteilung gerade als Gesamtschuldner macht IV anwendbar. Umgekehrt ist die Vorschrift unanwendbar, soweit das Gericht echte Gesamtschuldner zur Hauptsache nicht auch gerade „als Gesamtschuldner" verurteilt hat, aus welchen Gründen auch immer. In diesem Fall bleiben I–III anwendbar.
Im Fall eines *Verstoßes* gelten zunächst §§ 319 ff. Im übrigen werden gerade in diesem Punkt schon zur **43** Hauptsache bloße Formulierungsfehler begangen; man kann das Urteil dann, wie stets, unter Berücksichtigung des Tatbestands und der Entscheidungsgründe richtig *auslegen,* vgl § 322 Rn 6, Ffm VersR **84**, 490, Hamm Rpfleger **74**, 271, KG Rpfleger **75**, 144 mwN, zB auch im Fall der Erfolglosigkeit eines Rechtsmittels gegen eine erstinstanzliche gesamtschuldnerische Verurteilung, Ffm VersR **84**, 490, LG Köln MDR **81**, 502. Auch der Rpfl darf die Entscheidung auslegen, LG Mü JB **78**, 754, nur eben nicht wirklich nachholen, Einf 19 vor §§ 103–107. IV ist auch dann anwendbar, wenn das Gericht den einen Streitgenossen durch ein Teilurteil, den anderen durch ein Schlußurteil verurteilt hat. Es reicht aus, daß sich die gesamtschuldnerische Haftung zur Hauptsache aus dem Schlußurteil ergibt. Der Hauptschuldner und ein Bürge haften aber nicht als Gesamtschuldner, Rn 7 „Bürgschaft". Eine Gesellschaft und ihr Gesellschafter sind Gesamtschuldner, Rn 10 „Gesellschaft".
IV ist auf unterliegende *Gesamtgläubiger* unanwendbar, Kblz MDR **91**, 257. In diesem Fall gilt vielmehr I. Auf Vollstreckungskosten ist nur § 788 anwendbar, dort Rn 1, 2.

**B. Kostenfolge: Grundsatz der gesamtschuldnerischen Kostenhaftung, IV 1.** Soweit die Voraus- **44** setzungen Rn 42, 43 vorliegen, tritt die in IV 1 als Grundsatz festgelegte gesamtschuldnerische Haftung nicht nur gemäß § 58 I GKG gegenüber der Staatskasse, sondern „auch für die Kostenerstattung" kraft Gesetzes ein. Das Gericht braucht diese gesamtschuldnerische Haftung in der Kostenentscheidung nicht ausdrücklich aussprechen, Hamm Rpfleger **74**, 271, auch nicht im Rechtsmittelurteil, LG Köln MDR **81**, 502. Es darf aber die gesamtschuldnerische Kostenhaftung ebenso wie III im Urteil klarstellen, vgl Rn 40. Soweit eine gesamtschuldnerische Kostenhaftung vorliegt, darf sich jeder erstattungsberechtigte Gläubiger wegen der Kosten an jeden der Gesamtschuldner und vor allem nach freier Wahl an denjenigen halten, den er für den Leistungsfähigsten hält, BGH **LM** Nr 4, wie stets bei Gesamtschuldnerhaftung.

**C. Ausnahmsweise Einzelhaftung „für besondere Angriffs- oder Verteidigungsmittel", IV 1, 2.** **45** Durch die Verweisung auf III wird klargestellt, daß die zwingende Kostenfolge nach III auch in den Fällen IV an sich bestehen bleibt. Diese ausnahmsweise Einzelhaftung für ein besonderes Angriffs- oder Verteidigungsmittel, Rn 37, mag nur in den Sonderfällen eingeschränkt sein oder entfallen, in denen sich die Haftung eines Kosten-Gesamtschuldners nach Vorschriften des Bürgerlichen Rechts auch auf diejenigen Kosten erstreckt, die durch ein besonderes Angriffs- oder Verteidigungsmittel geltend gemacht sind; das stellt IV 2 als „Ausnahme von der Ausnahme" und damit weit auslegbar klar. Auch hier empfiehlt sich ein entsprechender klarstellender Kostenausspruch im Urteil.

**9) Alle Streitgenossen siegen, I–IV.** Das Gegenstück zu den in § 100 ausdrücklich geregelten Fall des **46** Unterliegens mehrerer oder aller Streitgenossen ist das Obsiegen mehrerer oder aller Streitgenossen. Diesen Fall erfaßt § 100 nicht ausdrücklich. Es haben sich im wesentlichen die folgenden Regeln herausgebildet.

**A. Keine Gesamtgläubigerschaft.** Siegende einfache wie notwendige Streitgenossen, §§ 59, 62, sind **47** selbst dann, wenn das Gericht ihnen die Hauptsache ausdrücklich als Gesamtgläubigern zugesprochen hat, nicht auch wegen der Kosten Gesamtgläubiger, sondern Gläubiger nach Kopfteilen, genauer hier: nach ihrem Anteil an der Hauptsache, also nicht stets zu gleichen Anteilen. Das gilt auch dann, wenn die Verlierer „als Gesamtschuldner" verurteilt wurden und daher wegen der Kosten gem IV ebenfalls als Gesamtschuldner haften. Das alles gilt jedenfalls, soweit das Gericht nicht im Urteil die Sieger auch wegen der Kosten fehlerhaft, aber nun einmal wirksam „als Gesamtschuldner" bezeichnet hat. Diese Beurteilung wirkt sich nicht nur auf die Fassung der Kostenentscheidung aus, sondern vor allem auf die Kostenerstattung. Alle diese Fragen sind heftig umstritten. Vgl die Nachweise in Rn 55 ff.

**B. Bei erheblicher Verschiedenheit der Beteiligung: Entsprechende Kostenverteilung.** Soweit **48** eine erheblich verschiedene Beteiligung am Rechtsstreit dazu führt, daß jeder dieser unterschiedlich beteiligten Streitgenossen jeweils voll siegt, sind die in II enthaltenen Grundsätze entsprechend anwendbar. Vgl die Kostenentscheidung Rn 31 ff und für die Kostenerstattung Rn 55 ff.

**10) Ein Streitgenosse siegt, einer verliert, I–IV.** Auch der Fall, daß von zwei Streitgenossen der eine **49** voll siegt, der andere voll verliert, ist in § 100 nicht direkt geregelt. Dasselbe gilt für die Varianten, daß von mehr als zwei Streitgenossen einer oder mehrere ganz siegen, einer oder mehrere ganz verlieren oder zB der Streitgenosse A ganz siegt, B halb siegt, halb verliert und C ganz verliert usw. Diese Situationen können allerdings nur bei einfachen Streitgenossen entstehen, nicht bei notwendigen. Für die Kostenentscheidung

§ 100　　　　　　　　　　　　　　　　　　　　　1. Buch. 2. Abschnitt. Parteien

gelten die nachfolgenden Regeln. Für die Kostenerstattung ergeben sich daraus die in Rn 55 ff dargestellten Folgen.

**50**　**A. Grundsatz der Kostenteilung.** Das Gericht muß in allen diesen Fällen zunächst § 92 anwenden und darf § 100 nur ergänzend heranziehen. Es muß immer bedenken, daß es sich in Wahrheit nur um eine willkürliche Zusammenfassung mehrerer Klagen in demselben Prozeß handelt, ähnlich ThP 15 (sie wenden §§ 91, 92 kombiniert an). Der siegende Streitgenosse soll natürlich grundsätzlich keine Kosten tragen, von § 96 abgesehen, sondern nur einen Erstattungsanspruch erhalten. Der Gegner ist nur seinem Teil entsprechend zu belasten.

**51**　**B. Grundsatz der Kostentrennung.** Während §§ 91 ff an sich von der Regel ausgehen, daß das Gericht im Interesse der Einheit der Kostenentscheidung, § 91 Rn 23, nicht zwischen Gerichtskosten und außergerichtlichen Kosten unterschiedliche Quoten bilden soll und darf, ist bei Streitgenossen gerade der entgegengesetzte Grundsatz erforderlich, weil ja eine andere Ausgangsgrundlage vorliegt: Es wäre nicht zu verantworten, denjenigen Streitgenossen mitzubelasten, der in diesem Umfang gar nicht unterlegen ist, und umgekehrt. Daher muß das Gericht in der Kostengrundentscheidung über die Gerichtskosten (Gebühren und Auslagen) einerseits und über die außergerichtlichen Kosten (Gebühren und Auslagen) andererseits gesonderte Aussprüche formulieren. Darüber besteht Einigkeit.

**52**　**C. Baumbach'sche Formel.** Streit besteht allerdings darüber, welche Fassung die Kostengrundentscheidung in solchen Mischfällen am zweckmäßigsten erhalten soll. Hierüber gingen die Meinungen früher noch erheblich stärker auseinander. Der von Baumbach in diesem Kurzkommentar angeregte Weg (früher § 100 Anm 6 C) hat sich zB lt ZöHe 7, 8 „trotz seiner Tücken ... seit vielen Jahrzehnten bewährt", vgl auch zB LG Bonn Rpfleger **89**, 521, und „beherrscht die Praxis völlig", Mü Rpfleger **89**, 128, Stgt Rpfleger **90**, 183, Herr DRiZ **89**, 87 (er erstrebt mit seiner von ihm selbst als „Säcketheorie" referierten Fortentwicklung eine Präzisierung und Vereinfachung mit eindrucksvoll komplizierten Rechenbeispielen). Die sog Baumbach'sche Formel erfaßt einen Fall, in dem bei einer etwa gleichhohen Beteiligung der Bekl X siegt, der Bekl Y unterliegt. *Sie lautet:*

„Die Gerichtskosten tragen der Kläger und der Beklagte Y je zur Hälfte. Von den außergerichtlichen Kosten tragen der Kläger die des Beklagten X voll und 1/2 der eigenen, der Beklagte Y die eigenen und 1/2 der dem Kläger erwachsenen Kosten".

Entsprechendes gilt dann, wenn von zwei Klägern der eine siegt, der andere unterliegt. Bei mehr als zwei Streitgenossen sind die Quoten entsprechend zu ändern.

**53**　Diese Fassung ist anderen Lösungsversuchen, etwa von Roeder DRiZ **91**, 93 (im Ergebnis ähnlich), *erfahrungsgemäß vorzuziehen.* Man sollte also nicht etwa schreiben, der Kläger und der Bekl Y trügen je 1/2 der Kosten; eine solche Fassung würde dem siegenden Bekl X endgültig jeden Kostentitel nehmen. Unzweckmäßig wäre auch die Fassung, die dem siegenden Bekl X entstandenen besonderen Kosten trage der Kläger. Denn sie würde dem Kostenaufbau der ZPO widersprechen. Wenn das Gericht trotzdem in solcher Weise entschieden hat, bleibt nur übrig, bei der Kostenfestsetzung so auszulegen, daß der Gegner und der unterliegende Streitgenosse die Kosten im Verhältnis ihrer Beteiligung und nach I–III tragen. Zu dem Fall, daß ein Streitgenosse im Weg eines Versäumnisurteils verliert, der andere im Weg einer streitigen Entscheidung gewinnt, KG NJW **73**, 1131.

**54**　**11) Ausscheiden eines Streitgenossen, I–IV.** An sich soll das Teilurteil überhaupt keine Kostenentscheidung enthalten, § 301 Rn 19, Düss NJW **70**, 568, KG JB **73**, 351. Jedoch bleibt § 100 auf den Zeitraum bis zum Ausscheiden eines Streitgenossen anwendbar; man darf also für diesen Zeitraum auch schon im Teilurteil eine Kostenentscheidung treffen. Man muß sie dann im etwaigen Schlußurteil mit berücksichtigen, BGH RR **91**, 187. IV ist auch dann anwendbar, wenn das Gericht den einen Streitgenossen durch ein Teilurteil, den anderen durch ein Schlußurteil verurteilt hat; es reicht aus, daß sich die gesamtschuldnerische Haftung zur Hauptsache aus dem Urteil ergibt. Wenn sich ein ausgeschiedener Streitgenosse nicht am Rechtsmittel beteiligt, dann ist § 100 unanwendbar, selbst wenn es sich um einen einfachen, nicht notwendigen Streitgenossen handelt; auf die restlichen Streitgenossen ist § 97 anwendbar. Im Fall der Klagerücknahme, § 269, gegenüber nur einzelnen Streitgenossen unterbleibt eine Kostenentscheidung. Wegen der Kostenerstattung Rn 55 ff.

**55**　**12) Kostenerstattungsfragen, I–IV.** Man muß die Frage, ob, wann und wie eine Kostengrundentscheidung zu erlassen ist und wie sie berichtigt, ergänzt oder angefochten werden kann, von der Frage unterscheiden, welche Regeln im einzelnen bei der aus der Kostengrundentscheidung natürlich folgenden Kostenerstattung entstehen. Zwar darf der Rpfl die Kostenentscheidung im Erstattungsverfahren nur auslegen, nicht ändern, Einf 19 vor §§ 103–107; gerade bei der Auslegung können aber zusätzliche Probleme entstehen. Fast alle Fragen zur Kostenerstattung sind vor allem in der Praxis heftig umstritten. Das hängt zum Teil damit zusammen, daß man vom erwünschten Ergebnis her argumentiert und Widersprüche zu den eigentlich als Ausgangspunkt zu nehmenden Grundsätzen, nach denen die Kostenentscheidung zu formulieren ist, hinnimmt. Im wesentlichen ergeben sich etwa die folgenden Meinungen.

**56**　**A. Grundsatz: Nur anteilige Erstattung.** Aus den Grundsätzen der Kostenteilung und Kostentrennung, Rn 50, 51 und aus der daraus am besten zu wählenden Baumbach'schen Formel, Rn 52, folgt für die Kostenerstattung aus der Sicht des Gläubigers der Grundsatz: Jeder siegende Streitgenosse kann die Erstattung nur aller der aus seinem notwendigen Kosten, Rn 58, fordern, die auf ihn persönlich entfallen (also auf seinen Kopfteil, es sei denn, er hätte entweder mit seinem Streitgenossen eine für ihn abweichende Vereinbarung getroffen, Mü MDR **95**, 856 mwN, oder er könnte glaubhaft machen, daß der unterlegene Streitgenosse zahlungsunfähig sei).

**57**　Er kann also auch *nicht von vornherein* ohne Notwendigkeit weiterer Glaubhaftmachung, § 294, die Erstattung derjenigen gesamten Summe fordern, für die er einem gemeinsamen Anwalt als *Gesamtschuldner* haftet. Denn solche Lösung könnte zu einer Bereicherung des Siegers führen, Rn 59, 61, Drsd JB **98**, 598,

5. Titel. Prozeßkosten § 100

Schlesw JB **99**, 29, Sarrbr JB **99**, 310, aM BGH **LM** § 91 Nr 2, Düss MDR **88**, 325, Hamm JB **95**, 137. Die weiteren Varianten im Meinungsbild sind in der Praxis ohne Bedeutung.

**B. Nur wegen notwendiger Kosten.** Auch soweit ein Streitgenosse nach Rn 56, 57 grundsätzlich eine 58 Kostenerstattung fordern kann, gilt das doch nur, aber auch sehr wohl wegen aller derjenigen Kosten, die für ihn im Sinn von § 91 auch objektiv notwendig waren. Kosten, die er zwar für notwendig hielt, die aber ihrer Art oder Höhe nach schon außerhalb der Sonderfälle einer Streitgenossenschaft nach den Regeln des § 91 nicht erstattungsfähig wären, werden nicht dadurch erstattungsfähig, daß sie von einem Streitgenossen geltend gemacht werden. Diese Einschränkung der Erstattungsfähigkeit ist im Grunde unabhängig von dem Meinungsstreit zu Rn 56, 57 unstreitig. Streitig ist nur weiterhin die Frage der Glaubhaftmachung, Rn 60.

**C. Notwendigkeit von Anwaltskosten.** Die Frage, ob insbesondere Rechtsanwaltskosten notwendig 59 waren, ist nach § 91 zu beantworten, dort Rn 114, 124, 157, 220 usw. Hier nur einige Ergänzungen speziell für die Fälle der Streitgenossenschaft:

**D. Aufträge an gesonderte Anwälte.** Grundsätzlich darf jeder Streitgenosse einen eigenen Anwalt 60 beauftragen; der Erstattungspflichtige muß also die Kosten der Anwälte aller Streitgenossen erstatten, soweit nicht mehr Anwälte als Streitgenossen eingeschaltet waren. Wegen des Anwaltswechsels Rn 64, Düss AnwBl **83**, 190, Ffm AnwBl **88**, 74, Kblz MDR **95**, 263 (bei Interessengegensätzen), aM Karlsr VersR **79**, Mü MDR **95**, 263. Das gilt unabhängig von etwaigen AKB. Denn sie berühren nur das Innenverhältnis, Mü MDR **72**, 1042. Der vorstehende Grundsatz gilt nur eingeschränkt, wenn eine Versicherung ihren Anwalt auch für den Versicherungsnehmer beauftragt hatte und wenn der Versicherungsnehmer außerdem einen eigenen Anwalt hat, § 91 Rn 137.

**E. Aufträge an gemeinsamen Anwalt.** Wenn allerdings alle Streitgenossen oder einige von mehreren 61 Streitgenossen gemeinsam einen Einzelanwalt oder eine Anwaltssozietät beauftragt haben, muß man § 6 II BRAGO beachten. Die Streitgenossen können zusammen höchstens einmal die vollen Gebühren und Auslagen des gemeinsamen ProzBev fordern, Hbg JB **77**, 199, Mü Rpfleger **88**, 38. Wenn ein Streitgenosse allein Festsetzung verlangt, kann er zwar grundsätzlich außer der Festsetzung derjenigen Kosten, die ihn allein betreffen, auch die Festsetzung derjenigen Kosten fordern, für die er dem Anwalt gesamtschuldnerisch haftet, LG Kref AnwBl **80**, 365, aM Ffm AnwBl **85**, 263. Er muß aber dazu glaubhaft machen, § 294, daß er die Kosten bezahlt hat oder daß seine Streitgenossen wegen eigener Vermögenslosigkeit nicht zahlen können; es kommt also darauf an, ob er die Kosten dem Anwalt gegenüber bezahlen muß.

Soweit er nicht die Zahlung der gesamten gesamtschuldnerisch geschuldeten Vergütung glaubhaft machen 62 kann, kann er nur eine Erstattung des bei einem Kostenausgleich *auf ihn fallenden* Kostenteils fordern, Rn 56, Celle JB **92**, 94, Kblz Rpfleger **81**, 122, aM Düss NJW **76**, 1698, Ffm VersR **81**, 194, Hamm Rpfleger **74**, 271, KG JB **99**, 417.

**F. Gemeinsame Festsetzungsanträge.** Wenn Streitgenossen die Kostenfestsetzung gemeinsam betrei- 63 ben, dann ist für jeden Streitgenossen auf seinen Bruchteil gemäß dem Innenverhältnis zwischen ihnen festzusetzen, falls der Gegner dadurch besonders berührt wird, Kblz MDR **77**, 585. Diese Notwendigkeit wird in der Praxis nicht immer beachtet. Im Zweifel liegt Gesamtgläubigerschaft vor, BGH AnwBl **85**, 524.

**G. Verbot des Rechtsmißbrauchs.** Rechtsmißbrauch ist, wie stets auch im Prozeß, Einl III 54, auch 64 bei der Kostenerstattung verboten. Das gilt zB dann, wenn ein Komplementär und sein eigener ProzBev bestellt, Hamm Rpfleger **78**, 329, Stgt Just **80**, 20, aM Düss JB **81**, 762. Rechtsmißbrauch liegt auch vor bei einem grundlosen Anwaltswechsel, Bbg JB **86**, 923, Hbg JB **82**, 767, Mü MDR **90**, 555, aM Hbg JB **80**, 761, Mü JB **81**, 138.

**H. Notwendigkeit einer Glaubhaftmachung.** Vgl zunächst Rn 58, 61. Die Glaubhaftmachung erfolgt 65 wie sonst, § 294. Zusätzlich enthalten § 104 II 1 denselben Grundsatz, § 104 II 2 einige Ausnahmen wegen dem Anwalt erwachsener Auslagen an Post-, Telegrafen- und Fernsprechgebühren (bloße anwaltliche Versicherung genügt), s dort.

**I. Weitere Verfahrensfragen.** Da die Kostenerstattung praktisch im Kostenfestsetzungsverfahren zu 66 prüfen ist, gelten §§ 103–107, insbesondere § 104; s dort.

**13) Teilunterliegen, Teilobsiegen mehrerer Streitgenossen, I–IV.** Soweit von mehreren Streitgenos- 67 sen der eine oder mehrere von ihnen oder alle jeweils für die eigene Person teilweise obsiegen und teilweise unterliegen, liegt eine andere Situation als in den Fällen Rn 49 ff vor. Man muß indes die Grundsätze Rn 46–60 auch auf diese Fälle des Teilunterliegens und Teilobsiegens entsprechend anwenden und zusätzlich § 92 hinzuziehen. Stets ist auf eine möglichst gerechte, aber auch einfache und klare Fassung der Kostengrundentscheidung zu achten und zu versuchen, die obigen Grundsätze für und gegen einen jeden der Streitgenossen einzuhalten.

**14) Rechtsmittel, I–IV.** Gegen die Kostengrundentscheidung sind diejenigen Rechtsmittel gegeben, die 68 ihrer Form entsprechen, jeweils eingeschränkt durch § 99. Gegen die Entscheidungen im Kostenfestsetzungsverfahren sind die in § 104 genannten und erläuterten Rechtsbehelfe (Erinnerung) bzw Rechtsmittel (Beschwerde) möglich. Stets ist bei der Anfechtung einer Kostenentscheidung zu beachten, daß ein Beschwerdewert von 200 DM, § 567 II 1 (Kostengrundentscheidung, 91 Rn 4), § 577, einzuhalten ist. Beim Rpfl gilt § 11 RPflG, vgl § 104 Rn 41 ff.

**15) *VwGO*:** *Die Vorschrift ist entsprechend anzuwenden (§ 159 S 1 VwGO), wenn der kostenpflichtige Teil aus* 69 *mehreren Personen besteht. Neben IV, der im VerwRechtsstreit nur in dem seltenen Fall einer Leistungsklage gegen mehrere Beklagte praktisch wird, tritt ergänzend § 159 S 2 VwGO für die Fälle notwendiger Streitgenossenschaft ohne Rücksicht auf die Klageart und die Parteistellung.*

## § 101

**101** *Streithilfe.* [1] Die durch eine Nebenintervention verursachten Kosten sind dem Gegner der Hauptpartei aufzuerlegen, soweit er nach den Vorschriften der §§ 91 bis 98 die Kosten des Rechtsstreits zu tragen hat; soweit dies nicht der Fall ist, sind sie dem Nebenintervenienten aufzuerlegen.

[II] Gilt der Nebenintervenient als Streitgenosse der Hauptpartei (§ 69), so sind die Vorschriften des § 100 maßgebend.

### Gliederung

| | |
|---|---|
| 1) Systematik, I, II ..... 1 | C. Maßgeblichkeit der Vereinbarungen über die Streithilfekosten ..... 23 |
| 2) Regelungszweck, I, II ..... 2 | D. Notwendigkeit weiter Auslegung .... 24 |
| 3) Geltungsbereich, I, II ..... 3 | E. Kostenfolge bei Aufhebung der Prozeßkosten gegeneinander ..... 25, 26 |
| 4) Einfache, unselbständige „Nebenintervention", I ..... 4–6 | F. Kostenfolge bei Halbierung der Prozeßkosten ..... 27 |
| A. Begriff der „Nebenintervention" ..... 4 | G. Kostenfolge bei Teilübernahme der Prozeßkosten durch den Gegner der Hauptpartei ..... 28 |
| B. Abgrenzung zur streitgenössischen Streithilfe ..... 5 | H. Kostenfolge bei Übernahme aller Prozeßkosten durch die Hauptpartei ..... 29 |
| C. Geltung nur im Außenverhältnis ..... 6 | 10) Insbesondere: Streitgenossen (§ 100), I Hs 1 ..... 30 |
| 5) „Durch eine Nebenintervention verursachte Kosten", I ..... 7, 8 | 11) Kostenlast des Streithelfers, I Hs 2 .... 31–33 |
| A. Begriff der Ursächlichkeit ..... 7 | A. „Soweit nicht...": Auffangklausel ... 31 |
| B. Abgrenzung zu weiteren Kosten ..... 8 | B. Grundsatz: Gleichbehandlung mit der Hauptpartei ..... 32 |
| 6) Kostenlast des „Gegners der Hauptpartei", I Hs 1 ..... 9–15 | C. „Kosten sind aufzuerlegen": Zwingende Kostenfolge ..... 33 |
| A. Begriff des Gegners ..... 10 | 12) „Nebenintervenient gilt als Streitgenosse der Hauptpartei", II ..... 34–36 |
| B. „Kosten sind aufzuerlegen": Zwingende Kostenfolge ..... 11 | A. Begriff der streitgenössischen Streithilfe ..... 34 |
| C. Notwendigkeit einer Kostenentscheidung ..... 12–15 | B. Geltung nur im Außenverhältnis ..... 35 |
| 7) „Anwendbarkeit der §§ 91 bis 98", I Hs 1 ..... 16–18 | C. Kostenfolgen: Anwendbarkeit des § 100 ..... 36 |
| A. Grundsatz: „Soweit Gegner die Kosten zu tragen hat" ..... 17 | 13) Verfahrensfragen, I, II ..... 37 |
| B. Anwendbarkeit der allgemeinen Kostenvorschriften im einzelnen ..... 18 | 14) Rechtsmittel, I, II ..... 38 |
| 8) Insbesondere: Rechtsmittel des Streithelfers, I Hs 1 ..... 19, 20 | 15) VwGO ..... 39 |
| 9) Insbesondere: Vergleich (§ 98), I Hs 1. 21–29 | |
| A. Begriff des Vergleichs ..... 21 | |
| B. Beteiligung des Streithelfers am Vergleich ..... 22 | |

**1** **1) Systematik, I, II.** Die Vorschrift enthält in I, II zunächst jeweils nur scheinbar eine vorrangige Sonderregelung, in Wahrheit infolge der jeweiligen Verweisung in den Umfang jeweils keine Sonderregeln, sondern nur die Bestätigung der Geltung der dort erwähnten anderen Vorschriften. Wegen des formellen Charakters einer Spezialvorschrift ist allerdings die Verweisung in I Hs 1, II an sich nur in einem eng auszulegenden Sinn gemeint; die Praxis verfährt allerdings teilweise anders, Rn 21, 30. I Hs 2 enthält eine Auffangklausel zu Lasten des einfachen, unselbständigen Streithelfers, §§ 66–68, die gegenüber §§ 91 ff Vorrang hat. §§ 99, 238 IV, 269 III ZPO, §§ 49 ff GKG bleiben unberührt.

**2** **2) Regelungszweck, I, II.** Soweit die Vorschrift Verweisungen enthält, bezweckt sie sowohl im Interesse der Vereinfachung als einem Gesichtspunkt der Prozeßwirtschaftlichkeit, Grdz 14 vor § 128, als auch der Kostengerechtigkeit, Üb 10 vor § 91, Angleichungen der Kostenfolgen der einfachen, unselbständigen Streithilfe, §§ 66–68, an die Kostenfolgen im Verhältnis zwischen den Parteien, Saarbr MDR **96**, 968. I Hs 2 enthält mit einer Auffangklausel im Grunde nur eine klarstellende Anweisung, über sämtliche entstandenen Kosten mitzuentscheiden. Man kann darüber streiten, ob die Gesamtregelung überzeugt, soweit sie zu Lasten der eigentlichen Parteien ergeht. Auch insofern ist aber der Vereinfachungsgedanke vorrangig. Das ist bei der Auslegung mit zu beachten.

**3** **3) Geltungsbereich, I, II.** Vgl Üb 12, 13 vor § 91, § 91 Rn 4–14.

**4** **4) Einfache, unselbständige „Nebenintervention", I.** Die Vorschrift erfaßt nur einen Teil der Fälle von Streithilfe.

   **A. Begriff der „Nebenintervention".** In I ist lediglich der Fall der sog einfachen, unselbständigen Streithilfe, §§ 66–68, erfaßt. Es ist unerheblich, ob der Streithilfe eine Streitverkündung, §§ 72 ff, vorausgegangen ist. Soweit die Streitverkündung zur Streithilfe führte, sind die Kosten des Verkündungsverfahrens mit als Kosten der Streithilfe zu beurteilen, § 74 I. Soweit keine Streithilfe eingetreten ist, muß der Verkünder die Kosten der Streitverkündung nach den in § 72 Rn 6 genannten Regeln selbst tragen, Mü MDR **89**, 548; die Haftung für die Gerichtsgebühren ergibt sich ohnehin nach §§ 49 ff GKG (Antragsschuldner).

**5** **B. Abgrenzung zur streitgenössischen Streithilfe.** Wie sich aus II ergibt, ist die streitgenössische Streithilfe, § 69, wegen der dort enthaltenen Gleichstellung dieses Streithelfers mit dem Streitgenossen nach § 61 auch kostenmäßig ein Fall der Streitgenossenschaft, Rn 34.

**6** **C. Geltung nur im Außenverhältnis.** I betrifft nur das Verhältnis zwischen dem unselbständigen Streithelfer und „dem Gegner der Hauptpartei", also nur das sog Außenverhältnis, nicht das Innenverhältnis

## 5. Titel. Prozeßkosten § 101

zwischen dem unselbständigen Streithelfer und der von ihm unterstützten „Hauptpartei" selbst, denn zwischen diesen beiden besteht ja gar kein Rechtsstreit und daher auch jedenfalls keine hier allein zu beachtende prozessuale Erstattungspflicht, Hbg JB **80**, 932, Karlsr RR **96**, 448, Schneider MDR **83**, 801. Im Innenverhältnis ist wegen einer etwaigen sachlichrechtlichen Ersatzpflicht evtl ein besonderer Prozeß erforderlich, Bischof MDR **99**, 790, also jedenfalls kein Vollstreckungstitel im Prozeß zwischen den Hauptparteien statthaft, Hbg JB **80**, 932. Wechselt der Streithelfer die Fronten, so kann er die früheren Kosten nicht erstattet fordern, Hbg MDR **89**, 825.

**5) „Durch eine Nebenintervention verursachte Kosten", I.** Die Vorschrift erfaßt nur diejenigen 7 Kosten, die gerade infolge der Streithilfe verursacht sind.

**A. Begriff der Ursächlichkeit.** Man kann grundsätzlich den Begriff der Ursächlichkeit, wie ihn Lehre und Rspr zu § 287 entwickelt haben, übernehmen; vgl also § 287 Rn 6. Dabei ist allerdings wegen des formellen Ausnahmecharakters von I eine enge Auslegung notwendig, Rn 2.

*Beispiele der Zugehörigkeit:* Die dem Streithelfer entstandenen Kosten des Beitritts mit Ausnahme eines Zwischenstreits über dessen Zulässigkeit, § 71, Rn 8; Kosten der Zuziehung des Streithelfers mit Ausnahme der Kosten einer Streitverkündung, § 72, soweit sie erfolglos blieb, Rn 4; Kosten einer Zustellung und einer Vertretung; diejenigen Kosten, die der beigetretene Streithelfer durch eigene Prozeßhandlungen verursacht, da sie keine „eigentlichen" Kosten des Rechtsstreits sind, vielmehr in I mitbehandelt werden, Hamm AnwBl **85**, 215, aM ThP 5. Wegen eines Rechtsmittels des Streithelfers Rn 18 „§ 97".

**B. Abgrenzung zu weiteren Kosten.** Alle bei enger Auslegung, Rn 2, nicht zu Rn 7 zählenden Kosten 8 sind nicht gerade solche der Streithilfe und daher nicht nach I zu beurteilen. I gibt im übrigen keine allgemeine Rechtsgrundlage dafür, den Streithelfer mit solchen Kosten des Rechtsstreits zu belasten, die über die Kosten der Streithilfe hinausgehen, und zwar ist eine so allgemeine Belastung auch nicht nach § 49 I 1 GKG möglich. Die letztere Vorschrift gilt nur für die durch gerade seine Anträge verursachten Kosten.

*Beispiele der Nichtzugehörigkeit:* Kosten der erfolglosen Streitverkündung, Rn 4; Kosten eines Zwischenstreits über die Zulassung nach § 71, denn über sie muß das Gericht nach § 91 entscheiden und sie im Falle der Erfolglosigkeit des Streithilfeantrags dem Antragsteller auferlegen. Wegen eines Rechtsmittels des Streithelfers Rn 18 „§ 97".

**6) Kostenlast des „Gegners der Hauptpartei", I Hs 1.** Die Vorschrift macht den Prozeßgegner der 9 vom Streithelfer unterstützten Hauptpartei kostenpflichtig, soweit er überhaupt Prozeßkosten zu tragen hat.

**A. Begriff des Gegners.** Wie schon der Wortlaut klarstellt, handelt es sich um den Gegner „der Haupt- 10 partei", also den oder die Prozeßgegner des oder der Unterstützten. Dabei kommt es nur darauf an, ob und in welchem Umfang einer dieser Gegner mit Prozeßkosten überhaupt belastet wird. Daher scheiden diejenigen Gegner der Hauptpartei aus, die zwar zunächst in den Rechtsstreit hineingezogen wurden, dann aber ohne Kostengrundentscheidung über auch nur Teile der Prozeßkosten ihnen gegenüber ausgeschieden sind und auch nicht mehr nach §§ 91–98 belastet werden können und müßten. Allerdings mag insofern ein Antrag auf Berichtigung oder Ergänzung nach §§ 319 ff zulässig sein und zur Haftung der bisher noch nicht Belasteten auch für die Kosten der Streithilfe führen.

**B. „Kosten sind aufzuerlegen": Zwingende Kostenfolge.** Soweit die Hauptpartei Kosten des 11 Rechtsstreits zu tragen hat, ist das Gericht nicht nur im Rahmen eines Ermessens berechtigt, sondern nach dem eindeutigen Wortlaut verpflichtet, dieser Partei auch die Kosten der Streithilfe aufzuerlegen. Das Gericht muß diese Frage, wie schon in § 308 II geklärt, von Amts wegen beachten, Hamm AnwBl **85**, 215, Köln JB **83**, 1882, Nürnb AnwBl **89**, 104. Es darf in diesem Zusammenhang die Zulässigkeit des Beitritts nicht (mehr) nachprüfen, LG Itzehoe AnwBl **85**, 215.

**C. Notwendigkeit einer Kostenentscheidung.** Freilich tritt die zwingende Kostenfolge nach Rn 11 12 nicht schon in einer für das Festsetzungsverfahren nach §§ 103 ff ausreichenden Weise kraft Gesetzes ein. Vielmehr ist schon nach dem auch insofern eindeutigen Wortlaut von I („sind aufzuerlegen") eine Kostengrundentscheidung, § 91 Rn 35, über die Kosten der Streithilfe notwendig. Es empfiehlt sich dringend, im Urteil usw über diese Kosten der Streithilfe ausdrücklich gesondert zu entscheiden, um Mißverständnisse zu vermeiden. Freilich trifft der Richter nur die Kostengrundentscheidung darüber, wer die Kosten „des Rechtsstreits" und wer diejenigen „der Streithilfe" zu tragen hat.

Der Richter überläßt die Klärung der Frage, was nun im einzelnen zu beiden Kostenarten zählt, dem *Kostenfestsetzungsverfahren*. Soweit das Urteil auslegungsfähig ist, darf und muß man es wie sonst notfalls unter Heranziehung des Tatbestands und der Entscheidungsgründe, ja auch des Akteninhalts (zB beim zulässigen Fehlen von Entscheidungsgründen), auslegen, § 322 Rn 6. Der Rpfl darf im Kostenfestsetzungsverfahren ebenso vorgehen, aber keine darüber hinausgehende Änderung oder Ergänzung oder Nachbesserung der Kostengrundentscheidung des Gerichts vornehmen, Einf 19 vor §§ 103–107.

Die bloße Entscheidung über „die Kosten des Rechtsstreits" oder auch nur „der Kosten" kann, muß aber 13 nicht auch diejenigen der Streithilfe mitumfassen. Auch hier kommt es also auf eine *Auslegung* an. Das gilt insbesondere beim „Frontenwechsel" des Streithelfers, BPatG GRUR **87**, 235, Hamm Rpfleger **89**, 127, Mü Rpfleger **89**, 128.

Notfalls muß man eine *Berichtigung oder Ergänzung* nach §§ 319 ff beantragen, Stgt MDR **99**, 116, LG 14 Itzehoe AnwBl **85**, 215. Bei einer streitgenössischen Streithilfe gilt II, Rn 34, BPatG GRUR **87**, 235.

Im Fall eines Beitritts erst nach dem Verhandlungsschluß, §§ 136 IV, 296 a, ergeht allerdings weder im 15 Urteil noch durch eine Ergänzung eine Entscheidung über die Kosten der Streithilfe. Denn dann liegt *Rechtsmißbrauch* vor, Einl III 54: Es wird nur noch ein Kostentitel erstrebt, selbst wenn zugleich ein Wiedereröffnungsantrag vorliegt, Mü **KR** Nr 33. Dasselbe gilt beim „Beitritt" erst nach Vergleichsabschluß, Düss **KR** Nr 28. Wegen eines Vergleichs Rn 21.

**7) „Anwendbarkeit der §§ 91 bis 98", I Hs 1.** Unter den Voraussetzungen Rn 4–18 hängt die Kosten- 16 last des Gegners der Hauptpartei wegen der Streithilfekosten ferner von folgenden Voraussetzungen ab.

§ 101                                                    1. Buch. 2. Abschnitt. Parteien

**17**   **A. Grundsatz: „Soweit Gegner die Kosten zu tragen hat".** Es kommt zunächst darauf an, ob und in welchem Umfang kraft Gesetzes oder infolge einer Kostengrundentscheidung des Gerichts der Gegner der Hauptpartei überhaupt mit Prozeßkosten belastet ist oder wird oder werden muß, Saarbr MDR **96**, 968. Auch im letzteren Fall hat er die Kosten der Streithilfe mitzutragen. Denn die Vorschrift sagt nicht nur, er sei insofern verpflichtet, soweit er Prozeßkosten „trägt", sondern, soweit er sie „zu tragen hat".

**18**   **B. Anwendbarkeit der allgemeinen Kostenvorschriften im einzelnen.** Es gelten die bei §§ 91 ff dargestellten Regeln zur Kostenlast der Hauptpartei gegenüber dem Gericht und dem Prozeßgegner.
   § 91: Keine besonderen Abweichungen.
   § 91a: Die Vorschrift ist grundsätzlich anwendbar, BGH MDR **85**, 914, ThP 10, aM Celle VersR **79**, 155, ZöHe 10. Vgl im übrigen bei „§ 98".
   §§ 92–96: Keine besonderen Abweichungen.
   § 97: Vgl Rn 19. Soweit der Streithelfer erst im zweiten Rechtszug beitrat, muß der unterliegende Gegner die Kosten der Streithilfe auch dann tragen, wenn die obsiegende Partei Kosten nach § 97 II tragen muß, Hamm MDR **94**, 311.
   § 98: Vgl Rn 21.
   § 100: Vgl Rn 30.

**19**   **8) Insbesondere: Rechtsmittel des Streithelfers (§ 97), I Hs 1.** Soweit der Streithelfer zwar zulässigerweise, § 66 II, aber im übrigen erfolglos oder sogar schon unzulässigerweise ein Rechtsmittel im Namen der unterstützten Hauptpartei oder für diese eingelegt hat, muß man wie folgt unterscheiden: Bei *Nichtbeteiligung* der Hauptpartei an dem Rechtsstreit muß der Streithelfer die Kosten des Rechtsmittels entspr § 97 und nicht nach § 101 tragen, soweit nicht das Gericht den Gegner der Hauptpartei zu den Kosten des Rechtsmittels verurteilt, BGH **LM** § 582 Nr 1. Das gilt selbst dann, wenn die Hauptpartei dem Rechtsmittel auch nicht widersprochen hat. Bei *Nicht-mehr-Beteiligung* der Hauptpartei muß der Streithelfer auch diejenigen Kosten tragen, die von dem Zeitpunkt an entstehen, in dem die Hauptpartei erklärt hat, sie sei an der Fortführung des Rechtsmittels bzw Rechtsstreits nicht mehr interessiert, Mü Rpfleger **79**, 141.

**20**   Bei *Beteiligung* der Hauptpartei in irgendeiner Form, etwa durch Einreichung eines Schriftsatzes oder Erscheinen in der mündlichen Verhandlung, muß sie bei Erfolglosigkeit des Rechtsmittels ihre Kosten tragen, während er nur seine eigenen Kosten tragen muß, Hbg VersR **87**, 379. Bei *Erfolg* des Rechtsmittels des Streithelfers muß der Gegner der Hauptpartei die Kosten des Streithelfers auch dann tragen, wenn sich die vom Streithelfer unterstützte Hauptpartei an dem Rechtsmittel nicht beteiligte, ThP 4. Bei einer *Zurückverweisung* nach § 539 gilt: Wenn zB das Berufungsurteil anschließend aufgehoben wird, muß der Streithelfer die Kosten der Berufung und der Revision tragen, BGH **LM** § 857 Nr 4. I gibt aber keine Rechtsgrundlage dafür, den Streithelfer auch im übrigen mit den Kosten des Rechtsstreits zu belasten, und zwar auch nicht in Verbindung mit § 49 I 1 GKG, BGH **39**, 298. Bei einer *Zurücknahme* des Rechtsmittels des Streithelfers gilt § 515 III entsprechend, Mü Rpfleger **79**, 141, ThP 4. Wenn der Verfügungsbekl seinen Widerspruch zurücknimmt, § 924 Rn 10, trägt er die Kosten des Widerspruchsverfahrens, der Streithelfer diejenigen der Streithilfe, Mü JB **77**, 92.

**21**   **9) Insbesondere: Vergleich (§ 98), I Hs 1.** Die Anwendbarkeit auch des § 98 hat die folgenden Auswirkungen.
   **A. Begriff des Vergleichs.** Es muß sich entweder um einen Prozeßvergleich, Anh § 307, oder um einen außergerichtlichen Vergleich nach § 779 BGB handeln. Denn auch auf den letzteren ist § 98 entsprechend anwendbar, § 98 Rn 8, 9. Zur Rechtsnatur des Prozeßvergleichs usw Anh § 307.

**22**   **B. Beteiligung des Streithelfers am Vergleich.** Der unselbständige Streithelfer, § 66, auf den sich ja I bezieht (wegen des selbständigen vgl II), muß am Zustandekommen des Vergleichs nicht persönlich mitgewirkt haben, Düss RR **98**, 1691. Es reicht vielmehr aus, daß die von ihm unterstützte Hauptpartei und deren Prozeßgegner den Vergleich geschlossen haben, Hamm MDR **90**, 252, Köln MDR **93**, 472. Andernfalls würden die Kosten der Streithilfe „in der Luft hängen", wenn die übrigen Prozeßkosten nach § 98 zu beurteilen sind. Das kann nicht der Sinn von I sein, Mü OLGZ **92**, 326.

**23**   **C. Maßgeblichkeit der Vereinbarungen über die Streithilfekosten.** Wie bei § 98 überhaupt, kommt es zunächst auf die „andere Vereinbarung" an, also auf die etwaigen Abreden der Parteien untereinander und die etwaigen Abreden, an denen der Streithelfer beteiligt ist, über die Streithilfekosten, vgl § 98 Rn 22, Hamm MDR **90**, 252 mwN. Freilich bleibt auch hier durch eine wirksame Kostenvereinbarung die gesetzliche Haftung für Gerichtskosten nach §§ 49 ff GKG bestehen. Vgl auch insofern § 98 Rn 22. Die Parteien können dem Streithelfer freilich nicht ohne seine Zustimmung wirksam Kosten, insbesondere der Streithilfe, auferlegen. Denn das wäre ein verbotener Vertrag zu Lasten eines Dritten, Mü (28. ZS) MDR **98**, 989, Nürnb AnwBl **89**, 104, aM Mü (3. ZS) JB **95**, 480. Soweit der Vergleich die Hauptsache eines weiteren Rechtsstreits miterfaßt, muß man auch die in jenem anderen Rechtsstreit durch eine dortige Streithilfe verursachten Kosten (evtl zu Lasten eines anderen als des jetzigen Streithelfers) mit titulieren, Schlesw SchlHA **78**, 177.

**24**   **D. Notwendigkeit weiter Auslegung.** Dem Regelungszweck des § 98, dort Rn 2, 3, entspricht es, die etwaige Kostenvereinbarung weit auszulegen, dort Rn 24, aM Mü Rpfleger **90**, 269. Das gilt auch für die Frage, ob und in welchem Umfang die Kosten der Streithilfe mit erfaßt sind. Es gilt aber auch für die Frage, ob der Vergleich ist auch wegen der Beteiligung des Streithelfers zustande gekommen ist. Denn der Vergleich ist auch wegen der Streithilfekosten jedenfalls insoweit wirksam, als die Parteien sie unter sich aufgeteilt haben, selbst wenn der Streithelfer an diesem Vergleich nicht mitgewirkt hat. §§ 320, 321 sind allerdings beim Vergleich unanwendbar. Denn er ist kein Urteil.

**25**   **E. Kostenfolge bei Aufhebung der Prozeßkosten gegeneinander.** Soweit die Prozeßparteien im Vergleich lediglich die „Aufhebung der Prozeßkosten (oder der Kosten) gegeneinander" vereinbart haben, ohne auch über die Kosten der Streithilfe eine ausdrückliche oder doch klare Vereinbarung zu treffen, muß man zunächst prüfen, ob sie auch wirklich eine Kostenaufhebung im Sinn von § 92 I 2 gemeint haben, dort

## 5. Titel. Prozeßkosten § 101

Rn 40. Es könnte ja zB auch eine hälftige Teilung der Gesamtkosten der Parteien gemeint sein, die etwas anderes bedeutet.

Soweit eine echte Aufhebung gegeneinander für die Prozeßkosten (und nicht eindeutig auch für die 26 Streithilfekosten) vereinbart wurde, insbesondere bei ausdrücklicher Ausnahme der Streithilfekosten von der Regelung für die Prozeßkosten, gelten die folgenden Regeln: Der Prozeßgegner der unterstützten Hauptpartei muß unter anderem auch die Hälfte der Kosten des Streithelfers tragen, und zwar unabhängig vom Verhältnis ihrer Höhe zu derjenigen der Parteikosten. Das gilt selbst dann, wenn der Streithelfer zwar am Vergleich beteiligt war, ihn aber wirksam widerrufen hatte, Karlsr Just **79**, 17, oder wenn der Vergleich ohne seine Beteiligung zustande gekommen war, Bre JB **98**, 479, Düss RR **98**, 1691, Hbg JB **97**, 482, aM Hamm MDR **88**, 325, Karlsr OLGZ **86**, 383, Nürnb AnwBl **89**, 105 (diese Gerichte wenden § 91 a entspr an), Celle AnwBl **83**, 176 (es lehnt die Anwendung des § 91 a ab), Schwarz MDR **93**, 1054.

**F. Kostenfolge bei Halbierung der Prozeßkosten.** Soweit die Parteien die Prozeßkosten nicht gegen- 27 einander aufgehoben, sondern nur einfach halbiert haben, meinen also zunächst alle gerichtlichen und außergerichtlichen Kosten zu addieren und dann hälftig zu verteilen sind, ohne daß sie über die Kosten der Streithilfe ebenfalls eine klare Einigung getroffen haben, empfiehlt es sich, die Kosten der Streithilfe in die Gesamtkosten des Rechtsstreits einzubeziehen und daher hälftig von der unterstützten Hauptpartei und dem Prozeßgegner tragen zu lassen. Denn immerhin ist auch in einem solchen Fall § 98 anwendbar und der Prozeßgegner zu einer Beteiligung an den Prozeßkosten verpflichtet worden. Freilich wird auch mit gewichtigen Gründen die Meinung vertreten, daß in solchem Fall der Streithelfer die eine Hälfte, der Prozeßgegner die andere übernehmen muß, Celle AnwBl **83**, 176, Karlsr Just **79**, 17.

**G. Kostenfolge bei Teilübernahme der Prozeßkosten durch den Gegner der Hauptpartei.** Soweit 28 der Gegner der unterstützten Hauptpartei im Prozeß einen Teil der Prozeßkosten in Höhe von mehr oder weniger als 50% übernommen hat, ohne daß eine Kostenaufhebung gegeneinander vereinbart wurde, und soweit diese Teilübernahme nicht eindeutig auch auf die Kosten der Streithilfe miterstreckt wurde, empfiehlt sich eine entsprechende Quotelung der Kosten der Streithilfe zu Lasten des Prozeßgegners (und die Übertragung der restlichen Streitkostenhilfe auf die unterstützte Partei), Celle NJW **78**, 2170, Stgt Just **79**, 62, ZöHe 12, aM Ffm NJW **72**, 1866 (stets nur ¹/₂), Mü Rpfleger **90**, 269 (stets sei ein besonderer Beschluß nötig).

**H. Kostenfolge bei Übernahme aller Prozeßkosten durch die Hauptpartei.** Soweit die vom Streit- 29 helfer unterstützte Hauptpartei im Vergleich alle Prozeßkosten übernimmt, ohne daß der Vergleich auch die Streithilfekosten eindeutig mitterfaßt, ist die in Rn 27, 28 genannte Kostenfolge hier nicht möglich. Denn es liegt eben wegen der Streithilfekosten keine Vereinbarung gerade zu Lasten des Gegners der Hauptpartei vor, wie sie Hs 1 auch bei § 98 als weitere Voraussetzung nennt. Vielmehr liegt der Fall des Hs 2 vor: Der Streithelfer muß seine Kosten selbst tragen. Wenn eine Klagerücknahme, § 269, auf einem (außergerichtlichen) Vergleich beruht, gilt dasselbe wie bei der vergleichsweisen „Übernahme aller Prozeßkosten" durch die Hauptpartei.

**10) Insbesondere: Streitgenossen (§ 100), I Hs 1.** Hier ist nicht die in II vorgeschriebene Anwendung 30 des § 100 gemeint, dazu Rn 34. Vielmehr geht es hier um die Anwendbarkeit des § 100 in den fällen, daß der „Gegner der Hauptpartei" aus mehreren Streitgenossen besteht, § 59. In solcher Situation ist § 100 wie sonst anwendbar. Das ergibt sich zwar nicht aus dem Wortlaut von I Hs 1 mit seiner bloßen Verweisung auf §§ 91–98, jedoch aus dem Sinn jener Vorschrift. Sie ist zwar grundsätzlich eng auszulegen, Rn 2, will aber natürlich den unterlegenden Gegner der Hauptpartei auch dann für die Kosten der Streithilfe mithaften lassen, wenn er seinerseits aus mehreren Streitgenossen besteht.

**11) Kostenlast des Streithelfers, I Hs 2.** Es gelten mehrere Auswirkungen. 31

**A. „Soweit nicht ...": Auffangklausel.** Schon aus dem Wortlaut ergibt sich der Charakter einer Auffangklausel des Hs 2. Alle nicht eindeutig dem Hs I zuzuschreibenden Situationen sind kostenmäßig zu Lasten des Streithelfers zu beurteilen. Das ergibt sich auch aus der grundsätzlichen Notwendigkeit enger Auslegung des Hs 1, Rn 1.

**B. Grundsatz: Gleichbehandlung mit der Hauptpartei.** Das Gesetz stellt den Streithelfer in Hs 2 32 wegen seiner Kosten nicht schlechter, aber auch nicht besser als die von ihm unterstützte Partei, Ffm MDR **90**, 929, Köln RR **95**, 1215. Eine Besserstellung wäre ja auch nicht gerecht. Soweit sie also Prozeßkosten tragen muß, soll er wenigstens die Kosten seiner Streithilfe ebenfalls tragen. Ist die Hauptpartei für die Prozeßkosten auf Grund eines Urteils oder eines Vergleichs allein kostenpflichtig, so muß auch der Streithelfer seine Kosten allein tragen. Das gilt sogar ohne Rücksicht auf etwa abweichende Parteiwünsche, soweit diese nicht in einem vorrangigen Vergleich ihren Niederschlag gefunden haben, Celle NJW **78**, 2170, Nürnb AnwBl **89**, 105.

**C. „Kosten sind aufzuerlegen": Zwingende Kostenfolge.** Auch im Fall der Kostenlast des Streithel- 33 fers gilt dasselbe wie bei einer Kostenlast des Gegners der Hauptpartei, vgl Rn 11. Insoweit muß der Streithelfer die eigenen Kosten tragen und diejenigen des Gegners der Hauptpartei erstatten, §§ 91 ff.

**12) „Nebenintervenient gilt als Streitgenosse der Hauptpartei", II.** Soweit eine streitgenössische 34 Streithilfe vorliegt, gilt vorrangig II.

**A. Begriff der streitgenössischen Streithilfe.** Nach § 69 gilt der Nebenintervenient im Sinn des § 61 als Streitgenosse der Hauptpartei, soweit nach dem BGB die Rechtskraft der im Hauptprozeß erlassenen Entscheidungen für das Rechtsverhältnis zwischen dem Streithelfer und dem Gegner der Hauptpartei wirksam ist. Vgl § 69 Rn 1–4 mit den dortigen Beispielen.

**B. Geltung nur im Außenverhältnis.** Auch II hat, ebenso wie I, Geltung nur im Außenverhältnis 35 zwischen dem (hier streitgenössischen) Streithelfer und dem Gegner der unterstützten Hauptpartei, nicht im Innenverhältnis zwischen Streithelfer und Hauptpartei. Vgl Rn 6.

## §§ 101, 102, Einf §§ 103–107      1. Buch. 2. Abschnitt. Parteien

**36**    **C. Kostenfolgen: Anwendbarkeit des § 100.** Soweit die Voraussetzungen Rn 34, 35 vorliegen, „sind die Vorschriften des § 100 maßgebend", also nicht diejenigen des § 101 I, BGH JZ **85**, 854. Der streitgenössische Streithelfer muß also beim Unterliegen seiner Partei nach Kopfteilen mithaften. § 100 IV ist allerdings unanwendbar. Denn der streitgenössische Streithelfer wird zur Hauptsache verurteilt.

**37**    **13) Verfahrensfragen, I, II.** Die Entscheidungen sind bei I, II jeweils grundsätzlich von Amts wegen zu treffen, § 308 II, Ffm MDR **90**, 929, und zwar auch insoweit, als die Vorschriften, auf die das Gesetz verweist, ihrerseits ein Ermessen gestatten. Es bezieht sich ja nur auf das Wie, nicht auf das Ob einer Kostengrundentscheidung. Das gilt auch in den Fällen eines Vergleichs, Anh § 307, Köln JB **83**, 1882, aM ZöHe 9 (nur auf Antrag; aber eine Kostenregelung durch das Gericht ist ja überhaupt nur dann notwendig, wenn der Vergleich die Kosten der Streithilfe eben nicht eindeutig mitumfaßt hat, und dann dürfen diese nicht „in der Luft hängen"). Zuständig ist das Rechtsmittelgericht auch dann, wenn sich der Streithelfer am Rechtsmittel nicht beteiligt hat, Ffm MDR **90**, 929.

**38**    **14) Rechtsmittel, I, II.** Es gelten die allgemeinen Regeln zur Anfechtbarkeit der Entscheidung, in deren Form das Gericht über die Kosten der Streithilfe befunden hat. Stets ist § 99 zu beachten. Beim Rpfl gilt § 11 RPflG, vgl § 104 Rn 41 ff.

**39**    **15)** *VwGO:* Unanwendbar, Üb § 64 Rn 5. Hinsichtlich des Beigeladenen enthält die *VwGO* besondere Kostenvorschriften in den §§ 154 III u 162 III.

## 102 Prozeßstrafe für Verschulden. (weggefallen)

### Einführung vor §§ 103–107
### Kostenfestsetzung

**Schrifttum:** *Brieske,* Die anwaltliche Praxis in Kostensachen, 1991; *von Eicken,* Erstattungsfähige Kosten und Erstattungsverfahren usw, 5. Aufl 1990; *von Eicken/Lappe/Madert,* Die Kostenfestsetzung, 17. Aufl 1987; *Hünnekens,* Kostenabwicklung in Zivil- und Familiensachen und bei Prozeßkostenhilfe, 2. Aufl 1999 (Bespr *Nikisch* NJW **99**, 1386); *Lappe,* Justizkostenrecht, 2. Aufl 1995; *Zenke/Brandenburg,* Kosten des finanzgerichtlichen Prozesses, 1997.

**Übersicht**

| | |
|---|---|
| **1) Systematik** .................... 1–5 | B. Prüfungsumfang ................... 9–11 |
| A. Entstehung des Erstattungsanspruchs .. 1 | C. Zwangsvollstreckungsfragen ........ 12 |
| B. Notwendigkeit der Kostenfestsetzung . 2–5 | D. Sicherheitsleistung ................. 13 |
| **2) Regelungszweck** ............... 6 | E. Rechtsschutzbedürfnis .............. 14 |
| **3) Geltungsbereich** ............... 7 | F. Sonstiges ......................... 15, 16 |
| **4) Abhängigkeit des Festsetzungsverfahrens** .......... 8–19 | G. Abänderung der Kostenentscheidung .. 17–19 |
| A. Kein selbständiger Vollstreckungstitel .. 8 | **5) Prozeßkostenhilfe** .............. 20 |
| | **6)** *VwGO* ........................... 21 |

**1**    **1) Systematik.** Das Kostenfestsetzungsverfahren ist ein zur ersten Instanz gehörendes selbständiges Nebenverfahren, AG Kiel JB **96**, 261.
   **A. Entstehung des Erstattungsanspruchs.** Der Anspruch auf eine Erstattung von Prozeßkosten entsteht bereits im Zeitpunkt der Begründung eines Prozeßrechtsverhältnisses, Üb 33 vor § 91. Er ist in diesem Zeitpunkt allerdings noch aufschiebend bedingt. Das noch nicht rechtskräftige Urteil wandelt die aufschiebende in eine auflösende Bedingung, Üb 35 vor § 91. Erst mit dem Eintritt der Rechtskraft einer Entscheidung nach § 322 beseitigt diese auflösende Bedingung, BGH NJW **88**, 3205. Soweit aber eine Zwangsvollstreckung schon vor der Rechtskraft zulässig ist, Einf 1 vor §§ 708–720, ist auch schon vor der Rechtskraft eine Kostenerstattung möglich. Auch eine wirksame volle Klagerücknahme löst wegen der mit ihr verbundenen gesetzlichen Konstengrundentscheidung des § 269 III 2 den Erstattungsanspruch nach § 103 I aus, sobald der Kostenfestsetzungsbeschluß nach § 103 II hinzutritt.

**2**    **B. Notwendigkeit der Kostenfestsetzung.** Das Urteil selbst stellt eine Erstattungspflicht immer nur dem Grunde nach fest, Üb 35 vor § 91. Das Gesetz überläßt die Klärung der Frage, welchen Betrag der Erstattungspflichtige an den Gegner zu zahlen hat, dem Kostenfestsetzungsverfahren, Üb 37 ff vor § 91, Schlesw SchlHA **78**, 22. Nur der Kostenfestsetzungsbeschluß nach § 104 entscheidet daher darüber, ob bestimmte Kosten als notwendige Kosten anerkannt werden. Eine Zwangsvollstreckung wegen der Kosten darf nur auf Grund eines Vollstreckungstitels stattfinden, § 103 I, also vor allem auf Grund des Kostenfestsetzungsbeschlusses, §§ 104, 794 I Z 2, Üb 37 vor § 91.

**3**    Das Kostenfestsetzungsverfahren der §§ 103 ff ist also grundsätzlich der *allein zulässige Weg,* eine Erstattung der Prozeßkosten zu erlangen, BVerfG NJW **77**, 145, BGH **111**, 171, LG Bln ZMR **88**, 341 (auch bei vorprozessualen Mahnkosten, § 91 Rn 290; anders ist es bei sachlichrechtlichen Kosten, Üb 9 vor § 91, Brschw WettbR **97**, 233). Wegen der Wahlmöglichkeit bei § 788 vgl dort Rn 10 und Üb 43 vor § 91. Das Kostenfestsetzungsverfahren kommt auch gegenüber einem Ausländer zur Anwendung, Kblz JB **91**, 1508. Es ist ein selbständiges gerichtliches Nachverfahren, Düss MDR **91**, 357, Kblz RR **97**, 1023. Es wird an die erste Instanz angehängt, Kblz RR **97**, 1023. Daher muß das Gericht dem Gegner vor einer ihm nachteiligen Entscheidung das rechtliche Gehör gewähren, Art 103 I GG, § 104 Rn 4.

## 5. Titel. Prozeßkosten **Einf §§ 103–107**

Das Gericht muß seine Entscheidung im Kostenfestsetzungsverfahren *grundsätzlich begründen,* § 329 Rn 4. **4**
Es muß daher eine Begründung spätestens dann nachholen, wenn gegen seine Entscheidung die Erinnerung eingelegt worden ist, Mü MDR **71**, 312.

Eine *Aussetzung,* §§ 148 ff, eine *Unterbrechung* des Hauptprozesses, §§ 239 ff, oder das *Ruhen* des Verfah- **5** rens in erster Instanz, §§ 251 a, 331 a, können sich ohne weiteres auf das Kostenfestsetzungsverfahren auswirken, Hamm Rpfleger **88**, 380, wenn auch nicht stets, Mü MDR **90**, 252, Naumbg MDR **94**, 514. Eine Aussetzung oder Unterbrechung in der zweiten Instanz wirkt sich grundsätzlich nicht auf den Fortgang des Kostenfestsetzungsverfahrens der ersten Instanz aus, insofern richtig Hbg MDR **90**, 350. Nach der Beendigung des Prozesses sind eine Aussetzung und eine Unterbrechung im Kostenfestsetzungsverfahren selbständig zu beurteilen, §§ 239 ff, Üb 5 vor § 239. Wegen der Besonderheiten bei einer Unterbrechung infolge eines Insolvenzverfahrens § 240 Rn 2.

Über das Verhältnis zwischen dem Kostenfestsetzungsbeschluß und einem *sachlichrechtlichen* Kostenersatzanspruch vgl Üb 49 vor § 91. Zu Zweifelsfragen Mümmler JB **77**, 1169. Soweit im Kostenfestsetzungsverfahren einerseits und im Verfahren nach § 16 ZSEG andererseits jeweils rechtskräftige Entscheidungen miteinander unvereinbar sind, bleibt eine Erinnerung nach § 5 GKG (letztlich zu Lasten der Staatskasse) denkbar, Kblz VersR **88**, 297. Das Verfahren nach §§ 103 ff und dasjenige nach § 156 KostO sind zu unterscheiden, BayObLG FGPrax **99**, 78.

**2) Regelungszweck.** §§ 103–107 dienen der Durchführung der §§ 91 ff, insbesondere der Klärung, ob **6** notwendige Kosten vorliegen, Rostock FamRZ **99**, 598, und damit auch der Prozeßwirtschaftlichkeit, Grdz 14 vor § 128, und in diesem Zusammenhang auch der Entlastung des Spruchrichters. In der Praxis scheint das mit deutscher Überperfektion geschaffene System der Rechtsbehelfe, § 104 Rn 41 ff, alles andere als prozeßwirtschaftlich zu sein. Immerhin sind Erinnerungen in diesen Massenverfahren relativ selten. Insgesamt sollte dieses notwendige Ergänzungsverfahren zur Kostengrundentscheidung durch großzügige Auslegung gefördert werden.

**3) Geltungsbereich.** Vgl Üb 12, 13 vor § 91. **7**

**4) Abhängigkeit des Festsetzungsverfahrens.** Sie wird vielfach verkannt. **8**

**A. Kein selbständiger Vollstreckungstitel.** Der Kostenfestsetzungsbeschluß nach § 104 ergänzt das Urteil wegen des Kostenbetrages, BVerwG Rpfleger **87**, 172, Ffm VersR **81**, 194, Hüttenhofer AnwBl **89**, 153.

Der Kostenfestsetzungsbeschluß stellt keinen selbständigen Vollstreckungstitel im vollen Sinn dar, BGH LM § 91 Nr 22, Ffm Rpfleger **80**, 481. Er *teilt* vielmehr ungeachtet der Möglichkeit, daß er (zunächst) einen Vollstreckungstitel nach § 794 I Z 2 bildet und in innere und äußere Rechtskraft erwächst, § 104 Rn 31, grundsätzlich unmittelbar und ohne die Notwendigkeit einer Aufhebungs- oder Erledigterklärung usw das *Schicksal der Kostengrundentscheidung,* sog Akzessorietät, Ffm JB **93**, 489, Hamm MDR **93**, 917, OVG Saarlouis Rpfleger **95**, 128.

Wegen einiger *Ausnahmen* s unten. Die Aufhebung ist zur Klarstellung zulässig, Hamm Rpfleger **76**, 408. Die unmittelbar kraft Gesetzes eintretende Kostenfolge des § 269 III 3) reichen bereits zur Kostenfestsetzung aus, § 269 Rn 33; der Rpfl darf also nicht einen zusätzlichen Beschluß nach § 269 III fordern. Soweit eine erforderliche Kostengrundentscheidung im Sinn von Üb 35 vor § 91 fehlt, ist ein auf ihrer Grundlage erlassener Kostenfestsetzungsbeschluß nichtig, Üb 16 vor § 300, OVG Saarlouis Rpfleger **95**, 128, und braucht nicht aufgehoben zu werden. Freilich sollte das zur Klarstellung geschehen, Hamm Rpfleger **76**, 408. Es ist ein neuer Antrag notwendig, KG Rpfleger **93**, 462.

**B. Prüfungsumfang.** Der Kostenfestsetzungsbeschluß darf nicht über die Kostengrundentscheidung hin- **9** ausgehen, BVerfG **62**, 193, Düss MDR **85**, 590, Hbg MDR **98**, 1502. Er kann zB auf Grund einer Vollstreckungsabwehrklage nach § 707 nicht auch Kosten aus demjenigen Titel erfassen, gegen den sich die Vollstreckungsabwehrklage richtet, sondern nur solche Kosten, die im Abwehrprozeß erwachsen sind, Stgt Rpfleger **80**, 195. § 145 ist grundsätzlich unanwendbar, LG Bln Rpfleger **96**, 397. Eine Verbindung etwa nach § 147 nur zur Kostenfestsetzung ist ebenfalls unzulässig, Hamm Rpfleger **80**, 439.

Der Rpfl darf nur die *formelle* Wirksamkeit der Kostengrundentscheidung prüfen. Wenn das Gericht also **10** zB eine Partei im Erkenntnisverfahren als prozeßfähig behandelt hat, ist sie auch für die Partei im Kostenfestsetzungsverfahren nach §§ 51, 52 als prozeßfähig, Hbg MDR **89**, 826, Hamm AnwBl **82**, 71, selbst wenn sie in Wahrheit nicht prozeßfähig ist. Das gilt auch für die sog Postulationsfähigkeit, Schlesw SchlHA **89**, 130. Sind Kosten entgegen § 281 III 2 verteilt worden, so ist der Rpfl daran gebunden, Rn 17. Das Prozeßrechtsverhältnis, Grdz 3 vor § 128, ist dabei zu prüfen, KG NJW **73**, 909. Wenn der Vollstreckungstitel seine Vollstreckbarkeit zumindest im Kostenpunkt verliert, etwa nach § 718 oder deshalb, weil die Parteien nach dem Erlaß des Urteils einen Prozeßvergleich schließen, Anh § 307, dann verliert auch der inzwischen etwa ergangene Kostenfestsetzungsbeschluß seine Vollstreckbarkeit, KG MDR **79**, 408, Stgt Rpfleger **88**, 39, ThP § 103 Rn 3, aM Hbg MDR **81**, 763. Wegen eines Vergleichs nach dem Eintritt der Rechtskraft vgl Karlsr MDR **77**, 937.

Auch wenn der neue Kostentitel (etwa wegen eines Einspruchs gegen ein Versäumnisurteil) mit dem **11** früheren sachlich *übereinstimmt,* ist für die Kostenfestsetzung nur der neue Titel maßgebend, Ffm MDR **83**, 941.

**C. Zwangsvollstreckungsfragen.** Die Festsetzung der nach § 788 I entstandenen, erstattungsfähigen **12** Kosten erfolgt gemäß § 788 II 1 in Verbindung mit §§ 103 II 2, 104, 107. In den Fällen der §§ 887–890 gelten nach § 891 S 3 für die Festsetzung der Kosten nach §§ 91 ff die §§ 106, 107 entsprechend. Wenn das Urteil für die Zwangsvollstreckung besondere Voraussetzungen aufstellt, etwa eine Sicherheitsleistung oder die Möglichkeit der Abwendung der Zwangsvollstreckung, §§ 708 ff, oder wenn es um eine in den Haupttitel aufgenommene und auf die Kostenentscheidung miterstreckte beschränkte Erbenhaftung geht, § 780 Rn 4, Hamm MDR **82**, 855, KG MDR **81**, 851, dann kann zwar die Kostenfestsetzung erfolgen, jedoch müssen diese Voraussetzungen und Bedingungen in den Kostenfestsetzungsbeschluß ebenfalls aufgenommen werden, Düss Rpfleger **81**, 409, Ffm Rpfleger **80**, 481. Dasselbe gilt bei vollstreckungsbeschränkenden Vereinbarungen in einem Vergleich, Mü Rpfleger **79**, 466. Eine Zug-um-Zug-Leistung, die gegen den Gläubiger der Hauptsache angeordnet worden ist, wird aber nicht in den Kostenfestsetzungsbeschluß aufgenommen, Ffm Rpfleger **80**, 481. Denn die Erstattungsfähigkeit der Prozeßkosten hängt nicht von dieser Zug-um-Zug-Leistung ab.

13   **D. Sicherheitsleistung.** Der Kostenfestsetzungsbeschluß kann die Höhe einer vom Gericht angeordneten Sicherheitsleistung nicht abweichend vom Urteil festsetzen, KG Rpfleger **84**, 246, Stgt Rpfleger **88**, 39. Denn die Sicherheitsleistung bezieht sich auf den ganzen Urteilsinhalt. Eine Bemessung der Sicherheitsleistung nur in der Höhe der festgesetzten Kosten wäre unzulässig, aM Bbg Rpfleger **81**, 455 mwN (aber das liefe auf eine Erhöhung der Sicherheit hinaus, denn man dürfte diese neue Sicherheitsleistung nicht von derjenigen abziehen, die das Gericht im Urteil angeordnet hatte).

14   **E. Rechtsschutzbedürfnis.** Auch der Erlaß eines Kostenfestsetzungsbeschlusses setzt ein Rechtsschutzbedürfnis voraus, Grdz 33 vor § 253, Hbg MDR **96**, 209, Karlsr Rpfleger **98**, 174, LG Bln VersR **91**, 443. Nach einer Kostenerstattung fehlt für eine weitere Kostenfestsetzung durchweg das Rechtsschutzbedürfnis, Oldb Rpfleger **92**, 407. Dasselbe gilt bei einer Aufhebung der Kosten gegeneinander, § 92 Rn 40, für die außergerichtlichen Kosten jeder Partei, LG Bielef Rpfleger **92**, 406, bzw noch eine weitere Kostenfestsetzung, mag sie auch anläßlich eines anderen Prozesses erteilt worden sein, Hbg MDR **96**, 209. Es gibt im Verhältnis zwischen der Partei und ihrem Anwalt keine Rechtskraft nach § 322, Rennen MDR **73**, 644. In einem solchen Fall ist § 19 BRAGO anwendbar, oder der Anwalt kann eine Gebührenklage erheben, dazu BVerfG NJW **77**, 145. Im Fall einer Anhörung nach § 94 III BVerfGG ergeht im vorangegangenen Prozeß keine Kostenfestsetzung, Mü Rpfleger **78**, 420.

15   **F. Sonstiges.** Wenn der Kostenfestsetzungsbeschluß eine notwendige Beschränkung nicht ausdrücklich ausspricht, dann gilt diese Beschränkung trotzdem, Stgt Rpfleger **88**, 39. Sobald aus dem Kostenfestsetzungsbeschluß eine über die Beschränkungen hinausgehende Zwangsvollstreckung eingeleitet wird, kann der davon Betroffene die Erinnerung nach § 766 einlegen, vgl auch KG Rpfleger **84**, 246. Wenn das Gericht die Zwangsvollstreckung ohne eine Sicherheitsleistung schlechthin eingestellt hat, dann muß der Rpfl zwar einen Kostenfestsetzungsbeschluß erlassen. Die Zwangsvollstreckung aus diesem Kostenfestsetzungsbeschluß kann aber derzeit nicht stattfinden, und der Kostenfestsetzungsbeschluß erhält einen Hinweis auf die Einstellung der Zwangsvollstreckung, Stgt Rpfleger **88**, 39.

16   Wenn der *Haupttitel* besteht bleibt und wenn nur seine Wirkung wegen der Hauptsache *aufgehoben* wird, nicht wegen der Kosten, etwa im Fall einer Vollstreckungsabwehrklage nach § 767, dann berührt diese Aufhebung die Wirksamkeit des Kostenfestsetzungsbeschlusses ausnahmsweise nicht, vgl LG Bln Rpfleger **82**, 482. Wenn die zweite Instanz den erstinstanzlichen Kostengrundtitel nur zugunsten derjenigen Partei ändert, die den Kostenfestsetzungsbeschluß erwirkt hat, bleibt er zur Rangsicherung in der Zwangsvollstreckung ebenfalls wirksam, LG Köln Rpfleger **84**, 112.

Man darf auf Grund desselben Haupttitels wiederholt eine Kostenfestsetzung beantragen, also auch Kosten *nachfordern*, § 103 Rn 40. Die Mehrkosten sind aber nicht erstattungsfähig. Derselbe Posten läßt grundsätzlich eine Nachforderung zu. Denn die Rechtskraft des ersten Kostenfestsetzungsbeschlusses bezieht sich nur auf die damals geforderten Kosten, § 104 Rn 33.

17   **G. Abänderung der Kostengrundentscheidung.** Der Rpfl darf die Kostengrundentscheidung, Üb 35 vor § 91, grundsätzlich nicht abändern, selbst wenn sie verfehlt ist, § 281 Rn 58, Düss MDR **99**, 568. Nürnb MDR **95**, 966, Schneider MDR **89**, 226 (wegen zu großzügiger Beiordnung eines Anwalts), aM Hamm (23. ZS) Rpfleger **91**, 267 (abl Schlaap/Ebmeier).

18   *Ausnahmen* gelten nur bei sofortiger Erinnerung, § 104 III in Verbindung mit § 11 II 2 RPflG, Anh § 153 GVG, nach Zurückverweisung an den Rpfl sowie in den Fällen der Wirkungslosigkeit der Kostengrundentscheidung, Üb 16 vor § 300, LG Bonn Rpfleger **91**, 359, aM LG Kblz Rpfleger **91**, 360. Keine Instanz darf die Kostenentscheidung einer höheren Instanz abändern oder ergänzen, Mü Rpfleger **79**, 388 und 465. Eine solche Abänderung ist auch dann nicht erlaubt, wenn die höhere Instanz zB eine zwingende Bestimmung mißachtet hatte, etwa den § 281 III 2, KG MDR **76**, 405, Kblz AnwBl **88**, 650, Schlesw SchlHA **80**, 220, aM Ffm MDR **81**, 58. Die insoweit unrichtige Kostengrundentscheidung darf dann nur vom zuständigen Gericht geändert werden, sofern ihre Änderung überhaupt zulässig ist. Im Änderungsfall ist für die neue Kostenfestsetzung eine Aufhebung des früheren Festsetzungsbeschlusses vielleicht nicht nötig, Ffm VersR **84**, 895 aber meist zur Vermeidung von Mißständnissen usw ratsam.

19   Der Rpfl *darf und muß aber* eine unklare oder widersprüchliche Kostengrundentscheidung *auslegen*, Hamm Rpfleger **89**, 522, Köln MDR **88**, 325, Mü Rpfleger **91**, 175, strenger KG MDR **79**, 408, LAG Hbg MDR **87**, 962. Der Rpfl muß eine praktisch mögliche *brauchbare* Auslegung wählen, soweit die Kostengrundentscheidung eine solche Auslegung irgend zuläßt, Hamm Rpfleger **74**, 271, Mü Rpfleger **79**, 466.

20   **5) Prozeßkostenhilfe.** Eine Festsetzung derjenigen Kosten, die einem Anwalt aus der Staatskasse zu ersetzen sind, soweit er im Verfahren auf die Bewilligung einer Prozeßkostenhilfe nach § 121 beigeordnet worden ist, hat mit der Kostenfestsetzung nach den §§ 103 ff nichts gemeinsam. Die Festsetzung der Kosten im Zusammenhang mit der Prozeßkostenhilfe verlangt keinen vollstreckbaren Titel und schafft auch keinen solchen. Sie wirkt nur der Staatskasse gegenüber wie eine Feststellung. Die §§ 121 ff BRAGO sprechen daher auch von einer „Vergütung".

21   **6) *VwGO:*** *Da die Kostenfestsetzung nur knapp in § 164 VwGO (Zuständigkeit) und in § 165 VwGO (Erinnerung) geregelt ist, sind §§ 103 bis 107 entsprechend anzuwenden, § 173 VwGO, allgM, OVG Münst DÖV **64**, 570, RedOe Anm 3 u Kopp/Sch Rn 3 zu § 164 VwGO.*

## 5. Titel. Prozeßkosten § 103

**103** *Kostenfestsetzung. Grundsatz. Antrag.* ¹ Der Anspruch auf Erstattung der Prozeßkosten kann nur auf Grund eines zur Zwangsvollstreckung geeigneten Titels geltend gemacht werden.

II ¹Der Antrag auf Festsetzung des zu erstattenden Betrages ist bei dem Gericht des ersten Rechtszuges anzubringen. ²Die Kostenberechnung, ihre zur Mitteilung an den Gegner bestimmte Abschrift und die zur Rechtfertigung der einzelnen Ansätze dienenden Belege sind beizufügen.

**Vorbem.** Wegen des *Übergangsrechts nach dem EV* vgl LG Bln VersR **91**, 599 (ausf).

### Gliederung

| | |
|---|---|
| 1) Systematik, Regelungszweck, I, II .... 1 | 5) Festsetzungsantrag, II ................. 31–43 |
| 2) Geltungsbereich, I, II ................. 2 | A. Antragsteller .......................... 31 |
| 3) Erstattungsanspruch, I ................ 3–16 | B. Beispiele zur Frage eines Antragsrechts . 32, 33 |
| A. Begriff des Vollstreckungstitels ........ 3 | C. Antragsgegner ......................... 34 |
| B. Beispiele zur Frage des Vorliegens eines | D. Form, II 1 ............................ 35 |
| Vollstreckungstitels ................... 4–15 | E. Kostenberechnung, II 2 ............... 36 |
| C. Gesetzliche Kostenfolge .............. 16 | F. Abschrift, II 2 ........................ 37 |
| 4) Gegenstand der Kostenfestsetzung, I, | G. Einzelnachweis, II 2 .................. 38 |
| II ...................................... 17–30 | H. Weitere Unterlagen, II 2 .............. 39 |
| A. Grundsatz: Nur Prozeßkosten ........ 17 | I. Frist; Nachforderung ................. 40 |
| B. Beispiele zur Frage des Vorliegens von | J. Zuständigkeit ......................... 41–43 |
| Prozeßkosten ....................... 18–30 | 6) *VwGO* ................................. 44 |

**1) Systematik, Regelungszweck, I, II.** Die Vorschrift regelt den erforderlichen Festsetzungsantrag und **1** seine Voraussetzungen; § 104 regelt das anschließende Verfahren.
Die Vorschrift ist eine Folge der *Parteiherrschaft,* Grdz 18 vor § 128. Als eine das Verfahren einleitende Formvorschrift ist § 103 nicht zu großzügig auslegbar: Mag der Antragsteller mit aller ihm zuzumutenden Sorgfalt beantragen, was er erstattet haben will.

**2) Geltungsbereich, I, II.** S Üb 12, 13 vor § 91. II 2 gilt auch in der Zwangsvollstreckung, § 788 II 1, **2** und im FGG-Verfahren, LG Mü FER **99**, 98.

**3) Erstattungsanspruch, I.** Die Vorschrift regelt den in Üb 26 ff vor § 91 dargestellten Anspruch näher. **3**

**A. Begriff des Vollstreckungstitels.** Ein Anspruch auf die Erstattung von Prozeßkosten (freilich nicht schon der Festsetzungsantrag, II) setzt grundsätzlich voraus, daß ein beliebiger vorläufig vollstreckbarer oder rechtskräftiger zivilprozessualer bundesgesetzlicher oder landesgesetzlicher Vollstreckungstitel, Grdz 15–27 vor § 704, § 794, mit einer für eine Festsetzung geeigneten Kostengrundentscheidung, Üb 35 vor § 91, formell dasselbe Verfahren betreffend wirksam ergangen ist, Ffm MDR **92**, 813, KG MDR **95**, 531. Er darf auch nicht durch einen nachfolgenden Vergleich im Sinn von Anh § 307 überholt sein, zB Ffm JB **79**, 604, Schlesw SchlHA **88**, 31. Er darf ferner nicht wegen der vorläufigen Vollstreckbarkeit aufgehoben worden sein, etwa nach § 717 I.

**B. Beispiele zur Frage des Vorliegens eines Vollstreckungstitels** **4**
**Abweisende Entscheidung:** Rn 4 „Beschluß", Rn 14 „Urteil", Rn 15 „Vollstreckungsabwehrklage".
**Anwaltsvergleich:** Vgl §§ 796 b Rn 7.
**Arrest, einstweilige Verfügung:** Es handelt sich zumindest insoweit um Vollstreckungstitel, als die Entscheidungen Kostengrundaussprüche enthalten (vgl aber wegen etwaiger Blankettabreden KG Rpfleger **79**, 388). Das gilt auch dann, wenn ein Vollzug der Entscheidung nicht mehr statthaft ist, vgl § 928 Rn 4, zumindest bis zur Aufhebung, Hamm JB **97**, 151 (abl Schröder). Etwas anderes gilt bei einer einstweiligen Anordnung, Rn 5. Ein Aufhebungsbeschluß nach § 942 III ist ein Vollstreckungstitel, soweit er über die Kosten entscheidet.
**Außergerichtlicher Vergleich:** Der außergerichtliche, nicht anschließend gerichtlich protokollierte, Vergleich ist mit Ausnahme eines Anwaltsvergleiches nach §§ 796 a–c kein Vollstreckungstitel, Ffm MDR **80**, 61, KG Rpfleger **80**, 233, Mü MDR Rpfleger **90**, 136, aM LG Karlsr AnwBl **71**, 52.
S auch Rn 10 „Prozeßvergleich", Rn 12 „Schiedsvergleich".
**Bedingung, Betagung:** Eine Entscheidung, deren Vollstreckung in der Hauptsache bedingt oder betagt ist, ist ein Vollstreckungstitel wegen der Kosten. Denn die Bedingung oder Betagung ergreift die Kostenfolge nicht mit, es sei denn, die Parteien haben auch die Kostenfrage unter eine Bedingung gestellt, Mü MDR **99**, 1157.
S auch Rn 13 „Sicherheitsleistung".
**Beschluß:** Der Beschluß kann beim Stattgeben zur Hauptsache und im übrigen stets wegen der Kosten ein Vollstreckungstitel sein. Es gelten grds die Regeln zum Urteil, Rn 14, auch beim Beschluß.
**Eidesstattliche Versicherung:** Zwar ist eine solche Erklärung dann, wenn der Schuldner sie nicht vor dem **5** Prozeßgericht (sondern beim FGG-Gericht) abgegeben hat, vor dem Abgabegericht mit einer Kostengrundentscheidung zu beantragen. Wenn nun aber gleichwohl das Prozeßgericht eine solche getroffen hat, muß sich der Rpfl auch an sie halten, § 104 Rn 10 ff; das übersieht KG RR **93**, 63.
**Einstweilige Anordnung:** Wegen der Eigenschaft als Vollstreckungstitel, auch dann, wenn ein Vollzug nicht mehr statthaft ist, vgl § 620 g, Mü MDR **82**, 328.
S auch Rn 3 „Arrest, einstweilige Verfügung".
**Feststellungsurteil:** Rn 14 „Urteil".
**Insolvenztabelle:** Eine dortige Eintragung ist wegen der Kosten der Zwangsvollstreckung ein Vollstreckungstitel, LG Köln KTS **85**, 124.
**Klagerücknahme:** Rn 8, § 269 Rn 33. **6**
**Mahnbescheid:** Erst der etwa nachfolgende Vollstreckungsbescheid, Rn 15, ist ein Vollstreckungstitel. **7**

§ 103   1. Buch. 2. Abschnitt. Parteien

**8 Nicht vollstreckbare Entscheidung:** Eine in der Hauptsache nicht vollstreckbare Entscheidung ist ein Vollstreckungstitel, soweit sie äußerlich vollstreckbar ist, etwa wegen der Kosten.
S auch Rn 4 „Beschluß", Rn 14 „Urteil".
**Ordnungsmittel:** Eine Entscheidung, zB nach § 380, ist ein Vollstreckungstitel, allerdings nicht zugunsten des ProzBev, LG Bln Rpfleger **78**, 331.
S auch Rn 4 „Beschluß".
**9 Privatklage, Nebenklage:** Wenn die Parteien in einem Prozeßvergleich andere Streitigkeiten mitvergleichen, ist der Vergleich natürlich auch insoweit ein Vollstreckungstitel, zB bei einem bürgerlichrechtlichen Anspruch aus Anlaß einer Privat- oder Nebenklage.
S auch Rn 13 „Strafverfahren".
**10 Prozeßvergleich:** Ein gerichtlicher Vergleich, auch der zwar von den Parteien außergerichtlich ausgehandelte, dann aber protokollierte, ist ein Vollstreckungstitel, Düss AnwBl **84**, 383, Hamm MDR **77**, 56, Mü Rpfleger **90**, 136. Das Nachgeben (nur) einer Partei genügt, Anh § 307 Rn 3, KG MDR **73**, 417, Zweibr MDR **89**, 362 (auch nach einem jetzt aufgehobenen Urteil). Es genügt auch ein Vergleich im Verfahren nach § 118 I 3 Hs 2 oder vor dem Arbeitsgericht, einschränkend LAG Nürnb JB **99**, 366. Ausreichend ist ein Vergleich ferner: Im Eilverfahren, auch wenn er die künftige Kostengrundentscheidung des Hauptsacheverfahrens für maßgeblich erklärt, KG MDR **79**, 1029 (ab Rechtskraft des letzteren); dann, wenn die Parteien andere Streitigkeiten mitvergleichen haben, KG MDR **84**, 590, Mü JB **78**, 1024. Gegen einen Dritten erfolgt keine Festsetzung, Ffm JB **98**, 599.
**11 Scheidungsvergleich:** Ein Vergleich in einem Scheidungsverfahren ist grds nur wegen der Kosten vollstreckbar, Zweibr JB **78**, 1884, vgl aber auch insofern § 93 a Rn 19–21.
S auch Rn 2 „Außergerichtlicher Vergleich", Rn 10 „Prozeßvergleich".
**12 Schiedsspruch:** Er ist ein Vollstreckungstitel im Sinn von I, sofern er rechtskräftig, § 1055, oder für vorläufig vollstreckbar erklärt ist, § 794 I Z 4 a.
S auch „Schiedsspruch mit vereinbartem Wortlaut".
**Schiedsspruch mit vereinbartem Wortlaut:** Der nach § 1053 zustande gekommene Vergleich ist ein Vollstreckungstitel, § 794 I Z 4 a.
S auch „Schiedsspruch".
**Selbständiges Beweisverfahren:** Seine Kosten sind im Hauptprozeß nach §§ 103 ff festzusetzen, § 91 Rn 195, BGH **132**, 104.
**13 Sicherheitsleistung:** Wenn der Haupttitel eine Sicherheitsleistung voraussetzt, handelt es sich um eine Bedingung der Beitreibung des Hauptanspruchs, aber nicht um eine Bedingung der Kostenfestsetzung; vgl freilich Einf 8 vor § 103.
S auch Rn 4 „Bedingung, Betagung".
**Strafverfahren:** Auch eine im Strafprozeß ergangene Entscheidung kann ein Vollstreckungstitel im Sinn von I wegen der Kosten sein, §§ 103 ff entspr, Kblz Rpfleger **89**, 78.
S auch Rn 9 „Privatklage, Nebenklage".
**14 Urteil:** Das Urteil jeder Art über einen Leistungs- oder Gestaltungsanspruch ist, soweit es der Klage stattgibt, zur Hauptforderung und darüber hinaus wegen der Kosten und, soweit es die Klage abweist, wegen der Kosten ein Vollstreckungstitel. Das stattgebende positive oder negative Feststellungsurteil ist wegen der Kosten ein Vollstreckungstitel, das abweisende ebenso. Das stattgebende negative Feststellungsurteil kann zur Hauptsache (indirekt) ein Vollstreckungstitel sein.
**Verfassungsbeschwerde:** §§ 103 ff sind auf Entscheidungen des BVerfG unanwendbar, Mü VersR **79**, 90.
**Vergleich:** Rn 3 „Außergerichtlicher Vergleich", Rn 10 „Prozeßvergleich", Rn 12 „Scheidungsvergleich", „Schiedsspruch", Rn 1 „Vergleich".
**Vermerk:** Ein richterlicher Vermerk, die Parteien hätten sich über eine bestimmte (nicht protokollierte) Kostenregelung geeinigt, genügt nicht, Mü JB **96**, 261.
**Versäumnisurteil:** S zunächst Rn 14 „Urteil". Ein Versäumnisurteil bleibt auch dann wegen seiner Kostenentscheidung ein Vollstreckungstitel, wenn die Parteien später (nach rechtzeitigem Einspruch des Unterlegenen) die Hauptsache beiderseits für erledigt erklärt haben, solange keine Entscheidung nach § 91 a ergangen oder das Versäumnisurteil sonst gegenstandslos geworden ist, Kblz MDR **80**, 320.
**15 Vollstreckbare Urkunde:** Sie ist ein Vollstreckungstitel.
**Vollstreckungsabwehrklage:** Im Fall der Abweisung einer Klage nach § 767 gibt dieses Urteil keinen Vollstreckungstitel wegen der Kosten eines Vollstreckungsversuchs aus dem Ursprungstitel; dieser bleibt auch bei einer stattgebenden Vollstreckungsklage wegen § 322 insoweit bestehen, BGH NJW **95**, 3318, Ffm Rpfleger **80**, 194.
**Vollstreckungsbescheid:** Der Vollstreckungsbescheid ist ein Vollstreckungstitel, § 699 III; er muß freilich eine Kostengrundentscheidung enthalten, Kblz VersR **86**, 171, LG Bln Rpfleger **96**, 298, ZöHe 2, aM KG MDR **95**, 531. Zum Mahnverfahren generell Hofmann Rpfleger **82**, 325.
**Vorläufige Vollstreckbarkeit:** Wenn das Verfahren keine vorläufig vollstreckbare Entscheidung zuläßt, § 704 Rn 4, dann muß das Urteil erst rechtskräftig werden, um zum Vollstreckungstitel zu werden, Mü Rpfleger **81**, 71, Schlesw SchlHA **79**, 214.
**16 C. Gesetzliche Kostenfolge.** Eine richterliche Entscheidung ist an sich nicht erforderlich, wenn die Kostenfolge kraft Gesetzes feststeht, zB bei § 269 III 2 Hs 1, der vielfach verkannt wird, vgl § 269 Rn 33. Freilich kann dann zB ein Beschluß nach § 269 III 3 notwendig werden. Dann bildet er den Vollstreckungstitel.
**17 4) Gegenstand der Kostenfestsetzung, I, II.** Die Vorschrift grenzt gegenüber sachlichrechtlichen Erstattungsansprüchen ab.
**A. Grundsatz: Nur Prozeßkosten.** Der Kostenfestsetzung unterliegen nur die Prozeßkosten, § 91 Rn 70 ff, Köln NJW **76**, 153, Köln JB **92**, 819, einschließlich der Vorbereitungskosten, also solcher Kosten, die für den Beginn des Prozesses entstanden waren und zur Durchführung des Prozesses nötig wurden, § 91 Rn 270 ff; letztere ist unabhängig von einer Prozeßkostenhilfe zu prüfen, Mü JB **97**, 535.

5. Titel. Prozeßkosten § 103

**B. Beispiele zur Frage des Vorliegens von Prozeßkosten** 18
**Abmahnkosten:** Sie können nach §§ 103 ff festsetzbar sein, Nürnb JB **92**, 614, aM Hbg MDR **93**, 388.
**Darlehenskosten:** Rn 21 „Kreditkosten".
**Freiwillige Gerichtsbarkeit:** Im FGG-Verfahren sind §§ 103 ff entsprechend anwendbar, § 13 a II Hs 2 19 FGG, zB in einer WEG-Sache, BayObLG WoM **92**, 645.
**Hebegebühr:** Eine Hebegebühr nach § 22 BRAGO gehört zu den Prozeßkosten, soweit sie erstattungs- 20 fähig ist, Schlesw AnwBl **89**, 170, LG Ffm AnwBl **89**, 109.
**Hinterlegung:** Kosten eines Hinterlegungsverfahrens unterliegen nur dann der Kostenfestsetzung, wenn die Parteien die Erstattung in einem Vergleich vereinbart haben, Düss MDR **75**, 675.
**Kreditkosten:** Kosten eines Darlehens, das der Kostenschuldner zwecks Bezahlung von Prozeßkosten 21 aufgenommen hat, sind nicht Prozeßkosten im Sinn von I, Kblz AnwBl **88**, 296, Köln JB **92**, 819.
**Mahnverfahren:** Die Kosten eines Mahnverfahrens, §§ 688 ff, sind nicht Prozeßkosten im Sinn von I. 22 Denn wegen der §§ 692, 699 fehlt insofern ein Rechtsschutzbedürfnis.
**Markensache:** Im Verfahren vor dem Patentgericht nach §§ 66 ff MarkenG sind §§ 103 ff entsprechend anwendbar, § 71 V MarkenG; dasselbe gilt im Rechtsbeschwerdeverfahren vor dem BGH, § 90 IV MarkenG.
**Nicht entstandene Kosten:** Solche Beträge sind natürlich nicht Prozeßkosten im Sinn von I, BVerfG **62**, 193.
**Notwendigkeit der Kosten:** Rn 19.
**Prozeßkostenvorschuß:** Ein derartiger Vorschuß eines Ehegatten an den anderen zählt grds nicht zu den 23 Prozeßkosten im Sinn von I. Denn es handelt sich insofern um einen sachlichrechtlichen Unterhaltsanspruch. Deshalb ist zu dieser Frage evtl ein neuer Prozeß unvermeidbar, BGH **56**, 92, Düss MDR **96**, 610, Hamm FamRZ **99**, 728 (Verrechnung allenfalls, beim Erstattungsanspruch und Vorschuß die dem Gegner entstandenen Kosten übersteigen), aM Stgt FamRZ **87**, 968, Zweibr Rpfleger **98**, 261, RoSGo § 88 III 2 c.
Ebenfalls nicht zu den Prozeßkosten gehört ein Vorschuß eines *Elternteils* an das auf Unterhalt klagende Kind, Kblz Rpfleger **85**, 209. Der Antrag des Erstattungspflichtigen zur Berücksichtigung eines *gezahlten* Vorschusses ist unbeachtlich, Zweibr Rpfleger **81**, 455.
**Sachlichrechtlicher Anspruch:** Ein solcher ist *kein* Teil der Prozeßkosten im Sinn von I. Das gilt zB: Für 24 den Anspruch eines Schiedsgutachters, §§ 317 ff BGB, Düss Rpfleger **90**, 135; für einen Anspruch nach § 717 II, dort Rn 13; für einen Anspruch nach § 118 BRAGO, Kblz AnwBl **87**, 53; für einen Prozeßkostenvorschuß nach § 1360 a IV BGB, Rn 23.
**Scheidungsfolgenvergleich:** Rn 26 „Vergleich".
**Überzahlung:** Überzahlte Kosten, etwa auf einen dann abgeordneten Kostentitel, sind Prozeßkosten, wenn 25 die Zahlung durch eine Quittung nachweisbar ist, KG Rpfleger **80**, 69. Das gilt nur dann nicht, wenn der Rpfl sachlichrechtliche Fragen entscheiden müßte, Düss Rpfleger **77**, 260, Hamm Rpfleger **74**, 271 (Kostenausgleichung von Streitgenossen), aM Hbg MDR **86**, 674.
**Umsatzsteuer:** Vgl § 91 Rn 213 sowie § 104 III 3.
**Vergleich:** Soweit die Parteien in einem Vergleich nur die Kosten „des Verfahrens" geregelt haben, gehören 26 Kosten einer vorangegangenen Zwangsvollstreckung nicht zu den Prozeßkosten im Sinn von I, Düss RR **99**, 943, Karlsr MDR **94**, 734, Kblz MDR **76**, 584. Nicht hierher gehören die Kosten eines Scheidungsfolgenvergleichs, Kblz JB **77**, 817.
S auch Rn 20 „Hinterlegung".
**Verweisung:** Anwaltskosten vor dem ArbG gehören im Fall einer Verweisung an das ordentliche Gericht nicht zu den Prozeßkosten, § 12 a ArbGG, Ffm MDR **83**, 942.
**Vorangegangene Vollstreckung:** Rn 26 „Vergleich". 27
**Vorprozeß:** Kosten eines Vorprozesses sind nicht Kosten des jetzigen Verfahrens, Kblz BB **85**, 357.
**Zeugengeld:** Zeugengelder, die eine Partei verauslagt hat, zählen zu den Prozeßkosten. Für sie ist allerdings 28 eine Festsetzung dann unzulässig, wenn die siegende Partei, die einen Kostentitel gegenüber dem Zeugen besitzt, nicht vorher erfolglos versucht hatte, eine Beitreibung gegenüber dem Zeugen zu erwirken, oder wenn es sich nur um Auslagen des zu den Kosten Verurteilten handelt, Hamm MDR **92**, 814.
**Zwangsvollstreckungskosten:** Die Kosten der Zwangsvollstreckung einschließlich derer nach § 887, dort 29 Rn 8, sind Prozeßkosten, BGH NJW **86**, 2438, Kblz JB **99**, 328. Der Gläubiger kann sie zwar ohne förmliches Festsetzungsverfahren beitreiben, § 788 I, darf es aber durchführen, § 788 II, § 891 S 3.
S aber auch Rn 26 „Vergleich".
**Zweitschuldner:** Kosten, die der Erstattungsberechtigte als Zweitschuldner an die Justizkasse gezahlt hat, 30 sind Prozeßkosten mit Ausnahme beigetriebener Kosten, LG Bln AnwBl **90**, 567.

**5) Festsetzungsantrag, II.** Man muß zwischen dem Erstattungsanspruch, I, und dem auf ihn abzielen- 31 den Festsetzungsantrag, II, unterscheiden. Der Kostenfestsetzungsbeschluß schafft den für I erforderlichen Vollstreckungstitel, § 794 I Z 2. Denn erst er und nicht schon die gesetzliche oder richterliche Kostengrundentscheidung enthalten die Kostenbeträge, derentwegen die Zwangsvollstreckung möglich wird.

**A. Antragsteller.** Es ist grundsätzlich ein Antrag erforderlich, Celle NJW **73**, 521, Mü JB **95**, 427. Dieser ist nur im Fall § 105 II entbehrlich. Der Antragsteller muß den Rechtsstreit genau bezeichnen und gerade eine Kostenfestsetzung begehren. Zum Antrag ist jeder berechtigt, den ein vollstreckbarer Titel zumindest wegen der Prozeßkosten als einen Gläubiger oder nach der Umschreibung der Vollstreckungsklausel als den Rechtsnachfolger des Gläubigers ausweist, §§ 727 ff, KG Rpfleger **82**, 353. Als ein Rechtsnachfolger ist auch derjenige Gläubiger anzusehen, den den Erstattungsanspruch pfänden und sich überweisen ließ. § 308 I ist zu beachten, Mü JB **95**, 427.

**B. Beispiele zur Frage eines Antragsrechts** 32
**Abtretung:** Antragsberechtigt ist derjenige, der den Erstattungsanspruch dem Grunde nach oder sicherungshalber abgetreten hat, BGH NJW **88**, 3205, LG Itzehoe AnwBl **89**, 164. Es erfolgt freilich keine

## § 103

Festsetzung in der Weise, daß an den Abtretungsnehmer zu zahlen sei, und zwar auch dann nicht, wenn es sich bei ihm um den ProzBev handelt, BFH DStR **71**, 50.

**Ausgeschiedener:** Antragsberechtigt ist eine ausgeschiedene Partei, vgl Hamm JB **75**, 1503.

**Ausländischer Anwalt:** Ein Rechtsschutzbedürfnis zur Antragstellung kann trotz einer ausländischen Festsetzung von Kosten eines ausländischen Anwalts bestehen, Kblz Rpfleger **86**, 151.

**Beigeordneter Anwalt:** Antragsberechtigt ist der im Verfahren auf eine Prozeßkostenhilfe nach § 121 beigeordnete Anwalt, § 126, Lappe Rpfleger **84**, 129 (auch zum Verhältnis zu der begünstigten Partei als der etwaigen weiteren Antragstellerin).

**Dritter:** Antragsberechtigt ist an einem Vergleich beteiligter Dritter.

**Höhere Instanz:** Eine abändernde Rechtsmittelentscheidung führt nicht zur Unwirksamkeit des Festsetzungsgesuchs aus der Vorinstanz, Hamm AnwBl **82**, 384.

**Parteifähigkeit:** Antragsberechtigt ist derjenige, dessen Parteifähigkeit in dem zugrunde liegenden Titel verneint worden ist, Schlesw SchlHA **78**, 178.

**Pfändung:** Rn 31.

33 **Prozeßgegner:** Nicht antragsberechtigt ist der Prozeßgegner mit Ausnahme der ihm selbst zustehenden Erstattungsforderung, vgl LG Wuppert Rpfleger **75**, 370.

**Rechtsmittel:** Rn 32 „Höhere Instanz".

**Rechtsnachfolger:** Rn 31.

**Streitgenosse:** Antragsberechtigt ist ein Streitgenosse, und zwar auch dann, wenn der Ausgleichsanspruch im Urteil oder Vergleich geregelt worden ist, Rn 34. Dabei ist der Antrag mehrerer Streitgenossen nur zulässig, soweit jeder einzelne Antragsteller mit dem konkret gerade von ihm begehrten Erstattungsbetrag benannt wird, Kblz Rpfleger **90**, 436, Mü AnwBl **85**, 42, vgl auch LG Bln Rpfleger **96**, 397.

S auch Rn 32 „Ausgeschiedener".

**Streithelfer:** Antragsberechtigt ist ein Streithelfer, Mü NJW **75**, 1367.

**Umschreibung:** Rn 31.

**Vergleich:** Rn 32 „Dritter".

**Verkehrsanwalt:** Er ist nicht für sich antragsberechtigt, Kblz RR **97**, 1023, Mü MDR **81**, 502.

**Wahlanwalt:** Der zum Wahlanwalt gemachte ProzBev kann seine Vergütung gegenüber dem Vollmachtgeber nur nach § 19 BRAGO festsetzen lassen, hat also kein eigenes Antragsrecht nach § 103, LG Essen MDR **74**, 411, Hüttenhofer AnwBl **89**, 153. Es besteht daher für eine Gebührenklage kein Rechtsschutzbedürfnis.

**Zweitschuldner:** Ein Zweitschuldner, den die Gerichtskasse in Anspruch genommen hat, § 58 II GKG, kann die Gerichtskosten gegenüber dem Entscheidungsschuldner, § 54 Z 1 GKG, als dem Erstschuldner zur Zahlung an die Kasse festsetzen lassen.

34 **C. Antragsgegner.** Der Antrag auf die Festsetzung der Prozeßkosten ist gegenüber demjenigen zu stellen, dem der Vollstreckungstitel (die Kostengrundentscheidung, Üb 35 vor § 91) die Kosten auferlegt, ferner gegenüber dem Rechtsnachfolger oder gegenüber demjenigen, gegen den das Gericht sonst eine Vollstreckungsklausel nach §§ 724 ff erteilt hat. Wenn sich die Kostengrundentscheidung in einem Vergleich befindet, Anh § 307, kommt als Antragsgegner auch ein Streitgenosse in Betracht, § 59, Köln VersR **93**, 203, Mü Rpfleger **75**, 323. Dasselbe gilt dann, wenn der Kostenausgleichsanspruch eines Streitgenossen gegen den anderen im Tenor eines Urteils oder in einem Vergleich eindeutig geregelt worden ist, Kblz Rpfleger **90**, 436 mwN, vgl auch LG Bln Rpfleger **96**, 397, aM LG Bln Rpfleger **82**, 391, ZöHe §§ 103, 104 Rn 1 (keine Kostenerstattung zwischen Streitgenossen). Ferner kommt in Betracht der Streithelfer in Betracht, § 66, Mü NJW **75**, 1367, oder ein Dritter, der die Kosten übernommen hat. Der Insolvenzverwalter, Grdz 10 vor § 50, kommt als Antragsgegner nur bis zu dem Zeitpunkt der Einstellung des Insolvenzverfahrens in Betracht, Schlesw JB **78**, 445.

Eine Zwangsvollstreckung gegenüber einer Person, die nicht zur Bezahlung der Kosten verurteilt worden ist, kann nur nach einer *Umschreibung* des Vollstreckungstitels gegen diese Person stattfinden. Eine Unterbrechung oder eine Aussetzung des Verfahrens, § 249 Rn 6, sind hier unerheblich. Denn es handelt sich bei der Kostenfestsetzung um ein Nebenverfahren, aM KG MDR **70**, 429 (die Unterbrechung oder die Aussetzung seien nur dann wirkungslos, wenn der Aussetzungsantrag erst während des Kostenfestsetzungsverfahrens nachgeholt worden sei).

35 **D. Form, II 1.** Der Antrag ist schriftlich mit eigenhändiger Unterschrift, § 129 Rn 9, oder zum Protokoll der Geschäftsstelle einzureichen. Die allgemeinen Prozeßvoraussetzungen, Grdz 12 vor § 253, müssen zur Zulässigkeit des Antrags erfüllt sein, Mü AnwBl **85**, 42. Für das gesamte Kostenfestsetzungsverfahren einschließlich des Erinnerungsverfahrens vor dem Rpfl ist kein Anwaltszwang vorgeschrieben, § 13 RPflG, Anh § 153 GVG, Mü AnwBl **87**, 288. Über den Nachweis der Prozeßvollmacht s § 88 Rn 1. Es gibt weder einen Formularzwang noch ein Abrechnungsschema, LAG Hamm AnwBl **85**, 106.

36 **E. Kostenberechnung, II 2.** Der Antragsteller muß eine Kostenberechnung vorlegen. Sie muß klar sein und die einzelnen Beträge nach Grund, Datum und Höhe angeben, insbesondere bei ungewöhnlicher Höhe, KG JB **76**, 814, und nachweisen, § 18 BRAGO, BVerfG **65**, 74, namentlich die Kosten für mehrere Gegner getrennt berechnen, Mü JB **81**, 1512. Wenn sie mangelhaft ist, wird der Antrag zurückgegeben oder zurückgewiesen, BVerfG **65**, 74.

37 **F. Abschrift, II 2.** Der Antragsteller muß neben der Urschrift eine Abschrift der Kostenberechnung, nicht der Belege, für den Gegner beifügen. Wenn die Abschrift fehlt, stellt die Geschäftsstelle die Abschrift auf Kosten des Antragstellers her, KV 9000 Z 1 b.

38 **G. Einzelnachweis, II 2.** Der Antragsteller muß schließlich die Belege zu jedem einzelnen Kostenansatz beifügen, soweit sie sich nicht schon bei der Gerichtsakte befinden, Mü Rpfleger **93**, 104. Vgl aber § 104 II 2. Es reicht aus, daß ein Anwalt seine Handakten beifügt, wenn die Handakten übersichtlich geführt sind und wenn die Kostenrechnung auf die betreffende Stelle der Handakten verweist. Der Antragsteller braucht

5. Titel. Prozeßkosten                                                                    §§ 103, 104

den Vollstreckungstitel nur dann beizufügen, wenn er sich nicht in den Gerichtsakten befindet, wenn es sich zB um eine vollstreckbare Urkunde handelt, § 794 I Z 5. Eine bloße Bezugnahme auf die Gerichtsakten reicht grundsätzlich nicht, soweit nicht zB die Gerichtskosten dort einfach feststellbar sind.

**H. Weitere Unterlagen, II 2.** Natürlich müssen der Vollstreckungstitel, §§ 704, 794, die Prozeßvoll- **39** macht, § 80, evtl ein Rechtskraftzeugnis, § 706, und zB bei § 727 die entsprechenden Urkunden vorliegen. Der Antragsteller sollte prüfen, ob sich der Vollstreckungstitel zur Zwangsvollstreckung eignet, Grdz 15 ff vor § 704. Das Gericht prüft nicht, ob die Voraussetzungen einer Zwangsvollstreckung vorliegen, Grdz 14 vor § 704. Denn der Kostenfestsetzungsbeschluß ergänzt das Urteil, gehört also nicht zur Zwangsvollstreckung, s aber Einf 8 vor §§ 103–107. Deshalb ist die Vorlage einer vollstreckbaren Ausfertigung entbehrlich, vgl auch § 105. Die Vorlage einer einfachen Ausfertigung reicht also und ist auch nur dann erforderlich, wenn sich der Titel nicht bei den Akten befindet. Etwas anderes gilt nur dann, wenn der Vollstreckungstitel auf eine andere Person umgeschrieben worden ist. Eine Zustellung des Vollstreckungstitels ist nur zum Nachweis der Rechtskraft notwendig.

**I. Frist; Nachforderung.** Der Antrag unterliegt keiner Frist, ZöHe §§ 103, 104 Rn 4, aM OVG **40** Münster NJW 71, 1767 (abl Schmidt). Eine verspätete Antragstellung kann aber einen Rechtsmißbrauch darstellen, Einl III 54, § 104 Rn 12. Engels AnwBl 78, 222 rät zur Benutzung von Formularen. Eine Rücknahme ist, auch teilweise, bis zur Rechtskraft der Festsetzung zulässig, bindend und unwiderruflich, Grdz 58 vor § 128, Kblz Rpfleger 76, 324. Dann ist die Festsetzung inhaltlich nicht mehr statthaft, Hamm Rpfleger 73, 370, und ein ergangener, noch nicht rechtskräftiger entsprechender § 269 III 1 wirkungslos.

Eine *Nachforderung* (sog Nachliquidation) ist grundsätzlich zulässig, vgl auch § 104 Rn 51 (zur Erinnerung), BVerfG JB 95, 583 (auch im Verfahren nach dem BVerfGG), Hamm Rpfleger 82, 80, KG Rpfleger 76, 366, Mü Rpfleger 87, 263, aM Karlsr MDR 94, 413; sie kann freilich verjährt sein, Hbg MDR 79, 235.

**J. Zuständigkeit.** Für das Kostenfestsetzungsverfahren ist zunächst grundsätzlich der Rpfl des Prozeßge- **41** richts der ersten Instanz zuständig, vgl § 104 Rn 4, aber auch § 104 Rn 29. Das gilt auch nach einem Beschluß des Mahngerichts entsprechend § 269 nach Rücknahme des Mahnantrags, Köln JB 99, 365. Nur bei § 128 BRAGO (Prozeßkostenhilfe) ist der Urkundsbeamte der Geschäftsstelle zuständig, Mü Rpfleger 80, 62 mwN, LG Bln AnwBl 83, 573, Hartmann Teil X § 128 BRAGO Rn 15, 18. In einer Familiensache, §§ 606 ff, ist der Rpfl des Familiengerichts zuständig, vgl BGH FamRZ 78, 586, Celle FamRZ 79, 57. Der Rpfl der ersten Instanz ist auch dann zuständig, wenn das zweitinstanzliche Gericht einen Arrest oder eine einstweilige Verfügung angeordnet hat, §§ 916 ff, 935 ff, OVG Lüneb Rpfleger 86, 319. Wegen der Restitutionsklage, § 584, Mü Rpfleger 73, 318. Bei einer vollstreckbaren Urkunde, § 794 I Z 5, ist das Vollstreckungsgericht § 764 zuständig, § 788 Rn 11. Die Kosten eines Prozeßvergleichs, Anh § 307, gehören zu den Kosten desjenigen Prozesses, in dem er geschlossen wurde, Mü Rpfleger 90, 136.

Wenn es um die Festsetzung von *Zwangsvollstreckungskosten* geht, gelten §§ 788 II, 891 S 3.  **42**

Welcher Rpfl innerhalb des Gerichts der ersten Instanz tätig werden muß, hängt von der etwaigen *Geschäfts-* **43** *verteilung für die Rechtspfleger* ab. Die Verwaltung muß die Geschäftsverteilung nach pflichtgemäßem Ermessen vornehmen. Im Fall einer Teilverweisung können mehrere Rpfl zuständig sein, ein jeder für den dort verbliebenen bzw dorthin geratenen Prozeßteil, Oldb Rpfleger 84, 432. Bei einer Zurückverweisung nach § 354 II 1 StPO wird dasjenige Gericht zuständig, an das zuletzt zurückverwiesen wurde, Mü Rpfleger 87, 331. Soweit ein Rechtsstreit in einem anderen ohne Verbindung, § 147, mitverglichen worden ist, sind getrennte Festsetzungen notwendig, KG MDR 84, 590.

**6) VwGO:** *Entsprechend anzuwenden*, § 173 VwGO, ist I; Vollstreckungstitel sind die in § 168 VwGO **44** *genannten.* II 1 entspricht § 164 VwGO (zur Zuständigkeit für die Kosten eines Verf nach § 80 VwGO OVG Lüneb SchlHA 86, 127); II 2 ist ergänzend heranzuziehen, § 173 VwGO. Zuständig ist der Urkundsbeamte der Geschäftsstelle, § 164 VwGO, da das RPflG in der Verwaltungsgerichtsbarkeit nicht gilt, Anh § 153 GVG Rn 1. Zur Festsetzung der Gebühren des § 118 BRAGO vgl Haupt MDR 69, 188.

**104** *Kostenfestsetzung. Entscheidung. Erinnerung.* I ¹Über den Festsetzungsantrag entscheidet das Gericht des ersten Rechtszuges. ²Auf Antrag ist auszusprechen, daß die festgesetzten Kosten vom Eingang des Festsetzungsantrags, im Falle des § 105 Abs. 2 von der Verkündung des Urteils ab mit vier vom Hundert zu verzinsen sind. ³Die Entscheidung ist, sofern dem Antrag ganz oder teilweise entsprochen wird, dem Gegner des Antragstellers unter Beifügung einer Abschrift der Kostenrechnung von Amts wegen zuzustellen. ⁴Dem Antragsteller ist die Entscheidung nur dann von Amts wegen zuzustellen, wenn der Antrag ganz oder teilweise zurückgewiesen wird; im übrigen ergeht die Mitteilung formlos.

II ¹Zur Berücksichtigung eines Ansatzes genügt, daß er glaubhaft gemacht ist. ²Hinsichtlich der einem Rechtsanwalt erwachsenen Auslagen für Post- und Telekommunikationsdienstleistungen genügt die Versicherung des Rechtsanwalts, daß diese Auslagen entstanden sind. ³Zur Berücksichtigung von Umsatzsteuerbeträgen genügt die Erklärung des Antragstellers, daß er die Beträge nicht als Vorsteuer abziehen kann.

III ¹Gegen die Entscheidung findet sofortige Beschwerde statt. ²Das Beschwerdegericht kann das Verfahren aussetzen, bis die Entscheidung, auf der der Festsetzungsantrag gestützt wird, rechtskräftig ist.

## Gliederung

| | |
|---|---|
| 1) Systematik, I–III ................ 1 | 4) Behandlung des Kostenfestsetzungsgesuchs, I, II ...................... 4–10 |
| 2) Regelungszweck, I–III ........... 2 | A. Zuständigkeit ............... 4 |
| 3) Geltungsbereich, I–III ........... 3 | B. Allgemeine Verfahrensregeln ...... 5 |

# § 104   1. Buch. 2. Abschnitt. Parteien

| | | | |
|---|---|---|---|
| C. Vollstreckungstitel | 6 | B. Beschwer | 51–53 |
| D. Prozeßkosten | 7 | C. Beschwerdewert über 100 DM | 54 |
| E. Kostenentstehung | 8 | D. Notfrist: 2 Wochen | 55 |
| F. Erforderlichkeit der Kosten | 9 | E. Form | 56 |
| G. Entbehrliche Punkte | 10 | F. Verfahren des Rechtspflegers bei sofortiger Beschwerde: Vorlage beim Beschwerdegericht | 57–59 |
| 5) **Einwendungen gegen die Erstattungspflicht, I, II** | 11–14 | G. Verfahren des Beschwerdegerichts | 60, 61 |
| A. Grundsatz: Keine sachlichrechtliche Nachprüfung | 11 | H. Entscheidung des Beschwerdegerichts | 62–66 |
| B. Ausnahmen: Evtl Nachprüfbarkeit bei Offenkundigkeit oder Unstreitigkeit | 12 | I. Aussetzung des Beschwerdeverfahrens, III 2 | 67 |
| C. Beispiele zur Frage der Erheblichkeit einer Einwendung | 13 | J. Weitere sofortige Beschwerde, Gegenvorstellung, Verfassungsbeschwerde | 68 |
| D. Rückfestsetzung | 14 | 10) **Sofortige Erinnerung im einzelnen, III 1, § 11 II RPflG** | 69–96 |
| 6) **Entscheidung des Rechtspflegers, I, II** | 15–35 | A. Erinnerungsberechtigung | 70 |
| A. Erstattungsfähiger Betrag | 15–19 | B. Beschwer, Beschwerdewert bis 100 DM | 71 |
| B. Kosten des Festsetzungsverfahrens: Mitentscheidung; Bezifferung | 20, 21 | C. Notfrist: 2 Wochen | 72–76 |
| C. Verzinsung der Prozeßkosten | 22–26 | D. Form | 77–79 |
| D. Mitteilung des Festsetzungsbeschlusses | 27–30 | E. Allgemeines zum Verfahren des Rechtspflegers bei sofortiger Erinnerung, § 11 II 2, 3 RPflG | 80–83 |
| E. Rechtskraft, Berichtigung | 31–33 | F. Abhilfe durch den Rechtspfleger, § 11 II 2 RPflG | 84, 85 |
| F. Zwangsvollstreckung | 34, 35 | G. Keine Abhilfe durch den Rechtspfleger: Vorlage bei seinem Richter, § 11 II 3 RPflG | 86, 87 |
| 7) **Berücksichtigung eines Ansatzes, II** | 36–40 | H. Allgemeines zum Verfahren des Richters bei sofortiger Erinnerung, § 11 II 3, 4 RPflG | 88–91 |
| A. Entstehung der Kosten | 36 | I. Entscheidung des Richters, § 11 II 3 RPflG | 92–94 |
| B. Notwendigkeit der Kosten | 37 | J. Zurückverweisung, Zurück- oder Weiterleitung durch erstinstanzlichen Richter, § 11 II 4 RPflG | 95 |
| C. Grundsatz: Notwendigkeit der Glaubhaftmachung, II 1 | 38 | K. Zurückverweisung durch Beschwerdegericht, § 11 II 4 RPflG | 96 |
| D. Ausnahme: Versicherung von Postauslagen usw, II 2 | 39 | 11) *VwGO* | 97 |
| E. Weitere Ausnahme: Versicherung bei Umsatzsteuer, II 3 | 40 | | |
| 8) **Rechsbehelfe-Übersicht: Sofortige Beschwerde oder sofortige Erinnerung, III, § 11 I, II RPflG** | 41–48 | | |
| 9) **Sofortige Beschwerde im einzelnen, III, § 11 I RPflG** | 49–68 | | |
| A. Beschwerdeberechtigung, III 1 | 50 | | |

**1** **1) Systematik, I–III.** Die Vorschrift behandelt im Anschluß an die Regelung des Antrags, § 103, das weitere Festsetzungsverfahren. Sie ist wegen der funktionellen Zuständigkeit des Rpfl bis zur Festsetzung nur zusammen mit § 21 Z 1 RPflG, Anh § 153, und für das dem Rechtspfleger nach III vorgeschaltete Erinnerungsverfahren vor dem Rpfl und sodann vor seinem Richter nur zusammen mit § 11 II RPflG verständlich. Diese Verzahnung ist alles andere als übersichtlich, Rn 41 ff.

**2** **2) Regelungszweck, I–III.** Die Vorschrift soll das Festsetzungsverfahren mit rechtsstaatlich gebotener Sorgfalt ablaufen lassen. Das funktioniert auch durchweg beim Rpfl gut. Bei der Nachprüfung im Erinnerungs- bzw Beschwerdeverfahren ergeben sich freilich nicht ganz selten erhebliche Verfahrensfehler des Rpfl, wie zB die Verletzung des rechtlichen Gehörs durch unkorrekte und daher nicht wirksame Fristsetzungen bei der Anhörung des Betroffenen, Ffm Rpfleger **99**, 121, oder die Verkennung des Umstands, daß etwa im Fall der Klagerücknahme bereits eine gesetzliche Kostengrundentscheidung in § 269 III 2 vorliegt, sodaß in § 269 III 3 ermöglichte lediglich feststellende Anspruch des Gerichts für die Kostenfestsetzung gar nicht nötig ist. In solcher Lage muß man zwar als Richter evtl zurückverweisen, Rn 95; grundsätzlich sollten aber an das Festsetzungsverfahren keine überspannten Anforderungen gestellt werden, vgl Einf 2 vor §§ 103–107.

**3** **3) Geltungsbereich, I–III.** Vgl Einf 3 vor §§ 103–107. Die Vorschrift gilt auch in der Zwangsvollstreckung, § 788 II 1.

**4** **4) Behandlung des Kostenfestsetzungsgesuchs, I, II.** Es sind zahlreiche Punkte zu beachten.

**A. Zuständigkeit.** Vgl zunächst § 103 Rn 41. Zur Prüfung des Kostenfestsetzungsgesuchs ist zunächst der Rpfl zuständig, § 21 Z 1 RPflG, Anh § 153 GVG (wegen des ArbGG LAG Kblz JB **78**, 1253), vgl auch § 103 Rn 40. Zum Übergangsrecht nach dem EV LG Bln JB **91**, 1107. Der Rpfl entscheidet selbständig, § 9 RPflG. Er darf zwar nicht generell eine „Vorentscheidung" des Richters einholen, muß das Kostenfestsetzungsgesuch dem Richter aber dann vorlegen, wenn zwischen dem Rpfl-Geschäft und einem Richter-Geschäft ein zu enger Zusammenhang besteht, § 5 I Z 2 RPflG, und kann vorlegen wenn Auslandsrecht in Betracht kommt, § 5 II RPflG. Rechtliche Schwierigkeiten berechtigen nicht (mehr) zur Vorlage. Soweit der Richter darauf eine Stellungnahme abgegeben hat, ist der Rpfl an die Auffassung des Richters gebunden, § 5 III RPflG.

**5** **B. Allgemeine Verfahrensregeln.** Der Rpfl muß wegen Art 103 I GG grundsätzlich den jeweils Betroffenen vor einer Entscheidung anhören, BVerfG **19**, 149, Brdb NJW **99**, 1266, Düss AnwBl **99**, 288, Ffm NJW **99**, 1265 (also evtl auch den Antragsteller), aM Hbg MDR **76**, 324, Mü Rpfleger **93**, 104, (teilweise zum alten Recht).

Der Rpfleger muß dem Antragsgegner daher die in I 3 erwähnte *Abschrift der Kostenrechnung* schon vor der Entscheidung zur Stellungnahme übersenden, BayObLG AnwBl **89**, 161, Mü Rpfleger **93**, 104, Meyer-Stolte Rpfleger **82**, 43, oder ihn mündlich anhören, Schneider MDR **91**, 124, ThP 2. Ein Termin ist

5. Titel. Prozeßkosten § 104

unverzüglich zu bestimmen, § 216; wegen der Zeit vom 1. 7. bis 31. 8. kommt es auf die Art des Erkenntnisverfahrens an, § 227 III 2 Hs 1 (die dortige Aufzählung von Sommersachen nennt das Kostenfestsetzungsverfahren nicht mehr). § 139 ist zumindest entsprechend anwendbar, dort Rn 1. Ein Verstoß gegen das Gebot des rechtlichen Gehörs ist allerdings unter Umständen heilbar, vgl Rn 58.

Der Rpfl darf *alle Beweismittel berücksichtigen*, § 286, Kblz Rpfleger **85**, 333, und auch nach § 287 verfahren, Kblz VersR **81**, 361. Er kann solche Beweise erheben, die eine Partei angetreten hat, Ffm Rpfleger **80**, 70. Er darf insbesondere einen Sachverständigen hinzuziehen, § 402, Kblz Rpfleger **85**, 333, zB zur Ermittlung des Streitwerts, §§ 3 ff, oder als eine Rechnungsperson. Der im Kostenfestsetzungsverfahren Unterliegende trägt die Kosten einer solchen Hinzuziehung aber nur dann, wenn es sich um eine besonders schwierige Berechnung handelte. Der Rpfl darf und muß unter Umständen schriftliche Äußerungen von Parteien, ProzBev, Zeugen und Sachverständigen einholen, Akten beiziehen oder dienstliche Erklärungen anfordern, soweit das Protokoll für die Kostenfestsetzung nicht ausreicht, Ffm Rpfleger **80**, 70, Kblz Rpfleger **80**, 393.

Der Rpfl nimmt eine Amtsprüfung vor, Grdz 39 vor § 128, Ffm AnwBl **83**, 186, aber *keine Amtsermittlung*, Grdz 38 vor § 128, Brschw JB **99**, 301 (doppelt unrichtig zitierend), Drsd JB **99**, 301, Hägele AnwBl **77**, 139 und 403, aM Lappe AnwBl **77**, 302. Es besteht kein Anwaltszwang, § 103 Rn 35.

**C. Vollstreckungstitel.** Der Rpfl prüft, ob ein wegen Prozeßkosten zur Zwangsvollstreckung geeigneter **6** Titel vorliegt, § 103 Rn 3. Soweit der Titel nicht auf einen Dritten umgeschrieben worden ist, prüft der Rpfl nicht den Einwand des Schuldners, der Dritte habe gepfändet, Mü MDR **93**, 83. Soweit eine gerichtliche Kostengrundentscheidung fehlt, Üb 35 vor § 91, ist die Tätigkeit des Rpfl im Kostenfestsetzungsverfahren wirkungslos, Hamm NJW **72**, 2047. Wird die Kostengrundentscheidung in der höheren Instanz aufgehoben, abgeändert oder durch einen Vergleich ersetzt wird, ist das bisherige Kostenfestsetzungsverfahren zugleich erledigt, Düss NJW **75**, 2301. Das Gericht muß diese Folge aussprechen, Düss NJW **74**, 1714, Ffm VersR **78**, 1073, Mü Rpfleger **70**, 98, aM Hbg JB **77**, 562 (eine Klärung sei im Kostenfestsetzungsverfahren zulässig). Über eine Auslegung und Abänderung des Vollstreckungstitels vgl Einf 19 vor § 103.

**D. Prozeßkosten.** Der Rpfl prüft, ob der Kostenansatz unter den Vollstreckungstitel fällt, ob die geltend **7** gemachten Kosten also zu den Kosten dieses Prozesses gehören, § 103 Rn 17.

**E. Kostenentstehung.** Der Rpfl prüft, ob die angesetzten Kosten auch wirklich entstanden sind, Rn 36. **8**

**F. Erforderlichkeit der Kosten.** Der Rpfl prüft grundsätzlich, ob die geltend gemachten Kosten auch **9** wirklich notwendige Kosten waren, § 91 Rn 34, 70, vgl nur Karlsr JB **93**, 295, Köln Rpfleger **87**, 173 (Verkehrsanwaltskosten), Mü JB **73**, 63 (Prüfung bei jedem einzelnen Kostenpunkt). Es prüft also evtl auch, ob Mehrkosten getrennter Verfahren vermeidbar waren, Düss FamRZ **86**, 824, Kblz AnwBl **88**, 654, oder ob vom Gegner bezahlte Gerichtskosten überhöht waren, Mü JB **79**, 122, oder ob der Gegner zB Sachverständigenauslagen bzw -vergütung hätte an die Staatskasse zahlen müssen, Kblz VersR **85**, 648 (großzügig!). Soweit zB Reisekosten wahrscheinlich wegen einer Amtspflichtverletzung entstanden, ist ihre Festsetzung vor der Klärung der Amtspflichtverletzung als zur Zeit unzulässig abzulehnen, Kblz VersR **85**, 273, aM LG Bln MDR **88**, 237 (Festsetzung Zug um Zug gegen Abtretung des Anspruchs aus Amtshaftung).

Sämtliche unter Rn 5–8 genannten tatsächlichen Voraussetzungen bedürfen eines *Beweises*. Eine Glaubhaftmachung, § 294, genügt nur für die einzelnen Ansätze, Rn 38. Die Prüfung der Erforderlichkeit entfällt ausnahmsweise, soweit die Parteien zB nach § 98 zulässig und wirksam vereinbart haben, daß Kosten als notwendig bzw erstattungsfähig anzusehen sind, KG Rpfleger **90**, 224.

**G. Entbehrliche Punkte.** Der Rpfl prüft nicht, ob folgende Voraussetzungen vorliegen: Ob die Kosten- **10** festsetzung zweckmäßig oder notwendig ist; ob die Partei ein Wahlrecht nach § 35 kostensparend ausgeübt hat, Hbg JB **78**, 920 mwN (in diesem Zusammenhang kann aber eine ja stets von Amts wegen notwendige Prüfung erfolgen, ob ein Rechtsmißbrauch vorliegt, Einf III 54); ob die Beiordnung, §§ 78 b, 121, Mü Rpfleger **86**, 108, oder der Vollstreckungstitel sachlichrechtlich oder prozessual zu Recht ergangen sind, Bbg JB **77**, 1594, Schlesw SchlHA **78**, 22; ob die gerichtliche Entscheidung richtig ist, daß ein Anwalt für einzelne Verfahrensabschnitte keine Vollmacht gehabt habe; wie das Innenverhältnis zwischen Streitgenossen ausgestaltet ist, vgl auch § 100 Rn 49 ff (freilich ist evtl eine Auslegung notwendig, vgl Einf 19 vor § 103).

Soweit das Gericht den *Streitwert* nach § 25 GKG *festgesetzt* hat, *bindet* seine Entscheidung den Rpfl ebenfalls, Hamm Rpfleger **79**, 222. Soweit eine solche Wertfestsetzung des Gerichts fehlt, darf der Rpfl den Streitwert selbständig annehmen, § 25 GKG, Hamm Rpfleger **79**, 222. Notfalls, vor allem bei etwaigen Zweifeln, darf und muß der Rpfl das Gericht um eine Kostenfestsetzung bitten, Hamm Rpfleger **79**, 222. Diese Bitte mag schon deshalb praktisch sein, weil das Gericht den Wert ja nach § 25 II 2 GKG evtl anders festsetzen könnte. Das Gericht ist freilich zu einer Wertfestsetzung von Amts wegen nur dann verpflichtet, wenn eine Partei, ein Verfahrensbeteiligter oder der Bezirksrevisor als der Vertreter der Staatskasse diesen Antrag stellen oder wenn es nicht um eine bestimmte Geldsumme in inländischer Währung geht, § 25 I 1 GKG. Der Rpfl mag sich deshalb notfalls zunächst an den Bezirksrevisor wenden. Soweit das Gericht eine Änderung der Wertfestsetzung vornimmt, sind die Gebührenansätze unabhängig von § 107 auch entsprechend von Amts wegen zu korrigieren.

**5) Einwendungen gegen die Erstattungspflicht, I, II.** Einem Grundsatz stehen wichtige Ausnahmen **11** gegenüber.

**A. Grundsatz: Keine sachlichrechtliche Nachprüfung.** Das Kostenfestsetzungsverfahren betrifft nicht die Kostengrundentscheidung, also nicht die Frage, ob überhaupt eine Kostenerstattung stattfindet, Üb 35 vor § 91; das Festsetzungsverfahren betrifft vielmehr die Frage, welcher Betrag auf Grund der Kostengrundentscheidung zu erstatten ist, Ffm VersR **81**, 194. Daher sind Einwendungen gegen die Erstattungspflicht nur im Hinblick auf solche Umstände zulässig, die das unter Rn 5–9 erwähnte Verfahren betreffen. Ändert sich die Kostengrundentscheidung, so entfällt insoweit selbst ein rechtskräftiger Kostenfestsetzungsbeschluß, Einf 8, 17 vor §§ 103–107.

§ 104   1. Buch. 2. Abschnitt. Parteien

Das Kostenfestsetzungsverfahren ist *grundsätzlich in keiner Weise* dazu *geeignet, sachlichrechtliche Vorgänge* des Rechtsstreits *nachzuprüfen*. Man muß solche sachlichrechtlichen Einwendungen vielmehr nach § 767 oder nach § 775 Z 4, 5 geltend machen, BAG KTS **87**, 723, BPatG GRUR **92**, 506, Kblz RR **98**, 718 (Kreditzinsen, § 91 Rn 301 „Zinsen"), aM Celle FamRZ **94**, 1607, LG Kblz JB **96**, 424, Stgt Rpfleger **92**, 316.

**12**   **B. Ausnahmen: Evtl Nachprüfbarkeit bei Offenkundigkeit oder Unstreitigkeit.** Soweit eine Einwendung auf einen unstreitigen oder offenkundigen Vorgang beruht, kann eine Nachprüfung statthaft sein, Köln JB **98**, 309 (Vorschuß), Mü JB **99**, 147, LG Lpz **99**, 222 (je Erfüllung). Aber Vorsicht!

**13**   **C. Beispiele zur Frage der Erheblichkeit einer Einwendung**
**Aufrechnung:** Der Einwand einer gänzlichen oder teilweisen Aufrechnung ist unerheblich, Düss Rpfleger **96**, 373, LG Detm Rpfleger **90**, 477, ZöHe §§ 103, 104 Rn 13 „Aufrechnung"; aM KG MDR **84**,150 für den Fall einer sachlichrechtlich unstreitig wirksamen Aufrechnung (sie solle sogar dann zu berücksichtigen sein, wenn der Gläubiger sie als unzulässig bezeichne; krit Hamm MDR **84**, 1034).
**Erbenhaftung:** Die Einwendung einer etwaigen Erbenhaftung ist unerheblich. Dasselbe gilt für einen Vorbehalt beschränkter Erbenhaftung, Hamm AnwBl **82**, 385.
**Erfüllung:** Der Einwand einer gänzlichen oder teilweisen Erfüllung der Schuld ist grds unerheblich, aM Kblz FamRZ **96**, 887 (Vorschuß).
S aber auch Rn 12 sowie unten „Streitgenossen".
**Erstattungsabrede:** Die Einwendung einer Erstattungsabrede ist grds unerheblich.
S auch „Kostenteilung unter Anwälten", „Kostenvergleich".
**Insolvenz:** Die Einwendung einer Unzulänglichkeit der Masse ist unerheblich, Düss MDR **91**, 357.
**Klagerücknahme:** Die Einwendung einer von § 269 III abweichenden Kostenvereinbarung ist unerheblich, Zweibr JB **78**, 1882.
S auch „Kostenvergleich".
**Kostenteilung unter Anwälten:** Die Einwendung einer Kostenteilungsabrede unter Anwälten ist unerheblich, Ffm Rpfleger **91**, 126.
S auch „Kostenvergleich".
**Kostenvergleich:** Die Einwendung eines außergerichtlichen Kostenvergleichs ist unerheblich. Denn auch er ist nur ein sachlichrechtlicher Vorgang, Rn 10, Kblz VersR **89**, 929, aM Karlsr MDR **88**, 1063 (stellt auf Einigkeit der Parteien ab), LG Heilbr MDR **94**, 729.
**Prozeßkostenhilfe:** Ein Anspruch auf Rückzahlung ist unbeachtlich, Oldb FamRZ **98**, 445. Eine gebührenmäßige Beschränkung der Beiordnung läßt sich nicht erst jetzt nachholen, Fischer JB **99**, 344.
**Rechtsmißbrauch:** Die Einwendung, eine verspätete Geltendmachung des Kostenerstattungsanspruchs sei rechtsmißbräuchlich, kann erheblich sein, denn Rechtsmißbrauch ist stets unstatthaft, Einl III 54, Ffm MDR **77**, 586, LG Bonn Rpfleger **84**, 245, aM ThP 12.
S auch „Verjährung".
**Streitgenossen:** Es ist unerheblich, aus wessen Mitteln gezahlt worden ist; etwas anderes gilt nur dann, wenn zwischen den Streitgenossen Einigkeit über ihre Zahlungen untereinander oder wegen der Zahlung des einen für den anderen besteht, Ffm Rpfleger **91**, 203 (zur Verrechnung eines sachlichrechtlichen Kostenvorschusses), Stgt FamRZ **92**, 1462, LG Landau FamRZ **92**, 1462.
S auch „Erfüllung".
**Stundung:** Der Einwand einer gänzlichen oder teilweisen Stundung der Schuld ist unerheblich.
**Verjährung:** Die Einrede der Verjährung ist grds unerheblich, aM Karlsr MDR **96**, 750. Das gilt zB gegenüber einem Auftragsverhältnis, Bbg JB **77**, 1440, (solche Einrede ist nur nach § 775 Z 4 oder nach § 767 geltend zu machen). Im übrigen verjährt der Erstattungsanspruch in 30 Jahren, Ffm AnwBl **89**, 106, Karlsr MDR **96**, 750, Mü AnwBl **88**, 249, aM OVG Münst NJW **71**, 1767.
S auch „Rechtsmißbrauch".
**Verwirkung:** Eine gänzliche oder teilweise Verwirkung ist grds unerheblich, denn auch sie betrifft den sachlichrechtlichen Vorgang, Rn 10, Düss MDR **88**, 972, KG Rpfleger **94**, 385, Karlsr FamRZ **93**, 1228, aM Ffm Rpfleger **77**, 261.

**14**   **D. Rückfestsetzung.** Eine Rückforderung überzahlter gerichtlicher wie außergerichtlicher Kosten (sog Rückfestsetzung, Düss MDR **91**, 449), läßt sich aus prozeßwirtschaftlichen Gründen, Grdz 14 vor § 128, entsprechend § 717 II auch nach einer Änderung der erstinstanzlichen Entscheidung durch einen Vergleich im höheren Rechtszug, Anh § 307 Rn 19, Hbg JB **96**, 593, Hamm AnwBl **89**, 239, KG MDR **91**, 258, oder nach dem Wegfall einer Sachentscheidung, zB infolge beiderseitiger wirksamer Erledigterklärungen, § 91a Rn 98, Düss Rpfleger **89**, 39, im Weg einer Erinnerung oder Beschwerde geltend machen, soweit der Rückzahlungsbetrag zugestanden worden ist, Hamm Rpfleger **84**, 113, KG MDR **87**, 680, Karlsr JB **86**, 927. Dasselbe gilt, soweit der Rückzahlungsbetrag feststehe, Düss JB **98**, 309, AG Bln-Charlottenb JB **96**, 425, LAG Düss JB **92**, 470, aM KG Rpfleger **80**, 438, Köln Rpfleger **87**, 474, Mü MDR **93**, 1130.
Andernfalls ist ein besonderer Prozeß notwendig. Jedenfalls ist *keine* Rückfestsetzung zulässig, *solange* die Überzahlung *umstritten* ist, Düss Rpfleger **89**, 40, Ffm MDR **83**, 587, Mü Rpfleger **82**, 308, aM Hbg MDR **81**, 1024 (es sei unerheblich, ob die Parteien verschiedene Rechtsauffassungen darüber hätten, welche Bedeutung und welche Auswirkung einer bestimmten Kostengrundentscheidung zukomme), Hbg JB **90**, 1483 (auch bei streitiger Aufrechnung); zum Problem Hamm AnwBl **74**, 282. Eine Rückfestsetzung ist ferner dann unzulässig, wenn es um die Verrechnung eines Prozeßkostenvorschusses geht, KG Rpfleger **80**, 438, aM Nürnb MDR **99**, 506 mwN zur Streitfrage, oder wenn die Gerichtskosten nach § 57 S 2 GKG zurückzuerstatten sind, LAG Düss JB **92**, 470, oder wenn es um Nebenklagekosten geht, Hamm JB **98**, 165.

**15**   **6) Entscheidung des Rechtspflegers, I, II.** Es sind zahlreiche Punkte zu beachten.
**A. Erstattungsfähiger Betrag.** Der Rpfl entscheidet unverzüglich, vgl § 216 Rn 16, Schneider MDR **91**, 124 (auch zum Verstoß), durch einen Beschluß, § 329. Er entscheidet auch in der Sommerzeit vom

## 5. Titel. Prozeßkosten § 104

1. 7.–31. 8. Der Beschluß muß wegen seiner Bestimmung als Vollstreckungstitel, § 794 I Z 2, ein vollständiges sog Rubrum (Parteienbezeichnung) enthalten, § 313 Rn 4, § 329 Rn 15 „§§ 313–313 b". Der Rpfl muß den Beschluß grundsätzlich begründen, § 329 Rn 4, Brdb NJW **99**, 1266 (auch kein Nachschieben von Gründen), KG MDR **99**, 1151, insbesondere bei einer Teil- oder Ganzabweisung, LG Bln JB **99**, 481. Der Beschluß ist mit dem vollen Nachnamen des Rpfl zu unterschreiben, § 329 Rn 8, Köln Rpfleger **91**, 198. Andernfalls liegt rechtlich nur ein Entwurf vor, Brdb Rpfleger **98**, 208. Die Entscheidung muß aus sich heraus nachprüfbar sein. Deshalb darf der Rpfl auch nicht einfach einen Schriftsatz einer Partei von sich aus korrigieren, Kblz Rpfleger **78**, 330, Stgt JB **78**, 1252. Der Rpfl darf nicht die Kostenrechnung des Anwalts auf dem Original zwecks Anfertigung des Festsetzungsbeschlusses korrigieren, Kblz Rpfleger **78**, 329, Stgt Just **78**, 279.

Die *Parteien* sind schon zwecks Vollstreckungsfähigkeit, § 794 I Z 2, genau zu bezeichnen, vgl auch § 329 **16** Rn 15 „§§ 313–313 b", § 750 Rn 2–7.

Der Rpfl muß den zugrunde liegenden Titel genau angeben. Er muß den erstattungspflichtigen Gesamt- **17** betrag *ziffernmäßig feststellen*, § 308 I. Er muß diejenigen Kosten absetzen, die die Gegenpartei unstreitig bezahlt hat. § 138 III ist unanwendbar, Hamm Rpfleger **73**, 318. Ein beharrliches Schweigen auf den gegnerischen Vortrag und die Nichtbeachtung einer gerichtlichen Anfrage sind aber als eine stillschweigende Erklärung auslegbar, KG MDR **76**, 406. Der Rpfl muß auch einen Vorschuß absetzen, den der Unterliegende an den Anwalt der Gegenpartei gezahlt hat, etwa als Ehemann, § 103 Rn 23.

Der Rpfl darf keinen Betrag zusprechen, den der Antragsteller nicht zur Kostenfestsetzung beantragt hat, **18** § *308 I*, BPatG GRUR **84**, 445, Brschw Rpfleger **77**, 177, KG Rpfleger **78**, 225. Indessen läßt die allgemeine Praxis mit Recht innerhalb des begehrten Gesamtbetrages eine anderweitige Abgrenzung (Auswechslung) der Einzelposten zu, soweit nicht die Rechtskraft nach § 322 entgegensteht, Rn 31, Ffm Rpfleger **88**, 163, Kblz JB **92**, 474 (auch zu einer Ausnahme), Mü MDR **87**, 419. Freilich ist eine solche anderweitige Abgrenzung von Einzelposten nur innerhalb derselben Kostenart zulässig. Der Rpfl darf nicht zB statt unberechtigt geltend gemachter Anwaltskosten Parteiauslagen berücksichtigen, die der Antragsteller überhaupt nicht geltend gemacht hatte, Hamm Rpfleger **74**, 164, Kblz JB **90**, 1012.

Der Rpfl sollte im Beschluß aussprechen, ob eine *gesamtschuldnerische* Haftung oder eine Kopfhaftung **19** besteht. Denn die Zwangsvollstreckung aus dem Kostenfestsetzungsbeschluß kann ohne eine Vorlage der zugehörigen Kostengrundentscheidung stattfinden, § 100, LG Hbg AnwBl **74**, 166 (zu § 19 BRAGO). Über eine Sicherheitsleistung Einf 13 vor § 103. Es ist an sich Sache der Streitgenossen, die Haftung untereinander zu verteilen. Der Rpfl muß aber eine getrennte Kostenfestsetzung unter Beachtung von § 100 vornehmen, Kblz Rpfleger **95**, 382, LG Bln Rpfleger **78**, 422, insbesondere für den Kläger und für den unterliegenden Streitgenossen des Bekl einerseits, für dessen siegenden Streitgenossen und den Kläger andererseits. Wegen der Kostenerstattung im Fall einer Streitgenossenschaft § 100 Rn 49. Wenn die Kostenfestsetzung im Prozeß A falsch vorgenommen wurde, dann kann dieser Fehler nicht in dem zur Beweisaufnahme mit A verbundenen Prozeß B nach § 104 korrigiert werden, Schmidt AnwBl **79**, 156, aM Nürnb AnwBl **79**, 156.

**B. Kosten des Festsetzungsverfahrens: Mitentscheidung; Bezifferung.** Der Rpfl muß im Kosten- **20** festsetzungsbeschluß zugleich über die Kosten des Festsetzungsverfahrens entscheiden, § 308 II, § 329 Rn 14 „§ 308", Düss MDR **91**, 449. In diesem Zusammenhang muß er die §§ 91–101 entsprechend anwenden, BVerfG NJW **77**, 145 mwN. Er muß die Kosten des Festsetzungsverfahrens im Kostenfestsetzungsbeschluß der Höhe nach beziffern. Dazu gehören auch Zustellungskosten nach I 3, aM LG Bln AnwBl **87**, 493. Es entscheidet hier allein das Unterliegen im Kostenfestsetzungsverfahren, vgl Üb 27 vor § 91, Düss MDR **91**, 449, KG Rpfleger **78**, 384 mwN, nicht etwa eine Kostenübernahme in einem Vergleich, Anh § 307. Die Gegenpartei bleibt kostenfrei, wenn sie sich vorher dem Gegner gegenüber dazu bereit erklärt hat, die Kosten zu bezahlen, sobald er ihr eine Kostenrechnung übersandt habe, und wenn er ihr diese Kostenrechnung dann nicht übersandt hat.

Nach einer *Zurückverweisung* trägt derjenige die Kosten des Erinnerungs- und Beschwerdeverfahrens, der **21** diejenige Kostenfestsetzung betrieb, die nun etwa gegenstandslos geworden ist, KG Rpfleger **78**, 384. Auf Grund der Kostengrundentscheidung in einer die bisherige aufhebenden Entscheidung wird von Amts wegen ein neues Festsetzungsverfahren eingeleitet. In ihm ist evtl eine Bezugnahme auf den früheren Antrag und seine Anlagen ausreichend, LG Bln AnwBl **92**, 497. Das Festsetzungsverfahren ist gerichtsgebührenfrei, § 11 IV RPflG, Anh § 153 GVG; es zählt für die Anwaltsgebühren zum Rechtszug, § 37 Z 7 BRAGO. Die Kosten der Zustellung brauchen nicht vorgeschossen zu werden, LG Bln Rpfleger **86**, 73, aM ZöHe §§ 103, 104-Rn 7 (aber es handelt sich um eine Zustellung von Amts wegen). Sie sind auf Grund des Vollstreckungstitels mitfestzusetzen, LG Bln JB **72**, 281.

**C. Verzinsung der Prozeßkosten.** I 2 betrifft nur die Prozeßkosten der §§ 91 ff, nicht die Vollstre- **22** kungskosten des § 788 I, LG Bielef Rpfleger **89**, 522, LG Saarbr JB **91**, 970, MüKoBe 48, aM Hamm Rpfleger **92**, 315, Köln Rpfleger **93**, 121, AG Germersheim Rpfleger **96**, 255.

Die Prozeßkosten sind nur auf Grund eines *Antrags* festzusetzen. Der Antrag ist in *allen Verfahrensarten* **23** zulässig, zB im Mahnverfahren, §§ 688 ff, AG Norden AnwBl **62**, 316, im FGG-Verfahren, ZöHe §§ 103, 104 Rn 6, aM AG Solingen Rpfleger **81**, 456, oder im SGG-Verfahren, SG Speyer JB **93**, 47, SG Trier RR **92**, 317, ZöHe §§ 103, 104 Rn 6, aM SG Münst AnwBl **82**, 394. Der Antrag ist schon ab Titelerlaß bzw Vergleichsabschluß statthaft, Göppinger JB **80**, 803, kann aber nachgeholt werden, auch noch nach Rechtskraft des Festsetzungsbeschlusses, Hamm Rpfleger **79**, 71, KG Rpfleger **78**, 385.

Die Kosten sind sodann in Höhe von 4% seit dem Tage zu verzinsen, an dem das Kostenfestsetzungsantrag **24** beim Gericht *einging*, also *nicht für die Zeit vorher*, BSG MDR **87**, 171, SG Düss AnwBl **84**, 572, SG Konst AnwBl **84**, 573. Das gilt auch in Ehesachen, aM Mü Rpfleger **81**, 71 (erst ab Rechtskraft), und auch bei Kostenfreiheit des Erstattungspflichtigen, LG Stgt RR **98**, 1691.

Die Verzinsungspflicht besteht auch dann schon vom Zeitpunkt des *Eingangs des Kostenfestsetzungsgesuchs* **25** an, wenn der weiter erforderliche Verzinsungsantrag erst später eingegangen ist. Denn I 2 stellt auch in der jetzigen Fassung auf den Festsetzungsantrag nach I 1 ab, also nicht auf den Verzinsungsantrag. Damit ist der

## § 104

frühere diesbezügliche Streit geklärt. Wenn in demselben Verfahren mehrere Kostengrundentscheidungen oder -festsetzungen stattgefunden haben, etwa infolge eines Rechtsmittels, einer Streitwertänderung, wirksamen Erledigterklärungen oder einer Klagerücknahme, dann entscheidet für die Verzinsungspflicht der Zeitpunkt, in dem der erste Kostenfestsetzungsantrag beim Gericht einging, jedenfalls soweit der Erstattungsanspruch bestehen bleibt oder wiederhergestellt wird, Bbg JB **98**, 32, Karlsr Rpfleger **97**, 232, Kblz Rpfleger **99**, 351, aM Düss Rpfleger **84**, 284, Hamm MDR **93**, 585, Kblz MDR **88**, 61.

26    Etwas anderes gilt dann, wenn die Parteien die Kostengrundentscheidung durch einen nachfolgenden *Prozeßvergleich* ersetzt haben, Anh § 307; dann ist die Verzinsung erst ab seinem Zustandekommen statthaft, Mü MDR **96**, 532. Freilich kann der Verzinsungszeitraum grundsätzlich nicht vor dem Erlaß des Vollstreckungstitels zur Hauptforderung beginnen. Etwas anderes gilt eben nur, wenn die Parteien die Fälligkeit des Zinsanspruchs vorrangig abweichend vereinbart haben, Mü Rpfleger **72**, 148. Eine Unterbrechung des Kostenfestsetzungsverfahrens, §§ 239 ff, etwa wegen der Insolvenz des Erstattungsberechtigten, ist unschädlich, soweit der Insolvenzverwalter das Verfahren aufnimmt, § 240, Hamm Rpfleger **81**, 23. Die Voraussetzungen des § 103 müssen auch für den Zinsanspruch vorliegen, Ffm JB **75**, 662, KG Rpfleger **77**, 218, Mü Rpfleger AnwBl **82**, 124. Die Zinsen stehen dem Auftraggeber zu, nicht seinem Anwalt; mag der letztere einen Vorschuß fordern, Hüttenhofer AnwBl **89**, 153.

27    **D. Mitteilung des Festsetzungsbeschlusses.** Der Kostenfestsetzungsbeschluß wird folgendermaßen bekanntgegeben:
Dem *Antragsteller* wird der Beschluß formlos bekanntgegeben, soweit der Rpfl seinem Antrag voll stattgegeben hat, § 329 II 1 (hier nicht II 2 oder III, denn der Antragsteller ist nicht beschwert und hat daher keinen Rechtsbehelf). Soweit der Rpfl den Antrag zurückweist, wird der Beschluß dem Antragsteller förmlich zugestellt, I 4, § 329 III.

28    Dem *Antragsgegner* wird der Beschluß in beglaubigter Abschrift insoweit förmlich zugestellt, als der Rpfl dem Festsetzungsantrag stattgegeben hat, I 4, § 329 III. Soweit der Rpfl den Festsetzungsantrag zurückgewiesen hat, braucht der Antragsgegner überhaupt nicht benachrichtigt zu werden. Soweit der Antragsgegner eine formlose Mitteilung erhält, § 329 II 1, fügt das Gericht eine beglaubigte oder einfache Abschrift der Kostenrechnung hinzu, § 103 II. Ein Verstoß dagegen ist nur dann erheblich, wenn der Beschluß die Kostenrechnung zu seinem Bestandteil machte und wenn der Rpfl die Abschrift der Kostenrechnung dem Antragsgegner nicht schon vor der Entscheidung zur Stellungnahme zugesandt hatte, LG Stade NdsRpfl **81**, 208, Meyer-Stolte Rpfleger **82**, 43.

29    Eine erforderliche Zustellung erfolgt auf *Veranlassung der Geschäftsstelle*, § 270 Rn 4, insofern irreführend AG Köln Rpfleger **87**, 461. Sie kann und muß an den ProzBev gehen, § 176, Kblz RR **97**, 1023, auch wenn es um Rechtsmittelkosten geht, LG Mü Rpfleger **71**, 408, es sei denn, die Partei hätte den Antrag oder das Rechtsmittel persönlich eingelegt. Dagegen ist eine Zustellung an denjenigen zulässig, bei dem die Partei nur zu einzelnen Prozeßhandlungen bevollmächtigt hat. In Beitreibungsverfahren nach § 126 ist die Zustellung an den beigeordneten Anwalt zu richten, nicht an den etwa davon zu unterscheidenden erstinstanzlichen ProzBev.

30    Soweit der Auftrag des ProzBev *erloschen* ist, erfolgt die Zustellung an die Partei selbst, Kblz Rpfleger **78**, 316, Mü MDR **80**, 146, ZöHe §§ 103, 104 Rn 7, aM Bre Rpfleger **86**, 99, Celle Nds Rpfl **77**, 21. § 174 II ist auch hier beachtlich, Kblz Rpfleger **78**, 261. Eine öffentliche Zustellung ist ebenfalls vom Rpfl zu bewilligen, § 204 Rn 1.

31    **E. Rechtskraft, Berichtigung.** Der Rpfl darf seinen Kostenfestsetzungsbeschluß nicht ohne einen gesetzlichen Grund aufheben oder ändern, § 329 Rn 16 ff, Düss Rpfleger **78**, 269, Saarbr AnwBl **80**, 299. Eine Abänderung kommt freilich wegen eines Verstoßes gegen Art 103 I GG in Betracht, Mü AnwBl **82**, 533. Der Kostenfestsetzungsbeschluß erwächst in innere und äußere Rechtskraft, Einf 1, 2 vor §§ 322–327, Düss Rpfleger **96**, 372, Kblz JB **95**, 92 (auch zu Ausnahmen), Mü AnwBl **88**, 248. Das gilt, sobald gegen ihn kein Rechtsbehelf mehr zulässig ist, unabhängig davon, ob sich die Kostengrundentscheidung noch ändern mag und (nur) infolgedessen auch der Festsetzungsbeschluß entfallen kann, Einf 8 vor §§ 103–107, Hamm FamRZ **87**, 1289. Das gilt grundsätzlich auch bei einer sog Rückfestsetzung, Rn 14, BGH **83**, 278 und NJW **84**, 126, Kblz VersR **90**, 1161. Die Rechtskraft erstreckt sich aber nur auf den Gesamtbetrag und die Absetzung bestimmter Rechnungsposten, Rn 50, OVG Saarlouis Rpfleger **95**, 128.

32    Eine Rechtskraftwirkung tritt selbst dann, wenn der Kostenfestsetzungsbeschluß in einem *Widerspruch* zur Kostengrundentscheidung des Erkenntnisverfahrens steht, Üb 35 vor § 91, aM OVG Saarlouis Rpfleger **95**, 128 (aber es liegt ein äußerlich wirksamer Staatsakt vor, Üb 10 vor § 300, solange überhaupt eine Kostengrundentscheidung vorhanden ist, dazu auch Üb 16 vor § 300). Soweit der bisherige Kostenfestsetzungsbeschluß über einen Posten nicht – und nicht etwa nur irrig nicht – entschieden hat, liegt auch keine Rechtskraft vor, Mü Rpfleger **87**, 263.

33    Der Rpfl kann und muß unter Umständen den Beschluß in einer entsprechenden Anwendung des § 319 *berichtigen,* Hamm MDR **77**, 760. Wegen eines echten Rechtsfehlers ist aber nur ein Rechtsbehelf nach Rn 41 ff zulässig, aM FG Bln EFG **72**, 31. Das Prozeßgericht kann keine Berichtigung des Kostenfestsetzungsbeschlusses vornehmen. Eine Ergänzung des Kostenfestsetzungsbeschlusses nach § 321 ist zulässig, § 329 Rn 20, vgl auch Hamm Rpfleger **80**, 482, KG Rpfleger **80**, 158, Mü AnwBl **88**, 249. Ein Kostenfestsetzungsbeschluß ist auslegbar, KG AnwBl **83**, 324. Für eine Wiederaufnahmeklage nach §§ 578 ff besteht kein Rechtsschutzbedürfnis, Grdz 33 vor § 253. Denn innerhalb der für die Wiederaufnahmeklage gegebenen Klagefrist ist die Erinnerung zulässig, § 577 II. Die Rechtskraft des Kostenfestsetzungsbeschlusses steht nicht der Möglichkeit entgegen, solche Gebühren geltend zu machen, die im bisherigen Kostenfestsetzungsverfahren nicht genannt worden sind, sog Nachliquidation, § 103 Rn 40.

34    **F. Zwangsvollstreckung.** Der Kostenfestsetzungsbeschluß ermöglicht eine Zwangsvollstreckung, § 794 I Z 2, sofern er mit der Vollstreckungsklausel versehen ist, §§ 724, 725, 750, außer im Fall § 105, s § 795 a. Der Gläubiger muß die zweiwöchige Wartefrist nach § 798 bzw die einmonatige nach § 798 a abwarten, außer im Fall des § 105. Mit der Zwangsvollstreckung auf Grund des Urteils hat die Zwangsvollstreckung

5. Titel. Prozeßkosten § 104

auf Grund des Kostenfestsetzungsbeschlusses nichts zu tun. Der Kostenfestsetzungsbeschluß ist zwar ein vom zugrunde liegenden Titel abhängiger Titel, Einf 8 vor §§ 103–107, im übrigen aber ein selbständiger Vollstreckungstitel, § 794 I Z 2. Deshalb setzt eine Zwangsvollstreckung auf Grund des Kostenfestsetzungsbeschlusses nicht voraus, daß das Urteil bereits zugestellt worden ist, vgl LG Ffm Rpfleger **81**, 204.

Eine *Einstellung* der Zwangsvollstreckung aus dem zugrunde liegenden Titel, §§ 707, 719, wirkt sich auch **35** auf den Kostenfeststellungsbeschluß aus, Einf 12 vor §§ 103–107. Eine Einstellung nur aus dem Kostenfestsetzungsbeschluß ist durchaus denkbar, zB im Fall eines Widerspruchs gegen einen Arrestbefehl nach § 924. Über die Einwirkung der Aufhebung des Urteils s Einf 8 vor § 103.

*Gebühren:* Des Gerichts: keine; des Anwalts: keine, § 37 Z 7 BRAGO.

**7) Berücksichtigung eines Ansatzes, II.** Die Vorschrift regelt schwierige Einzelfragen. **36**

**A. Entstehung der Kosten.** Der Rpfl darf einen Kostenansatz berücksichtigen, soweit Kosten entstanden sind, BVerfG NJW **83**, 809. Der Rpfl darf bloß unterstellte, fingierte Kosten nicht aufnehmen, vgl aber § 91 Rn 268 „Vermiedene Kosten". Eine bloße Rechtsauffassung der einen oder der anderen oder beider Parteien, etwa dazu, ob eine Gebühr entstanden sei, bindet den Rpfl nicht, Ffm Rpfleger **80**, 158, LG Köln AnwBl **82**, 84. Wenn Auslagen noch nicht bezahlt worden sind, muß der Rpfl auch die Zahlung an den Dritten festsetzen. Doch genügt bei Gerichtskosten, Anwaltskosten, LG Köln Rpfleger **92**, 404, oder Gerichtsvollzieherkosten der Umstand, daß eine Zahlungspflicht feststeht, Mü Rpfleger **82**, 115. Denn damit ist bereits glaubhaft gemacht, daß die Zahlung notwendig werden wird. Die Erstattungsfähigkeit bleibt davon unberührt, daß ein Dritter für den Erstattungsberechtigten zahlte, Köln JB **80**, 449.

Allerdings muß der Rpfl solche Gerichtskosten absetzen, für die auch der Verurteilte *Gegner* dem Staat haftet, § 58 II GKG, und gezahlt hat. Denn sonst würde eine Doppelzahlung drohen, vgl auch Köln Rpfleger **65**, 242. Aus demselben Grund muß der Rpfl solche Kosten absetzen, die der Gegner einer Partei gezahlt hat, der eine Prozeßkostenhilfe bewilligt worden war, § 122 II.

**B. Notwendigkeit der Kosten.** Die Kosten müssen notwendig sein, § 91 Rn 34. Der Antragsteller muß **37** auch diese Notwendigkeit glaubhaft machen, § 294, LG Weiden MDR **75**, 669.

**C. Grundsatz: Notwendigkeit der Glaubhaftmachung, II 1.** Grundsätzlich ist eine Glaubhaftma- **38** chung, § 294, im Kostenfestsetzungsverfahren notwendig, Nürnb JB **75**, 191, LG Aachen AnwBl **99**, 59, LG Darmst Rpfleger **88**, 333. Eine Glaubhaftmachung ist grundsätzlich auch ausreichend. Zu Einzelfragen beim Verdienstausfall Marx Rpfleger **99**, 157 (ausf).

**D. Ausnahme: Versicherung von Postauslagen usw, II 2.** Soweit es um die Auslagen eines Anwalts **39** wegen seiner Auslagen für Post- und Telekommunikationsdienstleistungen geht, genügt statt einer Glaubhaftmachung grundsätzlich die schlichte Versicherung des Anwalts wegen derjenigen Tatsachen, die zu ihrer Entstehung führten, II 2, Köln MDR **86**, 152, Mü MDR **92**, 1005, LG Aachen AnwBl **99**, 59. Es kann eine stichwortartige Angabe der Tatsachen ausreichen, LG Köln AnwBl **82**, 84. Allerdings sind die Anforderungen nicht zu gering zu bemessen, Kblz VersR **87**, 914, großzügiger Mü AnwBl **83**, 569. Soweit ein Streit über die Notwendigkeit der Porto- und Telefonauslagen usw besteht, genügt jetzt die Versicherung des Anwalts. Freilich bleiben unrichtige Angaben evtl strafbar, vgl § 263 StGB. Immerhin muß der Gegner (Gegen-)Beweis erbringen, Karlsr JB **95**, 35. § 287 II ist freilich entsprechend anwendbar, so schon Mü MDR **92**, 1005 (zum alten Recht). Für einen Vollstreckungsauftrag kann ein Pfändungsprotokoll nach §§ 762, 763 ausreichen, LG Darmst Rpfleger **88**, 333. Sofern es um derartige Auslagen eines anderen Bevollmächtigten geht, ist eine volle Glaubhaftmachung gem § 294 erforderlich. Die Glaubhaftmachung nach § 294 muß schriftlich oder zum Protokoll der Geschäftsstelle erfolgen. Denn sonst fehlt der Beleg, den § 103 II erforderlich macht. Bei ungewöhnlich hohen Auslagen entstehen entsprechend hohe Anforderungen an die Darlegung und auch an die Glaubhaftmachung, KG NJW **76**, 1272.

**E. Weitere Ausnahme: Versicherung bei Umsatzsteuer, II 3.** Soweit es um eine Umsatzsteuer geht, **40** ist erforderlich und genügt nach II 3 ausnahmsweise die Erklärung des Antragstellers, daß er diese Beträge nicht als Vorsteuer abziehen kann, Saarbr MDR **99**, 61, Schlesw JB **96**, 260 (anders bei offensichtlicher Unrichtigkeit, Einl III 54), LG Bln JB **96**, 260 (StPO). Er braucht diese Erklärung also weder nach § 294 glaubhaft zu machen noch sonstwie zu bekräftigen, LG Hann JB **99**, 29; es ist Sache des Gegners, den Gegenbeweis zu erbringen, BVerfG NJW **96**, 383, Düss AnwBl **96**, 239, Karlsr MDR **94**, 1252, großzügiger Hbg MDR **98**, 1250. Die bloße Erklärung genügt aber nur, wenn sie wenigstens dem Sinn nach eindeutig ist, Saarbr MDR **99**, 61. Die Erklärung muß auch unmißverständlich sein, KG MDR **95**, 321. Eine stillschweigende Erklärung ist nur ausnahmsweise unter Berücksichtigung der Gesamtumstände anzunehmen, LG Karlsr JB **96**, 428, AG Bln-Charlottenb JB **96**, 428. Greifbarer Unsinn bleibt allerdings unbeachtet, Brdb JB **97**, 258, Kblz RR **96**, 767 (Großversicherung will nicht vorsteuerabzugsberechtigt sein). Es gilt die letzte Erklärung, Mü Rpfleger **96**, 372.

**8) Rechtsbehelfe – Übersicht: Sofortige Beschwerde oder sofortige Erinnerung, III, § 11 I, II 41 RPflG.** Das System der Rechtsbehelfe gegen die Entscheidung des Rpfl ist nach wie vor alles andere als übersichtlich. III 1 bestimmt, daß gegen die Entscheidung sofortige Beschwerde stattfindet. Gemeint ist dabei eine Erstentscheidung des Richters. Soweit indessen der Rpfl die Erstentscheidung trifft, weil er zuständig ist, § 103 Rn 41, ist der im Anh § 153 GVG abgedruckte § 11 I, II RPflG zu beachten.

Dazu gilt

*3. G zur Änderung des RPflG Art 1 Z 9: RPflG § 39. Überleitungsvorschrift.* Für die Anfechtung von Entscheidungen des Rechtspflegers gelten die §§ 11 ... in der vor dem 1. Oktober 1998 geltenden Fassung, wenn die anzufechtende Entscheidung vor diesem Datum verkündet oder, wenn eine Verkündung nicht stattgefunden hat, der Geschäftsstelle übergeben worden ist.

*§ 11 I RPflG* erklärt (jetzt) grundsätzlich dasjenige Rechtsmittel für gegeben, das nach den allgemeinen **42** verfahrensrechtlichen Vorschriften zulässig ist, also die sofortige Beschwerde nach III 1. Insofern ist die

## § 104

Entscheidung des Rpfl ebenso zu behandeln wie eine Entscheidung, die der Richter getroffen hätte; im einzelnen Rn 49 ff.

**43** *§ 11 II RPflG* enthält demgegenüber eine vorrangige Ausnahmevorschrift für den in seinem S 1 genannten Fall, daß nach den allgemeinen verfahrensrechtlichen Vorschriften ein Rechtsmittel (gegen eine Entscheidung, die der Richter getroffen hätte) nicht „gegeben", also entweder allgemein unstatthaft oder im Einzelfall unzulässig ist. Nur die letztere Situation kommt hier infrage, sie aber immer dann, wenn der für eine sofortige Beschwerde nach §§ 567 II 2, 577 erforderliche *Beschwerdewert* von mehr als 100 DM *nicht erreicht wird*, denn es handelt sich bei der Erstentscheidung des Rpfl nach I um eine „andere Entscheidung über Kosten" im Sinn von § 567 II 2 und nicht um eine Entscheidung „über die Verpflichtung, die Prozeßkosten zu tragen," also *nicht* um eine sog Kostengrundentscheidung im Sinn von § 567 II 1 (für die der Beschwerdewert 200 DM übersteigen müßte), § 567 Rn 17.

**44** Auch ein Verstoß gegen die *Beschwerdefrist* des § 577 II macht eine sofortige Beschwerde unzulässig und damit § 11 II RPflG anwendbar. Auch ein Formverstoß kann diese Rechtsfolge haben, etwa eine Unwirksamkeit oder gar ein Fehlen der für die Beschwerde wie für jeden sog bestimmenden Schriftsatz erforderlichen Unterschrift, zu ihr § 129 Rn 9 ff. Auch alle übrigen Fehler, die zur Unzulässigkeit einer sofortigen Beschwerde führen, sodaß sie „nicht gegeben" ist, eröffnen (nur) den Rechtsbehelf nach § 11 II RPflG.

**45** Er besteht nach § 11 II 1 RPflG in der „Erinnerung binnen der für die sofortige Beschwerde geltenden Frist", also in der *sofortigen Erinnerung*. Das ist weder eine einfache, unbefristete, noch eine sog Durchgriffs-Erinnerung früherer Art, Ffm NJW **99**, 1265. Während aber bei einer sofortigen Beschwerde die bisherige Instanz nicht abhelfen darf, § 577 III, bestimmt § 11 II 2 RPflG gerade für die sofortige Erinnerung ausdrücklich, daß der Rpfl ihr abhelfen „kann" und daher prüfen muß, ob er abhelfen muß. Hier liegt also eine Systemabweichung gegenüber §§ 567 ff vor; diese Abweichung hat als Spezialregelung Vorrang.

**46** Es gibt eine weitere Abweichung: Während bei der sofortigen Beschwerde wegen der indirekten Verweisung von § 11 I RPflG auf III 1 und damit auch auf §§ 571 Hs 2, 577 III die untere Instanz die Sache der höheren zur Entscheidung vorlegen muß, unabhängig davon, ob die untere gern abhelfen würde, hat der Rpfl im Fall einer sofortigen Erinnerung, der er nicht abhelfen will, die Sache nur seinem Richter, also *derselben Instanz vorzulegen*, § 11 II 3 RPflG.

**47** Es gibt noch eine weitere Abweichung vom Verfahren der sofortigen Beschwerde: Während die untere Instanz bei der oberen vorlegen muß, hat der Richter der unteren Instanz auf Vorlage seines Rpfl hin nur scheinbar wegen § 11 II 4 RPflG mit seiner Verweisung „im übrigen" auf §§ 567 ff, 577 III der höheren vorzulegen (frühere sog Durchgriffserinnerung); nunmehr *muß* er *stets selbst entscheiden*. Denn Voraussetzung der sofortigen Erinnerung (statt sofortigen Beschwerde) war ja gerade, daß gegen die Entscheidung des Rpfl dann, wenn sie von vornherein vom Richter getroffen worden wäre, nach den allgemeinen Verfahrensregeln kein Rechtsmittel gegeben gewesen wäre. Würde der Richter der unteren Instanz auf Vorlage des Rpfl nunmehr dem höheren Gericht vorlegen dürfen, so würde aus einer gesetzlich unangreifbaren Richterentscheidung eine angreifbare, nur weil der Rpfl zwischengeschaltet war. Diese Komplikation soll § 11 II RPflG jahrzehntelang verunglückter Praxis gerade vermeiden. Die Vorlagepflicht nach § 11 3 RPflG besteht nur aus verfassungsrechtlichen Erwägungen, BRDrs 56/98. Sie ist die Folge der unveränderten Zwitterstellung des Rpfl, der einerseits „Gericht" ist, andererseits aber eben immer noch nicht echter „Richter", obwohl sich seine früher echt richterlichen Aufgaben verzehnfacht haben.

**48** Nimmt man hinzu, daß dieses ganze „System" mit seiner Fülle von Falschbehandlungen bei sämtlichen Beteiligten nahezu unvermeidbar ist, wird das *gesetzliche Durcheinander* erst in seinem ganzen seit 1998 in Wahrheit nur umgeschichteten Ausmaß deutlich. Es bleibt die Alltagslast der Praxis, sich gegenseitig durch vernünftige, im Rahmen der Zuständigkeitsgrenzen großzügige Verfahrensweise zu helfen, um auf diesem Nebenschauplatz am Ende des Erkenntnisverfahrens den Prozeßbeteiligten vor der Zwangsvollstreckung nicht zusätzliche Probleme als Folge deutscher Überperfektion zu schaffen.

**49** **9) Sofortige Beschwerde im einzelnen, III, § 11 I RPflG.** Vgl zunächst die Rechtsbehelfsübersicht Rn 41–48. III ist in Verbindung mit § 11 I RPflG, Anh § 153 GVG, (jetzt) als Rechtsmittel gegen die Entscheidung schon des Rpfl, Rn 15–40, gegeben, soweit gegen diese Entscheidung dann, wenn der Richter sie erlassen hätte, eine sofortige Beschwerde nach III statthaft und zulässig wäre. Dazu müssen die folgenden Voraussetzungen zusammentreffen.

**50** **A. Beschwerdeberechtigung.** Zur sofortigen Beschwerde sind grundsätzlich nur die Parteien berechtigt, Grdz 3 vor § 50, nicht der Wahlanwalt oder ProzBev, § 81, BVerfG JB **98**, 78, Kblz RR **97**, 1023, Köln Rpfleger **92**, 271, VGH Kassel JB **99**, 36. Auch die Staatskasse ist grundsätzlich nicht zur sofortigen Beschwerde berechtigt. Das gilt auch dann, wenn der Rpfl die Auffassung vertreten hat, eine Anwaltsgebühr sei nicht entstanden, Rennen MDR **73**, 644, aM OVG Lüneb MDR **73**, 257. Die sofortige Beschwerde eines Anwalts kann in einen Antrag auf eine Festsetzung des Streitwerts nach §§ 3 ff bzw § 25 GKG umdeutbar sein, Bbg JB **76**, 185, Ffm JB **79**, 601 und 1873, und gilt im Zweifel als eine sofortige Beschwerde der von ihm vertretenen Partei. Soweit der Anwalt auf Grund seiner Beiordnung im Verfahren auf die Bewilligung einer Prozeßkostenhilfe nach §§ 114 ff selbst Antragsteller ist, § 126, ist er allerdings auch persönlich zur sofortigen Beschwerde berechtigt, Rennen MDR **73**, 645. Er kann allerdings mit seiner eigenen Beschwerde nicht eine Umstellung des Verfahrens seiner Partei auf ihn selbst erreichen.

**51** **B. Beschwer.** Der Beschwerdeführer muß, wie bei jedem Rechtsmittel, im Ergebnis beschwert sein, Grdz 13 vor § 511, Celle MDR **75**, 498, KG Rpfleger **78**, 225. Das gilt zB auch, wenn der Kostenfestsetzungsbeschluß die im Urteil genannte Sicherheitsleistung nicht in voller Höhe oder nicht eine im Urteil genannte Vollstreckungsbeschränkung erwähnt, KG Rpfleger **84**, 246. Eine Beschwer durch einen Teil des Kostenfestsetzungsbeschlusses genügt, zB wegen einzelner zu- oder aberkannter Posten, KG Rpfleger **73**, 320. Es kommt insofern auch ein Ergänzungsantrag in Betracht, Rn 33. Eine Beschwer im Kostenpunkt genügt hier entgegen § 99 I, Stgt Rpfleger **84**, 199 (freilich keine Durchgriffsbeschwerde). Die sofortige Beschwerde ist auch wegen angeblich überhobener Gerichtskosten zulässig. Es ist die Aufgabe des Gegners,

## 5. Titel. Prozeßkosten § 104

sich solche Kosten von der Staatskasse zurückzahlen zu lassen, § 5 GKG. Die sofortige Beschwerde ist auch wegen überhöhter Zeugengebühren oder überhöhter Sachverständigengebühren nach dem ZSEG, Hartmann Teil V, zulässig. Wegen des Beschwerdewerts Rn 70.

Eine bloße *Nachliquidation*, § 103 Rn 40, gehört nicht in das Beschwerdeverfahren und nimmt diesen das Rechtsschutzbedürfnis, Grdz 33 vor § 253, Kblz VersR **90**, 1255; man muß vielmehr eine Ergänzung des bisherigen Kostenfestsetzungsbeschlusses beantragen, Ffm Rpfleger **78**, 29, Kblz JB **91**, 968, Saarbr AnwBl **80**, 299, aM KG MDR **91**, 356, Kblz JB **77**, 1778.

Demgegenüber darf man einen berechtigten *Einzelposten* anstelle eines unberechtigten *nachschieben*, ähnlich **52** einer Klagänderung, Ffm Rpfleger **88**, 163, KG RR **91**, 768. Das gilt, soweit nicht ein Teilverzicht auf die sofortige Beschwerde anzunehmen ist, Stgt Just **78**, 234, und soweit der bisherige Kostenfestsetzungsbeschluß nicht schon rechtskräftig geworden ist. Man braucht die sofortige Beschwerde nicht zu begründen, § 569 Rn 6. Im Zweifel gilt der gesamte Kostenfestsetzungsbeschluß als angegriffen. Ein vor dem Erlaß der Entscheidung des Rpfl nachgereichter Schriftsatz ist nicht als eine (rechtzeitige) sofortige Beschwerde umzudeuten, Stgt Rpfleger **82**, 309.

Ein *Berichtigungsantrag* nach § 319 ist unabhängig von einer sofortigen Beschwerde statthaft. Er kann das **53** Rechtsschutzbedürfnis für eine sofortige Beschwerde hemmen oder beseitigen, Bbg Rpfleger **95**, 289. Ein überhöhter Wertansatz ist mit dem Verfahren nach § 5 GKG bzw nach § 25 GKG zu bekämpfen, Ffm JB **79**, 601 und 1873 (evtl Umdeutung), anschließend mit dem Verfahren nach § 107, ZöHe §§ 103, 104 Rn 10.

Eine *Teilanfechtung* ist grundsätzlich statthaft, sofern die für jede Anfechtung selbständig erforderliche Beschwer vorliegt, Düss Rpfleger **98**, 104 (keine Addition). Soweit sie zur Zurückverweisung an den Rpfl führt, kann man beim Vorliegen einer (weiteren) Beschwer nun auch einen anderen Teil des Festsetzungsbeschlusses anfechten, Stgt JB **78**, 1251.

**C. Beschwerdewert über 100 DM.** Die sofortige Beschwerde ist nur zulässig, wenn der Beschwerde- **54** wert von 100 DM überschritten ist, LG Köln RR **99**, 1083. § 567 II 2. § 567 II 1 mit seiner höheren Beschwerdesumme ist unanwendbar. Denn der Kostenfestsetzungsbeschluß ist keine Kostengrundentscheidung, § 91 Rn 4, sondern setzt diese voraus, Einf 8 vor §§ 103–107.

Der Beschwerdewert von mehr als 100 DM gilt auch für die Beschwerde gegen eine Entscheidung über eine Umschreibung oder Änderung nach § 126. Der Beschwerdewert kann auch durch *Zusammenrechnung* erreicht sein, wenn der Rpfl statt eines einzigen Beschlusses mehrere erlassen hat, Nürnb JB **75**, 191. Es kommt auf den Vorlagezeitpunkt (Eingang beim Rechtsmittelgericht) an; eine nachträgliche Erweiterung ist natürlich zulässig, Düss Rpfleger **78**, 188. Eine nachträgliche Ermäßigung unter die Beschwerdesumme zwingt nicht zur Rückgabe an den Rpfl, § 567 Rn 18, KG JB **91**, 1522.

Eine, auch umzudeutende, *Anschlußbeschwerde* ist auch ohne eine Überschreitung des Beschwerdewerts von 100 DM zulässig und umgekehrt, § 577 a, Kblz VersR **80**, 338, Schlesw JB **93**, 489. Jedoch ist eine sog Nachliquidation, Rn 51, auch auf diesem Weg unstatthaft, Köln NJW **70**, 336. Man kann die Entscheidung auch wegen derjenigen Kosten angreifen, die man im Erinnerungsverfahren nicht angegriffen hatte, sofern im früheren Teilangriff der Beschwerdewert erreicht worden war, Düss Rpfleger **76**, 188, aM Bbg JB **83**, 129, Hamm Rpfleger **71**, 443.

**D. Notfrist: 2 Wochen.** Die sofortige Beschwerde unterliegt einer zweiwöchigen Notfrist, §§ 224 I 2, **55** 577 II 1. Das gilt sowohl dann, wenn der Rpfl den Kostenfestsetzungsantrag aus förmlichen Gründen ohne sachliche Prüfung als unzulässig zurückgewiesen hatte, als auch insoweit, als der Rpfl über den Kostenfestsetzungsantrag aus sachlichen Gründen, also über dessen Begründetheit, entschieden hat, etwa weil keine Erstattungsfähigkeit vorliege. Die Frist in (nunmehr) beiden Fällen ergibt sich aus III 1 in Verbindung mit § 11 I RPflG, Anh § 153 GVG. Damit ist der frühere Streit darüber, ob die Frist auch bei einer Zurückweisung aus förmlichen Gründen einzuhalten sei, erledigt. Vgl im übrigen bei § 577.

**E. Form.** Als bestimmender Schriftsatz, § 129 Rn 5, bedarf die sofortige Beschwerde der grundsätzlich **56** eigenhändigen und handschriftlichen Unterschrift des Rechtsmittelführers, § 129 Rn 9 ff. Beim Telefax ist die Kopiervorlage zu unterschreiben, BGH NJW **94**, 2097. Eine Paraphe, § 129 ZPO Rn 31, reicht nicht, BAG BB **97**, 947, aM BGH DB **96**, 557.

Ein *Anwaltszwang* zur *Einlegung* besteht wegen § 13 RPflG, und § 153 OVG nicht, Brschw Rpfleger **99**, 381, Oldb Rpfleger **99**, 176, aM Ffm MDR **99**, 705, Nürnb Rpfleger **99**, 268 (aber nach § 577 II 2 ist die Einlegung gerade nicht zwingend bei einem Beschwerdegericht vorzunehmen und daher auch beim Rpfl möglich, sodaß § 78 III anwendbar ist). Wegen des Anwaltszwangs im *weiteren* Beschwerdeverfahren vgl Rn 61.

**F. Verfahren des Rechtspflegers bei sofortiger Beschwerde: Vorlage beim Beschwerdegericht. 57** Soweit der Rpfl die sofortige Beschwerde für statthaft und zulässig hält, was er prüfen darf und muß, verfügt er ohne Notwendigkeit eines besonderen Beschlusses und ohne Notwendigkeit einer Begründung seiner Maßnahme, vor allem ohne Prüfung der Begründetheit des Rechtsmittels, dessen Vorlage nebst Akten beim Beschwerdegericht zwecks dessen Entscheidung in dortiger Zuständigkeit. Keinesweges legt er die Akten in solchem Fall seinem Richter vor. Denn dieser ist in das Verfahren über die sofortige Beschwerde nicht eingeschaltet, Brdb NJW **99**, 1268, Düss AnwBl **99**, 288, Ffm NJW **99**, 1265, LG Köln RR **99**, 1083.

*Das alles ergibt sich* aus III 1 und damit aus § 577 III in Verbindung mit § 11 I RPflG, wonach „das **58** Gericht", also der Rpfl (wie sein Richter), zur Änderung seiner Entscheidung nicht befugt ist (anders als bei sofortiger Erinnerung im Fall Rn 43). Es ist ratsam zu vermerken, daß die vorläufige Prüfung einen Fall nach § 11 I RPflG ergeben hat; notwendig ist das aber nicht. Eine Vorlage an den Richter des Rpfl kommt auch nicht im Fall des § 5 RPflG infrage, denn über die sofortige Beschwerde überhaupt nichts mehr selbst zu entscheiden, sondern eben unverzüglich dem Rechtsmittelgericht vorzulegen und alles weitere diesem zu überlassen. Er darf insbesondere auch keine Einstellung der Zwangsvollstreckung verfügen, ebensowenig wie sein Richter, zu dessen Entlastung ja das Verfahren der sofortigen Beschwerde dient, mag es auch zu einer entsprechenden Mehrbelastung des Beschwerdegerichts führen. Der Rpfl darf und muß allerdings eine bloße Berichtigung vornehmen, § 319, Kblz RR **99**, 867.

## § 104                              1. Buch. 2. Abschnitt. Parteien

**59**    Es gibt richtigerweise also auch *keinen Nichtabhilfebeschluß* des Rpfl.
Diese Frage ist **streitig. Wie hier** zB Drsd Rpfleger **99**, 212, Düss Rpfleger **99**, 235, Ffm JB **99**, 482, NJW **99**, 1265 und Rpfleger **99**, 379, Karlsr NJW **99**, 1266 und Rpfleger **99**, 212, Saarbr Rpfleger **99**, 175, Zweibr (2. ZS) Rpfleger **99**, 176 und (3. ZS) Rpfleger **99**, 380, LG Bln JB **99**, 421, LAG Düss MDR **99**, 1094, Hansens Rpfleger **99**, 107, Hintzen Rpfleger **99**, 244, MusWo 31, Riedel Rpfleger **99**, 17, Schütt MDR **99**, 256, ZöHe §§ 103, 104 Rn 10; **aM** zB Kblz MDR **99**, 505 und Rpfleger **99**, 213, Köln Rpfleger **99**, 121, Mü MDR **99**, 59, Oldb Rpfleger **99**, 215, Schlesw MDR **99**, 892, Stgt Rpfleger **98**, 509, Zweibr (7. ZS) Rpfleger **99**, 215 (aber weder zweifelhafte historische Erwägungen, dazu Einl III 42, noch eine „teleologische" Auslegung, zu ihr Einl III 41, sollten das weiterhin komplizierte neue Recht noch mehr erschweren, etwa gar zwecks eigener Arbeitsentlastung).
Erst recht gibt es keinen Nichtabhilfebeschluß des *Richters* des Rpfl. Folglich gibt es beim Verstoß auch keine förmliche Zurückverweisung vom Richter an seinen Rpfl, aM Schlesw MDR **99**, 892, sondern entweder die formlose Rückgabe an den Rpfl unter Hinweis darauf, daß *dieser* dem Beschwerdegericht vorlegen muß, oder zweckmäßigerweise die formlose Weiterleitung an das Beschwerdegericht mit der Anregung, den Nichtabhilfebeschluß des Rpfl als Vorlage umzudeuten. Freilich mag bei Sturheit des Rpfl auch einmal eine Aufhebung (nur) des Nichtabhilfebeschlusses nebst Zurückverweisung seitens des Richters des Rpfl ratsam sein und wäre wirksam.

**60**    **G. Verfahren des Beschwerdegerichts.** Sein Verfahren ist alles andere als einfach. Das Beschwerdegericht prüft zunächst, ob der Vorlagebeschluß des Rpfl berechtigt ist. Einen unberechtigten Vorlagebeschluß hebt das Beschwerdegericht auf und kann das Verfahren entsprechend § 539 an den Rpfl zurückverweisen, Düss JB **92**, 42, Ffm JB **99**, 482, LG Bln JB **99**, 481. Eine Zurückverweisung ist nicht in eine Vorlage umdeutbar, Hamm Rpfleger **78**, 421, Ffm VersR **78**, 261, KG Rpfleger **78**, 337. Sofern die Vorlage statthaft war, entscheidet es über die Zulässigkeit und Begründetheit der sofortigen Beschwerde. Auch das Beschwerdegericht muß grundsätzlich den gesamten angefochtenen Beschluß überprüfen. Es braucht nicht schon auf Grund eines bloßen Vorbehalts des Beschwerdeführers dessen Begründung, sondern nur eine angemessene Frist abzuwarten, Brschw MDR **93**, 1116 (2–3 Wochen).

**61**    Ein *Anwaltszwang* ist für die *Einlegung* nach Rn 56 zu prüfen. Er besteht im *weiteren* Beschwerdeverfahren nur insoweit, als auch sonst in einem Beschwerdeverfahren ein Anwaltszwang herrscht, Hamm Rpfleger **78**, 421. Danach kommt vor dem LG ein Anwaltszwang nur bei mündlicher Verhandlung über die sofortige Beschwerde in Betracht. Vor dem OLG besteht Anwaltszwang, § 573 Rn 6, Stgt JB **91**, 561. Eine mündliche Verhandlung findet nicht zwingend statt, § 573 I, wohl aber ist das rechtliche Gehör notwendig, Art 103 I GG, soweit das Beschwerdegericht zu Lasten des Anzuhörenden entscheiden will.

**62**    **H. Entscheidung des Beschwerdegerichts.** Das Beschwerdegericht entscheidet durch einen Beschluß, § 329. Es muß seinen Beschluß unabhängig von seiner etwaigen Anfechtbarkeit grundsätzlich begründen, § 329 Rn 4.

**63**    Das Beschwerdegericht darf dem Antragsteller nicht mehr zusprechen, als er begehrt hat, § 308 I, vgl Rn 17, Ffm JB **75**, 662, OVG Hbg AnwBl **87**, 290. Das Beschwerdegericht verwirft eine *unzulässige* Beschwerde. Es weist eine zulässige, aber *unbegründete* zurück. Es hebt die angefochtene Entscheidung bei zulässiger und begründeter Beschwerde auf. Es entscheidet dann selbst, indem es die Kosten festsetzt. Es kann auch nach § 575 an den Rpfl zurückverweisen, Mü Rpfleger **71**, 64. Soweit die Vorlage unzulässig war, zB wegen Nichterreichens der Beschwerdesumme, wird die Sache an den Richter zurückgegeben, ohne eine Aufhebung auszusprechen, Kblz Rpfleger **76**, 11.

**64**    Das Beschwerdegericht muß grundsätzlich das Verbot der Schlechterstellung beachten, § 573 Rn 10, kann aber klarstellend aufheben, soweit die Kostengrundentscheidung weggefallen ist oder fehlt, Mü JB **82**, 1563. Es muß den § 99 I beachten, Düss NJW **74**, 1714. Wegen der Kosten nach einer Zurückverweisung Rn 21. Wenn der Rpfl die Erinnerung zurückgewiesen hatte, statt die Akten vorzulegen, kann das Beschwerdegericht in der Sache entscheiden, ohne den angefochtenen Beschluß aufheben zu müssen, Karlsr Rpfleger **73**, 219, aM Ffm VersR **78**, 261, KG Rpfleger **74**, 26, Kblz JB **76**, 1346 (das Beschwerdegericht müsse die angefochtene Entscheidung dann aufheben, wenn der Ablehnungswille der Vorderinstanz klar erkennbar sei). In einer Familiensache ist der Familiensenat des OLG für die Entscheidung über die sofortige Beschwerde zuständig, BGH FamRZ **78**, 586, Bischof MDR **78**, 716.

**65**    Der Beschluß des Beschwerdegerichts ist *förmlich zuzustellen*, § 329 III Hs 1, und zwar stets dem ProzBev, § 176, Stgt DGVZ **62**, 43. Er muß eine Kostenentscheidung enthalten, §§ 91, 97.

**66**    Das Beschwerdegericht darf seine Entscheidung *nicht abändern*, § 577 III. Wegen der Einstellung der Zwangsvollstreckung § 572 III. Die Rechtskraft des Beschlusses des Beschwerdegerichts, § 322, tritt unabhängig von derjenigen der Hauptsache ein, vgl aber auch Einf 8 vor §§ 103–107.

**67**    **I. Aussetzung des Beschwerdeverfahrens, III 2.** Das Beschwerdegericht kann nicht nur die Zwangsvollstreckung einstellen, § 572 III, sondern darüber hinaus das gesamte Beschwerdeverfahren solange aussetzen, bis die Kostengrundentscheidung, Üb 35 vor § 91, auf die der Festsetzungsantrag gestützt ist, rechtskräftig ist. „Kann" stellt nicht nur in die Zuständigkeit, sondern in das pflichtgemäße Ermessen des Beschwerdegerichts. Ergänzend gilt § 572.

**68**    **J. Weitere sofortige Beschwerde, Gegenvorstellung, Verfassungsbeschwerde.** Eine weitere sofortige Beschwerde ist unzulässig, § 568 III, BGH **97**, 10 (das gilt auch bei einer Rechtsbeschwerde in einer Patentsache), Köln MDR **88**, 154 (das gilt auch im FGG-Verfahren), Mü RPfleger **71**, 443 (das gilt auch dann, wenn das LG als Beschwerdegericht die Beschwerde als unzulässig verworfen hat). Eine Gegenvorstellung ist ebenfalls unstatthaft, Bre Jb **74**, 1607, Mü Rpfleger **70**, 211. Eine Verfassungsbeschwerde kommt sie sonst in Betracht, zB bei einem Verstoß gegen das Willkürverbot durch grob fehlerhafte Berechnung, Einl III 21, BVerfG MDR **83**, 372.
Eine danach unzulässige erste Beschwerde liegt aber *nicht* vor, wenn es sich in Wahrheit um eine Erstbeschwerde im gesonderten Verfahren nach § 156 KostO handelt, BayObLG FGPrax **99**, 78.

5. Titel. Prozeßkosten § 104

**10) Sofortige Erinnerung im einzelnen, III 1, § 11 II RPflG.** Vgl zunächst wiederum die Rechtsbe- 69
helfsübersicht Rn 41–48. Soweit gegen die Entscheidung dann, wenn der Richter sie erlassen hätte, *keine*
sofortige Beschwerde und kein anderes Rechtsmittel statthaft und zulässig wäre, kommt nach § 11 II RPflG,
Anh § 153 GVG, der dort genannte Rechtsbehelf in Betracht, Rn 43. Das übersieht Schütt MDR **99**, 85.
Eine solche Lage tritt auch dann ein, wenn der Rpfl des BayObLG entschieden hatte, BayObLG AnwBl **99**,
354. Dazu müssen die folgenden Voraussetzungen zusammentreffen.

A. **Erinnerungsberechtigung.** Zur sofortigen Erinnerung sind alle in Rn 50 Genannten berechtigt. 70
Die sofortige Erinnerung kann in einen Antrag auf die bloße Festsetzung des Gegenstandswerts umdeutbar
sein, Bbg JB **76**, 185.

B. **Beschwer, Beschwerdewert bis 100 DM.** Wegen der Beschwer vgl Rn 51–53. Der Beschwerdewert 71
darf 100 DM nicht übersteigen, denn nur dann wäre eine Entscheidung des Richters unangreifbar, § 567
II 2 ZPO in Verbindung mit § 11 II 1 RPflG. Vgl, auch zur Nachliquidation, im übrigen wie bei Rn 54.

C. **Notfrist: 2 Wochen.** Zwar bezeichnet § 11 II 1 RPflG die dortige Anfechtungsform nur als „die 72
Erinnerung", nicht als „sofortige Erinnerung" und schon gar nicht (wie § 11 I RPflG) als „sofortige
Beschwerde". Trotzdem ist die Frist zur Einlegung eine Notfrist. Denn § 11 II 1 RPflG spricht von der „für
die sofortige Beschwerde geltenden Frist", und das ist bekanntlich eine Notfrist, Rn 55. Daran ändert sich
auch nichts durch den Umstand, daß zum einen § 11 II 2 RPflG im Gegensatz zu § 577 III ZPO den Rpfl
ermächtigt (und daher ggf verpflichtet), der Errinnerung abzuhelfen, und daß zum anderen nach § 11 II 4
RPflG nur „im übrigen" die Vorschriften über die „Beschwerde" (nicht: über die „sofortige Beschwerde")
sinngemäß auf die sofortige Erinnerung anwendbar sind.

Auch *§ 224 I 2 ändert nichts.* Danach sind Notfristen nur diejenigen Fristen, die „in diesem Gesetz" als 73
solche bezeichnet sind. Durch die Verweisung in § 11 II 1 RPflG auf die gerade für die sofortige Beschwerde
(der ZPO) geltende Frist wird aber auf die ZPO Bezug genommen.

Die Frist wird nach *§ 222 berechnet.* Es gibt keine Abkürzung oder Verlängerung, § 224. Die Notfrist 74
beginnt mit der Zustellung des Beschlusses. Das ergibt sich nicht mehr direkt aus III (sein früherer S 2 ist
geändert), ist aber selbstverständlich. Eine Umdeutung einer vorher eingegangenen Stellungnahme zum
Festsetzungsantrag ist unzulässig, Düss Rpfleger **78**, 269. Da der Rpfl aber im Verfahren bis zum Erlaß seines
Beschlusses das rechtliche Gehör gewähren mußte, Art 103 I GG, beginnt die Notfrist ferner nur dann zu
laufen, wenn das Gericht spätestens bei der Zustellung des Kostenfestsetzungsbeschlusses eine Abschrift der
Kostenberechnung des Prozeßgegners (nicht der Gerichtskosten, Hbg JB **85**, 1884) beigefügt hat, aM Mü
Rpfleger **90**, 503, ZöHe 13. Die Frist läuft ferner nicht, soweit das Gericht eine Position einfach ohne
Anhörung stillschweigend gestrichen hatte. Soweit der Festsetzungsbeschluß auf das Urteil oder den Vergleich gesetzt wurde, § 105, beginnt die Frist mit der Zustellung dieses einheitlichen Titels nach § 317.

Die sofortige Erinnerung muß innerhalb der Notfrist bei demjenigen Gericht *eingehen,* dessen Rpfl den 75
angefochtenen Beschluß erlassen hat, Mü Rpfleger **92**, 425, aM Bbg JB **75**, 1498. Der Eingang auf der
Posteinlaufstelle ist ausreichend. Ein Eingang auf der Geschäftsstelle derjenigen Abteilung, deren Rpfl
entschieden hat, ist nicht erforderlich. Soweit die sofortige Erinnerung zum Protokoll des Urkundsbeamten
der Geschäftsstelle eines anderen Gerichts eingelegt wird, § 129 a I, wird sie erst dann wirksam, wenn sie bei
dem Gericht eingeht, bei dem der angefochtene Beschluß erlassen wurde, § 129 a II 2. Eine
Einlegung der Erinnerung bei dem Beschwerdegericht wahrt die Frist nicht, Hamm Rpfleger **95**, 149, aM
Bbg JB **75**, 1498. Soweit der Erinnerungsführer auf einen Schriftsatz Bezug nimmt, muß er doch eine
eindeutige Rechtsmittelerklärung innerhalb der Frist abgeben, Ffm Rpfleger **83**, 117.

Die *nachträgliche Erweiterung* der sofortigen Erinnerung ist zulässig, Karlsr Rpfleger **92**, 494, ebenso eine 76
unselbständige Anschließung, wie jetzt § 577 a klarstellt. Da es sich um eine Notfrist handelt, kommt gegen
ihre Versäumung die Wiedereinsetzung nach §§ 233 ff in Betracht.

D. **Form.** Die sofortige Erinnerung kann schriftlich eingelegt werden. Dann ist die eigenständige Unter- 77
schrift notwendig, § 129 Rn 9, LG Bln MDR **76**, 407. Die sofortige Erinnerung kann auch telegrafisch usw
oder zum Protokoll der Geschäftsstelle eingelegt werden. Zur Entgegennahme ist der Urkundsbeamte der
Geschäftsstelle sowohl desjenigen Gerichts zuständig, dessen Rpfl den angefochtenen Beschluß erlassen hat,
Köln MDR **75**, 671, als auch derjenige der Geschäftsstelle eines jeden anderen AG, § 129 a I; das übersehen
ThP 28. Im letzteren Fall wird die Erinnerung aber erst mit dem Eingang bei der Posteingangsstelle
desjenigen Gerichts wirksam, dessen Rpfl den angefochtenen Beschluß erlassen hatte, § 129 a II 2, Rn 75.

Es besteht *kein Anwaltszwang,* § 13 RPflG, Düss MDR **75**, 234, und zwar auch dann nicht, wenn der Rpfl 78
die sofortige Erinnerung dem Richter und er sie dem Beschwerdegericht zuleitet, Bbg JB **78**, 1366, Düss
**78**, 1570, Kblz VersR **80**, 539, aM Stgt NJW **71**, 1707 (dieses OLG meint, es bestehe schon zur Einlegung
der Erinnerung ein Anwaltszwang), Bre NJW **72**, 1241 (dieses OLG meint, der Anwaltszwang bestehe zwar
nicht schon für die Einlegung, wohl aber für weitere Prozeßhandlungen).

Als Parteiprozeßhandlung, Grdz 47 vor § 128, duldet die sofortige Erinnerung *keine Bedingung,* Stgt 79
Rpfleger **82**, 309. Eine fehlerhafte Bezeichnung läßt sich aber heilen. Eine ausdrückliche Erklärung der
(sofortigen) Erinnerung ist nicht stets notwendig; vielmehr läßt sich die Eingabe wie jede Parteiprozeßhandlung auslegen, Grdz 52 vor § 128, Karlsr AnwBl **94**, 247 (Wiederholung in der Erinnerungsfrist).

E. **Allgemeines zum Verfahren des Rechtspflegers bei sofortiger Erinnerung, § 11 II 2, 3 RPflG.** 80
Da der Rpfl der sofortigen Erinnerung abhelfen kann, §§ 11 II 1, 21 Z 2 RPflG, Anh § 153 GVG, so wohl
auch Stgt NJW **99**, 368, aM Schneider Rpfleger **98**, 500, ist er zunächst sowohl zur Prüfung der Zulässigkeit
(und daher auch der Zulässigkeit, KG Rpfleger **85**, 456, und Begründetheit eines etwaigen Wiedereinsetzungsgesuchs wegen einer Versäumung der Erinnerungsfrist, § 233, Düss Rpfleger **83**, 29), als auch zur
Prüfung der Begründetheit der sofortigen Erinnerung berechtigt und verpflichtet, Hamm Rpfleger **86**, 484,
LG Bln JB **99**, 313. Das gilt trotz § 8 I RPflG auch dann, wenn der Richter (rechtswidrig) über die Abhilfe
entschieden hatte, ohne die Entscheidung des Rpfl abzuwarten, LAG Düss Rpfleger **93**, 439. Auch eine als

## § 104

1. Buch. 2. Abschnitt. Parteien

(sofortige) Beschwerde bezeichnete Eingabe ist aus den Gründen Rn 41 ff, 57 ff zunächst dem Rpfl vorzulegen.

81 Der Rpfl darf und muß insbesondere prüfen, ob der Erinnerung *teilweise* abzuhelfen ist, Düss Rpfleger **86**, 404 (abl Lappe/Meyer-Stolte). Der Urkundsbeamte der Geschäftsstelle und notfalls der Richter des Rpfl, Hamm Rpfleger **86**, 277, legen daher die sofortige Erinnerung zunächst dem Rpfl vor. Es besteht kein Anwaltszwang, § 13 RPflG, auch nicht im Fall des § 573 II. Eine mündliche Verhandlung ist statthaft, aber nicht notwendig, § 128 Rn 10.

82 Der Rpfl muß bereits von sich aus dem Gegner des Erinnerungsführers wegen Art 103 I GG grundsätzlich das *rechtliche Gehör* gewähren, Karlsr Rpfleger **73**, 219, LG Bonn JB **92**, 256. Diese Anhörung ist nur dann nicht erforderlich, wenn der Rpfl der sofortigen Erinnerung nicht abhelfen will. Der Rpfl muß grundsätzlich den gesamten Kostenfestsetzungsbeschluß überprüfen, selbst wenn die sofortige Erinnerung nicht den gesamten Beschluß angreift. Denn selbst die etwaige Unrichtigkeit einzelner Posten mag am Ergebnis des angefochtenen Beschlusses nichts ändern, LG Detm NJW **74**, 511.

83 Im Verfahren vor dem Rpfl ist die *Rücknahme* der sofortigen Erinnerung zulässig und führt auf Antrag des Gegners zur Auferlegung von dessen außergerichtlichen Kosten zu Lasten des Erinnerungsführers, LG Essen Rpfleger **64**, 183. Das Erinnerungsverfahren ist gerichtsgebührenfrei, § 11 IV RPflG, Anh § 153 GVG.

84 **F. Abhilfe durch den Rechtspfleger, § 11 II 2 RPflG.** Soweit der Rpfl der sofortigen Erinnerung abhilft, entscheidet er durch einen Beschluß, § 329, durch den er den angefochtenen Beschluß aufhebt und einen neuen Kostenfestsetzungsbeschluß oder einen Ergänzungsbeschluß erläßt, Mü Rpfleger **81**, 71, Meyer-Stolte Rpfleger **83**, 30. Der Beschluß ist zu begründen, soweit er den Gegner des Erinnerungsführers belastet, § 329 Rn 4. Diese Entscheidung des Rpfl beendet das Erinnerungsverfahren. Sie ist, soweit sie eine neue Beschwer enthält, vgl Grdz 13 vor § 511, wiederum beschwerde- oder erinnerungsfähig, KG Rpfleger **82**, 230, Mü Rpfleger **89**, 55. Freilich ist insoweit dann auch eine (neue) Notfrist einzuhalten, Mü Rpfleger **89**, 55. Das gilt auch dann, wenn der Rpfl auf eine sofortige Erinnerung den ursprünglichen Kostenfestsetzungsbeschluß wieder herstellt; die erste Erinnerung lebt nicht wieder auf, Mü Rpfleger **89**, 55.

85 Der Rpfl muß auch dann den ganzen Festsetzungsbeschluß *neu fassen*, wenn er der sofortigen Erinnerung nur teilweise stattgeben will, und darf nicht auch nur zunächst den übrigen Teil vorlegen, Düss MDR **86**, 503 (abl Lappe/Meyer-Stolte Rpfleger **86**, 404), auch nicht bei wechselseitigen Erinnerungen, aM LG Detm Rpfleger **96**, 238 (abl Lappe). Er ist aber an einen nur wegen der Höhe eingelegten Antrag auch dann gebunden, wenn die Kosten gar nicht entstanden waren, Nürnb **KR** B Nr 33. Wenn der Rpfl der sofortigen Erinnerung voll abhilft, muß er wegen § 308 II auch über die außergerichtlichen Kosten des Erinnerungsverfahrens entscheiden, Düss JB **70**, 780. Im Fall einer nur teilweisen Abhilfe ergeht keine Kostenentscheidung, Mü Rpfleger **77**, 70. Die Kostenentscheidung darf den Erinnerungsführer nicht schlechter stellen als vorher, § 573 Rn 11, Köln NJW **75**, 2347.

86 **G. Keine Abhilfe durch den Rechtspfleger: Vorlage bei seinem Richter, § 11 II 3 RPflG,** dazu *Peters,* Die Rechtsnatur des Nichtabhilfe- und Vorlagebeschlusses, Festschrift für *Gaul* (1997) 517: Soweit der Rpfl der sofortigen Erinnerung nicht abhilft, vermerkt er dies in der Akte. Spätestens in diesem Zeitpunkt muß er eine etwa bisher fehlende Begründung des angefochtenen Beschlusses nachholen, § 329 Rn 4, 19, Düss Rpfleger **85**, 255, Mü Rpfleger **92**, 382. Der bloße Vermerk ,,ich helfe nicht ab" ist ein Verstoß gegen Art 103 I GG und führt zur Zurückverweisung entsprechend § 539 an ihn, vgl BayObLG Rpfleger **93**, 485 (zur KostO), ferner Mü Rpfleger **90**, 156. Wegen teilweiser Nichtabhilfe Rn 85.

87 Eine *Bezugnahme* auf die Gründe des angefochtenen Beschlusses kann genügen; jedoch muß sich der Rpfl mit den etwa zusätzlichen Erwägungen der Erinnerungsbegründung natürlich erkennbar ernsthaft auseinandersetzen, eine Leerfloskel „aus den zutreffenden Gründen des angefochtenen Beschlusses" reicht ebensowenig wie beim Richter.

88 **H. Allgemeines zum Verfahren des Richters bei sofortiger Erinnerung, § 11 II 3, 4 RPflG.** Erst sobald der Rpfl auf Grund der Vorlage der Akte bei ihm, Rn 81, den Vermerk niedergelegt hat, daß er der sofortigen Erinnerung nicht abhelfe, hat der Urkundsbeamte der Geschäftsstelle von Amts wegen die Akten seinem Richter vorzulegen. Die Frist des § 571 Hs 2 gilt hier nicht, Bettermann Rpfleger **71**, 64.

89 Erst jetzt darf und muß der Richter den Beschluß in seinem *ganzen Umfang überprüfen,* soweit der Rpfl ihn nicht bereits aufgehoben oder abgeändert hatte. Der Richter darf also nicht etwa über eine Abhilfe auch oder zunächst nur gewissermaßen für den Rpfl befinden, solange der Rpfl nicht in eigener Zuständigkeit über die Abhilfe nach Rn 80, 84 befunden hatte, LAG Düss Rpfleger **93**, 439. Denn nunmehr gilt der Fall so, als ob der Richter die Sache an sich gezogen hätte, BayObLG Rpfleger **90**, 201.

90 Hat der Rpfl also ordnungsgemäß in eigener Zuständigkeit eine Abhilfe abgelehnt und ist die Akte anschließend dem Richter (erstmals oder erneut) vorgelegt worden, dann darf der Rpfl seine Entscheidung nicht mehr von sich aus ändern. Der *Rechtspfleger darf* also *jetzt nicht mehr* doch noch *abhelfen,* KG Rpfleger **85**, 455. Soweit nicht bereits der Rpfl den Gegner des Erinnerungsführers angehört hatte, muß sein Gericht diese Anhörung nachholen, Art 103 I GG. Die Anhörung heilt einen früheren Verstoß, BVerfG **5**, 22, Karlsr Rpfleger **71**, 219. Ein Anwaltszwang besteht nicht, Stgt Rpfleger **71**, 145.

91 Der Richter prüft zunächst, ob die sofortige Erinnerung im vorgelegten Umfang *zulässig* ist. Wenn er sie für unzulässig hält, weil sie nicht rechtzeitig eingelegt worden ist, dann prüft er, ob eine etwa beantragte Wiedereinsetzung in den vorigen Stand zu gewähren ist, §§ 233 ff, Düss MDR **75**, 233, Mü Rpfleger **76**, 301, Schlesw SchlHA **80**, 56, aM Bbg JB **71**, 341. Wenn er sie für unzulässig hält, weil wegen Überschreitung des Beschwerdewerts von 100 DM keine sofortige Beschwerde gegeben ist, verfährt er nach Rn 100. Im Anschluß an eine Bejahung der Zulässigkeit der sofortigen Erinnerung klärt der Richter, ob sie auch *begründet* ist. Er muß den Eingang einer etwa fehlenden Erinnerungsbegründung abwarten oder eine angemessene Frist setzen, § 224, LG Ffm Rpfleger **90**, 285.

92 **I. Entscheidung des Richters, § 11 II 3 RPflG.** Das Gericht des Rpfl entscheidet unter Mitbeachtung von §§ 569 ff über die sofortige Erinnerung, wenn sie im Zeitpunkt dieser Entscheidung, Schlesw SchlHA **81**, 56, statthaft ist, Rn 43, wenn also gegen einen von vornherein vom Richter erlassenen Fest-

5. Titel. Prozeßkosten §§ 104, 105

setzungsbeschluß *kein Rechtsmittel zulässig* gewesen wäre, Rn 43, so schon Kblz Rpfleger **91**, 298 (zu § 19 BRAGO). Dieser Fall kommt namentlich dann in Betracht, wenn der Wert des Beschwerdegegenstands 100 DM nicht übersteigt oder unter die Beschwerdesumme sinkt, § 567 II 2, Düss Rpfleger **98**, 104, Ffm Rpfleger **79**, 389, Schlesw SchlHA **81**, 56. § 567 II 1 mit seiner höheren Beschwerdesumme ist unanwendbar. Denn der Kostenfestsetzungsbeschluß ist keine Kostengrundentscheidung, § 91 Rn 4, sondern setzt diese gerade voraus, Einf 8 vor §§ 103–107, § 104 Rn 43.

Die Entscheidung erfolgt *in voller Besetzung*. Der Einzelrichter muß über die sofortige Erinnerung **93** entscheiden, soweit das Gericht den Rechtsstreit dem Einzelrichter nach § 348 übertragen hat und der Einzelrichter den Rechtsstreit weder an das Gericht in voller Besetzung zurückverwiesen noch zurückübertragen hat, § 348 Rn 4, Kblz Rpfleger **78**, 329. Der Einzelrichter muß ferner im Rahmen von § 524 III Z 6 entscheiden. Der Vorsitzende der Kammer für Handelssachen muß im Rahmen von § 349 II Z 12 selbst entscheiden. In einer Familiensache, §§ 606 ff, ist der Familienrichter zuständig.

Die Entscheidung erfolgt durch einen *Beschluß*, § 329. Er ist zu begründen, § 329 Rn 4, Bbg JB **87**, 569, **94** und voll zu unterschreiben, § 329 Rn 8, 9. Er darf den Erinnerungsführer nicht schlechter stellen als vorher, § 573 Rn 11, KG JB **73**, 874, ThP 48, aM Hamm NJW **72**, 2047. Das Gericht darf auch nicht über die Anträge hinaus Kosten festsetzen, KG NJW **73**, 2115. Soweit der Rpfl einen erheblichen Verfahrensfehler begangen hat, etwa wegen Mißachtung des rechtlichen Gehörs, Art 103 I GG, infolge rechtsfehlerhafter Anforderung einer in Wahrheit schon nach § 269 III 2 erfolgten Kostengrundentscheidung, Einf 8 vor §§ 103–107, § 269 Rn 33, darf und muß der Richter schon zwecks Vermeidung der Verkürzung der Instanz unter Aufhebung des angefochtenen Beschlusses entsprechend § 539 an den Rpfl zurückverweisen und evtl auch § 8 GKG anwenden. Das Gericht entscheidet über die Kosten der Erinnerung nach §§ 91, 97, BayObLG AnwBl **99**, 354, Schneider MDR **84**, 588. Das Erinnerungsverfahren ist freilich wegen § 37 gerichtsgebührenfrei, § 11 IV RPflG, Anh § 153 GVG.

**J. Zurückverweisung, Zurück- oder Weiterleitung durch erstinstanzlichen Richter, § 11 II 4** **95** **RPflG.** Soweit der Richter die „sofortige Erinnerung" für eine in Wahrheit als sofortige Beschwerde nach III, § 11 II 1 RPflG zu behandelnde Eingabe hält oder das Verfahren des Rpfl sonstwie fehlerhaft erachtet, kann er im ersteren Fall korrekterweise mangels eigener Sachzuständigkeit nur entweder unter Hinweis auf letztere formlos an den Rpfl zurückleiten oder sie ebenso formlos (oft zweckmäßigerweise) an das Beschwerdegericht weiterleiten. Eine förmliche Zurückweisung unter Aufhebung des angefochtenen Beschlusses kommt nur im Fall einer statthaften, aber vom Rpfl verfahrensfehlerhaft weiterbehandelten sofortigen Erinnerung in Betracht; in den übrigen Fällen hat der erstinstanzliche Richter ja keine Entscheidungsbefugnis. Freilich mag bei hartnäckiger Wiederholung fehlerhaft eingestufter Vorlagen durch den Rpfl auch im Fall des § 11 I RPflG eine förmliche Zurückweisung zweckmäßig sein. Sie ist stets wirksam. Sie erfolgt durch einen zu begründenden Beschluß. Eine formlose Zurück- oder Weiterleitung wegen § 11 I RPflG sollte anstandshalber eine stichwortartige Kurzbegründung enthalten.

**K. Zurückverweisung durch Beschwerdegericht, § 11 II 4 RPflG.** Da über eine sofortige Erinne- **96** rung im Fall ihrer Statthaftigkeit, Rn 43, stets entweder der Rpfl oder *sein* Richter entscheiden müssen, wäre eine Vorlage, gar mittels Nichtabhilfebeschlusses, durch den erstinstanzlichen Richter an das Beschwerdegericht insofern (anders als nach altem Recht) stets verfahrensfehlerhaft. Das Beschwerdegericht verweist in solchem Fall durch einen in voller Besetzung zu treffenden, zu unterschreibenden Beschluß nebst Kurzbegründung (Anstandspflicht) an den Richter zurück und unterrichtet die Beteiligten.

**11)** *VwGO: I 1 wird durch § 164 VwGO ersetzt; I 2 (Verzinsung) ist entsprechend anzuwenden, da sein* **97** *Grundgedanke für alle Gerichtszweige gilt,* VG Karlsr **KR** 1999 (vgl Meyer-Ladewig § 197 Rn 9 mwN), *ebenso I 3 u 4 sowie II, § 173 VwGO. Zuständig ist der Urkundsbeamte, § 164 VwGO, vgl § 103 Rn 44; zur Bindung an die gerichtliche Kostenentscheidung* OVG Saarl Rpfleger **95**, 128, VG Hann Rpfleger **90**, 388. *Zur Vollstreckung s* VG Bre NJW **98**, 2378. *Rechtsbehelf ist nach § 165 VwGO, der auf § 151 VwGO verweist, die fristgebundene Erinnerung; zuständig ist das Gericht, iRv § 87 a VwGO der Vorsitzende oder Berichterstatter,* OVG Hbg NVwZ-RR **98**, 462 mwN, *iRv § 6 VwGO u § 76 AsylVfG der Einzelrichter,* VGH Kassel AnwBl **86**, 412. *Ohne Änderung des Gesamtergebnisses dürfen zu Lasten des Erinnerungsführers einzelne Posten ausgewechselt werden,* OVG Münst NVwZ-RR **99**, 348, VGH Mü BayVBl **83**, 478; *sachlich-rechtliche Einwendungen sind ausgeschlossen, oben Rn 10 ff,* VGH Mannh VBlBW **90**, 92. *An die Stelle von III 1 tritt die Beschwerde nach §§ 146 ff VwGO, soweit sie nicht ausgeschlossen ist, vgl § 252 Rn 7. III 2 ist entsprechend anwendbar, § 173 VwGO, s oben Rn 67. Zur Unabänderbarkeit rechtskräftiger Beschlüsse s* VGH Mü NVwZ-RR **95**, 362.

## 105 Vereinfachte Kostenfestsetzung.

¹¹Der Festsetzungsbeschluß kann auf das Urteil und die Ausfertigungen gesetzt werden, sofern bei Eingang des Antrags eine Ausfertigung des Urteils noch nicht erteilt ist und eine Verzögerung der Ausfertigung nicht eintritt. ²Eine besondere Ausfertigung und Zustellung des Festsetzungsbeschlusses findet in diesem Falle nicht statt. ³Den Parteien ist der festgesetzte Betrag mitzuteilen, dem Gegner des Antragstellers unter Beifügung der Abschrift der Kostenberechnung. ⁴Die Verbindung des Festsetzungsbeschlusses mit dem Urteil soll unterbleiben, sofern dem Festsetzungsantrag auch nur teilweise nicht entsprochen wird.

II Eines Festsetzungsantrags bedarf es nicht, wenn die Partei vor der Verkündung des Urteils die Berechnung ihrer Kosten eingereicht hat; in diesem Falle ist die dem Gegner mitzuteilende Abschrift der Kostenberechnung von Amts wegen anzufertigen.

## § 105

**Gliederung**

| | | | | |
|---|---|---|---|---|
| 1) Systematik, Regelungszweck, I, II .... | 1 | | E. Ausfertigungsproblem ................ | 10 |
| 2) Geltungsbereich, I, II ................ | 2 | | F. Kein Antrag ........................ | 11 |
| 3) Verbindung von Kostenfestsetzung und Urteil, I ....................... | 3–14 | | G. Arrest- oder Verfügungstitel .......... | 12 |
| | | | H. Antragszurückweisung ............... | 13 |
| A. Zulässigkeit ..................... | 3–5 | | I. Weitere Einzelheiten ................ | 14 |
| B. Unzulässigkeit .................... | 6, 7 | | 4) **Kostenfestsetzung, II** ................. | 15, 16 |
| C. Teilzurückweisung ................ | 8 | | 5) *VwGO* ............................. | 17 |
| D. Teilunzulässigkeit der Zwangsvollstreckung ............................. | 9 | | | |

1 **1) Systematik, Regelungszweck, I, II.** Die Vorschrift bringt im Interesse der Prozeßwirtschaftlichkeit, Grdz 14 vor § 128, zwei gegenüber § 104 vorangige Spezial-Vereinfachungen. Sie ist im Verfahren vor dem AG und LG anwendbar. Sie ist auch bei einem Versäumnisurteil nach § 331 III anwendbar, LG Stgt AnwBl 81, 197. Sie ist bei anderen Vollstreckungstiteln als den Urteilen, zB bei einem vollstreckbaren Beschluß, oder bei einem Vergleich, entsprechend anwendbar. Für die Zwangsvollstreckung bringt § 795 a weitere Erleichterungen.

2 **2) Geltungsbereich, I, II.** Vgl Einf 3 vor §§ 103–107.

3 **3) Verbindung von Kostenfestsetzung und Urteil, I.** Es besteht ein Ermessensspielraum.

**A. Zulässigkeit.** Der Rpfl darf den wie sonst nach §§ 103, 104 zu erstellenden Kostenfestsetzungsbeschluß und das Urteil nach seinem pflichtgemäßen Ermessen miteinander verbinden, wenn die Geschäftsstelle im Zeitpunkt des Eingangs des Kostenfestsetzungsantrags noch keine einfache oder vollstreckbare Ausfertigung des Urteils nach § 317 erteilt hatte und wenn eine Verbindung die Erteilung der Urteilsausfertigung nicht verzögern würde. Der Rpfl fertigt unter diesen Voraussetzungen den Kostenfestsetzungsbeschluß nicht gesondert aus und stellt ihn auch nicht gesondert zu, sondern setzt ihn auf das Urteil und die Ausfertigungen, Rn 14.

Die Verbindung wirkt im allgemeinen rein räumlich. Die Voraussetzungen und die Anfechtbarkeit beider Vollstreckungstitel sind so zu beurteilen, als ob die Titel nicht miteinander verbunden worden wären. Insbesondere muß jeder der Titel zur Zwangsvollstreckung geeignet sein. Ein *Rechtsbehelf* gegen den Kostenfestsetzungsbeschluß nach § 104 und eine Anfechtung des Urteils sind unabhängig voneinander statthaft. Eine Entscheidung über den Rechtsbehelf gegen den Kostenfestsetzungsbeschluß läßt das Urteil unberührt. Die Notfristen für eine Anfechtung beider Titel beginnen freilich im Ergebnis deshalb zu demselben Zeitpunkt zu laufen, weil beide Titel eben räumlich miteinander verbunden worden sind.

4 Darüber hinaus ergeben sich aber folgende *besondere Wirkungen:* Der Kostenfestsetzungsbeschluß wird für die Ausfertigungen und die Zustellungen zu einem Teil des Urteils. Deshalb braucht der Rpfl nur unter der Urteilsausfertigung zu unterschreiben, § 317 III. Die Zwangsvollstreckung auf Grund des Kostenfestsetzungsbeschlusses erfolgt wie eine Zwangsvollstreckung auf Grund des Urteils, also ohne eine besondere Vollstreckungsklausel, § 795 a, und ohne die Notwendigkeit der Einhaltung einer Wartefrist, § 798. Die Verbindung der beiden Vollstreckungstitel kann die Vollstreckbarkeit also fördern. Eine Einstellung der Zwangsvollstreckung kann gegenüber jedem der beiden Vollstreckungstitel unabhängig vom anderen Titel erfolgen, §§ 707, 719.

5 Die Verbindung der beiden Vollstreckungstitel *kann jederzeit aufgehoben werden,* vor allem beim Bekanntwerden eines der Gründe nach Rn 7–13 oder 14. Das geschieht durch eine Verfügung des Rpfl, § 329 Rn 11. Er muß nur den Festsetzungsbeschluß dem Schuldner gesondert in Ausfertigung zustellen lassen. Er vermerkt den Tag dieser Zustellung auf der vollstreckbaren Ausfertigung des Festsetzungsbeschlusses und leitet diesen dem Gläubiger formlos zu. Im Rechtsbehelfsverfahren nach § 104 ist das für den Rechtsbehelf nunmehr zuständige Gericht zur Aufhebung der Verbindung zuständig.

6 **B. Unzulässigkeit.** Eine Verbindung des Kostenfestsetzungsbeschlusses und des Urteils ist unzulässig, wenn es sich um eine Kostenteilung nach Bruchteilen bzw Quoten handelt, § 106 I 2, oder wenn im Zeitpunkt des Eingangs des Kostenfestsetzungsantrags schon eine einfache oder vollstreckbare Ausfertigung des Urteils nach § 317 erteilt worden war, selbst wenn es sich nur um eine einfache Ausfertigung handelte. Denn im letzteren Fall ist eine gemeinsame Zustellung der beiden Vollstreckungstitel nicht gesichert und würde eine bereits erteilte Urteilsausfertigung unrichtig werden.

7 Eine Verbindung des Festsetzungsbeschlusses und des Urteils ist also nur möglich, wenn es sich um ein vorläufig vollstreckbares Urteil der ersten Instanz, §§ 708 ff, und um eine Kostenentscheidung nach § 91 a handelt. Andere erstinstanzliche Urteile müssen bereits nach § 322 rechtskräftig sein. Ein Urteil der höheren Instanz wird nicht von der Geschäftsstelle der ersten Instanz ausgefertigt. Es ist allerdings nicht erforderlich, daß der Inhalt des Urteils in der Hauptsache zur Zwangsvollstreckung geeignet ist.

8 **C. Teilzurückweisung.** Die Verbindung ist nicht ratsam, wenn der Festsetzungsantrag teilweise zurückgewiesen worden ist, I 4. Da eine Sollvorschrift vorliegt, ist ein Verstoß ohne prozessuale Folgen.

9 **D. Teilunzulässigkeit der Zwangsvollstreckung.** Die Verbindung ist ferner nicht ratsam, wenn die Zwangsvollstreckung zwar wegen der Kosten zulässig, nicht aber in der Hauptsache sofort zulässig ist; wenn die Zwangsvollstreckung zB in der Hauptsache bedingt oder betagt ist, wie bei § 726 I. Eine Verbindung würde in diesem Fall die Zwangsvollstreckung wegen der Kosten erschweren.

10 **E. Ausfertigungsproblem.** Die Verbindung ist ferner nicht ratsam, wenn Bedenken gegen eine Ausfertigung nicht des Urteils, aber des Festsetzungsbeschlusses bestehen (dann tritt Verzögerung ein).

11 **F. Kein Antrag.** Die Verbindung ist ferner nicht ratsam, wenn kein Antrag auf die Erteilung einer Urteilsausfertigung vorliegt.

## 5. Titel. Prozeßkosten §§ 105, 106

**G. Arrest- oder Verfügungstitel.** Die Verbindung ist ferner in der Regel dann nicht ratsam, wenn es 12
sich um einen derartigen Titel handelt, §§ 916 ff, 935 ff. Denn die Zwangsvollstreckung aus ihm erfolgt grundsätzlich ohne eine vollstreckbare Ausfertigung, §§ 929 I, 936.

**H. Antragszurückweisung.** Die Verbindung ist schließlich nicht ratsam, wenn der Kostenfestsetzungs- 13 antrag zurückgewiesen worden ist. Denn zur Verbindung dieses Beschlusses mit dem Urteil fehlt jeder vernünftige Grund.

**I. Weitere Einzelheiten.** Wenn der Rpfl die Verbindung vorgenommen hat, obwohl sie unzulässig oder 14 unzweckmäßig war, dann ordnet das Gericht auf Grund eines Rechtsbehelfs die Trennung an. Soweit eine Verbindung zulässig ist und der Rpfl die Kostenrechnung schnell prüfen kann, sollte er die Verbindung vornehmen. Denn die Partei hat dann von der Verbindung Vorteile. Der Kostenfestsetzungsbeschluß enthält dann nur die Formel, die der Rpfl unterschreiben muß. Er setzt sie auf die Urschrift des Urteils, im Fall des § 317 IV auf die Urschrift oder auf die Abschrift der Klage, die dabei mitauszufertigen ist. Der Rpfl fügt für die Gegenpartei eine Abschrift der Kostenberechnung bei. Wenn diese Abschrift fehlt, kann die Zwangsvollstreckung dennoch stattfinden. Der Rpfl vermerkt die Übersendung der Kostenrechnung bei der Urschrift des Beschlusses. Er läßt die vollstreckbare Urteilsausfertigung und den Festsetzungsbeschluß dem Antragsteller formlos übersenden. Die 2-Wochen-Frist, § 104 Rn 42, beginnt mit dem Ablauf des Tages der Urteilszustellung an den Schuldner.

**4) Kostenfestsetzung, II.** Wenn die Partei vor der Urteilsverkündung, § 311, eine Kostenberechnung 15 eingereicht hat, liegt darin ein stillschweigendes Kostenfestsetzungsgesuch. Daß ein ausdrückliches Gesuch hier abweichend vom Grundsatz des § 103 II 1 entbehrlich ist, stellt Hs 1 klar. Der Rpfl muß diesem Antrag stattgeben, falls die Partei die nötigen Belege beigefügt hat, § 103 II. Die Geschäftsstelle hat dann von Amts wegen eine Abschrift der Kostenberechnung für die Gegenpartei gebührenfrei anzufertigen. Dieses Verfahren steht mit demjenigen nach I in keinem notwendigen Zusammenhang.

Wenn eine Verbindung nach I *unzulässig oder unzweckmäßig* ist, dann erläßt der Rpfl einen besonderen 16 Kostenfestsetzungsbeschluß. Auf Antrag besteht eine Verzinsungspflicht in Höhe von 4%, § 104 Rn 22. Das Verfahren nach II ist unzulässig, wenn das Gericht die Kosten nach Bruchteilen verteilt hat, § 106 I 2.

**5) *VwGO*:** Entsprechend anwendbar, § 173 VwGO, aber wegen der Besonderheiten der Vollstreckung, §§ 169, 17 170 VwGO, fast immer unzweckmä

## 106
*Kostenausgleichung.* ¹¹Sind die Prozeßkosten ganz oder teilweise nach Quoten verteilt, so hat nach Eingang des Festsetzungsantrags das Gericht den Gegner aufzufordern, die Berechnung seiner Kosten binnen einer Woche bei Gericht einzureichen. ²Die Vorschriften des § 105 sind nicht anzuwenden.

II ¹Nach fruchtlosem Ablauf der einwöchigen Frist ergeht die Entscheidung ohne Rücksicht auf die Kosten des Gegners, unbeschadet des Rechts des letzteren, den Anspruch auf Erstattung nachträglich geltend zu machen. ²Der Gegner haftet für die Mehrkosten, die durch das nachträgliche Verfahren entstehen.

**Gliederung**

| | | | |
|---|---|---|---|
| 1) Systematik, Regelungszweck: Keine Doppelfestsetzung, I, II | 1 | 5) Aufforderung, I | 5 |
| 2) Geltungsbereich, I, II | 2 | 6) Ausreichende Kostenberechnung, II | 6–11 |
| 3) Beiderseitige Kostengrundentscheidungen, I | 3 | 7) Keine ausreichende Kostenberechnung, II | 12 |
| 4) Beispiele zur Frage der Anwendbarkeit, I | 4 | 8) Anfechtung nur einer Partei, II | 13 |
| | | 9) VwGO | 14 |

**1) Systematik, Regelungszweck: Keine Doppelfestsetzung, I, II.** § 106 ist für seinen Geltungsbe- 1 reich eine gegenüber § 104 vorrangige Sondervorschrift. Sie soll, auch im Interesse der Prozeßwirtschaftlichkeit, Grdz 14 vor § 128, verhindern, daß die Kosten doppelt festgesetzt werden müssen. Die Vorschrift zwingt daher ohne einen Ermessensspielraum, Rn 6, zu einer Kostenausgleichung.

**2) Geltungsbereich, I, II.** Vgl Einf 3 vor §§ 103–107. Im Verfahren nach §§ 887–890 gilt § 106 gemäß 2 § 891 S 3 entsprechend.

**3) Beiderseitige Kostengrundentscheidungen, I.** Voraussetzungen einer Kostenausgleichung ist stets, 3 daß beide Parteien einen zur Kostenfestsetzung geeigneten Titel besitzen, § 103 Rn 1.

**4) Beispiele zur Frage der Anwendbarkeit, I** 4
**Arrest, einstweilige Verfügung:** § 106 ist unanwendbar, wenn das Eilverfahren und der Hauptprozeß jeweils selbständige Kostengrundentscheidungen enthalten, Karlsr MDR 89, 826.
**Berichtigung:** S „Falschverteilung".
**Falschverteilung:** § 106 kann im Wege einer berichtigenden Auslegung anwendbar sein, soweit das Gericht Kosten offenkundig falsch verteilt hat, § 319.
**Festbetrag:** § 106 ist unanwendbar, wenn das Gericht die Kosten gemäß § 92 nach Festbeträgen verteilt hat.
**Gesamtschuldner:** § 106 ist unanwendbar, soweit der Anteil eines gesamtschuldnerisch haftenden Kostenschuldners unbestimmt ist, Köln NJW **91**, 3157 (abl Schmitz Rpfleger **92**, 270).
**Kostenaufhebung:** § 106 ist unanwendbar, wenn das Gericht die Kosten nach § 92 I gegeneinander aufgehoben hat, Brschw Rpfleger **77**, 177.
S auch „Kostenbruchteile".

## § 106

**Kostenbeitrag:** § 106 ist unanwendbar, soweit die Partei nur einen Beitrag zu den Prozeßkosten zu zahlen hat, zB nach § 281 III 2 (Verweisung), KG AnwBl **77**, 29, oder nach § 344 (Versäumniskosten), Bbg JB **82**, 1258, Köln Rpfleger **92**, 448.
**Kostenbruchteile:** § 106 ist anwendbar, wenn das Gericht die Kosten nach § 92 nach Bruchteilen verteilt hatte, LG Bonn Rpfleger **84**, 33. Das gilt auch dann, wenn solche Art der Verteilung nur bei den Gerichtskosten oder nur bei den außerrichtlichen Kosten erfolgt war.
S auch „Kostenaufhebung".
**Mehrheit von Instanzen:** § 106 ist anwendbar, wenn nur eine Instanz eine Kostenverteilung vorgenommen hat, oder wenn in jeder Instanz unterschiedliche Quoten entstanden sind, Hamm Rpfleger **77**, 373.
**Nebenintervention:** § 106 ist unanwendbar, soweit eine Partei, die einen Teil der Kosten der Nebenintervention zu tragen hat, gegenüber dem Erstattungsanspruch des Nebenintervenienten ihre eigenen allgemeinen Prozeßkosten erstattet haben will, LAG Düss MDR **96**, 644 (§ 12 a II ArbGG ist unanwendbar).
**Prozeßabschnitt:** § 106 ist unanwendbar, wenn das Gericht die Kosten nach Abschnitten aufgeteilt hat, Hbg MDR **79**, 942, ThP 3, ZöHe 1, aM BPatG GRUR **91**, 206 (etwas anderes gilt aber dann, wenn dort ausdrücklich im Sinn des § 126 II aufgerechnet worden ist, Hamm Rpfleger **73**, 439).
**Streitgenossen:** § 106 ist anwendbar, wenn zwischen Streitgenossen ein Prozeßvergleich Kosten zu erstatten sind, Mü MDR **75**, 1366. § 106 ist unanwendbar, wenn eine Kostenerstattungspflicht nur *gegenüber einem* von mehreren Streitgenossen besteht, LG Mü Rpfleger **85**, 254 (keine Berücksichtigung bloß gedachter Kosten der Beauftragung je eines eigenen Anwalts).
**Streithilfe:** § 106 ist anwendbar, soweit es (nur) um eine Streithilfe geht, Hbg JB **77**, 724.
**Teilentscheidung:** § 106 ist unanwendbar, soweit das Gericht nur über einen Teil der Kosten entschieden hat, etwa nach § 301.
**Teilunterliegen:** Rn 2 „Festbetrag", Rn 3 „Kostenaufhebung".
**Vergleich:** § 106 ist anwendbar, soweit es um ihn geht, Mü MDR **75**, 1366 (Streitgenossen).
Die Vorschrift ist unanwendbar, soweit es um einen nur *außergerichtlichen* Vergleich geht, Karlsr VersR **79**, 947.
**Versäumniskosten:** Rn 3 „Kostenbeitrag".
**Verweisung:** Rn 3 „Kostenbeitrag".

**5) Aufforderung, I.** Mit Rücksicht auf den allgemein geltenden Amtsbetrieb muß die Partei ihren Kostenfestsetzungsantrag bei dem Gericht einreichen, § 103 Rn 31. Es besteht kein Anwaltszwang, § 13 RPflG, Anh § 153 GVG. Im allgemeinen beantragt die Partei, die von ihr Erstattung verlangen kann, eine Kostenfestsetzung. Der Festsetzungsantrag kann aber auch von der Gegenpartei gestellt werden, denn auch sie hat ein Interesse am Ausgleich. Der Rpfl fordert den Antragsgegner zugleich mit der Zuleitung des Festsetzungsantrags wegen Art 103 I GG zwingend unter Beifügung einer Abschrift der Kostenberechnung auf, seine eigene Kostenberechnung innerhalb einer Woche bei dem Gericht einzureichen. Die Frist wird nach § 222 berechnet. Sie ist eine gesetzliche Frist. Ihre Verlängerung ist unzulässig, § 224 II. Es reicht jedoch aus, daß der Antragsgegner seine Kostenberechnung bis zu demjenigen Zeitpunkt nachreicht, in dem der Rpfl über die Kostenausgleichung entscheidet, vgl § 231 Rn 4. Die Kostenberechnung des Gegners muß ebenfalls die einzelnen Ansätze enthalten. Es reicht also nicht aus, die Gesamtkosten anzugeben oder zu erklären, man habe dieselben Kosten wie der Antragsteller gehabt, KG Rpfleger **51**, 95, abw Oldb MDR **93**, 390. Eine Aufforderung nach I ist dann *entbehrlich*, wenn man die Kosten des Gegners ohnehin nach § 107 auf Grund eines neuen Streitwerts zu berechnen hat.

**6) Ausreichende Kostenberechnung, II.** Wenn eine dem § 103 II genügende Kostenberechnung eingeht, dort Rn 36, erläßt der Rpfl einen Beschluß, § 329, der sämtliche gerichtlichen und außergerichtlichen Kosten aller bisherigen Rechtszüge einheitlich erfaßt, Hamm Rpfleger **77**, 373, LG Essen Rpfleger **73**, 183, aM BVerfG RPfleger **83**, 84 (abl Lappe). Der Rpfl hat insofern keinen Ermessensspielraum, Hamm Rpfleger **77**, 373, LG Bonn Rpfleger **84**, 33. Der Beschluß muß angeben, welchen Überschußbetrag eine Partei der anderen zu erstatten hat oder welche Ansprüche auf die Staatskasse übergegangen sind, § 130 BRAGO, Mü Rpfleger **82**, 119. Diejenigen Beträge, die eine Partei abgesetzt hat, werden in die Kostenausgleichung nicht einbezogen, § 308 I, Stgt Rpfleger **73**, 220. Ein unstreitig erhaltener Prozeßkostenvorschuß ist zwecks Vermeidung ungerechtfertigter Bereicherung abzusetzen, Ffm JB **85**, 305, Mü FamRZ **94**, 1607 mwN (Streitfrage).

Bei *Prozeßkostenhilfe*, §§ 114 ff, vor allem an beide Parteien, sind sie so zu behandeln, als ob sie keine solche Hilfe erhielten, § 123, Bbg FamRZ **88**, 967, Brdb JB **99**, 419, Bre JB **84**, 609; der sich ergebende Erstattungsanspruch ist zunächst auf die nach § 121 beigeordneten Anwalt aus der Landeskasse noch demnächst zu erstattenden Beträge zu verrechnen, sodann auf die Auslagen der Partei, Mü Rpfleger **82**, 119, nicht aber auf die von der Staatskasse bereits erstatteten Beträge, LG Bonn Rpfleger **84**, 34.

Der Erstattungsanspruch ist jedenfalls der Höhe nach *begrenzt durch* die Differenz zwischen dem Gesamtbetrag der Kosten einerseits und andererseits der Vergütung, die der Anwalt aus der Staatskasse erhalten oder zu beanspruchen hat, Bbg FamRZ **88**, 967. Wegen des auf die Landeskasse nach § 130 BRAGO übergegangenen Anspruchs findet keine Ausgleichung nach § 106 statt, Schlesw SchlHA **82**, 32. Wegen einer teilweisen Prozeßkostenhilfe Lappe MDR **84**, 638. Bei einem gemeinsamen Anwalt von Streitgenossen, § 59, ist auch im Rahmen der Kostenausgleichung die Obergrenze des § 6 II 2 BRAGO zu beachten, Hbg JB **77**, 199, Mü **KR** Nr 28.

Der Beschluß entscheidet über die *Kosten* beider Parteien, Hamm AnwBl **82**, 385. Er ist grundsätzlich zu *begründen*, § 329 Rn 4. Er wird jeder Partei von Amts wegen förmlich *zugestellt*, § 329 III. Wenn der Streitwert nach den §§ 144 PatG, 142 MarkenG, 26 GebrMG, 23 a, b UWG, 247 AktG herabgesetzt worden ist, erfolgt die Ausgleichung auf Grund des herabgesetzten Werts, daneben erfolgt eine Festsetzung nach dem vollen Streitwert für den Anwalt der begünstigten Partei.

## 5. Titel. Prozeßkosten §§ 106, 107

Jede Partei ist zum *Rechtsbehelf* nach § 11 RPflG, § 104 Rn 41 ff, berechtigt, soweit sie beschwert ist, vgl **10** schon (je zum alten Recht) Hbg JB **78**, 283, KG JB **78**, 1253. Im Rechtsbehelfsverfahren kann die beschwerte Partei nicht verlangen, daß eine Gebühr berücksichtigt wird, die auf beiden Seiten gleich hoch oder die gar nicht entstanden ist, KG Rpfleger **78**, 225, oder daß ein Betrag in die Ausgleichung einbezogen wird, den sie bisher nicht mitgeteilt hatte. Insofern muß die Partei eine Ergänzung des Ausgleichungsbeschlusses beantragen, § 104 Rn 45, 51. Wegen einer unselbständigen Anschließung § 577a und § 104 Rn 76.

Als *Streitwert* der Kostenfestsetzung ist nur der beanspruchte Überschuß anzusehen. Je nachdem, ob der **11** Rpfl diesen Überschuß ganz oder teilweise zuspricht, muß er der Gegenpartei die ganzen Kosten auferlegen oder die Kosten verteilen. § 105 I ist unanwendbar.

*Gebühren:* Des Gerichts: keine; des Anwalts: keine, § 37 Z 7 BRAGO.

**7) Keine ausreichende Kostenberechnung, II.** Wenn keine dem § 103 II genügende Kostenberech- **12** nung eingeht, entscheidet der Rpfl ohne Rücksicht auf die Kosten der Gegenpartei, vgl BPatG GRUR **93**, 387 (auch betr Umsatzsteuer). Seine Entscheidung ergeht also dahin, daß die Gegenpartei dem Antragsteller einen Bruchteil seiner Kosten zu ersetzen hat, der dem Urteil entspricht. Der Rpfl muß bei der Berechnung des Erstattungsbetrags vom Gesamtbetrag ausgehen. Eine Änderung erfolgt auch dann nicht von Amts wegen, wenn die Entscheidung im Zeitpunkt des Eingangs einer verspäteten Kostenberechnung noch nicht herausgegangen, Hamm JB **96**, 262, oder gar schon hinausgegangen war, Köln Rpfleger **75**, 66, LG Hann Rpfleger **89**, 342, aM Oldb MDR **93**, 390, LG Bln Rpfleger **86**, 194 (abl Schriftleitung), in sich widersprüchlich ZöHe 4.

Die säumige Partei behält das Recht, ihren Kostenanspruch *nachträglich* in einem gesonderten weiteren Festsetzungsverfahren geltend zu machen; dazu Lappe MDR **83**, 992. Sie muß aber die durch die Verspätung verursachten Mehrkosten tragen. Die Zwangsvollstreckung hindert dieses Recht nicht. Einer Erinnerung oder Beschwerde statt eines solchen gesonderten späteren Festsetzungsantrags fehlen Rechtsschutzbedürfnis, Grdz 33 vor § 253, Celle NdsRpfl **76**, 92, und Beschwer, Hbg JB **78**, 283.

**8) Anfechtung nur einer Partei, II.** Wenn nur eine Partei die Kostenfestsetzung anficht, darf das **13** Gericht das Ergebnis nicht zu ihren Lasten verschieben.

**9) VwGO:** Entsprechend anwendbar, § 173 VwGO. **14**

**107** *Anderweite Festsetzung wegen Streitwertänderung.* ¹¹Ergeht nach der Kostenfestsetzung eine Entscheidung, durch die der Wert des Streitgegenstandes festgesetzt wird, so ist, falls diese Entscheidung von der Wertberechnung abweicht, die der Kostenfestsetzung zugrunde liegt, auf Antrag die Kostenfestsetzung entsprechend abzuändern. ²Über den Antrag entscheidet das Gericht des ersten Rechtszuges.

II ¹Der Antrag ist binnen der Frist von einem Monat bei der Geschäftsstelle anzubringen. ²Die Frist beginnt mit der Zustellung und, wenn es einer solchen nicht bedarf, mit der Verkündung des den Wert des Streitgegenstandes festsetzenden Beschlusses.

III Die Vorschriften des § 104 Abs. 3 sind anzuwenden.

**1) Systematik, I–III.** Wenn das Gericht den Streitwert nach dem Erlaß eines Kostenfestsetzungsbeschlus- **1** ses zum erstenmal oder im Weg einer Abänderung festsetzt, §§ 3 ZPO, 25 GKG, und wenn diese Festsetzung nach oben oder nach unten von demjenigen Wert abweicht, der der Kostenfestsetzung zugrunde gelegt worden war, dann geht diese Wertfestsetzung dem abweichenden bisherigen Wertansatz des Rpfl vor. § 107 zieht daraus eine Folgerung.

**2) Regelungszweck, I–III.** Die Vorschrift dient einerseits der sachlichrechtlichen Gerechtigkeit, Einl III **2** 9, andererseits der Prozeßwirtschaftlichkeit, Grdz 14 vor § 128, wie auch der Parteiherrschaft, Grdz 18 vor § 128. Es erfolgt nämlich keine Änderung der Kostenfestsetzung von Amts wegen. Der Betroffene kann und muß sie vielmehr beantragen.

**3) Geltungsbereich, I–III.** Vgl zunächst Einf 3 vor §§ 103–107. § 107 gilt auch in der Zwangsvollstrek- **3** kung, §§ 788 II 1, 891 S 3. § 107 gilt im Zeitraum vom Eintritt der Rechtskraft des Kostenfestsetzungsbeschlusses; dann ist wahlweise der Rechtsbehelf nach § 11 RPflG, Anh § 153 GVG, oder ein Antrag nach § 107 zulässig, ThP 1, ZöHe 1, aM LG Mönchengladb Rpfleger **84**, 330 (krit Schmidt). Im Zeitraum *seit der Rechtskraft* des Kostenfestsetzungsbeschlusses, § 322, ist nur der Antrag nach § 107 zulässig. Dieser Antrag geht stets an den Rpfl des Gerichts der ersten Instanz. Eine nur mittelbare Entscheidung, etwa durch die Zulassung eines Rechtsmittels, reicht nicht aus. Die Entscheidung muß sich auf die jeweilige Instanz beziehen. Denn sie betrifft sonst die Kostenberechnung nicht.

**4) Verfahren, II, III.** Der Antrag muß innerhalb eines Monats seit der Verkündung oder der förmlichen **4** Zustellung des Streitwertbeschlusses, § 329 III Hs 1, Mü Rpfleger **91**, 340, bei dem erstinstanzlichen Gericht eingereicht werden. Das gilt sowohl dann, wenn die frühere Festsetzung antragsgemäß erfolgt war, Mü Rpfleger **91**, 340, als auch dann, wenn eine Partei den Beschluß angreift. Freilich kann der Frist dann, wenn die zugehörige Hauptsacheentscheidung noch aussteht, aus praktischen Gründen bis zu deren Verkündung „gehemmt" sein, Hbg MDR **90**, 253. Es handelt sich um eine gesetzliche Frist. Sie wird nach § 222 berechnet. Sie läuft unabhängig davon, ob der bisherige Festsetzungsbeschluß schon rechtskräftig ist, Mü Rpfleger **91**, 340, ZöHe 3, aM KG Rpfleger **75**, 324, ThP 2 (der Wortlaut ist eindeutig). Die Frist darf nicht verlängert werden, § 224 II. Das Verfahren verläuft wie nach den § 103 ff.

Die Entscheidung ändert wegen der Rechtskraftwirkung der früheren Festsetzung *nur diejenigen Posten* der **5** früheren Kostenberechnung, *die von der Streitwertänderung betroffen* sind. Auf dieser Basis ist das Gesamtergebnis zu berichtigen. Dabei ist es ratsam, die etwa nachzuzahlende Summe als solche deutlich zu kennzeichnen. Im übrigen erfolgt keine Nachprüfung, zB der Erstattungsfähigkeit, Hamm Rpfleger **83**, 456, Mü

## § 107, Übers § 108, § 108  1. Buch. 2. Abschnitt. Parteien

MDR **83**, 137, oder der Erfüllung, LG Bln Rpfleger **97**, 454. Es kann eine Verpflichtung zur Rückgewähr des zuviel gezahlten Betrags ausgesprochen werden, also eine sog Rückfestsetzung erfolgen, sofern die in § 104 Rn 14 genannten Voraussetzungen vorliegen, Düss Rpfleger **81**, 409, Kblz Rpfleger **89**, 40.

Der Rpfl muß den Änderungsbeschluß *begründen,* § 329 Rn 4. Er läßt ihn jedem von der Änderung zu seinem Nachteil betroffenen Beteiligten bzw dessen ProzBev, § 176, in Ausfertigung von Amts wegen förmlich zustellen, § 329 III, und dem jeweils Begünstigten eine vollstreckbare Ausfertigung nebst Vermerk des Tages der Zustellung an den Gegner formlos übersenden. Gegen eine Vollstreckung aus dem früheren Beschluß hilft § 775 Z 1.

**6** Wenn die Partei die Frist des II versäumt hat, dann kann sie bis zur Zwangsvollstreckung eine *Vollstreckungsabwehrklage* nach §§ 767, 794 I Z 2, 795 einreichen, Mü MDR **83**, 137. Nach der Beendigung der Zwangsvollstreckung hat sie nur noch die Möglichkeit einer Bereicherungsklage nach § 812 BGB, Mü MDR **83**, 137, ThP 2, ZöHe 3, aM KG AnwBl **75**, 236 (wenn die frühere Wertfestsetzung antragsgemäß erfolgt, dann aber geändert worden sei, laufe keine Frist; Schmidt MDR **74**, 284 (aber § 107 meint nur das Festsetzungsverfahren, Mü MDR **83**, 137).

*Gebühren:* Keine, § 104 Rn 35. Wegen des Kostenansatzes § 7 GKG.

**7** 5) **Rechtsbehelfe, I–III.** Gegen die geänderte Kostenfestsetzung ist derselbe Rechtsbehelf wie gegen eine erste Kostenfestsetzung zulässig, § 104 III, § 11 RPflG, vgl § 104 Rn 41 ff.

**8** 6) *VwGO:* **I** u **II** sind entsprechend anzuwenden, § 173 VwGO; zuständig ist der Urkundsbeamte, § 164 VwGO, vgl § 103 Rn 44. **Rechtsbehelfe, III,** wie gegen die erste Festsetzung, § 104 Rn 97.

### Sechster Titel. Sicherheitsleistung

#### Übersicht

**Schrifttum:** *Blomeyer,* Soll man die vermögenslose GmbH für den Fall ihrer Klage oder ihres Rechtsmittels zur Sicherheitsleistung für die Prozeßkosten verpflichten?, Festschrift für *Baumgärtel* (1990) 29; *Goedecke,* Grundfragen der Sicherheitsleistung im Zivilprozeß, Diss Hann 1988.

**1** 1) **Systematik.** Titel 6 betrifft nur eine prozessuale Sicherheitsleistung, durch die man einen prozessualen Vorteil erreichen will, und gibt für diese Art von Sicherheitsleistung einige allgemeine Vorschriften.

**2** 2) **Regelungszweck** §§ 108 ff sollen nur den Gegner sichern, nicht die Staatskasse, Stgt MDR **85**, 1032. Damit ergibt sich als Regelungszweck die möglichste Wahrung der Gerechtigkeit durch Begrenzung des Kostenrisikos, wie es sich insbesondere aus der Haftung des Antragstellers nach §§ 49 ff GKG ergibt. Ihre Voraussetzungen, ihre Leistungen und ihre Folgen richten sich nach der ZPO. Deren Vorschriften müssen durch eine sinngemäße Anwendung des bürgerlichen Rechts, §§ 232–240 BGB, ergänzt werden. Eine sachlichrechtliche Sicherheitsleistung folgt wesentlich anderen Grundsätzen, vgl §§ 232–240 BGB.

**3** 3) **Geltungsbereich.** §§ 108–113 gelten in allen Verfahren nach der ZPO, auch im arbeitsgerichtlichen Verfahren, §§ 46 II 1, 80 II ArbGG.

**4** 4) **Arten von Sicherheitsleistung.** Eine prozessuale Sicherheitsleistung kommt vor: Als die des ausweislosen Prozeßvertreters, § 89; als die des Klägers für die Prozeßkosten, §§ 110 ff; als Sicherheitsleistung zur Erlangung der Vollstreckbarkeit, zur Abwendung oder Einstellung der Zwangsvollstreckung, §§ 707, 709–713, 719, 720, 720 a, 732, 769, 771, 890; zur Erlangung, Abwendung, Aufhebung eines Arrests oder einer einstweiligen Verfügung, §§ 921, 923, 925, 927, 936, 939; bei § 641 d, KG FamRZ **76**, 99, aM Kblz FamRZ **73**, 382/3. S auch §§ 78 KO, 69, 153 II ZVG. Auch wenn die ZPO eine Hinterlegung des Streitgegenstands oder des Erlöses vorschreibt, dient diese nur der Sicherheit, nicht der Erfüllung.

**5** 5) *VwGO:* Da auch die VwGO die prozessuale Sicherheitsleistung kennt, ohne sie besonders zu regeln, ist Titel 6 *entsprechend anzuwenden,* § 173 VwGO. Fälle: **a)** § 89 und **b)** § 110, die nach § 173 VwGO entsprechend anzuwenden sind, **c)** Sicherheitsleistung zur Erlangung der Vollstreckbarkeit, § 167 VwGO und die oben in Rn 2 genannten Bestimmungen, **d)** § 80 V 4 VwGO, **e)** § 123 III VwGO in Verb m §§ 921, 923 u 939, OVG Lüneb FEVS **29**, 369.

## 108 Art und Höhe der Sicherheit.
[I] [1]In den Fällen der Bestellung einer prozessualen Sicherheit kann das Gericht nach freiem Ermessen bestimmen, in welcher Art und Höhe die Sicherheit zu leisten ist. [2]Soweit das Gericht eine Bestimmung nicht getroffen hat und die Parteien ein anderes nicht vereinbart haben, ist die Sicherheitsleistung durch Hinterlegung von Geld oder solchen Wertpapieren zu bewirken, die nach § 234 Abs. 1, 3 des Bürgerlichen Gesetzbuchs zur Sicherheitsleistung geeignet sind.

[II] Die Vorschriften des § 234 Abs. 2 und des § 235 des Bürgerlichen Gesetzbuchs sind entsprechend anzuwenden.

**BGB § 234.** [1] [1]Wertpapiere sind zur Sicherheitsleistung nur geeignet, wenn sie auf den Inhaber lauten, einen Kurswert haben und einer Gattung angehören, in der Mündelgeld angelegt werden darf. [2]Den Inhaberpapieren stehen Orderpapiere gleich, die mit Blankoindossament versehen sind.

[II] Mit den Wertpapieren sind die Zins-, Renten-, Gewinnanteil- und Erneuerungsscheine zu hinterlegen.

6. Titel. Sicherheitsleistung § 108

<sup>III</sup> **Mit Wertpapieren kann Sicherheit nur in Höhe von drei Vierteilen des Kurswerts geleistet werden.**

**BGB § 235.** Wer durch Hinterlegung von Geld oder von Wertpapieren Sicherheit geleistet hat, ist berechtigt, das hinterlegte Geld gegen geeignete Wertpapiere, die hinterlegten Wertpapiere gegen andere geeignete Wertpapiere oder gegen Geld umzutauschen.

**Schrifttum:** *Heinsius,* Bürgschaft auf erstes Anfordern usw, in: Festschrift für *Merz* (1992).

### Gliederung

| | | | | |
|---|---|---|---|---|
| 1) Systematik, I, II | 1 | 5) Einzelfragen zur Bürgschaft, I | 10–16 |
| 2) Regelungszweck, I, II | 2 | 6) Hinterlegung, I, II | 17, 18 |
| 3) Geltungsbereich, I, II | 3 | 7) Rechtsbehelfe, I, II | 19–23 |
| 4) Anordnung der Sicherheitsleistung, I | 4–9 | 8) *VwGO* | 24 |
| A. Ermessen | 4, 5 | | |
| B. Art der Sicherheitsleistung | 6–9 | | |

**1) Systematik, I, II.** Nur das Gericht kann eine prozessuale Sicherheitsleistung anordnen oder zulassen. **1** Sie ist nur in den gesetzlich vorgesehenen Fällen statthaft. Man muß zwischen der Art einer solchen Sicherheitsleistung und ihrer Höhe, ihrem Betrag, unterscheiden. Grundsätzlich können die Parteien sowohl die Art als auch die Höhe einer prozessualen Sicherheitsleistung frei vereinbaren. Eine solche Vereinbarung ist auch im Anschluß an eine gerichtliche Anordnung und zum Zweck ihrer Abänderung zulässig und vorrangig.

**2) Regelungszweck, I, II.** Die Vorschriften der ZPO dienen nur dem *Schutz der Parteien,* also nicht **2** demjenigen der Staatskasse, Stgt MDR **85**, 1032. Eine gesetzliche Begrenzung der Höhe einer prozessualen Sicherheitsleistung enthält nur § 112 (Ausländersicherheit). In allen übrigen Fällen, auch in demjenigen des § 709, ist auch für die Höhe der § 108 maßgebend.

**3) Geltungsbereich, I, II.** Vgl Üb 3 vor § 108. **3**

**4) Anordnung der Sicherheitsleistung, I.** Es sind viele schwierige Fragen zu klären. **4**
**A. Ermessen.** I ist ungenau. Das freie Ermessen des Gerichts ist nämlich nur insofern uneingeschränkt, als es um die Art einer prozessualen Sicherheitsleistung geht, LG Mannh DGVZ **88**, 187. Es kann zB statt einer Bürgschaft als Sicherheitsleistung eine Garantieerklärung, eine Mitschuldnerschaft eines zahlungsfähigen Dritten, eine Grundschuldbestellung, eine Sicherungsübereignung oder eine Sicherungsabtretung zulassen, BayObLG **88**, 256 mwN. Es kommen auch alle nach § 232 BGB gleichwertigen Sicherheitsarten in Betracht, BayObLG **88**, 256. Wegen des Sicherungszwecks wäre zB ein Pfandstück ungeeignet. Denn der Gläubiger könnte nach einer Aufhebung der Pfändung die Sicherheit verlieren. Auch ein Hypothekenbrief reicht nicht aus.

Bei der Bestimmung der *Höhe* einer solchen Sicherheitsleistung, die von Amts wegen im Urteil erfolgen muß, vgl zB § 709 Rn 2, 3, ist das Gericht in der Ausübung seines Ermessens eingeschränkt. Die Sicherheitsleistung soll ja den Gegner gegen etwaige Nachteile schützen. Daher muß das Gericht die Höhe der Sicherheitsleistung der Höhe des möglichen Nachteils des Gegners anpassen. Das Gericht muß also grundsätzlich den Hauptanspruch nebst Zinsen und Kosten zugrundelegen, so auch Edelmann/Hellmann AnwBl **94**, 385. Andernfalls würde das Gericht sein Ermessen unsachgemäß ausüben. Es ist nicht ausreichend bestimmt, die Sicherheitsleistung „in Höhe des jeweils beizutreibenden Betrages" festzusetzen, selbst wenn das Gericht einen bestimmten Prozentsatz zur Absicherung des etwaigen Schadens nach § 717 II zusätzlich festsetzt, Karlsr OLGZ **75**, 484, aM KG NJW **77**, 2270, ZöHe 4. Ein Pfandstück läßt sich zB bei der Einstellung der Zwangsvollstreckung nicht in einer Pfändung auf die an sich erforderliche Höhe anrechnen.

Eine mündliche *Verhandlung* ist nur in den Fällen der §§ 110, 710, 712, 925, 927 erforderlich, § 128 **5** Rn 4. Auch in diesen Fällen ist eine Verhandlung nur zur Höhe der Sicherheitsleistung erforderlich. In diesen Fällen kommt statt einer mündlichen Verhandlung auch ein Vorgehen nach §§ 128 II, III, 251 a, 331 a in Betracht. In allen anderen Fällen ist eine mündliche Verhandlung nicht notwendig, § 128 Rn 10, insbesondere in keinem Fall zur Art der Sicherheitsleistung. Deshalb kann das Gericht in solchen anderen Fällen auch die im Urteil getroffene Anordnung ohne eine mündliche Verhandlung ändern oder ergänzen, Rn 21.

**B. Art der Sicherheitsleistung.** Das Gericht sollte die Art einer prozessualen Sicherheitsleistung nur **6** dann bestimmen, wenn die Parteien einen entsprechenden Antrag gestellt haben. § 232 BGB ist unanwendbar. Das Gericht wählt frei, Rn 2, §§ 232 II, 239 BGB, BayObLG **88**, 256 mwN. Zuständig ist, auch wegen einer Abänderung, dasjenige Gericht, das überhaupt angeordnet hat, daß eine Sicherheit zu leisten sei, und zwar auch dann, wenn gegen das Urteil ein Rechtsmittel eingelegt worden ist, Ffm (8. ZS) RR **86**, 486, Kblz MDR **90**, 733, Köln MDR **97**, 392, aM Ffm MDR **81**, 677. Das können auch der Einzelrichter, § 348, oder der Vorsitzende der Kammer für Handelssachen sein, § 349 II Z 7. Soweit das Vollstreckungsgericht zB eine Einstellung nach §§ 707, 719, 732 II, 769 gegen Sicherheitsleistung verfügt oder deren Aufhebung gegen Sicherheitsleistung zugelassen hat, ist dieses Gericht für die Bestimmung der Art und Höhe zuständig, vgl § 769 II.

Die Bürgschaft einer *angesehenen Bank* ist oft den anderen Wegen einer Sicherheitsleistung nach § 232 **7** BGB vorzuziehen. Das gilt, obwohl die letztere Vorschrift die Bürgschaft nur hilfsweise vorsieht. Das Gericht entscheidet nach pflichtgemäßem Ermessen, welche Banken es zur Bürgschaft zuläßt. Es muß in diesem Zusammenhang die Höhe der erforderlichen Sicherheitsleistung berücksichtigen. Die „Bürgschaft einer namentlich nicht bezeichneten Großbank" reicht aus, ZöHe 8, aM LG Bln Rpfleger **78**, 331 (aber der Kreis der Großbanken läßt sich leicht klären; notfalls kann das Gericht entsprechend zusätzlich entscheiden); LG

## § 108
## 1. Buch. 2. Abschnitt. Parteien

Düss DGVZ **77**, 43 meint, dann sei eine solche Bank zugelassen, die jederzeit eine Sicherheit gewährleisten könne.

**8** *Wertpapiere* sind nach dem Wert und der Deckungsfähigkeit genau zu bezeichnen, wenn sie nicht mündelsicher sind. Das Gericht muß bei allen Wertpapieren bestimmen, ob und wo sie zu hinterlegen sind, etwa beim ProzBev einer Partei oder gesperrt bei einer Bank. Soweit das Gericht keine anderweitige Bestimmung getroffen hat, sind die Wertpapiere nach Rn 17, 18 zu behandeln.

**9** *Hypotheken* sind wegen der Gefahren und der Weiterungen, die sie dem Gläubiger auferlegen, regelmäßig nicht zu einer Sicherheitsleistung geeignet. Noch weniger ist eine Verweisung auf inzwischen gepfändetes Haushaltsgut geeignet. Ffm MDR **77**, 409 wendet bei einer Grundschuld § 238 BGB entsprechend an.

**10** **5) Einzelfragen zur Bürgschaft, I.** Die Sicherheitsleistung durch eine Bürgschaft ist zulässig, Köln RR **92**, 238. Sie bringt allerdings zahlreiche Zweifelsfragen mit sich, Pecher WertpMitt **86**, 1513, Retemeyer, Sicherheitsleistung durch Bankbürgschaft, 1995. Bei der Auslegung der Bürgschaftserklärung ist ihr Zweck beachtlich, zB bei § 717 II oder bei § 720 a die Absicherung nicht nur eines Verzögerungsschadens, sondern des Anspruchs, Köln RR **89**, 1396, LG Saarbr DGVZ **97**, 170.

Natürlich muß eine Bürgschaft als selbstschuldnerische angeordnet und erklärt werden und daher den *Verzicht auf die Einrede der Vorausklage* nach § 771 BGB enthalten, § 239 II BGB entsprechend, Beuthien/Jöstingmeier NJW **94**, 2071; das ist bei einer Bank als Kaufmann kraft Gesetzes, § 349 HGB, ohnehin der Fall. Zur AGB-Problematik der Bürgschaft auf erstes Anfordern (ein wolkiger Begriff) BGH MDR **98**, 759. Die Bürgschaft muß auch nach § 766 BGB schriftlich erklärt werden. Eine Schriftform ist auch bei Kaufleuten und daher auch bei Banken notwendig. Denn sonst fehlt jeder Nachweis der Bürgschaft, Jakobs DGVZ **73**, 113. Die Bürgschaft setzt voraus, daß der Bürge auch wirklich tauglich ist, §§ 232 II, 239 BGB, BayObLG **88**, 256 entsprechend. Er muß also ein Vermögen besitzen, das der Höhe der Sicherheitsleistung angemessen ist, sodaß jederzeit eine ausreichende Vollstreckbarkeit besteht, LG Düss DGVZ **77**, 42, Beuthien/Jöstingmeier NJW **94**, 2071. Das Vermögen muß für ihn frei verfügbar sein. Er muß seinen allgemeinen Gerichtsstand im Inland haben, §§ 12 ff ZPO, § 239 I BGB entsprechend, abw Hbg EWS **95**, 280 (hält § 239 BGB für unanwendbar).

Formell bestehen *keine weiteren* allgemeinen Anforderungen, Beuthien/Jöstingmeier NJW **94**, 2071. Auch eine kleinere Genossenschaftsbank kann daher als Bürgin ausreichen, Beuthien/Jöstingmeier NJW **94**, 2073. Eine ausländische Großbank kann (ganz) ausnahmsweise in Betracht kommen, großzügiger Hbg EWS **95**, 280; differenzierend Taupitz, Prozeßbürgschaft durch ausländische Kreditinstitute?, Festschrift für Lüke (1997) 845 (862).

Eine im *EU-Ausland* als Zollbürge zugelassene Bank kann bei hinreichendem EU-Auslandsbezug zugelassen werden, soweit sie sich in der Bürgschaftsurkunde dem deutschen Recht und der internationalen Zuständigkeit eines deutschen Gerichts unterwirft, Üb 5 vor § 12, und einen in Deutschland ansässigen Zustellungsbevollmächtigten benennt, Hbg NJW **95**, 2895 (streng). Artt 61 II, 67, 73 d I b EGV können zur Zulässigkeit der Bürgschaft einer ausländischen EuG-Großbank ungeachtet des Fehlens eines allgemeinen inländischen Gerichtsstands führen, Düss VersR **97**, 470.

**11** Eine bloße sog *Ausfallbürgschaft* oder sonstige befristete oder aufschiebend oder auflösend bedingte Bürgschaft ist grundsätzlich ungeeignet, denn das wäre zu ungewiß, Hamm MDR **95**, 412, Nürnb MDR **86**, 241, LG Bielefeld MDR **85**, 238. Ausnahmsweise darf man eine auflösende Bedingung zulassen, bei der der Bürge evtl in bar hinterlegen will, Kblz FamRZ **94**, 2033, oder deren Eintritt in der Hand des Sicherungsberechtigten liegt, zB die Rückgabe der Erklärung an den Bürgen, BGH MDR **71**, 388, Hbg MDR **82**, 588, Nürnb MDR **86**, 242.

**12** Im übrigen kann das Gericht *besondere Anforderungen* stellen. Es kann also zB den Kreis der tauglichen Banken bestimmen, AG Bln-Spandau DGVZ **97**, 189, oder verlangen, daß die Bürgschaftsurkunden die nach § 717 II zu ändernde Hauptforderung bezeichnet, LG Mannh DGVZ **95**, 27, daß die Unterschrift unter der Bürgschaftserklärung notariell beglaubigt wird und daß die Vertretungsbefugnis des Unterzeichners nachgewiesen wird. Denn das Gericht braucht ja überhaupt keine Bürgschaft zuzulassen, insofern richtig Hamm Rpfleger **75**, 261. § 751 II schreibt im übrigen ohnehin vor, daß Unterschriften öffentlich beglaubigt werden müssen und daß der Nachweis der Vertretungsbefugnis durch eine öffentliche Urkunde, § 415, oder eine öffentlich beglaubigte Urkunde erfolgen muß, § 751 Rn 5 (Streitfrage). Zwar soll der Geschäftsverkehr nicht unnötig erschwert werden. Dieser Gesichtspunkt darf aber nicht dazu führen, daß das Gericht die Sicherung des Schuldners vernachlässigt. Wenn die vorgenannten Bedingungen nicht gestellt würden, könnte zB der Gerichtsvollzieher dem Schuldner unmittelbar vor der Pfändung eine Bürgschaftserklärung mit der Unterschrift eines in Wahrheit nicht Vertretungsberechtigten zustellen. Man darf dem Schuldner auch nicht zumuten, eine Erinnerung nach § 766 einzulegen. Mit einer solchen Lösung würde man dem Schuldner die Aufklärung der Zweifelsfragen zumuten und dem Gläubiger damit die Zwangsvollstreckung in einer Weise erleichtern, die nach der Grundsatzentscheidung des Gerichts dazu, daß eine Sicherheitsleistung erforderlich sei, eben gerade nicht erfolgen darf, Vogel NJW **97**, 555.

**13** Der *Bürgschaftsvertrag* kommt nach den §§ 765, 766 BGB zustande. Die sonst notwendige Annahme der Erklärung durch den Gläubiger, also durch denjenigen, zugunsten dessen die Bürgschaft erklärt wird, ist aber entbehrlich. Denn das Gericht hat ihn dadurch, daß es eine Bürgschaft als Sicherheitsleistung zugelassen hat, zur Annahme der Erklärung verpflichtet; es hat also einen *Zwangsvertrag* begründet, § 151 BGB, BayObLG Rpfleger **76**, 67, Hbg MDR **82**, 588, LG Augsb Rpfleger **98**, 166, aM Pecher WertpMitt **86**, 1513 (diese Konstruktion sei entbehrlich). Die Bürgschaft soll den Gläubiger nicht schlechter stellen als eine Hinterlegung, BGH **69**, 273, aM Hbg EWS **95**, 280. Wenn ein Prozeßstandschafter, Grdz 26 ff vor § 50, den Vollstreckungstitel erwirkt, kann die Prozeßbürgschaft als Vertrag zugunsten des wahren Gläubigers anzusehen sein, BGH MDR **89**, 252.

**14** Deshalb kommt ein Bürgschaftsvertrag auch dann wirksam zustande, wenn die *Bürgschaftserklärung*, die natürlich ausreichend sein muß, dem Sicherungsberechtigten, § 130 I BGB, entweder je nach dem Vertrags-

## 6. Titel. Sicherheitsleistung § 108

inhalt in beglaubigter Abschrift oder in Urschrift zur Verfügung gestellt wird, denn nur mit diesen Formen der Urkunde kann der Begünstigte notfalls aus ihr gerichtlich vorgehen. Dabei genügt es, daß die Urschrift oder beglaubigte Abschrift übergeben wird, Hamm MDR **95**, 412, LG Kblz AnwBl **87**, 332. Es reicht auch aus, wenn der Gerichtsvollzieher die Bürgschaftserklärung dem Sicherungsberechtigten zustellt, und zwar nach § 132 I BGB, Düss GRUR **87**, 577, Nürnb WertpMitt **86**, 215, LG Aachen Rpfleger **83**, 31, ZöHe 11, aM Meyer-Stolte Rpfleger **85**, 43.

Eine Übergabe und Zustellung *auch an den ProzBev*, zB von Anwalt zu Anwalt, § 212a, ist trotz des **15** Umstands, daß § 132 I BGB förmelnd nur von der Zustellung „durch Vermittlung des Gerichtsvollziehers" spricht, ohne Verstoß gegen den Sicherungszweck zulässig, Kblz MDR **93**, 470, LG Augsb Rpfleger **98**, 166, Kotzur DGVZ **90**, 69, aM LG Aurich DGVZ **90**, 10, StJL 21, ZöHe 11. Die Übergabe und Zustellung auch an den ProzBev ist aber nicht auch geradezu notwendig; § 176 ist nicht anwendbar, Düss MDR **78**, 489, Karlsr MDR **96**, 525. Ebensowenig ist eine Hinterlegung der Bürgschaftsurkunde notwendig, Schlesw JB **78**, 440. Sie ist aber jedenfalls dann zulässig und ausreichend, wenn das Gericht diese Hinterlegung gestattet hat, Hbg WertpMitt **82**, 915. Zulässig ist ein Bürgschaftsaustauch nach Treu und Glauben bei Gleichwertigkeit der neuen Bürgschaft, BGH NJW **94**, 1351, Düss OLGZ **94**, 442 (Verweigerung durch den Gläubiger kann Rechtsmißbrauch sein).

Eine Bürgschaft, die den vorstehenden Anforderungen *nicht entspricht*, reicht als Sicherheitsleistung nicht **16** aus, BGH MDR **89**, 252. Eine Bürgschaft, die den Anforderungen des § 751 II nicht entspricht, berechtigt nicht zu einer Zwangsvollstreckung. Angesichts der Gefahren, die dem Sicherungsberechtigten dann drohen, wenn die Bürgschaft nicht ausreicht, sollte das Gericht den Schuldner und den Gläubiger vor einer Bürgschaftsanordnung anhören, mindestens soweit es sich nicht um die Bürgschaft einer zuverlässigen Großbank handelt. Der Bürge darf den Gesicherten nicht auf eine Pfandsache verweisen. Der Bürge haftet nicht nur für einen Schaden infolge Verzögerung der Vollstreckung, sondern für die volle Urteilssumme, BGH NJW **79**, 417. Der Einwand nach § 777 trifft auf § 768 BGB nicht zu. Ein „Prozeßbürge" erkennt in der Regel den Ausgang des Rechtsstreits als für sich verbindlich an, BGH **LM** § 283 BGB Nr 4. Wegen einer einseitig „Befreiungs"-Hinterlegung des Bürgen Rn 17. Die Klausel „Zahlung auf erstes Anfordern" reicht nicht, Weth AcP **189**, 329; zum Problem Heinsius (vor Rn 1).

**6) Hinterlegung, I, II.** Eine Sicherheitsleistung ist durch eine Hinterlegung von Geld oder von mündel- **17** sicheren Papieren nach den §§ 234 I, III BGB zu erbringen, soweit sich die Parteien nicht über eine andere Sicherheitsleistung geeinigt haben und soweit das Gericht keine andere Art der Sicherheitsleistung angeordnet hat, etwa die Hinterlegung von Kostbarkeiten oder von ausländischem Geld, § 5 HO. Die Hinterlegung erfolgt beim AG als Hinterlegungsstelle, § 1 HO; die Überweisung auf das Konto der Gerichtskasse reicht aus. Eine Verrechnung mit Gerichtskosten ist unzulässig, da die Sicherheitsleistung nur dem Gegner dient, Üb 1 vor § 108. Eine Annahmeanordnung ist stets erforderlich.

Unter *Geld* ist jedes gesetzliche und jedes gesetzlich zugelassene Zahlungsmittel zu verstehen. Geld geht ins Eigentum des Staats über, § 7 HO. *Wertpapiere* sind nur im Rahmen des § 234 BGB zugelassen (Berechtigungsscheine nach II in Verbindung mit § 234 BGB), und nur $^{3}/_{4}$ ihres Kurswerts, § 234 BGB. Auch ein Umtausch nach § 235 BGB ist nur gegen Geld oder gegen Wertpapiere im Sinn des § 234 BGB zulässig. Zur Mündelsicherheit vgl § 1807 Z 2–4 BGB, Art 212 EG BGB, die VO über die Mündelsicherheit der Pfandbriefe und verwandten Schuldverschreibungen v 7. 5. 40, RGBl 756, desgleichen wegen der Schiffspfandbriefe die VO v 18. 3. 41, RGBl 156.

*Andere Wertpapiere* kann das Gericht ausdrücklich zulassen. Es kann auch die Hinterlegung eines Sparbuchs **18** anordnen. Am Hinterlegten erlangt der Gesicherte ein Pfandrecht, § 233 BGB. Deshalb ist ein Umtausch von seiner Zustimmung abhängig. Mit dem Eintritt des Sicherungsfalls kann er Auszahlung oder Herausgabe fordern, § 13 HO, auch durch eine Klage, § 894. Er kann auch die Feststellung seiner Berechtigung klagen, § 13 Z 2 HO, das Pfand verkaufen, § 1233 BGB, oder den Bürgen in Anspruch nehmen, BGH NJW **78**, 43. Es ist nicht wirksam, wenn der Bürge einseitig erklärt, er könne sich durch Hinterlegung befreien, Düss DGVZ **90**, 156, LG Wuppert DGVZ **90**, 124, AG Oberkirch DGVZ **92**, 14, aM LG Ffm JB **89**, 264.

**7) Rechtsbehelfe, I, II.** Die gerichtliche *Anordnung* einer Sicherheitsleistung ist nach Grund und Höhe **19** nur zusammen mit der Entscheidung in der Sache anfechtbar, BGH RR **99**, 213. Natürlich ist § 319 anwendbar, BGH RR **99**, 213. Soweit das Gericht versehentlich die Höhe nicht bestimmt oder offenbar fehlerhaft errechnet hat, sind §§ 321, 716, 717 anwendbar, BGH RR **99**, 213. Im übrigen ist gegen die Anordnung, daß überhaupt eine Sicherheitsleistung notwendig sei, kein Rechtsbehelf statthaft. Beim Rpfl gilt § 11 RPflG, vgl § 104 Rn 41 ff.

Die Bestimmung der *Art* einer Sicherheitsleistung stellt nicht den Beginn einer Zwangsvollstreckung dar. **20** Deshalb ist gegen die Bestimmung *keine* sofortige Beschwerde zulässig, Ffm (17. ZS) MDR **88**, 677, ZöHe 16, aM Ffm (13. ZS) MDR **75**, 323. Gegen die Ablehnung der beantragten Art der Sicherheitsleistung ist die einfache Beschwerde zulässig, § 567 I, und zwar unabhängig von einer schon eingelegten Berufung, Düss MDR **84**, 852, aM Mü MDR **84**, 321. Die Beschwerde ist unzulässig, soweit das LG als Berufungs- oder Beschwerdegericht entschieden hat, § 567 III 1.

Das Gericht kann aber die Bestimmung der Art der Sicherheitsleistung *abändern*, Pecher WertpMitt **86**, **21** 1516, ZöHe 14, zweifelnd Ffm MDR **81**, 677. Da die Sicherheitsleistung nicht der Staatskasse dient, sondern nur dem Gegner, Üb 1 vor § 108, lassen sich Art und Höhe jederzeit durch eine gerichtliche oder außergerichtliche Parteivereinbarung ergänzen oder ändern und kann der dadurch Begünstigte auch darauf klagen.

Wenn das Gericht einen Abänderungsantrag zurückweist, ist die einfache Beschwerde zulässig, § 567 I, **22** evtl auch die weitere Beschwerde, Schneider MDR **83**, 906, ThP 19, ZöHe 16, aM Ffm RR **86**, 406 (Antrag nach § 718), Mü MDR **84**, 321.

## §§ 108, 109

**23** Die Beschwerde ist aber *unzulässig*, soweit das LG als Berufungs- oder Beschwerdegericht entschieden hat, § 567 III 1. Gegen einen *Abänderungsbeschluß* ist kein Rechtsbehelf statthaft, Schneider MDR **83**, 906, ThP 18, aM Ffm MDR **75**, 323 (sofortige Beschwerde).

**24** **8) VwGO:** Entsprechend anwendbar, § 173 VwGO, Üb § 108 Rn 5. Zuständig ist das VG, das die Sicherheit angeordnet hat, auch nach Rechtsmitteleinlegung, VGH Kassel DÖV **74**, 537 (LS). Wegen der Anfechtung vgl oben Rn 19 (nur zusammen mit der Entscheidung in der Sache).

**109** *Rückgabe der Sicherheit.* [1] Ist die Veranlassung für eine Sicherheitsleistung weggefallen, so hat auf Antrag das Gericht, das die Bestellung der Sicherheit angeordnet oder zugelassen hat, eine Frist zu bestimmen, binnen der ihm die Partei, zu deren Gunsten die Sicherheit geleistet ist, die Einwilligung in die Rückgabe der Sicherheit zu erklären oder die Erhebung der Klage wegen ihrer Ansprüche nachzuweisen hat.

II [1]Nach Ablauf der Frist hat das Gericht auf Antrag die Rückgabe der Sicherheit anzuordnen, wenn nicht inzwischen die Erhebung der Klage nachgewiesen ist; ist die Sicherheit durch eine Bürgschaft bewirkt worden, so ordnet das Gericht das Erlöschen der Bürgschaft an. [2]Die Anordnung wird erst mit der Rechtskraft wirksam.

III [1]Die Anträge und die Einwilligung in die Rückgabe der Sicherheit können vor der Geschäftsstelle zu Protokoll erklärt werden. [2]Die Entscheidungen können ohne mündliche Verhandlung ergehen.

IV Gegen den Beschluß, durch den der im Absatz 1 vorgesehene Antrag abgelehnt wird, steht dem Antragsteller, gegen die im Absatz 2 bezeichnete Entscheidung steht beiden Teilen die sofortige Beschwerde zu.

**Schrifttum:** *Sprick,* Kostentabelle zur Berechnung der Sicherheitsleistung und Abwendungsbefugnis (§§ 709 ff ZPO), DRiZ **81**, 116.

### Gliederung

| | |
|---|---|
| 1) Systematik, I–IV ........................ 1 | A. Grundsatz: Erreichen der Einwilligung zur Sicherheitsrückgabe ............... 19 |
| 2) Regelungszweck, I–IV ................ 2 | B. Verfahren .......................... 20, 21 |
| 3) Geltungsbereich, I–IV .............. 3–5 | 6) **Anordnung der Rückgabe bzw des Erlöschens, II** ............................ 22–25 |
| A. Bestehender Anspruch ............. 3 | A. Verfahren ........................ 22–24 |
| B. Nichtbestehender Anspruch ...... 4 | B. Verzinsung ......................... 25 |
| C. Sonderfragen der Bürgschaft usw ..... 5 | |
| 4) **Wegfall der Veranlassung, I** ...... 6–18 | 7) Antrag und Einwilligung, III ......... 26 |
| A. Grundsatz: Maßgeblichkeit des Zweckwegfalls ................................ 6 | 8) **Rechtsbehelfe, IV** ....................... 27–29 |
| B. Beispiele zur Frage des Wegfalls der Veranlassung ............................ 7–18 | A. Fristantrag ........................... 27 |
| | B. Rückgabe- bzw Erlöschensantrag .. 28 |
| 5) Frist, I ............................... 19–21 | C. Gemeinsame Einzelheiten ............. 29 |
| | 9) *VwGO* ........................................ 30 |

**1** **1) Systematik, I–IV.** Die Vorschrift erfaßt die Abwicklung einer prozessualen Sicherheitsleistung und stellt dabei eine Ergänzung zu § 108 dar, zu der eine weitere Ergänzung für den Fall einer Auslandsberührung nach § 110 hinzutritt.

**2** **2) Regelungszweck, I–IV.** Die Sicherheitsleistung dient je nach ihrem Grund der Sicherung eines entstandenen oder eines erwarteten Anspruchs und der Durchsetzbarkeit eines Schadensersatzanspruchs infolge Vollstreckung vor Rechtskraft, solange nicht die Veranlassung zur Sicherheitsleistung weggefallen ist; von diesem Zeitpunkt an hat das Interesse des Sicherheitsleistenden am Rückerhalt der Sicherheit Vorrang. § 109 soll die Rückgabe erleichtern und die Beendigung des Sicherungsverhältnisses klären, Pecher Wertpapier-Mitt **86**, 1515, ferner soll zwecks Prozeßwirtschaftlichkeit, Grdz 14 vor § 128, rasch über den Zwischenstreit entschieden werden. Das ist bei der Auslegung zu beachten, Hbg NJW **91**, 3103.

**3** **3) Geltungsbereich, I–IV.** Vgl zunächst Üb 3 vor § 108. § 109 gilt für alle Arten von Sicherheitsleistung.

**A. Bestehender Anspruch.** Soweit der Anspruch besteht, kann der Gesicherte gegen den Besteller auf eine Einwilligung in die Auszahlung an ihn oder in die Verwertung des Pfands klagen. Die Herausgabe erfolgt namentlich auf Grund einer rechtskräftigen Entscheidung oder einer schriftlichen Bewilligung der Beteiligten, § 13 HO.

**4** **B. Nichtbestehender Anspruch.** Soweit der Anspruch nicht besteht oder weggefallen ist, Rn 5, kann der Besteller das Hinterlegte zurückverlangen, BGH NJW **90**, 2129, falls eine der folgenden Voraussetzungen erfüllt ist:
– *Einwilligung des Gesicherten.* Der Gesicherte willigt in die Rückgabe ein, § 13 II 1 Z 1 HO. Wenn die Einwilligung der Hinterlegungsstelle nicht ausreicht, muß das Gericht die Rückgabe anordnen;
– *Rückgabeanordnung.* Die Rückgabe wird im Verfahren nach § 109 angeordnet. Soweit der Vollstreckungsschuldner auf eine Rückgabe verzichtet, kann eine Erfüllungswirkung eintreten, BGH Rpfleger **84**, 74.
– *Einwilligung des Bestellers.* Der Besteller klagt auf die Einwilligung zur Rückgabe. Dieser Weg kommt nur in Betracht, soweit das kürzere und billigere Verfahren nach § 109 nicht durchführbar ist. Denn für die Klage fehlt sonst ein Rechtsschutzbedürfnis, Grdz 33 vor § 253. Die Klage kommt etwa dann in Betracht, wenn

6. Titel. Sicherheitsleistung § 109

feststeht, daß der Gesicherte einen Anspruch erhebt, oder wenn er die Frist nach § 109 unangemessen lang verlängern ließ.
– *Antrag nach § 717.* Im Prozeß wird nach § 717 ein Rückgabeantrag gestellt.
Eine *Feststellungsklage*, § 256, ist wegen der Unzulässigkeit der Rückgabe während des Verfahrens nach § 109 unstatthaft.

**C. Sonderfragen der Bürgschaft usw.** Die Vorschrift gilt auch dann, wenn die Sicherheitsleistung **5** durch eine Bürgschaft erbracht worden war, vgl BGH NJW **79**, 417, KG NJW **76**, 1752. Das Gericht ordnet dann freilich nicht die Rückgabe der Sicherheitsleistung an, sondern das Erlöschen der Bürgschaft, II 2. Die Ausführung der gerichtlichen Anordnung erfolgt dadurch, daß die verwahrende Stelle die Bürgschaftsurkunde an den Schuldner zurückgibt oder daß der Gläubiger den Bürgen aus seiner Verpflichtung entläßt. § 109 gilt ferner wegen der §§ 1296, 1228 II BGB auch dann, wenn es sich um die Herausgabe fälliger Zinsscheine hinterlegter Wertpapiere handelt. Die bürgende Bank braucht ein Pfand erst nach Rückerhalt ihrer Bürgschaftsurkunde oder Entlassung durch den Bürgschaftsgläubiger aus ihrer Bürgschaft zurückzugeben, BGH NJW **71**, 701.

**4) Wegfall der Veranlassung, I.** Ein einfacher Grundsatz ist oft schwer durchzuführen. **6**

**A. Grundsatz: Maßgeblichkeit des Zweckwegfalls.** Die Veranlassung für eine Sicherheitsleistung ist dann weggefallen, wenn ihr Zweck weggefallen ist, Köln MDR **93**, 270, wenn also zB der gesicherte Anspruch nach den Umständen des Falles nicht mehr entstehen kann, BGH NJW **90**, 2129, Düss Rpfleger **96**, 165. Das trifft namentlich dann zu, wenn eine vorläufige Maßnahme endgültig geworden ist, vgl § 715 I, und wenn dem entstandenen Anspruch kein Hindernis mehr entgegensteht. Der Antragsteller muß den Wegfall der Veranlassung beweisen. Er braucht aber nicht zu beweisen, daß kein Schaden entstanden ist. Wenn das Gericht diejenige Maßnahme aufgehoben hat, die zur Anordnung der Sicherheitsleistung führte, dann ist der Fall der Sicherheitsleistung recht eigentlich eingetreten.

*Das gilt zB dann,* wenn das Gericht die Zwangsvollstreckung gegen eine Sicherheitsleistung eingestellt hatte und wenn dieser Beschluß aufgehoben worden ist. Denn dann deckt die Sicherheitsleistung denjenigen Schaden, der dem Gläubiger durch den früheren Einstellungsbeschluß erwachsen sein mag. Wenn freilich feststeht, daß kein Schaden entstanden ist, dann ist das Verfahren nach § 109 unbedenklich. Dasselbe gilt dann, wenn sich der Schaden endgültig berechnen läßt. Denn dann kann der Gesicherte innerhalb der Frist klagen. Wenn die Veranlassung nur für einen Teil des Streitgegenstands weggefallen ist, dann ist § 109 auf diesen Teil anwendbar.

**B. Beispiele zur Frage des Wegfalls der Veranlassung** **7**
**Änderung, Aufhebung des Urteils:** Rn 15 „Urteilsänderung".
**Arrest, einstweilige Verfügung:** Die Veranlassung für eine Sicherheitsleistung entfällt bei einer Aufhebung **8** des Arrests oder durch den Wegfall der einstweiligen Verfügung, § 923 Rn 2, § 943 Rn 4, oder dann, wenn es nicht zum Arrestvollzug gekommen und wenn die Frist des § 929 II, III verstrichen ist. Die Veranlassung entfällt ferner bei einer rechtskräftigen Klagabweisung im Hauptsacheverfahren, auch durch ein bloßes Prozeßurteil, § 926 Rn 9, Fingerhut BB **75**, 765, aM Mü NJW **75**, 1665 (die Veranlassung sei nur dann weggefallen, wenn die Klage als unbegründet abgewiesen worden sei).
Die Veranlassung entfällt *nicht,* soweit der Arrest rechtskräftig bestätigt wird, wenn die Hauptsache anhängig ist.
S auch Rn 16 „Verzicht".
**Ausländer:** Die Veranlassung für eine Sicherheitsleistung entfällt bei einem Ausländer durch den Eintritt der **9** Kostenpflicht oder durch den Wegfall der Sicherungspflicht oder durch die Rechtskraft eines klagabweisenden Urteils, Stgt Rpfleger **85**, 375.
**Beiderseitige Sicherheitsleistungen:** Die Veranlassung für eine Sicherheitsleistung entfällt, soweit beide **10** Parteien eine Sicherheit erbracht haben, für diejenige des Schuldners, zumindest soweit der Gläubiger vollstreckt, Köln MDR **93**, 270, Oldb Rpfleger **85**, 504.
Die Veranlassung entfällt aber *nicht* schon dann, wenn das Gericht nunmehr dem Bekl gestattet, die Zwangsvollstreckung gegen eine Sicherheitsleistung abzuwenden, BGH NJW **90**, 2129, Mü OLGZ **85**, 458, ZöHe 3, aM Haakshorst/Comes NJW **77**, 2344.
**Bestätigung des erstinstanzlichen Urteils:** Die Veranlassung für eine Sicherheitsleistung entfällt *nicht,* soweit das Berufungsgericht ein erstinstanzliches Urteil bestätigt, solange das Berufungsurteil noch nicht rechtskräftig ist, KG NJW **76**, 1753.
**Einstweilige Einstellung:** Die Veranlassung für eine Sicherheitsleistung entfällt *nicht* schon dann, wenn **11** eine einstweilige Einstellung, zB nach §§ 707, 719, weggefällt, BGH NJW **79**, 417, Ffm Rpfleger **93**, 410.
**Gesetzesänderung:** Die Veranlassung für eine Sicherheitsleistung entfällt bei einer Änderung der Gesetzeslage oder der Beurteilungslage, Hbg NJW **91**, 3103.
**Landpachtvertrag:** § 109 gilt entsprechend beim Landpachtvertrag, § 590 II 6 Hs 2 BGB.
**Miete:** Die Veranlassung für eine Sicherheitsleistung entfällt *nicht,* soweit noch eine Nutzungsentschädigung in Betracht kommt, LG Bielef Rpfleger **93**, 354.
**Prozeßvergleich:** Die Veranlassung für eine Sicherheitsleistung entfällt *nicht* beim noch nicht erfüllten **12** Prozeßvergleich, Ffm MDR **87**, 239, aM ThP 4.
**Rechtliche Würdigung:** Rn 11 „Gesetzesänderung". **13**
**Rechtskraft:** Die Veranlassung für eine Sicherheitsleistung entfällt mit dem Eintritt der Rechtskraft eines zB nach § 709 vorläufig vollstreckbar gewesenen Urteils, Ffm NJW **76**, 1326. Bei einem Ausländer entfällt sie auch durch die Rechtskraft eines klagabweisenden Urteils, Stgt Rpfleger **85**, 375.
**Rechtsmittel:** Rn 15 „Urteilsänderung", Rn 17 „Zurückverweisung", Rn 18 „Zurückweisung der Berufung".
**Sicherheitsleistung des Beklagten:** Rn 10 „Beiderseitige Sicherheitsleistung". **14**

§ 109

**Sicherungsvollstreckung:** Die Veranlassung für eine Sicherheitsleistung entfällt bei einer bloßen Sicherungsvollstreckung auf Grund eines Urteils des OLG ohne Sicherheitsleistung, das ein erstinstanzliches Urteil bestätigt, Mü OLGZ **85**, 459.
S auch Rn 18 „Zurückweisung der Berufung".
**Teilweiser Wegfall:** Es ist auch ein teilweiser Wegfall der Veranlassung zu einer Sicherheitsleistung möglich, Düss MDR **82**, 413, Mü DB **78**, 2021.

15 **Urteilsänderung:** Die Veranlassung für eine Sicherheitsleistung entfällt, wenn endgültig feststeht, daß ein Schaden nach § 717 weder entstanden ist noch entstehen kann. Eine Leistung des Schuldners unter Vorbehalt genügt dazu nicht, KG NJW **76**, 1752. Unabhängig von einem Schaden entfällt die Veranlassung ferner mit der Aufhebung eines vorläufig vollstreckbaren Urteils, dessen Vollstreckung die Sicherheitsleistung abwenden sollte, selbst wenn ein Rechtsmittel anhängig ist, Hamm Rpfleger **82**, 354.

16 **Verzicht:** Die Veranlassung für eine Sicherheitsleistung entfällt mit einem Verzicht des Gesicherten auf eine Durchführung derjenigen Maßnahme, die die Sicherheitsleistung veranlaßt hat, Mü DB **78**, 2021, etwa auf die Rechte an einem Arrest.
**Vollmacht:** Die Veranlassung zu einer Sicherheitsleistung entfällt mit einer Genehmigung im Fall des § 89.
**Widerklage:** Die Veranlassung zur Sicherheitsleistung entfällt nicht, soweit der Sicherungsnehmer klagt, Stgt RR **95**, 1148.

17 **Zurückverweisung:** Die Veranlassung für eine Sicherheitsleistung entfällt grds mit einer Zurückverweisung, Rn 9, Ffm (21. ZS) Rpfleger **85**, 32, Karlsr OLGZ **85**, 82, ThP 4, ZöHe 4, aM Ffm (6. ZS) Rpfleger **76**, 222.
Die Veranlassung entfällt ausnahmsweise *nicht* bei einer Zurückverweisung im Verfahren auf Grund einer Vollstreckungsabwehrklage nach § 767, BGH NJW **82**, 1397.

18 **Zurückweisung der Berufung:** Die Veranlassung für eine Sicherheitsleistung entfällt *nicht*, soweit es um die Vollstreckung aus einem Urteil des LG und um die Zurückweisung der Berufung geht und soweit das Urteil des OLG ohne eine Sicherheitsleistung vorläufig vollstreckbar ist, Mü OLGZ **85**, 458 (auch zur Ausnahme der bloßen Sicherungsvollstreckung).

19 **5) Frist, I.** Ihre Bestimmung erfordert sorgfältige Abwägung der Interessen.

**A. Grundsatz: Erreichen der Einwilligung zur Sicherheitsrückgabe.** Wenn die Veranlassung für eine Sicherheitsleistung weggefallen ist, dann macht das Gericht dem Gesicherten auf Grund eines Antrags eine Auflage. Ihm wird aufgegeben, innerhalb einer Frist in die Rückgabe der Sicherheitsleistung einzuwilligen oder nachzuweisen, daß er schon von denjenigen Ansprüche frei erhoben hat, denen die Sicherheitsleistung dienen sollte, Düss GRUR **82**, 168. Eine Androhung der Folgen oder eine Belehrung über sie sind nicht notwendig, § 231 I. Eine Klage gegen den Bürgen reicht aus, Köln OLGZ **91**, 217.

20 **B. Verfahren.** Das Verfahren erfordert einen Antrag des Bestellers, Rn 17. Zuständig ist dasjenige Gericht, das die Sicherheitsleistung angeordnet oder zugelassen hat oder durch Verweisung des Rechtsstreits für diesen zuständig geworden ist. Das höhere Gericht ist nur insoweit zuständig, als es die Anordnung selbst getroffen und nicht nur die Anordnung der unteren Gerichts bestätigt hat. Wegen des vorläufigen Verfahrens auf den Erlaß eines Arrests oder einer einstweiligen Verfügung vgl § 943 II. Im Gericht wird der Rpfl tätig, § 20 Z 3 RPflG, Anh § 153 GVG.

21 Der Rpfl braucht die Folgen nicht anzudrohen, § 231 I. Er entscheidet nach seinem pflichtgemäßen *Ermessen*. Im Rahmen dieses Ermessens bemißt er auch die Frist, vgl §§ 221, 222. Er kann sie verlängern, § 224 II. Die Entscheidung ergeht durch einen Beschluß, § 329, auf Grund einer freigestellten mündlichen Verhandlung, III 2. Der Beschluß ist grundsätzlich zu begründen, § 329 Rn 4. Er enthält mangels Kosten, s unten, auch keine Kostenentscheidung. Er ist zu verkünden oder dann, wenn der Antrag abgelehnt wird, dem Antragsteller förmlich zuzustellen, und dann, wenn dem Antrag stattgegeben wird, dem Antragsgegner förmlich zuzustellen und dem Antragsteller formlos mitzuteilen, § 329 II, III. Das Verfahren wird nicht dadurch beeinträchtigt, daß schon eine Klage auf die Einwilligung in die Rückgabe der Sicherheit erhoben worden ist. Denn für eine solche Klage fehlt das Rechtsschutzbedürfnis, Rn 3 (c). Ein Nachweis der Klageerhebung bis zu dem Augenblick, in dem das Gericht die Anordnung der Rückgabe hinausgibt, § 329 Rn 23, wahrt die Frist, § 231 Rn 4. Es reicht aus, daß die Klageerhebung während des Erinnerungs- oder Beschwerdeverfahrens über die Freigabe nachgeholt und nachgewiesen wird, Mü OLGZ **66**, 549.
*Gebühren:* Des Gerichts: keine; des Anwalts: keine, § 37 Z 3 BRAGO (gehört zum Rechtszug).

22 **6) Anordnung der Rückgabe bzw des Erlöschens, II.** Sie hat unverzüglich zu erfolgen.

**A. Verfahren.** Nach einem ergebnislosen Fristablauf ordnet das Gericht die Rückgabe der genau zu bezeichnenden Sicherheitsleistung an der genau zu bezeichnenden Empfänger bzw im Fall einer Sicherheitsleistung durch eine nach dem genauer zu bezeichnende Bürgschaft deren Erlöschen an; die Rückgabe der Bürgschaftsurkunde ist nicht außerdem anzuordnen. Denn man kann ihre Rückgabe grundsätzlich nicht erzwingen, Pecher WertpMitt **86**, 1515. Im übrigen ist allerdings keine zusätzliche Anordnung der Herausgabe gegenüber der Hinterlegungsstelle notwendig. Diese Anordnung erfordert einen besonderen Antrag. Dieser Antrag läßt sich allerdings bereits mit dem Fristantrag verbinden und ist dann durch die Entscheidung über den Fristantrag bedingt. Das Gericht darf und muß die Voraussetzungen des Fristantrags noch im Anordnungsverfahren prüfen, § 231 II.

23 Es ist *unerheblich, ob* die *Klage aussichtsreich* wäre. Eine Klage gegen den Bürgen reicht aus, Köln OLGZ **91**, 217. Die Erhebung des Anspruchs nach § 717 steht einer Klageerhebung gleich. Der Rechtshängigkeitswirkung nach § 696 III genügt. Eine Widerklage im Prozeß des Gesicherten gegen den Besteller genügt, Anh § 253, ebenso ein Antrag auf eine Kostenfestsetzung, §§ 103 ff, wenn die Sicherung nur noch die Prozeßkosten sichern soll. Eine Einwilligung in die Rückgabe dem Gericht gegenüber erspart die Anordnung, falls die Einwilligung schriftlich oder dem Protokoll des Gerichts oder den Urkundsbeamten der Geschäftsstelle erklärt worden ist, § 13 II Z 1 HO. Andernfalls verfügt die Hinterlegungsstelle die Herausgabe der Sicherheitsleistung nur auf Grund des Nachweises einer rechtskräftigen Entscheidung, also eines

6. Titel. Sicherheitsleistung **§§ 109, 110**

rechtskräftigen Rückgabebeschlusses, § 13 II Z 2 HO. Denn die Anordnung der Rückgabe wird ebenso wie die Anordnung des Erlöschens der Sicherheitsleistung erst mit der Rechtskraft wirksam, II 2, vgl Mü OLGZ 66, 549. Es kommt auch eine teilweise Anordnung in Betracht, Düss GRUR 82, 169.
Die Entscheidung erfolgt durch den *Rechtspfleger,* § 20 Z 3 RPflG, Anh § 153 GVG. Er entscheidet auf **24** Grund einer freigestellten mündlichen Verhandlung, § 128 Rn 10, durch einen *Beschluß,* § 329. Er muß einen verspätet eingegangenen Nachweis usw bis zur Hinausgabe seiner Entscheidung berücksichtigen. Der Beschluß ist grundsätzlich zu begründen, § 329 Rn 4. Er enthält keine Kostenentscheidung, vgl Rn 12. Er ist beiden Parteien bzw deren ProzBev zuzustellen, § 329 III. Die Rückgabe erfolgt an den Besteller; falls aber ein Dritter im eigenen Namen hinterlegt hat, erfolgt die Rückgabe an den Dritten.
*Gebühren:* Rn 12. Hinterlegungskosten: landesgesetzlich geregelt, vgl Hartmann Teil VIII B.

**B. Verzinsung.** Hinterlegte Gelder werden nach folgenden Ländervorschriften verzinst: **25**
**Baden-Württemberg:** G v 23. 7. 56, GBl 106;
**Bayern:** G v 29. 10. 56, BayBS III 148;
**Berlin:** G v 12. 7. 56, GVBl 916;
**Brandenburg:**
**Bremen:** G v 3. 7. 56, GVBl 93;
**Hamburg:** G v 3. 7. 56, GVBl 138;
**Hessen:** G v 18. 10. 56, GVBl 147;
**Mecklenburg-Vorpommern:**
**Niedersachsen:** G v 21. 7. 56, GVBl 98;
**Nordrhein-Westfalen:** G v 3. 7. 56, GVBl 183;
**Rheinland-Pfalz:** G v 24. 10. 56, GVBl 122;
**Sachsen:**
**Sachsen-Anhalt:**
**Saarland:** G v 24. 5. 63, ABl 339;
**Schleswig-Holstein:** G v 16. 7. 56, GVBl 128;
**Thüringen:**

**7) Antrag und Einwilligung, III.** Der Antrag und die Einwilligung sind schriftlich oder zum Protokoll **26** der Geschäftsstelle zu erklären. Es besteht kein Anwaltszwang, § 78 III. Der Antrag ist eine Parteiprozeßhandlung, Grdz 47 vor § 128. Zum Antrag sind der Besteller und sein Rechtsnachfolger berechtigt, auch wenn ein Dritter die Sicherheit geleistet hat, BGH NJW 79, 417. Ein Dritter ist also nicht antragsberechtigt, auch nicht als Bürge, MüKoBe 18, ThP 2, aM Schreiber JR 79, 249, ZöHe 6. Dagegen ist auch ein Überweisungsgläubiger nach § 835 antragsberechtigt. Antragsgegner ist der Prozeßgegner oder sein Rechtsnachfolger. Eine Prozeßvollmacht berechtigt zur Antragstellung und Einwilligung, § 81 Rn 3. Der Antragsteller muß den Wegfall der Veranlassung darlegen und evtl beweisen.

**8) Rechtsbehelfe, IV.** Es ist je nach der Antragsart zu unterscheiden. **27**
**A. Fristantrag.** Soweit der Rpfl einem Fristantrag stattgegeben hat, gilt § 11 RPflG, vgl § 104 Rn 41 ff, Ffm NJW 76, 1326, Köln MDR 93, 270, ThP 15, aM ZöHe 7, 10. Soweit der Richter dem Fristantrag stattgegeben hat, ist kein Rechtsbehelf statthaft, und zwar auch dann nicht, wenn das Beschwerdegericht dem Antrag stattgegeben hat. Soweit der Rpfl einen Fristantrag zurückgewiesen hat, gilt für den Antragsteller wiederum § 11 RPflG, Ffm Rpfleger 76, 222. Soweit der Richter so handelte, ist die sofortige Beschwerde statthaft, IV, § 11 III RPflG, § 577.
**B. Rückgabe- bzw Erlöschensantrag.** Soweit einem solchen Antrag stattgegeben wurde oder soweit **28** ein solcher Antrag zurückgewiesen wurde, gilt für jede Partei gemäß IV der § 11 RPflG, Düss GRUR 82, 168, und zwar ohne eine aufschiebende Wirkung, § 572 I. Die Rückgabe der Sicherheit erfolgt wegen II 2 nicht vor dem Eintritt der Rechtskraft des Rückgabebeschlusses. Ein rechtskräftiger Rückgabebeschluß bindet die Hinterlegungsstelle, § 13 Z 2 HO.
**C. Gemeinsame Einzelheiten.** Im Fall einer Beschwerde besteht stets ein Anwaltszwang, § 78 Rn 1, 2, **29** sofern nicht §§ 569 II 2, 573 II anwendbar sind. Im Beschwerdeverfahren muß das Gericht die Rechtmäßigkeit der Fristsetzung nachprüfen. Gegen die Entscheidung des Beschwerdegerichts ist keine sofortige weitere Beschwerde statthaft, § 568 II 1.

**9) VwGO:** *Entsprechend anwendbar,* § 173 VwGO, vgl Üb § 108 Rn 5. An die Stelle der sofortigen Beschwerde, **30** IV, tritt die Beschwerde nach §§ 146 ff VwGO.

**110** **Ausländer. Grund der Sicherheitsleistung.** [I] **Kläger, die ihren gewöhnlichen Aufenthalt nicht in einem Mitgliedstaat der Europäischen Union oder einem Vertragsstaat des Abkommens über den Europäischen Wirtschaftsraum haben, leisten auf Verlangen des Beklagten wegen der Prozeßkosten Sicherheit.**
[II] **Diese Verpflichtung tritt ein:**
1. **wenn aufgrund völkerrechtlicher Verträge keine Sicherheit verlangt werden kann;**
2. **wenn die Entscheidung über die Erstattung der Prozeßkosten an den Beklagten aufgrund völkerrechtlicher Verträge vollstreckt würde;**
3. **wenn der Kläger im Inland ein zur Deckung der Prozeßkosten hinreichendes Grundvermögen oder dinglich gesicherte Forderungen besitzt;**
4. **bei Widerklagen;**
5. **bei Klagen, die aufgrund einer öffentlichen Aufforderung erhoben werden.**

## § 110

**Vorbem.** Fassg Art 2 c Z 1 a, b G v 6. 8. 98, BGBl 2030, in Kraft seit 1. 10. 98, Art 3 G, ÜbergangsR Einl III 78.

**Schrifttum:** *Ahrens,* Ausländersicherheit im einstweiligen Verfügungsverfahren, in: Festschrift für *Nagel* (1987) 1; *Gottwald,* Die Stellung des Ausländers im Prozeß, in: Tagungsbericht 1987 Nauplia, 1991; *Klamaris,* Der Ausländer im Prozeß, in: Tagungsbericht 1987, Nauplia, 1991; *Linke,* Internationales Zivilprozeßrecht, 2. Aufl 1995, § 6; *Sandrock,* Zur Prozeßkostensicherheit im internationalen Schiedsverfahren, Festschrift für *Gaul* (1997) 607; *Schütze* RIW **99,** 10 (Üb) und Toward Comparative Law in the 21st Century (Japan) **98,** 11.30 (737).

### Gliederung

| | |
|---|---|
| 1) Systematik, Regelungszweck, I, II .... 1 | A. Grundsatz: Ausreichen der Glaubhaftmachung, II Z 1–5 ........ 13 |
| 2) Sachlicher Geltungsbereich, I, II ...... 2 | B. Völkerrechtlicher Vertrag verbietet Sicherheit, II, Z 1 ........ 14 |
| 3) Persönlicher Geltungsbereich, I, II .... 3–6 | C. Völkerrechtlicher Vertrag erlaubt Vollstreckung wegen Kostenerstattung, II Z 2 ........ 15 |
| A. Gewöhnlicher Aufenthalt nicht in EU oder EWR ........ 3, 4 | D. Hinreichendes Grundvermögen usw, II Z 3 ........ 16 |
| B. Nicht Mitgliedstaat der EU oder Vertragstaat der EWR ........ 5 | E. Widerklage, II Z 4 ........ 17 |
| C. Maßgeblicher Zeitpunkt: Entscheidungsreife nach § 112 I ........ 6 | F. Klage auf Grund öffentlicher Aufforderung, II Z 5 ........ 18 |
| 4) Klägerstellung, I ........ 7–9 | 8) *VwGO* ........ 19 |
| 5) Verlangen des Beklagten, I ........ 10 | |
| 6) Höhe der Sicherheitsleistung, I ........ 11 | |
| 7) Ausnahmen, II ........ 12–18 | |

**1** **1) Systematik, Regelungszweck, I, II.** Die Vorschrift bringt in I eine Ausnahme vom innerdeutschen Grundsatz der Freiheit von Sicherheitsleistung wegen Prozeßkosten. II bringt als „Ausnahme von der Ausnahme" die Rückkehr zum Grundsatz auch bei bestimmten Fällen mit internationalen Beziehungen. Deshalb sind I eng, II weit auszulegen. Die Forderung an einen im Ausland Lebenden eine Sicherheitsleistung zu erbringen, ist dessen ungeachtet eine international anerkannte Einrichtung. Sie hat ihren Grund in der bekannten Schwierigkeit, eine Kostenentscheidung in manchem Ausland zu vollstrecken, BGH NJW **84,** 2762, Bork/Schmidt-Parzefall JZ **94,** 18. Auch sie dient aber nicht dem Interesse der Staatskasse, sondern nur noch demjenigen des Prozeßgegners, Üb 1 vor § 108; daher darf die Gerichtskasse nie eine Einzahlung zwecks solcher Sicherheitsleistung auf Gerichtskosten anrechnen, Stgt Rpfleger **85,** 375. Das Recht der BRep kennt eine Sicherheitsleistung für die Prozeßkosten nur in einigen Fällen nach dem Gesellschaftsrecht, Üb 3 vor § 108, ferner jetzt eben nur in den in I abschließend genannten Fällen.

**2** **2) Sachlicher Geltungsbereich, I, II.** Vgl zunächst Üb 3 vor § 108, ferner unten Rn 13 ff. Die Neufassung des § 110 berücksichtigt mehrere Grundsatzentscheidungen: Zunächst hat EuGH NJW **93,** 2431 entschieden, daß *Artt 59, 60 EGV* es verbieten, von einer *in Ausübung ihres Berufs* handelnden Person mit Wohnsitz in einem anderen Mitgliedstaat, die vor einem inländischen Gericht klagt, die Zahlung einer Prozeßkostensicherheit zu verlangen, nur weil sie Angehörige eines anderen Mitgliedstaates ist, und hat auch das Bestehen von Gegenseitigkeitsabkommen insofern für unvereinbar mit dem im Gemeinschaftsrecht verankerten Anspruch auf Gleichbehandlung erklärt; dazu Bork/Schmidt-Parzefall JZ **94,** 18, Schack ZZP **108,** 47, Steinz/Leible IPRax **98,** 162 (je ausf). EuGH NJW **96,** 3407 sowie NJW **98,** 2127 legt § 6 I EGV dahin aus, daß es verboten ist, von einer natürlichen oder juristischen Person eines anderen EG-Staates eine Sicherheitsleistung wegen Prozeßkosten zu fordern, wenn eine inländische solche Person davon frei ist und wenn die Klage eine vom Gemeinschaftsrecht gewährleistete Grundfreiheit berührt; krit Jäger NJW **97,** 1220. Zum bisherigen Recht ferner Mü NJW **93,** 865 (Art 7 I EWGV – Diskriminierungsverbot), Kaum IPRax **94,** 180, Schlosser EuZW **93,** 659. – Vgl ferner § 81 VII 1 PatG (dort Hs 2: § 110 II Z 1–3 ZPO entspr).

EuGH NJW **97,** 3299 hat ferner entschieden, daß eine Sicherheitsleistung entfällt, soweit es um die Angehörigen eines anderen Mitgliedstaats geht, der zugleich Angehöriger eines *Drittstaats* ist und dort Wohnsitz, im Mitgliedstaat aber weder Wohnsitz noch Vermögen hat und vor einem seiner Zivilgerichte als Aktionär gegen eine dort ansässige Gesellschaft klagt, sofern ein Erfordernis der Sicherheitsleistung für seine eigenen Staatsangehörigen, die im Inland weder Vermögen noch Wohnsitz haben, nicht gilt. Alles das gilt nicht im Verhältnis zu einem Nicht-EU-Staat, Kblz RR **98,** 65.

**3** **3) Persönlicher Geltungsbereich, I, II.** Es besteht keine Vorschußpflicht der Staatskasse gegenüber zur Sicherheit des Anspruchs auf Gerichtskosten mehr, so schon Stgt Rpfleger **85,** 375. Die Sicherheitsleistung kann nur wegen der Prozeßkosten des Gegners, nicht wegen der Hauptsache, verlangt werden, I 1, auch nicht wegen etwaiger Prozeßschäden. Eine Sicherheit müssen folgende Personen leisten:

**A. Gewöhnlicher Aufenthalt nicht in EU oder EWR.** In Abkehr vom früheren Anknüpfungsprinzip der Staatsangehörigkeit (ius sanguinis) nennt I als maßgeblichen Anknüpfungspunkt jetzt den gewöhnlichen Aufenthalt (ius soli), also weder den Wohnsitz noch den letzten Wohnsitz oder letzten inländischen Wohnsitz, auch nicht schlicht – wie § 16 – den „Aufenthalt", erst recht nicht demjenigen im Ausland. Die Anknüpfung findet auch in anderer Weise statt als im gleichzeitig eingeführten § 917 II 2. Maßgeblich ist zunächst das deutsche Recht, Einl III 74 (lex fori), Schütze RIW **99,** 10.

„*Gewöhnlich*" ist mehr als „überhaupt" oder „derzeit" oder gar „vorübergehend"; eher nähert sich der Begriff dem „ständigen" Aufenthalt, ohne letzteren zu fordern. Man könnte auch vom „durchweg gewählten", ja sogar vom „grundsätzlich bevorzugten" Aufenthalt sprechen. Dabei kommt es weder auf die subjektiven Vorstellungen des Klägers allein an (sie spielen freilich eine erhebliche Rolle), noch auf diejenigen des Bekl, sondern auf die bei pflichtgemäßer Abwägung der Fallumstände festzustellende Lage, wie das

## 6. Titel. Sicherheitsleistung § 110

Gericht sie beurteilt. Es betreibt dabei Amtsprüfung, Grdz 39 vor § 128, aber keine Amtsermittlung im einzelnen, Grdz 38 vor § 128, soweit nicht das ganze Verfahren der Amtsermittlung unterliegt.

*Nicht entscheidend* ist, ob und wo eine polizeiliche oder ordnungsamtliche Anmeldung vorliegt. Sie bietet 4 freilich einen erheblichen Ansatzpunkt auch für den gewöhnlichen Aufenthaltsort; indessen mag jemand hier gemeldet sein, aber längst anderswo tatsächlich die meiste Zeit hindurch aufhältlich sein. *Mehrere* gewöhnliche Aufenthaltsorte sind durchaus denkbar, etwa bei stets beruflich pendelnden Leuten, die auch wirklich jeweils dort den Lebensmittelpunkt haben, wo sie gerade arbeiten, und die etwa gleich starke solche Bindungen an verschiedene Orte haben. Wegen der Notwendigkeit enger Auslegung von I, Rn 1, kommt es dann darauf an, ob *alle* solche Aufenthaltsorte außerhalb der EU bzw des EWR liegen.

**B. Nicht Mitgliedstaat der EU oder eines Vertragsstaats des EWR.** Der gewöhnliche Aufenthalts- 5 ort, Rn 3, 4, muß außerhalb eines Mitgliedstaats der EU oder des Abk zum EWR liegen. Es kommt darauf an, ob das Aufenthaltsland eine der vorstehenden Vereinbarungen derart ratifiziert hat, daß sie in seinem Gebiet bereits gilt. Das EWR-Abk ist noch keineswegs allseitig ratifiziert; Üb bei Schütze RIW 99, 10. Doppelmitgliedschaft wäre natürlich unschädlich.

**C. Maßgeblicher Zeitpunkt: Entscheidungsreife nach § 112 I.** Die in Rn 3–5 genannten Bedingun- 6 gen müssen schon und noch in demjenigen Zeitpunkt vorliegen, in dem das Gericht nach § 112 I zu entscheiden hat oder nach § 112 III ergänzend entscheiden muß, also bei Entscheidungsreife, ähnlich wie bei § 119, dort Rn 4 ff, auch zur Notwendigkeit nachträglicher Anordnung, etwa bei Verlegung des gewöhnlichen Aufenthalts ins Ausland, Schütze RIW 99, 10. Die Verhältnisse vor und nach den eben genannten Zeitpunkten sind grundsätzlich unerheblich. Insbesondere kommt es nicht auf den Zeitpunkt der Anhängigkeit oder der Rechtshängigkeit, Begriffe § 261 Rn 1, an. Das gilt schon deshalb, weil eine Entscheidung nach § 112 ja von einem Antrag des Bekl abhängt, einem „Verlangen" nach § 110 I.

**4) Klägerstellung, I.** Eine Pflicht zur Sicherheitsleistung besteht auch für einen Angehörigen des 7 vorgenannten Personenkreises nur dann, wenn er als Kläger auftritt. Das ist auch dann der Fall, wenn er gegen ein klagabweisendes Versäumnisurteil Einspruch nach § 338 einlegt oder wenn er als ein Einmischungskläger gilt, § 64, oder wenn er ein streitgenössischer Streithelfer des Klägers ist, § 69, oder wenn er als Wiederaufnahmekläger auftritt, §§ 578 ff. Es ist unerheblich, wer den Prozeß in Wahrheit betreibt. Wenn allerdings eine offenbare Umgehung des § 110 vorliegt oder wenn es sich lediglich um eine treuhänderische Berechtigung handelt, wenn zB ein Einziehungsabtretungsnehmer eines ausländischen Gläubigers klagt, ist eine Sicherheitsleistung erforderlich, unklar Hbg VersR 79, 847. Ein gewöhnlicher Streithelfer des Klägers, § 66, hat eine Sicherheit nur für die Kosten der Streithilfe zu leisten.

Auch in der *höheren Instanz* ist nur der Kläger zur Sicherheitsleistung verpflichtet, auch wenn er der 8 Rechtsmittelbeklagte ist. Der Bekl wird nicht schon als Einspruchsführer oder als Rechtsmittelkläger zur Sicherheitsleistung verpflichtet. Der Widerkläger, Anh § 253, ist nur nach einer Abtrennung der Widerklage zur Sicherheitsleistung verpflichtet, Z 3.

Eine Pflicht zur *Sicherheitsleistung* besteht *nicht,* soweit keine Klage vorliegt, also zB nicht: Im Mahnver- 9 fahren, §§ 688 ff (sondern erst im anschließenden streitigen Verfahren); im selbständigen Beweisverfahren, §§ 485 ff; im Aufgebotsverfahren, §§ 946 ff; in einem vorläufigen Verfahren, §§ 620 ff, 916 ff, 935 ff; nach einem Widerspruch gegen einen Arrest usw entsprechend Z 2, RoSGo § 89 I 2 a, StJB 13, ThP 2, ZöHe 3, aM Köln NJW 87, 76, Leible NJW 95, 2819 (aber II ist die „Ausnahme von der Ausnahme" des I und daher sehr wohl weit auslegbar, Rn 1). Eine Pflicht zur Sicherheitsleistung fehlt ferner, wenn ein Angehöriger des in I genannten Personenkreises die Vollstreckbarerklärung eines Schiedsspruchs nach § 1042 beantragt und wenn das Gericht über diesen Antrag durch einen Beschluß entscheidet; wenn das Gericht eine mündliche Verhandlung anberaumt und durch Urteil entscheidet, soweit der Gegner Aufhebungsgründe geltend macht, BGH 52, 321. Die Staatsangehörigkeit oder der Aufenthaltsort des Bekl sind ebenfalls recht unerheblich, vgl schon (zum ersteren) Düss NJW 73, 2165. Die Aussichten der Klage sind ebenfalls unerheblich.

**5) Verlangen des Beklagten, I.** Eine Sicherheit braucht nur insoweit geleistet zu werden, als der Bekl es 10 verlangt. Das Verlangen ist eine Parteiprozeßhandlung, Grdz 22 vor § 253, BGH RR 90, 378, Zweibr NJW 95, 538, eine Rüge der Unzulässigkeit geltend, § 282 III, § 112 Rn 6, BGH RR 93, 1021, Zweibr NJW 95, 538. Auch der streitgenössische Streithelfer des Bekl, § 69, kann für den Bekl eine Sicherheitsleistung fordern. Der streitgenössische Streithelfer kann eine Sicherheitsleistung auch auf Grund des eigenen Rechts begehren, nicht aber der unselbständige Streithelfer (Nebenintervenient), § 66, Hbg NJW 90, 650, aM Rützel NJW 98, 2088 (aber Druck ist fragwürdig). Die Vermögensverhältnisse des Klägers sind jeweils unerheblich. Das Verlangen ist grundsätzlich auch noch in der Berufungsinstanz und in der Revisionsinstanz statthaft, Ffm MDR 92, 189, und zwar auch schon vor der Annahme der Revision, BGH WertpMitt 80, 504; freilich ist §§ 529 I, 566 zu beachten, BGH RR 93, 1021, Ffm MDR 92, 189. Soweit ein Antrag vorliegt, muß das Gericht die Voraussetzungen einer Sicherheitsleistung nach § 110 von Amts wegen prüfen, freilich nur im Rahmen des Beibringungsgrundsatzes, Grdz 39 vor § 128, BGH NJW 82, 1223. Das kann durch ein Zwischenurteil nach § 280 geschehen, dort Rn 1, BGH RR 93, 1021, Zweibr NJW 95, 538. Ein unberechtigtes Verlangen kann Kostenfolgen nach §§ 96, 97 haben, BGH NJW 80, 839, und einen Schadensersatzanspruch begründen.

**6) Höhe der Sicherheitsleistung, I.** Vgl § 112. 11

**7) Ausnahmen, II.** Es müssen bei weiter Auslegung, Rn 1, die Voraussetzungen Rn 13 und wenigstens 12 eine der weiteren Voraussetzungen Rn 14–18 zusammentreffen.

**A. Grundsatz: Ausreichen der Glaubhaftmachung, II Z 1–5.** Das Gericht muß die Ausnahmen des 13 II von Amts wegen beachten, Grdz 39 vor § 128. Der Bekl braucht nur die Zugehörigkeit des Klägers zum Personenkreis nach I zu beweisen, BGH NJW 82, 1223. Zu diesem Nachweis genügt unter Umständen eine Glaubhaftmachung nach § 294, wenn der Kläger seinerseits nichts unternimmt, um nachzuweisen, daß er

§ 110, Anh § 110

zumindest auch zum Personenkreis oder zu einem der Fälle nach II gehört. Der Kläger muß einen Ausnahmefall dartun und beweisen, BGH NJW **82**, 1223. Ratifizierte Staatsverträge sind aber deutsches Recht. Das Gericht muß sie kennen, § 293 Rn 1.

**14** **B. Völkerrechtlicher Vertrag verbietet Sicherheit, II Z 1.** Aufgrund eines (im Verhältnis zu Deutschland wirksamen) völkerrechtlichen Vertrages muß bestimmt sein, daß keine Sicherheit verlangt werden kann. Das ist meist, aber nicht (mehr) zwingend, eine sachliche Gegenseitigkeit. Es kommt nur auf das Ergebnis der Befreiung an. Diese muß aber (unverändert) völlig und bedingungslos sein.

Wenn das jedenfalls in der Praxis *nicht* der Fall ist, ist der unter I fallende Kläger in der BRep voll sicherheitspflichtig, so schon LG Nürnb-Fürth MDR **89**, 74. Die Klausel „freier und ungehinderter Zutritt zu den Gerichten" gibt keine Befreiung von I, sondern eröffnet nur (zusätzlich) den Rechtsweg. Das Gericht muß aber eine etwaige teilweise Befreiung berücksichtigen, so schon LG Hbg RR **98**, 430. Es kann zB der Fall vorliegen, daß eine Sicherheitsleistung nicht verlangt werden darf, wenn es sich um einen Grundbesitz oder einen Wohnsitz im Inland handelt, Anh Rn 3. Deshalb bleiben die dort genannten Verträge usw (bedingt) beachtlich.

Es ist unschädlich, wenn der Kläger persönlich, auch als juristische Person, zwar nach dem völkerrechtlichen Vertrag befreit ist, aber aus dem abgetretenen Recht eines nicht Befreiten klagt, selbst wenn die Abtretung nur zum Inkasso erfolgte, BGH VersR **85**, 43. Dagegen wäre eine Abtretung nur zum Zweck der *Umgehung* des II Z 1 als prozessualer Rechtsmißbrauch *unstatthaft*, Einl III 54; das verkannte schon BGH VersR **85**, 43.

Im Patentnichtigkeitsverfahren gilt § 81 VII 1 PatG. Es stellt (problematisch, Rn 1, 2) auf den ausländischen Wohnsitz ab. Dasselbe gilt in einer entsprechenden Anwendung auch bei einer Zwangslizenz nach § 11 a GebrMG.

**15** **C. Völkerrechtlicher Vertrag erlaubt Vollstreckung wegen Kostenerstattung, II Z 2.** Aufgrund eines (im Verhältnis zu Deutschland wirksamen) völkerrechtlichen Vertrages muß die Entscheidung über die Erstattung der Prozeßkosten an den Bekl vollstreckt werden können. Vgl im einzelnen die im SchlAnh V, VI dargestellten Verträge usw. Eine Vollstreckung über die vorgenannte Entscheidungsart muß nicht (mit)erlaubt sein. Wegen bedingter Erlaubnis einerseits, teilweiser andererseits Rn 13.

**16** **D. Hinreichendes Grundvermögen usw, II Z 3.** Der unter I fallende Kläger muß „im Inland" ein zur Deckung der Prozeßkosten hinreichendes Grundvermögen oder dinglich gesicherte Forderungen besitzen. „Inland" meint das Hoheitsgebiet der BRep. „Hinreichend" meint: im Zeitpunkt der Entscheidungsreife, Rn 6, bei pflichtgemäßer Schätzung (nicht mehr!) die voraussehbaren, überhaupt abzusichernden Kosten nicht erheblich unterschreitend. Abzusichern sind ungeachtet des mißverständlichen Ausdrucks „Prozeß"-kosten aus den Gründen Rn 1 nur die Kosten des Prozeßgegners, also gerade nicht die gesamten Prozeßkosten; andernfalls würde sich die Staatskasse entgegen der klaren Zielbegrenzung von I auf dem Hintertreppenweg von II Z 3 doch wieder als weiterer Schutzbedürftiger einschleichen können. Der voraussichtliche Prozeßverlauf läßt sich oft genug nur grob abschätzen. Das darf auch kostenrechtlich nicht zur Benachteiligung des Klägers führen, zumal II weit auszulegen ist, Rn 1; im Zweifel muß er also auch nach Z 3 befreit sein.

**17** **E. Widerklage, II Z 4.** Vgl Anh § 253.

**18** **F. Klage auf Grund öffentlicher Aufforderung, II Z 5.** Vgl zB §§ 946 ff.

**19** **8) VwGO:** *Entsprechend anzuwenden,* § 173 VwGO, da der VerwProzeß als Parteiverfahren ausgestaltet ist und der gesetzgeberische Grund, oben Rn 1, auch hier zutrifft; jedoch brauchen Verfolgte, die früher die deutsche Staatsangehörigkeit besaßen, in Wiedergutmachungssachen keine Sicherheit zu leisten, BVerwG RzW **66**, 239. Nur der Kläger ist verpflichtet, Rn 7, nicht etwa der Beigeladene, mag seine Beiladung auch notwendig sein, § 65 II VwGO. Keine Sicherheitsleistung in Verfahren nach §§ 80 u 123 VwGO, oben Rn 9.

## Anhang nach § 110
### Zwischenstaatliche Vorschriften über Sicherheitsleistung nach § 110 II Z 1, 2

**Gliederung**

| | |
|---|---|
| 1) Systematik .............................. 1 | 4) Befreiung nach dem HZPrÜbk ......... 4 |
| 2) Regelungszweck ..................... 2 | 5) Übersicht über die Pflicht der Ausländer zur Sicherheitsleistung ............ 5–26 |
| 3) Geltungsbereich........................ 3 | |

**1** **1) Systematik.** Man kann die Staatsverträge, soweit sie die Sicherheit betreffen, in drei Gruppen teilen: Solche, die nur freien Zutritt zu den Gerichten (libre accès devant les tribunaux) geben; solche, die Ausländer und Inländer bei der gerichtlichen Verfolgung ihrer Rechte gleich stellen (ius standi in iudicio, Rechtsschutzklausel); solche, die Ausländer ausdrücklich von der Sicherheit befreien. Nur die letztere genügt ungeachtet der Umstellungen in § 110 I, dort Rn 3ff, dem § 110 II Z 1 und 2, nicht die beiden ersteren Gruppen.

Soweit ein völkerrechtlicher Vertrag nach II Z 1, 2 *im Ergebnis befreit,* wenn auch vielleicht nur teilweise, § 110 Rn 13, brauchen die Voraussetzungen § 110 I nicht mehr vorzuliegen; vorsorglich sind in Rn 5 ff weiterhin alle nach bisherigem Recht beachtlichen Verträge usw weiterhin aufgeführt, auch schon wegen der in § 110 Rn 2 genannten Drittstaatsproblematik. Das gilt auch für Verträge usw mit einem der in § 110 I genannten Staaten.

6. Titel. Sicherheitsleistung **Anh § 110**

Eine *Befragung der Justizverwaltung,* kann zu evtl nicht (mehr) mit der maßgeblichen Praxis übereinstimmenden Auskünften führen, Rn 16 „Libyen". Deshalb empfiehlt sich eher eine Anfrage bei der deutschen Auslandsvertretung, LG Nürnb-Fürth MDR **89,** 74.

**2) Regelungszweck.** Die Vorschrift dient der Vermeidung unersetzbarer Nachteile für die inländische 2 Partei und damit der Gerechtigkeit, Einl III 9. Das ist bei der Auslegung mitzubeachten.

**3) Geltungsbereich.** Vgl Üb 3 vor § 108. 3

**4) Befreiung nach dem HZPrÜbk,** zT auch HZPrAbk. Zum Geltungsbereich beider Verträge und zum 4 Verhältnis zueinander (beide Art 17 beinhalten dasselbe) s Einl IV 3 ff; s auch Bülow/Böckstiegel/Geimer/ Schütze A I 1 u A I 2. Im Übereinkommen ist Art 17 zusammen mit Art 18 und 19 überschrieben: „III. Sicherheitsleistung für die Prozeßkosten".

*HZPrÜbk Art 17.* [I] Den Angehörigen eines der Vertragsstaaten, die in einem dieser Staaten ihren Wohnsitz haben und vor den Gerichten eines anderen dieser Staaten als Kläger oder Intervenienten auftreten, darf wegen ihrer Eigenschaft als Ausländer oder wegen Fehlens eines inländischen Wohnsitzes oder Aufenthalts eine Sicherheitsleistung oder Hinterlegung, unter welcher Bezeichnung es auch sei, nicht auferlegt werden.

[II] Das gleiche gilt für Vorschüsse, die zur Deckung der Gerichtskosten von den Klägern oder Intervenienten einzufordern wären.

[III] Die Abkommen, durch die Vertragsstaaten für ihre Angehörigen ohne Rücksicht auf den Wohnsitz Befreiung von der Sicherheitsleistung für die Prozeßkosten oder von der Zahlung von Vorschüssen zur Deckung der Gerichtskosten vereinbart haben, sind weiter anzuwenden.

**5) Übersicht über die Pflicht der Ausländer zur Sicherheitsleistung,** dazu *Dilger* ZZP **72,** 408, 5 *Schütze* RIW **99,** 15 (Üb). Vgl zunächst Rn 1!

Es bedeuten: *„ja"* befreit, *„nein"* nicht befreit, also sicherheitspflichtig: *„HZPrAbk"* Haager Zivilprozeßabkommen v. 17. 7. 1905, Einl IV 3; *„HZPrÜbk"* Haager Übereinkommen v 1. 3. 54 über den ZivProz, Einl IV 3 ff sowie (Art 17) Rn 2; *„dt-brit Abk"* deutsch-britisches Abkommen v 20. 3. 28 über den Rechtsverkehr, Einl IV 6; *„UNÜbk"* Übereinkommen v 20. 6. 56 über die Geltendmachung von Unterhaltsansprüchen im Ausland, § 168 GVG Anh II; *„HUVÜbk 58"* Haager Übereinkommen v 15. 4. 58 über die Anerkennung und Vollstreckung von Entscheidungen auf dem Gebiet der Unterhaltspflicht gegenüber Kindern, BGBl **61** II 1005, **62** II 15, vgl SchlAnh V A 2; *„NdlAbk"* Europäisches Niederlassungsabkommen v 13. 12. 55, BGBl **59** II 997, **65** II 1099; *„HUVÜbk 73"* Haager Übereinkommen v 2. 10. 73 über die Anerkennung und Vollstreckung von Unterhaltsentscheidungen, BGBl **86** II 825, **87** II 220, SchlAnh V A 2; *„LJM Kiel"* Bek des LJustMin Kiel v 7. 2. 89, SchlHA **89,** 55; *„BBGS"* Bülow/Böckstiegel/Geimer/Schütze, Der internationale Rechtsverkehr in Zivil- und Handelssachen (Loseblattsammlung), 3. Aufl 1990.

*Nicht aufgeführte Staaten:* nein, zumindest unklar. Wenn nach HZPrÜbk befreit ist, entfällt die Prüfung der Gegenseitigkeit des § 110 II Z 1, BGH **12,** 152. S auch Bülow BAnz 234/52.

**Afghanistan** zumindest unklar, LJM Kiel
**Ägypten** ja, Art 17 HZPrÜbk, BGBl **81** II 1028, beim Wohnsitz des Klägers in einem der Vertragsstaaten
**Äthiopien** ja, Art 200–202 äthiopische ZPO, wenn der Kläger entweder in der BRep einen Wohnsitz oder ohne einen solchen hier ausreichenden Grundbesitz hat, in den eine Zwangsvollstreckung möglich ist
**Albanien** nein, Schütze NJW **95,** 497 mwN
**Algerien** ja, wenn der Kläger in der BRep einen ausreichenden Grundbesitz hat, LJM Kiel, aM Dilger ZZP **72,** 412 (nein, anders sofern der Gegner es nicht verlangt, aaO 416); Unterhalt ja, Art 9 II UNÜbk, BGBl **71** II 852
**Andorra** Wegen seiner Sonderstellung Schütze RIW **99,** 10 (aM 15)
**Argentinien** ja, Art 17 HZPrÜbk, BGBl **88** II 939, beim Wohnsitz des Klägers in einem der Vertragsstaaten; außerdem Unterhalt ja, Art 9 II UNÜbk, BGBl **73** II 352
**Armenien** im Ergebnis wohl nein, vgl Meyer WiRO **97,** 216, aM (Art 17 HZPrÜbk) Schütze RIW **99,** 15
**Australien** ja bei einem Wohnsitz des Klägers in der BRep, Art 14 dt-brit Abk, BGBl **55** II 699, **57** II 744; außerdem Unterhalt ja, Art 9 II UNÜbk, BGBl **85** II 1003
**Bahamas** ja bei einem Wohnsitz des Klägers in der BRep, Art 14 dt-brit Abk, BGBl **78** II 915 6
**Barbados** ja bei einem Wohnsitz des Klägers in der BRep, Art 14 dt-brit Abk, BGBl **60** II 1518, **71** II 467; außerdem Unterhalt ja, Art 9 II UNÜbk, BGBl **70** II 1045
**Belarus** im Ergebnis ja, Art 17 HZPrÜbk, Schütze RIW **99,** 15; Unterhalt ja, Art. 9 II UNÜbk, Schütze RIW **99,** 15
**Belgien** ja, EU; außerdem ja bei einem Wohnsitz des Klägers in einem der Vertragsstaaten, Art 17 HZPrÜbk, BGBl **59** II 1388; außerdem bei einem Wohnsitz oder gewöhnlichen Aufenthalt im Gebiet eines anderen Vertragsstaats ja, Art 9 Z 1 NdlAbk, BGBl **65** II 1099; Unterhalt außerdem ja, Art 9 II UNÜbk, BGBl **66** II 1439, Art 9 II HUVÜbk 58, BGBl **62** II 15, und nach HUVÜbk 73, Schütze RIW **99,** 15
**Bermuda** ja bei einem Wohnsitz des Klägers in der BRep, Art 14 dt-brit Abk, BGBl **60** II 1518
**Bolivien** ja, Art 12 bolivianische ZPO, wenn der Kläger in der BRep einen ausreichenden Grundbesitz hat
**Bosnien-Herzegowina** ja, Art 17 HZPrÜbk, Art 9 II UNAbk, Schütze RIW **99,** 15
**Brasilien** grds ja, wenn der Kläger in der BRep ansässig ist oder (ausreichendes) Grundvermögen hat, Art 835 brasilian ZPO von 1973; ja ferner bei einer Vollstreckung eines ausländischen Titels oder bei einer Widerklage, Art 836 I, II brasilian ZPO von 1973; außerdem Unterhalt ja, Art 9 II UNÜbk, BGBl **61** II 80, Schütze RIW **99,** 15
**Britische Jungferninseln** s „Großbritannien und Nordirland", BGBl **60** II 1512

# Anh § 110

**Bulgarien** ja, Zivilprozeßkodex v 8. 2. 52, BGH NJW **82**, 1223, LJM Kiel, Schütze NJW **95**, 497
**Burkina Faso** ja, wenn der Kläger in der BRep einen ausreichenden Grundbesitz hat, LJM Kiel; Unterhalt ja, Art 9 II UNÜbk, BGBl **63** II 108 im Ergebnis ebenso Schütze RIW **99**, 15
7 **Chile** ja, da Chile keine Vorschriften über eine Sicherheitsleistung kennt; Unterhalt ja, Art 9 II UNÜbk, BGBl **61** II 356
**China** Volksrepublik jetzt wohl ja, Kblz RR **98**, 65. Taiwan ja für Unterhalt, Art 9 II UNÜbk, BGBl **59** II 1377, im übrigen nein, so wohl AG Bre JB **99**, 203
**Costa Rica** nein
**Cuba** zumindest unklar
8 **Dänemark** ja, EU; außerdem ja bei einem Wohnsitz des Klägers in einem der Vertragsstaaten, Art 17 HZPrÜbk, BGBl **59** II 1388; außerdem ja bei einem Wohnsitz oder gewöhnlichen Aufenthalt des Klägers in einem anderen Vertragsstaat, Art 9 Z 1 NdlAbk, BGBl **65** II 1099; Unterhalt außerdem ja, Art 9 II UNÜbk, BGBl **59** II 1377, Art 9 II HUVÜbk 58, BGBl **66** II 56, und Art 15 HUVÜbk 73, BGBl **88** II 98
**Dominikanische Republik** die Frage wird vom Freundschafts- und Handelsvertrag, G v 16. 12. 59, BGBl II 1468, nicht erfaßt, Prot Z 3; jedoch ja, Art 166, 167 dominikanische ZPO, bei Wohnsitz des Klägers in der BRep oder bei einer Aufenthaltsgenehmigung einer natürlichen Person
9 **Ecuador** ja, da Ecuador keine Vorschriften über eine Sicherheitsleistung kennt; Unterhalt außerdem ja, Art 9 II UNÜbk, BGBl **74** II 1395
**El Salvador** nein
**Estland** ja, Art 17 HZPrAbk 1905, Schütze RIW **99**, 15; ja außerdem bei Unterhalt, UNÜbk, Schütze RIW **99**, 15
10 **Falklandinseln (Malvinen)** s „Großbritannien und Nordirland", BGBl **60** II 1518
**Fidschi** ja bei einem Wohnsitz des Klägers in der BRep, Art 14 dt-brit Abk, BGBl **72** II 904
**Finnland** ja, EU; außerdem ja bei einem Wohnsitz des Klägers in einem der Vertragsstaaten, Art 17 HZPrÜbk, BGBl **59** II 1388; Unterhalt außerdem ja, Art 9 II UNÜbk, BGBl **63** II 108, Art 9 II HUVÜbk 58, BGBl **67** II 2311, und Art 15 HUVÜbk 73, BGBl **87** II 220
**Frankreich** (einschließlich der französischen Überseegebiete) ja EU; außerdem ja bei einem Wohnsitz des Klägers in einem der Vertragsstaaten, Art 17 HZPrÜbk, BGBl **59** II 1388, **61** II 355, **62** II 854; Unterhalt außerdem ja, Art 9 II UNÜbk, BGBl **60** II 2328, Art 9 II HUVÜbk 58, BGBl **67** II 1810, **69** II 2124, und Art 15 HUVÜbk 73, BGBl **87** II 220
11 **Gabun** ja, wenn der Kläger in der BRep einen ausreichenden Grundbesitz hat
**Gambia** ja bei einem Wohnsitz des Klägers in der BRep, Art 14 dt-brit Abk, BGBl **60** II 1518, **69** II 2177
**Georgien** im Ergebnis ja, Art 17 HZPrÜbk, Schütze RIW **99**, 15
**Gibraltar** s „Großbritannien und Nordirland", BGBl **60** II 518
**Grenada** s „Großbritannien und Nordirland", BGBl **75** II 366
**Griechenland** ja, EU; außerdem ja, Art 15 dt-griech Abk v 11. 5. 38, RGBl **39** II 848, BGBl **66** II 251; außerdem ja bei einem Wohnsitz des Klägers in einem anderen Vertragsstaat, Art 9 Z 1 NdlAbk, BGBl **75** II 1090; Unterhalt außerdem ja, Art 9 II UNÜbk, BGBl **66** II 251
**Großbritannien und Nordirland** (einschließlich der britischen Überseegebiete) ja, EU; außerdem ja bei einem Wohnsitz des Klägers in der BRep, Art 14 dt-brit Abk, BGBl **53** II 116; außerdem ja bei einem Wohnsitz oder gewöhnlichen Aufenthaltsort des Klägers in einem anderen Vertragsstaat, Art 9 I NdlAbk, BGBl **70** II 843 (auch wegen eines Vorbehalts), noch großzügiger Kblz IPRax **92**, 42 (im Ergebnis zustm Kaum IPRax **92**, 18); Unterhalt außerdem ja, Art 9 II UNÜbk, BGBl **75** II 927, **85** II 1207, und Art 15 HUVÜbk 73, BGBl **87** II 220. Zur neueren britischen Praxis Kampf NJW **90**, 3057 mwN
**Guatemala** ja (das dortige Recht macht die Befreiung von der Gegenseitigkeit von dem Heimatrecht des Klägers abhängig), LJM Kiel; Unterhalt außerdem ja, Art 9 II UNÜbk, BGBl **59** II 1377
**Guinea** ja, Art 7 G 52/1962, wenn der Kläger in der BRep einen ausreichenden Grundbesitz hat
**GUS** Rn 21 „Russische Föderation" sowie bei den Einzelstaaten
**Guyana** ja bei einem Wohnsitz des Klägers in der BRep, Art 14 dt-brit Abk, BGBl **60** II 1518
12 **Haiti** ja, G v 27. 9. 1864; Unterhalt außerdem ja, Art 9 II UNÜbk, BGBl **59** II 1377
**Honduras** nein
13 **Indien** nein, Stgt RIW **83**, 460 (zustm Schütze) mwN, aM zB Nagel IPR (1980) 113, Bek JM Baden-Württemb Just **73**, 234 (ja wegen der indischen Order 25 of the rules zum Code Civil of Procedure, wenn der Kläger in der BRep einen Wohnsitz oder einen ausreichenden Grundbesitz habe)
**Indonesien** nein, Karlsr RR **98**, 15
**Irak** ja, vgl irakisches Zivilprozeßgesetz Nr 83 von 1969, vgl auch BayJMBl **82**, 7, Erlaß des Hessischen Justizministers v 13. 12. 83 (1430 E/1 – II/7 – 887/83), LJM Kiel, aM Dilger ZZP **72**, 416
**Iran** ja, Art 218, 219 Nr 1 der iranischen ZPO, BGH NJW **81**, 2646 und NJW **82**, 1224 je mwN, jetzt auch LJM Kiel, v 30. 1. 92 – V 330/9200 – 100 –, abw Schütze JZ **83**, 386
**Irland** (s auch Großbritannien) ja, EU; außerdem ja bei einem Wohnsitz oder gewöhnlichen Aufenthalt des Klägers in einem anderen Vertragsstaat, Art 9 Z 1 NdlAbk, BGBl **66** II 1519 (auch wegen eines Vorbehalts); Unterhalt außerdem ja, UNÜbk, Schütze RIW **99**, 15; nein bei Wohnsitz in China, LG Darmst IPrax **98**, 198
**Island** ja, EWR; außerdem ja bei einem Wohnsitz des Klägers in einem der Vertragsstaaten, Art 17 HZPrAbk v 17. 7. 05, RGBl **09** 406, **26** II 553, vgl LJM Kiel, Dilger ZZP **72**, 408 ff Fußnote 26
**Israel** ja bei einem Wohnsitz des Klägers in einem der Vertragsstaaten, Art 17 HZPrÜbk, BGBl **68** II 809; außerdem ja, deutsch-israelischer Vertrag, Schütze RIW **99**, 15; Unterhalt außerdem ja, Art 9 II UNÜbk, BGBl **59** II 1377
**Italien** ja, EU; außerdem bei einem Wohnsitz des Klägers in einem der Vertragsstaaten, Art 17 HZPrÜbk, BGBl **59** II 1388, BGH **12**, 152; außerdem ja bei einem Wohnsitz oder gewöhnlichen Aufenthalt des

6. Titel. Sicherheitsleistung **Anh § 110**

Klägers in einem anderen Vertragsstaat, Art 9 Z 1 NdlAbk, BGBl **65** II 1099; Unterhalt außerdem ja, Art 9 II UNÜbk, BGBl **59** II 1377, Art 9 II HUVÜbk 58, BGBl **62** II 15, und Art 15 HUVÜbk 73, BGBl **73** II 220

**Jamaika** ja bei einem Wohnsitz des Klägers in der BRep, Art 14 dt-brit Abk, BGBl **66** II 835    14
**Japan** ja bei einem Wohnsitz des Klägers in einem der Vertragsstaaten, Art 17 HZPrÜbk, BGBl **70** II 751
**Jordanien** ja, tatsächliche Übung, LJM Kiel, soweit die ordentlichen Gerichte zuständig wären, Dilger ZZP **72**, 419, aM BGH WertpMitt **82**, 880 (krit Schütze JZ **83**, 386)
**Jugoslawien,** früheres ja bei einem Wohnsitz des Klägers in einem der Vertragsstaaten, Art 17 HZPrÜbk, BGBl **63** II 1328; Unterhalt außerdem ja, Art 9 II UNÜbk, BGBl **59** II 1377: zu alledem Schütze RIW **99**, 10. Jetzige Bundesrepublik Jugoslawien (Serbien/Montenegro) Rn 22 „Serbien-Montenegro". S auch bei den einzelnen Staaten
**Kaimaninseln** s „Großbritannien und Nordirland", BGBl **70** II 43    15
**Kanada** ja bei einem Wohnsitz des Klägers in der BRep, Art 14 dt-brit Abk, BGBl **54** II 15
**Kap Verde** Unterhalt ja, Art 9 II UNÜbk, BGBl **68** II 415
**Kasachstan** im Ergebnis ja, Art 17 HZPrÜbk, Schütze RIW **99**, 15
**Kenia** ja bei einem Wohnsitz des Klägers in der BRep, Art 14 dt-brit Abk, BGBl **60** II 1518
**Kirgistan** im Ergebnis ja, Art 17 HZPrÜbk, Schütze RIW **99**, 15
**Kolumbien** ja, da das kolumbianische Zivilprozeßrecht keine Sicherheitsleistung kennt
**Kroatien** ja für kroatische Bürger, Art 17 HZPrÜbk, Art 9 II UNÜbk, Ffm NJW **95**, 538, im übrigen nein, Schütze NJW **95**, 497 mwN
**Kuba** ja, Art 533 kubanisches Zivilprozeßgesetz, der eine Befreiung von der Verbürgung der Gegenseitigkeit abhängig macht
**Kuwait** ja, da das kuwaitische Recht keine Sicherheitsleistung kennt    16
**Lesotho** ja bei einem Wohnsitz des Klägers in der BRep, Art 14 dt-brit Abk, BGBl **60** II 1518
**Lettland** ja, Art 17 HZPrÜbk von 1905, Schütze RIW **99**, 15
**Libanon** ja bei einem Wohnsitz des Klägers in einem der Vertragsstaaten, Art 17 HZPrÜbk, BGBl **75** II 42
**Liberia** nein
**Libyen** LJM Kiel meint, Libyen kenne keine Sicherheitsleistung, vgl Dilger ZZP **72**, 421. Indessen wird sie in der maßgeblichen Praxis derzeit offenbar doch verlangt, LG Nürnb-Fürth MDR **89**, 74
**Liechtenstein** ja, EWR; außerdem ja, §§ 57, 58, 62 II liechtensteinische ZPO, wenn der Kläger in der BRep einen Wohnsitz oder einen ausreichenden Grundbesitz hat, sowie in Ehesachen; Unterhalt außerdem ja, Art 9 II HUVÜbk 73, BGBl **73** II 74, aM Schütze RIW **99**, 15 (HUVÜbk 58)
**Litauen** im Ergebnis ja, Art 17 HZPrÜbk, Schütze NJW **95**, 497
**Luxemburg** ja, EU; außerdem ja bei einem Wohnsitz des Klägers in einem der Vertragsstaaten, Art 17 HZPrÜbk, BGBl **59** II 1388, und ja bei einem Wohnsitz oder gewöhnlichen Aufenthalt des Klägers in einem anderen Vertragsstaat, Art 9 Z 1 NdlAbk, BGBl **69** II 1725; Unterhalt außerdem ja, Art 9 II UNÜbk, BGBl **72** II 31, und Art 15 HUVÜbk 73, BGBl **87** II 220
**Madagaskar** ja, wenn der Kläger in der BRep einen ausreichenden Grundbesitz hat, Art 13 madag ZPO    17
**Malawi** ja bei einem Wohnsitz des Klägers in der BRep, Art 14 dt-brit Abk, BGBl **57** II 1276, **67** II 1748
**Malaysia** ja bei einem Wohnsitz des Klägers in der BRep, Art 14 dt-brit Abk, BGBl **76** II 576
**Mali** ja, wenn der Kläger in der BRep einen ausreichenden Grundbesitz oder Wertpapiere hat, Art 20 malische ZPO
**Malta** ja bei einem Wohnsitz des Klägers in der BRep, Art 14 dt-brit Abk, BGBl **61** II 1108, **68** II 95
**Malvinen** s „Großbritannien und Nordirland", BGBl **60** II 1518
**Marokko** ja, vgl jetzt Art 14 des deutsch-marokkanischen Vertrags v 29. 10. 85, BGBl **88** II 1055; vorher schon ja bei einem Wohnsitz des Klägers in einem der Vertragsstaaten, Art 17 HZPrÜbk, BGBl **72** II 1472, BGH NJW **88**, 3093, vgl Dilger ZZP **72**, 412, 421; Unterhalt schon vor dem deutsch-marokkanischen Vertrag ja, Art 9 II UNÜbk, BGBl **59** II 1377
**Mauritius** ja bei einem Wohnsitz des Klägers in der BRep, Art 14 dt-brit Abk, BGBl **72** II 695
**Mazedonien** ja für mazed Kläger, Art 17 HZPrÜbk, Art 9 II UNÜbk, sonst nein, Schütze NJW **95**, 497
**Mexiko** ja, LG Bielef IPRax **90**, 110, Prinz von Sachsen Gessaphe IPRax **90**, 89 mwN, LJM Kiel; Unterhalt außerdem ja, UNÜbk, Schütze RIW **99**, 15
**Moldau** im Ergebnis ja, Schütze RIW **99**, 15
**Monaco** ja bei Unterhalt, Art 9 II UNÜbk, BGBl **61** II 1629
**Montenegro** Rn 22 „Serbien-Montenegro"
**Montserrat** ja bei einem Wohnsitz des Klägers in der BRep, Art 14 dt-brit Abk, BGBl **60** II 1518
**Nauru** ja bei einem Wohnsitz des Klägers in der BRep, Art 14 dt-brit Abk, BGBl **82** II 750    18
**Neuseeland** (einschl Cookinseln) ja bei einem Wohnsitz des Klägers in der BRep, Art 14 dt-brit Abk, BGBl **53** II 118; Unterhalt außerdem ja, UNÜbk, Schütze RIW **99**, 15
**Niederlande** (einschließlich der niederländischen Antillen und Aruba) ja, EU; außerdem ja bei einem Wohnsitz des Klägers in einem der Vertragsstaaten, Art 17 HZPrÜbk, BGBl **59** II 1388, **68** II 95, **87** II 255; außerdem ja bei einem Wohnsitz oder gewöhnlichen Aufenthaltsort des Klägers in einem anderen Vertragsstaat, Art 9 Z 1 NdlAbk, BGBl **69** II 1988; Unterhalt außerdem ja, Art 9 II UNÜbk, BGBl **63** II 108, **69** II 2178, **87** II 255, Art 9 II HUVÜbk 58, BGBl **64** II 784, 1407, **87** II 255, und Art 15 HUVÜbk 73, BGBl **73** II 220. S auch Rn 22 „Suriname".
**Niger** Unterhalt ja, Art 9 II UNÜbk, BGBl **67** II 2580
**Nigeria** ja bei einem Wohnsitz des Klägers in der BRep, Art 14 dt-brit Abk, BGBl **60** II 1518, **67** II 827
**Norwegen** ja, EWR; außerdem ja bei einem Wohnsitz des Klägers in einem der Vertragsstaaten, Art 17 HZPrÜbk, BGBl **59** II 1388; außerdem ja bei einem Wohnsitz oder gewöhnlichen Aufenthalt des Klägers in einem anderen Vertragsstaat, Art 9 Z 1 NdlAbk, BGBl **65** II 1099; Unterhalt außerdem ja, Art 9 II UNÜbk, BGBl **59** II 1377, Art 9 II HUVÜbk 58, BGBl **65** II 1584, und Art 15 HUVÜbk 73, BGBl **73** II 220

**Anh § 110**          1. Buch. 2. Abschnitt. Parteien

19 **Österreich** ja, EU; außerdem ja bei einem Wohnsitz des Klägers in einem der Vertragsstaaten, Art 17 HZPrÜbk, BGBl **59** II 1388; Unterhalt außerdem ja, Art 9 II UNÜbk, BGBl **69** II 2055, Art 9 II HUVÜbk 73, BGBl **62** II 15

20 **Pakistan** ja, Order 25 der rules zur pakistanischen ZPO, wenn der Kläger in der BRep einen Wohnsitz oder einen ausreichenden Grundbesitz hat; Unterhalt außerdem ja, Art 9 II UNÜbk, BGBl **59** II 1377

**Panama** ja, Düss IPRax **91**, 190 (zustm Müller-Ibold IPRax **91**, 173), Ffm NJW **90**, 2204, Hbg NJW **91**, 3103

**Papua-Neuguinea** ja, wenn der Kläger in der BRep einen Wohnsitz hat, LJM Kiel

**Paraguay** ja, wenn der Kläger in der BRep einen Wohnsitz hat

**Peru** ja, peruanisches Zivilprozeßrecht, das keine Sicherheitsleistung kennt

**Philippinen** ja für den ersten Rechtszug, da die Philippinen insoweit keine Sicherheitsleistung kennen; Unterhalt außerdem ja, Art 9 II UNÜbk, BGBl **63** II 508

**Polen** ja bei einem Wohnsitz des Klägers in einem der Vertragsstaaten, Art 17 HZPrÜbk, BGBl **63** II 1466; ja im Rahmen von Artt 17, 18 HZPrÜbk auch bei einer juristischen Person, Artt 8 ff der deutsch-polnischen Vereinbarung v 14. 12. 92, Bek v 21. 2. 94, BGBl II 361, Unterhalt außerdem ja, Art 9 II UNÜbk, BGBl **61** II 16, zu alldem Schütze NJW **95**, 498 mwN, außerdem HUVÜbk 73, Schütze RIW **99**, 15

**Portugal** (einschließlich Azoren, Madeira und portugiesischen Überseeprovinzen) ja, EU; außerdem ja bei einem Wohnsitz des Klägers in einem der Vertragsstaaten, Art 17 HZPrÜbk, BGBl **67** II 2299, **68** II 809; Unterhalt außerdem ja, Art 9 II UNÜbk, BGBl **66** II 251, Art 9 II HUVÜbk 58, BGBl **74** II 1123, und Art 15 HUVÜbk 73, BGBl **87** II 220

21 **Rumänien** ja bei einem Wohnsitz des Klägers in einem der Vertragsstaaten, Art 17 HZPrÜbk, BGBl **72** II 78; Unterhalt außerdem ja, Art 9 II UNÜbk, BGBl **91** II 956

**Russische Föderation** wohl grds ja wie ihre Rechtsvorgängerin, die frühere Sowjetunion, Art 17 HZPrÜbk, BGBl **67** II 2046, LG Hbg VersR **94**, 242; wegen der Einzelstaaten s aber dort; vgl Schütze RIW **99**, 10

**Rußland** im Ergebnis ja, Art 17 HZPrÜbk, Schütze NJW **95**, 498 mwN

22 **Salomonen** ja bei einem Wohnsitz des Klägers in der BRep, Art 14 dt-brit Abk, BGBl **80** II 1346

**Sambia** ja bei einem Wohnsitz des Klägers in der BRep, Art 14 dt-brit Abk, BGBl **57** II 1276

**San Domingo** s Dominikanische Republik

**San Salvador** s El Salvador

**Saudi-Arabien** ja, Art 3 dt-saudiarabischer Vertrag v 26. 4. 29, RGBl **30** II 1063, BGBl **52** II 724

**Schweden** ja bei einem Wohnsitz des Klägers in einem der Vertragsstaaten, Art 17 HZPrÜbk, BGBl **59** II 1388, außerdem ja bei einem Wohnsitz oder gewöhnlichen Aufenthalt des Klägers in einem anderen Vertragsstaat, Art 9 Z 1 NdlAbk, BGBl **72** II 38; Unterhalt außerdem ja, Art 9 II UNÜbk, BGBl **59** II 1377, Art 9 II HUVÜbk 58, BGBl **66** II 156, und Art 15 HUVÜbk 73, BGBl **87** II 220

**Schweiz** ja, LugÜbk; außerdem ja bei einem Wohnsitz des Klägers in einem der Vertragsstaaten, Art 17 HZPrÜbk, BGBl **59** II 1388; Unterhalt außerdem ja, Art 9 II UNÜbk, BGBl **77** II 1299, Art 9 II HUVÜbk 73, BGBl **87** II 220

**Senegal** ja, Art 111 senegalesische ZPO, wenn der Kläger in der BRep einen ausreichenden Grundbesitz hat

**Serbien-Montenegro** ja für serbische Kläger, Art 17 HZPrÜbk, Zweibr NJW **95**, 537 (im Ergebnis zustm Schweissfurth/Blöcker IPRax **96**, 9); Unterhalt außerdem ja, UNÜbk, Schütze RIW **99**, 15

**Seychellen** ja bei einem Wohnsitz des Klägers in der BRep, Art 14 dt-brit Abk, BGBl **77** II 1271

**Sierra Leone** ja bei einem Wohnsitz des Klägers in der BRep, Art 14 dt-brit Abk, BGBl **60** II 1518, **67** II 2366

**Singapur**, ja bei einem Wohnsitz des Klägers in der BRep, Art 14 dt-brit Abk, BGBl **60** II 1518, **76** II 576

**Slowakei** ja, Art 17 HZPrÜbk, BGBl **93** II 1936, Art 9 II UNÜbk, BGBl **94** II 3838, Unterhalt außerdem ja, Art 16 HUVÜbk 73, BGBl **93** II 2170, Schütze NJW **95**, 498 mwN

**Slowenien** ja für slowenische Bürger, Art 17 HZPrÜbk, BGBl **93** II 934, Art 9 II UNÜbk, BGBl **93** II 741, Schütze RIW **99**, 15

**Sowjetunion**, frühere s Rn 21 „Russische Föderation" sowie Schütze RIW **99**, 15

**Spanien** (einschließlich Kanarische Inseln) ja, EU; außerdem ja bei einem Wohnsitz des Klägers in der Vertragsstaaten, Art 17 HZPrÜbk, BGBl **61** II 1660; Unterhalt außerdem ja, Art 9 II UNÜbk, BGBl **66** II 1577, Art 9 II HUVÜbk 58, BGBl **73** II 1592, und Art 15 HUVÜbk 73, BGBl **87** II 404

**Sri Lanka** ja, lankische ZPO, wenn der Kläger in der BRep einen Wohnsitz hat, LJM Kiel, abw Bülow/Arnold E 916, 31 (wenn beide Parteien in der BRep einen Wohnsitz oder einen gewöhnlichen Aufenthaltsort haben); Unterhalt außerdem ja, Art 9 II UNÜbk, BGBl **59** II 1377

**St. Christoph-Nevis-Anguilla** ja bei Wohnsitz des Klägers in der BRep, Art 14 dt-brit Abk, BGBl **60** II 1518

**St. Lucia** ja bei einem Wohnsitz des Klägers in der BRep, Art 14 dt-brit Abk, BGBl **83** II 798

**St. Vincent und die Grenadien** ja bei einem Wohnsitz des Klägers in der BRep, Art 14 dt-brit Abk, BGBl **87** II 523

**Südafrika** ja, wenn der Kläger in der BRep einen Wohnsitz oder ausreichenden Grundbesitz hat, LJM Kiel

**Südkorea**, nein, Ffm NJW **80**, 2032

**Suriname** ja bei einem Wohnsitz des Klägers in einem der Vertragsstaaten, Art 17 HZPrÜbk, BGBl **77** II 641; Unterhalt außerdem ja, Art 9 II UNÜbk, BGBl **80** II 25, Art 9 II HUVÜbk 58, BGBl **77** II 467, **80** II 1416

**Swasiland** ja bei einem Wohnsitz des Klägers in der BRep, Art 14 dt-brit Abk, BGBl **60** II 1518, **71** II 224

**Syrien** ja, da das syrische Zivilprozeßrecht keine Sicherheitsleistung kennt

23 **Taiwan** s „China"

**Tansania** ja bei einem Wohnsitz des Klägers in der BRep, Art 14 dt-brit Abk, BGBl **60** II 1518

6. Titel. Sicherheitsleistung **Anh § 110, § 111**

**Thailand** Section 253 der thailänd ZPO enthält eine bedingt vergleichbare Regelung. Der dt-thailänd Vertrag v 30. 12. 37 besteht nicht mehr, Böhmer/Siehr, Das gesamt Familienrecht, Bd 2 Nr 6.7.3
**Togo** ja, togoisches Zivilprozeßrecht, wenn der Kläger in der BRep einen ausreichenden Grundbesitz hat
**Tonga** ja, da das tongaische Zivilprozeßrecht keine Sicherheitsleistung kennt
**Trinidad und Tobago** ja bei einem Wohnsitz des Klägers in der BRep, Art 14 dt-brit Abk, BGBl **61** II 1681, **66** II 1564
**Tschechien** ja für tschechische Bürger, Art 17 HZPrÜbk, BGBl **93** II 934; Unterhalt außerdem ja, Art 9 II UNÜbk, BGBl **94** II 3838, Art 9 II HUVÜbk 58, BGBl **71** II 988, und Art 15 HUVÜbk 73, BGBl **93** II 1008
**Türkei** ja, Art 2 dt-türk Abk, BGBl **52** II 608, vgl Düss NJW 73, 2165; außerdem ja bei einem Wohnsitz des Klägers in einem der Vertragsstaaten, Art 17 HZPrÜbk, BGBl **73** II 1415; Unterhalt außerdem ja, Art 9 II UNÜbk, BGBl **71** II 1074, Art 9 II HUVÜbk 58, BGBl **73** II 1280, und Art 15 HUVÜbk 73, BGBl **93** II 1008
**Tunesien** ja, Art 3 dt-tun Vertrag v 19. 7. 66, BGBl **69** II 889, **70** II 125; Unterhalt außerdem ja, Art 9 II UNÜbk, BGBl **69** II 764
**Ukraine** im Ergebnis ja, Art 17 HZPrÜbk, Schütze RIW **99**, 15
**Ungarn** ja bei einem Wohnsitz des Klägers in einem der Vertragsstaaten, Art 17 HZPrÜbk, BGBl **66** II 84; Unterhalt außerdem ja, Art 9 II UNÜbk, BGBl **59** II 1377, Art 9 II HUVÜbk 58, BGBl **65** II 123, zu alledem Schütze RIW **99**, 10 **24**
**Uruguay** ja, Art 120, 121 uruguayische ZPO, wenn der Kläger in der BRep einen Wohnsitz oder einen ausreichenden Grundbesitz hat; Unterhalt außerdem ja, UNÜbk, Schütze RIW **99**, 15
**Usbekistan** ja, Art 17, HZPrÜbk, Schütze RIW **99**, 15
**Vatikanstadt** ja bei einem Wohnsitz des Klägers in einem der Vertragsstaaten, Art 17 HZPrÜbk, BGBl **67** II 1536; Unterhalt außerdem ja, Art 9 II UNÜbk, BGBl **65** II 462
**Venezuela** ja bei einem inländischen Wohnsitz oder hinreichendem Vermögen und in einer Handelssache, Rau RIW/AWD **77**, 339, abw LJM Kiel (ja, wenn der Kläger in der BRep einen Wohnsitz oder ein ausreichendes Vermögen habe)
**Vereinigtes Königreich** s „Großbritannien und Nordirland"
**Vereinigte Staaten von Amerika:** Maßgeblich sind zunächst bundesrechtlich für *alle* Einzelstaaten Artt VI Abs 1, XXVI Abs 1 Vertrag v 29. 10. 54, BGBl **56** II 487, 763 iVm Nr 6 des Protokolls zum Vertrag, BGBl **56** II 502, vgl BGH DB **82**, 802. Danach darf einem Kläger *keine* Sicherheitsleistung auferlegt werden, soweit ein *eigener* Staatsangehöriger befreit ist, sofern er im Inland wohnt oder einen ausreichenden Grundbesitz hat.

Im Hinblick auf die zusätzlich zu beachtenden Vorschriften der *Einzelstaaten,* dazu Schütze JZ **83**, 386, StJBo § 110 Rn 41 FN 243, ist die Gegenseitigkeit wie folgt als verbürgt anzusehen:

Ja, wenn der Kläger in der BRep einen *Wohnsitz* hat: Alabama, Alaska (wenn der Kläger einen Wohnsitz im Bezirk des Prozeßgerichts hat), Arizona (wenn der Kläger in der BRep einen Wohnsitz oder ein ausreichendes Vermögen hat), Arkansas, California, Colorado, Connecticut, Delaware, District of Columbia, Florida, Georgia, Idaho, Illinois, Indiana, Iowa, Kansas, Kentucky, Maine, Maryland, Massachusetts, Michigan (wenn der Kläger einen Wohnsitz im Bezirk des Prozeßgerichts hat), Minnesota, vgl grds BPatG GRUR **79**, 396 (vgl aber auch § 110 Rn 13), Missouri, Montana, Nebraska, Nevada, New Hampshire, New Jersey, New York, BGH DB **82**, 802, abw LG Hbg RR **98**, 430, North Dakota, Ohio, Oregon, Pennsylvania, Puerto Rico, Rhode Island, South Carolina, South Dakota, Utah, Virginia, Washington, West Virginia, Wyoming;

ja, wenn dem Kläger eine *Prozeßkostenhilfe* bewilligt wurde: Louisiana, North Carolina, Oklahoma, Tennessee, Texas, Wisconsin;

im übrigen *nein.* Die Bundesgerichte wenden grds das Recht des Einzelstaats ihres Sitzes an
**Zentralafrikanische Republik** ja bei Unterhalt, Art 9 II UNÜbk, BGBl **63** II 108 **26**
**Zypern** ja bei einem Wohnsitz des Klägers in der BRep, Art 14 dt-brit Abk, BGBl **60** II 1518, **75** II 1129; Unterhalt außerdem ja, UNÜbk, Schütze RIW **99**, 15

**111** *Nachträgliche Ausländersicherheit.* Der Beklagte kann auch dann Sicherheit verlangen, wenn die Voraussetzungen für die Verpflichtung zur Sicherheitsleistung erst im Laufe des Rechtsstreits eintreten und nicht ein zur Deckung ausreichender Teil des erhobenen Anspruchs unbestritten ist.

**1) Systematik, Regelungszweck.** Die Forderung nach einer Sicherheitsleistung ist eine Zulässigkeitsrüge, § 282 III. Sie ist grundsätzlich nach dem Ablauf der Frist des § 282 III 2 oder doch nach dem Beginn der Verhandlung zur Hauptsache nicht mehr zulässig, §§ 282 III 1, 296 III. Abweichend von dieser Regel läßt § 111 die Rüge zwecks Prozeßwirtschaftlichkeit, Grdz 14 vor § 128, auch nach diesem Zeitpunkt zu. **1**

**2) Geltungsbereich.** Vgl Üb 3 vor § 108. **2**

**3) Voraussetzungen.** Zunächst müssen die Voraussetzungen der Befreiung von der Sicherheitsleistung sind erst während des Prozesses weggefallen sein. Das kann auch in höherer Instanz geschehen sein. Das gilt auch dann, wenn ein Urkundenprozeß in das ordentliche Verfahren übergeht, § 600 I, Hbg NJW **83**, 526 mwN; wenn der Kläger die deutsche Staatsangehörigkeit oder die klagende juristische Person usw ihren inländischen Sitz verlieren; wenn ein Staatsvertrag abläuft; wenn der inländische Staatenlose seinen Wohnsitz ins Ausland verlegt; wenn ein Sicherheitspflichtiger anstelle des Befreiten in den Prozeß eintritt, etwa als Erbe, weil das inhaltlich gleichsteht. **3**

Außerdem darf nicht ein zur Deckung der Prozeßkosten ausreichender Teil der Klageforderung *unstreitig* sein. In all diesen Fällen ist ein Verlangen des Bekl weitere Voraussetzung, wie bei § 110, dort Rn 10. Er darf sich auch nicht schon auf die Rüge wirksam vollständig verzichtet haben. Ein Verzicht wegen Geringfügigkeit **4**

## §§ 111–113   1. Buch. 2. Abschnitt. Parteien

des Streitwerts erstreckt sich im Zweifel nicht auf einen erst später anfallenden erheblich höheren Kostenanteil, LG Schweinf NJW **71**, 330. Im übrigen ist § 296 III zu beachten. Andernfalls geht die Rüge verloren, vgl BGH NJW **81**, 2646. Soweit die Sicherheitspflicht wegfällt, hebt das Gericht den Beschluß nach § 110 auf. Die Rückgewähr der Sicherheit erfolgt nach § 109. Wenn sich die Nämlichkeit des Klägers und seine Vermögensverhältnisse nicht wesentlich ändern, kann § 111 unanwendbar sein, BGH NJW **80**, 839.

5   **4) VwGO:** *Entsprechend anwendbar, § 173 VwGO, vgl § 110 Rn 19. Der letzte Halbsatz ist bei Leistungsklagen und Feststellungsklagen wegen Geldansprüchen anwendbar, sonst gegenstandslos.*

**112** *Höhe der Ausländersicherheit.* ¹Die Höhe der zu leistenden Sicherheit wird von dem Gericht nach freiem Ermessen festgesetzt.

II ¹Bei der Festsetzung ist derjenige Betrag der Prozeßkosten zugrunde zu legen, den der Beklagte wahrscheinlich aufzuwenden haben wird. ²Die dem Beklagten durch eine Widerklage erwachsenden Kosten sind hierbei nicht zu berücksichtigen.

III Ergibt sich im Laufe des Rechtsstreits, daß die geleistete Sicherheit nicht hinreicht, so kann der Beklagte die Leistung einer weiteren Sicherheit verlangen, sofern nicht ein zur Deckung ausreichender Teil des erhobenen Anspruchs unbestritten ist.

1   **1) Systematik, Regelungszweck, I–III.** Die Vorschrift ergänzt und vervollständigt zusammen mit § 113 die §§ 108–111. Sie dient sowohl den in Einf 2 vor § 108 genannten Zwecken als auch der Vermeidung eines Verstoßes gegen den Grundsatz der Verhältnismäßigkeit, Einl III 23. Das alles ist bei der Auslegung mitzubeachten.

2   **2) Geltungsbereich, I–III.** Vgl Üb 3 vor § 108.

3   **3) Voraussetzungen, I, II.** Das Gericht bestimmt die Höhe der Ausländersicherheit auf Grund einer notwendigen mündlichen Verhandlung, § 128 Rn 2. In Betracht kommen folgende Fälle:

**A. Streit um Sicherheitsleistungspflicht.** Es kann um einen Streit über die Pflicht, auch wegen der Höhe gehen. Hier können folgende Entscheidungen ergehen: Die Anordnung kann bei Streit über die Höhe nicht schon durch einen (als solchen unanfechtbaren) Beschluß, BGH RR **90**, 378, sondern korrekterweise nur durch ein Zwischenurteil nach §§ 280 II, 303 erfolgen, BGH DB **82**, 802. Es ist ausnahmsweise selbständig anfechtbar, Bre NJW **82**, 2737, Karlsr MDR **86**, 593, Demharter MDR **86**, 186, aM BGH RR **90**, 378, Saarbr RR **98**, 1771, Spieker MDR **97**, 223 (Beschluß). Eine Zurückweisung des Antrags auf eine Sicherheitsleistung wird durch ein ebenfalls selbständig anfechtbares Zwischenurteil nach § 280 II vorgenommen, § 280 Rn 5–7, BGH LM § 110 Nr 8, Bre NJW **82**, 2737. Das Gericht kann aber auch im Endurteil entscheiden.

4   **B. Frist.** Es kann auch um einen Streit nicht über die Pflicht zur Sicherheitsleistung und um die Höhe der Sicherheitsleistung, sondern nur über die Frist nach § 113 gehen. In diesem Fall entscheidet das Gericht durch einen nicht anfechtbaren Beschluß. Ein fälschlich ergangener Beschluß ist nur mit dem Urteil anfechtbar. Er wirkt nach § 113 S 2.

5   **4) Entscheidung, I, II.** II engt das freie Ermessen des § 107 wegen der Höhe der Sicherheitsleistung ein. Der Ermessensspielraum bleibt nur bei der Schätzung derjenigen Kosten erhalten, die dem Bekl vermutlich entstehen werden, BGH DB **82**, 802. Das übersieht BGH **LM** § 110 Nr 8. Das Gericht muß bei einem sonstigen Verlust der Rüge alle entstandenen und sämtliche bei überschlägiger, nicht abschließender Schätzung bevorstehenden Kosten aller möglichen Instanzen berücksichtigen, also unter Umständen auch schon die Kosten der Revisionsinstanz, BGH RR **90**, 378, LG Düss MDR **89**, 267, ZöHe 2, aM Schmieder GRUR **82**, 14 (zum Patentnichtigkeitsverfahren, vgl § 81 VII PatG), StjL 6 (nur für diese und die nächsthöhere Instanz), Söffing MDR **89**, 599. Daher erfolgt auch eine Anordnung nach § 109 erst nach dem Eintritt der Rechtskraft. Bei Streitgenossen ist § 100 zu beachten. Die Art der Sicherheitsleistung liegt auch hier ganz im freien Ermessen des Gerichts. Allerdings ist nur ein Erstattungsanspruch des Gegners zu berücksichtigen, nicht ein Anspruch der Staatskasse, Stgt Rpfleger **85**, 375. Kosten der Widerklage, Anh § 253, sind unbeachtlich, II 2.

6   **5) Abänderung, III.** Wenn sich im Prozeß herausstellt, daß eine vom Ausländer geleistete Sicherheit unzulänglich ist, oder wenn der Wert der geleisteten Sicherheit sinkt, dann kann der Bekl von demjenigen Gericht, bei dem der Prozeß jetzt schwebt, eine Erhöhung der Sicherheitsleistung verlangen, soweit er nicht einen zur Deckung seiner Kosten ausreichenden Teil der unbestrittenen Forderung einbehalten kann.

*Beispiele:* Der Kläger erweitert die Klage, § 263; es entstehen unvorhergesehene Kosten; eine verlangte Sicherheit ist schon verbraucht, weil sie zu niedrig bemessen war; in der Berufungsinstanz reicht die erstinstanzliche Sicherheitsleistung nicht mehr aus, BGH RR **90**, 378, Ffm NJW **80**, 2032 (StPO).

Es handelt sich um eine verzichtbare *Rüge der Unzulässigkeit,* § 282 III, vgl § 110 Rn 10. Die Entscheidung ergeht wie bei § 112 I. III ist entsprechend zu Gunsten des Klägers anwendbar, wenn sich endgültig herausstellt, daß die geleistete Sicherheit zu hoch war. Das Gericht muß sie dann herabsetzen.

7   **6) VwGO:** *Entsprechend anwendbar, § 173 VwGO, vgl § 110 Rn 19..*

**113** *Frist für die Sicherheit.* ¹Das Gericht hat dem Kläger bei Anordnung der Sicherheitsleistung eine Frist zu bestimmen, binnen der die Sicherheit zu leisten ist. ²Nach Ablauf der Frist ist auf Antrag des Beklagten, wenn die Sicherheit bis zur Entscheidung nicht geleistet ist, die Klage für zurückgenommen zu erklären oder, wenn über ein Rechtsmittel des Klägers zu verhandeln ist, dieses zu verwerfen.

1   **1) Systematik, Regelungszweck.** Vgl § 112 Rn 1.
2   **2) Geltungsbereich.** Vgl Üb 3 vor § 108.

**3) Anordnung, S 1.** Bei der Anordnung einer jeden Sicherheitsleistung für die Prozeßkosten muß das 3
Gericht eine Frist für die Sicherheitsleistung bestimmen, und zwar wie bei § 112 Rn 3. Es handelt sich um
eine richterliche Frist. Sie kann verlängert werden, § 224 II. Gegen die Versäumung der Frist ist zwar keine
Wiedereinsetzung statthaft, § 233; der Kläger kann aber die Sicherheit bis zum Erlaß der Entscheidung nach
S 2 nachleisten, Rn 3 Ist die Sicherheit geleistet, so bestimmt das Gericht einen Termin, §§ 216, 495.

**4) Erfolgloser Fristablauf, S 2.** Nach einem erfolglosen Fristablauf wird nicht etwa die Sicherheit 4
beigetrieben, sondern der Prozeß läuft weiter. Das Gericht bestimmt also auch in diesem Fall einen
Verhandlungstermin und lädt wie sonst. Der Bekl darf nicht etwa die Verhandlung zur Sache verweigern,
sondern nur nach S 2 den (evtl zusätzlichen) Antrag stellen, die Klage für zurückgenommen zu erklären. Bei
Verweigerung der Einlassung zur Hauptsache könnte der Kläger gegen den Bekl ein Versäumnisurteil wie
sonst erwirken, § 331. Der Kläger darf die Sicherheit bis zur Entscheidung leisten, § 231 II.

**A. Erste Instanz.** Dort ergeht ein Urteil. Das Gericht erklärt die Klage auf Antrag des Bekl, also nicht 5
von Amts wegen, für zurückgenommen (unterstellt also ihre Rücknahme mit deren Wirkungen wie nach § 269).
Im übrigen ergeht wie § 269 III. Gegen das Urteil ist die Berufung §§ 511 ff, bzw
Sprungrevision nach den allgemeinen Grundsätzen zulässig, § 556 a BGH **LM** § 547 aF Z 1 Nr 7, Karlsr
MDR **86**, 593, ZöHe § 112 Rn 1, aM Demharter MDR **86**, 186, ThP 3. Zum Zwischenurteil § 112
Rn 3. Hat das Gericht fälschlich durch einen Beschluß entschieden, ist die Beschwerde zwecks Aufhebung
des Beschlusses und Erlaß eines Urteils nach Zurückverweisung statthaft. Dann ist zwar keine Verlängerung
einer bereits abgelaufenen Frist möglich, Köln JMBlNRW **71**, 234, Es kann aber der Kläger die Sicherheit
noch bis zum Erlaß des Urteils nachleisten.

**B. Rechtsmittelinstanz.** Dort ergeht ebenfalls ein Urteil, das die Klage für zurückgenommen erklärt, 6
falls der Sicherungspflichtige der Rechtsmittelbekl ist. Wenn er der Rechtsmittelkläger ist, dann verwirft das
Berufungsgericht sein Rechtsmittel als unzulässig, Kblz JB **86**, 119. Wenn beide Parteien Rechtsmittelkläger
sind, dann ist wie bei Rn 4 zu verfahren. Im Fall der Säumnis des Klägers kann der Bekl ein Versäumnisurteil
in der Sache beantragen, § 330, oder eine Entscheidung nach § 113 fordern (nach StJL 7, ZöHe 3 ist das
kein Versäumnisurteil, weil es nicht auf einer Versäumnis beruht. Vgl aber Üb 11 ff vor § 330). Bei einer
Säumnis des Bekl und einem Versäumnisurteil gegen ihn § 331 kann der Kläger nach einem Einspruch des
Bekl die Sicherheitsleistung bis zur neuen Entscheidung nachholen. Eine ordnungsgemäße Bestimmung der
Sicherheitsleistung nach § 112 I ist eine Voraussetzung der Entscheidung.

**5) VwGO:** *Entsprechend anwendbar,* § 173 *VwGO, vgl* § 110 Rn 19. 7

## Siebenter Titel. Prozeßkostenhilfe und Prozeßkostenvorschuß

### Übersicht

**Schrifttum:** *Albers,* Prozeßkostenhilfe als Sozialhilfe, Gedächtnisschrift für *Martens* (1987) 283; *Behn,* Probleme der Prozeßkostenhilfe usw, 1985; *Burgdorf,* Prozeßkostenhilfe im Ehescheidungsverbundverfahren, Diss Gött 1984; *Dörndorfer,* Prozeßkostenhilfe für Anfänger, 2. Aufl 1995; *Engels,* Prozeßkostenhilfe, 1990; *Friedrich* NJW **95**, 617 (Üb); *Hoffmann,* Prozeßkostenhilfe: Berechnungsprogramm für Personal-Computer, 1990; *Hünnekens,* Kostenabwicklung ... In der Prozeßkostenhilfe, 2. Aufl 1999 (Bespr *Nikisch* NJW **99**, 1386); *Kalthoener/Büttner,* Prozeßkostenhilfe und Beratungshilfe, 1988; *Keil,* Gerichtskosten und Prozeßkostenhilfe, in: Festschrift zum 100jährigen Bestehen des *Deutschen Arbeitsgerichtsverbandes,* 1993; *Künzel,* Unstimmigkeiten im Recht der Prozeßkostenhilfe, 1994; *Künzl/Koller,* Prozeßkostenhilfe usw, 1993; *Philippi,* Prozeßkostenhilfe und Grundgesetz, Festschrift für *Schneider* (1997) 267; *Schoreit/Dehn,* Beratungshilfegesetz, Prozeßkostenhilfegesetz, Komm, 6. Aufl 1998 (Bespr *Hintzen* Rpfleger **99**, 544, *Pense* FamRZ **99**, 1194); *Smid,* Rechtsprechung: Zur Unterscheidung von Rechtsfürsorge und Prozeß, 1990; *Thalmann,* Prozeßkostenhilfe in Familiensachen, 1992; *Wax,* Prozeßkostenhilfe. EDV-Programm-Benutzerhandbuch, 1991; *Zimmermann,* Prozeßkostenhilfe in Familiensachen, 1997. Rechtsvergleichend: *Gottwald* ZZP **89**, 136.

### Gliederung

| | |
|---|---|
| 1) Systematik, Regelungszweck .......... 1–3 | 6) Abgrenzung zu anderen Vergünstigungen ................................. 9, 10 |
| 2) Geltungsbereich ............................ 4 | 7) Kritik ............................................. 11 |
| 3) Fürsorgepflicht ............................. 5 | 8) VwGO ........................................... 12 |
| 4) Rechtsmißbrauch ......................... 6, 7 | |
| 5) Sorfältigkeit der Prüfung ............. 8 | |

**1) Systematik, Regelungszweck.** Art 20 I GG gebietet es, dem Minderbemittelten einen Rechtsschutz 1
zu sichern, der demjenigen des Bemittelten wenigstens einigermaßen entspricht. BVerfG NJW **97**, 2103,
BGH **109**, 168, Nürnb FamRZ **96**, 353. Dasselbe Ergebnis läßt sich auch aus Art 1 I (Schutz der Menschenwürde), Art 2 I GG, BVerfG RR **98**, 1082, Art 3 I (Gleichheit vor dem Gesetz), BVerfG NJW **97**, 2103 und 2745, BGH **109**, 168, aus Artt 12 I, 20 III (Rechtsstaatsprinzip, Justizgewährungsanspruch), BVerfG NJW **97**, 2103 und 2745, aus Art 19 IV (Rechtsweggarantie), Art 20 I (sozialer Rechtsstaat), BVerfG NJW **97**, 2103 und 2745, BGH **109**, 168, aus Art 103 I GG (Anspruch auf rechtliches Gehör) ableiten. Das Kostenrisiko darf nicht zu einer Rechtswegsperre werden, BVerfG NJW **97**, 2103 und 2745, LG Siegen MDR **93**, 1116.

Die staatliche Prozeßkostenhilfe, die Wipfelder DRiZ **84**, 387 wohl zu hoch als (soziales) Grundrecht 2
einstuft, ist eine Form der *Sozialhilfe* im Bereich der Rechtspflege, soweit sie erforderlich ist, BGH **109**, 167,

## Übers § 114

1. Buch. 2. Abschnitt. Parteien

Kblz MDR **97**, 268. Sie ist gegenüber dem BSHG vorrangig, Stgt FamRZ **94**, 385, OVG Hbg FER **97**, 43. Diese Aufgaben des Prozeßgericht sind mit dem GG natürlich vereinbar, § 21 GVG Anh I, BVerfG **35**, 355, Hbg FamRZ **78**, 916. Es handelt sich um eine Form staatlicher Daseinsvorsorge, BGH **109**, 168, Ffm FamRZ **92**, 838.

**3** Sie wird aus Zweckmäßigkeitsgründen nicht im BSHG geregelt, sondern in der ZPO. Aus derselben Erwägung ist sie nicht Verwaltungsbehörden übertragen, sondern dem Gericht. Das gesamte PKH-Verfahren ist also ein eigenständiges gerichtliches Verfahren und *kein Zivilprozeß*, BGH RR **89**, 675, Mü MDR **82**, 761. Das Gericht entscheidet in seiner Unabhängigkeit und nicht als eine Verwaltungsbehörde. Seine Entscheidung ist nicht als Verwaltungsakt anfechtbar, sondern nur nach § 127. Daher sind auch zB §§ 38 VwVfG, 34 SGB X unanwendbar. Der nach § 121 beizuordnende oder beigeordnete Anwalt ist nicht Verfahrensbeteiligter, nicht Geschützter und daher nicht Dritter im Sinn von § 839 I 1 BGB wegen seines Honorars, BGH **109**, 170.

**4** 2) **Geltungsbereich.** §§ 114 ff gelten für jede Art des Erkenntnisverfahrens vor dem Prozeßgericht, seiner Nebenverfahren und der Zwangsvollstreckung. Sie gelten auch für vorläufige Verfahren; Einzelheiten § 114 Rn 22 ff, § 119 Rn 32 ff (zum Rechtszug). Sie gelten nicht für ein ausländisches Verfahren, KG IPRax **93**, 242 (zustm Böhmer 223). Der Beitritt der BRep zum bereits von allen anderen Mitgliedstaaten der EU ratifizierten Europäischen Übereinkommen über die Übermittlung von Anträgen auf Bewilligung der Prozeßkostenhilfe vom 27. 1. 77 steht bevor. Es ist im Rechtspolitischen Ausblick hinter dem Sachregister mitabgedruckt.

**5** 3) **Fürsorgepflicht.** Die stets geltende gerichtliche Fürsorgepflicht, Einl III 27, gilt natürlich besonders im Bereich der Prozeßkostenhilfe. Gerade hier muß das Gericht Helfer und Schützer des Rechtssuchenden sein, weil er sozial schwach ist. Das ist bei der Auslegung des Gesetzes über die allgemeinen Regeln, Einl III 35, hinaus zu beachten. Das Gericht sollte eine gewisse Großzügigkeit gegenüber dem Antragsteller wahren, auch um den Nebenschauplatz der Prozeßkostenhilfe nicht zu einem weiteren Hauptkampfplatz zu machen, vgl Herget MDR **85**, 617. Das Gericht ist ohnehin im Erkenntnisverfahren stark genug belastet.

**6** 4) **Rechtsmißbrauch.** Andererseits ist jeder Rechtsmißbrauch verboten, wie auch sonst, Einl III 54. Das gilt nicht nur beim Verbot der Unterstützung von Mutwillen, § 114, sondern auch im gesamten übrigen Bewilligungsverfahren, Stgt FamRZ **97**, 1410, LAG Kiel MDR **96**, 644. Es soll kein Prozessieren aus fremder Tasche stattfinden, AG Syke RR **93**, 1479. Die Vorschiebung eines Bedürftigen zum Zweck der Benachteiligung des Prozeßgegners oder der Staatskasse führt zur Versagung der Prozeßkostenhilfe auch dann, wenn scheinbar alle übrigen Voraussetzungen vorliegen, BGH LM § 114 aF Nr 11, Schneider DB **78**, 288. Der Versuch ihrer Erschleichung kann versuchter Prozeßbetrug sein, § 117 Rn 37.

**7** *Beispiele:* Ein bemittelter Gläubiger nimmt eine Treuhandabtretung an einen Bedürftigen vor; bei der Sicherungsabtretung kommt es im Prozeß des Treunehmers auf seine Lage an, Hamm VersR **82**, 1068; bei der uneigennützigen Treuhand kommt es grundsätzlich auch auf den Treugeber an, Hamm VersR **82**, 381; nur beim Fehlen eines eigenen Interesses des sachlichrechtlichen Rechtsinhabers an der Rechtsverfolgung kommt es lediglich auf die Partei an, BGH NJW **87**, 783; der Bemittelte nimmt eine Prozeßführungsermächtigung eines bedürftigen Mitberechtigten vor; ein Scheidungsantragsgegner könnte sich mühelos der Hilfe der Rechtsantragstelle bedienen, AG Syke RR **93**, 1479 (vgl allerdings Rn 102); ein Sozialhilfeempfänger geht mit Ermächtigung des Sozialhilfeträgers vor, § 114 Rn 18 „Sozialhilfe"; der Ehegatte, der nach § 1360 a IV BGB einen Kostenvorschuß fordern kann, macht sich mittellos, indem er auf ihn verzichtet oder den Prozeß verschleppt, Oldb FamRZ **94**, 1184; der Begünstigte entzieht dem nach § 121 beigeordneten Anwalt grundlos das Mandat, Ffm MDR **88**, 501. Wegen einer einstweiligen Anordnung vgl §§ 127 a, 620 Z 9, 621 f. Wegen einer Folgesache vgl § 624 II.

**8** 5) **Sorgfältigkeit der Prüfung.** Trotz der in Rn 4 empfohlenen gewissen Großzügigkeit muß das Gericht die Bewilligung sorgfältig prüfen, ob ihre Voraussetzungen vorliegen, Rosenau NJ **97**, 151. Für die Staatskasse ist die Prozeßkostenhilfe mehr denn je eine schwere Belastung. So sehr der Minderbemittelte unverzüglich Beistand verdient, um zu seinem Recht zu kommen, so verwerflich ist es, ihm einen faulen Prozeß aus fremder Tasche zu ermöglichen. Freilich kann die Verweigerung einer Prozeßkostenhilfe aus grundsätzlichen Erwägungen, die keine sachliche Rechtfertigung haben, wegen eines Verstoßes gegen Art 3 I GG, verfassungswidrig sein, vgl BVerfG **56**, 144 (zum alten Recht).

**9** 6) **Abgrenzung zu anderen Vergünstigungen.** Neben der Prozeßkostenhilfe, die in manchen Verfahrensarten als Verfahrenskostenhilfe bezeichnet wird, vgl § 114 Rn 22 ff, gibt es eine Reihe anderer kostenrechtlicher Vergünstigungsmöglichkeiten.

**10** *Beispiele:* Persönliche Gebührenfreiheit, § 2 GKG; Möglichkeiten einer Herabsetzung des Streitwerts, §§ 144 PatG, 23 a, b UWG, 247 I AktG, 142 MarkenG, 26 GebrMG, die zusätzlich zur Prozeßkostenhilfe statthaft sind, BGH LM § 53 PatG aF Nr 1; eine vorläufige Befreiung von einer Vorauszahlungspflicht, § 65 VII GKG, Anh § 271; die Nichterhebung solcher Kosten, die durch eine falsche Sachbehandlung entstanden, §§ 8 GKG, 16 KostO; ein Absehen von Kostenansatz, § 10 KostVfg, Hartmann Teil VII A; die Niederschlagung von Kosten wegen Vermögenslosigkeit, § 2 VO vom 20. 3. 35, RGBl 406, und die AV der Länder hierzu, Hartmann Teil VII D; die Möglichkeiten einer Reiseentschädigung an mittellose Personen, Hartmann Teil V Anh I, II § 18 ZSEG; die Finanzierung der Kosten eines im Weg der Beratungshilfe beigeordneten Anwalts, Anh § 127; die Pflicht des Notars, falls eine Prozeßkostenhilfe zu bewilligen wäre, seine Urkundstätigkeit vorläufig gebührenfrei oder gegen Zahlung von Monatsraten zu gewähren, § 17 II BNotO, Einzelheiten Appell DNotZ **81**, 596. Zum Verfahren nach dem AUG KG FamRZ **92**, 1319, Uhlig/Berard NJW **87**, 1521 (Üb).

**11** 7) **Kritik.** Die Regelung der Prozeßkostenhilfe stellt auch nach der Änderung zum 1. 7. 94 keine Meisterleistung dar, schon abgesehen von der Frage, ob das Kostenrisiko überhaupt ausreichend abgedeckt wird, Müller JZ **87**, 1. Neben eindeutigen Verbesserungen findet man sowohl im Bereich des Sprachlichen als auch im Verfahren, vor allem aber auch unter dem Gesichtspunkt der Abänderbarkeit getroffener

7. Titel. Prozeßkostenhilfe und Prozeßkostenvorschuß **Übers § 114, § 114**

Bewilligungsentscheidungen neue, erhebliche oder gar schwere Mängel, „Steine statt Brot", Bischof NJW 82, 2549, Schneider MDR **84**, 815. Sie sind im nachfolgenden bei den einschlägigen Vorschriften erläutert. Dort ist auch angegeben, inwiefern unverändert verfassungsrechtliche Bedenken gegen einzelne Teile der Regelung bestehen.

**8)** *VwGO:* Nach § 166 VwGO gelten die Vorschriften über die Prozeßkostenhilfe entsprechend für alle Verfahren **12** der Verwaltungsgerichtsbarkeit. Eine Zuständigkeit des RPfl entfällt, Anh § 153 GVG Rn 1, vgl Nr 12 der DfRegelung, § 117 Rn 28. §§ 114 ff gelten nicht im Disz Verf nach BDO, st Rspr, BVerwG BayVBl **98**, 316 mwN.

**114** *Voraussetzungen.* **Eine Partei, die nach ihren persönlichen und wirtschaftlichen Verhältnissen die Kosten der Prozeßführung nicht, nur zum Teil oder nur in Raten aufbringen kann, erhält auf Antrag Prozeßkostenhilfe, wenn die beabsichtigte Rechtsverfolgung oder Rechtsverteidigung hinreichende Aussicht auf Erfolg bietet und nicht mutwillig erscheint.**

Gliederung

| | | | |
|---|---|---|---|
| 1) Systematik, Regelungszweck, §§ 114–127 | 1–7 | 6) „Kosten der Prozeßführung" | 76–79 |
| | | A. Gesamtkosten der Instanz | 77 |
| 2) „Antrag" | 8 | B. Schätzung | 78 |
| 3) „Partei" | 9–21 | C. Maßgeblicher Zeitpunkt: Bewilligungsreife | 79 |
| A. Begriff der „Partei" | 9 | | |
| B. Beispiele zur Parteifrage | 10–21 | 7) „Hinreichende Erfolgsaussicht" | 80–105 |
| 4) Sachlicher Geltungsbereich | 22–45 | A. Vorläufige Prüfung | 80, 81 |
| A. Umfassende Anwendbarkeit | 22 | B. Maßgeblicher Zeitpunkt: Bewilligungsreife | 82, 83 |
| B. Beispiele zur Frage des sachlichen Geltungsbereichs | 23–45 | C. Beispiele zur Frage der Erfolgsaussicht | 84–105 |
| 5) „Persönliche und wirtschaftliche Verhältnisse" | 46–75 | 8) „Nicht mutwillig" | 106–132 |
| A. Bedürftigkeit | 46 | A. Begriff des „Mutwillens" | 107 |
| B. Prüfungsmaßstab: Großzügigkeit | 47 | B. Maßgeblicher Zeitpunkt: Bewilligungsreife | 108 |
| C. Maßgeblicher Zeitpunkt: Bewilligungsreife | 48 | C. Beispiele zur Frage des Mutwillens | 109–132 |
| D. Beispiele zur Frage der Bedürftigkeit | 49–75 | 9) *VwGO* | 133 |

**1)** **Systematik, Regelungszweck, §§ 114–127.** Vgl zunächst Üb 1–8 vor § 114. Das Verfahren beginnt **1** nicht von Amts wegen, sondern nur auf Grund eines Antrags, § 117 I, II. Er erfordert zum einen eine Darstellung des Streitverhältnisses, zum anderen eine Erklärung über die persönlichen und wirtschaftlichen Verhältnisse; letztere ist grundsätzlich durch einen Vordruck abzugeben, § 117 III, IV.

Das Gericht nimmt nur eine *vorläufige* Prüfung der Erfolgsaussicht vor, §§ 114–116, BVerfG NJW **97**, **2** 2103, und prüft vorher oder anschließend die Bedürftigkeit nach denselben Vorschriften. Es nimmt evtl ergänzende Ermittlungen vor, § 118, hört den Prozeßgegner an, § 118 I 1, 2, und trifft dann seine Entscheidungen nur für diesen Rechtszug, § 119. Eine mündliche Verhandlung findet nicht statt, § 127 I 1; eine nur scheinbare Ausnahme gilt nach § 112 I 3, der in Wahrheit nur die Erörterung, nicht Verhandlung, ermöglicht.

*Zuständig* ist das Gericht des jeweiligen Rechtszugs, § 127 I 2, und zwar grundsätzlich der Richter, wegen **3** der Zwangsvollstreckung der RPfl des Vollstreckungsgerichts, §§ 117 I 3, 119 II, 764, 802, sonst nur in Ausnahmefällen der RPfl, § 20 Z 4, 17 RPflG, Anh § 153 GVG. Die Entscheidung erfolgt durch einen Beschluß, § 329. Falls er erst im Laufe einer mündlichen Verhandlung (zur Hauptsache) ergeht, wird er kraft Gewohnheitsrechts mündlich verkündet, vgl § 329 I 1; anderenfalls wird er formlos dem Antragsteller, dem Prozeßgegner, nicht aber dem Vertreter der Landeskasse (Bezirksrevisor) mitgeteilt, § 329 II 1. Er ist grundsätzlich zu begründen; bei voller Bewilligung genügt eine stichwortartige Begründung, § 329 Rn 4. Er enthält keine Entscheidung zu Kosten und vorläufiger Vollstreckbarkeit.

Das Gericht kann (und muß evtl) bestimmen, daß der Antragsteller *Monatsraten* (aus dem Einkommen) **4** und/oder Beträge (aus dem Vermögen) zu zahlen hat, soweit er dazu instand gesetzt ist, § 120.

Im Anwaltsprozeß, § 78 Rn 1, muß das Gericht einen bei ihm zugelassenen *Anwalt* beiordnen, § 121 I; **5** im Parteiprozeß, § 78 Rn 1, ist die Beiordnung auf Antrag vorzunehmen, falls eine anwaltliche Vertretung erforderlich erscheint, § 121 II. Grundsätzlich ist nur ein von der Partei vorgeschlagener (und bereiter) Anwalt beizuordnen, § 121 Rn 2.

Die Bewilligung hat zur *Folge,* daß die Staatskasse jedenfalls bis zur Beendigung des Hauptverfahrens keine **6** weiteren als die vom Gericht angeordneten Zahlungen vom Antragsteller fordern kann, § 122 I, und daß der beigeordnete Anwalt einen Vergütungsanspruch grundsätzlich nicht gegenüber dem Auftraggeber, sondern nur gegenüber der Staatskasse hat, § 122 I Z 3. Auch der Prozeßgegner ist einstweilen von Zahlungspflichten befreit. Wer im Hauptprozeß unterliegt, muß dem Gegner dessen Kosten erstatten, § 123. Im Fall der Täuschung und in anderen Ausnahmefällen kann und muß das Gericht die PKH aufheben, § 124.

Soweit eine Entscheidung den Antragsteller oder die Landeskasse beschwert, zum Begriff Grdz 13 vor § 511, **7** können diese einfache *Beschwerde* einlegen, § 127 II, III, bzw nach § 11 RPflG vorgehen, § 127 Rn 94 ff; das ist grundsätzlich jedoch nicht in jedem Fall möglich, so dem die Hauptsache nicht kommen könnte, § 127 Rn 37. Die Beschwerde ist nach Abschluß des Hauptverfahrens nur noch ausnahmsweise zulässig.

**2) „Antrag".** PKH wird nur auf Grund eines „Antrags" bewilligt, nicht von Amts wegen, § 117 Rn 2. **8** Zum Antrag ist die Partei berechtigt, Grdz 3 vor § 50. Wer im übrigen dazu zählt, das ergibt sich aus

## § 114
1. Buch. 2. Abschnitt. Parteien

Rn 3 ff. Auch der ProzBev, Üb 4 vor § 78, § 81 Rn 1, ist (für die Partei) antragsberechtigt. Wegen einer Antragswiederholung vgl § 127 Rn 104. Wegen eines Verstoßes § 117 Rn 35.

9 **3) „Partei".** PKH kann nur eine „Partei" beantragen, Grdz 3 vor § 50.

**A. Begriff der „Partei".** Sie muß beim Antragseingang und auch noch im Zeitpunkt der Entscheidung über ihn Partei sein, § 119 Rn 3, 10. Der Antragsteller muß parteifähig sein, § 50. Er muß auch prozeßfähig sein, §§ 51, 52. Maßgeblich ist die Stellung im Haupt- einschließlich Nebenverfahren, etwa einer Folgesache.

10 **B. Beispiele zur Parteifrage**
**Abtretung:** Es kommt darauf an, ob der Antragsteller schon und noch Gläubiger ist. Bei der Sicherungsabtretung kommt es im Prozeß des Treunehmers auf seine Lage an, Hamm VersR **82**, 1068. Bei der uneigennützigen Treuhand kommt es grundsätzlich auch auf den Treugeber an, Hamm VersR **82**, 381; nur beim Fehlen eines eigenen Interesses des sachlichrechtlichen Rechtsinhabers an der Rechtsverfolgung kommt es lediglich auf die Partei an, Celle NJW **87**, 783.

**Asyl:** Der Bundesbeauftragte für Asylangelegenheiten kann Partei sein, zB wenn er gegen ein das Asyl gewährendes Urteil Rechtsmittel einlegt, VGH Kassel FamRZ **89**, 82.
S auch „Ausländer, Mehrstaater, Staatenloser".

**Ausländer, Mehrstaater, Staatenloser,** dazu Üb 2 vor § 114: Diese Personen sind ebenso wie Inländer zu behandeln, BFH Rpfleger **97**, 171, Düss MDR **94**, 301. Es kommt also auf eine etwaige Gegenseitigkeit nicht mehr für einen Prozeß im Inland an, BFH Rpfleger **97**, 171, sondern allenfalls für einen solchen im Ausland. Das gilt allerdings nur für eine natürliche Person als Antragsteller; das übersieht Grunsky NJW **80**, 2043. Bei einer juristischen Person oder einer parteifähigen Vereinigung stellt § 116 Z 2 das Erfordernis auf, daß sie ihren (Haupt-)Sitz im Inland haben muß. Wegen der zwischenstaatlichen Vorschriften vgl Anh § 114. Wegen eines sog eingehenden Gesuchs um Auslandsunterhalt, § 9 S 1 AUG, vgl bei § 122.
S auch „Asyl".

11 **Beitritt:** Auch der nach § 640 e Beigetretene kann PKH beantragen, Hamm FamRZ **91**, 347, Karlsr FamRZ **92**, 701.

12 **Dritter:** Soweit er nicht mit irgendeiner der in diesem ABC genannten Funktionen tätig ist, ist er nicht Partei im Sinn von § 114.

13 **Flüchtling:** Rn 10 „Ausländer, Mehrstaater, Staatenloser".
**Fremdes Recht:** Rn 10 „Abtretung", Rn 16 „Nachlaßpfleger", Rn 17 „Partei kraft Amts", Rn 19 „Treuhand".

14 **Gemeinschaft:** Es kommt auf den einzelnen Gemeinschafter an.
S auch „Gesetzlicher Vertreter".
**Gesellschaft:** S „Gemeinschaft".
**Gesetzlicher Vertreter:** Es kommt bei PKH für den Prozeß des Vertretenen grundsätzlich auf diesen an, Stgt FamRZ **88**, 166.
S auch Rn 15, 16, 17 „Partei kraft Amts".

15 **Juristische Person:** Vgl § 116. Es kommt nicht auf die Verhältnisse ihres gesetzlichen Vertreters, sondern auf ihre eigenen an, vgl Rn 14 „Gesetzlicher Vertreter".

16 **Nachlaßpfleger:** Es kommt auf den Nachlaßbestand an, Elzer Rpfleger **99**, 165 (ausf), aM OVG Hbg Rpfleger **96**, 464.
S auch Rn 14 „Gesetzlicher Vertreter", Rn 17 „Partei kraft Amts".

17 **Partei kraft Amts:** Vgl § 116.
**Prozeßstandschaft:** Der Elternteil, der nach § 1629 III BGB nur im eigenen Namen vorgehen darf, ist Prozeßstandschafter kraft Gesetzes, Grdz 26 ff vor § 50, vgl KG FamRZ **89**, 82. Wegen der Person, auf deren Bedürftigkeit abzustellen ist, Rn 55 „Fremdes Recht".
S auch Rn 10 „Abtretung", Rn 16, Rn 17 „Partei kraft Amts", Rn 19.

18 **Sozialhilfe:** § 114 ff gehen grds dem SGB VIII vor (soweit sie nicht direkt darauf verweisen), Köln FamRZ **95**, 820, OVG Münst NJW **93**, 483; vgl freilich § 115 I, II und die dort abgedruckten Regeln des BSHG. § 91 IV BSHG erlaubt seit 1. 8. 96 dem Sozialhilfeträger, den auf ihn übergegangenen Unterhaltsanspruch im Einvernehmen mit dem Hilfeempfänger auf diesen zur gerichtlichen Geltendmachung rückzuübertragen und sich den geltend gemachten Unterhaltsanspruch abtreten zu lassen, Kblz FER **97**, 257, Köln FamRZ **98**, 176, Stgt FamRZ **95**, 1165, aM Hamm FamRZ **98**, 175 (nur bei Kostenübernahme durch Sozialhilfeträger), Kblz FamRZ **97**, 1086, Saarbr FamRZ **95**, 1166. Die Rückübertragung muß allerdings überhaupt wirksam sein, Celle FamRZ **97**, 1088, krit Nürnb FamRZ **97**, 1087.

**Streitgenossen, Streithelfer:** Jeder Streitgenosse ist grundsätzlich unabhängig vom anderen zu beurteilen. Eine Ausnahme kann bei gleicher Beteiligung und der Möglichkeit vorliegen, sich durch den Anwalt des anderen mitvertreten zu lassen, BGH NJW **95**, 1715, Stgt JB **97**, 200 (Bewilligung nur wegen des Erhöhungsbetrags bei § 6 I 2 BRAGO; abl Rönnebeck NJW **94**, 2273).

19 **Tod:** Der Tod des Antragstellers kann zur Notwendigkeit eines etwaigen neuen Antrags des Erben führen, Karlsr FamRZ **99**, 240, OVG Hbg FER **97**, 43.
**Treuhand:** Bei der uneigennützigen Treuhand kommt es grundsätzlich auch auf den Treugeber an, Hamm VersR **82**, 381; nur beim Fehlen eines eigenen Interesses des sachlichrechtlichen Rechtsinhabers an der Rechtsverfolgung kommt es lediglich auf die Partei an, BGH NJW **87**, 783.
S auch Rn 10 „Abtretung".

20 **Vereinigung:** Wegen einer parteifähigen Personenvereinigung vgl § 116.
S auch Rn 14 „Gemeinschaft", „Gesellschaft".
**Vertreter:** Rn 14 „Gesetzlicher Vertreter".

21 **Zeuge:** Er ist gerade *nicht* Partei, abw Stgt Rpfleger **92**, 313 (StPO). Im Strafprozeß wendet Düss MDR **93**, 70 §§ 114 ff evtl entsprechend an.

## 7. Titel. Prozeßkostenhilfe und Prozeßkostenvorschuß § 114

**Zwangsverwalter:** Er ist nach § 114, nicht nach § 116, zu beurteilen, soweit er aus abgetretenem Recht handelt, Hamm VersR **89**, 929.

**4) Sachlicher Geltungsbereich.** Die scheinbar einfache Regelung enthält manche Unklarheit. 22

**A. Umfassende Anwendbarkeit.** PKH kann für alle Prozeß- und sonstigen gerichtlichen Verfahrensarten in Betracht kommen. Das gilt unmittelbar für die nach der ZPO geregelten Verfahren; viele andere Verfahrensgesetze verweisen auf ihre Bestimmungen. Unabhängig davon, daß PKH je Rechtszug gesondert beantragt und bewilligt werden muß, § 119 Rn 29, kann sie auch für einzelne Verfahrensabschnitte in Betracht kommen, etwa dann, wenn sie erst im Laufe des Rechtszugs beantragt wird und wenn trotz früheren Antrags bei der späteren Entscheidung keine rückwirkende Bewilligung in Betracht kommt. Im Zweifel umfaßt ein Antrag alle beim eingegangenen Spruchkörper anhängigen und erkennbar beabsichtigten Verfahren, strenger KG FamRZ **90**, 183. Soweit er nur an „das ...gericht" adressiert ist, kann eine Behandlung bei mehreren solchen Spruchkörpern notwendig werden. Im Zweifel umfaßt eine Bewilligung nur die eindeutig erfaßten Verfahren ohne Rückwirkung. Wegen der Zwangsvollstreckung §§ 117 I 3, 119.

Nicht hierher gehören bloße außergerichtliche Verfahren. Das ergibt sich schon aus den Worten „Kosten der Prozeßführung", Ffm AnwBl **90**, 176, LAG Nürnb JB **98**, 93.

**B. Beispiele zur Frage des sachlichen Geltungsbereichs** 23

**Arbeitsgericht,** dazu *Zenke/Brandenburg,* Kosten des finanzgerichtlichen Prozesses, 1997: Im Verfahren vor den Arbeitsgerichten gelten die §§ 114 ff entsprechend, § 11 a III ArbGG, LAG Bln MDR **89**, 572, LG Bre DB **90**, 744, LAG Halle AnwBl **98**, 543, 544. LAG Hamm DB **81**, 1576 sieht darin keine Befreiung von den Gerichtskosten. Die erforderlichen Vordrucke für die Angaben über die persönlichen und wirtschaftlichen Verhältnisse des Antragstellers werden nach § 11 a IV ArbGG vom Bundesminister für Arbeit und Sozialordnung eingeführt; vgl die VO v 24. 11. 80, BGBl 2163. Einzelheiten und Kritik Lepke DB **85**, 488. Eine Beiordnung nach § 11 a I ArbGG mag zwar nach Art beschränkter PKH sein, ist aber trotzdem nach den Voraussetzungen und Rechtsfolgen anders zu beurteilen, LG Halle MDR **97**, 1131; LAG Bre MDR **86**, 525 sieht im Antrag nach §§ 114 ff ZPO als „minus" denjenigen nach § 11 a I ArbGG enthalten. Eine verspätete Entscheidung über das PKH-Gesuch kann gegen Art 103 I GG verstoßen, LAG Mü AnwBl **88**, 122.

**Arrest:** PKH ist auch für dieses Verfahren statthaft. 24
**Asylverfahren:** PKH ist auch für dieses Verfahren statthaft, OVG Weimar NJW **98**, 3660.
**Auslandsunterhalt:** Rn 41 „Unterhalt".
**Beschwerdeverfahren:** § 127 Rn 35.
**Betreuungsverfahren:** Rn 26 „Freiwillige Gerichtsbarkeit".
**Beweissicherung:** Rn 38.
**Eheverfahren:** PKH ist auch für dieses Verfahren statthaft, Ffm FamRZ **92**, 700, Kblz FamRZ **83**, 735, 25
Wax FamRZ **85**, 10 (Üb). Man muß aber beachten, daß im Eheverfahren die Rechtsverteidigung schon dann aussichtsreich ist, wenn die Partei das Verfahren irgendwie in einem ihr günstigen Sinn beeinflussen kann, Celle FamRZ **78**, 606, Hamm NJW **78**, 171, etwa indem sie als Scheidungsantragsgegner die Aussöhnung behauptet; Düss FamRZ **79**, 158 fordert zumindest einen Antrag, Düss FamRZ **79**, 159 läßt die Zustimmung zum Scheidungsantrag des Gegners nur dann ausreichen, wenn die Voraussetzungen des § 1566 I BGB hinreichend dargetan sind; ähnlich AG Lüdenscheid FamRZ **94**, 314 betr § 1565 II BGB. Wegen der Beiordnung im Verfahren auf eine einstweilige Anordnung vgl §§ 620 ff. Wegen einer sog Schutzschrift Grdz 7 vor § 128.

Grds erfolgt die Bewilligung für *alle* anhängigen Folgesachen, Mü FamRZ **95**, 822. Es gibt *keine* Bewilligung nur für die Folgesachen bei einer gleichzeitigen Ablehnung des Scheidungsantrag, Düss NJW **78**, 1866, Hamm FamRZ **77**, 800, aM Karls FamRZ **78**, 124, oder für Folgesachen, für die kein Antrag oder keine Erfolgsaussicht vorliegt, Schlesw SchlHA **78**, 162, oder nur für außergerichtliche Vergleichsverhandlungen, die nicht zu einem Prozeßvergleich führen sollen, Ffm MDR **89**, 550, oder nur für einen außergerichtlichen Vergleich, Ffm MDR **89**, 550.

**Einstweilige Anordnung, Verfügung:** PKH ist auch für diese Verfahren statthaft, Düss (6. ZS) Rpfleger **95**, 117, aM Düss (10. ZS) Rpfleger **94**, 28.
**Entschädigungsverfahren:** §§ 114 ff gelten auch in einer Entschädigungssache, § 209 I BEG. 26
**Finanzgericht:** Im Verfahren vor dem Finanzgericht gelten gemäß § 142 FGO auch die §§ 114 ff, BFH DB **88**, 536. Der Antrag ist auch vor der Klagerhebung zulässig, BFH BB **87**, 221. Es kommen die Beiordnung eines ProzBev, BFH BB **86**, 2402, auch eines Steuerberaters und seine Vergütung im Weg der PKH in Betracht, § 46 StBGebV, Hartmann Teil VII B 6 C. Zur Begründung einer Ablehnung BFH DB **87**, 568. Zu einigen Besonderheiten des finanzgerichtlichen Verfahrens BFH BB **85**, 2160.
**Folgesache:** Rn 25 „Eheverfahren".
**Freiwillige Gerichtsbarkeit:** Wegen der Verweisung in § 14 FGG auf die ZPO, vgl auch § 103 I I SachenRBerG, ist PKH auch im FGG-Verfahren möglich, BayObLG WoM **97**, 128, Hamm FamRZ **97**, 1096, LG Karlsr FamRZ **99**, 1091, aM Zweibr FamRZ **99**, 1092, AG Arnsbg FamRZ **85**, 834. Das GKG ist nicht stets anwendbar, Mü MDR **87**, 856, LG Bln FamRZ **89**, 209. § 9 LwVG verweist auf § 14 FGG.
**Gebrauchsmustersache:** §§ 129 ff PatG, Rn 34 „Patentgericht", sind entspr anwendbar, § 21 II GebrMG. 27
**Geschmacksmustersache:** Rn 34 „Patentgericht".
**Hilfsantrag:** Rn 32 „Mehrheit von Klaganträgen". 28
**Insolvenz:** §§ 114 ff sind im Verfahren nach der InsO anwendbar. § 4 InsO erfaßt nach seinem Wortlaut und Zweck *alle* Verfahrensarten.

Diese Frage ist **streitig**. **Wie hier** zB LG Gött NJW **99**, 2286 (Verbraucherinsolvenz), LG Lüneb NJW **99**, 2287, AG Mü NJW **99**, 432 (je: auch bei § 305 I Z 2 InsO); **aM** zB LG BadBad RR **99**, 993, LG Hbg MDR **99**, 829, AG Kleve Rpfleger **99**, 346, AG Nürnb Rpfleger **99**, 348 (je: Eröffnungsverfahren), LG Kassel RR **99**, 1137, LG Köln MDR **99**, 630, AG Köln NJW **99**, 1642 (nur für einzelne Abschnitte), Maier Rpfleger **99**, 5 (nicht bei Vorstufe der Restschuldbefreiung), Vallender MDR **99**, 601 (wegen § 26

## § 114

I InsO nicht beim Eigenantrag des Schuldners. Aber § 4 InsO erfaßt entgegen AG Köln NJW **99**, 1642 auch diese Formen).

29 **Justizverwaltung:** §§ 114 ff gelten auch bei der Anfechtung einer Maßnahme der Justizverwaltung, § 29 III EGGVG.

30 **Kindschaftsverfahren:** PKH ist auch für den Kindschaftsprozeß zulässig, Hbg FamRZ **96**, 224, Karlsr FamRZ **95**, 1163, Wax FamRZ **85**, 10 (Üb). In einer Kindschaftssache ist aus den obigen Gründen auch dem Bekl die PKH zu bewilligen, und zwar auch dann, wenn sich die Mutter des Kindes ungünstig zum Klagantrag geäußert hat, Ffm FamRZ **85**, 419. Es steht nicht entgegen, daß das Gericht den Sachverhalt dort von Amts wegen zu untersuchen hat. Darauf allein darf die Ablehnung der PKH nicht gestützt werden; es wäre Art 103 I GG verletzt, BVerfG NJW **57**, 1228.

31     Das schließt aber nicht aus, daß dann, wenn das Kind der Anfechtungsklage nichts Erhebliches entgegensetzen kann, die PKH *abgelehnt* wird, BVerfG NJW **59**, 1028, KG OLGZ **70**, 161, großzügiger Köln FamRZ **87**, 400, ZöPh 53. Die Widerklage des Kindes, das die Vaterschaft auf die gleichgerichtete Klage des Vaters ebenfalls anficht, reicht aus. Jedenfalls dürfen niemals fiskalische Interessen vor der Möglichkeit für die Partei, ihre Lage durch die Beiordnung eines Anwalts vorteilhafter zu gestalten, den Vorrang erhalten, Mü AnwBl **81**, 507. Das gilt auch dann, wenn lediglich eine Tatsachenerklärung erforderlich ist. Sie ist oft die schwierigste Seite eines Prozesses. PKH kommt für eine Ehelichkeitsanfechtungsklage nicht in Betracht, wenn das in Deutschland lebende klagende Kind nach dem maßgeblichen (italienischen) Heimatrecht nicht als ehelich gilt, Düss FER **99**, 147.

Die für ein Kindschaftsverfahren gewilligte PKH erstreckt sich *nicht* auf das Verfahren über die einstweilige Anordnung nach § 641d, das ein selbständiges Verfahren im Sinn von § 114 ist. Denn dort liegt ein anderer Streitgegenstand und eine geringere Höhe des Streitwerts vor, Hamm NJW **72**, 261.

32 **Mahnverfahren:** PKH kommt zwar grds schon für das Mahnverfahren in Betracht, Schlemmer Rpfleger **78**, 201, Wielgoß NJW **91**, 2070. Wegen des dortigen Wegfalls einer Schlüssigkeitsprüfung, § 691 Rn 6, erfolgt aber eine Prüfung der Erfolgsaussichten nach § 114 nur im Fall eines Rechtsmißbrauchs usw, § 691 Rn 6, und ist eine PKH nur ausnahmsweise geboten, LG Stgt Rpfleger **94**, 170. Wegen der Fortwirkung im streitigen Verfahren § 119 Rn 40.

**Markenrecht:** PKH ist im markenrechtlichen Beschwerdeverfahren entsprechend § 82 I MarkenG möglich, BGH DB **99**, 1901.

**Mehrheit von Anträgen:** Das Gericht kann PKH für den einen Klagantrag bewilligen, für den anderen ablehnen, vgl auch Rn 40. Wenn auch der Hilfsantrag erfolgversprechend ist, kommt auch für ihn eine Bewilligung in Betracht. Das Gericht darf aber nicht mehrere Klagegründe trennen.

33 **Nebenkläger:** Rn 39 „Strafgericht".

34 **Patentgericht,** dazu *Kelbel* GRUR **81**, 5 (Üb): Im Verfahren vor den Patentgerichten und vor dem BGH in Patentsachen gibt es neben dem Unterschied, daß das Gesetz dort von Verfahrenskostenhilfe spricht, einige inhaltliche Abweichungen, §§ 129 ff PatG; im übrigen gelten die §§ 114 ff sinngemäß, § 136 PatG, BPatG GRUR **98**, 44. Dasselbe gilt nach § 21 II GebrMG, BPatG GRUR **86**, 734, auf der Basis von § 11 II Halbleiterschutzgesetz verweist, nach § 10 b GeschmMG und nach § 44 V 2, 46 III 2 SortenSchG.

**Privatkläger:** Rn 39 „Strafgericht".

35 **Prozeßkostenhilfeverfahren:** Die Bewilligung von PKH kommt *grundsätzlich nicht* schon für das Bewilligungsverfahren in Betracht, BGH **91**, 312, BVerwG Rpfleger **91**, 63, Celle JB **97**, 200, aM Hamm NJW **82**, 287, Mü MDR **97**, 891 (es hält sich für die „herrschende Meinung").

PKH kommt auch nicht schon deswegen in Betracht, weil im Bewilligungsverfahren eine *Beweisaufnahme* erfolgt, LG Aachen MDR **86**, 504 (krit Schneider MDR **86**, 857), aM Köln JMBlNRW **83**, 125, ThP 1. PKH kommt allerdings ausnahmsweise bei einer Einigung nach § 118 in Betracht, Rn 43 „Vergleich". Sie kann ferner im Stadium der Anhängigkeit der (durch Bewilligung von PKH bedingten) Klage in Betracht kommen, Rn 84 „Anhängigkeit". Eine Bewilligung erfolgt nicht im Beschwerdeverfahren nach § 127, dort Rn 88.

36 **Rechtsmittelinstanz:** Die Bewilligung erfolgt für jeden Rechtszug gesondert, § 119 Rn 29. Wegen des Beschwerdeverfahrens nach § 127 Rn 35.

37 **Scheidung:** Rn 25 „Eheverfahren".

**Schiedsrichterliches Verfahren:** PKH kommt grds nicht für dieses Verfahren in Betracht, Stgt BauR **83**, 486. Möglich ist aber PKH im Verfahren nach §§ 1032 II, III, 1050, 1059.

**Schmerzensgeld:** Rn 41 „Unbezifferter Anspruch".

38 **Selbständiges Beweisverfahren:** PKH kommt auch für das selbständige Beweisverfahren in Betracht. Das gilt auch für das ohne Hauptprozeß stattfindende, Köln Rpfleger **95**, 303, LG Bonn WoM **92**, 29, LG Karlsr MDR **93**, 914, aM LG Bonn MDR **85**, 415, LG Flensb SchlHA **87**, 154 (es reicht aber eine „beabsichtigte" Rechtsverfolgung). Dabei kommt es auf die Erfolgsaussicht nicht der beabsichtigten oder schon erhobenen Klage, sondern nur des Beweisantrags an, LG Karlsr MDR **93**, 914, LG Köln RR **87**, 319. Eine Bewilligung ist grds auch für den Antragsgegner möglich, LG Augsb WoM **96**, 233, ZöPh 2, aM LG Hann JB **86**, 765.

39 **Sortenschutzsache:** Rn 34 „Patentgericht".

**Sozialgericht:** Im Verfahren vor den Sozialgerichten sind die §§ 114 ff *entsprechend anwendbar*, § 73a I 1 SGG, BSG JB **96**, 533, LSG Essen FamRZ **89**, 1315, LSG Mü AnwBl **88**, 421 (strengere Maßstäbe). Dabei enthalten §§ 114–127 a auch für das sozialgerichtliche Verfahren eine abschließende Regelung, OVG Hbg FEVS **33**, 476. Wegen der evtl Zuständigkeit des EuGH vgl BSG NJW **84**, 576. Die Versagung der Beiordnung eines Anwalts verstößt nicht stets gegen Art 3 I, 103 I GG, BVerfG AnwBl **86**, 211. Zur entsprechenden Anwendung von § 575 Behn DRiZ **88**, 331.

**Sozialhilfe:** Vgl Rn 18 „Sozialhilfe".

**Strafgericht:** §§ 114 ff gelten entsprechend auch im Strafprozeß, § 379 III StPO, BGH NJW **92**, 2306, Ruppert MDR **95**, 556 (je: Nebenkläger, Revision), Düss MDR **93**, 70 (evtl sogar für Zeugen), aM Düss MDR **88**, 990 (nur für den Privat*kläger,* nicht den dortigen Angeklagten). §§ 114 ff gelten ferner entsprechend im Strafvollzug, § 120 II StVollzG. Zu den Anforderungen im Klageerzwingungsverfahren Düss MDR **92**, 1071.

## 7. Titel. Prozeßkostenhilfe und Prozeßkostenvorschuß § 114

**Stufenklage:** Die Stufenklage ist eine Verbindung mehrerer Ansprüche einer Klage, § 254 Rn 1, die zugleich rechtshängig werden. Deshalb ist es unzulässig, PKH nur für die erste Stufe zu bewilligen, da der Kläger dann für die nächsten Stufen einen Vorschuß zahlen müßte, § 119 Rn 43 „Stufenklage" (dort zur Streitfrage). Das gilt auch für den Bekl, aM Brdb FamRZ **98**, 1177, Köln FamRZ **85**, 623.

**Teilklage:** Die Notwendigkeit einer bloßen Teilklage ist keineswegs die Regel, ZöPh 36, aM Ffm FamRZ **40 84**, 809. Im Fall einer notwendigen Teilklage darf PKH nur und muß für diese Teilforderung bewilligt werden, JB **81**, 611, Bbg FamRZ **85**, 1142. Wenn freilich wegen des Restbetrags der Gesamtforderung eine Verjährung droht, kann der Antragsteller im allgemeinen ein Feststellungsinteresse wegen des Rests, § 256 I.

**Unbezifferter Anspruch:** Soweit er zulässig ist, § 253 Rn 51 ff, ist zu schätzen, ob er voll oder teilweise **41** Erfolg haben kann, und evtl wie bei einer Teilklage vorzugehen, Rn 40.

**Unterhalt:** Die Entscheidung über PKH nach dem AUG erfolgt für das Verwaltungsverfahren durch das AG und ist nach § 23 EGGVG anfechtbar, KG RR **93**, 69. Vgl ferner Rn 25 „Eheverfahren", Rn 30, 31, Rn 43 „Vergleich".

**Verfassungsgericht:** §§ 114 ff gelten entsprechend auch im verfassungsgerichtlichen Verfahren, zB evtl im **42** Verfahren der Verfassungsbeschwerde, BVerfG NJW **95**, 1415, oder bei einer Vorlage nach Art 100 I GG, BVerfG **93**, 180.

**Vergleich:** Abweichend von dem Grundsatz, daß PKH nicht schon für das Bewilligungsverfahren in **43** Betracht kommt, Rn 35 „Prozeßkostenhilfeverfahren", ist eine Bewilligung von PKH für einen gerichtlichen Vergleich im Verfahren nach § 118 I 3 Hs 2 statthaft, Celle JB **97**, 200, Hbg JB **96**, 26, Hamm RR **98**, 863, Nürnb JB **98**, 314, Wielgoss JB **99**, 15. Er darf über das beabsichtigten oder bereits eingeklagten Klaganspruch hinausgehen, da die Vorschrift gestattet die Protokollierung eines umfassenden Vergleichs, aM Hbg JB **96**, 26. Daher kann die Bewilligung auch in diesem Vgleichsfall für das gesamte PKH-Verfahren in Betracht kommen, Hamm RR **98**, 863, wenn die beabsichtigte Rechtsverfolgung bzw -verteidigung Erfolgsaussicht hat bzw gehabt hatte, Kblz FamRZ **90**, 181. Die Bewilligung muß aber eindeutig sein, Hamm AnwBl **85**, 654, Köln MDR **83**, 323.

Eine solche Bewilligung erstreckt sich nicht auch auf einen *außergerichtlichen* Vergleich, Ffm MDR **89**, 550, Nürnb JB **92**, 49, Schneider MDR **85**, 814. Überhaupt ist eine Bewilligung nicht für außergerichtliche Verhandlungen zulässig, die nicht zu einem Prozeßvergleich führen sollen.

**Verwaltungsgericht:** Rn 134.

**Widerklage:** Wenn das Gericht dem Kläger für seine Klage PKH bewilligt, dann sind trotz der grundsätz- **44** lichen Notwendigkeit getrennter Prüfung von Klage und Widerklage im allgemeinen auch die sachlichen Voraussetzungen für die Bewilligung von PKH zur Rechtsverteidigung gegenüber einer etwaigen Widerklage erfüllt, und umgekehrt. In einer Ehesache erstreckt sich die Beiordnung eines Anwalts auch ohne eine diesbezügliche ausdrückliche Anordnung auf die Rechtsverteidigung gegenüber der Widerklage, § 122 III Z 4 BRAGO.

**Zuständigkeitsbestimmung:** PKH kann auch im Verfahren nach § 36 I Z 6 in Betracht kommen, ZöPh 7 **45** vor § 114, aM BGH MDR **84**, 214.

**Zwangsverwaltung:** PKH kommt auch im Zwangsverwaltungsverfahren in Betracht, § 117 Rn 23, Hamm VersR **89**, 929.

**Zwangsvollstreckung:** Rn 3, § 119 Rn 68–70.

5) **„Persönliche und wirtschaftliche Verhältnisse".** Es sind drei Aspekte zu beachten. **46**

**A. Bedürftigkeit.** Die persönlichen Verhältnisse gerade des Antragstellers, auf die es ankommt, Celle JB **92**, 187, sind nach dem Gesetzeswortlaut von seinen wirtschaftlichen Verhältnissen zu unterscheiden. In der Praxis läßt sich eine solche Trennung kaum durchführen. Immerhin ist zB denkbar, daß ein Antragsteller zwar derzeit noch bemittelt ist, jedoch nachweisbar langfristig derart erkrankt ist, daß diese immaterielle Beeinträchtigung dazu zwingt, ihm sein Vermögen und seine derzeitigen Einkünfte zu belassen, da ihnen ein entsprechend hoher Augenblicksbedarf und eine ausreichende Vorsorgepauschale entgegengesetzt werden müssen. Das Gericht braucht nicht mehr zu prüfen, ob durch die auch nur teilweise Bezahlung der voraussichtlichen Prozeßkosten sogar eine Gefährdung des notwendigen Unterhalts des Antragstellers und seiner Familie eintreten würde. Insofern ist das jetzige Recht für den Antragsteller günstiger.

Eine Bewilligung kommt schon dann in Betracht, wenn man *noch keineswegs* von einer *Gefährdung* des notwendigen Unterhalts sprechen kann. Andererseits darf PKH aber weder in voller Höhe noch wegen eines Teils der Prozeßkosten schon dann bewilligt werden, wenn eine bloße Gefährdung der Zahlungsfähigkeit vage möglich oder nicht auszuschließen ist. Es muß im Zeitpunkt der Entscheidung über den Antrag, Rn 48, ein echtes, wenn auch vielleicht nur teilweise oder vorübergehendes, Düss AnwBl **84**, 445, persönliches Unvermögen zur Zahlung vorliegen, das wenigstens wahrscheinliche Unfähigkeit.

**B. Prüfungsmaßstab: Großzügigkeit.** Das Gericht sollte die Anforderungen an diese Voraussetzung der **47** Bewilligung bei aller Sorgfalt der Prüfung, Üb 7 vor § 114, doch großzügig ansetzen, Düss FamRZ **89**, 883, Köln FamRZ **97**, 1087. Der Gesetzgeber hat zwar keinen Nulltarif eingeführt, KG NJW **82**, 111, und ebensowenig denjenigen nachgegeben, die in noch wirtschaftlich stärkerem Maße das finanzielle Risiko eines Zivilprozesses herabmindern wollten. Dennoch zwingt schon die Kompliziertheit des PKH-Rechts zu einer gewissen Großzügigkeit. So entgegenkommend das Gericht bei der Prüfung der formellen Voraussetzungen und der wirtschaftlichen Einzelfaktoren vorgehen darf, so wenig sollte es allerdings schon im Grundsatz jedem PKH bewilligen, der irgendwelche kaum nachprüfbaren Behauptungen aufstellt, durch die sein finanzielles Unvermögen dargetan werden soll. Die meisten Abgrenzungsgesichtspunkte sind dadurch überholt, daß das jetzige Recht die Möglichkeit der Ratenzahlung oder der finanziellen Beteiligung an den Prozeßkosten aus dem Vermögen des Antragstellers geschaffen hat und dadurch versucht, die Grenzfälle der nicht völlig Unbemittelten, aber eben auch nicht genügend Bemittelten zu erfassen. Eine Bewilligung kommt sowohl für die eine für das Hauptprozesses als auch für ihre Prozeßstadien gleichzeitig oder nacheinander in Betracht.

**C. Maßgeblicher Zeitpunkt: Bewilligungsreife.** Für die Frage, ob der Antragsteller die Kosten der **48** Prozeßführung, Rn 76, gar nicht, nur zum Teil oder nur in Raten aufbringen kann, ist (wie bei der Prüfung

## § 114

der Erfolgsaussicht, Rn 80) der Zeitpunkt maßgeblich, zu dem das Gericht im Fall einer ordnungsgemäßen Behandlung des Antrags über ihn entscheiden muß, § 119 Rn 4, Bbg JB **90**, 1644 (evtl also Zeitpunkt der Beschwerdeentscheidung), Zweibr JB **86**, 1251, OVG Greifswald MDR **96**, 98. Dieser Zeitpunkt kann erheblich vor demjenigen liegen, in dem das Gericht seine Entscheidung tatsächlich getroffen hat, § 119 Rn 3. In einem solchen Fall ist eine rückwirkende Bewilligung erforderlich und zulässig, § 119 Rn 3. Soll das Scheidungsverfahren im Zeitpunkt der Entscheidung über das PKH-Gesuch nicht mehr betrieben werden, so ist keine PKH mehr statthaft, auch kaum rückwirkend, Ffm FamRZ **84**, 306. Für den Zeitraum vor dem Eingang eines ordnungsgemäßen Antrags kommt keine rückwirkende Bewilligung in Betracht.

**49**   **D. Beispiele zur Frage der Bedürftigkeit**
**Abfindung:** Der Antragsteller braucht eine arbeitsrechtliche Abfindung kaum zur Beseitigung seiner Bedürftigkeit einzusetzen, LAG Bln NJW **81**, 2775, ebensowenig eine Entschädigung nach dem Contergan-Stiftungs-Gesetz, Celle FamRZ **83**, 1156, Hamm FamRZ **86**, 1102, oder eine Abfindung, durch deren Einsatz der durch sie gedeckte notwendige Unterhalt beeinträchtigt würde, Kblz FamRZ **87**, 1284.
**Abtretung:** Rn 55 „Fremdes Recht".
**Abzahlungspflicht:** PKH darf nicht schon deshalb abgelehnt werden, weil der Antragsteller Abzahlungspflichten eingegangen ist, die seinem Einkommen angemessen waren, Hamm MDR **87**, 1031 (vor allem bei Unkenntnis vom bevorstehenden Prozeß), KG FamRZ **84**, 413, aM Düss MDR **84**, 150, Ffm FamRZ **82**, 416, Hbg AnwBl **75**, 139 (die Möglichkeit der §§ 114 ff dienten nicht der Finanzierung solcher Pflichten).
**Arbeitsaufnahme:** Rn 72, 73.
**Ausländer:** Er ist auch für die Bedürftigkeit nach den in Rn 10 „Ausländer, Mehrstaater, Staatenloser" genannten Regeln zu beurteilen, im wesentlichen ebenso BFH Rpfleger **97**, 172 (Niederländer).
**50** **Bausparguthaben:** Rn 58 „Kapital".
**Brandentschädigung:** Sie ist ebensowenig wie eine andere Abfindung zu verwenden, Rn 49 „Abfindung".
**51** **Contergan-Stiftungs-Gesetz:** Rn 49 „Abfindung".
**52** **Darlehen:** Der Antragsteller muß sich die Möglichkeit anrechnen lassen, in zumutbarem Umfang ein Darlehen aufzunehmen, das zB seinen Unterhalt nicht gefährdet, Ffm MDR **79**, 587, KG FamRZ **83**, 1267, aM Kothe DB **81**, 1176, Schneider MDR **81**, 2. Er braucht allerdings grds kein Darlehen aufzunehmen, wenn er nicht im größeren Umfang am Wirtschaftsleben teilnimmt, Ffm FamRZ **85**, 179, Mü NJW **81**, 2129, Schneider MDR **81**, 796, aM VG Ffm RR **87**, 1535, Christel NJW **81**, 790, ThP § 115 Rn 20. Selbst bei Teilnahme am Wirtschaftsleben braucht man durch ein Darlehen, das dann grds zumutbar sein mag, Brdb JB **97**, 30, aber nicht die Existenz zu gefährden.
**Deckungsprozeß:** Rn 73 „Versicherung".
**Dritter:** Wenn die Partei zu einem am Prozeßausgang interessierten Dritten in engen Rechtsbeziehungen anderer als der in § 116 erwähnten Art steht, muß sie die Vermögenslosigkeit auch des Dritten glaubhaft machen, etwa beim ständigen Freund, Kblz FamRZ **87**, 612. Dazu gehört aber nicht ein Gläubiger-Schuldner-Verhältnis, Schneider DB **78**, 289. Unterhalt usw, den ein Dritter dem (volljährigen) Unterhaltsgläubiger freiwillig oder sonstwie zahlt, sind als Einkommen zu berücksichtigen, Hamm FamRZ **88**, 1271, Köln MDR **96**, 310. Der Pfändungsschuldner ist trotz der Überweisung der Forderung zur Einziehung an einen Dritten weiter selbst an der Zahlung an diesen interessiert, braucht also dessen Vermögenslosigkeit nicht nachzuweisen, Schneider DB **78**, 289.
**53** **Ehe:** Rn 56 „Getrenntleben", Rn 59, Rn 70 „Unterhalt".
**Eigenheim, Familienheim:** Bei den nach § 115 abzugsfähigen Belastungen im Sinn des § 88 BSHG sind Zins- und Tilgungsleistungen für ein sozial angemessenes Eigenheim bedingt absetzbar. Es ist eine Gesamtabwägung erforderlich, OVG Münst FamRZ **86**, 188. So kann zB von ihr kein hoher Zinsverlust zumutbar sein, Düss FamRZ **86**, 1123. Der zu erwartende Überschuß aus einer Teilungsversteigerung zählt kaum hierher, vgl Bre FamRZ **83**, 637, aM LG Saarbr Rpfleger **87**, 126. Der Erlös aus dem Verkauf eines Familienheims ist natürlich zu berücksichtigen, Ffm FamRZ **86**, 925, selbst wenn er der Beschaffung einer Wohnung dient, Schlesw SchlHA **84**, 128, Schneider Rpfleger **85**, 49. Allerdings kommt eine Teilungsversteigerung während des Getrenntlebens der Miteigentümer-Eheleute keineswegs stets als zumutbar in Betracht, Celle MDR **87**, 502. Der Nutzungswert der eigengenutzten Wohnung ist mitzubeachten, Haas DB **76**, 2198, aM Karlsr FamRZ **87**, 613, Christel NJW **81**, 787.
S auch Rn 52 „Darlehen", Rn 58 „Kapital".
**54** **Einstweilige Verfügung:** Die Grundsätze zur Berücksichtigung eines Anspruchs auf einen Kostenvorschuß, s dort, sind nicht anwendbar, wenn es um eine einstweilige Anordnung oder Verfügung auf die Zahlung eines vorläufigen Unterhalts geht, Düss FamRZ **82**, 513, aM Karlsr MDR **86**, 242.
**Erbengemeinschaft:** Der mittellose Miterbe, der sich vom Anwalt des nicht hilfsbedürftigen anderen mitverklagten Miterben mitvertreten lassen kann, ist nicht zu begünstigen, Schneider DB **78**, 288. Die Erbengemeinschaft darf nicht einen mittellosen Miterben vorschieben, BGH VersR **84**, 989, Karlsr OLGZ **90**, 231. Schwierigkeiten der Ermittlung dürfen nicht zu überspannten Anforderungen führen, BVerfG RR **98**, 1082.
S auch „Fremdes Recht".
**Erkrankung:** PKH kommt in Betracht, wenn der Antragsteller zwar derzeit noch bemittelt ist, jedoch nachweisbar langfristig derart erkrankt ist, daß diese immaterielle Beeinträchtigung dazu zwingt, ihm sein Vermögen und seine derzeitigen Einkünfte zu belassen, Rn 46.
**Erstattungsanspruch:** Rn 56 „Kostenerstattungsanspruch".
**55** **Familienrecht:** Vgl Wax FamRZ **85**, 10 (Üb).
S auch Rn 56 „Getrenntleben", Rn 58 „Kostenvorschuß", Rn 70 „Unterhalt" usw.
**Forderungsübergang:** S „Fremdes Recht".
**Fremdes Recht:** Wer als Prozeßstandschafter ein fremdes Recht aus eigenem oder fremdem Recht geltend macht, Grdz 26, 29 vor § 50, muß grundsätzlich dartun, daß er und der Dritte unvermögend sind. Man darf also den Mittellosen nicht vorschieben. Das gilt auch beim Rechtsmittelbeklagten, BGH VersR **92**, 594,

## 7. Titel. Prozeßkostenhilfe und Prozeßkostenvorschuß § 114

Hamm NJW **90**, 1053, KG FamRZ **96**, 38, aM Bbg RR **94**, 388, Ffm FamRZ **94**, 1041, Stgt MDR **99**, 41, (es komme nur auf die Bedürftigkeit des Kindes an), Hamm FamRZ **91**, 1208, Karlsr FamRZ **88**, 636, RoSGo § 90 II 4, (es komme nur auf die Bedürftigkeit des Prozeßstandschafters an).

Der vermögende *Zedent* darf also den unvermögenden Antragsteller *nicht vorschieben*, um einen billigen Prozeß zu führen, Köln FamRZ **95**, 940, Stgt VersR **87**, 1048, OVG Lüneb JB **86**, 604, aber auch umgekehrt, Stgt VersR **87**, 1048. Auch die Sozialbehörde darf nicht den Hilfsbedürftigen vorschieben, auch nicht durch „treuhänderische Rückabtretung" oder „Einziehungsermächtigung", Celle FamRZ **96**, 616, Karlsr RR **99**, 1227 (auch zu Ausnahmen), ZöPh 10, aM Karlsr FamRZ **97**, 180, Schlesw FamRZ **96**, 40, Stgt FamRZ **96**, 1019 (aber das ist ein geradezu klassischer Fall von Mißbrauch der PKH-Regeln, Einl III 54; krit auch Vogel FamRZ **94**, 967). Soweit aber der vermögenslose Zedent sein Prozeßführungsrecht sonst nicht durchsetzen könnte, kommen nur seine persönlichen Vermögensverhältnisse in Betracht, Celle RR **99**, 580.

**Gesellschaft:** Der mittellose Gesellschafter, der sich vom Anwalt der nichtshilfsbedürftigen verklagten Gesellschafter oder des mitverklagten anderen Gesellschafters mitvertreten lassen kann, ist nicht zu begünstigen, Ffm BB **74**, 1458. **56**

**Gesetzlicher Forderungsübergang:** Rn 55 „Fremdes Recht".

**Getrenntleben:** Eine Teilungsversteigerung kommt während des Getrenntlebens der Miteigentümer-Eheleute keineswegs stets als zumutbar in Betracht, Celle MDR **87**, 502.

S auch Rn 59, Rn 70 „Unterhalt" usw.

**Gewerkschaft:** Das Mitglied ist so zu beurteilen wie jemand, der eine Rechtsschutzversicherung abgeschlossen hat, BSG JB **96**, 533, LAG Bre MDR **92**, 269, Rn 67 „Rechtsschutzversicherung". Das gilt allerdings nur insoweit, als die Gewerkschaft eine Hilfe nicht verweigern kann und darf, LAG Hann AnwBl **84**, 164, ähnlich LAG Kiel NJW **84**, 830 (abl Grunsky), ArbG Herne (wendet § 115 an). Beim Vorliegen einer Vertrauensstörung ist dem Arbeitnehmer die Inanspruchnahme des gewerkschaftlichen Rechtsschutzes unter Umständen allerdings unzumutbar, LAG Bln MDR **89**, 572, LAG Bre MDR **95**, 293.

**Juristische Person:** Vgl § 116. **57**

**Kapital:** Ein verfügbares Kapital, zB grds ein Bausparguthaben, das die Freibeträge nach § 115, vgl § 88 Z 8 **58** BSHG, beträchtlich übersteigt, Kblz FamRZ **86**, 82 (auch zu einer Ausnahme), oder eine Lebensversicherung, BGH VersR **85**, 455, ist natürlich einzusetzen, Bbg FamRZ **85**, 504 (evtl sogar in Klageforderung), Hamm FamRZ **84**, 725 (es muß realisierbar sein). Auch die Erträge eines Hausverkaufs sind natürlich einzusetzen, selbst wenn davon ein Ferienhaus erworben wurde, Kblz AnwBl **90**, 164. Entscheidend ist die Höhe der sofort aufzubringenden Kosten im Verhältnis zum zumutbar Verfügbaren; bei sehr hohen Kosten ist man also trotz verhältnismäßig hohen Einkommens evtl unbemittelt.

S auch Rn 49 „Abfindung", Rn 50 „Brandentschädigung", Rn 68 „Schmerzensgeld" usw.

**Kostenerstattungsanspruch:** Ein solcher gegen den Prozeßgegner mindert die Bedürftigkeit entsprechend, BGH AnwBl **90**, 328, sofern der Gegner leistungsfähig ist, Köln FamRZ **98**, 632. Freilich muß er schon fällig sein, im Ergebnis auch LG Siegen MDR **93**, 1116, etwa aus einer anderen Sache. Ein Verzicht auf ihn durch Vergleich kann unschädlich sein, LG Köln Rpfleger **90**, 371.

**Kostenvorschuß,** dazu *Duderstadt* FamRZ **95**, 1305 (Üb): Rechtsprechung und Lehre sind umfangreich. **59**

a) **Berücksichtigung.** Ein Anspruch auf einen Prozeßkostenvorschuß ist nur zu berücksichtigen, soweit er bereits rechtlich unzweifelhaft besteht und darüber hinaus auch tatsächlich einigermaßen sicher *durchsetzbar ist*, BGH (StS) Rpfleger **93**, 302, Celle MDR **99**, 101, LSG Erfurt JB **99**, 199, aM Kblz FamRZ **96**, 226, Knops JB **92**, 448.

Dieser Grundsatz gilt auch dann, wenn der Anspruch auf den Vorschuß nur *ratenweise* durchsetzbar ist, **60** KG FamRZ **95**, 680, Köln FER **99**, 8, Nürnb FamRZ **96**, 115, aM Karlsr FamRZ **87**, 1062. Der Grundsatz, daß ein durchsetzbarer Anspruch auf Vorschuß zu berücksichtigen ist, gilt ferner auch gegenüber dem neuen Ehegatten, Kblz FamRZ **86**, 466, aM Schlesw FamRZ **91**, 855, oder während der Scheidung gegenüber dem neuen nichtehelichen „Lebensgefährten", der ohnehin bereits voll Unterhalt zahlt, Kblz Rpfleger **91**, 314, und auch gegenüber dem betreuenden Elternteil, der neben dem barunterhaltspflichtigen vorschußpflichtig sein kann, Karlsr FamRZ **96**, 1100, Kblz FamRZ **95**, 558, sowie gegenüber einem Ausländer, Karlsr MDR **86**, 242. Derjenige, dem ein Dritter einen Vorschuß leisten muß, muß vergeblich versucht haben, einen Vorschuß zu erlangen, Köln FamRZ **79**, 964. Er muß also diesen Versuch oder das Unvermögen des Vorschußpflichtigen dartun, Mü FamRZ **79**, 42. Köln NJW **75**, 353 versagt die Bewilligung nur, falls der Anspruch auf einen Prozeßkostenvorschuß unzweifelhaft in kürzester Zeit durchsetzbar ist, § 127 a.

b) **Keine Berücksichtigung.** Ein Anspruch auf Kostenvorschuß ist ausnahmsweise in fliegenden **61** Fällen nicht anzurechnen: Es geht um die Ehelichkeitsanfechtung, Ffm FamRZ **83**, 827, aM FamRZ **87**, 303, Karlsr FamRZ **96**, 872 (krit Gottwald); es geht um eine einstweilige Verfügung auf die Zahlung eines vorläufigen Unterhalts, Düss FamRZ **82**, 513, aM Karlsr MDR **86**, 242; es gibt Schwierigkeiten bei der Durchsetzung des Anspruchs, Kblz FamRZ **86**, 284 (der vorschußpflichtige Prozeßgegner hat einen Anspruch auf PKH), Köln FamRZ **82**, 417, LSG Essen FamRZ **87**, 730; im Verfahren nach § 127 a ist eine Anrechnung abgelehnt oder nicht durchsetzbar, ZöPh § 127 a Rn 3, aM Ffm **KR** Nr 10; über einen rechtzeitigen PKH-Antrag wurde erst nach Rechtskraft der Scheidung entschieden, Mü FamRZ **97**, 1542; der Volljährige hat schon eine von den Eltern unabhängige Stellung, Düss FamRZ **92**, 1320, Hamm FamRZ **96**, 1433, aM Köln FamRZ **86**, 1031; der Anspruch auf Vorschuß ist sonstwie nicht vollwertig, Ffm NJW **81**, 2129, Karlsr FamRZ **84**, 919, Mü AnwBl **84**, 314 (diese OLG gewähren PKH mit einer Ratenzahlungsanordnung, wenn solche auch dem Vorschußpflichtigen zustünde), aM Grunsky NJW **80**, 2043; der Vorschußpflichtige würde selbst hilfsbedürftig, Köln RR **89**, 967, Oldb MDR **94**, 618; der Minderjährige fordert vom nicht Sorgeberechtigten Unterhalt und könnte einen Prozeßkostenvorschuß nur vom Sorgeberechtigten fordern, Mü FamRZ **91**, 347; der Berechtigte könnte selbst PKH erhalten, Oldb FamRZ **99**, 1148; der Unterhaltspflichtige würde selbst PKH erhalten, Düss FamRZ **93**, 1474; das Kind ficht die Ehelichkeit an und müßte vielleicht den Scheinvater in Anspruch nehmen, Hbg FamRZ **96**, 224.

§ 114  1. Buch. 2. Abschnitt. Parteien

62 **Krankheit:** Rn 54 „Erkrankung".
**Kreditaufnahme:** Rn 51 „Darlehen".
63 **Lebensversicherung:** Eine verfügbare Lebensversicherung ist natürlich einzusetzen, BGH VersR **85**, 455, Bbg FamRZ **85**, 504 (evtl sogar die Klageforderung), Hamm FamRZ **84**, 725.
64 **Miete:** Rn 67 „Rechtsschutzversicherung".
**Minderjähriger:** Maßgeblich sind *seine* Verhältnisse, Jena FamRZ **98**, 1302.
65 **Nachlaßpfleger:** Soweit er als Antragsteller auftritt, muß der Nachlaß bedürftig sein, BGH NJW **64**, 1418, aM OVG Hbg Rpfleger **96**, 464.
**Nutzungswert:** Rn 74 „Wohnung".
66 **Partei kraft Amts:** Vgl § 116.
**Pkw:** Ein besonders teurer Pkw kann auch dann gegen die Bewilligung sprechen, wenn der Antragsteller angeblich von der Unterstützung anderer lebt, Ffm FamRZ **82**, 159.
**Prozeßkostenerstattung:** Rn 58 „Kostenerstattungsanspruch".
**Prozeßkostenvorschuß:** Rn 59–62.
**Prozeßstandschaft:** Rn 55 „Fremdes Recht".
67 **Realisierbarkeit:** Ein Anspruch oder ein Kapital müssen in absehbarer Zeit durchsetzbar sein, vgl zB Hamm FamRZ **84**, 725, Grunsky NJW **80**, 2042.
**Rechtsmißbrauch:** Vgl Üb 6 vor § 114.
**Rechtsschutzversicherung:** Eine derartige Versicherung, die die Kosten dieses Prozesses deckt, führt im Umfang ihrer Deckungszusage, BGH NJW **91**, 110, zur Versagung der PKH, BGH Rpfleger **81**, 437, LAG Düss AnwBl **82**, 77. Der Versicherungsnehmer muß evtl einen sog Stichentscheid nach § 17 II ARB herbeiführen, BGH BB **87**, 1845, BSG JB **96**, 533. Freilich braucht er sich nicht generell auf einen Deckungsprozeß verweisen zu lassen, LAG Düss AnwBl **82**, 77. Der mitbeklagte Mitmieter ist auch wegen der Erhöhungsgebühr nach § 6 I 2 BRAGO gem § 29 ARB mitversichert, Ffm ZMR **88**, 231.
S auch Rn 56 „Gewerkschaft".
68 **Schmerzensgeld:** Es ist grds nicht zu verwenden, Kblz RR **99**, 1228 (lebenslängliche Folgen), Oldb AnwBl **96**, 54, Stgt Rpfleger **91**, 463, aM Hamm FamRZ **87**, 1283, Nürnb JB **92**, 756, Zweibr JB **98**, 478. Freilich kann bei einem höheren Streitwert die Verwendung eines Teils eines erhaltenen Schmerzensgeldbetrags zumutbar sein, Hamm FamRZ **87**, 1284, LG Dortm VersR **74**, 503, aM KG VersR **79**, 870, LG Mönchengladb ZfSH **82**, 206, Kohte DB **81**, 1177. Dabei sind 20 000 DM kein kleiner Streitwert mehr, Düss RR **92**, 221, erst recht nicht 30 000 DM, Oldb AnwBl **96**, 54, oder gar 40 000 DM, Köln MDR **94**, 407.
S auch Rn 49 „Abfindung".
**Selbständiger:** Eine Überschußrechnung zum Vorjahr reicht meist, Brdb FamRZ **98**, 1301. Eine Steuerberaterauskunft reicht zur Klärung der Bedürftigkeit nicht stets aus, LG Kblz FamRZ **96**, 806.
**Sicherheitsleistung:** Nur zu ihr imstande ist, muß so vorgehen, BGH FamRZ **96**, 933.
**Sozialhilfe:** Die Belastbarkeitsgrenzen ergeben sich im einzelnen aus § 115 und den dort genannten Vorschriften des BSHG und der VO zu § 88 IV BSHG bzw des SGB; großzügiger (keine Anrechnung) Düss Rpfleger **94**, 29, Karlsr FamRZ **94**, 714, Mü FamRZ **96**, 42. Wegen Unterschreitung der Sozialhilfe LAG Bre MDR **93**, 696. Wegen einer Scheinehe Stgt FamRZ **97**, 1410.
S auch Rn 58 „Kapital".
69 **Teilungsversteigerung:** Rn 75.
**Treuhand:** Der Antragsteller muß als Treuhänder darlegen, daß auch der Treugeber bedürftig ist, Kblz MDR **99**, 831.
70 **Umschulung:** Der Eigenbedarf während einer längeren Umschulung kann demjenigen eines Erwerbstätigen gleichstehen, Hamm FamRZ **84**, 727.
S auch Rn 70 „Unterhalt".
**Unterhalt:** Eine Möglichkeit, über eine Abzweigung nach § 48 SGB I einfacher und kostengünstiger zum Unterhalt zu kommen, behindert den Anspruch auf PKH für eine Unterhaltsklage nicht, Oldb FamRZ **82**, 418. Ein Unterhaltsanspruch gegen den neuen Ehegatten ist bei der Beurteilung, ob nachträglich PKH für das Scheidungsverfahren zuzubilligen ist, nicht zu berücksichtigen, Celle JB **92**, 187 (aber abzustellen ist auf den Zeitpunkt der Entscheidungsreife, und diese kann auch bei nachträglicher Bewilligung nicht nach der Scheidung eingetreten sein; vorher gab es aber keinen Anspruch gegen den neuen Ehegatten). Wer sich wegen Leistungsunfähigkeit wehrt, muß hineinchende Bewertungsnachweise vorlegen, Köln FamRZ **98**, 631. Kindesunterhalt gehört grds ins Verfahren nach §§ 645 ff und nur bei bloßen Rechtsfragen ins Klageverfahren, Hamm FamRZ **99**, 995.
S auch Rn 55 „Fremdes Recht", Rn 59–62.
71 **Vaterschaftsanfechtung:** Ein Anspruch auf Prozeßkostenvorschuß ist nicht schon dann zu berücksichtigen, wenn es um eine Vaterschaftsanfechtung geht, Ffm FamRZ **83**, 827, Hbg FamRZ **96**, 224, aM Celle RR **95**, 6, Kblz MDR **97**, 267.
**Vereinigung:** Vgl § 116.
72 **Vermögen:** Rn 58 „Kapital", Rn 72 „Verschulden".
**Verschulden:** Die Rechtsprechung ist umfangreich.
a) **Unschädlichkeit.** Ein Verschulden bei der Entstehung des wirtschaftlichen Unvermögens steht der Bewilligung von PKH nicht grds entgegen, Ffm AnwBl **82**, 491, Schlesw SchlHA **79**, 40. PKH darf also nicht schon deshalb abgelehnt werden, weil der Antragsteller vor Prozeßbeginn (sonst Rn 73) Abzahlungspflichten eingegangen ist, die seinem Einkommen angemessen waren, Hamm FamRZ **87**, 1031 (vor allem bei Unkenntnis vom bevorstehenden Prozeß), KG FamRZ **84**, 413, aM Düss MDR **84**, 150, Ffm FamRZ **82**, 416 (die Möglichkeiten der §§ 114 ff dienten nicht der Finanzierung solcher Pflichten).
73 b) **Schädlichkeit.** Eine im Entscheidungszeitpunkt, Rn 48, vorliegende Bedürftigkeit bleibt ausnahmsweise unbeachtet, wenn sie der Antragsteller gezielt unvermögend gemacht hat, um PKH zu erlagen, BGH VersR **84**, 79, Hamm FamRZ **94**, 1396. Das gilt zB dann, wenn er sich durch die Aufnahme einer zumutbaren Arbeit die erforderlichen Mittel unschwer beschaffen könnte, BGH FamRZ **85**, 159, Kblz

FamRZ **97**, 376, Köln FamRZ **97**, 1104, großzügiger Düss FamRZ **87**, 398 (nur bei Rechtsmißbrauch; dort ist § 2 BSHG nicht berücksichtigt, Albers Gedächtnisschrift für Martens – 1987 – 287), Karlsr AnwBl **86**, 161. Eine Bedürftigkeit bleibt ferner unbeachtlich, wenn sich der Antragsteller erst nach der Anhängigkeit verschuldet hat, Bbg FamRZ **85**, 503, Zweibr Rpfleger **81**, 366. Der Antragsteller muß in solchen Fällen zumindest einen „Notgroschen" angreifen, Düss FamRZ **87**, 729.
**Versicherung:** Der Versicherungsnehmer braucht sich nicht auf einen Deckungsprozeß verweisen zu lassen, LAG Düss AnwBl **82**, 77. Er muß aber evtl einen sog Stichentscheid nach § 17 II ARB herbeiführen, BGH BB **87**, 1845.
S auch Rn 67 „Rechtsschutzversicherung".
**Vertreter:** Soweit er klagt, muß der Vertretene bedürftig sein, Rn 14 „Gesetzlicher Vertreter".
**Vorschuß:** Rn 59–62. **74**
**Wohnung:** Der Nutzungswert der eigengenutzten Wohnung ist mitzubeachten, Haas DB **76**, 2198, aM Karlsr FamRZ **87**, 613, Christel NJW **81**, 787.
S auch Rn 52 „Darlehen".
**Zwangsversteigerung:** Der Erlös, der für die Prozeßkosten ausreicht, ist zu berücksichtigen, Hamm MDR **75 82**, 500. Der aus einer Teilungsversteigerung während des Getrenntlebens fließende Ertrag ist keineswegs stets zu berücksichtigen, Celle MDR **87**, 502. Ohnehin zählt der Erlös auch einer bloßen Teilungsversteigerung kaum zu den anrechenbaren Beträgen, Bre FamRZ **83**, 637, aM LG Saarbr Rpfleger **87**, 126.

6) **„Kosten der Prozeßführung"**. Die Bedürftigkeit, Rn 46, muß sich gerade auf die Prozeßführungs- **76** kosten beziehen, §§ 91ff, also nicht auf außergerichtliche Verfahren, sei es, daß der Antragsteller diese Kosten nicht, nur zum Teil oder nur in Raten aufbringen kann.

A. **Gesamtkosten der Instanz**. Die Kosten umfassen sowohl die Gebühren als auch die Auslagen. Das gilt **77** für die Gerichtskosten, § 1 GKG, und für die außergerichtlichen Kosten. Zu berücksichtigen sind grundsätzlich die voraussichtlichen Gesamtkosten des im Antrag genannten, bevorstehenden oder bereits anhängigen Rechtsstreits. Das gilt aber naturgemäß nur für denjenigen Abschnitt, den das jeweils zuständige Prozeßgericht prüfen darf, also nur für die jeweilige Instanz, §§ 119, 127 I 2. Das erstinstanzliche Gericht darf also keineswegs Kosten eines etwaigen anschließenden Rechtsmittelverfahrens einkalkulieren, und zwar auch dann nicht, wenn im Zeitpunkt seiner Entscheidung die erste Instanz nahezu beendet und eine höhere Instanz wahrscheinlich ist.

B. **Schätzung**. Natürlich kann man die Kosten auch für den jeweiligen Rechtszug nur überschlägig **78** schätzen. Das gilt vor allem dann, wenn die Entscheidung in einem Zeitpunkt notwendig wird, in dem die Klage noch nicht eingereicht oder jedenfalls nicht zugestellt wurde. Aber auch im Stadium der Rechtshängigkeit, § 261 Rn 1, mag der volle Kostenumfang schwer übersehbar sein. Zwar muß das Prozeßgericht vermeiden, daß es infolge oberflächlicher Erwägungen später zu krassen Abweichungen der wahren Kosten von den geschätzten kommen kann. Auch hier ist aber eine gewisse Großzügigkeit am Platz, wie überhaupt bei allen Fragen der PKH, Rn 47.

C. **Maßgeblicher Zeitpunkt: Bewilligungsreife**. Auch hier kommt es auf die Bewilligungsreife an, **79** Rn 48, § 119 Rn 4, und daher ist evtl eine rückwirkende Schätzung nur auf den damaligen Zeitpunkt notwendig, § 119 Rn 11ff.

7) **„Hinreichende Erfolgsaussicht"**. PKH setzt neben der Bedürftigkeit eine hinreichende Aussicht auf **80** Erfolg der beabsichtigten Rechtsverfolgung oder Rechtsverteidigung voraus. Die Vorschrift ist mit dem GG vereinbar, BVerfG NJW **97**, 2103 und 2745.

A. **Vorläufige Prüfung**. Das Wort „hinreichend" kennzeichnet, daß das Gericht sich mit einer vorläufigen Prüfung der Erfolgsaussicht begnügen darf und muß, BVerfG NJW **97**, 2745. Der Erfolg braucht also zwar noch nicht gewiß zu sein, Böncker NJW **83**, 2430; er muß aber immerhin nach den bisherigen Umständen eine gewisse Wahrscheinlichkeit für sich haben, BFH DB **87**, 568, Kblz AnwBl **89**, 48. Eine überwiegende Wahrscheinlichkeit ist nicht nötig, Kblz AnwBl **89**, 48, Schlesw SchlHA **89**, 111. Der Standpunkt des Antragstellers muß zumindest objektiv vertretbar sein, Karlsr FamRZ **91**, 1458, Kblz AnwBl **89**, 48, Nürnb FamRZ **96**, 353. Eine bereits klar erkennbare Unschlüssigkeit zwingt zur Abweisung schon des PKH-Gesuchs, LG Itzehoe SchlHA **84**, 147.

Es ist also *keine abschließende* Erfolgsprüfung notwendig oder auch nur zulässig, BVerfG NJW **97**, 2745, **81** Kblz JB **90**, 1401, Mü RR **90**, 112. Es ist aber auch keine allzu summarische Abschätzung erlaubt. Im übrigen ist immerhin eine Glaubhaftmachung der tatsächlichen Angaben des Antragstellers nach § 294 nicht nur zu seinen persönlichen und wirtschaftlichen Verhältnissen ausreichend, sondern auch zu denjenigen Umständen, die für die Erfolgsaussichten maßgeblich sind, § 118 II 1. Eine solche Glaubhaftmachung befreit das Gericht zwar nicht von der Verpflichtung zur Amtsermittlung im Rahmen des § 118, bietet aber immerhin stets erhebliche Anhaltspunkte für die Beurteilung.

Die Erfolgsaussicht der Rechtsverfolgung oder -verteidigung muß sich auf das Ergebnis in *tatsächlicher und rechtlicher Hinsicht* beziehen, Köln VersR **83**, 126. Sie muß zur Zulässigkeit und Begründetheit des Hauptanspruchs vorliegen, doch ist sie, wenn sich das Rechtsmittel beziehen, BVerfG NJW **97**, 2745, nicht so streng zu beurteilen wie bei § 78b, dort Rn 3. Überhaupt ist, besonders beim Bekl, eine gewisse Großzügigkeit, wie stets im PKH-Verfahren, Rn 47, geboten, Karlsr FamRZ **91**, 1458. Für die höhere Instanz enthält § 119 S 2 eine teilweise Sonderregelung.

B. **Maßgeblicher Zeitpunkt: Bewilligungsreife.** Es kommt auch hier auf den Zeitpunkt einer ord- **82** nungsgemäßen Entscheidung des zuständigen Gerichts über das jeweilige Gesuch an, also auf die Bewilligungsreife, § 119 Rn 4, BGH FamRZ **82**, 368, Bbg FamRZ **99**, 242, Mü FamRZ **98**, 633. Der Gedanke der Bewilligungsreife gilt auch für das Beschwerdegericht, Hamm FamRZ **85**, 825, LG Osnabr MDR **87**, 1031; es genügt, daß das Beschwerdegericht eine weitere Beschwerde wegen grundsätzlicher Bedeutung zulassen würde, Karlsr FamRZ **88**, 297. Der Grundsatz gilt auch im Verfahren auf ein sog eingehendes Gesuch auf Auslandsunterhalt, § 9 S 1 AUG, abgedruckt bei § 122. Der Zeitpunkt der Bewilligungsreife ist bei § 119 Rn 4ff ausführlich dargestellt.

## § 114

83  Für den Fall tatsächlicher *Veränderungen* bleibt es bei dem Zeitpunkt der Bewilligungsreife. Denn die PKH ergeht ja auf Grund einer nur vorläufigen Prüfung, Rn 78, und die wäre eben früher anders ausgefallen. Daher ist es durchaus zulässig und evtl nötig, in demselben Zeitpunkt die Bewilligung rückwirkend nachzuholen, § 119 Rn 10, und zugleich ein dem Antragsteller ungünstiges Urteil zu fällen, Düss JB **86**, 933, Karlsr FamRZ **90**, 81, Kblz JB **94**, 232, aM BFH BB **84**, 2249, Düss RR **89**, 384, Ffm MDR **86**, 857.

84 **C. Beispiele zur Frage der Erfolgsaussicht**
**Abänderungsklage:** Soweit eine Klage nach § 323 in Betracht kommt, kann es unzureichend sein, lediglich auf die Unterhaltabellen einzelner OLG abzustellen, KG FamRZ **78**, 933.
S auch Rn 103 „Unterhalt".
**Abweichende Ansicht:** Rn 100 „Rechtsfrage".
**Amtsermittlung:** Sie darf nicht als solche zur Versagung von PKH führen, BVerfG NJW **97**, 2104.
**Anerkenntnis:** Soweit der Antragsgegner keinen Klaganlaß gegeben hat, § 93, kann sein Anerkenntnis unschädlich sein, Hbg FamRZ **88**, 1077, ähnlich LG Aachen RR **93**, 829, LG Frankenth WoM **90**, 527.
**Anhängigkeit:** Die bloße Anhängigkeit des Klaganspruchs, § 261 Rn 1, reicht aus. Das gilt auch für die beabsichtigte Verteidigung, aM Karlsr FamRZ **88**, 1183, Zweibr FamRZ **85**, 301 (dann sei die Rechtshängigkeit des Klaganspruchs notwendig).
**Anscheinsbeweis:** Die Erfolgsaussicht kann zu verneinen sein, soweit ein Anscheinsbeweis, Anh § 286 Rn 15, gegen den Antragsteller vorliegt oder ein angebotener Zeuge schon in einem Parallel-(Straf-)verfahren ungünstig ausgesagt hat, aM BFH DB **87**, 568, LG Duisb AnwBl **84**, 458. Andernfalls könnte der Mittellose PKH mit jedem fadenscheinigen, aber formell korrekten und prozessual nicht übergehbaren Beweisantritt erzwingen.
S auch Rn 86–88.
**Asyl:** Die Erfolgsaussicht des Antrags (nur) eines Familienangehörigen kann (vor dem VG) für die Beurteilung zugunsten seiner weiteren Angehörigen (Familienasyl) beachtlich sein, VGH Kassel FamRZ **92**, 315.
**Aufrechnung:** Die Erfolgsaussicht entfällt nicht schon wegen begründeter Hilfsaufrechnung, falls der Kläger nicht seinerseits aufrechnen konnte, Köln FamRZ **91**, 1194.
**Ausländisches Recht:** Es kommt auf das anzuwendende Recht an, Hamm RR **98**, 1540, Kblz FamRZ **91**, 206, Stgt FamRZ **92**, 946. PKH ist zu gewähren, wenn die internationale Zuständigkeit erst auf Grund weiterer Nachforschungen geklärt werden kann. Ffm FamRZ **92**, 700. Erfolgsaussicht muß auch im Verfahren auf ein sog eingehendes Gesuch auf Auslandsunterhalt bestehen, vgl § 9 S 1 AUG, abgedruckt bei § 122. Soweit eine Rechtshängigkeit im Ausland in Betracht kommt, ist die auch im Hauptverfahren evtl ausreichende bloße Prognose, § 261 Rn 10, im PKH-Verfahren natürlich nicht noch strenger durchzuführen, Hamm NJW **88**, 3103 (zustm Geimer).

85 **Auslandsunterhalt:** Rn 84 „Ausländisches Recht".
**Auslandswohnsitz:** Ein solcher des Bekl schadet grundsätzlich nicht, Hamm DAVorm **79**, 199.
**Berufung:** Die Erfolgsaussicht fehlt dann, wenn der Berufungsantrag nur teilweise mit einem Wert unterhalb der Berufungssumme als sinnvoll erscheint, Hbg FamRZ **97**, 622, Nürnb NJW **87**, 265, Seetzen FamRZ **94**, 1510, aM Hbg FamRZ **93**, 579 (nur dann keine Erfolgsaussicht, wenn ein Mißverhältnis zwischen Teilerfolg und Kosten drohe). Wenn der Gegner die Berufung schon zurückgenommen hat, kommt es darauf an, ob man selbst PKH beantragt hatte, § 91 Rn 159, aM Düss RR **99**, 142.
**Bestreiten:** Für den zukünftigen oder gegenwärtigen Bekl kann bereits ein gemäß § 138 II–IV substantiiertes Bestreiten eine hinreichende Erfolgsaussicht geben, selbst wenn er überhaupt keinen Beweis antritt, Schneider MDR **77**, 621. Auch die Rechtsverteidigung ist ja im Grunde eine Rechtsverfolgung. Auch der künftige Bekl ist ja in ein gerichtliches Verfahren hineingezogen, § 118 Rn 6; das beachtet Bre FamRZ **89**, 198 nicht genug. Das Gericht darf dem mittellosen Bekl PKH nur dann versagen, wenn für ihn keinerlei Erfolgsaussicht besteht, Ffm MDR **87**, 61, Karlsr FamRZ **92**, 78. Es kann also PKH für beide Parteien in Betracht kommen.

86 **Beweisaufnahme:** Man muß wie folgt unterscheiden:
**a) Bewilligung.** Sobald eine Beweisaufnahme im Zeitpunkt der Bewilligungsreife, § 119 Rn 4, auch nur ernsthaft in Betracht kommt, sei es zu einer Behauptung des Antragstellers, sei es gar zu einer solchen des Prozeßgegners, ist die Erfolgsaussicht wegen der grundsätzlichen Notwendigkeit einer Beweiserhebung auch bei Unwahrscheinlichkeit der Beweisbarkeit zwar nicht stets, BVerfG NJW **97**, 2745, Köln MDR **97**, 106, aber doch in vielen Fällen hinreichend, BGH NJW **88**, 267, Karlsr FamRZ **98**, 484, Köln MDR **97**, 106. Das gilt grds selbst dann, wenn der Antragsteller zum Beweis lediglich ein Antrag auf die Vernehmung des Prozeßgegners als Partei stellen will oder kann, Schlesw SchlHA **79**, 142, es sei denn, dieser habe sich schon einigermaßen überzeugend eindeutig geäußert, Köln MDR **97**, 106. Auch eine Vergleichsbereitschaft beider Parteien kann ausreichen, Schlesw SchlHA **84**, 116. Erst recht sind die Ergebnisse einer bereits stattgefundenen Beweisaufnahme zu beachten, Hamm RR **98**, 1686, VG Greifswald MDR **96**, 98.

87  **b) Versagung.** Freilich ist auch insofern kein Schematismus und keine gedankenlose Großzügigkeit zulässig, Becht NJW **99**, 2350, also zB nicht die grundsätzliche Höherbewertung der einen Beweismittelart gegenüber einer anderen erlaubt. Es kann die Erfolgsaussicht trotz Beweisantrags und der Notwendigkeit einer Beweisaufnahme zu verneinen sein, weil bereits ein ungünstiges Urteil nach dortiger umfangreicher Beweisaufnahme vorliegt, Nürnb MDR **85**, 1033, oder weil Täuschung vorliegt, Düss FamRZ **97**, 1088.

88  Andernfalls könnte der Mittellose PKH mit jedem fadenscheinigen, aber formell korrekten und prozessual nicht übergehbaren Beweisantritt erzwingen. Zwar darf auch im PKH-Verfahren nicht eine *unzulässige Vorwegnahme* der Beweiswürdigung stattfinden, Celle VersR **82**, 553, Karlsr FamRZ **98**, 485, LG Hamm MDR **93**, 913, großzügiger BGH NJW **88**, 267, Karlsr FamRZ **99**, 92. Indessen darf sich das Gericht auch nicht seinen Ermessensspielraum nach § 114, 118 durch bloße Beweisanträge völlig verbauen lassen, BVerfG NJW **97**, 2745, BGH NJW **88**, 267, Hamm VersR **90**, 1394.
S auch Rn 84 „Anscheinsbeweis", Rn 88 „Beweiswürdigung", Rn 105 „Zusatzgutachten" usw.

7. Titel. Prozeßkostenhilfe und Prozeßkostenvorschuß § 114

**Beweisbedürftigkeit:** Rn 86–88.
**Beweissicherung:** Rn 102 „Selbständiges Beweisverfahren".
**Beweiswürdigung:** Das PKH-Verfahren darf nicht zu einer Vorwegnahme der Beweiswürdigung führen, indessen darf sich das Gericht auch nicht den Abwägungsspielraum durch bloße Beweisanträge völlig verbauen lassen, Rn 86 „Beweisaufnahme", Köln FamRZ **95**, 940.
**Bürgschaft:** Rn 99. 89
**Ehe:** Rn 101, 102 „Scheidung". 90
**Ehelichkeitsanfechtung:** Rn 104 „Vaterschaftsverfahren".
**Erfüllung:** Die in Aussicht gestellte Erfüllung reicht grds nicht aus, LG Mannh WoM **88**, 269. S aber auch Rn 96 „Mietrecht".
**Erledigung der Hauptsache:** Die Erfolgsaussicht kann fehlen, wenn der Antragsteller sein Rechtsmittel erst nach Erledigung der Hauptsache einlegen oder zur Entscheidung bringen könnte, vgl BayObLG FamRZ **91**, 467 (FGG).
**Familienrecht:** Vgl Wax FamRZ **85**, 10 (Üb). 91
S auch Rn 101, 102.
**Feststellungsklage:** Das bei § 256 I erforderliche Feststellungsinteresse ist bei einer bloßen Zwischenfeststellungsklage nach § 256 II entbehrlich; dort ist die Vorgreiflichkeit zu prüfen, Kblz AnwBl **89**, 48.
**Folgesache:** Rn 101, 102.
**Fristversäumung:** Eine verschuldete, nicht zu heilende Fristversäumung des Antragstellers ist schädlich, BayObLG JB **84**, 773.
**Gewerkschaft:** Wegen eines Ausschlusses auf Grund des Verdachts verfassungswidrigen Verhaltens Düss RR **94**, 1402.
**Glaubhaftmachung:** Eine Glaubhaftmachung nach § 118 II 1 kann auch zur Erfolgsaussicht ausreichen, 92 befreit das Gericht aber nicht von der Verpflichtung zur Amtsermittlung im Rahmen des § 118; sie bietet immerhin bereits erhebliche Anhaltspunkte für die Beurteilung.
S auch Rn 88 „Beweiswürdigung".
**Gläubigerschaft:** Der Antragsteller muß im maßgeblichen Zeitpunkt, Rn 82, 83, schon und noch Gläubiger der fraglichen Forderung sein, Hamm FamRZ **80**, 457 (auch zu Ausnahmen in den Fällen der §§ 90, 91 BSHG).
**Haftungsausschluß:** Zur Erfolgsaussicht kann auf seiten des Bekl die Geltendmachung eines Haftungsaus- 93 schlußgrunds ausreichen, etwa nach §§ 831 I 2, 832 I 2 BGB, 18 I 2 StVG.
**Hauptsache:** Es kommt auf die Erfolgsaussicht gerade in der Hauptsache an, sofern für sie PKH beantragt ist, Saarbr RR **90**, 575. Soweit dagegen PKH nur für ein Nebenverfahren oder eine Folgesache beantragt ist, ist letztere maßgeblich.
S auch Rn 98.
**Hilfsaufrechnung:** Rn 84 „Aufrechnung".
**Insolvenz:** Im Verbraucherinsolvenzverfahren kann eine Prüfung der Erfolgsaussichten wegen tatsächlicher Unmöglichkeit evtl entfallen, LG Gött NJW **99**, 2886. Im Schuldenbereinigungsverfahren kann die Erfolgsaussicht zu verneinen sein, wenn nur 8% getilgt werden sollen, LG Lüneb NJW **99**, 2287.
**Kindergeld:** Die Forderung des Sorgeberechtigten auf Kindergeld für ein ihm vom anderen Elternteil widerrechtlich entzogenes Kind hat grds Erfolgsaussicht, BFH DB **99**, 1740.
**Kindschaftssache:** Auch hier darf man die Bewilligung nicht vom Beweisergebnis abhängig machen Karlsr 94 OLGZ **88**, 128.
S auch Rn 104 „Vaterschaftsverfahren".
**Letzter Augenblick:** Solange die Hauptsacheentscheidung, die die Instanz beendet, noch nicht erlassen 95 ist, kann noch Erfolgsaussicht vorliegen, vgl auch § 127 Rn 61, aM Düss Rpfleger **88**, 548 (zu § 127).
**Mietrecht:** Die Wohnungsnot erhöht nicht allgemein die Erfolgsaussicht des auf Räumung verklagten 96 Mieters, aM LG Detm WoM **90**, 355. Bei einer Räumungsfrist nach § 721 I kann unter den Voraussetzungen des § 92 Rn 20 „Räumungsfrist" (Teilunterlagen des Gegners) eine Erfolgsaussicht zu bejahen sein, aM AG Bln-Schöneb MietR **96**, 105. Die glaubhafte Ankündigung des auf Räumung in Anspruch genommenen Mieters, er könne und werde in der Schonfrist des § 554 II Z 2 BGB (und vor der Entscheidungsreife!) noch Zahlung leisten oder eine Zahlungszusage einer öffentlichen Stelle beibringen, reicht wegen der dann eintretenden Nichtigkeit der Vermieterkündigung aus, LG Mannh WoM **88**, 269, aM LG Aachen RR **93**, 829, LG Bln WoM **92**, 143, LG Stade WoM **90**, 160.
S aber auch Rn 118 „Mietrecht".
**Mitverschulden:** Ein Mitverschulden des Geschädigten ist von Amts wegen zu berücksichtigen, KG MDR **79**, 672.
**Mutwille:** Rn 106. 97
**Nichteheliche Gemeinschaft:** Es besteht bis zu etwaiger besonderer Regelung kein Ausgleichs- oder Erstattungsanspruch wegen erbrachter Leistungen, Brschw MDR **98**, 1294.
**Nichtigkeitsklage:** Rn 104 „Wiederaufnahmeverfahren".
**Notanwalt:** Soweit nach dem strengeren § 78 b, dort Rn 4, 5, sogar ein Notanwalt nicht beigeordnet werden durfte, kommt auch keine PKH in Betracht, BGH FamRZ **88**, 1153.
**Parteivernehmung:** Rn 66–68. 98
**Prozeßfähigkeit:** PKH kann nicht schon wegen Zweifels an der Prozeßfähigkeit des Antragsgegners versagt werden, Ffm FamRZ **94**, 1125.
**Prozeßvoraussetzung:** Das Prozeßgericht muß auch schon im Vorverfahren über die PKH stets prüfen, ob die Prozeßvoraussetzungen des Hauptprozesses vorliegen, namentlich zur Zuständigkeit. Die Zulässigkeit einer öffentlichen Zustellung gehört hierher, aM Karlsr FamRZ **98**, 486 (aber mangels ihrer kein Erfolg). Liegt bereits in der Hauptsache eine Entscheidung vor, so ist das Gericht an sie gebunden, Hamm FamRZ **85**, 825, aM Ffm MDR **83**, 137.

## § 114

**99 Ratenkredit:** Der in Anspruch genommene Bürge sieht sich beim angeblich sittenwidrigen Ratenkredit meist schwierigen Rechtsfragen gegenüber; man sollte seine Verteidigungschancen insofern großzügig beurteilen, Mü RR **90**, 112.
**Räumungsfrist:** Rn 96 „Mietrecht".
**Rechtsfähigkeit:** Mit ihrem Wegfall entfällt grds PKH, OVG Weimar NJW **98**, 2993 (auch zu einer Ausnahme).
**100 Rechtsfrage:** Man muß wie folgt unterscheiden:
   **a) Bewilligung.** Sobald sich Fragen von erheblicher rechtlicher Tragweite, Celle VersR **82**, 553, Ffm FamRZ **90**, 315 und 1030 (Verfassungsprobleme), oder schwieriger, noch nicht eindeutig geklärter Rechtsfragen im Hauptprozeß abzeichnen, ist sowohl die Rechtsverfolgung als auch die Rechtsverteidigung im allgemeinen als hinreichend aussichtsreich anzusehen. Denn das Gericht ist im Verfahren über die PKH nicht befugt, über solche schwierigen Fragen des Hauptprozesses auch nur halbwegs abschließend zu entscheiden, BVerfG NJW **94**, 242, BGH NJW **98**, 82, VerfGH Bln FamRZ **95**, 1501, aM Karlsr DAVorm **74**, 192 (viel zu eng). Es genügt, daß das Beschwerdegericht eine weitere Beschwerde wegen grundsätzlicher Bedeutung zulassen würde, Karlsr FamRZ **88**, 297.
   **b) Versagung.** Freilich ist auch für eine rückwirkende Bewilligung kein Raum mehr, wenn die für die Entscheidungen erheblichen Rechtsfragen höchstrichterlich in einem auch für den Antragsteller ungünstigen Sinn anderweitig geklärt sind, § 119 Rn 23, BGH FamRZ **82**, 368. Auch darf das Gericht eine bei ihm bestehende rechtliche Auffassung zugrunde legen, Schlesw SchlHA **84**, 148, und auch nicht etwa wegen einer ihm bekannten bisher abweichenden Ansicht des vorgeordneten Gerichts entgegen der eigenen Überzeugung entscheiden. Wegen einer tatsächlichen Frage vgl Rn 78.
**Rechtsmittel:** Maßgeblich ist die Sache selbst, nicht das Rechtsmittel, BVerfG NJW **97**, 2745.
**Rechtsschutzbedürfnis:** Das Rechtsschutzbedürfnis ist, wie bei jedem Antrag, stets zu prüfen, vgl BayObLG Rpfleger **90**, 127 (zum FGG).
**Rechtsweg:** Er muß zulässig sein. Auf Antrag ist nach § 17 a III GVG vorab zu entscheiden, VGH Mannh NJW **95**, 707.
**Restitutionsklage:** Rn 104 „Wiederaufnahmeverfahren".
**101 Scheidung:** Die Rechtsprechung ist außerordentlich umfangreich. Im wesentlichen gilt:
   Der Antragsteller muß die für eine Zerrüttung sprechenden Tatsachen darlegen, Köln FamRZ **95**, 1503. Auch bei einem auf §§ 1565, 1566 I BGB gestützten Scheidungsantrag muß der Antragsteller für das PKH-Gesuch die Voraussetzungen des § 630 darlegen, Karlsr FamRZ **80**, 681, aM KG MDR **80**, 675, und muß sie auch evtl glaubhaft machen, Zweibr FamRZ **83**, 1132. Wenn der Gegner des Scheidungsantrags PKH beantragt, muß das Gericht prüfen, ob sein Antrag eine hinreichende Erfolgsaussicht hat, Düss FamRZ **86**, 697, aM Bbg RR **95**, 6 (aber so allgemein darf man nicht vorgehen; es ist die folgende Differenzierung notwendig). Es kommt auf den Erfolg der beabsichtigten Rechtsverfolgung oder Rechtsverteidigung für das Verbundverfahren als Ganzes an, weniger also auf die Abwehraussicht gegenüber dem Scheidungsantrag, Düss (2. FamS) FamRZ **86**, 697, (3. FamS) FamRZ **90**, 80, Jena FamRZ **98**, 1179 rechts, aM Düss (5. FamS) JB **85**, 461 und (7. FamS) JB **83**, 1731. Vgl freilich zum etwaigen Mutwillen Rn 124.
**102** Die *Ausfüllung der Formulare* in Scheidungsverfahren, zB für den Versorgungsausgleich, kann nicht stets, AG Syke RR **93**, 1479, wohl aber je nach Lage des Einzelfalls eine Voraussetzung der Bewilligung von PKH werden, Hamm FamRZ **80**, 180, Karlsr FamRZ **84**, 1233. Soll das Scheidungsverfahren im Zeitpunkt der Entscheidung über das PKH-Gesuch, s oben, nicht mehr betrieben werden, ist es keine PKH statthaft, auch kaum rückwirkend, Ffm FamRZ **84**, 306; vgl freilich § 119 Rn 10 ff. Für den unstreitigen Sockelbetrag des Unterhalts ist PKH trotz § 630 III nicht zulässig, Schlesw SchlHA **85**, 156. Das Gericht soll die Frage, ob eine grobe Unbilligkeit nach § 1579 vorliegen, nicht im PKH-Verfahren entscheiden müssen, Karlsr FamRZ **96**, 1289. Soweit in Wahrheit noch keine Entscheidung über eine Nutzungsentschädigung an der zugewiesenen Ehewohnung ergangen ist, kann trotz Rechtskraft der Scheidung Erfolgsaussicht zur Nutzungsentschädigung bestehen, Mü FamRZ **89**, 200. Ist bei Anwendung ausländischen Rechts auch eine Klagabweisung für einen späteren Scheidungsantrag hilfreich, kann Erfolgsaussicht infrage kommen, Brschw FamRZ **97**, 1409, Celle FamRZ **98**, 758.
**Schlichtungsstelle:** Ihr Gutachten bindet das Gericht, Enders Festschrift für Schneider (1997) 446.
**Schmerzensgeld:** Auch der Mittellose hat Anspruch auf ein so hohes Schmerzensgeld, wie es ein Bemittelter fordern könnte, Köln VersR **89**, 519.
**Schwierige Frage:** Rn 100 „Rechtsfrage".
**Selbständiges Beweisverfahren:** Die Erfolgsaussicht ist auch im selbständigen Beweisverfahren zu prüfen, Rn 38 „Selbständiges Beweisverfahren". Es kommt auf die Erfolgsaussicht in *diesem* Verfahren an, nicht auf diejenige der Klage, Köln Rpfleger **95**, 303.
**Stufenklage:** § 119 Rn 43 „Stufenklage".
**Teilerfolg:** Rn 105 „Zuständigkeit".
**103 Unterhalt:** Auch schwierige Fragen sind evtl im PKH-Verfahren vorprüfbar, Karlsr FER **98**, 121 (§ 1579 Z 6 BGB). Die Billigkeitsprüfung nach § 1581 BGB muß dem Hauptprozeß vorbehalten bleiben; daher ist insoweit im PKH-Verfahren Großzügigkeit geboten und die Wahrung des sog kleinen Selbstbehalts ausreichend, Karlsr FamRZ **91**, 1458. PKH für „1/3 der Sätze der Düsseldorfer Tabelle" ist mangels Bestimmtheit nicht statthaft, Ffm FamRZ **91**, 1458. PKH kommt auch für ein Gesuch nach dem Ausführungsgesetz zum UNÜbk über Unterhaltsansprüche im Ausland in Betracht, Ffm FamRZ **87**, 302. Ab Volljährigkeit des Berechtigten entfällt für den bisher nach § 1629 III BGB in eigenem Namen vorgegangenen Elternteil insoweit die Erfolgsaussicht, Mü FamRZ **96**, 422, Zweibr FamRZ **89**, 194. Die Schwierigkeiten am Arbeitsmarkt sind zu beachten, Schlesw FER **98**, 187. Bei § 1603 II 1 BGB gelten strenge Maßstäbe, Nürnb FamRZ **98**, 982.
   S auch Rn 101 „Scheidung".
**Unwahrscheinlichkeit:** Auch bei großer Unwahrscheinlichkeit der Beweisbarkeit kann die Erfolgsaussicht wegen der grundsätzlichen Notwendigkeit einer Beweiserhebung zwar nicht stets, aber doch im allgemeinen ausreichend sein, Rn 86 „Beweisaufnahme".

### 7. Titel. Prozeßkostenhilfe und Prozeßkostenvorschuß § 114

**Unzuständigkeit:** Rn 105 „Zuständigkeit".
**Vaterschaftsverfahren:** Bei der Vaterschaftsfeststellungsklage, § 640 II Z 1, ist es unschädlich, daß das etwa **104** erforderliche Blutgruppengutachten, Hbg DAVorm **86**, 367, Karlsr FER **98**, 271, oder das erbbiologische Gutachten erst später erstellt werden können, Ffm DAVorm **85**, 508, aM ZöPh 46. Ein Auslandswohnsitz des Bekl schadet grds nicht, Hamm DAVorm **79**, 199. Bei der Anfechtung der Anerkennung der nichtehelichen Vaterschaft kann die bloße Behauptung zur Vaterschaftsfrage ausreichen, aM AG Bln FamRZ **95**, 1228 (zu großzügig. Man hat immerhin anerkannt gehabt).

Im *Anfechtungsprozeß* ist der Mutter trotz § 640 e PKH auch nur zur Wahrung der eigenen Interessen oder derjenigen des Unterstützten zu gewähren, Düss MDR **95**, 1038, kann die Behauptung ausreichen, der Kläger sei nicht der Vater, Köln NJW **98**, 2985, das Kind sei ihm ganz unähnlich, Düss FamRZ **85**, 1275. In diesem Verfahren ist der beklagten Partei wegen der Notwendigkeit ihrer Beteiligung PKH zu gewähren, Köln FamRZ **96**, 1290, Nürnb JB **93**, 231. Es ist eine Behauptung des Bekl zwecks Unterstützung des Antrags des Klägers ausreichend, Celle FamRZ **91**, 978 (erst recht für seine Widerklage), Karlsr JB **99**, 253, Stgt DAVorm **90**, 469, aM Düss Fam **96**, 616, Hamm FamRZ **92**, 454, KG FamRZ **87**, 502.
**Verfahrensfehler:** Es kommt nur auf die infolge des Verfahrensfehlers selbst nach einer Zurückverweisung zu erwartende Endentscheidung an, Bbg FamRZ **95**, 378.
**Verfassungsmäßigkeit:** Rn 100 „Rechtsfrage".
**Vergleich:** Eine Vergleichsbereitschaft beider Parteien kann zur PKH ausreichen, Schlesw SchlHA **84**, 116, Zweibr JB **97**, 136. Freilich sind auch insofern kein Schematismus und keine gedankenlose Großzügigkeit zulässig. Ein Vergleich kann Erfolgsaussicht des gesamten Verfahrens bedeuten, Karlsr FamRZ **95**, 939.
**Verjährung:** Die Einrede der Verjährung kann zur Erfolgsaussicht für den Bekl ausreichen. Eine Verjährung ist nur nach entsprechender Einrede (Rüge) beachtlich, LG Siegen DAVorm **78**, 651, ArbG Regensb JB **92**, 697. S auch Rn 91 „Fristversäumung".
**Vertretbarkeit:** Der Standpunkt des Antragstellers muß vertretbar sein.
**Wiederaufnahme:** Die Erfolgsaussicht ist auch zur Hauptsache zu prüfen, BGH NJW **93**, 3140.
**Zug-um-Zug-Leistung:** Bei einem Zug-um-Zug-Anspruch muß die Gegenleistung im Sinn von §§ 756, **105** 765 erbringbar sein, Düss MDR **85**, 59.
**Zurückbehaltungsrecht:** Für den Bekl kann die Geltendmachung eines Zurückbehaltungsrechts ausreichen. Es fehlt gegenüber einem Auskunftsanspruch nach § 1379 BGB, Jena FamRZ **97**, 135.
**Zusatzgutachten:** Seine Notwendigkeit kann ausreichen, Karlsr FamRZ **84**, 702.
S auch Rn 86–88.
**Zuständigkeit:** Bleibt nur ein solcher Teil in seiner Erfolgsaussicht bestehen, dessen Wert unterhalb der sachlichen Zuständigkeit des angerufenen Gerichts liegt, so fehlt die Erfolgsaussicht insgesamt vor diesem Gericht, Köln (13. ZS) VersR **99**, 117 und (19. ZS) WoM **99**, 288 (evtl Verweisung), Saarbr **90**, 575 (Ausnahme: Zuständigkeitsvereinbarung), LG Hbg MDR **98**, 799, aM Drsd MDR **95**, 202, Mü MDR **98**, 922. § 261 III Z 2 bleibt freilich beachtlich, aM Saenger MDR **99**, 853.
**Zwangsvollstreckung:** Ein erfolgsprechender Antrag nach § 765 a kann auch dann genügen, wenn das Gericht nicht von § 788 IV Gebrauch macht, LG Hann WoM **90**, 398. Die völlige Aussichtslosigkeit der Zwangsvollstreckung auf lange Zeit kann auch schon eine entsprechende Aussichtslosigkeit der Rechtsverfolgung im Erkenntnisverfahren bedeuten, Celle NJW **97**, 532, LG Wuppert Rpfleger **85**, 210, Wax FamRZ **80**, 975 (Vorsicht!). Soweit die Vollstreckung von Amts wegen betrieben wird, kann für einen Parteiantrag eine Erfolgsaussicht fehlen, Brdb FamRZ **96**, 421.
S auch „Zug-um-Zug-Leistung".
**Zwischenfeststellungsklage:** Rn 91 „Feststellungsklage".

8) „**Nicht mutwillig**". Selbst wenn die beabsichtigte Rechtsverfolgung oder Rechtsverteidigung hin- **106** reichende Erfolgsaussicht bietet, ist PKH doch nur dann zu gewähren, wenn das gesamte Prozeßverhalten des Antragstellers, Köln FamRZ **87**, 1168, nicht als mutwillig erscheint. Das gilt auch im Verfahren auf ein sog eingehendes Gesuch um Auslandsunterhalt, § 9 S 1 AUG, abgedruckt bei § 122. Die Regelung ist mit dem GG vereinbar, BVerfG NJW **92**, 889.

**A. Begriff des „Mutwillens".** Mutwillig handelt derjenige, der davon abweicht, was bei der auch hier **107** lediglich erlaubten und notwendigen vorläufigen Prüfung, Bbg NJW **80**, BVerfG NJW **92**, 889, eine verständige, ausreichend bemittelte Partei in einem gleichliegenden Fall tun würde, BFH BB **86**, 2402, BPatG GRUR **98**, 44, Karlsr FER **99**, 280. So hat die Klage gegen einen völlig Vermögenslosen nur selten Sinn, selbst wenn derzeit ein gewisses Rechtsschutzbedürfnis bestehen mag; es müßte wenigstens eine kleine Aussicht dafür bestehen, daß der Verurteilte einmal wieder zu Geld kommt, Peters FamRZ **75**, 121. Deshalb ist die Bewilligung lediglich zur Erwirkung eines Kostenurteils gegen einen Vermögenslosen meist abzulehnen.

Maßgeblich ist also der *Nutzen* einer Entscheidung *überhaupt*, BSG MDR **76**, 611. Mutwille liegt zB vor, wenn ein einfacherer Weg möglich wäre, Bbg FamRZ **92**, 456. Denn dann fehlt ein Rechtsschutzbedürfnis, Grdz 46 vor § 253. Man muß auch den „Verhältnismäßigkeitsgrundsatz" beachten, Einl III 23, und Mutwillen streng auslegen, Hbg FamRZ **98**, 1178 (nur bei schwerwiegendem Fall).

**B. Maßgeblicher Zeitpunkt: Bewilligungsreife.** Es kommt auch hier auf den Zeitpunkt der Entschei- **108** dungsreife an, § 119 Rn 4; evtl ist daher eine Rückwirkung auszusprechen. § 119 Rn 10.

**C. Beispiele zur Frage des Mutwillens** **109**
**Abänderung:** Mutwillig ist die Klage auf die Feststellung, daß kein Unterhaltsanspruch besteht, obwohl schon und noch ein Abänderungsverfahren nach § 620 b, Hamm FamRZ **87**, 962 mwN, aM Köln FamRZ **84**, 717, oder nach § 620 f statthaft ist. Mutwillig sein kann die Klage auf Herabsetzung von Unterhalt wegen eines Berufswechsels, den der Kläger zumindest grob leichtfertig verursacht hat, Bbg JB **90**, 1646.
S auch Rn 128 „Unterhalt", Rn 131 „Vorprozeß".
**Anerkenntnis:** Es bedeutet für den Gegner anschließend nicht stets Mutwillen, Bbg FamRZ **92**, 456.
**Anhängigkeit:** Mutwillig ist die Einreichung einer sog Schutzschrift, Grdz 7 vor § 128, vor der Anhängigkeit des gegnerischen Antrags.

## § 114   1. Buch. 2. Abschnitt. Parteien

**Arbeitserlaubnis:** Rn 124.
**Arbeitsgericht:** Rn 128 „Unzuständigkeit".
**Ärztliche Behandlung:** Mutwille liegt keineswegs stets schon deshalb vor, weil der Antragsteller nicht vorher die Gutachterkommission für ärztliche Haftpflichtfragen angerufen hat, Düss MDR **89**, 826, Stegers AnwBl **89**, 140, aM LG Dortm ArztR **87**, 283.
**Auskunft:** Mutwillig ist eine Zahlungsklage, soweit eine Auskunftsklage zumutbar ist, Hamm FamRZ **86**, 924, Schlesw SchlHA **78**, 84, und umgekehrt, Schlesw FamRZ **86**, 1031. Mutwillig ist die Klage auf Zugewinnausgleich ohne Auskunft über das Endvermögen, Schlesw SchlHA **78**, 84. Mutwillig ist eine Auskunftsklage, obwohl kein Zweifel an der Leistungsunfähigkeit des Gegners besteht, Schlesw FamRZ **86**, 1031. Mutwillig sind getrennte Klagen statt der Stufenklage, soweit sie sinnvoll ist, Düss FamRZ **89**, 204. Die isolierte Auskunftsklage (statt derjenigen im Verbundverfahren) kann mutwillig sein, Düss FamRZ **91**, 94. Mutwillig ist die Rechtsverteidigung nach verspäteter Auskunft, Düss FamRZ **97**, 1017.
**Auslandsunterhalt:** Mutwillen muß auch im Verfahren auf ein sog eingehendes Gesuch um Auslandsunterhalt fehlen, vgl § 9 S 1 AUG, abgedruckt bei § 122.
Mutwille *fehlt* grds bei einer Wahl des deutschen statt des ausländischen Gerichts, aM Ffm FamRZ **91**, 94.
**Auslandsvollstreckung:** Mutwillig ist ein Verfahren auf Zwangsvollstreckung gegen einen im Ausland lebenden Schuldner, soweit sie dort kaum durchführbar wäre, Celle NJW **97**, 532, LG Wuppert Rpfleger **85**, 210.

110 **Beitritt:** Mutwillig ist im Vaterschaftsanfechtungsprozeß, in dem das Kind durch einen von seiner Mutter als gesetzlicher Vertreterin bestellten Anwalt vertreten wird, der Beitritt der Mutter zum Rechtsstreit, Düss FamRZ **80**, 1147, Hamm FamRZ **94**, 386, aM Karlsr FamRZ **98**, 485.
S auch Rn 112 „Ehelichkeitsanfechtung".
**Beratungshilfe:** Mutwillig ist eine Klage, soweit man Beratungshilfe beanspruchen kann, Anh § 127, Oldb NdsRpfl **81**, 253.
**Berufswechsel:** Rn 109 „Abänderung".
111 **Deckungsprozeß:** Rn 130 „Versicherung".
112 **Ehesache:** Rn 124, 125, 128.
**Ehescheidung:** Rn 124, 125.
**Einspruch:** Rn 129 „Versäumnisurteil".
113 **Einstweilige Anordnung, Verfügung:** Mutwillig ist eine Unterhaltsklage, soweit schon eine einstweilige Anordnung im Eheverfahren ergangen ist, Düss FamRZ **91**, 1083, Ffm FamRZ **82**, 1223, Kblz FamRZ **88**, 308 sowie 1182, aM Hbg FamRZ **90**, 181, Schlesw JB **91**, 1229, Stgt FamRZ **92**, 1196.
Mutwille *fehlt*: Bei einer verneinenden Feststellungsklage gegen eine einstweilige Anordnung, Köln FamRZ **84**, 717; soweit im Fall einer Unterhaltsklage oder einer Sorgerechtsstreitigkeit eine einstweilige Anordnung noch nicht vorliegt, Düss FamRZ **78**, 192, Hbg FamRZ **90**, 642, KG FamRZ **88**, 93, aM Hamm FamRZ **83**, 1150 (abl Ricken), Schlesw SchlHA **78**, 67.
S auch Rn 126 „Sorgerecht", Rn 128 „Unterhalt".
**Erschleichung des Gerichtsstands:** Mutwillig ist eine unnötige Zerreißung des Sachverhalts, um vor verschiedenen Gerichten Teilansprüche geltend zu machen, Einl III 56, Karlsr MDR **88**, 972.
**Erwerb:** Mutwille liegt vor, soweit sich der Antragsteller nicht zur Behebung seiner Bedürftigkeit um Erwerb bemüht, Stgt DAVorm **86**, 728. Vgl auch Rn 46 ff.
114 **Feststellungsklage:** Mutwillig ist eine Widerklage mit dem Ziel der Feststellung des Nichtbestehens der ganzen Forderung gegenüber einer Klage auf die Leistung eines Teilbetrags, soweit die Widerklage vor jeder Klärung erhoben wird. Mutwillig ist eine verneinende Feststellungswiderklage, obwohl das Gericht voraussichtlich im Rahmen der Klage auf den Zugewinnausgleich über die Gesamthöhe der Ansprüche abschließend entscheiden wird, Hamm FamRZ **84**, 481.
Mutwille *fehlt* bei einer verneinenden Feststellungsklage gegen eine einstweilige Anordnung, Köln FamRZ **84**, 717.
115 **Folgesache:** Rn 124, 125.
**Gerichtsstand:** Rn 113 „Erschleichung des Gerichtsstands".
116 **Gutachterkommission:** Rn 109 „Ärztliche Behandlung".
**Hausratssache:** Rn 124, 125.
**Insolvenz:** Mutwillig ist die Aufnahme durch den Gegner des Schuldners, soweit der Insolvenzverwalter erklärt er selbst werde nicht aufnehmen, Kblz OLGZ **88**, 124.
117 **Klaganlaß:** Mutwillig ist eine Klage obwohl voraussichtlich ein Antrag auf den Erlaß eines Mahnbescheids ausreichen wird, weil der Prozeßgegner die Forderung bisher nicht bestritten hat, (wegen der PKH für die Zwangsvollstreckung vgl Grdz 38 vor § 704). Mutwillig ist eine Unterlassungsklage, für die ein besonderes Interesse fehlt, zumal eine Privatklage billiger zu demselben Ziel führen wird. Mutwillig ist es, wenn der Antragsteller nicht die verneinende Feststellungsklage des Schuldners abwartet, soweit ihm solches Zuwarten zumutbar ist, Künkel DAVorm **83**, 348 (Vorsicht!). Mutwillig ist die Erhebung einer weiteren Klage statt der Erweiterung der bisherigen, LAG Düss JB **86**, 605.
Vgl auch Rn 107.
**Klagerücknahme:** Mutwille fehlt, soweit eine frühere Klagerücknahme unnötig war, Düss FamRZ **76**, 277. Die – auch wiederholte – Rücknahme eines früheren Scheidungsantrags ist unschädlich, sofern an der Ernsthaftigkeit des jetzigen Scheidungsantrags kein Zweifel besteht, Ffm FamRZ **82**, 1224; das kann sogar noch bei einem dritten Scheidungsantrag von demselben Tag gelten, Ffm FamRZ **82**, 1224; strengere Maßstäbe gelten aber zB beim vierten Scheidungsantrag nach vorher jeweils eingetretener Aussöhnung, Köln FamRZ **88**, 92. Mutwille kann fehlen, wenn man ankündigt, die Klage nach Erhalt der PKH zurückzunehmen, LAG Mü AnwBl **90**, 176. Mutwille fehlt, wenn man die ohne eigenes Verschulden gescheiterte Klage nun und diesmal richtig erhebt.
118 **Kostenersparnis:** Rn 121 „Prozeßförderung".
**Mahnantrag:** Rn 117 „Klaganlaß".

7. Titel. Prozeßkostenhilfe und Prozeßkostenvorschuß § 114

**Mehrkosten:** Rn 121 „Prozeßförderung".
**Mietrecht:** Mutwille kann im Einzelfall auch dann vorliegen, wenn der antragstellende Mieter den Rückstand schon vor Rechtshängigkeit hätte zahlen können, LG Mannh WoM **88**, 269.
  Mutwille kann fehlen, wenn der rechtskundige Vermieter vor dem zugesagten Räumungstermin klagt, aM AG Hagen WoM **90**, 83 (aber der Kläger kann kaum einigermaßen sicher wissen, ob das Gericht zB auch noch Vollstreckungsschutz gewähren wird).
  S auch Rn 96 „Mietrecht".
**Nebenklage:** Die Erfolgsaussicht ist zwar nicht grundsätzlich zu prüfen, BGH AnwBl **89**, 688, wohl aber **119** ausnahmsweise dann, wenn mit ihr ein Rechtsmittel verbunden wird, BGH AnwBl **89**, 688.
**Offenbarungsversicherung:** Mutwille fehlt, soweit eine oder mehrere Offenbarungsversicherungen des **120** Schuldners mehr als drei Jahre zurückliegen, LG Saarbr Rpfleger **86**, 70.
**Patient:** Rn 126 „Schiedsstelle". **121**
**Privatklage:** Mutwillig ist eine Unterlassungsklage, für die ein besonderes Interesse fehlt, zumal eine Privatklage billiger zu demselben Ziel führen wird.
  S auch Rn 117 „Klaganlaß".
**Prozeßförderung:** Mutwille liegt vor, soweit der Antragsteller seinen Prozeß nicht fördert, Düss FamRZ **79**, 159. Er muß auch den billigsten Weg wählen, wenn dieser ebenso zum Ziel führt, Karlsr FamRZ **87**, 729, Köln RR **93**, 1480.
**Rechtsmißbrauch:** Mutwillig ist jeder Rechtsmißbrauch, Einl III 54, Üb 6 vor § 114. Das gilt zB: Für das **122** Vorschieben eines mittellosen Strohmannes, BPatG GRUR **98**, 45, oder des einzigen vermögenslosen Miterben.
  S aber auch „Rechtswidrigkeit", Rn 131 „Vollstreckbarkeit".
**Rechtsmittel:** Mutwillig ist ein solches, das erst auf Grund von Vorbringen Erfolgsaussicht hat, das man auch in der Vorinstanz hätte vortragen können, denn andernfalls würde man § 97 II unterlaufen, Jena MDR **99**, 248.
**Rechtsschutzbedürfnis:** Das Rechtsschutzbedürfnis ist grundsätzlich unabhängig von der Frage der Mutwilligkeit zu prüfen, vgl BayObLG Rpfleger **90**, 127 (zum FGG). Freilich wird bei seinem Fehlen meist auch Mutwille vorliegen. Das Rechtsschutzbedürfnis kann zB dann fehlen, wenn eine Vorentscheidung des Berufungsgerichts in seiner Eigenschaft auch als Beschwerdegericht erschlichen werden soll, Köln JB **70**, 67.
**Rechtsschutzversicherung:** Vgl Rn 67 „Rechtsschutzversicherung".
**Rechtswidrigkeit:** Nicht jedes rechtswidrige Verhalten ist mutwillig, LG Heilbr Rpfleger **92**, 206.
  S aber auch „Rechtsmißbrauch".
**Sachantrag:** Mutwille liegt vor, soweit der einen Prozeßantrag stellende Bekl anschließend gar keinen **123** Sachantrag stellen will.
**Scheidungsverfahren:** Mutwillig ist die Scheidungsklage desjenigen Partners, der dem ausländischen **124** Antragsgegner durch die Ehe lediglich gegen Entgelt eine Aufenthaltserlaubnis verschaffen wollte, Köln FamRZ **84**, 278, Nürnb RR **95**, 901, aM Ffm FamRZ **92**, 195, aM Ffm FamRZ **96**, 615, Düss FamRZ **94**, 1183, 1230, Karlsr FamRZ **88**, 91.
  Mutwillig ist ein Scheidungsantrag, gar nur 2 Monate, nach der Schließung der *Scheinehe*, Hamm FamRZ **82**, 1073, aM Nürnb JB **96**, 255. Nachvollziehbare Gründe seien eine Ausnahme rechtfertigen, Karlsr FER **99**, 280. Mutwillig ist grds eine selbständige Klage auf Auskunft in einer Sorgerechtssache oder auf Unterhalt statt seiner Geltendmachung im Verbundverfahren, Düss (3.FamS) JB **95**, 361 und (10. FamS) Rpfleger **94**, 28, Hamm FamRZ **92**, 453 (Ausnahme: religiöse Gründe im Scheidungsverfahren, aM Düss (1. FamS) FamRZ **94**, 312 und 635, Köln (4. ZS) FER **99**, 132 (je: keine PKH im Umfang vermeidbarer Mehrkosten), Stgt FamRZ **92**, 196 (Fallfrage. Aber Rechtsmißbrauch verdient nie Schutz, Einl III 54).
  Mutwillig ist grds der *erneute* Antrag nach der Rücknahme des früheren, für den PKH bewilligt worden war, Hamm FamRZ **90**, 1375, Karlsr FamRZ **98**, 486. Mutwillig ist die Geltendmachung von Zugewinnausgleich außerhalb der diesbezüglich laufenden Verfahren, Jena FamRZ **98**, 1179 links, Köln FER **97**, 67.
  Mutwille *fehlt* zB in folgenden Fällen: Man hat die Trennung verschuldet, Ffm FamRZ **97**, 618; man **125** begehrt im Anschluß an den Scheidungsantrag des anderen Ehegatten jetzt auch selbst die Scheidung, Jena FamRZ **96**, 416; man erhebt Klage auf Herstellung des ehelichen Lebens, selbst wenn man keine wirkliche Aussicht auf ihre Herstellung hat; man klagt, statt eine einstweilige Anordnung zu erwirken, s „einstweilige Anordnung und Verfügung"; der nichtvermögende Partner stellt den Scheidungsantrag, Hamm FamRZ **86**, 1014, Karlsr FamRZ **94**, 1124; man erhebt Scheidungsklage gegen eine Scheinehe, die immerhin schon eine Reihe von Jahren formell bestanden hat, Karlsr FamRZ **86**, 681; man nimmt wegen der Versöhnungschance den ersten Scheidungsantrag zurück und stellt bei wieder verschlechterter Lage einen neuen, Karlsr FamRZ **89**, 1314; man macht aus vernünftigen Gründen von der grundsätzlichen Möglichkeit Gebrauch, eine Folgesache, etwa eine Hausratssache, nicht im Scheidungsverbund, sondern isoliert durchzuführen, Düss JB **95**, 205, Naumbg Rpfleger **96**, 206; man verfährt so wegen des Zugewinnausgleichs, Rostock FamRZ **99**, 597; man macht eine unterhaltsrechtliche Folgesache geltend, obwohl sie schon durch eine einstweilige Anordnung geregelt ist, Hbg FamRZ **90**, 181; man erstrebt eine Grundstücksübertragung durch Vergleich vor dem FamG statt vor dem Notar, Kblz FamRZ **92**, 836.
  S auch Rn 117 „Klagrücknahme", Rn 126 „Sorgerecht", Rn 128 „Unterhalt".
**Schiedsstelle,** dazu Sieg NJW **92**, 2992 (Üb): Mutwille fehlt, soweit es nur darum geht, daß der Antrag- **126** steller nicht zuvor eine Gutachter- oder Schlichtungs- oder Schiedsstelle angerufen hat, Düss VersR **89**, 645, ZöPh 33, aM Köln MDR **90**, 638, Oldb zit bei Giesen JZ **88**, 255.
**Schutzschrift:** Mutwillig ist die Einreichung einer Schutzschrift, Grdz 7 vor § 128, vor Anhängigkeit des gegnerischen Antrags.
**Sorgerecht:** Mutwillig ist die Klage der Mutter auf Übertragung des Sorgerechts für die Zeit des Getrenntlebens, obwohl sie es schon einverständlich tatsächlich erhielt, Köln FamRZ **80**, 929, AG Hamm FamRZ **87**, 1069, aM Mü FamRZ **97**, 619, oder die Geltendmachung von Sorgerecht und Wohnung in

## § 114

1. Buch. 2. Abschnitt. Parteien

getrennten Verfahren, Düss JB **91**, 708, oder ein Antrag auf eine einstweilige Anordnung wegen bloß gelegentlicher verbaler Störungen, AG Westerstede FamRZ **96**, 1224. Mutwillig ist ein Antrag auf Übertragung des Sorgerechts, § 1672 BGB, obwohl das Gericht bereits das Ruhen des Sorgerechts des Gegners nach § 1674 I BGB festgestellt hat, Ffm FamRZ **92**, 583. Mutwillig ist ein Antrag wegen des Umgangsrechts, wenn er nicht zuvor mit dem sorgeberechtigten Elternteil, dem Kind, Düss FamRZ **98**, 758, und dem Jugendamt besprochen wurde, AG Holzminden FamRZ **95**, 372. Im übrigen kann Mutwille durchaus fehlen, weil das Getrenntleben Spannungen erzeugen kann, vgl Nürnb FamRZ **95**, 371.

S auch Rn 113 „Einstweilige Anordnung, Verfügung". Rn 124 „Scheidungsverfahren".

**Sozialhilfe:** Rn 18 „Sozialhilfe", Rn 128 „Unterhalt".

**Sozialversicherung:** Mutwillig ist es, wenn der Antragsteller nicht abwartet, ob der Anspruch auf einen Sozialversicherungsträger übergeht.

**Streithelfer:** Auch beim Streithelfer sind die vorliegenden Regeln Rn 107, 108 zu beachten, Kblz JB **83**, 285. Streit zwischen Streithelfer und Bekl kann für letzteren unschädlich sein, Köln VersR **97**, 597.

**127 Teilforderung,** dazu *Schlößer/Mucke* MDR **98**, 753 (Üb): Mutwillig ist eine Widerklage zwecks Feststellung des Nichtbestehens der ganzen Forderung gegenüber einer Teilklage, soweit die Widerklage vor jeder Klärung erhoben wird.

**128 Umgangsrecht:** Rn 126 „Sorgerecht".

**Unterhalt:** Wegen § 644 versagt Zweibr MDR **99**, 486 sogar eine einstweilige Verfügung auf Notbedarf als mutwillig. Jedenfalls gilt sonst: Mutwillig ist die Aufspaltung in mehrere Prozesse für die Zeit vor und ab der Scheidung, Oldb FamRZ **99**, 240 (das ältere Verfahren hat Vorrang). Mutwillig ist eine Unterhaltsklage, soweit der Schuldner bisher stets pünktlich und vollständig freiwillig bezahlt hat, Bbg FamRZ **96**, 1289, Jena FamRZ **97**, 1016 (jedenfalls mangels Zahlungsaufforderung), Köln RR **95**, 1283, aM Düss FamRZ **93**, 1218, Köln FamRZ **97**, 618, Zweibr FamRZ **97**, 620 (bei § 323). Mutwillig ist die Klage des Kindes auf Unterhalt, für den der Vater schon auf Grund eines Scheidungsfolgenvergleichs für das Kind an die Mutter zahlt, Schlesw SchlHA **84**, 164. Das betrifft aber auch den Unterhalt nach Scheidungsrechtskraft, Zweibr FR **98**, 80. Mutwillig ist eine Klage auf Zahlung des Unterhalts am jeweiligen 1. statt der am jeweiligen 15. stets erhaltenen Zahlung, Schlesw SchlHA **78**, 19, berichtigt 44 oder grds im isolierten statt im Verbundverfahren, Ffm JB **97**, 480 (Ausnahme, wenn das volljährige Kind auch Unterhalt für die Zeit vor Rechtskraft der Scheidung fordert, Zweibr FER **99**, 15).

Mutwille *fehlt* infolge der Änderung des § 91 IV BSHG seit 1. 8. 96, Rn 18 „Sozialhilfe", soweit der Sozialhilfeträger den Unterhaltsanspruch auf den Sozialhilfeempfänger wirksam zurückübertragen hat, Kblz FER **97**, 257, Nürnb MDR **99**, 748, aM Oldb FamRZ **98**, 435 (aber das Sozialrecht hindert nicht). Mutwille fehlt, soweit die bisherigen Zahlungen nicht sämtliche Forderungen erfüllen, selbst wenn ein verhältnismäßig geringer Spitzenbetrag fehlte, aM Karlsr RR **94**, 68, Jena FamRZ **97**, 1016, Mü FamRZ **96**, 1021, oder soweit die Antragsgegnerin nur derzeit aus einem Unterhaltstitel keinen Anspruch geltend machen will, Ffm RR **86**, 944, oder soweit es nur um Abgrenzungen der Pflichten beider Eltern geht, Zweibr FamRZ **97**, 178 (aber Nichterfüllung bleibt Nichterfüllung), oder soweit der Kläger die Einkommensverhältnisse des Bekl noch nicht kennt, Hamm FamRZ **98**, 1602.

S auch Rn 109 „Abänderung", Rn 124, 125 „Scheidungsverfahren".

**Unterlassungsklage:** Mutwillig ist eine Unterlassungsklage, für die ein besonderes Interesse fehlt, zumal eine Privatklage zu demselben Ziel billiger führen wird.

**Unwirtschaftlichkeit:** Mutwille kann bei ihr fehlen, BPatG GRUR **98**, 45.

**Unzuständigkeit:** Mutwillig sind zB: Eine Klage vor dem LG, obwohl der Anspruch eindeutig zum AG gehört, Hamm VersR **85**, 77; eine Klage vor dem ordentlichen Gericht, obwohl eine Klagverbindung vor dem Arbeitsgericht zulässig wäre, § 2 III, IV ArbGG; die Anrufung des unzuständigen Gerichts, das verweisen kann, Schlesw SchlHA **81**, 126.

**129 Vaterschaft:** Mutwillig ist die Einholung eines DNA-Gutachtens ohne Vorschuß trotz zuvor bewilligter PKH, wenn die Vaterschaft biostatistisch praktisch erwiesen ist, Hamm FamRZ **92**, 455. Mutwillig ist im Anfechtungsprozeß, in dem das Kind durch einen von der Mutter als gesetzlicher Vertreterin bestellten Anwalt vertreten wird, der Beitritt der Mutter zum Rechtsstreit, Düss FamRZ **80**, 1147. Mutwillig ist die Klage des Mannes, der das Vaterschaftsanerkenntnis anficht, soweit er nicht die Unrichtigkeit des Anerkenntnisses darlegt, Köln FamRZ **83**, 736. Mutwillig ist die Klage der Mutter auf Anfechtung der Vaterschaft, Hamm FamRZ **93**, 842, zumindest, soweit sie die Anfechtungsklage des Kindes erreichen könnte, BVerfG FamRZ **93**, 1423 (streng).

S auch Rn 112 „Ehelichkeitsanfechtung".

**Versäumnisurteil:** Mutwille fehlt, soweit der Antragsteller gegen ein Versäumnisurteil Einspruch einlegt, das vor einer notwendigen Entscheidung über sein PKH-Gesuch erging, LAG Mü AnwBl **88**, 122.

**130 Verschulden:** Mutwille liegt vor, soweit der Antragsteller im Verlaufe des Verfahrens die Entpflichtung des beigeordneten Anwalts verschuldet, Köln FamRZ **87**, 1168. Wer auf Kosten des Staates prozessiert, muß den billigsten Weg wählen, wenn er ebenso zum Ziel führt, Hbg FamRZ **81**, 1095, Karlsr FamRZ **87**, 729, Köln FamRZ **83**, 736. Ein weniger effektiver Weg ist aber nicht notwendig vorzuziehen, Oldb NdsRpfl **82**, 9. Man darf grds den sichersten Weg wählen, Ffm RR **86**, 944. Das Verschulden des gesetzlichen Vertreters oder des ProzBev ist auch im PKH-Verfahren zu beachten, § 85 Rn 4.

**Versicherung:** Mutwille fehlt, wenn der Versicherungsnehmer gegen den Versicherer im Deckungsprozeß klagt, bevor der Prozeß des Geschädigten gegen den Versicherer beendet ist, Hamm VersR **84**, 626.

**131 Versorgungsausgleich:** Mutwille liegt vor, wenn der Antragsteller einen Auskunftsanspruch zur Vorbereitung des Versorgungsausgleichs oder den Anspruch auf den Ausgleich im selbständigen Verfahren statt im billigeren Verbundverfahren geltend macht, Hamm FamRZ **92**, 576, AG Dettm FamRZ **87**, 1061, StJL 33, aM Kblz FamRZ **88**, 308 (nur beim Fehlen triftiger Gründe im Einzelfall liege Mutwilligkeit vor), Saarbr FamRZ **82**, 948. Mutwille liegt vor, sofern die Ehegatte vor dem Zugewinnausgleich ohne Auskunft über das Endvermögen klagt, Schlesw SchlHA **78**, 84.

7. Titel. Prozeßkostenhilfe und Prozeßkostenvorschuß    § 114, Anh § 114, § 115

**Vollstreckbarkeit:** Mutwille kann bei ihrem endgültigen Fehlen vorliegen, Düss RR **98**, 503.
**Vorprozeß:** Mutwillig ist eine Klage, deren Ziel bereits im Vorprozeß hätte geltend gemacht werden können, Bbg RR **90**, 74.
**Zugewinnausgleich:** Rn 125.                                                                                       132
**Zug-um-Zug-Leistung:** Mutwillig ist eine Klage, soweit der Antragsteller finanziell nicht imstande ist, bei der zu erwartenden Zug-um-Zug-Verurteilung seine Gegenleistung zu erbringen, Düss MDR **82**, 59.
**Zwangsvollstreckung:** Mutwillig ist die Einleitung der Zwangsvollstreckung trotz Zahlungen des Schuldners, LG Schweinf DAVorm **85**, 507. Mutwillig ist die Vollstreckungsabwehrklage trotz der Versicherung des Gläubigers, nicht mehr vollstrecken zu wollen, Kblz FamRZ **84**, 1236, und der Rückgabe des Titels an den Schuldner, Ffm RR **86**, 944. Mutwille kann vorliegen, wenn eine Zwangsvollstreckung langfristig keine Erfolgsaussicht hat, Köln MDR **90**, 1020 (aber Vorsicht, insbesondere bei Klage auf Mindestunterhalt, Hamm FamRZ **97**, 619). Mutwillig ist ein Antrag, soweit eine Vollstreckungsmaßnahme von Amts wegen durchzuführen ist, Mü FamRZ **95**, 373.
  Mutwille *fehlt*, wenn ein Antrag nach § 765 a Erfolg verspricht, LG Hann WM **90**, 398.
**Zweitklage:** Rn 117 „Klagerücknahme", Rn 124.

9) *VwGO:* Entsprechend anzuwenden, § 166 *VwGO*, in allen Urteils- und Beschlußverfahren, zB auch nach   133
§ 47 und § 99 II *VwGO* (aber nicht für das Vorverfahren, OVG Münst **KR** Nr 183). An die Stelle der „Partei"
tritt der Beteiligte, Grdz § 50 Rn 51, so daß auch dem Beigeladenen PKH bewilligt werden kann. Ist das Verfahren
gerichtskostenfrei, § 188 *VwGO*, zB in Sozialhilfesachen, kommt PKH nur in Betracht, wenn die Beiordnung eines
RA von der Sache her und nach den persönlichen Umständen des Antragstellers geboten ist, BVerwG NVwZ-RR
**89**, 666 mwN, VGH Mannh Just **98**, 90 (vgl auch LSG Essen FamRZ **89**, 1315 u Geschwinder DÖV **80**, 869
zum SGG). Für einen Anspruch auf Übernahme von Prozeßkosten nach BSHG ist neben den §§ 114ff kein
Raum, oben Rn 18, Albers GedSchr Martens (1987) S 285 mwN, BVerwG Buchholz 310 § 166 Nr 30, OVG
Münst NJW **93**, 483 mwN, OVG Hbg FamRZ **89**, 1202, VG Aachen AnwBl **86**, 457. Wegen der Ausländer s
oben Rn 10. Zur Unzulässigkeit der Bewilligung von PKH für das PKH-*Verfahren*, oben Rn 35, s BVerwG
Rpfleger **91**, 43, VGH Mannh VBlBW **97**, 425, OVG Hbg NVwZ **90**, 976, zur Bewilligungsreife, oben Rn 82
u 83, s § 127 Rn 104, zur Erfolgsaussicht vgl oben Rn 84ff, dazu VGH Kassel NVwZ-RR **90**, 657 mwN
(Notwendigkeit einer Beweisaufnahme), zur Frage des Kostenvorschusses, oben Rn 59ff, s VGH Kassel NVwZ-RR
**90**, 519.


### Anhang nach § 114
### Zwischenstaatliche Vorschriften über die Prozeßkostenhilfe

**Schrifttum:** *Linke*, Internationales Zivilprozeßrecht, 2. Aufl. 1995, § 6.

1) **Systematik.** Die Staatsverträge über das Armenrecht und die ausländischen einschlägigen Vorschriften   1
zur Gegenseitigkeit beim Armenrecht haben für diejenigen Fälle, in denen das seit 1. 1. 81 geltenden Recht
zu beurteilen sind, nur noch dann Bedeutung, wenn der Rechtsstreit entweder vor dem ausländischen
Gericht stattfindet oder wenn vor dem inländischen Gericht als Antragsteller eine ausländische juristische
Person oder eine ausländische parteifähige Vereinigung auftritt. Mit dieser Einschränkung sind die in diesem
Anh bis zur 46. Aufl genannten Bestimmungen weiterhin beachtlich, vgl Art 20–24 HZPrÜbk und den
AusfG v 18. 12. 58, BGBl 939, dazu Bülow/Böckstiegel/Geimer/Schütze, Der Internationale Rechtsverkehr in Zivil- und Handelssachen (Loseblattsammlung), 3. Aufl seit 1990, Gottwald ZZP **89**, 136, ferner
BAnZ Nr 234 v 3. 12. 52 S 5 ff (Gegenseitigkeit bei PKH). Wegen des Übergangsrechts vgl Art 5 Z 1 des G
über die PKH.
  Für *Marokko* gilt Art 17 des deutsch-marokkanischen Vertrags v 29. 10. 85, BGBl **88** II 1055. Für *Polen*
gelten Artt 12, 13 der deutsch-polnischen Vereinbarung v 14. 12. 92, Bek v 21. 2. 94, BGBl II 361.
  Nach Art 5 Z 2 G v 13. 6. 80, BGBl 677, ist in völkerrechtlichen Vereinbarungen, die die Bezeichnung
*Armenrecht* verwenden, bei der Anwendung auf die neuen Begriffe Prozeßkostenhilfe usw abzustellen. Das G
v 13. 6. 80 enthält keine Klausel, nach der auch das nationale ältere Recht schlechthin sprachlich an die
neuen Begriffe Prozeßkostenhilfe usw anzugleichen sei.


## 115

*Ratenzahlung. Obergrenzen.* [1] [1]Die Partei hat ihr Einkommen einzusetzen. [2]Zum Einkommen gehören alle Einkünfte in Geld oder Geldeswert. [3]Von ihm sind abzusetzen:

1. die in § 76 Abs. 2, 2 a des Bundessozialhilfegesetzes bezeichneten Beträge;
2. für die Partei und ihren Ehegatten jeweils 64 vom Hundert und bei weiteren Unterhaltsleistungen auf Grund gesetzlicher Unterhaltspflicht für jede unterhaltsberechtigte Person 45 vom Hundert des Grundbetrags nach § 79 Abs. 1 Nr. 1, § 82 des Bundessozialhilfegesetzes, der im Zeitpunkt der Bewilligung der Prozeßkostenhilfe gilt; das Bundesministerium der Justiz gibt jährlich die vom 1. Juli des Jahres bis zum 30. Juni des nächsten Jahres maßgebenden Beträge im Bundesgesetzblatt bekannt. Der Unterhaltsfreibetrag vermindert sich um ein eigenes Einkommen der unterhaltsberechtigten Person. Wird eine Geldrente gezahlt, ist sie anstelle des Freibetrags abzusetzen, soweit dies angemessen ist;
3. die Kosten der Unterkunft und Heizung, soweit sie nicht in einem auffälligem Mißverhältnis zu den Lebensverhältnissen der Partei stehen;
4. weitere Beträge, soweit dies mit Rücksicht auf besondere Belastungen angemessen ist; § 1610 a des Bürgerlichen Gesetzbuchs gilt entsprechend.

§ 115

[4] Von dem nach den Abzügen verbleibenden, auf volle Deutsche Mark abzurundenden Teil des monatlichen Einkommens (einzusetzendes Einkommen) sind unabhängig von der Zahl der Rechtszüge höchstens achtundvierzig Monatsraten aufzubringen, und zwar bei einem

| | einzusetzenden Einkommen (Deutsche Mark) | eine Monatsrate von (Deutsche Mark) |
|---|---|---|
| bis | 30 | 0 |
| | 100 | 30 |
| | 200 | 60 |
| | 300 | 90 |
| | 400 | 120 |
| | 500 | 150 |
| | 600 | 190 |
| | 700 | 230 |
| | 800 | 270 |
| | 900 | 310 |
| | 1000 | 350 |
| | 1100 | 400 |
| | 1200 | 450 |
| | 1300 | 500 |
| | 1400 | 550 |
| | 1500 | 600 |
| über | 1500 | 600 zuzüglich des 1500 übersteigenden Teils des einzusetzenden Einkommens |

[II] [1] Die Partei hat ihr Vermögen einzusetzen, soweit dies zumutbar ist. [2] § 88 des Bundessozialhilfegesetzes gilt entsprechend.

[III] Prozeßkostenhilfe wird nicht bewilligt, wenn die Kosten der Prozeßführung der Partei vier Monatsraten und die aus dem Vermögen aufzubringenden Teilbeträge voraussichtlich nicht übersteigen.

*BSHG § 76.* [II] Von dem Einkommen sind abzusetzen
1. auf das Einkommen entrichtete Steuern,
2. Pflichtbeiträge zur Sozialversicherung einschließlich der Arbeitslosenversicherung,
3. Beiträge zu öffentlichen oder privaten Versicherungen oder ähnlichen Einrichtungen, soweit diese Beiträge gesetzlich vorgeschrieben oder nach Grund und Höhe angemessen sind,
4. die mit der Erzielung des Einkommens verbundenen notwendigen Ausgaben.

[II a] Von dem Einkommen sind ferner Beträge in jeweils angemessener Höhe abzusetzen
1. für Erwerbstätige,
2. für Personen, die trotz beschränkten Leistungsvermögens einem Erwerb nachgehen,
3. für Erwerbstätige,
    a) die blind sind oder deren Sehschärfe auf dem besseren Auge nicht mehr als $1/50$ beträgt oder bei denen dem Schweregrad dieser Sehschärfe gleichzuachtende, nicht nur vorübergehende Störungen des Sehvermögens vorliegen, oder
    b) deren Behinderung so schwer ist, daß sie als Beschädigte die Pflegezulage nach den Stufen III bis VI nach § 35 Abs. 1 Satz 2 des Bundesversorgungsgesetzes erhielten.

[III] Die Bundesregierung kann durch Rechtsverordnung mit Zustimmung des Bundesrates Näheres über die Berechnung des Einkommens, besonders der Einkünfte aus Land- und Forstwirtschaft, aus Gewerbebetrieb und aus selbständiger Arbeit, sowie über die Beträge und Abgrenzung der Personenkreise nach Absatz 2 a bestimmen.

*BSHG § 79.* [I] Bei der Hilfe in besonderen Lebenslagen ist dem Hilfesuchenden und seinem nicht getrennt lebenden Ehegatten die Aufbringung der Mittel nicht zuzumuten, wenn während der Dauer des Bedarfs ihr monatliches Einkommen zusammen eine Einkommensgrenze nicht übersteigt, die sich ergibt aus
1. einem Grundbetrag in Höhe von 736 Deutsche Mark ... [*neue Bundesländer ohne Berlin:* 979 DM; § 1 VO v 17. 10. 96, BGBl 1532]

*BSHG § 82.* Die Grundbeträge nach den §§ 79 und 81 Abs. 1 und 2 verändern sich jeweils, erstmals mit Wirkung vom 1. Juli 1992 an, um den Vomhundertsatz, um den sich der aktuelle Rentenwert in der gesetzlichen Rentenversicherung verändert; ein nicht auf volle Deutsche Mark errechneter Betrag ist bis zu 0,49 Deutsche Mark abzurunden und von 0,50 Deutsche Mark an aufzurunden.

*BSHG § 88.* [I] Zum Vermögen im Sinne dieses Gesetzes gehört das gesamte verwertbare Vermögen.

[II] Die Sozialhilfe darf nicht abhängig gemacht werden vom Einsatz oder von der Verwertung
1. eines Vermögens, das aus öffentlichen Mitteln zum Aufbau oder zur Sicherung einer Lebensgrundlage oder zur Gründung eines Hausstandes gewährt wird,
2. eines sonstigen Vermögens, solange es nachweislich zur baldigen Beschaffung oder Erhaltung eines Hausgrundstücks im Sinne der Nummer 7 bestimmt ist, soweit dieses Wohnzwecken Behinderter (§ 39 Abs. 1 Satz 1 und Abs. 2), Blinder (§ 67) oder Pflegebedürftiger (§ 69) dient oder dienen soll und dieser Zweck durch den Einsatz oder die Verwertung des Vermögens gefährdet würde,

3. eines angemessenen Hausrats; dabei sind die bisherigen Lebensverhältnisse des Hilfesuchenden zu berücksichtigen,
4. von Gegenständen, die zur Aufnahme oder Fortsetzung der Berufsausbildung oder der Erwerbstätigkeit unentbehrlich sind,
5. von Familien- und Erbstücken, deren Veräußerung für den Hilfesuchenden oder seine Familie eine besondere Härte bedeuten würde,
6. von Gegenständen, die zur Befriedigung geistiger, besonders wissenschaftlicher oder künstlerischer, Bedürfnisse dienen und deren Besitz nicht Luxus ist,
7. eines angemessenen Hausgrundstücks, das vom Hilfesuchenden oder einer anderen in den §§ 11, 28 genannten Person allein oder zusammen mit Angehörigen ganz oder teilweise bewohnt wird und nach seinem Tod bewohnt werden soll. Die Angemessenheit bestimmt sich nach der Zahl der Bewohner, dem Wohnbedarf (zum Beispiel Behinderter, Blinder oder Pflegebedürftiger), der Grundstücksgröße, der Hausgröße, dem Zuschnitt und der Ausstattung des Wohngebäudes sowie dem Wert des Grundstücks einschließlich des Wohngebäudes. Familienheime und Eigentumswohnungen im Sinne der §§ 7 und 12 des Zweiten Wohnungsbaugesetzes sind in der Regel nicht unangemessen groß, wenn ihre Wohnfläche die Grenzen des § 39 Abs. 1 Satz 1 Nr. 1 und 3 in Verbindung mit Absatz 2 des Zweiten Wohnungsbaugesetzes, bei der häuslichen Pflege (§ 69) die Grenzen des § 39 Abs. 1 Satz 1 Nr. 1 und 3 in Verbindung mit § 82 des Zweiten Wohnungsbaugesetzes nicht übersteigt,
8. kleinerer Barbeträge oder sonstiger Geldwerte; dabei ist eine besondere Notlage des Hilfesuchenden zu berücksichtigen.

III ¹Die Sozialhilfe darf ferner nicht vom Einsatz oder von der Verwertung eines Vermögens abhängig gemacht werden, soweit dies für den, der das Vermögen einzusetzen hat, und für seine unterhaltsberechtigten Angehörigen eine Härte bedeuten würde. ²Dies ist bei der Hilfe in besonderen Lebenslagen vor allem der Fall, soweit eine angemessene Lebensführung oder die Aufrechterhaltung einer angemessenen Alterssicherung wesentlich erschwert würde.

IV Das Bundesministerium für Arbeit und Sozialordnung kann durch Rechtsverordnung mit Zustimmung des Bundesrates die Höhe der Barbeträge oder sonstigen Geldwerte im Sinne des Absatzes 2 Nr. 8 bestimmen.

Aus der VO zu §§ 88 II Z 8, IV BSHG:

VO § 1. ¹ ¹Kleinere Barbeträge oder sonstige Geldwerte im Sinne des § 88 Abs. 2 Nr. 8 des Gesetzes sind,
1. wenn die Sozialhilfe vom Vermögen des Hilfesuchenden abhängig ist,
   a) bei der Hilfe zum Lebensunterhalt 2500 Deutsche Mark, jedoch 4500 Deutsche Mark bei Hilfesuchenden, die das 60. Lebensjahr vollendet haben, sowie bei Erwerbsunfähigen im Sinne der gesetzlichen Rentenversicherung und den diesem Personenkreis vergleichbaren Invalidenrentnern;
   b) bei der Hilfe in besonderen Lebenslagen 4500 Deutsche Mark, im Falle des § 67 und des § 69 Abs. 4 Satz 2 des Gesetzes jedoch 8000 Deutsche Mark,
   zuzüglich eines Betrages von 500 Deutsche Mark für jede Person, die vom Hilfesuchenden überwiegend unterhalten wird,
2. wenn die Sozialhilfe vom Vermögen des Hilfesuchenden und seines nicht getrennt lebenden Ehegatten abhängig ist,
   der nach Nummer 1 Buchstabe a oder b maßgebende Betrag zuzüglich eines Betrages von 1200 Deutsche Mark für den Ehegatten und eines Betrages von 500 Deutsche Mark für jede Person, die vom Hilfesuchenden oder seinem Ehegatten überwiegend unterhalten wird,
3. wenn die Sozialhilfe vom Vermögen eines minderjährigen unverheirateten Hilfesuchenden und seiner Eltern abhängig ist,
   der nach Nummer 1 Buchstabe a oder b maßgebende Betrag zuzüglich eines Betrages von 1200 Deutsche Mark für einen Elternteil und eines Betrages von 500 Deutsche Mark für den Hilfesuchenden und für jede Person, die von den Eltern oder vom Hilfesuchenden überwiegend unterhalten wird.
²Im Falle des § 67 und des § 69 Abs. 4 Satz 2 des Gesetzes tritt an die Stelle des in Satz 1 genannten Betrages von 1200 Deutsche Mark ein Betrag von 3000 Deutsche Mark, wenn beide Eheleute (Nummer 2) oder beide Elternteile (Nummer 3) blind oder behindert im Sinne des § 24 Abs. 1 Satz 2 oder Abs. 2 Satz 1 des Gesetzes sind.

II ¹Ist im Falle des Absatzes 1 Satz 1 Nr. 3 das Vermögen nur eines Elternteils zu berücksichtigen, so ist der Betrag von 1200 Deutsche Mark, im Falle des § 67 und des § 69 Abs. 4 Satz 2 des Gesetzes von 3000 Deutsche Mark, nicht anzusetzen. ²Leben im Falle der Hilfe in besonderen Lebenslagen die Eltern nicht zusammen, so ist das Vermögen des Elternteils zu berücksichtigen, bei dem der Hilfesuchende lebt; lebt er bei keinem Elternteil, so ist Absatz 1 Satz 1 Nr. 1 anzuwenden.

VO § 2. ¹ ¹Der nach § 1 Abs. 1 Satz 1 Nr. 1 Buchstabe a oder b maßgebende Betrag ist angemessen zu erhöhen, wenn im Einzelfall eine besondere Notlage des Hilfesuchenden besteht. ²Bei der Prüfung, ob eine besondere Notlage besteht, sowie bei der Entscheidung über den Umfang der Erhöhung sind vor allem Art und Dauer des Bedarfs sowie besondere Belastungen zu berücksichtigen.

II Der nach § 1 Abs. 1 Satz 1 Nr. 1 Buchstabe a oder b maßgebende Betrag kann angemessen herabgesetzt werden, wenn die Voraussetzungen des § 92 a Abs. 1 Satz 1 des Gesetzes vorliegen.

## § 115

**Gliederung**

1) Systematik, I–III ..................... 1
2) Regelungszweck; Notwendigkeit großzügiger Auslegung, I–III ........ 2
3) Geltungsbereich, I–III ................ 3
4) Prüfungsreihenfolge, I–III ........... 4
5) „Einkommen", I 1, 2 ................. 5, 6
   A. Begriff des „Einkommens", I 2 ..... 5
   B. Maßgeblicher Zeitpunkt: Bewilligungsreife .......................... 6
6) Absetzungen, I 3 ...................... 7–40
   A. Steuern usw, I 3 Z 1 ............... 7
   B. Unterhaltsleistungen: Grundsatz der Pauschale I 3 Z 2 ................ 8
   C. Ermittlung der Zahl der Unterhaltsberechtigten, I 3 Z 2 S 1 Hs 1 ..... 9
   D. Ermittlung des jährlich neu bekanntgemachten Betrags, I 3 Z 2 S 1 Hs 2 . 10
   E. Verminderung durch eigenes Einkommen jedes Unterhaltsberechtigten, I 3 Z 2 S 2 ........................... 11
   F. Geldrente, I 3 Z 2 S 3 ............. 12
   G. Unterkunft und Heizung, I 3 Z 3 ... 13, 14
   H. Besondere Belastungen, I 3 Z 4 .... 15
   I. Beispiele zur Frage des Einkommens, I 3 Z 1–4 ........................... 16–40
7) Abrundung; Tabellenanwendung, I 4 . 41
8) Höchstens 48 Monatsraten, I 4 ....... 42–46
   A. Abgrenzung von III ................ 43
   B. Betragsobergrenze ................. 44
   C. Keine Zeitobergrenze .............. 45
   D. „Unabhängig von der Zahl der Rechtszüge" ......................... 46
9) „Vermögen", II, III .................. 47–68
   A. Begriff des „Vermögens", II 1 ..... 47, 48
   B. „Zumutbarkeit" des Einsatzes, II 1 . 49
   C. Maßgeblicher Zeitpunkt: Bewilligungsreife .......................... 50
   D. Beispiele zur Frage des Vermögens . 51–68
10) Bewilligungsgrenze: Kosten höchstens „vier Monatsraten", III ........ 69–73
    A. Abgrenzung von I, II .............. 69
    B. Begriff der „Kosten" .............. 70
    C. Begriff der „Voraussichtlichkeit" .. 71
    D. Begriff der „Monatsraten" ......... 72
    E. Kritik ............................ 73
11) Verfahren, Entscheidung, Rechtsbehelfe, I–III ......................... 74
12) *VwGO* ............................. 75

**1  1) Systematik, I–III.** Während § 114 nur andeutet, daß PKH unter Umständen von Ratenzahlungen usw abhängt, nennt der mit dem GG zu vereinbarende § 115, Philippi (vor Üb 1 vor § 114) 271, die Bedingungen und das Verfahren der Feststellung, ob und in welcher Zahl und Höhe Raten aus dem Einkommen und/oder Leistungen aus dem Vermögen zu erbringen sind. Dabei kommt es im wesentlichen auf eine erhebliche Beeinträchtigung des angemessenen Lebensunterhalts an, wie I es nur scheinbar lediglich für den „reichen" Antragsteller vorschreibt. Das maßgebliche Einkommen ist nach I zu ermitteln. I 4 ergibt die Höchstzahl der in Betracht kommenden Raten. Das Vermögen ist nach II zu berechnen. III ergibt, ob trotz Bedürftigkeit überhaupt keine PKH erfolgen darf, weil die gesamten Verfahrenskosten zu gering sind. § 115 ist in Verbindung mit §§ 76 II, II a, III, 79 I Z 1, 82, 88 BSHG und der jeweiligen VO zu § 88 IV BSHG zu verstehen, vgl zB KG FamRZ **82**, 420.

**2  2) Regelungszweck; Notwendigkeit großzügiger Auslegung, I–III.** Die Regelung ist in typisch deutschem Perfektionismus, den Grunsky NJW **80**, 2048 verkennt, zwar im Interesse der Einzelfall-Gerechtigkeit gut gemeint, jedoch wieder einmal so kompliziert geworden, daß man sie kaum noch verstehen kann. Was der Gesetzgeber gerade solchen Menschen zumutet, für die er Vorschriften schafft, in diesem Fall also vorwiegend Bürgern mit geringen Einkommen und erfahrungsgemäß allenfalls knapp durchschnittlichen Rechtskenntnissen, streift die Grenze des Grotesken. Die Bezugnahme auf die Vorschriften des BSHG mit deren Fülle von Fachausdrücken und mit Berechnungsmethoden, die man erst nach vielfachem Lesen halbwegs versteht, bietet das genaue Gegenteil jener Rechtsklarheit, die als wesentlicher Bestandteil vom Kern der Rechtsidee gehört; vgl auch Schachtel NJW **82**, 89.

Die ZPO verweist auf das *BSHG*; jenes verweist auf das 2. WoBauG sowie auf eine zum BSHG gehörige VO, vgl Ffm FamRZ **90**, 1011; diese verweist wiederum auf andere Vorschriften des BSHG, auf die die ZPO jedenfalls nicht unmittelbar Bezug nimmt; schließlich finden sich in § 76 II, II a, III, 79 I Z 1, 82 BSHG und in § 88 BSHG Verweisungen auf Rechtsbereiche, die wiederum umfangreichen gesetzlichen Regelungen unterworfen sind, etwa diejenigen der Sozialversicherung. I 3 Z 4 führt mit dem Begriff „besondere Belastungen" Anklänge an den wortgleichen Begriff des § 84 I 2 BSHG ein. Die in I 3 Z 2 S 1 Hs 2 vorgeschriebene amtliche Bekanntgabe maßgebender Beträge kann zwar praktisch hilfreich sein (wehe, wenn sie Rechenfehler enthalten sollte. Dann würde natürlich die in Wahrheit richtige Zahl mühsam genug zu errechnen sein), aber auch diese Erleichterung ändert wenig an einem neuerlichen meisterhaften gesetzgeberischen Verwirrspiel für Rechtsantragstelle und Anwälte wie Richter, die andere Hauptaufgaben haben. Insgesamt wird vor allem der Prozeßrichter, der alle hier einschlägigen Fragen weitgehend *selbst entscheiden* muß und keineswegs dem Rpfl übertragen darf, in ähnlicher Weise seiner eigentlichen Aufgabe der Entscheidung von Rechtsstreitigkeiten entkleidet und zu einer Art richterlichem Fürsorgebeamten gemacht, wie man es schon bei der Familienrechtsreform eindringlich erlebt hat.

Bedenkt man schließlich, daß die Formularisierung des Verfahrens in Verbindung mit der Amtsermittlungspflicht des Gerichts deutliche Ähnlichkeiten mit dem Verfahren auf die Abgabe einer eidesstattlichen Versicherung im Rahmen einer Zwangsvollstreckung aufweisen dürfte, so wird auch einer der *rechtspolitischen Zwecke* der Vorschriften fragwürdig, die dem Bürger bekanntlich die angebliche Peinlichkeit des Gangs zur Sozialbehörde ersparen sollen. In Wahrheit muß der Bürger umfassend und detailliert trotz §§ 117 II 2, 127 I 2 faktisch auch zur Kenntnis seines Prozeßgegners und möglicher anderer Prozeßbeteiligter Auskunft über seine persönlichen und wirtschaftlichen Verhältnisse aufgeben.

Das Prüfungsverfahren ist bei gewissenhafter Beachtung des Gesetzes derart aufwendig, daß auch im Bereich des § 115 nur eine *großzügige Bejahung* der Voraussetzungen zur Bewilligung der PKH vor einem Wust von Problemen im bloßen Vorfeld eines zukünftigen oder gerade anlaufenden Zivilprozesses retten kann, Düss FamRZ **89**, 883, Köln Rpfleger **81**, 319. Das darf natürlich nicht dazu führen, eine PKH praktisch ohne die Beachtung der einschlägigen Vorschriften zu bewilligen. Das gilt unabhängig davon, daß die Bewilligung nur begrenzt anfechtbar ist, § 127 II 1, III. Bei einer erforderlichen Kurzbegründung eines

### 7. Titel. Prozeßkostenhilfe und Prozeßkostenvorschuß § 115

auch nur teilweise ablehnenden Beschlusses, § 329 Rn 4, braucht der Richter aber keineswegs in allen Einzelheiten über seine Abwägungen Auskunft zu geben, vgl auch § 313 II, III.

**3) Geltungsbereich, I–III.** Vgl Üb 4 vor § 114, § 114 Rn 9–45. **3**

**4) Prüfungsreihenfolge, I–III.** Die Reihenfolge, in der man die Voraussetzungen einerseits des § 114, **4** andererseits des § 115 und bei ihm diejenigen von I–III prüft, ist nicht vorgeschrieben. Man kann innerhalb des § 115 mit der Prüfung des Vermögens beginnen, Behr/Hantke Rpfleger **81**, 281, aber auch mit derjenigen des Einkommens, Kohte DB **81**, 1175, Schneider MDR **81**, 2. Bei den meisten Antragstellern kommt praktisch wohl nur eine Einkommensprüfung in Betracht.

**5) „Einkommen", I, 1, 2**, dazu *Zimmermann*, Abzüge vom Einkommen im PKH-Recht, Festschrift für **5** *Schneider* (1997) 277:

**A. Begriff des „Einkommens". I 2.** Zum „Einkommen" gehören alle Einkünfte in Geld oder Geldeswert, I 2, Köln FamRZ **81**, 489, LAG Stgt BB **84**, 1810. Maßgeblich ist nur das Einkommen gerade des Antragstellers, Köln FamRZ **93**, 579 und MDR **93**, 805. Die Quelle ist unerheblich, BGH FamRZ **84**, 607, Hamm FamRZ **84**, 409, Kblz Rpfleger **85**, 323. Zwar muß man vom Bruttoeinkommen ausgehen. Da aber gemäß I 3 Z 1 in Verbindung mit § 76 II, II a, III BSHG, abgedruckt oben, Steuern, Sozialversicherungs- und andere Versicherungsbeiträge und Betriebsausgaben abzuziehen sind, muß man praktisch vom sog Nettoeinkommen feststellen. Selbst dieses mag sich vor der Festsetzung des anrechenbaren Betrags noch gemäß I 3 Z 4 um „weitere Beträge" mindern, und im übrigen wird eine Unterhaltpflicht gemäß I 3 Z 2 in den dort bestimmten Grenzen ebenfalls einkommensmindernd abgezogen. Daher kommt es schließlich auf einen Betrag unterhalb des sog Nettoeinkommens an.

**B. Maßgeblicher Zeitpunkt: Bewilligungsreife.** Es kommt auf den Zeitpunkt einer ordnungsgemäßen **6** Entscheidung des Gerichts an, vgl § 119 Rn 5, so im Ergebnis auch ArbG Regensb Rpfleger **94**, 70. Ein Einkommensteil, der nicht in Bargeld besteht, muß in diesem Einkommenszeitpunkt schon und noch Geldeswert haben, also alsbald und ohne unzumutbare Schwierigkeiten realisierbar sein, BVerwG **21**, 208, KG FamRZ **85**, 1068. Dabei ist die Realisierung nur um den Preis erheblicher Unterlöse unzumutbar. Der Einkommensteil braucht der Partei noch nicht zur Verfügung zu stehen, aM Düss NJW **82**, 1792, Kohte DB **81**, 1175. Evtl ist also eine Rückwirkung auszusprechen, § 119 Rn 10.

**6) Absetzungen, I 3.** Von dem nach Rn 5–6 ermittelten Einkommen sind die in I 3 Z 1–3 genannten **7** Beträge abzusetzen. Erst von dem danach verbleibenden Saldo sind die nach I 4 aus der Tabelle abzulesenden etwaigen Monatsraten zu errechnen. Im einzelnen gelten für Absetzung die folgenden Regeln:

**A. Steuern usw, I 3 Z 1.** Abzusetzen sind zunächst die in § 76 II, II a (und wegen dessen Verweisung) III BSHG, oben abgedruckt, bezeichneten Beträge für Steuern usw in voller Höhe, Hbg Rpfleger **96**, 164, Zimmermann (bei Rn 5) 278.

**B. Unterhaltsleistungen: Grundsatz der Pauschale, I 3 Z 2.** Abzusetzen sind ferner die in Z 2 **8** genannten Unterhaltsleistungen in Höhe der sich aus dieser Bestimmung ergebenden Beträge. Es findet also ein gesetzlich pauschalierte Berechnung des Absetzbaren statt, vgl auch Schlesw JB **96**, 433. Das bedeutet einerseits eine Vereinfachung, andererseits eine Vergröberung des Maßstabs des Absetzbaren. Die „Vereinfachung" stellt dabei in Wahrheit eine äußerste Komplikation des Rechenwerks dar, die nur deshalb halbwegs erträglich bleibt, weil das Bundesministerium der Justiz jährlich zum 1. 7. die maßgeblichen Beträge (hoffentlich fehlerfrei errechnet) im BGBl bekanntgibt, Z 2 S 1 Hs 2. Die zahlreichen Streit- und Zweifelsfragen zum alten Recht sind durch die jetzige Regelung *teilweise* überholt. Es bleibt im Prinzip das folgende Rechenwerk:

**C. Ermittlung der Zahl der Unterhaltsberechtigten, I 3 Z 2 S 1 Hs 1.** Man muß zunächst klären, **9** ob und wie viele Personen der Antragsteller zu unterhalten hat. Denn Hs 1 berücksichtigt eine Unterhaltspflicht nicht nur gegenüber dem Ehegatten, sondern gegenüber jedem weiteren Unterhaltsberechtigten. Freilich kommt nur eine „gesetzliche" Unterhaltspflicht in Betracht, nicht also auch eine freiwillig übernommene, vertragliche. Dabei mindert die Unterhaltspflicht gegenüber dem Ehegatten das Einkommen stärker (64% des nach dem BSHG errechneten Grundbetrags) als eine Unterhaltspflicht gegenüber weiteren Personen (je 45% jenes Grundbetrags). Auch der Grundbetrag nach dem BSHG kann sich ändern; diese Änderung ist nicht mit der aus ihr abgeleiteten jährlichen Neubekanntmachung nach S 1 Hs 2 zu verwechseln.

**D. Ermittlung des jährlich neu bekanntgemachten Betrags, I 3 Z 2 S 1 Hs 2.** Auf der Basis der **10** Zahl der Unterhaltsberechtigten, Rn 9, ist grundsätzlich die jährlich zum 1. 7. neu bekanntgemachte Größe abzuleiten, S 1 Hs 2, Bbg FamRZ **98**, 1604. Er beträgt für den Zeitraum vom 1. 7. 99 bis 30. 6. 00 für die Partei 672 DM, für den Ehegatten 672 DM, für jede weitere Person, der die Partei auf Grund gesetzlicher Unterhaltspflicht Unterhalt leistet, 473 DM, PKHB 1999 v 6. 6. 99, BGBl 1268. Auch die Bek enthält bereits den jeweils errechneten Prozentsatz, Büttner NJW **95**, 1472, aM Friedrich NJW **95**, 619 (je zur früheren Bek vom 10. 10. 94).

**E. Verminderung durch eigenes Einkommen jedes Unterhaltsberechtigten, I 3 Z 2 S 2.** Von dem **11** nach Rn 7–10 ermittelten Betrag ist das eigene Einkommen eines jeden gesetzlich Unterhaltsberechtigten abzuziehen. Denn um diese Beträge vermindert sich nach S 2 die Absetzmöglichkeit des Antragstellers. Einkommen ist hier ebenso wie beim Antragsteller zu verstehen, I 2, Rn 5, 6.

**F. Geldrente, I 3 Z 2 S 3.** Statt der Rechenweise Rn 7–11 ist dann, wenn statt eines gesetzlich **12** geschuldeten Unterhalts eine Geldrente gezahlt wird, ihre tatsächliche Höhe abziehbar, „soweit dies angemessen ist", S 3. Eine Naturalleistung ist keine Geldrente. Ob eine Geldrente vorliegt, läßt sich nur nach den Gesamtumständen des Einzelfalls sagen. Sie kann über das gesetzlich Geschuldete hinausgehen, aber auch hinter ihm zurückbleiben. Gerade im ersteren Fall ist sie daher nur im Rahmen des Angemessenen abziehbar. Ist sie zu hoch, so bleibt es bei ihrer Abziehbarkeit (statt Rn 7–11) in den Grenzen des Angemessenen.

## § 115

**13  G. Unterkunft und Heizung, I 3 Z 3.** Abzusetzen sind unabhängig davon, ob Unterhaltsleistungen usw nach Z 2 abziehbar sind, jedenfalls die Kosten der Unterkunft und Heizung, Z 3, und zwar grundsätzlich in ihrer vollen tatsächlichen Höhe, also einschließlich aller weiteren umlagefähigen Mietnebenkosten, mithin in Höhe des monatlichen Brutto- (Gesamt-)Betrages. Bei Gemeinschaftsunterkunft usw sind die entsprechenden anteiligen Kosten absetzbar, Kblz FamRZ **97**, 680 (abl Atzler FamRZ **97**, 1018). Damit ist der Streit darüber, ob und in welchem Umfang Teile der Bruttokosten als „besondere Belastungen" im Sinn von (jetzt) Z 4 anzusehen seien, überholt.

**14**  Allerdings sind die Bruttokosten insoweit nicht absetzbar, als sie in einem *„auffälligen Mißverhältnis* zu den Lebensverhältnissen der Partei" stehen, Z 3 Hs 2. Luxus ist nicht schon deshalb voll absetzbar, weil er tatsächlich bezahlt wird. Nur derjenige Teil ist absetzbar, der angesichts der Gesamtverhältnisse des Antragstellers nicht auffällig überteuert ist. Der Spitzenverdiener darf natürlich auch luxuriös wohnen; sein Luxus steht gerade nicht im auffälligen Mißverhältnis, aber er dürfte auch nur bei extrem hohem Streitwert PKH erbitten müssen. Z 3 Hs 2 erfaßt daher praktisch denjenigen, der in normalen oder bescheidenen Verdienst- und Einkommensverhältnissen lebt, aber fürs Wohnen auffällig zu viel ausgibt, aus welchem Grunde auch immer. Ein vernünftiger, nachvollziehbarer Grund führt nicht zu einem auffälligen Mißverhältnis, sondern allenfalls zu einem bedauerlich unvermeidbaren. Man darf natürlich auch nicht einen nur vorübergehend besonders teuren Zeitraum beachten; wer sich an der Grundrenovierung des Hauses jetzt (und dann frühestens nach 20 Jahren wieder) beteiligen muß, lebt nicht schon deshalb in auffällig überteuerten Wohnverhältnissen. Vgl Rn 30 „Mietausgaben".

**15  H. Besondere Belastungen, I 3 Z 4.** Abzusetzen sind schließlich unabhängig von den Möglichkeiten Rn 7–14 weitere Beträge, soweit dies mit Rücksicht auf besondere Belastungen angemessen ist, Z 4 Hs 1. Diese Auffangklausel hat nicht (mehr) umfassenden Charakter, insbesondere weder bei der in Z 2 im Grundsatz abschließend geregelten Unterhaltspflicht noch bei den in Z 3 im Grundsatz umfassend geregelten Wohnungskosten. Sie erfaßt immerhin alle übrigen „besonderen" Belastungen mit dem Ziel einer gerechten Verminderung des Einkommens vor der Anwendung der Tabelle. Es kommen Belastungen jeder Art und Höhe sowie Dauer infrage. Sie müssen aber über das Übliche hinausgehen. Sie dürfen nicht bewußt herbeigeführt worden sein (direkter oder bedingter Vorsatz), während bloße bewußte oder unbewußte Fahrlässigkeit meist unschädlich sein dürften.

**16  I. Beispiele zur Frage des Einkommens, I 3 Z 1–4**
**Abfindung:** Eine zweckgebundene Abfindung, zB wegen gerichtlicher Auflösung des Arbeitsverhältnisses, ist nicht als Einkommen zu berücksichtigen, Nürnb FamRZ **95**, 942, LAG Bre MDR **88**, 995, LAG Hamm JB **98**, 593. Das gilt insbesondere dann, wenn das FamG den Antragsteller verpflichtet hat, von der Abfindung Unterhalt zu zahlen, Köln JB **96**, 143.

**17  Absetzungen:** Vom Einkommen sind gemäß I 3 Z 1 diejenigen Beträge abzusetzen, die § 76 II Z 1–4, II a, III BSHG, oben abgedruckt, nennt; vgl bei den folgenden Stichworten. Ferner sind gemäß I 3 Z 4 weitere Beträge abzusetzen, soweit das „mit Rücksicht auf besondere Belastungen angemessen ist". Hier tut sich zunächst das weite Feld der entsprechenden Anwendbarkeit steuerlicher Maßstäbe auf. Die Finanzämter sind zur Hilfe durch Auskunft usw jedenfalls über allgemeine Berechnungsmethoden auch dann verpflichtet, wenn sie im konkreten Einzelfall ein Steuergeheimnis wahren müssen, Art 35 I GG. Zum anderen bietet die Generalklausel „angemessen" im Rahmen eines weiten, wenn auch pflichtgemäßen Ermessens im Rahmen der gebotenen Großzügigkeit, § 114 Rn 47, dem Gericht die Möglichkeit zur Berücksichtigung im Prinzip aller denkbaren „besonderen" Belastungen, keineswegs nur zB der in § 34 EStG genannten. Das Gericht ist ohnehin nicht an steuerrechtliche Maßstäbe gebunden.
**Arbeitnehmersparzulage:** Sie zählt zum Einkommen.
**Arbeitsamt:** Rn 11.
**Arbeitseinsatz:** Ein unterlassener Arbeitseinsatz ist grds kein Einkommen, Bre FamRZ **98**, 1180, Karlsr FamRZ **99**, 599 links (nur bei Mißbrauch von PKH), aM Köln FamRZ **95**, 942, Mü RR **99**, 433, Oldb FamRZ **96**, 41 (nur bei Schuldlosigkeit unschädlich); vgl aber auch Hamm FamRZ **96**, 958 (Überstunden usw).
**Arbeitsförderungsgesetz:** LAG Köln MDR **87**, 964 wendet § 138 I AFG an und rechnet dem geringerverdienenden Ehegatten die Hälfte des Differenzbetrags zwischen seinem Einkommen und dem höheren des anderen Ehegatten an; ähnlich Hbg FamRZ **86**, 187.
S auch Rn 25 „Streitgenossen".
**Arztkosten:** Sie können zu den „besonderen Belastungen" im Sinn von I 3 Z 4 zählen, soweit sie nicht erstattet werden, Düss FamRZ **81**, 76.
**Auslandszuschuß:** Er zählt zum Einkommen, BGH DAVorm **80**, 286.
**Bankguthaben:** Rn 24 „Geld, Geldeswert".
**Behinderter:** Vgl § 76 II a Z 2 BSHG, oben abgedruckt.
**18  Beihilfe:** Die Zahlung erfolgt nur zum Ausgleich bereits erwachsener Unkosten und ist insofern kein Einkommen.
S auch „Bundesentschädigungsgesetz".
**Beitrag:** Soweit er gesetzlich vorgeschrieben oder nach Grund und Höhe angemessen ist, ist ein Betrag zu einer öffentlichen oder privaten Versicherung oder einer ähnlichen Einrichtung gem § 76 II Z 3 BSHG, oben abgedruckt, vom Einkommen abzusetzen.
**Besondere Belastung:** Sie ist gem I 3 Z 4 abzugsfähig. Dabei hat das Gericht ein ziemlich weites, wenn auch pflichtgemäßes Ermessen, Kohte DB **81**, 1176. Steigerungen der allgemeinen Lebenskosten zählen nicht hierher, Hamm Rpfleger **91**, 117.
S auch bei den einzelnen Stichworten.
**Betriebsausgaben:** Die mit der Erzielung des Einkommens verbundenen notwendigen Ausgaben sind gem § 76 II Z 4 BSHG, oben abgedruckt, vom Einkommen abzusetzen.

## 7. Titel. Prozeßkostenhilfe und Prozeßkostenvorschuß § 115

**Blindengeld oder Blindenhilfe:** Sie zählen zum Einkommen, sind freilich im Zusammenhang mit § 76 I, II a Z 3 a BSHG, oben abgedruckt, zu beurteilen (besondere Belastung), Saarbr FamRZ **88**, 1183.
**Blinder:** Vgl § 76 II a Z 3 a BSHG, oben abgedruckt, Zimmermann (vor Rn 5) 290.
**Bundesausbildungsförderungsgesetz:** Leistungen nach dem BAföG zählen zum Einkommen, AG Recklingh FamRZ **87**, 729, aM Köln FamRZ **94**, 1534 (nicht bei Unzumutbarkeit).
S auch Rn 11.
**Bundesentschädigungsgesetz:** Eine Rente oder Beihilfe nach dem BEG zählt zum Einkommen, Albers Gedächtnisschrift für Martens (1987) 291.
**Bundeserziehungsgeld:** Rn 13 „Erziehungsgeld".
**Bundessozialhilfegesetz:** Eine Leistung nach dem BSHG zählt grundsätzlich zum Einkommen, Celle **19** NdsRpfl **85**, 311, AG Kblz Rpfleger **92**, 117. Das gilt zB für eine Hilfe zum Lebensunterhalt, Celle NdsRpfl **85**, 311, Hamm JB **86**, 768, LG Hbg WoM **93**, 462 (freilich ist sie ein Anhalt für PKH ohne Raten), aM Düss Rpfleger **94**, 29, Köln MDR **93**, 805.
**Bundesversorgungsgesetz:** Die Grundrente nach dem BVG zählt zum Einkommen, Bre FamRZ **81**, 988, Celle NdsRpfl **85**, 311, OVG Münst JB **91**, 1371, aM LSG Celle NdsRpfl **84**, 24, Schneider MDR **85**, 443.
**Darlehen:** Das Darlehen, das der Antragsteller von einem nahestehenden Dritten erhalten hat und in **20** absehbarer Zeit nicht zurückzahlen muß, zählt zum Einkommen, Hamm FamRZ **84**, 409, Köln FamRZ **84**, 304, vgl freilich auch Bbg FamRZ **86**, 700. Dasselbe gilt von einem als Darlehen gezahlten Unterhaltsgeld des Arbeitsamts, LAG Bre DB **88**, 1067. Tilgungsraten sind absetzbar, Jena FamRZ **97**, 622, wenn ein Darlehen vor Prozeßbeginn aufgenommen worden war, Köln MDR **95**, 314. S auch Rn 26.
**Doppelverdiener:** Bei doppelverdienenden Eheleuten darf man grundsätzlich nur das Einkommen des **21** Antragstellers ansetzen, Bbg JB **94**, 751, Celle FamRZ **93**, 1334, Köln JB **94**, 751, aM Hbg FamRZ **86**, 188, LAG Bln MDR **82**, 436, LG Flensb SchlHA **87**, 143 (stellt auf einen Unterhaltsanspruch des geringer Verdienenden ab), LAG Köln MDR **89**, 765 (¹/₂ der Differenz sei hinzuzurechnen). Sind Ehegatten Streitgenossen, so muß man freilich ihr Einkommen, zumindest bei § 138 I AFG, zusammenrechnen, Rn 8 „Arbeitsförderungsgesetz".
**Dritter:** Leistungen, die ein Dritter als Unterhalt dem Unterhaltsgläubiger erbringt, zählen zum Einkommen des letzteren, Hamm FamRZ **88**, 1271, Köln FamRZ **96**, 873.
**Ehe:** Zu berücksichtigen ist auch eine Unterhaltspflicht gegenüber dem jetzigen Ehegatten, mag er auch **22** getrennt leben, und gegenüber dem früheren Ehegatten, soweit sie sachlichrechtlich noch besteht. Soweit jener Ehegatte ein eigenes Einkommen hat, ist IV zu beachten, Rn 42. Wegen der mitverdienenden Ehefrau des alleinigen Antragstellers unterhaltsberechtigt ist, richtet sich danach, wie weit der Antragsteller ihn sachlichrechtlich finanziell unterstützt bzw seine Bedürfnisse mitbezahlen muß. Wegen der Lage, falls beide Eheleute mit jeweils eigenem Einkommen gemeinsamen Kindern unterhaltspflichtig sind und falls beide PKH beantragen, vgl LAG Bre NJW **82**, 2462 (Aufteilung der Freibeträge im Verhältnis der Einkommen und entsprechende Anrechnung; abl Christl Rpfleger **83**, 95).
S auch Rn 12 „Doppelverdiener", Rn 15 „Getrenntleben".
**Eigenes Einkommen des Unterhaltsberechtigten:** Die Frage, ob es dem Einkommen des Unterhaltspflichtigen zuzurechnen ist, ist nach I 3 Z 2 S 2 zu beantworten, Rn 69 ff, vgl schon (zum alten Recht) Hoppenz FamRZ **89**, 133.
**Eigenheim:** Rn 38 „Vermietung".
**Einkommensteuer:** Rn 35 „Steuern".
**Erziehungsgeld:** Es ist nicht zu berücksichtigen, Düss Rpfleger **94**, 29, KG FamRZ **90**, 1120, aM Bre FamRZ **98**, 759.
S auch Rn 14 „Familiengeld".
**Familiengeld:** Es kann wie Erziehungsgeld zu beurteilen sein, KG FamRZ **90**, 1120. **23**
S auch Rn 13 „Erziehungsgeld".
**Fiktives Einkommen:** Rn 17 „Arbeitseinsatz".
**Forderung:** Rn 39.
**Geburt:** Ausgaben wegen einer Geburt können zu den „besonderen Belastungen" nach I 3 Z 4 zählen. **24**
**Geld, Geldeswert:** Bargeld zählt natürlich zum Einkommen, sofern es nicht zB zu den nach § 76 II a BSHG absetzbaren, demnächst oder sofort zu zahlenden Belastungen zählt oder gemäß I 3 Z 4 unberücksichtigt bleiben muß.
Alles übrige „Geldeswerte" ist ebenfalls Teil des Einkommens, zB ein Bankguthaben, Bbg FamRZ **97**, 300. Wegen des maßgeblichen Zeitpunkts vgl Rn 6.
**Geschenk:** Man sollte Geschenke, etwa zum Geburtstag oder zum Jubiläum, nur zurückhaltend zum Einkommen zählen.
**Getrenntleben:** Die zum „Doppelverdiener", Rn 12, geltenden Regeln sind natürlich erst recht bei getrennt lebenden Eheleuten anwendbar, Bischof AnwBl **81**, 370.
**Gewerbesteuer:** Rn 25 „Steuern".
**Good will:** Er kann zum Einkommen zählen.
**Grundrente:** Rn 10 „Bundesversorgungsgesetz".
**Haushalt:** Es ist grundsätzlich unerheblich, ob ein Unterhaltsgläubiger außerhalb des Haushalts des Antrag- **25** stellers oder bei ihm lebt. Daraus ergibt sich, daß das Gesetz nur dem Wortlaut nach unterscheidbar zwischen einer Barleistung oder einer Naturalleistung unterscheidet, in Wirklichkeit aber Leistungen beider Arten im Rahmen der „Angemessenheit", s dort, als abzugsfähig ansieht, Rn 57 „Barleistung", Düss FamRZ **88**, 414, Hamm FamRZ **88**, 309, Köln FamRZ **89**, 525, aM Bbg FamRZ **87**, 961, Karlsr Just **86**, 21, Kblz Rpfleger **85**, 323.
**Heirat:** Ausgaben wegen einer Heirat können zu den „besonderen Belastungen" nach I 3 Hs 2 zählen.
**Heizung:** Rn 30 „Mietausgaben".

## § 115

**Hilfe zum Lebensunterhalt:** Rn 10 „Bundessozialhilfegesetz".
26 **Jubiläum:** Ausgaben aus Anlaß eines privaten oder geschäftlichen Jubiläums können zu den „besonderen Belastungen" im Sinn von I 3 Hs 2 zählen.
27 **Kaltmiete:** Rn 21 „Mietausgaben".
**Kapitalertragsteuer:** Rn 25 „Steuern".
28 **Kindererziehungsleistung:** Eine Kindererziehungsleistung nach §§ 294 ff SGB VI stellt kein Einkommen dar, LSG Bln FmRZ **93**, 743, LSG Celle MDR **92**, 1160. Sie kann als Belastung nach I 3 Z 4 absetzbar sein, wenn dem Elternteil deshalb kein Beruf zumutbar ist, Karlsr RR **99**, 1228.
**Kindergeld:** Es zählt zum Einkommen, zumindest insoweit, als es der Partei auch tatsächlich zufließt, BGH FamRZ **80**, 1112, Ffm FamRZ **98**, 1604, LAG Brdb JB **99**, 143, aM Bre FamRZ **87**, 81, Hamm FamRZ **87**, 80, LAG Mainz Rpfleger **98**, 164.
**Kirchensteuer:** Rn 25 „Steuern".
**Know how:** Er kann zum Einkommen zählen.
**Kostenerstattung:** Sie zählt nicht zum Einkommen, denn sie bringt ja nur einen Ausgleich für erbrachte Ausgaben.
**Kostgeld:** Das Kostgeld des bei den Eltern lebenden Kindes ist keine besondere Belastung, es sei denn, es enthielte einen Anteil an der Kaltmiete von über 18%, LAG Köln MDR **91**, 1096.
**Krankheit:** Es gilt dasselbe wie bei einer „Geburt", Rn 60.
29 **„Lebensgefährtin":** Sie und das zur angeblich vom Antragsteller stammende Kind sind nicht unterhaltsberechtigt, ArbG Regensb BB **89**, 707 (abl Gottwald FamRZ **89**, 1104).
**Lebenskosten:** Ihre Erhöhung kann als „besondere Belastung" im Sinn von I 3 Z 4 anzusehen sein, freilich nicht generell, sondern nur im Ausnahmefall, vgl § 114 Rn 133. Das gilt auch nach der Neuregelung von 1994 im Kern weiter, BFH DB **85**, 214 (großzügig), KG FamRZ **94**, 713, Köln FamRZ **94**, 711, aM Kblz FamRZ **86**, 1230, LAG Düss Rpfleger **93**, 498, ArbG Regensb Rpfleger **94**, 70.
**Lohnsteuer:** Der Anspruch auf Lohnsteuerjahresausgleich zählt jedenfalls dann nicht zum Einkommen, wenn es sich nur um einen geringen Betrag handelt, Düss FamRZ **81**, 986, Ffm FamRZ **83**, 633.
S auch Rn 25 „Steuern".
**Luxusausgaben:** Sie können ebensowenig wie andere objektiv unvertretbare Belastungen vom Einkommen abgezogen werden, Bbg FamRZ **86**, 700, Ffm ZIP **82**, 225.
30 **Mehrheit von Unterhaltsgläubigern:** Man muß die Unterhaltspflicht des Antragstellers gegenüber jedem Unterhaltsgläubiger zunächst gesondert ermitteln und sodann die sich ergebenden Beträge addieren, um zur anrechenbaren Gesamtbelastung zu kommen. Dabei können sich zB gegenüber gleichnahen Angehörigen wegen deren unterschiedlicher Verhältnisse verschieden hohe Unterhaltspflichten ergeben.
**Mietausgaben:** Normale Mieten sind jetzt abzugsfähig, soweit sie eben nicht in einem auffälligen Mißverhältnis zu den Lebensverhältnissen der Partei stehen, I 3 Z 3, also keine Luxusausgaben sind, Rn 13, 14. Ob Luxus vorliegt, läßt sich nur nach den Gesamtumständen des Einzelfalls beurteilen; im Zweifel kein Luxus, Mü FamRZ **97**, 299. Die „Kosten der Unterkunft und Heizung" umfassen alle umlagefähigen festen oder schwankenden Nebenkosten, Karlsr FamRZ **94**, 600, Kblz MDR **95**, 1166, also die Bruttomiete. Im Wohnheim usw muß man den Bruttoanteil schätzen.
**Mieteinnahmen:** Rn 28 „Vermietung".
31 **Mietzuschuß:** Er zählt zum Einkommen, Bbg JB **85**, 1108.
**Naturalunterhalt:** Die Verpflichtung zu ihm kann eine besondere Belastung im Sinn von I 3 darstellen, insofern richtig Bre FamRZ **89**, 300. S auch Rn 61 „Haushalt".
32 **Pauschalsatz:** Ein nach der VO zu § 76 BSHG beachtlicher Pauschalsatz für Fahrten zur Arbeitsstätte kann heraufzusetzen sein, Ffm FamRZ **90**, 1011, aM Mü FamRZ **94**, 898.
**Prozeßkostenhilferaten:** Der Unterhaltsschuldner darf nicht PKH-Raten, die er für den laufenden Unterhaltsprozeß und weitere familienrechtliche Auseinandersetzungen aufbringen muß, vorab vom Einkommen als Schulden absetzen, Kblz FamRZ **91**, 438.
**Prozeßkostenvorschuß:** Das volljährige unverheiratete, in Ausbildung befindliche Kind hat evtl einen Anspruch, frühestens für den rechtswichtigen Prozeß, Karlsr FamRZ **89**, 535, LG Kblz FamRZ **96**, 44, AG Gießen WoM **93**, 461, aM Düss FamRZ **86**, Stgt FamRZ **88**, 758. Im Ehelichkeitsanfechtungsverfahren kann das Kind einen Anspruch auf Prozeßkostenvorschuß gegen den Kläger, Kblz FamRZ **96**, 45, oder gegenüber dem Bekl haben, Kblz FamRZ **96**, 44, auch gegenüber Großeltern, Kblz Rpfleger **97**, 72, der zum Einkommen zählt.
33 **Raten:** Bereits zu zahlende Raten nach § 120 aus anderen Verfahren können zu den „besonderen Belastungen" im Sinn von I 3 Z 4 zählen, Karlsr FamRZ **88**, 203, Köln VersR **98**, 76. Geldbußraten zählen nicht hierher, Kblz JB **97**, 31.
S auch Rn 21 „Mietausgaben".
**Rente:** Rn 9 „Bundesentschädigungsgesetz", Rn 10 „Bundesversorgungsgesetz".
**Rücklage:** Man darf PKH nicht schon deshalb versagen, weil der Antragsteller ab Verfahrensbeginn aus dem Einkommen Rücklagen bilden könnte, KG FamRZ **88**, 1078.
**Sanatorium:** Die Verpflegung kann zum Einkommen zählen, LG Kblz FamRZ **95**, 941.
34 **Schulden:** Solche aus der Zeit *vor* der Antragstellung können als „besondere Belastungen" im Sinn I 3 Z 4 anzusehen sein, Bbg FamRZ **86**, 699, Köln FamRZ **96**, 873 (Fallfrage), ArbG Regensb Rpfleger **94**, 70. Schulden aus der Zeit *nach* der Antragstellung kommen insofern nur dann in Betracht, wenn sie aus einem lebenswichtigen Anlaß zu machen waren, KG AnwBl **81**, 607, Kblz MDR **92**, 80, strenger Stgt FamRZ **96**, 873.
**Schulungskosten:** Sie können zu den Belastungen nach I 3 Z 4 zählen, Düss FamRZ **81**, 59.
**Schwerbehinderter:** Vgl zunächst § 76 II a Z 3 b BSHG, oben abgedruckt, Zimmermann (bei Rn 5) 291. Bei einem Behinderungsgrad bis 50% mag nur der Pauschbetrag nach § 33 b EStG zu berücksichtigen sein, AG Bayreuth JB **92**, 756; indessen sollte man stets die Gesamtumstände abwägen. Wegen einer Sehbehinderung vgl § 76 II a Z 3 a BSHG, oben abgedruckt.

## 7. Titel. Prozeßkostenhilfe und Prozeßkostenvorschuß § 115

**Selbstbehalt:** Der angemessene Selbstbehalt gegenüber einem volljährigen Kind ist nicht nach erwerbstätigen und nicht erwerbstätigen Schuldnern zu differenzieren, Karlsr FamRZ **85**, 593, aM Düss FamRZ **82**, 1101. Eine pauschale Herabsetzung des Selbstbehalts wegen ländlicher Lebensverhältnisse ist unzulässig, Düss FamRZ **90**, 1028.
**Sozialhilfe:** Vgl § 114 Rn 68 „Sozialhilfe" und oben Rn 10 „Bundessozialhilfegesetz".
**Sozialversicherung:** Die Pflichtbeiträge zählen zu den abzugsfähigen Beträgen im Sinn von I 3 Z 1 iVm § 76 II Z 1 BSHG, oben abgedruckt.
**Steuern:** Sie zählen zu den abzugsfähigen Beträgen, Rn 7, im Sinn von I 3 Z 1 in Verbindung mit § 76 II Z **35** 1, II a, III BSHG, oben abgedruckt. Das gilt für alle Arten von Steuern. Sie müssen aber bereits „entrichtet" worden sein. Der noch im Vermögen des Antragstellers stehende, aber in allernächster Zeit mit Sicherheit zu bezahlende Betrag der bereits „entrichteten" Abführungssumme gleichstehen. Abschreibungen nach dem EStG sind nicht absetzbar, Jena FamRZ **97**, 622. Auch der Steuererstattungsanspruch ist evtl Einkommen, Bre FamRZ **98**, 1181.
**Stiefeltern:** Ein Unterhalt, der zwar nicht zur Erfüllung einer Rechtspflicht erfolgt, wohl aber einer sittlichen Pflicht entspricht, kann zumindest als „besondere Belastung" im Sinn von I 3 Z 4 abzugsfähig sein. Es kommt aber auch eine Berücksichtigung im Rahmen von V in Betracht, Köln NJW **74**, 706.
**Streitgenossen:** Grundsätzlich ist für jeden Antragsteller das Einkommen gesondert zu berechnen. Ebenso sind die bei jedem Antragsteller abzugsfähigen Beträge und besonderen Belastungen gesondert zu ermitteln. Sind Ehegatten Streitgenossen, so muß man zumindest bei Anwendung von § 138 I AFG, Rn 8 „Arbeitsförderungsgesetz", ihr Einkommen freilich zusammenrechnen.
**Stromkosten:** Sie zählen nicht zu den Belastungen nach I 3 Z 3, Nürnb FamRZ **97**, 1542.
**Taschengeld:** Es kann zum Einkommen zählen, Kblz FamRZ **96**, 44 und MDR **96**, 287, Stgt JB **98**, 592, aM Bbg JB **94**, 751. Zurückhaltung ist beim Heimbewohner geboten, LG Kblz FamRZ **98**, 487.
**Tilgung:** Eine Tilgungsleistung aus einem Kredit ist als „besondere Belastung" abzugsfähig, soweit sie im **36** Rahmen einer üblichen und vertretbaren Lebensführung entstanden und nicht in Kenntnis des bevorstehenden Prozesses eingegangen ist, LAG Kiel MDR **89**, 485. Eine Tilgungsleistung zur Finanzierung eines Eigenheims ist nur abzüglich einer fiktiven Miete abzuziehen, Bbg FamRZ **84**, 721, Schlesw SchlHA **89**, 141, OVG Bre JB **85**, 1411, aM Mü MDR **81**, 852, OVG Bre JB **91**, 1114.
**Titulierter Anspruch:** Einer Unterhaltszahlung kann ein titulierter Unterhaltsanspruch gleichstehen, LSG Essen FamRZ **87**, 731.
**Tod:** Ausgaben wegen eines Tods können zu den „besonderen Belastungen" nach I 3 Z 4 zählen. **37**
**Überstundenlohn:** Er zählt zum Einkommen, BGH NJW **80**, 2251.
**Überzahlung:** Es ist grundsätzlich unerheblich, ob ein Unterhaltsgläubiger weniger oder mehr als die in die Tabelle I 4 eingearbeiteten durchschnittlichen Leistungen erhält, Bre FamRZ **84**, 411 unten, Karlsr FamRZ **82**, 948 (offen bei krassen Abweichungen); Nürnb FamRZ **84**, 409. Eine sog Interpolation der Tabelle findet ohnehin nicht statt.
**Umschulung:** Wer sie nicht zumutbar nutzt, kann fiktives Einkommen haben, Bre FamRZ **96**, 957.
**Unterhalt:** Erhaltener zählt zum Einkommen, Mü FamFZ **99**, 598. Eine besondere Belastung kann in freiwilliger Zahlung bestehen, Bre FamRZ **97**, 298.
S auch Rn 11 „Darlehen", Rn 12 „Dritter".
**Urheberpersönlichkeitsrecht:** Es kann zum Einkommen zählen. Freilich muß es schon und noch einen „Geldeswert" haben, Rn 15.
**Urlaubsgeld:** Es zählt ebenso wie das Weihnachtsgeld zum Einkommen, Düss NJW **81**, 1791, Ffm FamRZ **38** **83**, 632, abw Düss FamRZ **89**, 883 (bei kleinem Einkommen).
**Vermietung:** Einnahmen aus Vermietung zählen zum Einkommen, BGH JB **84**, 51.
**Vermögenssteuer:** Rn 25 „Steuern".
**Versicherung:** Pflichtbeiträge zur Sozialversicherung einschließlich der Arbeitslosenversicherung sowie Beiträge zu öffentlichen oder privaten Versicherungen und ähnlichen Einrichtungen sind vom Einkommen abzuziehen, soweit sie gesetzlich vorgeschrieben sind oder nach Grund und Höhe angemessen sind, I 3 Z 1 in Verbindung mit § 76 II Z 2, 3, II a, III BSHG, oben abgedruckt, LAG Stgt Rpfleger **89**, 29 (abw Bratfisch auch zu den einzelnen Versicherungsarten), ArbG Regensb Rpfleger **94**, 70 (zu einer Lebensversicherung), Zimmermann (bei Rn 5) 278.
**Volljährigkeit:** Der volljährige Unterhaltsgläubiger steht dem minderjährigen grundsätzlich gleich. Er wird freilich oft eigenes Einkommen haben. Dann ist IV zu beachten. Im übrigen muß er Auskunft über das Einkommen der Eltern geben, wenn sie die Kosten als Sonderbedarf zu tragen haben, AG Gießen FamRZ **91**, 581.
**Wasserkosten:** Sie zählen nicht zu den Belastungen nach I 3 Z 3, Nürnb FamRZ **97**, 1542. **39**
**Weihnachtsgeld:** Weihnachtsgeld ist wie Urlaubsgeld zum Einkommen zu zählen, Düss NJW **81**, 1791, Ffm FamRZ **83**, 632, aM Düss FamRZ **89**, 883 (bei kleinem Einkommen).
**Wohngeld:** Es zählt zum Einkommen, BGH VersR **80**, 923, Bbg FamRZ **84**, 607, ArbG Regensb JB **90**, 1302.
**Zinsen:** Es gelten dieselben Grundsätze wie bei der „Tilgung", Rn 26. **40**

**7) Abrundung; Tabellenanwendung, I 4.** Von dem nach sämtlichen Abzügen Rn 7–41 verbleibenden, **41** auf volle DM abgerundeten Monatseinkommensteil, dem sog „einzusetzenden Einkommen", ist nach der amtlichen Tabelle in I 4 abzulesen, ob und welche Monatsraten zu zahlen sind. Da die Zahl der Unterhaltsberechtigten bereits vorher zu ermitteln und zu berücksichtigen war, Rn 9, enthält die Tabelle jetzt nur noch die Einkommens- und die Ratenspalte.

**8) „Höchstens 48 Monatsraten", I 4.** Dabei sind höchstens 48 Raten zu zahlen, I 4 Hs 1, und zwar **42** unabhängig von der Zahl der Rechtszüge, I 4 Hs 1. Die Mindestzahl der Raten beträgt fünf, wie sich aus III ableiten läßt.

## § 115

**43** **A. Abgrenzung von III.** Während III den Mindestbetrag umschreibt, den der Antragsteller (je Rechtszug, vgl § 119) selbst zu den Prozeßkosten beisteuern muß, nennt I 4, der mit dem GG vereinbar ist, so schon (zum alten Recht) BVerfG BGBl **88**, 1040, den Höchstbetrag der etwa überhaupt zu zahlenden Raten. Allerdings erfaßt I 4 nicht den Fall, daß außerdem oder nur Vermögensbeiträge aus dem Vermögen zu erbringen sind; hier gibt es keine absolute Höchstgrenze.

**44** **B. Betragsobergrenze.** I 4 ist auch dann zu beachten, wenn das Gericht gem § 120 IV nachträglich eine Änderung über die Ratenzahlungen beschließt. Die mit der Einziehung befaßten Stellen haben die Höchstgrenze von 48 Raten von Amts wegen in jeder Lage des Verfahrens zu beachten, Grdz 38 vor § 128; ein im Ergebnis über die Höchstgrenze hinausreichender Gerichtsbeschluß ist ohne Notwendigkeit förmlicher Aufhebung insofern unbeachtlich. Er gibt dem trotzdem zahlenden Antragsteller einen Rückforderungsanspruch unabhängig davon, ob er gutgläubig war.

**45** **C. Keine Zeitobergrenze.** I 4 bestimmt zwar eine Höchstzahl von Raten, nicht aber einen Höchstzeitraum, in dem sie zu zahlen sind. Die Ratenzahlungspflicht kann sich daher zB dann, wenn zuvor Ratenfreiheit bestand, oder etwa im Fall einer Unterbrechung der Zahlungen auf eine Dauer von mehr als 4 Jahren solange verteilen, bis tatsächlich 48 Monatsraten erreicht sind. Das entspricht nicht nur dem Wortlaut, sondern auch dem Sinn der Regelung, Bbg JB **98**, 316, Karlsr FamRZ **95**, 1505, Fischer Rpfleger **97**, 465, aM Saarbr FamRZ **93**, 1335, Grunsky NJW **80**, 2046, MüKoWax 69.

*Beispiel:* Das erstinstanzliche Gericht bejaht die Zumutbarkeit einer finanziellen Beteiligung des Antragstellers bei seiner Vorausschätzung nach § 120 I zunächst nur für etwa zwei Jahre, da nach Ablauf dieser Frist mit einem wesentlich geringeren Einkommen zu rechnen ist, etwa wegen einer Pensionierung oder einer Berufsausbildung eines Kindes, während das zweitinstanzliche Gericht die Zumutbarkeit von Ratenzahlungen für weitere zwei Jahre bejaht, seine Entscheidung aber erst nach Ablauf der ersten zwei Jahre trifft.

**46** **D. „Unabhängig von der Zahl der Rechtszüge".** I 4 bestimmt ausdrücklich, daß die Höchstzahl von 48 Raten nicht etwa je Rechtszug, sondern insgesamt, für alle Rechtszüge, „unabhängig von der Zahl der Rechtszüge", gilt. Das gilt natürlich nur innerhalb desselben Prozesses. Bei einer Aufspaltung des einheitlichen Prozesses in mehrere selbständige Verfahren, etwa nach § 145, würde der Sinn der Regelung unterlaufen, wenn der Antragsteller schon deshalb insgesamt mehr als 48 Raten zahlen müßte, Düss Rpfleger **92**, 30, Ratenzahlungen können allerdings innerhalb desselben Prozesses gleichzeitig für mehrere Instanzen in Betracht kommen, Behn Rpfleger **83**, 341. Zur Auswirkung einer Ratenzahlungsbewilligung nach einer Zurückverweisung BGH NJW **83**, 944.

**47** **9) „Vermögen", II, III.** Es sind drei Aspekte zu beachten.

**A. Begriff des „Vermögens", II 1.** Während I das „Einkommen" im wesentlichen im Sinn der laufenden Einnahmen in Geld oder Geldeswert (auch aus einem Vermögen) behandelt, Burgard NJW **90**, 3241, zwingt II auch zum Einsatz des „Vermögens" und gibt durch die Verweisung auf § 88 I BSHG die Richtung dahin an, daß das „gesamte verwertbare" Vermögen eingesetzt werden muß. Auch hier ist die Quelle unerheblich.II Hs 2 verweist auf § 88 BSHG (dazu OVG Münst NJW **97**, 2900); dessen II Z 2 verweist auf das 2. WoBauG; zum BSHG ist die oben ebenfalls abgedruckte VO ergangen. Beide Verweisungen führen den Zivilrichter weit in das Sozialrecht hinein und machen mangels vorhandener Nachschlagewerke usw die Arbeit für ihn außerordentlich schwierig, insoweit wenig praxisnah abw Burgard NJW **90**, 3245.

**48** Das Prozeßgericht ist an diejenige Auslegung, die die Sozialgerichte, die Verwaltungsgerichte oder die Finanzgerichte den im BSHG genannten Begriffen geben, *nicht* unmittelbar *gebunden,* Bbg FamRZ **84**, 721, Christl NJW **81**, 785, aM Burgard NJW **90**, 3241. Andererseits darf der Prozeßrichter die zum Steuer-, Sozialversicherungsrecht usw entwickelten Kriterien nicht völlig außer Acht lassen. Denn er muß das deutsche Recht kennen, § 293 Rn 1, und es notfalls von Amts wegen ermitteln. Er kann Amtshilfe nach Art 35 GG beanspruchen, Christl NJW **81**, 791. Die VO zu § 88 II 8, IV BSHG ist als Rechtsverordnung im Sinn von Art 80 GG auch für den Prozeßrichter verbindlich, VG Freibg NJW **83**, 1926, Christl NJW **81**, 785.

**49** **B. „Zumutbarkeit" des Einsatzes, II 1.** Das Vermögen ist einzusetzen, „soweit dies zumutbar ist", Karlsr AnwBl **87**, 340. Das bedeutet: Bei der Auslegung darf und soll das Gericht den Antragsteller nicht allzu sehr finanziell bedrängen, BFH MDR **90**, 955, sondern ein „Schonvermögen" belassen, LG Oldb JB **97**, 543 (nicht nach dem Tod). Eine gewisse Großzügigkeit bei der Bewilligung, § 114 Rn 47, ist auch hier zu beachten, obwohl die Zumutbarkeitsgrenze natürlich keine allzu ungehemmte Beurteilung der wirtschaftlichen Schwäche des Antragstellers (zu Lasten zumindest der Staatskasse) erlaubt. Keinesfalls ist der Zivilrichter verpflichtet, in die letzten Verästelungen des Sozialrechts zu leuchten, zumal eine einigermaßen erschöpfende Aufklärung der Vermögensverhältnisse ohnehin praktisch kaum je möglich sein wird.

**50** **C. Maßgeblicher Zeitpunkt: Bewilligungsreife.** Es gilt auch hier der Zeitpunkt, zu dem das Gericht bei ordnungsgemäßer Bearbeitung über den Antrag entscheiden muß, vgl zB § 119 Rn 3. Evtl ist also eine Rückwirkung auszusprechen, § 119 Rn 10. Der Antragsteller brauchte nicht ab Antrag Rücklagen zu bilden, KG MDR **99**, 510. Das Vermögen muß bereits und noch verwertbar sein, Bbg FamRZ **85**, 504, Bre FamRZ **83**, 637, KG MDR **89**, 167, aM Bbg RR **86**, 62, Ffm RR **86**, 798.

**51** **D. Beispiele zur Frage des Vermögens**
**Abfindung:** Eine zweckgebundene Abfindung, zB wegen gerichtlicher Auflösung des Arbeitsverhältnisses, ist nicht als Vermögen zu berücksichtigen, abw LAG Bre MDR **98**, 801, aM LAG Köln MDR **95**, 1044. Das gilt insbesondere dann, wenn das FamG den Antragsteller verpflichtet, von der Abfindung Unterhalt zu zahlen, Köln JB **96**, 143.
**Alterssicherung:** Soweit eine angemessene Alterssicherung wesentlich erschwert würde, liegt ein Fall der verbotenen „Härte" im Sinn von II Hs 2 in Verbindung mit § 88 III BSHG vor.

## 7. Titel. Prozeßkostenhilfe und Prozeßkostenvorschuß § 115

**Arbeitskraft:** Ob auch sie zum Vermögen gehört, läßt sich schon grds bezweifeln, strenger Köln MDR **98**, 1434. Zumindest, wenn ein Berufswechsel erforderlich wäre, ist eine solche Auslegung zu streng, abw Biebrach NJW **88**, 1770.

**Auslandsvermögen:** Es ist grds nur dann einzusetzen, wenn es sofort verwertbar ist, VG Ffm NJW **92**, 648 (nicht bei Grundvermögen).

S aber auch Rn 58 „Hausgrundstück".

**Aussteuerversicherung:** Sie ist grds als Vermögensbestandteil zu beurteilen, Köln FamRZ **88**, 1298. 52

**Bargeld:** Zum Vermögen zählt ein größerer Betrag, zB aus einem Hausverkauf, Köln MDR **96**, 197, selbst wenn er während des Prozesses verbraucht worden ist, Kblz Rpfleger **89**, 417, oder zum Erwerb einer Wohnung bestimmt ist, Celle Rpfleger **90**, 263, aM Nürnb Rpfleger **95**, 465. Man muß aber Schulden abziehen, Bbg FamRZ **97**, 300.

*Nicht* zum Vermögen zählen „kleinere" Barbeträge und (gemeint: „kleinere") sonstige „Geldwerte", II Hs 2 in Verbindung mit § 88 II Z 8 BSHG. Was unter „kleineren" Beträgen und Werten zu verstehen ist, besagt im einzelnen die oben abgedruckte VO zu § 88 II Z 8, IV BSHG. Vgl auch Bbg FamRZ **97**, 300, Hbg FamRZ **84**, 71, KG FamRZ **82**, 420.

**Bausparvertrag:** Seine Einsatz ist grds erforderlich, Kblz JB **99**, 253 und Rpfleger **99**, 133, kann aber ausnahmsweise unzumutbar sein, nur insofern richtig Karlsr FamRZ **88**, 858, ferner Naumbg MDR **98**, 440 (bei Raten), LAG Köln MDR **93**, 481.

**Berufsausbildung:** Nicht zum Vermögen gehören Gegenstände, die zur Aufnahme oder Fortsetzung der Berufsausbildung unentbehrlich sind, II Hs 2 in Verbindung mit § 88 II Z 4 BSHG. In diesem Zusammenhang kann man die Vorschriften des 8. Buchs der ZPO über Unpfändbarkeit und Pfändungsfreibeträge usw berücksichtigen.

S auch Rn 35 „Arbeitskraft".

**Berufswechsel:** Rn 35 „Arbeitskraft". 53

**Darlehen:** Tilgungsraten können zum Vermögen zählen, Karlsr FamRZ **98**, 489. Aber Vorsicht, Fallfrage!

**Eigenheim:** Rn 42 „Hausgrundstück".

**Eigentumswohnung:** Sie kann zu § 88 II Z 7 BSHG zählen. BVerwG NJW **91**, 1968, BayObLG **97**, 83.

**Erbstück:** Nicht zum Vermögen zählt ein Erbstück, dessen Veräußerung für den Antragsteller oder seine Familie eine besondere Härte bedeuten würde, II Hs 2 in Verbindung mit § 88 II Z 5 BSHG, oder an dem er nur in ungeteilter, mit Nießbrauch belasteten Erbengemeinschaft teilhat, Köln JB **96**, 143.

**Erwerb:** Nicht zum Vermögen zählen Gegenstände, die zur Aufnahme oder Fortsetzung einer Erwerbstätigkeit unentbehrlich sind, II Hs 2 in Verbindung mit § 88 II Z 4 BSHG. In diesem Zusammenhang kann man die Vorschriften über Unpfändbarkeit und Pfändungsfreibeträge usw mitberücksichtigen.

**Familienheim:** Rn 36 „Bargeld", Rn 58 „Hausgrundstück". 54

**Familienstück:** Nicht zum Vermögen gehört ein Familienstück, dessen Veräußerung für den Antragsteller oder seine Familie eine besondere Härte bedeuten würde, II Hs 2 in Verbindung mit § 88 II Z 5 BSHG. In diesem Zusammenhang kann man die Vorschriften des 8. Buchs der ZPO über Unpfändbarkeit, Pfändungsfreibeträge usw berücksichtigen.

**Ferienhaus:** Rn 42 „Hausgrundstück".

**Forderung:** Auch eine Forderung kann (statt zum Einkommen) zum Vermögen zählen, Düss FamRZ **86**, 55 288, KG MDR **89**, 167, LAG Düss JB **86**, 608. Sie muß aber bereits und noch verwertbar sein; die erst in dem jetzigen Prozeß eingeklagte Forderung zählt also grds nicht hierher, Rn 34, KG MDR **89**, 167, Burgard NJW **90**, 3242, aM Bbg JB **90**, 1645 (auch künftige und bestrittene Forderungen), Nürnb FamRZ **89**, 995.

**Geistiges Bedürfnis:** Nicht zum Vermögen gehören Gegenstände, die der Befriedigung geistiger, besonders 56 wissenschaftlicher oder künstlerischer, Bedürfnisse dienen und deren Besitz kein Luxus ist, II Hs 2 in Verbindung mit § 88 II Z 6 BSHG. In diesem Zusammenhang kann man die Vorschriften des 8. Buchs der ZPO zur Unpfändbarkeit, zu den Pfändungsfreibeträgen usw berücksichtigen, vgl zB § 811 Z 5.

**Gewerkschaft:** Vgl § 114 Rn 56 „Gewerkschaft" und Rn 67 „Rechtsschutzversicherung".

**Grundstück:** Nicht zum Vermögen zählt ein Grundbesitz, der die einzige Einnahmequelle des Gläubigers ist, Zweibr RR **99**, 796, LG Ingolstadt Rpfleger **97**, 538.

Vgl auch Rn 42 „Hausgrundstück".

**Härte:** Nicht zum Vermögen gehört ein solches Familien- oder Erbstück, dessen Veräußerung für den 57 Antragsteller oder seine Familie eine besondere Härte bedeuten würde, II Hs 2 in Verbindung mit § 88 II Z 5 BSHG. In diesem Zusammenhang kann man die Vorschriften des 8. Buchs der ZPO über Unpfändbarkeit, Pfändungsfreibeträge usw berücksichtigen. Ferner gehört nicht zum Vermögen ein solches Stück, dessen Einsatz für den Antragsteller und seine unterhaltsberechtigten Angehörigen eine Härte bedeuten würde, II Hs 2 in Verbindung mit § 88 III 1, 2 BSHG. Dieser Gedanke stellt eine Wiederholung des Zumutbarkeitsmaßstabs des II Hs 1 dar, Rn 33. Auch hier ist eine gewisse Großzügigkeit zu Gunsten des Antragstellers ratsam.

**Hausgrundstück:** Zum Vermögen zählt ein Ferienhaus im Ausland, das auch im wesentlichen nur im 58 Urlaub bewohnt wird, Nürnb FamRZ **96**, 41 (LS), Stgt JB **94**, 46.

*Nicht* zum Vermögen, sondern zum sog Schonvermögen, Bbg FamRZ **99**, 996, Köln FamRZ **99**, 997, zählt jedoch im übrigen ein einigermaßen ständig bewohntes, „angemessenes" Hausgrundstück, besonders ein Familienheim oder eine Eigentumswohnung im Sinn von §§ 7, 12 des 2. WoBauG, soweit der Antragsteller auch alleine der in §§ 11, 28 BSHG genannten Personen für solches Objekt allein oder zusammen mit Angehörigen, denen es nach seinem Tode weiterhin als Wohnung dienen soll, ganz oder teilweise bewohnt, II Hs 2 in Verbindung mit § 88 II Z 7 BSHG, strenger LG Kblz MDR **96**, 744; Einzelheiten Bbg FamRZ **96**, 42 (Kauf einer Wohnung aus dem Zugewinnausgleich), Ffm FamRZ **90**, 643 (Zweifamilienhaus mit Wohnrecht eines Dritten), Hamm Rpfleger **84**, 432 (Anteil am nicht selbstgenutzten Eigenheim), Schlesw AnwBl **87**, 54, LG Bonn Rpfleger **88**, 104, OVG Münst FamRZ **86**, 188, VG Bln NJW **87**, 144.

## § 115

1. Buch. 2. Abschnitt. Parteien

Man sollte angesichts überall gestiegenen Wohnkomforts den Begriff *„angemessen"* beim Hausgrundstück *großzügig auslegen*, vgl Rn 33. BGH FamRZ **90**, 389 bewertet (bereits nach altem Recht) ein Einfamilienhaus mit 140 m² Wohnfläche auf 590 m² Boden nicht als „klein". „Klein" ist ein Objekt im unteren Wertbereich vergleichbarer Stücke am Ort, BVerwG NJW **91**, 1968. Maßgeblich ist nur der Wohnteil, BVerwG JB **93**, 361. Den Begriff der Angemessenheit bestimmt § 88 II Z 7 S 2 BSHG, s oben. Soweit die vorstehenden Voraussetzungen nicht zutreffen, kann allerdings eine Beleihung notwendig sein, BGH RR **90**, 450, BFH MDR **90**, 955, Hamm Rpfleger **91**, 258. Grenzen zumutbarer Kreditkosten können bei dem Betrag der Tabelle zu § 115 liegen, Köln FamRZ **99**, 997. Beschaffungs- und Erhaltungsaufwand ist im Umfang von § 88 II Z 2 BSHG, s oben, ebenfalls kein Vermögen, Bbg FamRZ **99**, 996. Karlsr FamRZ **98**, 488. Nicht zumutbar ist die unwirtschaftliche Teilungsversteigerung des Anteils an einem Gartengrundstück, Nürnb MDR **98**, 50.
S auch Rn 36 „Bargeld".

**Hausrat:** Nicht zum Vermögen zählt angemessener Hausrat; dabei sind die bisherigen Lebensverhältnisse des Antragstellers zu berücksichtigen, II Hs 2 in Verbindung mit § 88 II Z 3 BSHG. In diesem Zusammenhang kann man die Vorschriften des 8. Buchs zur Unpfändbarkeit, zu den Pfändungsfreibeträgen usw berücksichtigen.

**Hausstandsgründung:** Nicht zum Vermögen gehören Vermögensteile, die aus öffentlichen Mitteln zur Gründung eines Hausstands gewährt werden, II Hs 2 in Verbindung mit § 88 II Z 1 BSHG.

59 **Kapitalanteil:** Er ist nach dem Zufließen zur Deckung von Prozeßkosten einzusetzen, Bbg JB **90**, 1652.
**Kraftwagen:** Rn 63 „Pkw".
**Künstlerisches Bedürfnis:** Rn 40 „Geistiges Bedürfnis".

60 **Lebensgrundlage:** Nicht zum Vermögen zählt ein Vermögensstück, das aus öffentlichen Mitteln zum Aufbau oder zur Sicherung einer Lebensgrundlage gewährt wird, II Hs 2 in Verbindung mit § 88 II Z 1, III 2 BSHG.
**Lebensversicherung:** Ihr Rückkaufwert gehört nicht zum Vermögen, Bbg JB **91**, 977, strenger BVerwG NJW **98**, 1879, Stgt FamRZ **99**, 598 (dort ziemlicher Ausnahmefall).
**Luxus:** Zum Vermögen zählt ein solcher Gegenstand, dessen Besitz Luxus ist, selbst wenn er zur Befriedigung geistiger Bedürfnisse dient, II Hs 2 in Verbindung mit § 88 II Z 6 BSHG. Luxus ist auch sonst dem Vermögen zuzurechnen, ebenso wie beim Einkommen, I 3 Z 3 Hs 2, Rn 13.

61 **Minderjähriger:** Rn 36 „Bargeld" sowie § 1 Z 3, II der VO zu § 88 BSHG, oben abgedruckt.
62 **Notlage:** Eine besondere Notlage des Antragstellers ist stets zu seinen Gunsten zu berücksichtigen, nicht nur beim „kleineren" Barbetrag oder sonstigen Geldwert, II Hs 2 in Verbindung mit § 88 II Z 8 BSHG, § 2 I der VO zu § 88 BSHG, beide oben abgedruckt, sondern überhaupt.
63 **Öffentliche Mittel:** Nicht zum Vermögen zählt ein solches Stück, das aus öffentlichen Mitteln zum Aufbau oder zur Sicherung einer Lebensgrundlage oder zur Gründung eines Hausstands gewährt wird, II HS 2 in Verbindung mit § 88 II 1 BSHG.
**Pkw:** Ein solcher der Ober- oder Mittelklasse zählt zum verwertbaren Vermögen, Bbg JB **92**, 346 (Mercedes 230 E), Hbg FamRZ **96**, 42 (Frage der Zumutbarkeit), OVG Münst NJW **97**, 540.
*Nicht* zum Vermögen zählt ein zum Beruf nötiger Kleinwagen, Köln FamRZ **98**, 1522.

64 **Prozeßkostenvorschuß:** § 114 Rn 59–62.
65 **Rechtsschutzversicherung:** Vgl § 114 Rn 56 „Gewerkschaft" und Rn 67 „Rechtsschutzversicherung".
**Rente:** Sie kann beim Vermögen zu berücksichtigen sein, KG FamRZ **82**, 624, aM Celle FamRZ **83**, 1156.
**Rücklagen:** Rn 50.
66 **Schmerzensgeld:** § 114 Rn 68.
**Sozialhilfe:** Nach Kenntnis eines Rechtsstreits muß man das verbleibende Vermögen evtl auch dann einsetzen, wenn es unter dem Schonbetrag nach § 88 II Z 8 BSHG in Verbindung mit § 1 Z 1 VO zu § 88 IV BSHG bleibt, Bbg JB **92**, 623.
**Sparguthaben:** Rn 36 „Bausparvertrag". Ein künftig fälliger Sparbrief kann zum Vermögen zählen, Kblz FamRZ **96**, 43.
67 **Unpfändbarkeit:** Bei allen Fragen der Zurechenbarkeit zum Vermögen kann man das 8. Buch der ZPO im Zusammenhang mit der Unpfändbarkeit, Pfändungsfreibeträgen usw berücksichtigen.
**Verwertbarkeit:** Das Vermögensstück ist nur dann einzusetzen, wenn es schon und noch verwertbar ist. Vgl auch Rn 48, Bbg FamRZ **85**, 504, Bre FamRZ **83**, 637, aM Bbg RR **86**, 62, Ffm RR **86**, 798.
68 **Wertpapier:** Es zählt zum Vermögen, soweit es verwertbar ist, Nürnb MDR **97**, 1153 (Bundesschatzbrief).
**Wissenschaftliches Bedürfnis:** Rn 40 „Geistiges Bedürfnis".
**Wohnung:** Rn 42 „Hausgrundstück".
**Zugewinnausgleich:** Ein Anspruch auf ihn kann zum Vermögen gehören. Bbg FamRZ **86**, 484, vgl aber auch Bbg FamRZ **96**, 42.

69 **10) Bewilligungsgrenze: Kosten höchstens „vier Monatsraten", III.** Die Regelung ist problematisch.

**A. Abgrenzung von I, II.** Selbst wenn die Voraussetzungen einer Bewilligung nach I, II vorliegen würden, darf das Gericht PKH doch nicht bewilligen, falls die Kosten vier Monatsraten und die aus dem Vermögen etwa aufzubringenden Teilbeträge voraussichtlich nicht übersteigen. Damit ist III in jedem Fall ebenfalls zu prüfende Barriere zwecks Eindämmung von PKH bei kleinen Streitwerten oder ziemlich guten wirtschaftlichen Verhältnissen des Antragstellers, vgl FamRZ **88**, 1079.

70 **B. Begriff der „Kosten".** Gemeint sind die Gesamtkosten „der Prozeßführung", also dieses Rechtsstreits, §§ 91 ff, also jedes selbständigen Verfahrens, § 114 Rn 76, freilich nicht jeder einstweiligen Anordnung. Es kommt auf die Kosten in dieser Instanz an, § 119 S 1. Einzubeziehen sind Gerichtskosten (Gebühren und Auslagen), die eigenen Parteikosten einschließlich der Anwaltskosten (Gebühren und Auslagen) und diejenigen des oder der Gegner (etwa mehrerer gegnerischer Anwälte).

71 **C. Begriff der „Voraussichtlichkeit".** Maßgeblich sind natürlich nur die voraussichtlichen Gesamtkosten, KG Rpfleger **84**, 477. Diese sind freilich vollständig zu schätzen. Die Schätzung darf nicht nur grob

sein, Schneider MDR 81, 2, aM Mümmler JB 80, 1452, sondern muß eine möglichst exakte Vorherberechnung enthalten, auch zB der Auslagenpauschalen und Umsatzsteuern der Anwälte. Freilich ist auch hier wieder die im PKH- Bewilligungsverfahren stets ratsame Großzügigkeit geboten.

**D. Begriff der „Monatsraten".** Hier sind diejenigen Werte der Tabelle I 3 gemeint, vgl BayObLG **72** FamRZ **84**, 73, also zB im Fall IV 2 die schließlich herauskommenden geringeren Monatsraten, Rn 70.

**E. Kritik.** Selbst wenn der Antragsteller völlig vermögenslos ist, muß er solange wie ein vermögender **73** oder einkommenstarker Antragsteller auf staatliche Hilfe verzichten, bis einigermaßen feststeht, daß er voraussichtlich nicht mehr als vier Raten aufbringen müßte. Es gibt auch nicht etwa eine „Beweislast" zu Lasten des Staates. Denn das Gericht kann zu Erhebungen von Amts wegen nach § 118 verpflichtet sein, Grdz 38 vor § 128. Diese Situation zwingt manche Partei dazu, den Bewilligungsantrag solange zurückzustellen, bis sich abzeichnet, daß das Gericht zB eine Beweisaufnahme vornehmen wird. Denn erst dann mögen sich die voraussichtlichen Gesamtkosten so erhöhen, daß die Grenze von vier Monatsraten überschritten würde. Diese Situation ist eine der gesetzlichen Ungereimtheiten. Sie führt zur faktischen vorläufigen Versagung von PKH gerade in demjenigen Anfangsstadium des Prozesses, in dem die volle Intensität aller Prozeßbeteiligten notwendig ist, damit der Rechtsstreit rasch und möglichst billig beendet werden kann.

Ein *rechtlich komplizierter* Fall muß wegen VI unter Umständen monatelang ohne die Beiordnung eines Anwalts vorangetrieben werden, bis nunmehr klar wird, ob das Gericht eine Beweisaufnahme beschließen und damit zB erhebliche Auslagen für Sachverständige auslösen wird. Es hilft wiederum nur die stets gebotene Großzügigkeit.

**11) Verfahren, Entscheidung, Rechtsbehelfe, I–III.** Vgl den Verfahrensüberblick in § 114 Rn 1–7. **74**

**12)** *VwGO:* Entsprechend anzuwenden, § 166 VwGO. Zum zu berücksichtigenden Einkommen, oben Rn 5 ff, s **75** VGH Kassel NVwZ-RR **90**, 519, zum einzusetzenden Vermögen, oben Rn 47 ff, s OVG Münst NJW **97**, 540, zur Festsetzung der Raten s § 120 Rn 34.

## 116 *Partei kraft Amtes, juristische Person usw.* ¹Prozeßkostenhilfe erhalten auf Antrag
1. eine Partei kraft Amtes, wenn die Kosten aus der verwalteten Vermögensmasse nicht aufgebracht werden können und den am Gegenstand des Rechtsstreits wirtschaftlich Beteiligten nicht zuzumuten ist, die Kosten aufzubringen;
2. eine inländische juristische Person oder parteifähige Vereinigung, wenn die Kosten weder von ihr noch von den am Gegenstand des Rechtsstreits wirtschaftlich Beteiligten aufgebracht werden können und wenn die Unterlassung der Rechtsverfolgung oder Rechtsverteidigung allgemeinen Interessen zuwiderlaufen würde.

²§ 114 letzter Halbsatz ist anzuwenden. ³Können die Kosten nur zum Teil oder nur in Teilbeträgen aufgebracht werden, so sind die entsprechenden Beträge zu zahlen.

**Gliederung**

| | | | | |
|---|---|---|---|---|
| 1) Systematik, Regelungszweck, S 1, 2 | 1 | | A. Begriff der „inländischen" juristischen Person | 13 |
| 2) Geltungsbereich, S 1, 2 | 2 | | B. Unzulänglichkeit des Vermögens | 14, 15 |
| 3) „Antrag", S 1 | 3 | 8) | „Parteifähige Vereinigung", S 1 Z 2 | 16, 17 |
| 4) „Kosten", S 1 Z 1, 2 | 4 | | A. Begriff der „parteifähigen Vereinigung" | 16 |
| 5) Maßgeblicher Zeitpunkt: Bewilligungsreife, S 1 Z 1, 2 | 5 | | B. Unzulänglichkeit des Vermögens | 17 |
| 6) „Partei kraft Amtes", S 1 Z 1 | 6–11 | 9) | Gefährdung „allgemeiner Interessen", S 1 Z 2 | 18–22 |
| A. Begriff der „Partei kraft Amtes" | 6 | | A. Zweck | 19 |
| B. „Unzulänglichkeit der Vermögensmasse" | 7 | | B. Begriff der „allgemeinen Interessen" | 20 |
| C. „Wirtschaftlich Beteiligte" | 8 | | C. Beispiele zur Frage allgemeiner Interessen | 21, 22 |
| D. Beispiele zur Frage einer wirtschaftlichen Beteiligung | 9, 10 | 10) | „Hinreichende Erfolgsaussicht; Fehlen von Mutwillen", S 2 | 23 |
| E. „Unzumutbarkeit" | 11 | 11) | *VwGO* | 24 |
| 7) „Inländische juristische Person", S 1 Z 2 | 12–15 | | | |

**1) Systematik, Regelungszweck, S 1, 2.** § 116 enthält in seinem personellen Geltungsbereich vorran- **1** gige Sonderregeln gegenüber §§ 114, 115, LAG Bln AnwBl **88**, 421. Freilich ist die Mutwilligkeitsklausel des § 114 Hs 1 nach § 116 S 2 auch hier anwendbar. Die §§ 117–127 gelten auch für die in § 116 genannten Antragsteller voll.

Die in Üb 1 ff vor § 114 genannten Bedürfnisse können auch bei den in § 116 aufgeführten Personen auftreten. Dem trägt das Gesetz in einer Weise Rechnung, die auf die *besonderen Verhältnisse* bei diesen Personen abzustellen bemüht ist. Dabei sollte man in behutsamer Abwägung der gerade in dem Geltungsbereich von § 116 auftretenden Interessengegensätze eine letztlich auf Prozeßwirtschaftlichkeit, Grdz 14 vor § 128, abzustellende Linie wahren.

**2) Geltungsbereich, S 1, 2.** Vgl Üb 4 vor § 114, § 114 Rn 9–45. **2**

§ 116    1. Buch. 2. Abschnitt. Parteien

**3** 3) „**Antrag**", S 1. Auch nach § 116 ist PKH nur auf Grund eines Antrags zu bewilligen. Zu ihm sind der gesetzliche Vertreter und der ProzBev berechtigt. Wegen der Einzelheiten § 117 Rn 3–6.
Unter den gesetzlichen Voraussetzungen hat jede Partei kraft Amtes, Grdz 8 vor § 50, jede inländische juristische Person und jede inländische parteifähige Vereinigung einen Rechtsanspruch auf die Gewährung der PKH. Das ergibt sich aus der Formulierung „erhalten auf Antrag".

**4** 4) „**Kosten**", S 1 Z 1, 2. PKH kommt nach § 116 nur in Betracht, wenn die „Kosten" nicht oder nur teilweise aufgebracht werden können. Gemeint sind die Kosten „der Prozeßführung", § 114 Rn 76 ff.

**5** 5) **Maßgeblicher Zeitpunkt: Bewilligungsreife**, S 1 Z 1, 2. Auch bei § 116 kommt es auf die Verhältnisse des Antragstellers zu dem Zeitpunkt an, zu dem das Gericht bei ordnungsgemäßer Behandlung seines Gesuchs entscheiden muß oder mußte; vgl § 119 Rn 3. Notfalls ist rückwirkend zu entscheiden, § 119 Rn 10.

**6** 6) „**Partei kraft Amtes**", S 1 Z 1. Zum Kreis der nach § 116 Antragsberechtigter gehört zunächst die Partei kraft Amtes.
A. **Begriff der „Partei kraft Amtes"**. Die Partei kraft Amtes wird auf Grund eines amtlichen Treuhandverhältnisses tätig. Sie und nicht der Vertretene ist Partei. Wer Partei kraft Amtes sein kann, ergibt sich zunächst aus Grdz 8 vor § 50. Hierher gehört auch der Sequester, LG Ffm RR **97**, 796, und der Kanzleiabwickler, LG Aachen JB **93**, 614. Z 1 unterscheidet im Gegensatz zu Z 2 nicht zwischen einer inländischen und einer ausländischen Partei. Begünstigt ist also auch eine ausländische Partei kraft Amtes. Der Nachlaßpfleger ist Partei kraft Amtes, ebenso zB der Insolvenzverwalter, Grdz 11 vor § 50. Auf ihn kann bei Insolvenz einer juristischen Person usw neben Z 1 auch Z 2 anwendbar sein, Rn 18, vgl Art 102 EG InsO, Mü DB **90**, 1130, aM BGH NJW **91**, 41.
*Nicht hierher* gehören: Der Pfleger einer Leibesfrucht, § 1912 BGB, oder der Nachlaßpfleger, § 1960 BGB; sie sind gesetzliche Vertreter, vgl auch die weiteren Fälle gesetzlicher Vertretung § 51 Rn 12 ff. In diesen Fällen gelten also §§ 114, 115. Nicht hierher zählt auch der Generalbundesanwalt im Verfahren nach dem AUG, Üb 4, 8 vor § 78. Wegen des Prozeßstandschafters § 114 Rn 17, 55 „Fremdes Recht".

**7** B. „**Unzulänglichkeit der Vermögensmasse**". PKH nach Z 1 setzt voraus, daß die Kosten, Rn 3, aus der „verwalteten Vermögensmasse" nicht bzw nur zum Teil oder nur in Teilbeträgen aufgebracht werden können. Ob eine solche Unzulänglichkeit vorliegt, ist vom Gericht nach pflichtgemäßem Ermessen zu prüfen. Dabei sind die wirtschaftlichen Gesamtverhältnisse des Antragstellers einerseits und die absehbaren voraussichtlichen Kosten der gesamten Prozeßführung dieses Rechtsstreits andererseits abzuwägen.
Bei der Partei kraft Amtes kommt es auf die Vermögensverhältnisse der verwalteten Masse und nicht auf die eigenen persönlichen an, Ffm DB **88**, 1062. Man darf aber den Antragsteller nicht soviel Kapital entziehen, daß er seine sonstige, außergerichtliche übliche Tätigkeit nahezu völlig einstellen müßte. Man kann ihm aber auch ein gewisses Opfer ebenso wie einer natürlichen Person abverlangen, soweit er eine Rechtsverfolgung oder Rechtsverteidigung betreiben will. Deshalb gelten im wesentlichen dieselben Gesichtspunkte wie bei den persönlichen und wirtschaftlichen Verhältnissen im Sinn von § 114, dort Rn 46. Es kommt zB nicht nur auf den tatsächlichen Bestand an Bargeld an, sondern auch auf die zumutbaren Möglichkeiten der Beschaffung von Barmitteln, etwa durch Verkauf, Darlehensaufnahme oder Forderungseinzug ohne Schwierigkeiten. Wegen der Notwendigkeit, auf den Zeitpunkt einer ordnungsgemäßen Entscheidung abzustellen, Rn 5, kann und darf das Gericht evtl Veränderungen zwischen der Antragseinreichung und diesem letzteren Zeitpunkt berücksichtigen. Demgemäß muß der Antragsteller solche Veränderungen unverzüglich wahrheitsgemäß mitteilen; § 138 gilt auch im PKH-Bewilligungsverfahren.

**8** C. „**Wirtschaftlich Beteiligte**". Selbst wenn die Voraussetzungen Rn 6, 7 vorliegen, kommt PKH nach Z 1 doch nur in Betracht, wenn es den „am Gegenstand des Rechtsstreits wirtschaftlich Beteiligten" nicht zuzumuten ist, die Kosten aufzubringen. Das Gesetz enthielt früher den Begriff des „an der Führung des Prozesses" wirtschaftlich Beteiligten. Durch die jetzige Fassung wird deutlich, daß der Kreis größer zu ziehen ist: Man kann am „Gegenstand des Rechtsstreits" beteiligt sein, ohne schon an der eigentlichen Prozeßführung beteiligt zu sein. Wirtschaftlich beteiligt ist jedenfalls derjenige, dessen endgültigen Nutzen der geplante Rechtsstreit anstrebt, Bbg RR **90**, 638, Düss KTS **92**, 468.

**9** D. **Beispiele zur Frage einer wirtschaftlichen Beteiligung**
**Erbe:** S „Nachlaßpfleger", „Nachlaßverwalter", Rn 10 „Testamentsvollstrecker".
**Gläubiger**, vgl auch Rn 11: Wirtschaftlich beteiligt ist natürlich stets der Gläubiger, BGH **138**, 190 und NJW **99**, 1404, Karlsr JB **99**, 477, Schlesw MDR **98**, 1306 (je: öffentliche Hand).
**Insolvenzschuldner:** Wirtschaftlich beteiligt ist im Prozeß des Insolvenzverwalters (kraft Amtes) der Schuldner, BGH NJW **91**, 41, Köln Rpfleger **95**, 126. Das gilt auch bei einer Nachtragsverteilung, § 192 InsO.
S auch „Insolvenzverwalter", Rn 10 „Vorläufiger Insolvenzverwalter", „Zwangsverwalter".
**Insolvenzverwalter:** Er ist nicht wirtschaftlich beteiligt, auch nicht als Honorargläubiger, BGH NJW **98**, 1229, Düss ZIP **93**, 1018, ZöPh 8, 919, aM Celle Rpfleger **95**, 178, Köln VersR **98**, 1046, Jaeger VersR **97**, 1063. Das gilt auch im eigenen Prozeß (kraft Amtes), es sei denn, es handle sich um eine Nebenintervention wegen freien Vermögens.
S auch „Insolenzschuldner", Rn 10 „Partei kraft Amtes".
**Kirche:** Nicht hierher gehört der Anspruch einer Kirchenstiftung katholischen Rechts (im Verhältnis zur katholischen Kirche), Bbg RR **90**, 638.
**Nachlaßpfleger:** Wirtschaftlich beteiligt ist im Prozeß des Nachlaßpflegers der unbekannte Erbe.
**Nachlaßverwalter:** Wirtschaftlich beteiligt sind im Prozeß des Nachlaßverwalters der Erbe und der Nachlaßgläubiger.

**10 Öffentliche Hand:** Rn 9 „Gläubiger".

## 7. Titel. Prozeßkostenhilfe und Prozeßkostenvorschuß § 116

**Partei kraft Amtes:** Wirtschaftlich beteiligt ist die Partei kraft Amtes, zB der Insolvenzverwalter, nur wegen eines persönlichen Anspruchs, etwa auf ihr Honorar, Rn 9 „Insolvenzverwalter".
*Nicht hierher* gehört ein Anspruch gegen die Partei kraft Amtes usw, BAG KTS **87**, 725.
**Testamentsvollstrecker:** Wirtschaftlich beteiligt ist im Prozeß des Testamentsvollstreckers der Erbe.
**Vorläufiger Insolvenzverwalter:** In seinem Prozeß ist der Insolvenzgläubiger wirtschaftlich beteiligt, (je zum alten Recht) BGH NJW **98**, 3134, LG Ffm RR **97**, 796, aM Johlke ZIP **85**, 1013 (es gelte nur Rn 6).
**Zwangsverwalter:** Wirtschaftlich beteiligt ist im Prozeß des Zwangsverwalters der betreibende Gläubiger, Hamm VersR **89**, 929 (§ 102 VVG steht nicht entgegen).
S auch Rn 9 „Gläubiger".

**E. „Unzumutbarkeit".** Es muß dem wirtschaftlich Beteiligten „nicht zuzumuten" sein, die Kosten **11** aufzubringen. Es kommt also nicht auf die bloße Zahlungswilligkeit an, sondern darauf, ob und in welchem Umfang man es aus der Sicht eines besonnenen, vernünftigen Dritten, also des Gerichts, den wirtschaftlich Beteiligten objektiv zumuten kann, die Kosten aufzubringen, Hbg MDR **74**, 939, Köln NJW **76**, 1982, Schneider DB **78**, 289. Deshalb kann der Insolvenzverwalter keine PKH erhalten, solange die Beteiligten zu einem Vorschuß heranzuziehen sind, Karlsr JB **99**, 477, aM Uhlenbruck KTS **88**, 441 (aber Bargeld bleibt Bargeld). Das gilt auch zu Lasten der öffentlichen Hand. Denn § 2 GKG gibt ihr keine generelle Vorschußfreiheit, Rn 9 „Gläubiger", BGH **138**, 1190 (zustm Gottwald/Baumann JZ **98**, 1179) und RR **99**, 275, Drsd KTS **97**, 671, Schlesw MDR **98**, 1386, aM BGH **119**, 374 und NJW **94**, 3171, Hbg RR **94**, 572, Hamm RR **94**, 1342.
Die Insolvenzgläubiger einer vom Verwalter *bestrittenen Forderung* sind nicht von der Vorschußpflicht ausgenommen, aM ZöPh 9, es sei denn, daß für sie kaum noch eine Quote übrig bliebe, BGH NJW **93**, 135. Arbeitnehmer oder die Bundesanstalt für Arbeit sind bei Insolvenz des Arbeitgebers grundsätzlich nicht heranzuziehen, BGH NJW **91**, 41, Hamm MDR **98**, 1498, auch nicht die Träger der Sozialversicherung, BGH **119**, 374, ebensowenig der Steuer- und Zollfiskus, Düss RR **93**, 1149. Wenn es auf die zumutbare Möglichkeiten an, Barmittel zu beschaffen, zB durch Verkauf, Darlehnsaufnahme oder Forderungseinzug ohne Schwierigkeiten. Auch hier muß das Gericht im Rahmen pflichtgemäßen Ermessens prüfen. Soweit die Zumutbarkeit zu verneinen ist, muß jedoch PKH bewilligt werden, und umgekehrt.

**7) „Inländische juristische Person", S 1 Z 2.** Als Antragsteller kommt auch die inländische juristische **12** Person in Betracht, Ffm RR **96**, 552 (GmbH). Die Vorschrift gilt auch im Verfahren vor den Finanzgerichten, BFH DB **88**, 536 (KG).

**A. Begriff der „inländischen" juristischen Person.** In Betracht kommt nur die inländische Antrag- **13** stellerin. Wer zum Kreis der juristischen Personen zählt, ergibt sich aus § 50 Rn 6.

**B. Unzulänglichkeit des Vermögens.** PKH kommt nur in Betracht, wenn weder die inländische **14** juristische Person selbst noch ein „am Gegenstand des Rechtsstreits wirtschaftlich Beteiligter" die Kosten ganz oder teilweise aufbringen kann. Es kommt also auch auf deren Unvermögen an. Im Gegensatz zu Z 1 scheint die Unzumutbarkeit der Mittelaufbringung unerheblich zu sein, aM Mü JB **86**, 127; freilich fließen die Begriffe des Unvermögens und der Unzumutbarkeit praktisch ineinander. Wegen des Begriffs der „Kosten" Rn 3. Wegen des Begriffs des „wirtschaftlich Beteiligten" Rn 8. Wirtschaftlich beteiligt ist hier derjenige, auf dessen Vermögenslage sich der Sieg oder die Niederlage der Partei wirtschaftlich auswirkt, zB der Gesellschafter, stille Gesellschafter, Gläubiger, Aufsichtsrat, Vorstand, auch die von einer Tagesstätte betreuten Personen, LAG Bln AnwBl **88**, 421. Solche Auswirkung ist auch auf ein Mitglied eines ideellen Vereins denkbar, LAG Halle MDR **97**, 858, Schneider DB **78**, 288. Im Prozeß der Aktiengesellschaft können die Aktionäre außerstande sein, die Kosten aufzubringen, wenn die Ausschüttung einer Dividende davon abhängt, daß die Gesellschaft gewinnt.
Ein *rechtliches* Interesse ist *nicht* erforderlich. Ein bloßes Gläubigerverhältnis reicht nicht aus. Die Mittel- **15** losigkeit ist oft durch eine amtliche Auskunft einer unterrichteten Stelle ermittelbar, etwa bei einer Industrie- und Handelskammer.

**8) „Parteifähige Vereinigung", S 1 Z 2.** Antragsteller kann auch eine parteifähige Vereinigung sein. **16**
**A. Begriff der „parteifähigen Vereinigung".** Die Worte „parteifähige Vereinigung" bedeuten nicht etwa nur eine Beschränkung auf einen Verein, etwa einen gemeinnützigen Sozialdienst, Düss FamRZ **95**, 374. Vielmehr zählen hierher alle diejenigen Personengesamtheiten, die einerseits parteifähig sind, dazu § 50 Rn 8–23, andererseits keine juristische Person im Sinn von § 50 Rn 6 darstellen.
*Hierher* zählen zB: Die OHG; die KG; die Reederei; ein nicht rechtsfähiger Verein, LAG Halle AnwBl **98**, 543, insbesondere als Bekl. Stgt NJW **75**, 2022. Das Wort „inländisch" bezieht sich auf die 2. Alternative der Z 2. Begünstigt ist also nur die inländische parteifähige Vereinigung.

**B. Unzulänglichkeit des Vermögens.** Wie bei der juristischen Person, muß auch bei der parteifähigen **17** Vereinigung ein Unvermögen vorliegen, die Kosten ganz oder teilweise aufzubringen. Vgl zu dem Begriff des Unvermögens Rn 14. Auch die am Gegenstand des Rechtsstreits „wirtschaftlich Beteiligten" müssen dazu außerstande sein, Stgt NJW **75**, 2022. Zum Begriff des Beteiligten Rn 9, 10. Zu den Beteiligten zählen allerdings grundsätzlich nicht der Vorstand und die Mitglieder des gemeinnützigen Vereins, der im wesentlichen öffentliche Mittel erhält, Hbg MDR **87**, 502, ferner nicht die BGB-Gesellschaft, vgl § 50 Rn 12, man muß für jeden ihrer Gesellschafter gesondert nach §§ 114, 115 prüfen. Dasselbe gilt bei einer Miteigentümergesellschaft und bei einer Erbengemeinschaft.

**9) Gefährdung „allgemeiner Interessen", S 1 Z 2.** Selbst wenn die Voraussetzungen der Rn 12 oder **18** 16 erfüllt sind, kommt PKH doch nur in Betracht, wenn außerdem die Unterlassung der Rechtsverfolgung oder der Rechtsverteidigung „allgemeinen Interessen zuwiderlaufen würde", Bbg JB **91**, 1671, Ffm RR **96**, 552, LAG Bln AnwBl **88**, 421, LAG Köln VersR **94**, 1254. Das gilt auch dann, wenn es um einen Fall nach S 1 Z 2 geht und die Partei kraft Amtes, Grdz 8 vor § 50, eine juristische Person verwaltet (Insolvenzverwalter), Ffm NJW **88**, 2053, Mü Rpfleger **90**, 311, aM BGH NJW **91**, 41, KG NJW **90**, 459, Kunkel DB

§§ 116, 117  1. Buch. 2. Abschnitt. Parteien

88, 1939, (aber Z 2 ist gegenüber Z 1 entgegen BGH auch im Insolvenzfall Sonderregel, und gerade aus den vom BGH genannten sozialen Erwägungen rechtfertigt sich bei Insolvenz der in Z 2 Genannten sein zusätzliches Erfordernis. Im übrigen liegen gerade in solchen Fällen meist die Voraussetzungen Rn 20, 21 vor).

19 **A. Zweck.** Die Einschränkung ist erforderlich, um zu verhindern, daß eine juristische Person oder parteifähige Vereinigung mit nur begrenzt vorhandenem oder haftendem Vermögen und nur begrenzter Möglichkeit des Rückgriffs auf das Vermögen der Mitglieder, Hintermänner oder Gesellschafter auf Staatskosten prozessiert, nur um private, wirtschaftliche Interessen wahrzunehmen, Ffm RR **96**, 552, Hbg MDR **88**, 783. Deshalb ist die Einschränkung auch bei einer Abtretung eines Gesellschaftsanspruchs usw zu beachten, Hbg MDR **88**, 783. Die Regelung ist verfassungsrechtlich unbedenklich, BVerfG **35**, 348 (zum alten Recht), ThP 6, ZöPh 17 (zum neuen Recht), aM StJL 85 (zum alten Recht).

20 **B. Begriff der „allgemeinen Interessen".** Sie sind berührt, wenn die Antragstellerin ohne PKH gehindert würde, eine der Allgemeinheit dienende Aufgabe zu erfüllen, oder wenn die Entscheidung größere Kreise der Bevölkerung oder das Wirtschaftsleben berührt oder *soziale Wirkungen* hat oder haben könnte, BGH DB **90**, 678, BFH Rpfleger **93**, 290. Das Gericht muß alle denkbaren allgemeinen Interessen berücksichtigen, BVerfG **35**, 362, BGH NJW **91**, 703. Es muß also im konkreten Einzelfall eine Auslegung und *Abwägung* der Interessen vornehmen und darf sich nicht auf allgemeine, für alle denkbaren Fälle gleichermaßen gültige Gesichtspunkte beschränken.

21 **C. Beispiele zur Frage allgemeiner Interessen**
**Einstellung des Geschäftsbetriebs:** Allgemeine Interessen sind nicht betroffen, soweit der Geschäftsbetrieb bereits eingestellt worden ist, Celle RR **86**, 742, Hamm RR **89**, 383.
**Entlassung:** Allgemeine Interessen sind betroffen, wenn zahlreiche Entlassungen zu befürchten sind, BFH Rpfleger **93**, 290, LAG Bln AnwBl **88**, 421 (betreute Kinder).
S auch „Gemeinwirtschaftlicher Nachteil".
**Gemeinwirtschaftlicher Nachteil:** Allgemeine Interessen sind betroffen, soweit ein Zusammenbruch weittragende gemeinwirtschaftliche Nachteile haben würde, soweit also zahlreiche am Prozeß nur mittelbar beteiligte Personen in Mitleidenschaft gezogen würden, BGH NJW **91**, 703, BFH BB **82**, 1536, LAG Bre RR **87**, 894.
S auch „Entlassung".
**Gläubigerinteressen:** Allgemeine Interessen sind nur dann betroffen, wenn sichergestellt ist, daß die Antragstellerin Gelder, die sie einklagen will, auch tatsächlich an ihre eigenen zahlreichen Gläubiger weiterleitet, Ffm RR **96**, 552.
**Großer Senat:** Allgemeine Interessen sind nicht betroffen, soweit die Sache dem Großen Senat vorgelegt werden müßte, BGH NJW **65**, 585.

22 **Quote:** Allgemeine Interessen sind nicht betroffen, soweit nur eine begrenzte Zahl von Gläubigern eine geringere Quote erhalten würde, Bbg JB **82**, 1733.
**Rechtsfrage:** Allgemeine Interessen sind nicht betroffen, wenn es nur um die richtige Entscheidung einer bestimmten Rechtsfrage geht, BGH DB **90**, 679, BFH NJW **74**, 256, LAG Bre RR **87**, 894.
**Steuern:** Allgemeine Interessen sind nicht betroffen, soweit Steuern beitreibbar wären, Bbg JB **82**, 1733, Köln JB **85**, 1259.
**Straftat:** Allgemeine Interessen sind nicht betroffen, soweit sich der Anspruch infolge einer Straftat ergibt, Köln JB **85**, 1259.

23 **10) „Hinreichende Erfolgsaussicht; Fehlen von Mutwillen", S 2.** Selbst wenn sämtliche vorstehenden Voraussetzungen erfüllt sind, muß das Gericht vor der Bewilligung prüfen, ob die beabsichtigte Rechtsverfolgung oder Rechtsverteidigung hinreichende Erfolgsaussicht bietet und auch nicht mutwillig ist. Das ergibt sich aus der Verweisung in S 2 in Verbindung mit 114 letzter Hs.Vgl zu den Einzelheiten § 114 Rn 80–132. Eine Umgehungsabsicht ist schädlich, Köln VersR **89**, 277.

24 **11) VwGO:** Entsprechend anzuwenden, § 166 VwGO. Unter S 1 Z 2 fällt auch der nichtrechtsfähige Verein, § 61 Z 2 VwGO, vgl OVG Münst JMBlNRW **64**, 179.

## 117 *Antrag. Vordrucke.*

I ¹Der Antrag auf Bewilligung der Prozeßkostenhilfe ist bei dem Prozeßgericht zu stellen; er kann vor der Geschäftsstelle zu Protokoll erklärt werden. ²In dem Antrag ist das Streitverhältnis unter Angabe der Beweismittel darzustellen. ³Der Antrag auf Bewilligung von Prozeßkostenhilfe für die Zwangsvollstreckung ist bei dem für die Zwangsvollstreckung zuständigen Gericht zu stellen.

II ¹Dem Antrag sind eine Erklärung der Partei über ihre persönlichen und wirtschaftlichen Verhältnisse (Familienverhältnisse, Beruf, Vermögen, Einkommen und Lasten) sowie entsprechende Belege beizufügen. ²Die Erklärung und die Belege dürfen dem Gegner nur mit Zustimmung der Partei zugänglich gemacht werden.

III Der Bundesminister der Justiz wird ermächtigt, zur Vereinfachung und Vereinheitlichung des Verfahrens durch Rechtsverordnung mit Zustimmung des Bundesrates Vordrucke für die Erklärung einzuführen.

IV Soweit Vordrucke für die Erklärung eingeführt sind, muß sich die Partei ihrer bedienen.

**Vorbem.** I 3 angefügt durch Art 1 Z 1 der 2. ZwVNov v 17. 12. 97, BGBl 3039, in Kraft seit 1. 1. 99, Art 4 I der 2. ZwVNov, ÜbergangsR Einl III 78. Das vor der deutschen Ratifikation stehende Europäische

## 7. Titel. Prozeßkostenhilfe und Prozeßkostenvorschuß § 117

Übereinkommen über die Übermittlung von Anträgen auf Bewilligung der Prozeßkostenhilfe v 27. 1. 77 ist bereits im Rechtspolitischen Ausblick hinter dem Sachregister mitabgedruckt.

**Schrifttum:** *Liebscher,* Datenschutz bei der Datenübermittlung im Zivilverfahren, 1994.

### Gliederung

| | |
|---|---|
| 1) **Systematik, Regelungszweck, I–IV** ... 1 | C. Glaubhaftmachung ... 20 |
| 2) **Geltungsbereich, I–IV** ... 2 | D. Rechtsmittelinstanz ... 21 |
| 3) „Antrag", I 1, 3 ... 3–6 | E. Zwangsvollstreckung ... 22 |
|   A. Notwendigkeit ausdrücklicher Antragstellung ... 3 | 8) „Für die Zwangsvollstreckung zuständiges Gericht", I 3 ... 23 |
|   B. Auslegbarkeit des Antrags; keine Frist. 4 | 9) **„Erklärung der Partei", II 1** ... 24–26 |
|   C. Bedingung, Rücknahme ... 5 |   A. Kein Gang zur Sozialbehörde ... 24 |
|   D. Wirkung des Antrags ... 6 |   B. Inhalt: Formularzwang ... 25 |
| 4) **Bewilligungsantrag und Klage usw, I 1** ... 7–11 |   C. „Entsprechende Belege" ... 26 |
|   A. Zulässigkeit ... 7 | 10) **Persönlichkeitsschutz, II 2** ... 27–29 |
|   B. Bedingte Klage usw ... 8–10 |   A. Einschränkung des Einsichtsrechts ... 27 |
|   C. Nur für den Fall voller Bewilligung . 11 |   B. Gesonderte Beiakte ... 28 |
| 5) „Prozeßgericht", I 1 Hs 1 ... 12 |   C. Schutzgrenzen ... 29 |
| 6) **„Vor der Geschäftsstelle zu Protokoll", I 1 Hs 2** ... 13–15 | 11) **„Vordrucke", III, IV** ... 30–34 |
|   A. Zuständigkeit ... 13 |   A. Vordruckeinführung, III ... 30 |
|   B. Kein Anwaltszwang, kein Unterschriftszwang ... 14 |   B. Benutzungszwang, IV ... 31 |
|   C. Beratung durch Urkundsbeamten ... 15 |   C. Ausnahmen vom Benutzungszwang . 32–34 |
| 7) **„Darstellung des Streitverhältnisses", I 2** ... 16–22 | 12) **Verstoß, I–IV** ... 35–38 |
|   A. Begriff des „Streitverhältnisses" ... 16–18 |   A. Fristsetzung ... 35 |
|   B. „Angabe der Beweismittel" ... 19 |   B. Nach Fristablauf usw ... 36 |
| |   C. Falsche Angaben ... 37 |
| |   D. Wirksamkeit fälschlicher Bewilligung . 38 |
| | 13) *VwGO* ... 39 |

**1) Systematik, Regelungszweck, I–IV.** Während §§ 114–116 die persönlichen und sachlichen Bedingungen der PKH nennen, enthält § 117 die verfahrensmäßigen Bedingungen für den Antragsteller. Die Vorschrift wird durch § 118 ergänzt, der auch die vom Gericht zu erfüllenden „Bedingungen" nennt. I 2 wird durch § 138 ergänzt, Oldb NJW **94**, 807. Die weiteren Regeln bis zur Entscheidung über das Gesuch enthält § 127 I. § 119 stellt klar, daß jede Instanz ein eigenes Bewilligungsverfahren einhalten muß. 1

Die der *Rechtssicherheit,* Einl III 43, dienende Vorschrift muß auch im Interesse der Prozeßwirtschaftlichkeit (Vermeidung unnötiger Nachfragen usw), Grdz 14 vor § 128, gesehen werden. Daher darf man nicht in übertriebene Anforderungen verfallen. Freilich sollte der dem Persönlichkeitsschutz der Artt 1, 2 GG dienende Datenschutz durchaus streng durchgeführt werden, und man sollte auch in der Sache selbst nicht durch allzu großzügige Handhabung dazu verleiten, daß die Ausfüllung der Vordrucks usw kaum noch als Pflicht zu Wahrheit und Vollständigkeit auch auf diesem Nebenschauplatz des Prozesses erkannt wird.

**2) Geltungsbereich, I–IV.** Vgl Üb 4 vor § 114, § 114 Rn 9–45. Im Verfahren vor dem Patentgericht ist lediglich I 2 entsprechend anwendbar, und zwar nur im Einspruchsverfahren sowie im Verfahren wegen der Erklärung der Nichtigkeit oder der Zurücknahme eines Patents oder wegen der Erteilung einer Zwangslizenz, § 136 S 2 PatG. 2

**3) „Antrag", I 1, 3.** Es sind drei Voraussetzungen zu beachten. 3

**A. Notwendigkeit ausdrücklicher Antragstellung.** PKH wird grundsätzlich nur auf Grund eines ausdrücklichen Antrags hin bewilligt, nicht also schon auf Grund eines stillschweigenden, BGH NJW **94**, 2097, Karlsr AnwBl **87**, 340, Oldb MDR **89**, 268, aM BGH VersR **91**, 1424 (unwirksame Rechtsmittelschrift), Schneider MDR **85**, 441 (aber wo sind die Grenzen?).

Eine Bewilligung *von Amts wegen* kommt nur ausnahmsweise (beim Vorliegen der übrigen Voraussetzungen) im Verfahren auf Grund eines sog eingehenden Gesuchs um Auslandsunterhalt in Betracht, § 9 S 1 AUG, abgedruckt bei § 122. Es kann eine Anregung des Gerichts zur Antragstellung ratsam sein, § 139.

**B. Auslegbarkeit des Antrags; keine Frist.** Der Antrag ist eine Parteiprozeßhandlung, Grdz 47 vor § 128. Er ist auslegbar, Grdz 52 vor § 128, BayObLG JB **84**, 773, Hbg FamRZ **83**, 1133. Er erstreckt sich im Zweifel auf das gesamte Verfahren dieser Instanz, BGH MDR **88**, 376 (PKH-Antrag und Rechtsmittel), LAG Köln Rpfleger **96**, 414 (auch auf einen umfassenderen Vergleich). Er ist nicht fristgebunden, Rn 7, Bbg FamRZ **97**, 179 (daher keine Wiedereinsetzung). In einem Antrag auf PKH-Bewilligung für ein Kindschaftsverfahren nach §§ 640 ff liegt meist der Antrag auf Beiordnung eines Anwalts nach § 121, Düss FamRZ **81**, 486. Im Bewilligungsantrag für den Hauptprozeß kann auch ein solcher für das Prozeßkostenvorschußverfahren liegen, Hamm NJW **82**, 287, der freilich als letzterer oft keinen Erfolg hat, § 114 Rn 35. Ein Vergleichs-PKH-Antrag kann rückwirkend das ganze Verfahren meinen, Karlsr RR **98**, 1085. Ein PKH-Antrag kann zugleich als Rechtsmittelbegründung anzusehen sein, BGH RR **99**, 212. 4

**C. Bedingung, Rücknahme.** Als Parteiprozeßhandlung duldet der Antrag grundsätzlich keine Bedingung, Grdz 54 vor § 128. Er ist jederzeit rücknehmbar, Grdz 58 vor § 128 auch ohne Zustimmung des künftigen oder gegenwärtigen Prozeßgegners, selbst wenn dieser einer Klagerücknahme nach § 269 I bereits eine erforderliche Zustimmung verweigern könnte. Denn der Prozeßgegner ist im Bewilligungsverfahren zwischen Antragsteller und Staat trotz der Anhörungspflicht des Gerichts nach § 118 I 1 nicht im engeren Sinne ein Verfahrensbeteiligter, Holch NJW **81**, 154. Eine Antragswiederholung nach Rücknahme oder Ablehnung ist grundsätzlich zulässig, BVerfG **56**, 145. Es darf freilich kein Rechtsmißbrauch vorliegen, Einl III 54. Eine Antragswiederholung kann als Beschwerde nach § 127 umdeut- 5

§ 117  1. Buch. 2. Abschnitt. Parteien

bar sein; eine solche nach Ablehnung des Erstantrags ist nur bei verändertem Sachverhalt zulässig, § 127 Rn 104.

**6**  **D. Wirkung des Antrags.** Der Antrag *hemmt* nach § 203 II BGB die Verjährung, BGH NVersZ **98**, 71 Schlee AnwBl **89**, 156, auch wenn der Schuldner auf die Einrede der Verjährung nachträglich verzichtet, BGH VersR **81**, 483. Die Hemmung dauert an, solange der Antragsteller das Verfahren nicht weiter betreiben kann, BGH VersR **81**, 61. Freilich gilt das alles nur, soweit der Antrag ordnungsgemäß und rechtzeitig begründet und belegt worden ist, Rn 25, 26, BGH JZ **89**, 504, Brdb RR **99**, 1297, Hamm FamRZ **98**, 1605, großzügiger Bernards JB **99**, 119. Die Hemmung endet mit dem Zugang der Ablehnung des Antrags, und zwar auch dann, wenn der Antragsteller zwar eine Beschwerde einlegt, das Rechtsmittel aber freiwillig nicht weiter betreibt, BGH DB **91**, 752. Der Antrag kann, muß aber nicht die Frist des § 12 III VVG wahren, BGH RR **89**, 675. Der Antrag *unterbricht* eine Verjährung nicht, BGH **70**, 236. Er hindert auch nicht den Eintritt der Rechtskraft, BGH **100**, 205.

Durch eine *unbedingte Klageeinreichung* wird grundsätzlich neben dem Verfahren auf die Bewilligung von PKH auch der Rechtsstreit als solcher in Gang gesetzt, Bbg JB **76**, 1195. Das ist im Interesse der Klarheit und wegen der weittragenden Rechtsfolgen der Klageerhebung notwendig. Nur die unbedingte und endgültige Klage ist im Sinn von §§ 270 III, 496 eingereicht. Dasselbe gilt beim Rechtsmittel, BGH VersR **86**, 40. Das Gericht stellt aber auch die unbedingt eingereichte Klage zunächst nicht dem Bekl zu, § 271 I, bis es entweder die PKH bewilligt hat oder bis der Kläger den erforderlichen Vorschuß bezahlt hat, § 65 I GKG, Celle AnwBl **83**, 92; s auch § 270 Rn 7. Soweit § 65 I GKG unanwendbar ist, etwa nach seinem II in einem Verfahren nach den §§ 664, 679, 684, 686, im Verfahren auf einen Arrest oder auf eine einstweilige Verfügung, §§ 916 ff, 935 ff, im Verfahren nach §§ 620 ff, bei einer Berufung, §§ 511 ff, mit Ausnahme des Falls § 65 I 3 GKG, im Fall einer Revision, stellt das Gericht die Klage bzw den Antrag allerdings sofort dem Bekl bzw dem Antragsgegner zu. Wegen der Abänderungsklage § 323 Rn 79.

Die *formlose Mitteilung* der Klageschrift nach § 118 I 1, die das Gericht stets als solche in seiner Übersendungsverfügung kennzeichnen sollte, ist grundsätzlich nicht nach § 187 als Klagezustellung ausdeutbar, § 187 Rn 6. Im Zweifel muß das Gericht rückfragen. Eine Bewilligung ohne einen Antrag läßt die folgende Bewilligung für alle Begünstigten eintreten.

**7**  **4) Bewilligungsantrag und Klage usw, I 1.** Die Regelung bringt nur bei genauer Beachtung Vorteile.

**A. Zulässigkeit.** Es steht dem Antragsteller frei, die Klage oder ein Rechtsmittel usw vor, zusammen mit oder nach dem Antrag auf die Bewilligung von PKH einzureichen, Rn 7 (keine Frist), BGH RR **89**, 675, Köln NJW **94**, 3361. Das kann nach Wahl des Antragstellers derart geschehen, daß der Bewilligungsantrag unabhängig von der Klage, der Scheidungsantrag usw gelten soll, BGH FER **96**, 65. Der Bewilligungsantrag kann aber auch vorrangig eingereicht werden, wenn der Kläger Klage usw nur für den Fall der Bewilligung von PKH einreicht. Diese Bedingung ist zulässig, BGH FER **96**, 65, Drsd JB **98**, 28, Karlsr RR **89**, 512; etwas anderes gilt bei der Einlegung eines Rechtsmittels, BGH VersR **93**, 713, VGH Kassel AnwBl **90**, 55 (zur VwGO).

**8**  **B. Bedingte Klage usw.** Soweit der Kläger die Klage usw nur für den Fall der Bewilligung von PKH einreicht, muß er diese Bedingung eindeutig zum Ausdruck bringen, BGH FamRZ **95**, 797, Kblz FamRZ **98**, 312, Köln FamRZ **97**, 375.

**9**  Er muß die Klageschrift zB als einen bloßen *Entwurf* kennzeichnen, vgl BGH FamRZ **88**, 384 (zur Berufung), Köln FamRZ **80**, 1144, oder es unterlassen, die Klageschrift nach § 129 Rn 9 zu unterzeichnen. Wenn er den Antrag auf die Bewilligung der PKH und die Klageschrift in demselben Schriftsatz einreicht, genügt es im allgemeinen, daß er zum Ausdruck bringt, er beantrage PKH „für die beabsichtigte Klage", oder er übersendet die Klageschrift „im Prozeßkostenhilfe(prüfungs)verfahren", oder er bittet um PKH und „sodann" um Klagezustellung, Karlsr FamRZ **88**, 92. Es kann sogar die bloße Verbindung „Klage und PKH-Gesuch" reichen, Celle FamRZ **81**, 791, Düss FamRZ **87**, 1281, VGH Mannh FamRZ **97**, 681; indes insoweit Vorsicht, Köln FamRZ **97**, 375 (ein Antrag nach § 65 VII Z 1 GKG genügt als solcher nicht). Eine spätere Klärung wirkt nicht zurück, Mü MDR **97**, 1063.

**10**  Freilich kann trotz dem Wortlaut nach bloßen *„Ankündigung"* in Wahrheit schon die Vornahme der angekündigten Parteiprozeßhandlung vorliegen, Grdz 47 vor § 128, BGH FamRZ **90**, 995. Stets muß aber zum ausreichenden Inhalt der beabsichtigten Parteiprozeßhandlung der eindeutig erkennbare Wille hinzutreten, sie (bedingt) vorzunehmen, BGH VersR **91**, 937 (zur Berufungsbegründung). Wegen eines Antrags auf PKH in Verbindung mit einer Berufung bzw deren Begründung vgl ferner § 518 Rn 22, 23 und BGH VersR **91**, 937, Ffm FamRZ **99**, 1150.

**11**  **C. Nur für den Fall voller Bewilligung.** Da die Zulässigkeit einer bedingten Klage usw als Ausnahme vom Grundsatz anzustellen ist, daß zumindest die den Prozeß oder die Instanz einleitende Prozeßhandlung keine Bedingung duldet, Grdz 54 vor § 128, muß wenigstens der Umfang der Bedingung von vornherein klar sein. Daher ist im Fall einer nur teilweisen Bewilligung der PKH entweder eine berechtigte, entsprechend beschränkte Klageschrift oder die Erklärung notwendig, die Klage bleibe voll aufrechterhalten, um den Rechtsstreit anhängig bzw rechtshängig zu machen, Mü MDR **88**, 972, aM Karlsr RR **89**, 512 (er werde nur im Bewilligungsumfang, dann aber eben auch anhängig usw).

**12**  **5) „Prozeßgericht", I 1 Hs 1.** Der Antrag für das Erkenntnisverfahren ist bei dem „Prozeßgericht" zu stellen. Das ist dasjenige Gericht, bei dem der Rechtsstreit schwebt oder anhängig werden soll, für den PKH beantragt wird, BGH RR **94**, 706. Er kann schriftlich eingereicht werden; dann ist er als bestimmender Schriftsatz, § 129 Rn 5, zu unterzeichnen, § 129 Rn 9, BGH NJW **94**, 2097 (auch zum Telefax). In einer Familiensache, §§ 606 ff, ist das Familiengericht als Prozeßgericht zuständig. Prozeßgericht kann auch das Rechtsmittelgericht sein, §§ 606 ff, § 119 S 1. In einer Handelssache kommt auch die Kammer für Handelssachen in Betracht, deren Vorsitzender zuständig ist, § 349 II Z 7. Im Rahmen einer Zwangsvollstreckung ist grundsätzlich das Vollstreckungsgericht zuständig, § 764. Denn es kann die Aussichten allein beurteilen, BGH Rpfleger **79**, 195, Celle NdsRpfl **81**, 232, LG Bielef AnwBl **82**, 534. Das gilt auch bei der Vollstrek-

### 7. Titel. Prozeßkostenhilfe und Prozeßkostenvorschuß § 117

kung einer einstweiligen Anordnung nach §§ 620, 641d, f, Celle FamRZ **79**, 57, Düss FamRZ **79**, 843. Freilich kann das Prozeßgericht auch in der Zwangsvollstreckung zuständig sein, zB bei §§ 887, 888, 890 (nicht: bei § 889, dort Rn 3), Kblz FamRZ **78**, 605 (Familiengericht).

**6) „Vor der Geschäftsstelle zu Protokoll", I 1 Hs 2.** Der Antrag ist auch zu Protokoll der Geschäfts- 13 stelle zulässig, BGH NJW **94**, 2097.

**A. Zuständigkeit.** Zur Entgegennahme ist jedes Amtsgericht zuständig, § 129 a I. Den Antrag nimmt grundsätzlich der Urkundsbeamte der Geschäftsstelle oder der Rechtsantragsstelle entgegen. In einem schwierigen Fall soll der Rpfl den Antrag entgegennehmen, § 24 II Z 3 RPflG, Anh § 153 GVG. Er ist auch für einen Antrag im Vollstreckungsverfahren zuständig, § 20 Z 5 RPflG. Der Urkundsbeamte übersendet den Antrag unverzüglich an das Prozeßgericht, § 129 a II 1, oben Rn 12. Der Antrag wird erst dann wirksam, wenn er beim Prozeßgericht eingeht, § 129 a II 2, Rn 13. Die Geschäftsstelle des entgegennehmenden AG kann dem Antragsteller die Übermittlung an das Prozeßgericht überlassen, sofern dieser zustimmt, § 129 a II 3. Das alles gilt auch dann, wenn der Antrag erst in der höheren Instanz erstmalig oder erneut nunmehr für diesen Rechtszug gestellt wird. Zur Verweisung und zu deren Bindungswirkung § 281 Rn 3.

**B. Kein Anwaltszwang, kein Unterschriftszwang.** Ein Anwaltszwang besteht nicht, auch nicht im 14 Anwaltsprozeß, § 78 III Hs 2. Eine Unterzeichnung des Antrags zum Protokoll ist nicht erforderlich, Ffm AnwBl **83**, 319, aber meist empfehlenswert, um klarzustellen, daß der Antrag auch wirklich eingereicht sein sollte und daher bearbeitet werden muß.

**C. Beratung durch Urkundsbeamten.** Der Urkundsbeamte der aufnehmenden Geschäftsstelle und 15 derjenige des wirklichen Prozeßgerichts sind verpflichtet, den Antragsteller sachgemäß zu beraten, BGH **91**, 314, und ihn insbesondere auf den gesetzlichen Zwang zur Benutzung des nach III eingeführten Vordrucks hinzuweisen, IV, Christl NJW **81**, 791. Der Urkundsbeamte des Prozeßgerichts darf und muß auf Grund eines Antrags die Akten heranziehen. Eine Bezugnahme auf die Akten ist nämlich grundsätzlich zulässig, Nürnb JB **84**, 610, nicht aber sollte man sich nicht sorglos erfolgen sollte. Der Urkundsbeamte ist aber nicht zu einer umfassenden Beratung über die Aussichten der Rechtsverfolgung oder Rechtsverteidigung oder zu anderen Auskünften oder Ratschlägen verpflichtet oder berechtigt, die über die Erfordernisse des § 117 und evtl diejenigen des § 118 I, II hinausgehen.

**7) „Darstellung des Streitverhältnisses", I 2.** Es sind mehrere Punkte zu beachten. 16

**A. Begriff des „Streitverhältnisses."** In dem Antrag ist das Streitverhältnis „darzustellen". Zweck ist die Erleichterung des weiteren Bewilligungsverfahrens nach § 118. Zwar kann und muß das Gericht nach der letzteren Vorschrift notfalls ergänzende Fragen stellen. Das ändert nichts an der Notwendigkeit, schon dem Antrag die Darlegung des Streitverhältnisses beizufügen.

Für *Art und Umfang* dieser Darlegung kommt es einerseits auf die Festlegung der Nämlichkeit des Streit- 17 gegenstands an, § 2 Rn 3, zum anderen auf die zur Zuständigkeitsklärung notwendigen Angaben und schließlich auf die Angaben, die das Gericht zur vorläufigen Beurteilung der Erfolgsaussicht und der Bedürftigkeit des Antragstellers benötigt, § 114 Rn 46ff, 80ff. Der Antragsteller muß einen bestimmten Anspruch geltend machen, den beabsichtigten Klageantrag formulieren und eine tatsächliche Begründung beifügen, § 253 II Z 2, zumal das Gericht den Sachverhalt grundsätzlich nicht von Amts wegen ermittelt, Grdz 38 vor § 128, LAG Hamm MDR **82**, 83. Er muß auch die übrigen für eine Klage- bzw Antragsschrift erforderlichen Angaben jedenfalls so weit machen, daß die beabsichtigte Klage in ihren wesentlichen Umrissen erkennbar wird.

Als *Bekl* muß er im wesentlichen die beabsichtigten Verteidigungsmittel vorbringen, soweit es ihm derzeit 18 möglich ist, § 277 I, muß dabei bereits den im Bewilligungsverfahren geltenden Grundsatz der Wahrheits- und Vollständigkeitspflicht beachten, § 138 I, Oldb NJW **94**, 807, und sich auch bereits über die vom Gegner vorgebrachten Tatsachen und Beweismittel erklären, § 138 II. Ein etwa unzulässiges Bestreiten mit Nichtwissen, § 138 III, IV, erleichtert dem Gegner das Ziel eigener PKH und kann sich im Hauptverfahren nachteilig auswirken. Die Begründung braucht nicht in alle Einzelheiten schlüssig zu sein, zumal das Gericht rückfragen darf und muß, §§ 139, 278 III. Indessen gehört nach I 2 die Angabe aller derjenigen Tatsachen in die Darlegung, aus denen das Gericht wenigstens im Kern und nicht bloß in vagen Umrissen erkennen kann, um was es gehen wird.

**B. „Angabe der Beweismittel".** Bereits im Antrag ist der Darstellung des Streitverhältnisses die 19 „Angabe der Beweismittel" beizufügen. Der Antragsteller kann nicht stets damit rechnen, daß das Gericht etwa nach § 139 nach noch fehlendem Beweisantritt fragt, auch nicht nach § 118. Der Antrag kann also schon am Fehlen ausreichender Beweisanträge scheitern. Sie müssen für alle wahrscheinlich streitigen oder bereits vorprozessual streitig gewordenen, entscheidungserheblichen Tatsachen erfolgen, für die der Antragsteller nach Anh § 286 die Beweislast trägt oder der Gegner voraussichtlich Beweis antreten wird, soweit jeweils erkennbar. Das Gesetz sieht zwar vor, daß das Gericht den Prozeßgegner grundsätzlich anhört, § 118 I Hs 1; das Gericht ist aber nicht verpflichtet, dem Antragsteller eine etwaige gegnerische Stellungnahme zu einer Gegenerklärung vorzulegen; §§ 275 IV, 276 III sind auch nicht entsprechend anwendbar. Grundsätzlich sind alle gesetzlich zulässigen Beweismittel anzugeben, §§ 371 ff. Jedoch muß eine Parteivernehmung nach der Darstellung des Antragstellers voraussichtlich zulässig sein, zB § 448.

**C. Glaubhaftmachung.** Eine Glaubhaftmachung ist noch nicht im Antrag erforderlich. Sie wird nur auf 20 Verlangen des Gerichts notwendig, § 118 II 1. Trotzdem kann eine Glaubhaftmachung schon bei Antragseinreichung im Interesse des Antragstellers liegen. Soweit sie erfolgt, gilt § 294. Als „Beweismittel" ist eine Glaubhaftmachung allenfalls im gesetzlichen Ausnahmefall ausreichend, vgl zB §§ 920 II, 936.

**D. Rechtsmittelinstanz.** In der Rechtsmittelinstanz ist eine vollständige Darlegung des Streitverhält- 21 nisses nicht mehr erforderlich, vgl (zum alten, aber insofern unveränderten Recht) BGH **LM** § 118 aF Nr 3. Der Antragsteller muß aber innerhalb der Rechtsmittelfrist das ihm nach den Umständen Zumutbare

## § 117

tun, um die persönlichen Bedürftigkeits- und sonstigen Voraussetzungen für die Bewilligung der PKH darzulegen, BGH RR **93**, 451 (betr eine Wiedereinsetzungsmöglichkeit). Er muß daher unter anderem (erneut) die Erklärung über die persönlichen und wirtschaftlichen Verhältnisse nach II einreichen, BGH RR **93**, 451, BFH NJW **76**, 1232. Es kann eine Bezugnahme auf die erstinstanzlichen Feststellungen ausreichen, BGH LM § 118 aF Nr 3, jedoch nur, falls sich die Verhältnisse nicht geändert haben, BGH RR **93**, 451.

Seine Angaben müssen auch jetzt *richtig und vollständig* sein, vgl (zum alten Recht) BGH VersR **76**, 932. Er muß auch Tatsachen dazu angeben, in welchen Punkten und weshalb er das Rechtsmittel einlegen will, Schlesw RR **99**, 432, ob das Rechtsmittel statthaft und sonst zulässig ist, ob insbesondere die Rechtsmittelsumme erreicht ist. Als Rechtsmittelgegner braucht der Antragsteller jedenfalls zur Erfolgsaussicht der Rechtsverteidigung grundsätzlich keine Angaben mehr zu machen, § 119 Rn 57.

**22** **E. Zwangsvollstreckung.** Im Vollstreckungsverfahren sind Darlegungen zum Erkenntnisverfahren im Sinn von I 2 nicht mehr notwendig und ist die Bezugnahme auf Akten eher ausreichend, Bobenhausen Rpfleger **84**, 396.

**23** **8) „Für die Zwangsvollstreckung zuständiges Gericht", I 3.** Ein Antrag auf PKH kann nach § 119 II für die gesamte Zwangsvollstreckung in das bewegliche Vermögen und außerdem nach allgemeiner Ansicht auch für Vollstreckung in das unbewegliche Vermögen gestellt werden. I 3 klärt die funktionelle Zuständigkeit des Vollstreckungsgerichts, §§ 764, 802, also seines Rpfl, § 764 Rn 5.

**24** **9) „Erklärung der Partei", II 1.** Dem Antrag ist eine Erklärung der Partei, auch einer juristischen Person, BGH Rpfleger **93**, 290, bei Prozeßstandschaft, Grdz 26 vor § 50: des Antragstellers, Saarbr FamRZ **91**, 961, über ihre persönlichen und wirtschaftlichen Verhältnisse (Familienverhältnisse, Beruf, Vermögen, Einkommen und Lasten) beizufügen, II 1. Sie dient der Klärung der Bedürftigkeit. Ihre Verweigerung führt zu Antragsablehnung, Kblz Rpfleger **99**, 133.

**A. Kein Gang zur Sozialbehörde.** Die Erklärung des Antragstellers ist kein sog Armutszeugnis alten Rechts und auch keine behördliche Bescheinigung. Der Antragsteller wendet sich direkt an das Gericht; der Gang zur Sozialbehörde ist entfallen. Freilich erfordert auch die Erklärung einschließlich des Benutzungszwangs der bundeseinheitlichen Formulare, III, IV, eine weitgehende Offenbarung der eigenen Verhältnisse und bringt damit erhebliche Probleme, Grunsky NJW **80**, 2044, Holch NJW **81**, 152.

**25** **B. Inhalt: Formularzwang.** Die in II 1 genannten Einzelheiten über die persönlichen und wirtschaftlichen Verhältnisse sind praktisch nach den bundeseinheitlichen Vordrucken anzugeben, für die Benutzungszwang herrscht, Rn 30. Natürlich muß der Antragsteller solche Angaben hinzufügen, die ersichtlich für die Entscheidung erheblich sind, jedoch im Formular nicht oder nur ungenügend abgefragt werden. Der Formularzwang bedeutet nämlich keine Freigabe unvollständiger oder unwahrhaftiger Erklärungen. Die Angaben müssen insgesamt aus sich heraus verständlich sein, Ffm FamRZ **97**, 682.

**26** **C. „Entsprechende Belege".** Der Antragsteller muß der Erklärung „entsprechende Belege" beifügen. Davon befreit ihn weder die Angabe der Beweismittel, noch die Angabe von Mitteln der Glaubhaftmachung, noch die Einreichung des vorgeschriebenen Vordrucks, BGH JZ **89**, 504. Das Gesetz geht von ziemlich umfassender Belegpflicht aus, denn die Belege sollen ersichtlich allen Angaben in der Erklärung und dem Vordruck entsprechen. Das ist in der Praxis kaum möglich und wird auch nicht verlangt. Es ist aber üblich und notwendig, zB Belege über Einkünfte aus nichtselbständiger Arbeit und Renten sowie über geltend gemachte Belastungen beizufügen, BGH JZ **89**, 504, und auch eine Steuererklärung beizufügen, obwohl sie durchweg auch Angaben enthält, die das Gericht keineswegs benötigt. Es ist umso mehr verpflichtet, den Datenschutz zu beachten, Rn 27ff. Selbst der letzte Steuerbescheid kann unzureichend sein, wenn er nicht den jetzigen Stand ergibt, BGH RR **91**, 637. Das Gericht ist berechtigt und verpflichtet, etwa fehlende Belege nachzufordern, soweit das sinnvoll erscheint, BFH Rpfleger **93**, 73 (keine Überspannung der Nachforderungspflicht), VGH Mannh JB **91**, 1114. Es liegt gleichwohl im Interesse des Antragstellers, sie lieber zu großzügig als zu knapp schon dem Antrag beizufügen.

**27** **10) Persönlichkeitsschutz, II 2.** Die Regelung wird oft ungenügend beachtet.

**A. Einschränkung des Einsichtsrechts.** Das Gericht muß den Persönlichkeitsschutz des Antragstellers (und seiner Angehörigen, soweit er ihre Verhältnisse mitberichten muß) gewährleisten, das BDSG beachten, Prütting ZZP **106**, 445, und vor allem II 2 mitberücksichtigen. Deshalb darf das Gericht die Erklärung und die Belege dem Prozeßgegner nur mit vorheriger Zustimmung des Antragstellers zugänglich machen. Der diesbezügliche frühere Streit ist überholt. Vgl allerdings auch Rn 29.

**28** **B. Gesonderte Beiakte.** Die Erklärung nach II–IV ist folglich in eine gesonderte Beiakte zu nehmen. Auch die diesbezügliche Streitfrage ist infolge II 2 überholt. Dazu heißt es in den *Durchführungsbestimmungen* zum Gesetz über die Prozeßkostenhilfe, abgedruckt zB bei Hartmann Teil VII B 5, geändert zuletzt mit Wirkung vom 1. 3. 96 und später, vgl (soweit zugänglich:)

**Baden-Württemberg:** AV v 9. 4. 96, Justiz 136;
**Bayern:** VerwAnO v 25. 7. 94, JMBl 251;
**Berlin:** AV v 1. 7. 96, ABl 2502;
**Brandenburg: AV v 20. 6. 96, JMBl 81;**
**Bremen:** VerwAnO v 10. 12. 80;
**Hamburg:** AV v 1. 8. 96, JVBl 62;
**Hessen:** RdErl v 13. 2. 96, JMBl 192;
**Mecklenburg-Vorpommern: AV v 28. 6. 96, ABl 656;**
**Niedersachsen:** AV v 14. 2. 96, NdsRpfl 56;
**Nordrhein-Westfalen:** AV v 1. 3. 96, JMBl 74;
**Rheinland-Pfalz:** VV v 21. 2. 96, JBl 84;
**Saarland;** AV v 20. 3. 96, GMBl 64;

7. Titel. Prozeßkostenhilfe und Prozeßkostenvorschuß   § 117

Sachsen: AV v 24. 5. 96, JMBl 78, 86;
Sachsen-Anhalt: AV v 19. 6. 96, MBl 192;
Schleswig-Holstein: AV v 19. 4. 96, SchlHA 120;
Thüringen: VV v 24. 6. 96, JMBl 68:

*DB-PKHG 2.1.* **Die Vordrucke mit den Erklärungen über die persönlichen und wirtschaftlichen Verhältnisse und die dazugehörenden Belege sowie die bei der Durchführung der Prozeßkostenhilfe entstehenden Vorgänge sind in allen Fällen unabhängig von der Zahl der Rechtszüge für jeden Beteiligten in einem besonderen Beiheft zu vereinigen. Das gilt insbesondere für Kostenrechnungen und Zahlungsanzeigen über Monatsraten und sonstige Beträge (§ 120 Abs. 1 ZPO). In dem Beiheft sind ferner die Urschriften der die Prozeßkostenhilfe betreffenden gerichtlichen Entscheidungen und die dazugehörigen gerichtlichen Verfügungen aufzubewahren. In die Hauptakten ist ein Abdruck der gerichtlichen Entscheidungen aufzunehmen. Jedoch sind zuvor die Teile der gerichtlichen Entscheidungen zu entfernen, die Angaben über die persönlichen und wirtschaftlichen Verhältnisse der Partei enthalten. Das Beiheft sowie die darin zu verwahrenden Schriftstücke erhalten hinter dem Aktenzeichen den Klammerzusatz (PKH). Werden die Prozeßakten zur Entscheidung über ein Rechtsmittel dem Rechtsmittelgericht vorgelegt, so ist den Akten das Beiheft beizufügen.**

Dieses in deutscher Perfektionsliebe erdachte Beiheft dient also der Sache nach auch dem *Datenschutz* und dem Persönlichkeitsschutz des Antragstellers, wie ihn jetzt II 2 vorschreibt, so schon Liebscher (vor Rn 1) 78 ff, Prütting ZZP **106**, 445. Er funktioniert freilich wegen der hoffnungslosen Überlastung der Geschäftsstellen und ihrer vielfach ungenügenden Ausbildung freilich in der Praxis kaum noch voll. Das Beiheft ist im Fall einer Versendung der Hauptakten an andere Stellen als den Antragsteller des Bewilligungsverfahrens oder an seinen Bevollmächtigten grundsätzlich nicht mit zu versenden; eine Einsicht erhalten ebenfalls grundsätzlich nur die letzteren Personen, Düss FamRZ **84**, 391. Sie können das Gericht zur Weiterleitung der Akten usw ermächtigen, II 2. Diese Ermächtigung kann nicht vom Gericht, sondern allenfalls vom Prozeßgegner erzwungen werden und sollte stets eindeutig vorliegen und aktenkundig sein.

**C. Schutzgrenzen.** Das alles gilt an sich trotz des schutzwürdigen Interesses des Prozeßgegners daran, **29** nicht durch falsche Angaben des Antragstellers zur Mittellosigkeit in einen Prozeß hineingezogen zu werden. Mag der Prozeßgegner des Prozeßhilfegesuchs auch ohne Kenntnis der Angaben zur Mittellosigkeit auf diesbezügliche Zweifel aufmerksam machen. Indessen kann bei der gebotenen Interessenabwägung im Einzelfall insbesondere zur Verhütung eines Rechtsmißbrauchs, Einl III 54, der Persönlichkeitsschutz auch nach der Einführung von II 2 trotz seines verfassungsrechtlichen Ranges zurückzutreten haben. Im übrigen mag ja der Antragsteller mit der Kenntnisnahme des Prozeßgegners einverstanden sein. Man darf ein solches Einverständnis freilich nicht als grundsätzlich stillschweigend erteilt ansehen. Soweit der Antragsteller in demselben Schriftsatz Angaben zur Mittellosigkeit und zur Erfolgsaussicht schon räumlich vermischt, stimmt er unwiderruflich ihrer gesamten Kenntnisnahme durch den Prozeßgegner zu. Treu und Glauben helfen auch hier, die Abgrenzung zu finden.

**11) „Vordrucke", III, IV.** Die lästige Regelung ist unvermeidbar.   **30**

**A. Vordruckeinführung, III.** Der Bundesjustizminister ist zur Einführung von Vordrucken zur Vereinfachung und Vereinheitlichung des Verfahrens durch Rechtsverordnung mit Zustimmung des Bundesrates berechtigt. Das amtliche Vordruck ist in der neugefaßten Prozeßkostenhilfevordruckverordnung (PKHVV) vom 17. 10. 94, BGBl 3001, in Kraft seit 1. 1. 95, § 4 PKHVV, veröffentlicht. Er enthält Ausfüllhinweise. Er soll sicherstellen, daß die Erklärung aufgegliedert und substantiiert ist, vgl schon (zum alten Recht) BGH NJW **83**, 2146. Wegen des Rechtsmittelzugs § 119 Rn 64.

*PKHVV § 1. Vordruck.* [I] **Für die Erklärung der Partei nach § 117 Abs. 2 der Zivilprozeßordnung wird der in der Anlage bestimmte Vordruck eingeführt.**

[II] **Absatz 1 gilt nicht für die Erklärung einer Partei kraft Amtes, einer juristischen Person oder einer parteifähigen Vereinigung.**

[III] **Für eine Partei, die die Erklärung nach § 2 in vereinfachter Form abgeben kann, gilt Absatz 1 nur, soweit ein Gericht die Benutzung des in der Anlage bestimmten Vordrucks anordnet.**

*PKHVV § 2. Vereinfachte Erklärung.* [I] ¹**Ein minderjähriges unverheiratetes Kind, das in einer Kindschaftssache nach § 640 Abs. 2 der Zivilprozeßordnung oder in einem Verfahren über Unterhalt seine Rechte verfolgen oder verteidigen oder das seinen Unterhaltsanspruch vollstrecken will, kann die Erklärung nach § 117 Abs. 2 der Zivilprozeßordnung formfrei abgeben, wenn es über Einkommen und Vermögen, das nach § 115 der Zivilprozeßordnung einzusetzen ist, nicht verfügt.** ²**Die Erklärung des Kindes muß in diesem Fall enthalten:**
1. **Angaben darüber, wie es seinen Lebensunterhalt bestreitet, welche Einnahmen es im Monat durchschnittlich hat und welcher Art diese sind;**
2. **die Erklärung, daß es über Vermögen, das nach § 115 der Zivilprozeßordnung einzusetzen ist, nicht verfügt; dabei ist, soweit das Kind oder sein gesetzlicher Vertreter davon Kenntnis hat, anzugeben,**
   a) **welche Einnahmen im Monat durchschnittlich brutto die Personen haben, die dem Kind auf Grund gesetzlicher Unterhaltspflicht Unterhalt gewähren;**
   b) **ob diese Personen über Vermögensgegenstände verfügen, deren Einsatz oder Verwertung zur Bestreitung eines dem Kind zu leistenden Prozeßkostenvorschusses in Betracht kommt; die Gegenstände sind in der Erklärung unter Angabe ihres Verkehrswertes zu bezeichnen.**

## § 117

Die vereinfachte Erklärung im Antragsvordruck für das Vereinfachte Verfahren zur Abänderung von Unterhaltstiteln bleibt unberührt; sie genügt auch, soweit die Verfahren maschinell bearbeitet werden.

II Eine Partei, die nach dem Bundessozialhilfegesetz laufende Leistungen zum Lebensunterhalt bezieht, muß die Abschnitte E bis J des Vordrucks zunächst nicht ausfüllen, wenn sie der Erklärung den letzten Bewilligungsbescheid des Sozialamtes beifügt.

III Die Partei kann sich auf die Formerleichterung nach Absatz 1 und 2 nicht berufen, wenn das Gericht die Benutzung des in der Anlage bestimmten Vordrucks anordnet.

*PKHVV § 3. Zulässige Abweichungen.* I Folgende Abweichungen von dem in der Anlage bestimmten Vordruck und dem Hinweisblatt zu dem Vordruck sind zulässig:
1. Berichtigungen, die auf einer Änderung von Rechtsvorschriften beruhen;
2. eine Ergänzung oder Anpassung des Hinweisblattes zu dem Vordruck, soweit eine solche mit Rücksicht auf Besonderheiten des Verfahrens in den einzelnen Gerichtszweigen erforderlich ist.

II Wird das Hinweisblatt nach Absatz 1 Nr. 2 in einer abweichenden Fassung verwendet, so ist die Bezeichnung „Allgemeine Fassung" unten auf der ersten Seite des Hinweisblattes und des Vordrucks durch eine Bezeichnung des Gerichtszweiges und des Bundeslandes zu ersetzen, in dem die abweichende Fassung des Hinweisblattes verwendet wird.

Anlagen (Vordrucke) sind hier nicht mit abgedruckt.

**31** **B. Benutzungszwang, IV.** Die Partei muß sich eines für sie eingeführten Vordrucks „bedienen". Wegen der Ausnahmen Rn 32. Die Benutzungspflicht bedeutet: Man muß sich den Vordruck selbst besorgen, etwa auf der Rechtsantragsstelle jedes AG oder im Handel; man muß ihn sorgfältig, vollständig und gewissenhaft ausfüllen, OVG Hbg FamRZ 92, 79, auch soweit man die Fragen für unerheblich hält oder soweit man regelmäßige Einkünfte hat, BGH VersR 92, 898. Soweit eine Frage zu verneinen ist, darf sie nicht völlig unausgefüllt bleiben, sondern muß entsprechend beantwortet werden; man darf und muß Unzulänglichkeiten des Formulars durch eigene Zusätze ergänzen oder berichtigen, ohne Teile der Fragen damit unbeantwortet zu lassen. Man ist nicht verpflichtet, nur zur Beantwortung des Vordrucks einen Anwalt einzuschalten. Man kann sich der Hilfe der Rechtsantragsstelle jedes AG bedienen. Die Bitte an das Gericht, etwa für notwendig gehaltene ergänzende Fragen zu stellen, kann eine Umgehung des Benutzungszwangs mit ihren Rechtsfolgen darstellen. Einzureichen ist das unterschriebene Original, denn nur damit übernimmt der Einreicher die Verantwortung wie bei jedem bestimmenden Schriftsatz, § 129 Rn 9, aM Karlsr FamRZ 96, 806.

**32** **C. Ausnahmen vom Benutzungszwang.** Nach § 1 II PKHVV sind die dort genannten Parteien kraft Amtes, Grdz 8 vor § 50, juristische Personen oder parteifähige Vereinigungen grundsätzlich nicht zur Benutzung des Vordrucks verpflichtet. Ein minderjähriges unverheiratetes Kind unterliegt dem Vordruck nach § 1 III, § 2 I PKHVV nur eingeschränkt (vereinfachte Erklärung) oder gar nicht (Formfreiheit), soweit es um einen Unterhaltsanspruch oder um die Feststellung der Vaterschaft geht, Kblz FER 98, 114 (vgl aber § 2 S 2 Z 2a, b, PKHW, Rn 30). Die genannten Ausnahmefälle dürfen als Ausnahmen von der Regel des Vordruckszwangs nicht weit ausgelegt werden. Die Ausfüllung des Vordrucks kann unterbleiben, soweit die Lücken in ihm durch Anlagen vollständig geschlossen werden, BGH NJW 86, 62.

**33** Ein *Sozialhilfeempfänger* muß die Abschnitte E–J zusätzlich zum vorgelegten Sozialhilfebescheid nach § 2 III PKHVV nur auf Grund einer (notwendigen) gerichtlichen Aufforderung inhaltlich nachtragen, dann freilich sehr wohl, LG Kblz MDR 99, 503.

**34** Eine Befreiung vom Vordruckzwang läßt natürlich die Möglichkeit, ihn dennoch zu benutzen, offen. Die Befreiung vom Vordruck *befreit nicht* auch *von* der Erklärung nach II, Hamm FamRZ 88, 1183, Kblz Rpfleger 97, 72. Freilich genügt in der Regel eine dienstliche Erklärung des Jugendamts, das Kind habe weder einen durchsetzbaren Anspruch auf einen Prozeßkostenvorschuß noch sonst Vermögen oder Einkommen, Brüggemann DAVorm 87, 238, noch großzügiger Ffm DAVorm 81, 871 (das Gericht dürfe die Zahlungsfähigkeit des nichtehelichen Kindes nur bei entsprechenden Anhaltspunkten prüfen), Kblz JB 98, 651 (Vermögen der Großeltern evtl unerheblich), LG Dortm DAVorm 86, 36.

**35** **12) Verstoß, I–IV.** Soweit der Antragsteller den Antrag, die persönliche Erklärung oder den Vordruck nicht, fehlerhaft, unvollständig oder sonst mangelhaft formulieren oder ausfüllen, gelten folgende Regeln:

**A. Fristsetzung.** Eine Bewilligungsreife entsteht erst bei Vorlage der vollständig ausgefüllten Erklärung, Rn 33, vgl Ffm JB 94, 177. Ist dahin ist der Antrag nicht gesetzmäßig; das weitere Vorgehen ist Mü FamRZ 96, 418. Grundsätzlich darf und muß das Gericht eine Frist zur Behebung des Mangels setzen, richtig insofern Mü FamRZ 96, 418, ferner OVG Hbg FamRZ 92, 79. Das ergibt sich aus seiner Fürsorgepflicht, Einl III 27, die ja insbesondere im Bereich der PKH ausgeprägt ist. Die Frist ist so zu bemessen, daß der Antragsteller die etwa noch fehlenden Unterlagen voraussichtlich beschaffen kann. Er darf freilich auch nicht trödeln. Ist er anwaltlich bereits vertreten, so ist eine etwas längere Frist erforderlich. Die Frist muß in ordnungsgemäßer Form gesetzt worden sein, vgl § 329 Rn 11, 13, 32. Freilich darf der Gang des etwa schon anhängigen Hauptprozesses nicht schon wegen der PKH-Probleme verzögert werden, Ffm JB 94, 177.

Der Prozeßgegner hat im Fall der Entscheidungsreife einen Anspruch auf eine *unverzügliche Entscheidung* zur Sache, § 300 I. Daher kann sich ergeben, daß zB noch in demjenigen Termin, an dessen Beginn das Gericht eine Frist setzte, Bewilligungsreife eintritt. In diesem Fall kommt eine rückwirkende Bewilligung in Betracht, § 119 Rn 10, ist jedoch nicht stets notwendig. Es kommt auf die Gesamtsituation und die etwaige Fristverfügung des Gerichts an. Eine Frist mag zB auch deshalb entfallen, weil der Antragsteller schon in einem Parallelprozeß oder Vorverfahren wußte, daß er die jetzt fehlenden Unterlagen vorlegen müsse, und keine diesbezüglichen Entschuldigungsgründe vorgebracht hat.

### 7. Titel. Prozeßkostenhilfe und Prozeßkostenvorschuß §§ 117, 118

**B. Nach Fristablauf usw.** Geht das Fehlende auch innerhalb einer etwaigen Frist nicht ein, darf und **36** muß das Gericht unverzüglich die Bewilligung von PKH „insoweit" abweisen, II 4, vgl § 118 Rn 42. Denn man kann zumindest fordern, daß ein Bürger, der zunächst auf Staatskosten prozessiert, sich der durchweg wirklich kleinen Mühe unterzieht, das Formular wenigstens innerhalb einer gewährten Nachfrist zu vervollständigen (und bei auswärtigem Wohnsitz evtl stattdessen nochmals, diesmal vollständig ausgefüllt, einzureichen), BGH NJW **86**, 62, BSG MDR **82**, 878, Köln Rpfleger **98**, 348, aM Hess MDR **89**, 870 (Verstoß gegen Sozialstaatsprinzip). Dasselbe gilt, soweit eine vom Gericht erforderte Glaubhaftmachung fehlt. Freilich gilt das alles nur nach ordnungsgemäßer Fristsetzung, Rn 35, abw insoweit OVG Hbg FamRZ **92**, 79 (abl Gottwald).

**C. Falsche Angaben.** § 138 gilt auch im PKH-Bewilligungsverfahren. Angaben, die gegen jene Pflicht **37** zur Wahrhaftigkeit verstoßen, können erhebliche zivilprozessuale Nachteile nach sich ziehen, § 138 Rn 63, 64. Sie können zur Aufhebung der Bewilligung zwingen, § 124 Z 1, 2. Sie können Schadensersatzpflichten auslösen, § 138 Rn 65. Sie können als ein zumindest versuchter Prozeßbetrug usw strafbar sein, § 138 Rn 66.

**D. Wirksamkeit fälschlicher Bewilligung.** Eine zB ohne Antrag erfolgte Bewilligung ist bis zur **38** Aufhebung wirksam, Üb 19 vor § 300, Oldb MDR **89**, 268, aM Schneider MDR **83**, 441.

**13)** *VwGO:* Entsprechend anzuwenden, § 166 VwGO, allgM, OVG Bln NVwZ **98**, 650 (nicht im DiszVerf, **39** BVerwG NVwZ-RR **97**, 664). Prozeßgericht, I, im Verfahren der Nichtzulassungsbeschwerde, § 133 VwGO, ist das BVerwG, BVerwG NJW **65**, 2317, sofern die Vorinstanz der gleichzeitig eingelegten Beschwerde abhilft; das Gesuch kann auch zu Protokoll des Gerichts erklärt werden, bei dem das Rechtsmittel einzulegen ist. Entsprechend § 78 III besteht beim BVerwG und OVG kein Anwaltszwang, BVerwG Rpfleger **91**, 63, DVBl **60**, 935, VGH Kassel NVwZ **98**, 203, OVG Lüneb NVwZ-RR **97**, 761, vgl Silberkuhl NJW **98**, 438 (beachte aber § 127 Rn 105). Der Antrag muß vor Beendigung der Instanz gestellt werden, BVerwG Buchholz 310 § 166 Nr 23. Bei der Darstellung des Streitverhältnisses, I, ist die Angabe der Beweismittel wegen §§ 82 I, 86 I VwGO nicht nötig, aM OVG Weimar NVwZ **98** 868, aber ratsam; im Fall der Nichtzulassungsbeschwerde gelten nicht die besonderen Erfordernisse, § 133 III 3 VwGO, BVerwG DVBl **63**, 680, zum abgesenkten Maßstab im Fall des Antrags auf Zulassung der Berufung, § 124a I VwGO, OVG Lüneb aaO. Auch im VerwProzeß darf eine Klage unter der Voraussetzung der Bewilligung von PKH eingereicht werden, oben Rn 7ff, OVG Hbg Rpfleger **86**, 68, aM Kopp/Sch § 82 Rn 80, BVerwG **59**, 302, OVG Schlesw NordÖR **99**, 193 mwN. Zu I 3 s § 764 Rn. 9.

**118 Vorbereitung der Entscheidung und Vergleich.** ¹ ¹Vor der Bewilligung der Prozeßkostenhilfe ist dem Gegner Gelegenheit zur Stellungnahme zu geben, wenn dies nicht aus besonderen Gründen unzweckmäßig erscheint. ²Die Stellungnahme kann vor der Geschäftsstelle zu Protokoll erklärt werden. ³Das Gericht kann die Parteien zur mündlichen Erörterung laden, wenn eine Einigung zu erwarten ist; ein Vergleich ist zu gerichtlichem Protokoll zu nehmen. ⁴Dem Gegner entstandene Kosten werden nicht erstattet. ⁵Die durch die Vernehmung von Zeugen und Sachverständigen nach Absatz 2 Satz 3 entstandenen Auslagen sind als Gerichtskosten von der Partei zu tragen, der die Kosten des Rechtsstreits auferlegt sind.

II ¹Das Gericht kann verlangen, daß der Antragsteller seine tatsächlichen Angaben glaubhaft macht. ²Es kann Erhebungen anstellen, insbesondere die Vorlegung von Urkunden anordnen und Auskünfte einholen. ³Zeugen und Sachverständige werden nicht vernommen, es sei denn, daß auf andere Weise nicht geklärt werden kann, ob die Rechtsverfolgung oder Rechtsverteidigung hinreichende Aussicht auf Erfolg hat und nicht mutwillig erscheint; eine Beeidigung findet nicht statt. ⁴Hat der Antragsteller innerhalb einer von dem Gericht gesetzten Frist Angaben über seine persönlichen und wirtschaftlichen Verhältnisse nicht glaubhaft gemacht oder bestimmte Fragen nicht oder ungenügend beantwortet, so lehnt das Gericht die Bewilligung von Prozeßkostenhilfe insoweit ab.

III Die in Absatz 1, 2 bezeichneten Maßnahmen werden von dem Vorsitzenden oder einem von ihm beauftragten Mitglied des Gerichts durchgeführt.

**Schrifttum:** *Lösch,* Die Stellung des Antragsgegners im Prozeßkostenhilfeverfahren usw, 1997.

**Gliederung**

| | | | | |
|---|---|---|---|---|
| 1) Systematik, I–III | 1 | 5) „Mündliche Erörterung", I 3 Hs 1 | | 13–15 |
| 2) Regelungszweck: Zügigkeit des Verfahrens, I–III | 2–4 | A. Abgrenzung von „Erörterung" und „Verhandlung" | | 13 |
| 3) Geltungsbereich, I–III | 5 | B. „Einigung zu erwarten" | | 14 |
| 4) „Gelegenheit zur Stellungnahme", I 1, 2 | 6–12 | C. „Ladung" | | 15 |
| A. „... ist zu geben", I 1 Hs 1 | 6 | 6) „Vergleich", I 3 Hs 2 | | 16–20 |
| B. Nur zur Erfolgsaussicht | 7 | A. Rechtsnatur: Prozeßvergleich | | 16 |
| C. „... aus besonderen Gründen unzweckmäßig", I 1 Hs 2 | 8, 9 | B. Umfassender Vergleichsgegenstand | | 17 |
| D. „... zu Protokoll", I 2 | 10 | C. Vergleichswirkung | | 18 |
| E. Keine Notwendigkeit zur Gegen-Stellungnahme des Antragstellers | 11 | D. „... zu gerichtlichem Protokoll" | | 19 |
| F. Weitere Einzelfragen | 12 | E. Streit über die Wirksamkeit | | 20 |
| | | 7) „Kosten werden nicht erstattet", I 4 | | 21–23 |
| | | A. Zweck | | 21 |
| | | B. Begriff der „Kosten" | | 22 |

## § 118    1. Buch. 2. Abschnitt. Parteien

| | |
|---|---|
| C. Keine erstinstanzliche Kostenentscheidung ... 23 | F. „Keine Beeidigung", II 3 Hs 2 ... 37 |
| 8) „Gerichtskosten", I 5 ... 24–27 | 11) Ablehnung mangels Glaubhaftmachung usw, II 4 ... 38–42 |
| A. Gebührenfreiheit ... 25 | A. „... nicht glaubhaft gemacht" ... 38 |
| B. „Auslagen": Begrenzte Erstattungspflicht ... 26 | B. „... nicht oder ungenügend beantwortet" ... 39 |
| C. Keine Kostenentscheidung ... 27 | C. Fristsetzung ... 40 |
| 9) „Glaubhaftmachung", II 1 ... 28–30 | D. Ablehnung nur „insoweit" ... 41 |
| A. Umfassende Geltung ... 28 | E. „... lehnt ab" ... 42 |
| B. Nur auf „Verlangen" des Gerichts ... 29 | 12) Zuständigkeit, III ... 43–52 |
| C. Mittel der Glaubhaftmachung: „Alle Beweismittel" ... 30 | A. Prozeßgericht ... 44 |
| D. Verstoß ... 30 | B. „Vorsitzender" ... 45 |
| 10) „Erhebungen", II 2–4 ... 31–37 | C. „Beauftragtes Mitglied des Gerichts" ... 46 |
| A. Zweck ... 31 | D. Rechtspfleger kraft Gesetzes ... 47 |
| B. Begriff der „Erhebungen" ... 32 | E. Rechtspfleger kraft Auftrags ... 48 |
| C. „Vorlegung von Urkunden", II 2 ... 33 | F. Ermessen bei der Beauftragung ... 49 |
| D. „Auskünfte einholen", II 2 ... 34 | G. Beauftragungsverfahren im übrigen ... 50 |
| E. „Zeugen und Sachverständige", II 3 Hs 1 ... 35, 36 | H. Verfahren des Rechtspflegers ... 51, 52 |
| | 13) VwGO ... 53 |

**1**  **1) Systematik, I–III.** Während §§ 114–116 die personellen und sachlichen Bewilligungsvoraussetzungen nennen und § 117 den verfahrenseinleitenden Antrag regelt, nennt § 118 in Verbindung mit § 127 I den weiteren Verfahrensgang bis zur Entscheidung, die in §§ 119 ff geregelt ist.
*I 1, 2,* eine Ausprägung von Art 103 I GG, BGH **LM** § 548 Nr 2, LSG Hbg JB **83,** 1181, Philippi (vor Üb 1 vor § 114) 272, behandelt die Anhörung des Prozeßgegners. *I 3* nennt die Voraussetzungen einer mündlichen Erörterung (nicht: Verhandlung). *I 4, 5* enthalten Regeln zur Erstattung von Kosten des etwaigen Anhörungsverfahrens. Dem I 3 entspricht im selbständigen Beweisverfahren § 492 III. *II* umschreibt die Einzelheiten etwaiger Erhebungen des Gerichts; daneben gilt zB § 570, Schneider MDR **89,** 513, aM LAG Düss FamRZ **89,** 411. *III* enthält in Ergänzung zu § 127 I 2 und dem RPflG Zuständigkeitsregeln.

**2**  **2) Regelungszweck: Zügigkeit des Verfahrens, I–III.** Das Gericht ist einerseits zu einer sorgfältigen Klärung der Voraussetzungen der Bewilligung, andererseits dazu verpflichtet, dieses Vorverfahren im Interesse der Prozeßwirtschaftlichkeit, Grdz 14 vor § 128, unverzüglich abzuwickeln, BPatG GRUR **89,** 341, Karlsr MDR **95,** 636, zumal sich in der Regel erst an das PKH- Verfahren das Hauptverfahren anschließt. Das Verfahren nach § 118 dient *nicht* dazu, den bevorstehenden oder bereits angelaufenen Rechtsstreit *entscheidungsreif* zu machen, BVerfG NJW **97,** 2103, Düss FamRZ **86,** 485, Hamm MDR **83,** 674. Deshalb darf und sollte das Gericht Erhebungen usw nur zurückhaltend anordnen. Andererseits besteht die Gefahr einer unrichtigen Einschätzung der Verhältnisse. Das Gericht muß daher von Fall zu Fall sorgfältig prüfen, ob es unter diesen Umständen die Erklärung nach § 117 II ausreichen läßt oder wenigstens eine Glaubhaftmachung nach II 1 verlangt.

**3**  Gerade eine korrekte Handhabung sowohl des PKH-Gesuchs insbesondere des Bekl als auch des gleichzeitigen Hauptverfahrens kann dazu führen, daß eine Entscheidung über das Bewilligungsgesuch erst *im Termin des Hauptverfahrens* möglich ist, Kblz MDR **90,** 255, Klein FamRZ **89,** 1203, aM Karlsr FamRZ **91,** 1459, Schneider AnwBl **87,** 466 (aber dann müßte das Gericht PKH oft ablehnen, auch wenn es diese später rückwirkend bewilligen könnte). Gleichwohl mag (nicht: muß) eine Vertagung nötig werden, § 227 Rn 7. Soweit der ProzBev zur Sache verhandelt, braucht das Gericht nicht zusammen mit der Hauptsache zu entscheiden, Köln RR **99,** 649; mag der ProzBev die Antragstellung von der PKH-Bewilligung abhängig machen, Köln RR **99,** 649, und riskieren, daß mangels Sachantrags der Streitstoff noch nicht klar erkennbar ist und daher nur die derzeit erkennbare PKH abgelehnt werden muß.
Unzulässig ist aber eine *Hinauszögerung* der Entscheidung bis zur Beendigung der Beweisaufnahme gegen den Streitgenossen, § 59, Düss JB **80,** 1085.

**4**  Eine *Aussetzung* des Bewilligungsverfahrens zB nach §§ 148, 149 ist unzulässig; keine der gesetzlichen Voraussetzungen kann vorliegen, Hamm FamRZ **85,** 827, Mü MDR **88,** 783. Es kommt auch keine Unterbrechung nach §§ 239, 244, 246 in Betracht. Das Verfahren ist nur insoweit Sommersache, § 227 III, als auch der Hauptprozeß Sommersache ist. Ein diesbezüglicher Verstoß ist allerdings unanfechtbar, vgl (zum alten Recht) Mü MDR **82,** 59. Eine Zurückstellung der Bewilligungsentscheidung kann im allseitigen eindeutigen Einverständnis in Betracht kommen, BVerfG **62,** 397. Der Tod, die Beendigung der Liquidation der Partei oder ihr Ausscheiden erledigen das Bewilligungsverfahren. Eine verzögerte Entscheidung kann einen Verstoß gegen Art 103 I GG bedeuten, BGH **LM** § 548 Nr 2, LSG Hbg JB **83,** 1181; dann kann auch eine Kostenniederschlagung nach § 8 GKG in Betracht kommen, OVG Hbg Rpfleger **86,** 68.

**5**  **3) Geltungsbereich, I–III.** Vgl Üb 4 vor § 114, § 114 Rn 9–45. II 1, 2 sind auf den Vergütungsantrag betr Vormund usw entsprechend anwendbar, § 56 g II 2 FGG.

**6**  **4) „Gelegenheit zur Stellungnahme", I 1, 2.** Die bei folgender Bewilligung umgehbare Regelung hat Vor- und Nachteile.
**A. „... ist zu geben", I 1 Hs 1.** Grundsätzlich ist das Gericht verpflichtet, dem Prozeßgegner des Antragstellers eine Gelegenheit zur Stellungnahme zu geben, zB BGH **89,** 65, LAG Hamm MDR **88,** 172 mwN. Das ist eine Folge aus Art 103 I GG, Rn 1. Die Anhörungspflicht scheint allerdings nicht selbstverständlich zu sein. Denn das Bewilligungsverfahren verläuft als eine Form der Sozialhilfe, Üb 2 vor § 114, zwischen dem Antragsteller und dem Staat, nicht zwischen dem ersteren und dem Prozeßgegner, Düss MDR **87,** 941, Stgt FamRZ **84,** 72. Das wird insbesondere dann deutlich, wenn während des Bewilligungsverfahrens noch keine Klage eingereicht wird. In diesem Stadium besteht noch kein engeres Prozeßrechtsver-

## 7. Titel. Prozeßkostenhilfe und Prozeßkostenvorschuß § 118

hältnis zwischen den Parteien, Grdz 5 vor § 128, Bre FamRZ **89**, 198, wohl aber ein öffentlichrechtliches Verhältnis auch gegenüber dem Antragsgegner, soweit das Gericht ihn hineinzieht; das beachtet Bre FamRZ **89**, 198 nicht genug.

I 1 Hs 1 stellt *indessen* schon nach dem Wortlaut „... ist... zu geben" klar, daß eine *Anhörungspflicht* vorliegt, BVerfG **20**, 282 und 347, Schultz MDR **81**, 525. Das Verfahren läuft ja auch nicht als Verwaltungsverfahren, sondern als gerichtliches, Üb 3 vor § 114. Im übrigen ist der Prozeßgegner allerdings nur insofern beteiligt, als er auf Grund der Bewilligung schon und noch in ein gerichtliches Hauptverfahren verwickelt werden kann, Hbg FamRZ **88**, 1077, Köln MDR **80**, 407, ohne daß er sich sonst gegen die Bewilligung wehren könnte, § 127 Rn 80, 89. Freilich begründet dies zwar eine Obliegenheit, aber keine Rechtspflicht zur Stellungnahme, Kumme JB **91**, 1155 (ihre Unterlassung kann freilich mutwillig sein, aM Cambeis JB **91**, 1603, Walter JB **91**, 1601).

**B. Nur zur Erfolgsaussicht.** Die Anhörungspflicht bezieht sich allerdings nur auf die Erfolgsaussicht der **7** beabsichtigten Rechtsverfolgung oder -verteidigung, § 114 Rn 80. Der Prozeßgegner ist also nicht zu den persönlichen und wirtschaftlichen Verhältnissen des Antragstellers, § 114 Rn 46, stets anzuhören, BVerfG NJW **91**, 2078, BGH **89**, 65, BFH Rpfleger **93**, 251. Eine Anhörung auch zur Bedürftigkeit des Antragstellers ist nur zulässig, soweit das Gericht den Persönlichkeitsschutz nach § 117 II 2 beachtet, § 117 Rn 27. In diesen Grenzen kann sie freilich durchaus zweckmäßig sein.

**C. „... aus besonderen Gründen unzweckmäßig", I 1 Hs 2.** Das Gericht kann von der Anhörung **8** absehen, wenn das aus besonderen Gründen unzweckmäßig erscheint. Es prüft diese Voraussetzung nach pflichtgemäßem Ermessen unter Abwägung aller Fallumstände, Grdz 38 vor § 128. Dabei kann sich die Lage während des Bewilligungsverfahrens dahin ändern, daß die Anhörung doch noch als notwendig erscheint. Das Gericht muß diese Prüfung vor der Bewilligungsreife, § 119 Rn 4, im Bewilligungsverfahren nochmals vornehmen. Als Ausnahmevorschrift ist Hs 2 jedenfalls eng auszulegen.

*Beispiele der Unzweckmäßigkeit* der Anhörung: Das Gericht will den PKH-Antrag ohnehin zurückweisen; **9** der Prozeßgegner hält sich für längere Zeit im Ausland auf; das Verfahren ist besonders eilbedürftig, vgl BVerfG **19**, 51, etwa weil es sich um einen Antrag für Erlaß eines Arrests, § 922 I 1, oder einer einstweiligen Verfügung handelt, § 937 II, oder um eine Forderungspfändung nach § 834, oder um eine Wohnungsdurchsuchung, § 758, oder um eine Nachtpfändung, § 761; der Streit ging bisher um bloße Rechtsfragen; es müßte eine öffentliche Zustellung stattfinden, § 203.

**D. „... zu Protokoll", I 2.** Man kann die Stellungnahme schriftlich oder vor dem Urkundsbeamten der **10** Geschäftsstelle des Prozeßgerichts oder jedes AG zum Protokoll erklären, I 2 in Verbindung mit § 129a I. Unter den Voraussetzungen des § 24 II Z 3 RPflG, Anh § 153 GVG, ist der Rpfl zur Entgegennahme verpflichtet. Die Frist ist nur gewahrt, wenn die Stellungnahme vor ihrem Ablauf beim Prozeßgericht eingeht, § 129a II 2, § 117 Rn 12, 13. Ein Anwaltszwang besteht in keinem Fall, § 78 III in Verbindung mit § 129 a, also auch dann nicht, wenn für das Hauptverfahren Anwaltszwang nach § 78 Rn 1 besteht.

**E. Keine Notwendigkeit einer Gegen-Stellungnahme des Antragstellers.** Eine Stellungnahme des **11** Antragstellers zur Stellungnahme des Prozeßgegners, also eine sog Replik, ist keineswegs stets erforderlich und zwar dem Gericht als weitere „Erhebung" im weiteren Sinn von II 2 freigestellt, aber nur im Ausnahmefall anzuraten. Das Bewilligungsverfahren ist schon umständlich genug und soll den Hauptprozeß eben keineswegs vorwegnehmen. Das gilt selbst bei Beweisantritten des Antragsgegners, mit denen der Antragsteller offenbar nicht rechnet. Dann mag PKH bewilligt werden.

**F. Weitere Einzelfragen.** Die Stellungnahme nach I 1, 2 ist keine Parteivernehmung nach §§ 445 ff. **12** Dessen ungeachtet ist der Prozeßgegner schon bei der Stellungnahme zur Wahrhaftigkeit verpflichtet; § 138 ist voll anwendbar, auch in III, IV. Ein unzulässiges Bestreiten mit Nichtwissen kann also zum Erfolg des Bewilligungsantrags führen. Eine bewußte Unterlassung der Stellungnahme des beigeordneten Anwalts aus Gebührenerwägungen ist in jeder Hinsicht unhaltbar, vgl Kumme JB **91**, 1155, ferner Lange AnwBl **88**, 275.

**5) „Mündliche Erörterung", I 3 Hs 1.** Das Gericht kann die Parteien zur mündlichen Erörterung **13** laden. Dieselbe Regelung gilt im selbständigen Beweisverfahren, § 492 III.

**A. Abgrenzung von „Erörterung" und „Verhandlung".** Zwar ergeht die Entscheidung im Bewilligungsverfahren nach § 127 I 1 ohne mündliche „Verhandlung". Dem widerspricht § 118 I 3 aber auch nicht. Diese Vorschrift sieht nur eine mündliche „Erörterung" vor. Das Gesetz bestimmt die Begriffe „Erörterung" nicht, „Verhandlung" nach § 137 I usw als „Antragstellung". Gemeint sind dort die streitigen Sachanträge zur Hauptsache. Einen Antrag gibt es nun allerdings auch im PKH-Bewilligungsverfahren; er kann sogar mit demjenigen zur Hauptsache zusammenfallen und in streitiger Verhandlung zur Hauptsache (mit-) gestellt werden. Trotzdem geht das Gesetz davon aus, daß zum PKH-Antrag allenfalls eine Erörterung und keine Verhandlung stattfindet. Die Praxis vermengt beides allerdings meist. Unter „Erörterung" ist eine tatsächliche und/oder rechtliche zu verstehen. Man kann den Erörterungsbegriff des § 31 I Z 4 BRAGO heranziehen; es gibt allerdings Unterschiede schon deshalb, weil das Bewilligungsverfahren nicht voll unter Beteiligung des Prozeßgegners stattfindet.

**B. „Einigung zu erwarten".** Eine mündliche Erörterung darf nur stattfinden, „wenn eine Einigung zu **14** erwarten ist". Sie muß nicht nur nach der Ansicht eines der Beteiligten, sondern auch nach derjenigen des Gerichts zu erwarten sein, Schlesw SchlHA **84**, 116. Sie darf nicht nur vage möglich sein, sondern muß immerhin bereits einigermaßen naheliegen, Karlsr FamRZ **92**, 1198. Die Anforderungen sind also nicht zu gering anzusetzen, aM Grunsky NJW **80**, 2044 (aber eine mündliche Erörterung soll die Ausnahme bleiben, Rogalsky DRiZ **85**, 413). Wenn auch eine Einigung immerhin einigermaßen naheliegen muß, braucht sie noch nicht völlig erzielt worden zu sein. Die Erörterung soll ja gerade dazu dienen, etwa restliche Probleme zu klären, die Gesamtumstände abzuwägen und Entscheidungsreife des Bewilligungsverfahrens herbeizuführen. Im übrigen soll das Gericht je nach § 279 I „in jeder Lage des Verfahrens", also auch im PKH-Verfahren, Lüke NJW **94**, 234, auf eine gütliche Beilegung des Streits bedacht sein; das ist bei I 3 mitzubeachten. Die

Einigung braucht keineswegs in einem Vergleich zu bestehen; sie kann zB auch in der Antragsrücknahme oder einem Schuldanerkenntnis, einem Verbindungsantrag oder einer Vereinbarung von Ratenzahlungen auf die Schuld liegen.

Eine Einigung ist *nicht* schon zu erwarten, wenn das Gericht lediglich die Erfolgsaussichten näher prüfen will, Karlsr FamRZ **92**, 1198, oder den Prozeß der Entscheidungsreife näherbringen will, Hamm MDR **83**, 674. Es soll überhaupt eine Vorwegnahme des Hauptprozesses verhindert werden, vgl insofern auch Grunsky NJW **80**, 2044. Freilich kann aus praktischen Erwägungen auch in solcher Lage eine mündliche Erörterung ratsam sein. Denn sie kann der gütlichen Beilegung eher dienen als eine ablehnende Entscheidung mit nachfolgendem Beschwerdeverfahren, dessen Ergebnis den eine PKH erstinstanzlich ablehnenden Richter nicht für den Hauptprozeß bindet und die Parteien zusätzlich dort belasten mag.

**15** **C. „Ladung".** Die Befugnis des Gerichts, die Parteien zur Erörterung zu „laden", beinhaltet nicht das Recht, das persönliche Erscheinen nach § 141 sei es des Antragstellers, sei es gar des Prozeßgegners anzuordnen oder gar zu erzwingen, denn es handelt sich noch nicht um eine Verhandlung zwischen den Parteien zur Hauptsache, § 141 Rn 11.

**16** **6) „Vergleich", I 3 Hs 2.** Ein bei der mündlichen Erörterung zustandekommender Vergleich ist zu protokollieren.

**A. Rechtsnatur: Prozeßvergleich.** Wie die Anweisung zeigt, den Vergleich „zu gerichtlichem Protokoll zu nehmen", handelt es sich um einen Prozeßvergleich, Anh § 307 Rn 3, nicht um einen außergerichtlichen. Das ist insofern eigenartig, als er in einem Verfahren zustandekommt, das überhaupt noch keinen „Prozeß" darstellen muß und das mit ihm auch dann nicht zu verwechseln ist, wenn es gleichzeitig mit dem Hauptverfahren stattfindet.

**17** **B. Umfassender Vergleichsgegenstand.** § 118a III aF sprach von einer Einigung der Parteien „über den streitigen Anspruch". Die jetzige Fassung des Gesetzes enthält eine solche Präzisierung nicht. Sie spricht nur von einer zu erwartenden „Einigung" und von einem „Vergleich". Das bedeutet, wie schon nach altem Recht, daß sich die Parteien im Vergleich auch über solche Punkte einigen dürfen, die weder im Verfahren auf die Bewilligung der PKH noch in der etwa gleichzeitig eingereichten Klageschrift oder im bereits rechtshängigen Hauptprozeß angesprochen worden waren, Schlesw SchlHA **84**, 116. Das ist umso überraschender, als der Vergleich auch vor dem Rpfl geschlossen werden kann, § 20 Z 4 a RPflG, Anh § 153 GVG. Im oft schwierigsten Teil des Bewilligungsverfahrens hält das Gesetz also den Rpfl für geeignet, den es für einfachere andere Abschnitte nicht für zuständig erklärt.

**18** **C. Vergleichswirkung.** Der Vergleich muß, um nach I 3 zu wirken, vor der Bewilligung der PKH zustandegekommen sein, Köln AnwBl **82**, 113. Der wirksam zustandegekommene Prozeßvergleich im Bewilligungsverfahren beendet dieses. Es gibt also keine nachträgliche Bewilligung mehr, sofern sie nicht rückwirkend erfolgen muß, § 119 Rn 10, Stgt AnwBl **86**, 414, aM Bbg JB **83**, 455. Der Vergleich wirkt darüber hinaus so, als ob der Gegenstand des Bewilligungsverfahrens auch im Hauptprozeß rechtshängig gewesen wäre. Er kann sogar darüber hinaus auf andere, bisher nur außergerichtlich umstrittene Punkte oder anhängige Ansprüche wirken. Er kann die etwa schon rechtshängige Hauptsache erledigen. Er hat also eine umfassende sachlichrechtliche und prozessuale Wirkung, Anh § 307 Rn 34. Er duldet dieselben Bedingungen wie ein im Hauptprozeß geschlossener Vergleich, Anh § 307 Rn 42. Mit dem Eintritt der auflösenden Bedingung ist der frühere Zustand wiederhergestellt. Der nicht im vorstehenden Sinn, etwa nicht vom beauftragten Rpfl, protokollierte Vergleich ist ein außergerichtlicher und kann als solcher wirksam sein, ZöPh 9.

**19** **D. „... zu gerichtlichem Protokoll".** Der Vergleich ist zu protokollieren. Das gilt sowohl dann, wenn er im Rahmen einer mündlichen Erörterung zustande kommt, als auch dann, wenn die Parteien sich im Bewilligungsverfahren außerhalb einer solchen vergleichen. Daher brauchen sie zur Protokollierung auch nicht gleichzeitig zu erscheinen. Für die Form der Protokollierung gilt dasselbe wie beim Prozeßvergleich im Hauptverfahren, Anh § 307 Rn 21. Es gibt während des PKH-Verfahrens für den Vergleich keinen Anwaltszwang, Anh § 307 Rn 26 (wohl aber evtl für den erst später zustandegekommenen).

**20** **E. Streit über die Wirksamkeit.** Es gelten dieselben Regeln wie beim Prozeßvergleich im Hauptverfahren, Anh § 307 Rn 37.

**21** **7) „Kosten werden nicht erstattet", I 4.** Die dem Prozeßgegner entstandenen erstinstanzlichen Kosten sind nicht erstattungsfähig.

**A. Zweck.** Die Vorschrift widerspricht nur teilweise den §§ 91 ff. Denn der Prozeßgegner ist im Bewilligungsverfahren noch keine „unterliegende Partei" im Sinn von § 91 I 1. Das gilt auch nach einer Anhörung und auch dann, wenn mit der Bewilligung der Hauptprozeß praktisch entscheidungsreif geworden ist, § 300 Rn 6. In seinem Geltungsbereich geht I 4 allerdings den §§ 91 ff, 123 vor, § 91 Rn 153–155 mwN. Das mag im Einzelfall unbillig wirken. Das Gesetz ist gleichwohl eindeutig.

**22** **B. Begriff der „Kosten".** Von den Kosten sind sämtliche Unkosten des Prozeßgegners für seine wie immer geartete Beteiligung, Vertretung oder Anhörung im Bewilligungsverfahren umfaßt. Kosten des Beschwerdeverfahrens sind in keinem Fall erstattungsfähig, § 127 IV, dort Rn 103. Wegen der Erstattungsfähigkeit der Kosten des PKH-Verfahrens im anschließenden Hauptprozeß § 91 Rn 153–155. Die vorgenannten Kosten können allerdings als einen Verzugsschaden eine sachlichrechtliche Ersatzforderung begründen, Karlsr AnwBl **82**, 491, Schlesw SchlHA **78**, 170. S auch § 91 Rn 158 ff.

**23** **C. Keine erstinstanzliche Kostenentscheidung.** Schon wegen des Wegfalls der Erstattungsfähigkeit der Kosten des Prozeßgegners gibt es bei der erstinstanzlichen Bewilligung der PKH mit oder ohne Auflagen usw keine Kostenentscheidung, § 91 Rn 153–155. Wegen der Beschwerdeinstanz § 127 Rn 20, 21. Dasselbe gilt, soweit das Gericht die PKH erstinstanzlich ablehnt; wegen der Beschwerdeinstanz auch insofern § 127 Rn 20, 21 ablehnen. Ein Beschluß, der dem Antragsteller oder dem Prozeßgegner zugleich mit der Entscheidung über das Bewilligungsgesuch die Kosten dieses Verfahrens fehlerhaft auferlegt, ist trotz § 99 mit der

### 7. Titel. Prozeßkostenhilfe und Prozeßkostenvorschuß § 118

einfachen Beschwerde entsprechend § 127 II, IV anfechtbar, § 99 Rn 19, LG Bln Rpfleger **88**, 204, Schneider MDR **87**, 725. Er kann aber vor einer Abänderung im Kostenfestsetzungsverfahren nicht überprüft werden, Einf 19 vor §§ 103–107.

**8) „Gerichtskosten", I 5.** Die durch die Vernehmung von Zeugen und Sachverständigen nach II 3  **24** entstandenen Auslagen sind „als Gerichtskosten" von der Partei zu tragen, der die Kosten des Rechtsstreits auferlegt sind.

**A. Gebührenfreiheit.** Das Bewilligungsverfahren ist gerichtsgebührenfrei. Das ergibt sich schon aus **25** § 1 I GKG; danach werden Gerichtskosten nur nach jenem Gesetz erhoben. § 1 a GKG nennt zwar generell das Verfahren vor den ordentlichen Gerichten „nach der Zivilprozeßordnung", jedoch sind die Vorschriften über die PKH gegenüber dem GKG vorrangig, so daß auch ein Verbot der Analogie besteht, BGH **91**, 314, Mü MDR **85**, 783, Hartmann Teil I § 1 GKG Rn 26. Das gilt selbst dann, wenn ein nach I 3 zustandegekommener Prozeßvergleich, Anh § 307, auch solche Ansprüche umfaßt, die nicht zum Gegenstand des Verfahrens auf die Bewilligung der PKH wurden, Hartmann Teil I KV 1660 Rn 7 ff. Es gilt auch dann, wenn die Parteien den Vergleich vor der Einlegung eines Rechtsmittels in Bewilligungsverfahren höherer Instanz geschlossen haben. Rechtsgrund ist die kostenrechtliche Begünstigung des gesamten PKH-Bewilligungsverfahrens. In der Beschwerdeinstanz haftet allerdings der unterliegende Beschwerdeführer für die Gerichtsgebühr, KV 1905. Es kommt auch eine Übernahmehaftung nach § 54 Z 2 GKG beim Vergleich in Betracht, § 123 Rn 6.

**B. „Auslagen": Begrenzte Erstattungspflicht.** Das Bewilligungsverfahren ist zwar (erstinstanzlich) **26** gerichtsgebührenfrei, es ist aber nicht auslagenfrei. Allerdings gelten nur die durch die „Vernehmung von Zeugen und Sachverständigen" entstandenen Auslagen als Gerichtskosten. Diese Auslagen, vgl KV 9005, sind zunächst aus der Staatskasse zu bezahlen, BGH **91**, 314. Der Antragsteller haftet der Staatskasse gemäß § 49 S 1 GKG. Ein Vorschuß ist zunächst nicht zu fordern; das Gericht muß ja gerade über die Befreiung von der Vorschußpflicht befinden, vgl § 122 I Z 1 a. Freilich entscheidet das Gericht auch im Rahmen der §§ 114 ff der Sache nach über eine Vorschußpflicht. Soweit das Gericht PKH bewilligt, sind die oben genannten Auslagen nach §§ 91 ff vom Verlierer des Hauptprozesses zu tragen. Er ist als Entscheidungsschuldner nach § 54 Z 1 GKG ein sog Erstschuldner.

**C. Keine Kostenentscheidung.** Es gelten dieselben Regeln wie in Rn 23. **27**

**9) „Glaubhaftmachung", II 1.** Das Gericht kann verlangen, daß der Antragsteller seine tatsächlichen **28** Angaben glaubhaft macht.

**A. Umfassende Geltung.** Diese Forderung kann sich sowohl auf die Tatsachen zur Erfolgsaussicht der Rechtsverfolgung oder -verteidigung, § 114 Rn 80, als auch auf die Tatsachen zur Hilfsbedürftigkeit des Antragstellers beziehen, § 114 Rn 46, Köln FER **97**, 175. Es kann sich zB um die Glaubhaftmachung der im Vordruck nach § 117 III, IV eingetragenen Umstände handeln, Düss AnwBl **86**, 162.

**B. Nur auf „Verlangen" des Gerichts.** Eine Glaubhaftmachung ist nicht von vornherein erforderlich, **29** sondern nur, soweit das Gericht sie „verlangt", Mü FamRZ **89**, 83. Natürlich ist eine solche Maßnahme nur aus sachlich vertretbaren Erwägungen statthaft, im Ergebnis ebenso Mü FamRZ **89**, 83; Willkür wäre auch dem Gericht verboten. Freilich hat es ein weiteres Ermessen. Es sollte sein Ermessen auch hier, wie im gesamten Bewilligungsverfahren, großzügig zu Gunsten des Antragstellers, aber auch nicht bedenkenlos derart nutzen, sondern nur, wenn bestimmte Zweifel an der Richtigkeit eines Parteivortrags bestehen, Hamm FamRZ **96**, 417. Das Verlangen kann auch dann vorliegen, wenn das Gericht weder § 294 ausdrücklich nennt, noch ausdrücklich eine „Glaubhaftmachung" fordert; indessen liegt im Zweifel keine solche Forderung vor. Die bloße Anberaumung einer mündlichen Erörterung stellt kein Verlangen nach Glaubhaftmachung dar.

**C. Mittel der Glaubhaftmachung: „Alle Beweismittel".** Der Antragsteller kann sich „aller Beweis- **30** mittel bedienen, auch zur Versicherung an Eides Statt zugelassen werden", § 294 I. Eine eidesstattliche Versicherung hat allerdings oft nur wenig Wert, vgl auch Düss AnwBl **86**, 162, ist auch unzulässig, soweit es sich um Tatsachen handelt, für die der Antragsteller beweispflichtig ist, § 445, vgl Hamm FamRZ **96**, 417. Eine Beweisaufnahme, die nicht sofort erfolgen kann, ist unstatthaft, § 294 II. Ein bloßer Beweisantritt reicht kaum, Köln FER **97**, 175.

**D. Verstoß.** Vgl Rn 38.

**10) „Erhebungen", II 2–4.** Sie finden nur notfalls statt, Köln FER **97**, 175. **31**

**A. Zweck.** Das PKH-Bewilligungsverfahren bezweckt nicht eine Vorwegnahme des Hauptprozesses. Das bedeutet: Das Gericht braucht nur solche Erhebungen vorzunehmen, die zu einer vorläufigen Klärung der Erfolgsaussicht führen. Es muß allerdings die Bedürftigkeit bereits endgültig klären. § 273 ist im Bewilligungsverfahren unanwendbar; §§ 114 ff sind vorrangige Spezialregeln, aM ThP 8. Keinesfalls darf eine umfassende Beweisaufnahme stattfinden, allenfalls eine begrenzte, zB eine Schätzungsvernehmung nach § 287, Kblz RR **92**, 707.

**B. Begriff der „Erhebungen".** Der Regelungszweck, Rn 31, ist zu beachten. Im übrigen ist „Er- **32** hebungen" ein allgemeiner Begriff. Er reicht weiter als bloße Beweiserhebungen. Er umfaßt auch die „Vorlegung von Urkunden" und die Einholung von „Auskünften", II 2. Das sind aber nur Beispiele zulässiger Erhebungen; das ergibt sich aus dem Wort „insbesondere" in II 2. Das Gericht ist also im Prinzip zu allen sachdienlichen Maßnahmen zur Klärung des Sachverhalts befugt. Es darf und sollte auch mitbedenken, wenn das objektive Fehlen der Voraussetzungen der Bewilligung eine Aufhebung nach § 124 Z 3 erzwingen kann. Eine Aufklärung erfolgt zur Erfolgsaussicht keineswegs von Amts wegen, soweit das Hauptverfahren nicht vom Ermittlungsgrundsatz, Grdz 38 vor § 128, beherrscht wird, vgl Hamm FamRZ **86**, 80. Eine schriftliche Anhörung ist unbeschränkt zulässig. Eine mündliche Erörterung ist nur innerhalb Rn 6 zulässig.

**§ 118**

**33**     **C. „Vorlegung von Urkunden", II 2.** Als Urkunde kann auch eine ganze Akte anzusehen sein. Zur Vorlegung sind neben dem Antragsteller zwar nicht sein Prozeßgegner (ihn braucht das Gericht nur anzuhören und kann ihn daher zu nichts zwingen), wohl aber evtl Behörden verpflichtet, Art 35 GG, vgl § 299.

**34**     **D. „Auskünfte einholen", II 2.** Das Gericht kann auch die Einholung einer Auskunft beschließen. Zu ihr sind neben dem Antragsteller zwar nicht der Antragsgegner (vgl Rn 33), wohl aber unter Umständen Dritte, insbesondere Behörden verpflichtet, Art 35 GG. Die Auskunft braucht nicht von einer amtlichen Stelle zu stammen; das Gericht kann jetzt zB auch von einer Bank oder dem Arbeitgeber eine Auskunft einholen. Die Parteien können der (auch späteren) Verwertung nicht widersprechen, KG VersR **72**, 104. Ob die angesprochene Stelle zur Auskunft verpflichtet und bereit ist, ist eine andere Frage.

      *Zu beachten sein* kann zB: Eine ärztliche Schweigepflicht; § 117 II 2; das BDSG, Becker SchlHA **80**, 25, Wax FamRZ **80**, 976; das Steuergeheimnis, solange der Betroffene keine Befreiung erteilt, die in der Antragstellung liegen kann, vgl auch § 385 Rn 5–7, aber nicht liegen muß und dann anheimzustellen ist.

**35**     **E. „Zeugen und Sachverständige", II 3 Hs 1.** Zeugen und Sachverständige werden „nicht vernommen, es sei denn, daß auf andere Weise nicht geklärt werden kann, ob die Rechtsverfolgung oder Rechtsverteidigung hinreichende Aussicht auf Erfolg bietet und nicht mutwillig erscheint". Die Vorschrift schränkt den Grundsatz der Zulässigkeit aller sachdienlichen Erhebungen, Rn 32, ein, um eine Vorwegnahme der Beweisaufnahme des eigentlichen Hauptprozesses zu verhindern, BVerfG NJW **91**, 413, Köln FamRZ **99**, 306. Das Gericht darf also einen Zeugen oder einen Sachverständigen nur dann vernehmen, wenn es nicht auf andere Weise klären kann, ob die Erfolgsaussicht besteht und ob Mutwille fehlt.

**36**     Soweit freilich die Vernehmung auch (und nicht: nur) der Klärung der persönlichen und wirtschaftlichen Verhältnisse, also der *Bedürftigkeit* des Antragstellers dient, ist die Vernehmung zulässig, Grunsky NJW **80**, 2044. Im übrigen können weder der Antragsteller noch der Prozeßgegner verhindern, daß das Gericht einen Zeugen oder Sachverständigen außerhalb der gesetzlichen Voraussetzungen anhört, Bbg JB **91**, 1670. Eine entsprechende Anordnung ist unanfechtbar, Köln MDR **90**, 728, aM Köln FamRZ **99**, 306, es sei denn, die Anhörung soll erst nach einer so langen Zeit erfolgen, daß die Anordnung einer Aussetzung gleichkäme, Zweibr FamRZ **84**, 75. Infolge einer – wenn auch nicht evtl gesetzwidrigen – Anordnung der Vernehmung entsteht ein evtl isolierter Anspruch auf eine PKH wenigstens für diesen Abschnitt, Köln MDR **83**, 323, Schneider AnwBl **87**, 466. Der Vernommene hat nach dem ZSEG einen gesetzlichen Anspruch auf Entschädigung. Das Gericht muß allerdings solche Kosten unter Umständen nach § 8 GKG niederschlagen.

**37**     **F. „Keine Beeidigung", II 3 Hs 2.** Eine Beeidigung „findet nicht statt", weder bei der Vernehmung eines Zeugen oder Sachverständigen, noch nach der Erörterung mit dem Antragsteller oder gar dem Prozeßgegner oder aus anderem Grund. Das Gesetz verbietet die Beeidigung schlechthin. Verboten ist natürlich auch eine eidesgleiche Bekräftigung nach § 484. Nicht verboten, sondern oft geradezu geboten ist aber eine eidesstattliche Versicherung als Mittel der „Glaubhaftmachung", Rn 28.

**38**     **11) Ablehnung mangels Glaubhaftmachung usw, II 4.** Das Gericht hat das Gesuch unter folgenden Voraussetzungen abzulehnen:

      **A. „... nicht glaubhaft gemacht".** Der Antragsteller mag die Angaben über seine persönlichen und wirtschaftlichen Verhältnisse nicht glaubhaft gemacht haben. Ob und in welcher Art und Weise seine Glaubhaftmachung erforderlich ist, richtet sich nach den in Rn 28 erörterten Regeln.

**39**     **B. „... nicht oder ungenügend beantwortet".** Es reicht auch aus, daß der Antragsteller bestimmte Fragen des Gerichts nicht oder ungenügend beantwortet hat. Aus dem Ausdruck „beantwortet" ergibt sich, daß das Gesetz nur solche Fragen meint, die das Gericht gestellt hat, also nicht den Fall, daß der Antragsteller die gesetzlichen Voraussetzungen der Bewilligung von sich aus ungenügend dargelegt hat. Das Gericht muß ihm auch „bestimmte" Fragen gestellt haben, also nicht zB allgemein zu ergänzenden Angaben zur Bedürftigkeit oder Erfolgsaussicht aufgefordert haben. Freilich genügt es, daß das Gericht die Richtung „bestimmt" angegeben hat, in der der Antragsteller antworten soll. Im Zweifel liegt mangels Bestimmtheit keine „ungenügende" Beantwortung vor. Nicht jede Antwort auf eine bestimmte Gerichtsfrage reicht aus; sie muß auch der Frage genügen. Eine „ungenügende" Beantwortung kann auch mangels diesbezüglichen Verschuldens des Antragstellers vorliegen. Es kommt darauf an, ob er wenigstens im Kern ausreichend geantwortet hat. Dabei ist der vorläufige Charakter des Bewilligungsverfahrens im Hinblick auf die Erfolgsaussicht zu beachten. § 124 Z 2 ist aber in diesem Stadium noch nicht nur entsprechend anwendbar, Köln FamRZ **96**, 617.

**40**     **C. Fristsetzung.** Das Gericht muß im Fall Rn 38 und/oder Rn 39 vergeblich eine angemessene Frist zur Beantwotung gesetzt haben, Mü MDR **98**, 559, LG Kblz FamRZ **96**, 806. Sie ist also so zu bemessen, daß der Antragsteller die etwa noch fehlenden Unterlagen voraussichtlich beschaffen kann und Zeit zur Formulierung einer genügenden Antwort hat. Er darf freilich auch hier nicht trödeln. Ist er anwaltlich bereits vertreten, so ist eine etwas längere Frist erforderlich. Eine Woche mag zu kurz sein, mehr als zwei Wochen werden außerhalb der Ferienzeit usw kaum nötig sein. Es kommt auf die Fragen des Gerichts und die Abhängigkeit etwa einer Rückfrage beim Steuerberater oder beim Finanzamt an, auch auf einen etwa direkt bevorstehenden Urlaub des Antragstellers und dergleichen. Die Frist muß in ordnungsmäßiger Form gesetzt worden sein, vgl § 329 Rn 11, 12, 32.

**41**     **D. Ablehnung nur „insoweit".** Eine Ablehnung der PKH kommt nach ergebnislosem Fristablauf nur „insoweit" in Betracht, als der Antragsteller säumig ist oder unzulänglich reagiert hat. Es kann also zB zwar eine Bewilligung auszusprechen sein, aber nur gegen Ratenzahlung (statt ohne Raten), wenn eine angebliche Darlehnsschuld nicht (genügend) glaubhaft gemacht wurde usw, Karlsr FamRZ **92**, 579.

**42**     **E. „... lehnt ab".** Soweit die Voraussetzungen Rn 38–41 vorliegen, ist das Gericht nach dem eindeutigen Gesetzeswortlaut verpflichtet, den Antrag zurückzuweisen, Düss JB **88**, 1722, Kblz FamRZ **90**,

537, LSG Essen FamRZ **89**, 411 (diese Gerichte gehen freilich selbst dann so vor, wenn das Fehlende vor der Entscheidung über die PKH nachgereicht wurde; das ist zu förmelnd, Schneider MDR **89**, 965).

**12) Zuständigkeit, III.** Die Maßnahmen nach I, II werden von dem Vorsitzenden oder einem von ihm beauftragten Mitglied des Gerichts durchgeführt. **43**

**A. Prozeßgericht.** Zuständig ist das Prozeßgericht des jeweiligen Rechtszugs, § 127 I 2, vgl § 117 Rn 12. Im Fall einer Revision ist evtl statt des BayObLG der BGH zuständig, BGH **98**, 322. Auch bei einer Unzuständigkeit für das Hauptverfahren bleibt das angegangene Gericht bis zu einer Abgabe oder Verweisung für das zugehörige PKH-Gesuch zuständig und muß dieses notfalls als unbegründet abweisen, Saarbr RR **90**, 575. Bei Unzuständigkeit für das Bewilligungsverfahren ist § 281 entsprechend anwendbar, § 281 Rn 3, also auch ein Antrag auf Verweisung zulässig. Das Gericht hat ihn evtl anzuregen, § 139 entsprechend. Wegen der Zuständigkeit für das Vollstreckungsverfahren § 119 Rn 53. **44**

**B. „Vorsitzender".** Innerhalb des Prozeßgerichts ist grundsätzlich der Vorsitzende allein zuständig, also nicht das Kollegium. Das Verfahren der Bewilligung liegt also, anders als teilweise das Änderungsverfahren, § 120 IV, grundsätzlich in der Hand des Richters und nicht des Rpfl, Bischof AnwBl **81**, 373, Schneider Rpfleger **80**, 365. **45**

**C. „Beauftragtes Mitglied des Gerichts".** Der Vorsitzende kann auch ein „Mitglied des Gerichts" beauftragen. Gemeint ist hier ein richterliches Mitglied, genauer: ein anderer Richter desselben Spruchkörpers (Kammer oder Senat). Es handelt sich also um einen beauftragten Richter, wie er zB auch bei § 361 I in Betracht kommt. Davon unberührt bleibt die Befugnis, in gesetzlich zulässigem Umfang ein Rechtshilfeersuchen an ein anderes Gericht zu richten, §§ 156 ff GVG. Der Vorsitzende trifft seine Entscheidung über die Beauftragung im Rahmen eines pflichtgemäßen Ermessens unter Abwägung der dafür und dagegen sprechenden Gesichtspunkte. Welches Mitglied er beauftragt, unterliegt demselben Ermessen. **46**

**D. Rechtspfleger kraft Gesetzes.** Der Rpfl ist für die nach § 118 in Betracht kommenden Maßnahmen zuständig, soweit sie im Mahnverfahren erforderlich sind, das er ja selbständig bearbeitet, §§ 688 ff in Verbindung mit §§ 4 I, 20 Z 1 RPflG, Anh § 153 GVG. Wegen der Zuständigkeit für das Vollstreckungsverfahren § 119 Rn 53. Sofern freilich der Richter auch schon im Mahnverfahren tätig wird, ist er auch für die zugehörigen Maßnahmen nach § 118 zuständig. **47**

**E. Rechtspfleger kraft Auftrags.** Der Rpfl ist ferner im Bewilligungsverfahren für die nach I 3 Hs 2 erforderliche Beurkundung eines Prozeßvergleichs, Anh § 307, und für die nach II in Betracht kommenden Maßnahmen (nicht Entscheidungen) zuständig, soweit der Vorsitzende ihn mit solchen Geschäften beauftragt, § 20 Z 4 a RPflG, Anh § 153 GVG, LAG Düss Rpfleger **96**, 295 und 326. Der Rpfl wird also auch im Umfang der vorgenannten Geschäfte keineswegs schon auf Grund des Antrags einer Partei oder gar von Amts wegen tätig. Er legt einen Antrag, den die Geschäftsstelle irrig zunächst ihm vorgelegt hat, seinerseits dem Vorsitzenden zur Entscheidung darüber vor, ob der Vorsitzende ihn beauftragt. **48**

**F. Ermessen bei der Beauftragung.** Der Vorsitzende trifft seine Entscheidung über eine Beauftragung des Rpfl in eigener Zuständigkeit und im Rahmen eines pflichtgemäßen Ermessens unter Abwägung der dafür und dagegen sprechenden sachlichen Erwägungen. Er muß dabei erwägen, ob der Rpfl nach der Art des Falls, der Persönlichkeit und der am Verfahren Beteiligten, aber auch nach der allgemeinen Geschäftsbelastung und nach der sonstigen personellen Gesamtsituation geeignet ist. Der Vorsitzende braucht den Rpfl keineswegs sofort zu beauftragen. Die Zweckmäßigkeit seiner Beauftragung mag sich vielmehr gerade erst im Laufe des Verfahrens ergeben, etwa dann, wenn sich eine Vergleichsbereitschaft der Parteien infolge einer Anhörung abzeichnet oder wenn die richterlichen Erhebungen ergeben haben, daß nur noch einzelne zusätzliche Klärungen erforderlich sind. **49**

Der Vorsitzende kann die Beauftragung des Rpfl auch auf *einzelne Maßnahmen* beschränken und ihn anweisen, die Akten anschließend unverzüglich wieder vorzulegen. Der Vorsitzende darf die Befugnis zur Beauftragung grundsätzlich ohne eine Angabe von Gründen ausnutzen, den Rpfl also routinemäßig einschalten, sofern er immerhin im Einzelfall noch einmal prüft, ob diese Maßnahme sachgerecht ist (Ermessen), Christl NJW **81**, 791. Er darf diese Befugnis natürlich nicht mißbrauchen. Ein Mißbrauch liegt noch nicht vor, wenn er sich und das Kollegium entlasten will; denn genau diese Entlastung ist einer der Zwecke des Gesetzes.

**G. Beauftragungsverfahren im übrigen.** Die Beauftragung des Rpfl erfolgt durch prozeßleitende Verfügung des Vorsitzenden, § 329. Sie ist mehr als ein innerdienstlicher Vorgang. Denn durch sie wechselt die funktionelle Zuständigkeit auf eine andere Gerichtsperson über. Die Parteien haben einen Anspruch darauf, den genauen Umfang der Beauftragung des Rpfl zu erfahren. Denn davon mag unter anderem abhängen, ob und in welchem Umfang die Anordnungen des Rpfl folgen müssen. Deshalb muß der Vorsitzende die Verfügung dem Antragsteller und mit Rücksicht auf I 1 grundsätzlich auch dem Prozeßgegner formlos mitteilen, § 329 II 1. Die Verfügung bedarf jedoch nur in Ausnahmefällen einer stichwortartigen Begründung, § 329 Rn 4, 6, zumal sie grundsätzlich völlig unanfechtbar ist. Die Beauftragung des Rpfl bindet das Gericht nur im Rahmen des Auftrags und seiner Bedingungen. Im übrigen bleibt der Rpfl zuständig, solange er den Auftrag nicht erledigt hat und nicht zur Vorlage an den Richter nach § 4 f RPflG Veranlassung sieht oder gezwungen ist. Der Vorsitzende kann die Sache also nicht jederzeit ohne Angabe von Gründen wieder an sich ziehen. **50**

**H. Verfahren des Rechtspflegers.** Der Rpfl bearbeitet die ihm übertragene Sache grundsätzlich bis zur Erledigung des Auftrags. Er ist im Rahmen des § 5 RPflG, Anh § 153 GVG, zur Vorlage bei dem Gericht (Vorsitzendem) verpflichtet, also nicht (mehr) dann, wenn sich bei der Bearbeitung rechtliche Schwierigkeiten ergeben, etwa bei der Formulierung eines komplizierten Prozeßvergleichs, wohl aber evtl wenn sich im Laufe des Verfahrens ergibt, daß ausländisches Recht anzuwenden sein könnte. Im Umfang der Übertragung ist der Rpfl keinerlei Weisungen unterworfen und nur an Recht und Gesetz gebunden, § 9 RPflG. Soweit er ein Geschäft des Richters wahrnimmt, welches dem Rpfl nicht übertragen wurde und auch **51**

**§§ 118, 119**

übertragen werden konnte, ist das Geschäft unwirksam, § 8 IV 1 RPflG, Köln Rpfleger **86**, 493. Umgekehrt ist ein Geschäft, das der Vorsitzende dem Rpfl übertragen hat, dann aber selbst vornahm oder durch das Kollegium vornehmen ließ, wirksam, § 8 I RPflG, vgl dort auch zu den weiteren Einzelheiten im Verhältnis zwischen Gericht und Rpfl.

**52** Soweit der Rpfl die Sache dem Vorsitzenden *vorlegt,* verfährt dieser einerseits im Rahmen seines Ermessens nach § 20 Z 4a RPflG, andererseits nach § 5 III 1, 2 RPflG. Soweit der Richter die Sache also (erneut) zur Bearbeitung an den Rpfl zurückgibt, ist dieser an eine von dem Richter mitgeteilte Rechtsauffassung gebunden, insbesondere bei der Protokollierung eines Prozeßvergleichs, § 5 III 3 RPflG. Rechtsbehelfe: § 127.

**53** 13) *VwGO:* Entsprechend anzuwenden, § 166 VwGO, OVG Weimar NVwZ **98**, 868. Die Einschaltung des RPfl, oben Rn 47 ff, kommt nicht in Betracht, Anh § 153 GVG Rn 1. Ein Vergleich, oben Rn 16 ff, ist im Rahmen von § 106 VwGO zulässig. Keine Kostenentscheidung, oben Rn 23, auch nicht zulasten der Staatskasse, VGH Mü NVwZ-RR **90**, 336.

## 119
*Bewilligung, Rechtszug.* [1] ¹Die Bewilligung der Prozeßkostenhilfe erfolgt für jeden Rechtszug besonders. ²In einem höheren Rechtszug ist nicht zu prüfen, ob die Rechtsverfolgung oder Rechtsverteidigung hinreichende Aussicht auf Erfolg bietet oder mutwillig erscheint, wenn der Gegner das Rechtsmittel eingelegt hat.

II Die Bewilligung von Prozeßkostenhilfe für die Zwangsvollstreckung in das bewegliche Vermögen umfaßt alle Vollstreckungshandlungen im Bezirk des Vollstreckungsgerichts einschließlich des Verfahrens auf Abgabe der eidesstattlichen Versicherung.

Vorbem. II angefügt durch Art 1 Z 2 der 2. ZwVNov v 17. 12. 97, BGBl 3039, in kraft seit 1. 1. 99, Art 4 I der 2. ZwVNov, ÜbergangsR Einl III 78.

**Gliederung**

| | |
|---|---|
| 1) Systematik, Regelungszweck, I, II ... 1 | A. Zweck ... 29 |
| 2) Geltungsbereich, I, II ... 2 | B. Begriff des „Rechtszugs" ... 30 |
| 3) Bewilligungszeitpunkt, I 1, 2 ... 3–9 | C. Notwendigkeit gesonderter Antragstellung ... 31 |
|   A. Ausdrückliche Festsetzung im Bewilligungsbeschluß ... 3 | D. Beispiele zur Frage des „Rechtszugs" . 32–54 |
|   B. Mangels ausdrücklicher Festsetzung: Bewilligungsreife ... 4–7 | 7) Frage erneuter Prüfung der „Erfolgsaussicht" und „Mutwilligkeit" im höheren Rechtszug, I 2 ... 55–62 |
|   C. Entsprechende Auslegbarkeit der Bewilligung ... 8, 9 | A. Begriff des „höheren Rechtszugs" ... 56 |
| 4) Rückwirkung der Bewilligung, I 1, 2 ... 10–27 | B. Gegnerisches Rechtsmittel: Grundsätzlich keine erneute Prüfung ... 57 |
|   A. Grundsätzlich keine Rückwirkung vor Antragseingang ... 10 | C. Erneute Prüfung bei PKH-Antrag beider Parteien ... 58 |
|   B. Ausnahmsweise Rückwirkung ab Antragseingang ... 11–13 | D. Erneute Prüfung bei Änderung der Verhältnisse ... 59 |
|   C. Sonstige Rückwirkung vor Instanzende ... 14, 15 | E. Erneute Prüfung bei Streithilfe ... 60 |
|   D. Rückwirkung bei Antrag vor Instanzende ... 16–18 | F. Erneute Prüfung bei Anschließung ... 61 |
|   E. Unzulässigkeit bei Antrag nach Instanzende ... 19 | G. Eigenes Rechtsmittel: Grundsätzlich erneute Prüfung ... 62 |
|   F. Zulässigkeit bei Beschwerde gegen Ablehnung von Prozeßkostenhilfe ... 20 | 8) Erneute Prüfung der Bedürftigkeit im höheren Rechtszug, I 2 ... 63–65 |
|   G. Zulässigkeit während Vergleichs-Widerrufsfrist ... 21 | A. Notwendigkeit ... 63 |
|   H. Zulässigkeit nach Rechtskraft einer günstigen Entscheidung ... 22 | B. Beispiele zur Frage einer Bedürftigkeit ... 64, 65 |
|   I. Unzulässigkeit nach Rechtskraft einer ungünstigen Entscheidung ... 23 | 9) Maßstab bei erneuter Prüfung im höheren Rechtszug: Großzügigkeit, I 2 ... 66 |
|   J. Rückwirkung bei Erledigung der Hauptsache ... 24 | 10) Form der Entscheidung: Beschluß, I 1, 2 ... 67 |
|   K. Verschulden des Antragstellers schädlich ... 25 | 11) Bewilligung für die Zwangsvollstreckung, II ... 68–70 |
|   L. Keine Rückwirkung bei Tod, Erlöschen, Ausscheiden usw ... 26, 27 | A. Zulässigkeit ... 68 |
| 5) „Bewilligung", I 1 ... 28 | B. Zuständigkeit: Vollstreckungsgericht . 69 |
| 6) „... für jeden Rechtszug besonders", I 1 ... 29–54 | C. Einzelfragen ... 70 |
| | 12) *VwGO* ... 71 |

**1** 1) **Systematik, Regelungszweck, I, II.** Während §§ 114–116 die grundsätzlichen Bewilligungsvoraussetzungen regeln und §§ 117, 118, 120 ff, 127 das Verfahren bis zur Bewilligung festlegen, regelt § 119 in S 1 nur für den Fall einer Bewilligung einen Teil ihres Umfangs, in S 2 eine Einzelfrage der Bedürftigkeitsprüfung im höheren Rechtszug. Insofern ist S 2 gegenüber § 114 vorrangig.

*Regelungszweck:* Die Notwendigkeit einer neuen Prüfung und Entscheidung in jedem weiteren Rechtszug ergibt sich aus dem Umstand, daß durch die vorangegangene Entscheidung in der Hauptsache eine gerichtliche Beurteilung der Erfolgsaussicht stattgefunden hat. Daraus folgt für die erste Instanz eine Begrenzung auf sie auch im PKH-Verfahren.

### 7. Titel. Prozeßkostenhilfe und Prozeßkostenvorschuß § 119

**2) Geltungsbereich, I, II.** Vgl Üb 4 vor § 114, § 114 Rn 9–45. **2**

**3) Bewilligungszeitpunkt, I 1, 2.** Man muß zwischen demjenigen Zeitpunkt, zu dem die Bewilligung **3** erfolgen *soll* und *muß*, und demjenigen unterscheiden, zu dem sie tatsächlich erfolgt *ist*.

**A. Ausdrückliche Festsetzung im Bewilligungsbeschluß.** Maßgeblich ist zunächst derjenige Zeitpunkt, von dem ab das Gericht PKH ausdrücklich festsetzt, Drsd MDR **98**, 185, Köln FER **96**, 42. Das gilt unabhängig davon, ob die Festsetzung zu einem anderen (früheren oder späteren) Zeitpunkt hätte erfolgen müssen oder gar nicht hätte erfolgen dürfen, Bbg FamRZ **89**, 884. Im letzteren Fall mag der Beschluß anfechtbar sein, ist aber zunächst einmal nicht schon wegen fehlerhafter Festsetzung des Bewilligungsbeginns etwa unwirksam, sondern bis zu seiner Abänderung oder Aufhebung ebenso gültig wie andere gerichtliche Entscheidungen, vgl (zum Urteil) Üb 19 vor § 300. Es liegt auch keineswegs stets schon wegen fehlerhafter Rückwirkung eine greifbare Gesetzwidrigkeit vor, zum problematischen Begriff § 127 Rn 25, Ffm Rpfleger **93**, 251. Zur Bindungswirkung § 329 Rn 16 „§ 318". Das Gericht bestimmt zweckmäßigerweise in seinem Bewilligungsbeschluß ausdrücklich den Anfangstag seiner Wirkung, insofern richtig Kblz AnwBl **78**, 316.

**B. Mangels ausdrücklicher Festsetzung: Bewilligungsreife.** Soweit das Gericht den Anfangstag der **4** PKH-Bewilligung nicht im Beschluß ausdrücklich festgesetzt hat, wird zwar vielfach angenommen, daß die Bewilligung grundsätzlich nur für die Zukunft gelte, also für die Zeit seit der formlosen Mitteilung der Bewilligung an den Antragsteller, § 329 Rn 27.

In Wahrheit gilt aber die *Regel*: Maßgeblich ist der Zeitpunkt der *Bewilligungsreife*. Das ist derjenige **5** Zeitpunkt, zu dem das Gericht PKH bei einer ordnungsmäßigen unverzüglichen Geschäftsgang bewilligen muß oder mußte, § 114 Rn 48, BGH BB **98**, 665, Drsd MDR **98**, 185, Karlsr FamRZ **98**, 484. Diese Regel ist entgegen Hamm FamRZ **97**, 1018 praktisch unentbehrlich, um grobe Unbilligkeiten, evtl sogar einen Verstoß gegen Art 103 I GG, zu verhüten, Düss FamRZ **89**, 81, und den Antragsteller vor den Nachteilen zu schützen, die ihm eine unverschuldete Verzögerung des Verfahrens bringen würde, Düss FamRZ **97**, 1088. Der Zeitpunkt der Bewilligungsreife entspricht dem Regelungszweck der gesamten PKH, Üb 1 vor § 114, und der gerichtlichen Fürsorgepflicht im gesamten Bewilligungsverfahren, Üb 5 vor § 114. Er schließt einerseits die Notwendigkeit einer sorgfältigen Prüfung der Bewilligungsvoraussetzungen ein, Üb 8 vor § 114, andererseits das Gebot der Zügigkeit des Verfahrens, § 118 Rn 2. Bewilligungsreife setzt Kenntnis des beabsichtigten Sachantrags voraus.

Aus dem Grundsatz der Bewilligungsreife kann sich die Notwendigkeit einer *Rückwirkung* der Bewilligung **6** ergeben, Rn 10, BGH NJW **92**, 840, Karlsr FamRZ **99**, 994, Nürnb FamRZ **99**, 998, aM BGH NJW **87**, 2379, Düss FamRZ **89**, 81, Stgt MDR **87**, 329 (grds nur für die Zukunft).

In der *Beschwerdeinstanz* tritt die Bewilligungsreife für das Beschwerdegericht erst mit der Vorlage des etwa **7** notwendigen Nichtabhilfebeschlusses des erstinstanzlichen Gerichts ein, VGH Kassel AnwBl **90**, 55.

**C. Entsprechende Auslegbarkeit der Bewilligung.** Nach dem Grundsatz der Bewilligungsreife, **8** Rn 4–6, darf und muß man eine Entscheidung auslegen, die über den Zeitpunkt des Beginns der PKH keine ausdrückliche, gemäß Rn 3 bindende abweichende Festsetzung enthält. Denn man muß dem Gericht seinen Willen zu einer sachgemäßen Entscheidung unterstellen. Deshalb kann eine Bewilligung auch ohne eine ausdrückliche rückwirkende Festsetzung rückwirkend gemeint sein und erfolgt sein, Bbg FamRZ **88**, 1081, Celle JB **78**, 125, OVG Bln JB **94**, 350.

Freilich muß die Absicht der Rückwirkung doch einigermaßen *eindeutig erkennbar* sein, BGH NJW **82**, **9** 446, Hamm Rpfleger **84**, 448. Man kann nicht aus der Erkenntnis, daß PKH ab Bewilligungsreife erfolgen soll, stets darauf schließen, daß das Gericht auch den richtigen Zeitpunkt gewählt hat, Christl MDR **83**, 628, aM Düss Rpfleger **86**, 108, Mü Rpfleger **86**, 108, LAG Bre AnwBl **82**, 443 (im Zweifel wirke der Beschluß stets auf den Tag der Antragstellung zurück. Aber das ist ohnehin nur ausnahmsweise möglich). Man darf also keine gewaltsame Auslegung im Sinne des Gesollten statt des Gewollten vornehmen.

**4) Rückwirkung der Bewilligung, I 1, 2.** Es gelten wegen des Grundsatzes der Bewilligungsreife, **10** Rn 3, zur Rückwirkung ziemlich komplizierte, oft verkannte Regeln.

**A. Grundsätzlich keine Rückwirkung vor Antragseingang.** Sofern nicht das Gericht fälschlich, aber bindend, Rn 3 die Bewilligung auf einen Zeitpunkt vor dem Eingang des PKH-Antrags ausgesprochen hat, Bbg FamRZ **89**, 884, ist eine Rückwirkung auf jenen Zeitpunkt grundsätzlich weder zulässig, Karlsr FamRZ **96**, 1288, noch infolgedessen bei vernünftiger Auslegung, Rn 8, als gewollt anzunehmen. Es wäre vielmehr grundsätzlich greifbar gesetzwidrig, § 127 Rn 25, Karlsr FamRZ **93**, 216, Zweibr JB **80**, 1888, LG Landau Rpfleger **85**, 375. Soweit unklar bleibt, ob der rechtzeitig gefertigte Antrag auch vor dem Instanzende eingegangen ist, muß der Antrag jedenfalls dann zurückgewiesen werden, wenn sich der Antragsteller nicht im Verfahren nach seinem Schicksal erkundigt hat, Brdb AnwBl **98**, 670, Celle JB **96**, 141.

Allerdings muß das Gericht ausnahmsweise im *Amtsprüfungsverfahren*, Grdz 38 vor § 128, zB nach §§ 640 ff, auch einen PKH-Antrag anregen und beim Verstoß, auch beim sonstigen, rückwirkend ab einem möglichen Auftragseingang entscheiden, Brdb FamRZ **97**, 1542, Karlsr FamRZ **95**, 1163.

**B. Ausnahmsweise Rückwirkung ab Antragseingang.** Sofern das Gericht nicht zu Recht oder zu **11** Unrecht, aber bindend, Rn 3, die Bewilligung rückwirkend auf den Zeitraum seit Antragseingang festgesetzt hat, kommt eine Rückwirkung auf diesen frühestmöglichen Bewilligungszeitpunkt, Rn 10, nur ausnahmsweise in Betracht. Das kann zB in den Fällen erfolgen, in denen das Gericht den Prozeßgegner nicht gemäß § 118 I 1 hört, weil das „aus besonderen Gründen unzweckmäßig erscheint", dort Rn 18. Die Bewilligungsreife kann etwa dann bereits im Zeitpunkt des Antragseingangs eintreten, wenn der Antrag erst während einer mündlichen Verhandlung im Hauptprozeß gestellt wird und die Klagerwiderung usw schon vorliegt oder wenn schon eine Beweisaufnahme erfolgt ist oder wenn der Antragsteller zwar eine Frist voll ausnutzt, das Gericht aber eben deshalb nicht mehr vor dem Fristablauf entscheiden kann, KG JR **88**, 436, ArbG Regensb JB **91**, 1230. Es reicht kaum aus, den Antrag erst am Schluß der letzten Verhandlung zu stellen, §§ 136 IV, 296 a, denn dann braucht man kaum noch Hilfe, Karlsr FamRZ **96**, 1288.

§ 119  1. Buch. 2. Abschnitt. Parteien

Der Antrag muß natürlich *vollständig* vorliegen, BGH JB **92**, 823 (StPO), Karlsr FamRZ **96**, 1288, Köln JB **98**, 650. Es müssen insbesondere die persönlichen Voraussetzungen nach § 117 ausreichend dargetan und etwa belegt sein, Düss NJW **91**, 1186, Hamm Rpfleger **91**, 160, Karlsr FamRZ **94**, 1124, Köln Rpfleger **90**, 305, aM Oldb JB **92**, 248, LAG Hamm MDR **93**, 91 (aber Bewilligungsreife, Rn 5, liegt eben doch erst ab Einigung des zuvor Fehlenden vor, und zwar auch dann, wenn das Gericht das Fehlende pflichtgemäß nachfordert).

**12** Der Zeitpunkt des Antragseingangs kann also streng genommen niemals mit dem der Bewilligungsreife zusammenfallen; dazwischen muß immer die ordnungsgemäße *Prüfung* des Gesuchs liegen. Sie mag aber ja nur wenige Sekunden dauern müssen, BGH NJW **82**, 446, Bbg FamRZ **86**, 1574, Karlsr RR **89**, 1466, aM Düss Rpfleger **86**, 108, Ffm AnwBl **86**, 255, Hbg JB **85**, 655 (Rückbeziehung für den Bekl schon vom Zeitpunkt des Klageingangs beim Gericht).

**13** Man darf die Bewilligung auch nicht etwa schon dann auf den Zeitpunkt des Antragseingangs zurückbeziehen, wenn der Antragsteller die erforderlichen *Unterlagen nicht* schon vollständig oder gar nicht *vorgelegt* hatte, wenn das Gericht aber eine (angemessene) Frist zur Nachreichung eingehalten hat, Karlsr FamRZ **96**, 1288. Denn die Bewilligungsreife, Rn 4, ist dann eben erst mit dem Eingang des noch Fehlenden (und seiner unverzüglichen Prüfung) eingetreten, AG Regensb Rpfleger **92**, 29. Rückwirkung kann geboten sein, wenn das Gericht das Fehlen der Unterlagen weder gerügt noch befristet hatte, Karlsr FamRZ **99**, 305.

**14** C. Sonstige Rückwirkung vor Instanzende. Soweit das Gericht nicht zu Recht oder zu Unrecht, aber bindend, Rn 3, den Beginn der PKH im Bewilligungsbeschluß ausdrücklich festgesetzt hatte, kommt nach dem Grundsatz der Bewilligungsreife, Rn 4, eine sonstige Rückwirkung eines vor dem Ende dieser Instanz ergangenen oder zu erlassenden Bewilligungsbeschlusses auf einen Zeitpunkt nach dem Antragseingang in Betracht. Maßgebend ist also auch hier wiederum, ob das Gericht bei einerseits gründlicher, andererseits zügiger Behandlung über den Bewilligungsantrag früher hätte entscheiden können und müssen, Karlsr FamRZ **90**, 81.

**15** *Beispiele:* Das Gericht hat den Antrag zunächst übersehen; es hat das Formular nach § 117 vermeidbar verspätet geprüft; es hätte eine Frist zur Nachreichung von Belegen oder zur Glaubhaftmachung früher setzen müssen; es hat einen Beweisbeschluß erlassen (und damit die Erfolgsaussicht bejaht, § 114 Rn 86), gleichwohl noch ergänzende Angaben zur Erfolgsaussicht gefordert, und entscheidet erst nach deren Eingang; es hat die Bezugnahme auf ein bei ihm schwebendes Parallelverfahren zunächst als ausreichend erachtet und dann jene Akten versandt, Köln FamRZ **88**, 1297.

Freilich darf *kein Verschulden* des Antragstellers mitwirken, Köln FamRZ **99**, 1143.

**16** D. Rückwirkung bei Antrag vor Instanzende. Soweit der Antrag vor dem Abschluß der Instanz eingegangen war, kommt es mangels abweichender ausdrücklicher Festsetzung im Bewilligungsbeschluß, Rn 3, zunächst darauf an, ob schon vor dem Instanzende eine *Bewilligungsreife* nach Rn 4 eingetreten war. Nur soweit das der Fall war, ist die Rückwirkung zulässig und notwendig, BGH NJW **85**, 922, Düss FamRZ **90**, 298, Ffm JB **95**, 205, aM Zweibr FamRZ **97**, 683 (Tod im Scheidungsverbundverfahren), OVG Bre JB **90**, 1191 (nicht mehr nach Erledigung; aber es kommt für die „Beabsichtigung" eben auf die Bewilligungsreife an).

**17** *Beispiele:* Das Gericht hatte vor dem Ablauf einer von ihm gesetzten Frist zur Stellungnahme des Prozeßgegners bereits zur Hauptsache entschieden, vgl (zum gegenteiligen Fall) Düss MDR **87**, 941; es war dem Antragsteller nicht zuzumuten, den Bewilligungsantrag vor dem Sachantrag der Hauptsache zu stellen, Karlsr FamRZ **87**, 1167 (Vorsicht!); der Antragsteller konnte die erforderlichen Unterlagen erst nach dem Abschluß der Instanz nachreichen, BGH VersR **84**, 600, Bbg JB **85**, 141, Köln Rpfleger **84**, 330; die Widerrufsfrist eines Vergleichs war noch nicht abgelaufen, LG Hbg FamRZ **99**, 600.

**18** Freilich muß der Wahlanwalt auch *bereit* gewesen sein, sich beiordnen zu lassen, Christl MDR **83**, 538, 624.

**19** E. Unzulässigkeit bei Antrag nach Instanzende. Soweit das Gericht nicht fälschlich, aber bindend, Rn 3, eine rückwirkende PKH im Bewilligungsbeschluß abweichend ausdrücklich festgesetzt hat, Bbg FamRZ **89**, 884, ist eine Rückwirkung unzulässig, soweit der Bewilligungsantrag erst nach dem Ende dieser Instanz, § 119 S 1, Rn 30, bei Gericht vollständig eingegangen war, BGH JB **91**, 1116, Hbg WoM **93**, 462, LG Karlsr MDR **93**, 914. Das Gericht dieser Instanz kann den erst nach ihrem Ende eingegangenen Antrag unbearbeitet zu den Akten nehmen, aber die rückwirkende Bewilligung auch zur Klarstellung ausdrücklich ablehnen, BGH (St)V AnwBl **87**, 55, BVerwG JB **92**, 346, Hbg WoM **93**, 462.

Ein *Anwaltsverschulden* gilt auch hier als solches der Partei, § 85 Rn 6, OVG Hbg FamRZ **92**, 79. Es kommt in solchen Fällen eine Entscheidung der Justizverwaltung in Betracht, und zwar nicht nach § 23 EGGVG, dort Rn 3, sondern im Sinn von Art XI § 1 KostÄndG, die man auch nach dieser Vorschrift anfechten kann, Hbg MDR **83**, 234, Hartmann Teil XII Art XI § 1 Rn 10 ff. Bbg FamRZ **89**, 884 wendet bei greifbarer Gesetzwidrigkeit, § 127 Rn 25, auch § 124 Z 3 an.

**20** F. Zulässigkeit bei Beschwerde gegen Ablehnung von Prozeßkostenhilfe. Soweit nicht das Gericht bindend, Rn 3, im Bewilligungsbeschluß einen abweichenden Zeitpunkt bestimmt hat, kommt eine Rückwirkung auch im Fall einer Entscheidung erst nach dem Abschluß dieser Instanz, § 119 S 1, Rn 30, auch dann in Betracht, wenn der Antragsteller gegen einen die PKH-Bewilligung ablehnenden Beschluß eine mit Gründen versehene Beschwerde eingelegt hat, LG Dortm AnwBl **84**, 222 (abl Chemnitz). Das gilt sowohl dann, wenn die Beschwerde gegen die PKH-Ablehnung vor dem Ende der Instanz (der Hauptsache) einging, als auch dann, wenn sie schuldlos erst später eingelegt wurde, etwa deshalb, weil die ablehnende Entscheidung dem Antragsgegner nicht vor dem Instanzende der Hauptsache mitgeteilt worden war, § 127 Rn 64–66.

**21** G. Zulässigkeit während Vergleichs-Widerrufsfrist. Soweit das Gericht nicht in seinem Beschluß bindend, Rn 3, einen abweichenden Zeitpunkt des Beginns der PKH festgesetzt hat, ist eine rückwirkende Bewilligung auch dann statthaft, wenn der Antragsteller das Bewilligungsgesuch erst nach dem Abschluß

### 7. Titel. Prozeßkostenhilfe und Prozeßkostenvorschuß § 119

eines widerruflichen Prozeßvergleichs, Anh § 307 Rn 42, vor dem Ablauf der Widerrufsfrist eingereicht hat, AG Groß Gerau MDR **81**, 853.

**H. Zulässigkeit nach Rechtskraft einer günstigen Entscheidung.** Soweit das Gericht den Bewilligungsbeginn nicht bindend, Rn 3, ausdrücklich abweichend festgesetzt hat, steht die Rechtskraft eines dem Antragsteller günstigen Urteils einer Rückwirkung der Bewilligung grundsätzlich nicht entgegen, Ffm MDR **83**, 137, Hbg FamRZ **83**, 1230, Karlsr RR **98**, 1086, aM Ffm AnwBl **82**, 533 (zu einer Feststellungsklage). Der günstigen Entscheidung steht die Rücknahme des gegnerischen Rechtsmittels gleich, BGH AnwBl **88**, 420 (wegen § 515 III). 22

**I. Unzulässigkeit nach Rechtskraft einer ungünstigen Entscheidung usw.** Soweit das Gericht nicht bindend, Rn 3, den Bewilligungsbeginn ausdrücklich abweichend festgesetzt hat, kommt eine Rückwirkung jedenfalls insoweit nicht mehr in Betracht, als im Zeitpunkt der Entscheidung über das Bewilligungsgesuch bereits ein dem Antragsteller ungünstiges Urteil rechtskräftig geworden ist, Ffm MDR **86**, 857, Hamm FamRZ **85**, 825, OVG Klbz NJW **82**, 2834, aM VGH Mannh (6. Sen) FamRZ **88**, 857, Albers § 127 Rn 106. Der dem Antragsteller ungünstigen Entscheidung steht seine Klagerücknahme in der Regel gleich, LAG Bln DB **89**, 2440, aM Köln MDR **97**, 690. 23

**J. Rückwirkung bei Erledigung der Hauptsache.** Soweit das Gericht nicht bindend, Rn 3, den Bewilligungszeitpunkt ausdrücklich abweichend festgesetzt hat, kommt nach beiderseits wirksamen Erledigterklärungen zur Hauptsache eine rückwirkende Bewilligung jedenfalls nicht mehr für den früheren Hauptantrag in Betracht, BFH BB **86**, 187, Pentz NJW **85**, 1820, aM ThP 4 (auch dann könne unter den übrigen Voraussetzungen rückwirkend bewilligt werden). Freilich kommt rückwirkende Bewilligung wenigstens noch im Umfang der (inzwischen stattgefundenen) Erledigterklärung in Betracht, Köln FamRZ **81**, 486. 24

**K. Verschulden des Antragstellers schädlich.** Sofern nicht das Gericht bindend, Rn 3, den Beginn der PKH im Bewilligungsbeschluß ausdrücklich abweichend festgesetzt hatte, schadet in den Fällen Rn 19–24 ein Verschulden des Antragstellers wie sonst. Er muß sich das Verschulden eines gesetzlichen Vertreters, § 51 II, wie eines ProzBev, anrechnen lassen, § 85 Rn 8. Ein solches Verschulden fehlt, soweit der Antragsteller die Entscheidung abwartet, statt das Gericht zu mahnen, Düss AnwBl **78**, 418. Dagegen kann man nicht nur deshalb ein Verschulden verneinen, weil ein stillschweigender Antrag vorliege, denn er ist nicht ausreichend, § 117 Rn 3, aM AG Stgt AnwBl **82**, 254. 25

**L. Keine Rückwirkung bei Tod, Erlöschen, Ausscheiden usw.** Durch den Tod des Antragstellers würde PKH ohnehin enden, Ffm JB **96**, 141, Kblz FamRZ **96**, 809. Mit ihm erledigt sich das bisherige Bewilligungsverfahren. Daher kommt jetzt auch keine (rückwirkende oder andere) Bewilligung mehr in Betracht, BSG MDR **88**, 611, Hamm MDR **77**, 409, aM LSG Darmst Rpfleger **97**, 392. Das scheint nicht selbstverständlich zu sein; der Erbe rückt ja sachlichrechtlich in die Position des Erblassers ein. Er muß indessen für seine Person PKH neu beantragen. Eine Anrechnung der vom Erblasser erbrachten Zahlungen ist übrigens nur in demselben Proz denkbar, Stgt JB **74**, 1606, aM KG Rpfleger **86**, 281, LG Bielef Rpfleger **89**, 113 (wegen der vor dem Erbfall entstandenen Kosten). 26

Entsprechendes gilt beim *Erlöschen* der antragstellenden juristischen Person oder beim Ausscheiden und ähnlichen endgültigen Vorgängen der Beendigung der Parteistellung im Sinn von § 114 S 1, dort Rn 15. Mit dem Ausscheiden usw desjenigen, dem PKH bewilligt war, endet diese nämlich. Das gilt unabhängig davon, daß eine Prozeßvollmacht nicht automatisch erlischt, § 86, so daß der Ausgeschiedene evtl entsprechend § 674 BGB gegen die Staatskasse vorgehen kann. Dem Erlöschen steht auch die Beendigung der Liquidation gleich, § 50 Rn 22. 27

**5) „Bewilligung", I 1.** Die Vorschrift spricht zwar nur von der „Bewilligung". Gemeint ist aber nicht nur die uneingeschränkte Bewilligung, sondern auch diejenige nur gegen Zahlung von Raten und/oder Vermögensbeiträgen, § 120 I, LAG Düss MDR **95**, 750, sowie jede Ablehnung eines PKH-Antrags. Jeder Antragsteller hat beim Vorliegen eines wie stets zu prüfenden Rechtsschutzbedürfnisses, BayObLG RR **90**, 1033, und der sonstigen gesetzlichen Voraussetzungen einen Anspruch auf die Bewilligung, KG FamRZ **88**, 1079. Mit der Bewilligung ist das PKH-Verfahren (zunächst) beendet, Köln MDR **97**, 299. 28

**6) „...für jeden Rechtszug besonders", I 1.** Es ist für jeden Rechtszug eine gesonderte Entscheidung über die Bewilligung oder Ablehnung erforderlich. 29

**A. Zweck.** Sinn der Beschränkung auf den jeweiligen Rechtszug ist die Erwägung, daß nur das jeweils mit dem Streitstoff der Hauptsache voraussichtlich oder bereits in diesem gesamten Abschnitt des Hauptverfahrens befaßte Gericht eine einigermaßen vollständige Übersicht über die jetzige Prozeßlage hat und die Bedürftigkeit jetzt einigermaßen abschätzen kann. Das höhere Gericht soll außerdem nicht zusätzlich mit Erwägungen belastet werden, die es für die untere Instanz bezogen auf den damaligen Entscheidungszeitpunkt und daher stets rückwirkend anstellen müßte.

**B. Begriff des „Rechtszugs".** Das Wort „Rechtszug" ist hier ebenso zu verstehen wie der Begriff der „Instanz" in § 27 GKG. Denn es handelt sich auch bei S 1 um eine Kostenvorschrift, Köln NJW **95**, 2728, LG Verden NdsRpfl **83**, 159, VGH Kassel JB **97**, 648, anders als zB bei § 176. Daher sind die in § 176 Rn 8, 16, 17 dargestellten Abgrenzungsmerkmale hier nur eingeschränkt brauchbar. Eher ergeben sich nützliche Wechselwirkungen zu den §§ 13 II 2, 37 BRAGO. 30

**C. Notwendigkeit gesonderter Antragstellung.** Aus der Begrenzung der Befugnis des Gerichts zur Bewilligung für den jeweiligen Rechtszug, BVerwG JB **92**, 346, LAG Düss MDR **95**, 750, folgt die Notwendigkeit, für jeden Rechtszug einen gesonderten Bewilligungsantrag zu stellen, BGH VersR **84**, 600. Die allgemeinen Voraussetzungen der Wirksamkeit des Antrags müssen in jeder Instanz vorliegen, Schlesw SchlHA **80**, 72. Auch dann, wenn sich ein Antrag von vornherein oder nachträglich auf mehrere Rechtszüge erstreckt, darf das Gericht ihn nur für seinen Rechtszug bearbeiten und bescheiden, und zwar den ganzen Rechtszug, Köln MDR **88**, 588. Es muß den weitergehenden Teil des Antrags unter Umständen 31

§ 119  1. Buch. 2. Abschnitt. Parteien

von Amts wegen an das Gericht des anderen (unteren oder oberen) Rechtszugs weiterleiten. Zu den Einzelheiten des Antrags § 117 Rn 3 ff.

**32  D. Beispiele zur Frage des „Rechtszugs"**
**Ablehnung:** Die Ablehnung des Richters oder Sachverständigen und anderer Nebenverfahren innerhalb derselben Instanz gehören zum Rechtszug, Bischof AnwBl **81**, 373.
**Angriffs-, Verteidigungsmittel:** Es gehört zur jeweiligen Instanz. Jedoch ist eine Bewilligung nur für ein einzelnes Angriffs- oder Verteidigungsmittel unzulässig, Bre OLGZ **89**, 366 (Beweismittel).
**Arrest, einstweilige Anordnung oder Verfügung:** Es ist wie folgt zu unterscheiden:
**33  a) Antragsverfahren.** Das Verfahren auf den Erlaß eines Arrests, §§ 916 ff, einer einstweiligen Anordnung, §§ 620 ff, oder einer einstweiligen Verfügung, §§ 935 ff, gehört grundsätzlich nicht zum Rechtszug, Bbg FamRZ **86**, 701, Düss FamRZ **82**, 1096, Karlsr FamRZ **85**, 1274.
**b) Widerspruchsverfahren.** Die Beiordnung für das Anordnungsverfahren umfaßt das Widerspruchsverfahren nach §§ 924, 936.
**c) Abänderungsverfahren.** Die Beiordnung für das Anordnungsverfahren nach § 620 umfaßt ein Abänderungsverfahren nach § 620 b, Hamm MDR **83**, 847, KG JB **80**, 1673.
**d) Aufhebungsverfahren.** Ein Verfahren auf die Aufhebung eines Arrests oder einer einstweiligen Anordnung oder Verfügung gehört ebensowenig wie das Anordnungsverfahren, a, zum Rechtszug.
**e) Vollziehungsverfahren.** Die Beiordnung eines Anwalts bei der Anordnung eines Arrests oder einer einstweiligen Verfügung schließt die Beiordnung für die Vollziehung ein, falls das Gericht nicht ausdrücklich etwas anderes bestimmt, § 122 II 2 BRAGO, abgedruckt hinter § 121.
S auch Rn 50 ff.
**34  Aufhebungsverfahren:** Rn 33 „d) Aufhebungsverfahren".
**Außergerichtlicher Vergleich:** Rn 46.
**35  Beschwerde:** Jede Beschwerde eröffnet einen neuen Rechtszug, unabhängig davon, bei welchem Gericht sie eingelegt worden ist. Beim Rpfl gilt § 11 RPflG, vgl § 104 Rn 41 ff.
**Beweissicherung:** Rn 43 „Selbständiges Beweisverfahren".
**36  Ehesache:** Rn 46.
**Einmischungsklage:** Das Verfahren auf Grund einer Einmischungsklage, § 64, zählt nicht zum Rechtszug.
**Einrede, Rüge:** Sie zählen grds zum Rechtszug. Indessen ist eine Bewilligung nur für eine einzelne Einrede oder Rüge unstatthaft, Bre OLGZ **89**, 366.
**Einspruch:** Das Verfahren auf Grund eines Einspruchs gegen ein Versäumnisurteil, § 338, oder gegen einen Vollstreckungsbescheid, § 700, gehört zum Rechtszug.
**Einstweilige Anordnung, Verfügung:** Rn 33.
**37  Ganzer Rechtszug:** PKH kann grds nur für den gesamten Rechtszug und als Ganzes bewilligt werden, Bre OLGZ **89**, 365.
**38  Hilfsaufrechnung:** Sie gehört ungeachtet ihrer streitwerterhöhenden Wirkung, Anh § 3 Rn 16, zum Rechtszug, LG Bln AnwBl **79**, 273.
**39  Klagerücknahme:** Im Fall der Klagerücknahme bleibt die Bewilligung für die Widerklage bestehen, Nürnb NJW **70**, 2301.
S auch Rn 48 „Widerklage".
**Klagerweiterung:** Das Verfahren, in dem der ursprüngliche Antrag und der erweiterte vor der Endentscheidung über den ersteren laufen, kann zu demselben Rechtszug zählen, vgl auch LAG Bln DB **92**, 2404. Freilich kann sich die gewährte PKH nicht automatisch auf jede noch so erhebliche Klagerweiterung miterstrecken; es kommt auf die Gesamtumstände an, und im Zweifel muß man einen zusätzlichen PKH-Antrag stellen. Das Verfahren nur auf Grund einer Klagerweiterung zählt nicht zum Rechtszug, vgl Karlsr AnwBl **87**, 340, auch nicht für den Beklagten.
**Kostenfestsetzung:** Das Verfahren nach §§ 103 ff gehört nur zur ersten Instanz, § 103 Rn 41, auch wenn das Hauptverfahren durch mehrere Instanzen gelaufen war.
**40  Mahnverfahren:** Für das Mahnverfahren, §§ 688 ff, bewilligte PKH umfaßt das nachfolgende streitige Verfahren im Sinn von § 696, soweit sich dieses letztere Verfahren auf denselben Anspruch wie im Mahnverfahren erstreckt. Denn insofern hat nur die Form der Durchführung gewechselt, Bischof AnwBl **81**, 372, aM LG Bln NJW **72**, 2312, ZöPh 16. Natürlich kann der Antrag auch auf das Mahnverfahren beschränkt werden, Oldb NZM **99**, 134. Soweit erst im streitigen Verfahren eine Klagerweiterung erfolgt und über den ursprünglichen Anspruch sowie den jetzt hinzugekommen vor der Endentscheidung über den ersteren verhandelt wird, liegt ebenfalls noch derselbe Rechtszug vor.
S auch Rn 39 „Klagerweiterung".
**41  Nachverfahren:** Das Verfahren im Anschluß an ein Grund- oder Vorbehaltsurteil gehört zum Rechtszug.
S auch Rn 39 „Klagerweiterung".
**Nebenverfahren:** Ein Nebenverfahren innerhalb derselben Instanz gehört zum Rechtszug, vgl Bischof AnwBl **81**, 373.
S auch Rn 32 „Ablehnung".
**42  Prozeßkostenhilfeverfahren:** Das Bewilligungsverfahren selbst gehört nicht zum Rechtszug. Die Bewilligung ist nicht schon für das Bewilligungsverfahren statthaft, § 114 Rn 35.
Vgl auch § 122 II, III BRAGO, abgedruckt hinter § 121.
**Prozeßvergleich:** Rn 46.
**43  Scheckprozeß:** Rn 41 „Nachverfahren".
**Selbständiges Beweisverfahren:** Das Verfahren nach §§ 485 ff gehört nicht zum Rechtszug, § 122 III 3 Z 3 BRAGO, abgedruckt hinter § 121.
**Stufenklage:** Bei der Stufenklage, § 254, erstreckt sich die PKH auf alle anhängig gemachten Ansprüche, also auch auf einen noch nicht bezifferten Zahlungsanspruch, soweit er von der Auskunft gedeckt ist, Bbg

### 7. Titel. Prozeßkostenhilfe und Prozeßkostenvorschuß § 119

FamRZ **98**, 1602, Brdb FamRZ **98**, 1177, Köln FamRZ **98**, 1601, aM Bbg FamRZ **86**, 372, Naumbg FamRZ **94**, 1042.

**Teilanspruch:** Eine Bewilligung nur für einen Teilanspruch setzt die Teilbarkeit des gesamten Streitgegenstands voraus, Bre OLGZ **89**, 366. Zur Formulierung Karlsr FamRZ **92**, 966. **44**

**Urkundenprozeß:** Rn 41 „Nachverfahren". **45**

**Urteilsberichtigung:** Das Verfahren nach § 319 gehört zum Rechtszug.

**Urteilsergänzung:** Das Verfahren nach § 321 gehört zum Rechtszug.

**Vergleich:** Es sind folgende Situationen zu unterscheiden: **46**

    **a) Prozeßvergleich.** Der die bisher erfaßten Ansprüche erledigende Prozeßvergleich gehört zum Rechtszug, Düss AnwBl **82**, 378, vgl Oldb JB **93**, 155, vgl auch LAG Köln MDR **90**, 747 (Mehrwert beim Gesamtvergleich). Das gilt auch dann, wenn er zwischen den Instanzen geschlossen ist. Der über die bisher erfaßten Ansprüche hinausgehende Prozeßvergleich gehört nur insoweit zum Rechtszug, als das Gericht auch für ihn antragsgemäß PKH bewilligt hatte, Schneider MDR **85**, 814. Ein zusätzlicher Antrag und eine besondere Entscheidung sind nur über solche Gegenstände nötig, die in § 122 III 1 BRAGO nicht aufgeführt sind, Düss JB **81**, 399, Stgt JB **76**, 1062 (Befreiung von einer Verbindlichkeit des Ehegatten). Die Fortsetzung des Verfahrens, das durch einen Prozeßvergleich beendet schien, wegen seiner Anfechtung zählt zum Rechtszug, Anh § 307 Rn 37.

    **b) Außergerichtlicher Vergleich.** Er zählt nicht zum Rechtszug, Kblz RR **95**, 1389, Nürnb JB **90**, 1170, Schneider MDR **85**, 814, aM Düss Rpfleger **92**, 449, Ffm MDR **91**, 450. **47**

**Verordneter Richter:** Das Verfahren vor dem verordneten (beauftragten, ersuchten) Richter, §§ 361, 362, gehört zum Rechtszug, aM Düss RR **91**, 63 (wendet S 2 entspr an). **48**

**Versäumnisurteil:** Ein Antrag nur „für ein Versäumnisurteil" ist unzulässig, Köln MDR **88**, 588. S auch Rn 36 „Einspruch".

**Verweisung:** Das Verfahren nach einer Verweisung auf Grund der §§ 281, 506 ZPO, 48, 48 a ArbGG, 96 ff GVG gehört zum Rechtszug, Köln NJW **95**, 2728. **49**
S auch Rn 49 „Zurückverweisung".

**Vollstreckungsbescheid:** Rn 40 „Mahnverfahren", Rn 32 „Einspruch". **50**

**Vorbehalt:** Grundsätzlich ist ein Vorbehalt bei der Bewilligung von PKH unzulässig, Bre OLGZ **89**, 366. Freilich sind Auflagen von Ratenzahlungen usw gem § 115 zulässig.

**Vorbehaltsurteil:** Rn 41 „Nachverfahren".

**Vorläufiges Verfahren:** Rn 33.

**Wechselprozeß:** Rn 41 „Nachverfahren". **51**

**Widerklage:** Das Verfahren auf Grund einer Widerklage, Anh § 253, einschließlich der Verteidigung ihr gegenüber zählt nicht zum Rechtszug, vgl Karlsr AnwBl **87**, 340. Etwas anderes gilt bei der Verteidigung in einer Ehesache, § 122 III 3 Z 4 BRAGO, abgedruckt hinter § 121. Im Fall der Klagerücknahme bleibt die Bewilligung für die Widerklage bestehen, Nürnb NJW **70**, 2301.

**Widerspruchsverfahren:** Rn 33.

**Wiederaufnahme:** Das Verfahren nach §§ 578 ff gehört nicht zum Rechtszug.

**Wiedereinsetzung:** Das Verfahren nach §§ 233 ff gehört zum Rechtszug. Es ist auch eine Bewilligung nur für diesen kostenrechtlich evtl selbständigen Verfahrensabschnitt zulässig. **52**

**Zulassungsverfahren:** Es kann einen besonderen Rechtszug darstellen, VGH Kassel JB **97**, 648.

**Zurückverweisung:** Das Verfahren nach einer Zurückverweisung, §§ 538, 565, zählt zum Rechtszug, Düss Rpfleger **87**, 263, OVG Münst JB **94**, 176. Zur weiteren Auswirkung einer vor der Zurückverweisung erteilten Bewilligung BGH NJW **83**, 944. **53**
S auch Rn 47 „Verweisung".

**Zwangsvollstreckung:** Rn 68–70.

**Zwischenverfahren:** Das Verfahren, etwa über ein Zeugnisverweigerungsrecht, §§ 387 ff, zählt zum Rechtszug. **54**

    **7) Frage erneuter Prüfung der „Erfolgsaussicht" und „Mutwilligkeit" im höheren Rechtszug,** **55**
I 2. In Einschränkung der Vorschrift des § 114 weist die Vorschrift das Gericht an, von der Prüfung der hinreichenden Aussicht der Rechtsverfolgung oder Rechtsverteidigung ebenso wie von der Mutwilligkeitsprüfung abzusehen, wenn der Gegner ein Rechtsmittel eingelegt hat.

    **A. „Begriff des höheren Rechtszugs".** Es muß sich bereits um eine höhere Instanz handeln, Rn 30, also um das Verfahren auf Berufung oder Revision oder Beschwerde. Die Prüfung der Voraussetzungen des § 114 erfolgt also unverändert, soweit das Verfahren zum bisherigen Rechtszug gehört, Rn 29, 32. **56**

    **B. Gegnerisches Rechtsmittel: Grundsätzlich keine erneute Prüfung.** Nach dem Wortlaut von S 2, der entgegen BVerfG **71**, 133 nur scheinbar eindeutig ist, darf das Gericht dann, wenn der Prozeßgegner, Rechtsmittelführer ist, die Erfolgsaussicht des Antragstellers, § 114 Rn 80, und seine etwaige Mutwilligkeit, § 114 Rn 106, nicht prüfen. In Wahrheit ergibt sich: Nur grundsätzlich unterbleibe eine erneute Prüfung der Erfolgsaussichten der Rechtsverfolgung oder Rechtsverteidigung bzw der Mutwilligkeit, LG Düss FamRZ **85**, 518 (zu einer FGG-Beschwerde). Daher darf das Gericht auch keineswegs stets den Eingang der Rechtsmittelbegründung abwarten, Karlsr (2. ZS) FamRZ **96**, 807 und (13. ZS) AnwBl **84**, 619, aM BGH MDR **82**, 217, Karlsr (15. ZS) RR **89**, 1152, Köln JB **97**, 31. Es kommt auch nicht darauf an, ob der bisherige Sieger auch schon in der *Vorinstanz* PKH erhalten hatte, denn sonst stünde er jetzt schlechter da als der von Anfang an Bedürftige. **57**

    **C. Erneute Prüfung bei PKH-Antrag beider Parteien.** Solange das Gericht aber über einen Antrag (auch) des gegnerischen Rechtsmittelführers auf die Bewilligung von PKH für den Rechtsmittelzug noch nicht entschieden hat oder nach Ablehnung jenes Antrags noch keinen Verhandlungstermin anberaumt hat, und solange nicht feststeht, ob das gegnerische Rechtsmittel überhaupt durchgeführt werden wird, Schneider MDR **79**, 367, muß das Rechtsmittelgericht einen Antrag des Rechtsmittelgegners auf Bewilligung im allgemeinen vorläufig ablehnen, es sei denn, daß der Rechts- **58**

§ 119   1. Buch. 2. Abschnitt. Parteien

mittelgegner jetzt schon anwaltliche Hilfe braucht, § 91 Rn 158, BGH AnwBl **88**, 420, Karlsr FamRZ **87**, 844.
*Beispiele* der Notwendigkeit sofortiger anwaltlicher Tätigkeit: Infolge eines Antrags zwecks Einstellung der Zwangsvollstreckung soll eine Anhörung erfolgen; es geht um eine selbständige Anschlußberufung.
Karlsr MDR **90**, 930 versagt PKH für eine unselbständige *Anschlußberufung*, § 521 Rn 8, nach der Rücknahme der gegnerischen Berufung. BGH NJW **85**, 498 versagt PKH für eine unselbständige Anschlußrevision, wenn die Annahme der Revision abgelehnt wird.

**59**  **D. Erneute Prüfung bei Änderung der Verhältnisse.** Eine erneute Prüfung der Voraussetzungen der §§ 114ff ist auch dann erforderlich, wenn seit der bisherigen Bewilligung Umstände (im früheren oder jetzigen Rechtszug) eingetreten oder bekanntgeworden sind, die eine Bewilligung für den Rechtsmittelzug jedenfalls nicht mehr rechtfertigen, BGH FamRZ **89**, 266, Kblz FamRZ **86**, 81.
*Beispiele der Änderung:* Die Sachlage hat sich infolge eines Wandels der Gesetzgebung oder der sonstigen Rechtlage einwandfrei geändert, Celle FamRZ **77**, 648; der Gegner des jetzigen Antragstellers trägt eine einwandfrei Neues vor, das offensichtlich zu einer Aufhebung der angefochtenen Entscheidung führen muß, LG Ffm JB **83**, 1107, Schneider MDR **79**, 369, ZöPh 56, aM StJL 17; das Erstgericht hat einen offensichtlichen Fehler gemacht, Düss FamRZ **88**, 416, Köln VersR **81**, 489.

**60**  **E. Erneute Prüfung bei Streithilfe.** S 2 gilt nur zugunsten des Gegners des Rechtsmittelführers, nicht zugunsten seines Streithelfers, § 66. Außerdem liegt die Interessenlage des Streithelfers unter Umständen anders als diejenige des Gegners des Rechtsmittelführers. Denn das Rechtsmittel richtet sich nicht gegen den Streithelfer, Schneider MDR **79**, 367.

**61**  **F. Erneute Prüfung bei Anschließung.** Eine Prüfung der Erfolgsaussicht bzw des Fehlens von Mutwilligkeit ist auch erforderlich, soweit das Gericht eine Anschließung an ein Rechtsmittel nach §§ 521, 556 zu beurteilen hat. Denn S 2 gilt nur zugunsten des Rechtsmittelführers. Bei einer unselbständigen Anschließung kommt es darauf an, ob die Annahme der Revision abgelehnt wird, BGH NJW **85**, 498.

**62**  **G. Eigenes Rechtsmittel: Grundsätzlich erneute Prüfung.** Soweit der Antragsteller selbst Rechtsmittelführer ist, ist S 2 schon nach seinem Wortlaut unanwendbar. Insofern darf und muß das Gericht also die Erfolgsaussicht und das Fehlen von Mutwillen prüfen, Karlsr FamRZ **99**, 726, Schlesw SchlHA **89**, 111. Bei der Erfolgsaussicht gilt: Ein für den Antragsteller ungünstiges erstinstanzliches Urteil schließt die Erfolgsaussicht für das Rechtsmittel keineswegs automatisch aus, Karlsr FamRZ **99**, 726, Schlesw SchlHA **76**, 10, aM Düss JB **94**, 176. Freilich muß der erfolgversprechende Anspruch oder Anspruchsteil die Rechtsmittelsumme erreichen, § 114 Rn 85 „Berufung". Im übrigen ist die Prüfung der Erfolgsaussicht wie bei § 114 Rn 80, die Prüfung des Fehlens von Mutwillen wie bei § 114 Rn 106 vorzunehmen. Besteht Erfolgsaussicht nur auf Grund vorwerfbar erst jetzt vorgenommenen neuen Vertrags, kann Mutwille vorliegen, Karlsr FamRZ **99**, 726. Ein im letzten Moment vor dem Ablauf der Rechtsmittelfrist eingehendes, unzureichend begründetes und belegtes Gesuch für die Rechtsmittelinstanz ist zurückzuweisen, Düss RR **90**, 126, Hbg FamRZ **97**, 1410 (LS). Man darf nicht mithilfe von PKH den Streit verlaufen, Jena MDR **99**, 257.
Bei zu erwartender *Rückverweisung* kommt es auf das anschließende voraussichtliche Endergebnis an, BGH NJW **94**, 1160. Hat der Berufungskläger alsbald nach einer gegnerischen unselbständigen Anschlußberufung das eigene Rechtsmittel zurückgenommen, so ist sein PKH-Gesuch grundsätzlich ohne Prüfung der Erfolgsaussicht abzuweisen, Karlsr FamRZ **94**, 386. Auch eine Revisionszulassung nach § 546 I Z 1 läßt die Prüfungsnotwendigkeit bestehen, BGH NJW **98**, 1154.

**63**  **8) Erneute Prüfung der Bedürftigkeit im höheren Rechtszug, I 2.** Sie wird zu wenig beachtet.
**A. Notwendigkeit.** In jedem Fall muß das Rechtsmittelgericht für diesen Rechtszug erneut prüfen, ob und inwieweit der Antragsteller nach seinen persönlichen und wirtschaftlichen Verhältnissen nunmehr, OVG Münst FamRZ **93**, 715, die Kosten der Prozeßführung dieser Rechtsmittelinstanz nicht, nur zum Teil oder nur in Raten aufbringen kann, § 114 Rn 46. Das gilt sowohl dann, wenn der Antragsteller Rechtsmittelführer ist, als auch dann, wenn der Prozeßgegner das Rechtsmittel eingelegt hat, BGH VersR **86**, 342, BayObLG FamRZ **85**, 520 (zu einer FGG-Beschwerde), Hamm FamRZ **86**, 1015. Die Pflicht des Gerichts, die Bedürftigkeit der Partei auch anhand der vorhandenen Unterlagen neu nachzuprüfen, Celle FamRZ **78**, 783, gilt natürlich erst recht insofern, als das Rechtsmittelgericht Anlaß zu dem Verdacht hat, daß die Voraussetzungen der Bedürftigkeit nicht oder nicht mehr vorliegen.

**64**  **B. Beispiele zur Frage einer Bedürftigkeit**
**Besserung der Lage:** Eine Bedürftigkeit kann fehlen, wenn dem Gericht eine zwischenzeitliche Besserung der wirtschaftlichen Lage der Partei bekanntgeworden ist.
**Bezugnahme:** S „Erklärung".
**Durchführungsabsicht:** Es muß einigermaßen feststehen, daß der Rechtsmittelkläger das Rechtsmittel auch wirklich durchführen wird, Köln FamRZ **73**, 154.
**Erklärung:** Das Rechtsmittelgericht muß erneut eine Erklärung nach § 117 II anfordern, BGH Rpfleger **90**, 372. Sie wird deshalb erforderlich, weil etwaige Änderungen der persönlichen und wirtschaftlichen Verhältnisse trotz § 120 IV jedenfalls in der höheren Instanz grundsätzlich nicht von vornherein zu einer Änderung der in der Vorinstanz getroffenen Bestimmungen führen sollen, § 120 Rn 22, LAG Düss MDR **95**, 750, und weil die Partei auch nicht zu einer Anzeige der Änderung ihrer persönlichen und wirtschaftlichen Verhältnisse abgesehen von den Fällen § 120 IV 2 verpflichtet sein soll.
Wie weit man aber in höherer Instanz auf *erstinstanzliche* Erklärungen und deren Anlagen Bezug nehmen darf, ist eine andere Frage, BGH Rpfleger **90**, 372, auch hier ist eine gewisse Großzügigkeit geboten, Rn 66, BGH VersR **98**, 1397, strenger BGH VersR **97**, 383. Die Partei muß allerdings dann, wenn sie verweist, in der jetzigen Erklärung zu ihren gegenwärtigen Verhältnissen Stellung nehmen, BGH Rpfleger **90**, 372, und zumindest unmißverständlich erklären, es seien keine Änderungen eingetreten, Ffm MDR **99**, 569, und unter dem jetzigen Datum eine neue Glaubhaftmachung vornehmen, soweit das Gericht des höheren Rechtszugs diese fordert, § 118 II 1. Eine erkennbare Bezugnahme auf die vor-

### 7. Titel. Prozeßkostenhilfe und Prozeßkostenvorschuß § 119

instanzlichen Angaben ist aber zumindest erforderlich, BGH VersR **98**, 1397. Das gilt auch, soweit eine Änderung der Verhältnisse seither eindeutig ausscheidet, BGH VersR **97**, 383.

**Fristablauf:** S „Nachweis". 65

**Fristverlängerung:** Eine Bewilligung kann zu versagen sein, wenn der Rechtsmittelkläger wiederholt eine Verlängerung der Rechtsmittelbegründungsfrist beantragt, § 225 II.

**Nachweis:** Das Gericht kann und muß evtl ergänzende Nachweise fordern, BFH BB **83**, 1656, auch nach dem Ablauf der Rechtsmittelfrist kann die Partei solche Nachweise erbringen oder erbieten, BGH LM Nr 4, darf aber nicht trödeln, BGH MDR **75**, 129, BFH BB **78**, 292.

**Raten:** Eine erneute Prüfung muß auch wegen der Ratenfrage erfolgen, aM KG Rpfleger **85**, 166. Dabei ist auf die Gesamtkosten aller bisherigen Instanzen abzustellen, AG Emden FamRZ **97**, 385.

**Rechtsschutzversicherung:** Eine Bedürftigkeit kann fehlen, wenn jetzt eine Rechtsschutzversicherung besteht, BGH ZIP **81**, 1034, KG VersR **79**, 479.

**Vaterschaftssache:** Eine Bewilligung kommt in Betracht, wenn das Jugendamt das Kind vertritt.

**Verschlechterung der Lage:** Eine Bedürftigkeit kann vorliegen, wenn dem Gericht eine Verschlechterung der wirtschaftlichen Lage der Partei bekanntgeworden ist oder bekannt geworden sein muß, LAG Bre AnwBl **88**, 78.

**Vollstreckbarkeit:** Eine Bewilligung kann zu versagen sein, wenn eine einstweilige Einstellung der Vollstreckbarkeit beantragt worden ist, etwa nach § 719.

**Zeitablauf:** Eine Bedürftigkeit kann fehlen, wenn seit der letzten Erklärung nach § 177 II längere Zeit verstrichen ist.

**Zulässigkeit:** Das Rechtsmittelgericht muß auch die Zulässigkeit neuen Vorbringens prüfen. Daher darf es dem Rechtsmittelbekl PKH erst dann bewilligen, wenn die Zulässigkeit des Rechtsmittels feststeht.

**9) Maßstab bei erneuter Prüfung im höheren Rechtszug: Großzügigkeit, I 2.** Die schon in erster 66 Instanz gebotene generelle Großzügigkeit, § 114 Rn 47, gilt naturgemäß erst recht in der höheren Instanz, solange die Verhältnisse unverändert sind (andernfalls kann eine erneute Prüfung notwendig sein), eher strenger BGH VersR **97**, 383 (stellt auf Förmelei ab). Das Gericht sollte auch von der Beurteilung der Vorinstanz bei unveränderten Verhältnissen nur zurückhaltend abweichen und muß die zulässige Höchstzahl von 48 Raten für alle Instanzen beachten, § 115 Rn 84

**10) Form der Entscheidung: Beschluß, I 1, 2.** Die Bewilligung (wie die Ablehnung) erfolgt durch 67 einen Beschluß, § 329. Er muß jedenfalls insoweit begründet werden, als das Gericht vom Wortlaut des S 2 abweicht, schon um nicht gegen das Willkürverbot zu verstoßen, § 329 Rn 4, vgl BVerfG **71**, 135, Ffm RR **97**, 1085. Es ergeht keine Kostenentscheidung, § 127 Rn 20. Eine Bewilligung für den Rechtsmittelzug umfaßt im Zweifel nicht auch eine solche für die Vorinstanz. Eine förmliche Zustellung ist weder bei Bewilligung noch übrigens bei Ablehnung notwendig, vgl § 329 Rn 31. Wegen der Wirksamkeit und der Mitteilung § 329 Rn 23–30. Vor einer Ablehnung muß das Gericht über einen auch nur hilfsweisen Abgabe- oder Verweisungsantrag entscheiden, Köln FER **99**, 190 rechts. Vgl im übrigen zu den Einzelheiten des Beschlusses und seiner Begründung § 127 Rn 10.

**11) Bewilligung für die Zwangsvollstreckung, II.** Die Neuregelung befriedigt nur bedingt. 68

**A. Zulässigkeit.** Soweit der Gläubiger nicht zulässigerweise eine nur begrenztere Bewilligung beantragt, etwa bei einer zunächst geplanten bloßen Sicherungsmaßnahme oder Teilvollstreckung, sondern einfach PKH „für die Zwangsvollstreckung" beantragt, darf und muß die Bewilligung durch das nach § 117 I 3 zuständige Gericht, dort Rn 69, nur „für die Zwangsvollstreckung in das bewegliche Vermögen" erfolgen. Diese sog eingeschränkte Pauschalbewilligung umfaßt alle Vollstreckungshandlungen im Bezirk des Vollstreckungsgerichts, vgl §§ 764, 802, einschließlich des Verfahrens auf Abgabe der Offenbarungsversicherung nach §§ 807, 899 ff. Für die Vollstreckung in das unbewegliche Vermögen, §§ 864 ff, bleibt es bei der Notwendigkeit besonderer Antragstellung und Bewilligung.

**B. Zuständigkeit: Vollstreckungsgericht.** Die Bewilligung erfolgt duch das Vollstreckungsgericht, 69 § 764. Das ist dasjenige Gericht, in dessen Bezirk die erste Vollsteckungshandlung vorzunehmen ist, Brüggemann DAVorm **87**, 238. Funktionell zuständig ist dort der Rpfl, § 20 Z 5 RPflG, Anh § 153 GVG. Dem Richter bleibt in jedem Abschnitt die Bewilligung nur in den genannten Sonderfällen vorbehalten, LG Stgt Rpfleger **82**, 309. Allerdings bleibt für einen während der Zwangsvollstreckung erforderlichen Rechtsstreit das Prozeßgericht und damit der Richter zuständig, Rn 52. Zuständig ist das Prozeßgericht auch in den ihm in der Zwangsvollstreckung zugewiesenen Fällen, zB nach §§ 887, 888, 890, LG Frankenth Rpfleger **82**, 235, LG Stgt AnwBl **82**, 309. Es erfolgt evtl eine Abgabe von Amts wegen, LG Wupptert DAVorm **86**, 909. Der Gerichtsvollzieher ist auch dann an die Bewilligung gebunden, wenn sie durch ein unzuständiges Gericht erfolgt ist, AG Ffm DGVZ **93**, 29.

**C. Einzelfragen.** Die Zwangsvollstreckung umfaßt an sich auch Handlungen vor dem Grundbuchamt, 70 die zugleich ein Vollsteckungsakt sind, etwa zwecks Eintragung einer Zwangshypothek. Indessen ist insofern ein besonderer Bewilligungsantrag zumindest ratsam. Er ist erforderlich, soweit PKH für die Beschwerde innerhalb der Zwangsvollstreckung begehrt wird, vgl S 1. Die Bewilligung „für die Zwangsvollstreckung" umfaßt nicht einen im Rahmen der Vollstreckung notwendig werdenden Rechtsstreit, etwa eine Vollstreckungsabwehrklage, § 767, oder eine Drittwiderspruchsklage, § 771. In diesen Fällen muß man den Bewilligungsantrag an das Prozeßgericht stellen. Diesen Antrag muß auch der Richter bearbeiten, nicht der Rpfl. Eine rückwirkende Bewilligung erfolgt grundsätzlich nicht, AG Essen DGVZ **97**, 46.

Zu den zahlreichen weiteren *Einzelfragen* Behr/Hantke Rpfleger **81**, 265, Bobenhausen Rpfleger **84**, 394, Brehm DAVorm **82**, 497. Eine fehlerhafte Bewilligung bleibt allerdings bis zur Aufhebung wirksam. Ein Antrag auf die Bewilligung für das Erkenntnisverfahren kann auch schon einen solchen für die Zwangsvollstreckung, auch stillschweigend, umfassen; für den letzteren besteht ein Rechtsschutzbedürfnis freilich erst ab vorläufiger Vollstreckbarkeit, vgl LG Wuppert DAVorm **86**, 908.

§§ 119, 120                                                                 1. Buch. 2. Abschnitt. Parteien

71  12) **VwGO:** Entsprechend anzuwenden, § 166 VwGO, und zwar ohne Einschränkung auch I 2, BVerfG NJW 87, 1619, OVG Kblz NVwZ-RR **94**, 123 (auch zu den Grenzen, vgl oben Rn 58 ff), auch im Verfahren des OVG über eine Nichtzulassungsbeschwerde, OVG Hbg DÖV **88**, 887. Die Nichtzulassungsbeschwerde und das anschließende Rechtsmittelverfahren sind verschiedene Rechtszüge, nicht dagegen das Zulassungsverfahren vor dem OVG und das Berufungsverfahren, § 14 II 2 BRAGO, VGH Mannh DVBl **99**, 108 mwN, OVG Weimar NVwZ **98**, 867, VGH Kassel NJW **98**, 553. Nicht zum Rechtszug gehört das Vorverfahren iSv § 68 VwGO, VGH Mannh NVwZ-RR **95**, 303. Zur Rückwirkung der Bewilligung bei mit der Klagerhebung bzw Rechtsmitteleinlegung gleichzeitiger Antragstellung vgl BVerwG DÖV **95**, 384, OVG Bln JB **94**, 350, OVG Bre NVwZ-RR **89**, 586 mwN. Wegen der Einzelheiten s auch § 127 Rn 104 ff. Wegen II, oben Rn 68 ff, s § 764 Rn 9.

## 120 Bewilligung, Raten, vorläufige Zahlungseinstellung.

$^I$ $^1$Mit der Bewilligung der Prozeßkostenhilfe setzt das Gericht zu zahlende Monatsraten und aus dem Vermögen zu zahlende Beträge fest. $^2$Setzt das Gericht nach § 115 Abs. 1 Satz 3 Nr. 4 mit Rücksicht auf besondere Belastungen von dem Einkommen Beträge ab und ist anzunehmen, daß die Belastungen bis zum Ablauf von vier Jahren ganz oder teilweise entfallen werden, so setzt das Gericht zugleich diejenigen Zahlungen fest, die sich ergeben, wenn die Belastungen nicht oder nur in verringertem Umfang berücksichtigt werden, und bestimmt den Zeitpunkt, von dem an sie zu erbringen sind.

$^{II}$ Die Zahlungen sind an die Landeskasse zu leisten, im Verfahren vor dem Bundesgerichtshof an die Bundeskasse, wenn Prozeßkostenhilfe in einem vorherigen Rechtszug nicht bewilligt worden ist.

$^{III}$ Das Gericht soll die vorläufige Einstellung der Zahlungen bestimmen,
1. wenn abzusehen ist, daß die Zahlungen der Partei die Kosten decken;
2. wenn die Partei, ein ihr beigeordneter Rechtsanwalt oder die Bundes- oder Landeskasse die Kosten gegen einen anderen am Verfahren Beteiligten geltend machen kann.

$^{IV}$ $^1$Das Gericht kann die Entscheidung über die zu leistenden Zahlungen ändern, wenn sich die für die Prozeßkostenhilfe maßgebenden persönlichen oder wirtschaftlichen Verhältnisse wesentlich geändert haben; eine Änderung der nach § 115 Abs. 1 Satz 3 Nr. 2 Satz 1 maßgebenden Beträge ist nur auf Antrag und nur dann zu berücksichtigen, wenn sie dazu führt, daß keine Monatsrate zu zahlen ist. $^2$Auf Verlangen des Gerichts hat sich die Partei darüber zu erklären, ob eine Änderung der Verhältnisse eingetreten ist. Eine Änderung zum Nachteil der Partei ist ausgeschlossen, wenn seit der rechtskräftigen Entscheidung oder sonstigen Beendigung des Verfahrens vier Jahre vergangen sind.

**Schrifttum:** *Huhnstock,* Abänderung und Aufhebung der Prozeßkostenhilfebewilligung, 1995.

**Gliederung**

| | |
|---|---|
| 1) Systematik, Regelungszweck, I–IV ... 1 | 8) Vorläufige Einstellung der Zahlungen", III ... 14–19 |
| 2) Geltungsbereich, I–IV ... 2 | A. Voraussichtliche Kostendeckung, III Z 1 ... 15, 16 |
| 3) Festsetzung „mit der Bewilligung", I 1 ... 3–7 | B. Beitreibungsmöglichkeit gegen anderen Beteiligten, III Z 2 ... 17 |
| A. Kein Zwang zu Raten usw ... 3 | C. Anordnung der Wiederaufnahme der Zahlungen, III Z 1, 2 ... 18 |
| B. Keine Einheit von „Bewilligung" und Ratenfestsetzung usw ... 4 | D. Verfahren des Rechtspflegers, III Z 1, 2 ... 19 |
| C. Ermessen des Gerichts ... 5 | 9) „Änderung der Entscheidung", IV ... 20–32 |
| D. Mangels Festsetzung keine Zahlungspflicht ... 6 | A. „... wesentlich geändert", IV 1 ... 21 |
| E. Zuständigkeit ... 7 | B. „Das Gericht kann ... ändern", IV 1 . 22 |
| 4) „Monatsraten" usw, I 1 ... 8, 9 | C. Keine völlige Versagung, IV 1 ... 23, 24 |
| A. Anordnung zugleich mit Bewilligung . 8 | D. Kritik, IV 1 ... 25–27 |
| B. Zahlungszeitpunkte ... 9 | E. Einzelfragen, IV 1 ... 28 |
| 5) Raten usw: Keine Bewilligungsbedingungen, I ... 10 | F. Erklärungspflicht nur „auf Verlangen des Gerichts", IV 2 ... 29 |
| 6) Voraussichtlicher Wegfall „besonderer Belastungen", I 2 ... 11, 12 | G. Verböserungsverbot, IV 3 ... 30, 31 |
| A. Pflicht zur Vorausschau ... 11 | H. Verfahren des Rechtspflegers, IV 1–3 . 32 |
| B. Einzelfragen ... 12 | 10) Rechtsbehelfe, I–IV ... 33 |
| 7) Zahlungsgläubiger: „Landeskasse", „Bundeskasse", II ... 13 | 11) VwGO ... 34 |

1  **1) Systematik, Regelungszweck, I–IV.** Während § 114 andeutet, daß PKH evtl nur gegen Ratenzahlungen und/oder Vermögensbeiträge bewilligt wird, und während § 115 einschließlich seiner Tabelle bestimmt, wie das Gericht solche Leistungen des Antragstellers zu ermitteln hat, enthält § 120 zusammen mit § 124 als Ergänzung zu § 119 für den Fall der Bewilligung nur gegen Raten und/oder Vermögensbeiträge weitere Regeln für das Festsetzungsverfahren und für eine nachträgliche Einstellung oder sonstige Änderung dieses Teils der Gesamtentscheidung. III Z 1 ist eine notwendige Begleitvorschrift zu der Regelung, daß ein Zahlungsanspruch im Verwaltungszwang beigetrieben werden kann, § 1 Z 4a JBeitrO, Hartmann Teil IX A, daß der Zahlungsanspruch aber nur bis zur Höhe der gesamten Prozeßkosten entsteht, Bischof AnwBl **81**, 371. IV erfaßt nur die Entscheidung über die zu leistenden Zahlungen, nicht die

## 7. Titel. Prozeßkostenhilfe und Prozeßkostenvorschuß § 120

Entscheidung über einen völligen Wegfall von PKH; letzterer ist im § 124 geregelt. Auch Entscheidungen nach § 120 ergehen ohne mündliche Verhandlung, § 127 I 1. Ihre Anfechtbarkeit richtet sich nach § 127 II.

Das komplizierte Geflecht von Möglichkeiten der Anordnung, Änderung oder Beendigung bzw Aufhebung von Ratenzahlungspflichten ist Ausdruck der Bemühung des Gesetzes um *Gerechtigkeit*, Einl III 43, auch auf diesem Nebenschauplatz des Prozesses. Man kann aus noch so achtbaren fiskalischen Gründen, die ebenfalls eine erhebliche Hintergrundrolle spielen, das ohnehin ständig überlastete Gericht aber auch wirklich mit den nach §§ 115, 120 erforderlichen Kontrollen überstrapazieren. Deshalb sollte die letztere Vorschrift ebensowenig wie die erstere zu streng ausgelegt werden, zumindest nicht zu Lasten des Antragstellers.

**2) Geltungsbereich, I–IV.** Vgl Üb 4 vor § 114, § 114 Rn 9–45. II gilt entsprechend im FGG-Verfahren, § 14 FGG, KG FamRZ **95**, 629, ebenso II, III, IV 1, 2 gemäß § 56 g II 1 FGG. 2

**3) Festsetzung „mit der Bewilligung", I 1.** Der scheinbar einfache Wortlaut bedarf näherer Prüfung. 3

**A. Kein Zwang zu Raten usw.** Entgegen dem Wortlaut muß das Gericht keineswegs immer mit der Bewilligung Raten usw festsetzen. Denn die Bedürftigkeit kann so erheblich sein, daß weder Raten noch Vermögensbeiträge in Betracht kommen, §§ 114, 115. Es kann also zu einer uneingeschränkten Bewilligung kommen. Nur diesen Fall meinen § 127 II 1, III (Anfechtung nur durch die Staatskasse). Hat das Gericht weder Raten noch Vermögensbeiträge festgesetzt, so kommt eine Änderung nur unter den Voraussetzungen nach IV 2 in Betracht. Das ist rechtspolitisch bedenklich; Einzelheiten Rn 29.

**B. Keine Einheit von „Bewilligung" und Ratenfestsetzung usw.** Eine Festsetzung von Monatsraten 4 und/oder Vermögensbeiträgen nach § 120 ist zwar grundsätzlich zeitlich und räumlich mit der eigentlichen Bewilligung im Sinn von § 119 verbunden; dieser Grundsatz gilt aber nicht lückenlos. Die Bewilligung nach § 120 mit derjenigen nach § 119 eine untrennbare Einheit. Die Bewilligung nach § 119 befindet darüber, ob überhaupt PKH zu gewähren ist; im Grunde erst nach Bejahung dieser Vorfrage ist zu prüfen, ob wenigstens Ratenpflichten usw aufzuerlegen sind. Diese Unterscheidung hat erhebliche Folgen für die Anfechtbarkeit, § 127 Rn 23 ff, Köln FamRZ **84**, 1121, LAG Köln MDR **82**, 789, aM Bbg RR **86**, 742, Hbg MDR **83**, 584, Hamm Rpfleger **84**, 432.

**C. Ermessen des Gerichts.** Die Formulierung in I 1 „setzt das Gericht ... fest" bedeutet: Das Gericht 5 hat zwar ein pflichtgemäßes Ermessen; es ist aber an I 2, IV und an §§ 114–118, insbesondere an § 115, gebunden. Das Gericht ist also verpflichtet, anhand aller dieser Vorschriften festzustellen, ob und in welchem Umfang eine finanzielle Beteiligung des Antragstellers an den Prozeßkosten in Betracht kommt. Nur im Rahmen der dortigen Kriterien ist ein Ermessen vorhanden. Deshalb bindet auch eine bloße Zusage der künftigen Bewilligung nicht, ZöPh 1, aM KG FamRZ **86**, 925 (aber das Verfahren ist eben gerade kein bloßes Verwaltungshandeln, sondern ein gerichtliches Verfahren, Üb 3 vor § 114).

**D. Mangels Festsetzung keine Zahlungspflicht.** Soweit das Gericht nicht ausdrücklich und eindeutig 6 Raten usw festsetzt, besteht schon wegen des Fehlens eines Zwangs zu solchen Anordnungen, Rn 3, keine Zahlungspflicht.

**E. Zuständigkeit.** Zuständig ist „das Gericht". Gemeint ist dasjenige Gericht, das im Sinn von § 119 7 überhaupt über die Bewilligung entscheidet, also dasjenige Gericht, für dessen Rechtszug der Antrag vorliegt, § 117 Rn 12, § 119 Rn 12. Es entscheidet grundsätzlich in voller richterlicher Besetzung, nicht durch den Vorsitzenden allein. Er darf bei I 1 die Entscheidung auch nicht dem Rpfl übertragen; § 20 Z 4 RPflG, auch § 153 GVG, sieht insofern keine Möglichkeit der Beauftragung des Rpfl vor. Der Beschluß ist zu begründen, § 329 Rn 4, Karlsr FamRZ **91**, 349 (sonst evtl Zurückverweisung). Die Beschwerdeinstanz kann grundsätzlich auch rückwirkend verbösern, LG Osnabr Rpfleger **94**, 363 (zum alten Recht).

**4) „Monatsraten" usw, I 1.** Ob und in welchem Umfang entweder wegen § 115 II aus dem Vermögen 8 ein einmaliger (oder theoretisch auch insofern ratenweiser) Betrag zu zahlen oder wegen § 115 I aus dem Einkommen (Selbstbehalt, Hamm FamRZ **94**, 446) Monatsraten nach der Tabelle in § 115 zu zahlen sind, und zwar wegen § 115 III mindestens 5 Raten, wird nach den dortigen Vorschriften ermittelt.

**A. Anordnung zugleich mit Bewilligung.** Sofern überhaupt Raten und/oder Vermögensbeiträge notwendig sind, ist das Gericht grundsätzlich verpflichtet, über die Zahl der Raten und die Höhe der Vermögensbeiträge zugleich mit der Bewilligung von PKH zu entscheiden, Hamm MDR **90**, 345, ArbG Münster MDR **82**, 84. Das Gericht hat also keinen Ermessensspielraum, ob es etwa die wirtschaftliche Entwicklung des bereits „Begünstigten" noch einige Wochen oder Monate hindurch abwarten will; es darf auch nicht eine Entscheidung nach I „vorbehaltlich einer erneuten Überprüfung nach ... Monaten" oder unter einem ähnlichen Vorbehalt treffen, Hbg FamRZ **96**, 1424, Kblz VersR **80**, 1176. Es muß vielmehr unter Beachtung von I 2 bereits jetzt eine endgültige finanzielle Beurteilung im Zeitpunkt der Bewilligung der PKH überhaupt vornehmen, Bre FamRZ **83**, 637. Ein etwaiger Vorbehalt der Ratenzahlungsanordnung entfällt jedenfalls mit einer Hauptsacheentscheidung, Düss FamRZ **96**, 1424, Hamm MDR **90**, 345, und gar mit deren Rechtskraft, Düss Rpfleger **96**, 808. Es muß auch über den Beginn einer Zahlungsfrist jetzt entschieden; die gesetzliche Fälligkeit gilt mangels abweichender Bestimmung, ThP 1, ZöPh 11, aM LAG Hamm MDR **82**, 612, Fischer SchlHA **81**, 5 (maßgebend seien §§ 61, 65 GKG, 130 BRAGO und in einer Arbeitssache §§ 11 a III, 12 IV ArbGG), Grunsky NJW **80**, 2045.

Im Fall einer *rückwirkenden Bewilligung,* § 119 Rn 10, kommen Raten usw trotzdem durchweg erst ab Mitteilung ihrer Anordnung in Betracht. Denn sonst wäre evtl eine erhebliche Kapitalsumme sofort zu zahlen; das wäre systemfremd.

**B. Zahlungszeitpunkte.** Während das Gericht für den Fall, daß es überhaupt Raten festsetzt, in ihrer 9 jeweiligen Höhe an die amtliche Tabelle in § 115 gebunden ist, hat es im Rahmen seines pflichtgemäßen Ermessens, Rn 5, in den Grenzen von I 2 und unter Beachtung der gesetzlichen Höchstzahl von 48 Monatsraten (§ 115 III) einerseits und der Mindestzahl von 5 Raten andererseits, § 115 III, einen weiteren Spielraum für die Entscheidung, zu welchen Zeitpunkten und in welcher Reihenfolge der Antragsteller finanzielle Beiträge aus dem Vermögen oder Raten leisten soll, Düss FamRZ **86**, 1124, KG Rpfleger **84**,

§ 120                                                                1. Buch. 2. Abschnitt. Parteien

477. Im Zweifel beginnt die Ratenzahlungspflicht usw mit dem Wirksamwerden des Beschlusses, § 329 Rn 26, aM Nürnb Rpfleger **92**, 399 (6–8 Wochen nach der Beschlußfassung).

**10**    **5) Raten usw: Keine Bewilligungsbedingungen, I 1.** Es wäre ungenau, eine Zahlungspflicht aus dem Vermögen oder Einkommen des Antragstellers als eine aufschiebende oder auflösende Bedingung der Bewilligung der PKH zu bezeichnen, die ohnehin ebenso wie eine bloße Bewilligung unter einem Vorbehalt unzulässig wäre, Rn 8, Kblz VersR **80**, 1076. Denn die PKH setzt nach der Konstruktion des Gesetzes im bewilligten Umfang sogleich und nicht etwa erst dann ein, wenn und solange die Partei die ihr auferlegten eigenen Zahlungen pünktlich leistet. Die PKH läuft vielmehr in einmal bewilligten Umfang fort, bis sie nach I 2 oder IV geändert oder nach § 124 aufgehoben wird. Selbst im letzteren Fall steht die Bewilligung aber nicht unter einer auflösenden Bedingung. Denn dann würde die Bewilligung mit dem Eintritt der Bedingung automatisch enden, vgl § 158 II BGB. Eine Aufhebung nach § 124 wäre nicht erforderlich. Im Umfang der Bewilligung treten deren Wirkungen also unabhängig davon ein, ob die Zahlungspflichten endgültig sind, ob sie pünktlich erfüllt werden, ob eine vorläufige Einstellung nach III erfolgt usw.

**11**    **6) Voraussichtlicher Wegfall „besonderer Belastungen", I 2.** Man sollte nicht kleinlich prüfen.
    **A. Pflicht zur Vorausschau.** Gemäß § 115 I 3 Z 4 kann es notwendig sein, von dem Einkommen Beträge abzusetzen, soweit dies mit Rücksicht auf besondere Belastungen angemessen ist. Jedoch mag sich schon im Zeitpunkt der Bewilligung der PKH erkennen lassen, daß solche besonderen Belastungen vor Ablauf derjenigen vier Jahre ganz oder teilweise entfallen, für die verbindlich die höchsten Raten zu zahlen sind. In diesem Fall wäre es unzweckmäßig, die voraussichtliche Verbesserung der Verhältnisse des Antragstellers zunächst völlig unbeachtet zu lassen. Deshalb verpflichtet I 2 das Gericht dazu, bereits mit der Erstentscheidung über die Raten usw und daher zugleich mit der Bewilligung der PKH überhaupt zu bestimmen, von welchem Zeitpunkt an höhere Raten bzw Vermögensbeiträge zu leisten sind.

**12**    **B. Einzelfragen.** Die Entscheidung darf nur auf fällige bzw vorzuschließende Kosten des Gerichts und eines etwa beizuordnenden Anwalts abstellen, VGH Kassel MDR **93**, 914, dagegen nicht auf die noch nicht fälligen Kosten, vgl auch Rn 21. Das Gericht darf trotz der Notwendigkeit einer Vorausschau nicht versuchen, allzu ungewisse zukünftige Entwicklungen schon jetzt einzubeziehen. Es darf aber einen gesicherten Einkommens- und Vermögenszuwachs berücksichtigen, Düss Rpfleger **90**, 305. Es muß im Zweifel zugunsten des Antragstellers entscheiden. Denn nur so läßt sich das Gebot der Sozialstaatlichkeit, Üb 2, 4 vor § 114, verwirklichen. Die Staatskasse muß etwaige Ungerechtigkeiten hinnehmen. Man darf auch nicht etwa im Zweifel schärfere Bedingungen schon wegen eines möglichen neuen Antrags stellen.

**13**    **7) Zahlungsgläubiger: „Landeskasse", „Bundeskasse", II.** Die Vorschrift enthält wegen der Zahlungsgläubiger eine Klarstellung, die der Verteilung des Gebührenaufkommens im übrigen Bereich der Justiz im wesentlichen entspricht.

**14**    **8) „Vorläufige Einstellung der Zahlungen", III.** Man muß zwischen der vorläufigen Zahlungseinstellung unter den Voraussetzungen Z 1, 2 einerseits und einer Änderung der Entscheidung über Zahlungen unter den Voraussetzungen IV unterscheiden. Für III gilt:

**15**    **A. Voraussichtliche Kostendeckung, III Z 1.** Die Anordnung der vorläufigen Einstellung der Zahlungen erfolgt, sobald „abzusehen ist, daß die Zahlungen der Partei die Kosten decken". Denn dann besteht natürlich kein Bedarf mehr für Leistungen des Begünstigten. Der Rpfl, dem das Verfahren nach III übertragen ist, Rn 19, darf nur die bisher fälligen Kosten berücksichtigen, KG JB **97**, 32, nicht auch die erst in Zukunft evtl anfallenden Gebühren, Schlesw SchlHA **83**, 142.

**16**    Die Raten sind allerdings nach der verfassungsrechtlich problematischen Regelung des § 124 I BRAGO, Hartmann dort Rn 6 mwN, bis zur instanzübergreifenden vollen Deckung der Regelgebühren des beigeordneten Anwalts, der sog *Differenzgebühr*, einzuziehen, Köln Rpfleger **97**, 313, LAG Erfurt DB **97**, 1780, LAG Hamm RR **98**, 201, Hartmann Teil X § 124 BRAGO Rn 6.
    *Beispiele* voraussichtlicher Kostendeckung: Es erfolgt eine teilweise Klagrücknahme, LG Bln MDR **82**, 413; ein teures Gutachten ist nicht mehr erforderlich; eine Unterbrechung nach § 240 statt, LG Bln MDR **83**, 413.

**17**    **B. Beitreibungsmöglichkeit gegen anderen Beteiligten, III Z 2.** Die Anordnung der vorläufigen Einstellung der Zahlungen erfolgt auch dann, wenn „die Partei, ein ihr beigeordneter Rechtsanwalt oder die Bundes- oder Landeskasse die Kosten gegen einen anderen am Verfahren Beteiligten geltend machen kann". Dieser Fall kann zB dann eintreten, sobald der Begünstigte siegt, Köln FamRZ **86**, 926, oder der durch einen Vergleich einen Kostenerstattungsanspruch erhält, BGH Rpfleger **91**, 259, oder wenn sonst die Voraussetzungen des § 123 erfüllt sind, s dort. Man muß allerdings mitbeachten, daß die Haftung eines anderen Kostenschuldners von der Staatskasse nur geltend gemacht werden soll, wenn eine Zwangsvollstreckung in das bewegliche Vermögen des Entscheidungs- oder des Übernahmeschuldners, § 54 Z 1, 2 GKG, erfolglos geblieben ist oder aussichtslos erscheint, und daß die Haftung eines anderen Kostenschuldners nicht geltend gemacht werden soll, soweit ein Entscheidungsschuldner PKH bewilligt erhalten hatte, § 58 II GKG, Hamm Rpfleger **82**, 197, Köln FamRZ **86**, 926. Daher hat Z 2 kaum Bedeutung.

**18**    **C. Anordnung der Wiederaufnahme der Zahlungen, III Z 1, 2.** Unter den nachfolgenden Voraussetzungen darf und muß das Gericht eine „Wiederaufnahme der Zahlungen" anordnen. Das ergibt sich aus § 20 Z 4 b RPflG, Anh § 153 GVG, und auch aus der Natur der Sache.
    *Beispiele*: Es stellt sich eine restliche Kostenschuld heraus, Hamm **KR** Nr 5, ThP 7; die Beitreibung gelingt nicht, Hbg MDR **85**, 941, Bischof AnwBl **81**, 374, Lappe MDR **85**, 463.
    Eine *Stundung* zählt nicht hierher, Hamm Rpfleger **82**, 197.

**19**    **D. Verfahren des Rechtspflegers, III Z 1, 2.** Das Verfahren und die Entscheidung nach III Z 1, 2 ist dem Rpfl übertragen, § 20 Z 4 b RPflG, Anh § 153 GVG. Damit er die erforderliche Überwachung vornehmen kann, muß ihm der Registraturbeamte die Akten nach Maßgabe des § 3 I KostVfg, Hartmann

### 7. Titel. Prozeßkostenhilfe und Prozeßkostenvorschuß § 120

Teil VII A, unverzüglich vorlegen. Eine Verzögerung usw kann einen Staatshaftungsanspruch des Begünstigten auslösen. Er kann unter den Voraussetzungen III einen Antrag auf die Prüfung der Frage einreichen, ob eine vorläufige Zahlungseinstellung vorzunehmen ist.

**9) „Änderung der Entscheidung", IV**, dazu *Büttner* Rpfleger 97, 347 (Üb): Während III bei voraus- **20** sichtlicher Kostendeckung oder anderer Beitreibungsmöglichkeit die Anordnung vorläufiger Einstellung (oder deren Wiederaufnahme) vorsieht, schafft IV die Möglichkeit einer Änderung der Entscheidung über die Zahlungspflicht überhaupt bei einer wesentlichen Änderung der Verhältnisse.

**A. „... wesentlich geändert", IV 1.** Sowohl im Fall einer objektiven Verschlechterung der persönli- **21** chen oder wirtschaftlichen Verhältnisse des Antragstellers bzw der ihm gegenüber Unterhaltsberechtigten als auch vor allem bei einer Verbesserung der objektiven Gesamtsituation ist das Gericht zu einer Änderung der Entscheidung über die zu leistenden Zahlungen berechtigt, Bratfisch Rpfleger 87, 100. Die Änderung muß freilich nach der bisherigen Entscheidung eingetreten sein, Köln FamRZ 87, 962, 1167. Es reicht nicht aus, daß das Gericht die bisherige Lage, die objektiv fortbesteht, fehlerhaft beurteilt hatte, Celle FamRZ 91, 208, Köln MDR 97, 404; wegen dieses Falls vgl § 124 Rn 48. Die Änderung muß bereits eingetreten sein, sie darf nicht nur bevorstehen, Ffm FamRZ 92, 1451, Karlsr FamRZ 99, 1145, großzügiger Köln Rpfleger 99, 30. Sie kann schon einige Zeit zurückliegen, Köln MDR 94, 1045. Eine Anhebung der Pfändungsfreigrenzen reicht nicht, LAG Bre MDR 93, 695. Im Fall der Verschlechterung der Verhältnisse kommt auch ein neuer PKH-Antrag in Betracht, Karlsr Just 83, 388, Mü OLGZ 85, 490.

Die Änderung muß *„wesentlich"* sein, Karlsr FamRZ 92, 704. Hier sind grundsätzlich die Tabelle zu § 115, Brdb FamRZ 96, 1291, sowie die bei § 323 entwickelten Regeln, dort Rn 36 ff, übernehmbar, Köln Rpfleger 99, 282. Die Saldierung sollte also etwa 10% überschreiten, strenger Hamm MDR 91, 62, ZöPh 14 (aber selbst § 323 ist nicht so streng); 100 DM sind kaum wesentlich, Düss Rpfleger 91, 425, ebensowenig 7,7%, Nürnb FamRZ 93, 818.

*Beispiele:* Es ist ein erheblicher Vermögenserwerb eingetreten, Hamm FamRZ 97, 682, Köln Rpfleger 99, 402, Mü FamRZ 99, 303; der Antragsteller hat geerbt; er ist arbeitslos geworden; er hat eine wesentliche Gehaltserhöhung erhalten; er hat bei einem Vergleich unerwartet viel erhalten, Hamm JB 93, 687 (Vorsicht!); er ist nun leiblichen Vater anerkannt worden, Mü FamRZ 97, 1284, Nürnb FamRZ 95, 1593.

*Gegenbeispiele:* Im Rahmen des Zugewinnausgleichs ist Geld zugeflossen, das zum Erwerb eines Familienheims dient, das vom Schutzzweck des § 88 II Z 7 BSHG (abgedruckt bei § 115) erfaßt würde, Bbg FamRZ 95, 1590; ein Unterhaltsanspruch kann nach § 1613 II 2 BGB nicht mehr geltend gemacht werden, Bbg FamRZ 95, 1591; die Partei hat es versäumt, eine Ratenzahlungsanordnung rechtzeitig mit der Beschwerde nach § 127 anzugreifen, und später treten je geringe Änderungen ein, Bbg FamRZ 95, 1592; es besteht nach Feststellung der Nichtehelichkeit kein hochgradig durchsetzbarer Anspruch gegen den leiblichen Vater, Drsd FamRZ 99, 303.

Soweit es nur um eine Änderung der *Unterhaltslage* geht, ist eine Änderung nur auf Antrag und nur dann zu berücksichtigen, wenn infolge dieser Änderung keinerlei Raten mehr zu zahlen sind, IV 1 letzter Hs in Verbindung mit § 115 I 3 Z 2 S 1.

**B. „Das Gericht kann ... ändern", IV 1.** Das Wort „kann" stellt, wie so oft, nur in die Zuständigkeit, **22** bedeutet also hier keine Ermessensfreiheit. Denn der Sinn des Gesetzes ist eindeutig: Es sollen die Ungerechtigkeiten einer unveränderten PKH trotz veränderter Verhältnisse beseitigt werden. Das Gericht ist daher beim Vorliegen der gesetzlichen Voraussetzungen zur Änderung der Entscheidung von Amts wegen verpflichtet, nicht nur berechtigt, Grdz 38 vor § 128, LAG Köln Rpfleger 91, 512, Bratfisch Rpfleger 87, 100. Es kommt auch ein Antrag der Staatskasse in Betracht, Bratfisch Rpfleger 87, 100. Der nach § 121 beigeordnete Anwalt kann eine Änderung nur anregen, Schlesw JB 98, 93. Wegen des Antrags nach IV 1 letzter Hs vgl Rn 22.

**C. Keine völlige Versagung, IV 1.** Eine Änderung kommt nur insoweit in Betracht, als es um „die zu **23** leistenden Zahlungen" geht, also um Ratenzahlungen oder Vermögensbeiträge, I 1, so auch KG MDR 90, 450 (es übersieht bei seiner Kritik das vorstehende Wort „Vermögensbeiträge"), Kblz Rpfleger 96, 206 (sofortige Fälligkeit aller Raten), Maurer FamRZ 89, 245. Das Gericht hat also aus einer Bewilligung ohne Raten usw (sog Nulltarif) eine solche gegen Raten usw zu machen, Bbg JB 90, 1651, KG MDR 90, 167, Köln VersR 93, 1379, aus einer niedrigeren Ratenpflicht eine höhere, und aus einer bisher ratenlosen Bewilligung eine solche nur noch gegen Raten, Bbg JB 91, 256, und jeweils umgekehrt, Zweibr Rpfleger 92, 357, wie insbesondere IV 1 letzter Hs in Verbindung mit § 115 I 3 Z 2 S 1 zeigt.

*Nicht* aber kann aus einer Bewilligung mit oder ohne Raten usw nunmehr eine *völlige Versagung bzw* **24** *Aufhebung* jeder Art von PKH gemacht werden, selbst wenn das verfassungsrechtlich zulässig, BVerfG NJW 85, 1767, und fiskalisch wünschenswert wäre, Brdb FamRZ 97, 1544, Düss FamRZ 94, 1267, Kblz Rpfleger 96, 206, aM Karlsr FamRZ 90, 1121, Köln AnwBl 93, 299, Mü Rpfleger 91, 26.

**D. Kritik, IV 1.** Die Regelung ist rechtspolitisch unbefriedigend, so auch Maurer FamRZ 89, 245 (IV **25** sei „stumpf genug geraten"). Es kann sich zB ergeben, daß derjenige, der als Unbemittelter heute PKH ohne Ratenanordnung usw nur unter den voraussichtlich allein in dieser Instanz jahrelangen Rechtsstreit erhält, übermorgen durch Erbschaft, Lottogewinn oder neue Geschäftsabschlüsse zum Millionär werden und trotzdem grds ungerührt PKH (nunmehr gegen Raten) genießen kann, ohne von sich aus aktiv werden zu müssen und ohne sich insofern vor einem etwaigen Abänderungsbeschluß des Gerichts irgendwie rechtswidrig zu verhalten. Wenn ihm bisher PKH ohne eigene finanzielle Beteiligung bewilligt wurde, muß die Staatskasse, soweit eine Beschwerde nach III nicht (mehr) in Betracht kommt, unverändert sogar darauf verzichten, wenigstens vom Prozeßgegner Vorschüsse zu fordern usw, § 122 II.

Soweit der vorgenannte Antragsteller einen *Anwalt* beauftragt hat, muß die Staatskasse schon deshalb auch **26** seinem Prozeßgegner dessen Anwalt zumindest vorfinanzieren, sofern die persönlichen und sachlichen Voraussetzungen für eine PKH beim Prozeßgegner vorlagen. Das gilt selbst im Parteiprozeß, § 121 II 1 Hs 2. Alle diese Ergebnisse haben mit einer Gerechtigkeit der angestrebten Art kaum noch etwas gemein, sobald

## § 120

27  Andererseits läuft der Antragsteller auch dann kein Risiko, wenn sich seine wirtschaftliche Lage seit der Entscheidung wesentlich *verschlechtert* hat. Denn jedenfalls bis zur Entscheidung in der Hauptsache kann er unabhängig von einem Änderungsantrag nach IV jederzeit auf Grund neuer Zahlenangaben ein neues PKH-Gesuch stellen bzw eine Herabsetzung oder Streichung der Ratenzahlungspflicht fordern, Bbg JB **83**, 456, Celle Nds Rpfl **83**, 31, Hbg MDR **83**, 234, aM Brschw FamRZ **86**, 82, Mü MDR **85**, 942. Die Staatskasse ist demgegenüber bis auf die in § 127 III genannten Fälle, Nürnb JB **92**, 756, an die Entscheidung des Gerichts gebunden, vgl Ffm FamRZ **91**, 1327. Daher bleibt im Ergebnis eine erhebliche Verlagerung des wirtschaftlichen Risikos zu Lasten der Staatskasse bestehen.

28  **E. Einzelfragen, IV 1.** Wirksam ist, auch für das Rechtsmittelgericht, nur die zuletzt erfolgte Ratenfestsetzung, unabhängig davon, in welcher Instanz sie beschlossen wurde, BGH NJW **83**, 944, Hamm FamRZ **86**, 1014. Auch bis zum rechtskräftigen Abschluß des Prozesses bleibt das Prozeßgericht zuständig; nicht etwa ist der Verwaltungsweg eröffnet, Bbg JB **92**, 251, Düss (6. FamS) FamRZ **94**, 1268, Köln Rpfleger **99**, 282, aM (teilweise zum alten Recht) Düss (10. ZS) AnwBl **88**, 125, Hbg MDR **83**, 234, Schlesw SchlHA **88**, 67 (aber der Text von IV ist eben eindeutig).

29  **F. Erklärungspflicht nur „auf Verlangen des Gerichts", IV 2.** Der Antragsteller hat keine gesetzliche Anzeigepflicht über Veränderungen seiner Lage im Sinn von IV 1, Bbg FamRZ **95**, 374. Er braucht nur „auf Verlangen des Gerichts" Erklärungen abzugeben; das stellt IV 2 klar, Mü FamRZ **92**, 702, Zweibr MDR **97**, 886. Darin liegt eine weitere Schwäche und Inkonsequenz der geltenden Regelung. Sie ist indes eindeutig hingenommen worden. Sie läßt Änderungsmöglichkeiten praktisch davon abhängen, daß der Antragsgegner eine Änderung der Verhältnisse des Antragstellers anzeigt oder daß das Gericht sonstwie im Verfahren zufällig davon erfährt. Ein nochmaliges Formular nach § 117 ist nicht vorzulegen, Brdb FamRZ **96**, 806, Kblz FamRZ **99**, 1144.

Das Gericht ist zu einer *Anfrage* nach IV 2 aber auch beim Verdacht oder gar bei Kenntnis von Veränderungen unverzüglich verpflichtet, LAG Köln Rpfleger **91**, 512. Der Antragsteller hat keinen Vertrauensschutz dahin, daß eine Überprüfung nach IV 2 unterbleibt, LAG Köln Rpfleger **91**, 512. Es kann nur eine Glaubhaftmachung der gemachten Angaben im Sinn von § 118 II 4 fordern, Hamm FamRZ **96**, 1291, nicht aber eine nochmalige Ausfüllung des Formulars nach § 117 II–IV, LAG Bre BB **90**, 2196. Es muß eine angemessene Frist setzen, LAG Bre BB **90**, 2196, und die erforderliche Form einhalten, § 329 Rn 11, 12, 31. Die Frist ist keine Notfrist nach § 224 I 2 und keine Ausschlußfrist, Brdb Rpfleger **98**, 205, Kblz FamRZ **96**, 617, Mü FamRZ **93**, 580. Sie kann im Beschwerdeverfahren der §§ 567 ff nachfolgen, Stgt Rpfleger **97**, 220, vor allem bei Schuldlosigkeit aus Fristablauf, Bbg FamRZ **99**, 308. Im übrigen ist § 118 II 4 mitzubeachten.

30  **G. Verböserungsverbot, IV 3.** Die Änderung *zugunsten* des Antragstellers ist zwar, wenn überhaupt, sogar rückwirkend zulässig und notwendig, LAG Kiel SchlHA **88**, 91 (zum neuen Recht), ThP 12 (zum neuen Recht), ZöPh § 124 Rn 17, aM (teilweise zum alten Recht) Ffm RR **86**, 358, Saarbr NJW **83**, 1068. Eine Änderung *zum Nachteil* des Antragstellers ist aber abweichend von den eben genannten Regeln nur unter den folgenden besonderen Voraussetzungen statthaft. Sie ist zunächst nur bis zum Ablauf von immerhin vier Jahren seit der Rechtskraft der Entscheidung oder seit der sonstigen Verfahrensbeendigung zulässig, § 322, also seit der Beendigung dieses gesamten Hauptsachestreits, nicht etwa seit der Bewilligung der PKH, Kblz Rpfleger **94**, 259, Mü Rpfleger **94**, 219. Innerhalb der Frist muß die Entscheidung ergehen; die Einleitung des Änderungsverfahrens reicht also nicht, Naumbg Rpfleger **96**, 413, aM ZöPh 15. Während dieser langen Frist ist das Gericht und auf sein Verlangen auch der Antragsteller zu einer notfalls jahrelangen Rückabrollung der Verhältnisse angehalten; vgl Düss (3. ZS) FamRZ **95**, 1592, aM Düss (2. FamS) FamRZ **92**, 837. Es handelt sich um eine sog uneigentliche Ausschlußfrist, Üb 11 vor § 214. Sie ist keine Notfrist, § 224 I 2, und ermöglicht daher keine Wiedereinsetzung nach § 233.

31  Eine *rückwirkende Verböserung* ist allerdings entgegen dem Wortlaut von IV 3 in Wahrheit ohnehin grundsätzlich unzulässig, Düss FamRZ **98**, 837, Karlsr MDR **83**, 1031, ZöPh 17, aM Lepke DB **85**, 493. Das gilt jedenfalls dann, wenn es im Ergebnis nur um eine Änderung der Ratenzahl gehen dürfte. Die gerichtlichen Aufgaben im PKH-Verfahren entfernen den Richter ohnehin schon bedenklich weit von seiner verfassungsmäßigen Aufgabe der Streitentscheidung. Nach dem Abschluß des Prozesses kommt keine Änderung mehr in Betracht, vgl auch § 119 Rn 16, Düss (10. ZS) AnwBl **88**, 125, aM Düss (3. ZS) Rpfleger **90**, 306 und (9. ZS) Rpfleger **93**, 165.

32  **H. Verfahren des Rechtspflegers, IV 1–3.** Für das Verfahren und die Zuständigkeit nach IV ist der Rpfl kraft Gesetzes zuständig, § 20 Z 4 c, 17 RPflG, Anh § 153 GVG, Bbg JB **92**, 251, Ffm FamRZ **91**, 1327, Köln Rpfleger **99**, 282. Nach Aktenrücksendung ist der erstinstanzliche Rpfl zuständig, Celle Rpfleger **96**, 278. Er hat den Betroffenen vor der Entscheidung anzuhören, Art 103 I GG, Bratfisch Rpfleger **87**, Hünnekens Rpfleger **92**, 357, 100, also evtl auch den früheren ProzBev, LAG Hamm FamRZ **93**, 593. Er nimmt bei der Beurteilung der Entwicklung der Vermögensverhältnisse eine Saldierung vor, Bbg JB **93**, 233. Er entscheidet durch einen Beschluß, § 329. Dieser ist zu begründen, § 329 Rn 4, und formlos mitzuteilen, § 329 II 1. Es ergeht keine Kostenentscheidung. Jede Instanz prüft gesondert, § 119 Rn 31.

33  **10) Rechtsbehelfe, I–IV.** Vgl zunächst § 127. Bei einer Entscheidung des Rpfl gilt § 11 RPflG, Anh § 153 GVG, § 127 Rn 94ff. Der Antragsteller kann bei IV 2 die Erklärung im Beschwerdeverfahren nachholen, so daß das Beschwerdegericht evtl auch noch nach dem Abschluß des Hauptprozesses zugunsten des Antragstellers entscheiden kann, Drsd JB **98**, 478, Ffm MDR **92**, 293. Der beigeordnete Anwalt hat kein Beschwerderecht, Schlesw JB **98**, 92.

34  **11) *VwGO*:** Entsprechend anzuwenden, § 166 VwGO, OVG Hbg FamRZ **90**, 81. Die Zuständigkeit des Rpfl nach III, oben Rn 19 u 32, entfällt, Anh § 153 GVG Rn 1, vgl Nr 12 der DfRegelung, § 117 Rn 39, OVG Hbg aaO. Die Verpflichtung zur Ratenzahlung beginnt bei Fälligkeit der Gerichts- oder Anwaltskosten, VGH Kassel MDR **93**, 913.

### 7. Titel. Prozeßkostenhilfe und Prozeßkostenvorschuß § 121

**121** *Beiordnung eines Rechtsanwalts.* ¹Ist eine Vertretung durch Anwälte vorgeschrieben, wird der Partei ein zur Vertretung bereiter Rechtsanwalt ihrer Wahl beigeordnet.

II (1)Ist eine Vertretung durch Anwälte nicht vorgeschrieben, wird der Partei auf ihren Antrag ein zur Vertretung bereiter Rechtsanwalt ihrer Wahl beigeordnet, wenn die Vertretung durch einen Rechtsanwalt erforderlich erscheint oder der Gegner durch einen Rechtsanwalt vertreten ist.

*Fassung Berlin und alte Bundesländer, seit 1. 1. 2000:*

III Ein nicht bei dem Prozeßgericht zugelassener Rechtsanwalt kann nur beigeordnet werden, wenn dadurch weitere Kosten nicht entstehen.

IV Wenn besondere Umstände dies erfordern, kann der Partei auf ihren Antrag ein zur Vertretung bereiter Rechtsanwalt ihrer Wahl zur Wahrnehmung eines Termins zur Beweisaufnahme vor dem ersuchten Richter oder zur Vermittlung des Verkehrs mit dem Prozeßbevollmächtigten beigeordnet werden.

V Findet die Partei keinen zur Vertretung bereiten Anwalt, ordnet der Vorsitzende ihr auf Antrag einen Rechtsanwalt bei.

*Fassung neue Bundesländer (ohne Berlin) bis 31. 12. 2004:*

II ²Ein nicht bei dem Prozeßgericht zugelassener Rechtsanwalt kann nur beigeordnet werden, wenn dadurch weitere Kosten nicht entstehen.

III Wenn besondere Umstände dies erfordern, kann der Partei auf ihren Antrag ein zur Vertretung bereiter Rechtsanwalt ihrer Wahl zur Wahrnehmung eines Termins zur Beweisaufnahme vor dem ersuchten Richter oder zur Vermittlung des Verkehrs mit dem Prozeßbevollmächtigten beigeordnet werden.

IV Findet die Partei keinen zur Vertretung bereiten Anwalt, ordnet der Vorsitzende ihr auf Antrag einen Rechtsanwalt bei.

Vorbem. Änderungen dch Art 3 Z 3 G v 2. 9. 94, BGBl 2278, in Kraft in Berlin und den alten Bundesländern seit 1. 1. 2000, in den neuen ab 1. 1. 2005, Art 22 II G, abgedruckt bei § 78. Zur Problematik der Fortgeltung von § 78 I, II aF dort Rn 2–13). Weiteres ÜbergangsR Einl III 78.

BRAGO § 122. *Umfang der Beiordnung.* ¹Der Anspruch des Rechtsanwalts bestimmt sich nach den Beschlüssen, durch die die Prozeßkostenhilfe bewilligt und der Rechtsanwalt beigeordnet worden ist.

II ¹Der Rechtsanwalt erhält Vergütung aus der Bundes- oder Landeskasse, wenn er für eine Berufung oder Revision beigeordnet ist, auch für die Rechtsverteidigung gegen eine Anschlußberufung oder eine Anschlußrevision und, wenn er für die Erwirkung eines Arrests oder einer einstweiligen Verfügung beigeordnet ist, auch für die Vollziehung des Arrests oder der einstweiligen Verfügung. ²Dies gilt nicht, wenn der Beiordnungsbeschluß ausdrücklich bestimmt, daß der Rechtsanwalt für die Rechtsverteidigung gegen die Anschlußberufung oder Anschlußrevision oder für die Vollziehung des Arrests oder der einstweiligen Verfügung nicht beigeordnet ist.

III ¹Die Beiordnung eines Rechtsanwalts in einer Ehesache erstreckt sich auf den Abschluß eines Vergleichs, der den gegenseitigen Unterhalt der Ehegatten und den Unterhalt gegenüber den Kindern im Verhältnis der Ehegatten zueinander, die Sorge für die Person der gemeinschaftlichen minderjährigen Kinder, die Rechtsverhältnisse an der Ehewohnung und dem Hausrat und die Ansprüche aus dem ehelichen Güterrecht betrifft. ²In anderen Angelegenheiten, die mit dem Hauptprozeß nur zusammenhängen, erhält der für den Hauptprozeß beigeordnete Rechtsanwalt Vergütung aus der Bundes- oder Landeskasse nur dann, wenn er ausdrücklich auch hierfür beigeordnet ist. ³Dies gilt insbesondere für
1. die Zwangsvollstreckung (den Verwaltungszwang);
2. das Verfahren über den Arrest, die einstweilige Verfügung und die einstweilige Anordnung;
3. das selbständige Beweisverfahren;
4. das Verfahren über die Widerklage, ausgenommen die Rechtsverteidigung gegen die Widerklage in Ehesachen.

### Gliederung

| | |
|---|---|
| 1) Systematik, I–IV/V .................... 1 | A. Beiordnungspflicht des Gerichts ...... 10 |
| 2) Regelungszweck, I–IV/V ............. 2 | B. Umfang der Beiordnung ............. 11 |
| 3) Geltungsbereich, I–IV/V ............. 3 | C. Verstoß ............................ 12 |
| 4) Freie „Wahl" des Anwalts, I–III/IV ... 4–6 | 8) Beiordnungsfolgen, I–IV/V .......... 13–16 |
|    A. Grundsatz: Wahlrecht ............... 4 |    A. Übernahmepflicht ................... 13 |
|    B. Form der Wahl ..................... 5 |    B. Notwendigkeit eines Anwaltsvertrags . 14 |
|    C. Wählbarkeit nur eines einzelnen Anwalts ............................... 6 |    C. Fürsorgepflicht des Anwalts ......... 15 |
| |    D. Unterstützungspflicht der Partei ...... 16 |
| 5) „Rechtsanwalt", I–IV/V ............. 7 | 9) Beiordnung und Prozeßvollmacht, I–IV/V ................................. 17–24 |
| 6) „Zur Vertretung bereit", I–III/IV .... 8, 9 |    A. Keine automatische Vollmacht ....... 17 |
|    A. Keine Vertretungspflicht vor Anwaltsvertrag .............................. 8 |    B. Möglichkeit der Vollmachtsverweigerung ............................... 18 |
|    B. Kein Beiordnungsanspruch des Anwalts .............................. 9 |    C. Mitwirkungspflicht des Gerichts ..... 19 |
| |    D. Mitwirkungspflicht des Anwalts ..... 20 |
| 7) „Wird beigeordnet", I, II/II, III ...... 10–12 |    E. Weitere Einzelfragen ................ 21 |

| | |
|---|---|
| F. Einige Vergütungsfragen | 22 |
| G. Rechtsbehelfe | 23, 24 |
| **10) „Vertretung durch Anwälte vorgeschrieben", I** | 25–28 |
| A. Begriff des Anwaltsprozesses | 25 |
| B. Selbstvertretung des Anwalts | 26 |
| C. Einzelfragen | 27, 28 |
| **11) „Vertretung durch Anwälte nicht vorgeschrieben", II 1/II** | 29, 30 |
| A. Begriff des Parteiprozesses | 29 |
| B. Beiordnung nur „auf Antrag" | 30 |
| **12) „Erforderlichkeit der Vertretung", II 1 Hs 1/II Hs 2** | 31–50 |
| A. Zweck: Waffengleichheit | 31 |
| B. Begriff der „Erforderlichkeit" | 32 |
| C. Ermessen des Gerichts | 33 |
| D. Maßgeblicher Zeitpunkt: Bewilligungsreife | 34 |
| E. Beispiele zur Frage der Erforderlichkeit | 35–50 |
| **13) „Gegner durch einen Rechtsanwalt vertreten", II 1 Hs 2/II Hs 2** | 51–57 |
| A. Zweck: Waffengleichheit | 52 |
| B. Keine „Erforderlichkeit" der Vertretung | 52 |
| C. Begriff des „Gegners" | 53 |
| D. Gegnerischer „Rechtsanwalt" | 54 |
| E. Maßgeblicher Zeitpunkt: Bewilligungsreife | 55 |
| F. Einzelfragen | 56, 57 |
| **14) „Nicht bei dem Prozessgericht zugelassener Rechtsanwalt", II 2/III** | 58–63 |
| A. Keine Zulassung des Wahlanwalts | 59 |
| B. Keine „weiteren Kosten" | 60 |
| C. Notwendigkeit einer Kostenschätzung | 61 |
| D. Beiordnung zu den Bedingungen eines Ortsansässigen | 62 |
| E. Hinweispflicht des Gerichts | 63 |
| **15) Beweisanwalt, Verkehrsanwalt, III/IV** | 64–71 |
| A. Zweck: Kostendämpfung | 64 |
| B. „Besondere Umstände" | 65 |
| C. „Antrag" | 66 |
| D. „Termin zur Beweisaufnahme vor dem ersuchten Richter", Hs 1 | 67 |
| E. „Vermittlung des Verkehrs mit dem Prozeßbevollmächtigten, Hs 2 | 68, 69 |
| F. „… kann beigeordnet werden" | 70 |
| G. Weitere Einzelfragen | 71 |
| **16) „Kein zur Vertretung bereiter Anwalt", IV/V** | 72–74 |
| A. Zweck: Keine Verkürzung des Rechtsschutzes | 73 |
| B. Vergebliche Suche der Partei | 74 |
| **17) „Beiordnung", IV/V** | 75–79 |
| A. Auswahlrecht des Vorsitzenden | 75 |
| B. Ermessen des Vorsitzenden | 76 |
| C. Zuständigkeit nur des Vorsitzenden | 77 |
| D. Entscheidung | 78 |
| E. Tätigkeitspflicht des beigeordneten Anwalts | 79 |
| **18) VwGO** | 80 |

**1** **1) Systematik, I–IV/V.** Man muß zwischen der Bewilligung von PKH und der logisch stets, zeitlich oft nachfolgenden Beiordnung eines Anwalts einerseits, seiner Bevollmächtigung durch die Partei und seiner Bestellung zum ProzBev nach § 81 andererseits unterscheiden, Düss MDR **89**, 827. § 121 regelt die Beiordnung und deutet an, daß eine Bevollmächtigung, §§ 78 Rn 7 ff, hinzutreten muß. § 176 Rn 7 ff nennen die Voraussetzungen der Bestellung zum ProzBev. Der Vergütungsanspruch des beigeordneten Anwalts richtet sich nach § 122 I Z 1 b, Z 3, § 126 sowie nach §§ 121 ff BRAGO, LG Bln Rpfleger **96**, 294.

**2** **2) Regelungszweck, I–IV/V.** Derjenige, dem PKH bewilligt ist, könnte ohne Anwaltshilfe im Anwaltsprozeß fast nichts, im Parteiprozeß oft wenig erreichen, vgl § 78 Rn 1. Daher muß PKH auch eine Anwaltshilfe im sachlich gebotenen Umfang zur Folge haben, OVG Münst AnwBl **93**, 300 linke Spalte. Diesen Umfang klärt § 121. Damit dient die Vorschrift der Durchführung eines wesentlichen Teils der Ziele von PKH und insoweit allen Teilen der Rechtsidee. Gleichwohl darf man nicht durch allzu großzügige Beiordnung die Begrenzung von Kosten, die ja letzthin der Unterliegende tragen muß, auf das wirklich Notwendige vernachlässigen, vgl § 91 Rn 28. Vgl ferner § 78 Rn 31, 52, 64, 73.

**3** **3) Geltungsbereich, I–IV/V.** Vgl Üb 4 vor § 114, § 114 Rn 9–45.

**4** **4) Freie „Wahl" des Anwalts, I–III/IV.** Die Regelung wird oft übersehen.

**A. Grundsatz: Wahlrecht.** Der Antragsteller hat eine freie „Wahl", welchen Anwalt er beiordnen lassen will, Düss FamRZ **95**, 241. Diesen Grundsatz nennt I und wiederholt ihn sowohl für den ProzBev im Anwalts- wie Parteiprozeß, § 78 Rn 1, in II/III als auch für den Beweis- oder Verkehrsanwalt in III/IV. Nur für den Fall, daß die Partei keinen Anwalt ihrer Wahl findet, enthält IV/V Sonderregeln. Der Antragsteller hat also einen grundsätzlichen Rechtsanspruch darauf, daß nur der Anwalt seines Vertrauens (Wahlanwalt) und kein anderer beigeordnet wird, soweit dieser Anwalt überhaupt für diese Partei tätig werden darf, Schlesw SchlHA **82**, 197. Das Gericht darf dem Antragsteller keinen Anwalt durch Beiordnung aufzwingen, den der Antragsteller nicht wünscht, solange er einen zu seiner Vertretung bereiten und, soweit erforderlich, zugelassenen Anwalt findet. Aber auch dann, wenn er keinen solchen findet, erfolgt die Beiordnung nicht von Amts wegen, sondern nur „auf Antrag", wie IV/V klarstellt.

Im *Anwaltsprozeß* vor einem Gericht der *neuen Bundesländer* (ohne Berlin) ist das Wahlrecht freilich auf einen beim Prozeßgericht zugelassenen Anwalt begrenzt, Hamm FamRZ **95**, 748, Karlsr MDR **92**, 1178 (je zum alten Recht); zur Problematik der Fortgeltung vgl § 78 I, II aF dort Rn 2–13.

**5** **B. Form der Wahl.** Die Wahl ist eine Parteiprozeßhandlung, Grdz 47 vor § 128. Sie kann dem Gericht gegenüber ausdrücklich oder durch schlüssiges Verhalten erfolgen, Köln MDR **83**, 847. Wenn ein Anwalt beim Prozeßgericht für eine Partei einen PKH-Antrag stellt, liegt darin regelmäßig die Mitteilung, die Partei habe ihr Wahlrecht zu seinen Gunsten ausgeübt, soweit er beim Prozeßgericht zugelassen und zur Prozeßführung bevollmächtigt sei, vgl Rn 15, Köln MDR **83**, 847, Mü MDR **81**, 502.

**6** **C. Wählbarkeit nur eines einzelnen Anwalts.** Gewählt werden kann stets nur ein einzelner Sozius, auch wenn die Partei die gesamte Sozietät bevollmächtigt (beauftragt) hat, Düss AnwBl **91**, 223, Karlsr MDR **92**, 1178, Zweibr FamRZ **82**, 288, aM Köln JB **93**, 616 (aber eine Bestellungsanzeige mehrerer Sozies ändert nichts an der Wählbarkeit über des einzelnen Sozius). Im Zweifel ist der Unterzeichner oder Bearbeiter der Sozietät gewählt, Zweibr FamRZ **86**, 288, aM Ffm MDR **88**, 874.

**7** **5) „Rechtsanwalt", I–IV/V.** In allen Fällen des § 121 kommt nur ein „Rechtsanwalt" zur Beiordnung in Betracht. Zu diesem Kreis gehören grundsätzlich alle in der BRep zugelassenen Anwälte, Bbg NJW **77**, 113,

### 7. Titel. Prozeßkostenhilfe und Prozeßkostenvorschuß § 121

Köln NJW **75**, 1607. Freilich muß im Anwaltsprozeß, § 78 Rn 1, auch eine Zulassung gerade auch vor dem Prozeßgericht vorliegen. Die Zulassungsbeschränkungen ausländischer Anwälte, SchlAnh VII, sind weitgehend nichtig, EuGH NJW **88**, 887 (ausf); zu ihrer Beiordnung Bbg FamRZ **97**, 1543, Bach Rpfleger **91**, 9 (auch zur Vergütung). Ein Rechtsbeistand, § 157 Rn 6, kommt evtl nicht in Betracht, vgl aber für II jetzt § 25 EGZPO unten abgedruckt (wegen eines in die Anwaltskammer nach § 209 BRAO aufgenommenen Erlaubnisträgers).

**6) „Zur Vertretung bereit", I–III/IV.** Soweit der Antragsteller einen Wahlanwalt nennt, ist zu prüfen, **8** ob dieser auch „zur Vertretung bereit" ist.

**A. Keine Vertretungspflicht vor Anwaltsvertrag.** Der Wahlanwalt ist zur Vertretung des Antragstellers nicht verpflichtet, solange er sich nicht eines noch nicht über das Mandat geeinigt hat. Das Gericht darf den noch nicht „bereiten" Anwalt also jedenfalls nicht nach I–III/IV beiordnen. Es kann der Partei keinen Anwalt durch Beiordnung aufzwingen, soweit die Partei von ihrem Wahlrecht Gebrauch macht. Es darf den Anwalt vor Abschluß des Anwaltsvertrags nicht gegen seinen Willen nach I–III/IV beiordnen.

**B. Kein Beiordnungsanspruch des Anwalts.** Der zugelassene Wahlanwalt hat trotz seiner Bereitschaft **9** zur Vertretung nicht aus eigener Person einen Anspruch auf seine Beiordnung und daher auch kein entsprechendes Beschwerderecht, Rn 22, BGH **109**, 166, KG FamRZ **92**, 1319, Karlsr FamRZ **91**, 462. Erst von der Beiordnung ab entstehen zwischen ihm persönlich und dem Staat verfahrensrechtliche, standesrechtliche und gebührenrechtliche Beziehungen.

**7) „Wird beigeordnet", I, II/II, III.** Es ist eine genaue Beachtung geboten. **10**

**A. Beiordnungspflicht des Gerichts.** Soweit die Beiordnung eines ProzBev, § 81 (und nicht nur eines Beweis- oder Verkehrsanwalts, III/IV) geht, ist das Gericht unter den gesetzlichen Voraussetzungen zur Beiordnung verpflichtet und nicht nur berechtigt, hat also kein Ermessen. Das ergibt sich schon aus dem Wortlaut „... wird beigeordnet". Die Beiordnung ist unverzüglich (ohne schuldhaftes Zögern) durchzuführen. Das Beschwerdegericht kann die Auswahl und Beiordnung dem Prozeßgericht überlassen, § 575, Karlsr MDR **92**, 1178.

**B. Umfang der Beiordnung.** Die Beiordnung hat grundsätzlich in demjenigen Umfang zu erfolgen, in **11** dem das Gericht dem Antragsteller PKH bewilligt, auch im Fall der rückwirkenden Bewilligung, § 119 Rn 10, Christl MDR **83**, 539. In der Regel erfolgt die Beiordnung für den gesamten Rechtszug, § 119 S 1; was dazugehört, ist in § 119 Rn 30 dargestellt. Auch für die Zwangsvollstreckung erfolgt die Beiordnung umfassend, § 119 Rn 49 „Zwangsvollstreckung". Der beigeordnete Anwalt darf im Umfang der Beiordnung umfassend tätig werden, also auch bei einem Prozeßvergleich, Anh § 307, Schneider MDR **85**, 814 (also nicht beim außergerichtlichen), oder in einem Beweistermin vor einem beauftragten oder ersuchten Richter; vgl freilich § 126 II BRAGO. Für den Fall einer Beweisaufnahme vor dem ersuchten Richter usw, §§ 361, 362, enthält III/IV auch die Möglichkeit der zusätzlichen Beiordnung eines Beweisanwalts. Daher ist sie insofern auch zusätzlich erforderlich. Es kommt allerdings auch eine innerhalb des Rechtszugs oder der Zwangsvollstreckung beschränkte Beiordnung auf einen oder mehrere selbständige Verfahrensabschnitte in Betracht, soweit der Beiordnungs- bzw Bewilligungsantrag nicht weitergehen, BPatG GRUR **88**, 368.

**C. Verstoß.** Eine überhaupt fehlerhafte Beiordnung, zB trotz des Fehlens der Bewilligung nach § 119, **12** schafft keinen Vergütungsanspruch gegen die Staatskasse, aM LG Bln Rpfleger **96**, 294. Eine fehlerhafte rückwirkende Bewilligung ist für den beigeordneten Anwalt bis zur etwaigen Aufhebung wirksam, Bbg JB **86**, 768. Dasselbe gilt zu seinen Gunsten für das Kostenfestsetzungsverfahren nach §§ 103 ff, Mü Rpfleger **86**, 108. Eine verzögerte Beiordnung kann Staatshaftung auslösen.

**8) Beiordnungsfolgen, I–IV/V.** Sie sind vielfältig. **13**

**A. Übernahmepflicht.** Der nach I–III/IV beigeordnete Anwalt ist zur Übernahme des Mandats verpflichtet, Bbg JB **92**, 622, Kleinwegener FamRZ **90**, 1067. Er hat ja bereits vor der Beiordnung seine Bereitschaft zur Übernahme der Partei und/oder dem Gericht gegenüber erklärt. Andernfalls wäre die Beiordnung nicht ordnungsgemäß erfolgt. Es ist also zwischen der Partei und dem Anwalt strenggenommen bereits vor der Beiordnung nach I– III/IV ein Anwaltsvertrag, Rn 14, zustandegekommen, der lediglich unter der aufschiebenden Bedingung einer ordnungsgemäßen Beiordnung stand. Mit dem Eintritt dieser Bedingung ist der Vertrag endgültig wirksam. Für den Fall einer Beiordnung nach IV/V gilt das in Rn 68, 69 Ausgeführte.

**B. Notwendigkeit eines Anwaltsvertrags.** Die Beiordnung ersetzt nach allgemeiner Ansicht nicht die **14** Notwendigkeit einer besonderen zusätzlichen vertraglichen Einigung zwischen dem Anwalt und der begünstigten Partei, §§ 164, 670 ff BGB. Die Beiordnung ersetzt auch nicht die Notwendigkeit einer Vollmachtserteilung durch die Partei, Rn 16. Die Beiordnung bedeutet auch keineswegs eine Weisungsgebundenheit des beigeordneten Anwalts gegenüber dem Gericht. Sie bewirkt weder ein besonderes Gewaltverhältnis zwischen der Justizverwaltung und den Anwalt, Kleinwegener FamRZ **90**, 1067, noch greift sie in die freie Berufsausübung des Anwaltsstandes ein, Hamm AnwBl **75**, 95 (nach altem Recht).

**C. Fürsorgepflicht des Anwalts.** Der beigeordnete Anwalt kann vor der Beiordnung an Fürsorge-, **15** Belehrungs- und Betreuungspflichten, vgl § 85 Rn 8 ff. Das gilt zB wegen der Frage, ob und welche Eilmaßnahmen er zu treffen hat und welche Fristen er sogleich beachten muß. Der beigeordnete Anwalt kann sogar schon vor der Vollmachtserteilung an ihn in solchem Umfang haften, sofern die Parteien schon in Verhandlungen über den zukünftigen Vertrag standen (Verschulden bei Vertragsschluß). Ihm kann auch schon vor dem Erhalt der Prozeßvollmacht ein Anspruch gegen den Vertragspartner und gebührenrechtlich wegen § 122 I Z 3 nur gegen die Staatskasse daraus entstehen, daß er die vorgenannten Fürsorgepflichten usw bereits wahrgenommen hat, etwa aus auftragloser Geschäftsführung, BAG ZIP **80**, 404, KG Rpfleger **85**, 39. Eine Genehmigung der Partei heilt. Beim Verstoß kann sich der Anwalt schadensersatzpflichtig machen.

**D. Unterstützungspflicht der Partei.** Aus der Förderungspflicht der Partei, Grdz 12 vor § 128, ergibt **16** sich, daß die Partei sich zur Vermeidung von Nachteilen nach Kräften bemühen muß, den beigeordneten Anwalt durch unverzügliche Vollmachtserteilung, ausreichende und rechtzeitige Information, durch Vermei-

§ 121                                               1. Buch. 2. Abschnitt. Parteien

dung einer Gefährdung des Vertrauensverhältnisses usw zu unterstützen. Natürlich kann der Anwalt an seinem Ausscheiden alleinschuldig sein; daran kann aber auch die Partei schuld sein. Eine Verwirkung ist zwar in der Form eines Rechtsmißbrauchs denkbar, Einl III 54, sollte aber allenfalls als Mutwillen nach § 114 gelten.

**17**  **9) Beiordnung und Prozeßvollmacht, I–IV/V.** Es handelt sich um ganz verschiedene, sorgfältig auseinanderzuhaltende Vorgänge.

**A. Keine automatische Vollmacht.** Weder die PKH-Bewilligung noch die Beiordnung noch der Abschluß eines Anwaltsvertrags zwischen der begünstigten Partei und dem beigeordneten Anwalt haben automatisch schon eine Prozeßvollmacht auf den Anwalt zur Folge, BGH NJW **87**, 440, BPatG GRUR **86**, 734, BSG MDR **83**, 877. Das verkennt Hbg MDR **98**, 1123. Erst recht erhält der Bewilligungsantrag noch keine Bevollmächtigung, selbst wenn die Partei dem Gericht die Auswahl ausdrücklich überläßt, BGH **60**, 258, aM ZöPh 30. Das gilt auch wegen der Auslagen, Hartmann Teil X § 126 BRAGO Rn 1 ff, 7 ff mwN.

**18**  **B. Möglichkeit der Vollmachtsverweigerung.** Die Partei kann auch davon absehen, dem beigeordneten Anwalt eine Prozeßvollmacht zu erteilen, so auch im Ergebnis Goebel FamRZ **91**, 1271. Das gilt sowohl dann, wenn sie ihn selbst gewählt hatte, I–III/IV, als auch dann, wenn sie keinen Anwalt gefunden hatte, IV/V. Eine Partei, die aus unzureichenden Gründen eine Vollmacht verweigert oder eine erteilte Vollmacht widerruft, kann im Hauptprozeß nach §§ 330 ff als säumig zu behandeln sein. Eine Zustellung muß bis zur Erteilung der Vollmacht an die Partei gehen, darf also noch nicht an den beigeordneten Anwalt gehen, vgl § 176. Die Partei kann sich auch ihm gegenüber schadensersatzpflichtig machen, soweit er auf Grund ihrer Wahl inzwischen bereits Aufwendungen gemacht hatte, dann aber keine Vollmacht erhält.

**19**  **C. Mitwirkungspflicht des Gerichts.** Soweit der beigeordnete Anwalt aus rechtlichen oder tatsächlichen Gründen nicht tätig werden kann, muß das Gericht in den Fällen I–III/IV abwarten, ob die Partei einen anderen Anwalt benennt, so auch Karlsr MDR **92**, 1178. Je nach Lage des Falls besteht die Pflicht des Gerichts, die Partei von Amts wegen auf Hinderungsgründe beim bisher beigeordneten Anwalt hinzuweisen und ihr eine Gelegenheit zu geben, einen anderen Wahlanwalt zu benennen, Grdz 39 vor § 128. Im Fall IV/V muß das Gericht abwarten, ob die Partei beantragt, ihr einen anderen Anwalt beizuordnen, vgl Köln FamRZ **92**, 967. Das Gericht sollte grds darauf dringen, daß die Partei einen solchen Antrag stellt. Dem beigeordneten Anwalt muß genügend Zeit zur Einarbeitung verbleiben. Andernfalls könnte in einer voreiligen Maßnahme des Gerichts eine Verweigerung des rechtlichen Gehörs der begünstigten Partei liegen, Art 103 I GG. Die Beiordnung bleibt als solche bestehen, bis der Anwalt vom Tod usw des Begünstigten Kenntnis hat oder haben kann.

**20**  **D. Mitwirkungspflicht des Anwalts.** Der beigeordnete Anwalt muß unabhängig von etwa notwendigen Eilmaßnahmen, Rn 15, einerseits auf die Erteilung einer Prozeßvollmacht an ihn dringen, andererseits deren Erteilung abwarten. Soweit die begünstigte Partei den Anwalt mit der Wahrnehmung ihrer Interessen betraut, muß er sie auch über andere Klagemöglichkeiten beraten, wenn die erste Klage nicht zum Erfolg führt, selbst wenn das über den Rahmen seiner Beiordnung hinausgeht, vgl BGH **LM** § 115 aF Nr 4. Im Auftrag, einen Antrag auf PKH-Bewilligung einzureichen, liegt die Ermächtigung, die Entscheidung entgegenzunehmen.

**21**  **E. Weitere Einzelfragen.** Der beigeordnete Anwalt wird nicht etwa zum gesetzlichen Vertreter der begünstigten Partei. Die Prozeßvollmacht ist auch dann wirksam, wenn das Gericht PKH zu Unrecht bewilligt hat. Die Partei kann dem beigeordneten Anwalt Weisungen geben. sie kann ihm die Vollmacht wie einem Wahlanwalt sonstiger Art jederzeit entziehen, Düss FamRZ **95**, 241, Zweibr JB **94**, 749, AG Bln-Charlottenb FamRZ **95**, 749. Dann ist das Gericht zumindest im Anwaltsprozeß nach § 78 Rn 1 gehalten, unverzüglich einen anderen Anwalt beizuordnen, Düss FamRZ **95**, 241, Ffm FamRZ **90**, 766, Karlsr JB **91**, 80, aM Zweibr RR **99**, 436 (nennt irrig einen gar nicht bestehenden § 48 II BRAGO), und es ist an die Benennung eines beigeordneten Anwalts durch die Partei gebunden, Düss JB **86**, 298. Das gilt allerdings nicht bei Rechtsmißbrauch, Einl III 54; dann entsteht kein neuer Beiordnungsanspruch, Ffm MDR **88**, 501, Zweibr JB **94**, 749. Der Beigeordnete ist nicht Verfahrensbeteiligter und nicht Dritter nach § 839 I 1 BGB wegen seines Honorars, BGH **109**, 170.

**22**  **F. Einige Vergütungsfragen.** Die Beiordnung darf nicht von der später nach § 128 BRAGO usw zu klärenden Höhe der Vergütung abhängig gemacht werden, LG Bln Rpfleger **96**, 294; auch nicht beim (notwendigen) Anwaltswechsel, Hamm FamRZ **95**, 748. Der beigeordnete Anwalt kann für den Beiordnungszeitraum, BGH NJW **70**, 757, KG FamRZ **80**, 580, und im Beiordnungsumfang Gebühren und Auslagen ab Rechtshängigkeit fordern, § 261, Kblz **KR** Nr 48, und zwar nach den §§ 121 ff BRAGO und nur aus der Staatskasse. Diese Möglichkeit besteht aus nur bis zur Kenntnis oder bis zum Kennenmüssen des Tods usw des Begünstigten, § 674 BGB, LG Bln **KR** § 122 BRAGO Nr 4. Das gilt allerdings nicht, wenn dieses Ergebnis vor der Bewilligung eingetreten war.

Der Anwalt kann seine Kostenansprüche also für die Dauer der Bewilligung der PKH *nicht gegenüber dem Auftraggeber* geltend machen, § 122 I Z 3. Er kann außerdem nach § 126 I unmittelbar aus eigenem Recht gegenüber dem in die Prozeßkosten nach §§ 91 ff verurteilten Prozeßgegners seines Auftraggebers vorgehen. Soweit PKH aufgehoben wurde, § 124, kann er seine gesetzlichen Ansprüche nunmehr gegenüber dem Auftraggeber geltend machen, und zwar auch rückwirkend. Der anstelle eines anderen Beigeordnete hat einen vollen Vergütungsanspruch gegenüber der Staatskasse; seine Beiordnung kann nicht wirksam nur eingeschränkt erfolgen, Karlsr FamRZ **98**, 633, aM Bre JB **93**, 51.

Einen *Auslagenvorschuß* kann der beigeordnete Anwalt von der Staatskasse nur im Rahmen des § 127 BRAGO verlangen. Eine Vergütungsvereinbarung mit dem Auftraggeber begründet keine Verbindlichkeit. Soweit der Auftraggeber aber freiwillig und vorbehaltslos gezahlt hat, hat er kein Rückforderungsrecht, § 3 IV BRAGO, vgl auch (zum alten Recht) AG Würzb DGVZ **79**, 188.

**23**  **G. Rechtsbehelfe.** Beim Rpfl gilt § 11 RPflG, § 127 Rn 94 ff, vgl § 104 Rn 41 ff. Sowohl gegen die Ablehnung der Beiordnung als auch gegen die Beiordnung durch den Richter ist für die Partei die einfache

## 7. Titel. Prozeßkostenhilfe und Prozeßkostenvorschuß § 121

Beschwerde nach § 567 I zulässig, § 127 II 2, aM Kblz AnwBl **85**, 48, es sei denn, daß das Berufungsgericht die Entscheidung getroffen hat, § 567 III 1. Auch gegen die Ablehnung der Aufhebung der Beiordnung hat die Partei die Beschwerde, § 127 Rn 43, Düss FamRZ **95**, 241. Gegen die Ablehnung der Beiordnung hat der vorgeschlagene Anwalt nicht ein Beschwerderecht aus eigenem Recht, § 127 Rn 73, BGH **109**, 166, Karlsr RR **96**, 1339. Eine weitere Beschwerde ist ausgeschlossen, § 568 II 1. Die vorgenannten Rechtsbehelfe sind auch insofern statthaft, als der angefochtene Beschluß fälschlich vom Vorsitzenden statt vom gesamten Prozeßgericht erlassen wurde. Sofern der Vorsitzende fälschlich durch eine Verfügung entschieden hat, ist ebenfalls Beschwerde zulässig, vgl § 567 Rn 6.

Die *Staatskasse* hat keinen Rechtsbehelf, § 127 Rn 23 ff, Düss MDR **89**, 827. Eine Dienstaufsichtsbeschwerde ist nur bei krassem, offensichtlich völlig sachfremdem Mißbrauch des Auswahlrechts statthaft.

Der beigeordnete Anwalt kann gemäß § 48 II BRAO aus wichtigem Grund einen Antrag auf die **24** *Aufhebung* seiner Beiordnung stellen, zB bei erheblicher Beeinträchtigung des Vertrauensverhältnisses, BGH RR **92**, 189, nicht aber mangels Erfolgsaussicht. Ist der Prozeß nach langer Dauer und Beweisaufnahme entscheidungsreif, § 300 Rn 6, so reicht selbst eine tiefgreifende Störung des Vertrauensverhältnisses nicht mehr zur Aufhebung, Ffm MDR **89**, 167. Der Anwalt kann gegen die Ablehnung der Aufhebung seiner Beiordnung keinen Rechtsbehelf einlegen, soweit das Berufungsgericht abgelehnt hat, § 567 III 1.

**10) „Vertretung durch Anwälte vorgeschrieben", I.** Die Vorschrift regelt die Beiordnung für den Fall **25** des sog Anwaltsprozesses.

**A. Begriff des Anwaltsprozesses.** Vgl § 78 Rn 1. Der Anwalt muß beim Prozeßgericht zugelassen sein, Rn 3. In einer Familiensache, §§ 606 ff, reicht es vor einem FamG der neuen Bundesländer (ohne Berlin) aus, daß er beim allgemein dem AG übergeordneten LG zugelassen ist, § 78 II 2 aF. Im Revisionsverfahren nach dem BEG kann ein OLG-Anwalt amtieren, § 224 IV BEG, soweit er erklärt, keine höheren Kosten als ein BGH-Anwalt entstehen zu lassen, BGH RR **97**, 507.

**B. Selbstvertretung des Anwalts.** Soweit die Partei oder ihr gesetzlicher Vertreter ein beim Prozeßge- **26** richt zugelassener Anwalt ist, kann sie auch selbst nach I zu ihrer eigenen Vertretung beigeordnet werden, Mü AnwBl **81**, 507, Wax FamRZ **85**, 13, aM Ffm FamRZ **82**, 1320 (aber ein Anwalt kann sich auch sonst selbst vertreten, mit erheblichen kostenrechtlichen Folgen für den etwaigen gegnerischen Verlierer). Die Zulässigkeit der Selbstvertretung gilt auch dann, wenn ein Betreuer oder ein Pfleger ein Anwalt ist, Bre RR **86**, 309, LSG Darmst Rpfleger, **97**, 392, aM OVG Bre Rpfleger **86**, 12 (abl Damrau). Das gilt ferner, soweit der Anwalt als Partei kraft Amtes tätig wird, Grdz 8 vor § 50, etwa als Insolvenzverwalter, aM ZöPh 1 (Fallfrage). Die Beiordnung erfolgt nicht bei Mißbrauch, Einl III 54, Kblz FamRZ **86**, 376, Mü AnwBl **81**, 507.

**C. Einzelfragen.** Soweit der Anwalt zur Übernahme des Mandats bereit ist, muß er entsprechend tätig **27** werden, § 48 I Z 1 BRAO, solange das Gericht die Beiordnung nicht auf Antrag des Anwalts aus wichtigem Grund aufhebt, § 48 II BRAO, Brangsch AnwBl **82**, 99. Soweit der beigeordnete Anwalt ohne ein Verschulden der Partei wegfällt, hat die Partei die Befugnis zur Benennung eines anderen zu ihrer Vertretung bereiten Anwalts und das Gericht eine entsprechende Beiordnungspflicht.

*Beispiele des Wegfalls:* Die Partei kündigt dem Anwalt aus triftigem Grund, Kblz FamRZ **86**, 375; der **28** Anwalt legt das Mandat ohne einen von der Partei zu vertretenden Grund nieder. Soweit der in Wahrheit zur Übernahme des Mandats endgültig bereit gewesene, dennoch zunächst beigeordnete Anwalt der Tätigkeit erst nach der Beiordnung *ablehnt*, kann das Gericht die Beiordnung nicht bestehen lassen. Denn das Gesetz enthält zwingend als Wirksamkeitserfordernis der Beiordnung die Bereitschaft des Anwalts zur Übernahme des Mandats, Rn 8. Der Anwalt mag sich zwar im Verhältnis zur Partei schadensersatzpflichtig machen, wenn er zB zunächst eine Bereitschaft angekündigt hatte, diese dann aber nach der Beiordnung endgültig verweigert; die Partei mag sogar die Möglichkeit haben, den Anwalt auf Abgabe der Bereitschaftserklärung zu verklagen, § 894; das Prozeßgericht muß aber im Bewilligungsverfahren abwarten, ob er seine Bereitschaft erklärt. Das Prozeßgericht prüft, ob Anwaltszwang besteht, § 78 Rn 1. Es stellt anheim, einen zugelassenen Anwalt zu benennen, Grdz 39 vor § 128. Im Zweifel liegt im Bewilligungsantrag der Beiordnungsantrag, vgl Rn 4, Düss MDR **81**, 502, LAG Bre Rpfleger **86**, 279.

**11) „Vertretung durch Anwälte nicht vorgeschrieben", II 1/II.** Die Vorschrift regelt die Beiord- **29** nung des ProzBev im sog Parteiprozeß.

**A. Begriff des Parteiprozesses.** Vgl § 78 Rn 1, 35 ff. Wegen des Selbstvertretungsrechts des Anwalts Rn 26. Im Zwangsvollstreckungsverfahren besteht grundsätzlich kein Anwaltszwang, vgl § 764 I; Anwaltszwang herrscht aber, soweit im Vollstreckungsverfahren das LG (oder ein höheres Gericht) als Prozeßgericht tätig wird, zB vgl §§ 767, 887, 888, 890.

**B. Beiordnung nur „auf Antrag".** Während im Anwaltsprozeß, Rn 25, die Beiordnung keinen be- **30** sonderen Beiordnungsantrag (sondern „nur" die Wahl eines Anwalts und dessen Bereitschaft) voraussetzt, erfordert im Parteiprozeß die Beiordnung einen Beiordnungsantrag. Das Gericht braucht einen Beiordnungsantrag zwar nicht grundsätzlich, wohl aber unter den Voraussetzungen der §§ 139, 278 III anzuregen, also zB dann, wenn es erkennt, daß der Partei die Befugnis zur Benennung eines Anwalts unbekannt ist oder daß sie die Erforderlichkeit einer Vertretung durch einen Anwalt nicht erkennt. Ein Antrag ist formlos und stillschweigend möglich (Vorsicht!), LAG Hamm MDR **99**, 190, VGH Kassel AnwBl **90**, 571. In einem Kindschaftsverfahren, §§ 640 ff, rechnet die Rspr mit der Möglichkeit von PKH durchweg den Antrag auf die Beiordnung, Düss FamRZ **81**, 486, ZöPh 7, aM LG Bayr JB **82**, 1735. Ähnliches kann vor dem Arbeitsgericht gelten, LAG Halle MDR **97**, 1131. In einer vom ProzBev unterzeichneten PKH-Antrag liegt durchweg ein Beiordnungsantrag der Partei, LAG Hamm MDR **99**, 190. Das gilt auch im Beschwerdeverfahren, Köln MDR **83**, 847. Das Gericht darf den Anwalt nur dann beiordnen, wenn er zur Vertretung bereit ist, Rn 8. Der Antragsteller kann die Benennung im Laufe des Bewilligungsverfahrens nachholen.

**12) „Erforderlichkeit der Vertretung", II 1 Hs 1/II Hs 1.** Im Parteiprozeß ist zu prüfen, ob die **31** Vertretung durch einen Anwalt erforderlich erscheint oder ob der Prozeßgegner durch einen Anwalt vertreten ist. Ihm steht ein Erlaubnisträger nach § 209 BRAO gleich, § 25 EGZPO.

## § 121

**A. Zweck: Waffengleichheit.** Sinn der Regelung ist, wie bei Hs 2, die Durchsetzung des Gebots der Waffengleichheit, Art 3 GG, Einl III 21, BVerfG NJW **88**, 2597, Köln MDR **97**, 1154, LG Trier WoM **93**, 203.

32 **B. Begriff der „Erforderlichkeit".** Eine Vertretung durch einen Anwalt erscheint dann als „erforderlich", wenn aus der Sicht des Gerichts die anwaltliche Vertretung (und nicht nur Beratung) nicht nur nützlich, förderlich oder beschleunigend wirken könnte, sondern als unentbehrlich erscheint, vgl KG FamRZ **95**, 629 („Bedürfnis").Dabei ist auf den bestimmten Antragsteller mit seinen erkennbaren rechtlichen, kaufmännischen oder sonstigen Fähigkeiten zur Meinungsbildung und zur Formulierung abzustellen, Hamm FamRZ **90**, 892. Andererseits ist die Fürsorgepflicht des Gerichts, Einl III 27, zwar zu berücksichtigen, aber nicht in den Vordergrund zu stellen. Aus der Sicht der Partei mag anwaltliche Beratung und Vertretung auch dann als dringend erforderlich erscheinen, wenn das Gericht zB im weiteren Verfahren helfend eingreifen könnte und will. Die Erforderlichkeit kann sich aus tatsächlichen und/oder rechtlichen Gründen ergeben. Sie kann auch bei einem einfachen Sachverhalt und/oder einer einfachen Rechtslage vorliegen, soweit die Partei hilflos scheint, LSG Mü AnwBl **88**, 421.

33 **C. Ermessen des Gerichts.** Das Gericht muß bei der Klärung der Erforderlichkeit anwaltlicher Vertretung nach pflichtgemäßem Ermessen unter Abwägung aller für und gegen die Erforderlichkeit sprechenden Gesichtspunkte vorgehen, Hamm FamRZ **97**, 1096 (FGG). Es sollte trotz des notwendigen objektiven Maßstabs, OVG Bre AnwBl **84**, 49, die Erforderlichkeit nicht kleinlich verneinen, LSG Aachen FamRZ **98**, 109 (FGG), LG Bayreuth JB **93**, 546, LSG Mainz **81**, 409. Fiskalische Gesichtspunkte sind zwar nicht unbeachtlich, aber auch nicht entscheidend, Mü FamRZ **99**, 793. Unerheblich ist es, ob es zweifelhaft erscheint, ob zwischen dem benannten Anwalt und dem Antragsteller ein Vertrauensverhältnis entstehen kann und ob der Wahlanwalt ein besonders hohes Vertrauen des Prozeßgerichts genießt usw.

34 **D. Maßgeblicher Zeitpunkt: Bewilligungsreife.** Für die Erforderlichkeit der anwaltlichen Vertretung kommt es, wie immer im PKH-Bewilligungsverfahren, auf den Zeitpunkt an, zu dem das Gericht bei ordnungsgemäßer Behandlung über das Gesuch, hier also über den Beiordnungsantrag, entscheiden muß, § 119 Rn 5, Köln FamRZ **99**, 1146. Es ist daher evtl eine Rückwirkung der Bewilligung auszusprechen, § 119 Rn 10 ff.

35 **E. Beispiele zur Frage der Erforderlichkeit**
**Abstammungsprozeß:** Im Verfahren nach §§ 640 ff ist eine Beiordnung im allgemeinen erforderlich, BVerfG **7**, 53, Düss MDR **94**, 1224, Hamm FamRZ **95**, 747 und 748, aM KG FER **97**, 209 (nur bei gegnerischem Anwalt als Ergänzungspfleger), Karlsr FER **99**, 120 (Beweisaufnahme, nennt irrig II 2), Mü FamRZ **99**, 793. Das gilt auch dann, wenn der Anwalt als Pfleger bestellt ist, Köln Rpfleger **92**, 71, aM OVG Bre JB **85**, 1103. Allerdings gilt dieser Grundsatz nicht, soweit kein vernünftiger Grund für die Beiordnung besteht, Bbg FamRZ **97**, 377, Hamm FamRZ **95**, 747 (nicht bei einem beizuordnenden Prozeßpfleger), Düss MDR **95**, 1144, Köln FamRZ **96**, 1290 (Bekl will anerkennen), Schlesw FamRZ **91**, 1074 (tatsächlich und rechtlich einfache Sache). Die Beiordnung ist für den einen Partei insbesondere nicht erforderlich, soweit das Jugendamt für sie bereits tätig wird, Drsd FamRZ **99**, 600, Jena FamRZ **96**, 419, großzügiger Saarbr AnwBl **84**, 624, strenger Kblz FamRZ **87**, 503, Köln FamRZ **87**, 401 (nur bei echtem Streit).
Allerdings ist in den letztgenannten Fällen die Beiordnung für den *Gegner* meist erforderlich, Düss MDR **94**, 1224. Auch der nach § 640e benachrichtigte Beigetretene, der als Partei zu behandeln ist, § 114 Rn 11 kann die Beiordnung beantragen, Hamm FamRZ **91**, 348.
**Analphabet:** Bei einfacher Sach- und Rechtslage liegt keine Bedürftigkeit schon wegen des Analphabetentums vor, nur grds richtig Hbg FamRZ **89**, 525.
S auch Rn 47 „Sorgerechtsverfahren".
**Anwaltsprozeß.** Im Verfahren mit Anwaltszwang, § 78 Rn 1, kann die Partei evtl einzelne Prozeßhandlungen selbst wirksam vornehmen. In diesem Umfang ist eine Beiordnung durchweg erforderlich, BGH NJW **84**, 2413.
**Auskunft:** Eine Beiordnung ist grds erforderlich, wenn ein gerade Volljähriger vom Vater Auskunft zwecks Unterhaltsklärung begehrt, Zweibr FamRZ **86**, 287.

36 **Bankkonto:** Die Beordnung ist erforderlich, soweit es um die Pfändung eines Bankkontos geht, LG Heidelb AnwBl **86**, 211.
S auch Rn 50 „Zwangsvollstreckung".

37 **Beweisanwalt:** Die Erfordernis seiner Beiordnung richtet sich nach III, Rn 67.
**Ehewohnung:** Die Beiordnung kann erforderlich sein, Hamm FamRZ **90**, 892.
**Einfachheit der Sach- und Rechtslage:** Rn 40 „Hilflosigkeit".
**Einstellung:** Rn 50 „Zwangsvollstreckung".
**Einstweilige Anordnung oder Verfügung:** Eine Beiordnung ist grds schon wegen des Eilcharakters erforderlich, Düss FamRZ **82**, 513, Hamm FamRZ **90**, 892, aM Hbg FamRZ **83**, 1133, Hamm FamRZ **84**, 1245. Diese Regel gilt im einzelnen auch bei einer einstweiligen Verfügung auf die Zahlung eines vorläufigen Unterhalts, Düss FamRZ **82**, 513.
S auch Rn 47 „Sorgerechtsverfahren".

38 **Erinnerung:** Rn 50 „Zwangsvollstreckung".
**Fiskus:** Fiskalische Gesichtspunkte sind zwar nicht unbeachtlich, aber auch nicht entscheidend.
**Freiwillige Gerichtsbarkeit:** Rn 47 „Sorgerechtsverfahren".

39 **Gegnerische Vertretung:** Vgl Rn 29 ff.

40 **Hausanwalt:** Man kann die zur Erstattung von Verkehrsanwaltskosten entwickelten Gesichtspunkte auch für die Frage der Erforderlichkeit einer Beiordnung mitheranziehen; vgl 91 Rn 255–258.
**Hilflosigkeit:** Eine Beiordnung kann auch bei einem einfachen Sachverhalt und/oder angesichts einer einfachen Sachlage erforderlich sein, soweit die Partei hilflos zu sein scheint, BVerfG NJW **83**, 1600, Nürnb NJW **80**, 1054, OVG Bre JB **84**, 133. So liegt es leider oft, aber wegen der Fürsorgepflicht des Gerichts, Einl III 27, keineswegs stets, aM ZöPh 9.

## 7. Titel. Prozeßkostenhilfe und Prozeßkostenvorschuß § 121

**Insolvenzverfahren:** Sehr großzügig zählt LG Hann AnwBl **85**, 596 auch die Anmeldung einer Insolvenz- **41** forderung zu den Lagen, in denen die Beiordnung als erforderlich erscheint.
**Isoliertes Sorgerechtsverfahren:** Rn 47 „Sorgerechtsverfahren".
**Jugendamt:** Soweit für die Partei bereits das Jugendamt tätig ist, fehlt meist die Erforderlichkeit der Beiordnung auch eines Anwalts.
S auch Rn 35 „Abstammungsprozeß".
**Kindschaftsverfahren:** Rn 35 „Abstammungsprozeß". **42**
**Mietrecht:** Eine Beiordnung kann erforderlich sein, soweit der Gegner sachkundig vertreten wird, zB durch den Haus- und Grundstückseigentümerverein oder den Mieterverein, LG Trier WoM **93**, 203.
**Nebenkläger:** Auch zu seinen Gunsten kann eine Beiordnung erforderlich sein, Bbg AnwBl **85**, 319, Düss **43** MDR **86**, 166, Ffm NJW **86**, 2587.
Vgl aber auch Rn 57.
**Pfändung:** Rn 50 „Zwangsvollstreckung". **44**
**Pfleger:** Vgl Rn 26. S auch Rn 35 „Abstammungsprozeß". Wegen der Aufhebung einer Amtspflegschaft im FGG-Verfahren LG Bln FamRZ **89**, 209.
**Rechtsfrage:** Wenn eine schwierige Rechtsfrage zu klären ist, ist eine Beiordnung grds erforderlich, Zweibr **45** FamRZ **86**, 287, LG Gött AnwBl **84**, 516.
S auch Rn 37 „Einfachheit der Sach- oder Rechtslage".
**Schwierigkeit der Sach- oder Rechtslage:** Eine Beiordnung kommt in Betracht, wenn der Sachverhalt **46** tatsächlich oder rechtlich schwierig gelagert ist, Zweibr FamRZ **86**, 287, LG Gött AnwBl **84**, 516.
**Sorgerechtsverfahren:** Bei ihm ist eine Beiordnung grundsätzlich erforderlich, Hamm FamRZ **96**, 808, **47** Karlsr FamRZ **87**, 1167, LG Bln FamRZ **87**, 1285. Das gilt auch um ein *isoliertes* Sorgerechtsverfahren nach dem FGG, Hamm FamRZ **99**, 393, Mü FamRZ **99**, 793, Nürnb MDR **96**, 609, aM Hbg FamRZ **89**, 525, Nürnb FamRZ **95**, 371 (aber wann ist die Sache schon einfach?).
Die Beiordnung kommt *ferner* etwa in folgenden Fällen in Betracht; Die Eltern haben einen einverständlichen Vorschlag zur Regelung des Sorgerechts gemacht, Düss FamRZ **87**, 963; es geht um eine Unterbringung, LG Arnsb FamRZ **84**, 1150.
*Nicht* stets erforderlich ist die Beiordnung im Verfahren nach § 52 a FGG, Hamm FamRZ **98**, 1303.
**Sozialgerichtsverfahren:** Im Rahmen der grundsätzlich entsprechenden Anwendbarkeit, § 114 Rn 39 „Sozialgericht", können strengere Maßstäbe gelten, LSG Mü AnwBl **88**, 421. Bei einem Schwerbehinderten kommt es, wie stets, auf die Gesamtumstände an, LSG Essen FamRZ **89**, 1315.
**Statusverfahren:** Rn 35 „Abstammungsprozeß".
**Umgangsrecht:** Rn 47 „Sorgerechtsverfahren". **48**
**Unterbringungsverfahren:** In einem solchen Fall ist eine Beiordnung grds erforderlich, LG Arnsb FamRZ **84**, 1150.
**Unterhalt:** Im Unterhaltsprozeß ist wegen seiner regelmäßigen Schwierigkeiten die Beiordnung meist erforderlich, Mü FamRZ **99**, 793, Luthin FamRZ **89**, 135, auch bei der zugehörigen Zwangsvollstreckung, LG Gießen Rpfleger **83**, 456 (Fallfrage), LG Kassel FamRZ **88**, 181, aM LG Stgt Rpfleger **90**, 128, oder bei einer Auskunft zwecks Unterhaltsklärung, Zweibr FamRZ **86**, 287. Es kommt allerdings auch hier auf die Gesamtumstände an, Mü MDR **99**, 301 (nicht bei § 646).
**Vaterschaftsverfahren:** Rn 35 „Abstammungsprozeß". **49**
**Verkehrsanwalt:** Rn 68.
**Versorgungsausgleich:** Die Beiordnung ist im Verfahren auf ihn grds erforderlich, Hamm AnwBl **78**, 461, Schlesw SchlHA **78**, 117.
**Vertrauensverhältnis:** Es ist unerheblich, ob zwischen dem beizuordnenden Anwalt und dem Antragsteller ein Vertrauensverhältnis erwachsen kann oder ob der Wahlanwalt des Antragstellers ein besonders hohes oder nicht sonderlich hohes Vertrauen des Prozeßgerichts genießt.
**Zeuge:** LG Verden MDR **90**, 1135 ordnet (im Strafprozeß) sogar einem Zeugen nur eines fairen Verfahrens **50** willen einen Anwalt bei.
**Zwangsvollstreckung:** Sowohl für die Vollstreckung im ganzen als auch für diejenige einzelne Parteihandlung des Gläubigers oder Schuldners im Vollstreckungsverfahren kann eine Beiordnung erforderlich werden, zB bei rechtlichen Problemen, etwa einer Erinnerung oder einem Einstellungsantrag, LG Freibg JB **85**, 129, LG Hann JB **86**, 766, LG Saarbr Rpfleger **85**, 109.
*Das gilt ferner* zB: Bei der Vollstreckung eines Unterhaltsanspruchs, LG Aachen JB **93**, 688, LG Heilbr MDR **91**, 450; bei der Pfändung, LG Bayreuth JB **93**, 546, zB eines Bankkontos, LG Heidelb AnwBl **86**, 211, freilich nicht stets, LG Düss JB **93**, 361, LG Münst JB **93**, 360, bei der Pfändung des Taschengeldanspruchs, LG Zweibr JB **97**, 665; bei einer Neufestsetzung nach § 48 SGB X, LSG Essen FamZRZ **87**, 731. Die Beiordnung eines Anwalts für eine Mobiliarzwangsvollstreckung ist aber meist nicht erforderlich, LG BadBad JB **91**, 573, LG Bayreuth DGVZ **99**, 138.

**13) „Gegner durch einen Rechtsanwalt vertreten", II 1 Hs 2/II Hs 2.** Eine Beiordnung erfolgt **51** auch insoweit, als der Prozeßgegner des Antragstellers bereits durch einen Rechtsanwalt in dem Verfahren vertreten ist, für das die Beiordnung beantragt wird.

**A. Zweck: Waffengleichheit.** Sinn auch dieser Regelung ist, wie bei Hs 1, die Durchsetzung des Gebots der Waffengleichheit der Prozeßbeteiligten, ähnlich wie in § 11 a I 1 ArbGG, Art 3 GG, Einl III 21, BVerfG NJW **89**, 3271, BezG Ffo FamRZ **92**, 1450, Köln FamRZ **98**, 1522.

**B. Keine „Erforderlichkeit" der Vertretung.** Wegen des Gebots der Waffengleichheit, Rn 51, kommt **52** es für die Beiordnung dann, wenn der Prozeßgegner bereits anwaltlich vertreten ist, nicht darauf an, ob eine Vertretung des Antragstellers durch einen Anwalt erforderlich erscheint, Ffm FamRZ **98**, 32.

**C. Begriff des „Gegners".** Unter „Gegner" ist jeder Prozeßgegner in dem Verfahren zu verstehen, für **53** das die Beiordnung beantragt wird. Es reicht eine prozessuale Gegnerschaft, Grdz 1 vor § 50, ZöPh 10 a; ein schon angekündigter oder bereits vorliegender gegnerischer streitiger Antrag ist nicht erforderlich, insofern

§ 121   1. Buch. 2. Abschnitt. Parteien

aM Hamm MDR **83**, 410, ThP 7 (aber schon die Vorbereitung kann einen Anwalt erforderlich gemacht haben). Eine derartige Gegnerschaft fehlt zwischen Streitgenossen, § 59, oder bei der Streithilfe, § 66.

**54**    **D. Gegnerischer „Rechtsanwalt".** Der Prozeßgegner muß bereits durch einen „Rechtsanwalt" vertreten sein. Zu diesem Begriff vgl zunächst Rn 7. Soweit der Prozeßgegner nicht durch einen beim Prozeßgericht oder beim etwa übergeordneten LG zugelassenen Anwalt vertreten ist oder soweit eine solche Vertretung nicht mehr wirksam besteht, entfällt die Notwendigkeit einer Beiordnung nach Hs 2 und bleibt die Notwendigkeit einer Beiordnung nach Hs 1 zu prüfen. Freilich kann die Notwendigkeit der Beiordnung nach Hs 2 zB später deshalb entstehen, weil der Prozeßgegner jetzt anwaltlich vertreten ist, Grunsky NJW **80**, 2045. Ein rechtskundiger Beamter ist nicht einem Anwalt gleichzusetzen, LSG Essen AnwBl **86**, 457.

**55**    **E. Maßgeblicher Zeitpunkt: Bewilligungsreife.** Wie stets im Bewilligungsverfahren, kommt es auch hier auf den Zeitpunkt an, in dem das Gericht bei ordnungsgemäßer Bearbeitung entscheiden muß, zB § 119 Rn 3, Bbg FamRZ **90**, 538. Es kann daher notwendig sein, eine Rückwirkung der Bewilligung auszusprechen, Oldb JB **93**, 155.

**56**    **F. Einzelfragen.** II besagt nicht, daß dem Gegner einer anwaltlich vertretenen Partei immer PKH bewilligt und ein Anwalt beigeordnet werden müsse, BGH **91**, 314, Köln FamRZ **97**, 1543 (zB nicht bei Einigkeit in der Sache), LG Stgt Rpfleger **94**, 170 (nicht im Mahnverfahren), großzügiger Köln (4. ZS) FamRZ **98**, 1522. Die Regelung der Beiordnung wegen gegnerischer anwaltlicher Vertretung gilt zB auch im Verfahren der freiwilligen Gerichtsbarkeit, § 114 Rn 26 „Freiwillige Gerichtsbarkeit", BayObLG FamRZ **91**, 224, Hamm (7. FamS) FamRZ **86**, 488, Köln FamRZ **87**, 180, aM Hamm (2. FamS) FamRZ **86**, 83 und (10. FamS) FamRZ **84**, 1245, Zweibr RR **87**, 953.

**57**    Auf den *Nebenkläger bzw Privatkläger* im Strafverfahren paßt Hs 2 (anders als Hs 1) nicht, BVerfG **63**, 380, insofern ebenso Düss MDR **88**, 990. Hs 2 paßt auch nicht auf den Rechtsbeistand eines Zeugen, vgl BVerfG AnwBl **83**, 457.Zur Anwendbarkeit in anderen Verfahrensordnungen, insbesondere im SGG, LSG Essen AnwBl **86**, 456, Behn MDR **84**, 106. Zu den Grenzen der Anwendbarkeit BVerfG NJW **89**, 3271 (Insolvenz).

**58**    **14) „Nicht bei dem Prozeßgericht zugelassener Rechtsanwalt", II 2/III.** In allen Fällen des bloßen Parteiprozesses kommt die Beiordnung eines auswärtigen Anwalts nur unter den nachfolgenden Voraussetzungen in Betracht.

**59**    **A. Keine Zulassung des Wahlanwalts.** Man muß zunächst prüfen, ob eine Zulassung des Wahlanwalts vor dem Prozeßgericht fehlt. Diese Frage richtet sich nach §§ 18–36 BRAO und für ausländische Anwälte nach den internationalen Abkommen, die im Bereich der EU vorrangig gelten und die innerstaatlichen Zulassungsbeschränkungen, SchlAnh VII, weitgehend überholt haben, EuGH NJW **88**, 877. Es liegt (nur) in einer Familiensache nach §§ 606 ff vor einem Gericht der neuen Bundesländer (ohne Berlin) allerdings auch dann eine „Zulassung" beim Familiengericht vor, wenn der Anwalt bei dem diesem Familiengericht übergeordneten LG zugelassen ist, § 78 II 2 aF. In anderen Sachen kommt es in teilweiser Abweichung von § 126 BRAGO nicht auf die Übereinstimmung von Wohnsitz oder Kanzleisitz mit dem Sitz des Prozeßgerichts an, sondern nur darauf, bei welchem AG der Anwalt förmlich zugelassen ist.

**60**    **B. Keine „weiteren Kosten".** Soweit der auswärtige Anwalt nicht zugelassen ist, kann er nur beigeordnet werden, wenn dadurch weitere Kosten nicht entstehen, BGH MDR **84**, 924 (zu § 519 b), Celle FamRZ **91**, 962. Daher kommt er neben einem am Prozeßgericht residierenden Anwalt allenfalls als Verkehrsanwalt in Betracht, Rn 68, Karlsr MDR **99**, 959.

**61**    **C. Notwendigkeit einer Kostenschätzung.** Das Gericht muß von Fall zu Fall nach der voraussichtlichen Kostenentwicklung abschätzen, ob durch die Zulassung des auswärtigen Anwalts weitere Kosten entstehen können. Diese Schätzung kann im einzelnen nach den bei § 114 Rn 78 dargelegten Regeln auf vorläufiger Basis erfolgen.

**62**    **D. Beiordnung zu den Bedingungen eines Ortsansässigen.** Sinn der Regelung ist eine Entlastung der Staatskasse, insofern richtig ArbG Hbg MDR **88**, 434. Eine Beiordnung des Auswärtigen kann auch insoweit erfolgen, als er gegenüber dem Prozeßgericht wirksam erklärt, er wolle zu den Bedingungen eines beim Prozeßgericht zugelassenen Anwalts tätig werden, Schlesw JB **92**, 486, LG Hbg Rpfleger **97**, 443, LAG Bre MDR **88**, 698, aM Düss FamRZ **93**, 819 (aber dann entstehen eben keine weiteren Kosten). § 126 I 2 Hs 2 BRAGO steht nicht entgegen, LAG Bre MDR **88**, 698, LAG Stgt DB **90**, 944, aM Celle AnwBl **81**, 196. Die Erklärung kann auch stillschweigend erfolgen, Hamm Rpfleger **82**, 484, LAG Erfurt JB **98**, 91. Sie liegt im Zweifel im Beiordnungsantrag, LG Brschw JB **86**, 772, aM AG Gera FamRZ **97**, 378, LAG Erfurt JB **98**, 91. Man darf diesen aber nicht entgegen der erkennbaren Zielrichtung auslegen, Karlsr FamRZ **91**, 348, Schneider MDR **89**, 226. Das Einverständnis des Anwalts ist allerdings auch unverzichtbar; sonst kann er überhaupt nicht beigeordnet werden, Brschw AnwBl **85**, 570, Karlsr FamRZ **91**, 348, LAG Erfurt JB **98**, 91, aM Hamm NJW **83**, 507.

**63**    **E. Hinweispflicht des Gerichts.** Das Gericht muß vor der Ablehnung der Beiordnung eines auswärtigen Anwalts den Antragsteller auf seine Bedenken hinweisen und ihm die Gelegenheit geben, innerhalb einer angemessenen Frist einen beim Prozeßgericht zugelassenen Anwalt statt des bisher Vorgeschlagenen zu wählen oder eine Einverständniserklärung des Auswärtigen zu den Bedingungen eines Ortsansässigen, Rn 62, beizubringen, Grdz 39 vor § 128.

**64**    **15) Beweisanwalt, Verkehrsanwalt, III/IV.** Unterschiedliche Aufgaben sind einheitlich geregelt.

**A. Zweck: Kostendämpfung.** PKH führt grundsätzlich zur Beiordnung nur eines ProzBev, nicht auch eines Anwalts zu weiteren Funktionen, Brdb AnwBl **96**, 54. Denn die Staatskasse darf nicht übermäßig strapaziert werden. Man kann vom beigeordneten ProzBev daher in erhöhtem Maße einen Einsatz mit dem Ziel erwarten, daß die Einschaltung eines Beweis- und/oder Verkehrsanwalts überflüssig macht. Natürlich sind ihm die entsprechenden Mehraufwendungen zu vergüten. Indessen kann es aus prozessualen oder terminlichen Gründen usw in besonderen Lagen erforderlich werden, neben dem ProzBev auch einen

## 7. Titel. Prozeßkostenhilfe und Prozeßkostenvorschuß § 121

Beweisanwalt und/oder einen Verkehrsanwalt beizuordnen. Diesen Fall regelt III. Die Vorschrift ist also neben I, II immer nur ergänzend anwendbar, Hamm JB **78**, 1569, aM ThP 9.

**B. „Besondere Umstände".** Aus dem Regelungszweck, Rn 64, folgt, daß der Begriff „besondere Um- 65 stände" als Voraussetzung der Beiordnung eng auszulegen ist, LG Hbg Rpfleger **97**, 443. Die Beiordnung gerade des Beweis- und/oder Verkehrsanwalts muß aus der Sicht eines unbeteiligten Dritten, also nach einem objektiven Maßstab, geradezu unentbehrlich sein. Die Partei kann die Gründe für diese „besonderen Umstände" in ihrem Antrag darlegen. Diese binden das Gericht aber nicht.

**C. „Antrag".** Die Beiordnung erfolgt nur auf Grund eines Antrags, also nicht von Amts wegen, Mü 66 AnwBl **89**, 58. Das Gericht kann und muß evtl einen solchen Antrag im Rahmen seiner Fürsorgepflicht nahelegen, Einl III 27, Grdz 39 vor § 128.

**D. „Termin zur Beweisaufnahme vor dem ersuchten Richter", Hs 1.** In Betracht kommt die 67 Beiordnung zunächst für einen auswärtigen Beweistermin (auch einen Termin nach § 613 I 2, Köln FamRZ **91**, 349), den nicht das Prozeßgericht, sondern ein ersuchtes Gericht ausführt, § 362 (nicht § 361), BVerwG NJW **94**, 3243. Zur Abgrenzung des Begriffs des Beweisanwalts von ProzBev Hartmann Teil X § 54 BRAGO Rn 1 ff. Zur Abgrenzung des Beweisanwalts vom Verkehrsanwalt Mü AnwBl **89**, 58 mwN. *Beispiele* zur Frage der Erforderlichkeit eines Beweisanwalts: Große Entfernung; besondere tatsächliche Schwierigkeiten; erhöhte Glaubwürdigkeitszweifel; die Notwendigkeit einer besonderen Sachkunde bei der Befragung.

**E. „Vermittlung des Verkehrs mit dem Prozeßbevollmächtigten", Hs 2.** Es kommt auch die Bei- 68 ordnung eines sog Verkehrsanwalts in Betracht, BVerwG NJW **94**, 3243. Er ist nicht ProzBev, auch nicht bloßer Beweisanwalt, er übt auch nicht in der mündlichen Verhandlung lediglich Parteirechte aus, ohne ProzBev zu sein; sondern er vermittelt eben den Verkehr der Parteien mit dem ProzBev; zur Abgrenzung Hartmann Teil X § 52 BRAGO Rn 1 ff. Die Prüfung erfolgt weder strenger noch milder als bei der Frage der Erstattungsfähigkeit eines Verkehrsanwalts, vgl § 91 Rn 220, Mü AnwBl **89**, 58 mwN.
*Beispiele* zur Frage der Erforderlichkeit eines Verkehrsanwalts: Die Partei hätte unverhältnismäßig hohe 69 Reisekosten, Hamm MDR **76**, 319; es geht um eine Scheidungssache, Bbg FamRZ **97**, 1543 (sogar ausländischer Verkehrsanwalt), Brdb FamRZ **98**, 1301, Köln FamRZ **91**, 349, aM Hamm FamRZ **86**, 375 (eine schriftliche Information müsse auch hier unzumutbar, eine Informationsreise zu teuer sein), Karlsr FamRZ **99**, 304 (aber wann ist eine Scheidungssache schon wirklich einfach?), Köln FamRZ **82**, 1226 (er reiche aus, daß eine bemittelte Partei einen Anspruch auf die Erstattung eines Verkehrsanwalts haben würde); es geht um den Unterhalt bei einem nicht Rechtskundigen, Brdb FamRZ **99**, 1219.
*Weitere Beispiele:* Es geht um einen Schreibungewandten; die Partei hat Sprachprobleme, BayObLG Rpfleger **78**, 315, oder kann den ProzBev aus sonstigen Gründen nicht selbst informieren, Bbg JB **84**, 616; die Partei hat während des Verfahrens den Wohnsitz gewechselt; es wären mehrere Parteiinformationsreisen notwendig, Kblz JB **97**, 593. Es kommt auch eine Beiordnung des Pflegers in Betracht, LG Ffm AnwBl **89**, 274, aM Schlesw SchlHA **76**, 140.

**F. „ ... kann beigeordnet werden".** Das Gericht hat bei III/IV, anders als bei I, II, IV/V, auch beim 70 Vorliegen der Voraussetzungen der Beiordnung nach dem Wortlaut einen Ermessensspielraum, wie das Wort „kann" im Gegensatz zu „wird" zeigt. Indessen erfordert schon die Fürsorgepflicht, Üb 4 vor § 114, beim Vorliegen der besonderen Umstände in aller Regel auch die Beiordnung des Beweis- und/oder Verkehrsanwalts.

**G. Weitere Einzelfragen.** Die Beiordnung als Verkehrsanwalt bedeutet nicht auch zugleich die Bei- 71 ordnung als Beweisanwalt, Mü AnwBl **89**, 58, und umgekehrt. Sie umfaßt auch nicht (stets) einen Vergleichsabschluß, Bbg MDR **99**, 569. Die Beiordnung eines Berufungsanwalts als Verkehrsanwalt während der Revisionsinstanz ist grds nicht statthaft, BGH WertpMitt **82**, 881. Eine Beiordnung zu Gunsten einer im Ausland lebenden Partei kommt nicht in Betracht. Der Wechsel der Zulassung des Verkehrsanwalts macht nicht die Beiordnung eines anderen notwendig, Bbg JB **92**, 624.

**16) „Kein zur Vertretung bereiter Anwalt", IV/V.** In Abweichung von dem Grundsatz der Wahlfrei- 72 heit des Antragstellers, Rn 2, kommt eine Beiordnung eines vom Gericht ausgewählten (und damit verpflichteten) Anwalts in Betracht. Im einzelnen gilt:

**A. Zweck: Keine Verkürzung des Rechtsschutzes.** IV/V soll gewährleisten, daß der Rechtsschutz 73 einer Partei nicht dadurch verkürzt wird, daß sie keinen Anwalt ihrer Wahl finden kann. Damit entspricht die Vorschrift in hohem Maße dem Regelungszweck des ganzen PKH-Bewilligungsverfahrens, Üb 1, 2 vor § 114. Das erfordert eine großzügige Auslegung, wie auch sonst, vgl zB § 114 Rn 47. IV ist nicht mit den allerdings ähnlich konstruierten § 78 b I bzw § 78 c zu verwechseln. Die letzteren Vorschriften gelten im Hauptprozeß, während IV/V im Bewilligungsverfahren als Spezialvorschrift vorrangig gilt. Ergänzend können allerdings Rechtsprechung und Lehre zu den §§ 78 b, c beigezogen werden, soweit die dortigen Konstruktionen nicht abweichen. Dem Regelungszweck entsprechend gilt IV/V sowohl im Anwaltsprozeß, I, als auch im Parteiprozeß, II, und im übrigen auch in den Fällen der Notwendigkeit eines Beweis- und/ oder Verkehrsanwalts, III/IV.

**B. Vergebliche Suche der Partei.** Der Antragsteller muß unter den nach I–III/IV in Betracht kommen- 74 den Anwälten vergeblich nach einem zu seiner Vertretung bereiten Anwalt gesucht haben, vgl (zu § 78 b) BFH NJW **78**, 448. Man darf die Anforderungen an die Bemühungen des Antragstellers nicht überspannen, vgl auch Rn 73, 74. Er braucht nicht sämtliche bei dem Gericht zugelassenen Anwälte gebeten zu haben. Er muß allerdings jedenfalls in einer Großstadt zumindest eine gewisse Anzahl von Anwälten nachweisbar vergeblich um eine Übernahme der Vertretung gebeten haben, vgl (zu § 78 b) KG OLGZ **77**, 247. Die Notlage kann auch, muß aber nicht schon infolge eines verschuldeten oder unverschuldeten Wegfalls des bisherigen Anwalts eingetreten sein. Sie kann auch zB bei dem als Anwalt tätigen Pfleger fehlen, BVerwG NJW **79**, 2170. Überhaupt ist ein Verschulden des Antragstellers daran, daß niemand ihn vertreten will, unerheblich. Auch der unbeliebte oder querulatorisch wirkende Antragsteller bedarf des Rechtsschutzes.

## §§ 121, 122  1. Buch. 2. Abschnitt. Parteien

Soweit der Antragsteller die Vergeblichkeit seiner Bemühungen zwar behauptet, aber nicht im einzelnen dargelegt hat, kommt eine angemessene Frist zur Nachreichung von Belegen oder zur Glaubhaftmachung nach § 118 II 1, § 294 in Betracht.

**75** 17) **„Beiordnung", IV/V.** Die Sonderbestimmung ist eng auslegbar.

**A. Auswahlrecht des Vorsitzenden.** Während die Partei in den Fällen I–III/IV einen Anspruch darauf hat, daß nur der Anwalt ihrer Wahl beigeordnet wird, so auch Goebel FamRZ **91**, 1271, hat sie einen solchen Anspruch im Fall IV/V nicht. Sie kann die Beiordnung eines ihr nicht genehmen Anwalts nur dadurch verhindern, daß sie notfalls den Beiordnungsantrag ganz zurücknimmt. Das ist bis zur Entscheidung jederzeit zulässig. Die Regelung ist rechtspolitisch nicht selbstverständlich. Es ist denkbar, daß eine Partei gerade einen bestimmten Anwalt beigeordnet haben möchte, der nur zu ihrer Vertretung nicht bereit ist. Es wäre keineswegs abwegig, der Partei auch in einem solchen Fall ein Wahlrecht zu geben, etwa um sicherzustellen, daß ein objektiv mit den Problemen besonders vertrauter Anwalt für sie tätig werde. Indessen hat das Gesetz die früheren diesbezüglichen Grundsätze zur Standespflicht der Anwälte, BGH **60**, 258, nur eingeschränkt aufrechterhalten: Der Anspruch der Partei ist auf die Beiordnung eines Anwalts beschränkt; die Bestimmung der Person des Anwalts bleibt dem Vorsitzenden überlassen.

**76 B. Ermessen des Vorsitzenden.** Der Vorsitzende übt bei der Auswahl ein pflichtgemäßes Ermessen aus. Er ist durch den Kreis derjenigen Anwälte beschränkt, die beim Prozeßgericht bzw im Fall eines auswärtigen Beweistermins beim dortigen Gericht und im Fall des Verkehrs mit dem ProzBev nach den dann maßgeblichen Gesichtspunkten zugelassen sind. Er muß zwar nicht, sollte aber eine Anregung der Partei (zurückhaltend) miterwägen, soweit sie vernünftig scheint, Schlesw SchlHA **78**, 84. Er sollte die Erforderlichkeit besonderer Sachkunde des Auszuwählenden bedenken. Er ist aber in seiner Auswahl nicht davon abhängig, daß der fragliche Anwalt zur Übernahme des Mandats auch bereit ist.

**77 C. Zuständigkeit nur des Vorsitzenden.** Zur Beiordnung nach IV/V ist, anders als nach I–III/IV, nur der Vorsitzende des Prozeßgerichts des Rechtszugs, ggf des höheren Gerichts, § 127 II 2 Hs 2, zuständig, also nicht das Kollegium. Er darf diese Zuständigkeit nicht auf den Rpfl übertragen, da § 20 Z 1 RPflG, Anh § 153 GVG, eine solche Übertragungsmöglichkeit nicht vorsieht. Soweit der Rpfl als Prozeßgericht zuständig ist, zB im Mahnverfahren, §§ 688 ff, § 20 Z 1 RPflG, ist er der „Vorsitzende" im Sinne von IV.

**78 D. Entscheidung.** Eine mündliche Verhandlung findet nicht statt. Das Gericht entscheidet durch einen Beschluß, § 329. Es muß ihn grundsätzlich begründen, § 329 Rn 4. Er wird dem Antragsteller, dem Prozeßgegner, dem beigeordneten Anwalt und den etwa sonst am Verfahren etwa Beteiligten formlos mitgeteilt, § 329 II 1. Wirksam wird er bereits mit der Hinausgabe, § 329 Rn 27, aM Stgt Just **79**, 137, ZöPh 30. Er bindet das Gericht, auch wenn er fälschlich erlassen ist, bis zur etwa zulässigen und wirksam erfolgten Änderung oder Aufhebung; das gilt auch im Kostenfestsetzungsverfahren nach §§ 103 ff, insofern richtig Schneider MDR **89**, 226. Der Beiordnungsbeschluß enthält, anders als eine Entscheidung nach § 78 b, nicht nur die grundsätzliche Entscheidung darüber, daß (irgend) ein Anwalt beizuordnen sei, sondern bereits die Bezeichnung der Person des Beigeordneten. Insofern enthält der Beschluß im Fall des IV Elemente des § 78 c. Der Beiordnungsbeschluß enthält keine Kostenentscheidung, § 127 Rn 20. Eine fälschlich vorgenommene Kostenentscheidung ist anfechtbar, § 118 Rn 23.

**79 E. Tätigkeitspflicht des beigeordneten Anwalts.** Anders als der Wahlanwalt nach I–III/IV ist der nach IV/V beigeordnete Anwalt zur Übernahme der Vertretung verpflichtet. Es herrscht sog Abschlußzwang, § 48 I Z 1, 2 BRAO, Brangsch AnwBl **82**, 99. Die Übernahme ist eine Berufspflicht, BGH **60**,. 258; das ist mit der Menschenrechtskonvention vereinbar, EKMR AnwBl **75**, 137. Der beigeordnete Anwalt hat im Umfang der Beiordnung einen Anspruch nur gegen die Staatskasse, § 122 I Z 3. Wegen der Prozeßvollmacht § 16 ff.

**80** 18) **VwGO:** Entsprechend anzuwenden, § 166 *VwGO*, mit Ausnahme von II 2/III, s u. **I** gilt im Verfahren vor dem BVerwG und OVG; die Beiordnung eines Hochschullehrers, der dort nach § 67 I VwGO postulationsfähig ist, ist nicht zulässig, BVerwG DÖV **66**, 432. Auch **II 1** ist entsprechend anwendbar, so daß nur ein RA, nicht dagegen ein Rechtsbeistand beigeordnet werden kann, OVG Hbg FamRZ **95**, 95, 1453. Für die Beiordnung genügt nicht, daß der Gegner eine jur Person des öff Rechts ist und durch einen volljuristisch ausgebildeten Bediensteten vertreten werden kann, OVG Hbg **KR** Nr 16, LSG RhPf LS SGb **82**, 115, Schuster SGb **82**, 186 f (diese Regelung ist verfassungsgemäß, BVerfG NJW **88**, 2597). Nur wegen des Ermittlungsgrundsatzes, § 86 VwGO, darf die Beiordnung nicht abgelehnt werden, BVerwG Buchholz 310 § 108 VwGO Nr 48. Zur Beiordnung eines anderen RA aus wichtigem Grund VGH Kassel **KR** Nr 73, zur Beiordnung nach Abschluß der Instanz OVG Hbg bei Sinhuber MDR **88**, 543, zur Beiordnung eines auswärtigen RA OVG Münst AnwBl **93**, 300 (keine Anwendung von II 2/III). Die Beistandsbedürftigkeit der Partei ist in den gerichtskostenfreien Verfahren des § 188 VwGO besonders sorgfältig zu prüfen (und oft zu bejahen), BVerwG FEVS **25**, 363; ist die Notwendigkeit einer Beiordnung zu verneinen, muß die PKH in diesen Fällen abgelehnt werden, § 114 Rn 133 (zur Frage, ob ein PKH-Gesuch auch hier die WiedEins rechtfertigt, s OVG Hbg NJW **98**, 28 u VGH Mannh Just **97**, 99 gg OVG Münst NJW **83**, 2046). Beigeordnet werden kann (und muß ggf) auch der zum Vormund, Pfleger, Betreuer oder Vertreter nach § 57 bestellte RA, OVG Hbg HbgJVBl **85**, 169 mwN. Rechtsbehelf: § 127 Rn 105.

## 122

**Wirkung.** [1] Die Bewilligung der Prozeßkostenhilfe bewirkt, daß

1. die Bundes- oder Landeskasse
   a) die rückständigen und die entstehenden Gerichtskosten und Gerichtsvollzieherkosten,
   b) die auf sie übergegangenen Ansprüche der beigeordneten Rechtsanwälte gegen die Partei nur nach den Bestimmungen, die das Gericht trifft, gegen die Partei geltend machen kann,

7. Titel. Prozeßkostenhilfe und Prozeßkostenvorschuß   § 122

2. die Partei von der Verpflichtung zur Sicherheitsleistung für die Prozeßkosten befreit ist,
3. die beigeordneten Rechtsanwälte Ansprüche auf Vergütung gegen die Partei nicht geltend machen können.

II Ist dem Kläger, dem Berufungskläger oder dem Revisionskläger Prozeßkostenhilfe bewilligt und ist nicht bestimmt worden, daß Zahlungen an die Bundes- oder Landeskasse zu leisten sind, so hat dies für den Gegner die einstweilige Befreiung von den in Absatz 1 Nr. 1 Buchstabe a bezeichneten Kosten zur Folge.

*AUG § 9.* ¹Bietet die beabsichtigte Rechtsverfolgung hinreichende Aussicht auf Erfolg und erscheint sie nicht mutwillig, so wird für Verfahren auf Grund von eingehenden Gesuchen nach diesem Gesetz auch ohne ausdrücklichen Antrag des Unterhaltsberechtigten Prozeßkostenhilfe mit der Maßgabe bewilligt, daß Zahlungen an die Landes- oder Bundeskasse nicht zu leisten sind. ²Durch die Bewilligung der Prozeßkostenhilfe nach diesem Gesetz wird der Antragsteller endgültig von der Zahlung der in § 122 Abs. 1 der Zivilprozeßordnung genannten Kosten befreit, sofern die Bewilligung nicht nach § 124 Nr. 1 der Zivilprozeßordnung aufgehoben wird.

**Gliederung**

| | | | |
|---|---|---|---|
| 1) Systematik, Regelungszweck, I, II ... | 1 | 8) „Befreiung von der Verpflichtung zur Sicherheitsleistung", I Z 2 | 24 |
| 2) Geltungsbereich, I, II | 2 | 9) Keine „Geltendmachung" der „Ansprüche auf Vergütung der beigeordneten Rechtsanwälte gegen die Partei", I Z 3 | 25–28 |
| 3) Kostenerleichterung für den Antragsteller, I | 3 | A. Zweck: Schutz des Auftraggebers | 25 |
| 4) „Nur nach den Bestimmungen, die das Gericht trifft", I Z 1 | 4 | B. Begriff der „Geltendmachung" | 26–28 |
| 5) „Geltendmachung", I Z 1 | 5 | 10) Kostenerleichterung für den Prozeßgegner, II | 29–35 |
| 6) „Gerichts- und Gerichtsvollzieherkosten", I Z 1 a | 6–20 | A. Zweck: Waffengleichheit | 30 |
| A. Kostenbegriff | 6 | B. „Kläger, Berufungskläger, Revisionskläger" | 31 |
| B. „Rückständige und entstehende" Kosten | 7 | C. Sachlicher Geltungsbereich | 32 |
| C. Rückerstattungsfragen | 8 | D. Keine „Bestimmung von Zahlungen" an die Staatskasse | 33 |
| D. Befreiung von der Vorwegleistungspflicht | 9 | E. „Einstweilige Befreiung von den Gerichts- und Gerichtsvollzieherkosten" | 34 |
| E. Beispiele zur Frage des Vorliegens von Gerichts- und Gerichtsvollzieherkosten | 10–20 | F. Einzelfragen | 35 |
| 7) „Übergegangene Ansprüche der beigeordneten Rechtsanwälte", I Z 1 b | 21–23 | 11) *VwGO* | 36 |
| A. Zweck: Klarstellung | 21 | | |
| B. Umfang der Kostenerleichterung | 22, 23 | | |

**1) Systematik, Regelungszweck, I, II.** Die Vorschrift enthält Regelungen eines Teils der Wirkungen **1** von PKH-Bewilligung. Andere Wirkungen kraft Gesetzes ergeben sich aus § 119 (zB Begrenzung der Bewilligung auf den jeweiligen Rechtszug), §§ 123, 125, 126. § 119 enthält darüber hinaus diejenigen Wirkungen, die das Gericht von Fall zu Fall nach den Gesamtumständen aussprechen muß. Demgegenüber treten die Wirkungen nach § 122 in jedem Fall dem Grunde nach kraft Gesetzes ein. *Der Sinn der Regelung* auch des § 122 besteht darin, dem Antragsteller finanzielle Erleichterung zu verschaffen, darüber hinaus aber auch evtl seinem Prozeßgegner aus Gründen der Waffengleichheit, Art 3 GG, Einl III 21, unabhängig von dessen finanzieller Lage gewisse Erleichterungen zu geben. Fiskalische Interessen dürfen daher im Rahmen der Auslegung nur begrenzt beachtet werden. Insgesamt gilt wieder das allgemeine Gebot der Großzügigkeit zugunsten des Antragstellers, § 114 Rn 47. Die Möglichkeiten einer rückwirkenden Bewilligung sind jetzt in § 119 Rn 3, 10 dargestellt. §§ 122ff stehen in engem Zusammenhang einerseits mit §§ 54, 58 II GKG, andererseits §§ 124ff BRAGO. Dieser Zusammenhang ist unten im einzelnen näher dargestellt. Vgl auch Rn 21, 25, 30.

**2) Geltungsbereich, I, II.** Vgl Üb 4 vor § 114, § 114 Rn 9–45. **2**

**3) Kostenerleichterung für den Antragsteller, I.** Die Vorschrift gibt dem Antragsteller in Z 1–3 **3** unterschiedliche Arten von Kostenerleichterungen. Sie sieht Einschränkungen bei der Geltendmachung von Gerichts- und Anwaltskosten in Z 1, 3 vor, die allerdings grundsätzlich nur einstweilen gelten; Z 2 sieht die Möglichkeit einer endgültigen Befreiung von der Pflicht zur Sicherheitsleistung vor.

**4) „Nur nach den Bestimmungen, die das Gericht trifft", I Z 1.** Die in dieser Vorschrift vorgese- **4** henen Kostenerleichterungen treten zwar dem Grund nach kraft Gesetzes ein, Rn 1; sie sind dem Umfang nach aber von dem jeweiligen Bewilligungsbeschluß abhängig. Dabei kommt es sowohl für den Bewilligungszeitpunkt als auch für den übrigen Umfang der Bewilligung auf die tatsächliche Bestimmung des Gerichts an, solange diese nicht aufgehoben oder abgeändert ist. Insofern hängen also die Wirkungen von der Bewilligung nach § 119 ab.

**5) „Geltendmachung", I Z 1.** Es erfolgt nur eine Einschränkung der „Geltendmachung". Das ist der **5** Sache nach die Einschränkung auf eine nur einstweilige Kostenbefreiung, also eine Stundung, AG Ffm DGVZ **89**, 191. Der Wegfall der früheren Worte des Gesetzestextes „einstweilen" und „vorläufig unentgeltlich" diente nur dazu, Mißverständnisse zu vermeiden, die dadurch eintreten könnten, daß die vorgenannten Zahlungen zulässig sind. Es kommt zB in Betracht, daß die Ratenhöhen gemäß § 120 IV erhöht werden müssen oder daß die Bewilligung teilweise aufzuheben ist, § 124. Demgegenüber hat die Pflicht zur Erstattung gegnerischer Kosten nach § 123 nichts mit den vom Antragsteller zu zahlenden Gerichts- und

## § 122
1. Buch. 2. Abschnitt. Parteien

Gerichtsvollzieherkosten und nichts mit den Ansprüchen des ihm beigeordneten Anwalts zu tun. Von diesem Grundsatz gilt nur im Bereich des vor Anm 1 abgedruckten § 9 AUG eine Ausnahme: Eine diesbezügliche Bewilligung hat eine endgültige Befreiung von den im § 122 I genannten Kosten zur Folge, soweit keine Aufhebung nach § 124 Z 1 erfolgt.

**6** 6) „**Gerichts- und Gerichtsvollzieherkosten**", I Z 1a. Die einstweilige Kostenbefreiung erfaßt die „rückständigen und die entstehenden" Gerichts- und Gerichtsvollzieherkosten, App DGVZ **90**, 166.

**A. Kostenbegriff.** Zu den Kosten zählen sowohl Gebühren als auch Auslagen, § 1 I GKG, § 1 I BRAGO, § 1 I GVKostG. Gemeint sind natürlich nur die notwendigen Kosten, §§ 91 ff, LAG Stgt JB **92**, 401.

**7** B. „**Rückständige und entstehende" Kosten.** Z 1 a stellt klar, daß die einstweilige Befreiung sowohl wegen der schon fällig gewordenen, aber noch nicht bezahlten und deshalb „rückständigen" Kosten, Düss FamRZ **90**, 299, als auch der im Zeitpunkt der Wirksamkeit des Bewilligungsbeschlusses noch erst zukünftigen oder gleichzeitig „entstehenden" Kosten erfolgt. Es kommt daher nicht darauf an, ob die Kosten in diesem Zeitpunkt bereits fällig geworden waren.

**8** C. **Rückerstattungsfragen.** Soweit der Antragsteller auf die rückständigen oder entstehenden Gerichtskosten und Gerichtsvollzieherkosten bereits Zahlungen über die vom Gericht getroffenen Anordnungen hinaus geleistet hat, aus welchem Grunde auch immer, erlischt natürlich ein Anspruch der Staatskasse, AG Ffm DGVZ **89**, 191. Soweit auf Grund eines irrigen Kostenansatzes gutgläubig gezahlt war, kommt ein Rückerstattungsanspruch in Betracht, KG MDR **81**, 852, App DGVZ **90**, 167. Im übrigen müssen bereits erhobene Kosten nur insoweit zurückgezahlt werden, als die Bewilligung von PKH nach § 124 aufgehoben wurde, Düss FamRZ **90**, 299, KG AnwBl **84**, 456, AG Ffm DGVZ **89**, 191. Das gilt selbst dann, wenn die Zahlung der Partei unter einem Vorbehalt erfolgte. Freilich kann infolge einer wirksamen Rückwirkung, § 119 Rn 10, eine Erstattungspflicht eintreten, § 9 KostVfg und Z 3.2 DB-PKHG, Hartmann Teil VII B 5, AG Friedberg DGVZ **82**, 142, App DGVZ **90**, 167, aM AG Leverkusen DGVZ **80**, 31.

**9** D. **Befreiung von der Vorwegleistungspflicht.** Zur Frage, ob und in welchem Umfang der Antragsteller von einer Vorwegleistungspflicht befreit ist, vgl §§ 61, 65 I GKG, Anh § 271.

**10** E. **Beispiele zur Frage des Vorliegens von Gerichts- und Gerichtsvollzieherkosten**
**Anordnung persönlichen Erscheinens:** Die Reisekosten infolge einer solchen Anordnung zählen zu den Kosten nach Z 1 a, Mü Rpfleger **85**, 165.
**Auflage des Gerichts:** Soweit infolge einer Auflage des Gerichts zur Vornahme einer Parteihandlung nicht nur beim Antragsteller, sondern auch oder nur beim Gericht Kosten entstehen, werden sie natürlich von der einstweiligen Befreiung erfaßt, Mü Rpfleger **85**, 165.
S auch Rn 13 „Freigestellte Parteiprozeßhandlung".
**Auslagenvorschuß:** Ein Vorschuß nach §§ 379, 402 oder anderen Vorschriften wird von der einstweiligen Befreiung erfaßt, und zwar auch zugunsten des Gegners, Hamm MDR **99**, 502. Deshalb kann das Gericht zB keinen Vorschuß für einen Zeugen oder Sachverständigen fordern, Hamm MDR **99**, 502 (bei Verstoß: evtl Zurückverweisung), Stgt MDR **84**, 151.
**Beamter:** Das Gesetz enthält nicht (mehr) die Erwähnung der „Gebühren der Beamten" usw. Alle diese Kosten sind Gerichtskosten.
**Bereitstellung des Beweisgegenstands:** Soweit beim Gericht oder beim Sachverständigen Kosten zwecks oder infolge der Bereitstellung eines Beweisgegenstands entstehen, tritt die einstweilige Befreiung ein. S auch Rn 16.

**11 Dolmetscher:** Die Kosten eines Dolmetschers zur Verständigung mit dem beigeordneten Anwalt gehören nicht zu den in Z 1 a genannten Kosten. Für sie ist § 126 BRAGO anwendbar, Hbg MDR **72**, 110, AG Köln AnwBl **84**, 518 (zur Beratungshilfe), aM LAG Hamm AnwBl **85**, 276.

**12 Entscheidung:** Rn 18.

**13 Freigestellte Parteihandlung:** Kosten, die dadurch entstehen, daß das Gericht dem Antragsteller eine Handlung lediglich freistellt, zählen nicht zu den in Z 1 a genannten Kosten.
S aber auch Rn 9 „Auflage des Gerichts".
**Hinweis auf Prozeßkostenhilfe:** Ein Rückerstattungsanspruch kann auch dann entstehen, wenn die Partei bei der Zahlung zB von Gerichtsvollzieherkosten versäumt hatte, auf die gewährte PKH hinzuweisen, LG Wiesb JB **91**, 1234, AG Wiesb JB **91**, 1233.
**Insolvenzverfahren:** Die Vorschußpflicht nach § 26 I 2 InsO bleibt bestehen, vgl LG Kblz JB **97**, 479.

**14 Parteihandlung:** Rn 9 „Auflage des Gerichts", Rn 13 „Freigestellte Parteihandlung".
**Parteivernehmung:** Rn 15 „Reisekosten".
**Protokoll:** Rn 18 „Übersetzung".

**15 Reisekosten:** Soweit sie durch eine Auflage des Gerichts verursacht sind, sind sie von Z 1 a erfaßt, Bbg JB **89**, 1285, Düss JB **89**, 839, Nürnb JB **90**, 1023, aM KG Rpfleger **93**, 74, OVG Bre Rpfleger **87**, 386. Vgl wegen der Reisekosten im übrigen die Verwaltungsbestimmungen, abgedruckt bei Hartmann Teil V § 18 ZSEG Anh 1, 2. Es gibt also keine automatische Erstattung, Nürnb Rpfleger **90**, 172, großzügiger Düss MDR **91**, 679, Mü MDR **97**, 194 (unvollständig zitierend). Jedenfalls ist BGH NJW **75**, 1125 weitgehend überholt; das übersieht Köln Rpfleger **88**, 80. Soweit das Gericht der Partei eine Handlung lediglich freistellt, ist Z 1 a nicht anwendbar. Gegen die Ablehnung der Reisekostenerstattung oder eines Reisekostenvorschusses ist Beschwerde statthaft, § 127 Rn 55 „Reisekostenvorschuß".

**16 Sachverständiger:** Zu den Gerichtskosten gehören auch Vorschüsse nach §§ 379, 402 und sonstige Auslagen für einen gerichtlich bestellten Sachverständigen, KV 9005, 9008, Stgt MDR **84**, 151. Sie umfassen die Kosten für die Bereitstellung des Beweisgegenstands. Das Gericht darf eine Beweiserhebung nicht von einem Auslagenvorschuß abhängig machen, selbst wenn der Beweis auch für den Prozeßgegner des Antragstellers wichtig sein mag.

### 7. Titel. Prozeßkostenhilfe und Prozeßkostenvorschuß § 122

**Teilweise Bewilligung:** Soweit die PKH nur für einen Teil des oder der Ansprüche bewilligt ist, muß man 17 den „bewilligten" Streitwert dem Gesamtstreitwert gegenüberstellen und ist eine Kostenschuld nur wegen der sich ergebenden Differenzsumme begründet, Mü MDR **97**, 299. Das gilt auch für die nichtausscheidbaren Auslagen.

**Übersetzung:** Die Kosten der Übersetzung zB eines Protokolls oder einer Entscheidung zählen zu den von 18 Z 1 a erfaßten Kosten. Das gilt unter Umständen auch für Kosten der Übersetzung durch einen beigeordneten Anwalt, LG Stgt MDR **73**, 594, aM OVG Bre Rpfleger **87**, 386.

**Verdienstausfall:** Der reine Verdienstausfall als solcher fällt nicht unter Z 1 a, Ffm MDR **84**, 500, vgl § 91 19 Rn 296, aM Stgt MDR **85**, 852.

S auch Rn 9 „Auflage des Gerichts".

**Verlangen einer Handlung:** Rn 9 „Auflage des Gerichts".

**Verzögerungsgebühr:** Die Verzögerungsgebühr nach § 34 GKG, Anh § 95, zählt nicht zu den Gerichtskosten nach Z 1 a, Hartmann Teil I § 34 GKG Rn 22.

**Vorschuß:** Rn 16 „Sachverständiger", Rn 20 „Zeuge".

**Zeitversäumnis:** Rn 19 „Verdienstausfall". 20

**Zeuge:** Zu den Gerichtskosten gehören auch Vorschüsse nach § 379 und sonstige Auslagen für einen Zeugen KV 9005, Stgt MDR **84**, 151.

*Nicht* hierher zählt die Differenz zwischen gesetzlicher und gemäß § 7 ZSEG zugestandener höherer Zeugenentschädigung, Ffm JB **86**, 79.

S auch Rn 9 „Auflage des Gerichts", Rn 15 „Reisekosten".

**7) „Übergegangene Ansprüche der beigeordneten Rechtsanwälte", I Z 1 b.** Im Umfang der 21 Bewilligung von PKH und dazugehörigen Anordnungen des Gerichts kann die Staatskasse auch einen etwa auf sie gemäß § 130 BRAGO übergegangenen Anspruch eines beigeordneten Anwalts zunächst nicht gegen den Antragsteller geltend machen.

**A. Zweck: Klarstellung.** Der beigeordnete Anwalt hat ja einen Anspruch auf die Zahlung seiner Gebühren und Auslagen gegenüber der Staatskasse. Das ergibt sich nicht direkt aus § 121 ff ZPO, wohl aber dem Grunde nach aus § 121 BRAGO, der Höhe nach aus § 122 BRAGO, abgedruckt oben hinter § 121 ZPO, sowie aus §§ 123 ff BRAGO. Soweit die Staatskasse den beigeordneten Anwalt befriedigt, geht sein Anspruch auf sie gemäß § 130 BRAGO über. Soweit der Antragsteller diese Kosten durch seine Zahlungen bereits gedeckt hat, erlischt der Anspruch der Staatskasse. Aber auch soweit er noch nicht erloschen ist, muß jedenfalls der Antragsteller vorerst von Zahlungspflichten freigestellt werden. Deshalb stellt Z 1 b klar, daß auch die Staatskasse (nach Übergang auf sie) diesen Anspruch zunächst nicht geltend machen kann.

**B. Umfang der Kostenerleichterung.** Das Verbot der Geltendmachung erfaßt auch einen nach § 130 22 BRAGO übergegangenen Anspruch desjenigen Anwalts, den das Gericht nicht dem Antragsteller, sondern seinem Prozeßgegner etwa auf Grund eines Antrags auch jenes Gegners nach §§ 114 ff beigeordnet hatte. Das ist also diejenige Situation, die dann eintritt, wenn das Gericht PKH beiden Parteien bewilligt hat, LG Itzehoe SchlHA **84**, 79. Die ersatzpflichtige Partei soll auch dann nur höchstens diejenigen Beiträge an die Staatskasse zahlen, die das Gericht bestimmt hat, Brschw JB **90**, 509, Zweibr Rpfleger **89**, 114, Mümmler JB **87**, 36, aM Düss Rpfleger **97**, 484, Schlesw JB **91**, 1207, ZöPh § 123 Rn 7.

Man muß daher nun in einem solchen Fall die etwaigen nach § 115 erlassenen *Ratenzahlungsanordnungen* 23 des Gerichts usw beachten und darf nicht seitens der Staatskasse darüber hinausgehen, Hbg MDR **85**, 941. Auch ein nach § 130 BRAGO übergegangener Anspruch des beigeordneten Anwalts gegenüber dem nach § 126 zur Zahlung verpflichteten Gegner des Auftraggebers steht der Staatskasse nicht mehr zu, soweit die an den beigeordneten Anwalt geleistete Vergütung durch eine Zahlung des Antragstellers an die Staatskasse gedeckt ist. Soweit der Prozeßgegner in die Kosten verurteilt ist, kann der Antragsteller von ihm die Erstattung nach § 123 fordern.

Natürlich gilt Z 1 b *nicht* zu Lasten eines Anwalts, den der Antragsteller gar nicht auf Grund seiner Beiordnung, sondern ohne eine solche beauftragt hat, Schneider MDR **88**, 282.

**8) „Befreiung von der Verpflichtung zur Sicherheitsleistung", I Z 2.** Die Vorschrift erfaßt die 24 Verpflichtung des Angehörigen eines fremden Staats, der als Kläger auftritt, sowie eines Staatenlosen ohne inländischen Wohnsitz, dem Bekl auf sein Verlangen wegen der Prozeßkosten Sicherheit zu leisten. Soweit diese Verpflichtung nicht gemäß § 110 II ohnehin ausgeschlossen ist, entfällt sie im Umfang der Bewilligung von PKH gemäß I Z 2 nicht nur vorläufig, sondern endgültig. Das gilt allerdings im Umfang des § 9 AUG, abgedruckt hinter § 122, ohnehin kraft Gesetzes.

Z 2 befreit *nicht* von der ganz andersartigen Sicherheitsleistung nach *§ 709*, die ja wegen § 717 II erfolgt, § 709 Rn 1. Mag der Bedürftige die Rechtskraft abwarten.

**9) Keine „Geltendmachung" der „Ansprüche auf Vergütung der beigeordneten Rechtsanwälte 25 gegen die Partei", I Z 3.** Es gilt die folgende Regelung:

**A. Zweck: Schutz des Auftraggebers.** Da der beigeordnete Anwalt einen Vergütungsanspruch gegen die Staatskasse hat, Rn 21, kann sein Auftraggeber einstweilen von Zahlungspflichten dem beigeordneten Anwalt gegenüber freigestellt werden. Das gilt unabhängig davon, ob und wann und in welchem Umfang der beigeordnete Anwalt seine Vergütung von dem in die Prozeßkosten verurteilten Gegner des Auftraggebers im eigenen Namen beitreiben kann, § 126. Denn grundsätzlich haftet ja einmal die Staatskasse, wenn auch nur im verringerten Umfang der §§ 122 ff BRAGO. Die Vorschrift bezweckt also den Schutz des Auftraggebers, Düss Rpfleger **88**, 505. Schon deshalb ist sie zwingend, Köln FamRZ **95**, 240.

**B. Begriff der „Geltendmachung".** Wie bei I Z 1, kommt auch bei Z 3 nur die „Geltendmachung" 26 nicht in Betracht. Das bedeutet: Der Vergütungsanspruch nach §§ 121 ff BRAGO besteht zwar sachlichrechtlich; der beigeordnete Anwalt kann ihn aber während der Bewilligung oder vor dem in § 125 II genannten Zeitpunkt der rechtskräftigen Verurteilung des Prozeßgegners in die Prozeßkosten oder der Beendigung des Rechtsstreits ohne Entscheidung über die

## § 122
1. Buch. 2. Abschnitt. Parteien

Kosten dem Auftraggeber gegenüber nicht geltend machen, Düss RR **92**, 1529, AG Lörrach AnwBl **84**, 458. Während der Befreiung hat der PKH-Begünstigte folglich insoweit auch keinen Schaden, Köln WoM **99**, 288.

**27** Das alles gilt unabhängig davon, ob der Auftraggeber den beigeordneten Anwalt entpflichtet hat und ob der Auftraggeber oder der Anwalt daran schuldig sind. Das Verbot der Geltendmachung gilt auch unabhängig von einer etwaigen *Gebührenvereinbarung*, Köln FamRZ **95**, 240, Nürnb AnwBl **83**, 570, und unabhängig davon, ob, inwieweit und warum der Auftraggeber dem beigeordneten Anwalt eine Vergütung als Ausfallhonorar zugesagt oder der Anwalt auf Ansprüche gegen die Staatskasse verzichtet hat, Düss Rpfleger **88**, 505. Das Verbot gilt ferner auch für eine Vergütung auf Grund einer vorausgegangenen Tätigkeit als Wahlanwalt (vor der Beiordnung), soweit diese nur denselben Gebührentatbestand wie die Beiordnung herbeiführte, selbst wenn das Gericht die Beiordnung (nicht aber die PKH) später aufhebt, BGH NJW **93**, 1715, Köln FamRZ **95**, 240, Stgt JB **97**, 649, aM Hbg MDR **85**, 416, LG Bayr JB **92**, 740.

**28** Bei *teilweiser* Bewilligung von PKH kann der beigeordnete Anwalt die *Differenzsumme* zwischen der von der Staatskasse zu zahlenden Vergütung und den Gebühren eines Wahlanwalts nicht gegenüber dem Auftraggeber geltend machen, Hbg MDR **89**, 74, Mü MDR **95**, 422; vgl freilich § 120 Rn 16 sowie § 124 BRAGO. Vgl im übrigen Rn 4.

**29** **10) Kostenerleichterung für den Prozeßgegner, II.** Während I Kostenerleichterungen für den Antragsteller enthält, gibt II auch seinem Prozeßgegner schon wegen dieser Eigenschaft ebenfalls gewisse Kostenerleichterungen.

**30** **A. Zweck: Waffengleichheit.** Zwar ist der Gegner gemäß § 125 I ohnehin gegenüber der Staatskasse bis zur Rechtskraft seiner Verurteilung in die Kosten vor Zwangsmaßnahmen sicher. Da das Bewilligungsverfahren ohnehin nur zwischen dem Staat und dem Antragsteller läuft, von der grundsätzlichen Anhörungspflicht nach § 118 I 1 abgesehen, scheint eine zusätzliche einstweilige Kostenerleichterung auch zugunsten des Prozeßgegners zunächst nicht notwendig zu sein. Überdies könnte er ja seinerseits jederzeit einen eigenen PKH-Antrag stellen und sich so zum Antragsteller machen. Aus Gründen der Waffengleichheit, vgl auch § 121 Rn 31, 32, gibt II gleichwohl auch dem vermögenslosen Prozeßgegner eine einstweilige Kostenbefreiung. Sie dient auch der Vereinfachung der kostenrechtlichen Behandlung für die Dauer der Bewilligung. Aus diesem letzteren Grund ist die rechtspolitisch nicht unbedingt überzeugende Regelung immerhin vertretbar. Sie wird durch § 125 II ergänzt: Der einstweilen befreite Gegner muß mit Einziehung rechnen, sobald er rechtskräftig verurteilt ist oder der Prozeß ohne Urteil über die Kosten endet.

**31** **B. „Kläger, Berufungskläger, Revisionskläger".** Die einstweilige Befreiung kommt nur diesen Personen zugute. Bei einer solchen Partei ist unerheblich, ob sie in der vorangegangenen Instanz Bekl war. Maßgeblich ist vielmehr nur die Rolle des Angreifers in der jetzt zu beurteilenden Instanz. Soweit der Prozeßgegner des bisher alleinigen Antragstellers nun seinerseits in der jetzt zu beurteilenden Instanz als Angreifer auftritt, ist II auf ihn nicht anwendbar. Das gilt zB dann, wenn der Prozeßgegner Kläger ist, LG Krefeld Rpfleger **84**, 479, oder wenn er Widerkläger, Anh § 253, oder Anschlußberufungskläger ist, § 521. Er mag dann seinerseits einen eigenen Antrag auf PKH-Bewilligung stellen, um eine einstweilige Befreiung zwar nicht nach II, wohl aber nach I zu erreichen.

**32** **C. Sachlicher Geltungsbereich.** II gilt in allen Verfahren, für die PKH bewilligt werden kann, § 114 Rn 22. Die Vorschrift umfaßt also auch zB das Kostenfestsetzungsverfahren, § 103 ff. Es steht in engste Verbindung mit dem Rechtszug, für den die Bewilligung jeweils erfolgt, § 119 Rn 30. Aus den Worten „Kläger", „Berufungskläger" und „Revisionskläger" wird aber deutlich, daß II nur für das Erkenntnisverfahren gilt, nicht aber die vom Antragsteller betriebene Zwangsvollstreckung, selbst wenn er auch oder nur für sie PKH bewilligt erhalten hatte. Eine Rückwirkung kann wie sonst in Betracht kommen, § 119 Rn 10. In diesem Fall kommt sogar eine Rückforderung von Kosten in Betracht, die der Antragsteller vor der Bewilligung bezahlt hatte.

**33** **D. Keine „Bestimmung" von „Zahlungen" an die Staatskasse.** Zu den Voraussetzungen Rn 31, 32 muß als weitere Bedingung der einstweiligen Befreiung des Prozeßgegners treten, daß das Gericht dem Antragsteller keine „Zahlungen an die Bundes- oder Landeskasse" nach § 120 auferlegt hatte. Es dürfen also weder „Monatsraten" noch „aus dem Vermögen zu zahlende Beträge" festgesetzt worden sein, § 120 I 1. Soweit auch nur eine dieser Belastungen dem Antragsteller gegenüber angeordnet wurde und noch nicht aufgehoben worden ist, ist II auf seinen Prozeßgegner nicht anwendbar, Düss MDR **89**, 921, solange dieser nicht selbst durch einen eigenen PKH-Antrag zum Antragsteller wird. Eine bloße Änderung der zu leistenden Zahlungen nach § 120 IV reicht nicht aus, nun auch den Prozeßgegner einstweilen zu befreien.

**34** **E. „Einstweilige Befreiung von den Gerichts- und Gerichtsvollzieherkosten".** Während I nur die „Geltendmachung" solcher Kosten ausschließt (und damit allerdings auch eine einstweilige Befreiung meint, Rn 4), spricht II direkt die „einstweilige Befreiung" aus. Sie endet gemäß § 125 I, II mit der Rechtskraft seiner Verurteilung in die Prozeßkosten oder der Beendigung des Rechtsstreits ohne Urteil über die Kosten. Kosten des Prozeßgegners für einen Anwalt sind niemals nach II zu behandeln. Um von der Zahlungspflicht gegenüber dem eigenen Anwalt auch nur einstweilen befreit zu werden, muß der Prozeßgegner selbst PKH bewilligt erhalten.

**35** **F. Einzelfragen.** Wegen der Anrechnung von Zahlungen an den beigeordneten Anwalt vgl § 129 BRAGO. Die Vorwegleistungspflicht entfällt, § 65 VII Z 1 GKG, Anh § 271.

**36** **11) *VwGO*:** Entsprechend anzuwenden, § 166 *VwGO*.

## 7. Titel. Prozeßkostenhilfe und Prozeßkostenvorschuß §§ 123, 124

**123** *Kostenerstattung.* **Die Bewilligung der Prozeßkostenhilfe hat auf die Verpflichtung, die dem Gegner entstandenen Kosten zu erstatten, keinen Einfluß.**

**1) Systematik.** Während § 122 das Verhältnis zwischen dem Antragsteller und dem Staat einerseits, dem 1 nach § 121 beigeordneten Anwalt andererseits und schließlich das Verhältnis des Prozeßgegners zur Staatskasse regelt, und zwar jeweils nur für die Dauer des Hauptprozesses und ergänzt von § 125, regelt § 123 das kostenrechtliche Verhältnis zwischen dem Antragsteller und seinem Prozeßgegner, also die sog Kostenerstattung, für den Fall, daß der Antragsteller den Prozeß verliert. Diese Fragen sind schon in §§ 91 ff geregelt. Jene Vorschriften gelten nämlich auch im gesamten PKH- Verfahren. Insofern hat § 123 eine nur klarstellende (deklarative) Bedeutung, so auch Düss MDR 91, 451. Allerdings ist das Verbot der Erstattung von Kosten des PKH-Verfahrens nach § 118 I 4 eine gegenüber §§ 91 ff und auch gegenüber § 123 vorrangige Sondervorschrift, soweit überhaupt Überschneidungen vorliegen. Vgl dazu § 118 Rn 21.

**2) Regelungszweck.** Die Kostenerstattungspflicht des im Hauptprozeß Unterlegenen soll die Staatskasse 2 entlasten. Sie soll auch zugleich vor ungehemmter Prozessierlust des Mittellosen schützen. PKH bedeutet eben oft nur eine vorübergehende, einstweilige Kostenerleichterung. Das soll dem Antragsteller bewußt bleiben. Wenn sich eine der Hauptvoraussetzungen der Bewilligung, nämlich die Erfolgsaussicht, als schließlich doch nicht eingetreten herausstellt, soll der Antragsteller trotz Mittellosigkeit wenigstens die Kosten des Gegners wie jeder andere Unterlegene erstatten müssen. Diese Regelung ist nicht nur rechtspolitisch diskutabel, sondern auch verfassungsrechtlich problematisch, Grunsky NJW 80, 2046. Denn sie engt im Ergebnis die verfassungsrechtlich gebotene Kostenerleichterung, Üb 1 vor § 114, wieder beträchtlich ein. Zum Unterliegen kann es grundsätzlich ja nur kommen, weil dasselbe Gericht seine Beurteilung der Erfolgsaussichten, § 114 Rn 80, im Laufe des Hauptprozesses entscheidend geändert hat. Sonst hätte es gar nicht erst PKH bewilligen dürfen. Vgl aber BVerfG 51, 296.

**3) Geltungsbereich.** Vgl Üb 4 vor § 114, § 114 Rn 9–45. 3

**4) Wirkung auf Kosten des Hauptprozesses.** Es sind unterschiedliche Situationen zu unterscheiden. 4

**A. Grundsatz: Erstattungspflicht des Antragstellers.** Der im Hauptprozeß unterliegende Antragsteller, dem PKH bewilligt wurde, muß im Umfang der Kostengrundentscheidung, §§ 91 ff, dem siegenden Prozeßgegner grundsätzlich dessen Kosten erstatten, soweit sie eben im Hauptprozeß entstanden sind, Celle FamRZ 99, 242, Nürnb FamRZ 97, 755 (krit Rasch 1411). Der Gegner kann diese Kosten gemäß §§ 103 ff festsetzen lassen und muß dazu einen entsprechenden Antrag stellen, § 103 Rn 33. Das gilt insbesondere für diejenigen Gerichtskosten, die der siegende Prozeßgegner des Antragstellers bereits bezahlt hatte, BGH Rpfleger 89, 376, Brschw MDR 97, 1072, Düss Rpfleger 96, 354, aM ZöPh § 123 Rn 24 f. Soweit dem siegenden Prozeßgegner die Kosten im Verhältnis zur Staatskasse endgültig zur Last fallen, MDR 78, 59 mwN, kann er diese Kosten von dem unterlegenen Antragsteller, dem die PKH bewilligt worden war, beitreiben, Bbg JB 77, 1594, KG Rpfleger 77, 76. Der unterliegende Antragsteller ist auch der Staatskasse erstattungspflichtig, soweit der Kostenerstattungsanspruch des siegenden Prozeßgegners gemäß § 130 BRAGO auf diese übergegangen ist, BGH MDR 97, 887, KG MDR 88, 420.

**B. Auswirkung auf vom Prozeßgegner gezahlten Vorschuß.** Soweit der siegende Prozeßgegner des 5 unterliegenden Antragstellers der Staatskasse einen Vorschuß gezahlt hatte, muß sie diesen an ihn zurückzahlen, zB LG Osnabr JB 78, 107, AG Marbg AnwBl 88, 248, aM Schlesw SchlHA 79, 182. Das ist eine Auswirkung der Regelung des § 58 II GKG, Hartmann Teil I § 58 GKG Rn 16 ff.

**C. Ausnahmen von der Erstattungspflicht des Antragstellers.** Entgegen dem Wortlaut des § 123 6 gibt es einige Ausnahmen von dem in Rn 3 genannten Grundsatz der Erstattungspflicht. So haftet zB der siegende Prozeßgegner desjenigen Antragstellers, dem PKH bewilligt wurde, dem Sieger nach § 122 II *ebenfalls* einstweilen befreit war. Eine solche Befreiung fehlt allerdings, soweit dieser Sieger als Zweitschuldner nach § 58 II GKG haftet. Eine solche Haftung kommt freilich für die nach § 58 II 2 GKG zu beurteilenden Fälle kaum noch in Betracht, Ffm MDR 78, 413, aM Hamm Rpfleger 92, 206, Mü MDR 80, 855. BVerfG MDR 94, 1089 (krit Schneider 1090), Bre FamRZ 99, 1147 sehen den durch PKH begünstigten, unterlegenen Antragsteller zu Unrecht ungleichmäßig benachteiligt: Der Bekl war (im Gegensatz zum Kläger) kein Antragsschuldner nach § 49 S 1 GKG.

Der siegende Prozeßgegner desjenigen Antragstellers, dem die PKH bewilligt wurde, haftet ferner als *Übernahmeschuldner* nach § 54 Z 2 GKG (Zweitschuldner) auch für solche Kosten, die er in einem Vergleich ganz oder teilweise übernommen hat, Hamm NJW 77, 2082, Köln JB 76, 1679. Das gilt auch dann, wenn der Übernahmeschuldner sonst verurteilt worden wäre, Hamm Rpfleger 79, 230. Ob im Vergleich eine Kostenübernahme vereinbart wurde, ist nach den in § 98 Rn 21 ff genannten Regeln zu ermitteln. Andernfalls bleibt der Schutz des § 58 II 2 GKG bestehen.

**5) Wirkung auf Kosten im Prozeßkostenhilfeverfahren.** Wegen des Vorrangs des § 118 I 4 vor 7 §§ 91 ff, 123, Rn 1, entfällt eine Kostenerstattungspflicht des im Hauptprozeß unterliegenden Antragstellers, dem PKH bewilligt wurde, gegenüber seinem Prozeßgegner auch insoweit, als jenem Gegner im Bewilligungsverfahren Kosten entstanden sind. Zu diesem Kostenbegriff § 118 Rn 22.

**6) VwGO:** *Entsprechend anzuwenden, § 166 VwGO.* 8

**124** *Aufhebung der Bewilligung.* **Das Gericht kann die Bewilligung der Prozeßkostenhilfe aufheben, wenn**
1. **die Partei durch unrichtige Darstellung des Streitverhältnisses die für die Bewilligung der Prozeßkostenhilfe maßgebenden Voraussetzungen vorgetäuscht hat;**
2. **die Partei absichtlich oder aus grober Nachlässigkeit unrichtige Angaben über die persönlichen oder wirtschaftlichen Verhältnisse gemacht oder eine Erklärung nach § 120 Abs. 4 Satz 2 nicht abgegeben hat;**

## § 124

3. die persönlichen oder wirtschaftlichen Voraussetzungen für die Prozeßkostenhilfe nicht vorgelegen haben; in diesem Falle ist die Aufhebung ausgeschlossen, wenn seit der rechtskräftigen Entscheidung oder sonstigen Beendigung des Verfahrens vier Jahre vergangen sind;
4. die Partei länger als drei Monate mit der Zahlung einer Monatsrate oder mit der Zahlung eines sonstigen Betrages im Rückstand ist.

**Schrifttum:** *Huhnstock*, Abänderung und Aufhebung der Prozeßkostenhilfebewilligung, 1995 (Bespr *Philippi* FamRZ **97**, 995).

**Gliederung**

| | |
|---|---|
| 1) Systematik, Z 1–4 | 1 |
| 2) Regelungszweck, Z 1–4 | 2 |
| 3) Geltungsbereich, Z 1–4 | 3 |
|    A. Grundsatz: Enge Auslegung | 3 |
|    B. Beispiele zur Frage der Anwendbarkeit | 4–15 |
| 4) „Das Gericht kann … aufheben": Bloße Zuständigkeitsregelung, Z 1–4 | 16, 17 |
| 5) Verfahren, Z 1–4 | 18–22 |
|    A. Keine mündliche Verhandlung | 18 |
|    B. Anhörungspflicht | 19 |
|    C. Amtsermittlung | 20 |
|    D. Keine Beweislast | 21 |
|    E. Keine umfassende Prozeßaufklärung | 22 |
| 6) Entscheidung: Beschluß, Z 1–4 | 23, 24 |
| 7) Wirkung der Aufhebung, Z 1–4 | 25–27 |
|    A. Stets Rückwirkung | 25 |
|    B. Unbeschränkte Geltendmachung der Kosten | 26 |
|    C. Fortbestand der Prozeßvollmacht | 27 |
| 8) Vortäuschung beim Streitverhältnis, Z 1 | 28–34 |
|    A. Unrichtige Darstellung des „Streitverhältnisses" | 28, 29 |
|    B. Täuschungshandlung | 30 |
|    C. Irrtumserregung | 31 |
|    D. Ursächlichkeit: „durch" unrichtige Darstellung | 32 |
|    E. Vorsatz: „Vortäuschung" | 33 |
|    F. Zuständigkeit des Richters, Z 1 | 34 |
| 9) Verschuldete Angaben über persönliche Verhältnisse usw, Z 2 | 35–40 |
|    A. Unrichtigkeit bei den „persönlichen oder wirtschaftlichen Verhältnissen", Z 2 Hs 1 | 35, 36 |
|    B. Ursächlichkeit, Z 2 Hs 1 | 37 |
|    C. „Absichtlich oder aus grober Nachlässigkeit", Z 2 Hs 1 | 38 |
|    D. „Erklärung … nicht abgegeben", Z 2 Hs 2 | 39 |
|    E. Zuständigkeit des Rechtspflegers, Z 2. | 40 |
| 10) „Nichtvorliegen der persönlichen oder wirtschaftlichen Voraussetzungen", Z 3 | 41–51 |
|    A. Fehlen der Voraussetzungen: Geltungsbereich, Z 3 Hs 1 | 42 |
|    B. Objektives „Nichtvorliegen", Z 3 Hs 1 | 43 |
|    C. Verschulden nicht erforderlich, Z 3 Hs 1 | 44 |
|    D. Aufhebungszwang, Z 3 Hs 1 | 45 |
|    E. Beispiele zur Frage des Fehlens der persönlichen oder wirtschaftlichen Voraussetzungen, Z 3 Hs 1 | 46 |
|    F. Bloße Änderung der Voraussetzungen, Z 3 Hs 1 | 47 |
|    G. Bloß unrichtige Beurteilung der damaligen Voraussetzungen, Z 3 Hs 1 | 48 |
|    H. Keine Aufhebung nach mehr als vier Jahren, Z 3 Hs 2 | 49, 50 |
|    I. Zuständigkeit des Rechtspflegers, Z 3. | 51 |
| 11) „Zahlungsrückstand" der Partei, Z 4 | 52–58 |
|    A. „Monatsrate", „sonstiger Betrag" | 52 |
|    B. „Rückstand": Erforderlichkeit von Verzug | 53 |
|    C. Im Zweifel kein „Rückstand" | 54 |
|    D. Keine Aufhebung erst kurz vor Instanzabschluß | 55 |
|    E. „Länger als drei Monate" | 56 |
|    F. Keine Teilaufhebung | 57 |
|    G. Zuständigkeit des Rechtspflegers, Z 4. | 58 |
| 12) Zusammentreffen von Z 3 und 4 | 59 |
| 13) VwGO | 60 |

**1** **1) Systematik, Z 1–4.** Während § 120 IV die Voraussetzungen nennt, unter denen das Gericht beim Fortbestand der Bewilligung doch deren Umfang durch Veränderung der zu leistenden Zahlungen (Raten oder Vermögensbeiträge) ändern kann, bestimmt § 124 die Voraussetzungen einer Aufhebung der Bewilligung dem Grunde nach, sei es einer völligen oder teilweisen Aufhebung der Bewilligung. Neben der Aufhebung der Bewilligung können infolge Verlust des Rechtsstreits die nur einstweiligen Wirkungen der Bewilligung entfallen, § 125. Die Pflicht zur Erstattung der Kosten des Prozeßgegners im Fall des Unterliegens bleibt ohnehin unberührt, § 123.

**2** **2) Regelungszweck, Z 1–4.** § 124 nennt Sanktionen, ungünstige Rechtsfolgen, Brdb Rpfleger **98**, 205, zwecks Einhaltung der Förderungspflicht, Grdz 12 vor § 128, und enthält zwecks Rechtssicherheit, Einl III 43, eine abschließende Aufzählung der Aufhebungsgründe, BGH NJW **94**, 3293, Düss FamRZ **98**, 837, Köln Rpfleger **99**, 30. Man darf diese Aufzählung nicht ausdehnend auslegen, sondern muß eine enge Auslegung vornehmen, Ffm Rpfleger **91**, 65. Denn eine Aufhebung der Bewilligung stellt einen Eingriff in einen sozialstaatlich geschützten Besitzstand des Antragstellers dar, Bbg FamRZ **89**, 884, ähnlich wie bei der Aufhebung eines sog begünstigenden Verwaltungsakts. Zwar sind die dort anzuwendenden Regeln hier nicht direkt beachtlich, da das PKH-Verfahren eben nicht als Verwaltungsverfahren, sondern als ein gerichtliches Verfahren ausgestaltet ist, Üb 3 vor § 114. Trotzdem sind jene Grundgedanken auch hier im Kern entsprechend mitzuberücksichtigen.

Das gilt auch insoweit, als die Partei *arglistig* gehandelt oder sonstige Täuschungshandlungen begangen hat. Zwar verdient Rechtsmißbrauch auch im PKH-Verfahren keinen Schutz, Einl III 54, Rn 4, Üb 5 vor § 114. Es liegt aber bereits eine in einem gerichtlichen Bewilligungsverfahren erarbeitete Bewilligungsentscheidung vor. Man darf eine solche Wirkung nicht durch sachlichrechtliche Erwägungen und eine daraus folgende zu weite Auslegung der Aufhebungsgründe beeinträchtigen, aM Bbg FamRZ **89**, 885. Eine Aufhebung wegen Rechtsmißbrauchs außerhalb der Z 1–4 mag nur in seltenen Ausnahmefällen in Betracht kommen, etwa dann, wenn der Begünstigte seinem beigeordneten Anwalt hartnäckig die Unterrichtung versagt oder wenn er von sich aus ohne triftige Gründe einen anderen Anwalt beauftragt und den beigeordneten Anwalt ohne Grundangabe überhaupt nicht mehr informiert, KG Rpfleger **79**, 152, Köln MDR **75**, 236.

7. Titel. Prozeßkostenhilfe und Prozeßkostenvorschuß § **124**

**3) Geltungsbereich, Z 1–4.** Ein einfacher Grundsatz zeigt manchmal Probleme. 3
**A. Grundsatz.** Die Vorschrift gilt in allen Verfahren nach der ZPO; vgl Üb 4 vor § 114, § 114 Rn 9–45.
**B. Beispiele zur Frage der Anwendbarkeit** 4
**Änderung der Beurteilung:** Rn 8 „Beurteilungswechsel".
**Änderung der Verhältnisse:** Eine Aufhebung kommt in Betracht, soweit die Änderung zwischen Antrag 5 und Bewilligung eintrat und nicht mitgeteilt wurde, Mü FamRZ **98**, 633. Sie kommt nicht schon deshalb in Betracht, weil sich die Verhältnisse seit ihrer Bewilligung irgendwie verändert haben. Solche Veränderungen können allenfalls dann berücksichtigt werden, wenn es um eine vorausschauende oder spätere Änderung der Ratenzahlungspflichten geht, § 120 I 2, IV, oder wenn über einen Rechtsbehelf zu entscheiden ist, oder wenn im höheren Rechtszug der Hauptsache ein erneuter PKH-Antrag zu bearbeiten ist, Schuster NJW **81**, 28. Es kann also der Fall eintreten, daß der Antragsteller alsbald nach der Bewilligung in Verhältnisse gerät, die den Fortbestand der Vergünstigung eigentlich nicht mehr rechtfertigen würden. Gleichwohl bleibt die Bewilligung unberührt, solange sie nicht auf Grund eines statthaften Rechtsbehelfs oder nach § 124 aufgehoben wird, ihre Wirkung auf Grund einer Entscheidung in der Hauptsache zumindest mittelbar verliert, Brdb FamRZ **97**, 1544, Hamm MDR **91**, 62, LAG Bre MDR **90**, 471, aM (vom BVerfG NJW **85**, 1767 überraschenderweise offenbar unter dem gar nicht einschlägigen Aspekt des § 124 Z 3 als mit dem GG vereinbar betrachtet) Düss RR **87**, 252, Ffm Rpfleger **86**, 69, Kblz (7. ZS) Rpfleger **84**, 160.
**Auslandsaufenthalt:** Im Verfahren auf ein sog eingehendes Gesuch um Auslandsunterhalt kommt nur Z 1 6 in Betracht, § 9 S 2 Hs 2 AUG, abgedruckt bei § 122.
**Beurteilungswechsel:** Eine Aufhebung kommt keineswegs schon deshalb in Betracht, weil das Gericht 7 trotz objektiv unveränderter wirtschaftlicher Verhältnisse die Frage der Mittellosigkeit jetzt aus einem anderen Grund als damals anders beurteilt. Das Gesetz will kein Hin- und Herschwanken nach dem jeweiligen Prozeßstand und der jeweiligen Besetzung des Gerichts, zumal praktisch dabei nichts herauskäme, Düss JB **86**, 122, Hamm FamRZ **94**, 1269, Zweibr Rpfleger **87**, 36, aM Bre FamRZ **85**, 728, Köln FamRZ **82**, 1226.
**Beweisergebnis:** Eine Aufhebung der Bewilligung kommt keineswegs schon deshalb in Betracht, weil das 8 Gericht das Ergebnis einer Beweisaufnahme des Hauptprozesses zugunsten des Prozeßgegners des begünstigten Antragstellers bewertet, Düss ZMR **93**, 117, Hamm JB **77**, 98. Das gilt erst recht nicht, wenn der Hauptprozeß bereits entscheidungsreif ist. Auch hier soll kein Hin- und Herschwanken erfolgen, Rn 8 „Beurteilungswechsel".
**Entscheidungsreife des Hauptprozesses:** Rn 7 „Beweisergebnis". 9
**Erlöschen:** Beim Erlöschen des Antragstellers ist eine Aufhebung nicht nötig und kommt daher nicht in Betracht, soweit nicht auch der Rechtsnachfolger PKH erhält, § 119 Rn 26, 27, Stgt JB **74**, 1606.
**Juristische Person:** Die Regeln Rn 2 gelten auch bei der juristischen Person als Antragsteller. 10
**Nebenkläger:** Die Regeln Rn 2 gelten auch beim Nebenkläger als Antragsteller, Ffm NJW **86**, 2002. 11
**Partei kraft Amtes:** Die Regeln Rn 2 gelten auch bei der Partei kraft Amtes als Antragsteller. 12
**Pfändung:** Eine Aufhebung der Bewilligung kommt nicht in Betracht, wenn ein Dritter den Anspruch des klagenden Antragstellers pfändet, Schneider DB **78**, 289.
S auch Rn 15 „Zwangsvollstreckung".
**Rechtsänderung:** Eine Aufhebung der Bewilligung kommt keineswegs schon deshalb in Betracht, weil das Gesetz geändert wurde oder eine Änderung der Rechtsprechung eingetreten ist.
S auch Rn 8 „Beurteilungswechsel", Rn 13 „Rechtsirrtum".
**Rechtsirrtum:** Eine Aufhebung der Bewilligung kommt keineswegs schon deshalb in Betracht, weil das 13 Gericht die PKH nur wegen eines Rechtsirrtums bewilligt hatte, Hamm NJW **84**, 2837, OVG Münst JB **94**, 176, ZöPh 2, aM Bbg FamRZ **89**, 885, Bre FamRZ **85**, 728.
S auch Rn 7 „Beurteilungswechsel", Rn 13 „Rechtslagenänderung".
**Rechtsmißbrauch:** Rn 2.
**Tod:** Beim Tod des Antragstellers oder bei seinem Erlöschen ist eine Aufhebung nicht nötig, soweit nicht 14 auch der Rechtsnachfolger PKH erhält, Düss MDR **99**, 830, Stgt JB **74**, 1606, § 119 Rn 26.
**Zwangsvollstreckung:** Eine Aufhebung der Bewilligung erfolgt nicht, sofern mehrere Vollstreckungsver- 15 suche gegen einen böswilligen Schuldner erfolglos waren, LG Limburg AnwBl **79**, 274.
S auch Rn 12 „Pfändung".

**4) „Das Gericht kann ... aufheben": Bloße Zuständigkeitsregelung, Z 1–4.** § 124 enthält zwar 16 dem Wortlaut nach eine Kannvorschrift; das bedeutet aber nicht die Einräumung eines Ermessensspielraums, sondern eine bloße Zuständigkeitsregelung. Diese Auslegung entspricht allein den Interessen des Prozeßgegners und vor allem denjenigen der Staatskasse. Sie haben beim Vorliegen der gesetzlichen Voraussetzungen einen Anspruch darauf, daß die PKH aufgehoben wird.
Das Gericht übt nur insofern ein pflichtgemäßes Ermessen aus, als es zu klären hat, ob die Voraussetzungen 17 einer der Z 1–4 vorliegen. Sobald diese Frage bejaht ist, besteht eine *Rechtspflicht* zu einer unverzüglichen Aufhebung der Bewilligung, Bbg FamRZ **89**, 1204, Bre FamRZ **84**, 411, Köln FamRZ **88**, 740, aM Drsd FamRZ **98**, 1523, Düss MDR **91**, 791, Hamm Rpfleger **92**, 257.

**5) Verfahren, Z 1–4.** Es sind fünf Aspekte zu beachten. 18
**A. Keine mündliche Verhandlung.** Das Gericht trifft seine Entscheidung im Aufhebungsverfahren nach denselben Grundsätzen wie im Bewilligungsverfahren, also ohne mündliche Verhandlung, § 127 4.
**B. Anhörungspflicht.** Der bisher Begünstigte und sein beigeordneter Anwalt müssen im Aufhebungs- 19 verfahren angehört werden, Art 103 I GG, Bbg JB **92**, 251, LG Marbg Rpfleger **94**, 469 mwN, Hünnekens Rpfleger **92**, 357. Denn ein Aufhebungsbeschluß würde in ihre Rechte eingreifen, Rn 3. Deshalb war es auch nicht notwendig, die in § 126 III 1 Hs 2 aF genannte Anhörungspflicht ausdrücklich in das geltende Gesetz zu übernehmen, BPatG GRUR **86**, 734. Eine nach § 120 IV 2 gesetzte Frist ist keine Ausschlußfrist,

§ 120 Rn 29. Der bisher Begünstigte ist insbesondere im Verfahren nach Z 4 anzuhören, LG Aachen AnwBl **83**, 327. Eine Anhörungsfrist läuft nur dann wirksam an, wenn das Gericht die Verfügung mit vollem Namen und nicht nur mit einer sog Paraphe unterzeichnet hat, § 329 Rn 8, 11, und wenn die Verfügung dem bisher Begünstigten in Ausfertigung oder beglaubigter Abschrift förmlich zugestellt ist, § 329 Rn 32, Bbg JB **92**, 251. Der beigeordnete Anwalt kann übrigens eine Aufhebung anregen, sofern er das mit seinen Pflichten gegenüber dem Auftraggeber vereinbaren kann.

20   **C. Amtsermittlung.** Das Gericht verfährt nach den Grundsätzen der Amtsermittlung, Grdz 38 vor § 128. Es findet also nicht nur eine Amtsprüfung statt, Grdz 39 vor § 128. Denn das gesamte Bewilligungsverfahren ist trotz seiner Ausrichtung auf einen gleichzeitigen oder zukünftigen Zivilprozeß doch kein solcher. Es entfließt vielmehr der sozialstaatlich verankerten Fürsorgepflicht, Üb 5 vor § 114. Es kennt ja auch gegenüber dem Antragsteller keinen echten Antragsgegner.

21   **D. Keine Beweislast.** Wegen der Amtsermittlungspflicht, Rn 20, gibt es im Aufhebungsverfahren keine Beweislast. Im Zweifel erfolgt auch keine Aufhebung, Bbg FamRZ **96**, 1427. Das ändert nichts an den Folgen einer unzureichenden Mitwirkung des bisher Begünstigten bei der Aufklärung, Rn 39.

22   **E. Keine umfassende Prozeßaufklärung.** Trotz der Amtsermittlungspflicht, Rn 20, dient das Aufhebungsverfahren ebensowenig wie das Bewilligungsverfahren einer umfassenden Aufklärung der Prozeßlage. Es findet also weder eine vollständige Aufklärung des Sachverhalts, gar von Amts wegen, noch etwa eine umfassende Vorwegnahme derjenigen sonstigen Klärungen statt, die dem Hauptverfahren vorbehalten bleiben müssen.

23   **6) Entscheidung: Beschluß, Z 1–4.** Die Entscheidung über eine Aufhebung, mag diese von einem Beteiligten angeregt oder von Amts wegen zu prüfen sein, erfolgt wie die Entscheidung über eine Bewilligung durch einen Beschluß, vgl § 119 Rn 67; zu den weiteren Einzelheiten § 127 Rn 10–22. Eine förmliche Zustellung ist nicht erforderlich, § 127 Rn 18. Denn der Beschluß enthält weder im Fall der Ablehnung noch im Fall der Aufhebung einen Vollstreckungstitel, § 329 III. Zwar kann auf Grund der Aufhebung die Zwangsvollstreckung möglich werden, soweit es um die Nachentrichtung solcher Beträge geht, die der bisher Begünstigte während der Dauer der PKH nicht zu zahlen brauchte, § 122 I. Indessen bildet in diesem Fall nicht schon der bloße Aufhebungsbeschluß den Vollstreckungstitel, sondern dessen Grundlage ist die jeweilige Vorschrift über die Haftung des bisher Begünstigten als Kostenschuldner.

24   Insbesondere ist der Aufhebungsbeschluß auch nicht gemäß § 794 als *Vollstreckungstitel* bezeichnet. Insofern liegt auch nicht ein bloßes Redaktionsversehen des Gesetzgebers vor. Denn er hat § 794 I Z 1 seinerzeit gleichzeitig (aus anderem Anlaß) geändert. Eine Teilaufhebung, zB wegen eines Teils der Bewilligung oder wegen einzelner Beweismittel usw, ist unzulässig. Die Möglichkeit einer Abänderung nach § 120 IV bleibt in einem solchen Fall unberührt. Eine Aufhebung wegen einer Scheidungssache bezieht sich im Zweifel auch auf die Folgesachen.

25   **7) Wirkung der Aufhebung, Z 1–4.** Prozessuale und sonstige Folgen sind unterschiedlich.
**A. Stets Rückwirkung.** Wie in § 119 Rn 3 für den Bewilligungszeitpunkt dargestellt, geht es dort um die Bewilligungsreife. Demgegenüber muß man im Fall einer Aufhebung auf den Zeitpunkt abstellen, zu dem die PKH tatsächlich (fälschlich) bewilligt worden war. Denn der Aufhebungsbeschluß korrigiert den fälschlichen Bewilligungsbeschluß, Ffm Rpfleger **91**, 65. Das zwingt dazu, den bisher fälschlich Begünstigten rückwirkend als zumindest ausreichend bemittelt zu behandeln, Karlsr FamRZ **90**, 1121. Nur das entspricht zumindest in den Fällen der Z 1, 2 und 4 der Gerechtigkeit. Bei Z 3 ist die Rückwirkung insofern zu verantworten, als eine Aufhebung dort ja ohnehin nur innerhalb einer 4-Jahres-Frist zulässig ist, Köln RR **86**, 358, Saarbr NJW **83**, 1068, Lepke DB **85**, 488, aM Düss Rpfleger **82**, 396, Zweibr Rpfleger **84**, 115, ZöPh 1, 2.

26   **B. Unbeschränkte Geltendmachung der Kosten.** Die nach dem GKG und dem ZSEG entstandenen Gerichtskosten und die nach dem GVKostG angefallenen Gerichtsvollzieherkosten sowie die nach § 130 BRAGO auf die Staatskasse übergegangenen Ansprüche des beigeordneten Anwalts nach der BRAGO können infolge der Aufhebung der PKH gegen den früheren Begünstigten unbeschränkt geltend gemacht werden. Dasselbe gilt für einen übergegangenen Vergütungsanspruch des beigeordneten Anwalts, soweit die Staatskasse ihn erst nach der Aufhebung der Bewilligung befriedigt, was er noch fordern, Kblz FamRZ **97**, 755, und sie noch tun darf, Zweibr Rpfleger **84**, 115, und wegen der zur Zeit der Aufhebung bereits entstandenen Ansprüche auch tun muß, Düss Rpfleger **82**, 396, LG Kblz JB **84**, 935.

Ferner ist der beigeordnete Anwalt nach der *Aufhebung der Bewilligung* nicht mehr durch § 122 I Z 3 gehindert, seinen Vergütungsanspruch gegenüber dem Auftraggeber geltend zu machen, vgl BPatG GRUR **86**, 734, und zwar auch im Verfahren nach § 19 BRAGO. Mit der Aufhebung der Bewilligung entfällt schließlich die einstweilige Befreiung des Prozeßgegners von Kosten nach § 122 II. Wenn der Gegner, der die PKH bewilligt war, in die Prozeßkosten nach § 91 verurteilt worden ist, dann schuldet sie nach § 54 Z 1 GKG auch diejenigen Beträge, von deren Zahlung der Prozeßgegner nach § 122 II einstweilen befreit war. Der Schutz nach § 58 II 2 GKG entfällt, Düss MDR **89**, 365. Eine neue Bewilligung in derselben Instanz kommt kaum in Betracht, Düss Rpfleger **95**, 467.

27   **C. Fortbestand der Prozeßvollmacht.** Die Prozeßvollmacht des beigeordneten Anwalts entfällt nicht schon wegen der Aufhebung nun etwa nach § 87. Für ihren Fortfall gelten die sonstigen Regeln, §§ 86 ff.

28   **8) Vortäuschung beim Streitverhältnis, Z 1.** Die Aufhebung muß (nicht etwa nur: kann) erfolgen, Rn 16, 17, wenn die nachfolgenden Voraussetzungen zusammentreffen.

**A. Unrichtige Darstellung des „Streitverhältnisses".** Es muß um das „Streitverhältnis" gehen. Das ist derselbe Begriff wie in § 117 I 2, dort Rn 16. Es geht also nur um solche Unrichtigkeiten, die sich auf die Beurteilung der hinreichenden Erfolgsaussicht, § 114 Rn 80, Oldb NJW **94**, 807, und das Fehlen eines Mutwillens erstrecken, § 114 Rn 106. Die Bewilligung muß nach Z 1 auch dann aufgehoben werden, wenn die Partei zwar das Streitverhältnis unrichtig dargestellt und die dadurch sachlichen Bewilligungsvoraus-

# 7. Titel. Prozeßkostenhilfe und Prozeßkostenvorschuß § 124

setzungen vorgetäuscht hat, die Angaben über die persönlichen und wirtschaftlichen Verhältnisse aber zutreffend gemacht hat. Eine Unrichtigkeit der Darstellung persönlicher Verhältnisse ist (nur) nach Z 2 zu prüfen.

Der Antragsteller muß das Streitverhältnis „*unrichtig*" dargestellt und dadurch die sachlichen Bewilligungs- 29 voraussetzungen „vorgetäuscht" haben, Kblz FamRZ **85**, 302. Das gilt auch im Verfahren auf ein sog eingehendes Gesuch um Auslandsunterhalt, § 9 S 2 Hs 2 AUG, abgedruckt bei § 122. Im einzelnen:

**B. Täuschungshandlung.** Ähnlich wie bei § 263 StGB, Köln FamRZ **88**, 470, ist zunächst eine 30 Täuschungshandlung erforderlich, obwohl Z 1 keinen Straftatbestand schafft. Sie kommt bereits dann infrage, wenn die maßgeblichen Tatsachen in einem nicht völlig unbeachtlichen Teil falsch angegeben wurden. Es müssen also zumindest diejenigen Angaben unrichtig gewesen sein, die im Kern für die Entscheidung über die Bewilligung zunächst mitbenötigt wurden. Die Vortäuschung kann in der Behauptung unrichtiger günstiger oder im Verschweigen richtiger ungünstiger Umstände gelegen haben, Köln NJW **98**, 2985, LAG Mainz BB **96**, 2523. Denn es bestand für den Antragsteller eine Rechtspflicht zur Ehrlichkeit, vgl § 138 I, II. Er durfte keinen Rechtsmißbrauch treiben, Einl III 54, Üb 5 vor § 114. Es kann zB ausreichen, daß er einen in Wahrheit unbrauchbaren Zeugen oder ein anderes untaugliches Beweismittel angeboten hat. Eine Vortäuschung kann auch darin liegen, daß der Antragsteller zur rechtlichen Seite Unkorrektheiten beging, etwa wahrheitswidrig behauptete, er habe eine Verjährung geltend gemacht. Es reicht aus, daß ursprünglich richtige Angaben im Bewilligungsverfahren bis zur Bewilligung nicht berichtigt wurden, obwohl eine Pflicht zur Berichtigung während dieses Stadiums bestand, Zweibr FamRZ **95**, 374 (Vergleich während der Instanz). Es reicht aus, daß ursprünglich unvollständige, aber richtige Angaben, trotz der Möglichkeit der Vervollständigung nicht vervollständigt wurden, falls sich dadurch die Chancen des Antragstellers verschlechtert hätten uw.

**C. Irrtumserregung.** Das Gericht muß jedenfalls im Zeitpunkt der tatsächlichen Bewilligung und im 31 Fall einer rückwirkenden Bewilligung schon im Zeitpunkt der Bewilligungsreife, § 119 Rn 3, 10, in einem Irrtum über die Voraussetzungen der Erfolgsaussicht und bzw oder des Fehlens von Mutwillen gehandelt haben.

**D. Ursächlichkeit: „durch" unrichtige Darstellung.** Der Antragsteller muß gerade „durch" seine 32 unrichtige Darstellung die Bewilligung erreicht haben. Es muß also zwischen der Täuschungshandlung, der Irrtumserregung und der Bewilligung eine Ursächlichkeit bestanden haben. Zum Ursächlichkeitsbegriff § 287 Rn 5.

**E. Vorsatz: „Vortäuschung".** Wie schon das Wort „vorgetäuscht" in Z 1 ergibt, ist ein mindestens 33 bedingter Vorsatz erforderlich, Kblz FamRZ **85**, 302, also eine völlige Gleichgültigkeit gegenüber den Folgen der als unrichtig erkannten Angaben. Das ist mehr als eine bloße Fahrlässigkeit oder auch grobe Nachlässigkeit (von dieser spricht lediglich Z 2). Andererseits ist eine Vortäuschungs-„Absicht" nicht erforderlich, Kblz FamRZ **85**, 302; Vorsatz genügt. Denn auch bei ihm liegt schon eine Täuschungshandlung vor. Für die Frage, ob mindestens bedingter Vorsatz vorliegt, kommt es auf die Person, die Rechtskenntnis, die etwaige Beratung eines Anwalts vor der Beiordnung usw ebenso wie auf den Grad der Schwierigkeit des Sachverhalts, etwaige Vorprozesse, eine etwaige mündliche Erörterung nach § 118 I usw. Ein Verschulden dieser Art in der Person des gesetzlichen Vertreters, § 51 II, oder des ProzBev, § 85 II, gilt auch hier als solches der Partei, § 85 Rn 26.

**F. Zuständigkeit des Richters, Z 1.** Im Fall der Aufhebung nach Z 1 ist in dem gemäß § 117 I 1 34 zuständigen Prozeßgericht, Köln MDR **83**, 847, LAG Bre MDR **83**, 789, des jeweiligen Rechtszugs, § 127 I 2, das volle Kollegium zuständig, also auch der Vorsitzender. Der Einzelrichter entscheidet insofern, als ihm das Verfahren nach § 348 oder § 524 übertragen wurde, als (volles) Prozeßgericht. Der nach § 361, 362 beauftragte oder ersuchte Richter entscheidet keineswegs.

**9) Verschuldete Angaben über persönliche Verhältnisse usw, Z 2.** Eine Aufhebung muß (und nicht 35 nur: kann, Rn 16, 17) als Sanktion, Kblz Rpfleger **96**, 355, LG Kblz MDR **99**, 826, auch erfolgen, wenn die folgenden Voraussetzungen zusammentreffen.

**A. Unrichtigkeit bei den „persönlichen oder wirtschaftlichen Verhältnissen", Z 2 Hs 1.** Während Z 1 das „Streitverhältnis" betrifft, erfaßt Z 2 die „persönlichen oder wirtschaftlichen Verhältnisse" des Antragstellers. Das ist derselbe Begriff wie in § 114, dort Rn 46, und wie in § 117 II. Im einzelnen:

Es reicht aus, daß die fraglichen Angaben *teilweise* unrichtig oder unvollständig sind. Es ist unerheblich, ob 36 sich die Unrichtigkeit oder Unvollständigkeit nur auf persönliche oder nur auf wirtschaftliche Fragen erstreckte. Es reicht zB aus, daß der Antragsteller den bevorstehenden oder doch endgültig geplanten nahen Verkauf eines erheblichen Vermögensobjekts verschwiegen hat.

**B. Ursächlichkeit, Z 2 Hs 1.** Auch bei Z 2 ist eine gewisse Ursächlichkeit der unrichtigen Angaben für 37 die Bewilligung erforderlich, obwohl hier der Gesetzestext nicht das Wort „durch" enthält. Die Unrichtigkeit braucht für die Entscheidung über die Bewilligung nicht besonders erheblich gewesen zu sein, Hamm Rpfleger **86**, 238, aM ZöPh 8. Es ist unerheblich, ob eine Veränderung der wirtschaftlichen Lage nach der Bewilligung eintrat, Hamm MDR **75**, 1024. Irgendeine Mitursächlichkeit für die Bewilligung bzw Abänderung oder deren Unterbleiben reicht aus, ähnlich Köln Rpfleger **87**, 432. Sie reicht auch dann aus, wenn sie sich nur auf einen Teil des Anspruchs bezogen hat, BGH FamRZ **84**, 677, LAG Bre MDR **83**, 789. Die Ursächlichkeit fehlt, soweit die Bewilligung auch bei Kenntnis der wahren wirtschaftlichen Verhältnisse notwendig gewesen wäre, Bbg FamRZ **87**, 1170, Zimmermann JB **93**, 646, aM Köln JB **88**, 649.

**C. „Absichtlich oder aus grober Nachlässigkeit" Z 2 Hs 1.** Der Antragsteller muß entweder ab- 38 sichtlich oder direkt bzw bedingt vorsätzlich (Begriff Rn 33) oder doch zumindest „grob nachlässig" gehandelt haben, Kblz MDR **97**, 780. Grobe Nachlässigkeit ist die Versäumung der einem jeden einleuchtenden prozessualen Sorgfalt, Köln FamRZ **88**, 470, wie bei § 296 II, dort Rn 62. Es kommt auf die Gesamtumstände an, wie stets, vgl LAG Köln JB **91**, 1529. Grobe Nachlässigkeit kann zB vorliegen, wenn

§ 124    1. Buch. 2. Abschnitt. Parteien

die Partei eine ausreichende Äußerungsfrist ohne Entschuldigung verstreichen läßt, LAG Köln JB **91**, 1529. Grobe Nachlässigkeit fehlt, wenn triftige Gründe eine Zurückhaltung rechtfertigen, Oldb MDR **79**, 503, oder wenn die Partei die Bedeutung des Vorbringens wirklich nicht erkennen konnte, Köln FamRZ **88**, 470. Die zumindest grobe Nachlässigkeit braucht sich nicht auf die Darstellung des Streitverhältnisses ausgewirkt zu haben. Es genügt, daß die Partei zwar das Streitverhältnis richtig dargestellt, die Angaben über persönliche oder wirtschaftliche Verhältnisse aber grob nachlässig falsch gemacht hat. Ein Verschulden des gesetzlichen Vertreters, § 51 II oder des ProzBev, § 85 II, gilt auch hier als ein Verschulden der Partei, § 85 Rn 26, aM Kblz Rpfleger **96**, 516 (aber § 85 II hat Vorrang vor strafrechtlichen, obendrein hier zu weitgehenden, Erklärungen). Leichte Fahrlässigkeit reicht nicht aus. Die Partei hat für das Fehlen von Verschulden keine Darlegungslast, aM LG Kblz MDR **99**, 826 (aber der Gesetzestext sagt das Gegenteil).

**39**    D. „Erklärung ... nicht abgegeben", Z 2 Hs 2. Eine Aufhebung ist auch dann notwendig, wenn die Partei zwar nicht gemäß Rn 35–38 vorwerfbar unrichtige Angaben gemacht hat, wohl aber die nach § 120 IV 2 erforderliche Erklärung überhaupt nicht abgegeben hat, Nürnb JB **95**, 205, LAG Köln MDR **96**, 1304. Es handelt sich allerdings nicht um eine Ausschlußfrist, § 120 Rn 29. Da eine Erklärungspflicht nur „auf Verlangen des Gerichts" besteht, § 120 Rn 29, liegt ein Verstoß gegen Z 2 Hs 2 vor, wenn und soweit die Partei gerade die Fragen des Gerichts überhaupt nicht beantwortet hat. Eine zwar formell vorhandene, inhaltlich aber völlig unzureichende Beantwortung kann der völligen Nichtbeantwortung gleichstehen, LG Hbg Rpfleger **97**, 442. Wie bei Rn 35–38 muß auch hier die pflichtwidrige Unterlassung für die Entscheidung des Gerichts zumindest mitursächlich gewesen sein, Rn 37, und ist zumindest grobe Nachlässigkeit erforderlich, Rn 38, Bbg JB **92**, 623, Kblz Rpflegr **97**, 442 (ein Beschwerdeführer ist freilich insoweit entlastungsbeweispflichtig). Die Pflicht zur Amtsermittlung, Rn 20, bleibt, Bbg FamRZ **96**, 1427. Die bloße Nachholung reicht nicht, Brdb Rpfleger **98**, 205, Köln Rpfleger **98**, 434, aM Kblz FamRZ **99**, 887, Köln (26. ZS) JB **99**, 249 (aber auch der Minderbemittelte muß sich ans Gesetz halten).

**40**    E. Zuständigkeit des Rechtspflegers, Z 2. Im Fall der Aufhebung nach Z 2 entscheidet im Prozeßgericht, Rn 34, dessen Rpfl, § 20 Z 4 c RPflG, Anh § 153 GVG, LAG Bre Rpfleger **83**, 365, und zwar von Amts wegen, Lepke DB **85**, 491, ohne daß es einer Beauftragung durch den Vorsitzenden bedurfte. Eine gleichwohl ergangene Entscheidung des Richters bleibt wirksam, § 8 RPflG, Köln FamRZ **88**, 740, Schlesw SchlHA **83**, 60. Düss MDR **86**, 325 hält nach der Rechtskraft der Hauptsacheentscheidung, § 322, die Justizverwaltung für zuständig; aM Karlsr FamRZ **86**, 1126.

**41**    10) „Nichtvorliegen der persönlichen oder wirtschaftlichen Voraussetzungen", Z 3. Eine Aufhebung muß (und nicht nur: kann, Rn 16, 17) auch beim Zusammentreffen von Rn 42–44 erfolgen.

**42**    A. Fehlen der Voraussetzungen: Geltungsbereich, Z 3 Hs 1. Während Z 1 das „Streitverhältnis" erfaßt, also die Frage der Erfolgsaussicht oder des Fehlens von Mutwillen, befassen sich sowohl Z 2 als auch Z 3 mit den „persönlichen oder wirtschaftlichen Verhältnissen" bzw „Voraussetzungen", also der Bedürftigkeit des Antragstellers, § 114 Rn 46. Insofern haben sie denselben Geltungsbereich. Indessen ist eine Aufhebung nach Z 2 von dem genannten Verschuldensgrad abhängig. Demgegenüber setzt Z 3 kein Verschulden voraus, Rn 44. Dafür hat Z 3 aber eine Zeitschranke, Hs 2. Insofern ist Z 3 strenger als Z 2. Z 3 gilt nicht beim Fehlen der sachlichen Voraussetzungen (Erfolgsaussicht, Nichtvorlage von Mutwillen).

**43**    B. Objektives „Nichtvorliegen". Z 3 Hs 1. Es reicht aus, daß die Voraussetzungen objektiv nicht vorgelegen haben. Dies muß sich bei einer rückschauenden Betrachtung, bezogen auf den Zeitpunkt der tatsächlichen Entscheidung und im Falle einer rückwirkenden Bewilligung im Zeitpunkt der Bewilligungsreife, § 119 Rn 3, 10, ergeben.

**44**    C. Verschulden nicht erforderlich, Z 3 Hs 1. Während nach Z 1 oder 2 die dort genannten Verschuldensgrade erforderlich sind, ist ein Verschulden für eine Aufhebung nach Z 3 nicht Voraussetzung, Hamm Rpfleger **84**, 432, Köln FamRZ **88**, 471, ZöPh 12, aM Bbg FamRZ **84**, 1244, Schneider MDR **85**, 532, ThP 4 (es sei einfache Fahrlässigkeit erforderlich). Leichte reicht erst recht im Hinzutreten zu etwaigem Verschulden des Antragstellers aus, und insofern ist auch leichte Fahrlässigkeit ausreichend, Stgt FamRZ **86**, 1125.

**45**    D. Aufhebungszwang, Z 3 Hs 1. Auch bei Z 3 bedeutet das Wort „kann" im Eingangssatz des § 124 nur, daß das Gericht beim Vorliegen der gesetzlichen Voraussetzungen aufheben darf und muß, Bre FamRZ **85**, 728, Kblz FamRZ **85**, 302, Hbg MDR **86**, 243, aM Stgt FamRZ **84**, 722.

**46**    E. Beispiele zur Frage des Fehlens der persönlichen oder wirtschaftlichen Voraussetzungen, Z 3 Hs 1, vgl § 114 Rn 49 ff: Der Antragsteller hat eine Rechtsschutzversicherung abgeschlossen, die die Kosten des Hauptprozesses deckt, BGH Rpfleger **81**, 437; er hat eine Auflage, ein Negativattest des Versicherers nachzureichen, nicht erfüllt, Düss MDR **93**, 583; die Entscheidung zur Ratenzahlung war nach den tatsächlichen damaligen Verhältnissen objektiv nicht vertretbar, Bbg FamRZ **84**, 1244, Zweibr JB **85**, 1569, LAG Bre Rpfleger **83**, 365.

**47**    F. Bloße Änderung der Voraussetzungen, Z 3 Hs 1. Z 3 erfaßt nur den Fall, daß die Voraussetzungen überhaupt „nicht" vorgelegen haben. Wenn sie sich nur nachträglich geändert haben, ist Z 3 ersichtlich unanwendbar, Köln FamRZ **86**, 1224, Stgt FamRZ **86**, 1124, aM BVerfG NJW **85**, 1767 (die Entscheidung überrascht; Z 3 sei mit dem GG vereinbar; die Vorschrift ist auf den dortigen Fall aber in Wahrheit gar nicht anwendbar).

**48**    G. Bloß unrichtige Beurteilung der damaligen Voraussetzungen, Z 3 Hs 1. Eine bloß unrichtige Beurteilung der objektiv bereits damals unzureichenden Voraussetzungen durch das Gericht bei seiner Bewilligungsentscheidung reicht nicht zur Aufhebung nach Z 3 aus, Celle FamRZ **91**, 208, Hamm FamRZ **86**, 583, aM Bre FamRZ **85**, 728, Köln FamRZ **82**, 1226. Eine rückwirkende bloß belastende Änderung (statt Aufhebung) ist unzulässig, Zweibr Rpfleger **85**, 165.

**49**    H. Keine Aufhebung nach mehr als vier Jahren, Z 3 Hs 2. Selbst wenn die Voraussetzungen Rn 42–46 vorliegen, kommt eine Aufhebung doch nicht in Betracht, „wenn seit der Rechtskraft der Entscheidung nach § 322 oder sonstigen Beendigung des Verfahrens vier Jahre vergangen sind". Im einzelnen:

## 7. Titel. Prozeßkostenhilfe und Prozeßkostenvorschuß § 124

Der schuldlose Antragsteller, den allein Z 3 belasten könnten, soll vor finanziellen Belastungen in einem Zeitpunkt geschützt werden, in dem er normalerweise nicht mehr mit einer Nachzahlungspflicht zu rechnen hat. Dies ist eine Ausprägung des allgemein geltenden Rechtsgedankens der *Verwirkung*. Es ist konsequent, diesen Gedanken nur insofern anzuwenden, als den Antragsteller kein Verschulden trifft. Deshalb gilt die Zeitschranke nicht bei Z 1, 2 und 4.

Die *Vierjahresfrist beginnt* entweder mit einer „rechtskräftigen Entscheidung" oder einer „sonstigen Be- 50 endigung des Verfahrens". Gemeint ist der jeweilige Hauptprozeß bzw das Hauptverfahren. Die Frist beginnt um 0.00 Uhr desjenigen Tages, der dem Tage folgt, an dem um 24.00 Uhr die Rechtskraft der Entscheidung eintrat oder an dem das Verfahren beendet wurde, vgl §§ 187 ff BGB. Die Regelung ähnelt der Verjährungsregelung des § 10 I GKG. Dort ist als Beendigungsgrund auch ein Vergleich erwähnt. Obwohl er in Z 3 nicht mitgenannt wird, ist natürlich auch er geeignet, die Vierjahresfrist anlaufen zu lassen. Eine „sonstige" Beendigung kann auch zB dadurch eintreten, daß eine Aussetzung des Hauptverfahrens auf unbestimmte Zeit, §§ 148 ff, oder das Ruhen dieses Verfahrens eintreten, §§ 251 a, 331 a. Man muß notfalls den Parteiwillen ermitteln. Eine Verwirkung des Anspruchs der Staatskasse aus einer Aufhebung vor dem Fristablauf ist, wie stets bei einer Verwirkung, zwar denkbar, aM ZöPh 18, aber nur zurückhaltend anzunehmen.

**I. Zuständigkeit des Rechtspflegers, Z 3.** Es gilt dieselbe Regelung wie bei Z 2; vgl Rn 40.    51

**11) „Zahlungsrückstand" der Partei, Z 4.** Eine Aufhebung muß auch (und nicht nur: darf, Rn 16, 52 17) dann erfolgen, wenn die Partei länger als drei Monate mit der Zahlung einer Monatsrate oder eines sonstigen Betrags im Rückstand ist, aM ZöPh 19. Anschließend kommt grundsätzlich keine Neubewilligung infrage, Kblz Rpfleger **96**, 354.

**A. „Monatsrate", „sonstiger Betrag".** Es muß sich um einen Rückstand derjenigen Leistungen des Begünstigten handeln, den das Gericht gemäß § 120 I 1 in Verbindung mit § 115 I, II festgesetzt hat. Vgl daher § 120 Rn 8.

**B. „Rückstand": Erforderlichkeit von Verzug.** Zwar enthält Z 4 nicht den Begriff „Verzug", sondern 53 nur das Wort „Rückstand". Sachlich ist aber doch ein Verzug erforderlich. Der Antragsteller kommt also nicht in „Rückstand", solange die Leistung infolge eines Umstands unterbleibt, den er nicht zu vertreten hat, § 285 BGB, BGH NJW **97**, 1077, Drsd FamRZ **98**, 1523, Kblz JB **99**, 371, aM Bre FamRZ **84**, 411, LG Dortm JMBlNRW **83**, 162. Für einen Verzug ist leichte Fahrlässigkeit ausreichend, etwa weil der Antragsteller nicht auf eine Mahnung reagiert hat, Hamm Rpfleger **92**, 257, Stgt Just **86**, 14. Andererseits ist keine absichtliche Nichtzahlung erforderlich. Wenn sich eine Partei in einem Vergleich verpflichtet Raten zu zahlen, ist nicht Z 4 anwendbar, sondern eine Ratenzahlungsanordnung aufzuheben, Köln FamRZ **95**, 372.

**C. Im Zweifel kein „Rückstand".** Auch Z 4 ist als Ausnahmeregel eng auszulegen, Rn 3. Das 54 bedeutet: Im Zweifel liegt kein Rückstand (Verzug) vor und bleibt es bei der Bewilligung der PKH. Der Rpfl, Rn 58, darf keine zu hohen an die Zahlungsfähigkeit des Antragstellers stellen. Er muß bedenken, daß auch die Prüfung der Zahlungsfähigkeit trotz der umfangreichen gesetzlichen Regelung, der Vordruckeinzelheiten und der Möglichkeiten des Gerichts zu zusätzlichen Erhebungen nur im Rahmen eines vorläufigen Verfahrens erfolgt ist, § 114 Rn 2. In solcher Situation kann es leicht zu einer Fehleinschätzung der wirtschaftlichen Belastbarkeit des Antragstellers gekommen sein. Z 4 will den Antragsteller nicht dafür bestrafen, daß das Gericht seine Zahlungsfähigkeit überschätzt hat, BGH NJW **97**, 1077, Celle FamRZ **97**, 1089, KG FamRZ **84**, 412. Dies gilt unabhängig davon, ob er gegen einen Ratenzahlungsbeschluß den zulässigen Rechtsbehelf geltend gemacht hat. Auch mag ein Mitverschulden des Gerichts usw vorliegen, zB eine Ungenauigkeit bei der Angabe des Zahlungsbeginns, der Ratenhöhe oder der Zahlstelle, LAG NdsRpfl **85**, 1575.

**D. Keine Aufhebung erst kurz vor Instanzabschluß.** Eine Aufhebung nach Z 4 sollte nicht mehr 55 direkt vor dem Abschluß der Instanz erfolgen. Freilich darf die Hauptsache in ihrer Entscheidungsreife nicht durch Nebenentscheidung hinausgezögert werden, etwa durch eine Vertagung, aM ZöPh 20.

**E. „Länger als drei Monate."** Der Zahlungsverzug, Rn 53, muß „länger als drei Monate" vorliegen. 56 Der Verzug beginnt mit einer Nichtzahlung „nach dem Eintritt der Fälligkeit" trotz „Mahnung", § 284 I 1 BGB, und im Fall einer nach dem Kalender bestimmten Zahlungspflicht bei Nichtzahlung „zu der bestimmten Zeit", § 284 II 1 BGB. In der Regel hat das Gericht den jeweiligen Zahlungszeitpunkt im Bewilligungsbeschluß (oder später) festgesetzt. Bei Unklarheiten des Beschlusses oder beim sonstigen Zweifel über den Zahlungszeitpunkt wäre also zunächst zu klären, ob überhaupt Fälligkeit eingetreten ist, falls ja: ob das Gericht „gemahnt" hat. Im Zweifel unterbleibt auch insofern eine Aufhebung, Rn 54.

**F. Keine Teilaufhebung.** Soweit die Voraussetzungen der Z 4 vorliegen, muß der Rpfl die Bewilligung 57 insgesamt aufheben. Das Gericht darf nicht etwa nur die rückständigen Raten für sofort fällig erklären oder die Raten herabsetzen usw sofern nicht außerdem die Voraussetzungen des § 120 IV vorliegen. Dadurch können erhebliche Härten für den bisher Begünstigten eintreten. Es bleibt ihm dann nur übrig, einen neuen Bewilligungsantrag einzureichen. Das Gericht muß trotz der Aufhebung der bisherigen Bewilligung über einen solchen Antrag entscheiden, soweit nicht ersichtlich wird, daß der Antragsteller lediglich Rechtsmißbrauch treibt, also auf Grund derselben Tatsachen eine unzulässige Zweitentscheidung fordert, Schlesw SchlHA **84**, 174. Im letzteren Fall nimmt das Gericht den neuen Antrag unbearbeitet zu den Akten. Denn Rechtsmißbrauch wird nirgends geschützt, Rn 4.

**G. Zuständigkeit des Rechtspflegers, Z 4.** Zur Aufhebung nach Z 4 ist im Prozeßgericht, Rn 34, der 58 Rpfl zuständig, wie bei Z 2 und 3. Vgl daher Rn 40.

**12) Zusammentreffen von Z 3 und 4.** Im Einzelfall können die Voraussetzungen der Z 3 und 4 59 zusammentreffen. Grundsätzlich umfaßt allerdings Z 4 nur die Frage, ob festgesetzte Raten usw hätten gezahlt werden müssen, während Z 3 die weitergehende Frage umfaßt, ob die Gesamtsituation überhaupt so

§§ 124, 125                                    1. Buch. 2. Abschnitt. Parteien

gut war, daß gar keine PKH hätte bewilligt werden dürfen. Soweit die Voraussetzungen beider Vorschriften zusammentreffen, erfolgt die Aufhebung auch nach beiden.

60  13) *VwGO: Entsprechend anzuwenden*, § 166 VwGO.

**125** *Beitreibung der Gerichtskosten.* ¹Die Gerichtskosten und die Gerichtsvollzieherkosten können von dem Gegner erst eingezogen werden, wenn er rechtskräftig in die Prozeßkosten verurteilt ist.

II Die Gerichtskosten, von deren Zahlung der Gegner einstweilen befreit ist, sind von ihm einzuziehen, soweit er rechtskräftig in die Prozeßkosten verurteilt oder der Rechtsstreit ohne Urteil über die Kosten beendet ist.

1   1) Systematik, I, II. Während § 122 II die einstweilige Befreiung des Prozeßgegners des Antragstellers von Kosten regelt und § 123 eine Kostenerstattungspflicht des Prozeßgegners des Begünstigten klarstellt, regelt § 125 das Verhältnis zwischen diesem Prozeßgegner und der Staatskasse für den Fall, daß er unterliegt. In Ergänzung dazu regelt § 126 das Verhältnis zwischen dem beigeordneten Anwalt des Begünstigten und dem verurteilten Prozeßgegner. Dabei erfaßt I nur diejenigen Kosten, die in § 122 I Z 1 a genannt sind, während II die in § 122 II genannten Kosten betrifft. § 125 enthält Regelungen, die zwar die grundsätzlichen Kostenvorschriften der §§ 91 ff unberührt lassen, wohl aber dem GKG, zB dort §§ 61, 68, 69, vorgehen.

2   2) Regelungszweck, I, II. Die Vorschrift soll einen unersetzbaren Schaden verhindern, der dem Prozeßgegner des Begünstigten drohen würde. Denn der unterliegende Prozeßgegner wird gemäß § 54 Z 1 GKG zum sog Entscheidungsschuldner und müßte daher ohne die Sonderregelung des § 125 ZPO mit einer Einziehung vor Rechtskraft seiner Verurteilung rechnen. Würde es dann im Rechtsmittelzug oder zB infolge eines gerichtlichen oder außergerichtlichen Vergleichs im Ergebnis doch keine Kosten zu tragen haben, so bestünde das Risiko, daß er mit einem dann natürlich theoretisch entstehenden Erstattungsanspruch nach §§ 91 ff gegenüber dem nun erst (endgültig) kostenpflichtigen „Begünstigten" leer ausginge, weil jener mittellos ist. Auch die einstweilige Befreiung des Prozeßgegners nach § 122 II würde nicht helfen, nachdem eine Kostengrundentscheidung zu seinen Lasten ergangen ist.
     Aus diesem Schutzzweck ergibt sich auch die *unterschiedliche Regelung* von I und II: Kosten, die zunächst nur vom Antragsteller zu zahlen gewesen wären, sollen vom unterliegenden Prozeßgegner erst nach Rechtskraft eingezogen werden können; Kosten, die eigentlich von ihm zu entrichten waren und von denen er nur gemäß § 122 II einstweilen (mit)befreit worden war, können von ihm auch dann schon eingezogen werden, wenn der Rechtsstreit ohne Urteil über die Kosten beendet ist, also nicht nur bei rechtskräftigem Unterliegen.

3   3) Geltungsbereich, I, II. Vgl Üb 4 vor § 114, § 114 Rn 9–45.

4   4) Einziehung nach einstweiliger Befreiung des Antragstellers, I. Die Spezialvorschrift ist eng auszulegen:
     A. Kosten nach § 122 I Z 1 a. Es geht um diejenigen Gerichtskosten und Gerichtsvollzieherkosten, die infolge der Bewilligung der PKH dem Antragsteller gegenüber von der Staatskasse nur nach den Bestimmungen geltend gemacht werden konnten, die das Gericht gemäß § 120 I getroffen hatte.

5   B. Einziehung erst nach „rechtskräftiger Verurteilung in die Prozeßkosten". Ohne I würde der Prozeßgegner des durch PKH Begünstigten nach dem Prozeßverlust als sog Entscheidungsschuldner nach § 54 Z 1 GKG (Erstschuldner) der Staatskasse gegenüber schon ab Wirksamkeit der Bekanntgabe der Kostengrundentscheidung haften; er brauchte weder rechtskräftig noch vorläufig vollstreckbar zu sein, Hartmann Teil I § 54 GKG Rn 3. Diesen kostenrechtlichen Grundsatz schränkt I ein: Die Staatskasse kann sowohl Gerichtskosten als auch Gerichtsvollzieherkosten von dem unterliegenden Prozeßgegner des Begünstigten erst dann einziehen, wenn die ihn belastende Kostengrundentscheidung, Üb 35 vor § 91, rechtskräftig geworden ist. Eine bloß vorläufig vollstreckbare Entscheidung zur Kostenentscheidung oder gar nur zur Hauptsache nach §§ 708 ff erlaubt der Staatskasse die Einziehung insofern also noch nicht. Es kommt auf die Rechtskraft der Entscheidung zu den Prozeßkosten an, § 322; die Verurteilung nur zur Sache bedingt nicht stets eine Verurteilung auch in die Prozeßkosten, vgl zB § 344. § 58 II 2 GKG (Haftung eines anderen Kostenschuldners, wenn dem Entscheidungsschuldner PKH bewilligt worden war) gilt übrigens sachlich unverändert für den Fall fort, daß auch der unterliegende Prozeßgegner PKH bewilligt erhalten hatte.

6   5) Einziehung nach einstweiliger Befreiung des Antragsgegners, II. Auch diese Vorschrift ist eng auslegbar:
     A. Kosten nach § 122 II. Die Vorschrift erfaßt diejenigen Gerichtskosten, von denen nicht der Antragsteller (nach § 122 I Z 1 a), sondern infolge jener Befreiung nun gemäß § 122 II auch sein Prozeßgegner einstweilen befreit war. Wegen dieser Kosten vgl im einzelnen § 122 Rn 29.

7   B. Einziehung nach „rechtskräftiger Verurteilung in die Prozeßkosten". Die Einziehung ist zunächst dann möglich, wenn der Prozeßgegner des Begünstigten nach § 322 rechtskräftig gerade in die Prozeßkosten verurteilt worden ist. Insofern gelten dieselben Regeln wie in Rn 5.

8   C. Einziehung auch nach „Beendigung des Rechtsstreits ohne Urteil über die Kosten". Eine Einziehung von dem Prozeßgegner des bisher Begünstigten kommt allerdings unabhängig von der Rechtskraft eines ihm ungünstigen Kostenurteils, Rn 7, auch dann in Betracht, wenn der Rechtsstreit „ohne Urteil über die Kosten beendet ist". Insofern gelten, wie bei § 124 Z 3, dort Rn 56, ähnliche Erwägungen wie bei § 10 I GKG.

7. Titel. Prozeßkostenhilfe und Prozeßkostenvorschuß                    §§ 125, 126

**D. Beispiele zur Frage der Beendigung des Rechtsstreits ohne Kostenurteil:** Das Gericht hat 9
schon vor längerer Zeit das Ruhen des Verfahrens angeordnet, § 251; die Parteien betreiben den Rechtsstreit längere Zeit hindurch absichtlich nicht weiter; das Verfahren ruht auch ohne eine entsprechende gerichtliche Anordnung; der Kläger nimmt die Klage zurück, ohne daß das Gericht über die Kosten gemäß § 269 III 3 beschließt; die Parteien haben einen außergerichtlichen Vergleich, § 779 BGB, oder einen Prozeßvergleich geschlossen, Anh § 307, und der Prozeßgegner des Begünstigten ist durch eine Kostenübernahme, § 98 Rn 43, zum sog Übernahmeschuldner nach § 54 Z 2 GKG geworden. Eine Kostenübernahme liegt evtl auch in einer Erklärung des ProzBev „Kosten zahle ich", nicht aber stets in „Ich sage für die Kosten gut", Hartmann Teil I § 54 GKG Rn 11 ff. Es ist auch eine Teilübernahme (und dann eine entsprechende Teileinziehung) möglich.

**6) VwGO:** *Entsprechend anzuwenden, § 166 VwGO.*                                                10


**126** *Beitreibung der Anwaltskosten.* [1] Die für die Partei bestellten Rechtsanwälte sind berechtigt, ihre Gebühren und Auslagen von dem in die Prozeßkosten verurteilten Gegner im eigenen Namen beizutreiben.

[II] [1]Eine Einrede aus der Person der Partei ist nicht zulässig. [2]Der Gegner kann mit Kosten aufrechnen, die nach der in demselben Rechtsstreit über die Kosten erlassenen Entscheidung von der Partei zu erstatten sind.

Gliederung

| | | | | |
|---|---|---|---|---|
| 1) **Systematik, I, II** | 1 | | D. Weitere Einzelheiten | 17 |
| 2) **Regelungszweck, I, II** | 2 | | E. Rechtsbehelfe | 18 |
| 3) **Geltungsbereich, I, II** | 3 | | F. Haftung aus der Beitreibung | 19 |
| 4) **Beitreibungs – „Berechtigter", I** | 4–6 | | 9) **Nebeneinander der verschiedenen Erstattungsansprüche, I** | 20–24 |
| A. Für die Partei „bestellter" Rechtsanwalt | 4 | | A. Mehrheit beitreibender Anwälte | 20 |
| B. Nur wegen des Beiordnungszeitraums | 5 | | B. Erstattungsanspruch des Auftraggebers | 21, 22 |
| C. Mehrheit von „Rechtsanwälten" | 6 | | C. Erstattungsanspruch der Staatskasse | 23, 24 |
| 5) **Umfang des Beitreibungsrechts: „Gebühren und Auslagen", I** | 7–10 | | 10) **Umschreibung, I** | 25–27 |
| A. Volles Beitreibungsrecht | 8 | | A. Zulässigkeit | 25 |
| B. Auch wegen der Differenzkosten | 9 | | B. Folgen für die bisherige Festsetzung | 26, 27 |
| C. Keine Beitreibung schon erhaltener Teilbeträge | 10 | | 11) **Unzulässigkeit einer „Einrede aus der Person der Partei", II 1** | 28–39 |
| 6) **Kostenschuldner: „In die Prozeßkosten verurteilter Gegner", I** | 11 | | A. Zweck: Entlastung der Staatskasse | 29 |
| 7) **„Im eigenen Namen", I** | 12, 13 | | B. Einrede „aus der Person der Partei" | 30 |
| A. Gesetzlicher Erstattungsanspruch | 12 | | C. Umfang des Einreden – Ausschlusses | 31 |
| B. Entstehung des Anspruchs: Aufschiebend bedingt | 13 | | D. Beispiele zur Frage der Zulässigkeit einer Einrede | 32–39 |
| 8) **„Beitreibung", I** | 14–19 | | 12) **Befugnis zur „Aufrechnung", II 2** | 40–43 |
| A. Anspruch auf Festsetzung der Vergütung | 14 | | A. Eigener Kostenerstattungsanspruch | 41 |
| B. Kein Klagerecht des Anwalts gegenüber dem Prozeßgegner | 15 | | B. „Derselbe Rechtsstreit" | 42 |
| C. Notwendigkeit eines Antrags | 16 | | C. Erstattungsanspruch auf Grund einer „über die Kosten erlassenen Entscheidung" | 43 |
| | | | 13) **VwGO** | 44 |

**1) Systematik, I, II.** Der nach § 121 beigeordnete Anwalt kann gemäß § 122 I Z 3 seinen Vergütungs- 1
anspruch gegen den Auftraggeber während des Hauptverfahrens einstweilen nicht geltend machen. Da er aber natürlich nicht kostenlos tätig zu werden braucht, hat er einen gesetzlichen Vergütungsanspruch gegen die *Staatskasse* nach §§ 121 ff BRAGO, Düss FamRZ **98**, 847. Dadurch erhält er einen stets zahlungsfähigen Kostenschuldner und hat insofern sogar eine bessere Stellung als ein Wahlanwalt im Verfahren ohne PKH. Trotzdem gibt § 126 ihm zusätzlich zu dieser Möglichkeit einen Weg, seine Vergütung nicht nur geltend zu machen, sondern sogar beizutreiben, also zu vollstrecken. Er kann sich nämlich auch an den in die Prozeßkosten verurteilten Gegner des Auftraggebers halten.

Insofern stellt die Vorschrift eine *Ergänzung* zu §§ 91 ff, 103 ff dar, nach denen der unterliegende Prozeßgegner des Begünstigten die gesamten Kosten des Rechtsstreits tragen (und gegen sich festsetzen lassen) muß, Hamm AnwBl **88**, 544. Die Beitreibung nach § 126 erfolgt nämlich im Weg der Kostenfestsetzung. Auf Grund des Festsetzungsbeschlusses findet dann die Zwangsvollstreckung gemäß § 794 I Z 2 statt. Demgegenüber regelt § 123 (in Verbindung mit §§ 91 ff) die etwaige Kostenerstattungspflicht des bisher begünstigten, dennoch unterliegenden Auftraggebers. § 126 schafft auch keine Regelung im Verhältnis des beigeordneten Anwalts zu seinem Auftraggeber, selbst wenn dieser unterliegt. Insofern entfällt zwar schließlich das Verbot der Geltendmachung nach § 122 I Z 3 mit dem Ende des Hauptverfahrens. Der beigeordnete Anwalt ist aber auch dann wie ein ohne PKH gewählter Anwalt darauf angewiesen, seine Vergütungsansprüche im Innenverhältnis zu seinem Auftraggeber geltend zu machen, sei es im Verfahren nach § 19 BRAGO, sei es mangels Anwendbarkeit jener Vorschrift auf dem Klageweg.

**2) Regelungszweck, I, II.** Sinn der Regelung ist nicht etwa eine Sicher- oder Besserstellung des 2
beigeordneten Anwalts. Er ist ja bereits durch den Anspruch gegen die Staatskasse jedenfalls hinsichtlich der

## § 126

Durchsetzbarkeit bessergestellt, Rn 1, auch wenn er erheblich geringere Gebühren erhält als ein ohne Beiordnung, weil ohne Prozeßkostenhilfe, beauftragter Anwalt. Es geht daher zumindest auch um eine gewisse weitere Entlastung der Staatskasse. Sie kann und darf zwar den beigeordneten Anwalt nicht zu einem Antrag nach § 126 zwingen oder auch nur durch Hinhaltetaktik faktisch drängen; er kann aber nach freier Wahl nur oder auch die unmittelbare Beitreibung nach § 126 vornehmen, wenn er sich zB von diesem Weg einen rascheren oder problemloseren Erfolg verspricht. Insofern bringt ihm die Vorschrift doch einen unter Umständen jedenfalls aus seiner Sicht merkbaren Vorteil. Das alles geschieht allerdings auf dem Rücken des unterliegenden Prozeßgegners. Denn er kann sich unter Umständen Ansprüchen des siegenden PKH-Begünstigten, der Staatskasse und des dem Gegner beigeordneten Anwalts gegenübersehen. Insofern ist die Regelung problematisch. Freilich braucht er in keinem Fall mehr als diejenigen gegnerischen Anwaltskosten zu bezahlen, die bei einem Prozeß ohne PKH entstanden wären. Daher ist die Regelung immerhin erträglich. Vgl auch Rn 29.

**3**  3) **Geltungsbereich, I, II.** Vgl Üb 4 vor § 114, § 114 Rn 9–45.

**4**  4) **Beitreibungs-„Berechtigter", I.** Es sind mehrere Punkte zu unterscheiden.

A. **Für die Partei „bestellter" Rechtsanwalt.** Der Anwalt muß „für die Partei bestellt" worden sein. Gemeint ist die „Beiordnung" nach § 121. Wegen der Beiordnung eines Patentanwalts vgl § 136 S 2 PatG. Danach ist § 126 nur im Einspruchsverfahren sowie im Verfahren zur Klärung der Nichtigkeit oder der Rücknahme eines Patents oder wegen der Erteilung einer Zwangslizenz entsprechend anwendbar.

**5**  B. **Nur wegen des Beiordnungszeitraums.** Aus der Notwendigkeit der „Bestellung", also Beiordnung, Rn 4, folgt: Eine Beitreibung nach I ist nur wegen solcher Vergütungsansprüche zulässig, die für eine Tätigkeit während des Beiordnungszeitraums entstanden. Das gilt nicht, sofern der später beigeordnete Anwalt eine Vergütung für eine Tätigkeit vor der Wirksamkeit der Beiordnung oder für einen Zeitraum nach ihrer Beendigung verlangt. Dabei ist unerheblich, ob er auch für diese Tätigkeit hätte beigeordnet werden dürfen oder müssen, solange das eben nicht (wenigstens rückwirkend) geschehen ist. Eine Tätigkeit, für die bereits eine gesetzliche Vergütung eines Wahlanwalts ohne PKH entstanden war, fällt nicht deshalb unter die nach I beitreibungsfähigen Gebühren und Auslagen, weil sie im Beiordnungszeitraum fortgesetzt wurde. Sie wird erst dann beitreibungsfähig, wenn sie im Beiordnungszeitraum nach der BRAGO erneut oder zusätzlich entsteht, etwa infolge einer jetzt erst vorgenommenen Klagerhöhung nach § 263.

**6**  C. **Mehrheit von „Rechtsanwälten".** Wie schon der Wortlaut von I andeutet, können unter Umständen mehrere Anwälte unabhängig voneinander einen Beitreibungsanspruch haben. Das gilt zunächst für den praktisch allerdings kaum denkbaren Fall, daß das Gericht (theoretisch möglich) nicht nur „einen", sondern mehrere Anwälte nach § 121 I beiordnet. Praktisch häufiger ist der Fall der Beiordnung eines zusätzlichen Beweis- oder Verkehrsanwalts nach § 121 III. Hinzu tritt der Fall eines etwa notwendigen Wechsels des beigeordneten Anwalts, sei es als ProzBev, Beweis- oder Verkehrsanwalt. Sie alle haben ja für eine Tätigkeit im Beiordnungszeitraum Vergütungsansprüche unabhängig von den übrigen beigeordneten Anwälten.

**7**  5) **Umfang des Beitreibungsrechts: „Gebühren und Auslagen", I.** Das Beitreibungsrecht jeder der nach Rn 4–6 Berechtigten umfaßt „Gebühren und Auslagen", also die gesetzliche Vergütung, § 1 I BRAGO.

**8**  A. **Volles Beitreibungsrecht.** Die Vergütung ist der Staatskasse gegenüber auf die in §§ 121 ff BRAGO ermäßigten Beträge beschränkt. Sofern der beigeordnete Anwalt nach dem Wegfall des Verbots der Geltendmachung (§ 122 I Z 3 ZPO) seine Vergütung auch auf Grund des Anwaltsvertrags vom Auftraggeber fordern kann, kann er die volle gesetzliche Vergütung eines ohne PKH gewählten Anwalts fordern, also auch die sog Differenzkosten zwischen dieser und der niedrigeren Vergütung nach §§ 121 ff BRAGO. Der sowohl für das Erkenntnisverfahren als auch für die zugehörige Zwangsvollstreckung beigeordnete Anwalt kann die Beitreibung auch wegen der Vollstreckungskosten vornehmen. Denn der Kostentitel umfaßt die Vollstreckungskosten gem § 788 I mit. Der nur für die Zwangsvollstreckung beigeordnete Anwalt kann allerdings nur auf Grund einer im Vollstreckungsverfahren ergangenen Kostenentscheidung eine Beitreibung vornehmen, LG Bln Rpfleger **79**, 346.

**9**  B. **Auch wegen der Differenzkosten.** Diese Differenzkosten sind auch gegenüber dem Prozeßgegner beitreibungsfähig. Denn er muß ja ohnehin gemäß §§ 123, 91 ff dem siegenden Begünstigten die gesamten Prozeßkosten erstatten. Er stünde auf Kosten des beigeordneten Anwalts besser da, wenn jedenfalls das Beitreibungsrecht dieses Anwalts nach § 126 nicht auch die Differenzkosten umfassen würde. Das ist nicht einzusehen. Das alles gilt unabhängig davon, daß die sog Differenzkosten von der PKH (im Verhältnis zur Staatskasse) nicht gedeckt werden, Kblz Rpfleger **96**, 253.

**10**  C. **Keine Beitreibung schon erhaltener Teilbeträge.** Natürlich kann der Anwalt nicht (mehr) solche Teile der gesetzlichen Gesamtvergütung eines ohne PKH gewählten Anwalts fordern, die er bereits vom Auftraggeber, einem Dritten oder der Staatskasse (bei letzterer nach §§ 121 ff BRAGO) erhalten hat. Denn er kann die gesamte Vergütung natürlich insgesamt nur einmal von allen Kostenschuldnern fordern.

**11**  6) **Kostenschuldner: „In die Prozeßkosten verurteilter Gegner", I.** Die Beitreibung kann und darf nur gegen den „in die Prozeßkosten verurteilten Gegner" (gemeint: des Auftraggebers des beigeordneten Anwalts) erfolgen. Sie ist also nicht etwa gegen den eigenen Auftraggeber möglich, auch nicht gegenüber der Staatskasse (dort gilt § 128 BRAGO) und auch nicht gegenüber einem Dritten, selbst wenn dieser sich gegenüber dem beigeordneten Anwalt und/oder dessen Auftraggeber oder gar gegenüber dem Prozeßgegner des Begünstigten in rechtswirksamer Form zu einer Kostenübernahme verpflichtet hat. Das gilt selbst dann, wenn dieser Dritte auf Grund einer solchen Verpflichtungserklärung zur Zahlung rechtskräftig verurteilt wurde. Denn er ist auch dann nicht der „Gegner" im Sinn von I geworden.

**12**  7) **„Im eigenen Namen", I.** Das Beitreibungsrecht ist ein gesetzlicher Anspruch des Beitreibungsberechtigten „im eigenen Namen".

### 7. Titel. Prozeßkostenhilfe und Prozeßkostenvorschuß § 126

**A. Gesetzlicher Erstattungsanspruch.** I schafft nicht einen privatrechtlichen Gebührenanspruch, sondern einen gesetzlichen Erstattungsanspruch, der zu demjenigen des siegenden Auftraggebers nach §§ 91 ff, 103 hinzu tritt, Rn 1. Es handelt sich also weder um eine Abtretung kraft Gesetzes oder um einen Forderungsübergang kraft Gesetzes, noch um eine bloße Prozeßstandschaft; vielmehr entsteht das Beitreibungsrecht aus eigenem gesetzlichen Recht, vergleichbar allenfalls dem Einziehungsrecht nach § 835, Düss Rpfleger **97**, 484, Kblz AnwBl **90**, 56. Der Umstand, daß I weder die §§ 91 ff (Erstattungsanspruch des Auftraggebers) noch § 130 I BRAGO (Erstattungsanspruch der Staatskasse aus übergegangenem Recht) beeinträchtigt, ergibt sich schon aus § 123, dort Rn 1, 2, Dörndörfer Rpfleger **87**, 448.

**B. Entstehung des Anspruchs: Aufschiebend bedingt.** Wie jeder gesetzliche Kostenerstattungsanspruch, entsteht auch der Beitreibungsanspruch nicht erst im Zeitpunkt der Kostengrundentscheidung des Hauptverfahrens, Üb 35 vor § 91, sondern aufschiebend bedingt schon im Zeitpunkt der Begründung (hier:) des auf Grund der Beiordnung abgeschlossenen Anwaltsvertrags, § 121 Rn 14. Diesen aufschiebend bedingten Anspruch verwandelt eine nicht rechtskräftige, in die Kosten verurteilende Entscheidung in einen auflösend bedingten, Üb 35 vor § 91. Es entfällt mit der Rechtskraft der Entscheidung oder mit einem Vergleich, Anh § 307, Stgt MDR **89**, 744, LG Köln AnwBl **84**, 624. 13

**8) „Beitreibung", I.** Mit der Berechtigung, die Vergütung im eigenen Namen „beizutreiben", gibt I dem beigeordneten Anwalt den Anspruch nicht nur auf die Geltendmachung, sondern auch auf die Vollstreckung seines Vergütungsanspruchs. 14

**A. Anspruch auf Festsetzung der Vergütung.** Die Beitreibung erfolgt im Kostenfestsetzungsverfahren nach § 103 ff, und zwar durch den Rpfl, § 21 I Z 1 RPflG, Anh § 153 GVG. Es findet also nicht etwa das Festsetzungsverfahren nach § 19 BRAGO statt. Denn dort ist Antragsgegner nur der Auftraggeber, Hbg MDR **84**, 593, Schlesw SchlHA **85**, 31; gegen diesen ist die Festsetzung und daher Beitreibung nach § 126 I jedenfalls solange ja ohnehin nicht zulässig, als der Anwalt dem Auftraggeber gegenüber einen Anspruch gar nicht geltend machen kann, § 122 I Z 3. Das Erwirken eines Festsetzungsbeschlusses als eines zur Vollstreckung gemäß § 794 I Z 2 geeigneten Titels ist ja bereits eine Geltendmachung. Im Fall einer Kostenverteilung nach Bruchteilen, § 92 ZPO, ist § 106 auch auf den Beitreibungsanspruch anwendbar.

**B. Kein Klagerecht des Anwalts gegenüber dem Prozeßgegner.** Soweit der beigeordnete Anwalt nach I die Beitreibung im Kostenfestsetzungsverfahren betreiben kann, fehlt das Rechtsschutzbedürfnis, Grdz 33 vor § 253, für eine Klage auf Zahlung der Vergütung (auch) gegenüber dem in die Prozeßkosten verurteilten Gegner des Auftraggebers. Denn das Festsetzungsverfahren ist grundsätzlich wegen seiner größeren Einfachheit und speziellen Ausrichtung der allein zulässige Weg, Kosten erstattet zu verlangen, Üb 3 vor §§ 103–107. Deshalb ist auch im Fall einer Klagrücknahme ein Beschluß nach § 269 III 2, 3 erforderlich, KG MDR **88**, 420. Der beigeordnete Anwalt hat neben dem Bekl ein eigenes derartiges Antragsrecht. 15

**C. Notwendigkeit eines Antrags.** Wie bei jedem Kostenfestsetzungsverfahren, ist ein Antrag erforderlich, § 103 Rn 31–35. Er muß eindeutig auf eine Beitreibung des beigeordneten Anwalts im eigenen Namen gerichtet sein. Natürlich kann der beigeordnete Anwalt sich auch darauf beschränken, ein Kostenfestsetzungsverfahren nach §§ 91 ff, 103 ff nur im Namen (und Auftrag) des siegenden Auftraggebers zu betreiben. Dann ist natürlich § 126 unanwendbar, Schlesw JB **90**, 1195. Solange unklar ist, ob der Anwalt gemäß I (nur oder auch) im eigenen Namen oder (nur) im Namen des Auftraggebers die Festsetzung fordert, muß das Gericht evtl gemäß § 139 rückfragen. Nach Ablauf einer angemessenen Frist ist mangels Klärung davon auszugehen, daß der Antrag nur im Namen des Auftraggebers gestellt wird, Brdb FamRZ **99**, 1219, Kblz JB **82**, 775, AG Nürnb AnwBl **86**, 455. Eine solche Festsetzung wäre natürlich nicht nur wegen der eigenen Zahlungen des Auftraggebers statthaft, sondern auch wegen der Vergütung des beigeordneten Anwalts, denn auch sie zählt ja zu den Prozeßkosten im Sinne von §§ 91 ff, aM KG AnwBl **83**, 324 (aber der Beitreibungsanspruch des Anwalts und der Festsetzungsanspruch des siegenden Auftraggebers stehen nebeneinander, Rn 20). 16

**D. Weitere Einzelheiten.** Für das weitere Festsetzungsverfahren gelten §§ 103 ff hier zugunsten des beigeordneten Anwalts (und nicht seines Auftraggebers). Zustellungen erfolgen nur an den beitreibenden Anwalt, nicht etwa an den jetzt inzwischen in höherer Instanz beigeordneten anderen Anwalt. Der beitreibende Anwalt ist auf denjenigen Betrag beschränkt, der für seinen Auftraggeber festzusetzen wäre. Auf den Festsetzungsbeschluß ist § 319 wie sonst anwendbar, § 329 Rn 19 „§ 319", also ZB dann nicht, wenn der Rpfl den Antrag anders verstanden hatte, KG Rpfleger **77**, 451. Der Beitreibungsanspruch verjährt in 30 Jahren, § 196 I Z 15, §§ 198, 201 BGB entsprechend und beim festgesetzten Anspruch § 218 BGB. Er läßt als ein prozeßrechtlicher Anspruch keinen Verwirkungseinwand zu, Schlesw SchlHA **79**, 58. Eine Pfändung wirkt nicht gegenüber dem beigeordneten Anwalt, soweit sie den Zeitpunkt der sog „Umschreibung", Rn 25, auf den Anwalt nachfolgt, wohl aber vorher, Mü Rpfleger **92**, 257, aM Habscheid/Schlosser ZZP **75**, 336 (sie halten eine Pfändung für unwirksam, bevor der durch PKH Begünstigte seinen Anwalt befriedigt hat). Für die Kosten des Festsetzungsverfahrens haftet derjenige, auf dessen Namen die Festsetzung erfolgt; vgl aber auch § 37 Z 7 BRAGO. Soweit die Festsetzung auf den Namen der siegenden Partei erfolgte und soweit diese ihren beigeordneten Anwalt persönlich bezahlt hat, muß er die Vergütung zurückzahlen, soweit der Vollstreckungstitel wegfällt. 17

**E. Rechtsbehelfe.** Der beitreibende Anwalt ist im Festsetzungs-(Beitreibungs-)Verfahren Partei. Er hat also die einer Partei zustehenden Rechtsbehelfe. Sein Auftraggeber und die Staatskasse sind insofern nicht beteiligt. Infolgedessen haben die letzteren auch nicht Rechtsbehelfe. 18

**F. Haftung aus der Beitreibung.** Soweit der beitreibende Anwalt aus dem Festsetzungsbeschluß gemäß § 794 I Z 2 vollstreckt, kommt seine Haftung auf Schadensersatz gemäß § 717 II in Betracht, wenn die Kostengrundentscheidung des Hauptprozesses aufgehoben oder abgeändert wird, denn bis zu ihrer Rechtskraft ist sein Erstattungsanspruch nur auflösend bedingt. 19

## § 126

**20**  **9) Nebeneinander der verschiedenen Erstattungsansprüche, I.** Wie schon in Rn 1, 2 angedeutet, verdrängt § 126 nicht etwa die übrigen Erstattungsansprüche, sondern tritt zu ihnen hinzu, bis der jeweils beitreibende beigeordnete Anwalt befriedigt ist, BGH NJW **94**, 3293.

**A. Mehrheit beitreibender Anwälte.** Soweit mehrere Anwälte beigeordnet sind, kann jeder von ihnen die Beitreibung vornehmen, Rn 6.

**21**  **B. Erstattungsanspruch des Auftraggebers.** Soweit der beigeordnete Anwalt überhaupt noch einen Beitreibungsanspruch nach I hat, darf auch sein siegender Auftraggeber gleichberechtigt neben seinem Anwalt nach den §§ 91 ff, 103 ff die Kostenfestsetzung und die Zwangsvollstreckung in die Kosten gegenüber dem insofern unterlegenen Prozeßgegner betreiben, Hamm AnwBl **82**, 384. Das stellt § 123 zusätzlich klar, Dörndörfer Rpfleger **87**, 448.

**22**  Zu weitgehend halten Kblz Rpfleger **91**, 323 („Verzicht"), ThP 2 den Festsetzungsanspruch des Auftraggebers für durch den Anspruch des beigeordneten Anwalts gleichsam verstrickt; beide Ansprüche stehen voll *gleichberechtigt nebeneinander*, bis der jeweilige Kostengläubiger befriedigt ist, Düss Rpfleger **92**, 399, Hbg JB **90**, 1312. Es liegt ja auch nicht etwa eine Abtretung oder gar Prozeßstandschaft zugunsten des beigeordneten Anwalts vor; sein eigenes Beitreibungsrecht entsteht im eigenen Namen, Rn 12. Das bedeutet für den in die Kosten verurteilten Prozeßgegner: Er muß evtl die Kosten des seinem siegenden Gegner beigeordneten Anwalts sowohl auf Grund der Kostenfestsetzung des Prozeßgegners als auch derjenigen des beigeordneten Anwalts solange zahlen, bis der beigeordnete Anwalt die volle gesetzliche Vergütung erhalten hat, Rn 8. Freilich kann der in die Kosten verurteilte Prozeßgegner infolge dieser Haftung natürlich jedenfalls in dem Festsetzungsverfahren des siegenden Prozeßgegners die Erinnerung usw nach § 104 einlegen oder Vollstreckungsabwehrklage nach § 767 erheben, Lappe Rpfleger **84**, 130. Wegen der sog „Umschreibung" vgl Rn 25.

**23**  **C. Erstattungsanspruch der Staatskasse.** Soweit der beigeordnete Anwalt gem §§ 121 ff BRAGO auch oder zunächst nur die Staatskasse in Anspruch nimmt und von ihr befriedigt worden ist, geht sein Vergütungsanspruch auf sie gem § 130 I 1 BRAGO über, Düss Rpfleger **90**, 80. Für die Geltendmachung des Anspruchs gelten gem § 130 II BRAGO die Vorschriften über die Einziehung der Kosten des gerichtlichen Verfahrens sinngemäß. Der auf die Staatskasse übergegangene Anspruch besteht zunächst unabhängig von dem Beitreibungsrecht nach § 126 I und unabhängig von dem Festsetzungsanspruch (und Vollstreckungsrecht) des siegenden Prozeßgegners nach §§ 91 ff, 103 ff, bis der in die Prozeßkosten Verurteilte die volle Vergütung des beigeordneten Anwalts bezahlt hat oder bis ein Vergleich den Anspruch nach § 126 beseitigt, Rn 13. Er kann sich also sogar drei Beitreibungs-, Festsetzungs- bzw Vollstreckungsverfahren wegen der Vergütung jenes beigeordneten Anwalts gegenübersehen, Rn 1, 2.

**24**  Natürlich braucht er insofern auch die *Gesamtschuld nur einmal zu erfüllen* und kann daher Erinnerung nach § 766 oder Vollstreckungsabwehrklage nach § 767 erheben, Rn 21, 22. Trotz der Zahlung der Staatskasse geht kein Anspruch der Staatskasse auf sie über, soweit die durch die PKH begünstigte Partei wirksam auf eine Kostenerstattung verzichtet hatte oder soweit ihr Prozeßgegner gegen einen auf sie erlassenen Festsetzungsbeschluß wirksam aufgerechnet hatte, LG Bielef **KR** § 130 Nr 8. Der Geltendmachung nach § 130 BRAGO steht nicht entgegen, daß dem erstattungspflichtigen Gegner ebenfalls PKH bewilligt worden war, KG MDR **88**, 420.

**25**  **10) Umschreibung, I.** Die Praxis läßt vielfach eine sog „Umschreibung" des auf die siegende Partei lautenden Vollstreckungstitels auf den Namen des ihr beigeordneten Anwalts zu. Freilich gibt es auch Bestrebungen, solche Umschreibungsmöglichkeiten einzuschränken.

**A. Zulässigkeit.** Jedenfalls ist im Fall der Zulassung einer solchen „Umschreibung" § 727 auch nicht entsprechend anwendbar. Denn es handelt sich nicht um eine vollstreckungsrechtliche Umschreibung, Schlesw SchlHA **79**, 181, sondern auch dann um einen neuen selbständigen Kostenfestsetzungsbeschluß, Düss AnwBl **80**, 377, Hamm AnwBl **82**, 383. Man muß ihn auch wegen der Rechtsbehelfe, § 104 III, als einen selbständigen Festsetzungsbeschluß behandeln, KG Rpfleger **77**, 451.

**26**  **B. Folgen für die bisherige Festsetzung.** Der auf den beigeordneten Anwalt lautende Beschluß muß den früheren Beschluß, der auf seinen siegenden Auftraggeber lautete, nach der „Umschreibung" wegen der Erstattungspflicht im Umfang der Kosten des beigeordneten Anwalts für wirkungslos erklären. Es ist also nicht erforderlich, daß der bisherige Festsetzungsbeschluß vom Inhaber, dem siegenden Auftraggeber, an das Gericht zurückgegeben wird, KG Rpfleger **77**, 451 (aber die Partei soll ohnehin alle ihr entstehenden Kosten einheitlich festsetzen lassen). Soweit die siegende Partei bestreitet, sind §§ 732, 768 entsprechend anwendbar.

**27**  Die *Rechtskraft* des ersten Festsetzungsbeschlusses für den siegenden Auftraggeber nach § 322 hindert eine „Umschreibung" auf seinen beigeordneten Anwalt nicht, ebensowenig ein Verlust seiner Zulassung, solange sein Vergütungsanspruch nicht verjährt ist. Eine unbedingte Voraussetzung für die „Umschreibung" ist natürlich, daß er in ihrem Zeitpunkt noch ein eigenes Beitreibungsrecht nach I hat. Daher muß das Gericht vor einer Umschreibung immer den unterliegenden Prozeßgegner anhören, Art 103 I GG. Eine Umschreibung erfolgt zB dann nicht, wenn der siegende Auftraggeber sich nach dem Zeitpunkt der Zustellung des ihm günstigen Festsetzungsbeschlusses über den Erstattungsanspruch bereits eine Verfügung getroffen zu haben. Im übrigen muß der beigeordnete Anwalt die Tilgung des Erstattungsanspruches durch eine Zahlung gegenüber seinem Auftraggeber gegen sich gelten lassen, soweit diese Tilgung vor der Zustellung des auf den beigeordneten Anwalt lautenden Festsetzungsbeschlusses erfolgt ist, Hamm Rpfleger **73**, 103.

**28**  **11) Unzulässigkeit einer „Einrede aus der Person der Partei", II 1.** Die Vorschrift schränkt die Verteidigungsmöglichkeiten des in die Prozeßkosten verurteilten Prozeßgegners des durch PKH Begünstigten ein.

**29**  **A. Zweck: Entlastung der Staatskasse.** Würde der Kostenschuldner alles dasjenige geltend machen können, was ihm gegen den Erstattungsanspruch seines siegenden Prozeßgegners an Einreden zustände, so könnte er auch den Beitreibungsanspruch des diesem beigeordneten Anwalts erheblich beeinträchtigen.

Damit wäre die durch I bezweckte Entlastung der Staatskasse, Rn 3, im Ergebnis doch wieder oft gefährdet. Deshalb soll dieser Beitreibung nur begrenzt mit Einreden entgegengetreten werden dürfen. Sie sind lediglich in II 2 und in einigen weiteren Fällen zugelassen.

**B. Einrede „aus der Person der Partei".** Der schwerverständliche Text meint: Der in die Kosten 30 verurteilte Prozeßgegner kann keine solchen Einreden geltend machen, die ihm gegenüber dem siegenden Gegner direkt zustehen würden, Düss Rpfleger **90**, 80, Hamm AnwBl **88**, 544, Kblz VersR **84**, 473. Im Gegensatz dazu kann er schon nach dem Wortlaut von II 3 ohne weiteres solche Einreden geltend machen, die ihm nur gegenüber der Person des beitreibenden beigeordneten Anwalts zustehen. Da die Beitreibung stets nur aus eigenem Recht, nicht infolge Abtretung oder Prozeßstandschaft usw erfolgt, Rn 12, kann es auch nicht geschehen, daß man die Personen nicht trennen könnte, aus denen dem Kostenschuldner eine Einrede geltend macht. Wohl kann es allerdings geschehen, daß sich seine Einreden aus der Person des beitreibenden Anwalts und des siegenden Gegners ergeben. Dann sind nur die ersteren zulässig, nicht auch die letzteren, von der unten genannten Ausnahme II 2 abgesehen.

**C. Umfang des Einreden-Ausschlusses.** II 1 erfaßt alle Einreden gegenüber dem siegenden Prozeß- 31 gegner. Das gilt jedenfalls, soweit eine Einrede nur das Erlöschen des Erstattungsanspruchs und dieses auch erst jetzt herbeiführen könnte. Nicht verboten sind Einreden gegenüber einem Anspruch, den der beigeordnete Anwalt des siegenden Prozeßgegners gegenüber seinem Auftraggeber hat.

**D. Beispiele zur Frage der Zulässigkeit einer Einrede** 32
**Aufrechnung:** Vgl Rn 40.
**Befriedigung:** Rn 34 „Erfüllung", Rn 39 „Zahlung". 33
**Erfüllung:** Rn 39 „Zahlung". 34
**Erlaßvertrag:** Die Einrede, die Prozeßparteien hätten einen Vertrag auf Erlaß der Kostenerstattungsschuld des Unterliegenden geschlossen, ist als bloße Einrede aus der Person des Gegners grundsätzlich gegenüber dem beitreibenden beigeordneten Anwalt unzulässig, Hamm AnwBl **88**, 544.
**Mehrheit von Anwälten.** Wenn mehrere beigeordnete Anwälte Ansprüche nach I verfolgen, gehen 35 diejenigen des zeitlich früher beigeordneten Anwalts vor. Inwieweit der später beigeordnete Anwalt eine Erstattung fordern kann, richtet sich nach § 91. Im übrigen ist jeder Anwalt selbständig zu beurteilen.
**Rechtskraft:** Rn 37 „Vergleich". 36
**Vereinbarung:** Rn 34 „Erlaßvertrag", Rn 37 „Vergleich". 37
**Vergleich:** Soweit die Prozeßparteien nach dem Erlaß einer lediglich vorläufig vollstreckbaren Entscheidung vor deren Rechtskraft einen gerichtlichen oder außergerichtlichen Vergleich geschlossen haben, in dem sie auch über die Kostenerstattungsfrage Bestimmungen trafen, ist das Recht des beigeordneten Anwalts mitbetroffen. Denn sein Anspruch hängt vom Erstattungsanspruch des Auftraggebers dem Grund nach ab, §§ 91 ff, 123; nur die Beitreibungsmöglichkeiten werden durch I erweitert.

Dagegen kann ein (zulässiger) außergerichtlicher Vergleich der Prozeßparteien über Kostenerstattungsfragen, den sie erst nach der Rechtskraft schließen, dem beigeordneten Anwalt seinen Erstattungsanspruch nicht mehr nehmen.
**Verschulden des beigeordneten Anwalts:** Soweit der Kostenschuldner geltend macht, der beigeordnete Anwalt habe sein Amt schuldhaft falsch geführt oder zB vorwerfbar niedergelegt, ist die Einrede zulässig; vgl allerdings auch § 91 Rn 128.
**Verzicht:** Grundsätzlich ist die Einrede unstatthaft, der siegende Prozeßgegner habe auf eine Kostener- 38 stattung dem Unterliegenden gegenüber verzichtet, Hamm AnwBl **88**, 544. Zulässig ist aber der Einwand, der beigeordnete Anwalt habe selbst auf sein Beitreibungsrecht nach I verzichtet, Düss FamRZ **98**, 847. Soweit er den Auftraggeber in der dieses Festsetzungsrecht vertritt, kann darin ein stillschweigender Verzicht auf das eigene Recht nach I liegen, insofern ebenso Kblz MDR **87**, 1032. Soweit die Festsetzung fälschlich auf den Namen des Auftraggebers erfolgt ist, kann der Prozeßgegner mit Befreiungswirkung an diesen zahlen und ist durch die fehlerhafte Festsetzung dann auch nicht mehr beschwert, Bre JB **86**, 1413. Ein Verzicht des siegenden Prozeßgegners auf Kostenerstattung ist natürlich nur insofern wirksam, als er über einen solchen Anspruch überhaupt durch einen Vergleich verfügen kann.
**Vollstreckungsabwehrklage:** Eine Einrede, die die Entstehung des Anspruchs betrifft, Ffm NJW **69**, 144, richtet sich nicht nur gegen die Person des siegenden Prozeßgegners, sondern auch oder nur gegen diejenige des beitreibenden Anwalts. Denn sein Vergütungsanspruch ist ja dem Grunde nach von einem Kostenerstattungsanspruch seines Auftraggebers abhängig. Daher ist insofern eine Vollstreckungsabwehrklage zulässig, § 767, Düss AnwBl **79**, 184.
**Vorläufige Vollstreckbarkeit:** Rn 37 „Vergleich".
**Zahlung:** Unstatthaft ist der Einwand der Zahlung, Hamm AnwBl **88**, 544, aM Mü Rpfleger **97**, 485, 39 soweit sie erst nach der Zustellung eines sog „Umschreibungsbeschlusses" erfolgt ist, Rn 25, oder soweit eine solche Umschreibung überhaupt nicht erfolgt ist. Zulässig ist natürlich die Einwendung, der Kostenschuldner habe direkt an den beitreibenden beigeordneten Anwalt gezahlt oder dieser sei von seinem Auftraggeber und/oder einem Dritten oder der Staatskasse befriedigt worden. Denn durch solche Zahlungen erlischt der Erstattungs- und Beitreibungsrecht des beigeordneten Anwalts nach I.
**Zustimmung:** Soweit der Schuldner behauptet, der beitreibende Anwalt habe im Hinblick auf eine Ermäßigung oder einen Erlaß des Kostenerstattungsanspruchs aus eigenem Recht und/oder aus dem Recht seines Auftraggebers selbst zugestimmt, nicht nur im Namen des Auftraggebers, ist eine Einrede statthaft.

**12) Befugnis zur „Aufrechnung", II 2.** Als Ausnahme vom Grundsatz der Einschränkung von Ein- 40 redemöglichkeiten, Rn 28, 29, läßt II 2 in bestimmtem Umfang die Einrede des Kostenschuldners mit Ansprüchen auch gegenüber dem beitreibenden Anwalt zu, so wohl auch Mü AnwBl **91**, 167 mwN, abw Hamm AnwBl **88**, 544 (das OLG läßt die Aufrechnung offenbar schon grundsätzlich nicht zu).

## §§ 126, 127

**41  A. Eigener Kostenerstattungsanspruch.** Der nach I in Anspruch genommene Prozeßgegner des Auftraggebers muß einen eigenen Kostenerstattungsanspruch gegen den Auftraggeber des beitreibenden Anwalts haben. Denn er „kann mit Kosten aufrechnen, die... von der Partei zu erstatten sind". Dieser Fall kann zB dann eintreten, wenn die Kosten gem §§ 92 ff aufgeteilt worden sind oder soweit der Prozeßsieger Kosten infolge einer Verweisung nach § 281 III 2 oder Kosten einer eigenen Säumnis nach § 344 zu tragen hat. Denn zu diesen Kosten können solche zählen, die zunächst beim Prozeßgegner entstanden waren.

**42  B. „Derselbe Rechtsstreit".** Es muß sich allerdings um solche Kosten handeln, die der siegende Prozeßgegner gerade nach der „in demselben Rechtsstreit" erlassenen Kostenentscheidung zu erstatten hat, Düss Rpfleger 90, 80. Es ist unerheblich, ob die Kosten in einer anderen Instanz entstanden sind, Hamm JB 75, 946, oder ob es sich um eine Kostenverteilung nach Verfahrensabschnitten handelt, Hamm Rpfleger 73, 439. Unzulässig ist die Aufrechnung mit einer Kostenforderung aus einem anderen Verfahren, Jena MDR 98, 1438, LG Bln AnwBl 83, 327, ZöPh 26, aM Zweibr JB 84, 1044 (abl Mümmler). Das vorangegangene Mahnverfahren zählt aber zu „demselben Rechtsstreit", aM LG Bln AnwBl 83, 327.

**43  C. Erstattungsanspruch auf Grund einer „über die Kosten erlassenen Entscheidung".** Die Aufrechnung ist nur auf Grund eines solchen Anspruchs statthaft, den der dem beigeordneten Anwalt an sich zahlungspflichtige Prozeßgegner des Auftraggebers gerade auf Grund einer „über die Kosten erlassenen" Entscheidung selbst erstattet fordern kann. Es muß also ein ihm günstiger Kostengrundtitel vorliegen, sei es inform eines Beschlusses, sei es infolge eines Urteils.

*Unzulässig* ist eine Aufrechnung vor dem Zeitpunkt der Festsetzung zugunsten der Partei, Kblz AnwBl 90, 56, Stgt Rpfleger 87, 218, StJBo 14, aM Schlesw JB 79, 1205, ZöPh 27. BGH NJW 94, 3294 hält die Aufrechnung allerdings für zulässig, sobald ein auf den Namen der Partei des beigeordneten Anwalts lautender Festsetzungsbeschluß.

Unzulässig ist die Aufrechnung auf Grund eines *fehlerhaften* Kostenfestsetzungsbeschlusses, insoweit richtig Kblz Rpfleger 94, 422, Schlesw JB 97, 368 hält eine Aufrechnung auch dann für unzulässig, wenn die Gegenforderung des Aufrechnenden schon fällig war, ehe der Erstattungsanspruch nach I durch die Beiordnung verstrickt wurde. Ffm Rpfleger 90, 468 hält die Aufrechnung nicht für zulässig, wenn die Kostenfestsetzung von Anfang an nur vom im eigenen Namen beitreibenden Anwalt betrieben worden war; das überzeugt nicht, sofern die übrigen Voraussetzungen Rn 41–43 vorliegen. Solange der beigeordnete Anwalt keinen Antrag nach I im eigenen Namen gestellt hat, ist II unanwendbar, Rn 16, und der Anwalt daher an eine Aufrechnung des Gegners gebunden, Schlesw JB 90, 1195. Man kann auch nicht zB mit einem Kostenvorschuß aufrechnen, den man dem siegenden Prozeßgegner etwa auf Grund von § 1316 a IV BGB geleistet hat.

**44  13) *VwGO:* Entsprechend anzuwenden, § 166 VwGO.**

---

**127** *Verfahren. Zuständigkeit. Rechtsmittel.* I ¹Entscheidungen im Verfahren über die Prozeßkostenhilfe ergehen ohne mündliche Verhandlung. ²Zuständig ist das Gericht des ersten Rechtszuges; ist das Verfahren in einem höheren Rechtszug anhängig, so ist das Gericht dieses Rechtszuges zuständig. ³Soweit die Gründe der Entscheidung Angaben über die persönlichen und wirtschaftlichen Verhältnisse der Partei enthalten, dürfen sie dem Gegner nur mit Zustimmung der Partei zugänglich gemacht werden.

II ¹Die Bewilligung der Prozeßkostenhilfe kann nur nach Maßgabe des Absatzes 3 angefochten werden. ²Im übrigen findet die Beschwerde statt.

III ¹Gegen die Bewilligung der Prozeßkostenhilfe findet die Beschwerde der Staatskasse statt, wenn weder Monatsraten noch aus dem Vermögen zu zahlende Beträge festgesetzt worden sind. ²Die Beschwerde kann nur darauf gestützt werden, daß die Partei nach ihren persönlichen und wirtschaftlichen Verhältnissen Zahlungen zu leisten hat. ³Nach Ablauf von drei Monaten seit der Verkündung der Entscheidung ist die Beschwerde unstatthaft. ⁴Wird die Entscheidung nicht verkündet, so tritt an die Stelle der Verkündung der Zeitpunkt, in dem die unterschriebene Entscheidung der Geschäftsstelle übergeben wird. ⁵Die Entscheidung wird der Staatskasse nicht von Amts wegen mitgeteilt.

IV Die Kosten des Beschwerdeverfahrens werden nicht erstattet.

### Gliederung

| | |
|---|---|
| 1) Systematik, I–IV .................. 1 | A. Uneingeschränkte Bewilligung; Kein Begründungszwang zur Erfolgsaussicht usw .................. 11 |
| 2) Regelungszweck, I–IV ............ 2 | B. Uneingeschränkte Bewilligung: Begründungszwang zur Bedürftigkeit ... 12 |
| 3) Geltungsbereich, I–IV ........... 3 | C. Eingeschränkte Bewilligung: Begründungszwang .................. 13 |
| 4) „Entscheidungen", I 1 .......... 4 | D. Ablehnung: Grundsatz eines Begründungszwangs .................. 14 |
| 5) „... ergehen ohne mündliche Verhandlung", I 1 .................. 5 | E. Ablehnung: Kein Begründungszwang bei Unzulässigkeit einer Beschwerde . 15 |
| 6) Zuständigkeit, I 2 .................. 6–8 | F. Rechtsmittelentscheidung: Kein Begründungszwang .................. 16 |
| A. „Gericht": Prozeßgericht ......... 6 | G. Nichtabhilfe bei Erinnerung: Begründungszwang .................. 17 |
| B. Vollstreckungsgericht ............ 7 | |
| C. Rechtsmittelgericht .............. 8 | |
| 7) Entscheidungsform: Beschluß, I–IV . 9 | |
| 8) Entscheidungsbegründung, I–IV ..... 10–17 | |

## 7. Titel. Prozeßkostenhilfe und Prozeßkostenvorschuß § 127

| | |
|---|---|
| 9) Mitteilung der Entscheidung, I–IV ... | 18–20 |
| A. Verkündung | 18 |
| B. Formlose Mitteilung | 19 |
| C. Förmliche Zustellung | 20 |
| 10) Kostenentscheidung, I–IV | 21 |
| 11) Keine Prozeßkostenhilfe für das Bewilligungsverfahren, I | 22 |
| 12) Beschwerde der Staatskasse gegen uneingeschränkte Bewilligung, II 1, III | 23–33 |
| A. Beim Fehlen jeglicher Zahlungsanordnung, III 1 | 24 |
| B. Auch wegen greifbarer Gesetzwidrigkeit | 25 |
| C. Nur wegen der Frage der Bedürftigkeit, III 2 | 26 |
| D. Nur bis zum „Ablauf von drei Monaten", III 3, 4 | 27 |
| E. Keine Mitteilung der Entscheidung an die Staatskasse, III 5 | 28 |
| F. Kein Beschwerderecht des Prozeßgegners | 29 |
| G. Keine Beschwerde gegen Bewilligung durch das LG als Berufungsgericht ... | 30 |
| H. Keine Beschwerde gegen Bewilligung durch das OLG | 31 |
| I. Keine weitere Beschwerde | 32 |
| J. Weitere Einzelfragen | 33 |
| 13) Beschwerde gegen eingeschränkte Bewilligung, teilweise oder gänzliche Versagung, II 2 | 34–60 |
| A. Ausgangspunkt: Tatsächlich ergangene Entscheidung | 34 |
| B. Grundsatz: Zulässigkeit | 35, 36 |
| C. Unzulässigkeit neuer Prüfung der Erfolgsaussicht usw bei Unzulässigkeit eines Hauptsache-Rechtsmittels | 37, 38 |
| D. Unzulässigkeit der Beschwerde gegen Beschluß des Berufungsgerichts | 39 |
| E. Unzulässigkeit weiterer Beschwerde | 40 |
| F. Beispiele zur Frage der Zulässigkeit der Beschwerde nach II 2 | 41–60 |
| 14) Zeitliche Grenzen des Beschwerderechts, II 2 | 61–69 |
| A. Zulässigkeit bis zum Instanzende | 61 |
| B. Grundsatz: Unzulässigkeit ab Instanzende | 62 |
| C. Zulässigkeit bei Rückwirkung der angefochtenen Entscheidung | 63 |
| D. Zulässigkeit bei Beschlußzugang erst kurz vor Instanzende | 64 |
| E. Zulässigkeit bei Beschlußzugang erst mit oder nach Instanzende | 65 |
| F. Unzulässigkeit bei Verwirkung | 66 |
| G. Unzulässigkeit bei Entscheidung auch des Rechtsmittelgerichts zur Hauptsache | 67 |
| H. Unzulässigkeit bei Prozeßvergleich zur Hauptsache | 68 |
| I. Unzulässigkeit bei Rechtskraft der Entscheidung zur Hauptsache | 69 |
| 15) Beschwerdeberechtigte, II 2 | 70–83 |
| A. Notwendigkeit einer Beschwer | 70 |
| B. Antragsteller | 71 |
| C. Streitgenosse, Streithelfer | 72 |
| D. Noch nicht beigeordneter Anwalt | 73 |
| E. Beigeordneter Prozeßbevollmächtigter | 74 |
| F. Beigeordneter Beweisanwalt | 75 |
| G. Beigeordneter Verkehrsanwalt | 76 |
| H. Beigeordneter Notanwalt | 77 |
| I. Staatskasse | 78, 79 |
| J. Prozeßgegner | 80 |
| K. Anwalt des Prozeßgegners | 81 |
| L. Dritter | 82 |
| M. Weitere Einzelfragen | 83 |
| 16) Beschwerdeverfahren, II 2 | 84–93 |
| A. Keine Beschwerdesumme, keine Frist . | 85 |
| B. Kein Anwaltszwang | 86 |
| C. Kein Formzwang | 87 |
| D. Keine Prozeßkostenhilfe für das Beschwerdeverfahren | 88 |
| E. Anhörung des Beschwerdegegners ... | 89 |
| F. Anhörung der Staatskasse | 90 |
| G. Abhilfe: Entscheidung des unteren Gerichts | 91 |
| H. Nichtabhilfe: Vorlage beim Beschwerdegericht | 92 |
| I. Einfluß auf das Hauptverfahren | 93 |
| 17) Gegen Entscheidung des Rechtspflegers: Beschwerde oder sofortige Erinnerung, II, III, § 11 RPflG | 94–98 |
| A. Voraussetzung: Entscheidung des Rechtspflegers | 94 |
| B. Abhängigkeit von Anfechtbarkeit unterstellter Richterentscheidung | 95 |
| C. Keine Rechtsbehelfssumme, kein Anwaltszwang, kein Formzwang, keine Prozeßkostenhilfe | 96 |
| D. Abhilfe durch den Rechtspfleger | 97 |
| E. Weiteres Verfahren | 98 |
| 18) Keine weitere Beschwerde (§ 568 II 1). | 99 |
| 19) Zulässigkeit einer Gegenvorstellung, II, III | 100 |
| 20) Keine Kostenerstattung, IV | 101 |
| 21) Neuer Antrag auf Prozeßkostenhilfe | 102 |
| 22) Verfassungsbeschwerde | 103 |
| 23) VwGO | 104 |

**1) Systematik, I–IV.** Während § 117 die Einzelheiten des erforderlichen Bewilligungsantrags regelt und **1** § 118 Einzelheiten des Bewilligungsverfahrens erfaßt, stellt I 2 die Zuständigkeit klar und nennt I 1 den Grundsatz, daß keine mündliche Verhandlung über den Antrag auf Bewilligung als solchen erfolgt; die „Erörterung" in § 118 I 3 ist keine „Verhandlung", § 118 Rn 13. Die Art der Entscheidung ist in §§ 19 ff geregelt; die Rechtsbehelfe werden von II, III beschrieben. Die dortige Aufzählung ist lückenhaft. Ergänzend sind für I § 329 und die dort in Bezug genommenen Vorschriften über Beschlüsse und für II, III die §§ 567 ff anwendbar.

**2) Regelungszweck, I–IV.** Der Grundsatz des Bewilligungsverfahrens ohne mündliche Verhandlung, I, **2** bezweckt im Interesse der Prozeßwirtschaftlichkeit, Grdz 14 vor § 128, eine gewisse Vereinfachung und Beschleunigung schon des PKH – Bewilligungsverfahrens. Er ist aber nicht nur in § 118 vielfach durchbrochen, sondern erweist sich auch als in der Praxis oft unbrauchbar: Nicht selten ist über einen erst in der mündlichen Verhandlung zur Hauptsache eingereichten Antrag sogleich zu entscheiden, oft ist auch der Antrag erst so spät eingereicht, daß erst in der Verhandlung zur Hauptsache die erforderliche Anhörung des Prozeßgegners möglich ist und daher praktisch doch auf Grund derselben „Verhandlung" entschieden wird, die eigentlich gar nicht stattfinden soll. Die Regelung II, III bezweckt eine Eindämmung der Rechtsmittel. Auch diese Regelung ist lückenhaft. Sie ist aber im Prinzip zu begrüßen.

**3) Geltungsbereich, I–IV.** Vgl Üb 4 vor § 114, § 114 Rn 9–45. **3**

**4) „Entscheidungen", I 1.** Das PKH-Verfahren führt zu einer Entscheidung, wenn es nicht zB durch **4** Tod des Antragstellers ohne sie kraft Gesetzes endet. Die einzelnen Arten der möglichen Entscheidungen sind in §§ 119–121, 124 aufgeführt und in den zugehörigen Anm erläutert. Eine Ablehnung kann schon

## § 127   1. Buch. 2. Abschnitt. Parteien

darin liegen, daß das Gericht eine abschließende Entscheidung über den PKH-Antrag vorwerfbar hinauszögert, Rn 44 „Aussetzung", Rn 58 „Verzögerung der Entscheidung". Allerdings kann eine Verzögerung bis zur Verhandlung über die Hauptsache erforderlich sein, wenn der Prozeßgegner nicht früher Gelegenheit zur Stellungnahme nach § 118 I 1 erhalten kann oder das Gericht in Anwesenheit der Parteien noch weitere Punkte klären muß, § 118 II 2. Eine stillschweigende Ablehnung oder Einschränkung der bisherigen Bewilligung ist unzulässig und unwirksam, Ffm JB **86**, 79 (zur Stufenklage), aM Köln MDR **90**, 728.

5   5) „... ergehen ohne mündliche Verhandlung", I 1. Durch den Wortlaut ist klargestellt, daß eine mündliche Verhandlung nicht zu erfolgen hat, und zwar scheinbar ausnahmslos, Rn 2. Auch sind die in § 118 I 1, II 2 genannten Anhörungs-, Erörterungs- und Erhebungsmöglichkeiten und -pflichten nicht notwendig mit einer „Verhandlung" im Sinn von § 127 I 1 verbunden. Dasselbe gilt, soweit Art 103 I GG zu beachten ist. Auch im Aufhebungsverfahren erfolgt keine mündliche Verhandlung mit streitigen Anträgen auch nur zum Aufhebungspunkt. Indessen ist aus den in Rn 2 dargelegten Gründen in der Praxis oft ein kaum noch trennbares Durcheinander von mündlicher Verhandlung (zur Hauptsache) und mündlicher Erörterung (zum Bewilligungsantrag usw) zu beobachten und auch kaum vermeidbar. Das übersieht Karlsr FamRZ **89**, 768. Jedenfalls ist eine tatsächlich auch zur PKH durchgeführte „Verhandlung" kein Anfechtungsgrund und auch nicht geeignet, die Wirksamkeit der folgenden Entscheidung zu beeinträchtigen.

Andererseits ist die Entscheidung *ebensowenig unwirksam* oder anfechtbar, nur weil das Gericht keine echte mündliche Verhandlung auch über den Bewilligungsantrag durchgeführt habe. Der Prozeßgegner des Antragstellers hat ohnehin kein eigenes Beschwerderecht. Schon gar nicht soll im Bewilligungsverfahren eine Entscheidungsreife zur Hauptsache herbeigeführt werden, § 300 Rn 5. Daran ändert der Umstand nichts, daß der Bewilligungsantrag erst zugleich mit dem Hauptsacheantrag entscheidungsreif werden mag.

6   6) **Zuständigkeit, I 2.** Es sind drei Zuständigkeitsarten zu unterscheiden.

A. „Gericht": Prozeßgericht. Unter „Gericht" versteht die Vorschrift das Prozeßgericht, soweit es um eine Bewilligung für das Erkenntnisverfahren oder ein vorläufiges Verfahren (Arrest, einstweilige Anordnung, einstweilige Verfügung, §§ 620 ff, 916 ff, 935 ff) geht. Das ergibt sich schon aus § 117 I 1. Wegen der Einzelheiten vgl § 117 Rn 12. Das Prozeßgericht ist auch zuständig, soweit es um PKH für ein im 8. Buch der ZPO (§§ 704 ff) geregeltes Verfahren geht und für dieses nicht gem §§ 764, 802 das Vollstreckungsgericht, sondern eben das Prozeßgericht zuständig ist, zB in den Fällen der §§ 758, 887, 888, 890.

7   B. Vollstreckungsgericht. Soweit es um PKH für die Zwangsvollstreckung oder einzelne Akte in ihr geht und nicht nach Rn 6 auch dort das Prozeßgericht zuständig ist, ist als „Gericht" im Sinn von I 2 das Vollstreckungsgericht gem §§ 764, 802 zuständig, also zunächst der Rpfl, § 764 Rn 5.

8   C. Rechtsmittelgericht. Wie Hs 2 klarstellt, ist das Gericht des „höheren Rechtszugs" zuständig, soweit das Verfahren in diesem höheren Rechtszug zur Hauptsache schon „anhängig" ist. Das ist natürlich nur für das Rechtsmittelverfahren gemeint, BayObLG RR **89**, 836. Soweit ein Antrag noch oder schon wieder das Verfahren erster Instanz (oder der Zwangsvollstreckung) betrifft, bleiben die nach Rn 6, 7 genannten Gerichte zuständig, auch soweit sich die Akten schon oder noch wegen eines anhängigen Rechtsmittelverfahrens beim Rechtsmittelgericht befinden, aM OVG Hbg FamRZ **90**, 81. Das Rechtsmittelgericht sendet, soweit zur unverzüglichen Bearbeitung erforderlich, die Akten an das erstinstanzliche Gericht.

Das Rechtsmittelgericht entscheidet allerdings auch, soweit PKH für ein erst *beabsichtigtes* Rechtsmittel beantragt wird, selbst wenn also das Verfahren im Rechtszug noch nicht anhängig ist, sondern erst anhängig werden soll, BGH **98**, 322, BFH BB **81**, 1513, Drsd AnwBl **94**, 87. Nach der Beendigung des Rechtsmittelverfahrens durch die dortige Endentscheidung (Verkündung oder wirksame Mitteilung) ist für das jetzt folgende Verfahren wiederum das Prozeß- oder Vollstreckungsgericht der ersten Instanz zuständig. Nach einer Zurückverweisung im Bewilligungsverfahren wie im Hauptverfahren, § 539, ist wiederum das erstinstanzliche Gericht zuständig. Dazu, wer im jeweils zuständigen Gericht funktionell tätig zu werden hat, vgl die einschlägigen Anm in den einzelnen Vorschriften.

9   7) **Entscheidungsform: Beschluß, I–IV.** Alle Entscheidungen im Bewilligungs-, Änderungs- und Aufhebungsverfahren ergehen in der Form eines Beschlusses, § 329 I oder II. Eine bloße Verfügung beeinträchtigt allerdings die Wirksamkeit der Entscheidung nicht, sofern sie von dem zuständigen Gericht in ebenso verständlicher, nachprüfbarer Weise erlassen und ordnungsgemäß unterzeichnet worden ist, vgl § 329 Rn 8, 11, 23.

10   8) **Entscheidungsbegründung, I–IV.** Entsprechend der allgemeinen Regel zur Begründungspflicht von Beschlüssen (und Verfügungen), § 329 Rn 4, gilt der Grundsatz: Eine Begründung ist eine Rechtspflicht, soweit eine Nachprüfbarkeit durch die Partei wie durch das Gericht erforderlich ist. Das kann nicht nur bei einer durch Rechtsmittel angreifbaren Entscheidung, sondern auch dann der Fall sein, wenn es um eine Verfassungsbeschwerde geht. Diese braucht das Gericht freilich nicht von vornherein einzukalkulieren.

11   A. Uneingeschränkte Bewilligung: Kein Begründungszwang zur Erfolgsaussicht usw. Soweit das Gericht PKH uneingeschränkt (ohne Ratenzahlungen oder Vermögensbeiträge) für alle genannten Ansprüche des Hauptverfahrens bewilligt, ist eine Begründung zur Bejahung der Erfolgsaussicht und zum Fehlen von Mutwillen nicht erforderlich. Denn insoweit ist die Entscheidung weder von der Staatskasse noch gar vom Prozeßgegner anfechtbar, Rn 26.

12   B. Uneingeschränkte Bewilligung: Begründungszwang zur Bedürftigkeit. Allerdings muß das Gericht wenigstens stichwortartig begründen, warum es auch die Bedürftigkeit als so erheblich angesehen hat, daß es weder Ratenzahlungen noch Vermögensbeiträge festsetzen durfte. Denn insoweit unterliegt gerade die uneingeschränkte Bewilligung grundsätzlich der Beschwerde der Staatskasse, II 1 in Verbindung mit III. Die Begründungspflicht besteht auch dann, wenn der Antragsteller bisher keine Zustimmung zur Mitteilung dieses Teils der Gesamtentscheidung an den Prozeßgegner erfüllt hat. Denn I 2 verbietet dann nur die entsprechende Mitteilung.

### 7. Titel. Prozeßkostenhilfe und Prozeßkostenvorschuß § 127

**C. Eingeschränkte Bewilligung: Begründungszwang.** Soweit das erstinstanzliche Gericht PKH nur 13
gegen Ratenzahlungen und/oder Vermögensbeiträge bewilligt, ist eine Begründung erforderlich, Schlesw JB
96, 534. Denn eine Beschwerde ist zwar seitens der Staatskasse unzulässig, weil sie nur gegen eine uneingeschränkte Bewilligung statthaft wäre, III 1, und der Prozeßgegner hat ohnehin kein Rechtsmittel; jedoch
kann der Antragsteller Beschwerde einlegen, Rn 35. Wegen des Fehlens einer nach I 2 erforderlichen
Zustimmung vgl Rn 12.

**D. Ablehnung: Grundsatz eines Begründungszwangs.** Soweit das erstinstanzliche Gericht den Be- 14
willigungsantrag ablehnt, sei es wegen Fehlens der Erfolgsaussicht, sei es wegen Mutwilligkeit des Antrags, sei
es mangels Bedürftigkeit, ist grundsätzlich eine Begründung notwendig. Denn der Antragsteller kann die
Entscheidung grundsätzlich gem II 2 Hs 1 anfechten. Wegen des Fehlens einer nach I 2 erforderlichen
Zustimmung vgl Rn 12.

**E. Ablehnung: Kein Begründungszwang bei Unzulässigkeit einer Beschwerde.** Soweit eine Be- 15
schwerde ausnahmsweise unzulässig wäre, Rn 37, 38, braucht auch die erstinstanzliche ablehnende Entscheidung nicht begründet zu werden.

**F. Rechtsmittelentscheidung: Kein Begründungszwang.** Das im PKH-Verfahren entschiedene 16
Rechtsmittelgericht braucht seine Entscheidung unabhängig von deren Art nicht zu begründen. Denn eine
weitere Beschwerde ist unstatthaft, Rn 101.

**G. Nichtabhilfe bei Erinnerung: Begründungszwang.** Soweit der Rpfl entschieden und einer ein- 17
fachen Erinnerung nicht abgeholfen hat, Rn 98, ist es nicht nur eine Anstands-, sondern Rechtspflicht, den
erforderlichen Nichtabhilfebeschluß, mit dem der erstinstanzliche Richter die Akten dem Beschwerdegericht
vorlegt, zu begründen. Denn sonst würde auch hier die Grundlage der Nachprüfbarkeit durch die Partei wie
durch das Gericht fehlen, § 329 Rn 4. Wegen Fehlens einer Zustimmung nach I 2 vgl Rn 12.

**9) Mitteilung der Entscheidung, I–IV.** Es sind die folgenden Fälle zu unterscheiden. 18

**A. Verkündung.** Soweit das Gericht entgegen I 1 nach einer auch zum PKH-Gesuch mündlichen
Verhandlung entscheidet, muß es den Beschluß verkünden, § 329 I 1. Eine Verkündung ist auch zulässig,
soweit sie nur anläßlich der mündlichen Verhandlung zur Hauptsache (und ohne eigene mündliche Verhandlung zum PKH-Verfahren) erfolgt. § 329 verbietet den zeitweiligen Mitteilungsweg nicht. Er ist sogar notwendig,
wenn die Entscheidung nur auf diese Weise in der erforderlichen Zügigkeit und zur Vermeidung des
Vorwurfs der verzögerlichen Behandlung mitgeteilt werden kann und muß, zB dann, wenn die Bewilligungsreife erst im Laufe der Verhandlung zur Hauptsache, aber noch vor dem Eintritt in die dortige Beweisaufnahme, eintritt. Soweit das Gericht den PKH-Antrag im anläßlich einer Verhandlung zur Hauptsache usw
entgegengenommen hat, ist eine Verkündung nicht erforderlich, wenn die PKH-Entscheidung noch nicht
während jener Verhandlung zur Hauptsache ergehen muß. Insoweit können die Parteien das Gericht auch
nicht durch einen „Antrag zur sofortigen Entscheidung" zu einer Verkündung noch in jenem Termin
zwingen. Das können sie ohnehin faktisch nicht erreichen.

Soweit die Entscheidungsgründe auch nur „Angaben" zu den persönlichen und wirtschaftlichen Verhältnisses der Partei enthalten, darf das Gericht diesen Teil der Gesamtentscheidung dem Prozeßgegner gemäß
I 2 nur mit *Zustimmung der Partei* „zugänglich" machen, ihm also weder in Gegenwart des Prozeßgegners
oder in öffentlicher Sitzung mitverkünden noch dem Gegner übersenden. Zur Vermeidung von Mißverständnissen empfiehlt es sich, an den geschwärzten Stellen oder am Schluß einen Hinweis zu geben, daß
wegen I 2 eine Schwärzung erforderlich war.

Ein *Verstoß* hat freilich keine direkten prozessualen Folgen. Er kann aber Amtshaftung auslösen. Er kann
allerdings wegen des umfassenden Spruchrichterprivilegs nicht von der Dienstaufsicht überprüft werden,
solange das PKH-Verfahren dem Gericht zugeordnet ist.

**B. Formlose Mitteilung.** Soweit nicht eine Verkündung erfolgt oder notwendig ist, Rn 17, ist eine 19
formlose Mitteilung zulässig, § 329 II 1, und zwar sowohl dann, wenn die Entscheidung unanfechtbar ist, als
auch bei Anfechtbarkeit. Denn als Rechtsmittel kommt nicht die sofortige Beschwerde, sondern nur die
einfache Beschwerde in Betracht, da nur das Gericht in richterlicher Besetzung entschieden hat. § 329 III
fordert die förmliche Zustellung nur bei anderen als diesem Rechtsbehelf. Wegen I 2 vgl Rn 12. Formlos
zustellbar ist zB die uneingeschränkte Bewilligung von PKH, BGH VersR **85**, 69.

**C. Förmliche Zustellung.** Eine förmliche Zustellung der PKH-Entscheidung ist erforderlich, soweit sie 20
zugleich eine Terminsbestimmung enthält oder eine Frist in Lauf setzt, § 329 II 2. Dabei muß man natürlich
prüfen, ob solche Maßnahmen gerade im PKH-Verfahren ergehen oder in Wahrheit im zugehörigen Hauptsacheverfahren erlassen sind und nur (irrig oder zwecks Vereinfachung) äußerlich in den Beschluß des PKH-
Verfahrens aufgenommen worden sind. Wegen I 2 vgl Rn 12.Von der Notwendigkeit einer förmlichen
Zustellung wegen einer Terminsbestimmung ist wieder eine Ausnahme für den Fall zu machen, daß das AG
den Kläger zugleich zum ersten Verhandlungstermin lädt, § 497 I 1. Eine Fristbestimmung erfolgt zB auch
nach § 234 I, II. Diese Fristen beginnen aber auch bei einer formlosen Mitteilung, BGH VersR **85**, 69
mwN. Auch eine Entscheidung, die an sich förmlich zuzustellen wäre, braucht der Staatskasse nur formlos
mitgeteilt zu werden, selbst wenn sie beschwerdeberechtigt ist, denn sie braucht ihr überhaupt nicht von
Amts wegen mitgeteilt zu werden, III 5.

**10) Kostenentscheidung, I–IV.** Eine Entscheidung über Kosten (gemeint: des PKH-Verfahrens) findet 21
weder im Fall einer uneingeschränkten oder eingeschränkten Bewilligung statt noch im Fall einer völligen
oder gänzlichen Ablehnung, noch im Fall einer Änderung nach § 120 der Aufhebung nach § 124, noch im
Fall des vollen Erfolgs des Beschwerdeverfahrens, § 91 Rn 153, 154. Denn das PKH-Verfahren kennt eine
Gerichtsgebühr nur im Fall einer Verwerfung oder Zurückweisung der Beschwerde, KV 1906, Düss FamRZ
**90**, 892, Schlesw SchlHA **89**, 162, und keine Pflicht zur Erstattung der außergerichtlichen erstinstanzlichen
Kosten des Antragsgegners, selbst wenn er angehört worden ist, § 118 I 4, dort Rn 21. Die Kosten des
Beschwerdeverfahrens werden ohnehin in keinem Fall erstattet, IV, Rn 103. Nur bei teilweiser oder völliger

## § 127

Verwerfung oder Zurückweisung der Beschwerde ist daher eine Kostenentscheidung möglich. Der Wert ist dann nach § 3 zu berechnen, evtl nach dem erfolglosen Teil, Nürnb FamRZ **89**, 201.

Ob eine etwa vorhandene Kostenentscheidung in Wahrheit nur oder zumindest auch das zugehörige *Hauptverfahren* erfassen soll (und insofern erforderlich und wirksam sein mag), ist eine Frage der Auslegung. Eine Kostenentscheidung ist auch nicht etwa deshalb erforderlich, weil Gerichtskosten in der Form von Auslagen aus Anlaß der Vernehmung von Zeugen und Sachverständigen nach § 118 I 5 entstehen können. Denn sie folgen als Gerichtskosten der Kostengrundentscheidung im Hauptprozeß nach §§ 91 ff; wenn es nicht zu einer solchen kommt, sind sie nach den §§ 49, 54, 58 GKG einzuziehen. Eine Kostenentscheidung ist auch nicht wegen der Haftung des Antragstellers gegenüber dem beigeordneten Anwalt für den Zeitpunkt nach der Aufhebung der Bewilligung erforderlich. Denn er erhält seine Vergütung zumindest auf Antrag aus der Staatskasse, §§ 121 ff BRAGO, wenn er sie nicht schon vom Auftraggeber, einem Dritten oder dem nach § 126 I im Wege der Beitreibung in Anspruch genommenen Prozeßgegner erhalten hat. Wegen einer fälschlichen Kostenentscheidung § 118 Rn 23.

**22**  **11) Keine Prozeßkostenhilfe für das Bewilligungsverfahren, I.** Für das Bewilligungsverfahren gibt es keine PKH, § 114 Rn 35. Daher enthält die Entscheidung insofern auch keinen Ausspruch, es sei denn, daß ausdrücklich für das Bewilligungsverfahren PKH beantragt wurde; insoweit ist der Antrag zurückzuweisen.

**23**  **12) Beschwerde der Staatskasse gegen uneingeschränkte Bewilligung, II 1, III,** dazu in *Baden-Württemberg* AV v 15. 4. 87, Just 176. Gegen die Bewilligung von PKH ist eine Beschwerde der Staatskasse nicht schlechthin unzulässig, KG JB **90**, 908, insofern mißverständlich BGH **119**, 374; diese Regelung ist anders als im Strafprozeß, §§ 397 a II 2, 403, 404 V 3 Hs 2 StPO, Düss JB **90**, 909, Kblz Rpfleger **91**, 209 (kein Beschwerderecht). Eine Beschwerde der Staatskasse ist vielmehr statthaft, wenn weder Monatsraten noch aus dem Vermögen zu zahlende Beträge festgesetzt worden sind, III 1 in Verbindung mit II 1, Ffm Rpfleger **93**, 251. Die Staatskasse wird dabei durch den Bezirksrevisor als ihren gesetzlichen Vertreter tätig. Er darf auf Grund von Stichproben vorgehen, BVerfG **91**, 122.

**24**  **A. Beim Fehlen jeglicher Zahlungsanordnung, III 1.** Wie schon der Gesetzestext klarstellt, hängt die Zulässigkeit der Beschwerde zunächst davon ab, daß das Gericht „weder Monatsraten noch aus dem Vermögen zu zahlende Beträge festgesetzt" hat, Jena FamRZ **93**, 821, Zweibr Rpfleger **92**, 117. Irgendwelche Anordnungen gem § 115, 120 I führen zur Unzulässigkeit der Beschwerde auch dann, wenn das Gericht die Anordnung nicht schon im Bewilligungsbeschluß getroffen hatte, sondern in einem gesonderten gleichzeitigen oder späteren Beschluß, aber noch vor der Einlegung der Beschwerde der Staatskasse. Eine Zahlungsanordnung usw nach der Beschwerdeeinlegung macht das Rechtsmittel ebenso erfolglos wie sonst der nachträgliche Wegfall einer Beschwer, Nürnb FamRZ **88**, 1080.

Die Beschwerde der Staatskasse ist *auch dann unzulässig,* wenn die vom Gericht bereits festgestzten *Monatsraten* und/oder Beträge aus dem Vermögen von ihr als zu gering, zu variabel oder sonst nicht belastend genug angesehen werden. Ebensowenig ist ihre Beschwerde gegen die Ablehnung einer Nachzahlungsanordnung nach § 120 IV, Ffm FamRZ **91**, 1327, ZöPh 45, aM Nürnb Rpfleger **95**, 465, oder gegen die Ablehnung der Aufhebung von PKH zulässig, aM ZöPh 45. Denn auch dieser Fall wird vom klaren Wortlaut des III 1 nicht gedeckt, ebensowenig von III 2. Auch bei der bloßen Rüge unzulässiger Rückwirkung der Bewilligung ist die Beschwerde der Staatskasse unstatthaft, Köln FamRZ **97**, 683, ebenso dann, wenn wegen getrennter Verfahren höhere Anwaltskosten entstanden, Oldb FamRZ **96**, 1428.

**25**  **B. Auch wegen greifbarer Gesetzwidrigkeit,** dazu *Ebbeler.* Die Fragwürdigkeit der Judikatur zur greifbaren Gesetzwidrigkeit, 1995; *Kley,* Die außerordentliche Beschwerde usw, 1999; *Kreft,* „Greifbare Gesetzeswidrigkeit" – Gedanken zur Entlarvung eines Phantoms, in: Festschrift für *Graßhof* (1998); *Lotz* NJW **96**, 2130 (ausf); *Pawlowski,* Zu den „Außerordentlichen Beschwerden" wegen „Greifbarer Gesetzeswidrigkeit", Festschrift für *Schneider* (1997) 97; *Wax,* Von der Beschwerde wegen greifbarer Gesetzeswidrigkeit zur Beschwerde wegen unzumutbarer Härte, Festschrift für *Lüke* (1997) 941:

Entgegen dem scheinbar eindeutigen Wortlaut von II 1, III ist eine Beschwerde der Staatskasse gegen die uneingeschränkte Bewilligung von PKH auch mit der Begründung statthaft, dies stelle einen Rechtsmißbrauch, Einl III 54, nämlich eine *greifbare Gesetzwidrigkeit* dar, also einen Widerspruch zu Wortlaut und Sinn des Gesetzes, dem das Gesetz schlechthin unvereinbare, dem Gesetz fremde, durch das Gesetz ersichtlich ausgeschlossene Anwendung, vgl auch § 707 Rn 17, § 769 Rn 13, BGH NJW **99**, 1404, Ffm MDR **98**, 1368 (zustim Schneider, je zur Untätigkeitsbeschwerde), KG MDR **99**, 564, aM Ffm Rpfleger **93**, 251, Oldb JB **94**, 44, LAG Köln MDR **90**, 747.

Diese Erwägungen gelten trotz des Umstands, daß das Gesetz bestrebt ist, das PKH-Verfahren nicht vor ein Gericht zu bringen, vor das die Hauptsache nicht kommen kann. Die Notwendigkeit der *Beseitigung krassen Unrechts* hat Vorrang vor Entlastungsbestrebungen. Die Zulässigkeit ist hier ähnlich zu beurteilen wie zB im Fall eines schweren Verfahrensverstoßes bei einer Verweisung, § 281 Rn 38–40, oder im Fall eines schweren Gesetzesverstoßes bei der vorläufigen Einstellung der Zwangsvollstreckung, § 707 Rn 17, § 769 Rn 13. Freilich muß man streng prüfen, ob wirklich eine greifbare Gesetzwidrigkeit vorliegt, Ffm Rpfleger **93**, 251, LAG Köln MDR **90**, 747, und ob die untere Instanz auf Gegendarstellung, Üb 3 vor § 567, abzuändern hat, so jedenfalls BGH NJW **98**, 82 (krit Schneider). Was (noch) streitig und/oder nicht unzumutbar hart ist, ist nicht greifbar gesetzwidrig. Vgl zu diesem gefährlich schillernden Modebegriff grundsätzlich BGH NJW **94**, 2364 und RR **99**, 275.

**26**  **C. Nur wegen der Frage der Bedürftigkeit, III 2.** Die Beschwerde der Staatskasse „kann nur darauf gestützt werden, daß die Partei nach ihren persönlichen und wirtschaftlichen Verhältnissen Zahlungen zu leisten hat". Sie ist also auf die Rüge einer zu günstigen Beurteilung der Bedürftigkeit des Antragstellers nach § 114 Rn 46 beschränkt, so im Ergebnis auch Bbg JB **90**, 1642. Zwar ist die Staatskasse auch dann belastet, wenn das Gericht die Erfolgsaussicht bzw das Fehlen von Mutwillen zu günstig beurteilt hatte. Indessen soll die nochmalige Bemühung des Gerichts zwecks Entlastung der Staatskasse eben auf die reine Frage der Bedürftigkeit beschränkt bleiben, so wohl auch BGH **119**, 374, zumal ohnehin eine Beschwerde zur Frage

## 7. Titel. Prozeßkostenhilfe und Prozeßkostenvorschuß § 127

der Erfolgsaussicht bzw zum Fehlen von Mutwillen nicht an eine Instanz gelangen darf, zu der die Hauptsache nicht kommen könnte, Rn 37. Die Beschwerde der Staatskasse nach II 1, III ist auch nicht zur Überprüfung der Person des beigeordneten Anwalts und/oder der Bedingungen seiner Beiordnung zulässig, § 121 Rn 22, Düss MDR **89**, 827. Die Staatskasse muß also mit der Beschwerde geltend machen, das Gericht habe mindestens 5 Monatsraten von (derzeit) mindestens 40 DM und/oder einen gewissen Vermögensbeitrag festsetzen müssen. Soweit sie auch zur Erfolgsaussicht usw kritisch Stellung nimmt, ist die Beschwerde nach erfolglosem Hinweis des Gerichts als unzulässig zu verwerfen.

**D. Nur bis zum „Ablauf von drei Monaten", III 3, 4.** Die Beschwerde der Staatskasse ist nur bis **27** zum Ablauf von drei Monaten seit der Verkündung der Entscheidung oder seit dem Zeitpunkt statthaft, in dem die unterschriebene Entscheidung der Geschäftsstelle übergeben wird. Nach diesem Zeitraum ist die Beschwerde grundsätzlich unzulässig; wegen der Lage im Fall einer Berichtigung der Hauptsacheentscheidung LAG Bre AnwBl **88**, 123. Mit „Entscheidung" ist hier diejenige über die (uneingeschränkte) Bewilligung der PKH und nicht etwa die Entscheidung im zugehörigen Hauptsacheverfahren gemeint. Das wird allseits als selbstverständlich angesehen und daher nirgends näher erörtert. III meint in allen seinen Teilen (im Gegensatz zu II 2) die Entscheidung im PKH-Verfahren. Das ergibt sein Sinnzusammenhang.

Wenn indessen die PKH-Bewilligung unter dem *Vorbehalt nachträglicher Auferlegung von Raten* erfolgte und solche dann bis zur Hauptsacheentscheidung nicht nachfolgte, mag die Dreimonatsfrist erst ab Verkündung der Hauptsacheentscheidung laufen, Nürnb Rpfleger **95**, 260. Wegen III 3 sollte das Gericht darauf achten, daß jeder Eingang einer uneingeschränkten PKH-Bewilligungsentscheidung auf der Geschäftsstelle mit Datum und Uhrzeit notiert wird, ähnlich wie jeder Eingang eines im schriftlichen Vorverfahren erlassenen Versäumnisurteils (wegen § 331 III 1 Hs 2). Fehlt ein solcher Nachweis in der Akte, so mag eine dienstliche Äußerung des Urkundsbeamten einzuholen sein. Bringt auch sie keine Klarheit, so ist zugunsten der Staatskasse von der Rechtzeitigkeit der Beschwerde auszugehen.

**E. Keine Mitteilung der Entscheidung an die Staatskasse, III 5.** „Die Entscheidung wird der Staats- **28** kasse nicht von Amts wegen mitgeteilt". Das ist eine Maßnahme zur Begrenzung der Arbeit der Geschäftsstelle. Das Gesetz nimmt in Kauf, daß infolgedessen vielfach eine an sich zulässige Beschwerde der Staatskasse durch Fristablauf mangels Kenntnis der Staatskasse von der Bewilligung unstatthaft wird. Wie die Worte „wird ... nicht ... mitgeteilt" zeigen, ist der Urkundsbeamte nicht einmal berechtigt, von Amts wegen eine Mitteilung vorzunehmen. Ob er freilich dem Bezirksrevisor eine Akte oder auch ganze Bündel von Fällen zu „routinemäßiger Prüfung" usw unbesehen zur Einsicht vorlegen sollte, ist eine andere Frage. Immerhin ist III 5 mit dem GG vereinbar, BVerfG **91**, 122; Stichproben genügen also. III verbietet dem Bezirksrevisor auch nicht, sich aus anderem Anlaß Kenntnis zu verschaffen. Er kann die gesamten Prozeßakten einsehen, § 299 Rn 9, Karlsr Rpfleger **88**, 424. Ein etwaiger Mißbrauch, Einl III 54, ist wegen der Überlastung der Bezirksrevisoren praktisch wohl kaum zu befürchten.

**F. Kein Beschwerderecht des Prozeßgegners.** Wie sich aus II 1 in Verbindung mit III 1 schon dem **29** Wortlaut nach eindeutig ergibt, hat der Prozeßgegner gegen die uneingeschränkte Bewilligung, insbesondere gegen das Fehlen von Zahlungsanordnungen usw, kein Beschwerderecht, vgl schon (zum alten Recht) Grunsky NJW **80**, 2045, Holch NJW **81**, 154. Das gilt trotz des Umstands, daß ihn gerade das Fehlen einer vielleicht objektiv nur zu sehr gebotenen Zahlungsanordnung im Ergebnis mit einer Prozeßführung gegen sich belastet, die bei Ratenzahlungspflichten vielleicht unterblieben wäre.

**G. Keine Beschwerde gegen Bewilligung durch das LG als Berufungsgericht.** Während II 2 Hs 2 **30** aF eine Erstbeschwerde gegen eine Entscheidung des LG als Berufungsgericht nur im Fall einer gänzlichen oder teilweisen Versagung von PKH versagte, bestimmt jetzt trotz II 1, III der zusätzlich zu beachtende § 567 III 1 schlechthin und daher auch für den Fall der Bewilligung von PKH durch das LG als Berufungsgericht, daß eine Erstbeschwerde der Staatskasse dagegen unzulässig ist. Das gilt, obwohl sich das OLG wegen III 2 ja nur mit der Frage der persönlichen und wirtschaftlichen Verhältnisse befassen müßte, also nicht mit der Erfolgsaussicht.

**H. Keine Beschwerde gegen Bewilligung durch das OLG.** Nach dem inhaltlich unveränderten **31** § 567 IV ist gegen eine Entscheidung des OLG eine Beschwerde unzulässig, auch bei Bewilligung.

**I. Keine weitere Beschwerde.** Nach dem neugefaßten § 568 II ist eine weitere Beschwerde nur in den **32** im Gesetz besonders bestimmten Fällen statthaft. Das entspricht bei der PKH im Ergebnis dem § 127 II 2 aF, der die weitere Beschwerde ganz ausschloß. Das Gesetz bestimmt auch jetzt nicht, daß sie für die Staatskasse zulässig wäre. Vgl Rn 101. Das alles gilt auch im Insolvenzverfahren, Köln MDR **99**, 629.

**J. Weitere Einzelfragen.** III ist im Verfahren vor den Patentgerichten entsprechend anwendbar, § 135 **33** III 2 PatG. III ist nicht zu verwechseln mit dem Beschwerderecht der Staatskasse für den Fall einer nur eingeschränkten Bewilligung, einer teilweisen oder gänzlichen Versagung von PKH, Rn 78.

**13) Beschwerde gegen eingeschränkte Bewilligung, teilweise oder gänzliche Versagung, II 2.** **34** Die Regelung ist ziemlich kompliziert.

**A. Ausgangspunkt: Tatsächlich ergangene Entscheidung.** Eine Erstbeschwerde ist in einer Reihe von Fällen statthaft, die II 2 nur mit den Worten „im übrigen" vage umschreibt. Gemeint ist im Prinzip jede Entscheidung, die nicht als eine Bewilligung im Sinn von II 1 anzusehen ist, zB Hamm FamRZ **89**, 412 mwN. Was unter einer derartigen „Bewilligung" zu verstehen ist, ist in Rn 23 ff dargestellt. Die Frage, ob eine Erstbeschwerde auch „im übrigen" statthaft ist, hängt zunächst davon ab, wie die tatsächlich ergangene Entscheidung lautet, also nicht davon, wie sie hätte lauten sollen oder müssen. Denn die Entscheidung gilt so, wie sie äußerlich ergangen ist, unabhängig davon, ob sie irgendwie falsch war, vgl Kblz VersR **80**, 1076, Schlesw SchlHA **82**, 13. Es ist also zB unerheblich, ob die Entscheidung irrig in ein Urteil aufgenommen wurde oder ob sie in die Form einer bloßen Verfügung gekleidet ist. Allerdings ist eine bloße Anordnung nach § 118 grundsätzlich nicht als eine „Entscheidung" im Sinn von § 127 I anzusehen, Zweibr FamRZ **84**,

§ 127                                                      1. Buch. 2. Abschnitt. Parteien

75, aM Celle MDR **85**, 591, ThP 2. Es kommt auch darauf an, wer tatsächlich entschieden hat, also nicht darauf, wer hätte entscheiden sollen, Köln FamRZ **88**, 740 (Richter statt Rpfl).

**35** **B. Grundsatz: Zulässigkeit.** Wie schon der Wortlaut ergibt, ist „im übrigen" eine Beschwerde grundsätzlich statthaft. Das gilt also für alle diejenigen Fälle, die nicht als eine Bewilligung im Sinn von II 1, III anzusehen sind. Beschwerdefähig sind also grundsätzlich jede nur eingeschränkte Bewilligung (also eine solche nur gegen Ratenzahlungen und/oder Vermögensbeiträge), Karlsr FamRZ **91**, 350, Schlesw JB **96**, 534, und jede teilweise oder gänzliche Versagung (Ablehnung) von PKH sowie jede Entscheidung, die die Elemente der eingeschränkten Bewilligung und der Versagung verbindet, etwa bei einer Bewilligung wegen eines Teils der Klagansprüche (jedoch nur gegen Raten) in Verbindung mit einer Ablehnung wegen des Rests der Klagansprüche. Ausreichen kann auch eine Antragsänderung, Brdb FamRZ **98**, 1521.

**36** Zulässig ist auch die Erstbeschwerde an dasjenige Gericht, zu dem die *Hauptsache* nicht kommen könnte, sofern es in der Beschwerdeinstanz nur um die *persönlichen* Verhältnisse des Beschwerdeführers gehen soll, nicht auch oder gar nur um die Frage der Erfolgsaussicht, § 114 Rn 80, oder nur um die Frage der Mutwilligkeit, § 114 Rn 106. Diesen Fall darf man nicht mit dem in Rn 37 behandelten entgegengesetzten Fall verwechseln, Hamm FamRZ **89**, 412, LG Mainz Rpfleger **86**, 297, ZöPh 22, aM LAG Bre Rpfleger **86**, 279. Allerdings ist die Abgrenzung oft nur schwer möglich.

**37** **C. Unzulässigkeit neuer Prüfung der Erfolgsaussicht usw bei Unzulässigkeit eines Hauptsache-Rechtsmittels.** In Abweichung vom scheinbar eindeutigen Wortlaut ist eine Erstbeschwerde ausnahmsweise insoweit unzulässig, als sie auch nur die Frage der Erfolgsaussicht und/oder des Fehlens von Mutwillen zur Überprüfung stellt und zu demjenigen Beschwerdegericht kommt, zu dem die zugehörige Hauptsache nicht kommen könnte. Es handelt sich insofern um eine Regelung zur Eindämmung der Arbeitslast der Beschwerdegerichte, obwohl es keinen allgemeinen Rechtssatz gibt, daß der Beschwerderechtszug nicht länger als der Rechtszug in der Hauptsache sein dürfe, § 567 Rn 22, BGH FamRZ **79**, 232, BGH BB **82**, 1532 (vgl allerdings auch BFH DB **83**, 2124), Ffm FamRZ **96**, 747, aM LG Karlsr NJW **78**, 1168.

**38** Eine Beschwerde ist also insoweit unzulässig, als das Beschwerdegericht die Erfolgsaussicht usw zu einer Hauptsache mit *nicht berufungsfähigem Streitwert* prüfen müßte, § 511 a I, Düss MDR **91**, 895, Schlesw SchlHA **82**, 29, LAG Düss JB **86**, 775. Eine Beschwerde ist ferner zB insoweit unzulässig, als das LG als Berufungsgericht oder in einer Nichtigkeitsklage gegenüber einem Berufungsurteil des LG entscheiden müßte oder soweit es um die Versagung im Verfahren nach § 74 a V ZVG geht, Ffm Rpfleger **77**, 66, Stgt Just **86**, 423. Das alles gilt freilich nicht, soweit das erstinstanzliche Gericht dem Beschwerten kein rechtliches Gehör gewährt hatte, Art 103 I GG, LG Kiel MDR **86**, 944. Im übrigen bleibt die Beschwerde insoweit zulässig, als das Beschwerdegericht nicht die Erfolgsaussicht usw prüfen soll, sondern nur die Bedürftigkeit, Rn 36.

**39** **D. Unzulässigkeit der Beschwerde gegen Beschluß des Berufungsgerichts.** Nach dem eindeutigen § 567 III 1 ist eine Beschwerde gegen die Entscheidung des LG als Berufungsgericht auch insofern unstatthaft, als das Berufungsgericht die Entscheidung über die PKH (und nicht etwa über die Hauptsache) getroffen hat, vgl schon (zum alten Recht) BGH **KR** Nr 3, BayObLG FamRZ **85**, 515, 520. Denn § 567 III 2 enthält in seinem neu auszulegenden Ausnahmekatalog den § 127 nicht mit. Darüber hinaus ist sie auch insoweit unstatthaft, als das Berufungsgericht die Entscheidung im Hauptverfahren zu treffen hat, etwa gem § 584 I Hs 2, oder wenn ein Verfahren auf einen Arrest oder eine einstweilige Verfügung, §§ 916 ff, 935 ff, erstmals vor dem LG als dem Berufungsgericht anhängig wird, oder wenn es sich um einen Beschluß eines OLG handelt, § 567 IV 1. In allen diesen Fällen hat auch die Staatskasse kein Beschwerderecht nach III, BGH VersR **90**, 218, Nürnb RR **87**, 1201.

**40** **E. Unzulässigkeit der weiteren Beschwerde.** S Rn 101. Vgl freilich Rn 50.

**41** **F. Beispiele zur Frage der Zulässigkeit der Beschwerde nach II 2**
**Abänderung:** S „Änderung".
**Ablehnung:** Die Beschwerde ist grundsätzlich gegen eine teilweise oder gänzliche Ablehnung von PKH, LAG Köln MDR **93**, 798, und auch dagegen zulässig, daß das Gericht eine unverzügliche Entscheidung über den Bewilligungsantrag zurückstellt oder ablehnt. Denn auch die pflichtwidrige Unterlassung der Entscheidung ist eine Ablehnung, Rn 3. Auch die Ablehnung der Beiordnung des gewählten Verteidigers ist anfechtbar.
**Änderung:** Die Beschwerde ist gegen eine den beigeordneten Anwalt beschwerende Änderungsentscheidung statthaft, Schlesw SchlHA **82**, 13, Zweibr Rpfleger **84**, 115. Sie ist auch grds gegen eine Änderungsentscheidung im Sinn von § 120 IV statthaft, dort Rn 33.
**Anforderung von Vorschuß:** Rn 58 „Vorschuß".
**Anhörung:** Auch soweit eine Beschwerde an sich unzulässig wäre, ist die Beschwerde insoweit statthaft, als das erstinstanzliche Gericht dem Beschwerten nicht ein erforderliches rechtliches Gehör gewährt hatte, LG Kiel MDR **86**, 944. Zum Umfang der Anhörungspflicht Rn 89, 90.

**42** **Antragswiederholung:** Soweit eine Beschwerde vorliegt, aber unzulässig ist, ist sie evtl in einen neuen Antrag umzudeuten. Dieser mag zulässig sein, soweit der Antragsteller zu einem veränderten Sachverhalt zur Erfolgsaussicht usw und/oder zur Bedürftigkeit vorträgt, denn der ablehnende Erstbeschluß hat keine innere Rechtskraft, Karlsr FamRZ **86**, 1126, Köln MDR **88**, 501. Allerdings ist das Rechtsschutzbedürfnis streng zu prüfen, insbesondere dann, wenn zweifelhaft ist, ob neue Umstände vorliegen, Köln MDR **88**, 501. Es kann auch fehlen, soweit eine Gegenvorstellung in Betracht kommt, Rn 102, Köln MDR **88**, 501.
**Anwaltswechsel:** Der „Begünstigte" kann im Fall eines notwendigen Anwaltswechsels, § 121 Rn 21, gegen die Verweigerung der Beiordnung des gewählten neuen Anwalts Beschwerde einlegen. Dem Prozeßgegner steht kein solches Recht, Rn 80.

**43** **Aufhebung:** Soweit sie ein Beschwer herbeiführt, ist sie mit Beschwerde grds angreifbar. Das gilt zB für die Partei gegen die Aufhebung der Beiordnung des gewählten, zur weiteren Vertretung bereiten und von der

## 7. Titel. Prozeßkostenhilfe und Prozeßkostenvorschuß § 127

Partei nicht entlassenen Anwalts, gegen die Aufhebung der PKH im ganzen oder wegen eines Teils der Hauptansprüche, § 124, Karlsr FamRZ **97**, 756, Kblz FamRZ **88**, 1184. Der beigeordnete Anwalt kann die gegen seinen Willen erfolgte Aufhebung der Beiordnung angreifen. Insofern hat der Antragsteller dasselbe Recht, KG OLGZ **71**, 421. Gegen die Ablehnung der Aufhebung der Beiordnung hat der Anwalt keinen Rechtsbehelf, soweit das Berufungsgericht abgelehnt hat, § 78 c III 3 entspr, Ffm MDR **89**, 168, wohl aber die Partei, § 121 Rn 23, Düss FamRZ **95**, 241.

S auch Rn 45 „Beiordnung".

**Aussetzung:** Soweit im Vorgehen des Gerichts eine gesetzwidrige Aussetzung des Bewilligungsverfahrens **44** liegt, ist Beschwerde zulässig, Rn 58 „Verzögerung der Entscheidung"; der beigeordnete Anwalt hat dieses Recht auch dann, wenn er schon in dieser Eigenschaft tätig geworden war und insofern Vergütungsansprüche nach §§ 121 ff BRAGO behält.

**Auswahl des Anwalts:** Der noch nicht beigeordnete Anwalt hat gegen die Ablehnung gerade seiner Beiordnung kein eigenes Beschwerderecht, § 121 Rn 9. Gegen die Auswahl des nach § 121 IV beigeordneten Notanwalts ist Beschwerde zulässig.

**Auswärtiger Anwalt:** Soweit das Gericht den auswärtigen Anwalt nur zu den Bedingungen eines ortsansässigen beigeordnet (und damit öffentlichrechtlich verpflichtet) hat, statt seine Beiordnung in einer für ihn nur dann unanfechtbaren Weise ganz abzulehnen, kommt Beschwerde in Betracht, aM Schlesw SchlHA **85**, 127.

**Beiordnung:** Der Antragsteller wie auch der beigeordnete Anwalt haben grds ein Beschwerderecht, soweit **45** sie beschwert sind, § 121 Rn 23. Der beizuordnende Anwalt hat gegen die Ablehnung gerade seiner Beiordnung kein eigenes Beschwerderecht, § 121 Rn 9 und 23. LAG Ffm BB **89**, 1982 prüft bei der bloßen Anfechtung der Beiordnung die Voraussetzung des § 114 in der Beschwerdeinstanz nicht nochmals.

S auch Rn 43 „Aufhebung", Rn 44 „Auswärtiger Anwalt" usw.

**Berufungssumme:** Rn 38.

**Beschwer:** Sie ist stets notwendig, vgl Rn 70.

**Beschwerdesumme:** Eine Beschwerdesumme ist im PKH-Verfahren nicht erforderlich. Denn im Fall einer Beschwerde liegen die Voraussetzungen des § 567 II nicht vor, Rn 85, Ffm Rpfleger **55**, 79. Stets ist aber eine Beschwer erforderlich, auch kann das Fehlen der Rechtsmittelsumme zur Hauptsache die Beschwerde unzulässig machen.

**Dritter:** Er hat kein Beschwerderecht, Rn 82. **46**

**Einstellung:** Der beigeordnete Anwalt kann Beschwerde gegen die Anordnung der Einstellung von Raten- **47** zahlungen vor der Deckung der sog Differenzkosten einlegen, Ffm JB **85**, 1728, Hamm FamRZ **89**, 412, aM Düss FamRZ **86**, 1230.

**Freiwillige Gerichtsbarkeit:** Gegen die Ablehnung von PKH in einem FGG-Verfahren ist eine Erstbe- **48** schwerde auch an das OLG zulässig, Brschw OLGZ **74**, 190 (freilich nur, falls in der Hauptsache eine weitere Beschwerde zulässig ist), Ffm Rpfleger **74**, 314, Karlsr OLGZ **86**, 129, aM BGH Rpfleger **70**, 238, BayObLG (GSZ) FamRZ **92**, 66, Bre FamRZ **92**, 584.

Eine *weitere* Beschwerde ist aber wegen § 568 II 1 auch dann *nicht statthaft*, BayObLG WoM **97**, 128, Karlsr OLGZ **86**, 134, Zweibr Rpfleger **92**, 166.

**Gegenvorstellung:** Zu ihrer Zulässigkeit vgl Rn 100. **49**

**Geschäftsunfähiger:** Auch er kann beschwerdeberechtigt sein, LG Mannh AnwBl **82**, 23, vgl auch § 51 Rn 6.

**Gesetzlicher Vertreter:** Er ist im Namen der Partei so beschwerdeberechtigt wie sie, im eigenen Namen nur, soweit er selbst beschwert ist. Als Partei kraft Amtes ist er nicht nur gesetzlicher Vertreter und hat daher ein eigenes Beschwerderecht.

**Greifbare Gesetzwidrigkeit:** Vgl zunächst Rn 25. Die zu II 1, III in Rn 25 dargelegten Regeln können **50** auch bei einer an sich unanfechtbaren Entscheidung nach II 2, meist also des Beschwerdegerichts, anwendbar sein, BGH FamRZ **89**, 266, Hamm Rpfleger **91**, 160 (je zum alten Recht). Dasselbe kann bei einer weiteren Beschwerde gelten, Schneider MDR **89**, 870 (zum alten Recht).

**Insolvenzverfahren:** Es gelten wegen § 114 Rn 28 „Insolvenz" keine Einschränkungen, aM LG Kassel RR **99**, 1137.

**Mißbrauch:** Rn 55 „Rechtsmißbrauch". **51**

**Nichtigkeitsklage:** Eine Beschwerde ist nicht im Fall der Ablehnung einer Nichtigkeitsklage gegenüber **52** einem Berufungsurteil des LG zulässig, Rn 38.

**Notanwalt:** Gegen die Beiordnung eines Notanwalts, die das Gericht ermessensfehlerhaft vornahm, kommt für den Antragsteller Beschwerde in Betracht, § 121 Rn 78.

**Prozeßgegner:** Er hat grds kein eigenes Beschwerderecht, Stgt JB **74**, 1606, Zweibr JB **86**, 1096, Holch **53** NJW **81**, 154. Denn das Bewilligungsverfahren verläuft insgesamt ungeachtet der Notwendigkeit seiner gewissen Anhörung nach § 118 nur zwischen dem Antragsteller und dem Staat, vgl § 118 Rn 11. Vgl ferner Rn 80.

**Raten:** Die Beschwerde ist gegen die Ablehnung einer Aufhebung von Ratenzahlungsanordnungen statthaft, **54** Karlsr FamRZ **85**, 724, Nürnb AnwBl **85**, 219.

S auch Rn 41 „Änderung", Rn 43 „Aufhebung", Rn 45 „Einstellung".

**Rechtliches Gehör:** Rn 41 „Anhörung". **55**

**Rechtskraft:** Die Beschwerde ist ab Rechtskraft der Hauptsacheentscheidung unzulässig, Bbg JB **96**, 254, Köln JB **96**, 254.

**Rechtsmißbrauch:** Er ist, wie stets, verboten und führt zur Unzulässigkeit auch einer sonst statthaften Beschwerde. Das gilt zB im Fall einer Verwirkung, wenn also das Bewilligungsverfahren längst beendet ist und die Partei die zugehörige Entscheidung seinerzeit als sachlich berechtigt hingenommen hatte, sie aber jetzt erst nach längerer Zeit angreift, selbst wenn das formell noch möglich wäre, Ffm FamRZ **80**, 475, Köln FamRZ **85**, 828 (noch nicht nach nur 4 Monaten), Schlesw SchlHA **84**, 174. Es kann Rechtsmißbrauch vorliegen (und das Rechtsschutzbedürfnis daher fehlen), wenn die Partei nur noch Sachfragen

## § 127

vorentschieden wissen will, Köln JB **70**, 67. Eine Partei, der die angefochtene Entscheidung über den rechtzeitigen Antrag allerdings erst nach dem Abschluß der Instanz bekanntgegeben wurde, kann zunächst abwarten, freilich nicht bis zum Ende der Rechtsmittelinstanz, aM Celle MDR **85**, 591.

*Keine* Verwirkung liegt vor, wenn man zB die Frist nach § 120 IV 2 schuldlos ablaufen ließ, Bbg FamRZ **99**, 308.

**Rechtsmittelsumme:** Rn 45 „Berufungssumme", „Beschwerdesumme".

**Rechtsschutzbedürfnis:** Es ist, wie stets, zu prüfen. Es fehlt im Fall des Rechtsmißbrauchs, s dort, und evtl auch insoweit, als eine Gegenvorstellung in Betracht kommt, Rn 102, Köln MDR **88**, 501.

**Reisekostenvorschuß:** Die Ablehnung der Bewilligung eines Reisekostenvorschusses für den Antragsteller, dazu Hartmann Teil V § 18 ZSEG Anh I, II, ist für den Antragsteller anfechtbar, BGH **64**, 139.

56 **Staatskasse:** Rn 23–33 sowie § 121 Rn 23.

**Tod:** Mit dem Tod des Beschwerdeführers endet das Rechtsschutzbedürfnis, Kblz Rpfleger **96**, 808.

57 **Umdeutung:** Eine „Beschwerde" kann als bloßer Änderungsantrag nach § 120 IV oder auch als ein neuer Antrag auszulegen sein, Rn 42 „Antragswiederholung".

58 **Verfahrenspfleger:** Man darf die Problematik, wie ein Verfahrenspfleger in einer Unterbringungssache zu vergüten ist, nicht durch seine gesetzwidrige Beiordnung unterlaufen; geschieht das dennoch, liegt eine greifbare Gesetzwidrigkeit vor, sodaß die Beschwerde der Staatskasse zulässig ist, LG Brschw FamRZ **94**, 525, aM Klüsener FamRZ **94**, 488.

**Verkehrsanwalt:** Die Beiordnung eines Verkehrsanwalts ist für die Staatskasse anfechtbar, Düss MDR **88**, 61.

S auch Rn 45 „Beiordnung".

**Vermögensbetrag:** Die Auferlegung eines Vermögensbetrages im Bewilligungsbeschluß oder die Ablehnung der Aufhebung einer solchen Anordnung berechtigen zur Beschwerde.

**Verwirkung:** Rn 55 „Rechtsmißbrauch", „Rechtsschutzbedürfnis".

**Verzögerung der Entscheidung:** Gegen die vorwerfbare Hinauszögerung einer Entscheidung ist Beschwerde statthaft, Düss FamRZ **86**, 485, Stgt AnwBl **93**, 300, Zweibr NJW **88**, 570, aM Karlsr FamRZ **89**, 769.

S auch Rn 41 „Ablehnung", Rn 44 „Aussetzung".

**Vorschuß:** Rn 55 „Reisekostenvorschuß".

59 **Wiederholung:** Rn 42 „Antragswiederholung".

**Wirtschaftlicher Beteiligter:** Bei § 116 ist nur der Antragsteller beschwerdeberechtigt, kann aber die Beschwerde darauf stützen, ein wirtschaftlich Beteiligter sei falsch beurteilt worden, ZöPh 30.

60 **Zwangsversteigerung:** Eine Beschwerde ist im Zwangsversteigerungsverfahren unzulässig, Stgt Just **86**, 423, insbesondere gegen die Versagung im Verfahren nach § 74 a V ZVG, Ffm Rpfleger **77**, 66.

**Zweitschuldner:** Der Prozeßgegner hat auch dann kein Beschwerderecht, wenn es um die Aufhebung nach § 124 geht und er nun als Zweitschuldner haftet, § 58 II 2 GKG, KG Rpfleger **79**, 152.

61 **14) Zeitliche Grenzen des Beschwerderechts, II 2.** Auch eine grundsätzlich statthafte Beschwerde ist zeitlich nicht unbegrenzt zulässig.

**A. Zulässigkeit bis zum Instanzende.** Für die Beschwerde gibt es allerdings keine von vornherein bestimmte Frist. Solange sie vor dem Zeitpunkt eingeht, in dem eine die Instanz beendete Entscheidung zur Hauptsache ergeht, ist sie schon deshalb durchweg zulässig, vom seltenen Fall einer bei extrem langer Verfahrensdauer schon jetzt denkbaren Verwirkung abgesehen, Jena FamRZ **94**, 1596, aM Düss Rpfleger **88**, 548 (Unzulässigkeit beim Eingang erst so kurz vor Instanzende, daß das Beschwerdeverfahren nicht mehr vor dem Ende der Hauptsacheinstanz durchführbar sei). Sie ist also auch dann zulässig, wenn die PKH-Entscheidung schon am Anfang der Hauptsacheinstanz erging und diese wegen einer Beweisaufnahme, des Ruhens des Verfahrens, Vertagungen usw bereits lange andauert.

62 **B. Grundsatz: Unzulässigkeit ab Instanzende.** Soweit das Gericht zur Hauptsache bereits eine die erste Instanz beendende Entscheidung erlassen (verkündet, mitgeteilt) hat, ist eine erst gleichzeitig oder später eingehende Beschwerde grundsätzlich unzulässig (geworden), BFH BB **86**, 187, Brdb JB **93**, 433, Ffm MDR **98**, 494, aM Köln FamRZ **97**, 1544, Schlesw JB **91**, 1371.

63 **C. Zulässigkeit bei Rückwirkung der angefochtenen Entscheidung.** Soweit sich die Beschwerde allerdings gegen eine PKH-Entscheidung richtet, die das Gericht mit Rückwirkung auf einen Zeitpunkt vor der die Instanz zur Hauptsache beendenden Entscheidung getroffen hatte, § 119 Rn 16, ist die Beschwerde auch dann wirksam, wenn sie erst nach dem Erlaß jener Hauptsacheentscheidung eingeht, Hamm MDR **85**, 592, Köln FamRZ **85**, 1168, OVG Münst AnwBl **85**, 54, aM Düss Rpfleger **88**, 548.

64 **D. Zulässigkeit bei Beschlußzugang erst kurz vor Instanzende.** Soweit die angefochtene PKH-Entscheidung erst kurz vor dem Erlaß der die Instanz zur Hauptsache beendenden Entscheidung dem Beschwerdeführer zugegangen ist, ist die Beschwerde auch noch dann zulässig, wenn sie erst bei oder nach dem Erlaß dieser Hauptsacheentscheidung eingeht. Denn er konnte die Beschwerde dann praktisch nicht mehr vor dem Abschluß der Hauptsacheinstanz zumutbar einlegen, BFH DB **84**, 2495, Bbg FamRZ **90**, 181, Karlsr FamRZ **90**, 82, ZöPh 11, aM KG FamRZ **86**, 825, Schlesw SchlHA **84**, 175, Zweibr FamRZ **80**, 909.

65 **E. Zulässigkeit bei Beschlußzugang erst mit oder nach Instanzende.** Soweit die angefochtene PKH-Entscheidung erst im Zeitpunkt der die Entscheidung zur Hauptsache in dieser Instanz beendenden Entscheidung oder gar erst hinterher dem Beschwerdeführer zugegangen ist, kann die Beschwerde zulässig sein, falls er sie nicht bis zum Instanzende einreichen konnte, Brdb MDR **99**, 55, Celle MDR **85**, 591, Oldb RR **91**, 189. Freilich muß der Beschwerdeführer dann unverzüglich (ohne schuldhaftes Zögern) handeln, um nicht die Zurückweisung wegen Verwirkung zu riskieren, Brdb MDR **99**, 55. Man sollte mindestens einen Zeitraum entsprechend demjenigen für die Rechtsmittelbegründung zubilligen, Oldb RR **91**, 189; Bbg FamRZ **96**, 618 unten wendet III 3 (Dreimonatsfrist) entsprechend an.

## 7. Titel. Prozeßkostenhilfe und Prozeßkostenvorschuß § 127

**F. Unzulässigkeit bei Verwirkung.** Da Rechtsmißbrauch auch im Prozeßrecht niemals geschützt wird, 66 Einl III 54, auch nicht im PKH-Verfahren, Üb 6 vor § 114, ist auch eine nach den Regeln Rn 61–65 an sich zulässige Beschwerde im Ergebnis doch unzulässig, soweit Verwirkung vorliegt, im Ergebnis ebenso Kblz MDR **97**, 498, Karlsr FamRZ **92**, 705. Das ist der Fall, wenn die Beschwerde vorwerfbar erheblich nach dem zumutbaren Zeitpunkt eingegangen ist, LAG Mainz BB **98**, 1539. Es richtet sich nach den Gesamtumständen des Einzelfalls, ob Verwirkung vorliegt, Bbg FamRZ **90**, 182. Dabei ist an sich, wie stets im PKH-Verfahren, eine gewisse Großzügigkeit zugunsten des Antragstellers zu beachten. Andererseits ist diese Regel durch die andere eingeschränkt, daß eine erst nach dem Instanzende eingehende Beschwerde nicht mehr zulässig ist, Rn 62.

Es kommt also doch im Ergebnis auf den *Einzelfall* an. Karlsr FamRZ **90**, 82 hält 3 Monate Zuwarten, Düss FamRZ **96**, 619 hält 6 Monate, Kblz MDR **97**, 498 mehrere Jahre Zuwarten jeweils mit Recht für zu lang. Ein Verschulden des gesetzlichen Vertreters oder des ProzBev ist sonst schädlich, §§ 51 II, 85 II, dort Rn 26. Die Partei, der die Entscheidung über einen rechtzeitigen Antrag erst nach dem Abschluß der Instanz zur Hauptsache bekanntgegeben wurde, kann allerdings zunächst abwarten, wenn auch nicht bis zum Ende der Rechtsmittelinstanz, aM Celle MDR **85**, 591. Sie darf aber nicht beliebig zuwarten.

**G. Unzulässigkeit bei Entscheidung auch des Rechtsmittelgerichts zur Hauptsache.** Soweit 67 inzwischen sogar das Rechtsmittelgericht der Hauptsache in jener Rechtsmittelinstanz abschließend entschieden hat, ist eine Beschwerde auch dann unzulässig, wenn jene Rechtsmittelentscheidung zur Hauptsache noch nicht rechtskräftig geworden ist. Denn das PKH-Verfahren muß nun ein Ende haben. Das gilt jedenfalls dann, wenn eine Revision nicht zulässig ist, Karlsr MDR **87**, 240. Eine Ausnahme mag anzunehmen sein, soweit die Entscheidung zum PKH-Gesuch vorwerfbar vom Gericht hinausgezögert wurde, Celle MDR **85**, 592, Düss FamRZ **86**, 485.

**H. Unzulässigkeit bei Prozeßvergleich zur Hauptsache.** Soweit eine nach Rn 61–65 an sich zulässige Beschwerde erst nach dem Zeitpunkt eingeht, in dem ein Prozeßvergleich zur Hauptsache, Anh § 307, wirksam geworden ist, ist sie doch im Ergebnis unzulässig (geworden), ZöPh 27, aM KG FamRZ **86**, 825. Hier gilt dieselbe Erwägung wie bei der Rechtskraft, Rn 69. 68

**I. Unzulässigkeit bei Rechtskraft der Entscheidung zur Hauptsache.** Soweit eine nach Rn 61–65 69 an sich zulässige Beschwerde (zur Frage der Erfolgsaussicht, Karlsr FamRZ **95**, 240) erst nach demjenigen Zeitpunkt eingeht, in dem die Entscheidung zur Hauptsache (im Umfang des PKH-Antrags) nach § 322 rechtskräftig geworden ist, ist die Beschwerde unzulässig (geworden). Denn auch in diesem Fall muß das PKH-Verfahren mit dem Hauptverfahren ein Ende haben, BFH DB **84**, 2495, Karlsr FamRZ **95**, 240, Köln MDR **94**, 951, aM BGH DB **84**, 2495, Ffm MDR **86**, 857, LG Saarbr JB **99**, 144 (Zulässigkeit, aber Unbegründetheit).

**15) Beschwerdeberechtigte, II 2.** Ihr Kreis ist umfangreich. 70

**A. Notwendigkeit einer Beschwer.** Beschwerdeberechtigt ist grundsätzlich jeder, den die angefochtene Entscheidung beschwert. Wer nicht beschwert ist, kann auch keine Beschwerde einlegen.

Beschwert ist derjenige, dem die Entscheidung irgendwie abträglich ist, Grdz 13 vor § 511, KG AnwBl **79**, 434, insofern auch Schlesw SchlHA **76**, 9. Dabei kommt es auf den tatsächlichen Inhalt der angefochtenen Entscheidung an, nicht auf denjenigen, den sie haben sollte. Vgl zur Beschwer auch Rn 45. Man darf die Beschwer nicht von einer Beschwerdesumme abhängig machen, Rn 85. Rechtsmißbrauch wird allerdings auch hier nicht geschützt, Einl III 54.

**B. Antragsteller.** Der Antragsteller ist beschwert, soweit das Gericht irgendwie hinter seinem Antrag 71 zurückgeblieben ist, vgl Grdz 14 vor § 511. Wer PKH beantragt, bittet jedenfalls im Zweifel um eine uneingeschränkte Bewilligung ohne Raten und/oder Vermögensbeiträge für alle derzeit beabsichtigten Anträge zur Hauptsache und um die Beiordnung des Anwalts seiner Wahl und der etwa zusätzlich erbetenen Beweis- oder Verkehrsanwälte. Jedes Zurückbleiben hinter diesen Anträgen führt grundsätzlich zu einer Beschwer. Sie kann auch zB darin liegen, daß das Gericht ablehnt, einen vom Begünstigten aus triftigem Grund entbundenen Anwalt durch Beiordnung eines anderen Anwalts der Wahl des Antragstellers zu ersetzen, oder daß das Gericht es ablehnt, seine Entscheidungen zur Zahl oder Höhe der Raten oder Vermögensbeiträge zugunsten des Antragstellers zu ändern oder einen Aufhebungsbeschluß nach § 124 zurückzunehmen.

**C. Streitgenosse, Streithelfer.** Soweit sie überhaupt Partei sind, § 114 Rn 9, gelten für sie auf seiten des 72 Antragstellers dieselben Regeln wie Rn 71, auf seiten seines Prozeßgegners dieselben Regeln wie Rn 80.

**D. Noch nicht beigeordneter Anwalt.** Der noch nicht beigeordnete Anwalt hat gegen die Ablehnung 73 gerade seiner Beiordnung grundsätzlich kein eigenes Beschwerderecht, § 121 Rn 9, 23, BGH **109**, 166, Karlsr RR **96**, 1339. Freilich kann sein Auftraggeber als Antragsteller ein solches haben, Rn 71.

**E. Beigeordneter Prozeßbevollmächtigter.** Der nach § 121 wirksam zum ProzBev beigeordnete 74 Anwalt hat aus eigenem Recht nur gegen jede gerade *ihn* beschwerende Entscheidung eine Beschwerdemöglichkeit, Brdb JB **97**, 481, Karlsr RR **96**, 1339, Stgt Rpfleger **92**, 527. Außerdem kann er natürlich im Namen und Auftrag des Antragstellers nach Rn 71 vorgehen. Das gilt sowohl für den beim Prozeßgericht zugelassenen ortsansässigen Anwalt als auch für den auswärtigen, zB soweit das Gericht ihn ohne sein Einverständnis nach § 121 Rn 62 nur zu den Bedingungen eines ortsansässigen Anwalts beigeordnet (und damit öffentlichrechtlich verpflichtet) hat, statt seine Beiordnung in einer für ihn nur dann unanfechtbaren Weise ganz abzulehnen, ZöPh 36, aM Schlesw SchlHA **85**, 127. Der beigeordnete Anwalt kann ferner die gegen seinen Willen erfolgte Aufhebung der Beiordnung anfechten. Dasselbe gilt gegen die Anordnung der Einstellung von Ratenzahlungen vor der Deckung der sog Differenzkosten, Düss Rpfleger **92**, 399, Köln Rpfleger **97**, 313 (nicht bei § 120 IV), aM Düss FamRZ **86**, 1230. Dasselbe gilt gegen eine ihn beschwerende Änderungsentscheidung, Schlesw SchlHA **82**, 13, Zweibr Rpfleger **84**, 115, oder gegen die Ablehnung der Aufhebung der PKH.

§ 127                                                                                        1. Buch. 2. Abschnitt. Parteien

75    **F. Beigeordneter Beweisanwalt.** Der gemäß § 121 III beigeordnete Beweisanwalt, dort Rn 67, hat wie ein ProzBev gegen eine ihn beschwerende Entscheidung aus eigenem Recht eine Beschwerdemöglichkeit. Allerdings kann er nur im Umfang seiner Beiordnung auch im Namen des Auftraggebers Beschwerde einlegen, im Zweifel also nicht, da das letztere grundsätzlich nach dem Vertrag zwischen dem Auftraggeber und dem Beweisanwalt nicht diesem, sondern nur dem ProzBev übertragen sein dürfte.

76    **G. Beigeordneter Verkehrsanwalt.** Der gem § 121 III zum Verkehrsanwalt beigeordnete Anwalt, dort Rn 68, hat dieselben Beschwerdemöglichkeiten wie ein Beweisanwalt, Rn 75.

77    **H. Beigeordneter Notanwalt.** Der gem § 121 IV beigeordnete Notanwalt hat gerade wegen seiner Tätigkeitspflicht, § 121 Rn 79, die ihn natürlich beschweren kann, ein Beschwerderecht. Auch der Antragsteller hat wegen ermessensfehlerhafter Beiordnung eines Notanwalts ein Beschwerderecht, auch gegen den Willen des Notanwalts.

78    **I. Staatskasse.** Man muß zunächst scharf zwischen einerseits der uneingeschränkten Bewilligung von PKH ohne Monatsraten oder Vermögensbeiträge und andererseits der nur eingeschränkten Bewilligung oder gänzlichen bzw teilweisen Versagung unterscheiden. Im ersteren Fall richtet sich das Beschwerderecht der Staatskasse nach II 1 in Verbindung mit III. Dieses Recht ist in Rn 23–33 dargestellt. Hier interessiert nur der letztere Fall, II 2. Insofern gilt: Soweit eine Beschwerde überhaupt statthaft ist, Rn 34–69, kann auch die Staatskasse als Beschwerdeführer auftreten. Denn das gesamte Bewilligungsverfahren verläuft zwischen dem Antragsteller und dem Staat, ist ein Ausschluß des Gebots der Sozialstaatlichkeit mit seiner Fürsorgepflicht, Üb 5 vor § 114, und berührt die finanziellen Interessen der Staatskasse unmittelbar.

79    Dabei wird die Staatskasse durch den *Bezirksrevisor* beim örtlich zuständigen LG oder dem jeweils zuständigen höheren Gericht vertreten, Düss MDR **88**, 61, Hamm FamRZ **84**, 724, Kblz FamRZ **88**, 417, aM Düss Rpfleger **83**, 39, Ffm FamRZ **91**, 1326, Hbg MDR **83**, 584.
       Den Bezirksrevisor kann man als einen weisungsgebundenen Beamten der Verwaltung *nicht als befangen ablehnen*, vgl Kblz MDR **85**, 257. Er kann allerdings nicht mit Hilfe eines formellen Beschwerderechts nach II 2 gegen eine Entscheidung nur nach § 120 I oder III angehen, wenn sich herausstellt, daß sich die Verhältnisse des Antragstellers seit der Entscheidung zu seinen Gunsten und damit zu Lasten der Staatskasse geändert haben, er kann kein Fall nach § 120 IV oder nach § 124 vorliegt.

80    **J. Prozeßgegner.** Der Prozeßgegner des Antragstellers in dem von diesem beabsichtigten oder durchgeführten Verfahren zur Hauptsache hat kein Beschwerderecht, selbst wenn er im Sinn von Rn 70 beschwert sein mag. Denn er ist überhaupt nicht Partei des Bewilligungs-, Änderungs- oder Aufhebungsverfahrens, selbst wenn er in ihm gem § 118 anzuhören ist. Das gilt nicht nur gegenüber einer uneingeschränkten Bewilligung, Rn 29, sondern auch gegenüber der eingeschränkten oder gegenüber der teilweisen Versagung, Stgt JB **74**, 1606, Zweibr JB **86**, 1096, Holch NJW **81**, 154. Der Prozeßgegner hat sogar dann kein Beschwerderecht, wenn infolge einer Aufhebung nach § 124 jetzt seine Haftung als Zweitschuldner in Betracht kommt, § 58 II 2 GKG, KG Rpfleger **79**, 152.
       Als *Ausnahme* kommt eine Beschwerde des Prozeßgegners allenfalls in Betracht, soweit das Gericht unter einem Verstoß gegen § 122 II von ihm einen Vorschuß anfordert, KG OLGZ **71**, 423.

81    **K. Anwalt des Prozeßgegners.** Der vom Prozeßgegner bestellte Anwalt (ProzBev, Beweisanwalt, Verkehrsanwalt) hat ebensowenig ein Beschwerderecht wie sein Auftraggeber.

82    **L. Dritter.** Ein Dritter hat kein Beschwerderecht, sofern ihn eine fälschlich einbeziehende Entscheidung beschwert. Er muß eine Beschwerde unverzüglich einlegen.

83    **M. Weitere Einzelfragen.** Ein Geschäftsunfähiger kann beschwerdeberechtigt sein, LG Mannh AnwBl **82**, 23, vgl auch § 51 Rn 6. Das Verschulden eines gesetzlichen Vertreters oder ProzBev ist wie sonst beachtlich, § 51 II, § 85 II, dort Rn 26. Ein wirtschaftlich Beteiligter hat auch im Fall des § 116 grundsätzlich kein eigenes Beschwerderecht, selbst wenn er beschwert sein mag, indes hat der Antragsteller insofern eine Beschwerdemöglichkeit, ZöPh 30.

84    **16) Beschwerdeverfahren, II 2.** Die Beschwerde nach II, III ist lediglich ein Sonderfall der in §§ 567 ff geregelten Beschwerde. Es gelten daher für das Verfahren jene Vorschriften, soweit nicht §§ 114–127 vorrangige Sonderregeln enthalten. Es sind zB neue Tatsachen und Beweismittel zulässig, Karlsr FamRZ **97**, 756, Kblz FamRZ **90**, 537, LAG Köln MDR **93**, 798 und 807. Beschwerdegegenstand ist das gesamte Bewilligungsverfahren; daher kann zB die Zurückweisung der Beschwerde wegen des Fehlens jeglicher Bewilligungsmöglichkeit notwendig werden, auch wenn nur die Raten angegriffen waren, BayObLG FamRZ **91**, 1341. Das Rechtsschutzbedürfnis, Grdz 33 vor § 253, muß vorliegen, Bbg FamRZ **97**, 757.
       Es gibt *keine feste Beschwerdefrist,* vielmehr auch für den Bürger, ähnlich wie für die Staatskasse, eine mindestens etwa dreimonatige Überlegungsfrist und allenfalls eine Verwirkung, Bbg FamRZ **99**, 994.

85    **A. Keine Beschwerdesumme, keine Frist.** Die Zulässigkeit der Beschwerde hängt nicht vom Erreichen einer Beschwerdesumme ab. Denn die PKH-Beschwerde ist nicht eine solche „über die Verpflichtung, die Prozeßkosten zu tragen" im Sinn von § 567 II 1. Das gilt trotz § 122. Denn § 567 II 1 meint nur die Kostengrundentscheidung im Sinn von § 91 Rn 4. Die PKH-Beschwerde ist ferner nicht eine solche „über Kosten, Gebühren und Auslagen" im Sinn von § 567 II.

86    **B. Kein Anwaltszwang.** Im Beschwerdeverfahren ist für keinen Beteiligten ein Anwaltszwang vorhanden, ebensowenig wie in erster Instanz. Denn die Erklärungen sind auch im Beschwerdeverfahren zu Protokoll der Geschäftsstelle statthaft, § 569 II 2 Hs 2 in Verbindung mit § 78 III.

87    **C. Kein Formzwang.** Die Beschwerde bedarf keiner Form. Man kann sie auch zu Protokoll der Geschäftsstelle des erstinstanzlichen Gerichts oder des Beschwerdegerichts einlegen, § 569 I, II 2 Hs 2.

88    **D. Keine Prozeßkostenhilfe für das Beschwerdeverfahren.** Für das Beschwerdeverfahren ist eine PKH nicht möglich, ebensowenig wie für das erstinstanzliche Bewilligungsverfahren, § 114 Rn 35, BayObLG FamRZ **88**, 211, Karlsr Just **84**, 345, LAG Ffm BB **95**, 468, ThP § 114 Rn 1, aM Celle NdsRpfl **77**, 190, Waldner JB **82**, 801. Im Verfahren vor dem BFH gelten Abweichungen, BFH DB **87**, 144.

7. Titel. Prozeßkostenhilfe und Prozeßkostenvorschuß § **127**

**E. Anhörung des Beschwerdegegners.** Soweit das Gericht nicht die Beschwerde schon nach dem 89 Vortrag des Beschwerdeführers als unzulässig oder unbegründet zurückweisen muß, ist eine Anhörung des Beschwerdegegners erforderlich, allerdings noch nicht im Abhilfe-Prüfungsverfahren des erstinstanzlichen Gerichts, sondern erst im Verfahren vor dem Beschwerdegericht. Das ergibt sich schon aus Art 103 I GG. Als Beschwerdegegner ist in den Fällen Rn 71–77 die Staatskasse, im Fall ihrer Beschwerde der Antragsteller anzusehen.

**F. Anhörung der Staatskasse.** Soweit die Staatskasse nicht als Beschwerdegegner anzuhören ist, Rn 89, 90 braucht sie in den Fällen II 2 keineswegs eingeschaltet zu werden. Das Beschwerderecht ist ja auch im Gegensatz zu demjenigen nach III 3, 4 grundsätzlich zeitlich unbefristet. Die routinemäßige Benachrichtigung des Bezirksrevisors von sämtlichen Anträgen, Verfahrensvorgängen und Entscheidungen in jedem Bewilligungsverfahren oder Beschwerdeverfahren würde zum Zusammenbruch des Betriebs bei den Bezirksrevisoren führen und ist ersichtlich auch nicht durch den Kontrollzweck erfordert, den der Bezirksrevisor zugunsten der Staatskasse beachten muß, im Ergebnis wohl ebenso auch ArbG Münst DB **81**, 1940.

**G. Abhilfe: Entscheidung des unteren Gerichts.** Zunächst hat das erstinstanzliche Gericht zu prüfen, 91 inwieweit es die Beschwerde als zulässig und begründet erachtet und ihr insofern selbst abhelfen darf und muß, § 571 Hs 1. Soweit eine Abhilfe erfolgt, ist eine erneute Entscheidung durch das erstinstanzliche Gericht erforderlich, in der der abzuändernde Teil des angefochtenen Beschlusses (oder er insgesamt) aufgehoben oder besser: abgeändert wird und die neue Entscheidung zu treffen ist. Sie ist nach denselben Grundsätzen wie bei einer erstinstanzlichen Erstentscheidung zu begründen, Rn 13, 14. Es handelt sich ja auch noch nicht um eine „Rechtsmittelentscheidung", Rn 15, da auf Grund der neuen Entscheidung des erstinstanzlichen Gerichts wiederum eine Beschwerde (nun evtl des anderen am Verfahren Beteiligten) in Betracht kommt. Die Abhilfeentscheidung enthält keine Kostenentscheidung. Sie wird ebenso wie die angefochtene mitgeteilt.

**H. Nichtabhilfe: Vorlage beim Beschwerdegericht.** Soweit das erstinstanzliche Gericht der ange- 92 fochtenen Entscheidung nicht abhilft, hat es sie dem Beschwerdegericht zur Entscheidung binnen einer Woche vorzulegen, § 571 Hs 2. Das gilt auch dann, wenn das erstinstanzliche Gericht die Beschwerde für unstatthaft bzw unzulässig hält. Die Nichtabhilfe erfolgt durch einen Beschluß, § 571 Rn 8, also nicht durch eine bloße Verfügung. Eine Begründung ist zumindest dann erforderlich, wenn die Beschwerde neue Tatsachen vorbringt, die das Erstgericht für widerlegt oder unerheblich hält, oder wenn dem angefochtenen Beschluß die erforderliche Begründung fehlte, § 571 Rn 8, oder wenn die Beschwerde darauf gestützt ist, die tatsächlichen Gründe der angefochtenen Entscheidung träfen nicht zu, Köln FamRZ **94**, 1126; eine wenigstens stichwortartige Begründung ist aber auch im übrigen ratsam, schon um einer Zurückverweisung vorzubeugen. Die bloße Bezugnahme „auf zutreffende Gründe" eines Schriftsatzes usw kann ausreichen, man sollte aber nicht auf Floskeln zurückgreifen, statt den Sachverhalt umfassend nachzuprüfen, § 329 Rn 4. Auch der Nichtvorlagebeschluß enthält keine Kostenentscheidung.

Zugleich mit dem Beschluß *benachrichtigt* das erstinstanzliche Gericht den Beschwerdeführer, die Staatskasse zwingend nur als Beschwerdeführerin, nicht sonst, von der Nichtabhilfe und übersendet die Akten dem Beschwerdegericht.

**I. Einfluß auf das Hauptsacheverfahren.** Die Beschwerde beeinträchtigt den weiteren Ablauf des 93 Verfahrens zur Hauptsache grundsätzlich nicht; sie hat dort keine aufschiebende Wirkung, denn sie zählt nicht zu den in § 572 I genannten Ausnahmefällen. Sie gehört ja überhaupt nicht in das Hauptsacheverfahren. Deshalb kann das Gericht auch nicht nach § 572 II die Aussetzung der Vollziehung im Hauptsacheverfahren oder des angefochtenen PKH-Beschlusses anordnen.

**17) Gegen Entscheidung des Rechtspflegers: Beschwerde oder sofortige Erinnerung, II, III,** 94 **§ 11 RPflG.** Soweit im PKH-Verfahren der Rpfl entschieden hat, ist entgegen dem Wortlaut von II, III entweder Beschwerde oder sofortige Erinnerung einzulegen, § 11 RPflG, Anh § 153 GVG. Es kommt dabei darauf an, ob gegen eine entsprechende Entscheidung des Richters Beschwerde statthaft wäre; zum Verfahren § 104 Rn 41 ff mit der Abweichung, daß im Fall § 11 RPflG einfache Beschwerde infragekommt.

**A. Voraussetzung: Entscheidung des Rechtspflegers.** Es muß zunächst eine Entscheidung des Rpfl vorliegen. Maßgeblich ist, ob er entschieden hat, nicht, ob er entscheiden durfte, Rn 34. Soweit statt des an sich zuständigen Rpfl der Richter entschieden hat, kommt allenfalls direkt die Beschwerde in Betracht, Köln FamRZ **88**, 740. Eine bloße Anordnung nach § 118 oder andere Maßnahme ohne Anhörung des Antraggegners ist keine Entscheidung.

**B. Abhängigkeit von Anfechtbarkeit unterstellter Richterentscheidung.** Es kommt Beschwerde 95 oder sofortige Erinnerung in Betracht, Rn 94. Eine „Beschwerde" ist im Zweifel als sofortige Erinnerung auszulegen. Andernfalls ist die Beschwerde nach vergeblicher Fristsetzung mit Gelegenheit zur Änderung des Rechtsbehelfs als solche zu bearbeiten.

**C. Keine Rechtsbehelfssumme, kein Anwaltszwang, kein Formzwang, keine Prozeßkostenhilfe.** 96 Es gelten dieselben Regeln wie bei der Beschwerde, Rn 84–88.

**D. Abhilfe durch den Rechtspfleger.** Der Rpfl kann sowohl bei Statthaftigkeit einer Beschwerde, 97 § 11 I RPflG, als auch bei Statthaftigkeit einer sofortigen Erinnerung, § 11 II 1 RPflG, jetzt stets prüfen, ob er abhelfen will, § 11 II 2 RPflG, und muß daher eine derartige Prüfung vornehmen. Soweit er die Akten sogleich dem Beschwerdegericht bzw dem erstinstanzlichen Richter vorlegt, statt wenigstens stichwortartig mitzuteilen, daß und warum (!) er nicht abhelfe, geben diese sie ihm zur Entscheidung über die Nichtabhilfe zurück.

**E. Weiteres Verfahren.** Soweit der Rpfl die Nichtabhilfe mit einer Begründung versehen hat, vgl LG 98 Bayreuth JB **93**, 546, richtet sich das weitere Verfahren nach der Rechtsbehelfsart, vgl § 104 Rn 41 ff.

*Hartmann*

## § 127   1. Buch. 2. Abschnitt. Parteien

**99**   **18) Keine weitere Beschwerde (§ 568 II 1).** Nach dem klaren Gesetzeswortlaut des § 568 II kommt eine weitere Beschwerde nicht in Betracht, BGH NJW 97, 3319 (offen, ob bei „greifbarer Gesetzwidrigkeit" Rn 25, zulässig). Denn das Gesetz macht sie nur in einem „besonders bestimmten" Fall statthaft und hat bei der PKH keine solche Bestimmung getroffen. Vgl Rn 32. Indessen mag eine Umdeutung einer „weiteren Beschwerde" in eine Gegenvorstellung, einen Abänderungsantrag oder einen neuen Bewilligungsantrag möglich und notwendig sein. Die Unzulässigkeit der weiteren Beschwerde im PKH-Verfahren ist nicht mit der Frage zu verwechseln, ob in der Hauptsache eine weitere Beschwerde zulässig ist. Selbst wenn sie dort erlaubt wäre, ist doch im PKH-Verfahren die weitere Beschwerde ausgeschlossen.

**100**   **19) Zulässigkeit einer Gegenvorstellung, II, III.** Im Gesetz nicht ausdrücklich geregelt, aber allgemein anerkannt, ist die Zulässigkeit einer Gegenvorstellung unter den Voraussetzungen Üb 3 vor § 567, VerfGH Sachsen NJW 99, 780, Köln FamRZ 96, 809.

**101**   **20) Keine Kostenerstattung, IV.** Die Kosten des Beschwerdeverfahrens werden in keinem Fall erstattet, KG Rpfleger 95, 508, Kblz MDR 95, 101 (IV ist mit dem GG vereinbar), Mü JB 93, 160. Das stellt IV klar. Die diesbezügliche frühere Streitfrage ist erledigt. Das gilt auch zu der weiteren früheren Streitfrage, ob die Kosten des Antragstellers dann, wenn die PKH erst in der Beschwerdeinstanz bewilligt wurde, nach dem anschließenden Prozeß erstattungsfähig seien. Sie können freilich insofern erstattungsfähig sein, als sie für die erste Instanz des PKH-Verfahrens entstanden, § 91 Rn 153, 154.

**102**   **21) Neuer Antrag auf Prozeßkostenhilfe.** Unabhängig von der Zulässigkeit einer Beschwerde oder Erinnerung ist ein neuer PKH-Antrag (sei es auf Bewilligung, sei es auf Aufhebung einer Ratenzahlungsanordnung usw) grundsätzlich zulässig, da ein belastender Beschluß im PKH-Verfahren nicht in innere Rechtskraft erwächst, Einf 2 vor §§ 322–327. Indessen ist das Rechtsschutzbedürfnis, Grdz 33 vor § 253, streng zu prüfen und dürfte dann durchweg zu verneinen sein, soweit neue Tatsachen fehlen oder ersichtlich nur vorgeschützt sind (Rechtsmißbrauch), Köln MDR 88, 501. Andernfalls könnte der Antragsteller das Gericht mit immer neuen PKH-Anträgen im Laufe des Verfahrens zur Hauptsache zu fortgesetzter neuer Prüfung der Erfolgsaussicht und Bedürftigkeit zwingen. Das ist nicht der Sinn des PKH-Gedankens. Andererseits kann das Rechtsschutzbedürfnis gerade auch für eine (erste) Beschwerde fehlen, wenn nur unterlassenes Vorbringen nachgeschoben werden soll, Karlsr MDR 89, 918. Bei neuen Tatsachen kann die Nichtbeachtung eines „aufrechterhaltenen" (neuen) Antrags gegen Art 103 I GG verstoßen, BSG NJW 98, 2998.

**103**   **22) Verfassungsbeschwerde.** Ihre Zulässigkeit richtet sich nach den für sie allgemein geltenden Regeln. Sie kommt zB in Betracht, wenn das Gericht eine Prüfung nach §§ 114 ff ohne zureichenden Grund unterlassen hat, BVerfG 56, 144, BSG NJW 98, 2998. Wegen ihrer bloßen Hilfsfunktion, Einl III 17, muß man die Rechtsbehelfe erschöpft haben, zB ein Wiedereinsetzungsgesuch, BVerfG AnwBl 99, 487.

**104**   **23) VWGO** Entsprechend anzuwenden, § 166 VwGO. **Entscheidung, I:** Die Zuständigkeit des Rpfl (§ 118 Rn 47 ff, § 120 Rn 19 u 32, § 124 Rn 40, 51 u 58) entfällt, Anh § 153 GVG Rn 1, vgl Nr 12 der DfRegelung; zuständig ist das Gericht des Rechtszuges jeweils für diesen, BVerwG Buchholz 310 § 166 Nr 23, iRv § 6 VwGO u § 76 AsylVfG der Einzelrichter, VGH Kassel AnwBl 86, 412, sonst nur das vollbesetzte Gericht, VGH Kassel NVwZ 91, 594. Das Rechtsmittelgericht befindet auch über PKH für das beabsichtigte Rechtsmittel, Rn 8, OVG Münst NWVBl 92, 374 mwN (betr Nichtzulassungsbeschwerde). Über die Bewilligung ist unverzüglich (mit Rückwirkung auf den Zeitpunkt des formgerecht gestellten Antrages) zu entscheiden, nicht erst zusammen mit der Entscheidung in der Hauptsache, OVG Hbg FamRZ 87, 978, VGH Kassel NJW 85, 218 (anders in Verf des einstw Rechtsschutzes, OVG Hbg FamRZ 97, 178, VGH Mannh FEVS 44, 475, VGH Kassel NVwZ-RR 90, 223); falls die Entscheidung ungerechtfertigt verzögert wird, ist für die Beurteilung der Erfolgsaussicht, § 114 (nicht dagegen hinsichtlich der wirtschaftlichen Voraussetzungen, OVG Münst FamRZ 93, 715 mwN), auch in der Beschwerdeinstanz der Zeitpunkt maßgeblich, in dem spätestens hätte entschieden werden müssen, § 114 Rn 82 u § 119 Rn 71, Ey § 166 Rn 40, VGH Mü NVwZ-RR 97, 501, OVG Greifsw NVwZ-RR 96, 621 mwN, OVG Münst NWVBl 92, 72 mwN, OVG Kblz NVwZ 91, 595 mwN, OVG Bre NVwZ-RR 89, 586, VGH Mannh FamRZ 88, 857 mwN, **aM** OVG Kblz NVwZ-RR 90, 384 mwN, VGH Mannh VBlBW 88, 188 VBlBW 88, 264, offen gelassen VGH Mannh Just 88, 140. Schon deshalb ist eine auf den Zeitpunkt der Antragstellung zurückwirkende Bewilligung auch nach Abschluß der Instanz, § 119 Rn 16, OVG Weimar NVwZ 98, 866, OVG Bln NVwZ 98, 650 mwN, VGH Mü NVwZ-RR 97, 500, VGH Kassel DÖV 92, 124, OVG Bre aaO mwN (auch der Gegenmeinung), OVG Münst AnwBl 85, 54, und sogar nach rechtskräftiger Abweisung der Klage möglich, aM Hartmann § 119 Rn 23, OVG Kblz NVwZ-RR 94, 123, VGH Kassel LS DVBl 91, 1102, VGH Mannh Just 88, 140 mwN, OVG Kblz NJW 82, 2834 (abl Bönker NJW 83, 2430 u AnwBl 83, 278), offen gelassen VGH Mannh VBlBW 87, 296. Nach Klagrücknahme kommt dagegen eine Bewilligung idR nicht mehr in Betracht, § 119 Rn 23, OVG Münst NVwZ-RR 94, 124 mwN. Wegen der Pflicht zur kurzen Begründung der Beschlüsse, durch die der PKH versagt oder entzogen wird, vgl § 122 II VwGO – Als **105** **Rechtsmittel**, oben Rn 34 ff, ist seit dem 1. 1. 97 die Beschwerde, § 146 ff VwGO, entspr II statthaft (II 3 2. Halbs ist gegenstandslos), wenn sie vom OVG in entspr Anwendung des § 124 II VwGO auf Antrag zugelassen wird, § 146 IV–VI VwGO idF des Art 1 Z 30 6. VwGOÄndG; ob dafür Vertretungszwang besteht, Kopp/Sch § 166 Rn 19 mwN, VGH Kassel AnwBl 99, 431 einerseits u NVwZ-RR 99, 149 andererseits, OVG Hbg NJW 98, 2548, OVG Bautzen NVwZ 99, 784, alle mwN, ist str, Kuhla/Hüttenbrink DVBl 99, 900, Schmidt NVwZ 98, 700, Bader NJW 98, 414 u NVwZ 98, 446, Silberkuhl NJW 98, 438. Keine Beschwerde gegen die Nichtbescheidung des Antrags, VGH Kassel DVBl 99, 114, OVG Münst JZ 98, 947 (krit Ziekow). Die erfolglose **106** Beschwerde ist kostenpflichtig, OVG Lüneb AnwBl 87, 197 (nicht aber die erfolglose Zulassungsantrag); eine Kostenerstattung findet nicht statt, **IV**. – Zur Unzulässigkeit eines **erneuten Antrags** ohne Änderung der Sach- u Rechtslage s OVG Bre NVwZ-RR 92, 219 (abw OVG Münst DVBl 83, 954).

# Anhang nach § 127

## Beratungshilfegesetz

(Auszug)

*BerHG § 1.* ¹ Hilfe für die Wahrnehmung von Rechten außerhalb eines gerichtlichen Verfahrens (Beratungshilfe) wird auf Antrag gewährt, wenn
1. der Rechtsuchende die erforderlichen Mittel nach seinen persönlichen und wirtschaftlichen Verhältnissen nicht aufbringen kann,
2. nicht andere Möglichkeiten für eine Hilfe zur Verfügung stehen, deren Inanspruchnahme dem Rechtsuchenden zuzumuten ist.
3. die Wahrnehmung der Rechte nicht mutwillig ist.

II Die Voraussetzungen des Absatzes 1 Nr. 1 sind gegeben, wenn dem Rechtsuchenden Prozeßkostenhilfe nach den Vorschriften der Zivilprozeßordnung ohne einen eigenen Beitrag zu den Kosten zu gewähren wäre.

*BerHG § 2.* ¹ ¹Die Beratungshilfe besteht in Beratung und, soweit erforderlich, in Vertretung.
II Beratungshilfe nach diesem Gesetz wird gewährt in Angelegenheiten
1. des Zivilrechts einschließlich der Angelegenheiten, für deren Entscheidung die Gerichte für Arbeitssachen zuständig sind,
2. des Verwaltungsrechts,
3. des Verfassungsrechts,
4. des Sozialrechts.

²In Angelegenheiten des Strafrechts und des Ordnungswidrigkeitenrechts wird nur Beratung gewährt. ³Ist es im Gesamtzusammenhang notwendig, auf andere Rechtsgebiete einzugehen, wird auch insoweit Beratungshilfe gewährt.

III Beratungshilfe nach diesem Gesetz wird nicht gewährt in Angelegenheiten, in denen das Recht anderer Staaten anzuwenden ist, sofern der Sachverhalt keine Beziehung zum Inland aufweist.

*BerHG § 3.* ¹ Die Beratungshilfe wird durch Rechtsanwälte gewährt, auch in Beratungsstellen, die auf Grund einer Vereinbarung mit der Landesjustizverwaltung eingerichtet sind.

II Die Beratungshilfe kann auch durch das Amtsgericht gewährt werden, soweit dem Anliegen durch eine sofortige Auskunft, einen Hinweis auf andere Möglichkeiten für Hilfe oder die Aufnahme eines Antrags oder einer Erklärung entsprochen werden kann.

*BerHG § 4.* ¹ ¹Über den Antrag auf Beratungshilfe entscheidet das Amtsgericht, in dessen Bezirk der Rechtsuchende seinen allgemeinen Gerichtsstand hat. ²Hat der Rechtsuchende im Inland keinen allgemeinen Gerichtsstand, so ist das Amtsgericht zuständig, in dessen Bezirk ein Bedürfnis für Beratungshilfe auftritt.

II ¹Der Antrag kann mündlich oder schriftlich gestellt werden. ²Der Sachverhalt, für den Beratungshilfe beantragt wird, ist anzugeben. ³Die persönlichen und wirtschaftlichen Verhältnisse des Rechtsuchenden sind glaubhaft zu machen. ⁴Wenn sich der Rechtsuchende wegen Beratungshilfe unmittelbar an einen Rechtsanwalt wendet, kann der Antrag nachträglich gestellt werden.

*BerHG § 5.* Für das Verfahren gelten die Vorschriften des Gesetzes über die Angelegenheiten der freiwilligen Gerichtsbarkeit sinngemäß, soweit in diesem Gesetz nichts anderes bestimmt ist.

*BerHG § 6.* ¹ Sind die Voraussetzungen für die Gewährung von Beratungshilfe gegeben und wird die Angelegenheit nicht durch das Amtsgericht erledigt, stellt das Amtsgericht dem Rechtsuchenden unter genauer Bezeichnung der Angelegenheit einen Berechtigungsschein für Beratungshilfe durch einen Rechtsanwalt seiner Wahl aus.

II Gegen den Beschluß, durch den der Antrag zurückgewiesen wird, ist nur die Erinnerung statthaft.

*BerHG § 7.* Der Rechtsuchende, der unmittelbar einen Rechtsanwalt aufsucht, hat seine persönlichen und wirtschaftlichen Verhältnisse glaubhaft zu machen und zu versichern, daß ihm in derselben Angelegenheit Beratungshilfe bisher weder gewährt noch durch das Amtsgericht versagt worden ist.

*BerHG § 8.* ¹ Dem Rechtsanwalt steht gegen den Rechtsuchenden, dem er Beratungshilfe gewährt, eine Gebühr von 20 Deutsche Mark zu, die er nach dessen Verhältnissen erlassen kann.

II Vereinbarungen über eine Vergütung sind nichtig.

*BerHG § 9.* ¹Ist der Gegner verpflichtet, dem Rechtsuchenden die Kosten der Wahrnehmung seiner Rechte zu ersetzen, hat er die gesetzliche Vergütung für die Tätigkeit des Rechtsanwalts zu zahlen. ²Der Anspruch geht auf den Rechtsanwalt über. ³Der Übergang kann nicht zum Nachteil des Rechtsuchenden geltend gemacht werden. ⁴Zahlungen, die der Rechtsanwalt nach Satz 2 erhält, werden auf die Vergütung aus der Landeskasse (§ 131 der Bundesgebührenordnung für Rechtsanwälte) angerechnet.

# Anh § 127, § 127 a                    1. Buch. 2. Abschnitt. Parteien

**Vorbem.** Das BerHG gilt nach seinem § 14 I nicht in Bremen und Hamburg und nach § 14 II in (ganz) Berlin nach Wahl des Rechtssuchenden statt Inanspruchnahme der öffentlichen Rechtsberatung, wenn das Landesrecht nichts anderes bestimmt. Systemwidrig werden in § 14 I Lübeck, München, Traunstein, Würzburg trotz der auch dort vorhandenen Gütestellen (§ 794 Rn 4) nicht genannt. Für die *neuen Bundesländer* gilt **EV Anl I Kap III Sachgeb A Abschn III Z 10. Beratungshilfe wird auch in Angelegenheiten des Arbeitsrechts und des Sozialrechts gewährt.**

**Schrifttum:** *Greißinger*, Beratungshilfegesetz, 1990; *Greißinger* AnwBl **89**, 573 (Rspr-Üb); *Kalthoener/Büttner*, Prozeßkostenhilfe und Beratungshilfe, 1988; *Kammeier* Rpfleger **98**, 501 (Üb); *Lindemann/Trenk-Hinterberger*, Beratungshilfegesetz, Komm, 1987, *Schoreit/Dehn*, Beratungshilfegesetz, Prozeßkostenhilfegesetz, Komm, 6. Aufl 1998 (Bespr *Hintzen* Rpfleger **98**, 544, *Pense* FamRZ **99**, 1194); *Vallender*, Beratungshilfe, 1990.

1  **1) Geltungsbereich.** Das BerHG gilt auch für Ausländer, Deumeland JB **93**, 707 (ausf). Es gilt nach seinem § 1 nur für den Bereich außerhalb eines gerichtlichen Verfahrens. „Außerhalb" kann auch: (nur) außergerichtlich während eines gerichtlichen Verfahrens bedeuten, Hamm Rpfleger **87**, 82, LG Mainz Rpfleger **87**, 160 (auch zu den Grenzen), Reuter NJW **85**, 2012, aM AG Montabaur AnwBl **83**, 476. Unter gerichtlichem Verfahren beliebiger Art vor einem beliebigen staatlichen Gericht zu verstehen, auch zB ein FGG-Verfahren, LG Mainz Rpfleger **87**, 160, jetzt auch bei einer Zuständigkeit der Arbeitsgerichte, § 2 II Z 1 Hs 2. Das Gesetz lehnt sich zum Teil an die Vorschriften zur PKH, §§ 114 ff ZPO, an.

2  **2) Antrag; Zuständigkeit.** Das gerichtliche Verfahren findet auf Antrag statt. Es ist mit Hilfe eines Vordrucks zu stellen, den die BerHVV idF vom 17. 12. 94, BGBl 3839, regelt. Das Verfahren ist zum Teil dem Rpfl übertragen, §§ 3 Z 3 f, 24 a RPflG, Anh § 153 GVG. Zuständig ist insoweit der Rpfl der in §§ 3 II, 4 I 1 BerHG genannten AG, Düss Rpfleger **84**, 471, Köln Rpfleger **84**, 471, und zwar derjenige des Prozeßgerichts, nicht derjenige des FamG, Hamm Rpfleger **84**, 271, aM Schlesw SchlHA **84**, 55.

3  Für die Entscheidung über eine *nachträgliche* Gewährung ist jetzt grundsätzlich nach § 4 I 1 BerHG ebenfalls nur dasjenige AG zuständig, in dessen Bezirk der Rechtssuchende zur Zeit des Antragseingangs, Zweibr JB **98**, 197, seinen inländischen allgemeinen Gerichtsstand hat, §§ 12 ff, BayObLG JB **95**, 366. Die diesbezügliche frühere Streitfrage ist durch § 4 I 1 BerHG überholt, Hamm JB **95**, 366. Nur beim Fehlen eines inländischen allgemeinen Gerichtsstands kommt es darauf an, wo ein Beratungsbedürfnis auftritt, § 4 I 2 BerHG. Wegen des Verfahrens bei einem Zuständigkeitsstreit BayObLG Rpfleger **88**, 670.

4  **3) Mehrheit von Beratungen.** Die Abgrenzung der einen Beratung von einer weiteren erfolgt am besten entsprechend § 13 II 1 BRAGO nach dem Begriff derselben Angelegenheit; § 7 II BRAGO ist wegen des Festgebührensystems des § 132 BRAGO unanwendbar. Die im BerHG angestrebte einfache Handhabung des Vergütungsanspruches sollte nicht bei der Festsetzung unterlaufen werden, AG Gött AnwBl **88**, 126.

5  **4) Rechtsbehelfe.** Es gilt jetzt § 11 RPflG nF, vgl § 127 Rn 94 ff. Dadurch sind die früheren Streitfragen überholt.

6  **5) Weitere Einzelheiten.** Wegen weiterer Verfahrenseinzelheiten Bischof NJW **81**, 894, Derleder MDR **81**, 448, Herget MDR **84**, 529.

7  **6) *VwGO*:** Gilt auch für Angelegenheiten des VerwRechts, § 2 II Z 2 des Ges.

**127a** *Prozeßkostenvorschuß in Unterhaltssachen.* [I] In einer Unterhaltssache kann das Prozeßgericht auf Antrag einer Partei durch einstweilige Anordnung die Verpflichtung zur Leistung eines Prozeßkostenvorschusses für diesen Rechtsstreit unter den Parteien regeln.
[II] [1]Die Entscheidung nach Absatz 1 ist unanfechtbar. [2]Im übrigen gelten die §§ 620a bis 620g entsprechend.

**Schrifttum:** *Kirchner*, Die Erstattung nach §§ 1360 a Abs. 4, 1336 Abs. 4 Satz 4 BGB geleisteten Prozeßkostenvorschüsse und ihre Berücksichtigung im Kostenfestsetzungsverfahren, Diss Münst 1989; *Pauly*, § 127 a ZPO – Eine Regelung von praktischer Notwendigkeit?, Diss Bonn 1995.

**Gliederung**

| | | | | |
|---|---|---|---|---|
| 1) Systematik, I, II | 1, 2 | A. | Zulässigkeit ab Anhängigkeit der Unterhaltssache | 24 |
| 2) Regelungszweck, I, II | 3, 4 | B. | Zulässigkeit bis zur Rechtskraft in der Unterhaltssache | 25 |
| 3) Geltungsbereich, I, II | 5–20 | C. | Weitere Antragseinzelheiten | 26 |
| A. Begriff der „Unterhaltssache" | 5 | 7) | „Einstweilige" Anordnung, I | 27 |
| B. Abgrenzung zur „Ehesache", „Familiensache" und „Kindschaftssache" | 6 | 8) | Vorschuß nur „für diesen Rechtsstreit", I | 28 |
| C. Beispiele zum Vorliegen einer „Unterhaltssache" | 7–20 | 9) | „Unter den Parteien", I | 29 |
| 4) Erfolgsaussicht, Fehlen eines Mutwillens, I | 21, 22 | 10) | „Die Entscheidung ... ist unanfechtbar", II 1 | 30–33 |
| A. Notwendigkeit der Prüfung | 21 | A. | Grundsatz: Unzulässigkeit der Beschwerde | 31, 32 |
| B. Prüfungsmaßstab: Großzügigkeit | 22 | B. | Ausnahme: Zulässigkeit der Beschwerde bei greifbarer Gesetzwidrigkeit | 33 |
| 5) „Das Prozeßgericht ... kann regeln": Bloße Zuständigkeit, I | 23 | | | |
| 6) Notwendigkeit eines „Antrags der Partei", I | 24–26 | | | |

## 7. Titel. Prozeßkostenhilfe und Prozeßkostenvorschuß  § 127a

11) Verfahren „im übrigen": „Entsprechende Geltung der §§ 620a bis 620g", II 2 ............................ 34–44
  A. Keine mündliche Verhandlung (§ 620a I) .......................... 35
  B. Antragseinzelheiten (§ 620a II) ...... 36
  C. Anhörung des Antragsgegners (§ 620a III) ................................... 37
  D. Einzelheiten zur Zuständigkeit (§ 620a IV) .......................... 38
  E. Aufhebung und Änderung der Entscheidung (§ 620b) .................. 39
  F. Begründung der Entscheidung (§ 620d) ............................ 40
  G. Aussetzung des Vollzugs (§ 620e) .... 41
  H. Außerkrafttreten der einstweiligen Anordnung (§ 620f) ................. 42
  I. Kosten (§ 620g) ................... 43
  J. Neuer Antrag ...................... 44

**1) Systematik, I, II.** Während §§ 620a–g in Ehesachen, 621f in anderen Familiensachen und § 641d in 1 Vaterschaftsverfahren einstweilige Anordnungen zulassen, erfaßt § 127a den in jenen vorrangigen Sondervorschriften nicht geregelten Bereich von Unterhaltssachen, Rn 5. Soweit die Vorschrift anwendbar ist, kommt neben ihr eine einstweilige Verfügung nicht in Betracht, § 940 Rn 3 mwN. Denn insofern ist § 127a seinerseits vorrangig. Man muß freilich beachten, daß nicht alle Familiensachen im Sinne von § 23b GVG von dem vorrangigen § 621f erfaßt werden. Denn seine Verweisung auf § 621 I bezieht sich nur auf dessen Z 1–3, 6–9, also zB nicht auf § 621 I Z 4 (gesetzliche Unterhaltspflicht gegenüber Verwandten) und nicht auf § 621 I Z 5 (die durch Ehe begründete gesetzliche Unterhaltspflicht). In diesen Fällen ist also im Ergebnis auch wieder (nur) § 127a sehr wohl anwendbar.

Die Vorschrift schafft keinen sachlichrechtlichen Anspruch. Sie setzt einen solchen vielmehr voraus. Sie 2 regelt nur seine raschere *prozessuale Durchsetzbarkeit*, Karlsr FamRZ **81**, 1195, Oldb FamRZ **82**, 385, ZöPh 1, aM MüKoWa § 1360a BGB Rn 21. Wegen des Verhältnisses zu PKH Rn 15.

**2) Regelungszweck, I, II.** Wer sachlichrechtlich voll unterhaltsberechtigt ist, hat ja in der Regel keinerlei 3 eigenes Vermögen. Daher würden sich seine Ansprüche gegen den voll Unterhaltspflichtigen in der Praxis nur schwer vor Gericht überhaupt einleiten lassen oder gar erst durchsetzen lassen, wenn er die Vorschußpflicht des Klägers gegenüber dem Gericht und evtl gegenüber dem eigenen Anwalt aus eigenen Mitteln erfüllen müßte. Nun kann zwar auch der Unterhaltsberechtigte bei Erfolgsaussicht und Bedürftigkeit usw PKH nach §§ 114 ff beantragen und wird durch ihre Bewilligung jedenfalls zunächst von Zahlungspflichten sowohl gegenüber der Staatskasse als auch gegenüber dem eigenen Anwalt frei. Falls er obsiegt, bleibt es bei diesem Ergebnis. Insofern scheint § 127a auf den ersten Blick überflüssig zu sein. Indessen wird durch PKH die Staatskasse belastet. Das ist unbillig, soweit ein sachlichrechtlich Zahlungspflichtiger und Zahlungsfähiger vorhanden ist, nämlich der Unterhaltsverpflichtete. Daher ist es angemessen, ihn direkt zahlen zu lassen, soweit der Prozeßgegner eben unterhaltsberechtigt ist. Da das Gericht diese Vorschußpflicht durch einstweilige Anordnung rasch und zu Beginn des gerichtlichen Verfahrens bestimmen kann, wird dem Unterhaltsberechtigten die Durchsetzung seines Hauptanspruchs ermöglicht, ohne daß die Staatskasse belastet wird.

Wahrer Sinn des § 127a ist also zumindest auch und wohl in erster Linie die *Entlastung der Staatskasse*. 4 Daraus folgt unter anderem: Soweit eine einstweilige Anordnung möglich ist, kann das Rechtsschutzbedürfnis für PKH fehlen, Rn 15. Soweit andererseits PKH zulässig wäre, entfällt keineswegs das Rechtsschutzbedürfnis für eine einstweilige Anordnung nach I. Indessen können Situationen eintreten, in denen beides nebeneinander statthaft ist. Im übrigen dient nämlich § 127a anders als PKH auch der rascheren und nicht nur der „billigeren" Durchsetzung eines Anspruchs, von dem ganze Existenz des Klägers abhängen kann und der daher eines besonderen Schutzes bedarf. Auch deshalb gibt es für den Prozeßkostenvorschuß auch außerhalb des Bereichs von Ehe- und Familiensachen im Rahmen einer Unterhaltssache die Möglichkeit einer beschleunigten Regelung nach I.

**3) Geltungsbereich, I, II.** Vgl zunächst Üb 4 vor § 114, § 114 Rn 9–45. Die Vorschrift erfaßt freilich 5 nur solche „Unterhaltssachen", die von den vorrangigen §§ 620a–g, 621f, 641d erfaßt werden, Rn 1.

**A. Begriff der „Unterhaltssache".** Die Vorschrift gibt nicht direkt an, was unter „Unterhaltssache" zu verstehen ist. Man kann den Geltungsbereich daher nur durch Beachtung der §§ 1601 ff BGB einerseits, der vorrangigen Ehe- und Familiensachen andererseits bestimmen. Danach bleiben in der Regel nur der Unterhaltsanspruch des ehelichen oder des nichtehelichen Kindes sowie anderer Verwandter. Wegen des Anspruchs eines Ehegatten gegen den anderen Rn 1. Im verbleibenden Geltungsbereich ist es unerheblich, ob es sich um einen vornherein gesetzlichen Anspruch, einen zwar gesetzlich begründeten, zusätzlich aber vertraglich (evtl abweichend) geregelten Unterhalt oder einen nur vertraglich begründeten Unterhalt handelt. Ferner ist die Form der Geltendmachung des sachlichrechtlichen Unterhaltsanspruchs unerheblich; auch der Anspruch auf Abänderung, Aufhebung, Vollstreckungsabwehr usw zählt hierher, Rn 7 „Abänderungsklage".

**B. Abgrenzung zur „Ehesache", „Familiensache" und „Kindschaftssache".** Wegen des Vorrangs 6 der §§ 620a–g, 621f, § 641d, Rn 1, ist stets zunächst zu klären, ob nicht eine „Ehesache", Üb 1 vor § 606, oder eine „Familiensache", § 23b GVG Rn 3, oder „Kindschaftssache", § 640 II, vorliegt. Auch ein Abänderungsbegehren, § 323, eine Wiederaufnahmeklage, §§ 578ff, oder eine Vollstreckungsabwehrklage in jenen Sachen, § 767, bleiben Ehesache bzw Familiensache oder Kindschaftssache und sind daher nicht nach § 127a zu beurteilen.

**C. Beispiele zum Vorliegen einer „Unterhaltssache"**  7

**Abänderungsklage:** Auch eine Abänderungsklage nach § 323 kann eine Unterhaltssache sein, freilich auch als Ehesache oder Familiensache usw zu behandeln sein.

**Anspruchshäufung:** Im Fall der Verbindung eines Anspruchs auf Unterhalt mit einem anderen Anspruch gilt I nur für den Unterhalt, wenn überhaupt. Das ergibt sich aus den Worten „für diesen Rechtsstreit". Daher muß man den übrigen Vorschuß notfalls durch eine Klage einholen.

**Arrest, einstweilige Verfügung:** § 127a hat Vorrang vor anderen vorläufigen Verfahren, soweit sie nur seinen Geltungsbereich betreffen, also nicht zu den Ehe-, Familien- oder Kindschaftssachen gehören, Rn 6. Einem Antrag auf einen Arrest oder auf eine einstweilige Verfügung fehlt daher durchweg das Rechtsschutzbedürfnis, § 940 Rn 3.

## § 127a

**Auskunft:** Der auf Unterhalt gerichtete Auskunftsanspruch ist bereits eine Unterhaltssache, Zweibr FER **98**, 77.
**Ausländer:** Auch ein Ausländer kann einen Anspruch in einer Unterhaltssache haben, Karlsr MDR **86**, 242, und zwar auch auf Grund von Vorschriften seines Heimatrechts, Oldb FamRZ **81**, 1176 (Türke). Für die Frage, nach welchem Recht vor dem deutschen Gericht die sachlichrechtliche Unterhaltspflicht zu beurteilen ist, ist Art 18 EGBGB maßgeblich; insofern ist Karlsr MDR **86**, 242 (grundsätzlich Inlandsrecht) teilweise überholt.

8 **Bedürftigkeit:** Neben der Zahlungsfähigkeit des Antragsgegners ist die Bedürftigkeit des Antragstellers iSv §§ 1601 ff BGB natürlich auch schon bei der Frage zu prüfen, ob man überhaupt durch eine einstweilige Anordnung auch nur einen Prozeßkostenvorschuß vom Gegner verlangen kann, Celle FamRZ **97**, 757, Ffm FamRZ **79**, 732, AG Warendorf FamRZ **99**, 165. Vgl für Kindschaftssachen §§ 640 II, 641 d.

9 **Ehesache:** Soweit sie vorliegt, gilt der vorrangige § 620 Z 9; für jenes Verfahren gelten die vorrangigen §§ 620 a–620 g, Zweibr RR **99**, 796. Das gilt auch beim Trennungsunterhalt, aM Zweibr FamRZ **96**, 227.
Zum Begriff der Ehesache Rn 6.
**Einstweilige Verfügung:** Rn 7 „Arrest", „einstweilige Verfügung".
**Erfolgsaussicht:** Vgl Rn 21.

10 **Familiensache:** Soweit eine der in § 621 f I genannten Familiensachen vorliegt, ist nur jene vorrangige Vorschrift anwendbar. Sie verweist auf nur einen Teil der in § 621 I genannten Sachen. Zu diesen gehört zwar die gesetzliche Unterhaltspflicht gegenüber einem ehelichen Kinde, nicht aber die vertragliche. Die Unterhaltspflicht gegenüber dem nichtehelichen Kind gehört nicht dazu. Daher kann auch in einer Familiensache § 127 a anwendbar sein, Rn 6. **Feststellungsanspruch:** Auch der Anspruch auf bloße Feststellung der Unterhaltspflicht kann eine Unterhaltssache sein. Indessen zählt der Anspruch auf die Feststellung eines nur vorgreiflichen Rechtsverhältnisses nicht hierher, insbesondere nicht der Anspruch auf Feststellung der Vaterschaft oder Nichtvaterschaft; insofern kann § 641 d anwendbar sein, Düss RR **95**, 1412, aM Karlsr Just **76**, 430.
S auch Rn 9 „Ehelichkeitsanfechtung".

11 **Geschiedenenunterhalt:** Der Anspruch eines früheren Ehegatten gegen den geschiedenen anderen Ehegatten ist nach den vorrangigen §§ 620 Z 9 bzw 621 f I geregelt und daher nicht nach § 127 a zu beurteilen, BGH **89**, 33, BayObLG **80**, 79 (Unanwendbarkeit des § 127 a jedenfalls nach der Beendigung der Instanz), Hbg FamRZ **78**, 902, aM BGH NJW **80**, 1392, Mü FamRZ **79**, 42, Stgt NJW **79**, 1168.
Nach der Rechtskraft des Scheidungsurteils stellt eine etwaige Unterhaltspflicht im übrigen ja auch nur eine *Nachwirkung* der früheren Ehe dar. Deshalb kommt die Vorschußpflicht innerhalb der Ehe, die in Wirklichkeit nur eine andere Seite der Unterstützungspflicht aus der Lebensgemeinschaft heraus darstellt, hier nicht in Betracht, BGH **89**, 35, Hbg FamRZ **78**, 902, ThP, aM Düss FamRZ **99**, 44, Ffm FamRZ **81**, 165, Oldb NJW **82**, 2736.
**Getrenntleben:** Rn 9 „Ehesache", Rn 10 „Familiensache", Rn 11 „Geschiedenenunterhalt".

12 **Kind:** Sein Unterhaltsanspruch gegenüber dem gesetzlich Unterhaltspflichtigen zählt grds zu den Familiensachen, § 23 b I Z 5 GVG. Indessen erfaßt der vorrangige § 621 f I nicht alle Familiensachen, sondern nur die dort ausdrücklich erwähnten. Dazu gehört nicht die in § 621 Z 4 geregelte gesetzliche Unterhaltspflicht gegenüber Verwandten. Daher ist im Ergebnis hier wieder § 127 a anwendbar.
Unterhaltspflichtige Eltern müssen dem unterhaltsberechtigten Kind im Rahmen von § 1610 BGB die Kosten zur Führung des Prozesses in einer persönlichen Angelegenheit des Kindes vorschießen, soweit das der *Billigkeit* entspricht, Düss FamRZ **75**, 45. Das gilt auch dann, wenn das unterhaltsberechtigte Kind schon volljährig ist, BVerfG FamRZ **74**, 370, Hamm RR **80**, 1376, freilich nur, soweit es sich um eine persönlich lebenswichtige Angelegenheit handelt, strenger Knops NJW **93**, 1241. Das Gericht darf die Erfolgsaussicht des vom Kind geplanten Prozesses im Rahmen seiner Billigkeitserwägungen prüfen, aM BVerwG FamRZ **74**, 371. Man muß auch § 1613 II BGB (Sonderbedarf) beachten, Stgt FamRZ **88**, 207.
**Kindschaftssache:** Rn 10 „Feststellungsanspruch", Rn 18 „Vaterschaftsanfechtung".
**Klage:** Eine Klage auf einen Prozeßkostenvorschuß bleibt an Stelle einer einstweiligen Anordnung statthaft, BGH NJW **79**, 1508, Hamm KR Nr 4.
S auch Rn 7 „Anspruchshäufung".

13 **Mutwille:** Vgl Rn 11.

14 **Nachehelicher Unterhalt:** Rn 11 „Geschiedenenunterhalt".
**Neufestsetzung:** Auch ein Antrag auf eine Neufestsetzung kann als Unterhaltssache anzusehen sein.

15 **Prozeßkostenhilfe:** Soweit ein sachlichrechtlicher Anspruch auf einen Prozeßkostenvorschuß besteht, kann das Rechtsschutzbedürfnis für PKH fehlen. Es kann aber trotzdem vorhanden sein, Rn 4, zB dann, wenn immerhin zweifelhaft ist oder wird, ob ein sachlichrechtlich bestehender Anspruch auf Prozeßkostenvorschuß auch durchsetzbar sein wird. Umgekehrt kann trotz bereits gewährter PKH ein Rechtsschutzbedürfnis für eine einstweilige Anordnung nach § 127 a bestehen, wenn zB anschließend deutlich wird, daß ein zahlungsfähiger Unterhaltspflichtiger doch vorhanden ist oder wenn ein Vorschuß sich im Verfahren nach § 127 a voraussichtlich rascher durchsetzen läßt. Auch nach der Ablehnung einer einstweiligen Anordnung bleibt ein PKH-Gesuch zulässig, § 114 Rn 62.
Man muß daher nach den *Gesamtumständen* des Einzelfalls abwägen, inwieweit PKH und einstweilige Anordnung einander ausschließen würden. In beiden Fällen sind allerdings die Bedürftigkeit und das Fehlen des Mutwillens beim Antragsteller sowie (im Verfahren nach § 127 a eher noch vorläufiger als in demjenigen nach §§ 114 ff) die Erfolgsaussicht der Hauptsache zu prüfen.

16 **Rechtskraft:** Vgl Rn 42.
S auch Rn 11 „Geschiedenenunterhalt".
**Rechtsschutzbedürfnis:** Es ist, wie stets, in jeder Lage des Verfahrens von Amts wegen zu prüfen.
S auch Rn 7 „Arrest, einstweilige Verfügung"; Rn 15 „Prozeßkostenhilfe".

17 **Scheidung:** Rn 11 „Geschiedenenunterhalt".

## 7. Titel. Prozeßkostenhilfe und Prozeßkostenvorschuß § 127a

**Sonderbedarf:** Der Anspruch auf einen Prozeßkostenvorschuß ist auch als Sonderbedarf nach § 1613 II BGB möglich.
**Statusverfahren:** Rn 10 „Feststellungsanspruch", Rn 18 „Vaterschaftsanfechtung".
**Trennungsunterhalt:** Rn 10 „Ehesache".
**Vaterschaftsanfechtung:** Sofern ein Kind die Vaterschaft durch eine Klage gegen den Vater anficht oder **18** umgekehrt, braucht er ihm keinen Prozeßkostenvorschuß zu zahlen, Ffm FamRZ **83**, 827, Kblz FamRZ **76**, 359, aM Celle DAVorm **95**, 109, Kblz FamRZ **96**, 44. Vgl § 641 d Rn 1. Es kommt aber eine einstweilige Verfügung in Betracht, § 940 Rn 23 „ – (Prozeßkostenvorschuß)".
S auch Rn 10 „Feststellungsanspruch".
**Vertragsanspruch:** Eine Unterhaltssache kann auch dann vorliegen, wenn ein an sich gesetzlich geregelter Anspruch von den Parteien zusätzlich vertraglich geregelt wurde oder wenn nur eine vertraglich begründete Unterhaltspflicht vorliegt.
**Verwandter:** Alle nach §§ 1601 ff BGB unterhaltspflichtigen Verwandten können Antragsgegner sein.
**Volljähriger:** Auch ein Volljähriger kann bekanntlich noch Unterhaltsansprüche haben; auch sie können folglich zu einem Verfahren nach § 127 a führen, BVerwG FamRZ **74**, 370, aM Hamm FamRZ **96**, 1022.
**Vollstreckungsabwehrklage:** Auch eine Klage nach § 767 kann als Unterhaltssache anzusehen sein, folglich zu einem Verfahren nach § 127 a führen, Düss FamRZ **78**, 427.
**Wiederaufnahmeklage:** Auch eine Wiederaufnahmeklage nach §§ 578 ff kann als Unterhaltssache anzu- **19** sehen sein und folglich zu einem Verfahren nach § 127 a führen.
**Zahlungsfähigkeit:** Zum sachlichrechtlichen Unterhaltsanspruch, der die Voraussetzung eines Verfahrens **20** nach § 127 a ist, gehört durchweg die Zahlungsfähigkeit des Gegners, auch wegen der Kosten dieses Verfahrens, Celle **KR** Nr 13, Ffm FamRZ **79**, 732.

**4) Erfolgsaussicht, Fehlen eines Mutwillens, I.** Die Vorschrift nennt diese Merkmale nicht ausdrück- **21** lich. Gleichwohl sind sie aus folgenden Gründen zu beachten.

**A. Notwendigkeit der Prüfung.** Der Zweck der Regelung, Rn 3, macht es notwendig und geradezu selbstverständlich, auch die Erfolgsaussicht und das Fehlen von Mutwillen in der ja bereits notwendigerweise anhängigen Unterhaltssache, Rn 24, jedenfalls im Kern mitzuprüfen. Denn sonst wäre ja überhaupt keine Förderung der rascheren Durchsetzbarkeit eines Unterhalts-„Anspruchs" gerechtfertigt, der in Wahrheit voraussichtlich gar nicht bestünde.

**B. Prüfungsmaßstab: Großzügigkeit.** Die Prüfung der Erfolgsaussicht usw erfolgt wie bei § 114, dort **22** Rn 78, 107. Wie auch dort, ist entsprechend dem Regelungszweck, Rn 3, der Maßstab einer gewissen Großzügigkeit zu Gunsten des Antragstellers ratsam. Das entbindet das Gericht allerdings nicht von der Notwendigkeit einer Gesamtabwägung. Es muß auch bedenken, daß ein gezahlter Vorschuß für den Gegner trotz Obsiegens im Unterhaltsprozeß faktisch meist verloren ist.

**5) „Das Prozeßgericht ... kann regeln": Bloße Zuständigkeit, I.** Das Wort „kann" in I bedeutet, **23** wie so oft, nicht die Einräumung eines Ermessensspielraums dazu, ob das Gericht überhaupt auf einen Antrag tätig werden will, sondern nur eine Regelung seiner Zuständigkeit. Das ist allerdings kompliziert, Bosch FamRZ **79**, 767, Schneider JB **78**, 1278. Soweit also die gesetzlichen Voraussetzungen von I vorliegen, ist das örtlich und sachlich zuständige Gericht verpflichtet und nicht nur berechtigt, zu prüfen, ob es eine einstweilige Anordnung zu treffen hat. Insofern liegt im Rahmen der erforderlichen Gesamtabwägung natürlich doch wieder ein gewisser Ermessensspielraum vor, freilich nicht zur Zuständigkeit und zum Ob der Prüfung, sondern nur dazu, zu welchem Ergebnis sie führt.

**6) Notwendigkeit eines „Antrags der Partei", I.** Eine einstweilige Anordnung erfolgt nicht von Amts **24** wegen, sondern nur „auf Antrag einer Partei". Der Antrag ist also eine notwendige Parteiprozeßhandlung, Grdz 47 vor § 128.

**A. Zulässigkeit ab Anhängigkeit der Unterhaltssache.** Wie das Einleitungswort „In" zeigt, muß bereits eine Unterhaltssache vorliegen. Sie muß gerichtlich anhängig sein. Dazu reicht der Eingang der Klageschrift oder des sonstigen das Hauptverfahren in der Unterhaltssache einleitenden Antrags, vgl § 261 Rn 1. Eine Rechtshängigkeit (Zustellung des Antrags an den Prozeßgegner, Begründung des Prozeßverhältnisses zwischen den Parteien des Hauptverfahrens, Grdz 5 vor § 128) ist nicht erforderlich, aber natürlich auch nicht schädlich. Ein PKH-Gesuch zur Unterhaltssache genügt, II 2 in Verbindung mit § 620a II 1, selbst wenn es als solches keinen Erfolg haben könnte. Allerdings könnte eine einstweilige Anordnung außer Kraft treten, wenn ein PKH-Gesuch vor der Rechtshängigkeit der Unterhaltssache zurückgenommen wird, Düss FamRZ **85**, 1271.

**B. Zulässigkeit bis zur Rechtskraft in der Unterhaltssache.** Wie das Einleitungswort „In" ebenfalls **25** ergibt, bleibt ein Antrag solange zulässig, bis die Unterhaltssache rechtskräftig oder auf andere Weise endgültig beendet ist, etwa durch einen Rechtsmittelverzicht oder durch einen wirksamen Vergleich, Düss **KR** Nr 17. Nach Instanzende kommt ein Antrag jedenfalls insoweit noch in Betracht, als während der Instanz rechtzeitig eine unstreitige Regelung beantragt worden war, Karlsr FER **99**, 267.

**C. Weitere Antragseinzelheiten.** Vgl wegen der weiteren Einzelheiten Rn 36. **26**

**7) „Einstweilige" Anordnung, I.** Wie schon das Wort „einstweilig" zeigt, kann das Gericht immer nur **27** eine vorläufige Regelung treffen. Sie steht also unter dem gesetzlichen Vorbehalt einer abweichenden Entscheidung über den Teil der Unterhaltspflicht in der Unterhaltssache im Hauptverfahren. Daraus folgt: Soweit der Antragsteller im Unterhaltsprozeß jedenfalls mit demjenigen Teil der Unterhaltsforderung unterliegt, die sich auch auf einen Prozeßkostenvorschuß bezieht, hat der Antragsgegner trotz einstweiliger Anordnung doch rückwirkend betrachtet ohne Rechtsgrund geleistet und daher einen Rückforderungsanspruch nach §§ 812 ff BGB, sofern diese nicht durch §§ 1601 ff BGB ausgeschlossen sind. Daraus ergibt sich auch die grundsätzliche Haftung des am Ende mit der Forderung auf Prozeßkostenvorschuß im Hauptverfahren erfolglosen Unterhaltsberechtigten nach § 717 II; die Vorschrift ist entsprechend anwendbar, dort Rn 22 (k).

## § 127a

**28** **8) Vorschuß nur „für diesen Rechtsstreit", I.** Wie diese Worte klarstellen, ist eine einstweilige Anordnung natürlich nur insoweit zulässig, als der begehrte Prozeßkostenvorschuß gerade in der „Unterhaltssache", Rn 7 ff, begehrt wird und auch objektiv nötig ist, soweit im Zeitpunkt der Entscheidung über den Antrag nach I objektiv erkennbar. Es kommt auch als Vorschußanordnung die Auferlegung von PKH-Raten in Betracht, Köln FamRZ **88**, 1300. I ist also zB unanwendbar, soweit ein Unterhaltsberechtigter gegen einen Unterhaltspflichtigen auch oder sogar nur Ansprüche anderer Art vor Gericht bringt oder gar bringen will, selbst wenn er auch einen Vorschuß gerade in einer Unterhaltssache geltend machen könnte.

**29** **9) „Unter den Parteien", I.** Wie diese Formulierung klarstellt, muß es sich um eine Unterhaltssache gerade des jetzigen Antragstellers gerade gegen den jetzigen Antragsgegner handeln. I ist also zB unanwendbar, soweit der Unterhaltsberechtigte einen Vorschuß von einem Unterhaltspflichtigen A fordert, während er jedenfalls bisher eine Unterhaltsforderung (Unterhaltssache) nur gegenüber einem weiteren Unterhaltspflichtigen B anhängig gemacht hat. Das gilt selbst dann, wenn er auch den A in gleicher Weise als Gesamtschuldner oder sogar als vorrangig Haftenden in Anspruch nehmen könnte. Wegen der Rechtsnachfolge auf seiten der einen oder anderen Partei gelten die allgemeinen Regeln.

**30** **10) „Die Entscheidung ... ist unanfechtbar", II 1.** Nach dem eindeutigen Wortlaut ist eine wie immer geartete wirkliche Entscheidung im Verfahren über einen Antrag auf einstweilige Anordnung für keinen der an diesem Verfahren Beteiligten anfechtbar. Die Gerichte sollen nicht mit Rechtsmitteln in einem solchen Nebenverfahren überlastet werden. Das Gesetz nimmt in Kauf, daß der unterliegende Antragsgegner das Gezahlte evtl faktisch nicht zurückerhält.

**31** **A. Grundsatz: Unzulässigkeit der Beschwerde.** Anders als zB bei § 620 c ist eine Beschwerde weder in einfacher noch in sofortiger Form statthaft. Das ergibt sich auch mittelbar daraus, daß II 2 nur „im übrigen" (also nicht wegen der Frage der Anfechtbarkeit, die II 1 vorrangig regelt) die §§ 620 a–620 g entsprechend anwendbar macht. Das gilt sowohl bei einer ablehnenden als auch bei einer stattgebenden als auch bei einer teilweise versagenden Entscheidung und unabhängig davon, ob die Entscheidung in der gesetzlich vorgesehenen Beschlußform oder fälschlich durch Verfügung oder im Urteil ergangen ist. Es ist auch unerheblich, ob eine Zurückweisung als unzulässig oder unbegründet erfolgte. Die Unanfechtbarkeit gilt grundsätzlich in allen diesen Fällen, Ffm FamRZ **79**, 538.

**32** Man kann den Beschluß, § 329, auch *nicht* auf dem *Umweg* über eine Beschwerde im PKH-Bewilligungsverfahren nach § 127 anfechten, Ffm FamRZ **79**, 594, Köln FamRZ **88**, 1300, Zweibr FamRZ **84**, 74, aM ZöPh 3.

**33** **B. Ausnahme: Zulässigkeit der Beschwerde bei greifbarer Gesetzwidrigkeit.** Indessen ist über den Wortlaut von II 1 hinaus eine Beschwerde statthaft, soweit die angefochtene Entscheidung auf greifbarer Gesetzwidrigkeit beruht (und den Beschwerdeführer beschwert), vgl zB § 127 Rn 25, § 567 Rn 6, § 707 Rn 17, § 769 Rn 13, Hamm **KR** Nr 3. Dieser Fall liegt allerdings nicht schon stets dann vor, wenn das Gericht den Antragsgegner nicht ausreichend angehört hat, Rn 37.

**34** **11) Verfahren „im übrigen": „Entsprechende Geltung der §§ 620 a bis 620 g", II 2.** In ungeschickter Reihenfolge nennt II zunächst die Unanfechtbarkeit der Entscheidung und erst im anschließenden S 2 das vorangehende Verfahren. Es ist in den Anm zu §§ 620 a– 620 g ausführlich dargestellt. Daher hier nur Andeutungen.

**35** **A. Keine mündliche Verhandlung (§ 620 a I).** Eine mündliche Verhandlung ist nicht erforderlich, aber zulässig. Das ergibt sich daraus, daß § 620 a I nur bestimmt, daß der Beschluß ohne mündliche Verhandlung ergehen „kann".

**36** **B. Antragseinzelheiten (§ 620 a II).** Der Antrag ist zulässig, sobald die Unterhaltssache anhängig oder ein Antrag auf Bewilligung von PKH eingereicht ist, Rn 24. Der Antrag kann zum Protokoll der Geschäftsstelle eines jeden Amtsgerichts gestellt werden, II 2 in Verbindung mit §§ 129, 620 a II 2. Er ist auch bis zur rechtskräftigen Ablehnung eines PKH-Gesuchs zulässig, Rn 25, Düss **KR** Nr 17. Der Antragsteller „soll" (nicht: muß) die Voraussetzungen der Anordnung glaubhaft machen, II 2 in Verbindung mit §§ 294, 620 a II 3. Die Glaubhaftmachung ist aber nicht erst auf Grund einer Anforderung des Gerichts ratsam; in Abweichung vom PKH-Verfahren, § 118 II 1, hängt ihre Notwendigkeit nicht von einem Verlangen des Gerichts ab.

**37** **C. Anhörung des Antragsgegners (§ 620 a III).** Das Gericht „soll" (nicht: muß) den Antragsgegner anhören. Das gilt trotz Art 103 I GG. Denn der Eigenart eines Eilverfahrens entspricht es eine mit Verfassungsverstoß, unter besonderen Umständen von einer Anhörung des Gegners abzusehen, vgl zB § 937 Rn 4. Soweit eine Anhörung erfolgen muß oder soll, ist eine angemessene Frist zu bestimmen und darf das Gericht nicht vor ihrem Ablauf entscheiden (das wäre eine „greifbare Gesetzwidrigkeit", Rn 33).

**38** **D. Einzelheiten zur Zuständigkeit (§ 620 a IV).** Zuständig ist das Prozeßgericht des ersten Rechtszuges der Unterhaltssache und, wenn sie in der Berufungsinstanz anhängig ist, das Berufungsgericht, II 2 in Verbindung mit § 620 a IV 1. § 620 a IV 2, 3 (Sonderregelungen für Folgesachen) dürfte unanwendbar sein, weil die Vorschrift hier nicht paßt, abw Köln FamRZ **90**, 768 mwN.

*Beispiele:* Für einen Erhöhungsantrag wegen des Unterhaltsprozesses vor dem FamG bleibt dieses auch nach einer Berufung für die Entscheidung nach § 127 a zuständig, AG Bln-Charlottenb DAVorm **82**, 383 mwN. Bei Berufung nur in einer Folgesache ist für einen Antrag nach § 127 a für das Berufungsverfahren das OLG zuständig, BGH NJW **81**, 2305. Während Revisionsinstanz des Unterhaltsprozesses ist für einen Antrag nach § 127 a das erstinstanzliche Gericht zuständig. Die Zuständigkeit kann mit derjenigen für die Ehesache übergehen, BGH MDR **80**, 565.

Das Gericht darf schon wegen des Beschleunigungszwecks, Rn 3, *nicht trödeln* und zB den Antragsteller nicht auf einen ebenfalls unterhaltspflichtigen anderen Angehörigen verweisen, Zweibr **KR** Nr 8. Es muß im Rahmen der erforderlichen und ausreichenden vorläufigen Gesamtabwägung auch bedenken, daß ein gezahlter Vorschuß für den Antragsgegner trotz Obsiegens im Unterhaltsverfahren faktisch verloren sein könnte.

**E. Aufhebung und Änderung der Entscheidung (§ 620 b).** Das Gericht kann auf Antrag den Beschluß (Ablehnung, teilweises oder gänzliches Stattgeben) aufheben oder ändern und von Amts wegen dazu entscheiden, soweit eine weitere Anhörung des Jugendamts unterblieben war, II 2 in Verbindung mit § 620 b I 1, 2. Ob eine Anhörung des Jugendamts erforderlich war, ergibt das sachliche Unterhaltsrecht. **39**

**F. Begründung der Entscheidung (§ 620 d).** Das Gericht muß seine wie immer geartete Entscheidung grundsätzlich begründen, II 2 in Verbindung mit § 620 d, vgl § 329 Rn 4. Das gilt trotz der grundsätzlichen Unanfechtbarkeit, Rn 30. Denn die Begründung hat immerhin einigen Wert für das weitere Unterhaltsverfahren. Freilich ist eine stichwortartige Kurzbegründung durchweg ausreichend. Nach einer mündlichen Verhandlung verkündet das Gericht die Entscheidung über den Antrag auf einstweilige Anordnung. Mangels mündlicher Verhandlung teilt es die Entscheidung den Beteiligten formlos mit, da sie unanfechtbar ist, § 329 II 1. **40**

**G. Aussetzung des Vollzugs (§ 620 e).** Der Beschluß des Gerichts ist grundsätzlich sofort vollziehbar, auch wenn in ihm darüber nicht ausdrücklich eine Anordnung steht. Das Gericht kann aber vor einer Entscheidung in der Unterhaltssache die Vollziehung einer einstweiligen Anordnung aussetzen, II 2 in Verbindung mit § 620 e. Auch dieser Aussetzungsbeschluß ist wegen II 1 unanfechtbar, Hamm FamRZ 80, 174. Trotzdem ist auch er zu begründen, Rn 40. **41**

**H. Außerkrafttreten der einstweiligen Anordnung (§ 620 f).** Wegen ihres vorläufigen Charakters tritt eine einstweilige Anordnung beim Wirksamwerden einer anderweitigen Regelung sowie dann außer Kraft, wenn in der Unterhaltssache der Antrag oder die Klage zurückgenommen oder rechtskräftig abgewiesen werden oder wenn die Unterhaltssache in der Hauptsache als erledigt anzusehen ist, II 2 in Verbindung mit § 620 f 1. Das Außerkrafttreten gilt zwar bereits kraft Gesetzes; es ist aber auf Antrag durch Beschluß (bestätigend) auszusprechen, § 620 f I 2. Gegen diesen Beschluß ist allerdings keine sofortige Beschwerde statthaft; § 620 f I 3 tritt hinter § 127 a II 1 (Unanfechtbarkeit) zurück. **42**

**I. Kosten (§ 620 g).** Die im Verfahren der einstweiligen Anordnung entstehenden Kosten gelten für die Kostenentscheidung der Unterhaltssache als Teil der Kosten der Hauptsache; § 96 gilt entsprechend, II 2 in Verbindung mit § 620 g. **43**
*Gebühren:* Des Gerichts: KV 1700; des Anwalts: § 41 I 1 a BRAGO.

**J. Neuer Antrag.** Nach Beendigung des Verfahrens auf Erlaß einer einstweiligen Anordnung (Ablehnung oder teilweise Ablehnung) ist ein neuer Antrag zwar grundsätzlich statthaft; jedoch ist das Rechtsschutzbedürfnis, Grdz 33 vor § 253, für ihn ähnlich streng zu prüfen wie bei einem neuen PKH-Antrag, vgl § 127 Rn 104. **44**

## Dritter Abschnitt. Verfahren

### Grundzüge

#### Gliederung

| | |
|---|---|
| 1) **Systematik, Regelungszweck** .......... 1 | J. Wahrheitspflicht ..................... 33 |
| 2) **Geltungsbereich** ...................... 2 | K. Informationspflicht ................. 34 |
| 3) **Prozeßrechtsverhältnis** ............. 3–17 | L. Würdigungsfreiheit des Gerichts ....... 35, 37 |
| A. Allgemeines ........................ 3 | M. Verstoß ............................ 37 |
| B. Einzelne Partei und Gericht .......... 4 | N. Amtsermittlung im einzelnen ........ 38 |
| C. Parteien untereinander; Schutzschrift .. 5–10 | O. Amtsprüfung im einzelnen .......... 39, 40 |
| D. Mitwirkungspflicht, Obliegenheit ..... 11 | 5) **Rechtliches Gehör** ................. 41–45 |
| E. Förderungspflicht ................... 12, 13 | A. Allgemeines ...................... 41–44 |
| F. Prozeßwirtschaftlichkeit ............. 14, 15 | B. Verstoß .......................... 45 |
| G. Lauterkeitspflicht ................... 16 | 6) **Prozeßhandlung** ................... 46–64 |
| H. Rechtsnachfolge ..................... 17 | A. Allgemeines ...................... 46 |
| 4) **Parteiherrschaft, Beibringungsgrundsatz, Verhandlungsmaxime** ........... 18–40 | B. Parteiprozeßhandlung ............. 47 |
| A. Parteiherrschaft .................... 18, 19 | C. Rechtsgeschäft, Prozeßvertrag ..... 48–50 |
| B. Beibringungsgrundsatz, Verfügungsgrundsatz .................. 20, 21 | D. Einzelnes ........................ 51–55 |
| C. Tatsachenstoff ..................... 22–24 | E. Willensmangel .................... 56 |
| D. Durchbrechung des Beibringungsgrundsatzes: Allgemeines ............. 25–27 | F. Treu und Glauben ................. 57 |
| E. Aufklärungspflicht .................. 28 | G. Widerruf ......................... 58, 59 |
| F. Beweiserhebung von Amts wegen .... 29 | H. Sachlichrechtliche Folgen .......... 60 |
| G. Zurückweisungspflicht .............. 30 | I. Prozeßhandlung und Rechtsgeschäft ... 61 |
| H. Ermittlung im Eheverfahren usw ..... 31 | J. Beispiele zur Frage einer Verbindung von Prozeßhandlung und Rechtsgeschäft ........................... 62–64 |
| I. Prüfung in sonstigen Verfahren ...... 32 | 7) *VwGO* ............................ 65 |

**1) Systematik, Regelungszweck.** Die Vorschriften des 3. Abschnitts enthalten, etwas bunt gemischt, einen Teil der allgemeinen Verfahrensregeln. Andere befinden sich zB in §§ 12 ff. Die nachfolgenden Regeln Rn 3 ff enthalten eine Zusammenfassung des wohl Wichtigsten. Nach dem Aufbau des Gesetzes ist das Verfahren der ersten Instanz das Kernstück des gesamten Zivilprozesses. **1**

**Grdz § 128**  1. Buch. 3. Abschnitt. Verfahren

Das erstinstanzliche Verfahren *zielt darauf ab,* den tatsächlichen Sachverhalt möglichst erschöpfend aufzuklären. Freilich besteht keine Pflicht zur Ermittlung von Amts wegen, im Sinn von Rn 38, von besonderen Verfahrensarten (Kindschaftsverfahren usw) abgesehen. Trotzdem hat das Gericht eine erhebliche Pflicht zur Mitwirkung an der Aufklärung des Sachverhalts. Die Parteien sind freilich in noch größerem Maße zu einer solchen Mitwirkung verpflichtet. Grundlage dieser Pflicht ist das Prozeßrechtsverhältnis, Rn 3. Durch eine Verletzung dieser Pflicht können schwere Rechtsfolgen entstehen.

2  **2) Geltungsbereich.** Die Regeln Rn 3–65 und §§ 128 ff gelten teils in allen Verfahren nach der ZPO, teils nur in denjenigen, aus denen sie sich gerade ableiten lassen, zB bei Rn 31, 38. Vgl daher bei den einzelnen Vorschriften. Ergänzend gelten §§ 169 ff GVG. In arbeitsgerichtlichen Verfahren gelten die Regeln grundsätzlich ebenfalls, §§ 46 II 1, 80 II ArbGG.

3  **3) Prozeßrechtsverhältnis**

**Schrifttum:** *Arens,* Die Grundprinzipien des Zivilprozeßrechts, in: *Gilles,* Humane Justiz (1977) 1; *Baumann,* Grundbegriffe und Verfahrensprinzipien des Zivilprozeßrechts, 2. Aufl 1979; *Baur,* Grundlagen und Grundsätze des Zivilprozesses (Beiträge zur Gerichtsverfassung und zum Zivilprozeßrecht, 2. Kapitel), 1983; *Damrau,* Die Entwicklung einzelner Prozeßmaximen usw, 1975; *Jestaedt,* Prozeßförderungs- und Mitwirkungspflichten im Patentnichtigkeitsverfahren, Festschrift für *Piper* (1996) 695; *Kawano,* Wahrheits- und Prozeßförderungspflicht als Verhaltenspflicht der Parteien gegeneinander, Festschrift für *Henckel* (1975) 411; *Konzen,* Rechtsverhältnisse zwischen Prozeßparteien usw, 1976; *Peters,* Auf dem Wege zu einer allgemeinen Prozeßförderungspflicht der Parteien?, Festschrift für *Schwab* (1990) 399; *Schlosser,* Ein verständliches Parteihandeln im Zivilprozeß, 1968; *Schmidt,* Mehrseitige Gestaltungsprozesse bei Personengesellschaften, 1992; *Schmidt,* Das Prozeßrechtsverhältnis bei Umstrukturierung, Auflösung und Konkurs einer Handelsgesellschaft, Festschrift für *Henckel* (1995) 749.

**A. Allgemeines.** Die Lehre vom Prozeßrechtsverhältnis erschließt das Verständnis vieler prozessualer Vorgänge. Aus dem Prozeßrechtsverhältnis ergeben sich zahlreiche unmittelbare Rechtsfolgen. Das Prozeßrechtsverhältnis äußert sich in einer Reihe von Grundsätzen und Pflichten.
Es ist allerdings *keineswegs unstreitig,* ob, zwischen wem und mit welchem Inhalt ein Prozeßrechtsverhältnis besteht. Hellwig § 138 ließ ein Prozeßrechtsverhältnis nur zwischen dem Gericht einerseits, den Parteien andererseits bestehen. Bülow ZZP 27, 224 ließ ein solches Verhältnis auch zwischen den Parteien entstehen. Man hat ein solches Verhältnis auch ganz geleugnet und den Prozeß auf sog Rechtslagen zurückgeführt, also auf bloße Aussichten, Möglichkeiten und Lasten, auf Entwicklungsstufen des Prozesses (Goldschmidt). Aus solchen bloßen Entwicklungsstufen lassen sich keine unmittelbaren Pflichten ableiten. Demgegenüber sieht Blomeyer ZPR § 11 im Prozeßrechtsverhältnis die Gesamtheit der Rechtsfolgen, welche die Prozeßordnung an die Tatsache knüpft, daß ein Prozeß begonnen hat und fortgeführt wird. Der früher fast allgemein vertretene Standpunkt, es gebe keine prozeßrechtlichen Pflichten, war immer falsch, vgl nur § 138 I.

4  **B. Einzelne Partei und Gericht.** Die Beziehungen einer jeden einzelnen Partei zum Gericht lassen sich kaum als Prozeßrechtsverhältnis kennzeichnen. Denn diese Beziehungen sind nicht anders als die Beziehungen sonstiger Personen zu beliebigen anderen Behörden. Jede Behörde muß ihr Amt pflichtgemäß ausüben. Wer ihren Schutz beansprucht, muß sich ihren Anordnungen in einem gesetzlich bestimmten Umfang fügen und muß die Behörde in einem gesetzlich bestimmten Umfang durch seine Mitwirkung unterstützen. Insofern besteht allerdings eine Mitwirkungspflicht, wie sie auch innerhalb eines Prozeßrechtsverhältnisses vorliegt, vgl Rn 11. Dessen ungeachtet sind solche Beziehungen zwischen der einzelnen Partei und dem Gericht eben nicht typisch prozessual.

5  **C. Parteien untereinander; Schutzschrift.** Das Prozeßrechtsverhältnis ist eine Beziehung zwischen mindestens zwei Parteien. Schmidt (bei Rn 3) 118 sieht bei bestimmten Fällen einheitlicher Gestaltungsprozesse zB nach §§ 117, 127, 133, 140 HGB auch ein mehrseitiges Prozeßrechtsverhältnis, das nicht nur jeden Streitgenossen, § 59, mit je einem Prozeßgegner, sondern auch die Streitgenossen untereinander verbinde. Die dem Prozeßrechtsverhältnis entfließenden Rechte und Pflichten wirken sich im Spannungsfeld zwischen dem Gericht und beiden Parteien aus. Deshalb entsteht das Prozeßrechtsverhältnis auch grundsätzlich *erst mit der Klagerhebung,* § 253, Saarbr NJW **74**, 1661, bzw Zustellung der Rechtsmittelschrift an den Gegner, Mü MDR **87**, 1030, also evtl dann für jeden Rechtszug neu, Mü MDR **87**, 1030. Die bloße Einreichung der Klage begründet zunächst nur Rechtsbeziehungen zwischen dem Einreicher und dem Gericht. Solange der Gegner des Einreichers von dem Vorgang nichts weiß und nichts zu wissen braucht, kann man ihm in Bezug auf diesen Vorgang weder Rechte noch Pflichten zusprechen.

6  Von diesem Grundsatz gibt es allerdings erhebliche *Ausnahmen,* etwa im Verfahren auf die Bewilligung einer Prozeßkostenhilfe, §§ 114 ff, aM Bre FamRZ **89**, 198 (förmelnd), oder im vorläufigen Verfahren auf den Erlaß eines Arrestes oder einer einstweiligen Verfügung, §§ 916 ff, 935 ff; dort hat das Gericht schon wegen des evtl notwendigen Unterbleibens einer an sich ja nach Art 103 I GG gebotenen Anhörung des Antragsgegners für ihn die Prozeßtreuhänderstellung, Düss JZ **95**, 316. Sie begründet für ihn ein Prozeßverhältnis, § 261 Rn 8, § 920 Rn 7.

7  Zur sog *„Schutzschrift",* auch „vorbeugender Schriftsatz" genannt, vgl Köln MDR **98**, 432 (zustm Schneider), *Deutsch* GRUR **90**, 327, *Hilgard,* Die Schutzschrift im Wettbewerbsrecht, 1985; *Hirte* MDR **88**, 639 (zur freiwilligen Gerichtsbarkeit) und ZZP **104**, 64 (auch zum amerikanischen „amicus-curiae-brief"); *Leipold* RdA **83**, 164; *Marly* BB **89**, 770 (zum arbeitsgerichtlichen Verfahren), *May,* Die Schutzschrift im Arrest- und Einstweiligen-Verfügungs-Verfahren, 1983; *Teplitzky* NJW **80**, 1667; *Wilke/Jungeblut,* Abmahnung, Schutzschrift und Unterlassungserklärung im gewerblichen Rechtsschutz, 2. Aufl 1995.

8  Die Schutzschrift ist *im Gesetz nicht vorgesehen* und schon als eine bedingte Parteiprozeßhandlung, Rn 47, 54, offen Düss FamRZ **85**, 503, sowohl dogmatisch, Leipold RdA **83**, 164, als auch praktisch zumindest insofern problematisch, als sie auf Pflichten des Gerichts abzielt, die zumindest teilweise unbestimmt lange Zeit vor der bloßen Anhängigkeit eines Rechtsschutzgesuchs des Klägers bzw Antragstellers entstehen sollen;

1. Buch. 3. Abschnitt. Verfahren **Grdz § 128**

vgl auch Pastor Mü NJW **93**, 1604. Das Recht auf rechtliches Gehör, auf das zB May (bei Rn 7), Schneider MDR **98**, 433, ThP § 935 Rn 9 abstellen, setzt einen verfahrenseinleitenden Antrag voraus; andernfalls müßte das Gericht jede Eingabe irgendeines Bürgers schon deshalb bearbeiten, weil er irgendwann ein Verfahren gegen sich befürchtet. Das kann nicht rechtens sein.

Die Schutzschrift hat sich freilich bedauerlicherweise im *Wettbewerbsrecht* eingebürgert, KG MDR **88**, 239, **9** Deutsch GRUR **90**, 327, Teplitzky NJW **80**, 1667. ThP § 935 Rn 9 empfehlen sogar ihre vorsorgliche Einreichung bei jedem etwa zuständigen Gericht; zu diesem „Unsinn" Herr GRUR **86**, 436; zu welchen uferlosen Folgen die allgemeine Zulassung von Schutzschriften führen kann, zeigt sich erschreckend am Beispiel des Familienrechts, wie von Els FamRZ **96**, 651 es vorführt, oder am Gedanken, die Schutzschrift auch im Vollstreckungsverfahren einzuführen, Vogel NJW **97**, 554. Das zeigt, insbesondere bei einer Anwendbarkeit des § 32, das Ausmaß der Problematik. Prozeßkostenhilfe kommt für sie jedenfalls außerhalb des Wettbewerbsrechts kaum in Betracht, Düss FamRZ **85**, 503. Die Kosten der Schutzschrift können erstattungsfähig sein, § 91 Rn 192.

Die *Klagerhebung* erfolgt durch die Zustellung der Klage. Für die Entstehung des Prozeßrechtsverhältnisses **10** ist es grundsätzlich unerheblich, ob die Klagezustellung mangelhaft ist, vgl § 589. Die Klagerhebung zieht den privatrechtlichen Anspruch aus dem privaten Bereich in denjenigen der Rechtsgemeinschaft. Diese wird vom Kläger in Form der Staatsgewalt angerufen. Sie muß darüber wachen, daß Recht Recht bleibt. Das Prozeßrechtsverhältnis ist öffentlichrechtlich. Die privaten Beziehungen der Parteien untereinander während des Prozesses sind für das Prozeßrechtsverhältnis grundsätzlich unwesentlich. Das Prozeßrechtsverhältnis begründet prozessuale Pflichten. Ihre Verletzung zieht prozessuale Nachteile nach sich. Sie kann außerdem sachlichrechtliche Folgen haben. Sie kann strafbar sein.

**D. Mitwirkungspflicht, Obliegenheit.** Keine Partei ist wie ein Zeuge genötigt, zur Vermeidung eines **11** unmittelbaren Zwangs zu handeln oder Erklärungen abzugeben. Sein Ausbleiben kann zu einem unmittelbaren Rechtsnachteil führen, § 141. Wer sich aber an einem Verfahren nicht beteiligt, obwohl er einen anderen oder obwohl ihn ein anderer vor Gericht gezogen hat, der erleidet als „Säumiger" erhebliche prozessuale Nachteile. Sie können bis zum Verlust des Prozesses gehen, §§ 330 ff. Wer unzureichende Erklärungen abgibt, kann entsprechende Nachteile erleiden. Insofern bestehen sehr erhebliche und weitreichende sog Obliegenheiten, Mitwirkungs-„Pflichten" im weiteren Sinn.

**E. Förderungspflicht.** Während die Mitwirkungspflicht die Frage regelt, ob eine Partei überhaupt durch **12** ihr Erscheinen und/oder ihre Erklärungen am Fortgang des Verfahrens mithelfen muß, regelt die Förderungspflicht zusammen mit dem Grundsatz der Prozeßwirtschaftlichkeit und zusammen mit der Lauterkeitspflicht, Rn 14–16, den Umfang der erforderlichen Mitwirkung näher. Die Förderungspflicht ist die Pflicht, nach Kräften dazu beizutragen, daß der Prozeßstoff unverzüglich voll ausgebreitet werden kann, vgl Peters (vor Rn 3) 399. Diese Pflicht kann sich sowohl in zeitlicher Beziehung als auch in räumlicher Hinsicht und schließlich in der Art und Weise der Mitwirkung ausdrücken. In jeder dieser Beziehungen muß jede Partei während des gesamten Prozesses den Grundsatz von Treu und Glauben beachten, Einl III 54.

Die *Verletzung* der Förderungspflicht kann erhebliche Nachteile herbeiführen, etwa die Aufhebung der **13** Bewilligung von Prozeßkostenhilfe, § 124, oder eine Zurückweisung des Vortrags wegen Verspätung, § 296. Die Verletzung der Förderungspflicht kann als Prozeßbetrug strafbar sein. Die Geltendmachung eines Rechts kann überhaupt als Rechtsmißbrauch unzulässig sein, Einl III 54. Die Förderungspflicht kann recht weit gehen, Peters (bei Rn 3) 407. Zu ihr kann die Pflicht gehören, sich einer erbkundlichen Untersuchung zu unterwerfen, § 372 a, Peters (bei Rn 3) 401.

Bei einem *Verstoß* gegen die Förderungspflicht sollte man allerdings nicht von prozessualer Verwirkung sprechen. Denn der Prozeß als ein öffentlichrechtliches Verhältnis kennt keine Verwirkung.

**F. Prozeßwirtschaftlichkeit** **14**

**Schrifttum:** *Hütten,* Die Prozeßökonomie usw, Diss Würzb 1975; *Noske,* Die Prozeßökonomie als Bestandteil des verfassungsrechtlichen Grundsatzes der Verhältnismäßigkeit, Diss Mainz 1989; *Schmidt,* Der Zweck des Zivilprozesses und seine Ökonomie usw, 1973.

Das Gericht und beide Parteien haben die Pflicht, den Prozeß möglichst *zweckmäßig* und *billig* zu gestalten, insofern grundsätzlich richtig LG Kassel AnwBl **81**, 448. Es handelt sich nicht um eine nur technische Aufgabe, sondern um eine ethische und daher auch rechtliche Pflicht des Gerichts, Schumann Festschrift für Larenz (1973) 271. Das Gericht ist für die Rechtsuchenden da und nicht umgekehrt. Die Pflicht der Parteien zur Prozeßwirtschaftlichkeit, BGH **92**, 211, entfließt dem Prozeßrechtsverhältnis, Rn 3, BPatG GRUR **78**, 559. Wer die Rechtsgemeinschaft anruft, muß sich einordnen. Diese Einordnung verlangt auch eine Rücksicht auf berechtigte Belange des Prozeßgegners, soweit eine solche Rücksicht zumutbar ist.

Darum muß nicht nur das Gericht, sondern auch jede Partei den *einfachsten und billigsten Weg* zur Erreichung des Ziels wählen. Jede Partei muß unter anderem darauf achten, die Prozeßkosten möglichst niedrig zu halten, § 91 Rn 31. Auf dem Grundsatz der Pflicht zur Prozeßwirtschaftlichkeit beruhen teilweise die Wirkungen der Rechtshängigkeit und Rechtskraft.

Die *Grenzen* der Beachtlichkeit der Prozeßwirtschaftlichkeit liegen dort, wo grundlegende andere Erfordernisse preisgegeben werden müßten, BGH NJW **99**, 2119.

Ein *Verstoß* gegen die Pflicht zur Prozeßwirtschaftlichkeit kann dazu führen, daß der Kläger das **15** Rechtsschutzbedürfnis verliert, Grdz 33 vor § 253, Düss FamRZ **85**, 1153, zB bei einer objektiven und bereits deshalb verbotenen Gerichtsstandserschleichung, Einl III 56, § 2 Rn 7, Üb 22 vor § 12. In solchen Fällen muß das Gericht die Klage durch ein Prozeßurteil ohne eine Sachprüfung als unzulässig abweisen, Grdz 53 vor § 253. So kann zB eine Leistungsklage dazu führen, daß die daneben erhobene Feststellungsklage zu demselben Sachverhalt unzulässig wird. Man sollte aber das Rechtsschutzbedürfnis nicht zu schnell verneinen. Eine solche Methode wäre nämlich ein Mißbrauch des Gebots der Prozeßwirtschaftlichkeit.

**Grdz § 128**          1. Buch. 3. Abschnitt. Verfahren

16    **G. Lauterkeitspflicht.** Die Parteien haben ebenso wie das Gericht die Pflicht, alle ihre Handlungen, Unterlassungen und Entscheidungen in voller Aufrichtigkeit zu treffen und zu führen, also Treu und Glauben zu beachten, Einl III 54. Diese Pflicht ist nicht ernst genug zu nehmen. Sie enthält vor allem die Wahrhaftigkeitspflicht, die § 138 besonders ausspricht.

17    **H. Rechtsnachfolge.** Wer zum Rechtsnachfolger einer Partei wird, wird auch ihr Rechtsnachfolger im Prozeßrechtsverhältnis. Etwas anderes gilt nur dann, wenn eine Rechtsnachfolge außerhalb der im Gesetz geregelten Fälle stattfindet, vgl bei § 263. Nur in diesem letzteren Fall wirkt eine Prozeßhandlung der alten Partei nicht für oder gegen die neue.

18    **4) Parteiherrschaft, Beibringungsgrundsatz, Verhandlungsmaxime**

     **Schrifttum:** *Bathe,* Verhandlungsmaxime und Verfahrensbeschleunigung bei der Vorbereitung der mündlichen Verhandlung, 1977; *Brehm,* Bindung des Richters an den Parteivortrag und Grenzen freier Verhandlungswürdigung, 1982; *Goebel,* Zivilprozeßdogmatik und Verfahrenssoziologie, 1994; *Grunsky,* Dispositionsgrundsatz und Verfahrensbeteiligung im europäischen Vergleich, Festschrift für Baur (1992) 25; *Hahn,* Kooperationsmaxime im Zivilprozeß? usw, 1983; *Hahn,* Anwaltliche Rechtsausführungen im Zivilprozeß, 1998; *Rimmelspacher,* Zur Prüfung von Amts wegen im Zivilprozeß, 1966; *Rinsche,* Prozeßtaktik, 1987; *Schlosser,* Einverständliches Parteihandeln im Zivilprozeß, 1968; *Schmidt-Hieber,* Richtermacht und Parteiherrschaft über offenkundige Tatsachen, Diss Freibg 1975; *Schönfeld,* Zur Verhandlungsmaxime im Zivilprozeß usw, 1981; *Stürner,* Die Aufklärungspflicht der Parteien im Zivilprozeß, 1976; *Stickelbrock,* Die Kollision von Prozeßmaximen im Scheidungsverbundverfahren, 1996; *Stürner,* Verfahrensgrundsätze des Zivilprozesses und Verfassung, Festschrift für *Baur* (1981) 647 (650); *Trepte,* Umfang und Grenzen des sozialen Zivilprozesses, 1994; *Ullmann,* Gedanken zur Parteimaxime im Patentverletzungsstreit usw, Festschrift für *Ballhaus* (1985) 809; *Vollkommer,* Die Stellung des Anwalts im Zivilprozeß, 1984.

19    **A. Parteiherrschaft.** Private Rechtsbeziehungen lassen ganz überwiegend eine freie Gestaltung durch die Beteiligten zu. Oft setzt allerdings das Gesetz dieser Freiheit Schranken. Eine gesetzliche Aufhebung dieser Gestaltungsfreiheit ist selten. Sie liegt meist dann vor, wenn die Belange der Allgemeinheit überwiegen, wie im Ehe-, Kindschafts- oder Aufgebotsrecht, also bei einem Rechtsverhältnis, dessen Austragung im Rechtsweg systematisch in das Verfahren der freiwilligen Gerichtsbarkeit führt, Einl III 2, § 621 e. Zum Patentverletzungsstreit Ullmann, Festschrift für Ballhaus (1985) 809.

     Soweit die Parteien ihre Rechtsbeziehungen frei gestalten dürfen, müssen sie das auch im Prozeß tun können, vgl BVerfG 63, 392. Denn der Prozeß bezweckt ja nur die Durchsetzung eines *privaten Rechts,* KG JR 82, 170. Deshalb kann man von einer Parteiherrschaft im Zivilprozeß sprechen. Soweit die Parteien freilich keine hiernach zulässigen abweichenden Regelungen treffen, gilt die ZPO als „zwingendes" öffentliches Recht, BAG MDR 83, 1053.

     Die Parteien bestimmen den Gegenstand des Prozesses grundsätzlich selbst, auch soweit sie nicht postulationsfähig sind (Begriff Üb 1 vor § 78), Hamm MDR 98, 286 (Geständnis). Freilich geschieht das meist durch ihre *Anträge.* Das Gericht darf einer Partei bis auf die Kostenfrage nichts zusprechen, was sie nicht begehrt hat, § 308 I. Mit dem Beibringungsgrundsatz, unter den diese Regel meistens gebracht wird, hat das nichts zu tun.

20    **B. Beibringungsgrundsatz, Verfügungsgrundsatz.** Selbst wenn zwei Parteien ihre privaten Rechtsbeziehungen grundsätzlich frei untereinander gestalten dürften, ist damit noch nicht gesagt, daß sie auch den Zivilprozeß völlig frei gestalten dürften. Die ZPO geht trotz zahlloser tiefgreifender Änderungen im Kern immer noch von liberalen Grundsätzen aus. Sie läßt den Parteien immer noch und bei genauer Betrachtung heutzutage wieder erheblich mehr als in vergangenen Jahrzehnten eine erhebliche Macht, Bender JZ 82, 711, Bettermann ZZP 91, 387, Herr AnwBl 85, 187, Leipold JZ 82, 448, Prütting NJW 80, 362. Diese Macht nennt man üblicherweise mit dem Ausdruck die „*Verhandlungsmaxime",* BGH NJW 90, 3151. Kennzeichnender ist aber der Ausdruck Beibringungsgrundsatz, BGH VersR 85, 545.

21    Der Beibringungsgrundsatz bezeichnet die noch in weitem Umfang bestehende Herrschaft über das *Verfahren,* BVerfG 67, 42. Die Herrschaft über den sachlichen *Anspruch* nennt man zweckmäßig den Verfügungsgrundsatz *(Dispositionsgrundsatz).* Die Entscheidungsfreiheit einer Partei, ob sie das Gericht überhaupt anrufen will, gehört weder zum Beibringungsgrundsatz noch zum Verfügungsgrundsatz. Sie folgt einfach daraus, daß der Staat seinen Schutz im zivilrechtlichen Bereich niemandem aufdrängt, sofern Belange der Allgemeinheit nur in zweiter Linie berührt werden. Die Prozeß- und Entscheidungsvoraussetzungen sind der Parteiverfügung weitgehend entzogen.

22    **C. Tatsachenstoff.** Der Beibringungsgrundsatz hat namentlich die Folge, daß die Parteien darüber entscheiden können, welchen Tatsachenstoff sie dem Gericht unterbreiten, also behaupten, bestreiten, zugestehen wollen, BVerfG NJW 79, 1927, BGH NJW 90, 3151, KG Rpfleger 90, 224.

23    Das Gericht darf solche *Tatsachen, die die Parteien nicht vorbringen,* grundsätzlich *nicht berücksichtigen,* BGH MDR 78, 567, LG Bln NJW 78, 1061. Das gilt selbst dann, wenn es sich um offenkundige Tatsachen handelt, § 291 Rn 1, Schlesw SchlHA 74, 168, vgl freilich auch § 291 Rn 6. Das Gericht darf auch nicht an die Stelle nicht vorgetragener Tatsachen solche Tatsachen setzen, die sonst aufgetaucht sind, BGH DB 73, 1792. Was die Parteien übereinstimmend nicht berücksichtigt haben wollen, scheidet für die Urteilsfindung aus. Das gilt sogar in der zweiten Instanz für solche Tatsachen, die die Parteien nur in der ersten Instanz vorgebracht hatten. Dieser Grundsatz wird auch nicht etwa dadurch durchbrochen, daß das Gericht zB eine von den Parteien übersehene Textstelle eines Vertrags zur Sprache bringt oder eine gerichtskundige Tatsache pflichtgemäß als solche mitteilt, aM Schneider DRiZ 80, 221 (er prüft nicht genügend, wie weit man den Begriff der Beibringung ziehen muß).

24    Andererseits ist das Gericht an eine *übereinstimmend* vorgetragene Tatsache *gebunden,* LG Bln NJW 78, 1061, Cahn AcP 198, 36, aber nur an den reinen Tatsachenvortrag, nicht an eine etwa übereinstimmende rechtliche Beurteilung beider Parteien, Rn 35, BGH NJW 78, 1255, s aber auch § 138 Rn 28.

1. Buch. 3. Abschnitt. Verfahren **Grdz § 128**

**D. Durchbrechung des Beibringungsgrundsatzes: Allgemeines.** Der Gesetzgeber hat den Beibrin- 25
gungsgrundsatz fortlaufend abgeschwächt. Er hat ihn allerdings keineswegs restlos abgeschafft, Bettermann
ZZP **91**, 390, aM Baur AnwBl **86**, 424 (er spricht von einer „Richterherrschaft"), Schmidt Festschrift für
Schneider (1997) 203 (er spricht in schlimmer Verkennung der Würde der Parteien, Rn 27 von einem
„inhaltlosen Schlagwort"), Vollkommer Rpfleger **78**, 54 (er spricht mißverständlich von einem „Partei-
Betrieb"), Wassermann DRiZ **83**, 5 (er spricht beim richtigen Hinweis auf die Notwendigkeit einer
„anregenden Verhandlungsleitung" verfehlt von einer heute nur noch „angeblichen" Verhandlungsmaxime).
Daran ändern auch die gelegentlichen Versuche nichts, von der Privatautonomie zu einer „*Sozialautono-* 26
*mie*", Schmidt JZ **80**, 153, oder vom „bürgerlichen Prozeß" zum „sozialen Prozeß", Wassermann, Der soziale
Zivilprozeß, 1978 sowie AnwBl **83**, 482, oder zum „Runden Tisch" als Konfliktlösungsform zu führen,
Wassermann NJW **98**, 1686, von einer „Kooperationsmaxime", ähnlich Hamacher DRiZ **85**, 331, oder vom
„Servicebetrieb Justiz" zu sprechen, Marly, Wettbewerbsprozeß und kommunikatorisches Verfahren usw,
1988, oder die Ziviljustiz „als Reservat des Obrigkeitsstaats" zu beschreiben, Greger JZ **97**, 1079, und gar
(Hahn) den Zeugenbeweis von Amts wegen in das Gesetz hineinzulesen. Gegen seine Vorstellung vom
Prozeß als einer „Arbeitsgemeinschaft" auch zB Henckel, Gedächtnisschrift für Bruns (1980) 125. Birk NJW
**85**, 1496 spricht von einer „Arbeitsteilung"; aM Brinkmann NJW **85**, 2460, Herr DRiZ **85**, 349.
Vielmehr zeigt das Gesetz überall, daß der Zivilprozeß in erheblichem Umfang der *Prozeß zweier Parteien*
ist, die um ihr Recht miteinander streiten mögen und an dessen objektiv gerechtem Ausgang die Allgemeinheit durch das Gericht nur in begrenztem Maße interessiert ist, nämlich nur insoweit, als die Parteien die
Allgemeinheit nicht übermäßig lange oder übermäßig umfangreich in Anspruch nehmen.
Gerade das entspricht für auch in Artt 1, 2 GG den Richter verpflichtenden *Würde* der Parteien als der 27
eigentlichen Herren des Zivilprozesses weit eher als allzu „soziale" Bevormundungen. Deren Befürworter
verwechseln die Herrschaft der Parteien über den Anspruch mit ihrer notgedrungen nur eingeschränkten
Herrschaft über das Wo, Wann und Wie seiner verfahrensmäßigen Durchsetzbarkeit. Vgl auch Herr DRiZ
**88**, 57, *Stürner* JZ **86**, 1095.
Deshalb verdienen auch weder die bewußten Versuche einer versteckten oder direkten „*Sozialisierung*" des
Zivilprozesses noch die ihnen im Ergebnis nahezu gleichstehenden Bemühungen Unterstützung, ständig nur
einer Komponente der Rechtsidee, der Gerechtigkeit, vor den anderen Komponenten der Zweckmäßigkeit
und Rechtssicherheit den Vorrang einzuräumen. Vgl auch § 296 Rn 2. Abschwächungen des Beibringungsgrundsatzes finden sich etwa in folgenden Beziehungen:

**E. Aufklärungspflicht.** Das Gericht hat im Rahmen seiner Aufgabe der Prozeßleitung eine Frage- und 28
Aufklärungspflicht, Üb 7 vor § 128 und § 139. Diese besteht aber trotz Art 103 I GG nicht allgemein und
umfassend, BVerfG **42**, 79, 85, BGH **85**, 291. Die Parteien haben eine Wahrhaftigkeitspflicht, § 138 I.

**F. Beweiserhebung von Amts wegen.** Das Gericht darf von Amts wegen anordnen, daß im Zivilprozeß 29
der Beweis des Augenscheins oder der Sachverständigenbeweis erhoben werden soll, § 144. In einem
Verfahren mit dem Amtsermittlungsgrundsatz, Rn 38, zB im Eheverfahren, §§ 606 ff, darf das Gericht alle
Arten von Beweis von Amts wegen erheben. Das gilt auch in einer Baulandsache, § 221 II BauGB, trotz des
dort abgeschwächten Ermittlungsgrundsatzes.

**G. Zurückweisungspflicht.** Das Gericht darf und muß unter Umständen ein verspätetes Vorbringen 30
zurückweisen. Das gilt selbst dann, wenn beide Parteien um die Berücksichtigung des verspäteten Vortrags
bitten. Denn der Parteiherrschaft unterliegt nur die Frage, welche Tatsachen die Parteien wann vorbringen,
nicht aber die Frage, mit welchem Grad von Sorgfalt das Gesetz ihr Tun mißt. Das sieht Schneider NJW **79**,
2506 nicht scharf genug.

**H. Ermittlung im Eheverfahren usw.** Im Ehe-, Familien- und Kindschaftsverfahren, §§ 606 ff, 640 ff 31
besteht in erheblichem Umfang der Grundsatz der Ermittlung von Amts wegen, Rn 38. Dasselbe gilt im
Aufgebotsverfahren, §§ 946 ff, und während der Zwangsvollstreckung, Grdz 37 vor § 704. Wegen des
arbeitsgerichtlichen Beschlußverfahrens Fenn Festschrift für Schiedermair (1976) 139. Abgeschwächt gilt
dieser Grundsatz auch in einer Baulandsache, § 221 I, II BauGB.

**I. Prüfung in sonstigen Verfahren.** In ihrem Bereich, Rn 39, hat das Gericht Vorgänge und Umstände 32
unabhängig vom Parteiwillen zu beachten, etwa die Rechtskraft, Einf 23 vor §§ 322–327, oder eine
anderweitige Rechtshängigkeit, § 261 III Z 1, BGH NJW **89**, 2064.

**J. Wahrheitspflicht.** Trotz des Beibringungsgrundsatzes gilt die Wahrhaftigkeitspflicht der Parteien, 33
§ 138 I. Sie bedeutet freilich nicht, daß die Partei nur solche Tatsachen vortragen darf, die sie höchstwahrscheinlich oder sicher kennt, BGH VersR **85**, 545.

**K. Informationspflicht.** Es kann eine Amtspflicht des Gerichts bestehen, einen Betroffenen von der 34
Einleitung einer Klage gegen einen anderen oder Mitbetroffenen zu informieren, etwa wegen § 640 e ZPO
die Kindesmutter im Vaterschaftsfeststellungsverfahren, wegen Art 103 I GG auch einen Mitgesellschafter,
BVerfG **60**, 14.

**L. Würdigungsfreiheit des Gerichts.** Der Beibringungsgrundsatz besagt nur, daß die Parteien die 35
Herrschaft über den Tatsachenstoff haben. Das Gericht behält die alleinige Entscheidungsfreiheit über die
Würdigung der beigebrachten Tatsachen in tatsächlicher und rechtlicher Hinsicht: da mihi facta, dabo tibi
ius. Das Gericht kann also einen rechtlichen Gesichtspunkt auch dann heranziehen, wenn keine Partei ihn
für erheblich hält oder wenn beide Parteien meinen, er dürfe nicht beachtet werden.
Eine Ausnahme von dieser Auswirkung mag etwa dann bestehen, wenn es um die Frage geht, ob eine
*Verjährung* beachtet werden darf. Denn es muß dem Schuldner freistehen, die Einrede der Verjährung geltend
zu machen. Das Gericht darf eine beigebrachte Tatsache anders als die Parteien würdigen. Das gilt sowohl für
die tatsächliche Beurteilung, etwa die Prüfung der Glaubhaftigkeit einer Erklärung, als auch für die rechtliche
Einordnung.
Das Gericht darf und muß Erklärungen der Partei und Urkunden frei *auslegen*. Es ermittelt und benutzt 36
etwaige Erfahrungssätze grundsätzlich nach eigenem Befinden. Das gilt auch im Bereich des sog Anscheins-

beweises, Anh § 286 Rn 15. Die etwaige Frage- und Erörterungspflicht des Gerichts, §§ 138, 278 III, ändert an dieser grundsätzlichen Würdigungsfreiheit nichts.

Die Parteien können also zB das *Gericht nicht dazu zwingen,* einen nach seiner Auffassung nichtigen Grundstückskaufvertrag als einen gültigen Vertrag zu behandeln. Was eine Partei vorträgt, muß sie umgekehrt regelmäßig auch dann gegen sich gelten lassen, wenn sie die Rechtsfolge ihres Tatsachenvortrags nicht eintreten lassen möchte, BGH VersR **74**, 160.

**37** **M. Verstoß.** Ein Verstoß gegen die Parteiherrschaft oder den Beibringungsgrundsatz ist ein wesentlicher Verfahrensmangel, kann aber durch einen Verzicht oder nach § 295 heilen, BGH VersR **77**, 1125.

**38** **N. Amtsermittlung im einzelnen.** Im Gegensatz zum Beibringungsgrundsatz steht der Amtsermittlungsgrundsatz (Inquisitionsgrundsatz), Rn 31. Er ist wiederum von dem Grundsatz einer bloßen Prüfung von Amts wegen, Rn 39, zu unterscheiden.

Der Amtsermittlungsgrundsatz nötigt das Gericht zu einer Ermittlung der entscheidungserheblichen Tatsachen und sonstigen Umstände *von Amts wegen,* BGH JZ **91**, 371, Stgt FamRZ **95**, 1161. Er beherrscht den Strafprozeß, den Bußgeldverfahren, in großem Umfang auch das Ehe-, Familien-, Kindschaftsverfahren, §§ 606 ff, 640 ff, BGH JZ **91**, 371, Düss RR **95**, 1219, sowie das Aufgebotsverfahren, §§ 946 ff, also die sog Ermittlungsverfahren (Offizialverfahren). Er hat aber auch im „normalen" Zivilprozeß eine gewisse Bedeutung, etwa dann, wenn das Gericht im Zusammenhang mit der Klärung von Schadensersatzansprüchen den Ausgang eines stattgefundenen und nur zu unterstellenden Vorprozesses nur mit Hilfe fremder Verfahrensordnungen feststellen kann, Baur Festschrift für Larenz (1973) 1076. Zu seiner Bedeutung im Patentnichtigkeitsverfahren Schmieder GRUR **82**, 348. Wegen einer Markensache §§ 73 ff MarkenG.

**39** **O. Amtsprüfung im einzelnen.** Der Grundsatz der Amtsprüfung (Offizialprüfung, Prüfung von Amts wegen) ist vom Ermittlungsgrundsatz, Rn 38, zu unterscheiden, Rn 32. Bei einer Amtsprüfung findet *keine amtliche Untersuchung* statt. Das Gericht macht vielmehr nur von Amts wegen, § 139, *auf gewisse Bedenken aufmerksam,* BVerfG NJW **92**, 361, BGH NJW **95**, 1354, Zweibr MDR **98**, 123; das übersieht Zweibr FamRZ **98**, 1446. Das Gericht fordert daher die Parteien auf, diese Bedenken durch Nachweise zur Gewißheit zu machen, BVerfG NJW **92**, 361, oder zu entkräften, BGH NJW **76**, 149. Im Rahmen einer Amtsprüfung muß das Gericht also ohne eine Bindung in einem Geständnis, § 288, Balzer NJW **92**, 2722, und unabhängig von einem Verzicht, § 306, oder einer Säumnis, §§ 330 ff, BGH NJW **76**, 149, eine volle Überzeugung von der Wahrheit desjenigen Punkts erlangen, der der Amtsprüfung unterliegt, Ffm Rpfleger **80**, 70. In einem Eilverfahren, §§ 620 ff, 916 ff, 935 ff, genügt meist statt voller Überzeugung derjenige Grad von Wahrscheinlichkeit, der zur Glaubhaftmachung ausreicht, § 294.

**40** Die Amtsprüfung findet vor allem im Zusammenhang mit der Prüfung der *Zulässigkeit* des Prozesses statt, BGH LM § 304 Nr 37, ferner bei § 56, dort Rn 3, oder im Zusammenhang mit der Prüfung der Zulässigkeit einer Prozeßhandlung, ferner bei der Prüfung der Rechtskraft, Einf 23 vor §§ 322–327, oder der Rechtshängigkeit, § 261 III Z 1, BGH NJW **89**, 2064. Darüber hinaus benutzt man den Ausdruck Amtsprüfung oft bei der Klärung der Voraussetzungen einer Rechtsanwendung, etwa bei der Prüfung einer Notfrist, § 224 I 2, BGH NJW **76**, 149. Ferner hat die Amtsprüfung Bedeutung bei der Würdigung eines Beweisergebnisses, § 286. Hier entfällt eine Einwirkungsmöglichkeit der Parteien weitgehend, vgl zB die §§ 452, 439, 391 (das Gesetz spricht das nur bei §§ 617, 640 besonders aus).

**41** **5) Rechtliches Gehör**

**Schrifttum:** *Schwartz,* Gewährung und Gewährleistung des rechtlichen Gehörs usw, Diss Bln 1977; *Waldner,* Der Anspruch auf rechtliches Gehör, 1989; *Zeuner,* Rechtliches Gehör, materielles Recht und Urteilswirkungen, 1974. Zu den Sanktionen *Henckel* ZZP **77**, 321. Vgl auch Einl III 19, 24.

**A. Allgemeines.** Das rechtliche Gehör ist ein Verfassungsgebot, Art 103 I GG, dazu zB BVerfG **42**, 367, vgl ferner Einl III 16–20 mwN. Das rechtliche Gehör ist ein Eckpfeiler des gesamten Zivilprozeßrechts und jedes geordneten Verfahrens. Das Gericht darf eine jede Entscheidung grundsätzlich nur im Anschluß an eine ausreichende Anhörung beider Parteien treffen. Dieser Grundsatz wird in der Praxis vielfach noch zu wenig beachtet. Er durchzieht jede einzelne einfache Verfahrensvorschrift und hat ihr gegenüber den Verfassungsvorrang, Däubler JZ **84**, 357. Ihn durchbrechen nur wenige Ausnahmen.

**42** Das rechtliche Gehör ist dann, wenn das Gesetz eine mündliche Verhandlung vorschreibt, § 128 Rn 4, grundsätzlich nur mündlich ausreichend gewährt. Soweit das Gesetz dem Gericht die Durchführung einer mündlichen Verhandlung freistellt, § 128 Rn 10, oder ein schriftliches Verfahren zuläßt oder anordnet, § 128 II, III, darf das Gericht das Gehör auch *schriftlich* gewähren, Nürnb MDR **82**, 943, Geffert NJW **78**, 1418.

Das rechtliche Gehör besteht darin, daß der Betroffene eine *ausreichende Gelegenheit* erhält, *sich sachlich zu äußern,* BVerfG **42**, 367. Das Gericht darf der Entscheidung demgemäß nur solche Tatsachen, Beweisergebnisse und gemäß § 278 III auch nur solche rechtlichen Gesichtspunkte zugrunde legen, zu denen die Beteiligten ausreichend Stellung nehmen konnten. Wie lange Zeit eine Partei benötigt, um ausreichend Stellung nehmen zu können, das hängt natürlich von den gesamten Umständen ab. Gesetzliche Mindestfristen reichen unter dem Gesichtspunkt des Art 103 I GG nicht immer aus, sind aber als Rahmenbedingungen des Gesetzgebers immerhin erhebliche Anhaltspunkte dafür, welche Fristen oberhalb der gesetzlichen Mindestfristen im allgemeinen als ausreichend angesehen werden dürfen. Soweit eine Partei von dem ihr gewährten rechtlichen Gehör keinen Gebrauch macht, läuft das Verfahren fort. Die Partei muß unter Umständen in einem zumutbaren Umfang im Rahmen der Prozeßregeln um das Gehör bitten, bevor sie einen Verstoß gegen Art 103 I GG rügen kann. Das gilt zB dann, wenn die Verlesung einer Aussage nicht gesetzlich vorgeschrieben ist, BVerwG NJW **76**, 1283.

Die Gewährung des rechtlichen Gehörs muß im Fall einer mündlichen Verhandlung im *Protokoll* festgestellt werden, § 160 II. In anderen Fällen ist die Gewährung des rechtlichen Gehörs in einem Aktenvermerk festzustellen.

**43** Die Notwendigkeit eines (auch erneuten) rechtlichen Gehörs ist *in jeder Lage* des Verfahrens von Amts wegen zu prüfen, Rn 39, und kann sich unter Umständen erst in einem fortgeschrittenen Prozeßstadium

1. Buch. 3. Abschnitt. Verfahren **Grdz § 128**

ergeben. Wenn zB zunächst die Voraussetzungen einer öffentlichen Zustellung nach §§ 203 ff vorlagen und dem Gericht dann die neue Anschrift des zunächst Unbekannten bekannt wird, dann muß das Gericht ihm jetzt noch eine ausreichende Gelegenheit zu einer Äußerung geben.

Man sollte nun allerdings das Gebot des rechtlichen Gehörs auch *nicht überstrapazieren*. Das Gericht kann insbesondere von einer anwaltlich vertretenen Partei, aber auch von einem nicht rechtskundig beratenen Prozeßbeteiligten erwarten, daß er im Rahmen seiner Pflichten aus dem Prozeßrechtsverhältnis, Rn 3, mitdenkt, mithandelt und mitreagiert. Das Gericht braucht nicht wegen jeder winzigen Veränderung der tatsächlichen oder rechtlichen Situation oder wegen jeder sonstigen Einzelheit ängstlich zu einer Stellungnahme aufzufordern, die bei einer vernünftigen Betrachtung schon durch das bisherige Verhalten der Partei zumindest stillschweigend zum Ausdruck gekommen ist. **44**

**B. Verstoß.** Wenn das Gericht das rechtliche Gehör nicht oder nicht in der richtigen Weise gewährt hat, liegt darin ein wesentlicher Verfahrensmangel, BVerfG **42**, 373. Das gilt zB: Dann, wenn das Gericht einen eingereichten Schriftsatz nicht beachtet, § 286 Rn 14, BVerfG DRiZ **78**, 282, besonders wenn es ihn trotz § 222 II als zu spät betrachtet, obwohl er nach einer an einem Feiertag abgelaufenen Frist am darauf folgenden Werktag eingegangen ist, BVerfG NJW **65**, 579; wenn das Gericht die Sache unkorrekt aufgerufen hatte, BVerfG **42**, 373, vgl auch BVerfG JZ **77**, 22 (OWiG); wenn es nur einer Partei das rechtliche Gehör gewährt hatte; wenn es den Betroffenen nicht vor der Verhängung einer Verzögerungsgebühr nach § 34 GKG angehört hatte. Ein etwaiger Mangel ist gleichwohl nicht unheilbar. Die Partei könnte ja sogar ein Versäumnisurteil hinnehmen. Dann kann sie auch auf rechtliches Gehör verzichten. Vgl auch § 139. **45**

**6) Prozeßhandlung** **46**

*Schrifttum: Anton,* Die „Genehmigung" von Rechtsgeschäften und Prozeßhandlungen, Diss Bonn 1969; *Arens,* Willensmängel bei Parteihandlungen im Zivilprozeß, 1968; *Baumgärtel,* Wesen und Begriff der Prozeßhandlungen einer Partei im Zivilprozeß, 2. Aufl 1972; *Beys,* Stillschweigend vorzunehmende Prozeßhandlungen?, Festschrift für *Baumgärtel* (1990); *Fenge,* Prozeßrecht und materielles Recht als Teilsystem einer Rechtsordnung, in: Rechtstheorie, Beiheft 10 (1986) 251; *Gaul,* „Prozessuale Betrachtungsweise" und Prozeßhandlungen in der Zwangsvollstreckung, Gedächtnisschrift für *Arens* (1993) 89; *Henckel,* Prozeßrecht und materielles Recht, 1970; *Orfanides,* Die Berücksichtigung von Willensmängeln im Zivilprozeß, 1982; *Schwab,* Probleme der Prozeßhandlungslehre, Festschrift für *Baumgärtel* (1990); *Stadlhofer-Wissinger,* Das Gebot in der Zwangsversteigerung – eine nicht anfechtbare Prozeßhandlung, 1993; *Wagner,* Prozeßverträge, Privatautonomie im Verfahrensrecht, 1998; *Weber,* Prozessuale Regelungen im materiell-rechtlichen Gewand, 1988; *Würthwein,* Umfang und Grenzen des Parteieinflusses auf die Urteilsgrundlagen im Zivilprozeß, 1977.

**A. Allgemeines.** Unter den Oberbegriff der prozeßrechtlichen Tatsachen fallen Prozeßhandlungen und andere Umstände, wie der Tod eines Beteiligten oder die Eröffnung eines Insolvenzverfahrens über sein Vermögen. Prozeßhandlung im weiteren Sinn ist eine auf die Prozeßentwicklung gerichtete Handlung des Gerichts, BGH **134**, 389, oder einer Partei gegenüber einer Partei, BGH VersR **89**, 602, oder gegenüber dem Gericht. Zur Prozeßentwicklung gehören die Einleitung, die Führung und die Beendigung des Prozesses, nicht aber die Vorbereitung der Einleitung, soweit nicht ihr Ziel die unmittelbare Einleitung ist, wie im Fall der Bestellung eines Prozeßbevollmächtigten, vgl § 80 Rn 5. Zu den Handlungen gehören auch Unterlassungen, bei denen die Handlungen mit dem Willen der Parteien unterbleiben. Etwas anderes gilt bei solchen Handlungen, die ohne den Willen der Parteien unterbleiben, bei denen es sich also um ein bloßes Unterbleiben handelt, wie die §§ 44 IV, 296 II, 510, 528 II zeigen, die von einem subjektiven Verhalten ausgehen. Den Handlungen der Parteien stehen diejenigen ihrer gesetzlichen Vertreter, Prozeßbevollmächtigten und Beistände gleich.

**B. Parteiprozeßhandlung.** Prozeßhandlung im engeren und gewöhnlichen Sinn ist nur eine solche, die eine Partei vornimmt, nicht eine solche, die das Gericht vornimmt. Bruns JZ **59**, 205 bezeichnet als Parteiprozeßhandlung eine der Partei zurechenbare Handlungsform. Er unterscheidet in der Festschrift für Fragistas (1967) 767 zwischen dem für die richterliche Entscheidung maßgebenden Bild des Sachverhalts, der „Gedankenmasse", für deren Gliederung eine nicht an Formen gebundene geistige Freiheit bestehe, und der „Prozeßhandlungsmasse", den formbestimmten Handlungen der Prozeßbeteiligten. Die Einteilung der Prozeßhandlungen in reale Handlungen (Realakte), BGH NJW **83**, 123, Willenserklärungen und Wissenserklärungen hilft im allgemeinen zu nichts; eine Ausnahme gilt zB bei § 840, dort Rn 10. Eine reale Handlung, zB die Einreichung eines Schriftsatzes, gibt auch einen Willen kund. Auch die Einteilung in Prozeßrechtsgeschäfte und Prozeßrechtshandlungen führt in der Praxis kaum weiter. **47**

**C. Rechtsgeschäft, Prozeßvertrag.** Man muß von der Prozeßhandlung das sachlichrechtliche Rechtsgeschäft über prozessuale Beziehungen, den Prozeßvertrag, unterscheiden. Ein solches Rechtsgeschäft ist immer dann zulässig, wenn es nicht in die Justizhoheit oder in die gesetzlich geregelte Tätigkeiten der Staatsorgane eingreift, Einl III 10, BGH DB **73**, 1451, Häsemeyer AcP **188**, 163, Teubner/Künzel MDR **88**, 726, und nicht sittenwidrig ist, BGH **109**, 28. Es unterliegt auch im Anwaltsprozeß keinem Anwaltszwang, § 78 Rn 1, BGH RR **87**, 307, Saarbr FamRZ **92**, 111. **48**

*Zulässig ist zB:* Der Verzicht auf eine Klage, BGH FamRZ **82**, 784, BAG BB **85**, 1071 (Ausgleichsquittung); die Vereinbarung der Klagrücknahme, § 269, BGH RR **87**, 307, wohl auch des Rechtsmittelverzichts, § 314, BGH **109**, 28, aM BGH VersR **89**, 602 (einseitige Parteiprozeßhandlung, auch wenn gegenüber dem Gegner erklärt. Ein solcher Verzicht kann aber jedenfalls auch vereinbart werden); die Vereinbarung der Rechtsmittelrücknahme, § 515, BGH RR **87**, 307, Aden BB **85**, 2282; die Vereinbarung einer bestimmten Beweisbeschränkung; die Vereinbarung eines bestimmten Verfahrens bzw des Absehens von einer bestimmten Prozeßart, BGH **109**, 28; die – auch vorprozessuale – Vereinbarung, daß gegen ein Urteil nur Sprungrevision, keine Berufung eingelegt werden darf, BGH NJW **86**, 198; die Vereinbarung der Behandlung weiterer Ansprüche in demselben Prozeß, soweit eine Klagänderung nach § 263 oder eine Widerklage nach Anh § 253 zulässig ist, BGH DB **73**, 1451; der Verzicht auf Entscheidungsgründe, § 313 a I, Ffm NJW **89**, 841. **49**

**Grdz § 128**  1. Buch. 3. Abschnitt. Verfahren

50  *Unzulässig* kann eine Vereinbarung über die Maßgeblichkeit und alleinige Zulässigkeit eines Musterprozesses sein, BGH BB **84**, 1575. Ein solches Rechtsgeschäft verpflichtet zu einer entsprechenden Prozeßhandlung und begründet dann, wenn der Gegner sich anders verhält, die Einrede der Arglist, Einl III 54, §§ 269 Rn 10, 515 Rn 7, BGH RR **87**, 307, großzügiger Teubner/Künzel MDR **88**, 726.

51  **D. Einzelnes.** Jede Prozeßhandlung ist nach dem deutschen Recht zu beurteilen. Das gilt unabhängig davon, wo sie vorgenommen wurde. Es entscheidet der Zeitpunkt der Vornahme der Prozeßhandlung. Über die Form einer Prozeßhandlung läßt sich nichts Allgemeines sagen. Eine Erklärung zum Protokoll ersetzt regelmäßig eine etwa notwendige Schriftform. Soweit eine Schriftform vereinbart worden ist, richtet sie sich nicht nach dem BGB. Denn für die Beurteilung einer Prozeßhandlung ist das Prozeßrecht die einzige Quelle.

52  Deshalb ist eine Prozeßhandlung durch das Revisionsgericht frei *nachprüfbar*, § 286, BGH NJW **99**, 2119. Es ist also nicht an die Auffassung des Berufungsgerichts gebunden, BGH MDR **89**, 539, BAG MDR **83**, 1053. Das Gericht muß zwar den Willen der Partei möglichst erforschen, BGH VersR **79**, 374, namentlich durch eine Befragung. Es kommt aber nur derjenige Wille in Betracht, der in der Erklärung verkörpert ist, BGH NJW **94**, 1538, BFH BB **79**, 362. Das Gericht kann und muß ihn *auslegen*, BGH RR **99**, 938, Hamm Rpfleger **85**, 415. Maßstab ist dasjenige, was vernünftig ist und der recht verstandenen Interessenlage entspricht, BGH NJW **94**, 1538. Insoweit kann auch eine Umdeutung zB eines unzulässigen Rechtsbehelfs in einen zulässigen anderen möglich sein, BGH NJW **83**, 2200, Karlsr RR **88**, 1337. Nur der Vorschriften des sachlichen Rechts sind bei der zulässigen Auslegung unanwendbar, OGB BGH **75**, 348, zumindest mißverständlich BGH NJW **91**, 1176, BVerwG JZ **90**, 824 (das sachliche Recht sei direkt oder entsprechend anwendbar), aM BAG NJW **82**, 1174, Teubner/Künzel MDR **88**, 726.

53  Eine *Berichtigung* einer Prozeßhandlung wegen eines offenbaren Irrtums ist ausnahmsweise zulässig, BGH NJW **88**, 2541. Doch muß im Fall einer empfangsbedürftigen Prozeßhandlung (fast alle Prozeßhandlungen sind empfangsbedürftig) die Unrichtigkeit dem Empfänger irgendwie erkennbar gewesen sein.

54  Eine Prozeßhandlung läßt grundsätzlich *keine Bedingung* zu (zum Grundsatz Baumgärtel, Prozeßhandlungen), soweit die Prozeßhandlung die Einleitung oder Beendigung eines Prozesses oder einer Instanz usw betrifft, denn dann verträgt sie keinen Schwebezustand, BGH RR **90**, 68, BayObLG **87**, 49, StJL 209 vor § 128, aM Karlsr FamRZ **90**, 84 (die sog bloße Rechtsbedingung sei unschädlich).
*Beispiele:* Es gibt keinen bedingten Antrag, Zweibr FamRZ **82**, 1094, keine bedingte Klage (wegen der ausnahmsweisen Zulässigkeit einer Klage „nur bei Bewilligung von Prozeßkostenhilfe" usw § 117 Rn 7–11) keine bedingte Klagerücknahme (vgl wegen der etwa erforderlichen Einwilligung des Bekl aber § 269 Rn 17–21), keine bedingte Erledigterklärung, § 91 a OVG Kblz JZ **77**, 796, Berufung, BGH VersR **74**, 194 (freilich ist auch hier eine Auslegung nötig, vgl Pantle NJW **88**, 2775 für den Fall der Zweitberufung wegen Fehlerhaftigkeit der ersten), keinen bedingten Scheidungsantrag, Ffm FamRZ **78**, 432, keine bedingte Erinnerung, Düss AnwBl **78**, 234, keine bedingte Streithilfe, § 66, und keine bedingte Streitverkündung, § 72, BGH MDR **89**, 539. Es gibt also zB auch keine Berufung für den Fall der Unzulässigkeit der gleichzeitig eingelegten Beschwerde.

55  *Zulässig* ist aber ein bedingtes Vorbringen, ein *Hilfs-(Eventual-)Vorbringen*, für den Fall der Erfolglosigkeit des in erster Linie Vorgebrachten, § 260 Rn 8. Diese Möglichkeit besteht zB: Bei einer Klagegrund; bei einer Einrede. Vereinzelt läßt die ZPO auch sonst eine Bedingung zu. KG OLGZ **77**, 130 läßt eine Beschwerde unter der Bedingung zu, daß überhaupt eine Entscheidung vorliege. Über eine bedingte Widerklage § 253 Rn 3, Anh § 253 Rn 11. Eine unzulässige Bedingung macht die ganze Prozeßhandlung unwirksam. Zur Genehmigung einer unwirksamen Prozeßhandlung § 56 Rn 9, 10, § 78 Rn 33, 34. Zum Begriff der Prozeßhandlungsvoraussetzung Grdz 18 vor § 253.

56  **E. Willensmangel.** Der Willensmangel einer Partei ist bei einer Prozeßhandlung unerheblich, soweit nicht das Gesetz einen Widerruf usw ausdrücklich gestattet. Die Grundsätze des sachlichen Rechts über eine Nichtigkeit oder Anfechtbarkeit sind in diesem Zusammenhang *nicht* einmal sinngemäß *anwendbar*, BGH JR **94**, 21 (Ausnahme evtl bei § 580), wohl auch BGH RR **94**, 568 (Auslegbarkeit), ferner BPatG GRUR **94**, 279, Ffm NJW **89**, 841. Eine Vortäuschung (Simulation) ist unbeachtlich. Denn sie ist unerkennbar. Billigkeitserwägungen dürfen im Prozeß nicht zur Untergrabung der Rechtssicherheit führen, Karlsr NJW **75**, 1933. Auch die Vorschriften über eine Schikane sind unanwendbar. Möglicherweise besteht in einem solchen Fall kein Rechtsschutzbedürfnis, Grdz 33 vor § 253. Freilich ist das Problem der Heilbarkeit einer fehlerhaften Prozeßhandlung noch nicht voll durchdacht und sollte möglichst elastisch beurteilt werden, BGH RR **94**, 568 (Auslegbarkeit).

57  **F. Treu und Glauben.** Dieser Grundsatz beherrscht das gesamte Prozeßrecht, Einl III 6, 54. Deshalb greift die prozessuale Einrede einer Arglist oder eines Rechtsmißbrauchs, Einl III 54, auch gegenüber einer Prozeßhandlung durch.
*Das gilt zB:* Bei einer rechtswidrigen Drohung; bei einer Erschleichung des Gerichtsstands, 42 Rn 9, Üb 22 vor § 12 usw; bei der Erschleichung einer öffentlichen Zustellung, Einf 4, 5 vor §§ 203–206; ferner dann, wenn die Partei A entweder offenbar irrig, BGH FamRZ **88**, 496, LG Hann NJW **73**, 1757, oder arglistig die Partei B zu einer Prozeßhandlung verursacht hat und sie nun trotz des Vorliegens eines Restitutionsgrundes an dieser Prozeßhandlung festhalten will, BGH NJW **85**, 2335 (im Ergebnis zustm Zeiss JR **85**, 424).
Die *Einrede* macht zwar die ganze Prozeßhandlung wirkungslos; eine auf dieser Prozeßhandlung beruhende Entscheidung des Gerichts bleibt aber grundsätzlich wirksam, Üb 20 vor § 300. Das gilt zB für die Bewilligung einer öffentlichen Zustellung und für deren Vornahme, §§ 203 ff, BGH **64**, 8. Diese Entscheidung läßt sich nur mit dem jeweils zulässigen Rechtsbehelf beseitigen. Über die Einrede gegenüber einem rechtskräftigen Urteil vgl Einf 25 vor § 322. Davon abgesehen gibt es eine Nichtigkeit wegen einer Sittenwidrigkeit im Zivilprozeß nicht. Eine Prozeßhandlung, die nicht in derjenigen Form oder unter denjenigen anderen gesetzlichen Voraussetzungen erging, die für ihre Wirksamkeit notwendig waren, ist ohne weiteres nichtig. Ob eine sittenwidrige Prozeßhandlung ersatzpflichtig macht, ist Frage des sachlichen Rechts. Über die Wirkung der Verletzung prozessualer Vorschriften Einl III 30–34.

1. Titel. Mündliche Verhandlung  **Grdz § 128, Übers § 128**

**G. Widerruf.** Das Gesetz sieht an verschiedenen Stellen die Möglichkeit des Widerrufs einer Prozeß- **58** handlung vor. Auch unabhängig von diesen Spezialvorschriften ergibt sich die Zulässigkeit eines Widerrufs oft aus dem Zweck einer gesetzlichen Vorschrift. So darf eine Partei ihr tatsächliches Vorbringen im Prozeß regelmäßig willkürlich ändern. Sie muß freilich die Wahrhaftigkeitspflicht beachten, § 138 I, II. Eine Prozeßhandlung, die einen Prozeßvorgang endgültig feststellen soll, ist aber *grundsätzlich unwiderruflich,* BGH JR **94,** 21 (zustm Zeiss).

Das gilt zB: Für das Geständnis, § 288, vgl freilich § 290, BGH DB **77,** 628; für ein Anerkenntnis, § 307, **59** BGH **80,** 392, Karlsr MDR **74,** 588 (das OLG läßt freilich eine Rücknahme wegen eines Schreibfehlers oder eines offensichtlichen Versehens zu), Mü FamRZ **92,** 698 (auch wegen etwaiger Widerruflichkeit bei § 323 oder bei §§ 578 ff), LAG Stgt BB **78,** 815; für den Verzicht auf den Anspruch, § 306; für den Verzicht auf Entscheidungsgründe, § 313 a I 2, Ffm NJW **89,** 841; für den Verzicht auf ein Rechtsmittel, §§ 514, 566, BGH FamRZ **94,** 301 und JR **94,** 22 (zustm Zeiss), auch zur aM; für eine Rücknahme der Klage oder des Rechtsmittels, BGH DB **77,** 628; für das Unterlassen einer Mängelrüge nach § 295; für das Einverständnis mit einer schriftlichen Entscheidung, § 128 II (etwas anderes gilt bei einer wesentlichen Änderung der Prozeßlage). Freilich ist ein „Widerruf" einer in Wahrheit noch gar nicht wirksamen Erklärung möglich, Hamm Rpfleger **74,** 357. Über den Widerruf beim Vorliegen eines Wiederaufnahmegrundes Grdz 5 vor § 578.

**H. Sachlichrechtliche Folgen.** Oft knüpft das sachliche Recht an eine Prozeßhandlung eine Folge, **60** etwa an die Klagerhebung, § 253. Dann folgt das sachlichrechtliche Wirksamkeit der prozeßrechtlichen. Von solchen Fällen abgesehen besteht zwischen einer Prozeßhandlung und einem sachlichrechtlichen Rechtsgeschäft folgender Unterschied: Das letztere kann schlechthin gestaltend wirken, die erstere liefert nur die Grundlagen für eine richterliche Entscheidung. Wenn die richterliche Entscheidung unterbleibt, sind diese Grundlagen verpufft, BGH **84,** 208.

**I. Prozeßhandlung und Rechtsgeschäft.** Die Prozeßhandlung und eine rechtsgeschäftliche Erklärung **61** können rein äußerlich verbunden sein. Dann ist jeder Teil getrennt zu beurteilen. Die Prozeßhandlung und eine rechtsgeschäftliche Erklärung können auch inhaltlich verbunden sein, indem die Prozeßhandlung zugleich eine sachlichrechtliche Verfügung enthält, BGH **88,** 176, Saarbr FamRZ **92,** 111. In diesem Fall muß auch grundsätzlich den prozessualen Inhalt von dem sachlichrechtlichen unterscheiden, Saarbr FamRZ **92,** 111. So kann zB eine schriftsätzliche Erklärung sachlichrechtlich bereits im Zeitpunkt des Zugangs des Schriftsatzes wirksam werden, § 130 BGB, während sie prozessual erst im Zeitpunkt ihres Vortrags in der mündlichen Verhandlung wirksam werden mag. Freilich muß man prüfen, ob der Schriftsatz die Erklärung tatsächlich abgeben oder ob er nur für die mündliche Verhandlung ankündigen sollte. Eine prozessual wirksame Prozeßhandlung ist für die Form und den Zeitpunkt des Wirksamwerdens immer auch sachlichrechtlich wirksam. Alles das ist allerdings umstritten.

**J. Beispiele zur Frage einer Verbindung von Prozeßhandlung und Rechtsgeschäft** **62**
**Anerkenntnis:** Eine inhaltliche Verbindung kann bei einem Anerkenntnis vorliegen.
**Anfechtung:** Eine inhaltliche Verbindung kann bei einer Anfechtung vorliegen, BGH **88,** 176.
**Aufrechnung:** Eine inhaltliche Verbindung kann bei einer Aufrechnung vorliegen, BGH **88,** 176.
**Ehescheidung:** Eine inhaltliche Verbindung kann bei einer Zustimmung zur Scheidung vorliegen, vgl Saarbr FamRZ **92,** 111.
**Gestaltungsrecht:** Eine inhaltliche Verbindung kann bei ihm vorliegen, BayObLG FamRZ **79,** 952. **63**
**Kündigung:** Eine inhaltliche Verbindung kann bei einer Kündigung vorliegen, BGH RR **87,** 395 (auch zum Formerfordernis), Hamm RR **93,** 273 (eindeutige rechtsgeschäftliche Erklärung nötig), LG Hbg WoM **87,** 209 (auch zur Unverzüglichkeit einer Zurückweisung wegen Fehlens einer Vollmacht), LG Tüb RR **91,** 972 (die zur Akte gereichte Prozeßvollmacht reicht).
**Mieterhöhung:** Eine inhaltliche Verbindung kann beim Erhöhungsbegehren nach § 2 MHG vorliegen, LG Karlsr WoM **85,** 320, LG Mannh WoM **85,** 320 (mit Recht fordert das LG eine klare Erklärung), ebenso bei der Zustimmung des Mieters.
**Prozeßvollmacht:** Eine inhaltliche Verbindung kann bei der Erteilung einer Prozeßvollmacht einerseits und dem Abschluß des zugrundeliegenden Vertrags andererseits vorliegen. Dann ist jeder Vorgang getrennt zu beurteilen.
**Reisevertrag:** Eine inhaltliche Verbindung kann bei einer Zurückweisung nach § 651 g II 3 BGB vorliegen, **64** BGH **88,** 176.
**Rücktritt:** Eine inhaltliche Verbindung kann bei einem Rücktritt vorliegen.
**Unterhalt:** Eine inhaltliche Verbindung kann bei einem Bestimmungsrecht nach § 1612 II 1 BGB vorliegen, Hbg FamRZ **82,** 1112.
**Widerruf:** Eine inhaltliche Verbindung kann bei der Verteidigungsanzeige nach § 276 I 1 vorliegen, Karlsr RR **91,** 1438 (zu § 7 II 3 VerbrKrG).

**7) VwGO:** Im Verfahren vor den VerwGerichten haben die Beteiligten die Herrschaft über das Verfahren als Ganzes **65** (Parteiherrschaft), oben Rn 18; statt des Beibringungsgrundsatzes, oben Rn 20 ff, gilt aber der Ermittlungsgrundsatz, oben Rn 31, nach § 86 I VwGO, vgl dazu Geiger BayVBl **99,** 321 (eingehend). Dieser Grundsatz bestimmt vielfach darüber, ob Vorschriften der ZPO nach § 173 VwGO entsprechend angewendet werden können.

### Erster Titel. Mündliche Verhandlung

#### Übersicht

**Schrifttum:** *Arens,* Mündlichkeitsprinzip und Prozeßbeschleunigung im Zivilprozeß, 1971; *Fezer,* Die Funktion der mündlichen Verhandlung im Zivilprozeß und im Strafprozeß, 1970; *Klein,* Die Grundsätze der

# Übers § 128

1. Buch. 3. Abschnitt. Verfahren

Öffentlichkeit und Mündlichkeit im Zivilprozeß usw, Diss Köln 1995; *Leipold,* Wege zur Konzentration von Zivilprozessen, 1999; *Möhring/Nirk,* Die mündliche Verhandlung in der Revisionsinstanz usw, Festschrift „25 Jahre BGH" (1975), 305; *Stürner,* Verfahrensgrundsätze des Zivilprozesses und Verfassung, Festschrift für Baur (1981) 647 (661).

### Gliederung

| | | | | |
|---|---|---|---|---|
| 1) Systematik, Regelungszweck | 1 | A. Allgemeines | | 5 |
| 2) Geltungsbereich | 2 | B. Zuständigkeit | | 6 |
| 3) Mündlichkeit | 3, 4 | C. Umfang | | 7 |
| A. Grundsatz: Notwendigkeit | 3 | 5) Inhalt des 1. Titels | | 8 |
| B. Ausnahmen | 4 | 6) *VwGO* | | 9 |
| 4) Prozeßleitung | 5–7 | | | |

**1**    **1) Systematik, Regelungszweck.** Vgl zunächst Grdz 1 vor § 128. Der Erste Titel enthält mit seinen Kernvorschriften in §§ 128–139 und der Fülle der sich anschließenden Ergänzungen in §§ 140–165 die Grundsätze jeder mündlichen Verhandlung in jeder Instanz und jeder Verfahrensart. § 495a; viele Sonderregeln anderer Art, zB in §§ 606ff, 640ff, wandeln diese Grundsätze freilich vielfältig ab.

**2**    **2) Geltungsbereich.** Vgl Grdz 2 vor § 128.

**3**    **3) Mündlichkeit.** Einem Grundsatz stehen gewichtige Ausnahmen gegenüber.

**A. Grundsatz: Notwendigkeit.** Die ZPO von 1877 war vom grünen Tisch aus auf den Grundsatz der unbedingten Mündlichkeit des Verfahrens zugeschnitten. Sie ahmte damit den Code de Procédure Civile nach, ging aber weit über ihr Vorbild hinaus. Dieses Verfahren versagte in der Handhabung. Verschiedene Novellen schwächten daher den Grundsatz der Mündlichkeit, der praktisch zu einer Spiegelfechterei geworden war, immer mehr ab. Trotzdem beherrscht der in vernünftigen Grenzen segensreiche Gedanke der Mündlichkeit grundsätzlich den gesamten Zivilprozeß noch heute, vgl Hendel DRiZ **92**, 91. Das verkennt Karlsr MDR **91**, 1195 bei seiner Ansicht, das Gericht müsse seine Wahl der mündlichen Verhandlung (statt des beantragten schriftlichen Verfahrens) auch noch näher als mit dem Hinweis auf seine ständige Praxis begründen. Wesentlich ist der Vorrang des Mündlichen vor dem Schriftlichen, Bettermann ZZP **91**, 374. Die mündliche Verhandlung ist immer noch der Kern des Verfahrens und ein Ausfluß von Art 103 I GG, der einen Anspruch auch auf ein Rechtsgespräch gibt, § 278 III, Möhring/Nirk Festschrift „25 Jahre BGH" (1975), 312.

**4**    **B. Ausnahmen.** Dem Grundsatz Rn 3 stehen gewichtige ebenfalls nachfolgend genannte, Ausnahmen gegenüber. Der Satz, eine mündliche Verhandlung sei immer dann geboten, wenn das Gesetz nicht eindeutig eine Ausnahme vorschreibe, ist nicht mehr haltbar. Soweit das Gesetz keine Mündlichkeit vorschreibt, muß man prüfen, ob eine mündliche Verhandlung im Geist des Gesetzes sinnvoll ist. Eine mündliche Erörterung findet aber im allgemeinen beim Gericht zu selten statt. Sie fördert oft Wichtiges zutage, ermöglicht eine straffe Leitung des Verfahrens und eine enge Fühlung mit den Parteien und ist gerade deshalb ein unentbehrliches Mittel einer schnellen und richtigen Prozeßerledigung, auf die das Gesetz mit Recht besonderes Gewicht legt. Auch für die Parteien und Prozeßbevollmächtigten ist ein geschickter mündlicher Vortrag oft wirksamer als die beste schriftliche Vorbereitung.

**5**    **4) Prozeßleitung.** Man sollte drei Hauptaspekte beachten.

**A. Allgemeines.** Eine sichere, sorgfältige und souveräne Prozeßleitung hat für einen sachgemäßen Verlauf des Prozesses die größte Bedeutung, Möhring/Nirk Festschrift „25 Jahre BGH" (1975), 308ff, Wassermann DRiZ **86**, 41. Die Prozeßleitung umfaßt die förmliche Leitung, die Sorge für ein geordnetes Verfahren. Hierher gehören die Aufrechterhaltung der äußeren Ordnung (Sitzungspolizei), §§ 176ff GVG, und die Sorge für einen äußerlich geordneten Prozeßbetrieb, soweit er vom Amtsbetrieb ist, zB der Terminsbestimmung, die Ladung, den Aufruf, die Reihenfolge und Art der mündlichen Vorträge, §§ 136 I, II, IV, 137. Die Prozeßleitung umfaßt ferner die sachliche Leitung, also die Sorge für ein gesetzmäßiges und zweckmäßiges Verfahren, BGH RR **86**, 1061, von der Terminsbestimmung, § 216, über Fristenänderungen, etwa nach § 226 III, oder eine Entscheidung nach § 227 oder der Bestimmung der Einzelrichters, § 524, bis zur Verkündung des Urteils, §§ 310, 311. § 140 benutzt den Ausdruck „Sachleitung". Die ZPO vermengt die förmliche und die sachliche Prozeßleitung. Man kann nur aus dem Zusammenhang einer Vorschrift ersehen, was jeweils gemeint ist.

**6**    **B. Zuständigkeit.** Die Prozeßleitung steht teils dem Vorsitzenden bzw dem Einzelrichter, § 348, bzw dem Vorsitzenden der Kammer für Handelssachen zu, §§ 349, 524, bzw dem Amtsrichter, § 495, teils dem gesamten Gericht, zB § 172 GVG. Sie ist eine richterliche Tätigkeit, keine Verwaltungstätigkeit. Das Ob ihrer Ausübung ist eine Amtspflicht, die Art ihrer Ausübung steht weitgehend im richterlichen Ermessen. Sie unterliegt regelmäßig der Nachprüfung ihrer Sachgemäßheit in der höheren Instanz.

**7**    **C. Umfang.** Die sachliche Prozeßleitung umfaßt die gesamte *Beschaffung des Prozeßstoffs,* soweit das Gericht bei seiner Beschaffung mitwirken darf oder muß, zB nach § 273, ferner im Prozeßkostenhilfeverfahren, § 118. Sie bürdet dem Richter eine schwere Verantwortung für die sachgemäße und schnelle Erledigung des Prozesses auf. Die Richter und nicht die Partei ist auch nach dem jetzt geltenden Recht in weitem Umfang der Herr des Verfahrens, Grdz 28ff vor § 128.

Zu den wichtigsten Pflichten des Vorsitzenden gehören die *Aufklärungs-(Frage-)pflicht,* § 139, also die Pflicht, durch Fragen und Anregungen die Klärung und Vervollständigung des Parteivorbringens herbeizuführen, und ferner der gerichtliche Förderungszwang, von der parteilichen Förderungspflicht, Grdz 12 vor § 128, zu unterscheiden, also die Pflicht, auf eine rasche Prozeßerledigung bedacht zu sein. Diese Pflicht folgt aus vielen Vorschriften, wie etwa aus den §§ 141, 251a, 272, 273, 275, 278, 296, 528. Die Erfüllung dieser letzteren Pflicht ist sehr wichtig. Nichts schädigt das Ansehen der Zivilrechtspflege mehr als eine langsame Prozeßerledigung. Freilich darf die Güte der Bearbeitung dabei nicht leiden.

1. Titel. Mündliche Verhandlung  **Übers § 128, § 128**

**5) Inhalt des 1. Titels.** Titel 1 enthält eine Reihe von allgemeinen Vorschriften. Sie gelten für die gesamte ZPO, soweit sich nicht aus dem Gesetz oder aus dem Zweck der jeweiligen Vorschrift etwas anderes ergibt. **8**

**6) VwGO:** *Auch hier gilt im Grundsatz die Mündlichkeit, § 101 VwGO (Ausnahme: § 84 VwGO). Die Prozeßleitung hat im Verfahren der VerwGerichte wegen des Ermittlungsgrundsatzes, § 86 VwGO, erhöhte Bedeutung; vgl Ule VPrR § 27.* **9**

## 128   *Mündlichkeit. Unmittelbarkeit.* ¹ Die Parteien verhandeln über den Rechtsstreit vor dem erkennenden Gericht mündlich.

II ¹Mit Zustimmung der Parteien, die nur bei einer wesentlichen Änderung der Prozeßlage widerruflich ist, kann das Gericht eine Entscheidung ohne mündliche Verhandlung treffen. ²Es bestimmt alsbald den Zeitpunkt, bis zu dem Schriftsätze eingereicht werden können, und den Termin zur Verkündung der Entscheidung. ³Eine Entscheidung ohne mündliche Verhandlung ist unzulässig, wenn seit der Zustimmung der Parteien mehr als drei Monate verstrichen sind.

III ¹Bei Streitigkeiten über vermögensrechtliche Ansprüche kann das Gericht von Amts wegen anordnen, daß schriftlich zu verhandeln ist, wenn eine Vertretung durch einen Rechtsanwalt nicht geboten ist, der Wert des Streitgegenstandes bei Einreichung der Klage eintausendfünfhundert Deutsche Mark nicht übersteigt und einer Partei das Erscheinen vor Gericht wegen großer Entfernung oder aus sonstigem wichtigen Grunde nicht zuzumuten ist. ²Das Gericht bestimmt mit der Anordnung nach Satz 1 den Zeitpunkt, der dem Schluß der mündlichen Verhandlung entspricht, und den Termin zur Verkündung des Urteils. ³Es kann hierüber erneut bestimmen, wenn dies auf Grund einer Änderung der Prozeßlage geboten ist. ⁴Die Anordnung nach Satz 1 ist aufzuheben, wenn eine der Parteien es beantragt oder wenn das persönliche Erscheinen der Parteien zur Aufklärung des Sachverhalts unumgänglich erscheint.

**Schrifttum:** *Burchardt,* Das Verfahren ohne mündliche Verhandlung, 1974; *Klein,* Die Grundsätze der Öffentlichkeit und Mündlichkeit im Zivilprozeß usw, Diss Köln 1995; *Schlosser,* Einverständliches Parteihandeln im Zivilprozeß, 1968; *Westerwelle,* Der Mündlichkeitsgrundsatz in der deutschen Zivilprozeßordnung, Diss Bochum 1998.

**Gliederung**

| | |
|---|---|
| 1) Systematik, I–III ... 1 | A. Grundsatz: Zulässigkeit bei Entbehrlichkeit ... 16 |
| 2) Regelungszweck, I–III ... 2 | B. Grenzen der Zulässigkeit ... 17 |
| 3) Geltungsbereich, I–III ... 3 | C. Notwendigkeit der Zustimmung beider Parteien ... 18 |
| 4) Mündlichkeit, I ... 4, 5 | D. Zustimmungserklärung ... 19–21 |
|    A. Grundsatz: Notwendigkeit einer Verhandlung ... 4 | E. Nächste Entscheidung ... 22–24 |
|    B. Ausnahme: Entbehrlichkeit einer Verhandlung ... 5 | F. Ermessensgrundsatz ... 25 |
| 5) Verhandlungsgrundregeln, I ... 6–9 | G. Ermessensvoraussetzungen ... 26–30 |
|    A. Verhandlung vor dem erkennenden Gericht ... 6 | H. Sachverhaltsklärung ... 31 |
|    B. Mündlicher Vortrag ... 7, 8 | I. Dreimonatsfrist ... 32 |
|    C. Verstoß ... 9 | J. Sachentscheidung ... 33 |
| 6) Freigestellte mündliche Verhandlung, I ... 10–15 | K. Verstoß ... 34, 35 |
|    A. Oft Zulässigkeit ... 10 | 8) Vermögensrechtlicher Streit, III ... 36–44 |
|    B. Anordnung der mündlichen Verhandlung ... 11, 12 | A. Ermessen des Gerichts ... 36 |
|    C. Unterbleiben einer mündlichen Verhandlung ... 13–15 | B. Keine Notwendigkeit einer Anwaltsvertretung ... 37 |
| 7) Schriftliches Verfahren mit Zustimmung der Parteien, II ... 16–35 | C. Höchstens 1500 DM ... 38 |
| | D. Erscheinen unzumutbar ... 39 |
| | E. Verfahren ... 40–42 |
| | F. Aufhebung der Anordnung auf Antrag ... 43 |
| | G. Aufhebung der Anordnung bei Notwendigkeit persönlichen Erscheinens ... 44 |
| | 9) VwGO ... 45 |

**1) Systematik, I–III.** § 128 enthält zwei Verfahrensgrundsätze, nämlich zunächst den Grundsatz der **1** *Mündlichkeit,* vgl auch Üb 1 vor § 128. Er wird durch II, III und durch § 495a I 2 (Kleinverfahren) abgeschwächt. § 128 enthält ferner den Grundsatz der *Unmittelbarkeit.* Beide Regeln gelten nicht für alle Teile des Verfahrens. Beide sind aber möglichst weitgehend zu beachten, soweit sie gelten. Unmittelbarkeit bedeutet: Es ist vor dem Gericht selbst zu verhandeln, nicht vor einem Dritten oder vor einem anderen Gericht, das nur dasjenige übermitteln kann, was vor ihm geschehen ist. Während sich aber die Mündlichkeit nur auf das Verfahren vor dem erkennenden Gericht erstreckt, beherrscht die Unmittelbarkeit grundsätzlich auch die Beweisaufnahme vor einem ersuchten Gericht, vgl bei § 355. Im schriftlichen Vorverfahren gelten andere Regeln, §§ 307 II, 331 II. I ist im abgetrennten Verfahren über den Versorgungsausgleich unanwendbar, BGH NJW 83, 824, KG FamRZ 84, 495 (es gilt § 53 b I FGG), aM Diederichsen NJW 77, 656. Im schriftlichen Vorverfahren gelten andere Regeln, §§ 307 II, 331 II.

**2) Regelungszweck, I–III.** Die Vorschrift dient in beiden unterschiedlichen Bereichen (I einerseits, II, **2** III andererseits) im Grunde denselben Prinzipien der Gerechtigkeit, Einl III 9, wie der Prozeßwirtschaftlichkeit, Grdz 14 vor § 128, nur eben auf verschiedene Art und Weise. Dabei wird wegen des letzteren

§ 128　　　　　　　　　　　　　　　　1. Buch. 3. Abschnitt. Verfahren

Prinzips auch die Parteiherrschaft, Grdz 18 vor § 128, begrenzt. Das alles ist bei der Auslegung mitzubeachten.

**3** 3) **Geltungsbereich, I–III.** Vgl Grdz 2 vor § 128. Im Urteilsverfahren vor dem ArbG ist II unanwendbar; im übrigen ist die Vorschrift im arbeitsgerichtlichen Verfahren anwendbar, §§ 46 II, 64 VI, 72 V ArbGG. Im arbeitsgerichtlichen Verfahren ist III unanwendbar, § 46 II 2 ArbGG (betr Urteilsverfahren), Kramer NJW 78, 1412 mwN.

**4** 4) **Mündlichkeit, I.** Vgl zunächst Üb 3, 4 vor § 128.

**A. Grundsatz: Notwendigkeit einer Verhandlung.** Vor dem erkennenden Gericht ist in jedem Verfahren nach der ZPO und in jedem Rechtszug grundsätzlich mündlich zu verhandeln, Zweibr OLGZ **83**, 329, auch zB nach einem Grundurteil, § 304, BGH NJW **79**, 2307, oder nach einer Zurückverweisung, § 539, oder evtl beim Antrag auf Vollstreckbarerklärung eines ausländischen Schiedsspruchs, § 1063 II, BayObLG **99**, 56. Dieser Grundsatz bedeutet: Es ist eine mündliche Verhandlung notwendig, und das Gericht darf nur dasjenige berücksichtigen, das in der mündlichen Verhandlung vorgetragen worden ist. Im Kleinverfahren ist eine Verhandlung stets erlaubt, auf Antrag notwendig, § 495 a I 2.

**5** **B. Ausnahme: Entbehrlichkeit einer Verhandlung,** vgl auch Rn 10. Oft stellt die ZPO eine mündliche Verhandlung in das freie, nicht nachprüfbare Ermessen des Gerichts. Das ist immer dann so, wenn das Gericht in Beschlußform entscheiden kann, § 329, und wenn das Gesetz nicht ausdrücklich eine mündliche Verhandlung anordnet. Man spricht dann von einer freigestellten (fakultativen) mündlichen Verhandlung. Oft verbietet die ZPO auch eine an sich notwendige mündliche Verhandlung.

*Das gilt in folgenden Fällen:* Im Verfahren vor dem verordneten (beauftragten oder ersuchten) Richter, §§ 361, 362; bei einer Maßnahme der Prozeßleitung, Begriff Üb 5 vor § 128, etwa bei einer Terminsbestimmung, § 216, einem Prozeßverbindung, § 147, einer Aussetzung des Verfahrens, §§ 148 ff; bei einer Handlung der Justizverwaltung und bei gewissen rechtspflegerischen Geschäften, Begriffe s Anh § 21 GVG; bei einem Zwischenstreit zwischen der einen Partei bzw beiden Parteien einerseits, einem Dritten andererseits, §§ 71, 135, 387; bei einer Beweisaufnahme, §§ 355 ff; bei Erledigterklärungen, § 91 a I 2; bei einer Verweisung wegen Unzuständigkeit, § 281 II 2; bei einer Beweisaufnahme nach Verlesen, II, III; bei einer Entscheidung nach Lage der Akten, §§ 251 a, 331 a; im Fall eines schriftlichen Nachbringens, § 283.

**6** 5) **Verhandlungsgrundregeln, I.** Soweit eine mündliche Verhandlung stattfindet, sind drei Aspekte zu beachten.

**A. Verhandlung vor dem erkennenden Gericht.** „Verhandlung" ist die Abgabe einer den Prozeß betreffenden Erklärung, vgl auch Grdz 41–44 vor § 128, vgl Zweibr OLGZ **83**, 329. Die Erklärung kann einseitig oder zweiseitig sein. Bei einer einseitigen Erklärung verhandelt der Erklärende nur mit dem Gericht, bei einer zweiseitigen verhandelt er außerdem mit seinem Gegner. Die Erklärung kann die Hauptsache oder eine Prozeßfrage, eine Vorfrage, betreffen, vgl § 39 Rn 1. Auch die Verhandlung, die das Gericht etwa über ein Ablehnungsgesuch, vgl § 46 I, aM ThP 4, oder über ein Prozeßkostenhilfegesuch anordnet, § 118 I 3, zählt hierher, aM ThP 4. Die Beweisaufnahme ist als solche keine Verhandlung; wohl aber ist natürlich die Erörterung ihrer Ergebnisse eine Verhandlung, § 285. „Parteien", Begriff Grdz 3 vor § 50, sind in § 128 also auch: Der Streithelfer, §§ 66 ff; ein Vertreter der Partei, mag er ein gesetzlicher Vertreter, § 51, ein ProzBev, § 81 oder ein Beistand sein, § 90. Sie alle unterliegen dem Mündlichkeitsgebot. „Erkennendes Gericht" sind auch der Einzelrichter, § 348, und der Vorsitzende der Kammer für Handelssachen, § 349.

*Nicht hierher* gehören: Der verordnete (beauftragte, ersuchte) Richter, §§ 361, 362; der Vorsitzende bei einer nur ihm außerhalb der Verhandlung zustehenden Maßnahme; der Rechtspfleger; der Urkundsbeamte der Geschäftsstelle; ein Zustellungsbeamter; ein bloßer Justizverwaltungsakt, etwa über eine Entschädigung.

**7** **B. Mündlicher Vortrag.** Grundsätzlich darf das Gericht nur den mündlichen Vortrag seiner Entscheidung zugrunde legen, BGH NJW **99**, 1339, LG Saarbr RR **93**, 830. Zu den Entscheidungen zählen neben denjenigen durch Urteil, auch iSd §§ 714, 925, 926 II, 927 II, 1054, diejenigen durch Beschluß, soweit sie nur auf Grund einer mündlichen Verhandlung ergehen dürfen, zB nach § 320. Was keine Partei vorträgt, darf allenfalls als Erfahrungssatz berücksichtigt werden, zB beim Anscheinsbeweis, Anh § 286 Rn 15, BGH WertpMitt **78**, 244. II sowie §§ 137 III, 251 a, 283, 307 II, 331 III, 358 a, durchbrechen diese Regel. § 137 III läßt trotz der grundsätzlichen Notwendigkeit des mündlichen Vortrags im weitesten Sinne bei allseitigen Einverständnis einen Bezug auf Schriftstücke zu, so auch LG Saarbr RR **93**, 830. Eine Urkunde muß zum Gegenstand der mündlichen Verhandlung geworden sein. Das gilt aber nicht, wenn sie sich in einer Beiakte befindet, in die eine Partei keinen Einblick nehmen darf, § 299 Rn 12. In diesem Fall ist freilich auch keine Verwertung zulässig. Eine längere Urkunde braucht grundsätzlich nicht ihrem ganzen Inhalt nach verlesen zu werden, das ist sinnlos, weil doch niemand hören wird.

**8** Das Ergebnis einer Beweisaufnahme ist mündlich *vorzutragen*, § 285 II, am besten inhaltlich. Dasselbe gilt für den Prozeßstoff der Vorinstanzen. Eine Bezugnahme auf eine andere mündliche Verhandlung ist insoweit zulässig, als das gesamte Gericht den Streitstoff aus der früheren Verhandlung derselben oder einer ganz gleichliegenden Sache kennt. Wenn die Richter auch nur zum Teil gewechselt haben, muß trotz der Einheit der gesamten Verhandlung, Üb 58 vor § 253, doch wegen § 309 eine neue mündliche Verhandlung vorgenommen werden. Dabei darf man aber auf schriftsätzliche Ausführungen oder auf den Inhalt der Protokolle Bezug nehmen. Vorherige unwiderrufliche Prozeßhandlungen, Grdz 47 vor § 128, behalten ihre Wirkung.

Die *Praxis* verfährt freilich gerade mit der Notwendigkeit des mündlichen Vortrags reichlich *lax*. Daher sind mündliche Verhandlungen in Zivilsachen für Außenstehende oft überhaupt nicht mehr verständlich. Freilich kommt es nicht in erster Linie auf den Zuhörer, sondern auf die Verständnismöglichkeit der Parteien an. In diesem Zusammenhang wird aber auf die anwesende, nicht rechtskundige Parteien, Zeugen usw oft zu wenig Rücksicht genommen. Anderseits ist der Prozeß kein Selbstzweck und kein Ritual, sondern dient harten Interessen und soll ohne jede vermeidbare Verzögerung durchgeführt werden. Die Grenzen zulässiger

## 1. Titel. Mündliche Verhandlung § 128

Abweichungen vom strikten Gebot des mündlichen Vortrags liegen jedenfalls dort, wo die Gefahr erheblicher Mißverständnisse eintritt.

**C. Verstoß.** Ein Verstoß gegen die Grundsätze der Mündlichkeit und Unmittelbarkeit ist zwar ein **9** wesentlicher Verfahrensmangel, BGH NJW 90, 839. Durch einen solchen Verstoß wird aber ein auf ihm beruhendes Urteil nicht etwa zu einem Scheinurteil im Sinn von Üb 11 vor § 300; der Betroffene muß es vielmehr wie jedes andere Urteil mit dem etwa zulässigen Rechtsbehelf anfechten, Üb 20 vor § 300, BGH NJW 90, 839. Dasselbe gilt für einen Beschluß, der unter einem Verstoß gegen die Grundsätze der Mündlichkeit oder Unmittelbarkeit ergangen ist, Mü NJW 74, 1514. § 513 II ist grundsätzlich unanwendbar, vom Fall II abgesehen (dazu Rn 34). Diese Auffassung verstößt nicht gegen das GG, BVerfG 72, 121. Eine Heilung erfolgt entweder infolge eines ausdrücklichen Verzichts oder nach §§ 295, 531. Die Grundsätze der Mündlichkeit und Unmittelbarkeit, Üb 1 vor § 128, dienen ja nur den Belangen der Parteien, und II zeigt, daß die Parteien ein schriftliches Verfahren vereinbaren können. Vgl auch § 295 Rn 16 ff.

**6) Freigestellte mündliche Verhandlung, I.** Es gibt zahlreiche Punkte zu beachten. **10**

**A. Oft Zulässigkeit.** Ein Verfahren mit einer freigestellten mündlichen Verhandlung ist nach vielen Vorschriften möglich, zB nach §§ 46, 91 a I 2, 281 II 2, 248 II, 319 II, 360, grundsätzlich auch § 495 a, ferner §§ 519 b II, 554 a II, 573, 707 II, 921, 1047. Es setzt grundsätzlich einen *Antrag* voraus, falls nicht das Gesetz etwas anderes bestimmt. Ein Anwaltszwang besteht für das Gesuch nur dann, wenn keine Erklärung zum Protokoll der Geschäftsstelle zulässig wäre, § 78 III, also zB insoweit, als das Gericht von der Möglichkeit der mündlichen Verhandlung auch Gebrauch macht. Die Anordnung oder Ablehnung der freigestellten mündlichen Verhandlung erfolgt nach einem zwar pflichtgemäß vorzunehmenden, jedoch in dieser Instanz seitens der Parteien nicht überprüfbaren richterlichen Ermessen. Man kann das Gesuch bis zur Entscheidung zurücknehmen. Außerhalb der Verhandlung muß die Rücknahme in derselben Form erfolgen, die für die Einlegung des Gesuchs vorgeschrieben ist. Innerhalb der Verhandlung wird die Rücknahme mündlich erklärt. Der Gegner kann die Rücknahme nicht verhindern, hat aber nach einer wirksamen Rücknahme ein Recht auf den Erlaß einer Kostengrundentscheidung.

Wenn die Geschäftsstelle eine *Ladung* herausgegeben hat, ohne daß das Gericht eine mündliche Verhandlung angeordnet hatte, dann ist die Ladung ungesetzlich und daher unbeachtlich. Das Gericht kann die Anordnung einer mündlichen Verhandlung ausnahmsweise auch von Amts wegen treffen, zB bei § 319, und die Anordnung der Verhandlung auch bis zu ihrem Beginn jederzeit rückgängig machen, nicht aber die Verhandlung selbst ungeschehen machen.

**B. Anordnung der mündlichen Verhandlung.** Die Anordnung erfolgt durch einen Beschluß des **11** Gerichts oder durch eine prozeßleitende Verfügung des Vorsitzenden, § 329. Wenn die Anordnung zugleich die Bestimmung des Verhandlungstermins enthält, § 216, ist sie den Parteien förmlich zuzustellen, § 329 II 2. Sowohl im Parteiprozeß als auch im Anwaltsprozeß erfolgt in der Regel gleichzeitig eine Terminsbestimmung und eine Ladung von Amts wegen, § 270 I. Anwaltszwang besteht wie sonst, § 78 Rn 1. Der Grundsatz, daß das Gericht in seiner Entscheidung nur das Vorgetragene verwerten darf, Rn 7, gilt hier nicht. Denn das Verfahren dient nur einer besseren Unterrichtung des Gerichts. Deshalb darf das Gericht neben dem Ergebnis der mündlichen Verhandlung auch den Akteninhalt benutzen. Es kann zB ein Geständnis verwerten, das in einem Schriftsatz enthalten ist. Die Beweisaufnahme erfolgt wie sonst. Eine Parteivernehmung nach §§ 445 ff ist statthaft, auch eine Parteibeeidigung.

Die Entscheidung ergeht durch einen *Beschluß*, § 329, es sei denn, daß eine Vorschrift ausdrücklich ein **12** Urteil vorschreibt, etwa bei den §§ 922, 937. Der Beschluß ist grundsätzlich zu begründen, § 329 Rn 4. Er wird verkündet. Das Verfahren läuft wie bei einer notwendigen mündlichen Verhandlung, Rn 4, zB §§ 922 I, 936, 1047 ff. Anwaltszwang herrscht ab Anordnung wie sonst, § 78 Rn 1. Ein Versäumnisverfahren nach §§ 330 ff ist nicht möglich. Die Säumnis der einen oder der anderen Partei ist frei zu würdigen, soweit es sich nicht um eine Versäumung einer einzelnen Prozeßhandlung handelt. Diese ist den allgemeinen Vorschriften unterworfen. Im Verfahren auf den Erlaß eines Arrests oder einer einstweiligen Verfügung, §§ 916 ff, 935 ff, findet ein notwendiges Versäumnisverfahren wie bei einer mündlichen Verhandlung statt. Denn es handelt sich dann um ein Verfahren wie vor einem Urteil. Das Gericht muß eine Kostengrundentscheidung treffen, wenn sein Beschluß eine Endentscheidung nach § 91 darstellt, Üb 35 vor § 91. Im Fall einer Antragsrücknahme ist § 269 II anwendbar.

**C. Unterbleiben einer mündlichen Verhandlung.** Das Gericht muß in diesem Fall prüfen, ob es den **13** Gegner wegen Art 103 I GG anhören muß. Diese Anhörung ist grundsätzlich erforderlich, BVerfG 34, 7 mwN und 50, 285, vgl auch § 278 III. Eine solche Anhörung erfolgt schriftlich. Das Gericht setzt dem Gegner eine zumutbare Frist zur Äußerung. Die Anhörung des Gegners darf ausnahmsweise unterbleiben, wenn das Gericht auch ohne diese Anhörung zu Lasten des Antragstellers entscheiden muß. Denn das rechtliche Gehör dient nur dazu, die Interessen des Antragsgegners zu schützen.

Soweit eine Anhörung des Antragsgegners notwendig ist, wäre eine Entscheidung vor dem Ablauf der ihm **14** gesetzten Äußerungsfrist ein wesentlicher *Verfahrensmangel*, sofern das Gericht, rückschauend betrachtet, einen erheblichen Vortrag des Antragsgegners unbeachtet gelassen hat. Wenn das Gericht den Antragsgegner mündlich anhören will, muß es eine mündliche Verhandlung anordnen. Wenn das Gericht unzweckmäßigerweise keine bestimmte Äußerungsfrist gesetzt hat, muß es vor seiner Entscheidung während einer angemessenen Zeit abwarten, ob sich der Antragsgegner meldet. Auch im Fall einer Fristsetzung genügt es, daß die Äußerung des Antragsgegners bis zu demjenigen Zeitpunkt beim Gericht eingeht, in dem das Gericht seine Entscheidung hinausgibt. Der Eingang in der Posteinlaufstelle reicht aus; ein Eingang auf der Geschäftsstelle der zuständigen Abteilung oder Kammer ist nicht erforderlich.

*Anwaltszwang* besteht wie sonst, § 78 Rn 1. Ein Geständnis innerhalb eines Schriftsatzes ist grundsätzlich **15** wirksam, § 288. Eine Beweisaufnahme ist zulässig, §§ 355 ff, insbesondere eine Zeugen- oder Parteivernehmung. Sie geschieht nach den allgemeinen Vorschriften. Das Gericht muß dabei die Parteiöffentlichkeit nach § 357 unter allen Umständen wahren. Eine Glaubhaftmachung nach § 294 genügt nicht.

## § 128

Die *Entscheidung* ergeht durch einen Beschluß, § 329. Er ist grundsätzlich zu begründen, § 329 Rn 4. Er wird von Amts wegen nach § 329 II, III je nachdem formlos mitgeteilt oder förmlich zugestellt. Er wird mit dieser Bekanntmachung wirksam. Er bindet das Gericht vom Zeitpunkt der Hinausgabe ab, nicht aber schon vom Zeitpunkt der Beschlußfassung oder der Unterschrift ab. Bis zur Hinausgabe bleibt der Beschluß also ein innerer Vorgang des Gerichts und ist frei abänderlich, § 329 Rn 24. Eine Kostenentscheidung ergeht wie im Fall einer mündlichen Verhandlung nach §§ 91 ff.

**16**    **7) Schriftliches Verfahren mit Zustimmung der Parteien, II.** Die Regelung ist kompliziert und nicht sehr praxisfreundlich.

**A. Grundsatz: Zulässigkeit bei Entbehrlichkeit.** II mildert den starren Mündlichkeitsgrundsatz des I im Interesse der Vereinfachung und Beschleunigung, BGH **18**, 61, nicht etwa zwecks Verschleppungsmöglichkeit. Eine mündliche Verhandlung ist entbehrlich, wenn alle Prozeßbeteiligten sie für entbehrlich halten. Das schriftliche Verfahren ist grundsätzlich auch nach einer mündlichen Verhandlung zulässig, (Ausnahme: Entscheidungsreife, Rn 17). II ist in allen Verfahrensarten und Instanzen vor dem ordentlichen Gericht anwendbar, soweit eine Entscheidung an sich nur auf Grund einer mündlichen Verhandlung ergehen dürfte. Das gilt auch in einem Eheverfahren nach §§ 606 ff. Jedoch ist die isolierte Anfechtung der Entscheidung über den Versorgungsausgleich nicht als ein Fall des II zu behandeln, Hamm FamRZ **80**, 702, Mü FamRZ **80**, 699, aM Diederichsen NJW **77**, 656. Krause MDR **82**, 186 fordert wegen Art 101 I GG eine Änderung von II dahin, daß das Gericht auch dem Beratungszeitpunkt in einer den Parteien mitgeteilten Form bestimmen müsse.

**17**    **B. Grenzen der Zulässigkeit.** Das schriftliche Verfahren darf wegen des Grundsatzes der Prozeßwirtschaftlichkeit, Grdz 14 vor § 128, nur dann angewendet werden, wenn es vereinfacht und verkürzt, BGH NJW **92**, 2147. Es darf auch vor dem AG nicht eine schreibungewandte Partei schädigen. In einer Ehesache ist es zwar nicht grundsätzlich unzulässig, meist aber doch deshalb unangebracht, weil das Gericht die Parteien persönlich anhören muß. Es ist unzulässig, wenn bereits eine volle mündliche Verhandlung stattgefunden hatte und wenn eine Entscheidungsreife eingetreten ist, § 300 Rn 6, selbst wenn ein besonderer Verkündungstermin nach § 310 I in Betracht kommt. Das Gericht muß diese Entscheidungsreife also zunächst prüfen. Es handelt sich insofern aber nicht um einen unbedingten Revisionsgrund. Das schriftliche Verfahren ist auch dann unzulässig, wenn seit der Zustimmung der Parteien mehr als drei Monate verstrichen sind. In diesem Fall ist auch die Nachholung einer versäumten Verkündung nicht mehr zulässig, Ffm FamRZ **78**, 430. Die Parteien können nämlich weiteres tatsächliches Material vorlegen wollen und deshalb das schriftliche Verfahren beantragen, BGH ZMR **76**, 55.

**18**    **C. Notwendigkeit der Zustimmung beider Parteien.** Eine schriftliche Entscheidung nach II setzt die Zustimmung beider Parteien voraus. Im Fall einer gewöhnlichen Streitgenossenschaft nach § 59 handelt jeder Streitgenosse nur für sich. Im Fall einer notwendigen Streitgenossenschaft nach § 62 müssen alle, bei einer mündlichen Verhandlung also (nur) alle anwesenden Streitgenossen, zustimmen. Bei einem außerhalb der Verhandlung nur in Schriftform wirksamen Einverständnis, BVerwG NJW **81**, 1852, müssen sämtliche notwendigen Streitgenossen zustimmen. Der Streithelfer kann seine Zustimmung für seine Partei in der mündlichen Verhandlung wirksam erklären, wenn die Partei abwesend ist und nicht widerspricht, § 67, oder auch nicht mehr widersprechen darf, § 71. Im letzteren Fall kann er seine Zustimmung auch schriftlich erklären. Im übrigen ist seine Zustimmung weder notwendig noch ausreichend. Ein streitgenössischer Streithelfer, § 69, kann die Zustimmung durch seinen Widerspruch vereiteln. Bei § 387 ist auch die Zustimmung der Zeugen notwendig. Soweit eine notwendige Zustimmung fehlt, kommen eine Trennung nach § 145 oder ein Teilurteil nach § 301 in Betracht, wenn nicht das Gericht ganz vom schriftlichen Verfahren absieht. Ein ProzBev muß bei diesem Gericht postulationsfähig sein, Zweibr FamRZ **99**, 456.

**19**    **D. Zustimmungserklärung.** Die Zustimmung ist eine einseitige, dem Gericht gegenüber vorzunehmende Parteiprozeßhandlung, Grdz 47 vor § 128. Sie muß unzweideutig sein, BVerwG NJW **81**, 1853. Maßgeblich ist der objektive Erklärungsinhalt, Zweibr FamRZ **99**, 456. Unter diesen Voraussetzungen kann sie stillschweigend erfolgen. Wenn das Gericht der Partei geschrieben hat, es werde beim schriftlichen Verfahren auf seine Anfrage eine Zustimmung annehmen, dann ist das Schweigen der Partei nicht stets als wirksame Zustimmungserklärung umzudeuten, LG Nürnb-Fürth NJW **81**, 2586. Denn das Schweigen genügt grundsätzlich nicht, Beuermann DRiZ **78**, 312. Freilich kann das Schweigen zB bei einer klaren Unzuständigkeit und bei einer Anfrage, ob gegen eine Verweisung Bedenken bestehen, als Zustimmung gelten, § 281 Rn 9, BGH **102**, 341. Ein Antrag auf eine Entscheidung nach Lage der Akten nach §§ 251 a, 331 a, darf nicht als eine Zustimmung zum schriftlichen Verfahren umgedeutet werden. Denn eine Entscheidung nach Lage der Akten ist etwas ganz anderes als eine schriftliche Entscheidung.

**20**    Die Zustimmung duldet *keine Bedingung,* BAG BB **75**, 1486. Sie ist zB unstatthaft „für den Fall, daß ein Beweisbeschluß ergeht", BGH **LM** Nr 8, oder bei dem Abhängigmachen in einer bestimmten Besetzung des Gerichts oder einer bestimmten Art der Entscheidung. Eine solche Erklärung ist also keine wirksame Zustimmung. Zulässig ist aber eine Zustimmung für den Fall des Vergleichswiderrufs, Anh § 307 Rn 10. Zulässig ist auch die „Bedingung", daß Gericht müsse noch einen Sachvortrag bis zu einem angemessenen Fristablauf berücksichtigen. Wenn noch keine mündliche Verhandlung stattgefunden hat, kann sich der Bekl allerdings beim Antrag auf ein schriftliches Verfahren nach II die Rüge der örtlichen Unzuständigkeit vorbehalten, BGH NJW **70**, 198.

Eine ausdrückliche Zustimmung ist entweder in der *mündlichen* Verhandlung *oder schriftlich* zu erklären. Man kann sie im Parteiprozeß, § 78 Rn 1, auch zum Protokoll jeder Geschäftsstelle erklären. Wenn sie nicht gegenüber der Geschäftsstelle des Prozeßgerichts abgegeben wird, wird sie erst mit dem Eingang bei dieser Geschäftsstelle wirksam, § 129 a II 2. Eine fernmündliche Erklärung genügt nicht. Denn eine solche Erklärung gewährleistet nicht die Nämlichkeit der Person des Erklärenden. Unwirksamkeit liegt zumindest beim geringsten Zweifel über den Inhalt der telefonischen Erklärung vor, BVerwG NJW **81**, 1853. Ein Anwaltszwang besteht wie sonst, § 78 Rn 1.

1. Titel. Mündliche Verhandlung **§ 128**

Die Zustimmungserklärung kann sich auf einen Teil des Prozeßstoffs *beschränken,* den das Gericht durch 21 eine selbständige Entscheidung erledigen kann, auch auf ein Vorbehaltsurteil §§ 302, 599, oder auf eine Vorabentscheidung über den Grund, § 304. Sie kann sich aber nicht auf einen Teil des in demselben Rechtsstreit geltend gemachten sachlichrechtlichen Anspruchs beschränken, also auch nicht auf die Kostenfrage, solange die Hauptsache noch anhängig ist, es sei denn, daß ein Teil der Hauptsache erledigt ist oder daß der noch anhängige Teil durch die Entscheidung nicht berührt wird. Die Erklärung kann nicht auf die derzeitige Besetzung des Gerichts beschränkt werden. Denn darin läge eine unzulässige Bedingung. Eine Befristung ist zulässig, etwa dahin, daß jede Partei noch einen Schriftsatz einreichen soll.

**E. Nächste Entscheidung.** Die Zustimmung bezieht sich immer nur auf die nächste Sachentscheidung 22 des Gerichts, BSG MDR **78**, 348, also auf eine solche Entscheidung, die die Endentscheidung unmittelbar und wesentlich sachlich vorbereitet, Kramer NJW **78**, 1412. Dazu gehören zB: Ein Beweisbeschluß, § 358; eine Verweisung, § 281. Die Zustimmung vor dem Vorsitzenden deckt auch die Entscheidung durch die Kammer für Handelssachen. Die Zustimmung vor dem Einzelrichter nach § 348 deckt nicht die Entscheidung durch das Kollegium. Eine rein förmliche prozeßleitende Maßnahme des Gerichts oder ein Hinweis nach §§ 139, 278 III, oder eine Auflage des Gerichts gegenüber einer Partei mit dem Ziel einer Erklärung, § 273, erschöpft den Wirkungsbereich der erteilten Zustimmung nicht.

Denn die förmliche Maßnahme ist ein *innerer Vorgang* des Gerichts, keine Entscheidung in der Sache, und eine Auflage nach § 273 ist eine prozeßleitende Maßnahme und ebenfalls keine Entscheidung; vgl aber auch Rn 40. Eine Zustimmungserklärung vor einer Beweisaufnahme, aber nach dem Erlaß des Beweisbeschlusses, ermöglicht die Berücksichtigung des Ergebnisses der Beweisaufnahme bei der Entscheidung. Verfehlt ist die Meinung, es dürfe noch nicht mündlich verhandelt worden sein; vgl aber Rn 17.

Die Zustimmung ist ein Verzicht auf die Unmittelbarkeit, BGH **66**, 274 mwN. Sie ist unanfechtbar, Grdz 23 56 vor § 128, und grundsätzlich *unwiderruflich,* sobald der Gegner ebenfalls eine Zustimmungserklärung abgegeben hat, Grdz 59 vor § 128 (Prozeßhandlungen). Die Partei darf ihre Zustimmungserklärung aber ausnahmsweise dann widerrufen, wenn sich eine wesentliche Änderung der Prozeßlage ergeben hat, II 1, etwa bei neuen gegnerischen Sachanträgen, Beweismitteln oder Behauptungen, BGH NJW **70**, 1458, Kramer NJW **78**, 1412. Auch ein rechtlicher Hinweis nach § 278 III kann eine solche wesentliche Veränderung der Sachlage mit sich bringen, ZöGre 12. Das zum Widerruf Gesagte gilt entsprechend bei § 524 IV, BGH **105**, 273. Entscheidend ist der Umstand, daß die Partei dem Gericht durch die Zustimmungserklärung erlaubt, von den gewöhnlichen Verfahrensablauf abzuweichen. Wenn das Gericht eine solche Abweichung nicht für zweckmäßig hält, etwa deshalb, weil der Sachverhalt noch nicht genügend aufgeklärt ist, darf und muß das Gericht trotzdem eine mündliche Verhandlung anordnen. Die Zustimmungserklärung bindet also zwar die Partei, nicht aber das Gericht, ähnlich BGH NJW **70**, 1458.

Ein *Irrtum* über die Voraussetzungen der Zustimmungserklärung ermöglicht keine Anfechtung, Grdz 56 24 vor § 128. Eine mündliche Abgabe der Zustimmungserklärung muß sich entweder aus dem Sitzungsprotokoll oder aus dem Tatbestand der anschließenden Entscheidung ergeben.

**F. Ermessensgrundsatz.** Das Gericht kann jede nach der Prozeßlage zulässige Entscheidung treffen und 25 ist nur im Fall des § 251 a vor einer Endentscheidung von einer früheren mündlichen Verhandlung zur Sache abhängig. Das Gericht kann und muß im Rahmen eines pflichtgemäßen, nicht nachprüfbaren Ermessens, auch beim Vorliegen der Voraussetzungen von II klären, ob es mit oder ohne (erstmalige oder wiederholte) Verhandlung entscheiden will. So mag ein Widerruf der Zustimmungserklärung das Gericht selbst dann veranlassen, von einer schriftlichen Entscheidung abzusehen, wenn der Widerruf unzulässig und damit unwirksam ist. Das Gericht darf von einer schriftlichen Entscheidung ohne einen ausdrücklichen Beschluß absehen, Rn 11–15. Es muß in diesem Fall geeignete Förderungsmaßnahmen anordnen, etwa einen Verhandlungstermin nach § 216 bestimmen oder einen Auflagenbeschluß nach § 273 fassen. Wenn das Gericht das Ruhen des Verfahrens angeordnet hat, §§ 251 a, 331 a, liegt in einem gemeinsamen Antrag beider Parteien auf eine schriftliche Entscheidung ein Antrag, das Verfahren aufzunehmen. Das Gericht stimmt dieser Aufnahme durch den Erlaß einer Entscheidung zu, § 251. Gegen die Ablehnung einer schriftlichen Entscheidung ist kein Rechtsbehelf statthaft.

**G. Ermessensvoraussetzungen.** Die Voraussetzungen einer Entscheidung nach II sind nicht dieselben 26 wie diejenigen einer Entscheidung nach § 251 a. Denn bei II fehlt jede Säumnis. Die Sache liegt vielmehr so, als ob die Parteien den gesamten Akteninhalt in einer mündlichen Verhandlung vorgetragen hätten. Dem Beginn der mündlichen Verhandlung, vgl §§ 39, 267, entspricht der Eingang der letzten Zustimmungserklärung, BGH NJW **70**, 198.

Das Gericht ordnet das schriftliche Verfahren durch einen Beschluß an, § 329. Er ist zu begründen, § 329 27 Rn 4, und entweder zu verkünden oder „alsbald", vgl II 2, also unverzüglich nach dem Eingang der letzten notwendigen Zustimmungserklärung, mitzuteilen. Zugleich muß das Gericht einen *Zeitpunkt bestimmen,* bis zu dem die Parteien *Schriftsätze einreichen* können, BGH NJW **86**, 3080. Der Zeitpunkt muß nicht stets für alle Beteiligten derselbe sein. Das Gericht muß zugleich den Termin zur Verkündung einer Entscheidung bestimmen, II 2. Dieser Termin steht dem Verhandlungsschluß nach §§ 136 IV, 296 a gleich. Er hat vielfache Bedeutung, §§ 322, 323 II 1, 348 III, Mü RR **86**, 1512. Er ist formell nicht an eine bestimmte gesetzliche Frist seit dem Zeitpunkt gebunden, bis zu dem die Schriftsätze eingereicht werden konnten; vgl aber II 3 und dazu Rn 32. Für eine vorschriftsmäßige Besetzung des Gerichts ist derjenige Zeitpunkt maßgeblich, in dem die letzte Beratung über den Stoff stattfindet, der dem Urteil zugrunde gelegt wird, wie bei § 309. Wenn das Fristende auf einen Sonnabend, Sonntag oder allgemeinen Feiertag fällt, muß das Gericht einen am nächsten Werktag eingehenden Schriftsatz berücksichtigen, § 222 II, BVerfG **61**, 122.

Wenn erst kurz vor dem Ablauf der Schriftsatzfrist ein erheblicher Schriftsatz eingeht, auf den der Gegner 28 nicht mehr vor dem Fristablauf erwidern kann, dann muß das Gericht die mündliche *Verhandlung* unter Umständen *wieder eröffnen,* § 156, oder den Verkündungstermin verlegen, § 227, vgl BVerfG **50**, 285. Dasselbe gilt trotz der grundsätzlichen Ausschlußwirkung des Fristablaufs, vgl §§ 136 IV, 296, 296 a, 323 II, 767 II, doch ferner auch dann, wenn nach dem Ablauf der Schriftsatzfrist, aber vor der Beratung ein

## § 128

1. Buch. 3. Abschnitt. Verfahren

erheblicher Schriftsatz eingeht. Das Gericht darf nicht eine Ergänzung des Vorbringens und der bisherigen Beweisantritte durch Urkunden auferlegen und dann ohne eine mündliche Verhandlung entscheiden. Denn in dieser Situation hätte ein Auflagen- und Beweisbeschluß ergehen müssen, und das Gericht hätte auf Grund dieses Beschlusses grundsätzlich, Rn 43, 44, mündlich verhandeln lassen müssen.

**29** An dem Verfahren ändert sich nichts, insbesondere auch nicht an den Anträgen, wenn ein Anwalt die Vertretung der Partei erst nach dem Zeitpunkt der Wirksamkeit einer Zustimmungserklärung niederlegt, BGH **LM** § 87 Nr 2. Soweit schon eine mündliche Verhandlung stattgefunden hat, darf und muß das Gericht auch das Ergebnis dieser Verhandlung *verwerten*. Insoweit schadet ein Wechsel in der Besetzung des Gerichts nicht, aM Krause MDR **82**, 184, Volmer NJW **70**, 1300, ZöGre 15 (wegen Art 101 GG).

Soweit freilich das Ergebnis der Beweisaufnahme nicht protokolliert worden ist, ist eine *Verwertung* nur möglich, falls richterliche Aufzeichnungen bei den Akten sind. Ein Vortrag in der mündlichen Verhandlung, der von dem schriftsätzlichen Vortrag abweicht, muß insofern aktenkundig gemacht worden sein. Maßgeblich ist der spätere Vortrag. Wenn weder die richterliche Aufzeichnung noch der Vermerk zu den Akten vorliegt, können nur dieselben Richter entscheiden, die an der mündlichen Verhandlung teilgenommen hatten, BGH **LM** Nr 9. Bei einem verspäteten Schriftsatz sind §§ 156, 296 a zu beachten.

**30** Ein *Versäumnisverfahren* ist unstatthaft. Zur Notwendigkeit des rechtlichen Gehörs Schneider MDR **79**, 793.

**31** **H. Sachverhaltsklärung.** Ob eine genügende Klärung des Sachverhalts die Voraussetzung einer Entscheidung nach II ist, das richtet sich nach dem Sinn der Zustimmungs- oder sonstigen Erklärung. Wenn die Erklärung den Inhalt hat, daß die Partei keineswegs etwas Neues vorbringen will, dann verzichtet die Partei dadurch auf eine weitere etwa mögliche Klärung des Sachverhalts. Andernfalls muß das Gericht einen rechtzeitig eingereichten Schriftsatz in seinem ganzen Umfang berücksichtigen. Soweit der Schriftsatz etwas Wesentliches enthält, muß das Gericht dann in der Regel die Verhandlung schon deshalb wieder eröffnen, weil es dem Gegner das rechtliche Gehör gewähren muß. Für eine Bindung der Partei an den in den Prozeß eingeführten Stoff gilt das in § 251 a Rn 15 Gesagte nicht ganz entsprechend. Eine Bindung tritt bei II nicht nur bei einem Urteil ein, sondern auch bei einem Beweisbeschluß. Denn beim Beweisbeschluß ist die Prozeßlage dieselbe wie im Fall einer mündlichen Verhandlung.

**32** **I. Dreimonatsfrist.** Eine Entscheidung ohne eine mündliche Verhandlung ist zu verkünden, § 310 entspr, und zuzustellen, § 317. Eine Zustellung kann die Verkündung nicht ersetzen, Ffm MDR **80**, 320. Die Verkündung ist wegen des Zwecks von II, das Verfahren gerade zu beschleunigen, nur binnen drei Monaten seit dem Eingang der letzten Zustimmungserklärung zulässig, II 3, BGH NJW **92**, 2147. Andernfalls muß das Gericht einen Verhandlungstermin bestimmen, § 310 Rn 3, Franzki DRiZ **77**, 165, ZöGre 18, aM Schneider MDR **79**, 795. Die Frist läuft auch in der Zeit vom 1. 7. bis 31. 8. weiter, denn § 227 III betrifft nur einen Termin, nicht eine Frist.

**33** **J. Sachentscheidung.** Sie ist wie sonst zu verkünden, § 310.

**34** **K. Verstoß.** Soweit das Gericht ohne eine mündliche Verhandlung entscheidet, obwohl eine erforderliche Zustimmung fehlte, liegt in diesem Verfahren ein Verstoß gegen das Gebot des rechtlichen Gehörs, der zur Zurückverweisung nach § 539 führen kann, Köln RR **87**, 1152, aber kein unbedingter Revisionsgrund, § 551 Z 5, dort Rn 12, und kein Grund zur Erhebung der Nichtigkeitsklage nach § 579 I Z 4, dort Rn 7. § 513 II ist insoweit grundsätzlich unanwendbar, Rn 9, vgl aber auch unten. Allerdings kann eine Partei ihre erforderliche Zustimmung auch nach dem Urteilserlaß wirksam erteilen, Rn 9.

Ein Verstoß gegen das Gebot der Festsetzung des Zeitpunkts des II 2 ist *kein absoluter Revisionsgrund*, BGH NJW **86**, 3080. Eine solche Zustimmung wirkt wie ein Verzicht auf den bis zu diesem Zeitpunkt bestehenden Anfechtungsgrund. Nach einer anderen Entscheidung als unter II kann eine Heilung des Verstoßes nach denselben Grundsätzen wie bei § 295 eintreten, dort Rn 7. Soweit die Voraussetzungen des II fehlten, ist das Urteil zwar wirksam, aber mit dem gegen dieses Urteil zulässigen Rechtsmittel anfechtbar. § 513 II ist

**35** (nur in diesem Fall II, Rn 9) entsprechend anwendbar, BVerfG NJW **99**, 1177, BGH NJW **90**, 839, StJL 123, ZöGre 19, aM Schlesw NJW **88**, 88. Ein nicht verkündetes, sondern nur zum Zwecke der Verkündung zugestelltes Urteil ist als Scheinurteil, Üb 12 vor § 300, zu behandeln, Kblz GRUR **89**, 75.

**36** **8) Vermögensrechtlicher Streit, III.** Es müssen die folgenden Voraussetzungen zusammentreffen.

**A. Ermessen des Gerichts.** Nur in einem solchen Streit, Grdz 10 ff vor § 1, kann das Gericht zur Erleichterung und Beschleunigung des Verfahrens und zur Begrenzung des Kosten- und Zeitaufwands der Prozeßbeteiligten von Amts wegen anordnen, daß schriftlich zu verhandeln ist. Das Gericht ist zu einer solchen Anordnung berechtigt, aber keineswegs verpflichtet. Das Gericht trifft seine Entscheidung darüber, ob eine schriftliche Verhandlung stattfinden soll, im Rahmen eines pflichtgemäßen Ermessens, Karlsr MDR **91**, 1195. Anders als bei einem schriftlichen Verfahren nach II ist die Anordnung nach III nicht nur auf die nächste Entscheidung beschränkt. Sie wirkt vielmehr grundsätzlich für das gesamte weitere Verfahren dieser Instanz, so auch Kramer NJW **78**, 1412. Im einzelnen muß folgendes zusammentreffen:

**37** **B. Keine Notwendigkeit einer Anwaltsvertretung.** Eine Vertretung durch einen Anwalt darf nicht geboten sein. Das Gesetz meint nicht etwa nur den Fall, daß ein Anwaltszwang fehlt, dazu § 78 Rn 1, 27; er fehlt ohnehin schon wegen des in Rn 38 zu erörternden geringen Streitwerts. Vielmehr muß eine einfache Sach- und/oder Rechtslage vorliegen, die nach einer pflichtgemäßen Prüfung voraussichtlich beiden Parteien eine sachgerechte Rechtsverfolgung oder Rechtsverteidigung auch ohne eine anwaltliche Unterstützung ermöglicht, ähnlich dem § 121 II 1 Hs 1. In diesem Zusammenhang darf und muß das Gericht seine eigenen erheblichen Leitungs-, Frage-, Hinweis- und Belehrungspflichten mitberücksichtigen. Es muß allerdings auch bedenken, daß es unter allen Umständen unparteilich bleiben muß, § 139 Rn 13, und daher keine Partei auch nur teilweise beraten darf.

**38** **C. Höchstens 1500 DM.** Der Streitwert darf im Zeitpunkt der „Einreichung" der Klage bzw ihrer Erklärung zum Protokoll der Geschäftsstelle oder ihrer Einigung beim Prozeßgericht, § 129 a, höchstens 1500 DM betragen. Es kommt also nicht auf den Zeitpunkt der Klagezustellung, der Klageerhebung nach

1. Titel. Mündliche Verhandlung § **128**

§ 253, an; das übersieht ZöGre 21. Das Gericht muß den Streitwert nach den §§ 3 ff schätzen, soweit die Klageschrift keinen bezifferten Klagantrag enthält. Eine Steigerung des Streitwerts nach der Klageinreichung bis zum Zeitpunkt der Anordnung nach III ist unschädlich, solange nicht infolge dieser Wertsteigerung entweder ein Anwaltszwang eintritt, § 78 Rn 1, oder doch eine Vertretung durch einen Anwalt nunmehr geboten erscheint. Ein Absinken des Streitwerts nach der Einreichung der Klage usw ist unbeachtlich. Eine Klageänderung oder -erweiterung nach §§ 263, 264 kann, muß aber nicht stets zur Unzulässigkeit des Verfahrens nach III führen.

**D. Erscheinen unzumutbar.** Es muß für eine Partei trotz des grundsätzlichen allseitigen Interesses an **39** einer Erörterung, Klärung, Beilegung des Streits in einer Verhandlung doch bei Abwägung der Interessen aus der Sicht des Gerichts im Ergebnis unzumutbar sein, zu einem Verhandlungstermin zu erscheinen. Die Unzumutbarkeit mag sich entweder aus einer zu großen Entfernung des Wohnsitzes usw der Partei zum Gerichtsort oder aus einem sonstigen wichtigen Grund ergeben, etwa aus einer Überlastung oder Gebrechlichkeit. Die Einzelheiten sind ebenso wie bei § 141 Rn 18–20 zu beurteilen.

Die *ständige Praxis* eines Gerichts, III nicht anzuwenden, kann zwar ein Anzeichen dafür sein, daß es sein Ermessen fehlerhaft ausübt, kann aber auch das Ergebnis der Erfahrung darstellen, daß die mündliche Verhandlung nicht nur der Konzentration und Beschleunigung dient, sondern auch der Ermittlung der Wahrheit, der Aufklärung, über scheinbar widersprüchlicher Argumente, einer Erleichterung der Beweisaufnahme und -würdigung usw. Alles das bedenkt Karlsr MDR **91**, 1195 nicht ausreichend mit.

**E. Verfahren.** Ein Antrag nach III ist zulässig, aber nicht notwendig und jedenfalls auch nicht bindend. **40** Es ist nicht notwendig, daß der Bekl sich schon auf die Klage eingelassen hat, Kramer NJW **78**, 1411. Seine Anhörung ist wegen der Aufhebungsmöglichkeit in III 4 nicht notwendig. Das Gericht entscheidet grundsätzlich bei III nach pflichtgemäßem Ermessen ohne Notwendigkeit der Parteianhörung, Kramer NJW **78**, 1411. Ein Antrag zwingt das Gericht allenfalls zu einem Verfahren nach II. Soweit sämtliche Voraussetzungen nach Rn 36–39 vorliegen, bestimmt das Gericht grundsätzlich in seinem Beschluß nach § 329 zugleich mit der Anordnung des schriftlichen Verfahrens denjenigen Zeitpunkt, der dem Schluß der mündlichen Verhandlung entspricht. Das gilt auch dann, wenn zB der Urkundsbeamte der Geschäftsstelle zuvor eine Frist zur Klagebegründung nach §§ 697 I, 700 III erfolglos gesetzt hatte, BVerfG **64**, 206. Wenn das Fristende auf einen Sonnabend, Sonntag oder allgemeinen Feiertag fällt, muß das Gericht einen am nächsten Werktag eingehenden Schriftsatz berücksichtigen, § 222 II, BVerfG **61**, 122.

Das Gericht muß den voraussichtlich notwendigen Zeitraum unter einer *Beachtung von Art 103 I GG* schätzen, BVerfG **64**, 208. Es ist bei einem Zeugen nicht zu dessen Vernehmung gezwungen, sondern kann ihn auch ohne eine Zustimmung der Parteien unter den übrigen Voraussetzungen des § 377 III zu einer schriftlichen Beantwortung der Beweisfragen nebst Versicherung der Richtigkeit veranlassen, um das Verfahren zu beschleunigen.

Das Gericht bestimmt ebenfalls grundsätzlich sogleich einen *Termin zur Verkündung* nicht bloß „einer **41** Entscheidung", sondern „des Urteils", III 2. Dafür ist keine Frist vorgeschrieben. Es gibt keine Mindest- oder Höchstfrist zwischen dem Schriftsatzschluß und dem Verkündungstermin, Kramer NJW **78**, 1412. Anders als bei II 3 gibt es hier auch keine Höchstfrist zwischen der Anordnung und dem Verkündungstermin. Die Anordnung gilt grundsätzlich für das gesamte Verfahren, dieser Instanz, selbst wenn es nach ihrem Erlaß zu einer Beweisaufnahme kommt usw. Wegen des immerhin mitbeachtlichen § 285 muß dann freilich schon mit Rücksicht auf Art 103 I GG eine angemessene Frist zur Stellungnahme zum Beweisergebnis verbleiben oder gesetzt werden.

Das Gericht kann jeden dieser Termine von Amts wegen durch einen weiteren Beschluß nach § 329 **42** ändern. Es ist dazu verpflichtet, wenn eine Änderung der Prozeßlage eine Terminsänderung gebietet, III 3. Eine Überlastung des Gerichts reicht freilich nicht aus. Wenn jegliche Stellungnahme des Bekl ausbleibt, dann ergeht ein streitiges Urteil, *kein Versäumnisurteil*, BVerfG NJW **93**, 2864, LG Bonn NJW **85**, 1170, StJL 120, aM AG St Blasien MDR **84**, 590. Das Gericht muß freilich die selbst bestimmte Frist abwarten, BVerfG **61**, 17, 79 (das BVerfG läßt in der letzteren Entscheidung nicht erkennen, ob es geprüft hat, ob das von ihm gerügte AG III 3 angewandt hatte). Wegen der Gerichtsbesetzung vgl Rn 27. § 296 ist bei III unanwendbar.

**F. Aufhebung der Anordnung auf Antrag.** Das Gericht muß die Aufhebung des schriftlichen Verfah- **43** rens anordnen, III 4, wenn eine der Parteien diese Aufhebung beantragt. Es braucht sich nicht (mehr) um diejenige zu handeln, zu deren Gunsten die Anordnung ergangen war. Das stellt III 4 klar.

**G. Aufhebung der Anordnung bei Notwendigkeit persönlichen Erscheinens.** Das Gericht muß **44** die Aufhebung des schriftlichen Verfahrens auch dann anordnen, wenn das persönliche Erscheinen beider Parteien unumgänglich, die notwendige Aufklärung also nicht anders möglich ist. Ob das der Fall ist, muß das Gericht von Amts wegen prüfen; ein diesbezüglicher Antrag stellt nur eine Anregung dar. Das Gericht braucht das schriftliche Verfahren nur dann aufzuheben, wenn der Sachverhalt nicht anders aufgeklärt werden muß. Dazu können auch das sachliche Gebot einer anwaltlichen Vertretung, Rn 37 (unabhängig von formellem Anwaltszwang) oder die Notwendigkeit eines persönlichen Eindrucks von den Parteien zählen, § 141 I. Denn die Prüfung der Glaubwürdigkeit gehört zur Feststellung des daraus folgenden Sachverhalts. Wenn es aber nur um einen Hinweis nach § 278 III geht, ist die Aufhebung des schriftlichen Verfahrens in der Regel nicht notwendig. Sie ist dann auch nicht notwendig, wenn ein Erscheinen der Parteien zwar ratsam oder förderlich wäre, nicht aber unumgänglich scheint.

9) *VwGO: Es gilt ausschließlich § 101 VwGO, eine entsprechende Anwendung von § 128 ist ausgeschlossen,* **45** *BVerwG NJW 80, 1482 mwN; dies gilt auch für II 1 (aM Dolderer DVBl 99, 1023 mwN), II 3 (BVerwG Buchholz 310 Nr 20), und III. Wegen der Entscheidung durch Gerichtsbescheid vgl § 84 VwGO.*

## § 129

**129** *Schriftsätze.* **I** In Anwaltsprozessen wird die mündliche Verhandlung durch Schriftsätze vorbereitet.

**II** In anderen Prozessen kann den Parteien durch richterliche Anordnung aufgegeben werden, die mündliche Verhandlung durch Schriftsätze oder zu Protokoll der Geschäftsstelle abzugebende Erklärungen vorzubereiten.

**Schrifttum:** *Braun,* Metaphysik der Unterschrift, Festschrift für *Schneider* (1997) 447; *Kuntz-Schmidt,* Das Unterschriftserfordernis für bestimmende Schriftsätze im Zivilprozeß, Diss Marbg 1985; *Lindemeyer,* Der Verzicht auf das Erfordernis einer eigenhändigen Unterschrift im deutschen Prozeßrecht, 1985; *Michel/von der Seipen,* Der Schriftsatz des Anwalts im Zivilprozeß, 4. Aufl 1997 (Bespr *Koeble/Leicht* NJW **98**, 2041); *Schwarz,* Strukturierter Parteivortrag und elektronische Akte, Diss Tüb 1992; *Stenz,* Anwendung von Telekommunikationsmitteln im Prozeß, 1993; *Vollkommer,* Formenstrenge und prozessuale Billigkeit, 1973; *Vollkommer,* Formzwang und Formzweck, in: Festschrift für *Hagen* (1999).

**Gliederung**

| | |
|---|---|
| 1) Systematik, I, II ............................. 1 | C. Zulässigkeit der Nutzung moderner Übermittlungswege ............... 12 |
| 2) Regelungszweck, I, II ..................... 2 | D. Beispiele zur Frage des Vorliegens einer ausreichenden Unterschrift ...... 13–49 |
| 3) Sachlicher Geltungsbereich, I, II ..... 3 | |
| 4) Persönlicher Geltungsbereich, I, II ... 4 | 7) Parteiprozeß, II .......................... 50–53 |
| 5) „Schriftsätze", I, II ......................... 5–7 | A. Scheingrundsatz: Kein Schriftsatzzwang ....................................... 50 |
| A. Begriff des bestimmenden Schriftsatzes ............................................ 5 | B. Wahrer Grundsatz: Schriftsatzzwang bei richterlicher Anordnung ......... 51 |
| B. Beispiele eines bestimmenden Schriftsatzes ....................................... 6 | C. Folge: Insoweit Unterschriftszwang wie im Anwaltsprozeß ............... 52 |
| C. Vorbereitender Schriftsatz ............ 7 | D. Evtl Ausreichen einer Erklärung zu Protokoll ................................ 53 |
| 6) Unterschriftszwang, I, II ................ 8–49 | 8) Verstoß der Partei, I, II ................. 54 |
| A. Grundsatz: Notwendigkeit eigenhändiger und handschriftlicher Unterzeichnung .................................. 9, 10 | 9) Rechtsbehelfe, I, II ........................ 55 |
| B. Keine Überspannung ............... 11 | 10) VwGO ..................................... 56 |

**1** **1) Systematik, I, II.** Die Vorschrift enthält eine Grundregel einerseits des Anwaltsprozesses, andererseits des Parteiprozesses, § 78 Rn 1. Diese wird in §§ 129 a ff näher ausgestaltet. Es sind keineswegs die einzigen Vorschriften über Schriftsätze; solche finden sich vielfach verstreut, zB in § 253 (Klageschrift), dort insbesondere IV (Verweisung auf die allgemeinen Vorschriften über die vorbereitenden Schriftsätze), ferner § 273 II Z 1 (Anordnung eines ergänzenden Schriftsatzes), § 275 III, IV (Anordnung einer schriftlichen Klageerwiderung oder einer Stellungnahme auf diese), § 283 (Regelung des nachgereichten Schriftsatzes), § 296 (Zurückweisung eines verspäteten Schriftsatzes) usw. Im Verfahren vor dem Amtsgericht gilt II über § 495.

**2** **2) Regelungszweck, I, II.** Die Vorschrift dient schon ihrem Wortlaut nach der „Vorbereitung" der mündlichen Verhandlung. Sie soll den Prozeßstoff sammeln helfen, dem Gegner wie dem Gericht die Übersicht über das Vorbringen der Partei erleichtern, prozeßleitende Anordnungen ermöglichen, zB nach § 273, und die Entscheidungsreife möglichst schon im ersten Termin erreichbar machen, § 300 Rn 6, Düss RR **95**, 639. Sie dient damit im Interesse der Prozeßwirtschaftlichkeit, Grdz 14 vor § 128, der Verfahrensbeschleunigung. Darüber hinaus dient sie auch der Wahrhaftigkeit der Parteien, § 138 I, II, der Vermeidung unnötiger Prozeßkosten durch überflüssige Beweisaufnahmen wegen ungenügender Erklärung, ob der gegnerische Vortrag bestritten werde, der Information eines Dritten, etwa des Streitverkündeten usw. In der Praxis haben Schriftsätze auch im Parteiprozeß eine außerordentliche Bedeutung; auch dort treten ja überwiegend Anwälte auf und machen von der Möglichkeit Gebrauch, ihren mündlichen Vortrag schriftsätzlich vorzubereiten. Soweit das freiwillig geschieht, gelten die Regeln zum Inhalt wie beim Schriftsatzzwang. Das ist bei der Auslegung zu bedenken und wird oft übersehen.

**3** **3) Sachlicher Geltungsbereich, I, II.** I gilt nur im Anwaltsprozeß, § 78 Rn 1. II gilt in allen „anderen" Prozessen, also im Parteiprozeß, Begriff § 78 Rn 1. Innerhalb der jeweiligen Prozeßart kann je nach Instanz zunächst nur II, in der nächsthöheren Instanz wegen des dortigen Anwaltszwangs I anwendbar sein. Im übrigen gelten die Vorschriften in allen der ZPO unterworfenen Verfahrensarten und in jeder Lage des Prozesses. II ist im arbeitsgerichtlichen Verfahren grundsätzlich anwendbar. Bei einer Güteverhandlung hat aber § 47 II ArbGG den Vorrang, Lorenz BB **77**, 1003.

**4** **4) Persönlicher Geltungsbereich, I, II.** Die Vorschriften gelten für alle Parteien, Grdz 3 vor § 50, für jeden ProzBev, § 81, gesetzlichen Vertreter, § 51, Beistand, § 90, für jeden Streitgenossen, § 59, gewöhnlichen und streitgenössischen Streithelfer, §§ 66, 69. Andere, die sich als Dritte im Prozeß melden, mögen zwar grundsätzlich, etwa im Hinblick auf ihre Wahrhaftigkeitspflicht, inhaltlich im Kern denselben Regeln wie die Parteien unterliegen, brauchen aber jedenfalls § 129 nicht förmlich zu beachten, solange sie nicht mit dem Anspruch auftreten, förmliche Prozeßbeteiligte zu sein oder werden zu wollen.

**5** **5) „Schriftsätze", I, II.** Man unterscheidet die folgenden Arten von Schriftsätzen.

**A. Begriff des bestimmenden Schriftsatzes.** Der Ausdruck stammt aus den Motiven, die ZPO verwendet ihn nicht. Es handelt sich um einen solchen Schriftsatz, der eine für das Verfahren wesentliche Parteiprozeßhandlung, Grdz 14 vor § 128, unmittelbar vollzieht oder doch vollziehen hilft, BGH **92**, 253, BAG DB **88**, 920, zB eine Parteierklärung in die notwendige Form faßt, LG Heidelb VersR **78**, 357. Insbesondere gehört hierher jeder Schriftsatz, der ein Verfahren einleiten oder beenden soll.

1. Titel. Mündliche Verhandlung § **129**

**B. Beispiele eines bestimmenden Schriftsatzes:** Das schriftlich eingereichte Gesuch um die Bewilli- **6** gung einer Prozeßkostenhilfe, § 117; die Klage, § 253 Rn 102, BGH NJW **94**, 2097, BAG DB **88**, 920; der Scheidungsantrag, BGH RR **87**, 323, Zweibr FamRZ **89**, 191; das Gesuch um einen Arrest oder um eine einstweilige Verfügung, §§ 920, 936; der Beitritt eines Streithelfers, § 70; die Streitverkündung, § 72, BGH NJW **85**, 328; die Klagerücknahme § 269; eine Erledigterklärung § 91 a Rn 62; der Einspruch, §§ 340 I, 700, LG Heidelb RR **87**, 1214, LG Kiel SchlHA **87**, 43; die Rechtsmittelschrift, §§ 518, 563, 567, BGH NJW **98**, 3649, BAG NJW **90**, 3165, BFH BB **84**, 1673, einschließlich der Angabe der Parteien, BGH NJW **85**, 2650; die Rechtsmittelbegründung, BGH RR **98**, 574, LAG Hamm DB **99**, 644; ein Antrag auf eine Verlängerung der Rechtsmittelbegründungsfrist, §§ 519 II 3, 554 II 2; der Vergleichswiderruf, Anh § 307 Rn 42, LAG Düss BB **90**, 562, LAG Mü DB **89**, 836; ein Rechtsmittelverzicht, §§ 514, 566. Vgl Volhard DNotZ **87**, 528; ein Wiedereinsetzungsantrag, § 236; sogar ein Empfangsbekenntnis, § 212 a, Hamm NJW **89**, 3289 (auch zur Ausnahme bei einem Rechtsmißbrauch).

**C. Vorbereitender Schriftsatz.** Vgl § 130 Rn 4. Hierher zählt also derjenige Schriftsatz, der einen **7** späteren mündlichen Vortrag zunächst schriftsätzlich ankündigen soll, § 130, ohne als ein bestimmender Schriftsatz zu gelten, BAG DB **88**, 920, LG Heidelb VersR **78**, 357. Er kann den mündlichen Vortrag nur im schriftlichen Verfahren, § 128 II, sowie bei einer Entscheidung nach Aktenlage ersetzen, §§ 251 a, 331 a, 358 a. Grundsätzlich macht erst der mündliche Vortrag in der Verhandlung das Vorbringen prozessual wirksam. Sachlichrechtlich kann es unabhängig vom Vortrag wirksam werden, Grdz 61–63 vor § 128, Mü NJW **79**, 2570. Die meisten bestimmenden Schriftsätze bereiten zugleich vor.

**6) Unterschriftszwang, I, II.** Über die grundsätzliche Notwendigkeit einer eigenhändigen und hand- **8** schriftlichen Unterzeichnung findet man in § 130 Z 6 direkte Anweisungen einerseits für den Anwaltsprozeß, § 78 Rn 1 (dort ist die Unterschrift des Anwalts erforderlich), andererseits für die sonstigen Prozeßarten (dort ist die Unterschrift der Partei selbst oder desjenigen erforderlich, der für sie als Bevollmächtigter oder als Geschäftsführer ohne Auftrag handelt). Dazu zunächst § 130 Rn 25. Zur Frage, ob eine Unterschrift insbesondere unter einem sog bestimmenden Schriftsatz, Rn 5, erforderlich ist und wie sie in einem solchen Fall vorzunehmen ist oder ausreicht, hat sich eine umfangreiche Lehre und Rechtssprechung mit teilweise unterschiedlichen Auffassungen entwickelt.

**A. Grundsatz: Notwendigkeit eigenhändiger und handschriftlicher Unterzeichnung.** Der be- **9** stimmende Schriftsatz muß grundsätzlich von demjenigen, der ihn nach § 130 Z 6 überhaupt einreicht, eigenhändig und handschriftlich unterschrieben sein, BGH NJW **98**, 3649, und zwar in deutscher Sprache, § 184 GVG, FG Saarbr NJW **89**, 3112 (auch zu einer Ausnahme). Daher reicht auch nicht eine persönliche Abgabe eines Schriftsatzes auf der Geschäftsstelle aus, der nicht unterzeichnet wurde, BGH NJW **80**, 291.

Es soll schon aus dem Schriftsatz selbst erkennbar sein und feststehen, daß *kein bloßer Entwurf* vorliegt, auch **10** kein versehentlich etwa vom Büropersonal zu früh (nämlich vor der Genehmigung durch den Verfasser usw) in den Postweg gegebener, „auf Verdacht" abgezeichneter Text, wie es in der Praxis durchaus vorkommt, Schmidt BB **99**, 1127. Vielmehr soll feststehen, daß es sich um eine prozessual gewollte Parteiprozeßhandlung oder Erklärung handelt, daß sie vom Unterzeichner herrührt und daß er für ihren gesamten Inhalt die zivilrechtliche, strafrechtliche, standesrechtliche und sonstige volle Verantwortung übernimmt, BGH NJW **98**, 3649, BFH BB **84**, 1089 und 1674, Hamm DB **99**, 644, aM Ffm NJW **77**, 1246, LAG Rostock MDR **98**, 368 (evtl reiche Scanner-„Unterschrift" beim Telefax), Kuntz-Schmidt NJW **87**, 1301 (fordert eine gesetzliche Regelung).

**B. Keine Überspannung,** dazu Schneider NJW **98**, 1844: Indessen darf man die Anforderungen an das **11** Unterschriftserfordernis auch nicht überspannen. Das Prozeßrecht dient zwar auch der Rechtssicherheit, Einl III 43, und muß daher oft strenge Formerfordernisse stellen, ist aber kein Selbstzweck. Deshalb darf es nicht so gehandhabt werden, daß sachlichrechtliche Ansprüche schlechterdings undurchsetzbar werden, Einl III 10, BVerfG **78**, 126 (es meint sogar, man solle eine „durchaus wünschenswerte Großzügigkeit" zeigen. Damit geht es sehr weit; strenger denn auch BVerfG NJW **98**, 1853), BGH **97**, 285 (kein Selbstzweck), BAG NJW **76**, 1285 (eine bloße Unterschrift der rechtzeitig eingereichten Vollmacht reicht aber nicht aus), Karlsr FamRZ **88**, 82 (im Parteiprozeß kann eine Durchschrift, auf der die Unterschrift der nicht anwaltlich vertretenen Partei durchgedrückt vorhanden ist, reichen). Im einzelnen bestehen zwischen den verschiedenen Prozeßordnungen erhebliche Unterschiede, OGB BGH **75**, 349, BFH (zu großzügig) DB **87**, 520, BVerwG NJW **89**, 1175.

**C. Zulässigkeit der Nutzung moderner Übermittlungswege,** dazu vgl auch *Fritzsche/Malzer* **12** DNotZ **95**, 3 (rechtspolitisch), ferner *Kuhn*, Rechtshandlungen mittels EDV und Telekommunikation, 1991: Gerichtliches Gewohnheitsrecht läßt auch bei einem fristgebundenen, erst recht bei einem unbefristeten, bestimmenden Schriftsatz grundsätzlich diejenige Übermittlungsart zu, die sich aus dem Fortschritt der Technik und der Eilbedürftigkeit zwingend ergeben, zB beim Telefax, BGH RR **97**, 250. Freilich sind je nach Übermittlungsweg unterschiedliche Sorgfaltsanforderungen zu beachten, zB beim Computerfax, BGH NJW **98**, 3649. Weitere Einzelheiten vgl Rn 21 „Fernschreiben", Rn 45 „Telegramm".

**D. Beispiele zur Frage des Vorliegens einer ausreichenden Unterschrift** **13**
**Abschrift:** Zwar ist grundsätzlich eine ordnungsgemäß unterzeichnete Urschrift (Original) des Schriftsatzes einzureichen. Indessen kann es ausnahmsweise ausreichen, daß man eine diesen Anforderungen nicht genügende Urschrift (nicht oder fehlerhaft unterzeichnet) zusammen mit einer diesen Anforderungen entsprechenden, also ordnungsgemäß unterschriebenen, Abschrift einreicht. Die Stelle der Urschrift kann insbesondere eine eigenhändig und handschriftlich beglaubigte Abschrift einnehmen, BGH VersR **93**, 459, BFH NJW **74**, 1582, LG Kiel SchlHA **87**, 43.

S auch Rn 15 „Begleitschreiben", „Beiheftung", Rn 28 „Kopie", Rn 38 „Prozeßvollmacht".

**Absicht der Unterschrift:** Es ist erforderlich, daß man aus dem Schriftsatz erkennen kann, daß der Unterzeichner auch die Absicht hatte, eine volle Unterschrift zu leisten und nicht nur mit einem Namenskürzel (Paraphe) abzuzeichnen, BGH VersR **91**, 117.
S auch Rn 26, Rn 30 „Nachahmung", Rn 41.
**Adelsname:** Da ein vor dem 14. 8. 1919 erworbener Adelstitel gem Art 109 III Weimarer Reichsverfassung als Bestandteil des Namens bestehen geblieben ist, auch nach Inkrafttreten des GG, was zumindest Gewohnheitsrecht ist, muß man einen Schriftsatz unter Hinzufügung des Adelsprädikats unterschreiben, wenn man eine ganz korrekte Unterschrift vornehmen will. Die Praxis verstößt ständig und vielfach gegen diese Anforderungen. Immerhin ist der Nichtgebrauch eines Adelsprädikats im formellen Rechtsverkehr keine bloß gesellschaftliche Attitüde, sondern ein Formverstoß, der bei streng formgebundenen Schriftsätzen durchaus erheblich sein könnte, falls auch der verbleibende Namensbestandteil nach den übrigen Regeln mangelhaft ausgestaltet wäre.
S auch Rn 19 „Doppelname".

**14 Amtlich bestellter Vertreter:** Der Umstand, daß er nach § 53 VII BRAO dieselben anwaltliche Befugnisse wie der vertretene Anwalt hat, gibt ihm nicht das Recht, nur mit dem Namen des Vertretenen oder zwar unter seinem eigenen Namen, jedoch insofern nicht nach den für ein Handeln im eigenen Namen notwendigen Regeln, zu unterzeichnen. Der Zusatz unter dem eigenen Namen „als amtlich bestellter Vertreter für ..." ist korrekt; der bloße Zusatz „im Auftrag" kann unzureichend sein, Rn 14 „Im Auftrag".
**Anderer Name:** Wegen des Grundsatzes der Notwendigkeit einer eigenhändigen handschriftlichen Unterzeichnung desjenigen, der nach dem Inhalt des Schriftsatzes sein Absender sein soll oder will und mit der Unterschrift die inhaltliche Verantwortung übernimmt, ist eine Unterzeichnung zwar mit Genehmigung des wahren Absenders, jedoch durch einen anderen nur mit dem fremden Namen bedenklich. Das gilt unabhängig davon, ob dieser andere mit seinem eigenen Namen denselben Schriftsatz wirksam unterzeichnen könnte. Selbst bei einer Blankounterschrift, Rn 16, handelt es sich ja immerhin um eine echte eigenhändige Unterschrift mit dem eigenen Namen. Sofern ganz ausnahmsweise im Zeitpunkt des Zugangs des Schriftsatzes (oder, falls zulässig, in einem späteren, etwa heilenden Zeitpunkt) feststeht, daß derjenige, dessen Namen zur Unterzeichnung benutzt wurde, die inhaltliche Verantwortung übernahm oder übernimmt, mag der Vorgang unschädlich bleiben; Zurückhaltung bleibt ratsam.
**Ankunftstelegramm:** Rn 45.
**Anwaltszwang:** In seinem Bereich genügt die Unterschrift des Anwalts; er braucht sich nicht als solcher zu bezeichnen, LAG Ffm DB **97**, 938.
**Arrest, einstweilige Verfügung:** Rn 37 „Parallelprozeß".
**Aufgabetelegramm:** Rn 45.
**Im Auftrag:** Grundsätzlich unzureichend ist eine Unterschrift nur „im Auftrag" oder „i. A." (statt: „in Vertretung"), BGH NJW **93**, 2057 (auch wegen einer Ausnahme), Kblz JB **91**, 1034, LAG Hamm DB **99**, 644, aM Späth VersR **78**, 605 (aber ob zB eine Berufung eingelegt worden ist, darf nicht so unklar sein, daß das Gericht erst noch dazu eine Rückfrage halten müßte. Vgl aber § 518 Rn 1).
S auch Rn 14 „Amtlich bestellter Vertreter", „Anderer Name", Rn 28 „I. V.", Rn 48 „Vertreter".

**15 Beglaubigung:** Soweit überhaupt die Unterzeichnung nur einer Abschrift ausreicht, s „Abschrift", ist die Beglaubigung dieser Abschrift nicht unbedingt notwendig. Immerhin ist diese Frage noch nicht vollständig geklärt. Entschieden wurde, daß eine eigenhändig und handschriftlich beglaubigte Abschrift die Stelle der Urschrift einnehmen kann, BGH VersR **93**, 459, BFH NJW **74**, 1582, LG Kiel SchlHA **87**, 43. Das gilt selbst dann, wenn die beglaubigte Abschrift bei den Akten verbleibt, BGH LM § 519 Nr 14 (die Unterschrift des Anwalts unter einem Beglaubigungsvermerk gilt als Unterschrift unter der Urschrift).
S auch Rn 40.
**Begleitschreiben:** Für die Wirksamkeit, zB einer Rechtsmittelbegründung, kann die Unterzeichnung (nur) eines beigehefteten Begleitschreibens genügen, BGH NJW **86**, 1760. Indessen ist Vorsicht geboten. Es kommt auf den Text des Begleitschreibens an: Er muß unzweideutig ergeben, daß sein Unterzeichner die eigentliche Schrift ebenfalls schon und noch einreichen will und für deren Inhalt auch die volle Verantwortung übernimmt.
S aber auch „Beiheftung", Rn 16 „Bezugnahme".
**Behörde:** Rn 19 „Dienstsiegel".
**Beiheftung:** Die Beiheftung einer nichtunterschriebenen Schrift, etwa einer Rechtsmittelbegründung, an eine unterschriebene Schrift, etwa die Rechtsmittelschrift, genügt den Anforderungen an die nur beigeheftete Eingabe nicht, BGH VersR **73**, 636, Kirberger Rpfleger **76**, 238, aM Saarbr NJW **70**, 434.
S aber auch „Begleitschreiben", Rn 16 „Bezugnahme".

**16 Bezugnahme:** Es kann ausreichen, daß der Unterzeichner eines Begleitschreibens in ihm eindeutig auf die (nicht ordnungsgemäß unterzeichnete) Eingabe Bezug nimmt, s „Begleitschreiben". Es kann auch ausreichen, in einem weiteren Schreiben auf eine nicht unterzeichnete Anspruchsbegründung des Mahnverfahrens Bezug zu nehmen, selbst wenn sie erst nach der Abgabe an das Gericht des streitigen Verfahrens eingeht, BGH **84**, 136, oder aber auf einen parallelen Arrest- oder Verfügungsprozeß Bezug zu nehmen, soweit der dort unterzeichnete Schriftsatz im jetzigen Prozeß in Abschrift vorgelegt wird. Ausreichend ist auch die Bezugnahme auf ein vom Anwalt selbst unterzeichnetes Prozeßkostenhilfegesuch. Vgl auch § 137 III.
*Nicht ausreichend* ist es, daß ein ProzBev im Anwaltsprozeß auf die Unterschrift (nur) der Partei unter der Klageschrift oder auf diejenige eines Dritten Bezug nimmt, BGH **92**, 251. Grundsätzlich reicht auch nicht die Bezugnahme des bei diesem Gericht zugelassenen Anwalts auf einen Schriftsatz, der nicht zugelassener anderer Anwalt unterschrieben hat, BGH NJW **90**, 3087 mwN; in solcher Bezugnahme kann aber eine Genehmigung liegen, BGH NJW **90**, 3087.
S auch Rn 15 „Begleitschreiben", „Beiheftung".

1. Titel. Mündliche Verhandlung § 129

**Blankounterschrift:** Die Verwendung einer Blankounterschrift ist nur in einem unvorhersehbaren Fall und nur auf Grund einer ansich auf jeden Einzelfall bezogenen Anleitung und Überwachung zulässig, BAG DB **83**, 1052, Mü NJW **89**, 1166. Die weisungsgemäße Fertigstellung eines blanko unterschriebenen Schriftsatzes reicht (dann) aus, BGH ZZP **80**, 315.
**Btx-Telex:** Rn 21, 22.
**Bleistift:** Er ersetzt weder Tinte noch den Kugelschreiber. Denn er ist seiner Natur nach „kurzlebig" und **17** kann zu leicht verwischen oder ausradiert und verfälscht werden.
**Buchstaben:** Es kommt darauf an, daß die Unterschrift zeigt, daß der Unterzeichner für den gesamten Inhalt des Schriftsatzes die volle Verantwortung übernimmt und ihn auch endgültig einreichen will. Das ist bei der oft nicht einfachen Frage zu beachten, ob die etwa noch erkennbaren Buchstaben des Namens des Unterzeichners ausreichen. Es genügt freilich, daß jeder, der den Namen bereits kennt, ihn aus der Unterschrift herauslesen kann. Dabei wird allerdings oft übersehen: Man muß herauslesen können, daß der Unterzeichner eindeutig beabsichtigte, seinen vollen Namen zu schreiben, und nicht nur eine bloße Namensabkürzung (Paraphe) vornehmen wollte.
  Es reicht *nicht* aus, nur mit dem Anfangsbuchstaben oder nur mit einem (anderen) erkennbaren einzelnen Buchstaben oder eben nur mit einer solchen Buchstabenfolge zu unterzeichnen, die sich als eine bewußte und *gewollte Namensabkürzung* darstellt, zB BGH NJW **85**, 1227, LAG Düss BB **90**, 562. Eine Auflösung des Schriftbilds in willkürliche Striche und Linien ohne charakteristische Merkmale ist nicht ausreichend, BGH NJW **82**, 1467, BAG BB **77**, 899. Eine ausreichende Unterschrift fehlt also auch, wenn man überhaupt keine Buchstaben mehr erkennen kann, BGH NJW **85**, 1227, aM BGH NJW **92**, 243 (äußerst großzügig), oder nur einen einzelnen, BFH NJW **87**, 343.
  S auch Rn 41 „Schlangenlinie".
**Büropersonal:** Man muß unterscheiden. Grundsätzlich reicht die Unterschrift eines Mitarbeiters nur dann **18** aus, wenn er seinerseits ein zugelassener Anwalt ist. Das gilt im Anwaltsprozeß derart, daß auch dieser Mitarbeiter bei demselben Prozeßgericht zugelassen sein muß, im Parteiprozeß derart, daß er überhaupt zur Anwaltschaft und damit bei irgendeinem Gericht zugelassen sein muß. Soweit er dann allerdings nur „im Auftrag", statt „in Vertretung", unterzeichnet, kann selbst diese Unterschrift unzulänglich sein, Rn 14 „Im Auftrag". Dieselben Regeln gelten bei einer Übermittlung durch Fernschreiben, Telebrief, Telefax, Telekopie und die ihnen gleichstehenden Arten technischer Übermittlung zumindest für die Aufgabeschrift (Original beim Absender).
  Demgegenüber ist die Unterzeichnung bei *telegrafischer* Einlegung überhaupt nicht nötig, obwohl sie technisch unter dem Aufgabetelegramm möglich wäre, denn man kann bekanntlich ein Telegramm auch fernmündlich aufgeben, und diese Art der Aufgabe reicht aus, Rn 45. Unter dem Ankunftstelegramm ist die eigenhändige Unterschrift des Absenders ja ohnehin technisch grundsätzlich nicht möglich. Daher ist auch die Unterzeichnung durch einen Mitarbeiter unter dem Aufgabetelegramm theoretisch ausreichend. Indessen kommt es natürlich auch beim Telegramm darauf an, daß aus seinem Gesamttext eindeutig wird, daß derjenige, der als Absender auftritt, bei dem Prozeßgericht auftreten darf und für den Inhalt die eigene volle Verantwortung übernimmt. Das wäre zB bei einem vom Bürovorsteher, selbst „in Vertretung", unterzeichneten Absendetelegramm unklar.
  S auch Rn 14 „Anderer Name".
**Computerfax:** Rn 19 „Digitale Signatur", Rn 44 „Telefax".
**Dienstsiegel:** BGH (GmS) **75**, 348 hält zB im Verfahren nach dem SGG eine Revisionsschrift einer **19** Behörde oder einer Körperschaft oder Anstalt des öffentlichen Rechts dann für ausreichend, wenn der Verfasser nur maschinenschriftlich unterzeichnet worden ist und wenn ein handschriftlicher Beglaubigungsvermerk des dazu zuständigen Beamten mit oder ohne Beifügung eines Dienstsiegels beigegeben worden ist, LG Köln JB **91**, 1410. Grundsätzlich dürfte ein bloßes Dienstsiegel aber keineswegs ausreichen, sonstige Mängel der Unterzeichnung auszugleichen. Selbst wenn feststeht, daß der Unterzeichner alleiniger Verwahrer des Dienstsiegels war, ist nicht gesichert, daß die Beidrückung Ausdruck gerade der Übernahme der inhaltlichen Verantwortung und des endgültigen Absendewillens war.
**Digitale Signatur,** dazu *Geis* NJW **97**, 3000: Sie kann ausreichen, LAG Rostock MDR **98**, 368, sofern Nämlichkeit und Echtheit feststehen, ähnlich Schmidt BB **99**, 1125 (ausf), strenger BGH NJW **98**, 3650, Schwachheim NJW **99**, 621. Das ist nach § 286 zu beurteilen, nicht nach § 416.
  S auch Rn 44 „Telefax".
**Doppelname:** Es reicht aus, daß bei einem Doppelnamen der eine Bestandteil lesbar voll geschrieben ist, der andere aber gar nicht geschrieben, BGH NJW **96**, 997, oder nur abgekürzt worden ist, BAG DB **88**, 920. Denn die Unterschrift soll nur sicherstellen, daß das Schriftstück auch vom Unterzeichner stammt, BGH BB **96**, 612. Freilich muß das gesamte Schriftbild klar ergeben, wer unterzeichnet hat. Wenn zB in einer Sozietät einer der Anwälte einen Namen trägt, der in demjenigen eines anderen einen Bestandteil bildet (etwa bei Verwandten oder Eheleuten), kann zweifelhaft sein, ob die Wiedergabe nur des „gemeinsamen" Namens beim Träger des Doppelnamens ausreicht, selbst wenn er seinen weiteren Namensbestandteil andeutet; das läßt BGH NJW **96**, 997 miterörtern sollen. Das würde jedenfalls selbst dann gelten, wenn die Sozien bei unterschiedlichen Gerichten zugelassen wären. Es kommt auf die Gesamtumstände an.
  S auch Rn 13 „Adelsname".
**Durchschrift:** S zunächst „Abschrift", „Beglaubigung". Im Parteiprozeß kann eine Durchschrift, auf der die Unterschrift der nicht anwaltlich vertretenen Partei durchgedruckt vorhanden ist, ausreichen, Karlsr FamRZ **88**, 82.
  S ferner Rn 47 „Überspannung".
**Eigenhändigkeit:** Rn 9. S ferner Rn 49 „Willenlosigkeit". **20**
**Einstweilige Verfügung:** Rn 37 „Parallelprozeß".
**Elektronische Übermittlung:** Rn 21.
**Endgültigkeit:** Rn 9. Es muß stets erkennbar sein, daß es sich um eine endgültige Erklärung handelt, BAG NJW **82**, 1016. Daran kann bei einer bloßen Namensabkürzung (Paraphe) Zweifel bestehen, auch wenn

§ 129   1. Buch. 3. Abschnitt. Verfahren

die Übung vorherrscht, Schriftsätze nur noch recht flüchtig zu unterzeichnen. Es kommt auch in solchem Fall auf die Gesamtumstände an. Der Anwalt, dessen Art der „Unterzeichnung" dem Richter bekannt ist, mag eher zu erkennen geben, daß er den Schriftsatz endgültig einreichen will, als ein unbekannter.
**Entzifferbarkeit:** Rn 26.
**Erkennbarkeit:** Rn 26.
**Erklärungen beider Parteien:** Übereinstimmende Erklärungen beider Parteien, die Unterschrift sei ein bloßes Handzeichen, binden das Gericht nicht, BGH NJW **78**, 1255. Ebensowenig kann es aber durch übereinstimmende Erklärungen dahin gebunden sein, es handele sich um eine volle Unterschrift.

**21 Faksimilie:** Rn 34.
**Fernschreiben:** Vgl zunächst Rn 12. Auch ein fernschriftlicher Schriftsatz kann zulässig sein, BVerfG NJW **87**, 2067, BGH NJW **90**, 188 sowie 990, BAG DB **87**, 184, BPatG GRUR **89**, 909. Dasselbe gilt für den sog Telebrief (auch Btx-Telex, Telefax, Telekopie), sofern die Kopiervorlage erkennbar ordnungsgemäß unterschrieben worden ist, BGH BB **93**, 2409, BAG NJW **90**, 3165, BayVerfGH NJW **93**, 1125. Solange die Nämlichkeit des Absenders und seine Verantwortung für den Inhalt sowie der Umstand feststehen, daß mehr als ein bloßer Entwurf vorliegt, ist gegenüber allen diesen modernen technischen Übermittlungswegen eine Großzügigkeit erlaubt.

**22** *Im einzelnen:* Zulässig ist eine direkte Einlegung beim Empfänger, BAG NJW **90**, 3165. Zulässig ist auch die Zuleitung des Fernschreibens dadurch, daß es nicht nur bei irgendeinem Dritten, sondern zumindest auch bei der Post eingeht, BAG NJW **90**, 3165, und von ihr mit Postboten oder Extraboten weiterbefördert wird, BGH NJW **83**, 1498, BAG NJW **90**, 3165. Zulässig ist auch die Einlegung unter Privatanschluß eines Dritten, BAG NJW **89**, 1822, insofern unklar BGH BB **93**, 2409. Die Unterschrift des Absenders muß freilich im Ankunftsstück erkennbar sein, BGH BB **93**, 2409, BAG NJW **87**, 3279. Die Weitergabe durch einen Boten wahrt keine Frist, BAG NJW **90**, 3165. Vielmehr muß das Stück innerhalb der Frist beim endgültigen Empfänger eingegangen sein, BGH NJW **90**, 990 (das Schriftstück ist nur bei demjenigen Gericht eingereicht, an das es adressiert ist), BAG NJW **90**, 3165, Mü NJW **92**, 3042.

Soweit das *Postamt am Gerichtsort* die Telekopie aufnimmt (empfängt) und fristgerecht als Postsendung an das Gericht weitergibt, ist das Verfahren aber ordnungsgemäß, BGH NJW **87**, 63, BAG NJW **90**, 3165, BFH NJW **82**, 2520. Dasselbe gilt, soweit das Telegramm fristgerecht in das Postfach des Gerichts kommt, BGH NJW **86**, 2646. Die Unterschrift muß unter dem zu versendenden Original stehen, Mü NJW **92**, 3042, Wolf NJW **89**, 2594. Zur Problematik ferner BFH NJW **89**, 2646, BSG MDR **85**, 1053, Borgmann AnwBl **89**, 666 (Üb).

Ein unlesbares oder *verstümmeltes* Fernschreiben reicht nur insoweit aus, als diese Fehler erst beim Empfänger zu verantworten waren, BGH **105**, 40 und FamRZ **91**, 548, BVerwG NJW **91**, 1193. Beim Telefax reicht die Unterschrift eines nicht postulationsfähigen Anwalts unter der Kopievorlage nicht aus, BGH NJW **90**, 188, Mü NJW **92**, 3042. Der sog Übertragungsbericht bestätigt nicht den Inhalt und das Fehlen einer etwaigen Störung des Empfangsgeräts, Köln NJW **89**, 594. Überhaupt besteht wegen der vorhandenen Manipulationsmöglichkeiten zumindest Anlaß zu genauer Prüfung im Einzelfall, ob dieser Übermittlungsweg ausreicht, LAG Hamm NJW **88**, 3286. Sachlichrechtlich können strengere Regeln gelten, zB zu § 174 BGB, Hamm NJW **91**, 1186.

S auch Rn 23 „Gemeinsame Fernschreibstelle".

**23 Fotokopie:** Rn 19 „Durchschrift", Rn 21 „Fernschreiben".
**Fremder Name:** Rn 14 „Anderer Name"
**Frist:** Soweit ein Schriftsatz fristgebundene Erklärungen enthält, muß auch seine Unterschrift innerhalb der Frist ordnungsgemäß erfolgen. Das ist selbstverständlich. Eine Nachreichung einer ordnungsgemäßen Unterschrift nach dem Fristablauf reicht also nicht. Es mag dann allenfalls ein Wiedereinsetzungsgesuch möglich sein, §§ 233 ff. Nur in diesem letzteren Zusammenhang kommt es also auf die Frage an, ob der Einreicher mit rechtzeitigem Eingang gerechnet hat, rechnen konnte, das ihm Zumutbare zur Fristeinhaltung getan hatte usw.

Bei einer *telegraphischen* Einlegung und bei einer telefonischen Übermittlung des Textes durch das Zustellpostamt, BVerfG **36**, 304, ist eine Frist nur gewahrt, wenn die (etwa zunächst nur) telefonische Durchgabe des Telegrammtextes innerhalb der Frist gegenüber einer Person des zuständigen Gerichts erfolgt, die zur Entgegennahme einer solchen Erklärung sowie zur Beurkundung des Eingangszeitpunkts dieser Erklärung befugt ist, BGH **65**, 11, und wenn diese Urkundsperson auch tatsächlich eine Notiz anfertigt, die den Inhalt des Telegramms wiedergibt, BGH (St) **LM** § 518 Nr 10. Das Telegramm darf nur die Fristwahrung erleichtern, nicht sonstige Anforderungen mißachten, zB diejenigen an die Genauigkeit einer Parteibezeichnung, BAG DB **73**, 2148.

*Generell* gilt: Das Eingang am letzten Tag der Frist nach Dienstschluß reicht, BVerfG **41**, 323. Der Eingang auf einer gemeinsamen Fernschreibempfangsstelle mehrerer Behörden kann ausreichen. BVerfG **69**, 385, BGH RR **88**, 894 (die Weitergabe durch Boten wahrt keine Frist), BGH NJW **90**, 990 (das Schriftstück ist nur bei demjenigen Gericht eingereicht, an das es adressiert ist). Soweit das Postamt am Gerichtsort die Telekopie aufnimmt (empfängt) und fristgerecht als Postsendung an das Gericht weitergibt, ist das Verfahren ordnungsgemäß, BGH **87**, 63, BAG NJW **84**, 199, BFH NJW **82**, 2520. Dasselbe gilt, soweit das Telegramm fristgerecht in das Postfach des Gerichts kommt, BGH NJW **86**, 2646.

S auch Rn 21 „Fernschreiben", Rn 44 „Telefonische Einleitung, Übermittlung", Rn 45.

**24 Genehmigung durch Auftraggeber:** Rn 14 „Anderer Name", „Im Auftrag", Rn 16 „Blankounterschrift".
**25 Handschriftlichkeit:** Vgl zunächst Rn 9. S ferner Rn 17 „Buchstaben", Rn 21 „Faximile", Rn 41.
**Handzeichen:** Rn 31–33.
**Heilung:** Eine Nachholung der Unterschrift bzw Vervollständigung oder Verbesserung bisher mangelhafter Schriftzüge ist grundsätzlich zulässig, LSG Schlesw MDR **84**, 260, ebenso wie eine ausdrückliche Genehmigung des bisher nicht ordnungsgemäß unterschriebenen Schriftsatzes durch den Einreicher

## 1. Titel. Mündliche Verhandlung § 129

(Unterzeichner) in einer weiteren schriftlichen oder mündlichen, fernmündlichen oder sonstigen Erklärung. Es ist natürlich notwendig, durch den Nachholakt klarzustellen, daß man für den mangelhaften Erstvorgang die inhaltliche volle Verantwortung übernimmt und daß er auch endgültig eingereicht sein sollte. Im Fall eines fristgebundenen Schriftsatzes gelten Einschränkungen: Grundsätzlich ist keine rückwirkende Heilung möglich, BAG NJW **88**, 210.

S auch Rn 23.

**Herauslesenkönnen:** Vgl zunächst Rn 9 und BVerfG NJW **98**, 1853. Es genügt, daß gegen den Ursprung der Unterschrift kein begründeter Verdacht besteht, daß vielmehr jeder, der den Namen kennt, ihn aus der Unterschrift auch als einen eindeutig beabsichtigten vollen Namenszug und nicht nur als eine evtl beabsichtigte bloße Namensabkürzung (Paraphe) herauslesen kann, BGH FamRZ **97**, 610 und 737, BFH NJW **87**, 343, BSG NJW **75**, 1800. Es ist immerhin notwendig, daß ein individuell gestalteter Namensteil vorliegt, der eine Unterscheidung gegenüber anderen Unterschriften zuläßt und die Absicht einer vollen Unterschrift erkennen läßt, BGH FamRZ **97**, 610. 26

Nicht ausreichend ist eine Unterzeichnung nur mit dem Anfangsbuchstaben oder einer anderen bewußten und gewollten Namensabkürzung (Paraphe), oder gar eine Auflösung des Schriftbilds in willkürliche Striche und Linien ohne charakteristische Merkmale, so daß man keine Buchstaben mehr erkennen kann, BGH NJW **85**, 1227, aM BGH NJW **92**, 243 (äußerst großzügig), oder daß zB von zehn zum Namen gehörenden Buchstaben nur ein einziger entzifferbar ist, BFH NJW **87**, 343.

S auch Rn 17 „Buchstaben", Rn 31 „Namensabkürzung", Rn 41 „Schlangenlinie".

**„I. A.":** Rn 14 „Im Auftrag", Rn 27 „I. V.". 27
**Identität:** Rn 35 „Nämlichkeit".
**Individualität:** Vgl zunächst Rn 9. Es muß mindestens ein individuell gestalteter Namensteil vorliegen, der eine Unterscheidung gegenüber anderen Unterschriften zuläßt und die Absicht einer vollen Unterschrift erkennen läßt, BGH FamRZ **97**, 610, und der die Nachahmung durch einen beliebigen Dritten mindestens erschwert, BGH FamRZ **97**, 610, Ffm NJW **93**, 3079, Nürnb NJW **89**, 235, selbst wenn er nur flüchtig geschrieben worden ist, BGH VersR **89**, 167 und 588. Diese Anforderung ist aber auch unerläßlich. Die lediglich bewußte und gewollte Namensabkürzung (Paraphe) reicht nicht aus.

S auch Rn 17 „Buchstaben", Rn 26, Rn 31 „Namensabkürzung", Rn 41 „Schlangenlinie".
**„I. V.":** Dieser Zusatz läßt die Unterschrift wirksam, Kblz VersR **91**, 1034 (anders als „i. A.").
**Kenntnis des Namenszuges:** Rn 26. 28
**Klagefrist:** Mangels ausreichender Unterschrift ist sie allenfalls dann eingehalten, wenn ein in der Frist nachgereichter Schriftsatz ergibt, daß die ursprüngliche Eingabe mit Wissen und Wollen des Verfassers erfolgt war, LAG Hamm BB **90**, 1708.
**Kopie:** Im Parteiprozeß kann eine Durchschrift, auf der die Unterschrift der nicht anwaltlich vertretenen Partei durchgedruckt vorhanden ist, ausreichen, Karls FamRZ **88**, 82. Trotz des Verbots einer Überspannung, Rn 11, reicht aber nicht jede Durchschrift (Kopie) aus. Es kommt auf die Gesamtumstände des Einzelfalls an. Ein Abzug oder eine Fotokopie, deren Original (Matrize) eigenhändig unterschrieben worden ist, reicht meist ebenfalls nicht aus, vgl Rn 34.
**Kreuz:** Es ist jedenfalls beim Schreibgewandten natürlich keine Unterschrift, Karlsr NJW **90**, 2475.
**Kugelschreiber:** Es ist statt Tinte ausreichend. Das gilt trotz der Möglichkeit, ihn zu „killen". Denn er beherrscht die Praxis.
**Mahnverfahren:** Vgl § 690 II, III Hs 2. 29
**Mängelheilung:** Rn 25 „Heilung".
**Maschinenschrift:** Wegen des grundsätzlichen Erfordernisses der eigenhändigen und handschriftlichen Unterzeichnung vgl zunächst Rn 9, 10. Im Parteiprozeß kann es immerhin ausreichen, daß eine Durchschrift vorliegt, auf der die Unterschrift der nicht anwaltlich vertretenen Partei durchgedruckt vorhanden ist, Karlsr FamRZ **88**, 82. BGH (GmS) **75**, 348 hält zB im Verfahren nach dem SGG eine Revisionsschrift einer Behörde oder einer Körperschaft oder Anstalt des öffentlichen Rechts dann für ausreichend, wenn der Verfasser zu maschinenschriftlich unterzeichnet worden ist und wenn ein handschriftlicher Beglaubigungsvermerk des dazu zuständigen Beamten mit oder ohne eine Beifügung des Dienstsiegels beigeschrieben worden ist. Bei einer bloßen Abschrift muß immerhin die Unterschrift wiederum ihrerseits grundsätzlich handschriftlich, wenn auch nicht notwendig stets beglaubigt, vorhanden sein, BGH **92**, 255, BFH NJW **74**, 1582, LG Kiel SchlHA **87**, 43.

S auch Rn 13 „Abschrift", Rn 21, 22, 45, 46.
**Nachahmung:** Es soll schon aus dem Schriftsatz selbst erkennbar sein und feststehen, daß eine prozessual gewollte endgültige Erklärung vorliegt und daß sie auch vom Unterzeichner herrührt. Daher muß zumindest ein individuell gestalteter Namensteil vorliegen, der unter anderem die Nachahmung durch einen beliebigen Dritten mindestens erschwert, BGH FamRZ **97**, 610, Ffm NJW **93**, 3079, Nürnb NJW **89**, 235, selbst wenn er nur flüchtig geschrieben worden ist, BGH VersR **89**, 167 und 588. 30

S auch Rn 26, 31–33, 41–43.
**Nachholung:** Rn 25 „Heilung".
**Namensabkürzung (Paraphe):** Dem in Rechtsprechung und Lehre klaren Grundsatz der Notwendigkeit einer eigenhändigen und handschriftlichen Unterzeichnung mit vollem Namen als Gewähr für die Übernahme der vollen inhaltlichen Verantwortung und der Absicht der endgültigen Einreichung, Rn 9, 10, steht eine in der Praxis weitverbreitete Übung der Unterzeichnung mit einer bloßen mehr oder weniger knappen oder klaren Namensabkürzung auch unter bestimmten Schriftsätzen gegenüber. Dieser Mißstand ist eine Quelle erheblicher rechtlicher Fehler im folgenden Verfahren sowohl durch die Gerichte als auch durch die übrigen Prozeßbeteiligten. Er wird überdies meist glatt übersehen oder überlesen. Nun dient zwar das Prozeßrecht den Parteien und nicht umgekehrt; der Prozeß ist kein Selbstzweck, Einl III 9. Immerhin gibt es unverzichtbare formelle Mindestanforderungen, insbesondere bei bestimmten Schriftsatz, Begriff Rn 5. Beides muß bei der Beurteilung des Einzelfalls in die Abwägung einbezogen werden. Dabei kommt es auf das äußere Erscheinungsbild an, BGH NJW **94**, 55. 31

**§ 129**  

32  *Beispiele des Ausreichens:* Es liegt ein paraphenähnlicher Schriftzug vor, der eindeutig den ganzen Namen des Unterzeichners darstellen soll, BGH NJW 92, 243 (äußerst großzügig); es liegt ein aus Buchstaben einer üblichen Schrift, BGH NJW 85, 1227, LG Düss MDR 88, 149, oder wenigstens aus deren Andeutungen, BGH VersR 89, 167 (großzügig!), individuell gestalteter Namensteil vor, der eine Unterscheidung gegenüber anderen Unterschriften zuläßt und die Absicht einer vollen Unterschrift erkennen läßt, BGH FamRZ 97, 610, und der die Nachahmung durch einen beliebigen Dritten mindestens erschwert, BGH FamRZ 97, 610, Nürnb NJW 89, 235, selbst wenn er nur flüchtig geschrieben worden ist, BGH FamRZ 97, 610. Es genügt, daß gegen den Ursprung der Unterschrift kein begründeter Verdacht besteht, daß vielmehr jeder, der den Namen kennt, ihn aus der Unterschrift auch als einen eindeutig beabsichtigten vollen Namenszug (und nicht nur als eine evtl beabsichtigte bloße Namensabkürzung) herauslesen kann, Rn 26. Wegen Wiedereinsetzung § 233 Rn 167.

33  *Beispiele des Nichtausreichens:* Es handelt sich nur um die Anfangsbuchstaben, BFH BB 96, 520 (zustm Woerner), oder um einen anderen erkennbaren Buchstaben oder um eine Buchstabenfolge, die sich als eine bewußte und gewollte bloße Namensabkürzung darstellt, BGH NJW 97, 3380, Ffm NJW 93, 3079, LAG Düss BB 90, 562; es handelt sich um eine Auflösung des Schriftbilds in willkürliche Striche und Linien ohne charakteristische Merkmale, BGH NJW 82, 1467, BAG BB 77, 899; man kann keine Buchstaben mehr erkennen, BGH NJW 85, 1227; von zehn zum Namen gehörenden Buchstaben ist nur ein einziger entzifferbar, BFH NJW 87, 343; der Schriftzug hat keinen individuellen Charakter mehr, BGH VersR 84, 142, BFH BB 84, 1089, LG Heidelb VersR 78, 357. Dabei kommt es nicht darauf an, daß der Einreicher nachträglich versichert, er habe die unzulänglich unterzeichnete Schrift einreichen wollen, sofern man nicht aus dieser späteren Erklärung eine Nachholung oder Genehmigung des gesamten Inhalts der ursprünglichen, ungenügend unterzeichneten Schrift ableiten kann und muß. Selbst im letzteren Fall ist eine Heilung bei einem fristgebundenen Schriftsatz nicht stets rückwirkend möglich, Rn 23 „Frist", Rn 25 „Heilung".

34 **Namensstempel (Faksimile):** Ein Namensstempel reicht grundsätzlich weder in der Form von Druckbuchstaben noch in der Form einer, wenn auch von einem Original abkopierten, handschriftlichen Form des Schriftzugs aus, BGH NJW 98, 3649, BFH DB 75, 88 linke Spalte, VG Wiesb NJW 94, 537 (zum Telefax), aM Vollkommer 285. Soweit überhaupt keine Unterschrift erforderlich ist, kann freilich ein Namensstempel beliebiger Art nicht schädlich sein. Er mag vielmehr ein Anzeichen dafür sein, daß die Schrift eingereicht werden sollte und daß der Einreicher die inhaltliche Verantwortung übernimmt. Indessen kommt es auch hier auf die Gesamtumstände des Einzelfalls an.

35 **Nämlichkeit (Identität):** Es muß grundsätzlich schon aus dem Schriftsatz selbst erkennbar sein und feststehen, daß die Erklärung unter anderem vom Unterzeichner herrührt und daß er für ihren gesamten Inhalt die volle Verantwortung übernimmt, Rn 9. Es genügt, daß gegen den Ursprung der Unterschrift kein begründeter Verdacht besteht, daß vielmehr jeder, der den Namen kennt, ihn aus der Unterschrift auch als einen eindeutig beabsichtigten vollen Namenszug und nicht nur als eine evtl beabsichtigte bloße Namensabkürzung herauslesen kann, Rn 26.

S auch Rn 19 „Doppelname", Rn 21, 22, Rn 25 „Heilung", Rn 44 „Telefonische Einlegung, Übermittlung", Rn 45, 46.

36 **Nicht zugelassener Anwalt:** Man muß zwischen dem Anwaltsprozeß, Rn 3, und „anderen Prozessen", Rn 3, unterscheiden.

Im *Anwaltsprozeß* reicht die Unterschrift eines beim Prozeßgericht nicht zugelassenen Anwalts selbst dann nicht aus, wenn er bei einem anderen Gericht zugelassen ist und mit dem Zugelassenen in einer Sozietät arbeitet. Auch reicht in einem solchen Fall der gemeinsame Briefkopf usw nicht aus. Denn es soll je gerade sicherstehen, daß der Schriftsatz gerade von dem Zugelassenen inhaltlich voll verantwortet wird und endgültig eingereicht werden sollte, Rn 9. Daher reicht auch die Unterschrift mit dem Zusatz „Im Auftrag" (im Gegensatz zu derjenigen „In Vertretung" oder „i. V.") grundsätzlich nicht aus, BGH NJW 88, 210. Unzulässig ist ferner die Unterzeichnung durch einen nicht beim Prozeßgericht zugelassenen Anwalt unter Benutzung des Namens eines anderen, beim Prozeßgericht zugelassenen, selbst wenn dieser das erlaubt hatte, BGH MDR 76, 569. Andererseits kann es ausreichen, daß ein bei dem Gericht zugelassener Anwalt eine nicht unterschriebene Rechtsmittelschrift zum Rechtsmittelgericht bringt und sich dort die Einlegung des Rechtsmittels bescheinigen läßt, Ffm NJW 77, 1246. Im Anwaltsprozeß ist die Unterschrift des amtlich bestellten Vertreters ausreichend, BGH VersR 73, 86.

Im *Parteiprozeß* reicht die Unterschrift eines solchen Anwalts aus, der überhaupt bei irgendeinem deutschen Gericht zugelassen ist, wie es ja stets der Fall sein muß. Eine Zulassung auch beim Prozeßgericht ergibt sich aus der allgemeinen Zulassung für den Parteiprozeß von selbst.

Wegen eines *ausländischen* Anwalts usw SchlAnh VII.

**Paraphe:** Rn 31.

37 **Parallelprozeß:** Grundsätzlich muß die Unterschrift unter demjenigen Schriftsatz stehen, dessen Original beim Prozeßgericht eingereicht ist und sich auf diesen und keinen anderen Prozeß bezieht. Das gilt jedenfalls, solange keine Verbindung mehrerer Verfahren stattgefunden hat. Ab Verbindung und bis zur Trennung ist es unerheblich, ob die Geschäftsstelle den Schriftsatz richtig eingeheftet hat; maßgeblich ist, an welches Gericht und zu welchem Prozeß er sich richtete oder richten sollte, selbst wenn der Absender das derzeitige oder frühere Aktenzeichen irrig falsch angegeben hat. Es kann ausreichen, auf einen parallelen Arrest- oder Verfügungsprozeß Bezug zu nehmen, soweit der dort unterzeichnete Schriftsatz im jetzigen Verfahren in Abschrift vorgelegt wird.

**Personal:** Rn 18.

**Postamt:** Rn 21, 22, Rn 44 „Telefonische Einlegung, Übermittlung", Rn 45, 46.

**Postfach:** Rn 21, 24, Rn 44 „Telefonische Einlegung, Übermittlung", Rn 45, 46.

**Postulationsfähigkeit:** Beim Telefax ist die Unterschrift eines postulationsfähigen Anwalts unter der Kopiervorlage erforderlich, BGH NJW 90, 188. Auch im übrigen muß der Unterzeichner natürlich grundsätzlich postulationsfähig sein.

1. Titel. Mündliche Verhandlung                                                    **§ 129**

**Private Aufnahme:** Die Absendung eines Fernschreibens, s dort, vom Privatanschluß eines Dritten kann genügen, BAG NJW **89**, 1822. Die Weitergabe eines Fernschreibens durch einen privaten Boten wahrt keine Frist, vgl BGH RR **88**, 894. Eine Übermittlung an einen privaten Fernschreibteilnehmer und die Weiterleitung durch ihn können genügen, VGH Mü BB **77**, 568.
S auch Rn 23 „Frist".
**Private Übermittlung:** S „Private Aufnahme".
**Prozeßkostenhilfe:** Soweit der Schriftsatz mangelhaft unterzeichnet wurde, kann es ausreichen oder heilen, **38** daß der Anwalt auf ein von ihm selbst unterzeichnetes Prozeßkostenhilfegesuch in demselben Verfahren Bezug nimmt. Freilich kann grundsätzlich keine rückwirkende Heilung dadurch eintreten, Rn 23 „Frist", Rn 25 „Heilung".
**Prozeßvollmacht:** Die Unterschrift nur unter der gleichzeitig eingereichten Vollmacht reicht für den unzulänglich unterzeichneten Schriftsatz nicht aus, BAG NJW **76**, 1285.
**Radiogramm:** Es erfüllt jedenfalls nicht die Schriftform, BAG DB **84**, 515 (zu § 62 SeemG).        **39**
S auch Rn 21, 22, 45, 46.
**Rechtsmittelbegründung:** Für die Wirksamkeit der Rechtsmittelbegründung kann die Unterzeichnung (nur) des beigehefteten Begleitschreibens genügen, BGH NJW **86**, 1760. Die Beiheftung einer nicht unterschriebenen Berufungsbegründung an eine unterschriebene Berufungsschrift genügt den Anforderungen an eine Berufungsbegründung nicht, BGH VersR **73**, 636, Kirberger Rpfleger **76**, 238, aM Saarbr NJW **70**, 434. Wegen der Überprüfbarkeit in der Revisionsinstanz Rn 55.
S auch Rn 13 „Abschrift", Rn 23 „Frist".
**Rechtsmittelschrift:** Eine Berufung ist auch dann wirksam eingelegt, wenn die Urschrift ohne Unter- **40** schrift und eine richtig beglaubigte Abschrift eingehen; dasselbe gilt für eine Revisionsschrift, BAG NJW **73**, 1343. Es reicht auch aus, daß ein bei dem Gericht zugelassener Anwalt eine nicht unterschriebene Berufungsschrift zum Berufungsgericht bringt und sich dort die Einlegung der Berufung bescheinigen läßt, Ffm NJW **77**, 1246.
Es reicht aber *nicht* aus, wenn diese Bescheinigung fehlt, BGH NJW **80**, 292. Es reicht auch nicht aus, daß lediglich eine beglaubigte Abschrift ohne eine unterschriftslose Urschrift eingeht, BAG BB **78**, 1573.
S auch Rn 13 „Abschrift", Rn 15 „Beglaubigung", Rn 23 „Frist", Rn 36, Rn 39 „Rechtsmittelbegründung".
**Revision:** Rn 55.
**Sachbearbeiter:** Rn 18, 36, Rn 43 „Sozius".                                       **41**
**Scanner:** Rn 19 „Digitale Signatur", Rn 44 „Telefax".
**Schlangenlinie:** Es soll grundsätzlich bereits aus dem Schriftsatz erkennbar sein und feststehen, daß kein bloßer Entwurf vorliegt, sondern daß der Unterzeichner eine prozessual gewollte Erklärung endgültig einreichen will und für ihren gesamten Inhalt die volle Verantwortung übernimmt, Rn 9. Daher ist es trotz des Verbots einer Überspannung, Rn 11, im allgemeinen erforderlich, daß ein individuell gestalteter Namenszug vorliegt, der eine Unterscheidung gegenüber anderen Unterschriften zuläßt und die Absicht einer vollen Unterschrift erkennen läßt, BGH FamRZ **97**, 610, und der die Nachahmung durch einen beliebigen Dritten mindestens erschwert, BGH FamRZ **97**, 610, Nürnb NJW **89**, 235, selbst wenn er nur flüchtig geschrieben worden ist, BGH FamRZ **97**, 610. Es genügt, daß gegen den Ursprung der Unterschrift kein begründeter Verdacht besteht, daß vielmehr jeder, der den Namen kennt, ihn aus der Unterschrift als einen eindeutig beabsichtigten vollen Namenszug (und nicht nur als eine evtl beabsichtigte bloße Namensabkürzung) herauslesen kann, Rn 26. Auf diesen Boden ist eine Auflösung des Schriftbilds in willkürliche Striche und Linien ohne charakteristische Merkmale nicht ausreichend, BGH NJW **82**, 1467, BAG BB **77**, 899.
Eine ausreichende Unterschrift fehlt also, wenn man *keine Buchstaben mehr erkennen kann*, BGH NJW **42** **85**, 1227, oder wenn von zehn zum Namen gehörenden Buchstaben nur ein einziger entzifferbar ist, BFH NJW **87**, 343, oder wenn der Schriftzug keinen individuellen Charakter mehr hat, BGH VersR **84**, 142, BFH BB **84**, 1089, LG Heidelb VersR **78**, 357.
Aus den in Rn 31–33 zur Namensabkürzung entwickelten Erwägungen ergibt sich, daß eine bloße *Schlangenlinie* erst recht keine ausreichende Unterschrift darstellt, selbst wenn sie einer (schlechten) Gewohnheit des Anwalts (wie manchen Richters) entsprechen mag. Es kommt auch nicht darauf an, daß das Gericht oder der Prozeßgegner diese Unsitte des Absenders bereits kennen und bei einem Briefkopf immerhin eindeutig ist. Es soll eben durch die Art und Weise der Unterschrift mitgeklärt sein, daß der Unterzeichner nicht nur einen bloßen Entwurf abzeichnen oder eine vorläufige Unterschrift vornehmen, sondern eine endgültige, prozessual wirksame Erklärung abgeben und die volle Verantwortung in jeder Beziehung übernehmen wollte. Das läßt sich bei einer bloßen Schlangenlinie beim besten Willen nicht sagen. Es ist unter diesen Umständen unerheblich, ob die Linie mehr in „Schlangen"-Form oder in willkürlichen Ab- und Aufstrichen und dergleichen besteht.
Im Einzelfall ist die *Abwägung* unter Beachtung aller Umstände, auch des bisherigen Prozeßverlaufs und **43** der dort vorliegenden „Unterschriften" dieses Absenders, vorzunehmen. Sie darf weder zu streng noch zu großzügig sein.
**Schreibhilfe:** Sie ist unschädlich, sofern es nicht um eine willenlose, rein passiv bleibende Person geht, BGH NJW **81**, 1901.
**Schriftliches Verfahren:** Das schriftliche Verfahren, § 128 II, III, verlangt, streng genommen, bei jedem Schriftsatz die Unterschrift. Denn das Gericht darf in diesem Verfahren keine Parteierklärung berücksichtigen, deren Echtheit nicht gewährleistet ist. Doch ist das Fehlen der Unterschrift im schriftlichen Verfahren zweckmäßigerweise insoweit als unschädlich anzusehen, als es sich nicht um einen bestimmenden Schriftsatz handelt, Rn 5. Zur letzteren Gruppe gehört allerdings auch schon der Antrag auf schriftliches Verfahren. Wie das schriftliche Verfahren ist auch das schriftliche Vorverfahren zu beurteilen.
**Sozius:** Sofern er bei demselben Gericht zugelassen ist wie der andere, den er vertritt, reicht natürlich die Unterschrift des ersteren aus, sofern sie ihrerseits ordnungsgemäß ist. Soweit im Anwaltsprozeß, § 78

## § 129

Rn 1, ein beim Prozeßgericht nicht zugelassener Anwalt unterzeichnet, reicht das grundsätzlich selbst dann nicht, wenn er mit dem zugelassenen in Sozietät arbeitet; eine Heilung, s dort, ist zwar grundsätzlich zulässig, hat aber meist keine Rückwirkung, Rn 23. Zum Problem BGH RR **87**, 323, Zweibr FamRZ **89**, 191 (abl von Mettenheim).

**44 Telebrief:** Rn 21, 22.
**Telefax,** dazu *Hennecke* NJW **98**, 2194 (Üb): Die Kopiervorlage ist zu unterschreiben, BGH FamRZ **98**, 425 (dann reichen deren Übermittlung an das eigene Büro und von dort weiter an den Empfänger), BGH NJW **98**, 3650. Eine Paraphe, Rn 31, reicht nicht, BAG BB **97**, 947, aM BGH DB **96**, 557. Evtl reicht eine nur durch Scanner auf das Digital gesetzte „Unterschrift", BGH BB **99**, 656 (Vorlagebeschluß), Schmidt BB **99**, 1725, Geis NJW **97**, 3000, strenger LAG Rostock MDR **98**, 368, Schwachheim NJW **99**, 623, Volmer BB **99**, 1450; man darf aber den Grundgedanken Rn 10 nicht aufweichen, BGH NJW **98**, 3650. Nicht ausreichend ist ein per Rechner über ein Modem und die Telefonleitung dem Faxgerät des Empfängers ohne Unterschrift des Absenders zugeleitetes Schriftstück, Karlsr NJW **98**, 1650.

S auch Rn 19 „Digitale Signatur", Rn 21, 22 „Fernschreiben", Rn 34 „Namensstempel", Rn 48 „Verstümmelung". Ein Telefax ist bei einem Formularzwang unzulässig, LG Hagen (zu § 703 c).

**Telefonische Einlegung, Übermittlung:** Wegen des grundsätzlichen Erfordernisses einer eigenhändigen handschriftlichen Unterschrift, Rn 9, 10, reicht nicht einmal eine persönliche Abgabe eines nicht unterzeichneten Schriftsatzes auf der Geschäftsstelle aus, BGH NJW **80**, 291. Noch weniger reicht folglich eine nur telefonische Einreichung einer dem Inhalt nach einen bestimmten „Schriftsatz" darstellenden Erklärung. Das gilt auch dann, wenn der Empfänger eine amtliche Notiz über das Telefonat anfertigt. Von der lediglich telefonischen Einreichung ist der Fall zu unterscheiden, daß der Schriftsatz telegraphisch oder per Fernschreiben, Telefax, Telekopie, Telex usw eingereicht oder übermittelt oder zugestellt wird und daß auf diesem Übermittlungsweg auch (nicht: nur!) das Telefon eingeschaltet wird. Zur grundsätzlichen Zulässigkeit dieser letztern Übermittlungswege Rn 21, 22, Rn 45 „Telegramm", auch zur Mitbenutzung des Telefons.

**45 Telegramm:** Gerichtliches Gewohnheitsrecht läßt auch bei einem fristgebundenen, erst recht beim unbefristeten, bestimmenden Schriftsatz grundsätzlich eine telegraphische Einreichung zu. Das ergibt sich angesichts des Fortschritts der Technik und mancher Eilbedürftigkeit, BVerfG NJW **87**, 2067, OGB NJW **75**, 349, BGH NJW **86**, 2647. In diesem Fall ist eine eigenhändige Unterschrift nicht notwendig. Sie wäre zwar unter dem Aufgabetelegramm technisch möglich, jedoch darf man bekanntlich ein Telegramm auch fernmündlich aufgeben, und diese Art der Aufgabe reicht aus. Unter dem Ankunftstelegramm ist die eigenhändige Unterschrift des Absenders ohnehin technisch grundsätzlich nicht möglich, BVerfG **36**, 304, BGH NJW **74**, 1090, BFH BB **85**, 1655.

**46** Eine telegrafische oder fernschriftliche *Rechtsmittelbegründung* ist daher mittlerweile ebenfalls grundsätzlich zulässig, BVerfG NJW **87**, 2067, aM Stgt VersR **82**, 1082. Freilich muß sich aus dem Ankunftstelegramm eindeutig ergeben, wer als Absender verantwortlich ist, auch wenn von mehreren Sozien, BAG DB **84**, 1688, BFH DB **85**, 2388. Anwaltszwang bleibt wie sonst bestehen, BayObLG ZMR **85**, 214 (zu einer WEG-Sache). Man muß ferner zumindest den gesetzlichen Vertreter angeben, vgl BFH BB **73**, 1517, oder den zuständigen Organverwalter nennen, BVerwG NJW **78**, 2110.

Bei einer telegrafischen Einlegung und bei einer *telefonischen* Übermittlung des Texts durch die Zustellpostamt, vgl BVerfG **36**, 304, ist eine etwaige Frist nur gewahrt, wenn die (etwa zunächst nur) telefonische Durchgabe des Telegrammtextes innerhalb der Frist gegenüber einer Person des zuständigen Gerichts erfolgt, die zur Entgegennahme einer solchen Erklärung sowie zur Beurkundung des Eingangszeitpunkts der Erklärung befugt ist, BGH **65**, 11, und wenn diese Urkundsperson auch tatsächlich in einer Notiz anfertigt, die den Inhalt des Telegramms wiedergibt, BGH (St) **LM** § 518 Nr 10, ZöGre § 130 Rn 11. Ein Eingang am letzten Tag der Frist nach Dienstschluß reicht, BVerfG **41**, 323. Es reicht, daß das Telegramm fristgerecht in das Postfach des Gerichts kommt, BGH NJW **86**, 2646. Das Telegramm darf nur die Fristwahrung erleichtern, nicht sonstige Anforderungen mißachten, zB diejenigen an die Genauigkeit einer Parteibezeichnung, vgl BAG DB **73**, 2148.

S auch Rn 21, 22, 23, Rn 25 „Heilung", Rn 39 „Radiogramm", „Rechtsmittelbegründung", Rn 40 „Rechtsmittelschrift".

**Telekopie:** Rn 21, 22.
**Telex:** Rn 21, 22.
**Titel:** Der akademische oder sonstige Titel ist kein Bestandteil des bürgerlichen Namens, mit Ausnahme der früheren Adelstitel, Rn 13 „Adelsname". Daher ist seine Aufnahme in die Unterschrift überhaupt nicht erforderlich. Sofern sie erfolgt, ist daher ihre etwaige Unvollständigkeit oder sonstige Mangelhaftigkeit unerheblich, soweit die Nämlichkeit des Unterzeichners nicht beeinträchtigt ist.

**47 Übermittlung:** Rn 21, 22, Rn 23 „Gemeinsame Fernschreibstelle", Rn 36 „Nicht zugelassener Anwalt", Rn 37 „Private Aufnahme, Übermittlung", Rn 44 „Telefonische Einlegung, Übermittlung", Rn 45 „Telegramm".

**Überspannung:** Rn 11.
**Untervollmacht:** Sie kann ausreichen, soweit der Unterbevollmächtigte erkennbar die Verantwortung (mit)übernimmt, BAG NJW **90**, 2706.
**Urheberschaft:** Es soll schon aus dem Schriftsatz selbst erkennbar sein und feststehen, daß die Erklärung vom Unterzeichner herrührt und daß er für ihren gesamten Inhalt die zivilrechtliche, strafrechtliche, standesrechtliche Verantwortung übernimmt, Rn 9. Ein Zusatz eines nach außen als Sozius auftretenden Anwalts mit dem Hinweis auf die Eigenschaft eines anderen als des Sachbearbeiters läßt dennoch die Übernahme der Verantwortung des Unterschreibenden durchweg erkennen, BAG NJW **87**, 3297 (offen für den im Briefkopf oder der Vollmacht nicht Erwähnten). Es genügt, daß gegen den Ursprung der Unterschrift kein begründeter Verdacht besteht. Sie soll nur sicherstellen, daß das Schriftstück auch vom Unterzeichner stammt.

## 1. Titel. Mündliche Verhandlung § 129

**Verantwortlichkeit:** Es soll schon aus dem Schriftsatz selbst erkennbar sein und feststehen, daß der Unter- 48
zeichner für den gesamten Inhalt des Schriftsatzes die zivilrechtliche, strafrechtliche, standesrechtliche
Verantwortung übernimmt, Rn 9.
S auch Rn 31–33.
**Verfasserschaft:** Rn 47 „Urheberschaft".
**Verstümmelung:** Ein unlesbares oder verstümmeltes Fernschreiben reicht nur insoweit aus, als diese Fehler
erst beim Empfänger zu verantworten waren, BGH FamRZ **91**, 548, BVerwG NJW **91**, 1193. Beim
Telefax bestätigt der sog Übertragungsbericht nicht den Inhalt und das Fehlen einer etwaigen Störung des
Empfangsgeräts, Köln NJW **89**, 594. Überhaupt besteht wegen der vorhandenen Manipulationsmöglichkeiten zumindest Anlaß zu genauer Überprüfung im Einzelfall, ob dieser Übermittlungsweg ausreicht,
LAG Hamm NJW **88**, 3286.
**Vertreter:** Rn 14 „Amtlich bestellter Vertreter", „Anderer Name", Rn 28 „I. V.", Rn 35 „Nämlichkeit",
Rn 36 „Nicht zugelassener Anwalt", Rn 43 „Sozius", Rn 46 „Urheberschaft".
**Weiterleitung:** Rn 21, 22, 23, 45, 46. 49
**Willenlosigkeit:** Rn 43 „Schreibhilfe".

**7) Parteiprozeß, II.** Es gelten unterschiedliche Regeln. 50
**A. Scheingrundsatz: Kein Schriftsatzzwang.** Die Parteien sind nach dem bloßen Gesetzeswortlaut
grundsätzlich nicht verpflichtet, die mündliche Verhandlung überhaupt durch Schriftsätze vorzubereiten,
§ 496, KG MDR **86**, 503. Daher ist scheinbar auch keine Unterschrift unter einem eingereichten Schriftsatz
erforderlich, BGH **75**, 340. Folglich wäre ein Mangel der Unterschrift schon aus diesen Gründen unerheblich.
**B. Wahrer Grundsatz: Schriftsatzzwang bei richterlicher Anordnung.** Der Scheingrundsatz Rn 50 51
ist in der Praxis weitgehend durch die Übung durchbrochen, daß das Gericht entsprechend seiner in II
ausdrücklich eröffneten Befugnis durch Anordnung der einen oder anderen oder beiden Parteien aufgibt,
„die mündliche Verhandlung durch Schriftsätze oder zu Protokoll der Geschäftsstelle abzugebende Erklärungen vorzubereiten". Das ist auch im Verfahren mit einem frühen ersten Termin zulässig, § 275 I 1, III, IV,
und vielfach üblich, wenn auch keineswegs zwingend vorgeschrieben; es ist erst recht im schriftlichen
Vorverfahren notwendig, und zwar nicht unmittelbar kraft Gesetzes, wohl aber wegen der zwingenden
gesetzlichen Anweisung an den Vorsitzenden, dem Bekl eine Frist zu einer schriftlichen Klageerwiderung zu
setzen, § 276 I 2, und wegen der auch dort vorgesehenen Möglichkeit zu weiteren Fristsetzungen,
§§ 276 III, 277. Die Möglichkeit einer Anordnung nach II besteht auch in allen anderen Verfahrensarten
außerhalb des Anwaltszwangs und in jedem dortigen Verfahrensstadium, zB nach § 273 I, II Z 1, 2. Ohnehin
kann natürlich jede Partei mit oder ohne Anwalt oder sonstigen ProzBev auch im Parteiprozeß jederzeit
einen bestimmenden oder vorbereitenden Schriftsatz einreichen.
**C. Folge: Insoweit Unterschriftszwang wie im Anwaltsprozeß.** Es muß also insoweit, als das 52
Gericht einen Schriftsatz verlangt, die Unterschrift wie im Anwaltsprozeß vorgenommen werden, auch
durch den ProzBev, BGH **92**, 251. Es soll ja auch dann schon aus dem Schriftsatz selbst erkennbar sein und
feststehen, daß der Unterzeichner eine endgültige prozessuale Erklärung einreichen will und für ihren
gesamten Inhalt die zivilrechtliche, strafrechtliche, standesrechtliche Verantwortung übernimmt, wie im
Anwaltsprozeß, Rn 10. Es gilt lediglich die Abweichung, daß der unterzeichnende Anwalt nicht auch bei
dem Prozeßgericht, sondern nur überhaupt bei irgendeinem Gericht zugelassen sein muß.
**D. Evtl Ausreichen einer Erklärung zu Protokoll.** Das Gericht kann in seiner Anordnung der Partei 53
aufgeben, einen Schriftsatz einzureichen. Es kann ihr aber auch anheimstellen oder aufgeben, eine Erklärung
zum Protokoll der Geschäftsstelle abzugeben. Das Gericht übt insofern ein pflichtgemäßes Ermessen aus. II
ist nicht etwa dahin zuversteh, das Ermessen, ob ein Schriftsatz oder eine Erklärung zum Protokoll
erfolgen soll, bei der Partei verbleibe. Der Wortlaut von II würde zwar beide Auslegungen zulassen; auch
kann eine Erklärung zum Protokoll der nicht anwaltlich vertretenen Partei zunächst Kosten (zB einen
Vorschuß gegenüber einem Anwalt) ersparen und Formulierungshilfe durch die Rechtsantragsstelle bedeuten. Gerade weil diese unterschiedliche Auswirkungen soll zunächst das Gericht ermessen und entscheiden, welche Form der Erklärung die Partei einzuhalten hat. Wenn das Gericht beide Möglichkeiten zuläßt oder keine
von ihnen ausdrücklich als allein zulässige nennt, hat die Partei das Wahlrecht zwischen Schriftsatz und
Erklärung zum Protokoll. Soweit sie einen Schriftsatz wählt, gelten die im Anwaltsprozeß zu beachtenden
Regeln zur Unterschrift wie sonst, Rn 10. Soweit eine Erklärung zum Protokoll der Geschäftsstelle zulässig
ist und gewählt wird, gelten § 129 a, 496. Im übrigen sind §§ 282, 335 I 3 zu beachten.

**8) Verstoß der Partei, I, II.** Bei einem Verstoß gegen eine erforderliche Unterschrift können empfind- 54
liche prozessuale, strafrechtliche, standesrechtliche und sachlichrechtliche Folgen eintreten, für die die Partei
im Außenverhältnis nach §§ 51 II, 85 II auch beim Verstoß ihres gesetzlichen Vertreters oder ProzBev
verantwortlich sein kann, während sie im Innenverhältnis ihnen gegenüber Rückgriff nehmen mag. Bei
einem Verstoß im Parteiprozeß, § 78 Rn 1, können dieselben Folgen wie im Anwaltsprozeß eintreten. Es
kann auch eine Zurückweisung wegen Verspätung in Betracht kommen, § 296. Wegen der Heilungsmöglichkeiten vgl Rn 23 „Frist", Rn 25 „Heilung". Eine Nachholung der fehlenden Unterschrift erst nach dem
Schluß der mündlichen Verhandlung, §§ 136 IV, 296 a, kann unbeachtlich sein, §§ 296 a, 156.

**9) Rechtsbehelfe, I, II.** Bei einem Verstoß des Gerichts gegen § 129, sei es durch zu großzügige 55
Anerkennung einer Unterschrift als wirksam, sei es wegen einer zu strengen Zurückweisung, kann die
einfache Beschwerde wegen Zurückweisung eines das Verfahren betreffenden Gesuchs statthaft sein, § 567 I.
Im übrigen mag die Partei noch ohne Fristverstoß das vom Gericht angeblich zu Unrecht Beanstandete
einfach nachholen können. Eine Beschwerde ist unzulässig, soweit das LG als Berufungs- oder Beschwerdegericht, § 567 III 1, oder das OLG entschieden hat, § 567 IV 1. Im übrigen ist gegen die auf dem
Verstoß beruhende Endentscheidung das dafür statthafte Rechtsmittel möglich. Das Revisionsgericht hat die
Ordnungsmäßigkeit der Unterschrift von Amts wegen selbständig zu überprüfen, BGH NJW **92**, 243.

## §§ 129, 129a   1. Buch. 3. Abschnitt. Verfahren

Soweit in der Zurückweisung ein Verstoß gegen Art 103 I GG liegt, mag nach Erschöpfung des Rechtswegs auch die Verfassungsbeschwerde in Betracht kommen, Einl III 17.

56  **10) VwGO:** Es gilt die Sonderregelung (Sollvorschrift) in § 86 IV VwGO. Wegen der Form, oben Rn 8ff, vgl § 130 Rn 33, wegen der rechtzeitigen Übermittlung BVerwG NVwZ 87, 1071.

## 129a  *Protokoll jeder Geschäftsstelle.* [1] Anträge und Erklärungen, deren Abgabe vor dem Urkundsbeamten der Geschäftsstelle zulässig ist, können vor der Geschäftsstelle eines jeden Amtsgerichts zu Protokoll abgegeben werden.

II [1] Die Geschäftsstelle hat das Protokoll unverzüglich an das Gericht zu übersenden, an das der Antrag oder die Erklärung gerichtet ist. [2] Die Wirkung einer Prozeßhandlung tritt frühestens ein, wenn das Protokoll dort eingeht. [3] Die Übermittlung des Protokolls kann demjenigen, der den Antrag oder die Erklärung zu Protokoll abgegeben hat, mit seiner Zustimmung überlassen werden.

### Gliederung

| | | | |
|---|---|---|---|
| 1) Systematik, I, II | 1 | A. Begriff der Prozeßhandlung | 13 |
| 2) Regelungszweck, I, II | 2 | B. „... frühestens, wenn das Protokoll dort eingeht" | 14 |
| 3) Sachlicher Geltungsbereich, I, II | 3 | 10) Überlassung der Übermittlung, II 3 | 15, 16 |
| 4) Persönlicher Geltungsbereich, I, II | 4 | A. „... mit seiner Zustimmung": Wahlfreiheit des Erklärenden | 15 |
| 5) „Anträge und Erklärungen", I, II | 5 | B. Wirkung wie sonst | 16 |
| 6) „Abgabe vor dem Urkundsbeamten der Geschäftsstelle zulässig", I | 6 | 11) Verstoß, I, II | 17–19 |
| 7) ... können ... zu Protokoll abgegeben werden", I | 7–9 | A. Prozessuale Folgen | 17 |
| | | B. Amtshaftung | 18 |
| A. Örtliche Zuständigkeit jedes AG | 7 | C. Bestrafung | 19 |
| B. Abgabe zu Protokoll | 8 | 12) Rechtsbehelfe, I, II | 20–23 |
| C. Pflicht zur Entgegennahme | 9 | A. Beschwerde gegen Ablehnung der Aufnahme | 20 |
| 8) Übersendungspflicht, II 1 | 10–12 | B. Anfechtung der Endentscheidung | 21 |
| A. „... hat das Protokoll unverzüglich ... zu übersenden" | 10 | C. Wiederleistung | 22 |
| B. „... an das Gericht zu übersenden, an das der Antrag gerichtet ist" | 11, 12 | D. Dienstaufsichtsbeschwerde | 23 |
| 9) „Wirkung einer Prozeßhandlung", II 2 | 13, 14 | 13) Verfassungsbeschwerde | 24 |
| | | 14) VwGO | 25 |

1 **1) Systematik, I, II.** § 78 I, II nennt die Fälle, in denen sich die Parteien durch einen Anwalt vor Gericht vertreten lassen müssen (sog Anwaltsprozß). In den übrigen Fällen, in denen eine Vertretung durch einen Anwalt nicht geboten ist, § 79 (sog Parteiprozeß), kann man eine Erklärung nach seiner eigenen Wahl schriftlich, durch einen Bevollmächtigten oder mündlich zu Protokoll der ständigen Geschäftsstelle abgeben bzw das Schriftstück dort einreichen. Grundsätzlich ist zur Entgegennahme zunächst diejenige Geschäftsstelle zuständig, die die Akten desjenigen Prozesses oder Verfahrens führt, zu dem man die Erklärung einreicht oder abgibt. Das kann ein örtlich weit entferntes Gericht sein. Für diesen Fall gibt § 129 a eine erleichternde Zusatzbestimmung. Man kann also der Vorschrift nicht entnehmen, ob die Erklärung zu Protokoll überhaupt statthaft ist; das ergibt sich aus den jeweiligen einschlägigen Einzelvorschriften, Rn 6.

2 **2) Regelungszweck, I, II.** Wenn die Erklärung zu Protokoll überhaupt zulässig ist, Rn 1, dann schafft § 129 a eine erleichternde zusätzliche örtliche Zuständigkeit eines jeden AG. Damit soll die Vorschrift dazu beitragen, daß die anwaltlich nicht vertretene Partei sich der Fach- und Rechtskunde des Urkundsbeamten der Geschäftsstelle bedienen kann, statt ihre Erklärungen in einem vielleicht unklar formulierten, mißverständlichen und zu Rechtsnachteilen führenden Schriftsatz niederzulegen. Damit dient § 129 a nicht nur der Erleichterung der Prozeßführung, sondern auch der Rechtssicherheit, Einl III 43, und der Gerechtigkeit. Freilich bleibt der Erklärende für den Inhalt in erster Linie selbst verantwortlich; ob eine vom Urkundsbeamten mißverständlich oder fehlerhaft aufgenommene Erklärung eine Amtshaftung wegen Mitverschuldens des Beamtenauslösen kann, ist eine andere Frage. Im übrigen gibt § 129 a nur eine örtliche Erleichterung, keine zeitliche. Das stellt II 2 klar. Andernfalls könnte man jede gesetzliche oder richterliche Frist bequem nach eigenem Belieben dadurch verlängern, daß man als Auswärtiger bis zum letzten Moment wartet und dann einfach zum nächsten AG geht, statt dafür zu sorgen, daß die Erklärung fristgerecht beim auswärtigen Prozeßgericht eingeht. Das könnte nicht rechtens sein.

3 **3) Sachlicher Geltungsbereich, I, II.** Die Vorschrift gilt in jeder Verfahrensart nach der ZPO und in jedem Verfahrensstadium, soweit kein Anwaltszwang herrscht, Rn 1. Sie ist anwendbar zB: Im Verfahren auf die Bewilligung einer Prozeßkostenhilfe, § 114; im Mahnverfahren, § 688; zwecks Stellung eines sonst verfahrenseinleitenden Antrags. Es kommt auch zB ein Antrag auf einen Arrest oder eine einstweilige Verfügung selbst dann in Betracht, wenn das weitere Verfahren (ab Eingang des Antrags) dem Anwaltszwang unterliegt, §§ 920 III, 936. I ist auch im arbeitsgerichtlichen Urteilsverfahren anwendbar, Lorenz BB 77, 1003 (§ 13 ArbGG beachten), Philippsen pp NJW 77, 1133, ebenso natürlich über § 4 InsO bei § 305 InsO.

4 **4) Persönlicher Geltungsbereich, I, II.** Die Vorschrift ist zugunsten jeder Partei und jedes anderen irgendwie am einzuleitenden oder bereits laufenden Verfahren Beteiligten anwendbar.

1. Titel. Mündliche Verhandlung § **129a**

*Beispiele:* Der Streithelfer, § 66; der Zeuge, § 373; der Sachverständige, § 402; ein Beauftragter; ein Bevollmächtigter, auch der ProzBev, § 81, falls er diesen Weg wählt; ein sonstwie Beteiligter, etwa des anderen Elternteils im Kindschaftsprozeß bei § 640 e.

**5) „Anträge und Erklärungen", I, II.** Innerhalb des sachlichen und persönlichen Geltungsbereichs, **5** Rn 3, 4, erfaßt § 129 a jeden Antrag und jede Erklärung, soweit kein Anwaltszwang herrscht, Rn 6. Zu den Anträgen und Erklärungen gehören nicht nur die Parteiprozeßhandlungen, Grdz 47 vor § 128, sondern jede wie immer geartete Äußerung, die man abgeben möchte oder etwa nach §§ 129 II, 273 usw abgeben muß.

*In Frage kommen zB:* Der Mahnantrag, § 690; der Antrag auf Prozeßkostenhilfe, § 117; die Klageschrift, § 253; die Klagerwiderung; eine Widerklage, Anh § 253; eine Streitverkündung, § 72; der Beitritt zum Prozeß; ein Gesuch um Terminsverlegung oder Fristverlängerung, §§ 224, 227; eine Stellungnahme zu einem gegnerischen Schriftsatz; die Beantwortung einer gerichtlichen Anfrage oder Auflage; ein Rechtsmittel oder ein Rechtsbehelf, soweit auch er ohne Anwalt wirksam eingelegt werden kann, etwa ein Einspruch gegen ein amtsgerichtliches Versäumnisurteil, § 340; ein Arrestantrag, § 920; ein Antrag auf eine einstweilige Anordnung oder Verfügung, §§ 620 ff, 635 ff; ein Kostenfestsetzungsgesuch, § 103 II; ein Antrag auf Einstellung der Zwangsvollstreckung, §§ 707, 719, 769; ein Vollsteckungsschutzantrag, zB § 765 a; ein Räumungsfristgesuch, § 721.

**6) „Abgabe vor dem Urkundsbeamten der Geschäftsstelle zulässig", I.** Es muß nach irgendeiner **6** gesetzlichen Vorschrift statthaft sein, den Antrag oder die Erklärung, Rn 5, ohne Anwaltszwang vor dem Urkundsbeamten der Geschäftsstelle abzugeben. Das Gesetz enthält solche Fälle in großer Zahl.

*Beispiele:* §§ 44 I Hs 2, 109 III 1, 117 I 1 Hs 2, 129 II Hs 2, 248 I Hs 2, 381 II, 386 I, 389 I, 406 II 3, 486 I Hs 2, 496, 569 II 2, 573 II 2, 920 III, 924 II 3, 947 I 1, 952 II Hs 2.

Soweit das Gesetz die Schriftform vorschreibt, erlaubt es meistens ausdrücklich *wahlweise* auch die Abgabe zum Protokoll. Ist das nicht der Fall, so kann im Einzelfall die Erklärung zum Protokoll unzureichend sein, auch wenn ein trotzdem angefertigtes gerichtliches Protokoll grundsätzlich jede andere Form ersetzt; man muß bedenken, daß § 129 a ja nur die Protokollierung durch den Urkundsbeamten, nicht eine solche vor dem Richter, behandelt.

**7) „...können...zu Protokoll abgegeben werden", I.** Es sind drei Aspekte zu beachten. **7**

**A. Örtliche Zuständigkeit jedes AG.** Soweit die Voraussetzungen Rn 3–6 vorliegen, ist jedes Amtsgericht zur Entgegennahme berechtigt und verpflichtet. Es muß ein amtliches Protokoll durch den nach der Organisation dieses Gerichts zuständigen Urkundsbeamten der Geschäftsstelle aufnehmen. Das Protokoll hat die Beweiskraft einer öffentlichen Urkunde, § 415. Es ist unerheblich, ob der Erklärende im Bezirk dieses AG wohnt, ob er sich dort aufhält, ob er anderswo einen Wohnsitz oder gewöhnlichen Aufenthalt hat und ob er ein Deutscher ist. Es ist ebenso unerheblich, ob das Prozeßgericht nahe oder weit entfernt ist, ob das aufnehmende AG im Bezirk des Prozeßgerichts liegt usw. Der etwaige Geschäftsverteilungsplan oder Organisationsplan bestimmt, welche Geschäftsstelle zur Protokollierung zuständig ist. Im allgemeinen ist die bei jedem AG vorhandene Rechtsantragsstelle jedenfalls ebenfalls zuständig. Andernfalls ist zumindest diejenige Geschäftsstelle zuständig, die den Vorgang bearbeiten müßte, falls das Verfahren, zu dem er gehört, bei jenem AG anhängig wäre. Wegen einer Ablehnung des Urkundsbeamten § 49.

Die Tätigkeit nach § 129 a ist als solche *gebühren- und auslagenfrei*, § 1 GKG. Das gilt also auch für die Kosten der Weiterleitung an das Prozeßgericht. Denn die Weiterleitung als solche erfolgt (wenn auch auf Grund eines gestellten Sachantrags nebst Bitte um Weiterleitung) doch in Wahrheit in Erfüllung einer auch ohne solche Bitte bestehenden Amtspflicht, Rn 10, also von Amts wegen, sodaß KV 9003 unanwendbar ist, Hartmann Teil I KV 9003 Rn 1; wegen Telefax KV 9001, unten Rn 12. Ob das Prozeßgericht freilich für die weitere Bearbeitung etwa der Klage einen Vorschuß, zB nach § 65 GKG, fordern kann und muß, ist eine andere Frage.

**B. Abgabe zu Protokoll.** Der Erklärende braucht keine schriftliche Fassung anzufertigen oder gar **8** mitzubringen. Er ist nicht verpflichtet, sein Anliegen in einer bereits rechtlich geordneten Form vorzutragen. Freilich darf er nicht mit völlig wirren Worten die Arbeit der ganzen Geschäftsstelle lahmlegen. Man kann von ihm eine ernsthafte Bemühung um einen sachbezogenen, verständlichen Vortrag und vor allem eine in der Laiensphäre klare Zielrichtung seiner Wünsche erwarten. Immerhin muß der Urkundsbeamte infolge einer auch ihm obliegenden Fürsorgepflicht nach Einl III 27 bemüht sein, das Anliegen in rechtlich brauchbare Worte zu kleiden. Das gilt insbesondere auf der Rechtsantragsstelle. Soweit dem Antrag oder der Erklärung Unterlagen beigefügt werden sollen, sind sie grundsätzlich bei der Abgabe zu Protokoll zu übergeben, und zwar in Original. Soweit das nicht erfolgt, ist jedoch das aufnehmende AG gleichwohl nach II 1 zur unverzüglichen Weiterleitung des Protokolls (eben noch ohne Anlagen) berechtigt und verpflichtet, soweit nicht der Antragsteller die Übermittlung selbst vornehmen will, II 3. Das aufnehmende AG hat dann die Nachforderung der Anlagen dem Prozeßgericht zu überlassen.

**C. Pflicht zur Entgegennahme.** II 1 spricht nur von der Pflicht zur unverzüglichen Übersendung an **9** das Prozeßgericht. Natürlich ist auch die unverzügliche Entgegennahme Amtspflicht, § 839 BGB. Gerade bei fristgebundenen Parteiprozeßhandlungen, Grdz 47 vor § 128, kann es auf unverzügliche Aufnahme ankommen. Deshalb darf der Antragsteller keineswegs ohne triftigen Grund hingehalten werden, gar bis zum nächsten Arbeitstag. Die Einzelheiten der Protokollierung richten sich in entsprechender Anwendung von §§ 159 ff nach den Erfordernissen des Einzelfalls. Der Erklärende muß das Protokoll insoweit unterzeichnen, als nach dem Gesetz eine Unterschrift erforderlich ist, vgl § 129 Rn 2, § 130 Z 6 Hs 2 usw. Es empfiehlt sich dringend, den Antrag dem Erklärenden vorzulesen und von diesem genehmigen zu lassen und einen entsprechenden Vermerk anzufertigen, da hiervon die Wirksamkeit des Antrags abhängen kann.

**8) Übersendungspflicht, II 1.** Es gibt zeitliche und örtliche Aufgaben. **10**

**A. „... hat das Protokoll unverzüglich ... zu übersenden".** Der Urkundsbeamte der Geschäftsstelle ist zur Unverzüglichkeit verpflichtet, Rn 8. Das gilt nicht nur bei der Aufnahme der Erklärung, sondern vor allem bei ihrer Weiterleitung von Amts wegen an das Prozeßgericht. Unverzüglich bedeutet,

## § 129a  1. Buch. 3. Abschnitt. Verfahren

wie stets: ohne schuldhaftes Zögern, vgl § 121 I 1 BGB. Schuldhaft ist ein vorwerfbares Verhalten. Vorsatz ist nicht erforderlich; einfache, leichte Fahrlässigkeit genügt. Die Pflicht zur Unverzüglichkeit bedeutet keinen Zwang zu jagender Hetze. Der Urkundsbeamte braucht nicht alles stehen und liegen zu lassen, nur weil ein Antragsteller am Tag vor dem Fristablauf gegen Dienstschluß erscheint. Andererseits liegt eine Eilsache vor, so daß andere Aufgaben zunächst zurückzustellen sein können. Im Eilfall ist es ratsam, nachdrücklich auf die Möglichkeit aufmerksam zu machen, daß der Antragsteller die Übermittlung des Protokolls nach II 3 selbst vornimmt, zB das nun erst einmal ausreichend formulierte Gesuch mit dem eigenen Pkw zum Nachtbriefkasten des Prozeßgerichts bringt, wo es auf dem Amtsweg keineswegs mehr vor 24.00 Uhr eintreffen könnte, oder es per Telefax weiterleitet, soweit das aufnehmende AG zur Stunde nicht über ein funktionierendes Telefaxgrät verfügt (andernfalls wäre es am Tag eines Fristablaufs zu dessen Einsatz verpflichtet, Rn 12).

**11**  B. „... an das Gericht zu übersenden, an das der Antrag ... gerichtet ist". Die Übersendung hat in der Regel an das Prozeßgericht zu erfolgen, gelegentlich auch an ein anderes, etwa im Fall eines Beweissicherungsantrags an das Gericht des § 486 II oder im Fall einer einstweiligen Verfügung an das Gericht der Belegenheit, § 942 I. Der Urkundsbeamte hat die Amtspflicht, das richtige Gericht herauszufinden, soweit ihm möglich. Er ist freilich an diejenige Beziehung und Adressierung gebunden, die der Antragsteller nach Belehrung wünscht. Auf solchen Umstand sollte der Urkundsbeamte im Protokoll oder in einem Vermerk hinweisen, um nicht zu haften.

**12**  Die *Art und Form* der Übersendung richtet sich nach den Gesamtumständen und vor allem nach dem etwaigen Zeitdruck. Im Zweifel sollte die schnellstmögliche Übersendungsart gewählt werden, die dem Gericht zur Verfügung steht, Rn 10. Der Urkundsbeamte nach § 129 a kann nicht immer zuverlässig übersehen, ob die Frist wirklich erst in drei oder vier Tagen abläuft. Die Postlaufzeiten sind keineswegs immer zuverlässig zu berechnen. Portoersparnisse dürfen kein ausschlaggebender Gesichtspunkt sein. Andererseits muß eine zuverlässige, sichere Übersendungsart gewählt werden, die auch einen gesetzmäßigen Eingang sicherstellt. Wegen Telefax usw § 129 Rn 21, Rn 48 „Verstümmelung". Der Urkundsbeamte wählt die Übersendungsform nach seinem pflichtgemäßen Ermessen und ist an Weisungen des Antragstellers nicht gebunden. Wenn diesem die vom Urkundsbeamten beabsichtigte Übersendungsart nicht gefällt, mag er nach II 3 die Übersendung selbst vornehmen. Zu übersenden ist die Urschrift des Protokolls nebst Urschrift der Anlagen. Denn meist muß die Urschrift eingehen, damit überhaupt ein wirksames Gesuch beim Prozeßgericht eingeht.

*Kosten*: KV 9001, nicht 9003, Hartmann Teil I KV 9003 Rn 1 (keine Versendung nur auf Antrag).

**13**  9) „Wirkung einer Prozeßhandlung", II. 2. Wenn die Erklärung nicht vor der Geschäftsstelle des Prozeßgerichts, sondern vor der Geschäftsstelle eines anderen AG zum Protokoll abgegeben worden ist, tritt ihre Rechtswirkung erst mit dem Zeitpunkt des Eingangs bei demjenigen Gericht ein, an das der Antrag oder die Erklärung gerichtet sind.

**14**  A. **Begriff der Prozeßhandlung.** Gemeint ist jede Parteiprozeßhandlung, Grdz 47 vor § 128.

B. „... frühestens, wenn das Protokoll dort eingeht". Es ist abzustellen auf den tatsächlichen Eingang bei dem letztendlich zuständigen Gericht. Das gilt auch und gerade bei einer fristgebundenen Maßnahme oder Prozeßhandlung. Andernfalls könnte der Antragsteller die Frist auch dann retten, wenn er einen nahen, aber falschen Adressaten nennt. Das wäre unhaltbar. Deshalb besagt II 2, die Rechtswirkung trete „frühestens" mit dem eben genannten Eingang beim in Wahrheit zuständigen Gericht ein. Deshalb muß ein zunächst angegangenes, ebenfalls objektiv nicht zuständiges Gericht für eine unverzügliche Weiterleitung sorgen und notfalls die schnellstmögliche Weiterleitung vornehmen. Auch diese ist als solche gebührenfrei, § 1 GKG, freilich nicht auslagenfrei, KV 9001 (auch bei Versendung der Akten von Amts wegen). Maßgeblich ist bei dem letztendlich zuständigen Gericht der Zeitpunkt des Eingangs bei der Posteinlaufstelle, nicht erst der Eingang bei der objektiv richtigen Einzelgeschäftsstelle. Es kommt auf den Eingangsstempel an; der Nachweis seiner Unrichtigkeit ist zulässig. Beim Nachtbriefkasten gelten die üblichen Regeln, vgl zB § 233 Rn 20 mwN.

**15**  10) **Überlassung der Übermittlung, II 3.** Geregelt sind Voraussetzungen und Wirkung.

A. „... mit seiner Zustimmung": **Wahlfreiheit des Erklärenden.** Der Urkundsbeamte darf die Übermittlung dem Antragsteller nur dann überlassen, wenn dieser seine Zustimmung dazu erklärt. Er hat also die Wahlfreiheit einer Übermittlung von Amts wegen oder der persönlichen Übermittlung. Wenn er den letzteren Weg nicht wählt, ist der Urkundsbeamte zur amtlichen Übermittlung verpflichtet. Der Urkundsbeamte muß den Antragsteller über beide Übermittlungsmöglichkeiten aufklären und darf keinerlei Druck auf ihn ausüben. Es kann und muß dem Antragsteller die Vor- und Nachteile des einen oder anderen Übermittlungswegs verständlich erläutern. Je eilbedürftiger die Übermittlung ist, um so eher kann es ratsam sein, sie dem Antragsteller insbesondere dann zu überlassen, wenn er motorisiert ist und sich imstande sieht, zum, wenn auch vielleicht weit entfernten, Empfangsgericht sofort zu fahren. Freilich kann gerade im äußersten Eilfall (Fristablauf an demselben Tag) eine Übermittlung von Amts wegen durch Telegramm oder Telefax in Betracht kommen, Rn 10. Es kommt also auf die Gesamtumstände an.

**16**  B. **Wirkung wie sonst.** Auch im Fall der Übermittlung durch den Antragsteller nach II 3 tritt die Wirkung, soweit es um seine Parteiprozeßhandlung geht, Grdz 47 vor § 128, nach II 2 frühestens beim Eingang des Protokolls beim Empfangsgericht ein, Rn 14. Auch darauf muß der Urkundsbeamte den Antragsteller eindeutig und unmißverständlich hinweisen. Es empfiehlt sich, diesen Hinweis in das Protokoll oder in einen Vermerk zu den Akten aufzunehmen.

**17**  11) **Verstoß, I, II.** Es kommen die folgenden Möglichkeiten in Betracht.

A. **Prozessuale Folgen.** Eine nicht rechtzeitig beim Prozeßgericht eingegangene Erklärung (Protokoll) wahrt die Frist auch dann nicht, wenn die Verzögerung auf einem Verschulden nur des aufnehmenden Urkundsbeamten oder einer weiteren an der Übermittlung von Amts wegen beteiligten Gerichtsperson beruht. Das ergibt sich eindeutig aus II 2. Ein Verschulden des gesetzlichen Vertreters oder des ProzBev gilt nach §§ 51 II, 85 II wie sonst als das Verschulden der Partei. Soweit das beim Prozeßgericht eingehende Protokoll gegenüber der Originalfassung lückenhaft oder sonstwie nachteilig verändert ist, etwa durch den Verlust von Teilen auf dem Übermittlungsweg, gilt nur diejenige Fassung, die beim Prozeßgericht tatsächlich eingeht. Die Verschuldensfragen sind wie beim Fristablauf zu beurteilen. Soweit der Antragsteller die Übermittlung nach II 3 selbst übernommen hat, endet natürlich die Verantwortlichkeit des aufnehmenden Urkundsbeamten mit der Aushändigung des Protokolls an den Antragsteller. Wegen einer Wiedereinsetzung Rn 22.

**B. Amtshaftung.** Soweit der aufnehmende Urkundsbeamte oder eine weitere bei der Übermittlung **18** beteiligte Gerichtsperson vorsätzlich oder fahrlässig ihre Amtspflicht verletzt, kommt eine Haftung nach § 839 I, III BGB in Betracht, unabhängig vom Verschulden ferner die Amtshaftung nach Art 34 GG.

**C. Bestrafung.** Aus dem Bereich der Urkundendelikte, §§ 276ff, 348 StGB, kommt vor allem § 274 **19** StGB (Urkundenunterdrückung) in Betracht.

**12) Rechtsbehelfe, I, II.** Es gibt sehr unterschiedliche Wege. **20**

**A. Beschwerde gegen Ablehnung der Aufnahme.** Soweit der Urkundsbeamte die Aufnahme eines Antrags oder einer Erklärung nach I ablehnt oder die erbetene Übersendung von Amts wegen nach II 1 ablehnt oder hinauszögert, liegt, auch im Fall der bloßen Untätigkeit, eine Entscheidung vor, die eine mündliche Verhandlung nicht erfordert und die ein das Verfahren betreffendes Gesuch zurückweist; daher ist die einfache Beschwerde nach § 567 I statthaft. Sie ist natürlich bei dem ablehnenden AG einzulegen und im Fall der Nichtabhilfe demjenigen LG vorzulegen, das diesem AG vorgeordnet ist; nicht etwa ist die Beschwerde an das Prozeßgericht (und im Fall der Nichtabhilfe dem diesem vorgeordneten Gericht) vorzulegen. Eine weitere Beschwerde ist unstatthaft, § 568 II 1.

**B. Anfechtung der Endentscheidung.** Soweit die Verweigerung einer Aufnahme oder die fehlerhafte, **21** insbesondere verzögerte, Aufnahme oder Weiterleitung an das Prozeßgericht zum Nachteil des Antragstellers den Prozeßausgang beeinflußt hat, kommen gegen die Haltung des Urkundsbeamten eine Erinnerung, § 576 I, KG RR **95**, 638 (nicht das Verfahren nach § 23 EGGVG), und die gegen die Endentscheidung des Prozeßgerichts sonst statthaften Rechtsmittel in Betracht. Das Rechtsmittelgericht darf und muß dann über das Verhalten des nach § 129a angegangenen Gerichts mitentscheiden. Beim Rpfl gilt § 11 RPflG, vgl § 104 Rn 41 ff.

**C. Wiedereinsetzung.** Wenn die Frist in einem der Fälle des II nicht eingehalten wurde, etwa wegen **22** nicht unverzüglicher Weiterleitung von Amts wegen, kommt unter den Voraussetzungen der §§ 233 ff eine Wiedereinsetzung in den vorigen Stand in Betracht. Sie kann auch dann zu gewähren ein, wenn der Antragsteller die Übermittlung nach II 3 selbst übernommen hatte und nun schuldlos an der Einhaltung der Frist verhindert wurde, etwa durch einen unverschuldeten Unfall auf dem Weg zum Prozeßgericht.

**D. Dienstaufsichtsbeschwerde.** Gegen denjenigen, der bei der Aufnahme oder Weiterleitung bis zum **23** Eingang beim Prozeßgericht Amtspflichten verletzte, kann eine Dienstaufsichtsbeschwerde in Betracht kommen, vgl KG RR **95**, 638. Sie richtet sich an den Dienstvorgesetzten desjenigen Beamten, der den Fehler begangen haben soll. Sie darf den Fortgang des Prozesses in keiner Weise hinauszögern.

**13) Verfassungsbeschwerde.** Soweit etwa infolge fehlerhafter Behandlung des Antrags oder seiner **24** Übersendung ein Grundrecht verletzt wurde, insbesondere infolge verzögerter Weiterleitung der Anspruch auf rechtliches Gehör, Art 103 I GG, kommt nach der Erschöpfung des Rechtswegs eine Verfassungsbeschwerde in Betracht, Einl III 17.

**14) *VwGO*:** Unanwendbar, weil die *VwGO*, sofern sie eine Erklärung zur Niederschrift des Urkundsbeamten **25** vorsieht, den Urkundsbeamten des jeweils zuständigen Gerichts meint, vgl § 81 I 2 *VwGO*, aM *Sch/SchmA/P* § 81 Rn 11, *Kopp* § 81 Rn 12 (es besteht aber kein Bedürfnis, die Protokollierung vor jedem VG oder sogar einem AG zuzulassen).

**130** *Inhalt der Schriftsätze.* **Die vorbereitenden Schriftsätze sollen enthalten:**
1. die Bezeichnung der Parteien und ihrer gesetzlichen Vertreter nach Namen, Stand oder Gewerbe, Wohnort und Parteistellung; die Bezeichnung des Gerichts und des Streitgegenstandes; die Zahl der Anlagen;
2. die Anträge, welche die Partei in der Gerichtssitzung zu stellen beabsichtigt;
3. die Angabe der zur Begründung der Anträge dienenden tatsächlichen Verhältnisse;
4. die Erklärung über die tatsächlichen Behauptungen des Gegners;
5. die Bezeichnung der Beweismittel, deren sich die Partei zum Nachweis oder zur Widerlegung tatsächlicher Behauptungen bedienen will, sowie die Erklärung über die von dem Gegner bezeichneten Beweismittel;
6. in Anwaltsprozessen die Unterschrift des Anwalts, in anderen Prozessen die Unterschrift der Partei selbst oder desjenigen, der für sie als Bevollmächtigter oder als Geschäftsführer ohne Auftrag handelt.

**Schrifttum:** *Fischer*, Bezugnahmen ... in Schriftsätzen im Zivilprozeß usw, 1994; *Michel/von der Seipen*, Der Schriftsatz des Anwalts im Zivilprozeß, 4. Aufl 1997 (Bespr *Koeble/Leicht* NJW **98**, 2041); *Oelkers/Müller*, Anwaltliche Strategien im Zivilprozeß ..., 3. Aufl 1998; *Schwarz*, Strukturierter Parteivortrag und elektronische Akte, Diss Tüb 1992; *Stenz*, Anwendbarkeit von Telekommunikationsmitteln im Prozeß, 1993.

## § 130

**Gliederung**

1) Systematik, Z 1–6 ..................... 1
2) Regelungszweck, Z 1–6 .............. 2
3) Geltungsbereich, Z 1–6 .............. 3
4) Begriff des „vorbereitenden" Schriftsatzes, Z 1–6 ........................... 4, 5
5) „... sollen enthalten": In Wahrheit weitgehende Mußvorschriften, Z 1–6 . 6
6) „Bezeichnung der Parteien" usw, Z 1 . 7–15
   A. „Parteien" ........................... 7
   B. „Gesetzlicher Vertreter" ........... 8
   C. „Namen, Stand oder Gewerbe" ...... 9
   D. „Wohnort" ........................... 10
   E. „Parteistellung" ..................... 11
   F. „Gericht" ........................... 12
   G. „Streitgegenstand" ................. 13
   H. „Zahl der Anlagen" ................. 14
   I. Sonstige Angaben ................... 15
7) „Anträge" usw, Z 2 ................... 16, 17
   A. Sach- und Prozeßanträge ........... 16
   B. „... in der Gerichtssitzung zu stellen beabsichtigt": In Wahrheit stets Antragsankündigung notwendig ......... 17
8) „Angabe der zur Begründung ... dienenden tatsächlichen Verhältnisse", Z 3 ....................................... 18, 19
   A. Umfassende tatsächliche Angaben ... 18
   B. Nur ausnahmsweise Rechtsausführungen nötig ............................ 19
9) „Erklärung über die tatsächlichen Behauptungen des Gegners", Z 4 ....... 20, 21
   A. Umfassende tatsächliche Erklärung .. 20
   B. Nur ausnahmsweise Rechtsausführungen notwendig ....................... 21
10) „Bezeichnung der Beweismittel" usw, Z 5 ........................................ 22–24
   A. Genaue Angaben notwendig ......... 22
   B. Angaben zum Hauptbeweis wie Gegenbeweis erforderlich ................ 23
   C. Umfassende Angabe der Beweismittel . 24
11) Unterschriftszwang, Z 6 ............. 25–27
   A. Grundsätzliche Notwendigkeit eigenhändiger und handschriftlicher Unterzeichnung ............................. 25
   B. „In Anwaltsprozessen die Unterschrift des Anwalts" ....................... 26
   C. „In anderen Prozessen die Unterschrift der Partei selbst" usw ................ 27
12) Vollmachtsnachweis, Z 1–6 .......... 28
13) Verstoß, Z 1–6 ...................... 29–31
   A. Prozeßrechtliche, sachlichrechtliche, strafrechtliche, standesrechtliche Folgen .................................... 29
   B. Verschulden des Vertreters oder des Prozeßbevollmächtigten .............. 30
   C. Rückgaberecht des Gerichts ......... 31, 32
14) *VwGO* ................................ 33

**1** **1) Systematik, Z 1–6.** Die Vorschrift regelt nicht das Ob, sondern das Wie eines vorbereitenden Schriftsatzes. Sie enthält insofern wiederum nur die Grundregeln; Ergänzungen finden sich zB in §§ 131 ff, 138, 373 ff. Für die Klageschrift als eine besondere Form des vorbereitenden Schriftsatzes gilt zunächst der vorrangige § 253 I–III, V; sein IV verweist ergänzend indirekt auch auf §§ 130 ff. Ähnliche Vorschriften über den wesentlichen Inhalt des Parteivortrags finden sich bei den Regelungen zum Protokoll, §§ 160 ff, und zum Urteilsinhalt, § 313.

**2** **2) Regelungszweck, Z 1–6.** Die Vorschrift dient zunächst der Klarstellung des Kreises der Prozeßbeteiligten und von Art und Umfang des Streitgegenstands. Sie dient darüber hinaus im Interesse der Prozeßwirtschaftlichkeit, Grdz 14 vor § 128, der Prozeßförderung, Grdz 12 vor § 128, der Wahrhaftigkeit des Parteivortrags, § 138 I, II, und der Klärung der Verantwortlichkeit eines Parteivertreters, §§ 51 II, 85 II. Alles sind wesentliche Verfahrensziele, die zur Straffung, Beschleunigung und gleichzeitig zur Redlichkeit des Prozesses beitragen. Deshalb enthält § 130 trotz des scheinbar bloßen Sollinhalts in Wirklichkeit weitgehende Mußvorschriften, Rn 6, und ist daher auch so auszulegen, daß man die Anforderungen der Z 1–6 im einzelnen genannten Voraussetzungen keineswegs zu großzügig bemessen darf; es ist vielmehr eine strenge Auslegung erforderlich.

**3** **3) Geltungsbereich, Z 1–6.** Die Vorschrift gilt entgegen ihrem Wortlaut nicht nur für den sog vorbereitenden Schriftsatz, sondern auch und vor allem für den sog bestimmenden Schriftsatz, § 129 Rn 5. Sie gilt also in Wahrheit für jeden wie immer gearteten Schriftsatz in jeder wie immer gearteten Prozeßart, in jedem Verfahrensstadium, in jedem Rechtszug und für alle Prozeßbeteiligten. Das gilt unabhängig davon, ob und welche etwaigen vorrangigen Spezialvorschriften vorhanden sind, etwa in §§ 253 II (Klageschrift), 275 I, III, IV, 276 I 2, III (schriftliches Vorverfahren), 518 II (Berufungsschrift), 519 II (Berufungsbegründung), 553 I (Revisionsschrift), 554 III (Revisionsbegründung), 587 (Wiederaufnahme) usw. Diejenigen Vorschriften, die einen wesentlich präziseren Vortrag als nach § 130 erforderlich machen, gehen dem § 130 als Sonderregeln vor.

**4** **4) Begriff des „vorbereitenden" Schriftsatzes, Z 1–6.** § 129 I erörtert die Vorbereitung der mündlichen Verhandlung durch Schriftsätze. Alle diesem Zweck dienenden Schriftsätze sind vorbereitende. Einige unter ihnen haben darüber hinaus einen besonderen Charakter: In ihnen vollzieht der Absender eine für das Verfahren wesentliche Parteiprozeßhandlung, Grdz 47 vor § 128, und faßt sie in die notwendige Form. Diese Art des vorbereitenden Schriftsatzes ist der bestimmende Schriftsatz, § 129 Rn 5. Vorbereitend ist auch ein solcher Schriftsatz, der weder einen neuen tatsächlichen Vortrag noch neue rechtliche Ausführungen noch neue Beweismittel enthält, sondern etwa nur Anregungen für den weiteren Verfahrensfortgang gibt, eine bisher schon vertretene Behauptung oder Ansicht ausdrücklich aufrechterhält, den bisherigen Streitgegenstand einschränkt, eine erst in mündlicher Verhandlung wirksam werdende verfahrensbeendende Erklärung enthält usw. Auch die bloße Nachreichung etwa einer bisher fehlenden Zeugenanschrift, § 373 Rn 2, oder die Einreichung von Kostenmarken und dergleichen geschieht technisch durch einen vorbereitenden Schriftsatz. Vgl ferner § 129 Rn 7.

**5** Es kommt nicht darauf an, ob die Ausführungen entscheidungserheblich sind oder nicht, ob sie aus der Sicht des Absenders, des Gegners oder des Gerichts auch sachlichrechtliche Erklärungen enthalten, ob sie verfrüht (Rechtsmitteleinlegung vor Verkündung der anzufechtenden Entscheidung) oder verspätet sind. Auch der Schriftsatz eines Streithelfes, § 66, Streitgenossen, § 59, in den Rechtsstreit ohne seine erforderliche Zustimmung einbezogenen Dritten ist zumindest dann ein vorbereitender, wenn eine mündliche Verhandlung über

## 1. Titel. Mündliche Verhandlung § 130

den Vorgang wenigstens zulässig oder gar notwendig ist. Im schriftlichen Vorverfahren, §§ 276, 277, und im schriftlichen Verfahren, § 128 II, III, liegt auch dann ein vorbereitender Schriftsatz vor, wenn es voraussichtlich überhaupt nicht zu einer mündlichen Verhandlung kommen wird.

**5) „... sollen enthalten": In Wahrheit weitgehende Mußvorschriften, Z 1–6.** Entgegen dem Wortlaut enthält § 130 nicht nur sog Sollvorschriften, sondern weitgehend zwingende Mußvorschriften. Das gilt nicht nur zB für Z 1, BGH **102**, 335 (im Ergebnis zustm Nierwetberg NJW **88**, 2095) und für Z 6, BAG NJW **90**, 3165, sondern in Wahrheit für die gesamte Vorschrift, Rn 2, aM BVerfG NJW **93**, 1319. Nur durch solche strenge Auslegungen des Gesetzes läßt sich sein Zweck der Verfahrensförderung usw erreichen, Rn 2. 6

**6) „Bezeichnung der Parteien" usw, Z 1.** Es treffen mehrere Voraussetzungen zusammen. 7

**A. „Parteien".** Gemeint sind, wie stets, diejenigen Personen, die tatsächlich klagen oder verklagt werden, Grdz 3 vor § 50, auf die sich also die prozeßbegründeten Erklärungen wirklich beziehen. Soweit also der vorbereitende Schriftsatz jemanden als Partei bezeichnet, ist damit noch nicht immer entschieden, wer tatsächlich diese Partei sein soll; das muß notfalls im Wege der Auslegung ermittelt werden, Grdz 3 vor § 50. Bei einer Partei kraft Amtes, Grdz 8 vor § 50, zB beim Insolvenzverwalter, ist zu beachten, daß sie nicht gesetzlicher Vertreter, sondern selbst Partei ist; daher ist eine entsprechende Klarstellung schon bei Rn 7 erforderlich.

**B. „Gesetzlicher Vertreter".** Gemeint ist derjenige, der eine nicht prozeßfähige Partei im Prozeß zu 8 vertreten hat, § 51 I. Wer tatsächlich gemeint ist, ist wiederum, wie stets, notfalls durch Auslegung zu ermitteln. Beispiele einer gesetzlichen Vertretung: § 51 Rn 12 ff. Die Benennung des gesetzlichen Vertreters kann, insbesondere bei einer Kapitalgesellschaft, nachgeholt werden. Allerdings trägt der Kläger das Risiko einer ordnungsgemäßen Klagezustellung, etwa im Fall des § 209 BGB, Ffm MDR **84**, 943. Wegen einer Vollmachtsurkunde Rn 28.

**C. „Namen, Stand oder Gewerbe".** Dem Zweck der Festlegung der Nämlichkeit der Prozeßbeteiligten entsprechend sind alle diejenigen Angaben notwendig, die zur Abgrenzung des Betreffenden von einer anderen natürlichen oder juristischen Person unentbehrlich sind. Grundsätzlich sind wenigstens der Rufname, Nachname, ferner eine möglichst genaue Bezeichnung des erlernten oder gegenwärtigen Berufs erforderlich. Bei mehreren etwa in demselben Haus wohnenden Leuten mit denselben Vor- und Nachnamen kann die Hinzufügung der unterscheidenden Merkmale erforderlich werden, etwa „junior" oder „Vater". 9

**D. „Wohnort".** Entsprechend dem Sinn der Vorschrift, den Prozeß zu fördern, ist nicht nur die 10 Gemeinde oder der Gemeindeteil, sondern grundsätzlich die volle ladungsfähige Anschrift erforderlich, soweit das zumutbar ist, § 253 Rn 22 ff, bei einem Zeugen also dessen Privatanschrift, § 373 Rn 2. Trotz des auch insofern nach dem scheinbaren Wortlaut bloßen Sollcharakters, Späth VersR **78**, 605, handelt es sich gerade bei dieser Einzelheit um eine Mußbestimmung, Rn 6. Es kann innerhalb der ladungsfähigen Postanschrift ein weiterer Zusatz notwendig werden, etwa die Etage oder die Bezeichnung der Wohnung im Mehrparteienhaus oder die Angabe „rechts" oder „Hinterhaus".

**E. „Parteistellung".** Entsprechend dem Zweck der Klarstellung der Rolle der Prozeßbeteiligten ist 11 anzugeben, ob der Betreffende als Kläger, Bekl, Widerkläger, Anh § 253, Rechtsmittelkläger usw oder als Streitverkündeter, § 72, Dritter im Beanspruchererstreit, § 75, Sachbesitzer bei der Urheberbenennung, §§ 76, 77, behandelt werden soll.

**F. „Gericht".** Jeder vorbereitende Schriftsatz muß dasjenige Gericht nennen, an das der Absender sich 12 wendet. Das Gericht ist so genau zu bezeichnen, daß Fehlleitungen vermieden werden. Das gilt nicht nur bei einem fristgebundenen Schriftsatz (bei ihm könnte die vermeidbare Falschbezeichnung des Gerichts zur Versagung einer Wiedereinsetzung führen), sondern bei jedem wie immer gearteten Schriftsatz. Dabei kann eine nähere Bezeichnung derjenigen Funktion erforderlich sein, in der das Gericht angesprochen wird, etwa beim AG der Zusatz „Familiengericht" oder „Abteilung für freiwillige Gerichtsbarkeit" oder „Abteilung für Zivilstreitigkeiten". Beim LG empfiehlt sich der Zusatz „Kammer für Zivilsachen" oder „Kammer für Handelssachen". Entsprechend sollte bei jedem Gericht möglichst sorgfältig dargestellt werden, an welchen Senat, welche Kammer, welche Abteilung usw sich der Schriftsatz richtet. Indessen können das Fehlen oder die irrige Angabe eines solche Zusatzes unschädlich sein, wenn der Schriftsatz in der Posteinlaufstelle des insgesamt richtig bezeichneten Gerichts rechtzeitig eingegangen ist.

**G. „Streitgegenstand".** Dem Zweck der Vorschrift, den Prozeß nicht nur in seiner Nämlichkeit von 13 vornherein möglichst präzise festzulegen, sondern auch zu fördern, entspricht eine möglichst genaue Angabe des Streitgegenstands. Zu diesem Begriff § 2 Rn 3. Üblich und meist ausreichend ist eine stichwortartige Umschreibung, etwa „wegen Kaufpreisforderung" oder „wegen Verkehrsunfalls".

**H. „Zahl der Anlagen".** Die Vorschrift dient nicht zuletzt der Selbstkontrolle des Absenders. Mit ihr soll 14 verhindert werden, daß er durch Nachlässigkeit bei der Zusammenstellung eines mit Anlagen zu versehenden Schriftsatzes prozessuale Nachteile erleidet, wie sich etwa der Prozeßgegner nicht auf Anlagen äußern kann, die der Absender nicht einmal dem Gericht in Urschrift vorgelegt hatte. In diesem Punkt verfahren viele, auch gerade anwaltlich vertretene, Parteien erstaunlich und bedauerlich oberflächlich. Das kann zu einer Verzögerungsgebühr, § 34 GKG, auch zu einer besonderen Kostenauferlegung nach § 95, vor allem aber zur Zurückweisung wegen verspäteten Nachreichens, § 296, führen. Deshalb ist Sorgfalt auch bei der Angabe der Anlagen durchaus geboten.

**I. Sonstige Angaben.** Z 1 nennt zwar die erforderlichen Einzelheiten zur Festlegung der Nämlichkeit 15 der Prozeßbeteiligten und des Gerichts grundsätzlich abschließend. Indessen kann sich aus der Eigenart des konkreten Prozesses ergeben, daß schon dazu weitere Angaben durchaus erforderlich sind. Im übrigen enthalten Z 2–6 zahlreiche weitere Mußvorschriften zum Inhalt des vorbereitenden Schriftsatzes. Die Angabe zB etwa schon vorhandenen Aktenzeichens ist zwar natürlich dringend ratsam, aber nur dann notwendig, wenn die vorwerfbare Unterlassung dieser Angabe etwa bei einem fristgebundenen Schriftsatz

## § 130

zur Versagung der Wiedereinsetzung nach §§ 233 ff führen könnte, falls der Schriftsatz nicht von Amts wegen rechtzeitig an das in Wahrheit richtige Gericht weitergeleitet werden konnte, § 129 a Rn 17, BGH VersR **82**, 673.

**16** 7) „**Anträge" usw. Z 2.** Es gibt Antragsart und -zeitpunkt zu beachten.

**A. Sach- und Prozeßanträge.** Die Vorschrift meint entsprechend dem Zweck einer möglichst klaren Festlegung des Streitgegenstands, § 2 Rn 3, und des Umfangs, über den das Gericht entscheiden soll, § 308 I, sowohl den sog Sachantrag als auch den sog Prozeßantrag, zu den Begriffen § 297 Rn 1, 5. Natürlich kann der Antrag schon nach dem Wortlaut von Z 2 nur in derjenigen Fassung angekündigt werden, in der er in der (gemeint: nächsten) Verhandlung gestellt werden soll, um prozessual wirksam zu werden. Anzukündigen ist auch jede Art von Hilfsantrag, § 260 Rn 8, Hilfsaufrechnung, § 145 Rn 9, Widerklagantrag, Anh § 253, Anschließungserklärung usw, §§ 521, 556. Eine Bezugnahme, sogar in einem anderen Schriftsatz, etwa in einem Prozeßkostenhilfegesuch, § 117, kann bei einem engen zeitlichen und sachlichen Zusammenhang ausreichen, BGH NJW **92**, 840 links oben (großzügig), vgl freilich auch BGH NJW **92**, 840 links unten. Auch eine Änderung der bisher angekündigten Anträge hat, soweit überhaupt ein Ankündigungszwang besteht, durch einen vorbereitenden Schriftsatz zu erfolgen. Dasselbe gilt für die Zurücknahme eines bereits schriftsätzlich angekündigten oder mündlich gestellten Antrags, soweit der Absender meint, die Zurücknahme überhaupt noch wirksam vornehmen zu können, sei es auch erst nach einer abzuwartenden Einwilligung des Prozeßgegners.

**17** B. „... **in der Gerichtssitzung zu stellen beabsichtigt": In Wahrheit stets Antragsankündigung notwendig.** Nach dem Wortlaut von Z 2 braucht man die Anträge nur dann anzukündigen, wenn es überhaupt zu einer mündlichen Verhandlung kommen soll. In Wahrheit sind sie auch im schriftlichen Vorverfahren und im schriftlichen Verfahren und überhaupt immer dann notwendig, wenn der Absender nicht übersehen kann, ob das Gericht schon und noch eine mündliche Verhandlung anberaumen muß. Das gilt etwa im Fall einer Erledigterklärung, § 91 a Rn 62, wenn mit einer entsprechenden Erklärung des Prozeßgegners zu rechnen ist und die Sachlage einfach ist, ebenso etwa dann, wenn im schriftlichen Vorverfahren mit einer Entscheidung nach § 331 III gerechnet wird. Im schriftlichen Verfahren, § 128 II, III, ist natürlich erst eine schriftsätzliche Antragstellung notwendig.

**18** 8) „**Angabe der zur Begründung .... dienenden tatsächlichen Verhältnisse", Z 3.** Es sind Notwendigkeiten und bloße Befugnisse zu unterscheiden.

**A. Umfassende tatsächliche Angaben.** In Wahrheit ist auch Z 3 eine Mußvorschrift, aM ZöGre 4 (aber die Partei ist ohnehin nach § 138 I zur vollständigen und wahrhaftigen Angabe aller tatsächlichen Umstände verpflichtet). Der Umfang des Erforderlichen richtet sich nach den Gesamtumständen des Einzelfalls und der konkreten Prozeßlage, die auch der Schriftsatz dem Gericht zugesandt wird. Maßgeblich ist wie stets dasjenige, was nach Treu und Glauben zumutbar ist, § 138 Rn 23. Dabei erfaßt Z 3 dasjenige, was die Partei selbst (gemeint: erstmals) in den Prozeß an Tatsachen einführt, während Z 4 die Erklärungspflicht zu gegnerischen tatsächlichen Behauptungen, § 138 II, erfaßt. Allerdings bleibt eine ungenügend substantiierte Klage, etwa im Fall einer Teilklage oder Anspruchshäufung, zulässig; ob sie die Verjährung unterbrechen kann, ist eine andere Frage. Dasselbe gilt für die Frage, ob die Klageerhebung eine Ausschlußfrist wahren kann. Einzelheiten, auch zur nachträglichen Heilung solcher Mängel, bei § 253 und bei § 295, BGH VersR **71**, 343.

**19** **B. Nur ausnahmsweise Rechtsausführungen nötig.** Trotz der grundsätzlichen Notwendigkeit einer strengen Auslegung im Interesse der Prozeßförderung, Rn 2, stellt doch Z 3 mit dem bloßen Wort „tatsächlich" klar, daß Rechtsausführungen grundsätzlich nicht erforderlich sind. Von dieser Regel gilt eine Ausnahme etwa im Revisionsrechtszug, §§ 546 ff, oder im Wiederaufnahmeverfahren nach §§ 578 ff. Im übrigen kann eine rechtliche Darlegung auch in der Tatsacheninstanz ratsam sein, um etwa im Interesse der Partei Irrtümer oder Versehen des Gerichts zu verhindern, BGH LM § 675 BGB Nr 50. Das Gericht darf eine Partei auch im Rahmen der §§ 139, 278 III zwar grundsätzlich nicht zu einer Darlegung einer Rechtsauffassung oder zu einer Stellungnahme zu einer gegnerischen Rechtsauffassung nötigen, wohl aber im Rahmen des Zumutbaren eine gewisse aktive Teilnahme auch an einem schriftlichen Rechtsgespräch im Rahmen der allgemeinen Prozeßförderungspflicht des § 282 und daher auch im Rahmen des § 130 erwarten und voraussetzen. Schon daher kann man nicht sagen, rechtliche Ausführungen seien nie erforderlich, aM ZöGre 4.

**20** 9) „**Erklärung über die tatsächlichen Behauptungen des Gegners", Z 4.** Es sind dieselben Unterschiede wie bei Rn 18, 19 zu beachten.

**A. Umfassende tatsächliche Erklärung.** Die Vorschrift entspricht dem § 138 II. Im Rahmen des Zumutbaren, § 138 Rn 30, ist eine umfassende Erklärung über die gesamten tatsächlichen Behauptungen des Gegners geboten. Der Umfang des Zumutbaren richtet sich nach Treu und Glauben und nach dem Umfang des gegnerischen Vortrags und der Art des Rechtsstreits, etwa danach, ob es sich um eine sog Posten- oder Punktensache handelt. Es gilt auch hier das Verbot der sog Leerformel, § 138 Rn 33.

**21** **B. Nur ausnahmsweise Rechtsausführungen notwendig.** Vgl Rn 19.

**22** 10) „**Bezeichnung der Beweismittel" usw, Z 5.** Man muß drei Bedingungen erfüllen.

**A. Genaue Angaben notwendig.** Gerade bei der Bezeichnung der Beweismittel der Partei enthalten vorbereitende Schriftsätze bedauerlich oft vermeidbar ungenaue Angaben. Diese können zum Verlust des Rechtsstreits führen, weil etwa die Voraussetzungen einer Nachfrist aus den Gründen § 356 Rn 1–5 nicht gegeben sind, zB beim „Zeugnis NN". Auch die beliebte Angabe einer Anschrift eines Polizisten lediglich unter seinem Revier (statt unter seiner Privatanschrift) ist ungesetzlich, § 373 Rn 4. Ferner ist beim Urkundenbeweis die bloße Bezeichnung „auf Anfordern nachzureichen" und dergleichen unzureichend, § 420. Auch ist die bloße pauschale Bezugnahme auf irgendwelche Parallelakten, Ermittlungsakten, Vorprozeßakten usw ebenso wie eine pauschale Bezugnahme auf andere einzelne Schriftsätze als in Wahrheit bloßer

## 1. Titel. Mündliche Verhandlung § 130

Ausforschungsbeweisantrag meist unzulässig, Einf 27 vor § 284, Düss MDR **93**, 798, Lange NJW **89**, 441 (ausf), vgl freilich auch BGH **105**, 200 (zu § 340, großzügig) und NJW **93**, 1866 (betr viele Urkunden bei § 519 III Z 2). Freilich muß das Gericht den § 139 beachten, Schlesw MDR **76**, 50.

**B. Angaben zum Hauptbeweis wie Gegenbeweis erforderlich.** Schon der Wortlaut von Z 5 stellt **23** klar, daß auch diejenigen Beweismittel zu bezeichnen sind, deren sich die Partei lediglich zur Widerlegung tatsächlicher gegnerischer Behauptungen bedienen will, § 138 II. Man muß also auch dann die Beweismittel präzise angeben, wenn man sich nicht für beweispflichtig hält. Daher ist auch eine Zurückhaltung mit bloßen Gegenbeweisanträge evtl ein Verstoß gegen die Prozeßförderungspflicht, § 282, und kann zur Zurückweisung wegen Verspätung führen, § 296.

**C. Umfassende Angabe der Beweismittel.** Aus den Erwägungen 22, 23 folgt auch: Die Bezeichnung **24** der Beweismittel muß so umfassend erfolgen, wie es dem Absender nach den Gesamtumständen in der konkreten Prozeßlage zumutbar ist. Trotz der Zulässigkeit einer gewissen Taktik im Zivilprozeß, § 282 Rn 8, bleiben doch die in § 138 festgesetzten Grundsätze maßgeblich und müssen auch im Inhalt der vorbereitenden Schriftsätze ihren Niederschlag finden.

**11) Unterschriftszwang, Z 6.** Man muß Form und Prozeßart beachten.

**A. Grundsätzliche Notwendigkeit eigenhändiger und handschriftlicher Unterzeichnung.** Zu- **25** mindest der sog bestimmende Schriftsatz muß grundsätzlich eigenhändig und handschriftlich unterschrieben sein. Wegen der Einzelheiten § 129 Rn 11 ff.

**B. „In Anwaltsprozessen die Unterschrift des Anwalts".** Wie eigentlich selbstverständlich ist, muß **26** der Schriftsatz im Prozeß mit Anwaltszwang, § 78 Rn 1, eben von dem vor dem Prozeßgericht zugelassenen Anwalt unterzeichnet sein, Z 6 Hs 1, Brdb MDR **95**, 1263. Wegen der Einzelheiten § 129 Rn 11 ff.

Z 6 verlangt nur die Unterschrift eines beim Empfangsgericht zugelassenen Anwalts, *nicht weitere Angaben* über ihn, BGH VersR **73**, 86. Ein Zusatz „als amtlich bestellter Vertreter" oder „als Abwickler" ist nicht notwendig, BGH VersR **73**, 470, wohl aber schon zur Vermeidung unnötiger Rückfragen zweckmäßig. Der beim Gericht Zugelassene darf als Unterbevollmächtigter „für" einen dort nicht Zugelassenen unterzeichnen, soweit er selbst erkennbar die Verantwortung (mit)übernimmt, BAG NJW **90**, 2706. Der Praxisvertreter oder Abwickler muß jedoch im Text des Schriftsatzes zumindest diese Funktion zu erkennen geben. Wegen der fernschriftlichen Übermittlung usw § 129 Rn 12, 21, 22.

**C. „In anderen Prozessen die Unterschrift der Partei selbst" usw.** Z 6 Hs 2 stellt klar, daß im sog **27** Parteiprozeß ohne Anwaltszwang, § 78 Rn 1, die Partei persönlich oder derjenige, der für sie als gesetzlicher Vertreter, AG Coesfeld WoM **93**, 468, oder als Bevollmächtigter oder als Geschäftsführer oder Auftrag handelt, zu unterzeichnen hat. Wegen der Form der Unterschrift und der Art der sonstigen Übermittlung § 129 Rn 13 ff.

**12) Vollmachtsnachweis, Z 1–6.** Die Notwendigkeit des Nachweises einer Vollmacht ergibt sich nicht **28** aus § 130. Sie kann sich aber aus den §§ 78 ff und aus anderen Spezialvorschriften ergeben. Freilich gilt das nur in den Grenzen wie bei § 80 Rn 13, § 88 Rn 8, 9.

**13) Verstoß, Z 1–6.** Es zeigen sich unterschiedliche Folgen. **29**

**A. Prozeßrechtliche, sachlichrechtliche, strafrechtliche, standesrechtliche Folgen.** Es gelten die Regeln § 138 Rn 63–67. Wenn ein Schriftsatz etwa wegen einer ungenügenden Beachtung von Z 1 nicht zu den richtigen Akten gelangt, trägt die Partei oder ihr Anwalt oder gesetzlicher Vertreter die Folgen, namentlich dann, wenn der Schriftsatz infolgedessen nicht demnächst dem richtigen Empfänger zugestellt werden kann, § 270 III, vgl BGH **LM** § 41 p PatG aF Nr 25 (ein falsches Aktenzeichen im Schriftsatz kann allerdings unschädlich sein), Ffm MDR **84**, 943, oder im schriftlichen Verfahren.

**B. Verschulden des Vertreters oder des Prozeßbevollmächtigten.** Ein etwaiges Verschulden (Vorsatz **30** oder Fahrlässigkeit) des gesetzlichen Vertreters oder des ProzBev gilt auch hier als ein Verschulden der Partei, §§ 51 II, 85 II. Rückfragepflichten des Gerichts mögen nach § 139 bestehen, auch zu einer Auflage nach § 273 Veranlassung geben, dürfen aber nicht dazu führen, daß man allzu grobe oder allzu zahlreiche Fehler, Unsauberkeiten, Widersprüchlichkeiten und dergleichen entdeckt und unkorrigiert dem Gericht zumuten darf. Ein nicht unterzeichneter Schriftsatz im Sinn von Rn 26 kann ein Säumnisverfahren nicht auch nur (mit)beachtet werden, aM Brdb MDR **95**, 1263 (aber das unterläuft direkt die Hauptregel des § 331 I 1).

**C. Rückgaberecht des Gerichts.** Ein Schriftsatz soll in bündiger Kürze abgefaßt werden. Weitschwei- **31** figkeit, meist ein Zeichen mangelhaften Durchdenkens oder mangelhafter Konzentrationsfähigkeit und oft eine Folge der Schreibmaschine oder des Diktatgeräts usw, ist in aller Regel unnötig und oft psychologisch nachteilig. Sie ist außerdem eine Ungehörigkeit gegenüber dem Gericht. In einem krassen Fall oder dann, wenn ein Schriftsatz entweder äußerlich unlesbar ist oder wenn er allzu viele Diktat- oder Schreibfehler enthält, die den Sinn der Ausführungen unerkennbar machen, oder wenn ungeordnet zahlreiche Anlagen die Übersicht allzu erschweren, darf das Gericht den Schriftsatz zurückgeben und dem Absender anheimstellen, ein lesbares bzw geordnetes Stück einzureichen, Karlsr RR **87**, 127.

Es empfiehlt sich, von dem fehlerhaften Originalschriftsatz eine *Kopie in der Gerichtsakte* zu belassen. Der **32** Absender riskiert, daß erst der Eingangszeitpunkt eines daraufhin verbesserten Schriftsatzes diejenigen Rechte wahrt, die fristgebunden sein mögen. Die allgemeine Nachlässigkeit auch im Verkehr mit dem Gericht sollte durchaus nicht als scheinbar unvermeidliche Zeiterscheinung hingenommen werden, ist es das Recht und vielfach die Pflicht des Gerichts, auch eine anwaltlich vertretene Partei von Anfang an und mit allem Nachdruck dazu anzuhalten, selbstverständliche Mindestanforderungen im Schriftverkehr zu erfüllen, vgl Karlsr RR **87**, 127 mwN. Eine Rechtsmittel-„Schrift" auf einem Empfangsbekenntnis kann zB unzureichend sein, Hbg NJW **86**, 3090. Infolge der Rückgabe die derart fehlerhaften Schriftsatzes mag eine Verzögerungsgebühr nach § 34 GKG oder eine Kostenfolge nach § 95 notwendig werden.

**14) VwGO:** Die entsprechende Anwendung, § 173 *VwGO*, als Ordnungsvorschrift zur Ergänzung von § 86 IV **33** *VwGO ist unbedenklich*, vgl Kopp/Sch § 82 Rn 4. Zu **Z 1**: BVerwG **99**, 2609, OVG Münst NVwZ-RR **97**, 390

## §§ 130, 131

mwN. Zu *Z 6*: In bestimmenden Schriftsätzen ist eigenhändige Unterschrift, § 129 Rn 8 ff, grundsätzlich nötig, BVerwG in stRspr, MDR **84**, 343 (dazu Willms NVwZ **87**, 479), sofern sie nicht telegrafisch oder fernschriftlich usw eingereicht werden, § 129 Rn 44 ff, oder von einer Behörde stammen (hier genügt Beglaubigungsvermerk), GmS NJW **80**, 172, BVerwG **10**, 1. In der Regel genügt eine vervielfältigte Unterschrift, BVerwG **36**, 296; überhaupt reicht aus, daß sich aus der Schrift allein oder iVm Anlagen ohne Rückfrage oder Beweiserhebung ergibt, daß sie von dem betreffenden Beteiligten herrührt und mit seinem Willen in den Verkehr gelangt ist, BVerwG **30**, 274.

## 131 Beifügung von Urkunden.

**I** Dem vorbereitenden Schriftsatz sind die in den Händen der Partei befindlichen Urkunden, auf die in dem Schriftsatz Bezug genommen wird, in Urschrift oder in Abschrift beizufügen.

**II** Kommen nur einzelne Teile einer Urkunde in Betracht, so genügt die Beifügung eines Auszugs, der den Eingang, die zur Sache gehörende Stelle, den Schluß, das Datum und die Unterschrift enthält.

**III** Sind die Urkunden dem Gegner bereits bekannt oder von bedeutendem Umfang, so genügt ihre genaue Bezeichnung mit dem Erbieten, Einsicht zu gewähren.

### Gliederung

| | |
|---|---|
| 1) Systematik, I–III ............ 1 | B. Auszugsumfang: „Eingang, die zur Sache gehörende Stelle, Schluß, Datum, Unterschrift" .................... 13 |
| 2) Regelungszweck, I–III ............ 2 | 9) Ausreichen des Einsichtserbietens, III. 14–18 |
| 3) Sachlicher Geltungsbereich, I–III .... 3 | A. Entweder: Urkunde ist „dem Gegner bereits bekannt" ............ 14, 15 |
| 4) Persönlicher Geltungsbereich, I–III .. 4 | B. Oder: Urkunde ist „von bedeutendem Umfang" .................... 16 |
| 5) „Vorbereitender Schriftsatz", I–III ... 5 | C. Notwendigkeit einer „genauen Bezeichnung" ........................ 17 |
| 6) Urkundenbegriff, I–III ............ 6 | D. Notwendigkeit des „Erbietens, Einsicht zu gewähren" ............ 18 |
| 7) Beifügungspflicht, I, II ............ 7–10 | |
| A. „... in den Händen der Partei befindlich" ........................ 8 | |
| B. „... auf die in dem Schriftsatz Bezug genommen wird" ............ 9 | 10) Verstoß der Partei, I–III ............ 19, 20 |
| C. „... in Urschrift oder in Abschrift" .. 10 | 11) Rechtsbehelfe, I–III ............ 21 |
| 8) Ausreichen eines Auszugs, II ...... 11–13 | 12) VwGO ........................ 22 |
| A. Es „kommen nur einzelne Teile in Betracht" .................... 11, 12 | |

**1) Systematik, I–III.** Die Vorschrift stellt zunächst eine Ergänzung zu § 130 dar, der ja nur denjenigen Inhalt regelt, der im vorbereitenden Schriftsatz unmittelbar vollständig wiedergegeben wird. § 131 zwingt den Einreicher, von sich aus, auch ohne Aufforderung des Gerichts, die dort genannten Urkunden bereits bei der Einreichung des Schriftsatzes beizufügen. Sofern das Gericht dergleichen etwa bei der Anforderung einer Stellungnahme zu einem gegnerischen Schriftsatz für erforderlich hält, kann und darf der Vorsitzende usw nach § 273 II Z 1 auch von sich aus die Vorlegung einer Urkunde fordern, noch bevor die Partei den zugehörigen Schriftsatz überhaupt eingereicht hat. Er darf dergleichen natürlich erst recht nach jener Vorschrift zur Ergänzung oder Erläuterung des vorbereitenden Schriftsatzes anordnen. Soweit es um die Durchführung eines Urkundenbeweises geht, enthalten §§ 420 ff vorrangige Sonderregeln. Im Urkundenprozeß gelten vorrangig § 593 II, im Wechsel- oder Scheckprozeß in Verbindung mit §§ 602, 605 a. Soweit es um die bloßen Abschriften des Schriftsatzes und seiner Anlagen geht, die ja rein formell ebenfalls Urkunden sind, gilt § 133. Im übrigen enthalten §§ 134, 135, 142 in allen Fällen des § 131 besondere Regeln zur Durchführung der in § 131 nur grundsätzlich festgelegten Beifügungspflicht.

**2) Regelungszweck, I–III.** Die Vorschrift dient der in § 138 I, II genannten Pflicht der Parteien zur Vollständigkeit und Wahrhaftigkeit. Sie dient darüber hinaus der Beschleunigung des Prozesses in allen Verfahrensstadien. Sie dient insbesondere der Entlastung der mündlichen Verhandlung und der Herbeiführung einer Entscheidungsreife schon im ersten Termin, § 300 Rn 6, auch dann, wenn er zwar als früher, aber doch als ein vollwertiger Verhandlungstermin angesetzt wurde, § 272 Rn 4. Sie ist damit letzthin ein Ausdruck des Gebots von Treu und Glauben, Einl III 54. Diese Regelungszwecke sind bei der Auslegung stets zu beachten.

**3) Sachlicher Geltungsbereich, I–III.** Die Vorschrift gilt in allen der ZPO unterliegenden Verfahren, unabhängig davon, ob diese dem Beibringungsgrundsatz, Grdz 20 vor § 128, oder dem Ermittlungsgrundsatz unterstellt sind, Grdz 38 vor § 128. Ebenso ist § 131 anwendbar, soweit das Gericht auf gewisse Bedenken von Amts wegen aufmerksam macht (Amtsprüfung), Grdz 39 vor § 128. Die Vorschrift gilt in allen Instanzen und Verfahrensabschnitten innerhalb und außerhalb der mündlichen Verhandlung. Wegen der vorrangigen Sonderregeln Rn 1.

**4) Persönlicher Geltungsbereich, I–III.** Die Vorschrift gilt für alle Parteien, Begriff Grdz 3 vor § 50, also auch zB für die Partei kraft Amts, Grdz 8 vor § 50, für die Partei kraft Ladung, Grdz 14 vor § 50, ferner für den unselbständigen und selbständigen Streithelfer, §§ 66, 69. Soweit eine Urkunde sich in Händen nicht der Partei persönlich, sondern ihres ProzBev oder gesetzlichen Vertreters befindet, ist § 131 unmittelbar anwendbar. Soweit ein sonstiger Dritter die Urkunde in Händen hat, ist jedenfalls § 131 unanwendbar. §§ 420 ff bleiben unberührt.

## 1. Titel. Mündliche Verhandlung § 131

**5) „Vorbereitender Schriftsatz", I–III.** Die Vorschrift bezieht sich auf solche Urkunden, auf die die **5** Partei gerade in einem vorbereitenden Schriftsatz Bezug genommen hat. Zum Begriff dieses Schriftsatzes § 130 Rn 4. Soweit die Bezugnahme in der mündlichen Verhandlung ohne Einreichung eines solchen Schriftsatzes erfolgt, ist § 131 auch dann unanwendbar, wenn kraft Gesetzes oder richterlicher Anordnung Schriftsatzzwang herrscht; § 131 wird allerdings anwendbar, soweit der Schriftsatz bereits vorher eingereicht wurde, gleichzeitig angekündigt oder später nachgereicht wird.

**6) Urkundenbegriff, I–III.** Die Vorschrift erfaßt alle Arten von Urkunden im Sinn von §§ 415 ff. Sie **6** erfaßt auch die in § 142 I gesondert genannten Stammbäume, Pläne, Risse und sonstigen Zeichnungen. § 131 bezieht sich auch und gerade auf die fremdsprachige Urkunde, wie die Worte „Urschrift oder Abschrift" in I zeigen. Ob sie zu übersetzen ist, richtet sich nach § 142 III und nach § 184 GVG.

**7) Beifügungspflicht, I, II.** Die Vorschrift stellt klar, daß grundsätzlich eine Pflicht der Partei besteht, **7** die in Bezug genommene Urkunde dem Schriftsatz beizufügen, also nicht nur zu zitieren oder zu erläutern, sondern körperlich beizufügen. Denn erst durch die Inaugenscheinnahme des Originals (oder einer Abschrift) läßt sich oft der prozeßentscheidende Eindruck von der Brauchbarkeit oder Bedeutung der Urkunde gewinnen. Beizufügen ist, wie der Vergleich mit II zeigt, nach I grundsätzlich die gesamte Urkunde unabhängig von ihrem Umfang, ihrem Format, ihrer Art, ihrem Gewicht, ihrer Empfindlichkeit usw; mag der Einreicher die Vorkehrungen durch richtige Verpackung, entsprechende Hinweise an das Gericht und dergleichen dagegen treffen, daß die Urkunde beschädigt oder zerstört wird. Natürlich hat auch das Gericht eine der Urkunde entsprechende Sorgfaltspflicht bei der Verwahrung. Die Art der Einreichung unterliegt keiner besonderen Vorschrift. Die Einreichung soll grundsätzlich gleichzeitig mit dem Schriftsatz erfolgen; eine alsbaldige Nachreichung kann unschädlich sein, Rn 20.

**A. „... in den Händen der Partei befindlich".** Beizufügen ist nur eine solche Urkunde, die sich im **8** Zeitpunkt der Bezugnahme wie Einreichung des vorbereitenden Schriftsatzes schon und noch in den Händen der Partei, Rn 4, befindet. Ob die Partei auf Anordnung des Gerichts, etwa nach § 273 II Z 1, zur Herbeischaffung auch einer derzeit nicht in ihren Händen befindlichen Urkunde verpflichtet ist, richtet sich jedenfalls nicht nach § 131. Wie schon der Wortlaut von I zeigt, muß das Original (Urschrift) in Händen der Partei sein. Hat sie freilich nur eine Abschrift oder Fotokopie in Händen bezieht sie sich auf diese, so ist sie auch zu deren Vorlegung verpflichtet.

**B. „... auf die in dem Schriftsatz Bezug genommen wird".** Weitere Voraussetzung ist, daß die **9** Partei auch gerade auf diese Urkunde im Schriftsatz Bezug genommen hat. Eine Bezugnahme kann auch indirekt oder stillschweigend erfolgen, muß aber eindeutig gemeint sein. Was nicht in Bezug genommen ist, gilt nicht als vorgetragen oder behauptet und unterliegt daher jedenfalls zunächst nicht dem § 131; § 273 II Z 1 kann auch in einem solchen Fall zu einer gerichtlichen Anordnung der Vorlegung oder Herbeischaffung führen; §§ 420 ff enthalten auch hier vorrangige Sonderregeln, Rn 1.

**C. „... in Urschrift oder in Abschrift".** Die Partei hat ein Wahlrecht, LAG Hamm AnwBl 84, 316. **10** Sie muß freilich die Kosten und damit die Auslagen möglichst gering halten, § 91 Rn 29. Im Fall der Beifügung einer Abschrift ist deren Beglaubigung grundsätzlich nicht erforderlich. Eine Fotokopie kann einer Abschrift gleichstehen, LG Hbg AnwBl 74, 355. Eine Sonderregelung gilt beim Urkundenbeweis, § 422. Das Gericht kann die Vorlage weder der Urschrift noch der Abschrift nach § 131 direkt erzwingen; es kann freilich eine Anordnung nach §§ 142, 273 II Z 1 usw erlassen. Die Urschrift der Urkunde bleibt bei einer Zustellung von Anwalt zu Anwalt jedenfalls bis zum Instanzende (vgl aber § 135 II, III) in den Handakten des empfangenden Anwalts, vgl auch § 135, sonst bleibt sie bei den Gerichtsakten. Der Gegner, im Fall einer Zustellung von Anwalt zu Anwalt auch das Gericht, erhalten eine Abschrift, § 133. Der Gegner kann sich auch durch die Geschäftsstelle im Rahmen des Zumutbaren nach § 299 Abschriften fertigen lassen.

**8) Ausreichen eines Auszugs, II.** Abweichend von dem Grundsatz in I, daß man die gesamte Urkunde **11** beifügen muß, gestattet II die Einreichung eines bloßen Auszugs unter folgenden, wegen des Ausnahmecharakters eng auszulegenden Voraussetzungen:

**A. Es „kommen nur einzelne Teile in Betracht".** Es muß bei einer objektiven Bewertung durch das Gericht nach seinem pflichtgemäßen Ermessen derzeit jedenfalls ausreichen, daß nur einzelne Teile der Urkunde, auf die die Partei Bezug nimmt, in Betracht kommen, also entscheidungserheblich sein können. Dabei mag es sich um einen kleinen, mittleren oder größeren Teile handeln; es muß jedenfalls klar sein, daß man nicht die gesamte Urkunde benötigt.

*Entscheidend* ist weder die subjektive Auffassung des Einreichers noch diejenige des Prozeßgegners. Das gilt **12** trotz des Umstands, daß jedenfalls im Verfahren mit dem Beibringungsgrundsatz, Grdz 20 vor § 128, an sich der Umfang des Tatsachenvortrags zunächst von der Partei abhängt und das Risiko des Unterliegens im Fall unzureichenden Vortrags trägt. § 131 zwingt die Partei eben grundsätzlich auch dann zur Einreichung der vollen Urkunde, wenn sie nur überhaupt auf diese irgendwie Bezug nimmt. Würde die Vorlage eines bloßen Auszugs von ihrem persönlichen Gutdünken abhängen, so wäre weder dem Gegner noch dem Gericht eine Überprüfung der Wahrhaftigkeit, zu der der Einreicher ja schon nach § 138 I, II verpflichtet ist, auch nur einigermaßen möglich. Erst wenn nach dem Tatsachenvortrag auch aus der Sicht des Gerichts ersichtlich nur einzelne Urkundenteile erheblich sein können, darf der Einreicher sich also mit einem entsprechenden Auszug begnügen.

**B. Auszugsumfang: „Eingang, die zur Sache gehörende Stelle, Schluß, Datum, Unterschrift".** **13** Den Mindestumfang eines ausreichenden Auszugs bestimmt II ausdrücklich. Zum Eingang (Rubrum) gehören Absender, Empfänger, etwaiger Betreff, Bezug usw. Was „zur Sache gehört", ergibt sich zunächst aus dem Parteivortrag, dann aber letzthin aus dem Ermessen des Gerichts, soweit es den Gesamtumfang überhaupt nach dem Parteivortrag erahnen kann. Zum Schluß gehören auch diejenigen Partien, die, nach Abhandlung anderer, nicht zur Sache gehörender, Teile wieder auf die hier entscheidenden Abschnitte zurückkommen und zB eine Frist, allgemeine Bedingungen und dergleichen enthalten. Die Unterschrift ist in vollständiger Form wiederzugeben, um dem Leser eine Überprüfung zu ermöglichen.

## § 131

**14  9) Ausreichen des Einsichtserbietens, III.** In Abweichung von I und auch von II kann nach III die bloße Bezeichnung mit dem Einsichtserbieten unter folgenden, wegen des Ausnahmecharakters ebenfalls eng auszulegenden Voraussetzungen genügen:

**A. Entweder: Urkunde ist „dem Gegner bereits bekannt".** Es reicht aus, daß die Urkunden dem Prozeßgegner bereits bekannt ist. Das muß nicht nur nach der Ansicht der Partei der Fall sein, die auf die Urkunde Bezug nimmt, sondern auch nach Ansicht des Gerichts. Sofern das Gericht nach pflichtgemäßer Prüfung zu diesem Ergebnis kommt, ist die bloße Behauptung des Gegners, er kenne die Urkunde noch nicht, nicht mehr oder nicht vollständig, unbeachtlich. Ob die Urkunde dem Gegner bereits bekannt ist, muß notfalls von der Partei bewiesen werden, die dies behauptet.

**15** Eine *frühere Kenntnis* kann ausreichen, aber auch unzureichend sein. Es kommt auf die Gesamtumstände im Zeitpunkt der letzten mündlichen Verhandlung an. Maßgeblich ist nach dem Sinn und Zweck, ob der Gegner jetzt schon und noch nach Treu und Glauben, Einl III 54, jedenfalls im Kern noch so Kenntnis vom Urkundeninhalt hat, daß es überflüssig wäre, ihm die Urkunde auch nur in einem Auszug wenigstens abschriftlich vorzulegen. Es kommt nicht darauf an, ob auch dem Gericht die Urkunde bereits bekannt ist oder war. Das zeigt sich schon am Wortlaut an III. Das bloße Kennenkönnen oder Kennenmüssen steht dem Bekanntsein nicht gleich. Selbst grob fahrlässige Unkenntnis ist also für III nicht ausreichend. Indessen sind die Grenzen zum Bekanntsein fließend. Im Zweifel ist III als eine Ausnahmevorschrift unanwendbar.

**16  B. Oder: Urkunde ist „von bedeutendem Umfang".** Statt der Voraussetzung Rn 14 genügt es auch, daß die Urkunde einen bedeutenden Umfang hat. Ob ihr Umfang bedeutend ist, hängt von der Beurteilung des Gerichts ab, das freilich weitgehend auf die Darstellung des Umfangs durch die vortragende Partei angewiesen ist. Es darf aber auch die Bewertung durch den Prozeßgegner berücksichtigen, denn B kann sowohl dann anwendbar sein, wenn er die Urkunde kennt, als auch dann, wenn er sie nicht kennt oder kennen kann. *Beispiele:* Große Handelsbücher; wissenschaftliche Nachschlagewerke; eine schon im prozeßentscheidenden Teil ungewöhnlich zahlreiche Sammlung von Belegen; eine jahrelange Korrespondenz; die Unterlagen einer langfristigen Abrechnung. Denn III erfaßt auch eine Vielzahl von solchen Urkunden, die einzeln keinen besonderen Umfang haben sofern der Gesamtumfang aller Urkunden bedeutend ist.

**17  C. Notwendigkeit einer „genauen Bezeichnung".** Unter den Voraussetzungen von entweder Rn 14 oder Rn 16 ist III unter der weiteren stets zu beachtenden Voraussetzung anwendbar, daß die Partei diejenige Urkunde, denjenigen Auszug oder diejenigen Urkundenteile, die sie lediglich zur Einsicht anbietet, genau bezeichnet. Auch hierbei kommt es weder auf die Ansicht der Partei noch auf diejenige des Prozeßgegners an, sondern auf diejenige des Gerichts. Denn dieses hat im Rahmen der Sachaufklärung zu prüfen, ob der Einsichtnehmer durch die von der Partei gegebenen Bezeichnungen ausreichend instandgesetzt werden kann, auch wirklich das Entscheidungserhebliche einzusehen. Die Art der Bezeichnung im einzelnen hängt von der Buchführung, Beschriftung der Urkunden usw ab.

**18  D. Notwendigkeit des „Erbietens, Einsicht zu gewähren".** Unter den Voraussetzungen von entweder Rn 14 und Rn 17 oder Rn 16 und Rn 17 hängt die Anwendbarkeit von III schließlich davon ab, daß die Partei sich eindeutig erbietet, Einsicht zu gewähren. Das bezieht sich auf eine Einsicht zunächst durch den oder die Prozeßgegner. Dazu gehören natürlich auch deren ProzBev oder gesetzliche Vertreter. In Wahrheit muß aber auch jedem Mitglied des erkennenden Gerichts gestattet werden, sei es an der Gerichtsstelle (so die Regel), sei es in den Räumen der Partei, etwa bei einer nur dort lagerfähigen Dokumentensammlung. Das Erbieten kann sich aus dem gesamten Inhalt des Parteischriftsatzes stillschweigend ergeben. Es darf unter keinen den Vortrag nun wieder einengenden Bedingungen stehen. Bedingungen technischer Art, die sich vernünftigerweise nicht umgehen lassen, sind aber keine derart störenden. In Frage kommt etwa eine Einsicht in Mikrokopien unter Beachtung von Schutzvorschriften in dem Einsichtsraum oder das Einverständnis mit der Einsicht nur zu derjenigen Zeit, in der die Bank in ihrem Tresorräumen dem Kunden (Einreicher) Einsicht geben muß. Es ist unerheblich, ob die durch die Einsicht dem Prozeßgegner oder Gericht entstehenden Kosten von der Partei vorgeschossen werden. Solche Kosten können als Prozeßkosten zu behandeln sein.

**19  10) Verstoß der Partei, I–III.** Gegen I finden zahlreiche Verstöße statt. Das Gericht kann die Vorlage der Urkunde ebensowenig direkt erzwingen wie eine Einsichtsgewährung. Es kann freilich eine Anordnung nach § 142 erlassen. Ein Verstoß der Partei hat jedenfalls dieselben Folgen wie ein Verstoß gegen § 129. Etwas anderes gilt im Urkundenprozeß, vgl § 593 II 1. Das Gericht würdigt den Verstoß der Partei frei, § 286. Soweit es um die Nichtbeifügung oder Verweigerung der Vorlage oder Einsichtsgewährung im Rahmen eines vom Gericht bereits angeordneten Urkundenbeweises geht, können die in §§ 420 ff genannten vorrangigen Sonderregeln eingreifen. Auch kann ein vorwerfbarer Verstoß der Partei als Beweisvereitelung zu beurteilen sein, Anh § 286 Rn 26.

**20** Ein nur kurzfristiger Verstoß kann durch rechtzeitige *Nachreichung* usw vor dem Schluß der letzten mündlichen Verhandlung der Instanz heilen. Das Gericht braucht allerdings nicht schon wegen der Nachreichung im letzten Moment eine Verhandlung zu vertagen oder die bereits ordnungsgemäß geschlossene Verhandlung etwa nach § 296 a wieder zu eröffnen, soweit es sein Verfahren im übrigen ordnungsgemäß durchgeführt hatte, vgl § 156. Daran ändert auch Art 103 I GG nichts. Der Prozeßgegner der Partei wird durch die Nichtbeachtung des verspätet Angebotenen ohnehin nicht in seinen Rechten verkürzt. Das Gericht darf und muß vor der Gewährung einer Nachfrist nach § 283 prüfen, ob sich der Einreicher auf II, III berufen konnte oder kann. Falls ja, mag der Prozeßgegner sofort Stellung nehmen müssen, um zB eine Unterstellung nach § 138 III, IV oder eine Zurückweisung wegen Verspätung, § 296, zu vermeiden.

**21  11) Rechtsbehelfe, I–III.** Gegen einen Verstoß des Gerichts kann die davon benachteiligte Partei grundsätzlich erst zusammen mit dem auf ihm beruhenden Endurteil durch das dort vorgesehene Rechtsmittel vorgehen. Soweit im Verhalten des Gerichts die Zurückweisung eines das Verfahren betreffenden Gesuchs liegt, kommt die einfache Beschwerde nach § 567 I in Betracht. Sie ist unzulässig, soweit das LG als

1. Titel. Mündliche Verhandlung  §§ 131, 132

Berufungs- oder Beschwerdegericht, § 567 III 1, oder das OLG entschieden hat, § 567 IV 1. Beim Rpfl gilt § 11 RPflG, vgl § 104 Rn 44 ff.

**12) VwGO:** Gleichartige Regelung in § 86 V VwGO.  22

**132** **Zwischenfrist bei Schriftsätzen.** I ¹Der vorbereitende Schriftsatz, der neue Tatsachen oder ein anderes neues Vorbringen enthält, ist so rechtzeitig einzureichen, daß er mindestens eine Woche vor der mündlichen Verhandlung zugestellt werden kann. ²Das gleiche gilt für einen Schriftsatz, der einen Zwischenstreit betrifft.

II ¹Der vorbereitende Schriftsatz, der eine Gegenerklärung auf neues Vorbringen enthält, ist so rechtzeitig einzureichen, daß er mindestens drei Tage vor der mündlichen Verhandlung zugestellt werden kann. ²Dies gilt nicht, wenn es sich um eine schriftliche Gegenerklärung in einem Zwischenstreit handelt.

**Gliederung**

| | | | | |
|---|---|---|---|---|
| 1) Systematik, I, II | 1 | | A. Begriff des Zwischenstreits | 13 |
| 2) Regelungszweck, I, II | 2 | | B. Unerheblichkeit neuer Ausführungen | 14 |
| 3) Sachlicher Geltungsbereich, I, II | 3 | | C. Zustellbarkeit „mindestens eine Woche vor der mündlichen Verhandlung" | 15 |
| 4) Persönlicher Geltungsbereich, I, II | 4 | | | |
| 5) „Vorbereitender Schriftsatz", I, II | 5 | | 9) „Gegenerklärung auf neues Vorbringen", II 1 | 16–18 |
| 6) „Neue Tatsachen oder ein anderes neues Vorbringen", I 1 | 6–8 | | A. Begriff der Gegenerklärung | 16 |
| A. Begriff der „neuen Tatsachen" | 6 | | B. Begriff des neuen Vorbringens | 17 |
| B. Begriff des „anderen Vorbringens" | 7 | | C. Zustellbarkeit „mindestens drei Tage vor der mündlichen Verhandlung" | 18 |
| C. Unanwendbarkeit auf Rechtsausführungen | 8 | | 10) „Schriftliche Erklärung in einem Zwischenstreit", II 2 | 19, 20 |
| 7) „Rechtzeitig einzureichen", I 1 | 9–12 | | A. Begriffe | 19 |
| A. Begriff der Einreichung | 10 | | B. Unanwendbarkeit der Frist des II 1 | 20 |
| B. Zustellbarkeit „mindestens eine Woche vor der mündlichen Verhandlung" | 11, 12 | | 11) Verstoß der Partei, I, II | 21, 22 |
| 8) „Schriftsatz, der einen Zwischenstreit betrifft", I 2 | 13–15 | | 12) Rechtsbehelfe, I, II | 23 |
| | | | 13) VwGO | 24 |

**1) Systematik, I, II.** Die Vorschrift enthält Ergänzungen zu den für jeden vorbereitenden Schriftsatz 1 geltenden gesetzlichen Fristen. Soweit das Gericht eine Frist gesetzt hat, hat seine Anordnung als Sonderregel im konkreten Einzelfall Vorrang auch vor § 132. Das gilt auch dann, wenn das Gericht die Fristen des § 132 unterschreitet. Es bleibt dann zu klären, ob ein etwaiger Verstoß zB gegen Art 103 I GG vorliegt, Rn 23. Soweit das Gesetz oder das Gericht überhaupt keine sonstige Frist enthält oder setzt, ist § 132 jedenfalls in seinem sachlichen Geltungsbereich, Rn 3, zu beachten.

**2) Regelungszweck, I, II.** Die Vorschrift dient der rechtzeitigen Vorbereitung der mündlichen Ver- 2 handlung und damit der Chance, in ihr auch im Fall eines frühen ersten Termins zur Entscheidungsreife zu kommen, § 300 Rn 6, soweit das Gericht ihn als vollgültigen Verhandlungstermin geplant hat und durchführt, § 272 Rn 3. Die Vorschrift dient auch der Gewährung des rechtlichen Gehörs, Art 103 I GG. Die Überrumpelung des Prozeßgegners soll unterbleiben, vgl auch Einl III 54. Dabei gelten im einzelnen unterschiedliche Voraussetzungen: In einem Zwischenstreit kommt es nicht darauf an, daß der Schriftsatz neues Vorbringen enthält oder beantwortet. Das ergibt sich aus dem Wesen des Zwischenstreits: Er enthält ja fast stets ein gewissermaßen neues, überraschendes Element, das dem Hauptprozeß vorübergehend beeinflußt. Trotz der damit verbundenen Hinauszögerung des Hauptprozesses soll doch auch der Zwischenstreit ohne würdelose Hetze durchführbar sein.

**3) Sachlicher Geltungsbereich, I, II.** § 132 gilt nur im sog Anwaltsprozeß, § 78 I. Denn nur in ihm 3 sind vorbereitende Schriftsätze überhaupt vorgeschrieben, § 129 I. Im sog Parteiprozeß, also demjenigen ohne Anwaltszwang, § 78 35 ff, ist die Einreichung des ja nur freigestellten Schriftsatzes noch in der mündlichen Verhandlung statthaft, daher ist jedenfalls keine Frist nach § 132 zu beachten. Ffm FamRZ **93**, 1468. Ob ein Schriftsatz, den die Partei ohne Anwaltszwang im letzten Moment einreicht, das Gericht zur Vertagung zwingt oder eine Zurückweisung etwa wegen Verspätung herbeiführt, ist eine andere Frage. Soweit überhaupt Anwaltszwang herrscht, gilt § 132 auch zB: Nach einem Mahnverfahren, §§ 688 ff, Hamm MDR **80**, 147; für eine Klagerweiterung, § 263, überhaupt für einen neuen Klagantrag; für ein Beweismittel; §§ 371 ff; für eine Einwendung.

Indessen gilt § 132 eben nur für den vorbereitenden Schriftsatz, Rn 5, und daher zB *nicht*: Für die Klageschrift selbst, § 253; für die Rechtsmittelschrift (in diesen Fällen laufen besondere Fristen, §§ 74 III, 519, 520 III 2, 555 II); im Verfahren auf den Erlaß eines Arrests oder einer einstweiligen Verfügung, §§ 916 ff, 935 ff, weil die Vorschrift nicht der Natur dieser vorläufigen Verfahrensarten entspricht. Im Urkunden- und Wechselprozeß enthalten §§ 593 II 2, 602 vorrangige Sonderregeln.

**4) Persönlicher Geltungsbereich, I, II.** Es gilt dasselbe wie bei § 131, vgl dort Rn 4. 4
**5) „Vorbereitender Schriftsatz", I, II.** Es gilt dasselbe wie bei § 131, dort Rn 5. 5

§ 132                                                              1. Buch. 3. Abschnitt. Verfahren

6   6) „Neue Tatsachen oder ein anderes neues Vorbringen", I 1. Die Vorschrift ist nur unter den folgenden, wegen des ergänzenden Sondercharakters eng auszulegenden Voraussetzungen anwendbar.
    **A. Begriff der „neuen Tatsachen".** Der Schriftsatz muß jedenfalls auch neue Tatsachen enthalten. Zum Tatsachenbegriff Einf 17 vor § 284. Den Gegensatz zur Tatsache bildet eine bloße rechtliche Würdigung. Ob eine Tatsache neu ist, richtet sich nach den Gesamtumständen des Einzelfalls. Maßgeblich ist die pflichtgemäße Beurteilung durch das Gericht, nicht die Bewertung durch die Partei oder den Prozeßgegner allein. Was jedenfalls im Kern bereits vorgetragen war, braucht trotz einiger klärender weiterer Einzelheiten insgesamt nicht neu zu sein; was nur scheinbar bereits derart vorgetragen war, kann gerade deshalb neu sein, weil die wesentliche Einzelheit erst jetzt vorgetragen wird.

7   **B. Begriff des „anderen Vorbringens".** Es reicht auch aus, daß statt neuer Tatsachen ein anderes Vorbringen vorliegt, wenn es nur (ebenfalls) „neu" ist. Scheinbar umfaßt diese Alternative alle anderen denkbaren Inhalte eines vorbereitenden Schriftsatzes. In Wahrheit bezieht sich I 1 aber überhaupt nicht auf bloße Rechtsausführungen, Rn 8. Deshalb hat der in Rn 7 behandelte Begriff in der Praxis kaum Bedeutung. Die Vorschrift bezieht sich überhaupt nicht auf die bloßen Sachanträge der Klageschrift, allenfalls auf eine Klagerweiterung oder Klagänderung, Rn 3.

8   **C. Unanwendbarkeit auf Rechtsausführungen.** Aus dem Regelungszweck, Rn 2, folgt: Bloße Rechtsausführungen unterliegen auch dann keiner Frist nach I 1, wenn die Partei sie bisher überhaupt oder jedenfalls nicht so geäußert hatte. An eine Rechtsansicht ist das Gericht so gut wie nie gebunden. Daher bedarf es auch grundsätzlich keiner Frist zu ihrer Äußerung. Unberührt bleiben die Pflichten des Gerichts, die Partei vor einer rechtlichen Überrumpelung zu schützen und daher im Rahmen eines etwa nach §§ 139, 278 III erforderlichen Rechtsgesprächs auch dem Betroffenen Gelegenheit zur Stellungnahme zur gegnerischen Rechtsansicht (oder zu derjenigen des Gerichts) zu geben.

9   7) „Rechtzeitig einzureichen", I 1. Sofern die Voraussetzungen Rn 6–8 vorliegen, hat die Partei (im Anwaltsprozeß, Rn 3), den vorbereitenden Schriftsatz so rechtzeitig einzureichen, daß er mindestens eine Woche vor der mündlichen Verhandlung zugestellt werden kann.

10  **A. Begriff der Einreichung.** Maßgeblich ist der Eingang bei der Posteinlaufstelle des erkennenden Gerichts. Das ergibt sich aus dem Sinn der Vorschrift: Erst das erkennende Gericht kann die in I 1 genannte Zustellung an den Prozeßgegner wirksam veranlassen. Daher reicht eine Einreichung bei einem anderen Gericht nur dann, wenn der vorbereitende Schriftsatz rechtzeitig beim erkennenden Gericht eingeht; § 129a II 2 ist insoweit entsprechend anwendbar. Bei einer Zustellung von Anwalt zu Anwalt, § 198, kommt es auf den Zeitpunkt des tatsächlichen Eingangs beim Empfänger und nicht auf denjenigen an, in dem dieser das Empfangsbekenntnis unterschreibt. Den Zeitpunkt muß der Absender notfalls beweisen.

11  **B. Zustellbarkeit „mindestens eine Woche vor der mündlichen Verhandlung".** Zwischen der Einreichung, Rn 10, und dem Beginn der (gemeint: nächsten tatsächlichen) mündlichen Verhandlung zur Hauptsache muß mindestens eine Woche liegen. Die Frist wird nach § 222 in Verbindung mit §§ 187 ff BGB berechnet. Es kommt nicht darauf an, wann der Schriftsatz nun tatsächlich vom Gericht oder von Anwalt zu Anwalt zugestellt wird; maßgeblich ist, daß eine rechtzeitige Zustellung möglich ist, und zwar nach dem gewöhnlichen, vorhersehbaren Lauf der Ereignisse. Daher bleibt eine unvorhersehbare Verzögerung der Zustellung, etwa durch einen Poststreik, an sich unbeachtlich; sie kann aber zu einer Verletzung des rechtlichen Gehörs führen, Art 103 I GG, und insofern dann doch zu beachten sein.

12  Eine *Fristabkürzung*, § 226, darf nicht zur Versagung ausreichenden Gehörs führen. Eine Fristverlängerung, § 224, kann schon wegen Art 103 I GG im Einzelfall geboten sein, Hamm NJW 80, 294, Mü MDR 80, 147. Soweit der Prozeßgegner den Schriftsatz rechtzeitig erhalten hat, kommt es nicht darauf an, ob auch das Gericht ihn rechtzeitig erhielt, soweit die Vorbereitung des Gerichts auf die mündliche Verhandlung nicht beeinträchtigt wurde, abw ZöGre 2. Eine Verhandlung, die zwar zur Hauptsache (und nicht nur zum Zwischenstreit), dort aber nur zu Verfahrensfragen oder nur zur Zulässigkeit usw anberaumt ist, kann als Verhandlung im Sinn von I 1 anzusehen sein, soweit der vorbereitende Schriftsatz sich gerade auch auf die dort anstehenden Fragen erstreckt.

13  8) „Schriftsatz, der einen Zwischenstreit betrifft", I 2. Die Vorschrift enthält eine Sonderregel wegen eines Schriftsatzes in einem sog Zwischenstreit.
    **A. Begriff des Zwischenstreits.** Vgl § 303 Rn 1, 2. Es muß also um einen einzelnen verfahrensrechtlichen Streitpunkt zwischen den Parteien oder einer von ihnen und einem Dritten gehen, der für den Hauptprozeß entscheidungserheblich sein kann, aber nicht sein muß.

14  **B. Unerheblichkeit neuer Ausführungen.** Trotz der nach dem Wortlaut mißverständlichen Formulierung „Das gleiche gilt" in I 2 ist beim Schriftsatz, der einen Zwischenstreit betrifft, keine Neuheit der Tatsachen oder des sonstigen Vorbringens erforderlich. Das ergibt sich aus dem Regelungszweck. Ein Zwischenstreit ist seiner Natur nach ja fast stets ein gewissermaßen unvermutbares und insofern „neues" Ereignis im Laufe des Hauptprozesses. Gerade weil er sich in den Hauptprozeß schiebt und ihn aufhält, stellt I 2 klar, daß die in I 1 genannte Frist stets einzuhalten ist, sofern überhaupt Anwaltszwang herrscht.

15  **C. Zustellbarkeit „mindestens eine Woche vor der mündlichen Verhandlung".** I 2 setzt dieselbe Frist wie I 1; vgl Rn 11.

16  9) „Gegenerklärung auf neues Vorbringen", II 1. Auch die Stellungnahme auf gegnerisches Vorbringen, vgl zB § 138 II, kann eine gewisse Besinnung vor der mündlichen Verhandlung erforderlich machen.
    **A. Begriff der Gegenerklärung.** Die Gegenerklärung ist eine Stellungnahme zum gegnerischen Vortrag. Dieser kann in der Klageschrift liegen, so daß die Gegenerklärung in der Klagerwiderung im Sinn von §§ 275 I 1, III, 276 I 2 besteht. Die Gegenerklärung kann aber auch eine Erwiderung auf die Äußerung des Bekl darstellen, beispielsweise auf seine Klagerwiderung, und dann eine „Stellungnahme" im Sinn von §§ 275 IV, 276 III usw darstellen. Sie braucht sich nicht auf diesen Charakter zu beschränken.

1. Titel. Mündliche Verhandlung §§ 132, 133

**B. Begriff des neuen Vorbringens.** Vgl Rn 6–8. Auch hier ist also eine bloße Rechtsausführung nicht 17 fristgebunden.

**C. Zustellbarkeit „mindestens drei Tage vor der mündlichen Verhandlung".** Unter der Voraus- 18 setzungen Rn 16, 17 ist ab Einreichung der Gegenerklärung, zum Begriff vgl Rn 10, eine Frist zu beachten, die wie bei Rn 11, 15 zu berechnen ist, jedoch abweichend von dort nur drei Tage beträgt. Die Frist ermittelt sich nach § 222 in Verbindung mit §§ 187 ff BGB.

**10) „Schriftliche Erklärung in einem Zwischenstreit", II 2.** In Abweichung von II 1 ist keine Frist 19 zu beachten, wenn sich die schriftliche Gegenerklärung lediglich auf einen Zwischenstreit bezieht.

**A. Begriffe.** Zum Begriff einer Gegenerklärung Rn 16. Zum Begriff des Zwischenstreits Rn 13.

**B. Unanwendbarkeit der Frist des II 1.** Der Sinn ist: Um den Hauptprozeß nicht durch den ohnehin 20 lästigen Zwischenstreit zeitlich noch stärker zu belasten, soll zwar derjenige nicht der Frist erhalten, der erstmals mit einem gegnerischen Schriftsatz im Zwischenstreit überzogen wird; die bloße Erwiderung auf jenen Schriftsatz soll aber auch im Anwaltsprozeß notfalls noch in der Verhandlung über den Zwischenstreit eingereicht werden dürfen. Insofern gelten Regeln wie beim Parteiprozeß, vgl Rn 3.

**11) Verstoß der Partei, I, II.** Ein Verstoß hat dieselben Folgen wie ein solcher gegen § 129, dort 21 Rn 54, vgl § 273 Rn 7, aM Müller **NJW 74**, 172 (ein Verstoß habe grundsätzlich keine Folgen). Wenn eine Frist versäumt worden ist, darf der Prozeßgegner außerdem eine Erklärung im Verhandlungstermin ablehnen. Er darf den gegnerischen Vortrag aber nicht einfach bestreiten. Denn das würde gegen seine Pflicht zur Wahrhaftigkeit nach § 138 I verstoßen, BVerfG NJW **80**, 277, BGH NJW **85**, 1543, Mü MDR **80**, 148.

Die Ablehnung einer Erklärung gegenüber einem gegnerischen erheblichen Vorbringen kann das Gericht 22 dazu zwingen, die Verhandlung nach §§ 227, 337 zu *vertagen* oder nach § 273 oder § 283 eine *Frist* zu setzen. Die Unterlassung einer insofern notwendigen Maßnahme wäre eine Verweigerung des rechtlichen Gehörs, Art 103 I GG. Indessen besteht keineswegs stets ein Anspruch auf eine Vertagung usw. Es gelten vielmehr die allgemeinen Regeln zu den Grenzen der Beachtlichkeit allzu späten Vorbringens, vgl zB §§ 283, 296. Das Gericht sollte eine solche Partei, die durch eine verspätete Einreichung eines Schriftsatzes zu einer Vertagung zwingt, zumindest mit einer Verzögerungsgebühr belegen, § 34 GKG, Anh § 95, aM Mü MDR **75**, 495 (die Gebühr sei unzulässig). Zwar kann § 296 I anwendbar sein; § 296 II ist allerdings grundsätzlich unanwendbar, BGH MDR **89**, 49. Vgl im übrigen § 296 a.

**12) Rechtsbehelfe, I, II.** Gegen einen Verstoß des Gerichts kann die Partei grundsätzlich nur nach dem 23 darauf beruhenden Endurteil durch das insoweit gegebene Rechtsmittel vorgehen. Soweit das Verhalten des Gerichts als Zurückweisung eines das Verfahren betreffenden Gesuchs anzusehen ist, kann aber die einfache Beschwerde statthaft sein, § 567 I. Sie ist unzulässig, soweit das LG als Berufungs- oder Beschwerdegericht, § 567 III 1, oder das OLG entschieden hat, § 567 IV 1. Soweit durch einen Verstoß des Gerichts das Gebot des rechtlichen Gehörs verletzt wird, Art 103 I GG, kommt auch eine Verletzung des Rechtsmittelzugs und Verfassungsbeschwerde in Betracht, Einl III 17. Beim Rpfl gilt § 11 RPflG, vgl § 104 Rn 41 ff.

**13) *VwGO*:** Als Mußvorschrift unanwendbar, weil § 129 I nicht gilt. Als Sollvorschrift zur Ergänzung von 24 § 86 IV *VwGO* ist § 132 unbedenklich heranzuziehen, § 173 *VwGO*, so daß bei Verstoß Vertagung oder Fristsetzung in Frage kommt, oben Rn 22. Wegen der rechtzeitigen Übermittlung s BVerwG NVwZ **87**, 1071.

**133** *Einreichung von Schriftsätzen.* [I] ¹Die Parteien sollen den Schriftsätzen, die sie bei dem Gericht einreichen, die für die Zustellung erforderliche Zahl von Abschriften der Schriftsätze und deren Anlagen beifügen. ²Das gilt nicht für Anlagen, die dem Gegner in Urschrift oder in Abschrift vorliegen.

[II] Im Falle der Zustellung von Anwalt zu Anwalt (§ 198) haben die Parteien sofort nach der Zustellung eine für das Prozeßgericht bestimmte Abschrift ihrer vorbereitenden Schriftsätze und der Anlagen auf der Geschäftsstelle niederzulegen.

**Gliederung**

| | |
|---|---|
| 1) Systematik, I, II ........................ 1 | 7) Entbehrlichkeit der Beifügung von „Anlagen, die dem Gegner ... vorliegen", I 2 ............................ 10 |
| 2) Regelungszweck, I, II ................. 2 | |
| 3) Sachlicher Geltungsbereich, I, II ..... 3 | 8) „Zustellung von Anwalt zu Anwalt", II ............................ 11–14 |
| 4) Persönlicher Geltungsbereich, I, II ... 4 | A. Begriff ............................ 11 |
| 5) „Schriftsätze, die sie bei dem Gericht einreichen", I 1 ...................... 5 | B. Pflicht zur „Niederlegung auf der Geschäftsstelle" ...................... 12 |
| 6) Notwendigkeit der Beifügung von Abschriften und Anlagen, I 1 ......... 6–9 | C. „Eine für das Prozeßgericht bestimmte Abschrift" .................. 13 |
| A. Umfang der Schriftstücke ......... 6 | D. „... sofort nach der Zustellung" ...... 14 |
| B. „... die für die Zustellung erforderliche Zahl" ........................ 7 | 9) Verstoß der Partei, I, II ............... 15 |
| C. Ausreichen einfacher Abschriften .... 8 | 10) Rechtsbehelfe, I, II ................... 16 |
| D. Keine Abschrift der Prozeßvollmacht . 9 | 11) VwGO ............................ 17 |

**1) Systematik, I, II.** Die Vorschrift ergänzt § 129. Sie gilt für jeden vorbereitenden Schriftsatz, unabhän- 1 gig davon, ob das Gericht ihn angefordert hat oder nicht, ob er eine Erwiderung auf einen gegnerischen Schriftsatz darstellt, ob er ein Verfahren einleitet oder nicht. Zusätzlich kann das Gericht zB nach § 273 im

§ 133   1. Buch. 3. Abschnitt. Verfahren

Weg einer vorbereitenden Anordnung auch die Zahl von Abschriften der Schriftsätze und deren Anlagen bestimmen und über den Umfang, in dem etwa Anlagenteile auch in Abschrift beizufügen sind, Anordnungen treffen. Im Urkundenprozeß usw enthalten §§ 593 II, 602, 605 a vorrangige Sonderregeln. Beim förmlichen Urkundenbeweis reicht die Einreichung einer bloßen Abschrift grundsätzlich nicht aus, §§ 420 ff, auch nicht dann, wenn sich die Urkunde nach der Behauptung des Beweisführers in den Händen eines Dritten befindet, § 428. Das Gericht kann auch dann die Vorlage auch einer Abschrift anordnen.

2   **2) Regelungszweck, I, II.** Die Vorschrift soll dem Vorsitzenden und dem Berichterstatter die Vorbereitung des Verhandlungstermins ermöglichen oder wenigstens erleichtern und die Information des Prozeßgegners durch die Geschäftsstelle erleichtern. Sie dient damit auch im Interesse der Prozeßwirtschaftlichkeit, Grdz 14 vor § 128, der Verfahrensförderung und der Beschleunigung. Sie hat auch Kostenwirkungen: Soweit die Geschäftsstelle eine von der Partei nicht eingereichte notwendige Abschrift von Amts wegen herstellen muß, können Schreibauslagen entstehen, Hartmann Teil I KV 9000 Rn 15.

3   **3) Sachlicher Geltungsbereich, I, II.** § 133 betrifft sowohl den Anwaltsprozeß als auch den Parteiprozeß, § 78 Rn 1, vgl auch § 198 Rn 2. Im Familienverfahren gilt § 133 wegen des vorrangigen § 624 IV allerdings nur eingeschränkt. Im übrigen gilt die Vorschrift in jeder Verfahrenslage und in jeder Instanz. Nach dem Schluß der letzten mündlichen Verhandlung, §§ 136 IV, 296 a, hat allerdings eine Partei außerhalb einer ihr etwa nach § 283 gewährten Nachfrist grundsätzlich nicht mehr das Recht, einen Schriftsatz auch nur im Original einzureichen. Freilich darf und muß das Gericht einen trotzdem eingereichten Schriftsatz durchprüfen, etwa unter dem Gesichtspunkt, ob die Wiedereröffnung der Verhandlung notwendig wäre, § 156. Das darf allerdings nicht zu dem Mißbrauch führen, in einem nachgereichten Schriftsatz einfach das mündlich Vorgetragene noch einmal niederzulegen, aM Erdsiek NJW **55**, 939 (aber es ist oft gerade zweifelhaft, ob sich der nachgereichte Vortrag auf die bloße Wiederholung beschränkt). Immerhin muß die Partei dann, wenn sie überhaupt einen Schriftsatz nachreicht, auch § 133 vorsorglich mit beachten.

4   **4) Persönlicher Geltungsbereich, I, II.** Die Vorschrift gilt für jede Partei, Grdz 3 vor § 50. Soweit sie durch einen ProzBev, § 81, oder gesetzlichen Vertreter einreicht, § 51, müssen natürlich diese letzteren des § 133 beachten. Die Vorschrift gilt für den gewöhnlichen und streitgenössischen Streithelfer, §§ 66, 69, und für den Widerkläger, Widerbekl, Anh § 253, Streitgenossen, § 59 ferner in einem Zwischenstreit. Dem Anwalt steht in II ein Erlaubnisträger nach § 209 BRAO gleich, § 25 EGZPO.

5   **5) „Schriftsätze, die sie bei dem Gericht einreichen", I 1.** § 133 gilt für jeden von der Partei beim Gericht eingereichten oder einzureichenden Schriftsatz. Es kann sich um einen vorbereitenden Schriftsatz handeln, § 129, um die Klageschrift, die Klageerwiderung, Widerklage usw. Zum Einreichungsbegriff § 132 Rn 10. Im Fall der Zustellung von Anwalt zu Anwalt, II, handelt es sich immerhin ebenfalls um einen Schriftsatz, der auch und gerade zur Kenntnis des Gerichts bestimmt ist, wenn die Partei ihn auch nicht direkt dort im Original einreicht. Bei einem Schriftsatz, den sie zwar aus Anlaß des Prozesses verfaßt und absendet, der aber nur zur Kenntnis des Prozeßgegners oder eines Dritten bestimmt ist, ist § 133 unanwendbar; natürlich steht es der Partei frei, dem Gericht nachträglich Kenntnis auch von ihm zu geben.

6   **6) Notwendigkeit der Beifügung von Abschriften und Anlagen, I 1.** Grundsätzlich soll die Partei dem Gericht eingereichten Schriftsatz die für die Zustellung erforderliche Zahl von Abschriften sowohl des Schriftsatzes selbst als auch seiner etwaigen Anlagen beifügen.

**A. Umfang der Schriftstücke.** Vom eigentlichen Schriftsatz ist natürlich stets eine vollständige Abschrift erforderlich. Dasselbe gilt aber auch von denjenigen Anlagen, die zum Original des Schriftsatzes gehören sollen. Selbst wenn die Partei etwa nach § 131 II nur Teile einer Urkunde beifügt, muß sie wenigstens diese Teile abschriftlich auch der Abschrift des Schriftsatzes beifügen. Dieser Grundsatz gilt, soweit der Prozeßgegner keine Urschrift oder Abschrift des betreffenden Teils besitzt.

7   **B. „... die für die Zustellung erforderliche Zahl".** Beizufügen ist diejenige Zahl von Abschriften, die zur ordnungsgemäßen Zustellung an den oder die Prozeßgegner nach dem Gesetz erforderlich sind. Das ist, streng genommen, je Prozeßgegner nur ein Exemplar, selbst wenn er zB anwaltlich vertreten ist; denn in diesem Fall soll die Zustellung nur an den ProzBev erfolgen, § 176. Üblich und ratsam ist indessen eine solche Zahl von Abschriften, daß jeder Prozeßgegner und jeder, der ihn vertritt, ein Exemplar erhalten kann, also meist zwei Abschriften neben der Urschrift, Karlsr AnwBl **86**, 546, Mü Rpfleger **82**, 438, LG Mü MDR **91**, 256.

8   **C. Ausreichen einfacher Abschriften.** § 133 fordert keine Beglaubigung oder Beurkundung. Das gilt selbst dann, wenn das Original solcher Form bedarf. Auch ein Anwalt braucht die von ihm hergestellte Abschrift nicht zu beglaubigen. Zweckmäßig vermerkt er bei einer eigenen Zustellung deren Tag wegen der §§ 128 II, 251 a auf der Abschrift.

9   **D. Keine Abschrift der Prozeßvollmacht.** Die Prozeßvollmacht ist zwar stets im Original einzureichen, § 80 I, auch im Fall einer sog Generalvollmacht, dort Rn 12. Man braucht aber nicht auch von ihr eine auch nur einfache Abschrift beizufügen, selbst wenn der vorbereitende Schriftsatz auch sachlichrechtliche Erklärungen enthält, die zur Wirksamkeit der Aushändigung einer Vollmacht bedürfen, etwa eine Kündigung, § 130 BGB. In diesem Fall ist zwischen der sachlichrechtlichen Vollmacht und der Prozeßvollmacht zu unterscheiden. Soweit der ProzBev die Kündigung usw auf seine Prozeßvollmacht stützt und stützen kann, muß er natürlich zumindest diesen Teil der Prozeßvollmacht unter Beachtung der für Urkundenauszüge in § 131 II genannten Grundsätze dem Gegner übersenden (lassen), und zwar in Urschrift.

10   **7) Entbehrlichkeit der Beifügung von „Anlagen, die dem Gegner ... vorliegen", I 2.** Natürlich braucht der Prozeßgegner nicht eine Abschrift, wenn er bereits die Urschrift oder eine Abschrift besitzt. Das stellt I 2 als eine eng auszulegende Ausnahmevorschrift klar. Die Beifügung ist daher nur insoweit entbehrlich, als der Gegner bereits mindestens derselbe Umfang des Schriftstücks oder der Anlage vorliegen. Soweit er sie bereits früher erhalten hatte, jetzt aber schuldlos nicht mehr besitzt, liegen sie ihm eben nicht (mehr) im Sinn von I 2 vor. Vorwerfbare Vernichtung erst nach Erkennbarkeit der auch nur

1. Titel. Mündliche Verhandlung　　　　　　　　　　　　　　　　　　**§§ 133, 134**

etwaigen Prozeßerheblichkeit mag als Verstoß gegen Treu und Glauben, Einl III 54, unbeachtlich sein. Indessen hätte der Prozeßgegner dann zumindest dem Gericht gegenüber die Möglichkeit, gegen Vorschuß eine Abschrift des in der Gerichtsakte liegenden Originals anzufordern.

　　8) **„Zustellung von Anwalt zu Anwalt", II.** Während I die Einreichung des Schriftsatzes beim Gericht 11 und die Zustellung an den Prozeßgegner von Amts wegen meint, enthält II eine vorrangige Sonderregel für den Fall der zulässigen Zustellung von Anwalt zu Anwalt, § 198. Vgl auch Rn 5 (Erlaubnisträger).
　　A. **Begriff.** Die Voraussetzungen einer Zustellung von Anwalt zu Anwalt im Sinn von § 198 müssen vollständig vorliegen; vgl dort Rn 2 ff.
　　B. **Pflicht zur „Niederlegung auf der Geschäftsstelle".** Soweit der Inhalt des nach § 198 zugestellten 12 Schriftstücks überhaupt auch des Gerichts zur Kenntnis auch des Gerichts bestimmt ist, muß die Partei eine Abschrift usw, Rn 13, auf der Geschäftsstelle niederlegen. Erst damit reicht sie den Schriftsatz auch bei Gericht ein und löst die daraus etwa folgenden Rechtswirkungen aus. Die Abschrift gelangt zu den Gerichtsakten; über ihre Führung vgl Piller/Hermann, Justizverwaltungsvorschriften (Loseblattausgabe). Niederlegen heißt: Einreichen. Es genügt also die Zusendung durch die Post; maßgeblich ist auch dann der Eingang auf der Posteinlaufstelle, nicht erst derjenige auf der Geschäftsstelle des erkennenden Gerichts.
　　C. **„Eine für das Prozeßgericht bestimmte Abschrift".** Einzureichen, niederzulegen, ist eine für das 13 Prozeßgericht bestimmte Abschrift des vorbereitenden Schriftsatzes und seiner sämtlichen Anlagen. Das ist eigentlich selbstverständlich. Keineswegs darf die Niederlegung weniger als dasjenige umfassen, was von Anwalt zu Anwalt zugestellt wurde.
　　D. **„... sofort nach der Zustellung".** Die Einreichung bzw Niederlegung hat sofort und nicht nur 14 unverzüglich nach der Zustellung von Anwalt zu Anwalt zu erfolgen. Andernfalls wäre das erkennende Gericht über den Prozeßstand schlechter informiert als die Parteien; das würde niemandem nützen.

　　9) **Verstoß der Partei, I, II.** Soweit die Partei gegen die Sollvorschrift des I oder gegen die Mußvor- 15 schrift des II verstößt, kann und muß zunächst die Geschäftsstelle das Fehlende unter einer angemessenen Fristsetzung nachfordern oder nach ihrem pflichtgemäßen Ermessen auch sogleich, insbesondere bei einem bereits anberaumten nahen Termin, eine Anfertigung veranlassen, insbesondere von Abschriften oder Ablichtungen sämtlicher Anlagen, und zwar auf Kosten der nach § 133 Verpflichteten, KV 9000 Z 1 b, und diese Schriftstücke dem Prozeßgegner zuleiten. Im übrigen kann natürlich auch der Vorsitzende dergleichen veranlassen. Ein Verstoß der Partei zieht keinen sachlichen Nachteil nach sich. Das Gericht muß allerdings den Verhandlungstermin notfalls von Amts wegen vertagen, um sich gehörig vorbereiten zu können. Es kann auch erforderlich sein, den Prozeßgegner nach Art 103 I GG anzuhören, soweit überhaupt noch ein Vortrag des Einreichers berücksichtigt werden muß. Das Gericht kann eine Verzögerungsgebühr nach § 34 GKG, Anh § 95, verhängen oder dem Säumigen Kosten nach § 95 auferlegen.

　　10) **Rechtsbehelfe, I, II.** Ein Verstoß des Gerichts ist ein Verfahrensfehler. Gleichwohl kann der 16 Betroffene den Verstoß grundsätzlich nur zusammen mit der darauf beruhenden Endentscheidung anfechten. Soweit das Verhalten des Gerichts als Zurückweisung eines das Verfahren betreffenden Gesuchs anzusehen wäre, kommt die einfache Beschwerde nach § 567 I in Betracht. Sie ist unzulässig, soweit das LG als Berufungs- oder Beschwerdegericht, § 567 III 1, oder das OLG entschieden hat, § 567 IV 1. Soweit ein Verstoß zur Versagung des rechtlichen Gehörs führte, Art 103 I GG, kommt nach der Erschöpfung des Rechtswegs Verfassungsbeschwerde in Betracht, Einl III 17. Beim Rpfl gilt § 11 RPflG, vgl § 104 Rn 41 ff.

　　11) **VwGO:** Es gilt § 81 II VwGO, zu dessen Ergänzung hinsichtlich der Anlagen sowohl *I 1*, VGH Mü 17 *BayVBl* 86, 379, als auch *I 2* entsprechend anzuwenden ist, § 173 VwGO, weil diese Erleichterung für alle Verfahren gilt. II ist unanwendbar, weil Schriftsätze nicht zugestellt, sondern vAw übersandt werden, § 86 IV 3 VwGO.

**134** *Einsicht von Urkunden.* ¹Die Partei ist, wenn sie rechtzeitig aufgefordert wird, verpflichtet, die in ihren Händen befindlichen Urkunden, auf die sie in einem vorbereitenden Schriftsatz Bezug genommen hat, vor der mündlichen Verhandlung auf der Geschäftsstelle niederzulegen und den Gegner von der Niederlegung zu benachrichtigen.

II ¹Der Gegner hat zur Einsicht der Urkunden eine Frist von drei Tagen. ²Die Frist kann auf Antrag von dem Vorsitzenden verlängert oder abgekürzt werden.

**Gliederung**

| | |
|---|---|
| 1) Systematik, I, II ........................ 1 | 9) Verpflichtung, „den Gegner von der Niederlegung zu benachrichtigen", I .　9 |
| 2) Regelungszweck, I, II ................. 2 | 10) Einsichtsfrist „von drei Tagen", II 1 ..　10 |
| 3) Sachlicher Geltungsbereich, I, II ..... 3 | 11) Fristverlängerung oder -abkürzung, II 2 ................................ 11 |
| 4) Persönlicher Geltungsbereich, I, II ... 4 | 12) Verbleib der niedergelegten Urkunde, I, II ................................... 12 |
| 5) Rechtzeitigkeit der Aufforderung, I .. 5 | 13) Vorstoß der Partei, I, II ............. 13 |
| 6) „... in ihren Händen befindliche Urkunden", I ................................. 6 | 14) Vorstoß des Gerichts, I, II ........... 14 |
| 7) „... auf die sie ... Bezug genommen hat", I ........................................ 7 | 15) Rechtsbehelfe, I, II .................. 15 |
| 8) Verpflichtung, die Urkunde „vor der mündlichen Verhandlung auf der Geschäftsstelle niederzulegen", I ........ 8 | 16) VwGO ................................ 16 |

## § 134

**1** **1) Systematik, I, II.** Die Vorschrift stellt eine Ergänzung zu §§ 131, 133 dar. Eine weitere Ergänzung enthält § 135. Die Abgrenzung ist nur fein, aber doch deutlich erkennbar, sie beruht auf den unterschiedlichen Regelungszwecken der Vorschriften, vgl ihre jeweiligen Rn 2. Im Urkundenprozeß ist § 134 ungeachtet des § 593 II anwendbar. Beim förmlichen Urkundenbeweis gelten die vorrangigen Sonderregeln der §§ 420 ff. Wegen der Handelsbücher enthalten §§ 258 ff HGB vorrangige Sonderregeln.

**2** **2) Regelungszweck, I, II.** Der Zweck des § 134 besteht darin, dem Prozeßgegner derjenigen Partei, die sich auf eine Urkunde bezieht, die Einsicht des Urstücks zu ermöglichen, auch die Einsicht in eine nicht eingereichte Prozeßvollmacht. Diese Einsicht kann deswegen bedeutungsvoll sein, weil sich die Partei über die Echtheit der Urkunde klarwerden und notfalls unverzüglich dazu eine Erklärung abgeben muß. § 131 würde zu dieser Frage oft nicht weiterhelfen, weil nach ihm die Beifügung einer bloßen unbeglaubigten Abschrift ausreichen würde. § 133 wäre aus demselben Grund nicht ausreichend. Dem Regelungszweck nach enthält § 134 ähnliche Gedanken wie §§ 420 ff. Letztere gelten aber nur beim förmlichen Urkundenbeweis, nicht im Stadium der Klärung, ob zB die Echtheit der Urkunde überhaupt bestritten werden soll. Auch dem Gericht dient § 134. Denn auch das Gericht soll unverzüglich instandgesetzt werden, sich über die Brauchbarkeit und Echtheit einer Urkunde nicht nur nach einer Abschrift, sondern eben durch Einsicht in das Urstück Gewißheit zu verschaffen. Insofern dient die Vorschrift ebenfalls der Prozeßförderung und Beschleunigung. Sie hat trotz der Möglichkeiten der Fotokopie usw keineswegs an Bedeutung verloren. Erst die Einsicht in das Original ergibt, nicht nur für den Sachverständigen, oft den entscheidungserheblichen Eindruck.

**3** **3) Sachlicher Geltungsbereich, I, II.** Die Vorschrift gilt in jeder Verfahrensart, in jedem Verfahrensstadium und in jeder Instanz. Sie gilt im Anwalts- wie im Parteiprozeß, § 78 Rn 1.

**4** **4) Persönlicher Geltungsbereich, I, II.** Die Vorschrift gilt für alle Parteien, Grdz 3 vor § 50. Im Fall der Vertretung durch einen ProzBev, § 81, oder gesetzlichen Vertreter, § 51, gilt sie auch für diese Personen. Sie gilt auch für den Widerkläger oder Widerbekl, Anh § 252, sowie für den Streitgenossen, § 59, den gewöhnlichen und streitgenössischen Streithelfer, §§ 66, 69, und die an einem Zwischenstreit Beteiligten.

**5** **5) Rechtzeitigkeit der Aufforderung, I.** Erste Voraussetzung einer Niederlegungspflicht ist, daß die Partei „rechtzeitig aufgefordert wird". Die Aufforderung kann durch den Prozeßgegner oder durch das Gericht erfolgen, das auch von Amts wegen tätig wird, §§ 142, 273, und zwar formlos. Sie kann also auch stillschweigend erfolgen, sofern sie nur eindeutig den Willen erkennen läßt, in das Original Einblick nehmen zu können.

*Rechtzeitig* bedeutet: So früh, daß die Partei der Aufforderung bei unverzüglicher Bemühung, also ohne schuldhaftes Zögern, § 121 I 1 BGB, noch vor dem Schluß der nächsten mündlichen Verhandlung zur Sache, §§ 136 IV, 296 a, im schriftlichen Verfahren vor dem diesem Schluß gleichstehenden Zeitpunkt, § 128 II, III, nachkommen kann. Es richtet sich nach den Gesamtumständen des Einzelfalls, welcher Zeitraum dazu erforderlich ist; er kann Wochen betragen, sich aber auch auf wenige Minuten beschränken, wenn zB die Herbeischaffung durch einen Mitarbeiter des Anwaltsbüros aus den dort lagernden Handakten noch im Laufe desselben Termins möglich wird. Im Rahmen des § 134 besteht kein Anwaltszwang, Bergerfurth NJW **61**, 1239, also auch nicht für die Aufforderung.

**6** **6) „... in ihren Händen befindliche Urkunden", I.** Weitere Voraussetzung der Niederlegungspflicht ist, daß sich die Urkunde derzeit schon und noch gerade in den Händen derjenigen Partei befindet, die auf sie im vorbereitenden Schriftsatz Bezug genommen hat. Vgl § 131 Rn 8.

**7** **7) „... auf die sie ... Bezug genommen hat", I.** Weitere Voraussetzung ist, daß die Partei auf die Urkunde gerade in einem vorbereitenden Schriftsatz auch Bezug genommen hat. Vgl § 131 Rn 9.

**8** **8) Verpflichtung, die Urkunde „vor der mündlichen Verhandlung auf der Geschäftsstelle niederzulegen", I.** Unter den Voraussetzungen Rn 5–7 besteht die vorgenannte Verpflichtung. Es handelt sich also nicht nur um eine Sollvorschrift. Die Verpflichtung ist bereits vor der mündlichen Verhandlung zu erfüllen, soweit das noch möglich ist. Erfolgt die Aufforderung, Rn 5, zu spät, so kann § 134 zur entsprechenden Anwendung während der Verhandlung führen. Wegen der Niederlegung vgl § 133 Rn 12. Die Niederlegung erfolgt natürlich auf der Geschäftsstelle des Prozeßgerichts. Das Gericht darf einem Antrag auf eine Versendung nach außerhalb stattgeben und muß so entscheiden, wenn keine unzumutbare Verzögerung und kein anderer Hinderungsgrund erkennbar sind, abw ZöGre 3. Durch die Niederlegung entsteht ein öffentlichrechtliches Rechtsverhältnis zwischen dem Staat und der Partei. Dieses hat eine gewisse Ähnlichkeit mit einer Verwahrung.

**9** **9) Verpflichtung, „den Gegner von der Niederlegung zu benachrichtigen", I.** Zusätzlich zu der Pflicht zur Niederlegung, Rn 8, entsteht unter den Voraussetzungen Rn 5–7 die weitere Pflicht, den Prozeßgegner von der Niederlegung auch zu benachrichtigen. Die bloße Niederlegung reicht also selbst dann nicht aus, wenn sie rechtzeitig erfolgt ist. Der Sinn besteht darin, dem Gegner die möglichst baldige Einsicht in das Original zu ermöglichen. Er soll nicht ständig beim Gericht rückfragen müssen, ob die Urkunde dort niedergelegt worden ist. Die Benachrichtigung hat ebenfalls rechtzeitig und mindestens unverzüglich nach der Niederlegung zu erfolgen. Sie kann formlos geschehen, muß aber unmißverständlich sein. Gegenüber dem anwaltlich vertretenen Prozeßgegner erfolgt die Benachrichtigung an ihn, vgl den in § 176 enthaltenen Grundgedanken.

**10** **10) Einsichtsfrist „von drei Tagen", II 1.** Der Prozeßgegner hat zur Einsicht des Originals auf der Geschäftsstelle des Prozeßgerichts eine Frist von drei Tagen. Diesen Grundsatz muß man auch im Rahmen des Begriffs „rechtzeitige Aufforderung", Rn 5, mitbeachten. Indessen ist nicht starr derart zu rechnen. Das ergibt sich schon aus II 2. Vielmehr ist die Drei-Tages-Frist lediglich ein Anhaltspunkt eines ausreichenden Zeitraums. Die Frist ist keine Notfrist. Denn das Gesetz bezeichnet sie nicht als solche, § 224 I 2.

**11** **11) Fristverlängerung oder -abkürzung, II 2.** Die Frist kann auf Antrag von dem Vorsitzenden verlängert oder abgekürzt werden. Das stellt II 2 klar. Insofern bestehen Abweichungen zu § 224 I 1, der ja

1. Titel. Mündliche Verhandlung  §§ 134, 135

eine Vereinbarung der Parteien fordert, aber auch ausreichen läßt. In II ist ein Antrag des an der Friständerung Interessierten erforderlich, aber auch ausreichend. Aber auch gegenüber § 224 II bestehen Abweichungen: Dort ist eine Friständerung nur aus erheblichen Gründen statthaft, hier sind solche Gründe nicht von vornherein erforderlich. Freilich darf und muß der Vorsitzende im Rahmen seines pflichtgemäßen Ermessens abwägen, ob der Antrag ausreichend begründet ist, und dabei einerseits den Grundsatz der Prozeßförderung, Grdz 12 vor § 128, andererseits das Gebot ausreichenden rechtlichen Gehörs beachten, Einl III 16. Drei Tage können auch heute sehr kurz sein. Sie werden nach § 222 berechnet. Das Verfahren bei einer Friständerung richtet sich nach § 225. Daher ist eine Abkürzung oder wiederholte Verlängerung nach § 224 nur nach Anhörung des Gegners statthaft.

**12) Verbleib der niedergelegten Urkunde, I, II.** Die Urkunde wird, abgesehen von der Prozeßvollmacht im Parteiprozeß, § 80 I, nicht zum Bestandteil der Gerichtsakten, vgl bei § 299. Sie wird zwar dort eingeheftet oder im hinteren Aktendeckel verwahrt, ist aber bei korrekter Behandlung bei Prozeßende auszusondern und dem Einreicher zurückzugeben, zweckmäßig durch Einschreiben gegen Rückschein, Empfangsbekenntnis oder Zustellungsurkunde. Die Partei kann die Urkunde auch jederzeit zurückfordern, muß freilich die Einsichtsfrist des Gegners beachten. Bei einer verdächtigen Urkunde gilt § 443. Der Vorsitzende entscheidet über Umfang und Zeitpunkt der Rückgabe. 12

**13) Verstoß der Partei, I, II.** Die Bezugnahme der Partei bleibt bei ihrer Verweigerung der Niederlegung unbeachtlich. Bei einer Verzögerung können §§ 282, 296 anwendbar sein, ZöGre 3, aM StJL 4. Soweit der Gegner der niederlegenden Partei eine ihm mögliche und ihm zumutbare Einsicht unterläßt, verliert er das Recht, aus der Unkenntnis der Urkunde etwas herzuleiten. Außerdem kann auch in einem solchen Fall eine Einwendung gegenüber der Urkunde verspätet sein, § 296 II. Im übrigen wirkt ein Verstoß gegen I wie ein solcher gegen § 129. 13

**14) Verstoß des Gerichts, I, II.** Soweit das Gericht (Richter oder Urkundsbeamter usw) die ordnungsgemäß niedergelegte Urkunde vorwerfbar unsachgemäß behandeln, beschädigen, vernichten oder abhanden kommen lassen, kann eine Staatshaftung in Betracht kommen, § 839 BGB. Vgl Rn 15. 14

**15) Rechtsbehelfe, I, II.** Die Partei kann grundsätzlich erst die auf einem Verstoß des Gerichts beruhende Endentscheidung anfechten. Die Anfechtung eines Beschlusses, § 329, durch den das Gesuch um Fristverlängerung nach II 2 zurückgewiesen wird, ist unzulässig, § 225 III. Im übrigen kann § 567 I bei Zurückweisung eines Antrags anwendbar sein. Die Beschwerde ist unzulässig, soweit das LG als Berufungs- oder Beschwerdegericht, § 567 III 1, oder das OLG entschieden hat, § 567 IV 1. Beim Rpfl gilt § 11 RPflG, vgl § 104 Rn 41 ff. 15

**16) VwGO:** *Entsprechend anwendbar, § 173 VwGO, als Ergänzung zu § 86 V VwGO, jedoch mit der sich aus § 99 VwGO ergebenden Beschränkung.* 16

## 135 Urkunden an den Rechtsanwalt von Hand zu Hand. 

<sup>I</sup> Den Rechtsanwälten steht es frei, die Mitteilung von Urkunden von Hand zu Hand gegen Empfangsbescheinigung zu bewirken.

<sup>II</sup> Gibt ein Rechtsanwalt die ihm eingehändigte Urkunde nicht binnen der bestimmten Frist zurück, so ist er auf Antrag nach mündlicher Verhandlung zur unverzüglichen Rückgabe zu verurteilen.

<sup>III</sup> Gegen das Zwischenurteil findet sofortige Beschwerde statt.

**Gliederung**

| | | | | |
|---|---|---|---|---|
| 1) Systematik, I–III | 1 | A. Rückgabestreit | | 8 |
| 2) Regelungszweck, I–III | 2 | B. Keine fristgerechte Rückgabe | | 9 |
| 3) Sachlicher Geltungsbereich, I–III | 3 | C. Antragserfordernis | | 10 |
| 4) Persönlicher Geltungsbereich, I–III | 4 | D. „Nach mündlicher Verhandlung" | | 11 |
| 5) „Den Rechtsanwälten steht es frei", I | 5 | E. „Verurteilung zur unverzüglichen Rückgabe" | | 12 |
| 6) „Mitteilung ... von Hand zu Hand", I | 6 | F. Kosten | | 13 |
| | | G. Vollstreckung | | 14 |
| 7) „... gegen Empfangsbescheinigung", I | 7 | 9) Sofortige Beschwerde, III | | 15 |
| 8) Rückgabestreit, II | 8–14 | 10) VwGO | | 16 |

**1) Systematik, I–III.** I bezieht sich, anders als § 133 II, weder auf den von Anwalt zuzustellenden Schriftsatz noch auf dessen Abschriften oder die Abschriften seiner Anlagen, sondern auf die im Schriftsatz etwa in Bezug genommene Urkunde, mag sie nun als Anlage zum Schriftsatz dienen oder in ihm nur erwähnt worden sein. Die Vorschrift gilt nicht nur im Fall des Einsichtsverlangens nach § 134, sondern auch unabhängig davon, sei es, daß das Gericht die Partei zur Vorlage des Originals (an den Gegner) aufgefordert hat, sei es, daß die Partei dem Gegner das Original unabhängig von solcher Aufforderung zukommen lassen will, um ihn zB zu einer unverzüglichen Stellungnahme dazu zu veranlassen, ob er die Echtheit der Urkunde usw bestreiten will. II, III enthalten Verfahrensregeln für den Fall, daß der Empfänger eine Urkunde nicht ordnungsgemäß zurückgibt. Ergänzend findet § 198 bei I, § 280 bei II Anwendung. Im Urkundenprozeß nach §§ 592 ff gelten ansich vorrangig §§ 420 ff, sie enthalten aber zu II, III keine Sonderregeln. 1

*Hartmann* 567

## § 135

**2** **2) Regelungszweck, I–III.** Wie bei § 134, dort Rn 2, besteht auch bei § 135 der Zweck insgesamt darin, das Verfahren zur Hauptsache im Interesse der Prozeßwirtschaftlichkeit, Grdz 14 vor § 128, zu erleichtern und zu beschleunigen. Die sachlichrechtliche Haftung des jeweiligen Gewahrsamsinhabers der Urkunde gegenüber dem Gericht bzw dem anderen Prozeßbeteiligten bleibt unberührt. § 135 enthält also eine rein prozessuale Vorschrift.

**3** **3) Sachlicher Geltungsbereich, I–III.** Die Vorschrift setzt voraus, daß beide Parteien anwaltlich vertreten sind. Sie gilt unter dieser Bedingung aber auch im Parteiprozeß, § 78 Rn 1. Sie gilt in jeder Verfahrenslage und in allen Instanzen. Beim förmlichen Urkundenbeweis kann sich aus §§ 420 ff eine vorrangig geregelte abweichende Art der Vorlage oder Übermittlung von Urkunden trotz § 198 ergeben.

**4** **4) Persönlicher Geltungsbereich, I–III.** Die Vorschrift bezieht sich auf die „Rechtsanwälte" der Parteien, genauer: Auf den oder die jeweiligen ProzBev, insbesondere auch nach deren Ausscheiden aus dem Amt, §§ 86, 87 und auch im Fall des Mangels der Prozeßvollmacht, §§ 88, 89. Soweit ein Anwalt als gesetzlicher Vertreter der Partei auftritt, § 51, kann § 135 wie § 198 ebenfalls anwendbar sein. § 135 gilt auch für denjenigen Anwalt, der als Partei sich selbst nach § 176 zum ProzBev bestellt. Dem Anwalt steht ein Erlaubnisträger nach § 209 BRAO gleich, § 25 EGZPO.

**5** **5) „Den Rechtsanwälten steht es frei", I.** Die Vorschrift stellt klar, daß der Anwalt das in I und in § 198 genannte Verfahren wählen darf, aber nicht einhalten muß. Er kann die Übermittlung auch dadurch bewirken, daß er die Urkunde dem Gericht einreicht und von dort die Zustellung nach §§ 208 ff von Amts wegen vornehmen läßt. Dieses Verfahren kann im Interesse des Auftraggebers vorzuziehen und ausnahmsweise sogar geboten sein, etwa dann, wenn er in früheren Prozessen mit dem gegnerischen Anwalt bezüglich Urkundenrückgabe schlechte Erfahrungen gemacht hatte oder wenn der ProzBev schon häufiger auf die Rückgabe des Empfangsbekenntnisses oder auf dessen ordnungsgemäße Unterzeichnung durch den gegnerischen Kollegen hatte warten müssen. Die Art der Wahl bedarf weder dem Prozeßgegner noch dem Gericht gegenüber einer Begründung.

**6** **6) „Mitteilung... von Hand zu Hand", I.** Der Anwalt darf also die Mitteilung einer Urkunde von Hand zu Hand gegen Empfangsbescheinigung bewirken. Gemeint ist das in § 198 im einzelnen geregelte Verfahren. Die Art der Übermittlung von Hand zu Hand ist dem Übermittler freigestellt, sie kann zB durch direkte Aushändigung, aber auch durch Übersendung mit der Post auf den verschiedenen zulässigen Postwegen erfolgen.

**7** **7) „... gegen Empfangsbescheinigung", I.** Die Vorschrift stellt klar, daß das ohnehin nach § 198 vorgeschriebene anwaltliche Empfangsbekenntnis im Fall der Übermittlung von Hand zu Hand stets erforderlich ist. Zu den Einzelheiten vgl daher bei § 198.

**8** **8) Rückgabestreit, II.** Gibt ein Anwalt die ihm eingehändigte Urkunde nicht fristgemäß zurück, ist er auf Antrag nach mündlicher Verhandlung zur unverzüglichen Rückgabe zu verurteilen.

**A. Rückgabefrist.** Zunächst ist der Empfänger nach der in 134 II genannten, evtl vom Vorsitzenden nach § 224 verlängerten oder abgekürzten Frist zur Rückgabe verpflichtet. Der aushändigende Anwalt kann dem empfangenden auch eine abweichende Frist gesetzt haben. Im Zweifel ist eine solche Frist „bestimmt" worden, die zu einer gründlichen, unverzüglichen Prüfung der Echtheit usw ausreiche.

**9** **B. Keine fristgerechte Rückgabe.** Weitere Voraussetzung eines Zwischenstreits nach II ist, daß der Anwalt die Urkunde nicht fristgerecht, Rn 8, zurückgegeben hat. Die Art der Rückgabe mag wiederum durch Übermittlung von Hand zu Hand, § 198, oder über das Gericht, oder formlos, etwa auf dem Postweg, erfolgen sollen. Maßgeblich ist, ob der ursprünglich einhändigende Anwalt die Urkunde vom gegnerischen Kollegen tatsächlich zurückerhalten hat. Der Einwurf in das Anwaltsfach im Gerichtsgebäude reicht.

**10** **C. Antragserfordernis.** Der in II geregelte Zwischenstreit erfolgt nicht von Amts wegen, sondern nur „auf Antrag", und zwar des ursprünglich einreichenden Anwalts oder seines Auftraggebers. Der Antrag bedarf keiner Form. Es herrscht, wie auch überhaupt bei § 135, kein Anwaltszwang, § 78 Rn 1; daher kann zB die nun nicht mehr anwaltlich vertretene Partei den Antrag auf Rückgabe an sich selbst auch persönlich stellen und muß dazu nicht einen anderen Anwalt beauftragen.

**11** **D. „Nach mündlicher Verhandlung".** Erforderlich ist über die Rückgabepflicht stets eine mündliche Verhandlung vor dem Prozeßgericht im Zwischenstreit, § 128 Rn 10. Das Gericht kann anordnen, daß der Zwischenstreit gesondert zu verhandeln ist, vgl § 280, kann über ihn aber auch zusammen mit der Hauptsache verhandeln lassen, § 137 Rn 7, und sollte das zur Vermeidung einer Verzögerung möglichst tun. Parteien des Zwischenstreits sind der einhändigende Anwalt bzw sein Auftraggeber und der sich weigernde gegnerische Anwalt persönlich, soweit er die Urkunde noch in Händen hat, also nicht sein Auftraggeber. Eine mündliche Verhandlung ist allerdings nicht vorzunehmen, wenn das Gericht ein schriftliches Verfahren nach § 128 II oder III zur Hauptsache durchführt.

**12** **E. „Verurteilung zur unverzüglichen Rückgabe".** Soweit das Gericht die Rückgabepflicht bejaht, hat es den Bekl des Zwischenstreits zur unverzüglichen Rückgabe zu verurteilen. Andernfalls erfolgt eine Abweisung des Antrags des Zwischenklägers. Das Wort „unverzüglich" in II hat allerdings verständigerweise nicht nur die Bedeutung eines Handelns ohne schuldhaftes Zögern, § 121 BGB. Vielmehr ist in der Regel eine sofortige Rückgabe anzuordnen und daher auch auszusprechen. Es ist ohnehin in solcher Lage schon zuviel Zeit verlorengegangen. Es gibt kein Säumnisverfahren. Vielmehr muß auch im Fall einer Säumnis des einen oder anderen Beteiligten des Zwischenstreits ein streitmäßiges Urteil ergehen. Das Urteil ist ein Zwischenurteil, vgl § 280. Das ergibt sich aus III. Es ergeht also nicht nur ein Beschluß, § 329. Ist die Entscheidung trotzdem als Beschluß bezeichnet oder gemeint, so ist sie in ein Zwischenurteil umzudeuten. Das gilt zumindest wegen des Rechtsbehelfs, III.

**13** **F. Kosten.** Die Kosten trägt je nach dem Ausgang des Zwischenstreits entweder der beklagte Anwalt persönlich, also nicht sein Auftraggeber, oder der Auftraggeber des Klägers des Zwischenstreits.

1. Titel. Mündliche Verhandlung **§§ 135, 136**

*Gebühren:* Des Gerichts: Für das Zwischenurteil keine, § 1 I GKG; wegen des Rechtsmittels Rn 15. Des Anwalts: Gehört erstinstanzlich zum Rechtszug, § 37 Z 3 BRAGO; wegen des Rechtsmittelzugs Rn 15.

**G. Vollstreckung.** Da die sofortige Beschwerde, Rn 15, keine aufschiebende Wirkung hat, ist eine **14** sofortige Zwangsvollstreckung nach §§ 794 I Z 3, 883 statthaft.

**9) Sofortige Beschwerde, III.** Gegen das Zwischenurteil nach II ist die sofortige Beschwerde statthaft, **15** § 577. Sie ist nach § 567 III 2 auch gegen eine Entscheidung des LG als Berufungs- oder Beschwerdegericht zulässig. Sie hat keine aufschiebende Wirkung, vgl § 572 I. Für das Beschwerdeverfahren entstehen bei Verwerfung oder Zurückweisung der sofortigen Beschwerde Kosten nach KV 1908 (Gericht) und § 61 I Z 1 BRAGO (Anwalt ⁵/₁₀ Prozeßgebühr des § 31 I Z 1 BRAGO).

**10)** *VwGO: Entsprechend anwendbar,* § 173 *VwGO, wenn RAe auf beiden Seiten stehen. Rechtsmittel, III,* gegen **16** das Zwischenurteil ist die Beschwerde, §§ 146ff VwGO.

**136** *Prozeßleitung des Vorsitzenden.* ¹ Der Vorsitzende eröffnet und leitet die mündliche Verhandlung.

II Er erteilt das Wort und kann es demjenigen, der seinen Anordnungen nicht Folge leistet, entziehen.

III Er hat Sorge zu tragen, daß die Sache erschöpfend erörtert und die Verhandlung ohne Unterbrechung zu Ende geführt wird; erforderlichenfalls hat er die Sitzung zur Fortsetzung der Verhandlung sofort zu bestimmen.

IV Er schließt die Verhandlung, wenn nach Ansicht des Gerichts die Sache vollständig erörtert ist, und verkündet die Urteile und Beschlüsse des Gerichts.

*Schrifttum:* Heilmann/Schlichting, Verfahrensgestaltung im Zivilprozeß, 1984; *Scheuerle,* Vierzehn Tugenden für vorsitzende Richter, 1983.

**Gliederung**

| | |
|---|---|
| 1) **Systematik, I–IV** ............ 1 | C. Begriff der Sitzungsbestimmung zur Fortsetzung der Verhandlung, III Hs 2 ........................ 24, 25 |
| 2) **Regelungszweck, I–IV** ........ 2 | D. Verstoß, III ................... 26 |
| 3) **Geltungsbereich, I–IV** ........ 3 | 8) „**Er schließt die Verhandlung, wenn ...", IV** .................... 27–35 |
| 4) **Vorsitzender, I–IV** ........... 4, 5 | A. Begriff des Verhandlungsschlusses, IV Hs 1 ............................ 28, 29 |
|    A. Begriff ...................... 4 | B. Voraussetzung des Verhandlungsschlusses: Vollständige Sacherörterung, IV Hs 1 .................. 30 |
|    B. Aufgabenübertragung ......... 5 | C. Maßgeblichkeit der Ansicht des Kollegiums, IV Hs 1 ................ 31 |
| 5) „**Er eröffnet und leitet die mündliche Verhandlung", I** ............ 6–9 | D. Entscheidungsbefugnis des Vorsitzenden, IV Hs 1 ................... 32 |
|    A. Begriff der mündlichen Verhandlung . 6 | E. Rechtsfolgen des Verhandlungsschlusses, IV Hs 1 .................. 33 |
|    B. Begriff der Eröffnung ......... 7 | F. Begriff der Verkündung, IV Hs 2 .... 34 |
|    C. Begriff der Leitung .......... 8 | G. Verstoß, IV Hs 1, 2 ............. 35 |
|    D. Verstoß, I .................. 9 | 9) **Rechtsbehelfe, I–IV** ............ 36–44 |
| 6) „**Er erteilt das Wort und kann es ... entziehen", II** .................... 10–20 | A. Ablehnung des Vorsitzenden ...... 36, 37 |
|    A. Begriff der Worterteilung ...... 10–14 | B. Anrufung des Kollegiums ........ 38 |
|    B. Begriff des Wortentzugs ...... 15–17 | C. Beschwerde ................... 39 |
|    C. Voraussetzung des Wortentzugs: Ungehorsam .................... 18 | D. Anfechtung der Sachentscheidung ... 40 |
|    D. Rechtsfolgen des Wortentzugs ... 19 | E. Dienstaufsichtsbeschwerde ........ 41–43 |
|    E. Verstoß, II .................. 20 | F. Verfassungsbeschwerde .......... 44 |
| 7) „**Er hat Sorge zu tragen, daß ...", III** ................................ 21–26 | 10) *VwGO* ........................ 45 |
|    A. Begriff der erschöpfenden Sacherörterung, III Hs 1 ................. 22 | |
|    B. Begriff der Verhandlung ohne Unterbrechung bis zum Ende, III Hs 1 ..... 23 | |

**1) Systematik, I–IV.** Die Vorschrift ist Teil eines Geflechts von Regeln, die sich an verschiedenen Stellen **1** der ZPO und des GVG befinden und erst insgesamt die Arbeitsweise des Vorsitzenden mit ihren Möglichkeiten und Grenzen darstellen. Dabei ist grundsätzlich zwischen der sog Prozeßleitung und der sog Sachleitung zu unterscheiden, vgl Üb 5 vor § 128. § 136 betrifft die förmliche und die sachliche Leitung durch den Vorsitzenden während der Verhandlung. §§ 139, 140 betreffen die Sachleitung. Insofern gilt ergänzend § 278. Im einzelnen ist die Sachleitung an vielen Stellen der ZPO geregelt, zB bei der Zeugenvernehmung in § 396. Sowohl bei der Prozeß- als auch bei der Sachleitung können Fragen der sog Sitzungspolizei auftreten; sie liegt nach §§ 176 ff GVG beim Vorsitzenden.
*I* stellt die umfassende Befugnis des Vorsitzenden zur Leitung der gesamten Verhandlung klar. *II* präzisiert diese Befugnis. *III* nennt den Grund dieser Befugnis, nämlich die Pflicht zur erschöpfenden Erörterung des Tatsachenstoffs usw. *IV* verdeutlicht ein gewisses Spannungsverhältnis zwischen dem Vorsitzenden und dem Kollegium, es enthält einen wichtigen Vorrang bei der Verhandlungsleitung.

**2) Regelungszweck, I–IV.** Die gesamte Verhandlung muß in der Hand nur eines der Mitglieder des **2** Kollegiums, eben des Vorsitzenden, liegen. Andernfalls bestünde die Gefahr endloser Diskussionen und eines erheblichen Autoritätsverlusts des Gerichts. Während der Vorsitzende bei der Beratung und Abstimmung

§ 136  1. Buch. 3. Abschnitt. Verfahren

nur eine, grundsätzliche lediglich gleichberechtigte, Stimme haben soll, wäre es fast undurchführbar, jede einzelne Frage des Fortgangs der Verhandlung durch Abstimmung (Beratung) klären zu müssen. Die Vorschrift dient also der Straffung der Verhandlung wie dem Ansehen des Gerichts. Zwar ist das Gericht für die Parteien da, nicht umgekehrt; es kann seine Aufgabe aber nur auf der Basis klarer Leitungsbefugnis erfüllen. Daher ist auch der Anwalt der Partei trotz seiner Stellung als unabhängiges Organ der Rechtspflege, § 1 BRAO, in den Grenzen der §§ 176 ff GVG den Anordnungen des Vorsitzenden unterworfen. Das gilt erst recht für alle übrigen Prozeßbeteiligten und sonstigen Anwesenden, bis hin zum Gerichtspräsidenten oder Justizminister. Zur Behandlung der Prozeßbeteiligten Correll DRiZ **87**, 178; zu der gebotenen Fürsorge für Zeugen im Gerichtsgebäude Schädler ZRP **89**, 4.

**3**  **3) Geltungsbereich, I–IV.** Vgl Grdz 2 vor § 128. Im arbeitsgerichtlichen Verfahren gilt grundsätzlich dasselbe, §§ 53 II, 80 II ArbGG, mit Abweichungen in § 53 I 1 ArbGG.

**4**  **4) Vorsitzender, I–IV.** Auf ihm ruht die Hauptlast der Verantwortung für einen sachgemäßen Prozeßbetrieb. Wenn ein Kollegium langsam und unsachgemäß arbeitet, ist er durchweg jedenfalls mitschuldig.

**A. Begriff.** Man muß stets darauf achten, ob das Gesetz von dem Gericht, also dem gesamten Spruchkörper, oder vom Vorsitzenden spricht. Er bildet freilich in der einzelrichterlichen Verhandlung oft den gesamten für sie zuständigen Spruchkörper, sei es als Einzelrichter, § 348, als beauftragter oder ersuchter Richter, §§ 361 ff, 372 II, 375, sei es als Amtsgericht, §§ 495 ff. Im Sprachgebrauch heißen auch alle diese einzelnen Richter in der Verhandlung Vorsitzender. Soweit im Kollegialgericht der Vorsitzende in der Verhandlung einen der übrigen Richter mit einem Teil der Aufgaben des Vorsitzenden betraut, Rn 5, etwa mit einer Vernehmung, übernimmt dieser Beisitzer die Funktion des Vorsitzenden nur bis zu demjenigen Zeitpunkt in dem der eigentliche Vorsitzende diese Funktion wieder (auch nur stillschweigend) an sich zieht; inzwischen wirkt er als Mitglied des Kollegiums.

Obwohl das Gesetz unter Gericht grundsätzlich den für die Verhandlung zuständigen gesamten Spruchkörper meint, also das Kollegium, ist der *Sprachgebrauch* des Gesetzes *keineswegs einheitlich*. Man muß von Fall zu Fall prüfen, ob im Verfahren vor dem Kollegialgericht unter dem Ausdruck Gericht das Kollegium oder doch (nur) sein Vorsitzender gemeint ist. Soweit das Kollegium gemeint ist, ist der Vorsitzende nicht etwa ausgeschlossen, sondern gleichberechtigtes Mitglied.

*Nicht* zum Gericht zählen hier der Protokollführer oder ein dem Kollegium zugeteilter Referendar, soweit dieser nicht zulässigerweise mit richterlichen Aufgaben betraut wird.

**5**  **B. Aufgabenübertragung.** Soweit der Vorsitzende einem Beisitzer oder einem Referendar Aufgaben des Vorsitzenden überträgt, Rn 4, hat dieser andere die volle Funktion des Vorsitzenden, also alle Rechte und Pflichten. Der Vorsitzende darf freilich eine solche Aufgabenübertragung keineswegs systematisch und ohne sachlichen Grund vornehmen. Verstößt er dagegen, so bleibt eine formell ordnungsgemäße Übertragung wirksam; seine Haftung, etwa im Fall ungenügenden rechtlichen Gehörs durch den Vertreter, bleibt, auch dienstrechtlich, bestehen.

**6**  **5) „Er eröffnet und leitet die mündliche Verhandlung", I.** Die knappen Gesetzesworte umfassen eine Fülle unterschiedlichster Aufgaben. Vgl auch Üb 5 vor § 128.

**A. Begriff der mündlichen Verhandlung.** Das Gesetz verwendet den Begriff mit unterschiedlicher Bedeutung. Dabei bestehen insbesondere zwischen dem Prozeßrecht und dem Gebührenrecht teilweise erhebliche Unterschiede. Entsprechend dem Regelungszweck, Rn 2, ist in § 136 der gesamte Ablauf der Ereignisse im Sitzungssaal sowie zB vor der Saaltür (Aufruf, Aushang des Terminszettels usw) gemeint, darüber hinaus dasjenige, was zur Durchführung der Verhandlung im Sitzungssaal erforderlich ist. Allerdings überschneiden sich die Befugnisse des Vorsitzenden zum Teil mit denjenigen des Hausherrn. So kann zB der Vorsitzende einen Pressefotografen aus dem Sitzungssaal weisen, nicht aber stets auch aus dem gesamten Gerichtsgebäude; er kann und muß notfalls insofern den Behördenleiter zum Erforderlichen veranlassen. Andererseits darf der Hausherr den Verlauf im Sitzungssaal keineswegs ohne zwingende Gründe (etwa Attentatsdrohung, Feuergefahr) stören oder unterbrechen; mit den letzteren Einschränkungen unterliegt auch er der Sitzungspolizei des Vorsitzenden.

**7**  **B. Begriff der Eröffnung.** Da der Termin mit dem Aufruf der Sache beginnt, § 220 I, gehört schon diese Aufgabe zur Eröffnung der Verhandlung, nicht erst der nochmalige Aufruf im Saal mit der Feststellung derjenigen, die erschienen sind usw. Soweit der Vorsitzende den Aufruf einem Wachtmeister, dem Protokollbeamten oder etwa einem hilfsbereiten Dritten (etwa einem Anwalt) überträgt, bleibt der Vorsitzende für die ordnungsmäßige Durchführung des wichtigen Aufrufs, § 220 Rn 1, 2, verantwortlich.

**8**  **C. Begriff der Leitung.** Die Verhandlungsleitung umfaßt sowohl die Prozeßleitung als auch die Sachleitung, Rn 1, Üb 5 vor § 128. Damit hat der Vorsitzende Aufgaben der unterschiedlichsten Art und Bedeutung. Seine Funktion ist bis zum Schluß der gesamten Verhandlung einschließlich der etwa sogleich anschließenden Beratung und Verkündung der Entscheidung umfassend und nur in den gesetzlich bestimmten, eng auszulegenden Sonderfällen durch ein Votum des gesamten Kollegiums oder eine durch ein wirksames Ablehnungsgesuch, §§ 42 ff, begrenzt. Soweit der Vorsitzende verhandlungsunfähig wird, geht seine Aufgabe auf den dienstältesten Beisitzer über. Freilich kann das Kollegium zunächst beschlußunfähig werden. Der einspringende Beisitzer ist dann nur zu den unaufschiebbaren Maßnahmen zwecks Beendigung dieses Termins befugt und verpflichtet. Die Befugnisse des Vorsitzenden zur Leitung des Prozesses außerhalb der Verhandlung sind in § 136 nicht geregelt. Das gilt für die Verteilung der Geschäfte unter die Beisitzer, § 69 GVG, ebenso, wie für alle anderen prozeßleitenden und -fördernden Maßnahmen. Bei sog Sammelterminen, § 216 Rn 20, bestimmt der Vorsitzende die Reihenfolge, sollte aber keineswegs anwaltliche „Vortrittslisten", dazu BVerwG NJW **84**, 191, beachten, wenn nicht alle Zurücktretenden eindeutig auch von sich aus und nicht nur auf Grund standesrechtlichen Drucks einverstanden sind.

**9**  **D. Verstoß, I.** Soweit der Vorsitzende bei der Verhandlungsleitung gegen das Gesetz verstößt, sind die in Rn 36 ff dargestellten Rechtsbehelfe gegeben. Soweit ein anderes Mitglied des Kollegiums oder eine sonstige

## 1. Titel. Mündliche Verhandlung § 136

Gerichtsperson die Verhandlungsleitung stört, darf und muß der Vorsitzende im Rahmen der Sitzungspolizei nach §§ 176 ff GVG vorgehen. Soweit ein sonstiger Prozeßbeteiligter die Verhandlungsleitung stört, sind §§ 175 ff GVG mit unterschiedlichen Rechten beachtlich, je nachdem, ob es sich um einen Anwalt, insbesondere um einen ProzBev, oder um einen sonstigen Dritten handelt. Es empfiehlt sich, bei kritischer Zuspitzung der Lage im Sitzungssaal eine kurze Pause anzuordnen und zu veranlassen, daß die Gerichtspersonen den Saal verlassen und daß Hausherr und Wachtmeisterei veranlaßt werden, die äußere Ordnung wieder herzustellen, bevor weiter verhandelt wird.

**6) „Er erteilt das Wort und kann es ... entziehen" II.** An sich umfaßt die in I geklärte Verhandlungs- 10 leitung natürlich auch die Worterteilung und den Wortentzug. II stellt die letzteren Befugnisse klar.

**A. Begriff der Worterteilung.** Der Vorsitzende hat mit der Worterteilung natürlich keine Befugnis zur Willkür. Er erhält andererseits ein weites Ermessen, insbesondere zum Zeitpunkt und zur Reihenfolge der Worterteilungen, vgl BGH 109, 44. Es ist nur durch die vom Gesetz zwingend vorgeschriebenen Pflichten, etwa der Erteilung des rechtlichen Gehörs, Art 103 I GG, begrenzt. Soweit die Entscheidung über die Erteilung und den Entzug des Worts noch mit irgendwelchen sachlich vertretbaren Argumenten begründet werden kann, ist sie von jedem Anwesenden unbedingt zu beachten und führt jeder Verstoß gegen die Anordnung des Vorsitzenden zu den gesetzlich vorgesehenen Folgen, zB §§ 176 ff GVG.

Insbesondere liegt es beim Vorsitzenden, *ob und wann* er einem Beisitzer, einem Anwalt oder sonstigen 11 ProzBev, einer Partei oder gar einem Dritten, etwa einem Zeugen oder einem Zuhörer, das Wort erteilt. Auch eine Abweichung vom „normalen" Gang einer Verhandlung bei der Worterteilung ist durchaus zu respektieren, denn sie kann sich aus einer ungewöhnlichen und unvermuteten Situation ergeben, etwa dadurch, daß der Anwalt des Bekl erklärt, er wolle nur zunächst rasch seine Sachantrag stellen und verzichte dann auf weitere Teilnahme an der Verhandlung, so daß zunächst der Antrag des Bekl, dann erst später derjenige des Klägers aufgenommen wird. Die Befugnis zur Worterteilung ist ein wesentliches Instrument der geordneten Verhandlungsleitung. Das müssen alle Beteiligten stets beachten. Es ist die Pflicht des Vorsitzenden dafür zu sorgen, daß immer nur einer zur Zeit spricht, daß auch ein Angegriffener sich zurückhält, eben bis auch er das Wort erhält, und daß eine ruhige, sachliche, weder steife noch gekünstelt würdevolle, aber auch nicht allzu temperamentvolle, allzu streitbare Atmosphäre entsteht. Er braucht zur Ausübung dieser viel Fingerspitzengefühl erfordernden Aufgabe die vertrauensvolle Disziplin aller Anwesenden. Wer in kritisches Argument hat, wird es auch einige Minuten später noch rechtzeitig vortragen können und kann daher warten, bis er das verlangte, ihm evtl durchaus zustehende Wort erhält.

Die Pflicht des Vorsitzenden nach § 139 III, jedem Mitglied des Gerichts auf Verlangen zu gestatten, 12 *Fragen zu stellen,* ist nach dem eindeutigen Sinn jener Vorschrift jeweils in dem sachlich gebotenen Zeitpunkt auszuüben. Der Vorsitzende muß zB bereits unmittelbar nach der eigenen Vernehmung eines Zeugen einem Beisitzer ergänzende Fragen gestatten, noch bevor der Beweisführer das Wort zu weiteren Fragen an den Zeugen erhält. Gleichwohl bleibt die etwa zu Unrecht getroffene Entscheidung des Vorsitzenden, dem Beisitzer das Wort noch nicht zu gestatten, wirksam. Weder eine Partei oder ihr ProzBev noch gar irgendein anderer im Saal darf zB demjenigen, dem der Vorsitzende das Wort erteilt hat, durch störende Zwischenrufe, Vorhalte, Fragen oder Entrüstungsrufe Schwierigkeiten bereiten. Selbst „hilfreiche" Zwischenbemerkungen können aus der Sicht des Vorsitzenden durchaus im Augenblick störend sein, auch wenn sie harmlos gemeint sind.

Das alles bedeutet *keine sklavische Unterordnung* unter den Vorsitzenden, sondern Wahrnehmung der Mitverantwortung gerade auch dann, wenn man den Prozeß – wie bei manchen, vgl Grdz 25, 26 vor § 128 – als bloße „Arbeitsgemeinschaft" betrachtet. Das Recht auf Gehör nach Art 103 I GG gibt wegen des Grundsatzes der Einheit der Verhandlung, Üb 3 vor § 253, nicht schon in demjenigen Augenblick einen Anspruch auf das Wort, in dem der Anlaß zur Äußerung entsteht, sondern erst dann, wenn der Vorsitzende der Wortmeldung stattgibt, evtl also erst am Schluß der Verhandlung.

Selbst ein *Ablehnungsgrund,* § 42, rechtfertigt nicht ein völlig ungezügeltes Dazwischenreden, nur um ihn 13 in derselben Sekunde bereits vorzubringen. Würde er gleichwohl derart unkontrolliert vorgetragen, so handelt der Vorsitzende im Rahmen einer „unaufschiebbaren" Handlung, § 47, wenn er sich etwa in der Zeugenvernehmung nicht mitten im Satz unterbrechen ließe. Je nach Ansicht eines Prozeßbeteiligten vom Vorsitzenden unkorrekt in den Protokollentwurf diktierte Maßnahme oder Äußerung geben dem Betroffenen schon deshalb kein Recht, das Wort an sich zu ziehen, weil überhaupt noch kein fertiges Protokoll vorliegt. Entsprechend sind alle vergleichbaren anderen Situationen zu beurteilen.

Auch und gerade derjenige Vorsitzende verdient Respekt, der sich aus irgendwelchen Gründen in *sich* 14 *plötzlich zuspitzender Situation* nicht sofort als souveräner Verhandlungsleiter zeigt. Auch er bleibt nämlich Mensch und darf irren oder auch einmal unbeherrscht sein oder wirken, ohne seine Funktion als die Verhandlung leitender Vorsitzender zu verlieren; mag man ihn später mit den gesetzlichen Mitteln zur Rechenschaft ziehen. Fast jeder kritische Einwand hat in der Verhandlung in Wahrheit durchaus noch ein paar Sekunden oder Minuten Zeit, bis er wirklich vorgebracht werden muß. Das gilt selbst dann, wenn der Vorsitzende etwa einen Zeugen nach Ansicht der Partei oder ihres Anwalts zu hart anpackt oder wenn er den Sachverhalt nicht richtig verstanden zu haben scheint. Der Vorsitzende mag im Rahmen seines auch hier weiten Ermessens durchaus die Notwendigkeit oder doch Berechtigung sehen, so zu verfahren, um die Wahrheit herauszubekommen oder ein besseres Bild von der Glaubwürdigkeit zu gewinnen usw. Es bleibt eben dabei: Der Vorsitzende und kein anderer leitet die Verhandlung. Er soll das im menschlichen, verständlichen Stil tun, Wassermann DRiZ **90**, 34, aber er leitet einen Prozeß, also meist einen Kampf und keine Arbeitsgemeinschaft, Grdz 26 vor § 128.

**B. Begriff des Wortentzugs.** Der Wortentzug ist eine Maßnahme der Verhandlungsleitung. Seine bloße 15 Möglichkeit soll einen heilsamen Einfluß auf die Selbstdisziplin aller Anwesenden ausüben. Deshalb hat der Vorsitzende auch hier ein weites Ermessen, dessen Grenzen erst bei klarem Mißbrauch, ohne jegliche sachlich vertretbare Erwägung, beginnen.

§ 136                                  1. Buch. 3. Abschnitt. Verfahren

**16**   Der Wortentzug bedeutet *keineswegs stets* eine *Verletzung* des rechtlichen *Gehörs,* Art 103 I GG. Das gilt jedenfalls dann, wenn mit ihm nicht zugleich der Verhandlungsschluß verkündet wird. Denn der Betroffene mag in der restlichen Verhandlung sehr wohl das Wort auf Antrag erneut erhalten können. Sogar dann, wenn der Vorsitzende etwa die Verhandlung unterbricht, um zB in einer später anberaumten Sache lediglich einen Antrag auf ein Versäumnisurteil zu protokollieren und dann in der unterbrochenen umfangreichen Verhandlung fortzufahren, bleibt der in der Unterbrechung liegende vorübergehende Wortentzug meist im Rahmen seines Ermessens und schon deshalb beachtlich.

**17**   Ein bloßer *Vorhalt,* eine Ermahnung, die Androhung von Rechtsfolgen im Fall der Fortsetzung der bisherigen Ausführungen usw sind kein Wortentzug. Dasselbe gilt für eine lediglich technisch bedingte Unterbrechung der Anhörung, etwa deshalb, weil sich das Gericht um einen plötzlich unruhigen oder kranken Dritten kümmern muß. Wer das Wort nicht derzeit erhalten hatte, dem wird es auch nicht schon dadurch entzogen, daß er es nicht jetzt sogleich erhält. Der Wortentzug kann auch stillschweigend erfolgen, etwa dadurch, daß der Vorsitzende ersichtlich nicht nur vorübergehend nicht mehr zuhört. Man kann und muß aber evtl als Vorsitzender gleichzeitig zuhören und seine Aufmerksamkeit auch auf einen anderen Vorgang in der Verhandlung lenken können, etwa auf einen verspätet eintretenden Zeugen, ohne daß dies letztere einem Wortentzug gleich käme. Die in II genannte Befugnis des Vorsitzenden ist von der in § 157 II genannten Befugnis des Gerichts zur Untersagung des weiteren Vortrags zu unterscheiden. Freilich kann der Vorsitzende vor Herbeiführung eines Beschlusses des Gerichts nach der letzteren Vorschrift doch schon in eigener Zuständigkeit zunächst nach II vorgehen.

**18**   **C. Voraussetzung des Wortentzugs: Ungehorsam.** Trotz allen Ermessens, Rn 15–17, ist natürlich die Voraussetzung einer berechtigten Entziehung des Worts, daß der Betroffene ungehorsam war. Das ist nicht stets dasselbe wie eine Ungebühr im Sinn von § 178 I 1 GVG. Auch eine zwar ruhige und sachbezogene, aber allzu weitschweifige oder gegenüber der augenblicklichen Lage im Verhandlungsraum rücksichtslose Erklärung eines Prozeßbeteiligten kann einen Ungehorsam darstellen. Es empfiehlt sich, das Wort erst nach einer ernsthaften Androhung und dem Versuch der gütlichen Beilegung zu entziehen, dann aber auch den Vorgang sogleich nach § 160 II in den Protokollentwurf aufzunehmen.

**19**   **D. Rechtsfolgen des Wortentzugs.** Der Betroffene darf zwar anwesend bleiben und darf und muß zumindest beobachtend seine bisherige Funktion zur Vermeidung von Rechtsnachteilen weiter ausüben. Der Anwalt, dem der Vorsitzende das Wort entzogen hat, darf nicht schon deshalb für die gesamte weitere Verhandlung den Saal verlassen, ohne zB ein Versäumnisurteil gegen seine Partei zu riskieren. Er kann ja nicht wissen, ob sich die Lage dahin ändert, daß ihm das Wort vor Verhandlungsschluß erneut erteilt wird und werden muß. Bis zur Wiedererteilung darf sich der Betroffene aber nur zum Zweck dieser Wiedererteilung äußern. Über die genannten Obliegenheiten hinaus ist er bis zum Wiedererhalt des Worts von Verantwortung frei.

**20**   **E. Verstoß, II.** Soweit der Vorsitzende das Wort zu Unrecht nicht erteilt oder entzieht, kann man das Kollegium anrufen, § 140. Im übrigen kann im endgültigen Wortentzug bis zum Verhandlungsschluß die Verletzung des Gebots des rechtlichen Gehörs, Art 103 I GG, mit allen ihren verfahrensrechtlichen und sonstigen Folgen liegen. Vgl ferner Rn 36. Ein Verstoß der Partei gegen den Wortentzug hat zunächst zur Folge, daß ihre Äußerungen nicht mehr beachtlich sind und nicht mehr protokolliert zu werden brauchen, wenn auch vielleicht vorsichtshalber als Vermerk über ihr Verhalten im Protokoll festgehalten werden sollten, falls zB eine Beschwerde droht. Ein noch nicht wirksam gestellter Antrag kann nun nicht mehr wirksam erfolgen, solange ihr das Wort nicht erneut erteilt worden ist. Es treten daher vergleichbare Rechtsfolgen wie bei § 333 ein (Nichtverhandeln der erschienenen Partei). Die nicht anwesende Partei bleibt trotz Wortentzugs der Sitzungsgewalt des Vorsitzenden §§ 176 ff GVG, unterworfen. Die Partei, der das Wort mit Recht entzogen wurde, kann sich nicht mehr auf Verletzung des rechtlichen Gehörs berufen, es sei denn, daß nach dem Wortentzug eine prozessual neue Situation eintritt, die keinen weiteren Wortentzug mehr rechtfertigt. Auf den gesetzlichen Vertreter ist § 51 II, auf den ProzBev ist § 85 II anwendbar.

**21**   7) „**Er hat Sorge zu tragen, daß ...**", III. Die Vorschrift umschreibt die wesentliche Pflicht des Vorsitzenden und die Grundlagen seiner Befugnisse nach I, II und IV. Erst eine gewissenhafte Erfüllung der dem Vorsitzenden übertragenen Aufgaben rechtfertigt seine Machtbefugnisse in der Verhandlung.

**22**   **A. Begriff der erschöpfenden Sacherörterung, III Hs. 1.** Es muß zumindest der Tatsachenstoff gemäß § 286 soweit geklärt werden, daß Entscheidungsreife eintritt, § 300 Rn 6. Darüberhinaus kann eine Pflicht bestehen, für ein gewisses Rechtsgespräch zu sorgen, Möhring/Nirk Festschrift „25 Jahre BGH" (1975) 312, 323, § 139 Rn 75 „Rechtsgespräch". Der Vorsitzende muß dieses Rechtsgespräch im Rahmen des § 278 III auf entscheidungserhebliche rechtliche Gesichtspunkte erstrecken. Er hat auch dafür zu sorgen, daß die Verhandlung nicht zur Farce wird, vgl LG Duisb RR **91**, 1022. Vor der Entscheidung des Vorsitzenden darüber, ob die Erörterung „erschöpfend" war, hat er sich zumindest kurz mit den Beisitzern darüber zu verständigen, ob auch nach deren Ansicht die Sache „vollständig" im Sinn von IV erörtert ist. Er trifft aber die abschließende Entscheidung auch zu dieser Frage selbst.
   Es kommt nicht darauf an, ob auch die Partei oder deren gesetzliche Vertreter oder ProzBev die Erörterung für erschöpfend halten; wegen des Grundsatzes der *Einheit der Verhandlung,* Üb 3 vor § 253, gilt im Zweifel der gesamte Akteninhalt als mündlich vorgetragen und erörtert; das wird oft übersehen, ermöglicht aber den Verhandlungsschluß ebenso oft zu einem Zeitpunkt, den mancher andere Prozeßbeteiligte für zu früh halten mag. Notfalls kann man die Verhandlung wieder eröffnen, § 156. Dessen ungeachtet sollte im Zweifel ein von der Partei noch gewünschter tatsächlicher oder rechtlicher Gesichtspunkt wenigstens stichwortartig angeschnitten werden; der Vorsitzende darf nicht Gefahr laufen, die Partei tatsächlich oder rechtlich zu überrumpeln. Es kann ratsam sein, im Protokoll kurz zu vermerken, daß die Parteien auf Fragen das Wort nicht mehr wünschten, § 160 II. Nach einer Beweisaufnahme ist eine nochmalige kurze Verhandlung, also auch evtl eine Erörterung, nach § 285 I, II ohnehin notwendig.

1. Titel. Mündliche Verhandlung § 136

**B. Begriff der Verhandlung ohne Unterbrechung bis zum Ende, III Hs 1.** Aus dem Zusammenfassungsgrundsatz, Üb 6 vor § 253, § 273 Rn 1, folgt unter anderem: Die Verhandlung ist grundsätzlich ohne eine Unterbrechung bis zu dem an diesem Tag möglichen und zumutbaren Punkt, wenn möglich bis zur Entscheidungsreife, § 300 Rn 6, zu führen. Sie ist sogar möglichst ohne eine Pause durchzuführen. Denn auch diese schwächt die Konzentrationsfähigkeit der Prozeßbeteiligten und kann erfahrungsgemäß zu unerwünschten Unterhaltungen von Zeugen untereinander usw führen. 23

Andererseits kann eine kurze *Pause* oder gar längere Unterbrechung an demselben Sitzungstag durchaus verfahrensfördernd wirken, etwa um den Parteien Gelegenheit zur Vereinbarung eines Prozeßvergleichs nach Anh § 307 zu bieten oder einen ausgebliebenen Prozeßbeteiligten herbeizuschaffen. Auch mögen eine vorgerückte Terminsstunde, eine schon lange Verhandlungsdauer, eine Ermüdung eines Prozeßbeteiligten usw eine Pause oder Unterbrechung sogar notwendig machen. Eine Zwischenberatung ist keine Unterbrechung im Sinn von Hs 1. Der streitigen Verhandlung soll eine Beweisaufnahme grundsätzlich unmittelbar folgen, § 278 II 1. Im Anschluß an die Beweisaufnahme ist der Sach- und Streitgegenstand grundsätzlich sogleich erneut mit den Parteien zu erörtern, § 278 II 2, und über das Beweisergebnis grundsätzlich sogleich zu verhandeln, § 285.

**C. Begriff der Sitzungsbestimmung zur Fortsetzung der Verhandlung, III Hs 2.** Die Regelung ist eine Folge der auch und gerade dem Vorsitzenden obliegenden Förderungspflicht, Grdz 12 vor § 128, § 272 I. Hs 2 regelt die Anberaumung eines neuen Verhandlungstermins, während § 310 I diejenige eines etwa notwendigen bloßen Verkündungstermins erfaßt. Das gilt auch dann, wenn dann im Verkündungstermin ein neuer Verhandlungstermin anberaumt werden muß, vgl § 218. 24

Wenn am Ende der Verhandlung ein neuer Termin zur Verhandlung erforderlich wird, ist er nicht nur „sofort", dh noch in der bisherigen Verhandlung, sondern außerdem nach § 278 IV *„möglichst kurzfristig"* anzuberaumen, wie es ohnehin § 216 II mit der Wendung „unverzüglich zu bestimmen" anordnet. Eine Ladung der erschienenen Prozeßbeteiligten zum nächsten Verhandlungstermin ist jedenfalls nur dann entbehrlich, wenn der neue Termin entweder noch während der bisherigen Verhandlung oder in einem in ihr bestimmten Verkündungstermin bekannt gegeben wird, § 218. Auch eine bloße Beweisaufnahme vor dem Prozeßgericht ist eine „Fortsetzung der Verhandlung" im Sinn von Hs 2. Überdies muß allerdings schon nach § 285 auch zur Vermeidung eines Verstoßes gegen Art 103 I GG über das Ergebnis der Beweisaufnahme stets noch streitig oder unstreitig „verhandelt" werden; es ist dringend ratsam, den Charakter des neuen Termins „zur Beweisaufnahme und Fortsetzung der mündlichen Verhandlung" klarzustellen. Soweit der Rechtsstreit nach Beginn der ersten Verhandlung dem Einzelrichter oder dem beauftragten oder ersuchten Richter zunächst oder endgültig übertragen wird, bleibt die Bestimmung eines Termins vor ihm diesem anderen Richter überlassen. 25

**D. Verstoß, III.** Soweit der Vorsitzende gegen Hs 2 verstößt, kommen die in Rn 36 ff genannten Rechtsbehelfe in Betracht. 26

**8) „Er schließt die Verhandlung, ...", IV.** Der Verhandlungsschluß hat prozessual erhebliche Bedeutung, § 296 a. Er beendet nicht auch die Sitzungsgewalt, §§ 176 ff GVG, und zwar selbst dann nicht, wenn mit dieser Verhandlung der Sitzungstag endet. Zumindest aus der letzten Verhandlung dieses Tages ergibt sich gegenüber allen noch Anwesenden, auch Zuhörern, das Recht und die Pflicht des Vorsitzenden, im Rahmen des Schlusses jener Verhandlung und der Sitzung für eine geordnete Beendigung des Geschehens im Sitzungsraum zu sorgen, notfalls unter Hinzurufung der Wachtmeisterei. 27

**A. Begriff des Verhandlungsschlusses, IV Hs 1.** Die Vorschrift meint diejenige Maßnahme, an die sich die Rechtswirkung anschließt, daß keine Partei mehr Angriffs- oder Verteidigungsmittel im Sinn von Einl III 70 vorbringen kann, § 296 a. Der Verhandlungsschluß kann ausdrücklich oder stillschweigend erfolgen, auch durch die Verkündung eines Beweisbeschlusses oder der Bestimmung eines Verkündungstermins oder durch den Aufruf einer anderen Sache, ebenso Meyer-Stolte Rpfleger 91, 520. Eine bloße Vertagung, §§ 227 I, 335 II, 337, ist noch kein Verhandlungsschluß, denn es gilt der Grundsatz der Einheit der gesamten Verhandlung, Üb 3 vor § 253. 28

Der Schluß der Verhandlung erfolgt also dadurch, daß der Vorsitzende mitteilt, daß er bzw das Kollegium nunmehr zunächst beraten und eine *Entscheidung an einem anderen Tag* verkünden werden, oder daß die bereits verkündeten Maßnahmen, etwa ein Beweisbeschluß, erst an einem anderen Sitzungstag, wenn auch evtl dem folgenden, durchgeführt werden sollen. Weder eine größere oder längere Pause bis zur Fortsetzung an demselben Tag noch eine Unterbrechung aus irgendeinem Grund bis zu einer späteren Terminsstunde an demselben Tag bedeuten einen Verhandlungsschluß. Im schriftlichen Verfahren ergibt sich der dem Verhandlungsschluß rechtlich gleichstehende Zeitpunkt aus § 128 II 2, dort Rn 27. Die etwaige Notwendigkeit einer Frist zum weiteren Vortrag nach § 283 oder zur Wiedereröffnung der bereits geschlossenen Verhandlung nach § 156 ändert nichts daran, daß der Vorsitzende zumindest die bisherige Verhandlung für beendet erklären darf und muß. Zeugen dürfen sich erst bei Entlassung vor oder nach dem Verhandlungstermin entfernen, ebenso Sachverständige. 29

**B. Voraussetzung: Vollständige Sacherörterung, IV Hs 1.** Zu diesem Begriff Rn 22. 30

**C. Maßgeblichkeit der Ansicht des Kollegiums, IV Hs 1.** Wie sich aus dem Gesetzeswortlaut ergibt, kommt es darauf an, ob auch nach Ansicht „des Gerichts" die Sache (gemeint: an diesem Sitzungstag) vollständig erörtert ist. Daher muß der Vorsitzende sich mit den übrigen Kollegium abstimmen. Das kann freilich ohne förmliche Beratung im Sitzungsaal geschehen. Stillschweigen der Beisitzer bedeutet durchweg ihre Zustimmung. 31

**D. Entscheidungsbefugnis des Vorsitzenden, IV Hs 1.** Ungeachtet der Pflicht nach Rn 31 bleibt der Vorsitzende zur Anordnung des Verhandlungsschlusses nach außen allein funktionell zuständig und handelt auch im Innern zulässig ohne Abstimmung mit dem Kollegium wirksam. Das ergibt auch das Wort „Er" in Hs 1. 32

**E. Rechtsfolgen des Verhandlungsschlusses, IV Hs 1.** Der Verhandlungsschluß bewirkt unter anderem den Eintritt der Folgen einer Versäumnis, §§ 220 II, 231 II, 330 ff. Es tritt neben dem Ausschluß des 33

§ 136 1. Buch. 3. Abschnitt. Verfahren

Rechts auf weiteren Vortrag, § 296a, Köln NJW **75**, 788, auch die Folge ein, daß die Gerichtsbesetzung bei Entscheidungsreife nicht mehr geändert werden darf, § 309, vgl Volmer NJW **70**, 1300. Der Verhandlungsschluß führt in den Fällen § 138 III, IV zur Geständniswirkung und beendet eine Unterbrechungswirkung, § 249 III. Es tritt auch die Ausschlußwirkung nach §§ 323 II, 767 II ein.

34 **F. Begriff der Verkündung, IV Hs 2.** Wie § 310 I 1 Hs 1 klärt, ist das Urteil in dem Termin zu verkünden, in dem die mündliche Verhandlung geschlossen wird, wenn nicht ein (sofort anzuberaumender) besonderer Verkündungstermin erforderlich wird. Entsprechendes gilt für eine abschließende Verfügung oder einen abschließenden Beschluß, § 329 Rn 14 „§§ 309, 310 I". Die Verkündung eines Urteils, § 300, Versäumnisurteils, §§ 336ff, oder Anerkenntnisurteils, § 307, auch eines entsprechenden Teil- oder Grundurteils, § 301, 304, erfolgt in den Formen des § 311. Beim Beschluß oder der Verfügung sind § 311 I–III grundsätzlich unanwendbar, § 311 IV anwendbar, § 329 I 2.

35 **G. Verstoß, IV Hs 1, 2.** Wegen der erheblichen Bedeutung einer korrekten Verkündung jedenfalls eines Urteils auch im Fall der befugten oder unbefugten Abwesenheit der betroffenen Partei ergibt sich die Folge eines Verstoßes in solchem Fall nach den in § 310 Rn 3, 10, § 311 Rn 7 genannten Regeln. Im übrigen gelten die in Rn 36 ff dargestellten Rechtsbehelfe.

36 **9) Rechtsbehelfe, I–IV.** Beim Rpfl gilt § 11 RPflG, vgl § 104 Rn 41ff. Im übrigen gilt:
**A. Ablehnung des Vorsitzenden.** Es gelten §§ 42ff. Die Ablehnung kann sich zB aus der Ausdrucksweise des Vorsitzenden, seinem Festhalten an einer verfehlten Ansicht, seiner Gestik oder Mimik, dem Verharren auf einem Irrtum, einer politischen Äußerung in der Verhandlung, einem unerlaubten Ratschlag, einer in der Verhandlung aufgetretenen Spannung zwischen ihm und einem übrigen Prozeßbeteiligten, überhaupt irgendeiner Unsachlichkeit und insbesondere auch einem unberechtigten Wortentzug ergeben, § 42 Rn 10. Wie stets, kann die Partei nach § 43 eine Ablehnung nicht mehr anbringen, wenn sie sich auf eine Verhandlung eingelassen oder Anträge gestellt hat, ohne den ihr bekannten Ablehnungsgrund geltend zu machen. Das gilt selbst dann, wenn der Ablehnungsgrund objektiv erst unmittelbar vorher erfolgte.

37 Ein auch nur irgendwie möglicherweise als begründet anzusehendes Ablehnungsgesuch zwingt dazu, die bisherige Verhandlung *zunächst zu schließen*. Der Vorsitzende darf und muß aber darauf achten, daß die Partei nicht durch ein fadenscheiniges Ablehnungsgesuch versucht, eine ihr ungünstige, erkennbar direkt bevorstehende Sachentscheidung in letzter Minute abzuwenden. Zwar ist auch ein erkennbar rechtsmißbräuchliches oder sonst unzulässiges Ablehnungsgesuch zunächst einmal vorhanden. Wenn es lediglich unflätige oder hemmungslose Beschimpfungen usw enthält, braucht es aber nicht bearbeitet zu werden, Einl III 66, § 42 Rn 7, § 46 Rn 4. Ein eindeutig rechtsmißbräuchliches Ablehnungsgesuch läßt die Rechte und Pflichten des Vorsitzenden unverändert bestehen, und zwar nicht etwa nur als „unaufschiebbare Handlung" im Sinn von § 47, sondern wegen der von Amts wegen zu beachtenden prozessualen völligen Unbeachtlichkeit prozessualer Arglist, Einl III 59. Die Partei, die nach rechtsmißbräuchlicher Ablehnung den Saal verläßt, kann säumig werden; unabhängig von der Zulässigkeit eines Ablehnungsgesuchs unterliegt der Ablehnende weiterhin der Sitzungspolizei bis zum Verhandlungsschluß, § 47, §§ 176ff GVG.

38 **B. Anrufung des Kollegiums.** Vgl § 140.

39 **C. Beschwerde.** Soweit der Vorsitzende einen Antrag eines Prozeßbeteiligten, der das Verfahren betrifft, zurückweist, ist nach § 567 I Hs 2 ZPO eine Beschwerde nur dann zulässig, wenn die Entscheidung des Vorsitzenden keine mündliche Verhandlung erforderte. Da § 136 aber gerade seine Entscheidungen in der mündlichen Verhandlung und nur diese erfaßt, ist § 567 I Hs 2 grundsätzlich unanwendbar; deshalb ist ja gerade § 140 maßgeblich. Soweit das LG als Berufungs- oder Beschwerdegericht entschieden hat, ist eine Beschwerde ohnehin unzulässig, § 567 III 1.

40 **D. Anfechtung der Sachentscheidung.** Soweit eine Maßnahme des Vorsitzenden in der Verhandlung Einfluß auf die in ihr oder später verkündete Sachentscheidung des Gerichts bzw des Vorsitzenden hatte, ist der gegen solche Entscheidung jeweils statthafte Rechtsbehelf nach den für ihn geltenden Regeln gegeben.

41 **E. Dienstaufsichtsbeschwerde.** Neben oder anstelle der anderen Rechtsbehelfe ist die Dienstaufsichtsbeschwerde denkbar. Sie ist gesetzlich kaum geregelt. Sie findet die Grenzen ihrer Zulässigkeit dort, wo der Bereich der richterlichen Unabhängigkeit beginnt; zur Abgrenzung § 26 DRiG, SchlAnh I A. Vgl ferner etwa die bei § 216 Rn 29 genannten Regeln. Der Dienstvorgesetzte hat das Recht und auch sehr wohl die Pflicht der Fürsorge für den Untergebenen und nicht in erster Linie für die Prozeßbeteiligten; letzteres ist zunächst Sache des erkennenden Gerichts. Das wird bedauerlicherweise bei allzu eilfertigen Bemühungen, den Beschwerdeführer zufriedenzustellen, oft „übersehen". Zwar macht auch in der Verhandlung der Ton die Musik; der Vorsitzende, der sich eindeutig erheblich vorwerfbar im Ausdruck oder in der sonstigen Verhaltensweise vergreift, kann schon und kann deshalb der Dienstaufsicht unterliegen.

42 Der Vorgesetzte sollte sich aber *peinlich hüten*, auch nur den Anschein zu erwecken, unter dem Deckmantel einer ihm vorliegenden Dienstaufsichtsbeschwerde irgendeinen Einfluß auch nur auf verfahrensleitende Maßnahmen während jener Sitzung oder in Zukunft nehmen zu wollen. Auch eine solche Maßnahme, die zum Verfahrensstillstand führt, kann sehr wohl in richterlicher Unabhängigkeit erarbeitet und mit vertretbaren Argumenten begründbar, sogar zwingend notwendig sein, etwa wegen eines unbehebbaren oder gerügten erheblichen Mangels der Klageschrift usw. Auch ein sehr kritisches Wort des Vorsitzenden gegenüber irgendeinem anderen im Saal kann bei vernünftiger, die Aufgaben des Vorsitzenden gebührend berücksichtigender Betrachtungsweise sehr wohl noch gerechtfertigt sein, vgl § 193 StGB (Wahrnehmung berechtigter Interessen), und eine Einmischung des Vorgesetzten verbieten. Der ihm nur bedingt unterstellte Richter ist kein der ständigen Aufsicht bedürftiges Kind, selbst wenn er sich sehr individuell verhält; die Verwaltung dient auch dann noch dem Richter (und nicht umgekehrt), wenn er ihr unbequem ist.

43 Die Justiz wäre gut beraten, ggf unmißverständlich zu verdeutlichen, daß eine unberechtigte Dienstaufsichtsbeschwerde immerhin als *falsche Anschuldigung*, § 164 StGB, und/oder Beleidigung, §§ 185 ff StGB, angesehen werden kann und auch übrigens zu standesrechtlichen Folgen führen könnte. Ein diesbezügliches

## 1. Titel. Mündliche Verhandlung §§ 136, 137

Unterlassen des Vorgesetzten, könnte als Begünstigung des unberechtigten Beschwerdeführers und sogar als Teilnahme an einer evtl fortdauernden Beleidigung zu werten sein.

**F. Verfassungsbeschwerde.** Soweit der Vorsitzende insbesondere das Wort unberechtigt nicht erteilt **44** oder entzogen hat oder keine erschöpfende Sacherörterung durchführte, kann nach der Erschöpfung des Rechtswegs eine Verfassungsbeschwerde insbesondere wegen Verstoßes gegen Art 103 I GG in Betracht kommen, Einl III 17. Das setzt freilich die übrige Unanfechtbarkeit der auf dem Verstoß beruhenden Sachentscheidung des Gerichts voraus.

**10) VwGO:** *Entsprechende Vorschriften enthalten §§ 103 I und III, 104 I und III VwGO.* ***II*** *ist entsprechend* **45** *anwendbar.* *§ 173 VwGO (Ergänzung zu § 103 III VwGO), ebenso* ***IV*** *Halbsatz 2 (Ergänzung zu § 116 I VwGO).*

**137** **Gang der mündlichen Verhandlung.** ᴵ Die mündliche Verhandlung wird dadurch eingeleitet, daß die Parteien ihre Anträge stellen.

ᴵᴵ Die Vorträge der Parteien sind in freier Rede zu halten; sie haben das Streitverhältnis in tatsächlicher und rechtlicher Beziehung zu umfassen.

ᴵᴵᴵ ¹Eine Bezugnahme auf Schriftstücke ist zulässig, soweit keine der Parteien widerspricht und das Gericht sie für angemessen hält. ²Die Vorlesung von Schriftstücken findet nur insoweit statt, als es auf ihren wörtlichen Inhalt ankommt.

ᴵⱽ In Anwaltsprozessen ist neben dem Anwalt auch der Partei selbst auf Antrag das Wort zu gestatten.

**Schrifttum:** *Fischer,* Bezugnahmen ... in Schriftsätzen usw, 1994.

### Gliederung

| | | | |
|---|---|---|---|
| 1) **Systematik, I–IV** | 1 | D. Erste Zulässigkeitsvoraussetzung: „Keine der Parteien widerspricht" | 31 |
| 2) **Regelungszweck, I–IV** | 2 | E. Zweite Zulässigkeitsvoraussetzung: „Das Gericht hält die Bezugnahme für angemessen" | 32 |
| 3) **Geltungsbereich, I–IV** | 3 | F. Rechtsfolgen der Bezugnahme | 33 |
| 4) **Einleitung der mündlichen Verhandlung: Antragstellung, I** | 4–19 | G. Verstoß | 34 |
| A. Begriff der Einleitung der Verhandlung | 4, 5 | 7) **„Vorlesung von Schriftstücken", III 2.** | 35–39 |
| B. Bloße Sollvorschrift | 6 | A. Begriff des Schriftstücks | 35 |
| C. Begriff der Antragstellung | 7 | B. Begriff der Vorlesung | 36 |
| D. Verhältnis zur Anhörung oder Erörterung | 8, 9 | C. Zulässigkeitsvoraussetzung: „Es kommt auf ihren wörtlichen Inhalt an" | 37 |
| E. Form der Antragstellung | 10–12 | D. Rechtsfolgen der Vorlesung | 38 |
| F. Rechtsfolgen der Antragstellung | 13–16 | E. Verstoß | 39 |
| G. Begriff der Parteien | 17 | 8) **Vortrag der Partei persönlich im Anwaltsprozeß, IV** | 40–47 |
| H. Kosten | 18 | A. Begriff des Anwaltsprozesses | 40 |
| I. Verstoß | 19 | B. Sonstiger sachlicher Geltungsbereich | 41 |
| 5) **„Vorträge der Parteien", II** | 20–27 | C. Begriff der Partei | 42 |
| A. Begriff der Partei | 20 | D. „Neben dem Anwalt" | 43 |
| B. Begriff des Vortrags | 21 | E. „Auf Antrag" | 44 |
| C. Begriff der freien Rede | 22, 23 | F. „... ist ... das Wort zu gestatten" | 45 |
| D. Begriff des Rechtsverhältnisses | 24 | G. Rechtsfolgen der Gestattung des Worts | 46 |
| E. Rechtsfolgen des Vortrags | 25, 26 | H. Verstoß | 47 |
| F. Verstoß | 27 | 9) **Rechtsbehelfe, I–IV** | 48 |
| 6) **„Bezugnahme auf Schriftstücke", III 1** | 28–34 | 10) **VwGO** | 49 |
| A. Begriff des Schriftstücks | 28 | | |
| B. Begriff der Bezugnahme | 29 | | |
| C. Abgrenzung zur Antragstellung | 30 | | |

**1) Systematik, I–IV.** Die Vorschrift enthält einige, aber keineswegs alle Regeln zum Gang der mündlichen Verhandlung. Sie ist vielmehr nur ein Teil eines ganzen Geflechts einschlägiger Vorschriften. Zu den letzteren gehören zB die Regelung der Befugnisse des Vorsitzenden, § 136, ferner etwa für den frühen ersten Termin § 275, für den Haupttermin § 278, für alle Verhandlungstermine §§ 138–140, für die Beweisaufnahme § 357 I und etwa für die Vernehmung eines Zeugen § 394 IV usw. **1**

*I* scheint sogar dem § 278 I zu widersprechen. In Wahrheit meint I jedoch nur den Beginn der eigentlichen streitigen Verhandlung. *III* wird, soweit es um die Anträge geht, durch den vorrangigen § 297 verdrängt, ergänzt ihn aber hilfsweise. *IV* tritt zB im Eheverfahren neben § 613 und ergänzt diesen.

**2) Regelungszweck, I–IV.** Die Vorschrift dient unterschiedlichen Zwecken. *I* soll zur Klärung des Streitgegenstands im Sinn von § 2 Rn 3 bewirken, daß die eigentliche Sachanträge am Beginn der Verhandlung stehen. *II, III* enthalten nicht nur den Mündlichkeitsgrundsatz, Üb 1 vor § 128, sondern zwecks noch schärferer Durchführung dieses Grundsatzes sogar innerhalb der mündlichen Verhandlung noch den Grundsatz des Gebots der freien Rede zum Zweck der in aller Öffentlichkeit und in Rede wie Gegenrede sich entwickelnden Klärung des Streitstoffs bis zur erschöpfenden Erörterung, zur Entscheidungsreife, § 300 Rn 6. *IV* dient vor allem der Verhinderung prozessualer und sachlichrechtlicher Nachteile der Partei infolge ungenügender Information des ProzBev. Bei einem Widerspruch hat ja sogar der Parteivortrag unter **2**

## § 137

Umständen Vorrang vor demjenigen des ProzBev, § 78 Rn 17. Man muß den jeweiligen Regelungszweck bei der Auslegung mit beachten.

**3**  3) **Geltungsbereich, I–IV.** Vgl Grdz 2 vor § 128.

**4**  4) **„Einleitung der mündlichen Verhandlung": Antragstellung, I.** Die Vorschrift scheint sowohl zu § 220 I (Terminsbeginn mit Aufruf) als auch jedenfalls im Haupttermin (nach schriftlichem Vorverfahren) zu § 278 I (Einführung des Gerichts in den Sach- und Streitstand usw) in einem Widerspruch zu stehen. In Wahrheit sind die Vorschriften durchaus aufeinander abgestimmt; das Gesetz drückt sich nur nicht ganz unmißverständlich aus und erfaßt auch nicht alle Vorgänge in zeitlicher Reihenfolge in einer einzigen Bestimmung.

**5**  **A. Begriff der Einleitung der Verhandlung.** Während der Aufruf der Sache den Beginn des Termins darstellt, § 220 I, also den zeitlich ersten Abschnitt des Gesamtgeschehens, meint I mit dem Ausdruck „mündliche Verhandlung" einen späteren Vorgang. Zwischen dem Aufruf und dem Zeitpunkt nach I liegen noch grundsätzlich die Eröffnung der Verhandlung, § 136 I, die weiteren in § 278 Rn 5 genannten Vorgänge formeller Art und daher sogar die etwaige Einführung des Gerichts in den Sach- und Streitstand, Nürnb RR **94**, 1343 (für die Berufungsinstanz), nebst persönlicher Anhörung der Parteien hierzu, § 278 I, soweit sie zur Zulässigkeit und evtl sogar zur Klagebegründetheit gehören, und ein etwaiger Einigungsversuch im Rahmen jenes Verfahrensabschnitts, § 279. Die in I erfaßte Einleitung der mündlichen Verhandlung bezieht sich daher erst auf die eigentliche streitige Verhandlung. Düss MDR **87**, 852, Jena MDR **99**, 501, Mü RR **89**, 575.

Eine *Erörterung* und persönliche Anhörung etwa nach § 278 I mag zwar sogar den Schwerpunkt des Verhandlungstermins bilden, unterfällt auch im Sinn des § 136 I sowie des § 176 GVG der Funktion des Vorsitzenden, Bauer ZZP **91**, 329, gehört aber noch nicht zur „eigentlichen streitigen Verhandlung", Mü MDR **85**, 943. Soweit es dann überhaupt nicht zu streitigen Sachanträgen kommt, ist doch jedenfalls erst die nach dem Aufruf usw am Beginn der eigentlichen Klärung des Streitstands erfolgende Antragstellung die „Einleitung der mündlichen Verhandlung" nach I. Damit ist allerdings wiederum nur der Regelfall umschrieben, und auch er nur im prozessualen Sinn. Gebührenrechtlich können andere Maßstäbe gelten.

**6**  **B. Bloße Sollvorschriften.** I stellt trotz des scheinbar zwingenden Wortlauts („wird ... eingeleitet") in Wahrheit jedenfalls in der Praxis eine bloße Sollvorschrift dar. Denn der Akteninhalt bis zum Terminsbeginn, derjenige von etwa unmittelbar nach dem Aufruf dem Gericht überreichten Schriftsätzen oder andere Erwägungen können dazu führen, daß der Vorsitzende im Kosteninteresse der Parteien ratsam hält, die Entgegennahme der Sachanträge zunächst zurückzustellen und zunächst in den Sach- und Streitstand einzuführen, § 278 I 1, BGH **109**, 44, zB um eine Klagerücknahme nach § 269 statt der angekündigten Forderung zu erreichen, bevor überhaupt eine Verhandlungsgebühr nach § 31 I Z 2 BRAGO entsteht. Auch mag etwa bei sich abzeichnender Unzuständigkeit des Gerichts eine Erörterung mit dem Ziel erfolgen, daß der Kläger seinem angekündigten Sachantrag zumindest sogleich hilfsweise einen Verweisungsantrag nach § 281 hinzufügt, § 260 Rn 8. Es wäre lebensfremd, solche unter Umständen auch zeitlich ausgedehnte Phasen der Erörterung nicht als „mündliche Verhandlung" zu betrachten, nur weil die Sachanträge etwa erst am Schluß des gesamten Gesprächs zu Protokoll kommen. Es wäre andererseits oft keineswegs gerechtfertigt, die Anträge in solchen Fällen als schon zu Beginn der Erörterung (grundsätzlich zulässigerweise) stillschweigend gestellt anzusehen. Daraus folgt vernünftigerweise der bloße Sollcharakter von I.

**7**  **C. Begriff der Antragstellung.** Weder I noch übrigens §§ 139 I 1, 297 enthalten gesetzliche Bestimmungen des Begriffs „Anträge". Gemeint ist jeweils der sogenannte Sachantrag, § 297 Rn 1, Nürnb RR **94**, 1343 (für die Berufungsinstanz), im Gegensatz zum bloßen Prozeßantrag, § 297 Rn 5. Denn die Antragstellung nach I leitet ja die eigentliche streitige Verhandlung zur Sache, zum Streitgegenstand, ein, Rn 4 ff. Freilich kann ein Prozeßantrag, etwa auf Verweisung oder auf das Ruhen des Verfahrens, zumindest gleichzeitig mit dem Sachantrag, wenn nicht schon vor ihm, oder doch jedenfalls vor weiterer Erörterung im Anschluß an den Sachantrag von der Partei geäußert und vom Gericht entgegengenommen werden.

**8**  **D. Verhältnis zur Anhörung oder Erörterung.** Die Antragstellung ist der förmliche Höhepunkt des Parteivortrags. Mit dem Sachantrag legt die Partei den Umfang ihres Angriffs oder ihrer Verteidigung und damit den Umfang desjenigen Streitstoffs fest, über den das Gericht entscheiden darf und muß, § 308 I. Dieser Grundsatz gilt lediglich nicht bei den Kosten, § 308 II, und im Verfahren mit Amtsermittlungsgrundsatz, Grdz 38 vor § 128. Die Antragstellung hat auch für die Entstehung der Verhandlungsgebühr, § 31 I Z 2 BRAGO, eine maßgebliche Bedeutung.

**9**  Demgegenüber zählen die Formen der *Anhörung,* Erörterung usw zu den vorbereitenden oder nachbereitenden Formen, in denen das Gericht mit der einen oder anderen oder beiden Parteien spricht. Sie können der Herbeiführung oder der Verhinderung von Sachanträgen dienen. Sie können streitig oder unstreitig erfolgen, mit einer Einigung oder ohne solche enden. Sie können einseitig oder beiderseitig stattfinden. Natürlich kann auch die Anwesenheit einer Partei bei Sachanträge, aus welchen Gründen auch immer, unterbleiben, so daß sie im Sinn von § 333 „nicht verhandelt" und daher säumig ist.

**10**  **E. Form der Antragstellung.** Die Form ergibt sich aus § 297 I, II. Die Vorschrift enthält mehrere grundsätzlich gleichberechtigte Formen, in denen man den Sachantrag wirksam stellen kann. Jede Partei ist in der Wahl einer dieser Formen unabhängig von der anderen frei; bei einer der Formen muß allerdings der Vorsitzende genehmigend mitwirken, um den Sachantrag wirksam werden zu lassen. Wegen der erheblichen Auswirkung einer wirksamen Antragstellung empfiehlt sich eine gewissenhafte Beachtung des § 297 bei der erforderlichen Protokollierung, § 160 III Z 2.

*Zulässig sind also:* Die Verlesung aus einem vorbereitenden Schriftsatz, § 297 I 1, oder aus einer dem Protokoll als Anlage beizufügende Schrift, § 297 I 2; die Erklärung zum Protokoll, soweit der Vorsitzende sie gestattet, § 297 I 3; die Bezugnahme auf einen Schriftsatz, § 297 II. Die etwa notwendige Gestattung muß eindeutig vorliegen, kann aber auch stillschweigend erfolgen.

## 1. Titel. Mündliche Verhandlung    § 137

*In der Praxis* liest der Vorsitzende freilich die schriftsätzlich angekündigten Anträge meist vor oder weist auf  11
ihre Fundstelle in den Gerichtsakten hin und befragt die Partei nur, ob sie bei diesen Anträgen bleibe. Sie
braucht dann nur etwaige Abänderungen oder Ergänzungen von sich aus zur Sprache zu bringen. Sie hat
aber keinen Anspruch auf Einhaltung dieser praxisüblichen Methode und muß ganz besonders bei der
Antragstellung streng darauf achten, ihre Rechte zu wahren.

Zwar soll der Vorsitzende in jeder Verfahrenslage für *sachdienliche Anträge* sorgen, § 139 I 1 Hs 1. Dennoch
ist eine korrekte und vollständige Stellung derjenigen Anträge, die jetzt schon und noch gestellt werden
sollen, in allererster Linie die Aufgabe (Obliegenheit) der Partei, auch und gerade der nicht anwaltlich
vertretenen. In der Praxis verstößt so mancher Anwalt in erstaunlichem Maße gegen diesen sehr wesentlichen
Teil seiner prozessualen wie sachlichrechtlichen Pflichten. Diese Erfahrungstatsache darf nicht dazu führen,
daß etwa eine Art gewohnheitsrechtlicher Entlastung von der Parteipflicht bejaht wird, die Anträge in
eigener Verantwortung vorzubereiten und zu stellen.

Allerdings kann zwar nicht die Verlesung (sie ist ein Vorgang des unmittelbaren Sprechens), auch nicht die  12
Erklärung zum Protokoll (sie ist ebenso zu beurteilen), wohl aber die bloße *Bezugnahme* auf einen Schriftsatz
je nach der gesamten Lage auch stillschweigend erfolgen, Hbg JB **95**, 30. Denn das gesamte Verhalten einer
Partei, ihres gesetzlichen Vertreters und ihres ProzBev ist als Inbegriff ihrer Parteiprozeßhandlungen, Grdz 47
vor § 128, wie jede Willenserklärung auszulegen, und zwar nach Treu und Glauben, Grdz 3 vor § 128.
Wegen des Grundsatzes der Einheit der Verhandlung, Üb 52 vor § 253, kann diese stillschweigende Antrag-
stellung als sogar schon an einem früheren Terminstag erfolgt gelten. Man darf und muß dergleichen im
Protokoll, auch durch nachträgliche Klarstellung bzw Berichtigung, verdeutlichen. Das kann erhebliche
Auswirkungen auf den gesamten Prozeßverlauf haben. Wegen eines noch oder endgültig unrichtigen
Protokolls oder Tatbestands § 314 Rn 7, 8.

**F. Rechtsfolgen der Antragstellung.** Die Sachanträge haben eine ganze Reihe von prozessualen und  13
sachlichrechtlichen wie gebührenrechtlichen Auswirkungen. Sie bestimmen den Umfang des derzeitigen
Streitstoffs, der Entscheidungstätigkeit des Gerichts, und zwar sowohl zur Zulässigkeit, hier vor allem zur
Zuständigkeit, als auch zur Begründetheit, hier vor allem der Beweisbedürftigkeit. Erst der Sachantrag läßt
überhaupt klar erkennen, ob das Gericht zB örtlich oder sachlich zuständig ist. Daher ist die weitverbreitete
Ansicht, im Fall der Unzulässigkeit genüge ein Verweisungsantrag des Klägers, falsch: Erst der entgegen-
genommene Sachantrag ermächtigt und befähigt das Gericht zu einer abschließenden Beurteilung seiner
Zuständigkeit. Daher darf es die Partei nach § 139 I 1 auffordern, zunächst ihren Sachantrag zu stellen, und
muß den bloßen Verweisungsantrag mangels Sachantrag als Fall der Säumigkeit nach § 333 behandeln. Der
Verweisungsantrag hängt ohne den Sachantrag „in der Luft". Das wird oft übersehen. Freilich kann der
Sachantrag stillschweigend gestellt worden sein, Rn 10.

Vom Sachantrag einer jeden Partei hängt der weitere Prozeßverlauf schon in dieser Verhandlung entschei-  14
dend ab. Andererseits ist auch eine wirksame Stellung der Sachanträge zunächst nur ein bloß formeller
Vorgang und *nicht immer* auch schon eine *Verhandlung* im Sinn von § 333, Düss MDR **87**, 852, Schlesw
SchlHA **86**, 91, LG Tüb RR **87**, 1212. Das gilt zB bei einer Güte- oder Vergleichsverhandlung, Bbg MDR
**88**, 148. Der Antrag zur Widerklage, denn § 253, ist freilich eine Verhandlung zur Klage, wenn ein Gerichtsstand für die Widerklage nur aus § 33 folgt.

Die Antragstellung ist auch *nicht stets* eine *Verhandlung zur Hauptsache* im Sinn der §§ 39, 282 III, 253 usw,  15
Herpers DRiZ **74**, 225. Wegen der mündlichen Verhandlung auch des Bekl vgl §§ 269 I, 515 I, dazu BGH
**100**, 390. Freilich gibt das Protokoll oft nicht klar genug wieder, daß die Parteien zB nach Antragstellung auf
eine Frage des Vorsitzenden, ob sie noch etwas vortragen wollten, verneinend antworteten und zumindest
dadurch verhandelt haben. Bei einer späteren Verhandlung in demselben Rechtszug vor demselben Richtern
ist eine ausdrückliche Wiederholung der schon zum Protokoll gestellten Anträge entbehrlich, Hbg MDR
**86**, 65. Dasselbe gilt wegen des Grundsatzes der Einheit der Verhandlung, Üb 3 vor § 253, und des
Grundsatzes der Gleichwertigkeit aller Verhandlungsteile, Üb 5 vor § 153, aber auch beim Wechsel der
Besetzung des Gerichts, Kirchner NJW **71**, 2158, ThP 1, aM BAG NJW **71**, 1322, StJL § 128 Rn 38,
ZöGre 1 (eine stillschweigende Bezugnahme auf frühere Anträge reiche aus).

Die *erneute* Feststellung der Anträge zum Protokoll empfiehlt sich mehr zur Klärung der Rechtsfolgen  16
ausnahmslos. Der Umfang des entscheidungserheblichen Streitstoffs, § 286 Rn 13, sollte in jeder Phase einer
jeden mündlichen Verhandlung völlig eindeutig klarliegen. Die Rechtsfolgen treten auch im Hinblick auf
scheinbar nebensächliche Punkte ein, etwa im Hinblick auf die Frage, welche Zinsen für welchen Zeitraum
auf welchen Teilbetrag der Gesamtforderung geltend gemacht werden. Nach einer teilweisen Klagrücknahme, § 269 Rn 9, nach einem teilweisen Anerkenntnis, § 307 Rn 5, nach einer teilweisen einseitigen
Erledigterklärung, § 91a Rn 204, oder nach beiderseitigen solchen Erklärungen, § 91a Rn 202, nach
einem Einspruch gegen einen Vollstreckungsbescheid, §§ 699, 700, oder gegen ein Versäumnisurteil usw,
§§ 338ff, entstehen oft Formulierungsschwierigkeiten. Wegen der auch dann erheblichen Rechtsfolgen
sollten sie sofort und mit allem Nachdruck beseitigt werden, damit alle Prozeßbeteiligten übersehen können,
welche restlichen Anträge noch der Entscheidung des Gerichts unterstehen sollen.

**G. Begriff der Parteien.** Zum Parteibegriff Grdz 3 vor § 50. Auch der Streithelfer, § 66, gilt als Partei.  17
Daher erfaßt I auch seine Anträge.

**H. Kosten.** Wegen der Verhandlungsgebühr infolge eines Antrags §§ 31 I Z 2, II, 33 BRAGO.  18

**I. Verstoß.** Soweit das Gericht gegen die Pflicht zur Herbeiführung und Aufnahme ordnungsgemäßer  19
Sachanträge und/oder Prozeßanträge verstößt, können die in Rn 48 genannten Rechtsbehelfe anwendbar
sein. Soweit eine Partei einen Sachantrag oder den notwendigen Prozeßantrag, auch einen etwa nur hilfsweise notwendigen, unterläßt, sei es infolge mangelhafter Hinweise des Gerichts nach § 139 I 1 und anderen
Vorschriften, sei es „in der Eile des Gefechts" wegen bloßer Vergeßlichkeit aller Prozeßbeteiligten einschließlich des Vorsitzenden, sei es deshalb, weil sie einen Antrag nicht stellen will, aus welchen Gründen
auch immer, kann sie nach § 333 als säumig anzusehen sein. Das kann etwa im Termin zum Einspruch gegen
ein ihr ungünstig gewesenes Versäumnisurteil zum endgültigen Prozeßverlust führen, § 345. Nach früherer

## § 137

streitiger Verhandlung kann der Prozeßverlust auch nach §§ 251 a II, 331 a eintreten. Andererseits kann die Partei durch solche „Flucht in die Säumnis" unter Umständen die strengen Vorschriften zum verspäteten Vorbringen, § 296, unterlaufen.

**20** 5) „Vorträge der Parteien", II. Die Vorschrift enthält eine konsequente Durchführung des Mündlichkeitsgrundsatzes, Üb 1 vor § 128. Nach dem klaren Wortlaut ist sie zwingend. Dessen ungeachtet wird sie in der Gerichtspraxis oft nicht genug beachtet.

**A. Begriff der Partei.** Vgl Rn 17.

**21 B. Begriff des Vortrags.** Der Parteivortrag soll eine zumindest im Bereich der Tatsachen erschöpfende Erörterung bewirken, §§ 136 III, 138 I, II, 139. Der Vortrag umfaßt sämtliche Äußerungen in der Verhandlung, einschließlich aller Bezugnahmen auf vorbereitende Schriftsätze usw, darüber hinaus aber auch diejenigen eindeutigen stillschweigenden Reaktionen der Partei auf gegnerisches Vorbringen oder Hinweise des Gerichts, die man durch Auslegung als solche Reaktionen erkennen kann und muß.

**22 C. Begriff der freien Rede.** Die Parteien dürfen sich keineswegs auf eine bloße Bezugnahme auf vorbereitende Schriftsätze im Sinn von § 129 Rn 7 beschränken, soweit nicht das Gericht sie nach III 1 gestattet. Eine Vorlesung kommt nur unter den Voraussetzungen III 2 in Betracht. Grundsätzlich soll also in Rede und Gegenrede zur Sache verhandelt werden. Daher kann der Vorsitzende jede Partei, ihren gesetzlichen Vertreter oder ihren ProzBev auffordern, alle nach Auffassung der Partei in tatsächlicher und rechtlicher Beziehung derzeit schon und noch entscheidungserheblichen Gesichtspunkte, Tatsachen, Beweismittel usw auch dann mündlich zusammenfassend vorzutragen, wenn schon mehr oder minder umfangreiche Schriftsätze eingereicht worden waren. Gerade in verwickelten Fällen kann ein solcher Zwang zum Vortrag in freier Rede sehr heilsam sein und dem Gericht zeigen, auf was es der Partei eigentlich überhaupt noch ankommt und was sie noch für streitig hält. Dadurch kann der weitere Verfahrensablauf erfahrungsgemäß ganz erheblich vereinfacht und beschleunigt werden. Oft ergibt sich gerade erst bei einem solchen auf Aufforderung des Gerichts gehaltenen mündlichen Vortrag eine vom Gegner oder Gericht bisher übersehene Einzelheit, die dem Verfahren eine völlige Wendung geben kann.

**23** Deshalb darf die Partei oder ihr Anwalt *keineswegs erklären,* sie sei auf einen solchen mündlichen Vortrag *nicht vorbereitet.* Das gilt auch und gerade für denjenigen ProzBev, der für einen Sozius oder einen verhinderten anderen Anwalt eingesprungen ist. Das Gericht ist keineswegs dazu da, einem ersichtlich überhaupt nicht mit dem Sachverhalt vertrauten ProzBev aus den Akten klarzumachen, um was es sich handelt, oder gar, wen er eigentlich vertritt usw. Der Vortrag eines Richters ersetzt den Parteivortrag nicht. Auch die Einführung des Gerichts nach § 278 I ersetzt die Notwendigkeit des Parteivortrags grundsätzlich nicht. Dasselbe gilt für Ausführungen etwa des Vorsitzenden oder des Berichterstatters zu seiner Auslegung des Akteninhalts usw. Das Gericht darf sich im Anschluß an einen mündlichen Parteivortrag aber nicht rein zuhörend verhalten, solange nach seiner Auffassung noch irgendein Punkt zu klären ist, §§ 139, 278 III, Möhring/Nirk Festschrift „25 Jahre BGH" (1975) 312. Das Gericht muß selbstverständlich jeder Ausführung einer Partei im tatsächlichen und rechtlichen Bereich mitdenkend folgen und durch Rückfragen usw reagieren. Das Recht und die Pflicht zum Vortrag in freier Rede bedeutet keine Befugnis zu uferlosen Weitschweifigkeiten; nach vergeblicher Ermahnung kann und muß der Vorsitzende in solchem Fall notfalls das Wort entziehen, §§ 136 III, 157 II.

**24 D. Begriff des Streitverhältnisses.** Unter diesem Ausdruck ist zunächst der Streitgegenstand zu verstehen, § 2 Rn 3. Darüberhinaus gehört aber auch jeder Punkt zum Streitverhältnis, den die Partei nicht zu ihrem Streitgegenstand zählt, der aber vom Gericht oder von einem anderen Prozeßbeteiligten zur Sprache gebracht und für erheblich gehalten wurde, sei es auch nach Ansicht der Partei überflüssigerweise. Denn die Verhandlung dient einer erschöpfenden Sacherörterung, § 136 III. Diese umfaßt auch die Klärung der Unbeachtlichkeit etwaiger Gegenargumente. Im übrigen stellt Hs 2 dar, daß auch die rechtliche Beziehung des Streitverhältnisses, also nicht nur der Tatsachenstoff, in den Vortrag einzubeziehen ist. Das bedeutet allerdings nur scheinbar eine Pflicht der Partei zu einer umfassenden eigenen rechtlichen Beurteilung. Grundsätzlich braucht die Partei die von ihr erstrebten Rechtsfolgen nicht juristisch zu benennen, § 253 Rn 37 (Kläger), zumal das Gericht in der Würdigung des Tatsachenstoffes, den die Parteien ihm unterbreitet haben, ohnehin frei ist, Grdz 35 vor § 128. Immerhin verpflichtet schon Hs 2, darüber hinaus auch die allgemeine Mitwirkungs- und Förderungspflicht der Parteien, Grdz 11, 12 vor § 128, wenigstens bei einem Rechtsgespräch nach §§ 139 I 2, 278 III die Partei dazu, im Rahmen des ihr Zumutbaren auf die rechtlichen Gesichtspunkte wenigstens im Kern einzugehen.

**25 E. Rechtsfolgen des Vortrags.** Das einmal wirksam mündlich Vorgetragene ist wegen der Grundsätze der Einheit der Verhandlung und der Gleichwertigkeit aller Verhandlungsteile, Üb 3, 4 vor § 253, von allen Prozeßbeteiligten, insbesondere vom Gericht, solange zu beachten, bis die Erklärung (Tatsachenbehauptung, Angriffs- oder Verteidigungsmittel, Einl III 70) wirksam widerrufen oder zurückgenommen oder sonstwie aufgegeben wird.

**26** Eine *Änderung* der Einlassung macht die frühere keineswegs automatisch unbeachtlich; so kann zB ein anfängliches bloßes Bestreiten mit Nichtwissen nach einem Hinweis auf dessen Unbeachtlichkeit, § 138 III, IV, nicht durch die bloße Erklärung, dann wolle man eben unbedingt bestreiten, zu einem beachtlichen Vollbestreiten werten, vielmehr bleibt die Widersprüchlichkeit des Parteivortrags als solche solange bestehen und beachtlich, bis sie befriedigend aufgeklärt wird. Ein Geständnis, § 288, bleibt bis zum Widerruf, § 290, wirksam. Entsprechendes gilt für alle anderen prozessual oder sachlichrechtlich wirksam abgegebenen Erklärungen. Wegen einer Bedingung, einer Irrtumsanfechtung usw Grdz 51–61 vor § 128. Die Erklärung kann unabhängig davon wirksam vorgetragen sein, ob sie ordnungsgemäß protokolliert wurde. Alle wesentlichen Vorgänge und daher auch Teile des Parteivortrags sind nach § 160 II in das Protokoll aufzunehmen, insbesondere die in § 160 III Z 1–3, 8, 9 genannten Vorgänge sind im Protokoll festzustellen, ebenso auf Antrag der Partei solche Vorgänge oder Äußerungen, von deren Aufnahme das Gericht nicht nach § 160 IV 2, 3 absieht.

## 1. Titel. Mündliche Verhandlung § 137

**F. Verstoß.** Soweit das Gericht gegen die Pflicht verstößt, den Vortrag der Partei anzuordnen, zu gestatten **27** und störungsfrei zu halten, gelten die in Rn 48 genannten Rechtsbehelfe. Soweit die Partei gegen ihre Obliegenheit zum Vortrag in freier Rede verstößt, kann sie als säumig gelten, § 333; ferner muß sie mit Zurückweisung eines etwa später erfolgenden Vortrags etwa nach § 296 rechnen. Überdies kann eine Verzögerungsgebühr nach § 34 GKG, Anh § 95, oder eine Kostenfolge nach § 95 eintreten. Ferner kann der Vorsitzende der trotz Ermahnung weiterhin lediglich vorlesenden oder bezugnehmenden Partei oder der zu weitschweifig vortragenden das Wort entziehen, §§ 136 III, 157 II.

**6) „Bezugnahme auf Schriftstücke", III 1.** Wegen des Grundsatzes des freien Parteivortrags, Rn 20 ff, **28** ist eine bloße Bezugnahme auf Schriftstücke sei es des Gegners, sei es eines eigenen oder gegnerischen Streitgenossen, Schneider MDR **97**, 527, sei es eines anderen Prozeßbeteiligten (auch Zeugen oder Sachverständigen, soweit sich diese schriftlich geäußert haben, nur unter den eng auszulegenden Voraussetzungen der Sonderregelung nach III 1 statthaft.

**A. Begriff des Schriftstücks.** Der Begriff umfaßt sowohl den Schriftsatz, § 129 I, als auch eine Erklärung oder einen Antrag, den die Partei bereits zu irgendeinem Protokoll gegeben hat, § 129 a, als auch alle Urkunden und sonstigen Beilagen, Anlagen und Ergänzungen, §§ 131 ff, unabhängig von ihrer Form. Daher gehören hierher auch zB Fotos, Fotokopien, Fernschreiben, Telefax- und Teletex-Schriftstücke, Tonbänder und sonstige technische Aufzeichnungsmittel, Gegenstände, die als Anlage zu Schriftsätzen usw eingereicht wurden, etwa der beschädigte Pullover oder ein Bild. Insofern ist wegen des Ausnahmecharakters von III 1 eine enge Auslegung geboten: Es darf eine Bezugnahme auf kein irgendwie geartetes Schriftstück außerhalb der Voraussetzungen des Gesetzes erfolgen.

**B. Begriff der Bezugnahme.** Die Partei braucht natürlich nicht ausdrücklich „Bezug zu nehmen". Es **29** genügt vielmehr, daß sie erkennbar den Inhalt des Schriftstücks zum Gegenstand ihres mündlichen Vortrags macht. Im Zweifel gilt mit der Antragstellung ohnehin der gesamte Inhalt der bisher dem Gericht vorgelegten Schriftsätze nebst Anlagen als vorgetragen, also zumindest stillschweigend in Bezug genommen. Es erstreckt sich die mündliche Verhandlung und insbesondere die vorbehaltlose Antragstellung also im Zweifel auf den gesamten bis zum Termin angefallenen Akteninhalt, Üb 3 vor § 253, BGH RR **96**, 379, Hamm RR **97**, 764, Lange NJW **89**, 444, und zwar auch auf den vorinstanzlichen, KG NJW **90**, 844, strenger BVerfG RR **95**, 828 (praxisfern). Ein ausdrücklicher Hinweis auf einen der schriftsätzlich erfolgten Beweisanträge enthält daher grundsätzlich nicht den Verzicht auf die übrigen.

Eine nicht beigefügte, auch nicht nachgereichte *Anlage* wird trotz „Bezugnahme" nicht zum Vortrag, soweit sie nicht im Hauptschriftsatz inhaltlich wiedergegeben wird, BGH NJW **95**, 1842. Es empfiehlt sich zur Vermeidung von Mißverständnissen, die erfahrungsgemäß leider bis zur Strafanzeige wegen Falschbeurkundung (Falschprotokollierung) gehen können, im Protokoll durch die Formulierung ganz klarzustellen, daß eine Bezugnahme erfolgt ist. Das geschieht durch die Worte „Die Partei nahm Bezug auf ..." besser als durch die Formulierung „Die Partei verhandelt wie im Schriftsatz vom ..." oder gar nur „Die Partei stellt den Antrag aus dem Schriftsatz vom ...". Natürlich ist aber auch das Protokoll nach Treu und Glauben auslegbar.

**C. Abgrenzung zur Antragstellung.** Während man den Antrag nach § 297 II auch ohne Genehmi- **30** gung des Gerichts durch bloße Bezugnahme auf einen Schriftsatz, der ihn enthält, wirksam stellen kann, § 297 Rn 8, ist eine wirksame Bezugnahme auf den übrigen Teil eines Antrags-Schriftsatzes oder gar auf andere Schriftstücke, insbesondere zB Anlagen der Schriftsätze, nach dem klaren Wortlaut von III 1 von weiteren Zulässigkeitsvoraussetzungen abhängig, Rn 31, 32. Das scheint nur auf den ersten Blick formell zu sein. Zwar hat der Antrag eine besondere Bedeutung; er ist aber auch grundsätzlich im Schriftsatz besonders hervorgehoben. Deshalb wird der Sinn des Parteivortrags auch ohne Zustimmung des Gegners und des Gerichts deutlich, wenn die Partei auf den Antrag Bezug nimmt. Wenn sie dagegen schon durch eine eigene pauschale Bezugnahme auf alle möglichen Schriftstücke wirksam vortragen könnte, wäre für den Gegner wie das Gericht oft kaum erkennbar, was wirklich noch als vorgetragen gelten soll. Man könnte sich zB durch pauschale Bezugnahme auf umfangreiche Vorkorrespondenz oder erst noch beizuziehende Ermittlungsakten fast völlig um die Notwendigkeit drücken, als Kläger schon wegen § 253 II Z 2 (Darlegungslast) zu präzisieren, welche Tatsachen man für entscheidungserheblich hält.

**D. Erste Zulässigkeitsvoraussetzung: „Keine der Parteien widerspricht".** Aus den Gründen **31** Rn 29, 30, bedarf daher die Bezugnahme auf ein Schriftstück zunächst des Umstands, daß keine der übrigen Parteien widerspricht. Sie braucht nicht ausdrücklich oder stillschweigend zuzustimmen; es genügt eben, daß sie nicht mindestens erkennbar Bedenken hat. Anfängliche Bedenken mögen im Lauf der Verhandlung beiseite geräumt werden; es empfiehlt sich dann, den Vorgang im Protokoll zu verdeutlichen. Das bloße Schweigen des Prozeßgegners ist noch kein erkennbarer Widerspruch; sein Bestreiten ist keineswegs stets auch ein Widerspruch im Sinn von III 1. Da der Prozeß der Kampf zweier gleichberechtigter Parteien ist, der Parteiherrschaft, dem Beibringungsgrundsatz und der Verhandlungsmaxime unterliegt, Grdz 20 vor § 128, mag sich die Partei widersprechend melden. Daher liegt im Zweifel kein Widerspruch vor.

**E. Zweite Zulässigkeitsvoraussetzung: „Das Gericht hält die Bezugnahme für angemessen".** **32** Zusätzlich muß aber auch das Gericht die Bezugnahme schon nach dem klaren Wortlaut von III 1 für angemessen halten, um die Bezugnahme zulässig zu machen. Das Gericht hat in dieser Frage ein pflichtgemäßes Ermessen. Es darf weder eine Bezugnahme grundsätzlich unbeschränkt zulassen noch sie ausnahmslos verbieten. Maßgeblich ist der Sinn und Zweck der Vorschrift, Rn 2. Das Gericht darf und muß dafür sorgen, daß der Parteivortrag nicht durch bloße Bezugnahme unklar, uferlos, unübersehbar wird; es hat den Grundsatz der Prozeßwirtschaftlichkeit zu beachten, Grdz 14 vor § 128, und hat auch nach § 138 das Recht und die Pflicht dafür zu sorgen, daß die Erklärungen der Partei eindeutig und präzise sind, Lange NJW **89**, 442. Jedenfalls darf das Gericht sich nicht zwingen lassen, sich das Wesentliche selbst aus umfangreichen Schriftsätzen, Anlagen oder Beiakten, Ermittlungsakten usw zusammenzusuchen, BGH **LM** Nr 1. Im Berufungsrechtszug ist eine Bezugnahme auf erstinstanzliches Vorbringen eher zulässig, BVerfG **60**, 311.

## § 137

1. Buch. 3. Abschnitt. Verfahren

**33** **F. Rechtsfolgen der Bezugnahme.** Eine ordnungsgemäße Bezugnahme hat dieselben Rechtsfolgen wie Rn 25, BGH RR **96**, 1460.

**34** **G. Verstoß.** Soweit das Gericht eine Bezugnahme gesetzwidrig zuläßt oder verbietet, gelten die in Rn 48 genannten Rechtsbehelfe. Soweit eine Partei eine gesetzwidrige Bezugnahme vornimmt, kann sie wegen Verstoßes gegen den Grundsatz der Prozeßwirtschaftlichkeit, Grdz 14 vor § 128, das Rechtsschutzbedürfnis verlieren, Grdz 33 vor § 253, Düss FamRZ **85**, 1153. Im übrigen darf und muß das Gericht nach erfolglosem Hinweis, §§ 138, 139, 278 III, den Vortrag unberücksichtigt lassen, soweit die bloße Bezugnahme nicht wenigstens in dem vom Gericht genannten Punkten präzisiert oder ergänzt wird. Bei Nichtberücksichtigung kann eine Zurückverweisung erfolgen, Düss RR **98**, 1530.

**35** **7) „Vorlesung von Schriftstücken", III 2.** Eine Vorlesung des Antrags ist wegen des vorrangigen § 297 I 1 nicht nur erlaubt, sondern sogar ansich stets geboten, sofern schon ein vorbereitender Schriftsatz vorliegt. Eine Vorlesung anderer Teile von Schriftsätzen oder anderen Schriftstücken ist von weiteren Voraussetzungen abhängig.

**A. Begriff des Schriftstücks.** Es gelten dieselben Regeln wie Rn 28.

**36** **B. Begriff der Vorlesung.** Gemeint ist das direkte Ablesen vom Papier, wenn auch die Schrift vielleicht auch nur in Kürzeln, Telegrammstil usw auf dem Papier steht. Natürlich muß das abgelesene Schriftstück anschließend zur Gerichtsakte kommen, wenn es nicht schon in ihr liegt.

**37** **C. Zulässigkeitsvoraussetzung: „Es kommt auf ihren wörtlichen Inhalt an".** Nach dem Wortlaut von III 2 „findet die Vorlesung nur insoweit statt". Das ist eine Zulässigkeitsvoraussetzung. Sie tritt verständigerweise zu denjenigen von III 1, also zum Fehlen eines Widerspruchs des Prozeßgegners und der Erlaubnis durch das Gericht, Rn 31, 32, hinzu. Andernfalls könnte die Partei zwar nicht eine Bezugnahme, wohl aber eine Vorlesung leichter erzwingen; das steht im direkten Widerspruch zum Grundsatz zur Prozeßwirtschaftlichkeit, Grdz 14 vor § 128. Es kommt weder auf die bloße Ansicht der Partei zur Bedeutung des wörtlichen Inhalts noch auf diejenige des Prozeßgegners, sondern auf diejenige des Gerichts an. Es muß sich seine Meinung nach dem gesamten bisherigen Akteninhalt und Verhandlungsinhalt bilden und sollte bloße Ablesereien energisch unterbinden. Wenn alle anderen Prozeßbeteiligten den Wortlaut bereits in Händen haben, mag eine Vorlesung wesentlich sein, um etwa die nach Ansicht der Partei erforderliche besondere Art der Betonung oder Aussprache etwa eines fremdsprachlichen Ausdrucks zu klären oder um darzustellen, daß sie das Gesetz anders liest; vgl zur Problematik zB § 380 Rn 12 (dritte und weitere Auferlegung von Kosten usw).

**38** **D. Rechtsfolgen der Vorlesung.** Das wirksam Vorgelesene ist unmißverständlich vorgetragen und zu beachten. Es sollte im Protokoll nach § 160 II–IV festgehalten werden. Die Vorlesung durch die Partei ist von derjenigen durch das Gericht, etwa bei der Protokollierung einer Zeugenaussage oder eines Prozeßvergleichs, zu unterscheiden. Deshalb braucht kein zusätzlicher Genehmigungsvermerk in das Protokoll aufgenommen zu werden.

**39** **E. Verstoß.** Soweit das Gericht eine Vorlesung gesetzwidrig anordnet oder verbietet, gelten die in Rn 48 genannten Rechtsbehelfe. Soweit die Partei eine Vorlesung gesetzwidrig vornimmt, darf und muß evtl das Gericht ihr den weiteren diesbezüglichen Vortrag verbieten und das Wort entziehen, §§ 138 III, 157 II. Es kann auch ein Ungehorsam vorliegen, §§ 176 ff GVG. Das trotzdem weiter einfach Vorgelesene bleibt prozessual und sachlichrechtlich unbeachtlich. Soweit die Partei eine gebotene Vorlesung trotz Aufforderung durch das Gericht nicht vornimmt, liest einfach der Vorsitzende die Partei vor und macht sie damit zum Gegenstand der Verhandlung. Im übrigen kann er natürlich auch etwa dann, wenn es auf die Entscheidung der Partei ankommt, zB bei der Klärung der Frage, ob ein angekündigtes Aberkenntnis nun tatsächlich erfolgt, nach vergeblichem Hinweis auf die Rechtsfolgen unklarer bleibender Ausführungen und den ganzen diesbezüglichen Vortrag unbeachtet lassen. Dasselbe gilt insbesondere wegen unklarer sachlichrechtlicher Erklärungen für den Prozeßgegner.

**40** **8) Vortrag der Partei persönlich im Anwaltsprozeß, IV.** Die Vorschrift dient der Verhütung von Unklarheiten, Auslassungen oder Widersprüchlichkeiten infolge mangelhafter Information des Prozeßbev zum Schaden seines Auftraggebers und der Prozeßwirtschaftlichkeit; es sollen unnötige Verzögerungen durch sonst notwendige Rückfragen verhindert werden. Oft kann ja nur die Partei etwa aus einer Zeugenaussage die entscheidend falsche oder widersprüchliche Stelle sogleich erkennen und zur Sprache bringen.

**A. Begriff des Anwaltsprozesses.** Es gilt die gesetzliche Begriffsbestimmung in § 78 I.

**41** **B. Sonstiger sachlicher Geltungsbereich.** In einigen Fällen ist die Anhörung der Partei unabhängig davon, ob ein Anwaltsprozeß im Sinn § 78 Rn 1 vorliegt, zusätzlich zu den Ausführungen von ihr freiwillig eingeschalteten Anwalts ein zwingendes Formerfordernis, zB beim Erbvertrag (§ 2274 BGB) oder beim Erbverzicht (§ 2347 II BGB), oder in einem Prozeßvergleich, Anh § 307, BayObLG NJW **65**, 1276. Wegen einer Aufrechnung im Prozeß § 145 Rn 10–12. In einer Patent-, Gebrauchsmuster- oder Markensache muß das Gericht auf Grund eines Antrags der Partei auch ihrem Patentanwalt das Wort gestatten, § 4 I PatAnwO.

**42** **C. Begriff der Partei.** Vgl Grdz 3 vor § 50. Auch der Streithelfer, §§ 66 ff, ist Partei. Ein Dritter hat keinen Anspruch darauf, persönlich zu Wort zu kommen. Das gilt auch für einen bloß rechtsgeschäftlichen Vertreter der Partei oder des Streithelfers. Das Gericht kann der Partei aber gestatten, das Recht auf eine persönliche Erklärung ausnahmsweise durch einen Dritten auszuüben, etwa durch einen technischen Beistand. Der Prokurist ist in dieser Eigenschaft als Zeuge zu behandeln.

**43** **D. „Neben dem Anwalt".** Im Anwaltsprozeß erhält die Partei das Wort nur „neben", dem Anwalt, nicht „anstelle" ihres Prozeßbev. Das gilt jedenfalls, soweit es um den „Vortrag" im Sinn „II, III" geht. Weitere Anhörungsrechte hat die Partei zB bei der Vorlegung einer Frage an einen Zeugen, § 397 I. Daher hat die Partei im Anwaltsprozeß keinen Anspruch nach IV, wenn die Partei entweder nicht erscheint oder nicht verhandelt oder gar um Vertagung gebeten hat, BVerwG NJW **84**, 625. Dasselbe gilt für den anstelle der Partei zum persönlichen Vortrag antragsberechtigten Verkehrsanwalt.

1. Titel. Mündliche Verhandlung **§§ 137, 138**

**E. „Auf Antrag".** Die Partei usw erhält das Wort nur „auf Antrag", also nicht zwingend von Amts **44** wegen. Das ändert natürlich nichts an der Befugnis des Gerichts, der Partei Fragen vorzulegen und sie zum ergänzenden Vortrag aufzufordern, sofern sie nicht ohnehin kraft Gesetzes persönlich gehört werden muß. Andererseits darf nicht der Prozeßgegner erzwingen, daß die Partei selbst neben dem Anwalt das Wort nimmt. Es kommt auf den Antrag gerade derjenigen Partei an, die neben dem Anwalt sprechen will oder soll. Ein bloßes Handerheben kann als Antragshandlung zu wenig sein; die Partei mag vernehmlich das Wort erbitten, BayVGH NJW **84**, 1027. Auch ohne einen Parteiantrag soll die erschienene Partei auch im Anwaltsprozeß zum Sach- und Streitstand gehört werden, wenn auch nicht ununterbrochen, § 278 I 2.

**F. „... ist ... das Wort zu gestatten".** Unter den Voraussetzungen Rn 41–44 hat die Partei einen **45** Anspruch darauf, das Wort neben dem Anwalt zu erhalten, BGH ZZP **71**, 104, ThP 4, ZöGre 4, aM Röhl NJW **84**, 278. Sie kann das Wort grundsätzlich jederzeit fordern. Freilich darf sie es nicht zur Unzeit verlangen. Es bleibt dabei, daß der Vorsitzende und nicht die Partei oder irgendein anderer, etwa der ProzBev, das Wort erteilt und entzieht. Das Gericht mag durchaus Gründe dafür haben, die Partei noch ein wenig warten zu lassen, bevor sie neben ihrem Anwalt persönlich zu Wort kommt. Dafür kann zB die Absicht reichen, eine entstandene Erregung abklingen zu lassen. Das hat die Partei zu respektieren, auch wegen des Grundsatzes der Einheit der gesamten Verhandlung, Üb 3 vor § 253.

**G. Rechtsfolgen der Gestattung des Worts.** Soweit die Partei neben ihrem Anwalt gesetzmäßig zu **46** Wort kommt, sind ihre Erklärungen auch im Anwaltsprozeß für alle Prozeßbeteiligten wirksam und beachtlich. So kann lediglich nicht „anstelle" des ProzBev wirksame Anträge stellen. Soweit der Vortrag der Partei persönlich von einer Erklärung ihres ProzBev abweicht, kann er Vorrang haben, vgl § 85 Rn 6, § 288 Rn 7.

**H. Verstoß.** Soweit das Gericht der Partei persönlich gesetzwidrig das Wort gestattet oder entzieht, gelten **47** die Rechtsbehelfe Rn 48. Soweit die Partei, die das Wort erhält, sachwidrig oder sonst rechtsmißbräuchlich redet, Einl III 54, darf und muß ihr der Vorsitzende das Wort entziehen, §§ 136 II, 157 II. Soweit die Partei trotz Gestattung des Worts nicht die etwa vom Gericht zusätzlich erbetenen persönlichen Ergänzungen gibt, sich gar gesetzwidrig mit Nichtwissen erklärt, kann zB der gegnerische Vortrag gemäß § 138 III, IV als zugestanden gelten und können auch bei später nachfolgendem Vortrag etwa die Folgen des § 296 (Zurückweisung verspäteten Vorbringens) eintreten.

9) **Rechtsbehelfe, I–IV.** Es gelten grundsätzlich dieselben Rechtsbehelfe wie bei § 136, dort Rn 36 ff. **48** Eine unberechtigte Versagung des persönlichen Vortrags nach IV ist ein Verfahrensmangel, BVerfG NJW **84**, 626, der zur Zurückverweisung führen kann, § 539. Er ist zusammen mit dem Endurteil anfechtbar. Er kann auch eine Versagung des rechtlichen Gehörs darstellen, Art 103 I GG, wenn die Partei den Vortrag des ProzBev in tatsächlicher Hinsicht ergänzen wollte, für die Revisionsinstanz mit Recht einschränkend BVerwG NJW **84**, 625. Beim Rpfl gilt § 11 RPflG, vgl § 104 Rn 41 ff.

10) **VwGO:** Statt **I** gilt § 103 II VwGO (Vortrag des wesentlichen Akteninhalts), so daß die mündliche Ver- **49** handlung im Sinne des Kostenrechts nicht erst mit der Stellung der Anträge, § 103 III VwGO, beginnt, OVG Hbg NJW **70**, 1094 mwN. **II** u **III** sind entsprechend anwendbar, § 173 VwGO, als Ergänzung zu §§ 103, 104 VwGO, OVG Hbg MDR **69**, 252 (zu III). **IV** ist im Verfahren vor dem BVerwG und dem OVG entsprechend anwendbar, § 67 I VwGO, BVerwG NJW **74**, 625 (das Recht auf Äußerung besteht nur bei Anwesenheit des ProzBev).

**138** *Erklärung über Tatsachen.* **I** Die Parteien haben ihre Erklärungen über tatsächliche Umstände vollständig und der Wahrheit gemäß abzugeben.

**II** Jede Partei hat sich über die von dem Gegner behaupteten Tatsachen zu erklären.

**III** Tatsachen, die nicht ausdrücklich bestritten werden, sind als zugestanden anzusehen, wenn nicht die Absicht, sie bestreiten zu wollen, aus den übrigen Erklärungen der Partei hervorgeht.

**IV** Eine Erklärung mit Nichtwissen ist nur über Tatsachen zulässig, die weder eigene Handlungen der Partei noch Gegenstand ihrer eigenen Wahrnehmung gewesen sind.

**Schrifttum:** *Ambs,* Bestreiten mit Nichtwissen usw, 1997; *Bottke,* Materielle und formelle Verfahrensgerechtigkeit im demokratischen Rechtsstaat, 1991; *Brehm,* Die Bindung des Richters an den Parteivortrag und Grenzen freier Verhandlungswürdigung (1982) § 10; *Garbe,* Antrags- und Klageerwiderungen in Ehe- und Familiensachen, 1997; *Grunsky,* Taktik im Zivilprozeß, 4. Aufl 1990; *Hahn,* Anwaltliche Rechtsausführungen im Zivilprozeß usw, 1998; *Hartwieg,* Die Kunst des Sachvortrags im Zivilprozeß, 1988 (rechtsvergleichend); *Kawano,* Wahrheits- und Prozeßförderungspflicht als Verhaltenspflicht der Parteien gegeneinander, Festschrift für *Henckel* (1995) 411; *Michel/von der Seipen,* Der Schriftsatz des Anwalts im Zivilprozeß, 4. Aufl 1997 (Bespr *Koeble/Leicht,* NJW **98**, 2041); *Morhard,* Die Informationspflicht der Parteien bei der Erklärung mit Nichtwissen, 1993; *Peters,* Auf dem Wege zu einer allgemeinen Prozeßförderungspflicht der Parteien?, Festschrift für *Schwab* (1990) 399; *Rinsche,* Prozeßtaktik, 4. Aufl 1998; *Roth,* Die Wahrheitspflicht der Parteien im Zivilprozeß, Diss Erl/Nürnb 1991; *Ruppel,* Standeswidriges Verhalten des Anwalts im Zivilprozeß und seine prozessualen und materiellrechtlichen Folgen, Diss Gießen 1984; *Schoofs,* Entwicklung und aktuelle Bedeutung der Regeln über Geständnis und Nichtbestreiten im Zivilprozeß, Diss Münster 1980; *Schlosser,* Wirtschaftsprüfervorbehalt und prozessuales Vertraulichkeitsinteresse der nicht primär beweis- und substantiierungsbelasteten Prozeßpartei, Festschrift für *Großfeld* (1999) 997; *Schwarz,* Strukturierter Parteivortrag und elektronische Akte, Diss Tüb 1992; *Singer,* Das Verbot widersprüchlichen Verhaltens, 1993; *Stürner,* Die Aufklärungspflicht der Parteien im Zivilprozeß, 1976.

## § 138

**Gliederung**

| | | | | |
|---|---|---|---|---|
| 1) Systematik, I–IV | 1 | I. Verstoß | 36 |
| 2) Regelungszweck, I–IV | 2–4 | 7) **Nichtbestreiten, III** | 37–44 |
| 3) Sachlicher Geltungsbereich, I–IV | 5 | A. Bloße „Tatsache" | 37 |
| | | B. „Nicht ausdrücklich bestritten" | 38, 39 |
| 4) **Persönlicher Geltungsbereich, I–IV** | 6–12 | C. „Keine Absicht, bestreiten zu wollen" | 40 |
| A. Parteien | 6 | D. Zeitraum: Bis zum Verhandlungsschluß | 41 |
| B. Gesetzlicher Vertreter | 7 | E. Beibringungsgrundsatz | 42 |
| C. Prozeßbevollmächtigter | 8–11 | F. Folgen „... sind als zugestanden anzusehen" | 43 |
| D. Sonstige Beteiligte | 12 | G. Verstoß | 44 |
| 5) **Wahrheitspflicht, I** | 13–26 | 8) **„Erklärung mit Nichtwissen", IV** | 45–62 |
| A. Begriff der „Erklärung über tatsächliche Umstände" | 13 | A. Begriff | 45–48 |
| B. Abgrenzung zu Rechtsausführungen | 14 | B. „... nur über Tatsachen zulässig, die ...": Grundsatz der Unzulässigkeit | 49 |
| C. „Der Wahrheit gemäß": Wahrhaftigkeitspflicht | 15–17 | C. Ausnahme: Zulässigkeit bei Tatsachen, die keine „eigene Handlung der Partei" waren | 50 |
| D. „Vollständig": Verbot der Halbwahrheit | 18 | D. Weitere Ausnahme: Zulässigkeit bei Tatsachen, die nicht „Gegenstand der eigenen Wahrnehmung" waren | 51–56 |
| E. Hilfsvortrag | 19, 20 | E. Nachfrist | 57 |
| F. Verbot der Ausforschung des Gegners | 21 | F. Sonderfall des beiderseitigen Bestreitens mit Nichtwissen | 58 |
| G. Anerkenntnis | 22 | G. Zulässigkeit einer Hilfserklärung | 59 |
| H. Maßstab: Zumutbarkeit, Treu und Glauben | 23, 24 | H. Zeitraum: Bis zum Verhandlungsschluß | 60 |
| I. Zeitraum: Bis zum Verhandlungsschluß | 25 | I. Rechtsfolgen des zulässigen Bestreitens mit Nichtwissen | 61 |
| J. Verstoß | 26 | J. Verstoß | 62 |
| 6) **Erklärungspflicht, II** | 27–36 | 9) **Verstoßfolgen, I–IV** | 63–67 |
| A. Begriff der „von dem Gegner behaupteten Tatsachen" | 28 | A. Prozeßrechtliche Folgen | 63, 64 |
| B. Begriff der „Erklärung" | 29 | B. Bürgerlichrechtliche Folgen | 65 |
| C. Maßstab: Zumutbarkeit, Treu und Glauben | 30 | C. Strafrechtliche Folgen | 66 |
| D. Verbot des pauschalen Bestreiten „ins Blaue" | 31 | D. Standesrechtliche Folgen | 67 |
| E. Postensache, Punktensache | 32 | 10) **VwGO** | 68 |
| F. Verbot der sog Leerformel und vorweggenommenen Bestreitens | 33 | | |
| G. Weitere Einzelfragen | 34 | | |
| H. Zeitraum: Bis zum Verhandlungsschluß | 35 | | |

**1) Systematik, I–IV.** Während §§ 136, 139 einige der Hauptaufgaben des Vorsitzenden in der Sitzung regeln, enthält § 138, eine außerordentlich wichtige Vorschrift, einige der Hauptregeln zum Vortrag der Parteien. Die Bestimmung steht zwar im Abschnitt über die mündliche Verhandlung, gilt aber auch für jedes schriftsätzliche Vorbringen, auch im Parteiprozeß ohne Anwaltszwang, § 78 Rn 1. Die Vorschrift regelt die Pflichten der Parteien keineswegs umfassend. Sie steht in einem Geflecht weiterer Regeln, zu denen vor allem §§ 282, 283, aber auch zB die Vorschriften über den Antritt eines jeweiligen Beweismittels zählen, also etwa beim Zeugenbeweis § 373. Ergänzend ist aber zB bei der Parteivernehmung auch § 453 II (Folgen der Verweigerung der Aussage) zu beachten. Auf die Klagerwiderung im schriftlichen Vorverfahren ist ergänzend § 277 I anzuwenden, auf die Stellungnahme zur Klagerwiderung ist § 277 IV anwendbar. II, III sind nicht mit dem Geständnis nach § 288 zu verwechseln, können aber auch bei seinem Fehlen anwendbar sein, BGH NJW **99**, 580.

**2) Regelungszweck, I–IV.** Der Hauptzweck besteht in der Herbeiführung eines möglichst hohen Grades von Wahrhaftigkeit und Aufrichtigkeit bei der Aufklärung des entscheidungserheblichen Sachverhalts, oft einer wahren Knochenarbeit des Gerichts, die freilich keineswegs zur Amtsermittlung, Grdz 38 vor § 128, ausarten sollte. Die Wahrheitspflicht ist, unabhängig von einer sachlichrechtlichen Pflicht zur Wahrheit oder Offenbarung, etwa nach §§ 242, 666, 1379, 2027, 2028 BGB, ein Teil der prozessualen Lauterkeitspflicht, Grdz 16 vor § 128. Sie ist schon wegen des Beibringungsgrundsatzes, Grdz 20, 28 vor § 128, notwendig, aber auch durch ihn begrenzt. Es gibt zwar entgegen Stürner keine allgemeine Aufklärungspflicht der Parteien, BGH NJW **90**, 3151, krit Schlosser JZ **91**, 599; wenn das Gesetz aber schon den Parteien gestattet, den Streitstoff selbst beizubringen, über den das Gericht entscheiden soll, muß zur Vermeidung bloßer Willkür und abgekarteten Spiels wenigstens eine Pflicht zur Wahrhaftigkeit bestehen.

Daher hat jede Partei sowohl gegenüber dem Prozeßgegner als auch gegenüber dem Gericht die prozessuale *Pflicht,* ihre Erklärungen über Tatsachen (Behauptungen, Bestreiten, Beweisantritt, Beweiseinrede usw) entsprechend ihrer (notgedrungen subjektiven) Vorstellung wahrheitsgemäß, genauer also: *wahrhaftig* richtig abzugeben, Rn 15, also nicht nur das ihr Günstige herauszusuchen. Darüber hinaus muß sie ihre Erklärungen auch vollständig abgeben und darf sich nicht auf lückenhafte Halbwahrheiten beschränken, so auch Dieckmann Gedächtnisschrift für Arens (1993) 63. Diese Regeln gelten grundsätzlich unabhängig von der Frage der Beweislast; zum Problem Arens ZZP **96**, 1.

Die Vorschrift soll also eine redliche Prozeßführung sichern. Sie ist im Grunde ein Ausfluß von *Treu und Glauben* im Prozeß, Einl III 54. Daher darf keine Partei etwas ihr bewußt Unwahres, also gegen besseres Wissen, vorbringen. Sie darf auch nicht bewußt eine zur Klarstellung erforderliche Tatsache verschweigen. Sie darf nicht lügen, weder bei einer Behauptung noch bei deren Bestreiten, mag sie noch so sehr von ihrem Recht überzeugt sein und mag die Wahrheit ihre Aussichten im Prozeß auch noch so stark

## 1. Titel. Mündliche Verhandlung § 138

gefährden. Treu und Glauben beherrschen ja die gesamte Prozeßführung. Darüber hinaus entnimmt Peters (vor Rn 1) 407 auch dem I eine allgemeine Prozeßförderungspflicht der Parteien, auch bei der Sammlung des Tatsachenstoffes. Diese Zwecke sind bei der Auslegung von I–IV, die keineswegs immer einfach ist, mit zu beachten.

**3) Sachlicher Geltungsbereich, I–IV.** Die Pflichten zur Wahrhaftigkeit und Vollständigkeit gelten 5 grundsätzlich in jedem nach der ZPO geregelten Verfahren, in allen Instanzen und in jeder Verfahrenslage, also auch in der Revisionsinstanz, §§ 546 ff, BAG NJW **90**, 2642, im Kostenfestsetzungsverfahren, §§ 103 ff, LG Heilbr Rpfleger **93**, 260, und grundsätzlich in der Zwangsvollstreckung, §§ 704 ff, Düss RR **91**, 1088 (zu III), LG Lüneb MDR **99**, 704 (zu IV). Wegen des schiedsrichterlichen Verfahrens nach §§ 1025 ff. Sie gelten ansich auch in denjenigen Verfahrensarten, in denen der Ermittlungsgrundsatz oder der Grundsatz der Amtsprüfung herrschen, Grdz 38, 39 vor § 128. Allerdings gilt III nur in einem Verfahren mit dem sog Beibringungsgrundsatz, Grdz 20 vor § 128, vgl BVerfG RR **93**, 382, BPatG GRUR **92**, 507 (also auch im Kostenfestsetzungsverfahren), Karlsr FamRZ **77**, 205 (also nicht in einer Kindschaftssache nach §§ 640 ff). III ist bei § 727 unanwendbar, dort Rn 11. Sie können auch im arbeitsgerichtlichen Verfahren gelten, BAG NJW **99**, 1131 (zu III).

**4) Persönlicher Geltungsbereich, I–IV.** Es gibt zahlreiche Beteiligungsarten. 6
**A. Parteien.** Wie schon der Wortlaut von I–IV zeigt, gilt die gesamte Vorschrift für jede Partei. Das gilt unabhängig von ihrer Stellung als Kläger, Bekl usw. Zum Parteibegriff Grdz 3 vor § 50. Die Vorschrift gilt also auch zB für die Partei kraft Amts oder kraft Ladung usw, Grdz 8, 14 vor § 50. Sie gilt auch für den einfachen oder notwendigen Streitgenossen, § 59 ff, und für die unselbständigen oder streitgenössischen Streithelfer, §§ 66 ff.

**B. Gesetzlicher Vertreter.** Wie stets, hat auch der gesetzliche Vertreter die Pflichten der Partei ein- 7 zuhalten. Das zeigt schon zB ihre Haftung für sein Verschulden, § 51 II. Zum Begriff des gesetzliches Vertreters § 51 Rn 12 ff.

**C. Prozeßbevollmächtigter.** Auch der ProzBev, § 81, hat dieselbe Pflicht wie die Partei. Das ergibt sich 8 bereits aus ihrer Haftung für sein Verschulden, § 85 II. Das hat in der Praxis eine erhebliche, immer wieder verkannte Bedeutung mit oft irreparablen prozessualen Nachteilen für die Partei. Ein Anwalt darf insbesondere die Behauptung eines Prozeßgegners nur dann dahin bestreiten, daß er eine gegenteilige Behauptung aufstellt, wenn er von der Unrichtigkeit der gegnerischen Behauptung überzeugt ist. Er darf sich also keineswegs zu einer unwahr werdenden Behauptung seines Auftraggebers zu eigen machen. Ein Anwalt hat zu einem bloßen Bestreiten ins Blaue hinein um so weniger Anlaß, Ffm NJW **74**, 1473, Köln RR **92**, 573, als § 283 helfen mag, soweit der Auftraggeber bisher unvorwerfbar nicht genügend über die vom Gegner behauptete Tatsache unterrichtet worden war.

Ein Anwalt darf insbesondere keineswegs schon dann eine gegnerische Behauptung bestreiten, wenn er 9 zwar persönlich bisher über diesen Punkt nichts weiß, wenn aber die *Partei* im Rahmen der Prozeßförderungspflicht nach Grdz 12 vor § 128, § 282 *Veranlassung gehabt* hätte, ihren Anwalt bereits zuvor auch über diesen Punkt *aufzuklären,* oder wenn der Anwalt im Rahmen seiner Vertragspflichten gegenüber seinem Auftraggeber wie im Rahmen seiner Stellung als ein Organ der Rechtspflege wie als ProzBev verpflichtet gewesen wäre, sich über diesen Punkt zuvor Näheres sagen zu lassen oder dazu Ermittlungen anzustellen usw, § 85 Rn 20 „Sachverhaltsklärung". Ein Anwalt darf auch nicht etwa zunächst erklären, er sei zu einer Erwiderung auf eine gegnerische Behauptung außerstande, er beantrage zB eine Nachfrist nach § 283, und nach einer Ablehnung dieses Antrags erklären, unter diesen Umständen bestreite er die gegnerische Behauptung. Das letztere ist vielmehr erst dann zulässig, wenn der Anwalt nunmehr von der Unrichtigkeit der gegnerischen Behauptung überzeugt ist und auch sein darf.

Die vorstehenden Grundsätze gelten auch dann, wenn der Prozeßgegner eine Behauptung erst in der 10 Verhandlung aufstellt. Es richtet sich dann nach den *Gesamtumständen* des Einzelfalls, ob eine Nachfrist in Betracht kommt, § 283. Man kann sie als ProzBev keinesfalls schon deshalb erzwingen, weil man persönlich die gegnerische Behauptung im Termin erstmals hört. Das Gericht ist vielmehr gerade in solcher Lage durchaus berechtigt und auch verpflichtet, sogleich in Rede und Gegenrede klären zu lassen, ob diese angeblich neue Behauptung wenigstens dem Auftraggeber des Anwalts schon vor dem Termin bekannt gewesen sein soll, etwa durch schriftliche Mitteilung der vorprozessualen Korrespondenz. In einem solchen Fall darf der Anwalt auch keineswegs stets einfach erklären, dann bestreite er eben den Zugang eines solchen Schreibens. Zumindest darf und muß das Gericht eine solche Erklärung nach § 286 frei und sehr kritisch würdigen. Der Anwalt hat ja persönlich meist keine Schuld, wenn ihn der Auftraggeber über solche Vorgänge nicht umfassend genug unterrichtet hatte. Dieser Umstand ermächtigt ihn aber nicht, einfach ins Blaue hinein vorsorglich wegen nur höchstpersönlich derzeitiger Noch – Unkenntnis zu bestreiten.

Oft wird bei dieser Problematik die Stellung des Gerichts verkannt. So verständlich es ist, daß der nur 11 *höchstpersönlich* „überraschte" Anwalt Zeit zu gewinnen versucht, so sehr muß er bedenken, daß das Gericht wegen des Gebots seiner Unparteilichkeit, § 139 Rn 13, auch die Interessen des Prozeßgegners zu wahren hat und daß die Förderungspflicht nach Grdz 12 vor § 128 jede Partei zwingt, ihren ProzBev unter Umständen schon im schriftlichen Vorverfahren nach §§ 276 f, also bis zur vom Gericht geforderten Stellungnahme, spätestens aber bis zum Termin umfassend auch über solche Umstände zu unterrichten, die vernünftigerweise im Prozeß eine Rolle spielen können. Das bedeutet trotz des Grundsatzes, daß keine Partei sich selbst ans Messer liefern muß, § 282 Rn 8. Sie kann ja ihrem Anwalt die Prüfung überlassen, wieviel von ihrer Information er dann tatsächlich dem Gericht und dem Gegner gegenüber verwendet; das ändert nichts an ihrer internen Obliegenheit, ihn rechtzeitig redlich und umfassend auch über solche Umstände zu informieren, die ihr möglicherweise unangenehm sind, aber im Termin zur Sprache kommen können.

**D. Sonstige Beteiligte.** Die Vorschrift gilt auch für alle sonstigen Prozeßbeteiligten, jedenfalls in ent- 12 sprechender Anwendung.

## § 138

1. Buch. 3. Abschnitt. Verfahren

**13**  **5) Wahrheitspflicht, I.** Es handelt sich um wirklich zentrale, zu oft mißachtete Aufgaben.

**A. Begriff der „Erklärung über tatsächliche Umstände".** Bereits der Gesetzeswortlaut stellt klar, daß die Wahrheitspflicht nach I sich nur auf „tatsächliche Umstände" bezieht, Cahn AcP **198**, 37. Das sind alle inneren und äußeren Vorgänge, die der Nachprüfung durch einen Dritten offenstehen, Einf 19 vor § 284. Wie dort dargelegt, kann auch ein Werturteil zu den „tatsächlichen Umständen" gehören; die Grenzen können fließend sein. Zum Begriff der inneren Tatsache Einf 20 vor § 284. Auch eine juristische Tatsache, Einf 21 vor § 284, zählt hierher, BGH NZM **98**, 413. Dasselbe gilt für einen Erfahrungssatz, Einf 22 vor § 284. Es kommt nicht darauf an, ob die Partei den tatsächlichen Umstand für entscheidungserheblich hält und ob er auch wirklich entscheidungserheblich ist, sondern nur darauf, ob sie ihn überhaupt vorträgt, BGH RR **95**, 725.

**14**  **B. Abgrenzung zu Rechtsausführungen.** I bezieht sich schon nach seinem Wortlaut nicht auch auf Rechtsaufführungen. Zu ihnen ist die Partei grundsätzlich nicht verpflichtet: Jura novit curia. Die Partei mag allerdings verpflichtet sein, im Rahmen einer rechtlichen Erörterung, etwa nach § 278 III, jedenfalls insofern eine Stellungnahme abzugeben, als sie rechtskundig oder anwaltlich vertreten ist. Wegen des ausländischen Rechts § 293 Rn 5 ff, Küppers NJW **76**, 489. Die Äußerung einer bloßen Rechtsauffassung hat aber grundsätzlich nichts mit der Wahrheitspflicht nach I zu Tatsachenerklärungen zu tun.

**15**  **C. „Der Wahrheit gemäß": Wahrhaftigkeitspflicht.** Mit den Worten „der Wahrheit gemäß" meint I nur eine subjektive, der Überzeugung der Partei entsprechende Wahrheit, Rn 3, BGH **116**, 56 und MDR **80**, 214, also eine Wahrhaftigkeit, Olzen ZZP **98**, 415. Eine objektive, auf der Überzeugung eines verständigen Dritten entsprechende Wahrheit, deren Ermittlung die Aufgabe des Gerichts ist, ist der Partei oft unbekannt, BGH VersR **85**, 545. „Unsere Augen, unsere Ohren, unser Geruchssinn, unser Geschmack schaffen so viele Wahrheiten, als es Menschen auf Erden gibt" (de Maupassant, „Der Roman"). Daher ist die Partei grundsätzlich auch sehr wohl verpflichtet, ihre Angaben zu nur inneren Vorgängen beim Prozeßgegner in Erfüllung der Wahrhaftigkeitspflicht zu machen, soweit man der Partei überhaupt solche Angaben zumuten kann. Das kann zB sehr wohl dann gelten, wenn es ihm um den angeblichen Vorsatz bei der behaupteten unerlaubten Handlung geht: Soweit der Kläger Anhaltspunkte für mindestens völlige Gleichgültigkeit des Gegners (und damit dessen bedingten Vorsatz) hat, darf und muß er seine Anhaltspunkte seiner subjektiven Überzeugung entsprechend wahrheitsgemäß schildern.

**16**  I soll eine *redliche* Prozeßführung sichern. Die Vorschrift ist ein Ausfluß von Treu und Glauben im Prozeß, Einl III 54. Daher darf keine Partei etwas ihr bewußt Unwahres, also wider besseres Wissen, vorbringen, sie darf also nicht lügen, weder bei einer Behauptung noch bei deren Bestreiten, mag sie noch so sehr von ihrem Recht überzeugt sein und mag die Wahrheit ihre Aussichten im Prozeß auch noch so stark gefährden.

**17**  Eine *ins Blaue hinein* aufgestellte Behauptung, also eine solche, an die die Partei im Grunde selbst gar nicht glaubt, eine Ausforschungsbehauptung, vgl auch Einf 27 vor § 284 (Ausforschungsbeweis), ist daher unbeachtlich, BGH RR **95**, 723 und NJW **96**, 1827, Köln RR **92**, 573. Das Gericht kann erst nach einer Erörterung mit der Partei über deren Anhaltspunkte für das Behauptete feststellen, ob die Partei ins Blaue hinein geredet hat, BGH NJW **95**, 2111, und darf nicht die Anforderungen überspannen, also keine unzumutbaren Kenntnisse fordern, BGH NJW **95**, 1161. Freilich darf es zumutbare Bemühungen fordern, wie bei Rn 30, 54. Die Partei darf sich in vielen Fällen auch nicht mit einem bloßen Nichtwissen erklären, IV. Sie kann dann aber geeignetenfalls mehrere Behauptungen in einer Wahlform aufstellen.

*Beispiel:* Der Bekl meint, er habe die eingeklagte Forderung bereits bezahlt, ist sich aber nicht sicher. Er darf behaupten, er habe bezahlt, zumindest sei ihm die Schuld gestundet worden. Die Partei ist dem Gericht in der Regel keine Rechenschaft darüber schuldig, wie sie ihre Kenntnis von einer Tatsache erlangt hat, BGH VersR **85**, 545.

Die Partei mag auch eine gegnerische Behauptung gegen sich gelten lassen, deren Unwahrheit ihr bekannt ist, und einen ihr günstigen Umstand verschweigen.

**18**  **D. „Vollständig": Verbot der Halbwahrheit.** Schon aus dem Gesetzeswort „vollständig" folgt: Die Partei darf nicht bewußt eine zur Klarstellung erkennbar erforderliche Tatsache verschweigen, BGH MDR **99**, 1069, also nicht bei einer sog Halbwahrheit stehen bleiben. Sie hat eine Darlegungslast, Düss VersR **95**, 568, Köln RR **95**, 1155 (je: Unfallhergang), und darf und muß es dem Gericht überlassen, ob es auch seinerseits diese weitere Tatsache im Grunde für entscheidungsunerheblich hält, § 253 Rn 32, Köln RR **99**, 1155. Natürlich ist die Abgrenzung zwischen dem Notwendigen und dem Entbehrlichen gerade in diesem Bereich oft schwierig. Sie muß wiederum nach dem Grundsatz von Treu und Glauben erfolgen, Einl III 54, BGH RR **95**, 725. Dabei kommt es auch auf den eigenen Wahrnehmungsbereich an, BGH NJW **99**, 1407 oben links. Im Zweifel sollte die Partei lieber etwas zu viel als etwas zu wenig vortragen, ohne weitschweifig zu werden. Gerade die bloße Halbwahrheit kann beim Gericht wie beim Prozßgegner zu Mißverständnissen und zum Prozeßverlust führen. Allerdings wird ein Vortrag nicht schon dadurch unvollständig, daß der Prozeßgegner sich nicht bloßem Nichtwissen erklärt, Kblz VersR **90**, 591. Man darf die Anforderungen an die Schlüssigkeit nicht überspannen, BGH RR **96**, 56, Köln RR **99**, 1155 („Ausrotten" als Kritik ist freilich ein verfehlter Ausdruck), strenger Seutemann MDR **97**, 619.

**19**  **E. Hilfsvortrag.** Auch ein Hilfsantrag ist statthaft, selbst wenn er sich mit dem Hauptantrag nicht verträgt, § 260 Rn 8, BGH NJW **85**, 1842, § 260 Rn 8. So können auch in verschiedenen Verfahrensarten (ZPO, FGG) Ansprüche mit widersprechenden Begründungen geltend gemacht werden, BGH **LM** § 260 Nr 9. Der Kläger kann sich auch für den Fall, daß er seine Klagebehauptung nicht beweisen kann, hilfsweise auf eine Behauptung des Bekl stützen, die er im Hauptvortrag für unrichtig hält, BGH RR **94**, 1405, krit Musielak ZZP **103**, 220 (sog gleichwertiges, äquipollentes Vorbringen, dazu Jauernig Festschrift für Schwab – 1990 – 247; es muß freilich unmißverständlich erfolgen), um so wenigstens im Ergebnis eine Verurteilung des Bekl zu einer Teilleistung zu erreichen (zB: Der Kläger behauptet einen Kaufpreis von 15 000 DM, der Bekl gibt nur einen Preis von 5000 DM zu): Eine Hilfsanfechtung kann für den Fall zulässig sein, daß die gegnerische Behauptung wahr ist, BGH NJW **86**, 2099.

## 1. Titel. Mündliche Verhandlung § 138

Der Bekl *darf aber zB* nicht die Schuld leugnen, nur um Zeit zur Auffindung einer Quittung zu gewinnen. **20** Soweit eine Partei einen widersprüchlichen gegnerischen Vortrag auch nur zwecks Beweisantritts Bezug nimmt, muß sie klären, auf welchen Teil dieses Vortrags sie sich genau bezieht, BGH RR **87**, 1469.

**F. Verbot der Ausforschung des Gegners.** Eine sog Ausforschung des Gegners zum Zweck der Ermitt- **21** lung einer Grundlage für den eigenen Vortrag, vgl auch bei § 282 und Einf 27 vor § 284, ist ein Rechtsmißbrauch, Einl III 54, und berechtigt den Gegner zur Verweigerung einer Erklärung, BGH **93**, 205. Denn die Wahrheitspflicht hat nicht den Sinn, der Partei eine Behauptungslast (Darlegungslast) abzunehmen, BGH NJW **83**, 2879. Auch braucht keine Partei dem Gegner die Grundlage für einen Gegenanspruch, für eine Widerklage, für eine Einrede, für eine Mitschuldigerklärung usw zu verschaffen. Die Partei ist in den strafrechtlichen Grenzen, Rn 26, nicht verpflichtet, mehr zu offenbaren als ein Zeuge, aM Gottwald BB **79**, 1782 (er stellt darauf ab, ob der genaue Hergang der Tat nur einer Partei bekannt sein kann). Die Partei braucht auch insbesondere nichts zu erklären, was ihr zur Unehre gereichen oder ihre Strafverfolgung oder eine Verfolgung wegen einer Ordnungswidrigkeit herbeiführen könnte, § 384 Z 2, LG Kblz MDR **75**, 766, ThP 7, aM Celle VersR **77**, 361, Gottwald BB **79**, 1785. Die Partei muß aber in einem Fall der letzteren Art schweigen oder eine Erklärung ablehnen.

**G. Anerkenntnis.** Aus dem Beibringungsgrundsatz, Grdz 20 vor § 128, folgt: In seinem Umfang ist ein **22** prozessuales Anerkenntnis zulässig und unter den Voraussetzungen des gegenüber § 138 vorrangigen § 307 wirksam. Das bedeutet aber nicht, daß die Partei schon vor einem Anerkenntnis mit Rücksicht auf die bloße Absicht, es vielleicht abzugeben, beliebig lange mit der Wahrheit zurückhalten dürfte.

**H. Maßstab: Zumutbarkeit, Treu und Glauben.** Insgesamt gilt im gesamten Bereich von I als Maß- **23** stab das Gebot von Treu und Glauben, Einl III 54, und der Grundsatz der Zumutbarkeit, BGH **116**, 56 und NJW **99**, 580, Hök MDR **95**, 773 (ausf). Es gibt keine allgemeine Aufklärungspflicht der Partei, BGH **116**, 56, Hamm NJW **98**, 3558. Eine Überspannung kann gegen Art 103 I GG verstoßen, BVerfG NJW **91**, 2824. Ob sie freilich vorliegt, ist weder zu untersagen noch zu ängstlich zu prüfen, insofern problematisch BVerfG NJW **91**, 2824, BGH RR **98**, 1409. Die Wahrheitspflicht entfließt nicht nur dem Prozeßrechtsverhältnis, Grdz 3 vor § 128, sondern auch der Stellung der Partei zur Allgemeinheit. Sie soll daher nicht nur den Prozeßgegner schützen. Treu und Glauben beherrschen auch die Prozeßführung. Daraus erwächst jeder Partei eine echte Rechtspflicht zur Wahrhaftigkeit, Einl III 54. Daher kann die Partei auch nach § 290 an einem bewußt unwahren Geständnis einer ihr ungünstigen Tatsache festgehalten werden. Sie darf und muß jederzeit die bisherige Unwahrheit bekennen. Freilich kann eine Zurückweisung des nun endlich ehrlichen Vortrags nach § 296 geboten sein. Die Partei darf im übrigen nicht arglistig mit dem Prozeßgegner zu Lasten eines Dritten zusammenwirken. Der Prozeß ist kein Sport und keine Spiegelfechterei.

Man darf allerdings auch die Pflichten nach I *nicht überspannen:* Die Partei ist nur im Rahmen des ihr **24** Zumutbaren verpflichtet, BGH **116**, 56, Hamm NJW **98**, 3358, Köln VHR **96**, 38. Es kommt daher auf die Umstände des Einzelfalls an: Die Pflicht zur Wahrhaftigkeit und Vollständigkeit gilt zwar für alle bei redlicher Bemühung möglichen Angaben, BVerfG NJW **91**, 29 (Rechtsstaatsprinzip, Wahrnehmung berechtigter Interessen), aber nicht darüber hinaus. Freilich kann man von der Partei durchaus eine gewisse Anstrengung und Bemühung fordern. Man darf annehmen, daß eine Partei ein ihr günstiges gegnerisches Vorbringen zumindest hilfsweise stillschweigend übernimmt, BGH RR **95**, 684.

*Vertraulichkeitsaspekte* (sog Wirtschaftsprüfervorbehalt) können Zurückhaltung rechtfertigen, den gegnerischen ProzBev aber nicht nach Entgegennahme der Information zum Schweigen gegenüber seinem Auftraggeber verpflichten. Evtl sollte das Gericht nach § 273 vorgehen; zu alledem Schlosser (vor Rn 1) 1015.

**I. Zeitraum: Bis zum Verhandlungsschluß.** Alle vorstehenden Anforderungen gelten in jeder Lage **25** des Verfahrens bis zum Verhandlungsschluß, §§ 136 IV, 296 a, bei nachgereichtem Vortrag evtl noch später, §§ 283, 156. Das gilt für jede Instanz. Im schriftlichen Verfahren nach § 128 II, III gilt der dem Verhandlungsschluß entsprechende Zeitpunkt. Auch eine Änderung der Verhältnisse während der Instanz ist mitzuteilen, und zwar ungefragt, BGH MDR **99**, 1069. Vgl auch Rn 41.

**J. Verstoß.** Vgl Rn 63. **26**

**6) Erklärungspflicht, II**, dazu *Schlosser* (vor Rn 1); *Zerbe*, Die Einlassung des Beklagten auf die Klage aus **27** anwaltlicher Sicht, 1998: Schon aus dem Prozeßrechtsverhältnis, Grdz 3, 5 vor § 128, aber auch aus der Wahrheitspflicht, I, ergibt sich für jede Partei die Notwendigkeit, auf die im Prozeß aufgestellten Behauptungen des Gegners zu erwidern.

**A. Begriff der „von dem Gegner behaupteten Tatsachen".** Es muß sich zunächst um den Tatsachen- **28** vortrag gerade des Prozeßgegners der Partei handeln. Dazu gehört auch der gegnerische Streithelfer, § 66, Streitgenosse, § 59, ferner ein Dritter, auf dessen Erklärungen der Prozeßgegner schriftsätzlich oder mündlich Bezug nimmt und sie so zum Teil des eigenen Vortrags macht, zB Ausführungen in einem Privatgutachten, das der Gegner eingeholt hat oder das Tatsachen enthält, Üb 21 vor § 402. Ferner muß der Gegner seine Behauptung gerade im Prozeß aufgestellt haben. Es reicht also nicht, daß er lediglich irgendwann vorprozessual Behauptungen aufgestellt hat, BGH NJW **83**, 2880. Natürlich mag er aber durch die Bezugnahme im Prozeß den vorprozessualen Vortrag zum prozessualen gemacht haben. Schließlich muß sich beim gegnerischen Vortrag gerade um die Behauptung einer Tatsache und nicht lediglich um die rechtliche Beurteilung handeln. Zur Abgrenzung der Tatsache von einer Rechtsausführung Rn 13, 14. Eine scheinbar bloße Wertung kann in Wahrheit zumindest auch eine Tatsachenbehauptung sein, Einf 21 vor § 284.

**B. Begriff der „Erklärung".** Die Pflicht, „sich ... zu erklären", ist in II nur scheinbar abweichend von I **29** umschrieben. In Wahrheit verlangt natürlich auch II eine „vollständige und der Wahrheit gemäße" Erklärung. Daher gilt auch hier die Wahrhaftigkeitspflicht, Rn 15, ebenso wie die Vollständigkeitspflicht, Rn 18.

**C. Maßstab: Zumutbarkeit, Treu und Glauben.** Wie schon bei der Wahrheitspflicht nach I, Rn 23, **30** gelten auch bei der Erklärungspflicht nach II als Maßstab das Gebot von Treu und Glauben, Einl III 54, und der Grundsatz der Zumutbarkeit, BGH NJW **97**, 128 mwN (krit Störner ZZP **104**, 208: „pseudodar-

§ 138

winistische Grundsatzerklärung") NJW **99**, 580, 715 und 1407 sowie RR **99**, 1152. Das wird oft mit erheblichen prozessualen nachteiligen Folgen verkannt. Es kommt, wie stets, auf den bestimmten Einzelfall, BGH NJW **96**, 1827, und im übrigen darauf an, wie präzise und ausführlich der Prozeßgegner vorgetragen hat, BGH **116**, 56 und NJW **91**, 2708, BAG DB **83**, 2525, LG Gießen ZMR **96**, 328. Man darf dabei aber die Parteipflichten zur Aufklärung des Sachverhalts auch im Rahmen von II keineswegs unterschätzen, Arens ZZP **96**, 1, Lange DRiZ **85**, 248, Stürner ZZP **98**, 254. Zwar darf man auch die Pflichten nach II nicht überspannen, insbesondere nicht beim Vertraulichkeitsinteresse, wie bei Rn 24, Schlosser (vor Rn 1) 1015. Eine gewisse Anstrengung und Bemühung ist aber auch hier durchaus zu fordern. Andererseits kann der Fall eintreten, daß nur man selbst und nicht der Prozeßgegner die maßgebende Tatsache näher kennt. Dann ist ein näheres Bestreiten zumutbar und notwendig, BGH NJW **99**, 715 und VersR **99**, 775.

Diese Regeln gelten zunächst in Verfahren mit dem sog *Beibringungsgrundsatz,* Grdz 20 vor § 128. Es ist der Prozeß der Parteien und nicht des Gerichts. Mögen sie den Tatsachenstoff in redlicher Bemühung auch durch gewissenhaftes Eingehen auf gegnerische Behauptungen zusammentragen, um dem Gericht eine gerechte Entscheidung zu ermöglichen. Aber auch im Zivilprozeß mit Ermittlungsgrundsatz oder bei der sog Amtsprüfung, Grdz 38, 39 vor § 128, verdrängt die Pflicht des Gerichts zur verstärkten Mitwirkung an der Klärung des Sachverhalts keineswegs die Parteipflicht nach II.

31 **D. Verbot des pauschalen Bestreitens „ins Blaue".** Wie bei I, Rn 15, ist auch bei der Erklärung über die vom Gegner behaupteten Tatsachen ein pauschales Bestreiten ins Blaue hinein verboten und daher unbeachtlich, BGH NJW **96**, 1827, Düss OLGZ **94**, 80, AG Recklingh RR **98**, 1495. Die Erklärungspflicht ist ja auch ein Teil der prozessualen Förderungspflicht, Grdz 12 vor § 128. Sie gibt keineswegs auch das Recht, irgendetwas an Behauptungen aufzustellen, was in Wahrheit der bloßen Fantasie ohne konkrete tatsächliche Anhaltspunkte entspringt, Köln RR **99**, 1154 (Vorsicht!). Man darf keineswegs einfach schon deshalb schlicht und klar bestreiten, weil man in Wahrheit überhaupt nicht übersehen kann, ob der Prozeßgegner die Wahrheit sagt oder lügt. Man darf erst recht nicht in solcher Lage zusätzliche abweichende Schilderungen geben, die man glatt erfunden hat oder die nur irgendwelchen denkgesetzlichen Möglichkeiten entspringen. Ob in einem solchen Fall ein Nichtbestreiten, III, zulässig ist, das ist eine andere Frage. Vor der Annahme einer Willkür ist eine Zurückhaltung geboten, Einl III 21, BGH RR **99**, 361, Köln RR **99**, 1154.

32 **E. Postensache, Punktensache.** Da es auf Art und Umfang des gegnerischen Vortrags ankommt, Rn 30, gilt im sog Posten- oder Punkteprozeß: Jede Partei muß auf jeden gegnerischen Rechnungsposten usw ebenso sorgfältig antworten, also evtl eine ebenso eingehende Gegenrechnung aufstellen, BGH RR **90**, 80, Köln MDR **75**, 848. Dasselbe gilt beim sachlichrechtlichen Auskunftsanspruch des Gegners, Köln FamRZ **79**, 179. Andererseits setzt die Erklärungspflicht keineswegs erst dann ein, wenn der Gegner seinerseits vollständig dargelegt oder gar Beweis angetreten hat, aM ZöGre 8 (aber das würde zum genauen Gegenteil der Förderung des Verfahrens führen können und keineswegs in Ausforschung ausarten). Es ist ratsam, sich der vom Gegner gewählten Reihenfolge seiner einzelnen Rechnungsposten usw auch in der Erwiderung grundsätzlich anzuschließen, es sei denn, die gegnerische Aufstellung ist weder zeitlich noch sachlich geordnet. Beide Parteien sollten durchaus schon zur selbstkritischen Überprüfung einzelne Rechnungsposten am Schluß jeder Seite des Schriftsatzes addieren und die Zwischensumme entsprechend übertragen, da sich erfahrungsgemäß so Rechenfehler aufdecken lassen, bevor sie zu falschen Endsummen in den Sachanträgen führen.

33 **F. Verbot der sog Leerformel und vorweggenommenen Bestreitens.** Die beliebte Floskel, man bestreite alles, was man nicht im folgenden ausdrücklich zugestehe, ist als Leerformel unbeachtlich, Schlesw SchlHA **81**, 189. Ihre Benutzung kann zur Zurückweisung späterer „Ausfüllung" als verspätet führen, § 296. Das gilt natürlich erst recht von dem neuerdings verbreiteten Versuch, dem Gericht die Ermittlung des Sachverhalts dadurch aufzubürden, daß man einfach verlangt, das Gericht möge zusätzliche Fragen stellen, soweit es ihm erforderlich erscheint. § 139 macht keineswegs § 138 I, II überflüssig; das verkennt Doms MDR **91**, 499. Auch das sog vorweggenommene Bestreiten ist wegen II unzulässig, vgl auch BVerfG FamRZ **91**, 1284.

34 **G. Weitere Einzelfragen.** Solange Zweifel an der Richtigkeit der gegnerischen Behauptung bestehen, mag man eine Tatsache schlicht bestreiten dürfen, deren Kenntnis nur dem Gegner möglich ist, BGH NJW **74**, 1710, Hamm FamRZ **96**, 641. Das gilt zB beim sog „Insiderwissen", BGH RR **87**, 754. Auch an die prozessuale Mitwirkungspflicht des Klägers sind ja strenge Anforderungen zu stellen, BAG DB **84**, 885. Andererseits sind die Anforderungen an die Erklärung zur gegnerischen Behauptung umso höher, je leichter man sich selbst dazu äußern kann, während der Gegner dazu nicht oder nur schwer instande sein mag, BGH FamRZ **87**, 260. Daher muß zB der Arbeitgeber bei einer Kündigung wegen häufiger Kurzerkrankungen nur diese darlegen, der Arbeitnehmer aber dartun, weshalb trotzdem die Besorgnis weiterer Erkrankungen unberechtigt sein soll, BAG NJW **90**, 2340 und 2342, Anh nach § 286 Rn 46–49. Es ist also unzulässig, „das gesamte Vorbringen" des Gegners oder sämtlicher Posten einer Rechnung zu bestreiten, die man selbst ohne unzumutbaren Aufwand in einzelnen Punkten präzisieren könnte, Schlesw SchlHA **81**, 189, LG Hbg Rpfleger **85**, 35. Soweit der Gegner allerdings sein bereits bestrittenes Vorbringen nur wiederholt, braucht man die früheren eigenen gegenteiligen Behauptungen und Darlegungen nicht stets ausdrücklich zu wiederholen, Schlesw SchlHA **78**, 68.

35 **H. Zeitraum: Bis zum Verhandlungsschluß.** Wie bei I, Rn 25, gelten alle vorstehenden Anforderungen in jeder Lage des Verfahrens bis zum Verhandlungsschluß, §§ 136 IV, 296 a, bei nachgereichtem Vortrag evtl noch später, §§ 156, 283. Das gilt für jede Instanz. Im schriftlichen Verfahren, § 128 II, III, gilt der dem Verhandlungsschluß entsprechende Zeitpunkt.

36 **I. Verstoß.** Vgl Rn 63.

37 **7) Nichtbestreiten, III.** Eine Tatsache, die nicht ausdrücklich bestritten wird, ist unter den nachfolgenden Voraussetzungen als zugestanden zu behandeln (bejahende Einlassung; kauderwelsch: affirmative Litiskontestation), BAG NJW **94**, 3246. Zum Unterschied vom gerichtlichen Geständnis Einf 2 vor §§ 288–290.

## 1. Titel. Mündliche Verhandlung § 138

**A. Bloße „Tatsache".** Es muß sich um eine reine Tatsache handeln, es darf also kein Umstand vorliegen, der eine wertende Beurteilung erfordert, BGH NJW **89**, 1084, Lappe Rpfleger **89**, 318. Zur Abgrenzung eines tatsächlichen Umstands von einer Rechtsausführung Rn 13, 14.

**B. „Nicht ausdrücklich bestritten".** Die Geständniswirkung nach III kann eintreten, wenn die Partei **38** die gegnerische Behauptung weder ausdrücklich noch durch eine schlüssige Handlung bestritten hat, Karlsr GRUR **94**, 135. Der bloße Klagabweisungsantrag bedeutet nicht ohne weiteres auch ein Bestreiten der gegnerischen Tatsachenbehauptungen. Unzureichend ist auch die bloße Bitte, das Gericht möge erkennen, „was rechtens ist", BAG NJW **90**, 2643. Ein einfaches, schlichtes Bestreiten genügt nur, soweit man der Partei keine näheren Angaben zumuten kann, Rn 25, 30, BGH NJW **89**, 162, Schlesw SchlHA **81**, 189, Huber MDR **81**, 95.

Der notwendige *Grad der Anforderungen* ist eine Fallfrage, vgl BGH RR **97**, 985. Man darf auch hier die **39** Anforderungen nicht überspannen, BGH RR **90**, 80. Die Anforderungen an die Ausführlichkeit des Bestreitens hängen auch hier davon ab, wie ausführlich der darlegungspflichtige Gegner vorgetragen hat, BVerfG NJW **92**, 1031, BGH GRUR **82**, 683. Man muß sich stets so genau ausdrücken, daß das Gericht nicht irrig davon ausgehen kann, man wolle die gegnerische Behauptung nicht mit Gründen bestreiten, so auch im Ergebnis BVerfG NJW **92**, 1031, Schlesw SchlHA **78**, 172. Vgl im übrigen Rn 30–35. Zur Abgrenzung vom bloßen Bestreiten mit Nichtwissen Rn 45.

**C. Keine „Absicht, bestreiten zu wollen".** Die Geständniswirkung hängt davon ab, daß auch nicht **40** schlüssig bestritten wird, daß also nicht „aus den übrigen Erklärungen der Partei hervorgeht", daß sie bestreiten will. In diesem Zusammenhang kommt es nicht darauf an, ob sie nähere Angaben machen müßte, sondern nur darauf, ob sie erkennbar ernsthaft bestreiten will. Dabei ist freilich eine unzulässige sog Leerformel, Rn 33, unbeachtlich. Man darf keineswegs im Zweifel unterstellen, die Partei wolle die fragliche gegnerische Behauptung ebenfalls bestreiten. Es kommt auch hier auf die Gesamtumstände an. Die Partei kann die Geständniswirkung nach III nicht durch eine eindeutig unzulässige „übrige Erklärung" verhindern. Man darf ihr aber auch nicht einfach unterstellen, sie wolle nicht über ihre ausdrücklichen Erklärungen hinaus bestreiten.

**D. Zeitraum: Bis zum Verhandlungsschluß.** Vgl 25, 35. Die Partei muß im Verhandlungstermin **41** anwesend gewesen sein und verhandelt haben. Wegen des schriftlichen Verfahrens § 128 II, III. Im Fall einer Säumnis gelten §§ 330 ff, 542. Man kann also die Erklärung, nicht (mehr) bestreiten zu wollen, bis zum Verhandlungsschluß nachholen, BGH NJW **83**, 1497, ZöGre 9, aM Mü MDR **84**, 322 (für den zweiten Rechtszug). Dagegen kann ein erst im Laufe des Prozesses klar erkennbares Bestreiten nach §§ 296, 528 als verspätet zu beurteilen sein. Die Erklärung, die Partei wolle die gegnerische Behauptung „für diese Instanz nicht bestreiten", kann eine reine Prozeßtaktik sein. Sie beweist deshalb regelmäßig nichts gegen die Partei. Wenn die Partei aber auf eine Stellungnahme zu einem Sachverständigengutachten verzichtet, dann kann sie im allgemeinen dessen Unrichtigkeit oder Unvollständigkeit in der Revisionsinstanz nicht mehr rügen.

**E. Beibringungsgrundsatz.** Weitere Voraussetzung der Geständniswirkung ist, daß es sich um ein **42** Verfahren handelt, in dem weder der Ermittlungsgrundsatz, Grdz 38 vor § 128, noch eine Amtsprüfung herrschen, Grdz 39 vor § 138, sondern der Beibringungsgrundsatz besteht, Grdz 20 vor § 128. Daher ist III zB in einer Kindschaftssache nach §§ 640 ff unanwendbar, Karlsr FamRZ **77**, 205.

**F. Folge: „. . . sind als zugestanden anzusehen".** Soweit die Voraussetzungen Rn 37–42 vorliegen, **43** unterstellt (fingiert) III ein Geständnis mit den Wirkungen des § 288, allerdings nur unter den in § 288 Rn 3 ff genannten weiteren Voraussetzungen. Vgl im übrigen §§ 289, 532.

**G. Verstoß.** Vgl Rn 63. **44**

**8) „Erklärung mit Nichtwissen", IV** **45**

**Schrifttum:** *Ambs,* Bestreiten mit Nichtwissen usw, 1997; *Morhard,* Die Informationspflicht der Parteien bei der Erklärung mit Nichtwissen, 1993.

**A. Begriff.** „Eure Rede aber sei: Ja, ja; nein, nein. Was darüber ist, das ist vom Übel" (Matth 5, 37). Eine Erklärung mit Nichtwissen ist von der Ablehnung einer Erklärung zu unterscheiden, ebenso aber vom direkten Bestreiten, vom bloßen Schweigen und vom Geständnis nach § 288. Die Frage, ob das eine oder das andere vorliegt, ist oft nur schwer zu beantworten. Gerade derjenige, der die nachteiligen Rechtsfolgen einer bloßen Erklärung mit Nichtwissen kennt, bemüht sich erfahrungsgemäß, statt der schlichten Worte „Ich weiß es nicht" um den „heißen Brei" herumzureden. Dergleichen Versuche dürfen das Gericht keineswegs davon abhalten, ganz klar und unmißverständlich herauszuarbeiten, ob die Partei bestreiten will oder sich nur mit Nichtwissen erklärt. Denn die Rechtsfolgen sind ganz erheblich unterschiedlich. Das Gericht darf und muß nach § 139 vorgehen und auch verdeutlichen, daß ein bloßes Bestreiten mit Nichtwissen mit den Rechtsfolgen von III, IV annimmt, wenn die Partei ihren Vortrag nicht klarstellend ergänzt. Es mag zu einem solchen Hinweis auch und gerade einer anwaltlich vertretenen Partei gegenüber auch nach § 278 III verpflichtet sein.

Das Gericht darf sich aber auch *keineswegs* mit bloßen *Umschreibungen* der Partei zufriedenstellen lassen. **46** Wer zunächst ausgeführt hat, er könne sich zu einer gegnerischen Behauptung nicht erklären, hat bereits in Wahrheit mit bloßem Nichtwissen bestritten. Das gilt unabhängig davon, ob er einen Grund für seine Unfähigkeit zu weiterem Vortrag angegeben hat und ob ein solcher aus den Akten erkennbar ist. Wenn er nach einem Hinweis auf die möglichen Rechtsfolgen des bloßen Bestreitens mit Nichtwissen dann antwortet, unter diesen Umständen „bestreite er eben", so wechselt er seine Einlassung und verpflichtet das Gericht zur Prüfung, welche der widersprüchlichen Einlassungen nun die maßgebliche sein kann. Dabei ist keineswegs stets die zeitlich nachfolgende Art des Bestreitens die allein maßgebliche; es kommt vielmehr auf die Gesamtumstände an. Wenn erkennbar wird, daß das zeitlich nachfolgende direkte Bestreiten in Wahrheit nur der Verhinderung der Rechtsfolgen von IV dient, daß also in Wahrheit unverändert ein bloßes Nichtwissen vorherrscht, ist diese Wendung im Verhalten der Partei arglistig und daher unbeachtlich, Einl III 54, denn sie

## § 138

verstößt ja gegen ihre Wahrhaftigkeitspflicht nach I, II. Zumindest darf und muß der Richter dann das zeitlich nachgeschobene direkte Bestreiten im Rahmen der freien Würdigung des gesamten Vortrags, § 286, äußerst zurückhaltend beurteilen und darf sehr wohl zu der Überzeugung kommen, in Wahrheit habe sich die Partei eben doch nur mit bloßem Nichtwissen erklären können.

**47** Wegen der oft prozeßentscheidenden Bedeutung dieser feinen Unterschiede ist *große Sorgfalt*, eine gewisse Beharrlichkeit des Gerichts und im übrigen eine präzise Protokollierung der jeweiligen Äußerungen der Partei trotz allen gebotenen Verständnisses für ihre oft nicht leichte prozessuale Lage ratsam, § 160 II. Das Gericht ist gerade an dieser Stelle im wohlverstandenen Interesse beider Parteien und bei Beachtung seiner Pflicht zur Unparteilichkeit nicht nur berechtigt, sondern klar verpflichtet, im Rahmen des Zumutbaren durchaus ernsthafte Anforderungen zu stellen. Das gilt insbesondere wegen des Grundsatzes, daß das bloße Bestreiten mit Nichtwissen beim Fehlen der folgend erörterten Ausnahmen unzulässig ist. Daher muß man im Zweifel vom bloßen Bestreiten mit Nichtwissen ausgehen und darf erst dann prüfen, ob eine der Ausnahmen (Zulässigkeit) vorliegt. Bei alledem kommt es natürlich nicht auf den Wortlaut, sondern auf den Sinn und die Gesamtumstände an, wie stets.

**48** Das bloße Bestreiten mit *Noch-Nichtwissen* ist ein Bestreiten mit bloßem Nichtwissen, Rn 45. Auch das wird oft übersehen und führt zu völlig anderen prozessualen Folgen als den eigentlich gebotenen. Auch insofern darf und muß das Gericht nach einem Hinweis, §§ 139, 278 III, von der Erklärung des bloßen Nichtwissens ausgehen. Das gilt auch und gerade bei einer solchen Erklärung, die ein gesetzlicher Vertreter oder ein Prozeßbev abgegeben hat, Rn 7, 8.

**49 B. „... nur über Tatsachen zulässig, die ...": Grundsatz der Unzulässigkeit.** Schon aus dem Wort „nur" in IV wird deutlich, daß das Gesetz von dem Grundsatz der Unzulässigkeit der Erklärung mit bloßem Nichtwissen ausgeht und sie nur unter den genannten Voraussetzungen ausnahmsweise zuläßt. Man kommt zu demselben Ergebnis, wenn man erkennt, das IV schon in seiner äußerlichen Stellung eine Ausnahme (Sonderregel) gegenüber I–III darstellt und daher in seinen Voraussetzungen eng auszulegen ist, wie stets bei einer Ausnahmeregel, Einl III 41, ThP 20, aM ZöGre 2. Man muß daher im Rahmen der Auslegung strenge Anforderungen an das Vorliegen der nachfolgenden prozessualen Zulässigkeitsvoraussetzungen stellen.

**50 C. Ausnahme: Zulässigkeit bei Tatsachen, die keine „eigene Handlung der Partei" waren.** Soweit eine Tatsache nicht in einer eigenen Handlung der Partei bestand, kann diese sich zur gegnerischen Behauptung mit Nichtwissen erklären, insofern richtig BGH NJW 93, 1783. Es ist eine strenge Prüfung der Frage erforderlich, ob man das Vorliegen einer eigenen Handlung der Partei verneinen darf, denn es handelt sich um eine Ausnahmevorschrift, Rn 49. Zu den „eigenen Handlungen" zählen sowohl aktive Vorgänge in Wort und Tat als auch passive eigene Verhaltensweisen, also Unterlassungen in Wort oder Tat, sofern gerade die letzteren vom Gegner behauptet werden. Es kommt nicht darauf an, ob der Gegner die Ansicht vertritt, man habe etwas gerade pflichtwidrig getan oder unterlassen, sondern nur darauf, ob er behauptet, man habe überhaupt eine eigene Handlung oder Unterlassung vorgenommen. Dabei stehen Handlungen oder Unterlassungen des gesetzlichen Vertreters, § 51 Rn 12, BGH NJW 99, 54, oder des ProzBev der Partei, § 81, denjenigen gleich, die die Partei persönlich vorgenommen haben soll, Rn 7, 8. Aber auch der Erfüllungs- oder Verrichtungsgehilfe der Partei, §§ 278, 831 BGB, ist als „Partei" im Sinn von IV anzusehen. Die Partei darf sich daher nicht mit bloßem Nichtwissen zur Behauptung des Prozeßgegners äußern, ihr derartiger Gehilfe habe etwas getan oder unterlassen.

**51 D. Weitere Ausnahme: Zulässigkeit bei Tatsachen, die nicht „Gegenstand der eigenen Wahrnehmung" waren.** Eine Erklärung mit bloßem Nichtwissen ist ferner ausnahmsweise auch dann zulässig, wenn es sich nach der Behauptung des Prozeßgegners um solche Tatsachen handelt, die nicht Gegenstand der eigenen Wahrnehmbarkeit der Partei bzw nicht Gegenstand der Partei gewesen sind, BGH NJW 93, 1262, Hamm NJW 94, 3172 (Zugang eines Telefax), Mü RR 97, 1425. Man muß auch hier einen strengen Maßstab vor der Bejahung einer solchen Situation anwenden, BVerfG NJW 92, 2217, denn auch insofern liegt eine Ausnahme vom Grundsatz der Unzulässigkeit vor, Rn 49.

**52** Zu den Wahrnehmungen gehören solche *beliebiger Art* mit auch den menschlichen Sinne, BVerfG NJW 92, 2217, BGH 109, 208, Brause NJW 89, 2520. Die Wahrnehmung kann auch indirekt, über ein Medium, etwa über das Fernsehen oder durch die Zeitung, erfolgt sein, sofern der Gegner nur behauptet, man habe eben die betreffende Sendung usw tatsächlich gesehen bzw gehört. Auch hier sind Wahrnehmungen des gesetzlichen Vertreters, § 51 Rn 12, oder des ProzBev, § 81, ebenso schädlich, Rn 7–11, wie solche eines Erfüllungs- oder Verrichtungsgehilfen, Rn 50.

**53** Nur scheinbar ist das Bestreiten mit bloßem Nichtwissen dann zulässig, wenn die Tatsache nach der Behauptung des Prozeßgegners zwar nicht Gegenstand der tatsächlichen Wahrnehmung der Partei, wohl aber ihrer *Wahrnehmungsmöglichkeit* war, vgl LG Stendal WoM 94, 264 und 266. Aus dem Ausnahmecharakter der Zulässigkeit des Bestreitens mit Nichtwissen folgt, daß auch die vom Gegner behauptete bloße Wahrnehmungsmöglichkeit dazu zwingt, mit einem klaren Ja oder Nein statt mit bloßem Nichtwissen zu antworten, sofern man dieses Nein überhaupt verantworten kann. Nur so läßt sich der Grundsatz der *Zumutbarkeit*, BGH NJW 99, 580, LAG Köln MDR 99, 304, der im gesamten Bereich von § 138 gilt, auch bei IV wahren. Nur dieser Grundsatz entspricht dem ohnehin von Amts wegen in jeder Lage des Verfahrens von allen Prozeßbeteiligten zu beachtenden Gebot von Treu und Glauben, Einl III 54.

**54** Auch aus dem Prozeßrechtsverhältnis, Grdz 3 vor § 128, und der ihm entstammenden Mitwirkungs- und Förderungspflicht, Grdz 11, 12 vor § 128, ergibt sich: Jedenfalls insoweit, als der Prozeßgegner behauptet, man habe die Tatsache wahrnehmen können, ergibt sich eine gründliche *Informationspflicht*, BGH NJW 99, 54, Celle RR 97, 290, Karlsr RR 96, 1059.

**55** Das bloße Bestreiten mit Nichtwissen ist also *unzulässig, soweit* die Partei bei der ihr zuzumutenden Sorgfalt, vgl § 283 Rn 6, zumindest bis zum Schluß des Verhandlungstermins, §§ 136 IV, 296 a, *hätte wissen können und müssen*, ob sich der fragliche Vorgang ereignet hat oder nicht. Auch dabei ist es wieder gleich, ob die Partei den fraglichen Vorgang zwar vielleicht nicht höchstpersönlich, aber doch mit Hilfe solcher Personen hätte wahrnehmen (lassen) können und müssen, die als ihr gesetzlicher Vertreter, § 51 Rn 12,

## 1. Titel. Mündliche Verhandlung § 138

ProzBev, § 81, Erfüllungs- oder Verrichtungsgehilfe oder Zedent, Köln VersR **92**, 78, tätig waren oder hätten tätig werden können und müssen.

Auch die *Prozeßförderungspflicht* nach § 282 zwingt dazu, in solchem Fall im Rahmen des Zumutbaren **56** Information einzuholen, bevor man einfach mit Nichtwissen bestreiten darf, und zwar schon dann, wenn der Gegner wenigstens behauptet, man habe wahrnehmen (lassen) können, BGH **109**, 209, Celle RR **89**, 784. Im einzelnen verfahren allerdings viele zu großzügig. Man darf zB keineswegs schon die bloße Behauptung ausreichen lassen, die Partei könne sich nicht erinnern. Es kommt darauf an, ob sie auch darlegen und zumindest nach § 294 glaubhaft machen kann, daß sie sich auch beim besten Willen wirklich nicht erinnern kann. Diese Anforderung wird oft übersehen, Hamm VHR **96**, 204, LAG Bre BB **86**, 1992. Auch die Darlegungslast, § 253 Rn 32, die über die Pflichten nach I, II hinausgeht, BAG DB **86**, 1578, führt zu demselben Ergebnis.

**E. Nachfrist.** Nur soweit man einer Partei eine Erklärung auf eine Behauptung des Gegners verständiger- **57** weise nicht sofort zumuten kann, darf und muß das Gericht auf Antrag der Partei, § 283, eine Gelegenheit zur Unterrichtung und Nachholung geben, evtl auch durch eine Vertagung, BGH **94**, 214, Mü FamRZ **97**, 944. Das gilt vor allem dann, wenn der Gegner eine Partei mit Behauptungen überfällt, die immerhin abgelegen scheinen und der Partei nicht in dem nach der Prozeßlage erforderlichen Maße angekündigt worden waren. Indessen liegt kein ausreichender Grund zu solchen Maßnahmen vor, soweit sich am Verhandlungsschluß ergibt, daß die Partei ihren gesetzlichen Vertreter oder vor allem ihren ProzBev nicht genügend vorbereitet und unterrichtet hatte. Dasselbe gilt, soweit man dem letzteren den Vorwurf machen muß, sich nicht im zumutbaren Umfang bei der Partei kundig gemacht zu haben, §§ 51 II, 85 II, Rn 7, 8. Zwar mag zB der ProzBev in einem solchen Fall versuchen, eine Vertagung, eine Ladung der Partei nach § 141 oder eine Frist nach § 283 zu beantragen. Auch solche Möglichkeiten sind aber durchaus begrenzt; vgl bei den einzelnen Vorschriften.

**F. Sonderfall des beiderseitigen Bestreitens mit Nichtwissen.** Soweit sich beide Parteien zu einer **58** vom Gericht für entscheidungserheblich gehaltenen und daher zur Sprache gebrachten tatsächlichen Frage übereinstimmend mit bloßem Nichtwissen erklären, kommt es nicht darauf an, ob eine solche Erklärung dann, wenn der Gegner die Tatsache behauptet hätte, zulässig wäre. Denn IV setzt gerade eine direkte derartige Behauptung als erfolgt voraus. Vielmehr entfällt dann die Möglichkeit einer Geständniswirkung und ist diese Tatsache als nicht geklärt zu Lasten der insoweit beweispflichtigen Partei zu berücksichtigen.

**G. Zulässigkeit einer Hilfserklärung.** Eine Partei kann für den Fall, daß ihr Bestreiten mit bloßem **59** Nichtwissen unzulässig sein sollte, evtl eine Hilfserklärung abgeben, § 260 Rn 8.
*Beispiel:* Der Kläger behauptet, der Bekl habe ihm ein Darlehen versprochen. Der Bekl kann erwidern: Er bestreite dieses Versprechen mit Nichtwissen bzw als unbekannt; falls er das Versprechen aber abgegeben habe, dann habe er es doch nur für einen späteren Zeitpunkt erklärt.

**H. Zeitraum: Bis zum Verhandlungsschluß.** Es gelten dieselben Erwägungen wie Rn 25, 41. **60**

**I. Rechtsfolgen des zulässigen Bestreitens mit Nichtwissen.** Soweit die Erklärung mit bloßem **61** Nichtwissen zulässig ist, handelt es sich um ein echtes, schlichtes Bestreiten, BGH NJW **89**, 162.

**J. Verstoß.** Ein Verstoß gegen IV führt zur Geständniswirkung nach III, AG Bruchsal VersR **86**, 498. **62**
*Beispiele:* Der Empfänger von Allgemeinen Geschäftsbedingungen will sie im Inhalt nicht erkennen können, Köln BB **74**, 1227; der Haftpflichtversicherer beruft sich auf die Unauffindbarkeit des Versicherten, Ffm NJW **74**, 1473; der Empfänger von Kontoauszügen will sie verloren haben, AG Geesthacht VersR **88**, 929. Vgl im übrigen Rn 63.

**9) Verstoßfolgen, I–IV.** Es können mehrere Konsequenzen zusammentreffen. **63**

**A. Prozeßrechtliche Folgen.** Das Gericht prüft zwar ansich wegen des Beibringungsgrundsatzes, Grdz 20 vor § 128, auch die Wahrheit einer Parteibehauptung zunächst anhand des Merkmals, ob der Prozeßgegner die Tatsache überhaupt bestreitet. Es muß aber schon wegen des den ganzen Prozeß beherrschenden Grundsatzes von Treu und Glauben, Einl III 54, doch zumindest ein arglistiges Zusammenwirken der Parteien, etwa zum Nachteil eines Dritten, unbeachtet lassen. Es muß überhaupt eine von ihm als offensichtlich unwahr erkannte Behauptung unbeachtet lassen, § 286, Seetzen WertpMitt **85**, 214, Vollkommer Rpfleger **78**, 88.

Eine unwahre Behauptung kann zu einer *der Partei nachteiligen Würdigung* führen. Das Gericht kann von **64** der Unwahrheit einer streitigen Behauptung auch insofern ausgehen, als eigentlich der Gegner beweispflichtig wäre, § 286 Rn 1, BGH LM Nr 14, KG JR **78**, 379. Soweit eine Unwahrheit den Prozeß verzögert, ist neben der Zurückweisung wegen verspäteten Vorbringens, §§ 296, 528, unter Umständen eine Verzögerungsgebühr nach § 34 GKG zu verhängen, vgl Anh § 95; vgl (schon 1910) Saar DRiZ **85**, 279. Im übrigen erwächst der Partei kein unmittelbarer prozeßrechtlicher Nachteil. Die Partei darf und muß eine unwahre Erklärung jederzeit berichtigen. Durch die Berichtigung kann sie die unwahre Erklärung wirksam machen, vgl auch § 290 Rn 4. Eine Verletzung der Wahrheitspflicht kann im übrigen ein Anlaß für eine Restitutionsklage nach § 580 Z 4 sein, auch wenn sich die Partei nicht auf ein falsches Beweismittel beruft; vgl aber auch BGH NJW **85**, 2335. Bei einem Verstoß gegen IV tritt die Geständniswirkung nach III ein, Rn 62.

Ein *anschließendes Bestreiten* mag zulässig sein, Münzberg NJW **92**, 205, ist aber natürlich mit großer Zurückhaltung zu würdigen. Der beliebte Satz im Anschluß an den Hinweis des Richters auf III, IV: „Dann bestreit ich eben" ist kaum geeignet, dieses „Bestreiten" anders zu werten als dahin, daß die Partei oder ihr Vertreter jetzt in eine Erklärung flüchtet, die sehr nahe bei versuchten Prozeßbetrug angesiedelt ist. Das Gericht darf deshalb die ebenso überraschend „bestrittene" Behauptung des Gegners glauben, § 286 Rn 4.

**B. Bürgerlichrechtliche Folgen,** dazu *Prange,* Materiell-rechtliche Sanktionen bei Verletzung der pro- **65** zessualen Wahrheitspflicht durch Zeugen und Parteien, 1995; *Schreiber* ZZP **105**, 129: Eine Schadensersatzpflicht besteht nach § 826 BGB, sobald eine Lüge der Partei zu einer Schädigung des Gegners führt.

## §§ 138, 139

Außerdem bietet sich auf Grund eines Bestreitens wider besseres Wissen, das die Entscheidung beeinflußt hat, evtl ein Weg an, dem sachlichen Recht gegenüber der Rechtskraft zum Sieg zu verhelfen, Einf 25, 33 vor § 322. § 85 II gilt auch hier, Schlesw FamRZ **93**, 336. § 138 ist aber kein Schutzgesetz im Sinn von § 823 II BGB. Denn sein Sinn besteht darin, zur staatlichen Ordnung des Zivilprozesses beizutragen. Die Gegenmeinung brächte auch die Gefahr des Wiederaufrollens jeder rechtskräftig erledigten Sache mit sich, ThP 10, aM ZöGre 7. Zum Ehrenschutz gegenüber Parteivorbringen Walter JZ **86**, 614.

**66** **C. Strafrechtliche Folgen,** dazu *Piech,* Der Prozeßbetrug im Zivilprozeß, 1998: Ein Verstoß gegen die Wahrheitspflicht kann ein zumindest versuchter Prozeßbetrug sein, BGH MDR **98**, 615. Er kann auch eine Anstiftung, Beihilfe, Mittäterschaft oder mittelbare Täterschaft zu dieser Straftat darstellen, vgl (schon 1910) Saar DRiZ **85**, 279. Eine falsche Einlassung, die von einem Zeugen eidlich bekräftigt wird, kann für diejenige Partei, die es unterläßt, dieser Einlassung entgegenzutreten, ein Verfahren wegen Beihilfe zum Meineid oder zur uneidlichen Aussage zur Folge haben, BGH MDR **98**, 615. Eine eidesstattliche Versicherung ist schon dann falsch, wenn so Wesentliches verschwiegen wurde, daß dadurch die Bedeutung des Erklärten grundlegend beeinträchtigt wurde, BGH LM § 156 StGB Nr 11. Zum Ehrenschutz vgl Rn 65. Es kann infolge der Straftat ein Restitutionsgrund vorliegen, § 580 Z 4.

**67** **D. Standesrechtliche Folgen.** Der Anwalt, der gegen I, II verstößt, muß regelmäßig standesrechtlich belangt werden. Das dürfte im Prinzip auch nach der weitgehenden Aufhebung der bisherigen standesrechtlichen Grundsätze durch das BVerfG gelten. Denn auch jetzt würde es sich bei einem derartigen Verstoß meist um einen so schwerwiegenden handeln, daß die Grundlagen des ordnungsgemäßen Prozeßbetriebs berührt würden, auch wenn das im Einzelfall infolge mancher Umstände verdeckt bleiben mag. Hinzu treten auch für den Anwalt Schadensersatzansprüche des durch ihn Geschädigten, Rn 65.

**68** **10) VwGO: *I u II* sind entsprechend anwendbar,** § 173 *VwGO,* weil sie sich aus der Mitwirkungs- und Lauterkeitspflicht der Beteiligten ergeben, BVerwG NJW **64**, 786, krit Menger VerwArch **64**, 389 (zur Mitwirkungspflicht vgl auch Wolff BayVBl **97**, 585, Bürck DÖV **82**, 227). *III u IV* sind gegenstandslos, weil der Ermittlungsgrundsatz, § 86 I VerwGO, gilt, vgl § 617 (für eine entsprechende Anwendung von III, soweit ein Beteiligter nach materiellem Recht verfügungsbefugt ist, Grunsky § 20 II).

## 139 *Fragepflicht des Gerichts.*

I ¹Der Vorsitzende hat dahin zu wirken, daß die Parteien über alle erheblichen Tatsachen sich vollständig erklären und die sachdienlichen Anträge stellen, insbesondere auch ungenügende Angaben zu den geltend gemachten Tatsachen ergänzen und die Beweismittel bezeichnen. ²Er hat zu diesem Zwecke, soweit erforderlich, das Sach- und Streitverhältnis mit den Parteien nach der tatsächlichen und der rechtlichen Seite zu erörtern und Fragen zu stellen.

II Der Vorsitzende hat auf die Bedenken aufmerksam zu machen, die in Ansehung der von Amts wegen zu berücksichtigenden Punkte obwalten.

III Er hat jedem Mitglied des Gerichts auf Verlangen zu gestatten, Fragen zu stellen.

**Schrifttum:** *Baur,* Richterliche Verstöße gegen die Prozeßförderungspflicht, Festschrift für *Schwab* (1990) 53; *Born,* Wahrunterstellung zwischen Aufklärungspflicht und Beweisablehnung wegen Unerheblichkeit, 1984; *Bottke,* Materielle und formelle Verfahrensgerechtigkeit im demokratischen Rechtsstaat, 1991; *Brehm,* Die Bindung des Richters an den Parteivortrag usw, 1982; *Hahn,* Anwaltliche Rechtsausführungen im Zivilprozeß usw. 1998; *Heilmann/Schlichtung,* Verfahrensgestaltung im Zivilprozeß, 1984; *Hensen,* Das Rechtsgespräch im Zivilprozeß, Festgabe für *Reimers* (1979) 167; *Laumen,* Das Rechtsgespräch im Zivilprozeß, 1984; *Nowak,* Richterliche Aufklärungspflicht und Befangenheit, 1991; *Leipold,* Wege zur Konzentration von Zivilprozessen, 1999; *Peters,* Richterliche Hinweispflichten und Beweisinitiativen im Zivilprozeß, 1983; *Prütting,* Prozessuale Aspekte der richterlichen Rechtsfortbildung, Festschrift 600-Jahr-Feier der Universität *Köln* (1988) 305; *Scheuerle,* Vierzehn Tugenden für vorsitzende Richter, 1983; *Schmidt,* Zivilgerichtliche Prozeßförderung – Zur Handhabung des § 139 Abs. 1 ZPO usw, Festschrift für *Schneider* (1997) 193; *Seelig,* Die prozessuale Behandlung materiellrechtlicher Einreden – heute und einst, 1980; *Späth,* Die Parteiöffentlichkeit des Zivilprozesses – die Informationspflicht des Gerichts gegenüber den Parteien, 1995; *Stürner,* Verfahrensgrundsätze des Zivilprozesses und Verfassung, Festschrift für *Baur* (1981) 647 (657); *Spickhoff,* Richterliche Aufklärungspflicht und materielles Recht, 1999; *Stürner,* Die richterliche Aufklärung im Zivilprozeß, 1982; *Vollkommer,* Der Grundsatz der Waffengleichheit im Zivilprozeß – eine neue Parteimaxime? –, Festschrift für *Schwab* (1990) 503.

S auch bei § 278.

### Gliederung

| | | | |
|---|---|---|---|
| 1) Systematik, I–III | 1 | 6) Pflicht zur Unparteilichkeit, I–III | 13–19 |
| 2) Regelungszweck, I–III | 2–4 | A. Bedeutung von Parteiherrschaft und Beibringungsgrundsatz | 16 |
| 3) Sachlicher Geltungsbereich, I–III | 5 | B. Berücksichtigung von Amts wegen | 17 |
| 4) Persönlicher Geltungsbereich, I–III | 6 | C. Abgrenzung von Fürsorge und Unparteilichkeit | 18 |
| 5) Fürsorgepflicht, I–III | 7–12 | D. Würdigungsfreiheit | 19 |
| A. Förderungspflicht | 8 | 7) Hinwirkung auf vollständige Erklärungen usw, I 1 | 20–30 |
| B. Hinwirkungs- und Hinweispflicht | 9, 10 | A. „... über alle erheblichen Tatsachen". | 20 |
| C. Fragepflicht | 11 | | |
| D. Pflicht zur Fristsetzung | 12 | | |

1. Titel. Mündliche Verhandlung                                                          **§ 139**

    B. „... sich vollständig erklären" ........ 21
    C. „... und die sachdienlichen Anträge
       stellen" ............................. 22, 23
    D. „... insbesondere auch ungenügende
       Angaben der geltend gemachten Tat-
       sachen ergänzen" ................... 24, 25
    E. „... und die Beweismittel bezeich-
       nen" ................................ 26–30
8) Erörterungs- und Fragepflicht, I 2 ... 31–35
    A. „Zu diesem Zwecke, soweit erforder-
       lich" ................................. 32
    B. „Sach- und Streitverhältnis" ........ 33
    C. „... nach der tatsächlichen und der
       rechtlichen Seite" ................... 34
    D. „Er hat ... Fragen zu stellen" ........ 35
9) Hinweispflicht, II ..................... 36–39
    A. Begriff der „Bedenken" ............. 37
    B. „Von Amts wegen zu berücksichti-
       gende Punkte" ...................... 38
    C. „Er hat ... aufmerksam zu machen" .. 39
10) Gestattungspflicht, III ............... 40–42

    A. Gegenüber „jedem Mitglied des Ge-
       richts" .............................. 40
    B. Nur „auf Verlangen" ................ 41
    C. Umfang: „Fragen zu stellen" ........ 42
11) Beispiele zur Frage der Pflichten des
    Gerichts, I–III ........................ 43–95
12) Verstoß, I–III ........................ 96–99
    A. Verstoß des Vorsitzenden ........... 96
    B. Verstoß eines Beisitzers ............. 97
    C. Verstoß der Partei ................... 98
    D. Verstoß des Prozeßbevollmächtigten
       usw ................................. 99
13) Rechtsbehelfe, I–III ................. 100–104
    A. Anrufung des Gerichts, § 140 ....... 100
    B. Ablehnungsgesuch; Rechtsmittel ..... 101, 102
    C. Aufsichtsbeschwerde ................ 103
    D. Nichterhebung von Kosten .......... 104
14) Verfassungsbeschwerde, I–III ......... 105
15) VwGO ............................... 106

**1) Systematik, I–III.** Es handelt sich um eine der wichtigsten und auch schwierigsten Vorschriften der **1**
ZPO. Sie enthält die Magna Charta des Zivilprozesses. Sie beschreibt einen Teil der Pflichten zur sachlichen
Prozeßleitung, Üb 5 vor § 128. Sie ist Teil eines Geflechts anderer Vorschriften mit richterlichen Pflichten.
Sie bildet aber deren Kernstück. Sie gilt in einer Linie während der mündlichen Verhandlung. Ihre Grundregeln sind aber im schriftlichen Verfahren nach § 104, Köln JB **97**, 257, oder nach § 128 II, III zumindest
entsprechend anwendbar. Sie hat Auswirkungen auch auf das Verhalten des Gerichts im Anschluß an die erste
Verhandlung. Innerhalb und außerhalb der Verhandlung gelten ergänzend zahlreiche weitere, teilweise
vorrangige, Vorschriften, zB §§ 141, 144, 273, 396 II, 448, mit der näheren Festlegung bestimmter Handlungen, zu denen die Fürsorgepflicht des Gerichts führen kann, Einl III 27. Bei der Anwendung aller dieser
weiteren Vorschriften ist aber eben § 139 mit seiner zentralen Zusammenfassung zumindest mitbeachtlich.
Die Vorschrift regelt die richterliche Aufklärungs-, Frage- und Fürsorgepflicht sowohl im Tatsächlichen wie
im Rechtlichen. Im letzteren Bereich gilt ergänzend § 278 III; zur Abgrenzung dort Rn 12.

**2) Regelungszweck, I–III.** Die Vorschrift dient der Herbeiführung einer Entscheidung. Sie soll das **2**
sachliche Recht verwirklichen helfen, Einl III 9, BGH NJW **98**, 156. Sie dient also auch der Gerechtigkeit
und in diesem Rahmen dem rechtlichen Gehör, Art 103 I GG, BGH RR **97**, 441. Das ändert nichts an der
Unparteilichkeit, Rn 13, die das Gericht einzuhalten in jeder Lage des Verfahrens gegenüber jedem Prozeßbeteiligten strikt verpflichtet ist, BVerfG **42**, 78, Vollkommer (vor Rn 1) 520. Das kommt zwar nicht im
Wortlaut des § 139 direkt zum Ausdruck, ist aber selbstverständlich und ergibt sich aus der Stellung des
Gerichts ohnehin.

*Beide Gesichtspunkte,* Gerechtigkeitsstreben einerseits, Unparteilichkeit andererseits müssen bei der Aus- **3**
legung des § 139 stets *zusammen beachtet* werden. Das klingt selbstverständlich, ist aber in der Praxis das
eindeutige Hauptproblem. Die Rechtsidee hat drei Komponenten: Gerechtigkeit, Rechtssicherheit, Zweckmäßigkeit. Das ist nicht nur zB bei § 296 zu beachten, dort **Rn 2**, sondern auch bei § 139. Der Richter, der
sich nur von dem Bestreben nach sachlichrechtlicher Gerechtigkeit leiten lassen würde, läuft Gefahr, sich
zum Rechtsberater bald der einen, bald der anderen Partei zu machen und schon deshalb dann schließlich
auch ein falsches, ungerechtes Urteil zu fällen. Aber auch derjenige, der immer nur ängstlich auf seine
Unparteilichkeit bedacht wäre, würde wesentliche Elemente seiner der Richtermacht entfließenden Fürsorgepflicht, Einl III 27, mißachten und oft genug ungerechte Entscheidungen herbeiführen.

In Wahrheit bedarf es also im konkreten Einzelfall und dort in jeder bestimmten Einzelsituation im Laufe
des Prozesses einer oft recht schweren *Abwägung* zwischen Erlaubtem, Ratsamem, Erforderlichem einerseits
und Gefährlichem, Untunlichem, Verbotenem. Den richtigen Mittelweg zu finden ist nicht nur eine Sache
des Fingerspitzengefühls, sondern auch eine Aufgabe, die von Grundverständnis des Zivilprozesses mitbe-
stimmt wird.

In diesem Zusammenhang ist jedenfalls zu beachten, daß in ihm meist die *Parteiherrschaft,* Grdz 18 vor **4**
§ 128, und der Beibringungsgrundsatz, Grdz 20 vor § 128, mit seiner Darlegungslast, § 253 Rn 32 (von
BGH MDR **98**, 1178 nicht genug erörtert), gelten und daß der Prozeß durchaus mehr als eine bloße
„Arbeitsgemeinschaft" darstellt, Grdz 26 vor § 128. Die Würde der Parteien als der eigentlichen Herren des
Zivilprozesses erfordert entgegen den in Grdz 20 ff Genannten durchaus keine „soziale" Bevormundung.
Diese Erkenntnis hat direkte Auswirkungen auf Art und Umfang der Ausübung richterlicher Tätigkeit nach
§ 139 in jedem Einzelfall. Das ist bei der Auslegung der Vorschrift stets mit zu beachten.

**3) Sachlicher Geltungsbereich, I–III.** Die Vorschrift gilt in allen Verfahrensarten der ZPO, LG Kblz **5**
AnwBl **87**, 332, auch zB bei § 287, BGH RR **87**, 797, und natürlich auch im Scheidungsverfahren,
§§ 606 ff, Ffm FamRZ **85**, 824. Sie gilt direkt nur in der mündlichen Verhandlung, Rn 1, dort allerdings für
jedes Mitglied des Spruchkörpers, III. Sie gilt auch für den Richter außerhalb der mündlichen Verhandlung
und für den Rpfl, BHG LM § 767 Nr 44, Ffm Rpfleger **80**, 303. Vor der Verhandlung gilt § 273. Im
Versäumnisverfahren nach §§ 330 ff ist § 139 nur anwendbar, soweit das Versäumnisverfahren eine solche
Fragetätigkeit zuläßt. Es erfolgt also keine schriftliche Befragung des Säumigen. Die Vorschrift gilt im
übrigen selbst in der mündlichen Verhandlung ja nur gegenüber einer nicht nur anwesenden, sondern auch
überhaupt verhandlungsbereiten Partei.

Sie gilt natürlich auch im *schriftlichen Verfahren* nach § 128 II oder III, soweit es um eine schriftliche
Aufklärung geht. Im Zwangsvollstreckungs- bzw -versteigerungsverfahren ist § 139 anwendbar und hat

§ 139 1. Buch. 3. Abschnitt. Verfahren

besondere Bedeutung, BVerfG NJW **93**, 1699, BayObLG ZMR **99**, 117, Köln VersR **97**, 970. Die Vorschrift ist auch im Verfahren der freiwilligen Gerichtsbarkeit anwendbar, BayObLG ZMR **99**, 119 (noch stärkere Anforderungen), Ffm FGPrax **95**, 245. Freilich hat § 18 GBO Vorrang, BayObLG DNotZ **93**, 596. Sie ist auch im arbeitsgerichtlichen Urteilsverfahren anwendbar, BAG DB **92**, 1195, während das Arbeitsgericht im Beschlußverfahren weitergehende Ermittlungsaufgaben hat, BAG DB **81**, 897. Zum Patenterteilungsverfahren jetzt BPatG GRUR **87**, 286, aber auch BPatG GRUR **92**, 604. Die Vorschrift gilt in allen Instanzen und in jeder mündlichen Verhandlung. Allerdings sind die Aufgaben in den höheren Instanzen eingeschränkt, Rn 52 „Berufungsinstanz", Rn 80 „Revisionsinstanz".

6  **4) Persönlicher Geltungsbereich, I–III.** § 139 gilt nicht nur schon nach seinem klaren Wortlaut in allen seinen Teilen für den Vorsitzenden, sondern auch für jedes weitere Mitglied des Gerichts. Das ergibt sich aus dessen Recht, das Wort zu Fragestellungen zu fordern, III. Der Protokollführer wendet sich mit etwaigen Fragen, Bitten um Klarstellungen, Bedenken usw an den Vorsitzenden. Aus der Fürsorgepflicht des Gerichts, Rn 7, ergibt sich ein Rechtsanspruch der Partei auf entsprechende Betreuung. Insofern hat § 139 unmittelbare Bedeutung auch für sie wie ihren ProzBev oder gesetzlichen Vertreter.

7  **5) Fürsorgepflicht, I–III.** Der Richter hat im Rahmen seiner ohnehin hohen Verantwortung schon nach Art 20 III GG eine prozessuale Fürsorgepflicht, Einl III 27. Sie geht über die Pflicht zur Gewährung des rechtlichen Gehörs, Einl III 16, hinaus, BVerfG NJW **94**, 849. Es würde den Richter adeln, von seiner Fürsorgebefugnis zu sprechen. Er darf und soll im Rahmen des Beibringungsgrundsatzes, Grdz 20 vor § 128, und der Parteiherrschaft, Grdz 18 vor § 128, und des Gesetzes grundsätzlich unter Beachtung seiner Unparteilichkeit, Rn 2, 13, alles tun, um eine sachlich richtige Entscheidung herbeizuführen, BGH NJW **80**, 1795, KG OLGZ **77**, 481, Schneider MDR **77**, 970. § 139 bestimmt dabei nur den gebotenen Mindestumfang seiner Aufgaben. I, II nennen in diesem Zusammenhang nur grob die Art und den Umfang der Aufgaben des Gerichts. Es richtet sich nach den Gesamtumständen des Einzelfalls und der jeweiligen prozessualen Lage, ob weniger oder mehr, als nach dem Gesetzeswortlaut, erforderlich ist. Der Vorsitzende hat bei der Erfüllung aller dieser zahlreichen Aufgaben zumindest tatsächlich ein weites Ermessen. Das gilt trotz der Worte „. . . hat darin zu wirken" in I. Er muß diesen Spielraum aber pflichtgemäß ausfüllen.

8  **A. Förderungspflicht.** Er hat vor allem eine Pflicht, den Prozeß im Rahmen des ihm Erlaubten und Zumutbaren nach Kräften bis zur Entscheidungsreife zu fördern, § 300 Rn 6. I, II nennt nur einzelne Arten dieser Förderungspflicht, Grdz 12 vor § 128. Sie umfaßt in Wahrheit alle technisch möglichen, im Rahmen der gebotenen Unparteilichkeit zulässigen Handlungen oder auch Unterlassungen seitens des Vorsitzenden, etwa ein geduldiges schweigendes weiteres Zuhören statt einer Unterbrechung bei einer scheinbar weitschweifig werdenden Partei, die im nächsten Satz in Wahrheit vermutlich etwas sehr Entscheidungserhebliches sagen könnte. Auch etwa die Anordnung einer kurzen Pause zwecks Möglichkeit der kritischen Selbstbesinnung einer Partei oder deren Rücksprache mit einem Mitarbeiter oder dem ProzBev kann zur richtig verstandenen Förderungspflicht sehr wohl gehören.

9  **B. Hinwirkungs- und Hinweispflicht.** Wie I 1 ausdrücklich bestimmt, trifft den Vorsitzenden eine Pflicht dahin zu wirken, daß sich die Parteien vollständig erklären und sachdienliche Anträge stellen. Er hat dabei natürlich als Maßstab auch § 138 zu beachten. Indessen gehen seine Pflichten weiter: Er darf und muß auch solche Vervollständigungen usw veranlassen, die eine Partei bei Erfüllung ihrer Wahrhaftigkeitspflicht, § 138, Rn 15 nicht für notwendig halten mag. Das Gericht sollte in allem ohne Angst vor einem Befangenheitsantrag offenherzig, Piepenbrock NJW **99**, 1360, und ausdrücklich „vorläufig" seine Ansicht äußern und dazugehörige Hinweise geben und Fragen stellen. Freilich liegen die Grenzen solcher Richterpflichten unabhängig von der Aufgabe, die Unparteilichkeit zu wahren, Rn 13, schon in dem Umstand begründet, daß der Zivilprozeß grundsätzlich von dem Beibringungsgrundsatz und der Parteiherrschaft geprägt ist, Grdz 18, 20 vor § 128. Das übersieht Doms MDR **91**, 499. Im Verfahren mit Amtsermittlungsgrundsatz, Grdz 38 vor § 128, gehen die Pflichten des Gerichts nach § 139 entsprechend weiter.

10  Der Vorsitzende hat nach dem ausdrücklichen Befehl in I 2 im Rahmen des Erforderlichen zum Zweck der vollständigen Aufklärung des Sachverhalts das Sach- und Streitverhältnis mit den Parteien sowohl nach der tatsächlichen als auch nach der rechtlichen Seite zu erörtern. Auch und gerade hier muß er eine vorsichtige *Abwägung* zwischen dem Bestreben nach sachlichrechtlicher Gerechtigkeit und Wahrung seiner Unparteilichkeit vornehmen, Rn 2. Das klingt einfach und ist schwer. Einzelheiten Rn 43. Vollständig sollen die Erklärungen der Parteien sowohl über alle sachlichrechtlichen wie aus der Sicht des Gerichts prozessual erheblichen Tatsachen sein, Kblz MDR **88**, 966. Der Vorsitzende muß immer bestimmte Tatsachen mit klaren und eindeutigen Fragen erörtern. Fragen wie etwa diejenige, ob noch etwas vorgetragen werde, besagen meist wenig; eine Ausnahme mag am Ende einer nach der Meinung aller Prozeßbeteiligten ausreichenden Verhandlung gelten. Alle diese Pflichten gelten in allen Instanzen, Rn 5, Hamm MDR **77**, 940.

11  **C. Fragepflicht.** Es gibt keine allgemeine Aufklärungs- und Fragepflicht des Gerichts, BVerfG NJW **94**, 849 und RR **94**, 189, Düss RR **96**, 2021. Wie I 2 Hs 2 aber ausdrücklich bestimmt, hat der Vorsitzende im vorstehenden Rahmen auch Fragen zu stellen. Das bedeutet eine Steigerung gegenüber einer bloßen Hinweis- oder Erörterungspflicht nach Rn 9, 10. Denn er muß gezielte Fragen stellen, soweit erforderlich. Damit trägt er die Verantwortung für eine hilfreiche Formulierung seiner zu präzisierenden Frage. Zwar darf er nicht den Parteien die Darlegungslast abnehmen, soweit er nicht den Sachverhalt von Amts wegen aufzuklären hat, Grdz 38 vor § 128. Im Rahmen des Beibringungsgrundsatzes, Grdz 20 vor § 128, gibt es aber erfahrungsgemäß eine Fülle von Situationen, in denen die Fragepflicht sehr wohl und voll einsetzt. Einzelheiten Rn 43.

12  **D. Pflicht zur Fristsetzung.** Soweit sich auch bei Beachtung von § 138 ergibt, daß eine Partei die gestellte Frage oder eine selbst nur umrissene Äußerung nicht in der vom Gericht geforderten Klarheit oder Vollständigkeit sogleich beantworten kann, darf und muß der Vorsitzende auch schon wegen § 139 in den

1. Titel. Mündliche Verhandlung § 139

Grenzen zB des § 283 der Partei eine den Umständen nach angemessene Frist setzen und zu diesem Zweck meist nach § 227 vertagen. Entsprechendes gilt, soweit die derzeitige Noch- Nichtkenntnis ihres ProzBev oder gesetzlichen Vertreters nicht aus prozessualen Gründen zu ihrem Nachteil ausgewertet werden muß, etwa nach § 138 III, IV.

**6) Pflicht zur Unparteilichkeit, I–III.** Die Fürsorgepflicht findet ihre Grenzen in der Pflicht des 13 Gerichts, in jeder Lage des Verfahrens und gegenüber jedem Prozeßbeteiligten die seiner eigenen streitentscheidenden Stellung entsprechende, unbedingt erforderliche richterliche Unabhängigkeit zu bewahren. Zu ihr ist es schon nach Art 97 I GG verpflichtet; nur in ihrem Rahmen darf es überhaupt Recht sprechen, und daher darf es auch nur in ihrem Rahmen irgendeine prozessuale Fürsorge im Sinn von Einl III 27 ausüben. Die Würde des Gerichts gebietet keine ängstliche Überbetonung seiner Unparteilichkeit. Der Richter hat auch im Zivilprozeß einen weiten Handlungsspielraum. Er hat gerade in seiner Unabhängigkeit gerecht zu sein, Rn 2. Es liegt an seiner Persönlichkeit und seinem Feingefühl, ob er mit fürsorglichen Maßnahmen auch nur den Anschein der Parteilichkeit erweckt und sich damit der Gefahr der Ablehnung wegen Befangenheit nach § 42 aussetzt.

Es liegt aber auch an seiner Sicht von der *Funktionsteilung* zwischen Gericht und Parteien im Zivilprozeß, 14 ob er einer Partei hilft oder dies lieber unterläßt. Die Überbetonung der Sozialisierung und des Prozesses als eine „Arbeitsgemeinschaft", Grdz 26 vor § 128, ist dabei ebenso abzulehnen wie eine allzu formalistische Beschränkung auf eine mehr oder weniger nur beobachtende Funktion des Gerichts; nach dem Verständnis der ZPO darf und soll der Richter sehr wohl helfend, fördernd, lenkend auch bei der Sachaufklärung und darüber hinaus bei der rechtlichen „Weichenstellung" eingreifen.

Er handelt bei alledem also in einem *Kräftefeld*. Wie weit seine Pflichten im einzelnen gehen dürfen, hängt 15 von den gesamten Fallumständen und der jeweiligen Prozeßsituation ab. Er hat eine recht weite, aber keine allgemeine Aufklärungs-, Frage- und Hinweispflicht, vgl auch Rn 77, BVerfG NJW **94**, 1274. Indessen berechtigt eben keine noch so klar anzustrebende Gerechtigkeit, BVerfG NJW **76**, 1391, und keine noch so soziale Zielsetzung des Prozesses den Richter dazu, sich zum Rechtsberater, noch gar bald der einen, der anderen oder abwechselnd beider Parteien, zu ernennen. Das muß er immer bedenken, und das sollten die Parteien stets ihrerseits achten.

**A. Bedeutung von Parteiherrschaft und Beibringungsgrundsatz.** Stets ist also unter anderem darauf 16 zu achten, daß der Zivilprozeß grundsätzlich unter der Parteiherrschaft und unter dem Beibringungsgrundsatz steht, Grdz 18, 20 vor § 128. Die Parteien bestimmen nicht nur den Umfang des Streitgegenstands durch ihre Anträge, § 308 I; sie haben auch im Rahmen des nach § 138 Zulässigen die Möglichkeit sogar zu einer gewissen Prozeßtaktik, § 282 Rn 8, können sich jederzeit vergleichen, können anerkennen oder ein Versäumnisurteil gegen sich ergehen lassen usw, §§ 330 ff. Auch das darf und muß der Richter mit bedenken, bevor er die Grenzen einer noch so gutgemeinten fürsorgerischen Tätigkeit überschreitet.

**B. Berücksichtigung von Amts wegen.** Soweit im Prozeß ausnahmsweise der Ermittlungsgrundsatz 17 oder derjenige der Amtsprüfung herrschen, Grdz 38, 39 vor § 128, ergibt sich nicht nur aus II, sondern auch allgemein aus der Art jenes Verfahrens ansich eine weitergehende Fürsorgepflicht. Auch dann muß aber die Unparteilichkeit jederzeit unmißverständlich und strikt eingehalten werden.

**C. Abgrenzung von Fürsorge und Unparteilichkeit.** Die rechte Abgrenzung zu finden gehört zu den 18 schwierigsten Aufgaben auch des erfahrenen Richters. Er ist auf Verständnis und Achtung durch die Parteien und alle übrigen Prozeßbeteiligten angewiesen. So wenig er die Parteien mit seinen Entscheidungen überrumpeln darf, so wenig darf er sich durch noch so gutgemeinte Bestrebungen um das sachliche Recht zu ihrem Spielball machen lassen oder auch nur ungewollt mit seinen an sich richtigen, sogar naheliegenden Hinweisen dem Prozeß eine völlig andere Wendung geben, als die Parteien es bisher erkennbar überhaupt bezweckten. Zwar mag gerade rechtlich ein Gespräch zur Vermeidung von Überrumpelung und Überraschung notwendig sein. Im übrigen vergibt sich derjenige Richter kaum etwas, die die Parteien freimütig an seinen bisherigen, ja stets nur vorläufigen tatsächlichen und rechtlichen Erwägungen und Beurteilungen teilnehmen läßt; er zeigt ja gerade dadurch, daß er diese in der Verhandlung frei äußert, seine wahre Unparteilichkeit und Bereitschaft, sich eines Besseren belehren zu lassen. Das ehrt ihn. Indessen ist es nicht die Aufgabe des Gerichts, die Parteien an allen Verästelungen seines Denkprozesses in jeder Lage des Verfahrens vollständig teilnehmen zu lassen, § 278 Rn 21, BGH NJW **91**, 704.

**D. Würdigungsfreiheit.** Gerade auch aus den vorstehenden Erwägungen ergibt sich: Das Gericht bleibt 19 jedenfalls unabhängig davon, ob und wie weit es nach § 139 gehen könnte oder hätte gehen dürfen und müssen, in der Würdigung des Sachverhalts in tatsächlicher und rechtlicher Hinsicht frei. Das gilt sogar bei einem in Wahrheit eindeutigen Verstoß gegen § 139. Es gilt aber auch dann, wenn zB das Vorbringen einer Partei trotz der Bemühung des Gerichts nicht ausreicht, um ihrem Vortrag hinreichend zu stützen. Mag der Verlierer gegen die Endentscheidung das zulässige Rechtsmittel einlegen. Dieser Gesichtspunkt darf den Richter nicht zur Mißachtung des § 139 verleiten. Er darf sich von dieser Vorschrift aber auch keineswegs in seiner stets verbleibenden Würdigungsfreiheit beeinträchtigen lassen.

**7) Hinwirkung auf vollständige Erklärungen usw, I 1.** Es treffen mehrere Pflichten zusammen. 20

**A. „... über alle erheblichen Tatsachen".** Zu erfassen sind, wie bei § 278 Rn 17, alle diejenigen Tatsachen, die nach der pflichtgemäßen vorläufigen Beurteilung des Gerichts, zumindest des Vorsitzenden, schon und noch entscheidungserheblich sein können oder sind, BVerfG RR **94**, 189. Es kommt also nicht nur darauf an, ob die Partei sie schon und noch für entscheidungserheblich hält. Noch weniger ist maßgeblich, wie ihr ProzBev oder gesetzlicher Vertreter insoweit denkt. Der Vorsitzende muß also auch solche Behauptungen anschneiden, erwirken oder klären lassen, die nach der erkennbaren Meinung der Partei entweder nicht erheblich sind oder bereits vollständig vorgetragen wurden. Er braucht andererseits keineswegs auf weitere Klärung solcher Tatsachen hinzuwirken, die nur nach der Ansicht der Partei noch eine Bedeutung haben könnten.

## § 139

### 1. Buch. 3. Abschnitt. Verfahren

21  **B. „... sich vollständig erklären".** Der Vorsitzende hat dahin zu wirken, daß die Parteien sich auch wirklich vollständig erklären. Die Vollständigkeit der Erklärung ist der Partei ohnehin nach § 138 I, II vorgeschrieben. § 139 I 1 bildet insofern das Gegenstück bei den richterlichen Aufgaben. Auch die Vollständigkeit ist aus dem Blick des Gerichts und nicht nur der Partei zu beurteilen. Freilich kann oft nur die Partei übersehen, ob sie wirklich vollständig vorgetragen hat. Der Richter darf und muß sich in solcher Lage mit dem Hinweis auf die möglichen Rechtsfolgen des bisherigen, möglicherweise unvollständigen Vortrags begnügen. Die Partei ist zu veranlassen, nicht nur die selbst vorgetragenen Tatsachen zu vervollständigen, sondern auch zu dem vom Gegner behaupteten Tatsachen vollständig Stellung zu nehmen, notfalls also auch auf sie Punkt für Punkt zu erwidern.

22  **C. „... und die sachdienlichen Anträge stellen".** Das Gericht muß darauf hinwirken, daß jede Partei einen sachdienlichen Antrag stellt, BGH NJW **78**, 695, Kblz MDR **82**, 966. Das gilt für einen Prozeßantrag, § 297 Rn 2, wie für einen Sachantrag, § 297 Rn 1, für den Hauptantrag wie für den Hilfsantrag, § 260 Rn 8. Das Gericht würde gegen den Beibringungsgrundsatz nach Grdz 20 vor § 128 verstoßen, wenn es von sich aus einen anderen Antrag als denjenigen herbeiführen würde, den die Partei im Kern selbst stellen will oder schon gestellt hat. Das Gericht darf und soll einen zweckwidrigen oder gar unzulässigen Antrag nach Möglichkeit verbessern. Wenn mehrere Anträge gestellt wurden, hat das Gericht zu klären, in welchem Verhältnis diese Anträge zueinander stehen.

23  *„Sachdienlich"* bedeutet: Das Gericht muß dafür sorgen, daß eine Lösung gefunden wird, die den Prozeßzweck fördert und gleichzeitig auch zur etwaigen Zwangsvollstreckung geeignet ist, vgl BGH NJW **78**, 695. Das Gericht muß also darauf achten, daß der Antrag der wirklichen Erledigung der Streitfrage dient, BGH RR **86**, 1061. Die Grenze der Antragsklärung liegt dort, wo die Partei sich völlig klar und sachdienlich äußert und entsprechende Anträge stellt, BGH **LM** Nr 3, BPatG GRUR **81**, 350. Das Gericht muß sich ja rein sachlich verhalten. Es ist zwar seine Aufgabe, die Partei zu einem zweckmäßigen Antrag zu veranlassen, nicht aber seine Pflicht, der Partei ein ihr günstiges Vorbringen auch nur nahezulegen, BPatG GRUR **82**, 360, Mü VersR **91**, 103, ZöGre 9, aM Schneider MDR **77**, 972. Einzelheiten Rn 43.

24  **D. „... insbesondere auch ungenügende Angaben der geltend gemachten Tatsachen ergänzen".** I 1 stellt klar, daß das Gericht eine direkte Pflicht hat, auf ergänzende Angaben hinzuwirken, soweit ihm die bisherigen Angaben als ungenügend erscheinen. Es darf also nicht vor einem solchen Versuch zu einer Entscheidung kommen, die zum Nachteil der Partei darauf gestützt ist, sie habe ungenügende tatsächliche Angaben gemacht. Das gilt trotz der Pflicht der Partei, von sich aus vollständige Angaben zu machen. Das Gericht muß mitdenken und auch beachten, daß die Partei oft verständlicherweise Einzelheiten anzugeben vergißt, die in Wahrheit entscheidungserheblich sind.

25  Natürlich *braucht das Gericht der Partei nicht* wie einem „lahmen Esel zuzureden". Es genügt durchaus ein klarer Hinweis darauf, daß aus der Sicht des Gerichts in einem allerdings genau zu bezeichnenden Punkt oder Umfang der Vortrag als unvollständig erscheint. Keineswegs darf die Partei sich um ihre Pflicht zur vollständigen Darlegung damit drücken, daß sie das Gericht, wie neuerdings beliebt, einfach auffordert, es möge ergänzende Fragen stellen usw. Je weniger Bemühung die Partei zeigt, desto geringer sind auch die Hinweispflichten des Gerichts. Es ist und bleibt der Prozeß der Parteien, zumindest im Bereich des Beibringungsgrundsatzes, Grdz 20 vor § 128. Einzelheiten Rn 43.

26  **E. „... und die Beweismittel bezeichnen".** I 1 stellt schließlich klar, daß das Gericht die Pflicht hat, die Partei zur ausreichenden Bezeichnung ihrer Beweismittel aufzufordern, §§ 371 ff. Das ist eine sehr weitreichende Aufgabe. Sie erfordert eine besonders vorsichtige Abwägung der Fürsorgepflicht einerseits, Einl III 27, der Unparteilichkeit andererseits, Rn 13. Zwar bestehen in der Regel keinerlei Bedenken dagegen, daß das Gericht eine beweispflichtige Partei auf deren Beweislast hinweist und hinzufügt, es liege noch kein oder kein prozessual geeigneter Beweisantritt vor. Schwieriger wird es, wenn die Partei zB erwidert, sie könne „keinen Beweis" oder doch „keinen Zeugenbeweis" antreten. Vielfach ist unbekannt, daß die Partei in solcher Lage jedenfalls beantragen darf, sich selbst förmlich vernehmen zu lassen, § 447. Mag der Prozeßgegner das erforderliche Einverständnis verweigern. Aus diesem Grunde darf er es auch nicht verübeln, daß das Gericht die Partei auf die Möglichkeit eines Antrags nach § 447 jedenfalls hinweist. Der Gegner hat es ja in der Hand, einen solchen Antrag zu Fall zu bringen. Soweit sogar die Voraussetzungen einer Vernehmung der Partei von Amts wegen nach § 448 vorliegen, bedarf es natürlich nicht einer Anregung eines Antrags nach § 447. Freilich muß das Gericht dann auch nach § 448 vorgehen.

27  Schwierig kann die Lage für das Gericht auch dann werden, wenn zB eine *Urkundenvorlegung* nur durch den Prozeßgegner, §§ 421 ff, oder gar durch einen Dritten, §§ 430 ff, in Betracht zu kommen scheint. Da aber die Rechte und Pflichten des Besitzers der Urkunde jeweils ohnehin gesetzlich geregelt sind, kann der Prozeßgegner des Beweisführers nicht dem Gericht einen Hinweis auf solche, oft unbekannten, Möglichkeiten des Urkundenbeweises nicht als Parteilichkeit auslegen.

28  Indessen ist das Gericht nicht verpflichtet, der nachlässigen oder gedankenlosen oder ungenügend informierten Partei oder ihrem ProzBev die erforderliche *Sorgfalt* beim Ermitteln und Zusammenstellen der prozessual richtigen Beweisantritte von vornherein oder doch im wesentlichen anschließende *abzunehmen*. Solche Nachlässigkeiten treten bedauerlicherweise in einem viel größeren Umfang auf, als die Gegebene es im allgemeinen erkennen. Häufig wird etwa beim Zeugenbeweis nur irgendeine Arbeitsanschrift statt der erforderlichen vollständigen ladungsfähigen Privatanschrift angegeben, dazu § 373 Rn 1. Oft genug heißt es gar nur, der Anschrift werde „erforderlichenfalls nachgereicht", oder man findet nur die Angabe N. N. (nihil nomen). Beides ist prozessual grundsätzlich durchaus unstatthaft und nur ausnahmsweise erlaubt, wenn nämlich ein Hindernis im Sinn von § 356 vorliegt, dort Rn 4.

29  Nur dann bedarf es einer *Fristsetzung* nach jener Vorschrift. Im übrigen mag das Gericht zwar gehalten sein, auf die unzureichende bisherige Bezeichnung des Zeugen hinzuweisen, es ist keineswegs aber verpflichtet, in solcher Lage grundsätzlich zusätzlich eine Frist zur Beseitigung des Hindernisses zu setzen. Keineswegs kann die Partei damit rechnen, das Gericht werde sich entweder mit der bloßen Arbeitsanschrift zufrieden geben oder doch großzügige Nachfristen gewähren. Daran ändern auch abweichende verbreitete Unsitten

## 1. Titel. Mündliche Verhandlung § 139

solcher Art nichts. Ebensowenig ändert sich daran etwas durch die sicher oft auftretenden Schwierigkeiten bei der Ermittlung der richtigen Privatanschrift, insbesondere bei Polizisten als Zeugen; vgl auch dazu § 373 Rn 2.

Wegen der Übung, auf das „Zeugnis" oder gar auf die „Auskunft" einer Bank zur Forderung von mehr als **30** 4% *Zinsen* zu verweisen, kann ein Hinweis darauf notwendig sein, daß solche „Auskunft" kein nach der ZPO zulässiges Beweismittel ist, allenfalls als Urkundenbeweisantritt umzudeuten ist und dazu führt, daß der Beweis erst mit der Vorlegung der Urkunde usw überhaupt angetreten ist, §§ 420 ff. Beim Beweisantritt „Sachverständige" kann es ratsam sein, dem Beweisführer zumindest innerhalb einer Frist Gelegenheit zum Vorschlag eines genau zu bezeichnenden, nach seiner Meinung geeigneten Sachverständigen zu geben, § 404 III. Weitere Einzelheiten Rn 43.

**8) Erörterungs- und Fragepflicht, I 2.** Es gibt keine allgemeine Aufklärungs- und Fragepflicht des **31** Gerichts, Rn 15, BVerfG NJW **94**, 1274. I 2 stellt aber klar, daß der Vorsitzende im Rahmen seiner im Einzelfall bestehenden Pflicht zur vollständige Erklärungen und sachdienliche Anträge usw, I 1, unter Umständen auch mehr als bloße Hinweise geben, nämlich eine Erörterung anstellen und Fragen stellen muß, also in eine gezielte aktive, evtl gründliche Diskussion mit Rede und Gegenrede, Argument und Gegenargument eintreten muß. I 2 ergänzt und vertieft also zugleich I 1.

**A. „Zu diesem Zwecke, soweit erforderlich".** Freilich stellt das Gesetz klar, daß die Erörterungs- **32** pflicht keineswegs grundsätzlich alle entscheidungserheblichen Punkte umfassen muß. Sie ist nur dann gegeben, wenn eben aus der Sicht des Gerichts noch keine vollständigen Erklärungen, keine sachdienlichen Anträge, ergänzungsbedürftige Tatsachen oder ungenügende Bezeichnungen von Beweismitteln vorliegen. Es kommt auf die Sicht des Gerichts ohne Rücksicht auf deren wirkliche Richtigkeit, BGH **90**, 341 mwN, und nicht auf die Sicht der einen oder anderen Partei an. Freilich muß das Gericht prüfen, ob es aufgrund der Äußerung oder Untätigkeit einer Partei deutlich wird, daß diese einer Erörterung oder einer Frage bedarf, um ihre Aufgaben nach § 138 vollständig und gewissenhaft erfüllen zu können.

Nur im Rahmen des *vom Gericht für erforderlich* gehaltenen Umfangs ist das Sach- und Streitverhältnis also erörterungsbedürftig. Das gilt sowohl in tatsächlicher als auch in sachlicher Hinsicht, BGH NJW **78**, 1379. Im übrigen liegt der Schwerpunkt in der Pflicht nach I 2 bei der Herbeiführung der nach I 1 erforderlichen Angaben, insbesondere bei dem Ziel sachdienlicher Anträge; demgegenüber hat § 278 III (zur Abgrenzung dort Rn 12) andere Akzente. Die Pflicht zur Erörterung und Fragestellung besteht auch gegenüber einer anwaltlich vertretenen Partei oder solchen, die gegenüber nach § 141 III 2 bestellten und unterrichteten Vertreter entsendet, Hbg MDR **74**, 678. Weitere Einzelheiten Rn 43.

**B. „Sach- und Streitverhältnis".** Dabei ist das gesamte Sach- und Streitverhältnis zu überprüfen, soweit **33** erforderlich. Das gilt für den Vortrag zur Zulässigkeit der Klage, ihrer Begründetheit, der Schlüssigkeit von Einwendungen oder Einreden, überhaupt zu allen entscheidungserheblichen Gesichtspunkten.

**C. „... nach der tatsächlichen und der rechtlichen Seite".** Die Vorschrift stellt klar, daß auch schon **34** nach § 139 und nicht nur nach § 278 III auch eine rechtliche Erörterung in Frage kommt. Gerade auf diesem Gebiet soll *keine Überrumpelung* der Partei mit einer weder von ihr noch vom Gegner gesehenen Würdigung der Tatsachen und demgemäß mit einer völlig anderen rechtlichen Beurteilung des Gerichts eintreten. Eine solche Überraschungsentscheidung wäre des Gerichts unwürdig und würde nur zu oft das bessere Wissen der Parteien um solche Tatsachen ausschalten, die in jener Umständen erheblich würden und die die Parteien vorgetragen hätten, wenn das Gericht seine Fragepflicht ausgeübt hätte. Vgl in diesem Zusammenhang wiederum § 278 III, ferner BVerfG NJW **92**, 2824 und RR **93**, 765, BGH MDR **80**, 576, Düss RR **96**, 1021. So hält BGH **LM** § 295 Nr 14 einen Hinweis auf ein der Partei zustehendes Rügerecht für geboten, um einer Überraschungsentscheidung vorzubeugen. Neben dem § 278 III verpflichtet auch Art 103 I GG zwar nicht stets zu einer allgemeinen, umfassenden Erörterung, wohl aber zu einem gezielten Rechtsgespräch, BGH NJW **82**, 582. Einzelheiten Rn 75.

**D. „Er hat ... Fragen zu stellen".** Die Vorschrift schreibt nicht nur eine Erörterung, sondern auch **35** eine gezielte Fragestellung vor, soweit erforderlich. Damit erhöht sie die Verantwortung des Vorsitzenden für eine möglichst vollständige Aufklärung auch im Verfahren mit dem Beibringungsgrundsatz, Grdz 19 vor § 128. Der Ausdruck „Aufklärungspflicht", BGH NJW **84**, 2576, ist mißverständlich, Bettermann ZZP **91**, 390. Die Fragepflicht ist ein Kernstück der prozessualen Fürsorgepflicht, Einl III 27. Allerdings hat das Gericht keineswegs stets eine allgemeine, umfassende Fragepflicht, Einl III 29, auch nicht auf Grund von Art 103 I GG. Das ergibt sich schon aus den einschränkenden Worten „zu diesem Zweck" in I 2, Rn 32 aE. Es geht also nur um die Aufklärung des Sachverhalts im Rahmen des vom Kläger bzw Widerkläger bestimmten Streitgegenstands, § 2 Rn 3, § 308 I, BVerfG **67**, 95, BGH **85**, 291, aM Birk NJW **85**, 1491, Brinkmann NJW **85**, 2460, Herr DRiZ **85**, 349. Das Gericht hat auch keineswegs stets eine Belehrungspflicht über Rechtsbehelfe oder Rechtsmittel, BGH NJW **91**, 296. Weitere Einzelheiten Rn 43.

**9) Hinweispflicht, II.** Die Vorschrift enthält für den Bereich der „von Amts wegen zu berücksichtigen **36** Punkte" eine zusätzliche Formulierung. Das hängt damit zusammen, daß die Aufgaben des Gerichts in diesem Bereich ja ohnehin wesentlich weiter gehen als bei dem der Parteiherrschaft und dem Beibringungsgrundsatz, Grdz 18, 20 vor § 128, unterliegenden Verfahren.

**A. Begriff der „Bedenken".** Hierzu zählen alle tatsächlichen oder rechtlichen Umstände oder Gesichts- **37** punkte, die sich aus dem bisherigen Vortrag der Partei nach Ansicht des Gerichts in entscheidungserheblicher Weise ergeben können. Ein Bedenken liegt schon dann vor, wenn es vorläufig zweifelhaft sein kann, ob der Vortrag der Partei Erfolg haben kann. Es muß also noch keineswegs feststehen, daß sie tatsächlich oder rechtlich unvollständig oder irrig vorgeht usw. Es ist unerheblich, ob der Mangel behebbar ist.

II ist ein Unterfall von I. Daher besteht die Pflicht nach II nur in denselben Grenzen wie diejenige nach I.

**B. „Von Amts wegen zu berücksichtigende Punkte".** Das sind alle diejenigen tatsächlichen oder **38** rechtlichen Umstände oder Gesichtspunkte, die das Gericht unabhängig von der Verfahrensart entweder von Amts wegen ermitteln muß, Grdz 38 vor § 128, oder doch jedenfalls derart beachten muß, daß es die

## § 139

Parteien auffordert, die Bedenken durch Nachweise zur Gewißheit zu machen oder zu entkräften, Grdz 39 vor § 128. Wegen der Einzelheiten Rn 43.

**39** **C. „Er hat ... aufmerksam zu machen".** Soweit nicht eine Amtsermittlung stattfindet, Grdz 38 vor § 128, ist erforderlich und ausreichend, daß der Vorsitzende auf seine etwaigen Bedenken aufmerksam macht, den Parteien also Gelegenheit zur Beseitigung der Bedenken gibt, Grdz 39 vor § 128. Das stellt II klar. Notfalls ist die Verhandlung wiederzueröffnen, § 156, Düss ZMR **99**, 387.

**40** **10) Gestattungspflicht, III.** Die Vorschrift enthält eigentlich eine selbstverständliche Pflicht des Vorsitzenden. Deren Klarstellung stärkt die Stellung jedes Beisitzers im Kollegium. Sie engt das Ermessen des Vorsitzenden bei der sachlichen Verhandlungsleitung ein.

**A. Gegenüber „jedem Mitglied des Gerichts".** Gemeint ist jeder Beisitzer, jedes richterliche Mitglied dieses Spruchkörpers in dieser Verhandlung. Nicht erfaßt werden solche Mitglieder des Senats oder der Kammer, die nicht an dieser bestimmten Verhandlung teilnehmen, aus welchem Grunde auch immer. Denn § 139 betrifft ohnehin grundsätzlich nur die Vorgänge in der mündlichen Verhandlung. Andererseits erlischt das Recht des Beisitzers zur Fragestellung keineswegs dadurch, daß er im ersten Termin schweigt; er kann es im folgenden selbstverständlich ausüben. Die klare Befehlsform von III stellt klar, daß der Vorsitzende grundsätzlich kein Recht hat, eine Frage des Beisitzers als ungehörig oder als zur Unzeit gestellt zurückzuweisen; die Grenze des Fragerechts liegt aber jedenfalls dort, wo die äußere Sitzungsgewalt des Vorsitzenden nach § 176 GVG beginnt. Andererseits kann der Vorsitzende gegen den Beisitzer selbstverständlich nicht nach §§ 177 ff GVG vorgehen.

**41** **B. Nur „auf Verlangen".** Der Vorsitzende braucht nicht von sich aus zu fragen, ob die Beisitzer das Wort wünschen. Er kann abwarten, ob sie es fordern. Er kann im übrigen in einem gewissen, allerdings ziemlich engen Rahmen die Worterteilung zurückstellen, wenn er zB bei der Befragung eines Zeugen zunächst noch selbst sogleich fortfahren möchte und bei pflichtgemäßer Abwägung auch die Zurückstellung der Worterteilung verantworten kann. Andernfalls könnte jeder Beisitzer durch Fragestellungen die Verhandlungsleitung des Vorsitzenden nahezu zu einer Farce machen; das ist nicht der Sinn von III. Andererseits mag die besondere Entwicklung etwa bei der Vernehmung eines Zeugen oder Sachverständigen eine vom Vorsitzenden noch nicht gestellte Frage so unaufschiebbar machen, daß der Beisitzer das Wort mit guten Gründen sogleich fordern kann. Es gehört auch hier zum Fingerspitzengefühl des Vorsitzenden, bei allem Freimut der Verhandlung die Leitung straff in den eigenen Händen zu behalten, ohne den Beisitzer zu brüskieren.

**42** **C. Umfang: „Fragen zu stellen".** Der Wortlaut von III stellt klar, daß der Beisitzer das Wort nur zu einer Fragestellung fordern kann, nicht zur Übernahme der Verhandlungsleitung oder zu Erörterungen oder Hinwirkungen im Sinn von I, erst recht nicht zu irgendeinem Referat oder Plädoyer. Notfalls bittet der Vorsitzende den Beisitzer, eine präzise Frage zu formulieren, und kann im äußersten Notfall nach § 136 II Hs 2 auch einem Beisitzer trotz III das Wort entziehen. Bei Unstimmigkeit empfiehlt sich eine gewissenhafte Protokollierung der Vorgänge, für deren zutreffende Darstellung ja nur der Vorsitzende und der Protokollführer verantwortlich sind. Denn ein Verstoß kann erhebliche Verfahrensfolgen haben.

**43** **11) Beispiele zur Frage der Pflichten des Gerichts, I–III**
**Abänderungsklage:** Es kann die Anregung notwendig sein, von einer Abänderungsklage nach § 323 zu einer Vollstreckungsabwehrklage nach § 767 überzugehen, BGH NJW **81**, 979.
S auch Rn 92.
**Abtretung:** Im Fall eines Streits über die Sachbefugnis des Klägers darf und muß das Gericht evtl zwar nicht eine Abtretung an den Kläger anregen, wohl aber dann, wenn eine solche in Betracht kommt, zu deren Nachweis auffordern, Ffm NJW **70**, 1884, Dittmar NJW **71**, 56, bzw nach erfolgtem Forderungsübergang auf dadurch entstandene Bedenken wegen der Sachbefugnis hinweisen, Hamm RR **95**, 579 (Übergang auf Sozialhilfeträger).
**Aktenbeiziehung:** Das Gericht muß die Parteien auch über die Beiziehung von Akten unterrichten, soweit es diese auswerten will, Schlesw SchlHA **74**, 168.
**Aktivlegitimation:** Sie kann erörterungsbedürftig sein, selbst wenn der anwaltlich bestrittene Bekl sie nicht bestritten hat, BGH RR **94**, 1085, Hamm RR **95**, 579.
**Allgemeinkundige Tatsache:** § 291 Rn 4.
**von Amts wegen:** Vgl Rn 38 und bei den einzelnen speziellen Gesichtspunkten.
**Änderung des Antrags:** Rn 45 „Antragsänderung".
**Anhörung:** Rn 56.
**Anordnung des persönlichen Erscheinens:** Rn 69 „Persönliches Erscheinen".

**44** **Anregung:** Es können Anregungen der unterschiedlichsten Art erforderlich sein, zB zur näheren Aufgliederung des Vortrags, zum Überdenken eines bisherigen Antrags unter dem Gesichtspunkt der Vollstreckbarkeit usw; s bei den einzelnen Stichworten. Eine Anregung muß unterbleiben, soweit das Gericht mit ihr die erforderliche Unparteilichkeit aufgeben würde, Rn 13.
**Anscheinsbeweis:** Das Gericht hat darauf hinzuweisen, daß ein Anscheinsbeweis naheliegt, Mü OLGZ **73**, 364.
Eine solche Pflicht oder auch nur ein entsprechendes Recht des Gerichts besteht aber *nicht*, wenn eine – noch dazu anwaltlich vertretene – Partei zB infolge einer erkennbaren Nachlässigkeit keinen „Zeugen NN" angeboten hat, § 356 Rn 4; die etwaige Vorwerfbarkeit des Irrtums usw scheint Köln MDR **80**, 674 nicht genug zu berücksichtigen.
Vgl im übrigen § 278 III.
**Anspruchsübergang:** Es kann erforderlich sein anzuregen, daß der Kläger von dem einen auf den anderen Anspruch übergeht, auch von der Feststellungs- zur Leistungsklage, wenn das Gericht die bisherige Anspruchsbegründung nicht für erfolgreich, die etwa neue aber für sinnvoll hält.

## 1. Titel. Mündliche Verhandlung                                            § 139

Allerdings muß das Gericht auch und gerade in einem solchen Fall sehr auf die Einhaltung seiner *Unparteilichkeit* achten und darf die Klage nicht überhaupt erst schlüssig machen lassen, zB Mü VersR **91**, 103. Der Prozeßgegner hat einen Anspruch darauf, im Fall der Entscheidungsreife nach dem bisherigen Sach- und Streitstand auch ein ihm günstiges Urteil zu erwirken; das wird oft übersehen. Im übrigen sind natürlich vor einer derartigen Anregung §§ 263, 264 zu beachten.

**Antrag:** Vgl zunächst Rn 22. **45**

S im übrigen auch Rn 53 „Beweisantrag", Rn 69 „Prozeßantrag", Rn 81.

**Antragsänderung:** Im Rahmen der Pflicht zur Hinwirkung auf „sachdienliche Anträge" nach I 1 kann auch ein Hinwirken auf eine Antragsänderung notwendig sein. Das gilt bei jeder Art von Antrag. Das Gericht würde zwar gegen den Beibringungsgrundsatz verstoßen, wenn es von sich aus einen anderen Antrag als denjenigen herbeiführen würde, den die Partei im Kern selbst stellen will oder schon gestellt hat, BGH DNotZ **94**, 299. Das Gericht darf und soll aber einen zweckwidrigen oder gar unzulässigen Antrag nach Möglichkeit verbessern helfen.

**Antragsmehrheit:** Es kann erforderlich sein, eine Klärung des Verhältnisses mehrerer Anträge zueinander herbeizuführen (Haupt- und Hilfsantrag).

**Antragsrücknahme:** Es kann notwendig sein, bei einem erkennbar entschuldbaren Versehen einer Partei oder ihres ProzBev zumindest zu fragen, ob das bisherige Vorbringen bestehen bleiben soll oder ob eine Antragsrücknahme gemeint ist oder als ratsam erscheint, BGH **LM** § 930 BGB Nr 2 (Rücknahme eines Hilfsantrags), BSG MDR **69**, 89 (Rücknahme der Berufung). Das Gericht darf auch durchaus darauf aufmerksam machen, daß etwa bei einer Klägerrücknahme keine Gefahr des Verlusts des angeblichen sachlichrechtlichen Anspruchs bestehe, während mangels Rücknahme mit einer Abweisung der Klage und damit mit der rechtskräftigen Aberkennung des Anspruchs, noch dazu möglicherweise ohne Rechtsmittelmöglichkeit, zu rechnen sei. Soweit der Kläger den ursprünglichen Hilfsantrag fallen läßt, obwohl dieser nach seinem Vorbringen sachdienlich ist, kann ein Versehen vorliegen; das Gericht hat dann aufzuklären, ob die Zurücknahme tatsächlich dem Willen der Parteien entspricht.

**Anwaltliche Vertretung:** Der Umstand, daß eine Partei oder gar beide anwaltlich vertreten sind, ändert **46** grundsätzlich nichts an Art und Umfang der Pflichten des Gerichts nach § 139. Ein Hinweis usw kann also auch und sogar gerade dann notwendig sein, wenn im Verhandlungstermin ein ProzBev mitwirkt, BGH MDR **90**, 1102, Hamm RR **95**, 957, Köln MDR **98**, 1307, aM BGH NJW **84**, 311.

Insbesondere hat das Gericht Pflichten nach § 139, wenn erkennbar wird, daß beim Anwalt ein rechtliches, *entschuldbares Versehen* vorliegt, BGH **LM** § 930 BGB Nr 2 (Rücknahme eines Hilfsantrags). Dasselbe gilt dann, wenn ein Anwalt einen Antrag versehentlich nicht gestellt hat oder wenn er einen Beweis infolge einer erkennbar falschen rechtlichen Beurteilung nicht angetreten hat, BayObLG **75**, 317, oder wenn ein Anscheinsbeweis naheliegt, Mü OLGZ **73**, 364. Ein Rechtsgespräch zwischen dem Gericht und gerade der anwaltlich vertretenen Partei ist oft das wirksamste Mittel, Mißverständnisse auszuräumen und Überraschungsentscheidungen zu vermeiden.

Eine Pflicht gegenüber der anwaltlich vertretenen Partei kann aber je nach den *Gesamtumständen* des **47** Einzelfalls auch in geringerem Umfang bestehen als dann, wenn sie keinen ProzBev im Termin hätte. Das gilt zB dann, wenn sie infolge einer erkennbaren Nachlässigkeit nur einen „Zeugen NN" angeboten hat, § 356 Rn 4; die etwaige Vorwerfbarkeit des Irrtums usw scheint Köln MDR **80**, 674 nicht genug zu berücksichtigen. Im Anwaltsprozeß ist das Gericht auch nicht stets zu einem Hinweis auf die Möglichkeit eines Entlastungsbeweises verpflichtet, BGH **LM** § 13 StVO Nr 6.

Im übrigen braucht das Gericht jedenfalls seine speziell betreuende Tätigkeit (im Gegensatz zu bloßen **48** Hinweisen) gegenüber einer anwaltlich vertretenen Partei oft *nicht so vollständig* vorzunehmen wie gegenüber einer nicht rechtskundig vertretenen, BGH RR **90**, 1243, BayVerfGH NJW **92**, 1094, Hamm NJW **84**, 1566. Das gilt, zumal der Anwalt seinerseits erhebliche Sorgfaltspflichten hat, zB das Gericht auch die Unschlüssigkeit des gegnerischen Vortrags hinweisen muß, § 85 Rn 9, § 296 Rn 4, Ffm FamRZ **84**, 396, Köln AnwBl **84**, 92, ThP 9, aM Hermisson NJW **85**, 2561, RoSGo § 78 III 1 (dann bestehe eine Pflicht in demselben Umfang auch gegenüber der anwaltlich vertretenen Partei).

Um so weiter kann auch gegenüber der anwaltlich vertretenen Partei die *Aufklärungs-, Frage- und* **49** *Hinweispflicht* gehen, BVerfG **42**, 76, LG Oldb MDR **73**, 680. Das gilt etwa in einer Kindschaftssache, Hamm FamRZ **77**, 553. Hat der Prozeßgegner schon in einem Schriftsatz auf den fraglichen Umstand aufmerksam gemacht, dann braucht freilich das Gericht dies nicht zusätzlich zu tun, BGH NJW **84**, 311. Indessen berechtigt keine noch so klar anzustrebende Gerechtigkeit, BVerfG NJW **76**, 1391, und keine noch so soziale Zielsetzung des Prozesses den Richter dazu, sich zum Rechtsberater der einen, der anderen, oder gar abwechselnd beider, noch dazu anwaltlich vertretenen Parteien, zu ernennen.

S auch Rn 71–73, 75–79, 89 usw.

**Anwaltsprozeß:** Rn 46–48. **50**

**Aufklärung:** Rn 69 „Persönliches Erscheinen".

**Aufrechnung:** Es kommt auf die Gesamtumstände an. Zu großzügig fordern BGH RR **93**, 570, Hamm RR **99**, 364 einen Hinweis, falls eine vorinstanzlich nicht (so) zu prüfende Aufrechnung nicht ausreichend dargelegt sei; er beachtet nicht genug, daß § 138 I, II auch und gerade für die ja immerhin in das Belieben einer Partei gestellten Aufrechnung gelten.

**Ausländisches Recht:** Das Gericht kann verpflichtet sein, den Parteien einen Hinweis darauf zu geben, daß ausländisches Recht in Betracht kommt und welchen Inhalt es hat, § 293, insbesondere auch dann, wenn der Vorderrichter dies unterlassen hat, BGH NJW **76**, 474.

Eine Aufforderung zum Nachweis des ausländischen Rechts nach § 293 fällt *nicht* unter § 139.

**Beibringungsgrundsatz:** Das Gericht muß den Beibringungsgrundsatz, Grdz 20 vor § 128, im „norma- **51** len" Zivilprozeß (anders zB im Verfahren mit Ermittlungsgrundsatz, Grdz 38 vor § 128, etwa im Ehe-, Familien- oder Kindschaftsprozeß) beachten. Er ist Ausdruck der gleichberechtigten Stellung der Parteien. Er entspricht ihrer Würde und ihrer Herrschaft über den Tatsachenstoff, Grdz 18 vor § 128. Wer diese

## § 139

Gesichtspunkte mißachtet, verstößt als Richter gegen seine Pflicht zur Unparteilichkeit. BGH RR **90**, 1243, Schlesw MDR **87**, 149, Jauernig ZPR § 25 V 1, aM Celle OLGZ **80**, 11, Peters ZZP **102**, 490, Schneider MDR **79**, 977 (wegen des Problems der Verjährung).
**Beiziehung von Akten:** Rn 43 „Aktenbeiziehung".

52 **Belehrung:** Das Gericht hat auch im Rahmen des § 139 keineswegs stets eine Belehrungspflicht, etwa über Rechtsbehelfe oder Rechtsmittel, BVerfG NJW **95**, 3173, BGH FamRZ **96**, 347, Hamm FamRZ **97**, 758, oder gar auf einem Nebenschauplatz wie der Kostenfestsetzung; das hätten BGH Rpfleger **76**, 354, Lappe Rpfleger **96**, 183 (je zu § 19 BRAGO) deutlicher mitbedenken sollen. Der Zivilprozeß kennt eben (anders als zB der Strafprozeß) keine umfassende Belehrungspflicht über Fristen usw von Amts wegen. Das Gericht sollte auch keine gutgemeinten derartigen Belehrungen von sich aus bald geben, bald unterlassen; es darf und muß eine klare Linie nach den klaren Grundsätzen halten, die sich eben aus dem Gesetz ergeben. Dieses sieht nur in einzelnen Ausnahmefällen derartige Belehrungspflichten vor, zB in § 277 II. Ausnahmevorschriften sind aber, wie stets, eng auszulegen.

**Berichtigung:** Das Gericht hat darauf zu achten, daß offenbare Irrtümer berichtigt werden, etwa bei einer Parteibezeichnung. Diese Pflicht gilt in allen Instanzen, Hamm MDR **77**, 940. Der Richter muß versuchen, Zweifel an der Ernstlichkeit oder Wahrhaftigkeit einer Darstellung durch eine etwaige Berichtigung ausräumen zu lassen. Er muß ja auch einen Widerspruch zwischen mehreren Schriftsätzen oder zwischen dem Schriftsatz der Partei und dem mündlichen Vortrag klären, Köln OLGZ **87**, 442.

**Berufungsinstanz:** In der zweiten Instanz hat das Gericht wegen derjenigen Punkte, auf die schon die Vorinstanz ersichtlich hingewiesen hat, keine Fragepflicht, Hamm NJW **73**, 1333. Erst recht braucht das Gericht jetzt die Partei nicht mehr dazu anzuregen, weitere Tatsachen vorzutragen, um weitere Anspruchsgrundlagen zu erschließen, Köln JB **75**, 1506. Wegen § 530 II Schneider MDR **75**, 979. Das Gericht kann gehalten sein, die vom Berufungskläger angebotenen Unterlagen mit Frist anzufordern, BGH NJW **91**, 2081.

**Bestimmtheit der Fragen:** Rn 11.

**Bestreiten:** Wenn das Gericht das schlichte Bestreiten nicht für ausreichend hält, kommt es nach den Gesamtumständen darauf an, ob es einen Hinweis geben muß, aM Hamm MDR **93**, 271 (ein Hinweis sei stets erforderlich).

**Beurteilung:** Eine abweichende Beurteilung durch das Berufungsgericht führt keineswegs stets zur Annahme eines Verstoßes gegen § 139, BGH NJW **93**, 2318.

53 **Beweis, Entlastungsbeweis:** Die Frage, ob und in welchem Umfang das Gericht eine Partei hinweisen oder gar veranlassen soll oder es gar erraten darf, ob und welcher Frage ein Beweis nicht notwendig sei, Düss ZMR **99**, 387, oder ein Beweis- oder Gegenbeweis- oder Entlastungsbeweisantritt fehle, läßt sich nur nach den Gesamtumständen des Einzelfalls beantworten. Weder hat das Gericht unter allen Umständen derartige Pflichten, zu großzügig BGH MDR **98**, 1178, Köln NJW **95**, 2116, noch darf es sich stets solcher Hinweise von vornherein enthalten, BVerfG RR **95**, 828, Köln RR **98**, 1285, Mü VersR **92**, 375. Es kommt vor allem auf die Wahrung der Unparteilichkeit an; das Gericht darf keineswegs zugunsten der einen Partei mit den Mitteln der Hinweise usw auf Beweismöglichkeiten die prozessuale Stellung der Gegenpartei schwächen. Es soll aber auch ein nur mangels Beweisantritts ungünstiges Urteil und damit eine hochgradig wahrscheinliche Ungerechtigkeit verhindern, Mü VersR **92**, 375.

Die *anwaltlich vertretene* Partei, dort auch dort, bedarf zwar grundsätzlich keiner geringeren Förderung nach § 139. Immerhin mag ein Anwalt durchaus Gründe haben, einen Beweis nicht anzutreten, von dessen Fragwürdigkeit er vielleicht schon recht gut informiert ist. Demgegenüber ist einer nicht rechtskundigen und nicht anwaltlich vertretenen Partei oft gerade zum Stichwort „Beweisantritt" eine besondere Hilflosigkeit zu beobachten. Es kann zumindest unabhängig von einer anwaltlichen Vertretung nicht der Sinn des Gesetzes sein, den Richter nur wegen seiner Pflicht zur Unparteilichkeit zu zwingen, den, auch wahrscheinlich prozeßentscheidenden, Hinweis auf Beweismöglichkeiten einer solchen Partei zu unterlassen, Mü VersR **92**, 375. Freilich ist Zurückhaltung zulässig und oft ratsam. Immerhin braucht das Gericht zB die Partei nicht unter Bekanntgabe seiner bisherigen, vorläufigen Beweiswürdigung zum Antritt weiterer Beweise aufzufordern.

S auch § 42 Rn 79 „Beweisantritt".

**Beweisantrag:** Rn 45 „Antrag", Rn 53 „Beweis, Entlastungsbeweis", Rn 54 „Beweismittel".

**Beweisbeschluß:** Wenn der bisherige Beweisbeschluß nicht mehr ausgeführt werden soll, mag ein entsprechender Hinweis und eine Anregung auf eine Antragsänderung geboten sein, Köln MDR **72**, 520.

**Beweislast:** Es kann ein Hinweis auf die Beweislast aus der Sicht des Gerichts notwendig sein, BGH VersR **86**, 1211. Das gilt auch gegenüber einer anwaltlich vertretenen Partei. Freilich hängen Art und Umfang solcher Hinweise von den Gesamtumständen des Einzelfalls ab.

S auch „Beweis, Entlastungsbeweis", Rn 54.

54 **Beweismittel:** Es kann notwendig sein, auf die Benennung eines Beweismittels jedenfalls dann hinzuwirken, wenn sich aus dem übrigen Vortrag ergibt, daß die Partei ihre Behauptung beweisen möchte und offensichtlich vergessen hat, einen Beweis anzutreten, oder daß sie insofern die Rechtslage falsch beurteilt, BGH NJW **98**, 156. Es kann auch notwendig sein, die Partei zur Präzisierung, Klarstellung oder Ergänzung eines Beweisantritts zu veranlassen, Saarbr RR **94**, 573. Der Richter muß dann, wenn er den Urkundenbeweis als nicht ausreichend ansieht, der Partei eine Gelegenheit zum Zeugenbeweisantritt geben, BGH ZIP **83**, 738. Er muß unter Umständen fragen, ob in der Vorlage einer eidesstattlichen Versicherung hilfsweise ein Zeugenbeweisantritt zu sehen ist, BGH VersR **74**, 1022. Das Gericht braucht aber nach dem Schluß einer Beweisaufnahme nicht zu einem neuen oder weiteren Beweisantritt oder zu einem Gegenbeweisantritt aufzufordern, aM Ffm NJW **76**, 2026. Auch die Auswahl und hinreichend genaue Benennung der Zeugen, § 356 Rn 4, ist Sache der Partei, Mayer NJW **83**, 858, insbesondere im Anwaltsprozeß. Das übersieht Köln MDR **80**, 674. Im Anwaltsprozeß ist das Gericht auch nicht zu einem Hinweis auf die Möglichkeit eines Entlastungsbeweises verpflichtet.

1. Titel. Mündliche Verhandlung § 139

**Beweiswürdigung:** Die Beweiswürdigung gehört grundsätzlich nicht zu den Pflichten nach § 139, selbst 55
wenn ein Rechtsgespräch erforderlich war. Es ist ein Unterschied, ob das Gericht einen von der Partei
erkennbar übersehenen rechtlichen Gesichtspunkt mit ihr erörtert oder, weitergehend, auch seine eigene
vorläufige Gesamtbeurteilung oder Einzelbeurteilung mitteilt. Es kann aber zB notwendig sein mitzuteilen,
daß das Gericht eine pauschale Bezugnahme auf Anlagen oder Beiakten für ungenügend hält,
Schlesw MDR **76,** 50, oder daß es ein Gutachten ganz anders als die Vorinstanzen würden will, BGH
VersR **77,** 734. Im übrigen ist die Mitteilung der vorläufigen Rechtsansicht des Gerichts fast nie ein
Verstoß gegen seine Unparteilichkeit und daher fast nie ein Ablehnungsgrund.

Vielmehr *ehrt das Gericht die Parteien* dadurch, daß es freimütig Einblick in seinen eigenen Denkprozeß
gewährt und ja gerade dadurch die Bereitschaft beweist, sich eines Besseren belehren zu lassen, sei es in der
Würdigung der Tatsachen, sei es in der Anwendung der Rechtsvorschriften. Gerade eine offene Mitteilung
der Prozeßaussichten im Verlauf der Verhandlung und gerade nach einer Beweisaufnahme ermöglicht
es den Parteien, etwaige Unklarheiten zu berichten, etwaige Lücken zu ergänzen und etwaige Irrtümer
des Gerichts aufzudecken. Gerade dann entsteht am ehesten jene Atmosphäre einer „Arbeitsgemeinschaft",
die zwar nicht das Wesen eines Prozesses ausmacht, Grdz 26 vor § 128, natürlich aber hilfreich
sein und entspannend wirken kann.

**Dritter:** Ein Dritter ist nach § 16 AGBG bei einer Klage auf Unterlassung bzw Widerruf gegen Allgemeine 56
Geschäftsbedingungen anzuhören.

**Entlastungsbeweis:** Rn 53 „Beweis", „Entlastungsbeweis". 57

**Erbbiologisches Gutachten:** Das Gericht hat auf die Möglichkeit der Einholung eines erbbiologischen
Gutachtens hinzuweisen, wenn anzunehmen ist, daß ein solcher Antrag versehentlich nicht gestellt wurde.
S auch Rn 63 „Kindschaftssache".

**Erfolgsaussicht:** Das Gericht hat grundsätzlich keine Pflicht zu einer Mitteilung, wie es die Aussichten des
jeweiligen Vorbringens beurteilt und die Beweise voraussichtlich würdigen will.
S auch Rn 55.

**Ergänzung:** Rn 91 „Vollständigkeit". 58

**Erklärungsfrist:** Wenn eine Partei auch unter Beachtung von § 138 wirklich eine angemessene Zeit zur
Beantwortung einer Frage braucht, wenn man ihr also eine sofortige Antwort nicht zumuten kann,
muß das Gericht entweder vertagen, KG OLGZ **77,** 481 (zum alten Recht), oder eine Erklärungsfrist
nach § 283 gewähren, Düss NJW **71,** 1707, Schlesw SchlHA **82,** 29. Art 103 I GG verpflichtet nicht zu
einer förmlichen Fristsetzung, Köln Rpfleger **84,** 424. Eine überstürzte Entscheidung kann aber einen
Verstoß gegen § 139 darstellen, Hamm AnwBl **84,** 93, Schlesw NJW **86,** 3146.

Freilich ist sorgfältig und nicht zu großzügig zu klären, ob die Partei die *Antwort wirklich nicht sogleich*
geben kann. Das gilt auch und gerade dann, wenn eine Partei anwaltlich vertreten ist. Das Gericht hat in
diesem Fall die Pflicht der sofortigen Erörterung, ob der Anwalt bei der ihm persönlich zuzumutenden
Sorgfalt oder ob die Partei bei der Anlegung eines entsprechenden Sorgfaltsmaßstabs vor dem jetzigen
Zeitpunkt im Rahmen der Prozeßförderungspflicht nach § 282 imstande gewesen wären, sich auf die
Frage so vorzubereiten, daß sie sie wenigstens im Kern sogleich hätten beantworten können. Das alles
übersehen Hamm AnwBl **84,** 93, Schlesw NJW **83,** 348.

**Erledigung der Hauptsache:** Das Gericht muß im Fall der Erledigung der Hauptsache auf eine entsprechende
Antragsänderung hinwirken, zumindest klären, ob die Parteien übereinstimmende Erledigterklärungen
abgeben wollen und ob diese wirksam sein können. Angesichts der vielen Streitfragen zu § 91 a
kann eine genauere Erörterung auch gegenüber einer anwaltlich vertretenen Partei notwendig sein.

**Erörterung:** Rn 75.

**Ersatzzustellung:** Der Vorsitzende muß nach III auch auf Bedenken wegen der möglichen Unwirksamkeit
oder Unzulässigkeit einer Ersatzzustellung hinweisen, BGH NJW **76,** 149.

**Fairneß:** Rn 86. 59

**Feststellungsklage:** Eine Antragsänderung mag dann anzuregen sein, wenn statt eines Leistungsantrags ein
Feststellungsantrag notwendig wäre, BGH **79,** 79. Es hat natürlich nur dann Sinn, auf einen Übergang von
der einen zur anderen Klagart hinzuwirken, wenn das Gericht den Anspruch für begründet hält. Ein
Hinweis ist auch dann nötig, wenn nicht genügend Tatsachen vorliegen, aus denen auf das erforderliche
besondere Feststellungsinteresse geschlossen werden kann.

**Fragepflicht:** Rn 11.

**Fürsorgepflicht:** Rn 7.

**Gegenbeweis:** Nach dem Schluß einer Beweisaufnahme braucht das Gericht nicht zu einem neuen oder 60
weiteren Beweisantritt oder zu einem Gegenbeweisantritt aufzufordern, aM Ffm NJW **76,** 2026. Auch die
Auswahl und hinreichend genaue Bezeichnung der Gegenzeugen, § 356 Rn 4, 5, ist die Sache der Partei,
Mayer NJW **83,** 858, insbesondere im Anwaltsprozeß. Das übersieht Köln MDR **80,** 674.
S auch Rn 53 „Beweis, Entlastungsbeweis", „Beweisantrag", Rn 54.

**Gegenforderung:** Das Gericht braucht nicht auf eine ungenügende Darstellung einer Gegenforderung
hinzuweisen, wenn diese erst nach dem Schluß der mündlichen Verhandlung erster Instanz entsteht
und erst durch eine genaue Darstellung die Sachdienlichkeit nach § 530 erreicht würde, BGH **LM** Nr 7.

**Gerichtsstand:** Im Rahmen von III kann es notwendig sein, von Amts wegen auf Bedenken gegen die
örtliche Zuständigkeit hinzuweisen, auch beim ausschließlichen Gerichtsstand, § 40 II.

**Gesetzlicher Vertreter:** Im Rahmen von III kann ein Hinweis auf Bedenken wegen der möglichen Probleme im
Zusammenhang mit dem gesetzlichen Vertretung der Partei erforderlich sein, Schlesw SchlHA **78,** 108.
Gegenüber der gesetzlichen vertretenen Partei ist das Gericht verpflichtet, auf die Kenntnisse und die
zumutbaren Möglichkeiten des gesetzlichen Vertreters zumindest ebenfalls, wenn nicht in erster Linie,
abzustellen.

**Gleichberechtigung:** Das Gericht muß stets bedenken, daß zumindest im Verfahren mit Beibringungs- 61
grundsatz, Grdz 20 vor § 128, beide Parteien eine gleichberechtigte Kampfstellung haben. Es darf durch
seine Hinweise, Ratschläge, Anregungen usw diese Gleichberechtigung nicht unterlaufen oder umgehen,

## § 139

BGH NJW **84**, 310, Schlesw MDR **87**, 149, ThP 8, aM Celle OLGZ **80**, 11, Peters ZZP **102**, 490, Schneider MDR **79**, 977 (wegen der Verjährung).
S auch Rn 51.
**Grundbuchberichtigung:** Soweit der Kläger irrig statt auf eine Rückauflassung auf eine Grundbuchberichtigung klagt, muß das Gericht ihm einen entsprechenden Hinweis geben.

62 **Herrschende Ansicht:** Zwar ist der Begriff der „herrschenden Ansicht" äußerst problematisch, Einl III 47, Zasius DGVZ **87**, 80. Daher führt auch eine Abweichung von der „herrschenden" Ansicht keineswegs stets zur Unvertretbarkeit, aM LG Hbg NJW **88**, 215. Ob man die Abweichung erörtern muß, hängt von den Gesamtumständen ab.
S auch Rn 75.
**Hilfsantrag:** Das Gericht muß darauf hinwirken, daß jede Partei einen sachdienlichen Antrag stellt, Rn 22, 23, BGH NJW **78**, 695, Kblz MDR **82**, 966. Das gilt für den Haupt- wie für den Hilfsantrag. Läßt der Kläger den ursprünglichen Hilfsantrag fallen, obwohl jener sachdienlich ist, so muß das Gericht klären, ob die Zurücknahme den wirklichem Willen der Partei entspricht, BGH **LM** Nr 4.
**Hinweis:** Vgl zunächst Rn 20. Es kann zB ein Hinweis auf die Beweislast notwendig sein, BGH VersR **86**, 1211. Es kann notwendig sein, auf eine erst der Rechtsprechung entwickelte Möglichkeit hinzuweisen, etwa auf diejenige eines Vorschußanspruchs vor einem Schadensersatzanspruch des Bestellers eines Werkvertrags, Grunsky NJW **84**, 2548. Wenn das Gericht einen Hinweis gibt, muß es der Partei auch die Gelegenheit geben, dem Hinweis Rechnung zu tragen, BGH NJW **99**, 1264, Düss RR **92**, 1405.
S auch Rn 71, 75.
**Irrtum:** Eine nur versehentlich vergessene Stellungnahme ist durch Hinweis usw herbeizuführen, Köln FamRZ **92**, 460. Freilich ist ein solches Vorgehen nicht schon bei einer nur vagen Möglichkeit des Vergessens usw erforderlich. Das Gericht darf nicht einen Rechtsirrtum unterstützen und nicht sehenden Auges die Partei in solchem Irrtum beharren lassen, Düss RR **92**, 1405.

63 **Keinerlei Angaben:** Soweit ein Anwalt nicht etwa unklare, sondern überhaupt keine Angaben zu einer offensichtlich wesentlichen Frage macht, braucht ihn das Gericht nicht zu befragen, BGH JZ **75**, 449, KG NJW **74**, 1004.
**Kindschaftssache:** Vgl zunächst Rn 36. Im Kindschaftsverfahren besteht eine recht weitgehende Aufklärungs-, Frage- und Hinweispflicht, Hamm FamRZ **77**, 553. Das Gericht muß auch trotz des Ermittlungsgrundsatzes, Grdz 38 vor § 128, unter Umständen auf die Möglichkeit der Einholung eines erbbiologischen Gutachtens hinweisen, wenn man annehmen kann, daß ein solches Gutachten sachdienlich wäre.

64 **Klagänderung:** Das Gericht sollte mit Anregungen oder gar Ratschlägen in Richtung auf eine Klagänderung zurückhaltend sein. Denn es darf nicht zu Lasten des Prozeßgegners eine Klage erst schlüssig machen helfen. Das Gericht darf insbesondere einer Partei nicht anheimgeben, neue Klagegründe usw vorzutragen, die dann zu einer Klagänderung führen könnten, vgl Hermisson NJW **85**, 2558. Es darf auch nicht die Partei veranlassen, einen anderen Antrag zu stellen, der seinem Wesen nach auf anderen Anspruchsgrundlagen beruht.
S auch Rn 45 „Antragsänderung".
**Klagantrag:** Vgl zunächst Rn 22, 23.
S im übrigen auch Rn 45 „Antragsänderung", „Antragsmehrheit", „Antragsrücknahme", Rn 53 „Beweisantrag", Rn 69 „Prozeßantrag", Rn 81.
**Klagebefugnis:** Rn 43 „Abtretung", „Aktivlegitimation".
**Klageerweiterung:** Rn 45 „Antragsänderung", Rn 64 „Klagänderung", Rn 71.
**Klärung:** Zwar hat das Gericht grundsätzlich im Rahmen seiner Hinweispflicht auch auf die Klärung sachdienlicher Anträge, die Ergänzung ungenügender Angaben, die zusätzliche Bezeichnung von Beweismitteln usw hinzuwirken, Rn 20 ff. Die Grenzen der Aufklärungspflicht liegen aber dort, wo der Sachverhalt schon genügend geklärt ist, wo bereits die Vorinstanz sich (vergeblich) bemüht hatte, BGH NJW **58**, 1590, oder wo eine Partei, insbesondere eine anwaltlich vertretene, trotz gerichtlicher Hinweise überhaupt keine Angaben zu dem fraglichen Punkt macht.

65 **Mehrheit von Anträgen:** Rn 45 „Antragsmehrheit", Rn 62 Hilfsantrag.
**Mitverschulden:** Eine Antragsänderung mag anzuregen sein, wenn das Gericht die Frage des Mitverschuldens jetzt anders als im vorangegangenen Verfahren auf die Bewilligung einer Prozeßkostenhilfe beurteilt, Köln MDR **75**, 148 (zustm Teplitzky).

66 **Nachfrist:** Das Gericht darf einen Antrag, etwa nach § 283, keineswegs stets anregen, sondern nur dann, wenn er nach den Gesamtumständen Erfolgsaussicht hat, § 283 Rn 10.
**Naturalherstellung:** Rn 82 „Schadensersatz".

67 **Neue Beurteilung:** Das Gericht muß den Parteien eine Gelegenheit zur Stellungnahme geben, sich auf eine andere oder neue Beurteilung und dazu einzustellen, welche Tatsachen insofern noch streitig sind, Köln VersR **77**, 844, oder sich auf eine neue Rechtsauffassung einzurichten, § 278 III; zur Abgrenzung von § 139 vgl § 278 Rn 12. Das Gericht muß den Parteien auch dann Gelegenheit zur Äußerung geben, wenn die Parteien aus einem vorgetragenen Tatsachenstoff ersichtlich ganz andere rechtliche Schlüsse als das Gericht ziehen, vgl Köln MDR **84**, 151, und wenn das Gericht von den ausdrücklichen Ausführungen der Partei abweichen will, insbesondere dann, wenn der Tatrichter zu einer Würdigung kommt, die keine Partei behauptet hat oder die der Vorderrichter anders vorgenommen hat, BGH NJW **82**, 581 (abl Hartung VersR **82**, 141) und NJW **82**, 582, Hamm RR **95**, 957. Gerade in solcher Situation kann § 278 III ebenfalls anwendbar sein, und zwar sowohl zur Selbstkritik des Gerichts (auch der Richter kann irren) als auch zur Verbesserung des Prozeßklimas und zur Erleichterung einer gütlichen Einigung. Es ist ja stets daran zu denken, daß das Gericht die Parteien nicht überrumpeln darf.
S auch Rn 75, 86 „Überraschungsentscheidung".
**Neuer Antrag:** Das Gericht darf einer Partei nicht eine ihr günstige tatsächliche oder rechtliche Begründung ihres Anspruchs überhaupt erst an die Hand geben oder gar auf die Erhebung völlig neuer

1. Titel. Mündliche Verhandlung § 139

Anträge, weiterer Klagansprüche bzw einer ganz neuen Klage dringen, Ffm NJW **86**, 389, Kblz OLGZ **88**, 373.
S auch Rn 45 „Antragsänderung", Rn 87 „Unparteilichkeit".
**Neuer Beweis:** Rn 53 „Beweis, Entlastungsbeweis", Rn 67 „Neuer Antrag".
**Neuer Klagegrund:** Das Gericht darf nicht einer Partei eine ihr günstige tatsächliche oder rechtliche Begründung ihres Anspruchs überhaupt erst an die Hand geben oder gar auf die Erhebung eines völlig neuen Klaganspruchs usw dringen, Ffm NJW **86**, 389, Kblz OLGZ **88**, 373. Es darf auch nicht „nur" die von Anfang an völlig unschlüssige Klage schlüssig machen lassen und damit den Beibringungsgrundsatz, die gleichberechtigte Kampfstellung der Parteien mißachten oder den Prozeß verzögern, Rn 61 „Gleichberechtigung".
**Neuer Vortrag:** Rn 67 „Neuer Antrag", „Neuer Beweis", „Neuer Klagegrund".
**Nichtigkeitsgrund:** Zu den nach II von Amts wegen zu berücksichtigenden und evtl zu erörternden Punkten gehört auch ein Nichtigkeitsgrund, etwa nach §§ 125, 134, 138 BGB.
**NN:** Es kommt auf die Gesamtumstände an, ob und mit welcher Intensität das Gericht auf die Ersetzung der **68** bloßen Angabe „NN" (nihil nomen = kein Name) hinwirken muß. Sofern die fehlenden Angaben, meist zu Namen und genauer Anschrift des Zeugen, vermutlich sogleich oder in einer kurzen Nachfrist ergänzt werden könnten, die zB ohnehin deshalb gewährt werden kann, weil das Gericht zu anderen Punkten bereits Beweis beschließt oder einen Verkündungstermin anberaumt hat, kann die Erörterung nebst etwaiger Fristsetzung ratsam oder gar notwendig sein. Sofern aber noch eine – noch dazu anwaltlich vertretene – Partei zB infolge einer bloßen erkennbaren Nachlässigkeit nur ein Beweismittel „NN" angeboten hat, ist eine Nachfrist nach § 356 Rn 4 ohnehin nicht möglich und daher auch keine Erörterung erforderlich; die etwaige Vorwerfbarkeit eines Irrtums der Partei über die Notwendigkeit, ihre Beweismittel von Anfang an mit präzisen Angaben anzubieten, vgl auch § 373 Rn 1, scheint Köln MDR **80**, 674 nicht genug zu berücksichtigen.
**Parteibezeichnung:** Das Gericht muß darauf achten, daß eine unrichtige Parteibezeichnung berichtigt **69** wird. Diese Pflicht gilt in allen Instanzen, Hamm MDR **77**, 940.
**Parteiherrschaft:** Rn 52.
**Persönliches Erscheinen:** Es kann eine Erörterung der Frage notwendig werden, ob das Gericht das persönliche Erscheinen nach §§ 141, 613 anordnen soll. Hat es die Partei „zur Aufklärung des Sachverhalts" geladen, dann muß es ihr vor einer ihr nachteiligen Entscheidung auch Gelegenheit zu solcher Aufklärung geben, BGH NVersRZ **99**, 216.
**Protokollierung:** Sie ist ratsam, evtl auch notwendig, § 160 Rn 7.
**Prozeßabweisung:** Eine Abweisung der Klage als unzulässig wegen fehlender Substantiierung des Klageantrags ist ohne eine vorherige Bemühung des Gerichts um Aufklärung grundsätzlich unzulässig, vgl Schneider MDR **77**, 972, Siegert NJW **58**, 1026, erst recht direkt nach Prozeßkostenhilfe, Naumbg FamRZ **97**, 617.
S auch Rn 45 „Antrag".
**Prozeßantrag:** Die Pflicht des Gerichts, auf sachdienliche Anträge hinzuwirken, Rn 22, bezieht sich auch auf einen Prozeßantrag als Haupt- wie Hilfsantrag.
S auch Rn 45 „Antrag", Rn 69 „Prozeßabweisung".
**Prozeßbevollmächtigter:** Rn 46. **70**
**Prozeßzinsen:** Das Gericht sollte aufklären, warum die Partei statt Prozeßzinsen einen Verzugsschaden fordert, wenn sie dafür keinen Grund angibt. Der Kläger, der mehr als die gesetzlichen Zinsen fordert, beschränkt sich zur Begründung meist auf den Hinweis, er nehme Bankkredit in Anspruch. Bei einem im Geschäftsleben stehenden Kläger mag dafür ein Anscheinsbeweis vorliegen, sodaß selbst bei einfachem gegnerischen Bestreiten die Beweislast auf den Bekl übergehen könnte, aber Vorsicht! Im übrigen ist der beliebte Beweisantritt „Auskunft der Bank" oder „Bankbescheinigung" meist unklar und bedarf der Klärung: Er kann ein (noch unbrauchbarer) Zeugenbeweisantritt sein, aber auch ein Urkundenbeweisantritt oder die Bitte, nach § 377 III, IV zu verfahren. Davon hängt ab, ob das Gericht überhaupt noch an die (ihm natürlich stets genau zu bezeichnende) Bank schreiben muß oder sich mit der Anordnung der (grundsätzlich ja sofortigen) Vorlage der bereits vom Beweisführer herbeizuschaffenden Zinsbescheinigung begnügen kann.
Das Gericht darf nicht einer Partei einen Antrag auf eine Zinsforderung nahelegen, die sie bisher gar *nicht erhoben* hat, Köln MDR **72**, 779.
**Rat:** Aus der Pflicht zur Unparteilichkeit, Rn 13 ff, ergibt sich unter anderem: Das Gericht muß mit **71** direkten Ratschlägen vorsichtig sein. Das gilt auch gegenüber einer anwaltlich nicht vertretenen Partei. Bei erkennbarer Hilflosigkeit der Partei kann ihr ein Ratschlag erlaubt sein als sonst. Im übrigen ist sorgfältig zwischen einer bloßen Erörterung oder einem bloßen Hinweis einerseits und einem doch mehr oder minder deutlichen Ratschlag andererseits zu unterscheiden. Zwar ist ein Ratschlag nicht stets ein Ablehnungsgrund, er kann aber zu solchem werden, § 42 Rn 38 „Ratschlag". Das gilt zB beim Rat, sich auf eine mögliche Verjährung zu berufen, § 42 Rn 38 „Ratschlag". Der Richter darf der Partei zwar einen Hinweis auf die Möglichkeit geben, ein bisher unwirksames Mieterhöhungsverlangen im Prozeß nachzuholen, § 2 III 2 MHG, BayObLG ZMR **85**, 102. Er darf ihr aber keinen derartigen direkten Rat erteilen und sollte natürlich auch dann keinen Hinweis geben, wenn er eine entsprechende Parteierklärung doch etwa als verspätet oder einen etwaigen Beweisantritt „Sachverständigengutachten" mangels eines geeigneten Sachverständigen (die andern dürfen die Identität der angeblich vergleichsgeeigneten Wohnungen nicht angeben) zurückweisen müßte.
Überhaupt berechtigt keine noch so klar anzustrebende Gerechtigkeit und keine noch so soziale **72** Zielsetzung des Prozesses den Richter dazu, sich gar zum *Rechtsberater* der einen, der anderen oder gar abwechselnd beider Parteien zu ernennen. Es ist die Aufgabe des Gerichts, die Partei zu einem zweckmäßigen Antrag zu veranlassen, BGH RR **98**, 1005, nicht aber, der Partei ein ihr günstigeres Vorbringen nahezulegen, etwa durch eine Klageerweiterung, BAG BB **72**, 222, BPatG GRUR **82**, 360, ZöGre 9, aM

## § 139

Schneider MDR **77**, 972. Ein Richter, der einer Partei Ratschläge der letzteren Art geben würde, schon gar außerhalb der Verhandlung und ohne eine Benachrichtigung des Gegners, würde sich der Gefahr der Ablehnung wegen Befangenheit aussetzen. Das Gericht darf der Partei auch nicht solche Klagegründe nahelegen, die in ihrem bisherigen Sachvortrag nicht einmal angedeutet waren, Hermisson NJW **85**, 2558. Es darf die Partei nicht zu einer Antragstellung veranlassen, die ihrem Wesen nach auf anderen Anspruchsgrundlagen beruht.

73 Das Gericht hat außerhalb des § 139 erst recht keine Beratungspflicht, auch nicht nach § 278 III, BGH **85**, 292, Kblz MDR **88**, 966 (bloße Rechtsfragen), und daher erst recht *keine* Pflicht zu einer *Rechtsauskunft* oder zu einer Mitteilung, wie es die die Aussichten des jeweiligen Vorbringens beurteilt und die Beweise voraussichtlich würdigen will. Daran ändert auch die beliebte Wendung in manchem Schriftsatz nichts, das Gericht werde gebeten (oder gar „ersucht"), der Partei mitzuteilen, inwiefern es von der schriftsätzlichen Beurteilung abweiche, BGH RR **90**, 1243.

S auch Rn 55, 64 „Klagänderung", Rn 83 „Schlüssigkeit".

74 **Rechtliches Interesse:** Rn 59 „Feststellungsklage".
**Rechtsansicht:** Rn 75.
75 **Rechtsfortbildung:** Das Gericht kann zu einem Rechtsgespräch, s dort, verpflichtet sein, wenn es eine Rechtsfortbildung, Einl III 50, beabsichtigt, Prütting (vor Rn 1) 305 ff.
**Rechtsgespräch:** Das Gericht darf und muß im Rahmen seiner Fürsorgepflicht, Rn 7, und in den Grenzen seiner Pflicht zur Unparteilichkeit, Rn 13, je nach der Gesamtlage auch die rechtliche Seite erörtern und auch diesbezügliche Fragen stellen. Das stellt I 2 schon nach seinem Wortlaut klar. Diese Pflicht kann auch gegenüber einem ProzBev bestehen, Rn 46. Dabei überschneiden sich die Bereiche von § 139 und § 278 III. Diese letztere Vorschrift ist durch § 139 keineswegs überflüssig geworden, Hauser DRiZ **76**, 243, aM Rogge DRiZ **76**, 134. Zur Abgrenzung der beiden Vorschriften voneinander § 278 Rn 12. Das Rechtsgespräch ist keineswegs stets erforderlich, nicht einmal stets ein Hinweis des Gerichts auf seine vorläufige Rechtsansicht, BVerfG NJW **91**, 2824 und NJW **99**, 1387. Es kann aber zB dann erforderlich werden, wenn das Gericht erwägt, eine Rechtsfortbildung vorzunehmen, Einl III 50, Prütting (vor Rn 1) 305 ff. Im übrigen hat das Gericht eine Pflicht, den Parteien eine Gelegenheit dazu zu geben, sich auf eine andere oder eine neue Beurteilung einzustellen. Sie müssen auch Gelegenheit zur Äußerung erhalten, wenn das Gericht aus dem vorgetragenen Tatsachenstoff ganz andere rechtliche Schlüsse als die Parteien zieht, Düss ZMR **99**, 387, Köln MDR **84**, 151, und wenn das Gericht von den ausdrücklichen Ausführungen der Parteien zu rechtlichen Erwägungen abweichen will, insbesondere dann, wenn der Tatrichter zu einer Würdigung kommt, die eine Partei behauptet oder die der Vorderrichter anders vorgenommen hat, BGH NJW **82**, 581 (abl Hartung VersR **82**, 141) und BGH NJW **82**, 582. Gerade in solcher Situation kann § 278 III ebenfalls anwendbar sein.

76 Das Rechtsgespräch vermeidet verbotene *Überrumpelungen* der Partei. Das gilt jedenfalls gegenüber einem gewissenhaft vorbereiteten Beteiligten, BVerfG NJW **94**, 1274. Es dient der Selbstkritik des Gerichts (auch der Richter kann irren) wie auch der Verbesserung des Prozeßklimas und der Erleichterung einer gütlichen Einigung und kann fast stets nur nützlich sein, § 278 Rn 12.

77 Zwar verpflichtet auch Art 103 I GG *nicht stets* zu einer allgemeinen, *umfassenden Erörterung*, Rn 15, BVerfG NJW **94**, 1274, BGH NJW **91**, 704, BVerwG NJW **84**, 625. Wohl aber verpflichtet Art 103 I GG nach den Umständen des Einzelfalls zu einem gezielten Rechtsgespräch, BVerfG NJW **96**, 3202, BGH NJW **82**, 582.

78 Das gilt zumindest dann, wenn das Gericht eine von den Parteien völlig abweichende Rechtsauffassung hat. Eine *Abweichung von der* „*herrschenden" Ansicht*, Rn 62 (zur Problematik dieses Begriffs Einl III 47, Zasius DGVZ **87**, 80), führt entgegen LG Hbg NJW **80**, 215 keineswegs stets zur Unvertretbarkeit; welche Geistesverarmung wäre das. Ob man sie erörtern muß, hängt von den Gesamtumständen ab.

79 Das Gericht muß zB die Partei auch darüber informieren, ob es eine *pauschale Bezugnahme* auf Anlagen oder Beiakten für ungenügend hält, Schlesw MDR **76**, 50, oder daß es ein Gutachten ganz anders als die Partei würdigen will, BGH NJW **77**, 734. Eine Aufforderung zum Nachweis des ausländischen Rechts nach § 293 fällt nicht unter § 139. Wohl aber kann eine überraschende Anwendung des ausländischen Rechts hierher zählen, BGH NJW **76**, 474. Eine Hinweis- oder Erörterungspflicht besteht aber nicht im bloßen Kosteninteresse einer Partei, LG Kblz AnwBl **87**, 332. Sie besteht natürlich auch insoweit nicht, als die Partei den Punkt bereits angeschnitten hat, selbst wenn es nur vorläufig geschah, Kblz VersR **88**, 361. BVerfG NJW **96**, 3203 erwartet bei einer Änderung der vorläufigen Rechtsansicht, insbesondere nach einem Richterwechsel, einen Hinweis. Man kann aber insofern auch übertreiben.

S auch Rn 46, 50 „Ausländisches Recht", Rn 80 „Rechtsunkenntnis", Rn 86.
**Rechtsmittelbelehrung:** Eine Rechtsmittelbelehrung ist nach der ZPO nicht grds vorgeschrieben, § 231 Rn 2, BVerfG NJW **93**, 3173, BGH FamRZ **93**, 310, LG Heilbr MDR **94**, 1194, und schon deshalb nur ausnahmsweise ratsam, jedenfalls außerhalb gesetzlich vorgeschriebener Fälle nicht notwendig. Entgegenstehende Dienstanweisungen sind hochproblematisch. Sie können Haftung auslösen, wenn unrichtig verfaßt oder befolgt.

80 **Rechtsmittelfrist:** Zu den von Amts wegen zu berücksichtigenden Punkten gehören die Rechtsmittelfrist, BGH VersR **84**, 443, und die Rechtsmittelbegründungsfrist, BGH VersR **76**, 193. Das Gericht muß dann, wenn die Partei einer zutreffender Berufung auf §§ 233ff nur eine Glaubhaftmachung vornimmt, Vollbeweisantritt anheimstellen, BGH RR **92**, 314.
**Rechtsnachfolge:** Soweit eine Rechtsnachfolge in Betracht kommt, § 265, liegt eine prozessual wichtige Veränderung vor; das Gericht kann dafür zu sorgen haben, daß der Antrag entsprechend umgestellt wird.
**Rechtssprechungshinweis:** Rn 62 „Hinweis".
**Rechtsunkenntnis:** Soweit sie erkennbar wird, ist das Rechtsgespräch, s dort, auch gegenüber einen ProzBev erforderlich, Rn 46. Für die Erforderlichkeit kommt es auf objektive Kriterien und nicht auf den Kenntnisstand des Gerichts an, Köln Rpfleger **96**, 78.

1. Titel. Mündliche Verhandlung                                                      § 139

**Rechtsweg:** Zu den nach II von Amts wegen zu erörternden Bedenken kann die Frage der Zulässigkeit des Rechtswegs zählen.
**Revisionsinstanz:** Ein Rechtsgespräch kann gerade auch in ihr notwendig werden.
**Richtige Entscheidung:** § 139 dient insgesamt vor allem dazu, die sachlichrechtlich richtige, gerechte Entscheidung herbeizuführen, BGH NJW **80**, 1975, KG OLGZ **77**, 481, Schneider MDR **77**, 970. Die Vorschrift bestimmt dabei nur den gebotenen Mindestumfang der Aufgaben des Gerichts. Freilich ist die Befugnis zur Herbeiführung einer sachlich richtigen Entscheidung begrenzt, zum einen durch die Pflicht des Gerichts zur Unparteilichkeit, Rn 13 ff, zum anderen zB durch die jeweilige Beweislast, Stürner, Die richterliche Aufklärungspflicht im Zivilprozeß (1982) 17, oder durch den Zwang, im Interesse der Rechtssicherheit verspätetes Vorbringen nach den gesetzlichen Voraussetzungen zurückzuweisen. Diesen Umstand muß man auch bei der Auslegung des § 139 berücksichtigen; das geschieht zu wenig.
**Rücknahme eines Antrags:** Rn 45 „Antragsrücknahme".
**Rügerecht:** Rn 88.
**Sachantrag:** Die Notwendigkeit, auf sachdienliche Anträge hinzuwirken, Rn 22, bezieht sich sowohl auf **81** die Prozeßanträge als auch auf die Sachanträge als Haupt- wie Hilfsanträge.
  S auch Rn 45 „Antrag", „Antragsmehrheit" usw.
**Sachbefugnis:** Rn 43 „Abtretung", „Aktivlegitimation".
**Sachdienlichkeit:** Das Gericht muß darauf hinwirken, daß jede Partei einen sachdienlichen Prozeß- wie **82** Sachantrag, Haupt- wie Hilfsantrag stellt, Rn 22, 23, BGH NJW **78**, 695, Kblz MDR **82**, 966. Das Gericht würde zwar gegen den Beibringungsgrundsatz verstoßen, wenn es von sich aus einen ganz anderen Antrag als denjenigen herbeiführen würde, den die Partei im Kern erkennbar selbst stellen will oder schon gestellt hat. Das Gericht darf und soll aber einen zweckwidrigen oder gar unzulässigen Antrag nach Möglichkeit verbessern lassen. Wenn mehrere Anträge gestellt wurden, hat das Gericht zu klären, in welchem Verhältnis sie zueinander stehen.
  S auch Rn 45 „Antrag", „Antragsmehrheit", „Antragsrücknahme" usw.
**Sachvortrag:** Es kann notwendig sein, einen Hinweis auf die Erforderlichkeit eines Sachvortrags des Bekl zu geben, wenn er ihn wegen Zweifeln an der Nämlichkeit und Aktivlegitimation des Klägers unterläßt, Düss MDR **93**, 1008.
**Säumnis:** Rn 90 „Versäumnisverfahren".
**Schadensersatz:** Das Gericht darf einen Antrag auf die Zahlung eines Geldersatzes anregen, soweit der Kläger nur Naturalherstellung verlangen kann.
**Schlüssigkeit:** Das Gericht darf und muß zwar in jeder Lage des Verfahrens darauf achten, ob der Tat- **83** sachenvortrag der Partei ihren Anspruch oder dessen Abwehrbitte erfolgreich machen kann. Es darf aber nicht dazu übergehen, einer Partei einseitig dabei zu helfen, den Anspruch überhaupt erst schlüssig zu machen. Denn dadurch würde es die bisher erfolgreiche Position des gleichberechtigten Prozeßgegners dieser Partei gefährden und damit gegen die eigene Pflicht zur Unparteilichkeit verstoßen. Das Gericht darf die Partei also nicht auf eine andere tatsächliche Begründung des Antrags hinlenken oder überhaupt erst die anspruchsbegründenden Tatsachen „herbeireden", Ffm NJW **70**, 1884, Mü VersR **91**, 103, Dittmar NJW **71**, 56, aM Schneider MDR **77**, 974.
  Das Gericht darf und muß auch eine anwaltlich vertretene Partei in diesen Grenzen *auf* die bisherige etwaige *Unschlüssigkeit hinweisen*, Celle MDR **98**, 306, Ffm NJW **89**, 722, Schlesw NJW **83**, 348 (jedenfalls bei einer Fristsetzung nach § 356). Das Gericht darf insoweit, zB bei einer ihm zu allgemeinen Darstellung, sogar weiteres Vorbringen anregen, Schlesw SchlHA **82**, 29, vor allem bei einer anwaltlich nicht vertretenen Partei, BVerfG **75**, 189, BGH **LM** § 295 Nr 14; es darf aber nicht von Anfang an völlig unschlüssige Klage durch seine Hinweise erst erfolgreich machen und damit den Beibringungsgrundsatz, Grdz 20 vor § 128, und die gleichberechtigte Stellung der Parteien mißachten oder auch nur dadurch den Prozeß verzögern.
  S auch Rn 86 „Überraschungsentscheidung", Rn 87 „Unparteilichkeit".
**Substantiierung:** Rn 83 „Schlüssigkeit". **84**
**Teilbetrag:** Zu der Pflicht des Gerichts, einen sachdienlichen Antrag herbeizuführen, Rn 22, kann die **85** Anregung gehören, geltend gemachte Teilbeträge mehrerer selbständiger Ansprüche eindeutig aufzuschlüsseln und zu beziffern, § 253 Rn 43, BGH **LM** Nr 9.
**Übergang zur Leistungsklage:** Rn 44 „Anspruchsübergang", Rn 45 „Antragsänderung".
**Überraschungsentscheidung:** Die Parteien sollen nicht aus dem Urteil mit Staunen erfahren müssen, daß **86** das Gericht den Prozeß ohne eine genügende Kenntnis der Streitfrage sachlich oder daß es unvoraussehbar nur förmlich entschieden hat, BGH NVersRZ **99**, 216, Bbg RR **98**, 610, Saarbr RR **98**, 1609. Das Gericht muß den Prozeß fair, mit Waffengleichheit gestalten, Einl III 21, und darf die Parteien insbesondere weder tatsächlich noch rechtlich überrumpeln, BGH NJW **89**, 2757.
  Oft trägt eine Partei eine Tatsache nicht vor, weil sie gerade an diese rechtliche oder tatsächliche Beurteilung *überhaupt nicht denkt*. Eine Überrumpelung der Partei mit einer weder von ihr noch vom Gegner gesehenen Würdigung der Tatsachen und demgemäß mit einer völlig anderen und von keiner Partei vorausgesehenen rechtlichen Beurteilung ist des Gerichts unwürdig und schaltet nur zu oft das bessere Wissen der Parteien um solche Tatsachen aus, die unter diesen Umständen erheblich würden und die die Partei vorgetragen hätten, wenn das Gericht sein Fragerecht ausgeübt hätte, § 278 III, BGH MDR **80**, 576. So hat BGH **LM** § 295 Nr 14 einen Hinweis auf ein der Partei zustehendes Rügerecht für geboten, um einer Überraschungsentscheidung vorzubeugen.
  S auch Rn 46, 75, „Rechtsgespräch".
**Überrumpelung:** Rn 62 „Irrtum", Rn 86 „Überraschungsentscheidung". **87**
**Unparteilichkeit:** Das Gericht muß trotz aller Fürsorge doch stets eindeutig unparteilich bleiben, um überhaupt Richter sein zu können, Rn 13. Es darf sich nicht zum Berater bald der einen, bald der anderen, bald beider Parteien machen und nicht der einen Partei auf Kosten der anderen Partei helfen. Das

## § 139   1. Buch. 3. Abschnitt. Verfahren

Gericht muß schon jeden Anschein einer Parteilichkeit vermeiden, vgl BVerfG **52**, 144, BGH VersR **85**, 397. Es ist zwar im Rahmen der §§ 139, 178 III berechtigt und verpflichtet, einen notwendigen Hinweis usw auch dann zu geben, wenn sich dadurch die Stellung der einen Partei auf Kosten der anderen verbessern kann, insofern richtig Köln MDR **90**, 158. Es darf aber einer Partei nicht eine ihr günstige tatsächliche oder rechtliche Begründung ihres Anspruchs überhaupt erst in die Hand geben oder gar auf die Erhebung völlig neuer Anträge, weiterer Klageansprüche oder einer neuen Klage dringen, Ffm NJW **86**, 389, Kblz OLGZ **88**, 373. Das Gericht darf auch nicht „nur" die von Anfang an völlig unschlüssige Klage schlüssig machen lassen und damit den Beibringungsgrundsatz, Grdz 20 vor § 128, und die gleichberechtigte Stellung der Parteien im Prozeß mißachten, BGH NJW **84**, 310, Hbg NJW **84**, 2710, Schlesw MDR **87**, 149, aM Celle OLGZ **80**, 11, Peters ZZP **102**, 490, ThP 8.

**Unschlüssigkeit:** Rn 71 „Rat", Rn 83 „Schlüssigkeit".
88 **Unzulässigkeit:** Rn 69 „Prozeßabweisung", Rn 94 „Zulässigkeit".
**Verfahrensmangel:** Beim Vorliegen eines Verfahrensmangels muß das Gericht fragen, ob die Partei auf die Rügemöglichkeit verzichtet, soweit das überhaupt nach § 295 wirksam möglich wäre. Soweit § 295 anwendbar ist, darf das Gericht eine Aufklärung nur insoweit vornehmen, als sonst die Partei unzumutbar überrascht würde. Im Anwaltsprozeß hat der Vorsitzende bei einem Verfahrensmangel insoweit, als die Partei wirksam auf die Rüge verzichten kann, nicht stets eine Fragepflicht, außer bei einem offensichtlichen Versehen der Partei.
89 **Verjährung:** Keine noch so klar anzustrebende Gerechtigkeit, BVerfG NJW **76**, 1391, und keine noch so soziale Zielsetzung des Prozesses berechtigen den Richter dazu, sich zum Rechtsberater einer Partei zu ernennen. Deshalb darf er den Gesichtspunkt der etwaigen Verjährung zwar bei einer nicht anwaltlich vertretenen Partei als Hinweis anschneiden, zumindest wenn die Partei erkennbar auch wegen des Zeitablaufs Bedenken gegen den Anspruch erhebt, Arens Festschrift für Schwab (1990) 32, Bergerfurth, Der Anwaltszwang usw (1981) Rn 189. Der Richter darf aber der Partei nicht darüber hinaus auch den Rat geben, die Einrede der Verjährung geltend zu machen, § 42 Rn 40, Bre NJW **86**, 999, Köln MDR **79**, 1027, Schlesw JB **95**, 44. Auch ein Hinweis auf das Fehlen der Erheblichkeit eines Einwandes gegen eine erfolgte Verjährungseinrede ist nur zurückhaltend geboten, abw Düss RR **95**, 636 (erst bei Substanzlosigkeit).

Es sollte auch im *Protokoll* klargestellt werden, daß der Richter lediglich einen Hinweis gegeben, nicht aber einen Ratschlag erteilt hat. Freilich sind in der Praxis die Grenzen schwer zu ziehen; um so sorgfältiger sollte der Richter erkennbar machen, daß er nicht so weit gehen darf, der Partei die Entscheidung abzunehmen, ob sie die Einrede erheben will. Er hat sich genügend um sie gesorgt, wenn er ihr verdeutlicht, daß sie sich überhaupt evtl auf eine Verjährung berufen kann.

**Verkündungstermin:** Wegen des Anhörungszwecks, Rn 2, darf das Gericht nicht sofort nach einem Hinweis bei einem Verkündungstermin einen Antrag nach § 156 zurückweisen, BGH RR **97**, 441.
90 **Versäumnisverfahren:** Im Versäumnisverfahren, §§ 330ff, ist § 139 nur anwendbar, soweit das Verfahren eine Fragetätigkeit des Gerichts überhaupt zuläßt, noch strenger ThP 1 (keine Anwendbarkeit). Es erfolgt also keine schriftliche Befragung des Säumigen. Natürlich darf und muß das Gericht den Anwesenden wie sonst betreuen, darf aber auch im Säumnisverfahren nicht aus der Unparteilichkeit heraustreten. Daran ändert auch § 331 II Hs 1 nichts. Zwar hat der Richter gegenüber dem Säumigen keine volle Fürsorgepflicht; er muß aber auch gegenüber dem Anwesenden auch schon den Anschein der Parteilichkeit vermeiden. Immerhin ist zB der Hinweis erlaubt, daß ein Versäumnisurteil von einem entsprechenden (zusätzlichen) Antrag abhängen kann. Auch mag ein Hinweis darauf notwendig werden, daß mangels Schlüssigkeit trotz Antrags kein Versäumnisurteil durch eine Klageabweisung durch ein sog unechtes Versäumnisurteil nach § 331 II Hs 2 ergehen könnte, § 331 Rn 21.

**Versehen des Anwalts:** Rn 46.
91 **Vertragsauslegung:** Das Gericht muß auf etwaige Bedenken gegenüber der Vertragsauslegung des Vordergerichts hinweisen, wenn die Partei auf der Grundlage einer anderen Auffassung Unterlagen beizubringen hätte. Das Gericht muß ja überhaupt den Parteien eine Gelegenheit dazu geben, sich auf eine andere oder eine neue Beurteilung einzustellen.

S auch Rn 75, 86.
**Verzugsschaden:** Rn 70.
**Vollmacht:** Es kann erforderlich sein, auf den Mangel der Vollmacht, § 88 II, und die Folgen des Auftretens eines vorläufig zugelassenen vollmachtlosen Vertreters hinzuweisen, § 89, die oft nicht bekannt sind.
**Vollständigkeit:** Vgl Rn 21, 24. Der Vorsitzende hat also darauf hinzuwirken, daß jede Partei eine vollständige Erklärung über alle sachlichrechtlich und prozessual erheblichen Tatsachen abgibt, Kblz MDR **88**, 966, das sie vor allem unzureichende Erklärungen und Beweisantritte präzisiert, klarstellt oder ergänzt, Köln JB **92**, 720. Er muß etwa bei einem im Kern auch ausreichend dargelegten Schadensersatzanspruch auch auf eine vollständige Begründung im einzelnen hinwirken, Düss NJW **93**, 2543. Es kann zB notwendig sein darauf hinzuweisen, daß beim Schmerzensgeldanspruch die bloße unstreitige Angabe der Parteien, über den Grund des Anspruches herrsche Einigkeit, unzulässig sein kann, weil es bei § 847 BGB unter anderem zur Höhe des Schmerzensgeldes auf den Verschuldensgrad ankommt. Auch nach einer Ergänzung des Parteivertrags kann ein Hinweis darauf notwendig sein, ihn weiter zu ergänzen, Mü RR **97**, 1425.
92 **Vollstreckungsabwehrklage:** Im Rahmen der Hinwirkung auf einen sachdienlichen Antrag, Rn 22, kann die Anregung notwendig werden, von einer Abänderungsklage nach § 323 zu einer Vollstreckungsabwehrklage nach § 767 überzugehen, BGH NJW **81**, 979.

S auch Rn 43 „Abänderungsklage".
93 **Widerspruch:** Das Gericht muß einen Widerspruch im Vortrag einer Partei aufzuklären versuchen; jedenfalls auf die beabsichtigte eigene Auslegung hinweisen, Köln OLGZ **83**, 442. Das gilt sowohl bei einem Widerspruch zwischen mehreren Schriftsätzen als auch bei demjenigen zwischen einem Schriftsatz und dem mündlichen Vortrag zwischen einem Antrag und seiner Begründung, Köln NJW **73**, 1848.

## 1. Titel. Mündliche Verhandlung § 139

**Wiedereinsetzung:** Das Gericht muß auf die etwaige Unvollständigkeit des Wiedereinsetzungsgesuchs hinweisen, KG NJW 74, 1003. Es braucht aber nicht auf die bloße Möglichkeit eines solchen Gesuchs hinzuweisen, solange nicht die Voraussetzungen einer Wiedereinsetzung von Amts wegen ohnehin gegeben sind.

**Wiederholung von Vortrag:** Das Gericht muß klären, ob die Partei ihr erstinstanzliches, auch jetzt noch entscheidungserhebliches Vorbringen in der zweiten Instanz nur versehentlich oder absichtlich nicht wiederholt. Es besteht aber keine nochmalige Aufklärungspflicht der höheren Instanz über einen Punkt, auf den schon das untere Gericht ersichtlich hingewiesen hat.

**Würdigung:** Rn 52 „Beurteilung".

**Zeuge:** Eine Pflicht zur zusätzlichen Befragung kann sich aus dem vorrangigen § 396 II ergeben, Kblz RR **94** 91, 1471. Soweit eine Partei in der unteren Instanz auf einen Zeugen verzichtet hatte, muß das Rechtsmittelgericht klären, ob es diesen Zeugen jedenfalls in der höheren Instanz vernehmen soll, BVerfG NJW 82, 1637. Denn der erstinstanzlich für unerheblich gehaltene Beweisantrag mag auch durch bloße pauschale Bezugnahme vom Berufungsführer aufrechterhalten bleiben, insbesondere dann, wenn er die Beurteilung der Unerheblichkeit als fehlerhaft rügt, BGH MDR 82, 29.

**Zinsen:** Rn 70.

**Zulässigkeit:** Zu den nach II von Amts wegen zu beachtenden Punkten gehören alle diejenigen, die die Zulässigkeit betreffen. Das gilt zB: Für die Klage; für eine Rechtsmittelfrist, BGH VersR 84, 443; für eine Rechtsmittelbegründungsfrist, BGH VersR 76, 193.

**Zurückbehaltungsrecht:** Das Gericht darf und muß der Partei insoweit helfen, als sie sich nur nicht **95** juristisch korrekt auszudrücken versteht, der Sache nach aber eindeutig ein Zurückbehaltungsrecht meint.

Das Gericht darf der Partei aber *nicht* nahelegen oder gar raten, ein solches Recht auszuüben, soweit sie es nicht eindeutig schon von sich ausüben will. Denn damit würden der Beibringungsgrundsatz und die Unparteilichkeit verletzt.

**Zurücknahme:** Rn 45 „Antragsrücknahme".

**Zuständigkeit:** Rn 60 „Gerichtsstand".

**Zweifel an Ernstlichkeit:** Das Gericht muß versuchen, Zweifel an der Ernstlichkeit oder Wahrhaftigkeit einer Darstellung ausräumen zu lassen.

**12) Verstoß, I–III.** Es kommt auf die Person an. **96**

**A. Verstoß des Vorsitzenden.** Ein Verstoß gegen § 139 liegt (nur) vor, soweit das Gericht hätte erkennen können und müssen, daß die Partei noch mehr hätte vorbringen wollen dürfen usw. Ein Verstoß ist ein Verfahrensmangel, BGH RR 91, 256, Köln FamRZ 92, 460, Mü MDR 92, 365. Er kann ein Rechtsmittel gegen die Endentscheidung rechtfertigen, Rn 100, auch zu einer Zurückverweisung führen, § 539 Rn 101, BGH NVersZ 99, 216, Düss ZMR 99, 387. Ein Verstoß liegt ferner vor, wenn ein Hinweis so spät erfolgt, daß die Partei nicht sofort Stellung nehmen kann, ohne daß eine Nachfrist gewährt wird, BGH MDR 99, 758 rechts. Ferner kann man unter den Voraussetzungen des § 140 die Entscheidung des gesamten Kollegiums herbeiführen. Außerdem kommt eine Dienstaufsichtsbeschwerde in Betracht, soweit die Verhaltensweise des Vorsitzenden überhaupt der Beurteilung durch den Dienstvorgesetzten unterliegt, § 26 DRiG, SchlAnh I A.

**B. Verstoß eines Beisitzers.** Soweit der Beisitzer das Wort erhalten und in dieser Phase gegen § 139 **97** verstoßen hat, gelten dieselben Möglichkeiten wie bei Rn 96. Man kann also unter anderem die Entscheidung des Kollegiums herbeiführen, denn § 140 erfaßt auch eine „von einem Gerichtsmitglied" gestellte Frage.

**C. Verstoß der Partei.** Soweit eine Partei einen Hinweis, eine Frage, eine Anregung des Gerichts **98** vermeidbar ungenügend oder falsch oder lückenhaft beantwortet oder gar nicht beachtet, verstößt sie gegen ihre Prozeßförderungspflicht, die sich schon aus der bloßen Tatsache eines Prozeßrechtsverhältnisses ergibt, Grdz 12 vor § 128, und ferner gegen den Beibringungsgrundsatz, Grdz 20 vor § 128, sofern das Verfahren überhaupt diesem Grundsatz unterliegt. Dadurch können Rechtsnachteile eintreten, BGH RR 98, 1005, die später nicht mehr ausgeglichen werden können, etwa deshalb, weil das Rügerecht inzwischen nach § 295 verlorengegangen sein kann. Ferner kann zB ein Verzicht auf einen Zeugen eingetreten sein. Soweit eine Partei zumindest mitverantwortlich für einen Verstoß des Gerichts ist, muß das bei jeder Überprüfung des Gesamtvorgangs natürlich ebenfalls mitberücksichtigt werden.

**D. Verstoß des Prozeßbevollmächtigten usw.** Das Verschulden des gesetzlichen Vertreters ist nach **99** § 51 II, das Verschulden des ProzBev ist nach § 85 II wie stets der Partei anzulasten. Dabei kann ein Verschulden des ProzBev vorliegen, wenn die Partei nicht vorwerfbar handelte, und umgekehrt.

**13) Rechtsbehelfe, I–III.** Beim Rpfl gilt § 11 RPflG, vgl § 104 Rn 41 ff. Im übrigen gilt: **100**

**A. Anrufung des Gerichts, § 140.** Sowohl gegen eine Maßnahme des Vorsitzenden als auch gegen eine solche eines anderen „Gerichtsmitglieds" kann jede bei der Verhandlung beteiligte Person mit der Rüge der Unzulässigkeit „das Gericht", also das gesamte in dieser Verhandlung zu Gericht sitzende Kollegium, anrufen. Einzelheiten bei § 140.

**B. Ablehnungsgesuch; Rechtsmittel.** Ein Antrag nach §§ 42 ff, Beschwerde, Berufung oder Revision **101** sind unter den für sie jeweils geltenden Voraussetzungen statthaft. Ein Verstoß gegen § 139 ist ein Verfahrensmangel. Er kann in einem schweren Fall zu der Notwendigkeit führen, das Verfahren an das untere Gericht zurückzuverweisen, § 539, BGH RR 91, 256, Ffm NJW 89, 722, Hamm FamRZ 97, 87, Kblz RR 91, 1471. Man sollte allerdings einen solchen schweren Fall nur zurückhaltend annehmen und nicht vorschützen.

Ein *Verstoß* ist ein neuer selbständiger Beschwerdegrund, § 568 Rn 6, Köln MDR 83, 325. Er ist ein **102** Revisionsgrund. Der Revisionsführer muß allerdings angeben, was die Partei auf Grund einer (vermißten) Frage des Gerichts überhaupt vorgebracht hätte, BGH RR 98, 1270. Wenn es sich nicht um revisibles Recht handelt, ist eine Revisionsrüge dahin möglich, das Gericht habe ein Vorbringen übersehen, das es selbst für

## §§ 139, 140   1. Buch. 3. Abschnitt. Verfahren

beachtlich gehalten habe, oder, die Anwendung des ausländischen Rechts sei nicht angekündigt worden, § 293 Rn 19, BGH NJW **76**, 474.

**103**   **C. Aufsichtsbeschwerde.** Soweit das jeweilige Mitglied des Gerichts (Vorsitzender oder Beisitzer) nicht im Rahmen der richterlichen Unabhängigkeit gehandelt hat und soweit daher überhaupt eine Dienstaufsicht statthaft ist, vgl bei § 26 DRiG, SchlAnh I A, kommt auch eine Dienstaufsichtsbeschwerde in Betracht, etwa wegen des angeblich ungehörigen Tons eines Vorhalts, eines Hinweises oder einer Rüge. Eine zu Unrecht eingelegte Dienstaufsichtsbeschwerde kann eine Straftat nach § 164 StGB darstellen und ist auch unabhängig davon wegen der Fürsorgepflicht des Dienstvorgesetzten von diesem in aller Klarheit und Deutlichkeit zurückzuweisen, und zwar bei Entscheidungsreife unverzüglich. Sie kann auch eine zivilrechtliche Haftung des Beschwerdeführers auslösen. Der Dienstvorgesetzte hat keine Befugnis, sein Verfahren in die Länge zu ziehen, um auch nur indirekt Einfluß auf die Sachentscheidung zu nehmen, wie es bedauerlicherweise nicht ganz selten geschieht. Der Anwalt, der eine erkennbar unberechtigte Dienstaufsichtsbeschwerde einlegt, kann auch standesrechtlich zu belangen sein.

**104**   **D. Nichterhebung von Kosten.** Im Fall eines eindeutigen Verstoßes des Gerichts kommt die Nichterhebung der dadurch verursachten Gerichtskosten von Amts wegen in Betracht, § 8 GKG.

**105**   **14) Verfassungsbeschwerde I–III.** Es kann nach der Erschöpfung des Rechtswegs eine Verfassungsbeschwerde zulässig sein, Einl III 17, BVerfG **75**, 189 und **86**, 144, Möhring/Nirk Festschrift „25 Jahre BGH" (1975) 312, 323. Vgl auch § 278 III. Es kann ein Verstoß etwa gegen Art 3 I GG, auch gegen Art 103 I GG vorliegen, Einl III 16. Freilich kommen diese Möglichkeiten keineswegs bei jeder Verletzung in Betracht, BVerfG NJW **84**, 2147, BGH **85**, 291, BSG NJW **91**, 1910.

**106**   **15) VwGO:** Eigene Regelung in §§ 86 III, 104 I u II 1.

## 140   Beanstandung von Prozeßleitung oder Fragen.
Wird eine auf die Sachleitung bezügliche Anordnung des Vorsitzenden oder eine von dem Vorsitzenden oder einem Gerichtsmitgliede gestellte Frage von einer bei der Verhandlung beteiligten Person als unzulässig beanstandet, so entscheidet das Gericht.

### Gliederung

| | |
|---|---|
| 1) Systematik, Regelungszweck ......... 1 | 5) „Von einer bei der Verhandlung beteiligten Person als unzulässig beanstandet" ............................................. 8, 9 |
| 2) Geltungsbereich ......................... 2 | A. Begriff der Verhandlungsbeteiligung ... 8 |
| 3) „Auf die Sachleitung bezügliche Anordnung des Vorsitzenden" .......... 3–5 | B. Begriff der Beanstandung als unzulässig. 9 |
| A. Begriff der Sachleitung .................. 3 | 6) Entscheidung des Gerichts ............. 10–12 |
| B. Begriff der Anordnung ................. 4 | A. Beschluß ................................. 11 |
| C. Begriff des Vorsitzenden ............... 5 | B. Mitteilung .............................. 12 |
| 4) „Von dem Vorsitzenden oder einem Gerichtsmitglied gestellte Frage" ..... 6, 7 | 7) Rechtsbehelfe ............................. 13–15 |
| A. Begriff des Gerichtsmitglieds ......... 6 | A. Keine sonstige Anfechtbarkeit ......... 13 |
| B. Begriff der Frage ....................... 7 | B. Dienstaufsichtsbeschwerde ............ 14 |
| | C. Verfassungsbeschwerde ............... 15 |
| | 8) VwGO .................................... 16 |

**1**   **1) Systematik, Regelungszweck.** Die Vorschrift enthält einen Rechtsbehelf, Grdz 1 vor § 511. Dieser erfaßt das Verhalten des Vorsitzenden nach §§ 136–139 und eine Frage eines Gerichtsmitglieds, etwa nach § 139 III. Ähnliche Regelungen finden sich zB in § 397 III. Die Vorschrift enthält eine gegenüber § 567 I grundsätzlich vorrangige Sonderregelung, Rn 13, zumal sie im Gegensatz zu jener Regelung nur ein solches Verhalten behandelt, das gerade in der Verhandlung zutage tritt.

Die Anrufung des gesamten Kollegiums *dient* im Interesse der *Prozeßwirtschaftlichkeit,* Grdz 14 vor § 128, der Vereinfachung und Beschleunigung bei der Abwicklung einer erhobenen Beanstandung. Dasjenige, was der Vorsitzende oder der fragende Beisitzer etwa unzulässig getan oder unterlassen haben, läßt sich am besten sofort und von den unmittelbar an der Verhandlung beteiligten weiteren Mitgliedern des Kollegiums beurteilen. Darum schaltet § 140 statt des ohnehin grundsätzlich unanwendbaren § 567 I, Rn 13, der ja nur außerhalb der Verhandlung gilt, die Anrufung des Kollegiums ein, statt die Überprüfung dem Rechtsmittelgericht zu überlassen, das ja nur auf Grund der Anfechtung der Endentscheidung tätig werden könnte.

**2**   **2) Geltungsbereich.** Vgl Grdz 2 vor § 128.

**3**   **3) „Auf die Sachleitung bezügliche Anordnung des Vorsitzenden".** Zu dieser Voraussetzung gelten die folgenden Regeln:

**A. Begriff der Sachleitung.** § 140 spricht von der Sachleitung, meint aber die sachliche Prozeßleitung, Üb 5 vor § 128, und auch diese nur während der mündlichen Verhandlung. Demgegenüber gehören die förmliche Prozeßleitung, vor allem die Sitzungspolizei, § 176 GVG, und die gesamte Prozeßleitung außerhalb der mündlichen Verhandlung, zB nach § 273, nicht zum Bereich des § 140, Karlsr OLGZ **80**, 63.

**4**   **B. Begriff der Anordnung.** Hierunter ist jede Maßnahme zu verstehen, auch eine solche pflichtwidrige Unterlassung, die man als unzulässig beanstanden kann, ähnlich wie im Strafrecht, aM ThP 1 a, ZöGre 1.

**5**   **C. Begriff des Vorsitzenden,** Vgl § 136 Rn 3, 4. Hierher gehört auch der Vorsitzende der Kammer für Handelssachen, § 349. Der Einzelrichter, §§ 348, 524, wird zwar üblicherweise als Vorsitzender angespro-

## 1. Titel. Mündliche Verhandlung § 140

chen, ist jedoch rechtlich das gesamte erkennende Gericht, solange er zuständig ist. Daher ist § 140 auf ihn unanwendbar; man kann nicht etwa gegen seine Maßnahmen die Entscheidung desjenigen Spruchkörpers anrufen, dem er nach dem Geschäftsverteilungsplan angehört. Dasselbe gilt für den verordneten (beauftragten, ersuchten) Richter, §§ 361, 362.

**4) „Von dem Vorsitzenden oder einem Gerichtsmitglied gestellte Frage".** Es treffen zwei Bedingungen zusammen. 6

**A. Begriff des Gerichtsmitglieds.** Es muß sich um ein solches richterliches Mitglied des Spruchkörpers handeln, das gerade an dieser Verhandlung teilnimmt. Denn § 140 bezieht sich nur auf die mündliche Verhandlung. Freilich gilt der Grundsatz der Einheit der gesamten Verhandlung, Üb 3 vor § 253, auch hier. Ein geschäftsplanmäßiges Mitglied der Kammer oder des Senats, das an der Verhandlung nicht teilnimmt, darf ja ohnehin keine Fragen stellen. Soweit der Vorsitzende etwa einem zur Ausbildung zugewiesenen Referendar Maßnahmen der Sachleitung oder Fragen gestattet hat, bleibt der Vorsitzende verantwortlich. Hat er die Maßnahmen oder Fragen ersichtlich gebilligt, wenn auch stillschweigend, so ist § 140 anwendbar. Andernfalls entscheidet zunächst er und ist erst gegen seine Entscheidung § 140 anwendbar.

**B. Begriff der Frage.** Es kann sich auch um eine „rhetorische" Frage, um einen Vorhalt, um eine Warnung, einen Hinweis usw handeln, mag man dies nun als „Anordnung" oder „Frage" betrachten. Der Sache nach ist eben jede Sachleitungstätigkeit und jede Verhaltensweise eines Beisitzers gemeint, zu der der Vorsitzende ihm nach § 136 II, § 139 III das Wort erteilt hat. 7

**5) „Von einer bei der Verhandlung beteiligten Person als unzulässig beanstandet".** Auch hier treffen zwei Voraussetzungen zusammen. 8

**A. Begriff der Verhandlungsbeteiligung.** Hierzu gehört jeder, der an dem in diesem Termin verhandelten Prozeß als Partei, Grdz 3 vor § 50, ProzBev, § 81, Zeuge, § 373, Sachverständiger § 402, oder Streithelfer, § 66, auch als Beistand nach § 90 oder als Beigeladener, etwa nach § 640 e, tatsächlich teilnimmt, solange ihm nicht im Wege der Sitzungspolizei, §§ 176 ff GVG, auch § 136 II das Wort entzogen ist. Freilich darf der Vorsitzende nicht eine zulässige Beanstandung nach § 140 schon deshalb mit einem Wortentzug unwirksam zu machen versuchen, solange sie nicht in ungehöriger Weise vorgetragen wird. Ein Mitglied des Spruchkörpers ist in seiner Eigenschaft als erkennender Richter nicht „an der Verhandlung beteiligt", vgl §§ 177, 178 GVG, 158 ZPO. Deshalb ist § 140 auch dann unanwendbar, wenn ein Beisitzer die Frage des Vorsitzenden mißbilligt oder umgekehrt oder wenn der Vorsitzende die Verhandlung gegen den Willen der Beisitzer geschlossen hat. Die Beisitzer können eine Wiedereröffnung der mündlichen Verhandlung usw erst in einer Beratung erzwingen.

**B. Begriff der Beanstandung als unzulässig.** Es muß eine solche Beanstandung vorliegen, die gerade den Vorwurf der Unzulässigkeit erhebt. Damit ist die rechtliche Unstatthaftigkeit gemeint. Unzulässig kann zB eine Frage entgegen dem § 383 III sein. Vgl aber auch § 139 Rn 40. Der Vorwurf, eine Maßnahme oder Frage sei nur unerheblich oder unzweckmäßig, reicht nicht aus. Maßgeblich ist nicht die diesbezügliche Rechtsansicht des Beanstandenden, aber auch nicht diejenige des Vorsitzenden, sondern diejenige des gesamten Spruchkörpers. Im Zweifel hat also eine Beratung darüber stattzufinden, ob überhaupt eine Beanstandung als unzulässig vorliegt. Verneint das Kollegium diese Voraussetzung, so weist es den Antrag auf eine Entscheidung des Gerichts zurück. 9

**6) Entscheidung des Gerichts.** Beim Vorliegen der Voraussetzungen Rn 3–9 ist das an dieser Verhandlung als Spruchkörper teilnehmende Kollegium einschließlich des Vorsitzenden und desjenigen Beisitzers, dessen Frage beanstandet wurde, zu einer förmlichen Entscheidung über die Zulässigkeit der Maßnahme oder der Frage berechtigt oder verpflichtet. Die Entscheidung ergeht auf Grund einer Beratung nach §§ 192 ff GVG. 10

**A. Beschluß.** Die Entscheidung ergeht durch einen förmlichen Beschluß, § 329. Er ist grundsätzlich zu begründen, obwohl er allenfalls zusammen mit der Endentscheidung anfechtbar wäre, § 329 Rn 4. Freilich kann die Begründung im Laufe dieser Instanz nachgeholt werden. Das Gericht weist die Beanstandung als unzulässig oder unbegründet zurück oder erklärt die beanstandete Anordnung oder Frage als unzulässig. Darin liegt das den Vorsitzenden bzw den beanstandeten Beisitzer bindende Verbot einer Wiederholung, auch in versteckter Form. Notfalls müssen mehrere Entscheidungen des Gerichts eingeholt werden. 11

**B. Mitteilung.** Der Vorsitzende verkündet den Beschluß auch dann, wenn die Beanstandung Erfolg hatte, § 329 I 1. Er wird nicht schon dadurch stets befangen. Ob er im Fall einer ihn brüskierenden Entscheidung aus der Sicht der einen oder anderen Partei als befangen anzusehen wäre, können die Partei nach §§ 42 ff und er selbst evtl nach § 48 überprüfen lassen. Der Vorsitzende sollte die Begründung skizzieren, um der jeweils davon betroffenen Partei Gelegenheit zu geben, ihre etwaigen weiteren Anträge, etwa ein Ablehnungsgesuch, vorbereiten oder überprüfen zu können. Eine volle Begründung kann schriftlich nachfolgen. Sie braucht auch nicht in das Protokoll aufgenommen zu werden. Dieses muß aber den Vorgang der Beanstandung und der Entscheidung enthalten, § 160 II, III Z 6. 12

**7) Rechtsbehelfe.** Beim Rpfl gilt § 11 RPflG, vgl § 104 Rn 41 ff. Im übrigen gilt: 13

**A. Keine sonstige Anfechtbarkeit.** Mit der Entscheidung des Gerichts ist sowohl bei einer Zurückweisung der Beanstandung als auch bei deren Erfolg für diese Instanz eine endgültige Klärung der Streitfrage eingetreten. Man kann die Entscheidung des Gerichts nach § 140 grundsätzlich nicht mit der Beschwerde nach § 567 I anfechten, Rn 1, BGH **109**, 44, Ffm FamRZ **94**, 1401, LAG Mainz BB **82**, 191. Eine Ausnahme kann allenfalls im Fall einer greifbaren Gesetzwidrigkeit vorliegen (zum Begriff § 127 Rn 25), BGH NJW **90**, 840 (Vorsicht!). War die Beanstandung nicht noch in der Verhandlung vorgebracht worden, so kann man das Rechtsmittel gegen die Zulässigkeit der Anordnung oder Frage stützen, § 295 I. Freilich gilt auch hier der Grundsatz der Einheit der gesamten Verhandlung, Üb 3 vor § 253.

**B. Dienstaufsichtsbeschwerde.** Theoretisch ist auch die Dienstaufsichtsbeschwerde statthaft, und zwar sogleich nach der beanstandeten Maßnahme oder Frage, zumindest sogleich nach der Entscheidung des 14

## §§ 140, 141      1. Buch. 3. Abschnitt. Verfahren

Gerichts. Freilich wird es sich in aller Regel um solche Maßnahmen usw handeln, die als Teil der richterlichen Spruchtätigkeit der Dienstaufsicht entzogen sind, vgl dazu bei § 26 DRiG, SchlAnh I A. Es bleiben nur solche Situationen übrig, in denen etwa ein völlig unhaltbarer Tonfall oder ähnliche äußere Mißgriffe vorgekommen sind. Allerdings darf der Dienstvorgesetzte den Fortgang des Prozesses durch sein Verfahren weder stören noch verzögern.

**15**    **C. Verfassungsbeschwerde.** Soweit eine Entscheidung nach § 140 einen Einfluß auf eine solche Endentscheidung hatte, die nicht mit einem Rechtsmittel anfechtbar ist, kann nach der Erschöpfung des Rechtswegs die Verfassungsbeschwerde, zB wegen Artt 3, 103 I GG, in Betracht kommen, Einl III 17.

**16**    8) *VwGO:* Eigene Regelung in § 104 II 2.

---

**141**    *Persönliches Erscheinen der Parteien.* <sup>I</sup> ¹Das Gericht soll das persönliche Erscheinen beider Parteien anordnen, wenn dies zur Aufklärung des Sachverhalts geboten erscheint. ²Ist einer Partei wegen großer Entfernung oder aus sonstigem wichtigen Grunde die persönliche Wahrnehmung des Termins nicht zuzumuten, so sieht das Gericht von der Anordnung ihres Erscheinens ab.

<sup>II</sup> ¹Wird das Erscheinen angeordnet, so ist die Partei von Amts wegen zu laden. ²Die Ladung ist der Partei selbst mitzuteilen, auch wenn sie einen Prozeßbevollmächtigten bestellt hat; der Zustellung bedarf die Ladung nicht.

<sup>III</sup> ¹Bleibt die Partei im Termin aus, so kann gegen sie Ordnungsgeld wie gegen einen im Vernehmungstermin nicht erschienenen Zeugen festgesetzt werden. ²Dies gilt nicht, wenn die Partei zur Verhandlung einen Vertreter entsendet, der zur Aufklärung des Tatbestandes in der Lage und zur Abgabe der gebotenen Erklärungen, insbesondere zu einem Vergleichsabschluß, ermächtigt ist. ³Die Partei ist auf die Folgen ihres Ausbleibens in der Ladung hinzuweisen.

**Schrifttum:** *Polyzogopoulos*, Parteianhörung und -vernehmung usw, 1976.

### Gliederung

| | |
|---|---|
| 1) Systematik, I–III | 1 |
| 2) Regelungszweck, I–III | 2–4 |
| 3) Sachlicher Geltungsbereich, I–III | 5 |
| 4) Persönlicher Geltungsbereich, I–III | 6–10 |
|    A. Partei | 6 |
|    B. Gesetzlicher Vertreter | 7 |
|    C. Prozeßbevollmächtigter | 8 |
|    D. Streitgenössischer Streithelfer | 9 |
|    E. Gewöhnlicher Streithelfer | 10 |
| 5) Zuständigkeit, I–III | 11–13 |
|    A. Außerhalb der Verhandlung | 11, 12 |
|    B. In der Verhandlung | 13 |
| 6) Anordnung des persönlichen Erscheinens, I 1 | 14–16 |
|    A. „Das Gericht soll ... anordnen" | 14 |
|    B. Erscheinen „beider Parteien" | 15 |
|    C. „... wenn dies zur Aufklärung des Sachverhalts geboten erscheint" | 16 |
| 7) Keine Anordnung bei Unzumutbarkeit, I 2 | 17–21 |
|    A. „Wegen großer Entfernung" | 18 |
|    B. „... aus sonstigem wichtigen Grunde" | 19 |
|    C. „... persönliche Wahrnehmung des Termins nicht zuzumuten" | 20 |
|    D. „... so sieht das Gericht von der Anordnung ... ab" | 21 |
| 8) Entscheidung, I | 22–25 |
|    A. Beschlußform | 22 |
|    B. Begründung | 23 |
|    C. Mitteilung | 24 |
|    D. Kostenfragen | 25 |
| 9) Ladung der Partei von Amts wegen, II 1, 2 | 26–28 |
|    A. Förmliche Ladung der Partei selbst, II 1 | 26 |
|    B. Mitteilung trotz Anwalts, II 2 | 27 |
|    C. Ladungsinhalt, II 1, 2 | 28 |
| 10) Zwang zum Erscheinen, jedoch nicht zur Einlassung, III 1 | 29 |
| 11) Möglichkeit eines Ordnungsgelds, III 1 | 30–34 |
|    A. Voraussetzung: „Die Partei bleibt im Termin aus" | 30 |
|    B. Abgrenzung von der Verweigerung der Einlassung | 31 |
|    C. Abgrenzung von der Säumnis der Partei | 32 |
|    D. Abgrenzung zum Erscheinen des Prozeßbevollmächtigten | 33 |
|    E. Kostenfragen | 34 |
| 12) Entscheidung über Ordnungsgeld, III 1 | 35–38 |
|    A. Beschlußform | 35 |
|    B. Höhe des Ordnungsgeldes | 36, 37 |
|    C. Begründung | 38 |
| 13) Unzulässige Maßnahmen, III 1 | 39–44 |
|    A. Keine Ordnungshaft | 39 |
|    B. Kein Ordnungsgeld bei ausreichender Entschuldigung | 40 |
|    C. Kein Ordnungsgeld bei mangelhafter Anordnung des Erscheinens oder mangelhafter Ladung | 41 |
|    D. Kein Ordnungsgeld vor Einlassung der Partei zur Sache | 42 |
|    E. Keine Vorführungsanordnung | 43 |
|    F. Nur begrenzt Kostenfolgen des Ausbleibens | 44 |
| 14) Unterbleiben von Ordnungsgeld beim Auftreten eines Vertreters, III 2 | 45–51 |
|    A. Zur Aufklärung des Tatbestandes in der Lage | 46–48 |
|    B. „... zur Abgabe der gebotenen Erklärungen, insbesondere zu einem Vergleichsabschluß, ermächtigt" | 49, 50 |
|    C. Folgen unzureichender Vertretung: Ordnungsgeld | 51 |
| 15) Notwendigkeit des Hinweises auf die Folgen des Ausbleibens, III 3 | 52, 53 |
| 16) Aufhebung der Anordnung des Erscheinens, I, II | 54 |
| 17) Aufhebung des Ordnungsgeldes, III | 55 |
| 18) Rechtsmittel, I–III | 56–60 |
|    A. Gegen das Unterbleiben der Anordnung | 56 |

## 1. Titel. Mündliche Verhandlung § 141

 B. Gegen die Anordnung des Erscheinens .................................. 57
 C. Gegen die Anordnung eines Ordnungsmittels ........................ 58, 59
 D. Gegen die Versagung von Reisekosten .................................... 60
 19) *VwGO* ............................................................ 61

**1) Systematik, I–III.** Jede Partei hat eine prozessuale Mitwirkungspflicht, Grdz 11 vor § 128. Das **1** Gericht kann die Mitwirkung aber grundsätzlich nicht unmittelbar erzwingen. § 141 macht von diesem Grundsatz eine gewisse Ausnahme. Die Vorschrift gibt dem Gericht die Möglichkeit, das persönliche Erscheinen einer Partei anzuordnen, und zwar grundsätzlich nicht wie beim Zeugen durch eine Vorführungsanordnung zu erzwingen (§ 372 i bildet eine Ausnahme), wohl aber auf die Partei mit der Anordnung eines Ordnungsgelds einzuwirken, damit sie auch tatsächlich erscheint. § 141 ergänzt damit den § 139 als ein wirksames Mittel der sachlichen Prozeßleitung, Üb 5 vor § 128.

 Die Vorschrift gilt *innerhalb* der mündlichen Verhandlung. Außerhalb der Verhandlung gilt § 273 II Z 3, in diesem Rahmen freilich auch § 141, Rn 11. Gegenüber § 279 als vorrangige Sondervorschrift das persönliche Erscheinen der Partei zum Zweck eines Gütevesuchs nach § 279 ohne eine Zwangsbefugnis des Gerichts. Soweit es um das Erscheinen der Partei nicht nur zur Aufklärung des Gerichts, zu seinem besseren Verständnis des Parteivertrags, sondern zum Zweck der förmlichen Beweisaufnahme geht, gehen die üblichen Beweismittel keineswegs nach, BGH MDR 97, 638 (Zeuge), und enthalten §§ 445 ff vorrangige Sonderregeln; zur Abgrenzung Terbille MDR 96, 408. § 613 enthält in Ehesachen eine weitere vorrangige Sonderregel, auf die § 640 I in Kindschaftssachen verweist.

**2) Regelungszweck, I–III.** Die Vorschrift dient nicht in erster Linie der Klärung streitiger Fragen oder **2** einem Beweis, aM Brdb NVersZ 98, 128, Mü VersR 98, 1370. Sie dient auch nicht vordringlich der Herbeiführung einer Einigung unter den Parteien. Sie bezweckt vielmehr die bessere Aufklärung des Gerichts durch einen persönlichen Eindruck von der Partei und ihrer Sicht, § 613 Rn 1, Hofrath JB **99**, 8. Diese kann auch dann notwendig sein, wenn der Sachverhalt im Grunde unstreitig ist. Denn der Parteivortrag mag unklar, widersprüchlich, ergänzungsbedürftig sein, KG JB **95**, 249. Die Vorschrift dient also dem besseren Verständnis des Gerichts. Das gilt insbesondere auch insoweit, als zwischen dem Vortrag des ProzBev und demjenigen seines Auftraggebers ein Widerspruch erkennbar wird. Denn in der Regel hat dann der Vortrag der Partei selbst den Vorrang.

 *Daraus folgt* unter anderem: Maßnahmen nach § 141 sind unzulässig, soweit sie einem anderen Zweck als der Aufklärung des Sachverhalts dienen. Natürlich darf aber das Gericht aus Anlaß der Erörterung mit der erschienenen und zur Aufklärung des Sachverhalts bereiten Partei auch solche tatsächlichen oder rechtlichen Fragen ansprechen, die möglicherweise oder bereits eindeutig streitig sind und daher des Beweises bedürften. Soweit das Gericht dabei freilich die Partei als solche förmlich vernehmen will, muß es zu dem Verfahren nach §§ 445 ff übergehen, aM Schöpflin NJW **96**, 2138.

 Das bedeutet ferner: Die Anordnung des persönlichen Erscheinens nach § 141 ist *keineswegs stets* als eine **3** *Beweisanordnung* anzusehen, KG JB **95**, 249. Das gilt selbst dann, wenn das Gericht die Ergebnisse der Anhörung später im Urteil zulässigerweise, Meyke MDR **87**, 359, mitverwertet, BGH RR **88**, 395, Hbg Rpfleger **85**, 507. Das alles verkennt Zweibr NJW **98**, 167 (ein faires Verfahren erfordere evtl nach Beweisaufnahme eine Anhörung nach § 141. Das wäre aber eine Nichtbeachtung der Beweislast. Die gerichtliche Förderungspflicht hat auch beim fairen Verfahren Grenzen).

 Soweit das Gericht allerdings das Ergebnis einer „Anhörung" als ein Beweismittel verwendet, muß die **4** Erörterung auch den Erfordernissen der §§ *160 ff* genügen, BGH RR **88**, 395. Das Gericht soll eine Anordnung nach § 141 auch grundsätzlich nicht dann erlassen, wenn es lediglich um einen solchen Punkt geht, der voraussichtlich gar nicht streitig sein wird. Denn es soll ja nur der noch nicht durchsichtige Sachverhalt geklärt werden, nicht etwa soll ein gar nicht mehr aufklärungsbedürftiger Punkt weiter erhärtet werden, Mü MDR **78**, 147.

**3) Sachlicher Geltungsbereich, I–III.** Soweit § 141 nicht durch die in Rn 1 genannten Sondervor- **5** schriften verdrängt wird, gilt die Vorschrift grundsätzlich in allen von der ZPO geregelten Verfahrensarten und in allen Verfahrensabschnitten. Im Ehe- und Kindschaftsverfahren gelten §§ 613, 640, Zweibr FamRZ **82**, 1097, ferner § 640 I. Auch in einer Ehesache kann eine Anhörung nicht nur nach dem vorrangigen § 613, sondern auch nach § 141 statthaft sein. Im arbeitsgerichtlichen Verfahren ist § 141 anwendbar, soweit nicht der vorrangige § 51 ArbGG abweicht, LAG Hamm BB **99**, 908, Philippsen pp NJW **77**, 1133. Die Vorschrift gilt auch vor dem Beschwerdegericht nach § 73 Z 2 GWB. Im Prozeßkostenhilfeverfahren nach §§ 114 ff ist § 141 unanwendbar. Denn es handelt sich in diesem Verfahren nicht um eine streitige Verhandlung zwischen den Parteien, selbst wenn das Gericht den Prozeßgegner des Antragstellers nach § 118 anhören muß. Das gilt selbst dann, wenn auch der Prozeßkostenhilfeantrag erst in der (ersten) streitigen mündlichen Verhandlung zur Hauptsache gestellt worden ist. Im FGG-Hausratsverfahren ist III ebenfalls unanwendbar, Bre FamRZ **89**, 305. Im Insolvenzverfahren ist jedenfalls III unanwendbar, LG Bln RPfleger **81**, 364.

**4) Persönlicher Geltungsbereich, I–III.** Es gibt mehrere Beteiligungsarten. **6**

 **A. Partei.** Die Vorschrift gilt gegenüber allen Parteien. Das ergibt sich schon aus den Worten „beider Parteien" in I 1. Es kommt also nur darauf an, ob der Betreffende schon und noch als Partei anzusehen ist. Zum Parteibegriff Grdz 3 vor § 50. Hierher zählt also auch die Partei kraft Amts, Grdz 8 vor § 50, also zB der Nachlaßpfleger, Testamentsvollstrecker oder Konkursverwalter.

 **B. Gesetzlicher Vertreter.** Für eine prozeßunfähige Partei muß ihr gesetzlicher Vertreter erscheinen, **7** § 51 I, Köln MDR **76**, 937. Wegen der Einzelheiten der Ladung Rn 26.

 **C. Prozeßbevollmächtigter.** Das Gericht kann keineswegs nach § 141 das persönliche Erscheinen eines **8** ProzBev, § 81, anordnen oder gar gegen ihn nach dieser Vorschrift ein Ordnungsgeld verhängen. Denn er ist nicht selbst Partei. Bei einem Anwalt, der in eigener Sache prozessiert, ist schon aus Kostengründen sorgfältig zu klären, ob er zugleich als sein eigener ProzBev auftritt. In diesem letzteren Fall handelt er grundsätzlich

§ 141

dem Gericht und dem Gegner gegenüber eben als ProzBev und unterliegt in dieser Eigenschaft dem § 141 nicht. Indessen kann das Gericht ihn natürlich gleichwohl in seiner weiteren Eigenschaft als Partei des Rechtsstreits nach § 141 behandeln. Es sollte sorgfältig sowohl bei der Anordnung des Erscheinens als auch beim etwaigen Ordnungsgeld zwischen beiden Funktionen unterscheiden und auch im Protokoll genau festhalten, ob es ihn auf seine unterschiedlichen Rechte und Pflichten einerseits als Partei, andererseits als des eigenen ProzBev, hingewiesen hat. Wegen der Einzelheiten der Ladung Rn 26.

9   D. **Streitgenössischer Streithelfer.** Als Partei gilt auch der streitgenössische Streithelfer nach § 69.

10  E. **Gewöhnlicher Streithelfer.** Der gewöhnliche Streithelfer, §§ 66 ff, ist nicht als Partei anzusehen. Denn er beteiligt sich am Verfahren nur freiwillig. Es reicht aber aus, daß er statt der Partei erscheint.

11  **5) Zuständigkeit, I–III.** Zuständig ist grundsätzlich das Prozeßgericht. Man muß im übrigen die folgenden Situationen unterscheiden.

A. **Außerhalb der Verhandlung.** Vor und nach einer mündlichen Verhandlung kann der Vorsitzende gemäß § 273 II Z 3 auch über eine Anordnung nach § 141 entscheiden. Ihm stehen der Einzelrichter nach § 348 oder nach § 524 und der Vorsitzende der Kammer für Handelssachen gleich, § 349. Freilich kann der Vorsitzende auch ohne Beschluß des Kollegiums herbeiführen. Der verordnete (ersuchte, beauftragte) Richter, §§ 361, 362, wird nur im Rahmen einer Beweisaufnahme tätig. Gleichwohl kann es auch in diesem Stadium für den derzeit zur Verfahrensförderung berufenen und verpflichteten verordneten Richter notwendig werden, sich über den Parteivortrag ein besseres Bild zu verschaffen, etwa um beurteilen zu können, ob er weitere Fragen an die Beweispersonen stellen soll. Rein formell betrachtet müßte er zu diesem Zweck die Akten an das ersuchende Prozeßgericht zurückgeben und dessen Aufklärung abwarten.

12  Das kann durchaus unzweckmäßig sein, und daher dürfte es *erlaubt* sein, daß auch der verordnete Richter im Rahmen des bloßen Aufklärungsbedürfnisses das persönliche Erscheinen nach I, II anordnet. Man kann diese Lösung als entsprechende Anwendung des § 400 betrachten, aber auch als eine weite Auslegung des Gerichtsbegriffs des § 141. Dann muß man allerdings dem verordneten Richter auch die Befugnis nach § 380 zubilligen, sofern er die Voraussetzungen von III beachtet hat. Freilich dürfte es auch statthaft sein, solche Ordnungsmaßnahmen dem Prozeßgericht zu überlassen. Dieses kann andererseits von sich aus anordnen, daß ohne eine oder beide Parteien vor dem verordneten Richter erscheinen, Köln MDR **86**, 152, LAG Ffm AP Nr 1, aM StJL 14, ThP 2, ZöGre 2 (das Erscheinen könne nur vor dem vollbesetzten Gericht angeordnet werden; daher sei eine Gegenüberstellung mit einem auswärts vernommenen Zeugen nur nach den §§ 445, 448 zulässig. Aber gerade vor dem auswärtigen Richter mag das Erscheinen eher zumutbar sein).

13  B. **In der Verhandlung.** Vom Beginn bis zum Ende der mündlichen Verhandlung ist das Kollegium zuständig, LAG Bre BB **93**, 1952. Ihm steht der Einzelrichter nach § 348 gleich.

14  **6) Anordnung des persönlichen Erscheinens, I 1.** Es sind mehrere Aspekte zu beachten.

A. „**Das Gericht soll ... anordnen**". Die Vorschrift enthält nach dem klaren Wortlaut eine Sollregelung. Das Gericht hat aber zur Anordnung nicht nur eine Befugnis, sondern im Rahmen seines pflichtgemäßen Ermessens auch eine entsprechende Pflicht. Die Anordnung ist im Parteiprozeß eher als im Anwaltsprozesses anzuwenden, § 78 Rn 1. Das richterliche Ermessen ist sowohl durch I 1 Hs 2 als auch durch I 2 eingeengt. Andererseits muß das Gericht das Erscheinen anordnen, soweit eine Aufklärung anders nicht als möglich erscheint, Stgt JZ **78**, 690, und soweit das Erscheinen eben nicht nach I 2 unzumutbar ist. Soweit das Erscheinen zwar nicht geboten, aber sinnvoll ist, stellt „soll" nur die Befugnis des Gerichts klar.

15  B. **Erscheinen „beider Parteien".** Die Vorschrift stellt klar, daß das Gericht das Erscheinen beider Parteien, Rn 6, anordnen darf und evtl muß. Das gilt aber natürlich nur, soweit beide benötigt werden, um den Sachverhalt aufzuklären. Soweit der Vortrag nur einer Partei unklar oder widersprüchlich ist, ist die Anordnung des Erscheinens des Prozeßgegners grundsätzlich schon deshalb unzulässig. Etwas anderes mag gelten, wenn das Gericht befürchtet, bei weiterer Aufklärung werde auch der Vortrag dieses Prozeßgegners als in Wahrheit unklar oder widersprüchlich erscheinen.

16  C. „**... wenn dies zur Aufklärung des Sachverhalts geboten erscheint".** Schon der Wortlaut stellt klar, daß die Anordnung des persönlichen Erscheinens keineswegs zur bloßen Arbeitserleichterung oder Bequemlichkeit oder gar zur Umgehung eines vielleicht unliebsamen ProzBev usw zulässig ist. Sie darf nur nicht schon deshalb erfolgen, weil eine Aufklärung als nützlich oder hilfreich erscheinen würde, Brdb JB **99**, 155. Sie muß vielmehr zur Aufklärung eines entscheidungserheblichen Punktes als geradezu geboten erscheinen, zB der Zuverlässigkeit einer Partei, Köln VersR **97**, 483. Andererseits ist nicht erforderlich, daß sie geboten „ist". Es genügt, daß sie aus der Sicht des Gerichts im Zeitpunkt der Anordnung als geboten „erscheint", daß also wahrscheinlich nicht ohne Rücksprache mit der Partei die notwendige Klarheit zu gewinnen sein wird. Zur Abgrenzung gegenüber der Notwendigkeit einer Beweisaufnahme (Parteivernehmung, §§ 445 ff) und anderer Prozeßzwecke Rn 1, 2. Zur Abgrenzung gegenüber § 279 dort Rn 5.

17  **7) Keine Anordnung bei Unzumutbarkeit, I 2.** Die Vorschrift stellt klar, daß das Gericht selbst bei Aufklärungsbedürftigkeit das Erscheinen der Partei jedenfalls vor dem Prozeßgericht selbst nicht anordnen darf, wenn die Voraussetzungen von I 2 vorliegen. Ob das Prozeßgericht das persönliche Erscheinen vor einem verordneten Richter anordnen darf, ist eine andere, nach §§ 361 ff zu klärende Frage. Jedenfalls darf aber die Übertragung auf ihn nicht zu einer Umgehung der Pflichten des Prozeßgerichts in seiner eigenen mündlichen Verhandlung führen.

18  A. „**Wegen großer Entfernung".** Als Haupthindernis der Anordnung nennt I 2 eine große Entfernung. Gemeint ist diejenige des Wohnsitzes oder Aufenthaltsorts der Partei, §§ 12 ff, vom Sitz des Prozeßgerichts. Dabei muß das Gericht die Verkehrsverhältnisse ebenso berücksichtigen wie zB den Gesundheitszustand, den Beruf, LG Mönchengladb RR **97**, 764, oder die Bedeutung der Sache. Angesichts der heute meist guten Verkehrsbedingungen sind auch Entfernungen von mehreren hundert km oft nicht mehr „groß". Indessen kommt es natürlich auf die Gesamtumstände jedes Einzelfalls an.

1. Titel. Mündliche Verhandlung § 141

**B. „... aus sonstigem wichtigen Grunde".** Die Vorschrift stellt klar, daß jeder wichtige Grund ein 19 Hindernis darstellt. Hierhin zählen zB: Die Partei hat am Terminstag ein dringendes privates Geschäft zu erledigen, LG Mönchengladb RR **97**, 764; sie ist in ihrer Arbeit derzeit überlastet; sie ist krank; sie möchte in einen bereits geplanten Urlaub fahren. In diesem Zusammenhang muß das Gericht das unbedingte Recht eines jeden Bürgers auf einen ungestörten Urlaub berücksichtigen, § 233 Rn 14 mwN. Indessen kommt es auch hier auf die Gesamtumstände des Einzelfalls an, etwa darauf, ob die Partei den Urlaub erst nach Erhalt der Anordnung ihres persönlichen Erscheinens gebucht hatte und auch zu einem späteren Zeitpunkt hätte nehmen können.

**C. „... persönliche Wahrnehmung des Termins nicht zuzumuten".** Jedenfalls muß zu den Bedin- 20 gungen Rn 18, 19 hinzutreten, daß gerade infolgedessen der Partei die persönliche Wahrnehmung des Termins nicht zumutbar ist. Ein Rentner hat mehr Zeit für eine längere Anreise als ein überlasteter Berufstätiger, ein gesunder junger Mensch kann eine längere Reise eher antreten als ein Körperbehinderter. Es entscheiden die Gesamtumstände, die das Gericht sorgfältig gegeneinander abwägen muß. Dabei muß es natürlich auch mit prüfen, ob die Anordnung überhaupt einen Erfolg versprechen würde, der im rechten Verhältnis zu der Belästigung der Partei steht. Es muß berücksichtigen, daß das Gesetz grundsätzlich jedenfalls eine Vertretung der Partei durch einen ProzBev auch im Parteiprozeß zuläßt und diese Vertretung im Anwaltsprozeß ja sogar verlangt. Nur wenn die vorgebrachten Verhinderungsgründe nicht ausreichen, ist die Anordnung zulässig und muß die Partei erscheinen, Stgt JZ **78**, 689.

**D. „... so sieht das Gericht von der Anordnung ... ab".** Beim Zusammentreffen der Vorausset- 21 zungen Rn 18–20 ist das Gericht verpflichtet, die Anordnung des Erscheinens zu unterlassen oder zurückzunehmen. Hier endet sein Ermessen, LG Mönchengladb RR **97**, 764. Es muß daher eine fälschlich getroffene Anordnung unverzüglich aufheben und das der Partei auch mitteilen.

**8) Entscheidung, I.** Das Gericht hat mehrere Punkte zu beachten. 22
**A. Beschlußform.** Das Gericht entscheidet innerhalb wie außerhalb der Verhandlung (zur Zuständigkeit Rn 11) durch einen Beschluß, § 329. Er ist vom gesamten Kollegium zu fassen und zu unterzeichnen, Brdb JB **99**, 155. Auch eine prozeßleitende Verfügung ist indessen wirksam. Die Entscheidung ergeht dahin, daß das persönliche Erscheinen der betreffenden Partei angeordnet wird oder daß die etwa beantragte Anordnung des Erscheinens abgelehnt wird. Die Ablehnung kann natürlich auch stillschweigend durch die sonstigen verfahrensleitenden Entscheidungen des Gerichts erfolgen.

**B. Begründung.** Auch soweit die Entscheidung nicht anfechtbar ist, Rn 56, 57, ist sie jedenfalls stich- 23 wortartig zu begründen, § 329 Rn 4, Brdb JB **99**, 155.

**C. Mitteilung.** Der Beschluß wird in der Verhandlung verkündet, § 329 I 1, im übrigen im Fall der 24 Anordnung des Erscheinens der betreffenden Partei zusammen mit ihrer von Amts wegen zu erfolgenden Ladung, II 1, förmlich zugestellt, § 329 II 2, im Fall der Ablehnung der Anordnung formlos mitgeteilt, § 329 II 1. Dem ProzBev ist die Ablehnung der Anordnung formlos mitzuteilen, die Anordnung des Erscheinens ebenfalls lediglich formlos mitzuteilen, da sie als solche unanfechtbar ist, §§ 329, 567 I.

**D. Kostenfragen.** Soweit eine mittellose Partei die Mittel zur Durchführung einer notwendigen Reise 25 zu einem Verhandlungstermin auf Grund der Anordnung voraussichtlich nicht hat, darf und muß das Gericht, im Notfall der Aufsichtsrichter, die Reisekosten vorschießen oder nachträglich ersetzen, KV 9008 b, Hartmann Teil V § 18 ZSEG Anh A, B. Auch Soldaten erhalten einen Reisekostenvorschuß und -ersatz nach dem Erlaß v 16. 3. 1982 Z 20 ff, SchlAnh II.

**9) Ladung der Partei von Amts wegen, II 1, 2.** Es treffen mehrere Pflichten zusammen. 26
**A. Förmliche Ladung der Partei selbst, II 1.** Soweit das Gericht das Erscheinen einer Partei angeordnet hat, ist diese Partei persönlich von Amts wegen zu laden. Das gilt unabhängig von der sonstigen Stellung der Partei im Prozeß. Diese Ladung ist auch im Fall des § 218 stets erforderlich. Sie ergeht im Fall der prozeßunfähigen Partei an ihren gesetzlichen Vertreter, Rn 7. Das gilt auch im Fall der Ladung einer juristischen Person, § 171, LG Hanau VersR **78**, 1049, also an das nach der Satzung berufene Organ. Sind mehrere Personen gesetzliche Vertreter, so muß die Ladungsanordnung klar ergeben, wer von ihnen erscheinen soll, LAG Düss MDR **96**, 66. Die Ladung ergeht also nicht an den ProzBev, auch nicht im Fall des § 176. Das ergibt sich aus II 2 Hs 1 mit. Er ist freilich zusätzlich formlos zu informieren. Wegen des Anwalts, der sich im Prozeß selbst vertritt, Rn 8. Die Ladung erfolgt, wie stets, durch den Urkundsbeamten der Geschäftsstelle, § 209. Allerdings ist § 270 I unanwendbar. Denn er betrifft nur eine von Amts wegen erforderliche „Zustellung", nicht die in § 141 II 1, 2 Hs 2 klargestellte Ladung ohne Notwendigkeit förmlicher Zustellung. Natürlich ist eine förmliche Zustellung statthaft, auch wenn sie Auslagen verursacht, die der Verlierer nach § 91 mittragen muß; der Richter kann die förmliche Zustellung anordnen und sollte das durchweg zur Sicherung des Zeitpunkts des Zugangs der Ladung und der zugehörigen Belehrungen nach III (als Voraussetzung einer Anordnung von Ordnungsmitteln) tun.

**B. Mitteilung trotz Anwalts, II 2.** Die Vorschrift stellt klar, daß das Gericht die Ladung der Partei 27 persönlich auch dann mitzuteilen hat, wenn sie einen ProzBev bestellt hat. Das gilt im Anwalts- wie Parteiprozeß, § 78 Rn 1. Es soll eben geklärt werden, daß diese Anordnung an die Partei persönlich ergeht, nicht an ihren ProzBev. Das ändert nichts an dem Umstand, daß das Gericht auch den ProzBev natürlich benachrichtigen muß, Köln MDR **75**, 321. Der ProzBev der geladenen Partei und der Prozeßgegner bzw dessen ProzBev erhalten zumindest dann eine formlose Mitteilung, wenn die Anordnung nicht verkündet wurde, § 329 II 1.

**C. Ladungsinhalt, II 1, 2.** Die Ladung muß ganz klarstellen, zu welchem Zweck sie erfolgt, also „zur 28 Aufklärung des Sachverhalts", I 1, nicht etwa „zur Beweisaufnahme" oder „zur Vernehmung als Partei", §§ 445 ff, auch nicht „zwecks Gütversuchs", § 279, oder aus anderen Gründen. Im übrigen ist die Partei ja nach III 2 auf die Folgen eines Ausbleibens bereits in der Ladung hinzuweisen. Soweit das nicht geschieht, könnte kein Ordnungsgeld nach III 1 festgesetzt werden. Die Partei muß jedenfalls erkennen

## § 141

können, daß die Ladung zumindest auch der Aufklärung dient und insbesondere nicht nur einem Güteversuch. Denn § 279 verweist nur auf II, Köln NJW **74**, 1003, ZöGre 6, aM Ffm MDR **91**, 545, KG MDR **83**, 235, Burger MDR **82**, 91. Das Gericht braucht der Partei aber im übrigen den Rechtsgrund oder den Zweck der Ladung nicht im einzelnen bekanntzugeben, insofern ebenso Ffm MDR **91**, 545, KG MDR **83**, 235.

29   **10) Zwang zum Erscheinen, jedoch nicht zur Einlassung, III 1.** Die Vorschrift regelt nur die Folgen des Ausbleibens der Partei im Termin. Daraus ergibt sich: Die Partei ist zwar unter den Voraussetzungen von III 1 zum Erscheinen verpflichtet, aM Naumbg MDR **99**, 1020, nicht aber dazu, sich auch zur Sache einzulassen, Hbg MDR **97**, 596, Naumbg MDR **99**, 1020 (zustm Schneider 781). Die Partei braucht auch dann keine Einlassung zur Sache zu erklären, wenn sie sich schon in einem früheren Stadium schriftlich oder mündlich auf den Prozeß eingelassen hatte, Celle NJW **70**, 1689, Köln JB **76**, 1113, Mü MDR **78**, 147. Das Gericht kann die Partei eben nicht zur Beteiligung am Prozeß zwingen, LAG Hamm MDR **84**, 347. Es hat zu einem solchen Zwang auch angesichts der §§ 330 ff (Versäumnisurteil) keinen Anlaß, Grdz 11 vor § 128. Freilich kann das Gericht das Schweigen der auf Anordnung zur Aufklärung geladenen und erschienenen Partei nach den Gesamtumständen des Einzelfalls würdigen, wenn auch nicht als Ungehorsam im Sinn der §§ 177, 178 GVG, so doch als Verstoß gegen die Prozeßförderungspflicht einer jeden Partei, Grdz 12 vor § 128. Allerdings ist vor einer auch nur entsprechenden Anwendung der §§ 453 II, 446 (Verweigerung der Aussage der zur Beweisaufnahme förmlich geladenen Partei) zu warnen. Gegen eine aus dem Ausland geladene ausländische Partei ist ohnehin kein Zwang möglich, wie beim entsprechenden Zeugen, § 363 Rn 1, Mü RR **96**, 60.

30   **11) Möglichkeit eines Ordnungsgelds, III 1.** Die Vorschrift ist verfassungsgemäß, BVerfG NJW **98**, 892.

**A. Voraussetzung: „Die Partei bleibt im Termin aus".** Das Gericht muß das persönliche Erscheinen der Partei zulässigerweise und in korrekter Form angeordnet und die Partei ordnungsgemäß geladen haben. Trotzdem muß die Partei unentschuldigt ausgeblieben sein, Köln FamRZ **93**, 339. Ob sie ihr Ausbleiben genügend entschuldigt hat, ist nach den Gesamtumständen des Einzelfalls unter Abwägung der von der Partei geltend gemachten Verhinderungsgründe einerseits, ihrer Pflicht zur Prozeßförderung andererseits zu beurteilen. Man kann die an sich nicht unmittelbar anwendbaren Voraussetzungen einer Vertagung nach § 337 S 1 Hs 2 (Verhinderung der Partei am Erscheinen ohne ihr Verschulden) entsprechend anwenden. Das Gericht darf zwar das Ausbleiben der Partei nach § 286 frei würdigen, soweit nicht das Erscheinen ihres Vertreters nach III 2 genügt.

Das Gericht sollte aber ein Ordnungsmittel *nur zurückhaltend* verhängen, Brdb JB **99**, 155. Es darf das Ausbleiben der Partei nur zu ihrem Nachteil auswerten, wenn sie selbst einwandfrei schuldhaft handelte, also vorsätzlich oder fahrlässig, Düss OLGZ **94**, 577, Ffm MDR **80**, 234, Köln (7. ZS) FamRZ **93**, 339, aM Köln NJW **74**, 1003 (das Gericht dürfe eine nachteilige Würdigung des Ausbleibens im Fall vornehmen, wenn die Partei das Gericht sogar bewußt mißachtet habe). Die Partei ist auch dann „im Termin ausgeblieben", wenn nur ihr ProzBev erscheint und nicht im Sinn von III 2 informiert und ermächtigt ist. War der Geschäftsführer einer GmbH geladen, so kommt es auf sein Ausbleiben an, LAG Hamm BB **99**, 908 (das Ordnungsgeld darf aber nur gegen die GmbH ergehen).

31   **B. Abgrenzung von der Verweigerung der Einlassung.** Man muß den Fall des Ausbleibens der Partei mit oder ohne Entschuldigungsgründe von dem Fall ihres Erscheinens, aber ihrer Verweigerung der Einlassung, unterscheiden. Soweit sie lediglich die Einlassung verweigert, gelten die Regeln Rn 29.

32   **C. Abgrenzung von der Säumnis der Partei.** Man muß das Ausbleiben der Partei im Sinn von III 1 von dem Fall ihrer völligen Säumnis im Sinn von §§ 330 ff unterscheiden. Ob die Partei säumig ist, richtet sich nach den letzteren Vorschriften. Säumig ist insbesondere auch dann, wenn sie zwar erscheint, aber nicht wirksam verhandelt, § 333. Soweit auf Grund einer Anordnung des persönlichen Erscheinens zwar die Partei selbst oder ein Vertreter im Sinn von III 2 erscheinen, nicht aber ihr ProzBev, ist die Partei in einem Verfahren mit Anwaltszwang säumig. Dasselbe gilt beim Sichentfernen des ProzBev vor der Einlassung bzw Verhandlung. Das Gericht muß dann auf Grund eines Antrags des Prozeßgegners eine Versäumnisentscheidung gegen die persönlich erschienene Partei erlassen und darf sie nicht anhören.

33   **D. Abgrenzung zum Erscheinen des Prozeßbevollmächtigten.** Soweit nach einer wirksamen Anordnung des persönlichen Erscheinens der Partei und ihrer ordnungsgemäßen Ladung nicht die Partei, wohl aber ihr ProzBev erscheint, ist zu prüfen, ob die Voraussetzungen nach III 2 vorliegen. Soweit das nicht der Fall ist, darf und muß das Gericht das Ausbleiben der Partei nach § 286 frei würdigen, Rn 30.

34   **E. Kostenfragen.** Wegen der etwaigen Notwendigkeit eines Kostenvorschusses als einer der Voraussetzungen des Fehlens einer Entschuldigung des Ausbleibens Rn 25.

35   **12) Entscheidung über Ordnungsgeld, III 1.** Unter den den Voraussetzungen Rn 30–34 „kann" das Gericht gegen die ausgebliebene Partei Ordnungsgeld wie gegen einen im Vernehmungstermin nicht erschienenen Zeugen festsetzen.

**A. Beschlußform.** Das Gericht verhängt ein Ordnungsgeld durch einen Beschluß, § 329. Er ist vom gesamten Kollegium zu fassen § 329 Rn 8, Brdb JB **99**, 155. Indessen ist auch eine etwa ergangene Verfügung wirksam. Zur Zuständigkeit Rn 11.

36   **B. Höhe des Ordnungsgeldes.** Das Gericht sollte von der Möglichkeit eines Ordnungsgelds trotz seiner Befugnis, KG MDR **84**, 325 (auch zum FGG-Verfahren), nur zurückhaltend Gebrauch machen, so auch Düss OLGZ **94**, 577, Köln VersR **92**, 254, strenger Mü MDR **92**, 513. Es ist zu einer solchen Maßnahme keineswegs stets verpflichtet, Köln MDR **75**, 321. Es muß bedenken, daß die ausgebliebene Partei ja nicht zu einer Einlassung verpflichtet gewesen wäre, Rn 29. Besser ist daher eine Würdigung dahin, daß die Partei die Einlassung verweigert oder doch wenigstens fahrlässig nicht erschienen sei, Rn 30, § 286, Düss OLGZ **94**, 577, Ffm MDR **91**, 545, Burger MDR **82**, 91, aM Schmid MDR **82**, 632.

1. Titel. Mündliche Verhandlung   § 141

Der Sinn des Ordnungsgelds liegt nicht in einer Bestrafung, etwa wegen Mißachtung des Gesetzes oder 37
des Gerichts, sondern in der *Verfahrensförderung*, Ffm FamRZ **92**, 73, Köln VersR **92**, 254, LG Bln MDR **90**,
639 (sehr großzügig), aM Karlsr Just **77**, Stgt JZ **78**, 689 (der Sinn liege in der Ahndung der Mißachtung des
Gerichts), Mü MDR **92**, 513 (auch Mißachtung des Gesetzes). Diese Gesichtspunkte sind bei der Bemessung
der Höhe eines Ordnungsgelds mitzubeachten. Das Gericht setzt ein Ordnungsgeld gemäß Art 6 I EGStGB,
Vorbem B vor § 380, im Betrag von 5–1000 DM fest, Stgt JZ **78**, 689. Es darf der Partei eine Stundung
dieses Betrags oder eine Ratenzahlung bewilligen, Vorbem B vor § 380.

**C. Begründung.** Der Beschluß ist grundsätzlich zu begründen, § 329 Rn 4, Brdb JB **99**, 155. Das 38
Gericht muß verdeutlichen, daß es im Rahmen seines Ermessens eine pflichtgemäße Abwägung der für und
gegen ein Ordnungsgeld sprechenden Gesichtspunkte vorgenommen, Köln VersR **92**, 254, und natürlich
auch eine Entschuldigung der ausgebliebenen Partei verneint hat, Brdb JB **99**, 155.

**13) Unzulässige Maßnahmen, III 1.** Jede der folgenden Lagen verbietet eine Maßnahme. 39

**A. Keine Ordnungshaft.** Die Anordnung einer Ordnungshaft ist, anders als beim unentschuldigt ausbleibenden Zeugen, unzulässig, Köln FamRZ **93**, 339. Das ergibt sich schon daraus, daß § 141, anders als
§ 380, nur vom Ordnungsgeld spricht, Bre FamRZ **89**, 306, und daß die Partei im Gegensatz zum Zeugen
nie zu einer Einlassung verpflichtet ist, sondern nur im Fall der Verweigerung der prozessualen Nachteile
einer freien Würdigung dieses Verhaltens durch das Gericht zu tragen hat. Außerdem dient das Ordnungsgeld
nicht der Bestrafung, sondern der Prozeßförderung, Rn 37.

**B. Kein Ordnungsgeld bei ausreichender Entschuldigung.** Soweit die Partei ihr Ausbleiben ent- 40
schuldigt, kommt auch kein Ordnungsgeld in Betracht. Das Gericht sollte allerdings das Vorliegen einer
Entschuldigung streng prüfen. Die Partei darf sich keineswegs ohne irgendeine eigene Überlegung darauf
verlassen, daß die Meinung ihres Anwalts gegenüber der gerichtlichen Anordnung vorrangig sei. Die Partei
muß zumindest glaubhaft machen, § 294, daß sie ihren Anwalt unmißverständlich über den Charakter der
ihr persönlich zugegangenen Anordnung informiert hat, bevor er ihr empfiehlt oder erklärt, sie brauche gleichwohl nicht zu erscheinen, aM Schneider NJW **79**, 987, ThP 6, ZöGre 11. Mancher Anwalt meint aus
irgendwelchen prozeßtaktischen Erwägungen auf eine Anordnung nach § 141 zumindest derzeit nicht
Rücksicht nehmen zu müssen. Wenn er der Partei einfach abrät zu erscheinen, statt vorher mit dem Gericht
hierüber Kontakt aufzunehmen, handelt er nach § 85 II zum Nachteil seiner Partei und kann sich schadensersatzpflichtig machen. Im übrigen ist § 381 entsprechend anwendbar.

**C. Kein Ordnungsgeld bei mangelhafter Anordnung des Erscheinens oder mangelhafter La-** 41
**dung.** Ein Ordnungsgeld darf nicht verhängt werden, soweit die Anordnung des persönlichen Erscheinens
unkorrekt erfolgt war, Rn 22–24, LG Mönchengladb RR **97**, 764, oder soweit das Gericht die Partei nicht
ordnungsgemäß hatte laden lassen, Rn 26, 28, Ffm FamRZ **92**, 73.

**D. Kein Ordnungsgeld vor Einlassung der Partei zur Sache.** Ein Ordnungsgeld darf nicht verhängt 42
werden, wenn sich die betreffende Partei noch nicht zur Sache auf den Prozeß eingelassen hatte, Rn 29.

**E. Keine Vorführungsanordnung.** Selbst im Fall des unentschuldigten Ausbleibens ist die Anordnung 43
einer Vorführung der Partei, etwa durch den für ihren Wohnsitz zuständigen Gerichtsvollzieher, in jedem
Fall unzulässig, Karlsr OLGZ **84**, 451, Köln NJW **72**, 1999, und zwar auch dann, wenn das schon festgesetzte
Ordnungsgeld unbeitreibbar ist.

**F. Nur begrenzt Kostenfolgen des Ausbleibens.** Das Gericht kann der Partei zwar unter den Voraus- 44
setzungen des § 34 GKG, Anh § 95, eine Verzögerungsgebühr auferlegen oder ihr nach § 95 wegen
Versäumung eines Termins oder einer Frist usw die dadurch verursachten Kosten auferlegen. Man muß aber
zwischen der Versäumung einerseits und der Nichtbefolgung der Anordnung des persönlichen Erscheinens
unterscheiden, Rn 32; das Gericht darf die Partei nicht auch zu den durch die bloße Nichtbefolgung der
Anordnung nach § 141 verursachten Kosten verurteilen, Köln FamRZ **93**, 339, Schlesw JB **78**, 284.

**14) Unterbleiben von Ordnungsgeld beim Auftreten eines Vertreters, III 2.** Das Gericht darf ein 45
Ordnungsgeld unabhänig von den Fällen Rn 39–44 insbesondere auch dann nicht verhängen, wenn die
Partei zur Verhandlung einen Vertreter entsendet, der zur Aufklärung des Tatbestandes in der Lage und zur
Abgabe der gebotenen Erklärungen, insbesondere zu einem Vergleichsbeschluß, ermächtigt ist. In einem
solchen Fall kann die Partei natürlich neben ihrem Vertreter erscheinen, ist dazu aber nicht verpflichtet, LG
Kassel AnwBl **86**, 104.

**A. „... zur Aufklärung des Tatbestandes in der Lage".** Erste Voraussetzung ist, daß der Vertreter 46
ebensoviel mitteilen kann wie die Partei, soweit es um die vom Gericht gewünschte Aufklärung geht. Der
Begriff „Aufklärung" ist umfassend zu verstehen, Mü MDR **92**, 513. Das Gesetz denkt zB an den Leiter
oder leitenden Angestellten eines betroffenen Unternehmens, der über den Streitstoff unterrichtet ist, vgl LG
Hanau VersR **78**, 1049. Es kann sich aber auch zB um einen Angehörigen oder Freund oder Nachbarn der
Partei handeln. Auch kann etwa der Mitarbeiter des Reparaturbetriebs, um dessen Arbeiten es im Schadensersatzprozeß geht, anstelle der Partei als ihr Vertreter erscheinen. Natürlich kann auch der ProzBev selbst als
Vertreter nach III auftreten. Es empfiehlt sich, diese Doppelfunktion im Termin klarzustellen und darauf zu
achten, daß die Auskünfte des ProzBev dann, wenn sie dem Gericht nicht genügen, auch so protokolliert
werden, wie sie abgegeben wurden, damit die Rechtsfolgen des ungenügend informierten Vertreters nach III
eintreten können.

Freilich ist der ProzBev als solcher grundsätzlich ebenfalls im Rahmen seines Auftrags verpflichtet, sich in 47
dem für den Prozeß erforderlichen Umfang kundig machen zu lassen. Indessen kann die *Informationspflicht des
Auftraggebers* nach I, III weitergehen. Deshalb ist es auch keineswegs ausreichend, daß der ProzBev einerseits
statt der ordnungsgemäß geladenen Partei erscheint, andererseits aber erklärt, sie habe ihn nicht voll in dem
vom Gericht gewünschten Umfang informiert. Er kann dann auch nicht etwa eine Nachfrist nach § 283
erbitten oder eine Vertagung verlangen, sofern aus der Sicht des Gerichts die Partei für den Fall des
persönlichen Erscheinens voraussichtlich die Erklärungen hätte ausreichend geben können und müssen.

## § 141

1. Buch. 3. Abschnitt. Verfahren

Denn es kommt beim Auftreten der ProzBev als Vertreter nach III ja nicht auf seine im Auftragsverhältnis erworbenen Kenntnisse an, sondern auf diejenigen des Auftraggebers persönlich.

Daher muß jeder Vertreter über alle diejenigen Fragen *unterrichtet sein,* die sich auf der Grundlage des bisherigen Sach- und Streitstands und der Anordnung des persönlichen Erscheinens der Partei nach einer sorgfältigen Prüfung des Streitstoffs aus der Sicht der Partei als klärungsbedürftig ergeben könnten, Ffm MDR **91**, 545, Mü MDR **92**, 513, LAG Ffm BB **79**, 891. Das Gericht darf und sollte Fragen, deren Aufklärung erforderlich ist, zwar nach § 273 II Z 1 vorbereitend mitteilen, Mü MDR **78**, 147. Eine bloße Kenntnis der bisherigen Schriftsätze reicht aber für den Vertreter im allgemeinen nicht aus, Stgt JZ **78**, 690, denn diese Schriftsätze sind ja auch dem Gericht im Zeitpunkt der Anordnung des persönlichen Erscheinens bereits bekannt gewesen. Der Vertreter braucht allerdings nicht auch dazu imstande zu sein, sofort oder auch überhaupt als Zeuge auszusagen, Mü MDR **78**, 147. Denn § 141 dient nicht der Beweisaufnahme.

48   Der ProzBev der Partei kommt als Vertreter nach III insoweit nicht infrage, als es auf *höchstpersönliche Kenntnisse* der Partei ankommt, Ffm MDR **91**, 545, Köln NJW **74**, 1003. Es kann ratsam sein, im Anordnungsbeschluß zum Ausdruck zu bringen, daß das Gericht die Entsendung eines – wenn auch informierten – Vertreters voraussichtlich nicht für ausreichend halten wird. Von diesem Fall abgesehen ist die Abgabe der Erklärung aber auch durch einen unterrichteten Vertreter zulässig, soweit sie für den weiteren Prozeßverlauf förderlich sein kann. Es kann aber unzureichend sein, daß die Partei den Vertreter nur erst zum Zweck der Wahrnehmung des Termins lückenhaft oder verspätet informiert.

49   **B. „... zur Abgabe der gebotenen Erklärungen, insbesondere zu einem Vergleichsabschluß, ermächtigt".** Weitere Voraussetzung des Unterbleibens von Ordnungsgeld ist, daß der als Vertreter nach III Erschienene die vorgenannten Erklärungen abgeben kann und auch darf. Soweit der Vertreter im Termin eine Erklärung abgibt, muß sie ebenso wie diejenige einer Partei wahr und vollständig sein, § 138. Die Aufnahme eines Protokolls über die Anhörung ist zwar nicht nach § 160 III Z 4 notwendig, § 160 Rn 11. Sie ist aber unter Umständen nach § 160 II oder IV erforderlich. Das Gericht darf die Einlassung nur insoweit verwerten, als es die Einlassung im Protokoll oder Urteil wiedergibt. Soweit eine Darstellung der Partei von derjenigen ihres Vertreters abweicht, muß das Gericht mindestens in den Akten hierüber einen Vermerk anfertigen, auf den es im Urteil Bezug nehmen kann. Vgl aber auch § 161 und ferner § 85 Rn 6.

50   Der Vertreter muß im übrigen in seiner Vertretungsmacht im Verhältnis zu seiner Partei eine *volle Vollmacht* haben, Köln NJW **74**, 1003. Sie muß insbesondere zum Abschluß eines *Prozeßvergleichs* nach Anh § 307 ausreichen, wie das Gesetz ausdrücklich verlangt, Bre MDR **88**, 417, Mü MDR **78**, 147, vgl aber auch LG Hanau VersR **78**, 1049. Sie muß aber auch zB zur Abgabe eines Verzichts, § 306, oder zur Erklärung eines Anerkenntnisses, § 307, ausreichen, Mü MDR **78**, 513. Dabei muß der Vertreter bevollmächtigt, imstande und auch im Termin bereit sein, den Prozeßvergleich usw sogleich, voll und unbedingt abzuschließen. Die Bereitschaft zum Vergleich lediglich unter Einräumung einer Widerrufsfrist ist eindeutig unzureichend und führt die Folgen des Ausbleibens eines ordnungsgemäßen Vertreters nach III 1 herbei.

Die oft zu hörende Äußerung, der ProzBev dürfe einen Vergleich usw nicht ohne eine (auch nicht telefonische sofort mögliche) *Rücksprache* mit der Partei abschließen, ist also *unzureichend.* Das gilt selbst dann, wenn das Gericht dem ProzBev oder sonstigen Vertreter eine Nachfrist setzen dürfte und zugleich einen Verkündungstermin anberaumen könnte. Denn aus der nachgereichten Äußerung mag sich die Notwendigkeit zu einem Wiedereintritt in die mündliche Verhandlung nach § 156 ergeben, und der Prozeßgegner braucht sich auf die damit verbundenen Risiken und möglichen Verzögerungen überhaupt nicht einzulassen. Das darf und muß das Gericht schon im Rahmen von III im Termin berücksichtigen.

51   **C. Folge unzureichender Vertretung: Ordnungsgeld.** Soweit die Voraussetzungen Rn 46–50 nicht sämtlich erfüllt sind, ist das Gericht zum Ordnungsgeld gegen die Partei berechtigt. Das ergibt sich aus dem Zusammenwirken schon des Wortlauts von III 1, 2, Mü MDR **92**, 513, Stgt JZ **78**, 690.

52   **15) Notwendigkeit des Hinweises auf die Folgen des Ausbleibens, III 3.** Die Partei ist nach dem zwingenden Wortlaut auf die Folgen ihres Ausbleibens bereits in der Ladung hinzuweisen. Es handelt sich um eine Amtspflicht des Gerichts. Auch der die Ladung nach § 209 durchführende Urkundsbeamte hat von Amts wegen mit auf die Einhaltung der Vorschrift zu achten. Der Wortlaut des Hinweises ist in III 3 nicht vorgeschrieben. Er versteht sich aber aus dem Sinn und Zweck dahin, daß einerseits der Hinweis auf ein mögliches Ordnungsgeld notwendig ist, anderseits der Zusatz, daß dieses unterbleiben werde, wenn die Partei einen Vertreter entsende, der zur Aufklärung in der Lage und zu den gebotenen Erklärungen, insbesondere zum Vergleichsabschluß, Anh § 307, ermächtigt sei. Es reicht jedenfalls aus, den Wortlaut von III 1, 2 mitzuteilen. Immerhin muß die Partei ganz klar erkennen können, welche Rechtsfolgen ihr persönliches Ausbleiben oder mangelnde Information ihres Vertreters haben können.

53   Soweit der Hinweis nicht schon mit der Ladung erfolgte, ist er so *rechtzeitig nachzuholen,* daß die Partei ihre Entscheidungen noch unter einer zumutbaren Abwägungsfrist vor dem Termin treffen und auch für die rechtzeitige Entsendung eines etwa noch zu informierenden Vertreters sorgen kann. Das darf aber nicht zu einer wesentlichen Erweiterung der Ladungs- oder Einlassungsfrist, §§ 217, 274 III, führen. Denn das Gericht ist im Interesse auch des Prozeßgegners und gerade auch bei § 141 zur Prozeßförderung berechtigt und verpflichtet, Einl III 27. Darauf muß sich die Partei einstellen. Daher ist ihr auch eine sofortige Information eines Vertreters im notwendigen Umfang grundsätzlich sehr wohl zumutbar, selbst wenn sie andere wichtige private Aufgaben zurückstellen müßte. Soweit ein ordnungsmäßiger Hinweis nach III 3 unterblieben ist, kann eine Maßnahme nach III 1 unzulässig sein oder, falls erfolgt, aufzuheben sein.

54   **16) Aufhebung der Anordnung des Erscheinens, I, II.** Das Gericht darf die Anordnung des persönlichen Erscheinens jederzeit aufheben und ist dazu auch verpflichtet, sobald und soweit sich ergibt, daß das Erscheinen der Partei persönlich zur Aufklärung des Sachverhalts nicht mehr geboten erscheint, I 1. Soweit das Gericht das Erscheinen in solcher Lage nur noch für zweckmäßig hält, etwa zwecks Erleichterung eines beabsichtigten Vergleichs oder Güteversuchs, ist gleichwohl jedenfalls die Anordnung nach I aufzuheben und ein entsprechender Zusatz ratsam, es werde das Erscheinen aus den vorgenannten Gründen anheimgegeben

1. Titel. Mündliche Verhandlung                                    §§ 141, 142

oder empfohlen. Die Anordnung des Erscheinens darf und muß unter den Voraussetzungen I 2 unverzüglich aufgehoben werden.Die Anordnung des Erscheinens ist schließlich aufzuheben, sobald und soweit sich ergibt, daß die Ladung unkorrekt ergangen war.

**17) Aufhebung des Ordnungsgeldes, III.** Unabhängig davon, ob die Anordnung des Erscheinens 55 ordnungsgemäß war, darf und muß das Gericht das Ordnungsgeld aufheben, sobald und soweit sich die Partei nachträglich genügend entschuldigt hat. Eine solche Entschuldigung kann zB dann vorliegen, wenn die Partei den Termin ohne persönliche Vorwerfbarkeit versäumt hat und auch eine Entschuldigung bis zum Termin nicht vorlegen konnte, Bbg MDR **82**, 585, oder wenn ihr Anwalt von der Anordnung des persönlichen Erscheinens schuldlos nicht informiert hatte und wenn er ihr daher erklärt hatte, sie brauche nicht persönlich zum Termin zu kommen, Köln MDR **75**, 321. Eine Entschuldigung liegt aber nicht vor, wenn der ProzBev der Partei trotz seiner Kenntnis oder trotz einer vorwerfbaren Unkenntnis der Anordnung ihres persönlichen Erscheinens abgeraten hatte, zum Termin zu erscheinen, § 85 II, Köln NJW **78**, 2516 (krit Schneider NJW **79**, 987), Stgt JZ **78**, 690. Eine Aufhebung des Ordnungsgelds ist ferner dann nicht notwendig, wenn das Gericht zunächst im Termin ordnungsgemäß eine solche Maßnahme getroffen hatte, wenn dann aber noch in demselben Termin ein nach III 2 ausreichender Vertreter erscheint und Auskünfte usw abgibt.

**18) Rechtsmittel, I–III.** Beim Rpfl gilt § 11 RPflG, vgl § 104 Rn 41 ff. Im übrigen gilt:    56
**A. Gegen das Unterbleiben der Anordnung.** In diesem Fall ist erst das Urteil wie sonst anfechtbar, nicht mit einer diesbezüglichen Verfahrensrüge, wohl aber evtl mit einer Rüge der Verletzung der Aufklärungspflicht, § 139, ThP 2.
**B. Gegen die Anordnung des Erscheinens.** Diese Anordnung ist als solche ebenfalls unanfechtbar, 57 § 567 I.
**C. Gegen die Anordnung eines Ordnungsmittels.** Sowohl gegen die (grundsätzlich statthafte) Ver- 58 hängung eines Ordnungsgeldes als auch gegen die (grundsätzlich) umstatthafte Verhängung einer Ordnungshaft oder Anordnung der Vorführung ist die *einfache Beschwerde* nach § 567 I zulässig. Das ergibt sich aus der Bezugnahme von III auf das Verfahren gegenüber einen ausgebliebenen Zeugen, also auch auf § 380. Denn es wäre merkwürdig, wenn nicht zusammen mit § 380 I auch die Beschwerde nach § 380 III einschließlich ihrer aufschiebenden Wirkung nach § 572 I in Bezug genommen wäre, vgl auch § 613, Brdb JB **99**, 155, Ffm FamRZ **92**, 73, Hamm RR **87**, 815.
Die Beschwerde ist nach § 567 III 2 auch gegen eine Entscheidung des LG als *Berufungs- oder Beschwerdege-* 59 *richt* zulässig. Zur Einlegung der Beschwerde ist die beschwerte Partei auch im Anwaltsprozeß persönlich berechtigt, Hamm FamRZ **84**, 183. Deshalb herrscht für sie im Beschwerdeverfahren kein Anwaltszwang, vgl § 569 II 2. Auch eine nachträgliche Entschuldigung kommt, wie bei § 381 I 2, in Betracht, Hamm RR **87**, 815. Wegen der außergerichtlichen Kosten des erfolgreichen Beschwerdeführers § 380 Rn 14.
**D. Gegen die Versagung von Reisekosten.** In diesem Fall ist entsprechend § 127 die einfache Be- 60 schwerde zulässig, BGH **64**, 139. Auch in diesem Fall besteht kein Anwaltszwang, § 569 II 2 entsprechend.

**8) *VwGO*:** Statt *I* gilt § 95 *VwGO*, OVG Münst DÖV **88**, 1025, *II* 1 u 2 (2. Halbsatz) sind ersetzt durch 61 § 56 I u II *VwGO*, II 2 (1. Halbsatz ist dagegen entsprechend anwendbar, § 173 *VwGO*, da diese Durchbrechung von § 67 III 3 *VwGO* sachlich geboten ist, VGH Kassel NVwZ-RR **98**, 405 mwN. Ordnungsmittel, *III* 1 u 3, sind in § 95 I *VwGO* geregelt, OVG Lüneb NVwZ-RR **89**, 592, OVG Münst DÖV **88**, 1025; da III 2 bewußt nicht übernommen worden ist, kann er nicht entsprechend angewendet werden, hM, RedOe § 95 Anm 5, abw Ule § 95 Anm VI.

**142** *Anordnung der Urkundenvorlegung.* I Das Gericht kann anordnen, daß eine Partei die in ihren Händen befindlichen Urkunden, auf die sie sich bezogen hat, sowie Stammbäume, Pläne, Risse und sonstige Zeichnungen vorlege.

II Das Gericht kann anordnen, daß die vorgelegten Schriftstücke während einer von ihm zu bestimmenden Zeit auf der Geschäftsstelle verbleiben.

III Das Gericht kann anordnen, daß von den in fremder Sprache abgefaßten Urkunden eine Übersetzung beigebracht werde, die ein nach den Richtlinien der Landesjustizverwaltung hierzu ermächtigter Übersetzer angefertigt hat.

**Schrifttum:** *Schöpflin,* Die Beweiserhebung von Amts wegen im Zivilprozeß, 1992.

### Gliederung

| | | | |
|---|---|---|---|
| 1) Systematik, I–III | 1 | 7) „... auf die sie sich bezogen hat", I | 9 |
| 2) Regelungszweck, I–III | 2 | 8) „Stammbäume, Pläne, Risse und sonstige Zeichnungen", I | 10 |
| 3) Geltungsbereich, I–III | 3 | 9) Verwahrung, II | 11–16 |
| 4) „Das Gericht kann anordnen": Ermessen, I–III | 4 | A. „Vorgelegte Schriftstücke" | 13 |
| 5) Persönlicher Geltungsbereich: „Partei", I | 5 | B. „Verbleib auf der Geschäftsstelle" | 14 |
| 6) „... in ihren Händen befindliche Urkunden", I | 6–8 | C. „... während einer von ihm zu bestimmenden Zeit" | 15 |
| A. Urkundenbegriff | 7 | D. Verwahrungsverhältnis | 16 |
| B. Gewahrsam der Partei | 8 | 10) Übersetzung, III | 17–21 |

## § 142

| | |
|---|---|
| A. „... in fremder Sprache abgefaßte Urkunden" | 18 |
| B. „Beibringung einer Übersetzung" | 19 |
| C. „Anfertigung durch ... ermächtigten Übersetzer" | 20 |
| D. Anfertigung im unmittelbaren Gerichtsauftrag | 21 |
| 11) **Verfahren, I–III** | 22–26 |
| A. Zuständigkeit | 22 |
| B. Entscheidungsform: Verfügung oder Beschluß | 23 |
| C. Begründung | 24 |
| D. Mitteilung | 25 |
| E. Kosten | 26 |
| 12) **Verstoß der Partei, I–III** | 27 |
| 13) **Rechtsbehelfe, I–III** | 28 |
| 14) *VwGO* | 29 |

**1** **1) Systematik, I–III.** § 142 gibt Ergänzungsvorschriften zu §§ 131, 134, 138, 139. Ähnliche Regelungen enthält auch § 273 II Z 1. Alle diese Vorschriften gelten unabhängig davon, ob die zugehörigen Tatsachen umstritten sind. Für den Fall des förmlichen Urkundenbeweises enthalten §§ 420 ff vorrangige Sonderregeln. Diese gelten nicht, soweit sich das Gericht nur eine bessere Anschauung verschaffen will, sei es auch zwecks Vorbereitung einer etwa erforderlichen Beweisanordnung.

**2** **2) Regelungszweck, I–III.** § 142 dient der Sachaufklärung. Er durchbricht dabei die Grenzen der Parteiherrschaft und des Beibringungsgrundsatzes, Grdz 18, 20 vor § 128. Die Vorschrift kann auch zur Vorbereitung einer etwaigen Beweisanordnung dienen, vgl auch § 144. Freilich gelten in der Beweisaufnahme vorrangig §§ 420 ff, Rn 1. § 142 darf jedenfalls nicht zu einer Ausforschung führen, Einf 27 vor § 284, Prütting NJW 80, 363. III dient überdies der Durchsetzung des Grundsatzes, daß die Gerichtssprache deutsch ist, § 184 GVG.

**3** **3) Geltungsbereich, I–III.** § 142 gilt in jedem Verfahren, auf das die ZPO anwendbar ist, insbesondere auch im Verfahren mit Beibringungsgrundsatz, Grdz 20 vor § 128, den die Vorschrift teilweise durchbricht, Grdz 25 ff vor § 128. § 142 gilt in jeder Verfahrenslage und in jeder Instanz. Auch das Revisionsgericht mag unabhängig davon, daß es keine Tatsacheninstanz bringt, ein Bedürfnis nach besserer Anschaulichkeit haben. Die Vorschrift gilt auch im FGG-Verfahren, BayObLG **96**, 165.

**4** **4) „Das Gericht kann anordnen", I–III.** Das Wort „kann" in I–III bedeutet nicht nur eine Zuständigkeitsregelung, sondern die Aufgabe des Gerichts, innerhalb eines pflichtgemäßen Ermessens zu entscheiden, BayObLG **96**, 165. Es muß dabei alle Umstände des Einzelfalls gegeneinander abwägen und einen genügenden sachlichen Grund zu einer Vorlegungsanordnung haben. Die Grenze des Ermessens ist in der Revisionsinstanz überprüfbar. Bei der Ausübung des Ermessens muß das Gericht auf den Regelungszweck, Rn 2, achten und im Verfahren mit Beibringungsgrundsatz, Grdz 20 vor § 128, trotz seiner teilweisen Durchbrechung in I–III darauf achten, daß es nicht zu einer Ausforschung kommt, Rn 2. Andererseits darf und muß sich das Gericht im gesamten ihm als zweckmäßig oder notwendig erscheinenden Umfang auch durch die Anordnung der Vorlegung von Urkunden usw die Anschauung verschaffen, die der sachgerechten Entscheidung dienen kann. Kostenerwägungen sind dabei zwar nicht unbeachtlich, aber nicht vorrangig oder allein entscheidend.

**5** **5) Persönlicher Geltungsbereich: „Partei", I.** Die nach § 142 in Betracht kommende Anordnung kann sich auf jede Partei erstrecken, Grdz 3 vor § 50. Die Anordnung kann also zB auch gegenüber einer Partei kraft Amtes, Grdz 8 vor § 50, oder gegenüber dem gewillkürten Prozeßstandschafter ergehen, Grdz 29 vor § 50. Bei einer juristischen Person als Partei wird, wie stets, ihr gesetzlicher Vertreter verpflichtet; vgl im einzelnen § 51 Rn 12. Die Anordnung kann auch gegenüber dem Streithelfer, §§ 66 ff, erfolgen.

**6** **6) Test „... in ihren Händen befindliche Urkunden", I.** Erste Voraussetzung einer Anordnung nach I ist, daß die fragliche Urkunde sich in den Händen der Partei befindet. Maßgeblich ist der Zeitpunkt der Anordnung, also ihrer Verkündung oder gesetzmäßigen Mitteilung an den Betroffenen, Rn 25. Insofern entspricht I den §§ 131 I, 134 I. Weitergehende Vorlegungsanordnungen wie bei § 421 ff in der förmlichen Beweisaufnahme, ermöglicht I nicht. Der Prozeßgegner ist also nur unter den Voraussetzungen der §§ 422, 423 vorlegungspflichtig.

**7** **A. Urkundenbegriff.** I erfaßt jede Urkunde im Sinn von §§ 415 ff, also auch Privaturkunden. Es kommt nicht darauf an, ob die Urkunde einwandfrei oder etwa fehlerhaft ist oder sein soll, § 419. Es ist unerheblich, ob es sich auch um eine Urkunde im strafrechtlichen Sinn handelt. Es reicht aus, daß es sich nach dem Vortrag der Partei, die sich auf das Exemplar bezieht, bei seiner rechtlichen Würdigung um eine Urkunde handeln dürfte.

**8** **B. Gewahrsam der Partei.** Die Partei muß die Urkunde gerade in ihren Händen haben, gerade anders als bei § 421. Das ist ein tatsächlicher, nur in einem Rahmen auch rechtlicher Begriff, ein eigener Gewahrsam und kein bloßer Besitz, erst recht kein mittelbarer. Freilich kann derjenige, der sich den Gewahrsam mühelos und alsbald verschaffen kann und darf, bereits als Gewahrsamsinhaber angesehen werden. Daher kommt eine Anordnung auch dann in Betracht, wenn die Partei eine Urkunde erst noch anfertigen müßte oder mitgeteilt hat, sie habe die Urkunde aus behebbaren vorübergehenden Gründen noch nicht (oder derzeit nicht oder nicht mehr) in Besitz.

**9** **7) Test „... auf die sie sich bezogen hat", I.** Weitere Voraussetzung einer Anordnung nach I ist, daß sich die Partei auf eine in ihren Händen befindliche Urkunde auch gerade bezogen hat, abw ThP 1 (wegen § 273 II Z 1). Eine Bezugnahme ist auch dann zulässig und die Anordnung der Vorlage ist daher auch dann statthaft, wenn es sich um das Handelsbuch eines Vollkaufmanns, § 258 I HGB handelt, oder um das Tagebuch eines Handelsmaklers nach § 102 HGB handelt, noch weitergehend BAG BB **76**, 1020, Daniels NJW **76**, 349. Wegen der Vorlage von Handelsbüchern im übrigen §§ 258 I, 259, 260 HGB; wegen der Vorlage von Unterlagen auf Bild- oder Datenträgern § 261 HGB. Die Bezugnahme kann auch stillschweigend erfolgen. Maßgeblich ist der auszulegende Gesamtinhalt des Parteivortrags. Man darf ihn freilich nicht überspannen. Auch wenn eine Bezugnahme noch so ratsam wäre, mag die Partei davon auch bewußt abgesehen haben. In diesem Fall ist jedenfalls keine Anordnung nach I statthaft. Mag die Partei die Folgen eines unvollständigen Vortrags zumindest nach einem pflichtgemäßen Hinweis des Gerichts auf diesen

1. Titel. Mündliche Verhandlung § 142

Umstand, §§ 138, 139, tragen. Die Bezugnahme muß im Zeitpunkt der Anordnung schon und noch bestehen.

**8) „Stammbäume, Pläne, Risse und sonstige Zeichnungen", I.** Eine Anordnung nach I kommt 10 auch in Betracht, wenn es sich um eines der vorgenannten Objekte handelt, unabhängig davon, ob man ihm den Charakter einer Urkunde beimessen kann. Die Aufzählung ist nur scheinbar abschließend. In Wahrheit sind alle Unterlagen gemeint, die sich in Händen der Partei befinden und auf sie sich bezieht. Daher kommt zB auch die Vorlage eines Bild-, Daten- oder Tonträgers in Betracht, selbst wenn das Gericht seinen gedanklichen Inhalt nicht ohne technische Hilfsmittel sinnlich wahrnehmen kann. Diese Auslegung entspricht allein dem weiten Aufklärungszweck der Bestimmung, Rn 2.

**9) Verwahrung, II.** Das Gericht kann sich zwar auf die Vorlegungsanordnung nach I beschränken, es 11 kann aber darüber hinausgehend auch nach II anordnen, daß die vorgelegten Schriftstücke während einer von ihm zu bestimmenden Zeit auf der Geschäftsstelle verbleiben. Diese letztere Anordnung scheint überflüssig. Denn die Partei soll nach § 133 ohnehin einem Schriftsatz auch die für die Zustellung erforderliche Zahl von Abschriften auch seiner Anlagen beifügen. Außerdem ist die Partei nach § 134 I ohnehin verpflichtet, die in ihren Händen befindlichen Urkunden, auf die sie Bezug genommen hat, bereits vor der Verhandlung auf der Geschäftsstelle niederzulegen (und den Gegener zusätzlich zu benachrichtigen). Nach § 134 II hat der Gegner ohnehin zur Einsicht eine Frist von drei Tagen.

Indessen geht II *über diese Frist hinaus;* das Gericht kann die Frist der Niederlegung selbst bestimmen, also 12 eine längere Frist anordnen. Er kann überhaupt bestimmen, daß die Urkunden während der gesamten Instanz auf der Geschäftsstelle verbleiben sollen. Damit soll jeder Prozeßbeteiligte die Möglichkeit erhalten, an neutraler Stelle während der Geschäftsstunden grundsätzlich jederzeit, auch wiederholt, Einsicht zu nehmen, zu vergleichen, etwaige Fehler aufzudecken usw. Auch mag das Gericht es für notwendig oder doch ratsam halten, irgendwelchen Veränderungen, sei es auch nur in der äußeren Reihenfolge oder Zusammenstellung der Urkunden, oder gar dem Verlust in der Hand eines zur Akteneinsicht berechtigten Prozeßbeteiligten vorzubeugen.

**A. „Vorgelegte Schriftstücke".** Die Anordnung nach II kann sich nur auf ein solches Schriftstück 13 erstrecken, das von der Partei bereits sei es auf Grund einer Anordnung nach I, sei es ohne solche Anordnung, dem Gericht vorgelegt worden ist. Die Vorlegung besteht in der tatsächlichen Einreichung bei Gericht. Sie kann auch dann erfolgt sein, wenn die Partei sich nicht ausdrücklich auch auf dieses Schriftstück bezogen hat. Andererseits reicht eine bloße Bezugnahme ohne Vorlegung nicht aus.

**B. „Verbleib auf der Geschäftsstelle".** Die Anordnung nach II ergeht dahin, daß das Schriftstück auf 14 der Geschäftsstelle verbleibt. Das hat Bedeutung für den Fall, daß die Akte, etwa nach § 299, von der Geschäftsstelle versandt oder auch nur an eine andere Abteilung desselben Gerichts geschickt wird, etwa weil diese sie als Beiakte zu einem Parallelverfahren angefordert hat. Auch in einem solchen Fall verbleibt das nach II betroffene Schriftstück bei derjenigen Geschäftsstelle, bei der die Hauptakte geführt wird, und zwar für die Dauer der jeweiligen Instanz. Ob das Gericht gestattet, auch das so verwahrte Schriftstück auf Anfordern dem Prozeßbeteiligten usw zu übersenden, ist eine vom Gericht nach § 299 zu beantwortende andere Frage.

**C. „... während einer von ihm zu bestimmenden Zeit".** Das Gericht hat im Rahmen seines 15 pflichtgemäßen Ermessens, Rn 4, auch die Dauer des Verbleibs des Schriftstücks auf der Geschäftsstelle zu bestimmen. Die Dauer hängt von der voraussichtlichen Zeit ab, während deren das Schriftstück jederzeit zur Einsicht auf der Geschäftsstelle verfügbar bleiben muß oder vor unbefugten Eingriffen geschützt werden soll. Dabei sind einerseits die Interessen des Vorlegers an einem baldigen Rückerhalt, insbesondere bei Geschäftsbüchern, Steuerunterlagen und dergleichen, und das Interesse an zügiger Verfahrensförderung und dem Schutz vor Mißbräuchen andererseits abzuwägen. Das Gericht kann seine Entscheidung über die Dauer des Verbleibs nachträglich ändern (Verlängerung oder Abkürzung, auch teilweise Aufhebung oder Erweiterung).

**D. Verwahrungsverhältnis.** Durch die Anordnung nach II begründet das Gericht für das vorgelegte 16 Schriftstück während der von ihm bestimmten Zeit ein amtliches Verwahrungsverhältnis zwischen dem Vorleger (Hinterleger) und dem Staat. Die HinterlO ist nur insofern anwendbar, als nicht die vorrangigen Vorschriften der ZPO entgegenstehen. Eine amtliche Verwahrung ist freilich schon mit dem tatsächlichen Eingang der Schriftstücke in den Justizbereich ausgelöst worden.

**10) Übersetzung, III.** Die Gerichtssprache ist deutsch, § 184 GVG. Daran ändert auch der Umstand 17 nichts, daß im Zuge der zunehmenden Internationalisierung auch des Rechtsverkehrs Fremdsprachen in der Alltagspraxis auch vor Gericht eine zunehmende Rolle spielen. Es ist allerdings zu beachten, daß zB die Europäische Menschenrechtskonvention und andere internationale Rechtsquellen Vorschriften erhalten können, die sowohl den § 184 GVG als auch dem § 142 III vorgehen können. Nach III hat das Gericht ein Ermessen, ob es eine Übersetzung anordnet, Rn 4.

**A. „... in fremder Sprache abgefaßte Urkunden".** III gilt für alle Arten von Urkunden in einer 18 beliebigen fremden Sprache. Ein dem erkennenden Gericht unbekannter deutscher oder deutschsprachiger Dialekt ist zwar keine „fremde" Sprache, nötigt das Gericht aber evtl zu einer entsprechenden Anwendung von III, um die Urkunde verstehen zu können. Soweit das Gericht die fremde Sprache selbst beherrscht, kann es die fremdsprachige Urkunde ohne einen Verstoß gegen § 184 GVG unmittelbar verwenden, BGH FamRZ **88,** 828. Denn III dient nicht einer sinnlosen Förmelei. Das setzt aber voraus, daß alle Mitglieder des erkennenden Spruchkörpers ausreichende Sprachkenntnisse haben. Die Kenntnis nur des Vorsitzenden oder nur des Berichterstatters reicht nicht. Denn sie nimmt den übrigen Richtern die Möglichkeit, sich einen eigenen unmittelbaren Sinneseindruck vom Gedankeninhalt der Urkunde zu machen. Ohnehin muß ja jeder Richter zumindest imstande sein, die gesamte Akte selbst zu lesen und zu verstehen; zum Problem der Pflicht der persönlichen Kenntnisnahme jedes Mitglieds des Kollegiums vom gesamten Akteninhalt EinI III 18. Andererseits ist trotz Art 103 I GG nicht auch eine ausreichende Sprachkenntnis aller übrigen Prozeßbeteiligten erforderlich. Das Gericht kann es den Parteien und ihren ProzBev usw überlassen,

## §§ 142, 143

Übersetzungen zu beschaffen, deren Kosten nach § 91 zu behandeln sind. Vgl freilich § 184 GVG Rn 1. Der Vorsitzende sollte sich immerhin zumindest gehalten sehen, den Parteien in der Verhandlung den nach Meinung des Gerichts wesentlichen Inhalt der fremdsprachigen Urkunde auf etwaigen Wunsch kurz so darzustellen, wie das Gericht ihn versteht.

**19** **B. „Beibringung einer Übersetzung".** Das Gericht kann in jedem Fall schon im Interesse allseits übereinstimmenden Sprachverständnisses, zumindest mangels eigener Fremdsprachenkenntnis, verlangen, daß die Partei von jeder fremdsprachigen Urkunde, die sie eingereicht hat, eine Übersetzung beibringt. Das kann auch dann geschehen, wenn sich die Partei nicht im Sinn von I auf eine solche Urkunde bezogen hat; die Urkunde braucht sich auch nicht im Sinn von I derzeit in den Händen der Partei zu befinden. Es reicht aus, daß sie irgendwie vom Gesamtvortrag der Partei erfaßt wird und entscheidungserheblich sein könnte (nicht schon sein muß).

**20** **C. „Anfertigung durch ... ermächtigten Übersetzer".** Das Gericht kann sich mit einer beliebigen privatschriftlichen oder mündlichen Übersetzung begnügen, etwa durch einen zufällig anwesenden, sprachkundigen Dritten. Es kann aber auch eine Übersetzung durch einen nach den Richtlinien der Landesjustizverwaltung hierzu ermächtigten Übersetzer fordern; das stellt der Wortlaut von III klar. Soweit solche Richtlinien nicht existieren, entfällt natürlich eine solche Bedingung. Welche Richtlinien maßgeblich sind, läßt sich im allgemeinen den beim Gerichtsvorstand geführten Generalakten entnehmen. In der Wahl mehrerer in diesem Sinne ermächtigten Übersetzer ist das Gericht im Rahmen pflichtgemäßen Ermessens, Rn 4, frei. Er kann die Wahl auch der Partei überlassen, der es die Beibringung auferlegt. Die Übersetzung mag in der Verhandlung mündlich erfolgen; es kann auch die Beibringung einer schriftlichen Übersetzung angeordnet werden. In diesem Fall ist eine persönliche Vernehmung des Übersetzers erst insoweit erforderlich, als das Gericht oder ein Prozeßbeteiligter die Übersetzung beanstandet.

**21** **D. Anfertigung im unmittelbaren Gerichtsauftrag.** Das Gericht kann die Übersetzung auch von Amts wegen unmittelbar seiner Wahl bestellen, statt sie nach III der Partei zu überlassen. Das ergibt sich schon aus §§ 144 I, 273, aber auch aus § 184 I GVG.

**22** **11) Verfahren, I–III.** In allen Fällen des § 142 sind mehrere Punkte zu beachten.
**A. Zuständigkeit.** Zuständig ist „das Gericht", also grundsätzlich das gesamte erkennende Kollegium. Der Einzelrichter ist im Rahmen seines Zuständigkeitsbereichs nach § 348 natürlich auch nach § 142 allein zuständig. Der Vorsitzende trifft die Entscheidung außerhalb der mündlichen Verhandlung im Rahmen von § 273 II in Verbindung mit § 142 in eigener Zuständigkeit, in der Verhandlung führt er die Entscheidung des Kollegiums herbei.

**23** **B. Entscheidungsform: Verfügung oder Beschluß.** Außerhalb der mündlichen Verhandlung kann der Vorsitzende durch eine Verfügung entscheiden. Er kann auch die Beschlußform wählen, § 329. Sie ist in der Verhandlung notwendig.

**24** **C. Begründung.** Die Entscheidung ist trotz ihrer grundsätzlichen Unanfechtbarkeit, Rn 28, wenigstens stichwortartig zu begründen, § 329 Rn 4. Das gilt sowohl im Fall der Anordnung als auch im Fall der Ablehnung einer solchen Maßnahmen.

**25** **D. Mitteilung.** Die Entscheidung wird verkündet oder formlos mitgeteilt, § 329 II 1.

**26** **E. Kosten.** Alle auf Grund einer Anordnung entstehenden Kosten werden Teil der Prozeßkosten und sind im Rahmen der §§ 91 ff erstattungsfähig. Das gilt sowohl für die der Partei zur Durchführung der Anordnung erwachsenen Unkosten als auch für die vom Gericht durch seinen unmittelbaren Auftrag veranlaßten Unkosten. Der Höhe nach richtet sich die Erstattungsfähigkeit nach den üblichen Regeln, zB beim Übersetzer nach § 17 ZSEG.

**27** **12) Verstoß der Partei, I–III.** Soweit die Partei einer ordnungsgemäßen Anordnung nach I–III vorwerfbar nicht folgt, würdigt das Gericht den Ungehorsam gemäß § 286 frei, BAG DB **76**, 1020. Wegen der Nichteinhaltung einer Frist des Gerichts, auch wegen der Fristwahrung durch eine fremdsprachige Urschrift Schneider MDR **79**, 534. Es können die Regeln zur Beweisvereitelung, Anh § 286 Rn 26, auch außerhalb eines förmlichen Beweisverfahrens entsprechend anwendbar sein.

**28** **13) Rechtsbehelfe, I–III.** Soweit der Vorsitzende eine Anordnung getroffen oder abgelehnt hat, ist die Anrufung des Kollegiums statthaft, § 140 Hs 1. Im übrigen kommt gegen die Ablehnung eines Antrags die einfache Beschwerde nach § 567 I in Betracht. Sie ist unzulässig, soweit das LG als Berufungs- oder Beschwerdegericht entschieden hat, § 567 III 1. Gegen die Anordnung ist grundsätzlich kein besonderer Rechtsbehelf gegeben; man kann allenfalls die auf ihr beruhende Endentscheidung wie sonst anfechten. Beim Rpfl gilt § 11 RPflG, vgl § 104 Rn 41 ff.

**29** **14) VwGO:** Eigene Regelung in § 96 I, die durch entsprechende Anwendung, § 173 VwGO, von **II** u **III** (dazu BVerwG NJW **96**, 1553 mwN) ergänzt wird; wegen der Wirkung des Ungehorsams vgl § 427 Rn 4 u 5. Für die Urkundenvorlage durch Behörden enthält § 99 VwGO eine Sonderregelung.

## 143 Anordnung der Aktenvorlegung.
Das Gericht kann anordnen, daß die Parteien die in ihrem Besitz befindlichen Akten vorlegen, soweit diese aus Schriftstücken bestehen, welche die Verhandlung und Entscheidung der Sache betreffen.

**Schrifttum:** *Liebscher,* Datenschutz bei der Datenübermittlung im Zivilverfahren, 1994; *Schöpflin,* Die Beweiserhebung von Amts wegen im Zivilprozeß, 1992.

# § 143

## 1. Titel. Mündliche Verhandlung

### Gliederung

| | | | | |
|---|---|---|---|---|
| 1) | Systematik, Regelungszweck | 1 | 6) | „Das Gericht kann anordnen": Ermessen ... 9 |
| 2) | Geltungsbereich | 2 | 7) | Vorlageanordnung ... 10–13 |
| 3) | „Akten" | 3 | | A. Zuständigkeit ... 10 |
| 4) | Test „... in ihrem Besitz befindlich" | 4 | | B. Form ... 11 |
| 5) | „Schriftstücke, welche die Verhandlung und Entscheidung betreffen" | 5–8 | | C. Begründung ... 12 |
| | A. Anwendbarkeit auf Prozeßvorgänge | 5 | | D. Mitteilung ... 13 |
| | B. Unanwendbarkeit auf interne Vorgänge | 6 | 8) | Auswertbarkeit ... 14 |
| | C. Bezugnahme nicht erforderlich | 7 | 9) | Verstoß ... 15 |
| | D. Anwendbarkeit auf Kopien | 8 | 10) | Rechtsbehelfe ... 16 |
| | | | 11) | *VwGO* ... 17 |

**1) Systematik, Regelungszweck.** Die Vorschrift ist eine Ergänzung zu §§ 131 ff, 142. Sie betrifft, anders als § 432, nur solche Akten, die sich im Besitz einer Partei befinden. Sie stellt eine der nach § 273 möglichen Maßnahmen dar. Sie beinhaltet keinen Verstoß gegen den Beibringungsgrundsatz, Grdz 20 vor § 128. Denn sie betrifft, genaugenommen, nur solche Schriftstücke, die ohnehin bereits Aktenbestandteile waren, sind oder jedenfalls werden sollen. **1**

Die Vorschrift *bezweckt* eine Ermöglichung der (Wieder-)Herstellung vollständiger Gerichtsakten. Diese können aus unterschiedlichen Gründen unvollständig (geworden) sein, etwa wegen irriger Einheftung in einer fremden Akte, wegen des Versands an einen ersuchten Richter, wegen des Durcheinanderfallens bei der Bearbeitung auf der Geschäftsstelle usw. Ohne § 143 würde zwar aus dem Prozeßrechtsverhältnis, Grdz 3 vor § 128; ohnehin eine generelle Pflicht der Parteien zur Mitwirkung an der Vervollständigung ableitbar sein, Grdz 11 vor § 128; die Vorschrift stellt aber Art und Umfang der Pflicht zumindest klar und umfaßt wegen ihres Zwecks natürlich auch die Pflicht zur Unverzüglichkeit.

**2) Geltungsbereich.** Vgl Grdz 2 vor § 128. **2**

**3) „Akten".** § 143 erfaßt nicht jede Urkunde und nicht jedes Schriftstück, auch nicht jede Fotokopie, **3** jedes Foto usw, sondern nur „Akten", die „aus Schriftstücken bestehen". Natürlich ist der Begriff Schriftstück nach dem jeweiligen Stand der Technik auch weit zu verstehen und umfaßt zB auch die Kopie eines Fernschreibens oder eine Skizze, in Wahrheit aber darüber hinaus jede Art von möglichem Aktenbestandteil, Rn 8. Allerdings gelten die Einschränkungen Rn 4, 5.

**4) Test „... in ihrem Besitz befindlich".** § 143 erfaßt nur solche Akten, die sich im Besitz einer Partei **4** befinden. Besitz ist ganz weit zu verstehen. Er liegt auch dann vor, wenn die Partei die Akte derzeit vorübergehend nicht in ihrem tatsächlichen Gewahrsam hat, sich diesen aber tatsächlich und rechtlich ohne unzumutbare Schwierigkeiten alsbald (wieder) verschaffen kann. Er liegt auch dann vor, wenn die Akten an einem anderen Ort als ihrem Wohnsitz oder gewöhnlichen Aufenthaltsort verwahrt werden. Er fehlt, soweit die Partei etwa nur mit Hilfe eines Dritten, etwa ihres Miterben, die tatsächliche Verfügungsgewalt erlangen könnte und soweit dieser Dritte ihr eindeutig Schwierigkeiten macht. Sie braucht ihn nicht zu verklagen, um die Akten nach § 143 herausgeben zu können. Der Besitz des ProzBev genügt, ebenso derjenige des gesetzlichen Vertreters. Der Besitz eines Dritten kann genügen, sofern die Partei ohne jede Schwierigkeit sogleich den Gewahrsam erhalten kann; sonst genügt dieser Besitz nicht, und zwar auch nicht beim streitgenössischen oder gewöhnlichen Streithelfer.

**5) „Schriftstücke, welche die Verhandlung und Entscheidung betreffen".** Es muß sich gerade um **5** solche Schriftstücke handeln, die gerade zur Kenntnis des Gerichts und des Prozeßgegners bestimmt sind oder kommen müssen.

**A. Anwendbarkeit auf Prozeßvorgänge.** Es muß sich also um solche Schriftstücke handeln, die endgültig Aktenbestandteile waren, sein sollten oder werden sollen, von denen also das Gericht und der Prozeßgegner Kenntnis nehmen sollen und dürfen, wenn auch vielleicht nur nach dem Willen des Prozeßgegners oder desjenigen, der den Vorgang zur Akte eingereicht hatte oder einreichen will.

**B. Unanwendbarkeit auf interne Vorgänge.** Es reicht nicht aus, daß sich die Schriftstücke nur auf den **6** Schriftwechsel zur Vorbereitung oder Begleitung oder Abwicklung des Außenverhältnisses (Prozeßrechtsverhältnisses) beziehen, also nur interne Bedeutung oder Zweckbestimmung haben, nur für den Handakten der Partei oder ihres ProzBev bestimmt sind, mögen sie auch aus der Sicht des Gerichts oder des Prozeßgegners in Wahrheit sehr wohl zur Sache gehören und entscheidungserheblich sein. Andernfalls könnte man mit § 143 das gesamte Berufsgeheimnis des ProzBev, jedes geschäftliche Geheimnis der Partei und überhaupt die Grundsätze der Parteiherrschaft und des Beibringungsprinzips, Grdz 18, 20 vor § 128, glatt umgehen. Das ist nicht der Sinn von § 143. Auch ist der Datenschutz, vgl auch § 299 Rn 4, zumindest insoweit zu beachten; zu ihm Liebscher (vor Rn 1), Prütting ZZP 106, 427 ff.

**C. Bezugnahme nicht erforderlich.** Allerdings ist es nicht notwendig, daß sich die Partei oder auch **7** nur der Prozeßgegner auf die Schriftstücke ausdrücklich oder stillschweigend bezogen haben. Es reicht vielmehr aus, daß es sich um Vorgänge handelt, die eben schon im Original Aktenbestandteil waren, sein sollten oder werden sollen.

**D. Anwendbarkeit auf Kopien.** Unter den Voraussetzungen Rn 5–7 können auch bloße Fotos, Kopien, **8** Durchschläge, Entwürfe usw unter § 143 fallen, soweit sie oder „nur" die zugehörigen Originale Aktenbestandteile waren, sein sollten oder werden sollen, Rn 3. Freilich ist der bloße Entwurf eines solchen Aktenbestandteils ja noch nicht Teil der „Akte" und daher noch der alleinigen Befugnis der Partei darüber unterworfen, ob er überhaupt zur Kenntnis des Gerichts und des Gegners gebracht werden soll.

§§ 143, 144

**9** **6) „Das Gericht kann anordnen": Ermessen.** Unter den Voraussetzungen Rn 3–5 ist das Gericht zur Anordnung der Vorlage befugt und im Rahmen seines Ermessens auch verpflichtet. Es kann auch dazu verpflichtet sein nachzufragen, ob sich ein Schriftstück im Besitz der Partei befindet. Der Prozeßrichter kann aber nicht etwa eine Durchsuchungsanordnung erlassen, auch nicht im Verfahren mit Amtsermittlungsgrundsatz, Grdz 38 vor § 128. Es ist freilich denkbar, daß wegen des Verdachts der Aktenunterdrückung, § 274 StGB, eine Durchsuchung durch die Staatsanwaltschaft oder den Strafrichter anzuordnen ist. Das Zivilgericht darf und muß versuchen, seine Akten vollständig zu halten oder wieder zu vervollständigen. Es kann daher nach § 143 gehalten sein, auch etwa eine Beiakte, die bereits Bestandteil der Hauptakte war, sein sollte oder werden soll, vorlegen zu lassen.

**10** **7) Vorlageanordnung.** Es sind mehrere Punkte zu beachten.

**A. Zuständigkeit.** Zuständig ist „das Gericht". Es handelt in der mündlichen Verhandlung durch das Kollegium, soweit eine Anordnung des Vorsitzenden beanstandet wird, § 140, außerhalb der Verhandlung durch den Vorsitzenden, auch den Einzelrichter, § 348, oder den verordneten (beauftragten, ersuchten) Richter, §§ 361, 362, soweit diese die Akten für ihre Verhandlung und Entscheidung benötigen.

**11** **B. Form.** Die Anordnung erfolgt durch einen Beschluß, § 329, oder durch eine prozeßleitende Verfügung nach § 273 II Z 2, bei § 432 auch für eine behördliche Akte.

**12** **C. Begründung.** Die Anordnung ist trotz ihrer grundsätzlichen Unanfechtbarkeit wenigstens stichwortartig zu begründen, § 329 Rn 4.

**13** **D. Mitteilung.** Die Anordnung wird im Termin verkündet, § 329 I 1, außerhalb der Verhandlung der betroffenen Partei formlos mitgeteilt, § 329 II 1, jedoch den förmlich zugestellt, wenn das Gericht zweckmäßigerweise eine Vorlagefrist setzt, § 329 II 2 Hs 2. In diesem letzten Fall bedarf es der Zustellung einer Ausfertigung oder beglaubigten Abschrift und auch bei einer bloßen Verfügung nach § 273 II Z 2 der vollen Unterschrift des Richters unter dem Original, § 329 Rn 8; andernfalls würde die Frist nicht zu laufen beginnen. Der Prozeßgegner erhält formlos Mitteilung.

**14** **8) Auswertbarkeit.** Eine Verwertung der nach § 143 vorgelegten Akten erfolgt natürlich insoweit, als sie schon vorher Bestandteil der Gerichtsakte oder einer Beiakte waren. Im übrigen erfolgt die Verwertung nur, soweit die Akten zum Gegenstand der Verhandlung gemacht werden können oder gemacht worden sind, § 285. Bei einer behördlichen Akte erfolgt die Verwertung nur, soweit dem Gericht eine Mitteilung des Akteninhalts an die Parteien gestattet ist, auch nach dem BDSG. Dabei sind aber bloße, selbstministerielle, Verwaltungsanordnungen für den Prozeßrichter nicht bindend. Eine Dienstaufsichtsakte kann ihn sehr wohl berechtigen und verpflichten, die für die Sachentscheidung des Hauptprozesses schon und noch erheblichen Teile auch gegen ein erklärtes Verbot des Dienstvorgesetzten zum Gegenstand der Verhandlung zu machen. Das gilt schon deshalb, weil der betroffene Richter ja der eigentliche Träger des etwaigen Geheimnisschutzes jener Aufsichtsakte ist, nicht der Vorgesetzte. Eine Befugnis zur Auswertung ist im übrigen anzunehmen, soweit eine behördliche Akte oder die Prozeßakte keinen gegenteiligen Vermerk hat oder soweit nicht die Geheimhaltungsbedürftigkeit sonstwie bekannt ist, vgl § 299.

**15** **9) Verstoß.** Soweit die Partei gegen eine wirksame Vorlageanordnung unentschuldigt verstößt, würdigt das Gericht die Nichtbefolgung seiner Anordnung nach § 286 frei. Es hängt von den Gesamtumständen ab, ob es dem Säumigen eine Nachfrist setzt. Dabei darf und muß es auch im Interesse des Prozeßgegners an einer unverzüglichen Prozeßbeendigung denken. Es kann die Glaubhaftmachung eines Hindernisses anordnen, § 294. Es muß aber natürlich auch zB die sicher oft nicht unbeträchtlichen Schwierigkeiten bei dem Zusammentragen etwa älterer Aktenbestandteile aus Kopien der Handakte der Partei oder ihres ProzBev mit bedenken.

**16** **10) Rechtsbehelfe.** Sowohl die Unterlassung einer nach § 143 möglichen und etwa gebotenen Vorlegungsanordnung als auch die Anordnung selbst sind nur zusammen mit dem Endurteil anfechtbar. Soweit dieses unanfechtbar ist, kann eine ungenügende Bemühung um den Akteninhalt als Verstoß gegen das Gebot des rechtlichen Gehörs, Art 103 I GG, eine Verfassungsbeschwerde rechtfertigen. Im Falle des unentschuldigten Ungehorsams kommen auch Maßnahmen nach § 95 oder § 34 GKG, Anh § 95, in Betracht. Beim Rpfl gilt § 11 RPflG, vgl § 104 Rn 41 ff.

**17** **11)** *VwGO:* Eigene Regelung in §§ 96 I, 99 (Behördenakten).

---

**144** *Augenschein. Sachverständige.* [I] Das Gericht kann die Einnahme des Augenscheins sowie die Begutachtung durch Sachverständige anordnen.

[II] Das Verfahren richtet sich nach den Vorschriften, die eine auf Antrag angeordnete Einnahme des Augenscheins oder Begutachtung durch Sachverständige zum Gegenstand haben.

**Schrifttum:** *Peters,* Richterliche Hinweispflichten und Beweisinitiativen im Zivilprozeß, 1983; *Schöpflin,* Die Beweiserhebung von Amts wegen im Zivilprozeß, 1992.

**Gliederung**

| | |
|---|---|
| 1) Systematik, I, II ................. 1 | 4) „Das Gericht kann ... anordnen": Ermessen, I ..................... 5–11 |
| 2) Regelungszweck, I, II ............ 2, 3 | A. Bei Notwendigkeit besserer Veranschaulichung ................. 6 |
| A. Veranschaulichung ............. 2 | B. Beim Fehlen eines Beweisantrags ..... 7 |
| B. Klärung einer streitigen Tatsache ..... 3 | C. Beim Fehlen eines Vorschusses ....... 8 |
| 3) Geltungsbereich, I, II ............. 4 | |

1. Titel. Mündliche Verhandlung § 144

| | | | | |
|---|---|---|---|---|
| D. Beim Verfahren mit Ermittlungsgrundsatz | 9 | A. Verfügung des Vorsitzenden | 15 | |
| E. Grenzen bei Unzulässigkeit eines Beweisantrags | 10 | B. Beschluß des Gerichts | 16 | |
| F. Sonstige Grenzen: Keine Überspannung | 11 | C. Begründung | 17 | |
| | | D. Mitteilung | 18 | |
| 5) „Einnahme des Augenscheins", I | 12 | 9) **Vorschußfragen, I, II** | 19 | |
| 6) „Begutachtung durch Sachverständige", I | 13 | 10) **Kosten, I, II** | 20 | |
| | | 11) **Verstoß der Partei, I, II** | 21 | |
| 7) **Verfahren: Maßgeblichkeit der Vorschriften eines Antragsverfahrens, II** | 14 | 12) **Rechtsbehelfe, I, II** | 22 | |
| | | 13) **Verfassungsbeschwerde** | 23 | |
| 8) **Entscheidung, II** | 15–18 | 14) *VwGO* | 24 | |

**1) Systematik, I, II.** Die Vorschrift stellt entsprechend ihren unterschiedlichen Regelungszwecken, **1** Rn 2, eine Ergänzung einerseits zu § 273, auch in Verbindung mit §§ 138, 139, andererseits zu §§ 371 ff, 402 ff dar. Sie durchbricht den Beibringungsgrundsatz, Grdz 25 ff vor § 128, wie es auch in anderen Vorschriften der ZPO geschieht.

**2) Regelungszwecke, I, II.** Die Vorschrift dient unterschiedlichen Zwecken. Das wird zu wenig **2** beachtet, ist aber für die Auslegung wichtig. Im einzelnen gilt:

**A. Veranschaulichung.** § 144 kann durchaus nur dem Zweck dienen sollen, dem Gericht im Rahmen seiner Förderungspflicht, Grdz 12 vor § 128, eine bessere Veranschaulichung zu verschaffen. Das mag bei einer unstreitigen oder streitigen Tatsache geschehen. Es mag sich auf eine technische Funktion, auf eine Verfahrensweise, auf den sinnlich wahrnehmbaren Zustand einer Sache oder einer Person beziehen. Der zu veranschaulichende Vorgang mag kompliziert oder im Grunde einfach sein. Es reicht, daß das Gericht zur Verbesserung seiner Beurteilungsfähigkeit einen von den Parteien übereinstimmend geschilderten Umstand mit eigenen Sinnen wahrnehmen oder durch einen Fachmann zusätzlich wahrgenommen oder erläutert wissen möchte, BAG DB **99**, 104. Ebenso kommt § 144 in Betracht, soweit das Gericht etwa eine nur unter Zeugenbeweis gestellte streitige Tatsache vom Zeugen nicht anschaulich genug erläutert bekommen konnte oder Zweifel hat, ob die vom Zeugen als ausreichend geschilderte Funktion einer im Gebrauchszweck umstrittenen Sache tatsächlich ausreicht, und daher zusätzlich eine Wahrnehmung für notwendig hält, die der Beweisführer entweder nicht ausdrücklich beantragt, oder etwa aus Kostengründen, als angeblich nicht mehr erforderlich bezeichnet.

**B. Klärung einer streitigen Tatsache.** Es mag aber auch um die vom Gericht ebenfalls wegen seiner **3** Förderungspflicht, Grdz 12 vor § 128, für notwendig gehaltene erstmalige oder zusätzliche Aufklärung einer streitigen Tatsache gehen. Das ist vor allem immer dann der Fall, wenn es sich um ein Verfahren mit dem Ermittlungsgrundsatz handelt, Grdz 38 vor § 128, etwa im Ehe-, Familien- oder Kindschaftsverfahren, §§ 606 ff, 640 ff. Es kommt eine solche Aufklärung aber auch im Verfahren mit bloßem Beibringungsgrundsatz, Grdz 20 vor § 128, in Betracht, etwa dann, wenn der Beweisführer die irrige Auffassung vertritt, er brauche einen Beweisantrag „Augenscheinseinnahme" nach §§ 371 ff nicht zu stellen, oder wenn der Beweisführer einen Antrag auf die Einholung eines Gutachtens nach § 402 ff ersichtlich nur deshalb unterlassen hat, weil er die Sachkunde des Gerichts eben als ausreichend ansah, während sie in Wirklichkeit nicht ausreicht. Gerade in solchen Fällen ist allerdings die Durchbrechung des Beibringungsgrundsatzes durch § 144 immerhin als bloße Ausnahme von einer den „normalen" Zivilprozeß beherrschenden Regel zu beachten. Das hat seine Auswirkungen bei der Ausübung des Ermessens, Rn 5.

**3) Geltungsbereich, I, II.** Die Vorschrift gilt in jedem Verfahren nach der ZPO, nicht nur im Verfahren **4** von Amts wegen, Grdz 38 vor § 128, sondern auch in demjenigen mit dem Beibringungsgrundsatz, Rn 2, 3. Sie gilt in jeder Prozeßlage, auch in der zweiten Instanz. Sie gilt innerhalb und außerhalb der mündlichen Verhandlung. Sie gilt auch im FGG-Verfahren, BayObLG **96**, 165.

**4) „Das Gericht kann ... anordnen": Ermessen, I.** Das Wort „kann" in I bezieht sich nicht nur auf **5** die Zuständigkeit, sondern räumt dem Gericht einen pflichtgemäßen Ermessensspielraum ein, BGH **66**, 68, BAG BB **81**, 558, Köln RR **98**, 1274, Habscheid ZZP **96**, 309. Immer dann, wenn es um einen Augenschein oder um einen Sachverständigen gehen könnte, muß das Gericht also prüfen, ob es von § 144 Gebrauch machen will und etwa mangels ausreichender Sachkunde auch machen muß, BGH NJW **87**, 591, Düss MDR **84**, 1033, Stgt VersR **91**, 230.

**A. Bei Notwendigkeit besserer Veranschaulichung.** Eine Anordnung nach I kommt unabhängig von **6** der Streitigkeit oder Unstreitigkeit einer Tatsache immer dann in Betracht, wenn das Gericht keine genügende Anschauung hat, Rn 2, BGH NJW **92**, 2019. Zwar ist das Gericht ja schon nach §§ 138, 139 dazu berechtigt und grundsätzlich verpflichtet, die Parteien zu Äußerungen darüber zu veranlassen, wie man sich die Person, die Sache oder den Vorgang vorzustellen habe; indessen mögen die Parteien zB erkennbar überfordert sein, sei es auch nur im Ausdruck. Eine bessere Anschauung hat sich das Gericht schon wegen der Notwendigkeit einer umfassenden Prüfung des ihm unterbreiteten Tatsachenstoffs, § 286 Rn 13–15, zu verschaffen. Das gilt in jeder Verfahrensart und in jedem Verfahrensstadium, Rn 4.

**B. Beim Fehlen eines Beweisantrags.** Eine Maßnahme nach I kommt ferner dann in Betracht, wenn **7** der Beweisbedürftige für eine entscheidungsgemäßen streitige Tatsache keinen bestimmten Beweisantrag gestellt hat, BGH **66**, 68. Denn § 144 stellt eine Durchbrechung des Beibringungsgrundsatzes dar, Rn 1, 2. Das Gericht darf also keineswegs stets eine Entscheidung darauf stützen, die Partei habe in einem solchen Fall weder die Einnahme eines Augenscheins noch die Einholung eines Sachverständigengutachtens beantragt, also keinen Beweis angetreten, Köln RR **98**, 1274, aM Ffm MDR **93**, 82. Das Gericht ist zumindest im Rahmen des § 139 dazu berechtigt und grundsätzlich verpflichtet, die Partei zu einer Äußerung darüber zu veranlassen, warum sie einen solchen Antrag nicht gestellt hat, BGH GRUR **90**, 1054, Ffm MDR **93**, 82,

## § 144

Köln RR **98**, 1274. Das Gericht darf auch in solcher Lage nicht etwa das Vorbringen der Partei schon deshalb nach § 296 als verspätet zurückweisen, weil ein entsprechender Beweisantrag verspätet gestellt worden wäre; eine solche Zurückweisung ist nur dann zulässig, wenn das Gericht auf Grund des bisherigen Vortrags keine Veranlassung gehabt hatte, nach § 144 und/oder nach § 273 II Z 4 bzw nach § 358a Z 2, 4, 5 auch ohne den Antrag der Partei vorzugehen, BGH VersR **82**, 146, LG Ffm VersR **93**, 1139.

**8**    **C. Beim Fehlen eines Vorschusses.** Eine Anordnung nach I kommt ferner dann in Betracht, wenn der Beweisführer einen vom Gericht nach den §§ 379, 402 verlangten Vorschuß nicht bezahlt hat. Das gilt jedenfalls dann, wenn er erkennbar zur Zahlung außerstande war oder wenn die Anordnung auch ohne den Vorschuß im Interesse der Gerechtigkeit notwendig ist, BGH MDR **76**, 396. Indessen ist gerade in diesem Fall Vorsicht geboten. Immerhin sieht das Gesetz als Regel die Durchführung einer nur auf Antrag in Betracht kommenden Beweisaufnahme erst nach der Zahlung eines angemessenen Vorschusses durch den Beweisführer vor, § 68 I 1, 2 GKG. Auch wenn das Gericht nicht vorrangig die Interessen der Staatskasse zu beachten hat, darf er es doch diesen Teil der „Beweislast im weiteren Sinn" dem Beweisführer nicht einfach durch eine Anordnung nach § 144 abnehmen und damit die Aussichten des gleichberechtigten Prozeßgegners (Beweisgegners) schwächen helfen, Düss MDR **74**, 321.

**9**    **D. Beim Verfahren mit Ermittlungsgrundsatz.** Im Verfahren mit Ermittlungsgrundsatz, Grdz 38 vor § 128, also vor allem im Ehe-, Familien- und Kindschaftsprozeß, §§ 606ff, 640ff darf und muß das Gericht ohnehin von Amts wegen einen Augenschein oder einen Sachverständigenbeweis anordnen, soweit das zur Aufklärung entscheidungsbedürftiger Tatsachen erforderlich ist.

**10**    **E. Grenzen bei Unzulässigkeit eines Beweisantrag.** Eine Anordnung nach I soll nicht erfolgen, soweit das Gericht einen entsprechenden Beweisantrag ablehnen müßte, BGH **5**, 302, oder wenn die Anordnung überhaupt auf eine Ausforschung hinausliefe, Einf 27 vor § 284, aM Düss MDR **84**, 1033.

**11**    **F. Sonstige Grenzen: Keine Überspannung.** Überhaupt sollte das Gericht seine Sorgfaltspflichten auch bei § 144 nicht unzumutbar überspannen, BGH NJW **84**, 433, Düss VersR **94**, 1322 (auch aus Kostengründen). Das verkennt Stgt VersR **91**, 230 (Arzthaftung). Insbesondere eine anwaltliche vertretene Partei dürfte in aller Regel triftige Gründe haben, wenn sie weder einen Augenschein noch einen Sachverständigenbeweis beantragt. Das Gericht darf grundsätzlich davon ausgehen, daß das Fehlen eines solchen Antrags zwischen der Partei und ihrem ProzBev abgesprochen worden ist. In solcher Situation besteht nur wenig Anlaß zu einer Maßnahme nach § 144, LG Ffm VersR **93**, 1139. Dazu hätte sich BGH NJW **87**, 591 ebenfalls äußern sollen.

**12**    **5) „Einnahme des Augenscheins", I.** In Betracht kommt zunächst die Anordnung einer Augenscheinseinnahme, § 371. Das gilt unabhängig davon, ob und wie der Beweisführer einen Beweisantrag solcher Richtung formuliert hat. Maßgeblich ist allein, ob das Gericht eben eine bessere Anschauung zu erhalten wünscht. Zur Abgrenzung zwischen dem Augenscheinsbeweis und dem Sachverständigenbeweis Üb 3 vor § 371 einerseits, § 403 Rn 3 andererseits.

**13**    **6) „Begutachtung durch Sachverständige", I.** In Betracht kommt ferner die Anordnung der Einholung eines Sachverständigengutachtens, § 402. Auch hier kommt es nicht darauf an, ob und wie der Beweisführer einen Beweisantrag dieser Richtung gestellt hat. Maßgeblich ist allein der Wunsch des Gerichts, sich sachkundig helfen zu lassen. Ein Gutachten kommt zum Beispiel dann in Betracht, wenn der Beweisführer sich nicht über die Möglichkeit eines Beweisantrags nach §§ 402ff klar zu sein scheint und einen solchen auch nicht nur zwecks Vermeidung einer Vorschußpflicht unterläßt und wenn das Gericht schon vor einer Erörterung solcher Fragen in einem Termin zwecks der Verfahrensförderung vorankommen möchte. Auch hier ist aber eine Überspannung zu vermeiden; das hätte Oldb MDR **91**, 546 miterwägen sollen. Auch darf das Gericht nicht die gebotene Unparteilichkeit außer Acht lassen, § 139 Rn 13.

**14**    **7) Verfahren: Maßgeblichkeit der Vorschriften eines Antragsverfahrens, II.** Die Vorschrift stellt klar, daß sich das gesamte Verfahren der Anordnung und ihrer Durchführung im übrigen nach denjenigen Regeln richtet, die auf eine angeordnete Augenscheinseinnahme oder Begutachtung zum Gegenstand haben. Vgl daher §§ 285, 357, 358a Z 2, 4, 5, 371ff, 402ff. Wegen des Vorschusses Rn 19.

**15**    **8) Entscheidung, II.** Es gibt Unterschiede und Gemeinsamkeiten.

**A. Verfügung des Vorsitzenden.** Soweit es nur um eine bessere Veranschaulichung unstreitiger oder streitiger Tatsachen geht, nicht schon und noch um eine förmliche Beweisaufnahme, kann der Vorsitzende außerhalb der Sitzung durch prozeßleitende Verfügung, vor allem nach § 273 I 1, 2, eine Anordnung nach I treffen; ihm steht diese Befugnis auch in der Sitzung zu.

**16**    **B. Beschluß des Gerichts.** Sowohl zwecks bloßer Veranschaulichung als auch zwecks Klärung einer streitigen Tatsache kann das Kollegium innerhalb oder außerhalb der mündlichen Verhandlung, §§ 358, 358a, einen entsprechenden Beweis beschließen. Zum letzteren ist der Vorsitzende des Kollegiums nicht befugt, anders als der Einzelrichter des AG und des LG, § 348; wegen des Vorsitzenden der Kammer für Handelssachen § 349 I 2; wegen des Einzelrichters des Berufungsgerichts § 524 II 2.

**17**    **C. Begründung.** Die Entscheidung bedarf trotz ihrer grundsätzlichen Unanfechtbarkeit einer wenigstens stichwortartigen Begründung, § 329 Rn 4.

**18**    **D. Mitteilung.** Die Entscheidung wird außerhalb der mündlichen Verhandlung formlos mitgeteilt, § 329 II 1; in der Verhandlung wird sie verkündet, § 329 I 1.

**19**    **9) Vorschußfragen, I, II.** Zu der Frage, ob unter welchen Voraussetzungen auch bei der von Amts wegen angeordneten Begutachtung wegen der Verweisung in II auf § 402 auch § 379 entsprechend anwendbar ist, vgl § 402 Rn 2–5.

**20**    **10) Kosten, I, II.** Des Gerichts: Keine Gebühren, § 1 I GKG; wegen der Auslagen (Vorschuß) bei einem Gutachten Rn 19. Des Anwalts: Es kommt darauf an, ob das Gericht die Klärung einer streitigen Tatsache bezweckt und herbeizuführen versucht (dann Beweisgebühren nach §§ 31ff BRAGO).

1. Titel. Mündliche Verhandlung  **§§ 144, 145**

**11) Verstoß der Partei, I, II.** Soweit eine Partei einer Anordnung nach I, II keine Folge leistet, gelten 21
dieselben Rechtsfolgen wie bei einem auf Antrag angeordneten Augenschein oder Sachverständigengutachten. Das ergibt sich aus der Verweisung in II.

**12) Rechtsbehelfe, I, II.** Gegen die Maßnahmen des Vorsitzenden in der mündlichen Verhandlung ist 22
die Anrufung des Kollegiums statthaft, § 140. Soweit eine Anordnung trotz entsprechender Anregung (nicht Antragstellung) unterbleibt oder soweit das Gericht eine Anordnung pflichtwidrig vornimmt, kann man die auf ihr beruhende Endentscheidung anfechten. Soweit im Verhalten des Gerichts die Ablehnung eines das Verfahren betreffenden Gerichts liegt, kommt die einfache Beschwerde in Betracht, § 567 I. Sie ist unzulässig, soweit das LG als Berufungs- oder Beschwerdegericht entschieden hat, § 567 III 1. Beim Rpfl gilt § 11 RPflG, vgl § 104 Rn 41 ff.

**13) Verfassungsbeschwerde.** Soweit ein Rechtsmittel unstatthaft ist, kommt allen falls die Verfassungs- 23
beschwerde in Betracht, etwa wegen Verstoßes gegen Art 103 I GG.

**14) *VwGO*:** Eigene Regelung in § 96 I. 24

## 145 *Prozeßtrennung.* [I] Das Gericht kann anordnen, daß mehrere in einer Klage erhobene Ansprüche in getrennten Prozessen verhandelt werden.

[II] Das gleiche gilt, wenn der Beklagte eine Widerklage erhoben hat und der Gegenanspruch mit dem in der Klage geltend gemachten Anspruch nicht in rechtlichem Zusammenhang steht.

[III] Macht der Beklagte die Aufrechnung einer Gegenforderung geltend, die mit der in der Klage geltend gemachten Forderung nicht in rechtlichem Zusammenhang steht, so kann das Gericht anordnen, daß über die Klage und über die Aufrechnung getrennt verhandelt werde; die Vorschriften des § 302 sind anzuwenden.

**Schrifttum:** *Coester-Waltjen*, Die Aufrechnung im internationalen Zivilprozeßrecht, Festschrift für *Lüke* (1997) 35; *Gauter*, Die Aufrechnung mit dem oder gegen den prozessualen Kostenerstattungsanspruch, in: Festschrift für *Merz* (1992); *Häsemeyer*, Die sog „Prozeßaufrechnung" – eine dogmatische Fehlakzentuierung, Festschrift für *Weber* (1975) 215; *Kannengießer*, Die Aufrechnung im internationalen Privat- und Verfahrensrecht, 1998; *Seelig*, Die prozessuale Behandlung materiellrechtlicher Einreden – heute und einst, 1980; *Varvitsiotis*, Einführung in die Rechtsnatur der Aufrechnungseinrede im Zivilprozeß, 1987.

### Gliederung

| | | | |
|---|---|---|---|
| 1) **Systematik, I–III** | 1 | B. Vor dem Prozeß | 9 |
| 2) **Regelungszweck, I–III** | 2 | C. Im Prozeß | 10–12 |
| 3) **Geltungsbereich, I–III** | 3 | D. Hilfsaufrechnung | 13, 14 |
| 4) **Anordnung, I** | 4–6 | E. Aufrechnung und Rechtshängigkeit | 15–19 |
| A. Voraussetzungen | 4 | F. Rechtlicher Zusammenhang | 20, 21 |
| B. Trennungsbeschluß | 5 | G. Urkundenprozeß | 22 |
| C. Wirkung | 6 | H. Gegenaufrechnung | 23 |
| 5) **Widerklage, II** | 7 | 7) **Aufrechnungsähnliche Einrede, III** | 24 |
| 6) **Aufrechnung, III** | 8–23 | 8) *VwGO* | 25 |
| A. Zulässigkeit | 8 | | |

**1) Systematik, I–III.** Die Prozeßtrennung ist eine Maßnahme der Prozeßleitung, Üb 5 vor § 128. Sie 1
kann gänzlich, § 145, oder teilweise, § 146, in den bisher einheitlichen Prozeß eingreifen. Sie ist eine Spaltung eines Prozesses in mehrere selbständige andere Prozesse. Wenn ein Anspruch zur Entscheidung reif ist, dann muß das Gericht über diesen Anspruch durch ein Teilurteil entscheiden, § 301, Köln WoM **92**, 263. Das Urteil ist ein Vollurteil und enthält gleichzeitig die Aufhebung der bisherigen Verbindung. Das Gericht darf nicht die bisher verbundenen gleichzeitig entscheidungsreif gewordenen Sachen zum Zweck mehrerer Urteile trennen, Köln VersR **73**, 285, gar zwecks Verhinderung der Revisionsfähigkeit; derartige Urteile sind als einheitliche Entscheidung anzusehen, BGH **LM** § 147 Nr 1. Ein Zwischenurteil kommt nur bei § 303 in Betracht.

**2) Regelungszweck, I–III.** Der Zweck der Vorschrift ist entweder die Erzielung einer größeren Über- 2
sichtlichkeit oder die Vermeidung einer Verschleppung wegen eines Streits über einen der Teile des Prozesses, beides im Interesse der Prozeßwirtschaftlichkeit, Grdz 14 vor § 128. In Wahrheit hat eine Prozeßtrennung jedoch eher Nachteile als Vorteile, von der Aktenbehandlung bis zur Kostenabrechnung. Deshalb sollte das Gericht mit einer Trennung zurückhaltend verfahren und sie nur dann anordnen, wenn bis zur Entscheidungsreife des Restprozesses, § 300 Rn 6, voraussichtlich noch ungewöhnlich viel Zeit bzw Mühe aufgewendet werden muß.

**3) Geltungsbereich, I–III.** Vgl Grdz 2 vor § 128. 3

**4) Anordnung, I.** Voraussetzung, Form und Wirkung erfordern viel Aufmerksamkeit. 4

**A. Voraussetzungen.** Wenn der Kläger mehrere selbständige prozessuale Ansprüche im Sinn von § 2 Rn 2 erhoben hat, Hbg FamRZ **96**, 676, wenn auch evtl in einer Gesamtsumme, zB Schmerzensgeld, Arztkosten, Verdienstausfall, kann das Prozeßgericht die Trennung anordnen. Sie steht grundsätzlich im pflichtgemäßen Ermessen des Gerichts. Die Trennungsanordnung ist unzulässig, wenn der Kläger seinen einheitlichen prozessualen Anspruch, § 2 Rn 3, lediglich mit mehreren sachlichrechtlichen Gesichtspunkten begründet, BGH FamRZ **83**, 156, oder wenn es zB um widersprechende Anträge zum Umgangsrecht geht,

§ 145    1. Buch. 3. Abschnitt. Verfahren

Hbg FamRZ **96**, 676, Mü RR **98**, 1080, oder wenn durch eine Trennung erhebliche, vermeidbare Kosten entstünden, BGH RR **97**, 832, oder wenn wenigstens teilweise Entscheidungsreife vorliegt, § 300, BayObLG NZM **99**, 85. In einem solchen Fall kann § 36 Z 6 anwendbar sein. Die Voraussetzung einer Trennung ist also dieselbe wie bei § 5. Sie umfaßt die Klägerhäufung, §§ 59, 60, Mü MDR **96**, 642, und die Anspruchshäufung, § 260, unabhängig davon, ob die Häufung von Anfang an bestand oder nachträglich entstanden ist. Ein rechtlicher Zusammenhang hindert eine Trennung nicht, macht sie aber meist unzweckmäßig.

Die Trennung erfolgt nur, sofern die Ansprüche nach § 261 *rechtshängig* geworden sind, also noch nicht im Mahnverfahren nach § 688. Die Trennung ist nur dann zulässig, wenn ein Teilurteil, das eine Trennung überflüssig machen würde, unzulässig ist, Rn 1. Im Fall einer Verweisung nach den §§ 281, 506 erfolgt nach dem Verweisungsantrag keine Trennung. Soweit eine Verweisung nur wegen eines Teils des Klaganspruchs oder soweit sie an verschiedene Gerichte notwendig ist, erfolgt zunächst eine Trennung, Mü MDR **96**, 642, und anschließend die entsprechende Verweisung, StJL 9. Soweit das Gesetz Verbindung vorschreibt, ist natürlich eine Trennung unzulässig, vgl zB §§ 517, 623, §§ 246 III, 249 II, 275 IV AktG, §§ 51 III, 112 I GenG.

Die Trennungsanordnung geschieht entweder auf Grund eines Antrags oder von Amts wegen. Sie ist *in jeder Lage* des Verfahrens zulässig, auch in der zweiten Instanz, BGH NJW **79**, 427, nicht aber bei einer Häufung in einer Familiensache nach §§ 606 ff und in einer anderen Streitsache, aM BGH NJW **79**, 660. LG Bln Rpfleger **93**, 167 wendet § 145 auch in der Zwangsvollstreckung entsprechend an. Trotz des an sich pflichtgemäßen Ermessens des Gerichts vgl aber § 610 Rn 3, Schlesw SchlHA **74**, 113, und § 623 I 2. Soweit eine Anspruchsverbindung nach § 260 unzulässig wäre, ist eine Trennung notwendig, zB bei §§ 578 II, 633, 638, 640. Das Gericht muß den Parteien vor der Entscheidung das rechtliche Gehör geben, Art 103 I GG, Mü NJW **84**, 2228.

Wenn von zwei Mahnverfahren gegen *verschiedene Personen* das eine Verfahren nach dem Übergang in das streitige Verfahren an ein LG abgegeben wird, § 696 Rn 5, das andere Verfahren dagegen nach einem Einspruch gegen den Vollstreckungsbescheid beim AG verbleibt, erfolgt eine Trennung auch ohne eine besondere Anordnung, KG Rpfleger **70**, 405. Einer Trennungsanordnung steht nicht die etwaige Folge entgegen, daß in den getrennten Prozessen nun kein Rechtsmittel mehr zulässig ist, es sei denn, die Trennung wäre gesetzwidrig, BGH NJW **95**, 3120. Wegen § 640 c erfolgt eine Trennung auch dann, wenn der Kläger im Kindschaftsprozeß nach §§ 640 ff einen bezifferten Unterhalt geltend macht, und zwar selbst nach einer Erledigung der Kindschaftssache, zB infolge eines Anerkenntnisses, BGH NJW **74**, 751.

**5** **B. Trennungsbeschluß.** Die Trennungsanordnung erfolgt durch einen Beschluß, § 329. Er bedarf als ein Ausfluß der Prozeßleitung, Rn 1, keiner mündlichen Verhandlung, § 128 Rn 5, aM ThP 3, ZöGre 6. Die Trennung kann sogar stillschweigend geschehen. Er liegt aber noch nicht stets in der bloßen Änderung des Rubrums, Stgt AnwBl **89**, 232. Der Beschluß ist grundsätzlich zu begründen, § 329 Rn 4. Er wird den Parteien verkündet oder formlos mitgeteilt, § 329 I 1, II 1. Er ist grundsätzlich nur zusammen mit dem Endurteil anfechtbar, Ffm RR **92**, 32. Das gilt auch dann, wenn das Gericht vor der Trennung den Parteien kein rechtliches Gehör gegeben hatte, Mü NJW **84**, 2228. Der Trennungsbeschluß des Berufungsgerichts unterliegt auf Rüge der Nachprüfung in der Revisionsinstanz, BGH NJW **95**, 3120. Ob die Ablehnung auf eine Aussetzung hinausläuft und deshalb anfechtbar ist, § 147 Rn 15, ist eine andere Frage. Das Gericht kann die Trennung jederzeit wieder aufheben, § 150.

**6** **C. Wirkung.** Mit dem Wirksamwerden des Trennungsbeschlusses werden die nunmehr getrennten Prozeßteile zu selbständigen Prozessen mit einem eigenen Streitwert, §§ 3 ff, krit BVerfG NJW **97**, 649 (bei zweifelhafter Revisionsfähigkeit). Das Gericht muß über jeden der neuen Prozesse neue Akten anlegen, getrennt verhandeln und entscheiden. Die vor der Trennung liegenden Prozeßvorgänge, zB die Rechtshängigkeit, die Zuständigkeit, selbst wenn durch § 5 oder durch § 33 begründet, die Beweisaufnahme, ein Geständnis, bleiben in allen neuen Prozessen wirksam. Die Rechtsmittelsumme, § 511 a Rn 4, muß für jeden neuen Prozeß getrennt bestimmt werden. Daher kann eine Trennung zur Unanfechtbarkeit führen. Die Gerichts- und Anwaltskosten müssen nach den neuen Streitwerten gesondert berechnet werden, soweit sie nach der Trennung verdient werden, Wunderlich DB **93**, 2273. Für eine nach derselben Vorschrift zu vergütende Tätigkeit, die teils vor, teils nach der Trennung erfolgte, ist die Vergütung in der Regel auf Grund des neuen Streitwerts nach der Trennung zu berechnen.

**7** **5) Widerklage, II.** Wenn eine Widerklage, Anh § 253, mit dem Klaganspruch in keinem rechtlichen Zusammenhang steht, § 33 Rn 8, dann kann das Gericht die Klage und die Widerklage trennen. Das kann zB dann erforderlich sein, wenn die Klage einen familienrechtlichen Anspruch betrifft, §§ 606 ff, die Widerklage aber einen andersartigen, Düss FamRZ **82**, 513. II ist im Fall des § 506 I unanwendbar, Nieder MDR **79**, 12 mwN. Im Fall einer Zwischenfeststellungswiderklage nach § 256 II besteht der Zusammenhang stets. Eine Abtrennung der Eventualwiderklage ist unzulässig. Da die Widerklage nach der Trennung als eine selbständige Klage zu behandeln ist, Anh § 253 Rn 5, drehen sich für sie die Parteirollen um. Das Verfahren und die Wirkung sind dieselben wie nach I, Rn 2–6. Wegen der Widerklage im Urkundenprozeß § 595 Rn 2.

**8** **6) Aufrechnung, III.** Die Regelung ist recht kompliziert.

**A. Zulässigkeit.** Die Aufrechnung ist eine empfangsbedürftige Willenserklärung, § 387 BGB. Der Bekl kann sie vor dem Prozeß oder während des Prozesses erklären.

**9** **B. Vor dem Prozeß.** Wenn der Bekl die Aufrechnung vor dem Beginn des Prozesses erklärt hat, dann sind der Klaganspruch und der zur Aufrechnung gestellte Gegenanspruch mit einer Rückwirkung auf den Zeitpunkt des Eintritts der Aufrechenbarkeit erloschen, § 389 BGB. Folglich muß das Gericht eine trotzdem erhobene Klage als von Anfang an sachlich unbegründet abweisen. Insofern gilt dasselbe wie dann, wenn der Bekl die Klagforderung in Wahrheit bereits vor dem Prozeß bezahlt hätte.

## 1. Titel. Mündliche Verhandlung     § 145

**C. Im Prozeß.** Wenn der Bekl die Aufrechnung während des Prozesses erklärt, dazu Braun ZZP **89**, 93 **10** (auch der Kläger kann unter Umständen „gegen"aufrechnen), Häsemeyer 215, auch im Urkundenprozeß, BGH NJW **86**, 2767, dann muß man zwischen der sachlichrechtlichen Aufrechnung, §§ 387 ff BGB und der prozessualen Erklärung dieser Parteiprozeßhandlung unterscheiden, Grdz 47 vor § 128, BGH MDR **95**, 407, einem Verteidigungsmittel, Einl III 70, für das zB §§ 277 I, 282 I, 530 II gelten. Beide fallen oft zusammen, zB dann, wenn der ProzBev die Aufrechnung in der mündlichen Verhandlung erklärt; seine Vollmacht, § 81, erstreckt sich auch dann auf die Prozeßhandlung, wenn sie die sachlichrechtliche Erklärung nicht erlaubt. Die Partei kann eine sachlichrechtliche Aufrechnung aber auch selbst während des Prozesses, jedoch außerhalb des Verfahrens erklärt haben. Diese Erklärung ist sachlichrechtlich wirksam, §§ 209 II Z 3, 215, 387 ff BGB, wird aber erst durch eine entsprechende Erklärung innerhalb des Verfahrens prozessual wirksam. Man kann das auch so ausdrücken: Die Aufrechnung ist ein privatrechtliches Rechtsgeschäft; ihre Geltendmachung im Prozeß ist eine Parteiprozeßhandlung.

Wer dazu berechtigt ist, die Aufrechnung im Prozeß geltend zu machen, dem kann doch ein sachliches **11** Aufrechnungsrecht fehlen. Das gilt etwa für den Streithelfer, § 66, oder für einen im Prozeß beklagten Bürgen. Die Prozeßhandlung und die sachlichrechtliche Erklärung der Aufrechnung unterliegen eine *jede ihrem eigenen Recht.* Soweit die sachlichrechtliche Aufrechnungsmöglichkeit fehlt, ist auch eine Prozeßerklärte Aufrechnung wirkungslos, § 67 Rn 14. Soweit die Aufrechnung sachlichrechtlich wirksam erfolgt, kann die Partei doch persönlich gehindert sein, diese Aufrechnung im Verfahren prozessual geltend zu machen. Ein solches Verbot mag sich aus zwingenden prozessualen Vorschriften, etwa dem Anwaltszwang im Anwaltsprozeß, § 78 Rn 1, oder aus einer Vereinbarung ergeben, BGH NJW **79**, 2478, etwa aus einer Schiedsvereinbarung, §§ 1025 ff, Düss NJW **83**, 2149. Andernfalls muß das Gericht auf Grund eines Antrags des Klägers die Hauptsache für erledigt erklären, § 91 a. Soweit der Kläger diesen Antrag allerdings nicht stellt, muß das Gericht die Klage durch ein Sachurteil als unbegründet abweisen.

Eine sachlichrechtliche Aufrechnung wird mit ihrer Erklärung *endgültig.* Die prozessuale Aufrechnung **12** wird erst durch den ordnungsgemäßen Vortrag in der mündlichen Verhandlung wirksam und ist rücknehmbar. Der Bekl muß die Aufrechnungsforderung im einzelnen darlegen und evtl beweisen; andernfalls erfolgt eine insoweit gemäß § 322 II rechtskraftfähige Aberkennung der Aufrechnungsforderung, Knöringer NJW **77**, 2339. Das Gericht muß zuständig sein, und zwar nach verbreiteter Ansicht auch international, Üb 4 vor § 12, BGH NJW **93**, 2753, Geiner IPRax **94**, 83, MüKoPe 37, ZöGre 19, aM Kannengießer (vor Rn 1) 317 mwN unter Berufung auf EuGH NJW **96**, 42 mit sehr beachtlichen Argumenten (darunter: § 33 und Art 6 Z 3 EuGVÜ sind nicht einmal entsprechend anwendbar); zum Problem auch Wagner IPRax **99**, 65. Das Gericht muß ferner prüfen, ob der Klaganspruch bis zur Aufrechnung bestand. Denn sein Bestand ist eine der Voraussetzungen einer jeden wirksamen Aufrechnung, § 300 Rn 10, BGH LM § 322 Rn 21 (Beweiserhebungslehre). Zur Rechtskraftwirkung § 322 Rn 21–26. Zur Aufrechnung bzw Gegenaufrechnung des Klägers Nikles MDR **87**, 96; zur Aufrechnung mit rechtswegfremder Forderung Gaa NJW **97**, 3343.

**D. Hilfsaufrechnung.** Die Hilfsaufrechnung (Eventualaufrechnung) ist eine Erklärung der Aufrechnung **13** lediglich für den Fall, daß die Erstverteidigung versagt, § 260 Rn 8. Die Hilfsaufrechnung ist keine bedingte Aufrechnung. Denn sie hängt nicht von einem zukünftigen, ungewissen Ereignis ab, sondern vom Bestehen der Klagforderung, also von einem gewissen, gegenwärtigen Umstand. Deshalb bietet die Hilfsaufrechnung auch nichts besonderes. Eine Aufrechnung neben anderen Verteidigungsmitteln ist immer hilfsweise gemeint. Man würde sonst dem Aufrechnenden einen Widersinn unterschieben. Indessen ist das Gericht im Rahmen seiner Fragepflicht nach § 139 und unter Umständen auch nach § 278 III zumindest im Zweifel also, wenn die Partei anwaltlich vertreten ist, zu einer eindeutigen Erklärung der Frage verpflichtet, ob die Aufrechnung als eine sog Hauptaufrechnung oder lediglich als eine Hilfsaufrechnung erklärt wird. Mehrere unselbständige Teilbeträge derselben Forderung können nämlich zB nicht in einem Eventualverhältnis zum Gegenstand der Hilfsaufrechnungen gemacht werden, BGH MDR **95**, 407.

Der *Unterschied* beider Aufrechnungsarten kann beträchtlich sein, vgl zB Zweibr Rpfleger **85**, 328. Im Fall **14** einer Hauptaufrechnung will der Bekl grundsätzlich den Klaganspruch nicht (mehr) bestreiten, er will lediglich durch die Einführung eines nach seiner Meinung zur Aufrechnung geeigneten Gegenanspruchs eine Verurteilung im Ergebnis vermeiden. Er will freilich für dieses Ergebnis den Preis zahlen, daß er zur Aufrechnung gestellten Anspruch in demjenigen Umfang, in dem das Gericht diesen Anspruch als zur Aufrechnung geeignet hält, nicht mehr anderweitig gegenüber dem Bekl geltend machen kann. Bei einer bloßen Hilfsaufrechnung wendet sich der Bekl demgegenüber grundsätzlich zunächst ebenso gegen den Klaganspruch, als wenn er keinen angeblich zur Aufrechnung geeigneten Gegenanspruch besitzen würde. Er erwartet vom Gericht zunächst die Abweisung der Klage ohne eine Zuhilfenahme des Gegenanspruchs und hofft daher, den letzteren auch nach dem erfolgreichen Abschluß dieses Verfahrens geltend machen zu können. Er möchte also den Gegenanspruch nur für den Fall als verbraucht ansehen, daß seine Verteidigung gegenüber dem Klaganspruch erfolglos bleiben sollte.

**E. Aufrechnung und Rechtshängigkeit.** Eine Aufrechnung macht den zur Aufrechnung gestellten **15** Anspruch nicht nach § 261 rechtshängig. Das gilt für eine Hauptaufrechnung wie für eine Hilfsaufrechnung, BGH NJW **99**, 1180 (auch wegen der Zulässigkeit der Kombination von Aufrechnung und Widerklage). § 322 II und damit auch die Notwendigkeit der Angabe der Reihenfolge mehrerer zur Aufrechnung gestellter Forderungen, Schlesw MDR **76**, 50, hat mit der Rechtshängigkeit nichts zu tun, § 261 Rn 12, 13. Die Lehre von der „unentwickelten Widerklage", dazu krit Schreiber ZZP **90**, 399, übersieht, daß etwas Unentwickeltes nicht als die Entwickelte wirkt. Es ist entgegen Schmidt ZZP **87**, 34 durchaus dogmatisch argumentiert. Während das sachliche Recht die Aufrechnung ohne eine Einrede erlaubt, gibt eine vollzogene Aufrechnung im Prozeß die Möglichkeit einer Rüge.

Deshalb darf der Bekl die Aufrechnung *stets fallen lassen,* auch ohne die Zustimmung des Prozeßgegners. **16** Denn das Gegenteil wäre unerträglich, Braun ZZP **89**, 98. Eine Zurückweisung wegen Verspätung nach §§ 296, 528 ff ist nicht ausgeschlossen, Knöringer NJW **77**, 2339. ZöGre 15 wollen in einem solchen Fall

## § 145
1. Buch. 3. Abschnitt. Verfahren

mit den Grundsätzen zur ungerechtfertigten Bereicherung helfen. KG ZZP **86**, 441 wendet dann § 767 I an.

**17** Die Rüge der Aufrechnung hat zwar grundsätzlich mit den *Prozeßvoraussetzungen*, Grdz 12 vor § 253, etwa mit der Zuständigkeit oder mit der Zulässigkeit des Rechtswegs, für den Klaganspruch *grundsätzlich nichts zu tun*, BayObLG FamRZ **85**, 1059. Die Frage, ob das Gericht indessen über denjenigen Anspruch entscheiden darf, der der Aufrechnung zugrunde gelegt wird, ist davon abhängig, ob zwingendes Prozeßrecht oder eine prozessuale Vereinbarung eine solche Entscheidung verbieten, BGH NJW **79**, 2478, Schreiber ZZP **90**, 417. Das Gericht muß zB das Fehlen der Gerichtsbarkeit beachten, BGH **60**, 89, BayObLG FamRZ **85**, 1059, evtl ist gemäß § 148 auszusetzen oder darf jedenfalls ausgesetzt werden, BGH FamRZ **89**, 167.

Das Gericht muß auch das *Fehlen des ordentlichen Rechtswegs* beachten, § 13 GVG, BayObLG FamRZ **85**, 1059, zB bei einer öffentlichrechtlichen Gegenforderung, soweit sie streitig ist, BGH **60**, 88, Rupp NJW **92**, 3274, aM Schenk/Ruthig NJW **93**, 1375; vgl § 17 GVG. Etwas anderes gilt dann, wenn der Bestand der öffentlichrechtlichen Gegenforderung feststeht.

**18** Das Gericht muß ferner beachten, ob die Aufrechnung mit einem Anspruch erklärt wird, der dem *schiedsricherlichen Verfahren* unterworfen worden ist, § 1025 Rn 17, BGH **60**, 89, Düss NJW **83**, 2149, krit Schreiber ZZP **90**, 413. Eine Vereinbarung der alleinigen Zuständigkeit eines ausländischen Gerichts kann auch die Wirksamkeit einer Aufrechnung verhindern, BGH NJW **79**, 2478, aM Geimer NJW **73**, 951, (stellt auf die Grenzen der internationalen Zuständigkeit der BRep ab; vgl auch EuGH IPRax **86**, 27, Gottwald IPRax **86**, 11, Walchshöfer ZZP **86**, 333).

**19** Demgegenüber ist es für die Wirksamkeit der zur Aufrechnung gestellten Forderung *unerheblich, ob* das Gericht für die Aufrechnungsforderung *sachlich zuständig* wäre, ob es sich bei der Aufrechnungsforderung um eine Familiensache handelt, §§ 606 ff, BGH FamRZ **89**, 167, BayObLG FamRZ **85**, 1059, Düss FamRZ **87**, 706 und umgekehrt, Köln FamRZ **92**, 451, aM LAG Mü MDR **98**, 783, ob ein anderes ordentliches Gericht ausschließlich zuständig wäre oder ob zB ein Gericht der freiwilligen Gerichtsbarkeit, BGH FamRZ **89**, 167 (WEG), oder ein Arbeitsgericht, BGH FamRZ **89**, 167, oder ein Landwirtschaftsgericht zur Entscheidung über diese Forderung zuständig wären, BGH **60**, 88, und umgekehrt, BAG BB **72**, 1096. Evtl ist auszusetzen oder darf jedenfalls ausgesetzt werden, BGH FamRZ **89**, 167. Vgl ferner § 322 Rn 21–26. Eine Aufrechnung im Prozeß unterbricht die Verjährung nach § 209 II 3 BGB, sogar wenn sie prozessual unzulässig (aber sachlichrechtlich zulässig) ist, BGH MDR **82**, 651; vgl aber auch § 215 II BGB und BGH MDR **81**, 44. Das gilt aber nicht für einen überschießenden Anspruch, BGH RR **86**, 1079, und nicht für eine Gegenaufrechnung des Klägers, Köln RR **89**, 1079; dazu muß er die Klage erweitern, § 263, Köln RR **89**, 1080.

**20 F. Rechtlicher Zusammenhang.** Wenn zwischen dem Klaganspruch und der zur Aufrechnung gestellten Forderung ein rechtlicher Zusammenhang, vgl § 33 Rn 8, besteht, dann kommt nur eine Beschränkung der Verhandlung nach § 146 in Betracht. Wenn der rechtliche Zusammenhang fehlt, darf das Gericht, solange nicht der ganze Prozeß entscheidungsreif ist, § 300 Rn 6, nach seinem zwar pflichtgemäßen, aber nicht nachprüfbaren Ermessen eine Trennung des Klagspruchs und des zur Aufrechnung gestellten Anspruchs anordnen. Es kommt in diesem Zusammenhang nicht darauf an, ob der Bekl die Aufrechnung vor dem Prozeß oder im Prozeß erklärt hat und in welcher Instanz der Streit anhängig ist. Soweit das Gericht die Trennung anordnet, bleibt der Prozeß eine Einheit. Er zerfällt lediglich in zwei Teile mit jeweils selbständigen Verhandlungen.

Soweit der Klaganspruch nach dieser Trennung *entscheidungsreif* wird, erläßt das Gericht entweder ein Vorbehaltsurteil nach § 302, Mü FamRZ **85**, 85, oder weist die Klage ab. Eine Klagabweisung erledigt beide Prozeßteile. Denn die Aufrechnung ist ja im Weg einer bloßen Einrede erfolgt. Soweit die zur Aufrechnung gestellte Forderung zuerst entscheidungsreif wird, darf das Gericht kein Teilurteil nach § 301 und kein Zwischenurteil nach § 303 erlassen. In diesem Fall kann es lediglich eine Aufhebung der Trennung nach § 150 anordnen.

**21** Das Gericht darf über die beiden Prozeßteile nicht in verschiedenen Verhandlungsterminen entscheiden. Es darf aber natürlich auf Grund der nur zur Aufrechnungsforderung bestimmten Verhandlung *kein Versäumnisurteil* nach §§ 330 ff erlassen, aM StJL 70 (er hält gesonderte Termine für unstatthaft). Soweit die zur Aufrechnung gestellte Forderung auch im Weg einer Widerklage geltend gemacht wird, Anh § 253, also in Höhe desjenigen Betrags, der den Klaganspruch übersteigt, ist eine Trennung des Klagspruchs und des zur Aufrechnung gestellten Anspruchs unzweckmäßig. Wenn der Kläger nur einen Teilbetrag seines Anspruchs eingeklagt hat, darf das Gericht den Schuldner wegen seiner Aufrechnung auf den anderen, nicht eingeklagten Teil des Klagspruchs verweisen, BGH **LM** Nr 1.

**22 G. Urkundenprozeß.** Soweit die zur Aufrechnung gestellte Gegenforderung urkundlich belegt ist und der Kläger sich nicht dagegen mit den im Urkundenprozeß statthaften Mitteln verteidigt, ist die Klage als in der gewählten Prozeßart unzulässig abzuweisen, § 597 II, BGH **80**, 97. Soweit die zur Aufrechnung gestellte Forderung nicht belegt ist, ist ein Vorbehaltsurteil nach § 599 zu erlassen.

**23 H. Gegenaufrechnung.** Eine Aufrechnung des Klägers gegenüber der vom Bekl zur Aufrechnung gestellten Forderung ist unbeachtlich. Denn beim Fehlen der (ursprünglichen) Klageforderung kommt es schon auf die Aufrechnung des Bekl nicht an; beim Erfolg seiner Aufrechnung erlischt in Höhe der Klageforderung die Aufrechnungsforderung des Bekl, ThP 30, ZöGre 13, 22, aM Braun ZZP **89**, 100. Freilich mag der Kläger die Aufrechnungsforderung des Bekl bereits vor deren Erklärung von der eigenen Forderung „abgesetzt" und insofern wirksam aufgerechnet haben.

**24 7) Aufrechnungsähnliche Einrede, III.** Ähnlich wirkende Einreden stehen der Aufrechnung nicht gleich. Das gilt auch für ein sachlichrechtliches Zurückbehaltungsrecht. Sofern dieses Recht aber ganz wie eine Aufrechnung wirkt, nämlich dann, wenn sich zwei fällige Geldforderungen gegenüberstehen, sollte man das Zurückbehaltungsrecht wie eine Aufrechnung behandeln, aM StJL 63 (er beruft sich auf den „klaren

Wortlaut des Gesetzes". Aber das Gesetz sagt über diese Frage gar nichts), ThP 10. Eine Aufrechnung gegenüber einer Aufrechnung ist unstatthaft.

**8) VwGO:** *Statt I gilt § 93 VwGO. II u III sind entsprechend anwendbar, § 173 VwGO, weil § 93 für diese Fälle keine Regelung trifft, Ule VPrR § 46 III 1, aM für II Ey § 93 Rn 8, RedOe § 93 Anm 3.*

**146** *Beschränkung auf einzelne Angriffs- und Verteidigungsmittel.* **Das Gericht kann anordnen, daß bei mehreren auf denselben Anspruch sich beziehenden selbständigen Angriffs- oder Verteidigungsmitteln (Klagegründen, Einreden, Repliken usw.) die Verhandlung zunächst auf eines oder einige dieser Angriffs- oder Verteidigungsmittel zu beschränken sei.**

**1) Systematik, Regelungszweck.** Die Vorschrift ist eine Ergänzung zu § 145. Sie unterscheidet sich aber doch wesentlich von der echten Trennung des Prozesses in mehrere selbständige Teile, wie sie § 145 vorsieht. § 146 bezweckt lediglich die Erzielung einer besseren Übersichtlichkeit der Verhandlung. Die Vorschrift ist überflüssig. Denn bereits § 136 erlaubt dem Vorsitzenden dieselben prozeßleitenden Anordnungen, wie sie nach § 146 zulässig sind.

**2) Geltungsbereich.** Vgl Grdz 2 vor § 128.

**3) Beschränkung der Verhandlung.** Das Gericht kann nach seinem pflichtgemäßen Ermessen anordnen, daß sich die mündliche Verhandlung zunächst auf eines von mehreren Angriffs- oder Verteidigungsmittel, § 282 I, Begriff Einl III 70, zu beschränken habe. Wegen dieser Ausnahme vom Zusammenfassungsgrundsatz, Üb 6 vor § 253, sollte eine Anordnung nur bei einem ungewöhnlich umfangreichen und/oder schwierigen Prozeßstoff erfolgen. Sie ist nur zulässig, wenn folgende Voraussetzungen vorliegen:

**A. Selbständigkeit.** Das fragliche Angriffs- oder Verteidigungsmittel muß selbständig sein. Es muß also bereits aus sich heraus rechtsbegründend oder rechtsvernichtend oder rechtshindernd oder rechtserhaltend wirken, BGH **LM** § 41 p PatG aF Nr 26. Es ist unerheblich, ob eine dieser Wirkungen auf einem sachlichen Recht oder auf dem Prozeßrecht beruht oder ob ein bereits erlassenes Urteil auf Grund eines Rechtsmittels aufgehoben werden muß, BGH **LM** § 41 p PatG aF Nr 25.

*Beispiele* für selbständige Angriffs- oder Verteidigungsmittel: Ein selbständiger Klagegrund; eine Zulässigkeitsrüge, § 280; einzelne Posten einer rechnerischen Aufstellung; die Prozeßvoraussetzungen, Grdz 12 vor § 128; ein Revisionsgrund, §§ 549 ff; eine Aufrechnung, § 145 Rn 9 (aber in einem solchen Fall ist es zweckmäßiger, eine Trennung nach § 145 vorzunehmen); ein unzulässiges Teilurteil, § 301 Rn 4 ff.

*Beispiele des Fehlens* eines selbständigen Angriffs- oder Verteidigungsmittels: Bloßes Bestreiten; eine einzelne Tatsache; ein Beweisantrag, ein Beweiszeichen, BGH MDR **74**, 382; ein Beweismittel. Kein Angriffs- oder Verteidigungsmittel ist eine bloße Rechtsfrage, zB Verursachung, Verschulden, Verjährung.

**B. Zugehörigkeit zu demselben Anspruch.** Das Angriffs- oder Verteidigungsmittel muß sich grundsätzlich auf denselben Anspruch beziehen. Gemeint ist derselbe prozessuale Anspruch, § 2 Rn 3. Es genügt, daß einem Angriffsmittel ein Verteidigungsmittel gegenübersteht. § 146 ist allerdings unter Umständen auch bei einer Mehrheit von Ansprüchen anwendbar, auch bei einem Haupt- und Hilfsanspruch.

**C. Entscheidung.** Das Gericht entscheidet durch einen Beschluß, § 329. Er ist grundsätzlich zu begründen, § 329 Rn 4. Er wird verkündet oder den Parteien formlos mitgeteilt, § 329 I 1, II 1. Er ist nur zusammen mit dem Endurteil anfechtbar.

**4) Wirkung.** Die Wirkung der Beschränkungsanordnung ist rein tatsächlich. Der Beschluß schneidet keine Einrede ab. Er wirkt nicht über das Ende der Instanz hinaus. Das Gericht darf über die einzelnen Rechtsbehelfe keine getrennten Verhandlungen anordnen. Soweit der Prozeß entscheidungsreif ist, muß das Gericht trotz einer Trennung ein Endurteil erlassen, auch bei einem Säumnis ein Versäumnisurteil, §§ 330 ff. Die Entscheidung über die einzelnen Rechtsbehelfe erfolgt nur im Endurteil. Es ist also zwar ein Vorbehaltsurteil nach §§ 302, 304, 305, aber kein Zwischenurteil nach § 303, aM ZöGre 4, und kein Teilurteil nach § 301 zulässig.

**5) VwGO:** *Entsprechend anwendbar, § 173 VwGO, zB für die Verhandlung über Prozeßvoraussetzungen, oben Rn 4, und bei mehreren Ansprüchen, oben Rn 5. Entscheidung durch Beschluß, OVG Münster JZ **61**, 393, der unanfechtbar ist, § 146 II VwGO.*

**147** *Prozeßverbindung.* **Das Gericht kann die Verbindung mehrerer bei ihm anhängiger Prozesse derselben oder verschiedener Parteien zum Zwecke der gleichzeitigen Verhandlung und Entscheidung anordnen, wenn die Ansprüche, die den Gegenstand dieser Prozesse bilden, in rechtlichem Zusammenhang stehen oder in einer Klage hätten geltend gemacht werden können.**

### Gliederung

| | |
|---|---|
| 1) Systematik, Regelungszweck . . . . . . . . . . 1 | C. Unzulässigkeit . . . . . . . . . . . . . . . . . . . . . . 5 |
| 2) Geltungsbereich . . . . . . . . . . . . . . . . . . . . 2 | 4) Voraussetzungen im einzelnen . . . . . . . 6–13 |
| 3) Ermessen . . . . . . . . . . . . . . . . . . . . . . . . . 3–5 | A. Anhängigkeit mehrerer Prozesse . . . . . 6 |
|    A. Notwendigkeit . . . . . . . . . . . . . . . . . . 3 | B. Nämlichkeit des Gerichts . . . . . . . . . . . 7 |
|    B. Unzweckmäßigkeit . . . . . . . . . . . . . . . 4 | C. Nämlichkeit der Instanz . . . . . . . . . . . . 8 |

## § 147

| | | | |
|---|---|---|---|
| D. Nämlichkeit der Prozeßart | 9 | A. Grundsatz der Unanfechtbarkeit | 15 |
| E. Gleichzeitigkeit der Verhandlung und Entscheidung | 10 | B. Ausnahmsweise Beschwerde | 16 |
| F. Rechtlicher Zusammenhang | 11 | 7) **Kein Rechtsmittel gegen Ablehnung einer Verbindung** | 17 |
| G. Keine Entscheidungsreife | 12 | 8) **Wirkung** | 18–21 |
| H. Sonstige Einzelfragen | 13 | A. Verbindung | 18–20 |
| 5) **Entscheidung** | 14 | B. Unterbleiben einer Verbindung | 21 |
| 6) **Rechtsmittel gegen Verbindung** | 15, 16 | 9) *VwGO* | 22 |

**1** **1) Systematik, Regelungszweck.** Prozeßverbindung ist die vom Gericht nach seinem pflichtgemäßen Ermessen, vgl zB §§ 25, 254, 260, BAG BB **73**, 754, BPatG GRUR **81**, 348 (dieses Gericht spricht von „freiem" Ermessen), Kblz VersR **92**, 339, durch die Verbindung mehrerer Prozesse herbeigeführte Klägerhäufung (Streitgenossenschaft), § 59, oder Anspruchshäufung, § 260. Geschickt gehandhabt, erspart eine Prozeßverbindung Arbeit und Kosten und verringert die Gefahr unvereinbarer Entscheidungen, BAG DB **83**, 2579. Die Vorschrift dient damit der Prozeßwirtschaftlichkeit, Grdz 14 vor § 128. Sie sollte nicht unter dem Bestreben leiden, „Nummern zu machen". Sie ist namentlich dann angebracht, wenn der Kläger einen Anspruch in mehrere Prozesse zerlegt hat. Einzelheiten bei Schneider MDR **74**, 7.

**2** **2) Geltungsbereich.** Vgl Grdz 2 vor § 128. Die Vorschrift gilt auch vor dem Beschwerdegericht nach § 73 Z 2 GVG.

**3** **3) Ermessen.** Beim pflichtgemäßen Ermessen, Rn 1, ist insbesondere folgendes zu beachten.
**A. Notwendigkeit.** Eine Verbindung ist nur ausnahmsweise notwendig, zB nach den §§ 238, 517, 623, 643 a IV ZPO, 246 III, 249 II, 275 IV AktG, 51 III 5, 112 I 3 GenG, ferner zB dann, wenn der Unterhaltsgläubiger und der Unterhaltsschuldner mit Klage und Widerklage, nach § 253, für denselben Zeitraum jeder eine Abänderung (in gegenläufiger Richtung) beantragen, Zweibr FamRZ **88**, 421.

**4** **B. Unzweckmäßigkeit.** Die Prozeßverbindung kann allerdings auch zu außerordentlichen Komplikationen führen. Es kann sich zB ergeben, daß einer der verbundenen Prozesse wesentlich kompliziertere rechtliche oder tatsächliche Probleme enthält als der andere, so daß die Entscheidungsreife der verschiedenen Ansprüche nach § 300 Rn 6 unterschiedlich rasch eintritt, Kleveman MDR **99**, 975. Es können sich erhebliche Kostenprobleme ergeben. Deshalb kann es ebenso ratsam sein, statt einer Verbindung beide Prozesse rechtlich selbständig zu lassen und lediglich dafür zu sorgen, daß alle Termine in beiden Prozessen an demselben Tag und zu derselben Stunde stattfinden, so auch Mü Rpfleger **90**, 184, Saarbr RR **89**, 1216. Man kann dann praktisch wie bei verbundenen Prozessen verhandeln und entscheiden, ohne daß nachteilige Wirkungen einer Prozeßverbindung eintreten können. In einem solchen Fall ist allerdings darauf zu achten, daß alle Prozeßbeteiligten jeweils Klarheit darüber haben, welches der beiden Verfahren jeweils erörtert wird. Auch die Protokolle müssen in einem solchen Fall mit entsprechender Sorgfalt geführt werden. Ferner errechnen sich dann die Anwaltsgebühren nach den Streitwerten jedes einzelnen Prozesses, Mü Rpfleger **90**, 184.

**5** **C. Unzulässigkeit.** Eine Verbindung kann ausnahmsweise verboten sein, zB nach §§ 578 II, 610, 633, 638, 640 c, 667, 679, 684, 686, Art 50 § 5 CIM und CIV. Man darf nicht im Wechselprozeß, § 602, hilfsweise im normalen Urkundenprozeß nach §§ 592 ff klagen, BGH MDR **82**, 298. Unzulässig ist auch die Verbindung des Eilverfahrens, zB nach §§ 916 ff, mit dem Hauptsacheprozeß. Vgl auch Rn 6, 7. Im Fall der Zusammenführung oder Wiedervereinigung getrennter Patentanmeldungen ist § 147 nur bedingt entsprechend anwendbar, BPatG GRUR **81**, 348.

**6** **4) Voraussetzungen im einzelnen.** Eine Verbindung ist unter folgenden Voraussetzungen zulässig.
**A. Anhängigkeit mehrerer Prozesse.** Es müssen mehrere bisher rechtlich selbständige Prozesse anhängig sein, § 261 Rn 1, etwa ein Prozeß gegen den Hauptschuldner und ein weiterer gegen den Bürgen, Kblz JB **91**, 547. Eine Rechtshängigkeit, § 261 Rn 4, ist nicht erforderlich. LG Detm Rpfleger **92**, 427 wendet § 147 entsprechend bei mehreren Pfändungsanträgen desselben Gläubigers gegen denselben Drittschuldner an. Eine Verbindung mehrerer Kostenfestsetzungsverfahren nach §§ 103 ff aus getrennt geführten Prozessen ist unzulässig, Hamm Rpfleger **80**, 439. Eine Verbindung tritt nicht schon stets dadurch ein, daß zB der bisherige Streitgenosse des Bekl nun den Kläger und einen Dritten verklagt, § 253 Anh Rn 1, BGH ZZP **86**, 67.

**7** **B. Nämlichkeit des Gerichts.** Die bisherigen Prozesse müssen bei demselben Gericht anhängig sein, BPatG GRUR **81**, 347. Sie können grundsätzlich bei verschiedenen Abteilungen, Kammern oder Senaten anhängig sein. Eine Anhängigkeit des einen Prozesses bei der Zivilkammer, des anderen bei der Kammer für Handelssachen kann allerdings nicht zur Verbindung führen, vgl §§ 103 ff GVG.

**8** **C. Nämlichkeit der Instanz.** Die zu verbindenden Prozesse müssen in derselben Instanz anhängig sein, BPatG GRUR **81**, 347. Es kann sich auch um eine höhere Instanz handeln, BAG BB **73**, 754. Eine Revision muß in jedem der bisher getrennt geführten Prozesse zulässig sein, BGH NJW **77**, 1152.

**9** **D. Nämlichkeit der Prozeßart.** Alle zu verbindenden Prozesse müssen in derselben Prozeßart anhängig sein, BGH NJW **78**, 44, LG Stgt Rpfleger **96**, 167 (§§ 807, 900 ff).

**10** **E. Gleichzeitigkeit der Verhandlung und Entscheidung.** Die Verbindung muß den Zweck haben, eine gleichzeitige Verhandlung und Entscheidung in allen bisher einzeln geführten Prozessen herbeizuführen, Mü Rpfleger **90**, 184. Eine nur tatsächlich gleichzeitige Verhandlung rechtlich getrennt bleibender Prozesse ist keine Verbindung, VGH Mannh JB **98**, 83. Eine Verbindung nur zum Zweck einer Beweisaufnahme oder nur zum Zweck der Verhandlung ist an sich unzulässig, Köln VersR **73**, 285. Das Gericht kann die Prozesse aber vor der Beweisaufnahme verbinden und sie nach ihr wieder trennen. In einer Ehesache ist § 610 zu beachten. In einer Scheidungsfolgesache ist § 623 zu beachten. Zwischen einer Einzelklage und einer Verbandsklage nach dem AGBG ist keine Verbindung zulässig, Sieg VersR **77**, 494. Wegen einer Massenklage Stürner JZ **78**, 500.

1. Titel. Mündliche Verhandlung **§ 147**

**F. Rechtlicher Zusammenhang.** Zwischen den Klagansprüchen der verschiedenen Prozesse muß ein 11
rechtlicher Zusammenhang bestehen, vgl § 33 Rn 8, oder es müssen die Voraussetzungen einer Parteien-
oder Anspruchshäufung nach §§ 59, 60, 260 erfüllt sein. Eine Gleichartigkeit der Ansprüche genügt. Es ist
nicht erforderlich, daß der Kläger des einen Prozesses auch im anderen Prozeß Kläger ist. Dasselbe gilt für die
Rolle des Bekl. Da aber in demselben Prozeß dieselbe Person nicht zugleich Kläger und Bekl sein kann,
muß notfalls der Kläger des einen Prozesses auch zum Widerbekl, der Bekl dieses Prozesses auch zum
Widerkläger werden. Dabei wird die später rechtshängig gewordene Klage zur Widerklage, auch wenn deren
Voraussetzungen an sich fehlen.

**G. Keine Entscheidungsreife.** Keiner der bisher getrennt geführten Prozesse darf allein nach § 300 12
Rn 6 entscheidungsreif sein.

**H. Sonstige Einzelfragen.** Die Zustimmung einer Partei oder gar aller Beteiligten ist nicht erforderlich, 13
BPatG GRUR **81**, 348.

**5) Entscheidung.** Das Gericht entscheidet über die Prozeßverbindung auf Antrag oder von Amts wegen 14
durch einen Beschluß, § 329, BPatG GRUR **81**, 348. Zuständig ist das Kollegium; der Einzelrichter ist
gemäß §§ 348, 524 nur insoweit zuständig, als alle zu verbindenden Sachen ihm zugewiesen sind. Eine
Abgabe durch Verbindung ist unstatthaft. Der Beschluß ist eine prozeßleitende Maßnahme, Üb 5 vor § 128,
und erfordert daher keine mündliche Verhandlung, § 128 Rn 5, ZöGre 7, aM BGH **LM** Nr 1, ThP 2. Er ist
sogar stillschweigend zulässig, vgl § 145 Rn 5. In der einheitlichen Bewilligung einer Prozeßkostenhilfe für
mehrere bisher selbständige Prozesse, § 119, kann nur ausnahmsweise eine stillschweigende Prozeßverbindung gesehen werden, Schneider MDR **74**, 8. Wenn sich ein Gericht in mehreren bisher getrennten
Prozessen über rechtlich zusammenhängende Ansprüche für unzuständig erklärt, handelt es sich meist nicht
um eine Verbindung, BGH NJW **80**, 192. Das Gericht muß seine Entscheidung trotz ihrer Unanfechtbarkeit
grundsätzlich begründen, § 329 Rn 4. Die Entscheidung wird verkündet oder den Parteien formlos mitgeteilt, § 329 I 1, II 1. Das Gericht kann seine Entscheidung jederzeit abändern, § 150.

**6) Rechtsmittel gegen Verbindung.** Beim Rpfl gilt § 11 RPflG, vgl § 104 Rn 41 ff. Im übrigen gilt: 15

**A. Grundsatz der Unanfechtbarkeit.** Gegen den Verbindungsbeschluß ist grundsätzlich kein Rechtsbehelf statthaft, vgl auch BPatG GRUR **85**, 1041. Man kann erst das Urteil anfechten. Freilich bleibt zu
prüfen, ob überhaupt eine Verbindung vorliegt.

**B. Ausnahmsweise Beschwerde.** Soweit eine Verbindung auf einen auch nur teilweisen Verfahrensstill- 16
stand hinausläuft, Ffm RR **92**, 32, zB bei einer unzulässigen Verbindung eines Eilverfahrens, etwa nach
§§ 916 ff, mit dem Hauptsacheprozeß, Rn 5, kann die einfache Beschwerde nach § 252 S 1 zulässig sein.

**7) Rechtsmittel gegen Ablehnung einer Verbindung.** Es ist kein Rechtsbehelf statthaft, BPatG 17
GRUR **85**, 1041, Kblz JB **91**, 547. Beim Rpfl gilt § 11 RPflG, vgl § 104 Rn 41 ff.

**8) Wirkung.** Es kommt auf die Entscheidungsart an. 18

**A. Verbindung.** Die bisher selbständigen Prozesse sind von der Wirksamkeit des Verbindungsbeschlusses
an für die Zukunft miteinander verbunden. Die in den bisherigen Prozessen erzielten Ergebnisse und
Wirkungen bleiben also bestehen. ZöGre 8 befürwortet eine Wiederholung der Beweisaufnahme, soweit
die Parteien nicht ausdrücklich darauf verzichten. Das kann zwar zB gemäß §§ 397 ff notwendig sein, würde
aber im übrigen dem mit der Verbindung erstrebten Zweck der Prozeßwirtschaftlichkeit, Rn 1, zuwiderlaufen. Mehrere Parteien in derselben prozessualen Stellung werden zu Streitgenossen, §§ 61 ff, Köln VersR
**73**, 285. Dadurch kann die Zeugnisfähigkeit entfallen, Üb 22 vor § 373 „Streitgenosse".

Das Gericht muß über die verbundenen Ansprüche *gleichzeitig und einheitlich verhandeln und entscheiden*. Das 19
gilt auch dann, wenn das Gericht die Verbindung unzulässig nur zum Zweck der Verhandlung oder nur zum
Zweck der Verhandlung und der Beweisaufnahme angeordnet hat, Köln VersR **73**, 285. Es ist allerdings
denkbar, daß das Gericht in einem solchen Fall keine eigentliche Verbindung gemeint hat, sondern nur
vorübergehende Vereinfachungsmaßnahmen treffen wollte, Rn 4, Köln VersR **73**, 285. Das Revisionsgericht
darf diese Frage nachprüfen, BGH **LM** Nr 1. Soweit das Gericht trotzdem getrennt entschieden hat, liegt für
die Frage der Statthaftigkeit eines Rechtsmittels ein einheitlicher Spruch vor, BGH **LM** Nr 1, Schneider
MDR **74**, 8.

Das Gericht darf im Anschluß an den Verbindungsbeschluß nur dann *sofort* verhandeln, wenn der Termin
für alle nunmehr miteinander verbundenen Prozesse bestimmt worden war; ob das der Fall war, ist durch
Auslegung ermittelbar, Stgt AnwBl **89**, 232. Eine Beschwerdesumme ist nach dem Gesamtwert der verbundenen Ansprüche zu berechnen, abw BGH NJW **77**, 1152, Schneider MDR **73**, 979.

Für die *Gebührenberechnung* sind diejenigen Handlungen, die nach der Verbindung vorgenommen wurden, 20
nach dem neuen, durch eine Zusammenrechnung gefundenen Streitwert zu berechnen, soweit sie nicht
denselben Streitgegenstand betreffen, § 19 I GKG. Eine bereits vor der Verbindung entstandene Gebühr
bleibt bestehen, Bbg JB **76**, 775, Mü Rpfleger JB **78**, 1853, Uhlenbruck KTS **87**, 567. Die Höchstgrenze
des § 21 II GKG ist zu beachten, Meyer JB **99**, 240. Bei der Streitgenossenschaft vgl auch § 6 BRAGO. Eine
Prozeßverbindung läßt die sachliche Zuständigkeit grundsätzlich unberührt. Etwas anderes gilt nur dann,
wenn der Kläger die Zuständigkeit des AG erschlichen hatte, Einl III 56, § 2 Rn 7.

**B. Unterbleiben einer Verbindung.** In diesem Fall läuft jeder der bisherigen Prozesse unverändert 21
weiter, Wieser ZZP **86**, 41. Eine Widerklage, Anh § 253, wird nicht schon wegen der Ablehnung einer
Verbindung unzulässig, BGH ZZP **86**, 67, Wieser ZZP **86**, 41.

**9) *VwGO:* Eigene Regelung in § 93.** 22

## Einführung vor §§ 148–155
### Aussetzung

**Schrifttum:** *Fichtner,* Grenzen des richterlichen Ermessens bei Aussetzung und Ruhen des Verfahrens in der ZPO usw, 1996; *Heil,* Die Bindung der Gerichte an Entscheidungen anderer Gerichte, Diss Bochum 1983.

### Gliederung

| | | | |
|---|---|---|---|
| 1) Systematik | 1 | 5) Wegfall des Aussetzungsgrundes | 6 |
| 2) Regelungszweck | 2 | 6) Vorgreiflichkeit | 7, 8 |
| 3) Geltungsbereich | 3, 4 | A. Grundsatz: Vermeidung widersprüchlicher Entscheidungen | 7 |
| A. Zulässigkeit der Aussetzung | 3 | B. Einzelfragen | 8 |
| B. Unzulässigkeit der Aussetzung | 4 | | |
| 4) Wirkung | 5 | 7) *VwGO* | 9 |

**1) Systematik.** §§ 148 ff regeln, ergänzt durch verstreute Sondervorschriften, zB § 65 (Einmischungsklage), die Aussetzung des Verfahrens. Sie ist ein Stillstand des Verfahrens auf Grund einer gerichtlichen Anordnung, im Gegensatz zu demjenigen kraft Gesetzes, §§ 239 ff.

**2) Regelungszweck.** Eine Aussetzung scheint dem Grundsatz der Förderungspflicht, Grdz 12, 13 vor § 128, zu widersprechen. Indessen dient die Aussetzung der Vermeidung vorschneller Entscheidungen und dann unnötig folgender Rechtsmittel und damit in Wahrheit doch einer richtig verstandenen Verfahrensförderung sowie der Prozeßwirtschaftlichkeit, Grdz 14, 15 vor § 128. Freilich läßt sich so manche Aussetzung bei genauerer Prüfung sehr wohl vermeiden. Alles das ist bei der Auslegung mitzubeachten. Die Änderungs- und Aufhebungsmöglichkeiten nach §§ 150, 155 dienen dazu, den Prozeß wieder so bald wie möglich fortzuführen, und sollten großzügig genutzt werden.

**3) Geltungsbereich.** Man unterscheidet am besten nach dem Ergebnis.

**A. Zulässigkeit der Aussetzung.** Die Aussetzung ist nur in den gesetzlich vorgesehenen Fällen zulässig, also nicht schon deswegen, weil sie auf Grund einer gesetzlichen Vorschrift, die eine Aussetzung nicht eindeutig erlaubt, zweckmäßig oder sogar eigentlich notwendig wäre, etwa in dem nach einem Ablehnungsverfahren, §§ 42 ff, Hamm MDR 99, 374, oder im Fall des § 2 III 2 Hs 2 MHG, § 148 Rn 1–6, 8 und 20 „Mietrecht". Das Gericht hat also in der Zulässigkeitsfrage nicht etwa einen Ermessensspielraum, Brschw FamRZ 77, 132, KG FamRZ 77, 51, Köln MDR 76, 1026, aM LG Mü NJW 76, 1637, Graf von Westphalen FamRZ 76, 525. Ein Nichtaussetzungsbeschluß wegen der Neuregelung des Rechts der *Ehescheidung* ist nicht mit der Verfassungsbeschwerde anfechtbar, BVerfG FamRZ 77, 34.

Die §§ 148–155 enthalten *nur einige* der gesetzlich zulässigen Aussetzungsfälle. Andere Fälle (Übersicht: § 148 Rn 12 ff) befinden sich zB in §§ 65, 251 (Ruhen des Verfahrens), §§ 246, 247, 578 II, 614, 640 f, 681, 953, ferner in vielen anderen Gesetzen. So kommt zB eine Aussetzung wegen der Zuständigkeit des BVerfG in Betracht, § 148 Rn 29 „Verfassungsrecht", ferner zB wegen der Zuständigkeit eines Kartellgerichts, § 96 II GWB, § 148 Rn 18 „Kartellrecht". Die Aussetzung des Verfahrens ist teils notwendig, teils dem Gericht freigestellt, BGH 97, 145. Soweit sie notwendig ist, muß das Gericht aussetzen, sobald die Voraussetzungen einer Aussetzung vorliegen können, BGH NJW 86, 1746.

**B. Unzulässigkeit der Aussetzung.** Übersicht: § 148 Rn 12 ff. In einem Verfahren auf den Erlaß eines Arrests oder einer einstweiligen Verfügung ist eine Aussetzung grundsätzlich unzulässig, Grdz 13, 14 vor § 916, ebenso im Verfahren auf eine einstweilige Anordnung, §§ 620a ff, im Prozeßkostenhilfeverfahren, § 118 Rn 4, im Urkundenprozeß, Grdz 1 vor § 592, in der Zwangsvollstreckung, Grdz 38 vor § 704.

**4) Wirkung.** Es kommt nicht darauf an, wie das Gericht seine Anordnung nennt. Auch eine Vertagung ist eine Aussetzung, wenn die Vertagung in ihrer Wirkung einer Aussetzung gleichkommt, wenn das Gericht zB auf unbestimmte Zeit vertagt oder wenn es auf die Dauer eines Jahres vertagt, es sei denn, daß für eine so lange Frist schon jetzt ein sachlicher Grund erkennbar ist, etwa die monatelange Abwesenheit eines Zeugen. Die Wirkung jeder beliebigen Aussetzung richtet sich nach § 249. Eine Aufnahme des Verfahrens erfolgt nach § 250. Das Gericht kann die Aussetzung jederzeit aufheben, § 150.

**5) Wegfall des Aussetzungsgrundes.** Soweit der Grund für die Aussetzung des Verfahrens wegfällt, zB durch den Erlaß der vorgreiflichen Entscheidung, ist die Aussetzung auch ohne eine Aufnahmeerklärung von selbst beendet, Hbg ZZP 76, 476. Dann beginnt die etwa unterbrochene Verjährung von selbst neu zu laufen, BGH 106, 298. Im übrigen kann die Partei das Verfahren entsprechend § 246 aufnehmen. Das gilt im Fall des § 248 dann, wenn der andere Prozeß erledigt ist, im Fall des § 149 dann, wenn das Strafverfahren erledigt ist, in den Fällen der §§ 151–154 dann, wenn das betreffende Verfahren erledigt ist, im Fall des § 65 dann, wenn das Gericht über die Einmischung rechtskräftig entschieden hat.

**6) Vorgreiflichkeit.** Ein einfacher Grundsatz bereitet im Einzelfall viele Probleme.

**A. Grundsatz: Vermeidung widersprüchlicher Entscheidungen.** Zum Begriff § 148 Rn 3. §§ 148 bis 155 regeln die Aussetzung wegen einer Vorgreiflichkeit (Präjudizialität) für den Bereich der ZPO abschließend. Daneben bestehen allerdings Sondergesetze, Rn 3. Der Zweck dieser Art der Aussetzung des Verfahrens liegt hauptsächlich darin, mehrere widersprüchliche Entscheidungen zu vermeiden, Düss GRUR **79**, 637, LAG Bln JZ **81**, 32, LAG Hamm DB **83**, 2579. Zur Vermeidung eines solchen Ergebnisses kann aber statt einer Aussetzung eine Verbindung ratsam sein, LAG Hamm DB **83**, 2579. Diese Aussetzung soll aber außerdem verhindern, daß ein weniger gut unterrichtetes Gericht über eine Frage entscheiden muß, die ihm ferner liegt, Köln MDR **83**, 848.

Die Aussetzung darf in keinem Fall der *bloßen Bequemlichkeit* des Gerichts dienen, auch nicht unter dem Vorwand einer Prozeßwirtschaftlichkeit, Grdz 14 vor § 128, Köln MDR **83**, 848. Schon gar nicht darf die Aussetzung eine Prozeßverschleppung fördern. Sie darf also nur aus einem gesetzlich zugelassenen Grund erfolgen. Sie kommt im Fall der Entscheidungsreife, § 300 Rn 6, nicht mehr in Betracht, auch nicht, soweit die Klage nur zur Zeit unbegründet ist. Andernfalls ist eine Aussetzung als eine Anordnung des Ruhens des Verfahrens, § 251 a, ohne einen zugehörigen Rechtsgrund anzusehen. In diesem Fall kann das Verfahren jederzeit wieder aufgenommen werden. Sofern das Gericht die Aufnahme ablehnt, ist die sofortige Beschwerde zulässig, § 252 Hs 2.

**B. Einzelfragen.** Übersicht: § 148 Rn 17 „Gesetzesänderung", § 148 Rn 28 „Vaterschaftsverfahren": 8

7) *VwGO:* Die Aussetzung ist besonders geregelt nur in § 94 (entspricht § 148, sieht darüber hinaus idF des 6. 9 VwGOÄndG eine Aussetzung zur Heilung von Verfahrens- und Formfehlern vor, dazu krit Kuhla/Hüttenbrink DVBl **96**, 718) und in § 93 a VwGO (Musterverfahren). Eine entsprechende Anwendung, § 173 VwGO, der §§ 149–155 ist geboten.

## 148 Aussetzung bei Vorgreiflichkeit.
Das Gericht kann, wenn die Entscheidung des Rechtsstreits ganz oder zum Teil von dem Bestehen oder Nichtbestehen eines Rechtsverhältnisses abhängt, das den Gegenstand eines anderen anhängigen Rechtsstreits bildet oder von einer Verwaltungsbehörde festzustellen ist, anordnen, daß die Verhandlung bis zur Erledigung des anderen Rechtsstreits oder bis zur Entscheidung der Verwaltungsbehörde auszusetzen sei.

**Schrifttum:** *Brenner,* Der Einfluß von Behörden auf die Einleitung und den Ablauf von Zivilprozessen, 1989; *Mittenzwei,* Die Aussetzung des Prozesses zur Klärung von Vorfragen usw, 1971; *Ströbele,* Die Bindung der ordentlichen Gerichte an Entscheidungen der Patentbehörden, 1975.

### Gliederung

| | |
|---|---|
| 1) **Systematik, Regelungszweck** ........ 1 | 7) **Aussetzungsverfahren** ............... 31–37 |
| 2) **Geltungsbereich** ..................... 2 | A. Zuständigkeit ...................... 31 |
| 3) **Vorgreiflichkeit** .................... 3–6 | B. Ermessen ......................... 32–34 |
| A. Begriff .......................... 3–5 | C. Anhörung usw .................... 35, 36 |
| B. Entsprechende Anwendbarkeit ........ 6 | D. Entscheidung ..................... 37 |
| 4) **Fremde Entscheidung** ............... 7–10 | 8) **Rechtsbehelfe** ...................... 38–41 |
| A. Gericht .......................... 7, 8 | A. Aussetzung ....................... 38 |
| B. Verwaltungsbehörde ............... 9, 10 | B. Ablehnung der Aussetzung .......... 39 |
| 5) **Bindungswirkung** ................... 11 | C. Entscheidung im Urteil ............. 40 |
| 6) **Beispiele zur Frage der Zulässigkeit, Notwendigkeit oder Unzulässigkeit einer Aussetzung** ................... 12–30 | D. Weitere Beschwerde ............... 41 |
| | 9) *VwGO* ............................. 42 |

**1) Systematik, Regelungszweck.** Vgl zunächst Einf 1, 2 vor §§ 148–155. Im Fall einer Vorgreiflichkeit **1** im engeren Sinn hilft § 148, bei einer solchen im weiteren Sinn § 149. Die Sondervorschriften der §§ 151–154 haben Vorrang. Unabhängig davon, ob der Zivilrichter an die vorgreifliche Entscheidung auch wirklich formell gebunden wäre (beides ist durchaus voneinander zu unterscheiden), sollte die meist größere Sachkunde der vorgreiflichen Entscheidung berufenen Stelle im Interesse der Gerechtigkeit, Einl III 9, den Ausschlag vor Erwägungen der Zügigkeit geben, zumal § 150 Korrekturen ermöglicht.

**2) Geltungsbereich.** Vgl Einf 3 vor §§ 148–155. § 148 ist auch in einem Verfahren der *freiwilligen* **2** *Gerichtsbarkeit* entsprechend anwendbar, Rn 16. Freilich sollte man trotz des Zwecks, der Prozeßwirtschaftlichkeit zu dienen, keine allzu weite Auslegung vornehmen, Rn 23.

**3) Vorgreiflichkeit.** Erste Voraussetzung ist Vorgreiflichkeit einer fremden Entscheidung. **3**
**A. Begriff.** Die Entscheidung in der ausgesetzten Sache muß also mindestens teilweise vom Bestehen oder dem Nichtbestehen eines Rechtsverhältnisses abhängen, § 256 Rn 5, Karlsr GRUR **81**, 761, Köln RR **88**, 1172, LG Bochum WoM **84**, 335, über das ein anderer Prozeß vor einem Gericht schwebt oder das von einer Verwaltungsbehörde festzustellen ist, insofern ebenso Hamm FamRZ **88**, 633. In beiden Fällen muß die Feststellung über dasselbe Rechtsverhältnis voraussichtlich in einer der inneren Rechtskraft fähigen Entscheidung zu treffen sein, vgl Einf 2 vor §§ 322–327, Mittenzwei 83. Die Gültigkeit oder die Ungültigkeit eines Gesetzes stellen kein Rechtsverhältnis dar, BFH NJW **74**, 1480, Hamm FamRZ **79**, 164, ThP 9, aM Oldb NJW **78**, 2160, Skouris NJW **75**, 714.
Eine bloße *Rechtsfrage,* also etwa beim sog Musterprozeß, ist auch dann kein Rechtsverhältnis, wenn sie für die Beteiligten bedeutsam ist, vgl § 256 Rn 11, Karlsr GRUR **81**, 761, Brommann AnwBl **85**, 6. Es ist aber nicht auch erforderlich, daß die Entscheidung in dem anderen Verfahren für den auszusetzenden Prozeß auch wirklich eine Rechtskraft schafft. Es genügt vielmehr jeder rechtliche Einfluß des anderen Verfahrens auf den auszusetzenden Prozeß, Köln RR **88**, 1172. Ein rechtlicher Einfluß reicht auch insofern aus, als er einen bloßen Beweggrund darstellen würde, LG Mainz VersR **79**, 334, oder als es um eine Tatsachenfeststellung geht, aM Drsd MDR **98**, 493, Mü MDR **96**, 197. Eine Nämlichkeit der Parteien braucht nicht vorzuliegen.
Andererseits berechtigt die *Nämlichkeit* der Parteien, Grdz 3 vor § 50, und eine *Gleichartigkeit der Ansprüche* **4** in beiden Verfahren *nicht* schon als solche zu einer Aussetzung, Celle ZMR **86**, 120, Köln MDR **83**, 848. Ebensowenig berechtigt eine Nämlichkeit der Streitgegenstände, § 2 Rn 3, zur Aussetzung, LG Ffm RR **87**, 1424 (WEG). Denn in diesem Fall muß der später rechtshängig gewordene Prozeß gemäß § 261 III Z 1

## § 148

abgewiesen werden. Auch die bloße Gefahr widersprechender Entscheidungen oder die Möglichkeit, daß der Prozeß durch den anderen gegenstandslos wird, reichen nicht, Ffm BB **71**, 1479. Dagegen ist § 148 anwendbar, wenn derselbe Anspruch in einem der Prozesse nur als eine Einrede geltend gemacht wird. Eine Aufrechnung mit einer anderweit rechtshängigen Forderung kann genügen, § 145 Rn 15.

5 Die Abhängigkeit muß sich nach dem Beibringungsgrundsatz, Grdz 20 vor § 128, aus dem *Parteivorbringen* ergeben. BAG NJW **80**, 142 wendet den § 148 entsprechend an, wenn feststeht, daß für eine unstreitige Insolvenzforderung nicht mehr genug in der Masse vorhanden ist; LAG Köln KTS **85**, 564 (zustm Uhlenbruck) verneint das Rechtsschutzinteresse, Grdz 33 vor § 253, schon bei einer derartigen bloßen Möglichkeit, Uhlenbruck KTS **85**, 565 regt eine Umstellung auf einen Feststellungsantrag an. Düss NJW **74**, 2010 wendet wegen § 3 Z 8 PflVG den § 148 entsprechend an, wenn das Gericht die Klage gegenüber dem Versicherer durch ein Teilurteil abgewiesen hat, während die Berufungsinstanz noch nicht über die restliche Klage gegenüber dem Versicherungsnehmer erstinstanzlich entschieden hat.

6 **B. Entsprechende Anwendbarkeit.** § 148 ist ferner entsprechend anwendbar, wenn eine ähnliche Sache beim BVerfG anhängig ist, Rn 29 „Verfassungsrecht".

7 **4) Fremde Entscheidung.** Vorgreiflich muß als weitere Voraussetzung gerade eine fremde Entscheidung sein. Sie muß zur Aufgabe der einen oder der anderen der nachfolgend genannten Stellen gehören.

**A. Gericht.** Entweder muß im Zeitpunkt der Aussetzung des vorliegenden Verfahrens ein anderer Rechtsstreit vor einem anderen Spruchkörper desselben Gerichts oder vor einem anderen ordentlichen oder sonstigen Gericht schon und noch anhängig sein, § 261 Rn 1, Düss RR **95**, 832, Karlsr FamRZ **92**, 831. Seine bloße Anhängigkeit im Mahnverfahren vor dem Beginn des Übergangs in das streitige Verfahren nach § 697 genügt nicht. Es ist aber unerheblich, ob die Rechtshängigkeit im anderen Verfahren später als im auszusetzenden Verfahren eingetreten ist. Es ist auch unerheblich, ob der andere Prozeß zB vor einem Arbeits- oder Schiedsgericht oder vor einem kirchlichen Verwaltungsgericht rechtshängig ist, LG Mannh ZMR **78**, 86. Auch ein FGG-Verfahren können ausreichen, Hbg FamRZ **83**, 643, etwa ein WEG-Verfahren, auch ein streitiges, Hbg WoM **91**, 310, Köln RR **88**, 1172. Ein ausländisches Gericht reicht an sich aus, Köln IPRax **92**, 89, jedoch ist eine Aussetzung dann oft unzweckmäßig, zumindest ist die Bindungswirkung des ausländischen Urteils zu prüfen, Ffm NJW **86**, 1443.

8 Es reicht also *nicht* aus, daß das Rechtsverhältnis im *gegenwärtigen* Prozeß und vor diesem Gericht zu klären ist, Kblz VersR **92**, 1536, etwa bei § 2 III 2 Hs MHG, Einf 1 vor §§ 148–155, AG Lübeck WoM **83**, 52, Barthelmess WoM **83**, 66, Sternel ZMR **83**, 79, aM Lessing DRiZ **83**, 463.

9 **B. Verwaltungsbehörde.** Oder es muß das fremde Verfahren vor einer Verwaltungsbehörde schweben, BGH VersR **88**, 75. Eine Anhängigkeit ist in diesem Fall nicht notwendig. Für den auszusetzenden Prozeß muß aber der ordentliche Rechtsweg zulässig sein, § 13 GVG. Andernfalls muß das Prozeßgericht diese Klage durch ein Prozeßurteil als unzulässig abweisen, Grdz 14 vor § 253. Freilich sollte man aussetzen, soweit die Zulässigkeit der Klage von einer Vorentscheidung der Verwaltungsbehörde abhängt, Köln RR **86**, 935, aber eben auch nur dann, BGH VersR **88**, 75. Als eine Verwaltungsbehörde ist auch ein Richter der freiwilligen Gerichtsbarkeit anzusehen. Denn § 148 stellt das Prozeßgericht anderen zu einer Entscheidung berufenen Stellen gegenüber. Eine Entscheidung des Richters der freiwilligen Gerichtsbarkeit hat aber keine geringere Bedeutung als diejenige einer anderen verwaltenden Stelle. Allerdings ist für dieses Gebiet keine einheitliche Beantwortung möglich. Es kommt also auf die Art des Verfahrens an, zB darauf, ob es sich um eine echte Streitsache handelt. Andererseits ist eine Aussetzung grundsätzlich nicht das Mittel, um Klagegründe oder Einwendungen zu liefern, Einf 10 vor § 148.

Ein *Verwaltungsgericht* zählt aber nicht zu Rn 9, sondern zu den Gerichten nach Rn 7, 8.

10 In bestimmten Fällen ist eine Aussetzung nach Rn 9 *zwingend* vorgeschrieben, etwa dann, wenn zunächst die Entscheidung der Kartellbehörde oder des Kartellsenats nach § 96 GWB abzuwarten ist, Rn 18 „Kartellrecht".

11 **5) Bindungswirkung.** Die fremde Entscheidung muß auf das jetzt zuständige Gericht eine Bindungswirkung haben. Das Gericht des auszusetzenden oder ausgesetzten Verfahrens ist an die Entscheidung des anderen Verfahrens nur insoweit gebunden, als die andere Entscheidung für das vorliegende Verfahren eine Rechtskraftwirkung hat, so auch Schmidt unten (Rn 16 „Europäischer Gerichtshof") 733. Das Gericht ist auch an eine Entscheidung einer Verwaltungsbehörde im Rahmen dieser Rechtskraftwirkung gebunden, BGH **LM** § 322 Nr 12 (es handelt sich dort um die Feststellung der Rechtswidrigkeit eines Verwaltungsakts), vgl aber Schlesw FamRZ **78**, 153. Allerdings sprechen zahlreiche Gesetze auch unabhängig von einer Rechtskraftwirkung eine Bindungswirkung der Entscheidung des anderen Verfahrens aus, zB bei einer Entscheidung des Sozialgerichts, § 141 SGG). Wenn ein Gesetz bestimmt, daß der Kläger vor der Klagerhebung die Entscheidung einer Verwaltungsbehörde einholen muß, dann ist die Zulässigkeit der Klage von der Entscheidung der Verwaltungsbehörde als einer Prozeßvoraussetzung abhängig. Unter Umständen darf der Prozeß aber auch in einem solchen Fall ausgesetzt werden.

12 **6) Beispiele zur Frage der Zulässigkeit, Notwendigkeit oder Unzulässigkeit einer Aussetzung**
**Ablehnung:** Einf 3 vor §§ 148–155.
**Abtretung:** Eine Aussetzung ist zulässig, wenn in dem einen Prozeß ein Zessionar klagt, in dem anderen die Nichtigkeit der Abtretung behauptet wird oder wenn der Zedent als Zeuge eingesetzt werden soll, Köln RR **99**, 140.
**Aktenverweigerung:** Rn 29 „Verwaltungsbehörde".
**Arbeitsrecht,** dazu *Konzen* Festschrift für Zeuner (1994): Das Beschleunigungsgebot ist besonders zu beachten, LAG Mainz MDR **98**, 724, LAG Mü MDR **89**, 673. Eine Aussetzung ist zulässig, wenn es in dem einen Prozeß um einen Schadensersatzanspruch wegen eines Arbeitsunfalls geht, in dem anderen um den Rentenbescheid der Berufsgenossenschaft, oder wenn es in dem einen Prozeß um eine Kündigung geht, in dem anderen um die nachträgliche Zulassung einer Kündigungsschutzklage nach § 5 KSchG, LAG Hamm DB **90**, 796, oder (nur noch) um die Zustimmung der Hauptfürsorgestelle, BAG DB **92**,

1. Titel. Mündliche Verhandlung § 148

2197, LAG Ffm DB **94**, 1628, LAG Mainz MDR **98**, 725, oder wenn es um eine Tariffähigkeit geht, § 97 V ArbGG.

Eine Aussetzung ist in folgenden Fällen *unzulässig:* Es geht in dem einen Verfahren um einen Kündigungsgrund, den die Partei in einem anderen Prozeß bereits mehrfach geltend gemacht hat, LAG Hamm DB **77**, 1276; es geht in dem einen Prozeß um einen Kündigungsschutz, in dem anderen um einen kündigungsabhängigen Entgeltsanspruch usw, LAG Hamm MDR **85**, 700, LAG Köln MDR **98**, 544, Seidel DB **94**, 1280; in dem einen Prozeß verlangt der Kläger die Räumung einer Dienstwohnung, in dem anderen streiten sich die Parteien darum, ob der Mieter seine Weiterbeschäftigung an einem entfernteren anderen Ort erreichen kann, LG Mannh ZMR **78**, 86.

S auch Rn 13 „Betriebsverfassungsrecht".

**Arrest, einstweilige Verfügung:** Wegen der besonderen Eilbedürftigkeit ist eine Aussetzung grds unzulässig, Grdz 13, 14 vor § 916. Das gilt zunächst im Eilverfahren, vgl auch BVerfG NJW **92**, 2749, ferner aber erst recht im Hauptprozeß: Das Gericht darf ihn keineswegs schon deshalb aussetzen, weil ein zugehöriges vorläufiges Eilverfahren anhängig ist, Düss FamRZ **85**, 410, Köln WRP **73**, 597, aM Düss GRUR **84**, 757. **13**

**Aufrechnung:** Eine Aussetzung ist zulässig, wenn es in dem einen Prozeß um eine Aufrechnung mit einer in dem anderen Prozeß früher rechtshängig gewordenen Forderung geht, § 145 Rn 15, Drsd NJW **94**, 139, oder um eine Aufrechnung mit einer Forderung, über die auch das FamG entscheiden dürfte, BGH FamRZ **89**, 169, oder ein Gericht im anderen Rechtsweg zu entscheiden hat, § 145 Rn 19, aM LAG Mü MDR **98**, 783.

*Unzulässig* ist die Aussetzung, wenn das Gericht nur über die Aufrechnungsbefugnis, nicht nach § 322 II über den Bestand und Umfang der Gegenforderung zu entscheiden hat, BGH **95**, 112, Drsd NJW **94**, 139, oder wenn es im anderen Prozeß nur um eine Hilfsaufrechnung geht, Drsd NJW **94**, 139.

S auch Rn 29 „Verwaltungsrechtsweg".

**Ausländische Entscheidung:** Rn 7, Rn 14 „Ehescheidung".

**Aussagegenehmigung:** Eine Aussetzung ist zulässig, wenn es darum geht, ob ein Vorgesetzter einem Zeugen oder Sachverständigen eine Aussagegenehmigung zu erteilen oder zu verweigern hat, Zweibr MDR **95**, 202.

**Betriebsverfassungsrecht:** Wegen einer betrieblichen Mitbestimmung Dütz BB **78**, 214; wegen einer Betriebsvereinbarung LAG Ffm BB **88**, 77.

S auch Rn 12 „Arbeitsrecht".

**Bürge:** Rn 26 „Teilforderung".

**Dienstwohnung:** Rn 12 „Arbeitsrecht".

**Dritter:** Eine Aussetzung ist zulässig, wenn in dem einen Prozeß der Beweisführer die Mitwirkung eines Dritten benötigt, in dem anderen diesen entsprechend verklagen will, Nürnb MDR **83**, 942.

**Ehescheidung:** Eine Aussetzung ist zulässig, wenn in dem einen Prozeß ein Scheidungsbegehren vorliegt, in dem anderen um einen Wiedereinbürgerungsantrag, oder wenn es in dem einen Prozeß um die Gewährung einer Sozialversicherungsrente geht, in dem anderen um die Forderung gegen den geschiedenen Ehegatten auf Zahlung des Differenzbetrages zwischen dem angemessenen und dem notwendigen Lebensbedarf, Düss (6. FamS) FamRZ **81**, 53, aM Düss (5. FamS) FamRZ **82**, 822 oder wenn es in einer Ehesache um die Anerkennung einer ausländischen Entscheidung geht, § 328 Rn 59. **14**

S auch ferner § 328 Rn 59, ferner hier „Ehewohnung", „Einstweilige Anordnung".

**Ehewohnung:** Eine Aussetzung ist zulässig, wenn in dem einen Prozeß ein früherer Ehegatte verauslagte Wohnungskosten einklagt und der beklagte andere Ehegatte mit Unterhalts- und Zugewinnausgleichsansprüchen aufrechnet, die er in dem anderen Prozeß (vor dem FamG) schon und noch geltend macht, Mü FamRZ **85**, 85.

**Einstweilige Anordnung:** Eine Aussetzung im Verfahren auf den Erlaß einer einstweiligen Anordnung, §§ 620 a ff, kommt wegen seines vorläufigen Charakters grds ebensowenig in Betracht wie bei einem Arrest oder einer einstweiligen Verfügung, Grdz 13, 14 vor § 916.

**Erbrecht:** Eine Aussetzung kann zulässig sein, wenn es in dem einen Prozeß um eine Auskunft über erbrechtliche Vorgänge geht, im anderen um den Erbschein, Mü RR **95**, 779.

Eine Aussetzung ist *unzulässig,* wenn es in dem einen Prozeß um die Gültigkeit eines Testaments geht, in dem anderen um die Erteilung eines Erbscheins, BayObLG **86**, 244 (der Erbschein ändert die Erblage nicht), KG OLGZ **75**, 356.

**Erledigung:** Nach beiderseits wirksamen Erledigterklärungen, § 91 a Rn 96 ff, kommt grds keine Aussetzung mehr in Betracht, auch nicht zB in einer Kartellsache, Köln MDR **76**, 1025. **15**

S auch Rn 20 „Musterprozeß".

**Ermessen:** Rn 32 ff.

**Euratomvertrag:** Eine Aussetzung kann notwendig sein, Art 150 I Euratomvertrag, wenn über die Auslegung des Vertrags, über die Gültigkeit und über die Auslegung einer Handlung eines Organs der Gemeinschaft oder über die Auslegung der Satzung der durch den Rat geschaffenen Einrichtungen gestritten wird, soweit eine Satzung eine Aussetzung überhaupt vorsieht; Einzelheiten Schumann ZZP **78**, 77. **16**

Das staatliche Gericht ist *zur Vorlage verpflichtet,* wenn seine Entscheidung nicht mehr mit einem Rechtsmittel angefochten werden kann, also zB ein LG als Berufungsgericht, ein OLG in einer nicht revisionsfähigen Sache. Die Anrufung des EuGH kann auch dann notwendig sein, wenn es sich bei der Streitfrage nur um eine Vorfrage handelt.

S auch „Europäischer Gerichtshof".

**Europäischer Gerichtshof,** dazu *Basse,* Das Verhältnis zwischen der Gerichtsbarkeit des Gerichtshofes der Europäischen Gemeinschaften und der deutschen Zivilgerichtsbarkeit, 1966; *Prütting,* Das Vorabentscheidungsverfahren des EuGH, Gedächtnisschrift für *Arens* (1993) 339; *Schmidt,* Vorlageverfahren nach Art. 177 EGV und Zivilprozeßordnung usw, Festschrift für *Lüke* (1997) 721:

# § 148

Soweit es sich um eine *letztinstanzliche Entscheidung* handelt, kann es notwendig sein, in einer das Europarecht der verschiedenen Ausprägungen betreffenden Frage das Verfahren auszusetzen, um die Entscheidung des EuGH einzuholen, EWG-Vertrag Art 85, 177 II, Pfeiffer NJW **94**, 1996 (vgl allerdings auch Düss NJW **93**, 1661, Karlsr GRUR **81**, 761), Euratomvertrag Art 150 II.

Zur Bindungswirkung der Entscheidungen des EuGH BVerfG MDR **88**, 204, BGH DB **94**, 2132, Ehricke, Die Bindungswirkung von Urteilen des EuGH usw, 1997.

S auch „Euratomvertrag", „EWG-Vertrag", Rn 20 „Montanvertrag".

**EWG-Vertrag,** dazu *Dauses,* Das Vorabentscheidungsverfahren nach Art 177 EG-Vertrag, 2. Aufl 1995: Eine Aussetzung kann notwendig sein: Nach Art 85, 86 EWG-Vertrag, BGH NJW **85**, 2896; nach Art 177 III EWG-Vertrag, Ffm NJW **83**, 294 (keine MWSt auf Verzugszinsen), Heß ZZP **108**, 59, Lenz NJW **93**, 2664 (auch rechtspolitisch), Pfeiffer NJW **94**, 1996, aM Karlsr GRUR **81**, 761. Das staatliche Gericht ist zur Vorlage verpflichtet, wenn seine Entscheidung nicht mehr mit einem Rechtsmittel angefochten werden kann, also zB ein LG als Berufungsgericht, ein OLG in einer nicht revisionsfähigen Sache. Die Anrufung des EuGH kann auch dann notwendig sein, wenn es sich bei der Streitfrage nur um eine Vorfrage handelt, Düss VersR **94**, 1204.

S auch „Europäischer Gerichtshof":

**Freiwillige Gerichtsbarkeit:** Eine Aussetzung ist zulässig, wenn es in dem einen Verfahren um einen Zivilprozeß geht, in dem anderen um ein solches der freiwilligen Gerichtsbarkeit, auch der sog streitigen. § 148 ist dann zumindest entsprechend anwendbar,BayObLG FamRZ **99**, 335, KG FGPrax **97**, 199. Dasselbe gilt beim Zusammentreffen von FGG-Verfahren und schiedsrichterlichem Verfahren, Düss RR **95**, 832.

S auch Rn 30 „Wohungseigentum".

**Gebrauchsmuster:** Eine Aussetzung kann zulässig sein, wenn es im anderen Verfahren um ein Löschungsverfahren nach § 11 GebrMG geht.

17 **Gesetzesänderung:** Das Gericht darf ein Verfahren nicht schon deshalb aussetzen, weil zu der Streitfrage eine bestimmte gesetzliche Regelung demnächst zu erwarten steht. Denn die Parteien können eine unverzügliche Entscheidung nach dem derzeitigen Recht fordern, und das Gericht hat insofern ohnehin eine Amtspflicht; es ist die Sache des Gesetzgebers, Überleitungsvorschriften zu schaffen, Hamm NJW **76**, 2325, Köln MDR **76**, 1026, Mü NJW **76**, 1850, aM Dieckmann FamRZ **76**, 635. Noch weniger ist eine Aussetzung zulässig, solange eine gesetzliche Neuregelung nur geplant ist. Denn durch eine solche Aussetzung würde praktisch ein Stillstand der Rechtspflege eintreten, Habscheid FamRZ **74**, 670.

**Gültigkeit eines Gesetzes:** Eine Aussetzung kommt in Betracht, wenn eine Vorlage beim BVerfG erfolgen soll, Rn 29 „Verfassungsrecht".

*Unzulässig* ist eine Aussetzung aber, soweit es um eine sonstwie auftretende Problematik zur Gültigkeit eines Gesetzes geht, BGH NJW **74**, 1480, aM Skouris NJW **75**, 717.

**Herstellung:** Eine Aussetzung ist zulässig, wenn in dem einen Prozeß des Klägers die Unterlassung einer Herstellung fordert, in dem anderen streitig ist, ob der Bekl eine amtliche Erlaubnis zur Herstellung hat.

**Hilfsaufrechnung:** Rn 13 „Aufrechnung".

**Insolvenz:** Das Gericht kann den Prozeß eines Insolvenzgläubigers gegen den Verwalter entsprechend § 148 bis zum Ende des Insolvenzverfahrens aussetzen, wenn der Verwalter die Unzulänglichkeit der Masse einwendet, Köln BB **95**, 2552.

**Internationale Zuständigkeit:** Soweit eine Aussetzung nach Art 22 I EuGVÜ wegen einer Frage der internationalen Zuständigkeit ergeht, ist das deutsche Gericht an das ausländische Verfahren grds nicht gebunden, LG Ffm IPRax **92**, 389.

18 **Kartellrecht:** Eine Aussetzung ist zulässig (und geboten), wenn die Zuständigkeit eines Kartellgerichts in Betracht kommt, § 96 II GWB, Hamm MDR **86**, 769, Schmidt NJW **90**, 2112, von Winterfeld NJW **85**, 1816. Eine Aussetzung ist ferner zulässig bei einem Streit um die Auslegung der Artt 85, 86 EWG-Vertrag, §§ 96 II, 97 GWB.

Eine Aussetzung ist *nicht* erforderlich, wenn das nach §§ 87, 89, 92–94 GWB zuständige Kartellgericht über den wettbewerbsrechtlichen Hauptanspruch und eine kartellrechtliche Vorfrage einheitlich entscheiden kann, Köln RR **94**, 1390.

S auch Rn 15 „Erledigung".

**Kindschaftssache:** Über die Zulässigkeit einer Aussetzung im Fall einer Kindschaftssache bis zur Möglichkeit der Einholung eines Blutgruppengutachtens oder eines erbbiologischen Gutachtens Einf 12 vor §§ 148–155.

**Kommanditgesellschaft:** Eine Aussetzung ist unzulässig, wenn es sich bei dem einen Prozeß um die Klage auf Auflösung einer KG handelt, in dem anderen um einen Anschließungsstreit eines Gesellschafters. Denn diese Verfahren können miteinander verbunden werden, da keine Abhängigkeit besteht.

S auch Rn 28 „Verbindung":

**Kündigung, -sschutz:** Rn 12 „Arbeitsrecht".

19 **Leasingvertrag:** Eine Aussetzung ist zulässig, wenn es in dem einen Prozeß um die Wandlung eines Leasingvertrages gegenüber dem Lieferanten geht, in dem anderen um die Forderung auf Leasingraten, BGH NJW **86**, 1744.

20 **Maklervertrag:** Eine Aussetzung ist zulässig, wenn in dem einen Prozeß der Kläger einen Maklerlohn fordert, in dem anderen streitig ist, ob der vermittelte Vertrag wirksam zustande gekommen ist.

**Massenklage:** Vgl Müller VersR **98**, 1188 (Unfall), Stürner JZ **78**, 501.

S auch Rn 12 „Arbeitsrecht".

**Mietrecht:** Eine Aussetzung ist in folgenden Fällen unzulässig: Es geht in dem einen Prozeß vor dem VG um die Berechnung einer Kostenmiete, in dem anderen vor dem Zivilgericht um die Wirksamkeit einer

## 1. Titel. Mündliche Verhandlung § 148

Mieterhöhungserklärung, LG Bochum WoM **84**, 335; es geht um § 2 III 2 HS 2 MHG, AG Bad Homburg WoM **85**, 323, AG Lübeck WoM **83**, 52, aM Lessing DRiZ **83**, 463.
S auch Rn 12 „Arbeitsrecht".
**Montanvertrag:** Eine Aussetzung ist nach Art 41 Montanvertrag notwendig, wenn die Gültigkeit eines Beschlusses der Hohen Behörde oder des Rates in Frage gestellt wird. Das staatliche Gericht ist dann stets zur Vorlage beim EuGH verpflichtet, vgl Rn 16 „Europäischer Gerichtshof".
**Musterprozeß:** Als Ausnahme von dem Grundsatz Rn 26 „Teilforderung" ist eine Aussetzung zulässig, wenn die Parteien in dem einen Prozeß, zB über eine Teilforderung, vereinbart haben, das andere Verfahren als einen Musterprozeß anzusehen, Köln NJW **58**, 106, Hirte ZZP **104**, 56. Eine Aussetzung kommt auch in Betracht, wenn eine Entscheidung im anderen Prozeß die Hauptsache des ersten Prozesses sonstwie erledigen würde, Schmidt NJW **79**, 411.
**NATO-Truppenstatut:** Eine Aussetzung kommt nach Art VIII Abs 8 NTS in Verbindung mit Art 41  21 Abs II ZAbkNTS in Betracht, soweit eine dienstliche Handlung in Frage steht.
**Neue Tatsache:** Eine Aussetzung ist, abgesehen von einer Ausnahme im Patentrecht, Rn 22, unzulässig, wenn der Revisionskläger das Rechtsmittel auf eine neue Tatsache stützt oder wenn die Revision nur durch deren Einführung zulässig werden könnte, BGH ZMR **73**, 269.
**Öffentliches Recht:** Rn 34.
**Patentrecht:** Eine Aussetzung ist zulässig, wenn es in dem Patenterteilungsverfahren um eine unübersicht-  22 liche Schutzrechtsklage des anderen Verfahrens geht, Mü GRUR **90**, 353, oder wenn das Gericht des einen Verfahrens die Erledigung einer älteren Anmeldung (anderes Verfahren) abwarten will, BPatG GRUR **81**, 585. Für einen Aussetzungsstreit wegen einer gegen des Klagepatent erhobenen Nichtigkeitsklage ist eine Wahrscheinlichkeit für den Erfolg der Nichtigkeitsklage notwendig, BGH GRUR **87**, 284, Düss GRUR **79**, 637, von Maltzahn GRUR **85**, 172 (hohe Wahrscheinlichkeit nötig). Dann muß das Gericht nämlich die (neue) Tatsache der Patentvernichtung beachten, und zwar auch noch im Revisionsrechtszug und vor der Entscheidung über die Ablehnung der Annahme der Revision, BGH **81**, 399. Wegen einer einstweiligen Verfügung der ersten Instanz in einem derartigen Fall Ffm GRUR **81**, 907, Lidle GRUR **78**, 95.
**Pflegschaft:** Eine Aussetzung ist zulässig, wenn es in dem einen Prozeß um die Sachbefugnis des Klägers, in dem anderen um die Beendigung der Pflegschaft geht.
**Prozeßfähigkeit:** Die Rüge ihres Fehlens im Vorprozeß reicht nicht, Zweibr FamRZ **98**, 380.
**Prozeßgrundlagen:** Eine Aussetzung ist unzulässig, wenn sie in dem einen Prozeß lediglich Zeit zur  23 Beschaffung der Prozeßgrundlagen für den anderen Prozeß (oder gar für denselben) geben soll. S allerdings auch Rn 7 vor §§ 148–155.
**Prozeßkostenhilfe:** Eine Aussetzung kommt im Verfahren nach §§ 114 ff grds nicht in Betracht, § 118 Rn 4.
**Prozeßwirtschaftlichkeit:** Da § 148 der Prozeßwirtschaftlichkeit dient, ist eine nicht zu enge Auslegung statthaft, auch um widersprechende Entscheidungen zu verhindern. Indessen darf man nun auch nicht durch eine zu weite Auslegung die Gefahr des Prozeßstillstandes herbeiführen oder gar die Vorschrift mißbrauchen, um nicht den Prozeß arbeitsintensiv fördern zu müssen, Einl III 54.
**Rechtsfrage:** Eine Aussetzung kommt in Betracht, wenn es sich als notwendig erweist, das Verfahren zB  24 dem Gemeinsamen Senat der Obersten Gerichtshöfe des Bundes vorzulegen, vgl § 11 II G vom 19. 6. 68, BGBl 661.
**Rechtshängigkeit:** Rn 7, 8.
**Rechtsschutzversicherung:** Eine Aussetzung des Prozesses mit Rechtsschutzversicherung darf nicht bis zur Beendigung des Hauptprozesses erfolgen, Hamm VersR **94**, 1184.
**Rente:** Rn 14 „Ehescheidung", Rn 26 „Sozialrecht".
**Revision:** Eine Aussetzung ist in der Revisionsinstanz zulässig, wenn ein Enteignungsverfahren mit seinem Ergebnis vorgreiflich ist, BGH RR **92**, 1149.
S auch Rn 21 „Neue Tatsache".
**Scheckprozeß:** Rn 27 „Urkundenprozeß".  25
**Schiedsgericht:** Eine Aussetzung ist wegen § 1032 I zulässig, wenn es in dem anderen Verfahren um ein Schiedsgericht geht.
**Schlichtungsstelle:** Eine Aussetzung kommt nicht schon deshalb in Betracht, um ihr Gutachten abzuwarten, Endes Festschrift für Schneider (1997) 446.
**Seeschiff:** Eine Aussetzung ist zulässig, wenn es in dem einen Prozeß um einen Anspruch geht, zu dessen Höhe in dem anderen Prozeß bei einem ausländischen Gericht mit dem Ziel einer Haftungsbeschränkung nach dem Internationalen Übereinkommen über die Beschränkung der Haftung der Eigentümer von Seeschiffen gestritten wird, Schlesw SchlHA **79**, 953.
*Unzulässig* ist die Aussetzung bei einem Seerechtlichen Verteilungsverfahren, Rheinschiffahrtsobergericht Köln VersR **80**, 41.
**Selbständiges Beweisverfahren:** Rn 26 „Streitverkündung".
**Sozialrecht:** Eine Aussetzung kann bei § 114 II SGG zulässig sein, BSG MDR **93**, 61. Sie ist ferner zulässig,  26 wenn es in dem anderen Prozeß um die Anerkennung einer Härtefalls im Sinn von § 91 III 1 BSHG geht, über den in einem anderen Verfahren endgültig zu befinden wäre, Nürnb MDR **80**, 1028, oder wenn es auch um Fragen geht, über die im Anfechtungsverfahren nach § 76 V 4 BetrVG im Rahmen der Beurteilung eines Sozialplans zu entscheiden ist, LAG Hamm BB **78**, 1014, oder wenn ein Sozialplan veränderten Umständen anzupassen ist, BAG MDR **97**, 173, oder wenn es in dem einen Prozeß um die Gewährung einer Sozialversicherungsrente geht, in dem anderen um die Forderung gegen den geschiedenen Ehegatten auf Zahlung des Differenzbetrages zwischen dem angemessenen und dem notwendigen Unterhalt, Düss (6. FamS) FamRZ **81**, 53, aM Düss (5. FamS) FamRZ **82**, 822, oder wenn ein Betriebsunfall zu beurteilen ist, BGH NJW **72**, 1990.
Eine Aussetzung ist in folgenden Fällen *unzulässig:* In dem einen Prozeß geht es vor dem SG um eine gesetzliche Rente, in dem anderen vor dem Zivilgericht um eine private Zusatzversicherung, Hamm

## § 148

VersR **85**, 132; in dem einen Prozeß geht es um den Erlaß eines Sozialversicherungsanspruchs, nach § 76 II Z 3 SGB IV, in dem anderen um die Haftung dieser Partei, LG Wiesb NJW **85**, 2770; in dem einen Prozeß klagt der Sozialhilfeträger aus übergegangenem Recht, in dem anderen ficht der Schuldner die Überleitung an, Oldb MDR **98**, 181, Zeranski FamRZ **99**, 824, aM Seetzen NJW **78**, 1352.
S auch Rn 27 „Unterhalt".
**Streitverkündung:** Eine Aussetzung kann zulässig sein, wenn eine Streitverkündung erfolgt, Hamm MDR **94**, 619, Mü RR **98**, 576 (§§ 485 ff). Wegen §§ 68, 74 sollte man aber zurückhaltend vorgehen.
**Teilforderung:** Eine Aussetzung ist grds unzulässig, zB dann, wenn in dem einen Prozeß ein Teilbetrag einer Gesamtforderung oder eines Dauerschuldverhältnisses streitig ist, in dem anderen ein weiterer Teilbetrag. Denn eine Entscheidung in dem anderen Prozeß schafft für den ersten keine Bindungswirkung, Celle ZMR **86**, 120, Köln MDR **83**, 848. Dasselbe gilt, wenn im anderen Prozeß ein Bürge in Anspruch genommen wird, Mü MDR **96**, 197.
S aber auch Rn 20 „Musterprozeß".
**Todeserklärung:** Eine Aussetzung ist zulässig, wenn es in dem anderen Verfahren um eine Todeserklärung geht.

27 **Unterhalt:** Eine Aussetzung ist zulässig, wenn es in dem einen Prozeß um einen übergeleiteten Unterhaltsanspruch geht, in dem anderen um die Wirksamkeit einer Überleitungsanzeige, zB nach dem SGB, LG Duisb MDR **83**, 139, LG Hann (8. ZK) FamRZ **77**, 755, Seetzen NJW **78**, 1352, aM LG Hann (11. ZK) MDR **82**, 586 (die Vorgreiflichkeit trete erst dann ein, wenn das VG die aufschiebende Wirkung des Widerspruchs angeordnet habe), aM Hamm FamRZ **88**, 633. Eine Aussetzung ist ferner dann zulässig, wenn es in dem einen Prozeß um eine Unterhaltsforderung geht, in dem anderen um einen Anspruch nach § 1612 II 2 BGB, Hbg FamRZ **83**, 643.
*Unzulässig* ist eine Aussetzung in folgenden Fällen: In dem einen Prozeß macht der Kläger eine Unterhaltsforderung geltend, über die ein Strafverfahren anhängig ist, Stgt FamRZ **79**, 40; in dem einen Verfahren geht es um eine Unterhaltsforderung eines noch als ehelich geltenden Kindes, dessen Ehelichkeit noch nicht durch eine Klage in einem anderen Verfahren angefochten worden ist, Schlesw SchlHA **78**, 222; in dem einen Prozeß geht es vor dem AG um eine Unterhaltsforderung, in dem anderen vor dem SG um eine Erwerbsunfähigkeitsrente, Karlsr FamRZ **85**, 1070.
S auch Rn 14 „Ehescheidung".
**Urkundenprozeß:** Eine Aussetzung kommt in dieser Verfahrensart grds nicht in Betracht, Grdz 1 vor § 592, Hamm NJW **76**, 246, Karlsr GRUR **95**, 263.

28 **Vaterschaftsverfahren:** In den Fällen einer Feststellung der Vaterschaft oder einer Anfechtung der Anerkennung der Vaterschaft erfolgt eine Aussetzung von Amts wegen bis zu demjenigen Zeitpunkt, in dem das Kind ein solches Alter erreicht, das die Entnahme einer Blutprobe für das Blutgruppengutachten und evtl eine zusätzliche sichere erbbiologische Untersuchung ermöglicht, §§ 640 ff. Gegen eine derartige Entscheidung wirkt § 155. Gegen eine solche Aufhebungsanordnung ist die Beschwerde nach § 252 zulässig. Im Beschwerdeverfahren prüft das Gericht summarisch, ob eine Blutgruppenbegutachtung oder eine erbbiologische Untersuchung überhaupt eine Erfolgsaussicht bieten würde, nicht jedoch zB, ob auch noch andere aussichtsreiche Beweismittel zur Verfügung stehen. Das Gericht darf also nicht etwa einen Beweisbeschluß aufheben, sondern nur den Fortgang des Verfahrens anordnen. Auch während einer Aussetzung ist eine einstweilige Verfügung über die vorläufige Verpflichtung zur Zahlung eines Unterhalts zulässig, § 641 d. Bis zur Rechtskraft der Entscheidung über die Vaterschaft wird der Prozeß über einen bestimmten (nicht über den Regel-)Unterhalt ausgesetzt, Art 12 § 18 II NEG, Üb 3 vor § 642. Bei einem Verstoß erfolgt keine Zurückverweisung, BGH **LM** NEG Nr 8. Im Vereinfachten Verfahren erfolgt eine Aussetzung bis zur Entscheidung über die Abänderungsklage, § 641 o II, kaum umgekehrt, § 323 Rn 83.
**Verbindung:** Bei einer Verbindungsmöglichkeit ist eine Aussetzung unzulässig, Nürnb BayJMBl **56**, 131, LAG Hamm MDR **84**, 173.
S auch Rn 18 „Kommanditgesellschaft".

29 **Verfassungsrecht:** Eine Aussetzung ist zulässig (und geboten), wenn das BVerfG in dieser Sache als zuständig anzusehen ist, §§ 100, 125 GG, oder wenn es in dieser Sache um die Zuständigkeit eines Verfassungsgerichts eines Bundeslandes geht, § 1 GVG Rn 6, BVerfG WoM **87**, 207, BGH NJW **83**, 1313, Mü FamRZ **79**, 1027, aM Köln MDR **77**, 938. Eine Aussetzung ist ferner entsprechend § 148 zulässig, wenn eine ähnliche Sache beim BVerfG anhängig ist, BVerfG NJW **73**, 1319, BGH NJW **98**, 1957, Nürnb MDR **90**, 451 (es verneint freilich die Zweckmäßigkeit einer Aussetzung, aM BayObLG FamRZ **91**, 228, LAG Hamm MDR **83**, 789.
Zum *Begründungszwang* beim Vorlagebeschluß BVerfG **62**, 229. Der Rpfl darf nicht nach Art 100 GG vorlegen, BVerfG **55**, 371. Es kann aber für das Gericht der Hauptsache angezeigt sein, vor einer Vorlage beim BVerfG einen vorläufigen Rechtsschutz zu gewähren, um einen effektiven Rechtsschutz zu erreichen, soweit die Hauptsache nicht vorweggenommen wird, BVerfG NJW **92**, 2749.
**Verkehrsunfall:** Werden Halter und Versicherer verklagt, so ist eine Aussetzung gegenüber nur einem der beiden Bekl. unzulässig, Kblz VersR **92**, 1536.
**Versicherungsrecht:** Eine Aussetzung ist zulässig, wenn in dem einen Prozeß ein Versicherungsnehmer Partei ist, der in dem anderen wegen einer Vorfrage einen Rechtsbehelf, auch „nur" in einem Verwaltungsverfahren, ergriffen hat, BGH VersR **88**, 75.
**Verwaltungsbehörde:** Eine Aussetzung ist zulässig, wenn die Verwaltungsbehörde in dem anderen Verfahren eine den Klaganspruch des einen Verfahrens rückwirkend vernichtende Verfügung angekündigt hat, ZöSte 9, oder die Löschung des Klagezeichens angeordnet hat, Köln RR **86**, 935, oder zB eine Amtshilfe verweigert, etwa eine Generalakte nicht zur Verfügung stellt, sodaß die Partei nach § 23 EGGVG vorgehen will, vgl § 273 Rn 16.
**Verwaltungsrechtsweg:** Mit Rücksicht auf die Unzulässigkeit des ordentlichen Rechtswegs muß der Zivilrichter den Prozeß wegen § 322 II auch dann aussetzen, wenn der Bestand einer Forderung streitig ist, die

1. Titel. Mündliche Verhandlung § 148

im Verwaltungsrechtsweg geklärt werden muß, § 145 Rn 15, BVerwG NJW **87**, 2532, aM RedOe § 40 VwGO Rn 19. In einem solchen Fall ist ein Vorbehaltsurteil zweckmäßig.
**Vorliegen einer Entscheidung:** Eine Aussetzung ist unzulässig, wenn es in dem einen Prozeß nur darauf ankommt, ob in dem anderen Prozeß überhaupt eine Entscheidung ergangen ist, nicht auch darauf, welchen Inhalt sie hat.
**Wechselprozeß:** Rn 27 „Urkundenprozeß". 30
**Wettbewerbsbeschränkung:** Rn 18 „Kartellrecht".
**Wettbewerbsrecht:** Eine Aussetzung ist zulässig, wenn es in dem einen Prozeß um die Herausgabe von Schmiergeld geht, in dem anderen um deren Verfall nach § 12 III UWG.
S auch Rn 18 „Kartellrecht".
**Widersprechende Entscheidungen:** Wegen der bloßen Möglichkeit von Entscheidungen, die einander widersprechen, Schlesw FamRZ **78**, 153.
**Wohnungseigentum:** Eine Aussetzung ist grds zulässig, BayObLG WoM **95**, 67, zB wenn es in dem einen Prozeß um die Abberufung des Verwalters (WEG-Verfahren) geht, in dem anderen (Zivilprozeß) um die von der Abberufung abhängige Frage der Fortzahlung seiner Vergütung, Köln RR **88**, 1172, oder wenn es um § 46 II WEG geht, Anh II nach § 281.
*Unzulässig* ist eine Aussetzung grds dann, wenn es neben einem Verfahren nach § 43 I Z 1 WEG zu einem solchen nach § 43 I Z 4 WEG kommt; ersteres läuft grds weiter, Karlsr ZMR **92**, 511.
**Zeitgewinn:** Rn 23 „Prozeßgrundlagen".
**Zeuge:** Eine Aussetzung ist zulässig, wenn es in dem einen Prozeß ein Zeuge aussagen soll, in dem anderen der Beweisführer auf die Erteilung einer Genehmigung der Zeugenaussage nach § 376 I klagen muß.
Sie ist *unzulässig,* soweit man durch sie erreichen möchte, daß aus dem Streitgenossen infolge seines Ausscheidens ein (wenn auch einziger) Zeuge werden könnte, Köln RR **99**, 140.
S auch Rn 12 „Abtretung".
**Zurückverweisung:** Eine Aussetzung ist unzulässig, wenn es in dem einen Prozeß um eine Forderung nach § 717 II 1 geht, während in dem anderen eine Zurückverweisung erfolgt, Düss NJW **74**, 1715.
S auch „Zwangsvollstreckung".
**Zwangsvollstreckung:** Eine Aussetzung ist unter den Voraussetzungen des § 901 III 1 *zulässig.*
Sie ist im übrigen *unzulässig,* soweit es sich um ein Zwangsvollstreckungsverfahren handelt, Grdz 38 vor § 704 (dort auch zur Streitfrage). Das gilt auch bei § 717 II, § 717 Rn 13.
S auch „Zurückverweisung".

**7) Aussetzungsverfahren.** Das Gericht muß mehrere Aspekte beachten. 31

**A. Zuständigkeit.** Die Aussetzung steht dem Prozeßgericht zu, soweit es überhaupt zu einer Sachentscheidung berufen ist, also nicht dann, wenn es die Klage durch ein Prozeßurteil als unzulässig abweisen muß, Grdz 14 vor § 253. Die Aussetzung kommt natürlich auch in der zweiten Instanz in Betracht, LAG Bln BB **88**, 2040. Der Einzelrichter in Rahmen von §§ 348, 524 entscheidet, der Vorsitzende der Kammer für Handelssachen im Rahmen von § 349 II Z 3. Zur Aussetzungsbefugnis des Vorsitzenden im arbeitsgerichtlichen Verfahren Lepke BB **82**, 2191. Soweit in einem Anfechtungsprozeß außerhalb des Insolvenzverfahrens, der auf Grund eines vorläufigen vollstreckbaren Urteils vom Gläubiger geführt wird, während der Revisionsinstanz das vorläufig vollstreckbare Urteil aufgehoben und diese Sache an die Vorinstanz zurückverwiesen wird, kann das Revisionsgericht das Anfechtungsverfahren aussetzen, BGH NJW **83**, 1331. Soweit der Rpfl die Sache bearbeitet, hat er sie nach § 5 I Z 1 RPflG, Anh § 153 GVG, dem Richter vorzulegen, soweit eine Entscheidung des BVerfG oder eines LVerfG wegen Art 100 GG einzuholen ist.

**B. Ermessen,** dazu *Fichtner* (vor Einf 1 vor §§ 141–155): Das Prozeßgericht hat ohne Ermessen zu klären, 32 ob Vorgreiflichkeit vorliegt, Düss OLGZ **94**, 450. Bejaht er diese, so handelt es erst bei der anschließenden Entscheidung darüber, ob wegen dieser Vorgreiflichkeit nun auch auszusetzen ist, grundsätzlich im Rahmen seines pflichtgemäßen Ermessens, BGH RR **92**, 1150, BAG DB **92**, 2197, BPatG GRUR **98**, 407.

Eine Aussetzung kann *ausnahmsweise zwingend* geboten sein, zB wenn sonst keine Sachentscheidung 33 möglich, BGH **97**, 145, Habscheid FamRZ **74**, 670 (die Vorfrage kann Rechtskraft erhalten).

*Sondergesetze* können das Ermessen des Gerichts eingrenzen, siehe §§ 96 II, 97 GWB, Rn 10, Rn 18 34 „Kartellrecht". Die Notwendigkeit der Entscheidung einer Vorfrage des öffentlichen Rechts zwingt nur dann zu einer Aussetzung, wenn das Bundes- oder Landesrecht dem Gericht eine solche Entscheidung schlechthin entzieht. Eine solche Wirkung ergibt sich nicht einmal dann, wenn das Gericht an die Entscheidung einer Verwaltungsbehörde gebunden ist. Indessen ist auch in einem solchen Fall eine Aussetzung regelmäßig notwendig. Vgl auch § 145 Rn 15. Dasselbe gilt dann, wenn der geltend gemachte Gegenanspruch zum öffentlichen Recht gehört. Eine solche beiläufige Aussetzungsentscheidung des Gerichts erwächst nicht in Rechtskraft.

Das Prozeßgericht muß im Rahmen seines Ermessens die Vorteile und Nachteile einer Aussetzung sorgsam gegeneinander *abwägen,* BGH RR **92**, 1150, BPatG GRUR **98**, 407, Lepke BB **82**, 219. Es setzt den Prozeß im allgemeinen nicht aus, wenn man nicht alsbald mit einer Entscheidung in dem anderen Verfahren rechnen kann oder wenn die Partei den anderen Prozeß vorwerfbar verspätet begonnen hatte, BPatG GRUR **98**, 407, LG Wiesb NJW **85**, 2770, oder wenn das andere Verfahren auf das vorliegende nur geringen oder gar keinen Einfluß (mehr) haben kann, Schlesw SchlHA **78**, 117, LG Mainz WoM **87**, 27. Andererseits kommt es nicht allein darauf an, ob das Prozeßgericht imstande wäre, das fragliche Rechtsverhältnis selbst zu beurteilen, aM LG Mainz WoM **87**, 27, und ob die Prüfung von Amts wegen erfolgen müßte, Grdz 39 vor § 128.

**C. Anhörung usw.** Das rechtliche Gehör ist zwar erforderlich; dazu ist aber eine mündliche Verhandlung 35 nicht erforderlich, § 128 Rn 10; § 248 II gilt entsprechend. Denn die Aussetzungsentscheidung stellt eine prozeßleitende Anordnung dar, Üb 3 vor § 128, LAG Hamm MDR **70**, 874 (wegen § 149), Lepke BB **82**, 2191, von Maltzahn GRUR **85**, 171.

## §§ 148, 149
1. Buch. 3. Abschnitt. Verfahren

**36** Das Gericht muß die Parteien aber schon wegen *Art 103 I GG* und wegen der Tragweite der Aussetzung anhören, BPatG GRUR **77**, 679. Eine Aussetzung kann auf Grund eines Antrags einer oder beider Parteien, aber auch von Amts wegen erfolgen, BGH NJW **79**, 2303.

**37**  **D. Entscheidung.** Das Gericht entscheidet im Urteil, LG Wiesb NJW **85**, 2770, AG Bad Homburg WoM **83**, 323, oder durch einen besonderen Beschluß, § 329. Er ist grundsätzlich zu begründen, § 329 Rn 4. Er wird verkündet oder den Parteien formlos mitgeteilt, § 329 I 1, II 1. Er kann sich auch auf einen Teil des Klaganspruchs beschränken. Die Wirkung der Aussetzung richtet sich nach § 249. Das Gericht trifft grundsätzlich keine Kostenentscheidung. Denn es liegt kein selbständiges Verfahren vor, Kblz FamRZ **73**, 376. Streitwert: Anh § 3 Rn 25 „Aussetzungsantrag".

**38**  **8) Rechtsbehelfe.** Beim Rpfl gilt § 11 RPflG, vgl § 104 Rn 41 ff. Im übrigen gilt:
   **A. Aussetzung.** Gegen die Aussetzung des Verfahrens ist die einfache Beschwerde nach § 252 Hs 1 zulässig, LG Bochum FamRZ **83**, 166, Pfeiffer NJW **94**, 1999 (zu Art 177 EWG-Vertrag). Sie ist unzulässig, soweit das LG als Berufungs- oder Beschwerdegericht entschieden hat, § 567 III 1. Dadurch ist der diesbezügliche frühere Streit erledigt.

**39**  **B. Ablehnung der Aussetzung.** Gegen die Ablehnung der Aussetzung ist die sofortige Beschwerde nach § 252 Hs 2 zulässig, Pfeiffer NJW **94**, 2001 (zu Art 177 EWG-Vertrag). Sie steht nur dem Beschwerten zu, also zB im Prozeß gegen Halter und Versicherer nur demjenigen, der die Aussetzung beantragt hatte, Kblz VersR **92**, 1536. Auch sie ist unzulässig, soweit das LG als Berufungs- oder Beschwerdegericht entschieden hat, § 567 III 1.

**40**  **C. Entscheidung im Urteil.** Soweit das Gericht über den Aussetzungsantrag erst im Urteil entschieden hat, ist nur der gegen dieses Urteil zulässige Rechtsbehelf statthaft.

**41**  **D. Weitere Beschwerde.** Sie ist unzulässig, § 568 II 1.

**42**  **9) VwGO:** Eigene Regelung in § 94, ab 1. 1. 97 idF des Art 1 Z 18 6. VwGOÄndG, dazu krit Schenke NJW **97**, 86, Kuhla/Hüttenbrink DVBl. **96**, 718 (zur Aussetzung wegen einer Vorlage nach § 47 V VwGO s OVG Bre DÖV **86**, 980) und in § 93 a VwGO (Musterverfahren); zur entspr Anwendung von § 94 VwGO s VGH Mannh Just **98**, 578 mwN. Rechtsbehelf: § 252 Rn 7.

**149** *Aussetzung wegen Straftat.* **Das Gericht kann, wenn sich im Laufe eines Rechtsstreits der Verdacht einer Straftat ergibt, deren Ermittlung auf die Entscheidung von Einfluß ist, die Aussetzung der Verhandlung bis zur Erledigung des Strafverfahrens anordnen.**

**Schrifttum:** Gaul, Die Grenzen der Bindung des Zivilgerichts an Strafurteile, Festschrift für *Fasching* (Wien 1988) 157.

**1**  **1) Systematik.** Vgl zunächst Einf 1 vor § 148. Ein Strafurteil bindet den Zivilrichter nicht, § 14 II 1 EG ZPO, Gaul 157. Trotzdem läßt § 149 eine Aussetzung nach dem pflichtgemäßen Ermessen des Gerichts zu. Denn das Strafverfahren klärt die streitigen Fragen wegen des Amtsermittlungsgrundsatzes, Grdz 38 vor § 128, §§ 160 ff, 206, 244 II StPO, meist zumindest ebenso gut auf, wenn auch keineswegs stets.

**2**  **2) Regelungszweck.** Vgl zunächst Einf 2 vor § 148. Es soll im Interesse der Prozeßwirtschaftlichkeit, Grdz 14 vor § 128, eine doppelte Arbeitsleistung und auch zB eine Belastung der Parteien und der Zeugen mit einer doppelten Beweisaufnahme verhindert werden, Köln NJW **90**, 778, Stgt NJW **91**, 1556 (zustm Lippert), LAG Ffm DB **92**, 48.
   Das Gericht muß im Rahmen seines Ermessens und auch unter Beachtung des auch im Zivilprozeß geltenden Beschleunigungsgebots, Grdz 12 vor § 128, sorgfältig und nachprüfbar *abwägen*, ob durch eine Aussetzung eine Verzögerung des Zivilprozesses eintritt und ob die Streitfragen evtl im Strafverfahren besser aufgeklärt werden können, Düss MDR **98**, 797, Stgt NJW **91**, 1556 (Arzthaftung; zustm Lippert), LAG Ffm DB **92**, 48. Das Gericht muß auch den Grad des Interesses des Klägers daran abwägen, alsbald einen Vollstreckungstitel zu erhalten, Stgt NJW **91**, 1556 (Arzthaftung; zustm Lippert), LG Bln AnwBl **92**, 325. Dieses Ermessen führt keineswegs zur Ablehnbarkeit nach § 42, aM LG Würzb MDR **85**, 850; freilich muß das Gericht vor der Aussetzung den Gegner nach Art 103 I GG anhören, Ffm MDR **86**, 943.

**3**  **3) Geltungsbereich.** Die Vorschrift ist in allen Verfahrensarten der ZPO anwendbar. Sie ist beim Verdacht einer Ordnungswidrigkeit entsprechend anwendbar. Das gilt insbesondere dann, wenn im Bußgeldverfahren eine Klärung der Umstände eines Verkehrsunfalls zu erwarten ist, von der die beiderseitigen Schadensersatzansprüche der Unfallbeteiligten abhängen können. Im Urkunden-, Scheck- und Wechselprozeß ist eine Aussetzung nur im äußersten Notfall angebracht, vgl Einf 6 vor §§ 148–155, § 148 Rn 35.

**4**  **4) Voraussetzungen.** Es müssen zwei Voraussetzungen zusammentreffen.
   **A. Verdacht einer Straftat.** Im Verlaufe des Zivilprozesses muß der Verdacht einer Straftat auftauchen. Ein sog Anfangsverdacht reicht nicht aus, Köln MDR **73**, 680. Es braucht kein dringender Tatverdacht im Sinn von § 203 StPO vorzuliegen. Die bloße Parteibehauptung schafft keinen Verdacht. Der Verdacht mag eine Partei, Grdz 3 vor § 50, oder ihren Rechtsvorgänger, einen Zeugen, § 373, einen Sachverständigen, § 402, oder einen anderen Prozeßbeteiligten betreffen.

**5**  **B. Ursächlichkeit.** Die Ermittlung der möglichen Straftat muß überdies einen Einfluß auf die Entscheidung des Zivilprozesses haben können. Es braucht noch kein Ermittlungsverfahren und erst recht noch kein gerichtliches Strafverfahren anhängig zu sein. Vielmehr reicht es, daß das Gericht die Akten der Staatsanwaltschaft zB gemäß § 183 GVG zuleiten muß. Ein solches Verfahren darf aber auch noch nicht abgeschlossen

1. Titel. Mündliche Verhandlung **§§ 149, 150**

sein, denn dann wäre § 273 II Z 2 anwendbar und ausreichend. Der Einfluß muß sich auf die abschließende Beweiswürdigung erstrecken, BayObLG FamRZ **92**, 976, Düss MDR **85**, 239.

Deshalb darf das Gericht den Prozeß in folgenden Fällen *nicht aussetzen:* Das Verfahren ist erst im Prozeß- **6** kostenhilfeabschnitt anhängig, §§ 114 ff; es ist bereits in der Revisionsinstanz rechtshängig; es geht nur um eine Rechtsfrage, BayObLG FamRZ **92**, 976, Düss MDR **85**, 239; der Anwalt, der angeblich eine zu hohe Vergütung vereinbart hat, macht im Prozeß nur die gesetzliche geltend, LG Ffm AnwBl **89**, 671; der Prozeß geht nur noch um den Betrag der Forderung, § 304 II, während die mögliche Straftat nur den Grund des Anspruchs betrifft. Denn das Zivilgericht muß den Grund selbst feststellen; ein Zeuge will im Zivilprozeß erst nach dem rechtskräftigen Abschluß des Strafverfahrens aussagen (evtl ist § 387 zu beachten), KG MDR **83**, 139, LG Frankenthal MDR **76**, 1026; eine Verurteilung im Strafverfahren ist eine Prozeßvoraussetzung für den Zivilprozeß, vgl § 581. Denn die Aussetzung ist nicht dazu da, diese Prozeßvoraussetzung erst zu beschaffen.

**5) Verfahren; Entscheidung.** Die Form und die Wirkung einer Aussetzung nach § 149 sind ebenso **7** wie bei § 148 zu beurteilen. Dasselbe gilt für die Notwendigkeit einer mündlichen Verhandlung, § 148 Rn 36. Die Entscheidung ist nachvollziehbar zu begründen, § 329 Rn 4, Köln VersR **89**, 518. Denn die höhere Instanz muß prüfen, ob das Gericht sein Ermessen erkannt und ausgeübt hat, Düss MDR **98**, 797, LAG Ffm DB **92**, 48. Freilich kann sich die Begründung aus dem Akteninhalt ergeben, Düss MDR **98**, 797. Das Beschwerdegericht kann mangels ausreichender Begründung zurückverweisen, LG Bln AnwBl **92**, 325.

**6) Aufhebung der Aussetzung.** Das Gericht darf die Aussetzungsanordnung jederzeit aufheben, § 150. **8** Der Grund der Aussetzung fällt weg, sobald das Strafverfahren endgültig abgeschlossen ist, sei es durch den Eintritt der Rechtskraft eines Strafurteils, infolge einer Einstellung des Verfahrens, infolge der Ablehnung der Eröffnung des Hauptverfahrens, infolge der Rücknahme einer Privatklage usw.

**7) VwGO:** *Entsprechend anwendbar, § 173 VwGO.* **9**

**150** **Änderung früherer Prozeßleitungsbeschlüsse. Das Gericht kann die von ihm erlassenen, eine Trennung, Verbindung oder Aussetzung betreffenden Anordnungen wieder aufheben.**

**1) Systematik, Regelungszweck.** Vgl zunächst Einf 1, 2 vor § 148. Die Aufhebung der Aussetzung ist **1** nicht mit der Aufnahme des Verfahrens durch eine Partei, zB nach §§ 151–154, 246, zu verwechseln. Die Vorschrift dient im Interesse der Gerechtigkeit, Art GG IIII 9, einer möglichst elastischen Handhabung und alsbaldigen Anpassung nicht nur bei einer Veränderung der tatsächlichen oder rechtlichen Verhältnisse, sondern – im Gegensatz zu dem im übrigen vergleichbaren § 323 – auch bei einer Änderung der rechtlichen Beurteilung insbesondere in der Frage, die zur Aussetzung führte. Deshalb sollte man von § 150 großzügig Gebrauch machen.

**2) Geltungsbereich.** Vgl Einf 3 vor §§ 148–155, § 149 Rn 3. **2**

**3) Verfahren.** Das Gericht, nicht sein Vorsitzender, kann eine Trennung, Verbindung oder Aussetzung **3** jederzeit wieder aufheben. Das gilt auch in der zweiten Instanz. Die Aufhebung ist allerdings nicht zulässig, soweit die Sache bereits entscheidungsreif ist. Die Aufhebung ist auch nicht zum Zweck einer Urteilsfällung zulässig. Ein solches Vorgehen wäre ein unsachgemäßes Nummernmachen. Die zweite Instanz kann eine Aufhebungsanordnung der ersten Instanz aufheben, wenn sämtliche getrennten Prozesse in der zweiten Instanz anhängig sind.

Die Entscheidung erfolgt im Rahmen eines pflichtgemäßen *Ermessens.* Soweit es sich um die Aufhebung einer Aussetzung des Verfahrens handelt, muß allerdings schon die Aussetzung im Ermessen des Gerichts gestanden haben. Soweit das Gericht das Verfahren auf Grund eines Antrags aussetzen mußte, darf es seine Entscheidung nur im Einverständnis des Antragstellers ändern. Soweit das Gericht eine Aussetzung nach den §§ 151–154 angeordnet hatte, darf es diese Aussetzung nur nach § 155 aufheben. Eine mündliche Verhandlung vor der Aufhebung ist in keinem Fall erforderlich, vgl § 145 Rn 5, § 147 Rn 13, § 148 Rn 31. Das gilt sowohl dann, wenn die Aufhebung auf Grund eines Parteiantrags erfolgt, als auch bei einer Aufhebung von Amts wegen, aM ThP 1, ZöGre 1.

**4) Entscheidung.** Die Entscheidung erfolgt durch einen Beschluß, § 329. Er ist grundsätzlich zu **4** begründen, § 329 Rn 4. Er ist im Fall der Aufhebung der Aussetzung förmlich zuzustellen, § 329 III, im übrigen formlos mitzuteilen, § 329 II 1.

**5) Rechtsmittel.** Gegen die Aufhebung einer Trennung und gegen die Aufhebung einer Verbindung ist **5** kein Rechtsbehelf statthaft. Gegen die Aufhebung einer Aussetzung ist die sofortige Beschwerde nach § 252 Hs 2 zulässig. Freilich mag die Aussetzung in Wahrheit unabhängig von dem Beschluß enden, etwa wegen des Erlasses der Entscheidung im vorgreiflichen anderen Verfahren, BGH LM § 249 Nr 2, Hbg ZZP **76**, 476. Gegen die Ablehnung einer Aufhebung der Aussetzung des Verfahrens ist die einfache Beschwerde zulässig, § 252 Hs 1 entsprechend. Soweit das LG als Berufungs- oder Beschwerdegericht entschieden hat, ist weder die einfache noch die sofortige Beschwerde zulässig, § 567 III 1. Beim Rpfl gilt § 11 RPflG, vgl § 104 Rn 41 ff.

**6) VwGO:** *Entsprechend anwendbar, § 173 VwGO, in Ergänzung von §§ 93, 93 a und 94 VwGO, Ey § 94* **6** *Rn 7 (aus jedem sachlichen Grund).*

## §§ 151–154

**151** *Aussetzung bei vorgreiflicher Ehenichtigkeit.* (aufgehoben, Art 3 Z 2 EheschlRG v 4. 5. 98, BGBl 833, in Kraft seit 1. 7. 98, Art 18 III EheschlRG)

**152** *Aussetzung wegen vorgreiflicher Aufhebung der Ehe.* ¹Hängt die Entscheidung eines Rechtsstreits davon ab, ob eine Ehe aufhebbar ist, und ist die Aufhebung beantragt, so hat das Gericht auf Antrag das Verfahren auszusetzen. ²Ist das Verfahren über die Aufhebung erledigt, so findet die Aufnahme des ausgesetzten Verfahrens statt.

**Vorbem.** Fassg Art 3 Z 3 EheschlRG v 4. 5. 98, BGBl 833, in Kraft seit 1. 7. 98, Art 18 III EheschlRG, ÜbergangsR Einl III 78.

1   1) **Systematik, Regelungszweck, S 1, 2.** Bis zur Rechtskraft der Aufhebung der Ehe nach § 322 ist die Ehe gültig, § 1513 S 2 BGB. Die Entscheidung zu dieser Frage darf nicht in einem anderen Rechtsstreit erfolgen. § 152 setzt voraus, daß der Aufhebungsantrag gemäß §§ 253, 261 rechtshängig geworden ist, § 631.

2   2) **Verfahren, S 1.** Das Gericht setzt zur Einreichung des Aufhebungsantrags keine Frist. Es kann sich um die Ehe der Parteien oder um die Ehe eines Dritten handeln. Eine Aussetzung nach § 152 erfolgt nur auf Grund eines Antrags. Zum Antrag ist derjenige befugt, der die Aufhebung der Ehe geltend macht. Allerdings kann das Gericht eine Aussetzung von Amts wegen nach § 148 vornehmen. Nicht vorgreiflich ist der Bestand der Ehe zB für die Unterhaltsklage der Frau auf die Dauer des Aufhebungsprozesses.

3   3) **Aufnahme, S 2.** Die Aufnahme des Verfahrens erfolgt nach § 250. Im Fall der Verzögerung des Aufhebungsverfahrens kann das Prozeßgericht auch nach § 155 vorgehen. Wenn das Aufhebungsverfahren infolge des Todes eines Ehegatten erledigt ist, befindet das Gericht im Rahmen seines pflichtgemäßen Ermessens über die Gültigkeit der Ehe.

4   4) *VwGO:* Entsprechend anwendbar, § 173 VwGO, mit der Maßgabe, daß es auf einen Antrag nicht ankommt.

**153** *Aussetzung wegen vorgreiflicher Kind- oder Vaterschaft.* Hängt die Entscheidung eines Rechtsstreits davon ab, ob ein Mann, dessen Vaterschaft im Wege der Anfechtungsklage angefochten worden ist, der Vater ist, so gelten die Vorschriften des § 152 entsprechend.

**Vorbem.** Fassg Art 6 Z 5 KindRG v 16. 12. 97, BGBl 2942, in Kraft seit 1. 7. 98, Art 17 § 1 KindRG, ÜbergangsR Einl III 78.

1   1) **Systematik, Regelungszweck.** Vgl zunächst § 151 Rn 1. Solange ein Kind nicht im Vaterschaftsanfechtungsprozeß, §§ 640 ff, für nicht von diesem Mann abstammend erklärt worden ist, wird grundsätzlich die bisherige Vaterschaft vermutet, § 1600 c I BGB. Der Fall liegt ähnlich wie derjenige einer Eheaufhebung. Daher ist § 152 entsprechend anwendbar. Das Kind, seine Mutter oder der Mann brauchen nicht Partei des auszusetzenden Prozesses zu sein. Wenn der jeweilige nach § 1600 e I BGB Bekl verstorben ist, kann eine Aussetzung im Fall des § 1600 e II BGB in Betracht kommen.

2   2) **Verfahren.** Das Gericht darf ein Verfahren auf den Erlaß einer einstweiligen Anordnung oder Verfügung mit Rücksicht auf den Zweck einer vorläufigen Unterhaltssicherung nicht nach § 153 aussetzen, Hamm FamRZ **87**, 1189, ThP 1, ZöGre **2**, aM Düss FamRZ **82**, 1230. Im übrigen kann etwaige Verwirkung eine Aussetzung begründen, Bre MDR **98**, 417.

3   3) **Aufnahme.** Die Aufnahme erfolgt nach § 250.

4   4) *VwGO:* Entsprechend anwendbar, § 173 VwGO, § 152 Rn 4.

**154** *Aussetzung bei beiläufigem Ehe- und Kindschaftsstreit.* ¹Wird im Laufe eines Rechtsstreits streitig, ob zwischen den Parteien eine Ehe bestehe oder nicht bestehe, und hängt von der Entscheidung dieser Frage die Entscheidung des Rechtsstreits ab, so hat das Gericht auf Antrag das Verfahren auszusetzen, bis der Streit über das Bestehen oder Nichtbestehen der Ehe im Wege der Feststellungsklage erledigt ist.

II Diese Vorschrift gilt entsprechend, wenn im Laufe eines Rechtsstreits streitig wird, ob zwischen den Parteien ein Eltern- und Kindesverhältnis bestehe oder nicht bestehe oder ob der einen Partei die elterliche Sorge für die andere zustehe oder nicht zustehe, und von der Entscheidung dieser Fragen die Entscheidung des Rechtsstreits abhängt.

1   1) **Systematik, Regelungszweck, I, II.** Vgl zunächst § 151 Rn 1. I erfaßt den Fall einer Ehefeststellungsklage und denjenigen einer Klage im Verhältnis zwischen Eltern und Kindern nach den § 640. Dort wirkt das Urteil für und gegen alle. Eine Zwischenfeststellungsklage ist nach § 256 II unzulässig.

2   2) **Ehestreit, I.** I soll nun eine einheitliche Feststellung aller derjenigen Verhältnisse sichern, die durch die Ehe bedingt sind, soweit es sich um einen beiläufigen Streit über den Bestand der Ehe der Parteien handelt (im Fall der Ehe eines Dritten ist § 148 anwendbar). I gilt, wenn nach § 151 unanwendbar ist, wenn also die Eheschließung selbst oder ihre Wirksamkeit streitig ist. Eine Aussetzung nach I erfolgt nur auf Grund eines Antrags. Soweit ein solcher Antrag fehlt, entscheidet das Gericht beiläufig. Eine solche Entscheidung ist aber

1. Titel. Mündliche Verhandlung   §§ 154–156

nicht ratsam. Denn ihr fehlt die Rechtskraftwirkung, Einf 11 vor §§ 322–327. Eine Rechtshängigkeit des Eheverfahrens, § 261, ist nicht erforderlich. Es gibt keine Fristsetzung wie bei § 151; § 155 ist unanwendbar. Es bleibt der interessierten Partei überlassen, die Ehefeststellungsklage nach § 638 zu erheben.

**3) Kindschaftsstreit, II.** Die Vorschrift gilt bei einem beiläufigen Streit über ein Kindschaftsverhältnis, **3** außer einer Anfechtung der Vaterschaft, § 153. II gilt auch bei einem Streit darüber, ob die Anerkennung der Vaterschaft von vornherein wirksam oder unwirksam war, § 640 II Z 1 Hs 2. Eine leugnende Feststellungsklage, § 256, ist für einen Unterhaltsanspruch des Kindes vorgreiflich, Hamm RR **88**, 1355. Die §§ 640 ff ordnen das Verfahren den Ehesachen entsprechend. Darum behandelt II diese Fälle wie diejenigen nach I. II ist in einem Verfahren nach § 323 unanwendbar, LG Mannh MDR **73**, 226.

**4) VwGO:** Unanwendbar, weil im VerwProzeß ein beiläufiger Ehe- oder Kindschaftsstreit nicht vorkommt. Sofern **4** die Entscheidung ausnahmsweise (z B im Beamtenrecht) von einer solchen Frage abhängt, ist § 94 VwGO anwendbar.

**155** *Aufhebung der Aussetzung bei §§ 152, 153.* In den Fällen der §§ 152, 153 kann das Gericht auf Antrag die Anordnung, durch die das Verfahren ausgesetzt ist, aufheben, wenn die Betreibung des Rechtsstreits, der zu der Aussetzung Anlaß gegeben hat, verzögert wird.

**Vorbem.** Fassg Art 3 Z 4 EheschlRG v 4. 5. 98, BGBl 833, in Kraft seit 1. 7. 98, Art 18 III EheschlRG, ÜbergangsR Einl III 78.

**1) Systematik, Regelungszweck.** Vgl zunächst § 151 Rn 1. In den Aussetzungsfällen der §§ 152, 153 **1** kann das Gericht wegen seiner Förderungspflicht, Grdz 12 vor § 128, den Aussetzungsbeschluß auf Grund eines Antrags aufheben, wenn die Partei das Aufhebungs- oder Anfechtungsverfahren verschleppt. Daneben ist § 150 anwendbar. § 155 ist in den Fällen des § 154 unanwendbar, vgl § 154 Rn 1. Jede Partei, Grdz 3 vor § 50, kann derjenigen Partei, an deren Sieg sie ein rechtliches Interesse hat, auch als deren streitgenössischer Streithelfer nach § 69 beitreten, sofern sie dort nicht selbst Partei ist. Ein solches Interesse mag schon wegen der Rechtskraftwirkung bestehen, vgl § 640 h.

**2) Verfahren.** Das Wort „kann" im Gesetz bedeutet: Das Ermessen des Gerichts ist eingeschränkt; sobald **2** das Gericht zu der Überzeugung kommt, daß eine Verzögerung vorliegt, ist es zur Aufhebung des Aussetzungsbeschlusses verpflichtet, muß freilich auch gerade die Vorwerfbarkeit der Verzögerung in einer Entscheidung feststellen. Das Verfahren verläuft wie bei § 150 Rn 1. Gegen die Aufhebung der Aussetzung ist die sofortige Beschwerde, § 252 Hs 2, gegen die Zurückweisung des Antrags die einfache Beschwerde statthaft, § 252 Hs 1. Nach der Aufhebung der Aussetzung ist die Ehe als gültig zu behandeln, das Kind ist als ehelich, § 1593 BGB, oder als ein anerkanntes nichteheliches Kind anzusehen, § 1600 d BGB.

**3) VwGO:** *Entsprechend anwendbar, § 173 VwGO.* **3**

**156** *Wiedereröffnung der Verhandlung.* Das Gericht kann die Wiedereröffnung einer Verhandlung, die geschlossen war, anordnen.

**Gliederung**

| | | | |
|---|---|---|---|
| 1) Systematik, Regelungszweck | 1 | C. Wichtiger Grund | 7 |
| 2) Geltungsbereich | 2 | D. Kein wichtiger Grund | 8, 9 |
| 3) Verfrühter Verhandlungsschluß | 3 | E. Entscheidungsform: Beschluß | 10, 11 |
| 4) Richterwegfall | 4 | F. Absehen von Wiedereröffnung | 12 |
| 5) Verfahren | 5–14 | G. Wiedereröffnung | 13, 14 |
| A. Begrenztes Ermessen | 5 | 6) Verstoß | 15 |
| B. Von Amts wegen | 6 | 7) VwGO | 16 |

**1) Systematik, Regelungszweck.** Die Vorschrift stellt eine Ergänzung zum und eine Ausnahme vom **1** Grundsatz des § 296 a dar, daß mit dem Verhandlungsschluß auch die Möglichkeit endet, zum Sachverhalt weiter vorzutragen und Anträge zu stellen.
Es soll im Interesse der *Gerechtigkeit,* Einl III 9, verhindert werden, daß nur wegen der Förmlichkeit nach § 296 a auch nur eventuell oder gar sehenden Auges eine sachlichrechtliche Fehlentscheidung ergeht. Indessen umfaßt die Rechtsidee mehr als Gerechtigkeit, nämlich auch Rechtssicherheit und Zweckmäßigkeit, § 296 Rn 2, und daher ist auch das rechtliche Gehör, Art 103 I GG, Zweck des § 156, BGH RR **97**, 441. Das alles ist bei der Auslegung mitzubeachten.

**2) Geltungsbereich.** Vgl Grdz 2 vor § 128. **2**

**3) Verfrühter Verhandlungsschluß.** Die mündliche Verhandlung kann zu früh geschlossen worden sein. **3** Dieser Fall liegt vor, wenn das Gericht den Sachverhalt nicht hinreichend geklärt hat, § 136 IV, und in diesem Zusammenhang seine Fragepflicht nach den §§ 139, 278 III vernachlässigt hat, wenn also die bisherige Verhandlung lückenhaft war und wenn in der letzten Verhandlung bei einem sachgemäßen Vorgehen eine Veranlassung zur Ausübung des Fragerechts bestanden hätte oder wenn das Gericht die Partei durch sein Verhalten von einer richtigen Antragstellung abgehalten hat, BGH NJW **70**, 950, Kblz FamRZ **90**, 770, Köln MDR **98**, 1307.

§ 156                                                                                                        1. Buch. 3. Abschnitt. Verfahren

4    **4) Richterwegfall.** Ein Richter kann nach dem Schluß der letzten mündlichen Verhandlung, §§ 136 IV, 296 a, aber vor dem Zustandekommen der folgenden Entscheidung, §§ 192 ff GVG, weggefallen sein. Dieser Fall ist anders als derjenige zu beurteilen, daß der Richter zwar vor der Verkündung, aber nach dem Zustandekommen der Entscheidung weggefallen ist, § 309 Rn 4, BGH **61**, 370, Krause MDR **82**, 186.

5    **5) Verfahren.** Das Gericht hat eine Fülle von Punkten zu beachten.
     **A. Begrenztes Ermessen.** Das Wort „kann" im § 156 bedeutet nicht etwa nur eine (ja ohnehin klare) Zuständigkeitsregelung, sondern die Einräumung eines Ermessens, Schneider MDR **90**, 122. Das Gericht hat zur Wiedereröffnung der Verhandlung nicht nur eine rechtliche Befugnis; es hat dazu eine Pflicht, sobald die in Rn 1–4 genannten Voraussetzungen vorliegen, BGH VersR **74**, 1128, BAG NJW **96**, 2749, BFH DB **74**, 460. Insofern kann man nur von einem eingeschränkten Ermessen des Gerichts sprechen, Köln NJW **80**, 2362.

6    **B. Von Amts wegen.** Keine Partei kann aber schon durch einen Antrag eine Wiedereröffnung der Verhandlung erzwingen, vgl BGH NJW **79**, 2110, Köln MDR **83**, 761. Sie kann die Wiedereröffnung lediglich anregen. Eine solche Anregung kann vor einer Verfassungsbeschwerde notwendig sein, Einl III 17, BVerwG NJW **92**, 3185 (es meint § 156). Ein Antrag ist als solche Anregung aufzufassen. Die Entscheidung erfolgt also, falls überhaupt, dann von Amts wegen, BGH NJW **79**, 2110, Köln MDR **83**, 761. Das gilt auch dann, wenn eine Partei in einer Ehesache eine Anschlußberufung einlegen will, nachdem sie sich zunächst nicht hat vertreten lassen. Wegen des Fehlens eines förmlichen Antragsrechts braucht das Gericht einen etwaigen Antrag nicht zu bescheiden, BGH **LM** § 41 p PatG aF Nr 37. Wegen einer Wiedereröffnung im Fall des § 283 vgl die dortigen Anmerkungen. Ein Verstoß gegen § 139 kann dazu zwingen, auch wegen eines verspäteten Vortrags erneut in die mündliche Verhandlung einzutreten, Köln MDR **80**, 674 (sehr großzügig).

7    **C. Wichtiger Grund.** Das Gericht darf bei der Entscheidung über eine Wiedereröffnung der Verhandlung nur denjenigen Prozeßstoff berücksichtigen, der bis zum Ende der Verhandlung vorgetragen worden war, §§ 136 IV, 296 a. Von diesem Grundsatz gilt nur dann eine Ausnahme, wenn nach dem Schluß der Verhandlung wichtige Umstände eingetreten oder bekannt geworden sind oder wenn sich ergibt, daß die Fragestellung des Gerichts lückenhaft war, BGH NJW **93**, 134, BAG NJW **96**, 2749. Denn nur dann rechtfertigt der Grundsatz der Prozeßwirtschaftlichkeit eine Wiedereröffnung, Grdz 14 vor § 128, vgl BayVGH NJW **84**, 1027.
     Zu solchen wichtigen Umständen gehört im allgemeinen das *nachträgliche Bekanntwerden* eines Restitutionsgrundes, § 580, § 561 Rn 10, Walchshöfer NJW **72**, 1030, obwohl das Gericht auch in diesem Fall ein gewisses Ermessen hat, ThP 6, ZöGre 5, aM Schneider MDR **90**, 122, Waldshöfer NJW **72**, 1030. Dabei ist zu beachten, daß zB in den Fällen des § 580 Z 1–5 erst eine rechtskräftige Bestrafung die Restitutionsklage überhaupt statthaft macht, § 581 I. Als wichtiger Grund gilt ferner evtl der Ablauf der Frist nach § 2 III 2 Hs MHG; unter Umständen genügt auch ein Entzug des Anwaltsauftrags, BGH NJW **86**, 339, und kann das bisherige Unterlassen eines nach § 139 gebotenen Hinweises anzusehen sein, BGH MDR **99**, 758 rechts, Düss ZMR **99**, 387.

8    **D. Kein wichtiger Grund.** Ein wichtiger Grund liegt aber keineswegs stets schon dann vor, wenn eine Partei nach einem ordnungsgemäßen Verhandlungsschluß, §§ 136 IV, 296 a, bzw dem ihm im schriftlichen Verfahren gleichstehenden Zeitpunkt, § 128 Rn 27, einfach einen Schriftsatz nachreicht, BGH NJW **93**, 134, BayObLG **97**, 361, Düss NJW **87**, 508, aM BGH FamRZ **96**, 1069 (aber eine „Zusage" ist eben keine Einreichung). Das gilt auch bei nachgerichtlicher einseitiger Erledigterklärung, aM LG Hbg WoM **98**, 422 (sie war dort obendrein unhaltbar), und erst recht, wenn der Einreicher im Fall des § 283 über die zur Stellungnahme freigegebenen Punkte hinausgeht oder gar jetzt erst eine Klagänderung oder -erweiterung, §§ 263, 264, oder Widerklage versucht, etwa um die Rechtsmittelfähigkeit des Urteils zu erzwingen, Anh § 253 Rn 5, § 282 Rn 5, 6, § 296 a Rn 2–4.
     Noch weniger ist ein wichtiger Umstand nach dem Schluß der Verhandlung eingetreten, wenn eine Partei einfach stur unsubstantiiert bestreitet, LG Gießen ZMR **96**, 328, oder wenn sie in der letzten mündlichen Verhandlung *verspätet* vorgetragen hatte, § 296, und wenn das Gericht ihr keine Nachfrist nach § 283 gesetzt hatte und setzen mußte, BGH NJW **84**, 1027, BayVGH NJW **84**, 1027, Köln MDR **71**, 308, aM BayVGH NJW **88**, 2302 (aber das rechtliche Gehör lag in der letzten mündlichen Verhandlung).

9    § 156 ist also *keineswegs* dazu geeignet, die Vorschriften zur Zurückweisung verspäteten Vorbringens zu *unterlaufen.* Das gilt unabhängig davon, daß das Gericht im Rahmen seiner allgemeinen Fürsorgepflicht, Einl III 27, gehalten ist, von einem Schriftsatz auch dann mindestens Kenntnis zu nehmen, insoweit richtig BGH NJW **88**, 2303, wenn er erst nach dem Schluß der Verhandlung eingereicht wird. Man sollte § 156 ohnehin zurückhaltend anwenden. Er kommt natürlich nicht zur Anwendung, wenn das Nachgetragene entscheidungsunerheblich ist, BGH NJW **93**, 2314.

10   **E. Entscheidungsform: Beschluß.** Die Wiedereröffnung erfolgt ohne die Notwendigkeit einer diesbezüglichen mündlichen Verhandlung, § 128 Rn 10, durch einen Beschluß, § 329, vgl § 567 I 1, 2. Im Fall des verfrühten Verhandlungsschlusses muß das Gericht über die Wiedereröffnung der Verhandlung in der bisherigen Besetzung entscheiden, aM Sangmeister DStZ **89**, 33.

11   Der Beschluß ist grundsätzlich zu *begründen,* obwohl er unanfechtbar ist, § 329 Rn 4, aM Sangmeister DStZ **89**, 33. Er wird verkündet oder formlos mitgeteilt, § 329 I 1, II 1. Seine förmliche Zustellung ist nicht erforderlich. Denn dieser prozeßleitende Beschluß, vgl auch BFH DB **83**, 1184, kann nur auf Grund der letzten mündlichen Verhandlung ergehen.

12   **F. Absehen von Wiedereröffnung.** Soweit das Gericht von einer Wiedereröffnung der Verhandlung absieht, braucht es keinen besonderen Beschluß zu fassen, sondern muß zur Sache entscheiden. Im Urteil ist eine besondere Erörterung der Ablehnung der Wiedereröffnung zwar nicht unbedingt vorgeschrieben, aber meist ratsam, um eine Zurückverweisung wegen eines Verfahrensfehlers nach § 539 zu vermeiden, BFH BStBl **86** II 187. Zumindest sollten der Vorsitzende oder Berichterstatter in einem Vermerk aktenkundig

## 1. Titel. Mündliche Verhandlung §§ 156, 157

machen, daß zB ein einfach nachgereichter Schriftsatz trotz § 296 a nach § 156 geprüft worden ist. Geht der Schriftsatz erst unmittelbar vor dem Verkündungstermin des § 311 IV ein, kommt eine solche Prüfung freilich nur ausnahmsweise in Betracht, denn der Prozeßgegner hat Anspruch auf die Verkündung. Soweit das Nachgereichte an dem für den Nachreicher günstigen Ergebnis nichts ändert, besteht ohnehin kein Anlaß zur näheren Prüfung.

**G. Wiedereröffnung.** Wenn die Parteien im Zeitpunkt der Verkündung des Wiedereröffnungsbeschlus- **13** ses anwesend sind, kann das Gericht grundsätzlich sofort weiterverhandeln lassen, es sei denn, daß einer Partei diese sofortige Weiterverhandlung nicht zumutbar ist, etwa deshalb, weil sie mit einer so langen Gesamtdauer dieser Verhandlung nicht zu rechnen brauchte und durch andere anstehende Pflichten verhindert ist. Ein Versäumnisverfahren nach §§ 330 ff darf in dem sofort nach der Wiedereröffnung durchgeführten Verhandlungstermin nicht stattfinden. Denn nach dem Schluß der vorangegangenen mündlichen Verhandlung kann keine Säumnis eintreten, solange nicht eine ordnungsgemäße Ladung ergangen ist. Das Gericht kann einen neuen Verhandlungstermin anberaumen, § 216.

Eine Wiedereröffnung ergreift die gesamte Verhandlung. Die Parteien können also jetzt *neue Angriffs- und* **14** *Verteidigungsmittel* im Sinn von Einl III 70 geltend machen, die Klage erweitern, §§ 263, 264, neue Beweise antreten usw, ähnlich Schneider MDR **90**, 123. Die Wiedereröffnung gibt den Parteien ein unentziehbares Recht auf ein neues Gehör, Art 103 I GG. Deshalb darf das Gericht seinen Wiedereröffnungsbeschluß auch nicht aufheben. Eine andere Frage ist freilich die, wann das Gericht die wiedereröffnete Verhandlung schließen darf, um nunmehr zur Entscheidung zu kommen.

**6) Verstoß.** Ein Verstoß ist (nur) zusammen mit dem Urteil als Verfahrensfehler in der Berufungsinstanz **15** voll anfechtbar, Zweibr MDR **89**, 269, und kann eine Zurückverweisung nach § 539 rechtfertigen, Köln RR **90**, 1343. Das Revisionsgericht kann aber meist keine Nachprüfung vornehmen, BGH NJW **86**, 1868. Unter Umständen ist wegen gleichzeitigen Verstoßes gegen Art 103 I GG, Schlesw OLGZ **81**, 247, nach der Erschöpfung des Rechtswegs die Verfassungsbeschwerde möglich, Einl III 17, Deubner NJW **80**, 263.

**7)** *VwGO:* Eigene Regelung in § 104 III VwGO, dazu Sangmeister NVwZ **97**, 249. **16**

## 157

*Ungeeignete Vertreter. Prozeßagenten.* ¹¹Mit Ausnahme der Rechtsanwälte sind Personen, die die Besorgung fremder Rechtsangelegenheiten vor Gericht geschäftsmäßig betreiben, als Bevollmächtigte und Beistände bei der mündlichen Verhandlung ausgeschlossen. ²Sie sind auch dann ausgeschlossen, wenn sie als Partei einen ihnen abgetretenen Anspruch geltend machen und nach der Überzeugung des Gerichts der Anspruch abgetreten ist, um ihren Ausschluß von der mündlichen Verhandlung zu vermeiden.

II ¹Das Gericht kann Parteien, Bevollmächtigten und Beiständen, die nicht Rechtsanwälte sind, wenn ihnen die Fähigkeit zum geeigneten Vortrag mangelt, den weiteren Vortrag untersagen.
² Diese Anordnung ist unanfechtbar.

III ¹Die Vorschrift des Absatzes 1 ist auf Personen, denen das mündliche Verhandeln vor Gericht durch Anordnung der Justizverwaltung gestattet ist, nicht anzuwenden. ²Die Justizverwaltung soll bei ihrer Entschließung sowohl auf die Eignung der Person als auch darauf Rücksicht nehmen, ob im Hinblick auf die Zahl der bei dem Gericht zugelassenen Rechtsanwälte ein Bedürfnis zur Zulassung besteht.

**Vorbem.** I 1, II 1 idF Art 7 G v 31. 8. 98, BGBl 2585, in Kraft seit 8. 9. 98, Art 14 S 2 G, ÜbergangsR Art 13 G sowie Einl III 78. Wegen der *neuen Bundesländer* vgl § 78 Vorbem (Anwaltszulassung).

### Gliederung

| | | | |
|---|---|---|---|
| 1) **Systematik, I–III** | 1 | I. Wirkung | 19 |
| 2) **Regelungszweck, I–III** | 2 | 6) **Umgehungsverbot, I 2** | 20 |
| 3) **Sachlicher Geltungsbereich, I–III** | 3 | 7) **Untersagung des Vortrags, II** | 21–24 |
| 4) **Persönlicher Geltungsbereich, I–III** | 4–7 | A. Voraussetzungen | 21 |
| 5) **Besorgung fremder Rechtsangelegenheit, I 1** | 8–20 | B. Entscheidung | 22 |
| | | C. Rechtsmittel | 23 |
| A. Grundsatz: Erlaubnis nur an Anwalt | 8 | D. Wirkung | 24 |
| B. Besorgung | 9 | 8) **Zulassung, III** | 25–28 |
| C. Geschäftsmäßigkeit | 10–12 | A. Bedürfnis | 25 |
| D. Fremdes Geschäft | 13 | B. Entscheidung | 26 |
| E. Vor Gericht | 14 | C. Rechtsmittel | 27 |
| F. Grenzen des Vertretungsverbots | 15 | D. Wirkung | 28 |
| G. Entscheidung | 16 | 9) *VwGO* | 29 |
| H. Rechtsmittel | 17, 18 | | |

**1) Systematik, I–III.** § 157 ist, eine von Amts wegen zu beachtende rein verfahrensmäßige Ordnungs- **1** vorschrift, so auch Klinger NJW **93**, 3166.

**2) Regelungszweck, I–III.** Die Vorschrift dient dem Schutz nicht der Rechtspflege allgemein, sondern **2** des Ablaufs der mündlichen Verhandlung im Zivilprozeß, Köln AnwBl **88**, 493. Sie soll im Parteiprozeß, § 78 Rn 1, einer Schädigung der Parteien und des Ansehens der Gerichte durch das Auftreten von Personen vorbeugen, die keine hinreichende Gewähr für eine gerade vor Gericht unentbehrliche Sachkunde und Zuverlässigkeit bieten, Köln AnwBl **88**, 493. Zu den Grenzen seiner Anwendbarkeit Rn 8 ff. Das Gericht soll und muß evtl wegen des von Amts wegen zu beachtenden Verbots jedes Rechtsmißbrauchs, Einl III 54,

## § 157

1. Buch. 3. Abschnitt. Verfahren

einen Rechtsanwalt zurückzuweisen, der trotz eines Vertretungsverbots nach § 156 II BRAO persönlich auftritt. Die Partei des so Zurückgewiesenen ist entsprechend § 158 S 1 bzw nach § 333 zu behandeln.

Wenn das Gericht eine Person als *Bevollmächtigten,* § 81, oder als Beistand zugelassen hat, § 90, hat der Gegner insofern kein Beschwerderecht, LG Wuppertal VersR **78**, 776. § 157 soll allerdings keineswegs eine Umgehung eines Anwaltszwangs, § 78 Rn 1, ermöglichen, EGH Mü AnwBl **82**, 447. Denn im Anwaltsprozeß wird der Sachverstand des Anwalts als notwendig erachtet.

**3** 3) **Sachlicher Geltungsbereich, I–III.** Die Vorschrift gilt in allen Verfahrensarten nach der ZPO und in allen Instanzen. Wegen § 11 III ArbGG BAG DB **97**, 436. Wegen § 67 I 1 VwGO Rn 29 und VGH Mannh NJW **98**, 1330. I gilt nicht im insolvenzrechtlichen Schuldenbereinigungsverfahren, § 305 IV InsO.

**4** 4) **Persönlicher Geltungsbereich, I–III.** In I und II ist zwar als nichts jede Person als Bevollmächtigter, § 81, oder Beistand, § 90, in der mündlichen Verhandlung ausgeschlossen, die vor Gericht die Besorgung einer fremden Rechtsangelegenheit geschäftsmäßig betreibt. Das Gesetz nimmt aber von dieser Regelung manche Berufe ausdrücklich aus, nämlich: Den Rechtsanwalt, also bei I 1, II 1 auch einen Erlaubnisträger nach § 209 BRAO, vgl § 25 EGZPO, also unter den vorgenannten Umständen einen Rechtsbeistand, BGH MDR **83**, 313; den Patentanwalt in einer Angelegenheit des gewerblichen Rechtsschutzes, § 4 PatAnwO; in einer Arbeitssache vor dem Arbeitsgericht den Vertreter einer Arbeitgebervereinigung oder Gewerkschaft, § 11 ArbGG (etwas anderes gilt in einer solchen Sache vor dem ordentlichen Gericht); den Prozeßagenten (diesen nur wegen I, Rn 26). Ein Ausschluß nur wegen des Verdachts einer Straftat des Anwalts im Zusammenhang mit seiner Tätigkeit als ProzBev ist unzulässig, vgl BVerfG NJW **73**, 696 (für den Strafprozeß), §§ 177, 178 GVG.

**5** Ein *Hochschullehrer* hat kein allgemeines Recht zur berufsmäßigen Vertretung vor Gericht, BVerfG NJW **88**, 2535, BVerwG AnwBl **88**, 302, VGH Mü (25. Sen) NJW **88**, 2553, Deumeland RiA **88**, 118 (auch rechtsvergleichend), aM VGH Mü (9. Sen) NJW **87**, 460 und (20. Sen) NJW **88**, 2554. Zum ausländischen EU-Anwalt usw SchlAnh VII.

Unter I und II fällt auch der *Rechtsberater,* der nach dem RBerG eine Erlaubnis zur Rechtsberatung hat, BVerfG **41**, 391, und nicht Erlaubnisträger nach § 209 BRAO ist (sonst gilt Rn 6). Das gilt unabhängig davon, daß das RBerG zur Auslegung mit heranziehbar sein mag. Auch ein Verein zur Förderung gewerblicher Interessen kann hierher zählen, AG Ffm AnwBl **85**, 108. Ein Vermieter- oder Mieterverein ist daher vom Vortrag in der mündlichen Verhandlung ausgeschlossen, LG Aachen AnwBl **83**, 528, LG Kiel AnwBl **78**, 478, aM LG Flensb MDR **75**, 408, AG Miesbach WoM **77**, 215. Vgl auch § 155 GVG Anh II Rn 2. Eine Erlaubnisfreiheit nach dem RBerG gibt noch keinen Anspruch auf die Zulassung zur mündlichen Verhandlung, unklar OVG Kblz NJW **88**, 581.

**6** Von den Rechtsanwälten kann im *Anwaltsprozeß* nur derjenige wirksam als ProzBev auftreten, der ein beim Prozeßgericht zugelassener Anwalt ist. Ein Erlaubnisträger nach § 209 BRAO steht jetzt dem Anwalt gleich, § 25 EGZPO. Ein Notar steht dem Anwalt gleich, soweit es um eine notarielle Tätigkeit geht.

**7** Ein Rentenberater, Frachtprüfer, Versteigerer, *Inkassounternehmer* ist vom mündlichen Vortrag schon deshalb ausgeschlossen, weil ihm die Erlaubnis zur Rechtsberatung nach § 1 I 2, 3 RBerG nur auf das jeweilige Teilgebiet beschränkt erteilt werden darf, BVerfG **75**, 246 und 284 (wegen des Übergangsrechts vgl Art 3 G v 18. 8. 80, BGBl 1503) und er daher nicht Erlaubnisträger nach § 209 BRAO ist. Zum Inkassobüro BGH VersR **96**, 909 (mit Anwalt besteht Befugnis zur gerichtlichen Geltendmachung), KG RR **90**, 429, aM Klinger NJW **93**, 3165.

Ein *Rechtsbeistand,* der kein Erlaubnisträger nach § 209 BRAO ist, ist vor den Arbeitsgerichten nicht vertretungsberechtigt, BAG BB **88**, 916. Über den Anwalt vor dem LAG und BAG vgl § 11 ArbGG und § 78 Rn 11, 12; dem II entspricht § 62 FGO, dazu zB BFH DB **85**, 474.

**8** 5) **Besorgung fremder Rechtsangelegenheiten, I 1.** Ausgeschlossen ist man im Falle der Besorgung einer fremden Rechtsangelegenheit nach einem Grundsatz mit Ausnahmen.

A. **Grundsatz: Erlaubnis nur an Anwalt.** Das Gesetz schließt diejenige Person, die eine fremde Rechtsangelegenheit geschäftsmäßig vor Gericht besorgt, als Bevollmächtigten, § 81, oder Beistand, § 90, in der mündlichen Verhandlung grundsätzlich aus; vgl aber wegen eines Anwalts, der dem Rat einer Gemeinde angehört, BVerfG NJW **80**, 33. Dem Rechtsanwalt stehen sein amtlich bestellter Vertreter, § 53 BRAO, und der dem Anwalt nach § 59 II BRAO zur Ausbildung überwiesene Referendar gleich, RoSGo § 29 II 2, StJSchu 11, ThP § 78 Rn 25, ZöGre 2, aM BAG VersR **91**, 936 (auch der nebenberuflich tätige Referendar des Anwalts), ferner der Erlaubnisträger nach § 209 BRAO, vgl § 25 EGZPO. Erforderlich ist, daß diese Personen im Parteiprozeß, § 78 Rn 1, für den Anwalt, im Anwaltsprozeß, § 78 Rn 1, im Beistand des Anwalts auftreten, soweit außerdem ein Lokalisierungsgebot besteht, § 78 Rn 2–13 usw. Das Gericht darf auch einem Bürovorsteher oder einem Auszubildenden des Anwalts das Auftreten in der mündlichen Verhandlung nicht untersagen, LG Oldb AnwBl **82**, 374, solange er nicht ständig auftritt, LAG Hamm NJW **71**, 2278. Die Partei selbst ist in keinem Fall von der mündlichen Verhandlung ausgeschlossen.

**9** B. **Besorgung.** „Besorgung" bedeutet die unmittelbare Förderung einer bestimmten fremden Rechtsangelegenheit, LG Hbg VersR **84**, 668. Dazu gehören auch Hotline-Serviceleistungen an einen Anwalt, Mü BB **99**, 1895.

**10** C. **Geschäftsmäßigkeit.** „Geschäftsmäßig" bedeutet nicht notwendig gewerbsmäßig oder hauptberuflich; es muß lediglich eine über einen bloßen Gelegenheitsfall hinausgehende öftere Wiederholung der selbständigen Tätigkeit geplant sein, BVerwG AnwBl **88**, 302, Hamm NJW **98**, 93, Karlsr AnwBl **88**, 244, oder bereits vorliegen, die dadurch zu einem dauernden oder wiederholten Bestandteil der eigenen Beschäftigung werden kann oder bereits wird, BayObLG MDR **84**, 1048, und zwar unabhängig davon, ob sie entgeltlich (gewerbsmäßig) oder unentgeltlich ausgeübt wird, BVerwG AnwBl **88**, 302, Hamm NJW **98**, 93, LG Aachen AnwBl **83**, 528, und unabhängig vom Umfang und Aufwand in den Einzelfällen. Schon die erste von mehreren derartigen geplanten Tätigkeiten kann genügen, BVerwG AnwBl **88**, 302, Hamm NJW **98**, 93, Karlsr AnwBl **89**, 244.

1. Titel. Mündliche Verhandlung                                                          § 157

Eine Geschäftsmäßigkeit ist bei einem *Gewerkschaftsfunktionär* grundsätzlich anzunehmen. Denn er besorgt  11
das Geschäft eines Dritten; vgl jedoch § 11 I 2, 3, II 2, III ArbGG sowie § 73 VI SGG. Entsprechendes gilt
zB bei einem sonstigen Verbandsfunktionär, unklar OVG Kblz NJW **88**, 581 (LS). An der Geschäftsmäßigkeit
ändert sich auch nichts dadurch, daß man nur neben einer eigenen Angelegenheit Parallelfälle anderer, etwa
von Nachbarn, bearbeitet, BayObLG MDR **84**, 1048.

Eine Geschäftsmäßigkeit *fehlt*, wenn ein *Angestellter* seinen Geschäftsherrn regelmäßig im Prozeß vertritt,  12
LG Hagen AnwBl **77**, 319, oder wenn ein Beamter in Ausübung einer öffentlichrechtlichen Pflicht auftritt,
etwa der Amtsvormund. Da aber über Art 35 I GG (Amtshilfe) auf diesem Wege praktisch sämtliche
Bundes- und Landesbehörden (und über die entsprechenden Ländervorschriften auch alle Kommunalbehör-
den) in noch so „artfremden" Sachen zugelassen werden müßten, ist eine Zulassung auf die Vertretung des
unmittelbaren (oder nächsthöheren) Vorgesetzten oder doch dieselbe Behörde begrenzt; andernfalls würde
der Zweck der Vorschrift unterlaufen. Daran kann auch ein praktisches Bedürfnis zu kostensparender
Terminsvertretung, etwa eines kommunalen Haftpflichtverbandes, nichts ändern. Es wären praktisch kaum
noch Vertretungsgrenzen zu ziehen.

**D. Fremdes Geschäft.** „Fremd" bedeutet: wirtschaftlich nicht die eigene Sache, ähnlich BayObLG NJW  13
**93**, 476. Hierher zählt auch die Geltendmachung der bloßen Einziehungsabtretung oder die Geltendmachung oder Abwehr von Ansprüchen, die der Verwalter von Wohnungseigentum als Vertreter der Eigentümer oder in Prozeßstandschaft vornimmt, soweit er nicht auch persönliche Ansprüche oder Pflichten
wahrnimmt, KG NJW **91**, 1304.

*Nicht „fremd"* ist aber eine Sicherungsabtretung oder eine Abtretung zahlungshalber oder an Zahlungs Statt.
Ein „Regulierungsbeamter" einer Versicherungsgesellschaft fällt im Haftpflichtprozeß nicht unter das Verbot
des § 157. Denn er nimmt überwiegend die Rechtsangelegenheit der eigenen Gesellschaft wahr.

**E. Vor Gericht.** „Vor Gericht" bedeutet das persönliche Auftreten in einer mündlichen Verhandlung  14
gleich welcher Art, BAG DB **97**, 436, auch in der Zwangsvollstreckung. Das mündliche Verhandeln braucht
als solches nicht geschäftsmäßig zu sein. Wer eine fremde Rechtsangelegenheit geschäftsmäßig besorgt, darf
kein einziges Mal verhandeln, LG Aachen AnwBl **83**, 528, LG Hagen AnwBl **77**, 69.

**F. Grenzen des Vertretungsverbots.** Die Ausschließung betrifft nur die mündliche Verhandlung, nicht  15
ein Verfahren außerhalb der Verhandlung. Daher darf auch derjenige, der nach I nicht in der Verhandlung
auftreten darf, einen Schriftsatz einreichen und zumindest als Zustellungsbevollmächtigter eine Zustellung
entgegennehmen, LAG Hamm BB **76**, 555, LG Aachen AnwBl **83**, 528, LG Hagen WoM **88**, 281. Über die
schriftliche Eingabe eines Quenglers vgl Einl III 66. Als mündliche Verhandlung ist jede Verhandlung vor
dem Gericht in einem bestimmten Termin anzusehen, also auch eine Beweisaufnahme, §§ 355 ff. Soweit
über die Zulässigkeit einer Ausschließung oder Zulassung Streit entsteht, ist der Betroffene zuzulassen.

**G. Entscheidung.** Die Zurückweisung des Ausgeschlossenen erfolgt im Rahmen eines pflichtgemäßen  16
Ermessens darüber, ob die dann zwingenden Voraussetzungen des Gesetzes vorliegen, durch einen Beschluß.
Er stellt nur fest, was bereits kraft Gesetzes gilt, Köln AnwBl **88**, 493. Er ist grundsätzlich zu begründen,
§ 329 Rn 4. Er wird verkündet.

**H. Rechtsmittel.** Gegen den Ausschluß kann der Ausgeschlossene persönlich keinen Rechtsmittel ein-  17
legen, LG Aachen AnwBl **83**, 528, auch nicht im Verwaltungsstreitverfahren, vgl § 23 EGGVG Rn 1. Die
von ihm vertretene Partei kann aber die einfache Beschwerde nach § 567 I einlegen, LG Aachen AnwBl **83**,
528. Soweit das LG als Berufungs- oder Beschwerdegericht entschieden hat, ist die Beschwerde unzulässig,
§ 567 III 1. Beim Rpfl gilt § 11 RPflG, vgl § 104 Rn 41 ff.

Der *Prozeßgegner* ist nicht beschwert und hat daher kein Rechtsmittel. In der Rechtsmittelinstanz darf der  18
Beschluß, der den Vertreter zurückweist, nur zusammen mit der zugehörigen Sachentscheidung nachgeprüft
werden. Einspruch und Berufung lassen sich auch darauf stützen, die Partei sei ordnungsgemäß vertreten
gewesen.

**I. Wirkung.** Da der Ausgeschlossene die Partei nicht wirksam vertreten kann, gilt die Partei als nicht  19
vertreten, ist also säumig, §§ 251 a, 330 ff. Auf Grund eines Antrags des Gegners darf und muß das Gericht
unter den gesetzlichen Voraussetzungen eine Versäumnisentscheidung erlassen, LG Aachen AnwBl **83**, 528.
Eine etwaige Prozeßvollmacht, § 80, bleibt unberührt, LG Aachen AnwBl **83**, 528. Die Klage kann aber
trotzdem unzulässig sein, zB wegen des Fehlens eines Rechtsschutzbedürfnisses, Grdz 33 vor § 253.

**6) Umgehungsverbot, I 2.** Der Ausschluß läßt sich nicht dadurch umgehen, daß der Ausgeschlos-  20
sene als eine Partei kraft Abtretung auftritt. Die Vorschrift setzt voraus: Die Klage oder Widerklage, Anh
§ 253, betrifft einen abgetretenen Anspruch; als Partei oder Streithelfer, § 66, tritt der Abtretungsnehmer
auf, läßt sich also nicht durch einen ProzBev vertreten; der Abtretungsnehmer gehört zu den in I genannten
Personen, nicht zu den nach III zugelassenen, vgl Rn 8; die Abtretung bezweckt nach der freien Überzeugung des Gerichts eine Umgehung des Verhandlungsverbots.

Ein Umgehungszweck kann auch dann vorliegen, wenn die Abtretung ernstlich zum Zweck einer
*treuhänderischen* Wahrnehmung des abgetretenen Rechts erfolgt ist, etwa zum Zweck einer Einziehung. Die
Umgehung braucht auch nicht der einzige Zweck der Abtretung zu sein. Maßgeblich ist der wirtschaftliche
Zweck der Abtretung. Ihn muß der Auftretende nachweisen. Da I 2 eine Umgehung verhüten will, ist die
Bestimmung ausdehnend auszulegen. Es darf z B ein Ausgeschlossener nicht einen Angestellten als seinen
Bevollmächtigten zum Termin entsenden. Auch ein solcher Angestellter ist dann ausgeschlossen.

**7) Untersagung des Vortrags, II.** II regelt die Voraussetzungen voll, die Wirkungen nur indirekt.  21

**A. Voraussetzungen.** Das Gericht kann einer Partei und ihrem Streithelfer, § 66, ihrem Bevollmächtigten, § 81, oder ihrem Beistand, § 90, nicht aber dem Mitglied einer Anwaltskammer, also nicht einem
Anwalt oder zB einem Erlaubnisträger nach § 209 BRAO, Rn 6, den Vortrag untersagen, soweit die Partei
usw vorübergehend oder dauernd ernstlich nicht fähig ist, geordnet vorzutragen. Den Grund dazu mag zB
bilden: Eine Unklarheit des Denkens, BFH DB **85**, 474 (zu § 62 II FGO); eine nur mangelhafte Ausdrucks-

## §§ 157, 158   1. Buch. 3. Abschnitt. Verfahren

fähigkeit; ein zu schwieriger Sachverhalt; eine Angetrunkenheit; eine ungenügende Selbstbeherrschung; ein körperliches Gebrechen, §§ 185 ff GVG, BFH DB **85**, 474 (zu § 62 II FGO); die Erkenntnis, daß der Bevollmächtigte die Rechte seines Auftraggebers aus einem sonstigen Grund auf unabsehbare Zeit nicht wahrnehmen kann, BFH DB **85**, 474 (zu § 62 II FGO).

Die *Beherrschung einer Sprache* für den täglichen Umgang genügt im allgemeinen noch *nicht* zur Rechtsverfolgung vor dem Gericht. Eine bloße Ungewandtheit im Ausdruck ist aber beim AG noch nicht Grund genug, den Vortrag zu untersagen. Soweit der Betroffene die deutsche Sprache nicht beherrscht, muß das Gericht einen Dolmetscher hinzuziehen. Im Anwaltsprozeß kann allerdings auch eine Untersagung des Vortrags erfolgen, § 187 II GVG. Soweit die Partei wahrheitswidrig eine Unkenntnis behauptet, verwirkt sie ein Ordnungsmittel wegen Ungebühr. Dem Mitglied einer Anwaltskammer stehen auch hier die in Rn 6, 8 genannten Personen gleich; andere Rechtskundige fallen unter II.

22   **B. Entscheidung.** Das Gericht entscheidet nach pflichtgemäßem Ermessen durch Beschluß, § 329. Er ist grundsätzlich zu begründen, § 329 Rn 4, und wird verkündet oder formlos mitgeteilt, § 329 I 1, II 1.

23   **C. Rechtsmittel.** Der Beschluß ist grundsätzlich frei abänderlich, § 329 Rn 16, und unanfechtbar. Soweit ein Fall der Untersagungsmöglichkeit objektiv überhaupt nicht vorlag, kann die von dem Beschluß betroffene Partei die Beschwerde nach § 567 I einlegen. Soweit das LG als Berufungs- oder Beschwerdegericht entschieden hat, ist die Beschwerde unzulässig, § 567 III 1. Der Gegner hat gegen einen Beschluß, der die Untersagung des Vortrags ablehnt, kein Rechtsmittel. Wegen einer Beschwerde aus „greifbarer Gesetzwidrigkeit", Begriff § 127 Rn 25, vgl Pawlowski Festschrift für Schneider (1997) 41. Beim RpflG gilt § 11 RPflG, vgl § 104 Rn 41 ff.

24   **D. Wirkung.** Der Beschluß hat folgende Wirkung: Zwar ist die Partei jetzt nicht mehr ordnungsgemäß vertreten. Das Gericht darf aber in demselben Termin nicht stets eine Versäumnisentscheidung treffen, vgl LG Aachen AnwBl **83**, 528. Es muß vielmehr nunmehr nach § 158 Rn 4 verfahren.

25   8) **Zulassung, III.** Hier nur Andeutungen zum Verwaltungshandeln.

**A. Bedürfnis.** Die Justizverwaltung kann, soweit ein Bedürfnis besteht, geeignete Personen zu einer geschäftsmäßigen mündlichen Verhandlung vor dem Gericht zulassen. Die Bedürfnisprüfung ist mit Art 12 S 1 GG vereinbar, BVerfG **41**, 391. Das Bedürfnis der Zulassung eines sprachkundigen Prozeßagenten kann zB dann bestehen, wenn in einem Bezirk eine größere Gruppe von Ausländern wohnt, die die deutsche Sprache nicht beherrschen und denen keine ausreichende Zahl von solchen Anwälten zur Verfügung steht, welche sich mit ihnen in ihrer Muttersprache verständigen können, BGH **77**, 205. Der Umstand, daß ein Bewerber längere Zeit hindurch als Rechtsbeistand tätig war und die Prüfung als Steuerberater bestanden hat, gibt ihm beim Fehlen eines Bedürfnisses noch keinen Anspruch auf eine Zulassung als Prozeßagent, BGH **77**, 211. Die Bedürfnisprüfung wird nicht als Ermessensausübung, sondern als eine Tat- und Rechtsfrage angesehen, BVerwG **59**, 546, Hamm AnwBl **80**, 68. Düss Rpfleger **79**, 143 meint, das Gericht müsse zwar in erster Linie das Bedürfnis prüfen, dazu Stgt AnwBl **76**, 47 (krit Brangsch), habe aber auch dann, wenn es ein Bedürfnis bejahe, vor einer Zulassung noch einen gewissen Ermessensspielraum; dagegen jetzt auch Hamm AnwBl **80**, 68 (das OLG hat den dortigen Fall dem BGH zur Entscheidung vorgelegt). Es kommt nicht auf das wirtschaftliche Interesse des Bewerbers und auf dasjenige des Publikums an einer etwa billigeren Rechtsverfolgung an, BGH NJW **80**, 2310 und 2312.

26   **B. Entscheidung.** Die Zulassung erfolgt als ein widerruflicher Verwaltungsakt durch den Präsidenten des LG oder des AG. Die Bekanntgabe der Zulassung erfolgt im Amtsblatt. Der Zugelassene heißt Prozeßagent, Drsd NJW **98**, 92. Sein Unterbevollmächtigter kann ihm gleichstehen.

Wegen der *Gebühren* vgl Art IX KostÄndG, Hartmann Teil XII.

27   **C. Rechtsmittel.** Gegen die Entscheidung ist die Dienstaufsichtsbeschwerde zulässig. Sie richtet sich an den Präsidenten des OLG. Außerdem ist ein Antrag auf eine gerichtliche Entscheidung zulässig. Er wird an das OLG gerichtet, § 23 EGGVG Rn 2, § 25 EGGVG, Hamm BB **80**, 553.

28   **D. Wirkung.** Die Zulassung nach III beseitigt nur den Ausschluß nach I, nicht die Möglichkeit einer Untersagung des Vortrags nach II. Das Gericht sollte aber gegenüber dem nach III Zugelassenen mit einem Ausschluß nach II nur zurückhaltend verfahren.

29   9) *VwGO:* I u III sind nicht entsprechend anwendbar, vgl BVerwG MDR **77**, 605 mwN, BVerfG NJW **76**, 1349, VGH Mannh NJW **98**, 1330 mwN. Trotzdem ist Zurückweisung geboten, sofern die Erlaubnis nach dem RBerG fehlt, BVerfG aaO, BVerwG **19**, 339, OVG Schlesw SchlHA **96**, 134, OVG Münst AS **38**, 297 u NJW **81**, 1173, VGH Mü BayVBl **81**, 48, hM (wegen der Zurückweisung von Hochschullehrern s § 78 Rn 57). Zur Zurückweisung wegen einer Kollision mit kommunalrechtlichen Bestimmungen vgl BVerfG NJW **88**, 694 mwN, BVerwG NJW **84**, 377, dazu Haufs-Brusberg AnwBl **85**, 177, Schoch NVwZ **84**, 626 (beide mwN), VGH Mannh BB **93**, 1690, zur (nicht zulässigen) Zurückweisung von Bediensteten eines Landkreises als Vertretern einer Gemeinde Bittner DVBl **73**, 24, VG Hann DVBl **75**, 52. II ist entsprechend anwendbar, vgl § 67 II 3 VwGO, BVerwG **19**, 339, RedOe § 67 Anm 21, VGH Mü VerwRspr **76**, 374 (der einen Ausschluß für das Verf schlechthin für zulässig hält); das gilt auch für II 2, vgl VGH Mü NJW **73**, 111 (das über § 146 II VwGO zu demselben Ergebnis kommt), aM EF Rn 26, RedOe Anm 22, Kopp Rn 20, alle zu § 67 VwGO. In allen anderen Fällen steht ein Beschwerderecht gegen die Zurückweisung sowohl dem Beteiligten als auch dem betroffenen Vertreter zu, VGH Kassel VerwRspr **21**, 884, OVG Hbg AnwBl **68**, 65, hM.

## 158   Versäumung infolge Prozeßleitungsanordnung.

¹Ist eine bei der Verhandlung beteiligte Person zur Aufrechterhaltung der Ordnung von dem Ort der Verhandlung entfernt worden, so kann auf Antrag gegen sie in gleicher Weise verfahren werden, als wenn sie freiwillig

1. Titel. Mündliche Verhandlung § 158, Einf §§ 159–165

sich entfernt hätte. ²Das gleiche gilt im Falle des § 157 Abs. 2, sofern die Untersagung bereits bei einer früheren Verhandlung geschehen war.

**1) Systematik, Regelungszweck, S 1, 2.** Die Vorschrift regelt die prozessualen Folgen einer Maß- 1 nahme der Ordnungsgewalt nach §§ 177 ff GVG. Die Gleichstellung des Entfernten mit dem (nunmehr) Säumigen, vgl zB § 333, ist ein wirksames Mittel gegenüber den Parteien bzw, soweit einschlägig, mit dem ProzBev (einen Anwalt als ProzBev kann man nicht entfernen, wohl aber einen anderen ProzBev). Beim Zeugen usw tritt eine entsprechende Gleichstellung mit demjenigen ein, der sich vor der Entlassung unerlaubt entfernt hat, vgl §§ 380, 402. Das dient der Prozeßförderung, Grdz 12 vor § 128, und sollte strikt beachtet werden.

**2) Sachlicher Geltungsbereich, S. 1, 2.** Vgl Grdz 2 vor § 128. 2

**3) Persönlicher Geltungsbereich: Beteiligte, S 1, 2.** Die Vorschrift erfaßt die „bei der Verhandlung 3 beteiligten Personen". Hierzu gehören: Die Parteien, Grdz 3 vor § 50; ein Streithelfer, § 66; ein Parteivertreter oder ProzBev, § 81, mit Ausnahme des Anwalts; ein Beistand, § 90; ein Zeuge, § 373; ein Sachverständiger, § 402. Alle diese Personen müssen gezwungen gewesen sein, den Verhandlungsraum wegen Ungehorsams oder Ungebühr zu verlassen, §§ 177, 179 GVG. Ein Anwalt, den das Gericht wegen der Verletzung eines Vertretungsverbots, §§ 150, 156 II BRAO, zurückgewiesen hat, ist entsprechend zu behandeln, § 157 Rn 1.

**4) Wirkung der Entfernung, S 1.** Wenn das Gericht eine unter § 158 fallende Person entfernt hat, darf 4 es nur auf Grund eines Antrags so gegen sie verfahren, als ob sie sich freiwillig entfernt hätte. Die Entfernung des gesetzlichen Vertreters der Partei gilt als die Entfernung der Partei selbst. Die Entfernung eines ProzBev gilt im Anwaltsprozeß, § 78 Rn 1, als die Entfernung der Partei, selbst wenn sie anwesend bleibt; die Entfernung des ProzBev gilt im Parteiprozeß, § 78 Rn 1, ebenso, soweit die Partei nicht persönlich zugegen ist.

Das Verfahren nach § 158 steht im pflichtgemäßen *Ermessen* des Gerichts. Das Gericht kann auch vertagen oder das Ruhen des Verfahrens nach § 251 a anordnen. Es kann gegenüber einen Zeugen oder Sachverständigen so vorgehen, als ob er von vornherein ausgeblieben sei, §§ 380, 409. Es kann bei einer Entfernung der Partei so verfahren, als ob die Partei säumig sei, also auf Antrag eine Versäumnisentscheidung erlassen, §§ 330 ff. Wenn das Gericht das persönliche Erscheinen dieser Partei nach § 141 angeordnet hatte, kann es die Erklärung als verweigert ansehen usw, § 141 III. Das Gericht sollte auf die Folgen der drohenden Entfernung vor der Anordnung der Entfernung hinweisen.

**5) Wirkung der Untersagung des Vortrags, S 2.** Wenn das Gericht einer unter § 158 fallenden Person 5 den Vortrag nach § 157 II untersagt hat, dann treten dieselben Wirkungen wie bei einer Entfernung dieser Person ein, Rn 4, soweit das Gericht dieser Person den Vortrag schon in einer früheren Verhandlung, nicht notwendig in der letzten vorausgegangenen, untersagt hatte. Das Gericht muß der Person den Vortrag also insgesamt zweimal untersagt haben, damit die Wirkungen wie in Rn 3 eintreten können.

**6) Rechtsmittel, S 1, 2.** Gegen die Anordnung vgl § 177 GVG Rn 4, § 181 GVG. Im übrigen sind die 6 gegen die folgende Entscheidung statthaften Rechtsmittel gegeben, zB gegen ein echtes erstes Versäumnisurteil der Einspruch, § 338. Beim Rpfl gilt § 11 RPflG, vgl § 104 Rn 41 ff.

**7) VwGO:** *Entsprechend anwendbar, § 173 VwGO, mit den in Rn 4 u 5 genannten Folgen; jedoch darf keine* 7 *Versäumnisentscheidung ergehen, vielmehr ist ohne den Entfernten zu verhandeln und zu entscheiden, § 102 II VwGO.*

## Einführung vor §§ 159–165
### Protokoll

**Gliederung**

| | |
|---|---|
| 1) Systematik ............................. 1 | 4) Persönlicher Geltungsbereich ......... 4 |
| 2) Regelungszweck ...................... 2 | 5) VwGO ................................. 5 |
| 3) Sachlicher Geltungsbereich .......... 3 | |

**1) Systematik.** Die ZPO kennt verschiedene Arten der Beurkundung von Vorgängen: Das über jede 1 mündliche Verhandlung aufzunehmende Sitzungsprotokoll, §§ 159 ff; das gerichtliche Protokoll außerhalb der Sitzung, etwa für eine Verhandlung vor dem verordneten Richter, §§ 159 II, 288 I, 361, 362; das Protokoll des Urkundsbeamten der Geschäftsstelle, das Parteierklärungen außer Anwaltszwang beurkundet, zB § 118 I 2, und erst vom Zeitpunkt des Eingangs beim Gericht an wirkt, § 129 a II 2. Beim letzteren fehlen Formvorschriften; die Unterschrift des Erklärenden ist erwünscht, aber nicht wesentlich, im übrigen sind die §§ 159 ff entsprechend anwendbar. Eine Erklärung zum Sitzungsprotokoll genügt als das Stärkere auch in solchen Fällen, § 569 Rn 9, aM LG Bln Rpfleger **74**, 407. Ferner kennt die ZPO das Protokoll des Gerichtsvollziehers in der Zwangsvollstreckung, §§ 762 f, 826. Auch die Zustellungsurkunde ist im Grunde ein Protokoll.

**2) Regelungszweck.** Das Protokoll ist der wichtigste Beleg über den Hergang des Termins, BGH VersR 2 **85**, 46. Seine Bedeutung liegt in seiner *Beweiskraft* über die beurkundeten Vorgänge, §§ 165, 415, 418, BGH NJW **84**, 1466, BSG MDR **81**, 612. Diese geht evtl selbst dem Tatbestand des Urteils vor, §§ 165, 314, dort Rn 6, und hält jede andere Formvorschrift ein, § 127 a BGB, BGH **105**, 200, soweit es auch inhaltlich den gesetzlichen Erfordernissen entspricht. Das übersieht Zweibr MDR **92**, 998. Außerdem sichern die Vorschriften über das Protokoll, hinter denen die Strafvorschriften zur Falschbeurkundung usw stehen, in

**Einf §§ 159–165, § 159**  1. Buch. 3. Abschnitt. Verfahren

erhöhtem Maß die Einhaltung eines gesetzmäßigen Sitzungsablaufs wenigstens in seinen entscheidenden Teilen, BGH NJW **78**, 2509. Die Protokollierungsvorschriften sollen aber grundsätzlich nicht die Wirksamkeit des während der Verhandlung Geschehenen an die Feststellung im Protokoll binden, § 162 Rn 1–4.

Eine *Protokollauslegung* ist grundsätzlich zulässig, auch bei seiner Lückenhaftigkeit. Ein fehlerhaftes Protokoll ist zu berichtigen, § 164, unter Umständen frei zu würdigen, § 419, soweit nicht § 165 entgegensteht. Ein in den Formen der ZPO aufgenommenes Protokoll ersetzt jede privatrechtliche Beurkundung; vgl freilich die Sonderregelungen im BeurkG, Breetzke NJW **71**, 178. Die Handhabung der §§ 159 ff sollte weder zu Knappheit des Protokolls nur zwecks Arbeitserleichterung führen, noch zu kritikloser Aufnahme auf ein geduldiges Tonband. Einen Antrag gemäß § 160 IV sollte das Gericht großzügig behandeln. Aus der Auslagenfreiheit bestimmter Protokollabschriften folgt keineswegs eine Pflicht des Gerichts zur Übersendung des Protokolls von Amts wegen, Hartmann Teil I KV 9000 Rn 21.

**3** 3) **Sachlicher Geltungsbereich.** §§ 159 ff gelten für jede Art von Verhandlung in einem der ZPO unterliegenden Verfahren. Vgl ferner Rn 1. Im FGG-Verfahren gelten §§ 159 ff nicht, BayObLG WoM **96**, 500, KG WoM **89**, 348.

**4** 4) **Persönlicher Geltungsbereich.** Urkundsperson ist grundsätzlich sowohl der Richter (Vorsitzender, Einzelrichter, § 348, verordneter Richter, §§ 361, 362) oder der als Gericht amtierende Rpfl als auch der zur Protokollführung zugezogene Urkundsbeamte der Geschäftsstelle, § 49 ZPO, § 153 GVG. Der Richter überwacht in erster Linie die Richtigkeit und Vollständigkeit des Inhalts, der Urkundsbeamte der Geschäftsstelle in eigener Verantwortung außerdem auch die formelle Korrektheit und (allein) die Richtigkeit der etwaigen Übertragung einer vorläufigen Aufzeichnung, § 163 Rn 3, 4. Der Richter ist also gegenüber früher erweitert mitverantwortlich. Er kann als Protokollführer amtieren, § 159 I 2, II. Möglich ist ferner eine Tätigkeit des Urkundsbeamten der Geschäftsstelle nur bei der Übertragung einer vorläufigen Aufzeichnung, § 163 I 2.

Ferner ist jetzt in erweitertem Umfang der Einsatz von *Maschinen* zwecks Kurzschrift oder Tonaufnahmen zulässig, § 160 a I, die aber Urkundspersonen nicht schlechthin ersetzen. Maßnahmen zur vorläufigen oder endgültigen Herstellung des Protokolls sind nur bei offensichtlicher Gesetzwidrigkeit, vgl § 127 Rn 25, durch die Dienstaufsicht nachprüfbar, BGH **67**, 187.

**5** 5) *VwGO:* Gemäß § 105 VwGO gelten §§ 159–165 entsprechend.

**159** *Protokollzwang.* [1]¹Über die mündliche Verhandlung und jede Beweisaufnahme ist ein Protokoll aufzunehmen. ²Für die Protokollführung ist ein Urkundsbeamter der Geschäftsstelle zuzuziehen, wenn nicht der Vorsitzende davon absieht.

[II] Absatz 1 gilt entsprechend für Verhandlungen, die außerhalb der Sitzung vor Richtern beim Amtsgericht oder vor beauftragten oder ersuchten Richtern stattfinden.

**Gliederung**

| | | | |
|---|---|---|---|
| 1) Systematik, Regelungszweck, I, II .... | 1 | D. Verstoß der Verwaltung .............. | 9, 10 |
| 2) Geltungsbereich, I, II ................... | 2 | 5) Verzicht auf einen besonderen Urkundsbeamten, I 2 Hs 2 .............. | 11–14 |
| 3) Protokollzwang, I 1 ................... | 3 | A. Anordnung ........................ | 11, 12 |
| 4) Urkundsbeamter der Geschäftsstelle, I 2 Hs 1 | 4–10 | B. Änderung ......................... | 13 |
| A. Zuteilungspflicht der Verwaltung ...... | 4, 5 | C. Aufteilung ........................ | 14 |
| B. Eignung des Protokollführers ......... | 6, 7 | 6) Außerhalb der Sitzung, II ............. | 15 |
| C. Entscheidung des Gerichts ........... | 8 | 7) *VwGO* ................................ | 16 |

**1** 1) **Systematik, Regelungszweck, I, II.** Vgl zunächst Einf 1 vor §§ 159–165. Die Vorschrift regelt das Ob und durch Wen, §§ 160–163 das Wie eines Protokolls.

Wegen des *Zwecks* vgl zunächst Einf 2 vor §§ 159–165. Gerade der erstaunliche Vergleich mit der StPO zeigt, welchen Wert die ZPO auf ein auch inhaltlich ergiebiges Protokoll legt. Das hat zusätzliche Auswirkungen auf die Anforderungen an die Person des Protokollführers. Das hat die Verwaltung mitzubeachten.

**2** 2) **Geltungsbereich, I, II.** Vgl Einf 3, 4 vor §§ 159–165.

**3** 3) **Protokollzwang, I 1.** Jede mündliche Verhandlung, § 136 I, vor dem erkennenden Gericht erfordert ein Protokoll. Das gilt unabhängig davon, ob die Verhandlung einseitig oder zweiseitig, streitig oder unstreitig ist oder wird, ob sie sich auf Fragen der Zulässigkeit oder einen Zwischenstreit beschränkt, ob sie zu einer Vertagung, § 227, oder zu einer Verweisung führt, § 281, ob sie vor dem vollbesetzten Spruchkörper oder vor dem Einzelrichter stattfindet, § 348, und ob sie mit einem Urteil, § 300, einem Prozeßvergleich, Anh § 307, einer Klagerücknahme, § 269, Erledigung der Hauptsache nebst Kostenentscheidung, § 91 a, oder sonstwie endet. Auch der Ort der Verhandlung und ihr Zeitpunkt sind unerheblich. Auch eine Beweisaufnahme, § 160, zwingt als ein Teil der mündlichen Verhandlung im weiteren Sinn zur Anfertigung eines Protokolls, selbst wenn sich der Termin in der Beweisaufnahme erschöpft und zu keinerlei Anträgen führt. Wegen der Ausnahmen § 161.

Der Protokollzwang gilt auch im *selbständigen Beweisverfahren,* soweit es vor dem Gericht durchgeführt wird, § 485 ff. Denn die §§ 159 ff sind als ein Teil des 1. Buchs grundsätzlich bei allen weiteren Büchern der ZPO mitzubeachten. Soweit der Sachverständige die Beweisaufnahme vornimmt, § 407 Rn 11, ist er zu einer Darstellung ihres Hergangs verpflichtet.

1. Titel. Mündliche Verhandlung **§ 159**

Der Protokollzwang besteht ferner für einen bloßen *Verkündungstermin* nach § 311 IV, Holtgrave DB **75**, 821, sowie im Verfahren auf den Erlaß eines Arrests oder einer einstweiligen Verfügung, §§ 916 ff, 935 ff. Die Bezeichnung des Protokolls ist unerheblich, sofern eindeutig erkennbar ist, daß ein Protokoll beabsichtigt wurde. Ein Protokoll liegt nicht vor, sofern die Aufzeichnung völlig unbrauchbar ist.

**4) Urkundsbeamter der Geschäftsstelle, I 2 Hs 1.** Die Bestimmung wird oft mißachtet. **4**

**A. Zuteilungspflicht der Verwaltung.** Das Gericht muß grundsätzlich einen Urkundsbeamten der Geschäftsstelle im Sinn von Üb 3 vor § 153 GVG hinzuziehen. Die Gerichtsverwaltung muß dem Gericht einen solchen Urkundsbeamten zuteilen. Die Verwaltung ist grundsätzlich an die Terminierung des Gerichts gebunden. Personalknappheit, Raumnot oder andere organisatorische Schwierigkeiten dürfen nicht dahin führen, daß praktisch die Verwaltung und nicht mehr das Gericht die Entscheidung darüber trifft, ob ein Urkundsbeamter zur Verfügung steht. Vielfach versuchen die Justizverwaltungen, die Gerichte dazu zu bewegen, auf die Hinzuziehung eines Urkundsbeamten der Geschäftsstelle zu verzichten. Man beruft sich auf Personalnot, Finanzschwierigkeiten usw. Nach I 2 kann die Verwaltung weder den Vorsitzenden noch das Gericht zwingen, ohne besonderen Urkundsbeamten der Geschäftsstelle zu amtieren, BGH NJW **78**, 2509, Stanicki DRiZ **83**, 271, ZöStö 2, aM Rabe AnwBl **81**, 303. Vielmehr hat die Verwaltung wegen ihrer Betriebssicherungspflicht für einen geeigneten Protokollführer zu sorgen.

Das hat seinen *guten Grund*. Der Urkundsbeamte der Geschäftsstelle hat als Protokollführer viele wichtige Funktionen. Er kann die Arbeit des Gerichts ganz erheblich erleichtern. Das gilt trotz der Einsatzmöglichkeiten noch so moderner Maschinen von dem Tonbandgerät bis zum Schreibautomaten mit seinen sofortigen Korrektur- und Druckmöglichkeiten usw. Das Gericht ist dazu berechtigt und schon wegen der überall vorhandenen Überlastung sogar dazu verpflichtet, seine Arbeitskraft voll auf die rasche und gerechte Entscheidung des Einzelfalls zu konzentrieren. Viele Richter üben aus Gutmütigkeit, mangelnder Kenntnis der zu ihrer Entlastung vorhandenen Gesetzesvorschriften, falsch verstandenem Perfektionismus, gutgemeinten, aber überhaupt nicht mit ihren vordringlichen Rechtsprechungsaufgaben zu vereinbarenden Sparbestrebungen usw Aufgaben aus, die sie nach dem Gesetz sehr wohl auf den Urkundsbeamten der Geschäftsstelle innerhalb und außerhalb der Verhandlung übertragen dürfen.

Im übrigen kann der Urkundsbeamte der Geschäftsstelle als Protokollführer zu einer rascheren Durch- **5** führung des Verhandlungstermins beitragen. Damit erspart das Gericht den Parteien, ihren ProzBev, den Beweispersonen und sich selbst unnötige Zeitverluste. Aus allen diesen Gründen sollte sich das Gericht *jedem* versteckten oder direkten *Druck der Verwaltung energisch widersetzen*, sofern es an sich die Hinzuziehung eines Urkundsbeamten der Geschäftsstelle als Protokollführer auch nur für förderlich hält.

Alles das übersieht Rabe AnwBl **81**, 303 mit seiner den Kern des Problems nicht treffenden Meinung, der Richter dürfe nicht unter Berufung auf seine Unabhängigkeit Organisationsmaßnahmen, die ihn zu mehr Mobilität zwingen würden, in ein zu enges Korsett schnüren. Es ist genau umgekehrt: Die Verwaltung darf den Richter nicht noch mehr in ihr organisatorisches Korsett zwängen. Sie dient *ihm*, nicht etwa er ihr. Er dient dem Recht und soll alle Kraft auf die nach *seiner* pflichtgemäßen Ansicht notwendige Konzentration auf die Parteien und auf die Verhandlung verwenden. Welche fatalen Folgen das Fehlen eines besonderen Protokollführers zB für die Befangenheitsfrage haben kann, zeigt Celle MDR **88**, 970.

**B. Eignung des Protokollführers.** Die Verwaltung hat auch dafür Sorge zu tragen, daß nur eine solche **6** Person als protokollführender Urkundsbeamter der Geschäftsstelle zur Verfügung gestellt wird, die einer solchen Aufgabe im Zivilprozeß wenigstens einigermaßen gewachsen ist, Franzki DRiZ **75**, 98, MüKoPe 7, StJSchu 22. Das Gericht braucht weder eine unwürdigen Sitzungsraum noch eine unbrauchbare Urkundsperson hinzunehmen. Notsituationen mögen Ausnahmen rechtfertigen, erlauben aber keine Aufweichung des Grundsatzes. Gegenwärtig ist von Notsituationen wohl noch keine Rede. Der Staat ist bei einer ausreichenden personellen Besetzung der Justiz verpflichtet, vgl MüKoPe 7, StJSchu 22. Der Gesetzgeber wünscht einen raschen Zivilprozeß. Das hat die Verwaltung zu respektieren und zu unterstützen. Die Verwaltung ist für den rechtsprechenden Richter da (und dieser für die Parteien, nicht etwa für deren Anwälte), nicht umgekehrt, Rn 4. Bei Beachtung dieser Regeln dürfte sich durchweg ein Urkundsbeamter der Geschäftsstelle als Protokollführer finden, selbst wenn der Geschäftsleitende Beamte als Protokollführer einspringen müßte.

Jedenfalls ist das gelegentliche Argument der Verwaltung, der Protokollführer sei kein Lehrberuf, schon **7** wegen der Pflicht der Verwaltung zur Beachtung von § 153 II 2, III–IV GVG natürlich *keine Ausrede* zur Übertragung auch noch dieser Ausbildung (erst) im praktischen Einzelfall auf den Vorsitzenden, zumal der Protokollführer eigenverantwortlich ist, § 153 GVG Rn 1.

**C. Entscheidung des Gerichts.** Die Prüfung, ob ein besonderer Urkundsbeamter der Geschäftsstelle **8** hinzuzuziehen ist, kann in jeder Lage des Verfahrens erneut erfolgen. Das Gericht ist weder den Parteien noch der Verwaltung zu einer Auskunft über die Erwägungen verpflichtet, die zu seiner Entscheidung der Hinzuziehung oder der Nichthinzuziehung führen. Es bedarf auch insofern keines Aktenvermerks, keiner Verfügung und keines Beschlusses. Bei Schwierigkeiten empfiehlt sich freilich ein diesbezüglicher Aktenvermerk. Die Entscheidung ist schlechthin unanfechtbar und auch nicht einer Dienstaufsicht unterworfen, von offensichtlichen krassen Mißbrauchsfällen abgesehen. Die Prüfung, ob der zugeteilte Urkundsbeamte der Geschäftsstelle die erforderlichen Voraussetzungen erfüllt, erfolgt in jeder Lage des Verfahrens von Amts wegen, dazu Üb 3 vor § 153 GVG. Der Urkundsbeamte kann nach § 49 ausgeschlossen sein oder abgelehnt werden. Ein Wechsel des Urkundsbeamten ist jederzeit zulässig. Er ist sogleich im Protokoll zu vermerken. Jeder Urkundsbeamte ist nur für den von ihm bearbeiteten Tätigkeitsabschnitt verantwortlich.

**D. Verstoß der Verwaltung.** Wenn sich die Verwaltung weigert, einen vom Gericht gewünschten **9** Urkundsbeamten der Geschäftsstelle als Protokollführer zur Verfügung zu stellen, sei es auch nur für einen Teil, § 227, der in Betracht kommenden Sitzungsstunden, dann darf und muß das Gericht die Verhandlung vertagen oder unterbrechen, bis ein geeigneter Protokollführer zur Verfügung steht. Der Staat kann die durch solche Notmaßnahmen entstehenden Schäden der Prozeßbeteiligten haftbar sein. Er dürfte seine

## §§ 159, 160

Haftung keineswegs auf den Richter abwälzen. Das Gericht braucht die Protokollführung auch dann nicht zu übernehmen, wenn es zur Protokollierung nach seiner Ansicht oder nach der Ansicht der Verwaltung imstande wäre. Die Verwaltung hat unter keinen Umständen darüber zu bestimmen, ob der Urkundsbeamte der Geschäftsstelle entbehrlich ist, Putzo NJW **75**, 188.

**10** Die *Entscheidung* des Vorsitzenden bzw des Gerichts über die Hinzuziehung eines Urkundsbeamten der Geschäftsstelle ist auch *jeder Dienstaufsicht entzogen*, BGH NJW **78**, 2509, MüKoPe 7, ZöStö 2. Jeder Eingriffsversuch der Verwaltung wäre ein Angriff auf die Unabhängigkeit des Gerichts. Zwar kann die Verwaltung theoretisch bestimmen, daß keine speziell für Kurzschrift ausgebildete Kanzleikraft zur Verfügung steht, BGH NJW **88**, 418, krit Rudolph DRiZ **88**, 74; sie muß dann aber den Urkundsbeamten der Geschäftsstelle, den sie auch dann natürlich zur Verfügung stellen muß, entsprechend ausbilden. Das ist eigentlich selbstverständlich; sie hat auch insofern eine prozessuale „Verkehrssicherungspflicht", vgl bei § 823 BGB. Andernfalls treten die obigen Verzugsfolgen ein. Rechtspolitisch DRiZ **85**, 67, 69, 107 und 108.

**11** 5) **Verzicht auf einen besonderen Urkundsbeamten, I 2 Hs 2.** Viele Richter sind viel zu gutmütig.

**A. Anordnung.** Der Vorsitzende kann anordnen, daß ausnahmsweise kein Urkundsbeamter der Geschäftsstelle als Protokollführer hinzuzuziehen ist. Vorsitzender ist auch der Einzelrichter, § 348, bzw der Amtsrichter, vgl auch II. Die Entscheidung wird also weder von dem Gericht in voller Besetzung, noch von der Verwaltung getroffen. Der Vorsitzende darf und muß sich jeden Drucks von irgendeiner Stelle auf ihn verwahren, vgl auch Rn 3–10, etwa nach dem tatsächlich vorgenommenen Motto: (Nur) Wer selbst auch als Protokollführer amtiert, erhält Protokoll usw sogleich geschrieben (ein krasser Verstoß gegen Art 3 GG gegenüber den Parteien). Nach einer Anordnung des Verzichts auf einen besonderen Urkundsbeamten muß das Gericht das Protokoll selbst anfertigen. Grundsätzlich ist dann der Vorsitzende zur Anfertigung und (alleinigen) Unterschrift berechtigt und verpflichtet, § 163 I 1. Im Fall seiner Verhinderung ist § 163 II zu beachten. Der Richter wird also zugleich zum Protokollführer, Peters MDR **74**, 18.

**12** Die Anordnung der *Abstandnahme* erfolgt durch eine prozeßleitende Verfügung, Üb 5 vor § 128. Sie bedarf weder einer Begründung, noch einer Verkündung oder Mitteilung oder gar einer Beurkundung. Freilich ist ihre Aufnahme in das Protokoll oder doch in die Akten zweckmäßig. Der Vorsitzende hat die Entscheidung im Rahmen seines pflichtgemäßen Ermessens zu treffen. Die Grenzen seines Ermessens können dann überschritten sein, wenn der außerordentliche Umfang oder sonstige besondere Schwierigkeiten des Einzelfalls eine Arbeitsteilung praktisch unerläßlich machen. Der Vorsitzende braucht das Kollegium vor seiner Entscheidung nicht anzuhören, noch weniger die Parteien, die sonstigen Prozeßbeteiligten oder gar die Gerichtsverwaltung. Eine Abstimmung zumindest im Kollegium dürfte in den meisten Fällen allerdings ratsam sein.

**13** **B. Änderung.** Der Vorsitzende darf seine Anordnung in jeder Lage des Verfahrens aufheben, um nunmehr einen Urkundsbeamten der Geschäftsstelle hinzuzuziehen, und darf von dieser Hinzuziehung anschließend jederzeit wieder absehen. Keine dieser weiteren Entscheidungen bedarf einer Begründung. In einem Grenzfall sollte das Motiv freilich zur Vermeidung eines Vorwurfs des Ermessensmißbrauchs aktenkundig gemacht werden. Der Vorsitzende kann auch einen Beisitzer zum Protokollführer bestimmen und eine solche Anordnung beliebig ändern. Auch diese Maßnahmen sind jederzeit zulässig und unanfechtbar. Auch sie erfolgen durch prozeßleitende Verfügungen, die weder einer Begründung noch einer Verkündung oder Mitteilung an andere als die betroffenen Kollegen bedürfen. Der Vorsitzende bleibt jedoch stets für das Protokoll ohne Hinzuziehung eines Urkundsbeamten der Geschäftsstelle verantwortlich, Holtgrave DB **75**, 821. Er unterschreibt auch als Vorsitzender wie als Protokollführer, selbst wenn er zur Protokollierung einen Beisitzer hinzugezogen hatte, Holtgrave DB **75**, 823.

**14** **C. Aufteilung.** Der Vorsitzende kann auch anordnen, daß die Protokollführung nach Zeitabschnitten oder nach anderen Gesichtspunkten aufgeteilt wird, daß etwa der Urkundsbeamte der Geschäftsstelle für die Niederschrift zuständig sein soll, der Beisitzer für die Bedienung eines Tonbandgeräts. Solche Teilungsanordnungen sind unbedenklich, solange entweder nur der Urkundsbeamte oder nur der vom Vorsitzenden bestimmte Richter bzw der Vorsitzende selbst für das Gesamtprotokoll verantwortlich bleiben.

**15** 6) **Außerhalb der Sitzung, II.** Eine Verhandlung, die außerhalb der Sitzung stattfindet, unterliegt ebenfalls dem Protokollzwang, sofern sie vor dem AG oder vor einem beauftragten oder ersuchten Richter stattfindet, zB §§ 375, 434, 479. Insofern gilt I entsprechend. Es ist also auch für eine solche Verhandlung grundsätzlich ein besonderer Urkundsbeamter der Geschäftsstelle als Protokollführer hinzuzuziehen. Die Partei hat aber auf ihn keinen Anspruch, solange der Richter nicht als Protokollführer offensichtlich überfordert ist.

**16** 7) **VwGO:** *I gilt entsprechend, II in Terminen nach §§ 87 S 2 u 96 II VwGO, § 105 VwGO.*

## 160 Inhalt. [1] Das Protokoll enthält

1. den Ort und den Tag der Verhandlung;
2. die Namen der Richter, des Urkundsbeamten der Geschäftsstelle und des etwa zugezogenen Dolmetschers;
3. die Bezeichnung des Rechtsstreits;
4. die Namen der erschienenen Parteien, Nebenintervenienten, Vertreter, Bevollmächtigten, Beistände, Zeugen und Sachverständigen;
5. die Angabe, daß öffentlich verhandelt oder die Öffentlichkeit ausgeschlossen worden ist.

1. Titel. Mündliche Verhandlung     § 160

II Die wesentlichen Vorgänge der Verhandlung sind aufzunehmen.
III Im Protokoll sind festzustellen
1. Anerkenntnis, Anspruchsverzicht und Vergleich;
2. die Anträge;
3. Geständnis und Erklärung über einen Antrag auf Parteivernehmung sowie sonstige Erklärungen, wenn ihre Feststellung vorgeschrieben ist;
4. die Aussagen der Zeugen, Sachverständigen und vernommenen Parteien; bei einer wiederholten Vernehmung braucht die Aussage nur insoweit in das Protokoll aufgenommen zu werden, als sie von der früheren abweicht;
5. das Ergebnis eines Augenscheins;
6. die Entscheidungen (Urteile, Beschlüsse und Verfügungen) des Gerichts;
7. die Verkündung der Entscheidungen;
8. die Zurücknahme der Klage oder eines Rechtsmittels;
9. der Verzicht auf Rechtsmittel.

IV ¹Die Beteiligten können beantragen, daß bestimmte Vorgänge oder Äußerungen in das Protokoll aufgenommen werden. ²Das Gericht kann von der Aufnahme absehen, wenn es auf die Feststellung des Vorgangs oder der Äußerung nicht ankommt. ³Dieser Beschluß ist unanfechtbar; er ist in das Protokoll aufzunehmen.

V Der Aufnahme in das Protokoll steht die Aufnahme in eine Schrift gleich, die dem Protokoll als Anlage beigefügt und in ihm als solche bezeichnet ist.

**Gliederung**

| | |
|---|---|
| 1) Systematik, I–V .................... 1 | C. Geständnis, Erklärung über einen Antrag auf Parteivernehmung usw, III Z 3 ............................ 10 |
| 2) Regelungszweck: Nachprüfbarkeit, I–V ...................................... 2 | D. Aussagen, III Z 4 ................... 11, 12 |
| 3) Sachlicher Geltungsbereich, I–V ..... 3 | E. Ergebnisse des Augenscheins, III Z 5 . 13 |
| 4) Persönlicher Geltungsbereich, I–V ... 4 | F. Entscheidungen, III Z 6 .............. 14 |
| 5) Aufgabenerteilung, I–V .............. 5 | G. Verkündung, III Z 7 ................. 15 |
| 6) Kennzeichnung der Sache und der Beteiligten, I ........................ 6 | H. Zurücknahme der Klage oder eines Rechtsmittels, III Z 8 .............. 16 |
| 7) Wesentliche Vorgänge, II ............. 7 | I. Rechtsmittelverzicht, III Z 9 ........ 17 |
| 8) Weiterer Hauptinhalt, III ........... 8–17 | 9) Antragsrecht der Beteiligten, IV ...... 18–21 |
| A. Anerkenntnis, Verzicht, Vergleich, Z 1 ................................ 8 | A. Voraussetzungen .................... 18, 19 |
| B. Anträge, III Z 2 .................... 9 | B. Verfahren ............................ 20, 21 |
| | 10) Protokollanlage, V ................... 22 |
| | 11) VwGO ............................... 23 |

**1) Systematik, I–V.** Vgl zunächst Einf 1 vor §§ 159–165. Die Vorschrift regelt den Inhalt und damit den Kern des Protokolls; §§ 160 a ff enthalten Ergänzungen, § 164 eine Berichtigungsmöglichkeit.   1

**2) Regelungszweck: Nachprüfbarkeit, I–V.** Vgl zunächst Einf 2 vor §§ 159–165. Das Protokoll muß grundsätzlich alles dasjenige enthalten, was zur Kennzeichnung der Sache gegenüber einem anderen Prozeß, zur Nachprüfbarkeit des Verfahrenshergangs sowie zur Klärung aller wesentlichen Anträge, sonstigen Erklärungen und Vorgänge von einem Beteiligten oder von einem fachkundigen Dritten benötigt wird, zB von einem erst nach dem Termin beauftragten Anwalt oder von der höheren Instanz, BGH NJW 90, 122, BVerwG NJW 88, 579. Ein Protokoll ist auch insoweit erforderlich, als die voraussichtliche Entscheidung grundsätzlich oder schlechthin anfechtbar ist. Eine Annahme vom Protokollzwang besteht nur bei § 161 I. Die Vorschrift darf nicht ausdehnend ausgelegt werden. Zwar sind nur die *wesentlichen Vorgänge* in das Protokoll aufzunehmen, II; jedoch bestimmen I, III und auch IV dasjenige, das zumindest als wesentlich anzusehen ist. Der Umfang des Protokolls ist im übrigen unabhängig davon, ob der Vorsitzende einen besonderen Protokollführer hinzugezogen hat.   2

**3) Sachlicher Geltungsbereich, I–V.** Vgl Einf 3 vor §§ 159–165.   3

**4) Persönlicher Geltungsbereich, I–V.** Vgl Einf 4 vor §§ 159–165.   4

**5) Aufgabenteilung, I–V.** Das Gesetz bestimmt weder, daß der Vorsitzende den Wortlaut des Protokolls bis ins einzelne bestimmen dürfte, noch, daß der Urkundsbeamte der Geschäftsstelle oder der mit der Funktion des Protokollführers betraute Beisitzer grundsätzlich den Wortlaut in alleiniger eigener Verantwortung zu formulieren habe, aM anscheinend ZöStö 3 vor §§ 159–165. In der Praxis legt der Vorsitzende durch sein Diktat den Wortlaut fast sämtlicher Einzelteile des Protokolls jedenfalls vorläufig fest, vgl auch BGH NJW 84, 2039. Der Protokollführer hat also eine nicht geringe Selbständigkeit bei der Formulierung. Er ist also weniger selbständig als zB in Straf- oder Bußgeldverfahren. Diese Lösung ist keineswegs zwingend und auch nicht immer ideal. Wenn der Urkundsbeamte der Geschäftsstelle im Strafprozeß vielfach jedenfalls zunächst eigenverantwortlich festhält, was geschieht und gesagt wird, und dazu die eigene Formulierung wählt, dann sollte man ihm dieselben Fähigkeiten auch im Zivilprozeß grundsätzlich zutrauen dürfen. Allerdings sind im Zivilprozeß vielfach Formalien zu beachten, deren Reihenfolge, rechtliche Einordnung usw Rechtskenntnisse erfordern, die der Urkundsbeamte der Geschäftsstelle zwar aus Erfahrung besitzen mag, aber nicht so einzusetzen geschult sein mag wie der Vorsitzende. Aus diesem Grund ist das Diktat des Vorsitzenden bis in alle Einzelheiten hinein jedenfalls zulässig und oft auch ratsam.   5

Es entbindet den Urkundsbeamten der Geschäftsstelle aber keineswegs von seiner vollen *Mitverantwortlichkeit* und damit von seinem Recht und seiner Pflicht, auch wegen der Art und Weise der Formulierung eine vom Vorsitzenden abweichende Vorstellung zu haben und zu äußern. Solche Meinungsverschiedenheiten

## § 160   1. Buch. 3. Abschnitt. Verfahren

müssen notfalls wahrheitsgemäß im Protokoll zum Ausdruck kommen. Sie sollten freilich wenn irgend möglich nicht während der Sitzung ausgetragen werden, solange dort noch kein endgültiges Protokoll angefertigt wird. Zulässig ist es aber auch, daß der Vorsitzende dem Urkundsbeamten zunächst ebensolche Freiheit wie in einem Strafprozeß einräumt und seine abweichenden Vorstellungen erst auf Grund der Leistung des Urkundsbeamten mit diesem abstimmt.

**6**   **6) Kennzeichnung der Sache und der Beteiligten, I.** Z 1–5 enthalten die wichtigsten Formalien. Hier ist eine besondere Sorgfalt der Protokollierung erforderlich. Im einzelnen gilt folgendes:

*I Z 1:* Wann die Sitzung in einen anderen Raum als den in der Ladung usw mitgeteilten verlegt worden ist, ist im Protokoll, auch wegen II, festzuhalten, daß ein entsprechender (ausreichender, aber auch erforderlicher) Anschlag usw am bisherigen Sitzungsraum angebracht worden ist, vgl LG Oldb Rpfleger **90**, 471.

*I Z 2:* Das Protokoll muß auch die Namen eines etwaigen Ergänzungsrichters und des Staatsanwalts enthalten, soweit er mitwirkt, § 634. Zum Dolmetscher Jessnitzer, Dolmetscher (1982) 7. Abschnitt M III.

*I Z 4:* Das Protokoll muß nicht nur eine gesetzliche Vertretung klären, sondern jede Art einer etwaigen Vertretung, zB eine Vertretung nach § 141 III 2. Soweit das Protokoll einen Vollstreckungstitel darstellt, verlangt ZöStö 2 wegen § 313 I 1–3 die vollen Anschriften. Das entspricht allerdings nicht der verbreiteten Praxis, die sich auch dann mit dem kurzen Rubrum begnügt und die entsprechende Ergänzungen erst zB aus der Klageschrift usw entnimmt, soweit zB eine vollstreckbare Ausfertigung herzustellen ist. Beim Zeugen und Sachverständigen ist die Beifügung der Uhrzeit der Entlassung zulässig, aber nicht notwendig (sie steht durchweg im Gebührenanweisungsformular, das der Richter unterzeichnet).

*I Z 5:* Vgl §§ 169 ff GVG. Ein Vermerk, es sei keine an der Verhandlung unbeteiligte Person anwesend, genügt nicht. Das Gericht braucht nach einem Gewohnheitsrecht solche Personen, deren Anwesenheit es in einer nichtöffentlichen Sitzung zuläßt, nicht zu erwähnen, Köln OLGZ **85**, 319, von Ausnahmefällen abgesehen. Es brauchen also zB nicht die Namen in anderer Sache wartender Anwälte genannt zu werden.

**7**   **7) Wesentliche Vorgänge, II.** Das Gericht muß alle wesentlichen Vorgänge und braucht nur diese in das Protokoll aufzunehmen. Was wesentlich ist, bestimmen zunächst I, III und IV, ferner zB Art 103 I GG, §§ 139, 278 II 2, III, 285, BGH NJW **90**, 122, Hamm OLGZ **88**, 71, oder § 182 GVG, KG MDR **82**, 330, im übrigen der Vorsitzende im Rahmen eines weiten Ermessens, Köln FamRZ **98**, 1444, das freilich von den Grundsätzen Rn 1–5 begrenzt ist. Auf keinen Fall ist die Aufnahme dessen notwendig, was nur theoretisch evtl bedeutsam werden könnte. Eine bündige Kürze ist erlaubt und ratsam, zumal das Protokoll nicht für jedermann gedacht ist, vgl § 313 Rn 15. Das Antragsrecht der Parteien ist durch IV 2, 3 begrenzt. § 314 kann ergänzend wirken, BGH NJW **91**, 2085. Vor dem AG gilt ferner § 510 a. Auch ein Beweisbeschluß, § 358, oder eine andere prozeßleitende Verfügung, Üb 3 vor § 128, können ergeben, was in der Verhandlung zur Sprache gekommen ist.

Das Protokoll soll (nur) so ausführlich sein, daß der weitere Gang des Verfahrens nicht unverständlich bleibt. Ein Satz „*zuviel*" im Protokoll kann durchaus nützlich sein. Ein sachlichrechtlicher Vorgang, etwa eine Abtretung und deren Annahme, sind zwar streng genommen grundsätzlich nicht für den Verfahrensgang wesentlich; das Gericht sollte die Bitten um Protokollierung aber großzügig erfüllen, solange nicht Unklarheiten entstehen, und muß natürlich derartige Erklärungen protokollieren, soweit sie zu einem Vergleich gehören, Rn 8. Der Vermerk über einen Hinweis nach § 139 oder nach § 278 III kann notwendig sein, vgl Zweibr Rpfleger **78**, 108 (wegen eines Zwangsversteigerungsverfahrens), abw Lueder NJW **82**, 2763. Bei einem Streit darüber, ob ein Richter nach § 42 als befangen anzusehen sei, ist eine ausführliche Protokollierung oft besser als eine ausführliche dienstliche Äußerung. Stets ist die Feststellung dazu ratsam, ob die Parteien zur (Haupt-)Sache (streitig) verhandelt haben, § 137 Rn 7. Herpers DRiZ **74**, 226. Soweit eine Erörterung ohne eine (streitige) Verhandlung gebührenrechtlich von Bedeutung war oder ist, § 31 I Z 4 BRAGO, ist ein diesbezüglicher Hinweis ebenfalls ratsam, BSG NJW **91** 1909, Schmidt MDR **76**, 589. Freilich ist ein solcher Hinweis nicht vorgeschrieben, BGH FamRZ **86**, 899, Düss MDR **89**, 751, Hamm Rpfleger **88**, 381.

**8**   **8) Weiterer Hauptinhalt, III.** Z 1–9 gelten wegen II und IV nicht abschließend, geben indessen Anhaltspunkte dafür, was wesentlich und jedenfalls in das Protokoll aufzunehmen ist. Im einzelnen sind folgende Vorgänge zu protokollieren:

**A. Anerkenntnis, Verzicht, Vergleich, III Z 1.** Ein Anerkenntnis nach § 307, Ffm AnwBl **88**, 119, auch ein „Anerkenntnis" im Kindschaftsverfahren, Hamm Rpfleger **87**, 414, ferner ein Verzicht nach § 306 oder ein Prozeßvergleich, Anh § 307, Ffm FamRZ **91**, 839, müssen protokolliert werden. Die notarielle Beurkundung wird durch das gerichtliche Protokoll ersetzt, § 127 a BGB, dazu auch Breetzke NJW **71**, 178. Ein nicht protokollierter Vergleich ist kein Prozeßvergleich, Köln FamRZ **94**, 1048, sondern allenfalls ein außergerichtlicher, § 779 BGB, vgl auch § 1044 a, Anh § 307 Rn 24. In das Protokoll muß auch ein solcher Vergleich aufgenommen werden, der über den Streitgegenstand im Sinn von § 2 Rn 3 hinausgeht, falls der Vergleich in der mündlichen Verhandlung zustandekommt.

**9**   **B. Anträge, III Z 2.** Gemeint sind nur die Sachanträge, § 297 Rn 4, nicht auch die Prozeßanträge, § 297 Rn 5, BVerwG NJW **88**, 1228, Düss NJW **91**, 1493, Ffm FamRZ **82**, 810. Die Vorschrift gilt auch im Anwaltsprozeß, § 78 Rn 1. Die Feststellung der Verlesung reicht, Holtgrave DB **75**, 821. Beim LG wie beim AG ist jetzt eine Aufnahme in die Protokollanlage ausreichend, V. Eine Bezugnahme auf „Rotklammer" usw reicht aus, Hamm MDR **99**, 316.

**10**   **C. Geständnis, Erklärung über einen Antrag auf Parteivernehmung usw, III Z 3.** Ein Geständnis nach den §§ 288 ff oder eine Erklärung über den Antrag des Gegners auf die Vernehmung einer Partei nach §§ 446, 447 müssen protokolliert werden, und zwar auch ohne einen entsprechenden Antrag von Amts wegen. Eine Prüfung der Wesentlichkeit und Erforderlichkeit erfolgt grundsätzlich nur im Rahmen des § 510 a; jedoch ist die Protokollierung beim Geständnis vor dem verordneten Richter, §§ 361, 362, 375, eine Bedingung seiner Wirksamkeit, § 288 Rn 6.

## 1. Titel. Mündliche Verhandlung                                                                                  § 160

**D. Aussagen, III Z 4.** Die Vorschrift gilt auch vor dem Berufungsgericht, BGH VersR **89**, 189. Eine **11** Wiedergabe der Aussagen von Zeugen, Sachverständigen und Parteien in direkter Rede kann ratsam sein. Das gilt zumindest für die Kernsätze einer Aussage. Sie sollten jedenfalls bei einem äußerst streitigen Punkt oder dann, wenn es auf jede Einzelheit ankommt, etwa bei der Beeidigung, §§ 391, 410, 452, 481, oder beim Wechsel einer Darstellung im Laufe der Verhandlung, von Amts wegen wörtlich wiedergegeben werden. Eine wörtliche Wiedergabe kann auch nach IV auf Grund eines Antrags notwendig sein. Die wörtliche Wiedergabe ist zumindest außerordentlich fördernd. Die Partei kann sie freilich wegen IV 3 nicht erzwingen, BGH NJW **84**, 2039. Sie kann allenfalls den sich weigernden Vorsitzenden wegen einer Besorgnis der Befangenheit abzulehnen versuchen. Anderseits ist allgemein bekannt, daß ein Protokoll mit der Wiedergabe einer Aussage in direkter Rede durchweg doch vom Vorsitzenden vorformuliert worden ist, sofern die Aussagen nicht direkt auf ein Tonband gesprochen wurden. Aber auch eine derart gefilterte direkte Rede ist besser als ein Bericht in der bloßen Erzählform.

Im Fall einer *erneuten Vernehmung* ist nur im Umfang einer etwaigen Abweichung ein weiteres Protokoll **12** notwendig. Freilich ist eine Erwähnung erforderlich, wer wann (erneut) ausgesagt hat, und zwar zusätzlich zu der Feststellung der (erneuten) Anwesenheit nach I 3. Vgl im übrigen § 161. Es kann sogar ratsam sein, die Körpersprache, zB das unwillkürliche Kopfnicken eines Zeugen nach seiner Vernehmung auf der Zuhörerbank sitzenden Zeugen im Augenblick der Aussage des nächsten Zeugen zum umstrittenen Punkt, sogleich zu protokollieren.

III Z 4 ist auf eine *Parteivernehmung* nach §§ 445 ff, BGH FamRZ **89**, 158, ferner auf eine solche nach § 613 anwendbar, BGH LM § 619 aF Nr 2. Die Vorschrift ist auf eine Anhörung nach § 141 unanwendbar, BGH FamRZ **89**, 158 mwN, ebenso unanwendbar auf eine Anhörung nach § 279. Sie gilt entsprechend für amtliche Auskünfte in mündlicher Form, BVerwG NJW **88**, 2492.

Den *Umfang* der Wiedergabe bestimmt II. Die Wiedergabe in den Urteilsgründen kann genügen, BGH FamRZ **91**, 45, ebenso ein inhaltlicher Vermerk des Berichterstatters, auf den das Urteil verweist, BGH FamRZ **91**, 45 (freilich ist § 285 zu beachten). Er muß so formuliert werden, daß das höhere Gericht ihn nachprüfen kann, BGH NJW **95**, 780. Eine bloße Erwähnung der Tatsache einer inhaltlich nicht wiedergegebenen Aussage im Protokoll reicht grundsätzlich nicht aus, BGH MDR **87**, 751, LG Hagen WoM **89**, 439. Ein Verstoß ist ein unheilbarer Verfahrensmangel, § 161 Rn 8, 9, und führt zur Zurückverweisung, § 539, BGH RR **93**, 1034.

**E. Ergebnisse des Augenscheins, III Z 5.** Soweit der Vorsitzende und der Urkundsbeamte der **13** Geschäftsstelle beim Augenschein, § 371, abweichende Wahrnehmungen gemacht haben, muß das Protokoll erkennen lassen, wer was wahrgenommen hat. Das Protokoll braucht keine Schlußfolgerungen zu enthalten. Auch der beauftragte Richter muß III Z 5 beachten, BayObLG MDR **84**, 324 (betr ein FGG-Verfahren) mwN. Ein Mangel ist heilbar, § 295 Rn 7 ff. Ein Vermerk des beauftragten Richters über seinen Augenschein, der den Parteien bekanntgegeben und von ihnen nicht beanstandet worden ist, hat auch den vollen Beweiswert, wenn der Richter inzwischen ausgeschieden ist, BGH NJW **72**, 1202, Karlsr Just **73**, 246. § 161 ist auch hier beachtlich.

**F. Entscheidungen, III Z 6.** Jedes Urteil, jeder Beschluß, jede Verfügung sind nach Form und Inhalt **14** ihrer Verkündung zu protokollieren. Eine bloße prozeßleitende Anordnung des Vorsitzenden, Üb 5 vor § 128, bedarf nicht stets der Protokollierung. Beim abgekürzten Urteil nach § 313 b II genügt ein Verweisung auf die Entscheidung. Bei einer anderen Entscheidung muß das Protokoll die Formel aufnehmen. Im Kleinverfahren kann der wesentliche Inhalt der Entscheidungsgründe des Urteils ihre gesonderte Fertigung ersetzen, wenn er in das Protokoll aufgenommen worden ist, § 495 a II 2. Das Protokoll darf freilich auch insofern auf eine Protokollanlage verweisen, V. Wegen eines Tonträgers LG Ffm Rpfleger **76**, 257. Die der Reinschrift des Protokolls beigefügte Anlage braucht nicht mit der bei der Verkündung vorhanden gewesenen identisch zu sein, BGH VersR **85**, 46.

**G. Verkündung, III Z 7.** Die Verkündung, §§ 310 ff, 329 I, ist unabhängig davon zu protokollieren, ob **15** sie in demselben Termin oder in einem späteren stattfindet, BGH NJW **94**, 3358, Stgt AnwBl **89**, 232. Die Angabe, welche der beiden Verkündungsarten des § 311 II 1 einerseits, IV 2 andererseits stattgefunden hat, ist nicht erforderlich, BGH NJW **94**, 3358. Es reicht ein Vermerk aus, die Entscheidung sei „erlassen" oder „verkündet". Das gilt selbst dann, wenn diese Fassung zu Zweifeln über die Form der Verlautbarung führen kann, BGH NJW **94**, 3358, Jauernig NJW **86**, 117. Vgl §§ 310–313 b. Man darf die Protokollierung der Verkündung nach Z 7, die vom Richter mitzuunterzeichnen ist, nicht mit dem Verkündungsvermerk nach § 315 III verwechseln, den allein der Urkundsbeamte der Geschäftsstelle zu unterschreiben hat, BGH FamRZ **90**, 507, und der das Verkündungsprotokoll nicht ersetzt, § 315 Rn 14. Die Verkündung ist nicht ordnungsgemäß im Protokoll festgestellt, wenn der Gegenstand der Verkündung weder aus dem Protokoll selbst erkennbar ist noch in einer dem Protokoll beigefügten und im Protokoll als solche bezeichneten Anlage festgehalten wird, BGH FamRZ **90**, 507.

**H. Zurücknahme der Klage oder eines Rechtsmittels, III Z 8.** Das Protokoll muß eine Klagerück- **16** nahme nach § 269 oder die Rücknahme eines Rechtsbehelfs bzw. Rechtsmittels nach den §§ 346, 515, 566, 573 Rn 2 enthalten. Es kommt nicht darauf an, ob die Zurücknahme wirksam geworden ist. Denn sonst wäre ja gerade keine unbeschränkte Prüfung möglich, ob die Erklärung wirksam zustande gekommen ist. Freilich muß der Vorsitzende im Zweifel zunächst klären, ob tatsächlich eine Rücknahmeerklärung beabsichtigt ist und vorliegt. Es ist ratsam, über die Vornahme dieser Klärung einen Vermerk in das Protokoll aufzunehmen. Ratsam ist auch die Aufnahme der Zustimmung des Prozeßgegners und seines Kostenantrags usw nach § 269 III 3, Franzki DRiZ **75**, 98. Vgl im übrigen § 161. Die Wirksamkeit der Klagerücknahme ist allerdings nicht davon abhängig, daß das Gericht die Erklärung der Klagerücknahme ordnungsgemäß protokolliert hat, BSG MDR **81**, 612, OVG Bre DÖV **83**, 38.

**I. Rechtsmittelverzicht, III Z 9.** Vgl §§ 346, 514, 566. Einzelheiten wie bei Rn 16, abw Hamm **17** Rpfleger **82**, 111, ZöStö 13 (die Wirksamkeit sei von einer ordnungsgemäßen Protokollierung abhängig).

## §§ 160, 160a

18  9) **Antragsrecht der Beteiligten, IV.** Man sollte es großzügig bejahen.

**A. Voraussetzungen.** Jeder Beteiligte hat ein Antragsrecht. Als Beteiligter ist jede in I Z 4 genannte Person anzusehen, außerdem der ProzBev. Der Urkundsbeamte der Geschäftsstelle ist kein Beteiligter. Er protokolliert vielmehr einfach seine abweichende Meinung. Unter einem Vorgang versteht das Gesetz auch die Mimik, Gestik, die Reaktionen, Zwischenfälle, kurz alles, was irgendwie zur Beurteilung des Verfahrens während der mündlichen Verhandlung, aber im Fall des § 159 II auch außerhalb der mündlichen Verhandlung erheblich sein kann.

19  Unter *Äußerungen* versteht das Gesetz auch eine Erklärung außerhalb der Beweisaufnahme, etwa bei einer Anhörung nach § 141 oder bei einem Güteversuch nach § 279, oder eine Rechtsansicht, soweit sie zB zur Prüfung der Glaubwürdigkeit einer Partei oder eines Zeugen oder zur Prüfung beachtlich ist, ob das Gericht einen Hinweis geben mußte oder eine abweichende Ansicht mitteilen mußte, §§ 139, 278 III. Ein unklarer oder widersprüchlicher Antrag ist dann, wenn er nicht verbessert wird, unter Umständen in die Anregung einer Aufnahme von Amts wegen umzudeuten. Der Antrag bedarf keiner Form. Er ist nur bis zum Schluß der Verhandlung zulässig, §§ 136 IV, 296 a, Ffm MDR **89**, 550. Im Anwaltsprozeß, § 78 Rn 1, braucht das Gericht einen Antrag der Partei persönlich, den ihr ProzBev nicht seinerseits aufgenommen hat, nur dann nach IV 2 zu bescheiden, wenn es die Partei persönlich hört oder vernimmt.

20  **B. Verfahren.** Vor einer Entscheidung über die Aufnahme ins Protokoll oder die Ablehnung dieser Aufnahme muß der Antragsgegner grundsätzlich nach Art 103 I GG angehört werden, BVerfG **34**, 346. Die Anordnung der Aufnahme in das Protokoll erfolgt durch den Vorsitzenden. Die Ablehnung der Aufnahme erfolgt durch das Gericht. Die Entscheidung muß unverzüglich erfolgen. Denn von der Entscheidung mag abhängen, ob ein Befangenheitsantrag nach § 42 gestellt wird. Das Gericht darf die Aufnahme nur dann ablehnen, wenn der Vorgang oder die Äußerung unerheblich sind. Soweit das Gericht später seine Meinung ändert, muß es über einen als fortbestehend anzunehmenden Antrag erneut entscheiden. Es muß notfalls durch die Ausübung der Fragepflicht § 139 klären, ob der Antrag fortbesteht. Soweit das Gericht die Aufnahme ins Protokoll anordnet, protokolliert es einfach den Vorgang oder die Äußerung. Soweit es die Aufnahme in das Protokoll ablehnt, entscheidet es durch einen Beschluß, § 329, soweit der Antragsteller nach der Erörterung auf eine förmliche Entscheidung besteht. Der Beschluß ist sogleich zu verkünden, § 329 I 1, und grundsätzlich kurz zu begründen, § 329 Rn 4. Er wird in das Protokoll aufgenommen. Den Antragsinhalt braucht das Gericht nicht unbedingt mitzuprotokollieren.

21  Der Beschluß ist *grundsätzlich unanfechtbar*. Das gilt auch bei einem Antrag auf Protokollergänzung, BayObLG WoM **89**, 49 (WEG). Wenn das Gericht die Voraussetzungen seines Ermessens verkannt oder die Aufnahme in das Protokoll ohne jede gesetzliche Grundlage abgelehnt hat, ist § 127 Rn 25, ist eine einfache Beschwerde nach § 567 I denkbar, vgl den zu § 707 von der Rechtsprechung entwickelten Grundgedanken, § 707 Rn 17, aM ThP 13 (der Beschluß sei schlechthin unanfechtbar). Soweit das LG als Berufungs- oder Beschwerdegericht entschieden hat, ist die Beschwerde unzulässig, § 567 III 1. Die Entscheidung ist zu verkünden oder formlos mitzuteilen, § 329 II 1. Das Gericht kann seine Entscheidung ändern.

22  10) **Protokollanlage, V.** Die im Protokoll, nicht notwendig auch auf der Anlage, als solche bezeichnete und dem Protokoll beigefügte Urkunde ist ein Bestandteil des Protokolls, Zweibr Rpfleger **92**, 441, mit dessen Beweiskraft. Die Regelung gilt überall bei § 160. Eine Unterschrift durch den Vorsitzenden ist zwar oft ratsam, aber nur insoweit notwendig, als der Vorsitzende keinen Urkundsbeamten der Geschäftsstelle zugezogen hatte. Wegen der Kurzschrift und wegen einer Tonaufnahme usw vgl § 160a. Ein vorbereitender Schriftsatz wird erst dann zu einer Protokollanlage, wenn er im Protokoll als Anlage gekennzeichnet worden ist, Leppin GRUR **84**, 698. Das gilt auch bei § 297. Dietlein DNotZ **80**, 211 läßt in entsprechender Anwendung des § 1 I BeurkÄndG im Fall eines Prozeßvergleichs nach Anh § 307 eine Verweisung auf die Protokollanlage zu.

23  11) *VwGO:* Die Vorschrift gilt entsprechend, § 105 VwGO, BVerwG NVwZ **85**, 337, auch V, BVerwG Buchholz 310 § 102 Nr 15. Zu I Z 3 vgl BVerwG **18**, 19. Unter I Z 4 fallen alle Beteiligten, § 63 VwGO. Zu II vgl BVerwG LS DÖV **83**, 949 u Buchholz 310 § 117 VwGO Nr 1, OVG Bln NJW **70**, 486, zu III Z 4 BVerwG NJW **88**, 579 u 2491, NVwZ **86**, 748 u **85**, 182 sowie DÖV **83**, 550, zu III Z 9 OVG Bre DÖV **83**, 38. Anträge nach IV sind nur bis zum Schluß der mündlichen Verhandlung zulässig, BVerwG NJW **63**, 730. Einen Verstoß gegen III Z 4 muß ein in der Verh anwaltlich vertretener Beteiligter idR bei der nächsten mündlichen Verhandlung rügen, §§ 295 I, BVerwG NJW **88**, 579 mwN, Kohlndorfer DVBl **88**, 476 (vgl dazu § 295 Rn 63); der Verstoß ist kein absoluter Revisionsgrund, BVerwG NVwZ **85**, 182, NJW **76**, 1705. Die nach § 160 III Z 3–5 protokollierten Vorgänge sind im Tatbestand nicht nochmals wiederzugeben, BVerwG VerwRspr **30**, 1018 mwN.

**160a** *Vorläufige Aufzeichnung.* ¹Der Inhalt des Protokolls kann in einer gebräuchlichen Kurzschrift, durch verständliche Abkürzungen oder auf einem Ton- oder Datenträger vorläufig aufgezeichnet werden.

II ¹Das Protokoll ist in diesem Fall unverzüglich nach der Sitzung herzustellen. ²Soweit Feststellungen nach § 160 Abs. 3 Nr. 4 und 5 mit einem Tonaufnahmegerät vorläufig aufgezeichnet worden sind, braucht lediglich dies in dem Protokoll vermerkt zu werden. ³Das Protokoll ist um die Feststellungen zu ergänzen, wenn eine Partei dies bis zum rechtskräftigen Abschluß des Verfahrens beantragt oder das Rechtsmittelgericht die Ergänzung anfordert. ⁴Sind Feststellungen nach § 160 Abs. 3 Nr. 4 unmittelbar aufgenommen und ist zugleich das wesentliche Ergebnis der Aussagen vorläufig aufgezeichnet worden, so kann eine Ergänzung des Protokolls nur um das wesentliche Ergebnis der Aussagen verlangt werden.

1. Titel. Mündliche Verhandlung **§ 160a**

**III** ¹**Die vorläufigen Aufzeichnungen sind zu den Prozeßakten zu nehmen oder, wenn sie sich nicht dazu eignen, bei der Geschäftsstelle mit den Prozeßakten aufzubewahren.** ²**Aufzeichnungen auf Ton- oder Datenträgern können gelöscht werden,**
  1. **soweit das Protokoll nach der Sitzung hergestellt oder um die vorläufig aufgezeichneten Feststellungen ergänzt ist, wenn die Parteien innerhalb eines Monats nach Mitteilung der Abschrift keine Einwendungen erhoben haben;**
  2. **nach rechtskräftigem Abschluß des Verfahrens.**

**Schrifttum:** *Werner,* Untersuchungen zum Datenschutz und zur Datensicherung bei der Anwendung elektronischer Datenverarbeitung im Zivilprozeß, Diss Bonn 1994.

### Gliederung

| | | | |
|---|---|---|---|
| 1) **Systematik, Regelungszweck, I–III** ... | 1 | D. Eingeschränkte Ergänzung des Protokolls, II 4 ........................... | 12 |
| 2) **Geltungsbereich, I–III** ................. | 2 | 5) **Aufbewahrung der vorläufigen Aufzeichnung, III** ......................... | 13–16 |
| 3) **Vorläufige Aufzeichnung, I** ............ | 3–6 | A. Aufbewahrungsort, III 1 ............... | 13 |
| A. Grundsatz: Zulässigkeit .......... | 3 | B. Abhör- und Ablesemöglichkeit, III 1 .. | 14 |
| B. Grenzen der Vorläufigkeit ............. | 4 | C. Löschungsvoraussetzungen, III 2 ...... | 15 |
| C. Verfahren bei Unstimmigkeit .......... | 5 | D. Löschungszuständigkeit, III 2 ......... | 16 |
| D. Aufzeichnungstechnik ............... | 6 | 6) **Rechtsbehelfe, I–III** .................... | 17 |
| 4) **Endgültige Herstellung, II** ............. | 7–12 | 7) *VwGO* ................................. | 18 |
| A. Grundsatz Unverzüglichkeit, II 1 ...... | 7 | | |
| B. Bloßer Vermerk, II 2 ................. | 8, 9 | | |
| C. Volle Ergänzung des Protokolls, II 3 ... | 10, 11 | | |

**1) Systematik, Regelungszweck, I–III.** Die Vorschrift enthält in Abweichung vom stillschweigenden **1** Grundsatz sofortiger endgültiger Protokollierung, der in § 160 steckt, eine Reihe von Anweisungen für eine Art der Herstellung des Protokolls, die jahrzehntelang die Praxis völlig beherrschte und erst seit der Einführung des Computers mit sofortigem Druck in manchem Gerichtssaal, Jaeger MDR **96,** 757, (nur) scheinbar an Bedeutung verloren hat. So sinnvoll die sofortige endgültige Formulierung unter den kontrollierenden Augen der Prozeßbeteiligten sein kann, so sehr kann sie doch dasjenige „Tempo" und diejenige Atmosphäre auch hinderlich beeinflussen, die nicht selten vor allem Ruhe und Konzentration aller Beteiligten auf die Sache erfordert und eine etwas spätere, vorläufige Aufzeichnung als durchaus vorteilhaft erscheinen läßt. Man kann auch etwaige Schärfen usw ohne Wahrheitsverstoß mildern, wenn man in der Sitzung noch kein endgültiges Protokoll zu fertigen hat.

**2) Geltungsbereich, I–III.** Vgl Einf 3, 4 vor §§ 159–165. **2**

**3) Vorläufige Aufzeichnung, I.** Sie ist immer noch die Regel. **3**

  **A. Grundsatz: Zulässigkeit.** In der Sitzung braucht noch keine endgültige Langschriftfassung hergestellt zu werden. Ein Protokoll ist vielmehr nur „über" die Sitzung erforderlich, § 159 I 1. Daher ist es zulässig, den Inhalt des Protokolls ganz, BGH VersR **85,** 46, oder in beliebigen Teilen vorläufig aufzuzeichnen. Maßgeblich ist die Anordnung des Vorsitzenden. Das Gesetz meint mit dem Ausdruck „vorläufig" nicht nur die Art der Aufzeichnung, sondern auch deren Inhalt. Ausreichend ist also zB eine zunächst nur knappe Zusammenfassung einer Zeugenaussage oder eines Augenscheins, etwa: „Der Zeuge erklärte im wesentlichen, er habe ...". Freilich birgt eine derart indirekte Wiedergabe erhebliche Gefahren, besonders wenn später eine Ergänzung nach II 3 notwendig wird. Deshalb ist es dringend ratsam, wenigstens bei einer Aussage im Sinn von § 160 III Z 4 auch die vorläufige Aufzeichnung sowohl dann in direkter Rede vorzunehmen, wenn der Vorsitzende sie diktiert, als auch dann, wenn der Urkundsbeamte der Geschäftsstelle sie mitschreibt, etwa: „Der Zeuge erklärte (im wesentlichen): Ich habe ...".

  **B. Grenzen der Vorläufigkeit.** Eine Protokollerleichterung darf nicht zu einer auch nur möglichen **4** Erschwerung der Feststellung desjenigen führen, was vor allem die Beweispersonen gesagt haben, Franzki DRiZ **75,** 99. Das Antragsrecht des § 160 IV läßt dem Gericht keineswegs, mangels eines Antrags flüssig oder gar unzulässig überhaupt nichts auch nur vorläufig zu protokollieren. Was nach § 160 II wesentlich ist, muß auch bei einer vorläufigen Aufzeichnung von Amts wegen so präzise festgehalten werden, daß man es ohne erst später einsetzende Gedächtnisarbeit mit allen ihren Risiken jederzeit in die Langschrift übertragen kann. Daher muß die vorläufige Aufzeichnung verständlich sein. Ihre Entzifferung darf einem technisch und juristisch sachkundigen Fachkundigen auch keine besonderen Schwierigkeiten bereiten.

  **C. Verfahren bei Unstimmigkeit.** Dagegen ist keineswegs schon bei der vorläufigen Aufzeichnung eine **5** abschließende Entschließung des Vorsitzenden und/oder des Urkundsbeamten der Geschäftsstelle dazu notwendig, mit welchen Worten ein Vorgang endgültig im Protokoll festgehalten werden soll. Das übersieht mancher Anwalt, wenn er beantragt, eine „Berichtigung" eines Protokolls vorzunehmen, das im Augenblick des Diktats des Vorsitzenden überhaupt noch nicht in der Fassung entstanden ist, oder wenn er meint, einen Befangenheitsantrag schon auf eine solche lediglich vorläufige Formulierung beim Diktat des Vorsitzenden stützen zu können. Das gilt selbst dann, wenn im allgemeinen damit gerechnet werden kann, daß aus der vorläufigen Aufzeichnung eine entsprechend lautende endgültige werden mag. Solange keine endgültige Aufzeichnung vorliegt, mag die Partei anregen, die vorläufige Formulierung zu überdenken, hat aber noch nicht die Rechte, die gegenüber einem endgültigen Protokoll vorhanden sein können. Deshalb sind auch *Unebenheiten* oder Widersprüchlichkeiten, die beim Diktat des Vorsitzenden oder bei der vorläufigen Aufzeichnung des Urkundsbeamten entstehen, zunächst durchaus unschädlich. Vorsitzender und Urkundsbeamter können und müssen natürlich vor der endgültigen Abfassung des Protokolls miteinander zu klären versuchen, welche Fassung gewählt werden soll, und notfalls jeder seine eigene Version zu Protokoll nehmen und unterschreiben. Gerade bei kniffligen Formulierungsproblemen, bei angeblich nicht gemachten Äuße-

§ 160a                                                  1. Buch. 3. Abschnitt. Verfahren

rungen, nicht gestellten Anträgen usw sind aber weder der Vorsitzende noch der Urkundsbeamte in der Sitzung und gar gegenüber einer Partei oder ihrem ProzBev dazu verpflichtet, sofort und endgültig zu entscheiden, wie das Protokoll lauten solle. Manches Gericht läßt sich insofern zu vorschnellen Formulierungen drängen, die es bei einer sorgsamen Abwägung gar nicht von sich aus wählen würde. Es ist das Recht und die Pflicht des Vorsitzenden, aufdringliche Formulierungsforderungen eines Prozeßbeteiligten vor der Abfassung des endgültigen Protokolls zurückzuweisen.

6   **D. Aufzeichnungstechnik.** Unter diesen Bedingungen ist die Art der vorläufigen Aufzeichnung beliebig. I nennt die derzeit in Betracht kommenden Techniken allgemeinen. Zu ihnen gehören zB der Schreibautomat nebst Bildschirm-Lesegerät sowie der Computer mit seinem Speicher auf Diskette (oder Festplatte). Bei einer unmittelbaren Aufnahme ist die Art des Ton- oder Datenträgers beliebig. Auf ein zusammenfassendes Diktat des Richters kann dann verzichtet werden, BVerwG NJW 76, 1282. Ein Wechsel der Aufnahmetechnik ist auch innerhalb der Sitzung zulässig, sofern kein „Loch" im Aufzeichnungsvorgang entsteht. Sammelton- oder Datenträger für mehrere Verhandlungen sind zulässig.
    Die Zuziehung eines *Urkundsbeamten* der Geschäftsstelle ist keine Voraussetzung der Zulässigkeit einer vorläufigen Aufzeichnung. Die Benutzung eines Bandgeräts ist zB gerade dann möglich, wenn der Vorsitzende oder der von ihm beauftragte Beisitzer das Protokoll nach § 159 I 2 selbst führen. Vgl wegen einer weiteren Vereinfachungsmöglichkeit beim Augenschein iS § 161. Im übrigen dürfen die Aufnahmetechniken nicht so kompliziert werden, daß die Prozeßbeteiligten abgelenkt, verwirrt, gestört werden. Es mag zB unzumutbar sein, vom Zeugen zu verlangen, er möge den Wortlaut seiner soeben in den Schreibautomat geschriebenen Aussage vom bereitgehaltenen Bildschirm-Lesegerät ablesen, um etwaige Korrekturwünsche anzubringen, falls der Zeuge seine Brille nicht in die Verhandlung mitgebracht hat.

7   **4) Endgültige Herstellung, II.** Die Praxis tut sich mit ihr oft schwer.
    **A. Grundsatz: Unverzüglichkeit, II 1.** Nach der Sitzung ist ein ganz oder teilweise vorläufig aufgezeichnetes Protokoll stets von Amts wegen unverzüglich, BGH VersR 85, 46, Schneider JB 75, 130, grundsätzlich in seiner endgültigen vollständigen Fassung herzustellen, S 1. Das Gericht muß also ohne eine vorwerfbare Verzögerung, § 121 BGB, eine in Langschrift verfaßte Urkunde anfertigen und unterschreiben, die grundsätzlich sämtliche überhaupt ins Protokoll gehörenden Angaben und Feststellungen enthält, LG Ffm Rpfleger 76, 257, und die von allen nach § 163 Unterschreibenden verantwortet wird. Gegen eine verzögerliche Anfertigung des endgültigen Protokolls ist die Dienstaufsichtsbeschwerde nach § 26 II DRiG zulässig. Ferner kann die Staatshaftung usw eintreten, Art 34 GG, § 839 BGB.

8   **B. Bloßer Vermerk, II 2.** Jedoch erlaubt S 2 ausnahmsweise einen bloßen Vermerk, daß die Aussagen von Zeugen, Sachverständigen und vernommenen Parteien sowie die Ergebnisse eines Augenscheins mit einem Ton- oder Datenaufnahmegerät vorläufig aufgezeichnet wurden, zB den Vermerk: „Die Aussagen der Zeugen X und Y wurden auf einem Tonband festgehalten". Eine zusätzliche Zusammenfassung der wesentlichen Ergebnisse ist dann umso ratsamer, aber nicht vorgeschrieben. Im Urteilstatbestand kann eine Verweisung auch auf diese Art von Protokoll erfolgen, § 313 II 2, soweit nicht die Aufzeichnung zB unverständlich oder lückenhaft ist, weil auch das Rechtsmittelgericht das Urteil dann nicht überprüfen kann, BVerwG MDR 77, 604.

9   Ein solcher Vermerk *reicht aber nicht aus*, wenn eine vorläufige Aufzeichnung der Aussage in einer Kurzschrift oder mit Hilfe einer Kurzschriftmaschine oder im Weg von Abkürzungen erfolgt war. In diesen Fällen muß stets eine Langschrift hergestellt werden, ZöStö 4, aM Schneider JB 75, 130. Der Vorsitzende ist dann auch für die Richtigkeit der Übertragung mitverantwortlich.

10  **C. Volle Ergänzung des Protokolls, II 3.** Eine Ergänzung um solche Teile, die infolge einer nur vorläufigen Aufzeichnung zuvor nur abgekürzt oder unvollständig waren, ist jederzeit von Amts wegen zulässig und oft ratsam, ja notwendig, etwa dann, wenn sich ergibt, daß das Gericht in der Beratung oder wegen des Eingangs eines weiteren Schriftsatzes den vollen Text des Diktierten benötigt. Eine solche Ergänzung darf nur dann im Verfahren nach § 164 erfolgen, wenn zugleich Unrichtigkeiten vorliegen. Sie erfolgt außerdem auf formlosen Antrag einer Partei, II 3, wegen §§ 67, 74 auch auf formlosen Antrag des Streithelfers oder des Streitverkündeten, oder auf formloser Anforderung des Rechtsmittelgerichts. Dann ist nur die Zulässigkeit der Ergänzung zu prüfen, nicht ihre Zweckmäßigkeit.

11  Der Ergänzung unterliegt alles, was nur *vorläufig* aufgezeichnet war. Bei dieser Gelegenheit darf die Fassung gekürzt werden, soweit die bisherige Formulierung Unwesentliches enthielt, § 160 II (das wäre allerdings noch keine Berichtigung einer Unrichtigkeit); jedoch muß das Gericht wegen § 160 IV in diesem Fall zunächst die Beteiligten anhören. Eine nachträgliche Erweiterung erfolgt grundsätzlich nur nach § 164. Denn auch das, was man als unvollständig erkennt, ist unrichtig. Dies bezieht sich aber ohnehin nur auf die in § 160 III Z 4, 5. Nach dem Ablauf der Monatsfrist, III Z 1, ist die Berichtigung nur noch beschränkt zu fordern, Schneider JB 75, 131. Für einen förmlichen und daher zu einer Entscheidung zwingenden Antrag der Partei auf eine Ergänzung des Protokolls herrscht ein Anwaltszwang wie sonst, anders als bei einer bloß formalen Anregung zu einer Tätigkeit von Amts wegen. Das Antragsrecht endet mit dem Eintritt der Rechtskraft in demjenigen Prozeß, in dem das Protokoll entstanden war. Es gibt also kein Antragsrecht in einem anderen oder späteren Prozeß, selbst wenn dieselbe Partei auch dort auftritt, wohl aber ein Antragsrecht, solange der ursprüngliche Prozeß noch nicht insgesamt rechtskräftig beendet ist, selbst wenn die dem fraglichen Protokoll zugrunde liegende Verhandlung zu einem rechtskräftigen Zwischenurteil usw geführt hat.

12  **D. Eingeschränkte Ergänzung des Protokolls, II 4.** Eine bloß eingeschränkte Ergänzung nach II 4 findet dann statt, wenn die Aussage unmittelbar auf einen Ton- oder Datenträger aufgenommen worden war, wenn also eine vollständige Fixierung vorhanden ist, und wenn zugleich, also bereits während der Verhandlung, wenigstens eine Zusammenfassung der wesentlichen Ergebnisse der Aussage vorläufig aufgezeichnet wurde. Dann kann man nur die Herstellung einer Langschrift dieser Zusammenfassung verlangen, abw ZöStö 4.

1. Titel. Mündliche Verhandlung §§ 160a, 161

**5) Aufbewahrung der vorläufigen Aufzeichnung, III.** Die Bestimmung hat praktisch wenig Bedeu- 13
tung.
  **A. Aufbewahrungsort, III 1.** Die vorläufige Aufzeichnung ist keine Anlage zum Protokoll, ThP 1,
ZöStö 6. Sie wird aber evtl noch gebraucht, zB für eine Ergänzung des Protokolls, II 2, 3, oder im Fall eines
Antrags auf eine Berichtigung, § 164. Deshalb wird die vorläufige Aufzeichnung bei den Prozeßakten
aufbewahrt, wenn sie zu dieser Aufbewahrung geeignet ist. Dies ist bei einer Kurzschrift einschließlich einer
maschinellen und bei Abkürzungen stets, bei einem Ton- oder Datenträger dann der Fall, wenn er nur diesen
Prozeß erfaßt und ohne einen unzumutbaren Aufwand sowie ohne eine Beschädigung zB in eine Hülle
genommen werden kann. Bei einer Festplatte im Computer wird die Herstellung einer gesondert verwahr-
baren Diskette selbst dann notwendig, wenn die Kapazität der Festplatte noch längst nicht erschöpft ist. Die
vorläufige Aufzeichnung wird nämlich überhaupt dort verwahrt, wo die Akten zu lagern pflegen, also auf der
Geschäftsstelle, und zwar auch dann, wenn die Prozeßakten dem Gericht vorliegen oder versandt sind oder
in der Kanzlei bearbeitet werden usw. Die Verwaltung kann eine Geschäftsstelle mit der Sammelverwahrung
beauftragen. Wenn Akten ins Archiv kommen und eine vorläufige Aufzeichnung noch aufbewahrt werden
muß, gehört auch die letztere ins Archiv. Solange Verwaltungsvorschriften über Einzelheiten fehlen, sind die
AktO und deren Durchführungsverordnungen entsprechend anwendbar. Die Parteien haben auch wegen
dieses Aktenteils ein Einsichtsrecht, Karlsr Rpfleger **94**, 312.
  **B. Abhör- oder Ablesemöglichkeit, III 1.** Die Partei kann die Aufzeichnung auf der Geschäftsstelle 14
abhören oder ablesen, § 299. Sie darf die Aufzeichnung aber nicht von dort entfernen oder auf einen eigenen
Ton- oder Datenträger überspielen, Franzki DRiZ **75**, 101, solange nicht sämtliche Beteiligten einverstanden
sind, aM ZöStö 9 (das Überspielen sei zu gestatten, wenn es technisch gefahrlos möglich sei). Auch ein
Anwalt muß das beachten. Es besteht keine Hinweispflicht des Gerichts auf eine Löschungsmöglichkeit. Ein
Hinweis ist aber zu empfehlen. Hierzu kann ein Formular benutzt werden.
  **C. Löschungsvoraussetzungen, III 2.** Eine Löschung nach III 2 erfolgt keineswegs sofort nach der 15
Herstellung des vollständigen Protokolls. Vielmehr geht zunächst von Amts wegen je eine Abschrift des
Protokolls ohne den Inhalt des Ton- oder Datenträgers an jede Partei bzw an den ProzBev, § 176. Das ist
eine Abweichung von dem nach dem Gesetz geltenden Grundsatz, daß das Gericht den Parteien keineswegs
von Amts wegen eine Protokollabschrift schicken muß. Nach der Versendung muß das Gericht entweder
1 Monat, III Z 1, oder bis zur Rechtskraft des Verfahrensabschlusses, III Z 2, auf etwaige Einwendungen
warten. Zwar ist eine förmliche Zustellung entbehrlich, da weder ein Beschluß noch eine Verfügung des
Richters im Sinne von § 329 II 2 vorliegt, sondern eine Anordnung der Geschäftsstelle, ThP 5, ZöStö 7, aM
Schmidt NJW **75**, 1309. Die Geschäftsstelle sollte aber den Absendezeitpunkt notieren. Denn sie kann die
Frist sonst nicht kontrollieren. Eine förmliche Zustellung ist evtl ratsam.
  **D. Löschungszuständigkeit, III 2.** Da der Vorsitzende für das volle Protokoll mitverantwortlich ist, 16
sollte der Urkundsbeamte der Geschäftsstelle vor einer Löschung mit dem Vorsitzenden Rücksprache
nehmen, obwohl der Urkundsbeamte für die Aufbewahrung und damit auch für die Löschung allein verantwortlich ist, aM ZöStö 8 (der Vorsitzende bestimme allein). Vor einer etwa beantragten Entscheidung über
eine beantragte oder von Amts wegen beabsichtigte Berichtigung darf keine Löschung erfolgen, ZöStö 8.
Auch insofern sind bis zum Erlaß etwaiger Verwaltungsvorschriften die AktO und deren Durchführungsverordnungen entsprechend anwendbar.
  **6) Rechtsbehelfe, I–III.** Gegen die Anordnung einer vorläufigen Aufzeichnung oder gegen die Art der 17
Aufzeichnungstechnik ist grundsätzlich kein Rechtsmittel statthaft. Kein Prozeßbeteiligter hat einen Anspruch auf ein ungekürztes Wortprotokoll, Schmidt NJW **75**, 1309. Freilich kann eine unverständliche oder
unvollständige vorläufige Aufzeichnung eine Zurückverweisung erfordern, BVerwG MDR **77**, 604, und
eine sture Benutzung einer offensichtlich unbrauchbaren vorläufigen Aufzeichnung den Vorwurf der Befangenheit begründen. Im Fall der Verweigerung der Abhör- oder Ablesemöglichkeit gilt § 299 Rn 18.
  **7) VwGO:** Die Vorschrift gilt entsprechend, § 105 VwGO. Die Ergänzung nach II 3 kommt nicht in Betracht, 18
*wenn neben der Tonbandaufzeichnung eine richterliche Zusammenfassung der Aussage vorhanden ist, BVerwG DÖV*
***81**, 840. Einwendungen, III 2 Z 1, dürfen alle Beteiligten, § 63 VwGO, erheben. Zur Frage, wann die Entscheidung*
*auf einem Verstoß gegen die Aufbewahrungspflicht beruht, BVerwG NJW **88**, 2492.*

## 161 Entbehrliche Feststellungen. [1]Feststellungen nach § 160 Abs. 3 Nr. 4 und 5 brauchen nicht in das Protokoll aufgenommen zu werden,

1. wenn das Prozeßgericht die Vernehmung oder den Augenschein durchführt und das Endurteil der Berufung oder der Revision nicht unterliegt;
2. soweit die Klage zurückgenommen, der geltend gemachte Anspruch anerkannt oder auf ihn verzichtet wird, auf ein Rechtsmittel verzichtet oder der Rechtsstreit durch einen Vergleich beendet wird.

II [1]In dem Protokoll ist zu vermerken, daß die Vernehmung oder der Augenschein durchgeführt worden ist. [2]§ 160 a Abs. 3 gilt entsprechend.

  **1) Systematik, Regelungszweck, I, II.** Im vorläufigen wie im endgültigen Protokoll können im 1
Interesse der Prozeßwirtschaftlichkeit, Grdz 14 vor § 128, alle unwesentlichen Feststellungen fehlen. § 160 I,
III bestimmt den Mußinhalt. Als eine Ausnahme von § 160 III Z 4, 5 darf das Protokoll über die Aussagen
eines Zeugen, eines Sachverständigen oder einer vernommenen Partei sowie über die Ergebnisse eines
Augenscheins in zwei unterschiedlichen Fallgruppen fehlen. Das gilt auch und nur, soweit deren Voraus-
setzungen nur zum Teil vorliegen. Es ist also zB ein Protokoll erforderlich, soweit die Vernehmung vor dem

## §§ 161, 162

ersuchten Richter stattfindet oder soweit die Klage nicht zurückgenommen worden ist. Ein Protokollzwang entfällt im übrigen nur, soweit überhaupt ausscheidbare Vorgänge vorliegen. In allen anderen Fällen, vgl BVerwG NJW **88**, 579, und im Zweifel ist im Interesse der Rechtssicherheit, Einl III 43, wegen der weitreichenden Folgen des Protokolls, vgl nur § 314 Rn 6, ein volles Protokoll notwendig. § 161 erübrigt nicht die Notwendigkeit der Beweiswürdigung, § 313 Rn 42.

**2**   2) **Geltungsbereich, I, II.** Vgl Einf 3, 4 vor §§ 159–165.

**3**   3) **Entbehrliche Feststellungen, I.** Die Praxis protokolliert oft zu viel.

   **A. Kein Rechtsmittel, I Z 1.** Wenn das Prozeßgericht einen Zeugen oder einen Sachverständigen vernommen oder einen Augenschein durchgeführt hat, können die Ergebnisse als entbehrlich fehlen, soweit das Endurteil weder mit der Berufung noch mit der Revision anfechtbar ist, weil entweder das Rechtsmittel unstatthaft ist, § 511 Rn 2 ff, § 545 Rn 2, oder weil die Beschwer, § 511 a, bzw die Beschwer, § 546, nicht erreicht sind. Etwas anderes gilt, wenn die Summe später erreicht wird, Franzki DRiZ **75**, 100. Als Prozeßgericht ist auch der Einzelrichter anzusehen, soweit er nach §§ 348, 524 entscheidet, nicht aber der beauftragte oder ersuchte Richter, §§ 361, 362, 375. Auch nach einem Richterwechsel ist I Z 1 unanwendbar.

   Für die Frage, ob die Berufung oder die Revision voraussichtlich *statthaft* sind, kommt es auf den Zeitpunkt einer ordnungsmäßigen Herstellung des Protokolls an, also auf einen Zeitpunkt in oder unverzüglich nach der Sitzung. Die Statthaftigkeit des Rechtsmittels muß auch dann vorerst bejaht werden, wenn es von einer Zulassung abhängen kann. Wenn nur entweder die Berufung oder die Revision statthaft sein kann, muß das Protokoll auch die Ergebnisse der Vernehmungen oder des Augenscheins enthalten, BVerwG NJW **77**, 313. Das gilt selbst dann, wenn das Rechtsmittel vor der tatsächlichen Herstellung des vollständigen Protokolls unstatthaft geworden ist.

**4**   **B. Klagerücknahme usw, I Z 2.** Feststellungen sind entbehrlich, soweit eine Klagerücknahme nach § 269 oder ein Anerkenntnis nach § 307 oder ein Anspruchsverzicht nach § 306 oder ein Rechtsmittelverzicht nach den §§ 346, 514, 566 oder ein Prozeßvergleich, Anh § 307, wirksam werden. ZöStö 4 wendet I Z 2 bei § 515 entsprechend an. In diesen Fällen hängt die Entbehrlichkeit der Feststellung nicht davon ab, ob die Berufung oder die Revision bis zum maßgeblichen Vorgang statthaft gewesen sind. Im übrigen gelten dieselben Voraussetzungen wie bei I Z 1.

**5**   **C. Weitere Einzelfragen.** I Z 1 und 2 können zusammentreffen. Eine Heilung ist nach § 295 möglich, BGH VersR **80**, 751, BVerwG NJW **76**, 1283, Schmitz DRiZ **76**, 313. Ein Verzicht eines Beteiligten auf ein vollständiges Protokoll entbindet das Gericht nicht von der Notwendigkeit der Prüfung von Amts wegen darüber, ob es gleichwohl ein vollständiges Protokoll anfertigen muß. Freilich bleibt dann meist nichts Wesentliches, § 160 II, mehr. Im übrigen bleibt ein Verzicht auf die Verlesung usw statthaft, § 162 II 2. Unberührt bleibt die Notwendigkeit der Feststellung, wer erschienen ist, § 160 I 4, II.

**6**   4) **Vermerk, II 1.** Ein Vermerk darüber, daß die Vernehmung oder der Augenschein durchgeführt wurden, ist stets im Protokoll anzubringen. Da gar keine weitere Niederschrift notwendig ist, ist die Zuziehung einer Hilfsperson ebenso zulässig wie ein Vermerk des Berichterstatters, BGH **LM** § 161 aF Nr 5. Ein solcher Vermerk ist den Parteien wegen Art 103 I GG so rechtzeitig mitzuteilen, daß sie ihn verwerten können, BGH **LM** § 554 Nr 23. Bei I Z 1 ist weder ein solcher Vermerk noch die Wiedergabe der Aussage im Urteil notwendig.

**7**   5) **Aufbewahrung, II 2.** Eine Aufbewahrung kommt in Frage, wenn in einem Fall nach I eine vorläufige Aufzeichnung oder ein sonstiger Vermerk angefertigt werden. Zwar kommt eine Ergänzung des Protokolls anders als bei § 160 a II 3, 4 nicht in Betracht. Denn es besteht ja überhaupt kein diesbezüglicher Protokollzwang. Dennoch darf man eine etwaige freiwillige vorläufige Aufzeichnung oder einen Vermerk nur nach Maßgabe des entsprechend anwendbaren § 160 a III behandeln, also nicht irgendwo im Schreibtisch des Richters verwahren, sondern nur bei den Prozeßakten bzw auf der Geschäftsstelle. Eine Tonaufzeichnung darf nur nach § 160 a III 2 Z 1, 2 gelöscht werden. Vgl außerdem Rn 3.

**8**   6) **Verstoß, II 2.** Soweit eine Protokollierung unter Verstoß gegen § 161 unterblieben ist, muß das Gericht seine Feststellung im Tatbestand des Urteils treffen, zumindest in den Entscheidungsgründen der Beweiswürdigung klar abgrenzen, BGH RR **93**, 520, um die Nachprüfbarkeit zu ermöglichen, § 313 Rn 30. Unter den Voraussetzungen des § 160 a genügt freilich eine bloße Bezugnahme, auch auf eine vorläufige, den Parteien vor der Urteilsverkündung mitgeteilte Aufzeichnung des Berichterstatters, BGH NJW **72**, 1673. Im übrigen sind NJW **72**, 319, 320 anwendbar. Eine Heilung nach § 295 ist andernfalls grundsätzlich nicht möglich, BGH RR **93**, 1034, ThP 5, ZöStö 9, aM BVerwG NJW **88**, 579, StJSchu 11. Eine Verwirkung der Rüge eines fehlerhaften Protokolls ist freilich denkbar, aM BVerwG NJW **88**, 579.

**9**   7) **VwGO:** Die Vorschrift gilt entsprechend, § 105 VwGO, jedoch ist I Z 1 unanwendbar, weil jedes Endurteil eines VG oder OVG der Berufung oder Revision unterliegen kann, wenn auch uU erst nach Zulassung. Ein Verstoß ist kein absoluter Revisionsgrund, BVerwG **48**, 369. Der Verlust des Rügerechts entsprechend § 295 I für anwaltlich vertretene Beteiligte ist möglich, BVerwG NJW **77**, 313 (stRspr), nicht aber in anderen Fällen, BVerwG NJW **77**, 263.

## 162

**Prüfung durch Beteiligte.** ¹¹Das Protokoll ist insoweit, als es Feststellungen nach § 160 Abs. 3 Nr. 1, 3, 4, 5, 8, 9 oder zu Protokoll erklärte Anträge enthält, den Beteiligten vorzulesen oder zur Durchsicht vorzulegen. ²Ist der Inhalt des Protokolls nur vorläufig aufgezeichnet worden, so genügt es, wenn die Aufzeichnungen vorgelesen oder abgespielt werden. ³In dem Protokoll ist zu vermerken, daß dies geschehen und die Genehmigung erteilt ist oder welche Einwendungen erhoben worden sind.

## § 162

II ¹Feststellungen nach § 160 Abs. 3 Nr. 4 brauchen nicht abgespielt zu werden, wenn sie in Gegenwart der Beteiligten unmittelbar aufgezeichnet worden sind; der Beteiligte, dessen Aussage aufgezeichnet ist, kann das Abspielen verlangen. ²Soweit Feststellungen nach § 160 Abs. 3 Nr. 4 und 5 in Gegenwart der Beteiligten diktiert worden sind, kann das Abspielen, das Vorlesen oder die Vorlage zur Durchsicht unterbleiben, wenn die Beteiligten nach der Aufzeichnung darauf verzichten; in dem Protokoll ist zu vermerken, daß der Verzicht ausgesprochen worden ist.

### Gliederung

| | |
|---|---|
| 1) Systematik, Regelungszweck, I, II .... 1 | B. Ausnahme bei unmittelbarer Aufzeichnung, II 1 .......................... 7 |
| 2) Geltungsbereich, I, II ................ 2 | C. Weitere Ausnahme bei Diktat und Verzicht, II 2 ........................... 8 |
| 3) Vorlesung, Vorlage, I 1 .............. 3–5 | |
| A. Grundsatz: Amtspflicht ............ 3 | 5) Protokollvermerk, I 3, II ............. 9 |
| B. Zeitpunkt ....................... 4 | 6) Verstoß, I, II ........................ 10–12 |
| C. Weitere Einzelfragen ............. 5 | A. Grundsatz: Nachholung ............ 10 |
| 4) Vorläufige Aufzeichnung, I 2, II ...... 6–8 | B. Ausnahmen ....................... 11, 12 |
| A. Grundsatz: Notwendigkeit des Abspielens oder Vorlesens, I 2 .............. 6 | 7) VwGO ............................ 13 |

**1) Systematik, Regelungszweck, I, II.** Die Vorschrift bezieht sich sowohl auf das sogleich endgültige **1** als auch auf das vorläufige Protokoll, §§ 160, 160a. Sie enthält lästige, aber grundsätzlich im allseitigen Interesse liegende, der Rechtssicherheit, Einl III 43, dienende Anordnungen. In der Praxis wird allerdings unzählig oft ohne erkennbare Schäden einfacher verfahren, Rn 8 (stillschweigender Verzicht, oft genug sogar seitens sonst mißtrauischer Beteiligter). Das zeigt, daß man den Formalismus auch nicht übertreiben sollte: Auch die nicht vorgelesene und nicht genehmigte Niederschrift unterliegt der Nachprüfung in jeder Richtung und der Verantwortung der Urkundspersonen.

**2) Geltungsbereich, I, II.** Vgl Einf 3, 4 vor §§ 159–165. **2**

**3) Vorlesung, Vorlage, I 1.** Die Praxis verfährt gelegentlich ziemlich nachlässig. **3**
**A. Grundsatz: Amtspflicht.** Das Gericht muß grundsätzlich von Amts wegen aus dem in Langschrift fertigen Protokollentwurf, BGH NJW 84, 1466, Ffm AnwBl 88, 119, alle Feststellungen nach § 160 III Z 1, 3, 4, 5, 8, 9 und außerdem alle Anträge, die weder aus einem Schriftsatz noch aus einer Protokollanlage verlesen wurden, sondern nach § 297 I 2 zum Protokoll erklärt wurden, den Parteien vorlesen oder zur Durchsicht vorlegen. Der Urkundsbeamte muß den Vorsitzenden notfalls erinnern. I 3 ergibt, daß der Sinn darin besteht, die Genehmigung der Beteiligten zu erwirken, Düss FamRZ 83, 723. Die Genehmigung ist von dem Erklärenden bzw der Partei, also nicht nur zB vom Zeugen, zu erwirken.

**B. Zeitpunkt.** Die Vorlesung usw braucht nicht unbedingt schon in der Verhandlung zu erfolgen. Denn **4** das Protokoll ist ja insgesamt „über", nicht notwendig „in" der Verhandlung aufzunehmen, § 159 I 1. Freilich wachsen die Probleme bei einer erst nachträglichen Aufnahme.

**C. Weitere Einzelfragen.** Bei einem bloßen Vermerk nach § 161 II ergibt sich keine Anwendung von **5** § 162; ein solcher Vermerk liegt auch vor, wenn zB „Zeuge X vernommen wurde und erklärte, er habe ..." oder eine ähnliche indirekte Gedächtnisstütze vorliegt. Dagegen ist bei einem echten Wortprotokoll, auch einem diktierten, § 162 selbst dann anwendbar, wenn nach § 161 überhaupt kein Protokoll notwendig wäre, aM BGH VersR 80, 751. § 160 II kann eine Maßnahme nach § 162 erübrigen. § 160 IV ist anwendbar.

**4) Vorläufige Aufzeichnung, I 2, II.** Es gelten die folgenden Regeln: **6**
**A. Grundsatz: Notwendigkeit des Abspielens oder Vorlesens, I 2.** Im allgemeinen reicht die Vorlesung der vorläufigen Aufzeichnung der Aussage eines Zeugen, Sachverständigen oder einer Partei aus. Das Gericht braucht also weder die vorläufige Aufzeichnung noch deren Übertragung in die Langschrift vorzulegen. Beim Bildschirm reicht das Vorlesen von ihm aus, vgl LG Stralsund NJW 97, 3178, aM Mihm NJW 97, 3122 (je zum notariellen Protokoll, das wegen I 2, 3 nicht direkt vergleichbar ist); § 162 ist großzügiger und moderner. Bei einem Tonträger reicht das Abspielen aus. Die Vorlesung bzw das Abspielen sind freilich erforderlich. Ein lautes Diktat genügt also nicht, OVG Münster NJW 76, 1228, selbst wenn das Diktat genehmigt wurde, Schlesw SchlHA 80, 73, ebensowenig die bloße Vorlage zur Durchsicht. Ein Verzicht des Beteiligten ist unbeachtlich, Ffm FamRZ 80, 907 mwN. Freilich kann besonders bei ihm § 160 II anwendbar sein.

**B. Ausnahme bei unmittelbarer Aufzeichnung, II 1.** Ausnahmsweise braucht das Gericht weder **7** vorzulesen noch abzuspielen, wenn es die Originalaussage des Zeugen, Sachverständigen oder der vernommenen Partei, § 160 III Z 4, unmittelbar auf einen Tonträger aufgenommen hat, § 160a Rn 5. Es darf also nicht bloß eine Kurzschriftaufnahme erfolgt sein, BVerwG NJW 76, 1283. Ein stillschweigender Verzicht ist zulässig, insofern unklar BGH RR 88, 395. Derjenige, dessen Aussage aufgezeichnet wurde (nicht ein anderer Beteiligter), kann ein Abspielen verlangen, II 1 Hs 2. Das Gericht braucht auf dieses Recht aber nicht hinzuweisen, BVerwG NJW 76, 1282. Das Gericht braucht auch keinen Vermerk dahin aufzunehmen, das Abspielen sei nicht verlangt worden. Erst recht braucht das Gericht die Aussage nicht abzuspielen, soweit das Abspielen nicht beantragt wurde, BVerwG NJW 76, 1282, Franzki DRiZ 75, 98. Eine vorläufige Aufzeichnung neben einer unmittelbaren ist vorzulesen, BVerwG NJW 83, 2275.

**C. Weitere Ausnahme bei Diktat und Verzicht, II 2.** Das Gericht braucht ferner ausnahmsweise **8** weder vorzulesen noch abzuspielen, wenn es den Text ins Stenogramm oder auf einen Tonträger diktiert hat und wenn alle Beteiligten auf die Vorlesung verzichtet haben. Der Verzicht muß von allen Beteiligten ausgesprochen worden sein, also nicht bloß von den Beweispersonen, Schmidt NJW 75, 1308, und zwar nach der Aufzeichnung, nicht nur vor ihr oder während der Aufzeichnung. Das gilt allerdings nur gegenüber der Aussage eines Zeugen, Sachverständigen, der vernommenen Partei und bei einem Augenschein, § 160

## §§ 162, 163

II Z 4, 5. Ausreichend ist zB auch ein protokollierter und verlesener Verzicht auf die nochmalige Verlesung des erhaltenen Vergleichstextes, Vollkommer Rpfleger **73**, 271. Der Verzicht kann auch stillschweigend erfolgen; so geschieht es vielfach in der Praxis insbesondere dann, wenn die Parteien anwaltlich vertreten sind. Im Zweifel empfiehlt sich eine Rückfrage des Vorsitzenden. Es läßt sich nur nach den Umständen des Einzelfalls beurteilen, ob alle Beteiligten einen Verzicht nach Rn 7 oder Rn 8 erklärt haben.

Wenn eine *anwaltlich vertretene* Partei keinen Antrag stellt, liegt in ihrem Verhalten grundsätzlich ein stillschweigender Verzicht. Wenn sich ein Zeuge bei seiner Aussage weder in Widersprüche verwickelte oder irgendwelche sonstigen Schwierigkeiten bereitete, liegt mangels eines Antrags auch bei ihm grundsätzlich ein wenigstens stillschweigender Verzicht vor, auch wenn der Zeuge rechtsunkundig ist.

Ein *nachträglicher Verzicht* auf die Vorlesung kommt zwar grundsätzlich ebenfalls in Betracht; er reicht aber nicht aus, wenn das Gericht die Aussage oder das Ergebnis des Augenscheins nicht in der Gegenwart aller Beteiligten diktiert hatte, BVerwG NJW **76**, 1283, Schmidt NJW **75**, 1308.

**9**  **5) Protokollvermerk, I 3, II.** Das Gericht muß grundsätzlich I 3, II letzter Hs, einen Protokollvermerk über die Vorlesung oder das Abspielen und die Genehmigung oder Einwendungen bzw über den Verzicht anfertigen, und zwar besonders dann, wenn das Protokoll einen Vollstreckungstitel schafft. Ausreichend ist zB: „nach Diktat genehmigt", ferner zB „v. g.", „a. g.", „auf V. verz.". Die Unterschrift der Beteiligten ist unnötig, Einf 2 vor §§ 159–165. Bei einem stillschweigenden Verzicht, Rn 8, läßt die Praxis den entsprechenden Vermerk vielfach ausnahmsweise entfallen. Soweit ein Beteiligter eine vom Gericht ordnungsgemäß vorbereitete und erbetene Genehmigung endgültig verweigert, würdigt das Gericht diesen Umstand frei, BVerwG NJW **86**, 3157.

**10**  **6) Verstoß, I, II.** Einem Grundsatz stehen Ausnahmen gegenüber.

**A. Grundsatz: Nachholung.** Ein Verstoß zwingt das Gericht zur Nachholung in einer notfalls neuen mündlichen Verhandlung, § 156. Soweit die Nachholung nicht möglich ist, ist grundsätzlich kein wirksames Protokoll entstanden, Ffm FamRZ **80**, 907, KG FamRZ **81**, 194. Sofern der Vorgang in der Verhandlung korrekt ablief und nur seine Protokollierung unrichtig vorgenommen wurde, ist § 164 anwendbar. Soweit das Gericht und ein Beteiligter voneinander abweichen, I letzter Hs, muß das Gericht im Protokoll nicht nur vermerken, daß eine Abweichung vorliegt, sondern auch, worin sie besteht. Auf Grund eines etwaigen, nach § 139 zu veranlassenden Antrags ist sodann § 160 IV anwendbar.

**11**  **B. Ausnahmen.** Freilich ist die Wirksamkeit des Protokolls nicht stets von einer Genehmigung abhängig, BSG MDR **81**, 612, strenger ZöStö 6, und im übrigen ist die Wirksamkeit der protokollierten Handlung grundsätzlich nicht von der Ordnungsmäßigkeit des Protokolls abhängig, BGH **107**, 146 (zum Anerkenntnis) und RR **86**, 1328 (zum Rechtsmittelverzicht), Karlsr FamRZ **84**, 402, aM Celle NdsRpfl **81**, 197, Hamm Rpfleger **82**, 111 (zum Rechtsmittelverzicht), Ffm AnwBl **88**, 119, Karlsr FamRZ **89**, 645 (zum Anerkenntnis).

**12**  Wegen der Ausnahmen beim Geständnis vor dem verordneten Richter § 288 Rn 6, und beim *Prozeßvergleich* Anh § 307 Rn 21 ff. Das Gericht darf und muß unter Umständen die ursprüngliche Fassung des Protokolls trotz Einwendungen, I 3, bestehen lassen. Gemeint ist also vielmehr eine urkundliche Klärung darüber, inwieweit das Gericht und die Beteiligten über die Richtigkeit des Protokollentwurfs übereinstimmen, BGH NJW **84**, 1466.

**13**  **7) VwGO:** *Die Vorschrift gilt entsprechend, § 105 VwGO (BVerwG NJW **74**, 1916 ist durch die Neufassung überholt); nach I bedarf es keines Antrags,* BVerwG NJW **83**, 2275. Ein Verstoß kann bei anwaltlicher Vertretung durch Unterlassen einer rechtzeitigen Rüge, § 295, geheilt werden, BVerwG NJW **83**, 2275 mwN, DÖV **81**, 840 u NJW **76**, 1283. Ein nicht verlesener oder zur Durchsicht vorgelegter Vergleich ist unwirksam, BVerwG Buchholz 310 § 161 Nr 99, wirksam dagegen die nicht verlesene Klagrücknahme, OVG Bre DÖV **83**, 38; die Verweigerung der Genehmigung durch einen Zeugen steht der Verwertung seiner Aussage nicht entgegen, BVerwG NJW **86**, 3154.

## 163

**Unterschrift.** [1]¹Das Protokoll ist von dem Vorsitzenden und von dem Urkundsbeamten der Geschäftsstelle zu unterschreiben. ²Ist der Inhalt des Protokolls ganz oder teilweise mit einem Tonaufnahmegerät vorläufig aufgezeichnet worden, so hat der Urkundsbeamte der Geschäftsstelle die Richtigkeit der Übertragung zu prüfen und durch seine Unterschrift zu bestätigen; dies gilt auch dann, wenn der Urkundsbeamte der Geschäftsstelle zur Sitzung nicht zugezogen war.

[II] ¹Ist der Vorsitzende verhindert, so unterschreibt für ihn der älteste beisitzende Richter; war nur ein Richter tätig und ist dieser verhindert, so genügt die Unterschrift des zur Protokollführung zugezogenen Urkundsbeamten der Geschäftsstelle. ²Ist dieser verhindert, so genügt die Unterschrift des Richters. ³Der Grund der Verhinderung soll im Protokoll vermerkt werden.

**1**  **1) Systematik, Regelungszweck, I, II.** Die Vorschrift schließt die Reihe der gesetzlichen Anordnungen über die Herstellung des Protokolls. Sie ist mit §§ 130 Z 6, 315, im Fall eines Beschlusses mit den Anforderungen § 329 Rn 8, 9 vergleichbar. Der Zweck ist wie in allen diesen Fällen zu beurteilen, dazu § 129 Rn 10: Es soll sichergestellt sein, daß jede Urkundsperson die in ihren Zuständigkeitsbereich fallende Verantwortung voll und umfassend übernimmt. Deshalb sind dieselben Anforderungen an die Ausführung der Unterschrift, auch durch den besonderen Urkundsbeamten, zu stellen wie sonst, § 129 Rn 9 ff.

**2**  **2) Geltungsbereich, I, II.** Vgl Einf 3, 4 vor §§ 159–165.

1. Titel. Mündliche Verhandlung **§ 163**

**3) Gemeinsame Unterschrift, I 1.** Sowohl der Vorsitzende bzw der Amtsrichter oder Einzelrichter, 3 §§ 348, 524, Vorsitzende der Kammer für Handelssachen, § 349, oder verordnete Richter, §§ 361, 362, 375, als auch der etwa zugezogene Urkundsbeamte der Geschäftsstelle müssen das als ein einheitliche Urkunde herzustellende Protokoll unterschreiben, BGH VersR **89**, 604. Der Vorsitzende ist wegen der Aufnahme der Niederschrift von Zeugenaussagen usw erweitert mitverantwortlich, BVerwG NJW **77**, 264. Natürlich ist er nicht für die inhaltliche Richtigkeit der, etwa nach § 495 a II 2, ins Protokoll aufgenommenen Entscheidungsgründe mitverantwortlich, wohl aber für getreue Übertragung des Diktats in die Reinschrift. Er muß die inhaltliche Richtigkeit und Vollständigkeit mitprüfen, darf sich aber auf sein Gedächtnis und auf etwaige eigene Notizen beschränken. Er muß im Zweifel die Beisitzer und den Urkundsbeamten der Geschäftsstelle befragen. Er kann aber die Hauptverantwortung für die zutreffende Aufnahme und Wiedergabe der vorläufigen Aufzeichnung gleich welcher Art dem Urkundsbeamten der Geschäftsstelle überlassen.

Die vollständigen und ordnungsgemäßen Unterschriften sind Voraussetzungen der Bereitschaft nach §§ 165, 425 ff, BGH VersR **89**, 604. Sie müssen *handschriftlich und eigenhändig* erfolgen. Es gelten dieselben Formerfordernisse wie sonst, zB § 129 Rn 9, § 315 Rn 1, 2, § 329 Rn 8, 9, 13, BGH NJW **88**, 713. Eine gleichzeitige Unterzeichnung ist nicht erforderlich. Eine Nachholung mag rückwirkend möglich sein; sie gibt jedenfalls einen Wiedereinsetzungsgrund nach § 233, BGH VersR **89**, 604. Es muß derjenige unterschreiben, der die Verhandlung leitet. Das ist im Fall eines Prozeßvergleichs vor dem beauftragten Richter der letztere, nicht etwa später der Vorsitzende des Kollegiums, Stgt JB **76**, 92.

**4) Tonaufnahme usw, I 2.** In diesem Fall, dem derjenige der Übertragung aus einer Kurzschrift entge- 4 gen dem zu engen Wortlaut von I 2 gleichsteht, ThP 1, aM ZöStö 2, ist der Urkundsbeamte der Geschäftsstelle für die Richtigkeit der Übertragung in die Langschrift stets allein verantwortlich. Bei einer Tonaufnahme usw, vgl § 160 a I, III 2 (infolge eines Redaktionsversehens des Gesetzgebers ist I 2 nicht mitgeändert worden), gilt I 2 unabhängig davon, ob der Urkundsbeamte bei der Tonaufnahme usw anwesend war, BVerwG NJW **77**, 264; ob er das Aufnahmegerät bedient hat; ob er oder die Kanzlei die Übertragung technisch vorgenommen haben; ob die Übertragung unverzüglich nach der Sitzung oder das Protokoll insofern erst später von Amts wegen oder auf Grund eines Antrags oder auf Grund der Anforderung eines Beteiligten, § 160 a II 3, 4, ergänzt wurde.

Die Bestätigung einer richtigen Übertragung erfolgt nur durch die *Unterschrift* des Urkundsbeamten der Geschäftsstelle. Es ist also kein besonderer Bestätigungsvermerk notwendig. Er ist aber zulässig und zur Vermeidung von etwaigen Mißverständnissen ratsam. Das gilt besonders dann, wenn das übrige Protokoll nicht von demselben Urkundsbeamten angefertigt worden ist. Die Nachholung zumindest der Funktionsbezeichnung „Urkundsbeamter der Geschäftsstelle" ist noch in der Revisionsinstanz zulässig, BVerwG NJW **77**, 264. Nur derjenige darf die Bestätigung geben, der die Aufnahme abhört. Der Vorsitzende bleibt für die inhaltliche Richtigkeit und Vollständigkeit des Übertragenen insofern mitverantwortlich, BVerwG NJW **77**, 264, als er evtl auf kritische Nachprüfung durch den Urkundsbeamten hinzuwirken hat.

**5) Verhinderung an der Unterschrift, II.** Zu unterscheiden sind Voraussetzungen und Folgen. 5

**A. Voraussetzungen.** Diese Verhinderung tritt ein, sobald der Vorsitzende seine Beurkundungsfähigkeit nicht nur vorübergehend verliert, § 315 Rn 4–6, oder sobald ein weiteres Zuwarten auf seine Unterschrift prozessual unverantwortbar oder sinnlos ist. Das ist bei einer Versetzung des Vorsitzenden möglich, muß aber nicht sogleich eintreten, wohl ebenso BGH VersR **81**, 553, aM Stgt Rpfleger **76**, 258 (abl Vollkommer). Zum blinden Vorsitzenden BFH BStBl **84** II 532.

**B. Folgen.** Wenn der Vorsitzende verhindert ist, unterschreibt der dienstälteste, nicht der an Lebensjahren 6 älteste, bei gleichem Dienstalter aber der lebensälteste Beisitzer, §§ 21 f II, 197 GVG, vgl auch § 315 I 2, zusätzlich zur eigenen Unterschrift „zugleich für den verhinderten Vorsitzenden". Im Fall der Verhinderung des Vorsitzenden und des dienstältesten Beisitzers unterschreibt der nächstälteste Beisitzer, nicht etwa der Urkundsbeamte allein. Wenn nur ein Richter tätig war, sei es beim AG, sei es als Einzelrichter nach § 348 oder nach § 524, sei es als ein beauftragter oder ersuchter Richter, §§ 361, 362, 375, dann unterschreibt bei seiner Verhinderung der Urkundsbeamte der Geschäftsstelle, soweit er als Protokollführer zugezogen war, also nicht, wenn er nur nach I 2 Hs 2 tätig werden muß. Im letzteren Fall ist kein wirksames Protokoll möglich.

Bei einer *Verhinderung* des zur Unterschrift befugten Urkundsbeamten der Geschäftsstelle genügt die 7 Unterschrift des Vorsitzenden oder notfalls diejenige des dienstältesten Beisitzers, und zwar auch dann, wenn der Urkundsbeamte nur die vorläufige Aufzeichnung aufgenommen hatte. Wegen weiterer Einzelheiten zur Unterschrift § 315 Rn 4–10. Sind alle Personen, deren Unterschrift erforderlich oder ausreicht, verhindert, dann ist kein wirksames Protokoll möglich.

**C. Vermerk.** Der Verhinderungsgrund soll, nicht muß, im endgültigen Protokoll kurz vermerkt werden, 8 zB „Vorsitzender X ist wegen einer Erkrankung an der Unterschrift verhindert".

**6) Verstoß, I, II.** Im Fall der Unleserlichkeit oder Lückenhaftigkeit oder Unverständlichkeit der Über- 9 tragung muß das Gericht den Vorgang frei würdigen, § 286. Eine Berichtigung richtet sich nach § 164. Die fehlende oder unzulängliche Unterschrift kann auf Grund einer Rüge noch in der höheren Instanz nachgeholt werden, BGH LM § 164 aF Nr 3 (wegen eines Verkündungsprotokolls), BVerwG NJW **77**, 264, Stgt JB **76**, 380. Andernfalls ist keine wirksame Unterschrift und daher kein wirksames Protokoll vorhanden und eine freie Würdigung nach § 286 auch insoweit geboten.

**7) *VwGO: Die Vorschrift gilt entsprechend, § 105 VwGO.*** 10

## § 164

**164** *Berichtigung.* ¹Unrichtigkeiten des Protokolls können jederzeit berichtigt werden.

ᴵᴵ Vor der Berichtigung sind die Parteien und, soweit es die in § 160 Abs. 3 Nr. 4 genannten Feststellungen betrifft, auch die anderen Beteiligten zu hören.

ᴵᴵᴵ ¹Die Berichtigung wird auf dem Protokoll vermerkt; dabei kann auf eine mit dem Protokoll zu verbindende Anlage verwiesen werden. ²Der Vermerk ist von dem Richter, der das Protokoll unterschrieben hat, oder von dem allein tätig gewesenen Richter, selbst wenn dieser an der Unterschrift verhindert war, und von dem Urkundsbeamten der Geschäftsstelle, soweit er zur Protokollführung zugezogen war, zu unterschreiben.

**Gliederung**

| | |
|---|---|
| 1) Systematik, Regelungszweck, I–III ... 1 | B. Unterschrift: Bisheriger Richter und Urkundsbeamter ... 9 |
| 2) Geltungsbereich, I–III ... 2 | C. Unanfechtbarkeit ... 10 |
| 3) Berichtigungspflicht, I ... 3–6 | 6) Ablehnung der Berichtigung, III ... 11, 12 |
| A. Von Amts wegen oder auf Antrag ... 3 | A. Grundsatz: Beschluß ... 11 |
| B. Unrichtigkeit ... 4 | B. Unterschrift ... 12 |
| C. Zuständigkeit ... 5 | 7) Rechtsmittel: Grundsatz der Unanfechtbarkeit ... 13 |
| D. Unzulässigkeit ... 6 | |
| 4) Anhörung, II ... 7 | 8) Rechtsmittel: Ausnahmsweise Beschwerde ... 14 |
| 5) Durchführung der Berichtigung, III .. 8–10 | |
| A. Vermerk ... 8 | 9) *VwGO* ... 15 |

**1** **1) Systematik, Regelungszweck, I–III.** Die Vorschrift entspricht dem beim Urteil geltenden § 319, geht aber über dessen Unrichtigkeitsbegriff hinaus, Rn 4. Sie entspricht wie § 319 einem praktischen Bedürfnis und dient sowohl der Gerechtigkeit, Einl III 9, als auch der Prozeßwirtschaftlichkeit, Grdz 14 vor § 128. Sie hilft auch Folgeverfahren, gar wegen angeblicher Falschbeurkundung, zu vermeiden. Aus allen diesen Gründen ist sie großzügig auslegbar.

**2** **2) Geltungsbereich, I–III.** Vgl Einf 3, 4 vor §§ 159–165.

**3** **3) Berichtigungspflicht, I.** Es sind mehrere Voraussetzungen zu klären.

**A. Von Amts wegen oder auf Antrag.** Das Protokoll kann insgesamt unrichtig sein oder bei einer nachträglichen Herstellung unrichtig werden. Seine Berichtigung ist in allen Fällen jederzeit von Amts wegen, Mü OLGZ 80, 466, oder auf Grund eines Antrags zulässig. Das gilt auch dann, wenn die Unrichtigkeit schon in der Rechtsmittelinstanz gerügt worden ist, BVerwG MDR 81, 166, Hamm Rpfleger 79, 30. Die Berichtigung ist auch nach dem Ablauf einer Frist zum Vergleichswiderruf zulässig. Eine Erklärung der nicht rechtskundigen Partei, sie sei trotz Anwesenheit nicht aufgerufen worden, ist meist als Berichtigungsantrag zu werten, BVerfG 42, 369.

**4** **B. Unrichtigkeit.** Zu berichtigen ist nicht nur eine offenbare Unrichtigkeit, sondern jede Unrichtigkeit, Hamm Rpfleger 79, 30, Mü OLGZ 80, 466. Insofern gilt § 164 weiter als § 319. Eine Richtigstellung im Urteil oder in einer anderen Sachentscheidung erübrigt das Verfahren nach § 164 nicht. Verständlichkeit für die Parteien bei erlaubter und zumutbarer Auslegung genügen, wie beim Tatbestand, § 313 Rn 15. § 164 ist auf eine notarielle Urkunde entsprechend anwendbar, Kanzleiter DNotZ 90, 484. Eine sprachliche Klarstellung ist keine Berichtigung und jederzeit auch ohne Anhörung und ohne den Protokollführer möglich; §§ 318, 319 schaden nicht.

**5** **C. Zuständigkeit.** Das Wort „kann" bedeutet, wie so oft: Das Gericht ist zuständig. Es liegt also nicht etwa ein Ermessensspielraum vor. Eine erwiesene Unrichtigkeit muß vielmehr berichtigt werden, Kanzleiter DNotZ 90, 483, und zwar auch dann, wenn die Auswirkung der Unrichtigkeit derzeit noch unerheblich ist. Ob eine Unrichtigkeit vorliegt, müssen all diejenigen prüfen, die für das Zustandekommen der fraglichen Stelle mitverantwortlich sind, also grundsätzlich der Vorsitzende (bei seiner fortdauernden Verhinderung der dienstälteste Beisitzer) bzw der allein tätig gewordene Richter und außerdem der als Urkundsbeamter der Geschäftsstelle für die fragliche Protokollstelle tätig gewordene Beamte. Sie müssen in ihrer Meinung übereinstimmen, LG Ffm JB 93, 745. Berichtigen kann und muß nur derjenige, der mitgewirkt hat, selbst wenn er inzwischen versetzt worden ist. Ist der Richter zum Staatsanwalt ernannt und der Urkundsbeamte entlassen, sind beide verhindert, Mü OLGZ 80, 467.

**6** **D. Unzulässigkeit.** Nach dem Ablauf der Monatsfrist des § 160 a III Z 1 ist die Berichtigung nur noch beschränkt zu fordern, Schneider JB 75, 131. Soweit es um die Berichtigung einer Tatsache geht, die „vorgelesen und genehmigt" usw worden war, wird evtl in einem neuen Termin eine richtige Protokollierung nachgeholt, Hamm MDR 83, 410.

**7** **4) Anhörung, II.** Soweit das Gericht eine Berichtigung des Protokolls von Amts wegen oder auf Grund eines Antrags beabsichtigt, muß es schon wegen §§ 165, 313 II stets beide Parteien einschließlich der Streithelfer, § 68, und Streitverkündeten anhören, § 74 II, soweit sie infolge der Berichtigung beschwert sein würden, BGH VersR 86, 488, Hamm Rpfleger 84, 193. Das Gericht muß außerdem auch den Zeugen, § 373, den Sachverständigen, § 406, und die vernommene Partei, §§ 445 ff, persönlich anhören, soweit die Berichtigung die Feststellung von deren Aussagen betrifft. Hierbei ist eine weite Auslegung des Begriffs „Betroffenheit" erforderlich. Das Gericht muß dem Anzuhörenden eine angemessene Frist setzen. Die Anhörung braucht nicht mündlich zu erfolgen und ist in einem klarliegenden Fall (Vorsicht!) entbehrlich.

**8** **5) Durchführung der Berichtigung, III.** Es sind die folgenden Formen einzuhalten.

1. Titel. Mündliche Verhandlung **§§ 164, 165**

**A. Vermerk.** Die Berichtigung erfolgt durch einen Vermerk, eine Richtigstellung, BGH VersR **86**, 488, Hamm Rpfleger **84**, 193, Mü OLGZ **80**, 467. Er wird entweder auf dem zuvor falschen Protokoll selbst oder auf einer mit ihm zu verbindenden Anlage angebracht. Im letzteren Fall ist ein Hinweis auf die Anlage im Protokoll selbst erforderlich, damit man bei der Durchsicht des Protokolls oder bei der Erteilung einer Abschrift eine Berichtigung nicht übersieht. Wenn die Parteien bzw ProzBev das Protokoll schon besitzen, genügt die Übersendung der Berichtigung. Die Beschlußform nach § 329 ist unnötig, aber unschädlich, Hamm Rpfleger **84**, 193.

**B. Unterschrift: Bisheriger Richter und Urkundsbeamter.** Die Berichtigung ist unabhängig von **9** ihrer Form grundsätzlich von demjenigen Richter, der das Protokoll unterschrieben hatte, nicht etwa von seinem Vorsitzenden oder Amtsnachfolger, und vom Urkundsbeamten der Geschäftsstelle gemeinsam zu unterschreiben, wie bei § 163 Rn 1, Hamm Rpfleger **84**, 193, und zwar auf dem berichtigten Protokoll, nicht bloß auf der berichtigten Anlage. Unterschreiben muß auch derjenige Richter, der beim unrichtigen Protokoll an der Unterschrift verhindert gewesen war. Der Urkundsbeamte der Geschäftsstelle muß nur unterschreiben, soweit er als Protokollführer zugezogen gewesen war, also im Fall einer bloßen Tätigkeit nach § 163 I 2 nur, soweit Übertragungsfehler zu berichtigen sind. Der Urkundsbeamte unterschreibt auch, wenn er an der Unterzeichnung des unrichtigen Protokolls verhindert gewesen war. Er unterschreibt natürlich nicht, soweit er bei dem unrichtigen Protokoll überhaupt nicht mitgewirkt hat, Mü OLGZ **80**, 466.

Im Fall der *Verhinderung* des Richters oder des Urkundsbeamten unterschreibt der andere, das genügt, ThP 2, ZöStö 6, aM Franzki DRiZ **75**, 101. Sind beide verhindert, dann ist eine wirksame Berichtigung nicht möglich. Die Berichtigung hat grundsätzlich eine *Rückwirkung*, Kanzleiter DNotZ **90**, 484. Das gilt aber nicht, soweit das Protokoll eine sachlichrechtliche notwendige Form ersetzen soll.

**C. Unanfechtbarkeit.** Die Berichtigung ist grundsätzlich unanfechtbar, denn das Rechtsmittelgericht ist **10** zu einer Beurteilung durchweg gar nicht imstande, Rn 13, Ffm OLGZ **74**, 302, unabhängig von ihrer Form, Hamm Rpfleger **84**, 193. Vgl aber auch § 319 Rn 2 sowie Ffm MDR **83**, 410 je wegen eines Vergleichs.

**6) Ablehnung der Berichtigung, III.** Es sind die folgenden Formen zu beachten. **11**

**A. Grundsatz: Beschluß.** Das Gericht lehnt eine Berichtigung in der Form eines Beschlusses ab, § 329. Er ist grundsätzlich zu begründen, § 329 Rn 4. Er wird verkündet oder den Beteiligten formlos mitgeteilt, § 329 I 1, II 1.

**B. Unterschrift.** Der Ablehnungsbeschluß ist von denselben Personen zu unterschreiben, die eine Be- **12** richtigung zu unterzeichnen hätten, aM ZöStö 9 (aber auch der Ablehnung liegt die gemeinsame Verantwortung zugrunde).

**7) Rechtsmittel: Grundsatz der Unanfechtbarkeit.** Der Ablehnungsbeschluß ist grundsätzlich unan- **13** fechtbar, auch wenn eine Ergänzung beantragt worden war, BayObLG WoM **89**, 49 (WEG), Ffm FGPrax **96**, 160. Die höhere Instanz hat ja an der fraglichen Sitzung nicht teilgenommen und die Vorgänge nicht selbst wahrgenommen; sie kann sie daher nur selten ohne weiteres überprüfen, Brschw DGVZ **92**, 120, Hamm NJW **89**, 1680, Holtgrave DB **75**, 824. Soweit das LG als Berufungs- oder Beschwerdegericht entschieden hat, ist eine Beschwerde ohnehin unzulässig, § 567 III 1.

**8) Rechtsmittel: Ausnahmsweise Beschwerde.** Ausnahmsweise ist eine Beschwerde nach § 567 I **14** denkbar, wenn die höhere Instanz mit Hilfe einer dienstlichen Äußerung oder eines Aktenvermerks der an der Sitzung beteiligten gewesenen Gerichtspersonen den Sachverhalt doch überprüfen kann oder wenn es nicht (nur) um den Protokollinhalt geht, sondern um Fehler des Berichtigungsverfahrens, Mü OLGZ **80**, 466, LG Ffm JB **93**, 745, oder wenn das Gericht oder eine überhaupt nicht zur Entscheidung berufene Person die Berichtigung als unzulässig abgelehnt hatten, Kblz MDR **86**, 593, LAG Hamm MDR **88**, 172, ZöStö 11, aM Hamm Rpfleger **79**, 31. Beim Rpfl gilt § 11 RPflG, vgl § 104 Rn 4 ff.

**9) VwGO:** Die Vorschrift gilt entsprechend, § 105 VwGO; Parteien, II, sind auch hier die Beteiligten iSv § 63 **15** VwGO. Auch bereits mit einem Rechtsmittel gerügte Fehler dürfen berichtigt werden, oben Rn 1, BVerwG MDR **81**, 166. Die Berichtigung, oben Rn 3 ff, und ihre Ablehnung, oben Rn 11 u 12, sind grundsätzlich unanfechtbar und können deshalb auch vom RevGericht nicht überprüft werden, BVerwG DÖV **81**, 180. Eine Beschwerde, § 146 VwGO, gegen die Ablehnung ist allenfalls ausnahmsweise, oben Rn 14, zulässig, BVerwG DÖV **81**, 180 u 840, VGH Mannh NVwZ-RR **97**, 672 mwN, weitergehend VGH Mü BayVBl **99**, 86 mwN.

**165** *Beweis von Förmlichkeiten.* ¹Die Beachtung der für die mündliche Verhandlung vorgeschriebenen Förmlichkeiten kann nur durch das Protokoll bewiesen werden. ²Gegen seinen diese Förmlichkeiten betreffenden Inhalt ist nur der Nachweis der Fälschung zulässig.

**Gliederung**

| | |
|---|---|
| 1) Systematik, Regelungszweck, S 1, 2 .. 1 | 5) Weitere Einzelfragen, S 1 .............. 10 |
| 2) Geltungsbereich, S 1, 2 ............... 2 | 6) Entkräftung, S 2 ...................... 11 |
| 3) Förmlichkeit, S 1, 2 .................. 3 | 7) VwGO ............................... 12 |
| 4) Beispiele zur Frage einer Förmlichkeit, S 1 ............................ 3–9 | |

**1) Systematik, Regelungszweck, S 1, 2.** Es handelt sich um eine den §§ 286, 415, 418 vorgehende **1** gesetzliche Beweisregel, § 286 Rn 4, und insofern um eine Einschränkung des Grundsatzes der Freiheit der

Beweiswürdigung, § 286 Rn 4. Das hat seinen Grund in der zentralen Bedeutung der Förmlichkeiten für den weiteren Prozeßverlauf: Es soll ein Streit über die Behandlung dieser Zentralpunkte im Protokoll möglichst vermieden werden. Wegen des Ausnahmecharakters ist § 165 eng auszulegen.

2 **2) Geltungsbereich, S 1, 2.** Vgl Einf 3, 4 vor §§ 159–165.

3 **3) Förmlichkeit, S 1, 2.** Bei der gebotenen engen Auslegung ergibt sich: Das Gesetz meint unter „Förmlichkeiten" nur den äußeren Hergang der Verhandlung, im Gegensatz zu ihrem Inhalt. Soweit keine Förmlichkeit vorliegt, besteht aber immerhin noch die volle Beweiskraft einer öffentlichen Urkunde, § 418 Rn 4, BGH FamRZ **94**, 301.

4 **4) Beispiele zur Frage einer Förmlichkeit, S 1**
**Anerkenntnis, Verzicht, Vergleich, § 160 III Z 1:** Nicht zu den Förmlichkeiten gehören Angaben über ein Anerkenntnis, § 307, einen Anspruchsverzicht, § 306, oder einen Prozeßvergleich, § 307 Anh, oder gar außerordentlichen Vergleich; vgl zu alledem Brschw MDR **76**, 673, Stgt FamRZ **85**, 609. Wegen der Einzelheiten § 160 Rn 8.
**Antrag, § 160 III Z 2:** Zu den Förmlichkeiten zählen die Angaben über die gestellten (Sach-)Anträge, § 297 Rn 3, BGH VersR **86**, 488, Stgt AnwBl **89**, 232.
*Nicht* zu den Förmlichkeiten zählen die Angaben über einen bloßen Prozeßantrag, § 297 Rn 3, vgl Kblz MDR **75**, 63. Wegen der Einzelheiten § 160 Rn 9.
**Aufruf:** Zu den Förmlichkeiten gehören die Angaben über den Aufruf der Sache, § 220.
**Augenschein, § 160 III Z 5:** Nicht zu den Förmlichkeiten gehören die Ergebnisse eines Augenscheins. Wegen der Einzelheiten § 160 Rn 13.
**Aussage, § 160 III Z 4:** Nicht zu den Förmlichkeiten gehören die Angaben über die Aussage eines Zeugen, eines Sachverständigen und einer förmlich vernommenen Partei, BGH FamRZ **94**, 301. Wegen der Einzelheiten § 160 Rn 11, 12.

5 **Beschluß, § 160 III Z 6:** S „Entscheidung".
**Bezeichnung des Rechtsstreits, § 160 I Z 3:** Zu den Förmlichkeiten gehört die Bezeichnung des Prozesses nach seinem Aktenzeichen, nicht auch die etwa zusätzliche Angabe „wegen ..." usw.
**Beweisergebnis:** Zu den Förmlichkeiten gehören die Angaben über eine Verhandlung zu den Beweisergebnissen, § 285, BGH NJW **90**, 122, LG Brschw WoM **77**, 11.
**Entscheidung, § 160 III Z 6:** Nicht zu den Förmlichkeiten gehören die Angaben über die Entscheidungen (Urteile, Beschlüsse, Verfügungen). Wegen der Einzelheiten § 160 Rn 14.
S auch Rn 8 „Verkündung".
**Erledigterklärung:** Zu den Förmlichkeiten gehören die Angaben über eine oder mehrere gänzliche oder teilweise Erledigterklärungen, § 160 II, ZöStö 2 (Klagänderung), aM OVG Bln NJW **70**, 486, ThP 2.
**Erörterung:** Nicht zu den Förmlichkeiten gehören die Angaben über eine Erörterung der Sach- und/oder Rechtslage, § 160 Rn 7, Düss AnwBl **97**, 178.
**Geständnis usw, § 160 III Z 3:** Nicht zu den Förmlichkeiten gehören Angaben über ein Geständnis, § 288, sowie über einen Antrag auf Parteivernehmung, §§ 446, 447 usw, und sonstige Erklärungen, deren Feststellung vorgeschrieben ist, Stgt FamRZ **85**, 609. Wegen der Einzelheiten § 160 Rn 10.

6 **Inhalt des Parteivorbringens:** Grds nicht zu den Förmlichkeiten gehören Angaben über den Inhalt eines Parteivorbringens, aM Düss ZMR **88**, 336.
**Klagerücknahme, § 160 III Z 8:** Nicht zu den Förmlichkeiten gehören die Angaben über eine Klagerücknahme, vgl BSG NJW **63**, 1125. Wegen der Einzelheiten § 160 Rn 16.
**Namen der Gerichtspersonen usw, § 160 I Z 2:** Zu den Förmlichkeiten gehören die Angaben über die Namen der Richter, der (evtl sich abwechselnden) Urkundsbeamten der Geschäftsstelle und der etwa hinzugezogenen Dolmetscher. Wegen der Einzelheiten § 160 Rn 6.
**Namen der Parteien usw, § 160 I Z 4:** Zu den Förmlichkeiten gehören die Angaben über die Namen der erschienenen Parteien, Nebenintervenienten (Streithelfer), gesetzlichen Vertreter (Prozeß- oder sonstigen) Bevollmächtigten, Beistände, Zeugen und Sachverständigen, BGH RR **90**, 342. Wegen der Einzelheiten § 160 Rn 6.

7 **Öffentlichkeit, § 160 I Z 5:** Zu den Förmlichkeiten gehören die Angaben dazu, daß öffentlich verhandelt oder die Öffentlichkeit ausgeschlossen worden sei, Köln OLGZ **85**, 319. Einzelheiten § 160 Rn 6.
**Ort und Tag der Verhandlung, § 160 I Z 1:** Zu den Förmlichkeiten gehört die Angabe über Ort und Tag der Verhandlung. Wegen der Einzelheiten § 160 Rn 6.
**Parteivernehmung, § 160 III Z 3, 4:** Rn 4 „Aussage", Rn 5 „Geständnis usw".
**Prozeßantrag:** Rn 4 „Antrag".
**Rechtsmittelrücknahme, § 160 III Z 8:** Nicht zu den Förmlichkeiten gehören die Angaben über eine Rechtsmittelrücknahme. Wegen der Einzelheiten § 160 Rn 16.
**Rechtsmittelverzicht:** Nicht zu den Förmlichkeiten gehören die Angaben über einen Rechtsmittelverzicht, § 514 usw. Wegen der Einzelheiten § 160 Rn 17.
**Sachantrag:** Rn 4 „Antrag".
**Sachverständiger:** Rn 4 „Aussage", Rn 6 „Namen der Gerichtsperson usw".

8 **Urteil, § 160 III Z 6:** Rn 5 „Entscheidung".
**Verfügung, § 160 III Z 6:** Rn 5 „Entscheidung".
**Vergleich:** Rn 4 „Anerkenntnis, Verzicht, Vergleich".
**Verkündung, § 160 III Z 7:** Zu den Förmlichkeiten gehören die Angaben über die Verkündung einer Entscheidung, BGH VersR **86**, 488, BayObLG WoM **98**, 623 (Verkündung der vollständigen Gründe), Brdb MDR **99**, 564, Stgt AnwBl **89**, 232. Wegen der Einzelheiten § 160 Rn 15.
S auch Rn 5 „Entscheidung".
**Vernehmung:** Rn 4 „Aussage".
**Verzicht:** Rn 4 „Anerkenntnis, Verzicht, Vergleich", Rn 7 „Rechtsmittelverzicht".

## 2. Titel. Verfahren bei Zustellungen § 165, Übers § 166

**Vorläufige Aufzeichnung, § 160 a:** Nicht zu den Förmlichkeiten gehören die Angaben über die Vorläufigkeit der Aufzeichnung usw, BGH VersR **85**, 46.
**Wesentlicher Vorgang, § 160 II:** Zu den Förmlichkeiten gehören die Angaben über jeden wesentlichen **9** Vorgang der Verhandlung, Bbg JB **91**, 1642. Dazu kann zB die Protokollierung einer oder mehrerer Erledigterklärungen zählen, Rn 5 „Erledigterklärung". Wegen der weiteren Einzelheiten § 160 Rn 7.
**Wiederholte Vernehmung:** Rn 4 „Aussage".
**Zeuge:** Rn 4 „Aussage".
**Zuständigkeit:** Nicht zu den Förmlichkeiten gehören Angaben über eine Zuständigkeitsrüge, Hamm Rpfleger **74**, 327, Oldb NJW **73**, 811 (wohl aber ein Hinweis nach § 504).

**5) Weitere Einzelfragen, S 1.** Unzulässig ist zB der Hinweis, daß etwas anderes verkündet worden sei **10** oder daß andere Anträge gestellt worden seien, BAG NJW **91**, 1631. Das Protokoll beweist das Geschehen wie das Nichtgeschehen, Bbg JB **91**, 1642, Ffm FamRZ **82**, 810. Jeder andere Beweis oder Gegenbeweis ist grundsätzlich ausgeschlossen (eine Ausnahme gilt nach S 2). Natürlich geht eine Berichtigung nach § 164 vor, Ffm OLGZ **74**, 302, LG Kiel SchlHA **76**, 95. Gegen die Beweiswirkung schützt auch nicht ein sofortiger Widerspruch, soweit er nicht zur Änderung des Entwurfs oder zur Berichtigung des fertigen Protokolls führt. Das Protokoll geht wegen der Förmlichkeiten dem Urteilstatbestand vor, Stgt FamRZ **85**, 609. Soweit das Protokoll schweigt, während der Tatbestand des Urteils etwas feststellt, widerlegt das Protokoll den Tatbestand nicht.
Soweit das Protokoll *lückenhaft* ist, wird es frei gewürdigt, Ffm FamRZ **82**, 810, Hbg JB **95**, 30. Ob es lückenhaft ist, muß man von Fall zu Fall prüfen, insbesondere bei Formularen, Köln OLGZ **85**, 319. § 165 gilt nur für dasjenige Verfahren, in dem die mündliche Verhandlung stattfand, nicht für das anschließende Kostenfestsetzungsverfahren, oder für einen anderen Prozeß. Wenn der Ablauf der Verhandlung in einem anderen Prozeß streitig wird, muß das dortige Gericht den Ablauf frei würdigen, BGH **LM** § 80 ZVG Nr 1.

**6) Entkräftung, S 2.** Der Beweis einer Förmlichkeit kann nur durch seine Berichtigung nach § 164 oder **11** den Nachweis der Fälschung entkräftet werden, also durch den Nachweis einer wissentlich falschen Beurkundung oder einer nachträglichen Verfälschung, §§ 267, 271, 348 StGB, Ffm OLGZ **74**, 302, BGH VersR **85**, 47. Es muß sich um einen äußeren Mangel im Sinn von § 419 handeln, der aus dem Protokoll selbst hervorgeht, BGH VersR **85**, 46. Es gilt ein strenger Maßstab, BGH VersR **85**, 47. Dieser Nachweis ist mit allen Beweismitteln zulässig. Ein Strafurteil braucht nicht unbedingt abgewartet zu werden. Es reicht, daß das Protokoll eindeutig erst nachträglich vervollständigt wurde, BGH VersR **86**, 488. Der Nachweis eines Irrtums oder einer bloßen Unrichtigkeit genügt nicht, Ffm JB **78**, 447 (nur für § 19 BRAGO), ebensowenig die Wahrscheinlichkeit einer Unrichtigkeit, Saarbr NJW **72**, 61.

**7) VwGO:** Die Vorschrift gilt entsprechend, § 105 VwGO. Zu S 1 OVG Bln NJW **70**, 486, zu S 2 **12** BVerwG RiA **69**, 56 mwN. § 165 gilt nicht für die Verwertung bestimmter Erkenntnisquellen, BVerwG NVwZ **85**, 337 mwN, und auch nicht für den Nachweis, daß eine mdl Verh stattgefunden hat, BVerwG Buchholz 312 Nr 40.

## Zweiter Titel. Verfahren bei Zustellungen

### Übersicht

*Schrifttum: Fleischhauer,* Inlandszustellung an Ausländer (rechtsvergleichend), 1996; *Hohmann,* Die Übermittlung von Schriftstücken usw, 1977; *Höppner,* Fristen, Verjährung, Zustellung, 1999; *Volbers,* Die Zustellung von Schriftstücken, 7. Aufl 1994.

### Gliederung

| | |
|---|---|
| 1) **Systematik, Regelungszweck: Möglichkeit der Kenntnisnahme** .......... 1 | G. Deutsche Post AG, andere Lizenznehmer ........................... 7 |
| 2) **Geltungsbereich** ........................ 2 | H. Insolvenzverwalter, vorläufiger Insolvenzverwalter .................... 7 |
| 3) **Begriff der wirklichen Zustellung** .... 3 | 8) **Zustellungsadressat** ..................... 8 |
| 4) **Begriff der unterstellten (fingierten) Zustellung** ............................. 4 | 9) **Zustellungsempfänger** ................. 9 |
| A. Öffentliche Zustellung ............... 4 | A. Unmittelbare Zustellung ............ 9 |
| B. Aufgabe zur Post ................... 4 | B. Ersatzzustellung .................... 9 |
| C. Niederlegung ....................... 4 | C. Zustellungsbevollmächtigter ........ 9 |
| 5) **Geltung außerhalb der ZPO** .......... 5 | 10) **Weitere Einzelfragen** ................ 10 |
| 6) **Zustellungsarten** ....................... 6 | 11) **Zustellungsurkunde** ................. 11 |
| A. Amtszustellung ..................... 6 | 12) **Mangelhafte Zustellung** ............. 12–15 |
| B. Parteizustellung .................... 6 | A. Grundsatz: Unwirksamkeit ......... 12 |
| 7) **Zustellungsorgane** ..................... 7 | B. Heilung ............................ 13 |
| A. Gericht ............................. 7 | C. Verzicht ............................ 14 |
| B. Gerichtsvollzieher; Justizvollzugsanstaltsbeamter ....................... 7 | D. Haftung ............................ 15 |
| C. Urkundsbeamter ................... 7 | 13) **Ausreichen einer formlosen Mitteilung** ................................... 16 |
| D. Anwalt ............................. 7 | 14) **Zustellung an Soldaten** .............. 17 |
| E. Sonstiger Beamter ................. 7 | 15) *VwGO* .................................. 18 |
| F. Konsul ............................. 7 | |

**Übers § 166**

1 **1) Systematik, Regelungszweck: Möglichkeit der Kenntnisnahme.** §§ 166 ff regeln in einem unübersichtlichen System das Verfahren von Zustellungen nicht abschließend. Dabei ist zunächst die Zustellung im Parteibetrieb geregelt, §§ 166–207, sodann die Amtszustellung, §§ 208–213 a, obwohl die praktische Vorherrschaft der letzteren Zustellungsart eigentlich die umgekehrte Reihenfolge nahelegen würde. Ergänzungen finden sich zB in §§ 270, 271, 497 I.

Zwecks Beachtung des Art 103 I GG (rechtliches Gehör) und eines fairen Verfahrens, Einl III 22, *dienen* §§ 166 ff *der tatsächlichen Kenntnisnahme* von einem prozessualen Vorgang oder doch zumindest deren ungehinderter Möglichkeit. Das ist bei der Auslegung mitzubeachten. Der Zweck der Zustellung besteht ferner darin, den Zeitpunkt und die Art der Übergabe des Schriftstücks nachweisen zu können, BVerfG **67**, 211, BVerwG DGVZ **84**, 150. Die Übergabe ist ein sehr bedeutungsvoller Vorgang. An ihn knüpfen sich wichtige prozessuale Wirkungen. Die Zustellung geschieht im Interesse beider Parteien und eben auch zur Beachtung des Art 103 I GG, BVerfG NJW **88**, 2361, BGH FamRZ **92**, 1057.

2 **2) Geltungsbereich.** §§ 166 ff gelten grundsätzlich in allen Verfahrensarten nach der ZPO. Wegen der Abweichungen vgl bei den einzelnen Vorschriften. Im arbeitsgerichtlichen Verfahren enthalten §§ 46 II 1, 80 II ArbGG grundsätzlich Verweisungen auf die ZPO, § 50 ArbGG Abweichungen.

3 **3) Begriff der wirklichen Zustellung.** Als Zustellung sieht man diejenige Übergabe eines Schriftstücks an, die dem Zustellungsgegner Gelegenheit zur Kenntnisnahme eines Schriftstücks zwecks Einrichtung seiner Rechtsverfolgung und -verteidigung verschafft, BVerfG NJW **88**, 2361, in einer gesetzlichen Form geschieht, BFH DB **88**, 1935, und in derselben Form beurkundet wird, BGH NJW **78**, 1858, BVerwG DGVZ **84**, 150, Ffm Rpfleger **78**, 134. Den Gegensatz zu einer (förmlichen) Zustellung bildet eine formlose Mitteilung, §§ 270 II, 329 II 1. Man unterscheidet ferner zwischen einer wirklichen Zustellung und einer nur unterstellten, Rn 3. Die Zustellung ist keine selbständige Prozeßhandlung, insofern richtig Schütze BB **78**, 589, sondern immer ein öffentlichrechtlicher Staatsakt.

4 **4) Begriff der unterstellten (fingierten) Zustellung.** Zu ihr gehören drei Zustellungsarten.

**A. Öffentliche Zustellung.** Das Gericht ordnet sie nach §§ 203–207 an. Der Urkundsbeamte der Geschäftsstelle führt sie aus, § 209.

**B. Aufgabe zur Post.** Hierher gehört ferner die Zustellung durch eine Aufgabe zur Post, § 175, nicht zu verwechseln mit der Zustellung durch die Post, §§ 193–196.

**C. Niederlegung.** Hierher gehört schließlich die Zustellung durch Niederlegung nach §§ 182, 195 a.

5 **5) Geltung außerhalb der ZPO.** Die Vorschriften der ZPO über die Zustellung sind insgesamt oder mit gewissen Abweichungen vielfach anderweit anwendbar. Das gilt zB: Bei der Unterstellung des Zugangs einer Willenserklärung, § 132 I 2 BGB; in einer Strafsache, § 37 StPO; im Verfahren nach dem StrEG, vgl BGH MDR **83**, 1002; im Insolvenzverfahren, § 4 InsO (eine Postsperre läßt die Anwendbarkeit der §§ 166 ff keineswegs stets zurücktreten, zB nicht bei einer Zustellung, die nicht die Insolvenzmasse betrifft, so schon BayObLG JZ **79**, 318); im Zwangsversteigerungsverfahren, §§ 3 ff ZVG; in einem Verfahren der freiwilligen Gerichtsbarkeit, § 16 FGG; im arbeitsgerichtlichen Verfahren (dort erfolgt aber immer eine Urteilszustellung von Amts wegen, §§ 50, 64 VII, 72 VI ArbGG).

6 **6) Zustellungsarten.** Die Zustellung geschieht teils im Betrieb von Amts wegen, teils im Parteibetrieb.

**A. Amtszustellung.** Die Amtszustellung, §§ 208 ff, 270 I, war ursprünglich die Ausnahme. Sie ist jetzt in Abweichung vom Aufbau der §§ 166–213 die Regel, vgl §§ 317 I, 329. Bei ihr kommen die Urschrift des zuzustellenden Schriftstücks und die Zustellungsurkunde zu den Gerichtsakten. Die Partei kann den Tag der Zustellung nur aus diesen Akten erfahren, § 213 a. Wenn die Entscheidung von Amts wegen zuzustellen ist, muß die Geschäftsstelle auch ohne besondere richterliche Anordnung vorgehen, § 209. Die Amtszustellung erfolgt auf ihre Veranlassung durch den Gerichtswachtmeister oder die Post.

**B. Parteizustellung.** Im Parteibetrieb, §§ 166 ff, erfolgt oft eine Zustellung des Vollstreckungsbescheids, § 699 IV 2, ferner durchweg eine Zustellung in der Zwangsvollstreckung, vgl §§ 726–729, 750, 751 II, 756, 765, 794 I Z 1, 5, 795, 798, 826 II, 829 II 1, 835 III, 843, 845, mit Ausnahme der Ladung des Gerichtsvollziehers zur Abgabe der eidesstattlichen Versicherung zwecks Offenbarung, § 900 Rn 15, schließlich die Zustellung im Eilverfahren, vgl §§ 922 II, 929 II, III, 936. Die Parteizustellung eines Urteils oder Beschlusses hat nur unter den Voraussetzungen der §§ 750 I, 751 II, 756, 765 eine Bedeutung. Bei der Parteizustellung stellt der Gerichtsvollzieher selbst oder mit Hilfe der Post zu. Der Antragsteller erhält die Urschrift der Zustellungsurkunde, der Zustellungsempfänger erhält eine beglaubigte Abschrift.

7 **7) Zustellungsorgane.** Die Zustellung nehmen unterschiedliche Organe vor.

**A. Gericht.** Das Gericht wird bei einer Zustellung im Ausland oder an einen Exterritorialen tätig.

**B. Gerichtsvollzieher; Justizvollzugsanstaltsbeamter.** Der Gerichtsvollzieher wird unmittelbar oder mit Hilfe der Post tätig. Ein Beamter der Justizvollzugsanstalt steht bei der Zustellung an einen Gefangenen dem Gerichtswachtmeister gleich, § 211 I 1 Hs 2.

**C. Urkundsbeamter.** Der Urkundsbeamte der Geschäftsstelle wird mit Hilfe des Gerichtsvollziehers oder der Post tätig, soweit er die Zustellung im Parteibetrieb vermittelt. Soweit er die Zustellung von Amts wegen veranlaßt, nimmt er sie mit Hilfe der Post, des Wachtmeisters oder an einen Anwalt vor, § 209.

**D. Anwalt.** Der Anwalt wird bei einer Zustellung von Anwalt zu Anwalt tätig, §§ 198, 212 a.

**E. Sonstiger Beamter.** Ein Beamter wird gegenüber dem an der Amtsstelle Erschienenen tätig.

**F. Konsul.** Ein deutscher Konsul amtiert gegenüber einer Person in seinem Bezirk auf Grund des Ersuchens eines deutschen Gerichts, § 16 KonsG. Von mehreren Möglichkeiten der Zustellung hat das Zustellungsorgan nach seinem pflichtgemäßen Ermessen die den Umständen nach beste zu wählen. Eine Weisung der Partei bindet das Zustellungsorgan nicht.

2. Titel. Verfahren bei Zustellungen **Übers § 166**

**G. Post, andere Lizenznehmer.** Die Deutsche Post AG und andere Lizenznehmer sind als „beliehene Unternehmer" zur Zustellung berechtigt und verpflichtet, § 33 I PostG. Vgl. auch § 195 II 3.

**H. Insolvenzverwalter, vorläufiger Insolvenzverwalter.** Sie können vom Insolvenzgericht mit der Durchführung von Zustellungen beauftragt werden, §§ 8 III, 21 II Z 1 InsO.

**8) Zustellungsadressat.** Als Zustellungsadressat ist diejenige Person anzusehen, der zugestellt werden soll, 8 § 191 Z 3. Das können sein: Die Partei, Grdz 3 vor § 50; ihr ProzBev, §§ 81, 176; ihr gesetzlicher Vertreter, § 51 Rn 12; ein Generalbevollmächtigter; der Prokurist in einer Handelssache; der Vorstand einer Personenmehrheit usw., § 171; ein Deutscher; ein Ausländer, jeweils im Inland oder Ausland, zu letzterem §§ 199 ff.

**9) Zustellungsempfänger.** Zustellungsempfänger im engeren Sinn ist diejenige Person, an die tatsäch- 9 lich zugestellt worden ist, § 191 Z 4. Hierzu gehören:

A. **Unmittelbare Zustellung.** Bei ihr gehören hierher die vorgenannten Personen.

B. **Ersatzzustellung.** Bei einer sog Ersatzzustellung gehören hierher auch, §§ 181 ff: Der erwachsene Hausgenosse; der Hauswirt; ein Vermieter; ein Gewerbegehilfe im Geschäftsraum; Beamte und Angestellte einer öffentlichrechtlichen Körperschaft oder eines derartigen Vereins.

C. **Zustellungsbevollmächtigter.** In gewissen Fällen gehört er hierher, §§ 174, 175.

**10) Weitere Einzelfragen.** Man kann im Prozeß nur an den Prozeßbevollmächtigten der Instanz wirk- 10 sam zustellen. Etwas anderes gilt nur im Fall einer Unterbrechung des Verfahrens oder bei der Anordnung des persönlichen Erscheinens einer Partei. Vereinzelt ist die Ersatzzustellung verboten, § 185.

**11) Zustellungsurkunde.** Über jede Zustellung außer über diejenige durch die Post muß eine Zustel- 11 lungsurkunde aufgenommen werden, §§ 191 ff. Der Einwand, man habe die Zustellung nicht gekannt, ist prozessual durch das Wesen der Zustellung ausgeschlossen; sachlichrechtlich ist er beachtlich. Eine unverschuldete Nichtkenntnis von der Zustellung ermöglicht ausnahmsweise eine Wiedereinsetzung in den vorigen Stand nach § 233, vgl dort Rn 28 ff „Partei".

**12) Mangelhafte Zustellung.** Einem Grundsatz stehen mehrere Ausnahmen gegenüber. 12

A. **Grundsatz: Unwirksamkeit.** Schrifttum und Rechtsprechung bemühten sich, die schon reichlich förmelnden Vorschriften der ZPO über die Zustellung noch mehr zu versteinern. Grundsätzlich ist zwar eine Zustellung unwirksam, bei der wesentliche Vorschriften verletzt wurden, BVerfG NJW **88**, 2361 (Art 103 I GG), BVerwG DGVZ **84**, 150, Mü RR **87**, 895 (keine Wohnung). Man darf aber nicht jede Vorschrift für wesentlich erklären, vgl zB §§ 190 Rn 1, 191 Rn 1. Wichtige Prozeßhandlungen würden nämlich sonst an geringen förmlichen Mängeln scheitern. Schließlich ist aber doch das Wesentliche, ob und wann der Zustellungsempfänger das zuzustellende Schriftstück erhalten hat. Denn nur diesem Zweck dient die Zustellung, Rn 2, LG Paderborn NJW **77**, 2077. Eine unwirksame Zustellung mag zu wiederholen sein, BGH RR **86**, 1119, Karlsr FamRZ **73**, 272. Die Unterlassung einer Zustellung ist kein Verstoß gegen das GG, wenn der Betroffene eine Obliegenheit verletzt hat, BVerfG RR **99**, 1149.

B. **Heilung.** § 187 läßt eine rückwirkende Heilung zu, sofern es sich nicht um eine Notfrist nach § 224 13 I 2 handelte. Allerdings liegt diese Heilungswirkung im pflichtgemäßen Ermessen des Gerichts, § 187 Rn 2. Das gilt auch dann, wenn die Zustellung die Voraussetzungen für die Zwangsvollstreckung begründen soll, vgl bei § 750. Eine Zustellung an den falschen Empfänger ist ebenso zu behandeln.

C. **Verzicht.** Ein Verzicht auf eine förmliche Zustellung, auch nach § 295, kann eine Zustellung trotz 14 etwaiger Mängel rückwirkend voll wirksam machen, soweit die Verfügungsmacht der Parteien reicht, also nicht, soweit zwingende gesetzliche Vorschriften entgegenstehen, § 187. Die Parteien können zB keine Frist nach § 224 von sich aus verlängern, auch nicht eine verspätete Zustellung zu einer rechtzeitigen machen. Für die Fristwahrung ist aber auch § 270 III zu beachten. Das Gericht muß eine etwaige Unwirksamkeit der Zustellung von Amts wegen beachten, Grdz 39 vor § 128. Ein vorheriger Verzicht auf eine formgültige Zustellung oder eine Vereinbarung dahin, statt einer förmlichen Zustellung solle eine formlose Mitteilung genügen, sind unwirksam, soweit das Gesetz eine förmliche Zustellung verlangt. Über ein ausländisches Zustellungsersuchen s Anh § 202.

D. **Haftung.** Der Gerichtsvollzieher und der Urkundsbeamte der Geschäftsstelle handeln bei der Zu- 15 stellung nur als Beamte, nicht auch als Vertragspartner eines „Auftraggebers". Deshalb gründet sich ihre privatrechtliche Haftung für ein Verschulden bei der Zustellung nur auf eine etwaige Verletzung der Amtspflicht. Näheres Üb 3 vor § 153 GVG und Üb 3 vor § 154 GVG.

**13) Ausreichen einer formlosen Mitteilung.** In sehr vielen Fällen begnügt sich das Gesetz mit einer 16 formlosen Mitteilung statt der förmlichen Zustellung.

*Das gilt zB* in den §§ 73 S 2, 104 I 4, 105 I 3, 141 II 2, 251 a II 3, 270 II 1, 329 II 1, 357 II 1, 360 S 4, 362 II, 364 IV 1, 365 S 2, 377 I 2 Hs 2, 386 IV, 497 I 1, 660 S 1, 683 II, 693 III, 694 II 2, 695 S 1, 696 I 3, 733 II, 900 II 2, III 2, 986 V, 988 S 3.

In diesen Fällen muß das Gericht zum Zweck der *Ersparnis von Arbeitskraft und Kosten* von einer förmlichen Zustellung absehen, sofern es diese nicht anordnen darf und nicht von dieser Möglichkeit pflichtgemäß Gebrauch machen will, zB bei § 377 I 2 Hs 1. Eine dennoch vorgenommene förmliche Zustellung ist natürlich wirksam. Ihre Kosten mögen nach § 8 GKG niedergeschlagen sein.

**14) Zustellung an Soldaten.** Vgl SchlAnh II, III Art 32–37. 17

**15) VwGO** (*Weingärtner* VBlBW **89**, 9): Nach § 56 II VwGO wird von Amts wegen nach den Vorschriften des 18 Verwaltungszustellungsgesetzes (VwZG) v 3. 7. 52 (BGBl I 379, m Änd) zugestellt (*Engelhardt/App,* VwVG VwZG, 4. Aufl 1996, *Gregarek/Stollmann* BayVBl **97**, 486). Seine Vorschriften sind weitgehend der ZPO nachgebildet. Für anwendbar erklärt sind bei der Zustellung durch die Post §§ 180–186 u § 195 II, § 3 III VwZG; entsprechend anzuwenden sind ua §§ 174, 175. Wegen Heilung vgl § 9 VwZG. Zustellungen § 750 durch die Partei, vgl § 167 II VwGO, erfolgen aber gemäß § 166 ff in entsprechender Anwendung, § 173 VwGO. – Sondervorschriften gelten nach § 10 AsylVerfG, *Meissner* in SchSchmAP § 56 Rn 68 u 69.

§§ 166, 167                                          1. Buch. 3. Abschnitt. Verfahren

### I. Zustellung auf Betreiben der Parteien

**166** *Zustellungsorgane.* ¹ Die von den Parteien zu betreibenden Zustellungen erfolgen durch Gerichtsvollzieher.

II ¹In dem Verfahren vor den Amtsgerichten kann die Partei den Gerichtsvollzieher unter Vermittlung der Geschäftsstelle des Prozeßgerichts mit der Zustellung beauftragen. ²Das gleiche gilt in Anwaltsprozessen für Zustellungen, durch die eine Notfrist gewahrt werden soll.

1   1) **Systematik, Regelungszweck, I, II.** Vgl zunächst Üb 1 vor § 166. Ergänzend gilt in der Zwangsvollstreckung § 753. Die Parteizustellung (im Gegensatz zur Amtszustellung) hat ihren Sinn in einer möglichst weitgehenden Wahrung der Parteiherrschaft, Grdz 18 vor § 128. Es soll der Partei überlassen bleiben, ob und wann sie die mit einer Zustellung regelmäßig verbundenen Rechtsfolgen, etwa eine Rechtsmittelfrist, in Gang setzt, selbst wenn darunter die Rechtssicherheit, Einl III 43, scheinbar leidet, weil unklar bleibt, ob und wann zB (ein) Vollstreckungsbescheid rechtskräftig wird. Diese Rangordnung ist bei der Auslegung mitzubeachten.

2   2) **Geltungsbereich, I, II.** Vgl Üb 2 vor § 166
3   3) **Aufgabe des Gerichtsvollziehers, I.** Er muß zwei Begrenzungen beachten.
    **A. Nur im Parteibetrieb.** Der Gerichtsvollzieher wird nur bei einer Zustellung im Parteibetrieb tätig, Üb 6 vor § 166. Seine örtliche Zuständigkeit regeln die landesrechtlichen Dienstvorschriften, Üb 1 vor § 154 GVG. Er handelt selbständig unter eigener Verantwortung als Beamter in Erfüllung einer Amtspflicht, Üb 15 vor § 166. Der von der ZPO in diesem Zusammenhang immer gebrauchte Ausdruck „Auftrag" entstammt überholten privatrechtlichen Vorstellungen. Der Gerichtsvollzieher muß in schwierigen oder eiligen Fällen unter Umständen selbst zustellen. Er muß den Eingang der Zustellungsurkunde sorgfältig überwachen und die Partei bei Störungen unverzüglich benachrichtigen. Wegen seiner Gebühren § 16 GVKostG, Hartmann Teil XI. Wegen seiner Haftung Üb 15 vor § 166.

4   **B. Aufgabenumfang.** „Von den Parteien zu betreibende Zustellungen" sind nur noch die Zustellung eines Prozeßvergleichs, Anh § 307, evtl eines Vollstreckungsbescheids, § 699 IV 2, eines Arrests, § 922 II, oder einer einstweiligen Verfügung, § 936 Rn 3 „§ 922, Urteil oder Beschluß": Fast alle übrigen Zustellungen erfolgen von Amts wegen. I gilt auch im Verfahren nach §§ 361, 362.

5   4) **Vermittlung der Geschäftsstelle, II.** Im Anwaltsprozeß, § 78 Rn 1, ersucht die Partei den Gerichtsvollzieher grundsätzlich unmittelbar. Im Parteiprozeß, § 78 Rn 1, kann sie ebenso vorgehen, soweit es sich um eine Parteizustellung handelt, Rn 2. Sie kann (vgl aber auch Üb 5 vor § 166) aber auch die Vermittlung der Geschäftsstelle beanspruchen, II 1. Dasselbe Recht besteht gemäß II 2 im Anwaltsprozeß zur Wahrung einer Notfrist im Sinn von § 223 III. In Betracht kommt zB II 1 bei der Zustellung einer Willenserklärung, eines Schriftsatzes oder Vergleichs. II 2 bei der Zustellung der Einspruchsbegründung nach § 340 VII. Eine Ausnahme gilt bei § 699 IV 3. Ein mündlicher „Auftrag" genügt, § 167 I. Auch der Urkundsbeamte der Geschäftsstelle handelt dabei in Erfüllung einer Amtspflicht, Üb 15 vor § 166. Er wird nach § 167 I beauftragt und verfährt nach § 168. In diesem Fall steht die Partei zum Gerichtsvollzieher in gar keiner Beziehung. Der Gerichtsvollzieher ist also dann an etwaige Weisungen der Partei nicht gebunden und muß die zweckmäßigste Art der Zustellung wählen.

6   5) *VwGO:* Vgl Üb § 166 Rn 18.

**167** *Zustellungsantrag der Partei.* ¹ Die mündliche Erklärung einer Partei genügt, um den Gerichtsvollzieher zur Vornahme der Zustellung, die Geschäftsstelle zur Beauftragung eines Gerichtsvollziehers mit der Zustellung zu ermächtigen.

II Ist eine Zustellung durch einen Gerichtsvollzieher bewirkt, so wird bis zum Beweis des Gegenteils angenommen, daß sie im Auftrag der Partei erfolgt sei.

1   1) **Systematik, Regelungszweck, I, II.** Vgl zunächst § 166 Rn 1. § 167 nennt eine der Durchführungsmöglichkeiten der Parteizustellung, § 168 und andere. Die Vorschrift dient der Vereinfachung des Verfahrens und damit der Prozeßförderung und der Prozeßwirtschaftlichkeit, Grdz 12, 14 vor § 128: Die Schriftform wird als überflüssig erklärt, sodaß zB auch eine telefonische Beauftragung reicht; der Gerichtsvollzieher würde erfahrungsgemäß nur auf Auftrag tätig werden.

2   2) **Geltungsbereich, I.** Vgl zunächst Üb 2 vor § 166. § 167 gilt nur bei der Parteizustellung, § 208 Rn 3. Der Zustellungsantrag, der sog Auftrag der Partei, kann mündlich erfolgen. Er ist eine Parteiprozeßhandlung, Grdz 47 vor § 128. Für ihn besteht kein Anwaltszwang, § 78 III. Daher kann ihn die Partei selbst stellen. Auch ein Dritter kann den Antrag im Namen der Partei stellen, selbst wenn er nicht ProzBev ist. Der Antrag kann also eine schlüssige Handlung erfolgen. Eine nachträgliche Genehmigung des Auftraggebers oder des Zustellungsgegners, Üb 14 vor § 166, kann ausreichen, § 187 Rn 2. Der Antrag muß dem Gerichtsvollzieher unmittelbar oder durch die Verteilungsstelle zugeleitet werden, § 166 II, Üb 1 vor § 154 GVG.

3   3) **Vermuteter Antrag, II.** Die Vorschrift regelt nur die Förmlichkeit der Zustellung. Der Gerichtsvollzieher braucht einem Dritten gegenüber seinen „Auftrag" nicht zu beweisen, BGH NJW 81, 1210. Der Zustellungsgegner trägt vielmehr insoweit die Beweislast der Unwirksamkeit der Zustellung. Etwas anderes gilt der auftraggebenden Partei gegenüber. II gilt im Rahmen der Verweisung in § 132 I 2 BGB auch

## 2. Titel. Verfahren bei Zustellungen §§ 167–169

außerhalb eines Prozesses, zB bei einer Kündigung, BGH NJW **81**, 1210. Der Empfänger kann aber dann nach § 174 S 1 BGB vorgehen, BGH NJW **81**, 1210.

**4) VwGO:** Vgl Üb § 166 Rn 18.   **4**

**168** *Zustellungsersuchen der Geschäftsstelle.* Insoweit eine Zustellung unter Vermittlung der Geschäftsstelle zulässig ist, hat diese einen Gerichtsvollzieher mit der erforderlichen Zustellung zu beauftragen, sofern nicht die Partei erklärt hat, daß sie selbst einen Gerichtsvollzieher beauftragen wolle; in Anwaltsprozessen ist die Erklärung nur zu berücksichtigen, wenn sie in dem zuzustellenden Schriftsatz enthalten ist.

**1) Systematik, Regelungszweck.** Vgl zunächst § 166 Rn 1, § 167 Rn 1. Die Parteizustellung durch **1** Vermittlung der Geschäftsstelle ist kein Widerspruch zum Grundgedanken, es eben der Partei zu überlassen, ob und wann sie vorgehen will; § 168 betrifft ja nur das Wie der Parteizustellung.

**2) Geltungsbereich.** Vgl zunächst Üb 2 vor § 166. § 168 gilt nur bei der Parteizustellung, § 208 Rn 3. **2** Die Vorschrift ermächtigt den Urkundsbeamten der Geschäftsstelle zur Vermittlung der Zustellung, soweit eine Parteizustellung notwendig und eine Vermittlung der Geschäftsstelle nach § 166 II zulässig oder vorgeschrieben sind. Auch in diesem Fall handelt der Urkundsbeamte nicht als ein privatrechtlicher Vertreter, sondern als ein Beamter. Er ist also an etwaige Weisungen über die Art der Zustellung nicht gebunden, Üb 15 vor § 166. Trotz einer Annäherung an die Amtszustellung bleibt diese Zustellung eine solche im Parteibetrieb. Die Partei muß daher auch die Zustellungsanschrift mitteilen, LG Bln MDR **71**, 400. Bei der Ladung vermerkt der Urkundsbeamte die Terminsbestimmung auf der zuzustellenden Abschrift und beglaubigt sie gegebenenfalls, § 170 Rn 16. Er darf die Zustellung nach seinem pflichtgemäßen Ermessen auch durch die Post ausführen, § 196. Ein Verstoß ist wie sonst heilbar, § 187.

**3) Wegfall der Ermächtigung.** Die gesetzliche Ermächtigung entfällt nur dann, wenn die Partei erklärt **3** hat, sie wolle die Zustellung selbst vornehmen. Sie braucht nicht zu erklären, sie wolle diese Zustellung mit der Hilfe eines Gerichtsvollziehers vornehmen. Üblich ist der Vermerk: „Ich stelle selbst zu". Die Erklärung ist frei widerruflich. Der Widerruf bedeutet die Genehmigung der an sich unzulässigen Zustellung. Wenn die Partei trotz ihrer eigenen Zustellung einen Gerichtsvollzieher beauftragt, wirkt sowohl die eigene Zustellung wie diejenige durch den Urkundsbeamten der Geschäftsstelle, und zwar maßgeblich die zuerst wirksam erfolgte. Wenn dagegen der Urkundsbeamte eine Zustellung trotz des Fehlens einer gesetzlichen Ermächtigung einleitet, ist diese Zustellung unwirksam.

**4) VwGO:** Vgl Üb § 166 Rn 18.   **4**

**169** *Übergabe von Urschrift und Abschriften an Zustellungsbeamte.* ¹Die Partei hat dem Gerichtsvollzieher und, wenn unter Vermittlung der Geschäftsstelle zuzustellen ist, dieser neben der Urschrift des zuzustellenden Schriftstücks eine der Zahl der Personen, denen zuzustellen ist, entsprechende Zahl von Abschriften zu übergeben.

II Die Zeit der Übergabe ist auf der Urschrift und den Abschriften zu vermerken und der Partei auf Verlangen zu bescheinigen.

**1) Systematik, Regelungszweck, I, II.** Vgl zunächst § 166 Rn 1, § 168 Rn 1. Die Vorschrift dient der **1** Rechtssicherheit, Einl III 43: Es muß klar sein, wann der von der Geschäftsstelle vermittelte Zustellungsauftrag an das eigentliche Zustellungsorgan hinausgegangen ist, weil davon auch die Haftung des Gerichtsvollziehers für unverzügliche Erledigung abhängt; außerdem soll sichergestellt sein, daß jeder Zustellungsempfänger alsbald Kenntnis erhält, Üb 1 vor § 166. Deshalb ist § 169 strikt auszulegen.

**2) Geltungsbereich, I, II.** Vgl Üb 2 vor § 166.   **2**

**3) Übergabe an den Gerichtsvollzieher usw, I.** § 169 gilt nur bei der Parteizustellung, § 208 Rn 1, 2. **3** Die Partei muß dem um die Zustellung ersuchten Gerichtsvollzieher oder dem um die Vermittlung der Zustellung ersuchten Urkundsbeamten der Geschäftsstelle das zuzustellende Schriftstück in Urschrift, bei einem Urteil die Ausfertigung, § 317 III, und in einer der Zahl der Zustellungsgegner entsprechenden Zahl von Abschriften übergeben.

Die *Urschrift* ist dem Gerichtsvollzieher auch dann vorzulegen, wenn nicht sie, sondern eine beglaubigte Abschrift zuzustellen ist, LG Münst MDR **89**, 648. Soweit Abschriften trotz eines Hinweis (möglichst nebst Fristsetzung, soweit nicht dadurch eine andere Frist gefährdet wird) fehlen, darf und muß sie der Gerichtsvollzieher oder der Urkundsbeamte der Geschäftsstelle herstellen lassen, und zwar außerhalb einer Prozeßkostenhilfe auf Kosten des Antragstellers, AG Bln-Tiergarten DGVZ **83**, 78. Die Herstellung erfolgt nach § 26 Nr 2 GVGA und ist auslagenpflichtig, § 64 GKG, KV 9000 II b bzw § 36 I Z 4 GVKostG, Hartmann Teil XI. Bei einer Zustellung von Amts wegen ist die Partei verpflichtet, die erforderliche Zahl von Abschriften bei der Einreichung des zuzustellenden Schriftstück beizufügen, § 253 V. Auch für Eheleute sind zwei Abschriften notwendig.

Eine *Beglaubigung* der Abschriften erfolgt durch den die Zustellung betreibenden Anwalt oder durch den **4** Gerichtsvollzieher, LG Münst MDR **89**, 648. Haben mehrere Zustellungsgegner denselben Vertreter, genügt für sie eine Abschrift. Eine Zustellung an mehreren Personen durch einen Umlauf ist unzulässig. Wenn mehrere Vertreter, etwa mehrere Anwälte, dieselbe Person vertreten, genügt eine Zustellung an einen der Anwälte, vgl § 171 III.

**5**  **4) Vermerk usw, II: Amtspflicht.** Der Gerichtsvollzieher oder der Urkundsbeamte haben den Zeitpunkt der Übergabe auf der Urschrift und auf der Abschrift zu vermerken und müssen den Zeitpunkt der Partei auf Verlangen bescheinigen. Eine andere Bescheinigung brauchen sie nicht zu erteilen. Vermerk und Bescheinigung haben nur einen Beweiszweck. Der Beweis läßt sich aber auch anders führen.

**6**  **5) Verstoß.** Wegen eines Verstoßes des Gerichtsvollziehers § 23 EGGVG Rn 3, aber auch KG DGVZ **87**, 27. Ein Verstoß gegen II läßt die Wirksamkeit der Zustellung unberührt.

**7**  **6) VwGO:** Vgl Üb § 166 Rn 18.

**170** *Ausführung der Zustellung.* ¹ Die Zustellung besteht, wenn eine Ausfertigung zugestellt werden soll, in deren Übergabe, in den übrigen Fällen in der Übergabe einer beglaubigten Abschrift des zuzustellenden Schriftstücks.

² Die Beglaubigung wird von dem Gerichtsvollzieher, bei den auf Betreiben von Rechtsanwälten oder in Anwaltsprozessen zuzustellenden Schriftstücken von dem Anwalt vorgenommen.

**Gliederung**

| | |
|---|---|
| 1) Systematik, Regelungszweck, I, II .... 1 | C. Beglaubigungsvermerk .......... 8, 9 |
| 2) Geltungsbereich, I, II ................ 2 | D. Unterschrift .................... 10 |
| 3) Übergabe, I ........................ 3, 4 | E. Weitere Einzelfragen ........... 11–13 |
| A. Ausfertigung oder beglaubigte Abschrift ............................ 3 | F. Abweichung von der Urschrift ... 14 |
| B. Übergabe ........................ 4 | 5) Beglaubigungsorgane, II .......... 15–18 |
| 4) Form des übergebenen Schriftstücks, I ................................ 5–14 | A. Anwalt ........................ 15 |
| A. Ausfertigung .................... 5 | B. Urkundsbeamter der Geschäftsstelle ... 16 |
| B. Beglaubigte Abschrift: Bezeugung der Übereinstimmung mit Urschrift ....... 6, 7 | C. Staatsanwaltschaft .............. 17 |
| | D. Gerichtsvollzieher .............. 18 |
| | 6) *VwGO* ........................ 19 |

**1**  **1) Systematik, Regelungszweck, I, II.** Die Vorschrift regelt den Zentralvorgang der Zustellung, nämlich die Übergabe zur Kenntnisnahme. Hinter diesem auf den ersten Blick einfachen Vorgang verbergen sich in der Praxis vielfältige Probleme, zB bei der Zustellung an eine juristische Person. Ergänzend gelten daher §§ 171 ff, vor allem § 176.

Die Vorschrift dient dem in Üb 1 vor § 166 genannten Ziel der Möglichkeit einer *tatsächlichen Kenntnisnahme* zwecks rechtlichen Gehörs, Art 103 I GG, Einl III 16. Das ist bei der Auslegung mitzubeachten.

**2**  **2) Geltungsbereich, I, II.** Vgl Üb 2 vor § 166.

**3**  **3) Übergabe, I.** Es sind Art und Ort zu unterscheiden.

**A. Ausfertigung oder beglaubigte Abschrift.** Die Zustellung geschieht normalerweise durch die Übergabe eines Schriftstücks. Es wird aber nicht die Urschrift des zuzustellenden Schriftstücks übergeben, sondern seine Ausfertigung oder eine beglaubigte Abschrift, Rn 3, 6, Düss GRUR **84**, 79, Hbg GRUR **90**, 151. Die Übergabe einer Ausfertigung ist nur in den §§ 377, 402 (Ladung von Zeugen und Sachverständigen), § 1039 (Schiedsspruch) vorgeschrieben. Die Übergabe einer Ausfertigung ist aber bei der Amtszustellung nicht verkündeter Entscheidungen, Urteile, Beschlüsse, Verfügungen mindestens zweckmäßig. StJSchu 9 hält sie dort für notwendig, aM ThP 9. In allen anderen Fällen genügt die Übergabe einer beglaubigten Abschrift, freilich nicht einer unbeglaubigten, Kblz RR **87**, 510. Eine Abschrift ist auch die mechanische Vervielfältigung (Photokopie), BGH NJW **74**, 1384, ein Telefax oder ein fernkopierter Brief (Telebrief). Eine zweite Urschrift gibt eine stärkere Gewähr für die Richtigkeit, sie ersetzt deshalb immer eine Ausfertigung oder eine beglaubigte Abschrift. Zu der Übergabe muß noch die Beurkundung der Übergabe treten, § 190.

**4**  **B. Übergabe.** Die Übergabe bedeutet in § 170 die körperliche Aushändigung zum dauernden Verbleib. Die Übergabe muß an den Zustellungsgegner oder an eine Ersatzperson der §§ 181, 183, 184 erfolgen, BGH DB **88**, 1210. Der Zustellungsbeamte muß die Übergabe selbst vornehmen. Er darf nur in seinem Bezirk tätig werden. Keine Übergabe sind zB: Ein Einwurf in den Briefkasten; das bloße Vorzeigen, vgl auch BGH LM § 198 Nr 1; die Niederlegung in der Wohnung. Eine Übergabe im verschlossenen Briefumschlag ist bei einer Zustellung durch den Gerichtsvollzieher nach der ZPO nicht angeordnet und darum für die Wirksamkeit der Zustellung unerheblich. Eine Weigerung des Zustellungsgegners, das Schriftstück entgegenzunehmen, ist unerheblich, § 186. Eine Weigerung seiner Ersatzperson ist nur im Fall des § 181 II beachtlich.

**5**  **4) Form des übergebenen Schriftstücks, I.** § 170 regelt nicht die sachlichrechtliche Frage, in welcher Form eine Urkunde herzustellen ist, sondern nur das Zustellungsverfahren und nur insofern Formfragen, BGH **130**, 74.

**A. Ausfertigung.** Eine Ausfertigung nach der ZPO ist eine amtliche Abschrift der bei den Akten verbliebenen, regelmäßig öffentlichen Urschrift der Urkunde in einer gesetzlich vorgeschriebenen Form, die, anders als die einfache oder beglaubigte Abschrift, den Zweck hat, die Urschrift außerhalb der Akten im Rechtsverkehr zu vertreten, BGH NJW **81**, 2346, Hamm MDR **89**, 465. Sie muß lesbar sein, BayObLG MDR **82**, 501. Die Ausfertigung muß deshalb die Urschrift wortgetreu und richtig wiedergeben, BGH NJW **81**, 2345, Köln MDR **90**, 346, OVG Münst NJW **92**, 1188, also auch vollständig; auch nur *eine* Seite zu wenig macht unwirksam, selbst wenn das nicht in der Rechtsmittelfrist gerügt wurde, BGH **138**,

2. Titel. Verfahren bei Zustellungen § 170

168, aM MüKoFel 10, StJRo 34. Daher muß zB eine zur Urteilsformel gehörende Fotografie usw auch in der Ausfertigung einwandfrei erkennbar sein, Düss MDR **94**, 302. Zur Erteilung einer Ausfertigung ist nur diejenige Stelle befugt, von der die Urschrift stammt.

Die gerichtliche Ausfertigung trägt die Überschrift „Ausfertigung" und einen vom Urkundsbeamten der Geschäftsstelle als solchem, Meyer-Stolte Rpfleger **81**, 394, unterschriebenen und mit dem Gerichtssiegel versehenen *Ausfertigungsvermerk,* BGH NJW **91**, 1116, Kblz RR **87**, 510, für den ein Datum entbehrlich ist, BGH VersR **85**, 503, ebenso eine Ortsangabe. Er lautet zB: „Für die Übereinstimmung dieser Ausfertigung mit der Urschrift", vgl BGH BB **93**, 1174, jedenfalls muß er das Wort Ausfertigung oder ausgefertigt enthalten. Ein Unterschriftsstempel genügt nicht, BGH VersR **71**, 470. Der Rpfl ist also nicht als solcher zuständig, Meyer-Stolte Rpfleger **81**, 394, wohl nur versehentlich aM BGH NJW **81**, 2346. Ohne ausreichende Unterschrift liegt nur ein Entwurf vor, BGH NJW **91**, 1116.

Zur *Beglaubigung* einer Ausfertigung gehört auch die Wiedergabe dieses Vermerks, Hbg GRUR **90**, 151, Hamm OLGZ **79**, 358. Ein Vermerk „für die Richtigkeit der Abschrift" ist kein Ausfertigungsvermerk. Wegen der Urteilsausfertigung vgl § 317. Einen etwas anderen Begriff der Ausfertigung enthält KV 1900. Eine zur Zwangsvollstreckung notwendige Ausfertigung muß die Vollstreckungsklausel nach § 725 enthalten; ihr Vorhandensein genügt zur Annahme einer Ausfertigung. Der Ausfertigungsvermerk hat eine höhere Beweiskraft als ein Beglaubigungsvermerk.

**B. Beglaubigte Abschrift: Bezeugung der Übereinstimmung mit Urschrift.** Die beglaubigte Abschrift ist eine Abschrift, auf der prozessual (nur) bezeugt wird, daß sie mit der Urschrift oder deren Ausfertigung übereinstimmt, BGH RR **87**, 396, BVerwG NJW **87**, 1159. Der Inhalt der Urschrift muß daher in der beglaubigten Abschrift vollständig und einwandfrei erkennbar vorhanden sein, Düss MDR **94**, 302 (Fotokopie einer Fotografie). Zur Erteilung einer beglaubigten Abschrift kann auch eine andere Stelle als diejenige, von der die Urschrift stammt, befugt sein. Für eine beglaubigte Abschrift ist keine besondere Form der Beglaubigung vorgeschrieben, BGH NJW **74**, 1384, Ffm MDR **81**, 150. Die irrige Bezeichnung „einfache Abschrift" ist unschädlich, BGH NJW **74**, 1384, Ffm MDR **81**, 150. 6

Der Inhalt des Beglaubigungsvermerks muß aber die *Absicht der Beglaubigung* eindeutig ergeben, Ffm MDR **81**, 150; eine Urteilsabschrift kann abgekürzt sein, § 317 II 2, BGH VersR **76**, 492. Der Tenor der Entscheidung muß auch im Fall eines abgekürzten Urteils unbedingt beigefügt sein, BGH VersR **78**, 155. Die beglaubigte Abschrift einer Gerichtsentscheidung muß die Unterschriften der Richter umfassen, BGH NJW **76**, 2264 läßt eine Unterstempelung mit dem Namen nicht genügen, sondern verlangt eine eigenhändige Unterschrift (ihr Fehlen wäre ein unheilbarer Mangel der Urteilszustellung, § 295), und zwar selbst dann, wenn der Zustellungsbeamte dem Empfänger gleichzeitig die Urschrift der vom Urkundsbeamten der Geschäftsstelle unterschriebenen Ausfertigung vorlegt, so daß der Empfänger die Richtigkeit durch einen Vergleich feststellen kann, aM Vollkommer NJW **73**, 1874. 7

**C. Beglaubigungsvermerk.** Der Beglaubigungsvermerk muß sich grundsätzlich unzweideutig auf den ganzen Inhalt der Urkunde erstrecken, Hbg GRUR **90**, 151, Karlsr OLGZ **92**, 370, Winterstein DGVZ **91**, 186. BGH NJW **73**, 1973 (abl Vollkommer) verbietet eine Blanko-Beglaubigung, etwa eine solche einer noch nicht vollständig hergestellten Fotokopie. Nur unter den vorgenannten Voraussetzungen ist es unerheblich, an welcher Stelle der Urkunde sich der Beglaubigungsvermerk befindet, vgl auch Karlsr OLGZ **92**, 370. Bei einer Zustellung von Anwalt zu Anwalt, § 198, kann die Unterschrift den Beglaubigungsvermerk und den Zustellungsvermerk decken. 8

*Das gilt zB* dann, wenn unter einem mit „beglaubigte Abschrift" überschriebenen Schriftstück vermerkt und vom Anwalt unterschrieben worden ist, daß die „beglaubigte Abschrift des vollständigen Urteils zugestellt ist", und weitergehend BGH NJW **76**, 2264, obwohl der besondere Beglaubigungsvermerk nicht unterschrieben war, BGH NJW **74**, 1384; zur Problematik bloßer Büro- statt Heftklammern LG Verden Rpfleger **83**, 490 (mit Recht krit Schriftleitung), Winterstein DGVZ **91**, 186. Unter Umständen kann die bloße Namenszeichnung des Anwalts unter einer Urteilsabschrift genügen. Eine beglaubigte Abschrift muß in allen wesentlichen Teilen grundsätzlich leserlich sein, BayObLG MDR **82**, 501. 9

**D. Unterschrift.** Bei der Unterschrift ist allerdings die Lesbarkeit des Schriftbilds nicht erforderlich, BGH VersR **83**, 274. Genügend ist ein handschriftlicher Schriftzug, s oben, der die Nämlichkeit des Unterschreibenden ausreichend kennzeichnet und individuell ist. Er muß einmalige, charakteristische Merkmale aufweisen und sich als eine Unterschrift des Namens darstellen, BGH VersR **81**, 839. Er muß also mehr sein als eine bloße Namensabkürzung (Paraphe), selbst wenn der Namenszug einer solchen Abkürzung ähnlich sein mag, § 129 Rn 9, 13 ff, BGH VersR **83**, 274, Mü NJW **82**, 2783. 10

**E. Weitere Einzelfragen.** Die Übergabe einer Ausfertigung ersetzt immer die Übergabe einer beglaubigten Abschrift, nicht umgekehrt. Bei der beglaubigten Abschrift einer Ausfertigung ist es notwendig und genügt es, daß man aus ihr ersehen kann, daß sie eine beglaubigte Abschrift einer Ausfertigung, aM BGH NJW **71**, 659, und daß der Ausfertigungsvermerk vorhanden, Düss GRUR **89**, 542, Hbg GRUR **90**, 151, LG Itzehoe SchlHA **86**, 154, wenn auch nicht unbedingt lesbar, BGH NJW **71**, 659, und vom zuständigen Beamten unterschrieben worden ist, BGH VersR **85**, 359, Hamm MDR **81**, 60, Kblz GRUR **80**, 943, strenger Hamm NJW **78**, 831. 11

Beim *Fehlen* einer Abschrift des Ausfertigungsvermerkes setzt die Zustellung der beglaubigten Abschrift die Rechtsmittelfrist nicht in Lauf. Das Fehlen eines Dienstsiegels auf einer Abschrift der Verfügung des Rpfl, die den Vermerk „Beglaubigt" und eine Unterschrift trägt, ist unschädlich, BGH NJW **71**, 659, Ffm MDR **81**, 150. Das Fehlen eines Hinweises auf das dem Ausfertigungsvermerk beigefügte Gerichtssiegel macht eine Zustellung der beglaubigten Abschrift der Urteilsausfertigung nicht unwirksam, BGH VersR **76**, 493, Hbg GRUR **90**, 151 (es war der Hinweis „L.S." – Landessiegel – vorhanden). Es ist nicht notwendig, in der beglaubigten Abschrift darauf hinzuweisen, daß neben der Unterschrift des Ausfertigungsvermerks die Worte „als Urkundsbeamter der Geschäftsstelle" stehen. 12

Wird statt einer beglaubigten Abschrift eine *unbeglaubigte Abschrift* des zuzustellenden Schriftstücks übergeben, dann kann unter den Voraussetzungen des § 187 die Zustellung trotzdem als bewirkt angesehen werden, BGH Rpfleger **80**, 183. Es liegt aber keine wirksame Zustellung vor, wenn eine beglaubigte 13

## §§ 170, 171  1. Buch. 3. Abschnitt. Verfahren

Abschrift einen wesentlichen Fehler enthält, BGH VersR **75**, 809, zurückhaltender BGH **100**, 240, LG Darmst NJW **86**, 1946, aM Hamm OLGZ **79**, 357; vgl § 317, § 33 III VwVfG.

**14**   **F. Abweichung von der Urschrift.** Die Ausfertigung oder beglaubigte Abschrift muß den Inhalt der Urschrift wortgetreu und richtig wiedergeben, BGH NJW **81**, 2345, Hamm MDR **89**, 465. Wenn die übergebene Ausfertigung oder beglaubigte Abschrift von der Urschrift abweicht, ist an sich die Urschrift maßgeblich, s freilich unten. Wenn der Zustellungsempfänger den Inhalt der Urschrift aus der Abschrift oder Ausfertigung genügend erkennen kann, schaden kleine Fehler nicht, BGH VersR **80**, 772, BayObLG MDR **82**, 501. Wenn die beglaubigte Abschrift aber einen wesentlichen Fehler enthält, dann ist die Zustellung unwirksam, etwa dann, wenn die Ausfertigung die Unterschrift eines Richters ausweist, der gar nicht selbst unterschrieben hat, Hamm MDR **89**, 465, oder bei einer Zahl 1000 statt der Zahl 2000 DM, BAG BB **76**, 1516, Düss OLGZ **79**, 455, oder bei einer weitgehenden Unleserlichkeit einer Fotokopie, BayObLG MDR **82**, 501. Wenn die übergebene Ausfertigung oder Abschrift dem Zustellungsempfänger günstiger ist, geht sie vor. Denn er kann seine Entscheidung nur nach ihr richten. Das gilt zB dann, wenn die Ausfertigung oder Abschrift eine günstigere Frist setzt, BGH JZ **77**, 183, BAG BB **79**, 1772. Bei einem Widerspruch zwischen verkündetem und beglaubigtem Termin fehlt eine wirksame Ladung.

**15**   **5) Beglaubigungsorgane, II.** Zur Beglaubigung sind vier Organe befugt.
   **A. Anwalt.** Der Anwalt oder sein bestellter Vertreter, §§ 53, 55 BRAO, sowie ein Erlaubnisträger nach § 209 BRAO, da er ihm gleichsteht, § 25 EGZPO, sind im Anwaltsprozeß, § 78 Rn 1, zur Beglaubigung befugt, Brdb FamRZ **98**, 1439. Dasselbe gilt, soweit ein Anwalt im Parteiprozeß, § 78 Rn 1, eine Parteizustellung betreibt, BGH **92**, 79 (zustm Schreiber JR **85**, 157). Das gilt auch in der Zwangsvollstreckung und auch dann, wenn der Anwalt die Zustellung durch eine Vermittlung der Geschäftsstelle betreibt, §§ 166 II, 168. Für die Zustellung besteht kein Anwaltszwang, § 78 III. Deshalb darf der ProzBev die Zustellung im Anwaltsprozeß einem anderen Anwalt übertragen, und deshalb liegt im Zustellungsauftrag der Beglaubigungsauftrag. Eine Beglaubigung durch einen nicht betreibenden Anwalt ist nicht unzulässig, zumal wenn sie die Übertragung der Beglaubigung ersehen läßt. Der Anwalt genießt zwar keinen öffentlichen Glauben; seine Beglaubigung steht aber im Rahmen der ZPO einer amtlichen Beglaubigung in der Wirkung gleich. § 170 gibt jedoch keine Befugnis zu einer Beglaubigung außerhalb des Geltungsbereichs dieser Vorschrift, BGH **92**, 79 (zustm Schreiber JR **85**, 157).

**16**   **B. Urkundsbeamter der Geschäftsstelle.** Er ist zur Beglaubigung dann befugt, wenn er die Zustellung vermittelt, §§ 167, 168, und dazu die Post unmittelbar ersucht, § 196. Da er einen öffentlichen Glauben genießt, ersetzt seine Beglaubigung immer diejenige eines Anwalts. Ob der Urkundsbeamte die Beglaubigung vornehmen muß, richtet sich nach seinen Dienstvorschriften. Nach der ZPO muß er eine Beglaubigung nur dann vornehmen, wenn er die Zustellung vermittelt. Wegen der Amtszustellung § 210, Brdb FamRZ **98**, 1439.

**17**   **C. Staatsanwaltschaft.** Ein Beamter der Staatsanwaltschaft ist zur Beglaubigung befugt, soweit der Staatsanwalt in einer Ehe- oder Kindschaftssache die Zustellung betreibt, § 634.

**18**   **D. Gerichtsvollzieher.** Da der Gerichtsvollzieher eine öffentliche Urkundsperson ist, genügt seine Beglaubigung in allen Fällen (nur) einer Parteizustellung, auch in denen nach Rn 15–17. Insoweit er die Zustellung vornimmt, zu prüfen, ob er nicht die Beglaubigung nachholen muß, vgl AG Bln-Charlottenb DGVZ **81**, 43. Soweit das zuzustellende Schriftstück schon wegen äußerer Einwirkung (zB Striche) inhaltlich unklar ist, darf und muß der Gerichtsvollzieher die Zustellung ablehnen, AG Itzehoe DGVZ **85**, 122. Soweit er diese Prüfungen unterläßt, begeht er angesichts des § 191 Z 6 eine Amtspflichtverletzung.

**19**   **6) VwGO:** *Vgl Üb § 166 Rn 18.*

## 171  Zustellung an Prozeßunfähige. ⁱ Die Zustellungen, die an eine Partei bewirkt werden sollen, erfolgen für die nicht prozeßfähigen Personen an ihre gesetzlichen Vertreter.
ⁱⁱ Bei Behörden, Gemeinden und Korporationen sowie bei Vereinen, die als solche klagen und verklagt werden können, genügt die Zustellung an die Vorsteher.
ⁱⁱⁱ Bei mehreren gesetzlichen Vertretern sowie bei mehreren Vorstehern genügt die Zustellung an einen von ihnen.

**1**   **1) Systematik, Regelungszweck, I–III.** Vgl zunächst § 170 Rn 1. Die Vorschrift zieht eigentlich selbstverständliche Folgerungen aus dem Umstand, daß die Prozeßunfähige des gesetzlichen Vertreters bedarf, Grdz vor § 50, § 51 Rn 1. II, III dienen der Vereinfachung zwecks Prozeßwirtschaftlichkeit, Grdz 12, 14 vor 128; das wird bei der zu sehr auf Rechtssicherheit, Einl III 43, achtenden Auslegung bisweilen übersehen.

**2**   **2) Geltungsbereich, I–III.** Vgl Üb 2 vor § 166.

**3**   **3) Zustellung an gesetzlichen Vertreter, I.** Die Vorschrift betrifft die prozessuale Wirksamkeit einer Zustellung, nicht aber die Frage, wer Empfänger ist, VG Münster FamRZ **84**, 1149. Eine Zustellung an eine nicht voll prozeßfähige Partei, Grdz 3 vor § 50, § 51 Rn 1, die im wesentlichen richtig bezeichnet sein muß, BGH NJW **89**, 2689, oder einen nicht prozeßfähigen Streithelfer, §§ 66 ff, oder Streitverkündeten, §§ 72 ff, geht wirksam nur an deren gesetzlichen Vertreter, § 187 Rn 7 „Prozeßunfähigkeit usw", BVerfG **75**, 214 (auch zum FGG), BGH DB **88**, 1210, AG Hbg-Harbg RR **98**, 791, Christmann DGVZ **94**, 65 (ausf). Wegen dieses Begriffs Grdz 7 vor § 50.
   Der *gesetzliche Vertreter*, § 51 Rn 12, ist grundsätzlich zu nennen, § 191 Rn 6. Die Zustellung an den Prozeßunfähigen selbst (sie kann auch bei einer bloßen Ersatzzustellung an den Vertreter vorliegen), Karlsr

2. Titel. Verfahren bei Zustellungen § 171

FamRZ **73**, 272) ist im Ergebnis aber dennoch wirksam, § 56 Rn 11 (zum Eintritt der Rechtskraft bei falscher Zustellung; dort auch Hinweise zur aM in jener Streitfrage). Die Zustellung an den Gemeinschuldner ist nicht schon wegen der Konkurseröffnung unwirksam, KG Rpfleger **90**, 311.

Eine *Nachholung* ist geboten, und zwar unter Umständen an einen inzwischen Volljährigen, Karlsr FamRZ **73**, 273. Vgl auch § 56 Rn 9, 10. Evtl ist ein Vertreter nach § 57 zu bestellen, LG Bln MDR **88**, 588. Tritt die Prozeßunfähigkeit im Laufe des Prozesses ein und ist § 86 unanwendbar, dann tritt eine Unterbrechung nach § 241 ein. Man kann nicht sich selbst als dem gesetzlichen Vertreter des Gegners zustellen, BGH NJW **84**, 58. § 185 ist aber auf eine Zustellung nach § 171 nicht entsprechend anwendbar, BVerfG **67**, 211, BGH NJW **84**, 57. Eine Ersatzzustellung nach §§ 181 ff durch eine Übergabe an den Vertretenen ist zulässig, BGH VersR **73**, 156. Zur Anwendbarkeit nach § 621 a I 2 Saarbr NJW **79**, 2620.

**4) Behörde usw, II.** Bei einer Behörde, Gemeinde, Körperschaft, juristischen Person, Hager NJW **92**, 353; oder einem rechtsfähigen Verein kann die Zustellung grundsätzlich an den Vorsteher erfolgen, mag er der gesetzliche Vertreter sein oder nicht, Hager NJW **92**, 353; vgl freilich wegen eines ausgeschiedenen Vorstandsmitglieds BGH RR **91**, 926 (aM Hager NJW **92**, 353), Ffm Rpfleger **78**, 134. Die Erwähnung der Behörde ist in diesem Fall nicht wesentlich. Vorsteher ist derjenige, der dazu bestellt ist, die Behörde usw nach außen zu vertreten, zB der Bürgermeister. 4

**5) Mehrere Vertreter oder Vorsteher, III.** Die Vorschrift ist mit dem GG vereinbar, BVerfG **67**, 211. Es genügt die Zustellung an einen von ihnen, auch wenn sie nur eine Gesamtbefugnis haben, BGH NJW **84**, 57, Ahrens ZZP **103**, 52. Es genügt also zB grundsätzlich die Zustellung an einen Elternteil, § 1629 BGB, BFH NJW **77**, 544, LG Ravensb Rpfleger **75**, 370. Das gilt auch beim Fiskus, aber nur innerhalb derselben Verwaltungsabteilung. Vgl § 18 Rn 5, 8. 5

**6) Beispiele zur Frage des Geltungsbereichs, I–III** 6
**Aktiengesellschaft:** II ist auf die Aktiengesellschaft anwendbar. Im Fall des § 246 II AktG sind der Vorstand und der Aufsichtsrat zusammen Zustellungsadressat, also mindestens je ein Mitglied dieser Gremien, BGH **LM** § 246 AktG 1965 Nr 2 (eine Heilung nach § 295 tritt durch das rügelose Verhandeln des ProzBev beider Organe ein). Das gilt auch dann, wenn Vorstand und Hauptversammlungsmehrheit personengleich sind, Drsd RR **97**, 739. Die Klage eines ausgeschiedenen Vorstandsmitglieds ist wegen § 112 AktG dem Aufsichtsrat, nicht dem jetzigen Vorstand, zuzustellen, BGH RR **91**, 926, ebenso insofern Hager NJW **91**, 353 (teleologische Reduktion). Auch III ist anwendbar, § 78 II AktG.
**Anstalt:** Auf sie ist I anwendbar.
**Behörde:** II ist schon nach seinem Wortlaut anwendbar. S ferner Rn 6 „Fiskus". 7
**Betriebsrat:** II ist auf ihn anwendbar; Zustellungsadressat ist sein Vorsitzender, BAG BB **76**, 510.
**Doppelte Eigenschaft:** Eine Zustellung ist nicht schon deshalb unwirksam, weil bei einer in doppelter Eigenschaft tätigen Person irrig nicht die maßgebende Funktion angesprochen ist.
S auch Rn 10 „Mehrgliedrige Organe".
**Doppelvertretung:** Rn 10 „Mehrgliedrige Organe".
**Eheleute:** An mehrere Parteien ist getrennt zuzustellen, selbst wenn sie miteinander verheiratet sind, BAG BB **75**, 1486 (bei einem Verstoß kann auch nach § 187 keine Heilung eintreten).
**Fiskus:** Auf ihn ist II anwendbar, Rn 5 „Behörde". Seine Endvertretungsbehörde, § 18 Rn 5 ff, braucht nicht richtig angegeben zu sein, Zweibr OLGZ **78**, 108. Überhaupt ist seine unrichtige Bezeichnung heilbar, KG Rpfleger **76**, 222. Zustellungsadressat ist nur der einschlägige gesetzliche Vertreter und nicht derjenige, der den Fiskus etwa in einer anderen Beziehung vertritt. Notfalls ist zwecks Heilungschance zurückzuverweisen, Hager NJW **92**, 353, aM BGH RR **91**, 926.
**Gemeinde:** II ist schon nach seinem Wortlaut anwendbar. S ferner Rn 6 „Fiskus". 8
**Generalbundesanwalt:** II ist auf den Generalbundesanwalt als Zentrale Behörde im Verfahren nach dem AUG anwendbar, vgl Üb 1, 6 vor § 78.
**Genossenschaft:** II ist auf die Genossenschaft anwendbar. Im Fall des § 51 GenG sind der Vorstand und der Aufsichtsrat zusammen Zustellungsadressat, also mindestens je ein Mitglied dieser Gremien, vgl BGH **LM** § 246 AktG 1965 Nr 2 (zur Aktiengesellschaft; eine Heilung nach § 295 tritt durch das rügelose Verhandeln des ProzBev beider Organe ein). Bei einer Genossenschaft in Liquidation, §§ 84 ff GenG, sind Liquidatoren und Aufsichtsrat Zustellungsadressat. 9
Auch III ist anwendbar, aM Düss NJW **87**, 2524 (es übersieht III).
**Gesellschaft mit beschränkter Haftung:** II, III sind auf die GmbH anwendbar, § 35 II GmbHG, BGH DB **83**, 1971.
**Juristische Person:** Vgl zunächst bei den einzelnen Arten juristischer Personen. Bei ihr kann die Zustellung grds an den Vorsteher erfolgen, mag er der gesetzliche Vertreter sein oder nicht, Hager NJW **92**, 353.
**Kommanditgesellschaft:** II ist auf die KG anwendbar. Auch III ist anwendbar, § 161 II HGB, BGH DB **88**, 1210, Ahrens ZZP **103**, 35. 10
**Körperschaft:** II ist schon nach seinem Wortlaut („Korporation") anwendbar.
**Löschung:** Der gesetzliche Vertreter bleibt, Mührer Rpfleger **99**, 13.
**Mehrgliedrige Organe:** Wie bei der Genossenschaft und der Aktiengesellschaft können auch sonst dann, wenn die juristische Personen durch mehrgliedrige Organe vertreten wird, diese mehreren Organe zusammen Zustellungsadressat sein. Denn man könnte sonst den mit der Doppelvertretung angestrebten Zweck infrage stellen. 11
S auch Rn 5 „Doppelte Eigenschaft".
**Minderjähriger:** I–III sind auf den Minderjährigen anwendbar, LG Hann DGVZ **96**, 138.
**Offene Handelsgesellschaft:** II ist auf die OHG anwendbar. Auch III ist anwendbar, § 125 II HGB, Ahrens ZZP **103**, 35.
**Partei kraft Amtes:** III ist anwendbar, soweit mehrere als Parteien kraft Amtes gemeinsam verwalten, Grdz 8 vor § 50. 12
**Post, Postbank, Telekom:** Wegen III vgl § 18 Rn 6 „Bundespost".

## §§ 171–174

13 **Sachverständiger:** I–III sind auf einen Sachverständigen unanwendbar.
**Stiftung:** I, II ist auf eine Stiftung anwendbar.
**Strafprozeß:** I–III sind im Strafverfahren auch nicht entsprechend anwendbar, Düss MDR **93**, 70.
14 **Verein:** Ist ein nicht rechtsfähiger Verein beklagt, kann man jedem Vorstandsmitglied zustellen, ZöStö 6.
**Vermögensmasse:** Auf sie ist I anwendbar.
**Zeuge:** I–III sind auf einen Zeugen unanwendbar.
15 **7) VwGO:** *Entspr anwendbar,* VGH Kassel NJW **98**, 920; vgl Üb § 166 Rn 18.

## 172 Zustellung an Soldaten. (weggefallen; s jetzt SchlAnh II)

## 173 Zustellung an Generalbevollmächtigte und Prokuristen. Die Zustellung erfolgt an den Generalbevollmächtigten sowie in den durch den Betrieb eines Handelsgewerbes hervorgerufenen Rechtsstreitigkeiten an den Prokuristen mit gleicher Wirkung wie an die Partei selbst.

1 **1) Systematik, Regelungszweck.** Vgl zunächst § 170 Rn 1. § 176 geht dem § 173 vor. Eine Zustellung im anhängigen Prozeß muß also auch im Fall des § 173 an den ProzBev erfolgen.
2 **2) Sachlicher Geltungsbereich.** Vgl zunächst Üb 2 vor § 166. In einer nichtvermögensrechtlichen Angelegenheit (Begriff Grdz 11 vor § 1) ist § 173 nur eingeschränkt anwendbar, §§ 609, 640 I.
3 **3) Persönlicher Geltungsbereich.** § 173 läßt eine Zustellung an die folgenden Personen zu.
**A. Generalbevollmächtigter.** Die Zustellung kann an einen Generalbevollmächtigten erfolgen, also an eine Person, die für alle Vermögensangelegenheiten oder für einen Kreis solcher Angelegenheiten umfassend bevollmächtigt ist, Hamm MDR **93**, 1237 (Steuerberater eines Ausländers). Ein Versicherungs-Generalagent gehört nicht hierher.
4 **B. Prokurist.** Die Zustellung kann auch an einen Prokuristen, §§ 48 ff HGB, erfolgen, mit einer Beschränkung auf die durch den Betrieb des Handelsgewerbes hervorgerufenen Prozesse, insofern aber ohne die Beschränkung des § 49 II HGB. Bei einer Gesamtprokura genügt die Zustellung an einen Prokuristen, § 171 III. Der Handlungsbevollmächtigte, § 54 HGB, gehört nicht hierher.
5 **4) Einzelfragen.** Die Vertretungsbefugnis für den fraglichen Prozeß ist in beiden Fällen unerheblich. Das Innenverhältnis ist unbeachtlich. Es ist auch eine Ersatzzustellung an die vorgenannten Personen zulässig. Zustellungsadressat, § 191 Z 3, bleibt der Vertretene; gegen ihn wirkt auch die Zustellung, vgl auch § 164 I BGB. Die Zustellung an einen anderen zum Zustellungsempfang durch Sondervollmacht oder Gesetz Ermächtigten schließt § 173 nicht aus, BGH **LM** Nr 1. Sie ist im Rahmen der Vertretungsmacht zulässig, wenn es unerheblich ist, ob der Empfänger die Zustellung entgegennehmen will oder ob er sich gar weigert. § 181 BGB ist hier unbeachtlich, LG Ffm Rpfleger **88**, 72. Wer sich auf eine Zustellung nach § 173 beruft, muß die Empfangsberechtigung beweisen.
6 **5) Verstoß.** Soweit eine Empfangsberechtigung fehlt, ist die Zustellung unwirksam, Üb 12 ff vor § 166.
7 **6) VwGO:** Vgl Üb § 166 Rn 18.

## 174 Zustellungsbevollmächtigte, Notwendigkeit. I ¹Wohnt eine Partei weder am Ort des Prozeßgerichts noch innerhalb des Amtsgerichtsbezirkes, in dem das Prozeßgericht seinen Sitz hat, so kann das Gericht, falls sie nicht einen in diesem Ort oder Bezirk wohnhaften Prozeßbevollmächtigten bestellt hat, auf Antrag anordnen, daß sie eine daselbst wohnhafte Person zum Empfang der für sie bestimmten Schriftstücke bevollmächtige. ²Diese Anordnung kann ohne mündliche Verhandlung ergehen. ³Eine Anfechtung des Beschlusses findet nicht statt.
II Wohnt die Partei nicht im Inland, so ist sie auch ohne Anordnung des Gerichts zur Benennung eines Zustellungsbevollmächtigten verpflichtet, falls sie nicht einen in dem durch den ersten Absatz bezeichneten Ort oder Bezirk wohnhaften Prozeßbevollmächtigten bestellt hat.

**Schrifttum:** *Geimer,* Neuordnung des internationalen Zustellungsrechts, 1999; *Linke,* Die Probleme der internationalen Zustellung, in: *Gottwald* (Hrsg), Grundfragen der Gerichtsverfassung, 1999.

1 **1) Systematik, Regelungszweck, I, II.** Die Vorschrift enthält vorrangige Spezialregelungen für den von ihr betroffenen Personenkreis. Sie wird durch § 175 ergänzt.
Die Vorschrift, speziell II, *dient* der Vermeidung unangemessener Verzögerungen, BGH FamRZ **96**, 347, und damit auch der Prozeßwirtschaftlichkeit, Grdz 14 vor § 128. Das ist bei der Auslegung mitzubeachten.
2 **2) Geltungsbereich, I, II.** Vgl Üb 2 vor § 166.
3 **3) Bevollmächtigungsrecht, I, II.** Eine Partei, auch ihr ProzBev, kann jederzeit einen anderen „zum Empfang der für sie bestimmten Schriftstücke" bevollmächtigen, ihn also zu ihrem Zustellungsbevollmächtigten bestellen, ohne ihn gleich zum ProzBev zu machen, LG Hagen WoM **88**, 281. Dann darf eine

## 2. Titel. Verfahren bei Zustellungen § 174

Zustellung an den Zustellungsbevollmächtigten erfolgen und muß das Gericht diesen Weg wählen, auch wenn die Bestellung nicht notwendig war. Prozeßgegner dürfen nicht für denselben Prozeß denselben Zustellungsbevollmächtigten bestellen, vgl den Grundgedanken des § 185, dort Rn 1, aM ZöStö 1. Der Ehegatte ist keineswegs stets Zustellungsbevollmächtigter, LAG Mü NJW **87**, 2542.

**4) Bevollmächtigungspflicht, I, II.** Einen Zustellungsbevollmächtigten muß kraft Gesetzes, BGH **4** NJW **99**, 1180 (also keine Notwendigkeit gerichtlicher Aufforderung; krit Roth JZ **99**, 419), derjenige bestellen, der im Ausland wohnt, auch als ProzBev (Ausnahme: § 30 BRAO), und keinen ProzBev am Ort des Prozeßgerichts oder in dessen Amtsgerichtsbezirk hat, § 174 II. Dieser Teil der Prozeßförderungspflicht besteht für den Bekl aber nur für die Dauer des Prozeßrechtsverhältnisses, Grdz 4, 5 vor § 128, also ab Rechtshängigkeit, § 261, BGH NJW **72**, 1004, LG Ffm NJW **90**, 652 (vgl aber § 920 Rn 7), und nur für die Instanz, § 178, bzw bis zur Rechtskraft, § 322, LG Aachen Rpfleger **83**, 75. Ein Bevollmächtigungszwang besteht auch für die inländische Partei, allerdings nur auf Grund einer gerichtlichen Anordnung, falls die Partei keinen solchen ProzBev bestellt hat, § 174 I. Eine Zustellungsvollmacht erlischt auch dann, wenn ihre Voraussetzungen weggefallen sind, nicht schon durch die Kündigung, sondern erst durch deren Anzeige beim Gericht, § 87 I entsprechend.

In beiden Fällen wahrt die Bestellung des Zustellungsbevollmächtigten ausschließlich die *Interessen des Zustellenden*. Deshalb ist eine ordnungsmäßige Zustellung trotz des Daseins eines Zustellungsbevollmächtigten voll wirksam. Ist dieser dem Zustellenden benannt, so verstößt die Umgehung gegen Treu und Glauben; der Zustellungsgegner braucht sie nicht gelten zu lassen.

Man muß die Bestellung einer *Personenmehrheit* zu Zustellungsbevollmächtigten zulassen, § 175 Rn 2, LG **5** Kaisersl Rpfleger **93**, 256. In diesem Fall ist der Vertreter der juristischen Person bestellt. Der Vorsteher des Postamts ist kein Zustellungsbevollmächtigter. Daher genügt die Angabe des Postfachs ohne die Mitteilung der Anschrift für eine Zustellung nicht, § 39 PostO, Hbg NJW **70**, 104. Ein Zustellungsbevollmächtigter ist nicht stets auch ProzBev nach § 81. Die Zustellung der Rechtsmittelschrift erfolgt an ihn, mag er auch nur für die erste Instanz bestellt sein, § 210a II. Das gilt insbesondere auch dann, wenn die Prozeßvollmacht weggefallen ist.

Der Verwalter der *Wohnungseigentümergemeinschaft* ist jedenfalls im Rahmen seiner Tätigkeit nach § 27 II WEG mehr als ein bloßer Zustellungsbevollmächtigter, sondern ihr gesetzlicher Vertreter, § 51 Rn 15, BGH **78**, 171 mwN. Der Zustellungsbevollmächtigte muß am Ort des Prozeßgerichts oder in dessen AG-Bezirk ansässig sein. Der Zustellungsbevollmächtigte muß prozeßfähig sein, wie jeder, der einen anderen vor Gericht vertreten will, § 78 Rn 26.

**5) Gerichtliche Anordnung, I.** Es sind Voraussetzungen, Form und Anfechtbarkeit zu unterscheiden. **6**

**A. Voraussetzungen.** Partei, Grdz 3 vor § 50, ist hier auch der Streithelfer, § 66. Streitgenossen, § 59, sind getrennt zu beurteilen, auch notwendige, § 62. Sie brauchen nicht denselben Zustellungsbevollmächtigten zu haben. Die Anordnung erfolgt, soweit nach pflichtgemäßem Ermessen für sie ein Bedürfnis besteht. Ein solches Bedürfnis besteht zB dann, wenn eine Zustellung sonst voraussichtlich langwierig oder schwierig wäre. Es fehlt, wenn der gesetzliche Vertreter, Generalbevollmächtigte, Prokurist, § 173, am Ort des Prozeßgerichts oder im Amtsgerichtsbezirk wohnt. Es fehlt ferner, wenn die Partei einen ProzBev hat, § 176, der entsprechend wohnt oder der beim Prozeßgericht zugelassen worden ist. Wenn der ProzBev aufhört, entsprechend zu wohnen, greift § 174 ein.

Ein auswärtiger, beim Prozeßgericht zugelassener *Simultananwalt*, vgl § 91 Rn 166, fällt nicht unter I. Für **7** seinen etwaigen Zustellungsbevollmächtigten s § 30 BRAO. I setzt einen anhängigen Prozeß voraus, nicht notwendig einen rechtshängigen; vgl § 261 Rn 1. Die Vorschrift setzt ferner einen Antrag der Gegenpartei voraus. Dieser Antrag ist in jeder Lage des Verfahrens zulässig, auch im höheren Rechtszug.

**B. Entscheidung.** Die Entscheidung ergeht durch den Rpfl, § 20 Z 7a RPflG, Anh § 153 GVG, **8** desjenigen Gerichts, bei dem der Prozeß anhängig ist, auf Grund einer freigestellten mündlichen Verhandlung, § 128 Rn 10, durch einen Beschluß, § 329. Der Beschluß ist grundsätzlich zu begründen, § 329 Rn 4, und beiden Parteien formlos mitzuteilen, § 329 II 1.

**C. Rechtsmittel.** Gegen die Entscheidung des Rpfl ist die Erinnerung nach § 11 I RPflG, Anh § 153 **9** GVG, zulässig. Die anschließende richterliche Entscheidung ist unanfechtbar, auch bei Zurückweisung.

**6) Gesetzliche Verpflichtung, II.** Es ist unerheblich, ob die Partei oder der Streitgehilfe ein Inländer **10** oder ein Ausländer ist, sofern er im Ausland wohnt (Begriff wie § 181), selbst wenn öffentlich nach dem Ausland (§ 203 II) zugestellt worden ist, vgl § 204 Rn 12. Es besteht keine Verpflichtung zur Bestellung eines Zustellungsbevollmächtigten, wenn ein im Bezirk wohnender ProzBev bestellt worden ist, vgl BGH NJW **76**, 1581. Die Benennung ist schon in der Klage notwendig, § 175 I. Auch dieser Zustellungsbevollmächtigte muß wegen seiner Wohnung die Voraussetzungen von I erfüllen. Wegen der Zustellung eines Mahnbescheids BGH **98**, 266, wegen eines solchen in Israel § 35 III G v 13. 8. 80, BGBl 1301. Wegen des EuGVÜ dort Art 33 II, SchlAnh V C, BGH **98**, 269, Wolf NJW **73**, 398.

**7) Verstoß, I, II.** Soweit trotz eines schon und noch bestehenden Bevollmächtigungszwangs keine **11** Bestellung erfolgt, greift § 175 ein.

**8) VwGO: I** *ist entsprechend anwendbar, § 173 VwGO, da das VwZG (§ 56 II VwGO) nicht entgegensteht und* **12** *das praktische Bedürfnis diese Erleichterung verlangt (ein Antrag ist nicht erforderlich). Statt* **II** *gilt § 56 III VwGO (Bestellung eines Zustellungsbevollmächtigten auf Verlangen des Gerichts, wenn ein Beteiligter nicht im Inland wohnt). Die das Verfahren einleitende Zustellung muß nach § 14 VwZG bewirkt werden, ebenso alle späteren bis zum Eintritt der in § 175 bestimmten Voraussetzungen.*

*Hartmann*

## § 175

**175** *Zustellungsbevollmächtigter. Benennung. Zustellung.* ¹ ¹Der Zustellungsbevollmächtigte ist bei der nächsten gerichtlichen Verhandlung oder, wenn die Partei vorher dem Gegner einen Schriftsatz zustellen läßt, in diesem zu benennen. ²Geschieht dies nicht, so können alle späteren Zustellungen bis zur nachträglichen Benennung in der Art bewirkt werden, daß der Gerichtsvollzieher das zu übergebende Schriftstück unter der Adresse der Partei nach ihrem Wohnort zur Post gibt. ³Die Zustellung wird mit der Aufgabe zur Post als bewirkt angesehen, selbst wenn die Sendung als unbestellbar zurückkommt.

II Die Postsendungen sind mit der Bezeichnung „Einschreiben" zu versehen, wenn die Partei es verlangt und zur Zahlung der Mehrkosten sich bereit erklärt.

**Schrifttum:** *Schlosser,* Legislatio in fraudem legis internationalis usw, Festschrift für *Stiefel* (1987) 683; *Schmitz,* Fiktive Auslandszustellung, 1980.

### Gliederung

| | |
|---|---|
| 1) Systematik, Regelungszweck, I, II .... 1 | 5) Zustellung durch Aufgabe zur Post, I 2, 3 ........................ 5, 6 |
| 2) Geltungsbereich, I, II ................ 2 | 6) Einschreiben, II ................. 7 |
| 3) Benennung, I 1–3 ................... 3 | 7) *VwGO* ........................ 8 |
| 4) Unterbleiben der Benennung, I 2, 3 ... 4 | |

**1**  **1) Systematik, Regelungszweck, I, II.** Die Vorschrift ist im Zusammenhang mit § 174 zu sehen. Sie steht neben der Sonderregel des § 176. § 127 I Z 2 PatG enthält eine gegenüber § 175 eigenständige Regelung, BGH NJW **93**, 1715.

Die Vorschrift *dient* unter folgerichtiger Anwendung der Parteiherrschaft, Grdz 18, 19 vor § 128, im Interesse der Prozeßwirtschaftlichkeit, Grdz 14, 15 vor § 128, einer einigermaßen zügigen Förderung des Rechtsstreits durch Gericht wie Parteien, Grdz 12, 13 vor § 128. Das ist bei der Auslegung mitzubeachten.

**2**  **2) Geltungsbereich, I, II.** Vgl Üb 2 vor § 166. § 175 ist im vereinfachten Verfahren nach § 647 I 3 Hs 2 mit der dortigen Maßgabe anwendbar.

**3**  **3) Benennung, I 1–3.** Der Zustellungsbevollmächtigte, § 174 Rn 3, ist nur für die Dauer des Prozeßrechtsverhältnisses anzugeben, § 174 Rn 4. Er ist dem Gegner spätestens bei der nächsten gerichtlichen Verhandlung zu benennen, evtl aber schon in der Klageschrift für den Zustellungsbevollmächtigten (auch) des Klägers, Kblz VersR **84**, 545, nach einem Mahnverfahren, §§ 688 ff, entgegen dem oft falschen Formulartext des Mahnbescheids noch nicht im Widerspruch, Mü NJW **89**, 234, sondern erst in der folgenden mündlichen Verhandlung, BGH **98**, 267, LG Ffm NJW **76**, 1597, Schlosser Festschrift für Stiefel (1987) 683, aM Poser Rpfleger **73**, 354. Vor dieser mündlichen Verhandlung erfolgt eine Zustellung also evtl gemäß § 199. Im schriftlichen Vorverfahren ist der Zustellungsbevollmächtigte bereits innerhalb der Frist zur Verteidigungsanzeige zu benennen, §§ 276 I 1, 3 Hs 2, 697 II 1, 700 IV 1. Beim Versäumnisurteil nach § 331 III muß er der Unterlegene einen Schriftsatz eingereicht bekommen oder zugestellt haben, BGH NJW **79**, 218. Wenn die Partei vorher einen Schriftsatz zustellen läßt, BGH NJW **79**, 218, oder eine Zustellung nach § 270 erfolgt, ist der Zustellungsbevollmächtigte in dem ersten dem Gericht eingereichten Schriftsatz zu benennen, Köln MDR **86**, 244. Vor Kenntnis vom Verfahren besteht noch keine Benennungsobliegenheit Bbg FamRZ **99**, 938.

Die Benennung ist als prozessuale Obliegenheit eine *Parteiprozeßhandlung,* Grdz 47 vor § 128, aM ThP 2 (sie sei ein Rechtsgeschäft, § 167 I BGB). Sie kann gegenüber dem Gericht oder gegenüber dem Gegner erfolgen. Eine Bevollmächtigung oder eine Annahme des Amts sind nicht erforderlich. Es besteht keine prozessuale Pflicht zur Übernahme. Die Benennung berechtigt das Gericht und den Gegner zur Zustellung an den Zustellungsbevollmächtigten mit Wirkung für und gegen die vertretene Partei. Sie verpflichtet aber nicht dazu, BGH FamRZ **94**, 1521; vgl freilich § 174 Rn 4. Sie gilt für alle Instanzen, und zwar selbst dann, wenn der Zustellungsbevollmächtigte die Annahme des Schriftstücks verweigert. Die Benennung ist jederzeit widerruflich. Die §§ 86, 87 (Tod, Wirkung der Kündigung) sind entsprechend anwendbar. Nach einem Widerruf oder bei der Unmöglichkeit der Zustellung tritt der Zustand vor der Benennung wieder ein.

Der Zustellungsbevollmächtigte hat kein Recht zur Erteilung einer *Untervollmacht.* Er hat nur eine Vollmacht zum Empfang, keine Vollmacht zum Handeln. Wenn aber die Auslandspartei mit einem ProzBev im Ausland einen Anwalt im Inland unterbevollmächtigt hat, dann ist dieser Unterbevollmächtigte im allgemeinen auch als Zustellungsbevollmächtigter anzusehen, BGH **LM** § 174 Nr 2. Der Vorsteher eines Postamts ist kein Zustellungsbevollmächtigter, Hbg NJW **70**, 104. Es besteht keine Belehrungspflicht, BGH **98**, 268, Mü MDR **97**, 1150, ZöGei § 199 Rn 20, aM Kblz Rpfleger **78**, 261, ZöStö § 174 Rn 5.

**4**  **4) Unterbleiben der Benennung, I 2, 3.** Wenn die Partei keinen Zustellungsbevollmächtigten benennt oder nur jemanden angibt, der nicht Zustellungsbevollmächtigter sein kann, zB weil er nicht am Ort oder im Bezirk des Prozeßgerichts wohnt, BGH FamRZ **94**, 1521, sind von demjenigen Augenblick an, in dem die Benennung hätte erfolgen müssen, alle Zustellungen dadurch zulässig, daß die Sendung zur Post aufgegeben wird, BGH FamRZ **89**, 1288, LG Ffm NJW **90**, 652, Mü MDR **97**, 1150. Das gilt auch für die Zustellung eines streitigen oder sonstigen Urteils, auch des Versäumnisurteils, BGH NJW **92**, 1702, und der Rechtsmittelschrift, falls die Sache (noch) rechtshängig ist, § 261 I, BGH NJW **72**, 1004. Eine gewöhnliche Zustellung ist daneben zulässig und voll wirksam.

Die Zustellung durch eine *Aufgabe zur Post,* Rn 5, ist nicht mit der Zustellung durch die Post nach §§ 193 ff zu verwechseln. Die Zustellung durch die Aufgabe zur Post sieht von einer Übergabe an den Zustellungsgegner ganz ab. Sie ist also eine unterstellte (fingierte) Zustellung. Die Befugnis aus § 175 erlischt mit dem Wegfall seiner Voraussetzungen und mit der Anzeige der Bestellung eines ProzBev oder eines Zustellungsbevollmächtigten. Eine zu Unrecht durch Aufgabe zur Post vorgenommene Zustellung ist grundsätzlich unwirksam, LG Aachen Rpfleger **83**, 75 mwN, vgl freilich § 187 S 1.

**5) Zustellung durch Aufgabe zur Post, I 2, 3.** Sie ist mit Art 6 I EGV vereinbar, BGH BB **99**, 924, **5** und auch mit dem GG vereinbar, BVerfG NJW **97**, 1772, BGH NJW **99**, 1188 (krit Roth JZ **99**, 419), Mü MDR **97**, 1150. Sie wird schon mit der Übergabe an die Post bewirkt, BGH FamRZ **88**, 827, BayObLG Rpfleger **78**, 447, Köln NJW **81**, 2264. Das gilt, selbst wenn die Sendung als unzustellbar zurückkommt. Sie ist deshalb ausnahmslos eine Zustellung im Inland, BVerfG NJW **97**, 1772, BGH NJW **92**, 1701 und 1702, Mü NJW **87**, 3086. Das gilt, obwohl eine Zustellung durch Aufgabe zur Post auch für das Ausland möglich ist. Das Haager Zustellungsübereinkommen, Anh § 202, steht nicht entgegen, Mü NJW **87**, 3086, LG Kref Rpfleger **90**, 226; zum Verhältnis zu Belgien LG Bln NJW **89**, 1434.

Eine *Übersetzung* in die Sprache des ausländischen Empfängers ist nicht erforderlich, § 184 GVG, BGH FamRZ **96**, 347. Schlosser Festschrift für Stiefel (1987) 693 hält die Vorschrift für einen Verstoß gegen völkerrechtliches Vertragsrecht. Entgegen seiner Ansicht reicht es aber, daß der (evtl ja auch deutsche) Auslandsbewohner über die Verfahrenseinleitung zuvor informiert worden sein muß.

Die *Einspruchsfrist* gegen ein nach mündlicher Verhandlung oder Schriftsatzeinreichung durch den Säumigen ergehendes Versäumnisurteil ist also die gewöhnliche, § 339, BGH MDR **92**, 515, Mü Rpfleger **83**, 75. Manche Länder machen freilich nach solcher Art von Zustellung Schwierigkeiten bei der Vollstreckung, zB Sudan, Bericht der dt Botschaft Khartoum v 13. 2. 91, RK 520 – BerNr 140/91. Insofern sollte man formell zustellen lassen.

Im *Parteibetrieb* ist diese Zustellungsart nur durch den Gerichtsvollzieher erlaubt, nicht durch den Ur- **6** kundsbeamten der Geschäftsstelle, BGH NJW **79**, 218. Sie geschieht durch die Aufgabe unter der Anschrift der Partei. Diese Anschrift muß vollständig, BGH **73**, 390, Köln MDR **86**, 244 (bei der Zustellung im Ausland genügt nach Ansicht des OLG ein kennzeichnender Länderbuchstabe), und richtig sein, Ffm OLGZ **79**, 41. Andernfalls ist die Zustellung grundsätzlich unwirksam. Solange die Partei keine andere Anschrift mitgeteilt hat, geschieht die Zustellung auch durch eine Aufgabe unter der Anschrift einer Person nach den §§ 171, 173. Die Übergabe an die Post kann durch den Einwurf in den Briefkasten erfolgen. Eine Freimachung ist nicht vorgeschrieben. Wegen der Amtszustellung durch Aufgabe zur Post § 213 und BGH Rpfleger **87**, 205.

**6) Einschreiben, II.** Eine Einschreibsendung ist nur auf Grund eines Antrags der Partei und nur dann **7** notwendig, wenn die Partei die Mehrkosten übernimmt. Auch ein Einschreiben gegen Rückschein ist zulässig, BGH Rpfleger **87**, 206, Schlosser Festschrift für Stiefel (1987) 693. Vorschuß: § 68 GKG.

**7)** *VwGO:* I 1 ist entsprechend anwendbar, vgl § 174 Rn 12, I 2 u 3 ebenfalls, Weingärtner VBlBW **89**, 13, **8** Kopp § 56 Rn 11, VG Bre MDR **69**, 1042, aber wegen § 56 II VwGO mit der Maßgabe, daß die Zustellung nach § 4 VwZG zu bewirken ist (durch die Post mittels eingeschriebenen Briefes, dazu VGH Mannh NVwZ **92**, 799, VGH Mü BayVBl **90**, 693), RedO § 56 Anm 9, so daß **II** unanwendbar ist, abw Engelhardt/App, VwVG/VwZG, § 8 Anm 1 b u § 14 Anm 1, u Kohlrust-Eimert, VwZG, § 8 Anm a cc und § 14 Anm 1 (Zustellung nach § 14 oder § 15 VwZG; aber dann liefe § 56 III VwGO leer, außerdem spricht § 15 S 2 VwVfG, der eine I 2 u 3 ähnliche Regelung enthält, gegen diese Ansicht).

## 176 Zustellung an Prozeßbevollmächtigte.
Zustellungen, die in einem anhängigen Rechtsstreit bewirkt werden sollen, müssen an den für den Rechtszug bestellten Prozeßbevollmächtigten erfolgen.

**Schrifttum:** *Schwab,* Das Verfahren zwischen den Instanzen, Festschrift für *Schnorr von Carolsfeld* (1972) 445.

**Gliederung**

| | | | |
|---|---|---|---|
| 1) Systematik | 1 | C. Rechtszug | 7 |
| 2) Regelungszweck: Vereinigung des Prozeßstoffs | 2 | D. Beginn und Ende der Instanz | 8 |
| | | 5) Wirkung | 9 |
| 3) Sachlicher Geltungsbereich: Alle Verfahrensarten | 3 | 6) Verstoß | 10, 11 |
| 4) Persönlicher Geltungsbereich: Prozeßbevollmächtigter | 4–8 | 7) Beispiele zur Frage des sachlichen und persönlichen Geltungsbereichs | 12–30 |
| A. Begriff | 4 | 8) *VwGO* | 31 |
| B. Bestellung | 5, 6 | | |

**1) Systematik.** Die Vorschrift stellt einerseits eine Ausnahme von dem Grundsatz dar, daß Zustellungen **1** an die Parteien zu erfolgen haben, zB §§ 270 II, 271, andererseits einen eigenen Grundsatz, nämlich den Vorrang eines ProzBev für alle Zustellungen, zB aus §§ 183, 184, BAG DB **96**, 2088, von dem es wieder in anderen Vorschriften Ausnahmen gibt, zB bei § 900 III 1. Ergänzend gilt § 172.

**2) Regelungszweck: Vereinigung des Prozeßstoffs.** § 176 soll im Interesse der Prozeßwirtschaft- **2** lichkeit, Grdz 14 vor § 128, die Vereinigung des gesamten Prozeßstoffs in einer Hand fördern, Ffm OLGZ **86**, 121, Hbg RR **88**, 1278, und zwar in der berufensten. Das Gesetz geht davon aus, daß die Partei durch die Erteilung einer Prozeßvollmacht auf die persönliche Fortführung des Prozeßbetriebs verzichtet hat, Ffm Rpfleger **78**, 376. Die Vorschrift ist ihrem umfassenden Zweck entsprechend weit auszulegen.

**3) Sachlicher Geltungsbereich: Alle Verfahrensarten.** Darum gilt die Vorschrift zB: In allen Verfah- **3** rensarten der ZPO, Üb 2 vor § 166, Ffm OLGZ **86**, 121; in allen Instanzen einschließlich der Zwangsvollstreckung (mit der alleinigen Ausnahme des Verfahrens auf die Abgabe einer eidesstattlichen Versicherung

## § 176

zur Offenbarung nach § 900 I 2), LG Gießen Rpfleger **81**, 26, LG Köln NJW **86**, 1180, aM LG Bochum Rpfleger **85**, 33, Biede DGVZ **77**, 75. § 176 ist, vom eben genannten Fall abgesehen, nach seinem Zweck und Grund *weit auszulegen*. Beispiele Rn 12 ff. Zum WEG-Verfahren Hbg ZMR **98**, 713; zum Abschiebungsverfahren BayObLG **98**, 302.

**4** **4) Persönlicher Geltungsbereich: Prozeßbevollmächtigter.** Beispiele Rn 12 ff.

**A. Begriff.** Vgl zunächst § 80 Rn 1. Vor einem Kollegialgericht *muß* der ProzBev *zugelassen sein*, soweit überhaupt noch ein Lokalisierungsgebot besteht (zur Problematik § 78 Rn 2–13), zB BGH VersR **84**, 873, Hbg GRUR **81**, 91, Hamm GRUR **92**, 887, aM Düss MDR **85**, 852. Freilich kann eine Zulassung fortwirken. Das gilt auch für den amtlich bestellten Vertreter eines Anwalts, § 53 BRAO, und für den vom ProzBev für die höhere Instanz bestellten Anwalt, § 81. Neben dem Vollvertreter behält der Anwalt selbst die Befugnis, auch für eine Ersatzzustellung. Wenn es sich nicht um die Vertretung vor einem Kollegialgericht oder dort nicht um einen Hauptsacheantrag handelt, kann der ProzBev oder sonst Bevollmächtigte ein Nichtanwalt sein, BGH MDR **85**, 30, zB ein Prokurist oder ein Generalbevollmächtigter, BAG DB **96**, 2088, auch auf Grund seiner allgemeinen Vertretungsbefugnis.

**5** **B. Bestellung.** Der ProzBev muß von der Partei im Zeitpunkt der Zustellung schon und noch wirksam als solcher „bestellt" sein. Die Bestellung hat nichts mit der Vollmachtserteilung und ihrer Wirksamkeit zu tun, BGH FamRZ **92**, 665, Ffm FamRZ **94**, 835, Hbg RR **88**, 1278, aM Stgt WettbR **96**, 281, LAG Köln BB **96**, 1119 (LS). Das gilt schon deshalb, weil das Gericht die Vollmachtserteilung nicht von Amts wegen prüft, soweit ein Anwalt als Bevollmächtigter auftritt, § 88 II. Es genügt, daß jemand eindeutig dem Gericht oder im Fall einer Parteizustellung dem Gegner gegenüber als der ProzBev gekennzeichnet worden ist, BGH FamRZ **92**, 665, Düss AnwBl **82**, 433, Ffm Rpfleger **78**, 376, sei es durch eine ausdrückliche oder durch schlüssige Handlung, BPatG GRUR **87**, 813, Stgt WettbR **96**, 281.

Die *Prozeßvollmacht* braucht zwecks Bestellung nicht beigefügt zu werden, BGH FamRZ **92**, 665. Es ist erforderlich und genügt auch, daß sich der ProzBev in der vorbezeichneten Art selbst auch gerade als solcher, also nicht nur für außerprozessuale Maßnahmen, Hbg RR **93**, 958, erkennbar bestellt, BGH RR **94**, 127, BPatG GRUR **87**, 813, Hbg ZMR **98**, 713. Dabei muß auch erkennbar werden, daß der Vertreter eine Prozeßvollmacht, also eine das ganze Verfahren umfassende Vertretungsmacht, haben soll, BGH MDR **85**, 30, Düss GRUR **84**, 80.

Es besteht also keine Zustellungspflicht an diesen ProzBev, sondern eine Zustellungspflicht an die Partei selbst, soweit und solange das *Gericht nichts von* seiner *Bestellung weiß*, BGH **61**, 311, Hbg RR **88**, 1278, Zugehör NJW **92**, 2261. Eine zusätzliche Ladung des ProzBev der Partei, die vor seiner Bestellung ordnungsgemäß geladen wurde, ist ebensowenig nötig wie ein Hinweis an ihn über den Termin, LAG Mü VersR **86**, 692.

**6** Die nachträgliche Bestellung heilt eine frühere Zustellung an den noch nicht Bestellten. Entscheidender *Zeitpunkt* ist der Beginn der Zustellung, also der Aushändigung des zuzustellenden Schriftstücks an den Gerichtsvollzieher oder an den Urkundenbeamten der Geschäftsstelle im Parteibetrieb, an den Gerichtswachtmeister oder an die Post im Amtsbetrieb, BGH NJW **81**, 1674, Hbg RR **88**, 1278.

**7** **C. Rechtszug.** Der ProzBev muß als solcher für den Rechtszug, also für die Instanz bestellt worden sein. Der Begriff der Instanz schwankt. Er ist für die einzelnen Prozeßgesetze und sogar innerhalb der ZPO nicht gleich. Hier bedeutet Instanz das gesamte Verfahren in demselben Rechtszug, Hamm GRUR **92**, 888.

**8** **D. Beginn und Ende der Instanz.** Die Instanz beginnt mit der Einreichung der Klage, der bloßen Anhängigkeit, § 261 Rn 1, also nicht erst mit der Zustellung der Klageschrift, BGH NJW **84**, 926. Sie beginnt ferner mit der Einreichung des Gesuchs oder der Rechtsmittelschrift, BGH FamRZ **92**, 49. Sie endet noch nicht mit der Verkündung nach § 311, BGH **111**, 109, sondern erst mit der Rechtskraft des Urteils, § 322, vgl dazu auch § 705 Rn 3, mangels eines solchen, etwa bei einer Klagerücknahme, § 269, mit der Rechtskraft zB der Kostenentscheidung oder grundsätzlich auch mit der Einlegung eines statthaften Rechtsmittels, BGH NJW **95**, 1096, aM Karlsr AnwBl **82**, 434, ZöStö 12 (sie ende mit der Zustellung des Endurteils).

Danach ist eine die Rechtsmittelfrist in Lauf setzende Zustellung immer an den ProzBev der *unteren* Instanz zu bewirken, selbst wenn ein ProzBev für die höhere Instanz bestellt worden ist, BGH NJW **75**, 120, LAG Kblz JB **78**, 1255 (man muß aber stets den Art 103 I GG mitbeachten), sogar wenn das Rechtsmittel vorher eingelegt wurde. Sofern sich der ProzBev zwar nach dem Erlaß der Entscheidung, aber noch vor demjenigen Zeitpunkt bestellt hat, in dem ihre Herausgabe erfolgt ist, § 329 Rn 23, 24, muß die Zustellung an ihn erfolgen. Der Urkundenbeamte der Geschäftsstelle muß diese Maßnahme also unter Umständen auch noch dann veranlassen, wenn die Akte sich bereits in der Kanzlei befindet, Köln NJW **83**, 460. Andernfalls mag die Rechtsmittelfrist nicht wirksam angelaufen sein, BGH NJW **81**, 1674.

**9** **5) Wirkung.** Soweit die Voraussetzungen des § 176 vorliegen, und zwar im Zeitpunkt der Heraus- oder Weggabe des zuzustellenden Schriftstücks, BGH NJW **81**, 1673, Ffm OLGZ **86**, 121, sind Gericht und Prozeßgegner nicht nur berechtigt, sondern verpflichtet, an den ProzBev zuzustellen. Bei einer Mehrheit von ProzBev genügt die Zustellung an einen von ihnen, BVerfG **81**, 128.

**10** **6) Verstoß.** Ein Verstoß gegen § 176, der in jeder Instanz zu prüfen ist, BGH NJW **76**, 1940, macht die Zustellung grundsätzlich wirkungslos, BGH FamRZ **92**, 1057, Celle GRUR **89**, 541, Köln FamRZ **87**, 1060. Das gilt selbst dann, wenn der ProzBev das Schriftstück als dritter Hand erhalten hat oder wenn die Zustellung auch oder nur an den Vertretenen erfolgt ist, BGH **61**, 310, Köln MDR **76**, 50, LG Köln NJW **86**, 1180. Daraus können ein Anspruch auf einen neuen Termin, § 227, und eine Amtshaftung entstehen, Art 34 GG, § 839 BGB. Man kann freilich unter Umständen eine Zustellung an den Zustellungsbevollmächtigten annehmen, BGH VersR **84**, 873, BAG BB **77**, 1152. Wegen der Vollziehungsfrist des § 929 Hbg GRUR **87**, 66.

**11** Eine *Heilung* erfolgt nach § 187, BGH NJW **84**, 926, und nach § 295, aber nach der letzten Vorschrift jedenfalls dann nicht rückwirkend, wenn sonst eine zwingende Frist verletzt wäre, etwa eine Klagaus-

2. Titel. Verfahren bei Zustellungen § 176

schlußfrist oder Klagerwiderungsfrist, oder wenn es zB um § 1587 II BGB geht, BGH NJW **84**, 926, oder im Eilverfahren nach §§ 620 ff, 916 ff, 935 ff, Celle GRUR **89**, 541. Soweit der ProzBev mehrere Beteiligte vertritt, wirkt die Zustellung im Zweifel für bzw gegen alle, wenn nicht § 191 Z 3 etwas anderes ergibt.

**7) Beispiele zur Frage des sachlichen und persönlichen Geltungsbereichs** 12
**Abgabe:** Rn 19 „Mahnverfahren".
**Amtszustellung:** § 176 gilt bei einer Zustellung von Amts wegen, §§ 208 ff, Köln NJW **83**, 460.
**Anderer Prozeß:** Die Bestellung zum ProzBev kann auch durch eine Mitteilung in einem anderen bei demselben Gericht anhängigen Prozeß erfolgen; die Weiterleitung ist dann Amtspflicht.
**Anhängigkeit:** § 176 gilt im Stadium zwischen Anhängigkeit und Rechtshängigkeit, § 261 Rn 1, soweit (schon) ein ProzBev tätig geworden ist, BGH NJW **84**, 926, etwa durch die Einreichung eines Antrags auf eine Prozeßkostenhilfe.
**Annahme der Zustellung:** Rn 15 „Entgegennahme der Zustellung".
**Antragstellung:** Die Bestellung zum ProzBev kann durch die Stellung eines Prozeß- und/oder Sachantrags im Termin erfolgen, BGH VersR **79**, 255, Düss GRUR **84**, 80.
**Anwaltsprozeß:** § 176 gilt natürlich im Anwaltsprozeß, § 78 Rn 1.
**Arrest, einstweilige Verfügung:** § 176 gilt im Verfahren nach §§ 916 ff, 935 ff, Hbg RR **95**, 445, Hamm 13 GRUR **92**, 887, Stgt WettbR **96**, 281. Vgl auch § 82 Rn 1. Eine Bestellung für das Eilverfahren kann sich auf das Hauptverfahren erstrecken, Ffm FamRZ **94**, 835 (Vorsicht!).
**Aufgabe der Anwaltszulassung:** Rn 27 „Vertretungsunfähigkeit".
**Aufnahme des Verfahrens:** In den Fällen der §§ 239 III, 246 ist eine persönliche Ladung der Partei unabhängig von der Bestellung eines ProzBev notwendig.
**Ausländischer Anwalt:** SchlAnh VII § 5.
**Baulandsache:** § 176 gilt in einer Baulandsache, BGH MDR **85**, 30. 14
**Beiordnung:** Rn 15 „Ehesache".
**Drittwiderspruchsklage:** Die Klage nach § 771 fällt zwar unter die Vollmacht, § 81, sodaß die Zustellung an den ProzBev erfolgen kann; es handelt sich aber nicht um den anhängigen Prozeß, und daher ist eine Zustellung an den Gläubiger persönlich zulässig, § 178 Rn 1.
**Ehesache:** Dem nach § 625 beigeordneten Anwalt kann nur dann wirksam zugestellt werden, wenn er 15 außerdem zum ProzBev bestellt wurde, § 625 Rn 7, BGH NJW **95**, 1225.
**Eidesstattliche Versicherung:** Rn 19 „Offenbarungsversicherung".
**Einmischungsklage:** § 82 Rn 1.
**Einstweilige Zulassung:** Eine einstweilige Zulassung nach § 89 genügt als Bestellung zum ProzBev.
**Entgegennahme der Zustellung:** Die Bestellung zum ProzBev kann auch durch die Entgegennahme der Zustellung durch einen Sozius erfolgen, BGH **67**, 13.
**Formlose Mitteilung:** § 176 gilt bei einer formlosen Mitteilung, BGH RR **86**, 287, BAG DB **77**, 920, 16 Schneider MDR **85**, 641 (wegen § 882 a).
S auch Rn 22 „Schriftsatz".
**Freiwillige Gerichtsbarkeit:** § 176 gilt auch in einem streitigen Verfahren nach dem FGG, BGH NJW **91**, 2086, Hamm ZMR **97**, 156, Schlesw NJW **97**, 203, aM BGH **65**, 44, BayObLG Rpfleger **92**, 116, KG Rpfleger **85**, 193.
Beim *nichtstreitigen* Verfahren kommt es auf die Vollmacht an, Zweibr Rpfleger **74**, 398.
**Hauptintervention:** § 82 Rn 1.
**Insolvenz:** Der ProzBev der Partei wird nicht schon dadurch, daß sie zum Schuldner wird, zum Zustellungsbevollmächtigten des Verwalters, § 86 Rn 11, BGH DB **89**, 377.
**Internationales Übereinkommen:** § 176 ist bei einem solchen Übereinkommen unanwendbar, BGH **65**, 298, soweit nicht dieses Übereinkommen auf die Vorschrift Bezug nimmt.
S auch Rn 12 „Ausländischer Anwalt".
**Justitiar:** Er kann als ProzBev bestellt sein.
**Klageschrift:** Die Angabe des Klägers in der Klageschrift, der Bekl sei durch den Anwalt X vertreten, genügt 17 nur dann als Bestellung, wenn schon ein außergerichtlicher Schriftwechsel mit diesem Anwalt stattgefunden hatte, wenn dieser letztere Anwalt dabei erklärt hatte, er sei zum ProzBev ausersehen worden, und wenn diese letztere Mitteilung nicht nur aus dem Kopf (Rubrum) der Klageschrift indirekt, sondern aus ihrem *weiteren Inhalt* oder weiteren Angaben des Klägers oder seines ProzBev bis zu dem für die Veranlassung der Zustellung maßgebenden Zeitpunkt, also insbesondere bis zur Hinausgabe der Klageschrift an die Post, § 329 Rn 24, zur Kenntnis des Gerichts kommt, BVerfG JZ **87**, 719 (das Gericht wird, wenn es deutlich wird, als unter Umständen zu einer Nachfrage verpflichtet bezeichnet), KG RR **87**, 310, Hbg ZMR **91**, 27 (offen, ob eine Fürsorgepflicht zur Mitteilung an den etwaigen ProzBev bestehe); aM ThP 3 (die Mitteilung der Bevollmächtigung müsse dem Gericht gegenüber stets durch den ProzBev oder seinen Auftraggeber erfolgen).
**Kostenfestsetzungsverfahren:** § 176 gilt im Verfahren nach §§ 103 ff, BVerfG **81**, 127 (nicht stets 18 zwingend), KG NJW **94**, 3111, Mü Rpfleger **84**, 74. Das gilt nicht in einem Verfahren nach § 19 BRAGO, solange die Partei nicht auch dafür Prozeßvollmacht erteilt hat, Mü Rpfleger **84**, 74.
**Kündigung:** Rn 28 „Widerruf usw".
**Landwirtschaftsverfahren:** § 176 gilt in einem Landwirtschaftsverfahren, BGH LM Nr 3.
**Mahnverfahren:** § 176 gilt im Mahnverfahren, §§ 688 ff, Zweibr VersR **79**, 143, aM KG NJW **87**, 1339, 19 und zwar auch nach einer Abgabe oder Verweisung, Düss MDR **87**, 503, Zweibr FamRZ **89**, 192.
**Notanwalt:** Eine Beiordnung als Notanwalt, § 78 c, genügt nicht, wohl aber eine einstweilige Zulassung.
**Offenbarungsversicherung:** Im Fall § 900 I 2 ist schon nach dessen Wortlaut eine persönliche Ladung des Schuldners unabhängig von der Bestellung eines ProzBev notwendig.
**Parteibetrieb:** § 176 gilt bei einer Zustellung im Parteibetrieb, § 166 ff. 20
**Parteiprozeß:** § 176 gilt im Parteiprozeß, § 78 Rn 1, Köln MDR **76**, 50.

## § 176

**Parteivernehmung:** Im Fall des § 450 I 2 ist eine persönliche Ladung der Partei unabhängig von der Bestellung eines ProzBev notwendig.
**Passivrubrum:** Rn 17 „Klageschrift".
**Persönliches Erscheinen:** In den Fällen der §§ 141 II 1, 273 II Z 3, 279 II 2, 613 I 1 ist eine persönliche Ladung der Partei unabhängig von der Bestellung eines ProzBev notwendig, Brdb JB **99**, 155.

21 **Prozeßkostenhilfe:** § 176 gilt im Verfahren nach §§ 114 ff. Eine Meldung zunächst nur mit einem Prozeßkostenhilfegesuch ohne weiteren Zusatz ist zwar zurückhaltend zu würdigen, gibt aber doch wohl meist eine Bestellung zum ProzBev zumindest bis zur etwa erfolgenden Ablehnung der Beiordnung zu erkennen; freilich kann eine Rückfrage ratsam sein; es kommt auf die Gesamtumstände an; im Zweifel liegt noch keine Bestellung vor.
*Nicht* ausreichend ist die bloße Beiordnung nach § 121, denn zu ihr muß eine Prozeßvollmacht gerade hinzutreten, § 121 Rn 16. Freilich kann eine einstweilige Zulassung nach § 89 vorliegen.

22 **Rechtshängigkeit:** Rn 12 „Anhängigkeit".
**Rechtsmittelinstanz:** § 176 gilt in allen Instanzen.
**Sachverhalt:** Eine Bestellung zum ProzBev kann durch den Sachverhalt erkennbar sein, Walchshöfer Rpfleger **74**, 255.
**Schiedsspruch:** Vgl §§ 1042 II, 1054 IV.
**Schriftsatz:** Eine (Selbst-)Bestellung kann natürlich in erster Linie durch die Einreichung eines Schriftsatzes des ProzBev erfolgen, BGH VersR **86**, 371, Karlsr RR **92**, 701, aber auch durch den Schriftsatz eines nach § 157 nicht zum Verhandeln Befugten, § 157 Rn 7, 8, LG Hagen WoM **88**, 281 (er ist Zustellungsbevollmächtigter).
S auch Rn 19 „Mitteilung", Rn 23 „Schutzschrift".

23 **Schutzschrift:** Vgl zunächst Rn 22 „Schriftsatz". Grds genügt die Einreichung einer sog Schutzschrift nicht, Grdz 7 vor § 128, soweit sie außerhalb eines bereits anhängigen bestimmten Verfahrens (also vorher) erfolgt, und zwar auch dann nicht, wenn der Einreicher beim Prozeßgericht zugelassen ist, Ffm OLGZ **88**, 105, Hbg RR **95**, 445, Karls RR **92**, 701, aM Ffm OLGZ **86**, 121, ThP 3, ZöStö 5 (aber es liegt vor Anhängigkeit bzw Rechtshängigkeit überhaupt noch kein Prozeßrechtsverhältnis vor, aus dem erst prozessuale Rechte und Pflichten entstehen können, Grdz 5 vor § 128).

24 **Sozietät:** Bei der örtlichen Sozietät ist grds jeder Sozius mitbestellt, BGH VersR **78**, 446, 670, denn jeder arbeitet für jeden, ist Gesamtgläubiger und Gesamtschuldner. Bei der überörtlichen Sozietät will der Auftraggeber im Zweifel nur diejenigen Sozien mitbestellen, die vor dem oder den Gericht(en) auftreten können und dürfen, Rn 4.
**Terminsvertreter:** Der bloß für einen oder mehrere Termine Bestellte ist nicht schon deshalb auch ProzBev, BGH RR **94**, 127.
**Tod usw des Prozeßbevollmächtigten:** Die Prozeßvollmacht endet mit diesem Ereignis, § 86 Rn 5, 6.

25 **Unterbrechung:** Rn 12 „Aufnahme des Verfahrens".
**Unterschrift:** Die Bestellung zum ProzBev kann auch durch die Unterzeichnung eines zugestellten Schriftsatzes erfolgen.

26 **Untervertreter, -bevollmächtigter:** Er ist nicht stets (auch) ProzBev, BayVerfGH RR **92**, 1645, Nürnb OLGZ **76**, 481, ThP 2, aM ZöStö 3.

27 **Verkehrsanwalt:** Er ist gerade nicht der ProzBev.
**Vertretungsunfähigkeit:** Die Prozeßvollmacht endet mit dem Eintritt der Vertretungsunfähigkeit des bisherigen ProzBev, § 86 Rn 5, 6. Hierher gehört nicht die Aufgabe seiner Zulassung zur Anwaltschaft oder eine Mitteilung ans Gericht, Mü Rpfleger **70**, 250, auch nicht der Wegfall der Zulassung, aM BFH BB **75**, 635.
**Verweisung:** Rn 19 „Mahnverfahren". Die Prozeßvollmacht endet nicht stets mit der Verweisung an ein anderes Gericht, Ffm AnwBl **80**, 292, Köln FamRZ **85**, 1278, selbst wenn der bisherige ProzBev dort nicht zugelassen ist.
**Vollmachtloser Vertreter:** Für einen zugelassenen vollmachtlosen Vertreter tritt das Ende der Befähigung nach § 176 mit seiner Zurückweisung nach § 89 ein, BGH LM § 88 Nr 3, Zweibr MDR **82**, 586.
**Vollstreckungsgericht:** Rn 30 „Zwangsvollstreckung".
**Vollstreckungstitel:** Die Bestellung zum ProzBev kann sich aus seiner Anführung in einem Vollstreckungstitel ergeben, vgl auch Üb 10 vor § 300, LG Gießen Rpfleger **81**, 26.

28 **Wegfall der Zulassung:** Rn 27 „Vertretungsunfähigkeit".
**Widerruf usw:** Mit dem Wirksamwerden eines Widerrufs oder einer Kündigung des Vollmachtvertrags nach § 87 tritt das Ende der Bevollmächtigung ein. Darum darf man dem neuen ProzBev, der an die Stelle des bisherigen getreten ist, eine Zustellung erst dann zuleiten, wenn er die Übernahme angezeigt hat, BGH LM § 87 Nr 6. Im Parteiprozeß genügt aber bei einer Kündigung oder Niederlegung die Kenntnis des Gerichts, BGH NJW **91**, 296, LG Bln MDR **94**, 307, vgl aber § 87 Rn 5. Der Anwalt muß ein zugestelltes Schriftstück noch nach Beendigung des Auftrags an die Partei weiterleiten.
**Wohnungseigentumssache:** Rn 16 „Freiwillige Gerichtsbarkeit".

29 **Zustellungsbevollmächtigter:** Wer nicht ProzBev ist, kann doch zumindest Zustellungsbevollmächtigter sein, LG Hagen WoM **88**, 281. Auch in manchem Anwaltschriftsatz gehen die Begriffe durcheinander. Im Zweifel ist eine Rückfrage beim Einreicher ratsam, beim angeblichen ProzBev des Gegners nicht stets überhaupt erlaubt (Schweigepflicht vor Beginn des Prozeßrechtsverhältnisses!) und keineswegs immer Amtspflicht; das übersieht manche oberflächliche Rechtsmittelentscheidung. Denn die Aufgabenbereiche decken sich nicht annähernd, auch nicht kostenmäßig; das wird bei voreiliger Annahme einer Bestellung als ProzBev oft übersehen.

30 **Zwangsvollstreckung:** § 176 gilt in der Zwangsvollstreckung mit der alleinigen Ausnahme des Verfahrens auf die Abgabe einer eidesstattlichen Versicherung zwecks Offenbarung nach § 900 III 1, Ffm NJW **78**, 1442, LG Gießen Rpfleger **81**, 26, LG Köln NJW **86**, 1180, aM LG Bochum Rpfleger **85**, 33.
S auch Rn 14 „Drittwiderspruchsklage", Rn 16 „Formlose Mitteilung".

2. Titel. Verfahren bei Zustellungen §§ 176–178

**8) VwGO:** *Die gleiche Regelung treffen §§ 67 III 3 VwGO und 8 IV VwZG; zum Verf bei Wechsel des ProzBev* 31
*s OVG Weimar NVwZ-RR 96, 545.*

**177** **Prozeßbevollmächtigter unbekannten Aufenthalts.** ¹Ist der Aufenthalt eines Prozeßbevollmächtigten unbekannt, so hat das Prozeßgericht auf Antrag die Zustellung an den Zustellungsbevollmächtigten, in Ermangelung eines solchen an den Gegner selbst zu bewilligen.

II ¹Die Entscheidung über den Antrag kann ohne mündliche Verhandlung erlassen werden. ²Eine Anfechtung der die Zustellung bewilligenden Entscheidung findet nicht statt.

**1) Systematik, Regelungszweck, I, II.** § 177 soll im Interesse der Rechtssicherheit, Einl III 43, die 1
Scheinbestellung eines ProzBev unterbinden. Die Vorschrift ist nur dann anwendbar, wenn eine Zustellung an den ProzBev notwendig ist, §§ 176, 178, und wenn diese Zustellung nicht durch eine Aufgabe zur Post nach § 175 geschehen kann. Die Vorschrift ist also unanwendbar, wenn auch nur wahlweise eine Zustellung an die Partei selbst oder eine Ersatzzustellung nach § 183 II möglich ist.

**2) Geltungsbereich, I, II.** Vgl Üb 2 vor § 166. 2

**3) Voraussetzungen der Zustellungsbewilligung, I.** § 177 setzt voraus, daß der Aufenthalt des 3
ProzBev unbekannt ist. Der Begriff ist derjenige des § 203 I, dort Rn 1. In diesem Fall kann der Rpfl des Prozeßgerichts, § 20 Z 7 b RPflG, Anh § 153 GVG, auf Grund eines Antrags und im Fall einer Zustellung von Amts wegen auch ohne einen Antrag, § 208 Rn 2, die Zustellung an den Gegner selbst bewilligen. Die Bewilligung erstreckt sich nur auf den einzelnen Zustellungsakt. Die vom Gesetzestext vorgesehene Bewilligung der Zustellung an den Zustellungsbevollmächtigten kommt nicht in Frage. Denn diese Zustellung bedarf nicht einer besonderen Bewilligung.

**4) Entscheidung, II.** Die Entscheidung erfolgt nach einer freigestellten mündlichen Verhandlung, § 128 4
Rn 10, durch einen Beschluß, § 329. Er ist grundsätzlich zu begründen, § 329 Rn 4. Er wird verkündet oder von Amts wegen im Fall des Stattgebens beiden Parteien, im Fall der Ablehnung dem Antragsteller formlos mitgeteilt, § 329 II 1.

**5) Rechtsmittel, I, II.** Gegen einen stattgebenden Beschluß ist kein Rechtsmittel statthaft, II 2. Soweit 5
das LG als Berufungs- oder Beschwerdegericht entschieden hat, ist die Beschwerde unzulässig, § 567 III 1. Beim Rpfl gilt § 11 RPflG, vgl § 104 Rn 41 ff.

**6) VwGO:** *Entsprechend anwendbar, § 173 VwGO, in Ergänzung der in § 176 Rn 31 genannten Vorschriften (s* 6
*auch BFH BStBl 77 II 665).*

**178** **Was zur Instanz gehört.** ¹Als zu dem Rechtszug gehörig sind im Sinne des § 176 auch diejenigen Prozeßhandlungen anzusehen, die das Verfahren vor dem Gericht des Rechtszuges infolge eines Einspruchs, einer Aufhebung des Urteils dieses Gerichts, einer Wiederaufnahme des Verfahrens oder eines neuen Vorbringens in dem Verfahren der Zwangsvollstreckung zum Gegenstand haben. ²Das Verfahren vor dem Vollstreckungsgericht ist als zum ersten Rechtszuge gehörig anzusehen.

**1) Systematik, Regelungszweck, S 1, 2.** Die Vorschrift ergänzt den wichtigen § 176 durch Festlegung 1
des Geltungsbereichs zwecks Klärung und Vereinfachung im Interesse der Prozeßförderung und Prozeßwirtschaftlichkeit, Grdz 12, 14 vor § 128, wie auch im Interesse der Rechtssicherheit, Einl III 43: Der Instanzbegriff wird sehr weit gezogen, um die Zustellung zu erleichtern. Damit bürdet das Gesetz zunächst dem bisherigen ProzBev vielerlei Zusatz- und Abwicklungspflichten auf und überläßt es ihm, das Ende des Mandats nach § 87 anzuzeigen, um das Ende der Pflichten aus § 178 herbeizuführen.

**2) Geltungsbereich, S 1, 2.** Vgl Üb 2 vor § 166. 2

**3) Rechtszug, S 1.** Zum Rechtszug im Sinn des § 176, s auch § 176 Rn 16, 17, gehören: Das Verfahren 3
nach einem Einspruch, §§ 338, 700; das Verfahren mit dem Ziel einer Zurückverweisung, §§ 538, 539, 565 I, 566 a V, 575; dem Wiederaufnahmeverfahren, § 578 ff; ein Verfahren eines neuen tatsächlichen Vorbringens in der Zwangsvollstreckungsinstanz, §§ 731, 767 ff, 781 ff. Damit ist ein Streit gemeint, der sich aus Anlaß einer Zwangsvollstreckung zwischen den Parteien und nicht etwa mit einem Dritten entwickelt, etwa ein Streit nach § 767. § 178 reicht aber nicht so weit wie die §§ 81 ff. Nach den letzteren Vorschriften darf in den dort bezeichneten Fällen eine Zustellung an den ProzBev gehen. In den Fällen des § 178 muß die Zustellung an ihn gehen.

**4) Verfahren vor dem Vollstreckungsgericht, S 2.** Das Verfahren vor diesem Gericht und damit fast die 4
gesamte Zwangsvollstreckung, vgl nur §§ 764, 766, 789, 822 ff, 828 ff, 899, gehört stets zum ersten Rechtszug, LG Würzb DGVZ 79, 126. Es ist also eine Zustellung an den erstinstanzlichen ProzBev nötig, LG Köln JB 90, 916, und zwar auch dann, wenn der ProzBev sein Bestellungsamt etwa als einem in zweiter Instanz geschlossenen Vergleich stattfindet, LG Köln JB 90, 916. Dabei kommt es nicht auf den Wohnort des ProzBev an. Er braucht keinen Zustellungsbevollmächtigten nach § 174 zu benennen, wenn er außerhalb des Bezirks wohnt. § 900 I 2 enthält eine Sonderregelung für die Ladung im Verfahren zur Abgabe einer Offenbarungsversicherung. § 178 gilt auch dann, wenn das Gericht des ersten Rechtszugs in der Vollstreckungsinstanz tätig wird, LG Gießen Rpfleger 81, 26. Wird ein neuer ProzBev für die Zwangsvollstreckung bestellt oder die Partei ohne Anwaltszwang selbst tätig, so ist § 176 allenfalls auf den neuen ProzBev anwendbar, Mü Rpfleger 79, 465, LG Trier Rpfleger 88, 29.

**5**   5) *VwGO:* Entsprechend anwendbar, § 173 VwGO, in Ergänzung der in § 176 Rn 31 genannten Vorschriften. Vollstreckungsgericht ist stets das Gericht des ersten Rechtszuges, § 167 I 2 VwGO.

## 179 (weggefallen)

## 180 Ort der Zustellung. Die Zustellungen können an jedem Ort erfolgen, wo die Person, der zugestellt werden soll, angetroffen wird.

**1**   **1) Systematik.** Vgl zunächst den in Üb 1 vor § 166 dargestellten Zweck jeder Zustellung, die Ermöglichung einer tatsächlichen Kenntnisnahme. Eine Folgerung sieht § 180, eine andere das in §§ 181 ff geregelte Institut der sog Ersatz-Zustellung. § 198 hat Vorrang, denn § 180 behandelt nur die Zustellung an die Partei selbst, Köln NZM **99**, 418.

**2**   **2) Regelungszweck.** § 180 dient der Vereinfachung und Beschleunigung und damit der Prozeßförderung und Prozeßwirtschaftlichkeit, Grdz 12, 14 vor § 128. Daher sollte zB der Begriff des Antreffens großzügig ausgelegt werden.

**3**   **3) Geltungsbereich.** Vgl Üb 2 vor § 166.

**4**   **4) Zustellungsort.** Der Zustellungsbeamte darf das zuzustellende Schriftstück dem Zustellungsadressaten, Üb 8 vor § 166, § 191 Z 3, im Inland überall dort nach § 170 übergeben, wo er ihn antrifft, zB auf der Straße; freilich soll er einen angemessenen, den Empfänger nicht unnötig störenden Platz wählen, vgl § 27 GVGA. Ein Verstoß macht aber die Zustellung nicht unwirksam, Ffm JB **98**, 209. § 3 I 2 VwZG erlaubt eine Adressierung des zuzustellenden Schriftstücks (nur diese) per Postfach (und eine Nachsendung, auch nach § 183), BFH BB **83**, 1713. Im übrigen ist eine förmliche Zustellung an ein Postfach schon wegen §§ 181 ff nicht möglich. „Ort" bedeutet: Ortsgemeinde, nicht Ortschaft. Eine Zustellung ist daher auch außerhalb der bebauten Fläche statthaft, also auch gegenüber dem Landwirt auf dem Feld. Eine Ersatzzustellung ist aber nur unter den Voraussetzungen der §§ 181 ff statthaft und wirksam, LG Hagen MDR **84**, 1034. Freilich ist die „an die Geschäftsführer" einer juristischen Person gerichtete Zustellung nach § 180 zulässig, BayObLG **91**, 244. Bei Annahmeverweigerung gilt § 186.

**5**   5) *VwGO:* Gilt für das Zustellen durch den Postbediensteten, §§ 56 II VwGO, 3 III VwZG, und für die Zustellung durch die Partei nach § 750, Üb § 166 Rn 18. Vgl auch § 10 VwZG.

### Einführung vor §§ 181–185
### Ersatzzustellung

**Schrifttum:** *Allgaier,* Ersatzzustellung und Postgeheimnis, Archiv für das Post- und Fernmeldewesen **88**, 392.

**1**   **1) Systematik.** §§ 181 ff stellen eine Notlösung und eine Hilfslösung der Aufgabe dar, dem Empfänger eine tatsächliche Kenntnisnahme, das Ziel jeder Zustellung, Üb 1 vor § 166, zu ermöglichen. Bei der Ersatzzustellung sind Zustellungsadressat, Üb 8 vor § 166, und der Zustellungsempfänger, Üb 9 vor § 166, verschiedene Personen, mit Ausnahme des Falls § 182; das zuzustellende Schriftstück erhält ein anderer, der als gesetzlicher Vertreter des Zustellungsadressaten für die Zustellung gilt, nicht als Vertreter im Sinn von § 85 II. Jedermann darf einen besonderen Zustellungsempfänger, den Zustellungsbevollmächtigten, bestellen; dann darf der Zustellende diesen nicht geflissentlich umgehen. Er muß also zunächst die Zustellung an ihn versuchen, § 174 Rn 4.

**2**   **2) Regelungszweck.** Die Vorschriften dienen dem Interesse des Absenders wie des Empfängers, Düss FamRZ **90**, 75. Es muß verhindert werden, daß sich jemand den Rechtswirkungen einer Zustellung entzieht. Es muß auch sichergestellt sein, daß ein Prozeß ohne endlose Fahndung nach dem zur üblichen Zustellzeit immer abwesenden Empfänger, der aber auffindbar ist, Adressaten ungebührlich verzögert. Dem dient auch hilfsweise die öffentliche Zustellung bei der Unauffindbarkeit, §§ 203 ff.

**3**   **3) Geltungsbereich.** Vgl zunächst Üb 2 vor § 166. Die §§ 181, 182 sind auch im Zwangsversteigerungsverfahren anwendbar, BVerfG NJW **92**, 225. §§ 181, 186 sind bei der Übersendung eines Abdrucks aus dem Schuldnerverzeichnis unanwendbar, § 10 I 2 SchuVVO, abgedruckt bei § 915 h Rn 1.

**4**   **4) Eigenart der Ersatzzustellung.** Bei ihr ist belanglos, ob und wann der Zustellungsadressat das Schriftstück erhält, auch nur von seinem Vorhandensein Kenntnis erhält, LG Bln Rpfleger **97**, 120, wie aus der Natur des Ersatzempfängers als des gesetzlichen Vertreters folgt. Die Wirkung der Zustellung tritt also sofort mit der Übergabe an den Zustellungsempfänger bzw mit der Niederlegung ein, BVerwG NJW **80**, 1480, vgl freilich Rn 5. Die Ersatzperson ist aber gesetzlich verpflichtet, das Schriftstück dem Zustellungsadressaten auszuhändigen, vgl auch §§ 246, 274 Z 1 StGB, §§ 677, 678, 681, 823 II BGB. Der Zustellungsadressat kann aber auch beweisen, daß die soeben erörterte korrekte Ersatzzustellung unwirksam war, Hamm NJW **70**, 958, Köln Rpfleger **75**, 260, AG Hbg-Altona FamRZ **92**, 83, daß ihm zB die Ersatzperson nicht ausgehändigt und daß er deswegen vom Inhalt des Schriftstücks keine Kenntnis hat.

**5) Mängel.** Der Zustellungsbeamte hat den Zustellungsgegner immer durch eigene Prüfung festzustellen. **5** So, wenn er einem Einzelkaufmann unter der Firma zustellt. Seine Feststellung bindet das Gericht nicht. Die Zustellung an einen ungesetzlichen Ersatzmann ist grundsätzlich unwirksam, Üb 12 vor § 166. Die Berufung auf einen Mangel kann rechtsmißbräuchlich sein, Einl III 54, Düss FamRZ **90**, 75. Die Heilung erfolgt nach § 187, aber auch durch eine Genehmigung des Zustellungsadressaten bzw durch rügelose Einlassung, § 295, AG Hbg-Altona FamRZ **92**, 83, soweit diese Vorschrift überhaupt anwendbar ist, s dort; denn wer einen Zustellungsbevollmächtigten bestellen kann, kann nach allgemeinen Rechtsgrundsätzen das Handeln desjenigen genehmigen, der als Zustellungsbevollmächtigter auftritt, Üb 13, 14 vor § 166, aM StJSchu 30 vor § 166. Eine gescheiterte Übergabe kann nicht in eine wirksame Ersatzzustellung umgedeutet werden, Düss JB **95**, 41. Eine nicht beurkundete Ersatzzustellung ist unwirksam, BFH NJW **79**, 736. Eine Ersatzzustellung nach dem Tod des Adressaten ist unwirksam.

Wegen § 418 ist zwar grundsätzlich derjenige *beweispflichtig*, der sich auf die Unrichtigkeit der Zustellungsurkunde beruft; sie beweist aber nur, daß weder der Adressat noch ein zur Entgegennahme der Ersatzzustellung in Betracht kommende anderer anwesend war, nicht aber auch, daß der Empfänger schon und tatsächlich „wohnhaft" war, Hamm RR **95**, 224; insoweit besteht immerhin ein Anzeichen, § 418 Rn 5.

**6) VwGO:** §§ 181–185 *gelten für das Zustellen durch den Postbediensteten*, §§ 56 II VwGO, 3 III VwZG, und **6** *für die Zustellung durch die Partei nach* § 750, Üb § 166 Rn 18. Für die Zustellung durch die Behörde gegen Empfangsbekenntnis, § 5 VwZG, gilt § 11 VwZG.

## 181
*Ersatzzustellung an Hausgenossen usw.* ᴵ Wird die Person, der zugestellt werden soll, in ihrer Wohnung nicht angetroffen, so kann die Zustellung in der Wohnung an einen zu der Familie gehörenden erwachsenen Hausgenossen oder an eine in der Familie dienende erwachsene Person erfolgen.

ᴵᴵ Wird eine solche Person nicht angetroffen, so kann die Zustellung an den in demselben Hause wohnenden Hauswirt oder Vermieter erfolgen, wenn sie zur Annahme des Schriftstücks bereit sind.

**Gliederung**

| | | | | |
|---|---|---|---|---|
| 1) Systematik, Regelungszweck, I, II | 1 | | F. Übergabeort | 16 |
| 2) Geltungsbereich, I, II | 2 | | 4) Ersatzzustellung an den Hauswirt usw, II | 17–22 |
| 3) Ersatzzustellung in der Wohnung, I | 3–16 | | A. In demselben Haus | 18 |
| A. Wohnungsbegriff | 3 | | B. Annahmebereitschaft | 19 |
| B. Beispiele zur Frage des Vorliegens einer Wohnung | 4–9 | | C. Keine Zustellmöglichkeit nach I | 20 |
| C. Hausgenosse: Familienzugehörigkeit | 10–13 | | D. Unanwendbarkeit | 21 |
| D. Erwachsensein | 14 | | E. Soldat | 22 |
| E. Hausangestellter | 15 | | 5) VwGO | 23 |

**1) Systematik, Regelungszweck, I, II.** Vgl zunächst Einf 1 vor §§ 181–185. Das Gesetz bezieht eine **1** Reihe von Menschen in den Kreis der Prozeßbeteiligten ein, die dem eigentlichen Zustellungsadressaten mehr oder auch durchaus weniger nahestehen. Denn der tatsächliche Empfänger erhält vom Gesetz mittelbar die Rechtspflicht zur sogar noch unverzüglichen Weiterleitung der Sendung auf sich; andernfalls wäre ja überhaupt eine Zustellung mit ihren Rechtswirkungen auf dem in § 181 geregelten Weg unverantwortbar. Das Vertrauen des Gesetzes auf das Funktionieren einer Familien- und Hausgemeinschaft, noch dazu mit der veralteten, wenn auch noch so hochstehenden „Dienerschaft", ist heute keineswegs mehr unproblematisch, wird aber erstaunlich- und beruhigenderweise immer noch durch die tatsächlich durchweg erfolgende Weiterleitung gerechtfertigt. Das alles ist bei der Auslegung mitzubedenken. Die Grenzen von § 181 sind in § 185 vorrangig geregelt.

**2) Geltungsbereich, I, II.** Vgl Einf 3 vor §§ 181–185. **2**

**3) Ersatzzustellung in der Wohnung, I.** Ein scheinbar einfacher Begriff enthält Tücken. **3**

**A. Wohnungsbegriff.** Eine Ersatzzustellung darf nur in der Wohnung stattfinden, Hamm RR **95**, 682, und kann dann stattfinden, wenn der Zustellungsbeamte den Zustellungsadressaten, Üb 8 vor § 166, nicht in dessen Wohnung antrifft. Das gilt trotz der Postgeheimnisses, BVerwG BB **85**, 152 (zu § 51 PostO usw). Der Personenkreis, dem gegenüber eine Ersatzzustellung nach § 181 zulässig ist, entspricht dem Empfangsboten bei § 130 I 1 BGB, Schwartz NJW **94**, 893. Wohnung ist ohne Rücksicht auf den Wohnsitz, § 13, jeder Raum, den der Zustellungsadressat zur Zeit der Zustellung tatsächlich für eine gewisse Zeit schon und noch bewohnt, BGH VersR **86**, 75, Mü RR **95**, 59 und ZMR **96**, 602, wo er tatsächlich vorwiegend, nicht aber unbedingt ständig schläft, BGH NJW **85**, 2197, BVerwG NJW **91**, 1904, Celle DGVZ **92**, 41, Hamm MDR **98**, 183 (StPO).

**B. Beispiele zur Frage des Vorliegens einer Wohnung** **4**
**Anmeldung, Abmeldung:** Rn 7 „Meldebehörde".
**Annahmeverweigerung:** Soweit der Zustellungsadressat die Annahme verweigert, gilt § 186. Es ist unerheblich, ob der Zustellungsadressat, der dort wohnt, dem Zusteller das Einlegen in den Briefkasten usw „verboten" hat, BayObLG RR **88**, 509.
**Anschein:** Auch der Anschein, den man selbst erweckt hat, kann zur Annahme oder Aufgabe einer Wohnung ausreichen, Düss FamRZ **90**, 75, LG Kblz Rpfleger **96**, 165, AG Bln-Charlottenb JB **92**, 425. Das gilt freilich *nicht*, soweit der Zustellende von der Anscheinswohnung getrennte wahre Wohnung kennt und die Zustellung dort bewirken könnte, Ffm MDR **85**, 506.

§ **181**

**Anwesenheit:** Es ist unerheblich, ob der Zustellungsadressat tatsächlich anwesend ist, solange sich nicht der Lebensmittelpunkt an eine andere Stelle verlagert, BGH RR **94**, 565. Es genügt, daß man dem Zusteller in der Wohnung sagt, der Zustellungsadressat sei abwesend oder schwerkrank, was der Zusteller nicht zu überprüfen braucht, oder daß man dem Zusteller den Zutritt zur Wohnung oder zum Zustellungsadressaten verwehrt. Diese Umstände sind freilich in der Zustellungsurkunde anzugeben. Soweit der Zustellungsadressat die Annahme verweigert, gilt § 186.
**Arbeitsstelle:** Die Arbeitsstelle, an der der Zustellungsadressat nicht lebt und nicht ständig schläft, ist keine Wohnung, LG Hagen MDR **84**, 1034. Ausnahmen gelten evtl, wenn ein Bauführer einer Großbaustelle monatelang im dortigen Aufsichtscontainer nächtigt, bzw im Fall des § 183, aM Köln RR **89**, 443.
S auch Rn 5 „Geschäftsraum".
**Aufgabe:** Eine Wohnung fehlt bereits, soweit ein mit den Verhältnissen vertrauter Dritter erkennen kann, daß sie aufgegeben worden ist, BGH NJW **88**, 713, LG Bln WoM **95**, 121.
**Aushändigung:** Es kommt darauf an, ob der Zustellungsempfänger die Sendung dem Adressaten in absehbarer Zeit aushändigen kann, BGH LM § 328 BGB Nr 15, Mü RR **91**, 1470.
**Auslandsreise:** Es kommt auf die Länge der Reise an. Eine ungewöhnlich lange führt evtl zum Wegfall der inländischen Wohnung, Brschw MDR **97**, 884 (nicht beim Bewohnen durch Angehörige), AG Duisb RR **95**, 953.
S auch „Auslandsreise", Rn 8 „Weltreise".
**Briefkastenanschrift:** Die bloße Briefkastenanschrift begründet jedenfalls keine Zuständigkeit, BGH **132**, 196, und wohl auch trotz § 182 Rn 3 meist keine Wohnung im Sinn von §§ 181 ff.
5 **Bundeswehr:** Es kommt auf die Dauer des Aufenthalts an, vgl auch SoldErl Teil A Z 1, SchlAnh II. Ein längerer dortiger Aufenthalt begründet eine Wohnung, ein kürzerer nicht, Mü RR **92**, 1470, LG Aachen DGVZ **84**, 40, aM ThP 4; ein Auslandseinsatz kann die Kaserne der Stammeinheit als Wohnung wegfallen lassen, Düss MDR **99**, 497.
**Ersatzdienst:** Es gelten dieselben Regeln wie bei der „Bundeswehr".
**Festnahme:** Rn 6 „Haft".
**Frauenhaus:** Ein kurzer Aufenthalt in einem Frauenhaus während eines Ehe- oder Familienverfahrens begründet keine Wohnung, vgl AG Warendorf RR **87**, 394 (FGG).
**Garten:** Ein vorübergehendes Wohnen im allein benutzten eigenen Garten genügt.
**Gefängnis:** Rn 6 „Haft".
**Geschäftsraum:** Ein Geschäftsraum kommt neben einer Wohnung nur im Fall des § 184 II in Betracht; Einzelheiten Schüler DGVZ **79**, 1.
S auch Rn 4 „Arbeitsstelle".
**Geschäftsreise:** Ein kurzer Aufenthalt während einer Geschäftsreise begründet keine Wohnung, vgl Köln NJW **80**, 2720, Mü RR **91**, 1470 (Hotel).
**Getrenntleben:** Innerhalb der Wohnung ist es unschädlich, LG Bln MDR **98**, 926.
**Grund der Ersatzzustellung:** Es ist in die Zustellungsurkunde aufzunehmen, § 191 Z 4.
6 **Haft:** Nach BGH **LM** § 37 StPO Nr 1 entsteht schon dann eine Wohnung, wenn jemand eine einmonatige Strafhaft verbüßt. Daher ist dann während dieser Haft in der sonst benutzten Wohnung eine etwa erfolgende Ersatzzustellung unwirksam, Hamm Rpfleger **77**, 177. Dasselbe gilt erst recht bei einer mehrmonatigen Haft, BGH NJW **78**, 1858, BFH DB **88**, 378, LAG Halle MDR **98**, 924. Das alles gilt auch dann, wenn bei einer längeren Haft der Kontakt des Gefangenen zu dem derzeitigen Benutzer der sonstigen Wohnung nicht abreißt, BFH DB **88**, 378, Düss FamRZ **80**, 179, Mü RR **87**, 895, aM VGH Kassel FamRZ **92**, 831 (maßgeblich sei die bisherige tatsächliche, nicht die gesamte Haftdauer).
*Keine Wohnung* begründen aber zB: Die bloße Festnahme, LAG Mü DB **88**, 1608 (Auslieferungshaft); ein nur kurzer Aufenthalt im Gefängnis, BGH NJW **85**, 2197, Zweibr MDR **84**, 762, VGH Kassel FamRZ **92**, 831 (auch je zum Krankenhaus).
**Hof:** Ein vorübergehendes Wohnen im allein benutzten Hof genügt.
**Hotel:** Ein kurzer Aufenthalt in einem Hotel begründet keine Wohnung, Mü RR **91**, 1470.
**Krankenhaus:** Es kommt auf die Dauer des Aufenthalts an. Ein längerer dortiger Aufenthalt begründet eine Wohnung, Stgt Just **67**, 516, ein kürzerer nicht, BGH NJW **85**, 2197, Zweibr MDR **84**, 762, VGH Kassel FamRZ **92**, 831. Auch ein längerer hebt die sonstige Wohnung nicht stets auf, LG Bln ZMR **99**, 174 (anders in geschlossener Anstalt).
**Kur:** Ein kurzer Aufenthalt während einer, wenn auch mehrwöchigen, Kur begründet keine Wohnung, BayObLG **80**, 267.
S auch Rn 7 „Reise".
**Lebensmittelpunkt:** Es kommt für den Raumbegriff grds auf den Lebensmittelpunkt an, BGH RR **97**, 1161, Hamm RR **95**, 224. Wenn der Aufenthalt zwar bekannt ist, aber kein dauerhafter Mittelpunkt des Lebens besteht, kann man an dem Ort des relativen Lebensmittelpunkts zustellen, Köln MDR **83**, 129.
**Mehrheit von Wohnungen:** Man kann mehrere Wohnungen an demselben Ort oder an verschiedenen Orten im In- und Ausland haben, insofern richtig Köln RR **89**, 443.
S aber auch bei den einzelnen Arten weiterer Aufenthalte.
7 **Meldebehörde:** Es ist unerheblich, ob sich der Zustellungsadressat polizeilich bzw ordnungsbehördlich gemeldet hat, BGH VersR **86**, 705, Köln NJW **80**, 2720, Mü RR **91**, 1470. Das gilt auch dann, wenn der Zustellungsadressat die Wohnung zwar abgemeldet hat, aber tatsächlich innehat, oder wenn er eine Ab- bzw Ummeldung bewußt unterläßt, Rn 4 „Anschein", LG Kblz Rpfleger **96**, 165. BGH FamRZ **90**, 143 verlangt von demjenigen Zustellungsempfänger, der sich darauf beruft, am Zustellungsort nicht gewohnt zu haben, eine klare und vollständige Angabe seiner tatsächlichen Wohnverhältnisse.
**Nachsendeauftrag:** S „Postnachsendeauftrag".
**Persönliche Habe:** Es ist unerheblich, ob sich am bisherigen Aufenthaltsort des Zustellungsadressaten noch eine persönliche Habe von ihm befindet.

**5) Mängel.** Der Zustellungsbeamte hat den Zustellungsgegner immer durch eigene Prüfung festzustellen. **5** So, wenn er einem Einzelkaufmann unter der Firma zustellt. Seine Feststellung bindet das Gericht nicht. Die Zustellung an einen ungesetzlichen Ersatzmann ist grundsätzlich unwirksam, Üb 12 vor § 166. Die Berufung auf einen Mangel kann rechtsmißbräuchlich sein, Einl III 54, Düss FamRZ **90**, 75. Die Heilung erfolgt nach § 187, aber auch durch eine Genehmigung des Zustellungsadressaten bzw durch rügelose Einlassung, § 295, AG Hbg-Altona FamRZ **92**, 83, soweit diese Vorschrift überhaupt anwendbar ist, s dort; denn wer einen Zustellungsbevollmächtigten bestellen kann, kann nach allgemeinen Rechtsgrundsätzen das Handeln desjenigen genehmigen, der als Zustellungsbevollmächtigter auftritt, Üb 13, 14 vor § 166, aM StJSchu 30 vor § 166. Eine gescheiterte Übergabe kann nicht in eine wirksame Ersatzzustellung umgedeutet werden, Düss JB **95**, 41. Eine nicht beurkundete Ersatzzustellung ist unwirksam, BFH NJW **79**, 736. Eine Ersatzzustellung nach dem Tod des Adressaten ist unwirksam.

Wegen § 418 ist zwar grundsätzlich derjenige *beweispflichtig*, der sich auf die Unrichtigkeit der Zustellungsurkunde beruft; sie beweist aber nur, daß weder der Adressat noch ein zur Entgegennahme der Ersatzzustellung in Betracht kommende anderer anwesend war, nicht aber auch, daß der Empfänger schon und tatsächlich „wohnhaft" war, Hamm RR **95**, 224; insoweit besteht immerhin ein Anzeichen, § 418 Rn 5.

**6) VwGO:** §§ 181–185 gelten für das Zustellen durch den Postbediensteten, §§ 56 II VwGO, 3 III VwZG, und **6** für die Zustellung durch die Partei nach § 750, Üb § 166 Rn 18. Für die Zustellung durch die Behörde gegen Empfangsbekenntnis, § 5 VwZG, gilt § 11 VwZG.

## § 181

*Ersatzzustellung an Hausgenossen usw.* ¹ Wird die Person, der zugestellt werden soll, in ihrer Wohnung nicht angetroffen, so kann die Zustellung in der Wohnung an einen zu der Familie gehörenden erwachsenen Hausgenossen oder an eine in der Familie dienende erwachsene Person erfolgen.

II Wird eine solche Person nicht angetroffen, so kann die Zustellung an den in demselben Hause wohnenden Hauswirt oder Vermieter erfolgen, wenn sie zur Annahme des Schriftstücks bereit sind.

**Gliederung**

| | | | |
|---|---|---|---|
| 1) Systematik, Regelungszweck, I, II | 1 | F. Übergabeort | 16 |
| 2) Geltungsbereich, I, II | 2 | 4) Ersatzzustellung an den Hauswirt usw, II | 17–22 |
| 3) Ersatzzustellung in der Wohnung, I | 3–16 | A. In demselben Haus | 18 |
| A. Wohnungsbegriff | 3 | B. Annahmebereitschaft | 19 |
| B. Beispiele zur Frage des Vorliegens einer Wohnung | 4–9 | C. Keine Zustellmöglichkeit nach I | 20 |
| C. Hausgenosse: Familienzugehörigkeit | 10–13 | D. Unanwendbarkeit | 21 |
| D. Erwachsensein | 14 | E. Soldat | 22 |
| E. Hausangestellter | 15 | 5) VwGO | 23 |

**1) Systematik, Regelungszweck, I, II.** Vgl zunächst Einf 1 vor §§ 181–185. Das Gesetz bezieht eine **1** Reihe von Menschen in den Kreis der Prozeßbeteiligten ein, die dem eigentlichen Zustellungsadressaten mehr oder auch durchaus weniger nahestehen. Denn der tatsächliche Empfänger erhält vom Gesetz mittelbar die Rechtspflicht zu sogar noch unverzüglichen Weiterleitung der Sendung an den Adressaten; andernfalls wäre ja überhaupt eine Zustellung mit ihren Rechtswirkungen auf dem in § 181 geregelten Weg unverantwortbar. Das Vertrauen des Gesetzes auf das Funktionieren einer Familien- und Hausgemeinschaft, noch dazu mit der veralteten, wenn auch noch so hochstehenden „Dienerschaft", ist heute keineswegs mehr unproblematisch, wird aber erstaunlicher- und beruhigenderweise immer noch durch die tatsächlich durchweg erfolgende Weiterleitung gerechtfertigt. Das alles ist bei der Auslegung mitzubedenken. Die Grenzen von § 181 sind in § 185 vorrangig geregelt.

**2) Geltungsbereich, I, II.** Vgl Einf 3 vor §§ 181–185. **2**

**3) Ersatzzustellung in der Wohnung, I.** Ein scheinbar einfacher Begriff enthält Tücken. **3**

**A. Wohnungsbegriff.** Eine Ersatzzustellung darf nur in der Wohnung stattfinden, Hamm RR **95**, 682, und kann dann stattfinden, wenn der Zustellungsbeamte den Zustellungsadressaten, Üb 8 vor § 166, nicht in dessen Wohnung antrifft. Das gilt trotz des Postgeheimnisses, BVerwG BB **85**, 152 (zu § 51 PostO usw). Der Personenkreis, dem gegenüber eine Ersatzzustellung nach § 181 zulässig ist, entspricht dem Empfangsboten bei § 130 I 1 BGB, Schwartz NJW **94**, 893. Wohnung ist ohne Rücksicht auf den Wohnsitz, § 13, jeder Raum, den der Zustellungsadressat zur Zeit der Zustellung tatsächlich für eine gewisse Zeit schon und noch bewohnt, BGH VersR **86**, 75, Mü RR **95**, 59 und ZMR **96**, 602, wo er tatsächlich vorwiegend, nicht aber unbedingt ständig schläft, BGH NJW **85**, 2197, BVerwG NJW **91**, 1904, Celle DGVZ **92**, 41, Hamm MDR **98**, 183 (StPO).

**B. Beispiele zur Frage des Vorliegens einer Wohnung** **4**
**Anmeldung, Abmeldung:** Rn 7 „Meldebehörde".
**Annahmeverweigerung:** Soweit der Zustellungsadressat die Annahme verweigert, gilt § 186. Es ist unerheblich, ob der Zustellungsadressat, der dort wohnt, dem Zusteller das Einlegen in den Briefkasten usw „verboten" hat, BayObLG RR **88**, 509.
**Anschein:** Auch der Anschein, den man selbst erweckt hat, kann zur Annahme oder Aufgabe einer Wohnung ausreichen, Düss FamRZ **90**, 75, LG Kbz Rpfleger **96**, 165, AG Bln-Charlottenb JB **92**, 425. Das gilt freilich *nicht*, soweit der Zustellende die von der Anscheinswohnung getrennte wahre Wohnung kennt und die Zustellung dort bewirken könnte, Ffm MDR **85**, 506.

**§ 181**

**Anwesenheit:** Es ist unerheblich, ob der Zustellungsadressat tatsächlich anwesend ist, solange sich nicht der Lebensmittelpunkt an eine andere Stelle verlagert, BGH RR **94**, 565. Es genügt, daß man dem Zusteller in der Wohnung sagt, der Zustellungsadressat sei abwesend oder schwerkrank, was der Zusteller nicht zu überprüfen braucht, oder daß man dem Zusteller den Zutritt zur Wohnung oder zum Zustellungsadressaten verwehrt. Diese Umstände sind freilich in der Zustellungsurkunde anzugeben. Soweit der Zustellungsadressat die Annahme verweigert, gilt § 186.

**Arbeitsstelle:** Die Arbeitsstelle, an der der Zustellungsadressat nicht lebt und nicht ständig schläft, ist keine Wohnung, LG Hagen MDR **84**, 1034. Ausnahmen gelten evtl, wenn ein Bauführer einer Großbaustelle monatelang im dortigen Aufsichtscontainer nächtigt, bzw im Fall des § 183, aM Köln RR **89**, 443.
S auch Rn 5 „Geschäftsraum".

**Aufgabe:** Eine Wohnung fehlt bereits, soweit ein mit den Verhältnissen vertrauter Dritter erkennen kann, daß sie aufgegeben worden ist, BGH NJW **88**, 713, LG Bln WoM **95**, 121.

**Aushändigung:** Es kommt darauf an, ob der Zustellungsempfänger die Sendung dem Adressaten in absehbarer Zeit aushändigen kann, BGH LM § 328 BGB Nr 15, Mü RR **91**, 1470.

**Auslandsreise:** Es kommt auf die Länge der Reise an. Eine ungewöhnlich lange führt evtl zum Wegfall der inländischen Wohnung, Brschw MDR **97**, 884 (nicht beim Bewohnen durch Angehörige), AG Duisb RR **95**, 953.
S auch „Auslandsreise", Rn 8 „Weltreise".

**Briefkastenanschrift:** Die bloße Briefkastenanschrift begründet jedenfalls keine Zuständigkeit, BGH **132**, 196, und wird nach § 182 Rn 3 meist keine Wohnung im Sinn von §§ 181 ff.

5 **Bundeswehr:** Es kommt auf die Dauer des Aufenthalts an, vgl auch SoldErl Teil A Z 1, SchlAnh II. Ein längerer dortiger Aufenthalt begründet eine Wohnung, ein kürzerer nicht, Mü RR **92**, 1470, LG Aachen DGVZ **84**, 40, aM ThP 4; ein Auslandseinsatz kann die Kaserne der Stammeinheit als Wohnung wegfallen lassen, Düss MDR **99**, 497.

**Ersatzdienst:** Es gelten dieselben Regeln wie bei der „Bundeswehr".

**Festnahme:** Rn 6 „Haft".

**Frauenhaus:** Ein kurzer Aufenthalt in einem Frauenhaus während eines Ehe- oder Familienverfahrens begründet keine Wohnung, vgl AG Warendorf RR **87**, 394 (FGG).

**Garten:** Ein vorübergehendes Wohnen im allein benutzten eigenen Garten genügt.

**Gefängnis:** Rn 6 „Haft".

**Geschäftsraum:** Ein Geschäftsraum kommt neben einer Wohnung nur im Fall des § 184 II in Betracht; Einzelheiten Schüler DGVZ **79**, 1.
S auch Rn 4 „Arbeitsstelle".

**Geschäftsreise:** Ein kurzer Aufenthalt während einer Geschäftsreise begründet keine Wohnung, vgl Köln NJW **80**, 2720, Mü RR **91**, 1470 (Hotel).

**Getrenntleben:** Innerhalb der Wohnung ist es unschädlich, LG Bln MDR **98**, 926.

**Grund der Ersatzzustellung:** Es ist in die Zustellungsurkunde aufzunehmen, § 191 Z 4.

6 **Haft:** Nach BGH LM § 37 StPO Nr 1 entsteht schon dann eine Wohnung, wenn jemand eine einmonatige Strafhaft verbüßt. Daher ist dann während dieser Haft in der sonst benutzten Wohnung eine etwa erfolgende Ersatzzustellung unwirksam, Hamm Rpfleger **77**, 177. Dasselbe gilt erst recht bei einer mehrmonatigen Haft, BGH NJW **78**, 1858, BFH DB **88**, 378, LAG Halle MDR **89**, 924. Das alles gilt auch dann, wenn bei einer längeren Haft der Kontakt des Gefangenen zu dem derzeitigen Benutzer der sonstigen Wohnung nicht abreißt, BFH DB **88**, 378, Düss FamRZ **80**, 179, Mü RR **87**, 895, aM VGH Kassel FamRZ **92**, 831 (maßgeblich sei die bisherige tatsächliche, nicht die gesamte Haftdauer).

*Keine Wohnung* begründen aber zB: Die bloße Festnahme, LAG Mü DB **88**, 1608 (Auslieferungshaft); ein nur kurzer Aufenthalt im Gefängnis, BGH NJW **85**, 2197, Zweibr MDR **84**, 762, VGH Kassel FamRZ **92**, 831 (auch je zum Krankenhaus).

**Hof:** Ein vorübergehendes Wohnen im allein benutzten Hof genügt.

**Hotel:** Ein kurzer Aufenthalt in einem Hotel begründet keine Wohnung, Mü RR **91**, 1470.

**Krankenhaus:** Es kommt auf die Dauer des Aufenthalts an. Ein längerer dortiger Aufenthalt begründet eine Wohnung, Stgt Just **67**, 516, ein kürzerer nicht, BGH NJW **85**, 2197, Zweibr MDR **84**, 762, VGH Kassel FamRZ **92**, 831. Auch ein längerer hebt die sonstige Wohnung nicht stets auf, LG Bln ZMR **99**, 174 (anders in geschlossener Anstalt).

**Kur:** Ein kurzer Aufenthalt während einer, wenn auch mehrwöchigen, Kur begründet keine Wohnung, BayObLG **80**, 267.
S auch Rn 7 „Reise".

**Lebensmittelpunkt:** Es kommt für den Raumbegriff grds auf den Lebensmittelpunkt an, BGH RR **97**, 1161, Hamm RR **95**, 224. Wenn der Aufenthalt zwar bekannt ist, aber kein dauerhafter Mittelpunkt des Lebens besteht, kann man an dem Ort des relativen Lebensmittelpunkts zustellen, Köln MDR **83**, 129.

**Mehrheit von Wohnungen:** Man kann mehrere Wohnungen an demselben Ort oder an verschiedenen Orten im In- oder Ausland haben, insofern richtig Köln RR **89**, 443.
S aber auch bei den einzelnen Arten weiterer Aufenthalte.

7 **Meldebehörde:** Es ist unerheblich, ob sich der Zustellungsadressat polizeilich bzw ordnungsbehördlich gemeldet hat, BGH VersR **86**, 705, Köln NJW **80**, 2720, Mü RR **91**, 1470. Das gilt auch dann, wenn der Zustellungsadressat die Wohnung zwar abgemeldet hat, aber noch tatsächlich innehat, oder eine Ab- bzw Ummeldung bewußt unterläßt, Rn 4 „Anschein", LG Kblz Rpfleger **96**, 165. BGH FamRZ **90**, 143 verlangt von demjenigen Zustellungsempfänger, der sich darauf beruft, am Zustellungsort nicht gewohnt zu haben, eine klare und vollständige Angabe seiner tatsächlichen Wohnverhältnisse.

**Nachsendeauftrag:** S „Postnachsendeauftrag".

**Persönliche Habe:** Es ist unerheblich, ob sich am bisherigen Aufenthaltsort des Zustellungsadressaten noch eine persönliche Habe von ihm befindet.

**Postnachsendeauftrag:** Wer einen Postnachsendeauftrag stellt, „wohnt" an der dort genannten neuen Anschrift auch dann, wenn er sich dort in Wahrheit nicht aufhält, LG Ffm Rpfleger **81**, 493, ZöStö 8, aM Hbg MDR **82**, 1041. Das gilt aber nur, wenn er auch die Nachsendung von förmlichen Zustellungssendungen beantragt hat, BGH NJW **88**, 1999.
**Postvermerk:** Ein Vermerk auf der Zustellungsurkunde, etwa „Empfänger soll verzogen sein", nimmt nicht an der Beweiskraft des § 418 teil, Hamm RR **95**, 224.
**Reise:** Eine Zustellung nach I erfolgt auch dann, wenn der Zustellungsadressat normal verreist ist, Köln NJW **80**, 2720. Wer nämlich verreist, muß grds dafür Vorsorge treffen, daß ihn Zustellungen erreichen können; vgl auch § 203 Rn 1, § 233 Rn 14, 15, 28.
S aber auch Rn 4 „Auslandsreise", Rn 6 „Kur", Rn 8 „Weltreise".
**Renovierung:** Ein kürzerer Aufenthalt an einer Stelle während der Renovierung der sonstigen Wohnung begründet an der ersteren keine (weitere) Wohnung, BayObLG RR **88**, 509.
**Schiff:** Ein Wohnen auf einem Schiff kann genügen, auch ein vorübergehendes, LG Stade DGVZ **77**, 175.
**Schlafgelegenheit:** Auch eine bloße Schlafgelegenheit kann genügen. Es kommt auf die Fallumstände an, BGH NJW **78**, 1858, Stgt Rpfleger **81**, 152.
**Soldat:** Rn 5 „Bundeswehr".
**Unbewohnbarkeit:** Es liegt keine Wohnung mehr vor, wenn der klagende Vermieter sie unbewohnbar gemacht hat, Köln WoM **96**, 483.

8

**Urlaub:** Ein kurzer Aufenthalt während eines Urlaubs begründet keine Wohnung, Köln JW **80**, 2720, Mü RR **91**, 1470 (Hotel).
**Verweigerung der Annahme:** Rn 4 „Annahmeverweigerung".
**Vorübergehendes Wohnen:** Ein vorübergehendes Wohnen kann genügen; vgl bei den Schlafstellenarten.
**Wehrdienst:** Rn 5 „Bundeswehr".
**Weltreise:** Eine siebenmonatige Weltreise kann zum Wegfall der vorherigen Wohnung führen, vgl LG Bln MDR **92**, 791 (StPO).
S auch Rn 4 „Auslandsreise", Rn 7 „Reise".
**Wochenendhaus:** Ein kurzer Aufenthalt in einem Wochenendhaus begründet keine Wohnung, Celle DGVZ **92**, 41 (Fallfrage).
**Wohnungsmehrheit:** Rn 6 „Mehrheit von Wohnungen".
**Wohnwagen:** Ein Wohnen im Wohnwagen kann genügen, auch ein vorübergehendes, Mü RR **91**, 1470.
**Zutritt:** Rn 4 „Anwesenheit".

9

**Zweitwohnung:** Ein kurzer Aufenthalt in einer Zweitwohnung begründet keine Wohnung, BGH RR **94**, 565, Celle DGVZ **92**, 41 (Wochenendhaus, Fallfrage).
S aber auch Rn 6 „Mehrheit von Wohnungen".

**C. Hausgenosse: Familienzugehörigkeit.** Eine Ersatzzustellung ist an einen „zu der Familie gehörenden erwachsenen Hausgenossen" erfolgen. Er muß rechtlich oder tatsächlich zur Familie gehören, Celle FamRZ **83**, 202, zB: Als Kind, LG Köln MDR **99**, 889; als Pflegekind, Celle FamRZ **83**, 203; als Ehegatte (ob zB die Ehefrau unter I oder unter II fällt, ist von Fall zu Fall zu entscheiden, BGH NJW **88**, 700); als Verlobter, Celle FamRZ **83**, 203; als in Scheidung noch dort wohnender Ehegatte, aM ZöStö 10; als geschiedener, aber tatsächlich noch dort wohnender und einen gemeinsamen Haushalt führender Ehegatte, LG Flensb MDR **82**, 239, ZöStö 10, aM BFH NJW **82**, 2895.

10

Es reicht *ferner:* Eine Stellung als Haushälterin, ZöStö 3 ff, als ein Verschwägerter usw; als Schwiegervater, auch wenn er gleichzeitig Hauswirt ist, Schlesw JB **91**, 123; als Besuch, Celle FamRZ **83**, 203. Er muß auch ständig dem Hausstand angehören, also mit dem Zustellungsadressaten zusammen wohnen.

11

Zur Problematik beim *„Ledigbund"*, also dem nicht ehelichen Dauerverhältnis, außer den eben Genannten BGH NJW **87**, 1562 (grundsätzlich Unwirksamkeit der Zustellung; abl Mayer/Rang NJW **88**, 812), BGH **111**, 3 – im Ergebnis zustm Orfanides ZZP **104**, 79, zustm auch Roth JZ **90**, 761, krit Schreiber JR **90**, 508 (ausnahmsweise Wirksamkeit der Zustellung, wenn der Adressat auch mit einer Familie des „Lebensgefährten" zusammenlebt; damit höhlt der BGH den besonderen Schutz der ehelichen Familie nach Art 6 I GG im Ergebnis aus und nimmt daher eine verfassungswidrige Auslegung vor), Saarbr FamRZ **91**, 1184, AG Germersheim DGVZ **87**, 46, aM Schlesw NJW **99**, 2602 (Wirksamkeit, wenn zur „Lebensgemeinschaft" kein Dritter zähle).

12

Der „*gleichgeschlechtliche* Lebensgefährte" zählt ebenfalls *nicht* hierher, BFH NJW **82**, 2895, BVerwG DVBl **58**, 208, Mü MDR **86**, 162, aM OVG Hbg NJW **88**, 1808 (aber Art 6 I GG schützt nur die aus Ehe entstehende Familie besonders; daher kann „Familie" im Recht auch nicht anders gemeint sein. Daran hat auch die neue Rechtsprechung des BVerfG zu anderen Teilaspekten nichts geändert).

13

**D. Erwachsensein.** Erwachsensein bedeutet: Körperlich genügend entwickelt sein, Schlesw SchlHA **80**, 214, LG Frankenth Rpfleger **82**, 384. Eine Minderjährigkeit ist unter diesen Voraussetzungen unerheblich, BSG MDR **77**, 82, LG Köln MDR **99**, 889. Schlesw SchlHA **80**, 214, ThP 7 ziehen die untere Grenze bei 14 Jahren; heute wirken aber auch zB 13jährige Kinder oft schon einigermaßen erwachsen, erst recht 14jährige LG Köln MDR **99**, 889, oder 15jährige, AG Bonn WoM **97**, 559. Es entscheidet der Sprachgebrauch des täglichen Lebens, Schlesw SchlHA **80**, 214. Es reicht aus, daß man erwarten kann, daß der Empfänger das Schriftstück ordnungsgemäß weitergeben werde, BGH NJW **81**, 1614, BSG MDR **77**, 83, LG Köln MDR **99**, 889, und zwar selbst dann, wenn er die Partei ist, BGH VersR **73**, 156, § 175 GVG Rn 2. Es handelt sich um eine nach der äußeren Erscheinung zu beurteilende Tatfrage. Das Gericht ist insofern an die Auffassung des Zustellungsbeamten nicht gebunden, darf aber seiner Beurteilung meist folgen, BSG MDR **77**, 83.

14

**E. Hausangestellter.** Es muß sich um eine in der Familie dienende erwachsene Person handeln. Der Dienst muß für die Dauer bestehen, Hamm MDR **82**, 516. Eine bloße Aushilfe reicht nicht aus. Nach der Lage des Einzelfalls kann auch eine Aufwartefrau hierher zählen, FG Bln NJW **86**, 344, und zwar auch im Haushalt eines Junggesellen. Es kommt nicht darauf an, ob die Hausangestellte von der Partei oder zB von ihrem Ehemann angestellt worden ist, FG Bln NJW **86**, 344. Eine vom Zwangsverwalter des Hauses

15

## §§ 181, 182

angestellte Person reicht aber nicht aus. Die Person braucht nicht in demselben Haus zu wohnen. Sie muß auch nicht unbedingt gerade dem Zustellungsadressaten persönlich dienen. Es mag sich auch um einen Dienst höherer Art handeln, etwa um denjenigen eines Hauslehrers. Ein faktisches Dienstverhältnis aus Gefälligkeit ohne ein Entgelt unter Verwandten reicht aus, Hamm MDR **82**, 516. Nicht ausreichend ist die bloße Weiterleitung von Post, Nürnb RR **98**, 495.

**16** **F. Übergabeort.** I verlangt stets eine Übergabe in der Wohnung, Rn 1–9. Die Ersatzperson muß also nicht nur (wie bei II der Hauswirt) in demselben Haus, sondern darf in derselben Wohnung leben, Rostock BB **96**, 2064. Sie darf die Übergabe nicht ablehnen. Wenn sie eine Ablehnung erklärt, ist allerdings die Zustellung trotzdem bewirkt und ist nach § 186 zu verfahren.

**17** **4) Ersatzzustellung an den Hauswirt usw., II.** Zur Wirksamkeit einer Zustellung an den Hauswirt oder Vermieter sind die folgenden Voraussetzungen erforderlich.

**18** **A. In demselben Haus.** Hauswirt oder Vermieter müssen in demselben Haus wohnen, vgl BGH **LM** § 341 Nr 2.

*Hauswirt* im Sinn von II sind auch folgende Personen: Sein Stellvertreter gegenüber den Mietern; der Vizewirt; der Verwalter; der Nießbraucher; der Hauswart oder Pförtner, der nicht nur rein mechanische Tätigkeiten vornimmt; der Gefängnisvorsteher oder sein Vertreter für einen Gefangenen, Düss JB **93**, 362; der Krankenhausleiter für einen Kranken; der Vorsteher oder der Direktor oder dessen Sekretärin in einem psychiatrischen Krankenhaus, Stgt Rpfleger **75**, 102, für einen dort Untergebrachten.

*Vermieter* sind auch: Der Untervermieter; derjenige, der sonst vertraglich Wohnung gewährt, etwa als Arbeitgeber. Auch insofern braucht der Zustellbeamte keine näheren Überprüfungen der Richtigkeit der ihm gemachten Angaben vorzunehmen.

**19** **B. Annahmebereitschaft.** Weitere Voraussetzung ist die Bereitschaft zur Annahme. Im Fall einer Annahmeverweigerung greift nicht § 186 ein, sondern § 182.

**20** **C. Keine Zustellmöglichkeit nach I.** Voraussetzung ist schließlich der Umstand, daß der Zustellungsbeamte weder den Zustellungsadressaten in seiner Wohnung noch eine Ersatzperson nach I in der Wohnung angetroffen hat. Ein diesbezüglicher Verstoß macht die Zustellung unwirksam, LSG Bln BB **99**, 1656 (keine Heilung durch spätere Abholung); vgl aber auch Üb 4 vor §§ 181–185.

**21** **D. Unanwendbarkeit.** Im Fall des § 183 II (Nichtantreffen im Geschäftsraum) ist II nicht anwendbar. Eine Zustellung an eine Ersatzperson von einer Ersatzperson, etwa an die Ehefrau des Hauswarts oder an den Diener des Vermieters, ist unstatthaft.

**22** **E. Soldat.** Eine Ersatzzustellung an einen Soldaten erfolgt an den Kompaniefeldwebel oder an dessen Stellvertreter, falls der Soldat in einer Gemeinschaftsunterkunft wohnt, Erlaß, abgedruckt im SchlAnh II.

**23** **5) VwGO:** Vgl Einf §§ 181–185 Rn 6. Zum Begriff der „Wohnung" BVerwG Buchholz 303 § 181 Nr 2 u 4 sowie 340 § 3 Nr 9, VGH Mannh NJW **97**, 3330 mwN, OVG Hbg HbgJVBl **96**, 18, ferner VGH Mannh VBlBW **99**, 184 (betr Gemeinschaftsunterkunft), OVG Münst LS DVBl **93**, 903 (betr Nebenwohnung), zum Begriff „Hauswirt", oben Rn 18, VGH Mü NVwZ-RR **97**, 745 mwN.

---

## 182

**Zustellung durch Niederlegung trotz Postbestelldienst.** Ist die Zustellung nach diesen Vorschriften nicht ausführbar, so kann sie dadurch erfolgen, daß das zu übergebende Schriftstück auf der Geschäftsstelle des Amtsgerichts, in dessen Bezirk der Ort der Zustellung gelegen ist, oder an diesem Ort bei der Postanstalt oder dem Gemeindevorsteher oder dem Polizeivorsteher niedergelegt und eine schriftliche Mitteilung über die Niederlegung unter der Anschrift des Empfängers in der bei gewöhnlichen Briefen üblichen Weise abgegeben oder, falls dies nicht tunlich ist, an die Tür der Wohnung befestigt oder einer in der Nachbarschaft wohnenden Person zur Weitergabe an den Empfänger ausgehändigt wird.

**Schrifttum:** *Graßhof,* Sein und Schein – wie weit reicht die Beweiskraft der Zustellungsurkunde über die Niederlegung hinsichtlich der Wohnung des Zustellungsadressaten?, in: Festschrift für *Merz* (1992).

**Gliederung**

| | |
|---|---|
| 1) Systematik ............................................. 1 | B. Mitteilung über die Niederlegung: Übliche Weise ......................................... 9 |
| 2) Regelungszweck ................................... 2 | C. Bei gewöhnlichem Brief übliche Weise . 10 |
| 3) Geltungsbereich .................................... 3 | D. Befestigung an der Wohnungstür usw .. 11 |
| 4) Voraussetzungen ................................ 4–7 | E. Aushändigung an Nachbarn usw ....... 12 |
|   A. Bestehen einer Wohnung ................. 4 | F. Beurkundung ........................................ 13 |
|   B. Keine Anwesenheit .......................... 5 | G. Beispiele zur Frage einer Mitteilung über die Niederlegung ................ 14–17 |
|   C. Erfolgloser Versuch anderer Ersatzzustellung ............................................ 6 | H. Aufbewahrung und Aushändigung an Zustellungsadressaten ....................... 18 |
|   D. Einzelfragen ..................................... 7 | |
| 5) Ausführung ....................................... 8–18 | 6) Verstoß .................................................. 19 |
|   A. Niederlegung ................................... 8 | 7) VwGO ................................................... 20 |

**1** **1) Systematik.** Die Vorschrift schafft eine nach ihrem Wortlaut eindeutig auch gegenüber § 181 nur hilfsweise geltende Ausnahme vom Grundsatz, daß eine Zustellung erst mit der tatsächlichen Aushändigung wirksam ist. Dieselbe Wirkung entsteht bei § 195 a. Niederlegung ist ein Fall der unterstellten (fingierten) Zustellung. Denn bei ihr entfällt eine Übergabe. Es handelt sich methodisch um ein ähnliches Verfahren wie bei der öffentlichen Zustellung nach §§ 203 ff, die aber dort wegen ihrer noch strikteren Unterstellung

2. Titel. Verfahren bei Zustellungen **§ 182**

(nicht einmal eine individuelle Benachrichtigung) nur unter den noch strengeren dortigen Voraussetzungen statthaft ist. Neben § 182 gilt § 183, dort Rn 1. Zur sachlichrechtlichen Wirkung bei Nichtabholung BGH DB **98**, 618.

**2) Regelungszweck.** Die Zustellung durch Niederlegung erfolgt zwecks Rechtssicherheit, Einl III 43, **2** bei einem Vorgang, von dem wichtige prozessuale und sonstige Wirkungen abhängen, BFH NJW **88**, 2000. Sie dient dem Interesse des Absenders wie demjenigen des Empfängers, Düss FamRZ **90**, 75. Ihre Wirkung wird durch das Recht auf einen ungestörten Urlaub, BVerfG **35**, 298, § 233 Rn 11 ff, nicht beseitigt, BGH RR **99**, 1150, BFH BB **74**, 1424. Sie ist gefährlich. Das Gericht sollte sie mit Vorsicht behandeln, BVerfG NJW **88**, 817, Zweibr MDR **85**, 1048, LG Aachen MDR **91**, 451. LAG Mannh JZ **83**, 621 bezweifelt die Vereinbarkeit der damaligen Mitteilungsvordrucke mit Art 103 I GG, aM Braun JZ **83**, 623. BVerfG NJW **88**, 817 hat den Vordruck nicht (mit)beanstandet. Die in § 181 Rn 1 genannten Probleme gelten bei § 182 vielfach ganz ähnlich und führen auch in der Praxis eher als bei § 181 zum angeblichen oder tatsächlichen Verlust, hier der Benachrichtigung von der Niederlegung. Man muß daher zurückhaltend beurteilen, ob eine Ersatzzustellung nach § 182 erfolgreich war.

**3) Geltungsbereich.** Vgl Einf 3 vor §§ 181–185. **3**

**4) Voraussetzungen.** Es müssen die folgenden Voraussetzungen zusammentreffen. **4**

**A. Bestehen einer Wohnung.** Der Zustellungsadressat, Üb 8 vor § 166, der im Zweifel auch mit dem Vornamen zu bezeichnen ist, LG Paderborn NJW **77**, 2077, muß am Niederlegungsort eine Wohnung, § 181 Rn 1–9, tatsächlich (schon oder noch) innehaben, § 181 Rn 4–10, BFH RR **99**, 98, Düss FamRZ **90**, 66, LAG Köln MDR **96**, 741 (ein Geschäftslokal genügt also grundsätzlich nicht). BVerfG NJW **92**, 225 läßt die Zustellungsurkunde insoweit nicht nach § 418, sondern nur als Indiz wirken, das einer schlüssigen Widerlegung bedarf, Düss MDR **99**, 1499; zum Problem Graßhof (vor Rn 1). Der Anschein einer Wohnung reicht evtl, Karlsr RR **92**, 701; vgl aber § 181 Rn 4 „Briefkastenanschrift". Der Zustellungsempfänger muß eine natürliche Person sein, BayObLG **91**, 244. Ein Postfach reicht grundsätzlich nicht aus, § 180 Rn 3.

**B. Keine Anwesenheit.** Der Zustellungsadressat muß in der jetzigen Wohnung nicht angetroffen wer- **5** den, § 181, BFH NJW **88**, 2000, BayObLG Rpfleger **84**, 105.

**C. Erfolgloser Versuch anderer Ersatzzustellung.** Es muß ein erfolgloser Versuch der Ersatzzustellung **6** nach den Vorschriften der §§ 180, 181 I, II stattgefunden haben, BayObLG Rpfleger **84**, 105, LG Aachen MDR **91**, 451. Die bloße Niederlegung weist nicht auch die Erfolglosigkeit des Zustellungsversuchs aus, LG Aachen MDR **91**, 451. Eine Übergabe in der Wohnung muß also unmöglich sein, BGH FER **97**, 74.

**D. Einzelfragen.** Ein Versuch im bloßen Geschäftsraum ist weder erforderlich noch grundsätzlich aus- **7** reichend, § 183 Rn 9, BGH NJW **76**, 149, BAG NJW **76**, 1422, Köln VersR **89**, 643. Ein solcher Versuch reicht auch nicht dann, wenn der Zustellungsbeamte irrig annimmt, es handle sich um die Wohnung des Zustellungsadressaten, BFH BB **73**, 1340, wohl aber dann, wenn der Zustellungsadressat den Geschäftsraum als seine Wohnung angegeben hat, BFH BB **75**, 1142, oder wenn er den Geschäftsraum tatsächlich auch als seine Wohnung benutzt, LAG Saarbr JBl Saar **66**, 13. Die Voraussetzungen nach § 182 sind auch dann erfüllt, wenn der Zustellungsadressat die Post beauftragt, alle Eingänge für eine gewisse Zeit an den Absender zurückgehen zu lassen. Auf eine Zustellung durch Einschreiben ist § 182 unanwendbar, BSG NJW **91**, 63.

**5) Ausführung.** Es ist Rn 8, 9 und eine der Arten Rn 10–12 erforderlich und ausreichend. **8**

**A. Niederlegung.** Das zuzustellende Schriftstück muß entweder auf der Geschäftsstelle des zuständigen AG oder bei der Post (nicht nur deren Agentur, VG Hann NJW **98**, 920), und zwar stets der politischen Gemeinde des Zustellungsorts, also nicht stets beim Zustellpostamt, BFH DB **88**, 2136, LG Kiel RR **97**, 1022, oder bei dem Gemeindevorsteher oder bei der Polizei niedergelegt werden, BGH Rpfleger **89**, 418. BAG MDR **70**, 959, OVG Münster NJW **82**, 2395, halten eine Ersatzzustellung auch an einem Sonnabend durch eine Niederlegung in einem geschlossenen Postgebäude für wirksam. Diese Auffassung bleibt hinter der Sonnabendregelung, vgl auch § 222 II, auffällig zurück und schafft unnötige Wiedereinsetzungsmöglichkeiten. Der Zustellungsbeamte wählt die für den Zustellungsadressaten voraussichtlich beste Art der Zustellung. Das Landesrecht bestimmt, wer als Polizei anzusehen ist. Ein Bürgermeister ist Gemeindevorsteher.
*Folgt* die Niederlegung, zeitlich der Mitteilung in Wahrheit *erst* nach, wie meist, so gilt der spätere Zeitpunkt als derjenige der Zustellung und des Beginns einer erst daran geknüpften Frist, und umgekehrt. Denn die Zustellung ist rechtlich erst beim Zusammentreffen aller ihrer Bedingungen erfolgt.

**B. Mitteilung über die Niederlegung: Übliche Weise.** Außerdem muß dem Zustellungsadressaten **9** eine schriftliche Mitteilung über die erfolgte Niederlegung gemacht werden. Es reicht aus, daß die Mitteilung in den Zugriffsbereich des Empfängers kommt, BayObLG FamRZ **90**, 429.

**C. Bei gewöhnlichem Brief übliche Weise.** Diese Mitteilung ist sowohl vom zuzustellenden Schrift- **10** stück als auch von der Zustellungsurkunde zu unterscheiden. Die Mitteilung kann dadurch erfolgen, daß der Zustellungsbeamte sie in der Wohnung des Zustellungsadressaten „in der bei gewöhnlichen Briefen üblichen Weise" abgibt, BVerwG NJW **73**, 1945, wenn dieser Weg Erfolg verspricht. Grundsätzlich kommt es auf die vom Postzusteller beim einzelnen Zustellungsadressaten praktizierte und von diesem jedenfalls hingenommene Übung an, BFH NJW **88**, 2000, BVerwG NJW **85**, 1179, Karlsr MDR **88**, 498. In einem solchen Fall reicht also zB meist ein Einwurf in den Briefkasten, LG Darmst JB **75**, 669, auch in den einzigen Briefkasten eines Mehrfamilienhauses, ZöStö 3, strenger Köln JB **79**, 607, LG Neuruppin NJW **97**, 2337 (StPO, abl Eyink NJW **98**, 206, davon aber Westphal NJW **98**, 2413).
Der Briefkasten *muß* weder *verschlossen* noch verschließbar sein und auch den Namen nicht aufweisen, BayObLG RR **88**, 509. Er darf aber nicht erheblich beschädigt oder praktisch unbrauchbar (auch nicht überfüllt) sein, Valentin DGVZ **97**, 5. Abgesehen davon reicht auch das Schieben unter die Türschwelle usw, Karlsr MDR **99**, 498; zur sachlichrechtlichen Wirkung solcher Methode nach § 130 BGB AG BergGladb WoM **94**, 193. Wenn ein zusätzlicher Aufkleber fehlt, mag die Behauptung der Unkenntnis durch den Empfänger unschädlich sein, BGH NJW **94**, 2898.

## § 182   1. Buch. 3. Abschnitt. Verfahren

11   **D. Befestigung an der Wohnungstür usw.** Die im Gesetz weiter vorgesehene hilfsweise Befestigung an der Wohnungstür erfordert eine Verbindung des Schriftstücks mit der Wohnungstür in einer Weise, die die Gefahr der Beseitigung durch einen Unbefugten oder einer anderen Einwirkung möglichst gering hält, BFH BB **81**, 230. Diese Art der Mitteilung kommt nur als äußerster Notbehelf in Frage, zumal die Gefahr der Beseitigung durch einen Unbefugten groß ist. Da die Regeln über die Ersatzzustellung ohnehin formstreng auszulegen sind, BVerfG NJW **88**, 817, reicht zwar vielleicht eine Haustür auch dann aus, wenn es nur einige oder wenige Wohnungstüren gibt (also zB nicht im Hochhaus oder sonstigen Vielparteienhaus, noch strenger Düss DGVZ **98**, 121), nicht aber eine bloße Gartentür, BVerfG NJW **88**, 817, auch nicht beim ständig bewohnten Gartengrundstück.

12   **E. Aushändigung an Nachbarn usw.** Eine Aushändigung an einen Nachbarn (ein unscharfer Begriff, Hbg MDR **93**, 685) zur Weitergabe an den eigentlichen Empfänger ist zu unzuverlässig und daher nur ein Notbehelf. Der Name usw des Nachbarn ist zu protokollieren, Hbg MDR **93**, 685 (sonst Unwirksamkeit).

13   **F. Beurkundung.** Die Beurkundung erfolgt nach § 191 Z 4, Hbg MDR **93**, 685. § 195 II 2 ist unanwendbar, BGH VersR **77**, 152. Die Beurkundung beweist grundsätzlich, daß der Zusteller die Mitteilung über die Niederlegung eingeworfen hat, BVerwG NJW **86**, 2127, Köln FamRZ **92**, 1082, aber sie bringt keinen Beweis dafür, daß der Zustellungsadressat die Mitteilung über die Niederlegung auch tatsächlich erhalten hat, aM BGH VersR **86**, 787, Köln FamRZ **92**, 1082 (auch zur Erleichterung des Gegenbeweises); freilich kann ein Anscheinsbeweis vorliegen, Anh § 286 Rn 13. Soweit die Niederlegung und die Mitteilung über sie ordnungsgemäß erfolgt sind, kommt es für die Wirksamkeit der Zustellung nicht darauf an, ob der Zustellungsadressat die Niederlegung beachtet, insbesondere das niedergelegte Schriftstück erhalten, insbesondere abgeholt hat, ob er also von der Mitteilung auch tatsächlich Kenntnis genommen hat, BGH VersR **84**, 82, BFH DB **88**, 2548, BayObLG WoM **99**, 187, aM Hamm MDR **82**, 501.

14   **G. Beispiele zur Frage einer Mitteilung über die Niederlegung**
**Aufkleber:** Wenn ein zusätzlicher Aufkleber fehlt, mag die Behauptung der Unkenntnis durch den Empfänger unschädlich sein, BGH NJW **94**, 2898.
**Hund:** Soweit der Postbote wegen der Gefährlichkeit eines Hundes des Zustellungsempfängers nach § 50 II PostO überhaupt nicht direkt zustellen muß, kommt die Aushändigung der Mitteilung über eine Niederlegung an Nachbarn in Betracht, vgl auch OVG Kblz DGVZ **89**, 64.
**Kind:** Unzureichend ist die Aushändigung der Sendung an ein zehnjähriges Kind des Zustellungsadressaten, LAG Hamm MDR **78**, 82.
**Küchentisch:** Unzureichend ist die Hinterlassung der Sendung irgendwo in der Wohnung, zB auf dem Küchentisch, BVerwG NJW **73**, 1945.

15   **Nachsendeantrag:** Wenn der Zustellungsadressat einen Nachsendeantrag an die Post gestellt hatte, ohne von der Möglichkeit Gebrauch zu machen, zusätzlich die Nachsendung niedergelegter Sendungen zu beantragen, die VGH Mannh NJW **97**, 3330 nicht erwähnt, dann reicht zur Wirksamkeit der Zustellung die Abgabe der Mitteilung über die Niederlegung in der Wohnung aus, BFH NJW **88**, 2000, BayObLG MDR **81**, 60. Zu weitgehend hält BVerwG NJW **91**, 1904 auch einen Antrag auf Nachsendung von Zustellungsaufträgen für unerheblich. Der Zustellungsadressat darf aber grundsätzlich darauf vertrauen, daß die Post einen ordnungsgemäßen Nachsendeauftrag auch korrekt ausführt, BGH VersR **88**, 1162.
**Nachträgliche Übersendung:** Unzureichend ist eine nachträgliche einfache Übersendung durch die Post, AG Haßfurt DGVZ **89**, 74.

16   **Postlagerung:** Eine Zuleitung der Mitteilung über die Niederlegung muß auch dann erfolgen, wenn der Zustellungsadressat im übrigen seine Post postlagernd empfängt, BVerwG NJW **71**, 1284.
**Postschließfach:** Ein Einwurf der Mitteilung über die Niederlegung in ein Postschließfach reicht grds nicht aus, BFH NJW **84**, 448, BVerwG NJW **99**, 2608, Düss RR **93**, 1151. Erst recht unzureichend ist der Einwurf in das Schließfach des Ehegatten des Zustellungsadressaten.
**Schiffsbesatzung:** Sie kann unter den Begriff „in der Nachbarschaft wohnende Person" fallen, LG Stade DGVZ **77**, 175; aber Vorsicht (bloßer Notbehelf)!
**Türschwelle:** Ausreichen kann das Schieben unter die Türschwelle usw, Karlsr MDR **99**, 498; zur sachlich-rechtlichen Wirkung dieser Methode nach § 130 BGB AG BergGladb WoM **94**, 193.
**Türspalt:** Unzureichend ist das Einschieben des zuzustellenden Schriftstücks ohne Festkleben oder Reißzwecke in einen seitlichen Türspalt, BFH BB **81**, 230, VGH Kassel NJW **90**, 1500.

17   **Wegwurf:** Es ist unerheblich, ob der Zustellungsadressat die Mitteilung über die Niederlegung weggeworfen hat, LAG Ffm BB **86**, 1092. Man kann dann grds nicht etwa ein Verschulden im Sinn von § 337 verneinen, großzügiger LAG Mannh JZ **83**, 621 (krit Braun).
**Zeitungsrolle:** Ausreichend ist die Ablage in einer Zeitungsrolle, wenn es keinen Briefkasten gibt und Briefe stets in der Rolle abgelegt werden.

18   **H. Aufbewahrung und Aushändigung an Zustellungsadressaten.** Die zuzustellende Sendung muß auf der Geschäftsstelle des AG, bei der Post, dem Gemeindevorsteher oder der Polizei aufbewahrt und ausgehändigt werden, falls sich der Zustellungsadressat binnen drei Monaten meldet, ABl BPostMin **65**, 1275. Erst nach dem Ablauf dieser Frist erfolgt eine Rücksendung an den Absender, § 39 PostO. Die Rücksendung ändert nichts an der Wirksamkeit der Zustellung. Wegen der Behandlung der zurückgereichten Sendung BGH **28**, 30. Die Post braucht eine Anfrage, ob das niedergelegte Schriftstück abgeholt wurde, nach § 124 I der Dienstanweisung für den Postbetrieb Teil III nur im Notfall telefonisch (durch einen Rückruf) zu beantworten und gibt in anderen Fällen eine schriftliche Formularauskunft. Sie darf die Aushändigung nur an den Zustellungsadressaten oder an denjenigen aushändigen, den er mit einer bei der Post niederzulegenden Postvollmacht versah, § 67 d Dienstanweisung für den Postbetrieb. Die anderen Behörden benötigen eine Empfangsvollmacht.

19   **6) Verstoß.** Ein Verstoß macht die Zustellung grundsätzlich unwirksam, Üb 12 vor § 166, Mü RR **87**, 895. Das gilt auch dann, wenn nur die schriftliche Mitteilung über die erfolgte Niederlegung fehlt oder

fehlerhaft ist, BGH Rpfleger **89**, 418, Hbg MDR **79**, 851, Kblz JB **75**, 671. Da sich die Frage der „Tunlichkeit" im allgemeinen einer Nachprüfbarkeit entzieht, ist eine Vertauschung der Reihenfolge bei der schriftlichen Mitteilung über die Niederlegung, Rn 9, unerheblich. Angesichts der Unsicherheit dieser Zustellung muß man die Förmlichkeiten der Ersatzzustellung durch eine Niederlegung im übrigen ernst nehmen, Rn 1. Indessen ist übertriebene Vorsicht auch hier verfehlt, § 191 Rn 9, § 195 Rn 4.

**7) *VwGO:*** *Vgl Einf §§ 181–185 Rn 6. Zu den Anforderungen an die Niederlegung, Rn 6 ff, vgl BVerwG NJW* **20** *91, 1904, 85, 1179 u Buchholz 340 § 3 Nr 10, VGH Mannh Just* **97**, *484, zu der notwendigen Eindeutigkeit der Zustellungsurkunde BVerwG NVwZ* **85**, *337, VGH Kassel NJW* **96**, *1075.*

**183** *Ersatzzustellung im Geschäftsraum.* ¹ Für Gewerbetreibende, die ein besonderes Geschäftslokal haben, kann, wenn sie in dem Geschäftslokal nicht angetroffen werden, die Zustellung an einen darin anwesenden Gewerbegehilfen erfolgen.
II Wird ein Rechtsanwalt, ein Notar oder ein Gerichtsvollzieher in seinem Geschäftslokal nicht angetroffen, so kann die Zustellung an einen darin anwesenden Gehilfe oder Schreiber erfolgen.

**Gliederung**

| | | | | |
|---|---|---|---|---|
| 1) Systematik, Regelungszweck, I, II | 1 | 4) Zustellung an einen Rechtsanwalt usw, | | |
| 2) Geltungsbereich, I, II | 2 | II | | 14–16 |
| 3) Ersatzzustellung im Geschäftsraum, I . | 3–13 | A. Zulässigkeit | | 14 |
| A. Gewerbetreibender | 3 | B. Gehilfe | | 15 |
| B. Besonderes Geschäftslokal | 4 | C. Unzulässigkeit | | 16 |
| C. Nichtantreffen | 5 | 5) Verstoß, I, II | | 17 |
| D. Gewerbegehilfe | 6 | 6) *VwGO* | | 18 |
| E. Beispiele zur Frage der Anwendbarkeit von I | 7–13 | | | |

**1) Systematik, Regelungszweck, I, II.** Vgl zunächst § 182 Rn 1, 2. Neben der Ersatzzustellung für **1** den Fall des Nichtantreffens in der Wohnung nach § 181 stellt § 183 wahlweise, BVerwG MDR **74**, 338, LAG Hamm MDR **83**, 612, oder nacheinander die Ersatzzustellung für den Fall des Nichtantreffens im Geschäftsraum, nicht außerhalb von ihm, zur Verfügung, und zwar unabhängig davon, ob die Zustellung einen Geschäfts- oder Privatvorgang betrifft. Wegen der Zustellungsurkunde § 191 Z 4. Die Grenzen von § 183 sind in § 185 vorrangig geregelt. Auch § 176 hat Vorrang, BAG DB **96**, 2088.

**2) Geltungsbereich, I, II.** Vgl Einf 3 vor §§ 182–185. § 183 gilt auch in einer Arbeitssache, § 50 II **2** ArbGG, sowie in einer Privatangelegenheit des Anwalts als des Zustellungsadressaten.

**3) Ersatzzustellung im Geschäftsraum, I.** Es müssen die folgenden Voraussetzungen zusammentref- **3** fen.

**A. Gewerbetreibender.** Eine Zustellung nach I ist nur dann zulässig, wenn es sich bei dem Zustellungsadressaten, Üb 8 vor § 166, um einen Gewerbetreibenden handelt. Dahin gehört jeder, der eine dauernde Erwerbstätigkeit mit eigenen Interessen ausübt, sei es im Handel oder in einem freien Beruf. Wenn sich der Zusteller aber in das Geschäftslokal zur Zustellung nach § 183 begibt, dann darf er die Ersatzzustellung auch nur nach dieser Vorschrift, also nur an einen Gewerbegehilfen des Zustellungsadressaten oder an den gemeinsamen Gehilfen durch eine Aushändigung, nicht durch eine Niederlegung usw (§ 182), vornehmen, Rn 9, LAG Hamm MDR **83**, 612.

**B. Besonderes Geschäftslokal.** Der Gewerbetreibende muß im Zeitpunkt der Zustellung ein besonde- **4** res Geschäftslokal haben, in dem er seinen Beruf regelmäßig ausübt, BGH NJW **98**, 1958, LAG Hamm MDR **78**, 606, wenn auch evtl nur vorübergehend; vgl aber Rn 11 „Nachsendeauftrag". Der Raum muß diesem besonderen Zweck dienen.

**C. Nichtantreffen.** Der Begriff des Nichtantreffens im Geschäftsraum ist derselbe wie bei § 181 Rn 3– **5** 10. Es reicht also für den Zustellungserfolg aus, daß der Bürovorsteher für den abwesenden Anwalt die Zustellung entgegennimmt. Nicht angetroffen wird auch derjenige, der sich jedenfalls nicht in den für jeden Kunden usw zugänglichen Räumen aufhält, BVerwG DÖV **74**, 348. Das Geschäftslokal darf aber nicht (ständig bzw endgültig) geschlossen sein, BayObLG **91**, 243.

**D. Gewerbegehilfe.** Als ein Gewerbegehilfe gilt, wer ohne oder gegen Entgelt dauernd zur Unter- **6** stützung des Geschäftsherrn in einer gewissen Vertrauensstellung im Gewerbebetrieb angestellt ist. Die Zustellung an einen Gewerbegehilfen außerhalb des Geschäftsraums ist aber unwirksam.

**E. Beispiele zur Frage der Anwendbarkeit von I** **7**
**Alleingesellschafter:** Rn 10 „Handelsgesellschaft".
**Angestellter:** Er ist Gewerbegehilfe nach I.
**Apotheker:** I ist bei ihm anwendbar.
**Arzt:** I ist bei ihm anwendbar, BSG MDR **77**, 700.
**Auszubildender:** Er ist Gewerbegehilfe nach I, OVG Münst Rpfleger **76**, 223.
**Briefkastenanschrift:** Sie reicht nicht zur Annahme eines Geschäftslokals nach I aus, BGH MDR **93**, 900 (krit Zeiss JR **94**, 160).
**Büro:** Es ist Geschäftslokal nach I.
**Büroangestellter:** Er ist Gewerbegehilfe nach I.

## § 183

1. Buch. 3. Abschnitt. Verfahren

**Ehegatte:** Ob er als Gewerbegehilfe oder als Hausgenosse im Sinn von § 181 I anzusehen ist, ist eine Fallfrage, BSG MDR **77**, 700, Düss WertpMitt **77**, 134.

**Eingetragener:** Wer sich durch eine Eintragung im Handelsregister als Gewerbetreibender ausgibt, muß eine Zustellung nach § 183 gegen sich gelten lassen, selbst wenn der Betrieb ohne sein Wissen verlegt worden ist, solange er seine Namensführung duldet, Köln DB **88**, 2303.

**Eisdielenbesitzer:** I ist bei ihm anwendbar, LAG Hamm MDR **83**, 612.

8 **Fabrikant:** I ist bei ihm anwendbar.
**Filiale:** Rn 13 „Zweigniederlassung".
**Firmenschild:** Es gelten dieselben Regeln wie bei Rn 7 „Eingetragener".

9 **Geschäftsführer:** Eine Zustellung, die an den Geschäftsführer einer Gesellschaft mit beschränkter Haftung persönlich gerichtet sein soll, darf nicht nach § 183 durchgeführt werden, Brdb RR **96**, 766, Nürnb MDR **98**, 1369, auch nicht, wenn er alleiniger Gesellschafter, Hamm GRUR **92**, 888, Zweibr JB **91**, 721, oder Haupt- bzw Mitgesellschafter ist, Hamm GRUR **92**, 888, Nürnb MDR **98**, 1369. Sie darf auch nicht an den Angestellten ausgeführt werden, wenn der Geschäftsführer kein Gewerbetreibender, sondern seinerseits ein Angestellter der gewerbetreibenden Gesellschaft ist, BGH **97**, 343, und zwar auch dann nicht, wenn es sich um den Alleingeschäftsführer handelt, Hamm NJW **84**, 2372. Etwas anderes gilt dann, wenn der Geschäftsführer für den Zusteller eindeutig erkennbar mit dem Inhaber identisch ist, BVerwG MDR **74**, 338, freilich nicht, wenn er eine formell unkorrekte Zustellung, die eine Notfrist in Gang setzen soll, selbst veranlaßt und gewollt hat, BayObLG ZMR **85**, 133.

**Gesellschafter:** Auf den Gesellschafter einer OHG ist I anwendbar.

10 **Handelsgesellschaft:** I ist auf eine solche Gesellschaft auch dann anwendbar, wenn der Zustellungsadressat sie praktisch allein betreibt.
**Handwerker:** I ist beim ihm anwendbar.
**Kaufmann:** I ist bei ihm anwendbar.
**Kellner:** Er ist Gewerbegehilfe nach I.
**Komplementär:** I ist auf den Komplementär einer KG anwendbar, soweit die Zustellung in deren Geschäftsraum erfolgt.
**Kontaktadresse:** Rn 7 „Briefkastenanschrift".

11 **Laden:** Er ist Geschäftslokal nach I.
**Minderjähriger:** Die Minderjährigkeit eines Gewerbegehilfen ist unerheblich.
**Mitinhaber:** I ist auf ihn anwendbar.
**Nießbraucher:** I ist beim Nießbraucher am Gewerbebetrieb anwendbar: Er betreibt aus eigenem Recht.
**Nachsendeauftrag:** Er begründet nicht AnschBew dafür, daß auch am neuen Ort ein Geschäftslokal liegt, BGH NJW **98**, 1958.
**Patentanwalt:** I (und nicht II) ist bei ihm anwendbar.
**Prokurist:** I ist bei ihm anwendbar, denn der betreibt nicht aus eigenem Recht.

12 **Registratur:** Sie ist Geschäftslokal nach I.
**Scheininhaber:** I ist auf den Konzessionsträger als Scheininhaber anwendbar, LAG Bre BB **96**, 539.
**Sekretariat:** Es ist Geschäftslokal nach I.
**Teilinhaber:** S „Mitinhaber".
**Teilzeitbeschäftigter:** Es kommt darauf an, ob er nur ausnahmsweise oder nur mit untergeordneten Hilfsdiensten beschäftigt ist, BGH VersR **95**, 1074.
**Verkäufer:** Er ist Gewerbegehilfe nach I.
**Volontär:** Er ist Gewerbegehilfe nach I, OVG Münst Rpfleger **76**, 223.
**Vorraum:** I ist beim ihm anwendbar, soweit in ihm zB dort Mitarbeiter einer anderen Firma Arbeiten ausführen, die der Geschäftstätigkeit des Zustellungsadressaten dienen, BFH BB **84**, 460.

13 **Wartezimmer:** Es ist Geschäftslokal nach I, BFH BB **84**, 460.
**Werkstatt:** Sie ist Geschäftslokal nach I, Düss JB **82**, 1743.
**Wohnung:** Ein Geschäftslokal nach I braucht von einer Wohnung nicht räumlich getrennt zu sein. Wenn es in der Wohnung liegt, sind §§ 181, 183 nebeneinander anwendbar.
**Zweigniederlassung:** Sie ist Geschäftslokal nach I.

14 **4) Zustellung an einen Rechtsanwalt usw, II.** Ihm steht ein Erlaubnisträger nach § 209 BRAO gleich, § 25 EGZPO.

**A. Zulässigkeit.** Wenn der Zustellungsbeamte einen Anwalt, einen Notar oder einen Gerichtsvollzieher nicht im Geschäftsraum antrifft, darf er das Schriftstück einem anwesenden Gehilfen oder Schreiber zustellen, auch an einen minderjährigen.

15 **B. Gehilfe.** Gehilfe ist nur derjenige, der in einer Wahrnehmung der dem Anwaltsberuf eigentümlichen Geschäfte dort dauernd Dienst leistet, unabhängig von der Wirksamkeit eines etwaigen Vertrags, BFH NJW **94**, 960, nicht zB ein Bote oder eine Raumpflegerin. Zu den Gehilfen rechnen aber ein Referendar im Vorbereitungsdienst, BFH NJW **94**, 960, oder ein Auszubildender, OVG Münster Rpfleger **76**, 223, ferner der amtlich bestellte Vertreter oder ein Angehöriger des Anwalts, wenn er ständig mit der Beaufsichtigung des Büros beauftragt ist. Die Zustellung an Gehilfen muß dort erfolgen.

16 **C. Unzulässigkeit.** § 183 gilt nicht bei einer Zustellung von Anwalt zu Anwalt nach § 198. Auf den Sozius ist § 183 nur insoweit anwendbar, als er auch selbst (wie im Zweifel stets, vgl BGH **70**, 249 mwN) Zustellungsadressat ist. Eine bloße Bürogemeinschaft reicht nicht. Die Zustellung außerhalb des Geschäftsraums ist unwirksam, etwa eine Zustellung in einem Gemeinschaftsraum der Anwälte im Gericht. Eine Niederlegung nach § 182 ist bei § 183 grundsätzlich unstatthaft, § 182 Rn 5, BGH NJW **76**, 149, Köln VersR **89**, 643, LG Aschaffenb DGVZ **92**, 13.

17 **5) Verstoß, I, II.** Vgl § 182 Rn 19. Im Fall der Annahmeverweigerung gilt § 186.

18 **6) VwGO:** Vgl Einf §§ 181–185 Rn 6. Zur Unanwendbarkeit von § 182, Rn 16, s OVG Bre NJW **86**, 2132.

2. Titel. Verfahren bei Zustellungen §§ 184, 185

**184** *Ersatzzustellung bei Personenmehrheiten.* ¹ Wird der gesetzliche Vertreter oder der Vorsteher einer Behörde, einer Gemeinde, einer Korporation oder eines Vereins, dem zugestellt werden soll, in dem Geschäftslokal während der gewöhnlichen Geschäftsstunden nicht angetroffen oder ist er an der Annahme verhindert, so kann die Zustellung an einen anderen in dem Geschäftslokal anwesenden Beamten oder Bediensteten bewirkt werden.

II Wird der gesetzliche Vertreter oder der Vorsteher in seiner Wohnung nicht angetroffen, so sind die Vorschriften der §§ 181, 182 nur anzuwenden, wenn ein besonderes Geschäftslokal nicht vorhanden ist.

**1) Systematik, Regelungszweck, I, II.** Im Geltungsbereich ist § 184 eine neben §§ 183, 185 bestehende Sondervorschrift, die denselben Zwecken dient wie jede Ersatzzustellung, dazu Einf 2 vor §§ 181–185. Die Grenzen von I sind in § 185 vorrangig geregelt. Auch § 176 hat Vorrang, BAG DB **96**, 2088.  1

**2) Geltungsbereich, I.** Vgl Einf 3 vor §§ 181–185. II gilt auch bei § 2 II 1 LöschG, BayObLG RR **98**, 614.  2

**A. Zustellungsadressat.** § 184 gilt für die Ersatzzustellung, Einf 1 vor §§ 181–185, an eine juristische Person, BFH DB **88**, 1935, zB an eine Behörde, auch deren Abteilung, Gemeinde, Körperschaft oder einen nicht rechtsfähigen Verein, auch an eine Offene Handelsgesellschaft, Kommanditgesellschaft, BGH DB **88**, 1210, BayObLG BB **89**, 171, Gesellschaft mit beschränkter Haftung, BayObLG RR **98**, 614, Aktiengesellschaft, BGH NJW **89**, 2689, Reederei. In allen diesen Fällen bestehen folgende Möglichkeiten einer Zustellung (zunächst nur) an die gesetzlichen Vertreter, Grdz 7 vor § 50, auch im Löschungsverfahren, Bührer Rpfleger **99**, 13, oder als die Vorsteher, BFH DB **85**, 848, BayObLG RR **98**, 614: In der Wohnung in Person, §§ 171, 180; im Geschäftsraum in Person; im Geschäftsraum ersatzweise; in der Wohnung ersatzweise nur dann, wenn ein besonderer Geschäftsraum fehlt, II, Hbg RR **93**, 1450. Er kann als fehlend angenommen werden, wenn Zustellungsversuche dauernd scheiterten, Brdb RR **98**, 1287, Karlsr BB **94**, 885, LAG Nürnb Rpfleger **98**, 296.

Auf eine Zustellung an den *Aufsichtsrat,* zB nach §§ 112, 246 II AktG, ist § 184 grundsätzlich unanwendbar. Denn der Aufsichtsrat hat im allgemeinen keinen besonderen Geschäftsraum, BGH NJW **89**, 2689. Die Zustellung erfolgt dann nach den §§ 180–182. Die Zustellung an einen Gewerbetreibenden kann nicht nach § 184, sondern nach § 183 erfolgen, BAG Rpfleger **72**, 438.

**B. Gewöhnliche Geschäftsstunden.** Das ist diejenige Zeit, während der wesentliche Aufgaben erfüllt werden. Die Dienstzeit oder Dienstordnung ist beachtlich. Mangels äußerlich erkennbarer Bestimmung entscheidet die für die betreffende Stelle geltende örtliche Gewohnheit, im wesentlichen ebenso Stellwaag DGVZ **89**, 37. Am Sonnabend gelten Einschränkungen.  3

**C. Geschäftsraum.** Geschäftsraum im Sinn des § 184 ist der für den Dienst gerade des Zustellungsempfängers, BGH DB **88**, 1210, BayObLG BB **88**, 1076, also der Firma, Gesellschaft, der Behörde usw, BFH DB **88**, 1935, nicht notwendig den Bürodienst, bestimmte Raum sowie bei einer Zustellung an den Betriebsrat evtl die Postempfangsstelle des Betriebs, BAG BB **76**, 510. Es ist unerheblich, ob es sich um das Hauptgeschäft oder um eine Zweigniederlassung handelt. Vgl § 183 Rn 6. Der Geschäftsraum muß als solcher erkennbar sein, Ffm MDR **99**, 498.  4

*Nicht ausreichend* ist ein Geschäftsraum, in dem der gesetzliche Vertreter usw ein anderes Geschäft oder Gewerbe betreibt, BGH DB **88**, 1210, oder eine bloße Betriebsstätte, etwa eine Fabrik, ein Warenlager oder eine Auslieferungsstelle, Köln MDR **90**, 1021 (zustm Schneider).

**D. Bediensteter.** Bediensteter ist jeder, den der Zustellungsempfänger mit einem Dienst für ihn tatsächlich betraut hat, ohne Rücksicht auf ein Arbeits- oder Angestelltenverhältnis, BFH BB **84**, 460.  5

**3) Durchführung, II,** dazu LG Bln Rpfleger **78**, 31 (Üb): Es genügt, daß man dem Zustellungsbeamten den gesetzlichen Vertreter oder den Vorsteher als abwesend oder behindert bezeichnet. Ausreichend wäre zB eine dienstliche Besprechung. Zum Begriff des besonderen Geschäftslokals Rn 4 (wie „Geschäftsraum"). Die richtige Bezeichnung des Vertreters oder Vorstehers auf dem Schriftstück ist dann nicht erforderlich, KG Rpfleger **76**, 222. Die Zustellung an einen vorher rechtswirksam Bevollmächtigten ist nicht ausgeschlossen, Ffm MDR **98**, 736. Ein von der Behörde nur benannter, nicht förmlich bevollmächtigter Beamte ist nicht ausreichend, selbst wenn er die Befähigung zum Richteramt hat, BFH DB **85**, 848. Die Zustellung an einen Beamten, der mehrere Behörden vertritt, ist nur im Geschäftsraum der gemeinten Behörde wirksam. Das zuzustellende Schriftstück soll möglichst verschlossen sein, Zeiss DGVZ **84**, 81. Derjenige, dem der Zusteller die Sendung aushändigt, ist in der Zustellungsurkunde anzugeben, BGH **93**, 74. Verschlossensein bedeutet nicht stets Nichtvorhandensein, Düss RR **98**, 497.  6

**4) Verstoß, I, II.** Ein Verstoß macht die Zustellung grundsätzlich unwirksam, Üb 12 vor § 166; s auch § 187, BGH **93**, 74, Düss RR **98**, 497, LG Bln Rpfleger **78**, 31.  7

**5) VwGO:** Vgl Einf §§ 181–185 Rn 6. Gewöhnliche Geschäftsstunden am Samstagvormittag: OVG Kblz NJW **66**, 1769.  8

**185** *Ersatzzustellung an den Gegner des Zustellungsgegners.* Die Zustellung an eine der in den §§ 181, 183, 184 Abs. 1 bezeichneten Personen hat zu unterbleiben, wenn die Person an dem Rechtsstreit als Gegner der Partei, an welche die Zustellung erfolgen soll, beteiligt ist.

**1) Systematik, Regelungszweck.** Die Gefahren einer jeden Ersatzzustellung, nämlich die tatsächliche Nichtaushändigung des zuzustellenden Schriftstücks oder wenigstens der Benachrichtigung über dessen Niederlegung usw können nicht unbegrenzt in Kauf genommen werden, weil der Interessengegensatz von  1

## §§ 185, 186

Prozeßgegnern diese Gefahren für den Absender unzumutbar vergrößern würde (der Edelmut des Menschen, der auch noch an seinen Gegner weiterleiten soll, darf nicht überstrapaziert werden). Dem trägt § 185 vorrangig bei §§ 181, 183, 184 I Rechnung.

Der *Grund des* § *185* liegt in der im allgemeinen berechtigten Besorgnis, der Prozeßgegner werde das Schriftstück dem Zustellungsadressaten nicht aushändigen, BGH NJW **84**, 57, BAG NJW **81**, 1400, Karlsr Rpfleger **84**, 25, aber auch im Schutzbedürfnis des Zustellungsadressaten, BAG NJW **81**, 1400, Karlsr Rpfleger **84**, 25, LG Fulda Rpfleger **87**, 27. BayObLG WoM **89**, 535 wendet § 185 auf den Verwalter nach dem WEG entsprechend an.

2  2) **Geltungsbereich.** Vgl Einf 3 vor §§ 181–185.

3  3) **Grundsatz: Keine Ersatzzustellung bei Interessengegensatz.** § 185 verbietet nur eine Ersatzzustellung an den Prozeßgegner des Zustellungsadressaten, Üb 8 vor § 166, auch eine Zustellung nach § 173, LG Ffm Rpfleger **88**, 72, nicht zB eine Zustellung nach § 171 III, BVerfG **67**, 211, BGH NJW **84**, 57.

4  4) **Folge: Weite Auslegung.** Wegen der Gründe Rn 1 ist § 185 weit auszulegen, BGH NJW **84**, 57, Düss FamRZ **93**, 584, LAG Mainz DB **90**, 2076 (Zustellung an den Schuldner statt an den Drittschuldner). § *181 BGB* ist hier *unbeachtlich*, LG Ffm Rpfleger **88**, 72.

5  5) **Beispiele zur Frage der Zulässigkeit einer Ersatzzustellung nach § 185**
**Angehöriger:** Eine Ersatzzustellung nach § 185 *unzulässig*, soweit es um die Zustellung an einen nahen Angehörigen des Prozeßgegners des Zustellungsadressaten geht, BGH NJW **84**, 57. Das gilt etwa für einen Sohn, eine Tochter oder ein Geschwister.
*Zulässig* ist aber eine Ersatzzustellung an einen Angehörigen des Zustellungsadressaten, selbst an die minderjährige Partei, BGH VersR **73**, 156.
**Beteiligter:** Rn 7 „Streitgenosse".
**Betriebsrat:** Zulässig ist eine Ersatzzustellung an den Betriebsrat zu Händen desjenigen Arbeitnehmers, der in der Posteingangsstelle des Betriebs ständig auch für den Betriebsrat tätig ist, BAG BB **76**, 510.
**Betreuer:** Rn 7 „Streitgenosse".
**Dritter:** Eine Ersatzzustellung ist nach § 185 unzulässig, soweit es um die Zustellung an einen Dritten geht, der von Weisungen des Prozeßgegners abhängig ist, etwa an seine Sekretärin, Karlsr Rpfleger **84**, 26. S auch Rn 6 „Interessengegensatz".
**Drittschuldner:** Wegen Unterschlagungsgefahr ist eine Zustellung, die den Drittschuldner erreichen soll, durch Ersatzzustellung an den Schuldner nach § 185 unzulässig, § 829 Rn 38, BAG NJW **81**, 1400, AG Cochem DGVZ **89**, 77, Hamm NJW **94**, 1039, aM LG Bonn DGVZ **98**, 12.
*Zulässig* kann aber eine Ersatzzustellung an den Drittschuldner statt an den Schuldner sein, LG Siegen JB **95**, 161.
**Ehefrau:** S „Dritter", Rn 7 „Streitgenosse".

6  **Interessengegensatz:** Eine Ersatzzustellung ist nach § 185 unzulässig, soweit es um einen Empfänger geht, zu dem ein Interessengegensatz besteht, BGH NJW **84**, 57, Düss FamRZ **93**, 584, Karlsr Rpfleger **84**, 26. S auch Rn 5 „Dritter".
**Juristische Person:** Zulässig ist bei der juristischen Person eine Ersatzzustellung an einen Mitarbeiter gleich welcher Rangstufe, BAG BB **74**, 1535.
**Kenntnis des Zustellers:** Die Kenntnis des Zustellungsbeamten ist für die Frage der Zulässigkeit oder Unzulässigkeit einer Ersatzzustellung nach § 185 unerheblich. Es empfiehlt sich, auf dem Briefumschlag zu vermerken, wer nach § 184 ausscheidet.
**Pfleger:** Rn 7 „Streitgenosse".
**Rechtskrafterstreckung:** Eine Ersatzzustellung ist nach § 185 unzulässig, soweit es um die Zustellung an eine Person geht, auf die sich die Rechtskraft erstrecken kann, §§ 325–327 (Folge: die natürlich durch den ahnungslosen Postboten vorgenommene Zustellung muß wiederholt werden).

7  **Streitgenosse:** Eine Ersatzzustellung ist nach § 185 unzulässig, soweit es um die Zustellung an einen am Ausgang des Prozesses unmittelbar Beteiligten geht, etwa an den notwendigen Streitgenossen, § 62, zB an die gütergemeinschaftliche Ehefrau oder auch an den Pfleger des Prozeßgegners, KG Rpfleger **78**, 106.
**Streithelfer:** Eine Ersatzzustellung ist nach § 185 unzulässig, soweit es um eine Zustellung an einen Streithelfer des Prozeßgegners oder Streitverkündeten geht, ThP 1, aM ZöStö 3.
**Zustellungsbevollmächtigter:** Zulässig ist eine Ersatzzustellung an den Zustellungsbevollmächtigten beider Parteien. Denn er gilt nicht als Prozeßgegner, LG Kaisersl Rpfleger **93**, 256.

8  6) **Verstoß.** Ein Verstoß macht die Zustellung unwirksam, KG Rpfleger **78**, 106, LG Ffm Rpfleger **88**, 72, wenn der Zustellungsadressat das Schriftstück nicht erhält, Üb 12 vor § 166. Es ist aber eine Heilung nach § 187 möglich. Im übrigen kommt die Wiedereinsetzung in Betracht, §§ 233 ff.

9  7) *VwGO:* Vgl Einf §§ *181–185 Rn 6.*

## 186

*Verweigerung der Annahme.* Wird die Annahme der Zustellung ohne gesetzlichen Grund verweigert, so ist das zu übergebende Schriftstück am Ort der Zustellung zurückzulassen.

1  1) **Systematik, Regelungszweck.** Die vom Gesetz erstrebte tatsächliche Kenntnisnahme vom Inhalt eines zuzustellenden Schriftstücks, Üb 1 vor § 166, kann nicht physisch erzwungen werden, ebensowenig wie die Vornahme einer Handlung, §§ 887, 888, oder die Abgabe einer Willenserklärung, § 894. Das Gesetz muß sich mit Hilfskonstruktionen wie dort begnügen. Eine solche stellt § 186 dar. Dabei ist eine behutsame, aber nicht eine furchtsame Auslegung der Worte „ohne gesetzlichen Grund verweigert" geboten, um

Rechtsmißbrauch, Einl III 54, ebenso wie eine Verletzung der Grenzen des Prozeßrechtsverhältnisses, Grdz 2 vor § 128, gleichermaßen zu vermeiden.

**2) Geltungsbereich.** Vgl Üb 2 vor § 166.   **2**

**3) Unterstellung einer Zustellung.** Die Verweigerung der Annahme eines zuzustellenden Schriftstücks **3** bei der Zustellung steht der Zustellung gleich, soweit die Verweigerung ohne einen gesetzlichen Grund erfolgt, das heißt entgegen den Vorschriften der ZPO, Saarbr RR **94**, 638. In diesem Fall läßt der Zustellungsbeamte das Schriftstück am Ort der Zustellung zurück, legt es also dort an beliebiger Stelle hin; mit der Zurücklassung ist die Zustellung bewirkt, Saarbr RR **94**, 638. Er darf es aber nicht einer Person übergeben, die nach den gesetzlichen Vorschriften nicht zum Empfang des Schriftstücks berechtigt ist.

**4) Weigerungsrecht.** Die Verweigerung der Annahme ist in folgenden Fällen berechtigt: Bei einer **4** Ersatzzustellung für den Hauswirt oder Vermieter, § 181 II; wenn die Voraussetzungen einer Ersatzzustellung nach §§ 181–184 fehlen; bei einer Zustellung an einem Sonn- oder Feiertag oder zur Nachtzeit, § 188 IV; bei einer falschen Anschrift, sofern die Nämlichkeit zweifelhaft ist; bei einer schikanösen Zurückweisung, BGH NJW **78**, 426; beim Prozeßgegner des Zustellungsadressaten, § 185; wenn das Zustellungsorgan nicht als solches für den Empfänger einwandfrei erkennbar ist.

*Nicht hierher* gehört der Fall, daß der Postbote zB wegen gefährlicher Angriffe des Hundes des Zustellungsempfängers nach § 50 II PostO überhaupt nicht direkt zustellen muß, OVG Kblz NJW **90**, 64. Dann ist am besten nach § 182 letzter Hs zuzustellen; vgl auch § 182 Rn 12 ff.

**5) Einzelfragen.** Die Verweigerung der Annahme und die Zurücklassung des zuzustellenden Schrift- **5** stücks sind nach § 191 Z 5 zu beurkunden, Saarbr RR **94**, 638. Bei § 198 ist § 186 unanwendbar.

**6) *VwGO:*** Vgl Einf §§ 181–185 Rn 6. Für die Zustellung durch die Behörde gegen Empfangsbekenntnis, § 5 **6** *VwZG*, gilt § 13 *VwZG*.

**187** *Heilung bei Zustellungsmängeln.* ¹Ist ein Schriftstück, ohne daß sich seine formgerechte Zustellung nachweisen läßt, oder unter Verletzung zwingender Zustellungsvorschriften dem Prozeßbeteiligten zugegangen, an den die Zustellung dem Gesetz gemäß gerichtet war oder gerichtet werden konnte, so kann die Zustellung als in dem Zeitpunkt bewirkt angesehen werden, in dem das Schriftstück dem Beteiligten zugegangen ist. ²Dies gilt nicht, soweit durch die Zustellung der Lauf einer Notfrist in Gang gesetzt werden soll.

**Gliederung**

| | | | |
|---|---|---|---|
| 1) **Systematik**, S 1, 2 | 1 | E. Beweis | 12 |
| 2) **Regelungszweck**, S 1, 2 | 2 | 5) **Notfrist**, S 2 | 13–21 |
| 3) **Geltungsbereich**, S 1, 2 | 3 | A. Grundsatz: Keine Ungewißheit | 13 |
| 4) **Heilung**, S 1 | 4–12 | B. Beispiele zur Frage der Anwendbarkeit von S 2 | 14–21 |
| A. Grundsatz: Ermessen | 4 | | |
| B. Tatsächlicher Zugang | 5 | 6) **Entscheidung**, S 1, 2 | 22 |
| C. Beispiele zur Frage der Anwendbarkeit von S 1 | 6–10 | 7) **Rechtsmittel**, S 1, 2 | 23 |
| D. Adressierung | 11 | 8) *VwGO* | 24 |

**1) Systematik, S 1, 2.** Die Vorschrift regelt die Rechtsfolgen von Zustellungsmängeln. Sie enthält eine **1** sorgsame Abstufung der Folgen und hat Ähnlichkeit mit § 295.

**2) Regelungszweck, S 1, 2.** § 187 enthält einen allgemeinen Gedanken. Die Vorschrift ist daher weit **2** auszulegen, BGH NJW **89**, 1155, Celle Rpfleger **91**, 167, Nürnb MDR **82**, 238, freilich auch im Hinblick auf den Inhalt des Schriftstücks, aM Stgt RR **89**, 1534. § 187 soll im Interesse der Rechtssicherheit, Einl III 43, aber auch der Prozeßwirtschaftlichkeit, Grdz 14 vor § 128, zwar (nur) den Nachweis der Tatsache und den Zeitpunkt des Zugangs sicherstellen, BGH **130**, 74, aber auch insofern den Formalismus bei der Zustellung in Grenzen halten, Celle Rpfleger **91**, 167. Das bedeutet nicht, daß das Gericht keinen Wert auf eine korrekte Zustellung legen muß. Es bedeutet freilich auch nicht, daß jede irgendwie mangelhafte Zustellung nichtig wäre, solange sie nicht gerichtlich zugelassen wird. Im übrigen mag eine unwirksame Zustellung zu wiederholen sein, Karlsr FamRZ **73**, 272.

**3) Geltungsbereich, S 1, 2.** Vgl zunächst Üb 2 vor § 166. Die Vorschrift betrifft jede Art des Zugangs **3** förmlich zuzustellender Schriftstücke, BGH **100**, 238 (Verfügung des Bundeskartellamts), und grundsätzlich jede Art von Zustellung im Partei- wie Amtsbetrieb, BVerfG NJW **88**, 1774 (Insolvenzverfahren), BGH **17**, 353 (Zustellung eines Enteignungsbeschlusses), Celle Rpfleger **91**, 167 (Terminsbestimmung nach dem ZVG), Düss Rpfleger **89**, 36 (Terminsladung gem § 212a), LG Aachen RR **90**, 1344 (Arrestbefehl), Hamm MDR **53**, 561, AG Biedenkopf MDR **83**, 588 (Zustellung einer Vorpfändung), aM KG RR **99**, 72 (Beschlußverfügung), LG Hechingen DGVZ **86**, 189. Das gilt grundsätzlich auch im internationalen Rechtsverkehr, BayObLG FamRZ **75**, 215 (zustm Geimer), Hamm FamRZ **88**, 1293, KG OLGZ **74**, 328. S 1 gilt auch im WEG-Verfahren, Hbg ZMR **98**, 713. S 1, 2 betreffen also nicht nur eine Ersatzzustellung. S 1 betrifft aber nicht eine Zustellung, die eine Notfrist, § 224 I 2, in Gang setzen soll; insofern gilt S 2, Rn 13, 14.

**4) Heilung, S 1.** Es müssen mehrere Voraussetzungen zusammentreffen. **4**

**A. Grundsatz: Ermessen.** Auch nach § 187 heilt eine Zustellung grundsätzlich nicht schon dadurch rückwirkend, daß das Schriftstück tatsächlich in die Hand des Zustellungsadressaten, Üb 8 vor § 166,

§ 187                                             1. Buch. 3. Abschnitt. Verfahren

kommt, BGH NJW **89**, 1154. Etwas anderes gilt beim Verzicht, Üb 13 vor § 166. § 187 gibt dem Gericht aber die Befugnis, die Zustellung nach seinem pflichtgemäßen Ermessen, BGH **130**, 74, als in einem festzustellenden Zeitpunkt bewirkt anzusehen, BGH NJW **84**, 926, Mü FamRZ **81**, 167, LG Paderborn NJW **77**, 2077. Das Gericht kann die Zustellung als in demjenigen Zeitpunkt erfolgt behandeln, in dem der Zustellungsadressat das Schriftstück so erhalten hat, daß er es in seinen Besitz bekam, behalten sollte, BGH DB **81**, 368, Mü FamRZ **81**, 167, Rostock FamRZ **99**, 1076, und von seinem Inhalt Kenntnis nehmen konnte, Celle Rpfleger **91**, 167. Das Gericht muß die Zustellung immer dann als bewirkt ansehen, wenn eine gegenteilige Auffassung auf eine leere Förmelei hinauslaufen würde und wenn der Zustellungszweck offensichtlich ereicht wird, wenn also für keinen Beteiligten ein Schaden entstehen kann, BGH NJW **84**, 927, Mü MDR **86**, 944, Hundt-Eßwein DB **86**, 2460.

5   **B. Tatsächlicher Zugang.** Es ist ein tatsächlicher Zugang der vollständigen Entscheidung usw, Köln RR **87**, 576, nach § 170 beim Zustellungsadressaten, Üb 8 vor § 166, notwendig, Brdb FamRZ **98**, 1440, Hbg ZMR **98**, 713, LG Hann DGVZ **96**, 138, also ein Besitz, Köln RR **87**, 576. Er braucht nicht dauernd zu sein, Köln RR **87**, 576. Die bloße Unterrichtung über den Inhalt reicht nicht aus, BGH **70**, 387, Nürnb MDR **82**, 238, ebensowenig eine Akteneinsicht durch den ProzBev, BGH DB **81**, 368, oder eine ins Postfach gelegte Nachricht über einen Eingang, Celle NJW **74**, 1386, oder die Anfertigung und Aushändigung einer Fotokopie durch den ProzBev, Nürnb MDR **82**, 238. Der übereinstimmende Wille der Parteien bindet das Gericht nicht, insbesondere nicht bei einer Notfrist. Es ist unerheblich, ob nur eine Formvorschrift verletzt wurde, ob etwa eine unzulängliche oder gar keine Zustellungsurkunde aufgenommen wurde, oder ob nur der Nachweis der Zustellung unmöglich ist, etwa weil die Zustellungsurkunde verlorengegangen ist.

6   **C. Beispiele zur Frage der Anwendbarkeit von S 1**
**Abschrift:** Rn 7 „Fehlerhaftigkeit".
**Aktiengesellschaft:** Rn 9 „Prozeßunfähigkeit usw".
**Arrest, einstweilige Verfügung:** S 1 ist anwendbar, soweit es zugleich um die Vollziehung geht, Brschw RR **96**, 380. S 1 ist unanwendbar, soweit es um einen Mangel einer im Beschlußweg erlassenen Unterlassungsverfügung geht, Hbg OLGZ **94**, 214. S 2 ist bei Parteizustellung anwendbar, Ffm MDR **98**, 736.
**Amtszustellung:** § 187 ist anwendbar, soweit es um eine Amtszustellung statt einer Parteizustellung geht, und umgekehrt.
**Ausfertigung:** Rn 7 „Fehlerhaftigkeit".
**Ausland:** § 187 ist unanwendbar, soweit das Gericht die Zustellung der Klageschrift an einen inländischen vollmachtlosen Vertreter des im Ausland wohnenden Bekl anordnet oder soweit kein Zustellungsbevollmächtigter nach § 174 II benannt worden ist. Denn dann ist § 199 verletzt, BGH **58**, 177, ThP 1, aM KG OLGZ **74**, 330, Bökelmann JR **72**, 425, Geimer NJW **72**, 1624.
**Beglaubigung:** Rn 7 „Fehlerhaftigkeit".
**Behörde:** Rn 9 „Prozeßunfähigkeit usw".
**Beschluß:** § 187 ist auf einen Beschluß wie auf eine Verfügung anwendbar, Hamm NJW **76**, Nürnb NJW **76**, 1101.
S aber auch Rn 6 „Arrest, einstweilige Verfügung".
**Einstweilige Verfügung:** Rn 6 „Arrest, einstweilige Verfügung".
7   **Fehlerhaftigkeit:** § 187 ist unanwendbar, soweit die Ausfertigung bzw Beglaubigung oder ihr Vermerk unvollständig oder sonstwie fehlerhaft sind, Hamm (14. ZS) NJW **78**, 830, Karlsr OLGZ **92**, 371, aM Hamm (4. ZS) OLGZ **79**, 358 (anders MDR **81**, 60), Stgt RR **89**, 534. § 187 ist ferner unanwendbar, soweit eine Ausfertigung oder ihr Vermerk völlig fehlen, Düss GRUR **89**, 542, LG Brschw DGVZ **82**, 75, aM Ffm OLGZ **81**, 99.
**Gemeinde:** Rn 9 „Prozeßunfähigkeit usw".
**Genossenschaft:** Rn 9 „Prozeßunfähigkeit usw".
**Gesellschaft:** Rn 9 „Prozeßunfähigkeit usw".
**Gesellschaft mit beschränkter Haftung:** Rn 9 „Prozeßunfähigkeit".
8   **Klageerweiterung:** § 187 ist auf eine Klageerweiterung anwendbar, BGH NJW **92**, 2236.
**Klageschrift:** § 187 ist auf eine Klageschrift anwendbar, ebenso auf einen Scheidungsantrag, BGH NJW **84**, 926, Rostock FamRZ **99**, 1076, Saarbr NJW **77**, 1928.
S aber auch Rn 6 „Ausland".
**Kommanditgesellschaft:** Rn 9 „Prozeßunfähigkeit usw".
**Ladung:** § 187 ist auf eine Ladung anwendbar, BGH NJW **78**, 427.
**Minderjähriger:** Rn 9 „Prozeßunfähigkeit".
**Notfrist:** Rn 13 ff.
**Offene Handelsgesellschaft:** Rn 9 „Prozeßunfähigkeit usw".
**Öffnung:** § 187 ist unanwendbar, soweit eine Ersatzperson nach § 181 die Sendung unbefugt öffnet und dadurch erfährt, daß sie Zweitbekl ist.
**Partei kraft Amts:** Rn 9 „Prozeßunfähigkeit usw".
9   **Parteizustellung:** Rn 4 „Amtszustellung".
**Prozeßbevollmächtigter:** § 187 ist anwendbar, soweit es um die Zustellung an die Partei statt an ihren ProzBev geht, insbesondere dann, wenn sie eine Kopie an den ProzBev weiterleitet, Brschw RR **96**, 380, oder wenn eine Zustellung an denjenigen ProzBev erfolgt ist, der das Mandat niedergelegt hatte, Zweib FER **99**, 130.
**Prozeßkostenhilfe:** Rn 9 „Versehentliche Zustellung".
**Prozeßunfähigkeit usw:** § 187 ist in allen Fällen des § 171 grds anwendbar, LG Hann DGVZ **96**, 138, jedoch ausnahmsweise unanwendbar, soweit jede Beteiligung der Vertreter am Prozeß unterblieben ist, Karlsr FamRZ **73**, 273.
**Rechtshängigkeit:** Ihr Fehlen kann heilbar sein, Zweibr FER **99**, 130.

2. Titel. Verfahren bei Zustellungen § 187

**Scheidungsantrag:** Rn 8 „Klageschrift".
**Unbefugtheit:** Rn 8 „Öffnung".
**Unzulässigkeit:** § 187 ist unanwendbar, soweit eine förmliche Zustellung jedenfalls derzeit unzulässig ist.
**Urteil:** § 187 ist grds auf ein Urteil anwendbar, vgl aber Rn 13.
**Verein:** Rn 9 „Prozeßunfähigkeit usw".
**Verfügung:** § 187 ist auf eine Verfügung oder einen Beschluß anwendbar, Hamm NJW **76**, 2026, Nürnb NJW **76**, 1101.
**Versehentliche Zustellung:** § 187 ist grds unanwendbar, soweit eine förmliche Zustellung überhaupt nicht beabsichtigt war, BGH FamRZ **93**, 309 (die Streitfrage als solche wird dort nicht gesehen), Köln FamRZ **86**, 278 (noch strenger Becker-Eberhardt), Schneider DGVZ **83**, 33. Etwas anderes gilt freilich dann, wenn der Richter eine förmliche Zustellung verfügt hat und der Urkundsbeamte der Geschäftsstelle das Schriftstück versehentlich nur formlos hat übersenden lassen, wenn die Partei aus den Erklärungen des Klägers in der Klageschrift erkennen kann, daß die Klage unabhängig von der Bewilligung einer Prozeßkostenhilfe erhoben werden sollte, ZöStö 7, aM LG Marbg DGVZ **83**, 26.
**Vollmachtloser Vertreter:** Rn 6 „Ausland". 10
**Zustellungsbevollmächtigter:** Eine Zustellung unter Verstoß gegen § 183 kann heilbar sein, LG Kaisersl Rpfleger **93**, 256.
S auch Rn 6 „Ausland".

**D. Adressierung.** Die Zustellung muß dem Gesetz gemäß an den Zustellungsgegner, Üb 8 oder 9 vor 11 § 166, gerichtet gewesen sein oder wenigstens gerichtet gewesen sein können, Hundt-Eßwein DB **86**, 2460. Die Anschrift muß also z B im Fall einer anwaltlichen Vertretung nach § 176 den Anwalt genannt haben. Zumindest muß der Anwalt, der das Schriftstück tatsächlich in Händen hat, der richtige Zustellungsgegner im weiteren Sinn, Üb 8, 9 vor § 166, sein. In diesem Fall ist es unerheblich, ob das Schriftstück auch an ihn gerichtet war, vgl BPatG GRUR **87**, 813. Wenn das Schriftstück also z B an die Partei gerichtet war und wenn sie das Schriftstück ihrem Anwalt ausgehändigt hat, kann das Gericht die Zustellung als in dem Augenblick der Aushändigung bewirkt ansehen. Dasselbe gilt dann, wenn die Zustellung an eine Person mit zwei Eigenschaften, z B als Vorstandsmitglied und als Liquidator, unter der Bezeichnung erfolgt ist, die die in diesem Prozeß maßgebliche Eigenschaft nicht betrifft. Denn in diesem Fall hat die richtige Person die Zustellung empfangen.

**E. Beweis.** Der Empfang des Schriftstücks und sein Zeitpunkt lassen sich mit jedem Beweismittel dartun. 12 Beweispflichtig ist derjenige, der aus der Zustellung ein Recht herleitet, Hbg MDR **79**, 851. Die Erklärung des Zustellungsadressaten kann nach der Lage der Sache genügen und tut das auch regelmäßig. Die Erklärung kann formlos erfolgen und in einer schlüssigen Handlung liegen, etwa dann, wenn der Zustellungsadressat einen Mangel der Zustellung behauptet. Im Fall einer Ersatzzustellung an einen Hausgenossen spricht die Lebenserfahrung für den Empfang durch den Zustellungsadressaten.

**5) Notfrist, S 2.** Ein einfacher Grundsatz wird fast zu weit angewendet. 13

**A. Grundsatz: Keine Ungewißheit.** Soweit die Zustellung eine Notfrist, § 224 I 2, in Lauf setzen und nicht nur wahren (einhalten) soll, ist eine mangelfreie Zustellung notwendig, BGH MDR **93**, 900, BayObLG **91**, 244. Denn ein solcher Fall duldet keine Ungewißheit, BGH NJW **95**, 533, Mü NJW **89**, 234. Dann kann auch ein tatsächlicher Zugang die sonst mangelhafte Zustellung nicht heilen, zB Mü RR **87**, 895. S 2 erfaßt aber nicht den Fall, daß die Notfrist nicht „in Gang gesetzt", sondern bloß „gewahrt" werden soll, BGH MDR **83**, 1002, LAG Mainz DB **90**, 2076, sowie den Fall, daß außer der Ingangsetzung einer Notfrist auch eine Zustellung nach § 750 infrage kommt, LG Düss DGVZ **87**, 75.

**B. Beispiele zur Frage der Anwendbarkeit von S 2** 14
**Anerkenntnisurteil:** Rn 21 „Zustellung".
**Arrest, einstweilige Verfügung:** Rn 20 „Vollziehungsfrist".
**Ausschlußfrist:** S 2 gilt entsprechend bei einer gesetzlichen Ausschlußfrist, etwa zur Klagerhebung, BGH **76**, 238, oder bei einer richterlichen Ausschlußfrist, etwa zur Vermeidung einer Zurückweisung wegen Verspätung nach §§ 296, 528, BGH **76**, 238.
S auch Rn 15 „Beibringungsfrist".
**Beibringungsfrist:** S 2 gilt entsprechend bei einer Frist nach § 356, BGH NJW **89**, 228. 15
**Berufungsbegründungsfrist:** Rn 18 „Rechtsmittelbegründungsfrist".
**Beschwerdefrist:** S 2 gilt entsprechend bei einer solchen Beschwerde, die einer Notfrist unterliegt, etwa nach § 577 II 1, BayObLG ZMR **85**, 133 und (FGG) BB **88**, 1076, Hamm Rpfleger **91**, 73 (ZVG).
**Einspruchsfrist:** S 2 gilt entsprechend bei einer Einspruchsfrist nach §§ 339, 700, Hamm NJW **89**, 3289 16 (auch zur Ausnahme beim Rechtsmißbrauch).
**Einstellungsfrist:** S 2 gilt entsprechend bei der Frist zur Beantragung einer einstweiligen Einstellung nach § 30 b I 2 ZVG, LG Gießen Rpfleger **81**, 26.
**Klagefrist:** Rn 14 „Ausschlußfrist". 17
**Klagerwiderungsfrist:** S 2 gilt entsprechend bei den Fristen nach §§ 275 I 1, III, 276 I 2, III, BGH **76**, 238.
**Löschungsfrist:** S 2 gilt entsprechend für die Frist zum Widerspruch gegen eine geplante Löschung nach § 142 II FGG, BayObLG **86**, 543.
**Rechtsmittelbegründungsfrist:** S 2 gilt entsprechend bei den Fristen nach §§ 519 II 2, 554 II 2, BGH 18 **76**, 238, Hagen SchlHA **73**, 59.
**Revisionsbegründungsfrist:** S „Rechtsmittelbegründungsfrist".
**Scheidungsverbund:** S 2 gilt entsprechend bei der Änderungsfrist, § 629 A III 1, Köln FamRZ **87**, 1060.
**Schriftliches Vorverfahren:** Rn 17 „Klagerwiderungsfrist", Rn 21 „Zustellung".
**Sommersache:** S 2 gilt auch in der Zeit vom 1. 7. bis 31. 8., § 227 III 1.

## §§ 187, 188  1. Buch. 3. Abschnitt. Verfahren

**Stellungnahme zur Klagerwiderung:** S 2 gilt entsprechend bei den Fristen nach §§ 275 IV, 276 III, vgl BGH **76**, 238.

19 **Terminsvorbereitung:** S 2 gilt entsprechend bei der Frist nach § 273 II Z 1.
**Versäumnisurteil:** Rn 16 „Einspruchsfrist", Rn 21 „Zustellung".

20 **Vollziehungsfrist:** S 2 gilt nicht bei der Frist nach § 929 II, Köln RR **87**, 575, ThP 2, ZöStö § 829 Rn 14, aM Kblz GRUR **80**, 944, Mü MDR **98**, 1244.

21 **Zurückweisung wegen Verspätung:** Rn 14 „Ausschlußfrist".
**Zustellung:** S 2 gilt entsprechend bei einer Zustellung nach § 310 III, Zweibr JB **91**, 721. Wegen einer Zustellung an den Fiskus Saarbr NJW **77**, 1928.
**Zwangsversteigerung:** Rn 16 „Einstellungsfrist".

22 **6) Entscheidung, S 1, 2.** Das Gericht braucht nur dann zu entscheiden, wenn es die Zustellung als bewirkt ansieht. Andernfalls bleibt die Wirksamkeit zweifelhaft. Es reicht aus, daß sich die Zulassung aus einer anderen Zustellung ergibt. Bei einem Zwischenstreit ist die Zulassung zu empfehlen. Die Zulassung wirkt für und gegen den Zustellungsadressaten, z B als eine Unterlage für eine Bestrafung oder im Fall einer rechtzeitigen Zustellung als eine Grundlage der Versäumnisentscheidung. Das Gericht kann durch einen Beschluß entscheiden, § 329. Er ist grundsätzlich zu begründen, § 329 Rn 4. Es ist auch im Fall der Ablehnung formlos mitzuteilen (kein befristetes Rechtsmittel), § 329 II 1. Das Gericht kann auch in den Entscheidungsgründen des Urteils mitentscheiden.

23 **7) Rechtsmittel, S 1, 2.** Gegen die Ablehnung der Zulassung ist die einfache Beschwerde nach § 567 I Hs 2 zulässig. Sie ist unzulässig, soweit das LG als Berufungs- oder Beschwerdegericht entschieden hat, § 567 III 1. Gegen die Zulassung durch besonderen Beschluß ist kein Rechtsmittel statthaft; im übrigen gelten die für das Urteil vorgesehenen Rechtsmittel.

24 **8) VwGO:** Gemäß § 56 II VwGO gilt die Sonderregelung des § 9 VwZG für alle Zustellungen mit Ausnahme derjenigen durch die Partei nach § 750, Üb § 166 Rn 18; vgl BVerwG DVBl **99**, 473, VGH Mü NVwZ-RR **98**, 207 mwN.

**188** Zeit der Zustellung. ¹¹Zur Nachtzeit sowie an Sonntagen und allgemeinen Feiertagen darf eine Zustellung, sofern sie nicht durch Aufgabe zur Post bewirkt wird, nur mit richterlicher Erlaubnis erfolgen. ²Die Nachtzeit umfaßt in dem Zeitraum vom 1. April bis 30. September die Stunden von neun Uhr abends bis vier Uhr morgens und in dem Zeitraum vom 1. Oktober bis 31. März die Stunden von neun Uhr abends bis sechs Uhr morgens.

II Die Erlaubnis wird von dem Vorsitzenden des Prozeßgerichts erteilt; sie kann auch von dem Amtsrichter, in dessen Bezirk die Zustellung erfolgen soll, und in Angelegenheiten, die durch einen beauftragten oder ersuchten Richter zu erledigen sind, von diesem erteilt werden.

III Die Verfügung, durch welche die Erlaubnis erteilt wird, ist bei der Zustellung abschriftlich mitzuteilen.

IV Eine Zustellung, bei der die Vorschriften dieses Paragraphen nicht beobachtet sind, ist gültig, wenn die Annahme nicht verweigert ist.

**Gliederung**

| | |
|---|---|
| 1) Systematik, Regelungszweck, I–IV ... 1 | A. Zuständigkeit ... 7 |
| 2) Geltungsbereich, I–IV ... 2 | B. Verfahren ... 8 |
| 3) Zeitlose Beschränkung, I ... 3, 4 | C. Entscheidung ... 9 |
|   A. Grundsatz: Notwendigkeit richterlicher Erlaubnis ... 3 | D. Folgen ... 10 |
|   B. Ausnahmen ... 4 | 6) Verstoß, II, IV ... 11 |
| 4) Nachtzeit; allgemeine Feiertage, I ... 5, 6 | 7) Rechtsbehelf, I–IV ... 12 |
| 5) Erlaubnis, II, III ... 7–10 | 8) VwGO ... 13 |

1 **1) Systematik, Regelungszweck, I–IV.** Die zeitliche Beschränkung der Zulässigkeit der Zustellung, der grundsätzlich keine örtliche entspricht, § 180, hat Ähnlichkeit mit der zeitlichen Beschränkung von Möglichkeiten des Vollstreckungszugriffs, § 761. Beide Vorschriften tragen den Artt 1, 2 GG Rechnung und finden ihre Grenzen dort, wo die Parteiherrschaft, Grdz 18 vor § 128, eine wirksame „Genehmigung" zuläßt, IV.

2 **2) Geltungsbereich, I–IV.** Vgl Üb 2 vor § 166.

3 **3) Zeitliche Beschränkung, I.** Einem Grundsatz stehen Ausnahmen gegenüber.

**A. Grundsatz: Notwendigkeit richterlicher Erlaubnis.** Eine Zustellung durch den Gerichtsvollzieher zur Nachtzeit, die I 2 zwingend festlegt, oder an einem Sonn- oder (nur) gesetzlichen Feiertag, also nicht auch am (arbeitsfreien) Sonnabend, ist nur auf Grund einer vorherigen gerichtlichen Erlaubnis wirksam.

4 **B. Ausnahmen.** Von diesem Grundsatz sind folgende Zustellungsarten ausgenommen: Die Zustellung durch Aufgabe zur Post, § 175; die Zustellung durch Übergabe an die Post, § 194; die Zustellung durch die Post, § 195, AG Lemgo Rpfleger **88**, 490; die Zustellung von Anwalt zu Anwalt, da er zur Entgegennahme bereit sein muß, § 198 Rn 5, so daß IV anwendbar ist. Bei der Amtszustellung gelten §§ 211, 212.

5 **4) Nachtzeit; allgemeine Feiertage, I.** I 2 bezeichnet amtlich den Umfang der *Nachtzeit*. Im gesamten *Gebiet der BRep* gelten folgende Tage als *Feiertage*: Neujahr; Karfreitag; Ostermontag; 1. Mai; Himmelfahrt;

Pfingstmontag; 3. Oktober (Nationalfeiertag); 1. und 2. Weihnachtstag (nicht aber auch der 24. Dezember als solcher, OVG Hbg NJW **93**, 1941).

Je nach dem *Landesrecht* gelten ferner folgende Tage als Feiertage, wobei es auf den Ort, an dem die Prozeßhandlung vorzunehmen ist, BAG NJW **89**, 1181, und sodann auf den Sitz der jeweils im Einzelfall zuständigen auswärtigen Abteilung usw ankommt: Epiphanias (5. 2.); Fronleichnam; Mariä Himmelfahrt (15. 8.), VGH Mü NJW **97**, 2130; Reformationsfest (31. 10.); Allerheiligen (1. 11.); Bußtag (der Mittwoch vor dem letzten Sonntag nach Trinitatis); ferner lokale Besonderheiten.

Der Sonnabend vor Ostern ist *kein Feiertag;* ebensowenig ist derjenige durch eine etwaige Verwaltungsanordnung bestimmte Sonnabend ein Feiertag, an dem nur ein Sonntagsdienst stattfindet. Durch G v 10. 8. 65, vgl § 222, ist daran nichts geändert worden. Der Sonnabend ist also den Feiertagen insofern gleichgestellt.

Die Länder haben folgende Feiertagsgesetze erlassen: **6**
**Baden-Württemberg:** G v 28. 11. 70, GBl **71**, 1, zuletzt geändert durch G v 8. 5. 95, GVBl 450;
**Bayern:** G v 21. 5. 80, GVBl 215, zuletzt geändert durch G v 27. 12. 91, GVBl 491;
**Berlin:** G v 28. 10. 54, GVBl 615, zuletzt geändert durch G v 16. 3. 56, GVBl 245;
**Brandenburg:** G v 21. 3. 91, GVBl 44, geändert durch G v 3. 7. 92, GVBl 44;
**Bremen:** G v 12. 11. 54, GBl 115, zuletzt geändert durch G v 1. 3. 76, GBl 85;
**Hamburg:** G v 16. 10. 53, GVBl 289, zuletzt geändert durch G v 20. 12. 94, GVBl 441;
**Hessen:** G idF V 29. 12. 71, GVBl 343, geändert durch G v 15. 5. 74, GVBl 241;
**Mecklenburg-Vorpommern:** G v 18. 6. 92, GVBl 342, geändert durch G v 20. 12. 94, GVBl 1055;
**Niedersachsen:** G idF v 29. 4. 69, GVBl 113, zuletzt geändert durch G v 17. 12. 94, GVBl 519;
**Nordrhein-Westfalen:** G idF v 23. 4. 89, GVBl 222; geändert durch G v 17. 4. 91, GVBl 200;
**Rheinland-Pfalz:** G v 15. 7. 70, GVBl 225, zuletzt geändert durch G v 20. 12. 94, GVBl 474;
**Saarland:** G v 18. 2. 76, ABl 213;
**Sachsen:** G v 10. 11. 92, GVBl 536;
**Sachsen-Anhalt:** G v 22. 5. 92, GVBl 356, geändert durch G v 6. 7. 94, GVBl 802;
**Schleswig-Holstein:** G idF v 6. 3. 97, GVBl 149;
**Thüringen:** G v 21. 12. 94, GVBl 1221.

**5) Erlaubnis, II, III.** Das Verfahren ist strikt einzuhalten. **7**

**A. Zuständigkeit.** Die Erlaubnis zu einer Zustellung zur Nachtzeit oder an einem Sonn- oder Feiertag wird vom Rpfl des Prozeßgerichts erteilt, also desjenigen Gerichts, bei dem der Prozeß schwebt oder anhängig werden soll, Mü MDR **79**, 408. Wegen der in Frage kommenden Instanz s § 176 Rn 16, 17, § 178. Zur Instanz gehören alle Zustellungen bis zur Einlegung des Rechtsmittels. Im Zwangsvollstreckungsverfahren nach §§ 704 ff erlaubt das Vollstreckungsgericht, im selbständigen Beweisverfahren nach §§ 485 ff das angerufene Gericht. Der Rpfl tritt an die Stelle der Richter nach II, § 20 Z 7 c RPflG, Anh § 153 GVG.

**B. Verfahren.** Der Rpfl erteilt die Erlaubnis ohne eine mündliche Verhandlung durch eine schriftliche **8** Verfügung, § 329 Rn 11, nach seinem pflichtgemäßen Ermessen, falls besondere Gründe für eine solche Zustellung vorliegen, etwa eine Gefahr im Verzug. Soweit es sich um eine Zustellung von Amts wegen handeln soll, wird die Erlaubnis von Amts wegen eingeholt und erteilt, sonst nur auf Grund eines Antrags der Partei oder des Zustellungsbeamten.

**C. Entscheidung.** Die Verfügung des Rpfl ist grundsätzlich zu begründen, vgl § 329 Rn 4. Sie wird **9** dem Zustellungsempfänger, Üb 9 vor § 166, bei der Zustellung abschriftlich ausgehändigt. Die Urschrift bleibt als Beweisgründen bei den Akten.

*Gebühren:* Des Gerichts: Keine; des Anwalts: Gehört zum Rechtszug, § 37 Z 3 BRAGO.

**D. Folgen.** Wenn der Zustellungsempfänger den Zutritt trotz einer ihm vorgelegten äußerlich wirksamen **10** Erlaubnis nach § 189 ohne eine Angabe triftiger Gründe verweigert, führt der Zustellungsbeamte die Zustellung nach § 182 aus (Niederlegung). Soweit die Annahme verweigert wird, ist § 186 anwendbar. Soweit die Zustellung mit einer wirksamen Erlaubnis erfolgte oder soweit die Annahme verweigert wurde, laufen die Fristen vom Ablauf des Tages der Zustellung, nicht nach § 222 II vom nächsten Tag an.

**6) Verstoß, II, IV.** Ein Verstoß gegen I macht die Zustellung aber nur bei einer Verweigerung der **11** Annahme unwirksam, IV. Eine fehlerhafte Zustellung durch Niederlegung bleibt wegen ihrer Zugangsunterstellung wirksam, im Ergebnis richtig AG Lemgo Rpfleger **88**, 490 (abl Schauf). Eine Anordnung nach II durch den Richter statt durch den Rpfl ist wirksam, § 8 I RPflG, Anh § 153 GVG.

**7) Rechtsbehelf, I–IV.** Beim Rpfl gilt § 11 RPflG, § 104 Rn 41 ff. Gegen die Ablehnung durch den **12** Richter ist die unbefristete Beschwerde nach § 567 I statthaft. Sie ist unzulässig, soweit das LG als Berufungs- oder Beschwerdegericht entschieden hat, § 567 III 1. Gegen die Erteilung durch den Richter ist kein Rechtsbehelf statthaft.

**8) VwGO:** *Vgl § 12 VwZG (§ 56 II VwGO).* **13**

**189** *Eine Zustellung für mehrere.* [I] Ist bei einer Zustellung an den Vertreter mehrerer Beteiligter oder an einen von mehreren Vertretern die Übergabe der Ausfertigung oder Abschrift eines Schriftstücks erforderlich, so genügt die Übergabe nur einer Ausfertigung oder Abschrift.

[II] Einem Zustellungsbevollmächtigten mehrerer Beteiligter sind so viele Ausfertigungen oder Abschriften zu übergeben, als Beteiligte vorhanden sind.

## §§ 189, 190

**1** **1) Systematik, Regelungszweck, I, II.** Die Vorschrift ergänzt § 171 III (dort mehrere Vertreter desselben Adressaten, hier der umgekehrte Fall). Hier wie dort ist Prozeßwirtschaftlichkeit das Ziel und rechtfertigt trotz des formellen Ausnahmecharakters eine nicht zu enge Auslegung.

**2** **2) Geltungsbereich, I, II.** Vgl Üb 2 vor § 166. II ist im WEG-Verfahren nicht anwendbar, Rn 2.

**3** **3) Ausreichen nur einer Zustellung, I.** Die Vorschrift läßt eine von mehreren möglichen Zustellungen genügen, wenn eine der folgenden Voraussetzungen vorliegt.

**A. Gemeinsamer Vertreter.** Es reicht, daß mehrere Beteiligte, zB Streitgenossen, § 59, einen gemeinsamen Vertreter haben, zB den Verwalter von Wohnungseigentum, denn der Verwalter ist im Rahmen seiner Tätigkeit nach § 27 II WEG nicht ein bloßer Zustellungsbevollmächtigter, sondern gesetzlicher Vertreter der Wohnungseigentümergemeinschaft, BGH WoM **85**, 34, BayObLG **87**, 384, Zweibr ZMR **87**, 437, aM AG Essen ZMR **86**, 25, AG Wennigsen ZMR **86**, 136. Ähnliches gilt für den mit umfassender Vollmacht versehenen Treuhänder einer *Bauherrengemeinschaft,* Mü MDR **87**, 418. Vertreter ist der gesetzliche, §§ 51, 184, oder rechtsgeschäftliche, etwa der ProzBev, § 81, auch der nach § 89 einstweilen zugelassene.

**4** **B. Mehrere Vertreter desselben Beteiligten.** Es reicht auch, daß die Zustellung an einen von mehreren Vertretern desselben Beteiligten erfolgt, zB §§ 171, 176, BVerwG NJW **84**, 2115.

**5** **C. Beteiligter und zugleich Vertreter.** Es reicht schließlich, daß dieselbe Person gleichzeitig selbst beteiligt und ein Vertreter eines anderen Beteiligten ist, Ffm FER **98**, 260.

**6** **4) Notwendigkeit mehrerer Zustellungen, I.** Wenn von mehreren Beteiligten jeder einen Vertreter hat, muß eine Zustellung an jeden Vertreter erfolgen.

**7** **5) Zustellungsbevollmächtigter, II.** Während I Ausnahmen vom Grundsatz Rn 1 enthält, kehrt II zum Grundsatz zurück. I gilt also nicht für den Zustellungsbevollmächtigten, § 175.

**8** **6) Verstoß, II.** Bei einem Verstoß gegen I kann § 8 GKG bzw § 16 KostO (zB in einer WEG-Sache) anwendbar sein, BGH WoM **85**, 35. Vgl im übrigen § 187.

**9** **7) VwGO:** *Gemäß § 56 II VwGO gelten §§ 7 III, 8 II VwZG mit Ausnahme der (seltenen) Parteizustellung,* Üb § 166 Rn 18.

## 190 Zustellungsurkunde.
**I** Über die Zustellung ist eine Urkunde aufzunehmen.
**II** Die Urkunde ist auf die Urschrift des zuzustellenden Schriftstücks oder auf einen mit ihr zu verbindenden Bogen zu setzen.
**III** ¹Eine durch den Gerichtsvollzieher beglaubigte Abschrift der Zustellungsurkunde ist auf das bei der Zustellung zu übergebende Schriftstück oder auf einen mit ihm zu verbindenden Bogen zu setzen. ²Die Übergabe einer Abschrift der Zustellungsurkunde kann dadurch ersetzt werden, daß der Gerichtsvollzieher den Tag der Zustellung auf dem zu übergebenden Schriftstück vermerkt.
**IV** Die Zustellungsurkunde ist der Partei, für welche die Zustellung erfolgt, zu übermitteln.

**1** **1) Systematik, Regelungszweck, §§ 190–195.** Die Vorschriften regeln eine wesentliche Einzelheit jeder Zustellung, nämlich den im Interesse der Rechtssicherheit, Einl III 43, notwendigen Vorgang einer Beurkundung. Die Zustellung ist ja eine beurkundete Übergabe. Daraus folgt aber nur, daß eine wirksame Zustellung fehlt, soweit ein grundlegender Mangel vorliegt, soweit sie zB in Wahrheit überhaupt nicht beurkundet wurde. Es macht nicht etwa jeder Mangel der Urkunde die Zustellung unwirksam, Üb 12, 13 vor § 166. Der Zustellungsbeamte kann eine versehentlich falsch ausgefüllte Zustellungsurkunde berichtigen, indem er einen entsprechenden eindeutigen Vermerk unterschreibt, BVerwG DGVZ **84**, 149. Im übrigen gelten §§ 415, 418, BVerfG NJW **92**, 225, BGH VersR **84**, 82. Jedenfalls ist eine Heilung nach § 187 möglich. Es entscheidet also die Übergabe. Ein bloßer Mangel der Urkunde macht die Zustellung nicht unwirksam, Hamm RR **87**, 1279.

Für die Wirksamkeit der Zustellung ist ein anderer *Beweis* als derjenige durch die Urkunde möglich, § 418 II, BGH NJW **81**, 1614. Es genügt zB zum Nachweis der Klagezustellung, daß die Partei in einem früheren Termin verhandelt hat. Ebenso läßt sich ein Mangel der Zustellungsurkunde durch den zB aus dem Zusammenhang folgenden Nachweis einer ordentlichen Zustellung entkräften, BGH LM § 191 Nr 2. Gegen die Zustellungsurkunde ist auch ein Gegenbeweis statthaft, § 418 Rn 7, BGH NJW **76**, 149 (betreffend den Zustellungsort), Karlsr MDR **76**, 161 (betreffend die Zustellungsart), Ffm Rpfleger **76**, 223 (betreffend die Zustellungszeit), § 191 Rn 1, § 418 Rn 7 ff.

**2** **2) Geltungsbereich, §§ 190–195.** Vgl Üb 2 vor § 166. Auf die anders geartete Zustellung von Anwalt zu Anwalt nach § 198 sind §§ 190 ff unanwendbar. III ist auf eine Zustellung von Amts wegen unanwendbar, § 212 I. IV ist auf eine Zustellung von Amts wegen unanwendbar, § 212 II.

**3** **3) Zustellungsurkunde und Urschrift, I, II.** Über die Bedeutung der erforderlichen Zustellungsurkunde Rn 1. Die Verbindung mit der Urschrift des zuzustellenden Schriftstücks ist nicht wesentlich. Bei der Zustellung einer Ausfertigung, also dann, wenn die Partei die Urschrift nicht hat, § 170, ist eine getrennte Zustellungsurkunde aufzunehmen.

**4** **4) Beglaubigte Abschrift der Zustellungsurkunde, III.** Zum Schutz des Zustellungsadressaten, Üb 8 vor § 166, verlangt III, daß der Gerichtsvollzieher eine beglaubigte Abschrift (Begriff § 170 Rn 6) der Zustellungsurkunde auf das zu übergebende Schriftstück oder auf einen mit ihm (haltbar) zu verbindenden

Bogen setzt oder daß der Gerichtsvollzieher auf dem zu übergebenden Schriftstück den Tag der Zustellung vermerkt. Diese Vorschrift ist nicht wesentlich. Bei einer Abweichung der Zustellungsurkunde von der Urschrift gilt zugunsten des Zustellungsadressaten dasjenige, das er erhalten hat. Der Zustellungsadressat kann sich auch dann auf die Abschrift berufen, wenn sie zwar mit der Urschrift übereinstimmt, aber falsch ist, wenn sie z B eine unrichtige zustellende Partei beurkundet. Etwas anderes gilt nur dann, wenn der Fehler eindeutig erkennbar ist. Bei der Zustellung mehrerer fest verbundener Schriftstücke genügt eine einzige Zustellungsurkunde. Eine Angabe des ProzBev ist nicht notwendig. Deshalb kann man aus einer unrichtigen Angabe des ProzBev keine Unwirksamkeit der Zustellung herleiten.

**5) Übermittlung, IV.** Der Zustellungsbeamte kann die Zustellungsurkunde in der Wohnung des Zustellungsempfängers oder -adressaten aufnehmen. IV schreibt vor, daß der Zustellungsbeamte die Zustellungsurkunde in jedem Fall an die zustellende Partei übermittelt. Dieser Vorgang ist aber für die Wirksamkeit einer im übrigen einwandfreien Zustellung entbehrlich.  5

**6) VwGO:** *Vgl § 3 II VwZG, § 56 II VwGO.*  6

**191** *Inhalt der Zustellungsurkunde.* **Die Zustellungsurkunde muß enthalten:**
1. Ort und Zeit der Zustellung;
2. die Bezeichnung der Person, für die zugestellt werden soll;
3. die Bezeichnung der Person, an die zugestellt werden soll;
4. die Bezeichnung der Person, der zugestellt ist; in den Fällen der §§ 181, 183, 184 die Angabe des Grundes, durch den die Zustellung an die bezeichnete Person gerechtfertigt wird; wenn nach § 182 verfahren ist, die Bemerkung, wie die darin enthaltenen Vorschriften befolgt sind;
5. im Falle der Verweigerung der Annahme die Erwähnung, daß die Annahme verweigert und das zu übergebende Schriftstück am Ort der Zustellung zurückgelassen ist;
6. die Bemerkung, daß eine Ausfertigung oder eine beglaubigte Abschrift des zuzustellenden Schriftstücks und daß eine beglaubigte Abschrift der Zustellungsurkunde übergeben oder der Tag der Zustellung auf dem zu übergebenden Schriftstück vermerkt ist;
7. die Unterschrift des die Zustellung vollziehenden Beamten.

### Gliederung

| | | | |
|---|---|---|---|
| 1) Systematik, Regelungszweck, Z 1–7 .. | 1 | D. Zustellungsempfänger, Z 4 ............ | 8–10 |
| 2) Geltungsbereich, Z 1–7 ................ | 2 | E. Annahmeverweigerung, Z 5 ........ | 11 |
| 3) Inhalt der Zustellungsurkunde, Z 1–7 . | 3–13 | F. Übergabevermerk, Z 6 ................ | 12 |
| A. Ort und Zeit der Zustellung, Z 1 ...... | 3, 4 | G. Unterschrift, Z 7 ........................ | 13 |
| B. Zustellende Partei, Z 2 ................ | 5 | 4) VwGO ............................ | 14 |
| C. Zustellungsadressat, Z 3 .............. | 6, 7 | | |

**1) Systematik, Regelungszweck, Z 1–7.** Vgl zunächst § 190 Rn 1, 2. Es wäre ein ungeheuerlicher 1 Formalismus, jedes einzelne Erfordernis des § 191 als für die Wirksamkeit der Zustellung notwendig anzusehen, s Üb 12, 13 vor § 166, KG Rpfleger **76**, 222. Die Vorschrift soll ja nur sicherstellen, daß dem Zustellungsadressaten, Üb 8 vor § 166, das für ihn bestimmte Schriftstück zugeht und daß er sich darüber klar werden kann, daß der Adressat ist, ArbG Bln Rpfleger **80**, 482. Die Eintragungen brauchen mit Ausnahme der Unterschrift, Rn 11, nicht eigenhändig zu erfolgen, BAG **AP** Nr 2. Berichtigungen müssen die Lesbarkeit bestehenlassen, BGH **LM** § 181 Nr 12 a. Der Inhalt der Zustellungsurkunde ist aber teilweise für die Wirksamkeit der Zustellung überhaupt nicht wesentlich, § 190 Rn 1.

Ein *Verstoß* gegen § 191 vermindert oder beseitigt nur die Beweiskraft, § 419. Eine Heilung ist nach § 187 möglich. Die Zustellungsurkunde erbringt als eine öffentliche Urkunde zwar den vollen Beweis der beurkundeten Tatsachen, §§ 415, 418, BGH VersR **84**, 82, BayObLG FamRZ **90**, 429; es ist aber ein Gegenbeweis oder eine Ergänzung durch ein anderes Beweismittel statthaft, § 190 Rn 2.

**2) Geltungsbereich, Z 1–7.** Vgl § 190 Rn 2.  2

**3) Inhalt der Zustellungsurkunde, Z 1–7.** Man hüte sich vor Übertreibung, Rn 1.  3

**A. Ort und Zeit der Zustellung, Z 1.** „Ort" s § 180 Rn 3. Eine Zustellung außerhalb der Wohnung oder des Geschäftsraums nach § 180 macht eine nähere Angabe zweckmäßig, z B die Bezeichnung der Straße usw, wenn der Empfänger mit Rücksicht auf den „Ort" die Annahme verweigert, § 186. Dasselbe gilt für eine Ersatzzustellung.

Als *Zeit* genügt regelmäßig das Datum, BGH NJW **84**, 57. Es darf keineswegs unklar sein oder fehlen, 4 BVerwG Rpfleger **83**, 160. Eine nähere Angabe kann z B in folgenden Fällen notwendig sein: Es handelt sich um eine Stundenfrist; es geht um die Zustellung zur Nachtzeit; es geht um eine Zustellung nach § 184 I, also während der gewöhnlichen Geschäftsstunden; es geht um die Zustellung eines Pfändungs- und Überweisungsbeschlusses (wegen § 804 III). Der Nachweis einer rechtzeitigen Zustellung, § 418 Rn 7 ff, heilt eine unrichtige Datierung, BGH **LM** § 233 Nr 37, Ffm OLGZ **76**, 311, Schulte NJW **75**, 2209, ZöStö 10, aM Hamm NJW **75**, 2209. Eine förmliche Zustellung ist mit dem nach Z 1 zu ermittelnden Zeitpunkt (nicht erst 3 Tage später) erfolgt, FG Hbg NJW **88**, 769.

**B. Zustellende Partei, Z 2.** Die Vorschrift meint die betreibende Partei. Ihr Name ist anzugeben. Der 5 Name desjenigen, der den Zustellungsauftrag erteilt hat, insbesondere der Name des ProzBev, genügt nur dann, wenn dieser Name erkennen läßt, wer die betreibende Partei ist, § 194 Rn 4 (F). Es genügt jede

## §§ 191, 192

**6** Angabe, die dem Zustellungsadressaten klar ersichtlich macht, wer zustellen läßt. In diesem Fall schadet eine falsche Bezeichnung der prozessualen Stellung des Betreibenden nicht. Es besteht eine Vermutung für einen Parteiauftrag, § 167 II. Die Angabe nur eines von mehreren zustellenden Streitgenossen, § 59, macht die Zustellung für die anderen Streitgenossen unwirksam.

**6** C. **Zustellungsadressat, Z 3.** Begriff Üb 8 vor § 166. Aufzuführen sind auch der gesetzliche Vertreter, § 51 Rn 12, § 171, AG Ansbach DGVZ **94**, 94, VGH Kassel NJW **98**, 920, aM BGH NJW **89**, 2689, der Zustellungsbevollmächtigte, § 175, oder der ProzBev, § 176. Denn die Zustellung ist an sie durchzuführen. Die Angabe der Partei ist nur dann notwendig, wenn ein Zustellungsadressat mehrere vertritt. Wenn mehrere eine Partei vertreten, ist die Aufführung aller zulässig. Die Angabe muß hinreichend genau sein, im Ergebnis ebenso Kleffmann NJW **89**, 1143. Die Angabe des parteiinternen Bearbeiter- oder Geschäftszeichens ist nicht erforderlich, ArbG Regensb JB **91**, 435; sie ist auch nicht ratsam. Die Angabe des Vertretenen allein genügt allerdings nicht, BayObLG BB **89**, 171, aM BGH NJW **89**, 2689.

**7** Eine *irrtümliche Bezeichnung* schadet nur dann nicht, wenn die richtige Bezeichnung für den Zustellungsadressaten erkennbar ist, Kblz JB **98**, 312 (Vorname), und wenn die Zustellung im übrigen ordnungsgemäß ist, BGH NJW **89**, 2689, BAG DB **79**, 409, ArbG Bln Rpfleger **80**, 482.

**8** D. **Zustellungsempfänger usw, Z 4.** Begriff Üb 9 vor § 166. Die Zustellungsurkunde muß zunächst angeben, wem das Schriftstück tatsächlich übergeben wurde, Hbg MDR **93**, 685. Das gilt auch dann, wenn es dem Zustellungsadressaten, Üb 8 vor § 166, übergeben wurde, § 170. Es muß, insbesondere bei einer Ersatzzustellung, §§ 181ff, die Nämlichkeit von Zustellungsadressat und -empfänger einwandfrei angegeben werden, etwa bei § 184 I, BGH **93**, 74, oder dann, wenn Vater und Sohn in demselben Haus wohnen, Schlesw SchlHA **84**, 91. Soweit feststeht, daß die Sendung dem nach einer Zustellungsvorschrift Ausreichenden übergeben wurde, ist eine fehlerhafte Bezeichnung unschädlich, FG Hbg NJW **85**, 512.

**9** Die Zustellungsurkunde muß ergeben, daß und warum eine *Ersatzzustellung* stattfand, BGH **LM** § 181 Nr 1, BSG MDR **77**, 700, LG Aachen MDR **91**, 451 (daß also unter anderem ein erfolgloser „normaler" Zustellungsversuch erfolgte), und in welchem Verhältnis der Zustellungsempfänger zum Zustellungsadressaten steht, weil davon die Empfangsbefugnis abhängt, §§ 181, 183, 184, 185. Die Angabe einer unrichtigen Hausnummer ist unschädlich, Ffm JB **98**, 209, ebenso diejenige eines unrichtigen Grundes, wenn die Zustellung in Verbindung mit dem sonstigen Inhalt der Zustellungsurkunde anderweit als ordnungsgemäß nachweisbar ist. Die unrichtige Angabe einer Hilfsperson, etwa einer Angestellten X des Anwalts statt der Angestellten Y oder der Ehefrau statt der Mutter oder Schwester, Hamm RR **87**, 1279, ist unschädlich. Nach BGH Rpfleger **89**, 418, BVerwG DGVZ **84**, 150, Hbg MDR **93**, 685 liegt ein unheilbarer Mangel vor, wenn die Zustellungsurkunde eine ordnungsgemäße Ersatzzustellung nicht erkennen läßt.

**10** Im Fall einer *Niederlegung* muß die Zustellungsurkunde erkennen lassen, daß § 182 beachtet wurde, Kblz JB **75**, 671. Sie braucht natürlich nicht zu ergeben, daß der Adressat die Mitteilung über die Niederlegung nicht nur gemäß § 182, sondern auch tatsächlich erhalten hat, BGH VersR **84**, 82, aM Hamm MDR **82**, 501. Ein Vermerk des Schalterbeamten über eine „Zustellung" der niedergelegten Sendung durch Aushändigung (fehlerhaft: maßgebend ist der Zeitpunkt der Niederlegung und Benachrichtigung) entschuldigt nicht nach § 233, BGH RR **92**, 315. Es ist nicht bewiesen, daß der Adressat unter der angegebenen Anschrift auch tatsächlich eine Wohnung hatte, LG Bln MDR **87**, 503. Die Angaben zu Rn 8–10 können dann, wenn sie nur in derselben Urkunde vorliegen, von verschiedenen Postbediensteten stammen, LAG Hamm MDR **86**, 172.

**11** E. **Annahmeverweigerung, Z 5.** S § 186 Rn 3 und Saarbr RR **94**, 638.

**12** F. **Übergabevermerk, Z 6.** Vgl dazu §§ 170, 190. Eine Angabe des Inhalts des Schriftstücks ist nur dann notwendig, wenn der Zustellungsbeamte eine getrennte Zustellungsurkunde aufnehmen muß, § 190 III.

**13** G. **Unterschrift, Z 7.** Der Zustellungsbeamte muß die Zustellungsurkunde eigenhändig und handschriftlich unterschreiben, wie bei § 129 Rn 9, BGH FamRZ **81**, 250. Eine Unterschrift des Empfängers ist entbehrlich. Die Nachholung der Unterschrift des Zustellungsbeamten ist zulässig, solange das zuzustellende Schriftstück noch nicht an den Auftraggeber zurückgegeben worden ist, BGH NJW **81**, 874.

**14** 4) *VwGO:* Z 1, 3–5 und 7 gelten gemäß § 195 II für das Zustellen durch den Postbediensteten, §§ 56 II *VwGO*, 3 III *VwZG*, BVerwG NJW **83**, 1076 u Buchholz 303 § 191 Nr 1, VGH Kassel NJW **98**, 920 u **96**, 1075, OVG Bautzen NVwZ **94**, 81 (zu Z 4). Iü ist § 191 im (seltenen) Fall der Parteizustellung, Üb § 166 Rn 18, anzuwenden.

---

## 192

**Inhalt der Zustellungsurkunde bei Aufgabe zur Post.** Ist die Zustellung durch Aufgabe zur Post (§ 175) erfolgt, so muß die Zustellungsurkunde den Vorschriften des vorstehenden Paragraphen unter Nummern 2, 3, 7 entsprechen und außerdem ergeben, zu welcher Zeit, unter welcher Adresse und bei welcher Postanstalt die Aufgabe geschehen ist.

**1** 1) **Systematik, Regelungszweck.** Vgl zunächst § 190 Rn 1. § 192 bezieht sich nur auf die Parteizustellung durch eine Aufgabe zur Post (Begriff § 175 Rn 5), also nicht auf die Zustellung durch die Post, §§ 193ff. Bei einer Amtszustellung ist § 213 zu beachten. § 190 ist auch im Fall des § 192 zu beachten. In den Briefumschlag muß eine beglaubigte Abschrift der Zustellungsurkunde gesteckt werden, § 190 III (für die Wirksamkeit der Zustellung nicht wesentlich). Die Urschrift erhält derjenige, der die Zustellung betreibt.

**2** 2) **Geltungsbereich.** Vgl § 190 Rn 2.

**3** 3) *VwGO:* Unanwendbar, vgl § 175 Rn 8.

## 2. Titel. Verfahren bei Zustellungen §§ 193, 194

**193** *Zustellung durch die Post. Grundsatz.* Zustellungen können auch durch die Post erfolgen.

**1) Systematik, Regelungszweck.** Vgl zunächst Üb 7 vor § 166, § 190 Rn 1. § 193 stellt bei der 1 Parteizustellung (wegen der Amtszustellung § 211 S 1) dem Gerichtsvollzieher, § 194 I 1, und dem Urkundsbeamten der Geschäftsstelle, § 196, zur Wahl, für die Zustellung im gesamten Inland, Einl III 74–77, statt des Gerichtsvollziehers (bei ihm statt einer persönlichen Zustellung) die Post zu beanspruchen, Schwartz NJW **94**, 893. Das ist der praktische Regelfall. Vgl aber einerseits § 166 Rn 1 über die Notwendigkeit einer persönlichen Zustellung durch den Gerichtsvollzieher, andererseits § 197 über die Mehrkosten. Die Partei darf die Post nicht unmittelbar beauftragen, BVerwG NJW **81**, 2712, Schwartz NJW **94**, 893. Die Post besorgt die Zustellung auch an demselben Ort und auch an einen Gefangenen. § 39 PostO regelt die Einzelheiten. Das Gericht ist vorrangberechtigter Aufgabenträger im Katastrophenfall usw, §§ 1, 5 II 1 VO v 23. 10. 96, BGBl 1525; vgl auch die weitere VO v 23. 10. 96, BGBl 1543 (Feldpost). Die *Haftung* der Post für ihr etwaiges Verschulden richtet sich nach § 36 PostG, § 452 HGB. Die Posthaftung steht aber einer Amtshaftung gegenüber dem Zustellungsadressaten nicht entgegen, Art 34 GG, § 839 BGB. Wegen der Auslagen gilt KV 9002.

**2) Geltungsbereich.** Vgl § 190 Rn 2. 2

**3) *VwGO:*** *Vgl §§ 3 und 4 VwZG, § 56 II VwGO.* 3

**194** *Zustellung durch die Post. Verfahren des Gerichtsvollziehers.* ¹ ¹Wird durch die Post zugestellt, so hat der Gerichtsvollzieher die zuzustellende Ausfertigung oder die beglaubigte Abschrift des zuzustellenden Schriftstücks verschlossen der Post mit dem Ersuchen zu übergeben, die Zustellung einem Postbediensteten des Bestimmungsortes aufzutragen. ²Die Sendung muß mit der Anschrift der Person, an die zugestellt werden soll, sowie mit der Bezeichnung des absendenden Gerichtsvollziehers und einer Geschäftsnummer versehen sein.

II Der Gerichtsvollzieher hat auf dem bei der Zustellung zu übergebenden Schriftstück zu vermerken, für welche Person er es der Post übergibt, und auf der Urschrift des zuzustellenden Schriftstücks oder auf einem mit ihr zu verbindenden Bogen zu bezeugen, daß die Übergabe in der im Absatz 1 bezeichneten Art und für wen sie geschehen ist.

**1) Systematik, Regelungszweck, I, II.** Vgl zunächst § 190 Rn 1. Eine Zustellung durch die Post im 1 Parteibetrieb, nicht zu verwechseln mit der Zustellung durch Aufgabe zur Post, § 175 Rn 5, § 192 Rn 1, verlangt neben dem Zustellungsauftrag, §§ 166 ff, die vier folgenden Vorgänge, Rn 3–7, wovon zwei Beurkundungen wesentlich sind:

**2) Geltungsbereich, I, II.** Vgl § 190 Rn 2. 2

**3) Aushändigung an die Post, I.** Der Gerichtsvollzieher oder der Urkundsbeamte der Geschäftsstelle, 3 § 196, müssen das Schriftstück der Post aushändigen. Das kann formlos geschehen, auch durch den Einwurf in den Briefkasten. Es kann auch zur Nachtzeit oder an einem Feiertag erfolgen. Der Auftrag an die Post muß das verschlossene Schriftstück mit der Anschrift des Zustellungsadressaten, Üb 8 vor § 166, und ein vorbereitetes Formblatt nach dem amtlichen Muster zur Zustellungsurkunde enthalten, § 39 III PostO.

**4) Voraussetzungen im einzelnen, I.** Das Schriftstück muß die folgenden Voraussetzungen erfüllen. 4

**A. Ausfertigung, beglaubigte Abschrift.** Das Schriftstück muß eine Ausfertigung oder beglaubigte Abschrift darstellen. Die Urschrift geht an den Betreibenden zurück.

**B. Gerichtsvollzieherangaben.** Das Schriftstück muß mit dem Namen des Gerichtsvollziehers versehen sein. Ein Dienstsiegel ist nicht notwendig.

**C. Verschlossene Sendung.** Das Schriftstück muß verschlossen sein. Ein Fensterumschlag genügt, LG Krefeld Rpfleger **80**, 71.

**D. Adressierung.** Das Schriftstück muß an den Zustellungsadressaten adressiert sein; bei § 185 müssen die Personen angegeben sein, an die Post nicht aushändigen darf. Wegen eines Postfachs § 180 Rn 3.

**E. Geschäftsnummer.** Das Schriftstück muß eine Geschäftsnummer tragen.

**F. Betreibende Partei.** Das Schriftstück muß mit ihrem Namen, § 191 Z 2, versehen sein, II.

**5) Beurkundung der Aushändigung an die Post, II.** Der Gerichtsvollzieher oder der Urkundsbeamte 5 der Geschäftsstelle müssen beurkunden, daß sie das Schriftstück der Post ausgehändigt haben. Diese Beurkundung ist keine Zustellungsurkunde. Die §§ 190, 191 sind unanwendbar. Die Beurkundung der Aushändigung erfolgt auf der Urschrift des Schriftstücks oder auf einem mit ihm verbundenen Bogen. Die Aushändigung einer beglaubigten Abschrift an den Zustellungsadressaten ist hierfür nicht erforderlich, vgl § 195 Rn 4. Die Beurkundung der Aushändigung muß die betreibende Partei enthalten. Wegen eines Verstoßes Rn 8. Erforderlich ist ferner eine Angabe des Zustellungsadressaten sowie die Angabe der Geschäftsnummer. Alles andere ist unwesentlich. So können z B das Datum oder die Bezeugung der Übergabe sowie die Unterschrift des Gerichtsvollziehers fehlen.

**6) Übergabe des Schriftstücks, I, II,** an den Zustellungsempfänger durch den Postboten, § 195. 6

**7) Beurkundung dieser Übergabe, I, II,** mit einer Zustellungsurkunde, § 195. 7

**8) Verstoß, I, II.** Wenn ein Erfordernis der Aushändigung fehlt, Rn 3, ist die Zustellung unwirksam. 8 Wenn nur gegen ein Erfordernis nach Rn 5 verstoßen wurde, ist die Zustellung insofern nicht unwirksam. Denn was für die Zustellungsurkunde gilt, § 191 Rn 1, gilt hier erst recht. Im übrigen ist eine Heilung nach

*Hartmann* 701

§ 187 möglich. Wenn der Gerichtsvollzieher auf demjenigen Schriftstück, das bei der Zustellung übergeben werden soll, den ProzBev als denjenigen angegeben hat, für den er das Schriftstück zur Post gibt, dann steht dieser Vorgang einer Wirksamkeit der Postzustellung nicht entgegen. Denn der Zustellungsadressat kann keinen Zweifel haben, daß die Postzustellung von der durch diesen ProzBev vertretenen Gegenpartei kommt, § 191 Rn 5.

9  9) *VwGO:* Es gilt § 3 VwZG, § 56 II VwGO; iü vgl Üb § 166 Rn 18.

**195** *Zustellung durch die Post. Verfahren des Postbediensteten.* ¹Die Zustellung durch den Postbediensteten erfolgt nach den Vorschriften der §§ 180 bis 186.

II ¹Über die Zustellung ist von dem Postbediensteten eine Urkunde aufzunehmen, die den Vorschriften des § 191 Nr. 1, 3 bis 5, 7 entsprechen und die Übergabe der ihrer Anschrift und ihrer Geschäftsnummer nach bezeichneten Sendung sowie der Abschrift der Zustellungsurkunde bezeugen muß. ²Die Übergabe einer Abschrift der Zustellungsurkunde kann dadurch ersetzt werden, daß der Postbedienstete den Tag der Zustellung auf der Sendung vermerkt; er hat dies in der Zustellungsurkunde zu bezeugen. ³Für Zustellungsurkunden der Bediensteten der Deutschen Post AG gilt § 418 entsprechend.

III Die Urkunde ist von dem Postbediensteten der Postanstalt und von dieser dem Gerichtsvollzieher zu überliefern, der mit ihr nach der Vorschrift des § 190 Abs. 4 zu verfahren hat.

Vorbem. II 3 angefügt dch Art 2 G v 18. 2. 98, BGBl 866, in Kraft seit 14. 5. 98, Art 5 II G, ÜbergangsR Einl III 78 (vorher „Beleihung", § 418 Rn 2).

1  1) **Systematik, Regelungszweck, I–III.** Vgl zunächst § 190 Rn 1. Der Postbedienstete ist bei der Zustellung durch die Post nicht im Vertreter desjenigen, der die Zustellung betreibt, sondern der Vertreter des Gerichtsvollziehers oder bei § 196 der Vertreter des Urkundsbeamten der Geschäftsstelle. Der Postbedienstete hat bei der Zustellung die Stellung dieser Beamten. Er genießt insbesondere einen öffentlichen Glauben. Doch sind die Ausschluß- und Ablehnungsgründe der §§ 155 GVG, 49 nicht auf ihn anwendbar. Denn er kennt den Inhalt des Schriftstücks nicht. Eine Postsperre nach § 99 InsO berechtigt den BGH nicht zum Abweichen von den Zustellungsvorschriften und daher nicht einfach zur Zustellung an den Insolvenzverwalter, sondern verpflichtet zur Rückgabe. Auch eine Postvollmacht kann die Ersatzzustellung nach §§ 181–184 weder ausschließen noch beeinflussen, BVerwG MDR **73**, 523. Freilich kann in ihr eine Zustellungsvollmacht zu sehen sein, ThP 1, aM ZöStö **5**.

2  2) **Geltungsbereich, I–III.** Vgl § 190 Rn 2.

3  3) **Ausführung der Zustellung, I.** Es gelten die §§ 170 I, 180–186. § 188 ist unanwendbar. Die Postvorschriften bestimmen vielmehr den Zeitpunkt der Zustellung. Zweifel an der Nämlichkeit des Zustellungsadressaten oder -empfängers, Üb 8, 9 vor § 166, verpflichten zur Rückgabe. Eine Nachsendung des Schriftstücks ist zulässig, wenn sich der Aufenthaltsort geändert hat, BFH BB **83**, 1713 (betr ein Postfach). Der Postbedienstete kann die Sendung in solchem Fall aber abgesehen von entgegenstehenden Postvorschriften auch zurückgeben.

4  4) **Zustellungsurkunde, II, III.** II ist eine gegenüber § 190 vorrangige Sonderregelung. Bei der Amtszustellung gilt § 212. Die vom Postbediensteten aufzunehmende Zustellungsurkunde muß den Vorschriften des § 191 Z 1, 3–5, 7 entsprechen und die Übergabe der Sendung bezeugen. Die Urkunde muß die Anschrift und die Geschäftsnummer der Sendung enthalten, BVerwG Rpfleger **83**, 160, Düss MDR **84**, 77, OVG Hbg MietR **97**, 20. Sie muß ferner angeben, ob eine Abschrift der Zustellungsurkunde dem Empfänger übergeben wurde oder ob der Postbedienstete den Zustellungstag auf der Sendung vermerkt hat. Diese Angabe ist unwesentlich, bei ihrem Fehlen läuft freilich keine Notfrist an, OGB BGH **67**, 357, BFH DB **88**, 1936, BayObLG ZMR **94**, 578, aM BPatG GRUR **78**, 533, BVerwG NJW **80**, 1482. Diese letztere Angabe entfällt im Fall des § 182, BGH VersR **77**, 152. Vgl wegen der Ersatzzustellung § 191 Rn 9. Die Zustellungsurkunde der Deutschen Post AG hat nach II 3 die Rechtswirkung des § 418, dort Rn 4 „Post"; BGH NJW **98**, 1716, Düss MDR **98**, 1499 (je: Beleihung) sind durch II 3 überholt.

5  5) **Verstoß, I–III.** Wenn die Unterschrift des Postbediensteten fehlt, ist die Zustellung unwirksam. Wenn die Zustellungsurkunde ohne eine Unterschrift an die Geschäftsstelle zurückgelangt, lassen BGH FamRZ **81**, 143 (abl Klässel Rpfleger **81**, 289), ZöStö 4 vor § 166 förmlich keine Nachholung mehr zu. Der Gerichtsvollzieher oder der Urkundsbeamte der Geschäftsstelle müssen die zurückgelangte Urkunde bei der Parteizustellung dem Betreibenden unverzüglich übermitteln, im Fall einer Verzögerung durch die Post Nachforschungen anstellen und den Betreibenden benachrichtigen; wegen der Amtszustellung § 212 Rn 4. Wegen der Bedeutung der Zustellungsurkunde § 191 Rn 1.

6  6) *VwGO:* II gilt für das Zustellen durch den Postbediensteten, § 3 VwZG, gemäß § 3 III VwZG (§ 56 II VwGO); II 1 u 2 sind zwingende Bestimmungen, BVerwG Buchholz 303 § 195 Nr 2 u 3 sowie 310 § 108 Nr 210, NJW **83**, 1076 u NJW **80**, 1482, BFH NVwZ **88**, 478, OVG Hbg HbgJVBl **99**, 38 u **97**, 11, VGH Kassel NJW **96**, 1075, OVG Bautzen NVwZ **94**, 81. Iü vgl Üb § 166 Rn 18.

**195a** *Niederlegung wegen Unbestellbarkeit.* ¹Findet nach der Wohnung oder dem Geschäftsraum, in denen zugestellt werden soll, ein Postbestelldienst nicht statt, so wird die Sendung bei der zuständigen Postanstalt hinterlegt. ²Die Postanstalt vermerkt auf der Zustel-

## 2. Titel. Verfahren bei Zustellungen §§ 195a–197

lungsurkunde und auf der Sendung den Grund und den Zeitpunkt der Niederlegung. ³Das Gericht kann die Zustellung als frühestens mit dem Ablauf einer Woche seit dieser Niederlegung bewirkt ansehen, wenn anzunehmen ist, daß der Empfänger in der Lage gewesen ist, sich die Sendung aushändigen zu lassen oder sich über ihren Inhalt zu unterrichten.

**1) Systematik, Regelungszweck, S 1–3.** § 195a gilt nur für eine Zustellung durch die Post, nicht auch 1 bei derjenigen durch den Gerichtsvollzieher. Die Vorschrift betrifft den seltenen Fall, daß kein Postbestelldienst nach der Wohnung, § 181 Rn 4, oder nach dem Geschäftsraum, § 183 Rn 3, des Zustellungsadressaten, Üb 8 vor § 166, stattfindet. Beispiele: Eine Almhütte; ein Gebirgsobservatorium; eine Insel. In diesem Fall ist die Sendung, anders als im Fall des § 182, bei der zuständigen Postanstalt aus ähnlichen Erwägungen wie bei § 182, dort Rn 2, zu hinterlegen und ein Vermerk nach S 2 zu machen. Eine Zustellung hat dadurch noch nicht stattgefunden.

**2) Geltungsbereich, S 1–3.** Vgl Üb 2 vor § 266. 2

**3) Unterstellung der Zustellung, S 1–3.** § 195a gibt dem Gericht aber das Recht, eine Zustellung 3 nach seinem pflichtgemäßen Ermessen zu unterstellen (zu fingieren), wenn anzunehmen ist, daß sich der Zustellungsadressat die Sendung aushändigen lassen oder sich über ihren Inhalt unterrichten konnte. *Beispiele:* Er konnte sie mit anderen Postsendungen mitnehmen; er hat erfahren, daß eine solche Sendung da ist, und konnte sich bei der zuständigen Stelle nach ihrem Inhalt erkundigen oder sie abholen.

Das Gericht kann in diesen Fällen die Zustellung zu einem solchen *Zeitpunkt* als geschehen annehmen, der mindestens 1 Woche nach dem Zeitpunkt der Niederlegung liegt. Das Gericht bestimmt diesen Zeitpunkt unter einer Berücksichtigung sämtlicher Umstände. § 195a macht keine Ausnahme für eine Notfrist. Dieser Umstand kann im Einzelfall zu Unsicherheiten führen. Jedenfalls muß das Gericht bei einer Notfrist mit der Unterstellung der Zustellung besonders zurückhaltend sein. Wenn feststeht, daß der Zustellungsadressat das Schriftstück erhalten hat, ist § 187 anwendbar. Im Fall des § 177 ist der § 195a unanwendbar.

**4) Entscheidung, S 1–3.** Das Gericht kann durch einen besonderen Beschluß entscheiden, § 329. 4 Gegen ihn ist die Beschwerde nach § 567 I statthaft, aber nicht, soweit das LG als Berufungs- oder Beschwerdegericht entschieden hat, § 567 III 1. Das Gericht kann auch im Urteil mitentscheiden.

**5) VwGO:** Unanwendbar, da § 195a in § 3 III VwZG nicht genannt ist: In solchen Fällen ist nach § 5 VwZG 5 zuzustellen, § 56 II VwGO. Anwendbar dagegen im (seltenen) Fall der Parteizustellung, Üb § 166 Rn 18.

**196** *Zustellung durch die Post. Verfahren des Urkundsbeamten.* ¹Insoweit eine Zustellung unter Vermittlung der Geschäftsstelle zulässig ist, kann diese unmittelbar die Post um Bewirkung der Zustellung ersuchen. ²In diesem Falle gelten die Vorschriften der §§ 194, 195 für die Geschäftsstelle entsprechend; die erforderliche Beglaubigung nimmt der Urkundsbeamte der Geschäftsstelle vor.

**1) Systematik, Regelungszweck.** Wenn der Urkundsbeamte der Geschäftsstelle die Zustellung vermittelt, was nur im Parteibetrieb vorkommt, §§ 166 II, 168 (bei Amtsbetrieb gilt § 211), kann er die Post zwecks Verfahrensbeschleunigung, Grdz 12 vor § 128, unmittelbar um die Ausführung der Zustellung ersuchen. Es liegt in seinem pflichtgemäßen Ermessen, ob er so vorgehen will. Die Dienst- bzw Geschäftsanweisungen beschränken diese Möglichkeit allerdings regelmäßig auf Notfälle. Der Urkundsbeamte handelt bei einem solchen Ersuchen als Beamter, Üb 15 vor § 166. Er kann einen Unterbeamten beauftragen, zB den Gerichtsboten. Vgl im übrigen §§ 194 f. Bei der Amtszustellung gilt § 211.

*Gerichtsgebühren:* KV 1670.

**2) Geltungsbereich.** Vgl Üb 2 vor § 166. 2

**3) VwGO:** Anwendbar nur im (seltenen) Fall der Parteizustellung, Üb § 166 Rn 18. 3

**197** *Mehrkosten der Zustellung durch den Gerichtsvollzieher.* Ist eine Zustellung durch einen Gerichtsvollzieher bewirkt, obgleich sie durch die Post hätte erfolgen können, so hat die zur Erstattung der Prozeßkosten verurteilte Partei die Mehrkosten nicht zu tragen.

**1) Systematik, Regelungszweck.** § 197 betrifft nur die Kostenerstattung, §§ 91 ff, 103 ff. Der Auftrag- 1 geber hat im Interesse der Parteiherrschaft, Grdz 18 vor § 128, zunächst selbst die Wahl, ob er die Zustellung durch den Gerichtsvollzieher oder die Post ausführen läßt. Nur mangels Ausübung dieses Wahlrechts des Auftraggebers wählt der Gerichtsvollzieher. Wer die Zustellung durch den Gerichtsvollzieher ausführen läßt, obwohl eine Zustellung durch die Post zulässig wäre, muß die Mehrkosten tragen, falls die Postzustellung genau so gut und sicher gewesen wäre. Wenn eine Zustellung besonders wichtig oder dringlich ist, kann der Gerichtsvollzieher zur Selbstzustellung verpflichtet sein. Wegen der Kosten gilt § 16 GVKostG, Hartmann Teil XI. § 197 ist bei einer Amtszustellung unanwendbar, § 208 Rn 3. Bei einer Zustellung von Anwalt zu Anwalt gilt die Vorschrift nur dann entsprechend, wenn der Anwalt den Gerichtsvollzieher ohne einen sachlichen Grund hinzugezogen hat, § 91 Rn 302.

**2) Geltungsbereich.** Vgl Üb 2 vor § 166. 2

**3) VwGO:** Anwendbar nur im (seltenen) Fall der Parteizustellung, Üb § 166 Rn 18. 3

## § 198

**198** *Zustellung von Anwalt zu Anwalt.* I ¹Sind die Parteien durch Anwälte vertreten, so kann ein Schriftstück auch dadurch zugestellt werden, daß der zustellende Anwalt das zu übergebende Schriftstück dem anderen Anwalt übermittelt (Zustellung von Anwalt zu Anwalt). ²Auch Schriftsätze, die nach den Vorschriften dieses Gesetzes von Amts wegen zuzustellen wären, können statt dessen von Anwalt zu Anwalt zugestellt werden, wenn nicht gleichzeitig dem Gegner eine gerichtliche Anordnung mitzuteilen ist. ³In dem Schriftsatz soll die Erklärung enthalten sein, daß er von Anwalt zu Anwalt zugestellt werde. ⁴Die Zustellung ist dem Gericht, sofern dies für die von ihm zu treffende Entscheidung erforderlich ist, nachzuweisen.

II ¹Zum Nachweis der Zustellung genügt das mit Datum und Unterschrift versehene schriftliche Empfangsbekenntnis des Anwalts, dem zugestellt worden ist. ²Der Anwalt, der zustellt, hat dem anderen Anwalt auf Verlangen eine Bescheinigung über die Zustellung zu erteilen.

### Gliederung

| | |
|---|---|
| 1) Systematik, I, II ................................. 1 | F. Zustellungsnachweis für das Gericht, I 4 ................................................ 12 |
| 2) Regelungszweck, I, II ......................... 2 | 6) Empfangsbekenntnis, II 1 ............... 13–21 |
| 3) Sachlicher Geltungsbereich: Auch im Parteiprozeß, I, II ............................. 3 | A. Bezeichnung des Schriftstücks ........ 13 |
| 4) Persönlicher Geltungsbereich, I, II .... 4 | B. Empfangsbestätigung ..................... 14 |
| 5) Annahmebereitschaft, I .................. 5–12 | C. Datum ......................................... 15 |
| A. Grundsatz: Bereitschaft als wesentliche Bedingung, I 1 ............ 5 | D. Unterschrift ............................... 16, 17 |
| B. Einzelfragen, I 1 .......................... 6, 7 | E. Rückgabe ..................................... 18 |
| C. Grenzen der Zulässigkeit, I 2 ........ 8, 9 | F. Beweiskraft ............................... 19–21 |
| D. Erklärung, I 3 ............................. 10 | 7) Gegenbescheinigung, II 2 ............. 22, 23 |
| E. Zustellungswille, I 3 .................... 11 | 8) *VwGO* ........................................... 24 |

**1** **1) Systematik, I, II.** § 198 regelt als vorrangige Spezialvorschrift, Köln NZM **99**, 418, die Zustellung von Anwalt zu Anwalt, soweit eine Parteizustellung nach §§ 166 ff in Betracht kommt; § 212a gibt die entsprechende Regelung bei einer Amtszustellung nach §§ 208 ff. Diese Art der Zustellung ist im Grund nur ein *Zustellungsersatz*. Denn ihr fehlt ein wesentliches Merkmal einer Zustellung, nämlich die Übergabe durch eine Urkundsperson in der dafür vorgeschriebenen Form. Wenn die Zustellung durch den Gerichtsvollzieher im Auftrag eines Anwalts übermittelt wird, übergibt der Gerichtsvollzieher das Schriftstück, beurkundet nicht, und holt gleichzeitig ein mit dem Datum und der Unterschrift versehenes Empfangsbekenntnis des Zustellungsempfängers ein. Dieses übermittelt er seinem Auftraggeber, § 49 GVGA und Rn 18. § 197 ist unanwendbar. Die Übergabe einer Ausfertigung oder einer beglaubigten Abschrift nach § 170 ist in beliebiger Form zulässig, auch an einen Vertreter, etwa an einen Büroangestellten, oder durch den Einwurf in das Abholfach oder durch einen Brief. Die Ausfertigung bedarf keiner Beglaubigung, BGH VersR **77**, 257.

Auch soweit eine Zustellung nach § 198 zulässig ist, bringt sie *nicht stets die volle Wirkung* wie einer Amtszustellung, zB beim Urteil und sonstigen Vollstreckungstitel zwar eine Voraussetzung der Zwangsvollstreckung, § 750 II, nicht aber schon den Beginn der Rechtsmittelfrist, §§ 317 I, 329 II 2.

**2** **2) Regelungszweck, I, II.** Die Vorschrift dient der Vereinfachung und Beschleunigung und damit der Prozeßförderung und der Prozeßwirtschaftlichkeit, Grdz 12, 14 vor § 128. Die mit ihr in der Praxis leider nicht ganz selten verbundenen Risiken zB des „Verschwindens" des Empfangsbekenntnisses oder seiner unkorrekten Ausfüllung oder Unterzeichnung lassen sich durch die Wahl eines der anderen zulässigen Zustellungswege verhindern und müssen daher in Kauf genommen werden, sollten aber nun auch nicht durch eine zu großzügige Auslegung des § 198 noch eher verstärkt werden.

**3** **3) Sachlicher Geltungsbereich: Auch im Parteiprozeß, I, II.** Eine Zustellung von Anwalt zu Anwalt ist zulässig, wenn beide Parteien, auch wenigstens einer der Streithelfer, § 66, durch Anwälte vertreten sind. Das gilt auch im Parteiprozeß, § 78 Rn 1, soweit eine Zustellung im Parteibetrieb vorzunehmen ist.

**4** **4) Persönlicher Geltungsbereich, I, II.** Die Vorschrift gilt zwischen Anwälten. Sie gilt auch bei einer Selbstvertretung eines Anwalts, § 78 III, oder dann, wenn der Anwalt eine Partei kraft Amts ist, Grdz 8 vor § 50, selbst wenn er nicht zugelassen ist (also auch zB dann, wenn es sich um einen Korrespondenzanwalt oder um einen erstinstanzlichen Anwalt wegen des Urteils der Rechtsmittelinstanz handelt), oder wenn die zuständige Behörde gegen den Anwalt ein Vertretungsverbot nach § 155 V BRAO erlassen hatte. Der zustellende Anwalt muß aber in dem Prozeß als der Vertreter der Partei aufgetreten sein, selbst wenn die Partei ihm im Zeitpunkt der Zustellung bereits den Auftrag gekündigt hatte, falls diese Kündigung dem Prozeßgegner noch nicht bekanntgegeben war, § 87 Rn 9. Ein Berufsverbot ist unschädlich.

Dem Anwalt *stehen gleich:* Sein Vollvertreter, § 53 BRAO, BGH VersR **71**, 1176, und der Praxisabwickler, § 55 BRAO, auch wenn diese nicht Anwälte sind, BAG NJW **76**, 991; sein ständiger Zustellungsbevollmächtigter, § 30 BRAO, BGH NJW **82**, 1650; sein Sozius; der ihm für einen Sonderfall bestellte Bevollmächtigte (die Bestellung zum Vertreter für die Zustellung kann sogar darin liegen, daß der Anwalt häufig ein solches Empfangsbekenntnis von einem anderen Anwalt unterschreiben läßt, Schwendy DRiZ **77**, 48, er meint, ausreichend sei auch der ohne eine besondere Vollmacht angestellte Anwalt). Ferner steht dem Anwalt ein Erlaubnisträger nach § 209 BRAO gleich, § 25 EGZPO. Nicht ausreichend ist ein nichtanwaltlicher ProzBev, etwa ein Rechtsbeistand.

**5** **5) Annahmebereitschaft, I.** Ein klarer Grundsatz zeigt viele Einzelprobleme.

**A. Grundsatz: Bereitschaft als wesentliche Bedingung, I 1.** Für die Wirksamkeit einer Zustellung von Anwalt zu Anwalt, auch bei einer Selbstvertretung, BGH VersR **85**, 143, ist die Bereitschaft des empfangenden Anwalts, das bestimmte Schriftstück als zugestellt entgegenzunehmen, unbedingt wesentlich,

2. Titel. Verfahren bei Zustellungen **§ 198**

BGH NJW **92**, 2236, BVerwG NJW **79**, 1998, BayObLG Rpfleger **82**, 385. Die Zustellung ist erst dann wirksam erfolgt, wenn der empfangende Anwalt oder sein amtlich bestellter Vertreter, BGH VersR **71**, 1176, von dem durch den Eingang in der Kanzlei erlangten Gewahrsam Kenntnis erhalten hat, BGH VersR **82**, 273, wenn er sich entschlossen hat, das Schriftstück endgültig zu behalten, BayObLG Rpfleger **82**, 385, und wenn sein Entschluß auch erkennbar geworden ist, BGH NJW **89**, 1154 (zB durch Einlassung). Eine bloß vorläufige Entgegennahme zu einer nur vorläufigen Verwahrung reicht also nicht zur Zustellung aus, BGH VersR **77**, 1131. Auch das bloße Behalten des Schriftsatzes reicht nicht, weil der Anwalt zB meinen kann, er sei nicht mehr Vertreter der Partei. Noch weniger reicht es aus, eine Zustellung anzunehmen, wenn der Anwalt beim Empfang erklärt, er könne sie nicht als wirksam anerkennen, BGH NJW **89**, 1154.

**B. Einzelfragen, I 1.** Es kann ausreichen, daß der Anwalt zwar eine Zustellungsvollmacht erst nach **6** Erhalt des Schriftstücks bekommt, nun aber das Schriftstück noch im Besitz hat und auch zur Empfangnahme rückwirkend bereit ist, BGH NJW **89**, 1154. Ein Widerruf des Zustellenden muß bis zum Wirksamkeitszeitpunkt zugehen. Eine spätere Unterzeichnung wirkt zurück, BGH NJW **74**, 1469. Eine Anfechtung wegen eines Irrtums ist nicht zulässig, BGH **LM** Nr 16. Eine Zwangszustellung ist nach § 198 nicht möglich. Erst der Wille des Empfängers macht die Zustellung wirksam, BGH NJW **79**, 2566, Nürnb AnwBl **76**, 294.

Der *Eingang* der Sendung ist erst recht noch keine Zustellung, BGH VersR **85**, 143. Ein diesbezüglicher **7** Irrtum des Anwalts ist unbeachtlich, BGH NJW **79**, 2566. Deshalb ist es bedenklich, das Einverständnis desjenigen Anwalts, der im Gericht einen Anwaltsbriefkasten unterhält, mit der Empfangnahme aller derjenigen Sendungen zu unterstellen, die ihm in dieses Fach geworfen werden. Denn der Anwalt muß von dem Umstand Kenntnis erhalten haben, daß das Schriftstück tatsächlich in seinen Gewahrsam gelangt ist (vgl aber auch § 212 a Rn 16). Eine Kenntnis des Inhalts ist nicht erforderlich, LG Karlsr VersR **76**, 53. Es besteht keine prozessuale Annahmepflicht. Allerdings besteht eine Annahmepflicht regelmäßig nach dem Standesrecht. Die Übergabe wird nicht beurkundet.

**C. Grenzen der Zulässigkeit, I 2.** Ein Schriftstück, das zuzustellen ist, kann an sich auch von Anwalt zu **8** Anwalt zugestellt werden. Das gilt aber nicht, wenn es sich um die Klageschrift oder Scheidungsantragsschrift handelt, die gemäß § 271 I stets von Amts wegen zuzustellen ist, oder wenn das Schriftstück gleichzeitig eine gerichtliche Anordnung enthält, I 2, etwa eine Terminsbestimmung, § 274, oder eine Frist nach den §§ 275, 276. Das übersehen viele Anwälte und Gerichte. Ein fälschlich von Anwalt zu Anwalt „zugestellter" Schriftsatz muß nach § 270 I von Amts wegen zugestellt werden; erst diese Zustellung ist wirksam. Deshalb genügt es auch keineswegs, etwa eine fristschaffende Verfügung mit einer bloßen Bezugnahme auf den „von Anwalt zu Anwalt zugestellten Schriftsatz" zu versehen.

Zulässig ist aber auf dem Weg von Anwalt zu Anwalt eine Zustellung eines Schriftsatzes, der eine **9** *Widerklage*, Anh § 253, oder eine Klagänderung oder Klagerweiterung enthält, §§ 263, 264. Im Schriftsatz soll angegeben sein, daß die Zustellung von Anwalt zu Anwalt erfolgte. Diese Angabe ist aber nicht wesentlich. Notfalls ist die Zustellung dem Gericht nachzuweisen. Das Gericht darf und sollte im Zweifel oder zur Vermeidung unnötiger Rückfragen usw auch dann eine Zustellung von Amts wegen veranlassen, wenn ein ihm eingereichter Schriftsatz den Vermerk enthält, er sei von Anwalt zu Anwalt zugestellt worden. Wenn die Zustellung von Anwalt zu Anwalt gleichwohl tatsächlich erfolgt, sei es von vornherein oder in einer Frist abhängt, dann ist der erste wirksame Zustellungszeitpunkt maßgeblich. Soweit es auf den Zustellungszeitpunkt nicht ankommt, kann angesichts einer etwa zusätzlich erfolgten wirksamen Zustellung von Amts wegen offen bleiben, ob auch die Zustellung von Anwalt zu Anwalt ordnungsgemäß erfolgt ist. Allerdings darf das Gericht stets den insoweit erforderlichen Nachweis fordern.

**D. Erklärung, I 3.** Der zuzustellende Schriftsatz „soll", muß also nicht, die Erklärung „Ich stelle zu" **10** oder „Zustellung von Anwalt zu Anwalt" oder ähnliches enthalten. Ihr Fehlen macht die Zustellung nicht unwirksam.

**E. Zustellungswille, I 3.** Der Absender muß den Willen haben, das Schriftstück förmlich zuzustellen, **11** nicht bloß formlos mitzuteilen. Im letzteren Fall macht auch ein Empfangsbekenntnis im Sinn von Rn 5 die Zustellung nicht als solche wirksam. Das Motiv und der Zweck der Zustellung sind unerheblich, soweit der Wille, eine förmliche Zustellung herbeizuführen, eindeutig, vor allem nach I 3, erkennbar geworden ist. „Gegner hat Abschrift" deutet nicht auf einen Zustellungswillen hin, Ffm FamRZ **86**, 809.

**F. Zustellungsnachweis für das Gericht, I 4.** Die von Anwalt zu Anwalt erfolgende Zustellung ist dem **12** Gericht nachzuweisen, sofern das für seine Entscheidung erforderlich ist. Diese Erforderlichkeit dürfte praktisch stets vorliegen. Jedenfalls bestimmt § 133 II, daß sofort nach der Zustellung von Anwalt zu Anwalt eine für das Gericht bestimmte Abschrift auf der Geschäftsstelle niederzulegen ist.

**6) Empfangsbekenntnis, II 1.** Ein Empfangsbekenntnis des Anwalts genügt anstelle einer Zustellungs- **13** urkunde im Sinn von §§ 190ff als Zustellungsnachweis nur unter den folgenden Voraussetzungen.

**A. Bezeichnung des Schriftstücks.** Das Empfangsbekenntnis muß das zugestellte Schriftstück ausreichend bezeichnen, in der Regel mit dessen Datum, BGH VersR **70**, 624. Eine Ungenauigkeit, zB beim Aktenzeichen oder bei der Parteibezeichnung, ist unschädlich, solange die Nämlichkeit des Schriftstücks trotzdem zweifelsfrei feststeht, BGH VersR **78**, 961. Es braucht aber über die Rechtsnatur des zugestellten Schriftstücks nichts anzugeben, zB nicht, ob die Urschrift, eine Ausfertigung oder Abschrift zugestellt wurde. Die Verwendung des üblichen Formulars ist nicht notwendig, BGH NJW **81**, 463.

**B. Empfangsbestätigung.** Es muß gerade zum Zweck der Zustellung bestätigen, und zwar unzwei- **14** deutig, Köln NZM **99**, 418.

**C. Datum.** Das Empfangsbekenntnis muß das Datum des Empfangs enthalten, also den Tag der Erteilung **15** des Bekenntnisses, BGH FamRZ **91**, 1173. Der Anwalt ist verpflichtet, unverzüglich und wahrheitsgemäß zu datieren. Im Zweifel reicht insofern sein Eingangsstempel, Kblz Rpfleger **96**, 207. Eine Parteivereinbarung über ein anderes als das wahre Datum ist unbeachtlich, BGH NJW **74**, 1469. Eine Unklarheit kann zur Annahme des spätestmöglichen Datums zwingen, BGH VersR **81**, 354.

## §§ 198, 199

**16** **D. Unterschrift.** Das Empfangsbekenntnis muß vom empfangenden Anwalt oder von einem nach Rn 1, 2 Ermächtigten grundsätzlich eigenhändig und handschriftlich unterschrieben worden sein. Zur Form der Unterschrift § 170 Rn 10, BGH VersR **81**, 57. Eine Namensabkürzung (Paraphe) genügt meist nicht, § 129 Rn 31 ff. Ein Faksimilestempel kann nach der Lage der Sache genügen, Köln JMBl NRW **70**, 245, Stgt Just **70**, 234, Vollkommer Rpfleger **72**, 82, aM BGH NJW **89**, 838, ZöStö 13. Es ist unschädlich, wenn der Stempel *auf* die beglaubigte Abschrift statt auf die Ausfertigung gesetzt worden ist, BGH **LM** Nr 13.

**17** Die Unterschrift einer anderen Person genügt nicht. Es genügt also auch nicht die Unterschrift eines *Bürovorstehers* oder Referendars, der weder zum amtlich bestellten Vertreter des Anwalts bestellt wurde noch von ihm besonders ermächtigt wurde, BAG NJW **76**, 991. Noch weniger genügt die Unterschrift eines vom Anwalt bevollmächtigten Justizwachtmeisters, BGH NJW **82**, 1649. Daraus folgt, daß das Büro dem empfangenden Anwalt das Empfangsbekenntnis (nebst zugehörigem Schriftstück) unter Umständen an seinen tatsächlichen Aufenthaltsort nachsenden muß. Eine Angabe des Orts ist entbehrlich. Eine nachträgliche Erteilung ist zulässig, BGH **LM** Nr 16, und zwar auch nach dem Zeitpunkt der Einlegung eines Rechtsmittels und dann, wenn sich nun aus dem Empfangsbekenntnis ergibt, daß die Rechtsmittelfrist versäumt wurde. Sie braucht nicht mit der Unterschrift verbunden zu sein.

**18** **E. Rückgabe.** Das Empfangsbekenntnis muß an den zustellenden Anwalt zurückgereicht werden, erst damit ist die Zustellung (rückwirkend) bewirkt, Ffm NJW **73**, 1888. Die Rückgabe des unterschriebenen Empfangsbekenntnisses begründet die Vermutung der Annahmebereitschaft nach Rn 5, BGH VersR **78**, 763. Eine Ersatzzustellung in dem Sinn, daß sich ein Empfangswille des Anwalts ersetzen ließe, ist nicht zulässig. Da die Zustellung von Anwalt zu Anwalt ganz auf den Empfangswillen abgestellt ist, sind diejenigen Mehrkosten, die durch die Vermeidung dieser Zustellung erwachsen, grundsätzlich erstattungsfähig. Durchstreichungen der Unterschrift vor der Rücksendung beseitigen die Wirksamkeit dieser Zustellung, Nürnb AnwBl **76**, 294.

**19** **F. Beweiskraft.** Das Empfangsbekenntnis „genügt zum Nachweis der Zustellung". Es ersetzt also die Zustellungsurkunde. Entgegen BGH VersR **77**, 425 ist das Empfangsbekenntnis für die Wirksamkeit der Zustellung keineswegs wesentlich, und zwar noch weniger als bei einer Zustellungsurkunde, § 190 Rn 1, 2. Denn der klare Wortlaut des Gesetzes steht einer solchen Funktion entgegen. Man würde ein Förmelei ins Gesetz hineintragen, wenn man dasjenige, was nach II genügt, in ein Erfordernis umdeuten würde, Vollkommer Rpfleger **75**, 352. Außerdem verlangt die Fassung des Gesetzes nur eine „Übermittlung", aM Ffm NJW **73**, 1888.

**20** Das Empfangsbekenntnis liefert wie eine öffentliche Urkunde einen *vollen Beweis*, § 418 Rn 4 „Empfangsbekenntnis", BGH VersR **85**, 143, BayObLG Rpfleger **82**, 385. Ein Gegenbeweis ist aber in jedem Punkt zulässig, § 418 Rn 7, BGH VersR **82**, 160, BayObLG Rpfleger **82**, 385. Wenn das Datum auf dem Empfangsbekenntnis unrichtig ist (insofern ist oft ein Mißtrauen notwendig, Schlesw SchlHA **74**, 60), oder wenn es fehlt, BFH BB **82**, 1908, gilt das als richtig erwiesene Datum, BGH NJW **79**, 2566, Ffm (20. ZS) Rpfleger **76** 233, LAG Bln MDR **79**, 524, aM Ffm (7. ZS) NJW **73**, 1888.

**21** Der Anwalt muß auf eine *Berichtigung* hinwirken. An den Nachweis des wahren Zeitpunkts sind nach zB BGH VersR **85**, 143 strenge Anforderungen zu stellen; das ist problematisch, § 418 Rn 11. Überhaupt läßt sich der Inhalt eines verlorenen Empfangsbekenntnisses mit allen Beweismitteln erweisen, BGH VersR **77**, 425. Wenn das Empfangsbekenntnis nachträglich ausgestellt worden ist, wirkt es auf den Zeitpunkt der tatsächlichen Entgegennahme des Schriftstücks zurück, BGH NJW **74**, 1469. Das ist auch nach einer Rechtsmitteleinlegung zulässig. Die Unterlassung der Rückleitung des Empfangsbekenntnisses ist unter Umständen als der Nachweis einer Zustellung innerhalb einer angemessenen, postüblichen Zeit seit der Absendung des Schriftstücks zu beurteilen, LG Würzb JB **77**, 563. Parteivereinbarungen sind weder über das Datum der Zustellung, BGH NJW **74**, 1469, noch zB über die Ausklammerung der Zustellungswirkung bei einem Teil der Urkunde wirksam, Hamm JR **71**, 468.

**22** **7) Gegenbescheinigung, II 2.** Der zustellende Anwalt hat dem empfangenden Anwalt auf dessen Verlangen eine Bescheinigung über die Zustellung auszustellen. Sie soll dem Zustellungsempfänger den Nachweis der Zustellung ermöglichen. Die Bescheinigung des zustellenden Anwalts berührt die Wirksamkeit der Zustellung nicht. Ihr Inhalt ist derselbe wie derjenige eines Empfangsbekenntnisses, Rn 13. Natürlich tritt an die Stelle der Empfangsbestätigung, Rn 14, die Erklärung, daß zugestellt wurde. Sie liefert bis zu ihrer Widerlegung einen vollen Beweis. Grundsätzlich reicht sie zum Nachweis der Zustellung aus; sonst würde die Partei des Zustellungsempfängers in eine unhaltbare Lage kommen.

**23** Ein *vorsichtiger Anwalt* macht die Annahme des Schriftstücks von der Bescheinigung des zustellenden Kollegen abhängig. Als Nachweis kann auch eine Zustellungserklärung auf dem Schriftstück genügen. Freilich kann der zustellende Anwalt dann das Zustelldatum kaum schon angeben. Im Zweifel geht das Datum auf dem Empfangsbekenntnis, Rn 15, vor. Eine bloße Aktennotiz oder ein Eingangsstempel reichen nicht als Zustellungsbescheinigung aus.

**24** **8) VwGO:** Anwendbar nur im (seltenen) Fall der Parteizustellung, Üb § 166 Rn 18.

## 199
*Zustellung im Ausland. Grundsatz.* Eine im Ausland zu bewirkende Zustellung erfolgt mittels Ersuchens der zuständigen Behörde des fremden Staates oder des in diesem Staate residierenden Konsuls oder Gesandten des Bundes.

**Schrifttum:** S beim Anh nach § 202.

**1** **1) Systematik, Regelungszweck, §§ 199–202.** Eine im Inland befindliche Partei ist bei einer inländischen Zustellung grundsätzlich wie ein Inländer zu behandeln. Demgegenüber behandelt § 199 eine Zustellung an einen Deutschen oder einen Ausländer, die sich im Ausland befinden oder an die doch jedenfalls

## 2. Titel. Verfahren bei Zustellungen §§ 199, 200

im Ausland zugestellt werden soll. Natürlich muß auch eine Zustellung im Ausland möglich sein, obwohl die Gerichtsbarkeit an den Grenzen des Hoheitsgebiets endet. Denn andernfalls wäre ein Zivilprozeß mit Auslandsbezug fast undurchführbar, ein unhaltbares Ergebnis. §§ 199–202 regeln zusammen mit internationalen Verträgen, vgl § 202 Anh, diese grenzübergreifende Zustellungsart im Bestreben einer Abwägung des zwecks Prozeßförderung, Grdz 12 vor § 128, Erwünschten und des im zwischenstaatlichen Rechtsverkehr Üblichen und Praktikablen.

**2) Geltungsbereich, §§ 199–202.** Vgl Üb 2 vor § 166. Die Zustellung im Ausland außerhalb des **2** Prozesses geschieht nach § 132 II BGB. *Innerhalb des Prozesses* erfolgt eine Auslandszustellung nur nach den §§ 199–202. Wenn sich eine Zustellung auf diesem Weg nicht durchführen läßt, erfolgt eine öffentliche Zustellung nach § 203. Eine Zustellung im Ausland ist in den Fällen der §§ 841, 844, 875 entbehrlich. Das Mahnverfahren ist dann, wenn der Mahnbescheid im Ausland zuzustellen wäre, nur ausnahmsweise statthaft, § 688 III. In einem solchen Fall ist auch der Vollstreckungsbescheid nach den §§ 199 ff zuzustellen, LG Ffm NJW **76**, 1597, aM Poser Rpfleger **73**, 354; freilich kommt dabei eine Inlandszustellung nach § 175 I 2 in Betracht, BGH **98**, 266. Köln MDR **86**, 244 wendet § 199 nur auf die Klagezustellung an.

Eine Zustellung durch die *Aufgabe zur Post* nach § 175 II ist keine Zustellung im Ausland, § 175 Rn 5, § 339 Rn 6, BGH FamRZ **88**, 827. Andererseits schließt eine Möglichkeit der Zustellung durch eine Aufgabe zur Post eine Zustellung nach den §§ 199–202 nicht aus. Wegen NATO-Streitkräften SchlAnh III Art 32, 36.

**3) Antrag.** Jede Zustellung im Ausland setzt einen Antrag einer Partei voraus, soweit die Zustellung nicht **3** von Amts wegen vorzunehmen ist. Der Antrag ist eine Parteiprozeßhandlung, Grdz 47 vor § 128. Er ist an den Vorsitzenden des Prozeßgerichts zu richten, § 202 I; über diesen Begriff s § 188 Rn 7. Ein Anwaltszwang besteht wie sonst, § 78 Rn 1, aM Bergerfurth, Der Anwaltszwang usw (1981) Rn 108. Der Antragsteller muß die zur Zustellung gemäß § 169 I erforderliche Zahl von Abschriften in Urschrift, Ausfertigung oder beglaubigter Abschrift beifügen, dazu rechtspolitisch krit Nagel JR **89**, 41 (er erwägt eine Zustellung durch Einschreiben mit Rückschein). Es ist Fallfrage, ob eine Übersetzung beizufügen ist. Die Beglaubigung nehmen der Anwalt oder der Urkundsbeamte der Geschäftsstelle vor. Die Entscheidung erfolgt stets ohne eine Prüfung der Zweckmäßigkeit der Zustellung. Wenn es sich um eine Klagschrift handelt, darf der Vorsitzende auch die Zuständigkeit des Gerichts in der Sache selbst nicht prüfen.

**4) Ersuchen, § 199.** Regelmäßig ist eine Auslandszustellung so durchzuführen, daß das Gericht durch **4** den Vorsitzenden, § 202 I, unter Beachtung der ZRHO die zuständige fremde Behörde oder den zuständigen Konsul oder Gesandten des Bundes ersucht. Welche dieser Zustellungs*arten* stattfinden soll, bestimmt die Justizverwaltung, soweit nicht vorrangige bundesrechtliche Vorschriften bestehen, namentlich Staatsverträge. Unter den deutschen Konsuln ist derjenige zuständig, in dessen Bezirk sich der Zustellungsempfänger aufhält, § 16 KonsG. Für ihn gilt deutsches Recht. Der Rechtshilfeverkehr mit dem Ausland ist eine Angelegenheit der Justizverwaltung, Anh I nach § 168 GVG Rn 1.

Deshalb binden etwaige *Weisungen* der Justizverwaltung, zB die ZRHO, das Gericht (nur) wegen der *Art* **5** der von ihm dem Grunde nach natürlich in eigener Zuständigkeit angeordneten Zustellung. Das gilt auch bei politischen Erwägungen der Verwaltung; wegen Polen Anh § 202 Rn 1. Zu beachten sind aber Staatsverträge. Im übrigen entscheidet das pflichtgemäße Ermessen des Vorsitzenden. Einzelheiten s Anh § 202.

**5) VwGO:** Gemäß § 56 II VwGO gilt § 14 VwZG (mit AllgVerwVorschr, abgedr bei Engelhardt/App, VwVG/ **6** VwZG); vgl dazu jetzt das EuÜbk v 24. 11. 77, BGBl 81 II 535 (mit ZustmG v 20. 7. 81, BGBl II 533, u AusfG v 20. 7. 81, BGBl 665), das ab 1. 1. 83 gilt, Bek v 6. 12. 82, BGBl I 1057 (Vertragsstaaten: Belgien, Frankreich, Italien, Luxemburg, Österreich u Spanien, BGBl 82 II 1057, 83 II 55, 84 II 265, 85 II 310, 87 II 801), dazu Jellinek NVwZ **82**, 535, Korber BayVBl **83**, 301 (zur Df in Bay). Ergänzend ist die ZRHO, Grdz Anh I § 168 GVG Rn 2–4, anzuwenden, zB in Hbg gemäß AV Nr 28/57 HbgJVBl **57**, 31. Im (seltenen) Fall der Parteizustellung, Üb § 166 Rn 18, gelten §§ 199–202.

## 200 Zustellung an deutsche Exterritoriale und Bundeskonsuln. 
[I] Zustellungen an Deutsche, die das Recht der Exterritorialität genießen, erfolgen, wenn sie zur Mission des Bundes gehören, mittels Ersuchens des Bundeskanzlers.

[II] Zustellungen an die Vorsteher der Bundeskonsulate erfolgen mittels Ersuchens des Bundeskanzlers.

**1) Geltungsbereich, I, II.** Vgl zunächst § 199 Rn 2. Die Vorschrift bezieht sich auf den exterritorialen **1** Deutschen. Ihr Geltungsbereich ist aber nicht derjenige des § 15, sondern umfaßt nur den zu einer diplomatischen Mission des Bundes gehörenden Exterritorialen. Die Vorschrift gilt nicht für einen exterritorialen Ausländer, §§ 18–20 GVG. Einem solchen kann man nur nach den §§ 199, 202 und notfalls im Weg einer öffentlichen Zustellung nach § 203 zustellen. Köln MDR **86**, 244 wendet § 200 nur auf die Klagezustellung an.

Einige *Staatsverträge* kennen Zustellungsbeschränkungen. Soweit danach die Wohnung eines Exterritoria- **2** len nur mit seiner Zustimmung betreten werden darf, hält die Justizverwaltung diese ein. Auch die Zustellung an einen deutschen Bediensteten eines solchen Exterritorialen in einem exterritorialen Raum hängt von der Zustimmung des Exterritorialen ab. Wenn er sich weigert, ersucht die Justizverwaltung auf dem diplomatischen Weg. Eine Zustellung an einen deutschen Exterritorialen, der zu einer Mission des Bundes gehört, und an den Vorsteher eines Bundeskonsulats erfolgt durch ein Ersuchen an den Bundesminister der Auswärtigen. Die Nov 1950 nannte den Bundeskanzler entsprechend der damaligen Geschäftsverteilung der Bundesregierung, ohne eine besondere Zuständigkeit des Bundeskanzlers begründen zu sollen.

**2) VwGO:** Vgl § 199 Rn 6. **3**

## 201 Zustellung an Truppenteile im Ausland usw. (weggefallen)

## 202 Zustellung im Ausland. Ausführung. ¹ Die erforderlichen Ersuchungsschreiben werden von dem Vorsitzenden des Prozeßgerichts erlassen.
II Die Zustellung wird durch das schriftliche Zeugnis der ersuchten Behörden oder Beamten, daß die Zustellung erfolgt sei, nachgewiesen.

**Schrifttum:** Vgl im Anh nach § 202.

**1) Geltungsbereich, I, II.** Vgl § 199 Rn 2.

**2) Ersuchen, I.** Für das Ersuchen, § 199, ist der Vorsitzende des Prozeßgerichts, Begriff § 188 Rn 2, zuständig. Soweit das Vorfahren insgesamt dem Rpfl übertragen ist, ist er auch für das Ersuchungsschreiben zuständig; das ergibt sich aus § 4 I RPflG, Anh § 153 GVG. Über die Dauer der Instanz s § 176 Rn 17, § 178. Das Gericht hat die ZRHO zu beachten. Das Ersuchen kann nach Maßgabe etwaiger Staatsverträge teils unmittelbar an die ausländische Behörde gehen, teils nur durch die Vermittlung des Landesjustizministers nach dort weitergeleitet werden. Das Ersuchen wird aber nicht etwa in der Form einer beglaubigten Abschrift der Originalverfügung mitgeteilt. Eine telegraphische Übermittlung ist möglich, soweit ein unmittelbarer Geschäftsverkehr stattfindet.

**3) Zustellungsnachweis, II.** Notwendig ist als Ersatz für die Zustellungsurkunde des § 190 ein Zeugnis der ersuchten Behörde, BGH FamRZ **88**, 827, nicht der ausführenden, des Zustellungsbeamten. Der Zustellungsnachweis ist eine öffentliche Urkunde mit deren Beweiskraft nach § 418. Ein Gegenbeweis ist zulässig. Er kann aber nicht darauf gestützt werden, daß eine Vorschrift des ausländischen Rechts verletzt worden sei. Das Zeugnis beweist die Übergabe. Ohne sie ist begrifflich keine Zustellung denkbar, abgesehen von der unterstellten Zustellung, Üb 3 vor § 166. Das Zeugnis wird der ersuchenden Stelle übersandt, § 16 S 2 KonsG.

Das Zeugnis muß zur *Wirksamkeit* mindestens den Zustellungsempfänger, Üb 9 vor § 166, den Ort und Zeitpunkt der Zustellung sowie das zugestellte Schriftstück angeben. Eine bloße Mitteilung des Inhalts ist keine Zustellung im Sinn der ZPO. Ebenso fehlt eine Zustellung dann, wenn der Empfänger die Annahme des Schriftstücks verweigert und wenn das Schriftstück nicht am Zustellungsort zurückgelassen worden ist. Im übrigen entscheidet das ausländische Recht über die Art der Ausführung der Zustellung. Im Geltungsbereich des HZPrÜb genügt ein datiertes beglaubigtes Empfangsbekenntnis des Zustellungsgegners, Anh § 202. Etwas ähnliches gilt nach manchem Staatsvertrag.

**4) VwGO:** Vgl § 199 Rn 6.

### Anhang nach § 202
### Zwischenstaatliches Zustellungsrecht

**Schrifttum:** *Bischof,* Die Zustellung im internationalen Rechtsverkehr in Zivil- und Handelssachen, Zürich 1998; *Geimer,* Neuordnung des internationalen Zustellungsrechts, 1999; *Gottwald,* Grenzen zivilgerichtlicher Maßnahmen mit Auslandswirkung, Festschrift für *Habscheid* (1989) 131; *Junker,* Der deutsch-amerikanische Rechtshilfeverkehr in Zivilsachen – Zustellungen und Beweisaufnahmen, JZ **89**, 121; *Linke,* Die Probleme der internationalen Zustellung, in: *Gottwald* (Hrsg), Grundfragen der Gerichtsverfassung, 1999; *Pfeil/Kammerer,* Deutsch-amerikanischer Rechtshilfeverkehr in Zivilsachen. Die Anwendung der Haager Übereinkommen über Zustellungen usw, 1987; *Pfennig,* Die internationale Zustellung in Zivil- und Handelssachen, 1988; *Schlosser,* EuGVÜ usw, 1996. Wegen des bevorstehenden EU-Übk vgl ABl EU **97**, C 261 vom 27. 8. 97.

### Gliederung

| | |
|---|---|
| 1) Systematik, Regelungszweck ........ 1 | 4) Bekanntmachung dazu ............... 4 |
| 2) Haager Zustellungsübereinkommen (Auszug) ............................ 2 | 5) Haager Zivilprozeßübereinkommen (Auszug) ............................ 5 |
| 3) Ausführungsgesetz dazu ............. 3 | 6) Ausführungsgesetz dazu ............. 6 |

**1) Systematik, Regelungszweck.** Vgl zunächst § 199 Rn 1. Mit einer ganzen Reihe von Staaten bestehen Staatsverträge, die die Zustellung regeln. Solche Verträge sind außer dem in den Rn 2 aber den einschlägigen Vorschriften abgedruckten vorrangigen HZustlÜbk (dazu Düss MDR **85**, 242, Hamm MDR **78**, 941, Böckstiegel NJW **78**, 1073, Pfeil/Kammerer, Deutsch-amerikanischer Rechtshilfeverkehr in Zivilsachen, 1987) und dem nachfolgend ebenfalls abgedruckten HZPrÜbk die in Einl IV 3–6 aufgeführten Rechtshilfeverträge. Wegen des Rechtshilfeverkehrs mit dem Ausland (im engeren Sinne) vgl Anh § 168 GVG. Wg der früheren DDR vgl Einl III 77. Mit Polen ist eine Vereinbarung zur weiteren Erleichterung des Rechtsverkehrs nach dem HZPrÜbk geschlossen worden und seit 1. 12. 93, in Kraft, Bek v 21. 2. 94, BGBl II 361.

2. Titel. Verfahren bei Zustellungen  **Anh § 202**

**2) Haager Zustellungsübereinkommen** (**Auszug;** Geltungsbereich Einl IV 4, dort auch wegen des **2** Inkrafttretens, vgl BGBl **87** II 214):

*HZustlÜbk Art 1.* Dieses Übereinkommen ist in Zivil- oder Handelssachen in allen Fällen anzuwenden, in denen ein gerichtliches oder außergerichtliches Schriftstück zum Zweck der Zustellung in das Ausland zu übermitteln ist.

Das Übereinkommen gilt nicht, wenn die Anschrift des Empfängers des Schriftstücks unbekannt ist.

**Bem.** Wegen der Schweiz Bek v 17. 7. 95, BGBl II 755.

### Kapitel I. Gerichtliche Schriftstücke

*HZustlÜbk Art 2.* ¹Jeder Vertragsstaat bestimmt eine Zentrale Behörde, die nach den Artikeln 3 bis 6 Anträge auf Zustellung von Schriftstücken aus einem anderen Vertragsstaat entgegenzunehmen und das Erforderliche zu veranlassen hat.

ᴵᴵ Jeder Staat richtet die Zentrale Behörde nach Maßgabe seines Rechts ein.

**Bem.** Wegen der Schweiz Bek v 17. 7. 95, BGBl II 755. Die Zentralen Behörden der Vertragsstaaten und derjenigen (kursiv gedruckten) Staaten, auf die sich das HZustlÜbk infolge von Erstreckungserklärungen ebenfalls bezieht, sind (soweit nicht anders angegeben, lt Bek v 23. 6. 80, BGBl II 907) wegen der Schweiz, Bek v 17. 7. 95, BGBl II 755:

| | |
|---|---|
| **Ägypten:** | The Ministry of Justice in Cairo; |
| *Anguilla:* | The Registrar of the Supreme Court of Anguilla, Bek v 29. 11. 82, BGBl II 1055; |
| *Antigua und Barbuda:* | The Governor-General, Antigua and Barbuda, sowie The Registrar of the High Court of Antigua and Barbuda, St. John's, Antigua; |
| *Aruba:* | de Directeur van hat Centraal Buceau Algemene Juridische Zaken, L.G. Smith Boulevard 76, Oranjestad, Aruba, Bek v 31. 10. 89, BGBl II 863; |
| **Barbados:** | The Registrar of the Supreme Court of Barbados; |
| **Belarus:** | S „Weißrußland"; |
| **Belgien:** | Le Ministère de la Justice, Administration de la Législation, Place Poulaert, 4, 1000 Bruxelles; |
| *Belize:* | The Supreme Court Registry, Belize; |
| *Bermuda:* | The Registrar of the Supreme Court, Bermuda; |
| **Botsuana:** | The Minister of State in the Office of the President of the Republic of Botswana; |
| *Britische Jungferninseln:* | The Registrar of the Supreme Court, Britische Jungferninseln, Bek v 29. 11. 82, BGBl II 1055; |
| **China:** | Bureau of International Judicial Assistance. Ministry of Justice, 26, Nanheyan, Chaowai, Chaoyang District, Bejing, P. C. 100020, People's Republic of China, Bek v 27. 9. 96, BGBl II 2531; |
| **Dänemark:** | Le Ministère de la Justice; |
| **Deutschland:** | Vgl Bek zuletzt v 13. 7. 99, BGBl II 714; |
| **Estland:** | Estonian Ministry of Justice; Bek v 4. 2. 98, BGBl II 288; |
| *Falkland-Inseln und Nebengebiete:* | The Registrar of the Supreme Court, Stanley; |
| **Finnland:** | Justizministerium, Bek v 5. 7. 82, BGBl II 722; |
| **Frankreich:** | Le Ministère de la Justice, Service Civil de l'Entraide Judiciaire Internationale, 13 Place Vendôme, Paris (1er); |
| *Gibraltar:* | The Registrar of the Supreme Court, Gibraltar; |
| **Griechenland:** | Direction des Affaires Administratives Judiciaires du Ministère des Affaires Etrangères de la République Hellénique, Bek v 1. 9. 83, BGBl II 575; |
| *Guernsey:* | The Bailiff, Bailiff's Office, Royal Court House, Guernsey; |
| *Hongkong:* | The Chief Secretary, Hong Kong; |
| *Insel Man:* | The First Deemster and Clerk of the Rolls, Rolls Office, Douglas; |
| **Israel:** | The Director of Courts, Directorate of Courts, Russian Compound, Jerusalem; |
| **Italien:** | 'Ufficio unico degli ufficiali giudiziari presso la carte d'appello di Roma, Bek v 22. 4. 82, BGBl II 522; |
| **Japan:** | The Minister for Foreign Affairs; |
| *Jersey:* | The Attorney General, Jersey; |
| *Kaiman-Inseln:* | The Werk of the Courts, Grand Cayman, Cayman Islands, Bek v 24. 10. 90, BGBl II 1650; |
| **Kanada:** | Vgl die umfangreichen Angaben zu den einzelnen Provinzen und zu der Bundeszentralbehörde in BGBl **89** II 807 (808 ff); |
| **Luxemburg:** | Le Parquet Général près la Cour Supérieure de Justice; |
| **Malawi:** | The Registrar of the High Court of Malawi, P. O. Box 30244, Chichiri, Blantyre 3, Malawi; |
| *Montserrat:* | The Registrar of the High Court, Montserrat; |
| **Niederlande:** | Le procureur du roi près le tribunal d'arrondissement de la Haye, Juliana van Stolberglaan 2–4; |
| **Norwegen:** | The Ministry of Justice, Oslo/Dep; |

*Hartmann* 709

## Anh § 202

| | |
|---|---|
| **Pakistan:** | The Solicitor, Ministry of the Law and Justice to the Government of Pakistan, Islamabad, Bek v 24. 10. 90, BGBl II 1650; |
| *Pitcairn:* | The Governor and Commanderin-Chief, Picairn; |
| **Polen:** | Das Justizministerium, Bek v 27. 9. 96, BGBl II 2531; |
| **Portugal:** | La Direction-Générale des Services Judiciaires du Ministère de la Justice; |
| **Schweden:** | The Ministry for Foreign Affairs, Utrikesdepartementet, Juridiska byraän, Box 16121, S–103 23 Stockholm 16, Sweden; |
| **Seschellen:** | The Registrar Supreme Court, Victoria, Mahé, Republic of Seychelles, Bek v 6. 11. 81, BGBl II 1029; |
| **Slowakei:** | Die Slowakei hat notifiziert, daß sie sich als Rechtsnachfolger der ehemaligen Tschechoslowakei mit Wirkung vom 1. 1. 93 als durch das HZustlÜbk gebunden betrachtet, Bek v 2. 11. 93, BGBl II 2164. <br> Demgemäß gilt (fort): Ministerstvo spravodivosti Slovensky republiky, Zupné námestie 13, 883 11 Bratislava, Slovak Republic, Bek v 27. 9. 96, BGBl II 2531; |
| *Spanien:* | Secretaría General Técnica del Ministerio de Justicia, Calle San Bernardo N° 62, 28071 Madrid, Bek v 13. 7. 99, BGBl II 714; |
| *St. Helena und Nebengebiete:* | The Supreme Court, St. Helena; |
| *St. Vincent:* | The Registrar of the Supreme Court, St. Vincent; |
| **Tschechische Republik:** | Die Tschechische Republik hat notifiziert, daß sie sich als Rechtsnachfolger der ehemaligen Tschechoslowakei mit Wirkung vom 1. 1. 93 als durch das HZustlÜbk gebunden betrachtet, Bek v 2. 11. 93, BGBl II 2164. <br> Demgemäß gilt (fort): Ministerstvo spravedluosti CSeské socialistické republiky, 128 10 Praha 2, VysSehradska 16, Bek v 5. 7. 82, BGBl II 722; |
| **Türkei:** | La Direction Générale des Affaires Civiles au Ministère de la Justice (Adalet Bakanligi Hukuk Isleri Genel MüdürluSgü), Ankara; |
| *Turks- und Caicosinseln:* | The Registrar of the Supreme Court, Turks- and Caicos-Isles, Bek v 29. 11. 82, BGBl II 1055; |
| **Venezuela:** | Ministry of Foreign Affairs, Bek v 14. 11. 95, BGBl II 1065; |
| **Vereinigtes Königreich:** | Her Majesty's Principal Secretary of State for Foreign Affairs; <br> ferner <br> für England und Wales: <br> The Senior Master of the Supreme Court, Royal Courts of Justice, Strand, London W. C. 2; <br> für Schottland: <br> The Crown Agent for Scotland, Lord Advocate's Department, Crown Office, 9 Parliament Square, Edinburgh 1; <br> für Nordirland, Bek v 29. 8. 80, BGBl II 1281: <br> The Master, Queen's Bench and Appeals, Royal Courts of Justice, Belfast 1; <br> ferner betr St. Christoph-Nevis: The Registrar of the West Indies Associated State Supreme Court, Saint Christopher and Nevis Circuit, Bek v 22. 4. 83, BGBl II 321; |
| **Vereinigte Staaten:** | The United States Department of State, vgl aber auch die Zusatznote v 21. 11. 73, BGBl **80** II 917; |
| **Weißrußland:** | Ministry of Justice of the Republic of Belarus, 220084 Minsk, ul. Kollektornaya 10, Bek v 4. 2. 98, BGBl II 288; |
| **Zypern:** | Permanent Secretary, Ministry of Justice and Public Order, CY-1461 Nikosia, Cyprus, Bek v 4. 2. 98, BGBl II 288. |

*HZustlÜbk Art 3.* [I] Die nach dem Recht des Ursprungsstaats zuständige Behörde oder der nach diesem Recht zuständige Justizbeamte richtet an die Zentrale Behörde des ersuchten Staates einen Antrag, der dem diesem Übereinkommen als Anlage beigefügten Muster entspricht, ohne daß die Schriftstücke der Legalisation oder einer anderen entsprechenden Förmlichkeit bedürfen.

[II] Dem Antrag ist das gerichtliche Schriftstück oder eine Abschrift davon beizufügen. Antrag und Schriftstück sind in zwei Stücken zu übermitteln.

*HZustlÜbk Art 4.* Ist die Zentrale Behörde der Ansicht, daß der Antrag nicht dem Übereinkommen entspricht, so unterrichtet sie unverzüglich die ersuchende Stelle und führt dabei die Einwände gegen den Antrag einzeln an.

**Bem.** Vgl dazu die Erklärung von Irland, Bek v 5. 11. 96, BGBl II 2758.

*HZustlÜbk Art 5.* [I] Die Zustellung des Schriftstücks wird von der Zentralen Behörde des ersuchten Staates bewirkt oder veranlaßt, und zwar
 a) entweder in einer der Formen, die das Recht des ersuchten Staates für die Zustellung der in seinem Hoheitsgebiet ausgestellten Schriftstücke an dort befindliche Personen vorschreibt,
 b) oder in einer besonderen von der ersuchenden Stelle gewünschten Form, es sei denn, daß diese Form mit dem Recht des ersuchten Staates unvereinbar ist.

## 2. Titel. Verfahren bei Zustellungen　　　　　　　　　　　　　　Anh § 202

II Von dem Fall des Absatzes 1 Buchstabe b abgesehen, darf die Zustellung stets durch einfache Übergabe des Schriftstücks an den Empfänger bewirkt werden, wenn er zur Annahme bereit ist.

III Ist das Schriftstück nach Absatz 1 zuzustellen, so kann die Zentrale Behörde verlangen, daß das Schriftstück in der Amtssprache oder einer der Amtssprachen des ersuchten Staates abgefaßt oder in diese übersetzt ist.

IV Der Teil des Antrags, der entsprechend dem diesem Übereinkommen als Anlage beigefügten Muster den wesentlichen Inhalt des Schriftstücks wiedergibt, ist dem Empfänger auszuhändigen.

**Bem.** Vgl dazu die Erklärungen von Belgien, Botsuana, Schweden, Bek v 23. 6. 80, BGBl II 907, Italien, Bek v 22. 4. 82, BGBl II 522, Kanada, Bek v 24. 8. 89, BGBl II 807, Schweiz, Bek v 17. 7. 95, BGBl II 755, Venezuela, Bek v 17. 7. 95, BGBl II 757.

*HZustlÜbk Art 6.* I Die Zentrale Behörde des ersuchten Staates oder jede von diesem hierzu bestimmte Behörde stellt ein Zustellungszeugnis aus, das dem diesem Übereinkommen als Anlage beigefügten Muster entspricht.

I Das Zeugnis enthält die Angaben über die Erledigung des Antrags; in ihm sind Form, Ort und Zeit der Erledigung sowie die Person anzugeben, der das Schriftstück übergeben worden ist. Gegebenenfalls sind die Umstände anzuführen, welche die Erledigung verhindert haben.

III Die ersuchende Stelle kann verlangen, daß ein nicht durch die Zentrale Behörde oder durch eine gerichtliche Behörde ausgestelltes Zeugnis mit einem Sichtvermerk einer dieser Behörden versehen wird.

IV Das Zeugnis wird der ersuchenden Stelle unmittelbar zugesandt.

**Bem.** Vgl dazu die Erklärungen von *Antigua, Belize, Bermuda,* Botsuana, den *Britischen Jungferninseln,* Dänemark, den *Falkland-Inseln und Nebengebieten,* Frankreich, *Gibraltar, Guernsey, Hongkong,* der *Insel Man,* Israel, Japan, *Jersey,* den *Kaiman-Inseln, Montserrat,* den Niederlanden, Norwegen, *Pitcairn, St. Helena und Nebengebieten, St. Vincent,* der Türkei, den *Turks- und Caicos-Inseln,* dem Vereinigten Königreich und den Vereinigten Staaten, Bek v. 23. 6. 80, BGBl II 907, v 29. 11. 82, BGBl II 1055, und v 22. 4. 83, BGBl II 321, Italien, Bek v 22. 4. 82, BGBl II 522, Tschechoslowakei, Bek v 5. 7. 82, BGBl II 722, Zypern, Bek v 7. 5. 84, BGBl II 506, Kanada, Bek v 24. 8. 89, BGBl II 807, Pakistan, Bek v 24. 10. 90, BGBl II 1650, Schweiz, Bek v 17. 7. 95, BGBl II 755, Polen, Bek v 27. 9. 96, BGBl II 2531.

*HZustlÜbk Art 7.* I ¹Die in diesem Übereinkommen beigefügten Muster vorgedruckten Teile müssen in englischer oder französischer Sprache abgefaßt sein. ²Sie können außerdem in der Amtssprache oder einer der Amtssprachen des Ursprungsstaats abgefaßt sein.

II Die Eintragungen können in der Sprache des ersuchten Staates oder in englischer oder französischer Sprache gemacht werden.

*HZustlÜbk Art 8.* I Jedem Vertragsstaat steht es frei, Personen, die sich im Ausland befinden, gerichtliche Schriftstücke unmittelbar durch seine diplomatischen oder konsularischen Vertreter ohne Anwendung von Zwang zustellen zu lassen.

II Jeder Staat kann erklären, daß er einer solchen Zustellung in seinem Hoheitsgebiet widerspricht, außer wenn das Schriftstück einem Angehörigen des Ursprungs zuzustellen ist.

**Bem.** Erklärungen nach I haben abgegeben: Türkei; Tschechoslowakei, Bek v 5. 7. 82, BGBl II 722. Widerspruch haben erklärt: Ägypten, Belgien, Frankreich (bedingt), Luxemburg, Norwegen, Portugal (bedingt), Seschellen (bedingt), Bek v 6. 11. 81, BGBl II 1029, Zypern, Bek v 7. 5. 84, BGBl II 506, Pakistan, Bek v 24. 10. 90, BGBl II 1650 (mit Einschränkungen), *China,* Bek v 21. 1. 92, BGBl II 146, Schweiz, Bek v 17. 7. 95, BGBl II 755, Venezuela, Bek v 17. 7. 95, BGBl II 757, Polen, Bek v 27. 9. 96, BGBl II 2531.

*HZustlÜbk Art 9.* I Jedem Vertragsstaat steht es ferner frei, den konsularischen Weg zu benutzen, um gerichtliche Schriftstücke zum Zweck der Zustellung den Behörden eines anderen Vertragsstaats, die dieser hierfür bestimmt hat, zu übermitteln.

II Wenn außergewöhnliche Umstände dies erfordern, kann jeder Vertragsstaat zu demselben Zweck den diplomatischen Weg benutzen.

**Bem.** Vgl dazu die Erklärungen von *Antigua,* Belgien, *Belize, Bermuda,* Botsuana, den *Britischen Jungferninseln,* Dänemark, den *Falkland-Inseln und Nebengebieten,* Finnland, Frankreich, *Gibraltar, Guernsey, Hongkong,* der *Insel Man,* Japan, *Jersey,* den *Kaiman-Inseln,* Luxemburg, *Montserrat,* den Niederlanden, Norwegen, *Pitcairn,* Schweden, *St. Helena und Nebengebieten, St. Vincent,* der Türkei, den *Turks- und Caicos-Inseln,* dem Vereinigten Königreich, Bek v 23.6. 80, BGBl II 907, v 29. 11. 82, BGBl II 1055, und v 22. 4. 83, BGBl II 321, Italien, Bek v 22. 4. 82, BGBl II 522; Tschechoslowakei, Bek v 5. 7. 82, BGBl II 722, Zypern, Bek v 7. 5. 84, BGBl II 506, Kanada, Bek v 24. 8. 89, BGBl II 807, *China,* Bek v 21. 1. 92, BGBl II 146, Schweiz, Bek v 17. 7. 95, BGBl II 755, Polen, Bek v 27. 9. 96, BGBl II 2531.

*HZustlÜbk Art 10.* Dieses Übereinkommen schließt, sofern der Bestimmungsstaat keinen Widerspruch erklärt, nicht aus,
a) daß gerichtliche Schriftstücke im Ausland befindlichen Personen unmittelbar durch die Post übersandt werden dürfen,

b) daß Justizbeamte, andere Beamte oder sonst zuständige Personen des Ursprungsstaats Zustellungen unmittelbar durch Justizbeamte, andere Beamte oder sonst zuständige Personen des Bestimmungsstaats bewirken lassen dürfen,
c) daß jeder an einem gerichtlichen Verfahren Beteiligte Zustellungen gerichtlicher Schriftstücke unmittelbar durch Justizbeamte, andere Beamte oder sonst zuständige Personen des Bestimmungsstaats bewirken lassen darf.

**Bem.** Einen (teilweise bedingten) Widerspruch haben erklärt: Ägypten, *Antigua, Belize, Bermuda,* Botsuana, *Britische Jungferninseln,* Dänemark, *Falkland-Inseln und Nebengebiete,* Finnland, *Gibraltar, Guernsey, Hongkong, Insel Man,* Israel, Japan, *Jersey, Kaiman-Inseln,* Luxemburg, *Montserrat,* Norwegen, *Pitcairn,* Schweden. *St. Helena und Nebengebiete, St. Vincent,* Türkei, *Turks- und Caicos-Inseln,* Vereinigtes Königreich, Bek v 23. 6. 80, BGBl II 907, v 29. 11. 82, BGBl II 1055, und v 22. 4. 83, BGBl II 321, Seschellen, Bek v 6. 11. 81, BGBl II 1029; Tschechoslowakei, Bek v 5. 7. 82, BGBl II 722, Zypern, Bek v 7. 5. 84, BGBl II 506, China, Bek v 21. 1. 92, BGBl II 146, Schweiz, Bek v 17. 7. 95, BGBl II 755, Venezuela, Bek v 17. 7. 95, BGBl II 757, Polen, Bek v 27. 9. 96, BGBl II 2531, Estland, Irland, Bek v 5. 11. 96, BGBl II 2758.

*HZustlÜbk Art 11.* Dieses Übereinkommen schließt nicht aus, daß Vertragsstaaten vereinbaren, zum Zweck der Zustellung gerichtlicher Schriftstücke andere als die in den vorstehenden Artikeln vorgesehenen Übermittlungswege zuzulassen, insbesondere den unmittelbaren Verkehr zwischen ihren Behörden.

*HZustlÜbk Art 12.* [I] Für Zustellungen gerichtlicher Schriftstücke aus einem Vertragsstaat darf die Zahlung oder Erstattung von Gebühren und Auslagen für die Tätigkeit der ersuchten Staates nicht verlangt werden.
[II] Die ersuchende Stelle hat jedoch die Auslagen zu zahlen oder zu erstatten, die dadurch entstehen,
a) daß bei der Zustellung ein Justizbeamter oder eine nach dem Recht des Bestimmungsstaats zuständige Person mitwirkt,
b) daß eine besondere Form der Zustellung angewendet wird.

**Bem.** Vgl dazu die Erklärungen von Kanada, Bek v 24. 8. 89, BGBl II 807.

*HZustlÜbk Art 13.* [I] Die Erledigung eines Zustellungsantrags nach diesem Übereinkommen kann nur abgelehnt werden, wenn der ersuchte Staat sie für geeignet hält, seine Hoheitsrechte oder seine Sicherheit zu gefährden.
[II] Die Erledigung darf nicht allein aus dem Grund abgelehnt werden, daß der ersuchte Staat nach seinem Recht die ausschließliche Zuständigkeit seiner Gerichte für die Sache in Anspruch nimmt oder ein Verfahren nicht kennt, das dem entspricht, für das der Antrag gestellt wird.
[III] Über die Ablehnung unterrichtet die Zentrale Behörde unverzüglich die ersuchende Stelle unter Angabe der Gründe.

*HZustlÜbk Art 14.* Schwierigkeiten, die aus Anlaß der Übermittlung gerichtlicher Schriftstücke zum Zweck der Zustellung entstehen, werden auf diplomatischem Weg beigelegt.

*HZustlÜbk Art 15.* [I] War zur Einleitung eines gerichtlichen Verfahrens eine Ladung oder ein entsprechendes Schriftstück nach diesem Übereinkommen zum Zweck der Zustellung in das Ausland zu übermitteln und hat sich der Beklagte nicht auf das Verfahren eingelassen, so hat der Richter das Verfahren auszusetzen, bis festgestellt ist,
a) daß das Schriftstück in einer der Formen zugestellt worden ist, die das Recht des ersuchten Staates für die Zustellung der in seinem Hoheitsgebiet ausgestellten Schriftstücke an dort befindliche Personen vorschreibt, oder
b) daß das Schriftstück entweder dem Beklagten selbst oder aber in seiner Wohnung nach einem anderen in diesem Übereinkommen vorgesehenen Verfahren übergeben worden ist und daß in jedem dieser Fälle das Schriftstück so rechtzeitig zugestellt oder übergeben worden ist, daß der Beklagte sich hätte verteidigen können.
[II] Jedem Vertragsstaat steht es frei zu erklären, daß seine Richter ungeachtet des Absatzes 1 den Rechtsstreit entscheiden können, auch wenn ein Zeugnis über die Zustellung oder die Übergabe nicht eingegangen ist, vorausgesetzt,
a) daß das Schriftstück nach einem in diesem Übereinkommen vorgesehenen Verfahren übermittelt worden ist,
b) daß seit der Absendung des Schriftstücks eine Frist verstrichen ist, die der Richter nach den Umständen des Falles als angemessen erachtet und die mindestens sechs Monate betragen muß, und
c) daß trotz aller zumutbaren Schritte bei den zuständigen Behörden des ersuchten Staates ein Zeugnis nicht zu erlangen war.
[III] Dieser Artikel hindert nicht, daß der Richter in dringenden Fällen vorläufige Maßnahmen einschließlich solcher, die auf eine Sicherung gerichtet sind, anordnet.

**Bem.** Vgl dazu die Erklärungen von *Antigua,* Belgien, *Belize, Bermuda,* Botsuana, den *Britischen Jungferninseln,* Dänemark, den *Falkland-Inseln und Nebengebieten,* Frankreich, *Gibraltar, Guernsey, Hongkong,* der *Insel Man,* Japan, *Jersey,* den *Kaiman-Inseln,* Luxemburg, den Niederlanden, Norwegen, *Pitcairn,* Portugal, *St. Helena und Nebengebieten, St. Vincent,* der Türkei, den *Turks- und Caicos-Inseln,* dem Vereinigten Königreich, den Vereinigten Staaten, Bek v 23. 6. 80, BGBl II 907, v 29. 11. 82, BGBl II 1055, und v 22. 4.

2. Titel. Verfahren bei Zustellungen **Anh § 202**

83, BGBl II 321, Seschellen, Bek v 6. 11. 81, BGBl II 1029; Tschechoslowakei, Bek v 5. 7. 82, BGBl II 722, Zypern, Bek v 7. 5. 84, BGBl II 506, Spanien, Bek v 23. 9. 87, BGBl II 613, Kanada, Bek v 24. 8. 89, BGBl II 807, Pakistan, Bek v 24. 10. 90, BGBl II 1650, Griechenland, Bek v 24. 10. 90, BGBl II 1650, *China,* Bek v 21. 1. 92, BGBl II 146, Deutschland, Bek v 11. 3. 93, BGBl II 704, Venezuela, Bek v 17. 7. 95, BGBl II 757, Estland, Irland, Bek v 5. 11. 96, BGBl II 2758.

*HZustlÜbk Art 16.* [I] War zur Einleitung eines gerichtlichen Verfahrens eine Ladung oder ein entsprechendes Schriftstück nach diesem Übereinkommen zum Zweck der Zustellung in das Ausland zu übermitteln und ist eine Entscheidung gegen den Beklagten ergangen, der sich nicht auf das Verfahren eingelassen hat, so kann ihm der Richter in bezug auf Rechtsmittelfristen die Wiedereinsetzung in den vorigen Stand bewilligen, vorausgesetzt,
a) daß der Beklagte ohne sein Verschulden nicht so rechtzeitig Kenntnis von dem Schriftstück erlangt hat, daß er sich hätte verteidigen können, und nicht so rechtzeitig Kenntnis von der Entscheidung, daß er sie hätte anfechten können, und
b) daß die Verteidigung des Beklagten nicht von vornherein aussichtslos scheint.

[II] Der Antrag auf Wiedereinsetzung in den vorigen Stand ist nur zulässig, wenn der Beklagte ihn innerhalb einer angemessenen Frist stellt, nachdem er von der Entscheidung Kenntnis erlangt hat.

[III] Jedem Vertragsstaat steht es frei zu erklären, daß dieser Antrag nach Ablauf einer in der Erklärung festgelegten Frist unzulässig ist, vorausgesetzt, daß diese Frist nicht weniger als ein Jahr beträgt, vom Erlaß der Entscheidung an gerechnet.

[IV] Dieser Artikel ist nicht auf Entscheidungen anzuwenden, die den Personenstand betreffen.

**Bem.** Vgl dazu die Erklärungen von Belgien, Dänemark, Israel, Luxemburg, den Niederlanden, Norwegen, Portugal, der Türkei, dem Vereinigten Königreich, den Vereinigten Staaten, Bek v 23. 6. 80, BGBl II 907, Seschellen, Bek v 6. 11. 81, BGBl II 1029, Zypern, Bek v 7. 5. 84, BGBl II 506, Spanien, Bek v 23. 9. 87, BGBl II 613, Kanada, Bek v 24. 8. 89, BGBl II 807, Pakistan, Bek v 24. 10. 90, BGBl II 1650, *China,* Bek v 21. 1. 92, BGBl II 146, Venezuela, Bek v 17. 7. 95, BGBl II 757, Estland, Bek v 5. 11. 96, BGBl II 2758.

### Kapitel II. Außergerichtliche Schriftstücke

*HZustlÜbk Art 17.* Außergerichtliche Schriftstücke, die von Behörden und Justizbeamten eines Vertragsstaats stammen, können zum Zweck der Zustellung in einem anderen Vertragsstaat nach den in diesem Übereinkommen vorgesehenen Verfahren und Bedingungen übermittelt werden.

### Kapitel III. Allgemeine Bestimmungen

*HZustlÜbk Art 18.* [I] Jeder Vertragsstaat kann außer der Zentralen Behörde weitere Behörden bestimmen, deren Zuständigkeit er festlegt.

[II] Die ersuchende Stelle hat jedoch stets das Recht, sich unmittelbar an die Zentrale Behörde zu wenden.

[III] Bundesstaaten steht es frei, mehrere Zentrale Behörden zu bestimmen.

**Bem.** Vgl dazu die Erklärung des Vereinigten Königreichs betr St. Christoph-Nevis, Bek v 22. 4. 83, BGBl II 321, Zypern, Bek v 7. 5. 84, BGBl II 506, Schweiz, Bek v 17. 7. 95, BGBl II 755, Polen, Bek v 27. 9. 96, BGBl II 2531.

*HZustlÜbk Art 19.* Dieses Übereinkommen schließt nicht aus, daß das innerstaatliche Recht eines Vertragsstaats außer den in den vorstehenden Artikeln vorgesehenen auch andere Verfahren zuläßt, nach denen Schriftstücke aus dem Ausland zum Zweck der Zustellung in seinem Hoheitsgebiet übermittelt werden können.

*HZustlÜbk Art 20.* Dieses Übereinkommen schließt nicht aus, daß Vertragsstaaten vereinbaren, von folgenden Bestimmungen abzuweichen:
a) Artikel 3 Absatz 2 in bezug auf das Erfordernis, die Schriftstücke in zwei Stücken zu übermitteln,
b) Artikel 5 Absatz 3 und Artikel 7 in bezug auf die Verwendung von Sprachen,
c) Artikel 5 Absatz 4,
d) Artikel 12 Absatz 2.

*HZustlÜbk Artt 21–22.* Nicht abgedruckt.

*HZustlÜbk Art 23.* [I] Dieses Übereinkommen berührt weder die Anwendung des Artikels 23 des am 17. Juli 1905 in Den Haag unterzeichneten Abkommens über den Zivilprozeß noch die Anwendung des Artikels 24 des am 1. März 1954 in Den Haag unterzeichneten Übereinkommens über den Zivilprozeß.

[II] Diese Artikel sind jedoch nur anwendbar, wenn die in diesen Übereinkünften vorgesehenen Übermittlungswege benutzt werden.

*HZustlÜbk Art 24.* Zusatzvereinbarungen zu dem Abkommen von 1905 und dem Übereinkommen von 1954, die Vertragsstaaten geschlossen haben, sind auch auf das vorliegende Übereinkommen anzuwenden, es sei denn, daß die beteiligten Staaten etwas anderes vereinbaren.

*Hartmann*

**HZustlÜbk Artt 25–31.** Nicht abgedruckt.

**3** 3) **Ausführungsgesetz dazu**, G v 22. 12. 77, BGBl 3105:

### Erster Teil

Vorschriften zur Ausführung des Haager Übereinkommens vom 15. November 1965 über die Zustellung gerichtlicher und außergerichtlicher Schriftstücke im Ausland in Zivil- oder Handelssachen

*AusfG § 1.* Die Aufgaben der Zentralen Behörde (Artikel 2, 18 Abs. 3 des Übereinkommens) nehmen die von den Landesregierungen bestimmten Stellen wahr. [1]Jedes Land kann nur eine Zentrale Behörde einrichten.

*AusfG § 2.* Für die Entgegennahme von Zustellungsanträgen, die von einem ausländischen Konsul innerhalb der Bundesrepublik Deutschland übermittelt werden (Artikel 9 Abs. 1 des Übereinkommens), sind die Zentrale Behörde des Landes, in dem die Zustellung bewirkt werden soll, und die Stellen zuständig, die gemäß § 1 des Gesetzes zur Ausführung des Haager Übereinkommens vom 1. März 1954 über den Zivilprozeß vom 18. Dezember 1958 (BGBl. I S. 939) zur Entgegennahme von Anträgen des Konsuls eines ausländischen Staates zuständig sind.

*AusfG § 3.* Eine förmliche Zustellung (Artikel 5 Abs. 1 des Übereinkommens) ist nur zulässig, wenn das zuzustellende Schriftstück in deutscher Sprache abgefaßt oder in diese Sprache übersetzt ist.

*AusfG § 4.* I [1]Die Zentrale Behörde ist befugt, Zustellungsanträge unmittelbar durch die Post erledigen zu lassen, wenn die Voraussetzungen für eine Zustellung gemäß Artikel 5 Abs. 1 Buchstabe a des Übereinkommens erfüllt sind. [2]In diesem Fall händigt die Zentrale Behörde das zu übergebende Schriftstück der Post zur Zustellung aus. [3]Die Vorschriften der Zivilprozeßordnung über die Zustellung von Amts wegen gelten entsprechend.

II [1]Im übrigen ist für die Erledigung von Zustellungsanträgen das Amtsgericht zuständig, in dessen Bezirk die Zustellung vorzunehmen ist. [2]Die Zustellung wird durch die Geschäftsstelle des Amtsgerichts bewirkt.

*AusfG § 5.* Das Zustellungszeugnis (Artikel 6 Abs. 1, 2 des Übereinkommens) erteilt im Fall des § 4 Abs. 1 die Zentrale Behörde, im übrigen die Geschäftsstelle des Amtsgerichts.

*AusfG § 6.* [1]Eine Zustellung durch diplomatische oder konsularische Vertreter (Artikel 8 des Übereinkommens) ist nur zulässig, wenn das Schriftstück einem Angehörigen des Absendestaates zuzustellen ist. [2]Eine Zustellung nach Artikel 10 des Übereinkommens findet nicht statt.

**4** 4) **Bekanntmachung dazu**, v 21. 6. 79, BGBl II 779, zuletzt ergänzt durch Bek v 17. 7. 95, BGBl II 757:

**Bek.** Die Bundesrepublik Deutschland hat bei Hinterlegung der Ratifikationsurkunde folgende Erklärungen abgegeben:

„1. Zustellungsanträge sind an die Zentrale Behörde des Landes zu richten, in dem der jeweilige Antrag erledigt werden soll. Zentrale Behörde gemäß Artikel 2, 18 Abs. 3 des Übereinkommens ist für
**Baden-Württemberg:** Justizministerium Baden-Württemberg, Schillerplatz 4, D-70173 Stuttgart;
**Bayern:** Bayerisches Staatsministerium der Justiz, Prielmayerstr. 7, D-80335 München;
**Berlin:** Senatsverwaltung für Justiz von Berlin, Salzburger Str. 21–25, D-10825 Berlin;
**Brandenburg:** Ministerium der Justiz des Landes Brandenburg, Heinrich-Mann-Allee 107, D-14460 Potsdam;
**Bremen:** Präsident des Landgerichts, Domsheide 16, D-28195 Bremen;
**Hamburg:** Präsident des Amtsgerichts Hamburg, Sievekingplatz 1, D-20355 Hamburg;
**Hessen:** Hessisches Ministerium der Justiz, Luisenstraße 13, D-65185 Wiesbaden;
**Mecklenburg-Vorpommern:** Ministerium der Justiz, Bundes- und Europaangelegenheiten, Demmlerplatz 14, D-19503 Schwerin;
**Niedersachsen:** Niedersächsisches Justizministerium, Am Waterlooplatz 1, D-30169 Hannover;
**Nordrhein-Westfalen:** Präsident des Oberlandesgerichts, Düsseldorf, Cecilienallee 3, 40474 Düsseldorf;
**Rheinland-Pfalz:** Ministerium der Justiz, Ernst-Ludwig-Straße 3, D-55116 Mainz;
**Saarland:** Ministerium der Justiz, Zähringerstraße 12, D-66119 Saarbrücken;
**Sachsen:** Sächsisches Staatsministerium der Justiz, Archivstraße 1, D-01097 Dresden;
**Sachsen-Anhalt:** Ministerium der Justiz, Wilhelm-Höpfner-Ring 6, D-39116 Magdeburg;
**Schleswig-Holstein:** Justizminister des Landes Schleswig-Holstein, Lorentzdamm 35, D-24103 Kiel;
**Thüringen:** Thüringer Justizministerium, Alfred-Hess-Straße 8, D-99094 Erfurt.
**Bem.** Vgl dazu die folgenden Ausführungsbestimmungen:
**Baden-Württemberg:**
**Bayern:** VO v 10. 5. 78, ABl 177;

2. Titel. Verfahren bei Zustellungen **Anh § 202**

**Berlin:**
**Brandenburg:** VO v 4. 6. 91, GVBl 288;
**Bremen:**
**Hamburg:**
**Hessen:** VO v 18. 4. 78, GVBl 251;
**Mecklenburg-Vorpommern:**
**Niedersachsen:**
**Nordrhein-Westfalen:** VO v 4. 4. 78, GVBl 166;
**Rheinland-Pfalz:**
**Saarland:** VO v 14. 6. 78, ABl 617;
**Sachsen:**
**Sachsen-Anhalt:**
**Schleswig-Holstein:** VO v 17. 3. 78, GVBl 112.

Die Zentralen Behörden sind befugt, Zustellungsanträge unmittelbar durch die Post erledigen zu lassen, wenn die Voraussetzungen für eine Zustellung gemäß Artikel 5 Abs. 1 Buchstabe a des Übereinkommens erfüllt sind. In diesem Fall händigt die jeweils zuständige Zentrale Behörde das zu übergebende Schriftstück der Post zur Zustellung aus. Im übrigen ist für die Erledigung von Zustellungsanträgen das Amtsgericht zuständig, in dessen Bezirk die Zustellung vorzunehmen ist. Die Zustellung wird durch die Geschäftsstelle des Amtsgerichts bewirkt.

Eine förmliche Zustellung (Artikel 5 Abs. 1 des Übereinkommens) ist nur zulässig, wenn das zuzustellende Schriftstück in deutscher Sprache abgefaßt oder in diese Sprache übersetzt ist.

2. Das Zustellungszeugnis (Artikel 6 Abs. 1, 2 des Übereinkommens) erteilt die Zentrale Behörde, wenn sie den Zustellungsantrag selbst unmittelbar durch die Post hat erledigen lassen, im übrigen die Geschäftsstelle des Amtsgerichts.

3. Für die Entgegennahme von Zustellungsanträgen, die von einem ausländischen Konsul innerhalb der Bundesrepublik Deutschland übermittelt werden (Artikel 9 Abs. 1 des Übereinkommens), sind die Zentrale Behörde des Landes, in dem die Zustellung bewirkt werden soll, und die Stellen zuständig, die gemäß § 1 des Gesetzes vom 18. Dezember 1958 zur Ausführung des Haager Übereinkommens vom 1. März 1954 über den Zivilprozeß zur Entgegennahme von Anträgen des Konsuls eines ausländischen Staates zuständig sind. Nach diesem Gesetz ist hierfür der Präsident des Landgerichts zuständig, in dessen Bezirk die Zustellung bewirkt werden soll; an seine Stelle tritt der Präsident des Amtsgerichts, wenn der Zustellungsantrag in dem Bezirk des Amtsgerichts erledigt werden soll, das seiner Dienstaufsicht untersteht.

4. Gemäß Artikel 21 Abs. 2 Buchstabe a des Übereinkommens widerspricht die Regierung der Bundesrepublik Deutschland der Benutzung der in den Artikeln 8 und 10 des Übereinkommens vorgesehenen Übermittlungswege. Eine Zustellung durch diplomatische oder konsularische Vertreter (Artikel 8 des Übereinkommens) ist daher nur zulässig, wenn das Schriftstück einem Angehörigen des Absendestaates zuzustellen ist. Eine Zustellung nach Artikel 10 des Übereinkommens findet nicht statt."

**5) Haager Zivilprozeßübereinkommen** (Auszug; Geltungsbereich Einl IV 3):     **5**
I. Zustellung gerichtlicher und außergerichtlicher Schriftstücke

*HZPrÜbk Art 1.* I ¹In Zivil- oder Handelssachen wird die Zustellung von Schriftstücken, die für eine im Ausland befindliche Person bestimmt sind, innerhalb der Vertragsstaaten auf einen Antrag bewirkt, der von dem Konsul des ersuchenden Staates an die von dem ersuchten Staat zu bezeichnende Behörde gerichtet wird. ²Der Antrag, in dem die Behörde, von der das übermittelte Schriftstück ausgeht, die Namen und die Stellung der Parteien, die Anschrift des Empfängers sowie die Art des zuzustellenden Schriftstücks anzugeben sind, muß in der Sprache der ersuchten Behörde abgefaßt sein. ³Diese Behörde hat dem Konsul die Urkunde zu übersenden, welche die Zustellung nachweist oder den Grund angibt, aus dem die Zustellung nicht hat bewirkt werden können.

II Schwierigkeiten, die aus Anlaß des Antrags des Konsuls entstehen, werden auf diplomatischem Wege geregelt.

III Jeder Vertragstaat kann in einer an die anderen Vertragstaaten gerichteten Mitteilung verlangen, daß der Antrag, eine Zustellung in seinem Hoheitsgebiet zu bewirken, mit den in Absatz 1 bezeichneten Angaben auf diplomatischem Wege an ihn gerichtet werde.

IV Die vorstehenden Bestimmungen hindern nicht, daß zwei Vertragsstaaten vereinbaren, den unmittelbaren Verkehr zwischen ihren Behörden zuzulassen.

**Bem.** S dazu § 1 AusfG. Unmittelbarer Verkehr besteht infolge von Zusatzvereinbarungen, Einl IV 3, mit Belgien, Dänemark, Luxemburg, den Niederlanden, Österreich, der Schweiz. Unmittelbarer Geschäftsverkehr (ohne Staatsvertrag) besteht auch mit Liechtenstein, Einl IV 5.

*HZPrÜbk Art 2.* ¹Die Zustellung wird durch die Behörde bewirkt, die nach den Rechtsvorschriften des ersuchten Staates zuständig ist. ²Diese Behörde kann sich, abgesehen von den in Artikel 3 vorgesehenen Fällen, darauf beschränken, die Zustellung durch einfache Übergabe des Schriftstücks an den Empfänger zu bewirken, wenn er zur Annahme bereit ist.

**Bem.** Vgl § 2 AusfG.

*HZPrÜbk Art 3.* ¹ Dem Antrag ist das zuzustellende Schriftstück in zwei Stücken beizufügen.

II ¹Ist das zuzustellende Schriftstück in der Sprache der ersuchten Behörden oder in der zwischen den beiden beteiligten Staaten vereinbarten Sprache abgefaßt oder ist es von einer Übersetzung in eine dieser Sprachen begleitet, so läßt die ersuchte Behörde, falls in dem Antrag ein dahingehender Wunsch ausgesprochen ist, das Schriftstück in der durch ihre innerstaatlichen Rechtsvorschriften für die Bewirkung gleichartiger Zustellungen vorgeschriebenen Form oder in einer besonderen Form, sofern diese ihren Rechtsvorschriften nicht zuwiderläuft, zustellen. ²Ist ein solcher Wunsch nicht ausgesprochen, so wird die ersuchte Behörde zunächst versuchen, das Schriftstück nach Artikel 2 durch einfache Übergabe zuzustellen.

III Vorbehaltlich anderweitiger Vereinbarung ist die in Absatz 2 vorgesehene Übersetzung von dem diplomatischen oder konsularischen Vertreter des ersuchenden Staates oder von einem beeidigten Übersetzer des ersuchten Staates zu beglaubigen.

**Bem.** S § 3 AusfG. *Zu III:* Besondere Vereinbarungen bestehen mit Dänemark, den Niederlanden u Schweden durch Zusatzvereinbarung. Die Beifügung einer Übersetzung ist nicht zwingend vorgeschrieben, BGH NJW **69**, 980.

*HZPrÜbk Art 4.* Eine in den Artikeln 1, 2 und 3 vorgesehene Zustellung kann nur abgelehnt werden, wenn der Staat, in dessen Hoheitsgebiet sie bewirkt werden soll, sie für geeignet hält, seine Hoheitsrechte oder seine Sicherheit zu gefährden.

**Bem.** Keine Ablehnung erfolgt mithin, wenn Art 3 I nicht eingehalten ist.

*HZPrÜbk Art 5.* ¹ Zum Nachweis der Zustellung dient entweder ein mit Datum versehenes und beglaubigtes Empfangsbekenntnis des Empfängers oder ein Zeugnis der Behörde des ersuchten Staates, aus dem sich die Tatsache, die Form und die Zeit der Zustellung ergibt.

II Das Empfangsbekenntnis oder das Zeugnis ist auf eines der beiden Stücke des zuzustellenden Schriftstücks zu setzen oder damit zu verbinden.

**Bem.** S § 3 AusfG.

*HZPrÜbk Art 6.* ¹ Die vorstehenden Artikel schließen es nicht aus:
1. daß Schriftstücke den im Ausland befindlichen Beteiligten unmittelbar durch die Post übersandt werden dürfen;
2. daß die Beteiligten Zustellungen unmittelbar durch die zuständigen Gerichtsbeamten oder andere zuständige Beamte des Bestimmungslandes bewirken lassen dürfen,
3. daß jeder Staat Zustellungen an die im Ausland befindlichen Personen unmittelbar durch seine diplomatischen oder konsularischen Vertreter bewirken lassen darf.

II ¹Eine solche Befugnis besteht jedoch in jedem Falle nur dann, wenn sie durch Abkommen zwischen den beteiligten Staaten eingeräumt wird oder wenn beim Fehlen solcher Abkommen der Staat, in dessen Hoheitsgebiet die Zustellung zu bewirken ist, ihr nicht widerspricht. ²Dieser Staat kann jedoch einer Zustellung gemäß Absatz 1 Nr. 3 nicht widersprechen, wenn das Schriftstück einem Angehörigen des ersuchenden Staates ohne Anwendung von Zwang zugestellt werden soll.

**Bem.** Durch Zusatzvereinbarung mit Schweden und den Niederlanden können die Konsulate unmittelbar Anträge auf eine formlose Zustellung auch gegenüber fremden Staatsangehörigen außer denen des Empfangsstaates erledigen.

*HZPrÜbk Art 7.* ¹ Für Zustellungen dürfen Gebühren oder Auslagen irgendwelcher Art nicht erhoben werden.

II Der ersuchte Staat ist jedoch vorbehaltlich anderweitiger Vereinbarung berechtigt, von dem ersuchenden Staat die Erstattung der Auslagen zu verlangen, die in den Fällen des Artikels 3 dadurch entstanden sind, daß bei der Zustellung ein Gerichtsbeamter mitgewirkt hat oder daß bei ihr eine besondere Form angewendet worden ist.

**Bem.** S § 3 AusfG. Zusatzvereinbarungen zu II bestehen mit Belgien, Dänemark, Luxemburg, den Niederlanden, Österreich, Schweden und der Schweiz.

6 **Ausführungsgesetz dazu**, G v 18. 12. 58, BGBl 939:

## Zustellungsanträge und Rechtshilfeersuchen

(Artikel 1 bis 16 des Übereinkommens)

*AusfG § 1.* ¹Für die Entgegennahme von Zustellungsanträgen (Artikel 1 Abs. 1 des Übereinkommens) oder von Rechtshilfeersuchen (Artikel 8, Artikel 9 Abs. 1), die von einem ausländischen Konsul innerhalb der Bundesrepublik Deutschland übermittelt werden, ist der Präsident des Landgerichts zuständig, in dessen Bezirk die Zustellung bewirkt oder das Rechtshilfeersuchen erledigt werden soll. ²An die Stelle des Landgerichtspräsidenten tritt der Amtsgerichtspräsident, wenn der Zustellungsantrag oder das Rechtshilfeersuchen in dem Bezirk des Amtsgerichts erledigt werden soll, das seiner Dienstaufsicht untersteht.

*AusfG § 2.* ¹Für die Erledigung von Zustellungsanträgen oder von Rechtshilfeersuchen ist das Amtsgericht zuständig, in dessen Bezirk die Amtshandlung vorzunehmen ist.
II ¹Die Zustellung wird durch die Geschäftsstelle des Amtsgerichts bewirkt. ²Diese hat auch den Zustellungsnachweis (Artikel 1 Abs. 1, Artikel 5 des Übereinkommens) zu erteilen.

*AusfG § 3.* ¹Für die Übermittlung eines Zustellungsantrages (Artikel 1 Abs. 1 und 3 des Übereinkommens) oder eines Rechtshilfeersuchens (Artikel 8, Artikel 9 Abs. 1 und 3) durch den diplomatischen oder konsularischen Vertreter der Bundesrepublik Deutschland wird eine Gebühr von zwei Deutsche Mark erhoben. ²Diese Gebühr bleibt außer Ansatz, wenn der Zustellungsantrag oder das Rechtshilfeersuchen nicht erledigt werden kann.

### Einführung vor §§ 203–207
### Öffentliche Zustellung

**1) Systematik.** Die öffentliche Zustellung ist ein Fall einer unterstellten (fingierten) Zustellung, Üb 3 vor § 166, BVerfG NJW **88**, 2361. Ihre Durchführung weicht gleichwohl eben wegen der Unmöglichkeit einer tatsächlichen Übermittlung völlig von §§ 166 ff ab, steht also ganz neben jenen Zustellungsarten. **1**

**2) Regelungszweck.** Ohne die Möglichkeit einer öffentlichen Zustellung wäre die Rechtsverfolgung in nicht wenigen Fällen fast unmöglich: Der Prozeßgegner könnte sich durch häufigen Wohnsitzwechsel ohne zugehörige amtliche Ummeldung usw unauffindbar machen und dadurch schon dem Prozeßrechtsverhältnis, Grdz 2 vor § 128, erst recht einer Verurteilung und gar einer Zwangsvollstreckung entziehen. Deshalb ist die öffentliche Zustellung unentbehrlich. Freilich ist größte Zurückhaltung ratsam. **2**
Dann kann auf den Entzug des rechtlichen Gehörs hinauslaufen, BVerfG NJW **88**, 2361, Mü FamRZ **99**, 446, und auch den verfassungsrechtlich geschützten Anspruch auf effektiven Rechtsschutz gefährden, BVerfG NJW **88**, 1255, BGH **118**, 47, AG Landstuhl FamRZ **93**, 212. Geimer NJW **74**, 1631 hält sie daher für verfassungsrechtlich problematisch, aM Maunz/Dürig Art 103 GG Anm 47, ZöStö § 203 Rn 1. Köln FamRZ **85**, 1279 fordert zusätzlich ein Einschreiben mit Rückschein durch das Gericht oder wenigstens durch die Partei, hier nach § 294.
Sie darf nicht das Recht auf *informationelle Selbstbestimmung* als Ausfluß der Artt 1, 2 GG mißachten, BVerfG JZ **88**, 555 (zu § 687). Sie ist nur in einem der folgenden Fälle zulässig: Der Aufenthaltsort des Zustellungsadressaten, Üb 8 vor § 166, ist unbekannt, ist der Kreis der Betroffenen zu groß oder zu unübersichtlich, BVerfG NJW **88**, 2361; es läßt sich keine Zustellung im Ausland durchführen; eine Zustellung im Ausland wird voraussichtlich erfolglos sein; eine Zustellung an einen Exterritorialen oder seinen Hausgenossen ist unausführbar.

**3) Geltungsbereich.** Vgl zunächst Üb 2 vor § 166. Die Vorschriften über die öffentliche Zustellung können auf andere als die hier geregelten Fälle nicht angewandt werden, LG Kiel SchlHA **83**, 165 (langer Zeitablauf bis zur Zustellung), BayObLG WoM **90**, 613 (FGG). Das gilt schon deshalb, weil diese Art der „Zustellung" sehr gefährlich ist. Im Mahnverfahren erfolgt keine öffentliche Zustellung, § 688 II. Sie ist ebensowenig bei der Ladung eines Zeugen oder Sachverständigen und bei einer Zustellung an den Drittschuldner nach § 829 zulässig. Sie findet auch nicht gegen ein Mitglied der NATO-Streitkräfte statt, SchlAnh III Art 36 I, AG Landstuhl FamRZ **93**, 212. Bei §§ 763, 829, 844, 875 ist eine öffentliche Zustellung unnötig. §§ 203 ff sind im FGG-Verfahren anwendbar, BayObLG MDR **98**, 366. **3**

**4) Erschleichung.** Die Erschleichung einer öffentlichen Zustellung verstößt gegen Treu und Glauben, Einl III 54, Grdz 57 vor § 128. Wegen des vorrangigen Bedürfnisses nach Rechtssicherheit, Einl III 43, ist eine daraufhin vorgenommene Zustellung trotzdem zunächst wirksam, BGH **118**, 47, ThP § 204 Rn 13, ZöStö § 204 Rn 9, aM StJSchu § 204 Rn 6. Das gilt zumindest nach Jahr und Tag, Hamm MDR **97**, 1155. **4**
Freilich ist dann eine *Wiedereinsetzung* nach § 233 statthaft, BGH **118**, 48. Im übrigen muß die Gericht die Erschleichung von Amts wegen oder auf Grund eines Antrags mitberücksichtigen, wenn es die Folgen der Zustellung zu würdigen hat, BGH **64**, 8, BayObLG Rpfleger **78**, 446. Der Erschleicher kann gemäß §§ 242, 823 ff BGB, 263 StGB haften, vgl Einf 33 vor §§ 322–327, BGH **57**, 108, Mü NJW **76**, 2137. **5**

**5) VwGO:** Gemäß § 56 II VwGO gilt § 15 VwZG; in Massenverfahren ist eine öff Bekanntgabe vorgesehen, § 56a VwGO. Für die (seltene) Parteizustellung, Üb § 166 Rn 18, gelten §§ 203–206. **6**

## 203
**Öffentliche Zustellung. Zulässigkeit.** ¹Ist der Aufenthalt einer Partei unbekannt, so kann die Zustellung durch öffentliche Bekanntmachung erfolgen.
II Die öffentliche Zustellung ist auch dann zulässig, wenn bei einer im Ausland zu bewirkenden Zustellung die Befolgung der für diese bestehenden Vorschriften unausführbar ist oder keinen Erfolg verspricht.
III Das gleiche gilt, wenn die Zustellung aus dem Grunde nicht bewirkt werden kann, weil die Wohnung einer nach den §§ 18 bis 20 des Gerichtsverfassungsgesetzes der Gerichtsbarkeit nicht unterworfenen Person der Ort der Zustellung ist.

## § 203

### Gliederung

1) Systematik, Regelungszweck, I–III ... 1
2) Geltungsbereich, I–III ........................ 2
3) Notwendigkeit der Zustellung, I–III .. 3
4) Unbekannter Aufenthalt, I .............. 4
5) Beispiele zur Frage der Unbekanntheit des Aufenthalts, I ..................... 5–8
6) Auslandszustellung: Besonders sorgfältige Prüfung, II ........................ 9–12
   A. Unausführbarkeit ..................... 10
   B. Voraussichtliche Erfolglosigkeit ...... 11
   C. Weitere Einzelfragen ................. 12
7) Exterritorialer, III ...................... 13
8) *VwGO* ..................................... 14

**1** **1) Systematik, Regelungszweck, I–III.** Vgl zunächst Einf 1, 2 vor §§ 203–207. Die Vorschrift regelt die Voraussetzungen einer öffentlichen Zustellung, während §§ 204, 205 die Ausführung, §§ 206, 207 die Rechtswirkungen einer korrekten derartigen Zustellung beinhalten.

§ 203 soll im Interesse der *Rechtssicherheit*, Einl III 43, die Zustellung gegenüber einer Partei ermöglichen, die sich freiwillig aus ihrem bisherigen Lebenskreis entfernt, ohne dafür zu sorgen, daß ihr neuer Aufenthaltsort bekannt wird, also zB gegenüber einer Person, die sich aus Gründen verborgen hält, die man nicht gutheißen kann. Allerdings darf man den Geltungsbereich der öffentlichen Zustellung nicht auf solche Fälle beschränken. Der Sinn der öffentlichen Zustellung besteht nicht darin, dem Betroffenen die Kenntnis oder auch nur die echte Möglichkeit der Kenntnis vom Inhalt einer Zustellung zu verschaffen. Denn die öffentliche Zustellung ist lediglich die Unterstellung (Fiktion) einer Zustellung, § 206, BVerfG NJW **88**, 2361.

**2** **2) Geltungsbereich, I–III.** Vgl Einf 3 vor §§ 203–207.

**3** **3) Notwendigkeit der Zustellung, I–III.** Eine Zustellung an die Partei selbst muß zwar notwendig, aber unmöglich sein. Daher muß die Bewilligung der öffentlichen Zustellung abgelehnt werden, wenn die Zustellung an einen gesetzlichen Vertreter möglich ist, § 51 Rn 12, insbesondere an einen Abwesenheitspfleger, ProzBev, Generalbevollmächtigten oder Zustellungsbevollmächtigten, aM BayObLG Rpfleger **78**, 446. Der Vorsteher einer Postanstalt ist aber kein Zustellungsbevollmächtigter. Daher genügt die bloße Angabe eines Postfachs nicht, Hbg NJW **70**, 104. Eine Ersatzzustellung und eine öffentliche Zustellung schließen sich nicht notwendig aus, § 181 Rn 4–9. Als Partei ist hier auch der Streithelfer, § 66, oder Streitverkündungsgegner, § 72, anzusehen, ferner Gläubiger und Schuldner der Zwangsvollstreckung, ThP 5. Nicht Partei sind: der ProzBev, § 81; der Zeuge, § 373; ein Sachverständiger, § 402; ein Drittschuldner. Eine Parteiberichtigung ist unzulässig, Baumgärtel Festschrift für Schnorr von Carolsfeld (1972) 33.

Die *Ablehnung* der öffentlichen Zustellung ist nicht schon mit der Begründung zulässig, die öffentliche Zustellung sei sinnlos, Düss FamRZ **95**, 1281.

**4** **4) Unbekannter Aufenthalt, I,** dazu *Fischer* ZZP **107**, 163 (ausf): Der Aufenthalt des Zustellungsadressaten, Üb 8 vor § 166, ist unbekannt, wenn er nicht nur der Partei unbekannt ist, sondern wenn ihn niemand kennt, KG MDR **98**, 125, Mü FamRZ **99**, 446, Stgt FamRZ **91**, 343. Der Aufenthalt ist ferner unbekannt, wenn derjenige, der ihn kennt, ihn nicht nennt, BGH **64**, 5. Der Antragsteller muß in zumutbarem Umfang darlegen, daß er alles ihm Mögliche zur Ermittlung unternommen hat, KG MDR **98**, 125, Mü FamRZ **99**, 446, zB durch eine polizeiliche Bescheinigung oder in einer sonst geeigneten Weise. Das Gericht sollte strenge Anforderungen stellen, Mü FamRZ **99**, 446, ohne sie zu überspannen, KG MDR **98**, 125, Stgt FamRZ **91**, 343, Zweibr FamRZ **83**, 630. Es übt beim Vorliegen der Voraussetzungen ein pflichtgemäßes Ermessen aus (...„kann"), AG Landstuhl FamRZ **93**, 212.

Es sind *unverdächtige Anzeichen* notwendig. Das Gericht muß den Antragsteller notfalls persönlich anhören. Eine leichtfertige Bewilligung dieser gefährlichen Zustellungsart ist eine Pflichtverletzung, Einl III 27, die einen Verstoß gegen Art 103 I GG bedeuten und zur Zurückverweisung nach § 539 führen kann, BVerfG NJW **88**, 2361. Die Unbekanntheit des Aufenthalts muß objektiv nachgewiesen werden, BVerfG NJW **88**, 2361. Es ist auch bei einer von Amts wegen vorzunehmenden Zustellung grundsätzlich nicht Sache des Gerichts, die etwa möglichen Erkundigungen einzuziehen; vielmehr darf und muß es sich auf den Hinweis beschränken, daß der Antragsteller die Voraussetzungen einer öffentlichen Zustellung darzulegen und nachzuweisen hat, Grdz 39 vor § 128, Hamm OLGZ **94**, 453, aM LG Darmst WoM **94**, 486; das Gericht kann dazu allenfalls Anregungen geben. Liegen die erforderlichen Nachweise usw nicht vor, dann muß das Gericht die Bewilligung der öffentlichen Zustellung ablehnen. Eine bloße Angabe, der Antragsteller kenne den derzeitigen Aufenthalt (subjektiv) nicht, genügt also nicht. Er muß vielmehr eingehend; weitere Umstände darlegen, zB denjenigen, daß der Gegner vor Jahren verhaftet wurde und daß seitdem jede Spur von ihm fehlt.

**5** **5) Beispiele zur Frage der Unbekanntheit des Aufenthalts, I**
**Abmeldung:** Eine Abmeldung beim Einwohnermeldeamt genügt nicht stets, KG MDR **98**, 125, Zweibr FamRZ **83**, 630. Denn sie besagt allenfalls, daß der Adressat dort nicht mehr wohnt und sich noch nicht zur Kenntnis dieser einzelnen Behörde anderswo gemeldet hat.

Indessen kann aus *praktischen Gründen* eine ergebnislose Auskunft der zu solcher Mitarbeit auch unter dem Datenschutz (kein Anschriftsschutz) verpflichteten Behörde oft doch einen Beweis ergeben; zum Ausreichen solcher Auskunft BVerfG NJW **88**, 2361 (auf ihr Datum achten!), Celle RR **89**, 572, LG Bln RR **91**, 1152, Fischer ZZP **107**, 182, strenger Zweibr FamRZ **83**, 630. Man sollte indessen keinen Schematismus zulassen.

**Allgemeininteresse:** Eine Abwägung der Interessen der Allgemeinheit und des Bekl kann nicht für die Bewilligung einer öffentlichen Zustellung maßgeblich sein, KG FamRZ **75**, 693.

**Auskunft:** Es kann eine Auskunft des letzten Vermieters oder eines früheren Hausgenossen oder bekannter Verwandter notwendig sein, ZöStö 2, aM LG Bln RR **91**, 1152 (für eine Großstadt). Es kann sogar eine

2. Titel. Verfahren bei Zustellungen § 203

Auskunft etwa einer Auskunftei, KG MDR **98**, 125, eines Geschäftsfreundes oder des Suchdienstes für US-Bürger notwendig sein, AG Landstuhl RR **94**, 332.
S auch „Abmeldung".
**Ausländer:** Wenn es um einen Ausländer geht, ist meist unter anderem eine Anfrage bei der Ausländerbehörde ratsam, etwa im Heimatland, Mü FamRZ **99**, 446 LG Darmst WoM **94**, 487, am besten wohl beim Bundesverwaltungsamt, 50728 Köln, Tel 0221/7580, Stgt MDR **76**, 775 (betr die StPO). Dieses erteilt derzeit eine Auskunft an eine Privatperson über sein Ausländerzentralregister und die zuständige Ausländerbehörde nur dann, wenn eine Nachfrage bei der zuletzt zuständigen Meldebehörde erfolglos blieb und ein berechtigtes Interesse an der Kenntnis des Aufenthaltsorts nachgewiesen wird. Es hält einen solchen Nachweis nur dann für erbracht, wenn der Anfrager einen Vollstreckungstitel oder eine gerichtliche Aufforderung zur Einholung einer Auskunft aus dem Register oder eine Behördenbescheinigung vorlegt, aus der sich ergibt, daß die Erteilung der Auskunft zur Durchführung eines dort anhängigen Verfahrens erforderlich ist, vgl § 20 des Entwurfs eines Gesetzes über das Ausländermelderegister. Auch kommt eine Anfrage beim Bundeszentralregister, Landratsamt, bei einer Krankenkasse oder bei Angehörigen in Betracht, Stgt FER **99**, 218.
**Beibehaltung der Wohnung:** Der Umstand, daß der Zustellungsadressat eine Wohnung bzw einen Wohnsitz formell beibehalten hat, steht der Bewilligung einer öffentlichen Zustellung nicht entgegen, soweit eine Zustellung, vor allem eine Ersatzzustellung, dort unausführbar ist.
S auch Rn 7 „Namensschild".
**Detektiv:** Es kann durchaus zumutbar und daher notwendig sein, einen Detektiv zur Ermittlung der Anschrift einzuhalten, zumal dessen Kosten sehr wohl erstattungsfähig sein können, § 91 Rn 90 „Ermittlungen der Partei: B. Im Prozeß", § 91 Rn 274 „– (Detektiv)".
**Ehescheidung:** Wegen ihrer weitreichenden Wirkungen ist beim Scheidungsantrag besondere Vorsicht vor **6** der Annahme der Unbekanntheit des Aufenthalts des Antragsgegners geboten, KG FamRZ **75**, 693, AG Landstuhl RR **94**, 332, AG Bad Säckingen FamRZ **97**, 611.
**Einwohnermeldeamt:** Rn 5 „Abmeldung".
**Erfolgsaussicht:** Die Erfolgsaussicht kann nicht für die Bewilligung einer öffentlichen Zustellung maßgeblich sein, ebensowenig bei ein Allgemeininteresse, s dort.
**Firmenschild:** Rn 7 „Namensschild".
**Geschäftsfreund:** Rn 5 „Auskunft".
**Gesellschaft mit beschränkter Haftung:** Maßgeblich sind die Verhältnisse beim Geschäftsführer, BayObLG MDR **98**, 366.
**Hausgenosse:** Rn 5 „Auskunft". **7**
**Leben:** Das Gericht darf keinen Nachweis darüber verlangen, daß der Zustellungsadressat noch lebt, KG FamRZ **75**, 693 (freilich sei eine Klage bei ernstlichem Zweifel unzulässig).
**Mehrheit von Betroffenen:** Großzügig stellt BVerfG NJW **88**, 2361 der Unbekanntheit den Fall gleich, daß eine Vielzahl oder Unüberschaubarkeit des Kreises der Betroffenen vorliegt, § 253 Rn 25, 28.
**Namensschild:** Das bloße Firmen- oder Namensschild des Ausgezogenen an der bisherigen Wohnung usw ist kein Hindernis einer öffentlichen Zustellung, Scholz WoM **90**, 100.
S auch Rn 5 „Beibehaltung der Wohnung".
**Öffentliches Interesse:** Rn 5 „Allgemeininteresse".
**Rechtshilfe:** Bei allzu langer Verzögerung einer ausländischen gibt Köln MDR **98**, 434 die öffentliche Zustellung (Vorsicht!).
**Vermieter:** Rn 5 „Auskunft". **8**
**Verwandter:** Rn 5 „Auskunft".
**Zustellungsurkunde:** Eine Mitteilung auf einer Zustellungsurkunde, der Adressat sei dort unbekannt, genügt entgegen einer verbreiteten Ansicht nicht. Denn die Beweiskraft des § 418 erstreckt sich nur auf die in der Urkunde genannte Anschrift und nur auf die Kenntnis dieses einzelnen Zustellers; erforderlich ist aber weit mehr, Rn 4. Solche Mitteilung kann aber ausreichen, wenn der Empfänger vorher selbst erklärt hat, er habe keinen gewöhnlichen Aufenthaltsort zu haben, mit Haftbefehl gesucht wird und wenn weitere Nachforschungen erfolglos waren, Hamm MDR **97**, 1155.

**6) Auslandszustellung: Besonders sorgfältige Prüfung, II.** Zum Auslandsbegriff § 199 Rn 1. Die **9** Auslandszustellung muß unter den Voraussetzungen des II erfolgen, § 204 Rn 5, Bindseil NJW **91**, 3071 mwN. Das Gericht muß aber die Voraussetzungen besonders sorgfältig prüfen, weil die Bewilligung auf eine Verweigerung des rechtlichen Gehörs nach Art 103 I GG hinauslaufen könnte, Einf 1, 2 vor §§ 203–207, Hamm NJW **89**, 2203 (zustm Geimer), AG Bad Säckingen FamRZ **97**, 611 (2 Jahre Frist).

**A. Unausführbarkeit.** Die Auslandszustellung ist in denjenigen Ausnahmefällen unausführbar, in denen **10** eine Inlandszustellung nicht möglich ist und in denen eine Inlandszustellung nicht möglich ist und in denen die Justizverwaltung keine Auslandszustellung zuläßt, sei es auch aus politischen Gründen, § 199 Rn 5, oder in denen es an einer geordneten staatlichen Einrichtung im betreffenden Land fehlt.

**B. Voraussichtliche Erfolglosigkeit.** Die Auslandszustellung ist voraussichtlich erfolglos zB: Im Krieg; **11** beim Abbruch der diplomatischen Beziehungen; bei einer unzureichenden Vornahme der Zustellung; dann, wenn man befürchten muß, daß die Zustellung zu lange dauern wird, Hbg MDR **97**, 284. Die Auslandszustellung ist ferner voraussichtlich erfolglos in einem Arrestverfahren, §§ 916 ff, Hamm MDR **88**, 589, oder daß die Rechtshilfe verweigert werden wird, etwa bei der Zustellung eines Scheidungsantrags eines Deutschen, der früher ein Sowjetbürger war, nach der (damaligen) Sowjetunion, oder wenn die Justizverwaltung nicht ausreichend hilft, AG Bonn NJW **91**, 1430 (krit Geimer: Ungeachtet des Art 97 GG sei der Richter evtl an die ZRHO gebunden. Aber Vorsicht mit jeder Einengung seiner Unabhängigkeit!). S auch § 168 GVG Anh I Grdz 4 und Bülow/Böckstiegel/Geimer/Schütze, Der Internationale Rechtsverkehr in Zivil- und Handelssachen, 3. Aufl seit 1990.

**C. Weitere Einzelfragen.** Soweit das Gericht, auch nach Monaten, nicht bereits eine klare Kenntnis **12** davon hat, daß die Rechtshilfe verweigert werden wird oder daß die Zustellung nur unzureichend möglich

## §§ 203, 204

sein wird, muß es einen Zustellungsversuch vornehmen, Hamm NJW **89**, 2203 (zustm Geimer). Das Gericht kann nicht fordern, daß der Antragsteller zunächst eine private Benachrichtigung versuchen solle. Denn das würde über die gesetzlichen Erfordernisse hinausgehen. Wenn sich jemand an einem Ort befindet, den das Gericht zwar kennt, an dem den Adressaten Zustellungen aber nicht erreichen, dann ist die Zustellung unausführbar, die Voraussetzungen von II sind also erfüllt, Köln FamRZ **85**, 1279, aM ZöStö 3. In einer „Tschernobyl"-Sache Mansel IPRax **87**, 212.

**13** 7) **Exterritorialer, III.** Wenn der nach §§ 18–20 GVG exterritoriale Dienstherr eines nach diesen Vorschriften nicht exterritorialen ausländischen oder deutschen Hausgenossen das Betreten seiner Wohnung zur Vornahme der Zustellung nicht erlaubt, ist die öffentliche Zustellung zulässig. Der Antragsteller muß einen entsprechenden Nachweis erbringen. Eine Zustellung an einen Exterritorialen selbst darf nur dann nach § 203 stattfinden, wenn sie nach den §§ 199, 202 unmöglich ist.

**14** 8) *VwGO:* Vgl Einf § 203 Rn 6.

## 204 Öffentliche Zustellung. Ausführung.

I ¹Die öffentliche Zustellung wird, nachdem sie auf Antrag der Partei vom Prozeßgericht bewilligt ist, durch die Geschäftsstelle von Amts wegen besorgt. ²Über den Antrag kann ohne mündliche Verhandlung entschieden werden.

II Zur öffentlichen Zustellung wird ein Auszug des zuzustellenden Schriftstücks und eine Benachrichtigung darüber, wo das Schriftstück eingesehen werden kann, an die Gerichtstafel angeheftet.

III ¹Enthält das zuzustellende Schriftstück eine Ladung oder eine Aufforderung nach § 276 Abs. 1 Satz 1, so ist außerdem die einmalige Einrückung eines Auszugs des Schriftstücks in den Bundesanzeiger erforderlich. ²Das Prozeßgericht kann anordnen, daß der Auszug noch in andere Blätter und zu mehreren Malen eingerückt werde.

### Gliederung

| | |
|---|---|
| 1) Systematik, Regelungszweck, I–III ... 1 | 4) Ausführung, II, III ............ 8–11 |
| 2) Geltungsbereich, I–III ............ 2 |   A. Ohne Ladung, II ........ 9, 10 |
| 3) Verfahren, I .................. 3–7 |   B. Mit Ladung oder Aufforderung nach |
|   A. Zuständigkeit .............. 3 |     § 276 I 1, III .............. 11 |
|   B. Antrag ................... 4 | 5) Wirkung, I–III ............... 12 |
|   C. Weiteres Verfahren ......... 5 | 6) *VwGO* ....................... 13 |
|   D. Entscheidung .............. 6 | |
|   E. Rechtsbehelf .............. 7 | |

**1** 1) **Systematik, Regelungszweck, I–III.** Vgl zunächst Einf 1, 2 vor §§ 203–207. Während § 203 die Voraussetzungen einer öffentlichen Zustellung nennt, regeln §§ 204, 205 das Verfahren, die Ausführung, und §§ 206, 207 die Rechtswirkungen.

Die grundsätzliche Verbindung eines Antragserfordernisses und der Durchführung von Amts wegen, ein dritter Weg neben denjenigen der Parteizustellung, §§ 166 ff, und der reinen Amtszustellung, §§ 208 ff, *dient* vor allem der *Rechtssicherheit,* Einl III 43, die bei dieser folgenschweren Zustellungsart besonderer Beachtung bedarf. Daher ist das Verfahren peinlich exakt durchzuführen.

**2** 2) **Geltungsbereich, I–III.** Vgl Einf 3 vor §§ 203–207.

**3** 3) **Verfahren, I.** Es wird oft nicht sorgfältig genug eingehalten.

**A. Zuständigkeit.** Für die Bewilligung der öffentlichen Zustellung ist das Prozeßgericht zuständig. Soweit dem Rpfl das Verfahren insgesamt übertragen ist, ist er auch zur Bewilligung nach I zuständig. Das ergibt sich aus § 4 I RPflG, Anh § 153 GVG (der frühere, einen Streit auslösende § 20 Z 9 RPflG ist gestrichen worden). Der Rpfl ist daher jetzt auch im Kostenfestsetzungsverfahren nach §§ 103 ff zur Bewilligung zuständig. Soweit nicht der Rpfl, sondern der Richter zuständig ist, ist der Vorsitzende des Kollegiums nicht allein berufen, BayObLG Rpfleger **78**, 446, wohl aber der Einzelrichter, § 348. Das Prozeßgericht muß also in voller Besetzung entscheiden. Über die Dauer der Instanz s § 176 Rn 16–18, § 178. Wenn es um eine Zustellung auf Grund einer vollstreckbaren notariellen Urkunde geht, ist das AG nach § 797 III zuständig. Wenn ein anderes als das Prozeßgericht die öffentliche Zustellung bewilligt hat, ist sie als solche grundsätzlich unwirksam, Üb 12 vor § 166, jedoch nach § 187 heilbar, Üb 13 vor § 166.

**4** **B. Antrag.** Die Bewilligung erfolgt nur auf Grund eines Antrags der Partei. Jede öffentliche Zustellung erfordert einen besonderen Antrag und einen besonderen Beschluß, § 329. Die Bewilligung ist also keineswegs für den ganzen Rechtszug oder gar den gesamten Prozeß oder „bis auf weiteres" oder für alle künftigen Fälle zulässig. Von dieser Regel gilt nur dann eine Ausnahme, wenn das Gericht gleichzeitig die öffentliche Zustellung eines Versäumnisurteils, §§ 330 ff, und des Beschlusses nach § 339 II bewilligt. Die Fristwahrung richtet sich nach § 207. Es besteht kein Anwaltszwang, soweit er nicht in der zugehörigen Sache selbst besteht, § 78. Der Antragsteller muß die Nachweise der Voraussetzung einer öffentlichen Zustellung beifügen, § 203 Rn 3–6. Eine Anregung oder ein Antrag des Gerichtsvollziehers reichen bei einer Zustellung im Parteibetrieb nicht aus. Eine solche Anregung, auch des Gerichts, ist aber im Fall einer Zustellung von Amts wegen, §§ 208 ff, unter Umständen wegen seiner prozessualen Fürsorgepflicht, Einl III 27, erforderlich, BGH VersR **83**, 832.

Ein Antrag ist allerdings dann *entbehrlich,* wenn die Zustellung nach §§ 208 ff von Amts wegen erfolgen muß, BGH VersR **87**, 986, Köln Rpfleger **88**, 502.

2. Titel. Verfahren bei Zustellungen § 204

**C. Weiteres Verfahren.** Eine mündliche Verhandlung ist gemäß I 2 freigestellt, § 128 Rn 10. Das Gericht muß die vom Antragsteller eingereichten Nachweise würdigen, § 286. Es soll vorsichtig vorgehen, vgl § 203 Rn 1. Denn die Zustellung ist (auch im Fall einer Erschleichung, Einf 4 vor § 203) wirksam, selbst wenn die Voraussetzungen des § 203 fehlen. Die Rechtskraft einer Entscheidung, die auf Grund der öffentlichen Zustellung ergangen ist, läßt sich auch nicht damit bekämpfen, daß man nachweist, die Voraussetzungen der öffentlichen Zustellung hätten nicht vorgelegen. 5

Das Gericht prüft zwar das *Rechtsschutzbedürfnis*, Grdz 33 vor § 253; es ist von den Erfolgsaussichten der Sache unabhängig. Es kann zB fehlen, wenn das Verfahren auszusetzen wäre, oder wenn zweifelhaft ist, ob der Zustellungsadressat noch lebt, § 203 Rn 1. Auch ist eine Erschleichung zu beachten, Einf 4 vor §§ 203–206. Im übrigen prüft das Gericht aber grundsätzlich nicht, ob überhaupt eine Zustellung notwendig ist. Wenn es um die Zustellung einer Klageschrift geht, braucht das Gericht seine Zuständigkeit zur Entscheidung über die Sache selbst auch nicht zu prüfen. Freilich soll es auf eine Unzuständigkeit bereits jetzt hinweisen. Zum Anlagenvorschuß § 68 I GKG, KV 9002 ff.

Die Worte *„kann"* in § 203 I, „auch dann zulässig" in § 203 II (und III „das gleiche gilt") bedeuten nicht, daß das Gericht einen Ermessensspielraum hätte, sondern geben dem Gericht lediglich die rechtliche Möglichkeit und die Zuständigkeit. Das Gericht *muß* die öffentliche Zustellung also bewilligen, soweit ihre gesetzlichen Voraussetzungen vorliegen, StJSchu § 203 Rn 18, ThP 1, aM Köln RR 93, 446, ZöStö § 203 Rn 4 (aber „zulässig" in § 203 II stellt, ebenso wie „kann" in § 203 I, wie so oft nur in die Zuständigkeit, nicht ins Ermessen, zumal das Gericht eine Förderungspflicht hat, Einl III 27).

**D. Entscheidung.** Die Entscheidung erfolgt durch einen Beschluß, § 329. Er ist grundsätzlich zu begründen, § 329 Rn 4. Er bewilligt die öffentliche Zustellung des genau zu bezeichnenden Schriftstücks, Rn 2, oder weist den Antrag als unzulässig oder unbegründet zurück. Er wird verkündet oder den Parteien formlos mitgeteilt, § 329 II 1, dem Gegner im letzteren Fall mit dem zuzustellenden Schriftstück zusammen, also öffentlich nach Rn 10, zugestellt. Ein späterer Aufhebungsbeschluß macht eine vorgenommene öffentliche Zustellung nicht unwirksam. Ein Vorschuß ist nach § 68 GKG zu erheben. Die pflichtwidrige Unterlassung seiner Anordnung kann Folgen nach § 8 GKG auslösen, LG Kblz MDR 99, 1024. 6

**E. Rechtsbehelf.** Gegen einen ablehnenden Beschluß kann der Antragsteller die einfache Beschwerde nach § 567 I einlegen, Köln MDR 98, 434, Mansel IPRax 87, 210, ThP 7, aM (sofortige Beschwerde) ZöGre 271 Rn 1, § 216 Rn 21 (Verweisung auf § 252). Beim Rpfl gilt § 11 RPflG, § 104 Rn 41 ff. 7

Ein *Dritter* hat keinen Rechtsbehelf. Gegen einen stattgebenden Beschluß ist kein Rechtsbehelf zulässig. Es kann aber nach der Erschöpfung des Rechtswegs eine Verfassungsbeschwerde des zu Unrecht öffentlich Geladenen in Betracht kommen, Art 103 I GG, Einl III 17, BVerfG NJW 88, 2361.

**4) Ausführung, II, III.** Nach der Bewilligung erfolgt die Ausführung der öffentlichen Zustellung durch den Urkundsbeamten der Geschäftsstelle, § 209. Ein Verstoß gegen die Voraussetzungen der öffentlichen Zustellung macht sie nicht unwirksam, Celle RR 89, 572, Köln RR 93, 446. Ein Verstoß gegen die vorgeschriebene Ausführung macht die Zustellung aber grundsätzlich unwirksam, Üb 12 vor § 166, Celle RR 89, 572. Eine Heilung ist nach § 187 möglich, Üb 13 vor § 166. Im einzelnen ergibt sich folgendes: 8

**A. Ohne Ladung, II.** Ein Schriftstück, das keine Ladung enthält, wird in der Weise öffentlich zugestellt, daß ein Auszug des zuzustellenden Schriftstücks, der den Anforderungen des § 205 genügt, und eine Benachrichtigung darüber, wo das vollständige Schriftstück eingesehen werden kann, für die in § 206 II genannte Dauer an die Gerichtstafel angeheftet werden, II. Die Anheftung einer Ausfertigung oder beglaubigten Abschrift findet nicht mehr statt. 9

Auch in einer *Ehesache*, § 606 I, einschließlich einer Folgesache, soweit diese zugleich mit der Scheidung entschieden wird, § 623 I, und in einer Kindschaftssache, § 640 I, werden lediglich der Auszug und die Benachrichtigung an die Gerichtstafel angeheftet. Der Umfang des Auszugs darf nicht mehr, als nach § 205 bestimmt, enthalten. Dabei muß die Privatsphäre geschützt werden, so schon (zum alten Recht) Peppler NJW 76, 2158, § 299 Rn 23 ff. Allerdings ist es notwendig, auch den Tenor der öffentlich bekanntzugebenden Entscheidung mitzuteilen, BVerfG NJW 88, 1255. Eine Beglaubigung erfolgt nicht mehr.

Der *Bewilligungsbeschluß* wird auf den anzuheftenden Auszug übertragen und mit ihm verbunden. Der Antragsteller erhält die Urschrift zurück. Die angehefteten Schriftstücke gelangen in jedem Fall zu den Gerichtsakten. Sie werden dem Zustellungsgegner nicht ausgehändigt. Der Urkundsbeamte der Geschäftsstelle beurkundet auf dem Auszug des zuzustellenden Schriftstücks den Zeitpunkt der Anheftung und Wiederabnahme, § 206. Seine volle Namensunterschrift (ein bloßes Handzeichen) ist für die Wirksamkeit der öffentlichen Zustellung erforderlich, wie bei § 129 Rn 9, BGH 80, 320. Der Anheftungsvorgang kann mit jedem Beweismittel nachgewiesen werden. Der Urkundsbeamte der Geschäftsstelle darf sich bei der Anheftung und bei der Abnahme des angehefteten Schriftstücks einer Hilfsperson bedienen. 10

**B. Mit Ladung oder Aufforderung nach § 276 I 1, III.** Ein Schriftstück, das eine Ladung enthält, §§ 214, 497 I, oder das im schriftlichen Vorverfahren eine Aufforderung nach § 276 I 1 zur Verteidigungsanzeige enthält, Celle RR 89, 572 (zum alten Recht), also auch im Mahnverfahren nach einem Widerspruch, § 697 II 1, nicht aber nach einem Einspruch, § 700 IV 2, wird wie bei Rn 9, 10 angeheftet. Es muß also ein Auszug aus dem Schriftstück, § 205, nicht aber die Benachrichtigung nach § 204 II, wohl aber auch die Aufforderung nach § 276 I 1, einmalig im Bundesanzeiger (vgl auch Vorbem) eingerückt werden. Die Einrückung erfolgt auch dann, wenn das Schriftstück zwar keine Ladung enthält, wohl aber eine Terminsbekanntmachung. Denn auch in diesem Fall trifft der Sinn der Vorschrift zu. Das Gericht kann im Rahmen eines pflichtgemäßen Ermessens von Amts wegen die Einrückung des Auszugs in andere Blätter zusätzlich anordnen, III 2, und zwar auch mehrmals, auch nachträglich ist eine solche Anordnung treffen. 11

**5) Wirkung, I–III.** Vgl zunächst §§ 206, 207. Die öffentliche Zustellung hat dieselben Wirkungen wie eine andere Zustellung. Das gilt auch dann, wenn die Voraussetzungen nach § 203 fehlten, Üb 10 vor § 300, Köln FamRZ 95, 677, und sogar dann, wenn der Antragsteller sie erschlichen hat, Einf 4 vor §§ 203–206. Wegen der Fristwahrung und der Unterbrechung einer Verjährung gilt § 207. Soweit es sich um eine 12

§§ 204–206                        1. Buch. 3. Abschnitt. Verfahren

Auslandszustellung handelt, § 203 II, III, ergibt sich nunmehr für den Zustellungsempfänger die Verpflichtung zur Bestellung eines Zustellungsbevollmächtigten nach § 174 II. Wenn ein solcher Zustellungsbevollmächtigter nicht bestellt wird (das ist die Regel), erfolgen alle weiteren Zustellungen durch eine einfache Aufgabe zur Post nach § 175, soweit nicht § 218 anwendbar ist. Nach Jahren kann auch eine gegen Art 103 I GG verstoßende Zustellung wirksam sein, Hamm MDR **97**, 1155.

13    6) *VwGO:* Vgl Einf § 203 Rn 6. *Im Hinblick auf § 15 VwZG ist auch III unanwendbar.*

**205** *Öffentliche Zustellung. Inhalt.* **In dem Auszug müssen bezeichnet werden**
  1. **das Prozeßgericht, die Parteien und der Gegenstand des Prozesses,**
  2. **ein in dem zuzustellenden Schriftstück enthaltener Antrag,**
  3. **die Formel einer zuzustellenden Entscheidung,**
  4. **bei der Zustellung einer Ladung deren Zweck und die Zeit, zu welcher der Geladene erscheinen soll,**
  5. **bei der Zustellung einer Aufforderung nach § 276 Abs. 1 Satz 1, Abs. 2 der Inhalt der Aufforderung und die vorgeschriebene Belehrung.**

1   **1) Systematik, Regelungszweck, Z 1–5.** Vgl § 204 Rn 1. Die Vorschrift regelt die Einzelheiten des nach § 204 II, III erforderlichen Auszugs.

2   **2) Geltungsbereich, Z 1–5.** Vgl Einf 3 vor §§ 203–207.

3   **3) Voraussetzungen, Z 1–5.** Die Erfordernisse des § 205 sind für die Wirksamkeit der Zustellung wesentlich, BGH NJW **82**, 888. Weitere Angaben, etwa über einen gesetzlichen Vertreter, sind entbehrlich.
    *Z 1:* Man braucht die Parteien, den Gegenstand des Prozesses und den Zweck der Ladung nur ganz allgemein zu bezeichnen, etwa „wegen Mietzahlung" und „zur mündlichen Verhandlung", auch bei § 341 a, BGH NJW **82**, 888.
    *Z 2:* Ein Antrag ist nur dann notwendig, wenn das Schriftstück einen solchen Antrag enthalten muß, etwa eine Klage- oder Antragsschrift.
    *Z 3:* Es ist notwendig, den Tenor der öffentlich bekanntzugebenden Entscheidung ebenfalls mitzuteilen, BVerfG NJW **88**, 1255 (zum alten Recht). Eine Rechtsmittelschrift braucht keinen Antrag zu enthalten.

4   **4) Verstoß, Z 1–5.** Ein Verstoß gegen § 205 führt zur Unwirksamkeit der Zustellung. Wegen einer Heilung Üb 13 vor § 166. Soweit die Angaben für den Fortgang des Prozesses unentbehrlich sind, hat ein Verstoß gegen das BDSG keine Bedeutung, aM Finger NJW **85**, 2685.

5   **5) *VwGO:*** Vgl Einf § 203 Rn 6.

**206** *Öffentliche Zustellung. Zeit der Zustellung.* **I** ¹Das eine Ladung oder eine Aufforderung nach § 276 Abs. 1 Satz 1 enthaltende Schriftstück gilt als an dem Tage zugestellt, an dem seit der letzten Einrückung des Auszugs in die öffentlichen Blätter ein Monat verstrichen ist. ²Das Prozeßgericht kann bei Bewilligung der öffentlichen Zustellung den Ablauf einer längeren Frist für erforderlich erklären.

**II** Im übrigen ist ein Schriftstück als zugestellt anzusehen, wenn seit der Anheftung des Auszugs an die Gerichtstafel zwei Wochen verstrichen sind.

**III** Auf die Gültigkeit der Zustellung hat es keinen Einfluß, wenn der anzuheftende Auszug von dem Ort der Anheftung zu früh entfernt wird.

1   **1) Systematik, I–III.** §§ 206, 207 regeln die Rechtsfolgen einer wirksamen öffentlichen Zustellung.

2   **2) Regelungszweck, I–III.** Der Weg einer Unterstellung (Fiktion) des Zugangs der Mitteilung ist ein gefährliches, aber unentbehrliches Mittel, Einf 2 vor §§ 203–207. Deshalb sind die Voraussetzungen wie der Umfang dieser Unterstellung streng zu prüfen. III soll vermeiden, daß eine öffentliche Zustellung deshalb unwirksam wird, weil eine Frist unrichtig berechnet wurde oder weil der anzuheftende Auszug und/oder die Benachrichtigung bzw die Aufforderung nach § 276 I 1 zu früh von der Gerichtstafel entfernt wurden. Andererseits kann auch nicht jede noch so kurze Anheftung genügen.

3   **3) Geltungsbereich, I–III.** Vgl Einf 3 vor §§ 203–207.

4   **4) Voraussetzungen, I, II.** Die Unterstellung, die I über den Zeitpunkt der Zustellung macht, vgl Üb 3 vor § 166, Einf 1 vor §§ 203–206, ist unabhängig von dem etwaigen späteren Wegfall der Voraussetzungen der Zustellung. Sie gilt also zB auch dann, wenn sich der Zustellungsadressat, Üb 8 vor § 166, meldet. Die Fristen in I und II sind keine eigentlichen Prozeßfristen, sondern uneigentliche Fristen, Üb 11 vor § 214. Eine Verkürzung einer solchen Frist ist unstatthaft. Eine Verlängerung ist nur im Zeitpunkt der Bewilligung der öffentlichen Zustellung, § 204 Rn 10, zulässig, nicht später. Vgl wegen einer Rückwirkung des Zustellungszeitpunkts § 207.

5   **5) Verstoß, I–III.** Unschädlich ist wegen Rn 2 nur eine geringfügig verfrühte Abnahme. Vgl aber § 204 Rn 9.

6   **6) *VwGO:*** Vgl Einf § 203 Rn 6.

**207** *Rückwirkung der Zustellung.* I Wird auf ein Gesuch, das die Zustellung eines ihm beigefügten Schriftstücks mittels Ersuchens anderer Behörden oder Beamten oder mittels öffentlicher Bekanntmachung betrifft, die Zustellung demnächst bewirkt, so treten, insoweit durch die Zustellung eine Frist gewahrt und der Lauf der Verjährung oder einer Frist unterbrochen wird, die Wirkungen der Zustellung bereits mit der Überreichung des Gesuchs ein.

II Wird ein Schriftsatz, dessen Zustellung unter Vermittlung der Geschäftsstelle erfolgen soll, innerhalb einer Frist von zwei Wochen nach der Einreichung bei der Geschäftsstelle zugestellt, so tritt, sofern durch die Zustellung eine Notfrist gewahrt wird, die Wirkung der Zustellung bereits mit der Einreichung ein.

**Vorbem.** II ist infolge des Amtsbetriebes ohne Bedeutung, vgl §§ 270 III, 495, 693 II, BVerfG 52, 209.

**1) Systematik, Regelungszweck, I, II.** § 207 erleichtert im Interesse der Prozeßwirtschaftlichkeit, 1 Grdz 14 vor § 128, die Wahrung einer Frist oder die Unterbrechung der Verjährung, indem er vor einer schädlichen Wirkung von Umständen schützt, auf die der Betreibende keinen Einfluß hat, vgl Hbg RR **88**, 1279. Was § 207 I anordnet, bestimmen ähnlich die §§ 270, 495, 693 II für das Verfahren vor dem AG und vor dem LG und für das Mahnverfahren.

**2) Geltungsbereich, I, II.** Vgl Einf 3 vor §§ 203–207. 2

**3) Gesuch um Zustellung im Ausland usw, I.** Es hat (noch) keine große Bedeutung. 3

**A. Anwendungsbereich.** I betrifft: Die Zustellung im Ausland, § 199, Hamm VersR **92**, 944, Köln GRUR **99**, 47; die Zustellung an einen Exterritorialen, § 200; die öffentliche Zustellung, §§ 203–206. Die Vorschrift gilt für prozessuale Fristen, zB §§ 223 II, 234, 320, 586, 929 II, und sachlichrechtliche Fristen, zB §§ 124, 532, 937, 941, 1594 BGB, namentlich für diejenigen Fristen, die man durch die Klagerhebung wahren will. Die Vorschrift gilt nur, soweit eine laufende Frist zu wahren oder zu unterbrechen oder die Verjährung zu unterbrechen ist, §§ 209 ff BGB, also nicht zu dem Zweck, eine Frist in Lauf zu setzen, BGH NJW **82**, 1813, oder die Wirkungen der Rechtshängigkeit nach § 261 herbeizuführen. Auch bei I gehen Sonderregeln wie §§ 270 III, 495, 693 II vor.

**B. Rückwirkung.** Die Rückwirkung auf den Zeitpunkt der Einreichung, vgl § 270 Rn 13, des Gesuchs 4 im Sinn von §§ 202, 204 setzt voraus, daß eine Zustellung überhaupt geschehen ist oder, ähnlich den §§ 270 III, 696–III, „demnächst" bewirkt worden ist, Hbg RR **88**, 1277, Köln GRUR **99**, 67 (1,5 Monate genügen bei Dänemark), daß man also das Gesuch vor dem Ablauf der Frist oder vor dem Eintritt der Verjährungsfrist, wenn auch vielleicht im letzten Augenblick, eingereicht hat und daß die Zustellung in einer den Umständen nach angemessenen Frist bewirkt worden ist, mithin zwar nicht gerade notwendig unverzüglich, aber doch ohne eine besondere Verzögerung; vgl § 270 Rn 18. Eine absichtliche oder grob fahrlässige Verzögerung hindert stets. Ein längerer Zeitablauf spricht dafür, daß die Verzögerung schuldhaft war. Dagegen schadet eine nichtverschuldete Verzögerung nicht.

Die Worte „*auf ein Gesuch*" im Gesetz sind rein *zeitlich* zu verstehen. Es genügt also, daß vor der Erledigung des Gesuchs entweder eine gewöhnliche Zustellung oder im Anschluß an einen vergeblichen Versuch einer Zustellung im Ausland eine öffentliche Zustellung stattgefunden hat. Ein arglistiger Versuch der Fristverlängerung durch die Einreichung eines offenbar unbegründeten Gesuchs könnte die Frist nicht verlängern, Einl III 54. I gilt auch dann, wenn erst die Beschwerdeinstanz die Zustellung bewilligt hat. Es entscheidet dann der Zeitpunkt der ersten Einreichung des Gesuchs, Hbg RR **88**, 1279.

**4) VwGO:** *Vgl Einf § 203 Rn 6.* 5

## II. Zustellungen von Amts wegen

**208** *Grundsatz.* Auf die von Amts wegen zu bewirkenden Zustellungen gelten die Vorschriften über die Zustellungen auf Betreiben der Parteien entsprechend, soweit nicht aus den nachfolgenden Vorschriften sich Abweichungen ergeben.

**1) Systematik.** Die §§ 166 ff gehen noch von der Zustellung im Parteibetrieb als der Regel aus. § 208 1 erklärt diese Vorschrift demgemäß auf die Zustellung im Amtsbetrieb für entsprechend anwendbar. Das entspricht angesichts der grundsätzlichen Amtszustellung auch im Bereich des landgerichtlichen Verfahrens nicht mehr der Wirklichkeit. Über die Amtszustellung im allgemeinen vgl Üb 5 vor § 166; über die Mangelhaftigkeit einer Amtszustellung Üb 12 vor § 166. In einer Markensache gelten vor dem Patentamt und dem PatG § 94 MarkenG, vor dem BGH (Rechtsbeschwerde) §§ 208 ff entsprechend, § 88 I 1 MarkenG.

**2) Regelungszweck: Möglichkeit der Kenntnisnahme.** Wie bei der Parteizustellung dient auch das 2 Verfahren der Zustellung von Amts wegen der Möglichkeit einer tatsächlichen Kenntnisnahme, Üb 2 vor §§ 166 ff, und damit dem rechtlichen Gehör als einem prozessualen Grundrecht, Einl III 16. Damit soll auch die Rechtssicherheit, Einl III 43, gestärkt werden. Beide Ziele erfordern eine strenge Auslegung, die aber auch nicht in Formalismus und Selbstzweck erstarren darf, Einl III 10.

**3) Geltungsbereich.** Vgl zunächst Üb 2 vor § 166. Grundsätzlich sind die Vorschriften über die Zu- 3 stellung im Parteibetrieb nach den §§ 166 ff auch auf eine Amtszustellung entsprechend anwendbar, ferner vor dem Beschwerdegericht nach § 73 Z 2 GWB. Im einzelnen gilt folgendes:

§§ 166–169: Die Vorschriften sind durch § 209 ersetzt.
§ 170: I (Übergabe) ist anwendbar. Statt II gilt § 210.
§§ 171–176, Zustellung an einen Vertreter und ProzBev, Aufgabe zur Post: Die Vorschriften sind anwendbar, Bbg FamRZ **98**, 938, Köln MDR **86**, 244 (je zu § 175). § 176 gilt aber nur insoweit, als das Gericht den ProzBev kennt.

§§ 208, 209                                   1. Buch. 3. Abschnitt. Verfahren

§ 177, Zustellungsbevollmächtigter für den ProzBev: Die Vorschrift ist anwendbar. Doch erfolgt die Bewilligung von Amts wegen. § 210 a gibt eine Ergänzung.
§§ 178–189, Umfang der Instanz, Ort der Zustellung, Ersatzzustellung, Annahmeverweigerung, Zeitpunkt der Zustellung, Heilung, eine Zustellung für mehrere: Die Vorschriften sind anwendbar, aM AG Lemgo Rpfleger **88**, 490 (zu § 188; abl Schauf). Im Fall des § 188 erfolgt die Erlaubnis von Amts wegen.
§§ 190, 191, Zustellungsurkunde: Die Vorschrift ist unanwendbar.
§ 192, Zustellungsurkunde: Die Vorschrift ist durch § 213 ersetzt.
§§ 193–195, Zustellung durch die Post: Die Vorschriften sind nur insofern anwendbar, als §§ 211, 212 keine abweichenden Sonderregeln treffen, aM AG Lemgo Rpfleger **88**, 490 (abl Schauf).
§ 195 a, Niederlegung wegen Unzustellbarkeit: Die Vorschrift ist anwendbar.
§§ 196, 197, Zustellung durch die Post, Mehrkosten, Gerichtsvollzieher: Die Vorschriften sind unanwendbar, Schauf Rpfleger **88**, 490.
§ 198, Zustellung von Anwalt zu Anwalt: Die Vorschrift ist durch den § 212 a verdrängt.
§§ 199–206, Zustellung im Ausland usw und öffentliche Zustellung: Die Vorschriften sind anwendbar. Das Gericht muß aber zB von Amts wegen ermitteln, ob der Aufenthalt unbekannt ist, Köln FamRZ **97**, 430, LG Zweibr MDR **78**, 851. Die Entscheidung erfordert keinen Antrag, BGH VersR **87**, 986, Köln Rpfleger **88**, 502.
§ 207: I, Rückwirkung bei einer Auslandszustellung usw, ist auf einen Schriftsatz und auf einen gerichtlichen Beschluß anwendbar. II, Rückwirkung bei Notfristen, ist unanwendbar.

**4** 4) *VwGO:* Zugestellt wird vAw nach den Vorschriften des VwZG, § 56 II VwGO.

**209** *Bewirkung.* Für die Bewirkung der Zustellung hat die Geschäftsstelle Sorge zu tragen.

**1** 1) **Systematik, Regelungszweck.** Die Vorschrift regelt jede Art von Amtszustellung, auch diejenige aus Gründen der Klarheit der Zuständigkeitsverteilung bei einer Ladung, § 214, soweit dazu überhaupt eine förmliche Zustellung erforderlich ist (zB nicht bei mündlicher Ladung eines Zeugen oder Sachverständigen oder bei § 497 I) oder angeordnet wird.

**2** 2) **Geltungsbereich.** Vgl § 208 Rn 3.

**3** 3) **Zuständigkeit des Urkundsbeamten.** Der Urkundsbeamte der Geschäftsstelle, Üb 3 vor § 153 GVG, desjenigen Gerichts, bei dem der Prozeß schon und noch anhängig ist, § 261 Rn 1, muß für jede von Amts wegen zu bewirkende Zustellung sorgen, § 211, BGH RR **89**, 58. Er muß sie also auch ohne eine Anweisung des Richters oder des Rpfl auf Grund einer eigenen Prüfung veranlassen, sobald sie geboten ist, vgl Üb 5 vor § 166. Diese Vorschrift ist vielen unbekannt. Das führt zu überflüssigen Anweisungen.

**4** 4) **Vorrang des Richters.** Andererseits ist eine ausdrückliche richterliche Bestimmung der förmlichen Zustellung zulässig, in den Fällen §§ 177, 188, 199 und 204 notwendig und im übrigen bei so mancher richterlicher Verfügung ratsam, insbesondere dann, wenn das Gericht bestimmt, welche Beweispersonen usw zu laden sind. Denn der zusätzliche Hinweis auf die Notwendigkeit einer förmlichen Zustellung vermindert Terminsaufhebungen usw infolge fehlerhafter Rechtskenntnisse des Urkundsbeamten der Geschäftsstelle. Eine Anweisung zur förmlichen Zustellung durch den Richter ist wirksam und für den Urkundsbeamten der Geschäftsstelle auch dann verbindlich, wenn er eine förmliche Zustellung nicht für notwendig hält. Freilich darf und soll er schon zur Vermeidung einer etwa notwendigen Niederschlagung von Gerichtskosten nach § 8 GKG im Zweifel beim Richter eine Rückfrage halten, ob es bei der Anweisung zur förmlichen Zustellung bleiben soll.

**5** 5) **Zustellungsweg.** Den Zustellungsweg bestimmt der Urkundsbeamte der Geschäftsstelle beim Fehlen einer richterlichen Anweisung nach seinem pflichtgemäßen Ermessen selbst, § 212 a Rn 6, BVerwG NJW **75**, 1796. Er entscheidet auch darüber, wie oft eine Zustellung versucht werden soll und ob notfalls eine öffentliche Zustellung stattfinden soll. Der Urkundsbeamte stellt selbst nur an den Anwalt nach § 212 a oder an eine beliebige Person an der Amtsstelle nach § 212 b zu. Er muß sich im übrigen zunächst der Kanzlei seines Gerichts für das Schreibwerk usw bis zum Hinausgehen der zuzustellenden Sendung und sodann mangels abweichender Richteranweisung nach seiner Wahl der Post oder des Gerichtswachtmeisters bzw des Beamten der Justizvollzugsanstalt bedienen, § 211. Er kann bei einer Zustellung an den Anwalt das Schriftstück einem Gerichtswachtmeister übergeben, der es dem Anwalt gegen ein Empfangsbekenntnis aushändigt, BGH **LM** § 212 a Nr 2. Dieser Weg ist zB bei besonderem Eilbedürfnis geboten, Schlesw NJW **88**, 569. Er kann sich auch der etwaigen Anwaltsfächer im Gericht bedienen.

**6** 6) **Formlose Mitteilung.** Bei einer *formlosen Mitteilung*, Rn 1, benutzt der Urkundsbeamte ebenfalls die Post oder bedient sich des Gerichtswachtmeisters, etwa in den Fällen der §§ 270 II, 377 I. Er muß die vermittelnden Zustellungsstellen überwachen, auch der Partei gegenüber. Urschrift und Zustellungsurkunde kommen, anders als bei der Parteizustellung, zu den Gerichtsakten.

**7** 7) **Nichtbeteiligung des Gerichtsvollziehers.** Der Gerichtsvollzieher nimmt am Verfahren der Amtszustellung grundsätzlich überhaupt nicht teil, § 213 Rn 3, Düss RR **94**, 5, Ffm OLGZ **79**, 41, AG Köln DGVZ **79**, 11, aM BGH NJW **89**, 1432. Seine Teilnahme kommt nur ausnahmsweise in Betracht, soweit ihm die Justizverwaltung Aufgaben eines Gerichtswachtmeisters zuweist, etwa dann, wenn die Partei hartnäckig behauptet, die Zustellungsurkunden der Post seien fehlerhaft.

**8** 8) *VwGO:* Die Vorschrift gilt entsprechend, § 173 VwGO, für die Zustellungen nach § 56 II VwGO, Ule VPrR § 11 IV 3, Ey § 56 Rn 1.

2. Titel. Verfahren bei Zustellungen **§§ 210, 210a**

**210** *Beglaubigung. Die bei der Zustellung zu übergebende Abschrift wird durch den Urkundsbeamten der Geschäftsstelle beglaubigt.*

**1) Systematik, Regelungszweck.** Vgl zunächst § 208 Rn 1, 2. Die Beglaubigung dient der Rechtssicherheit, Einl III 43: Es soll sichergestellt sein, daß die Abschrift mit der Urschrift übereinstimmt.  1

**2) Geltungsbereich.** Vgl § 208 Rn 3.  2

**3) Beglaubigung.** Über eine Ausfertigung und eine beglaubigte Abschrift bei der Zustellung s § 170 Rn 1, 3–13. Der Urkundsbeamte der Geschäftsstelle nimmt die Beglaubigung der Abschrift vor, sofern das nicht bereits durch den einreichenden Anwalt geschehen ist. Deshalb wirken sich Mängel der beglaubigten Abschrift oder gar deren Fehlen auf die Wirksamkeit der Zustellung aus, BGH Rpfleger **78**, 12, Brdb FamRZ **98**, 1439. Soweit der Staatsanwalt am Verfahren mitwirkt, kann auch er die Beglaubigung vornehmen. Der Urkundsbeamte unterschreibt mit dem Namen, wie bei § 129 Rn 9, und dem Zusatz „als Urkundsbeamter der Geschäftsstelle".  3

**4) VwGO:** *Die Vorschrift gilt entsprechend, § 173 VwGO, für Zustellungen nach § 56 II VwGO.*  4

**210a** *Zustellung einer Rechtsmittelschrift.* ¹ ¹Ein Schriftsatz, durch den ein Rechtsmittel eingelegt wird, ist dem Prozeßbevollmächtigten des Rechtszuges, dessen Entscheidung angefochten wird, in Ermangelung eines solchen dem Prozeßbevollmächtigten des ersten Rechtszuges zuzustellen. ²Ist von der Partei bereits ein Prozeßbevollmächtigter für den höheren, zur Verhandlung und Entscheidung über das Rechtsmittel zuständigen Rechtszug bestellt, so kann die Zustellung an diesen Prozeßbevollmächtigten erfolgen.

II Ist ein Prozeßbevollmächtigter, dem nach Absatz 1 zugestellt werden kann, nicht vorhanden oder ist sein Aufenthalt unbekannt, so erfolgt die Zustellung an den von der Partei, wenngleich nur für den ersten Rechtszug bestellten Zustellungsbevollmächtigten, in Ermangelung eines solchen an die Partei selbst, und zwar an diese durch Aufgabe zur Post, wenn sie einen Zustellungsbevollmächtigten zu bestellen hatte, die Bestellung aber unterlassen hat.

**1) Systematik, Regelungszweck, I, II.** Die Vorschrift regelt für die Zustellung einer Rechtsmittelschrift, §§ 519 a, 553 a II, die Reihenfolge der Zustellungsadressaten, Üb 8 vor § 166, als Ergänzung zu § 177 bindend. Die Vorschrift dient einer möglichst frühzeitigen Information des Prozeßgegners und damit der Prozeßförderung, Grdz 12 vor § 128. Sie hat praktisch nur eine geringe Tragweite, weil das Rechtsmittel im allgemeinen durch seine Einreichung beim Gericht eingelegt wird, §§ 518, 553, 569. Vgl Rn 6. Wegen des Übergangs vom Mahnverfahren in das streitige Verfahren § 176 Rn 8.  1

**2) Geltungsbereich, I, II.** Vgl § 208 Rn 3.  2

**3) Reihenfolge, I, II.** Der Schriftsatz ist folgenden Personen in der folgenden Reihenfolge zuzustellen.  3

**A. Prozeßbevollmächtigter der unteren Instanz.** Die Zustellung ist zunächst an den ProzBev der unteren Instanz vorzunehmen, § 176. Insofern gilt wiederum folgende Reihenfolge: Zunächst ist die Zustellung an den ProzBev derjenigen Instanz zu versuchen, die die angefochtene Entscheidung erlassen hat. Soweit insofern ein ProzBev fehlt, ist die Zustellung an den ProzBev der ersten Instanz, § 176 Rn 16, 17, zu versuchen, vgl BPatG GRUR **88**, 813. Im Fall einer Verweisung nach § 281 ist der beim AG bestellte Anwalt für die erste Instanz bestellt worden, selbst wenn er nicht beim LG zugelassen ist, solange die Partei nicht einen anderen Anwalt bestellt hat, § 176 Rn 8, Ffm AnwBl **80**, 292. Wenn die Partei in der zweiten Instanz nicht vertreten war oder wenn ihr Vertreter weggefallen ist, dann ist eine Zustellung der Revisionsschrift an den ProzBev der ersten Instanz statthaft.

**B. Prozeßbevollmächtigter der höheren Instanz.** Wahlweise mit Rn 3 kann die Zustellung auch an denjenigen ProzBev erfolgen, den die Partei etwa für die höhere Instanz bestellt hat, § 176 Rn 16, 17. Wenn es um mehrere Rechtsmittel in derselben Sache geht, muß man hier wiederum wie folgt unterscheiden: Wenn sich die Rechtsmittel auf verschiedene Urteile beziehen, ist immer eine neue Prozeßvollmacht erforderlich bzw die Bestellung jeweils neu zu prüfen. Wenn sich die Rechtsmittel auf dasselbe Urteil beziehen, genügt die frühere Vollmacht. Ist die Sache zurückverwiesen, so ist der frühere Anwalt der Zustellungsadressat, Üb 8 vor § 166. Etwas anderes gilt dann, wenn die Sache wieder in die Revisionsinstanz kommt. Soweit der Staatsanwalt mitwirkt, ist in der Berufungsinstanz nur der Generalstaatsanwalt beim OLG bzw der Generalbundesanwalt beim BGH als Zustellungsadressat anzusehen, nicht auch der Leiter der Staatsanwaltschaft beim Vordergericht.  4

**C. Fehlen eines Prozeßbevollmächtigten.** Wenn ein ProzBev, dem nach Rn 3 oder Rn 4 zuzustellen wäre, fehlt oder sein Aufenthalt unbekannt ist, dann ist die Rechtsmittelschrift dem Zustellungsbevollmächtigten der Partei, § 174, zuzustellen, selbst wenn sie ihn nur für die erste Instanz bestellt hatte. Das gilt namentlich dann, wenn der ProzBev weggefallen ist. Bei einem Wegfall der Urteilszustellung tritt eine Unterbrechung nach § 244 ein.  5

**D. Fehlen eines Zustellungsbevollmächtigten.** Wenn auch der unter Rn 5 genannte Bevollmächtigte fehlt, ist der Rechtsmittelschriftsatz der Partei selbst zuzustellen, BGH LM § 240 Nr 6. Vgl zu alledem und wegen der Zustellung der Rechtsmittelbegründungsschrift § 176 Rn 1–19. Der Zustellungsbevollmächtigte des Anwalts, § 174, steht dem Anwalt gleich.  6

**4) Verstoß, I, II.** Ein Verstoß macht die Zustellung unwirksam. Er kann aber nach den §§ 187 und 295 geheilt werden, BGH **65**, 116. Denn es ist keine Notfrist zu wahren, Üb 13 vor § 166 und § 187.  7

**8**  5) *VwGO: Die Vorschrift gilt entsprechend, § 173 VwGO, für Zustellungen nach § 56 II VwGO, wenn Bevollmächtigte bestellt sind, vgl § 67 III 3 VwGO.*

**211** *Ausführung der Zustellung.* ¹¹Die Geschäftsstelle hat das zu übergebende Schriftstück einem Gerichtswachtmeister oder der Post zur Zustellung auszuhändigen; ein Beamter der Justizvollzugsanstalt steht bei der Zustellung an einen Gefangenen dem Gerichtswachtmeister gleich. ²Die Sendung muß verschlossen sein; sie muß mit der Anschrift der Person, an die zugestellt werden soll, sowie mit der Bezeichnung der absendenden Stelle und einer Geschäftsnummer versehen sein. ³Sie muß den Vermerk „Vereinfachte Zustellung" tragen.
II Die Vorschrift des § 194 Abs. 2 ist nicht anzuwenden.

**1**  **1) Systematik, Regelungszweck, I, II.** Während §§ 208–210a die Zuständigkeit und die Form des zu übermittelnden Schriftstücks regeln, gibt § 211 in Ergänzung zu § 210 nähere Anweisungen zur Durchführung einer Zustellung von Amts wegen im Stadium der Absendung, und § 212 regelt das Stadium des Zugangs, ergänzt durch § 212b. Das alles dient einer möglichst zuverlässigen Übermittlung und damit der Rechtssicherheit, Einl III 43, und ist entsprechend sorgfältig vorzunehmen. Die Auslegung sollte trotzdem nicht zu formalistisch streng sein, Einl III 10.

**2**  **2) Geltungsbereich, I, II.** Vgl § 208 Rn 3.

**3**  **3) Zustellungspersonen, I, II.** Bei der Zustellung von Amts wegen bedient sich der Urkundsbeamte der Geschäftsstelle beim Fehlen einer richterlichen Anweisung, § 209 Rn 5, nach seinem pflichtgemäßen Ermessen entweder der Post oder des Gerichtswachtmeisters, BayObLG **91**, 244, des letzteren zB bei einem besonderen Eilbedürfnis, Schlesw NJW **88**, 569, § 209 Rn 7, nicht aber eines sonstigen Justizbediensteten, auch nicht mittels ministerieller Erlaubnis, LG Verden DGVZ **98**, 126.

**4**  **4) Ausführung der Zustellung, I.** Das Schriftstück wird dem Gerichtswachtmeister, im Fall der Zustellung an einen Gefangenen auch einem Beamten dieser Justizvollzugsanstalt (nicht einer anderen), in einem Briefumschlag übergeben. Der Umschlag muß folgende Merkmale aufweisen:
 **A. Verschlossen.** Der Umschlag muß verschlossen sein. Ein Faltbrief ist zulässig. Ein Fensterumschlag ist nur dann zulässig, wenn er die notwendigen Angaben von außen erkennen läßt.
 **B. Adressat.** Der Umschlag muß die Anschrift des Zustellungsadressaten tragen.
 **C. Absender.** Der Umschlag muß die absendende Stelle bezeichnen.
 **D. Geschäftsnummer.** Der Umschlag muß mit einer Geschäftsnummer versehen sein.
 **E. Zustellvermerk.** Der Umschlag muß den Vermerk „Vereinfachte Zustellung" aufweisen.

**5**  **5) Verstoß, I.** Die Erfordernisse nach Rn 3 sind wesentlich. Das gilt für Rn 4 A–D deshalb, weil man sonst keine Gewähr für die Nämlichkeit der Sendung und ihren unveränderten Inhalt hat, für Rn 4 E deshalb, weil der Vermerk über die vereinfachte Zustellung allein die Tatsache der Zustellung ersichtlich macht. Ein Verstoß macht die Zustellung grundsätzlich unwirksam, BGH LM § 176 Nr 3 (unverschlossener Brief), BGH LM Nr 1 (falsches Aktenzeichen), Karlsr NJW **74**, 1388 (fehlender Vermerk „Vereinfachte Zustellung"), LG Verden DGVZ **98**, 126. Dieser Mangel ist aber bei einer Zustellung nach § 212a unschädlich, BGH VersR **78**, 564, aM StJSchu 1. Der Mangel kann nach § 187 heilbar sein, Üb 13 vor § 166. Ein Gerichtssiegels kann fehlen.

**6**  **6) Entbehrlichkeit einer Beurkundung, II.** Eine Beurkundung der Aushändigung an Post oder an den Gerichtswachtmeister oder Justizvollzugsbeamten ist, anders als bei § 194 II, entbehrlich. Die Aushändigung kann durch den Einwurf in den Briefkasten oder durch die Niederlegung im Fach des Gerichtswachtmeisters oder evtl des Justizvollzugsbeamten erfolgen. Dabei muß der Gerichtswachtmeister aber wegen § 208 auch §§ 181–184 beachten und kann daher zB bei einer juristischen Person nicht nach § 182 verfahren, BayObLG **91**, 244. Zur Stellung des Wachtmeisters vgl § 155 GVG III. Auslagen: KV 9002.

**7**  **7) VwGO: Gemäß § 56 II VwGO gilt das VwZG.**

**212** *Beurkundung der Zustellung.* ¹Die Beurkundung der Zustellung durch den Gerichtswachtmeister oder den Postbediensteten erfolgt nach den Vorschriften des § 195 Abs. 2 mit der Maßgabe, daß eine Abschrift der Zustellungsurkunde nicht zu übergeben, der Tag der Zustellung jedoch auf der Sendung zu vermerken ist.
II Die Zustellungsurkunde ist der Geschäftsstelle zu überliefern.

**1**  **1) Systematik, Regelungszweck, I, II.** Vgl § 211 Rn 1.

**2**  **2) Geltungsbereich, I, II.** Vgl § 208 Rn 3.

**3**  **3) Beurkundung der Zustellung, I.** Der Gerichtswachtmeister oder der Postbedienstete beurkunden die Zustellung, also die Übergabe des Schriftstücks an den Zustellungsempfänger, Üb 9 vor § 166, nach § 195 II. Über die Bedeutung der Zustellungsurkunde § 190 Rn 1. Der Gerichtswachtmeister, der Gefängnisbeamte nur bei ausdrücklicher Ermächtigung zum Gerichtswachtmeister, oder der Postbedienstete vermerken außerdem auf dem Umschlag der Sendung oder auf dem Faltbrief den Zustellungstag, Köln RR **94**, 445, sowie dann, wenn es auf die Zustellungsstunde ankommt, auch diese, § 191 Rn 4. Eine Angabe derjenigen Person, für die zugestellt worden ist, braucht weder in der Beurkundung noch auf der Sendung zu stehen.

Denn der Zustellungsadressat erfährt die Person aus dem Schriftstück. Der Anwalt muß den Umschlag bei seinen Handakten aufbewahren.

**4) Verbleib der Zustellungsurkunde, II.** Die Zustellungsurkunde geht an die Geschäftsstelle. Die **4** Parteien dürfen die Zustellungsurkunde in den Gerichtsakten einsehen und sich eine Abschrift erteilen lassen, § 299 I. Auslagen: KV 9002.

**5) Verstoß, I, II.** Der Vermerk des Zustellungstages ist schon wegen der Möglichkeit einer Akteneinsicht, **5** § 299 I, unwesentlich, Hbg MDR **83**, 411 (auch wegen der Notfrist nach § 21 II 1 RPflG). Wegen eines unrichtigen Datums § 191 Rn 1, 4. BGH MDR **61**, 583 verneint aber die Wirksamkeit der Zustellung, wenn die Unterschrift unter der Zustellungsurkunde fehlt; Köln RR **94**, 445 mwN hält zwar die Zustellung für wirksam, läßt aber eine Notfrist dann erst entsprechend § 516 mit dem Ablauf von 5 Monaten seit dem Erlaß der Entscheidung beginnen; vgl dazu § 190 Rn 1.

**6) VwGO:** Gemäß § 56 II VwGO gilt das VwZG. **6**

**212a** *Zustellung an den Anwalt usw.* **Bei der Zustellung an einen Anwalt, Notar oder Gerichtsvollzieher oder eine Behörde oder Körperschaft des öffentlichen Rechts genügt zum Nachweis der Zustellung das mit Datum und Unterschrift versehene schriftliche Empfangsbekenntnis des Anwalts oder eines gemäß der Rechtsanwaltsordnung bestellten Zustellungsbevollmächtigten, des Notars oder Gerichtsvollziehers oder der Behörde oder Körperschaft.**

**Gliederung**

| | | | |
|---|---|---|---|
| 1) Systematik, Regelungszweck | 1 | 8) Empfangsbekenntnis | 8–14 |
| 2) Geltungsbereich | 2 | A. Grundsatz: Vollzugsbedingung | 8, 9 |
| 3) Zustellungsadressat | 3 | B. Unterschrift | 10, 11 |
| 4) Vertreter | 4 | C. Gewahrsam | 12 |
| 5) Keine Zustellungsbescheinigung | 5 | D. Zeitpunkt | 13 |
| 6) Ermessen des Urkundsbeamten | 6 | E. Beweiskraft | 14 |
| 7) Annahmebereitschaft | 7 | 9) Verstoß | 15, 16 |
| | | 10) VwGO | 17 |

**1) Systematik, Regelungszweck.** Die Vorschrift macht die Vorteile einer Zustellung von Anwalt zu **1** Anwalt nach § 198 für die Amtszustellung nutzbar, so auch BGH NJW **90**, 2125. Es gilt zunächst für die Amtszustellung das bei § 198 Ausgeführte entsprechend. Vgl ferner § 14 BerufsO.

**2) Geltungsbereich.** Vgl § 208 Rn 3. Doch muß man die folgenden Abweichungen beachten. **2**

**3) Zustellungsadressat.** § 212a ist nicht nur dann anwendbar, wenn ein Anwalt der Zustellungsadressat **3** als Partei, Grdz 3 vor § 50, oder ProzBev, § 81, auch dessen anwaltlicher, zur Abgabe des Empfangsbekenntnisses Bevollmächtigter ist, sondern auch dann, wenn als Zustellungsadressat folgende Personen in Betracht kommen: Ein Notar; ein Gerichtsvollzieher; ein Hochschullehrer, BGH Rpfleger **97**, 185 (StPO); eine Behörde, zB das Jugendamt, selbst wenn es seine Aufgaben an einen Mitarbeiter übertragen hat, KG FamRZ **76**, 371; eine öffentlichrechtliche Körperschaft; ein Erlaubnisträger nach § 209 BRAO, § 25 EGZPO.

*Unanwendbar* ist die Vorschrift auf folgende Personen als Zustellungsadressaten: Einen Stationsreferendar, BAG NJW **76**, 991 (wegen eines Gewerkschaftsvertreters, § 50 II ArbGG, vgl aber BAG NJW **75**, 1799); einen nicht nach § 209 BRAO zu behandelnden Rechtsbeistand oder einen Prozeßagenten, auch nicht als Sozius eines Anwalts, es sei denn, dieser unterschreibt selbst, LG Kref Rpfleger **87**, 167; einen Justizwachtmeister, NJW **82**, 1650. Vgl aber den weitergehenden § 212 b.

**4) Vertreter.** Es genügt, daß die Partei, der gegenüber die Zustellung erfolgen muß, durch einen Anwalt **4** oder (nur) unter den Voraussetzungen des § 30 BRAO, BGH NJW **82**, 1650, durch einen Zustellungsbevollmächtigten vertreten wird, der nicht selbst Anwalt zu sein braucht, BGH VersR **82**, 676.

**5) Keine Zustellungsbescheinigung.** Eine Zustellungsbescheinigung nach § 198 II 2 ist nicht erforder- **5** lich. Denn der Zustellungsempfänger erhält bei einer Amtszustellung keine Zustellungsurkunde.

**6) Ermessen des Urkundsbeamten.** Eine Zustellung nach § 212a erfolgt auf Grund eines pflicht- **6** gemäßen Ermessens des Urkundsbeamten der Geschäftsstelle, BGH NJW **90**, 2125. Er muß natürlich klären, ob ihre Voraussetzungen vorliegen, ob zB der Adressat schon und noch Anwalt ist, BGH **111**, 106. Freilich kann der Urkundsbeamte das meist nicht im einzelnen überprüfen. Die Zustellung nach § 212a ist zwar grundsätzlich schon aus Kostengründen ratsam, LAG Bre Rpfleger **88**, 165. Das gilt aber, wenn es darum geht, ein wichtiges Schriftstück schnell und sicher zuzustellen. In einem solchen Fall sollte die Zustellung nur Zug um Zug gegen ein Empfangsbekenntnis erfolgen. Der Urkundsbeamte der Geschäftsstelle kann das Schriftstück beliebig übersenden. Voraussetzung einer wirksamen Zustellung ist aber, daß der Urkundsbeamte das Schriftstück dem Empfänger auch zuleiten wollte. In diesem Zusammenhang ist es unerheblich, ob der Kläger ein Schriftstück erhält, das für den Bekl bestimmt war, oder der Bekl dasjenige ausgehändigt bekommt, das für den Kläger bestimmt war, BGH VersR **87**, 258 (es kann dann aber eine Wiedereinsetzung in den vorigen Stand zulässig sein). Eine Einschränkung der Zustellung auf Teile des Schriftstücks ist wirkungslos.

**7) Annahmebereitschaft.** Es gelten dieselben Regeln wie bei der Zustellung von Anwalt zu Anwalt, **7** § 198 Rn 5, BGH RR **93**, 1213, Düss AnwBl **89**, 291, LAG Köln MDR **87**, 699. Der bloße Eingang einer Urteilsausfertigung reicht als solcher also nicht, solange nicht die Empfangsbereitschaft des Anwalts hinzutritt, BGH FamRZ **99**, 579, BAG NJW **95**, 1916, Düss AnwBl **89**, 291. Bloße Unterlassung der Rück-

## § 212a                                   1. Buch. 3. Abschnitt. Verfahren

sendung des Empfangsbekenntnisses bedeutet nicht stets eine Annahmebereitschaft, KG FamRZ **88**, 323. Die bloße Eingangsbestätigung ist insbesondere bei Notfristen nicht stets als Annahme zwecks Zustellung auslegbar, BGH RR **89**, 58 (sehr streng). Die Unterschrift, Rn 8–11, begründet eine Vermutung der Empfangsbereitschaft, BGH RR **93**, 1213. Ein Anwaltsbrief kann ausreichen, BGH NJW **94**, 2297.

**8**   **8) Empfangsbekenntnis.** Es enthält viele praktische Probleme.

   **A. Grundsatz: Vollzugsbedingung.** Der Zustellungsadressat, Üb 8 vor § 166, übersendet das datierte und unterschriebene Empfangsbekenntnis üblicherweise als Zustellungskarte. Das geschieht auf Adressatenkosten, aM Hamm JB **97**, 601 (aber der Anwalt kann ins Gerichtsfach legen, wie auch sonst). Er kann aber auch eine andere Form wählen, BGH RR **89**, 58, zB ein Telefax oder die Briefform, BGH NJW **94**, 2297 (Rückwirkung), BayObLG FGPrax **97**, 74, oder eine Rechtsmittelschrift oder einen Antrag auf die Wiedereinsetzung mit der Erklärung, wann die Zustellung erfolgt sei, BGH VersR **95**, 114. Die unverzügliche, ordnungsgemäße Erteilung dieses Bekenntnisses ist grundsätzlich Bedingung des Vollzugs der Zustellung, BGH RR **93**, 1213, Düss MDR **88**, 326, KG FamRZ **88**, 323, am BFH **159**, 427. Andererseits ist der Wiedereingangszeitpunkt beim Gericht nicht wesentlich, sofern das Empfangsbekenntnis überhaupt unterschrieben ist, BGH NJW **90**, 2125. Die Zustellung erfolgt also noch nicht mit dem Eingang der Urteilsausfertigung, sondern erst mit der Unterschrift, BGH FamRZ **99**, 579, BAG DB **95**, 1920, Düss MDR **88**, 326. Die Erteilung des Empfangsbekenntnisses ist eine verantwortungsvolle Beurkundungstätigkeit des Anwalts, BGH NJW **89**, 838.

**9**   Sie ist keine prozessuale Pflicht, wohl aber in der Regel bei einem Anwalt eine *Standespflicht*, BGH RR **89**, 58, KG MDR **84**, 593, LG Würzb JB **77**, 563. Ihre Verletzung kann den Anwalt auch schadensersatzpflichtig machen, KG MDR **84**, 593. Der Anwalt braucht nicht zu bescheinigen, daß er das Schriftstück „zugestellt" erhalten habe, BGH VersR **85**, 551. Das Empfangsbekenntnis ist als gleichzeitige Rechtsmittel-„Schrift" ungeeignet, Hbg NJW **86**, 3090, aM Schneider MDR **87**, 374.

**10**  **B. Unterschrift.** Eine Unterschrift muß vom Anwalt selbst, BGH NJW **94**, 2295 (keine Heilung durch den Anwalt der nächsten Instanz) und eigenhändig erfolgen, BGH RR **92**, 1150 je mwN (ein Faksimile-Stempel reicht also nicht, BAG DB **94**, 2638. Es gelten dieselben Maßstäbe wie bei einem bestimmenden Schriftsatz, § 129 Rn 9 ff, BGH VersR **97**, 989. Ein sonstiger Kanzleistempel reicht nicht, BGH FamRZ **99**, 579. Eine Unterschrift nur mit dem Anfangsbuchstaben des Namens oder durch eine sonstige Paraphe reicht nicht aus, BGH NJW **95**, 533. Es ist vielmehr auch hier ein *individueller* Charakter des Schriftbilds notwendig, vgl § 129 Rn 9, 13 ff, der einem Dritten, der den Namen des Unterzeichners nicht kennt, die Identifizierung des Namens ermöglicht, BGH VersR **97**, 989, zumindest eine Nachahmung erschwert, BGH VersR **83**, 402 und VersR **85**, 571.

**11**  Dann ist eine Vereinfachung des Schriftzugs ausreichend, BGH VersR **85**, 571, sogar eine gewisse Flüchtigkeit, BGH VersR **85**, 503, und eine *weitere Lesbarkeit nicht erforderlich*, § 170 Rn 10, BGH (1. ZS) VersR **85**, 571, aM BGH (5. ZS) VersR **83**, 274 (dieser Senat hält es für ausreichend, daß der Dritte den Namen des Unterzeichners dann entziffern kann, wenn er ihn schon kennt). Über den Zeitpunkt der Zustellung § 198 Rn 15, 19.

**12**  **C. Gewahrsam.** Der Empfänger muß einen Gewahrsam erhalten, BAG NJW **95**, 1917; zumindest vor der Unterzeichnung einen solchen gehabt haben, BGH FamRZ **92**, 168; die Kenntnis vom Inhalt ist aber entbehrlich, BGH FamRZ **92**, 168. Der Anwalt usw hat auch dann einen Gewahrsam, wenn die Geschäftsstelle das zuzustellende Schriftstück in das für den Anwalt zur Abholung bestimmte Fach gelegt hat. Dieser Weg setzt aber voraus, daß der Anwalt an dem Fach ähnlich einem Postschließfach die alleinige tatsächliche Gewalt besitzt, BAG MDR **83**, 962, Brause AnwBl **78**, 166. Eine solche alleinige tatsächliche Gewalt fehlt jedenfalls in der Regel dann, wenn sich Anwälte verschiedener Sozietäten ein gemeinsames Fach nehmen. Bei einer bloßen Bürogemeinschaft, die in der Regel denselben Mitarbeiter zur Entleerung des Fachs entsendet, mag jeder der Bürogenossen den Alleingewahrsam haben. In Ausnahmefällen mag ein Alleingewahrsam auch dann vorliegen, wenn zB mehrere Anwälte seit langem dasselbe Fach benutzen, ohne daß sich jemals die geringsten Probleme ergeben haben.

**13**  **D. Zeitpunkt.** Es ist, von den Fällen fristabhängiger Zustellungswirkungen abgesehen, BGH NJW **94**, 526, zwar gemäß § 14 BerufsO (Wirksamkeit bezweifelt, AnwG Düss NJW **98**, 2286) die Standespflicht, das Empfangsbekenntnis unverzüglich zu erteilen oder zu verweigern, jedoch im übrigen prozessual unerheblich, wann das geschieht, BGH FamRZ **92**, 168. Im Zweifel reicht insofern ein Eingangsstempel des Anwalts, Kblz Rpfleger **96**, 207. Hat er es im zeitlichen Zusammenhang mit dem Empfang erteilt, so ist unerheblich, ob er das Schriftstück noch besaß und gelesen hat, als er das Empfangsbekenntnis unterschrieb, BGH FamRZ **92**, 168. Vgl aber auch Rn 15.

**14**  **E. Beweiskraft.** Das Empfangsbekenntnis erbringt vollen Beweis nach § 418, dort Rn 4 „Empfangsbekenntnis" mwN, BGH NJW **96**, 2514. Wegen äußerlicher Mängel § 419 und BGH RR **87**, 1151. Man kann und muß evtl mit jedem Beweismittel den erforderlichen vollen Gegenbeweis erbringen, daß der Empfang gar nicht, BGH VersR **80**, 555, oder zB zu einer anderen Zeit als der bescheinigten erfolgte, § 418 Rn 7 ff, BGH NJW **97**, 3319, BAG DB **74**, 1776, LAG Köln MDR **87**, 699, aM Ffm NJW **73**, 1888 (wegen der „Beweislast" BGH VersR **78**, 626). An solchen Gegenbeweis sind nach BGH NJW **96**, 2514, Köln VersR **97**, 469 strenge Anforderungen (milder BGH NJW **97**, 3319) zu stellen; das ist problematisch, § 418 Rn 7, 10, 11. Wenn die Zustellung an eine Behörde usw gerichtet war, braucht die Unterschrift unter dem Empfangsbekenntnis nicht von einem Vertretungsberechtigten, muß aber von einem zu solcher Unterschrift dienstrechtlich Befugten herrühren.

**15**  **9) Verstoß.** Eine wirksame Zustellung fehlt, wenn der ProzBev das Mandat niedergelegt hat und dem Gericht mitteilt, daß er die Zustellung nicht mehr entgegennehmen wolle, oder wenn ein Zustelldatum fehlt, BGH NJW **94**, 526 (Zivilsache) und AnwBl **90**, 628 (Strafsache), oder wenn der Stempelabdruck des Eingangsstempels auf dem Empfangsbekenntnis unleserlich ist, BGH DB **86**, 1920, oder wenn man dem ProzBev nachträglich ein Empfangsbekenntnis übersendet und er es auch unterschreibt, obwohl keine

## 2. Titel. Verfahren bei Zustellungen §§ 212a–213

wirksame Zustellung im übrigen stattgefunden hat (formlose Übersendung des zuzustellenden Schriftstücks), BGH FamRZ 72, 91, oder wenn der Zustellungsadressat nicht ordnungsgemäß unterschrieben hat, BGH VersR 97, 989.

Es ist aber *unschädlich*, wenn das Urteil unrichtig bezeichnet worden ist, BGH RR 93, 1213, Brdb MDR 97, 1064, oder wenn der Anwalt die Datierung nachholt, BGH VersR 86, 372, auch zB in der Rechtsmittelschrift, BGH NJW 87, 2680, KG FamRZ 88, 313, oder korrigiert, BGH AnwBl 90, 628 (Strafsache), oder wenn er im Betreff nur einen seiner Auftraggeber nennt, sofern die Nämlichkeit der zugestellten Entscheidung feststeht, BGH VersR 87, 989. Liegt ein Empfangsbekenntnis über ein nach dem Datum gekennzeichnetes Urteil vor, so ist davon auszugehen, daß eine Ausfertigung oder beglaubigte Abschrift zugestellt worden ist, BGH VersR 74, 1001.

Eine *Heilung* des etwaigen Mangels kann nach § 187 S 1 erfolgen, Düss Rpfleger 89, 36. Das gilt freilich **16** nicht bei einer Zustellung, die eine Notfrist in Gang setzen soll, § 187 S 2, Rn 13, BGH NJW 95, 533, es sei denn, daß Rechtsmißbrauch vorläge, Einl III 54, Hamm NJW 89, 3289; es gibt ferner keine Heilung zB dann, wenn eine evtl wenigstens rückwirkende Empfangsbereitschaft fehlt, BGH NJW 89, 1154, oder wenn der erstinstanzliche Anwalt nicht ordnungsgemäß unterschrieben hatte und nun ein zweitinstanzlicher oder ein Verkehrsanwalt den Schriftsatz lediglich in anderen Schriftsätzen mit einem angeblichen Zustelldatum erwähnen, BGH NJW 94, 2295. Maßgebend für einen Fristablauf ist das korrigierte Datum, wenn das Gericht von seiner Richtigkeit überzeugt ist, BGH AnwBl 90, 628 (StPO).

**10)** *VwGO: Gemäß* § 56 II VwGO gilt § 5 II VwZG, dazu OVG Hbg NJW 99, 965 mwN. Gegenbeweis **17** gegen das Empfangsbekenntnis, § 5 II 2. Halbsatz, ist zulässig, BVerwG NJW 94, 535 mwN, s oben Rn 14.

**212b** *Aushändigung an der Amtsstelle.* ¹Eine Zustellung kann auch dadurch vollzogen werden, daß das zu übergebende Schriftstück an der Amtsstelle dem ausgehändigt wird, an den die Zustellung zu bewirken ist. ²In den Akten und auf dem ausgehändigten Schriftstück ist zu vermerken, wann dies geschehen ist; der Vermerk ist von dem Beamten, der die Aushändigung vorgenommen hat, zu unterschreiben.

**1) Systematik, Regelungszweck, S 1, 2.** Die Vorschrift umfaßt im wesentlichen die Fälle des § 212a, **1** geht aber über diesen hinaus, indem sie sich nicht auf Anwälte usw beschränkt. Sie bleibt andererseits hinter § 212a zurück, die sie nur eine Aushändigung an der Amtsstelle genügen läßt, insofern unklar LG Bad Kreuznach DGVZ 82, 189. § 497 II läßt im Gegensatz zu § 212b bei der Ladung eine mündliche Mitteilung ausreichen. Zweck ist eine Vereinfachung im Interesse der Prozeßförderung, Grdz 12 vor § 128, und der Prozeßwirtschaftlichkeit, Grdz 14 vor § 128. Deshalb sollte man keine zu enge Auslegung vornehmen.

**2) Geltungsbereich, S 1, 2.** Vgl § 208 Rn 3. S 2 gilt entsprechend in den von § 62 II BeurkG erfaßten **2** Fällen des § 62 I Z 2, 3 BeurkG.

**3) Zustellung an der Amtsstelle, S 1, 2.** § 212b gilt für jede beliebige Zustellung, auch für eine solche, **3** die eine Notfrist, § 224 I 2, in Lauf setzen soll. Die Vorschrift verlangt nur eine Aushändigung des verschlossenen oder unverschlossenen Schriftstücks, ZöStö 2, abw StJSchu 3, ThP 2, (nur) an den Zustellungsadressaten selbst, Üb 8 vor § 166, an der Amtsstelle, das heißt nicht an derjenigen Stelle, an der die Behörde gesetzlich tätig wird, sondern auch der Amtsstelle des betreffenden Gerichts, § 153 GVG, daher in seinen sonstigen Geschäftsräumen, auch im Richterzimmer, aber auch an der Amtsstelle eines sog Gerichtstags, § 3 VO v 20. 3. 35, s bei § 22 GVG. Eine Zustellung an einen Bevollmächtigten des Zustellungsadressaten ist unzulässig, LG Hann AnwBl 86, 246, AG Köln DGVZ 79, 12.

Eine *Annahmebereitschaft*, vgl § 198 Rn 5, § 212a Rn 7, ist notwendig, § 186 gilt nicht. Ein Empfangsbe- **4** kenntnis wird nicht verlangt, ist aber zum Nachweis zweckmäßig. Es genügt aber zum Nachweis auch ein Vermerk nach S 2. Für die Wirksamkeit der Zustellung ist der Vermerk unwesentlich, aM Saarbr FGPrax 95, 252 (förmelnd), ThP 3, s aber auch § 213 Rn 3 (BGH). Vgl ferner Üb 12, 13 vor § 166. Es ist unerheblich, welcher „Beamte" aushändigt. Es kann sich um jeden mit einer Aktenbearbeitung Betrauten handeln, zB um einen Urkundsbeamten der Geschäftsstelle, dessen Stellvertreter, einen Justizwachtmeister, einen Angestellten, auch um den Richter. § 212b verlangt nicht, daß es sich um den zuständigen Sachbearbeiter handele. Das Einwerfen in ein Postfach oder Schrankfach genügt allerdings nicht. Denn das führt noch nicht zu einem Besitz oder Gewahrsam.

**4)** *VwGO: Gemäß* § 56 II VwGO gilt § 5 VwZG. **5**

**213** *Zustellung durch Aufgabe zur Post.* ¹Ist die Zustellung durch Aufgabe zur Post (§ 175) erfolgt, so hat der Urkundsbeamte der Geschäftsstelle in den Akten zu vermerken, zu welcher Zeit und unter welcher Adresse die Aufgabe geschehen ist. ²Der Aufnahme einer Zustellungsurkunde bedarf es nicht.

**1) Systematik, Regelungszweck, S 1, 2.** Über die Zustellung durch Aufgabe zur Post vgl bei § 175. **1** Diese Vorschrift ist auch hier anwendbar. Der Urkundsbeamte kann statt des Gerichtsvollziehers auch den Gerichtswachtmeister beauftragen, BGH NJW 79, 218. Es gelten die Abweichungen Rn 3, 4.

Die Vorschrift ist erforderlich, um mangels förmlicher Zustellung, die ja bei § 175 entfällt, wenigstens den *Abgangszeitpunkt* zu dokumentieren. Insofern geht § 213 über die Zugangsfiktionen des § 270 II im Interesse der Rechtssicherheit, Einl III 43, hinaus.

**§§ 213, 213a, Übers § 214**   1. Buch. 3. Abschnitt. Verfahren

2  **2) Geltungsbereich,** S 1, 2. Vgl § 208 Rn 3.

3  **3) Aktenvermerk,** S 1. Eine förmliche Zustellungsurkunde entfällt. An ihre Stelle tritt ein Vermerk des Urkundsbeamten der Geschäftsstelle, BGH FamRZ **96**, 347, nicht des Wachtmeisters und nicht des Gerichtsvollziehers, Düss RR **94**, 5, aM BGH NJW **89**, 1432, über den Zeitpunkt der Aufgabe und über die Anschrift des Zustellungsadressaten, Üb 8 vor § 166. Der Vermerk ist an sich ebensowenig wesentlich wie die Zustellungsurkunde, § 190 Rn 1, BGH FamRZ **96**, 347. Doch läßt sich die Zustellung ohne den Vermerk kaum nachweisen, BGH **73**, 390, aM BGH Rpfleger **87**, 206, LG Hann AnwBl **86**, 246 (ohne einen Aktenvermerk und die Unterschrift des Urkundsbeamten, die freilich noch vor Einlegung des Rechtsmittels nachgeholt werden könnten, BGH FamRZ **89**, 1288, Otto Rpfleger **87**, 522, liege keine wirksame Zustellung vor. Sie werde aber durch eine versehentlich falsch angegebene Zeit nicht in Frage gestellt, BGH NJW **83**, 884. Von diesem Standpunkt aus darf man dann allerdings den Vermerk nicht schon dann annehmen, wenn die Aufgabe zur Post noch nicht erfolgt ist, BGH **LM** Nr 8)

4  **4) Kein Einschreibezwang,** S 1, 2. § 175 II ist nicht unmittelbar anwendbar, BGH Rpfleger **87**, 206. Eine falsche oder ungenaue Angabe des Orts, an den zugesandt wurde, kann die Zustellung aber unwirksam machen, BGH Rpfleger **79**, 195. Der Urkundsbeamte der Geschäftsstelle entscheidet nach seinem pflichtgemäßen Ermessen, ob die Sendung als eingeschriebener Brief gehen soll, BGH Rpfleger **87**, 206 mwN. Auch ein Einschreiben gegen Rückschein ist zulässig, BGH Rpfleger **87**, 206.

5  **5) VwGO:** Nach § 56 II VwGO gilt § 4 VwZG, vgl § 175 Rn 8.

**213a** *Zustellungszeitpunkt.* Auf Antrag bescheinigt die Geschäftsstelle den Zeitpunkt der Zustellung.

1  **1) Systematik, Regelungszweck.** Die Vorschrift enthält eine Ergänzung zu §§ 208 ff im Interesse einer zügigen Vollstreckbarkeit. Der Gläubiger muß nämlich den Zustellungszeitpunkt zB nach § 750 I (falls er nicht nach dessen S 2 selbst zustellt) oder nach § 798 nachweisen, um die Zwangsvollstreckung beginnen zu können. Soweit die Zustellungsurkunde wegen der Amtszustellung nach § 317 I, 329 II 2, III bei den Akten ist, hilft § 213 a. Er schafft eine öffentliche Urkunde. § 418, Köln Rpfleger **97**, 31 (auch zur Widerlegbarkeit; vgl aber § 418 Rn 7 ff).

2  **2) Geltungsbereich.** Vgl § 208 Rn 3.

3  **3) Verfahren.** Der Antrag unterliegt keinem Anwaltszwang, § 78 II. Er liegt auch im Antrag auf die Erteilung einer vollstreckbaren Ausfertigung des Vollstreckungstitels, § 724, oder auf den Erlaß eines Vollstreckungsbescheids, § 699. Der Urkundsbeamte der Geschäftsstelle ist für die Erteilung einer Bescheinigung über den Zeitpunkt der Zustellung zuständig, Meyer-Stolte Rpfleger **82**, 43. Er bescheinigt mit eigenhändiger Unterschrift, wie bei § 129 Rn 9, LG Bln MDR **78**, 411, unter der Angabe der Dienstbezeichnung. Ein Siegel ist anders als bei den §§ 317 III, 725 nicht notwendig, LG Bln MDR **78**, 411.

4  **4) Rechtsmittel; Kosten.** Gegen die Entscheidung des Urkundsbeamten ist die Erinnerung nach § 576 I, III zulässig, Meyer-Stolte Rpfleger **82**, 43. Dasselbe gilt bei einer pflichtwidrigen Untätigkeit. Sodann ist die Beschwerde nach § 576 II statthaft. Soweit das LG als Berufungs- oder Beschwerdegericht entschieden hat, ist die Beschwerde unzulässig, § 567 III 1.

*Gebühren:* Des Gerichts: In erster Instanz keine, § 1 I GKG, bei Verwerfung oder Zurückweisung einer Beschwerde KV 1953; des Anwalts: §§ 37 Z 7, 61 I Z 1 BRAGO.

5  **5) VwGO:** *Die Vorschrift ist entsprechend anwendbar, § 173 VwGO, weil sie für jede Amtszustellung gelten muß. Rechtsbehelf:* § 151 VwGO.

### Dritter Titel. Ladungen, Termine und Fristen

#### Übersicht

**Schrifttum:** *Adler/Ballof,* Fristentabelle für Rechtsanwälte und Notare, 1996; *Höppner,* Fristen, Verjährung, Zustellung, 1998; *Mösezahl,* Die wichtigsten Fristen im Prozeßrecht, 1982; *Volbers,* Fristen, Termine, Zustellungen, 8. Aufl 1997.

**Gliederung**

| | | | |
|---|---|---|---|
| 1) Systematik, Regelungszweck | 1 | D. Ladungswunsch | 8 |
| 2) Geltungsbereich | 2 | 5) Prozessuale Frist | 9–11 |
| 3) Termin | 3 | A. Eigentliche Frist | 10 |
| 4) Ladung | 4–8 | B. Uneigentliche Frist | 11 |
| A. Begriff | 4 | 6) Begrenzung der Parteiherrschaft | 12 |
| B. Funktion und Form | 5, 6 | 7) VwGO | 13 |
| C. Verstoß | 7 | | |

1  **1) Systematik, Regelungszweck.** §§ 214–229 enthalten wesentliche Regelungen zur Vorbereitung und Abwicklung einer oder mehrerer Verhandlungen oder Verkündungen. Zum vollen Verständnis der dem Gericht vorgeschriebenen Arbeitsweise müssen aber zahlreiche weitere, nicht im Dritten Titel enthaltene

3. Titel. Ladungen, Termine und Fristen    **Übers § 214**

Vorschriften beachtet werden, zB über die Zustellung, §§ 166 ff, über die Wahl des Verfahrensgangs, § 272, über vorbereitende Auflagen, § 273, oder über eine Vertagung im Säumnisverfahren, § 337. Dieses Ineinander zeitlich zusammengehöriger, räumlich im Gesetz aber getrennter Regeln läßt sich erst durch die Erfahrung beherrschen.

Die Vorschriften *dienen* zwar im einzelnen durchaus unterschiedlichen Zwecken, haben aber gemeinsam, daß das Gericht seine Pflicht zur Prozeßförderung, Grdz 12 vor § 128, ebenso ernst nehmen soll wie die Parteien die ihrige und daß die Prozeßwirtschaftlichkeit, Grdz 14 vor § 128, ebenfalls stets zu beachten ist, ohne daß das Prozeßgrundrecht des rechtlichen Gehörs, Einl III 16, darunter leiden soll.

**2) Geltungsbereich.** §§ 214–229 gelten grundsätzlich in allen Verfahrensarten nach der ZPO und vor dem Beschwerdegericht nach § 73 Z 2 GWB. Wegen § 227 s dort. **2**

**3) Termin.** Unter einem Termin ist ein im voraus genau bestimmter Zeitpunkt für eine gemeinschaftliche Prozeßhandlung des Gerichts mit den Parteien oder mit einem Dritten zu verstehen, Grdz 46 vor § 128, zB mit einem Zeugen, § 373. Es kann sich um die mündliche Verhandlung einschließlich eines Sühneversuchs, § 279, um die Beweisaufnahme oder um die Verkündung einer Entscheidung nach §§ 311, 329 I 1 handeln. Gleichbedeutend ist der Begriff Sitzung zB in §§ 136 III, 345, und bisweilen auch der Begriff Verhandlung, vgl zB § 220. Den Termin beraumt der Richter an. Falls jedoch der Rpfl zu einer Sachentscheidung zuständig ist, beraumt der Rpfl den Termin an. **3**

**4) Ladung.** Sie hat zentrale Bedeutung. **4**

**A. Begriff.** Unter einer Ladung versteht man die Aufforderung zum Erscheinen in einem gerichtlich bestimmten Termin. Die Ladung erfolgt von Amts wegen, §§ 214, 274, 497. Die ZPO spricht häufig von einer Bekanntmachung oder einer Mitteilung des Termins. Solche Vorgänge unterscheiden sich sachlich wenig von einer Ladung, die ja auch das Wort „laden" nicht zu benutzen braucht. Der Unterschied liegt darin, daß bei einer Bekanntmachung oder Mitteilung die Aufforderung zum Erscheinen vor dem Gericht entbehrlich ist und daß die Form einer Bekanntmachung oder Mitteilung nicht geregelt ist. Es genügt dann vielmehr die Mitteilung des Termins durch den Urkundsbeamten der Geschäftsstelle. Demgegenüber ist eine Ladung auf Grund einer nicht verkündeten Terminsbestimmung grundsätzlich förmlich zuzustellen, § 329 II 2, soweit nicht eine gesetzliche Ausnahme vorliegt, vgl zB §§ 141 II 2, 357 II 1, 497 I.

Wenn ein Termin *verkündet* worden ist, §§ 311 IV, 329 I 1, sind eine Ladung und eine Bekanntmachung regelmäßig entbehrlich, § 218. Das wird von mancher Partei oder deren Anwalt übersehen und kann zu schweren Rechtsfolgen führen. Da es sich aber um eine klare gesetzliche Regelung handelt, muß eine anwaltlich vertretene Partei insofern meist ein Verschulden ihres ProzBev gemäß § 85 II gegen sich gelten lassen. Beim AG muß im übrigen eine mündliche Mitteilung genügen, § 497 II. Für die Ladung eines Soldaten gelten die allgemeinen Vorschriften, Erlaß, abgedruckt SchlAnh II. Wegen der Ladung eines Mitglieds der ausländischen Streitkräfte Art 37 ZAbkNTrSt, SchlAnh III. In einer Markensache gelten §§ 214 ff vor dem BGH (Rechtsbeschwerde) entsprechend, § 88 I 1 MarkenG.

**B. Funktion und Form.** Die Ladung kann der Einleitung oder der Fortsetzung eines Prozesses dienen. Das Prozeßrechtsverhältnis, Grdz 3 vor § 128, entsteht mit der Zustellung der Klagschrift, § 253 I. Jede Ladung setzt eine vorherige richterliche Terminsbestimmung voraus, § 216, ist aber durch diese Terminsbestimmung allein noch nicht zu ersetzen. Der Gebrauch des Worts Ladung ist ganz entbehrlich. **5**

*Unentbehrlich sind* aber: Die Bezeichnung der ladenden Stelle; die Bezeichnung des Geladenen; die Bezeichnung des Gerichts, zumindest nach seiner Postanschrift; die Angabe der Terminszeit nach Tag, Stunde und Minute, regelmäßig durch die Mitteilung einer beglaubigten Abschrift der Terminsbestimmung; die Bezeichnung des Terminszwecks, BGH NJW 82, 888, zumindest das Aktenzeichen; die Aufforderung, zum Termin vor dem Gericht zu erscheinen. Diese Aufforderung braucht allerdings nicht ausführlich zu erfolgen. Vor welcher Abteilung der Geladene erscheinen muß, kann er an sich anhand des Aktenzeichens in Verbindung mit dem auf der Verwaltungsgeschäftsstelle einsehbaren Plan über die Verteilung der Sitzungssäle feststellen. Unentbehrlich ist ferner im Anwaltsprozeß die Aufforderung nach § 215.

Im Zweifel ist er berechtigt und verpflichtet, sich mit Hilfe der Auskunftsstelle im Haus oder der Verwaltungsgeschäftsstelle in den richtigen Saal *einweisen* zu lassen und zu diesem Zweck so rechtzeitig zu erscheinen, daß er voraussichtlich zu erwartende Umwege usw durchführen kann, bevor die festgesetzte Terminszeit beginnt. Eine diesbezügliche Verspätung ist keineswegs stets entschuldigt. Je größer das Gericht ist, desto mehr Zeit muß man einkalkulieren. Dasselbe gilt dann, wenn man ortsunkundig ist oder wenn die Terminszeit an einem Tag oder einer Stunde liegt, zu denen erfahrungsgemäß auf den Wegen zum Gericht viel Verkehr herrscht. Auch eine Terminsanberaumung in einer Jahreszeit, in der man mit schlechtem Wetter rechnen muß, verpflichtet zu entsprechend rechtzeitigem Aufbruch von der Wohnung. **6**

**C. Verstoß.** Eine Ladung, die den Anforderungen nach Rn 4–6 nicht entspricht, ist unwirksam. Das Fehlen der Aufforderung nach g ist für die Wirksamkeit der Ladung unschädlich. Sie kann für den Geladenen keine Versäumnisfolgen begründen, § 335 I Z 2. Eine Heilung von Zustellungsmängeln kann nach § 187 erfolgen. Die Heilung aller Ladungsmängel kann auch dadurch geschehen, daß sie nicht gerügt werden, § 295. Die Ladungsfrist des § 217 ist zu beachten. **7**

**D. Ladungswunsch.** Wenn eine Partei eine Ladung wünscht, reicht sie dasjenige Schriftstück beim Gericht ein, aus dem sich dieser Wunsch ergibt. Wenn die Partei einen Termin beantragt, liegt die Notwendigkeit einer Ladung im allgemeinen klar zutage. Es genügt aber auch jeder Antrag, ein Verfahren fortzusetzen. Freilich ist das Gericht stets zur Prüfung der Frage verpflichtet, ob eine Ladung tatsächlich notwendig ist. Sie mag zB dann entbehrlich sein, wenn sich ergibt, daß ein Einspruch gegen ein Versäumnisurteil oder gegen einen Vollstreckungsbescheid verspätet war, so daß der Antrag der nichtsäumigen Partei auf Anberaumung eines Verhandlungstermins über den Einspruch und zur Sache entbehrlich ist, weil das Gericht den Einspruch ohne eine mündliche Verhandlung nach § 341 II verwerfen kann. **8**

**5) Prozessuale Frist.** Unter einer Frist versteht man den Zeitraum, innerhalb dessen die Prozeßbeteiligten Prozeßhandlungen im Sinn von Grdz 46, 47 vor § 128 vornehmen können oder müssen, BGH VersR **9**

**Übers § 214, § 214**  1. Buch. 3. Abschnitt. Verfahren

85, 574. Alle Fristen laufen auch in der Zeit vom 1. 7. bis 31. 8., denn § 227 III betrifft hier Termine, nicht Fristen. Man unterscheidet folgende Fristen:

**10**  **A. Eigentliche Frist,** §§ 221 ff. Hier handelt es sich um eine Zeitspanne, die das Gericht einer Partei gewährt, damit sie handeln oder sich vorbereiten kann. Diese Fristart läßt sich nach verschiedenen Gesichtspunkten unterteilen. Man kann zB zwischen einer Handlungsfrist und einer Zwischenfrist (Überlegungsfrist) unterscheiden; zu der letzteren gehören die Einlassungsfrist, § 274 III, und die Ladungsfrist, § 217. Man kann ferner zwischen einer gesetzlichen Frist und einer richterlichen Frist unterscheiden. Bei der letzteren bemißt der Richter ihre Dauer, nicht nach unbestimmten Rechtsbegriffen, sondern grundsätzlich nach dem BGB, § 222 Rn 2 ff, und in diesem Rahmen zB nach §§ 56 II 2, 89 I 2, 109, 113, 244 II, 273 II Z 1, 275 I 1, III, IV, 276 I 2, III, 277 III, 356 S 1, 769 II, 926 I. Außerdem bestehen zwischen richterlicher und gesetzlicher Frist Abweichungen bei der Möglichkeit einer Verkürzung oder Verlängerung, § 224 II. Eine gesetzliche wie eine richterliche Frist läßt sich wiederum in eine gewöhnliche Frist, die das Gesetz nicht als Notfrist kennzeichnet, und eine Notfrist, § 224 I 2, unterteilen. Eine Notfrist ist unabänderlich. Sie läßt aber eine Wiedereinsetzung in den vorigen Stand nach § 233 zu.

**11**  **B. Uneigentliche Frist.** Das ist eine Frist, die das Gesetz dem Gericht oder einer Gerichtsperson für eine Amtshandlung setzt oder während derer ein Verfahren ausgesetzt ist, zB nach § 614 IV, BGH NJW **77**, 718, oder gehemmt ist. Es kann sich auch um eine Ausschlußfrist handeln. Zu ihr gehört auch eine nach Jahren bemessene Frist, etwa in den Fällen des § 234 III oder des § 586 II 2, KG Rpfleger **76**, 368. Weitere Fälle: §§ 216 II, 251 a II, 310 I, 315 II 1, 701 S 1, LAG Bln MDR **90**, 187, §§ 798, 958 II, 1043 II 3. Auf eine uneigentliche Frist ist der 3. Titel nicht anwendbar, abgesehen von der Berechnung nach § 222.

**12**  6) **Begrenzung der Parteiherrschaft.** Vgl zunächst Rn 1. Termine, Notfristen und uneigentliche Fristen sind der Parteiherrschaft, Grdz 18 vor § 128, gesetzlich entzogen. Eine Parteivereinbarung kann eine gesetzliche oder richterliche Frist verkürzen, aber nicht verlängern. Demgegenüber ändern die Beschleunigungsvorschriften nichts daran, daß eine Partei die gesetzte Frist voll ausnutzen darf.

**13**  7) **VwGO:** *Die vorstehend erläuterten Grundsätze über Termine, Ladungen und Fristen, gelten auch im VerwProzeß.*

# 214 *Ladung.* **Die Ladung zu einem Termin wird von Amts wegen veranlaßt.**

**1**  1) **Systematik, Regelungszweck.** Die Vorschrift enthält nur einen Teil der für eine wirksame Ladung zu beachtenden Vorschriften. Zum einen ist die etwaige Form der Ladung an anderer Stelle geregelt, § 209 Rn 1; zum anderen ist auch der Inhalt anderweitig näher geregelt, vgl zB §§ 141 III 3, 215, 274 II, 377 II, 402, 450 I 2, 900 I 2, dort Rn 15; das gilt auch für die etwaige Ladungsfrist (nicht zu verwechseln mit der Einlassungsfrist des § 274 III), §§ 217, 604 II, 605 a.
Durch die Ladung von Amts wegen erhält das Gericht die Möglichkeit, alle nach dem Gesetz zur Verfügung stehenden Möglichkeiten der §§ 208 ff, 166 ff zu nutzen, und zugleich die Pflicht, für einen tatsächlichen Zugang der Terminsmitteilung zu sorgen, der erst die weitreichenden Rechtsfolgen einer Säumnis, §§ 330 ff, 495 a, auslöst. Die Vorschrift *dient* also der Wahrung des rechtlichen Gehörs, Einl III 16, und ist deshalb strikt anzuwenden, soweit nicht die Parteiherrschaft, Grdz 18 vor § 128, in einer Reihe von Fällen eine bloße Gestellung usw zuläßt, Rn 5.

**2**  2) **Geltungsbereich.** Vgl Üb 2 vor § 214.

**3**  3) **Zuständigkeit der Geschäftsstelle.** An die Stelle eines Ladungsschriftsatzes tritt der Antrag der Partei, einen Termin, Üb 1 vor § 214, zu bestimmen. Nach der Terminsbestimmung, § 216, veranlaßt der Urkundsbeamte der Geschäftsstelle, § 153 GVG, die Ladung, Üb 4 vor § 214, der zum Termin erforderlichen Personen ohne weiteres von Amts wegen, § 209, und zwar unter Hinzuziehung der Kanzlei, § 209 Rn 5. Er nimmt dabei, soweit erforderlich, mit dem Vorsitzenden wegen der Rücksprache wegen der zu ladenden Personen. Er ist an eine etwaige Weisung des Vorsitzenden gebunden. Der Vorsitzende ist jedoch zu einer auch nur stichwortartigen Angabe derjenigen Personen, die von Amts wegen zu laden sind, grundsätzlich nicht von sich aus verpflichtet.
Vielmehr ist es die Pflicht des *Urkundsbeamten,* in *eigener Zuständigkeit* im Rahmen der erkennbaren Zielsetzung des Termins herauszufinden, welche Personen er laden soll. Gerade auf diesem Gebiet empfiehlt sich natürlich eine Zusammenarbeit zwischen dem Vorsitzenden und dem Urkundsbeamten. Sie darf aber nicht dazu führen, daß praktisch der Vorsitzende die Aufgaben des Urkundsbeamten auch nur teilweise übernimmt, damit die Ladungen überhaupt leidlich einwandfrei erfolgen.

**4**  4) **Ladungsinhalt; Zustellung.** Über den Inhalt der Ladung vgl Üb 5 vor § 214. Die Zustellung erfolgt von Amts wegen, §§ 208 ff. Das gilt auch in den Fällen der §§ 63, 71, 491, 856, 942.

**5**  5) **Sistierung (Gestellung).** Eine Terminsladung im Parteibetrieb findet nicht mehr statt. Die Partei kann aber eine Beweisperson, deren Vernehmung sie erreichen möchte, vorsorglich von sich aus bitten, zum Termin zu erscheinen. Diese sog Sistierung (Gestellung) kann verhindern, daß zB ein verspätet benannter Zeuge zurückgewiesen wird. Freilich hat die Partei nicht unter allen Umständen einen Anspruch darauf, den sistierten Zeugen im Termin vernehmen zu lassen.

**6**  6) **VwGO:** *Es gilt das gleiche nach §§ 102, 56 VwGO.*

3. Titel. Ladungen, Termine und Fristen §§ 215, 216

**215** *Ladung. Aufforderung zur Anwaltsbestellung.* **In Anwaltsprozessen muß die Ladung zur mündlichen Verhandlung, sofern die Zustellung nicht an einen Rechtsanwalt erfolgt, die Aufforderung enthalten, einen *bei dem Prozeßgericht zugelassenen* Anwalt zu bestellen.**

**Vorbem.** Geändert durch Art 3 Z 4 G v 2. 9. 94, BGBl 2278, in Kraft in Berlin und den alten Bundesländern seit 1. 1. 2000, in den neuen ab 1. 1. 2005, Art 22 II G, abgedruckt bei § 78. Der *kursive* Text von § 215 gilt also bis 31. 12. 2004 in den neuen Bundesländern (ohne Berlin) fort (zur Problematik der Fortgeltung von § 78 I, II aF vgl dort Rn 2–13). Vgl. auch § 78 Vorbem. Weiteres ÜbergangsR Einl III 78.

**1) Systematik.** Während § 271 im Anwaltsprozeß, § 78 Rn 1, bereits zusammen mit der Zustellung der 1 Klageschrift eine Aufforderung zur Bestellung eines Anwalts anordnet, und zwar bei einem Prozeßgericht in den neuen Bundesländern (ohne Berlin) eines beim Prozeßgericht zugelassenen Anwalts, enthält § 215 eine entsprechende Anweisung für diejenigen Fälle, in denen bis zur Terminsladung noch kein Anwalt als ProzBev nach § 176 bestellt wurde. §§ 275 I 2, 276 I 3 Hs 2 enthalten ähnliche Aufforderungen zu bestimmten Mitteilungen über die bloße Anwaltsbestellung hinaus.

**2) Regelungszweck.** Die Vorschrift dient der Vermeidung von Zeit- und Rechtsverlust infolge von 2 Nachlässigkeiten seitens einer mit dem Anwaltszwang, § 78 Rn 1, nicht vertrauten Partei. Damit dient sie sowohl der Prozeßförderung, Grdz 12 vor § 128, und der Prozeßwirtschaftlichkeit, Grdz 14 vor § 128, als auch der Gerechtigkeit, Einl III 9.

**3) Geltungsbereich: Parteiladung im Anwaltsprozeß.** Vgl zunächst Üb 2 vor § 214. § 215 gilt nur 3 für die Ladung einer Partei einschließlich des Streithelfers; ein anderer Prozeßbeteiligter, zB ein Zeuge oder Sachverständiger, unterliegt auch im Anwaltsprozeß nicht persönlich einem Anwaltszwang, § 78 Rn 1. Sie gilt ferner nur im Anwaltsprozeß, § 78 Rn 1, also zB nicht im Verfahren vor dem Amtsgericht nach §§ 495 ff.

**4) Erster Termin.** § 215 verlangt von jeder Ladung einer Partei im Anwaltsprozeß, § 78 Rn 1, die nicht 4 an einen Anwalt als den ProzBev, § 81, den ZustellungsBev, § 175, oder als Partei, Grdz 3 vor § 50, und unabhängig von seiner Zulassung beim ladenden Gericht, oder an seinen Vertreter oder Abwickler, §§ 53, 55 BRAO, geht, daß sie die Aufforderung zur Bestellung eines Anwalts enthält, und zwar bei einem Prozeßgericht in den neuen Bundesländern (ohne Berlin) eines beim Prozeßgericht zugelassenen Anwalts (zur Problematik der Fortgeltung von § 78 II vgl dort Rn 2–13). Diese wird von der Geschäftsstelle der Ladung von Amts wegen hinzugefügt, vgl § 520 III.

**5) Späterer Termin.** Bei der Ladung zu einem späteren Termin braucht die Aufforderung nicht wieder- 5 holt zu werden, aM Bergerfurth, Der Anwaltszwang usw (1981) Rn 185, ThP 1, ZöStö 1 (die Partei könne aus dem späteren Unterbleiben der Aufforderung die Entbehrlichkeit der Bestellung folgern. Aber diese Auslegung der früher ja wirksam erfolgten Aufforderung ist gekünstelt: Die sorgsame Partei, von der das Gesetz überall ausgeht, hat zur Annahme des stillschweigenden Wegfalls der früheren Aufforderung beim Erhalt der Ladung zu einem weiteren Termin vernünftigerweise gar keinen Anlaß. Das Gesetz erlaubt im Zivilprozeß zB auch nicht die Annahme, mangels ausdrücklicher Rechtsmittelbelehrung laufe keine Rechtsmittelfrist, obwohl das Gericht etwa in § 340 III 4 vereinzelte Hinweispflichten hat).

**6) Verstoß.** Die Aufforderung ist für die Wirksamkeit der Ladung wesentlich, also eine Voraussetzung des 6 Versäumnisverfahrens, § 335 I Z 2, vgl Üb 7 vor § 214. Ein etwaiger Mangel kann aber dadurch geheilt werden, daß ein Anwalt im Termin für die Partei auftritt, und zwar vor einem Prozeßgericht der neuen Bundesländer (ohne Berlin) ein vor diesem Prozeßgericht zugelassener Anwalt (zur Problematik der Fortgeltung von § 78 I, II vgl dort Rn 2–13).

**7) VwGO:** Entsprechend anzuwenden, § 173 VwGO, im Verfahren vor dem BVerwG und dem OVG, § 67 I 7 VwGO, nach Maßgabe des nach §§ 141, 125 I VwGO anzuwendenden § 102 II VwGO.

**216** *Terminsbestimmung.* **I Die Termine werden von Amts wegen bestimmt, wenn Anträge oder Erklärungen eingereicht werden, über die nur nach mündlicher Verhandlung entschieden werden kann oder über die mündliche Verhandlung vom Gericht angeordnet ist.**

**II Der Vorsitzende hat die Termine unverzüglich zu bestimmen.**

**III Auf Sonntage, allgemeine Feiertage oder Sonnabende sind Termine nur in Notfällen anzuberaumen.**

**Schrifttum:** *Fasching,* Rechtsbehelfe zur Verfahrensbeschleunigung, Festschrift für *Henckel* (1995) 161; *Halbach,* Die Verweigerung der Terminsbestimmung und der Klagezustellung im Zivilprozeß, Diss Köln 1980.

**Gliederung**

| | |
|---|---|
| 1) **Systematik, Regelungszweck, I–III** ... 1 | C. Schriftliches Vorverfahren ............ 6 |
| 2) **Geltungsbereich, I–III** .............. 2 | D. Notwendigkeit von vorbereitenden Maßnahmen ........................... 7 |
| 3) **Erforderlichkeit eines Termins, I** ..... 3 | E. Akten verschwunden ................ 8 |
| 4) **Zulässigkeit der Terminsablehnung, I** ................................ 4–9 | F. Keine Gebührenvorauszahlung usw .. 9 |
| A. Fehlen eines wesentlichen Erfordernisses ............................ 4 | 5) **Unzulässigkeit der Terminsablehnung, I** ............................ 10, 11 |
| B. Unzulässigkeit der Terminsbestimmung ............................... 5 | A. Verbot einer Warteliste ............. 10 |

*Hartmann*

## § 216   1. Buch. 3. Abschnitt. Verfahren

B. Verbot übermäßiger Erwiderungsfrist usw .............................................. 11
6) **Zuständigkeit, I, II** ................... 12–15
  A. Grundsatz: Von Amts wegen ......... 12
  B. Terminsabstimmung ................. 13, 14
  C. Weitere Einzelfragen ................. 15
7) **Unverzüglichkeit, II** .................. 16–24
  A. Aufgaben des Urkundsbeamten ...... 16
  B. Aufgaben des Vorsitzenden .......... 17–19
  C. Sammeltermin ..................... 20, 21
  D. Weitere Einzelfragen ................. 22, 23
  E. Amtsverfahren ....................... 24
8) **Termin am Sonntag usw, III** ......... 25
9) **Rechtsbehelfe, I–III** .................. 26–31
  A. Gegen unverzügliche Terminsbestimmung: Keine Anfechtbarkeit ......... 26
  B. Gegen Antragszurückweisung: Beschwerde .......................... 27
  C. Gegen Terminszeitpunkt: Dienstaufsichtsbeschwerde usw ............... 28, 29
  D. Bei Sommersache: Weitere Möglichkeiten ............................... 30
  E. Bei Untätigkeit: Verfassungsbeschwerde ............................ 31
10) *VwGO* ................................. 32

**1**  **1) Systematik, Regelungszweck, I–III.** Sobald eine Partei ein Schriftstück einreicht, das eine Terminsbestimmung notwendig macht, § 128 Rn 4, muß das Gericht bei jedem Verfahren nach der ZPO, zunächst stets auch für die Zeit vom 1. 7. bis 31. 8., § 227 Rn 31, und in jedem Rechtszug grundsätzlich den Termin (Begriff Üb 3 vor § 214) unverzüglich anberaumen, BGH NJW **83**, 2496, und die Beteiligten nach § 214 von Amts wegen im Weg einer Zustellung laden, § 209. Beim AG ist die Zustellung nach § 497 vereinfacht. Eine mehrmalige Zustellung oder Mitteilung schadet nicht. Soweit eine Ladung zu einem verkündeten Termin erfolgen muß, etwa nach § 335 II, kann das Gericht das Verkündungsprotokoll mit der Ladung zustellen oder einfach mit der Mitteilung laden, daß der Termin verkündet worden sei. Für den verordneten Richter, §§ 361, 362, stellt § 229 dessen Befugnis klar.

Die Vorschrift *dient der Prozeßförderung*, Grdz 12, 13 vor § 128, und damit auch der Prozeßwirtschaftlichkeit, Grdz 14, 15 vor § 128. Freilich stoßen ihre Ziele an ihre Grenzen, wenn Personal- und Materialnot die Justiz an den Rand des Zusammenbruchs führen. Im übrigen zieht das Gebot des rechtlichen Gehörs, Art 103 I GG, Grdz 41 vor § 128, klare Grenzen auch schon bei der Terminierung: Der Richter muß für jede einzelne Sache ausreichende Terminsdauer ansetzen und schon deshalb darauf achten, seine Termine nicht allzu „vollzupacken". Das alles ist bei der Auslegung mitzubeachten.

**2**  **2) Geltungsbereich, I–III.** Vgl Üb 2 vor § 214.

**3**  **3) Erforderlichkeit eines Termins, I.** Der Vorsitzende prüft von Amts wegen, Rn 6, ob eine mündliche Verhandlung erforderlich ist, § 128 Rn 2. Er prüft die Eingabe außerdem daraufhin, ob die gesetzlichen Anforderungen an ihre Form und an ihre Zulässigkeit erfüllt sind. Die Partei braucht an sich keinen Antrag auf eine Terminsbestimmung zu stellen. Ein solcher Antrag kann aber unter Umständen zweckdienlich sein. Der Vorsitzende prüft auch, ob der Fall der deutschen Gerichtsbarkeit unterliegt. Denn eine Ladung von Amts wegen wäre gegenüber einer Person, der die deutschen Gerichtsbarkeit nicht unterworfen ist, §§ 18 ff GVG, ein unzulässiger Hoheitsakt. Er prüft aber nicht, ob auch die Prozeßvoraussetzungen vorliegen, Grdz 12 vor § 253. Denn deren Mangel ist fast immer heilbar. Außerdem muß grundsätzlich gerade darüber mündlich verhandelt werden, ob sie vorliegen, ob zB die Passivlegitimation vorhanden ist, Köln VersR **76**, 98. Die Terminsbestimmung ist nur eine Unterlage des in der Ladung genannten Verfahrens.

**4**  **4) Zulässigkeit der Terminsablehnung, I.** Der Vorsitzende, nicht etwa der Berichterstatter, vgl VGH Mannh NJW **84**, 993, muß eine Terminsbestimmung in den folgenden Fällen ablehnen.

**A. Fehlen eines wesentlichen Erfordernisses.** Die Terminsbestimmung ist abzulehnen, soweit der Eingabe, etwa der Klagschrift, ein wesentliches Erfordernis fehlt. Selbst wenn seine Heilung möglich sein kann, fehlt doch derzeit die Voraussetzung der Terminsbestimmung, § 295 Rn 3–6. Hierher gehören auch sonstige Verfahrenshindernisse, zB eine Unterbrechung, §§ 239 ff, Aussetzung, §§ 246, 247, Exterritorialität, §§ 18 ff GVG. Es liegt kein (rechtzeitiger und ordnungsgemäßer) Antrag nach § 495 a I 2 vor, dort Rn 17.

*Nicht hierher gehört* der Mangel der sachlichen Erfolgsaussicht der Klage.

**5**  **B. Unzulässigkeit der Terminsbestimmung.** Eine Terminsbestimmung ist auch dann abzulehnen, wenn sie derzeit unzulässig ist, etwa wegen einer Aussetzung, §§ 148 ff, oder Unterbrechung, §§ 239 ff, oder wegen des Ruhens des Verfahrens, §§ 251 a, 331 a, oder wenn eine Partei die nach der Beendigung eines Prozesses beantragt, Schlesw SchlHA **77**, 128, oder wenn ein gerichtsbekannt Geisteskranker das Verfahren betreibt, Walchshöfer MDR **75**, 11, oder wenn jemand Klage vor dem OLG oder BGH erhebt. *Zulässig* und notwendig ist die Terminsbestimmung aber nach dem Ablauf der Anspruchsbegründungsfrist, § 697 I, Bank JB **80**, 801.

**6**  **C. Schriftliches Vorverfahren.** Eine Terminsbestimmung ist ferner dann abzulehnen, wenn der Vorsitzende ein schriftliches Vorverfahren, veranlaßt, §§ 272 II, 276, das noch nicht beendet ist und das er auch (noch) nicht abbricht, § 272 Rn 9.

**7**  **D. Notwendigkeit von vorbereitenden Maßnahmen.** Eine Terminsbestimmung ist evtl zunächst auch dann abzulehnen, wenn der Vorsitzende Vorbereitungsmaßnahmen nach § 273 für notwendig hält, Kblz JB **75**, 1645 (zum alten Recht).

**8**  **E. Akten verschwunden.** Eine Terminsbestimmung ist ferner notgedrungen dann zunächst abzulehnen, wenn die Akten derzeit verschwunden sind. Wenn sie freilich endgültig abhanden gekommen sind, muß der Vorsitzende eine Ersatzakte anlegen lassen und auf ihrer Basis unverzüglich einen etwa erforderlichen Termin bestimmen;

**9**  **F. Keine Gebührenvorauszahlung usw.** Eine Terminsbestimmung kann schließlich dann abzulehnen sein, wenn die Partei eine nach § 65 GKG, Anh nach § 271, erforderliche Vorauszahlung nicht geleistet hat. Es handelt sich aber nur um eine Sollvorschrift. Die Gebührenzahlung gilt als Terminsantrag. Hierin gehört auch die Nichtzahlung der Ausländersicherheit, § 110.

**10**  **5) Unzulässigkeit der Terminsablehnung, I.** Es sind zwei Verbotsarten zu trennen.

3. Titel. Ladungen, Termine und Fristen     § 216

**A. Verbot einer Warteliste.** Eine Überlastung zwingt wegen des Gebots der Wahrung von Gleichheit und Verhältnismäßigkeit unter Umständen zu einer Änderung nach § 21 g II GVG und berechtigt den Vorsitzenden oder seinen Vertreter grundsätzlich nicht zu einer Ablehnung der Terminsbestimmung, Karlsr NJW 73, 1510, oder zu einer – gar formularmäßigen – Mitteilung, ein Termin könne derzeit noch nicht anberaumt werden und sei daher auf eine „Warteliste" gesetzt worden usw, die einer Ablehnung gleichkommt. Denn man kann und muß einen Termin auch dann erst einmal ansetzen, wenn er erst nach Monaten stattfinden kann, LAG Mü MDR 84, 877. Die Mehrarbeit etwaiger daraus folgender Terminsänderungen läßt sich verkraften. Der – beachtliche – Verhältnismäßigkeitssatz, Einl III 22, steht dieser alsbaldigen Terminsanberaumung also nicht entgegen, Schlesw (1. ZS) NJW 82, 246, ThP 10, ZöStö 17, aM Schlesw (3. ZS) NJW 81, 692.

Das Abschieben auf eine *Warteliste* kann jedenfalls bei einer allzu langen Periode der Ungewißheit über den weiteren Fortgang einen Verstoß gegen Art 19 IV 1 GG und auch gegen Art 6 MRK darstellen, auch grundsätzlich Guillen, Einige prozessuale Probleme im Zusammenhang mit Art 6 MRK, Festschrift für Baur (1981) 365. Dieser Verstoß kann zB auch dann vorliegen, wenn das Gericht den Parteien mitteilt, die Sache werde voraussichtlich nach einigen Monaten gefördert werden. Zur Folgesache Düss FamRZ 87, 618.

**B. Verbot übermäßiger Erwiderungsfrist usw.** Deshalb ist auch eine übermäßig lange Klagerwiderungsfrist usw unzulässig, aM Schlesw NJW 83, 460. Ganz unannehmbar ist die Aufforderung des Gerichts, bis auf weitere Nachricht keine Eingaben zu machen, obwohl es die Klage zugestellt und damit die Folgen der Rechtshängigkeit herbeigeführt hat. Ein solches Einreichungs-„Verbot" kann die Befangenheit begründen, § 42. Schon gar nicht darf der Vorsitzende „glatte" Sachen vorziehen. Er darf und muß allenfalls die eilbedürftigen Sachen vorziehen, Hamm DRiZ 74, 28. Wenn ein Mangel an Protokollführern herrscht, gilt das in § 159 Rn 4 ff Ausgeführte. Das Gericht kann außerdem die Anwendbarkeit des § 159 I 2 Hs 2 erwägen, vgl Schultz MDR 73, 732. BGH NJW 83, 2496 läßt offen, ob das Unterlassen der Terminsbestimmung zulässig ist, soweit beide Parteien damit einverstanden sind. Hbg RR 89, 1022 gibt gegen ein Untätigwerden des Gerichts in engen Grenzen eine „außerordentliche" Beschwerde, § 567 Rn 6.

**6) Zuständigkeit, I, II.** Sie ergibt äußerst unterschiedliche Handhabungen. **12**

**A. Grundsatz: Von Amts wegen.** Die Terminsbestimmung geschieht stets von Amts wegen, Rn 24, durch den Vorsitzenden in Ausübung seiner Prozeßleitung, Üb 5 vor § 128. Zur Terminsbestimmung kann also auch der Einzelrichter nach § 348 I zulässig sein. Auch der verordnete Richter, §§ 361, 362, ist zuständig, § 229. Beim AG bestimmt der Amtsrichter bzw der Familienrichter den Termin. Soweit der Rpfl die Verhandlung leitet, ist er zuständig. Das Kollegium bestimmt den Termin abgesehen von einer Änderung, § 227, in keinem Fall, auch nicht während der mündlichen Verhandlung. Der Vorsitzende muß die Terminsverfügung mit einer vollen Unterschrift versehen; eine sog Paraphe genügt nicht, § 129 Rn 31, BGH NJW 80, 1960, BSG MDR 90, 955, LAG Hamm MDR 82, 1053.

**B. Terminsabstimmung.** Eine sog „Terminsabstimmung" zwischen dem Urkundsbeamten der Ge- **13** schäftsstelle und der Partei oder ihrem Anwalt mag als Anregung an den Vorsitzenden hilfreich sein. Es kommt ganz auf die Einzelumstände an. Solche Maßnahmen sind aber für den Vorsitzenden unter keinen Umständen verbindlich. Sie sind im übrigen nicht zulässig, sobald sie für den Urkundsbeamten der Geschäftsstelle zu einer unzumutbaren Arbeitsbelastung werden oder auch nur zu einer faktischen Bedrängung des Vorsitzenden führen, LG Bln AnwBl 78, 420, Bransch AnwBl 77, 278, Schneider MDR 77, 795. Der Vorsitzende kann den Urkundsbeamten zu einer solchen Terminsabstimmung befugen. Der Vorsitzende behält aber die Verantwortung für eine ordnungsgemäße Terminsbestimmung. Er darf diese Bestimmung keineswegs mehr oder minder „delegieren".

Das gilt schon deshalb, weil der Vorsitzende selbst abschätzen muß, zu welcher Zeit an einem Terminstag **14** diese Sache voraussichtlich am günstigsten eingeplant werden kann und wieviel Zeit der Fall voraussichtlich benötigen wird. Der Vorsitzende darf und muß dabei die *Gesamtumstände* berücksichtigen, auch seine Erfahrungen damit, wieviel Zeit zB ein ProzBev erfahrungsgemäß für Rechtsausführungen beansprucht oder wie schnell die Vernehmung eines schon bekannten Zeugen vonstatten gehen kann usw. Der Vorsitzende muß dabei auch darauf bedacht sein, daß die Beteiligten in anderen, zeitlich anschließenden Fällen desselben Terminstags möglichst gar nicht oder doch nicht übermäßig lange warten sollen. Keineswegs muß oder darf auch nur der Vorsitzende von vornherein die bloße Möglichkeit verspäteter Beweisantritte mitberücksichtigen, Celle NJW 89, 3024.

**C. Weitere Einzelfragen.** Eine Terminsbestimmung verpflichtet noch nicht als solche zum Erscheinen. **15** Erst die Ladung hat eine verpflichtende Wirkung. Soweit der Zweck des Termins nicht klar zutage liegt, ist er in der Ladung klar anzugeben.

**7) Unverzüglichkeit, II.** Sie scheidet die Geister in Wahrheit nach Temperamenten. **16**

**A. Aufgaben des Urkundsbeamten.** Der Urkundsbeamte der Geschäftsstelle muß eine Eingabe dem Vorsitzenden unverzüglich vorlegen. Er muß also ohne jede vorwerfbare Verzögerung arbeiten, vgl auch § 121 I BGB. Auch eine starke Belastung oder Überlastung darf nicht dazu führen, daß Eingaben tagelang völlig ungeprüft in der Geschäftsstelle herumliegen. Es gehört zu den vordringlichsten Pflichten des Urkundsbeamten, den Posteingang eines jeden Tags darauf durchzusehen, ob und welche Eilfälle vorhanden sind sowie ob und welche terminsbedürftigen Eingaben eingetroffen sind. Natürlich darf und muß der Urkundsbeamte dabei beachten, wieviel Terminstage bereits besetzt sind. Wenn mit Sicherheit Wochen hindurch kein zusätzlicher Verhandlungstermin möglich sein wird, braucht er eine terminsbedürftige Eingabe nicht so rasch vorzulegen wie dann, wenn er weiß, daß entweder infolge Wegfalls anderer Sachen oder infolge nur geringer Terminsauslastung usw schon in nächster Zukunft technisch weitere Termine anberaumt werden könnten. Eine Klageschrift legt der Urkundsbeamte dem Vorsitzenden allerdings erst dann vor, wenn der Kläger eine vorweg zu leistende Verfahrensgebühr gezahlt hat, Anh § 271.

**B. Aufgaben des Vorsitzenden.** Der Vorsitzende soll den Termin ebenfalls unter Beachtung der **17** Ladungsfrist, § 217, bzw der Einlassungsfrist, § 274 III, und der Erklärungsfrist, § 132, unverzüglich bestimmen, und zwar grundsätzlich auch für die Zeit vom 1. 7. bis 31. 8., § 227 Rn 31. II erfaßt die Zeit zwischen dem Klageeingang und der Terminsbestimmung; § 272 III erfaßt die Zeit zwischen der Terminsbestimmung und dem Terminstag. Die Notwendigkeit unverzüglicher Terminsbestimmung, vgl § 121 I 1 BGB, gilt insbesondere dann, wenn ein Zuwarten die sachlichrechtliche Lage einer Partei verschlechtern würde, vgl Schlesw SchlHA **84**, 56. Auch hier gelten die vorgenannten Umstände.

Wenn der Terminszettel auf Wochen besetzt ist, ist eine *sofortige Terminsbestimmung* gleichwohl unter Umständen nicht nur ratsam, sondern notwendig, um den Prozeßbeteiligten um so mehr Gelegenheit zu geben, den Termin in der Zwischenzeit in Kenntnis des Terminstags rechtzeitig vorzubereiten. Eine Bevorzugung „glatter" Fälle ist eindeutig gesetzwidrig. Freilich macht die allgemein bekannte Terminsüberlastung in der Praxis die Terminsbestimmung oft unberechenbar, BGH **98**, 11. Bei notgedrungen weiter „Hinausschiebung" wegen Überlastung ist zwar eine Begründung zulässig und oft geboten, darf aber nicht zu allgemeiner Kritik an der Personallage ausgenutzt werden, KG NJW **95**, 883. Die Pflicht zur Terminsbestimmung besteht auch bei Nichterfüllung einer gerichtlichen Auflage, Hamm NVersZ **99**, 192 (nennt irsig II nicht mit).

**18** Der Vorsitzende muß den Verhandlungstermin so bestimmen, daß eine gesetzliche Zwischenfrist, vgl Üb 10 vor § 214, gewahrt bleibt, vgl auch wegen der Einlassungsfrist § 274 Rn 8. Er muß im übrigen auf eine *glatte Abwicklung der Geschäfte* achten, überflüssige Belästigungen der Beteiligten vermeiden und soviel Spielraum lassen, daß grundsätzlich auch noch eine Ladung eines solchen Zeugen möglich bleibt, der noch nicht benannt wurde, BGH **LM** § 529 aF Nr 30. Freilich darf nicht der Terminplan durch solchen Spielraum platzen; indessen können 15 Minuten durchaus genügen, aM Ffm MDR **86**, 593. In diesem Rahmen ist der nächste freie Termin zu wählen, § 272 III.

**19** Der Vorsitzende muß die voraussichtliche Terminsdauer angemessen mitbeachten. Art 103 I GG, Einl III 16, BVerfG NJW **92**, 300. Er ist in diesem Rahmen aber nun auch nicht zur Übervorsicht und ist daher keineswegs dazu verpflichtet, grundsätzlich gewissermaßen „auf Verdacht" noch 10 oder 15 Minuten mehr für die Sache anzusetzen, als nach seinem pflichtgemäßen *Ermessen* auf Grund des derzeitigen Sach- und Streitstands voraussichtlich erforderlich sein wird. Er darf und muß dabei berücksichtigen, daß ein zB unzulässig mit „N.N." angekündigter Zeuge unter Umständen nach § 356, dort Rn 4, unberücksichtigt bleiben muß. Der Vorsitzende muß ja auch die Interessen des Prozeßgegners gleichermaßen mitbedenken. Keineswegs darf die Partei auf dem Umweg über II die Vorschriften über eine Zurückweisung verspäteter Beweisantritte zu unterlaufen versuchen, BGH NJW **81**, 286, ThP 9, aM BGH NJW **79**, 1988, Hamm NJW **80**, 293, ZöStö 17. Das Gericht sollte solchen Bestrebungen unmißverständlich entgegentreten.

**20** **C. Sammeltermin.** Ein sog „Sammeltermin" oder „Kartelltermin" (dazu auch § 220 Rn 5, § 272 Rn 12) kann zulässig sein, BGH DRiZ **82**, 73, BayVerfGH NJW **90**, 1654 (abl Deubner), funktionieren, Steiner DRiZ **79**, 284, und ist in der Praxis vielfach üblich, Rudolph DRiZ **86**, 17. Er kann aber auch zu einer unzumutbaren Belastung der Beteiligten führen, Herbst DRiZ **79**, 237, vor allem zur Farce und dem Übel des sog Kartellanwalts, Rudolph DRiZ **86**, 17, aM Bayer AnwBl **86**, 443, und ähnliche Praktiken begünstigen, durch die die Verhandlung zur Farce würde, LG Duisb RR **91**, 1022, Handel DRiZ **92**, 91. Dadurch kann sogar eine Staatshaftung aus Art 34 GG ausgelöst werden. Im übrigen kann gegen einen unzumutbar gebündelten Sammeltermin eine Dienstaufsichtsbeschwerde zulässig sein, Arndt DRiZ **79**, 142, Schneider DRiZ **79**, 239. Es kommt auch beim Sammeltermin auf die Fallumstände an. Solange das Gericht im allgemeinen imstande ist, Sammeltermine einigermaßen pünktlich abzuwickeln, ist die Ladung zu einem solchen Termin einwandfrei. Eine gewisse, geringfügige Wartezeit gehört zum Prozeßbetrieb und ist hinzunehmen. Man kann auch beim Arzt, beim Anwalt oder auch bei einer Behörde außerhalb des Gerichts nicht immer genau an die Reihe zu kommen. Das Gericht muß aber imstande sein, die Terminsplanung fest im Griff zu behalten.

**21** Sammeltermine sind unzulässig, sofern sie erfahrungsgemäß fast immer zu einem völligen *Durcheinander* im Terminsablauf und zu stundenlangen Wartezeiten führen. Das Gericht muß von dem Grundsatz ausgehen, daß jede Partei erwarten kann, zur festgesetzten Stunde auch unverzüglich angehört zu werden. Jede Partei kann auch erwarten, daß das Gericht ihr während der Verhandlung seine volle ungeteilte Aufmerksamkeit zuwendet. Die Anwesenheit zahlreicher Prozeßbeteiligter in anderen Sachen ist zwar als solche nicht zu beanstanden, jedenfalls solange die mündliche Verhandlung öffentlich durchgeführt werden muß. Das Gericht muß aber übermäßige akustische und optische Ablenkungen durch solche anderen Anwesenden zu vermeiden versuchen und auch in diesem Zusammenhang darauf achten, keine Sammeltermine mit fünf, zehn oder gar noch mehr Sachen zur selben Terminstunde anzusetzen.

Wenn ein Terminzettel ersichtlich dazu führt, daß zahlreiche Prozeßbeteiligte nicht unerheblich warten müssen, mag derjenige, der innerhalb dieser Gruppe *länger als etwa 15 Minuten* zuwarten mußte, sogar gehen dürfen, ohne säumig zu werden. Gerade in einem solchen Fall sollte er jedoch unbedingt zunächst die Meinung des Vorsitzenden über den voraussichtlichen weiteren Zeitablauf einholen. Denn der Vorsitzende mag zB beabsichtigen, den wartenden Fall im etwaigen Einverständnis der übrigen Prozeßbeteiligten in wenigen Minuten oder einer kurzen Unterbrechung der laufenden anderen Verhandlung außerhalb der Reihenfolge aufzurufen, weil dieser wartende Fall vielleicht nur wenige Minuten beanspruchen dürfte usw. An alledem ändert auch der häufige Anwaltswunsch nichts, erst einmal eine sichere „Nachfrist" zu erhalten; das diese Praxis geradezu fördernde Gericht handelt glatt pflichtwidrig.

**22** **D. Weitere Einzelfragen.** Alles das gilt zunächst unabhängig davon, ob eine Sommersache im Sinn von § 227 III vorliegt, dort Rn 31. Der Vorsitzende muß zB bei einem im Mai bereits bis Anfang Juli besetzten Terminkalender noch im Mai auf den nächsten freien Sitzungstag nach dem 1. Juli terminieren. Er kann allenfalls einen Antrag nach § 227 III 1 anregen. In der Bitte der Partei um einen baldigen Termin liegt keineswegs stets ein Verzicht auf einen solchen Antrag. In der Zeit vom 1. 7. bis 31. 8. muß der Vorsitzende zunächst jeden sonst zur Verfügung stehenden Terminstag voll oder teilweise zu besetzen. Allerdings sind während der Urlaubszeit erfahrungsgemäß ohnehin oft keine Termine durchführbar.

### 3. Titel. Ladungen, Termine und Fristen §216

Ein *früher erster Termin,* § 272 II Hs 1, sollte in der Regel binnen weniger Tage nach der Aktenvorlage **23** anberaumt werden. Ein *Haupttermin,* § 278, ist meist erst dann sinnvoll anzusetzen, wenn der Vorsitzende auf Grund des Vorverfahrens, § 272 II Hs 2, übersehen kann, wann die notwendigen Vorbereitungen abgeschlossen sein werden. In einer Scheidungssache, §§ 606 ff, darf der Vorsitzende nicht den Eingang einer Folgesache abwarten, Ffm NJW **86,** 389. Der Urkundsbeamte der Geschäftsstelle hat die Terminsverfügung des Vorsitzenden in beglaubigter Abschrift, BGH NJW **80,** 1960, also zB nicht bloß „auf richterliche Anordnung", von Amts wegen zuzustellen, §§ 209, 329 I 2, ohne daß es einer besonderen Zustellungsverfügung des Vorsitzenden bedarf. Der Vorsitzende kann aber die Art der Zustellung innerhalb der gesetzlichen Vorschriften anordnen. Er kann also zB verfügen, daß nicht nur der Bekl mit Zustellungsurkunde zu laden sei, sondern auch der ProzBev des Klägers unter Verwendung eines Empfangsbekenntnisses zu laden sei.

**E. Amtsverfahren.** Alle Termine sind von Amts wegen zu bestimmen. Das bedeutet im Rahmen der **24** Parteiherrschaft, Grdz 18 vor § 128, daß ein Termin zu bestimmen ist, sobald eine Handlung einer Partei einen Anlaß dazu gibt, BGH VersR **76,** 37, auch nach einer Zwischenentscheidung, zB nach einem Teilurteil, § 301, Ffm JB **82,** 613, soweit der Verfahrensfortgang statthaft ist, BGH NJW **79,** 2307. I schränkt die Verfügungsfreiheit der Parteien im Prozeß nicht ein. Er nimmt den Parteien nur gewisse förmliche Handlungen ab. Die Terminsbestimmung erfolgt ohne eine Anregung, wenn das Gericht einen Termin von Amts wegen zu bestimmen hat, etwa zum Zweck einer Beweisaufnahme oder nach einer solchen oder nach einer Verweisung oder Abgabe oder nach einer Zurückverweisung, §§ 281, 696, 538, BGH VersR **76,** 37. In allen anderen Fällen erfolgt die Terminsbestimmung nur auf Grund einer Anregung, etwa nach einem Widerspruch im Mahnverfahren, sobald außer dem Widerspruch auch der erforderliche Antrag auf die Durchführung des streitigen Verfahrens nach § 696 I 1 vorliegt. Auch die Aufnahme eines nach §§ 239 ff unterbrochenen Verfahrens erfolgt auf Grund einer Anregung, § 250. In solchen Fällen weiß der Richter ja sonst nicht einmal, ob die Voraussetzungen für eine Fortsetzung des Verfahrens erfüllt sind. Wegen einverständlicher Unterlassung der Terminsbestimmung Rn 11.

**8) Termin am Sonntag usw, III.** Ein Sonntag oder ein allgemeiner Feiertag, § 188 Rn 5, auch ein **25** Sonnabend, soll von Terminen möglichst frei bleiben. Es ist aber auch im Zivilprozeß keineswegs schlechthin unzulässig, an einem solchen Tag einen Termin anzusetzen. Freilich müssen die technischen Voraussetzungen gegeben sein, zB ein ungehinderter Zugang zum Sitzungssaal, ausreichende Beleuchtung usw. An derartigen Tagen besteht ein gegenüber dem „Normalbetrieb" erhöhter Anspruch auf eine Vertagung. Über das Vorliegen eines „Notfalls" entscheidet der Vorsitzende. Er darf die Terminsbestimmung und alle zugehörigen Entscheidungen weder auf den Berichterstatter noch auf das Kollegium oder gar auf den Urkundsbeamten der Geschäftsstelle übertragen.

**9) Rechtsbehelfe, I–III,** dazu *Fasching* (vor Rn 1): Beim Rpfl gilt § 11 RPflG, § 104 Rn 41. Im **26** übrigen:

**A. Gegen unverzügliche Terminsbestimmung: Keine Anfechtbarkeit.** Gegen eine unverzügliche Bestimmung des Termins ist grundsätzlich kein Rechtsmittel statthaft. Das gilt auch nach einem Abbruch des schriftlichen Vorverfahrens, § 272 Rn 9, KG MDR **85,** 416.

**B. Gegen Antragszurückweisung: Beschwerde.** Gegen die Zurückweisung eines Antrags auf eine **27** Terminsbestimmung ist neben oder nach einem Antrag nach § 227 beim Rpfl das Verfahren nach § 11 RPflG, Anh § 153 GVG, und beim Richter die Beschwerde nach §§ 252, 567 I Hs 2 statthaft, Karlsr FamRZ **97,** 1224, Köln FamRZ **98,** 1607, Stgt FamRZ **98,** 1606, aM Celle OLGZ **75,** 357, Karlsr FamRZ **94,** 1399, OVG Bre NJW **84,** 992 (aber man kann auch eine von Amts wegen erforderliche Handlung zusätzlich beantragen). Das gilt nicht im Fall einer nur freigestellten mündlichen Verhandlung, § 128 Rn 10. Soweit das LG als Berufungs- oder Beschwerdegericht entschieden hat, ist die Beschwerde unzulässig, § 567 III 1. Die Unterlassen der Terminsbestimmung trotz eines Antrags ist als eine Zurückweisung anzusehen, Karlsr NJW **73,** 1510, Mü RR **96,** 229. Das übersieht Schlesw NJW **83,** 460. Befangenheit, § 42, ist erst bei Gehörsverweigerung oder Willkür anzunehmen, Brdb RR **99,** 1291.

**C. Gegen Terminszeitpunkt: Dienstaufsichtsbeschwerde usw.** Gegen die Wahl des Termins ist **28** grundsätzlich nur die Dienstaufsichtsbeschwerde mit dem Ziel nur der Ermahnung statthaft, § 26 II DRiG, Hamm DRiZ **74,** 28, Arndt DRiZ **79,** 143 (er will aber auch eine Staatshaftung aus Art 34 GG ermöglichen). Freilich ist die Terminauswahl grundsätzlich Tätigkeit in richterlicher Unabhängigkeit, ZöStö 22; das Dienstrecht ist kein Instrument der Beschleunigung, Weber-Grellet NJW **90,** 1778.

BGH **93,** 244 (krit Rudolph DRiZ **85,** 351) bejaht eine allgemeine Aufsichtsmöglichkeit; BVerfG NJW **29 89,** 3148 scheint ähnlich zu sein. Celle OLGZ **75,** 357, Ffm NJW **74,** 1715, Köln NJW **81,** 2263 lassen auch in diesem Fall die *einfache Beschwerde* nach § 567 I Hs 2 zu, falls eine allzu späte Terminierung auf eine Verweigerung des Rechtsschutzes hinauslaufen würde und daher eine „greifbare Gesetzwidrigkeit" darstelle, § 127 Rn 25 (das ist ein leider gefährlich dehnbarer und daher nur zurückhaltend zu benutzender Begriff, mit dessen Hilfe das Beschwerdegericht nicht die grundsätzliche Unanfechtbarkeit der Terminsbestimmung unterlaufen sollte); Celle NJW **75,** 1230, Köln OLGZ **85,** 123 meinen, der Beschwerdeweg sei nur dann möglich, wenn man darlegen könne, daß der Vorsitzende willkürlich gehandelt habe oder daß eine besondere Eilbedürftigkeit vorliege. Dergleichen müßte der Beschwerdeführer darlegen, Köln OLGZ **85,** 123. § 567 III 1 gilt natürlich auch bei solcher Auffassung.

Jedenfalls ist die *Dienstaufsichtsbeschwerde unzulässig,* zumindest *unbegründet,* soweit sich ergibt, daß das Gericht die Terminsbestimmung aufgrund einer vorgenommenen Prüfung aus nicht völlig abwegigen Erwägungen so oder gar nicht vorgenommen hat. Denn dann bewegte es sich im Bereich seiner Unabhängigkeit, BGH MDR **91,** 150. Dazu gehört zB die „späte" Terminierung wegen der Notwendigkeit, für jede früher anberaumte Sache eine ausreichende Verhandlungsdauer einzuplanen, wie sie vom BVerfG NJW **92,** 300 gefordert wird; ihre Überprüfung durch die Dienstaufsicht ist grundsätzlich völlig verboten, § 26 DRiG.

**30    D. Bei Sommersache: Weitere Möglichkeiten.** Soweit es sich um eine Sommersache im Sinn von § 227 III 2 handelt und auf dieser Basis ein Termin zu bestimmen ist, ist auch ein Antrag des Inhalts zulässig, das Kollegium möge die Bestimmung des Vorsitzenden aufheben. Gegen die Entscheidung des Gerichts ist die einfache Beschwerde zulässig, § 567.

**31    E. Bei Untätigkeit: Beschwerde, hilfsweise Verfassungsbeschwerde.** Bei einer bloßen Untätigkeit des Gerichts trotz Rechtspflicht zum Tätigwerden kommt dann, wenn der Verfahrensstillstand als Rechtsverweigerung anzusehen ist (Vorsicht!), eine sog Untätigkeitsbeschwerde, Saarbr RR **99**, 1290, und nach ihrer Erfolglosigkeit, Einl III 17, zumindest in Bayern eine Verfassungsbeschwerde in Betracht, BayVerfGH NJW **91**, 2896.

**32    10) *VwGO*:** *I ist entsprechend anzuwenden, § 173 VwGO, Kopp § 102 Rn 1, ebenso III. Entspr II ist die Terminsbestimmung Sache des Vorsitzenden, OVG Münst NJW 91, 1628 (auch zur Frage der Unterzeichnung); i ü ist II unanwendbar wegen abweichender Gestaltung des Verfahrens, §§ 85, 87, 96 II VwGO, VGH Mannh NJW 84, 993 mwN. Beschwerde, Rn 27, ist im Hinblick auf § 146 II VwGO allenfalls im Fall der Rechtsschutzverweigerung gegeben, vgl VGH Mannh aaO, VGH Mü BayVBl 78, 212.*

**217** *Ladungsfrist.* **Die Frist, die in einer anhängigen Sache zwischen der Zustellung der Ladung und dem Terminstag liegen soll (Ladungsfrist), beträgt in Anwaltsprozessen mindestens eine Woche, in anderen Prozessen mindestens drei Tage.**

1    **1) Systematik, Regelungszweck.** Die Vorschrift regelt die von der Einlassungsfrist, § 274 III, zu unterscheidende Ladungsfrist. Beide dienen demselben Zweck, nämlich der Möglichkeit der Partei, sich auf den Prozeß bzw Termin vorzubereiten und das rechtliche Gehör zu erhalten, Einl III 16. In einer anhängigen Sache soll zwischen dem Tag, an dem die Ladung der Partei zugestellt wird, und dem Terminstag, beide nicht eingerechnet, eine Ladungsfrist liegen. Ihre Dauer beträgt im Anwaltsprozeß, § 78 Rn 1, mindestens 1 Woche, in einem anderen Prozeß mindestens 3 Tage.

2    **2) Geltungsbereich.** Die Vorschrift ist für jede Terminsart im Sinn von Üb 3 vor § 214, auch vor dem verordneten Richter, §§ 361, 362, Köln MDR **73**, 856, Teplitzky NJW **73**, 1675, und für alle Parteien bzw ProzBev oder Streithelfer anwendbar, nicht aber für andere Prozeßbeteiligte, etwa für den Zeugen oder den Sachverständigen, erst recht nicht für den gestellten (zistierten). Sie gilt auch im sozialgerichtlichen Verfahren, § 202 SGG, BSG MDR **93**, 360. Sie gilt auch bei einer Verlegung auf einen anderen Tag nach § 227, soweit nicht § 218 anwendbar ist. Eine Verlegung der Terminsstunde innerhalb desselben Terminstags hat keinen Einfluß auf die Frist, LG Köln MDR **87**, 590. Die Frist ist eine Zwischenfrist (Überlegungsfrist) und eine gesetzliche Frist, Üb 10 vor § 214. Sie kann unter den Voraussetzungen des § 226 abgekürzt werden. Sie kann nicht verlängert werden, § 224 II. Sie ist auch im Verfahren auf den Erlaß eines Arrests oder einer einstweiligen Verfügung einzuhalten, §§ 916 ff, 935 ff. S auch bei § 274 III.

3    **3) Entbehrlichkeit.** Die Ladungsfrist ist bei einem verkündeten Termin entbehrlich, § 218, Oldb MDR **87**, 503 (Ausnahme bei einer Bedingung der Terminsanberaumung), ZöStö 1, aM Gerhardt ZZP 98, 356, StJSchu 6. Ebenso ist die Ladungsfrist bei der Ladung nur einer Beweisperson entbehrlich. Freilich muß der verordnete Richter § 357 beachten, Teplitzky NJW **73**, 1675. Bei einer Ladung, die ein Verfahren einleitet, tritt an ihre Stelle die Einlassungsfrist nach § 274 III, vgl auch BayObLG Rpfleger **78**, 383, s ferner §§ 495, 520 III 2, 555 II, 604 II.

4    **4) Einzelfragen.** Im Verfahren auf den Erlaß eines Arrests oder einer einstweiligen Verfügung, §§ 916 ff, 935 ff, ist eine Einlassungsfrist nach § 274 III aber entbehrlich. Eine besondere Ladungsfrist gilt im Wechsel- und Scheckprozeß nach den §§ 604 II, 605 a. Im Fall des § 239 III bestimmt der Vorsitzende die Dauer der Ladungsfrist. Auch in der Zeit vom 1. 7. bis 31. 8. läuft die Ladungsfrist wie sonst, denn § 227 III betrifft nur Termine, nicht Fristen.

5    **5) Verstoß.** Soweit die Ladungsfrist nicht eingehalten wurde, kann ein Verstoß gegen Art 103 I GG vorliegen, Einl III 16, BFH DB **81**, 1446. Das Gericht darf gegen den nicht rechtzeitig Geladenen keine Versäumnisentscheidung, § 335 I Z 2, und auch keine Entscheidung nach Aktenlage erlassen, vgl BSG MDR **93**, 360, so grundsätzlich richtig ferner Oldb MDR **87**, 503. § 295 ist aber anwendbar. Eine vorwerfbar späte Abladung kann eine Amtshaftung nach Art 34 GG, § 839 BGB auslösen, LG Stgt RR **89**, 190.

6    **6) *VwGO*:** *Es gilt § 102 I VwGO.*

**218** *Verkündete Termine.* **Zu Terminen, die in verkündeten Entscheidungen bestimmt sind, ist eine Ladung der Parteien unbeschadet der Vorschriften des § 141 Abs. 2 nicht erforderlich.**

1    **1) Systematik, Regelungszweck.** Die Vorschrift enthält eine Ausnahme vom Grundsatz der §§ 214 ff, daß das Gericht zu einem Termin laden muß. Der Grund liegt in dem Umstand, daß es den (neuen) Termin ja bereits durch dessen Verkündung nach § 329 I 1 bekanntgegeben hat und daß eine säumige Partei, §§ 330 ff, vor auch diesen Nachteilen nicht besonders zu schützen ist. Die Vorschrift dient damit der Prozeßwirtschaftlichkeit, Grdz 14 vor § 128, ohne in Wahrheit das rechtliche Gehör zu schmälern; mag sich der Säumige wenigstens nach dem Ergebnis des versäumten Termins erkundigen. Dasselbe gilt für denjenigen, der den Termin nicht bis zur Schlußentscheidung am Ende der Sitzung oder in einem besonderen Verkündungstermin, § 310 I 1 Hs 2, verfolgt hat. Der Entschuldigte wird ja anders geschützt, §§ 227, 337 usw.

### 3. Titel. Ladungen, Termine und Fristen　　　　　　　　　　　　　　　　§§ 218, 219

Die Vorschrift hat eine ganz *erhebliche praktische Bedeutung*. Denn in dem neuen Verhandlungstermin könnte nicht nur eine Versäumnisentscheidung ergehen, sondern zB auch ein Urteil nach Lage der Akten, § 251 a, oder doch ein kostenauslösender Beweisbeschluß nach Lage der Akten usw. Die Entbehrlichkeit einer besonderen Ladung ist vielfach unbekannt.

**2) Geltungsbereich.** Die in der Praxis viel zu wenig beachtete Vorschrift gilt allgemein, auch zB bei **2** § 901. Wenn das Gericht in einer ordnungsgemäß verkündeten Entscheidung nur oder auch einen Termin bestimmt hat, braucht grundsätzlich keine der beteiligten Parteien zu diesem neuen Termin geladen zu werden. Das gilt sowohl im Anwaltsprozeß als auch im Parteiprozeß, § 78 Rn 1. Voraussetzung ist, daß die Parteien bzw ihre ProzBev, § 81, oder Streitgehilfen, § 66, zu demjenigen Termin ordnungsgemäß geladen worden sind, in dem die Entscheidung verkündet wird, Mü OLGZ **74**, 241, Nürnb Rpfleger **77**, 417, oder daß sie ordnungsmäßige Terminmitteilungen erhalten haben, soweit diese ausreichen. Unter dieser Voraussetzung ist es aber unerheblich, ob eine Partei bei der Verkündung anwesend war. Die Partei muß sich vielmehr nach dem Ergebnis des Verkündungstermins erkundigen. Sonderregeln enthalten §§ 335 II, 337 S 2, Köln RR **95**, 448.

**3) Aufgaben der Partei.** Es gehört jedoch zur allgemeinen Sorgfaltspflicht jeder Partei, sich auch nach **3** solchen Vorschriften rechtzeitig zu erkundigen. Die Partei, die im Zeitpunkt der Verkündung eines neuen Termins nicht anwesend war, kann sich auch keineswegs darauf verlassen, ihr werde noch rechtzeitig vor dem neuen Termin ein Protokoll zugehen. Entgegen einer weitverbreiteten Ansicht ist das Gericht grundsätzlich weder verpflichtet noch überhaupt dazu berechtigt, einer Partei von Amts wegen eine Protokollabschrift zuzuleiten. Daran ändern auch etwaige örtliche abweichende Gebräuche nichts. Mit der Annahme eines diesbezüglichen Gewohnheitsrechts sollte man äußerst zurückhaltend verfahren. All das gilt auch gegenüber einer anwaltlich vertretenen Partei. Es gehört zu den klaren Vertragspflichten des Anwalts, sich nach dem Ergebnis eines Termins, in dem der Anwalt nicht bis zum Ende anwesend war, unverzüglich und mit *aller zumutbaren Sorgfalt* zu erkundigen, § 85 Rn 12, BGH FamRZ **95**, 800. Das geschieht auch jedenfalls in erstklassigen Anwaltspraxen.

Noch weniger hat eine Partei einen Anspruch darauf, ein *Terminsprotokoll* alsbald nach dem Termin in die Hand zu bekommen. Das gilt selbst dann, wenn sie es um eine Abschrift des Protokolls gebeten hat (und dann einen Anspruch auf eine Übersendung haben mag). Nach der Konstruktion des Gesetzes ist weder das Protokoll noch ein in ihm verkündeter neuer Termin von einer Kenntnisnahme durch die davon betroffene Partei schlechthin abhängig. Die allgemeine Überlastung führt dazu, daß manches Protokoll erst nach längerer Zeit ausgefertigt werden kann. Das ist beklagenswert, darf aber nicht zum Vorwand dafür gemacht werden, man habe den ordnungsgemäß verkündeten Termin mangels einer Aushändigung eines Protokolls schuldlos versäumt.

**4) Aufgaben des Gerichts.** Freilich sollte das Gericht dafür Sorge tragen, daß eine nicht rechtskundige **4** Partei die Bedeutung des § 218 erkennt und daß zumindest der Wortlaut einer am Schluß der Sitzung in Abwesenheit einer Partei verkündeten Entscheidung alsbald nach dem Ende des Termins auf etwaige Anfrage ihm mitgeteilt werden kann. Andererseits befindet sich die Akte durchaus zu Recht gerade nach einem solchen Termin zunächst im Umlauf, zuerst bei dem Protokollführer, dann auf der Geschäftsstelle, dann beim Vorsitzenden zur Protokollunterschrift usw. Die Geschäftsstelle ist nicht verpflichtet, sogleich und etwa gar stundenlang nach der Akte zu suchen, nur weil eine Partei, aus welchen Gründen auch immer, der Verkündung ferngeblieben war. Das alles müssen die Partei und ihr Anwalt bedenken, wenn sie nicht bis zum Schluß des Termins anwesend bleiben. Das alles gilt sogar dann, wenn, wie üblich, ein neuer Termin etwa erst am Schluß der Sitzung verkündet werden kann oder soll. Niemand braucht eine ungewisse Stundenzahl hindurch auf das Ende der Sitzung zu warten. Wer aber vorzeitig geht, muß anschließend um so aktiver werden. Eine Ladungsfrist nach § 217 zum verkündeten Termin kommt nicht in Betracht, selbst wenn eine Ladung stattfindet.

**5) Säumnisfolgen.** Im verkündeten Termin darf ein Versäumnisurteil nach §§ 330 ff ergehen, wenn das **5** Gericht die betroffene Partei zu demjenigen Termin ordnungsgemäß geladen hatte, in dem der neue Termin verkündet worden war. Andernfalls ist eine Neuladung mit einer erneuten Einhaltung der Ladungsfrist notwendig, Mü VersR **74**, 675. Soweit ein Beteiligter erschienen ist, ist der Mangel der Ladung ihm gegenüber unschädlich. Der Anwalt, der den § 218 nicht beachtet, kann nach § 85 haften, der gesetzliche Vertreter nach § 51.

**6) Notwendigkeit einer Ladung.** Eine Ladung zum verkündeten Termin ist aber erforderlich, wenn das **6** Gericht das persönliche Erscheinen einer Partei nach § 141 II anordnet. Eine solche Ladung ist ferner bei Maßnahmen nach den §§ 273 IV, 279 II, 335 II, 337 S 2 (Ablehnung einer Versäumnisentscheidung), 612 II, 640 II (in einer Ehe- oder Kindschaftssache) notwendig. Ferner sind Beweispersonen zu laden. Das Gericht muß den Termin zur Verkündung eines Urteils nach Lage der Akten der nicht erschienenen Partei formlos mitteilen, § 251 a II 3.

**7) VwGO:** Entsprechend anzuwenden, § 173 VwGO, Ule VPrR § 47 II 1. Eine Ladung ist (ebenso wie nach **7** § 141 II) *erforderlich* bei § 95 VwGO (Anordnung des persönlichen Erscheinens).

## 219 *Terminsort.* 
**I** Die Termine werden an der Gerichtsstelle abgehalten, sofern nicht die Einnahme eines Augenscheins an Ort und Stelle, die Verhandlung mit einer am Erscheinen vor Gericht verhinderten Person oder eine sonstige Handlung erforderlich ist, die an der Gerichtsstelle nicht vorgenommen werden kann.

**II** Der Bundespräsident ist nicht verpflichtet, persönlich an der Gerichtsstelle zu erscheinen.

## § 219

**1** **1) Systematik, Regelungszweck, I, II.** Die Vorschrift ist eine Ausprägung des Grundsatzes der Öffentlichkeit der Verhandlung, § 169 GVG, als einer der wichtigsten Errungenschaften des modernen Zivilprozesses zwecks möglichster Kontrolle wenigstens durch Zuhörendürfen, etwa seitens der Presse, im Interesse der Rechtsstaatlichkeit, Einl III 15. Irgendwo unter freiem Himmel, und sei es auch unter der historischen Eiche auf dem Marktplatz, herrscht eben grundsätzlich nicht etwa die breitest denkbare Öffentlichkeit, sondern eine Situation, die ein etwa dort „verkündetes" Urteil gerade wegen eines Öffentlichkeitsverstoßes, § 173 GVG, unwirksam macht, Üb 12 vor § 300. Deshalb ist große Sorgfalt geboten: Nach der Vernehmung eines bettlägerigen Zeugen muß das Gericht nicht etwa erst zur Verkündung seiner Entscheidung in den Gerichtssaal zurückkehren, sondern schon zu der nach § 285 notwendigen (Schluß-)Verhandlung über das Beweisergebnis, in der das Ausbleiben einer Partei oder ihres ProzBev selbst nach vorheriger Anwesenheit bei der Beweisaufnahme nunmehr als Säumnis zu werten ist und zum Prozeßverlust führen kann, §§ 220 II, 251 a, 331 a, 495 a usw.

**2** **2) Geltungsbereich, I, II.** Vgl Üb 2 vor § 214.

**3** **3) Grundsatz: An Gerichtsstelle, I.** Die Termine sind grundsätzlich nur an der Gerichtsstelle, also im jeweiligen Gerichtsgebäude(teil), abzuhalten. Gerichtsstelle ist auch der Ort eines sog Gerichtstags oder einer sog Zweigstelle, § 3 VO v 20. 3. 35, RGBl 403, s bei § 22 GVG, BAG NJW **93**, 1029. Für den verordneten Richter, §§ 361, 362, stellt § 229 die Anwendbarkeit des § 219 klar.

**4** **4) Ausnahme: Ortstermin, I.** Ein Termin außerhalb der Gerichtsstelle, der sog Ortstermin oder Lokaltermin, ist nur ausnahmsweise, nämlich in den folgenden Fällen zulässig.

**A. Augenschein usw.** Das Gericht will einen Augenschein nach § 371 einnehmen oder mit einer Person verhandeln, die am persönlichen Erscheinen vor dem Gericht verhindert ist, vgl Ffm Rpfleger **77**, 146 (ein Kranker ist aber nicht stets gehunfähig), Mü OLGZ **76**, 253, mag es sich um eine Partei, Grdz 3 vor § 50, einen Streithelfer, § 66, einen Zeugen, § 373, Sachverständigen, § 402, oder zu Betreuenden handeln. Auch ein Gefangener muß erscheinen und sich dazu evtl vorführen lassen, um ein Versäumnisurteil zu vermeiden.

**5** **B. Schwierige Verhältnisse.** Das Gericht kann die Handlung nicht an der Gerichtsstelle vornehmen, etwa deshalb nicht, weil das Gerichtsgebäude für die Zahl der Prozeßbeteiligten nicht ausreicht. Bei schwierigen Verhältnissen ist freilich ein Ortstermin oft im Interesse der Beteiligten zweckmäßig.

**6** **5) Besonderheiten beim Haustermin, I.** Das Gericht darf das Haus oder das befriedete Besitztum einer Partei oder gar eines Dritten nur mit der Erlaubnis des Inhabers des Hausrechts betreten, Art 13 GG, soweit kein Erscheinenszwang vor dem Gericht besteht. Die Erlaubnis kann ohne eine Angabe von Gründen verweigert werden. In diesem Fall kann allerdings zB eine Beweisvereitelung vorliegen, Anh § 286 Rn 26, § 444 Rn 3; zum Problem Jankowski NJW **97**, 3347. Ein Zeuge darf der Partei den Zutritt nicht verbieten. Er darf sich allenfalls dazu erbieten, unverzüglich an der Gerichtsstelle zu erscheinen. Dieser Bitte muß das Gericht nur dann folgen, wenn er entweder eine Änderung seiner bisherigen Haltung zum Vernehmungsort Gründe angeben kann oder wenn die Vernehmung außerhalb der Gerichtsstelle auf Grund eines Irrtums beschlossen worden war. Ein zur Ableistung der eidesstattlichen Versicherung zwecks Offenbarung nach §§ 807, 900 in der Wohnung geladener Schuldner darf dem Gläubiger die Anwesenheit nach denselben Grundsätzen nicht verbieten.

**7** **6) Zuständigkeit, I.** Ob die Handlung „erforderlich" ist, ob sie also zur Herbeiführung einer gerechten Entscheidung notwendig und nicht nur „nützlich" ist, steht im pflichtgemäßen Ermessen des Vorsitzenden, BAG NJW **93**, 1029, aM ThP 2, ZöStö 2 (Ermessen des Kollegiums). Bloße Kostenfragen sind nicht ausreichend, ZöStö 2. Er kann die Verhandlung auch dann außerhalb der Gerichtsstelle anberaumen, wenn die Handlung technisch keineswegs nur an dem von ihm festgelegten Ort möglich ist, wenn sie vielmehr im Interesse der Rechtsfindung auswärts stattfinden muß, BAG NJW **93**, 1029 (neue Bundesländer). Freilich ist insoweit Zurückhaltung ratsam (keine reisenden Richter). Das Einverständnis oder der Wunsch der Parteien ist für die Entscheidung unerheblich.

**8** **7) Entscheidung, I.** Die Anordnung eines Ortstermins usw erfolgt durch eine Verfügung oder einen Beschluß, § 329, ohne eine mündliche Verhandlung, § 128 Rn 10. Die Entscheidung ist grundsätzlich zu begründen, § 329 Rn 4.

**9** **8) Verstoß, I.** Ein Verstoß gegen § 219 befreit die Partei von einem etwaigen Erscheinenszwang, bleibt aber im übrigen ohne prozessuale Folgen. Über einen Ortstermin in fremdem Gerichtsbezirk vgl § 166 GVG.

**10** **9) Rechtsbehelfe, I.** Gegen die Anordnung des Ortstermins usw wie gegen deren Ablehnung ist die einfache Beschwerde nach § 567 I nur dann zulässig, wenn das Gericht einen Antrag einer Partei zurückgewiesen hat, ZöStö 3, aM Schlesw SchlHA **72**, 95, ThP 3 (stets unanfechtbar). Soweit das LG als Berufungs- oder Beschwerdegericht entschieden hat, ist die Beschwerde unzulässig, § 567 III 1.

**11** **10) Vernehmung des Bundespräsidenten, II.** Der jeweils als Bundespräsident Amtierende, aM ZöStö 5 (nur der nach Art 54 GG Gewählte, nicht sein Vertreter) ist vom Erscheinen an der Gerichtsstelle befreit. Er darf also nicht etwa zunächst „versuchsweise" zur Gerichtsstelle geladen werden. Er braucht für die Weigerung, dort zu erscheinen, keine Gründe anzugeben. Im übrigen muß der Vorsitzende die Vernehmung entweder am Amtssitz des Bundespräsidenten oder in dessen Wohnung festsetzen. Es versteht sich, daß der dem Staatsoberhaupt schuldige Respekt die Terminsabstimmung gebietet, auch wenn der Bundespräsident als Zeuge im übrigen grundsätzlich wie jeder andere Zeuge zu behandeln ist. Da die Landesverfassungen kein Staatsoberhaupt mehr vorsehen, ist ein Staatspräsident in II nicht erwähnt.

**12** **11) VwGO:** An Stelle von **I** gilt § 102 III (umfassender), VG Schlesw JVBl **72**, 141. **II** ist entsprechend anwendbar, § 173 VwGO.

3. Titel. Ladungen, Termine und Fristen **§ 220**

**220** *Aufruf. Versäumung.* **¹ Der Termin beginnt mit dem Aufruf der Sache.
II Der Termin ist von einer Partei versäumt, wenn sie bis zum Schluß nicht verhandelt.**

### Gliederung

| | | | |
|---|---|---|---|
| 1) Systematik, Regelungszweck, I, II .... | 1 | 5) Versäumung, II .................... | 6–8 |
| 2) Geltungsbereich, I, II ................. | 2 | 6) Säumnisfolgen, II ................. | 9 |
| 3) Aufruf vor dem Saal, I ............... | 3 | 7) Verstoß, I, II ....................... | 10 |
| 4) Aufruf im Saal, I .................... | 4, 5 | 8) *VwGO* ............................ | 11 |
| A. Bedeutung ........................ | 4 | | |
| B. Einzelfragen ...................... | 5 | | |

**1) Systematik, Regelungszweck, I, II.** Die Vorschrift enthält zwei nur auf den ersten Blick ganz **1** unterschiedliche Regelungen. In I steht eine Klarstellung, von welchem Augenblick an die Rechte und Pflichten aller Prozeßbeteiligten während eines Verhandlungs-, Beweisaufnahme- oder Verkündungstermins beginnen. Insofern ist I eine Ergänzung zu § 136 I. In II ist klargestellt, was in §§ 332, 333 als Voraussetzungen der dortigen Rechtsfolgen gilt. Insbesondere im Fall des § 285 (Verhandlung über das Beweisergebnis) wird also II bedeutsam. Was unter einem Verhandlungsschluß zu verstehen ist, muß man den Erläuterungen zu § 136 IV entnehmen. Für den verordneten Richter, §§ 361, 362, stellt § 229 die Anwendbarkeit als § 220 klar.

Es soll *sichergestellt* werden, von welchem Moment an das Kernstück des Prozesses beginnt, von wann bis wann die Ordnungsgewalt nach §§ 175 ff GVG besteht und in welchen Zeitraum die Säumnisfolgen fallen. Das alles dient vornehmlich der Rechtssicherheit, Einl III 43. Vgl ferner Rn 4.

**2) Geltungsbereich, I, II.** Vgl Üb 2 vor § 214. **2**

**3) Aufruf vor dem Saal, I.** Die Sache wird zunächst vor der Saaltür oder in einem etwa vorhandenen **3** Warteraum aufgerufen, wie er bei großen Gerichten üblich und notwendig ist, vgl BVerfG **42**, 372, BVerwG NJW **86**, 204. Diesen Aufruf nimmt zB der Protokollführer vor. Der Aufruf kann auch durch ein im Sitzungssaal vorhandenes Mikrophon und Lautsprecher erfolgen. In diesem Fall können technische Pannen eintreten, zB dadurch, daß der Lautsprecher versagt, ohne daß man das im Sitzungssaal bemerkt. Außerdem mag dadurch Verwirrung eintreten, daß der auf dem Flur Wartende nicht gesagt bekommt, in welchen der zahlreichen Sitzungssäle er eintreten soll. Deshalb empfiehlt sich vor der Annahme einer Säumnis eine erhebliche Sorgfalt bei der Durchführung des Aufrufs.

**4) Aufruf im Saal, I.** Er erfordert wegen Art 103 I GG mehr Sorgfalt als üblich. **4**

**A. Bedeutung.** Zusätzlich zu dem allgemeinen Aufruf nach Rn 3 hat der Vorsitzende oder sein Beauftragter die bestimmte einzelne Sache im Sitzungssaal aufzurufen, § 136 I. Erst das ist derjenige Aufruf, mit dem nach § 220 der Termin beginnt. Wenn der Vorsitzende im Sitzungssaal gleichzeitig mehrere Sachen „aufrufen" läßt, liegt noch kein Aufruf nach Rn 3 vor, vielmehr muß der Vorsitzende die einzelne Sache dann unmittelbar vor der Beschäftigung mit ihr erneut und auch für den nicht Rechtskundigen eindeutig im Sitzungssaal aufrufen. Der Zweck des Aufrufs nach Rn 3 besteht in der Mitteilung, daß die Verhandlung beginnt. Die Beteiligten müssen sich nun bereit halten. Der Vorsitzende setzt kraft seines Rechts zur Prozeßleitung, Üb 3 vor § 128, die Reihenfolge mehrerer zur gleichen Terminsstunde anstehender Sachen fest. Er muß dabei die in § 216 Rn 18 genannten Grundsätze beachten.

**B. Einzelfragen.** Die Terminsdauer muß nicht mit der Verhandlungsdauer übereinstimmen, §§ 136 IV, **5** 137 I. Ein Aufruf *vor* der Terminsstunde setzt das Einverständnis aller Beteiligten voraus, KG NJW **87**, 1339, nicht aber auch das „Einverständnis" anderer Personen, etwa der Öffentlichkeit. Ist die Partei anwesend, so kann sie im Parteiprozeß erklären, das Gericht brauche nicht auf ihren ProzBev zu warten; in solchem Fall wird der Vorsitzende ihn über den bisherigen Terminsablauf informieren. Die sog Meldung der Partei vor dem Aufruf ist nur eine Bitte, den Gegner auf die Anwesenheit der Partei im Gebäude hinzuweisen. Eine Versäumung verhütet sie nicht. Etwas anderes mag dann gelten, wenn sich die Partei in eine ausliegende Sitzungsliste einträgt, wegen Überfüllung draußen wartet und nun vom Aufruf im Saal schuldlos keine Kenntnis erhält, BVerfG **42**, 372, oder wenn an der Tür des Sitzungssaal ein Schild mit dem Text „Ohne besonderen Aufruf eintreten" hängt und der Vorsitzende die Sache nicht außerhalb des Sitzungssaales aufrufen läßt, LG Hbg NJW **77**, 1459. Maßgeblich ist die objektiv richtige Zeit, nicht etwa eine vorgehende Gerichtsuhr oder Uhr des Vorsitzenden usw.

Insbesondere im Fall des *Sammeltermin*, vgl § 216 Rn 20, mag ein mehrfacher Aufruf notwendig sein, BVerfG **42**, 371. Vor dem Erlaß einer Versäumnisentscheidung nach §§ 330 ff sollte das Gericht den Säumigen trotz der Obliegenheit der Prozeßbeteiligten, sich auf einen pünktlichen Verhandlungsbeginn einzurichten, BVerwG NJW **86**, 207, schon zur Vermeidung eines Verstoßes gegen Art 103 I GG möglichst zusätzlich noch einmal vor dem Sitzungssaal und auch in ihm aufrufen, BVerwG NJW **86**, 205.

Je nach der Zahl der Verhandlungen im Haus und im Saal kann es notwendig werden, einen Aufgerufenen näher zu *bezeichnen*, BVerfG **42**, 370, zB durch seinen Vornamen oder seinen Beruf. Ein Aufruf nur nach dem Aktenzeichen ist meist ungenügend. Es empfiehlt sich, die Uhrzeit des letzten Aufrufs vor dem Erlaß einer Versäumnisentscheidung oder den Zeitpunkt ihrer Verkündung im Protokoll festzustellen, damit nachweisbar wird, daß das Gericht zB die von ihm üblicherweise einzuhaltende, in § 337 Rn 10 genannte Wartefrist eingehalten hat. Der Partei ist eine Wartezeit von einer Stunde grundsätzlich zumutbar, vgl LAG Hamm NJW **73**, 1950, es sei denn, sie hätte dem Gericht ohne dessen Bedenken zB mitgeteilt, sie habe einen anderen wichtigen Termin. Ein anschließendes Sichentfernen aus triftigem Grund vor dem Aufruf im Saal kann eine Vertagung nach § 337 notwendig machen, etwa wegen einer gleichzeitigen anderweitigen Terminspflicht eines Anwalts.

**§§ 220, 221**  1. Buch. 3. Abschnitt. Verfahren

6  **5) Versäumung, II.** Die Abwesenheit im Zeitpunkt des Aufrufs bewirkt für sich allein noch keine Versäumung des Termins. Die Versäumung tritt erst dann ein, wenn die Partei vom Verhandlungsbeginn, § 137 I, bis zu demjenigen Zeitpunkt nicht verhandelt, in dem der Vorsitzende entgegen dem etwas unklaren Wortlaut von II zwar vielleicht noch nicht den Termin, wohl aber die Verhandlung dieser Sache, evtl nach einer Wiedereröffnung, § 156, ausdrücklich oder stillschweigend erstmalig oder erneut endgültig schließt, § 136 IV Hs 1, BGH NJW 93, 862, KG NJW 87, 1339, mögen sich auch Beratung und Entscheidungsverkündung anschließen. Wenn sich im Sitzungssaal ein Kreuz befindet, besteht unter Umständen keine Verhandlungspflicht, BVerfG 35, 373 (zustm Fischer NJW 74, 1185, krit Rüfner NJW 74, 491).

Wenn sich *keine Partei meldet* und wenn das Gericht nichts veranlaßt, dann ist der Verhandlungsschluß darin zu sehen, daß der Vorsitzende die Terminsakte weglegt. Er kann sie freilich auch vorläufig zurücklegen, um abzuwarten, ob sich noch jemand verspätet, aber immerhin noch an diesem Terminstag meldet und verhandeln möchte. Es ist unerheblich, aus welchem Grund sich die Partei beim Aufruf nicht meldet. Wenn sie den Saal verlassen möchte, bevor die Sache verhandelt worden ist, muß sie sich beim Vorsitzenden erkundigen, ob er einverstanden ist, zumindest abmelden. Wegen der kaum noch beachtlichen anwaltlichen Standesregel, kein Versäumnisurteil zu nehmen, vgl § 337 Rn 10 und § 513 Rn 4.

7  Sobald die Partei während des Termins unter einem mindestens stillschweigenden Eingehen auf den Vortrag des Gegners, § 137 Rn 12, einen *Sachantrag* stellt, § 297 Rn 1, ist die Säumnis beendet, § 333 Rn 2, BGH NJW 93, 862. Die Partei kann die Säumniswirkung nicht durch eine anschließende Erklärung herbeiführen, sie nehme den Sachantrag zurück, Ffm MDR 82, 153, Hamm NJW 74, 1097. Sie muß Einspruch nach § 338 ff einlegen, hat aber auch bei nicht rechtzeitigem Einspruch keinen Anspruch auf eine sofortige Verhandlung über ihn, auch nicht beim Einverständnis des noch anwesenden Gegners. Freilich sollte das Gericht dann wenigstens einen Prozeßvergleich, Anh § 307, sofort protokollieren, überhaupt möglichst sogleich „weiter"verhandeln lassen, auch nach der Anordnung des Ruhens.

8  Nach dem *Schluß* der Verhandlung besteht auch kein Anspruch auf eine etwaige Wiedereröffnung, § 156 Rn 5, kein Anspruch auf deren sofortige Durchführung, § 156 Rn 13, und bis zum Terminschluß, § 136 IV Hs 2, keine Pflicht, sondern nur noch gemäß § 312 I eine Obliegenheit zur Anwesenheit.

9  **6) Säumnisfolgen, II.** Im Säumnisfall kommen eine Vertagung, §§ 227, 335 II, 337, oder ein echtes bzw unechtes Versäumnisurteil, §§ 330 ff, 345, 542, das Ruhen des Verfahrens, § 251 a, oder eine Aktenlageentscheidung nach § 251 a, 331 a in Betracht.

10  **7) Verstoß, I, II.** Ohne einen ordnungsgemäßen Aufruf gilt die Partei als nicht geladen und tritt keine Säumnis nach §§ 330 ff ein, BVerfG 42, 370, KG MDR 74, 52, LG Hbg NJW 77, 1459. Soweit der Aufruf der Partei im Sitzungsprotokoll beurkundet wurde, gilt § 165. Die Erklärung einer nicht rechtskundigen Partei, sie sei trotz ihrer Anwesenheit nicht aufgerufen worden, ist in der Regel als ein Antrag auf eine Berichtigung des Protokolls zu behandeln, BVerfG 42, 369. Ein Verstoß bleibt unschädlich, soweit der verfrüht begonnene Termin bis zur Terminsstunde andauert, KG NJW 87, 1339. Dann mag auch ein nochmaliger Aufruf unnötig sein, KG NJW 87, 1339; er ist freilich zu Protokoll ratsam.

11  **8) VwGO:** *I* entspricht § 103 I u II VwGO (zur Verletzung des rechtlichen Gehörs durch unzureichenden Aufruf BVerwG NJW 86, 204); *II* ist wegen § 102 II VwGO bedeutungslos.

## 221 *Fristbeginn.* Der Lauf einer richterlichen Frist beginnt, sofern nicht bei ihrer Festsetzung ein anderes bestimmt wird, mit der Zustellung des Schriftstücks, in dem die Frist festgesetzt ist, und, wenn es einer solchen Zustellung nicht bedarf, mit der Verkündung der Frist.

1  **1) Systematik, Regelungszweck, §§ 221–227.** Die Vorschriften regeln die Berechnung und sonstige Behandlung gesetzlicher wie richterlicher Fristen, wie sie überall in der ZPO verstreut mit ihren unterschiedlichen Längen genannt werden. Durch die Bezugnahme auf Zustellung, §§ 166 ff, und Verkündung, §§ 311, 329 I 1, wird eine gesetzestechnisch übliche Konzentration erreicht. Für den verordneten Richter, §§ 361, 362, stellt § 229 die Anwendbarkeit der §§ 221–227 klar.

Der Gesamtregelung ist bei allen Besonderheiten das Bestreben gemeinsam, bei der etwa verbleibenden richterlichen (Neu- oder Erst-)Bemessung die Anforderungen von *Prozeßförderung und Prozeßwirtschaftlichkeit*, Grdz 12, 14 vor § 128, mit den Prinzipien der Rechtssicherheit, Einl III 43, insbesondere des rechtlichen Gehörs, Einl III 16, zu verbinden. In diesem Sinne sind alle diese Vorschriften auszulegen.

2  **2) Geltungsbereich, §§ 221–227.** Vgl Üb 2 vor § 214. Die Vorschrift ist im Insolvenzverfahren anwendbar, BVerfG NJW 88, 1774 (zum alten Recht). Auf die Frist zum Widerruf eines Prozeßvergleichs, Anh § 307 Rn 10, ist § 221 unanwendbar, Schlesw RR 87, 1022.

3  **3) Fristbeginn.** Über den Begriff der gesetzlichen und der richterlichen Frist Üb 10 vor § 214. Eine gesetzliche Frist beginnt nach der jeweiligen gesetzlichen Vorschrift. Eine richterliche Frist beginnt entweder nach der Anordnung, die das Gericht bei der Fristsetzung getroffen hat, oder hilfsweise im Zeitpunkt der Verkündung, soweit eine Zustellung nicht erforderlich ist, § 329 I, oder nicht wirksam erfolgte, § 187 I, BVerfG NJW 88, 1774. Das gilt auch bei einer Abwesenheit der Partei, § 312 I 2. Darin liegt ein insbesondere von manchem Anwalt gefährlich verkanntes Risiko, § 85 II: Er muß damit rechnen, daß in der „am Schluß der Sitzung" verkündeten Entscheidung eine richterliche Frist enthalten ist, die nicht etwa erst mit der Übermittlung der Entscheidung oder gar des Protokolls zu laufen beginnt.

4  *§ 207 ist unanwendbar.* Das gilt auch dann, wenn beide Parteien abwesend sind. Soweit eine nicht verkündete Verfügung oder ein Beschluß nach § 329 II zugestellt werden müssen, zB bei §§ 273 II Z 1, 275 I 1, III, IV, 276 I 2, III, beginnt die richterliche Frist für jede Partei mit der sie betreffenden Zustellung. Die Frist für den Streithelfer, § 66, beginnt allerdings mit derjenigen für die Hauptpartei, BGH NJW 63, 1251.

5  **4) VwGO:** Es gilt § 57 I VwGO.

3. Titel. Ladungen, Termine und Fristen § 222

**222** *Fristberechnung.* ¹Für die Berechnung der Fristen gelten die Vorschriften des Bürgerlichen Gesetzbuchs.

II Fällt das Ende einer Frist auf einen Sonntag, einen allgemeinen Feiertag oder einen Sonnabend, so endet die Frist mit Ablauf des nächsten Werktages.

III Bei der Berechnung einer Frist, die nach Stunden bestimmt ist, werden Sonntage, allgemeine Feiertage und Sonnabende nicht mitgerechnet.

*BGB § 187.* ¹Ist für den Anfang einer Frist ein Ereignis oder ein in den Lauf eines Tages fallender Zeitpunkt maßgebend, so wird bei der Berechnung der Frist der Tag nicht mitgerechnet, in welchen das Ereignis oder der Zeitpunkt fällt.

II ¹Ist der Beginn eines Tages der für den Anfang einer Frist maßgebende Zeitpunkt, so wird dieser Tag bei der Berechnung der Frist mitgerechnet. ²Das gleiche gilt von dem Tage der Geburt bei der Berechnung des Lebensalters.

*BGB § 188.* ¹Eine nach Tagen bestimmte Frist endigt mit dem Ablauf des letzten Tages der Frist.

II Eine Frist, die nach Wochen, nach Monaten oder nach einem mehrere Monate umfassenden Zeitraume – Jahr, halbes Jahr, Vierteljahr – bestimmt ist, endigt im Falle des § 187 Abs. 1 mit Ablaufe desjenigen Tages der letzten Woche oder des letzten Monats, welcher durch seine Benennung oder seine Zahl dem Tage entspricht, in den das Ereignis oder der Zeitpunkt fällt, im Falle des § 187 Abs. 2 mit dem Ablaufe desjenigen Tages der letzten Woche oder des letzten Monats, welcher dem Tage vorhergeht, der durch seine Benennung oder seine Zahl dem Anfangstage der Frist entspricht.

III Fehlt bei einer nach Monaten bestimmten Frist in dem letzten Monate der für ihren Ablauf maßgebende Tag, so endigt die Frist mit dem Ablaufe des letzten Tages dieses Monats.

*BGB § 189.* ¹Unter einem halben Jahre wird eine Frist von sechs Monaten, unter einem Vierteljahre eine Frist von drei Monaten, unter einem halben Monat eine Frist von fünfzehn Tagen verstanden.

II Ist eine Frist auf einen oder mehrere ganze Monate und einen halben Monat gestellt, so sind die fünfzehn Tage zuletzt zu zählen.

Schrifttum: Vgl vor Üb 1 vor § 214.

### Gliederung

| | | | |
|---|---|---|---|
| 1) Systematik, Regelungszweck, I–III ... | 1 | 4) Sonntag usw, II ............ | 5, 6 |
| 2) Geltungsbereich, I–III ............... | 2 | 5) Stundenfrist, III ............ | 7 |
| 3) Berechnung, I ...................... | 3, 4 | 6) VwGO ...................... | 8 |

**1) Systematik, Regelungszweck, I–III.** Vgl § 221 Rn 1. **1**

**2) Geltungsbereich, I–III.** § 222 gilt für sämtliche prozessualen Fristen, auch für eine verlängerte Frist, **2** für die uneigentliche und für die Ausschlußfrist, Üb 11 vor § 214, nicht aber für eine nur mittelbar „bestimmbare" Zeitspanne, aM Saarbr OLGZ 80, 39 (das OLG behandelt eine unverzüglich vorzunehmende Handlung als eine befristete), wozu LG Mü WoM 80, 247 auch § 721 III 2 zählt. Bei der Ladungs- und Einlassungsfrist, §§ 217, 274 III, ist der Tag der Zustellung und derjenige des Termins nicht einzurechnen. Die Widerrufsfrist in einem Prozeßvergleich, Anh § 307 Rn 13, ist keine prozessuale Frist; ebensowenig sind die Gerichtsferien eine Frist, Üb 9 vor § 214. Auf beide Fälle ist § 222 und auch § 193 BGB an sich unanwendbar, weil der Widerruf eine Parteiprozeßhandlung ist, Grdz 47 vor § 128. Gleichwohl kann man die Regeln des § 222 im Ergebnis auch beim Prozeßvergleich anwenden, BGH MDR 79, 49, Mü NJW 75, 933, Schneider MDR 99, 595, aM ZöStö § 794 Rn 10, aM BayObLG 16, 95. Wegen der Sommerzeit vgl § 3 ZeitG nebst der jeweiligen VO. Für den verordneten Richter, §§ 361, 362, stellt § 229 die Anwendbarkeit des § 222 klar.

**3) Berechnung, I.** Eine prozessuale Frist wird grundsätzlich nicht nach unbestimmten Rechtsbegriffen **3** wie „umgehend", sondern nur nach dem BGB berechnet, OVG Kblz NJW 93, 2457. Dieses gibt aber nur Auslegungsregeln, § 186 BGB. Es läßt also den Nachweis eines abweichenden Willens bei einer richterlichen oder einer vereinbarten Frist zu. Bei einer richterlichen Frist darf die Partei nicht durch eine Unklarheit leiden.

*Zu § 187 BGB:* Dieser Fall liegt zB bei einer Zustellung vor. Der Anfangstag ist auch dann nicht mitzurechnen, § 187 I BGB, BVerfG 61, 41, wenn die Frist „mit einem Tag" beginnt, wie bei § 234 II. Der Tag wird mitgerechnet: Wenn der Beginn des Tages entscheidet, § 187 II BGB, zB bei einer Regelung „ab" oder „seit" einem Tag; beim Geburtstag, § 187 II BGB; bei einer Stundenfrist. Sie ist stets von Stunde zu Stunde und nach vollen Stunden zu berechnen. Vgl freilich Rn 7.

*Zu § 188 BGB:* Ein Ablauf der Frist am letzten Tag berechtigt grundsätzlich zum Handeln bis Mitter- **4** nacht, BVerfG 41, 327 (betr die StPO, zustm Vollkommer Rpfleger 76, 240), bei § 233 Rn 19 „Gericht". Bei einer Zwischenfrist, etwa der Ladungsfrist, ist der letzte Tag derjenige vor dem Termin. Darum ist eine dreitägige Frist dann, wenn der Termin am Montag ansteht, nur bei einer Zustellung spätestens am Dienstag gewahrt, II. Die Bezeichnung „acht Tage" bedarf der Auslegung. Regelmäßig ist eine Woche gemeint. Wenn ein Urteil am 28. Februar bzw in einem Schaltjahr am 29. Februar zugestellt wird, endet die Berufungsfrist bereits mit dem Ablauf des 28. bzw. 29. März, also nicht erst des 31. März, BGH NJW 85, 496, ThP 7, aM Celle OLGZ 79, 360. Wenn die Berufungsbegründungsfrist am 28. Februar bzw in einem

## §§ 222–224   1. Buch. 3. Abschnitt. Verfahren

Schaltjahr am 29. Februar abläuft und rechtzeitig „um einen Monat" verlängert wird, dann läuft die Verlängerungsfrist am 31. März um 24 Uhr ab, KG VersR **81**, 1057.

**5**   **4) Sonntag usw, II.** Die Vorschrift erweitert den nur für Willenserklärungen und Leistungen geltenden § 193 BGB, LG Hbg WoM **93**, 470 (Besonderheit nach dem Hbg AGBGB wegen einer Räumung), auf alle prozessualen Fristen. II gilt also auch dann, wenn der Vorsitzende die Berufungsfrist oder die Frist zur Begründung der Revision irrtümlich bis zu einem Feiertag, Sonntag oder Sonnabend verlängert hat, BVerfG Rpfleger **82**, 478, BGH **LM** § 519 Nr 20. II ist auf alle Arten von Fristen anwendbar, die für die gerichtliche Geltendmachung eines Anspruchs laufen, BVerwG MDR **74**, 256, also auch für eine Anschlußfrist zur Bestreitung des Rechtswegs oder für eine Konkursanfechtung, BGH **LM** § 193 BGB Nr 1, nicht jedoch für den Widerruf eines Prozeßvergleichs und nicht auf das Ende einer Frist, die keine Feriensache betrifft, BGH VersR **85**, 574 (Ende der Berufungsbegründungsfrist auch dann mit Ablauf des 15. 10., wenn der 15. 9. auf ein Wochenende fiel), Rn 1.

**6**   Wenn das Fristende dort, wo die Prozeßhandlung vorzunehmen ist, BAG DB **97**, 988, VGH Mü NJW **97**, 2130, auf einen Sonnabend, Sonntag oder dort geltenden allgemeinen Feiertag fällt, Begriff § 188 Rn 3, 4, läuft die Frist erst mit dem Ablauf des *folgenden Werktags* ab, VGH Mannh NJW **87**, 1353, und beginnt die etwaige Verlängerung am darauf folgenden Tag, § 224 III. Bei einer Zwischenfrist, Üb 10 vor § 214, fällt das Ende auf den dem Termin vorangehenden Tag, § 217 Rn 1. Die Nichtbeachtung dieser Vorschriften ist als eine Verletzung des rechtlichen Gehörs anzusehen, Art 103 I GG, wenn das Gericht einen Schriftsatz, der an dem auf den Feiertag folgenden Tag einging, nicht mehr berücksichtigt hat, BVerfG NJW **65**, 579.

Es ist unerheblich, ob die Handlung an einem Sonntag usw vorgenommen werden durfte. Für den *Fristbeginn* ist II außer bei einer Stundenfrist unerheblich, BGH FamRZ **97**, 415. Ein Werktag mit einem Sonntagsdienst laut behördlicher Vorschrift ist kein allgemeiner Feiertag, vgl auch § 188 Rn 5, VGH Mannh NJW **87**, 1353 (Silvester) ebensowenig der 24. Dezember als solcher, OVG Hbg NJW **93**, 1941. Der Rosenmontag ist nicht einmal in Köln ein gesetzlicher Feiertag, BPatG GRUR **78**, 711, vgl VGH Mannh NJW **87**, 1353.

**7**   **5) Stundenfrist, III.** Vgl Rn 3. Bei einer Stundenfrist ist ein Sonnabend, ein Sonntag oder ein allgemeiner Feiertag, Begriff § 188 Rn 5, nicht mitzurechnen. Die Frist beginnt also mit dem Beginn des nächsten Werktags. Wenn die Frist vor einem Sonnabend oder einem Feiertag begonnen hat, unterbricht dieser Tag die Frist. Er wird nicht mitgerechnet, vielmehr darf man die nächsten Stunden der restlichen Frist erst vom Beginn des nächsten Werktags an weiterzählen. Die am Anfang angebrochene Stunde wird nicht mitgerechnet; die Frist endet mit Ablauf der letzten Stunde.

**8**   **6) *VwGO.*** § 222 gilt kraft ausdrücklicher Verweisung, § 57 II VwGO, OVG Hbg NJW **93**, 1941 (24. 12. als Werktag), VGH Mannh NJW **87**, 1353 (31. 12. als Werktag), VGH Mü NJW **97**, 2130 *(nicht landeseinheitl gesetzl Feiertag).*

## 223 Notfristen. (aufgehoben)

## 224 Fristabkürzung und -verlängerung.

[I] ¹Durch Vereinbarung der Parteien können Fristen, mit Ausnahme der Notfristen, abgekürzt werden. ²Notfristen sind nur diejenigen Fristen, die in diesem Gesetz als solche bezeichnet sind.

[II] Auf Antrag können richterliche und gesetzliche Fristen abgekürzt oder verlängert werden, wenn erhebliche Gründe glaubhaft gemacht sind, gesetzliche Fristen jedoch nur in den besonders bestimmten Fällen.

[III] Im Falle der Verlängerung wird die neue Frist von dem Ablauf der vorigen Frist an berechnet, wenn nicht im einzelnen Falle ein anderes bestimmt ist.

### Gliederung

| | |
|---|---|
| 1) Systematik, Regelungszweck, I–III … 1 | D. Zustellung … 6 |
| 2) Geltungsbereich, I–III … 2 | E. Sonstiges … 6 |
| 3) Vereinbarte Fristabkürzung, I 1, 2 … 3 | 6) **Gerichtliche Friständerung, II** … 7–9 |
| 4) **Begriff der Notfrist, I 1, 2** … 4, 5 | A. Richterliche Frist … 7, 8 |
| 5) **Auswirkungen der Notfrist, I 1, 2** … 6 | B. Gesetzliche Frist … 9 |
| A. Friständerung … 6 | 7) **Berechnung der neuen Frist, III** … 10 |
| B. Wiedereinsetzung … 6 | 8) *VwGO* … 11 |
| C. Ruhen des Verfahrens … 6 | |

**1**   **1) Systematik, Regelungszweck, I–III.** Vgl zunächst § 221 Rn 1. § 224 entzieht den Parteien im Interesse der Prozeßförderung und Prozeßwirtschaftlichkeit, Grdz 12, 14 vor § 128, in Einschränkung der Parteiherrschaft, Grdz 18 vor § 128, weitgehend die Herrschaft über die Fristen. Die zugelassene Abkürzung ist praktisch bedeutungslos. Ergänzend und teilweise vorrangig gelten §§ 225, 226. Die Handhabung des § 224 erfordert, soweit er dem Richter ein (stets pflichtgemäß auszuübendes) Ermessen einräumt, eine Beachtung des vorgenannten Regelungszwecks und im übrigen viel Fingerspitzengefühl.

3. Titel. Ladungen, Termine und Fristen § 224

**2) Geltungsbereich, I–III.** Die Vorschrift gilt grundsätzlich für alle Fristarten, Üb 9–11 vor § 214. Sie **2** bezieht sich allerdings ausnahmsweise nicht auf eine uneigentliche Frist, Üb 11 vor § 214, LAG MDR **90**, 187. Die Widerrufsfrist in einem Prozeßvergleich kann frei vereinbart werden, Anh § 307 Rn 13, BGH **61**, 398, Hamm FamRZ **88**, 535. Freilich bedarf sie der Protokollierung, Anh § 307 Rn 21, 42; s auch § 222 Rn 2. Ihre Änderung kann nur vor ihrem Ablauf erfolgen, Hamm FamRZ **88**, 535. Da die Parteien eine Frist nicht verlängern können, ist der Fristablauf von Amts wegen zu beachten, Grdz 39 vor § 128. Für den verordneten Richter, §§ 361, 362, stellt § 229 die Anwendbarkeit des § 224 klar.

**3) Vereinbarte Fristabkürzung, I 1, 2.** Die Parteien können durch eine Vereinbarung jede gesetzliche **3** oder richterliche Frist abkürzen, außer einer Notfrist nach I 2. Bei dieser Vereinbarung handelt es sich um eine Parteiprozeßhandlung, Grdz 47 vor § 128. Sie kann auch stillschweigend erfolgen. Soweit sie außergerichtlich erfolgt, besteht für sie kein Anwaltszwang. Sie braucht dem Gericht nicht mitgeteilt zu werden.

**4) Begriff der Notfrist, I 1, 2.** Als Notfrist darf nur eine solche Frist angesehen werden, die „dieses" **4** Gesetz ausdrücklich als Notfrist bezeichnet, zB: §§ 104 III 2, 107 III, 276 I 1, 339 I, II, 340 III 1, 2, dort Rn 10, 11, ferner zB §§ 516, 552, 577 II 1, 586 I, 958 I 1. Damit ist allerdings nicht nur die ZPO gemeint, Nürnb AnwBl **81**, 499; Notfristen setzen zB auch: §§ 94 I, 110 III ArbGG; § 210 III BEG; § 30 a ZVG; § 111 GenG.

*Zu den Notfristen gehören aber nicht:* Die Antragsfrist nach § 227 III 1; die Rechtsmittelbegründungsfrist, **5** §§ 519 II 2, 554 II 2; die Anschlußrechtsmittelfrist des § 629 a III, Celle FamRZ **90**, 647 mwN; die Frist für den Antrag auf eine Wiedereinsetzung in den vorigen Stand, § 234, selbst wenn er die Versäumung der Berufungsfrist betrifft; die Klagefrist des § 2 III 1, 2 Hs 2 MHG, AG Köln WoM **81**, 113, AG Osnabr ZMR **76**, 158.

Unabhängig von der Frage, ob es sich um eine Notfrist handelt, läuft jede Frist auch in einer *Sommersache* nach § 227 III 2 weiter.

**5) Auswirkungen der Notfrist, I 1, 2.** Eine Notfrist hat die folgenden Besonderheiten. **6**

**A. Friständerung.** Eine Notfrist duldet keine Verkürzung oder Verlängerung (sie gilt aber als gewahrt, wenn die Partei den Schriftsatz zur Zustellung beim Gericht innerhalb der Frist einreicht und wenn das Gericht die Zustellung demnächst vornimmt, §§ 270 III, 495).

**B. Wiedereinsetzung.** Eine Notfrist läßt im Fall einer unverschuldeten Versäumung grundsätzlich eine Wiedereinsetzung in den vorigen Stand nach § 233 zu.

**C. Ruhen des Verfahrens.** Eine Notfrist läuft trotz eines etwaigen Ruhens des Verfahrens nach § 251 weiter.

**D. Zustellung.** Eine Notfrist läßt sich nicht durch einen Zugang trotz mangelhafter Zustellung heilen, § 187 S 2.

**E. Sonstiges.** Eine Prüfung der Einhaltung der Frist von Amts wegen ist keine Eigenheit der Notfrist. Denn die Partei kann keine gesetzliche oder richterliche Frist verlängern.

**6) Gerichtliche Friständerung, II.** Es sind zwei Fristarten zu unterscheiden. **7**

**A. Richterliche Frist.** Das Gericht kann eine richterliche Frist, Üb 10 vor § 214, auf Grund eines Antrags einer Partei im Verfahren nach § 225 einmalig oder wiederholt abkürzen oder verlängern, wenn die Partei dafür einen erheblichen Grund glaubhaft macht. Die Partei kann den Antrag vor oder nach dem Fristbeginn stellen. § 78 ist anwendbar. Vor Gericht herrscht Anwaltszwang wie sonst, § 78 Rn 1, BGH **93**, 303. Die Verlängerung einer Rechtsmittelbegründungsfrist erfordert die Schriftform, BGH NJW **85**, 1559. Der Antrag muß vor dem Fristablauf wirksam sein, Kblz NJW **89**, 987. Die Entscheidung kann unter dieser Voraussetzung auch nach dem Fristablauf erfolgen, BGH **83**, 217.

Die *Glaubhaftmachung* muß nicht unbedingt nach § 294 erfolgen. Das Gericht muß im Rahmen pflichtgemäßen Ermessens die Interessen beider Parteien würdigen. Eine bloße Terminsvereinbarung reicht entsprechend § 227 I Z 3 kaum aus, ZöStö 3; ebensowenig eine sehr späte, obendrein wiederholte Verlängerungsbitte, ZöStö 4. Im Anwaltsprozeß, § 78 Rn 1, darf und sollte das Gericht einen normalen Kanzleibetrieb des Anwalts berücksichtigen, BAG NJW **95**, 150 (Vielzahl von Fristabläufen), aber keine Verzögerungs- oder Störversuche durchgehen lassen, Mü MDR **80**, 148.

*Ausreichend* ist zB, eine grundlose Kündigung des ProzBev, BGH DB **78**, 1174. *Nicht* ausreichend ist zB **8** eine verspätete Beauftragung des ProzBev, Schlesw SchlHA **78**, 117, vgl auch § 227 I, oder die Ablehnung der Herausgabe der Akten an den Anwalt in seine Kanzleiräume, Düss MDR **87**, 769, oder eine vermeidbar späte Ermittlung einer Zeugenanschrift, die nun nicht mehr stimmt. Vgl aber auch § 225 Rn 7 und § 299 Rn 1, 2. Soweit keine Abkürzung oder Verlängerung in Betracht kommt oder diese Möglichkeit ernstlich zweifelhaft ist, kommt auch keine Anregung zu einem entsprechenden Antrag in Betracht. Wenn das Gericht eine Frist über den Antrag hinaus erstreckt oder ohne erhebliche Gründe verlängert, bleibt diese Frist auch insofern wirksam.

**B. Gesetzliche Frist.** Sie läßt eine Abkürzung oder eine Verlängerung nur dann zu, wenn das Gesetz diese **9** Möglichkeit besonders vorsieht, etwa in §§ 134 II, 206 I, 226 I, 519 II 3, 554 II 2, 697 I, nicht in anderen Fällen, also zB nicht bei § 206 II, bei § 234 I, BGH VersR **80**, 582, bei §§ 878, 903, 914. Bei einer Notfrist, I 2, entfällt eine solche Möglichkeit an sich ganz, BVerfG **36**, 299; eine Ausnahme gilt bei § 340 III 2, dort Rn 12. Wegen einer Verlängerung nach dem Fristablauf vgl § 519 Rn 9. Eine förmliche Zustellung vor dem Fristablauf ist entbehrlich. Denn der Verlängerungsbeschluß setzt keine Frist in Lauf, § 329 II, sondern bestimmt nur den Endpunkt der laufenden Frist anders. Eine Mitteilung an den Gegner ist zur Wirksamkeit unnötig. II gilt auch für eine Rechtsbeschwerde vor dem Arbeitsgericht, BAG MDR **75**, 347.

**7) Berechnung der neuen Frist, III.** Entsprechend dem § 190 BGB bestimmt III, daß man im Fall der **10** Verlängerung die neue Frist mangels einer abweichenden Vorschrift vom Ablauf der alten Frist an berechnen muß. Wenn also der letzte Tag der alten Frist auf einen Sonntag oder auf einen allgemeinen Feiertag fällt, dann beginnt die neue Frist erst mit dem Ablauf des nächstfolgenden Werktags zu laufen.

**11** 8) *VwGO:* **II** u **III** *gelten kraft ausdrücklicher Verweisung,* § *57 II VwGO; zu II vgl BVerwG NVwZ-RR* **98**, *783 u NJW* **88**, *1280 mwN, VGH Kassel NVwZ-RR* **96**, *179.* **I** *ist nicht genannt und deshalb unanwendbar („Notfristen" kennt die VwGO nicht).*

**225** **Verfahren bei einer Friständerung.** ¹ Über das Gesuch um Abkürzung oder Verlängerung einer Frist kann ohne mündliche Verhandlung entschieden werden.
 ᴵᴵ Die Abkürzung oder wiederholte Verlängerung darf nur nach Anhörung des Gegners bewilligt werden.
 ᴵᴵᴵ Eine Anfechtung des Beschlusses, durch den das Gesuch um Verlängerung einer Frist zurückgewiesen ist, findet nicht statt.

**1** 1) **Systematik, Regelungszweck, I–III.** Vgl zunächst § 221 Rn 1. Die Vorschrift ergänzt den § 224. Für den verordneten Richter, §§ 361, 362, stellt § 229 die Anwendbarkeit des § 225 klar. Das Friständerungsverfahren dient als ein nur theoretisch bloßer Nebenschauplatz in Wahrheit den unterschiedlichen Interessen bald der einen, bald der anderen Partei und soll sowohl das Prozeßgrundrecht des rechtlichen Gehörs, Einl III 16, als auch die gerade hier wichtigen Grundsätze der Prozeßförderung und Prozeßwirtschaftlichkeit, Grdz 12, 14 vor § 128, beachten.

**2** 2) **Geltungsbereich, I, II.** Vgl § 221 Rn 2.

**3** 3) **Verfahren, I, II.** Die Entscheidung über die Abkürzung oder Verlängerung einer Frist erfolgt nur auf Grund eines mündlichen oder schriftlichen Antrags. Dem Gericht (je nach Fristart Richter, Rpfl, Urkundsbeamter, letzterer zB bei § 697 I) ist eine mündliche Verhandlung freigestellt, § 128 Rn 10. Ein Anwaltszwang besteht wie sonst, § 78 Rn 1, BGH NJW **85**, 1559. Der Prozeßgegner ist ebenfalls antragsberechtigt. Die Nichtbeachtung der bloßen Ankündigung der Partei, sie werde eine Frist überschreiten (müssen), ist jedenfalls dann kein Verfahrensmangel, wenn das Gericht die Frist großzügig bemessen hatte, Köln VersR **83**, 252.

**4** 4) **Gehör des Gegners, II.** Der Antragsgegner muß angehört werden, Art 103 I GG, bevor das Gericht eine Frist wiederholt verlängert und bevor es irgendeine Frist abkürzt. Eine Ausnahme gilt nach § 226 III. Der Antragsgegner muß auch dann gehört werden, wenn das Gericht eine Revisionsbegründungsfrist wiederholt verlängert, § 554 Rn 6. Denn eine solche Verzögerung läuft meist dem Geist des Gesetzes zuwider. Die Anhörung erfolgt schriftlich oder mündlich. Ein Verstoß macht die Entscheidung des Gerichts nicht unwirksam, BGH **LM** § 519 Nr 8, BAG VersR **79**, 948. II gibt dem Richter nur eine Verhaltensregel, die sich nicht einmal immer einhalten läßt.

**5** 5) **Entscheidung, I, II.** Sie enthält zwei in der Wirksamkeit gesondert zu prüfende Maßnahmen: die Aufhebung der bisherigen Frist und die (letztere voraussetzende) Bestimmung einer neuen, BGH RR **87**, 1277. Das Gericht entscheidet nach pflichtgemäßem Ermessen durch einen *Beschluß,* § 329. Dieser liegt nicht schon darin, daß das Gericht eine Ankündigung der Partei, sie werde eine Frist überschreiten (müssen), entgegennimmt, Köln VersR **83**, 252. Eine „Verfügung", die schriftlich erfolgen muß, BGH NJW **85**, 1559 (der Vertrauensschutz gebietet die Wirksamkeit auch einer mündlichen Verfügung bei einer Verlängerung der Rechtsmittelbegründungsfrist), ist meist in einen Beschluß umzudeuten, vgl BGH VersR **80**, 772. Er ist grundsätzlich zu begründen, § 329 Rn 4. Er wird verkündet, § 329 I 1.
 Er ist dem Gegner im Fall einer Abkürzung *zuzustellen,* weil jetzt eine andere Frist läuft, § 329 II 2. In den übrigen Fällen erhält der Antragsgegner eine formlose Mitteilung, BGH NJW **90**, 1798, auch telefonisch. Die Hinausgabe an die Post kann genügen. Dem Antragsteller ist ein stattgebender Beschluß zuzustellen und ein ablehnender formlos mitzuteilen, § 329 II 1, s auch § 224 Rn 9. Ist die neue Frist nicht oder nicht in der mitgeteilten Ausfertigung vorhanden, so besteht eine Bindung nur an die Aufhebung der alten, BGH RR **87**, 1277.

**6** 6) **Rechtsbehelfe, III.** Beim Rpfl gilt § 11 RPflG, § 104 Rn 41 ff. Im übrigen gilt:
 **A. Abkürzung.** Soweit das Gericht eine Abkürzung ablehnt, ist die einfache Beschwerde nach § 567 I statthaft. Das gilt auch dann, wenn das Gericht seine Entscheidung irrtümlich als Verfügung bezeichnet hat, BGH VersR **80**, 772. Soweit das LG als Berufungs- oder Beschwerdegericht entschieden hat, ist die Beschwerde unzulässig, § 567 III 1. Soweit das Gericht eine Frist abkürzt, ist die Anfechtung des Beschlusses nur zusammen mit dem Urteil statthaft, selbst wenn der Antragsgegner nicht gehört worden ist.

**7** **B. Verlängerung.** Soweit das Gericht eine Fristverlängerung ablehnt, ist kein Rechtsbehelf statthaft, BGH VersR **85**, 865. Das ist verfassungsrechtlich zulässig (kein allgemeiner Anspruch auf mehrere Instanzen). Soweit es eine Frist verlängert, ist ebenfalls kein Rechtsmittel, BGH **102**, 39 (abl Teubner JR **88**, 281), sondern nur die Dienstaufsichtsbeschwerde statthaft, BAG VersR **79**, 948. Sie setzt voraus, daß das Gericht seinen richterlichen Ermessensspielraum eindeutig überschritten hat. Das ist erst dann der Fall, wenn schlechthin keine sachlichen Gründe für eine Fristverlängerung mehr erkennbar sind. Die Dienstaufsicht sollte Zurückhaltung üben. Eine Überprüfung durch das Revisionsgericht findet nicht statt, BGH **102**, 39 (abl Teubner JR **88**, 281).

**8** **C. Entscheidung zur Hauptsache ohne Bescheidung des Verlängerungsantrags.** In diesem Fall liegt ein Verstoß gegen Art 103 I GG vor, der zur Zurückverweisung zwingt, BVerwG NJW **88**, 1280, und die Verfassungsbeschwerde begründen kann.

**9** 7) *VwGO:* § *225 gilt kraft ausdrücklicher Verweisung,* § *57 II VwGO, vgl BVerwG NVwZ-RR* **98**, *783; aber die Beschwerde ist über III hinaus durch* § *146 II VwGO ausgeschlossen.*

3. Titel. Ladungen, Termine und Fristen   §§ 226, 227

**226** *Änderung von Zwischenfristen.* ¹Einlassungsfristen, Ladungsfristen sowie diejenigen Fristen, die für die Zustellung vorbereitender Schriftsätze bestimmt sind, können auf Antrag abgekürzt werden.

II Die Abkürzung der Einlassungs- und der Ladungsfristen wird dadurch nicht ausgeschlossen, daß infolge der Abkürzung die mündliche Verhandlung durch Schriftsätze nicht vorbereitet werden kann.

III Der Vorsitzende kann bei Bestimmung des Termins die Abkürzung ohne Anhörung des Gegners und des sonst Beteiligten verfügen; diese Verfügung ist dem Beteiligten abschriftlich mitzuteilen.

**1) Systematik, Regelungszweck, I–III.** Vgl zunächst § 221 Rn 1. Die Vorschrift enthält für ihren 1 Geltungsbereich, Rn 2, eine gegenüber § 224 vorrangige Sonderregelung wegen der besonderen Bedeutung der hier erfaßten Fristarten. Dabei darf der besonders in II hervortretende Zweck einer Verfahrensbeschleunigung, der gerade der Vermeidung eines zu späten Urteils und daher der Erzielung gerechter Ergebnisse dient, nicht unbeachtet bleiben, freilich das Prozeßgrundrecht des rechtlichen Gehörs, Einl III 16, nicht praktisch abschneiden. Das ist bei der Auslegung unter Mitberücksichtigung heutiger Mitteilungsmöglichkeiten (Telefax) usw abzuwägen.

**2) Geltungsbereich, I–III.** Vgl zunächst § 221 Rn 2. § 226 meint den Fall der Abkürzung der Einlassungsfrist, § 274 III, der Ladungsfrist, §§ 217, 604, oder einer Zwischenfrist, § 132, unter einer Beibehaltung des Termins. Die Vorschrift erfaßt nicht den Fall der Widerspruchsfrist im Mahnverfahren, § 694 I. Wenn das Gericht auch den Termin aufhebt, liegt ein Fall des § 227 vor. Eine Abkürzung ist auch nach einer Terminsbestimmung zulässig, sofern die Zwischenfrist noch nicht läuft. Jede Abkürzung erfordert, auch im Parteiprozeß, einen Antrag. Eine Abkürzung findet also nicht von Amts wegen statt. Eine gleichwohl von Amts wegen erfolgte Abkürzung ist allerdings wirksam. Sie ermöglicht freilich die Beschwerde nach § 567. Denn sie entbehrt jeder gesetzlichen Grundlage. Der Antrag ist schriftlich oder mündlich zu stellen. Ein Anwaltszwang herrscht wie sonst, § 78 Rn 1. Der Antrag muß begründet werden. Er ist auslegbar. Die zur Begründung vorgetragenen Tatsachen brauchen aber nicht glaubhaft gemacht zu werden.

**3) Anhörung, I–III.** Das Gericht kann die Frist theoretisch auch dann abkürzen, wenn sich die Partei 3 infolgedessen nicht mehr genügend auf den Termin vorbereiten könnte. Das Gericht muß aber auch in diesem Zusammenhang den Art 103 I GG beachten, KG NJW 77, 1017, § 227 Rn 1, 2. Daher kann und sollte es in einem Fall, in dem durch eine Abkürzung keine ausreichende Terminsvorbereitung mehr möglich würde, eine Vertagung vornehmen, § 337.

**4) Entscheidung, I–III.** Das Gericht entscheidet grundsätzlich zusammen mit der Bestimmung des 4 Termins, § 216, im Weg einer Verfügung des Vorsitzenden oder des Einzelrichters, III. Das Gericht übt dabei ein pflichtgemäßes Ermessen aus. Es muß die Entscheidung grundsätzlich begründen, § 329 Rn 4. Sie wird dem Antragsteller formlos mitgeteilt, § 329 II 1, dem Gegner förmlich zugestellt, § 270 I.

**5) Rechtsbehelf, I–III.** Ein stattgebender Beschluß kann grundsätzlich nur zusammen mit dem Urteil 5 angefochten werden, §§ 512, 548. Eine Ausnahme gilt dann, wenn das Gericht die Abkürzung von Amts wegen vorgenommen hat, Rn 2. Gegen einen ablehnenden Beschluß ist die Beschwerde nach § 567 I statthaft. Soweit das LG als Berufungs- oder Beschwerdegericht entschieden hat, ist sie unzulässig, § 567 III 1. Beim Rpfl gilt § 11 RPflG, § 104 Rn 41 ff.

**6) VwGO:** § 226 gilt kraft ausdrücklicher Verweisung, § 57 II VwGO. Jedoch ist eine Abkürzung der Ladungsfrist 6 in dringenden Fällen auch ohne Antrag zulässig, weil ein solcher in § 102 I 2 VwGO nicht genannt wird. Einlassungsfristen kennt die VwGO nicht, § 274 Rn 11.

**227** *Terminsänderung.* I ¹Aus erheblichen Gründen kann ein Termin aufgehoben oder verlegt sowie eine Verhandlung vertagt werden. ²Erhebliche Gründe sind insbesondere nicht
1. das Ausbleiben einer Partei oder die Ankündigung, nicht zu erscheinen, wenn nicht das Gericht dafür hält, daß die Partei ohne ihr Verschulden am Erscheinen verhindert ist;
2. die mangelnde Vorbereitung einer Partei, wenn nicht die Partei dies genügend entschuldigt;
3. das Einvernehmen der Parteien allein.

II Die erheblichen Gründe sind auf Verlangen des Vorsitzenden, für eine Vertagung auf Verlangen des Gerichts glaubhaft zu machen.

III ¹Ein für die Zeit vom 1. Juli bis 31. August bestimmter Termin, mit Ausnahme eines Termins zur Verkündung einer Entscheidung, ist auf Antrag innerhalb einer Woche nach Zugang der Ladung oder Terminsbestimmung zu verlegen. ²Dies gilt nicht für
1. Arrestsachen oder die eine einstweilige Verfügung oder einstweilige Anordnung betreffenden Sachen,
2. Streitigkeiten wegen Überlassung, Benutzung, Räumung oder Herausgabe von Räumen oder wegen Fortsetzung des Mietverhältnisses über Wohnraum auf Grund der §§ 556a, 556b des Bürgerlichen Gesetzbuchs,
3. Streitigkeiten in Familiensachen,
4. Wechsel- oder Scheckprozesse,
5. Bausachen, wenn über die Fortsetzung eines angefangenen Baues gestritten wird,
6. Streitigkeiten wegen Überlassung oder Herausgabe einer Sache an eine Person, bei der die Sache nicht der Pfändung unterworfen ist,

## § 227

7. Zwangsvollstreckungsverfahren oder
8. Verfahren der Vollstreckbarerklärung oder zur Vornahme richterlicher Handlungen im Schiedsverfahren;
dabei genügt es, wenn nur einer von mehreren Ansprüchen die Voraussetzungen erfüllt. ³Wenn das Verfahren besonderer Beschleunigung bedarf, ist dem Verlegungsantrag nicht zu entsprechen.

**IV** ¹Über die Aufhebung sowie Verlegung eines Termins entscheidet der Vorsitzende ohne mündliche Verhandlung; über die Vertagung einer Verhandlung entscheidet das Gericht. ²Die Entscheidung ist kurz zu begründen. Sie ist unanfechtbar.

**Vorbem.** III 2 Z 3 idF Art 6 Z 6 KindRG v 16. 12. 97, BGBl 2942, in Kraft seit 1. 7. 98, Art 17 § 1 KindRG.

### Gliederung

| | |
|---|---|
| 1) Systematik, Regelungszweck, I–IV ... 1 | J. Bausache, III 2 Hs 1 Z 5 ............ 44 |
| 2) Geltungsbereich, I–IV ............... 2 | K. Überlassung oder Herausgabe einer Sache, III 2 Hs 1 Z 6 ............... 45 |
| 3) Terminsänderungsarten, I–IV ........ 3–6 | L. Zwangsvollstreckung, III 2 Hs 1 Z 7 . 46, 47 |
|   A. Terminsaufhebung ................ 3 | M. Vollstreckbarerklärung usw im schiedsrichterlichen Verfahren, III 2 Hs 1 Z 8 ........................ 48 |
|   B. Terminsverlegung ................. 4 | |
|   C. Terminsvertagung ................. 5 | |
|   D. Terminsunterbrechung ............. 6 | N. Genügen eines von mehreren Ansprüchen, III 2 Hs 2 ............... 49 |
| 4) Notwendigkeit einer Terminsänderung, Glaubhaftmachung, I, II ....... 7, 8 | O. Keine Terminsverlegung bei besonderem Beschleunigungsbedürfnis, III 3 . 50–55 |
| 5) Beispiele zur Frage eines erheblichen Grundes, I, II ........................ 9–29 | 7) Verfahren, IV 1, 2 ................... 54–56 |
| 6) Terminsverlegung im Sommer, III ... 30–53 |   A. Zuständigkeit, IV 1 ............... 54 |
|   A. Verlegung, III 1 ................... 31 |   B. Anhörung, IV 1 .................. 55 |
|   B. Kein bloßer Verkündungstermin, III 1 ............................. 32 |   C. Entscheidung, IV 1 ............... 56 |
|   C. Antragserfordernis, III 1 ......... 33, 34 | 8) Rechtsbehelfe, IV 3 .................. 57–61 |
|   D. Fristerfordernis, III 1 ............. 35 |   A. Grundsatz: Unanfechtbarkeit ..... 57 |
|   E. Keine Sommersache, III 2 ........ 36 |   B. Beschwerde .................... 58 |
|   F. Arrest, einstweilige Anordnung oder Verfügung, III 2 Hs 1 Z 1 ......... 37 |   C. Dienstaufsichtsbeschwerde: Grundsatz der Unzulässigkeit ................ 59, 60 |
|   G. Überlassung, Benutzung, Räumung, Herausgabe von Raum, Fortsetzung von Wohnraummiete, III 2 Hs 1 Z 2 . 38, 39 |   D. Strafbarkeit .................... 61 |
|   H. Familiensache, III 2 Hs 1 Z 3 .... 40, 41 | 9) Abänderbarkeit der Entscheidung, I–IV ............................... 62 |
|   I. Wechsel- oder Scheckprozeß, III 2 Hs 1 Z 4 ............................ 42, 43 | 10) VwGO ............................ 63 |

**1**  **1) Systematik, Regelungszweck, I–IV.** Während §§ 224–226 eine Friständerung regeln, erfaßt § 227 eine Terminsänderung. Die Vorschrift entzieht den Parteien in allen Verfahrensarten mit einer notwendigen oder freigestellten mündlichen Verhandlung, § 128 Rn 5, 10, in einer Eingrenzung der Parteiherrschaft, Grdz 18 vor § 128, die Herrschaft über die Termine in einer nicht zu den Sommersachen nach III 2 zählenden Sache und selbst in einer Sommersache, soweit III 3 vorliegt. Sie gibt ihnen andererseits ein Recht auf die Einhaltung eines einmal anberaumten Termins. Wegen Art 103 I GG gibt § 227 den Parteien unter Umständen auch unabhängig von III 1 ein Recht auf eine Terminsverlegung, BVerfG MDR **81**, 470 (freilich muß die Partei ihre prozessualen Rechte auch ausschöpfen), BFH NJW **77**, 919, Hamm RR **92**, 121, Schneider MDR **77**, 794. Für den verordneten Richter, §§ 361, 362, stellt § 229 die Anwendbarkeit des § 227 klar. I, II bleiben auch neben III anwendbar, Feiber NJW **97**, 162. IV 3 hat Vorrang vor § 252.

§ 227 *dient* unterschiedlichen Zielen. I, II, III 2, 3, IV dienen im zweckmäßigen Handhabung im Interesse der Prozeßwirtschaftlichkeit, Grdz 14 vor § 128, wirksam der Straffung des Verfahrens. III 1 dient dem Anspruch auf ungestörten Urlaub, der sich auch aus Artt 1, 2 GG ableiten läßt, begrenzt durch III 3. Das muß bei der Auslegung mitberücksichtigt werden. Das Gericht darf und muß im Rahmen des Hauptziels der Herbeiführung einer gerechten Entscheidung, Einl III 9, wirksam dazu beitragen, die Verfahrensdauer zu verkürzen. Das gilt auch in einer besonders eilbedürftigen Nicht-Sommersache. Gerade auch zu diesem Zweck soll der Prozeß aber in einer absehbaren Zeit abgewickelt werden, § 296 Rn 2. § 227 ist in diesem Zusammenhang außerordentlich wichtig. Die Vorschrift verlangt allen Prozeßbeteiligten oft ganz erhebliche Anstrengungen ab. Das alles liegt durchaus im Willen des Gesetzgebers. Er hat die Anforderungen der Vorschrift nicht ohne Grund erheblich verschärft. Auch das muß man bei der Auslegung beachten.

**2**  **2) Geltungsbereich, I–IV.** Vgl zunächst Üb 2 vor § 214. Die Vorschrift ist (bis auf III 2) im FGG-Verfahren entsprechend anwendbar, Hamm Rpfleger **95**, 161. III 1 gilt nicht: Im arbeitsgerichtlichen Verfahren, § 46 II 2 ArbGG; im finanzgerichtlichen Verfahren, § 91 IV FGO, Art 33 III JuMiG; im sozialgerichtlichen Verfahren, § 110 III SGG, Art 33 VI JuMiG; im verwaltungsgerichtlichen Verfahren, § 102 IV VwGO, Art 33 II Z 2 JuMiG; in folgenden weiteren Fällen: § 221 I 2 BauGB; § 209 VI BEG; § 20 III 2 G „Hilfswerk für behinderte Kinder"; § 5 II 2 InsO; § 82 I 2 MarkenG; § 99 IV PatG.

**3**  **3) Terminsänderungsarten, I–IV.** Es herrscht erhebliche praktische Unsicherheit.

**A. Terminsaufhebung.** Sie ist eine Beseitigung des Termins vor seinem Beginn ohne gleichzeitige Bestimmung eines neuen, ThP 1, ZöStö 1, aM Köln Rpfleger **84**, 281 (zustm Weber). Sie liegt in der Hand des Vorsitzenden, Düss Rpfleger **78**, 271. Er darf sie wegen des zunächst praktisch eintretenden Verfahrensstillstands nur zurückhaltend anordnen. Eine Änderung des Terminszwecks ist eine Aufhebung, Lampe NJW **86**, 1732.

### 3. Titel. Ladungen, Termine und Fristen § 227

*Beispiele:* Statt eines Verhandlungstermins wird nunmehr ein Verkündungstermin, § 311 IV, oder ein Termin zu einer Beweisaufnahme, § 358, oder ein Beweis- nebst Verhandlungstermin anberaumt, § 285. Der Vorsitzende muß in allen diesen Fällen die Zwischenfristen wahren. Eine bloße Änderung der *Terminsstunde* ist keine Aufhebung. Denn die Terminsstunde ist für die Terminsbestimmung unwesentlich. Natürlich darf nicht durch eine Vorverlegung der Terminsstunde das rechtliche Gehör, Art 103 I GG, beeinträchtigt werden.

**B. Terminsverlegung.** Sie ist die Bestimmung eines anderen Termins vor dem Beginn des anberaumten **4** Termins, § 220 Rn 4. Sie liegt in der Hand des Vorsitzenden, Düss Rpfleger **78**, 271. Sie schließt eine Terminsaufhebung ein. Eine Änderung der Terminsstunde ist keine Verlegung, Rn 2. Eine Vorverlegung ist von einer Anhörung des Gegners abhängig, soweit eine gesetzliche Zwischenfrist verkürzt wird, § 225 II. Das bloße Bestehen einer Zwischenfrist zwingt aber nicht zu einer Anhörung des Gegners.

**C. Terminsvertagung.** Sie ist die Bestimmung eines neuen Termins nach dem Beginn des anberaumten **5** Termins, § 220 Rn 4, BFH BB **90**, 2252, Düss JB **91**, 686. Sie liegt in der Hand des gesamten erkennenden Gerichts, Düss Rpfleger **78**, 271, Schlesw SchlHA **74**, 196.
*Beispiele:* Beweisanordnung, § 358; Nachfrist, § 283; neuer Termin gemäß §§ 278 III, IV.

**D. Terminsunterbrechung.** Die bloße Unterbrechung der Sitzung ist, anders als eine Unterbrechung **6** des ganzen Verfahrens nach §§ 239 ff, keine Vertagung, insofern richtig Köln Rpfleger **84**, 281 (zustm Weber).

**4) Notwendigkeit einer Terminsänderung, Glaubhaftmachung, I, II.** Jede Art von Terminsän- **7** derung setzt mit Ausnahme der in III 1 genannten Fälle mit ihren besonderen Bedingungen voraus, daß ein erheblicher Grund für diese Maßnahme vorliegt, BGH VersR **85**, 543. Er muß sowohl auf Grund eines Antrags, Schultz MDR **81**, 525, für den Anwaltszwang wie sonst herrscht, § 78 Rn 1, als auch von Amts wegen geprüft werden, Grdz 39 vor § 128, und ist nach § 294 glaubhaft zu machen, II, sofern dem Gericht die Richtigkeit des geltend gemachten Grunds zweifelhaft ist, Ffm AnwBl **80**, 152, und sofern eine Glaubhaftmachung im Fall einer Aufhebung oder einer Verlegung vom Vorsitzenden, im Fall einer Vertagung vom gesamten Gericht verlangt wird. Eine formelhafte Begründung ist unzureichend. Das Gericht muß beim Vorliegen der Glaubhaftmachung eine kurze Frist setzen, Köln RR **90**, 1343.

Ein erheblicher Grund liegt nur dann vor, wenn man es nicht verantworten kann, den bisherigen Termin bestehen zu lassen, sondern wenn die Gerechtigkeit eine Terminsänderung fordert. Diese Notwendigkeit muß trotz des Beschleunigungsgebots der §§ 272 III, 278 IV usw bestehen. Die Terminsänderung soll eine *wirkliche Ausnahme* bleiben. Sie darf weder dem Gericht noch den Parteien noch einem sonstigen Prozeßbeteiligten eine Trödelei und dergleichen erlauben. Bei der Gerechtigkeitsprüfung darf und muß das Gericht sogar eine gewisse Vorprüfung der Erfolgsaussichten der um Vertagung bittenden Partei vornehmen. In diesen Grenzen hat das Gericht ein pflichtgemäßes Ermessen, BayObLG MDR **86**, 416, das weit ist. Es muß dabei den Art 103 I GG beachten, Einl III 16, BFH BB **80**, 566, BSG NJW **84**, 888, BVerwG NJW **93**, 80. Das Ermessen ist grundsätzlich nicht nachprüfbar, II 2, Ffm AnwBl **80**, 152.

Trotz der steigenden Arbeitsbelastung aller Prozeßbeteiligten darf das Gericht einen erheblichen Grund **8** *nur zurückhaltend* annehmen, BSG NJW **96**, 678. Eine weite Auslegung des Begriffs „erheblich", so zB Schneider MDR **77**, 794, verwässert den klaren Gesetzeszweck, Rn 1. Das wird bei den erheblichen Auseinandersetzung um den § 227 vielfach übersehen.

**5) Beispiele zur Frage eines erheblichen Grundes, I, II.** „Als wollte das Gesetz sagen: ,Ich kenne **9** meine Pappenheimer' ", Baur Festschrift für Schwab (1990) 55. Im einzelnen:
**Aktenlageentscheidung:** Ein erheblicher Grund fehlt, soweit eine Partei nur eine Entscheidung nach Aktenlage vermeiden will, Rn 28 „Zeitgewinn".
**Alleinanwalt:** Rn 23 „Terminsüberschneidung beim Anwalt".
**Anwaltswechsel:** Ein erheblicher Grund liegt vor, soweit sich die Partei zB wegen eines notwendigen Anwaltswechsels auf den Verhandlungstermin nicht genügend vorbereiten und das rechtliche Gehör noch nicht während der Tätigkeit ihres bisherigen Anwalts hatte, BVerfG NJW **93**, 80.
Ein erheblicher Grund *fehlt* aber, soweit ein Anwaltswechsel freiwillig erfolgte, § 91 Rn 128, BVerwG Buchholz 310 § 132 Nr 245, Lützeler NJW **73**, 1448.
S auch Rn 16 „Kündigung des Anwalts", „Kündigung des Auftraggebers".
**Arbeitsunfähigkeit:** Rn 16 „Krankheit". **10**
**Arrest, einstweilige Verfügung:** Rn 24 „Terminsüberschneidung bei der Partei".
**Auskunft:** Rn 20 „Rückfrage".
**Ausländer:** Rn 29 „Zeuge".
**Auswärtiger Anwalt:** Rn 23 „Terminsüberschneidung beim Anwalt".
**Beruf:** Rn 21 „Schule, Beruf". **11**
**Betriebsausflug:** Ein erheblicher Grund dürfte durchweg fehlen, wenn ein Beteiligter einen Betriebsausflug plant, und zwar sowohl in als auch außerhalb der üblichen Urlaubszeiten. Das gilt natürlich auch für die Gerichtspersonen.
**Beweisergebnis:** Ein erheblicher Grund kann vorliegen, wenn der Partei bzw ihr ProzBev keine Zeit hatten, ein umfangreiches Beweisergebnis mit einem ihr schuldlos unbekannten Stoff durchzuarbeiten. Grds ist freilich wegen § 285 eine Stellungnahme noch in demselben Haupttermin sogleich nach der Beweisaufnahme oder doch in einem möglichst kurz anzuberaumenden weiteren Verhandlungstermin zuzumuten, damit der Eindruck der Beweisaufnahme allen Beteiligten frisch bleibt.
**Beweistermin:** S zunächst Rn 28 „Zeitgewinn". Insbesondere dann, wenn der Termin auch zu einer Beweisaufnahme bestimmt war, ist nicht einzusehen, weshalb nur wegen der plötzlichen Sinnesänderung der einen oder der anderen oder beider Parteien zum Prozeßtempo Zeugen, die vielleicht gar nicht mehr abbestellt werden können, umsonst anreisen oder doch zumindest den eigenen Zeitplan infolge einer

## § 227

### 1. Buch. 3. Abschnitt. Verfahren

plötzlichen Ab- und Umladung belasten müßten usw. Die Erfahrung zeigt, daß ein nicht schon wegen der übereinstimmenden Bitte beider Parteien aufgehobener Termin eine erhebliche Wahrscheinlichkeit der endgültigen Klärung oder doch einer abschließenden Verhandlung bringt und daß zB die bloße Möglichkeit, daß das Gericht im Termin eine Entscheidung nach Lage der Akten einführen dürfte, einen durchaus heilsamen Einfluß auf das Zustandekommen der angekündigten außergerichtlichen Einigung doch noch bis zum Termin ausübt.

12 **Einlassungsfrist:** Ein erheblicher Grund liegt vor, wenn das Gericht die Einlassungsfrist nach § 274 III nicht eingehalten hat.
**Einvernehmen der Parteien, I 2 Z 3:** Das bloße Einvernehmen der Parteien darüber, daß der Termin nicht stattfinden sollte, ist zwar im Sinn von § 251 beachtlich, im übrigen aber grundsätzlich unbeachtlich. Das stellt Z 3 schon im Wortlaut klar.
**Erfüllung:** Ein erheblicher Grund fehlt, soweit eine Partei erklärt, sie wolle noch die Erfüllung durch den Gegner abwarten. Das hätte sie ja schon vor dem Prozeß tun können oder hat es erfolglos getan; die Parteiherrschaft darf auch hier nicht in eine gesetzwidrige Verfahrensherrschaft verdreht werden. Sollte die Erfüllung nach Verhandlungsschluß eintreten, § 296 a, dürfte ohnehin nicht mehr vollstreckt werden.
**Erkrankung:** Rn 16 „Krankheit".

13 **Familienfeier:** Ein erheblicher Grund kann vorliegen, soweit ein Beteiligter wegen einer Familienfeier nicht erscheinen kann. Auch hier ist aber kein Schematismus zulässig; es kommt zB auf den Rang der Feier, den Gesundheitszustand des Jubilars, die Entfernung zum Festort, Tageszeit, Dauer der Feier an.
**Flugstreik:** Rn 16 „Reiseproblem".
**Fristablauf:** Ein erheblicher Grund kann vorliegen, soweit eine vom Gericht gesetzte Frist bis zum Terminsende nicht abgelaufen ist oder soweit es sich sogar um eine gesetzliche Frist handelt, zB beim Mieterhöhungsverlangen nach § 2 MHG, Barthelmess WoM **83**, 66 (Fallfrage), Emmerich Festschrift für Lüke (1997) 79, Lassing DRiZ **83**, 464.
**Gegenrecht:** Ein erheblicher Grund wegen eines erstmals im Termin geltend gemachten Gegenrechts kann je nach Gesamtlage vorliegen oder fehlen, großzügiger Köln RR **98**, 1076.

14 **Gericht:** Dieselben strengen Maßstäbe wie an die Parteien und sonstigen Prozeßbeteiligten sind vom Gericht auch an sich selbst zu stellen. Urlaub, Krankheit, Überlastung usw sind im Grunde keine erheblichen Gründe; alle solche Ausfälle sind schon vom geschäftsplanmäßigen Vertreter zu beseitigen, auch wenn er dann im eigenen Dezernat entsprechend umdisponieren muß. In der Praxis herrscht das Gegenteil.

15 **Klagerücknahme:** Ein erheblicher Grund fehlt, soweit der Kläger lediglich mitteilt, er erwäge, demnächst die Klage zurückzunehmen. Mag er sich bis zum Termin entscheiden – ein heilsames Mittel zur Förderung des Verfahrens, auch durch den Bekl mit seiner Chance, die Klagerücknahme oder Erfüllung usw eine Klagerücknahme herbeizuführen. Das Gericht ist nicht dazu da, einen Zahlungsdruck zu verstärken. Wer den Staat anruft, muß ungeachtet aller oft viel zu weit ausgelegten Parteiherrschaft mit einem zügigen Prozeßverlauf rechnen – es ist schlimm genug, dies überhaupt so formulieren zu müssen.
S auch Rn 18 „Prozeßverlust".
**Kostenvorschuß:** Ein erheblicher Grund fehlt, soweit ein Beteiligter einen an sich erforderlich gewesenen Vorschuß nicht zahlt und soweit das Gericht trotzdem einen Termin anberaumt hat, Mü RR **89**, 64.

16 **Krankheit:** Ein erheblicher Grund kann vorliegen, soweit ein Beteiligter wegen einer Erkrankung nicht erscheinen und sich auch beim Willen nicht vertreten lassen kann, Rn 25 „Terminsvertreter", BVerfG NJW **98**, 3703, BSG NJW **84**, 888, BVerwG NJW **84**, 882. Freilich bedeutet Arbeitsunfähigkeit keineswegs stets auch die Unzumutbarkeit des Erscheinens und der Teilnahme an der Verhandlung oder Beweisaufnahme.
Bei *anwaltlicher Vertretung* kann die persönliche Erkrankung durchaus unerheblich sein, BFH NJW **91**, 2104, BVerwG NJW **91**, 2097, großzügiger Schneider MDR **99**, 58. § 357 I gilt nur für die Beweisaufnahme und bedeutet kein Terminsblockierrecht.
**Kündigung des Anwalts:** Soweit der ProzBev kurz vor dem Termin kündigt, muß die Partei sich in jedem Fall sofort um einen anderen Anwalt bemühen; andernfalls liegt kein erheblicher Grund vor, ungeachtet der etwaigen Haftung des bisherigen Anwalts nach § 85 II, BGH VersR **85**, 543.
S auch Rn 9 „Anwaltswechsel".
**Kündigung des Auftraggebers:** Ein erheblicher Grund kann evtl beim Entzug des Anwaltsauftrags vorliegen, BVerwG NJW **86**, 339.
S auch Rn 9 „Anwaltswechsel".
**Ladungsfrist:** Ein erheblicher Grund liegt vor, wenn das Gericht eine Ladungsfrist, zB nach § 217, nicht eingehalten hat.

17 **Mangelnde Vorbereitung, I 2 Z 2:** Ein erheblicher Grund fehlt, soweit die Partei, den Streithelfer, § 70, den gesetzlichen Vertreter oder den ProzBev, §§ 51 II, 85 II, irgendein prozessuales Verschulden trifft, etwa dasjenige, sich tatsächlich oder rechtlich nicht rechtzeitig vorbereitet zu haben. Ein grobes Verschulden ist nicht erforderlich. Vielmehr ist jede prozessuale Nachlässigkeit schädlich. Wegen der §§ 277 I, 282 I usw muß das Gericht strenge Anforderungen stellen und mit allen verfahrensrechtlichen Folgen handeln, ThP 6, ZöStö 7, krit Erich DB **77**, 913 (betr eine Arbeitssache). Es ist die Pflicht des Gerichts, im Interesse der Zügigkeit des Prozesses und damit der Rechtssicherheit jedem Auswuchs entgegenzuwirken und straff dafür zu sorgen, daß keine irgendwie vermeidbaren Verzögerungen eintreten. Entgegen der vielfachen Kritik hat der Gesetzgeber bei dieser Grundsatzentscheidung, an die die Parteien, Anwälte und Gerichte gleichermaßen gebunden sind, ganz bewußt in Kauf genommen, daß auch einmal eine ungerechte Prozeßentscheidung entstehen kann. Die Ziele des Gesetzgebers dürfen nicht dadurch unterlaufen werden, daß man das Verschulden zu großzügig verneint. Das alles setzt natürlich voraus, daß das Gericht zügig und sorgfältig gearbeitet hat.

18 **Nachfrist:** Ein erheblicher Grund liegt nicht schon dann vor, wenn das Gericht einer Partei eine Nachfrist nach § 283 setzt bzw setzen muß, § 283 Rn 3, § 296 Rn 44, 47, Mü MDR **80**, 148. Schon gar nicht reicht die bloße Behauptung einer Partei aus, sie könne sich auf einen, wenn auch vielleicht gerade

### 3. Titel. Ladungen, Termine und Fristen § 227

erst erhaltenen und äußerlich umfangreichen, gegnerischen Schriftsatz nicht sogleich erklären. Das Gericht darf dem Einreicher aufgeben, den wesentlichen und den für den Gegner etwa neuen Inhalt mündlich vorzutragen, und kann anschließend versuchen, das auch nach der eigenen vorläufigen Beurteilung Wesentliche in Rede und Gegenrede herausfiltern zu lassen, bevor über eine Nachfrist und/oder Vertagung zu befinden ist. Meist ist solches Vorgehen sehr sachdienlich.

**Prozeßkostenhilfe:** Ein erheblicher Grund liegt vor, soweit das Gericht über ein Prozeßkostenhilfegesuch vorwerfbar spät entschieden hat, § 119 Rn 5, Schneider AnwBl **87**, 466 (dieser Fall liegt freilich entgegen seiner Meinung bei einer Entscheidung im Termin keineswegs stets vor, § 118 Rn 3).

**Prozeßverlust:** Ein erheblicher Grund fehlt, soweit ein Prozeßverlust droht, etwa im Hinblick auf § 3 Z 8 PflVG, und soweit man die Klage noch wirksam zurücknehmen kann, Mü RR **89**, 64.

**Rechtliche Beurteilung:** Wegen derjenigen des Gerichts Rn 26 „Überrumpelung"; eine überraschende **19** rechtliche Beurteilung der Partei ist keineswegs stets ein erheblicher Grund, aM Lützeler NJW **73**, 1448.

**Reiseproblem:** Ein erheblicher Grund fehlt, soweit ein aus Süddeutschland angeflogener Anwalt auf dem Flughafen in Hamburg erfährt, daß er wegen Flugstreiks nur bei sofortiger Umkehr noch zurückfliegen kann, und deshalb nicht zum geplanten Termin nach Schleswig weiterfährt, aM BVerwG NJW **95**, 1441 (aber man kann auch zB mit der Bahn zurückfahren und hat auch als vielbeschäftigter Anwalt die Vertragspflicht, jetzt den nun einmal übernommenen Auftrag zu erfüllen).

**Religion:** Ein erheblicher Grund kann vorliegen, soweit ein Beteiligter aus einem religiösen Grund nicht erscheinen kann. Trotz gebotener Großzügigkeit darf man aber im Interesse der Zügigkeit des Verfahrens auch nicht kritiklos jede Andeutung religiöser Motive völlig ungeprüft als ausreichend erachten.

**Rückfrage:** Ein erheblicher Grund fehlt meist, wenn der Ausgebliebene sich nicht die Mühe einer Rück- **20** frage beim Gericht dazu gemacht hat, ob sein Ausbleiben entschuldigt sei, BGH NJW **82**, 888. Diese Obliegenheit entfällt nur, wenn eine Rückfrage bei aller gebotenen Strenge unzumutbar war. Dabei ist freilich zu beachten, daß viele Urkundsbeamten auf eine zB telefonische Rückfrage hin einfach „Urlaub geben", ohne die allein maßgebliche Entscheidung des Richters einzuholen und den Anfrager dann zu bescheiden. Bei solcher Amtspflichtverletzung bleibt oft nur eine Vertagung, evtl nebst Kostenniederschlagung nach § 8 GKG.

**Ruhen des Verfahrens:** Ein erheblicher Grund fehlt, wenn die Partei nur ein Ruhen des Verfahrens vermeiden will, Rn 28 „Zeitgewinn".

**Sachbearbeiter:** Ein erheblicher Grund fehlt fast stets, wenn der, noch dazu angeblich „alleinige", sog **21** Sachbearbeiter noch so verhindert ist. Sowohl in einer Firma als auch in einer Sozietät, im Grunde aber auch in einer Alleinkanzlei, sind organisatorische Maßnahmen der Unterrichtung und Einarbeiter des meist ohnehin vorhandenen oder eben zu bestellenden Vertreters in aller Regel durchaus zumutbar, aM Brangsch AnwBl **77**, 278, Zimmermann BB **84**, 749.

S auch Rn 25 „Terminsvertreter".

**Sachverständiger:** S bei den einzelnen Hinderungsgründen.

**Schriftsatznachlaß:** Rn 18 „Nachfrist".

**Schule, Beruf:** Ein erheblicher Grund kann vorliegen, soweit ein Beteiligter zB wegen einer Klausur usw um Vertagung bittet. Man muß abwägen (Fallfrage) und sowohl eine Überspannung als auch zu viel Großzügigkeit vermeiden.

**Sozietät:** S „Sachbearbeiter", Rn 25 „Terminsvertreter".

**Standesrecht:** Ein etwa entgegenstehendes anwaltliches Standesrecht war schon früher keineswegs beacht- **22** lich, BGH NJW **78**, 428, Schnöbel AnwBl **77**, 404, aM Ffm AnwBl **80**, 152. Das Standesrecht war und ist keineswegs gegenüber den sachlichrechtlichen Verpflichtungen aus dem Vertrag zwischen dem Anwalt und seinem Auftraggeber und gegenüber den prozessualen Pflichten der Partei und ihres ProzBev aus dem Prozeßrechtsverhältnis und gegenüber dem Gericht grundsätzlich vorrangig. Etwa abweichende bisherige Standesregeln zählen jedenfalls kaum zu den für die Aufrechterhaltung der Funktionsfähigkeit der Rechtspflege unerläßlichen und gelten daher nicht einmal mehr übergangsweise weiter, BVerfG AnwBl **87**, 598. Das gilt erst recht nach der Regelung durch das Gesetz zur Neuordnung des Berufsrechts der Rechtsanwälte v 2. 9. 94, BGBl 2278, in Kraft seit 9. 9. 94, Art 22 I G, und auch seit der neuen Berufsordnung, in Kraft seit 11. 3. 97, BRAKMitt **96**, 241.

**Streithelfer:** Für ihn gelten dieselben Regeln wie für die Partei in diesem ABC.

**Streitverkündung:** Ein erheblicher Grund fehlt, soweit eine Partei eine Streitverkündung beabsichtigt, vgl Hamm RR **96**, 969.

**Terminsabstimmung:** Wegen der sog Abstimmung zwischen Geschäftsstelle und Anwalt § 216 Rn 13.

**Terminsdauer:** Rn 27 „Verzögerung".

**Terminsüberschneidung beim Anwalt:** Ein erheblicher Grund liegt entgegen einer verbreiteten Mei- **23** nung keineswegs stets schon deshalb vor, weil man zB gleichzeitig einen anderen Termin wahrzunehmen hätte. Letzteres ergibt sich bei näherer Prüfung in der Praxis viel seltener, als zunächst behauptet wird: Bleibt das Gericht „hart", so erlebt man immer wieder, daß der „verhinderte" Anwalt sogar persönlich doch noch erscheint, aus welchen Gründen auch immer.

Im übrigen sind natürlich auch die tatsächlichen *Schwierigkeiten* der Terminsüberschneidung keineswegs zu verkennen. Die Partei wünscht insbesondere natürlich auch von „ihrem" Anwalt in der Sozietät vertreten zu werden und schon gar nicht einem ganz außenstehenden, der nicht „Sachbearbeiter" ist, anvertraut zu werden.

Die Zulassung des Arguments der Terminsüberschneidung als Entschuldigung müßte aber der Vorschrift gerade aus solchen Erwägungen, so verständlich sie auf den ersten Blick sind, doch jede *praktische Brauchbarkeit nehmen*, sobald ein Anwalt beteiligt ist, BFH BB **80**, 566, BayObLG MDR **86**, 416, Ffm RR **98**, 1450, aM Schlesw NJW **94**, 1227 (ohne wenigstens die Streitfrage als solche zu erwähnen; aber eine Sozietät hat füreinander zu arbeiten, BGH VersR **86**, 686, § 42 Rn 50 „Terminierung"), Franzki NJW **79**, 11 (er übersieht, daß ein verhinderter ProzBev auf Grund des Vertrags mit dem Auftraggeber den Terminsvertreter ausreichend informieren darf und muß.

§ 227                                                                                          1. Buch. 3. Abschnitt. Verfahren

Auch derjenige Anwalt, der *ohne einen Sozius* arbeitet, muß grundsätzlich für eine Vertretung sorgen, und zwar auch während der Ferienzeit. Der Umstand, daß auch der ohne Sozius tätige Anwalt zB ein Recht auf einen ungestörten Urlaub hat, ändert nichts daran, daß die Eigenart seiner Berufspflichten zu der Notwendigkeit einer rechtzeitigen Vertreterbestellung gerade zB während einer längeren Abwesenheit auch nach der BRAO führt, dort § 53. Diese Notwendigkeit ergibt sich auch aus der Stellung des Anwalts als eines Organs der Rechtspflege, aM Schneider MDR **77**, 794. Auch ein erkrankter Alleinanwalt muß in einem ihm noch zumutbaren Umfang für einen Vertreter sorgen, BGH VersR **80**, 386.

Beim *auswärtigen Alleinanwalt* ist eher Großzügigkeit geboten; auch dann muß aber das Gericht an den Anspruch des Prozeßgegners auf zügigen Prozeßablauf mitdenken.

**24 Terminsüberschneidung bei der Partei:** Wenn die Partei selbst gleichzeitig einen anderen Termin wahrnehmen muß, sollte grundsätzlich der früher anberaumte Termin den Vorrang haben, vgl BFH NJW **76**, 1120. Das Gericht muß die Interessen der grundsätzlich gleichberechtigten Parteien und übrigen Beteiligten abwägen, BayObLG MDR **86**, 416, Lützeler NJW **73**, 1447. Ein später terminiertes Verfahren auf den Erlaß eines Arrests oder einer einstweiligen Verfügung kann wegen seiner besonderen Eilbedürftigkeit den Vorrang haben, BFH BB **80**, 566.

**25 Terminsvertreter:** Ein erheblicher Grund fehlt durchweg, soweit ein Terminsvertreter tätig werden soll oder müßte. Der verhinderte Mitarbeiter bzw Anwalt muß den Terminsvertreter auch dann rechtzeitig und umfassend informieren, wenn der Vertreter kein Sozius ist. Wer sich bereit erklärt, einen Kollegen im Termin zu vertreten, sollte sich darüber klar sein, daß er mit dieser Bereitschaft die Verpflichtung auch dem Auftraggeber gegenüber übernimmt, sich bis zum Termin so weit einzuarbeiten, daß er ebenso sachkundig ist wie der eigentliche Sachbearbeiter. Soweit eine solche Einarbeitung dem eintretenden Anwalt nicht mehr zumutbar ist, darf und muß er die Übernahme dieses Termins ablehnen.

All das ist sachlichrechtlich eindeutig und *eigentlich selbstverständlich*. Das Gericht ist keineswegs dazu da, Unterlassungen auf diesem Gebiet mit einer Vertagung zum Schaden des Prozeßgegners und zum Schaden der Arbeitskraft des Gerichts usw zu honorieren. Zumindest muß der Anwalt, der den Termin nicht wahrnehmen kann, ebenso wie derjenige Sozius oder andere Kollege, der sich zur Terminswahrnehmung bereit erklärt, im Notfall zuverlässig dafür sorgen, daß die Partei oder zB ein instruierter Mitarbeiter der Partei im Termin anwesend ist und anhand der Betriebsunterlagen usw diejenigen (zusätzlichen) Auskünfte geben kann, die der auftretende Anwalt vielleicht nicht mehr erarbeiten konnte. Ein etwaiges diesbezügliches Verschulden des Anwalts ist nach § 85 II zu beurteilen.

S auch Rn 16 „Krankheit", Rn 21 „Sachberabeiter", Rn 23 „Terminsüberschneidung beim Anwalt".

**Terminsvorbereitung:** Rn 9 „Anwaltswechsel".

**26 Überrumpelung:** Ein erheblicher Grund liegt vor, soweit das Gericht eine Partei überrumpelt hat, auch bei der Beurteilung des Sachverhalts nach § 278 III. Indessen sind hier keine geringeren Anforderungen an die Mitarbeit der Partei zu stellen als sonst.

**Urlaub:** Ein erheblicher Grund liegt grds vor, soweit eine Partei, ein Zeuge oder ein Sachverständiger einen längst vor Erhalt der Ladung geplanten (Auslands- oder Inlands-)Urlaub antreten wollen, der bis einschließlich des Termins dauern soll, denn jeder hat grds das Recht auf einen ungestörten Urlaub im Zeitraum seiner Wahl, BVerfG **34**, 156, Carl BB **89**, 2018, aM Feiber NJW **97**, 162 (für die Zeit vom 1. 7. bis 31. 8. wegen III 1. Aber I, II gelten daneben, Rn 1).

Beim *ProzBev* ist eher Zurückhaltung geboten: Sein Beruf bringt es mit sich, daß er zumindest beim etwas längeren Urlaub ohnehin einen amtlich bestellten Vertreter hat und einweisen muß. Das würdigt BVerfG NJW **98**, 3703 (zu § 519 II) nicht genug.

**27 Vergleichsverhandlungen:** Ein erheblicher Grund liegt entgegen einer zwar verbreiteten, in Wahrheit aber nur bequemen Ansicht, die überdies auf Selbsttäuschung beruhen kann, keineswegs schon deshalb vor, weil die Parteien oder gar nur eine von ihnen mitteilt, sie stünden in Vergleichsverhandlungen. Gerade diese Bemühungen können heilsam unterstützt werden, wenn der Termin mit seinem Zeitdruck bestehen bleibt; nach einer Erörterung der Vergleichschancen in ihm kann man dann immer noch entweder einen Vergleich mit Widerrufsvorbehalt schließen (ein erfahrungsgemäß wenig erfolgreiches Mittel) oder Nachfrist setzen und einen Verkündungstermin erbitten usw.

**Verzögerung:** Ein erheblicher Grund liegt nicht stets schon deshalb vor, weil sich eine vorangegangene Verhandlung vor diesem Gericht verzögerte, BVerwG NJW **99**, 2131 (75 Minuten).

**Vorbereitung:** Rn 17 „Mangelnde Vorbereitung der Partei".

**Vorwerfbarkeit des Ausbleibens:** Ein erheblicher Grund fehlt, soweit das Gericht „dafür hält" (weites Ermessen), daß das angekündigte Ausbleiben vorwerfbar ist oder daß unklar bleibt, ob Schuldlosigkeit vorliegt; vgl auch §§ 51 II, 85 II, BGH VersR **85**, 543.

**28 Zahlung:** Rn 12 „Erfüllung".

**Zeitgewinn:** Ein erheblicher Grund fehlt, soweit die Partei in Wahrheit nur Zeit gewinnen will, vgl Rn 15 „Klagerücknahme". Das gilt ebenso, wenn beide Parteien den Staat um einen Prozeß bemühen, dann aber in Wahrheit derzeit gar nicht prozedieren wollen. Mögen sie die Rechtsfolgen des Ruhens oder der Entscheidung nach Aktenlage hinnehmen oder die Klage zurücknehmen, die Hauptsache für erledigt erklären usw.

S auch Rn 11 „Beweistermin", Rn 17 „Mangelnde Vorbereitung der Partei".

**29 Zeuge:** Ein erheblicher Grund liegt vor, soweit ein unentbehrlicher Zeuge, insbesondere ein ausländischer, zum Beweistermin nicht erscheinen kann, zu dem er rechtzeitig benannt worden war, BGH NJW **76**, 1743, Ffm AnwBl **80**, 151. Freilich mag das Gericht den gleichzeitigen Verhandlungstermin dennoch durchführen oder wenigstens andere Zeugen ohne Vertagung hören wollen und auch müssen usw.

S im übrigen bei den weiteren Hinderungsgründen.

**30  6) Terminsverlegung im Sommer, III.** Nach der Abschaffung der Gerichtsferien bringt III eine neben I, II anwendbare gutgemeinte, gleichwohl wieder einmal reichlich kompliziert geratene Mischung von

3. Titel. Ladungen, Termine und Fristen § 227

Möglichkeiten, Zwängen und Verboten, in der Zeit vom 1. 7. bis 31. 8., dem „Gerichtssommer", Feiber NJW 97, 162, einen Verhandlungs- und/oder Beweistermin oder Erörterungstermin abzuhalten.

**A. Verlegung, III 1.** Soweit III 1 überhaupt anwendbar ist, Rn 4, gilt: Erste Voraussetzung ist, daß **31** bereits gemäß § 216, dort Rn 22, für die Zeit vom 1. 7. bis 31. 8. (beide Tage eingeschlossen) ein Termin anberaumt worden war. III gilt also nicht schon im Stadium der Anberaumung eines Termins, jedenfalls nicht offiziell. Das Gericht hat also zunächst stets wie sonst unverzüglich zu terminieren, § 216. Wie weit es schon jetzt mit Rücksicht auf einen hochgradig zu erwartenden Antrag nach III 1, den es voraussichtlich auch nicht nach III 3 zurückweisen dürfte, gar nicht erst einen technisch noch möglichen Termin für die Zeit vom 1. 7. bis 31. 8. ansetzt, ist eine andere, eben nach § 216 zu überprüfende Frage, Feiber NJW 97, 162. „Verlegung" meint den in Rn 4 erläuterten Vorgang.

Ein Anspruch auf *Aufhebung*, Rn 3, oder *Vertagung*, Rn 4, besteht nicht (vgl aber Rn 35 aE). Eine Fristverlängerung kommt nicht nach III in Betracht, Feiber NJW 97, 162. Die Ladungen zu dem bisher anberaumten Termin müssen noch nicht, können aber bereits heraus- und zugegangen sein.

**B. Kein bloßer Verkündungstermin, III 1.** Zweite Voraussetzung ist, daß der bisher anberaumte **32** Termin nicht nur „zur Verkündung einer Entscheidung" bestimmt worden war. Es ist unerheblich, ob das Gericht bei der Anberaumung eine bestimmte Entscheidungsart angekündigt hatte, etwa einen Beweisbeschluß oder ein Urteil. Will es mittlerweile aber aus der bloßen Verkündung mehr machen, also den Charakter des Termins ändern, so werden die weiteren Erwägungen zu III erforderlich. Eine im bloßen Verkündungstermin verkündete Entscheidung wird auch in der Zeit vom 1. 7. bis 31. 8. wie sonst wirksam, §§ 310 ff, 329 usw. Ein „verkündeter" (neuer) Verhandlungs- oder Beweistermin ist kein bloßer Verkündungstermin.

**C. Antragserfordernis, III 1.** Dritte Voraussetzung ist ein Antrag auf Verlegung. Das Gericht darf also **33** ohne ihn auch dann nicht verlegen, wenn es alle übrigen Voraussetzungen auch nach III bejaht. Der Antrag ist als Parteiprozeßhandlung zu behandeln, Grdz 47 vor § 128. Anwaltszwang herrscht wie sonst, § 78 Rn 1. Jede Partei kann den Antrag stellen. Er kann auch stillschweigend gestellt werden. Eine Begründung ist zwar nicht vorgeschrieben, aber ratsam, zumindest im Zweifelsfall, etwa bei Rn 50–53; das übersieht Feiber NJW 97, 162. Ein Antrag liegt noch nicht stets in der bloßen Mitteilung einer Urlaubsanwesenheit, noch gar, wenn diese nicht die gesamte Zeit vom 1. 7. bis 31. 8. angekündigt wird und andere Sozien anwesend wären, unabhängig davon, wer „alleiniger Sachbearbeiter" ist (zu diesem problematischen Begriff Rn 21). Ein „Ferienantrag" usw ist das Gegenteil eines Verlegungsantrags im Sinn von III 1. Ein Antrag, „nicht in den Ferien zu terminieren", ist ein Verlegungsantrag, denn man kann ihn vorsorglich stellen.

*Nicht ausreichend* ist der Antrag eines *sonstigen* Prozeßbeteiligten, etwa eines Zeugen oder Sachverständigen. **34** Das ergibt sich zwar nicht aus dem Wortlaut von III 1, wohl aber aus seinem Sinn. Andernfalls würde ein solcher Beteiligter den Fahrplan des ganzen Prozesses schon durch einen bloßen Antrag abändern können; das kann nicht mit dem Gebot vereinbar sein, einen Prozeß durch unverzügliche Terminierung zu fördern.

**D. Fristerfordernis, III 1.** Vierte Voraussetzung ist die Einhaltung einer Antragsfrist. Zwar ergibt sich **35** diese Antragsfrist auf den ersten Blick nicht eindeutig aus dem Text von III 1; indessen kann das Gericht ja nur „innerhalb einer Woche nach Zugang der Ladung oder Terminsbestimmung" verlegen, wenn es bis dahin auch den wirksamen Antrag vorliegen hat. „Zugang" meint bei förmlicher Zustellung diese, § 191 Z 1 (bei einer Ersatzzustellung ist erst die Niederlegung maßgeblich, nicht schon die Benachrichtigung, § 182 Rn 9 ff), bei formloser Nachricht den in §§ 270 II, 497 II 2 genannten Zeitpunkt, bei § 218 den Verkündungszeitpunkt, Brdb RR 98, 500 (eine spätere bloße Verschiebung der Terminstunde ist unerheblich). Die Wochenfrist ist nach § 222 in Verbindung mit §§ 187, 188 II BGB zu berechnen. Es ist unerheblich, ob ein Teil der Frist in die Zeit vor dem 1. 7. fällt. Scheint die Frist erst „nach" dem Termin abzulaufen, erst weil nur eine dreitägige Ladungsfrist zu beachten ist, so läuft die Antragsfrist *im* Termin ab. Maßgeblich ist auch hier nicht im übrigen der Antragseingang, sondern der Zugang der Ladung. Gegen die Fristversäumung ist keine Wiedereinsetzung nach § 233 statthaft, weil keine Notfrist nach § 224 I 2 vorliegt, Feiber NJW 97, 162.

**E. Keine Sommersache, III 2.** Fünfte Voraussetzung ist das Fehlen einer Sommersache, III 2. Diesen **36** Begriff enthält das Gesetz nicht. Er eignet sich indessen zur Zusammenfassung derjenigen Sachen, in denen das Gericht einem Verlegungsantrag nicht stattgeben darf, obwohl der Termin in die (Hoch-)Sommerzeit vom 1. 7. bis 31. 8. fällt. Im einzelnen gelten dazu die folgenden Regelungen.

**F. Arrest, einstweilige Anordnung oder Verfügung, III 2 Hs 1 Z 1.** Hierher gehören Verfahren einer **37** der folgenden Arten: Arrest, §§ 916–934, 945, einschließlich Widerspruch, § 924, Anordnung nach § 926, Hamm zit bei Schlee AnwBl 85, 376 (zum alten Recht), Aufhebung, § 927, Rechtsmittelverfahren; einstweilige Verfügung, §§ 935–945, einschließlich der nach § 945 mitanwendbaren Verfahren und den Antragsersuchens, § 941; einstweilige Anordnung beliebiger Art, zB nach § 127 a, 620, 621 f, und zwar unabhängig davon, ob es sich um eine Familiensache im Verfahren nach der ZPO oder dem FGG handelt, Dickert FamRZ 81, 939 (zum alten Recht).

*Nicht hierher* gehört eine Familiensache, die keine einstweilige Anordnung (mit)betrifft, § 621 a Rn 4, BayObLG FamRZ 80, 908 mwN, Dickert FamRZ 81, 939 (je zum alten Recht).

**G. Überlassung, Benutzung, Räumung, Herausgabe von Raum, Fortsetzung von Wohnraum- 38 miete, III 2 Hs 1 Z 2.** Hierher gehört eine Gruppe von Streitigkeiten um Räume oder Wohnräume. Ein gewerblicher Raum reicht aus, erst recht ein gemischt genutzter, auch zB ein Messestandplatz. Bis auf die in Hs 2 genannten Wohnmietstreitigkeiten nach § 556 a, b BGB ist unerheblich, ob es sich um Miete, Pacht, Leasing, unentgeltliche Überlassung usw handelt oder ob Vermieter und Mieter, Mieter und Untermieter, Vermieter und Untermieter usw streiten, ob es um einen vertraglichen oder gesetzlichen Anspruch geht und ob das Ziel des Klägers in erstmaliger, weiterer oder erneuter Überlassung, Benutzung, Räumung oder Herausgabe oder in deren Bekämpfung liegt. Allerdings darf man Z 2 nun auch nicht beliebig weit auslegen, denn „Überlassung, Benutzung, Räumung oder Herausgabe" wird nicht durch Worte wie „und dergleichen" ergänzt.

## § 227

**1. Buch. 3. Abschnitt. Verfahren**

*Hierher* gehören auch: Die Klage aus § 985 BGB (die früheren Gesetzesworte „Vermieter und Mieter" usw sind entfallen); eine Klage, die sowohl auf Vertrag als auch auf Eigentum oder Erbbaurecht gestützt wird; eine Klage nach Beendigung des Miet- oder Pachtverhältnisses; die Klage wegen Instandsetzung oder Instandhaltung oder wegen Gestattung einer baulichen Umgestaltung, LG Bln MDR 88, 591; auf Zahlung des Mietzinses oder auf Zustimmung zur Mieterhöhung, § 2 MHG.

**39** *Nicht hierher* gehören: Die Klage auf Feststellung eines Mietverhältnisses; eine bloße Schadensersatzklage, BGH NJW 80, 1695; freilich zählt eine auf Miete nebst Schadensersatz gerichtete Klage hierher, solange die erstere Begründung entscheidungserheblich bleibt, III 2 Hs 2.

**40** **H. Familiensache, III 2 Hs 1 Z 3.** Hierher gehören sämtliche Familiensachen im Sinn von § 23 b I 2 Z 1–13 GVG, soweit nicht schon § 23 b I 2 Z 1 (einstweilige Anordnung) anwendbar ist, also jetzt auch Scheidungssachen und andere Ehesachen, denn auch sie zählen nach § 23 b I 2 Z 1 GVG zu den Familiensachen. Ferner zählen zu Z 3 unter den Unterhaltssachen die in § 23 b I 2 Z 5 GVG abschließend aufgeführten, also durch die Verwandtschaft begründete gesetzliche Unterhaltspflicht, §§ 1601 ff BGB, einschließlich Entbindungskosten und Unterhalt der Mutter aus Anlaß der Geburt, § 1615 l BGB. Ebenso zählen die Kindschaftssachen, §§ 640 ff, hierher, § 23 b I 2 Z 12 GVG. Es kommt bei der Scheidung nicht mehr darauf an, ob und inwieweit es sich um ein Verbundverfahren bzw um Folgesachen handelt; die Vereinfachung hat sich hier durchgesetzt. Eine auf einen Vergleich gestützte Klage der genannten Art reicht aus, BGH NJW 91, 2709.

**41** *Nicht hierher* gehören: Eine Auskunftsklage, die zwar einen der in Z 3 genannten Ansprüche vorbereiten soll, ihn aber noch nicht direkt zum Gegenstand hat und daher noch keine Streitigkeit „über" ihn bildet, BGH NJW 87, 2237; eine Stufenklage, solange sie über die Auskunftsstufe noch nicht hinausgekommen ist.

**42** **I. Wechsel- oder Scheckprozeß, III 2 Hs 1 Z 4.** Hierher gehört, abweichend von § 200 II Z 6, 7 GVG aF, nur ein Wechsel- oder Scheck-„Prozeß", also ein Verfahren, das nach §§ 602–605 a in Verbindung mit §§ 592–599 beginnt oder begonnen hat, sei es durch Klage, § 253, sei es durch den Antrag auf einen Mahnbescheid, §§ 688, 703 c. Insoweit ist die frühere abweichende Rspr überholt. Innerhalb eines der genannten Verfahren kommt es nicht darauf an, ob zugleich ein Anspruch aus dem Grundgeschäft geltend gemacht wird und ob schon durch ein Vorbehaltsurteil erkannt wurde, III 2 Hs 2, solange der Kläger nicht vom Wechsel- oder Scheckprozeß nach §§ 602–605 a, 596 Abstand nimmt. Mit dieser Einschränkung gehören hierher auch: Die Klage auf die Herausgabe eines Wechsels; eine Bereicherungsklage, Ffm NJW 74, 153; die Klage auf eine Feststellung zur Insolvenztabelle.

**43** Das *Nachverfahren* bildet mit dem Urkundenprozeß eine verfahrensmäßige Einheit, § 600 Rn 1, und ist ja auch im 5. Buch „Urkunden- und Wechselprozeß" mitgeregelt. Es stellt freilich zugleich einen Übergang in den ordentlichen Prozeß dar. Da Z 4 auf die Verfahrensart abstellt, muß man angesichts dieser gewissen formellen Widersprüchlichkeit auf Sinn und Zweck der Neuregelung abstellen, wie stets, Einl III 35. Die in Z 4 genannten Sachen sind als Sommersachen auch in der Sommerzeit von Amts wegen zu fördern. Dieses Beschleunigungsbedürfnis liegt durchweg auch im Nachverfahren vor. Daher kann man, wie nach altem Recht zur Feriensache, das Nachverfahren zumindest dann als zu Z 4 gehörig zählen, wenn nur ein im Wechsel- oder Scheckprozeß zulässig gewesener Anspruch weiterverfolgt wird, BGH RR 91, 1469 mwN (zum alten Recht), aber auch darüber hinaus, III 2 Hs 2. Jedenfalls liegt in der bloßen Bekämpfung einer Einwendung des Bekl aus dem Grundgeschäft noch kein Wegfall der Sommersachen-Eigenschaft.

**44** **J. Bausache, III 2 Hs 1 Z 5.** Hierher gehört ein Streit um ein Bauwerk im Sinn von §§ 638, 648 BGB, der vor dem Prozeß angefangen und ebenfalls noch vorprozessual unterbrochen worden war (Abbruch oder Einstellung), BGH MDR 77, 487, und bei dem es nach dem Vortrag des Klägers jetzt um das Ob der Fortsetzung der Bauarbeit geht. Es ist insofern unerheblich, ob eine Abtretung oder Schuldübernahme behauptet wird.

*Nicht hierher* gehört ein Streit nur über das Wie, Wo und Wann der Fortsetzung oder sonstiger Weiterarbeit bis zur Fertigstellung, BGH MDR 77, 487 (bloßer Umfang des Auftrags oder seiner Erfüllung). Daher kommt es auf die Abnahme, § 640 BGB, nicht an.

**45** **K. Überlassung oder Herausgabe einer Sache, III 2 Hs 1 Z 6.** Hierher gehört das Verfahren auf die Überlassung oder Herausgabe einer Sache, vgl § 883, an eine solche Person, bei der die Sache unpfändbar ist, §§ 811–812. Es ist nicht erforderlich, daß der Kläger die Unpfändbarkeit ausdrücklich geltend macht; es genügt (und ist natürlich notwendig), daß sich aus seinem Tatsachenvortrag bei dessen rechtlicher Würdigung durch das Gericht die Unpfändbarkeit sei es beim Kläger, sei es bei demjenigen, an den der Bekl nach dem Klägerantrag herausgegeben usw soll, ergibt. Es ist unerheblich, ob auch der Vortrag des Bekl zu derselben Unpfändbarkeit führt.

**46** **L. Zwangsvollstreckung, III 2 Hs 1 Z 7.** Hierher gehören grundsätzlich die nach §§ 704–915 h geregelten Verfahren einschließlich eines vorbereitenden Akts, zB: Die Erteilung des Notfrist- oder Rechtskraftzeugnisses, § 706; die Erteilung der Vollstreckungsklausel, §§ 724 ff (wegen § 731 s aber auch unten); das Rechtsbehelfsverfahren, etwa nach §§ 766, 793; das Verteilungsverfahren, §§ 872 ff; ein aus der Zwangsvollstreckung entstehender Prozeß, etwa nach §§ 731, 767, 771, soweit der Vollstreckungstitel in einer Sommersache erging, BGH NJW 88, 1095, aM Stgt MDR 78, 586 (je zum alten Recht). Es ist unerheblich, ob es sich um eine Maßnahme des Gerichts oder des Gerichtsvollziehers handelt.

**47** *Nicht hierher* gehören zB: Die zum Erkenntnisverfahren zählenden Entscheidungen, etwa über die vorläufige Vollstreckbarkeit, §§ 708 ff, einschließlich der Bestimmung der Höhe der Sicherheitsleistung, §§ 108, 709 ff; ein aus Anlaß der Zwangsvollstreckung entstehender Prozeß, etwa nach §§ 731, 767, 771, soweit der Vollstreckungstitel nicht in einer Sommersache erging, BGH NJW 88, 1095 (zum alten Recht); ein Verfahren nach §§ 722, 723; das Verfahren der Teilungsversteigerung, §§ 172 ff ZVG, Karlsr MDR 91, 669, Drischler Rpfleger 89, 85, aM AG Gött NdsRpfl 95, 41, Stöber MDR 89, 12 je zum alten Recht (aber es handelt sich nicht um eine Zwangsvollstreckung im eigentlichen Sinn, Grdz 1 vor § 704, vgl auch § 765 a Rn 6 „Teilungsversteigerung").

3. Titel. Ladungen, Termine und Fristen § 227

**M. Vollstreckungsverfahren usw im schiedsrichterlichen Verfahren, III 2 Hs 1 Z 8.** Hierher 48
gehören alle Verfahren im Verfahren nach §§ 1025 ff, soweit es nach dem Vortrag des Klägers bzw Antragstellers um die Vornahme einer Handlung des staatlichen Gerichts geht, § 1036, insbesondere um eine Vollstreckbarkeitserklärung des Schiedsspruchs nach §§ 1060 ff.

**N. Genügen eines von mehreren Ansprüchen, III 2 Hs 2.** Dem Beschleunigungsbedürfnis der in 49 Hs 1 Z 1–8 genannten Fälle entspricht es, eine Sommersache auch dann anzunehmen, wenn bei einer Anspruchsmehrheit nur einer der Ansprüche nach dem Tatsachenvortrag des Klägers jetzt schon und noch die Voraussetzungen einer der Fälle Z 1–8 erfüllt. Das stellt Hs 2 klar. Unerheblich ist, welche rechtliche Würdigung der Kläger seinem Tatsachenvortrag gibt. Maßgeblich ist der für eine Entscheidung auf Terminbestimmung oder nach III 1 geltende Zeitpunkt und dann die infolge einer Änderung des Tatsachenvortrags usw etwa nunmehr am Terminsanfang vorhandene Rechtslage.

**O. Keine Terminsverlegung bei besonderem Beschleunigungsbedürfnis, III 3.** Die Vorschrift 50 verbietet eine an sich nach III 1 gebotene Terminsverlegung in den nicht ohnehin schon nach III 2 als Sommersache geltenden Fällen unter der Voraussetzung, daß das Verfahren besonderer Beschleunigung bedarf. Diese Voraussetzung ist also nur dann zu prüfen, wenn kein Fall von III 2 Hs 1 Z 1–8 vorliegt (dort wird ja das Beschleunigungsverfahren schon aus der Natur der Sache fingiert). Die Prüfung eines besonderen Beschleunigungsbedürfnisses hat in jedem nicht unter Z 1–8 fallenden Verfahren von Amts wegen zu erfolgen, Grdz 39 vor § 128: „… ist … nicht zu entsprechen". Es besteht zwar ein pflichtgemäßes Ermessen, ob ein besonderes Beschleunigungsbedürfnis zu bejahen ist; wird es aber bejaht, so muß auch in der Zeit vom 1. 7.–31. 8. terminiert werden und darf ein solcher Termin nicht mehr verlegt oder aufgehoben werden. Ist zweifelhaft, ob eine Sommersache vorliegt, so macht bereits ein besonderes Beschleunigungsbedürfnis eine Verlegung unzulässig. Erst wenn ein besonderes Beschleunigungsbedürfnis nach dem Ermessen des Gerichts zu verneinen ist, besteht beim Vorliegen der übrigen Voraussetzungen Rn 30–49 ein Verlegungszwang, das übersieht Feiber NJW 97, 162 (überhaupt kein Ermessen).

„*Besonderer*" Beschleunigung bedarf ein Verfahren, wenn der Kläger Tatsachen vorträgt, aus denen sich 51 ergibt, daß die „normale" Prozeßförderung durch das Gericht, § 216 Rn 17, nicht zur Herbeiführung des notwendigen Entscheids reicht, weil sie zu langsam geschähe. Der gewöhnliche Zeitverlust muß also zu groß sein. Es müssen darüber hinausgehende rechtliche, wirtschaftliche oder sonstige Nachteile drohen. Dabei kommt es nicht darauf an, daß die Sache in der Sommerzeit in dieser Instanz endgültig abgeschlossen werden könnte; ein schon jetzt ergehender Beweisbeschluß usw genügen als besonders eilbedürftige Zwischenentscheidung. Ob der zu lange Zeitverlust wegen einer Partei, eines Zeugen oder Sachverständigen, des Zustands einer Sache droht, ist unerheblich.

*Großzügigkeit* ist bei der Prüfung eines besonderen Beschleunigungsbedürfnisses trotz der formellen 52 Stellung von III 3 als Ausnahme zu III 1 geboten. Denn III 1 ist gemessen an § 216 bereits eine Ausnahme von der Regel unverzüglicher Terminierung; Ausnahmen von Ausnahmen sind dann weit auslegbar. Allerdings darf man nicht mit Hilfe von III 3 den Umstand, daß mit dem halben Volk auch die halbe Parteien- und Anwaltschaft im Hochsommer Ferien macht, entgegen der in III 1 vorgenommenen Respektierung unbeachtlich machen. Eine allzu großzügige, gar schematische Bejahung eines besonderen Beschleunigungsbedürfnisses wäre ermessensfehlerhaft. Überlastung des Gerichts kann freilich nicht dazu führen, einen jetzt möglichen Termin um Monate zu verschieben, selbst wenn beide Parteien das begrüßen würden: Das Antragsrecht nach III 1 findet im wohlverstandenen besonderen Beschleunigungsbedürfnis seine Grenze.

*Ferienabwesenheit* eines Prozeßbeteiligten ist jedenfalls offiziell kein ausreichender Grund zur Verneinung 53 des besonderen Beschleunigungsbedürfnisses; muß man es bejahen, so mag anschließend zu klären sein, ob eine Säumnis zB nach § 337 zu verneinen ist. Wegen des grundsätzlichen Rechts auf Urlaub nach eigener (Zeit-)Wahl sollte das Gericht allerdings nun auch nicht zu starr gegen längst unvorwerfbar geplante Urlaubsabwesenheit anterminieren. Behutsame Abwägung gibt den richtigen Maßstab.

**7) Verfahren, IV 1, 2.** Man sollte es knapp fassen. 54

**A. Zuständigkeit.** Bei einer Aufhebung oder Verlegung ist der Vorsitzende bzw der Einzelrichter, § 348, oder der verordnete Richter der §§ 361, 362 zuständig, IV 1 Hs 1. Eine mündliche Verhandlung ist nicht erforderlich, IV 1 Hs 1, § 128 Rn 10. Die Entscheidung ergeht auf Antrag (bei IV auch für ihn, Rn 33, 34) oder (nur) in den Fällen I auch von Amts wegen, vor dem Termin aber nur, soweit dazu überhaupt noch Zeit ist; das bedenkt Karlsr MDR 91, 1195 nicht mit. Bei einer Vertagung nach I ist das gesamte Kollegium auf Grund der ja schon begonnenen Verhandlung zuständig, IV 1 Hs 2. Wegen der Glaubhaftmachung, II, vgl Rn 7.

**B. Anhörung, IV 1.** Wer einen Verlegungs- oder Vertagungsantrag erst kurz vor dem Termin einreicht, 55 kann selbst bei Rechtzeitigkeit im Fall III 1, Rn 35, nicht damit rechnen, daß das Gericht alles stehen und liegen läßt, um über diesen Antrag zu entscheiden. Es muß ja grundsätzlich auch den Prozeßgegner anhören, Art 103 I GG, Einl III 16, BFH BB **86**, 1770, der ein Recht auf die Durchführung des anberaumten Termins haben kann. Der Antragsteller muß daher zumindest vorsorglich anfragen, ob das Gericht seinem Antrag stillschweigend stattgebe werde, BGH NJW **82**, 889. Die beliebte Wendung, der Anfrager gehe davon aus, daß seinem Antrag stattgegeben werden, entbindet ihn keineswegs von der Notwendigkeit, den Termin vorzubereiten und wahrzunehmen, solange er keine Aufhebung mitgeteilt erhält, und diese Floskel verpflichtet den Richter keineswegs, in letzter Minute, zu einer Entscheidung vor einer Anhörung des Gegners. Das bedenkt Karlsr MDR **91**, 1195 nicht mit.

**C. Entscheidung, IV 2.** Eine, wenn auch nur kurze, Bescheidung ist, wenn noch technisch durchführbar 56 und zeitlich zumutbar, Rechtspflicht des Gerichts, § 329 Rn 4, BGH FamRZ **87**, 277, Karlsr MDR **91**, 1195, LG Hann MDR **93**, 82. Freilich braucht das Gericht auch in dieser Hinsicht nicht alles andere stehen und liegenzulassen. In der Praxis ist eine bloße Verfügung üblich. Zumindest bei einer Vertagung, aber auch sonst ergeht die Entscheidung aber schon wegen der etwaigen Nachprüfbarkeit, Rn 26 ff, besser durch einen ausdrücklichen Beschluß, § 329, Köln JB **77**, 411, Schilgen DRiZ **72**, 129. Eine Begründung „aus dienst-

## § 227

lichen Gründen" kann bei I genügen, Stgt AnwBl **89**, 232. Bei III ist eine wenigstens knappe nachvollziehbare Auseinandersetzung mit allen Voraussetzungen, auch dem etwaigen besonderen Beschleunigungsbedürfnis, Rn 50–53, erforderlich, § 329 Rn 4, 11.

Die *Vertagung* nach I wird verkündet, § 329 I 1; dadurch wird eine besondere Ladung gemäß § 218 entbehrlich. Die ablehnende Entscheidung wird formlos mitgeteilt, § 329 II 1. Der stattgebende Beschluß wird förmlich zugestellt, soweit er eine neue Terminsbestimmung enthält, § 329 II 2, und im übrigen formlos mitgeteilt, § 329 II 1. Bei Zeitdruck empfiehlt sich eine telefonische (Voraus-)Mitteilung; sie ist aber nur in zumutbarer Lage anzuordnen. Die Entscheidung kann oft erst nach einer vor dem Termin nicht mehr möglichen, aber gebotenen Anhörung des Gegners erfolgen, an den das Gericht ebenfalls zu denken hat; auch das bedenkt Karlsr MDR **91**, 1195 nicht mit. Wegen vorwerfbar später Ab- oder Umladung § 217 Rn 3.

**57** **8) Rechtsbehelfe, IV 3.** Beim Rpfl gilt § 11 RPflG, § 104 Rn 41 ff. Im übrigen:

**A. Grundsatz: Unanfechtbarkeit.** Die Ablehnung einer Maßnahme nach § 227 wie eine stattgebende Anordnung sind grundsätzlich unanfechtbar, IV 3, Ffm MDR **83**, 1031, Hamm Rpfleger **95**, 162 (FGG), LAG Mainz NJW **81**, 2272. Die Entscheidung ist allenfalls zusammen mit dem Urteil anfechtbar, §§ 512, 548. Wegen einer Ablehnbarkeit § 42 Rn 50.

**58** **B. Beschwerde.** Soweit die Entscheidung praktisch auf eine Aussetzung des Verfahrens hinausläuft oder sonst greifbar gesetzwidrig ist, vgl § 127 Rn 25, ist sie ebenso wie ein Aussetzungsbeschluß anfechtbar, § 252, Einf 8 vor §§ 148–155, Ffm NJW **86**, 389 und (FGG) Rpfleger **95**, 162, Mü RR **89**, 64. Soweit das LG als Berufungs- oder Beschwerdegericht entschieden hat, ist eine Beschwerde unzulässig, § 567 III 1. Man sollte mit der Annahme zurückhalten, die Entscheidung laufe auf eine solche Aussetzung hinaus. Eine Aussetzung des Verfahrens liegt ja erst dann vor, wenn nach der Meinung des Gerichts jedenfalls in absehbarer Zeit nichts weiter zur Fortsetzung des Prozesses geschehen wird. Auch die Anberaumung eines erst in mehreren Monaten stattfindenden neuen Termins ist immerhin ein weiterer Schritt des Verfahrens und nicht dessen Stillstand. Die Ablehnung einer Vertagung ist natürlich keine Aussetzung.

**59** **C. Dienstaufsichtsbeschwerde: Grundsatz der Unzulässigkeit.** Eine Dienstaufsichtsbeschwerde ist zwar denkbar, BVerfG NJW **89**, 3148; sie ist aber in der Regel schon wegen des Grundsatzes des § 26 I DRiG sinnlos. Denn die Entscheidung nach § 227 gehört grundsätzlich zum Kernbereich der richterlichen Unabhängigkeit, und zwar sowohl dann, wenn das Gericht eine Terminsänderung usw ablehnt, als auch dann, wenn es ihr stattgibt. Über die Entscheidung darüber, ob ein erheblicher Grund oder gar eine Situation nach III vorliegt, erfordert eine Beschäftigung jedenfalls auch mit dem konkreten Streitstoff des vorliegenden Verfahrens und die Abwägung der Interessen der Parteien unter denselben Gesichtspunkten, unter denen zB zu prüfen sein könnte, ob eine Partei beim Ausbleiben im Termin säumig wäre oder ob ein besonderes Beschleunigungsbedürfnis vorliegt usw. Damit würde sich die Dienstaufsicht in denjenigen Bereich begeben, in dem sie nichts zu suchen hat. Es ist auch keineswegs zulässig, im Weg der Dienstaufsicht zwar theoretisch die richterliche Unabhängigkeit zu respektieren, der Sache nach aber anschließend um so intensiver zu prüfen, ob die im Beschluß genannten oder sonst erkennbaren Erwägungen des Gerichts für seine Entscheidung nun auch wirklich jeder Nachprüfung standhalten. Diese Kontrolle obliegt allein dem etwaigen Rechtsmittelgericht. Das alles hätte BVerfG NJW **89**, 3148 ebenfalls erkennbar mitbedenken sollen.

**60** Die Dienstaufsicht darf erst dann *ausnahmsweise* nach § 26 II DRiG eingreifen, wenn ersichtlich keinerlei sachliche Erwägungen mehr für die Entscheidung maßgeblich waren, nicht schon dann, wenn die Entscheidung irgendwie fehlerhaft sein könnte. Das Gericht hat sowohl bei I als auch zumindest bei III 3 Rn 50, einen beträchtlichen Ermessensspielraum, den die Dienstaufsicht unter Berufung auf diese eng auszulegende Ausnahmevorschrift keineswegs auch nur im Ergebnis einengen darf.

**61** **D. Strafbarkeit.** Eine unter diesen Voraussetzungen hochgradig oberflächlich oder praktisch gar nicht begründete Dienstaufsichtsbeschwerde kann als falsche Verdächtigung nach § 164 StGB strafbar sein.

**62** **9) Abänderbarkeit der Entscheidung, I–IV.** Die Entscheidung ist grundsätzlich jederzeit abänderbar. Dabei muß das Gericht natürlich Gründe haben und nennen und gesetzliche Fristen sowie ggf Art 103 I GG (erneut) beachten.

**63** **10) VwGO:** Entsprechend anzuwenden, § 173 VwGO, sind *I, II u IV*, BVerwG NJW **99**, 2131 u **95**, 1441, NVwZ **95**, 374 mwN, auch IV iVm § 294, BVerwG Buchholz 303 § 227 Nr 13 u 14. Beispiele: BVerwG NVwZ-RR **99**, 408 mwN (ärztlich bescheinigte Verhandlungsunfähigkeit), BVerwG NJW **95**, 1441 mwN (unverschuldete Anreiseschwierigkeiten des ProzBev), NVwZ **95**, 374 mwN (Urlaub), BVerwG NJW **95**, 800, Buchholz 310 § 108 Nr 1 u 303 § 227 Nr 14 (plötzliche Erkrankung), dazu BVerwG Buchholz 303 § 227 Nr 8 u 14 (Beibringung eines ärztlichen Attestes) und NVwZ-RR **95**, 533 sowie VGH Kassel NVwZ-RR **98**, 404 u OVG Münst NJW **96**, 334 (Erkrankung der anwaltlich vertretenen Partei), BVerwG NJW **92**, 2042 (Pflege der erkrankten Mutter), ferner BVerwG NJW **93**, 80 (Niederlegung des Mandats), NJW **92**, 3185 (Verspätung des Anwalts), NJW **86**, 339 u Buchholz 310 § 132 Nr 245 (Anwaltswechsel), NJW **84**, 882 (Erkrankung des sachbearbeitenden Mitglieds einer Sozietät), BVerwG NJW **95**, 1231 u VGH Mannh Just **98**, 300 OVG Magdeb NVwZ-Beil 12/97 S 1 (Pflicht des einer Sozietät angehörenden RA, gleichzeitig einen anderen Termin wahrzunehmen), BVerwG NVwZ **95**, 374 (Verschleppungsabsicht). Die Ablehnung eines Vertagungsantrags ist der Überprüfung durch das Revisionsgericht entzogen, BVerwG NJW **90**, 2080; die unberechtigte Ablehnung kann Art 103 I GG verletzen, BVerwG stRspr, NJW **86**, 2897 mwN (keine Verletzung, wenn weitere Aufklärungsmöglichkeiten weder angeboten noch ersichtlich sind, BVerwG NJW **92**, 852, oder wenn ein in seiner Begründung unsubstantieller Antrag erst kurz vor dem Termin gestellt wird, BVerwG Buchholz 310 § 108 Nr 186). Rechtsbehelfe wie Rn 57 ff, § 146 II VwGO. III ist unanwendbar, § 102 IV VwGO idF des Art 33 II Z 2 JuMiG v 18. 6. 97, BGBl 1430; auf eine urlaubsbedingte Verhinderung während der sommerlichen Hauptreisezeit wird iRv I verständigerweise Rücksicht zu nehmen sein, vgl DRiZ **96**, 428.

4. Titel. Folgen der Versäumung. Wiedereinsetzung  §§ 228, 229, Übers § 230

## 228 (weggefallen)

## 229 *Verordneter Richter.* Die in diesem Titel dem Gericht und dem Vorsitzenden beigelegten Befugnisse stehen dem beauftragten oder ersuchten Richter in bezug auf die von diesen zu bestimmenden Termine und Fristen zu.

**1) Systematik, Regelungszweck.** Die Vorschrift stellt klar, was ohnehin eigentlich selbstverständlich 1
wäre: Der verordnete Richter, §§ 279 I 2, 361 f, nicht zu verwechseln mit dem Einzelrichter nach §§ 348, 524, hat dieselben Befugnisse wie das Gericht und der Vorsitzende, besonders gemäß §§ 216, 224, 227.

**2) Geltungsbereich.** Vgl Üb 2 vor § 214. 2

**3) Rechtsbehelf.** Es sind zwei Stufen zu beachten. 3

**A. Anrufung des Gerichts.** Die Entscheidung des verordneten Richters ermöglicht stets die Anrufung des Prozeßgerichts, §§ 576 I, 577 IV, also unabhängig davon, ob die entsprechende Anordnung des Vorsitzenden anfechtbar wäre. Das Prozeßgericht kann sein Ersuchen wiederholen oder ändern, dem verordneten Richter aber keine weiteren Weisungen geben.

**B. Beschwerde.** Gegen die Maßnahme des nach Rn 3 angerufenen Gerichts ist die einfache Beschwerde 4
nach § 567 I statthaft, aM ZöStö 2 (nur wenn der Maßnahme des verordneten Richters der Beschwerde unterläge, falls das Prozeßgericht sie getroffen hätte), die man auch zugleich mit Rn 3 bedingt einlegen kann, § 577 Rn 10. Soweit das LG als Berufungs- oder Beschwerdegericht entschieden hat, ist die Beschwerde unzulässig, § 567 III 1.

**4) VwGO:** *Entsprechend anzuwenden, § 173 VwGO. Anrufung des Gerichts: § 151 VwGO.* 5

### Vierter Titel. Folgen der Versäumung. Wiedereinsetzung in den vorigen Stand

**Übersicht**

**Gliederung**

| | | | |
|---|---|---|---|
| 1) Systematik, Regelungszweck .......... | 1 | D. Versäumnisentscheidung .............. | 5 |
| 2) Geltungsbereich ....................... | 2 | E. Sonstige Folgen ....................... | 6 |
| 3) Versäumungsfolgen in demselben Prozeß .................................. | 3–6 | 4) Versäumungsfolgen im künftigen Prozeß ................................. | 7 |
| A. Ausschluß ........................... | 3 | 5) Beseitigung der Folgen ................ | 8 |
| B. Kosten .............................. | 3 | 6) VwGO ................................ | 9 |
| C. Unterstellung ....................... | 4 | | |

**1) Systematik, Regelungszweck.** Eine Versäumung liegt vor, wenn eine Partei, Grdz 3 vor § 50, oder 1
ein Streithelfer, § 66, eine Parteiprozeßhandlung, Grdz 47 v. § 128, die sie entweder innerhalb eines gesetzlichen oder richterlichen Frist oder innerhalb des jeweiligen Prozeßabschnitts oder im Termin vornehmen muß, gar nicht, verspätet oder unwirksam vornimmt (Teilversäumung), BGH NJW 91, 2839. Demgegenüber liegt in einer völligen Versäumung des Termins zur notwendigen mündlichen Verhandlung, § 129 Rn 2, das sog Versäumnis, das zur Versäumnisentscheidung nach §§ 330 ff und anderen Folgen führen kann, § 141, 251 a, 454, 877, 901. In allen diesen Fällen sieht das Gesetz einen Rechtsnachteil vor, damit der Betroffene möglichst gar nicht erst gegen die prozessuale Obliegenheit verstößt.

**2) Geltungsbereich.** §§ 230 ff gelten grundsätzlich in allen Verfahrensarten nach der ZPO, auch vor dem 2
Beschwerdegericht nach § 73 Z 2 GWB.

**3) Versäumungsfolgen in demselben Prozeß.** Teilversäumung hat die folgenden Rechtsnachteile. 3

**A. Ausschluß.** Der Teilsäumige wird mit der Prozeßhandlung ausgeschlossen (Präklusionsprinzip), § 230, die Handlung ist dann also unzulässig und unwirksam. Termine und Fristen verfallen ohne weiteres. Eine Versäumung in der ersten Instanz kann den Ausschluß für den ganzen Prozeß bedeuten, vgl §§ 528, 529.

**B. Kosten.** Der Teilsäumige muß Kostennachteile tragen, zB nach den §§ 95, 97 II, 238 IV.

**C. Unterstellung.** Das Gesetz unterstellt, daß der Teilsäumige die ihm ungünstigste Prozeßhandlung 4
vorgenommen hat, soweit sein Handeln unentbehrlich war. Beispiel: § 138 III unterstellt sein Geständnis. Weitere Beispiele: §§ 239 IV, 242, 244 II, 267, 427, 439 III, 441 III, 528 II.

**D. Versäumnisentscheidung.** Im Fall einer völligen Versäumung ist eine Versäumnisentscheidung nach 5
den §§ 330 ff zulässig. Nach dem Gesetz braucht das Gericht der vorgenannten Rechtsnachteile keineswegs stets anzudrohen. Man mag dies im Fall einer völligen Versäumung bedauern. Auch bei einer Versäumung ergibt sich aus allgemeinen Rechtsgrundsätzen und aus den §§ 51 II, 85 II, daß die Versäumung des gesetzlichen Vertreters oder des ProzBev als solche der Partei gilt. Wenn es darauf ankommt, ob der Betreffende schuldhaft (vorwerfbar) handelte, etwa bei §§ 95, 356, 379, oder im Zusammenhang mit einem Wiedereinsetzungsverfahren, bleiben diesbezügliche privatrechtliche Grundsätze unerheblich; zur Abgrenzung Säcker ZZP 80, 421. Einzelheiten vgl bei § 233.

**E. Sonstige Folgen.** Vgl zB §§ 39, 113, 295, 701. 6

**7** **4) Versäumungsfolgen im künftigen Prozeß.** Man muß zwischen den Rechtsnachteilen in demselben Prozeß und denjenigen in einem künftigen Prozeß unterscheiden. Für einen künftigen Prozeß kommt eine Ausschließung in Betracht. Sie kann zB bei einer Abänderungsklage, § 323, und bei einer Vollstreckungsabwehrklage nach § 767 eintreten. Darüber hinaus kann sie aber auch als ein Ausfluß der Rechtskraft für alle diejenigen Einwendungen gelten, die das Gericht in dem rechtskräftig beendeten Erstprozeß behandelt hat oder die man nach § 767 II hätte vorbringen können; vgl auch Einf 11, 13 vor §§ 322–327.

**8** **5) Beseitigung der Folgen.** Man kann die Folgen einer Versäumung nur in denjenigen Fällen beseitigen, die das Gesetz nennt. Unter Umständen kann man eine versäumte Prozeßhandlung nachholen, etwa nach § 296 III. Ferner mag ein Einspruch zulässig sein, zB gegen ein Versäumnisurteil, §§ 338 ff, vgl ferner §§ 364 III, 529. Außerdem kann eine Entschuldigung im Verfahren nach Lage der Akten in Betracht kommen, §§ 251 a, 331 a. Sofern es um die Versäumung einer Notfrist nach § 224 I 2 geht, mag eine Wiedereinsetzung in den vorigen Stand nach § 233 zulässig sein. Sie verlangt allerdings regelmäßig, daß man die Frist schuldlos versäumt hat. Das Gesetz kennt keine Wiedereinsetzung gegen die Versäumung eines Termins. Das kann sich unbillig auswirken. Soweit zB eine Wiedereinsetzung in Betracht kommt, ist die Nichtigkeitsklage nach § 579 I Z 4 grundsätzlich unstatthaft, LG Konstanz MDR **89**, 827.

Das *Wiedereinsetzungsverfahren* ist in den §§ 233 ff geregelt. Ein Antrag auf eine Wiedereinsetzung in den vorigen Stand hindert weder den Eintritt der Rechtskraft, § 322, BGH **100**, 205, noch die Möglichkeit einer Zwangsvollstreckung, §§ 704 ff. Die Entscheidung des Gerichts dahin, daß die Wiedereinsetzung gewährt wird, beseitigt die Rechtskraft rückwirkend, § 705 Rn 9. Das gilt auch dann, wenn es sich zB um ein Scheidungsurteil handelt.

**9** **6) *VwGO*:** *Ausdrücklich geregelt ist nur die Wiedereinsetzung, § 60 VwGO. Die Versäumung von Prozeßhandlungen hat auch im Verfahren vor den VerwGerichten Bedeutung, Rn 2 ff; es entfallen jedoch die Geständniswirkung und die Möglichkeit einer Versäumnisentscheidung.*

## 230 Versäumung. Folge.
Die Versäumung einer Prozeßhandlung hat zur allgemeinen Folge, daß die Partei mit der vorzunehmenden Prozeßhandlung ausgeschlossen wird.

**1** **1) Grundsatz: Ausschlußwirkung.** Begriff der Versäumung Üb 1 vor § 230. Eine Versäumung durch einen Fristablauf oder durch den Ablauf des Prozeßabschnitts, §§ 274 III, 295, 296, 323 II, 529, 767 II, oder in der mündlichen Verhandlung hat zur Folge, daß die Partei mit der Prozeßhandlung ausgeschlossen wird, Karlsr MDR **90**, 336. Das gilt grundsätzlich unabhängig davon, ob sie vorwerfbar handelte oder nicht, Üb 3 vor § 230. In der mündlichen Verhandlung tritt eine Versäumung grundsätzlich erst mit dem Schluß der Verhandlung ein, auf die das Urteil ergeht, §§ 136 IV, 296 a. Das ergibt sich aus dem Grundsatz der Einheit der Verhandlung, Üb 3 vor § 253, Ffm MDR **82**, 153, vgl ferner § 220 II; gelegentlich kommt es auch auf den Antrag, § 43, die erste Verhandlung, § 39, oder die jeweils nächste an, § 295. Trotz Rechtzeitigkeit kann Unwirksamkeit und damit Versäumung vorliegen.

**2** **2) Ausnahmen.** Das Gesetz macht mehrfach von § 230 eine Ausnahme, namentlich dann, wenn es sich um die Wahrung des öffentlichen Interesses handelt, vgl zB §§ 231 II, 295, 617, 640, 670. Eine Versäumung der schriftsätzlichen Vorbereitung hat andere Folgen, § 132 Rn 21, 22, vgl ferner zB §§ 282, 296.

**3** **3) *VwGO*:** *Entsprechend anzuwenden, § 173 VwGO, vgl Üb § 230 Rn 9.*

## 231 Versäumung. Androhung und Antrag.
I Einer Androhung der gesetzlichen Folgen der Versäumung bedarf es nicht; sie treten von selbst ein, sofern nicht dieses Gesetz einen auf Verwirklichung des Rechtsnachteils gerichteten Antrag erfordert.

II Im letzteren Falle kann, solange nicht der Antrag gestellt und die mündliche Verhandlung über ihn geschlossen ist, die versäumte Prozeßhandlung nachgeholt werden.

**1** **1) Systematik, Regelungszweck, I, II.** Die Vorschrift enthält in I in Wahrheit nur einen Grundsatz, von dem es an anderen Stellen des Gesetzes Ausnahmen gibt, zB in §§ 141 III 3, 276 II, 277 II. In II ist eine Klarstellung, vgl auch § 295, und eine zeitliche Begrenzung in Anlehnung an § 136 IV, 296 a enthalten.

Die Vorschrift dient in I in Wahrheit trotz ihres vordergründig bürgerfeindlichen Befehls doch gerade deshalb der Rechtssicherheit, Einl III 43: Wer nicht eine bequeme Belehrung abwarten darf, wird sich eher bemühen. Freilich enthalten die ZPO und andere Prozeßordnungen so oft Belehrungspflichten, daß eine Überforderung der Prozeßbeteiligten keineswegs immer ausgeschlossen ist, die Rechtsfolgen bald selbst herausfinden muß, bald von Amts wegen angekündigt erhält. Eine Vereinheitlichung wäre wünschenswert.

**2** **2) Geltungsbereich, I, II.** Vgl Üb 2 vor § 230.

**3** **3) Androhung, I.** Das Gericht braucht die gesetzlichen Folgen einer Versäumung nach dem Wortlaut von I grundsätzlich nicht anzudrohen. Von dieser Regel gibt es aber zahlreiche Ausnahmen, vgl zB die §§ 276 II, 277 II, 340 III, 692 I Z 4, 890 II, 947 II Z 3, 981, 995, 997, 1002 VI, 1008. Die Folgen treten dann, wenn eine Androhung nicht erforderlich ist, kraft Gesetzes ein, soweit nicht das Gesetz einen Antrag fordert, wie bei §§ 109 II, 113 (Sicherheitsleistung), bei § 158 (Entfernung eines Beteiligten), bei den §§ 239 IV, 246 II (nach einer Unterbrechung), bei den §§ 330 ff (Versäumnisentscheidungen), bei § 699 I 1 (Mahnverfahren), bei § 890 (Zwangsvollstreckung wegen Unterlassung), bei § 926 (Arrestklage), bei § 952 (Ausschlußurteil).

**4) Rechtsmittelbelehrung, I.** Das Gesetz verlangt vom Gericht also *grundsätzlich (noch) keine* Rechts- **4** mittelbelehrung, § 139 Rn 79 „Rechtsmittelbelehrung", BGH FamRZ **93**, 310, Hamm MDR **75**, 409 (zum dort unter anderem erörterten Problem jetzt § 890 Rn 21), LG Heilbronn MDR **91**, 1194 (kein Verfassungsanstoß). Das Gericht sollte sich auch hüten, eine Rechtsmittelbelehrung zu erteilen, soweit es dazu nicht gesetzlich verpflichtet ist. Zum einen könnte sie falsch sein und schon deshalb eine Staatshaftung auslösen, die sich nach § 839 BGB auswirken könnte, etwa dann, wenn sich die Rechtsmittelbelehrung in einem Urteil befindet. Die Fürsorgepflicht des Gerichts, Einl III 27, findet dort ihre Grenze, wo der Gesetzgeber nach jeweils geltendem Recht die Grenze selbst erkennbar zieht. Wenn das Gesetz zwar auf anderen Gebieten, zB im Verwaltungs- oder Strafprozeß, mehr oder minder umfassende Rechtsmittelbelehrungspflichten kennt, im Zivilprozeß aber derzeit nur in einzelnen Fällen solche Pflichten aufstellt, dann hat der Gesetzgeber selbst klar zu erkennen gegeben, daß er das Problem unterschiedlicher Belehrungspflichten kennt. Deshalb kann dann auch nicht von einer Gesetzeslücke gesprochen werden, Einl III 48. Zum anderen könnte die Partei mit Recht zB daraufhinweisen, daß ihr im Fall Rn 1 eine Belehrung erteilt worden sei, im Fall B jedoch nicht. In solcher unterschiedlichen Handhabung könnte ein Verstoß gegen Art 3 GG liegen, der ebenfalls Staatshaftung usw auslösen mag. Das alles gilt unabhängig davon, ob der derzeitige Rechtszustand rechtspolitisch erfreulich ist oder nicht. Immerhin ist zu berücksichtigen, daß im Zivilprozeß nach der Grundeinstellung auch des heutigen Gesetzes ein Kampf zweier gleichberechtigter Parteien gegeneinander ist, LG Heilbronn MDR **91**, 1194, nicht etwa ein Verfahren der Obrigkeit gegenüber dem einzelnen Bürger wie etwa im Strafprozeß. Daraus ergibt sich ua eine mindere Belehrungs-, Hinweis- und Fürsorgepflicht des Gerichts.

**5) Nachholbarkeit, II.** Soweit das Gesetz einen Antrag mit dem Ziel des Ausspruchs der Folgen einer **5** Versäumung voraussetzt, Rn 1, und dieser Antrag auch wirksam gestellt ist, ist eine versäumte Prozeßhandlung bis zu dem nach §§ 136 IV, 296 a eintretenden Schluß einer notwendigen mündlichen Verhandlung über diesen Antrag nachholbar, Köln OLGZ **79**, 119. Ausnahmsweise kann sie sogar noch bis zur Verkündung oder sonstigen Wirksamkeit der Entscheidung über den Antrag nachgeholt werden, zB in den Fällen §§ 106, 109. Wenn das Gesetz keinen derartigen Antrag voraussetzt, etwa im Fall der Versäumung einer Rechtsmittelbegründungsfrist, oder wenn es sich nicht um eine Prozeßhandlung handelt, etwa im Fall der Ernennung eines Schiedsrichters, ist die versäumte Prozeßhandlung nicht nachholbar. Soweit keine mündliche Verhandlung stattfindet, vgl § 128 II, 2, III 2, genügt die Nachholung bis zum Antrag. Wenn die Verhandlung wiedereröffnet wird, § 156, gilt die Regelung nach II bis zum erneuten Verhandlungsschluß. II ist auch dann anwendbar, wenn nach der Versäumung einer richterlichen Frist ein Antrag notwendig wird.

**6) VwGO:** *Entsprechend anzuwenden,* § 173 VwGO, vgl Üb § 230 Rn 9. **6**

## 232 *Versäumung. Verschulden des Vertreters.* (weggefallen)

## 233 *Wiedereinsetzung wegen Verhinderung.* War eine Partei ohne ihr Verschulden verhindert, eine Notfrist oder die Frist zur Begründung der Berufung, der Revision oder der Beschwerde nach §§ 621 e, 629 a Abs. 2 oder die Frist des § 234 Abs. 1 einzuhalten, so ist ihr auf Antrag Wiedereinsetzung in den vorigen Stand zu gewähren.

**Schrifttum:** *Büttner,* Wiedereinsetzung in den vorigen Stand usw, 2. Aufl 1998; *Fink,* Die Wiedereinsetzung in den vorigen Stand im Zivilprozeßrecht, Wien 1994; *Greger,* Das Rechtsinstitut der Wiedereinsetzung usw, 1998; *Maniotis,* Das prozessuale Verschulden und die objektive Präklusion, zwei Auslegungsprobleme des § 233 ZPO, Diss Freibg/Br 1983; *Prütting/Weth,* Rechtskraftdurchbrechung bei unrichtigen Titeln, 2. Aufl 1994; *Vollkommer,* Die Erleichterung der Wiedereinsetzung im Zivilprozeß, in: Festschrift für *Ostler,* 1983. Vgl auch die Rspr-Üb bei Müller NJW **98**, 497 sowie die Nachweise bei § 85.

### Gliederung

| | |
|---|---|
| 1) Systematik ............................................. 1 | 8) Ohne Verschulden ........................... 11–17 |
| 2) Regelungszweck ................................... 2 | A. Begriff ........................................ 11–15 |
| 3) Sachlicher Geltungsbereich ................ 3, 4 | B. Glaubhaftmachung ..................... 16 |
|    A. Fristversäumung ............................. 3 | C. Ursächlichkeit des Verschuldens .... 17 |
|    B. Beispiele zur Frage des sachlichen Geltungsbereichs ............................. 4 | 9) Beispiele zur Frage einer Wiedereinsetzung ....................................... 18–190 |
| 4) Persönlicher Geltungsbereich ............. 5 |    Hauptstichwort „Rechtsanwalt" ..... 49–188 |
| 5) Notfristablauf usw ............................... 6 |    Unterstichwörter bei den einzelnen Hauptstichwörtern ......................... 18–190 |
| 6) Beispiele zur Frage des Vorliegens einer Notfrist usw ................................. 7–9 | 10) VwGO ............................................... 191 |
| 7) Antrag .................................................. 10 | |

**1) Systematik.** Man muß zwischen der Wiedereinsetzung in den vorigen Stand, §§ 233 ff, und der **1** Wiederaufnahme eines rechtskräftig abgeschlossenen Verfahrens nach §§ 578 ff unterscheiden. Beide Institute haben Berührungspunkte im notwendigen Merkmal der Unverschuldetheit.

## § 233

**2) Regelungszweck.** Die Wiedereinsetzung in den vorigen Stand ist die Beseitigung eines Rechtsnachteils, der einer Partei infolge einer Versäumung erwachsen ist, so auch BGH **128**, 283. Sie dient unmittelbar dazu, die Rechtsschutzgarantie und das rechtliche Gehör, Einl III 16, zu gewährleisten, BVerfG NJW **95**, 249. Der gesetzgeberische Hintergrund ist die Notwendigkeit einer richterlichen Billigkeitsentscheidung. Andererseits sollen jede Prozeßverschleppung und jede Gefährdung der Rechtskraft verhindert werden, Schlicht BB **80**, 632. Deshalb hat das Gesetz die Möglichkeiten einer Wiedereinsetzung beschränkt.

**3) Sachlicher Geltungsbereich.** Vgl zunächst Üb 2 vor § 230.

**A. Fristversäumung.** Die Wiedereinsetzung ist nur dann statthaft, wenn man eine Frist insgesamt, nicht bloß zB einzelne fristgebundene Rügen, und auch nicht etwa einen Termin versäumt hat. Nach dem klaren Wortlaut des § 233 ist die Wiedereinsetzung also nicht beim Fehlen einer wirksamen Frist, Mü RR **87**, 895 (kein Rechtsschutzbedürfnis), oder gegenüber einer Terminsversäumung zulässig. Das kann sich unbillig auswirken. In solchen Fällen können aber die §§ 251 a II 4, 337, 342, 513 II helfen. Eine ordnungsgemäße Versagung der Wiedereinsetzung stellt keinen Verstoß gegen Art 103 I GG dar, Köln VersR **75**, 545. Die Wiedereinsetzung hängt von anderen Voraussetzungen ab als die Einstellung der Zwangsvollstreckung und ist im Gegensatz zu letzterem endgültig, BVerfG **61**, 17.

Soweit das Gericht der Partei die Wiedereinsetzung in den vorigen Stand zugebilligt hat, ist eine zugelassene Prozeßhandlung, die die Partei nunmehr ordnungsmäßig nachholt, ebenso *wirksam*, als ob sie ursprünglich rechtzeitig erhoben wäre, BGH **128**, 283, und ist die Rechtskraft einer etwa inzwischen ergangenen verwerfenden Entscheidung beseitigt, soweit es gerade um die Fristversäumung geht, vgl BGH VersR **74**, 194, LAG Mü MDR **94**, 834. Das gilt auch dann, wenn zB eine Ehe zunächst geschieden worden war, wenn ein geschiedener Ehegatte inzwischen erneut geheiratet hat und wenn die neue Ehe infolge der Wiedereinsetzung in den vorigen Stand nunmehr bigamisch wird, BGH **98**, 328 (abl Vollkommer JR **87**, 230). Ein Verzicht auf die Einhaltung der §§ 233 ff, namentlich des § 236, ist unwirksam.

**B. Beispiele zur Frage des sachlichen Geltungsbereichs**
**Arbeitsgericht:** §§ 233 ff gelten im arbeitsgerichtlichen Verfahren, Lorenz BB **77**, 1003, Schlicht BB **80**, 632.
**Baulandsache:** §§ 233 ff gelten in einer Baulandsache, § 218 BauGB.
**Entschädigungssache:** §§ 233 ff gelten im Verfahren nach dem BEG, BGH VersR **86**, 966, vgl allerdings auch BGH **LM** Art VIII BEG-SchlußG Nr 2 (keine Wiedereinsetzung gegen die Versäumung einer Anmeldefrist). Zur Vereinbarkeit mit dem GG BVerfG NJW **84**. 2148.
**Finanzgericht:** §§ 233 ff gelten im finanzgerichtlichen Verfahren, § 56 FGO, BFH NJW **94**, 960 (grds aber keine Wiedereinsetzung wegen unverschuldeter Terminsversäumung).
**Freiwillige Gerichtsbarkeit:** §§ 233 ff gelten im Verfahren der freiwilligen Gerichtsbarkeit, Hamm NZM **98**, 972 (mit Abweichungen bei §§ 234 I, 236 II), KG NZM **99**, 569 (je: WEG), Köln DNotZ **81**, 716.
**Geschmacksmuster:** §§ 233 ff können im Verfahren gemäß GeschmMG gelten, BPatG GRUR **83**, 647.
**Halbleiter:** §§ 233 ff können im Verfahren nach § 11 I Halbleiterschutzgesetz in Verbindung mit § 123 PatG gelten.
**Insolvenz:** §§ 233 ff sind im Insolvenzverfahren anwendbar, § 4 InsO.
**Markensache:** §§ 233 ff gelten in einer Markensache vor dem Patentamt und dem PatG, § 91 MarkenG, sowie vor dem BGH mit einer Besonderheit entsprechend, § 88 I 1, 2, § 91 VIII MarkenG.
**Patentsache:** §§ 233 ff können im Verfahren nach § 123 PatG gelten, wenn auch mit Abweichungen, BGH RR **99**, 838. Sie gelten nicht bei der Versäumung der Frist zur Zahlung einer Beschwerdegebühr in einem Patentanmeldeverfahren, BGH **89**, 245.
**Sorgerecht:** §§ 233 ff gelten im Verfahren nach § 621 I Z 1, BGH NJW **79**, 110.
**Sortenschutz:** §§ 233 ff können im Verfahren nach § 40 SortenschutzG gelten.
**Sozialgericht:** §§ 233 ff gelten im sozialgerichtlichen Verfahren, § 67 I SGG.
**Verfassungsbeschwerde:** Es ist grds wegen der bloßen Hilfsfunktion der Verfassungsbeschwerde, Einl III 28, notwendig, auch dann vor ihrer Einlegung Wiedereinsetzung zu beantragen, wenn das aussichtslos zu sein scheint, BVerfG RR **99**, 1149. §§ 233 ff gelten nicht im Verfahren auf eine Verfassungsbeschwerde. Zum Landesrecht VerfGH Sachsen NJW **99**, 780. Rechtspolitisch krit Zuck ZRP **85**, 299.
**Wohnungseigentum:** S 3 „Freiwillige Gerichtsbarkeit".

**4) Persönlicher Geltungsbereich.** § 233 schützt eine Partei, Grdz 3 vor § 50, auch ihren Streithelfer, § 66. Hat die Partei einen Vertreter im Sinn der §§ 51 II, 85 II, so kommt es nur darauf an, ob dieser Vertreter verhindert war. Allerdings kann in dem Unterlassen des Bestellung eines anderen Vertreters ein Verschulden der Partei liegen. Dagegen braucht die Partei für das Verschulden eines Angestellten, der nicht als ihr Vertreter angesehen werden kann, nicht einzustehen. Sie braucht erst recht nicht für solche Personen einzustehen, die weder ihr Vertreter noch ihr Angestellter sind, vgl § 85 Rn 27 „Angestellter".

**5) Notfristablauf usw.** Es muß zunächst eine gesetzliche Notfrist, § 224 I 2, abgelaufen sein. Ob die Notfrist tatsächlich abgelaufen ist, BGH FamRZ **95**, 1484, ist ohne die Erleichterungen der bloßen Glaubhaftmachung, wie sie § 233 ff vorsehen, nach allgemeinen Regeln vor vorrangig vor der Wiedereinsetzungsfrage zu prüfen, BGH VersR **86**, 60. Fehlt eine wirksame Frist, so besteht für eine Wiedereinsetzung kein Rechtsschutzbedürfnis, Mü RR **87**, 895. Im übrigen stellt der Wortlaut des § 233 weitere Fälle dem Ablauf einer Notfrist gleich.

**6) Beispiele zur Frage des Vorliegens einer Notfrist usw Anschlußberufung:** Es gelten dieselben Regeln wie „Berufung".
S aber auch „Familiensache".
**Anschlußbeschwerde:** Es gelten dieselben Regeln wie „Befristete Beschwerde", Rn 8 „Sofortige Beschwerde".
S aber auch „Familiensache".
**Anschlußrevision:** Es gelten dieselben Regeln wie Rn 8 „Revision".
**Anwaltsvergütung:** Die Frist nach § 128 II BRAGO ist keine Notfrist, Bbg JB **93**, 89.

## 4. Titel. Folgen der Versäumung. Wiedereinsetzung § 233

**Außergerichtlicher Vergleich:** Rn 9 „Vergleich".
**Befristete Beschwerde:** Gegen die Versäumung der Frist zur Einlegung einer befristeten Beschwerde, zB in einer Familiensache, §§ 621 e, 629 II, III, ist eine Wiedereinsetzung nach dem Wortlaut des § 233 statthaft, Hbg FamRZ **90**, 772, Bergerfurth FamRZ **87**, 177, aM Karlsr FamRZ **88**, 412.
**Berufung:** Die Frist zur Einlegung der Berufung, § 516, ist eine Notfrist, § 516 Hs 2, BGH VersR **86**, 1025. Dasselbe gilt wegen der Fiktion in § 233 im Ergebnis auch für die Berufungsbegründungsfrist, § 519 II 1.
Dagegen ist § 233 *unanwendbar*, soweit es um den Antrag auf eine Verlängerung der Berufungsbegründungsfrist geht, BGH VersR **87**, 308.
**Beschwerde:** „Befristete Beschwerde", Rn 8 „Sofortige Beschwerde".
**Einspruch:** Die Frist zur Einlegung des Einspruchs gegen ein Versäumnisurteil nach § 339 I bzw gegen einen Vollstreckungsbescheid in Verbindung mit § 700 I ist eine Notfrist, § 339 I Hs 2, Karlsr MDR **94**, 831. Dasselbe gilt für die Frist zur Begründung des Einspruchs, § 340 Rn 12, und zwar auch im Fall ihrer Verlängerung, § 340 Rn 14.
**Ergänzung:** Eine bloße Ergänzung einer im Kern rechtzeitig eingereichten Eingabe fällt nicht unter § 233, BGH NJW **97**, 1309.
**Familiensache:** Die Frist zur Einlegung eines Anschlußrechtsmittels nach § 629 a III ist keine Notfrist, Celle FamRZ **90**, 647.
S aber auch „Befristete Beschwerde" usw.
**Form:** Die Frist kann auch dann erfolglos abgelaufen, wenn die Partei die erforderliche Schrift nicht innerhalb der Frist in einer formell ausreichenden Form eingereicht hatte, wenn etwa die Berufungsschrift nicht unterschrieben wurde, BGH **LM** (B) Nr 5.
**Klagefrist:** S „Mieterhöhung".                                                                                                              8
**Kostenfestsetzung:** Rn 7 „Anwaltsvergütung".
**Mahnverfahren:** Keine Notfristen sind: Die Frist zur Erhebung des Widerspruchs gegen den Mahnbescheid, wie sie sich ohnehin nur indirekt aus § 694 III ableiten ließe; die Frist nach § 692 I Z 3, Brdb ZMR **99**, 103; die Frist nach § 697 III 1; die Frist nach § 701 S 1, LAG Bln MDR **90**, 187.
S aber auch Rn 7 „Einspruch".
**Mieterhöhung:** Die Klagefrist nach § 2 MHG ist keine Notfrist, AG Mölln WoM **85**, 319.
**NATO-Truppenstatut:** Die sachlichrechtliche Frist nur Anmeldung eines Schadens, der nach dem NATO-Truppenstatut zu regulieren ist, gilt nach Art 6 III NTS-AG als Notfrist, Ffm VersR **89**, 265.
**Notfristähnlicher Fall:** Zur Anwendbarkeit der § 233 ff auf notfristähnliche Fälle Köln VersR **73**, 161, LG Mü WoM **83**, 141, Gerhardt ZZP **98**, 357.
**Prozeßkostenhilfe:** Eine „Frist" für die Einreichung eines Antrags auf Prozeßkostenhilfe ist jedenfalls keine Notfrist, BGH VersR **86**, 1025, Bbg FamRZ **97**, 179, LAG Bre AnwBl **88**, 123.
**Prozeßvergleich:** Rn 9 „Vergleich".
**Rechtliches Gehör:** Art 103 II GG kann eine entsprechende Anwendung der §§ 233 ff erforderlich machen, BVerfG **22**, 88, BGH **53**, 310, BVerwG NJW **94**, 674. Indessen ist große Zurückhaltung geboten. Andernfalls könnte man vielfach die Wiedereinsetzung benutzen, um in Wahrheit prozessuales Verschulden zu unterlaufen.
**Revision:** Die Frist zur Einlegung der Revision ist eine Notfrist, § 552 Hs 2. Im Ergebnis ist nach § 233 eine Wiedereinsetzung auch gegen die Versäumung der Frist zur Revisionsbegründung nach § 554 II 1 statthaft, aM LG Mü WoM **83**, 141.
**Sofortige Beschwerde:** Die Frist zur Einlegung einer sofortigen Beschwerde ist eine Notfrist, § 577 II 1, BGH RR **98**,638.
**Sofortige Erinnerung:** Die Frist nach § 11 II 1 RPflG ist eine Notfrist, § 104 Rn 72 ff.
**Tatbestandsberichtigung:** Die Frist von drei Monaten nach § 320 II 3 ist keine Notfrist, § 551 Rn 17.
**Terminsverlegung:** Gegen die Versäumung der Antragsfrist nach § 227 III 1 ist keine Wiedereinsetzung statthaft, weil keine Notfrist nach § 224 I 2 vorliegt, § 227 Rn 35.
**Uneigentliche Frist:** Eine Wiedereinsetzung kommt nicht schon beim Verstreichen einer sog uneigentli-    9
chen Frist, Üb 11 vor § 214, in Betracht, BVerwG NJW **86**, 208.
**Unterschrift:** Rn 7 „Form".
**Urteilsergänzung:** Die Antragsfrist nach § 321 II ist keine Notfrist.
**Vergleich:** Schon wegen der Notwendigkeit, die Ausnahmevorschrift des § 233 eng auszulegen, Deubner JuS **91**, 501, ist die in einem Vergleich vereinbarte Frist zur Einreichung eines etwaigen Widerrufs **keine** Notfrist, Anh § 307 Rn 10 (Streitfrage).
**Versäumnisurteil:** Rn 7 „Einspruch".
**Vollstreckungsbescheid:** Rn 7 „Einspruch".
**Widerruf:** S „Vergleich".
**Widerspruch:** Rn 8 „Mahnverfahren".
**Wiederaufnahmeverfahren:** Die Frist des § 586 I ist eine Notfrist, gegen deren Versäumung die Wiedereinsetzung statthaft ist, BVerfG NJW **93**, 3257.
**Wiedereinsetzungsantrag:** Gegen die Versäumung der Frist nach § 234 I ist nach dem klaren Wortlaut des § 233 die Wiedereinsetzung statthaft, BAG BB **97**, 2223, Ffm OLGZ **79**, 18.

**7) Antrag.** Eine Wiedereinsetzung in den vorigen Stand erfolgt nur auf Grund eines Antrags des    10
Geschädigten, § 236. Ein ausdrücklicher Antrag ist aber unter Umständen entbehrlich, § 236 Rn 3. Ein Rechtsschutzbedürfnis muß stets vorhanden sein, BVerwG NJW **90**, 1806, und daher von Amts wegen geprüft werden, Hamm FamRZ **79**, 723. § 295 ist unanwendbar.

**8) Ohne Verschulden.** Die Anforderungen sind praktisch oft kaum erfüllbar.                        11
**A. Begriff.** Die Partei darf keine Schuld daran haben, daß sie die Frist nicht einhielt. Ob sie auch den etwa vorangegangenen Termin schuldlos versäumte, ist unerheblich, Karlsr MDR **94**, 831. Die unverschul-

deten Umstände müssen ursächlich für die Fristversäumung sein, BGH **LM** Nr 16. Früher war eine Wiedereinsetzung nur dann zulässig, wenn ein Naturereignis oder ein unabwendbarer Zufall für den Fristablauf ursächlich gewesen waren. Jetzt ist es für eine Wiedereinsetzung ausreichend, daß die Partei oder wenigstens einer ihrer Vertreter, §§ 51 II, 85 II, diejenige Sorgfalt aufwendeten, die man verständigerweise von ihnen erwarten konnte, BGH NJW **92**, 2489, BAG NJW **87**, 1355, Zuck ZRP **85**, 299, aM Mü MDR **86**, 62, Schwab NJW **79**, 697. Das Verschulden Dritter, insbesondere von Büropersonal des Vertreters, ist als solches unschädlich, kann aber als Verschulden auch des Vertreters zu werten sein, Rn 49 ff.

12 Damit begnügt sich das Gesetz jetzt mit einem *Grad von Sorgfalt*, der auch bei anderen Prozeßhandlungen und sonstigen prozessualen Ereignissen üblich ist, Einl III 68. Der Maßstab der erforderlichen Sorgfalt muß den gesamten Umständen angepaßt werden. Man kann von einer intelligenten, rechtskundigen Partei ein höheres Maß von Sorgfalt erwarten, Brschw JB **78**, 850. Wie stets bei einer Verschuldensprüfung, kommt es auch hier auf das Zumutbare an, BGH NJW **85**, 1711. Freilich muß auch in diesem Zusammenhang die allgemeine prozessuale Sorgfaltspflicht beachtet werden, die zB in § 282 verlangt wird. Andererseits hat gerade dieselbe VereinfNov, die die prozessualen Anforderungen sonst vielfach verschärft hat, im Bereich der Wiedereinsetzung spürbare Erleichterungen geschaffen. Auch das ist bei der Klärung des zumutbaren Grades der Sorgfalt zu berücksichtigen.

13 Nach wie vor *schaden Vorsatz und Fahrlässigkeit jeden Grades*, vgl § 276 BGB, also ein auch nur leichtes prozessuales Verschulden, Einl III 68, BGH NJW **90**, 1239, auch als bloßes Mitverschulden, BGH NJW **79**, 876. Es muß individuell vorliegen. Die bloße Möglichkeit einer Schuldlosigkeit reicht nicht, BGH FER **96**, 41, Zweibr MDR **86**, 244, aM BAG NJW **90**, 2707. Jedoch braucht die Partei keinesfalls mehr wie früher eine äußerste Sorgfalt aufzuwenden, BGH VersR **85**, 139. Die Partei soll durch Förmlichkeiten möglichst keinen Schaden erleiden. Die Anforderungen dürfen gerade hier nicht überspannt werden, BVerfG NJW **95**, 249, BGH VersR **89**, 1167, BayVGH NJW **84**, 2454.

14 Freilich darf das alles nicht zu einer Schädigung der Rechtssicherheit führen, Einl III 43. Daher ist auch *keineswegs* eine *allzu großzügige Zulassung* der Wiedereinsetzung zulässig, Müller NJW **93**, 688. Allgemeine Schwierigkeiten, die jeden treffen, sind keineswegs immer ein ausreichender Wiedereinsetzungsgrund, BGH VersR **83**, 138. Immerhin braucht die Partei zB vor einem Urlaub grundsätzlich keine „besonderen" Vorkehrungen wegen einer möglichen Zustellung, gleich welcher Art, zu treffen, BVerfG **41**, 335 (betr die StPO). Das gilt evtl sogar dann, wenn die Partei an sich mit einer Zustellung rechnen muß, strenger BGH (7. ZS) VersR **82**, 653 und (8. ZS) VersR **84**, 82. Freilich weist BVerwG MDR **77**, 431 zutreffend darauf hin, daß die Partei jedenfalls die „normalen" Vorkehrungen auch während eines Urlaubs treffen muß.

15 Schuldlos ist eine *vorübergehende* Abwesenheit von der ständigen Wohnung, und zwar selbst außerhalb der allgemeinen Urlaubszeit, BVerfG **41**, 336, Corts DB **79**, 2086. Schädlich ist aber ein vorwerfbares Sichentziehen, BGH VersR **77**, 1099, oder eine Verzögerung nach der Rückkehr, BVerfG **35**, 298, BFH DB **74**, 2448. Ein von der Residenzpflicht befreiter Anwalt, § 213 BRAO, der seinen ausländischen Aufenthaltsort für längere Zeit verläßt, muß möglichst sicherstellen, daß die nach deutschem Recht ablaufenden Fristen eingehalten werden. Schuldlos muß nicht nur die Unkenntnis des Versäumnisurteils sein, sondern auch die Unkenntnis seines Erlasses und die Versäumung der Einspruchsfrist, BGH **LM** (K) Nr 1. Wenn Form und Frist versäumt wurden, müssen beide Versäumnisse unverschuldet sein, BAG BB **77**, 500. Ein Verschulden des ProzBev ist auch nach dem Zeitpunkt der Niederlegung des Mandats schädlich.

16 **B. Glaubhaftmachung.** Vgl § 236 II 1. Im Zweifel ist eine Wiedereinsetzung zu versagen, BGH VersR **83**, 401.

17 **C. Ursächlichkeit des Verschuldens.** Nur ein solches Verschulden schließt die Wiedereinsetzung aus, das für die Fristversäumung usw auch ursächlich wurde und geblieben ist, BGH RR **97**, 1289, BAG NJW **89**, 2708.

18 **9) Beispiele zur Frage einer Wiedereinsetzung.** Man übersehe nie, die Entscheidung auf die Person des Säumigen abzustellen. Die Rechtsprechung ist äußerst umfangreich, kompliziert und schwer zu überschauen, Karlsr MDR **90**, 337. Die Rechtsprechung und Lehre vor 1977 ist außer in Altfällen, BGH VersR **78**, 537, nur insofern uneingeschränkt verwertbar, als sie bereits damals nach den strengeren gesetzlichen Anforderungen eine Wiedereinsetzung gewährte; soweit sie diese ablehnte, ist sie nur noch nach Maßgabe der gesetzlichen Voraussetzungen an eine Wiedereinsetzung als Anhalt verwertbar.

19 **Gericht:** Die Wiedereinsetzung kommt in Betracht, soweit das Gericht ungenügende organisatorische Vorkehrungen getroffen hat, und entfällt, soweit die Partei nicht wenigstens mit aufgepaßt hat.
– **(Adresse):** Wiedereinsetzung ist möglich, wenn zwar die richtige Adresse fehlte, der Inhalt aber eindeutig war, BGH NJW **92**, 1047, Rn 153. Es ist unerheblich, ob ein derart in der Frist beim Gericht eingegangenes Schreiben auch sofort zur richtigen Akte kam, BVerfG **60**, 122, aber auch 246, BGH FamRZ **97**, 172. Die Weiterleitung braucht nicht per Telefax zu erfolgen, BAG NJW **98**, 924, wohl aber im normalen Gang, Rn 24 „Unzuständigkeit".
S auch Rn 22 „– (Gemeinsame Briefannahmestelle usw)", Rn 24 „–(Unzuständigkeit)".
– **(Aktenzeichen):** Wiedereinsetzung ist möglich, soweit (nur) das Aktenzeichen falsch war oder gefehlt hat, BGH VersR **82**, 673. Es ist unerheblich, ob ein derart in der Frist beim Gericht eingegangenes Schriftstück auch sofort zur richtigen Akte kam, BVerfG **60**, 122, aber auch 246, BGH NJW **83**, 123. Die Partei und ihr ProzBev müssen aber auch das Aktenzeichen in zumutbarem Umfang prüfen, vgl BGH **LM** § 43 PatG Nr 6.
– **(Annahmestelle):** Das Einlegen in eine Mulde des Schiebekastens von außen reicht zur Fristwahrung, Hbg MDR **99**, 627.
– **(Anschrift):** S „Adresse", Rn 22 „– (Gemeinsame Briefannahmestelle usw)".
– **(Anwaltsverein):** Wiedereinsetzung ist möglich, soweit man am Tag des Fristablaufs das mit „Landgericht" bezeichnete Fach des im Gericht gelegenen Raums des Anwaltsvereins benutzt hat, wenn es mehrfach täglich vom Wachtmeister geleert worden ist, Köln NJW **86**, 859.

4. Titel. Folgen der Versäumung. Wiedereinsetzung   § 233

- **(Auskunft):** Wiedereinsetzung ist möglich, soweit das Gericht eine unrichtige Auskunft über die Rechtzeitigkeit eines Rechtsmittels gegeben hat, BGH FamRZ **89**, 729, strenger Köln RR **98**, 1447.
Bei falscher Gerichtsauskunft kann keine (Mit-)Haftung des *Anwalts* eintreten, BVerfG NJW **95**, 711, BGH (2. ZS) RR **97**, 1020, aM BGH NJW **94**, 2299, Späth NJW **75**, 693.
- **(Auswärtige Abteilung):** Wegen ihrer Beteiligung Karlsr NJW **84**, 744.
- **(Belehrung):** Wiedereinsetzung ist nicht schon deshalb möglich, weil eine gesetzlich nicht vorgeschriebene Belehrung, zB über eine Rechtsmittelmöglichkeit, fehlte (die ZPO schreibt solche Belehrung grds nicht vor, BGH NJW **91**, 296, Kblz MDR **98**, 677, LG Mü MDR **98**, 560, sondern sieht sie nur ausnahmsweise vor, zB in §§ 276 II, 340 III 4), Karlsr RR **87**, 895; soweit das Gericht aber eine Belehrung objektiv unrichtig erteilt *hat*, ist Wiedereinsetzung grds möglich, BayVGH NJW **84**, 2454, Kblz MDR **98**, 677.
- **(Berichtigung):** Wiedereinsetzung ist möglich, falls überhaupt notwendig, wenn das Urteil usw berichtigt worden ist, die Beschwer erst aus der Berichtigung ersichtlich wurde und das Rechtsmittel in einer seit der Zustellung der Berichtigung laufenden Frist eingereicht ist oder wenn eine Berichtigung mitgeteilt, dann aber auf sofortige Beschwerde rückgängig gemacht wurde, BGH NJW **98**, 3280.
- **(Botendienst):** Rn 22 „– (Gemeinsame Briefannahmestelle usw)".
- **(Dienstliche Äußerung):** Wiedereinsetzung ist trotz einer dienstlichen Äußerung des mit der Leerung des Nachtbriefkastens befaßten Beamten, er habe die Einwürfe stets sorgfältig registriert, möglich, soweit ein Anwalt eidesstattlich erklärt hat, er habe die Schrift rechtzeitig eingeworfen, falls die Organisation des Gerichts Fehler möglich läßt, KG MDR **86**, 1032, LAG Hamm DB **81**, 2132.
- **(Eingangsstempel):** Wiedereinsetzung ist möglich, soweit sie überhaupt nötig ist, falls der Eingangsstempel des Gerichts unrichtig war; zu seiner Beweiskraft grds § 418 Rn 4; die Partei darf und muß die Unrichtigkeit also beweisen, § 418 Rn 7, BGH NJW **98**, 461.
- **(Fehlentscheidung):** Wiedereinsetzung ist möglich, soweit das Gericht ein Rechtsmittel unrichtig verworfen hat, Köln VersR **73**, 162.
- **(Fernschreibstelle):** Wiedereinsetzung ist möglich, soweit der Briefkopf des Gerichts irrig angibt, die (auch in Wahrheit nur bei der zugehörigen Staatsanwaltschaft eingerichtete) Fernschreibstelle gehöre zum Gericht, und die Partei an sie schrieb, BVerfG **69**, 382, Ffm Rpfleger **79**, 467.
- **(Fristirrtum):** Wiedereinsetzung ist möglich, soweit das Gericht auf einen offenbaren Berechnungsfehler des ProzBev bei einem Fristverlängerungsantrag nicht hingewiesen hatte, BGH NJW **98**, 2292, oder wenn seine Mitteilung über eine Fristverlängerung, nach ihrem Wortlaut zu großzügig, nicht offensichtlich fehlerhaft ist, BGH NJW **99**, 1036.
- **(Gemeinsame Briefannahmestelle usw):** Wiedereinsetzung ist möglich, falls die Schrift in einen gemeinsamen Nachtbriefkasten oder in eine gemeinsame Briefannahmestelle für mehrere Gerichte bzw Behörden eingeworfen wurde, BGH VersR **84**, 82 (Darmstadt), BGH VersR **78**, 563, Ffm VersR **82**, 449 (Frankfurt/Main), BGH VersR **87**, 410 (München), freilich nur, soweit die Sendung richtig adressiert worden ist, BGH FamRZ **97**, 172 (also nicht bei Falschadressierung und trotz späterem richtigen Eingang), BAG DB **88**, 2656, BayObLG NJW **88**, 714. Die Sendung gilt als bei demjenigen Gericht eingegangen, an das sie ausdrücklich oder sinngemäß adressiert war, BGH FamRZ **97**, 172, aM BAG NJW **98**, 924, Ffm NJW **88**, 2805 (es ist unschädlich, daß der mit Fristsachen betraute Bote das richtig adressierte Schreiben weisungswidrig behandelt hat). Eröffnet zB im LG ein besonderes Fach für Schriftsätze, die für das OLG bestimmt sind, so kann der Anwalt auf das Funktionieren dieses amtlichen Botendienstes vertrauen, Karlsr VersR **96**, 215.
Soweit *mehrere* Schriftsätze an *verschiedene* Gerichte in *einem* Umschlag mit Sichtfenster stecken, gehen dann, wenn eine der Adressen im Sichtfenster erkennbar ist, alle an *dieses* Gericht zu; ist keine der Adressen von außen sichtbar, geht jeder Schriftsatz dem in ihm bezeichneten Gericht zu, LAG Düss DB **99**, 644.
- **(Gerichtskasse):** Wiedereinsetzung entfällt, soweit die Schrift in der Gerichtskasse abgegeben worden ist, unabhängig von einer etwaigen solchen Übung, AG Köln WoM **81**, 113.
- **(Nachtbriefkasten):** Ein Briefkasten, der Einwürfe vor und nach 24 Uhr voneinander trennt, vgl BGH NJW **74**, 1326, muß als solcher deutlich, auch in der Nacht, erkennbar sein; er muß am Gerichtsgebäude auch leicht auffindbar sein. Die fristwahrende Wirkung eines Einwurfs bis 24 Uhr muß erkennbar sein. Unter solchen Voraussetzungen ist Wiedereinsetzung möglich, wenn das Schriftstück am Tag des Fristablaufs bis 24 Uhr eingeworfen worden ist. Das gilt sogar dann, wenn das Gericht diesen Briefkasten mit der Aufschrift versehen hatte, eine Fristsache sei nicht dort einzuwerfen, sondern „stets bei der zuständigen Geschäftsstelle abzugeben". Denn das Gesetz sieht jedenfalls bei der Einlegung eines Rechtsmittels keine Mitwirkung des Gerichts vor.
S dort Rn 21 „– (Dienstliche Äußerung)", Rn 22 „Gemeinsame Briefannahmestelle usw", Rn 25 „– (Verfügungsgewalt)".
- **(Organisation):** Rn 21 „– (Dienstliche Äußerung)".
- **(Postfach):** Rn 25 „– (Verfügungsgewalt)".
- **(Poststempel):** Hat das Gericht den Briefumschlag nebst Poststempel vernichtet, soll das nicht dem Absender anzulasten sein, BVerfG NJW **97**, 1771.
- **(Protokollerklärung):** Wer eine Erklärung zum Protokoll einer Geschäftsstelle abgegeben hat, darf damit rechnen, daß er rechtzeitigen sachgemäßen Bescheid erhält, soweit notwendig.
- **(Rechtsmittelbelehrung):** Eine unrichtige Belehrung beseitigt jedenfalls ein Anwaltsverschulden nur bei ihrer Nachvollziehbarkeit, BGH VersR **96**, 1522.
- **(Rückschein):** Wiedereinsetzung entfällt, wenn das Gericht nicht bis 24 Uhr einen zur Unterzeichnung eines Einschreibe-Rückscheins befugten Beamten bereitgehalten hat, LG Dortm NJW **83**, 2334.
- **(Tagesbriefkasten):** Wiedereinsetzung ist möglich, soweit die Sendung in einen Tagesbriefkasten des Gerichts gelangt war und soweit man nach den Umständen (Dienstzeit usw) mit der Leerung noch an demselben Tag rechnen durfte, BGH BB **81**, 1001. Man kann grds annehmen, daß eine mechanische

## § 233
### 1. Buch. 3. Abschnitt. Verfahren

Einrichtung vorhanden ist, die einen Einwurf bis 24 Uhr zuläßt, BVerfG **52**, 209. Man braucht sich also nicht besonders zu vergewissern, ob solche Vorrichtung besteht.

24 – **(Telefax)**: Es gelten dieselben Regeln wie beim Rechtsanwalt, Rn 164 „Telefax".
S auch Rn 25 „– (Verfügungsgewalt)".
– **(Telex)**: Rn 25 „,– (Verfügungsgewalt)".
– **(Unzuständigkeit)**: Wiedereinsetzung ist möglich, soweit das Gericht eine irrig bei ihm eingereichte fristgebundene Schrift nicht unverzüglich, aber nur im normalen Geschäftsgang, BGH FamRZ **98**, 286 links und 360 sowie NJW **98**, 908, BAG NJW **98**, 924, mit einem Hinweis auf ihre Eilbedürftigkeit an das zuständige Gericht weitergeleitet hat, sofern das als noch sinnvoll erschien, BVerfG NJW **95**, 3173, BGH FamRZ **98**, 98, Köln FamRZ **98**, 1239, aM BGH VersR **92**, 1154 (das Gericht brauche Formfehler nicht rechtzeitig heilen zu helfen. Aber es besteht eine Fürsorgepflicht, § 139 Rn 7, BVerfG **52**, 144, die BGH VersR **92**, 1154 ohne Auseinandersetzung mit dem BVerfG verneint, ohne dem Großen Senat vorzulegen). Das unzuständige Gericht braucht freilich nicht alles stehen und liegen zu lassen, um weiterzuleiten, BGH NJW **87**, 441, BAG DB **98**, 320.

Wiedereinsetzung *entfällt*, soweit man die Schrift einfach im offenen, leeren Raum eines in demselben Gebäude befindlichen anderen Gerichts ablegt, BGH VersR **85**, 88.

25 – **(Verfügungsgewalt)**: Wiedereinsetzung ist möglich, soweit damit zu rechnen war, das Schriftstück werde rechtzeitig in die Verfügungsgewalt des Gerichts kommen, also in irgendeine gerichtliche sachliche oder personelle Empfangsvorrichtung, BVerfG NJW **91**, 2076, BGH VersR **89**, 932 (Postfach) und BGH **101**, 280 (Telex), BGH NJW **92**, 244 (Telefax, nach Dienstschluß empfangsbereit zu halten).
– **(Verwerfung)**: Rn 21 „,– (Fehlentscheidung)".
26 – **(Weiterleitung)**: Rn 24 „,– (Unzuständigkeit)".
– **(Zurücknahme)**: Wiedereinsetzung ist möglich, wenn der Anwalt ein rechtzeitig eingelegtes Rechtsmittel nur auf Grund einer Empfehlung des Rechtsmittelgerichts zurückgenommen hatte, die sich zu spät als rechtlich unhaltbar erwiesen hat, BGH NJW **81**, 576.

27 **Gestaltungsurteil**: Vgl *Faust,* Die Wiederaufnahme des Verfahrens und die Wiedereinsetzung in den vorigen Stand bei Gestaltungsurteilen, Diss Hbg 1951.
**Gewerkschaftsvertreter**: Er hat als ProzBev ähnliche Pflichten wie ein Anwalt, zB bei der Behandlung einer Handakte und bei Beauftragung eines ProzBev, LAG Rostock DB **96**, 944.
**Gutachten**: Die Wiedereinsetzung ist zu bewilligen, wenn ein Gutachten zur Urteilsgrundlage geworden war und wenn sich kurz nach dem Ablauf der Rechtsmittelfrist herausstellt, daß das Gutachten auf einem Versehen beruhte und daß das Rechtsmittel nunmehr als aussichtsvoll beurteilt werden kann.

28 **Partei**: Es gelten oft fast unerfüllbare Anforderungen.
– **(Abwesenheit)**: Wiedereinsetzung ist möglich, soweit die Partei für eine kurze Zeit abwesend war, zB von 7 Tagen, BVerfG NJW **93**, 847 (StPO, auch zu Grenzen), von 10 Tagen, BAG NJW **72**, 887, oder von 14 Tagen, LG Bln WoM **89**, 438. Das gilt auch bei längeren beruflichen oder privaten Abwesenheit, soweit die Partei nicht mit einer fristsetzenden Zustellung zu rechnen brauchte, BGH NJW **86**, 2958, Brschw MDR **97**, 884, LG Karlsr WoM **89**, 438; vgl aber auch Rn 33, 34.

Wiedereinsetzung *entfällt*, soweit die Partei sich nicht während eines schon laufenden Verfahrens umfassend bei längerer Abwesenheit um Fristeinhaltung bemüht, BGH FamRZ **92**, 1058, aM LG Tüb RR **87**, 1213 (zu § 337).

S auch Rn 29 „,– (Geschäftsführer)", Rn 34 „,– (Urlaub)".
– **(Anschrift)**: Rn 34 „,– (Wohnungswechsel)".
– **(Auftrag an Rechtsmittelanwalt)**: Wiedereinsetzung entfällt, soweit die Partei dem erstinstanzlichen Anwalt erklärt hat, sie wolle selbst einen Berufungsanwalt beauftragen, das dann aber nicht innerhalb einer angemessenen Frist getan hat, BGH VersR **76**, 970.
– **(Ausländer)**: Wiedereinsetzung ist möglich, soweit die Fristversäumung nur darauf beruht, daß die im Inland lebende ausländische Partei die deutsche Sprache nicht angemessen beherrscht hat, BVerwG MDR **78**, 786, und die deutsche Frist nicht kannte, BGH FamRZ **88**, 828.

Wiedereinsetzung *entfällt*, soweit ein im Ausland lebender Ausländer sich nicht in zumutbarer Weise nach einer Frist usw erkundigt, BGH FamRZ **95**, 1136, oder soweit weder die ausländische Partei noch ihr Verkehrsanwalt eine Übersetzung einer Mitteilung des ProzBev veranlassen und daher vom Inhalt verspätet Kenntnis nehmen, BGH VersR **89**, 1318.
– **(Auszubildender)**: Wiedereinsetzung ist möglich, soweit ein entlassener Auszubildender die Klagefrist des § 111 III 3 ArbGG versäumt hat, LAG Hamm DB **84**, 346.
– **(Berichtigung)**: Wiedereinsetzung entfällt, soweit die Partei nicht sorgfältig genug geprüft hat, ob die Rechtsmittelfrist schon vor einer Urteilsberichtigung ablaufe, Schlesw SchlHA **85**, 106.
– **(Briefkasten)**: Rn 33 „,– Zustellung".
– **(Erfolgsaussicht)**: Rn 32 „,– (Rückfrage)".
– **(Erkundigung)**: Wiedereinsetzung entfällt, soweit die Partei sich nicht in zumutbarer Weise erkundigt, zB nach einem zulässigen Rechtsmittel, BGH FamRZ **93**, 310, selbst nach einer unrichtigen Urteilsbezeichnung, Düss MDR **85**, 678, bzw nach der Rechtsmittelfrist, BGH FamRZ **91**, 425, oder nach dem Ergebnis eines Verkündungstermins, BGH VersR **92**, 119, oder überhaupt nach einer zu erwartenden Entscheidung, BGH VersR **92**, 1373, oder Operation, BGH VersR **77**, 719.

S auch Rn 29 „,– (Gesellschaft)", Rn 32 „,– (Rechtsunkenntnis)", Rn 32 „,– Rückfrage)".
29 – **(Erregung)**: Wiedereinsetzung ist möglich, soweit die Partei infolge seelischer Erregung außerstande ist, die Frist einzuhalten. BGH VersR **86**, 96.
– **(Erschöpfung)**: Wiedereinsetzung entfällt, soweit die Partei (nur) an einer vorübergehenden nervösen Erschöpfung gelitten hat, BGH VersR **83**, 138 (Vorsicht! Es kann Krankheit vorliegen).

S auch Rn 30 „,– (Krankheit)".

4. Titel. Folgen der Versäumung. Wiedereinsetzung   § 233

- **(Form)**: Die Partei muß sich über die Form des Rechtsmittels informieren, BGH NJW **97**, 1989, Drsd FamRZ **97**, 825.
- **(Frist)**: Die Partei muß sich über die Frist eines Rechtsmittels informieren, BGH NJW **97**, 1989. Wiedereinsetzung entfällt, soweit der Geschäftsführer einer Firma eine Rechtsmittelfrist falsch berechnet hat, BGH VersR **85**, 766.
- **(Fristkontrolle)**: Wiedereinsetzung entfällt, soweit die Partei keine zumutbare Fristkontrolle gehabt hat, BFH BB **83**, 625 (Finanzbehörde), Drsd FamRZ **97**, 825, Mü VersR **93**, 502 (Versicherung).
- **(Geschäftsführer)**: Wiedereinsetzung entfällt, soweit der Geschäftsführer eine Frist falsch berechnet hat, BGH VersR **85**, 766, oder soweit der Firmeninhaber als Partei versäumt, für die Zeit seiner Abwesenheit einen geeigneten Vertreter zu bestellen usw, BGH VersR **92**, 1373, oder für die Zeit seiner Erkrankung, BGH VersR **87**, 561, oder soweit der Geschäftsführer nach dem Konkurs seiner Firma dem ProzBev seine Anschrift nicht mitteilt, BGH VersR **78**, 422.
  S auch Rn 29 „– (Gesellschaft)".
- **(Geschäftsunfähigkeit)**: Wiedereinsetzung ist möglich, soweit die Partei infolge Geschäftsunfähigkeit außerstande ist, die Frist einzuhalten, BGH VersR **86**, 96.
- **(Gesellschaft)**: Wiedereinsetzung entfällt, soweit eine im Geschäftsleben stehende Gesellschaft sich nicht beim ProzBev nach dem Zeitpunkt der Zustellung des nach ihrer Kenntnis ihr nachteiligen Urteils erkundigt, BGH VersR **91**, 123, bzw nach dem Ablauf der Rechtsmittelfrist, Düss RR **92**, 97.
  S auch Rn 29 „– (Geschäftsführer)".
- **(Haft)**: Wiedereinsetzung ist möglich, soweit die Anstaltsleitung einer inhaftierten Partei die telegrafische Einreichung eines Rechtsmittels trotz deren Notwendigkeit versagt hat, Köln MDR **90**, 254.
  Wiedereinsetzung kann entfallen, soweit Untersuchungshaft „hinderte", BGH VersR **77**, 257 (diese Entscheidung ist zum Teil überholt).
- **(Insolvenz)**: Wiedereinsetzung ist möglich, soweit gegen den Schuldner das Insolvenzverfahren eröffnet wird und der Verwalter die Aufnahme des unterbrochenen Prozesses des Schuldners ablehnt und letzterer keinen Anwalt als seinen Zustellungsbevollmächtigten auf die Aufnahmeerklärung bestellt. 30
  Wiedereinsetzung *entfällt*, soweit der Schuldner nach der Verfahrensaufhebung nicht sogleich für die Einhaltung einer Frist in dem vorher unterbrochenen Passivprozeß wegen einer nicht erloschenen Insolvenzforderung sorgt, BGH VersR **85**, 549, oder soweit die Partei nicht nachgefragt hat, ob ein Insolvenzverfahren beendet sei, BGH VersR **82**, 673.
  S auch Rn 29 „– (Geschäftsführer)".
- **(Krankheit)**: Wiedereinsetzung ist möglich, soweit die Partei infolge einer Erkrankung außerstande ist, Rechtsrat einzuholen usw, BGH RR **94**, 957, oder soweit sie infolge Fiebers ein ihr zugestelltes Schriftstück nicht bearbeiten kann, AG Köln WoM **90**, 160, oder infolge ihrer Erkrankung die Fristeinhaltung „vergißt", BGH VersR **85**, 888, strenger BGH VersR **85**, 140 und 550.
  S auch Rn 29 „– (Geschäftsführer)".
- **(Kündigung des Anwalts)**: Wiedereinsetzung ist möglich, soweit der Anwalt der Partei während der Rechtsmittelbegründungsfrist formlos so rechtzeitig gekündigt hat, daß damit zu rechnen war, sie werde einen anderen früh genug beauftragen können, BGH VersR **87**, 286 (großzügig).
  S auch Rn 35 „– (Zustellung)".
- **(Kündigung der Partei)**: Wiedereinsetzung entfällt, soweit die Partei den Anwaltsvertrag gekündigt hat, ohne sich anschließend um eine Frist zu kümmern, BGH VersR **83**, 540.
- **(Mahnbescheid)**: Wiedereinsetzung entfällt, soweit eine Partei den Inhalt eines ihr zugestellten Mahnbescheids vorwerfbar nicht zur Kenntnis genommen hat, BGH VersR **88**, 158.
- **(Mitbewohner)**: Wiedereinsetzung ist möglich, soweit ein Mitbewohner der Partei ihre gesamte Post vorenthalten hat, BGH VersR **76**, 929.
- **(Nachforschung)**: Wiedereinsetzung ist möglich, soweit ein Arbeiter keine Nachforschung nach einem ihm von Angehörigen vorenthaltenen Urteil anstellt, BGH **LM** Nr 73, oder wenn die Partei sonst keine besonderen Nachforschungen nach einem Urteil anstellt, das sie weder im Weg einer Normalzustellung noch durch Ersatzzustellung erhält, BGH VersR **77**, 569.
- **(Nachfrage)**: Rn 32 „– (Rückfrage)".
- **(NATO-Truppenstatut)**: Rn 33 „– (Stationierungsschaden)".
- **(Niederlegung des Mandats)**: Wiedereinsetzung entfällt, soweit die Partei ein Schreiben ihres 31 Anwalts, der sein Mandat niedergelegt hat, nicht angenommen hat, BGH VersR **82**, 545.
- **(Niederlegung bei Zustellung)**: Rn 35 „– (Zustellung)".
- **(Öffentliche Zustellung)**: Wiedereinsetzung ist möglich, soweit der Prozeßgegner die öffentliche Zustellung erschlichen hat, Einf 4 vor §§ 203–206, BGH **118**, 47, oder soweit die Partei von der öffentlichen Zustellung, mit der sie nicht zu rechnen brauchte, keine Kenntnis gehabt hat, BGH VersR **77**, 836 und 932, Köln RR **93**, 446.
- **(Operation)**: Rn 28 „– (Erkundigung)", Rn 30 „– (Krankheit)".
- **(Ortsabwesenheit)**: Rn 28 „– (Abwesenheit)".
- **(Personal)**: Wiedereinsetzung ist möglich, soweit die Partei die Frist trotz des Einsatzes ihres zuverlässigen Personals versäumt hat, BGH VersR **86**, 146.
- **(Postabholdienst)**: Wiedereinsetzung ist möglich, soweit eine Behörde ihren Abholdienst so organisiert hat, daß eine Anlieferung durch die Post schneller (und rechtzeitig) gewesen wäre, BVerfG **62**, 222.
- **(Prozeßkostenhilfe)**: Wiedereinsetzung entfällt, soweit sich die Partei nicht zumutbar nach dem für 32 eine Prozeßkostenhilfe zuständigen Gericht erkundigt hat, BGH NJW **87**, 441.
- **(Rechtsmißbrauch)**: Wiedereinsetzung ist möglich, soweit der Gegner Rechtsmißbrauch begangen, Einl III 54, zB öffentliche Zustellung erschlichen hat, Einf 4 vor §§ 203–207, BGH **118**, 47.

- **(Rechtsmittelbelehrung):** Wiedereinsetzung ist möglich soweit die Partei eine unklare Rechtsmittelbelehrung usw mißverstanden hat, BGH VersR 77, 646, aber auch BGH VersR 84, 875, AG Ffm VersR 85, 300.
- **(Rechtsmittelrücknahme):** Wiedereinsetzung entfällt nach rechtzeitigem Rechtsmittel, dessen Rücknahme und verspäteter Neueinlegung, BGH RR 98, 638.
- **(Rechtsunkenntnis):** Wiedereinsetzung entfällt, soweit eine rechtsunkundige Partei sich nicht in zumutbarer Weise rechtzeitig nach Form Frist eines Rechtsmittels erkundigt, BGH FamRZ 91, 425, Hamm FamRZ 97, 758.
- **(Rosenmontag):** Sehr großzügig meint BGH NJW 82, 184, eine außerhalb des Rheinlands ansässige (deutsche) Partei brauche nicht damit zu rechnen, daß am frühen Nachmittag des Rosenmontags sämtliche Kanzleien der beim Rechtsmittelgericht zugelassenen Anwälte geschlossen seien.
- **(Rückfrage):** Wiedereinsetzung ist möglich, soweit die Partei einen Rechtsmittelauftrag erteilt, auch telefonisch, und dann eine schriftliche Bestätigung oder Rückfrage zur Überwachung des Auftrags unterläßt, BGH VersR 85, 140.

Wiedereinsetzung *entfällt*, soweit die Partei es versäumt, bei zweitinstanzlichen Anwalt rechtzeitig rückzufragen, wie das Ergebnis seiner auftragsgemäßen Prüfung der Erfolgsaussichten des erwogenen Rechtsmittels laute, BGH VersR 82, 444, aM BGH (2. ZS) NJW 94, 3102.

S auch Rn 28 „– (Erkundigung)".
- **(Scheidung):** Rn 34 „– (Wohnungswechsel)".

33 - **(Stationierungsschaden):** Wiedereinsetzung ist möglich, soweit die Partei die rechtzeitige Anmeldung eines Bagatellschadens, zB nach dem NATO-Truppenstatut, bei der zuständigen Dienststelle infolge ihrer Rechtsunkenntnis versäumt, Düss VersR 75, 1104.

Wiedereinsetzung entfällt, soweit die Partei sich im übrigen nicht nach der Frist und Form einer notwendigen Anmeldung, Karlsr VersR 90, 534.
- **(Übersetzung):** Rn 28 „– (Ausländer)".
- **(Unklarheit):** Rn 32 „– (Rechtsmittelbelehrung)".
- **(Unterrichtung von Zustellung):** Wiedereinsetzung ist möglich, soweit die Partei damit rechnen konnte, daß zB ihr der fristsetzenden Zustellung unterrichte werde, BGH VersR 82, 582 (wegen eines Ausländers). Das gilt auch nach der Niederlegung des Mandats, BGH VersR 88, 836, strenger BGH VersR 86, 36 (bei der GmbH).
- **(Untersuchungshaft):** Rn 29 „– (Haft)".
- **(Unzuständigkeit):** Wiedereinsetzung ist möglich, soweit das unzuständige Gericht das bei ihm 13 Tage vor dem Fristablauf eingegangene Rechtsmittel nicht rechtzeitig weitergeleitet hat, BGH FamRZ 88, 830.

Wiedereinsetzung *entfällt*, soweit die Partei bei einer objektiv ungeeigneten Stelle, zB bei einem Bahn-Mitarbeiter, eine unrichtige Auskunft über den Sitz des zuständigen Gerichts einholt und daher die Frist versäumt hat, BGH VersR 80, 530, oder soweit sie überhaupt nicht genug geprüft hat, bei welchem Gericht sie ein Rechtsmittel einlegen müsse, Düss FamRZ 86, 192.

S auch Rn 32 „– (Prozeßkosenhilfe)".

34 - **(Urlaub):** Wiedereinsetzung ist möglich, soweit die Partei die Frist wegen eines längeren Urlaubs versäumt hat, Rn 14, BVerfG 34, 156.

Wiedereinsetzung *entfällt* aber, soweit die Partei zwar damit rechnen muß, daß schon ein Urteil gegen sie ergehen wird oder schon ergangen ist, nun aber in einen längeren Urlaub oder auf eine längere Reise fährt, ohne irgendwelche Vorsorge wegen des Rechtsmittels zu treffen, BGH VersR 95, 810, BFH DB 82, 836.

S auch Rn 35 „– (Zustellung)".
- **(Verhinderung):** Wiedereinsetzung entfällt, soweit die Partei nach dem Ende einer unvorhersehbaren, aber vorübergehenden Verhinderung nicht die Restfrist ausgenutzt hat, BGH BB 87, 671.
- **(Verkündungstermin):** Wiedereinsetzung entfällt, soweit sich eine Partei, die nicht anwaltlich vertreten war, nicht alsbald nach dem Ergebnis eines Verkündungstermins erkundigt, BGH FamRZ 95, 800.
- **(Vorsorge):** Rn 34 „– (Urlaub)".
- **(Wiederholung):** Wiedereinsetzung entfällt, soweit die Partei ein zurückgenommenes Rechtsmittel verspätet wiederholt hat, BGH NJW 91, 2839.
- **(Wohnungswechsel):** Wiedereinsetzung entfällt, soweit die Partei zwar mit einem Schreiben des Gerichts rechnen muß, nun aber einen Wohnungswechsel vornimmt und darauf vertraut, ihr in Scheidung lebender Ehegatte werde ihr die Post nachsenden, BGH VersR 79, 644, oder soweit sie dann nicht unverzüglich dafür sorgt, daß eine Verbindung zum ProzBev aufrecht erhalten bleibt, BGH VersR 89, 104, oder daß sie überhaupt in den Besitz solcher Schriftstücke kommt, die noch an ihre frühere, beim Einwohnermeldeamt unverändert gemeldete und von der Partei immer noch mit „angelaufene" Anschrift gehen, Düss FamRZ 90, 76, Köln MDR 96, 850.
- **(Zuständigkeit):** Rn 33 „– (Unzuständigkeit)".

35 - **(Zustellung):** Wiedereinsetzung entfällt, soweit die Partei den Posteingang nicht genau durchgesehen und daher übersehen hat, daß sich in ihm die, wenn auch unscheinbare, Benachrichtigung der Post über eine erfolgte Zustellung durch Niederlegung befand, selbst wenn diese zwischen viel alltäglicher Werbung lag, LAG Köln MDR 94, 1245. Wiedereinsetzung entfällt ferner, soweit der Partei die Schrift, die ihr durch eine Niederlegung zugestellt wurde, nicht noch vor ihrem Urlaub abgeholt hat, obwohl ihr das zumutbar war, BGH VersR 77, 1099, oder soweit sie eine ihr während des Urlaubs durch Niederlegung zugestellte Schrift bzw Entscheidung nicht alsbald nach dem Urlaubsende abgeholt hat, BGH VersR 78, 827, oder soweit die Partei eine Frist versäumt, obwohl sie rechtzeitig erfahren hatte, daß die Mitteilung über eine Niederlegung nach § 182 verlorengegangen war, BGH FamRZ 87, 925 (krit Gottwald), oder soweit sie ab Rechtshängigkeit nicht dafür sorgt, daß Zustellungen sie erreichen, BGH FamRZ 97, 997, zB keinen Briefkasten hat, Karlsr MDR 99, 498.

## 4. Titel. Folgen der Versäumung. Wiedereinsetzung § 233

**Post:** Dem Bürger sind grundsätzlich solche Verzögerungen der Briefbeförderung und der Briefzustellung, **36** die er nicht zu vertreten hat, nicht zuzurechnen, BVerfG NJW **97**, 1771, BGH FamRZ **93**, 1190 (neue Bundesländer), BAG NJW **95**, 549 (Poststreik), Celle NJW **92**, 296, LG Wuppert WoM **96**, 350 (überhaupt Laufzeit), aM App BB **90**, 2313. Das gilt trotz der Poststatistik (7% Verspätungen), BGH NJW **99**, 2118.

– **(Abholdienst):** Wiedereinsetzung ist möglich, soweit der Empfänger seinen Postabholdienst so **37** schlecht organisiert hat, daß die Anlieferung durch die Post schneller (und rechtzeitig) erfolgt wäre, BVerfG **62**, 222.

– **(Adresse):** Wiedereinsetzung entfällt grds, soweit die Partei bzw ihr ProzBew die Sendung falsch adressiert hat, BGH FamRZ **97**, 172, BVerwG NJW **90**, 1747.

S auch „– (Erklärung der Post)", Rn 38 „– (Ermittlungsdienst)", „– (Fristablauftag)", Rn 39 „– (Tag vor Fristablauf)".

– **(Anwaltsverweigerung):** Wiedereinsetzung entfällt, soweit die Partei, die keinen Anwalt fand, ihn auch nicht benötigte, Köln RR **96**, 188 (sofortige Beschwerde).

– **(Aufklärbarkeit):** Wiedereinsetzung ist unabhängig davon möglich, ob der Zugang eines gewöhnlichen Briefes, BGH VersR **78**, 671, oder die Ursache einer ungewöhnlichen Postverzögerung noch aufklärbar ist, BGH VersR **81**, 1161.

– **(Auskunft):** S „– (Erklärung der Post)".

– **(Beschädigung):** Wiedereinsetzung ist möglich, soweit eine nicht von der Partei verschuldete Beschädigung der Sendung zu deren verzögerter Zustellung geführt hat, BGH VersR **79**, 190, oder soweit der niedergelegte Umschlag ohne Verschulden der Partei derart beschädigt worden ist, daß man den Zustellvermerk nicht erkennen kann, BGH VersR **80**, 744.

– **(Briefkasten):** Wiedereinsetzung entfällt, soweit eine Empfängerin nicht für eine einwandfreie Beschriftung ihres Briefkastens gesorgt hat, BGH NJW **90**, 109.

– **(Erklärung der Post):** Wiedereinsetzung ist nach einer Erklärung der Post, sie werde die Sendung noch an demselben Tag ausliefern, nur dann möglich, wenn die Partei den Postmitarbeiter auf die gewählte Form der Adressierung aufmerksam gemacht hatte, LAG Ffm BB **84**, 676. Überhaupt kann man sich, auch als Anwalt, grds auf die Richtigkeit einer Auskunft eines Postmitarbeiters über die voraussichtlichen Postlaufzeiten verlassen, selbst kurz vor dem Fristende, BGH RR **90**, 508.

Wiedereinsetzung *entfällt*, soweit die Partei ein Einschreiben gegen Rückschein erst am Tage des Fristablaufs gegen 18 Uhr aufgegeben hat, selbst wenn die Post erklärte, sie werde noch an demselben Tage zustellen, denn die Partei kann dann nicht mehr mit einem empfangsbereiten Gerichtsmitarbeiter gerechnet haben, OVG Münst NJW **87**, 1353. Wiedereinsetzung entfällt erst recht, soweit die Post erklärt hat, „frühestens am Folgetag" zuzustellen, LAG Ffm BB **99**, 644 unten.

S auch Rn 39 „– Postlaufzeiten".

– **(Ermittlungsdienst):** Wiedereinsetzung ist möglich, soweit die Partei zwar die Sendung unvollständig **38** adressiert hat, ihn jedoch so rechtzeitig abgesendet hatte, daß die rechtzeitige Zustellung nur deshalb unterblieben ist, weil die Post zuvor ihren Ermittlungsdienst eingeschaltet hatte, BAG BB **76**, 187.

– **(Falsche Zustellung):** Wiedereinsetzung ist möglich, soweit die Post einen richtig adressierten Brief verspätet oder an einen falschen Empfänger zugestellt hat, BGH **51**, 1.

– **(Feiertag):** Rn 40 „– (Überlastung)".

– **(Fristablauftag):** Wiedereinsetzung entfällt, soweit die Partei ein Eil-Einschreiben nach auswärts erst am letzten Tag der Frist vormittags aufgegeben hat, BFH BB **76**, 1254. Das gilt erst recht bei einer unvollständigen Anschrift, LAG Ffm BB **84**, 676. Wiedereinsetzung entfällt ferner, soweit die Partei ein Einschreiben gegen Rückschein erst am Tage des Fristablaufs aufgegeben hat, gar erst um 18 Uhr, OVG Münst NJW **87**, 1353.

– **(Häufung von Verlusten):** Wiedereinsetzung ist möglich, soweit eine auffällige Häufung von Verlusten von Postsendungen vorliegt, vgl BGH VersR **87**, 49.

– **(Nachsendeauftrag):** Wiedereinsetzung ist möglich, soweit die Post einen Nachsendeauftrag nicht ausgeführt hat, denn man kann grds darauf vertrauen, daß sie ihn korrekt erledigt, BGH VersR **88**, 1162; die strengere frühere Rechtsprechung ist weitgehend überholt.

Wiedereinsetzung *entfällt*, soweit die Partei sich als Empfängerin auf einen Nachsendeauftrag verlassen hat, obwohl er bisher mangelhaft durchgeführt wurde, BGH VersR **79**, 1030.

– **(Niederlegung):** Wiedereinsetzung entfällt, soweit die Partei die Benachrichtigungsschein über die erfolgte Zustellung durch Niederlegung weggeworfen hat, Mü MDR **94**, 410, oder wenn der Postmitarbeiter bei der Aushändigung der niedergelegten Sendung irrig den Zeitpunkt der Aushändigung als denjenigen der Zustellung auf der Sendung vermerkt hat, denn das hätte der Empfänger selbst bemerken müssen, BGH RR **92**, 315.

– **(Porto):** Wiedereinsetzung entfällt, soweit die Partei die Sendung mit einem ungenügenden Porto versehen hat, Zweibr MDR **84**, 853.

– **(Postfach):** Wiedereinsetzung entfällt, soweit unklar gewesen ist, ob die Sendung vor dem Fristablauf **39** in das Postfach des Empfängers kam, BFH BB **88**, 1112, BVerwG NJW **94**, 1672.

– **(Postlaufzeiten):** Die Regel, auf die sich die Partei grds verlassen konnte, lautete „E + 1" (Zustellung am Tag nach Einlieferung) für einen Eilbrief, die Praxis freilich wohl vielerorts „E + 2 oder 3", dazu im Ergebnis BGH BB **93**, 1692 (neue Bundesländer damals), Celle NJW **92**, 296, zB wegen des Wegfalls der Spätleerung. Im übrigen zeigt sich seit der Privatisierung der Post nicht nur ganz „offiziell" bei größeren Nord-Süd-Entfernungen, sondern auch tatsächlich in deutlichem Umfang eine Verlängerung der Postlaufzeiten, und außerdem ist vielerorts Zunahme der Unzuverlässigkeit auf den Anzeigetafeln der Briefkästen zu beobachten; das gilt nicht nur im Hinblick darauf, wann (Uhrzeit) die nächste Leerung stattfindet, sondern auch darauf, ob sie überhaupt am genannten Tag stattfinden wird. Laufzeiten von 5, 6 oder mehr Tagen sind möglicherweise keine wirkliche Seltenheit mehr. Das alles muß man daher leider zunehmend mitbeachten, aM FG Hann DB **97**, 304 (zu dem mit der problematischen § 270 II 2 vergleichbaren § 122 II AO), VGH Mannh NJW **96**, 2882 (spricht oben-

§ 233                                                           1. Buch. 3. Abschnitt. Verfahren

drein noch von der Deutschen Bundespost). Noch mag eine Woche unvorhersehbar sein, LG Wuppert WoM **96**, 350.
 S auch Rn 37 „– (Erklärung der Post)".
– **(Poststreik):** Beim Poststreik gelten erhöhte Anforderungen an die Partei, vgl LAG Düss BB **92**, 1796. Wiedereinsetzung entfällt, soweit die Partei trotz der ihr bekannten Verzögerungsgefahr wegen eines Poststreiks nicht zB den über ein noch geöffnetes Postamt möglichen Telefaxdienst ausnutzt oder die Sendung direkt beim (evtl auch auswärtigen) Empfänger einwirft oder sich nicht wenigstens rechtzeitig danach erkundigt, ob die Sendung eingegangen ist, BVerfG NJW **95**, 1210.
– **(Postverschulden):** Wiedereinsetzung ist möglich, soweit die Verzögerung der Briefbeförderung auf einem Verschulden seitens der Post beruht hat, etwa auf einer Nachlässigkeit eines Mitarbeiters, BVerfG NJW **92**, 1582, BGH VersR **79**, 444, BAG NJW **78**, 1495.
– **(Rückschein):** Rn 38 „– (Fristblauftag)".
– **(Sonntag):** Wiedereinsetzung ist möglich, soweit die Partei einen Eilbrief an einem Sonntag, 2 oder 1 Tag vor dem Fristablauf, im Nahverkehr eingeworfen hat, BGH VersR **76**, 88, LAG Mü JB **91**, 124.
– **(Tag vor Fristablauf):** Wiedereinsetzung entfällt, soweit die Partei einen Normalbrief mit unvollständiger Anschrift erst am Tag vor dem Fristablauf aufgegeben hat, BAG NJW **87**, 3278. Dasselbe gilt bei vollständiger Anschrift, BGH VersR **77**, 649, oder dann, wenn der Brief in einen Briefkasten eingeworfen worden ist, neben dem die Post eine Zusammenstellung der Brieflaufzeiten angebracht hat, selbst wenn danach eine Zustellung am Folgetag als möglich erscheint, vgl allerdings auch BVerfG **62**, 337, BGH VersR **82**, 298.
 S auch „– (Sonntag)".
– **(Telebrief):** Wiedereinsetzung entfällt, soweit die Partei nur als Normal-, nicht als Eilbrief aufgegeben hat, BFH DB **86**, 1760.

40 – **(Telegramm):** Wiedereinsetzung ist möglich, soweit die Partei ein Telegramm so rechtzeitig aufgibt, daß sie mit seinem Eingang vor dem Fristablauf rechnen kann, BGH NJW **86**, 2647, BFH NJW **76**, 1960, LG Kblz AnwBl **84**, 372.
– **(Überlastung):** Wiedereinsetzung ist möglich, soweit die Verzögerung der Beförderung auf einer Überlastung der Post beruht hat, etwa vor Feiertagen, BVerfG NJW **92**, 1582, BGH VersR **79**, 444.
– **(Unklarheit):** Rn 37 „– (Aufklärbarkeit)".
– **(Untätigkeit):** Wiedereinsetzung entfällt, soweit die Partei als Empfängerin eine ständig unkorrekte, ihr als solche bekannte Zustellungsart unbeanstandet läßt, BVerwG MDR **77**, 431, oder soweit sie sich auf einen Nachsendeauftrag verlassen hat, obwohl er bisher mangelhaft ausgeführt wurde, BGH VersR **79**, 1030.
– **(Weihnachten):** Wiedereinsetzung entfällt, soweit die Partei einen Eilbrief am 24. 12. bei einem Fristablauf 27. 12. aufgegeben hat, BGH VersR **75**, 811.
– **(Wertsendung):** Zum Mitverschulden der Post und des Absenders beim Verlust einer Wertsendung wegen zu geringer Wertangabe BGH NJW **88**, 129. Vorsicht! Man kann genau entgegengesetzte Angaben darüber erhalten, ob Wertsendungen überhaupt noch besonders „von Hand zu Hand" befördert werden usw.
– **(Wochenende):** Wiedereinsetzung ist möglich, soweit die Verzögerung der Briefbeförderung auf einer vorübergehenden Verminderung der Dienstleistung beruht hat, etwa an einem Wochenende, BVerfG NJW **92**, 1582, BGH VersR **79**, 444.

41 **Prozeßkostenhilfe:** Soweit überhaupt ein Antrag erforderlich ist, § 117 Rn 3, kommt es unter anderem darauf an, ob der Antragsteller vernünftigerweise nicht mit einer Ablehnung des Gesuchs rechnen mußte, BGH FamRZ **98**, 1575; ob er sich für bedürftig halten und davon ausgehen darf, daß er die wirtschaftlichen Voraussetzungen einer Prozeßkostenhilfe genügend dargelegt hat, BGH VersR **98**, 1397.
– **(Abtretung):** Wiedereinsetzung entfällt, soweit der Antragsteller seine Forderung vor der Klagerhebung, §§ 261, 253, abgetreten und nur für seine Mittellosigkeit Unterlagen rechtzeitig beigebracht hat, BGH **LM** Nr 76.
– **(Antrag):** Wiedereinsetzung ist möglich, soweit der Mittellose den vollständigen PKH-Antrag, BGH NJW **98**, 1210, bzw das Rechtsmittel durch seinen Wahlanwalt vor der Ablehnung seines Antrags auf Prozeßkostenhilfe eingelegt hat, falls er im Zeitpunkt des Fristablaufs noch ohne Anwalt gewesen ist, vgl auch BGH VersR **78**, 741, oder soweit die Partei nicht mit einer Ablehnung im Rechtsmittelverfahren rechnen mußte, BGH FamRZ **96**, 933.
 Wiedereinsetzung *entfällt*, soweit der Antragsteller nach der Ablehnung seines Gesuchs auf eine Prozeßkostenhilfe erkennen kann, daß die Voraussetzungen ihrer Bewilligung in der Tat nicht erfüllt sind, BGH VersR **81**, 854.
 S auch Rn 43 „– (Gegenvorstellung)", „– (Instanzenzug)".
– **(Aufhebung):** Wiedereinsetzung ist möglich, soweit das Gericht einen früheren, die Bewilligung von Prozeßkostenhilfe ablehnenden Beschluß aufgehoben hat.

42 – **(Bedürftigkeit):** Wiedereinsetzung ist möglich, soweit der Antragsteller ausreichend dargelegt hat, daß er die Kosten der Prozeßführung nach seinen persönlichen und wirtschaftlichen Verhältnissen nicht, nur zum Teil oder nur in Raten aufbringen könne, BGH VersR **98**, 1397 (auch zur Berufung), BGS VersR **80**, 256, Kblz FamRZ **74**, 222.
 Wiedereinsetzung *entfällt*, soweit der Insolvenzverwalter nicht vor Fristablauf dargelegt hat, daß die Mittel zur Prozeßführung von den am Prozeß wirtschaftlich Beteiligten nicht aufbringen könne, BGH FER **96**, 41.
– **(Bezugnahme):** Wiedereinsetzung ist möglich, soweit der Antragsteller keinen Zweifel daran zu haben braucht, daß seine Bezugnahme auf eine frühere Erklärung nach § 117 ausreichen werde, BGH VersR **85**, 395 mwN, und zwar auch dann, wenn er weitere Unterlagen, die das Gericht anfordert, erst nach dem Fristablauf eingereicht hat, BGH VersR **87**, 1219, strenger BGH VersR **84**, 660.

### 4. Titel. Folgen der Versäumung. Wiedereinsetzung § 233

- **(Einkommenserwerb):** Wiedereinsetzung entfällt bei inzwischen ausreichendem Einkommen. S auch Rn 48 „– (Vermögenserwerb)".
- **(Erbschaft):** Rn 48 „– (Vermögenserwerb)". **43**
- **(Erfolgsaussicht):** Wiedereinsetzung ist möglich, soweit der Antragsteller im erforderlichen Umfang darlegt, daß die Rechtsmittelsumme erreicht worden ist, BGH **LM** § 114 aF Nr 10 (Revision). S auch Rn 47 „– (Unterlagen)".
- **(Formular):** Wiedereinsetzung ist möglich, soweit der Antragsteller die Erklärung nach § 117 II–IV sorgfältig ausgefüllt hat, BGH VersR **84**, 660 (im Rechtsmittelzug genügt bei unveränderten Verhältnissen eine eindeutig darauf verweisende Bezugnahme auf den erstinstanzlich eingereichten Vordruck, § 119 Rn 64) und in der Frist eingereicht hat, BGH VersR **88**, 943.
- **(Frist):** Wiedereinsetzung ist möglich, auch wenn der Antragsteller die Frist, zB zur Einlegung oder **44** Begründung des Rechtsmittels, voll ausgenutzt und den Antrag erst am letzten Tag eingereicht hat, BGH NJW **98**, 1231, Kollhosser VersR **74**, 830. Wiedereinsetzung kommt ferner in Betracht, wenn dem Antragsteller nicht einmal eine knappe Zeit verblieben ist, sich über die Einlegung eines Rechtsbehelfs schlüssig zu werden und die Unterlagen für den Antrag auf Bewilligung der Prozeßkostenhilfe zu beschaffen.
  Wiedereinsetzung *entfällt*, soweit der Anwalt, der zum ProzBev bestellt war, beim Eingang des Beschlusses über die Bewilligung der Prozeßkostenhilfe nicht dafür gesorgt hat, die Frist für das Wiedereinsetzungsgesuch nach § 234 I notieren zu lassen.
- **(Gegenvorstellung):** Wiedereinsetzung entfällt, soweit der Antragsteller nach der Ablehnung seines Gesuchs um Prozeßkostenhilfe erfolglos eine Gegenvorstellung erhoben hatte. Denn nach der Ablehnung mangels Erfolgsaussicht gilt die Mittellosigkeit nicht mehr als ein Hindernis.
- **(Insolvenz):** Rn 42 „– (Bedürftigkeit)".
- **(Instanzenzug):** Wiedereinsetzung entfällt, soweit einer Ablehnung des Antrags auf eine Prozeßkostenhilfe der Instanzenzug erschöpft ist und nicht durch eine nachträgliche Bewilligung wieder eröffnet worden ist. Das gilt auch bei einem Notanwalt, §§ 78 b, c.
- **(Neue Tatsache):** Wiedereinsetzung entfällt, soweit das Gericht die Prozeßkostenhilfe nach einer **45** Ablehnung des Antrags erst auf Grund neuer Tatsachen bewilligt hat, Schlesw MDR **78**, 235. Denn sonst stünde der Mittellose beim Ablauf der Rechtsmittelfrist besser als der Bemittelte.
- **(Niederlegung des Mandats):** Es schadet dem Antragsteller nicht, daß sein Anwalt die Vertretung nach der Einreichung eines Antrags auf Prozeßkostenhilfe niedergelegt hat, bevor das Gericht entschieden hat, BGH VersR **89**, 863.
- **(Revision):** Wiedereinsetzung ist möglich, soweit der Antragsteller nach Versäumung der Revisions- **46** frist das Urteil des Berufungsgerichts und den Nachweis der Vermögenslosigkeit erbracht und die Rechtzeitigkeit des Gesuchs nachgewiesen hat (spätestens vor der Entscheidung über das Gesuch), evtl auch die Revisionsfähigkeit, also den Streitwert und die Beschwer, vgl BGH **LM** § 114 aF Nr 10. Er braucht dagegen nicht im einzelnen darzulegen, wie er die Revision begründen will.
- **(Streitgenosse):** Wiedereinsetzung entfällt, soweit die Partei deswegen keinen Rechtsbehelf eingelegt hat, weil das Gericht einem Streitgenossen in einer gleichgelagerten Sache eine Prozeßkostenhilfe verweigert hatte.
- **(Telefax):** Rn 44 „– (Frist)".
- **(Überlegungsfrist):** Rn 44 „– (Frist)". **47**
- **(Unterlagen):** Wiedereinsetzung ist möglich, soweit der Antragsteller zusammen mit dem Formular, Rn 43, auch alle (weiteren) notwendigen Unterlagen über seine persönlichen und wirtschaftlichen Verhältnisse innerhalb der Frist eingereicht hat, BGH VersR **87**, 925. Eine spätere Nachreichung ist unschädlich, soweit der Antragsteller alles ihm Zumutbare unternommen hatte, um die Unterlagen rascher zu erhalten, BGH VersR **76**, 564, BFH BB **78**, 292.
  Wiedereinsetzung *entfällt*, soweit es der Anwalt vorwerfbar unterlassen hat, den Nachweis des wirtschaftlichen Unvermögens in gesetzmäßiger Weise, BGH VersR **92**, 637, innerhalb der vom Gericht gesetzten Frist zu erbringen, BGH RR **91**, 637.
  S auch Rn 44 „– (Frist)".
- **(Ursächlichkeit):** Wiedereinsetzung entfällt, soweit der Anwalt im guten Glauben, die Berufungsfrist zu wahren, das Rechtsmittel vor der Entscheidung über den Antrag auf Prozeßkostenhilfe eingelegt, in Wahrheit erst nach dem Ablauf der Berufungsfrist eingelegt hat. Denn in diesem Fall ist das Hindernis der Mittellosigkeit für die Versäumung der Berufungsfrist überhaupt nicht ursächlich gewesen. Allerdings ist grds nach BGH **LM** Nr 75 davon auszugehen, daß die Mittellosigkeit daran gehindert hat, ein Rechtsmittel rechtzeitig einzulegen, selbst wenn es vor der Bewilligung einer Prozeßkostenhilfe eingereicht worden war.
- **(Vergleichsverhandlung):** Wiedereinsetzung entfällt, soweit die Partei darum bittet, die Entscheidung **48** über ihren Antrag auf eine Prozeßkostenhilfe wegen einer anderweitigen Vergleichsverhandlung zurückzustellen, dann aber die Unterbrechung dieser Vergleichsverhandlung oder eine andere dortige neue Situation entgegen ihrer Ankündigung dem Gericht nicht unverzüglich mitteilt, Hamm JB **75**, 1604 (abl Burkhardt).
- **(Vermögenserwerb):** Wiedereinsetzung entfällt, soweit die Partei inzwischen ein ausreichendes Vermögen erworben, zB geerbt, hat, BGH VersR **85**, 454.
  S auch Rn 42 „– (Einkommenserwerb)".
- **(Vordruck):** Rn 43 „– (Formular)".

**Rechtsanwalt.** § 85 II ist anwendbar, § 85 Rn 8. Der BGH stellt an die Sorgfaltspflicht des Anwalts mit **49** Recht harte Anforderungen. Sie sind aber oft praktisch kaum erfüllbar. Freilich ist auch in diesem Zusammenhang zu beachten, daß die vor der VereinfNov von 1977 ergangene Rechtsprechung nur noch bedingt verwertbar ist, Rn 18. Sie gelten entsprechend bei großen Firmen, BGH VersR **89**, 930.

**50**    Allgemein gilt etwa folgendes: Der Anwalt muß *alles ihm nur Zumutbare tun und veranlassen,* damit jede einzelne Frist gewahrt wird. Er muß bestimmte besonders wichtige Berechnungen, Kontrollen und Überwachungen persönlich vornehmen und darf sie allenfalls einem Sozius, einem speziell mit der Sache beauftragten Volljuristen als Mitarbeiter oder einem langjährigen Bürovorsteher übertragen. Er kann andere, nicht ganz so wichtige oder schwierige Aufgaben auch anderen Mitarbeitern übertragen. Sein gesamtes Personal muß aber sorgfältig ausgewählt, laufend geschult, laufend überwacht und im Fall von Unregelmäßigkeiten besonders kontrolliert werden. Außerdem muß er durch einen Fristkalender, ein Fristenbuch, Vermerke in den Handakten und auf andere geeignete Weise auch in sachlicher Hinsicht alle überhaupt nur möglichen und zumutbaren organisatorischen Vorkehrungen dagegen treffen, daß Fristen versäumt werden. Er ist überdies in bestimmtem Umfang auch noch dann zumindest mitverantwortlich, wenn er die weitere Bearbeitung inzwischen einem Kollegen, sei es einem Verkehrsanwalt oder einem höherinstanzlichen Anwalt, übergeben hat. Seine Sorgfaltspflichten dauern auch dann an, wenn sich die Partei nicht meldet oder wenn aus anderen Gründen kein Kontakt zu ihr besteht. Sie enden erst dann, wenn er das Mandat wirksam aufgegeben hat oder wenn der Vertrag wirksam gekündigt wurde. Auf dieser Grundlage ergibt sich im einzelnen eine Fülle von Pflichten. Die nachfolgende Übersicht kann nur ein ungefähres Bild von der Vielfalt der Rechtsprechung bieten. Es lassen sich im wesentlichen etwa folgende Gesichtspunkte darstellen: Rspr-Üb bei Wirges MDR **98**, 1459.

Übersicht der Untergliederung zum Stichwort „Rechtsanwalt"

| | | | |
|---|---|---|---|
| Abwesenheit | 51 | Mehrheit von Anwälten | 140 |
| Abwickler | 51 | Mitwirkung des Gerichts | 141 |
| Aktenführung, -vermerk | 52, 53 | Neuer Mitarbeiter | 142 |
| Aktenvorlage | 54–63 | Niederlegung des Mandats | 143 |
| Andere Instanz | 64–72 | Organisation | 144, 145 |
| Angestellter, Beauftragter | 73–76 | Personal | 146–153 |
| Auszubildender | 77, 78 | a) Auswahl | 146 |
| Bürogemeinschaft | 79 | b) Überwachung | 147–153 |
| Bürovorsteher | 80–82 | Post | 154–162 |
| Computer | 83 | Schließfach | 163 |
| Einlegung des Rechtsmittels | 84 | Telefax | 164 |
| Frist | 85–111 | Tod | 164 |
| a) Berechnung; Notierung | 85–92 | Tonbanddiktat | 165 |
| b) Überwachung | 93–106 | Überlastung | 166 |
| c) Verlängerung, Änderung usw | 107–112 | Unterschrift | 167–171 |
| Gesetzesunkenntnis | 113–120 | Urlaub | 172, 173 |
| Information | 121–124 | Verkehrsanwalt | 174–178 |
| a) Auftraggeber | 121, 122 | Verlust eines Schriftsatzes | 179 |
| b) Anderer Anwalt | 123, 124 | Vertreter | 180 |
| Kalender | 125–129 | Vorfrist | 181 |
| Kanzlei und Wohnung | 130 | Zuständigkeitsprüfung | 182 |
| Krankheit | 131–133 | Zustellung und Anwalt | 183–188 |
| Letzter Augenblick | 134–139 | | |

**51**    – **(Abwesenheit):** Der Anwalt muß dafür sorgen, daß auch bei eigener oder bei unvorhersehbarer Abwesenheit eines Mitarbeiters die Fristwahrung gewährleistet ist, BGH VersR **89**, 930 mwN, VGH Mü NJW **93**, 1732. Beauftragt der Anwalt einen Dritten, während seiner Abwesenheit ein Rechtsmittel einzulegen, muß der Auftrag unmißverständlich sein, BGH NJW **97**, 3244, Hbg MDR **97**, 1059. S auch Rn 180.

– **(Abwickler):** Sein schuldhafter Rechtsirrtum über seine Befugnis hindert eine Wiedereinsetzung, BGH NJW **92**, 2158. S auch Rn 114–120.

**52**    – **(Aktenführung, -vermerk):** Der Anwalt muß für jeden Prozeß eine eigene Handakte führen, zB beim Streit gegen Kläger und dessen Geschäftsführer, insbesondere bei unterschiedlichen Fristen, BGH RR **99**, 716 rechts. Er muß die Zustellung des Urteils, das ihm zugesandt wird und dessen Erhalt er bescheinigt, entweder selbst sofort in den Akten vermerken, BGH VersR **79**, 161, Oldb JB **78**, 1013, oder muß den Vermerk sofort durch einen unbedingt zuverlässigen Mitarbeiter anfertigen lassen, BGH VersR **77**, 424, oder er muß die Zustellung aus der ihm vorgelegten Postmappe aussondern und dafür Sorge tragen, daß ein zuverlässiger Angestellter sofort einen Aktenvermerk anlegt, BGH VersR **78**, 523. Die allgemeine Belehrung und Anweisung des Personals genügt nicht, BGH VersR **74**, 57. Vielmehr muß der Anwalt glaubhaft machen, daß der Mitarbeiter generell zuverlässig ist, BGH VersR **78**, 182, und daß er in bestimmter Weise überwacht wird, BGH VersR **77**, 933.

**53**    Der Anwalt muß dafür sorgen, daß im Fall einer Urteilszustellung nach § 212 a der Tag des Urteilszugangs, BGH VersR **74**, 1002, und der Tag der Zustellung an den Gegner sogleich in den Handakten vermerkt wird, BGH VersR **73**, 155. Er muß angeben, auf Grund welcher Unterlagen die Rechtsmittelfrist einzutragen ist, und sofort veranlassen, daß alles zur Fristwahrung Notwendige geschieht, BGH VersR **79**, 256, BAG NJW **75**, 232.

Der Anwalt muß dafür Sorge tragen, daß die *wirkliche* und nicht bloß die hypothetische Berufungsbegründungsfrist sogleich nach der Einreichung der Berufung im Fristenkalender eingetragen wird und

### 4. Titel. Folgen der Versäumung. Wiedereinsetzung § 233

daß diese Kalendereintragung durch einen Erledigungsvermerk in der Handakte gekennzeichnet wird, BGH VersR **73**, 716, Nürnb OLGZ **76**, 119. Wenn der Anwalt das Personal nicht angewiesen hat, ihn auf einen Fristablauf hinzuweisen, muß er den Fristablauf auf dem Aktendeckel (und im Fristenkalender) vermerken lassen, BGH VersR **79**, 256. In diesem Fall reicht auch eine Vorfristnotierung nicht aus, BGH VersR **75**, 1006. Der Anwalt darf sich nicht damit begnügen, den Beginn und die Dauer der Rechtsmittelfrist mündlich festzustellen und es dem Bürovorsteher zu überlassen, das Fristende in den Handakten (und im Fristenkalender) einzutragen; eine Ausnahme mag bei einem langjährigen erprobten Bürovorsteher möglich sein. Der Anwalt muß dann, wenn ihm die Berufungsschrift zur Unterschrift vorgelegt wird, und auch dann, wenn er die Akten noch einmal zur Abfassung der Berufungsbegründung erhält, nachprüfen, ob sich in den Handakten ein Vermerk darüber befindet, daß die Frist im Kalender eingetragen ist, BGH **LM** Nr 10.

S auch Rn 54–63, 80–83, 183–189.

– **(Aktenvorlage):** Sie ersetzt nicht eine systematisch organisierte Ausgangskontrolle, BGH DB **93**, 54 2036, BAG NJW **93**, 2957. Der Anwalt hat sicherzustellen, daß ihm Akten fristgebundener Verfahren rechtzeitig zur Bearbeitung vorgelegt werden, BGH FamRZ **91**, 424, Düss BB **92**, 236, notfalls vom Autotelefon aus, BGH VersR **94**, 1324. Er darf die Akten nicht aus dem normalen Geschäftsgang herausnehmen, ohne daß eine etwa laufende Frist im Fristenkalender vermerkt wurde, BGH **LM** Nr 78. Wenn der Bürovorsteher ein zugestelltes Urteil nicht vorgelegt hat und auf ein späteres Befragen erklärt, es sei noch nicht eingegangen, kann der Partei die Wiedereinsetzung zu bewilligen sein. Dasselbe gilt dann, wenn das Büropersonal dem Anwalt die Akten trotz ausdrücklicher Anordnung nicht zur abschließenden Bearbeitung wieder vorgelegt hat, BGH VersR **79**, 228, oder wenn das Personal die Akten trotz ausdrücklicher Anordnung dem Anwalt nicht zur Unterschrift der Rechtsmittelschrift vorgelegt hat, BGH NJW **76**, 967, oder wenn es ihm die vorgelegten Akten ohne sein Wissen wieder weggenommen hat, BGH VersR **79**, 36, oder wenn es ihm eine falsche Auskunft über den Aktenverbleib gegeben hat, BGH VersR **75**, 1149.

Der Anwalt muß allerdings dann, wenn er ein Abweichen von seinen Anordnungen *erkennt*, nunmehr 55 selbst für die Sicherung einer Notfrist sorgen und sich nicht mehr mit Einzelweisungen und Rückfragen begnügen, BGH NJW **98**, 460. Er muß auch bei einer gut geschulten und beaufsichtigten Mitarbeiterin prüfen, ob sie eine von ihm nur auf ein Tonband diktierte Wiedervorlageverfügung in die Handakte übertragen hat, BGH VersR **82**, 1192, und ob seine Anordnung, die Fristsache vor dem Fristablauf dem Vertreter vorzulegen, befolgt ist (eine handschriftliche Anweisung mittels Büroklammer genügt nicht), BGH BB **88**, 2415.

Der Partei ist auch dann die Wiedereinsetzung zu bewilligen, wenn der Anwalt vor einem Urlaub die 56 Vorlage aller Fristsachen beim *Bürovorsteher* oder die Eintragung einer Frist angeordnet hat und sich auf sein eingearbeitetes Personal verlassen kann, BGH RR **87**, 710, vgl aber auch BGH RR **87**, 711. Er muß aber den Verdacht eines Büroversehens kurz vor dem Fristablauf sogleich nachgehen, BGH VersR **79**, 376. Überhaupt schadet ein Organisationsmangel, BGH BB **88**, 2415. Der Anwalt muß insbesondere dafür Sorge tragen, daß auch ein unerfahrener Auszubildender die Akten unverzüglich vorlegt, BGH VersR **78**, 960. Auch dann, wenn der Anwalt zulässigerweise dem Bürovorsteher eine Postvollmacht erteilt hat, kann ein besonders starker Eingang von Einschreibsendungen eine besondere Anordnung des Anwalts über die Aktenvorlage erforderlich machen.

Der Anwalt muß zumindest bei einem Zweifel über den Lauf der Berufungsfrist die *Handakten* 57 einsehen, BGH VersR **74**, 88, zB beim Fehlen eines Eingangsstempels, BGH VersR **87**, 506. Eine falsche Auskunft seines Personals geht zu seinen Lasten, soweit ihm eine persönliche Überprüfung zumutbar ist, BGH VersR **73**, 351, Stgt JB **76**, 974 (ZVG). Freilich darf man insofern keine überspannten Anforderungen stellen, BGH VersR **87**, 286 rechts. Wenn sich der Anwalt mit der Einlegung der Berufung oder deren Begründung bis zum letzten Augenblick Zeit läßt, kann er sich zwar auf sonst zuverlässiges Personal grundsätzlich auch jetzt verlassen, BGH VersR **85**, 396 muß aber eine besondere Sorgfalt aufwenden, insbesondere dann, wenn er die Aktenvorlage erst an den letzten Tag der Frist angeordnet hat. Der Anwalt darf eine fristschaffende Zustellung nicht annehmen und bescheinigen, ohne die allgemein angeordnete Aktenvorlage abzuwarten, BGH VersR **73**, 1144, oder zu prüfen, ob das zugehörige Urteil tatsächlich beilag, BGH VersR **79**, 283, OVG Münster BB **76**, 442.

Wenn der Anwalt ein *Rechtsmittel* eingelegt hat, muß er die Akten zwar grundsätzlich nicht überprüfen, BGH NJW **98**, 1498, und RR **99**, 429, wohl aber dann, wenn sie ihm wegen einer 58 fristgebundenen Prozeßhandlung vorgelegt werden, BGH NJW **98**, 1498, BAG NJW **95**, 3340, BSG NJW **88**, 2822. Er muß die Akten ferner prüfen, wenn sie ihm ohnehin bis zum Fristablauf oder nahe davor vorliegen, BGH FamRZ **98**, 98 und NJW **98**, 460, falls sich die Notwendigkeit einer Fristprüfung aufdrängt, BGH VersR **77**, 836. Der Anwalt muß zB prüfen, ob im Fall einer Friständerung die neue Frist eingetragen wurde, BGH VersR **80**, 1047. Wenn das Personal die Akten dem Anwalt nach der Bewilligung einer Prozeßkostenhilfe vorlegt, muß er prüfen, ob er eine fristgebundene Prozeßhandlung vornehmen, zB die Berufung jetzt begründen muß, BGH FamRZ **81**, 536. Wenn der Anwalt die Fristen regelmäßig selbst kontrolliert, kann eine Unterlassung auch nicht mit seiner Überlastung entschuldigen. Eine erhöhte Verantwortlichkeit besteht für ihn dann, wenn ihm die Akten trotz seiner eigenen Überlastung vorgelegt werden, BGH VersR **77**, 153.

Eine Wiedereinsetzung kommt in Betracht, wenn das sonst zuverlässige Personal den Entwurf der 59 Berufungsbegründung nach der Billigung durch den Auftraggeber entgegen einer Weisung des Anwalts diesem *nicht* zur Unterschrift *vorlegt*, BGH **LM** (Fd) Nr 30. Der Anwalt darf aber die Akte weder aus dem Geschäftsgang nehmen noch in den Geschäftsgang zurückgeben und dadurch verursachen, daß eine Eintragung im Fristenkalender unterbleibt. Er muß dann, wenn ihm die Akten vorliegen, selbst feststellen, ob es sich um eine Fristsache handelt, BGH NJW **98**, 460, oder daß im letzten Moment etwas versäumt wird, BGH RR **99**, 717 rechts. Er muß insbesondere nach einem Erledigungsvermerk wegen einer wichtigen Frist forschen, BGH VersR **77**, 836. Es reicht aber aus, wenn er besonders

§ 233

verfügt, das Personal solle die Berufungsbegründungsfrist notieren. In einer als Vorfristsache vorliegenden Akte braucht der Anwalt zwar nicht sofort die Fristprüfung vorzunehmen, BGH MDR **99**, 767; er muß aber sicherstellen, daß die Akte in einer nichterledigten Vorfristsache rechtzeitig ohne weiteres wieder vorgelegt wird, BGH VersR **75**, 715, KG MDR **99**, 706 (spätestens am Tag des Fristablaufs), und daß eine Vorfrist erst bei tatsächlicher Aktenvorlage gestrichen wird, BGH AnwBl **91**, 155. Wenn er erklärt, er habe die Sache selbst in Arbeit genommen, darf er die Akte nicht mehr aus den Augen lassen, BGH VersR **74**, 999.

60 Wenn das Personal die Akte dem Anwalt ganz *kurzfristig* vorlegt, wenn er aber selbst infolge einer Überlastung an der rechtzeitigen Erledigung gehindert ist, muß er etwas veranlassen. Denn er muß immer mit unvorhersehbaren Ereignissen rechnen, BGH VersR **75**, 40. In einer Entschädigungssache muß der Anwalt wegen der unterschiedlichen Länge der in Frage kommenden Fristen im Fall der Aktenvorlage den Fristablauf entweder selbst prüfen oder zumindest besonders sorgfältig prüfen lassen, BGH VersR **73**, 421 (verlangt die Belehrung der Gehilfin über die Fristenvorschriften).

61 Sobald die Akte dem Anwalt im Zusammenhang mit einem fristgebundenen Vorgang vorliegt, sei es „nur" zur Unterzeichnung zB einer Mitteilung über eine Fristauswirkung, BGH NJW **89**, 1864, sei es zur Anfertigung, BGH VersR **87**, 485, oder zur Unterschrift der Berufungsschrift, BGH VersR **83**, 988, sowie nochmals im Zeitpunkt der Vorlage der Akte zur Begründung der Berufung oder Revision, muß der Anwalt die *Frist* kontrollieren, Rn 58, 103, BGH NJW **97**, 1709, BVerwG NJW **91**, 2097, KG ZMR **94**, 36. Entsprechendes gilt im Revisionsverfahren, BVerwG NJW **87**, 1350, und stets erst recht dann, wenn er die Akten „an sich gezogen hat", BGH VersR **89**, 929.

Dabei ist die etwa übliche *Bestätigung der Geschäftsstelle* des Gerichts über den Eingang der Berufung die allein sichere Grundlage zur Fristberechnung, BGH VersR **74**, 357. Der Anwalt muß dann auch prüfen, ob in den Akten ein Vermerk vorhanden ist, daß die Frist im Kalender eingetragen sei, BGH NJW **82**, 225. Wenn die Akten dem Anwalt für die Berufungsbegründung im Hinblick auf den Fristablauf vorliegen, kann er sich nicht damit entlasten, sein Büropersonal habe ihn nicht nochmals auf den Fristablauf hingewiesen, BGH NJW **98**, 460. Dasselbe gilt dann, wenn die Akte dem Anwalt anläßlich einer Vorfrist BGH BB **99**, 1575, oder zwecks Verlängerung einer Frist vorliegt, BGH BB **79**, 1429.

62 Der Anwalt braucht aber keine besondere Nachprüfung vorzunehmen, wenn er eine *Frist verfügt* hatte und ihm die Akten nun aus einem anderen Anlaß vorgelegt werden und wenn er an die Fristwahrung noch nicht zu denken braucht, BGH RR **99**, 429. Dasselbe gilt dann, wenn ihm eine Fristsache aus einem anderen Grund vorliegt, wenn er nun eine unverzügliche Wiedervorlage verfügt und wenn sein Personal diese Verfügung nicht beachtet, BGH RR **99**, 429, oder wenn dem Anwalt die Akten wegen eines Mandantenbesuchs kurze Zeit vor dem Fristablauf vorliegen, wenn er sich nun aber mit Rücksicht auf seine Anordnungen und auf das geschulte Personal darauf verlassen kann, die Akte werde ihm rechtzeitig wieder vorgelegt werden oder man werde ihn an den Fristablauf erinnern, LG Ffm VersR **74**, 685.

63 Der Anwalt darf die Berufungsschrift keineswegs ungelesen unterschreiben, BGH VersR **76**, 494. Er muß auch die richtige Bezeichnung der Person, BGH VersR **82**, 191 und 770, und die richtige Bezeichnung der *Adresse prüfen*, BGH VersR **81**, 63, BAG NJW **91**, 1078, LAG Ffm NJW **91**, 1078, darf allerdings die Korrektur einer als zuverlässig bekannten Sekretärin überlassen, BGH NJW **82**, 2671. Er hat überhaupt wesentliche Fehler in der Rechtsmittelschrift selbst zu verantworten, BGH VersR **81**, 78, BAG NJW **73**, 1392. Die Unaufklärbarkeit eines Büroversehens geht im Verhältnis zum Prozeßgegner zu Lasten derjenigen Partei, die sich darauf beruft, BGH VersR **82**, 1167.

S auch Rn 54–63, 165, 167–171, 181.

64 – **(Andere Instanz):** Wenn der vorinstanzliche Anwalt einem Kollegen der höheren Instanz den Auftrag zur Einlegung des Rechtsmittels in einem gewöhnlichen Brief erteilt, muß er die Rechtsmittelfrist selbst kontrollieren, und zwar sowohl ohne Aktenvorlage, BGH FamRZ **97**, 673, als auch bei ihr, BGH VersR **87**, 587, und grundsätzlich den Eingang des Auftrags und dessen Annahme überwachen, BGH (1. ZS) FamRZ **88**, 942, (6. ZS) VersR **93**, 770, (10. ZS) BB **97**, 1972, (1. ZS) VersR **94**, 1324, (12. ZS) FamRZ **93**, 310, aM BGH (2. ZS) NJW **94**, 3102, (7. ZS) NJW **91**, 3035, (8. ZS) VersR **94**, 956 und (11. ZS) RR **96**, 378 (je: keine besondere Überwachungspflicht beim Bestehen einer Absprache, der Rechtsmittelanwalt werde Rechtsmittelaufträge annehmen oder weiterleiten. Aber dabei übersieht der BGH, daß es ohnehin keinen Anscheinsbeweis für den Zugang eines einfachen oder ohne Rückschein eingeschriebenen Briefs gibt, Anh § 286 Rn 153, 154).

*Etwas anderes gilt* dann, wenn der Rechtsmittelanwalt einen selbständigen Rechtsmittelauftrag von der Partei erhalten hat, BGH FamRZ **93**, 310, oder wenn der Rechtsmittelanwalt ausgeschieden ist und ein Abwickler seine Kanzlei betreut, BGH NJW **92**, 697). Es reicht dann aus, daß er eine gewisse Zeit zur Überwachung einer fristgemäßen Erledigung läßt, BGH NJW **75**, 1126. Eine Rückfrage ist nicht mehr erforderlich, wenn die Anwälte ständig zusammenarbeiten, Köln FamRZ **97**, 1091, oder wenn der Rechtsmittelanwalt den Auftrag schon angenommen hat, LG Fulda RR **87**, 1215. Der Partei muß eine Wiedereinsetzung versagt werden, wenn ihr vorinstanzlicher Anwalt dem Rechtsmittelanwalt lückenhafte, BGH JZ **86**, 406, oder sonst fehlerhafte Angaben übermitteln läßt, BGH NJW **96**, 394, 853, Köln VersR **91**, 792, selbst wenn der Bürovorsteher des erstinstanzlichen Anwalts die Angaben kontrolliert. Eine Wiedereinsetzung kann aber dann zu gewähren sein, wenn der vorinstanzliche Anwalt zwar einen Fehler macht, der nächstinstanzliche aber die Rechtsmitteleinlegung unverschuldet versäumt, die er an sich hätte wahren können, BGH VersR **81**, 680, Düss AnwBl **89**, 291.

65 Der vorinstanzliche Anwalt muß dann, wenn der nächstinstanzliche den Rechtsmittelauftrag nicht bestätigt, den Sachverhalt durch eine *Anfrage* aufklären, BGH VersR **82**, 950, Ffm NJW **88**, 1223. Eine Notfrist darf im Fristenkalender des vorinstanzlichen Anwalts erst dann gestrichen werden, wenn der Rechtsmittelanwalt eine Bestätigung des Rechtsmittelauftrags übersandt hat, BGH VersR **84**, 167. Allerdings kann eine Wiedereinsetzung ausnahmsweise bei einer irrigen Streichung der Frist im Kalender möglich sein, BGH VersR **74**, 387.

## 4. Titel. Folgen der Versäumung. Wiedereinsetzung § 233

Der *Verkehrsanwalt* ist Bevollmächtigter der Partei, BGH VersR **88**, 418, aber nicht Erfüllungsgehilfe des ProzBev der Partei, BGH NJW **88**, 1079. Der ProzBev hat daher ein Verschulden des Verkehrsanwalts nicht gegenüber der Partei zu vertreten, LG Regensb AnwBl **82**, 109.

Der Anwalt der *höheren Instanz* darf sich nicht auf eine Angabe des vorinstanzlichen Anwalts verlassen, BGH VersR **94**, 956, Ffm VersR **80**, 381, und zwar weder dann, wenn die dem ersteren übersandten nicht vollständig sind, BGH JZ **86**, 406, noch dann, wenn der höherinstanzliche Anwalt anhand der ihm übersandten Unterlagen die Angaben des vorinstanzlichen Anwalts nachprüfen kann, BGH VersR **75**, 90 mwN. Der Anwalt der höheren Instanz darf sich bei der Kontrolle des Zustelldatums des erstinstanzlichen Urteils nicht mit dem Ergebnis einer telefonischen Anfrage seiner Sekretärin beim erstinstanzlichen Anwalt begnügen, BGH VersR **94**, 199, aM BGH VersR **97**, 598.

Der vorinstanzliche Anwalt muß die richtige Ausführung seiner Anweisung, einen bestimmten **66** Anwalt beim Rechtsmittelgericht mit der Einlegung eines Rechtsmittels zu beauftragen, *selbst überwachen*, BGH FamRZ **98**, 97, aM BGH VersR **86**, 146 (erlaubt dem vorinstanzlichen Anwalt darauf zu vertrauen, daß eine zuverlässige Bürokraft die Anweisung durchführen werde). Zur Kontrolle gehört zB die Prüfung der richtigen Anschrift, BGH NJW **96**, 394, nicht aber auch die Kontrolle darüber, ob die Anordnung über die Absendung des Briefes durchgeführt wurde, BGH **LM** (Fd) Nr 4. Hat sich der vorinstanzliche Anwalt die Beauftragung des Rechtsmittelanwalts vorbehalten, so ist er neben dem Bürovorsteher verantwortlich, BGH VersR **85**, 964.

Zur Kontrolle gehört ferner die Prüfung, ob ein *kurz vor* dem *Ablauf* der Rechtsmittelfrist abge- **67** sandtes Auftragsschreiben beim beauftragten Anwalt eingegangen ist, BGH NJW **97**, 3245 (großzügiger BGH VersR **79**, 444), Ffm NJW **88**, 1223.

Zur Kontrolle gehört ferner die Prüfung, ob der Rechtsmittelanwalt beim Rechtsmittelgericht **68** *zugelassen* ist, BGH VersR **82**, 755, und den Auftrag ausgeführt hat, BGH FamRZ **98**, 97. Eine mündliche eilige Anweisung „zwischen zwei Terminen" kurz vor dem Fristablauf an das eigene Personal reicht meist nicht aus, BGH VersR **83**, 81. Ferner muß der vorinstanzliche Anwalt prüfen, ob der Rechtsmittelanwalt die Rechtsmittelfrist und die Begründungsfrist eingehalten hat, BGH VersR **97**, 896. Der vorinstanzliche ProzBev muß das Schreiben an den Rechtsmittelanwalt mit dem Rechtsmittelauftrag, das eine Angestellte nach den richtigen Handakten gefertigt hat, vor seiner Unterschrift selbst prüfen, BGH NJW **85**, 1710. Zur Kontrollpflicht des vorinstanzlichen Anwalts gehört ferner, ob das Rechtsmittel beim richtigen Gericht eingereicht wurde, BGH VersR **79**, 230. Hat der erstinstanzliche Anwalt einen Kollegen als Boten zur Übermittlung der Rechtsmittelschrift oder -begründung an das Rechtsmittelgericht eingeschaltet, dann wäre es evtl eine Überspannung, beim Boten rückzufragen zu müssen, BVerfG NJW **95**, 250.

Bei telefonischer Auftragserteilung *von Kanzlei zu Kanzlei* muß sich der Korrespondenzanwalt vergewissern, ob der Auftrag den Rechtsmittelanwalt tatsächlich rechtzeitig erreicht hat, BGH VersR **85**, 962, und ob der Rechtsmittelanwalt vom richtigen Datum der Zustellung der Entscheidung ausgegangen ist, BGH VersR **87**, 560.

Wenn der vorinstanzliche Anwalt den Auftrag zur Einlegung des Rechtsmittels *telefonisch* erteilt, muß **69** er dafür sorgen, daß der Rechtsmittelanwalt den Auftrag wiederholt, BGH VersR **80**, 765, und seine Annahme zumindest im Telefon von Anwalt zu Anwalt persönlich erklärt, BGH VersR **84**, 167. Beim Telefonauftrag nur an das Personal des Rechtsmittelanwalts muß der vorinstanzliche Anwalt eine schriftliche Auftragsannahme fordern, bevor er die Frist im Kalender löschen (lassen) darf, BGH VersR **84**, 167. Der Rechtsmittelanwalt muß auch von sich aus für eine Kontrollwiederholung sorgen, BGH VersR **80**, 765 mwN. Der vorinstanzliche Anwalt muß dem Rechtsmittelanwalt das Zustellungsdatum des angefochtenen Urteils richtig angeben, BGH RR **95**, 839, Köln JB **94**, 687. Er darf sich insofern nicht auf eine Auskunft einer Bürokraft verlassen, BGH NJW **87**, 1334. Wer als vorinstanzlicher Anwalt für den Auftraggeber und den höherinstanzlichen Anwalt die Einreichung der Rechtsmittelbegründungsschrift übernimmt, haftet unabhängig von einer Zulassung beim Rechtsmittelgericht, BGH VersR **86**, 817.

Das *Berufungsgericht* braucht den vorinstanzlichen Anwalt nicht darauf hinzuweisen, daß die Berufung **70** bei ihm nicht zulässig eingelegt worden ist, BGH VersR **79**, 230. Der Berufungsanwalt darf die erforderliche Mitteilung über den Zeitpunkt der Zustellung des Berufungsurteils und die erforderliche Rechtsmittelbelehrung grundsätzlich dem Auftraggeber gegenüber durch einen einfachen Brief vornehmen, BGH VersR **85**, 90 (großzügig!). Er darf es einem Auszubildenden überlassen, einen Berufungsauftrag fernmündlich entgegenzunehmen, ohne sich zu vergewissern, für welche Partei er das Rechtsmittel einlegen soll, BGH VersR **81**, 1178. Er muß überhaupt klären, für und gegen wen er ein Rechtsmittel einlegen soll, BGH VersR **86**, 471, und schon bei Einlegung der Berufung wegen der Begründung eine Kontrollfrist eintragen lassen, Ffm MDR **99**, 448.

Er darf die *Überwachung einer Notfrist* nicht dem vorinstanzlichen Anwalt überlassen, und zwar auch nicht beim sog Wuppertaler Zustellungsverfahren, Düss VersR **98**, 1262, und selbst dann nicht, wenn der letztere vereinbarungsgemäß die Berufungsbegründung zu entwerfen hat. Der Berufungsanwalt ist im Fall einer Aktenvorlage ebenso wie der Revisionsanwalt zur Fristkontrolle verpflichtet, BGH VersR **87**, 561. Der Berufungsanwalt, der dem Verkehrsanwalt den Ablauf der Berufungsbegründungsfrist mitteilt, muß die Richtigkeit des Datums in der Reinschrift überprüfen, Karlsr OLGZ **83**, 95. Der Berufungsanwalt darf einer objektiv mißverständlichen dem vorinstanzlichen Anwalt mitteilen: Berufung sei bereits fristgerecht eingelegt worden, BGH NJW **92**, 575.

Der vorinstanzliche Anwalt muß dem Rechtsmittelanwalt den Zeitpunkt der Urteilszustellung oder **71** die *Beiordnung* im Verfahren auf die Bewilligung einer Prozeßkostenhilfe, BGH VersR **73**, 320, mitteilen, BGH FamRZ **91**, 1173, und zwar korrekt, BGH FamRZ **91**, 1173, und muß bei PKH selbst Wiedereinsetzung beantragen, Köln MDR **98**, 1127. Auch ein Verkehrsanwalt muß in solchem Fall sofort nachfragen, BGH VersR **75**, 90. Der zweitinstanzliche Anwalt, der vom vorinstanzlichen Kollegen den Auftrag zur Rechtsmitteleinlegung erhält, muß prüfen, ob sich aus dem Schreiben des

§ 233　　　　　　　　　　　　　　　　　　　　　1. Buch. 3. Abschnitt. Verfahren

Kollegen Zweifel darüber ergeben, ob die Rechtsmittelfrist noch läuft, BGH VersR **85**, 499. Bei einem solchen Zweifel muß der zweitinstanzliche Anwalt beim Kollegen eine Rückfrage halten. Eine Rückfrage kann auch angesichts widersprüchlicher Weisungen des vorinstanzlichen Anwalts notwendig, BGH VersR **81**, 80.

72　　Der Berufungsanwalt muß dem vorinstanzlichen Anwalt, der nicht Verkehrsanwalt ist und für die Tätigkeit eines Verkehrsanwalts auch keinen besonderen Auftrag hat, das *Urteil* mit der Bitte *übersenden,* die Partei über den Ablauf der Revisionsfrist zu unterrichten. Denn das gehört zur Aufgabe des Berufungsanwalts. Der Berufungsanwalt muß dem Auftraggeber das Zustellungsdatum des Berufungsurteils mitteilen, BGH VersR **74**, 1131, und muß ihn darüber unterrichten, ob und inwiefern ein Rechtsmittel gegen das Berufungsurteil zulässig sei, BGH VersR **78**, 1160. Der Verkehrsanwalt darf nicht monatelang auf eine Nachricht des ProzBev über eine Urteilszustellung zuwarten, Düss MDR **85**, 507. Wenn in einem Büro nicht alle Anwälte bei dem zuständigen Gericht zugelassen sind, muß der Zugelassene mehr als die „Vorlage wichtiger Akten" veranlassen; er muß verhindern, daß ein Nichtzugelassener unterschreibt, BGH VersR **82**, 849.

S auch Rn 74–76, 84–111, 163, 174–178.

73　– **(Angestellter, Beauftragter),** dazu *Stehmann,* Beschäftigungsverhältnisse unter Rechtsanwälten, Diss Köln 1989: Die ZPO kennt keine dem § 278 BGB entsprechende Vorschrift, BAG NJW **90**, 2707 mwN. Es reicht grundsätzlich aus, daß der Anwalt, der einem Angestellten die Akten zu einer Bearbeitung überlassen hat, eine Aktenvorlage kurz vor dem Fristablauf verfügt hat und daß er bei einer dem Angestellten übertragenen Fristüberwachung Stichproben macht. Die Wiedereinsetzung kommt ferner in Betracht, wenn es wahrscheinlich ist, daß die Frist durch ein Versehen des gutgeschulten und überwachten Personals versäumt wurde, BGH FamRZ **92**, 794. Das gilt erst recht dann, wenn das Personal eine vom Anwalt richtig getroffene Einzelanweisung nicht befolgt, BGH NJW **96**, 130, oder wenn das Personal die Partei oder den Verkehrsanwalt nicht unterrichtet oder den Fristfehler zu spät entdeckt, BGH VersR **73**, 184, vgl aber auch BGH **LM** (Fd) Nr 20. Der Anwalt braucht eine rechtzeitig angeordnete Einreichung der Rechtsmittelschrift nicht voll zu überwachen und auch nicht die gerichtliche Empfangsbescheinigung einzusehen.

74　　Eine Wiedereinsetzung kommt auch dann in Betracht, wenn ein angestellter Anwalt als ein nur unselbständiger *Hilfsarbeiter,* § 85 Rn 9 ff, eine Frist versäumt, BGH VersR **83**, 84, 641, BVerwG NJW **85**, 1178, KG AnwBl **82**, 71. Das gilt insbesondere dann, wenn dieser Hilfsarbeiter mehrfach Hinweise auf den Fristablauf erhalten hat, Hbg MDR **76**, 230, oder wenn er den zuständige Anwaltsgehilfin anweist, die Berufungsbegründung dem anwesenden, allein beim Berufungsgericht zugelassenen Anwalt zur Unterschrift vorzulegen, BGH VersR **82**, 190. Auch ein beim Anwalt beschäftigter, ihm als zuverlässig bekannter Bote mag nach eingehender Belehrung ausreichen, BGH NJW **88**, 2045 mwN, selbst ein nicht ständig dort beschäftigter, BGH VersR **85**, 455. Jedenfalls unter besonderen Umständen muß sich der Anwalt trotzdem vergewissern, ob der vom Boten beförderte Brief auch beim Gericht einging, BGH VersR **85**, 188.

75　　Der Anwalt muß aber alles ihm nur Mögliche tun, um sein *Personal* richtig zu belehren und zu überwachen und Versehen auszuschließen, BGH VersR **77**, 1130, BFH DB **83**, 1132. Er muß sich vor allem davon überzeugen, daß ein neuer Angestellter das Fristwesen voll beherrscht (eine Fristüberwachung wird nicht verlangt, BGH **LM** § 232 aF Nr 32). Er darf zB die Führung des Fristkalenders nicht einer Aushilfskraft anvertrauen, BGH VersR **85**, 68. Der Anwalt darf die Überwachung einer Notfrist nicht einem Referendar überlassen, selbst wenn dieser an sich gut beurteilt wird, BAG NJW **71**, 2191. Die Wiedereinsetzung kommt erst recht nicht in Betracht, wenn der Referendar der amtlich bestellte Vertreter des Anwalts ist, BGH VersR **76**, 92, BAG NJW **73**, 343. Die Wiedereinsetzung kommt aber in Betracht, wenn der Anwalt unter Hinweis auf den Fristablauf dem Referendar die Beauftragung eines bestimmten zweitinstanzlichen Anwalts übertragen hat.

76　　Der Anwalt muß eine von einem angestellten Anwalt entworfene *Rechtsmittelschrift* auf ihre richtige Anschrift des Bekl prüfen, BAG NJW **74**, 2256, darf aber die Korrektur einer als zuverlässig bekannten Sekretärin überlassen, BGH VersR **83**, 838, BAG BB **83**, 65, oder sich auf die angeordnete anschließende Wiedervorlage verlassen, BGH NJW **82**, 2670. Ein nicht beim Berufungsgericht zugelassener, im Briefkopf mit einem Zugelassenen gemeinsam auftretender Anwalt, der die Berufungsbegründung maßgeblich bestimmt und diktiert, darf sie nicht verspätet einreichen, BGH VersR **79**, 447 und 557. Wenn in einem Büro nicht alle Anwälte bei dem zuständigen Gericht zugelassen sind, muß der Zugelassene nicht bloß die „Vorlage wichtiger Akten" zu veranlassen, sondern verhindern, daß ein Nichtzugelassener unterschreibt, BGH VersR **82**, 849.

S auch Rn 83, 142, 146–153, 172, 173.

77　– **(Ausgangskontrolle):** Rn 93–106.
　– **(Auszubildender):** Der Anwalt muß einen Auszubildenden auf die Durchführung des ihm erteilten Auftrags überwachen lassen, LG Kiel VersR **88**, 754, zB darauf, ob der Auszubildende die Anschrift auf dem Umschlag richtig verfaßt hat, BAG NJW **73**, 1392. Der Anwalt muß dagegen Vorsorge treffen, daß ein unerfahrener Auszubildender die Sache vorlegt, BGH VersR **78**, 960. Der Berufungsanwalt darf einem Auszubildenden die telefonische Übermittlung des Auftrags zur Berufungseinlegung nur dann überlassen, wenn er gerade dessen diesbezügliche Zuverlässigkeit hinreichend erprobt hat, BGH VersR **84**, 240. Er darf es nicht einem Auszubildenden überlassen, einen Berufungsauftrag fernmündlich entgegenzunehmen, ohne sich zu vergewissern, für welche Partei er das Rechtsmittel einlegen soll, BGH VersR **81**, 1178. Er muß dafür sorgen, daß ein Auszubildender nicht eine Verfügung in einer Rechtsmittelsache selbständig ablegt, BGH **LM** Nr 64.

78　　Der Anwalt darf einem Auszubildenden in *ersten Lehrjahr* die eigenverantwortliche Ausführung der Notierung und Berechnung einer Rechtsmittelfrist nicht übertragen, BGH AnwBl **89**, 99. Er muß dafür sorgen, daß der Auszubildende dann, wenn die Frist am selben Tag abläuft, ein Schriftstück, das

## 4. Titel. Folgen der Versäumung. Wiedereinsetzung § 233

er „zum Gericht" bringen soll, auch auf der Geschäftsstelle abgibt oder doch in den Nachtbriefkasten wirft, BGH VersR **73**, 420, großzügiger BGH RR **98**, 1140, und nicht in einem Raum eines anderen, wenn auch in demselben Gebäude befindlichen, Gericht ablegt, BGH VersR **85**, 88, oder daß der Auszubildende den mit der weiteren Bearbeitung betrauten und informierten Mitarbeiter sogleich entsprechend einschaltet, BAG NJW **90**, 2707. Der Anwalt muß sich in einer Eilsache auch sofort vom Auszubildenden über die Durchführung des Auftrags berichten lassen, BGH VersR **85**, 88. Dem als zuverlässig erwiesenen Auszubildenden darf der Anwalt die Einreichung einer Fristensache evtl übertragen, BGH NJW **94**, 2958. Andererseits muß er auch denjenigen besonders überwachen, dem er sofort nach der Beendigung der Ausbildung den Fristenkalender usw anvertraut, BGH VersR **88**, 157. Wenn der Kalenderführer Urlaub hat, darf der Anwalt die Fristüberwachung aber nicht ohne weiteres einem Auszubildenden überlassen, BGH **LM** (Fc) Nr 37. Auffällig viele Fehler sprechen gegen ausreichende Ausbildung, BGH FamRZ **96**, 1469.

S auch Rn 74–76, 142, 146–153.

- **(Bürogemeinschaft):** Der Anwalt muß prüfen, ob ein Kollege, mit dem er eine Bürogemeinschaft **79** betreibt, das Rechtsmittel wie vereinbart eingelegt hat, BGH VersR **76**, 859. Wenn in einem Büro nicht alle Anwälte bei dem zuständigen Gericht zugelassen sind, muß der Zugelassene organisatorisch mehr tun als bloß die „Vorlage wichtiger Akten" zu veranlassen; er muß verhindern, daß ein Nichtzugelassener unterschreibt, BGH VersR **82**, 849.

S auch Rn 74–76, 144, 145.

- **(Bürovorsteher):** Eine Wiedereinsetzung ist möglich, wenn der auf Grund einer notwendigen eingehenden **80** Darlegung des Anwalts, BGH VersR **83**, 757, als zuverlässig anzusehende Bürovorsteher eigenmächtig die vom Anwalt richtig verfügte Fristeintragung ändert, BGH VersR **75**, 1029, oder wenn er die Frist falsch berechnet, BGH VersR **79**, 157, oder falsch notiert, BGH VersR **88**, 1141, oder nicht zu Ende notiert, BGH VersR **85**, 140, oder wenn der Bürovorsteher ein zugestelltes Urteil nicht vorgelegt hat und auf späteres Befragen erklärt, es sei noch nicht eingegangen. Die Wiedereinsetzung kommt ferner dann in Betracht, wenn der Anwalt vor einem Urlaub angeordnet hat, alle Fristsachen beim Bürovorsteher vorzulegen, und wenn er sich auf sein eingearbeitetes Personal verlassen kann, BGH VersR **73**, 665. Ein vermeidbares Mißverständnis zwischen dem Bürovorsteher und dem Anwalt darf nicht für einen Fristablauf ursächlich werden, BGH VersR **78**, 1168. Wechselt der Bürovorsteher, kann genügen, daß der Anwalt den Nachfolger einarbeitet.

Wenn der Anwalt den Bürovorsteher am Tag des Fristablaufs beauftragt, einen beim Berufungsgericht **81** zugelassenen Anwalt *telefonisch* mit der Einlegung der Berufung zu beauftragen, muß der Anwalt auf eine etwaige ungewöhnliche Besonderheit hinweisen, zB auf zwei getrennte, aber im Rubrum, im Urteilsspruch und im Verkündungsdatum gleiche Urteile erster Instanz. Eine vorübergehende Entlastung eines langjährigen, zuverlässigen Bürovorstehers zwingt den Anwalt nicht zu einer erhöhten Verantwortlichkeit, BGH VersR **76**, 343, aM Bre JB **75**, 1601. Der Anwalt darf den Bürovorsteher nur ganz ausnahmsweise damit beauftragen, ein Rechtsmittel telegraphisch einzulegen, aM LAG Hamm DB **74**, 296 (das LAG hält eine solche Anordnung überhaupt niemals für zulässig). Der Anwalt muß zumindest den diktierten Text in die Langschrift übertragen lassen und sie dann selbst überprüfen, BGH **LM** (Fd) Nr 29, BAG DB **74**, 1244.

Der Anwalt darf sich auch nicht damit begnügen, den Beginn und die Dauer einer Notfrist *mündlich* **82** festzustellen und es dem Bürovorsteher zu überlassen, das Fristende genau zu berechnen und im Fristenkalender sowie in den Handakten einzutragen. Von dieser Regel mag dann eine Ausnahme gelten, wenn der Anwalt einem erprobten langjährigen Bürovorsteher die Führung des Fristenkalenders und die Benachrichtigung der Parteien von der Zustellung des Urteils überträgt. Es mag auch bei einer einfachen Sache genügen, daß der Anwalt dem geschulten Bürovorsteher einen Hinweis gibt, etwa darauf, wie eine Wechselsache während der Gerichtsferien zu behandeln sei. Der Anwalt muß die Zuverlässigkeit des Bürovorstehers eingehend darlegen, LAG Köln VersR **94**, 1326. Der Anwalt muß den Bürovorsteher auf einen Fehler in einer ihm überlassenen Fristenüberwachung hinweisen, BGH VersR **81**, 78. Er haftet für klare Nichteinhaltung seiner Weisung, BGH FamRZ **97**, 955.

S auch Rn 146–153, 166, 183–189.

- **(Computer):** Der Anwalt ist durch die Anwendung selbst eines speziellen Computerprogramms nicht **83** von der Pflicht zur Kontrolle der Rechtsmittelfrist entbunden, BGH NJW **95**, 1499.
- **(Einlegung des Rechtsmittels):** Der Anwalt braucht nicht stets von sich aus rückzufragen, ob er ein **84** Rechtsmittel einlegen soll, BGH VersR **92**, 898, und es auch nicht im Zweifel vorsorglich einzulegen, BGH VersR **89**, 1167. Er darf sich nicht mit der Auskunft des Gerichts begnügen, die Rechtsmittelschrift liege noch nicht vor, sondern muß sich über den Eingang und Nichteingang genaue Kenntnis durch Rückfrage verschaffen, BGH VersR **93**, 78. Er muß seine Postulationsfähigkeit vor dem Rechtsmittelgericht prüfen, BGH VersR **93**, 500. Er muß auf die Zuständigkeit des angegangenen Gerichts achten, Karlsr VersR **99**, 343, und auf richtige Adressierung, Rn 21 ff. Irrige Rücknahme hilft bei verspäteter nochmaliger Einlegung nicht, BGH RR **98**, 1446.

S auch Rn 19–26, 54–78, 80–83, 85–111, 114–120, 134–139, 146–162, 182.

- **(Empfangsbekenntnis):** Rn 183 ff.
- **(Fehler):** Rn 114–120.
- **(Feriensache):** Rn 85–92, 112, 113.
- **(Frist):** Es sind drei Hauptgruppen von Aufgaben zu beachten. **85**

  **a) Berechnung; Notierung.** Der Anwalt muß sich davon überzeugen, daß diejenigen Mitarbeiter, die mit der Fristberechnung betraut werden, das Fristwesen voll beherrschen, BGH VersR **86**, 1083. Eine Wiedereinsetzung kommt grundsätzlich in Betracht, wenn ein als zuverlässiger Bürovorsteher eigenmächtig die vom Anwalt richtig verfügte Frist falsch berechnet, BGH VersR **79**, 157, oder falsch vermerkt, BAG NJW **82**, 72, oder entgegen einer Weisung die falsch notierte Frist nicht streicht, BGH VersR **96**, 388, es sei denn, der Anwalt habe die Abweichung vom bei ihm üblichen

Verfahren erkannt, Brdb MDR **97**, 1063. Der Anwalt muß dem Personal die Grundsätze des Ablaufs einer Frist nennen. Er muß verhindern, daß eine Frist nur auf einem losen Zettel vermerkt wird, BGH VersR **78**, 1116, BAG BB **95**, 51. Der Anwalt muß angeben, auf Grund welcher Unterlagen eine Rechtsmittelfrist in den Fristenkalender einzutragen ist. Er muß überhaupt veranlassen, daß alles zur Fristwahrung Notwendige geschieht, BGH NJW **92**, 574, BAG NJW **75**, 232. Diese Pflicht entsteht für den vorinstanzlichen Anwalt auch schon mit einer Zustellung der Entscheidung an ihn, BGH VersR **86**, 1192.

Der Anwalt darf sich nicht stets mit dem *schriftlichen Hinweis* „Fristeintragung, falls noch nicht geschehen" begnügen, BGH VersR **98**, 1570. Er unterläuft seine grds ausreichende allgemeine Berechnungsanweisung (erst Kalender, dann Handakte), BGH FamRZ **96**, 1468, nicht dadurch, daß er im Einzelfall die Frist selbst berechnet, BGH VersR **88**, 78. Er darf nicht die Rechtsmittel- und ihre Begründungsfrist beim Urteilseingang zugleich notieren (lassen), BGH VersR **96**, 1561, zumal der bloße Eingang noch keine Entgegennahme im Sinn von § 212a bedeutet, BGH RR **97**, 55. Ein Anwalt muß eine bei Herausgabe der Rechtsmittelschrift erfolgte vorläufige Fristnotierung überprüfen und evtl korrigieren, BGH RR **98**, 269. Er muß unabhängig von einer Mitteilung des Auftraggebers, Köln FamRZ **99**, 1084, oder des Gerichts vorgehen, BGH VersR **98**, 71, und sie zum Anlaß einer (nochmaligen) Überprüfung schon der Rechtsmittelfrist (und außerdem der Begründungsfrist) nehmen, BGH MDR **97**, 775, BAG DB **95**, 152, VGH Kassel NJW **93**, 749, großzügiger Karlsr VersR **91**, 201. Ein Anwalt, den ein erfahrener, zuständiger Richter fälschlich dahin informiert, die Frist sei abgelaufen, handelt nicht notwendig pflichtwidrig, wenn er Wiedereinsetzung beantragt, KG VersR **81**, 1057.

**86** Der Anwalt muß bei einer Fristberechnung darauf achten, um welche *Urteilsart* es sich handelt, ob zB um ein erstes oder zweites Versäumnisurteil, BGH VersR **87**, 256. Er muß sicherstellen, daß wenigstens das Ende jeder Rechtsmittelfrist eingetragen wird, BGH NJW **92**, 974, und zwar natürlich grds bei jeder einzelnen Frist desselben Auftraggebers gesondert, BGH NJW **92**, 2488 (auch zu einer Ausnahme), daß also nicht bloß eine „Einlassungsfrist", BGH VersR **89**, 104, oder sonstige Vorfrist, BGH NJW **88**, 568, oder bloß eine Wiedervorlage eingetragen wird, BGH VersR **78**, 538, BFH BB **73**, 369, und daß die Eintragung des Fristendes alsbald geschieht, BGH NJW **98**, 970, jedenfalls vor der Unterzeichnung und Rückgabe eines Empfangsbekenntnisses, BGH FamRZ **96**, 1004, BVerwG NJW **95**, 1443.

Er muß nach einer *Aussetzung* die Mitteilung eines neuen Termins zum Anlaß einer neuen Fristprüfung nehmen, BVerfG RR **97**, 188. Er muß zB veranlassen, daß die wirkliche Berufungsbegründungsfrist sogleich nach der Einreichung der Berufung eindeutig notiert wird, Schlesw MDR **95**, 1165, nicht bloß die hypothetische, BGH VersR **77**, 333 und 670, zumal die Begründungsfrist auch ab verspäteter Berufungseinlegung und nicht erst ab Wiedereinsetzung läuft, BGH VersR **87**, 764. Die Eintragung muß unmißverständlich erfolgen, BFH BB **77**, 850. Die Eintragung muß durch einen Erledigungsvermerk in den Akten gekennzeichnet werden, BGH VersR **73**, 716, Nürnb OLGZ **76**, 119. Der Anwalt muß schon bei Rechtsmitteleinlegung eine Vorfrist bzw Wiedervorlagefrist notieren lassen, BGH RR **98**, 269. Sie muß sich von der Eintragung einer gewöhnlichen Wiedervorlagefrist deutlich abheben, BGH NJW **89**, 2393.

**87** Wenn das eingegangene Schriftstück nur einen schwachen Stempelabdruck aufweist, muß der Anwalt evtl wegen des *Zeitpunkts der Zustellung* rückfragen, BGH VersR **85**, 1142. Wenn der Eingangsstempel fehlt, muß er die Frist anhand der Handakte ermitteln und festhalten, BGH VersR **87**, 506. Er muß wissen, daß es auf den Zustellvermerk des Zustellers und nicht auf den Eingangsstempel seiner Kanzlei ankommt, BGH VersR **84**, 762. Der Anwalt muß das Zustellungsdatum des Urteils in einer jeden Zweifel ausschließenden Weise ermitteln und notieren, BGH NJW **96**, 1968.

**88** Der Anwalt darf die Prüfung und die Berechnung einer zur Einlegung des Rechtsmittels erforderlichen Frist auch dann nicht unterlassen, wenn ihm das Gericht insofern eine *formlose Information* gegeben hat, die keine amtliche Belehrung war, BVerwG NJW **97**, 2634, LG Hann NJW **84**, 2837. Freilich darf er darauf vertrauen, daß nach einer Mitteilung des Gerichts, die erste Urteilszustellung sei unwirksam und das Gericht bereite daher eine weitere vor, erst diese weitere die maßgebliche isr, BGH VersR **95**, 680. Er darf die Berechnung und Notierung einer Rechtsmittelfrist nicht einem Auszubildenden im ersten Lehrjahr übertragen, BGH NJW **89**, 1157. Er darf die Prüfung in einer bedeutenden bzw (noch oder schon) schwierigen Sache nicht einem Büroangestellten überlassen, BGH RR **97**, 55, BAG NJW **95**, 3340, BSG NJW **98**, 1886, sondern muß die Frist selbst feststellen, BGH NJW **91**, 2082, insbesondere dann, wenn er der Partei den Tag des Fristablaufs mitteilt, BGH **LM** § 232 aF (Ca) Nr 5.

**89** Das gilt zB bei einem Fristenlauf nach Erlaß einer *einstweiligen Verfügung*, Ffm NJW **79**, 224, bei der Berufung gegen ein Scheck-Vorbehaltsurteil, BGH VersR **87**, 760 (Fehler bei der Eintragung durch gutgeschultes Personal sind aber evtl unschädlich), bei einem Wechsel-Nachverfahren, BGH VersR **85**, 168, oder bei der Aufnahme eines durch den Konkurs des Prozeßgegners unterbrochenen Verfahrens, BGH NJW **90**, 1240. Er muß die richtige Berechnung der Frist zumindest sorgfältig prüfen lassen, BGH VersR **73**, 39 und 421, indem er einen Angestellten über die Fristvorschriften belehrt, BGH VersR **86**, 574, BFH BB **84**, 906. In einer Ehe- oder Familiensache muß der Anwalt grundsätzlich die Weisung geben, ihm einen Eingang sofort zur Prüfung vorzulegen, BGH NJW **80**, 2261.

**90** Es reicht nicht aus, daß der Anwalt den Beginn und die Dauer der Frist *mündlich* bzw durch Tonbanddiktat feststellt, BGH FamRZ **95**, 671, und dem Bürovorsteher, BGH NJW **88**, 2804, oder gar sonstigen Mitarbeitern die Berechnung des Fristendes und dessen Eintragung im Fristenkalender und in den Handakten überläßt, noch gar mittels eines bloßen Klebezettels auf dem Aktendeckel, BGH NJW **99**, 1336. Von dieser Regel gilt nur dann eine Ausnahme, wenn es sich um einen erprobten langjährigen Bürovorsteher handelt oder wenn der Anwalt seinem gutgeschulten und überwachten Büropersonal die Fristberechnung in einer einfachen Sache, die in der Praxis häufig vorkommt, überläßt, BGH VersR **80**, 142, 192 und 826. Bei einem geschulten Bürovorsteher mag auch ein

4. Titel. Folgen der Versäumung. Wiedereinsetzung § 233

besonderer Hinweis genügen. Es kann ein Mitverschulden des Anwalts vorliegen, der ein Fristende auf einen Samstag notieren läßt, BGH VersR **85**, 1149.

Der Anwalt muß wissen, daß eine zur Berichtigung nach § 319 ausreichende *Unrichtigkeit* des Urteils **91** an der Wirksamkeit seiner Zustellung grundsätzlich nicht ändert, § 319 Rn 29, BGH VersR **80**, 744. Er muß zumindest beim auffällig langen Ausbleiben des Urteils vorsorglich die absoluten Ablauffristen nach §§ 515, 552 (5-Monats-Fristen) notieren und überwachen, BGH AnwBl **89**, 100.

Der erstinstanzliche Anwalt darf den Berufungskläger nicht über den Ablauf der *Berufungsfrist* falsch **92** unterrichten. Ein nicht ständig mit Revisionen befaßter Anwalt muß bei der Fristnotierung das Personal auf Besonderheiten der Fristberechnung hinweisen, BFH BB **84**, 906, BVerwG NJW **82**, 2458.

S auch Rn 54–63, 112, 113, 183–189.

**b) Überwachung.** Die Fristenkontrolle gehört zu den ureigenen Aufgaben des Anwalts, BGH NJW **93** **92**, 820, Hamm MDR **99**, 900 (auch beim bloßen „Stempelanwalt"), und zwar bei einer Sozietät des beim zuständigen Gericht Zugelassenen, BGH NJW **97**, 3177, und bei einer überörtlichen Sozietät vor allem derjenige, der die Partei im Prozeß vertritt, BGH NJW **94**, 1878. Das gilt für jede Art von Frist, zB für diejenige nach § 516, BGH NJW **94**, 459. Es kann zur Wiedereinsetzung ausreichen, daß der Anwalt dann, wenn ein Angestellter oder Beauftragter die Frist notiert hat, wegen der Fristüberwachung Stichproben macht, BGH VersR **82**, 68. Der Anwalt braucht nicht die rechtzeitig angeordnete Einreichung der Rechtsmittelschrift ständig zu überwachen, BGH NJW **94**, 2552. Er kann sich grds auf die Richtigkeit einer gerichtlichen Auskunft über den Eingangstag verlassen, BVerfG NJW **95**, 711. Er braucht nicht stets die Empfangsbescheinigung einzusehen, es sei denn, er hätte zwar eine fehlerhafte Anweisung erteilt, Köln FamRZ **92**, 194.

Wenn ein *angestellter Anwalt* als ein bloß unselbständiger Hilfsarbeiter eine Frist versäumt, kann eine Wiedereinsetzung in Betracht kommen, BGH VersR **79**, 232. Das gilt insbesondere dann, wenn der Anwalt dem Mitarbeiter mehrfach konkrete Hinweise auf den Fristablauf gegeben hatte, Hbg MDR **76**, 230, oder wenn der Mitarbeiter die zuständige Gehilfin anweist, die Berufungsbegründung dem anwesenden, allein beim Berufungsgericht zugelassenen Anwalt zur Unterschrift vorzulegen, BGH VersR **74**, 388 und 972. Der Anwalt darf eine einfache Tatsachenfrage, anders als eine Rechtsfrage, durch einen zuverlässigen Mitarbeiter klären lassen, BGH VersR **84**, 83. Eine Übung des Anwalts, über das im allgemeinen gebotene Maß hinaus organisatorische Vorsorge zu treffen, zB durch doppelte Fristkontrollen, führt nicht zu einer Verschärfung seiner Sorgfaltspflichten, BGH MDR **98**, 929.

Der Anwalt muß aber im Rahmen des Üblichen sein Möglichstes tun, durch die Einrichtung, **94** Belehrung und Überwachung des Personals Versehen auszuschließen, BGH VersR **81**, 194. Er muß eine *systematische Ausgangskontrolle schaffen*, BGH NJW **98**, 907, BAG BB **93**, 1296, Kblz MDR **98**, 240. Das gilt insbesondere bei einer EDV-gestützten Fristenkontrolle, LG Bln AnwBl **93**, 585 (Notwendigkeit der Überprüfung durch einen weiteren Mitarbeiter). Die Notwendigkeit einer systematischen Kontrolle gilt auch unabhängig von der Organisation einer rechtzeitigen Aktenvorlage, BGH NJW **91**, 1178. Die Ausgangskontrolle muß am Abend jedes Arbeitstags erfolgen, BGH RR **98**, 1604. Sie ist nicht durch allgemeine Telefax-Vorabübermittlung ersetzbar, BPatG RR **98**, 112.

Diese Notwendigkeit besteht gerade auch dann, wenn es um einen außergewöhnlichen, aber *vorhersehbaren* Fall geht, BGH VersR **87**, 383, oder wenn er den Schriftsatz zB mit Rücksicht auf die Rechtsschutzversicherung noch zurückhalten muß, BGH VersR **82**, 971. Die Fristkontrolle muß unter anderem in der Überprüfung auf die Erledigung fristgebundener Sachen vor dem Ende eines jeden Arbeitstags bestehen, BGH FamRZ **91**, 424. Er muß sich vor allem davon überzeugen, daß ein neuer Angestellter das Fristwesen voll beherrscht, BGH NJW **92**, 3176. Eine Fristüberwachung wird dann, wenn sich diese Überzeugung gebildet hat, nicht verlangt, BGH LM § 232 aF Nr 32. Bei elektronischer Datenverarbeitung muß ein geschulter Mitarbeiter überprüfen, ob ein anderer die Daten richtig eingegeben hat, Mü NJW **90**, 191, LG Lüb AnwBl **86**, 152. Bei ausreichender Ausgangskontrolle ist in der Regel keine zusätzliche Kontrolle des Eingangs bei Gericht nötig, BVerfG NJW **92**, 38 (FGO, großzügig). Auf eine allgemeine Anweisung des Anwalts zur Fristenkontrolle kommt es nicht an, wenn er im Einzelfall durch eine besondere Anordnung eine abweichende Verfahrensweise vorgegeben hat, LG Köln VersR **92**, 517.

Der Anwalt darf die Überwachung einer Notfrist nicht einem *Referendar* überlassen, selbst wenn dieser **95** Mitarbeiter im übrigen gut beurteilt wird, BAG NJW **71**, 2191. Das gilt erst recht dann, wenn der Referendar sein amtlich bestellter Vertreter ist, BGH VersR **76**, 92. Etwas anderes mag anzunehmen sein, wenn der Anwalt unter einem Hinweis auf den Fristablauf dem Referendar die Beauftragung eines bestimmten zweitinstanzlichen Anwalts übertragen hat. Der Anwalt muß zB auch organisatorisch klären, was bei schwerer Lesbarkeit eines Schriftstücks oder Stempels zu tun ist, BGH VersR **85**, 1142. Eine auffällige Häufung von Postverlusten kann Mängel einer Ausgangskontrolle unschädlich machen, BGH VersR **87**, 50. Der Anwalt muß eine Eingangsmitteilung des Rechtsmittelgerichts zum Anlaß einer Fristkontrolle, auch durch sein Personal, nehmen, Ffm MDR **98**, 995, Karlsr MDR **98**, 996.

Für eine Wiedereinsetzung mag es ausreichen, daß der Anwalt den Auftrag zur Einlegung des **96** Rechtsmittels in einem *gewöhnlichen Brief* erteilt, aber Zeit zur Überwachung einer fristgemäßen Erledigung läßt, BGH NJW **75**, 1126. Wenn der Anwalt ein fristwahrendes Schriftstück rechtzeitig unterzeichnet und dafür gesorgt hat, daß sein Personal es postfertig macht, BGH VersR **77**, 331, und wenn er angeordnet hat, daß es zur Post gegeben wird usw, braucht er diese Anordnung nicht persönlich zu überwachen, BGH RR **98**, 1360, BAG FamRZ **76**, 622, und sich auch nicht am nächsten Tag durch eine Nachfrage bei dem Personal oder beim Gericht von der Ausführung zu überzeugen, BGH LM (Fc) Nr 39, BAG BB **73**, 44. Dann ist auch keine genauere Angabe darüber nötig, wann, durch wen das Schriftstück herausgegeben wurde und der Grund der Absendung unterblieb, BGH VersR **74**, 573. Etwas anderes gilt dann, wenn der Anwalt die Akten aus dem normalen Geschäftsgang herausgenommen hatte, ohne daß eine Frist im Kalender vermerkt worden war, BGH LM Nr 78.

**97** Der Anwalt braucht ein gut geschultes und überwachtes Personal bei einfachen Sachen *nicht in jedem Einzelfall zu kontrollieren*, BGH NJW **94**, 2552, BAG BB **76**, 186 (das BAG meint, eine Überwachung im Einzelfall sei auch nicht erforderlich, wenn eine vorübergehende Entlastung eintrete, ähnlich BGH VersR **76**, 343, aM Bre JB **75**, 1601). Das Vergessen einer zur Fristwahrung notwendigen Handlung ist in der Regel schuldhaft, BGH VersR **80**, 942.

**98** Der Anwalt muß aber dem Verdacht eines *Büroversehens* kurz vor dem Fristablauf sogleich nachgehen, BGH VHR **98**, 86 (keine Streichung im Kalender). Es darf auch kein Organisationsmangel vorliegen, BGH NJW **89**, 1157. Der Anwalt muß zB dann, wenn er die Frist an einer ungewöhnlichen Aktenstelle notieren läßt, in besonderer Weise, etwa durch eine Rotmappe oder durch eine andere Kennzeichnung, auf diese Stelle deutlich hinweisen lassen, BGH VersR **82**, 1145. Er muß ferner zB die Grundsätze des Ablaufs der Frist dem Personal genannt haben. Er muß dafür sorgen, daß das Personal den Ablauf der Berufungsfrist in den Handakten und nicht nur auf derjenigen Urteilsausfertigung notiert, die es dem Auftraggeber zusendet, BGH VersR **81**, 39.

Ein *angestellter*, selbständig arbeitender Anwalt (ob er selbständig arbeitet, ist Fallfrage, BGH NJW **74**, 1512) darf die Frist nicht versäumen, BGH NJW **74**, 1512. Der Anwalt muß diesen Mitarbeiter anweisen, welche Handlungen dieser Mitarbeiter vornehmen soll, damit die Fristwahrung sichergestellt ist, BGH VersR **82**, 1145, und darf sich nicht darauf verlassen, daß ein unerfahrener angestellter Anwalt die ihm zur Überprüfung zugeleitete Rechtsmittelbegründung rechtzeitig zur Unterschrift zurückreicht, BGH VersR **95**, 194. Ein Fristenbuchführer muß bei Abwesenheit einen geeigneten Vertreter erhalten, BGH NJW **89**, 1157. Eine Wiedereinsetzung kommt in Betracht, wenn dieser Mitarbeiter besonders mit der Fristüberwachung beauftragt worden war, BGH VersR **74**, 365.

**99** Wenn die *Organisation* des Büros eine Fristverfügung oder -kontrolle des sachbearbeitenden Anwalts zuläßt, muß sichergestellt werden, daß die durch eine solche Tätigkeit bedingte Überschneidung mit dem Überwachungsbereich des verantwortlichen Fristenbuchführers keine Fehlerquelle eröffnet, BGH VersR **81**, 277. Bei einer auffälligen Häufung von Mängeln im Zusammenhang mit der Wahrung von Fristen rechtfertigen sich entweder Bedenken gegen die ordnungsmäßige Ausbildung, Erprobung und Überwachung der Angestellten oder Schlüsse auf die Unvollständigkeit der Organisation, BGH FamRZ **96**, 1469. Der Anwalt muß dafür sorgen, daß sein Briefkasten auch dann täglich geleert wird, wenn der dafür an sich zuständige Mitarbeiter verhindert ist, BGH VersR **78**, 92. Er darf sich nicht darauf beschränken prüfen zu lassen, ob der für die Gerichtspost bestimmte Sammelkorb leer ist, BGH VersR **93**, 378. Er muß sicherstellen, daß die eingehende Post sofort sorgfältig geprüft wird, BGH VersR **81**, 79. Er muß verhindern, daß die Frist nur auf einem losen Zettel vermerkt wird, BGH VersR **78**, 1116. Er darf es nicht zu einem vermeidbaren Mißverständnis zwischen ihm und seinem Büroleiter über einen Fristablauf kommen lassen, BGH VersR **78**, 1168.

**100** Der Anwalt darf eine Frist auch dann nicht vergessen, wenn er, wie in seinem Beruf üblich, *abgelenkt* wird, BGH VersR **75**, 40. Er muß bei einem Zweifel über den Lauf der Berufungsfrist zumindest die Handakten einsehen, BGH VersR **74**, 88 (eine falsche Auskunft geht zu seinen Lasten, soweit man ihm eine Überprüfung zumuten kann, BGH VersR **73**, 351), oder beim Gericht nachfragen bzw dessen Eingangsmitteilung kontrollieren, BGH FamRZ **97**, 415. Er darf sich nicht auf eine vor längerer Zeit abgegebene Erklärung der Partei verlassen, es laufe noch keine Frist. Er muß nach der Absendung einer Zustellungsnachricht vorsorglich beim Auftraggeber rückfragen, ob ein Rechtsmittel einzulegen ist, BGH VersR **86**, 37, und beim Rechtsmittelanwalt rückfragen, ob dieser eingelegt hat, BGH FamRZ **98**, 97. Er muß dann, wenn in seinem Büro verschiedene Fristen verschiedenfarbig notiert werden, im Zweifel die wichtigste Farbe verwenden, vgl BGH VersR **79**, 961.

**101** Er muß anordnen, daß die Berufungsbegründungsfrist schon vor der gerichtlichen Eingangsbestätigung des Rechtsmittels *vorläufig notiert* wird, BGH FamRZ **92**, 1163, Ffm MDR **99**, 448, und daß sie nach dem Eingang dieser Bestätigung erneut überprüft wird, BGH NJW **94**, 458. Sein Sozius darf nicht vergessen, die Frist zu notieren, BGH VersR **74**, 33. Der Anwalt muß dafür Sorge tragen, daß sein Personal kontrolliert, ob eine im Fristkalender eingetragene Notfrist tatsächlich gewahrt wird, BGH RR **98**, 1604. Er darf eine Frist im Kalender erst dann abstreichen lassen, wenn die fristwahrende Maßnahme durchgeführt worden ist, BGH FamRZ **91**, 424, wenn zB das Schriftstück herausgeht, BGH VersR **94**, 956, KG NJW **74**, 1004. Zumindest muß das Schriftstück postfertig sein, BGH RR VersR **94**, 370, BFH BB **84**, 842.

Es reicht auch, wenn sein Telefaxgerät einen *Einzelnachweis* der ordnungsgemäßen Übermittlung ausgedruckt hat, BGH NJW **90**, 187, oder wenn eine Bestätigung des Rechtsmittelanwalts, BGH VersR **76**, 939, bzw des Rechtsmittelgerichts vorliegt, BGH VersR **84**, 166. Er darf eine Vorfrist nicht streichen lassen, ohne daß ihm die Akte vorgelegt wird, BGH AnwBl **91**, 155. Er darf sich insofern nicht auf eine aus dem Gedächtnis gegebene Auskunft selbst eines gewissenhaften Mitarbeiters verlassen, BGH VersR **85**, 146. Allerdings kommt auch bei einem irrigen Abstreichen in Ausnahmefällen eine Wiedereinsetzung in Betracht, BGH VersR **74**, 387.

**102** Der Anwalt muß den *Postabgang* eines Schriftsatzes, der eine Frist wahren soll, so kontrollieren und vermerken, daß der Abgang zweifelsfrei nachweisbar ist, BGH VersR **81**, 282, Kblz MDR **98**, 240. Er muß überhaupt eine zuverlässige Endkontrolle organisieren, BGH VersR **83**, 541. Er darf sich freilich auf die Auskunft eines Postbediensteten über die voraussichtliche Beförderungsdauer selbst kurz vor dem Fristablauf verlassen, BGH RR **90**, 508 (großzügig!). Er muß eine Rechtsmittel- oder Rechtsmittelbegründungsfrist so notieren, daß sie sich von einer gewöhnlichen Wiedervorlagefrist deutlich abhebt, BGH VersR **83**, 778. Er muß eine Vorfrist notieren, BGH VersR **85**, 148. Ist ein vordatierter Rechtsmittelschriftsatz übungswidrig verfrüht zum Gericht gegangen, muß sichergestellt sein, daß auch der deshalb frühere Ablauf der Begründungsfrist erkannt und kontrolliert wird, BGH RR **99**, 716 links.

**103** Wenn der Anwalt die Fristen regelmäßig *selbst* kontrolliert, darf er sich nicht mit einer Überlastung entschuldigen, sondern muß dafür sorgen, daß in einem solchen Fall sein Vertreter die Frist ebenfalls

## 4. Titel. Folgen der Versäumung. Wiedereinsetzung § 233

selbst kontrolliert, BGH VersR **76**, 962. Der Anwalt darf sich nicht auf eine nur aus dem Gedächtnis erteilte Auskunft eines Mitarbeiters verlassen, daß keine Fristsachen vorliegen, BGH **LM** Nr 51. Er muß dann, wenn ihm ein fristerheblicher Schriftsatz, LAG Mainz BB **96**, 1776, oder des Akten vorgelegt werden, selbst feststellen, ob eine Fristsache vorliegt, BGH NJW **98**, 460, und den Fristlauf selbst kontrollieren, Rn 58, 61, BGH NJW **97**, 1311, KG ZMR **94**, 36. Er muß dann zB prüfen, ob im Fall einer Friständerung die neue Frist eingetragen wurde, BGH VersR **80**, 1047. Er muß nach dem Erledigungsvermerk einer wichtigen Frist forschen, BGH VersR **77**, 836. Er muß bei der Übernahme eines Rechtsstreits den Ablauf einer ihm bekannten Notfrist im Fristkalender eintragen lassen, BGH **LM** Nr 35. Der Anwalt muß einen Verkündungstermin richtig vormerken, BGH VersR **76**, 468.

Der Anwalt muß bei einer wichtigen Frist unter Umständen eine *Vorfrist* notieren lassen, BGH **104** BB **94**, 1667 (wegen einer Rechtsmittelbegründungsfrist). Bei Vorlage der Vorfristsache muß er die Frist zwar prüfen, BGH BB **99**, 1575, aber evtl nicht sofort, BGH MDR **99**, 767, muß dann freilich die rechtzeitige Wiedervorlage sicherstellen, BGH VersR **75**, 715, KG MDR **99**, 706 (spätestens am Tag des Fristablaufs). Es kommt darauf an, ob der Anwalt sichergestellt hat, daß die Frist jedenfalls am letzten Tag ihres Laufs noch eingehalten werden kann, besonders in einem Fall des § 222 II, BGH VersR **73**, 747. Der Anwalt darf bei einem Urlaub des Kalenderführers die Fristüberwachung nicht ohne weiteres einem Auszubildenden überlassen, BGH **LM** (Fc) Nr 37. Die Anlage eines Auszugs aus dem Fristenkalender („Termins-Wochenplan") reicht nicht aus, BGH VersR **78**, 942. Der Anwalt muß auch die richtige Ausführung seiner Anweisung, einen bestimmten Anwalt beim Rechtsmittelgericht mit der Einlegung des Rechtsmittels zu beauftragen, selbst überwachen, BGH VersR **79**, 190. Der Anwalt darf die Berufungsfrist nicht schon deshalb verstreichen lassen, weil er die Akten noch nicht in Besitz hat und den Urteilstenor noch nicht kennt, BGH VersR **75**, 950.

Die Fristüberwachung darf *in einfachen Fällen* dem gut geschulten und überwachten *Büropersonal* **105** *überlassen* bleiben, BGH VersR **85**, 269. Der Anwalt muß die Frist nachprüfen, wenn ihm die Akten zur Vorbereitung oder Unterschrift einer fristgebundenen Handlung vorgelegt werden, BGH FamRZ **96**, 1469, oder wenn ihm die Akten zur Bearbeitung einer fristgebundenen Prozeßhandlung vorgelegt werden, BGH FamRZ **94**, 569, oder wenn er zuvor einen Fehler, etwa bei der Adressierung, gemacht hatte, Köln FamRZ **92**, 194. Sobald er ein Abweichen von seiner Aktenvorlageanordnung erkennt, muß er selbst für die Sicherung einer Notfrist sorgen und darf sich nicht mehr mit Einzelweisungen und Rückfragen begnügen, BGH VersR **84**, 286, aM BGH VersR **97**, 598. Der Anwalt muß zumindest dann, wenn er die rheinischen Verhältnisse kennt, in der Karnevalszeit mit Verbindungsschwierigkeiten rechnen, BGH VersR **80**, 928.

Der Anwalt muß trotz der rechtzeitigen *Weitergabe* eines fristbegründenden Beschlusses an den **106** Verkehrsanwalt die Frist überwachen, BGH VersR **75**, 90. Er darf dem Verkehrsanwalt nicht die Fristkontrolle überlassen, BGH VersR **97**, 896, nicht eine erkennbar zweifelhafte Frist falsch mitteilen, BGH VersR **76**, 936. Der Anwalt, der nur mit der Erstattung eines Rechtsgutachtens beauftragt wurde, kann sich allerdings ohne eine Nachprüfung auf die Richtigkeit einer Mitteilung über den Fristablauf verlassen, BGH **LM** Nr 13. Der erstinstanzliche Anwalt muß den Versicherer dann, wenn er dort anfragt, ob ein Rechtsmittel eingelegt werden soll, darüber informieren, daß die Rechtsmittelfrist bereits läuft, BGH VersR **74**, 171.

Der Anwalt, der *anstelle des bisherigen* ProzBev die Vertretung übernimmt, muß den Lauf einer Frist, zB zur Rechtsmittelbegründung, durch eine Rückfrage beim Vorgänger oder beim Gericht genau kontrollieren, BGH VersR **84**, 586. Soweit der Verkehrsanwalt die Fertigung und rechtzeitige Einreichung zB der Rechtsmittelbegründung übernimmt, müssen der jetzige ProzBev, BGH VersR **97**, 508, und natürlich auch der Verkehrsanwalt die Frist überwachen, BGH NJW **90**, 2126. Bei der Übernahme von Akten in eine neue Kanzlei des aus einer Sozietät ausgeschiedenen Anwalts gehört es zu seiner Pflicht, die laufenden Fristen anhand des im bisherigen Büro geführten Kalenders zu überprüfen, BGH VersR **81**, 959.

**c) Verlängerung, Änderung usw.** Auch ein Verlängerungsantrag ist fristwahrend und daher frist- **107** gebunden, BGH MDR **91**, 905. Auch bei einer Erklärung ist eine Ausgangskontrolle nötig, BGH FamRZ **92**, 297, einschließlich (nochmaliger) Adressenkontrolle, BGH RR **99**, 1006 rechts. Die Wiedereinsetzung kommt in Betracht, wenn das Personal des Anwalts eine von ihm verfügte Fristeintragung eigenmächtig ändert, BGH VersR **74**, 700. Eine Wiedereinsetzung kommt ferner in Betracht, wenn der Anwalt von einer Angestellten, die er mit der Führung des Fristkalenders und der Fristüberwachung betraut hat und betrauen durfte, eine versehentlich unrichtige Auskunft über eine Fristverlängerung erhält, BGH NJW **96**, 1682, oder wenn der an sich zuverlässige Bürovorsteher usw die vom Anwalt richtig verfügte Fristeintragung eigenmächtig ändert, BGH VersR **75**, 1029, oder streicht, BGH VersR **75**, 644, oder das Personal den Verlängerungsantrag weisungswidrig statt in die Gerichtspost in die Allgemeinpost gibt, BGH RR **98**, 787.

Wenn der Anwalt am letzten Tag einer Frist telefonisch ihre *Verlängerung* beantragt, darf er sich nicht **108** auf eine Zusage der Geschäftsstelle des Gerichts verlassen, er werde bei einem Auftreten von Hindernissen benachrichtigt werden, BGH **LM** § 232 aF Nr 5, BGH VersR **77**, 373, und muß beim Büroauftrag am letzten Abend prüfen, ob es rechtzeitig gehandelt hat, BGH RR **98**, 932. Er muß überhaupt grds rechtzeitig prüfen, ob er eine (weitere) Verlängerung beantragen muß, BGH VersR **82**, 771, und ob einem (auch ersten) Fristverlängerungsantrag entsprochen wurde, BGH NJW **94**, 56, besonders bei einer nur schlagwortartigen Begründung, LAG Bln DB **90**, 1472, LAG Düss DB **94**, 1528, oder bei einem Büroumzug des Anwalts, BGH VersR **82**, 651. Das gilt grds selbst dann, wenn der Anwalt ein Grundsatzurteil abwarten will, Naumb AnwBl **98**, 351, oder wenn bei diesem Gericht eine allgemeine Übung besteht, einem solchen Antrag stattzugeben, BGH VersR **77**, 1097 (krit Späth VersR **78**, 327; s auch Rn 111). Freilich genügt eine laufend überprüfte Anweisung an das gut geschulte Personal, BGH VersR **86**, 366, zB am Vormittag des Fristablaufs notfalls durch eine Nachfrage beim Gericht eine Klärung herbeizuführen, BGH VersR **74**, 804; vgl dazu aber auch BGH VersR **77**, 373.

**109** Wegen der seit BGH **83**, 217 zugelassenen Möglichkeit, die Begründungsfrist noch nach ihrem Ablauf (auf Grund eines rechtzeitigen, *mit nicht bloß floskelhaften Gründen* versehenen Antrags, LAG Düss VersR **94**, 1209, LAG Köln VersR **94**, 1210) jedenfalls erstmalig zu verlängern, ist jetzt ein *Vertrauen* auf eine solche (erstmalige) Maßnahme *grundsätzlich entschuldigt*. **Wie hier** zB BVerfG NJW **98**, 3703, BGH NJW **99**, 430 links, BAG NJW **86**, 603, BayVerfGH MDR **96**, 1074.

Das gilt insbesondere dann, wenn der Anwalt einen *erheblichen Grund* im Sinn von § 519 II 3 dargelegt hat, BGH NJW **91**, 1359, BayVerfGH MDR **96**, 1074 (großzügig bei Überlastung), abw BGH (5. ZS) RR **98**, 574 (betr bevorstehende Grundsatzentscheidung).

**110** Der Anwalt darf sich aber keineswegs damit begnügen, nach einem Verlängerungsantrag die neue Gehilfin aufzufordern, die (noch nicht einmal) verlängerte Frist auf „einige Tage" vor ihrem vermutlichen Ende *vorzumerken,* BGH VersR **80**, 746, oder sich gar ohne Rückfrage auf eine *dritte* Fristverlängerung zu verlassen, BGH VersR **98**, 737. Er muß den Fristablauf angesichts einer ihm zur Unterzeichnung vorgelegten Verlängerungsantrags eigenverantwortlich überprüfen, BGH FamRZ **97**, 415, und zwar auch dann wenn ihm die Akten nicht mit vorgelegt worden sind, BGH BB **91**, 932. Er muß jedem Zweifel über die Rechtzeitigkeit seines Verlängerungsantrags nachgehen und die fristgebundene Handlung unverzüglich nachholen, BGH VersR **85**, 767, jedenfalls innerhalb der von ihm selbst beantragten Frist (er hat freilich als Mindestfrist diejenige nach § 234 I), BGH NJW **96**, 1350. Er darf eine Verlängerung erst dann eintragen lassen, wenn sie tatsächlich erfolgt ist, BGH VersR **84**, 337.

**111** Die Einreichung eines *Prozeßkostenhilfeantrags* während der Berufungsbegründungsfrist reicht nicht ohne weiteres aus, BGH FamRZ **96**, 1467. Freilich darf man auch insoweit die Anforderungen nicht überspannen; wenn der Anwalt mit einer Verlängerung rechnen kann, braucht er sich nicht mehr unbedingt nach der Gewährung zu erkundigen, BGH VersR **93**, 501. Eine falsche Auskunft des unzuständigen Gerichts, die Verlängerung sei gewährt, sollte den Fehler der Anrufung des unzuständigen Gerichts ausgleichen, BGH MDR **96**, 639, strenger BGH NJW **94**, 2299. Ein nicht mit Gründen versehener Verlängerungsantrag hat aber keine solche Erfolgsaussicht, daß der Anwalt sich nicht weiter um ihn zu kümmern braucht, BGH NJW **92**, 2426, LAG Nürnb DB **94**, 640.

**112** Wenn dem Anwalt die Akten für die Berufungsbegründung im Hinblick auf einen Fristablauf *vorliegen,* wird er nicht dadurch entlastet, daß ihn der Büroangestellte nicht nochmals auf den Fristablauf hingewiesen hatte. Das gilt auch dann, wenn der Anwalt die Akten zur Verlängerung einer Frist vorliegen, BGH VersR **79**, 159. Wenn das Personal die Akten auf Grund einer überholten Vorfristnotierung vorlegt, muß er nicht nur prüfen, ob die Löschung der früheren Frist verfügt wurde, sondern auch, ob die neue Frist eingetragen wurde, BGH VersR **80**, 1047. Der Anwalt darf (jetzt) damit rechnen, daß das Gericht einen vor dem Fristablauf gestellten Antrag auf eine Verlängerung der Rechtsmittelbegründungsfrist auch dann, wenn es erst nach dem Ablauf der bisherigen Frist entscheidet, sachlich prüft und nicht als unzulässig oder verspätet behandelt, BGH VersR **83**, 272 (2 Entscheidungen). Krankheit des Auftraggebers reicht zur dritten Verlängerung kaum aus, wenn der Anwalt gar keine Information mehr braucht, BGH NJW **96**, 3155.

S auch Rn 54–63, 80–83, 112–120, 134–139, 144–162, 164, 170, 172, 173, 183–189.

**113** – **(Gesetzesunkenntnis):** Eine Wiedereinsetzung kann in Betracht kommen, wenn ein Anwalt in einer zwar irrigen, immerhin aber vertretenen oder vertretbaren Rechtsauffassung handelt, BGH NJW **85**, 496, Düss FamRZ **82**, 82, zu streng Hamm FamRZ **97**, 502 (nur bei vertretener; dann wäre man Nachbeten erlaubt). Das kann zB dann der Fall sein, wenn der Leitsatz einer Entscheidung des BGH zu einem Irrtum Anlaß gibt. Eine Wiedereinsetzung kommt ferner zwar nicht schon beim Fehlen einer etwa notwendigen Rechtsmittelbelehrung, BGH BB **91**, 1821, wohl aber dann in Betracht, wenn das Gericht dem Anwalt eine unrichtige Rechtsmittelbelehrung erteilt, BGH NJW **93**, 3206, aM BGH GRUR **96**, 1522, oder ihm eine unrichtige Auskunft über den Zeitpunkt einer von Amts wegen erfolgten Zustellung gibt, BGH **LM** Nr 84, oder eine in Wahrheit schon wirksame Zustellung aus Rechtsirrtum des Vorsitzenden wiederholen läßt, BGH VersR **87**, 258. Dabei genügt eine telefonische Anfrage des Anwalts. Er braucht dazu nicht die Gerichtsakten dazu nicht selbst einzusehen. Eine Wiedereinsetzung kommt ferner dann in Betracht, wenn der Anwalt ein rechtzeitig eingelegtes Rechtsmittel nur auf Grund einer Empfehlung des Rechtsmittelgerichts zurückgenommen hatte, die sich zu spät als rechtlich unhaltbar ergab, BGH NJW **81**, 576.

**114** Eine Wiedereinsetzung kommt *nicht* in Betracht, wenn der Anwalt den Urteilskopf nicht nachprüft und deshalb einen leicht erkennbaren Fehler *übersieht.* Dasselbe gilt dann, wenn der Anwalt aus einer unvollständigen Rechtsmittelbelehrung ungeprüft Schlüsse zieht, die mit grundlegenden Verfahrensregeln unvereinbar sind, BGH FamRZ **73**, 91. Ein Anwalt hat überhaupt wesentliche Fehler in der Rechtsmittelschrift selbst zu verantworten, BGH VersR **73**, 1392. Er darf die Überprüfung nicht einem angestellten Anwalt überlassen, BAG NJW **74**, 2256, und auch nicht dem Büropersonal überlassen, BGH **LM** § 553 Nr 2, vgl allerdings auch BGH **LM** (Fd) Nr 29. Die Wiedereinsetzung ist zu versagen, wenn der Anwalt einen Fehler aus einer grundsätzlich als verschuldet anzunehmenden Gesetzesunkenntnis begangen hat, BGH NJW **92**, 2158 (Abwickler), Hamm FamRZ **97**, 502, Oldb RR **97**, 566.

Die Wiedereinsetzung ist ferner zu versagen, wenn der Anwalt sein Personal *nicht genügend eingewiesen* hat, BGH VersR **81**, 78 mwN. Er muß zB prüfen, ob er sich damit begnügen darf, für eine juristische Person einen Antrag auf die Bewilligung einer Prozeßkostenhilfe einzureichen, wenn das Zahlungsvermögen der am Gegenstand des Rechtsstreits wirtschaftlich Beteiligten erkennbar ist. Der Anwalt muß auch veröffentlichte Änderungen der Zuständigkeit kennen, BGH DRiZ **94**, 427 (neue Bundesländer), BayVerfGH NJW **94**, 1858. Er muß auch auf entlegeneren Gebieten das Gesetz kennen, Zweibr MDR

## 4. Titel. Folgen der Versäumung. Wiedereinsetzung § 233

**88**, 419, LG Hann NJW **84**, 2837, grds krit Schneider MDR **87**, 791, und deshalb zB beachten, daß die Gerichtsferien entfallen sind, Feiber NJW **97**, 161, und daß die in § 227 Rn 2 genannnten Vorschriften zahlreicher Gesetze den § 227 III 1 (Verlegungsanspruch in der Zeit vom 1. 7. bis 31. 8.) als unanwenbar erklären.

Der Anwalt muß, auch unabhängig vom Gericht, Düss NJW **87**, 2524 (zu § 85 II), die äußerste ihm **115** zumutbare Sorgfalt anwenden, Stgt FamRZ **84**, 405 mwN. Er muß eine Mitteilung des Gerichts nachprüfen, LG Hann NJW **84**, 2837. Er muß, manchmal fast strenger als das Gericht, so im problematischen Ergebnis BVerfG NJW **87**, 2499, BGH DRiZ **94**, 427 (neue Bundesländer), die verfügbaren Textsammlungen sorgfältig prüfen, zB den „Schönfelder", Zweibr MDR **88**, 419, ferner *Fachzeitschriften, Lehrbücher und Kommentare*, BGH FER **99**, 282, Düss AnwBl **85**, 39 und 40, OVG Hbg FamRZ **92**, 79 (Ausnahme: Das Schrifttum war eindeutig unrichtig – aber Vorsicht!), ferner Fischer AnwBl **93**, 599, großzügiger BGH VersR **79**, 375, Mü RR **91**, 803, Bischof Rpfleger **88**, 210. Ein Verschulden kann freilich bei Unklarheiten in Literatur und Rechtsprechung fehlen, BFH NJW **96**, 216 rechts.

Diese Prüfungspflicht besteht *unverzüglich* nach der jeweiligen *Veröffentlichung*, BGH NJW **85**, 496. **116** Freilich kann der Anwalt bei rechtlichen Streitfragen zunächst der Rspr der übergeordneten, insbesondere der Obersten Bundesgerichte vertrauen, BVerfG **79**, 377. Er kann auch einer in den gängigen Kommentaren vertretenen Auffassung bis zur Veröffentlichung einer ihre Unrichtigkeit feststellenden Entscheidung, BGH NJW **85**, 496, oder einer diese Unrichtigkeit mit näherer Begründung darlegenden Äußerung grundsätzlich vertrauen, LAG Mü NJW **89**, 1503, erst recht dann, wenn das Gericht sich in einer Mitteilung an ihn ebenfalls rechtlich irrte, BGH AnwBl **89**, 289. Das alles gilt allerdings auch nicht immer, Hamm, zitiert bei Schlee AnwBl **86**, 340, LAG Mü RR **88**, 542; krit Borgmann AnwBl **86**, 501.

Der Anwalt muß zB sogar eine objektiv bekannte *Entscheidungspraxis des angerufenen Gerichts* in seine Vorausschau einbeziehen, soweit sie objektiv den rechtlichen Anforderungen genügt, BVerfG **79**, 376; das gilt auch gegenüber einem erstinstanzlichen Gericht. Er muß ferner evtl sogar beim Fehlen eines Hinweises im *einem* der vorhandenen Kommentare oder Lehrbücher die anderen prüfen, AG Grevenbroich MDR **89**, 459. Er muß Steuerwirkungen mitbeachten, BGH RR **87**, 604.

Er muß zB die *neuere Rechtsprechung* in Wiedereinsetzungssachen prüfen, soweit sie in der amtlichen **117** Sammlung der Entscheidungen des BGH oder in den üblicherweise zur Verfügung stehenden Fachzeitschriften veröffentlicht ist, BAG DB **74**, 2064, Düss FamRZ **78**, 918 und VersR **80**, 360 (diese Entscheidungen sprechen die Pflicht des Anwalts zur Fachlektüre aus). Der Anwalt muß zB wissen, daß in § 317 nF Änderungen gegenüber der früheren Rechtslage bei der Zustellung eines Urteils eingetreten sind, BGH NJW **78**, 1486, Zweibr VersR **78**, 767. Es muß die Wirksamkeit einer Zustellung unabhängig vom Gericht prüfen, BGH VersR **87**, 680.

Der Anwalt muß auch Gesetzesänderungen zum *Kindschaftsprozeß* beachten, BGH VersR **78**, 1169 **118** mwN. Dasselbe gilt für Gesetzesänderungen in einer sonstigen Familiensache, BGH VersR **77**, 835 und 1031, Ffm FamRZ **78**, 798, großzügiger BGH VersR **79**, 395. Wegen des diesbezüglichen Übergangsrechts nach großen Novellen BGH NJW **82**, 225, Ffm FamRZ **83**, 516.

Der Anwalt muß die notwendige Gesetzeskenntnis auch nach einer *Abweisung* aufbringen, Karlsr **119** FamRZ **74**, 263. Er muß zB nach § 229 I BauGB kennen, BGH LM (Fb) Nr 29. Der Anwalt muß auch dann die erforderliche Gesetzeskenntnis haben, wenn er im übrigen stark in Anspruch genommen ist, BGH NJW **71**, 1704. Das gilt sogar dann, wenn der Richter, der die Sache bearbeitet, den Anwalt auf diesen Fehler nicht aufmerksam macht, BGH NJW **72**, 684 (sonst muß der Anwalt erst recht die Gesetzeskenntnis haben, BGH VersR **74**, 33.

Wenn dem Anwalt die Rechtslage *zweifelhaft* zu sein scheint oder vernünftigerweise zweifelhaft sein **120** muß, dann muß er so handeln, daß er die Parteiinteressen auf jeden Fall wahrt, BGH NJW **74**, 1866, Hbg OLGZ **91**, 347, Mü FamRZ **94**, 311. Das gilt auch dann, wenn er zB dem Auftraggeber geschrieben hat, er werde mangels sofortiger Antwort unterstellen, er solle kein Rechtsmittel einlegen, BGH NJW **74**, 2321, oder wenn er trotz der eigenen Ansicht, es sei kein Rechtsmittel zulässig, den Auftraggeber nicht von der Zustellung des Urteils unterrichtet hat, BGH **LM** (Fc) Nr 38. Der Anwalt muß prüfen, ob sein Aktenzeichen auf der Mitteilung einer Behörde, durch die eine Frist in Lauf gesetzt ist, richtig angegeben wurde, BGH **LM** § 43 PatG Nr 6.

S auch Rn 142, 146–153, 182.

– **(Information):** Es sind zwei Arten von Partnern zu unterscheiden. **121**

**a) Auftraggeber.** Eine Wiedereinsetzung kann in Betracht kommen, wenn das grundsätzlich gutgeschulte und überwachte Personal des Anwalts nicht unterrichtet ist. Dasselbe gilt dann, wenn das Personal ein Informationsschreiben des Auftraggebers nicht vorlegt und der Anwalt daher den Fristfehler zu spät entdeckt, BGH VersR **73**, 184; vgl aber auch BGH **LM** (Fd) Nr 20. Der Anwalt muß sein Personal anweisen, dem Auftraggeber eine Nachricht von einer Zustellung zu erteilen, BGH FamRZ **96**, 1467, selbst wenn er Weisung erteilt hat, die Frist zu notieren, BGH VersR **73**, 573. Eine solche Anweisung reicht dann aber auch aus, BGH VersR **76**, 1178. Der Anwalt braucht dann also beim Eingang der Zustellung eine besondere weitere Weisung nicht mehr zu erteilen, BGH **LM** (Fb) Nr 18. Der Anwalt muß den Auftraggeber unverzüglich, spätestens etwa eine Woche vor dem Fristablauf, über eine Urteilszustellung und über deren Zeitpunkt unterrichten, BGH FamRZ **96**, 1467. Dazu kann für den Berufungsanwalt ein einfacher Brief ausreichen, BGH VersR **85**, 90 (großzügig!). Er muß den Auftraggeber auch unverzüglich über das zulässige Rechtsmittel und dessen formelle Erfordernisse unterrichten, und zwar vollständig, BGH FamRZ **96**, 1467.

Wenn ein Anwalt erst *im Laufe des Prozesses* bestellt worden ist, muß er sich auch beim Auftraggeber unverzüglich über den Sachstand informieren, BGH VersR **73**, 437. Er darf sich nicht auf eine vor längerer Zeit abgegebene Erklärung des Auftraggebers, es laufe noch keine Frist, verlassen. Er muß dann, wenn der Rechtsmittelauftrag nicht bestätigt wird, den Sachverhalt durch eine Anfrage aufklären,

## § 233

BGH NJW **74**, 2321, vgl freilich auch BGH VersR **80**, 89. Er darf nicht ohne weiteres darauf vertrauen, das Schweigen des Auftraggebers enthalte einen Verzicht, VGH Kassel NJW **91**, 2099, jedenfalls nicht, wenn der Auftraggeber in einem Parallelverfahren schon hatte Berufung einlegen lassen, BGH VersR **81**, 834.

**122** Der erstinstanzliche Anwalt muß bei einer Anfrage an den *Versicherer* des Auftraggebers dazu, ob er ein Rechtsmittel einlegen soll, den Versicherer darüber informieren, daß die Rechtsmittelfrist bereits läuft, BGH VersR **74**, 171. Wenn der Versicherer auf Grund der Anfrage des Anwalts, ob er gegen das Urteil Berufung einlegen soll, die Schadensakte ohne ein Begleitschreiben an den Anwalt zurücksendet, dann muß der Anwalt durch eine alsbaldige Rückfrage eine Klärung herbeiführen, BGH VersR **81**, 1055. Wenn der Auftraggeber auf eine Anfrage des Anwalts dazu, ob ein Rechtsmittel eingelegt werden soll, nicht sofort antwortet, muß der Anwalt so handeln, daß die Parteiinteressen auf jeden Fall gewahrt werden, selbst wenn der Anwalt gemeint hatte, er werde mangels sofortiger Antwort unterstellen, es solle kein Rechtsmittel eingelegt werden, BGH NJW **74**, 2321. Der Anwalt muß trotz seiner eigenen Ansicht, es sei kein Rechtsmittel zulässig, den Auftraggeber von einer Urteilszustellung unterrichten, BGH **LM** (Fc) Nr 38.

**123** **b) Anderer Anwalt.** Eine Wiedereinsetzung kann in Betracht kommen, wenn das grundsätzlich gut geschulte und überwachte Personal des Anwalts dem Verkehrsanwalt keine Nachricht übersandt hat. Dasselbe gilt dann, wenn ein solches Personal ein Informationsschreiben eines anderen Anwalts nicht vorlegt und der eigene Anwalt daher den Fristfehler zu spät entdeckt, BGH VersR **73**, 184, vgl aber auch BGH **LM** (Fd) Nr 20. Der Anwalt muß dem Personal die Anweisung geben, dem Verkehrsanwalt eine Nachricht von einer Urteilszustellung zu erteilen, selbst wenn das Personal außerdem die Weisung erhalten hat, die Frist zu notieren, BGH VersR **73**, 573. Eine solche Anweisung ist dann aber auch ausreichend, BGH VersR **76**, 1178.

**124** Der Anwalt der *Rechtsmittelinstanz* darf sich nicht auf Angaben des erstinstanzlichen Kollegen verlassen, soweit er solche Angaben anhand der ihm übersandten Unterlagen nachprüfen kann, BGH VersR **94**, 956. Der Berufungsanwalt muß zB das anzufechtende Urteil selbst auf die Richtigkeit der Parteibezeichnung überprüfen, BGH VersR **81**, 956. Der erstinstanzliche Anwalt muß dem Berufungsanwalt das Datum der Zustellung des anzufechtenden Urteils richtig angeben, BGH VersR **80**, 278. Er muß dem Berufungsanwalt auch das richtige Aktenzeichen mitteilen, BGH VersR **81**, 854. Wenn der Auftrag zur Einlegung der Berufung telefonisch erteilt wird, muß der erstinstanzliche Anwalt dafür sorgen, daß der Berufungsanwalt den Auftrag wiederholt, BGH VersR **81**, 959. Der Berufungsanwalt muß auch von sich aus für die Kontrollwiederholung sorgen, BGH VersR **81**, 959. Ein Anwalt, der nur mit der Erstattung eines Rechtsgutachtens beauftragt wurde, kann sich ohne eine Nachprüfung auf die Mitteilung über einen Fristablauf verlassen, BGH **LM** Nr 13.

Der erstinstanzliche Anwalt muß dem Rechtsmittelanwalt die *Urteilszustellung* oder dessen Beiordnung im Verfahren einer Bewilligung von Prozeßkostenhilfe mitteilen, BGH VersR **77**, 153. Der Verkehrsanwalt muß in einem solchen Fall sofort nachfragen, BGH VersR **75**, 90. Der Verkehrsanwalt kann sich darauf verlassen, daß der ProzBev ihm das zugestellte Urteil rechtzeitig übersenden werde, BGH **LM** Nr 20. Der Berufungsanwalt muß die Partei selbst über den Ablauf der Revisionsfrist unterrichten und darf diese Aufgabe nicht dem erstinstanzlichen Anwalt überlassen, der nicht Verkehrsanwalt ist und auch hierfür keinen besonderen Auftrag hat. Der Verkehrsanwalt muß den Auftraggeber unverzüglich vom Eingang des Berufungsurteils und vom Lauf der Revisionsfrist unterrichten, BGH VersR **80**, 169.

S auch Rn 64–76, 79, 131–133, 172, 173.

**125** – **(Kalender):** Eine allgemeine Weisung, eine Frist nach Berechnung erst im Kalender und erst dann in der Handakte zu notieren, reicht grds aus, BGH NJW **98**, 3125. Bei einer Datenspeicherung ist kein zusätzlicher schriftlicher Kalender nötig, BGH NJW **97**, 327, aber sicherzustellen, daß keine geringere Sicherheit als beim herkömmlichen Kalender besteht, BGH NJW **99**, 582, daß zB die Daten richtig gespeichert, BGH NJW **95**, 1756 und jederzeit auf Vollständigkeit und Richtigkeit überprüft sowie Datenverluste durch System- oder Bedienungsfehler ausgeschlossen werden können, Mü NJW **90**, 191, LG Lüb AnwBl **86**, 152, und daß Störungen unverzüglich beseitigt werden, BGH NJW **97**, 327. Zur Fristkontrolle kann ein Computerausdruck ausreichen, BGH VersR **96**, 387, und ist nötig, BGH RR **97**, 698; es reichen nicht lose Zettel aus, auch nicht Empfangsquittungen des Gerichts, BGH BB **91**, 240, sondern ist ein Fristkalender nötig, BGH VersR **85**, 1185. Der Anwalt muß im Kalender den Ablauf der Frist unverzüglich vermerken, BGH NJW **96**, 2514, und von einem geeigneten und laufend überprüften Angestellten überwachen lassen, BGH VersR **81**, 194, und zwar täglich, BGH RR **98**, 1604.

Unter dieser Voraussetzung darf er die Frist *bis zum letzten Tag* ausnutzen, BGH VersR **81**, 194. Er darf auf die Einhaltung einer klaren mündlichen Anweisung, die der Mitarbeiter nach dem Eindruck des Anwalts auch verstanden hat, vertrauen, BGH VersR **83**, 661 und NJW **88**, 1853 mwN. Der Anwalt darf die Akten nicht aus dem normalen Geschäftsgang nehmen, solange nicht eine Frist im Kalender vermerkt worden ist, BGH **LM** Nr 78. Im Rahmen des generell zu fordernden klaren und sachgerechten Organisationsplans, BGH FamRZ **92**, 296 und 297, BVerwG NJW **75**, 228, Nürnb OLGZ **76**, 119, muß auch ein klarer Kalender angelegt und sorgfältig geführt werden. Unter dieser Voraussetzung ist die *Art* der Streichung oder sonstigen Erledigung der Fristkontrolle im Kalender unerheblich, BGH NJW **93**, 3333, und kann eine stichprobenhafte Überwachung ausreichen, BGH VersR **81**, 858. Im letzten Augenblick kann er sich mangels Streichung im Kalender nicht auf mündliche Erklärungen verlassen, BGH VHR **98**, 86.

**126** Wenn der Anwalt verschiedene Fristen *verschiedenfarbig* notieren läßt, muß er im Zweifel die wichtigste Farbe wählen, BGH VersR **79**, 961. Er muß angeben, auf Grund welcher Unterlagen die Rechtsmittelfrist in den Kalender einzutragen ist. Er muß überhaupt sofort veranlassen, daß auch im Kalender alles zur Fristwahrung Notwendige geschieht, BGH NJW **95**, 1682, BAG NJW **75**, 232,

## 4. Titel. Folgen der Versäumung. Wiedereinsetzung § 233

daß zB mehrere Fristen desselben Auftraggebers gesondert vermerkt werden, BGH FamRZ **87**, 1018, und etwa auch unterschiedliche Daten des Posteingangs und des Empfangsbekenntnisses geklärt werden, BGH RR **98**, 1443. Er muß eine Rechtsmittel- oder Rechtsmittelbegründungsfrist so notieren, daß sie sich von einer gewöhnlichen Wiedervorlagefrist deutlich abhebt, BGH NJW **89**, 2393 mwN. Es ist fehlerhaft, das Fristende als auf einen Feiertag fallend zu notieren, BGH VersR **86**, 891. Der Anwalt muß dafür Sorge tragen, daß im Kalender wenigstens das Ende aller Rechtsmittelfristen als solche eingetragen wird, BGH NJW **97**, 3245, BAG NJW **93**, 1350. Es genügt also nicht, daß im Kalender eine bloße Wiedervorlage vermerkt wird, BGH VersR **78**, 538, BAG NJW **93**, 1350, BFH BB **73**, 369. Der Anwalt muß dafür sorgen, daß die richtige Eintragung alsbald erfolgt, BGH VersR **76**, 970, KG VersR **82**, 704, spätestens vor der Rückgabe eines Empfangsbekenntnisses, BGH FamRZ **92**, 1058, aM BGH BB **98**, 1867. Eine mündliche Anweisung zur Übertragung eines Vermerks aus dem Handakten in den Kalender reicht nur aus, wenn der Vermerk unübersehbar ist, BGH VersR **80**, 746.

Der Anwalt muß auch veranlassen, daß die *wirkliche* und nicht bloß die hypothetische Berufungsbe- **127** gründungsfrist sogleich nach der Einreichung der Berufung eingetragen wird, BGH VersR **77**, 333 und 670, und zwar unmißverständlich, BFH BB **77**, 850. Er muß veranlassen, daß nach dem Eingang der Mitteilung des Gerichts über das Eingangsdatum der Berufungsschrift oder eine Fristverlängerung kontrolliert und evtl korrigiert wird, BGH NJW **97**, 1860. Er muß dafür sorgen, daß diese Eintragung im Kalender durch einen Erledigungsvermerk in den Akten gekennzeichnet wird, BGH NJW **94**, 2831 (Aufkleber nach Tonbanddiktat), Nürnb OLGZ **76**, 119. Er darf aber erst nach der Eintragung im Kalender einen Erledivermerk in der Akte dulden, BGH RR **92**, 826. Er muß zusätzlich eine Vorfrist notieren lassen, BGH NJW **94**, 2551 und 2831.

Er muß auch durch einen bewährten *Mitarbeiter* kontrollieren lassen, ob die Notfrist tatsächlich notiert ist, BGH AnwBl **86**, 152. Er muß kontrollieren, ob sie gewahrt ist, BGH VersR **93**, 772, und zwar am Abend jedes Arbeitstags, BGH NJW **96**, 1541. Er darf also eine Streichung im Kalender, auch durch eine „Weißung", BGH VersR **91**, 123, erst dann dulden, wenn die fristwahrende Maßnahme durchgeführt worden ist, BGH RR **97**, 562, wenn zB das Schriftstück herausgeht, BGH NJW **97**, 3446, LAG Hamm MDR **97**, 694, oder zumindest postfertig gemacht worden ist, BGH FamRZ **96**, 1003, BFH BB **84**, 842, LAG Hamm AnwBl **94**, 142, oder wenn eine Bestätigung des Rechtsmittelanwalts, BGH VersR **84**, 167, bzw des Rechtsmittelgerichts, BGH VersR **84**, 166, oder der beim Telefax die Übermittlung bestätigende Ausdruck, BGH VersR **99**, 996, LAG Hamm MDR **97**, 694, oder eine schriftliche Empfangsbestätigung vorliegen, Köln VersR **96**, 1125. Der Anwalt darf eine Fristverlängerung erst nach ihrer tatsächlichen Gewährung eintragen lassen, BGH VersR **84**, 337.

Er muß darauf achten, ob ein Anhaltspunkt dafür besteht, daß seine Angestellte eine *Streichung irrig* vorgenommen hat, BGH VersR **96**, 1298. Allerdings kann eine Wiedereinsetzung ausnahmsweise auch dann in Betracht kommen, wenn das Personal die Frist fälschlich im Kalender gestrichen hat, BGH VersR **74**, 378. Solange keine Streichung erfolgt ist, muß der Anwalt zusätzliche Kontrollen vornehmen oder die fristgebundene Handlung wiederholen, BGH BB **91**, 240.

Wenn der Anwalt das Personal nicht angewiesen hat, ihn auf den Fristablauf hinzuweisen, muß er **128** den Fristablauf auf dem Aktendeckel und *im Kalender vermerken,* BGH VersR **79**, 256. In einem solchen Fall reicht es nicht aus, eine Vorfrist notieren zu lassen, BGH VersR **75**, 1006. Die Führung eines persönlichen Terminbuchs hat eine Pflicht zur persönlichen Fristkontrolle zur Folge, BGH VersR **85**, 992. Wenn der Anwalt ein Rechtsmittel eingelegt hat, braucht er die Handakten nur ausnahmsweise auf die Eintragung der Rechtsmittelbegründungsfrist im Kalender zu überprüfen, wenn ihm die Handakten ohnehin bis zum Fristablauf oder nahe davor vorliegen, BGH VersR **73**, 128 und 186, oder wenn sich die Notwendigkeit einer Fristprüfung sonst aufdrängt, BGH VersR **83**, 924, etwa dann, wenn die Vorlage im Zusammenhang mit einer fristgebundenen Prozeßhandlung erfolgt, BGH VersR **88**, 414.

Wenn der Anwalt *auf der Geschäftsstelle* des Gerichts davon Kenntnis nimmt, daß das Gericht eine Frist verlängert hat, und wenn er auf die Zustellung verzichtet, muß er sofort eine Eintragung im Kalender veranlassen. Wenn er einen Rechtsstreit übernimmt, muß einen ihm bekannten Ablauf der Notfrist rechtzeitig im Kalender eintragen lassen, BGH **LM** Nr 35. Wenn der Kalenderführer Urlaub hat, darf der Anwalt die Fristüberwachung nicht ohne weiteres einem Auszubildenden anvertrauen, BGH **LM** (Fc) Nr 37. Er muß denjenigen, dem er sofort nach der Beendigung der Ausbildung den Kalender usw anvertraut, besonders überwachen, BGH VersR **88**, 157. Die Anlage eines Auszugs aus dem Kalender („Terminswochenplan") reicht nicht aus, BGH VersR **78**, 942. Der Anwalt muß Vorkehrungen gegen eine Löschung solcher Fristen im Kalender treffen, die er selbst zu berechnen hat, BGH NJW **96**, 1350, Rostock BB **96**, 1245.

Bei der Übernahme von Akten in eine *neue Kanzlei* des aus einer Sozietät ausgeschiedenen Anwalts **129** gehört es zu seiner Pflicht, die laufenden Fristen anhand des im bisherigen Büro geführten Kalenders zu überprüfen, BGH VersR **81**, 959.

S auch Rn 80–83, 85–111, 142, 146–153, 164, 181.

– **(Kanzlei und Wohnung):** Wenn der Anwalt in demselben Haus seine Kanzlei unterhält und auch **130** wohnt, muß er sein Personal eindringlich darüber belehren, wie es sich zu verhalten hat, wenn der Postbote für die Kanzlei Zustellungen anliefert. Auch wenn die Kanzlei und die Wohnung nicht in demselben Haus liegen, muß der Anwalt seine Hausbewohner bitten und im erlaubten Umfang anweisen, ihm zugehende Schriftstücke alsbald vorzulegen. Er hat allerdings insofern nach einer solchen generellen Maßnahme keine besondere Überwachungspflicht, BGH **LM** Nr 11. Wegen der Pflichten des Anwalts im Fall einer Niederlegung des Auftrags § 87 Rn 9. Der Anwalt braucht grundsätzlich nicht mit einem Fehlleiten eines Briefes statt in seine Kanzlei in seine Wohnung zu rechnen.

– **(Krankheit):** Der Anwalt muß eine allgemeine Anweisung an das Personal geben, im Fall einer **131** plötzlichen Verhinderung für seine Vertretung zu sorgen, BGH VersR **94**, 1207, Brdb AnwBl **97**, 178,

## § 233

und evtl bei der Landesjustizverwaltung einen Vertreter bestellen zu lassen, § 53 BRAO. Das gilt auch dann, wenn der Anwalt von der Residenzpflicht befreit worden ist, BGH VersR **82**, 802. Im Fall einer periodisch zu erwartenden Krankheit muß der Anwalt diese Maßnahmen selbst vornehmen, BGH NJW **96**, 1541 mwN, kann aber zB als Zuckerkranker entschuldigt sein, BGH VersR **87**, 786 (großzügig). In einer Anwaltsgemeinschaft muß sich der gesunde Anwalt um die Fristen des kranken Sozius kümmern, BFH BB **77**, 1389. Es muß überhaupt, und gerade für einen Krankheitsfall, eine klare Regelung der gegenseitigen Vertretung erfolgen, BGH VersR **93**, 207. Das gilt auch dann, wenn der gesunde Anwalt überlastet ist, BGH VersR **78**, 182. Wenn sich ein Anwalt in einer eigenen Sache, in der er durch einen ProzBev vertreten wird, die Fertigung der Berufsbegründung vorbehalten hat, muß er sich auch um den Fristenablauf kümmern. Er darf die Überwachung der Frist nicht einem anderen Anwalt überlassen, BGH VersR **75**, 1146, auch nicht dem erstinstanzlichen Kollegen, selbst wenn dieser vereinbarungsgemäß die Berufungsbegründung abfassen soll, BGH **LM** § 232 aF Nr 24.

**132** Der kranke Anwalt, der bis auf die Terminswahrnehmungen alles vom Krankenbett aus *selbst erledigt*, muß auch selbst überprüfen, ob eine Mitteilung über einen bevorstehenden Ablauf der Berufsfrist herausgegangen ist, großzügiger BGH VersR **79**, 374. Er muß prüfen (lassen), ob ihm bei einer Fristenkontrolle infolge der Krankheit ein Fehler unterlaufen ist, BGH VersR **84**, 762. Die Frage, ob man die Wiedereinsetzung gewähren kann, wenn der Anwalt wegen einer plötzlichen Verhinderung, etwa infolge des Todes eines Angehörigen, BGH VersR **73**, 278, oder dessen plötzlicher schwerer Erkrankung, BGH VersR **90**, 1026, oder infolge eines schweren Herzanfalls sein Büro erst nach dem allgemeinen Büroschluß wieder aufsuchen kann und daher die an diesem Tag ablaufende Berufungsbegründungsfrist nicht einhalten kann, hängt davon ab, was man dem Anwalt in diesem Zustand noch zumuten kann, BGH VersR **90**, 1026, insbesondere davon, ab wann er wenigstens je einen Vertreter bestellen kann, BGH FamRZ **94**, 1520. Hohes Fieber kann den Anwalt dann entschuldigen, BGH VersR **73**, 317, aM BGH VersR **84**, 762. Unvorhersehbare Minderung der Leistungs- und Konzentrationsfähigkeit mag ausreichen, BGH BB **99**, 928. Wegen der psychischen Verfassung nach einem Selbstmordentschluß BGH VersR **84**, 988.

**133** Die *Nachwirkung* einer schweren Krankheit des Anwalts reicht nicht stets aus, um eine Wiedereinsetzung zu gewähren, BGH VersR **79**, 374. Wenn mehrere Mitarbeiter erkranken oder einer verunfallt, hat der Anwalt eine erhöhte Verantwortlichkeit, BGH VersR **78**, 644 und 942.

S auch Rn 134–139, 172, 173.

**134** – **(Letzter Augenblick):** Der Anwalt muß den Eingang eines Briefs beim Adressaten überwachen, wenn er ihn erst kurz vor dem Fristablauf abgesandt hat, BGH VersR **73**, 573, BAG NJW **75**, 1144, Nürnb NJW **73**, 908. Wenn der Anwalt, auch der ausländische, BGH RR **86**, 288, die Einlegung der Berufung oder der Berufungsbegründung oder des Verlängerungsantrags bis zum letzten Augenblick verzögert, muß er *erhöhte Sorgfalt* aufwenden, BGH NJW **98**, 2677, Ffm RR **98**, 1369, Köln VersR **93**, 1550. Er muß zB beim Gericht rückfragen, wann die Frist zu laufen begonnen hat, BGH VersR **97**, 642. Er muß eine systematische Ausgangskontrolle einrichten, BGH VersR **82**, 300. Dafür reicht die bloße Erwähnung der Sache und ihrer Eilbedürftigkeit selbst gegenüber einer zuverlässigen Mitarbeiterin nicht aus, BGH VersR **82**, 300.

**135** Er muß in solchen Fällen seine Anordnungen selbst *überwachen*, BGH RR **98**, 932, und sich die dafür erforderliche Zeit freihalten sowie Störungen fernhalten, BGH VersR **73**, 185, sofern er überhaupt zur Bearbeitung etwas längere Zeit braucht, BGH VersR **73**, 840. Er hat anderseits das Recht zur vollen Ausnutzung der Frist, BVerfG NJW **91**, 2076, BGH NJW **89**, 2393. Freilich muß er den Fristenkalender von einem geeigneten und laufend überprüften Angestellten überwachen lassen, BGH VersR **81**, 194. Er muß aber die möglichen Postverzögerungen einkalkulieren, Rn 37 „Post: Erklärung der Post", Rn 154–162. Er braucht einen vorhandenen Nachtbriefkasten nicht unbedingt zu benutzen, sondern darf den „normalen" Briefkasten des Gerichts verwenden, wenn das rechtzeitig geschieht, Rn 19–26, aM Ffm VersR **81**, 755. Ein Verkehrsunfall kann ihn entschuldigen, BGH NJW **98**, 2678; auch eine Panne, BGH VersR **88**, 249.

**136** Wenn der Anwalt die *Vorlage* der Akten auf den letzten Tag angeordnet hat oder wenn er den Bürovorsteher erst am letzten Tag damit beauftragt hat, einen beim Berufungsgericht zugelassenen Anwalt telefonisch zu beauftragen, muß er auf ungewöhnliche Besonderheiten des Vorgangs hinweisen und durch besondere Anordnung dafür sorgen, daß die Akte fristgerecht vorgelegt wird, BGH VersR **93**, 1420 (Karmittwoch/Osterdienstag). Im letzten Moment darf der Anwalt die Akten nicht folgenschwer in den Geschäftsgang zurückgeben, BGH RR **99**, 717 rechts. Wenn der Anwalt telefonisch am letzten Tag eine Fristverlängerung beantragt, darf er sich nicht auf eine Zusage der Geschäftsstelle verlassen, er werde beim Auftreten von Hindernissen benachrichtigt werden, BGH VersR **77**, 373, großzügiger BGH VersR **83**, 488. Er muß überhaupt sein Personal auch dann, wenn er es gut geschult hat, laufend darauf überprüfen, ob es am Vormittag des Fristablaufs notfalls beim Gericht eine Nachfrage dazu hält, ob einem Fristverlängerungsantrag entsprochen wird, BGH VersR **74**, 804, aM BGH VersR **77**, 373.

**137** Wenn der Fristablauf *dicht bevorsteht*, reicht es nicht aus, daß der Anwalt eine Anweisung auf ein Tonband diktiert. Denn dem Tonband kann man die Eilbedürftigkeit nicht ansehen. Im übrigen muß der Anwalt prüfen, ob sein Tonbanddiktat auch durchgeführt worden ist, BGH **LM** (Fc) Nr 40, aM BGH VersR **76**, 1131. Wenn der Anwalt das Diktat am letzten Tag der Frist durchführt, muß er dafür sorgen, daß ihm das Schriftstück zur Unterschrift vorgelegt wird, BGH VersR **80**, 765, KG NJW **74**, 1004, großzügiger BGH NJW **89**, 590. Eine allgemeine Zuverlässigkeit der Sekretärin ist bei Maßnahmen im letzten Augenblick nicht als Entschuldigung ausreichend, aM BGH NJW **89**, 590; das gilt zunächst mangels Löschung im Kalender, BGH VHR **98**, 86. Wenn BGH VersR **81**, 64 meint, der Anwalt brauche nicht mit einem Reißen des bereits besprochenen Tonbands in einem Augenblick, in dem keine rechtzeitige Rekonstruktion des Diktats mehr möglich sei, zu rechnen; diese Ansicht berücksichtigt nicht genug die schärferen, vorstehend genannten Anforderungen des BGH. Der Anwalt, der

## 4. Titel. Folgen der Versäumung. Wiedereinsetzung § 233

eine Frist bis in ihre letzten Minuten ausnutzen will, darf sich nicht nur auf seine Uhr verlassen, BGH VersR **85**, 478.

Wenn eine Sache dem Anwalt ganz *kurzfristig vorgelegt* wird und wenn er zB infolge eines Todesfalls **138** oder einer Arbeitshäufung gehindert ist, muß die Wiedereinsetzung an der rechtzeitigen Erledigung gehindert ist, muß die Wiedereinsetzung versagt werden. Denn ein Anwalt muß immer damit rechnen, daß derartige unvorhersehbare Ereignisse eintreten, BGH VersR **83**, 272. Er muß daher auch mit einem Verkehrshindernis rechnen, wenn er erst um 23.45 Uhr aufbricht, aM BGH NJW **89**, 2393. Der Anwalt darf mit der Beförderung auch kurz vor dem Fristablauf eine zuverlässige Angestellte betrauen, wenn sie über den drohenden Fristablauf und die Notwendigkeit der Fristwahrung unterrichtet ist, BGH VersR **85**, 688. Er darf dazu auch einen zuverlässigen sonstigen Boten benutzen, BGH VersR **89**, 166. Er darf aber natürlich nicht vergessen, den Schriftsatz am Abend des Fristablaufs selbst in den Nachtbriefkasten zu werfen, Mü VersR **88**, 1304.

Wenn dem Anwalt die Akten wegen eines *Mandantenbesuchs* kurze Zeit vor dem Fristablauf vorliegen, **139** darf er sich unter Umständen auf sein geschultes Personal und darauf verlassen, daß seine Anordnungen zur rechtzeitigen Wiedervorlage beachtet werden. Er darf sich evtl auch darauf verlassen, daß sein gut geschultes Personal ihn an den Fristablauf erinnern wird.

S auch Rn 77, 78, 80–83, 154–162, 174–179, 181.

– **(Mehrheit von Anwälten):** Auch der Sozius ist grds bevollmächtigt, BGH VersR **86**, 686. Bei **140** mehreren Anwälten muß derjenige aufpassen, der beim zuständigen Gericht zugelassen ist, BGH NJW **97**, 3177, oder der ein Empfangsbekenntnis unterschreibt, BVerwG NJW **80**, 2270. Wenn nicht alle Anwälte bei dem zuständigen Gericht zugelassen sind, muß der Zugelassene organisatorisch nicht bloß die „Vorlage wichtiger Akten" veranlassen, sondern verhindern, daß ein Nichtzugelassener unterschreibt, BGH VersR **82**, 849, Mü MDR **87**, 590. Alle Grundsätze, die ein Rechtsanwalt beachten muß, gelten auch, soweit er sich mit einem Patentanwalt zusammenschließt, BGH NJW **99**, 142.

– **(Mitwirkung des Gerichts):** Eine Wiedereinsetzung kommt in Betracht, wenn das Gericht eine **141** unrichtige Auskunft gegeben hat, BGH FamRZ **89**, 729. Eine Wiedereinsetzung erfolgt nicht schon deshalb, weil das Gericht seine Pflicht zur unverzüglichen Weiterleitung des irrig bei ihm eingegangenen Rechtsmittels an das zuständige Gericht, Rn 19–26, verletzt hat, Kblz FamRZ **88**, 634.

– **(Neuer Mitarbeiter):** Der Anwalt muß sich davon überzeugen, daß ein neuer Mitarbeiter das **142** Fristwesen voll beherrscht, BGH VersR **81**, 853, und notfalls die Frist selbst bestimmen und eintragen oder zumindest überprüfen, BGH VersR **82**, 545. Wenn der Bürovorsteher wechselt, genügt die Einarbeitung des Nachfolgers, wenn dieser alsbald einschlägt. Der Anwalt muß kontrollieren, ob eine bei ihm erst kurzem tätige Sekretärin wirklich so zuverlässig ist, wie sie ihm empfohlen wurde. Deshalb muß er trotz ihrer bisherigen Zuverlässigkeit auch aufhorchen, wenn sie am Tag des Fristablaufs einen Schriftsatz zum Gericht bringen soll und erklärt, ihr Freund werde sie vom Büro abholen, großzügiger BGH VersR **81**, 62.

Er muß auch im übrigen die *Kontrolle einer jungen Angestellten* regelmäßig durchführen, BGH NJW **96**, 319. Er darf bei einer solchen Mitarbeiterin nicht nur unregelmäßig kurze Stichproben machen, BGH VersR **80**, 746. Wenn ein Anwalt einen Kollegen einstellt, der bei dem fraglichen Gericht noch nicht zugelassen ist, muß er auch ein gut geschultes Personal anweisen, Schriftstücke dieses Kollegen vor dem Postabgang nochmals darauf zu überprüfen, ob die Unterschrift richtig geleistet wurde, BGH VersR **77**, 1130, BAG BB **74**, 651.

S auch Rn 74–78, 146–153.

– **(Niederlegung des Mandats):** Der Anwalt muß vor der Niederlegung des Mandats während eines **143** Prozesses selbst den Verfahrensstand anhand seiner Akte prüfen und das Notwendige zur Fristwahrung veranlassen, BGH NJW **98**, 3784 und AnwBl **99**, 55, Ffm VersR **91**, 897.

S auch Rn 183–189.

– **(Organisation):** Der Anwalt muß sein Büro ausreichend organisieren, BGH NJW **97**, 1312. Es muß **144** also ein klarer und sachgerechter Organisationsplan vorliegen, BGH RR **93**, 1214, BFH NJW **77**, 600, BVerwG VersR **75**, 228. Er muß zB die Grundsätze des Ablaufs von Fristen dem Personal nennen, Düss AnwBl **89**, 291. Er muß sicherstellen, daß die Post sofort sorgfältig geprüft wird, BGH VersR **81**, 79, und daß das Personal Anweisungen dazu erhält, wie es sich bei der Entgegennahme wichtiger Anrufe verhalten soll, BGH VersR **81**, 959, oder bei der sonstigen Zuständigkeitsverteilung, BAG DB **95**, 1820. Der Anwalt muß Fehlerquellen bei der Eintragung und Behandlung von Fristen nach Möglichkeit ausschließen, BGH NJW **92**, 974. Er muß zumindest das Ende der Rechtsmittelfrist erst im Kalender und dann in der Handakte notieren lassen, BGH FamRZ **96**, 1468. Es muß gesichert sein, daß der die Frist bearbeitende Mitarbeiter die Fristvorlage rechtzeitig erhält, BGH VersR **85**, 503. Es muß eine wirksame Postausgangskontrolle geben, BGH RR **98**, 1443, der freilich eine Einzelanweisung vorgehen kann, BGH RR **98**, 1444.

Es müssen allgemeine Anweisungen für den Fall der *Verhinderung* des Anwalts, BGH VersR **83**, 272, für den Fall seiner Erkrankung, für den Fall des Urlaubs des an sich zuständigen Mitarbeiters usw, BGH VersR **89**, 166, BVerwG NJW **95**, 1443, KG NJW **95**, 1434, oder für den Fall einer Störung des Faxgeräts, Rn 164 „Telefax", oder für den Fall schwerer Lesbarkeit eines Schriftstücks oder Stempels vorliegen, BGH VersR **85**, 1142. Der Anwalt muß dafür sorgen, daß im Fall der Verhinderung eines Mitarbeiters sein Vertreter pünktlich einspringt, BGH VersR **78**, 92. Er darf den Telefondienst nicht stundenlang einem Lehrling überlassen, BGH VersR **86**, 1024, und muß telefonische Gerichtsanfragen unverzüglich bearbeiten lassen, BGH NJW **98**, 3570.

Zur Organisationspflicht jedes Sozius gehört die Sicherstellung der unverzüglichen Vorlage eines **145** *neuen Auftrags* bei einem Sozius, BGH VersR **82**, 1192. Wenn im Büro mehrere an verschiedenen Gerichten zugelassene Anwälte arbeiten, muß dafür gesorgt werden, daß nicht ein solcher Anwalt unterschreibt, der beim Empfangsgericht nicht zugelassen ist, BGH RR **93**, 893, Brdb FamRZ **97**, 887. Zu den Anforderungen bei der Vereinigung mehrerer Anwaltskanzleien BGH VersR **85**, 1163.

## § 233

Wegen des verwaltungsgerichtlichen Verfahrens (Revisionsbegründung) BVerwG NJW **87**, 458. Bei einer auffälligen Häufung von Mängeln im Zusammenhang mit der Wahrung von Fristen rechtfertigen sich entweder Bedenken gegen die ordnungsmäßige Ausbildung, Erprobung und Überwachung der Angestellten oder Schlüsse auf die Unvollständigkeit der Organisation, BGH VersR **85**, 270. Eine Überspannung der Organisationspflichten ist nicht statthaft, BGH VersR **87**, 410. Es ist nicht notwendig, die im Büro vorbereiteten Quittungen über den Eingang von Fristverlängerungsanträgen außer mit den Parteibezeichnungen mit weiteren Unterscheidungsmerkmalen zu versehen, BGH VersR **88**, 156. Eine auffällige Fehlerhäufung rechtfertigt Bedenken gegen den Organisationsplan, BGH FamRZ **96**, 1469. Ein Organisationsmangel kann unschädlich sein, soweit der Anwalt im Einzelfall ausreichende Weisungen erteilt hat, BAG NJW **90**, 2707.

S auch Rn 54–63, 80–83, 85–113, 125–129, 146–162, 165, 174, 173.

146 – **(Personal):** Es sind zwei Hauptaufgaben zu unterscheiden.

**a) Auswahl.** Die Anforderungen richten sich nach der Art der Tätigkeit und Qualifikation, BGHFamRZ **96**, 1403. Der Anwalt darf die Überwachung einer Notfrist nicht einem Referendar überlassen, selbst wenn dieser gut beurteilt wurde, BAG NJW **71**, 2191. Er darf sich nicht darauf beschränken zu behaupten, sein Personal sei absolut zuverlässig, BGH NJW **79**, 876. Er muß dafür sorgen, daß eine Fristsache nicht von einem unerfahrenen Auszubildenden vorgelegt wird, BGH VersR **78**, 960, und darf einem Auszubildenden im ersten Lehrjahr nicht die Berechnung und Notierung einer Rechtsmittelfrist übertragen, BGH AnwBl **89**, 99. Wenn der Bürovorsteher wechselt, genügt die Einarbeitung eines Nachfolgers, falls dieser rechtzeitig eingearbeitet. Er muß für den Vermerk einer Zustellung in den Akten einen unbedingt zuverlässigen Mitarbeiter auswählen, BGH VersR **77**, 424. Falls der Anwalt Zustellungen nicht aus der ihm vorgelegten Postmappe selbst aussondert, muß er dafür sorgen, daß das sofort durch einen zuverlässigen Mitarbeiter geschieht, BGH VersR **78**, 523. Die allgemeine Belehrung und Anweisung des Personals genügt in diesem Punkt nicht, BGH VersR **74**, 57. Vielmehr muß der Anwalt glaubhaft machen, daß der diesbezügliche Mitarbeiter generell zuverlässig ist, BGH VersR **78**, 182, und daß er in bestimmter Weise überwacht wird, BGH VersR **77**, 933.

147 **b) Überwachung.** Die Anforderungen richten sich nach der Art der Tätigkeit und Qualifikation, BGH FamRZ **96**, 1403. Eine Wiedereinsetzung kommt in Betracht, wenn wahrscheinlich ist, daß die Frist durch ein Versehen des gut überwachten Personals versäumt worden ist, BGH VersR **93**, 1215, und zwar erst recht dann, wenn dieses Personal eine vom Anwalt richtig verfügte Fristeintragung eigenmächtig ändert, BGH VersR **74**, 700, oder wenn dieses Personal die Partei, BGH FamRZ **81**, 34, oder den Verkehrsanwalt nicht unterrichtet oder wenn es einen anderen Schriftsatz als die Berufungsbegründung ansieht oder ein Informationsschreiben dem Anwalt nicht vorlegt und der Anwalt den Fristfehler daher zu spät entdeckt, BGH VersR **73**, 184. Der Anwalt braucht dann auch nicht zu überwachen, ob das Personal die von ihm rechtzeitig angeordnete Einreichung der Rechtsmittelschrift korrekt vorgenommen hat. Er braucht dann auch die gerichtliche Empfangsbescheinigung nicht einzusehen.

Er muß aber durch eine Überwachung und Belehrung des Personals *sein Möglichstes tun,* um Versehen auszuschließen, BGH VersR **77**, 1130. Er muß sich vor allem davon überzeugen, daß ein neuer Angestellter das Fristwesen voll beherrscht (eine Fristüberwachung wird nicht verlangt, BGH **LM** § 232 aF Nr 32). Er muß auch einen in Fristenkontrollen erfahrenen und zuverlässigen Mitarbeiter wenigstens in unregelmäßigen Abständen, einen neuen verstärkt überwachen, BGH VersR **84**, 166. Der Anwalt darf dem Referendar unter einem Hinweis auf den Fristablauf die Beauftragung eines bestimmten zweitinstanzlichen Anwalts übertragen, BGH **LM** § 232 aF Nr 41. Er braucht eine vom angestellten Anwalt entworfene Rechtsmittelschrift nicht auf eine richtige Anschrift des Bekl zu prüfen, BAG NJW **74**, 2256. Ein Anwalt darf nicht ohne weiteres auch dem Personal einer anderen Kanzlei vertrauen, Brdb MDR **99**, 511.

148 Wenn der Anwalt ein fristwahrendes Schriftstück rechtzeitig *unterzeichnet* und dafür sorgt, daß sein Personal das Schriftstück fertig macht, BGH VersR **77**, 331, und wenn er anordnet, daß das Schriftstück zur *Gerichts*post gegeben, BGH RR **98**, 787, oder durch Telefax gesendet wird, BGH NJW **97**, 1930, BAG FamRZ **76**, 622, und sich auch nicht am nächsten Tag durch eine Nachfrage bei dem Personal oder beim Gericht von der Ausführung zu überzeugen, BGH **LM** (Fc) Nr 39, BAG BB **73**, 44. Dann ist auch keine genauere Angabe dazu nötig, wann, durch wen und wie das Schriftstück herausgegeben werden oder warum die Absendung unterbleiben soll, BGH VersR **74**, 573. Etwas anderes gilt dann, wenn der Anwalt die Akten aus dem normalen Geschäftsgang herausgenommen hat, ohne daß eine Frist im Kalender vermerkt wird, BGH **LM** Nr 78. Der Anwalt muß einen Auszubildenden auf die Durchführung des ihm erteilten Auftrags überwachen lassen, z B darauf, ob die Anschrift auf dem Umschlag richtig ist, BAG NJW **73**, 1392. Auch denjenigen, dem er sofort nach dem Ende der Ausbildung im Fristenkalender usw anvertraut, muß er besonders überwachen, BGH VersR **88**, 157.

149 Eine allgemeine Anweisung an eine gut geschulte *Bürokraft,* alle ausgehenden Schriftsätze darauf zu überprüfen, ob sie unterschrieben sind, genügt im allgemeinen, BGH NJW **82**, 2671 (zustm Ostler) mwN. Der Anwalt muß aber eine solche Mitarbeiterin anweisen, einer Partei oder dem Verkehrsanwalt eine Nachricht von der Zustellung zu erteilen, BGH VersR **73**, 573. Eine solche Anweisung ist dann auch ausreichend, BGH VersR **76**, 1178. Wenn dann eine Zustellung eingeht, braucht der Anwalt keine dahingehende besondere Anweisung zu erteilen, BGH **LM** (Fb) Nr 18. Eine Wiedereinsetzung kommt in Betracht, wenn eine Frist in einer einfachen Sache durch ein Versehen des im übrigen gut überwachten Personals versäumt worden ist, BGH FamRZ **89**, 373, Ffm NJW **88**, 2805. Der Anwalt braucht ein solches Personal nicht bei einfachen Sachen in jedem Einzelfall zu kontrollieren, BGH NJW **98**, 3784 (nach Urlaub strengere Prüfungspflicht), BGH VersR **77**, 665 (freilich ist die Ursächlichkeit usw zu klären), BGH VersR **78**, 720, strenger 944 (prüfen, ob ein Regelfall vorliegt).

## 4. Titel. Folgen der Versäumung. Wiedereinsetzung § 233

Eine Wiedereinsetzung kommt in Betracht, wenn infolge einer *unrichtigen Abschrift* aus den Akten, in **150** denen die Urteilszustellung und das Ende der Rechtsmittelfrist richtig vermerkt sind, trotz der Kontrolle durch den Bürovorsteher dem Rechtsmittelanwalt fehlerhafte Angaben übermittelt werden. Dasselbe gilt dann, wenn die Berufungsschrift trotz einer ordnungsgemäßen Überwachung des Personals und entgegen einer ausdrücklichen Anweisung des Anwalts nicht durch die Post, sondern durch einen Boten und daher schneller eingereicht wird und wenn das Gericht das Eingangsdatum vor dem Ablauf der Begründungsfrist nicht mitteilt, KG VersR 73, 666, oder wenn das Personal dem Anwalt die Akten trotz seiner ordnungsgemäßen Anweisung nicht zur ausdrücklich angeordneten Wiedervorlage zwecks abschließender Bearbeitung vorlegt, BGH VersR 79, 228, oder nicht zur Unterschrift der Rechtsmittelschrift vorlegt, BGH VersR 83, 641, oder dem Anwalt die Akten wegnimmt, BGH VersR 77, 36, oder eine falsche Auskunft gibt, BGH VersR 75, 1149, oder zwei Eingangsstempel verwechselt, BGH VersR 74, 295, oder die falsche Parteibezeichnung, BGH VersR 96, 779, oder die fehlende Anschrift nicht korrigiert, BAG BB 83, 65, oder die Adressierung der Rechtsmittelschrift nicht korrigiert, BFH VersR 99, 1171, oder den Anwalt weisungswidrig nicht fragt, ob dieser die Rechtsmittelfrist auch wörtlich wie geplant beim Rechtsmittelgericht eingereicht habe, BGH NJW 89, 1158.

Vor einem *Urlaub* muß der Anwalt zwar die Vorlegung aller Fristsachen mindestens beim Bürovor- **151** steher anordnen, sich aber insofern auf ein etwa eingearbeitetes Personal verlassen, BGH VersR 73, 665. Das gilt aber nicht, wenn er einem Verdacht eines Büroversehens kurz vor dem Fristablauf nicht sogleich nachgeht, BGH VersR 79, 376. Es darf auch kein Organisationsmangel vorliegen, BGH VersR 89, 1316. Der Anwalt muß überhaupt sofort alles genau veranlassen, was zur Fristwahrung notwendig ist, BGH VersR 79, 256, BAG NJW 75, 232, Kblz MDR 98, 240 (Ausgangsfachkontrolle). Bei einer auffälligen Häufung von Mängeln im Zusammenhang mit der Wahrung von Fristen rechtfertigen sich entweder Bedenken gegen die ordnungsmäßige Ausbildung, Erprobung und Überwachung der Angestellten oder Schlüsse auf die Unvollständigkeit der Organisation, BGH VersR 85, 270; das verkennt BGH RR 97, 698 links. Der Anwalt unterläuft seine allgemeine Berechnungsanweisung nicht dadurch, daß er im Einzelfall die Frist selbst berechnet, BGH VersR 88, 78.

Eine Wiedereinsetzung kommt in Betracht, wenn der Anwalt die Berufungsschrift wegen erforderli- **152** cher *Verbesserungen* zunächst ohne seine Unterschrift an das Personal gibt und das geschulte Personal ihm die Berufungsschrift versehentlich nicht zur Unterschrift wieder vorlegt, BGH NJW 82, 2671, BGH 76, 815, strenger BGH NJW 95, 264 (aber das wäre eine Überspannung, Rn 13), oder wenn das sonst zuverlässige Personal den Entwurf der Berufungsbegründung nach der Billigung durch den Auftraggeber weisungswidrig nicht dem Anwalt zur Unterschrift vorlegt, BGH NJW 82, 2671. Der Anwalt muß aber prüfen, ob sein Tonbanddiktat durchgeführt wurde, BGH **LM** (Fc) Nr 40, aM BGH RR 98, 1139. Er muß ferner prüfen, ob eine erst seit kurzem bei ihm tätige Sekretärin wirklich so zuverlässig ist wie empfohlen, BGH **LM** (Fc) Nr 39. Er muß auch ein gut geschultes Personal anweisen, eine Schrift vor dem Postabgang nochmals darauf zu überprüfen, ob er richtig unterschrieben hat, BAG BB 74, 651.

Der Anwalt muß die richtige Ausführung seiner Anweisung, einen *bestimmten Anwalt* beim Rechts- **153** mittelgericht mit der Einlegung eines Rechtsmittels zu beauftragen, selbst überwachen, BGH VersR 79, 190 (BGH VersR 76, 958 erlaubt es dem Anwalt, auf eine zuverlässige Bürokraft zu vertrauen). Der Anwalt muß das Personal über die Bedeutung einer Amtszustellung informieren, BGH VersR 78, 825. Er darf dem gut geschulten Personal die Prüfung überlassen, ob die Rechtsmittelschrift richtig adressiert ist, § 85 Rn 13 „Adresse", ob eine eingereichte Rechtsmittelschrift vollständig und richtig ist, BGH VersR 82, 770, Köln MDR 88, 239, oder ob sie eine ausreichende Begründung enthält, so daß der Vermerk einer Begründungsfrist nicht mehr notwendig wäre, BGH **LM** (Fd) Nr 20. Er muß das Personal auf die rechtliche Bedeutungslosigkeit einer „vorläufigen" Rechtsmittelbegründung hinweisen, BGH VersR 73, 276. Der Anwalt muß auch dafür sorgen, daß sein Personal in Gesetzesänderungen usw eingewiesen wird, BGH VersR 78, 627.

S auch Rn 54–63, 74–78, 80–83, 112, 113, 125–129, 134–139, 142, 144, 145, 172, 173.

– **(Post):** S zunächst neben den vorliegenden Unterstichwort (zum Hauptstichwort „Rechtsanwalt") das **154** obige Hauptstichwort Rn 36–40. Ergänzend ist folgendes zu beachten: Eine Wiedereinsetzung kommt dann in Betracht, wenn in Zeiten eines grundsätzlich störungsfreien Postverkehrs ein Auftrag mit einem Eilbrief vier Tage vor dem Fristablauf erteilt wurde. Im Nahverkehr genügt sogar die Aufgabe zur Post am Tag vor dem Fristablauf, BGH VersR 76, 98. Freilich gilt das nicht mehr, sobald die Deutsche Post AG aus der Regel „E + 1" (Zustellung am Tag nach Einlieferung) die angekündigte Regel und Praxis „E + 2 oder 3" gemacht hat, zB wegen des Wegfalls einer Spätleerung, oder wenn sie an demselben Ort 3, 4 oder mehr Werktage braucht, oder zu Weihnachten, BGH VersR 75, 811 (24.–27. 12.). Erst recht genügt die Aufgabe zur Post zwei Werktage vor dem Fristablauf, BGH VersR 84, 871 (Fernverkehr), AG Mü AnwBl 83, 29 (Ortsverkehr; vgl aber auch insofern das soeben zur Regel „E + 2 oder 3" Gesagte). Bei einer Aufgabe am Donnerstag braucht noch nicht, bei einer solchen erst am Freitag kann ungewiß sein, ob am Montag zugestellt wird, es sei denn, man wählt die Eilzustellung, BGH NJW 90, 188, Köln NJW 93, 1550. In den neuen Bundesländern sind evtl längere Laufzeiten zu berücksichtigen, BezG Potsdam DtZ 93, 87.

Der Anwalt darf sich bei einem baldigen Fristenablauf grundsätzlich auf eine erfahrensgemäß *pünktliche Beförderung* durch die Post verlassen (wie lange noch? Kritik mehrt sich, Rn 36–40), BVerfG NJW 94, 244, BGH NJW 99, 2118, BAG NJW 73, 918 (mit Spielraum eingeworfen). Freilich muß der Anwalt beim Zweifel über die ordnungsgemäße Postbeförderung die Rechtzeitigkeit des Eingangs eines fristgebundenen Schriftsatzes durch eine Nachfrage überprüfen, BGH NJW 93, 1332 und 1333, Köln VersR 93, 1550. Auch kann bei der Befürchtung einer Verzögerung im Postlauf eine Vorabinformation und deren rechtzeitiger Zugang sicherzustellen sein, BGH VersR 94, 497. Wenn der Anwalt ein für das OLG bestimmtes Postfach benutzt, reicht ein Einwurf jedenfalls 3 Tage vor dem Fristablauf aus, BGH **LM** § 322 Nr 13. Wegen der notwendigen Einzelheiten bei der Organisation im Zusam-

§ 233                                                                                              1. Buch. 3. Abschnitt. Verfahren

menhang mit der Abholung von Anwaltspost beim Postfach VGH Kassel MDR 93, 386. Beim Poststreik gelten erhöhte Anforderungen, Rn 164 „Telefax", BGH NJW 93, 1333, aber nicht mehr nach 7 Tagen seit dem Streikende, BVerfG NJW 94, 244.

**155** Der Anwalt braucht grundsätzlich den Eingang *nicht zu überwachen,* BGH VersR 78, 1162, BAG NJW 73, 918, aM BGH **LM** Nr 54. Beim Telefax, Rn 164, muß er sich aber vergewissern, ob das Schriftstück vollständig beim Empfänger eingegangen ist; der sog Übertragungsbericht reicht nicht aus, Köln NJW 89, 594. Freilich kann eine unrichtige Auskunft der Telefonvermittlung des Empfangsgerichts über die Nummer des Empfangsgeräts eine Wiedereinsetzung rechtfertigen, BGH NJW 89, 589. Er muß aber sicherstellen, daß die eingehende Post sofort sorgfältig geprüft wird, BGH VersR 81, 79. Er muß auch zB prüfen, ob eine erst kurz vor dem Fristablauf abgesandte Sendung noch rechtzeitig eingegangen ist, BGH VersR 73, 573, BAG NJW 75, 1144, Nürnb NJW 73, 908. Das gilt insbesondere dann, wenn ein Brief im Ausland, BGH RR 86, 288, und gar in Übersee aufgegeben wurde, zB am Gründonnerstag, BGH VersR 74, 999, oder dann, wenn der Anwalt befürchtet, daß die Sendung den Adressaten nicht erreicht haben könnte, daß etwas nicht in Ordnung sei, oder wenn er weiß, daß die Partei ein Rechtsmittel einlegen wollte, wenn sie aber auf die Übersendung des Urteils nicht antwortet.

**156** Wenn eine Zustellung nach § 221 II auch gegenüber der *eigenen Partei* wirkt, muß der Anwalt wenigstens eine Kontrolle des Fristbeginns vornehmen, BGH **LM** (Fb) Nr 28. Der Anwalt muß grundsätzlich darauf achten, daß eine ihm zur Unterschrift vorgelegte Rechtsmittelschrift das angefochtene Urteil und dessen Gericht angibt, BGH FamRZ 88, 831, daß der Rechtsmittelauftrag an den richtigen Rechtsmittelanwalt, BGH VersR 96, 1039, und das Rechtsmittel auch an das zuständige Gericht adressiert ist, BGH NJW 90, 2822. Er darf auch nicht die LGe München I und II verwechseln, BGH RR 87, 319, ebensowenig das BayObLG und das LG München I, BGH RR 88, 894 (auch nicht beim Fernschreiben). Er darf aber das Personal anweisen, alle für das OLG München einschließlich seiner auswärtigen Senate bestimmte Post bei der allgemeinen Einlaufstelle der Justizbehörden in München einzureichen, BGH VersR 87, 410. BGH MDR 89, 55 läßt die großzügig die Verwechslung der Fristenkästen von OLG und Generalstaatsanwaltschaft durch eine zuverlässige Angestellte unschädlich sein.

**157** Bei einer beim *KG* einzulegenden Berufung reicht der Eingang einer an das LG Berlin adressierten Schrift bei der gemeinsamen Briefannahme der Justizbehörden Charlottenburg nicht, BGH VersR 87, 486 (Weiterleitbarkeit hilft nicht); eine falsche Adressierung kann bei gemeinsamer Briefannahme allenfalls dann unschädlich sein, wenn die Schrift das richtige Aktenzeichen angibt, BGH NJW 89, 590 (großzügig!). Er darf die Korrektur einer zuverlässigen Sekretärin überlassen, BGH VersR 83, 838. Er kann sich nicht damit entlasten, das Personal des unzuständigen Gerichts habe die Sendung nicht unverzüglich weitergeleitet, BGH VersR 81, 1126.

**158** Die *Bezeichnung des Gerichts,* des Gerichtsortes und der Postleitzahl muß im allgemeinen genügen, wenn das Schriftstück sehr frühzeitig abgesandt worden war (das Fehlen der Straßenangabe und Hausnummer ist dann unschädlich), BGH 51, 1, BAG NJW 72, 735. *Wenn* der Anwalt aber Straße, Hausnummer und Postleitzahl angibt, müssen sie stimmen, BGH VersR 94, 75. Beim Fensterumschlag braucht der Anwalt das sonst zuverlässige Personal nicht auf die Einhaltung der richtigen Anschrift des sonst richtig bezeichneten Gerichts zu überprüfen, BGH BB 90, 1230. Der Anwalt darf sich auch auf die amtlichen Brieflaufzeiten verlassen, BVerfG 41, 25. Durch diese Entscheidung ist die frühere abweichende Rechtsprechung überholt. Eine Wiedereinsetzung kommt in Betracht, wenn der Anwalt ein fristwahrendes Schriftstück rechtzeitig unterzeichnet und dafür sorgt, daß es vom Büro postfertig gemacht wird, BGH VersR 77, 331, und auch angeordnet hat, daß es zur Post gegeben wird.

**159** Die Wiedereinsetzung kommt ferner dann in Betracht, wenn ein Schriftsatz *verloren gegangen* ist. Dabei braucht der Anwalt die Art des Verlusts nicht darzutun. Dies setzt voraus, daß der Verlust nicht in dem der Verantwortung des Anwalts unterstehenden Bereich eingetreten ist. Das leztere ist glaubhaft zu machen. Der Anwalt muß zB eine Urteilskopie nebst Hinweis auf die Rechtsmittelmöglichkeit durch Einschreiben übersenden, BGH NJW 90, 189. Trotz einer Erinnerungslücke des Anwalts kann ein solcher Umstand aber glaubhaft sein, BGH VersR 73, 81. Wenn der Bürovorsteher eine Postvollmacht hat und wenn der Anwalt ihm eine allgemeine Anweisung über die Behandlung einer eingehenden Einschreibsendung erteilt hat, dann reicht diese Maßnahme aus, solange nicht ein besonders starker Eingang solcher Sendungen eine besondere Anordnung über die Vorlage erforderlich macht.

**160** Der Anwalt muß einen Posteingang darauf prüfen oder überprüfen lassen, ob darunter ein *Sofortauftrag* ist oder ob er sonst sofort etwas veranlassen muß, BGH VersR 85, 69. Die Anordnung der Vorsortierung usw reicht nicht aus, BGH **LM** (Fd) Nr 27. Der Anwalt darf nicht die selbst übernommene Abgabe bzw Beförderung eines eiligen Schriftstücks vergessen, BGH VersR 77, 82. Er muß bei einer Verzögerung des Rechtsmittels oder seiner Begründung bis zum letzten Augenblick erhöhte Sorgfalt aufwenden, BGH VersR 78, 943 und 1169. Er muß berücksichtigen, daß selbst ein Eilbrief zB vor Weihnachten verzögert werden kann, BGH VersR 74, 999. Der Anwalt muß zumindest dann, wenn er die rheinischen Verhältnisse kennt, in der Karnevalszeit mit Verbindungsschwierigkeiten rechnen, BGH VersR 80, 928.

Der Anwalt muß bei einem Fristablauf am Montag 24 Uhr und bei einem Einwurf am Abend des vorletzten Tags der Frist (Sonntag) vor der letzten Leerung auf eine von der Post neben dem Briefkasten angebrachte *Zusammenstellung der Brieflaufzeiten* achten, nach der bei einem werktags erfolgenden Einwurf eine Zustellung am nächsten Tag gewährleistet sei, BGH VersR 82, 296. Er muß auch mit Schwierigkeiten rechnen, wenn die Rechtsmittelbegründung am letzten Tag der Frist abends fernschriftlich abgeht, BGH 65, 12. Freilich ist ein Eingang bis 24 Uhr ausreichend, s „Gericht". Wählt der Anwalt aber eine Rechtsmitteleinlegung durch Einschreiben mit Rückschein, dann muß er damit rechnen, daß nach dem Dienstschluß im Gericht niemand den Rückschein noch unterschreiben kann, LG Dortm NJW 83, 2334.

## 4. Titel. Folgen der Versäumung. Wiedereinsetzung § 233

Der Anwalt muß den *Postabgang* eines Schriftsatzes, der eine Frist wahren soll, so kontrollieren, zB **161** BGH VersR **83**, 401, und vermerken, daß der Abgang zweifelsfrei nachweisbar ist, BGH NJW **83**, 884, OVG Bre VersR **84**, 1104. In einer großen Anwaltspraxis genügt eine besondere Poststelle, die die fertiggemachten Sendungen entgegennimmt, frankiert und expediert. Ein Postausgangsbuch ist dann nicht erforderlich, BGH VersR **80**, 973. Freilich genügt die allgemeine Beteuerung der mit dem Postausgang betrauten Mitarbeiterin, sie habe auch diesen Brief zur Post gebracht, OVG Bre VersR **84**, 1104. Eine Ausgangskontrolle kann dezentral erfolgen, BGH NJW **94**, 3235. Zur Ausgangskontrolle genügt es nicht, allgemein zu prüfen, ob der Postausgangskorb abends leer ist, BGH VersR **93**, 207. Der Anwalt darf sich darauf verlassen, daß sein Personal grds die Post ordnungsgemäß einwirft, BGH BB **92**, 1752, und seine ausdrückliche Frage, ob der ihm vom Personal zur Beförderung übergebene Sammelumschlag die gesamte Gerichtspost enthalte, richtig beantwortet, BGH VersR **85**, 246. Er muß bei einem Zweifel prüfen, ob im Fall einer gemeinsamen Annahmestelle die Schrift auch beim richtigen Gericht einging, BGH VersR **85**, 1164. Bei einem Telebrief (Telefax) kann eine Wiedereinsetzung in Betracht kommen, wenn die unrichtige Nummer des Empfängsgeräts auf einer Falschauskunft der Telefonvermittlung des Empfangsgerichts beruhte, BGH NJW **89**, 589.

Der Anwalt muß eine fristschaffende Zustellung aus der ihm vorgelegten *Postmappe* aussondern oder **162** dafür Sorge tragen, daß das sofort durch einen zuverlässigen Mitarbeiter geschieht, BGH VersR **78**, 523. Er muß eine wirksame Postausgangskontrolle schaffen, BGH VersR **86**, 365. Es reicht grundsätzlich aus, daß der Anwalt das Schriftstück rechtzeitig unterzeichnet und sein Personal anweist, das Schriftstück postfertig zu machen und eilbedürftige Post getrennt aufzubewahren, BGH FamRZ **95**, 670. Er muß aber auch ein gut geschultes Personal anweisen, vor dem Postabgang nochmals zu überprüfen, ob er richtig unterschrieben hat, BAG BB **74**, 651. Freilich darf er die Korrektur einer als zuverlässig bekannten Sekretärin überlassen, BGH NJW **82**, 2671 (zustm Ostler). Er darf nicht den Fall eintreten lassen, daß das Personal entgegen seiner Anweisung zu einer Wiedervorlage eine fristgebundene Schrift unrichtig herausgreift, zB wenn ein Vermerk im Postausgangsbuch vorliegt, obwohl sich das Originalschreiben noch in der Unterschriftsmappe befindet. Es muß in einer Sozietät von unterschiedlich Zugelassenen dafür gesorgt sein, daß ein beim Empfangsgericht zugelassener Anwalt unterschreibt, BGH VersR **86**, 1212. Der Anwalt darf die Kontrolle auch nicht darauf beschränken lassen, einen verschlossenen Umschlag zu „kontrollieren". Der Anwalt muß sich vergewissern, daß ein privater Botendienst funktioniert, OVG Münst NJW **94**, 402.

S auch Rn 64–73, 84–113, 125–129, 134–139, 163, 164, 179.
- **(Prozeßkostenhilfe):** § 234 Rn 10–16.
- **(Rechtsirrtum):** Rn 114–120.
- **(Schließfach):** Eine Wiedereinsetzung kommt in Betracht, wenn der Anwalt ein für das OLG **163** bestimmtes Postfach drei Tage vor dem Fristablauf benutzt, BGH **LM** § 322 Nr 13, auch wenn dieses Schließfach beim LG (für das OLG) besteht, BGH VersR **83**, 1162. Eine Wiedereinsetzung ist ferner möglich, wenn der Anwalt das richtige Schließfach unter sehr vielen verwechselt, BGH VersR **73**, 129. S auch Rn 154–162.
- **(Sozietät):** Rn 140.
- **(Streithelfer):** Rn 188.
- **(Telefax),** dazu *Henneke* NJW **98**, 2194 (Üb): Die Übermittlung eines fristwahrenden Schriftsatzes **164** durch Telefax ist in allen Gerichtszweigen uneingeschränkt zulässig, BGH RR **97**, 250. Der Anwalt muß die Kopiervorlage unterschreiben, BGH FamRZ **98**, 425. Er kann die Feststellung der richtigen Telefax-Nr des Empfangsgerichts grds dem zuverlässigen, angewiesenen Personal überlassen, BGH RR **98**, 1361 rechts, und der Telefax-Nr im Ortsverzeichnis des Deutschen Anwaltsverlags vertrauen, BGH VersR **97**, 853, nicht aber einer nur Auskunft der TELEKOM, LG Hbg NJW **97**, 2188. Er muß aber wegen etwaiger Störungen organisatorisch vorsorgen, BGH RR **98**, 1361 links, etwa die richtige Anschluß-Nr stets abschließend kontrollieren lassen, BGH NJW **97**, 948, BAG NJW **95**, 2742, und bei auffälligen Unstimmigkeiten zusätzlich überprüfen, BGH NJW **97**, 583, Brdb MDR **99**, 511 (Mitteilung des Empfangsgerichts über unvollständigen Eingang), Nürnb MDR **98**, 743, und Änderungen zuverlässig organisatorisch umsetzen, LAG Mainz BB **96**, 1776. Der Eingang liegt erst beim Ausdruck vor, BGH NJW **94**, 2097 (er läßt, problematisch wegen der Unterschrift, einen Teilausdruck bis zum Fristablauf für *diesen* Teil zu), BGH MDR **96**, 99.

Der Anwalt muß, insbesondere im letzten Moment, das Telefaxsystem *nutzen,* BVerfG NJW **95**, 1210, LSG Mainz RR **93**, 1216, und das Fortbestehen des von ihm gewählten Anschlusses prüfen, LG Ffm NJW **92**, 3043, und die Möglichkeit einer Störung der Eingabe und Sendung, BGH NJW **96**, 2513 (Abweichung bei den Seitenzahlen), BayObLG NJW **95**, 668 (Fehlen der letzten Seiten nebst der Unterschrift), Karlsr FamRZ **98**, 434 (Stapelzuführung), Naumbg NJW **95**, 2544, oder der Übertragung, LG Kassel VersR **92**, 765, sowohl mit dem eigenen Gerät, BGH RR **96**, 1275, BSG BB **93**, 1812, als auch insbesondere des Geräts des Empfängers bedenken, denn auch sie kann erfahrungsgemäß leider durchaus eintreten, BGH NJW **93**, 1655, Mü NJW **91**, 303, LSG Mainz RR **93**, 1216, aM BGH (12. ZS) RR **97**, 250, BayObLG FamRZ **98**, 634, OVG Bautzen NJW **96**, 2251.

Ist das *Empfängergerät* wenige Stunden vor dem Fristablauf *gestört,* so muß der Anwalt alle möglichen und zumutbaren anderen Möglichkeiten ergreifen, BGH RR **96**, 1275, zB ein anderes geeignetes Empfangsgerät anwählen oder ein Telegramm senden usw, BGH NJW **97**, 1312, LAG Bln MDR **95**, 524. Freilich hat der Absender einen Fehler beim Empfangsgericht grds nicht zu vertreten, BVerfG NJW **96**, 1821 (keine Überspannung), BGH BB **94**, 1457 (Papierstau) und RR **95**, 443 (Fehlleitung im Empfangsgebäude). Der Anwalt darf den technisch einfachen Absendevorgang innerhalb der gebotenen organisatorischen Vorkehrungen, Rn 144 ff, einer hinreichend geschulten und überwachten Bürokraft übertragen, BGH FamRZ **94**, 1135, KG MDR **98**, 1188. Eine fehlerhafte Betätigung der Adresstaste kann dann unschädlich sein, Mü RR **94**, 1201. Scheitert der Telefaxweg, muß der Anwalt

§ 233 1. Buch. 3. Abschnitt. Verfahren

im Rahmen des Zumutbaren versichern, den Normalweg einzuhalten, BAG NJW **95**, 743. Der Anwalt darf nicht die Absendung vier Tage hinauszögern lassen, BGH NJW **99**, 429.

Wird die *Übertragung unterbrochen*, so muß sich eine Endkontrolle darauf ersrecken, ob der Schriftsatz insgesamt übertragen worden ist, Brdb MDR **98**, 932, LG Würzb RR **92**, 702. Der Anwalt muß sicherstellen, daß die Frist im Kalender erst nach dem Vorliegen des die Übermittlung des fristwahrenden Schriftsatzes bestätigenden Ausdrucks bzw Sendeberichts gelöscht wird, BGH VersR **99**, 996, Brdb MDR **99**, 511, LG Dortm NJW **96**, 1832. Allgemeine Vorab-Telefaxübermittlung reicht nicht, BPatG RR **98**, 112. Während eines Poststreiks muß der Anwalt die etwa verbleibende Möglichkeit des Telefax nutzen, LAG Düss BB **92**, 1796, LAG Stgt DB **92**, 1588. Er braucht allerdings nicht damit zu rechnen, daß nur die Speicherung, nicht aber der Ausdruck im Empfangsgerät rechtzeitig funktionieren, VGH Mannh NJW **94**, 538. Hat das Gericht auf die Aufhebung einer gemeinsamen Fernkopierstelle hingewiesen, dann muß der Anwalt jedenfalls Monate später dafür sorgen, daß seine Kanzlei den neuen Telefaxanschluß erfragt, BGH NJW **95**, 2106.

Nach *rechtzeitiger* schriftlicher *Absendung* kann das Fehlen einer Unterschrift unter einer sicherheitshalber zusätzlich übermittelten Telefax-Kopie unschädlich sein, BGH RR **92**, 1020, aM Mü NJW **92**, 3042, LAG Bre AnwBl **93**, 586. Neben einem Sendeprotokoll bzw Sendeprotokoll des absendenden Geräts, BGH VersR **95**, 933, Ffm FamRZ **97**, 1407, VGH Kassel MDR **93**, 386, kann auch eine schriftliche Einzugsbestätigung, Köln VersR **96**, 1125, oder eine eidesstattliche Versicherung der mit der Übermittlung betrauten Bürokraft ausreichen, sie habe sich von der Funktion und dem richtigen Empfänger überzeugt, BGH VersR **94**, 578. Die bloße Sendebericht mit Empfangsnummer reicht nicht, Köln NJW **95**, 1228. Zur begrenzten Aussagekraft eines „OK"-Vermerks im Sendebericht BGH NJW **95**, 667. Zur Problematik allgemein Borgmann AnwBl **89**, 666 (Üb).

– **(Tod):** Ob eine Wiedereinsetzung gewährt werden kann, wenn ein Anwalt infolge des Tods eines Angehörigen, BGH VersR **73**, 278, das Büro erst nach dem Büroschluß wieder aufsuchen kann und daher eine an diesem Tag ablaufende Notfrist nicht einhalten kann, hängt davon ab, was man ihm bei seinem Zustand noch zumuten kann, BGH VersR **75**, 1149. Er muß aber grundsätzlich auch für den Fall seiner Abwesenheit am letzten Tag der Frist die erforderlichen und möglichen Vorkehrungen treffen, BGH VersR **83**, 272. Die Partei soll durch den Tod oder Freitod ihres ProzBev oder des Verkehrsanwalts grundsätzlich keinen Nachteil erleiden, BGH VersR **84**, 988. Der Tod des einen Sozius zwingt den anderen nicht stets dazu, die Handakten vollständig durchzusehen, BGH DB **88**, 1113.

S auch Rn 131–133.

**165** – **(Tonbanddiktat):** Wenn der Fristablauf bevorsteht, ist eine bloße Anweisung auf ein Tonband nicht ausreichend. Denn man kann dem Tonband die Eilbedürftigkeit nicht ansehen. Etwas anderes mag dann gelten, wenn der Anwalt das Tonband als besonders eilbedürftig kennzeichnet. Der Anwalt muß aber prüfen, ob sein Tonbanddiktat durchgeführt wird, BGH **LM** (Fc) Nr 40, aM BGH VersR **82**, 1192. Der Anwalt muß einen diktierten Text in Langschrift übertragen lassen und ihn dann selbst überprüfen, BGH **LM** (Fd) Nr 29, BAG BB **74**, 1244.

**166** – **(Überlastung):** Der Anwalt kann eine Unterlassung nicht damit entschuldigen, er persönlich sei überlastet, BGH MDR **96**, 998. Er muß dann vielmehr dafür sorgen, daß zB sein Vertreter die Fristen ebenfalls persönlich kontrolliert, BGH VersR **96**, 962. Wenn dem Anwalt die Akten vorgelegt werden, ist er auch für den Fall einer eigenen Überlastung erhöht verantwortlich, BGH VersR **77**, 153. Eine Wiedereinsetzung kommt eher in Betracht, wenn der Fehler infolge einer vorübergehenden Überlastung des langjährigen zuverlässigen Bürovorstehers eintritt, BGH VersR **76**, 343, aM Bre JB **75**, 1601.

Auch bei einer starken Inanspruchnahme muß der Anwalt stets die *Gesetzeslage kennen* und sich durch eine Fachlektüre usw auf dem laufenden halten, vgl BGH NJW **71**, 1704.

S auch Rn 112, 113, 131–139, 172, 173.

**167** – **(Unterschrift):** Eine Wiedereinsetzung kommt in Betracht, wenn ein angestellter Anwalt die zuständige Gehilfin anweist, die Berufungsbegründung dem anwesenden, allein beim Berufungsgericht zugelassenen Anwalt zur Unterschrift vorzulegen, BGH VersR **74**, 388 und 972. Sie kommt ferner in Betracht, wenn ein langjährig unbeanstandeter Namensschriftzug oder eine Namensabkürzung plötzlich als unzureichend bezeichnet werden, BVerfG **78**, 126, BGH NJW **99**, 61 links, BGH NJW **99**, 2919, aM LG Düss MDR **88**, 149. Das gilt dann, wenn der Anwalt das Schriftstück rechtzeitig unterzeichnet und dafür sorgt, daß das Personal es postfertig macht, BGH VersR **77**, 331, und wenn er anordnet, daß es zur Post gegeben wird. Die Wiedereinsetzung kann erfolgen, wenn das Personal dem Anwalt die Akten nicht ausdrücklich angeordnet Wiedervorlage zwecks Unterschrift des Rechtsmittelschrift usw vorlegt, BVerfG NJW **96**, 309 und RR **96**, 245, BGH NJW **85**, 1226; freilich ist im „letzten Augenblick", Rn 134–139, erhöhte Aufmerksamkeit geboten, insofern großzügiger BGH NJW **89**, 590.

**168** Der Anwalt muß dafür sorgen, daß ein Schriftsatz nicht von einem *Sozius* oder gar von einem angestellten Anwalt unterschrieben wird, der bei dem Empfangsgericht auch zugelassen ist, BGH RR **90**, 379, und zwar auch durch eine besondere Ausgangskontrolle, BGH VersR **89**, 716, Saarbr VersR **93**, 1550. Das erwägt BGH VersR **84**, 87 nicht erkennbar. Der nur beim LG zugelassene Anwalt muß die Grenzen seiner Unterschriftsbefugnis von Anfang an kennen, BGH VersR **84**, 87. Eine Wiedereinsetzung kommt in Betracht, wenn der Anwalt die Berufungsschrift wegen Verbesserungen ohne seine Unterschrift ins Büro gibt, das geschulte Personal ihm die Schrift aber versehentlich nicht zur Unterschrift wiedervorlegt, BGH VersR **86**, 892, oder wenn das sonst zuverlässige Personal den Entwurf der Berufungsbegründung nach der Billigung durch den Auftraggeber weisungswidrig nicht zur Unterschrift vorlegt, BGH NJW **96**, 999, oder wenn der Anwalt nach der irrigen Unterschrift statt deren Streichung dem an sich zuverlässigen Mitarbeiter eine genaue Anweisung zur Weiterbehandlung gibt, BGH VersR **92**, 1023, Hamm MDR **88**, 502.

## 4. Titel. Folgen der Versäumung. Wiedereinsetzung § 233

**169** Der Anwalt muß aber auch ein gut geschultes Personal anweisen, vor dem Postabgang nochmals zu überprüfen, ob seine *Unterschrift* richtig erfolgte, BVerfG NJW **96**, 309, BGH MDR **96**, 313, BAG BB **74**, 651, besonders wenn es sich um die Beschäftigung eines nicht beim betreffenden Gericht zugelassenen Mitarbeiters handelt, BGH VersR **77**, 1130, LAG Bre AnwBl **93**, 586 (Telefax). Das scheint BGH VersR **84**, 87 zu übersehen. Eine Wiedereinsetzung muß also versagt werden, wenn der Anwalt den Schriftsatz am letzten Tag des Fristablaufs diktiert und nicht dafür sorgt, daß er ihm zur Unterschrift vorgelegt wird, BGH VersR **80**, 765, KG NJW **74**, 1004. Der Anwalt darf nicht ohne eine Prüfung auf die Richtigkeit der Parteibezeichnung unterschreiben, BGH VersR **76**, 494. Er darf auch nicht ohne eine nachträgliche Inhaltsprüfung Teile einer Rechtsmittelschrift blanko unterschreiben, Mü NJW **80**, 460. Der Anwalt darf die Berufungsschrift überhaupt nicht ungelesen unterschreiben, BGH VersR **76**, 494. Die Verwendung einer Blankounterschrift, die nur in einer unvorhersehbaren Lage zulässig ist, setzt eine an sich auf jeden denkbaren Einzelfall bezogene Anleitung und Überwachung durch den Anwalt voraus, also mehr als eine nur allgemeine Anleitung und mehr als Stichproben, BAG NJW **83**, 1447.

**170** Das *Vergessen* der Unterschrift unter einem fristwahrenden Schriftsatz ist in der Regel schuldhaft, BGH VersR **80**, 942. Das gilt besonders, wenn der Anwalt den Schriftsatz nicht einmal diktiert, sondern vom Büropersonal hatte anfertigen lassen, BGH VersR **83**, 271. Auch die Verwendung des bloßen Namenskürzels, § 129 Rn 31–33, ist schuldhaft, BGH NJW **87**, 957. Der Anwalt kann die Frist für eine Rechtsmittelbegründungsschrift nicht durch deren nur telegrafische oder fernschriftliche Einlegung einhalten, Stgt VersR **82**, 1082, auch nicht durch die persönliche Abgabe der von ihm nicht unterzeichneten Schrift, BGH VersR **83**, 271. Der erstinstanzliche ProzBev muß das Schreiben an den Rechtsmittelanwalt mit dem Rechtsmittelauftrag, das eine Angestellte nach den richtigen Handakten angefertigt hat, vor seiner Unterschrift selbst prüfen, BGH NJW **85**, 1710.

**171** Der Anwalt muß prüfen, ob eine Rechtsmittelschrift *vollständig und richtig* ist, BGH FamRZ **91**, 319, erst recht bei wiederholter Vorlage eines vorher fehlerhaft gewesenen Schriftsatzes, BGH VersR **93**, 79. Er muß zB prüfen, ob die Rechtsmittelschrift richtig adressiert ist, BGH VersR **87**, 486, und ob er auch dasjenige Gericht, dessen Entscheidung er anficht, richtig angegeben hat, BGH NJW **89**, 2396. Freilich darf er die Korrektur einer als zuverlässig bekannten Sekretärin überlassen, BGH NJW **82**, 2671. Eine übervolle Unterschriftsmappe ist aber keine Entschuldigung, BGH VersR **82**, 1168. Ein diesbezügliches Verschulden bleibt auch dann schädlich, wenn das Gericht es versäumt hat, die Rechtsmittelschrift rechtzeitig an dasjenige Rechtsmittelgericht weiterzuleiten, an das sie nach dem Inhalt (wenn auch nicht nach der Anschrift) gerichtet war, BGH VersR **81**, 63. Der Anwalt darf nicht ein Empfangsbekenntnis unterzeichnen, ohne die darin genannten Schriftstücke durchgesehen zu haben, BGH VersR **89**, 1211, und ohne die Frist in den Handakten und im Kalender notiert zu haben, BGH NJW **96**, 1901. Wenn er am Tage des Fristablaufs verreisen muß, dann muß er veranlassen, daß ein postulationsfähiger Anwalt unterschreibt, BGH RR **90**, 379.

**172** – **(Urlaub):** Urlaub entschuldigt nicht schon als solcher, BGH FamRZ **97**, 172. Vor und nach ihm hat der Anwalt eine erhöhte Prüfungspflicht, BGH VersR **77**, 425. Vor seinem Urlaub muß der Anwalt die Vorlegung aller Fristsachen beim Bürovorsteher anordnen. Er kann sich aber auf eingearbeitetes Personal verlassen, BGH RR **87**, 710. Freilich muß er einem Verdacht eines Büroversehens sogleich nachgehen, BGH VersR **79**, 376. Er muß bei einer urlaubsbedingten Arbeitsunfähigkeit rechtzeitig eine Fristverlängerung beantragen, BGH VersR **93**, 1548 (zumindest Information des Vertreters nötig).

**173** Wenn ein *Mitarbeiter* Urlaub hat, trifft den Anwalt eine erhöhte Verantwortlichkeit, BGH VersR **78**, 960. Der Anwalt darf sich nicht darauf verlassen, daß der Mitarbeiter seine Vertretung selbst einwandfrei regelt, BGH VersR **87**, 617. Wenn der Kalenderführer Urlaub hat, darf der Anwalt die Frist nichts ohne weiteres von einem Auszubildenden überwachen lassen, BGH VersR LM (Fc) Nr 37. Er muß dann vielmehr die Vertretung durch eine gleichermaßen zuverlässige Hilfskraft sicherstellen, BGH VersR **85**, 148 und 574. Der Anwalt muß vor seinem persönlichen Urlaub prüfen, ob ein amtlicher Vertreter wirksam bestellt wurde, und muß notfalls für eine ausreichende Vertretung sorgen, BGH **LM** (Fe) Nr 9. Er darf nicht mehrere Tage der Kanzlei fernbleiben, ohne einen Anwalt oder einen Gleichgestellten als Vertreter zu bestellen, BGH **LM** Nr 72 (eine Anweisung an den Bürovorsteher, beim Eingang eines Berufungsauftrags einen bestimmten Anwalt zu beauftragen, genügt nicht). Eine wichtige Fristsache muß sich der Anwalt nach der Urlaubsrückkehr gesondert vorlegen lassen, BGH VersR **77**, 334.

S auch Rn 112, 113, 131–139.

– **(Urteilszustellung):** Rn 183–189.
– **(Verhinderung):** Rn 131–133.

**174** – **(Verkehrsanwalt):** Er ist Bevollmächtigter der Partei, BGH VersR **96**, 606, aber nicht Erfüllungsgehilfe des ProzBev der Partei. Der ProzBev hat daher ein Verschulden des Verkehrsanwalts nicht gegenüber der Partei zu vertreten, LG Regensb AnwBl **82**, 109. Eine Wiedereinsetzung kommt in Betracht, wenn das gut geschulte und überwachte Personal des Anwalts den Verkehrsanwalt nicht zutreffend unterrichtet. Indessen kommt eine Wiedereinsetzung nicht in Frage, wenn ein nicht beim Berufungsgericht zugelassener, im Briefkopf mit einem Zugelassenen gemeinsam auftretender Anwalt die Berufungsbegründung maßgeblich bestimmt und diktiert und dann verspätet einreicht, BGH VersR **79**, 447 und 577.

**175** Wenn der Anwalt das Urteil mit einem Zustellungsvermerk in einem einfachen Brief an den *Verkehrsanwalt* übersendet, dann ist der Anwalt zu einer Rückfrage an den Verkehrsanwalt nicht mehr verpflichtet. Denn sein Mandat ist erledigt, BGH VersR **73**, 665. Der Anwalt muß auch ein gut geschultes Personal anweisen, dem Verkehrsanwalt eine Nachricht von einer Zustellung zu erteilen, und zwar zusätzlich zu der Notierung einer Frist, BGH VersR **73**, 573. Der Verkehrsanwalt muß prüfen, ob eine Bestätigung des Rechtsmittelanwalts vorliegt, bevor er im Kalender eine Notfrist streichen läßt, BGH VersR **76**, 939. Er muß die Partei unverzüglich über die Urteilszustellung und das

**§ 233**  1. Buch. 3. Abschnitt. Verfahren

zulässige Rechtsmittel usw unterrichten, BGH VersR **96**, 606; dabei kann ein einfacher Brief nach dem Ausland unzureichend sein, BGH VersR **86**, 703 links und rechts. Der Verkehrsanwalt muß die richtige Ausführung seiner Anweisung, einen bestimmten Anwalt beim Rechtsmittelgericht mit der Einlegung des Rechtsmittels zu beauftragen, selbst überwachen, BGH VersR **81**, 851 (BGH VersR **76**, 958 erlaubt es dem Anwalt, auf eine zuverlässige Bürokraft zu vertrauen). Er muß in diesem Zusammenhang prüfen, ob die Anschrift richtig ist, BGH VersR **77**, 720 und 1032. Er braucht nicht zu prüfen, ob seine Anordnung über die Absendung des Briefs im übrigen durchgeführt wurde.

**176**  Er muß prüfen, ob ein *kurz vor dem Ablauf* der Rechtsmittelfrist abgesandtes Auftragsschreiben beim Empfänger eingegangen ist, BGH **79**, 190, Köln VersR **93**, 1550, großzügiger BGH VersR **79**, 444. Der Verkehrsanwalt muß ferner prüfen, ob der Rechtsmittelanwalt beim Rechtsmittelgericht zugelassen ist, BGH VersR **82**, 755, und ob er den Auftrag auch angenommen, BGH VersR **83**, 60, und ausgeführt hat, BGH VersR **82**, 755. Er muß prüfen, ob die Rechtsmittelfrist vom Rechtsmittelanwalt eingehalten wurde, BGH FamRZ **88**, 942. Eine eilige mündliche Anweisung „zwischen zwei Terminen" an das eigene Personal kurz vor dem Fristablauf reicht meist nicht aus, BGH VersR **83**, 81. Ab Auftragsannahme durch den ProzBev braucht der Verkehrsanwalt diesen nur bei einem sich aufdrängenden Verdacht über dessen Pflichtverstoß zu überprüfen, BGH VersR **90**, 801.

Der Verkehrsanwalt muß dem *Berufungsanwalt* den Rechtsmittelführer, BGH NJW **98**, 2221, und das Zustellungsdatum des anzufechtenden Urteils richtig angeben, BGH RR **95**, 839, und darf sich wegen der Rechtsmittelfrist nicht mißverständlich ausdrücken, BGH VersR **85**, 766. Bei einer telefonischen Erteilung des Auftrags zur Berufungseinlegung muß der Verkehrsanwalt dafür sorgen, daß der Berufungsanwalt die Anweisung wiederholt, BGH VersR **81**, 959, bzw den Auftrag schriftlich bestätigen und dabei das Zustelldatum nochmal angeben, BGH BB **90**, 1990. Der Berufungsanwalt muß auch von sich aus für die Kontrollwiederholung sorgen, BGH VersR **97**, 508, aber nicht stets sofort, BGH VersR **81**, 680. Der Rechtsmittelanwalt, der plötzlich verhindert ist, muß für eine Vertretung sorgen, insbesondere dann, wenn er dem Verkehrsanwalt die Abfassung der Berufungsbegründung überläßt, BGH **LM** § 232 a F Nr 24.

**177**  Der Verkehrsanwalt darf den Berufungskläger nicht über den Ablauf der Berufungsfrist *falsch unterrichten*. Er darf dem Rechtsmittelanwalt den Zeitpunkt der Zustellung des Urteils oder eine Beiordnung nicht unrichtig, BGH VersR **77**, 153, oder etwa gar nicht mitteilen, BGH VersR **73**, 320. Der Verkehrsanwalt muß in einem solchen Fall sofort nachfragen, BGH VersR **75**, 90, und überhaupt den Zustellzeitpunkt eigenverantwortlich klären, BGH FamRZ **98**, 285. Er muß dann, wenn er mit einer Informationslücke über den Zustellungszeitpunkt usw zu rechnen hat, ebenfalls hierzu zB bei dem Auftraggeber eine Rückfrage halten, BGH VersR **96**, 606, Düss MDR **85**, 507. Vor dem Fristablauf muß er evtl beim Auftraggeber erneut unmißverständlich nachfragen, ob ein Rechtsmittel einzulegen ist, BGH VersR **96**, 606. Er kann sich zwar darauf verlassen, daß der ProzBev ihm das zugestellte Urteil rechtzeitig übersenden werde, BGH **LM** Nr 20, darf aber nicht monatelang einfach zuwarten, Düss MDR **85**, 507.

Hat der ProzBev das *Mandat niedergelegt* und der Verkehrsanwalt 6 Wochen nach einem Termin noch keine Nachricht vom Ergebnis erhalten, muß sich der Verkehrsanwalt beim Gericht oder beim ehemaligen ProzBev erkundigen, ob eine Versäumnisentscheidung zugestellt ist, Düss VersR **87**, 1042. Der Rechtsmittelanwalt, der vom vorinstanzlichen Anwalt den Auftrag zur Einlegung des Rechtsmittels erhält, muß eine Rückfrage halten, wenn sich aus dem Auftragsschreiben Zweifel ergeben, ob die Rechtsmittelfrist noch läuft. Er muß bei telefonischer Ergänzung des Rechtsmittelauftrags evtl zusätzliche Kontrollen schaffen, BGH NJW **98**, 2221.

**178**  Der Berufungsanwalt muß dem erstinstanzlichen Anwalt, der kein Verkehrsanwalt ist, das Urteil mit der Bitte übersenden, die *Partei* über den Ablauf der Revisionsfrist zu *unterrichten*. Denn dies gehört nicht zur Aufgabe des Berufungsanwalts. Eine Wiedereinsetzung ist zu versagen, wenn weder die ausländische Partei noch ihr Verkehrsanwalt eine Übersetzung der Mitteilung des ProzBev veranlaßt und dadurch verspätet vom Inhalt Kenntnis nimmt, BGH NJW **75**, 497.

S auch Rn 64–73, 121–124, 154–162.

**179**  – **(Verlust eines Schriftsatzes):** Eine Wiedereinsetzung kommt in Betracht, wenn ein Schriftsatz verlorengegangen ist, BGH VersR **92**, 899. Dabei braucht der Anwalt die Art des Verlusts nicht darzulegen. Das setzt voraus, daß der Verlust nicht im Verantwortungsbereich des Anwalts eingetreten ist. Das letztere muß der Anwalt glaubhaft machen, BGH VersR **92**, 899. Trotz einer Erinnerungslücke kann eine Angabe aber glaubhaft sein, BGH VersR **73**, 81.

**180**  – **(Vertreter):** Die beteiligten Anwälte dürfen die Prüfung, ob der Antrag auf die Bestellung eines Anwalts als amtlichen Vertreters rechtzeitig gestellt und ob ihm stattgegeben wurde, nicht dem Personal überlassen, Mü MDR **87**, 590. Der Vertreter muß prüfen, ob er dem fraglichen Gericht als Vertreter bestellt ist, BGH VersR **93**, 125, Mü MDR **87**, 590. Der Anwalt darf evtl darauf vertrauen, daß ein schon früher zum Vertreter eines beim Rechtsmittelgericht zugelassenen Kollegen bestellter anderer Kollege erneut bestellt wird, BGH VersR **87**, 73 (ziemlich großzügig).

S auch Rn 51, 172, 173.

**181**  – **(Vorfrist):** Es kann eine Pflicht eintreten, für eine wichtige Frist eine Vorfrist notieren zu lassen, BGH VersR **97**, 509 mwN (wegen einer Rechtsmittelbegründungsfrist, auch wegen einer Ausnahme). Ob dieser Fall eintritt, ist unter dem Gesichtspunkt zu prüfen, daß die Wahrung der Frist jedenfalls für den letzten Tag ihres Laufs sichergestellt sein muß, besonders bei § 222 II, BGH VersR **73**, 747. Der Anwalt muß sicherstellen, daß die Akte dann, wenn eine Vorfristsache nicht erledigt wurde, spätestens bei Fristablauf ohne weiteres wiedervorgelegt wird, BGH NJW **97**, 2825, aM BGH (derselbe Senat!) NJW **97**, 3243. Wenn er erklärt hat, diese Sache habe er selbst in Arbeit genommen, dann darf er die Akte nicht mehr aus den Augen lassen, BGH VersR **74**, 999. Zusätzlich zur Vorfrist ist natürlich die eigentliche Frist zu notieren, BGH NJW **88**, 568, BAG NJW **93**, 1350.

S auch Rn 54–63, 85–111, 125–129, 134–139, 172, 173.

4. Titel. Folgen der Versäumung. Wiedereinsetzung § 233

– **(Zuständigkeitsprüfung):** Der Anwalt muß wegen seiner höchstpersönlichen Pflicht, für die richtige **182** Adressierung der Rechtsmittelschrift zu sorgen, BGH VersR **88**, 1209, auch klären, was Gegenstand des Rechtsstreits ist, BGH VersR **82**, 1146. Er braucht die Ausführung seiner Anweisung an eine zuverlässige Angestellte, die schon unterzeichnete Rechtsmittelschrift in der Adressierung zu korrigieren, nicht zu überprüfen, BFH BB **88**, 465. Er darf auf sich auf eine erkennbar unsichere Auskunft eines Rechtspflegers nicht verlassen, BGH DRiZ **94**, 427 (neue Bundesländer).
S auch Rn 74–76, 114–120, 154–162.
– **(Zustellung und Anwalt):** Der Anwalt muß das Datum der Urteilszustellung in einer jeden Zweifel **183** ausschließenden Weise ermitteln und mitteilen, BGH NJW **96**, 1968, Düss AnwBl **99**, 351. Wenn der Anwalt das Urteil mit einem Zustellungsvermerk in einem einfachen Brief an den Verkehrsanwalt übersendet, ist der Anwalt zu einer Rückfrage an den Verkehrsanwalt nicht mehr verpflichtet. Denn sein Mandat ist erledigt, BGH VersR **73**, 665. Eine Wiedereinsetzung kommt in Betracht, wenn das Gericht eine unrichtige Auskunft über den Zeitpunkt einer von Amts wegen erfolgten Zustellung gibt, BGH LM Nr 84, aM LG Bonn VersR **88**, 195. Dabei genügt eine telefonische Anfrage des Anwalts. Der Anwalt braucht also die Gerichtsakten nicht selbst einzusehen. Der Anwalt muß sein Personal anweisen, einer Partei vom Verkehrsanwalt eine Nachricht von der Zustellung zu erteilen, vgl BGH FamRZ **96**, 1467. Diese Anweisung ist zusätzlich zur Anweisung einer Fristnotierung notwendig, BGH VersR **73**, 573, reicht dann aber auch aus, BGH VersR **76**, 1178.

Eine Wiedereinsetzung kommt in Betracht, wenn infolge einer *unrichtigen Abschrift* aus den Akten, in denen die Zustellung und das Ende der Urteilszustellung richtig vermerkt sind, trotz der Kontrolle durch den Bürovorsteher dem Rechtsmittelanwalt fehlerhafte Angaben übermittelt werden, BGH NJW **79**, 46. Eine Wiedereinsetzung kann auch dann eintreten, wenn der Bürovorsteher ein zugestelltes Urteil nicht vorlegt und auf eine spätere Anfrage erklärt, es sei noch nicht eingegangen.

Der Anwalt muß die Partei unverzüglich über eine *Urteilszustellung* und deren Zeitpunkt, BGH **184** VersR **88**, 252, das zulässige Rechtsmittel und dessen formelle Erfordernisse vollständig unterrichten, BGH VersR **85**, 768, und zwar auch nach der Niederlegung des Mandats, BGH VersR **88**, 836. Er darf grds darauf vertrauen, daß die Post einen ordnungsgemäßen Nachsendeauftrag des Auftraggebers auch korrekt ausführt, BGH VersR **88**, 1162. Er darf auf Zustellungsangaben des Auftraggebers nur bedingt vertrauen, BGH RR **95**, 826, Köln FamRZ **99**, 1084. Wenn der Anwalt eine fristschaffende Zustellung annimmt und bescheinigt, muß er die allgemein angeordnete Aktenvorlage abwarten, BGH VersR **73**, 1144, oder prüfen, ob das zugehörige Urteil tatsächlich beiliegt, BGH NJW **80**, 1846, OVG Münster BB **76**, 442. Andernfalls muß er die Zustellung selbst sofort in den Akten vermerken, BGH VersR **94**, 371, Oldb JB **78**, 1013, oder muß sie durch einen unbedingt zuverlässigen Mitarbeiter sofort vermerken lassen, BGH VersR **94**, 371, oder sie aus der ihm vorgelegten Postmappe aussondern oder dafür zu sorgen, daß das sofort zuverlässig geschieht, BGH FamRZ **91**, 319.

Der Anwalt darf das *Empfangsbekenntnis* über die Urteilszustellung erst dann unterzeichnen und **185** zurückgeben, wenn in der Handakte der Ablauf der Rechtsmittelfrist und die Fristnotierung vermerkt worden sind, BGH VersR **81**, 136. Geschieht das nicht, dann muß der Anwalt ganz besondere Sorgfalt üben, BGH FamRZ **90**, 1343, zB selbst für die Vorlage der Handakte und die Eintragung der Frist im Fristenkalender sorgen, BGH VersR **83**, 185, BVerwG NJW **84**, 2593. Der Eingangsstempel auf dem zugestellten Schriftstück ersetzt den Fristvermerk nicht, BGH FamRZ **99**, 579. Der Anwalt muß dafür sorgen, daß bei einer Weiterleitung der zugestellten Urteilsausfertigung an den Auftraggeber, BGH FamRZ **95**, 671, oder bei einer Urteilszustellung nach § 212a der Tag des Urteilszugangs, BGH NJW **80**, 1848, oder im Fall des § 221 II der Tag der Zustellung an den Gegner sogleich in den Handakten vermerkt wird, BGH VersR **83**, 560, und muß die Rechtsmittelfrist sofort nach der Zustellung notieren (lassen), KG VersR **82**, 704. Er muß den Zeitpunkt seiner Unterzeichnung des Empfangsbekenntnisses sichern, BGH FamRZ **92**, 1173. Er darf den Eingangsstempel nicht ohne sorgfältige Nachforschung später „berichtigen" (lassen), Mü VersR **84**, 1155. Er muß sein Personal belehren, daß nicht der Verkehrsanwalt, sondern nur er selbst über den Zustellungszeitpunkt und einen Fristablauf verbindliche Anweisungen geben kann, Düss AnwBl **89**, 291.

Wenn der Anwalt der Ansicht ist, es sei *kein Rechtsmittel zulässig,* muß er den Auftraggeber gleichwohl **186** vom Zeitpunkt der Urteilszustellung unterrichten, BGH **LM** (Fc) Nr 38. Der Anwalt muß die Wirksamkeit der Urteilszustellung prüfen, BGH VersR **87**, 680. Er muß ein falsches Datum der Zustellungsbescheinigung richtigstellen lassen, BGH LM Nr 37, und jeder auffälligen Unstimmigkeit selbst nachgehen, BGH GRUR **95**, 50 (selbst wenn das Gericht ihn falsch belehrt hat). Er muß in einem wichtigen Fall nachprüfen, ob die Urteilszustellung in jeder Beziehung korrekt erfolgt ist. Er muß als Anwalt, der im Verfahren auf die Bewilligung von Prozeßkostenhilfe beigeordnet ist, der Urteilszustellung in der Vorinstanz nachgehen. Der Anwalt muß das Fehlen der Angabe des angefochtenen Urteils bzw seines Gerichts, BGH FamRZ **88**, 831, oder die Adressierung an ein unrichtiges Gericht bei der Unterschrift bemerken. Er darf auch nicht die LGe München I und II verwechseln, BGH RR **87**, 319. Der Eingang einer an das LG Berlin adressierten Berufungsschrift bei der gemeinsamen Briefannahme der Justizbehörden Charlottenburg wahrt nicht die Berufungsfrist für eine beim KG einzulegende Berufung, BGH VersR **87**, 486 (Weiterleitbarkeit hilft nicht).

Der Anwalt muß bei einer *Fristberechnung* darauf achten, um welche Urteilsart es sich handelt, ob zB **187** um ein erstes oder zweites Versäumnisurteil, BGH VersR **87**, 256. Er muß bei Erhalt einer Urteilsausfertigung darauf achten, ob die Zustellung gemäß §§ 331 III, 310 III schon vorher erfolgt ist, BGH VersR **82**, 597, oder ob *er* schon zuvor eine weitere – für den Fristbeginn allein maßgebliche – Ausfertigung desselben Urteils zugestellt erhalten hatte, BGH VersR **85**, 551. Auch wenn er erst nach der Urteilsverkündung zum ProzBev dieser Instanz bestellt wurde, kann er aber darauf vertrauen, daß eine an ihn gerichtete Urteilszustellung die erste ist, auch wenn das Gericht ohne Wissen dieses neuen ProzBev bereits eine fristschaffende Zustellung an den früheren ProzBev bewirkt hatte, BGH NJW **96**, 1477. Der Anwalt, der einen Rechtsmittelauftrag an einen anderen Anwalt diktiert, muß den geschriebenen Text einschließlich des mitgeteilten Zustelldatums des vorinstanzlichen Urteils auf Diktat- oder Übertragungsfehler überprüfen, BGH NJW **96**, 853. Der Rechtsmittelanwalt muß das Zustelldatum des anzufechtenden Entscheids anhand seiner Unterlagen kontrollieren, auch wenn er den Auftrag vom Verkehrsanwalt erhielt, BGH BB **90**, 1990.

**188**  Der *Verkehrsanwalt* kann sich darauf verlassen, daß der ProzBev ihm ein zugestelltes Urteil rechtzeitig übersenden wird, BGH VersR **88**, 419. Der Berufungsanwalt muß dem Auftraggeber das Zustellungsdatum des Berufungsurteils mitteilen, BGH VersR **74**, 1131, und muß ihn unterrichten, ob und wie ein Rechtsmittel möglich ist, BGH VersR **78**, 1160. Ein Anwalt, der in demselben Haus seine Kanzlei und seine Wohnung hat, muß sein Personal eindringlich über die Zustellungsfragen belehren. Auch wenn sich die Kanzlei und die Wohnung nicht in demselben Haus befinden, muß der Anwalt Hausgenossen in erlaubten Umfang anweisen, ihm Schriftstücke alsbald vorzulegen. Er hat aber insofern keine besondere Überwachungspflicht, BGH **LM** Nr 11. Ist im Zeitpunkt der Zustellung des Urteils an den Streithelfer die für die Hauptpartei laufende Rechtsmittelfrist abgelaufen, so kann er jedenfalls dann keine Wiedereinsetzung erhalten, wenn er es schuldhaft unterlassen hat, den Zeitpunkt der Zustellung an die Hauptpartei in Erfahrung zu bringen, BGH VersR **88**, 417, BAG VersR **86**, 687.
  S auch Rn 64–73, 85–113, 121–129, 134–139, 154–162.

**189 Rechtsmißbrauch:** Da er nie Schutz verdient, Einl III 54, kommt nach ihm für den Gegner eine Wiedereinsetzung in Betracht, BGH **118**, 48.
  **Wiedervereinigung:** Zu den Übergangsschwierigkeiten BGH DtZ **93**, 53.

**190 Zustellung im allgemeinen:** Soweit sie nicht durch ein Verschulden des Antragstellers verzögert wird, ist sie grds als demnächst erfolgt anzusehen, § 270 III und dort Rn 22. Bei einer Zustellung nach § 175 I 2 an eine im Urlaub wohnende Partei liegt zwar keine Auslandszustellung vor, BGH NJW **92**, 1702; es kommt aber evtl eine Wiedereinsetzung in Betracht, BGH NJW **92**, 1702. Wer mit unbekanntem Aufenthaltsort ins Ausland verzieht, ohne Vorkehrungen für eine etwaige Zustellungsannahme zu treffen, dessen Unkenntnis von einer öffentlichen Zustellung ist nicht schuldlos, Köln VersR **93**, 1127.
  S auch Rn 183–188 (Zustellung und Anwalt).

**191 10) VwGO:** Es gilt § 60 I VwGO (inhaltlich übereinstimmend).

## 234 *Wiedereinsetzungsfrist.* <sup>I</sup> Die Wiedereinsetzung muß innerhalb einer zweiwöchigen Frist beantragt werden.
<sup>II</sup> Die Frist beginnt mit dem Tage, an dem das Hindernis behoben ist.
<sup>III</sup> Nach Ablauf eines Jahres, von dem Ende der versäumten Frist an gerechnet, kann die Wiedereinsetzung nicht mehr beantragt werden.

**Gliederung**

| | | | |
|---|---|---|---|
| 1) Systematik, Regelungszweck, I–III ... | 1 | 4) Fristbeginn, I, II | 6–20 |
| 2) Geltungsbereich, I–III | 2 | A. Behebung des Hindernisses | 6, 7 |
| 3) Fristen, I–III | 3–5 | B. Versäumung der Einspruchsfrist | 8 |
| A. Antrag, I, II | 3 | C. Prozeßkostenhilfe | 9–16 |
| B. Zweiwochenfrist, I, II | 4 | D. Weitere Einzelfälle | 17–20 |
| C. Jahresfrist, III | 5 | 5) *VwGO* | 21 |

**1 1) Systematik, Regelungszweck, I–III.** Die Vorschrift regelt den Beginn des Wiedereinsetzungsverfahrens, während §§ 237, 238 das weitere Verfahren bis zur Entscheidung bestimmen. Form und Inhalt des Antrags richten sich nach § 236. § 236 II 2 enthält auch eine Ausnahme vom Antragserfordernis.
  Das Antragserfordernis *dient* ebenso wie die Fristgebundenheit der Rechtssicherheit, Einl III 43, insbesondere bei der Ausschlußfrist nach III, die derjenigen des § 586 II 2 vergleichbar ist: Es darf nicht endlos Ungewißheit herrschen. Daher ist eine grundsätzlich strikte Auslegung geboten; die Praxis ist schon vielfach großzügig genug, Rn 9ff. Die Jahresfrist, III, soll eine Prozeßverschleppung verhindern und eine Gefährdung der Rechtskraft verhüten, BGH VersR **87**, 1237, Schlesw RR **90**, 1216.

**2 2) Geltungsbereich, I–III.** Vgl § 233 Rn 3–5. III gilt also auch im WEG-Verfahren, § 22 II 4 FGG, KG NZM **99**, 569.

**3 3) Fristen, I–III.** Die Vorschriften sind strikt einzuhalten, Rn 1.
  **A. Antrag, I, II.** Eine Wiedereinsetzung findet grundsätzlich nicht von Amts wegen statt, BAG NJW **89**, 2708. Es bedarf also grundsätzlich eines Antrags; wegen der Ausnahmen § 236 II 2. Der Antrag auf eine Wiedereinsetzung muß innerhalb der Frist so vollständig abgefaßt werden, daß er alles dasjenige enthält, was § 236 als zum ordnungsgemäßen Antrag gehörig vorsieht, BGH VersR **78**, 942. Er muß also z B auch den Zeitpunkt nennen, in dem die Partei von der Existenz der anzufechtenden Entscheidung Kenntnis erhielt, BGH VersR **74**, 249, und auch zum eigentlichen Fristwahrungsverhalten Stellung nehmen, BGH VersR **92**, 900. Andernfalls ist der Antrag unzulässig. Die Partei hat besondere Anstrengungen vorzunehmen, BGH VersR **89**, 1317. Sie kann bei einem zunächst in sich geschlossenen, nicht ergänzungsbedürftig scheinenden Antrag grundsätzlich auch keine Wiedereinsetzungsgründe nachschieben, BGH NJW **98**, 2678, BAG BB **74**, 511. Das gilt selbst dann, wenn der vorgetragene Sachverhalt in wesentlichen Punkten unrichtig ist, § 236 Rn 18.
  Allerdings darf die Partei (nur) in den vorstehend genannten Grenzen den ursprünglichen tatsächlichen Vortrag *vervollständigen und ergänzen,* soweit das Gericht es unterlassen hatte, nach §§ 139 oder 278 III darauf

4. Titel. Folgen der Versäumung. Wiedereinsetzung § 234

hinzuwirken, daß erforderliche tatsächliche Angaben in dieser Weise vervollständigt und ergänzt wurden, BGH VersR **94**, 1368 (auch in der Rechtsmittelinstanz) mwN, BAG BB **74**, 421, aM BGH LM § 236 (C) Nr 4, KG NJW **74**, 1004 (das KG hält das Gericht nicht zu solchen Rückfragen für verpflichtet, soweit ein Gesuch offenbar unvollständig ist). Zur Glaubhaftmachung vgl § 236 Rn 7–11. Es findet eine Amtsprüfung statt, Grdz 39 vor § 128, Ffm Rpfleger **77**, 213, aber keine Amtsermittlung nach Grdz 38 vor § 128. Es ist kein wirksamer Verzicht auf die Einhaltung der Frist zulässig, § 295 II.

**B. Zweiwochenfrist, I, II.** Die Frist für den Antrag auf die Wiedereinsetzung beträgt zwei Wochen, BGH **4** VersR **89**, 1317. Das gilt auch dann, wenn man eine kürzere oder längere Frist versäumt hat, BGH **113**, 232. Die Wiedereinsetzungsfrist ist eine gesetzliche Frist, aber keine Notfrist, § 224 I 2. Ihr Lauf bleibt in der Zeit vom 1. 7. bis 31. 8. unverändert, denn § 227 III betrifft nur Termine, keine Fristen. I, II gilt auch dann, wenn der Wiedereinsetzungsantrag eine Notfrist betrifft, BGH **26**, 99 und VersR **80**, 264. Gegen die Versäumung der Wiedereinsetzungsfrist ist ein Antrag auf eine Wiedereinsetzung zulässig, BGH RR **99**, 430. Das bestimmt jetzt § 233 ausdrücklich. Die Wiedereinsetzungsfrist wird nach § 222 verlängert. Sie kann nicht verlängert werden, § 224 II, BGH VersR **80**, 582. Soweit die Wiedereinsetzung gewährt wird, darf das Gericht nicht deren Erfolg durch Verwerfung des Rechtsmittels abschneiden, BAG NJW **95**, 150, und fällt eine dennoch getroffene Entscheidung, die ein Rechtsmittel als unzulässig zurückgewiesen hatte, ohne weiteres fort, ohne daß sie besonders aufgehoben werden muß, BGH **98**, 328, BAG NJW **95**, 150. Nach dem Ablauf der Frist ist ein Wiedereinsetzungsantrag unzulässig, BGH VersR **87**, 560. Der Mangel ist unheilbar, § 295.

**C. Jahresfrist, III.** Auch nach dem Ablauf eines Jahres seit dem Ablauf der versäumten Frist ist grundsätz- **5** lich ein Wiedereinsetzungsantrag unzulässig, BGH **113**, 232 und VersR **87**, 256. Der Mangel ist unheilbar, § 295 ist auch bei § 210 BEG anwendbar, BGH VersR **83**, 376, KG NZM **99**, 569. Wegen des WEG Rn 2. Die Jahresfrist ist mit dem GG vereinbar, BVerfG, zitiert bei BGH LM Nr 4, BGH VersR **87**, 256. Sie ist eine uneigentliche Frist, Üb 11 vor § 214. Sie läuft unabhängig von der Frist des I, BGH VersR **87**, 1237, Hamm MDR **97**, 1155. Gegen ihren Ablauf ist grundsätzlich keine Wiedereinsetzung zulässig, Üb 11 vor § 214, BGH LM Nr 4 (§ 233 erwähnt nur die Frist des I). Die Jahresfrist nach III ist auch dann zu beachten, wenn eine Prozeßkostenhilfe nach §§ 114 ff vor dem Ablauf der Jahresfrist abgelehnt worden ist, und zwar selbst dann, wenn die Partei von diesem Umstand keine Kenntnis hatte, BGH LM Nr 4. Wenn längst vor dem Ablauf der Frist ein Streit über den Bestand der angefochtenen Entscheidung entstanden ist, oder wenn innerhalb der Jahresfrist eine Entscheidung nach § 519 b I 2 hätte ergehen können, dann gebietet gerade der Grundgedanke des Bestandschutzes grundsätzlich die Anwendung von III, Düss MDR **94**, 99 (auch zu Ausnahmen), aM Schlesw RR **90**, 1216 (aber gerade dann hätte wenigstens die Frist des III eingehalten werden können).

Die Jahresfrist nach III ist aber *unanwendbar*, wenn das Gericht aus allein in seiner Sphäre liegenden Gründen nicht innerhalb eines Jahres entschieden hatte, die Parteien aber mit einer sachlichrechtlichen Entscheidung rechnen konnten, BGH VersR **87**, 1238, aM BGH VersR **83**, 376.

**4) Fristbeginn, I, II.** Die Vorschriften sind streng einzuhalten, Rn 1. **6**

**A. Behebung des Hindernisses.** Die Frist für den Antrag auf eine Wiedereinsetzung beginnt, auch bei Versäumung der Wiedereinsetzungsfrist, Rn 4, mit dem Ablauf des Tages, § 222 Rn 3–4, an dem das Hindernis behoben wurde, BGH RR **99**, 430, Borgmann FamRZ **78**, 46, also mit Ablauf desjenigen Tages, von dem ab man bei Anwendung des in § 233 geregelten Verschuldensgrads, dort Rn 11, 18 ff, nicht mehr sagen kann, das Weiterbestehen des Hindernisses, evtl des letzten von mehreren, LG Stade NdsRpfl **75**, 221, von der Partei, Grdz 3 vor § 50, oder ihrem Streithelfer, **76**, noch unverschuldet, beeinflusse BGH NJW **99**, 793, BAG BB **97**, 2223, Köln FamRZ **99**, 1084. Schädlich sind dabei Vorsatz und Fahrlässigkeit jeder Art, vgl § 233 Rn 13, BGH FamRZ **88**, 155, BAG NJW **86**, 2785, KG ZMR **94**, 35. Dabei ist, wie stets, auch ein Verschulden des gesetzlichen Vertreters oder des ProzBev schädlich, §§ 51 II, 85 II, BGH NJW **97**, 1079, BAG NJW **89**, 2708, Köln FamRZ **99**, 1084.

Wenn das Gericht die Berufung wegen einer Fristversäumung *verworfen* hatte, muß es trotzdem über ein **7** Wiedereinsetzungsgesuch entscheiden, das die Partei erst nach der Verwerfung eingereicht hat, sofern die Partei von ihrer Säumnis schuldlos keine Kenntnis hatte. Soweit das Gericht diesem Gesuch dann stattgibt, verliert sein Verwerfungsbeschluß die Wirkung, BAG NJW **71**, 1054. Wenn der Anwalt erfährt, daß eine von ihm unterzeichnete Rechtsmittelschrift nicht alsbald zum Gericht gegangen ist, muß er prüfen, ob er die Frist versäumt hat, BGH LM § 232 Nr 27. Die Behebung des Hindernisses kann vor, BGH VersR **90**, 544, oder nach dem Ablauf der Notfrist liegen, BGH VersR **85**, 786, Hamm NJW **77**, 2077, aM ZöGre 5. Die Frist beginnt jedenfalls von dem Zeitpunkt an, in dem man sichere Kenntnis davon hat, daß die Klageschrift, VGH Mannh NJW **77**, 1357, oder die Rechtsmittelbegründungsschrift, BAG NJW **73**, 1767, verspätet eingegangen sind, BGH VersR **95**, 318 (Erforderlichkeit der förmlichen Zustellung einer richterlichen Verfügung; eine telefonische Nachricht der Geschäftsstelle reicht nicht aus). Eine Unterbrechung infolge der Eröffnung eines Insolvenzverfahrens nach § 240 verhindert den Fristbeginn. Einer Partei bzw ihrem ProzBev nach Versäumung der Berufungsbegründungsfrist besondere Anstrengungen zur Vorlage in der Frist des I zuzumuten, BGH VersR **87**, 309.

Die nachfolgend zitierte Rechtsprechung aus der Zeit vor Mitte 1977 mit ihren schärferen Anforderungen nach dem alten Recht ist nur noch bedingt verwertbar, § 233 Rn 18.

**B. Versäumung der Einspruchsfrist.** Soweit die Partei eine Einspruchsfrist nach §§ 338, 700 versäumt **8** hat, beginnt die Frist für den Wiedereinsetzungsantrag in dem Zeitpunkt, in dem die Partei bzw ihr Vertreter, Rn 6, entweder von der zugrunde liegenden Zustellung Kenntnis erhält oder in den man ihr die weitere Unkenntnis von dieser Zustellung vorwerfen muß, BGH VersR **84**, 946, Ffm NJW **87**, 335, ArbG Regensb JB **90**, 1199. Maßgebend ist die Kenntnis der Säumnis; die Kenntnis ihrer Gründe ist unerheblich, BGH VersR **95**, 112. Ein Vorwurf ist trotz einer gerichtlichen Mitteilung darüber, daß der Einspruch verspätet sei, erst dann möglich, wenn die Partei wissen kann, daß ein Antrag auf eine Wiedereinsetzung nur innerhalb einer gesetzlichen Frist gestellt werden kann, BAG BB **75**, 971.

**§ 234**  1. Buch. 3. Abschnitt. Verfahren

**9**   **C. Prozeßkostenhilfe.** Der Umstand, daß die Partei in einem Anwaltsprozeß, § 78 Rn 1, keinen Anwalt zum ProzBev bestellt hat, wird von demjenigen Augenblick an vorwerfbar, in dem die antragstellende Partei nicht mehr davon überzeugt sein darf, daß die Voraussetzungen für die Bewilligung einer Prozeßkostenhilfe in Bezug auf die Bedürftigkeit (schon oder noch) vorliegen, § 114 Rn 46, BGH NJW **93**, 733. Die Partei muß freilich außer dem eigentlichen Antrag auf Prozeßkostenhilfe auch rechtzeitig die (Formular-)Angaben nach § 117 II gemacht haben, bei einem Rechtsmittel in seiner Einlegungsfrist, BGH NJW **94**, 2098. Eine Mitteilung des Gerichts an denjenigen bereits bevollmächtigten Vertreter der Partei, der den Antrag auf eine Prozeßkostenhilfe gestellt hat, über deren Bewilligung beendet das Hindernis selbst dann, wenn die Mitteilung formlos erfolgte, was ohnehin ausreiche, § 127 Rn 9, BGH VersR **86**, 580, wenn der Vertreter seine Partei nicht entsprechend über die gerichtliche Mitteilung informiert, BGH VersR **77**, 626.

**10**   Solange die Partei nicht einmal einen *Antrag* auf eine Prozeßkostenhilfe nach § 117 ordnungsgemäß gestellt hat, kann sie sich nicht auf die Zweiwochenfrist berufen, BGH VersR **97**, 383 und 1078 (eine Bezugnahme auf einen früheren Antrag reicht nur bei Mitteilung unveränderter Verhältnisse). Wenn die Partei allerdings rechtzeitig einen Prozeßkostenhilfeantrag gestellt hatte und nun in Insolvenz fällt, beginnt die Frist nicht zu laufen, BGH VersR **81**, 857. Schon die Behebung der Mittellosigkeit kann die Frist nach II unabhängig vom Erhalt einer Entscheidung über die Prozeßkostenhilfe anlaufen lassen. BGH NJW **99**, 793. Jedenfalls beendet der Zugang der gerichtlichen Entscheidung über die volle oder teilweise Bewilligung oder Versagung einer Prozeßkostenhilfe ebenfalls das Hindernis, BGH FamRZ **95**, 34, Ffm VersR **98**, 609, großzügiger Hbg NJW **81**, 2765, strenger OVG Münster FamRZ **84**, 605 (zu § 60 VwGO).

**11**   Der Beschluß über die Ablehnung der Beiordnung eines *Notanwalts* nach § 78b steht für den Fristbeginn der Ablehnung der Prozeßkostenhilfe gleich, BGH NJW **96**, 2937. Ein etwa neuer Antrag auf eine Prozeßkostenhilfe hemmt den inzwischen begonnenen Fristlauf nicht, BGH **LM** Nr 6, ebensowenig grundsätzlich eine Gegenvorstellung, Üb 3 vor § 567, BGH VersR **80**, 86. Es kommt nicht darauf an, ob die Partei von dem Erfolg ihres neuen Antrags auf eine Prozeßkostenhilfe überzeugt ist, BGH **LM** Nr 15, ob ob sie gar hofft, das Gericht werde sich zu einer Änderung seiner Beurteilung bewegen lassen, BGH FamRZ **88**, 1153. Wenn sie aber wegen Verbesserung ihrer Vermögensverhältnisse nicht mehr damit rechnen kann, das Gericht werde von ihrer Mittellosigkeit ausgehen, darf sie nicht bis zur Zustellung des Ablehnungsbeschlusses warten, BGH VersR **96**, 1298, Ffm RR **88**, 256.

**12**   Wenn das Gericht die Prozeßkostenhilfe *abgelehnt* hat, bleibt der Partei nur eine *knappe Frist zur Überlegung*, ob sie die Frist zur Klagerhebung, Karlsr VersR **89**, 352, oder die Frist zur Einlegung, BGH NJW **96**, 2937, oder zur Begründung der Berufung, Revision oder Beschwerde usw einhalten will, BGH NJW **78**, 1919, Ffm VersR **98**, 609, strenger BGH VersR **81**, 854. In der Regel sind für eine solche Überlegung wenige Tage ausreichend, BGH FamRZ **93**, 1428, Ffm RR **88**, 256, Meyer NJW **95**, 2141. Das gilt auch dann, wenn das Gericht nicht die Mittellosigkeit der Partei, sondern die Erfolgsaussicht der Rechtsverfolgung verneint hat, § 114 Rn 80, BGH VersR **85**, 272.
Die Überlegungsfrist *beginnt* mit dem Zeitpunkt, in dem die Partei oder ihr Anwalt von der Ablehnung *Kenntnis* erhält. Man muß der Partei allerdings im Anschluß an ihre eigenen Überlegungen noch eine gewisse Frist zur Benachrichtigung ihres Anwalts zubilligen. Schlesw MDR **93**, 1241 gibt (großzügig) etwa 3 Wochen Frist zwecks Zahlung eines vom ProzBev des Mittellosen geforderten Vorschusses von 250 DM; BSG NJW **93**, 2958 gibt 1 Monat Zeit zwischen der Zustellung des Ablehnungsbescheids und der Einlegung des dortigen Rechtsmittels. An die Glaubhaftmachung einer Erkrankung in dieser Zeitspanne nach § 294 sind keine geringen Anforderungen zu stellen, BGH VersR **86**, 59.

**13**   Wenn das Gericht die Prozeßkostenhilfe nur *teilweise* bewilligt hat, bleibt der Partei für die Einhaltung der Berufungsfrist grds keine (weitere) Überlegungsfrist, BGH NJW **93**, 451. Denn sie braucht in der Berufungsschrift noch keinen der Höhe nach bestimmten Antrag zu stellen. Sie kann also insofern ihre Überlegungen noch nach der Einreichung der Berufungsschrift anstellen. Freilich kann eine kurze Überlegungsfrist ausnahmsweise gerechtfertigt sein, Hbg NJW **81**, 2765. Wenn das Gericht die Prozeßkostenhilfe zunächst ablehnt, sie aber auf Grund neuer Tatsachen nachträglich gewährt, dann kommt es grundsätzlich nur auf die erste Entscheidung an, ausnahmsweise aber nur auf die letzte, falls das Gericht seine Rechtsansicht in Wahrheit auf Grund desselben Sachverhalts geändert hatte.

**14**   Wenn das Gericht eine Prozeßkostenhilfe *zunächst abgelehnt* hatte, sie jedoch auf Grund von Vorstellungen im Hinblick auf eine inzwischen veränderte Rechtsprechung des BGH *dann doch noch bewilligt* hatte, dann darf man die zweite Entscheidung ebensowenig wie dann berücksichtigen, wenn inzwischen eine Gesetzesänderung eingetreten ist. Die Frist nach II beginnt zwar grundsätzlich, BGH NJW **78**, 1920 aber nicht unbedingt schon mit der Zustellung des ersten Ablehnungsbeschlusses, und zwar auch dann nicht, wenn die Partei schon in jenem Zeitpunkt durch einen beim Rechtsmittelgericht zugelassenen Anwalt vertreten ist. Die Frist beginnt in diesem Zeitpunkt aber dann, wenn die Partei ihren Anwalt beauftragt hat, das Rechtsmittel in jedem Fall einzulegen.

**15**   Hat der *erstinstanzliche* ProzBev die Bewilligung von Prozeßkostenhilfe für die Berufungsinstanz beantragt, setzt die Zustellung des Beiordnungsbeschlusses (zugunsten des zweitinstanzlichen Anwalts) an den erstinstanzlichen Anwalt die zweiwöchige Wiedereinsetzungsfrist selbst dann in Lauf, wenn der Prozeßkostenhilfebeschluß auch dem zweitinstanzlichen Anwalt zugestellt wurde, BGH RR **93**, 451.
Wenn das Gericht der Partei zwar schon im Verfahren auf die Bewilligung der Prozeßkostenhilfe nach § 121 einen Anwalt beigeordnet hat, wenn die Partei diesem Anwalt aber noch *keine Prozeßvollmacht* erteilt hat, § 121 Rn 18 ff (die letztere kann allerdings schon mit dem Prozeßkostenhilfeantrag verbunden sein, BGH VersR **73**, 447), dann beginnt die Frist erst in dem Zeitpunkt, in dem das Gericht die Bewilligung der Prozeßkostenhilfe der Partei oder ihrem Vertreter rechtswirksam bekanntgibt, BGH FamRZ **91**, 425, dann allerdings auch unabhängig von einer etwaigen förmlichen Zustellung an den beigeordneten Anwalt, BGH VersR **73**, 319, und unabhängig davon, wann die Partei von der Mitteilung tatsächlich Kenntnis erlangt, BGH FamRZ **91**, 425. Ab Vollmachterteilung kommt es auf das Verschulden auch des beigeordneten Anwalts an, BGH RR **93**, 452.

### 4. Titel. Folgen der Versäumung. Wiedereinsetzung                                    § 234

Soweit das Gericht der Partei eine unbefristete *Auflage* gemacht, die Partei diese Auflage aber nicht innerhalb einer objektiv angemessenen Frist erfüllt hat, beginnt die Frist nach II erst dann zu laufen, wenn das Gericht der Partei den Beschluß über die Ablehnung einer Prozeßkostenhilfe zustellt oder wenn die Partei vorwerfbar eine Nachfrist verstreichen läßt, die ihr das Gericht gesetzt hat, BGH NJW **71**, 808, aM BGH **LM** Nr 19 (zum alten Recht). Eine bloße Äußerungsfrist ist keine Auflage, BGH NJW **76**, 330. Wenn die Partei einer befristeten Auflage im Verfahren auf eine Prozeßkostenhilfe schuldhaft nicht nachkommt, beginnt die Frist nach II in demjenigen Zeitpunkt, den das Gericht der Partei zur Erfüllung der Auflage gesetzt hat, BGH VersR **81**, 679, aM BGH **LM** (B) Nr 15 (es sei schon der Ablauf einer den Umständen nach objektiv angemessenen Frist schädlich).

Wenn die Partei wegen anderweitiger *Vergleichsverhandlungen* darum bittet, die Entscheidung über den **16** Antrag auf eine Prozeßkostenhilfe zurückzustellen, dann aber das Scheitern der Vergleichsverhandlungen dem Gericht nicht mitteilt, beginnt die Frist nach II erst mit der Klarstellung durch das Gericht, BGH NJW **76**, 330. Wenn der beigeordnete Anwalt nicht weiß, daß die Rechtsmittelfrist abgelaufen ist, beginnt die Frist nach II mit dem Ablauf desjenigen Tages, von dem an die Unkenntnis des Anwalts vorwerfbar ist. Wenn das Gesuch um die Bewilligung der Prozeßkostenhilfe mit dem Rechtsmittelschriftsatz verbunden wurde, kommen die zum bloßen Prozeßkostenhilfeantrag entwickelten Gesichtspunkte nicht zur Anwendung, BGH VersR **81**, 577. Ein bloßer Entwurf des Rechtsmittels oder seiner Begründung wahrt die Frist aber nicht schon deshalb, weil er mit einem Prozeßkostenhilfeantrag verbunden wird, BGH VersR **86**, 41. Die Partei muß den Prozeßkostenhilfeantrag innerhalb der Rechtsmittelfrist derart gestellt haben, daß sie mit Bewilligung wegen Mittellosigkeit rechnen konnte, Ffm MDR **99**, 569.

Hat die Partei die *Rechtsmittelfrist versäumt*, dann ist ihr nach der Gewährung der Prozeßkostenhilfe unter den Voraussetzungen der §§ 234, 236 Wiedereinsetzung auch dann zu bewilligen, wenn sie die Frist zur Rechtsmittelbegründung nach §§ 519 II, 554 II ebenfalls versäumt hat, BAG NJW **84**, 941. Ein Antrag auf die Verlängerung der Frist zur Revisionsbegründung, § 554 II 2 Hs 2, ist nur dann fristwahrend, wenn das Rechtsmittel beim BayObLG einzulegen war und Prozeßkostenhilfe erst nach dem Fristablauf durch den BGH erfolgte, BGH VersR **89**, 1318, sonst nicht, BGH AnwBl **90**, 166.

Lüderitz ZZP **78**, 131 und 157 (krit BGH NJW **78**, 1920) schlägt wegen des großen Risikos für denjenigen, der eine Prozeßkostenhilfe beantragt, vgl auch § 233 Rn 41–48, ferner oben Rn 1, und wegen des Umstands, daß das Gericht im allgemeinen über einen Prozeßkostenhilfeantrag nur selten vor dem Fristablauf entscheidet, eine *gesetzliche Neuregelung* dahin vor, daß der Antrag auf die Bewilligung der Prozeßkostenhilfe die Frist nach II unterbrechen sollte, so daß die Frist erst dann erneut zu laufen beginne, wenn die Partei von dem Beschluß Kenntnis erhalte.

**D. Weitere Einzelfälle.** Eine Säumnis ist z B in folgenden Fällen nicht mehr unverschuldet: Ein Er- **17** krankter erteilt die Prozeßvollmacht nicht, sobald er wenigstens dazu imstande ist, vgl Köln NJW **72**, 831; ein Inhaftierter merkt, daß man ihn nicht von Amts wegen zum Termin vorführt, Ffm Rpfleger **77**, 213; er kann seinen Anwalt wenigstens schriftlich erreichen, BGH VersR **85**, 786; eine Partei, BGH VersR **86**, 147 mwN, oder ein beauftragter Anwalt muß die Versäumung der Frist bei der ihm zuzumutenden normalen Sorgfalt erkennen, BGH VersR **87**, 53 und 765, etwa deshalb, weil die Partei ihn über eine öffentliche Zustellung informiert, selbst wenn er die Einzelheiten der Zustellung noch nicht kennt, BGH VersR **77**, 644, oder wenn das Gericht ihn über das Zustellungsdatum informiert, BGH RR **98**, 639, oder wenn ihn die Partei von der Absendung des Rechtsmittelauftrags informiert, BGH **LM** (B) Nr 24, oder wenn der Vorsitzende ihm eine Mitteilung zukommen läßt, BGH NJW **80**, 1848, BAG NJW **74**, 517, oder wenn ein anderer Anwalt eine überraschende Bemerkung macht, BGH VersR **77**, 258, oder wenn der Anwalt die Akten zum Zweck der Berufungsbegründung vorgelegt bekommt, BGH VersR **87**, 765, es sei denn, der erstinstanzliche Anwalt hatte (noch) Schuld, LG Stade NdsRpfl **75**, 221.

*Weitere Beispiele des Fehlens* weiterer unverschuldeter Säumnis: Nach dem Abhandenkommen eines Briefes **18** wird dessen Verlust gewiß, BGH NJW **74**, 994; das Gericht teilt überraschend mit, daß ein erster Fristverlängerungsantrag abgewiesen worden ist, BGH NJW **97**, 400; der Verkehrsanwalt erhält vom Berufungsanwalt die Nachricht nieder (in einem solchen Fall kommt es für den Anwalt auf eine zeitlich nachfolgende Mitteilung des Gerichts über das Ausbleiben des Eingangs der Rechtsmittelbegründung an), BGH VersR **81**, 280; der Gegner beantragt eine Berichtigung, § 319, BGH FamRZ **90**, 989.

Es kommt in allen diesen Fällen nicht darauf an, ob die *Partei selbst* Kenntnis hatte oder Kenntnis haben **19** mußte, § 85 II, BGH VersR **85**, 786, Karlsr FamRZ **73**, 48. Nach BGH BB **74**, 511. Nach BGH VersR **80**, 678 kommt es auch nicht darauf an, ob zB dem Bürovorsteher des Anwalts die Fristversäumung schon früher bekannt war. Der Anwalt muß eingehend darlegen und glaubhaft machen, daß er auf eine richtige weitere Behandlung der Sache durch den Bürovorsteher vertrauen durfte, BGH VersR **83**, 757. Im Fall des § 175 I 3 mag man die „Behebung" des Hindernisses noch nicht schon mit dem tatsächlichen Zugang gleichsetzen müssen, aM Schlosser Festschrift für Stiefel (1987) 684. Die Kenntnis von einem Kostenfestsetzungsbeschluß begründet auch Kenntnis vom Erlaß des zugrundeliegenden Urteils, BGH VersR **72**, 667.

Wenn sich die Partei mit dem Prozeßgegner während des Laufs der Berufungsbegründungsfrist verglichen **20** hat, muß sie die Berufung dann, wenn sie die Nichtigkeit des Vergleichs geltend machen will, während der Frist nach I begründen und gleichzeitig die Wiedereinsetzung beantragen. Eine Fristversäumung ist unschädlich, wenn der Vergleich der Partei eine umfangreichere Verpflichtung auferlegt als das erste Urteil, BGH **51**, 141.

Wenn der Auftrag zur Einlegung eines Rechtsmittels dem Anwalt nicht zugeht, beginnt die Frist mit demjenigen Tag, an dem die Partei bei dem Anwalt eine *Rückfrage* hätte halten müssen. Wenn ihr Anwalt einen anderen Anwalt mit der Einlegung des Rechtsmittels beauftragt hat, kommt es auf den Tag an, an dem der beauftragende Anwalt eine Erkundigung bei dem beauftragten Anwalt hätte anstellen müssen, BGH **50**, 86. Wenn die Rücknahme eines noch unbegründeten Rechtsmittels widerrufen wird, beginnt die Frist im Zeitpunkt der Mitteilung des Widerrufs an das Gericht. Sehr großzügig läßt BGH VersR **74**, 784 zu, daß ein

§§ 234–236  1. Buch. 3. Abschnitt. Verfahren

Anwalt gegen ein Urteil Berufung einlegt, ohne es von einem weiteren Urteil abzugrenzen, das unter demselben Aktenzeichen an demselben Tag in seiner Gegenwart verkündet worden war.

21   5) *VwGO:* Es gelten die ähnlichen Bestimmungen in § 60 II u III VwGO, vgl BVerwG DÖV **81**, 636 u Buchholz 310 § 60 Nr 183 mwN.

## 235 *Wiedereinsetzung bei Zustellung im Parteibetrieb.* (weggefallen)

## 236 *Wiedereinsetzungsantrag.* ¹Die Form des Antrags auf Wiedereinsetzung richtet sich nach den Vorschriften, die für die versäumte Prozeßhandlung gelten.

II ¹Der Antrag muß die Angabe der die Wiedereinsetzung begründenden Tatsachen enthalten; diese sind bei der Antragstellung oder im Verfahren über den Antrag glaubhaft zu machen. ²Innerhalb der Antragsfrist ist die versäumte Prozeßhandlung nachzuholen; ist dies geschehen, so kann Wiedereinsetzung auch ohne Antrag gewährt werden.

### Gliederung

| | |
|---|---|
| 1) Systematik, Regelungszweck, I, II .... 1 | B. Einzelfragen ........................ 8–11 |
| 2) Geltungsbereich, I, II ................. 2 | 6) Nachholung der versäumten Prozeß- |
| 3) Form, I .............................. 3 | handlung, II 2 Hs 1 ............... 12–15 |
| 4) Inhalt, II 1 ......................... 4–6 | 7) Entbehrlichkeit eines Antrags, II 2 Hs |
|    A. Wiedereinsetzungsgrund ........... 4, 5 | 2 ................................. 16–19 |
|    B. Fristwahrung ........................ 6 |    A. Voraussetzungen ................. 16–18 |
| 5) Glaubhaftmachung, II 1 ............. 7–11 |    B. Folgen ............................ 19 |
|    A. Grundsatz: Möglichkeit der Nachho- | 8) Verstoß, I, II ........................ 20 |
|      lung ................................ 7 | 9) *VwGO* ............................. 21 |

1   **1) Systematik, Regelungszweck, I, II.** Die Vorschrift regelt Form und Inhalt des nach § 234 erforderlichen Antrags, während §§ 237, 238 das weitere Verfahren bis zur Entscheidung regeln. Für die Glaubhaftmachung nach II ist § 294 ergänzend zu beachten.
   Formvorschriften *dienen* stets der Rechtssicherheit, Einl III 43, sind aber kein Selbstzweck und daher nicht zu überstrapazieren; das bringt II 2 zum Ausdruck, indem es das Ziel der sachlichrechtlichen Gerechtigkeit, Einl III 9, soweit wie möglich aufrechterhalten hilft. Daher darf dieser letzte Teil der Vorschrift nicht zu eng ausgelegt werden.

2   **2) Geltungsbereich, I, II.** Vgl § 233 Rn 3–5.

3   **3) Form, I.** Die Form des Antrags auf die Wiedereinsetzung, einer Parteiprozeßhandlung, Grdz 47 vor § 128, richtet sich nach derjenigen Form, die für die wirksame Vornahme der versäumten Prozeßhandlung erforderlich war, vgl zB § 587. Wenn es etwa um die Versäumung der Einlegung eines Rechtsmittels oder um die Versäumung der Rechtsmittelbegründung geht, §§ 518 I, 519 II, 553 I, 554 II, 569 II, ist für den Wiedereinsetzungsantrag die Schriftform erforderlich, § 129 Rn 6. Anwaltszwang herrscht wie sonst, § 78 Rn 1, Mü RR **87**, 895. Wenn es um einen Einspruch geht, §§ 340 I, 700 I, ist für den Wiedereinsetzungsantrag eine Erklärung zum Protokoll der Geschäftsstelle ausreichend, soweit das Versäumnisurteil vom AG erlassen wurde, § 496. Bei einer Beschwerde ist § 569 II zu beachten, bei der Erinnerung gegen einen Kostenfestsetzungsbeschluß § 104 III.
   Der Antrag braucht nicht ausdrücklich als Antrag oder Gesuch um eine Wiedereinsetzung bezeichnet zu werden, Rn 16–18, BGH NJW **79**, 110. Ein *stillschweigender* Antrag liegt aber nicht vor, wenn der ProzBev in der irrigen Annahme, die Frist sei noch nicht abgelaufen, das Rechtsmittel eingelegt hat und auch später noch an seinem Irrtum festhält, BGH VersR **83**, 559, oder wenn ein rechtskundiger Versorgungsträger in einem Schriftsatz, der den Anforderungen des §§ 234, 236 im übrigen nicht genügt, unrichtige Auffassungen zu einem anderen Fristablauf geltend macht, Saarbr FamRZ **88**, 414. Zur Antragsauslegung in einer Entschädigungssache Schwarz NJW **84**, 2138. Der Antrag richtet sich an das nach § 237 zuständige Gericht.

4   **4) Inhalt, II 1.** Die Vorschrift ist ziemlich streng, Rn 1.
   **A. Wiedereinsetzungsgrund.** Die Partei braucht nur noch, muß freilich auch alle diejenigen Tatsachen anzugeben, die die Wiedereinsetzung nach § 233 begründen, BGH FamRZ **92**, 49. Das sind solche Tatsachen, die zwar ein Fristversäumnis ergeben, jedoch ein Verschulden der Partei oder ihres Bevollmächtigten ausschließen, BGH FamRZ **97**, 998, und zwar auch ein etwa mitwirkendes Verschulden.
   *Dazu gehören z B:* Die Tatsachen, aus denen sich ergibt, daß die Partei Unterlagen, die sie für einen Antrag auf die Bewilligung einer Prozeßkostenhilfe nach § 117 benötigte, ohne ihr Verschulden nicht innerhalb der Rechtsmittelfrist beschaffen konnte, aus denen sich aber ergibt, daß sie diese Unterlagen dann unverzüglich nachgereicht hat, BGH LM § 233 (Hb) Nr 12; die Angabe des Zustellungstags; die Tatsachen, aus denen sich eine Urlaubsreise oder eine Erkrankung oder überhaupt alle diejenigen Umstände ergeben, die zwischen dem Beginn und dem Ende der versäumten Frist liegen und die für die Fristversäumung und für die Schuldlosigkeit der Partei bedeutsam sein können, BGH VersR **80**, 851, LAG Mü JB **91**, 124. Der Vortrag darf sich nicht auf solche Schlußfolgerungen und Bewertungen beschränken,

4. Titel. Folgen der Versäumung. Wiedereinsetzung                                    § 236

die dem Gericht eine selbständige Beurteilung der Verschuldensfrage nicht ermöglichen, BGH RR 90, 379.

Soweit eine Tatsache *aktenkundig* ist, § 291 Rn 5, braucht man sie nicht zusätzlich anzugeben, BGH VersR 5 87, 1237. Im Fall der Bewilligung der Prozeßkostenhilfe erst nach dem Ablauf der Rechtsmittelfrist ist aktenkundig, daß der Antragsteller die Versäumung der Rechtsmittelfrist nicht verschuldet hat, BGH VersR 82, 41. Im Fall der Ablehnung der Prozeßkostenhilfe muß er aber glaubhaft machen, weshalb er annehmen durfte, zur rechtzeitigen Einlegung des Rechtsmittels finanziell nicht imstande zu sein, BGH VersR 82, 42.

Die Partei muß freilich alle diese Umstände in den Grenzen des der Zumutbaren, BGH VersR 86, 965, und sogleich darlegen, BGH FER 96, 41. Eine pauschale Bezugnahme auf den früheren Vortrag reicht nicht aus, LAG Ffm BB 82, 1924. Neues späteres Vorbringen ist grundsätzlich unzulässig, BGH VersR 98, 1302. Ebenso unzulässig sind Widerruf und Ersetzung durch neuen Vortrag, BGH NJW 97, 2120. Eine bloße Vervollständigung oder Ergänzung ist freilich auch nach dem Ablauf der § 234 I zulässig, BGH NJW 99, 2284 und RR 99, 428, BFH BB 85, 1717. Das Gericht muß eine solche Vervollständigung oder Ergänzung sogar unter Umständen nach § 139 von Amts wegen veranlassen, Grdz 39 vor § 128, BGH NJW 99, 2284 (dort zu großzügig gegenüber dem Antragsteller). Die Partei darf die nach ihrer Ansicht zur Wiedereinsetzung ausreichenden Tatsachen jedenfalls dann nicht alternativ vortragen, wenn dabei ein Verschulden bei auch nur einem der Vorgänge möglich bleibt, BGH VersR 82, 144.

**B. Fristwahrung.** Die Partei muß außer den in Rn 4, 5 genannten Tatsachen, BGH RR 98, 279, 6 diejenigen Tatsachen angeben, aus denen sich ergibt, daß sie die Frist des § 234 gewahrt hat, BGH FamRZ 92, 49, BAG NJW 73, 214. Dazu gehört unter anderem die Angabe des Zeitpunkts, in dem das Hindernis behoben war. Das Gericht ermittelt solche Tatsachen nicht etwa nach Grdz 38 vor § 128 von Amts wegen. Wenn ein Anwalt behauptet, ein Angestellter habe in einer Weise gehandelt, die der Anwalt nicht zu vertreten habe, dann muß der Anwalt die zugehörigen Tatsachen angeben, namentlich darlegen, was er persönlich unternommen hatte, um eine solche Panne zu verhindern. Wenn die Partei trotz der Ablehnung ihres Antrags auf eine Prozeßkostenhilfe das Rechtsmittel auf eigene Kosten durchführen will, muß sie darlegen, warum sie sich zunächst für berechtigt halten durfte, eine Prozeßkostenhilfe zu beantragen, BGH LM Nr 4. Soweit aber feststeht, daß die persönlichen und wirtschaftlichen Verhältnisse der Partei für die Bewilligung einer Prozeßkostenhilfe nach § 114 ausreichen, braucht die Partei nicht darzulegen, weshalb sie das Rechtsmittel nicht rechtzeitig eingelegt hatte. Sie darf dann jedenfalls die Entscheidung über ihren Prozeßkostenhilfeantrag abwarten, wenn das Gericht diese Entscheidung nicht bis zum Ablauf der Rechtsmittelfrist getroffen hat; sie braucht das Rechtsmittel nicht vor der Entscheidung einzulegen.

Soweit es für das Gericht *offensichtlich*, zB aktenkundig ist, daß die Partei die Wiedereinsetzungsfrist gewahrt hat, braucht die Partei hierzu keine näheren Angaben zu machen, Rn 16–18, BGH FamRZ 92, 49, BAG NJW 73, 214. Zur Lage bei § 72 a III ArbGG BAG DB 83, 2640. Soweit aus anderen Gründen eine Wiedereinsetzung nicht möglich ist, kommt es auf die Einhaltung der Zweiwochenfrist nicht mehr an, BGH VersR 86, 1192. Die Frist ist nicht gewahrt, wenn der Antragsteller die zur Antragsbegründung rechtzeitig vorgetragene Tatsache widerruft und erst nach dem Fristablauf durch einen neuen Tatsachenvortrag ersetzt, BGH VersR 82, 1168, BAG DB 95, 1008.

**5) Glaubhaftmachung, II 1.** Diese selbstverständliche Bedingung wird oft zu lax eingehalten. 7

**A. Grundsatz: Möglichkeit der Nachholung.** Die Partei muß sämtliche Tatsachen, die die Wiedereinsetzung begründen, Rn 4–6, glaubhaft machen, § 294, BGH NJW 98, 1870, also auch diejenigen, aus denen sich die Rechtzeitigkeit des Wiedereinsetzungsgesuchs ergibt, BGH NJW 90, 190. Die Glaubhaftmachung braucht allerdings nicht unbedingt schon im Antrag zu erfolgen, BGH NJW 98, 1870; es reicht vielmehr aus, daß die Glaubhaftmachung „im Verfahren über den Antrag" erfolgt, BGH FamRZ 89, 373. Das bedeutet: Die Partei kann die Glaubhaftmachung bis zu demjenigen Zeitpunkt nachholen, in dem das Gericht über den Wiedereinsetzungsantrag nach § 238 entscheidet, BGH FamRZ 87, 925. Daher darf und muß das Gericht auch ein unter Verstoß gegen § 294 II, aber immerhin bis zum Verhandlungsschluß vorliegendes Mittel der Glaubhaftmachung mitbeachten, BGH FamRZ 89, 373.

**B. Einzelfragen.** Zur Glaubhaftmachung gehört nicht nur eine Angabe derjenigen Mittel, aus denen sich 8 die Glaubwürdigkeit ergeben soll, sondern auch die Glaubhaftmachung selbst. Die Partei darf die eidesstattliche Versicherung selbst abgeben, BGH FamRZ 96, 409. Wenn die Partei zur Glaubhaftmachung auf eine eidesstattliche Versicherung Bezug nimmt, diese aber offenbar nicht beifügt, dann muß das Gericht ihr die Gelegenheit dazu geben, die eidesstattliche Versicherung nachzureichen, BGH VersR 82, 273. Freilich hat die Partei zu dieser Nachreichung in der Regel nur eine kurze Nachfrist. Auch einem Achtzehnjährigen ist eine eidesstattliche Versicherung zumutbar, BGH VersR 82, 273. Eine eidesstattliche Versicherung muß eine zugehörige eigene Begründung haben; eine bloße Bezugnahme reicht meist nicht, § 294 Rn 7, BGH VersR 88, 860.

Eine Glaubhaftmachung braucht nur insoweit zu erfolgen, als das Gericht darüber entscheiden soll, ob 9 eine feststehende Fristversäumung unvermeidbar war, BGH VersR 74, 1021. Die Anforderungen an die Glaubhaftmachung dürfen *nicht überspannt* werden, BVerfG 41, 334 (betr das OWiG und die StPO), BGH VersR 86, 463, freilich auch VersR 83, 401. Es kann zur Glaubhaftmachung eine Mitteilung genügen, die Partei sei in Urlaub gewesen. Auch eine Arztbescheinigung kann genügen; freilich ist der Parteivortrag sorgfältig zu prüfen, BGH VersR 85, 550. Es kann auch genügen, daß ein Anwalt eine solche Mitteilung über seinen Auftraggeber macht, BVerfG 41, 339 (betr das OWiG und die StPO), Köln NJW 64, 1039, oder eine Kopie zB seines Fristenkalenders einreicht, BGH VersR 87, 900. Eine solche schlichte Mitteilung kann sogar dann genügen, wenn sie außerhalb der allgemeinen Ferienzeit beim Gericht eingeht, BVerfG 41, 339 (betr das OWiG und die StPO). Man braucht eine gerichtsbekannte offenkundige, zB aktenkundige Tatsache nicht glaubhaft zu machen, Rn 6, 16 BAG **AP** § 182 Nr 1.

Freilich darf die Lebenserfahrung, daß sich das halbe Volk während der üblichen *Urlaubszeiten* im Ausland 10 oder doch auswärts befindet, nun auch nicht dazu führen, daß sich das Gericht mit jeder noch so nachlässigen

§ 236

Mitteilung begnügen dürfte, auch die antragstellende Partei sei im Urlaub gewesen. Schließlich verbringen viele Leute ihren Urlaub jedenfalls teilweise an ihrem Wohnsitz oder doch in dessen unmittelbarer Nähe. Es sind also zumindest präzise Angaben über den Beginn und das Ende des Urlaubs sowie den Urlaubsort erforderlich, oft darüber hinaus Angaben dazu, weshalb die Post nicht nachgeschickt wurde usw. Andernfalls würde man bei der Glaubhaftmachung geringere Anforderungen als bei der Angabe derjenigen Tatsachen stellen, die überhaupt eine Wiedereinsetzung ermöglichen sollen. Das alles gilt erst recht nach einem Urlaub außerhalb der Hauptreisezeit, BGH VersR **84**, 82. Im übrigen dürfen allgemein keine Widersprüche vorliegen, BGH VersR **81**, 957.

**11**   Die Behauptung eines Anwalts über eine Handlung eines Dritten genügt zur Glaubhaftmachung nicht. Eine *eidesstattliche Versicherung des Anwalts* ist aber zulässig, BGH VersR **86**, 463, aM BGH VersR **74**, 1021. Der Anwalt muß eine eidesstattliche Versicherung des Auftraggebers oder eines Dritten auf ihre Eignung prüfen und insoweit auf ihre Fassung Einfluß nehmen, BGH VersR **83**, 562. Wenn man keine Nichtkenntnis darlegen muß, kann es zur Glaubhaftmachung ausreichen, daß die Lebenserfahrung keinen Anhalt für die Kenntnis gibt. Das Gericht kann eine Fragepflicht haben, wenn ihm die bisherige eidesstattliche Versicherung nicht genügt, § 139, BGH VersR **84**, 82. Die Partei darf aber keineswegs stets abwarten, ob das Gericht sie zur Glaubhaftmachung auffordert. Denn II 1 macht die Glaubhaftmachung, anders als zB §§ 227 II, 296 IV, nicht vom „Verlangen" des Gerichts abhängig. Das übersieht ZöGre 7 bei seinem an sich richtigen Hinweis auf §§ 139, 278 III. Im Zweifel ist die Wiedereinsetzung zu versagen, BGH VersR **83**, 401.

**12**   **6) Nachholung der versäumten Prozeßhandlung, II 2 Hs 1.** Die Partei muß die versäumte Prozeßhandlung in der für sie vorgeschriebenen Form, vgl Rn 1, und innerhalb der Antragsfrist des § 234 nachholen, BAG DB **95**, 1920, LG Hbg WoM **93**, 479. Ein isoliert bleibender Wiedereinsetzungsantrag ist also unzulässig, BGH VersR **78**, 88, BFH DB **87**, 873. Die Nachholung kann freilich vor ihm, BGH VersR **87**, 1237, und auch innerhalb der Frist des § 234 I auch nach ihm erfolgen, sogar nach einer Verwerfung des „verspäteten" Rechtsmittels, BGH **LM** § 519b Nr 9. Die Partei muß alles dasjenige nachholen, was im Fall einer Einreichung vor dem Ablauf der versäumten Frist ebenfalls notwendig und ihr auch zumutbar gewesen wäre. Sie muß zB dem Notanwalt des § 78b einen angemessenen Gebührenvorschuß zahlen, BGH VersR **91**, 122. Ein Einspruch nach §§ 338, 700 muß nicht unbedingt ausdrücklich erklärt werden, soweit er nur eindeutig gemeint ist, § 340 Rn 3, BVerfG **88**, 127. Wenn es um einen Antrag auf die Bewilligung einer Prozeßkostenhilfe geht, § 117, muß die Partei sämtliche Unterlagen vorlegen, die seinerzeit notwendig gewesen wären, um dem Gericht eine Entscheidung zu ermöglichen, BGH VersR **85**, 271, BayObLG **79**, 255.

**13**   Ein Antrag auf die *Verlängerung* einer Frist ersetzt grundsätzlich die Notwendigkeit der Nachholung der versäumten Prozeßhandlung nicht, BGH BB **99**, 1785, BAG NJW **96**, 1366, BFH DB **87**, 873, aM Karlsr MDR **87**, 240.

**14**   Die Partei muß also auch eine *Rechtsmitteleinlegung,* und zwar eine unbedingte, BGH VersR **85**, 1184, oder eine *Rechtsmittelbegründung* grundsätzlich innerhalb der Wiedereinsetzungsfrist nachholen, BGH BB **99**, 1785, BAG NJW **96**, 1365, Oldb FamRZ **97**, 304 (ein nicht unterzeichneter Entwurf reicht nicht), aM Mü MDR **87**, 240.

Wird nach verspäteter Rechtsmitteleinlegung innerhalb der Begründungsfrist weder das Rechtsurteil verworfen noch über den wegen der Fristversäumung gestellten Wiedereinsetzungsantrag entschieden, so wird im Fall späteren Wiedereinsetzungserfolgs der *Ablauf der Frist* nicht berührt, BGH NJW **89**, 1155.

**15**   Die Notwendigkeit der Nachholung der versäumten Prozeßhandlung innerhalb der Wiedereinsetzungsfrist gilt grundsätzlich auch beim Antrag auf eine *Prozeßkostenhilfe,* BGH VersR **86**, 1025, Bbg MDR **95**, 1263. Etwas anderes gilt aber dann, wenn die Partei eine Revision beim BayObLG eingelegt hatte, § 7 EGZPO, und wenn das Gericht dem Revisionskläger einen ProzBev im Weg der Prozeßkostenhilfe erst nach dem Ablauf der Revisionsbegründungsfrist beigeordnet hat. Eine Bitte um die Weiterleitung an das wirklich zuständige Gericht kann ausreichen, sofern die Akte dort vor dem Ablauf der Frist eingeht, BGH VersR **78**, 826. Soweit die versäumte Prozeßhandlung nachgeholt wurde, braucht sie nicht wiederholt zu werden, BGH VersR **78**, 449, Düss FamRZ **82**, 82.

**16**   **7) Entbehrlichkeit eines Antrags, II 2 Hs 2.** Die Vorschrift wird zu wenig beachtet.

**A. Voraussetzungen.** Grundsätzlich findet keine Wiedereinsetzung ohne einen Antrag statt, § 234 Rn 1, BAG NJW **89**, 2708. Ein Antrag auf Wiedereinsetzung ist entbehrlich, soweit die Partei die versäumte Prozeßhandlung innerhalb der Antragsfrist des § 234 I nachgeholt hat, BGH FamRZ **88**, 830, BAG DB **80**, 1852. Das bedeutet natürlich nicht, daß das Gericht die Wiedereinsetzung ohne jede Prüfung gewähren dürfte, wenn die Partei zwar die zunächst einzuhaltende Frist versäumt hat, dann aber die Handlung innerhalb der Frist des § 234 nachholt. Vielmehr meint das Gesetz lediglich folgendes: Falls die Partei die versäumte Handlung nach Rn 12–15 nachgeholt hat, schadet ein Formmangel ihres Antrags nicht unbedingt; die Wiedereinsetzung soll auch nicht an irgendeinem Behördenverschulden scheitern.

**17**   *Es kann z B genügen,* lediglich die Rechtsmittelschrift einzureichen, wenn unter anderem alle Daten offenkundig sind, § 291, BAG DB **95**, 1920, KG ZMR **94**, 35, wenn sie zB aktenkundig sind, § 291 Rn 5, BGH NJW **85**, 2651, aus denen sich ergibt, daß die Partei die Rechtsmittelfrist unverschuldet versäumt hatte, Rn 6, BGH VersR **80**, 264, Borgmann FamRZ **78**, 46. Ein Antrag kann auch hilfsweise erfolgen, BGH NJW **97**, 1312. Ferner erfolgt eine Wiedereinsetzung auch ohne einen Antrag, wenn das Gericht fälschlich eine Fristversäumung angenommen hat, LAG Hamm BB **91**, 1706. Es genügt auch, daß die Partei die Prozeßhandlung trotz des Hindernisses vornimmt, BGH VersR **85**, 271. Auch das Revisionsgericht kann von Amts wegen bewilligen, BGH NJW **85**, 2651.

**18**   Das Gericht hat aber keinen Anlaß zu einer Wiedereinsetzung, wenn der Rechtsmittelkläger einen Wiedereinsetzungsantrag nur deshalb nicht stellt, weil er meint, er sei *nicht säumig,* z B deshalb, weil die Berufungsfrist nach seiner Auffassung noch nicht begonnen habe oder weil sie noch laufe, BAG BB **75**, 971, Ffm FamRZ **83**, 197. Ausreichend ist der Wille der Partei, den Prozeß trotz ihrer Kenntnis des Fristablaufs

4. Titel. Folgen der Versäumung. Wiedereinsetzung    §§ 236–238

fortzusetzen, BAG NJW **89**, 2708. In einem solchen Fall ist eine Wiedereinsetzung auch ohne einen Antrag der Partei selbst dann zu prüfen, wenn die Partei selbst ersichtlich die Rechtsauffassung vertritt, ihr dürfe eine Wiedereinsetzung nicht zugebilligt werden, BGH **61**, 395 (insofern zustm Vollkommer ZZP **89**, 209). II 2 Hs 2 soll aber nicht eine Möglichkeit schaffen, Wiedereinsetzungsgründe grundlos nachzuschieben.

**B. Folgen.** Soweit die Voraussetzungen Rn 16–18 vorliegen, muß das Gericht die Wiedereinsetzung **19** gewähren; „kann" steht hier nicht nur in seinem pflichtgemäßen Ermessen, StJSchu 4, ZöGre 5, aM BGH BRAK-Mitt **87**, 91, BAG NJW **89**, 2708.

**8) Verstoß, I, II.** Ein Verstoß heilt nicht nach § 295. Ein verspäteter oder nicht nach II 2 Hs 2 ersetzter **20** Antrag ist unzulässig, ZöGre 1.

**9)** *VwGO: I ist entsprechend anwendbar, § 173 VwGO, Ey § 60 Rn 22. II ist ersetzt durch § 60 II 2, 3* **21** *VwGO (im wesentlichen inhaltsgleich).*


**237** *Zuständiges Gericht.* **Über den Antrag auf Wiedereinsetzung entscheidet das Gericht, dem die Entscheidung über die nachgeholte Prozeßhandlung zusteht.**

**1) Systematik, Regelungszweck.** Die Vorschrift enthält für das Wiedereinsetzungsverfahren eine vor- **1** rangige Zuständigkeits-Sonderregelung im Interesse der Einheitlichkeit der Beurteilung von Wiedereinsetzung und Hauptsache zur Erzielung einer gerechten Sachentscheidung, Einl III 9, und natürlich auch zur Beachtung der Prozeßwirtschaftlichkeit, Grdz 14 vor § 128.

**2) Geltungsbereich.** Vgl § 233 Rn 3–5. **2**

**3) Zuständigkeit.** Für die Entscheidung über den Antrag auf eine Wiedereinsetzung wie für eine **3** Entscheidung von Amts wegen nach § 236 II 2 Hs 2, BGH RR **89**, 963, ist grundsätzlich dasjenige Gericht zuständig, das über die nachgeholte Prozeßhandlung zu entscheiden hatte oder das beim Fehlen einer Prozeßhandlung entschieden hat. Das ist im Fall einer Beschwerde das abhelfende Gericht. Im Fall einer sofortigen Beschwerde gegen die Entscheidung des nach §§ 361, 362 verordneten Richters oder gegen eine Entscheidung des Urkundsbeamten der Geschäftsstelle ist das Prozeßgericht zuständig, § 577 IV. Im Fall einer weiteren Beschwerde, kann das zur Entscheidung über sie berufene Gericht zuständig sein, BGH NJW **96**, 2581. Das BayObLG kann den BGH nach § 7 II 3 EGZPO für zuständig erklärt haben, BGH RR **93**, 1084. Soweit es um einen Rechtsbehelf nach § 104 III geht, ist zuständig der Rpfl nach § 104 Rn 41 ff. Grundsätzlich hat *kein anderes Gericht* die Entscheidung vorwegzunehmen, BGH **101**, 141. Allerdings darf und muß das Revisionsgericht gegen die Versäumung einer Frist des Berufungsverfahrens, auch ohne einen Antrag, unter den Voraussetzungen des § 236 II 2 Hs 2 in einem klaren Fall statt einer Aufhebung und Zurückverweisung selbst die Wiedereinsetzung gewähren, BGH RR **89**, 963, BFH DB **83**, 1132. Es darf sie auch in einem klaren Fall aber nicht verweigern, sondern muß dazu zurückverweisen, BGH **101**, 141.

**4)** *VwGO: Es gilt § 60 IV VwGO (inhaltsgleich).* **4**


**238** *Entscheidung über die Wiedereinsetzung.* **I ¹Das Verfahren über den Antrag auf Wiedereinsetzung ist mit dem Verfahren über die nachgeholte Prozeßhandlung zu verbinden. ²Das Gericht kann jedoch das Verfahren zunächst auf die Verhandlung und Entscheidung über den Antrag beschränken.**

**II ¹Auf die Entscheidung über die Zulässigkeit des Antrags und auf die Anfechtung der Entscheidung sind die Vorschriften anzuwenden, die in diesen Beziehungen für die nachgeholte Prozeßhandlung gelten. ²Der Partei, die den Antrag gestellt hat, steht jedoch der Einspruch nicht zu.**

**III Die Wiedereinsetzung ist unanfechtbar.**

**IV Die Kosten der Wiedereinsetzung fallen dem Antragsteller zur Last, soweit sie nicht durch einen unbegründeten Widerspruch des Gegners entstanden sind.**

### Gliederung

| | | | |
|---|---|---|---|
| 1) Systematik, Regelungszweck, I–IV | 1 | C. Stattgabe | 7 |
| 2) Geltungsbereich, I–IV | 2 | D. Versäumnisverfahren | 8 |
| 3) Verfahren, I | 3, 4 | E. Einzelfragen | 9 |
|    A. Verbindung mit der Verhandlung über das Versäumte | 3 | F. Verstoß | 10 |
|    B. Verbindung mit der Sachverhandlung | 4 | 5) Rechtsbehelfe, III | 11–14 |
| 4) Entscheidung, II, III | 5–10 |    A. Wiedereinsetzung | 11 |
|    A. Allgemeines | 5 |    B. Ablehnung | 12–14 |
|    B. Verwerfung; Zurückweisung | 6 | 6) Kosten, IV | 15 |
| | | 7) VwGO | 16 |

**1) Systematik, Regelungszweck, I–IV.** Die Vorschrift regelt im Anschluß an die Klärung des Antrags- **1** erfordernisses, §§ 234, 236, der Fristen, § 234, und der Zuständigkeit, § 237, die verbleibenden weiteren Verfahrensfragen. Ergänzend sind die allgemeinen Verfahrensvorschriften des 1. Buches anwendbar; auf die Entscheidungsform und -mitteilung finden ergänzend §§ 313 ff, 329 Anwendung.

§ 238     1. Buch. 3. Abschnitt. Verfahren

Die Vorschrift *dient* in allen Teilen der Prozeßwirtschaftlichkeit, Grdz 14 vor § 128, in III außerdem der Rechtssicherheit, Einl III 43, BGH RR **99**, 839 (keine Überprüfung des Berufungsgerichts durch das Revisionsgericht, Patentsache), und in IV der Kostengerechtigkeit in Anlehnung an § 97.

**2**    **2) Geltungsbereich, I–IV.** Vgl § 233 Rn 3–5 und wegen III den ähnlichen § 123 IV 4 PatG, BGH RR **99**, 839.

**3**    **3) Verfahren, I.** Es sind zwei Verbindungsarten zu unterscheiden.

**A. Verbindung mit der Verhandlung über das Versäumte.** Das Gericht muß das Verfahren über den Wiedereinsetzungsantrag grundsätzlich mit dem Verfahren über die versäumte Prozeßhandlung, zB über den Einspruch oder über die Berufung, verbinden. Daher muß es regelmäßig, zB bei §§ 585, 586 I, eine mündliche Verhandlung anberaumen, § 128 Rn 4, Düss MDR **84**, 763. Soweit es um ein Rechtsmittel oder um die Erinnerung gegen die Kostenfestsetzungsbeschluß geht, ist die mündliche Verhandlung nach § 128 Rn 10 freigestellt, §§ 104 III 3, 341 II, 519b II, 554a, 573 I. Der Gegner ist anzuhören, Art 103 I GG, Einl III 16, BVerfG **67**, 156. Eine Terminsbestimmung erfolgt wie bei der versäumten Prozeßhandlung, also von Amts wegen, § 216. Eine Zustellung erfolgt von Amts wegen, §§ 270 I, 274 I. Die Einstellung der Zwangsvollstreckung kann gemäß § 707 erfolgen. Anwaltszwang herrscht wie sonst, § 78 Rn 1.

Das Gericht prüft die Zulässigkeit des Antrags auf die Wiedereinsetzung *von Amts wegen,* soweit nicht der Antragsteller säumig ist, Rn 8. Eine Parteiherrschaft, Grdz 18 vor § 128, besteht nicht, BGH FamRZ **89**, 373. Eine Mängelheilung ist daher grundsätzlich ausgeschlossen, § 295 Rn 27, BGH FamRZ **89**, 373. Das ergibt sich aus dem Zweck der Wiedereinsetzung und daraus, daß die Parteien die Rechtskraft nach § 322 nicht von sich aus willkürlich beseitigen können. Freilich folgt aus § 236 II 1, daß ein verfahrensfehlerhaft erlangtes, bis zum Verhandlungsschluß vorliegendes Mittel der Glaubhaftmachung im Ergebnis doch mitverwertbar ist, BGH FamRZ **89**, 373. Bei der Prüfung der Zulässigkeit bleiben die sachlichen oder sonstigen prozessualen Aussichten des Rechtsstreits unerheblich. Das Gericht darf also den Wiedereinsetzungsantrag nicht nach den gestellten Sachanträgen aufspalten; das Vorliegen einer Doppelehe nach der etwaigen Wiedereinsetzung gegenüber einem Scheidungsurteil darf also nicht berücksichtigt werden.

**4**    **B. Verbindung mit der Sachverhandlung.** Das Gericht kann zwar die Verhandlung über den Wiedereinsetzungsantrag mit der Verhandlung zur Streitsache verbinden, Rn 1. Es kann die Verhandlung aber auch auf den Wiedereinsetzungsantrag beschränken. Die letztere Verhandlung erfolgt durch einen Beschluß, § 329. Er ist grundsätzlich wenigstens kurz zu begründen, § 329 Rn 4. Er wird verkündet, § 329 I 1. Im Fall einer solchen Abtrennung ist eine Verhandlung und Entscheidung über die Sachfrage erst nach der (auch stillschweigend möglichen) Aufhebung der Beschränkung zulässig, Zweibr MDR **85**, 771. Eine Sachentscheidung ist vor der Entscheidung über den Wiedereinsetzungsantrag unzulässig, BGH NJW **82**, 887. Zulässig ist aber eine Wiedereinsetzung gegen die Versäumung der Berufungsfrist, wenn das Berufungsgericht die Berufung bereits wegen der Fristversäumung als unzulässig verworfen hat; wenn die Wiedereinsetzung gewährt wird, wird der Verwerfungsbeschluß gegenstandslos, BGH **LM** § 519b Nr 9. Eine Entscheidung über die Wiedereinsetzung und eine Einstellung der Zwangsvollstreckung sind nicht gleichzeitig notwendig, BVerfG **61**, 17.

**5**    **4) Entscheidung, II, III.** Sie wird oft nicht sorgfältig genug formuliert.

**A. Allgemeines.** Das Gericht entscheidet über die Zulässigkeit des Wiedereinsetzungsantrags ebenso wie über die Zulässigkeit der nachgeholten Prozeßhandlung. Es muß eine ausdrückliche Entscheidung treffen und die versäumte Frist bezeichnen. Eine stillschweigende Entscheidung ist deshalb unzulässig, ZöGre 2, aM ThP 5. Sie kann auch nicht darin liegen, daß das Gericht das Verfahren in der Sache selbst fortsetzt oder daß es einen Beweisbeschluß erläßt. Soweit die nachgeholte Prozeßhandlung eine mündliche Verhandlung erfordert oder eine solche freistellt, § 128 Rn 10, kann das Gericht seine Entscheidung durch einen Beschluß treffen, § 329, dabei in den Fällen der §§ 341 II, 519b, 554a aber nur, soweit es eben auch keine Verhandlung durchführt. Das gilt auch bei einer Zurückweisung des Wiedereinsetzungsgesuchs gegen die Versäumung der Einspruchsfrist nach einem Versäumnisurteil oder Vollstreckungsbescheid, §§ 338, 700.

Soweit das Gericht in den Fällen der §§ 341 II, 519b, 554a eine freigestellte *Verhandlung* durchführt oder die nachgeholte Prozeßhandlung eine mündliche Verhandlung erfordert, § 128 Rn 4, etwa bei einer Zulässigkeit des Einspruches, § 341 Rn 9, muß das Gericht durch ein Urteil entscheiden, aM BVerwG NJW **87**, 1349. Das gilt zB bei der Zubilligung einer Wiedereinsetzung gegen die Versäumung der Einspruchsfrist gegen ein Versäumnisurteil oder einen Vollstreckungsbescheid. Die Zurückstellung der Entscheidung über den Wiedereinsetzungsantrag bis zur Entscheidung in der Sache selbst ist mit Art 103 I GG vereinbar, BGH NJW **89**, 1155 (im Ergebnis zustm Wagner).

**6**    **B. Verwerfung; Zurückweisung.** Soweit das Gericht den Antrag auf die Wiedereinsetzung als unzulässig verwirft oder ihn als unbegründet zurückweist, gilt: Wenn es schon sachlich erkannt hatte, erläßt es ein Endurteil, durch das der Wiedereinsetzungsantrag verworfen wird. Soweit es noch nicht sachlich erkannt hatte, erläßt es ein Urteil in der Sache und teilt in den Entscheidungsgründen mit, warum das Wiedereinsetzungsgesuch zurückgewiesen werden mußte.

**7**    **C. Stattgabe.** Soweit das Gericht dem Wiedereinsetzungsantrag stattgibt, erläßt es entweder ein unselbständiges Zwischenurteil nach § 303, nämlich dann, wenn das Gericht die Verhandlung auf den Wiedereinsetzungsantrag beschränkt hatte, oder es erläßt ein Urteil in der Sache selbst, in dessen Entscheidungsgründen das Gericht die Zulässigkeit der Wiedereinsetzung trotz III kurz erörtert.

**8**    **D. Versäumnisverfahren.** Beim Versäumnisverfahren im Fall der Durchführung einer freigestellten Verhandlung in den Fällen der §§ 341a II, 519b, 554a oder der Notwendigkeit einer mündlichen Verhandlung sind folgende Situationen zu unterscheiden:

Bei einer Säumnis des Antrag*stellers* weist das Gericht den Wiedereinsetzungsantrag ohne Rücksicht auf die Zulässigkeit und Begründetheit des Wiedereinsetzungsantrags durch ein Versäumnisurteil zurück,

4. Titel. Folgen der Versäumung. Wiedereinsetzung § 238

§§ 330 ff, und verwirft zugleich das nunmehr unzulässige Rechtsmittel. Dieses ist nicht mit einem Einspruch anfechtbar, II. Es läßt eine Berufung nur in den Fällen der §§ 513 II, 566 zu, Rn 12.

Bei einer Säumnis des Antrags*gegners* ist der Wiedereinsetzungsantrag von Amts wegen zu prüfen, Rn 2, und wie folgt zu unterscheiden: Bei einem begründeten Antrag erläßt das Gericht ein Versäumnisurteil oder eine Entscheidung nach der Aktenlage in der Sache selbst, §§ 251 a, 331 a. Bei einem unbegründeten Antrag weist das Gericht den Wiedereinsetzungsantrag zurück oder verwirft ihn nach Aktenlage oder durch ein unechtes Versäumnisurteil, Üb 13 vor § 330, das den Einspruch als unzulässig erklärt, § 331 II.

**E. Einzelfragen.** Mit der Gewährung der Wiedereinsetzung entfällt ein Beschluß ohne weiteres, durch **9** den das Gericht ein Rechtsmittel als unzulässig verworfen hatte, BGH **LM** § 519 b Nr 9.

**F. Verstoß.** Wenn das Gericht formfehlerhaft entschieden hatte, etwa durch einen Beschluß statt durch **10** ein Urteil, dann ist die Versäumung trotzdem geheilt. Denn das Gericht kann seine eigene Entscheidung nach § 318 nicht wieder beseitigen.

**5) Rechtsbehelfe, III.** Beim Rpfl gilt § 11 RPflG, § 104 Rn 41 ff. Im übrigen: **11**

**A. Wiedereinsetzung.** Gegen eine die Wiedereinsetzung gewährende Entscheidung ist grundsätzlich kein Rechtsbehelf statthaft, III, Hamm ZMR **98**, 553. Das gilt unabhängig davon, ob das Gericht durch ein Zwischenurteil, ein Endurteil, ein Versäumnisurteil, eine Entscheidung nach der Aktenlage oder einen Beschluß entschieden hat. Die Gewährung ist auch für das Rechtsmittelgericht bindend, BVerfG NJW **80**, 1096, BGH RR **99**, 839, Ffm VersR **89**, 265, LG Köln WoM **90**, 160. Soweit das Gericht allerdings ohne jede gesetzliche Grundlage, vgl § 127 Rn 25, eine mündliche Verhandlung unterlassen hatte, ist die einfache Beschwerde statthaft, § 567 Rn 6, Düss MDR **84**, 763, Kblz VersR **97**, 208. Im übrigen kommt nach einer Verletzung des rechtlichen Gehörs, Art 103 I GG, Einl III 16, zumindest auf Grund einer Gegenvorstellung oder Beschwerde eine abändernde Entscheidung des bisherigen Gerichts in Betracht, BGH **130**, 98 (zustm Roth JZ **96**, 375, krit Hoeren JR **96**, 199), Kblz MDR **97**, 976. Beim Rpfl gilt § 11 RPflG, § 104 Rn 41 ff. Soweit das LG als Berufungs- oder Beschwerdegericht entschieden hat, ist weitere Beschwerde grundsätzlich unzulässig, § 567 III 1, jedoch ausnahmsweise bei greifbar gesetzwidriger Wiedereinsetzung statthaft, BGH RR **99**, 839, Hamm ZMR **98**, 553.

**B. Ablehnung.** Wenn das Gericht die Wiedereinsetzung abgelehnt hat, ist derjenige Rechtsbehelf **12** statthaft, der durch die Entscheidung erfordert ist. Soweit also das Gericht die Wiedereinsetzung durch ein Versäumnisurteil verworfen hat, kommt eine Berufung oder Revision nach den §§ 513 II oder 566 in Betracht, Hamm AnwBl **83**, 515. Gegen einen Beschluß, durch den das Gericht einem Antrag auf eine Wiedereinsetzung nicht stattgegeben hatte, ist die sofortige Beschwerde zulässig, sofern die Revision zulässig wäre. Das gilt bei § 519 b II, BGH VersR **80**, 90, und bei §§ 547, 567 III, BGH JB **76**, 1048. Diese Möglichkeit *entfällt* aber zB insoweit, als das LG als Berufungs- oder Beschwerdegericht entschieden hat, § 567 III 1, oder wegen § 545 II im Verfahren auf den Erlaß eines Arrests oder einer einstweiligen Verfügung, §§ 916 ff, 935 ff, BGH **LM** Nr 1, oder in einem Enteignungs- oder Umlegungsverfahren, oder gegen den Beschluß in einem Hausratsteilungsverfahren, §§ 621 I Z 7, 629 a I, Zweibr FamRZ **84**, 1031, ferner soweit das LG als Berufungsgericht entschieden hat, Mü MDR **71**, 588, oder soweit das Revisionsgericht nach § 554 a entschieden hat, oder soweit überhaupt in der Hauptsache ein Rechtsmittel nicht statthaft ist, Kblz Rpfleger **89**, 79.

Soweit das Gericht durch ein *„Zwischenurteil"* entschieden hat, § 280, ist dieses im Hinblick auf die **13** Anfechtbarkeit wie ein Endurteil zu behandeln. Denn es ist ein unnötiger Umweg. Deshalb ist eine selbständige Anfechtung, zB mit Revision, zulässig, BGH VersR **79**, 619 und 960, Zweibr MDR **85**, 771.

Eine *Gegenvorstellung*, Üb 3 vor § 567, ist jedenfalls dann erfolglos, wenn die Entscheidung wegen des **14** Fristablaufs, § 234, nicht mehr abänderbar ist, BGH **LM** Nr 11, BAG BB **73**, 755, Zweibr FamRZ **84**, 1031.

**6) Kosten, IV.** Der Antragsteller trägt ein erhebliches Kostenrisiko, Karlsr MDR **90**, 337. Die Kosten der **15** Wiedereinsetzung fallen stets dem Antragsteller zur Last, soweit nicht der Gegner einer Wiedereinsetzung unbegründet widersprochen hat. Das gilt auch im Fall des Wiedereinsetzungsgesuchs, Karlsr AnwBl **84**, 456, und auch für die Kosten eines Beschwerdeverfahrens, Hamm MDR **82**, 501. Das Gericht muß über die Kosten der Wiedereinsetzung eine gesonderte Entscheidung treffen, aM BGH VersR **79**, 443, ThP 10, 19, ZöGre 11. Sofern das Gericht eine solche Entscheidung versäumt hat, ist es grundsätzlich an seine Kostenentscheidung nach § 318 gebunden. Eine Abänderung dieser Entscheidung kommt nur mit den sonst in solchen Fällen üblichen Mitteln in Betracht, etwa nach §§ 319, 320 ff. IV ist gegenüber § 269 III 2 nachrangig, ZöGre 11, aM ThP 20. Es entstehen keine besonderen Gerichts- oder Anwaltsgebühren, § 1 GKG, § 37 BRAGO, sondern nur Auslagen.

**7) VwGO: I** ist entsprechend anzuwenden, § 173 *VwGO*, BVerwG DVBl **86**, 1202 mwN, KoppSch § 60 **16** Rn 36. Auch **II 1** gilt entsprechend für die Entscheidung, BVerwG aaO; also ergeht sie bei Versäumung der Klagfrist durch Gerichtsbescheid oder Urteil, Ey § 60 Rn 30 mwN, KoppSch § 60 Rn 36, OVG Bln NVwZ-RR **90**, 388 mwN, bei Versäumung einer Rechtsmittelfrist auch durch Beschluß, VGH Kassel NJW **66**, 1333, sogar noch mündl Verh, BVerwG DVBl **86**, 1202, aM (Entscheidung durch Beschluß stets zulässig) namentlich BVerwG **13**, 145, RedOe § 60 Anm 20 mwN; Übers über den Streitstand bei OVG Bln aaO u VGH Mannh NVwZ **84**, 534 (keine Entscheidung durch Beschluß in Verf nach AsylVfG). Bei Versagung ergeht kein Zwischenurteil nach § 109 VwGO, vielmehr ist ggf durch Zwischenurteil entsprechend § 303 zu entscheiden, KoppSch § 60 Rn 37. Keine Anfechtung der Wiedereinsetzung, § 60 V VwGO. **II 2** ist unanwendbar, da kein Versäumnisverfahren zulässig ist. **IV** ist ersetzt durch § 155 III VwGO.

# Übers § 239

*1. Buch. 3. Abschnitt. Verfahren*

## Fünfter Titel. Unterbrechung und Aussetzung des Verfahrens

### Übersicht

**Gliederung**

| | | |
|---|---|---|
| 1) **Systematik** .................. | 1 | C. Unanwendbarkeit ............... 5 |
| 2) **Regelungszweck** ............... | 2 | 4) **Beispiele zur Frage des Vorliegens eines rechtlichen Stillstands** ......... 6–9 |
| 3) **Geltungsbereich** .............. | 3–5 | |
| A. Direkte Anwendbarkeit ......... | 3 | 5) *VwGO* ......................... 10 |
| B. Entsprechende Anwendbarkeit .... | 4 | |

**1** **1) Systematik.** Ein Stillstand des Verfahrens beseitigt weder die zunächst vorauszusetzende Rechtshängigkeit, § 261 Rn 1, LG Mü WoM **96**, 44, noch das Prozeßrechtsverhältnis, Grdz 3 vor § 128. Er kann zunächst rein tatsächlich eintreten, wenn keine Partei das Verfahren betreibt und soweit zum Fortgang des Verfahrens ein Betreiben durch eine Partei zulässig, ausreichend und erforderlich ist, so daß auch keine entsprechende Anwendung von § 252 in Betracht kommt, KG MDR **71**, 588, Karlsr NJW **84**, 985. Das Gericht darf den Prozeß in keiner Phase ohne einen gesetzlichen Grund tatsächlich zum Stillstand kommen lassen. Der nur tatsächliche Stillstand hemmt und unterbricht keine Frist. Der Stillstand tritt ferner evtl rechtlich ein. Dabei muß man unterscheiden. Es kann zB eine Unterbrechung des ganzen Verfahrens und nicht nur des einzelnen Termins eintreten, § 227 Rn 5. Sie wirkt unabhängig davon, was die Parteien und das Gericht beabsichtigen, ja ohne deren Kenntnis, kraft Gesetzes, also ohne einen Antrag und ohne eine gerichtliche Anordnung; sie ist von Amts wegen zu beachten. Es kann aber auch zB eine Aussetzung eintreten. Sie erfolgt, soweit das Gesetz sie überhaupt zuläßt, § 252, also nicht schon wegen bloßer Zweckmäßigkeitserwägungen, auf Grund einer gerichtlichen Anordnung teils nach einem Antrag, teils von Amts wegen, teils auf Grund eines gerichtlichen Ermessens, teils ohne einen solchen Ermessensspielraum.

**2** **2) Regelungszweck.** Die Vorschriften tragen tatsächlichen Ereignissen Rechnung, die unter den Gesichtspunkten der Rechtsstaatlichkeit, Art 20 III GG, Einl III 22, des Gebots eines fairen Verfahrens, Einl III 22, und des rechtlichen Gehörs, Art 103 I GG, Einl III 16, Grdz 41 ff vor § 128, BGH NJW **97**, 2526, zu einem vorläufigen Einhalten mit dem Fortgang des bisherigen Prozesses zwingen (Unterbrechung) oder doch um der Parteiherrschaft willen, Grdz 18, 19 vor § 128, oder wegen Verstoßes gegen die Mitwirkungspflicht, Grdz 11 vor § 128, ein solches Einhalten ratsam machen oder gar ebenfalls erzwingen (Aussetzung), auch im Interesse einer richtig verstandenen Prozeßwirtschaftlichkeit, Grdz 14, 15 vor § 128. Das alles ist bei der Auslegung mitzubeachten.

**3** **3) Geltungsbereich.** Die ZPO erfaßt ihn unvollständig.

**A. Direkte Anwendbarkeit.** Titel 5 regelt nur einige Aussetzungsfälle und die allgemeinen Wirkungen der Aussetzung. Weiteres s §§ 148–155. Das in den §§ 251, 251 a vorgesehene Ruhen des Verfahrens ist ein Sonderfall der Aussetzung. Es unterscheidet sich von der Aussetzung nur durch den Anlaß und durch die Bedeutungslosigkeit für die Notfristen und für die Rechtsmittelbegründungsfristen. Es tritt nur auf Grund einer gerichtlichen Anordnung ein.

**4** **B. Entsprechende Anwendbarkeit.** Die Vorschriften des 5. Titels sind auch in folgenden Fällen anwendbar: Es handelt sich um eine freigestellte mündliche Verhandlung, § 128 Rn 10, vgl wegen des Arrests Grdz 12 vor § 916; es handelt sich um das Mahnverfahren, §§ 688 ff, BGH **LM** § 847 BGB Nr 50; es handelt sich um das Kostenfestsetzungsverfahren jeder Art, §§ 103 ff, Düss BB **96**, 2272, Hamm Rpfleger **88**, 380, Mü MDR **90**, 252 (freilich erstreckt sich die Aussetzung des Hauptverfahrens nicht stets auf das Kostenfestsetzungsverfahren, Einf 5 vor §§ 103–107); es handelt sich um ein Verfahren über den Versorgungsausgleich, BGH NJW **84**, 2830.

**5** **C. Unanwendbarkeit.** Der 5. Titel ist in folgenden Fällen unanwendbar: In der Zwangsvollstreckung, Grdz 38 vor § 704; im Verfahren auf die Bewilligung einer Prozeßkostenhilfe, das einen Prozeß ja erst vorbereitet, §§ 114 ff, Brdb JB **98**, 595, Köln RR **99**, 276 je mwN, aM MüKoFei § 240 Rn 4; im eilbedürftigen selbständigen Beweisverfahren, §§ 485 ff. Wenn die Tatsache der Unterbrechung streitig ist, liegt ein Zwischenstreit vor. Das Gericht muß über ihn auf Grund einer mündlichen Verhandlung entscheiden, § 128 Rn 4.

**6** **4) Beispiele zur Frage des Vorliegens eines rechtlichen Stillstands**

**Aufgebotsverfahren:** Wenn eine Anmeldung vorliegt, die ein Recht leugnet, das den Antrag begründen soll, kann das Gericht das Verfahren aussetzen, § 953.

**Betreuung:** Mangels anwaltlicher Vertretung (dann §§ 86, 246) tritt bis zur Bestellung eines Betreuers eine Unterbrechung ein, Bork MDR **91**, 99. Bei einem Eilbedürfnis ist § 57 anwendbar, sonst § 56, ferner § 69 f FGG, Bork MDR **91**, 99.

**Ehesache:** Eine Aussetzung des Verfahrens ist dem Gericht teilweise freigestellt, teilweise ist sie verboten, § 614. S auch Rn 8 „Vorgreiflichkeit".

**Einmischungsklage** (Hauptintervention): Eine Aussetzung ist dem Gericht freigestellt, § 65.

**Erlöschen** einer juristischen Person ohne Liquidation: Rn 7 „Tod der Partei".

**Insolvenz:** Es tritt kraft Gesetzes eine Unterbrechung des Verfahrens ein, § 240.

**Kontaktsperre:** Wenn sie gegen einen Gefangenen verhängt wird, tritt eine Unterbrechung kraft Gesetzes ein, § 34 IV EGGVG.

**Krieg:** Es kann infolge Verkehrsstörung eine Aussetzung vom Gericht angeordnet werden. § 247.

**Nacherbfolge:** Es tritt kraft Gesetzes eine Unterbrechung des Verfahrens ein. Soweit es sich um einen ProzBev handelt, ist eine Aussetzung des Verfahrens notwendig, §§ 242, 246.  7
**Nachlaßverwaltung:** Es tritt eine Unterbrechung des Verfahrens kraft Gesetzes ein. Soweit es sich um einen ProzBev handelt, ist eine Aussetzung des Verfahrens notwendig, §§ 241, 246.
**Normenkontrolle:** Vgl § 148 Rn 6.
**Partei kraft Amts,** Wechsel: Rn 7 „Vertreter, gesetzlicher".
**Prozeßfähigkeit, Wegfall:** Es tritt kraft Gesetzes eine Unterbrechung des Verfahrens ein. Soweit es sich um einen ProzBev handelt, ist eine Aussetzung des Verfahrens notwendig, §§ 241, 246.
**Rechtsanwalt, Wegfall:** Es tritt kraft Gesetzes eine Unterbrechung des Verfahrens ein, § 244.
**Stillstand der Rechtspflege:** Es tritt kraft Gesetzes eine Unterbrechung des Verfahrens ein, § 245.
**Testamentsvollstreckung:** Die Kündigung des Testamentsvollstreckeramts führt nicht zur Unterbrechung nach § 239, dort Rn 5, Kblz RR **93,** 462.
**Tod der Partei:** Es tritt kraft Gesetzes eine Unterbrechung des Verfahrens ein. Soweit es sich um einen ProzBev handelt, ist eine Aussetzung des Verfahrens notwendig, §§ 239, 246.  8
**Verkehrsstörung:** Dem Gericht ist eine Aussetzung des Verfahrens freigestellt, § 247.
**Versäumnis beider Parteien:** Es kommt ein Ruhen des Verfahrens in Betracht, § 251 a.
**Vertreter, gesetzlicher, Wegfall:** Es tritt kraft Gesetzes eine Unterbrechung des Verfahrens ein. Soweit es sich um einen ProzBev handelt, ist eine Aussetzung des Verfahrens notwendig, §§ 241, 246.
**Vertragshilfeverfahren, anhängiges:** Das Gericht muß das Verfahren nach § 11 III VHG aussetzen.
**Vorgreiflichkeit** (Präjudizialität): Dem Gericht ist eine Aussetzung des Verfahrens teilweise freigestellt,  9
teilweise notwendig, §§ 148–155.
**Wiederaufnahmeklage:** Im Fall einer Häufung einer Nichtigkeits- und einer Restitutionsklage muß das Gericht das Verfahren aussetzen, § 578.
**Zuständigkeit** (Kompetenzkonflikt), bejahender: Die Frage, ob kraft Gesetzes eine Unterbrechung des Verfahrens eintritt oder ob das Gericht das Verfahren aussetzen kann oder muß, richtet sich nach dem Landesrecht, § 15 EGZPO.
**Zweckmäßigkeit des Stillstands:** Auf Grund eines beiderseitigen Antrags ordnet das Gericht das Ruhen des Verfahrens an, § 251.

**5) *VwGO*:** Titel 5 ist entsprechend anwendbar, RedOe § 94 Anm 6, Kopp § 94 Rn 1, ebenso die §§ 149–155,  10
s die dortigen Erläuterungen. Die Aussetzung wegen Vorgreiflichkeit, § 148, ist in § 94 VwGO geregelt.

**239** *Unterbrechung durch Tod der Partei.* [I] Im Falle des Todes einer Partei tritt eine Unterbrechung des Verfahrens bis zu dessen Aufnahme durch die Rechtsnachfolger ein.

[II] Wird die Aufnahme verzögert, so sind auf Antrag des Gegners die Rechtsnachfolger zur Aufnahme und zugleich zur Verhandlung der Hauptsache zu laden.

[III] [1]Die Ladung ist mit dem den Antrag enthaltenden Schriftsatz den Rechtsnachfolgern selbst zuzustellen. [2]Die Ladungsfrist wird von dem Vorsitzenden bestimmt.

[IV] Erscheinen die Rechtsnachfolger in dem Termin nicht, so ist auf Antrag die behauptete Rechtsnachfolge als zugestanden anzunehmen und zur Hauptsache zu verhandeln.

[V] Der Erbe ist vor der Annahme der Erbschaft zur Fortsetzung des Rechtsstreits nicht verpflichtet.

**Schrifttum:** *Fischer,* Die Fortführung eines durch den Tod des Erblassers unterbrochenen Prozesses durch den mit Erbschein legitimierten Nichterben, Diss Mü 1953; *Schmidt,* Das Prozeßrechtsverhältnis bei Umstrukturierung, Auflösung und Konkurs einer Handelsgesellschaft usw, Festschrift für Henckel (1995) 749; *Schreyer,* Die Aufnahme des Prozesses durch den Scheinerben, Diss Münst 1995.

**Gliederung**

| | |
|---|---|
| 1) Systematik, Regelungszweck, I–V .... 1 | 4) Verzögerung der Aufnahme, II, III .... 17, 18 |
| 2) Geltungsbereich, I–V ................. 2 |   A. Grundsatz: Möglichkeit eines Terminantrags ........................ 17 |
| 3) Unterbrechung durch Tod, Erlöschen einer Gesellschaft, I ................ 3–16 |   B. Antrag des Gegners ............... 18 |
|   A. Tod usw ........................ 3, 4 | 5) Verfahren im Aufnahmetermin, IV ... 19–21 |
|   B. Partei .......................... 5 |   A. Vor der Urteilsverkündung ......... 19 |
|   C. Aufnahme durch den Rechtsnachfolger ............................ 6–8 |   B. Zwischen Urteilsverkündung und Rechtsmitteleinlegung ............. 20 |
|   D. Aufnahmeerklärung ............... 9, 10 |   C. Nach Rechtsmitteleinlegung ...... 21 |
|   E. Verfahren ...................... 11, 12 | 6) Erbe vor der Annahme, V ............ 22 |
|   F. Versäumnisverfahren ............. 13, 14 | 7) *VwGO* ............................ 23 |
|   G. Zwischenurteil und Rechtsmittel ... 15, 16 | |

**1) Systematik, Regelungszweck, I–V.** Vgl Üb 1, 2 vor § 239.  1

**2) Geltungsbereich, I–V.** Vgl zunächst Üb 3 ff vor § 239. § 239 ist unanwendbar, wenn die verstorbene  2
Partei im Todeszeitpunkt, insofern also anders als bei § 87 I, durch einen ProzBev vertreten wird, §§ 81, 246, wohl aber anwendbar, wenn der Tod eintritt, nachdem der Anwalt das Mandat niedergelegt hat, BGH LM § 87 Nr 6 mwN. Wenn der Rechtsmittelbekl vor Bestellung eines ProzBev für die Rechtsmittelinstanz stirbt, ist § 239 unabhängig davon abwendbar, ob der vorinstanzliche Anwalt die Rechtsmittelschrift entgegennehmen darf. Die Unterbrechung der Zwangsvollstreckung erfolgt nicht, Grdz 38 vor § 704, vgl auch

§ 239                                               1. Buch. 3. Abschnitt. Verfahren

§ 79, Ffm Rpfleger **75**, 44, ZöGre 1, abw Sojka MDR **72**, 14. § 239 ist ferner unanwendbar, wenn der zum Versorgungsausgleich verpflichtete Ehegatte nach der rechtskräftigen Scheidung, aber vor der Beendigung des abgetrennten Verfahrens über den Versorgungsausgleich, stirbt, Ffm FamRZ **81**, 474. IV is im Verfahren mit Untersuchungsgrundsatz, zB im finanzgerichtlichen Verfahren, unanwendbar, BFH BB **87**, 673.

**3** **3) Unterbrechung durch Tod, Erlöschen einer Gesellschaft, I.** Es sind 7 Aspekte zu beachten.
**A. Tod usw.** Der Tod einer Partei unterbricht wegen der zunächst eintretenden Unklarheit darüber, ob der Erbe die Erbschaft ausschlägt, § 1942 I BGB, ob also ein anderer als Erbe von Anfang an gilt, § 1953 II BGB, grundsätzlich (Ausnahmen §§ 619, 640 g) ein anhängiges Verfahren; s aber § 246. Dem Tod steht eine Todeserklärung nach § 9, 23 VerschG gleich. Bei einer juristischen Person oder einer parteifähigen Personenmehrheit, namentlich bei der Offenen Handelsgesellschaft oder einer Partnerschaftsgesellschaft, zu dieser §§ 9, 10 PartGG, steht deren Erlöschen dem Tod nur dann gleich, wenn eine Gesamtnachfolge stattfindet, BGH **LM** § 74 GmbHG Nr 1, Mü OLGZ **94**, 90, wie im Fall der Verschmelzung oder der Verstaatlichung einer Aktiengesellschaft, §§ 339ff, 359 AktG, 39 a GenG, Hbg GRUR **90**, 457, im Fall einer Umwandlung nach dem UmwG, BFH DM **88**, 62, LG Aachen Rpfleger **82**, 72 (vgl aber auch §§ 362ff AktG), krit Huber ZZP **82**, 253, Schmidt (vor Rn 1) 765, im Fall des Anfalls des Vereinsvermögens an den Fiskus, § 46 BGB, im Fall der Eingemeindung einer Gemeinde oder der Fusion oder Auflösung von Sparkassen, zB Art 16 ff BaySparkG.
Eine *Gesamtnachfolge* tritt bei einer Umwandlung nach dem AktG nicht ein. Denn in diesem Fall wechselt nur die Gesellschaftsform. Sie tritt ebensowenig bei einer Auflösung ein, soweit die Auflösung zu einer Abwicklung führt. Denn in diesem Fall besteht die Gesellschaft fort, § 50 Rn 21. Eine Gesamtnachfolge fehlt auch, wenn ein Verlust der Rechtsfähigkeit, § 50 Rn 2, eintritt. Über die Offene Handelsgesellschaft s auch § 50 Rn 8. Eine Gesamtnachfolge fehlt auch dann, wenn in einer Gesellschaft wechselt oder stirbt, solange eine gesetzliche Vertretung bestehen bleibt. Eine Gesamtnachfolge fehlt ferner grundsätzlich im Fall der Auflösung. Eine Abwicklungsgesellschaft ist nämlich der Erwerbsgesellschaft wesensgleich; mit der Auflösung werden die bisherigen Gesellschafter zur Partei; der Tod eines Gesellschafters unterbricht das Verfahren nur ihm gegenüber. Freilich muß das Gericht das Verfahren der Gesellschaft bis zur Ernennung eines Liquidators aussetzen, Bre BB **78**, 275. Eine Gesamtnachfolge fehlt weiter dann, wenn jemand durch einen Vertrag die Aktiven und Passiven übernimmt, BGH DB **81**, 366.

**4** Sogar die *Löschung* der Offenen Handelsgesellschaft unterbricht einen schwebenden Prozeß nicht. Denn die Gesellschaft kann sich dem Prozeß nicht einseitig entziehen. Sie gilt außerdem für den Prozeß als fortbestehend, § 50 Rn 22, BGH BB **57**, 725, solange die Liquidation nicht auch wirklich bis zur Vermögenslosigkeit beendet ist, BGH NJW **79**, 1592 und 1987. Auch die Löschung einer Gesellschaft mit beschränkter Haftung unterbricht nicht. Die Gesellschaft ist für einen Anspruch, der sich nach ihrer Löschung als vorhanden herausgestellt hat oder den behauptet wird, parteifähig, jedenfalls solange ihre Vermögenslosigkeit nicht feststeht, § 50 Rn 22, 23, BGH NJW **82**, 238, BayObLG **79**, 398, LAG Bre MDR **84**, 435, aM LG Köln BB **90**, 444. Im zugehörigen Prozeß wird die Gesellschaft durch die früheren Liquidatoren vertreten, BGH **LM** § 74 GmbHG Nr 1, Ffm Rpfleger **79**, 27, aM LG Köln BB **90**, 444 (Neubestellung, nicht gegen den Willen des bisherigen Liquidators). Mit dem Erlöschen einer Kommanditgesellschaft ohne Liquidation nach § 161 II HGB tritt die Rechtsnachfolge entsprechend § 239 ein. Sie hat einen Parteiwechsel kraft Gesetzes zur Folge, BGH NJW **71**, 1844.

**5** **B. Partei.** Der Begriff ist hier streng zu verstehen; vgl Grdz 3 vor § 50. Unter einer Partei im Sinn des § 239 ist zwar auch der streitgenössische Streithelfer nach § 69 zu verstehen, nicht aber der gewöhnliche Streithelfer, § 61 Rn 6, aber auch § 62 Rn 27. Ein Beigeladener im Sinn von § 74 SGG ist einem gewöhnlichen Streithelfer in etwa vergleichbar, BSG MDR **75**, 434. § 239 ist auf die Partei kraft Amts, Grdz 8 vor § 50, etwa beim Wechsel in der Person des Testamentsvollstreckers oder bei seinem Ausscheiden, Grdz 10 vor § 50, unanwendbar, Üb 6 vor § 239 „Testamentsvollstreckung", weil keine Rechtsnachfolge eintritt; in einem solchen Fall gilt § 241. Etwas anderes ist dann anzunehmen, wenn eine wirkliche Rechtsnachfolge eintritt, wenn also etwa das Amt des Testamentsvollstreckers erlischt, BGH **83**, 104.
Die Natur des *Streitgegenstands*, § 2 Rn 3, ist *unerheblich*. Bei einem nichtvermögensrechtlichen Streitgegenstand, Grdz 10 vor § 1, ist das Verfahren wegen der Kosten fortzusetzen. Dasselbe gilt dann, wenn das umstrittene Recht unvererblich ist. Soweit zB mit dem Tod auch der Streitgegenstand untergeht, findet keine Unterbrechung statt, sondern ist das Verfahren beendet, ebenso beim Zusammentreffen von Rechtsnachfolger und Gegner in derselben Person, Grdz 15, 16 vor § 50.

**6** **C. Aufnahme durch den Rechtsnachfolger.** Die Unterbrechung dauert so lange an, bis der Rechtsnachfolger das Verfahren aufnimmt. Der Begriff des Rechtsnachfolgers ist in der ZPO nicht überall derselbe; vgl etwa § 265 Rn 21. Eine prozessuale Rechtsnachfolge setzt nicht unbedingt auch eine sachlichrechtliche voraus, sie kann dann nicht, wenn ein benannter Urheber nach § 76 in den Prozeß eintritt. Die Wirkung einer prozessualen Rechtsnachfolge besteht darin, daß der Nachfolger den Prozeß in dem gegenwärtigen Zustand übernehmen muß, und daß der Unterliegende die gesamten Prozeßkosten trägt. Die prozessuale Rechtsnachfolge bewirkt nur dann eine Unterbrechung des Prozesses, wenn ihr eine sachlichrechtliche Rechtsfolge von Todes wegen zugrunde liegt. Indessen ist der Begriff der Rechtsnachfolge aus Gründen der Prozeßwirtschaftlichkeit, Grdz 14 vor § 128, hier weit auszulegen.

**7** *Hierher gehört* daher jede Nachfolge in alle Rechte und Pflichten des Trägers der vom Prozeß betroffenen Vermögensmasse, wie diejenige des Erben oder eines Abkömmlings im Fall einer fortgesetzten Gütergemeinschaft in Rechte und Pflichten des Verstorbenen am Gesamtgut, § 1483 BGB, oder diejenige der nach Umwandlung entstandenen GmbH, BFH DB **88**, 1684 (evtl auch die Gesellschafter der umgewandelten früheren Gesellschaft). Ferner zählt hierher auch eine von Todes wegen eintretende Sonderrechtsnachfolge, BGH **69**, 396, etwa der Eintritt des Nacherben in den Prozeß des Vorerben ohne Beerbung des letzteren.

**8** *Nicht hierher gehören:* Der Vermächtnisnehmer; der Erbschaftskäufer; der Abtretungsnehmer; der im Versicherungsvertrag für den Todesfall Begünstigte; der Pfändungs- und Überweisungsgläubiger. Der Erbe kann nicht bloß wegen der Kosten aufnehmen, § 99 I.

5. Titel. Unterbrechung und Aussetzung des Verfahrens  **§ 239**

**D. Aufnahmeerklärung.** Die Aufnahme eines Prozesses ist ein Recht und eine Pflicht des Rechtsnach- **9**
folgers. Sie erfolgt durch die Zustellung eines Schriftsatzes, § 250, nachdem der Aufnehmende eine entsprechende Eingabe beim Gericht eingereicht hat. Die Zustellung des Schriftsatzes beseitigt den Stillstand auflösend bedingt durch die Ablehnung der Erbfolge im Prozeß. Die §§ 241 II, 243 enthalten Sondervorschriften für den Fall einer Unterbrechung infolge einer Nachlaßverwaltung, Nachlaßpflegschaft, eines Nachlaßkonkurses oder des Bestehens einer Testamentsvollstreckung.

Die Aufnahme durch einen *Streitgenossen*, § 59, selbst durch einen notwendigen, § 62, wirkt nur für ihn. **10**
Jeder Miterbe kann und muß evtl bei einem zum Nachlaß gehörenden Anspruch und unter Mehrheit von Erben aufnehmen, vgl auch § 2039, Düss OLGZ **79**, 458. Wenn mehrere Miterben aufnehmen, die sich um die Rechtsnachfolge streiten, dann sind sie der Gegenpartei gegenüber Streitgenossen. Hat ein falscher Rechtsnachfolger den Prozeß aufgenommen und hat das Gericht in der ersten Instanz entschieden, dann kann der richtige Rechtsnachfolger nur nach einer Beseitigung des erstinstanzlichen Urteils aufnehmen, nicht aber in der zweiten Instanz. Wegen der Haftung des Aufnehmenden für die Prozeßkosten § 780 Rn 7.

**E. Verfahren.** Im Fall einer Aufnahme des Verfahrens vor der Verkündung eines Urteils nach § 311 muß **11**
das Gericht von Amts wegen einen Verhandlungstermin bestimmen, § 216. Das geschieht am besten erst nach der Zustellung der Aufnahmeerklärung. Wenn im Termin beide Parteien erscheinen, können folgende Möglichkeiten entstehen: Wenn die Nachfolge anerkannt wird, dann braucht das Gericht über die Berechtigung zur Aufnahme des Verfahrens nicht gesondert zu entscheiden. Wenn die Nachfolge bestritten wird, dann muß eine mündliche Verhandlung über die Berechtigung zur Aufnahme des Verfahrens stattfinden, vgl § 146. Wer die Nachfolge behauptet, muß sie durch einen Erbschein oder dgl beweisen.

Die *Verhandlung* findet zugleich mit derjenigen über die Hauptsache oder auf Grund einer gerichtlichen **12**
Anordnung nur über die Nachfolge statt. Die Entscheidung erfolgt stets durch ein Urteil. Es lautet auf Grund freier Beweiswürdigung, § 286 Rn 4, entweder auf die Feststellung der Rechtsnachfolge. Dies kann durch ein unselbständiges Zwischenurteil nach § 303, dann zugleich mit dem Ausspruch über die Verpflichtung zur Aufnahme des Prozesses, Düss OLGZ **79**, 457, oder zugleich mit der Endentscheidung über die Hauptsache in den Gründen des Endurteils geschehen. Die Entscheidung kann aber auch auf eine Verneinung der Rechtsnachfolge lauten. Dieses Endurteil ergeht durch ein Endurteil, das den Aufnehmenden zurückweist und ihn verurteilt, die Kosten des Aufnahmeverfahrens zu tragen. Mit seiner Rechtskraft, § 322, steht die Fortdauer der Unterbrechung fest. Eine neue Aufnahme durch einen anderen bleibt zulässig.

**F. Versäumnisverfahren.** Hier sind folgende Situationen zu unterscheiden: Bei einer Säumnis beider **13**
Parteien erläßt das Gericht evtl ein Urteil nach der Aktenlage, § 251 a. Es kann auch einen Beweisbeschluß erlassen, § 358. Das empfiehlt sich aber nur, wenn die Rechtsnachfolge offensichtlich unbedenklich ist. Bei einer Säumnis nur des Aufnehmenden gilt folgende Unterscheidung: Wenn der Gegner die Rechtsnachfolge anerkennt, findet ein Versäumnisverfahren in der Sache selbst statt, §§ 330 ff, BGH NJW **72**, 258. Wenn der Gegner die Rechtsnachfolge leugnet, weist das Gericht den Antrag auf die Fortsetzung des Verfahrens durch eine Versäumnisentscheidung zurück.

Bei einer Säumnis nur des *Gegners* des Aufnehmenden sieht das Gericht bei einem zur Rechtsnachfolge **14**
ausreichenden Tatsachenvortrag die Rechtsnachfolge auf Grund eines Antrags als zugestanden an, so als ob der Rechtsnachfolger von Anfang an Partei gewesen wäre. Es ergeht eine Versäumnisentscheidung in der Sache, § 331 II Hs 1. Bei insofern unschlüssigem Tatsachenvortrag ergeht ein sog unechtes Versäumnisurteil, Üb 13 vor § 330, § 331 II Hs 2.

**G. Zwischenurteil und Rechtsmittel.** Wenn die Aufnahme des Prozesses nach dem Zeitpunkt der **15**
Urteilsverkündung nach § 311 erfolgt, aber vor der Rechtsmitteleinlegung, gehört die Aufnahme noch zur unteren Instanz, § 176 Rn 18, vgl Schlesw OLGZ **93**, 230. Wenn das Rechtsmittel zulässig ist, kann der aufnehmende Rechtsnachfolger es auch in Verbindung mit der Aufnahme einlegen und ist die Aufnahme bis zur Rechtskraft der Entscheidung nach § 322 statthaft (später gilt § 731), und kann auch die höhere Instanz über die Rechtsnachfolge entscheiden. Es ist aber auch eine Ladung vor die untere Instanz zulässig. Dann findet dort eine mündliche Verhandlung nur über die Nachfolge statt.

Es können folgende *Entscheidungen* ergehen: Das Rechtsmittelgericht kann durch ein Endurteil den **16**
Aufnahmeantrag zurückweisen und verwirft daher das Rechtsmittel als unzulässig; das Gericht kann auch die Wirksamkeit der ergangenen Urteile für oder gegen den Nachfolger durch ein Endurteil feststellen, ThP 7, aM Düss NJW **70**, 1689, und trifft daher die Sachentscheidung. Falls das untere Gericht entscheidet, ergänzt sein diesbezügliches Urteil die frühere Entscheidung und ist mit ihr zusammen anfechtbar. § 517 steht dieser Lösung nicht entgegen. Das Gericht kann dem Erben die Beschränkung seiner Haftung nach § 780 im Ergänzungsurteil vorbehalten, Düss NJW **70**, 1689. Im Fall einer Unterbrechung nach der Zustellung des Urteils läuft seit der Zustellung der Aufnahme eine neue Rechtsmittelfrist.

**4) Verzögerung der Aufnahme, II, III.** Es kommt auf die Person an. **17**

**A. Grundsatz: Möglichkeit eines Terminantrags.** Der Rechtsnachfolger verzögert die Aufnahme, wenn er das Verfahren aufnehmen könnte, es also zumindest kennt, dies aber ohne einen gesetzlichen Grund, etwa nach V, nicht tut. Er hat keine Überlegungsfrist. Im Fall einer Verzögerung kann der Gegner die Ladung des Rechtsnachfolgers zur Aufnahme und gleichzeitig zur Verhandlung der Hauptsache beantragen. Diese Ladung beendet die Unterbrechung allerdings noch nicht. Die Unterbrechung endet nur in folgenden Fällen: Das Verfahren wird aufgenommen; man muß die Aufnahme nach IV unterstellen; das Gericht entscheidet dahin, daß die Verweigerung der Aufnahme unbegründet ist. In den letzteren beiden Fällen ist die Wirkung der Unterbrechung durch die Rechtskraft der Entscheidung auflösend bedingt. Die Ladung erfolgt immer vor das Gericht der unteren Instanz bis zum Zeitpunkt der Einlegung eines Rechtsmittels. Wenn das Gericht schon ein Urteil nach § 311 verkündet hat, erfolgt die Ladung nur zum Zweck der Aufnahme, nicht auch zur Verhandlung in der Sache. Im Fall einer Zurückverweisung, § 539, endet die Zuständigkeit des zurückverweisenden Gerichts mit der Rechtskraft seiner Entscheidung, § 322.

§§ 239, 240　　　　　　　　　　　　　　　　　　　　1. Buch. 3. Abschnitt. Verfahren

**18**　　**B. Antrag des Gegners.** Der Gegner reicht einen Schriftsatz mit den Tatsachen über den Eintritt einer Rechtsnachfolge und mit der Bezeichnung des Rechtsnachfolgers ein und beantragt die Ladung. Es handelt sich um eine Parteiprozeßhandlung, Grdz 47 vor § 128. Anwaltszwang herrscht wie sonst, § 78 Rn 1. Der Urkundsbeamte der Geschäftsstelle veranlaßt die Ladung von Amts wegen durch eine Zustellung des Schriftsatzes an den Rechtsnachfolger selbst, §§ 209, 270 I. Diese Zustellung schließt nur eine Zustellung an einen etwa schon bestellten ProzBev aus, nicht die Ersatzzustellung oder eine öffentliche Zustellung. Der Ladung ist der Antrag des Gegners beizufügen. Der Vorsitzende bestimmt die Ladungsfrist.

**19**　　**5) Verfahren im Aufnahmetermin, IV.** Es sind mehrere Stadien zu unterscheiden.

**A. Vor der Urteilsverkündung.** Wenn das Verfahren vor einer Urteilsverkündung unterbrochen worden war, ergeben sich folgende Möglichkeiten: Bei einer *Säumnis* beider Parteien ist die Rechtsnachfolge mangels eines Antrags nicht zugestanden. Das Gericht vertagt den Termin oder ordnet das Ruhen des Verfahrens an, § 251 a. Bei einer Säumnis nur des Ladenden muß man folgende Fälle unterscheiden: Bei einer Aufnahme durch den Geladenen erwirkt dieser eine Versäumnisentscheidung in der Sache, vorausgesetzt, daß die Sachanträge dem Gegner mitgeteilt worden sind, § 335 I Z 3. Beim Ausbleiben einer Aufnahme durch den Geladenen, wenn dieser also seine Pflicht dazu leugnet, weist das Gericht den Aufnahmeantrag durch eine Versäumnisentscheidung zurück. Bei einer Säumnis nur des Geladenen ist die Rechtsnachfolge auf Grund eines Antrags als zugestanden anzusehen. Es findet dann eine Verhandlung zur Hauptsache statt, IV, Düss OLGZ 79, 458. Infolgedessen kann das Gericht in der Sache selbst eine Versäumnisentscheidung erlassen.

Beim *Erscheinen* beider Parteien muß man folgende Situationen unterscheiden: Bei einem Zugeständnis der Nachfolge braucht das Gericht über die Berechtigung zur Aufnahme des Verfahrens nicht zu entscheiden, insofern aM Düss OLGZ 79, 458. Es findet eine Verhandlung zur Hauptsache statt. Bei einem Leugnen der Nachfolge oder der Aufnahmepflicht stellt das Gericht die Rechtsnachfolge durch ein Zwischenurteil nach § 303, Düss OLGZ 79, 458, oder in den Gründen des Endurteils fest oder verneint die Rechtsnachfolge durch ein Endurteil, indem es den Aufnehmenden zurückweist und ihn dazu verurteilt, die Kosten des Aufnahmeverfahrens zu tragen.

**20**　　**B. Zwischen Urteilsverkündung und Rechtsmitteleinlegung.** In diesem Fall verläuft das Verfahren wie bei Rn 16, vgl Schlesw OLGZ 93, 230. Das gilt auch bei einer Versäumnisentscheidung gegen den Geladenen. Sie ist nur nach § 517 anfechtbar. Das Ergänzungsurteil wird grundsätzlich ein unselbständiger Teil des Urteils in der Hauptsache, Schlesw OLGZ 93, 230. Es ist selbständig anfechtbar, wenn nur die Rechtsnachfolge bestritten wird.

**21**　　**C. Nach Rechtsmitteleinlegung.** Man muß den Antrag nach Rn 18 dann vor dem Rechtsmittelgericht stellen, das wie bei Rn 19–22 verfährt.

**22**　　**6) Erbe vor der Annahme, V.** Die Vorschrift bestimmt in einer Ergänzung des § 1958 BGB, vgl auch Rn 2, daß der Erbe den Prozeß vor der Annahme der Erbschaft nicht fortzusetzen braucht. Die Aufnahme ist also nicht vor dem Ende der Ausschlagungsfrist, § 1944 BGB, verzögert. Wenn der Erbe das Verfahren vor der Erbschaftsannahme aufnimmt, kann in diesem Vorgang eine Erbschaftsannahme gesehen werden. Vor der Annahme der Erbschaft sind nur der Nachlaßpfleger, der Nachlaßinsolvenzverwalter und der Testamentsvollstrecker prozeßführungsberechtigt. Nach der Annahme der Erbschaft ist eine Verweigerung der Aufnahme unzulässig, Schlesw OLGZ 93, 230. Der Erbe kann aber eine Haftungsbeschränkung nach den §§ 305, 780 geltend machen, Schlesw OLGZ 93, 230.

**23**　　**7) VwGO:** *Entsprechend anzuwenden,* § 173 VwGO, BVerwG 55, 218, Buchholz 310 § 133 VwGO Nr 79, Gerhardt/Jacob DÖV 82, 346, auch hinsichtlich der Aufnahme, VGH Mannh VBlBW 82, 131 mwN, VGH Mü VerwRspr 28 Nr 118, durch den Rechtsnachfolger (weit auszulegen, VG Hbg GewArch 80, 139); das gleiche gilt beim Erlöschen einer jur Person, falls Gesamtrechtsnachfolge eintritt, oben Rn 3ff, Spannowsky NVwZ 92, 472 mwN. Der Tod eines notwendigen Beigeladenen unterbricht jedenfalls dann, wenn er notwendiger Streitgenosse, § 62, einer Partei ist, BVerwG MDR 82, 80 (aM BSG SGb 81, 354), nicht aber der des einfachen Beigeladenen, OVG Bln JR 69, 114, RedOe § 94 Anm 7 (vgl BSG MDR 75, 434), aM Sojka MDR 82, 13. Bei grundlos verweigerter Aufnahme ist entspr II u III oben entspr NVwZ-RR 96, 544 (Entsch auch ohne mdl Verh nach § 130 A VwGO); dafür, Maßnahmen nach II auch vAw zuzulassen, EF § 61 Rn 15, besteht kein Bedürfnis. IV ist unanwendbar wegen § 86 I VwGO, RedOe § 94 Anm 7; bei Nichterscheinen der Rechtsnachfolger ist in der Hauptsache zu entscheiden, BFH BStBl 87 II 147 (abzulehnen FG Saarl EFG 86, 193). Bei höchstpersönlichen Ansprüchen erfolgt die Aufnahme durch die Erben nur wegen des Kostenpunktes, Pietzner VerwArch 75, 88 mwN, u a BVerwG MDR 82, 80, aM Sojka MDR 82, 13; in der Hauptsache gelten die allgemeinen Regeln über die Erledigung (keine entspr Anwendung von § 619), Pietzner aaO, str (die Kosten können nach § 161 II VwGO „den Erben" ohne Namensnennung auferlegt werden, VGH Mannh NJW 84, 195). Zur entsprechenden Anwendung beim Übergang öffrechtl Aufgaben auf eine Körperschaft im Wege der Funktionsnachfolge BVerwG 66, 300, 59, 224 u 44, 150, VGH Mü NVwZ-RR 97, 160, BSG NVwZ 88, 766 mwN (Zuständigkeitswechsel auf seiten des Beklagten ist vAw zu beachten), dazu Bähr JuS 76, 58. Zur entspr Anwendung im VerwVerf verneinend OVG Magdeb NVwZ 94, 1227, bejahend OVG Bre NVwZ 85, 917 mwN.

**240** *Unterbrechung durch Insolvenzverfahren.* ¹Im Falle der Eröffnung des Insolvenzverfahrens über das Vermögen einer Partei wird das Verfahren, wenn es die Insolvenzmasse betrifft, unterbrochen, bis es nach den für das Insolvenzverfahren geltenden Vorschriften aufgenommen oder das Insolvenzverfahren beendet wird. ²Entsprechendes gilt, wenn die Verwaltungs-

5. Titel. Unterbrechung und Aussetzung des Verfahrens **§ 240**

und Verfügungsbefugnis über das Vermögen des Schuldners auf einen vorläufigen Insolvenzverwalter übergeht.

**Vorbem.** Fassg Art 18 Z 2 EGInsO v 5. 10. 94, BGBl 2911, in Kraft seit 1. 1. 99, Art 110 I EG InsO, ÜbergangsR Artt 103, 104 EGInsO, abgedruckt bei § 19 a, dazu Gottwald/Pfaller IPRax **98**, 174.

**Schrifttum** (je zum alten Recht): *Flessner,* Ausländischer Konkurs und inländischer Arrest, in: Festschrift für *Merz* (1992); *Leipold,* Ausländischer Konkurs und inländischer Zivilprozeß, Festschrift für *Schwab* (1990) 289; *Schmidt,* Das Prozeßrechtsverhältnis bei Umstrukturierung, Auflösung und Konkurs einer Handelsgesellschaft, Festschrift für Henckel (1995) 749; *Wosgien,* Konkurs und Erledigung der Hauptsache, 1984.

### Gliederung

| | |
|---|---|
| 1) Systematik, Regelungszweck ........ 1 | A. Allgemeines ........................ 15 |
| 2) Sachlicher Geltungsbereich ........... 2–7 | B. Angriffsprozeß zur Teilungsmasse .... 16 |
| 3) Persönlicher Geltungsbereich ........ 8, 9 | C. Verteidigungsprozeß zur Teilungsmasse ............................ 17 |
| 4) Insolvenzmasse ...................... 10–12 | D. Verteidigungsprozeß zur Schuldenmasse ............................ 18–21 |
| A. Begriff ............................ 10 | |
| B. Beispiele der Zugehörigkeit ......... 11 | 8) Aufhebung des Insolvenzverfahrens .. 22–24 |
| C. Beispiele der Nichtzugehörigkeit .... 12 | 9) Rechtsbehelfe ........................ 25 |
| 5) Forderung gegen die Insolvenzmasse . 13 | 10) *VwGO* .............................. 26 |
| 6) Verstoß .............................. 14 | |
| 7) Aufnahme ........................... 15–21 | |

**1) Systematik, Regelungszweck.** Vgl Üb 1, 2 vor § 239. **1**

**2) Sachlicher Geltungsbereich.** Vgl zunächst Üb 3 ff vor § 239. Die Bestellung eines vorläufigen **2** Insolvenzverwalters unterbricht nicht, soweit die Verfügungsbefugnis nicht gemäß § 22 I 1 InsO auf ihn übergeht, BGH NJW **99**, 2822. Die Eröffnung eines Insolvenzverfahrens nach den §§ 11 ff, 27 InsO unterbricht mit dem in § 27 II Z 3 InsO genannten Zeitpunkt ein Verfahren von Amts wegen zu berücksichtigender Weise, Ffm JB **90**, 1216, ein Verfahren, *soweit es die Insolvenzmasse betrifft*, § 35 InsO, BGH VersR **82**, 1054, BAG NJW **84**, 998, und zwar automatisch, BGH **104**, 218 (krit Ackmann/Wenner IPRax **89**, 144), Nürnb OLGZ **82**, 380, also unabhängig davon, ob der Prozeßgegner von der Verfahrenseröffnung Kenntnis hat, in jeder Lage, also auch nach einer Befriedigung durch einen vorläufig vollstreckbaren Titel, die bereits vor der Verfahrenseröffnung eintrat, KG OLGZ **77**, 365, oder in der Berufungsinstanz, BGH VersR **82**, 1054, nur insoweit wohl ebenso Kblz VersR **88**, 588, oder in der Revisionsinstanz, BGH KTS **86**, 734, BAG KTS **86**, 691, und im Kostenfestsetzungsverfahren, §§ 103 ff, Hamm Rpfleger **89**, 523, Jena FamRZ **97**, 765, selbst wenn der Kostengrundtitel, Üb 35 vor § 91, im Zeitpunkt der Eröffnung des Insolvenzverfahrens schon nach § 322 rechtskräftig war, KG JB **76**, 379, aM Hbg MDR **90**, 350, Kblz VersR **88**, 588 (das erstinstanzliche laufe beim Insolvenzverfahren während der höheren Hauptsacheninstanz fort), und in der Zwangsvollstreckung, Mü JB **98**, 328 (§ 887), LG Karlsr Rpfleger **97**, 268, aM ThP 2, StJM 61 vor § 704.

Eine *Zwangsverwaltung* steht einem Insolvenzverfahren nicht gleich. Ebensowenig steht eine Aufhebung der Eröffnung des Insolvenzverfahrens gleich. Ein *ausländischer* Konkurs unterbricht zumindest aus den im Verfahrensrecht besonders wichtigen Gründen der Rechtssicherheit, Einl III 43, unabhängig von seiner sonstigen Wirkung, BGH NJW **90**, 991, im Inland zumindest, soweit das ausländische Recht die ausschließliche Prozeßführungsbefugnis des Verwalters – auch mit Bezug auf Schuldnervermögen in anderen Staaten – vorsieht BGH (Pressestelle) KTS **98**, 198 (damit Erledigung des Vorlagebeschlusses des 9. ZS NJW **98**, 928), Habscheid KTS **98**, 190.

Der Gläubiger muß einen *im Inland vollstreckungsfähigen* Titel vor der Eröffnung des Insolvenzverfahrens **3** erhalten haben, BGH NJW **97**, 2527. Zum Problem der Anerkennung einer ausländischen Konkursentscheidung vgl Trunk KTS **87**, 427. Im Verhältnis zu Österreich ist das Recht des Insolvenzgerichts-Sitzes maßgeblich, Art 14 des deutsch-österreichischen Vertrages vom 4. 3. 85, BGBl II 411. Die Beschlagnahmewirkung erstreckt sich nicht auf das inländische Vermögen. Die Legitimation geht also nicht auf den Insolvenzverwalter über, BPatG GRUR **83**, 199, Hamm DB **84**, 1922. Wegen der abweichenden Rechtslage bei einem Konkurs in der Schweiz Mü KTS **82**, 315 und bei einem Auslandskonkurs einer juristischen Person ausländischen Rechts, soweit sie nach dem Heimatrecht dadurch erlischt.

Ein Insolvenzverfahren über das Vermögen der *Offenen Handelsgesellschaft,* § 11 II Z 1 InsO, oder der ihr **4** im wesentlichen gleichstehenden Partnerschaftsgesellschaft unterbricht nicht für das Vermögen der Gesellschafter und umgekehrt. Im Fall einer Insolvenz der Offenen Handelsgesellschaft bleibt eine Klagerweiterung nach §§ 263, 264 in der Form des § 253 gegen die Gesellschafter zulässig. § 249 II steht dieser Möglichkeit nicht entgegen, BGH LM Nr 7. Ein Insolvenzverfahren über das Vermögen eines Partners einer Partnerschaftsgesellschaft bewirkt nur das Ausscheiden des Partners aus der Partnerschaft, § 9 II PartGG.

Ein *Nachlaßinsolvenzverfahren,* §§ 315 ff InsO, unterbricht den Prozeß des Erben, der sich auf die Masse **5** und nicht auf das Erbrecht bezieht, BayObLG **73**, 285. Im Anfechtungsprozeß außerhalb des Konkurses tritt eine Unterbrechung auch dann ein, wenn der Schuldner nicht Partei ist, § 17 AnfG. Eine Unterbrechung erfolgt auch dann, wenn der Schuldner des Insolvenzverfahrens einen ProzBev hat. Dessen Vollmacht erlischt, §§ 115 I InsO, 168 BGB, BGH VersR **82**, 1054. Eine Unterbrechung erfolgt ferner auch dann, wenn die Partei ihren Anspruch noch vor dem Eintritt der Rechtshängigkeit abgetreten hat. Es ist nicht erforderlich, daß der Schuldner dem Gegner die Aufnahme dadurch erleichtert, daß er einen Zustellungsbevollmächtigten bestellt, wenn der Insolvenzverwalter die Aufnahme ablehnt, BGH LM § 250 Nr 5.

Eine Unterbrechung tritt nicht ein, soweit der Prozeß *nicht* die *Insolvenzmasse* betrifft, BGH VersR **82**, **6** 1054, BAG NJW **84**, 998, also zB dann nicht, wenn der Verwalter die Forderung vor der Klagerhebung freigegeben hat, BAG NJW **84**, 998 (bei einer späteren Freigabe endet die Unterbrechung erst mit der

Aufnahme durch den Schuldner), oder wenn ein Insolvenzgläubiger ausdrücklich auf eine Teilnahme am Insolvenz verzichtet hat, BGH NJW **79**, 162, BAG NJW **84**, 998, und das Insolvenzverfahren bereits vor der Klagerhebung eröffnet worden ist, Ffm AnwBl **80**, 291, oder wenn während des vom Schuldner geführten Prozesses eine einstweilige Anordnung gemäß § 21 InsO ergeht, BGH RR **87**, 1276. Später ist die Aufnahme durch diesen Kläger unabhängig vom Ablauf des Insolvenzverfahrens zulässig, BGH **72**, 235, aM ThP 9. Zum Insolvenzverfahren über das Vermögen des klagenden Wettbewerbsvereins im Unterlassungsprozeß KG **EWiR** § 240 Nr 3/90 (krit Marotzke).

**7** § 240 ist grundsätzlich auch auf ein Patentnichtigkeitsverfahren, BGH RR **95**, 573, und auf ein echtes FGG-Streitverfahren entsprechend anwendbar, KG MDR **88**, 329, oder auf ein Löschungsverfahren, § 82 I MarkenG, BPatG GRUR **97**, 834, oder auf ein Arbeitsgerichtsverfahren, LAG Mainz BB **98**, 55, oder auf ein finanzgerichtliches Verfahren, BFH NJW **98**, 630, nicht aber zB auf ein Beschwerdeverfahren nach § 156 KostO, KG MDR **88**, 329, oder auf ein Verfahren nach den §§ 305 V, 306 AktG, BayObLG **78**, 211. Wegen der Anwendbarkeit bei einem Zusammentreffen eines Prozesses mit einem schiffahrtsrechtlichen Verteilungsverfahren § 8 II SVertO, BGH NJW **88**, 3093, Rheinschiffahrtsobergericht Köln VersR **80**, 42. Vgl im übrigen Üb 3, 4 vor § 239.

**8** **3) Persönlicher Geltungsbereich.** Voraussetzung einer Unterbrechung nach § 240 ist der Umstand, daß die „Partei" in Insolvenz fällt, BGH NJW **98**, 157, Schlesw KTS **89**, 925. Auch ein Prozeßführungsrecht, Grdz 22 vor § 50, kann reichen, LG Görlitz MDR **98**, 1308, Vollkommer MDR **98**, 1271 (Sicherungsgeber). Der Schuldner muß also in einem anhängigen Prozeß oder im Mahnverfahren, § 688 ff oder im Kostenfestsetzungsverfahren nach §§ 103 ff Partei sein, Grdz 3 vor § 50. Es ist unerheblich, ob der Prozeß vor der Eröffnung des Insolvenzverfahrens durch einen vorläufigen Insolvenzverwalter nach § 22 InsO geführt worden war, Schlesw KTS **89**, 925 (abl Wessel). § 246 ist hier unbeachtlich. Eine Zwangsvollstreckung für oder gegen den Schuldner bleibt unberührt. Die Eröffnung des Insolvenzverfahrens über das Vermögen eines Streitgenossen, § 59, unterbricht hinsichtlich der anderen Streitgenossen nur im Fall einer notwendigen Streitgenossenschaft, § 62, Schlesw SchlHA **85**, 155, also im allgemeinen auch bei einer Klage gegenüber der Versicherung und dem Versicherungsnehmer, § 62 Rn 15 „Verkehrsunfall", § 239 Rn 5. Ein Nachlaßinsolvenzverfahren, §§ 315 ff InsO, reicht aus.

**9** Der *Streithelfer*, § 66, ist nicht Partei, BGH RR **95**, 573, Düss MDR **85**, 504, ebensowenig ein einfacher Streitgenosse, § 59, Düss MDR **85**, 504, oder ein Zessionar der Klageforderung, BGH NJW **98**, 157. Trotzdem kann durch ein Insolvenzverfahren über das Vermögen des Streithelfers eine Verhinderung der Prozeßführung wie bei einer Unterbrechung eintreten, § 67 Rn 14. Ein Insolvenzverfahren über das Vermögen einer Partei kraft Amts, Grdz 8 vor § 50, unterbricht den Prozeß über das verwaltete Vermögen nicht.

**10** **4) Insolvenzmasse.** Der Begriff enthält Probleme.

**A. Begriff.** Die Insolvenzmasse, § 35 InsO, ist dann betroffen, wenn der Streitgegenstand, § 2 Rn 3, ganz oder teilweise dem Schuldner zur Zeit der Verfahrenseröffnung gehört oder während des Verfahrens hinzugelangt und wenn er auch der Zwangsvollstreckung unterworfen ist, § 36 I InsO (Sollmasse im Gegensatz zur Istmasse).

**11** **B. Beispiele der Zugehörigkeit:** Das trifft zB im Fall einer Klage auf eine Rechnungslegung zu, LG Düss BB **77**, 1674. Eine bloße Prozeßkostenforderung nach §§ 91 ff gehört nur dann zur Insolvenzmasse, wenn die Hauptsache erledigt ist. Im gewerblichen Rechtsschutz betrifft ein Unterlassungsanspruch stets das Insolvenzverfahren des Verletzers, Schmidt ZZP **90**, 53. Denn die Zulässigkeit der beanstandeten Handlung stellt einen Vermögensgegenstand des Verletzers dar. Eine Unterbrechung tritt auch hinsichtlich der insolvenzfreien Stellung des Verletzers ein. Ein Ersatzanspruch auf Grund einer einstweiligen Verfügung nach §§ 935 ff auf eine Unterlassung reicht aus. Dasselbe gilt für einen Anspruch auf Grund eines vorläufigen vollstreckbaren Titels nach § 717 II, KG OLGZ **77**, 366, oder nach § 717 III, selbst wenn der Bekl nur eine Abweisung beantragt hat, allerdings nur mit dem Willen, Schadensersatz zu verlangen.

Eine Klage auf eine *Rechnungslegung* und Vorlegung betrifft die Masse, vgl BGH **LM** § 146 KO Nr 4, ebenso die Verteidigung eines Generalversammlungsbeschlusses. Es ist unerheblich, ob der Insolvenzverwalter das Vermögensstück tatsächlich zur Istmasse gezogen hat. Lehnt er die Aufnahme ab oder gibt er sonstwie frei, gilt Rn 15. Eine mittelbare Beziehung zur Insolvenzmasse reicht aus, zB bei einer Feststellungsklage zur Vorbereitung eines die Insolvenzmasse betreffenden Anspruchs, BAG NJW **84**, 998, auch bei einer leugnenden Feststellungsklage, oder das Insolvenzverfahren des Rechtsinhabers, wenn der Kläger in gewillkürter Prozeßstandschaft klagt, Grdz 29 vor § 50, Düss JMBlNRW **76**, 42.

**12** **C. Beispiele der Nichtzugehörigkeit:** Nicht zur Masse gehören zB: Eine unpfändbare Sache oder ein unpfändbarer Anspruch, § 811 I (Ausnahmen gemäß § 36 II Z 2 InsO: § 811 I Z 4, 9 ZPO), §§ 812, 850 a ff, 852, 857 III, 859–863; die in § 36 III InsO genannten Hausratssachen; vorbehaltlich anderer, in nichtvermögensrechtlicher Ansprüche, Grdz 11 vor § 1, BAG NJW **84**, 998; die ärztliche Praxis; eine Unterlassungsklage, die keine Insolvenzforderung betrifft, weil sie keinen Vermögensanspruch nach § 38 InsO beinhaltet. In diesen Fällen tritt eine Unterbrechung nur dann ein, wenn eine Zuerkennung den Bestand oder die Verwertbarkeit der Masse beeinflussen würde. Das trifft beim Insolvenzverfahren des Klägers allerdings meist zu. Bei einem solchen des Bekl trifft es nur dann zu, wenn er ein eigenes Recht behauptet. Die Prozeßaufnahme erfolgt, wenn der Schuldner Bekl ist, nach § 86 I InsO.

**13** **5) Forderung gegen die Insolvenzmasse.** Ein anmeldungsberechtigter Gläubiger, ein Insolvenzgläubiger, kann eine solche Forderung zu zweierlei Weise verfolgen: Er kann nach der InsO vorgehen. Er erhält nur so eine Befriedigung oder Sicherstellung aus der Masse, § 87 InsO. Da eine Aufnahme nicht zulässig ist, grundsätzlich auch keine neue Klage erheben, BGH **105**, 37. Er kann bei einer noch nicht anhängigen Forderung allerdings auch außerhalb des Insolvenzverfahrens vorgehen. Dann muß er eindeutig erklären, daß er nichts aus der Masse verlange, BGH **72**, 234. Ein auf diesem Weg erlangter Vollstreckungstitel ist während des Insolvenzverfahrens nicht vollstreckbar, § 89 InsO. Einen Gläubiger, den der Schuldner vor der Eröffnung des Insolvenzverfahrens freiwillig befriedigt hat oder der seine Forderung

### 5. Titel. Unterbrechung und Aussetzung des Verfahrens § 240

vorher endgültig beigetrieben hat, berührt § 240 nicht. Die Unterbrechung des Verfahrens ist von Amts wegen zu beachten, Grdz 39 vor § 128. Das gilt auch in der Revisionsinstanz.

**6) Verstoß.** Soweit das Gericht die Unterbrechung nicht berücksichtigt hat, zB wegen Unkenntnis der Eröffnung des Insolvenzverfahrens, kommt auf Grund eines Rechtsmittels des Schuldners eine Zurückverweisung nach § 539 in Betracht und kann der Verwalter ohne Aufnahme Rechtsmittel einlegen, BGH NJW **97**, 1445. **14**

**7) Aufnahme.** Es kommt auf die Prozeßart an. **15**

**A. Allgemeines.** Die Unterbrechung dauert bis zur Aufnahme (nur) nach den §§ 85, 86, 179 InsO an, BAG NJW **84**, 998. Die Aufnahme erfolgt grundsätzlich in derselben Prozeßart, in der Form des § 250, Düss RR **87**, 1402, und grundsätzlich mit denselben Anträgen. Man muß zwischen einem Angriffs- und einem Verteidigungsprozeß unterscheiden (Aktiv- und Passivprozeß). Maßgebend ist nicht die Parteistellung des Schuldners, sondern allein die Frage, ob er ein Vermögensrecht fordert oder nicht. So ist z B eine verneinende Feststellungsklage gegen den Schuldner ein behaupteter Prozeß. Die Klage gegen den Schuldner auf die Feststellung der Unwirksamkeit des Widerrufs seiner Versorgungszusage ist ein Verteidigungsprozeß, BAG NJW **84**, 998. Der Schuldner kann den unterbrochenen Rechtsstreit selbst aufnehmen, § 85 II InsO, soweit seine insolvenzfreie Stellung betroffen ist. Er kann den unterbrochenen Rechtsstreit im übrigen dann aufnehmen, wenn der Insolvenzverwalter den Gegenstand des anhängenden Prozesses freigegeben oder eine Aufnahme abgelehnt hat. Der Insolvenzverwalter tritt nur insofern an die Stelle des Schuldners, als der Prozeß vom Schuldner bzw gegen ihn weiterbetrieben wird, Düss RR **87**, 1402, Mü KTS **77**, 63. Eine vom Verwalter erteilte Prozeßvollmacht besteht für den aufnehmenden Schuldner fort.

**B. Angriffsprozeß zur Teilungsmasse.** Es handelt sich um die Geltendmachung eines Rechts des Schuldners oder um seine Befreiung von einer Last oder Pflicht. Einen solchen Prozeß kann nur der Verwalter aufnehmen, und zwar nur in derjenigen Lage, in sich der Prozeß befindet. Die Aufnahme erfolgt nach § 250, aM Schmidt KTS **94**, 320 (bei einer Handelsgesellschaft entsprechend § 241, da es kein insolvenzfreies Vermögen gebe). Wenn der Verwalter den Prozeß ohne einen gesetzlichen Grund nicht innerhalb einer angemessenen Frist aufnimmt, muß das Gericht ihn auf Grund eines Antrags des Gegners laden, § 239 II entsprechend, § 85 I 2 InsO. Das gilt auch beim persönlichen Prozeß nach dem AnfG. Wenn der Verwalter die Aufnahme ablehnt, was er formlos tun kann, wird der Streitgegenstand frei. Der Schuldner darf dann selbst prozessieren. Beide Parteien dürfen den Prozeß aufnehmen, § 85 II InsO, Rn 23, abw Schmidt KTS **94**, 320 (bei einer Handelsgesellschaft). **16**

**C. Verteidigungsprozeß zur Teilungsmasse.** Es handelt sich um einen Rechtsstreit mit dem Ziel einer Aussonderung oder einer abgesonderten Befriedigung oder der Masseverbindlichkeit, §§ 47 ff, 86 InsO. Diesen Prozeß können der Insolvenzverwalter oder der Gegner aufnehmen, § 250. Wenn der Verwalter die Klagforderung im Sinn von § 93 Rn 85 sofort anerkennt, bleibt er kostenfrei, § 86 II InsO. Im Fall einer Verzögerung gilt dasselbe wie bei Rn 15. Die Aufnahme durch oder gegen den Schuldner ist solange unzulässig, wie der Verwalter den Streitgegenstand nicht frei gibt, BGH **LM** § 11 KO Nr 1 (eine Aufnahme „nur zur Prozeßführung" usw reicht nicht). Wegen einer Unterlassung Schmidt ZZP **90**, 54. **17**

**D. Verteidigungsprozeß zur Schuldenmasse.** Hier geht es um einen Prozeß über eine Insolvenzforderung, § 38 InsO. Die Forderung muß zum Insolvenzverfahren angemeldet und geprüft worden sein, §§ 174 ff InsO. Selbst dann ist eine Aufnahme grundsätzlich nur durch den Gegner zulässig, nicht durch den Insolvenzverwalter, Nürnb OLGZ **82**, 380. Im Prüfungstermin können der Verwalter, der Schuldner, der Insolvenzgläubiger widersprechen. Wenn der Verwalter die Forderung bestritten hat, ist eine Aufnahme auch ihm gegenüber zulässig, § 184 S 2 InsO. Im übrigen ist folgendes zu unterscheiden: **18**

Wenn der Gläubiger für die Forderung einen Schuldtitel, ein Endurteil oder einen Vollstreckungsbescheid besitzt, die mit einer *Vollstreckungsklausel* nach §§ 724 ff versehen sind, muß der Widersprechende aufnehmen, § 179 II InsO, also der Insolvenzverwalter, soweit er diese Forderung nach der Anmeldung zur Insolvenztabelle noch bestreitet, Nürnb OLGZ **82**, 380. Im Fall einer Verzögerung darf auch der Gläubiger das Verfahren aufnehmen, § 250. Einer neuen Klage würde der Einwand der Rechtshängigkeit entgegenstehen. **19**

Soweit es sich um eine *gewöhnliche* Forderung handelt, kann nur der Gläubiger, nicht der Insolvenzverwalter, den Prozeß aufnehmen, §§ 179 I, 180 II InsO, § 250, BayObLG **73**, 285. **20**

*Weitere Einzelheiten:* § 239 II ist unanwendbar. Es besteht kein Zwang zur Aufnahme. Der Widersprechende kann mangels eines Rechtsschutzbedürfnisses nicht aufnehmen, Grdz 33 vor § 253. Bei einem leugnenden Prozeß muß das Gericht nach der Aufnahme nur über die Teilnahme am Insolvenzverfahren entscheiden. Daher muß der Kläger den Klagantrag dahin ändern, daß er eine Feststellung des Anspruchs, der sich immer in eine Geldforderung umwandelt, § 45 InsO, BAG NJW **84**, 999, zur Tabelle verlangt oder daß er die Feststellung seines etwaigen Aussonderungsrecht oder sonstigen Vorrechts begehrt, vgl BGH **LM** § 146 KO Nr 4. Das gilt auch in der Revisionsinstanz, BayObLG **73**, 285. Eine im Urkundenprozeß nach §§ 592 ff erhobene Klage wird kraft Gesetzes in die ordentliche Verfahren übergeleitet. **21**

**8) Aufhebung des Insolvenzverfahrens.** Seine Aufhebung nach §§ 34 III, 200 I InsO beendet ebenfalls die Unterbrechung des Prozesses. Einer Verfahrensaufhebung stehen die Aufhebung des Eröffnungsbeschlusses in der Beschwerdeinstanz nach § 34 II InsO (also keine Rückwirkung) und eine Einstellung des Verfahrens nach den §§ 207, 211, 213 InsO gleich, BGH NJW **90**, 1239. Dabei sind die Aufhebung und die Einstellung grundsätzlich dann wirksam, wenn der Beschluß nach § 9 I 3 InsO als bekannt gilt, BGH **64**, 3 (nur im Beschwerdeverfahren sei wegen [jetzt] § 6 III 1 InsO die Rechtskraft maßgeblich). **22**

Die Aufhebung wirkt immer für die *Zukunft*. Beide Parteien dürfen den Prozeß ohne eine Aufnahme fortsetzen. Dabei tritt der Schuldner ohne weiteres an die Stelle des Verwalters, Hbg KTS **86**, 507, LAG Hamm KTS **97**, 320. Ein unterbrochenes Arrestverfahren, §§ 916 ff, ist in derselben Verfahrensart fortzusetzen, BGH **LM** Nr 9. Soweit der Streitgegenstand eine Nachtragsverteilung berührt, BGH NJW **73**, 1198, **23** führt der Verwalter den Prozeß weiter. Eine vom Insolvenzverwalter erteilte Prozeßvollmacht bleibt in Kraft, auch wenn der Schuldner den Prozeß fortsetzt.

**24** Die *Freigabe* der Sache erfolgt durch den Insolvenzverwalter. Er muß die Freigabe dem Schuldner gegenüber erklären, Stgt NJW **73**, 1756. Die Abtretung einer streitbefangenen Forderung durch den Verwalter an einen Dritten ist keine Freigabe, BGH NJW **90**, 1239. Die Freigabeerklärung ist an keine Form gebunden. Sie kann z B darin liegen, daß der Verwalter es ablehnt, den Prozeß aufzunehmen, BGH NJW **73**, 2065. Sie hat dieselbe Wirkung wie eine Beendigung des Insolvenzverfahrens. Sie führt also dazu, daß der Schuldner in den Rechtsstreit eintritt. § 265 ist unanwendbar, Stgt NJW **73**, 1756 (das OLG läßt den Verwalter und damit die Insolvenzmasse die bisherigen Kosten entsprechend § 269 III tragen), aM StJSchu 35. Aus Gründen der Klarheit über das Ende der Unterbrechung und den Wiederbeginn des Laufs von Fristen bedarf es der Aufnahme. Über die Fortsetzung eines nach § 17 AnfG unterbrochenen Prozesses vgl § 18 I AnfG. Der Schuldner kann in einem solchen Fall nicht nach der Beendigung des Insolvenzverfahrens den Anfechtungsprozeß des Verwalters fortsetzen, BGH **83**, 105. Der Gegner kann den Schuldner auch nicht zur Fortsetzung zwingen.

**25** **9) Rechtsbehelfe.** Vgl § 252.

**26** **10) *VwGO*:** *Entsprechend anzuwenden,* § 173 VwGO, vgl zum bisherigen Recht BVerwG MDR **80**, 963, VGH Kassel NVwZ **98**, 1315, OVG Lüneb NVwZ-RR **95**, 237, VG Chemnitz NVwZ-RR **98**, 309 (aber nicht im *VerwVerfahren*, OVG Magdeb NVwZ **94**, 1227). Zur Aufnahme des Verf der Anfechtungsklage gegen einen Abgabenbescheid vgl BVerwG NJW **89**, 314.

**241** **Unterbrechung durch Prozeßunfähigkeit u a.** ¹Verliert eine Partei die Prozeßfähigkeit oder stirbt der gesetzliche Vertreter einer Partei oder hört seine Vertretungsbefugnis auf, ohne daß die Partei prozeßfähig geworden ist, so wird das Verfahren unterbrochen, bis der gesetzliche Vertreter oder der neue gesetzliche Vertreter von seiner Bestellung dem Gericht Anzeige macht oder der Gegner seine Absicht, das Verfahren fortzusetzen, dem Gericht angezeigt und das Gericht diese Anzeige von Amts wegen zugestellt hat.

II Die Anzeige des gesetzlichen Vertreters ist dem Gegner der durch ihn vertretenen Partei, die Anzeige des Gegners ist dem Vertreter zuzustellen.

III Diese Vorschriften sind entsprechend anzuwenden, wenn eine Nachlaßverwaltung angeordnet wird.

**1** **1) Systematik, Regelungszweck, I–III.** Vgl zunächst Üb 1, 2 vor § 239. Wegen des Verhältnisses zu § 243 dort Rn 2. § 241 bezieht sich in allen seinen Fällen nur auf eine Partei, die nicht durch einen ProzBev vertreten ist, § 246, BGH **104**, 3 BFH BB **86**, 1978. War der Wegfallene ein sich selbst vertretender Anwalt, dann ist zugleich § 244 anwendbar. Wegen des Parteibegriffs § 239 Rn 5. Die Vorschrift ist auch im Fall des Wechsels einer Partei kraft Auftrags anwendbar, § 239 Rn 5, dort auch wegen des Wegfalls. Die Notwendigkeit einer Abwicklung kann für den Prozeß die Dauer der Vertretung kraft Amts bedingen. § 241 bezieht sich nicht auf den Streithelfer, außer auf den streitgenössischen, § 69 Rn 7.

**2** **2) Geltungsbereich, I.** Vgl zunächst Üb 3 ff vor § 239. Es sind zwei Fallgruppen zu trennen.

**A. Verlust der Prozeßfähigkeit.** Wenn die Partei die Prozeßfähigkeit, § 52, verliert, tritt eine Unterbrechung ein. Wenn die Partei von Anfang an prozeßunfähig war, § 51 Rn 1, muß das Gericht die Klage durch ein Prozeßurteil als unzulässig abweisen, Grdz 14 vor § 253, § 56 I, soweit nicht auf Antrag ein Prozeßpfleger nach § 57 zu bestellen ist. Das gilt auch bei der vermögenslos gewordenen, gelöschten GmbH bis zur Bestellung eines Abwicklers, BFH BB **86**, 1978. Anders ist die Lage, solange die Vermögenslosigkeit noch nicht feststeht, § 50 Rn 6, 7, § 239 Rn 4. Wegen einer Betreuung § 51 Rn 5 vor § 239.

Eine Unterbrechung tritt in folgenden Fällen *nicht* ein: Es tritt ein nach § 53 bestellter Betreuer oder Pfleger ein; das Gericht bestellt für einen Prozeßfähigen einen Pfleger, etwa einen Abwesenheitspfleger; die Partei wird prozeßfähig (in diesem Fall tritt der Prozeßfähige kraft Gesetzes in den Prozeß ein); eine Gesellschaft mit beschränkter Haftung ist nach dem Eintritt ihrer Vermögenslosigkeit, § 2 LöschungsG, nicht mehr im Sinn von § 61 VwGO beteiligungsfähig, OVG Münster NJW **81**, 2373.

**3** **B. Tod oder Vertretungsunfähigkeit des Vertreters.** Wenn der gesetzliche Vertreter der Partei stirbt oder vertretungsunfähig wird, tritt eine Unterbrechung ein, aM Schmidt Festschrift für *Henckel* (1995) 755, 763. Zum Begriff des gesetzlichen Vertreters § 51 Rn 6. Hierher gehören auch: Der Sondervertreter nach §§ 57 oder 58; die Übertragung der Sorgerechts auf den Prozeßgegner, BGH FamRZ **91**, 548 (auch zu einer Ausnahme); der Fall der Vertretungsunfähigkeit infolge einer Entlassung des Vormunds; bei einer juristischen Person, auch einer KG, Ffm JB **95**, 658 (betr einen Komplementär), die Bestellung eines anderen Vorstands oder der Ausschluß von der Geschäftsführung. Wenn einer von mehreren gesetzlichen Vertretern wegfällt, tritt eine Unterbrechung des Prozesses nur ein, falls die verbleibenden gesetzlichen Vertreter keine ausreichende Vertretungsmacht haben. Der Eintritt einer Abwicklung unterbricht den Prozeß nur, soweit die bisherigen gesetzlichen Vertreter keine Abwickler sind.

**4** **3) Geltungsbereich, III.** Vgl zunächst Üb 3 ff vor § 239. Es gelten unterschiedliche Voraussetzungen.

**A. Nachlaßverwaltung.** Eine Unterbrechung nach III tritt im Fall einer Nachlaßverwaltung nach § 1981 BGB ein. Diese steht der Eröffnung des Nachlaßinsolvenzverfahrens praktisch gleich. Der Erbe verliert zwar nicht die Prozeßfähigkeit, wohl aber sein Prozeßführungsrecht und seine sachliche Berechtigung, § 1984 BGB. Soweit der Erbe trotz einer Nachlaßverwaltung mit seinem Vermögen haftet, §§ 1994 I, 2006 III, 2013 BGB, tritt eine Unterbrechung nur ein, sofern es sich um einen Vollstreckungstitel gegenüber

## 5. Titel. Unterbrechung und Aussetzung des Verfahrens §§ 241–243

dem Nachlaß handelt. Ein nicht vererblicher Anspruch kann die Nachlaßverwaltung wegen der Kosten betreffen.

**B. Einzelheiten.** Eine Unterbrechung nach III tritt nur unter folgenden Voraussetzungen ein: Entweder schwebte der Prozeß von vornherein wegen eines Nachlaßgegenstands für oder gegen den Erben; oder der Prozeß schwebte gegen den Erblasser, der Erbe hat die Erbschaft angenommen und den Prozeß aufgenommen, § 239 I, V. Wenn der Prozeß im Zeitpunkt der Anordnung der Nachlaßverwaltung unterbrochen war, dann ist nach § 241 zu verfahren. Mit der Beendigung der Nachlaßverwaltung tritt der Erbe ohne weiteres in den Prozeß ein. Die vom Nachlaßverwalter erteilte Prozeßvollmacht bleibt nach § 86 auch für die Erben wirksam. Ein Rechtsmittel, das der Nachlaßverwalter eingelegt hatte, ist für den Erben eingelegt. 5

4) **Anzeige, I, II.** Die Unterbrechung des Prozesses beginnt mit dem Eintritt einer der in I, III genannten Umstände kraft Gesetzes ohne Rücksicht auf eine entsprechende Kenntnis der Beteiligten. Sie dauert so lange an, bis der gesetzliche Vertreter, oder nach seinem Wegfall der neue, dem Gegner, ZöSte 7, aM ThP 3 b aa (aber der letzte Hs in I gehört zu beiden Alternativen), die Absicht der Fortsetzung des Verfahrens anzeigt, oder umgekehrt der Vertreter dem Gegner die Mitteilung iS des § 250 macht. Die Vertretungsbefugnis ist erst im weiteren Verfahren zu prüfen, § 56, BGH VersR **83**, 667. Eine Ladung auf Grund einer entsprechenden Eingabe ist eine ausreichende Kundgebung der Absicht. Im Fall der Verzögerung der Bestellung eines Vertreters ist kein prozessualer Rechtsbehelf statthaft. § 57 ist unanwendbar. Es bleibt dann nur möglich, die bestellende Behörde anzurufen. 6

5) *VwGO:* Entsprechend anzuwenden, § 173 VwGO, vgl § 239 Rn 23. Notfalls ist vom Gericht im Rahmen des § 57, dort Rn 13, ein Vertreter zu bestellen, RedOe § 94 Rn 9 (abw oben Rn 6), was zB in Sozialhilfefällen dringend geboten sein kann. Der Eintritt der Vermögenslosigkeit einer klagenden GmbH unterbricht den Rechtsstreit nicht, OVG Münst NJW **81**, 2337. 7

## 242 Unterbrechung durch Nacherbfolge.
Tritt während des Rechtsstreits zwischen einem Vorerben und einem Dritten über einen der Nacherbfolge unterliegenden Gegenstand der Fall der Nacherbfolge ein, so gelten, sofern der Vorerbe befugt war, ohne Zustimmung des Nacherben über den Gegenstand zu verfügen, hinsichtlich der Unterbrechung und der Aufnahme des Verfahrens die Vorschriften des § 239 entsprechend.

1) **Systematik, Regelungszweck.** Vgl Üb 1, 2 vor § 239. 1

2) **Geltungsbereich.** Vgl zunächst Üb 3 ff vor § 239. Der Nacherbe ist weder sachlichrechtlich noch prozessual ein Rechtsnachfolger des Vorerben. Er ist vielmehr Rechtsnachfolger des Erblassers. Daher ist § 239 unanwendbar, soweit nicht der Vorerbe stirbt, s unten. Da aber § 326 II die Rechtskraftwirkung auf den Nacherben erstreckt, soweit der Vorerbe ohne den Nacherben verfügen kann, §§ 2112, 2136 BGB, sieht § 242 für diesen Fall eine Unterbrechung des Prozesses vor, wenn der Vorerbe wegfällt. Die Vorschrift ist entsprechend anwendbar, wenn der Vorerbe mit einer Zustimmung des Nacherben verfügt hat, vgl §§ 185, 2120 BGB. Über die der Nacherbfolge unterliegenden Gegenstände s §§ 2100 ff BGB. Hierher gehört auch ein Prozeß über den Umfang der Erbschaft des Vorerben. 2

§ 242 ist *unanwendbar,* wenn der Vorerbe einen ProzBev hat, § 246. Ein Prozeß über eine Nachlaßverbindlichkeit fällt nicht unter § 242. Soweit der Vorerbe für eine Nachlaßverbindlichkeit haftet, vgl § 2145 BGB, geht der Prozeß gegen ihn weiter. Die Haftung des Nacherben ergibt sich aus den Urteilsgründen. Der Tod des Vorerben unterbricht diesen Prozeß, § 239. Daher ist § 242 nur anwendbar, wenn ein sonstiges Ereignis die Nacherbfolge auslöst. Im Fall der Ausschlagung des Nacherben gilt § 239 V. Wenn dem nicht befreiten Vorerben die Verfügungsmacht fehlt, dann muß das Gericht den Nacherben als nicht prozeßführungsberechtigt abweisen. 3

3) *VwGO:* Entsprechend anzuwenden, § 173 VwGO, wenn auch kaum jemals praktisch werdend. 4

## 243 Nachlaßpflegschaft und Testamentsvollstreckung.
Wird im Falle der Unterbrechung des Verfahrens durch den Tod einer Partei ein Nachlaßpfleger bestellt oder ist ein zur Führung des Rechtsstreits berechtigter Testamentsvollstrecker vorhanden, so sind die Vorschriften des § 241 und, wenn über den Nachlaß das Insolvenzverfahren eröffnet wird, die Vorschriften des § 240 bei der Aufnahme des Verfahrens anzuwenden.

**Vorbem.** Geändert durch Art 18 Z 3 EGInsO v 5. 10. 94, BGBl 2911, in Kraft seit 1. 1. 99, Art 110 I EGInsO. ÜbergangsR Artt 103, 104 EGInsO, abgedruckt bei § 19 a.

1) **Systematik, Regelungszweck.** Vgl Üb 1, 2 vor § 239. 1

2) **Geltungsbereich.** Vgl zunächst Üb 3 ff vor § 239. Die Vorschrift regelt nicht den Beginn, sondern nur das Ende der Unterbrechung durch die Aufnahme für den Fall der Unterbrechung durch den Tod einer Partei, § 239, wenn ein Nachlaßpfleger nach den §§ 1960 ff BGB oder ein Testamentsvollstrecker nach den §§ 2212 ff BGB vorhanden sind. Die Vorschrift ist entsprechend auf den Fall des Eintritts der Nacherbfolge anwendbar, § 242. In beiden Fällen richtet sich die Aufnahme nach § 241, im Fall eines Nachlaßinsolvenzverfahrens nach § 240. Eine Aufnahme nach § 239, insbesondere dessen V, findet also nicht statt. Bei einem Todesfall zeigen der Nachlaßpfleger oder der Testamentsvollstrecker dem Gegner ihre Bestellung an, oder umgekehrt zeigt der Gegner dem Nachlaßpfleger oder dem Testamentsvollstrecker die Absicht der Fortsetzung des Prozesses an, § 250, BGH **104**, 3. Im Aktivprozeß, § 2212 BGB, kann der Erbe die Aufnahme 2

## §§ 243, 244

nicht wirksam erklären, BGH **104**, 3; im wahren Passivprozeß kann auch der Erbe aufnehmen, BGH **104**, 4.

**3** § 243 *gilt nicht,* wenn ein ProzBev vorhanden ist, § 246. Im Fall eines Nachlaßinsolvenzfahrens, §§ 1975 ff BGB, 315 ff InsO, ist der Prozeß nach den insolvenzrechtlichen Vorschriften aufzunehmen, § 240 Rn 15. Nach einer Beendigung des Insolvenzverfahrens erfolgt die Aufnahme nach § 239. Im Fall der Aufhebung des Insolvenzverfahrens muß die Aufnahme hinzutreten.

**4** 3) *VwGO:* Entsprechend anzuwenden, § 173 *VwGO, vgl* § 239 *Rn 23.*

**244** *Wegfall des Anwalts.* ¹ Stirbt in Anwaltsprozessen der Anwalt einer Partei oder wird er unfähig, die Vertretung der Partei fortzuführen, so tritt eine Unterbrechung des Verfahrens ein, bis der bestellte neue Anwalt seine Bestellung dem Gericht angezeigt und das Gericht die Anzeige dem Gegner von Amts wegen zugestellt hat.

II ¹Wird diese Anzeige verzögert, so ist auf Antrag des Gegners die Partei selbst zur Verhandlung der Hauptsache zu laden oder zur Bestellung eines neuen Anwalts binnen einer von dem Vorsitzenden zu bestimmenden Frist aufzufordern. ²Wird dieser Aufforderung nicht Folge geleistet, so ist das Verfahren als aufgenommen anzusehen. ³Bis zur nachträglichen Anzeige der Bestellung eines neuen Anwalts können alle Zustellungen an die zur Anzeige verpflichtete Partei, sofern diese weder am Ort des Prozeßgerichts noch innerhalb des Amtsgerichtsbezirks wohnt, in dem das Prozeßgericht seinen Sitz hat, durch Aufgabe zur Post (§ 175) erfolgen.

### Gliederung

| | |
|---|---|
| 1) Systematik, I, II .................... 1 | E. Berufsverbot usw .................... 9 |
| 2) Regelungszweck, I, II .................... 2 | F. Sonstiger Verlust .................... 10 |
| 3) Geltungsbereich, I, II .................... 3 | 6) Fehlen einer Vertretungsunfähigkeit, I . 11 |
| 4) Tod, I .................... 4 | 7) Instanz, I .................... 12, 13 |
| 5) Vertretungsunfähigkeit, I .................... 5–10 | 8) Aufnahme, I, II .................... 14–16 |
|    A. Ausschluß .................... 5 |    A. Grundsatz: Anzeige und Zustellung ... 14 |
|    B. Strafurteil .................... 6 |    B. Verzögerung der Anzeige ............ 15, 16 |
|    C. Löschung usw .................... 7 | 9) *VwGO* .................... 17 |
|    D. Prozeßunfähigkeit .................... 8 | |

**1** 1) **Systematik, I, II.** Die Vorschrift regelt im Rahmen der §§ 240 ff einen häufigeren Fall.

**2** 2) **Regelungszweck, I, II.** Wenn die Partei in einem Prozeß mit Anwaltszwang, § 78 Rn 1, ihren ProzBev ohne eigenes Zutun verliert, muß das Gesetz dafür sorgen, daß sie nicht schutzlos wird. Das geschieht mit dem Mittel der Unterbrechung.

**3** 3) **Geltungsbereich, I, II.** Vgl zunächst Üb 3 ff vor § 239. § 244 bezieht sich nur auf den Anwaltsprozeß, BGH FamRZ **92**, 49. Die Vorschrift ist von Amts wegen zu beachten, Grdz 39 vor § 128, Karlsr AnwBl **82**, 434 (krit Thomas AnwBl **82**, 528). Im Parteiprozeß, § 78 Rn 1, tritt beim Wegfall des Anwalts die Partei kraft Gesetzes an seine Stelle, auch soweit in der Rechtsmittelinstanz kein Anwaltszwang besteht. Bei einer arbeitsrechtlichen Streitigkeit gilt § 244 für den Verbandsvertreter, der die Partei als ProzBev vertritt, soweit ein Vertretungszwang besteht, § 11 II ArbGG.

**4** 4) **Tod, I.** Eine Unterbrechung tritt zunächst dann ein, wenn der ProzBev, § 80 Rn 1, § 176 Rn 7, der Partei, zu ihrem Begriff § 239 Rn 5, oder des streitgenössischen Streithelfers, § 69, nicht des gewöhnlichen, § 66, stirbt, BGH VersR **84**, 988. Das gilt aber nicht, wenn ein Vertreter nach § 53 BRAO, Anh § 155 GVG, bestellt worden war, BGH NJW **82**, 2324, freilich nur bis zum Ende der Vertreterbestellung, Köln FamRZ **93**, 1469. In diesem Fall bestimmt § 54 BRAO, Anh § 155 GVG, s auch § 86 Rn 4, daß eine Rechtshandlung des bestellten Vertreters des Anwalts trotz des Tods des Anwalts bis zu dessen Löschung in der Anwaltsliste wirksam ist, § 78 Rn 27, BGH VersR **82**, 365, ThP 6, aM StJSchu 2 (diese Meinung ist wohl überholt, BGH NJW **82**, 2325).

Wegen des *Abwicklers* BGH **66**, 59 (maßgeblich ist der Schluß der Abwicklung), aM Köln FamRZ **93**, 1469 (L), wegen seiner Aufnahme Rn 14. Bei Bestellung mehrerer, zB einer Anwaltssozietät, kommt es auf den Wegfall aller an, BAG NJW **72**, 1388. Wenn die Partei nach der Ablehnung eines Antrags auf die Bewilligung einer Prozeßkostenhilfe keinen Anwalt findet, ist I 1 nicht entsprechend anwendbar, BGH VersR **80**, 554. Auf den Verkehrsanwalt ist I unanwendbar, BGH VersR **84**, 988, ebenso auf den Unterbevollmächtigten.

**5** 5) **Vertretungsunfähigkeit, I.** Eine Unterbrechung tritt ferner dann ein, wenn der Anwalt der Partei oder des streitgenössischen, § 69, nicht des gewöhnlichen Streithelfers, § 66, rechtlich an der Vertretung gehindert wird, BGH **66**, 61. Dieser Fall kann in den folgenden Situationen eintreten.

**A. Ausschluß.** Der Anwalt kann aus der Anwaltschaft ausgeschlossen worden sein. Die Hinderung tritt mit der Rechtskraft der Ausschließung ein, § 204 I 1 BRAO, BGH **98**, 327 (abl Vollkommer JR **87**, 230).

**6** **B. Strafurteil.** Der Anwalt kann durch ein strafgerichtliches Urteil rechtlich gehindert sein. Die Hinderung tritt mit der Rechtskraft des Urteils ein, §§ 31, 33 StGB.

**7** **C. Löschung usw.** Die Vertretungsunfähigkeit kann dadurch eintreten, daß der Anwalt in der Liste der Anwälte gelöscht wird, weil er die Zulassung aufgegeben oder zurückgenommen hat, BGH VersR **81**, 679 mwN, auch ab Zustellung einer Anordnung über die sofortige Vollziehbarkeit des Widerrufs der Zulassung, Karlsr AnwBl **95**, 97.

5. Titel. Unterbrechung und Aussetzung des Verfahrens **§§ 244, 245**

**D. Prozeßunfähigkeit.** Die Vertretungsunfähigkeit kann auch dadurch eintreten, daß der Anwalt seine **8** Prozeßfähigkeit verliert, § 51 Rn 1, BVerfG **37**, 79, BGH **66**, 61.

**E. Berufsverbot usw.** Die rechtliche Hinderung kann dadurch eintreten, daß gegen den Anwalt ein **9** Berufs- oder Vertretungsverbot erlassen wird, §§ 150 ff BRAO, BGH **111**, 106 (auch bei einer Selbstvertretung nach § 78 III).

**F. Sonstiger Verlust.** Die Vertretungsunfähigkeit kann schließlich dadurch eintreten, daß der Anwalt auf **10** eine andere Weise, als in Rn 5–9 erwähnt, seine Postulationsfähigkeit verliert, BGH **66**, 61, etwa durch die Zurücknahme der Zulassung bei dem Prozeßgericht, §§ 33 IV, 35 BRAO.

**6) Fehlen einer Vertretungsunfähigkeit, I.** Eine Unterbrechung findet in folgenden Fällen nicht statt: **11** Der Anwalt kündigt den Auftrag; er ist an der Wahrnehmung der Interessen des Auftraggebers tatsächlich und nicht rechtlich verhindert; der Anwalt wird zum Beamten oder zum Richter ernannt; in den Fällen der §§ 45, 46 BRAO; bei einer Bestellung eines Vertreters nach § 53 BRAO.

**7) Instanz, I.** § 244 bezieht sich nur auf den ProzBev der Instanz, Begriff § 176 Rn 16, 17, BGH NJW **12** **95**, 1096 mwN. Beim Wegfall des schon für die nächste Instanz bestellten Anwalts nach der Zustellung des erstinstanzlichen Urteils tritt schon wegen der Möglichkeit nach § 210 a II zur Zustellung an die Partei selbst keine Unterbrechung ein, ZöGre 2, aM BAG NJW **76**, 1334. Die Rechtsmittelfrist kann aber unterbrochen sein, ebenso die Begründungsfrist, BGH VersR **77**, 835. Wenn der Anwalt der höheren Instanz wegfällt, tritt nicht etwa der Anwalt der niedrigeren Instanz an seine Stelle, solange die höhere Instanz nicht abgeschlossen ist. Deshalb erfolgt nach einer Unterbrechung des Prozesses trotz § 176 keine Urteilszustellung an den Anwalt der unteren Instanz. Der Tod des ProzBev der Instanz nach der Zustellung eines Versäumnisurteils unterbricht den Prozeß. Denn die Instanz dauert fort, § 340 I.

Unter Umständen kann die Unterbrechung auch für ein *Nachverfahren* eintreten, etwa nach einem **13** Vorbehaltsurteil. Das gilt aber nicht, wenn das Vorbehaltsurteil bereits zugestellt worden ist, für ein Rechtsmittel, also für den Bereich nach dem Abschluß der Instanz, BGH **LM** Nr 2, aM BAG NJW **76**, 1334 (Vorlagebeschluß). Soweit der Gegner das Rechtsmittel eingelegt hat, kann das Gericht die Rechtsmittelschrift der Partei selbst zustellen. Der ProzBev der unteren Instanz, der eine Beschwerde eingelegt hat, ist nicht als ein ProzBev der *Beschwerdeinstanz* anzusehen. Deshalb unterbricht sein Wegfall das Verfahren in der Beschwerdeinstanz nicht. Der Wegfall des im Prozeßkostenhilfeverfahren nach § 121 beigeordneten Anwalts unterbricht, soweit die Partei ihn schon zum ProzBev bestellt hatte, vgl § 121 Rn 17, 27. Wenn die Partei in der Instanz mehrere Personen zu ProzBev bestellt hat, unterbricht erst der Wegfall der letzten dieser Personen das Verfahren, Rn 2, 3.

**8) Aufnahme, I, II.** Ein klarer Grundsatz hat erhebliche Verstoßfolgen. **14**

**A. Grundsatz: Anzeige und Zustellung.** Die Unterbrechung des Prozesses endet, wenn der wieder vertretungsfähig gewordene oder der bestellte neue Anwalt beim Gericht von seiner Bestellung eine Anzeige macht, BGH VersR **81**, 658, und wenn das Gericht die Anzeige dem Gegner von Amts wegen zustellt, § 250. Die Anzeige der Neubestellung kann, auch stillschweigend, gleichzeitig mit einem Schriftsatz in der Sache erfolgen, zB gleichzeitig mit einem Rechtsmittel, Karlsr AnwBl **82**, 434 (krit Thomas AnwBl **82**, 528). In diesem Fall gilt § 295 I. Das Gericht prüft die Vollmacht des neuen ProzBev erst im weiteren Verfahren, § 88. Wenn die Landesjustizverwaltung für einen verstorbenen Anwalt einen Kanzleiabwickler bestellt, § 86 Rn 5, erfolgt die Aufnahme des Rechtsstreits, für den der Abwickler als bevollmächtigt gilt, falls die Partei keine anderweitige Vorsorge getroffen hat, § 55 II 3 BRAO, in derselben Weise nach § 250. Es ist also nicht ausreichend, daß der Kanzleiabwickler seine Ernennung demjenigen Gericht anzeigt, bei dem der verstorbene Anwalt zugelassen war, § 55 II 4 BRAO. Wohl aber reicht jede auf den Fortgang des Prozesses gerichtete Handlung, zB ein Wiedereinsetzungsgesuch, Köln VersR **73**, 161.

**B. Verzögerung der Anzeige.** Wenn der Anwalt die Anzeige nach § 250 verzögert, § 239 Rn 17, dann **15** verfährt das Gericht wie folgt: Das Gericht *lädt* entweder die Partei selbst zu einer mündlichen Verhandlung über die Hauptsache. In diesem Fall soll das Gericht die Partei in Anwaltsprozeß zur Bestellung eines bei dem Gericht zugelassenen Anwalts auffordern, §§ 215, 520 III. Eine Aufgabe der Ladung zur Post ist ebenso unstatthaft wie eine Zustellung an den Anwalt der ersten Instanz. Abs II stellt eine Ausnahme von den §§ 174, 176 dar. Die Zustellung der Ladung bedeutet eine Aufnahme des Verfahrens. Wenn im Verhandlungstermin kein Anwalt für diese Partei erscheint, kann das Gericht eine Versäumnisentscheidung zur Hauptsache erlassen, §§ 330, 331, oder nach Aktenlage entscheiden, § 331 a.

Das Gericht kann die Partei auch zur Bestellung eines Anwalts innerhalb einer vom Vorsitzenden fest- **16** zulegenden Frist *auffordern*. Die Unterbrechung endet in diesen Fällen kraft Gesetzes dann, wenn entweder die Frist ergebnislos abläuft oder wenn der neue Anwalt seine Bestellung dem Gericht mitteilt. Das Gericht braucht also in diesen Fällen über die Unterbrechungsfrage nicht mehr zu entscheiden; vgl auch § 250 Rn 5. Vom Fristenablauf an ist eine Zustellung an eine auswärtige Partei ohne einen Zustellungsbevollmächtigten durch eine Aufgabe der Sendung zur Post nach § 175 zulässig.

**9) VwGO:** Entsprechend anzuwenden, § 173 VwGO, im Verfahren vor dem BVerwG und dem OVG, § 67 I **17** *VwGO, sowie dann, wenn die Bestellung eines Bevollmächtigten ausdrücklich angeordnet wird, nämlich nach § 67 II 2 VwGO, OVG Münst VerwRspr* **26**, *104, oder nach § 67 a VwGO.*

**245** *Unterbrechung durch Stillstand der Rechtspflege.* Hört infolge eines Krieges oder eines anderen Ereignisses die Tätigkeit des Gerichts auf, so wird für die Dauer dieses Zustandes das Verfahren unterbrochen.

**1) Systematik, Regelungszweck.** Vgl Üb 1, 2 vor § 239. **1**

## §§ 245, 246

**2** **2) Geltungsbereich.** Vgl zunächst Üb 3 ff vor § 239. § 245 betrifft nur einen Stillstand der Rechtspflege, das sog iustitium, etwa wegen eines Kriegs, Aufruhrs oder einer Katastrophe, zB eines Lawinenunglücks, einer Überschwemmung usw, also nicht den Fall einer rein tatsächlichen Behinderung des Gerichts, etwa wegen des Tods aller Richter. Im letzteren Fall hilft § 36 Z 1. Auch der Fall der Verlegung des Gerichts wegen einer Kriegsgefahr fällt nicht unter § 245. Es ist unerheblich, ob das Gericht noch einzelne Sachen bearbeitet. Es muß aber insgesamt eine völlige Undurchführbarkeit eines geordneten Justizbetriebs auf eine mit Sicherheit längere, in ihrer Dauer derzeit nicht absehbare Zeit vorliegen. In den Fällen des § 245 ist eine förmliche Aufnahme des Verfahrens unnötig. Die Unterbrechung endet kraft Gesetzes dann, wenn der Stillstand der Rechtspflege beendet ist. Über die Tatsache des Stillstands der Rechtspflege, also über ihren Eintritt und ihre Dauer, entscheidet der Richter. Eine Behinderung nur der Partei, nicht des Gerichts, fällt nicht unter § 245, sondern zB unter § 247.

**3** **3) *VwGO*:** Entsprechend anzuwenden, § 173 *VwGO*.

**246** *Aussetzung bei §§ 239, 241, 242.* I Fand in den Fällen des Todes, des Verlustes der Prozeßfähigkeit, des Wegfalls des gesetzlichen Vertreters, der Anordnung einer Nachlaßverwaltung oder des Eintritts der Nacherbfolge (§§ 239, 241, 242) eine Vertretung durch einen Prozeßbevollmächtigten statt, so tritt eine Unterbrechung des Verfahrens nicht ein; das Prozeßgericht hat jedoch auf Antrag des Bevollmächtigten, in den Fällen des Todes und der Nacherbfolge auch auf Antrag des Gegners die Aussetzung des Verfahrens anzuordnen.

II Die Dauer der Aussetzung und die Aufnahme des Verfahrens richten sich nach den Vorschriften der §§ 239, 241 bis 243; in den Fällen des Todes und der Nacherbfolge ist die Ladung mit dem Schriftsatz, in dem sie beantragt ist, auch dem Bevollmächtigten zuzustellen.

### Gliederung

| | | | |
|---|---|---|---|
| 1) Systematik, Regelungszweck, I, II | 1 | B. Weiteres Verfahren | 6 |
| 2) Geltungsbereich, I, II | 3 | 5) Dauer und Aufnahme, II | 7, 8 |
| 3) Vertretung durch Prozeßbevollmächtigten, I, II | 4 | A. Beginn der Aussetzung | 7 |
| | | B. Ende der Aussetzung | 8 |
| 4) Verfahren, I, II | 5, 6 | 6) Verstoß, II | 9 |
| A. Antrag | 5 | 7) *VwGO* | 10 |

**1** **1) Systematik, Regelungszweck, I, II.** Die Vorschrift bezweckt einen ungestörten Verfahrensfortgang, Nürnb FamRZ **96**, 175. Sie geht davon aus, daß in den Fällen der §§ 239, 241, 242 eine Unterbrechung dann unnötig ist, wenn ein ProzBev, § 80 Rn 1, § 176 Rn 7, im Anwalts- oder Parteiprozeß die Partei vertritt. Denn die Vollmacht dauert fort, § 86, BGH VersR **93**, 1375. Etwas anderes gilt nur dann, wenn der ProzBev das Mandat vor dem Tod der Partei niedergelegt hatte.

**2** Trotz der in Rn 1 beschriebenen Lage kann ein Stillstand des Verfahrens *erforderlich* sein. Denn der ProzBev muß erfahrungsgemäß zunächst mit dem neuen Berechtigten verhandeln, selbst wenn dieser schon bekannt ist. Er muß insbesondere den Erben feststellen. Er muß sich außerdem die nach § 86 Hs 2 erforderliche Prozeßvollmacht des Nachfolgers beschaffen. Der ProzBev muß Gelegenheit zur Rücksprache mit einem etwa noch zu bestellenden Betreuer erhalten, Bork MDR **91**, 99.

**3** **2) Geltungsbereich, I, II.** Vgl zunächst Üb 3 ff vor § 239. § 246 ist in folgenden Fällen anwendbar:
Beim Tod oder Erlöschen einer Partei, § 239 Rn 3–5, BGH VersR **93**, 1375; beim Wegfall ihrer Prozeßfähigkeit, § 241 Rn 2, nicht aber bei einer vorübergehenden Geistesstörung, Brschw OLGZ **75**, 443; beim Wegfall des gesetzlichen Vertreters, § 241 Rn 3, Hbg FamRZ **83**, 1262; im Fall einer Nachlaßverwaltung, § 241 Rn 4; im Fall einer Nacherbfolge der Partei, § 242 Rn 2.

§ 246 gilt in folgenden Fällen *nicht:* Im Verfahren auf die Bewilligung der Prozeßkostenhilfe, §§ 114 ff; im Verfahren über die Eröffnung des Insolvenzverfahrens; im Verfahren nach § 619, Schlesw (2. ZS) FamRZ **76**, 110, § 619 Rn 4, aM Schlesw (8. ZS) SchlHA **77**, 102; nach der Löschung der Partei als juristischer Person, BGH **74**, 212. Vgl im übrigen auch Einf Rn 3 vor §§ 148–155.

**4** **3) Vertretung durch Prozeßbevollmächtigten, I, II.** Die Vorschrift setzt in allen Fällen voraus, daß die Partei durch einen ProzBev vertreten ist, vgl BGH FamRZ **91**, 548, Nürnb FamRZ **96**, 175. Es braucht sich nicht unbedingt um einen Anwalt zu handeln. Es kann sich auch um einen Anwalt handeln, der sich selbst vertritt, § 78 IV, BAG NJW **72**, 1388 (vgl dann § 244), ThP 3, aM ZöGre 2. Der Auftrag muß schon und noch bestehen. Wegen der Vertretungsfähigkeit § 244 Rn 4. Über die Dauer der Tätigkeit des ProzBev s § 176 Rn 22. Der Tod eines von mehreren ProzBev unterbricht den Prozeß nicht, BAG NJW **72**, 1388. Wenn das hemmende Ereignis erst nach der Einlegung eines Rechtsmittels eintritt, kommt der ProzBev in der unteren Instanz trotz seiner Fortdauer nicht mehr in Frage. Dann er vertritt die Partei nur duldend, § 210 a, nicht handelnd. Deshalb tritt in diesem Fall eine Unterbrechung des Prozesses ein, solange ein ProzBev der höheren Instanz fehlt, BGH NJW **81**, 687. Dasselbe gilt dann, wenn die Partei nach der Zustellung des erstinstanzlichen Urteils stirbt und wenn der Gegner alsdann die höhere Instanz anruft.

Wenn der Tod der Partei aber in die Zeit „*zwischen den Instanzen*" fällt und sie erstinstanzlich durch einen Anwalt vertreten war und ein Rechtsmittel einlegen wollte, gilt sie insofern als durch jenen ProzBev noch vertreten, BGH NJW **81**, 687. Der ProzBev hat eine Vollmacht des neuen Berechtigten beizubringen, § 86 Hs 2. Als ein ProzBev ist auch ein nach § 89 vorläufig zugelassener Vertreter anzusehen, nicht aber ein beschränkt Bevollmächtigter, § 83 II. Wenn der Anwalt Partei kraft Amts ist, Grdz 8 vor § 50, oder wenn er

5. Titel. Unterbrechung und Aussetzung des Verfahrens §§ 246, 247

ein gesetzlicher Vertreter der Partei ist, § 51 Rn 12, dann ist § 241 und nicht § 246 anwendbar. Denn die letztere Bestimmung setzt voraus, daß die Partei und ihr ProzBev nicht identisch sind.

**4) Verfahren, I, II.** Wesentlich ist ein richtiger Antrag. 5

**A. Antrag.** Das Prozeßgericht, also das untere Gericht auch nach dem Erlaß seines Endurteils bis zur Einlegung eines Rechtsmittels, § 248 Rn 1, muß den Prozeß auf Grund eines Antrags nach § 248 aussetzen. Antragsberechtigt sind: In allen Fällen der ProzBev, nicht auch die von ihm vertretene Partei oder deren Streitgehilfe, § 66; beim Tod, § 239, oder einer Nacherbfolge, § 242, auch der Gegner. Der Antrag ist in jeder Lage des Verfahrens zulässig, auch nach einer Verkündung des Urteils, solange es noch nicht nach § 322 rechtskräftig ist. Es ist unerheblich, wann das Ereignis eingetreten ist. Es kommt nur darauf an, ob das Ereignis nach der Anhängigkeit eingetreten war. Eine unrichtige Mitteilung des ProzBev, der Auftraggeber sei verstorben, ist nicht als ein Aussetzungsantrag auslegbar, BGH VersR **93**, 1375. Der ProzBev verliert sein Antragsrecht nicht dadurch, daß er für die neue Partei auftritt. Der Gegner verliert sein Antragsrecht nicht durch eine Verhandlungsbereitschaft des Erben oder des Nacherben.

Man kann auf das Recht, eine Aussetzung zu verlangen, einseitig *verzichten*. Ein Verzicht liegt aber noch nicht in einem vorbehaltlosen Verhandeln zur Sache, BFH BStBl **71**, II 775, aM ThP 4. Solange ein Antrag unterbleibt, wird der Prozeß einfach fortgesetzt. Wahre Prozeßpartei ist dann der Rechtsnachfolger, selbst wenn das Gericht ihn im Urteil überhaupt nicht genannt hat, VGH Mannh NJW **84**, 196. Wenn er erst nachträglich bekannt wird, wird der Urteilskopf berichtigt. Das gilt auch bei einer juristischen Person usw, § 239 Rn 3. Im Fall des Todes eines notwendigen Streitgenossen tritt keine Aussetzung ein, § 62 entsprechend, BAG BB **73**, 755.

**B. Weiteres Verfahren.** Vgl § 248 Rn 1. Die Aussetzung erfolgt durch einen Beschluß, § 248 Rn 2. 6
Wegen seiner Wirkung vgl § 249.

**5) Dauer und Aufnahme, II.** Beginn und Ende sind unterschiedlich leicht klärbar. 7

**A. Beginn der Aussetzung.** Die Aussetzung beginnt nicht schon mit der Antragstellung, sondern mit der Wirksamkeit ihrer Anordnung, § 248 Rn 3.

**B. Ende der Aussetzung.** Die Aussetzung dauert so lange fort, bis das Verfahren aufgenommen wird 8
oder bis eine Anzeige entsprechend den §§ 239, 241–243 erfolgt. Die Anzeige eines Nachlaßpflegers genügt ohne Notwendigkeit der Darlegung seines Wirkungsumfangs, BGH NJW **95**, 2172. Das Gericht darf die Aussetzung also nicht von Amts wegen aufheben. Im Todesfall oder im Fall der Nacherbfolge stellt das Gericht die Ladung mit dem Schriftsatz, in dem die Aufnahme beantragt wird, dem Rechtsnachfolger oder dem Nacherben selbst, soweit er schon bekannt ist, BSG MDR **84**, 702 (andernfalls ist eine Berichtigung der Parteibezeichnung nicht erforderlich, OVG Münst NJW **86**, 1707), und außerdem demjenigen ProzBev zu, den der Verstorbene oder der Vorerbe für diese Instanz bestellt hatte, also nicht dem ProzBev der unteren Instanz, § 270. § 239 IV ist nur insofern anwendbar, als die Rechtsnachfolge als zugestanden gilt, wenn eine Ladung nach § 246 II erfolgt ist. Denn die letztere Vorschrift enthält eine Sonderregelung. Die sachlich-rechtlichen Auswirkungen der Rechtsnachfolge sind auch in der Revisionsinstanz jedenfalls dann zu beachten, wenn die maßgebenden Tatsachen feststehen, BGH KTS **86**, 734. Obwohl die Aussetzung mit dem Eintritt der Unterstellung endet, muß das Gericht ein Versäumnisurteil dem ProzBev zustellen. Denn seine Vollmacht dauert fort, § 86.

**6) Verstoß, II.** Bei einem Verstoß gegen II ist die Prozeßhandlung der Partei wie des Gerichts unwirk- 9
sam, es fehlt zB der ordnungsgemäßen Ladung, BGH NJW **84**, 2830.

**7) VwGO:** Entsprechend anzuwenden, § 173 VwGO, vgl § 239 Rn 23, BVerwG MDR **82**, 80, OVG Münst 10
NVwZ **95**, 1228, NVwZ-RR **93**, 55 mwN u NJW **86**, 1707, VGH Mannh NJW **84**, 195. Das Gericht darf den Antrag nicht ablehnen, OVG Münst NVwZ-RR **93**, 55 u RedOe § 94 Anm 11 gegen OVG Lüneb AS **2**, 237. Für die Aufnahme gilt das zu § 239 Gesagte, BVerwG Buchholz 303 § 239 Nr 2 (Erbschein ist nicht notwendige Voraussetzung).

**247** *Aussetzung infolge Krieg und Verkehrsstörung.* Hält sich eine Partei an einem Ort auf, der durch obrigkeitliche Anordnung oder durch Krieg oder durch andere Zufälle von dem Verkehr mit dem Prozeßgericht abgeschnitten ist, so kann das Gericht auch von Amts wegen die Aussetzung des Verfahrens bis zur Beseitigung des Hindernisses anordnen.

**1) Systematik, Regelungszweck.** Vgl Üb 1, 2 vor § 239. 1

**2) Geltungsbereich.** Vgl zunächst Üb 3 ff vor § 239. § 247 setzt voraus, daß das Gericht, anders als im 2
Fall des § 245, zwar tätig ist, daß aber die Partei im Sinn von § 239 Rn 5 ihre Rechte unverschuldet, nicht wahrnehmen kann. Die Existenz eines ProzBev und die Möglichkeit des schriftlichen Verkehrs mit ihm schließen eine Behinderung nicht stets aus. Die Vorschrift gilt nicht, wenn das Gericht einen Zeugen aus den Gründen des § 247 nicht vernehmen kann; dann kommt § 356 in Betracht. Wenn es sich um Streitgenossen handelt, § 59, muß das Gericht für jeden besonders befinden, § 145, es sei denn, daß eine notwendige Streitgenossenschaft nach § 62 vorliegt.

Als *Gründe einer Aussetzung* nach § 247 kommen zB in Betracht: Das Prozeßgericht kann infolge einer behördlichen Anordnung oder wegen eines Aufruhrs, einer Überschwemmung usw nicht erreicht werden. Sonst liegen aber die Voraussetzungen des § 247 für solche Personen grundsätzlich nicht vor, auch nicht zB beim Kosovo-Einsatz, Zweibr NJW **99**, 2907.

**3) Verfahren.** Das Gericht ordnet eine Aussetzung im Rahmen eines pflichtgemäßen Ermessens auf 3
Grund eines Antrags oder von Amts wegen an. Das Verfahren verläuft im übrigen wie bei § 248. Die Aussetzung endet, wenn die behindert gewesene Partei wieder tätig wird (die bloße Möglichkeit zum

## §§ 247–249

Tätigwerden steht aber nicht gleich) oder wenn das Gericht einen Beschluß über ihre Aufhebung, zu dem es auch bei einer jetzt wieder vorhandenen bloßen Möglichkeit der Partei zum Tätigwerden verpflichtet ist, mitteilt. Diese Mitteilung kann formlos erfolgen.

4 **4) VwGO:** *Entsprechend anzuwenden,* § 173 VwGO.

## 248 Verfahren bei Aussetzung.

I Das Gesuch um Aussetzung des Verfahrens ist bei dem Prozeßgericht anzubringen; es kann vor der Geschäftsstelle zu Protokoll erklärt werden.

II Die Entscheidung kann ohne mündliche Verhandlung ergehen.

1 **1) Systematik, Regelungszweck, I, II.** Vgl Üb 1, 2 vor § 239.

2 **2) Geltungsbereich, I, II.** Vgl Üb 3 vor § 239.

3 **3) Antrag, I.** In den Fällen der §§ 246, 247, nicht aber auch in den Fällen der §§ 148 ff, ist der Antrag (das Gesuch) schriftlich oder zum Protokoll der Geschäftsstelle anzubringen, das heißt auch bei einem Gericht des § 129 a. Es handelt sich um eine Parteiprozeßhandlung, Grdz 47 vor § 128. Es besteht kein Anwaltszwang, § 78 III. Der Antrag kann bei dem erstinstanzlichen Prozeßgericht bis zum Zeitpunkt der Einlegung eines Rechtsmittels eingereicht werden, BGH NJW **77**, 718. Eine Einlegung beim falschen Gericht führt dazu, daß der Antrag von Amts wegen dem richtigen Gericht zugesandt wird. Dieser Vorgang kann aber nichts daran ändern, daß eine verspätete Einlegung Rechtsnachteile für die Partei nach sich zieht.

4 **4) Entscheidung, II.** Das Gericht entscheidet auf Grund einer freigestellten mündlichen Verhandlung, § 128 Rn 10. Es trifft seine Entscheidung grundsätzlich durch einen Beschluß, § 329. Es muß unter den gesetzlichen Voraussetzungen aussetzen, sofern kein diesbezüglicher Rechtsmißbrauch vorliegt, Einl II 54. Ein Rechtsmißbrauch kann zB dann vorliegen, wenn ein schon eingelegtes Rechtsmittel unzulässig ist. Freilich sollte das Prozeßgericht diese Prüfung grundsätzlich dem Rechtsmittelgericht überlassen.

Der *Beschluß* ist grundsätzlich zu begründen, § 329 Rn 4, und zwar bei einer Stattgabe durch die Mitteilung des Aussetzungsgrunds, damit die Beteiligten wissen, unter welchen Voraussetzungen eine Aufnahme zulässig ist. Er wird verkündet, § 329 I 1. Soweit das Gericht das Verfahren aussetzt, teilt es die Entscheidung beiden Parteien formlos mit, §§ 252, 329 II 1, BGH NJW **77**, 718. Soweit das Gericht eine Aussetzung des Verfahrens ablehnt, stellt es seinen Beschluß zu, §§ 252, 329 II 2, III. Die Aussetzung wird mit dem gesetzmäßigen Erlaß des Beschlusses wirksam, BGH NJW **87**, 2379 (das ist verfassungsgemäß), Mü MDR **90**, 252, LG BadBad MDR **92**, 998. Das Gericht kann die Ablehnung auch in den Entscheidungsgründen des Endurteils begründen, BGH **LM** § 252 Nr 1.

Wegen der *Wirkung* der Aussetzung vgl § 249. Wenn das Gericht instanzmäßig unzuständig war, ist der Aussetzungsbeschluß wirkungslos. Denn er ist bestimmungsgemäß für diese Instanz erlassen worden, § 249 Rn 1 aE, abw StJSchu 1.

*Gebühren:* Des Gerichts: Keine; des Anwalts: Gehört zum Rechtszug, § 37 Z 3 BRAGO; sonst § 56 BRAGO.

5 **5) Rechtsbehelfe, I, II.** S § 252.

6 **6) VwGO:** *Entsprechend anzuwenden,* § 173 VwGO. Der Beschluß ist zu begründen und zuzustellen, RedOe § 94 Anm 11.

## 249 Wirkung von Unterbrechung und Aussetzung.

I Die Unterbrechung und Aussetzung des Verfahrens hat die Wirkung, daß der Lauf einer jeden Frist aufhört und nach Beendigung der Unterbrechung oder Aussetzung die volle Frist von neuem zu laufen beginnt.

II Die während der Unterbrechung oder Aussetzung von einer Partei in Ansehung der Hauptsache vorgenommenen Prozeßhandlungen sind der anderen Partei gegenüber ohne rechtliche Wirkung.

III Durch die nach dem Schluß einer mündlichen Verhandlung eintretende Unterbrechung wird die Verkündung der auf Grund dieser Verhandlung zu erlassenden Entscheidung nicht gehindert.

### Gliederung

| | |
|---|---|
| 1) Systematik, I–III .................... 1 | B. Der anderen Partei gegenüber: Beschränkte Unwirksamkeit ............ 9, 10 |
| 2) Regelungszweck, I–III ............... 2 | C. Beiden Parteien gegenüber: Volle Unwirksamkeit ................ 11, 12 |
| 3) Geltungsbereich, I–III ............... 3 | |
| 4) Ende des Fristlaufs, I ............... 4, 5 | 6) Verkündung, III ..................... 13, 14 |
|   A. Prozessuale Frist: Endgültiges Fristende ......................... 4 |   A. Grundsatz: Zulässigkeit ............ 13 |
|   B. Sachlichrechtliche Frist ............ 5 |   B. Ausnahmen ..................... 14 |
| 5) Prozeßhandlung, II ................. 6–12 | 7) VwGO .............................. 15 |
|   A. Grundsatz: Unwirksamkeit wegen Hauptsache ........................ 6–8 | |

1 **1) Systematik, I–III.** Während §§ 239–247 die Voraussetzungen einer Unterbrechung oder Aussetzung regeln und § 248 für diejenigen Fälle, in denen eine Aussetzung in Betracht kommt, das etwaige Antragser-

## 5. Titel. Unterbrechung und Aussetzung des Verfahrens § 249

fordernis behandelt, richtet sich das jeweilige Verfahren nach den allgemeinen Vorschriften einschließlich derjenigen über die Entscheidungen und deren Mitteilung. § 249 nennt Rechtsfolgen einer Unterbrechung oder Aussetzung, sobald diese wirksam ist.

**2) Regelungszweck, I–III.** Das Mittel, eine Frist kraft Gesetzes wirkungslos zu machen, ist eine einfache, elegante Methode, einerseits dem Zwischenfall Rechnung zu tragen, der zu einer prozessualen Reaktion gezwungen hat, andererseits dem Prozeßbeteiligten seine prozessualen Möglichkeiten im Interesse der Gerechtigkeit, Einl III 9, nicht endgültig abzuschneiden. Genau das bezweckt § 249, der entfernt mit § 342 vergleichbar ist.

**3) Geltungsbereich, I–III.** Vgl zunächst Üb 3 ff vor § 239. Die Vorschrift bezieht sich auf alle Fälle einer Aussetzung und auf alle Verfahrensarten, die einer Unterbrechung oder Aussetzung des Verfahrens unterliegen, Celle FamRZ **75**, 419. Sie ist anwendbar: Auf den § 614, dort Rn 7, BGH NJW **77**, 717; auf eine gerichtliche Handlung, obwohl II nur von einer Parteihandlung spricht, vgl III, vgl auch Rn 9. Sie ist nicht anwendbar: Auf das Prozeßkostenhilfeverfahren, §§ 114ff; auf das selbständige Beweisverfahren, §§ 485ff, Hamm FamRZ **97**, 724; auf das Rechtsmittel über die Kostenfestsetzung, § 104 Rn 41ff, Kblz Rpfleger **91**, 335, Naumb JB **94**, 686, Stgt JB **91**, 952; auf die Zwangsvollstreckung, §§ 704ff, Bbg RR **89**, 576, Stgt Rpfleger **90**, 312. Die Wirkungen des § 249 treten, wenn überhaupt (also zB nicht bei § 246, BGH FamRZ **91**, 548), dann im Fall einer Unterbrechung kraft Gesetzes ohne Rücksicht auf die etwaige Kenntnis des Gerichts oder der Parteien von dem Unterbrechungsgrund ein, BGH **111**, 107, Köln RR **88**, 701 rechte Spalte.

Sie sind in jeder Lage des Verfahrens *von Amts wegen* zu beachten, Grdz 39 vor § 128, vgl BGH KTS **88**, 498, ferner Köln RR **88**, 701 rechte Spalte, Mü RR **89**, 255. Im Fall einer Aussetzung des Verfahrens treten die Wirkungen erst dann ein, wenn der Aussetzungsbeschluß wirksam wird, § 248 Rn 3. Eine Aussetzung erstreckt sich nur auf die anordnende Instanz.

**4) Ende des Fristlaufs, I.** Es kommt auf die Fristart an.

**A. Prozessuale Frist: Endgültiges Fristende.** Jede eigentliche Frist, Üb 10 vor § 214, eine gewöhnliche oder eine Notfrist, § 224 I 2, auch die Berufungsbegründungsfrist, BGA JB **97**, 151, Wagner KTS **97**, 568, nicht aber die uneigentliche Frist, Üb 11 vor § 214, hört zu laufen auf, BGH **111**, 108. Ihr Ablauf wird nicht etwa gehemmt; vielmehr vernichtet eine Unterbrechung oder eine Aussetzung den bisherigen Fristablauf. Nach der Beendigung der Unterbrechung oder Aussetzung beginnt die Frist für beide Parteien völlig neu zu laufen, soweit sie überhaupt anlaufen kann, soweit also zB eine fristschaffende Zustellung wirksam erfolgt ist.

Wenn es sich um eine Frist handelt, die um einen bestimmten Zeitraum *verlängert* worden ist, ist die Gesamtlänge der Frist eine volle Frist im Sinn von I. Im Fall des Fristendes nach der Unterbrechung bleibt eine vor dem Fristablauf vorgenommene Prozeßhandlung unabhängig von einer erneuten Fristsetzung rechtzeitig. Wenn eine Frist bis zu einem bestimmten Endzeitpunkt gesetzt worden war und wenn sie während der Unterbrechung des Verfahrens abgelaufen wäre, kann sie nicht nachträglich verlängert werden; man muß vielmehr als die volle Frist im Sinn von I die entsprechende gesetzliche Frist ansehen, zB diejenige des § 519 II 2. Wenn der Bekl nach der Zustellung des erstinstanzlichen Urteils gestorben ist und das Verfahren deshalb ausgesetzt wurde, beginnt eine neue Berufungsfrist nicht schon mit der Verkündung des Urteils, das die Wirksamkeit des erstinstanzlichen Urteils gegenüber dem Rechtsnachfolger des Bekl ausspricht, BGH NJW **72**, 258.

Eine Unterbrechung und eine Aussetzung verhindern auch den Beginn eines *Fristlaufs*, so den Beginn der Zweiwochenfrist zur Stellung des Antrags auf eine Wiedereinsetzung nach § 234 oder den Beginn der Einmonatsfrist des § 516 lt Hs, BGH **111**, 108.

**B. Sachlichrechtliche Frist.** Eine Aussetzung des Verfahrens beendet nicht die Unterbrechung einer sachlichrechtlichen Frist, zB der Verjährungsfrist. Hier beginnt eine neue Verjährung gemäß § 211 BGB erst beim Nichtweiterbetreiben nach dem Wegfall des Grunds der Aussetzung oder Unterbrechung.

**5) Prozeßhandlung, II.** Die Vorschrift hat sehr unterschiedliche Auswirkungen.

**A. Grundsatz: Unwirksamkeit wegen Hauptsache.** Jede Prozeßhandlung, die eine Partei gegenüber dem Prozeßgegner oder gegenüber dem Gericht, aM ThP 7, ZöGre 3, im Hinblick gerade auf die Hauptsache während der Unterbrechung oder der Aussetzung vornimmt (sog Parteiprozeßhandlung, Grdz 47 vor § 128), ist der gegnerischen Partei gegenüber unwirksam, BGH **66**, 61, BAG NJW **84**, 998. Andere Prozeßhandlungen, die dem Gegner gegenüber vorgenommen werden, etwa eine Kündigung einer Prozeßvollmacht, bleiben wirksam. Wegen einer Klagerweiterung im Fall des Insolvenzverfahrens über das Vermögen einer Offenen Handelsgesellschaft § 240 Rn 4.

*Beispiele der Anwendbarkeit:* Prozeßhandlungen beliebiger Art, die die Hauptsache betreffen, also den prozessualen Anspruch, § 2 Rn 2. Hierin gehören zB: Eine Zustellung; ein Antrag auf eine Entscheidung nach Lage der Akten; eine Rechtsmittelbegründung.

*Beispiele der Unanwendbarkeit:* Das Verfahren auf die Bewilligung einer Prozeßkostenhilfe, §§ 114ff. Denn es sieht keine Aussetzung vor und benötigt keine solche; das Verfahren nach § 36 Z 3, BayObLG NJW **86**, 389; ein vertraglicher Rechtsmittelverzicht; ein Verfahren nach den §§ 620ff, Celle FamRZ **75**, 419; das Kostenfestsetzungsverfahren als Nebenverfahren, §§ 103ff; das Verfahren auf die Rückgabe einer Sicherheit, § 109; jeder Rechtsbehelf zur Geltendmachung eben dieser Unwirksamkeit; ein Wertfestsetzungsverfahren, §§ 3ff, § 25 GKG. Denn es könnte unter Umständen gar keine Kostenberechnung stattfinden, Karlsr MDR **93**, 471; eine Prozeßhandlung gegenüber einem Dritten, auch wenn sie sich auf den Prozeß bezieht; ein Einstellungsantrag nach §§ 707, 709, Bbg RR **89**, 576. Die Prozeßhandlung einer fälschlich als Partei, etwa als Erbe, auftretenden Person ist für die wahre Partei ganz bedeutungslos, § 239 Rn 12.

**B. Der anderen Partei gegenüber: Beschränkte Unwirksamkeit.** Die im Hinblick auf die Hauptsache vorgenommene Prozeßhandlung ist nur der anderen Partei gegenüber unwirksam. Die Unwirksamkeit ist also beschränkt. Für die vornehmende Partei ist die Prozeßhandlung voll wirksam. Deshalb ist die

## §§ 249, 250

Einreichung der Rechtsmittelschrift als eine Prozeßhandlung gegenüber dem Gericht wirksam, BGH **50**, 400, BayObLG **73**, 286. Sie setzt aber das Rechtsmittelverfahren nicht in Gang.

**10** Ein *Verstoß* wird grundsätzlich nicht nach Grdz 39 vor § 128 von Amts wegen beachtet, ZöGre 3, aM ThP 7. Freilich muß das Gericht die Ordnungsmäßigkeit der etwa notwendigen Zustellung prüfen, BGH VersR **81**, 679. Ein Fehler kann nach § 295 heilen. Im Fall einer gerichtlichen Entscheidung kann die Heilung aber nur durch eine ausdrückliche oder stillschweigende Genehmigung des Gegners eintreten, §§ 551 Z 5, 579 I Z 4. § 295 ist selbst im Fall einer Notfrist nach § 224 I 2 anwendbar, bei der ein Verzicht nur die Wirkung einer an sich form- und fristgerechten Handlung betrifft. Nur der Prozeßführungsberechtigte, Grdz 21 vor § 50, kann heilen, daher nicht der Gemeinschuldner im Fall einer Unterbrechung des Insolvenzverfahrens. Wenn der Insolvenzverwalter aber die Klageforderung frei gibt, heilt die Aufnahme dieses Verfahrens durch den Schuldner und die darin liegende stillschweigende Genehmigung. Die Aufnahme durch den Insolvenzverwalter bedeutet dort keinen Verzicht. Eine Heilung ist nicht mehr möglich, wenn das Gericht die Unwirksamkeit festgestellt hat.

**11** C. Beiden Parteien gegenüber: *Volle Unwirksamkeit.* Jede nach außen, nicht nur im Innenverhältnis, vorgenommene gerichtliche Prozeßhandlung, Ffm OLGZ **94**, 78, zB eine Terminsbestimmung, § 216, BGH RR **90**, 342, eine Ladung oder eine Zustellung, §§ 209, 270, Karlsr AnwBl **95**, 97, ist nach II, der entgegen dem zu engen Wortlaut auch auf Gerichtshandlungen anwendbar ist, beiden Parteien gegenüber unwirksam, BGH **111**, 107, also auch für diejenige Partei, die von der Unterbrechung oder Aussetzung nicht betroffen ist, es sei denn, daß die Prozeßhandlung auf ihr Betreiben geschehen wäre. Das Gericht darf also keine Prozeßhandlung mehr vornehmen, sobald es einen Unterbrechungsgrund erfährt oder eine Aussetzung angeordnet hat, BGH **111**, 107, auch Hamm Rpfleger **75**, 446, KG JB **76**, 378. In diesem Fall muß das Gericht eine Beweisaufnahme unterlassen, Ffm OLGZ **94**, 78, oder abbrechen und einen um die Beweisaufnahme nach §§ 362, 375 ersuchten Richter oder einen mit einer Feststellung beauftragten Sachverständigen sofort von der Unterbrechung oder Aussetzung benachrichtigen.

**12** Eine gerichtliche Entscheidung ist freilich abgesehen von der sog Nichtentscheidung nicht unwirksam, sondern unterliegt dem dann statthaften *Rechtsbehelf*, BGH VersR **81**, 679, Ffm OLGZ **94**, 78, Stgt Rpfleger **90**, 312. Die Entscheidung ist also durch ihre Aufhebung auflösend bedingt, Üb 19 vor § 300, KG JB **76**, 378, Köln RR **88**, 802. Der Betroffene kann den Rechtsbehelf gegen eine solche Entscheidung auch während der Unterbrechung des Verfahrens geltend machen, um der Unterbrechung zur Geltung zu verhelfen. Das Rechtsmittelgericht kann dann auch während der Unterbrechung entscheiden und zB zurückverweisen, §§ 539, 551 Z 5, 565, BGH KTS **88**, 498. Der Betroffene kann den Verstoß auch durch eine Genehmigung heilen, BGH NJW **84**, 2830. Hätte wegen der Unterbrechung kein Urteil ergehen dürfen, darf bei Säumnis des Berufungsklägers die Berufung nicht durch Versäumnisurteil zurückgewiesen werden, Köln RR **95**, 891.

Wenn das Gericht trotz eines Insolvenzverfahrens ein *Urteil gegen den Schuldner* entgegen dem § 240 erlassen hat, darf der Schuldner persönlich das Rechtsmittel einlegen, nicht aber der Gläubiger. Denn diesem helfen §§ 183, 189 InsO. Ebensowenig hat der Verwalter einen Rechtsbehelf gegen eine solche nur gegen den Schuldner ergangene Entscheidung, Köln RR **88**, 702. Eine Entscheidung über die Gewährung einer Prozeßkostenhilfe nach § 119 bleibt bei § 244 statthaft. Auch in diesem Fall beachtet das Gericht einen Verstoß nicht von Amts wegen, Grdz 39 vor § 128.

**13** 6) *Verkündung, III.* Einem Grundsatz stehen Ausnahmen gegenüber.

**A. Grundsatz: Zulässigkeit.** Die Verkündung einer Entscheidung ist voll zulässig, wenn die Unterbrechung des Verfahrens erst nach dem Schluß der mündlichen Verhandlung, § 128 Rn 40, § 136 Rn 27, § 296 a Rn 1, eingetreten ist. Denn dann sind die grundsätzlich ja nicht mehr anzuhörenden Parteien nicht mehr durch die Unterbrechung belastet. Im Fall des § 156 mag eine Ausnahme gelten. Das Gericht darf auch den Streitwert nach §§ 3 ff, § 25 GKG festsetzen, Hamm MDR **71**, 495, sowie eine Berichtigung nach § 319, ThP 8, oder nach § 320 vornehmen, Schlesw SchlHA **71**, 18, oder ein Rechtsmittel verwerfen, wenn dessen Unzulässigkeit bereits vor dem Eintritt der Unterbrechung feststand. Dem Schluß der mündlichen Verhandlung steht in den Fällen der §§ 251 a, 331 a der Schluß des Termins gleich. Im Fall des § 128 II steht die letzte Einverständniserklärung oder der Ablauf einer vorbehaltenen Schriftsatzfrist gleich, BFH NJW **91**, 2792. Zu streng verlangt BSG NJW **91**, 1909 dann auch noch die Beschlußfassung vor dem Eintritt des unterbrechenden Ereignisses.

Das Gericht muß in solchen Fällen eine ordnungsgemäße *Verkündung* vornehmen, §§ 311, 329 I 1. Bei einem Anerkenntnisurteil oder einem Versäumnisurteil ohne mündliche Verhandlung wird die Verkündung durch die Zustellung von Amts wegen ersetzt, § 310 III, ist also zulässig.

**14** **B. Ausnahmen.** III ist auf die Fälle der Aussetzung und des Ruhens des Verfahrens unanwendbar. Das Gericht mag die Entscheidung vor der Aussetzung des Verfahrens verkünden. Die Ablehnung einer Verkündung auf unbestimmte Zeit ist als eine Aussetzung des Verfahrens anzusehen. Sie ermöglicht die Beschwerde nach § 252.

**15** 7) *VwGO: Entsprechend anzuwenden,* § 173 VwGO, BVerwG Buchholz 303 § 239 Nr 1, OVG Lüneb NVwZ-RR **95**, 236 (zur Beschwerde eines Dritten); vgl auch BFH BStBl **91** II 101 (zu II) u 468 (zu III).

## 250

*Aufnahme und Anzeige.* **Die Aufnahme eines unterbrochenen oder ausgesetzten Verfahrens und die in diesem Titel erwähnten Anzeigen erfolgen durch Zustellung eines bei Gericht einzureichenden Schriftsatzes.**

**1** 1) *Systematik, Regelungszweck.* Die Vorschrift regelt die Form der Rückkehr in den unterbrochenen oder ausgesetzten Prozeß mithilfe einer einfachen gestaltenden Parteiprozeßhandlung, Grdz 47 vor § 128, Karlsr

### 5. Titel. Unterbrechung und Aussetzung des Verfahrens §§ 250, 251

JB **97**, 138, zu deren unverzüglicher Bearbeitung das Gericht verpflichtet ist, um im Interesse der Gerechtigkeit, Einl III 9, wie der Parteiwirtschaftlichkeit, Grdz 14 vor § 128, nun nicht noch mehr Zeit zu verlieren.

**2) Geltungsbereich.** Vgl Üb 3 vor § 239. **2**

**3) Grundsatz: Anzeige.** Die Aufnahme eines unterbrochenen oder ausgesetzten Verfahrens auch eines **3** nach der GesO, BAG DB **97**, 1827, und eine Anzeige im Sinn von §§ 239 ff geschehen durch die Einreichung eines Schriftsatzes, Anwaltszwang besteht wie sonst, § 78 Rn 1; beim AG genügt auch eine Erklärung zum Protokoll der Geschäftsstelle, § 496. Zuständig ist dasjenige Gericht, bei dem der Prozeß schon und noch anhängig ist, § 261 Rn 1, ab Einlegung des Rechtsmittels das Rechtsmittelgericht. Im Verhältnis zu Österreich ist das Recht am Sitz des Prozeßgerichts maßgeblich, Art 14 des deutsch-österreichischen Vertrags vom 4. 3. 85, BGB II 411. Das Gericht stellt den Schriftsatz dem Prozeßgegner von Amts wegen nach § 270 zu.

Die *Rechtsmittelschrift,* §§ 518, 553, 569 I, BezG Meiningen DtZ **92**, 354, die Rechtsmittelbegründungsschrift, §§ 519, 554, die Einspruchsschrift, §§ 340, 700, oder ein Wiedereinsetzungsantrag, § 236, Köln OLGZ **73**, 41, können eine wirksame Aufnahme oder Anzeige enthalten. Das gilt auch im Fall einer Unterbrechung, §§ 239 ff, zwischen der Verkündung des Urteils und der Einlegung des Rechtsmittels, BGH **111**, 109. Dann ist also eine Aufnahme gegenüber dem unteren Gericht nicht erforderlich, BGH **111**, 109, aM RoSGo § 125 V 2, StJSchu 3. Die etwa doch dort eingereichte Aufnahme gilt als eine Wiederholung der zunächst wirkungslosen Einlegung des Rechtsmittels, Ffm FamRZ **90**, 297. Das Gericht nimmt das Verfahren grundsätzlich von Amts wegen auf; vgl aber Rn 4.

**4) Ausnahmen.** Von der Regel nach Rn 3 gelten Ausnahmen in folgenden Fällen: §§ 239–244, 246 II. **4** Eine Aufnahme ist in den Fällen der §§ 148–154 und in allen anderen Fällen der Aussetzung zulässig. Bei Streitgenossen, § 59, kann jeder von ihnen die Aufnahme und Anzeige selbständig einreichen. Das gilt auch im Fall einer notwendigen Streitgenossenschaft, § 62, § 239 Rn 10. Die nach § 613 für eine bestimmte Zeit angeordnete Aussetzung endet von selbst nach dem Ablauf der Zeit. Fristen beginnen von nun an neu zu laufen, ohne daß eine Aufnahme erforderlich wäre, BGH **LM** § 249 Nr 2. Eine Aufnahme ist auch dann entbehrlich, wenn das die Aussetzung begründende Ereignis weggefallen ist und das Gericht das Verfahren ausnahmsweise von Amts wegen fortsetzt, vgl Hbg ZZP **76**, 1790 (zu § 148); eine unterbrochene Frist beginnt dann erst mit der Aufnahmeerklärung wieder zu laufen.

**5) Schriftsatz.** Ausreichend ist jede klare Äußerung des Willens, den Prozeß weiter zu betreiben. Der **5** Schriftsatz ist ein bestimmender, § 129 Rn 5. Er muß die sachliche Berechtigung zur Aufnahme behaupten, zB den Umstand, daß der Aufnehmende der Erbe sei. Eine stillschweigende Aufnahme liegt im Zugestehen der entscheidenden Tatsachen und in einer mündlichen Verhandlung zur Hauptsache, BAG KTS **86**, 691, Nürnb OLGZ **82**, 380. Ausreichend kann zB ein neuer Scheidungsantrag sein, Bre FamRZ **98**, 1517. Ob die Aufnahme unzulässig und deshalb unwirksam ist, ist freilich zu prüfen, Nürnb OLGZ **82**, 380.

*Nicht ausreichend sind zB:* Die bloße Vereinbarung zwischen den Parteien über eine Aufnahme; die Zustellung eines Urteils; die Mitteilung des Todes durch den Kanzleiabwickler, Köln OLGZ **73**, 41; ein Antrag auf Bewilligung einer Prozeßkostenhilfe für ein Rechtsmittel, § 117, BGH NJW **70**, 1790; ein Antrag, das Gericht möge die Aufnahme des Verfahrens von Amts wegen aussprechen oder zunächst dem Gegner eine Frist zur Bestellung eines dort zugelassenen Anwalts setzen, BGH **LM** § 240 Nr 6. Denn in diesen Fällen kommt nicht genügend klar zum Ausdruck, daß das Verfahren schon durch die Zustellung des Schriftsatzes aufgenommen worden ist.

**6) Entscheidung.** Die Zulässigkeit der Aufnahme wird durch ein Zwischenurteil, § 303, oder in den **6** Entscheidungsgründen des zur Sache ergehenden Endurteils erklärt. Soweit der Prozeßgegner die Wirksamkeit der Aufnahme bestreitet oder soweit das Gericht die Unzulässigkeit der Aufnahme von Amts wegen zu beachten hat, erläßt es ein Endurteil auf die Zurückweisung der Aufnahme oder auf die Verwerfung des zugehörigen Rechtsmittels.

**7) Verstoß.** Ein Verstoß gegen § 250 ist nach § 295 heilbar, auch wenn das Rechtsmittel vor der **7** Aufnahme eingelegt wurde.

**8)** *VwGO: Entsprechend anzuwenden,* § 173 VwGO, OVG Lüneb NVwZ-RR **95**, 237. *Voraussetzung ist die* **8** *Zulässigkeit der Aufnahme durch die Parteien, zB nach § 246 II, BFH BStBl **91** II 101. In diesen Fällen erfolgt keine Aufnahme durch das Gericht vAw, RedOe § 94 Anm 13, aM Ey § 61 Rn 15.*

## 251

**Ruhen des Verfahrens.** I ¹Das Gericht hat das Ruhen des Verfahrens anzuordnen, wenn beide Parteien dies beantragen und anzunehmen ist, daß wegen Schwebens von Vergleichsverhandlungen oder aus sonstigen wichtigen Gründen diese Anordnung zweckmäßig ist. ²Die Anordnung hat auf den Lauf der im § 233 bezeichneten Fristen keinen Einfluß.

II ¹Vor Ablauf von drei Monaten kann das Verfahren nur mit Zustimmung des Gerichts aufgenommen werden. ²Das Gericht erteilt die Zustimmung, wenn ein wichtiger Grund vorliegt.

**Schrifttum:** *Dolinar,* Ruhen des Verfahrens und Rechtsschutzbedürfnis, Wien 1974; *Fichtner,* Grenzen des richterlichen Ermessens bei Aussetzung und Ruhen des Verfahrens in der ZPO usw, 1996; *Liermann,* Ruhen des Verfahrens als Verwirkungsgrund, Diss Bonn 1997.

### Gliederung

| | |
|---|---|
| 1) Systematik, I, II ............ 1 | 3) Geltungsbereich, I, II ............ 3 |
| 2) Regelungszweck, I, II ............ 2 | 4) Voraussetzungen, I ............ 4–6 |

## § 251

|   |   |   |   |
|---|---|---|---|
| A. Anträge beider Parteien | 4 | B. Einzelfragen | 13–15 |
| B. Zweckmäßigkeit | 5, 6 | C. Rechtsmittelinstanz | 16 |
| 5) Entscheidung, I | 7, 8 | 9) Aufnahmeverfahren, II | 17 |
| 6) Wirkung, I | 9 | 10) Aufnahmeentscheidung, II | 18 |
| 7) Aufnahmegrundsätze, II | 10 | 11) Rechtsbehelfe im Aufnahmeverfahren, II | 19 |
| 8) Wichtiger Grund, II | 11–16 | | |
| A. Grundsatz: Ermessen | 11, 12 | 12) VwGO | 20 |

**1** **1) Systematik, I, II.** Das Ruhen des Verfahrens im Sinn des § 251 ist ein Sonderfall der Aussetzung nach §§ 148 ff, Ffm FamRZ **78**, 919.

**2** **2) Regelungszweck, I, II.** Vgl zunächst Üb 2 vor § 239. Das Gesetz hat den Parteien die Herrschaft über das Ruhen wegen ihrer Förderungspflicht, Grdz 12 vor § 128, grundsätzlich entzogen, Ffm FamRZ **78**, 919. Das Ruhen ist nicht mit einem rein tatsächlichen Stillstand des Verfahrens zu verwechseln, Üb 1, 2 vor § 239, aM ZöGre 1. Es führt auch nicht zur Verfahrensbeendigung, Düss MDR **91**, 550.

**3** **3) Geltungsbereich, I, II.** Die Vorschrift ist grundsätzlich in allen Verfahren nach der ZPO anwendbar. Sie ist auch im SGG-Verfahren, BSG NJW **77**, 864, und im WEG-Verfahren anwendbar, BayObLG RR **88**, 16.

Eine Anordnung des Ruhens ist allerdings *nicht* zulässig, wenn es sich um ein seiner Art nach *eiliges* Verfahren handelt, etwa ein selbständiges Beweisverfahren, §§ 485 ff, aM KG RR **96**, 1086, oder um den Urkunden- oder Wechselprozeß, §§ 592 ff, 602, oder um ein vorläufiges Verfahren auf den Erlaß eines Arrestes oder einer einstweiligen Verfügung, § 148 Rn 35, Grdz 13 vor § 916. Im Fall einer Anspruchsmehrheit ist § 145 zu beachten.

**4** **4) Voraussetzungen, I.** § 251 ist nach seinem Wortlaut eine Mußvorschrift. Das im Gesetzestext stehende Wort „zweckmäß" bedeutet aber in Wahrheit, daß das Gericht einen Ermessensspielraum hat. Das übersieht wohl Ffm FamRZ **78**, 919. Das Gericht muß sein Ermessen pflichtgemäß ausüben.

**A. Anträge beider Parteien.** Es müssen Anträge beider Parteien vorliegen, Düss JB **91**, 686, auch ein Antrag des Streithelfers im Rahmen der §§ 67, 69. Jeder Streitgenosse, § 59, muß den Antrag selbständig stellen. Ein Ruhen des Verfahrens im Hinblick auf nur einzelne Streitgenossen kommt selten vor; in einem solchen Fall ist nach § 145 vorzuziehen. Bei notwendigen Streitgenossen ist § 62 zu beachten. Ein Ruhen nur wegen einzelner Teile des Streitgegenstands, § 2 Rn 3, ist unzulässig.

*Nicht ausreichend sind:* Der Antrag nur einer Partei; ihre Erklärung, der Prozeßgegner sei einverstanden; allein die Behauptung nur einer Partei, es schwebten Vergleichsverhandlungen. Freilich mag der Gegner in einer ihm gesetzten Frist zur Stellungnahme durch Stillschweigen seinerseits einen „Antrag" stellen; aber Vorsicht! Der Antrag ist eine Parteiprozeßhandlung, Grdz 47 vor § 128, Düss JB **91**, 686. Er ist schriftlich oder in der mündlichen Verhandlung zu stellen. Ein Anwaltszwang gilt wie sonst, § 78 Rn 1. Beim AG ist er auch zum Protokoll des Urkundsbeamten zulässig, § 496. Der Antrag kann bis zur Wirksamkeit der Anordnung, Rn 7, ohne Angabe von Gründen widerrufen werden. Der Antrag bewirkt noch nicht die Unterbrechung einer Frist, zB derjenigen zur Revisionsbegründung, BFH BB **85**, 1719.

**5** **B. Zweckmäßigkeit.** Außer den Anträgen nach Rn 3, 4 muß sich ergeben, daß das Ruhen des Verfahrens aus einem wichtigen Grund als zweckmäßig anzusehen ist. Vergleichsverhandlungen zwischen den Parteien können das Ruhen zweckmäßig machen, selbst wenn die Sache entscheidungsreif ist, ThP 3. Weitere Fälle der Zweckmäßigkeit sind: Eine Partei hat den Scheidungsantrag verfrüht eingereicht (man muß aber den § 623 beachten), KG FamRZ **77**, 810, Karlsr NJW **78**, 1388; man will eine Beweisaufnahme abwarten, die in einer anderen Sache stattfinden soll und deren Ergebnisse für den vorliegenden Prozeß vorgreiflich sein können; die Zustimmungsfrist des Mieters zu einem erst im Prozeß ausreichend begründeten Mieterhöhungsverlangen nach § 2 MHG ist bis zum Termin noch nicht abgelaufen, Barthelmess WoM **83**, 66.

**6** Eine *Glaubhaftmachung* nach § 294 ist nicht notwendig. Die Angaben zur Zweckmäßigkeit müssen aber glaubhaft sein, wie sich aus den Worten „wenn anzunehmen ist" im Gesetz ergibt. Das Gericht muß darauf achten, daß die Parteien nicht auf dem Weg übereinstimmender Anträge nach § 251 in Wahrheit lediglich eine nach § 227 I Z 3 gerade nicht erreichende, deshalb verschleierte Vertagungsvereinbarung durchsetzen.

**7** **5) Entscheidung, I.** Das Gericht entscheidet auf Grund einer freigestellten mündlichen Verhandlung, § 128 Rn 10. Es entscheidet durch einen Beschluß, § 329. Er ist schon vor einer mündlichen Verhandlung und bis zur Verkündung derjenigen Entscheidung zulässig, die den Rechtszug beendet. Er ist grundsätzlich zu begründen, § 329 Rn 4. Er wird verkündet, § 329 I 1, oder beiden Parteien formlos mitgeteilt, § 329 II 1. Den II setzt keine Frist. Eine Verfügung des Einzelrichters nach § 348 und des Amtsrichters genügt, nicht aber eine solche des Vorsitzenden des Kollegiums.

**8** *Rechtsbehelfe:* § 252.

**9** **6) Wirkung, I.** Das Ruhen des Verfahrens hat grundsätzlich dieselbe Wirkung wie eine Aussetzung nach § 249, Karlsr MDR **93**, 471, Naumb JB **94**, 686, nicht aber weitere Wirkungen, Düss MDR **91**, 550. Es ergibt sich allerdings die Abweichung, daß das Ruhen den Ablauf einer Notfrist, § 224 I 2, der Rechtsmittelfrist, §§ 516, 552, 577 II, der Rechtsmittelbegründungsfrist, §§ 519, 554, oder der Frist zum Antrag auf eine Wiedereinsetzung, § 234, nicht berührt. Alle anderen Fristen, ausgenommen die uneigentlichen, § 249 Rn 4, hören also auf und laufen nach der Beendigung des Ruhens von vorn. Nach der Anordnung des Ruhens verkündet das Gericht keine Entscheidung mehr, § 249 Rn 13. Schon die Vereinbarung des Stillstands und nicht erst die entsprechende gerichtliche Anordnung, auf die BGH RR **88**, 279 (zu § 251 a) abstellt, beenden grundsätzlich die Unterbrechung der Verjährung, § 211 II BGB. Andernfalls würde die Verjährung gesetzwidrig vertraglich verlängert werden können, § 225 BGB. Wenn das Ruhen des Verfahrens in Wahrheit erst seiner Förderung dient, wirkt aber die Unterbrechung weiter, Karlsr BB **73**, 119. Eine neue Verjährungsfrist ist bei einem Beschluß des Ruhens bis zum Ablauf der Dreimonatsfrist oder bis zu einer

### 5. Titel. Unterbrechung und Aussetzung des Verfahrens § 251

vorzeitigen Aufnahme des Verfahrens, der das Gericht zustimmt, gehemmt. Eine Zustellung, ein Schriftsatz und ein Antrag an das Gericht sind jederzeit zulässig und wirksam.

**7) Aufnahmegrundsätze, II.** Ein ruhendes Verfahren wird grundsätzlich nicht von Amts wegen aufge- **10** nommen, Ffm FamRZ **78**, 920. Das gilt auch bei § 251 a III, LG Bln MDR **93**, 476 mwN. Wenn das Gericht allerdings fehlerhaft, Rn 3, das Ruhen des Verfahrens nur wegen eines Teils des Streitgegenstands, § 2 Rn 3, angeordnet hatte, darf und muß es von Amts wegen insoweit unverzüglich einen Verhandlungstermin bestimmen, § 216. Jede Partei kann das Verfahren nach § 250 wieder aufnehmen. Eine Partei ist aber ohne die Zustimmung des Gerichts zu dieser Aufnahme frühestens nach dem Ablauf von drei Monaten seit dem Wirksamwerden der Anordnung des Ruhens befugt. Die Frist ist eine gewöhnliche gesetzliche, uneigentliche, Üb 11 vor § 214. Sie kann nicht verlängert werden, § 224. Der Antragsteller, der eine Abkürzung der Frist erreichen will, reicht einen Aufnahmeantrag und -schriftsatz bei der Geschäftsstelle ein. Zunächst muß geklärt werden, ob das Gericht die Zustimmung nach II 2 erteilen will. Beim Kollegialgericht muß das Kollegium prüfen, ob es die Zustimmung aussprechen will.

**8) Wichtiger Grund, I, II.** Es empfiehlt sich eine behutsame Abwägung. **11**
**A. Grundsatz: Ermessen.** Das Gericht darf seine etwa erforderliche Zustimmung nach II 2 nur dann erteilen, wenn es zu der Überzeugung kommt, daß ein wichtiger Grund vorliegt, Köln MDR **96**, 417. Das Gesetz soll den Parteien die Aufnahme eines ruhenden Verfahrens erschweren. Das Gericht muß im Rahmen seines pflichtgemäßen Ermessens prüfen, ob ein wichtiger Grund vorliegt. Erst wenn es ihn bejaht, ist es zur Erteilung der Zustimmung verpflichtet.

Das Ruhen des Verfahrens läßt sich also keineswegs schon durch einen geänderten Willen der einen oder **12** der anderen Partei oder beider Parteien mit Sicherheit beseitigen. Andererseits sollen die Parteien *nicht* etwa dafür *bestraft* werden, daß es zum Ruhen des Verfahrens gekommen ist. Das Gesetz will mit II 2 lediglich verhindern, daß das Verfahren fortwährend aufgenommen und alsbald wieder zum Ruhen gebracht werden muß. Das Hin und Her außerprozessualer Entwicklungen während eines Prozesses soll sich nicht auf den Prozeß selbst auswirken. Die Arbeitskraft jedenfalls des Gerichts soll von solchen Schwankungen unberührt bleiben, selbst wenn es für den sich unter Umständen mehrfach ändernden Willen der Parteien durchaus sachliche Gründe geben mag, etwa einen Wechsel der Intensität ihrer geschäftlichen Beziehungen, eine sich verbessernde oder verschlechternde Finanzlage usw. Ein ernsthafter Fortsetzungswille beider Parteien braucht unter diesen Umständen nicht stets als ein wichtiger Grund angesehen zu werden. Das Gericht muß auch nach dem Eingang übereinstimmender Fortsetzungsanträge prüfen, ob sie wirklich ernst gemeint sind und wie lange dieser ernste Wille nach den bisherigen Erfahrungen andauern mag. Ein solcher ernsthafter Fortsetzungswille kann aber oft zur Annahme eines wichtigen Grunds ausreichen, Ffm AnwBl **80**, 152.

**B. Einzelfragen.** In der Alltagspraxis kommt häufig der Fall vor, daß der ProzBev einer Partei aus **13** irgendeinem Grund den ersten oder auch einen weiteren Verhandlungstermin versäumt, daß der ProzBev des Gegners aber aus Standesrücksichten oder anderen Gründen kein Versäumnisurteil nehmen mag und daß daher das Ruhen des Verfahrens angeordnet wird. In diesem Fall pflegen die Parteien, zumindest die säumige, den Aufnahmeantrag alsbald nach dem Termin einzureichen. Nicht selten findet man in solchen Anträgen Begründungen, die mit dem wahren Hergang Terminsablauf keineswegs voll übereinstimmen.

Wenn zur Begründung nichts weiter als eine *Unachtsamkeit* bei der Wahrnehmung des vergangenen **14** Termins vorgetragen wird, sollte das Gericht mit der Annahme eines wichtigen Grunds zur alsbaldigen Aufnahme zurückhaltend sein. Denn wenn der ProzBev das Verfahren bisher nachlässig betrieb, ist das ein Anzeichen dafür, daß seine Partei auch jetzt in Wahrheit nicht sonderlich auf die Aufnahme des Verfahrens drängt. Andernfalls müßte man ja davon ausgehen, daß der ProzBev bei der Terminsversäumung gegen wichtige Vertragspflichten dem Auftraggeber gegenüber verstoßen hat. Das kann nicht ohne weiteres unterstellt werden. Eine wirkliche Entschuldigung sollte freilich ausreichen, Celle NdsRpfl **75**, 199. Wenn zunächst nur eine Partei die Aufnahme beantragt, kommt es darauf an, ob sie behauptet oder gar glaubhaft macht, der Gegner sei einverstanden und er werde sich demnächst mit demselben Antrag melden. Im letzteren Fall sollte das Gericht zunächst abwarten, ob der gegnerische Antrag tatsächlich eingeht. Zu einer Erkundigung nach einem solchen gegnerischen Antrag besteht für das Gericht kein Anlaß. Im übrigen ist zu unterscheiden: Wenn der Kläger die Aufnahme beantragt, besteht erfahrungsgemäß eine geringere Wahrscheinlichkeit, daß auch der Bekl die alsbaldige Fortsetzung des Prozesses wünscht, als wenn der Bekl den Aufnahmeantrag stellt.

Das Ruhen des Verfahrens wird von mancher Partei und manchem ProzBev zu Unrecht befürchtet. Man **15** übersieht auch die Möglichkeiten eines *Rechtsbehelfs* nach § 252. Andererseits können taktische Manöver nach § 251 die Arbeitskraft des Gerichts zum Schaden aller Prozeßbeteiligten erheblich schwächen und insbesondere die Bemühungen des Gesetzgebers um eine Straffung des Prozesses einschließlich der Möglichkeiten einer Zurückweisung verspäteten Vortrags ganz erheblich unterlaufen. Alle diese Gesichtspunkte darf und muß das Gericht bei seiner Ermessensentscheidung berücksichtigen.

**C. Rechtsmittelinstanz.** Die zweite Instanz sollte auch im Rahmen von § 251 dieselben harten An- **16** forderungen stellen wie die erste Instanz. Nur durch eine derartige Übereinstimmung der Auslegung kann die dringend erforderliche Zügigkeit zum Nutzen aller Beteiligten erreicht werden, die gerade darin liegen mag, im Einzelfall ein ruhendes Verfahren nicht zu rasch wieder aufleben zu lassen. Außerdem zeigt die Erfahrung, daß sich so manche Parteien während einer Phase des Ruhens eher einigen als dann, wenn der Streit vor Gericht rasch fortgesetzt wird. Das darf natürlich nicht zu einer Bequemlichkeit des Gerichts oder zu einer Art von Rechtsverweigerung führen. Die Entscheidung darüber, ob ein wichtiger Grund vorliegt, bedarf erheblicher Feinfühligkeit des Gerichts.

**9) Aufnahmeverfahren, II.** Wenn das Gericht auf Grund des einseitigen Antrags noch nicht zur Über- **17** zeugung kommt, daß ein wichtiger Grund zur Aufnahme vorliegt, ist es weder berechtigt noch verpflichtet, den Gegner über diesen Antrag vor dem Ablauf der Dreimonatsfrist anzuhören. Das Gericht verfügt einfach, die Eingabe zunächst zu den Akten zu nehmen. Es wartet ab, ob sich der Antragsteller und/oder dessen

Gegner nochmals melden. Wenn die tatsächlichen Angaben des Antragstellers wenigstens einige Anhaltspunkte für das Vorliegen eines wichtigen Grundes bieten, übersendet das Gericht den Antrag zunächst dem Antragsgegner zur Stellungnahme innerhalb einer angemessenen Frist. Da das Verfahren derzeit noch ruht, sollte die Frist nicht zu kurz bemessen werden. Die Übersendung zur (etwaigen) Stellungnahme bedeutet nur dann, daß das Gericht der Aufnahme die Zustimmung erteilt, wenn diese Zustimmung eindeutig erkennbar wird. Das ist selbst dann nicht unbedingt anzunehmen, wenn das Gericht zu einer Stellungnahme zB zu neuen Beweisanträgen usw auffordert. Im Zweifel will sich das Gericht die Entscheidung über seine etwa erforderliche Zustimmung noch bis zum Eingang der erbetenen Stellungnahme vorbehalten.

**18** **10) Aufnahmeentscheidung, II.** Das Gericht erteilt seine Zustimmung durch einen Beschluß, § 329. Er ist grundsätzlich wenigstens kurz zu begründen, § 329 Rn 4. Er wird dem Antragsteller formlos übersandt, § 329 II 1. Der Gegner erhält den Beschluß dann, wenn im Anschluß an die Zustimmung ein Termin anberaumt wird, zusammen mit der Ladung im Weg einer förmlichen Zustellung. Beim AG und beim Einzelrichter, § 348, liegt in der Terminsbestimmung die Zustimmung. Insofern braucht die Entscheidung nicht besonders begründet zu werden. Dasselbe gilt im arbeitsgerichtlichen Verfahren aller Instanzen. Da die Partei das Verfahren nur mit einer Zustimmung des Gerichts aufnehmen darf, kann die Aufnahme der Zustimmung nicht vorangehen. Solange das Gericht die Zustimmung nicht erteilt, trifft es grundsätzlich keine förmliche Entscheidung. Es braucht also nicht etwa einen ablehnenden Beschluß zu erlassen. Es nimmt die Eingaben bis zum Ablauf der Dreimonatsfrist einfach zu den Akten. Es vermerkt lediglich zur Eigenkontrolle usw die etwaigen Gründe seines Zuwartens stichwortartig, soweit sie nicht bereits aus dem Zusammenhang der Akten erkennbar sind. Soweit das Gericht einen förmlichen Ablehnungsbeschluß für ratsam oder notwendig hält, ist auch dieser grundsätzlich zu begründen, § 329 Rn 4, und wird beiden Parteien formlos zugestellt, § 329 II 1. Eine Terminsladung ist auch ohne vorherige Zustellung des Aufnahmeantrags wirksam, aM ZöGre 4.

**19** **11) Rechtsbehelfe im Aufnahmeverfahren, II.** S § 252.

**20** **12) VwGO:** Entsprechend anzuwenden, § 173 VwGO, BVerwG NJW **62**, 1170, OVG Münst NJW **62**, 1931. Anordnung des Ruhens beim Schweben eines Musterprozesses: Gerhardt/Jacob DÖV **82**, 346, VGH Mü BayVBl **64**, 125. Ein Antrag der Hauptbeteiligten und ggf der notwendigen Beigeladenen ist nötig, RedOe § 94 Anm 14, offen gelassen von BVerwG Buchholz 303 § 251 Nr 1, abw VGH Kassel AS **21**, 104 (auch des einfachen Beigeladenen). Gegen den ablehnenden Beschluß des VG ist die Beschwerde zulässig, OVG Münst NJW **62**, 1931, vgl § 252 Rn 7. Eine Sonderregelung enthält § 80 a iVm § 32 a I AsylVfG.

## 251a Säumnis beider Parteien.
¹Erscheinen oder verhandeln in einem Termin beide Parteien nicht, so kann das Gericht nach Lage der Akten entscheiden.

II ¹Ein Urteil nach Lage der Akten darf nur ergehen, wenn in einem früheren Termin mündlich verhandelt worden ist. ²Es darf frühestens in zwei Wochen verkündet werden. ³Das Gericht hat der nicht erschienenen Partei den Verkündungstermin formlos mitzuteilen. ⁴Es bestimmt neuen Termin zur mündlichen Verhandlung, wenn die Partei dies spätestens am siebenten Tage vor dem zur Verkündung bestimmten Termin beantragt und glaubhaft macht, daß sie ohne ihr Verschulden ausgeblieben ist und die Verlegung des Termins nicht rechtzeitig beantragen konnte.

III Wenn das Gericht nicht nach Lage der Akten entscheidet und nicht nach § 227 vertagt, ordnet es das Ruhen des Verfahrens an.

### Gliederung

| | |
|---|---|
| 1) Systematik, Regelungszweck, I–III ... | 1 |
| 2) Geltungsbereich, I–III .................. | 2 |
| 3) Zuständigkeit, I–III ..................... | 3 |
| 4) Voraussetzungen einer Aktenlageentscheidung, I | 4, 5 |
| 5) Entscheidung im allgemeinen, I, II ... | 6–15 |
|    A. Grundsatz: Ermessen ............... | 6, 7 |
|    B. Kein Versäumnisurteil ............... | 8 |
|    C. Voraussetzungen im einzelnen ..... | 9, 10 |
|    D. Verwendbarkeit des Akteninhalts im einzelnen | 11–14 |
|    E. Fortwirkung ........................ | 15 |
| 6) Urteil nach Lage der Akten, II 1–3 .... | 16–21 |
|    A. Frühere mündliche Verhandlung ..... | 17 |
|    B. Verkündungstermin ................. | 18–20 |
|    C. Mitteilung .......................... | 21 |
| 7) Neuer Verhandlungstermin, II 4 ...... | 22–26 |
|    A. Antrag ............................. | 22 |
|    B. Glaubhaftmachung ................. | 23 |
|    C. Von Amts wegen ................... | 24 |
|    D. Stattgebende Entscheidung ........ | 25 |
|    E. Ablehnende Entscheidung .......... | 26 |
| 8) Vertagung oder Ruhen, III ............ | 27–29 |
|    A. Vertagung ......................... | 27 |
|    B. Ruhen ............................. | 28, 29 |
| 9) Rechtsbehelfe, I–III .................. | 30 |
| 10) VwGO ................................ | 31 |

**1** **1) Systematik, Regelungszweck, I–III.** Die Vorschrift regelt den Fall der beiderseitigen Säumnis, Üb 3 vor § 330, im Termin zur mündlichen Verhandlung vor dem Prozeßgericht trotz der Förderungspflicht der Parteien, Grdz 12 vor § 128, also nicht den Fall des entschuldigten Ausbleibens, § 337 Rn 1, BAG BB **86**, 1232.

Wegen des *Regelungszwecks* vgl zunächst Üb 2 vor § 239. Bei einer geeigneten Handhabung ist § 251a ein wirksames Mittel zur Förderung des Prozesses im Interesse der Prozeßwirtschaftlichkeit, Grdz 14 vor § 128, zB dann, wenn ein Anwalt aus Standesgründen kein Versäumnisurteil beantragt. Das Gericht sollte wenn irgend möglich zB einen etwa notwendigen Beweis beschließen. Es kann sich wie folgt verhalten: Es kann nach der Aktenlage entscheiden, I; es kann vertagen, § 227; es kann das Ruhen des Verfahrens anordnen, III;

5. Titel. Unterbrechung und Aussetzung des Verfahrens  § 251a

es kann sich auf einen Aktenvermerk beschränken, daß nichts zu veranlassen ist, insofern aM ThP 1. Es ist verpflichtet, diejenige Maßnahme zu wählen, die ihm am zweckmäßigsten erscheint. Das Gericht hat insofern ein pflichtgemäßes Ermessen und einen weiten Ermessensspielraum.

**2) Geltungsbereich, I–III.** Es gelten dieselben Regeln wie bei § 251 Rn 3. Zu einer Entscheidung nach 2 Lage der Akten nach § 227 II BauGB ist keine der Voraussetzungen nach I erforderlich, BGH **LM** § 167 BBauG Nr 1. I, II gelten auch in arbeitsgerichtlichen Urteils- oder Beschlußverfahren, Lepke DB **97**, 1569.

**3) Zuständigkeit, I–III.** Zuständig ist das Gericht, also das Kollegium, der Einzelrichter gemäß § 348 I, 3 nicht bei § 524, der Vorsitzende der Kammer für Handelssachen gemäß § 349 II Z 5.

**4) Voraussetzungen einer Aktenlageentscheidung, I.** Jede Entscheidung nach Lage der Akten setzt 4 voraus, daß beide Parteien, Grdz 3 vor § 50, evtl auch die Streithelfer, § 67, ausbleiben (15 Minuten Wartezeit genügen jedenfalls, erst recht 20 Minuten, Köln MDR **91**, 896) oder daß beide nicht verhandeln, §§ 137 Rn 7, § 297 Rn 1–3, oder daß die allein erschienene oder vertretene Partei keinen Antrag zur Sache stellt, § 333, Köln MDR **91**, 896. Das gilt auch dann, wenn das Gericht eine Vertagung oder eine Verlegung abgelehnt hat. Denn die Parteien können eine Vertagung nicht wirksam vereinbaren, § 227 I. Die Parteien müssen zum Termin geladen worden sein. Ein Ladungsnachweis, etwa in der Form einer bei den Akten befindlichen Zustellungsurkunde, ist aber nicht erforderlich; es genügt, daß sich aus den Akten ergibt, daß das Gericht die Einlassungsfrist nach § 274 III oder die Ladungsfrist nach § 217 gewahrt hat. Dieser Umstand kann sich zB daraus ergeben, daß die Partei eine Antwort eingereicht hat, vgl auch § 187. Eine Entscheidung nach Lage der Akten braucht durchaus nicht nur in einem Urteil zu bestehen. Das wird oft übersehen. Es ist zB auch ein Beweisbeschluß nach Lage der Akten zulässig. Das Gericht mag ihn eher als ein Urteil erlassen. Ein Urteil setzt jedenfalls voraus, daß die Ladung einwandfrei nachweisbar ist und daß die Ladungsfrist eingehalten wurde, § 217. Denn das Urteil schließt die Instanz für die Partei und bildet einen Vollstreckungstitel.

„*Termin*" ist nur ein solcher zu einer notwendigen mündlichen Verhandlung, § 128 Rn 4. Das Gericht muß die Sache ordnungsgemäß aufgerufen haben, § 220 I. § 332 ist anwendbar.

Das Verfahren nach § 251a setzt *keinen Antrag* auf den Erlaß einer Entscheidung nach Lage der Akten 5 voraus. Es geht ja von einer beiderseitigen Säumnis der Parteien aus. Immerhin kann ein derartiger „Antrag" unter Umständen dahin auszulegen sein, daß die Partei dem Gericht anheimstellt, nach § 251a zu verfahren. Vgl dazu insbesondere § 331a Rn 5. Eine Partei hat einen Antrag zur Sache nach I bereits dann gestellt, wenn sie lediglich den Erlaß einer Versäumnisentscheidung nach § 330 oder nach § 331 beantragt.

**5) Entscheidung im allgemeinen, I, II.** Das Gericht ist oft nicht mutig genug. 6

**A. Grundsatz: Ermessen.** Das Gericht erläßt im Rahmen seines pflichtgemäßen Ermessens nach der Aktenlage alles ihm notwendig oder ratsam erscheinende sachliche Entscheidung, also zB ein Urteil, § 300, ein Teilurteil, § 301, einen Aufklärungsbeschluß, § 273, einen Beweisbeschluß, § 358, eine Entscheidung auf die Verbindung mehrerer Prozesse oder auf deren Trennung, §§ 145 ff, einen Verweisungsbeschluß nach § 281, einen Nachfrist-Bewilligungsbeschluß nach § 283 (er ist keine Aktenlageentscheidung und daher ohne deren Wirkung). Soweit die Voraussetzungen der §§ 227, 335 vorliegen, ist zu vertagen.

Ein Urteil nach Lage der Akten darf nur dann ergehen, wenn die Sache *entscheidungsreif* ist, § 300 Rn 6, 7 BVerfG **69**, 255. Das auch dann verbleibende Ermessen darf nicht mißbraucht werden. § 128 II stellt andere, schärfere Anforderungen, weil er keinen Fall der Säumnis betrifft.

**B. Kein Versäumnisurteil.** Ein Urteil nach Lage der Akten ist kein Versäumnisurteil, sondern ein 8 streitmäßiges, Üb 13 vor § 330. Deshalb kann man es nur mit den gegen ein streitiges Endurteil statthaften Rechtsmitteln anfechten, §§ 511 ff, 545 ff, nicht etwa mit einem Einspruch nach §§ 338, 700.

**C. Voraussetzungen im einzelnen.** Die Entscheidung nach § 251a hat mit der Entscheidung nach 9 § 128 II oder III Ähnlichkeit. Jedoch tritt als Ersatz für den Schluß der mündlichen Verhandlung, §§ 136 IV, 296a, anstelle des Zeitpunktes der Einverständniserklärung der Zeitpunkt des Termins. Ein Einverständnis ist auch nicht erforderlich; vielmehr kann eine Entscheidung nach Lage der Akten auch dann ergehen, wenn eine Partei ihr schriftlich widerspricht.

Der *Unterschied* zwischen § 251a und § 128 II, III liegt in der Natur der ersteren Vorschrift als einer 10 Versäumnisregelung. Daher sind wegen der Säumnis geringere Anforderungen an die Klärung zu stellen. Da eine Entscheidung ergeht, als ob die Parteien sie beantragt hätten, gilt auch § 138 III, ZöGre 5, abw StJSchu 15. Eine gegnerische Behauptung gilt also insoweit als zugestanden, als sie nicht bestritten worden ist, vorbehaltlich des etwa zulässigen Bestreitens in der zweiten Instanz oder im weiteren Verfahren der ersten Instanz. Deshalb darf das Gericht eine Entscheidung auch dann treffen, wenn eine Partei eine wesentliche Behauptung eingereicht hat, die aber noch nicht ausreichend zu ihr geantwortet ist. Es reicht aus, daß die Behauptung schriftlich aufgestellt werden durfte und daß ihre Abgabe bei einer sorgfältigen Prozeßführung, §§ 282, 283, für den Gegner zu erwarten war. Andernfalls und dann, wenn das Gericht voraussieht, daß der Rechtsstreit an ein anderes Gericht abgegeben werden muß oder daß ein Beweisaufnahmeverfahren notwendig wird, sollte das Gericht noch keine Entscheidungsreife annehmen und daher kein Urteil nach Aktenlage erlassen. Jedenfalls muß das Gericht auch im Aktenlageverfahren den Grundsatz des rechtlichen Gehörs beachten, Art 103 I GG, Einl III 16. Das Gericht darf daher für seine Entscheidung nur denjenigen Streitstoff verwenden, der beiden Parteien zugänglich war, § 286 Rn 13.

**D. Verwendbarkeit des Akteninhalts im einzelnen.** Das Gericht darf folgende Aktenteile berück- 11 sichtigen:

Das Gericht darf einen *Antrag* berücksichtigen, soweit ihn der Antragsgegner rechtzeitig zur Kenntnis erhalten hat. Etwas anderes gilt bei einem reinen Prozeßantrag, § 297 Rn 2.

Das Gericht darf einen *Schriftsatz*, eine Urkunde, ein Gutachten usw berücksichtigen, wenn es begründete 12 Anhaltspunkte dafür hat, daß dieses Schriftstück dem Gegner zumindest zur Kenntnis gekommen ist. Natürlich muß das Gericht die extra wirksame Rücknahme, einen wirksamen Widerruf usw ebenfalls beachten. § 296 ist grundsätzlich unanwendbar.

**§ 251a**  1. Buch. 3. Abschnitt. Verfahren

**13** Das Gericht darf den gesamten *mündlichen Vortrag* beider Parteien in früheren Verhandlungsterminen berücksichtigen, soweit dieser Vortrag noch in der Erinnerung aller jetzt entscheidenden Richter ist.

**14** Das Gericht darf den gesamten Inhalt eines *Protokolls*, §§ 159 ff, über einen früheren Verhandlungs- oder Beweisaufnahmetermin berücksichtigen, soweit die Parteien von diesem Protokoll Kenntnis haben oder bei einer sorgsamen Prozeßführung haben mußten. Der letztere Fall liegt auch dann vor, wenn die Parteien an dem Termin hätten teilnehmen können und wenn sie nicht beantragt haben, ihnen ein Protokoll zu übersenden, und dieses auch nicht von Amts wegen erhalten haben. Ein Richterwechsel steht ungeachtet des § 309 einer Entscheidung nach Lage der Akten nicht entgegen, soweit die in den Akten befindlichen Schriftsätze oder Protokolle den Inhalt der früheren Verhandlungen ausreichend ergeben; allerdings scheidet die Möglichkeit einer Berücksichtigung nach Rn 13 in solchem Fall grundsätzlich aus. Eine Klagerweiterung, §§ 263, 264, steht einer Entscheidung nach Aktenlage nicht entgegen, wenn die ursprüngliche Klage zum Gegenstand einer Verhandlung zur Sache gemacht worden war und wenn der sachlichrechtliche Anspruch inhaltlich im wesentlichen unverändert blieb, Düss RR **94**, 893.

Die *Frist* des § 132 braucht *nicht* eingehalten zu sein. Ein Schriftsatz, der erst am Terminstag eingeht, darf nur beachtet werden, wenn er spätestens in demjenigen Zeitpunkt zur Akte gelangt ist, in dem der Vorsitzende sie weggelegt hatte. Dieser Zeitpunkt steht ja dem Schluß der mündlichen Verhandlung gleich. Das Gericht kann aber einen später zur Akte kommenden Schriftsatz zum Anlaß nehmen, von einer Entscheidung nach Lage der Akten abzusehen.

**15**  **E. Fortwirkung.** Was eine Entscheidung nach Aktenlage einmal in den Prozeß eingeführt hat, bleibt ebenso wie ein mündlicher Vortrag wirksam, läßt also einen Widerruf nur nach denselben Regeln wie beim mündlichen Vortrag zu, §§ 318, 329 Rn 16–18. Das gilt aber nur bei einer endgültigen Entscheidung nach Aktenlage. Wenn das Gericht lediglich einen jederzeit abänderbaren Beweisbeschluß nach Aktenlage erlassen hat, kann er die Partei ebensowenig wie ihre Säumnis endgültig binden, zumal sie ein Urteil abwenden kann, RoSGo § 108 III 2 c, aM StJSchu 20. Auch für eine Klage nach § 323 oder nach § 767 steht die Weglegung der Akten insofern dem Schluß der mündlichen Verhandlung gleich.

**16**  **6) Urteil nach Lage der Akten, II 1–3.** Das Gericht muß ein Urteil nach der Aktenlage verkünden, § 311. Im sog Rubrum, § 313 Rn 4–10, heißt es statt der Angabe des Tages der letzten mündlichen Verhandlung, die Entscheidung ergehe „nach Lage der Akten am …". Hier steht das Datum des versäumten Termins. Der Verkündungszeitpunkt ergibt sich ja aus dem Verkündungsvermerk, § 315 III. Das Urteil wird nach § 317 von Amts wegen zugestellt. S 1–3 gilt für jede Art von Urteil, auch für ein Zwischenurteil, zB nach § 303. Ein Urteil nach Lage der Akten ist nur unter folgenden Voraussetzungen zulässig:

**17**  **A. Frühere mündliche Verhandlung.** In derselben Instanz, Karlsr MDR **95**, 637, muß bereits in einem früheren Termin eine mündliche Verhandlung stattgefunden haben. Das gilt auch dann, wenn die Klage offensichtlich unzulässig oder unbegründet ist, es sei denn, es handelt sich um die Verwerfung des Rechtsmittels nach §§ 519 b, 554 a. Sie braucht nicht vor demselben Richter erfolgt zu sein, § 309. Es reicht aus, daß im einen Termin die eine Partei, im anderen die andere verhandelt hat, RoSGo § 108 II 4 a, ThP 1, aM MüKoFei 18, ZöGre 3. Auch eine beiderseits nichtstreitige Verhandlung genügt, zB wegen eines Anerkenntnisses, das nur noch nicht zum Anerkenntnisurteil nach § 307 hatte führen können. Diese frühere Verhandlung braucht nur dann nicht stattgefunden zu haben, wenn beide Parteien eindeutig und unbedingt mit einem Urteil nach Lage der Akten einverstanden sind. Nach einer Zurückverweisung, § 539, ist keine neue Verhandlung notwendig, auch nicht vor einem anderen Kollegium, aM ZöGre 3, wohl aber im Nachverfahren.

Eine Verhandlung vor dem *Einzelrichter* genügt, §§ 348, 524, Ffm FamRZ **79**, 290, Karlsr MDR **95**, 637, auch eine Verhandlung vor einem Gericht, das den Rechtsstreit anschließend nach § 281 weiter verwiesen hat. Die Verhandlung braucht nicht über den gesamten Streitstoff stattgefunden zu haben, zB nicht unbedingt über eine nachträglich erhobene Widerklage, Anh § 253. Sie muß aber zur Sache stattgefunden haben, § 137 Rn 7, und zwar zur Hauptsache, vgl § 39 Rn 6, soweit das Gericht nach der Aktenlage über die Hauptsache entscheiden will. Eine Güteverhandlung vor dem Vorsitzenden nach § 54 ArbGG reicht, ArbG Bln BB **87**, 1536, Lepke DB **97**, 1569. Nach der Verhandlung darf keine Klagänderung eingetreten sein, § 263, KG ZZP **56**, 197, vgl freilich § 264. Es reicht nicht aus, daß die Verhandlung in irgendeinem anderen Punkt streitig war.

**18**  **B. Verkündungstermin.** Das Urteil darf nur in einem besonderen Verkündungstermin ergehen, vgl § 311 IV. Zwischen dem Schluß des letzten Verhandlungstermins, §§ 136 IV, 296 a, und dem Verkündungstermin müssen mindestens zwei Wochen verstreichen. Der Sinn der Regelung besteht darin, eine schuldlos säumige Partei vor Schaden zu bewahren. Das Gesetz enthält also eine Art Wiedereinsetzung wegen einer Terminsversäumung. Deshalb muß das Gericht den Termin zwar sofort, § 310 I 1, aber doch so ansetzen, daß die Partei ihre Rechte voraussichtlich wahren kann. Dazu kann es erforderlich sein, die nach § 222 zu berechnende Frist zwischen dem Verhandlungsschluß und dem Verkündungstermin auf mehr als die in II 2 bestimmten mindestens zwei Wochen anzuberaumen. Es kommt darauf an, ob das Gericht im Zeitpunkt der Fristbestimmung weiß, daß die Partei eine zweiwöchige Frist voraussichtlich nicht einhalten kann.

Das Gericht braucht insofern aber *keine Nachforschungen* anzustellen. Der Umstand, daß die Partei anwaltlich vertreten ist, ist grundsätzlich kein Anhaltspunkt dafür, daß die Zweiwochenfrist zu kurz wäre. Eine Ausnahme mag dann gelten, wenn das Gericht noch einen Schriftsatz des Gegners berücksichtigen will, der erst kurz vor dem Verhandlungstermin einging und voraussichtlich nähere Erwiderungen auslösen könnte.

**19**  Die Verkündung ist *unzulässig*, wenn die formlose Benachrichtigung vom Verkündungstermin von der Post zurückgeschickt wird, weil die Anschrift falsch ist oder weil ein anderer Grund vorliegt, auf dessen Entstehung die säumige Partei ersichtlich keinen Einfluß hat. Das Gericht darf andererseits den Verkündungstermin nicht absetzen, wenn die säumige Partei zwar eine Entschuldigung einreicht, wenn das Gericht sie aber für unzureichend hält.

**20**  Ein *Verstoß* ist eine Verletzung des rechtlichen Gehörs, Art 103 I GG, Einl III 16, und ein Revisionsgrund, falls das Urteil auf ihm beruht, aber kein Grund für eine Nichtigkeitsklage nach § 579.

## 5. Titel. Unterbrechung und Aussetzung des Verfahrens § 251a

**C. Mitteilung.** Das Gericht muß jeder säumigen Partei den Verkündungstermin mitteilen. Ein beson- 21
derer Beschluß dazu, § 329, ist nicht erforderlich, aber zulässig und üblich. Die Mitteilung geht unter den
Voraussetzungen des § 176 an den ProzBev. Die im Verhandlungstermin erschienene Partei, die nicht
verhandelt hat, braucht nicht benachrichtigt zu werden, und zwar auch dann nicht, wenn das Gericht den
Verkündungstermin erst am Schluß jenes Verhandlungstermins und dann in Abwesenheit der Partei verkündet hatte. Die Verkündung des Termins reicht nicht aus, soweit die Mitteilung des Verkündungstermins
erforderlich ist. Die Mitteilung kann formlos erfolgen, § 329 II 1. Eine förmliche Zustellung reicht als ein
Mehr aus. Das Gericht kann den Verkündungstermin vor oder zugleich mit einer weiteren mündlichen Verhandlung
bestimmen. Denn in Wahrheit lag ein Verhandlungsschluß im letzten Termin nicht vor.

Ein *Verstoß* gegen die Mitteilungspflicht macht eine im übrigen ordnungsgemäß zustandegekommene und
verkündete Entscheidung nicht unwirksam.

**7) Neuer Verhandlungstermin, II 4.** Die Verkündung eines Urteils im Verkündungstermin muß unter- 22
bleiben, wenn die folgenden Voraussetzungen zusammentreffen.

**A. Antrag.** Die nicht erschienene Partei muß spätestens am siebenten Tag, also demjenigen mit derselben
Bezeichnung, vor dem Verkündungstermin beantragen, einen neuen Verhandlungstermin anzusetzen.
Ein Streitgenosse, § 59, hat ein selbständiges Antragsrecht. Bei einer notwendigen Streitgenossenschaft nach § 62
hilft der Antrag des einen Streitgenossen dem anderen, weil es sich um die Wahrung eines Rechts des
Säumigen handelt. Der Erschienene, der nur nicht verhandelt hatte, hat kein Antragsrecht. Er hätte ja im
Verhandlungstermin mindestens eine Vertagung beantragen und im Fall der Ablehnung dieses Antrags zur
Sache verhandeln müssen. „Vor dem zur Verkündung bestimmten Termin" bedeutet: Vor der Weglegung der
Sache, nicht schon vor dem Aufruf. Der Antrag muß schriftlich gestellt werden. Er ist eine Parteiprozeßhandlung, Grdz 47 vor § 128. Ein Anwaltszwang herrscht wie sonst, § 78 Rn 1; soweit er nicht gegeben ist,
kann der Antrag auch zum Protokoll der Geschäftsstelle jedes AG gestellt werden, § 129 a. Ein Antrag, der
nur unter der Bedingung gestellt wird, daß das Gericht auch dem Antragsteller ungünstige Entscheidung
beabsichtige, gilt als nicht gestellt. Ein Eingang auf der Posteinlaufstelle bis 24 Uhr genügt, § 233 Rn 20.

**B. Glaubhaftmachung.** Die nicht erschienene Partei muß außerdem bis zum Fristablauf, Rn 22, nach 23
§ 294 glaubhaft machen, daß sie im Verhandlungstermin schuldlos ausgeblieben war, vgl BAG BB **86**, 1232,
und auch nicht eine Terminsverlegung nach § 227 rechtzeitig beantragen konnte. Zum Begriff des Verschuldens Einl III 68, 69. Das Verschulden eines gesetzlichen Vertreters oder eines ProzBev gilt als solches der
Partei, §§ 51 II, 85 II.

Das Gericht muß unter einer sorgfältigen *Abwägung* aller Umstände im Interesse der Verfahrensförderung,
Grdz 12 vor § 128, streng prüfen, ob die vorgebrachten Tatsachen zur Entschuldigung ausreichen, vgl § 227
Rn 9. Eine Verpflichtung des ProzBev, im Zeitpunkt des letzten Verhandlungstermins einen anderen Termin
wahrzunehmen, reicht zur Entschuldigung ebensowenig aus wie zu einer Vertagung, § 227 Rn 13. Der
Anwalt mußte eben grundsätzlich für eine Terminsvertretung sorgen. Er durfte seine Akten grundsätzlich
auch nicht einfach einem sog Kartellanwalt geben, § 216 Rn 20. Ein Entschuldigungsgrund, der zur
Rechtfertigung eines Verlegungsantrags angeführt worden war, den das Gericht inzwischen schon zurückgewiesen hatte, kann jetzt nicht nochmals berücksichtigt werden. Denn er ist verbraucht.

**C. Von Amts wegen.** Das Gericht mag auch feststellen, daß die Voraussetzungen einer Aktenlageent- 24
scheidung in Wahrheit fehlten, etwa weil eine Ladung nicht ordnungsgemäß erfolgt war, ThP 12. Dann muß
es von Amts wegen einen neuen Termin bestimmen, § 216.

**D. Stattgebende Entscheidung.** Soweit das Gericht dem Antrag entspricht, bestimmt der Vorsitzende 25
einen neuen Verhandlungstermin. Dieser neue Termin kann im bisher anberaumten Verkündungstermin
verkündet werden, § 156, und bedarf dann keiner neuen Zustellung. Er kann auch dadurch mitgeteilt
werden, daß das Gericht nunmehr den bisher bestimmten Verkündungstermin aufhebt und wie sonst einen
Verhandlungstermin anberaumt. Der bisherige Verkündungstermin kann auch zu einem Verhandlungstermin
umgewandelt werden. Im letzteren Fall müssen die Parteien wie zu einem sonstigen Verhandlungstermin
geladen werden, §§ 209, 217, 270 I.

**E. Ablehnende Entscheidung.** Soweit das Gericht den Antrag nach II 4 ablehnt, braucht es hierüber 26
keinen besonderen Beschluß zu fassen. Es verbleibt vielmehr beim Verkündungstermin. Das Gericht kann
sich damit begnügen, die Gründe der Antragsablehnung im Urteil darzustellen.

**8) Vertagung oder Ruhen, III.** Es kommt auf die Gesamtlage an. 27

**A. Vertagung.** Wenn das Gericht keine Entscheidung nach Aktenlage erläßt, kann es unter den Voraussetzungen des § 227 eine Vertagung anordnen. Dieser Weg ist namentlich dann ratsam, wenn es zweifelhaft
ist, ob eine Partei zum Verhandlungstermin rechtzeitig geladen wurde, oder wenn es unklar geblieben ist, ob
einer Partei ein wichtiger Schriftsatz rechtzeitig zuging. Im Fall der Vertagung ist oft eine gleichzeitige
Auflage nach § 273 ratsam. Sie erfordert eine mündliche Verhandlung, § 128 Rn 10. Eine besondere
Bekanntgabe des neuen Verhandlungstermins ist wegen § 218 unnötig, und zwar unabhängig davon, ob der
neue Termin im Verhandlungstermin oder im Verkündungstermin bestimmt wird. Eine Ladung ist aber
zwecks Verfahrensförderung ratsam.

**B. Ruhen.** Das Gericht kann auch statt einer Vertagung das Ruhen des Verfahrens anordnen. Auch hier 28
hat das Gericht ein pflichtgemäßes Ermessen, Köln MDR **91**, 896. Es muß prüfen, ob die ausgebliebenen
Parteien offenbar an einer Entscheidung oder an der Weiterführung des Prozesses kein Interesse mehr haben
oder ob auch nur eine Partei ersichtlich darauf vertraut hat, daß das Gericht zB ohne eine mündliche
Verhandlung entscheiden oder vertagen werde. Im letzteren Fall würde die Anordnung des Ruhens ermessensfehlerhaft sein, KG FamRZ **81**, 583, LG Bln MDR **93**, 476. Eine Anordnung des Ruhens ist auch
im Anschluß an ein Teilurteil, § 301, für den Rest möglich, Schneider JB **77**, 1338. Eine Anhörung des nicht
Erschienenen ist nicht erforderlich, Köln MDR **91**, 896.

**29** Die *Anordnung* ist dieselbe wie bei § 251, dort Rn 7. Es gilt dann auch die dreimonatige Sperrfrist nach § 251 II 1. Zu ihren Einzelheiten § 251 Rn 13 ff. Das Gericht braucht in einem solchen Fall nicht zu prüfen, ob die Klage ordnungsgemäß zugestellt wurde. Wenn die Zustellung aber erkennbar nicht erfolgt ist, muß das Gericht eine sofortige Aufnahme nach § 251 II 2 zulassen. Die Anordnung des Ruhens des Verfahrens ist zu begründen, § 329 Rn 2. Der Beschluß wird verkündet, § 329 I 1, Köln MDR **91**, 896. Er braucht nicht förmlich zugestellt, § 329 II 2, sondern kann formlos mitgeteilt zu werden, § 329 II 1. Wegen einer Aufnahme des Verfahrens § 251 Rn 10.

**30** **9) Rechtsbehelfe, I–III.** Gegen die Anordnung des Ruhens ist die einfache Beschwerde nach § 252 Hs 1 zulässig, aM ZöGre 11 (kein Rechtsbehelf). Gegen die Ablehnung der Aufnahme des Verfahrens ist die einfache Beschwerde nach § 567 I statthaft. Beim Rpfl gilt § 11 RPflG, § 104 Rn 41 ff. Soweit das LG als Berufungs- oder Beschwerdegericht entschieden hat, ist die Beschwerde unzulässig, § 567 III 1. Aus den Gründen Rn 23 ist eine Anfechtung der Ablehnung nach II 4 nur zusammen mit einer Anfechtung des Urteils zulässig. Ein Verstoß gegen II 4 gibt also nur das gegen das Urteil zulässige Rechtsmittel. Die Vertagung nach III ist nur zusammen mit dem Endurteil anfechtbar.

**31** **10) VwGO:** Bei Ausbleiben eines oder auch aller Beteiligten kann verhandelt und entschieden werden, § 102 II *VwGO*. Die besonderen Bestimmungen in § 251 a sind unanwendbar.

**252** *Rechtsmittel bei Aussetzung.* Gegen die Entscheidung, durch die auf Grund der Vorschriften dieses Titels oder auf Grund anderer gesetzlicher Bestimmungen die Aussetzung des Verfahrens angeordnet oder abgelehnt wird, findet Beschwerde, im Falle der Ablehnung sofortige Beschwerde statt.

**Schrifttum:** *Fasching,* Rechtsbehelfe zur Verfahrensbeschleunigung, Festschrift für *Henckel* (1995) 161; *Fichtner,* Grenzen des richterlichen Ermessens bei Aussetzung und Ruhen des Verfahrens usw, 1996.

**1** **1) Systematik, Regelungszweck.** Die Vorschrift regelt die Rechtsmittel gegen die fast abschließenden Entscheidungen über eine Aussetzung des Verfahrens usw, Rn 2. Allerdings hat § 227 IV 3 Vorrang. Auf die Zulassung der Beschwerde bzw sofortigen Beschwerde erfolgt zugleich indirekt die Verweisung auf §§ 567–577 a. Wegen der gesetzlich nicht geregelten Gegenvorstellung vgl Üb 3 vor § 567. Die Rechtsmittelzulassung entspricht dem Grundgedanken einer Überprüfbarkeit in zweiter Instanz im Interesse der Gerechtigkeit, Einl III 9. Beim Rpfl gilt § 11 RPflG, § 104 Rn 41 ff. Bei entscheidungsloser bloßer Untätigkeit hilft eine Beschwerde wegen greifbarer Gesetzwidrigkeit (zu diesem Begriff § 127 Rn 25), Hamm FamRZ **98**, 1606 links, oder eine Dienstaufsichtsbeschwerde, § 216 Rn 28, 29.

**2** **2) Geltungsbereich.** § 252 betrifft grundsätzlich sämtliche Fälle einer durch Beschluß oder Verfügung erfolgten Ablehnung oder Anordnung der Aussetzung des Verfahrens, auch diejenigen nach §§ 148 ff, nicht nur diejenigen des 5. Titels, vgl Üb 5 vor § 239. Er betrifft weiter die Fälle des Ruhens Karlsr MDR **95**, 636, im Gegensatz zu den Fällen eines rein tatsächlichen Stillstands, Üb 1 vor § 239, Ffm FamRZ **94**, 1477, Karlsr FamRZ **94**, 1399, Zweibr FamRZ **84**, 75. Denn das Ruhen ist nur ein Sonderfall der Aussetzung nach § 148 ff. Die Vorschrift ist grundsätzlich auch in einer WEG-Sache anwendbar, BayObLG MDR **94**, 306; vgl auch Rn 6. Es ist unerheblich, wie das Gericht seinen angefochtenen Beschluß genannt hat. Es kommt vielmehr darauf an, ob die Wirkung dieser Maßnahme einer Aussetzung gleichkommt, Düss FamRZ **94**, 1121 (es mahnt mit Recht zur Zurückhaltung), Hamm RR **97**, 724, Zweibr FamRZ **84**, 75, selbst wenn der Beschluß zB nur auf eine Vertagung lautet.

**3** **3) Beispiele der Anwendbarkeit:** Ein Beschluß über die Verneinung oder die Anerkennung der Unterbrechung, Mü RR **96**, 229; ein Beschluß auf die Ablehnung der Aufnahme eines unterbrochenen, ausgesetzten oder ruhenden Verfahrens, insbesondere vor der Rechtskraft eines Grundurteils, KG MDR **71**, 588, oder eines Vorbehaltsurteils, §§ 302, 599; unter Umständen eine Anordnung nach § 364, Köln NJW **75**, 2349, auf eine oder mit der Folge einer weitere(n) Hinausschiebung der Durchführung der Beweisaufnahme, Einf 10 vor §§ 148–155, Zweibr FamRZ **84**, 75, LG Aachen RR **93**, 1407; ermessensmißbräuchliche Aussetzung, Einl III 54, Köln FamRZ **95**, 889, Mü RR **95**, 779, oder Anordnung nach § 364, Köln NJW **75**, 2349, LG Aachen RR **93**, 1407; eine Ablehnung oder Anordnung einer Vertagung unter den Voraussetzungen § 227 Rn 26; in Verbindung mit § 567 die Ablehnung einer Terminsberaumung, § 216 Rn 27, offen Ffm RR **90**, 168; ein Verstoß gegen § 148, Art 177 II oder III EWG-Vertrag, Pfeiffer NJW **94**, 1999; Nichtabtrennung einer Folgesache im Verbundverfahren, Ffm FamRZ **97**, 1167.

**4** **4) Beispiele der Unanwendbarkeit:** Diejenigen Fälle, in denen ein Urteil nach § 239 ergeht, sowie die Aussetzung nach Art 100 GG, Köln MDR **70**, 852, es sei denn, daß die Vorlage unterbleibt, BVerfG NJW **73**, 1319; die Ablehnung der Aussetzung usw durch ein Urteil; die Ablehnung einer Aussetzung wegen Abtrennung nach § 145, weil noch Ermittlungen nötig seien, Düss FamRZ **94**, 1121. Wegen § 227 dort Rn 58.

**5** **5) Beschwerde: Grundsatz der Zulässigkeit.** § 252 ermöglicht die einfache Beschwerde nach § 567 I gegen die Anordnung einer Aussetzung des Verfahrens oder einer Aufnahme vor dem Ablauf der 3-Monats-Frist des § 251 II und grundsätzlich (Ausnahme Rn 6) eine sofortige Beschwerde nach § 577 gegen die Ablehnung einer Aussetzung, BGH VersR **93**, 1375, von Maltzan GRUR **85**, 171. Eine Ablehnung liegt auch darin, daß das Gericht eine gleichwertige andere Maßnahme trifft, also den Fortgang des Verfahrens in irgendeiner Form anordnet, Ffm FamRZ **80**, 178, oder etwa als Beschwerdegericht den Aussetzungsbeschluß aufhebt, § 150. Mangels Beschwer kann die Beschwerde unzulässig sein, Karlsr FamRZ **98**, 1606 rechts. Die sofortige Beschwerde wird gegenstandslos, soweit bei einer Aussetzung nach §§ 148 ff ein Endurteil ergeht oder in den Fällen §§ 246, 247 das Endurteil rechtskräftig wird. Beim Rpfl gilt § 11 RPflG, vgl § 104 Rn 41 ff.

## 5. Titel. Unterbrechung und Aussetzung des Verfahrens § 252

Eine Anfechtung mit der Revision ist *unzulässig*, wenn das Gericht eine Aussetzung im Urteil abgelehnt **6** hat. Denn der Beschluß wäre unanfechtbar, §§ 548, 567 III, BGH ZMR **73**, 269 (unter Umständen erfolgt aber eine Aufhebung wegen mangelnder Sachaufklärung). Soweit das LG als Berufungs- oder Beschwerdegericht entschieden hat, ist die einfache wie die sofortige Beschwerde unzulässig, § 567 III 1, BayObLG MDR **94**, 306 (WEG), KG FGPrax **97**, 199 (FGG). Gegen die Entscheidung des OLG ist keine weitere Beschwerde statthaft, § 567 IV 1, BGH VersR **93**, 1375, BayObLG WoM **95**, 67 (WEG), Düss OLGZ **93**, 419. Eine Aufhebung in der höheren Instanz wirkt für die Zukunft. Sie berührt also die bisherige Wirkung der Aussetzung nicht.

**6)** *VwGO:* Beschwerde, §§ 146 ff *VwGO, ist zulässig in allen Fällen des § 252, zB gegen Beschlüsse über die* **7** *Aussetzung der Verhandlung nach § 94 VwGO (entspricht § 148 ZPO), VGH Mannh NJW* **67**, *646 mwN, und über das Ruhen des Verfahrens, OVG Münst NJW* **62**, *1931, Ey § 94 Rn 19; aM Buck DÖV* **64**, *537, Meissner DVBl* **67**, *426 (es handelt sich aber nicht um eine prozeßleitende Anordnung, so mit Recht RedOe § 94 Anm 4; zudem gilt auch im VerwProzeß der Verfügungsgrundsatz, Ule VPrR § 28, so daß die Beteiligten gegen eine fehlerhafte Aussetzung geschützt werden müssen, iü sollte eine unterschiedliche Verfahrenshandhabung in den einzelnen Zweigen der Gerichtsbarkeit ohnehin möglichst vermieden werden, vgl BVerwG NJW* **71**, *1284). Keine Beschwerde ist gegeben in Sachen nach AsylVfG (OVG Münst LS NVwZ-RR* **96**, *128, OVG Hbg DÖV* **95**, *475, VGH Mü BayVBl* **94**, *411 mwN, OVG Münst NWVBl* **93**, *113), VermG (OVG Greifsw MDR* **95**, *425), LAG, Wehrpflg, KriegsdienstverwG, ZivildienstG, SeeUG u KgfEG, vgl Bach NJW* **65**, *1263 mwN u OVG Münst NJW* **65**, *2419. Die Beschränkung der Berufung, §§ 124ff VwGO, schließt die Beschwerde nicht aus, VGH Mannh VBlBW* **85**, *220 mwN (zum bisherigen Recht).*

# Zweites Buch
# Verfahren im ersten Rechtszuge

*Bearbeiter: Dr. Dr. Hartmann*

## Erster Abschnitt. Verfahren vor den Landgerichten

### Grundzüge

**Gliederung**

| | |
|---|---|
| 1) Systematik, Regelungszweck, Rechtsschutz ............ 1–6 | E. Prozeßhinderniss ................. 19 |
| A. Meinungsstand ...................... 2 | F. Zulässigkeitsrüge ................. 20 |
| B. Kritik ........................... 3, 4 | G. Allgemeine Prozeßvoraussetzungen .... 21, 22 |
| C. Rechtsschutzvoraussetzungen ........ 5 | H. Besondere Prozeßvoraussetzungen .... 23 |
| D. Gesuch ........................... 6 | I. Überhaupt keine Prozeßvoraussetzungen ................... 24 |
| 2) Geltungsbereich: Klagenarten ........ 7–11 | 4) Klagbarkeit ..................... 25–32 |
| A. Leistungsklage ..................... 8 | A. Begriff ......................... 25 |
| B. Feststellungsklage .................. 9 | B. Beispiele zur Frage einer Klagbarkeit .. 26–32 |
| C. Gestaltungsklage .................. 10, 11 | 5) Rechtsschutzbedürfnis .............. 33–63 |
| 3) Prozeßrechtliche Voraussetzungen .... 12–24 | A. Begriff ......................... 33 |
| A. Begriff der Prozeßvoraussetzung ..... 13 | B. Zweck: Prozeßwirtschaftlichkeit ...... 34, 35 |
| B. Vorrang der Zulässigkeitsprüfung ..... 14–16 | C. Beispiele zur Frage eines Rechtsschutzbedürfnisses ................ 36–63 |
| C. Hilfsweise Begründetheitsprüfung .... 17 | |
| D. Begriff der Prozeßhandlungsvoraussetzung .......................... 18 | |

**1** **1) Systematik, Regelungszweck, Rechtsschutz**

**Schrifttum:** *Baumgärtel,* Gleicher Zugang zum Recht für alle, ein Grundproblem des Rechtsschutzes 1976; *Böhm,* Die Ausrichtung des Streitgegenstands am Rechtsschutzziel, Festschrift für *Kralik* (1986) 24; *Farkas,* Bemerkungen zur Lehre vom Rechtspflegeanspruch, Festschrift für *Habscheid* (1989) 83; *Geimer,* Internationalrechtliches zum Justizgewährungsanspruch, Festschrift für *Nagel* (1987) 36; *Kanvacki,* Der Anspruch der Parteien auf einen fairen Zivilprozeß, 1984; *Mes,* Der Rechtsschutzanspruch, 1970; *Merwing,* Mahnen – Klagen – Vollstrecken, 2. Aufl 1990; *Michel,* Der Schriftsatz des Anwalts im Zivilprozeß, 3. Aufl 1991; *Vollkommer,* Der Anspruch der Parteien auf ein faires Verfahren im Zivilprozeß, Gedächtnisschrift für *Bruns* (1980) 195; *Vossius,* Die Entwicklung der Rechtsschutzlehre, 1985.

**2** **A. Meinungsstand.** Der Staat gewährt jedem Deutschen und in den Grenzen des Völkerrechts, der Staatsverträge und des sonstigen internationalen Rechts auch jedem Ausländer einen Rechtsschutz, Art 20 III GG. Dieser Rechtsschutz besteht zum einen in der Form eines sog Justizanspruchs, auch Justizgewährungsanspruch genannt, BVerfG NJW 97, 312, Düss FamRZ 95, 1281. Man versteht darunter ein subjektives öffentliches Recht des Bürgers auf das Tätigwerden der Gerichte und der anderen Justizorgane, auf ihr Vorhandensein und auf ihr grundsätzliches Funktionieren. Der Justizanspruch gewährleistet das Ob einer Verfahrensabwicklung. Er ist allgemein anerkannt, Bbg RR **95**, 1030, RoSGo § 3 I, Habscheid ZZP **96**, 307. Der Rechtsschutz besteht zum anderen in der Form eines sog Rechtsschutzanspruchs. Man versteht darunter einen Anspruch der Partei auf die Herbeiführung und notfalls zwangsweise Durchsetzbarkeit einer der sachlichen Rechtslage entsprechenden Sachentscheidung des Gerichts. Der Rechtsschutzanspruch ist umstritten; viele lehnen seine Existenz auf dem Gebiet des Zivilprozesses ab, zB Jauernig § 36 II, RoSGo § 3 I 2, andere halten ihn zumindest seit dem Inkrafttreten des GG für wieder beachtlich, zB Schwab ZZP **81**, 412. Vgl auch Einl III 9. Vollkommer 219 läßt beide Rechtsschutzgewährungsansprüche in einem „umfassenden allgemeinen Rechtsschutzgrundrecht" aufgehen, dem Recht der Partei auf ein faires Verfahren, das auch dem Art 6 MRK die erforderliche Beachtung verschaffe.

**3** **B. Kritik.** Sowohl angesichts des unmittelbar geltenden Art 6 MRK als auch angesichts des GG ist ein effektiver Schutz des sachlichen Rechts geboten. Er erfordert einen funktionierenden Gerichtsapparat, ein rechtsstaatliches Verfahren, unverzüglichen Verfahrensbeginn, erträgliche Verfahrensdauer, die Berücksichtigung des gesamten prozessual ordnungsgemäßen Tatsachenvortrags der Parteien und die notfalls zwangsweise Durchsetzbarkeit der Entscheidung, vgl auch Lisken NJW **82**, 1136. Insofern sollte man unter dem Begriff Rechtsschutz mehr als den Justizanspruch verstehen. Andererseits ist es zumindest sprachlich problematisch, ein umfassendes allgemeines Rechtsschutz-„Grundrecht" als Oberbegriff zugrundezulegen. Die Grundrechte sind auch in ihren prozessualen Auswirkungen in den Artt 1–19 GG abschließend geregelt.

**4** Wichtiger als die Terminologie ist die Erkenntnis, daß unser heutiges Rechtssystem sowohl das Vorhandensein als auch das unverzügliche Tätigwerden der Justizorgane und die grundsätzliche Ausrichtung des Prozeßrechts als eines Instruments zur Verwirklichung *sachlichen* Rechts unmittelbar gewährleisten, vgl Einl III 9. Das ist zur Auslegung vieler Verfahrensvorschriften und zu ihrer effektiven Handhabung von größter Bedeutung. Freilich gehört zur Rechtsidee neben der Gerechtigkeit und der Zweckmäßigkeit auch die

Rechtssicherheit. Sie gebietet rechtsstaatliche Prozeßregeln, die der Durchsetzung des sachlichen Rechts aus zwingenden Gründen im Wege stehen können, § 296 Rn 2.

**C. Rechtsschutzvoraussetzungen.** Mit dem Rechtsschutzanspruch fallen die sog Rechtsschutzvoraus- 5 setzungen oder Urteilsvoraussetzungen, dh die Voraussetzungen eines günstigen Sachurteils, deren Begriff zudem schwankend ist. Von den Prozeßvoraussetzungen sollen sie dadurch abweichen, daß es bei diesen nicht nur auf die Zeit des Urteils ankomme, sondern auf die gesamte Prozeßgestaltung. Zu den Urteilsvoraussetzungen rechnet man den Tatbestand, die Rechtsschutzfähigkeit, dh die Erfordernisse der §§ 257 bis 259 und das Rechtsschutzbedürfnis (darüber Rn 33), auch wohl verschiedene Prozeßvoraussetzungen, wie die Zulässigkeit des Rechtswegs. Diese Lehre ist ohne viel praktischen Nutzen. Damit wird in Wahrheit nichts anderes gesagt, als daß nur die Klage durchdringen kann, die sachlich begründet ist.

**D. Gesuch.** Der Staat gewährt Rechtsschutz nur auf ein Gesuch. Ein solches Gesuch genügt in einfachster 6 Form im Mahnverfahren. Wenn es einer Streitverhandlung im Zivilprozeß bedarf, verlangt das Gesuch die Form der Klage, bei der Scheidung eines Antrags, dh jeweils der Bitte um Rechtsschutz durch Urteil. Diese prozessuale Klage von einem sachlichrechtlichen Klagerecht, entspr der römischen actio, dem Anspruch auf ein Tun oder Unterlassen, § 194 BGB, scharf zu scheiden; es macht durchaus nicht jede Klage einen privatrechtlichen Anspruch geltend, Rn 7 ff. Der prozessuale Anspruch, zB § 253 II, ist ein auf ein bestimmtes Urteil gerichtetes Begehren. „Klage" bezeichnet sehr oft die Klagschrift.

**2) Geltungsbereich: Klagenarten** 7

*Schrifttum: Gaul,* Der Einfluß rückwirkender Gestaltungsurteile auf vorausgegangene Leistungsurteile, in: Festschrift für *Nakamura* (1996); *Grupp,* Die allgemeine Gestaltungsklage im Verwaltungsprozeßrecht, Festschrift für *Lüke* (1997) 207; *Köhler,* Der Streitgegenstand bei Gestaltungsklagen, 1995; *Marotzke,* Von der schutzgesetzlichen Unterlassungsklage zur Verbandsklage, 1992; *Oppermann,* Unterlassungsanspruch und materielle Gerechtigkeit im Wettbewerbsprozeß, 1993; *Ritter,* Zur Unterlassungsklage: ... Klageantrag, 1994; *Roth,* Der Zivilprozeß zwischen Rechtsklärung und Rechtsschöpfung, in: Festschrift für *Habscheid* (1989); *Schmidt,* Mehrseitige Gestaltungsprozesse bei Personengesellschaften usw, 1992; *Wilke/Jungeblut,* Abmahnung, Schutzschrift und Unterlassungserklärung im gewerblichen Rechtsschutz, 2. Aufl. 1995.

**A. Leistungsklage** (Verurteilungsklage). Sie erstrebt eine Verurteilung des Gegners zu einer Leistung 8 oder Unterlassung, §§ 194 I, 241 BGB, und damit eine Befriedigung des Klägers. Ein solches Urteil enthält zwei Bestandteile: die Feststellung, daß der Beklagte eine Leistung oder eine Unterlassung schuldet; ferner den Befehl zur Erfüllung der Schuld. Nur Leistungsurteile, aber keineswegs alle, sind der Zwangsvollstrekkung fähig, Grdz 28 vor § 704. Leistungsurteile sind solche auf diejenige auf eine Gewährleistung, einen Schadensersatz oder eine Herausgabe, auf die Vornahme einer Handlung oder auf die Abgabe einer Willenserklärung, auf eine Unterlassung oder auf Duldung der Zwangsvollstreckung, zB 2213 III BGB, § 743, auf Befriedigung aus einem bestimmten Vermögensstück (Pfandklage, Sachhaftung), zB §§ 1147, 1204 I BGB, 371 III 1 HGB, oder aus einer bestimmten Vermögensmasse (etwa dem Nachlaß), ferner auf die Freistellung von einer Schuld, BGH MDR **96,** 959. Regelmäßig dienen Leistungsklagen der Durchführung eines privatrechtlichen, gelegentlich auch eines öffentlichrechtlichen Anspruchs. Zur Sonderform der sog arbeitsrechtlichen Einwirkungsklage Kasper DB **93,** 682. S auch Grdz 34 vor § 253 und § 253 Rn 42 ff, 75.

**B. Feststellungsklage.** Sie begehrt keine zur Befriedigung führende Verurteilung, obwohl auch sie für 9 „vollstreckbar" zu erklären ist, sondern die Feststellung eines schon im Urteil bestehenden, vgl Köln NJW **77,** 1783, sachlichrechtlichen oder prozessualen Rechtsverhältnisses, regelwidrig auch diejenige der Echtheit oder Unechtheit einer Urkunde, § 256. Sie dient der Rechtssicherheit, Einl III 43, und der Prozeßwirtschaftlichkeit, Grdz 14,15 vor § 128, BGH **103,** 365. Sie ist nicht immer eine unentwickelte Leistungsklage, denn ihr Gegenstand kann auch ein Leistungsanspruch sein. Sie ist entweder eine *behauptende* (positive), auf Feststellung eines Begehrens gerichtet, oder eine *leugnende* (negative), auf Feststellung des Nichtbestehens gerichtet, etwa einer Ehe, § 632 I. Hierher gehört auch das die Leistungsklage abweisende Urteil. Eine besondere Feststellungsklage ist im Arbeitsrecht die Klage des Arbeitnehmers, daß die Kündigung sozial ungerechtfertigt sei, § 4 KSchG, während das Urteil, das bei der Feststellung, daß das Arbeitsverhältnis durch die sozial ungerechtfertigte Kündigung nicht aufgelöst worden sei, auf Antrag dann wegen der besonderen Umstände die Auflösung des Arbeitsverhältnisses ausspricht, § 9 KSchG, auf eine Gestaltungsklage (Anspruch gegen den Staat auf Rechtsänderung) ergeht. Eine besondere Form ist die Zwischenfeststellungsklage, § 256 II.

**C. Gestaltungsklage.** Sie fußt auf einem sachlichrechtlichen Anspruch auf Rechtsänderung, zB auf 10 Scheidung (dort heißt er zu Unrecht Antrag, § 253 Rn 2), aM StJSchu 43 vor § 253, ThP 5 vor § 253 (es bestehe ein Anspruch gegen den Staat auf Rechtsgestaltung). Die Gestaltungsklage wirkt nicht wie die Leistungs- und Feststellungsklage rechtsbezeugend, sondern rechtsbegründend, und zwar gegenüber jedermann. Bei ihr übt das Gericht eine verwaltende Tätigkeit aus, die diese Klagen begrifflich der Freiwilligen Gerichtsbarkeit zuweist, s dazu und zur Eigenart der Gestaltungsklage überhaupt Schlosser, Gestaltungsklagen und -urteile (1966) 45 und passim, sowie wegen der VwGO Grupp (Rn 7) 207.

*Hierher gehören* Klagen, die einen neuen Rechtszustand für die Zukunft erstreben, wie der Scheidungs- 11 antrag, die Klage auf Auflösung einer Offenen Handelsgesellschaft, § 133 HGB, oder auf den Ausschluß eines Gesellschafters, § 140 HGB, zu beiden (Rn 7) ausf, oder auf die Auflösung der Gütergemeinschaft, die Klage auf ein prozessuales Vollstreckungsurteil, § 722, oder auf die Erklärung der Zwangsvollstrekkung als unzulässig, §§ 767, 771, oder auf die Beseitigung der Vollstreckungsklausel, § 768.

*Hierher gehören ferner* Klagen, die eine rückwirkende Regelung verlangen, wie die Klage auf Anfechtung der Vaterschaft, § 1599 ff BGB, §§ 640 II 2, 640 h; die Erbunwürdigkeitsklage, § 2342 BGB, LG Köln NJW **77,** 1783, die Anfechtung des Generalversammlungsbeschlusses einer Aktiengesellschaft, § 246 AktG, dazu BGH RR **92,** 1389 und (unabhängig von dieser Entscheidung) krit Schmidt JZ **77,** 769, die Klage auf

Löschung einer Marke, auf Bestimmung des Leistungsinhalts, zB aus § 315 III 2 BGB, BGH BB **78**, 270; aus §§ 319 I 2, 2048 BGB; aus §§ 104 ff SachenRBerG. S auch § 322 Rn 27 ff.

**12  3) Prozeßrechtliche Voraussetzungen**

**Schrifttum:** *Jauernig,* Zum Prüfungs- und Entscheidungsvorrang von Prozeßvoraussetzungen, Festschrift für *Schiedermair* (1976) 289; *Rimmelspacher,* Zur Prüfung von Amts wegen im Zivilprozeß, 1966; *Sauer,* Die Reihenfolge der Prüfung von Zulässigkeit und Begründetheit einer Klage im Zivilprozeß, 1974; *Schreiber,* Prozeßvoraussetzungen für die Aufrechnungsforderung? Diss Bochum 1975; *Schwab,* Die Entscheidung über prozeßhindernde Einreden, Festschrift für *Weber* (1975) 69; *Wieser,* Zulässigkeit und Begründetheit der Klage, ZZP **84**, 304.

**13  A. Begriff der Prozeßvoraussetzung.** Prozeßvoraussetzungen (eigentlich keine Voraussetzungen des Prozesses, sondern des Erfolgs, Erfolgsvoraussetzungen, auch Sachurteilsvoraussetzungen, Balzer NJW **92**, 2722) heißen die prozeßrechtlichen Bedingungen der Zulässigkeit des Verfahrens im Hinblick auf ein Sachurteil, LG Münster MDR **80**, 854, nicht auf eine bloße prozeßrechtliche, förmliche Entscheidung. Es liegt nicht, wie der Schöpfer des Begriffs, Bülow, meinte, eine Voraussetzung des Prozesses vor, sondern nur eine Voraussetzung einer Sachverhandlung wie Sachentscheidung, Schwab JuS **76**, 70, Wieser ZZP **84**, 304. Schon die Klage kann prozessual unzulässig sein. Eine Prozeßvoraussetzung kann aber auch im Laufe des Prozesses entfallen oder als fehlend festgestellt werden; das genügt, um eine Sachentscheidung unmöglich zu machen. Es ist auf den Zeitpunkt des Schlusses der letzten mündlichen Verhandlung abzustellen, vgl § 136 IV, § 296 a, so wohl auch BVerfG DtZ **92**, 183 (Zeitpunkt der Entscheidung). Die Prozeßvoraussetzungen sind nicht in arbeitsgerichtlichen Verfahren zu beachten, LAG Köln BB **95**, 1248.

**14  B. Vorrang der Zulässigkeitsprüfung.** Es ist also scharf zu unterscheiden zwischen den prozessualen und den sachlichrechtlichen Voraussetzungen eines Urteils. Fehlen die sachlichrechtlichen, sei es auch nur zur Zeit, so ist die Klage durch Sachurteil abzuweisen, fehlen die prozessualen, so ist sie beim Fehlen des bisher angegangenen Rechtswegs nach §§ 17 ff GVG zu behandeln, LAG Ffm BB **99**, 644 Mitte, und im übrigen durch ein Prozeßurteil abzuweisen, ohne die Begründetheit zu prüfen; das ist ein für die Rechtskraftwirkung höchst bedeutsamer Unterschied, § 322 Rn 60, BGH ZMR **91**, 100, OVG Schlesw MDR **92**, 525, RoSgo § 96 V 6, aM Düss RR **96**, 1369.

**15  Demgegenüber** meint Rimmelspacher 136, 144, die prozeßrechtlichen Voraussetzungen seien *gleichrangige* und gleichwertige Glieder der einheitlichen Gruppe der Urteilsvoraussetzungen; eine Klagabweisung habe zu ergehen, wenn irgendeine dieser Urteilserlaßvoraussetzungen fehle, was sich aus § 300 I ergebe. Gegen den generellen Vorrang der Prozeßvoraussetzungen wenden sich auch Grunsky § 34 III 1: Ein Prüfungs- und Entscheidungsvorrang bestehe (nur), soweit er im öffentlichen Interesse (ähnlich Henckel, Prozeßrecht und materielles Recht, 1970, 227 ff, Lindacher ZZP **90**, 144, Roth ZZP **98**, 306) erforderlich sei, StJSchu 131 vor § 253, KG NJW **76**, 2353, Köln NJW **74**, 1515 betr Rechtsmittel (zustm Rimmelspacher ZZP **86**, 246, abl Jauernig Festschrift für Schiedermair, 1976, 290 [die Entscheidung sei „ein Schreckbeispiel dafür, wohin falsch verstandene Prozeßökonomie führen kann"], krit Gottwald NJW **74**, 2240, der aber vom Vorrang der Zulässigkeitsprüfung Ausnahmen erlauben will, wenn das Verfahren dadurch vereinfacht werde, ohne daß beachtliche Allgemein- oder Parteiinteressen entgegen stünden, ähnlich Grundmann ZZP **100**, 58, Schneider MDR **88**, 807), Köln MDR **82**, 239, aM BGH MDR **76**, 139 betr Revision (es erfolge nur ausnahmsweise eine Prüfung der Hilfserwägungen des OLG zur Begründetheit, wenn dieses die Zulässigkeit verneint habe). Vgl auch Schneider MDR **74**, 624.

Die Lehre von den sog *doppelrelevanten Tatsachen,* wonach solche Tatsachen, die sowohl für die Zulässigkeit als auch für die Begründetheit der Klage erheblich sind, für die Zulässigkeit nur einseitig behauptet werden müssen und erst bei der Prüfung der Begründetheit näher zu klären sind, BGH **124**, 240, ist in solcher Allgemeinheit keineswegs überzeugend. Sie hätte zur Folge, daß eine in Wahrheit unzulässige Klage zwar im Ergebnis als unzulässig abzuweisen wäre, also ohne innere Rechtskraft des Urteils, daß aber dieses vorrangige Ergebnis erst im Rahmen der Begründetheitsprüfung erzielbar wäre. Das ist methodisch unsauber. Ein solcher Fall unterscheidet sich auch von der zulässigen *hilfsweisen* Begründetheitsprüfung Rn 17.

**16**  Die Prozeßvoraussetzungen sind *in jeder Lage* des Verfahrens, auch in der Revisionsinstanz, BGH ZMR **91**, 100, *von Amts wegen* zu prüfen, BGH NJW **90**, 3086, vgl freilich Grdz 39 vor § 128. Der Grundsatz der freien Beweiswürdigung, § 286 Rn 3, gilt auch hier, Saarbr RR **94**, 184. Wegen der Rangfolge innerhalb der Prozeßvoraussetzungen E a. Wegen des Rechtsschutzbedürfnisses Rn 33 ff. Maßgeblich ist grundsätzlich der Schluß der letzten mündlichen Verhandlung, § 136 IV, § 296 a. Wegen der Beweislast Anh § 286 Rn 36. Eine Entscheidung ist durch ein Zwischenurteil statthaft, § 280.

**17  C. Hilfsweise Begründetheitsprüfung.** Das Gericht muß die prozessualen Voraussetzungen vorrangig prüfen und darf die Zulässigkeit der Klage nicht ungeklärt lassen, auch nicht mit der Begründung, die Klage sei jedenfalls unbegründet, § 322 Rn 60, Düss MDR **87**, 1032, aM Düss RR **96**, 1369. Es darf aber dann, wenn es die Klage als unzulässig abweist, hilfsweise darauf hinweisen, daß die Klage auch unbegründet sei, BGH NJW **92**, 438 (Revisionsinstanz), Kblz VersR **95**, 1332 (Beschwerdeinstanz), Grundmann ZZP **100**, 58, aM Tetzner GRUR **81**, 810. Freilich sind derartige Hilfserwägungen keineswegs notwendig, erwachsen nicht in innere Rechtskraft, § 322 Rn 60, und sollten sich wegen der von § 313 III geforderten Konzentration auf das Wesentliche durchaus auf kurze Andeutungen beschränken. Diese können immerhin ratsam sein, um dem unterlegenen Kläger eine bessere Abschätzung seiner Rechtsmittelrisiken zu ermöglichen und dem Rechtsmittelgericht einen Einblick in die Gesamtproblematik zu erleichtern, vgl § 313 Rn 33. Keineswegs darf das Gericht auch nur hilfsweise darlegen, die Klage sei ungeachtet ihrer Unzulässigkeit auch nur teilweise begründet.

**18  D. Begriff der Prozeßhandlungsvoraussetzung.** Von den Prozeßvoraussetzungen, den Zulässigkeitsbedingungen des ganzen Verfahrens, zu unterscheiden sind die prozessualen Voraussetzungen einer einzelnen Prozeßhandlung, BVerfG DtZ **92**, 183 (zum Begriff der Prozeßhandlung Grdz 47 vor § 128), BGH **111**, 221. Ihr Fehlen macht zwar die Prozeßhandlung wirkungslos, BGH **111**, 221, Köln MBR **82**, 1024 (vgl freilich § 78 Rn 32), hindert aber eine Sachentscheidung meist nicht. Hierher gehört zB das Fehlen einer notwendigen Prozeßvollmacht, § 78 Rn 33, BVerfG DtZ **92**, 183. Bei der Prüfung der Wirksamkeit ist auf den Zeitpunkt der Vornahme der Prozeßhandlung abzustellen, BVerfG DtZ **92**, 183. Hierher gehören ferner überhaupt das Fehlen der Verhandlungsfähigkeit, BGH NJW **92**, 2706; die Zulässigkeit der Streithilfe, § 66, oder Streitverkündung, § 71, oder eines Urteils nach §§ 249 III, 304.

**E. Prozeßhindernis.** Hierher zählen Umstände, die die Zulässigkeit des Verfahrens ausschließen. Man 19
kann sie zu den Prozeßvoraussetzungen rechnen, gewissermaßen als verneinende. Sie sind ebenso wie die gewöhnlichen, bejahenden Prozeßvoraussetzungen von Amts wegen zu beachten, aM BGH NJW **84**, 669 (krit Prütting ZZP **99**, 93). Prozeßhindernisse sind zB: Eine anderweitige Rechtshängigkeit, § 261; eine entgegenstehende Rechtskraft, Einf 11 vor §§ 322–327; eine Schiedsvereinbarung, § 1029, auch in einer Arbeitsstreitigkeit; die mangelnde Sicherheit für die Prozeßkosten, §§ 110 ff, sowie der Fall § 269 IV.

**F. Zulässigkeitsrüge.** Das Gesetz verwendet nicht die Ausdrücke Prozeßvoraussetzung oder Prozeßhin- 20
dernis. Es behandelt beide sehr unzulänglich. Einen Teil der Prozeßerfordernisse faßt die ZPO willkürlich unter dem Ausdruck „Rügen, die die Zulässigkeit der Klage betreffen" zusammen und unterwirft sie einer Sonderregelung, §§ 280, 282 III, 296 III. Die Lehre hat Gesetzesmängel zu ergänzen.

**G. Allgemeine Prozeßvoraussetzungen.** Die Prozeßvoraussetzungen zerfallen in allgemeine und be- 21
sondere. Allgemeine sind solche, die jedes Verfahren nach der ZPO verlangt; besondere sind solche, die nur ein besonderes Verfahren oder nur eine Instanz betreffen. Wegen ihres Beweises Einf 4, 5 vor § 284.

Zu den allgemeinen Prozeßvoraussetzungen zählen in folgender *Rangfolge,* die nicht zwingend ist, sich 22
aber meist empfiehlt: Die Ordnungsmäßigkeit der Klage, § 253 Rn 15; die deutsche Gerichtsbarkeit (facultas jurisdictionis), §§ 18 ff GVG, BGH **8**, 379, von Schönfeld NJW **86**, 2982, Üb 3, 5 vor § 12; die Zulässigkeit des Rechtsweges, §§ 13 ff GVG, BVerfG NJW **92**, 360; die örtliche und die sachliche nationale oder internationale Zuständigkeit, §§ 12 ff, § 23 ff, 21 GVG, BVerfG NJW **92**, 360, BGH **99**, 209, nicht die geschäftliche (ein Mangel regelmäßig nicht zur Abweisung, die also vor dem Rechtsschutzbedürfnis, Rn 33, zu prüfen ist, Kblz MDR **82**, 502; die Parteifähigkeit, § 50; die Prozeßfähigkeit, §§ 51, 607, 640 b, deren Fehlen derjenige darzulegen hat, der das behauptet; die gesetzliche Vertretung, §§ 51 I, 56; die Verhandlungsfähigkeit und die Vollmacht des gewillkürten Vertreters, §§ 78 ff, wenn der Mangel die Klägerhebung betrifft (nach manchen immer. Aber wenn die Klage ordnungsmäßig war, ist doch Sachurteil zu entscheiden, § 88 Rn 13); die förmliche Ordnungsmäßigkeit der Klagerhebung (die Klage selbst ist keine Prozeßvoraussetzung), §§ 253, 261; das Prozeßführungsrecht im Gegensatz zur Sachbefugnis, Grdz 23 vor § 50, BGH NJW **95**, 3186 (auch zu dessen Fortdauer); das Rechtsschutzbedürfnis, Rn 33; die Klagbarkeit, Rn 25. Im einzelnen ist manches streitig; Näheres bei der jeweiligen Rechtsfigur und bei § 288 III.

**H. Besondere Prozeßvoraussetzungen.** Hierher zählen diejenigen Erfordernisse, die für die jeweils 23
gewählte Verfahrensart oder Klagart für eine Sachentscheidung zusätzlich vorliegen müssen, BVerfG NJW **92**, 360, zB die Voraussetzungen des Rechtsmittelverfahrens, vgl Martin, Prozeßvoraussetzungen und Revision, 1974; ihr Fehlen führt zur Verwerfung des Rechtsmittels als unzulässig, läßt aber das erstinstanzliche Sachurteil unberührt. Ebenso führt eine Unzulässigkeit der Streithilfe nur zur Zurückweisung des Beitritts, ohne den Streit der Prozeßparteien anzutasten. Fehlen die besonderen Prozeßvoraussetzungen des Urkundenprozesses, §§ 592, 593 II, 597 II, so ist ohne Sachprüfung abzuweisen.

**I. Überhaupt keine Prozeßvoraussetzungen** sind zB die Gerichtsbarkeit in bezug auf die Person 24
(fehlende Exterritorialität), s bei § 18 GVG; die Sachbefugnis (Sachlegitimation), Grdz 23 vor § 50; die Ausschließung und die Ablehnung von Gerichtspersonen, § 41 ff; die Verweisung an die KfH oder ZivK, §§ 97 ff GVG; die Kostenzahlung (Ausnahme Rn 19), BPatG GRUR **78**, 43.

**4) Klagbarkeit** 25

**Schrifttum:** *Ballon,* Die Zulässigkeit des Rechtswegs (1980) 103; *Dütz,* Rechtsstaatlicher Gerichtsschutz im Privatrecht, 1970; *Walchshöfer,* Die Abweisung einer Klage als „zur Zeit" unzulässig oder unbegründet, Festschrift für *Schwab* (1990) 921:

**A. Begriff.** Eine Klagbarkeit haftet *nicht jedem sachlichrechtlichen Anspruch* an. Sie ist grundsätzlich unverwirkbar, BGH DB **90**, 1081. Sie ist auch im arbeitsgerichtlichen Verfahren zu beachten, LAG Köln BB **95**, 1248. Sie fehlt bei sogenannten natürlichen oder unklagbaren Verpflichtungen, LAG Hamm BB **76**, 604. Die Klagbarkeit kann *Prozeßvoraussetzung* sein, Rn 12, BGH NJW **90**, 3086 (Klagefrist), Kblz GRUR **79**, 497, Gehrlein DB **95**, 131, abw Oldb MDR **87**, 414. Insofern ist die Klage beim Fehlen der Klagbarkeit als unzulässig durch ein Prozeßurteil abzuweisen. Soweit nur die Fälligkeit fehlt, ist eine differenzierte Beurteilung nötig, § 322 Rn 37 „Fälligkeit".

**B. Beispiele zur Frage einer Klagbarkeit** 26
**Abmahnverein:** Rn 30 „Verbandsklage".
**Allgemeine Geschäftsbedingungen:** Rn 30 „Verbandsklage".
**Arrest, einstweilige Verfügung:** Rn 29 „Schiedsstelle".
**Befriedigungsrecht:** Eine Klagbarkeit kann bei § 1003 BGB bis zum Eintritt der dortigen Voraussetzungen fehlen.
**Beirat:** Eine Klagbarkeit kann fehlen, soweit ein Beirat tätig zu werden hat, etwa bei Gesellschaftsstreitigkeiten.
**Besitz:** S „Befriedigungsrecht", Rn 31 „Verwendungsersatz".
**Devisentermingeschäft:** Eine Klagbarkeit kann fehlen, soweit es sich um den Saldo aus einem Gewinn von Differenzgeschäften handelt; er kann trotz seiner etwaigen Anerkennung eine Naturalverbindlichkeit sein, BGH NJW **80**, 390.
**Erbrecht:** Eine Klagbarkeit kann vor der Annahme der Erbschaft nach § 1958 BGB fehlen.
**Fälligkeit:** Eine Klagbarkeit fehlt grds, soweit der Anspruch noch nicht fällig ist; Ausnahmen gelten bei 27
§§ 257–259. Wegen der (zu differenzierenden) Rechtsfragen § 322 Rn 37 „Fälligkeit".

**Gesellschaftsrecht:** Rn 26 „Beirat".
**Gruppenklage:** Rn 30 „Verbrauchsklage, Gruppenklage".
**Gütestelle:** Eine Klagbarkeit fehlt, soweit eine Gütestelle vorzuschalten ist, BGH NJW **77**, 2263.
**Hinterlegung:** Man kann den Notar nicht auf die Auszahlung eines bei ihm hinterlegten Kaufpreises verklagen, Hamm DNotZ **83**, 62.
**Internationales Recht:** Eine Klagbarkeit kann durch ein internationales Abkommen ausgeschlossen sein, BGH NJW **70**, 1507, etwa beim IWF-Übereinkommen, Gehrlein DB **95**, 129.
**Klagefrist:** Eine Klagbarkeit fehlt grds vor bzw nach dem Ablauf einer gesetzlichen oder vereinbarten Klagefrist, BGH NJW **90**, 3085, BAG BB **99**, 909, LAG Halle MDR **98**, 724; s bei den einzelnen Fristarten. Die Schonfrist nach § 554 II Z 2 S 1 BGB gehört nicht hierher.
**Konzern:** Rechtlich selbständige Unternehmen dürfen grds auch als Teile eines Konzerns denselben Verstoß eines bundesweiten Konkurrenten je eigenständig verfolgen, Köln WettbR **99**, 92.
**Kündigungsschutz:** Bei § 4 KSchG handelt es sich um eine sachlichrechtliche Ausschlußfrist; bei ihrer Nichteinhaltung ist die Klage unbegründet, BAG BB **89**, 2256, Lepke DB **91**, 2040 (ausf).
**Künftiger Anspruch:** S „Fälligkeit".

28 **Markenrecht:** Eine Klagbarkeit fehlt, wenn die Klagebefugnis von einer noch fehlenden Zustimmung eines anderen zur Klagerhebung abhängt, etwa bei einer sog Kollektivmarke, § 101 I MarkenG.
**Mieterhöhung:** Eine Klagbarkeit kann bei § 2 III 1, 2 Hs 2 MHG fehlen, LG Mü WoM **96**, 44, LG Saarbr WoM **90**, 393.
**NATO:** Eine Klagbarkeit kann vor Ablauf der Frist nach Art 12 III NTS-AG fehlen, BGH NJW **90**, 3085.
**Notar:** Rn 27 „Hinterlegung".
**Parteischiedsgericht:** Vgl KG NJW **88**, 3159 (zustm Vollkommer).
S auch Rn 29 „Schiedsgericht".
**Prozeßvertrag:** Eine Klagbarkeit kann fehlen, soweit unter den übrigen Voraussetzungen eines Stillhalteabkommens, s dort, zB die Geltendmachung in einem schon anhängigen anderen Prozeß durch eine Klagänderung oder Widerklage vereinbart worden ist, Einl III 11, Grdz 48 ff vor § 128, BGH DB **73**, 1451.
**Sachenrechtsbereinigung:** Eine Klagbarkeit fehlt, solange das zwingende Vorverfahren nach §§ 87 ff SachRBerG nicht abgeschlossen ist, § 104 SachenRBerG, abgedruckt bei § 253.

29 **Schiedsgericht:** Es gelten dieselben Regeln wie Rn 31 „Vereinsrecht".
S auch Rn 17 „Gütestelle", Rn 28 „Parteischiedsgericht", Rn 29 „Schiedsstelle".
**Schiedsstelle:** Eine Klagbarkeit fehlt, soweit eine gesetzliche Schiedsstelle vorzuschalten ist, §§ 14 ff G über die Wahrnehmung von Urheberrechten usw (nicht zwingend bei einem Arrest oder einer einstweiligen Verfügung), oder soweit es um eine vertragliche Schiedsstelle geht, BGH NJW **99**, 648 (anders bei Rechtsmißbrauch, Einl III 54), Oldb MDR **87**, 414.
S auch Rn 27 „Gütestelle".
**Stillhalteabkommen:** Eine Klagbarkeit kann durch ein Stillhalteabkommen ausgeschlossen sein (pactum de non petendo), soweit die Parteien über den Anspruch verfügen dürfen, BGH VersR **95**, 192, Piehler Gedächtnisschrift für Arens (1993) 328, StJSchu 90 vor § 253.
S auch Rn 28 „Prozeßvertrag".

30 **Verbandsklage, Gruppenklage,** dazu *Axmann,* Die praktische Bedeutung und Effizienz der Verbandsklage nach §§ 13 ff AGBG, Diss Bln 1984; *Basedow* (Hrsg), Die Bündelung gleichgerichteter Interessen im Prozeß, Verbandsklage und Gruppenklage, 1999; *Göbel,* Prozeßzweck der AGB-Klage und herkömmlicher Zivilprozeß, 1980; *Häsemeyer* AcP **188**, 156; *Hinz,* Festschrift für Piper (1996) 257; *Homburger/Kötz,* Klagen Privater im öffentlichen Interesse, 1975; *Jasper* MDR **85**, 639; *Kur,* Der Mißbrauch der Verbandsklagebefugnis, GRUR **81**, 558; *Lindacher,* AGB-Verbandsklage und Rechtsschutzsystem, in: Festschrift für die Deutsche Richterakademie, 1983; *Lindacher,* Zur Sonderprozeßrechtsnatur der Verbandsklage, ZZP **103**, 397; *Lindacher,* Die internationale Verbandsklage in Wettbewerbssachen, Festschrift für *Lüke* (1997) 377; *Marotzke* ZZP **98**, 160; *Marotzke,* Von der schutzgesetzlichen Unterlassungsklage zur Verbandsklage, 1992; *Prütting* NJW **84**, 2018; *Reinel,* Die Verbandsklage nach dem AGBG usw, Köln 1979; *Sack* BB **95**, 1; *Strubenhoff,* Die Klageberechtigung im UWG nach der Novelle 1994, 1997; *Thiere,* Die Wahrnehmung überindividueller Interessen im Zivilprozeß, 1980; *von Ungern-Sternberg* NJW **81**, 2328; *Urbanczyk,* Zur Verbandsklage im Zivilprozeß, 1981; *Wunderlich* DB **93**, 2269:

Das deutsche Recht muß anhand von Art 11 II b der Richtlinie 97/7/EG des Europäischen Parlaments und des Rates vom 20. 5. 97 über den *Verbraucherschutz* bei Vertragsabschlüssen im Fernabsatz, in Kraft seit 4. 6. 97, ABl EuG L 144, demnächst angepaßt werden. Bisher gilt:

*Sonderregeln* gelten für die Unterlassungs- oder Widerrufsklage gem *§ 13 AGBG* einschließlich von Folgenbeseitigung, Stgt WettbR **96**, 40, zugunsten *prozeßfähiger* Verbände, BGH NJW **96**, 3276 und 3278, Hbg RR **95**, 559, KG NJW **95**, 1036, zB stets der Zentrale zur Bekämpfung des unlauteren Wettbewerbs, Stgt WettbR **96**, 19, und der Industrie- und Handelskammern, vgl Stgt WettbR **96**, 19, bzw Handwerkerschaften, Hamm RR **90**, 622. Die Rechtsverfolgung darf zB nicht außerhalb der Satzungsziele liegen und muß auch tatsächlich wesentliche Belange der Verbraucher berühren, § 13 II Z 3 UWG (was ist ein unwesentlicher Belang?), BGH NJW **96**, 3276 und 3278, Engler NJW **95**, 2185 (ausf), großzügiger KG GRUR **95**, 752 (bei direkter Verletzung). Die Reihenfolge der Satzungsziele ist nicht entscheidend, BGH DB **86**, 1387. Die Geschäftsführung durch einen Anwalt kann bedenklich sein, BGH **126**, 145. Der Verband muß von vornherein ausreichend ausgestattet sein Mü WettbR **99**, 66, und eine umfassende satzungsmäßige Tätigkeit ausüben, BGH DB **97**, 1710, großzügiger LG Düss DB **87**, 2563.

Die Verbandsmitglieder müssen sich um *denselben Abnehmer* wie der Verletzte bemühen, BGH NJW **98**, 1227 (EU-Länder), KG WettbR **97**, 45, Karlsr WettbR **97**, 42, müssen also durch die Wettbewerbshandlung zwar nicht betroffen *sein,* BGH **129**, 206, aber doch betroffen sein *können,* KG NJW **95**, 1099, Köln GRUR **97**, 317, Stgt WettbR **96**, 209. Ein Wettbewerbsverhältnis eines hauptverantwortlich handelnden Dritten kann reichen, BGH DB **97**, 725. Geht es um den Vertriebsweg, so braucht keine Konkurrenz auf demselben Markt zu bestehen, Drsd WettbR **96**, 69 (Direktvertrieb). Klagebefugte Mitbewerber derselben Branche müssen dem Verband in erheblicher, also repräsentativer, Zahl angehören, BGH RR **98**, 111, Celle WettbR **98**, 63, Hbg RR **95**, 934, und ihre Namen sind beim gegnerischen Bestreiten bekanntzugeben. BGH **131**, 92. Es genügt, daß die Mitgliederfachverbände ihrerseits prozeßführungsberechtigt sind, BGH WettbR **96**, 18. Die Zugehörigkeit des Wettbewerbvereins zur Industrie- und Handelskammer kann genügen, BGH WettbR **97**, 229.

Die Prozeßführungsbefugnis *fehlt bei* jedem *Mißbrauch*, BGH NJW **99**, 1399, Hinz Festschrift für Piper (1996) 271, insbesondere dann, wenn sie vorwiegend dazu dient, einen Anspruch auf Aufwendungsersatz oder Kosten der Rechtsverfolgung entstehen zu lassen, § 13 V UWG. Die Klagebefugnis fehlt bei §§ 18 II, 37 II HGB, BGH GRUR **97**, 669; sie fehlt dem bloß geschäftsmäßig tätigen Abmahnverein, Karlsr RR **86**, 529, Mü RR **86**, 529, und überhaupt grundsätzlich einem Verband zur Förderung gewerblicher Interessen nach § 13 III Z 2 UWG mangels eigenen schutzwürdigen Interesses (sog gewillkürte Prozeßstandschaft, Grdz 47 vor § 50 „Verbandsklage"), BGH BB **98**, 233. Zur Zahl der Mitglieder BGH NJW **95**, 2538.

S auch Rn 27 „Konzern".

**Verbraucherzentrale:** Sie kann Verstöße gegen die Preisangabenverordnung einklagen, Mü RR **99**, 485. **31**

**Vereinsrecht:** Eine Klagbarkeit fehlt, solange ein Vereinsorgan oder -schiedsgericht zwar entscheiden dürfte, Hamm RR **93**, 1535, LG Düss RR **90**, 832, aber nicht entschieden hat und soweit der Bekl die Nichtbeachtung dieser Klauseln auch rügt, Köln MDR **90**, 638.

**Verlöbnis:** Eine Klagbarkeit fehlt im Fall des § 1297 BGB.

**Verwendungsersatz:** Eine Klagbarkeit kann bei § 1001 BGB fehlen, bis seine Voraussetzungen vorliegen.

**Zustimmung:** Rn 28 „Markenrecht". **32**

**5) Rechtsschutzbedürfnis** **33**

**Schrifttum:** *Häsemeyer*, Die Erzwingung richterlicher Entscheidungen usw, Festschrift für *Michaelis* (1972) 134; *Sieg*, Die verfahrensrechtliche Problematik des Musterprozesses, Diss Köln 1973; *Thannhäuser*, Die neuere Rechtsprechung zum Rechtsschutzbedürfnis im Zivilprozeß, Diss Regensb 1998.

**A. Begriff.** Der Zivilprozeß gewährt den einzelnen Schutz nur im Rahmen der Gemeinschaft, Einl III 14 ff, unten Rn 53. Schon daraus folgt, daß niemand die Gerichte als Teil der Staatsgewalt – das Rechtsschutzbedürfnis begründet einen Anspruch gegen den Staat – unnütz oder gar unlauter bemühen darf, BGH GRUR **76**, 257, Hamm MDR **86**, 858, AG Stgt NJW **90**, 1054. Darum setzt jede Rechtsverfolgung ein Rechtsschutzbedürfnis voraus, Hamm GRUR **91**, 336, Kblz OLGZ **90**, 128, VGH Mannh JB **91**, 114.

**B. Zweck: Prozeßwirtschaftlichkeit.** Das Rechtsschutzbedürfnis besteht jedenfalls insoweit, als sich **34** ein rechtlich schutzwürdiges Ziel nur so erreichen läßt, also nicht, soweit ein anderer prozessualer Weg gleich sicher, aber einfacher begehbar ist, BGH NJW **96**, 3148. Das Rechtsschutzbedürfnis dient also der Prozeßwirtschaftlichkeit, Grdz 14 vor § 218. Es ist Prozeßvoraussetzung, Rn 22, BGH GRUR **93**, 576. Es ist in jeder Instanz zwar nicht von Amts wegen zu ermitteln, wohl aber von Amts wegen zu prüfen, Grdz 39 vor § 128, BGH NJW **95**, 1353, AG Köln DGVZ **95**, 256, Lindacher ZZP **99**, 143. Für eine Berufung des Kfz-Halters kann es trotz Zahlung seines Haftpflichtversicherers vorliegen, Ffm MDR **85**, 60; für eine Berufung gegen die Abweisung trotz einer Erledigterklärung ist es entbehrlich, falls sie nur wegen der Kosten eingelegt wurde, BGH **57**, 224, aM BGH DB **74**, 2053. Das Rechtsschutzbedürfnis muß in der Revisionsinstanz mindestens noch bei ihrer Einlegung gegeben gewesen sein. Wenn es später entfällt, so bleibt das Rechtsmittel zulässig, die Parteien müssen aber die Hauptsache für erledigt erklären, Hbg MDR **73**, 1028, § 256 Rn 22, 23.

*Fehlt das Rechtsschutzbedürfnis überhaupt*, so ist die Klage durch ein *Prozeßurteil* als unzulässig abzuweisen: **35** Bedarf der Anspruch keinesfalls eines gerichtlichen Schutzes, so ist besten gar nicht erst zu prüfen (wegen der hilfsweisen Abweichung als unbegründet von Rn 17), BGH NJW **87**, 3139, aM BGH NJW **78**, 2032 (er sieht das Rechtsschutzbedürfnis zwar als Prozeßvoraussetzung an, jedoch nicht als eine solche, ohne deren Vorliegen dem Gericht ein Sachurteil überhaupt verwehrt wäre), Köln DB **74**, 2202, LG Stgt WoM **76**, 56 (sie halten aus Gründen der Prozeßwirtschaftlichkeit eine Sachabweisung für geboten, wenn vor der Entscheidungsreife hinsichtlich des Rechtsschutzbedürfnisses feststeht, daß die Klage unbegründet ist.

**C. Beispiele zur Frage eines Rechtsschutzbedürfnisses** **36**

**Allgemeine Geschäftsbedingungen:** Rn 57 „Unterlassungsklage".

**Anderer Weg:** Steht auch ein solcher zur Verfügung, so ist zu prüfen, ob die Wirkungen beider Wege bzw **37** Rechtsbehelfe die gleichen sind, Düss OLGZ **94**, 441. Das ist nicht stets der Fall, Saarbr FamRZ **80**, 385, Schlesw SchlHA **79**, 225. Zudem hat das Gesetz oft bewußt mehrere Wege eröffnet, BGH NJW **79**, 1508, Hamm FamRZ **78**, 817. Daher ist zu prüfen, ob sie sich nach Einfachheit und Billigkeit wesentlich unterscheiden, BGH NJW **96**, 2036. Vorsicht ist mithin geboten, Saarbr FamRZ **80**, 385. Ein Rechtsschutzbedürfnis fehlt für den deutlich teureren oder sonst umständlicheren Weg, BGH NJW **93**, 1996, LG Hagen WoM **94**, 359. Ein unklarer Vergleich mag als Titel bisher nicht ausreichen, BayObLG NZM **98**, 773, bei den einzelnen Rechtsbehelfsarten.

**Anerkenntnis:** Ein Rechtsschutzbedürfnis besteht trotz eines schlichten Anerkenntnisses außerhalb § 307, **38** Schlesw SchlHA **77**, 191.

**Anfechtungsklage:** Vgl BGH NJW **96**, 3147 (ausf).

**Arbeitsgericht:** Zum arbeitsgerichtlichen Verfahren Herschel BB **77**, 1161, Lepke DB **75**, 1938 und 1988.

**Arrest, einstweilige Anordnung, Verfügung:** Ein bloß vorläufig vollstreckbarer Titel, insbesondere eine einstweilige Anordnung oder Verfügung, hindert das Rechtsschutzbedürfnis für eine Hauptklage nicht, BGH GRUR **89**, 115 (auch nicht beim Verzicht auf das Recht zur Erzwingung der Hauptsacheklage), Ffm FamRZ **79**, 730, Hamm GRUR **91**, 336 (fordert nicht mehr ein Abschlußschreiben), Köln WettbR

99, 92, aM Drsd WettbR **96**, 92. Das gilt insbesondere dann, wenn jener gegen ein Unternehmen, diese gegen die zugehörige Werbeagentur gerichtet sind, BGH **LM** § 1 UWG Nr 250.
**Auskunft:** Rn 44 „Hausrat", Rn 53 „Unterhalt".
**Auslegung:** Ein Rechtsschutzbedürfnis besteht, soweit man bei einem Vollstreckungstitel mit Auslegungsproblemen, insbesondere in der Zwangsvollstreckung, rechnen muß, Rn 50 „Prozeßvergleich", Brdb RR **96**, 725. Vgl auch § 850 f Rn 6.

39 **Beseitigung:** Ein Rechtsschutzbedürfnis für eine vorbeugende Beseitigungsklage besteht, soweit eine Unterlassungsklage nicht erfolgreich genug vollstreckbar wäre, BGH NJW **93**, 2874.

40 **Eidesstattliche Versicherung:** Ein Rechtsschutzbedürfnis kann fehlen, soweit Bucheinsicht besser hilft, BGH DB **98**, 1512.
**Erfüllung:** Ein Rechtsschutzbedürfnis fehlt, soweit der Schuldner die Leistung erbracht hat, BGH MDR **88**, 46 (evtl dann § 256), zB bisher pünktlich gezahlt oder sonstwie erfüllt hat, zB beim Unterhalt, Hamm FamRZ **85**, 506, Nürnb FamRZ **86**, 187; aM Hamm FamRZ **92**, 831, Kblz OLGZ **90**, 128 (Avalzinsen).

41 **Feststellungsklage:** Bei der Klage nach § 256, zu der auch Kündigungsschutzklage zählt, Künzl DB **86**, 1282, hat das Gesetz das Rechtsschutzbedürfnis ausdrücklich in § 256 I aufgenommen, dort Rn 21 ff. Es ist in jeder Verfahrenslage von Amts wegen zu prüfen, Grdz 38 vor § 128, BGH RR **87**, 1138.
S auch „Feststellungstitel".
**Feststellungstitel:** Hat der Gläubiger schon einen Feststellungstitel erwirkt, so gelten die Regeln Rn 61 „Vollstreckungstitel", soweit der Gläubiger nicht sicher sein kann, daß der Schuldner bereits auf Grund des Feststellungstitels leisten wird.
S auch „Feststellungsklage".
**Forderungsübergang:** Das Rechtsschutzbedürfnis besteht nach einem gesetzlichen Forderungsübergang evtl zugunsten des neuen Gläubigers, LG Mü FamRZ **74**, 475; freilich ist dann grds § 727 anwendbar.
**Freiwillige Gerichtsbarkeit:** Ein Rechtsschutzbedürfnis fehlt für eine Klage vor dem Zivilgericht, soweit ein Verfahren vor dem FGG-Richter zulässig ist, LG Kiel SchlHA **76**, 141.

42 **Gegendarstellung:** Rn 50 „Presserecht".
**Gesellschaft:** Ein Rechtsschutzbedürfnis des durch die Gesellschaft Geschädigten gegen sie kann bestehen, wenn er Befriedigung aus einem von ihr eingerichteten Fond erstrebt, BGH NJW **96**, 2036.
**Gesetzwidrigkeit:** Rn 51 „Rechtsmißbrauch".

43 **Gestaltungsklage:** Bei ihr liegt das Rechtsschutzbedürfnis schon immer insoweit vor, als eben nur ein Urteil gestalten kann. Es kann zB bei einer Klage auf Bewilligung der Löschung einer Grundbucheintragung auch dann fortbestehen, wenn das Grundbuchamt vor der Rechtskraft des erstinstanzlichen Urteils, § 894, gelöscht hat, BGH RR **88**, 1230. Beim Rechtsmißbrauch, Einl III 54, ist eine Anfechtungsklage nach § 246 AktG nicht mangels Rechtsschutzbedürfnisses unzulässig, sondern wegen des Verlustes des sachlichen Rechts unbegründet, BGH RR **92**, 1389, aM Teichmann JuS **90**, 271.

44 **Grundbuch:** Ein Rechtsschutzbedürfnis fehlt für eine Berichtigungsklage nach § 894 BGB, soweit § 22 GBO ausreicht, Celle KTS **77**, 48, Hoffmann NJW **70**, 148.
S auch Rn 43 „Gestaltungsklage".
**Hauptsache:** Rn 37 „Arrest, einstweilige Anordnung, Verfügung".
**Hausrat:** Vor einem Hausratsverfahren ist eine Auskunftsklage nicht notwendig, Düss FamRZ **85**, 1153.

45 **Herausgabeklage:** Für eine Herausgabeklage aus § 556 I BGB ist das Rechtsschutzbedürfnis trotz § 556 III BGB zu bejahen, BGH **56**, 308. Für eine Klage auf die Herausgabe eines Vollstreckungstitels besteht ein Rechtsschutzbedürfnis, wenn die ernsthafte Möglichkeit vorliegt, daß der Bekl aus dem (hinfälligen) Titel Rechte ableitet, Celle FamRZ **93**, 1333. Für eine Klage auf Kindesherausgabe, § 883 Rn 14, ist ein Rechtsschutzbedürfnis evtl wegen § 33 FGG zu verneinen, Schlesw SchlHA **78**, 146. Bei einer Räumungsklage, § 885, kann es fehlen, wenn der Mieter vor der Klageerhebung seine Bereitschaft zum Auszug erklärt hat, AG Münster WoM **80**, 33, oder wenn einer von mehreren Mietern bereits endgültig geräumt hat, Schlesw ZMR **83**, 16.

46 **Klagepflicht:** Ähnlich wie bei Rn 50 „Popularklage" ist auch dann, wenn jemand zur Klage verpflichtet ist, etwa nach § 23 GüKG, ein persönliches Rechtsschutzbedürfnis nicht erforderlich, und zwar auch dann nicht, wenn er einem Nebenintervenienten die Fortführung etwa einer Berufung überläßt, weil er die Klage für unbegründet hält, vgl BGH **LM** § 253 Nr 4.
**Kleine Forderung:** Bei einer sehr kleinen Forderung kann das Rechtsschutzbedürfnis fehlen („minima non curat praetor"), AG Stgt NJW **90**, 1054 (0,41 DM Anwaltskosten als restliche Hauptforderung), aM Olzen/Kerfack JR **91**, 135. Grundsätzlich Vorsicht, aber bitte auch nicht deutsche Überperfektion.

47 **Kostenfestsetzung:** Ein Rechtsschutzbedürfnis fehlt unter den Voraussetzungen Rn 37 „Anderer Weg", soweit das Verfahren nach § 103 ff zur Verfügung steht, denn es ist einfacher und billiger, Einf 3 vor §§ 103–107, BGH **111**, 171, Bre VersR **74**, 371, KG RPfleger **94**, 31. Das gilt auch dann, wenn statt der dortigen Erinnerung ein Antrag nach § 106 II in Betracht kommt, Kblz VersR **90**, 1255.
**Leistung:** Rn 40 „Erfüllung".

48 **Leistungsklage:** Bei ihr besteht ein Rechtsschutzbedürfnis grds bereits dann, wenn der Kläger auch nur nachvollziehbar behauptet, sein sachlichrechtlicher Anspruch sei nicht (bei Fälligkeit usw) befriedigt worden, BGH GRUR **93**, 576, Düss OLGZ **94**, 441, LG Mü FamRZ **74**, 473.
S auch Rn 61 „Vollstreckungstitel".

49 **Massenklage:** Vgl Stürner JZ **78**, 500.
S auch Rn 59 „Verbandsklage".
**Minimalforderung:** Rn 46 „Kleine Forderung".
**Neue Klage:** Rn 61 „Vollstreckungstitel".
**Patentsache:** Rn 56 „Unterlassungsklage".

50 **Popularklage:** Bei einer solchen Klage, etwa nach § 55 II Z 1 MarkenG, besteht ein Rechtsschutzbedürfnis wegen der Zugehörigkeit des Klägers zur Allgemeinheit, der das Gesetz dient und die ein Interesse, zB an

2. Buch. 1. Abschnitt. Verfahren vor den LGen **Grundz § 253**

der Löschung der Marke, hat. Daher ist auch kein Nachweis eines zusätzlichen persönlichen Rechtsschutzbedürfnisses erforderlich.
S auch Rn 46 „Klagepflicht".
**Presserecht:** Eine presserechtliche Berichtigung schließt die Unterlassungsklage nicht ohne weiteres aus, wohl aber eine Anerkennung der Gegendarstellung.
**Prozeßstandschaft:** Bei der sog gewillkürten Prozeßstandschaft, Grdz 29 vor § 50, muß der Prozeßstandschafter das Rechtsschutzbedürfnis (den berechtigten eigenen Grund, Grdz 30 vor § 50) überzeugend darlegen und beweisen, abw Rüßmann AcP **172**, 554.
**Prozeßvergleich:** Ein Rechtsschutzbedürfnis besteht trotz eines Prozeßvergleichs, Anh § 307, soweit er mangels anwaltlicher Vertretung unwirksam ist oder sein dürfte, BGH FamRZ **85**, 167, oder soweit mit Auslegungsproblemen zu rechnen ist, BGH **98**, 127 (großzügig), Hamm NJW **76**, 246.
**Räumung:** Rn 45 „Herausgabeklage". 51
**Rechtsmißbrauch:** Er verdient nirgends Schutz, Einl III 54, auch nicht hier, BGH NJW **99**, 1399, Ffm RR **92**, 448, Säcker DB **88**, 276, aM Hbg MDR **73**, 941 (Gesetz- oder Sittenwidrigkeit).
S auch Rn 43 „Gestaltungsklage".
**Scheinprozeß:** Bei ihm, dazu Üb 11 vor § 300, Costede ZZP **82**, 438, kann das Rechtsschutzbedürfnis 52 fehlen.
**Sicherheitsleistung:** Ein Rechtsschutzbedürfnis fehlt für eine Klage auf Rückgabe einer Sicherheit angesichts des § 109, Düss OLGZ **94**, 441 (anders beim Austausch von Sicherheiten).
**Sittenwidrigkeit:** Rn 51 „Rechtsmißbrauch".
**Steuersache:** Das Rechtsschutzbedürfnis fehlt für eine Klage aus zur Sicherung der Steuerschuld gegebenen Wechseln, da die Forderung im Verwaltungswege beigetrieben werden kann.
**Straftat:** Die Zulässigkeit oder die Durchführung eines Strafverfahrens auf eine öffentliche oder eine Privatklage beseitigt das Rechtsschutzbedürfnis nicht.
**Ungeeignetheit:** Ein Rechtsschutzbedürfnis besteht trotz eines Vollstreckungstitels, soweit ihn ein gängiges 53 Erläuterungswerk für ungeeignet hält.
**Unterhalt:** Bei der Klage des Volljährigen auf Unterhalt fehlt der Widerklage nach Anh § 253, auf Auskunft über das Einkommen des anderen Elternteils das Rechtsschutzbedürfnis, Ffm RR **87**, 903.
S auch Rn 40 „Erfüllung".
**Unterlassungsklage,** dazu *Bacher,* Die Beeinträchtigungsgefahr als Voraussetzung der Unterlassungsklage 54 usw, 1996; *Pohlmann* GRUR **93**, 361 (ausf); *Ritter,* Zur Unterlassungsklage, Urteilsteuer und Klageantrag, 1994: Bei der Unterlassungsklage, § 253 Rn 89, sind das Rechtsschutzbedürfnis als Prozeßvoraussetzung, BGH NJW **99**, 1338, und grds als Teil der sachlichrechtlichen Begründung des Anspruchs grds zu trennen, BGH NJW **80**, 1843, Ffm DB **85**, 968. Die Wiederholungsgefahr schafft allerdings meist auch ein Rechtsschutzbedürfnis, Düss RR **86**, 1231, und zwar auch dann, wenn der Schuldner schon ein vertragsstrafbewehrtes Unterlassungsversprechen abgegeben hat, BGH NJW **80**, 1843, aM BGH WRP **78**, 38, KG GRUR **84**, 156, Teplitzky GRUR **83**, 610. Das gilt erst recht bei einem solchen unter Vorbehalt, Hamm RR **86**, 922. Ein Rechtsschutzbedürfnis besteht, soweit man mit Auslegungsproblemen des ergangenen Titels im Verfahren nach § 890 rechnen muß, Ffm WettbR **97**, 59. Ein bloßer Kostenstreit schafft kein weiteres Rechtsschutzbedürfnis, Hamm BB **82**, 1389.

Die Wiederholungsgefahr braucht bei einem vertraglichen Unterlassungsanspruch nicht stets zu 55 bestehen, BGH NJW **99**, 1338. Soweit sie erforderlich ist, ist sie zu *verneinen* (strenge Anforderungen an den Nachweis ihres Wegfalls, BGH DB **74**, 1430), wenn zB der alleinige Anlaß (Zeitpunkt), etwa eine Veranstaltung, weggefallen bzw verstrichen ist, Kblz GRUR **85**, 326, oder bei einer gegenseitigen Unterlassungsklage im gewerblichen Rechtsschutz die Rechtsfrage, um deren Klärung es geht, mit Sicherheit im anderen Unterlassungsstreit entschieden wird; daß der Kläger bei einer Abweisung des Beklagten keinen Vollstreckungstitel gegen den Beklagten erlangt, steht jedenfalls dem nicht entgegen, wenn dieser als Kläger im anderen Rechtsstreit voraussichtlich dann sein Verhalten nicht wiederholt.

Diese Regelungen sind auch im *Patenterteilungsverfahren* anwendbar, wobei freilich die Rechtsstellung 56 des Erfinders, die Besonderheiten des Erteilungsverfahrens und des Patentanspruchs zu berücksichtigen sind, BGH **54**, 184 (betr den Verwendungs- neben dem Stoffanspruch). Sie gelten ferner im Patentnichtigkeitsverfahren, BGH **LM** § 37 PatG aF Nr 17. Das Rechtsschutzbedürfnis kann für eine Klage des Arbeitgebers gegen den Arbeitnehmer auf die Rücknahme des Einspruchs gegen ein beantragtes Patent bestehen, wenn dem Bekl untersagt werden soll, weiteres Material nachzuschieben, BAG DB **79**, 2504.

Zum Rechtsschutzbedürfnis bei einer Klage gegen den Verwender empfohlener *Allgemeiner Geschäfts-* 57 *bedingungen* Bunte DB **80**, 483. Bei der vorbeugenden Unterlassungsklage wegen eines markenmäßigen Gebrauchs muß die Verletzungsgefahr zuverlässig beurteilbar sein, BGH **LM** § 16 WZG Nr 14. Das Rechtsschutzbedürfnis kann nicht deshalb verneint werden, weil der Anspruch sachlichrechtlich nicht begründet sei, BGH **LM** § 37 PatG aF Nr 17 und § 794 I Z 1 Nr 21 mwN, auch nicht schon wegen einer etwaigen Gesetz- oder Sittenwidrigkeit des fraglichen Rechtsverhältnisses, Hbg MDR **73**, 941 mwN, die ohnehin erst anschließend prüfbar ist, Rn 54. Das Rechtsschutzbedürfnis für die wettbewerbliche Unterlassungsklage eines Anwalts in Wahrheit nur seinem Gebühreninteresse dient, Düss DB **83**, 766. Zur Unterlassungsklage nach § 37 II HGB von Gamm Festschrift für Stimpel (1985). Soweit der Bekl nur die Unterlassung der Klagebehauptung begehrt, fehlt das Rechtsschutzbedürfnis für seine Widerklage, BGH NJW **83**, 3139. Düss RR **96**, 211 hält schon die Unterlassungsklage gegen einen Schuldunfähigen wegen § 890 für unzulässig; zum Problem dort Rn 21 ff.

**Unvollstreckbarkeit:** Ein Rechtsschutzbedürfnis fehlt, soweit das Urteil keinen vollstreckbaren Inhalt hätte, 58 Grdz 3 vor § 704 (freilich kann wegen § 283 BGB ein Rechtsschutzbedürfnis verbleiben), BGH DB **76**, 573, Brdb RR **96**, 725, Ffm Rpfleger **79**, 432, anders bei § 888 II, BGH DB **77**, 718. Es fehlt ferner, soweit das Urteil derzeit nicht im Ausland vollstreckbar ist, BGH DB **77**, 718.
**Unwirksamkeit:** Rn 50 „Prozeßvergleich".

**59 Verbandsklage:** Das Rechtsschutzbedürfnis kann für das einzelne Mitglied fehlen, soweit schon sein Verband klagt, Rn 30, Hbg MDR **75**, 321.

S auch Rn 49 „Massenklage", Rn 62 „Wohnungseigentum".

**Verjährung:** Ein Rechtsschutzbedürfnis besteht, soweit man nur so eine Verjährung abwenden kann, BGH NJW **85**, 1712, AG BergGladb FamRZ **86**, 83.

**Verlust des Titels:** Ein Rechtsschutzbedürfnis besteht, soweit der Vollstreckungstitel verlorengegangen, BGH **93**, 289, und ein neuer nicht beschaffbar ist.

**Versicherungsrecht:** Ein Rechtsschutzbedürfnis fehlt unter den Voraussetzungen Rn 37 „Anderer Weg", soweit sich der Kläger an den HUK-Verband wenden kann, KG VersR **89**, 1275.

**60 Vertretbare Handlung:** Das Rechtsschutzbedürfnis für eine Klage auf Schadensersatz kann trotz eines schon vorhandenen, nach § 887 vollstreckbaren Titels bestehen, LG Bonn WoM **92**, 32, es sei denn, auch dann besteht ein verständiger Grund, etwa eine Kostenfestsetzung nach §§ 103 ff zu beantragen, Rn 47 „Kostenfestsetzung".

**Verwendbarkeit des Titels:** Ein Rechtsschutzbedürfnis kann trotz eines vorhandenen Vollstreckungstitels bestehen, soweit der Gläubiger Zweifel über dessen Verwendbarkeit haben muß, BGH NJW **72**, 2268.

**Vollstreckbare Urkunde:** Über die Leistungsklage trotz einer solchen Urkunde § 794 Rn 2.

**Vollstreckbarkeit:** Rn 58 „Unvollstreckbarkeit".

**Vollstreckungsabwehrklage:** Ein Rechtsschutzbedürfnis besteht, soweit man eine Klage nach § 767 zu erwarten hat, auch gegenüber einem Titel aus § 132 ZVG, Hamm RR **98**, 423.

**61 Vollstreckungstitel:** Hat der Gläubiger schon einen Vollstreckungstitel zu seinen Gunsten erwirkt, dann besteht ein Rechtsschutzbedürfnis für eine neue Klage grds nur, soweit er deren Ziel auf keine andere Weise erreichen kann, KG Rpfleger **94**, 31, LG Bonn WoM **92**, 32, großzügiger Stgt FamRZ **92**, 1196.

S auch bei den einzelnen diesbezüglichen Gründen.

**Vorbeugung:** Rn 39 „Beseitigung".

**62 Wiederholungsgefahr:** Soweit die Notwendigkeit einer Abmahnung streitig ist, wird eine Wiederholungsgefahr vermutet. Daher genügt eine einfache Erklärung, eine Wiederholung unterlassen zu wollen, nicht, auch wenn eine gegen das Tun gerichtete einstweilige Verfügung vorliegt, § 940 Rn 6.

**Wohnungseigentum:** Wegen des Rechtsschutzbedürfnisses für einen einzelnen Miteigentümer, soweit schon sein Verband klagt, Riedler DB **76**, 856.

S auch Rn 59 „Verbandsklage".

**63 Zahlung:** Rn 40 „Erfüllung".

**Zustimmung:** Ein Rechtsschutzbedürfnis fehlt für eine Klage auf Zustimmung, zB zu einer Vertragsänderung, soweit man direkt auf die Leistung klagen kann, etwa beim Fortfall der Geschäftsgrundlage, BGH BB **84**, 1194.

### Erster Titel. Verfahren bis zum Urteil

#### Übersicht

**Schrifttum:** *Bruns*, Verfahren und Verfahrensrechtssatz, Festschrift für *Weber* (1975) 113; *Leipold*, Wege zur Konzentration von Zivilprozessen, 1999; *Schulte*, Die Entwicklung der Eventualmaxime usw, 1980.

#### Gliederung

| | |
|---|---|
| 1) Systematik, Regelungszweck ........... 1 | E. Zusammenfassungsgrundsatz ......... 6 |
| 2) Geltungsbereich: Mündliche Verhandlung ........................... 2–6 | 3) Verteidigung ........................ 7–11 |
| A. Urteilsgrundlage ................. 2 | A. Einwendung, Einwand .............. 7 |
| B. Einheit der Verhandlung ........... 3 | B. Rechtshindernde Einrede ............ 8 |
| C. Häufungsgrundsatz ................ 4 | C. Rechtsvernichtende Einrede ......... 9 |
| D. Gleichwertigkeit aller Verhandlungsteile. 5 | D. Rechtshemmende Einrede ........... 10 |
| | E. Weitere Begriffe .................. 11 |

**1  1) Systematik, Regelungszweck.** §§ 253–299 a regeln den Kern des Zivilprozesses, das Verfahren vom Klageeingang bis zum Urteil, und zwar nach der Systematik des Gesetzes zunächst das Verfahren vor dem LG; dasjenige vor dem AG ist ergänzend im §§ 495 ff erfaßt.

*Zweck* des Verfahrens bis zum Urteil ist die Beschaffung der Grundlagen der Entscheidung. Sie kann nicht sorgfältig genug geschehen. Bevor eine rechtliche Würdigung einsetzen kann, muß der Sachverhalt einwandfrei feststehen, sonst entscheidet das Gericht etwas, was gar nicht der Streit der Parteien ist. Den eigentlichen Zivilprozeß leitet beim LG immer eine Klage ein, beim AG oft ein Antrag auf Erlaß eines Mahnbescheides. Der Parteibetrieb ist im Parteiprozeß und heute auch im Anwaltsprozeß eingeschränkt. Uneingeschränkt aber ist im allgemeinen die Herrschaft der Parteien über den sachlichrechtlichen Anspruch, Grdz 22–24 vor § 128. Die Herrschaft der Parteien über das Verfahren ist stark beschnitten, am meisten im Ehe-, Familien- und Kindschaftsverfahren, Grdz 18 vor § 128.

**2  2) Geltungsbereich: Mündliche Verhandlung.** §§ 253 ff gelten grundsätzlich in allen Verfahrensarten nach der ZPO.

**A. Urteilsgrundlage.** Die mündliche Verhandlung ist die Grundlage des Urteils, abgesehen vom schriftlichen Verfahren, § 128 II, III und den Sonderfällen der §§ 307 II, 331 III. Über die Förderungspflicht der Parteien Grdz 12 vor § 128, über den Verfügungsgrundsatz Grdz 20 vor § 128, über den Beibringungsgrundsatz (die Verhandlungsmaxime) Grdz 18, 20 vor § 128, über die Gewährung des rechtlichen Gehörs Grdz 41 vor § 128.

1. Titel. Verfahren bis zum Urteil                                    **Übers § 253, § 253**

**B. Einheit der Verhandlung.** Für die mündliche Verhandlung besteht der Grundsatz der Einheit der **3** Verhandlung, dh alle im Prozeß aufeinanderfolgenden mündlichen Verhandlungen sind in ihrer Gesamtheit in sich gleichwertig und bilden eine Einheit, § 296 a, Düss Rpfleger **78**, 271, Mü FamRZ **84**, 407. Aus diesem Grundsatz der Unteilbarkeit und Einheit der Verhandlung folgt, aber nicht mehr ausnahmslos, daß neues Parteivorbringen grundsätzlich bis zuletzt, dh bis zum Schluß der letzten mündlichen Verhandlung zulässig wäre; vgl aber Rn 4.

**C. Häufungsgrundsatz**, Eventualmaxime. Er verlangt im Gegensatz zum Einheitsgrundsatz, Rn 3, daß **4** die Partei bis zu einem bestimmten Zeitpunkt alles bei Meidung des Ausschlusses wenigstens hilfsweise (in eventum) vorbringt, was also stets zulässig ist, Bbg VersR **76**, 891. Beide Grundsätze haben Vor- und Nachteile. § 296 II verlangt ein frühzeitiges Vorbringen aller verzichtbaren Zulässigkeitsrügen, §§ 39, 76, 528 f ZPO, 101 GVG schließen gewisse Rechtsbehelfe nach einem bestimmten Zeitpunkt aus. Vgl aber vor allem §§ 275–282, 296.

**D. Gleichwertigkeit aller Verhandlungsteile.** Dieser Grundsatz bewirkt, daß das einmal Vorgetragene **5** für die gesamte Verhandlung gilt, auch ohne daß es jedesmal wiederholt wird. Sogar bei einem Richterwechsel genügen regelmäßig die bisher gestellten Anträge, § 137 Rn 15, und ein Parteibericht über das bisher Geschehene, § 128 Rn 8.

**E. Zusammenfassungsgrundsatz**, Konzentrationsmaxime, dazu *Leipold* (vor Rn 1). Er ist der in **6** §§ 272, 273, 278, 349, 524 klar ausgesprochene Grundsatz, das Gericht solle den Prozeß so beschleunigt behandeln, daß er möglichst in einer einzigen mündlichen Verhandlung zu erledigen ist. Das Gesetz fördert die Einhaltung dieses Grundsatzes durch ein starkes Aufklärungsrecht des Gerichts und durch den gelokkerten Häufungsgrundsatz. Die Parteien ihrerseits müssen durch vollständiges, wahrhaftes und unverzügliches Vorbringen zur Erreichung dieses Zieles mitwirken.

**3) Verteidigung.** Die ZPO hält die Fachausdrücke nicht sorgfältig auseinander. So nennt sie den Ein- **7** wand der Unzulässigkeit des Rechtswegs oder der Rechtshängigkeit Einrede, obwohl beide von Amts wegen zu beachten sind.

**A. Einwendung, Einwand.** Dazu zählt jedes Leugnen des prozessualen Anspruchs des Klägers, Bestreiten, prozessuale Beanstandungen, Einreden, Einl III 70. Prozeßeinrede ist das Vorbringen von Tatsachen, die die Wirkung des gegnerischen Vorbringens kraft eines anderen Rechtssatzes aufheben; es müssen also Vorbringen und Einrede dieselben Merkmale aufweisen, die Einrede dazu noch andere. Die Prozeßeinrede kann ein sachrechtliches Einwenden geltend machen, zB ein den Klaganspruch lähmendes Gegenrecht, wie die Verjährung. Sie kann auch ein rein prozessuales Gegenrecht geltend machen, wie mangelnde Sicherheit für die Prozeßkosten, § 110. Prozeßeinreden sind nur auf Vortrag des Berechtigten zu beachten, vgl aber auch § 331 Rn 10. Auch bei einer sachrechtlichen Einwendung muß man immerhin, wie stets beim Vortrag im Prozeß, die sie begründenden Tatsachen vorbringen (und evtl beweisen), Ress Gedächtnisschrift für Arens (1993) 356. Man kann durch Prozeßvertrag auf die Möglichkeit einer Einwendung oder Einrede verzichten, Grdz 49 vor § 128. Sämtliche Einreden führen, soweit sie nicht bloße Prozeßvoraussetzungen, Grdz 19 vor 253, betreffen, bei Durchgreifen zur Sachabweisung.

**B. Rechtshindernde Einrede.** Sie verbaut jeden rechtlichen Erfolg von Anfang an. **8** *Beispiele:* Der Nichteintritt einer aufschiebenden Bedingung, § 158 I BGB, die Geschäftsfähigkeit, § 105 BGB, oder ein gesetzliches Verbot, § 134 BGB, eine Sittenwidrigkeit, § 138 BGB, oder Bösgläubigkeit, §§ 892, 932 BGB.

**C. Rechtsvernichtende Einrede.** Sie vernichtet den eingetretenen Erfolg. **9** *Beispiele:* Der Eintritt einer auflösenden Bedingung, § 158 II BGB; der Rücktritt, § 346 BGB; die Erfüllung, §§ 362 I, 364 I BGB; eine Aufrechnung, § 389 BGB; ein Schulderlaß, § 397 BGB.

**D. Rechtshemmende Einrede.** Sie schließt die Geltendmachung des Rechts aus. **10** *Beispiele:* Die Verjährung, § 222 I BGB; ein Zurückbehaltungsrecht, §§ 273, 1000 BGB; die Einrede der Nichterfüllung, §§ 320, 321 BGB, oder der beschränkten Erbenhaftung, §§ 1973, 1989, 1990 BGB.

**E. Weitere Begriffe.** Gegenerklärung, Gegeneinwand, Gegeneinrede, Replik nennt man die Erwide- **11** rung auf eine Einwendung, Zweitantwort, Duplik die Erwiderung auf die Replik.

## 253 *Klageschrift.* [I] Die Erhebung der Klage erfolgt durch Zustellung eines Schriftsatzes (Klageschrift).
[II] Die Klageschrift muß enthalten:
1. die Bezeichnung der Parteien und des Gerichts;
2. die bestimmte Angabe des Gegenstandes und des Grundes des erhobenen Anspruchs, sowie einen bestimmten Antrag.

[III] Die Klageschrift soll ferner die Angabe des Wertes des Streitgegenstandes enthalten, wenn hiervon die Zuständigkeit des Gerichts abhängt und der Streitgegenstand nicht in einer bestimmten Geldsumme besteht, sowie eine Äußerung dazu, ob einer Übertragung der Sache auf den Einzelrichter Gründe entgegenstehen.

[IV] Außerdem sind die allgemeinen Vorschriften über die vorbereitenden Schriftsätze auch auf die Klageschrift anzuwenden.

[V] Die Klageschrift sowie sonstige Anträge und Erklärungen einer Partei, die zugestellt werden sollen, sind bei dem Gericht schriftlich unter Beifügung der für ihre Zustellung oder Mitteilung erforderlichen Zahl von Abschriften einzureichen.

**SachenRBerG § 104. *Verfahrensvoraussetzungen*.** ¹Der Kläger hat für eine Klage auf Feststellung über den Inhalt eines Erbbaurechts oder eines Ankaufsrechts nach Maßgabe der §§ 32, 61, 81 und 82 den notariellen Vermittlungsvorschlag und das Abschlußprotokoll vorzulegen. ²Fehlt es an dem in Satz 1 bezeichneten Erfordernis, hat das Gericht den Kläger unter Fristsetzung zur Vorlage aufzufordern. ³Verstreicht die Frist fruchtlos, ist die Klage als unzulässig abzuweisen. ⁴Die Entscheidung kann ohne mündliche Verhandlung durch Beschluß ergehen.

**SachenRBerG § 105. *Inhalt der Klageschrift*.** In der Klageschrift hat sich der Kläger auf den notariellen Vermittlungsvorschlag zu beziehen und darzulegen, ob und in welchen Punkten er eine hiervon abweichende Entscheidung begehrt.

**Schrifttum:** *Bieresborn*, Klage und Klagerwiderung im deutschen und englischen Zivilprozeß, 1999; *Gehle*, Antrag und Entscheidung im Zivilprozeß, 3. Aufl 1999; *Grunewald*, Die Gesellschafterklage in der Personengesellschaft und der GmbH, 1990; *Hahn*, Anwaltliche Rechtsausführungen im Zivilprozeß usw, 1998; *Halbach*, Die Verweigerung der Terminsbestimmung und der Klagezustellung im Zivilprozeß, Diss Köln 1980; *Michel*, Der Schriftsatz des Anwalts im Zivilprozeß, 3. Aufl 1991; *Reichert*, Die BGB-Gesellschaft im Zivilprozeß, 1988; *Vollkommer*, Formenstrenge und prozessuale Billigkeit, 1973; *Vollkommer*, Formenstrenge und Formzweck, in: Festschrift für *Hagen* (1999); *Würthwein*, Umfang und Grenzen des Parteieinflusses auf die Urteilsgrundlagen im Zivilprozeß, 1977.

**Gliederung**

| | |
|---|---|
| 1) **Systematik, I–V** ................ 1 | A. Grundsatz: Nämlichkeitsklärung ..... 22–28 |
| 2) **Regelungszweck, I–V** ........... 2 | B. Kammer für Handelssachen ......... 29 |
| 3) **Geltungsbereich, I–V** ........... 3–6 | 6) **Gegenstand und Grund des Anspruchs, II Z 2** ..... 30–37 |
| A. Rechtsweg ........................ 4 | A. Gegenstand des Anspruches ..... 30, 31 |
| B. Patentstreit ........................ 5 | B. Grund des Anspruchs ......... 32–37 |
| C. Arbeitnehmererfindung ............ 6 | 7) **Antrag, II Z 2** ............... 38–100 |
| 4) **Klagerhebung, I** ............... 7–21 | A. Grundsatz: Notwendigkeit der Bestimmtheit ..... 39–41 |
| A. Zustellung ........................ 7–12 | B. Beispiele zur Frage der Bestimmtheit des Klagantrags ..... 42–100 |
| B. Klageschrift ........................ 13–15 | |
| C. Mängelheilung: Genehmigung oder Rügeverzicht ........................ 16–18 | |
| D. Verfahren ........................ 19, 20 | 8) **Streitwertangabe, Einzelrichter, III** .. 101 |
| E. Sonstige Unzulässigkeit ............ 21 | 9) **Sonstige Erfordernisse, IV** ..... 102–104 |
| 5) **Bezeichnung der Parteien und des Gerichts, II Z 1** ..... 22–29 | 10) **Einreichung der Klageschrift, V** .. 105 |
| | 11) **VwGO** ......................... 106 |

**1** **1) Systematik, I–V.** Über den Begriff und die Arten der Klage Grdz 1–11 vor § 253. Die Klage ist Anlaß und Voraussetzung des Erkenntnisverfahrens, BGH FamRZ **88**, 382, soweit nicht ein Mahnverfahren vorangeht. Sie ist die regelmäßige Art der Einleitung eines Prozesses, in Ehesachen Verfahren genannt. Sie nötigt das Gericht, durch Urteil zu entscheiden, von Zwischenfällen wie der Klagrücknahme, dem Vergleich und dgl abgesehen. Jedes Urteil setzt eine Klage voraus; ein Antrag auf einen Mahnbescheid ist im Streitfall als Klage umzudeuten. In Ehesachen unterscheidet das Gesetz zwischen dem Antrag auf Scheidung, § 622 I, und der Klage auf Aufhebung, Nichtigerklärung, Feststellung des Bestehens oder auf Herstellung der Ehe, zB § 607 II 2, 606 b Z 2. Die Klagerhebung bewirkt die Rechtshängigkeit, § 261 I. Sie ist im Fall eines zugestellten Hilfsantrags auflösend bedingt.

Die Klage als Parteiprozeßhandlung duldet davon abgesehen aber grundsätzlich *keine* vom Kläger willkürlich gesetzte *Bedingungen*, Grdz 54 vor § 128, BVerfG **68**, 142, BGH MDR **89**, 539, LAG Köln MDR **99**, 376. Wegen der Hilfswiderklage Anh § 253 Rn 11, zur bedingten Wider-Widerklage Anh § 253 Rn 14. Unzulässig ist darum der Antrag, den Zweitbekl zu verurteilen, wenn das Gericht die Klage gegen den Erstbekl abweist. Eine im Ausland (wegen der früheren DDR Einl III 77) erhobene Klage äußert, auch wenn sie ordnungsmäßig ist, keine Rechtswirkung im Inland, wenn das ausländische Urteil im Inland nicht anzuerkennen ist, § 328. Sie gründet dann für das Inland keine Rechtshängigkeit und unterbricht die Verjährung nicht.

**2** **2) Regelungszweck, I–V.** Die Vorschrift dient den Geboten der Rechtsstaatlichkeit, Einl III 15, und Rechtssicherheit, Einl III 43, sowie des rechtlichen Gehörs, Art 103 I GG, Einl III 16. Die Klage soll eine möglichst sichere Verfahrensgrundlage schaffen, BGH FamRZ **88**, 382. Der Bekl soll Grund und Höhe der Klageforderung so weit kennenlernen, daß er darauf seine Verteidigung einrichten kann, Düss MDR **96**, 416. Das ist bei der Auslegung mitzubeachten.

**3** **3) Geltungsbereich, I–V.** Die Vorschrift gilt grundsätzlich in allen Verfahrensarten nach der ZPO. In WEG-Sachen ist II Z 2 nur bedingt anwendbar, BayObLG BB **74**, 1227.

**4** **A. Rechtsweg.** Klage ist auch geboten, wenn der Rechtsweg gegen die Entscheidung einer Verwaltungsbehörde gegeben ist, sog Berufung auf den Rechtsweg. Ist, davon abgesehen, eine Vorentscheidung der Verwaltungsbehörde notwendig, so ist der Rechtsweg verfrüht, also unzulässig, solange sie fehlt, Grdz 22 vor § 253. Ist die Frist zur Beschreitung des Rechtsweges zB gemäß § 24 WAG, § 210 BEG (sie läuft nicht, wenn die Belehrung fälschlich Beweismittel schon in der Klageschrift fordert, BGH **LM** § 195 BEG 1956 Nr 23) versäumt worden (vgl aber § 270), so ist der Anspruch dauernd unklagbar geworden, BGH VersR **73**, 54, und ist die Klage darum durch Prozeßurteil, nicht durch Sachurteil, abzuweisen, Grdz 14 vor § 253. Das Vorliegen einer Klage ist in jeder Lage des Verfahrens, auch in der Revisionsinstanz, von Amts wegen zu prüfen, Grdz 39 vor § 128.

**5** **B. Patentstreit.** Eine eigenartige Prozeßvoraussetzung schafft § 145 PatG für Patentverletzungsklagen: eine zweite derartige Klage gegen den Bekl wegen derselben oder einer gleichartigen Handlung auf Grund

1. Titel. Verfahren bis zum Urteil § 253

eines anderen Patents verlangt den Nachweis, daß der Kläger das Patent schuldlos im früheren Prozeß nicht geltend machen konnte.

**C. Arbeitnehmererfindung.** Rechte oder Rechtsverhältnisse, die im Gesetz über Arbeitnehmererfin- 6 dungen geregelt sind, also betr Erfindungen und technischen Verbesserungsvorschlägen von Arbeitnehmern im privaten und im öffentlichen Dienst, von Beamten und Soldaten, § 1 ArbNEG, können im Klagewege erst nach einem Verfahren vor der in diesem Gesetz vorgesehenen Schiedsstelle, §§ 28 ff G, geltend gemacht werden, § 37 I ArbNEG. Das ist nur dann nicht erforderlich, wenn Rechte aus einer Vereinbarung über die Feststellung oder Festsetzung der Vergütung, die Anbietungspflicht, Diensterfindungen nach ihrer Meldung, freie Erfindungen und technische Verbesserungsvorschläge nach ihrer Mitteilung oder Rechte aus einem Einigungsvorschlag vor der Schiedsstelle geltend gemacht werden oder wenn die Unwirksamkeit einer solchen Vereinbarung geltend gemacht wird, ferner wenn seit der Anrufung der Schiedsstelle 6 Monate verstrichen sind, der Arbeitnehmer aus dem Betrieb ausgeschieden ist oder die Parteien schriftlich das Schiedsverfahren ausgeschlossen haben, § 37 I, II ArbNEG. Eine Klage ist bei einer entsprechenden Rüge unzulässig; verhandeln die Parteien ohne eine Rüge mündlich zur Hauptsache, so ist damit der Mangel geheilt, § 37 III ArbNEG. Zuständigkeit: § 78 b GVG Anh II.

**4) Klagerhebung, I.** Sie hat mannigfache Wirkungen. 7

**A. Zustellung.** Die Klage ist durch die förmliche Zustellung eines Schriftsatzes mit der Klageschrift oder Scheidungsantragsschrift, § 622 I, BGH NJW **85**, 317, zu erheben. Die Klagerhebung wird beim AG und LG durch die schriftliche Einreichung mit Beifügung der erforderlichen Zahl von Abschriften eingereicht, V, § 496. Der Urkundsbeamte der Geschäftsstelle stellt von Amts wegen zu, § 270 I. Beim AG kann man die Klage außerdem noch durch Erklärung zu Protokoll jeder Geschäftsstelle einreichen, §§ 129 a, 496; die Zustellung erfolgt ebenfalls von Amts wegen, § 270 I.

Mit der auf die Einreichung hin angeordneten Zustellung ist die Klage erhoben und die *Rechtshängigkeit* 8 eingetreten, § 261 I, vgl freilich auch § 270 III. Die wirksame Zustellung einer wirksamen Klageschrift unterbricht die Verjährung, § 209 I BGB, BGH NJW **100**, 207. Die Ladung erfolgt von Amts wegen durch die Geschäftsstelle, § 214 Rn 1; mit ihr ist die Klageschrift zuzustellen. Auch eine telegrafische Klagerhebung kann zulässig sein, § 129 Rn 45, ebenso eine solche durch Telefax usw; sie muß aber allen zwingenden Erfordernissen nach II genügen.

Wird die Klagschrift gleichzeitig mit dem *Prozeßkostenhilfeantrag* eingereicht, so muß das als gleichzeitige 9 Einreichung zum Zwecke der Klagerhebung angesehen werden, falls nichts Gegenteiliges gesagt wird, vgl § 117 Rn 8. Wegen nur teilweiser Bewilligung von Prozeßkostenhilfe § 117 Rn 11. Eine Antragstellung im Termin aus dem Klagentwurf kann, wenn auch nicht rückwirkend, als Klageinreichung gelten, BGH NJW **72**, 1373.

Wird die Klagschrift *ohne Terminsbestimmung* und ohne Ladung zugestellt, so kann die Klage dennoch 10 wirksam erhoben sein, §§ 261 I, 271, auch wenn der Richter nur eine Stellungnahme zu einer Einzelfrage oder nur zum nicht vorrangig eingelegten Prozeßkostenhilfegesuch bezweckte, dies aber nicht in der Zustellung zum Ausdruck kam, BGH FamRZ **87**, 364, KG Rpfleger **79**, 71.

Wurde trotz eines eindeutigen *bloßen Prozeßkostenhilfegesuchs* die „Klage" zugestellt, ist zwar ein Prozeß- 11 rechtsverhältnis begründet, Grdz 3 vor § 128; trotzdem liegt eben noch keine wirksame Klagschrift vor, Drsd RR **97**, 1424. Daher kann § 8 GKG anzuwenden sein, OVG Hbg Rpfleger **86**, 68. Fand hingegen eine förmliche Zustellung der Klagschrift überhaupt nicht statt (formlose Übersendung der Klagschrift, etwa als Anlage zum Antrag auf die Bewilligung einer Prozeßkostenhilfe usw), so kann grundsätzlich keine Klagerhebung vor, Hamm RR **94**, 63, und kann auch § 187 nicht eingreifen. Dann ist, also noch keine Rechtshängigkeit eingetreten, Hamm RR **94**, 63, KG MDR **73**, 679. Wegen der Wirkung einer versehentlich formlosen Übersendung § 187 Rn 3, 6. Freilich kann eine Mangelheilung eintreten, § 295 Rn 61.

Bei einer Widerklage, Zwischenfeststellungsklage, Klagänderung ist auch eine *mündliche* Erhebung zuläs- 12 sig, §§ 256 II, 261 II, 267, ebenso im sog Adhäsionsverfahren nach § 404 StPO. Zur Einlegung eines Rechtsmittels gehört die in §§ 519 a, 553 a vorgeschriebene Zustellung nicht, BGH NJW **88**, 2048. In § 93 ist unter Klagerhebung schon die (kostenverursachende) Klageinreichung zu verstehen, Bbg JB **82**, 1884.

**B. Klagschrift.** § 253 stellt für die Klagschrift Erfordernisse auf, die teils notwendig, teils nur als 13 Ordnungsmaßnahme vorgeschrieben sind, AG Weilburg RR **94**, 829. Im Scheidungsverfahren sind außerdem § 622 II, 630 (krit Schwab FamRZ **76**, 503) zu beachten; Einzelheiten zur Scheidungsantragsschrift Vogel AnwBl **82**, 457 (ausf). Zwingend ist nur II, nicht III; über IV und V Rn 102–105. Der Schriftsatz braucht nicht unbedingt die Bezeichnung „Klagschrift" zu enthalten. Evtl ist zB ein Schriftsatz, der trotz rechtskräftiger Abweisung der im Urkundenprozeß unstatthaften Klage mit der Angabe „im Nachverfahren" eingereicht wird, mangels Zulässigkeit eines solchen Nachverfahrens als (neue) Klage in ordentlichen Verfahren umzudeuten, § 597 Rn 9.

*Verletzt* der Kläger eine notwendige Vorschrift, so ist die Klage nicht ordnungsgemäß erhoben, BGH **100**, 14 208, so im Anwaltsprozeß bei einer Bezugnahme auf den von einem nicht zugelassenen Anwalt eingereichten Antrag auf die Bewilligung einer Prozeßkostenhilfe. Wegen des Eintritts der Rechtshängigkeit Rn 16, aber auch Rn 45 (Nichtaufteilung).

Die Ordnungsmäßigkeit der Klage ist eine *Prozeßvoraussetzung,* Grdz 13 vor § 253, Düss NJW **93**, 2691, 15 Ffm NJW **92**, 1178, KG OLGZ **91**, 466. Die Ordnungsmäßigkeit der Klage ist zweckmäßigerweise in allererster Reihe, noch vor der Zuständigkeit usw, Grdz 22 vor § 253, zu prüfen. Vorsicht mit Formularen, Celle FamRZ **78**, 258 (krit Friederici MDR **78**, 725).

Diese Prüfung erfolgt *von Amts wegen,* Grdz 39 vor § 128, und zwar sogleich nach dem Klageingang, soweit es sich um nicht heilbare Mängel handeln kann, § 295 Rn 16 ff. Hierzu gehören zB: Das Fehlen der deutschen Gerichtsbarkeit, Mü NJW **75**, 2144, oder der Prozeß- und Verhandlungstätigkeit. Soweit eine Nachholung möglich ist, BGH ZZP **71**, 478, etwa der Anschrift, Ffm NJW **92**, 1178, oder der Unterschrift, gibt sie der Vorsitzende anheim und wartet solange, bis der Mangel geheilt ist. Im übrigen erfolgt eine Prüfung aber nicht schon bei der Terminsbestimmung, weil eine Mängelheilung möglich ist, BayObLG

## § 253

MDR **75**, 408, Friedrici MDR **78**, 726, aM Celle FamRZ **78**, 258. Wohl aber erfolgt die Prüfung auf eine Rüge im späteren Verfahren, solange der Mangel nicht geheilt ist. Das Gericht muß kraft seiner Aufklärungspflicht, §§ 139, 278 III, BGH FamRZ **80**, 655, auf eine Mängelheilung hinwirken, AG Weilburg RR **94**, 829, zumal jede Klageschrift wie jede Parteiprozeßhandlung auslegbar ist, Grdz 52 vor § 128, LAG Hamm MDR **87**, 876, und zB auch Unvollständiges, laienhaft Formuliertes der Sache nach eindeutig sein kann, Stgt FamRZ **73**, 386. Darum darf eine Nichtheilung im zweiseitigen Verfahren kaum vorkommen, denn auf den Willen des Bekl kommt es dabei nicht an, § 263; dem Kläger ist zur Beseitigung des Mangels unter Umständen eine Vertagung zu bewilligen.

**16**    **C. Mängelheilung: Genehmigung oder Rügeverzicht.** Die Heilung eines Mangels erfolgt durch eine Genehmigung, BGH FamRZ **81**, 866, oder durch einen Rügeverzicht, § 295 Rn 17 ff, BGH **92**, 254, denn § 253 bezweckt den Schutz des Bekl, aM ThP 20, ist aber auch für den Umfang der Rechtskraft maßgebend. Die Wirkungen der Rechtshängigkeit treten dann also von der Zustellung der fehlerhaften Klage an ein, aM LG Brschw FamRZ **85**, 1075. Fehlt es an der Klagezustellung und ist dieser Mangel gemäß § 295 geheilt, so tritt die Rechtshängigkeit von dem Zeitpunkt an ein, in dem nicht mehr gerügt werden kann. Das gilt auch für sachlichrechtliche Fristen, wie die Verjährung.

**17**    Ein *förmlicher* Mangel, insbesondere der von Amts wegen erfolgenden Zustellung, § 270 I, wird auch von Amts wegen geheilt; die Klage wird also nochmals, nunmehr fehlerfrei, zugestellt. Rechtshängigkeit tritt dann erst mit dieser weiteren Zustellung ein. Eine Frist, selbst eine Ausschlußfrist, wahrt aber schon die Einreichung der korrekten Klageschrift, falls nur „demnächst" zugestellt ist (zum Begriff § 207 Rn 3), § 270 III, BGH **97**, 159. Dasselbe gilt für Unterbrechung der Verjährung, § 270 III, aM Oldb MDR **96**, 851. So auch Dritten gegenüber. Doch kann ein Verzicht des Bekl auf die Zustellung, der an sich gemäß § 295 beachtlich ist, BGH FamRZ **84**, 368, nicht gegen den Willen des Klägers heilen. S auch § 187. Der erschienene Bekl kann sich nicht auf Mängel der Ladung berufen, außer auf die Nichteinhaltung der Zwischenfrist, Üb 10, 11 vor § 214. Der erschienene Anwalt kann nicht bemängeln, er sei nicht zur Anwaltsbestellung aufgefordert worden.

**18**    Ein *inhaltlicher* Mangel ist durch die Zustellung eines Schriftsatzes zu beheben, aber nur für die Zukunft, Kblz MDR **80**, 149. Somit kann sich die Klage aus mehreren Schriftstücken zusammensetzen.

**19**    **D. Verfahren.** Wenn Mängel der Klage nicht geheilt werden, verneint das Gericht den Mangel unter Umständen nach nochmaliger Prüfung im Endurteil oder durch unselbständiges Zwischenurteil, § 303. Die Feststellung des Mangels führt zur Abweisung („angebrachtermaßen") durch ein sog Prozeßurteil, Grdz 14 vor § 253, BGH VersR **84**, 540, Düss RR **90**, 1040. Freilich kann eine fälschlich nur als unbegründet abgewiesene, in Wahrheit unzulässige Klage im Berufungsrechtszug eben wegen des Verfahrensfehlers des erstinstanzlichen Gerichts zulässig geworden sein, BGH MDR **97**, 288. Der Mangel ist auch in der Revisionsinstanz zu beachten, BAG BB **72**, 1140.

**20**    Im *Versäumnisverfahren* gilt folgendes: Bei einer Säumnis des Bekl erfolgt eine Prüfung der Ordnungsmäßigkeit von Amts wegen und, wenn keine Heilung möglich war oder wenn sie dem Kläger unmöglich ist, eine Prozeßabweisung. Bei einem Mangel der Zustellung erfolgt aber nur eine Zurückweisung des Antrags auf Versäumnisentscheidung, § 335 I Z 2. Bei einer Säumnis des Klägers liegt im Antrag auf die Versäumnisentscheidung ein Rügeverzicht nach § 295.

**21**    **E. Sonstige Unzulässigkeit.** Auch die ordnungsmäßige Klage kann unzulässig sein, dem Anspruch kann die Klagbarkeit odes es können sonstige Prozeßvoraussetzungen fehlen oder Prozeßhindernisse durchgreifen. Dann ist sie zwar durch Prozeßurteil abzuweisen, Grdz 14 vor § 253; die Verjährung unterbricht sie trotzdem im Rahmen der §§ 209 ff BGB, § 256 Rn 3. Eine Klage beim unzuständigen Gericht wirkt voll zurück, wenn eine Lage gemäß § 38 eintritt oder das Gericht verweist, § 281 Rn 37.

**22**    **5) Bezeichnung der Parteien und des Gerichts, II Z 1**

**Schrifttum:** *Blackert,* Die Wohnungseigentümergemeinschaft im Zivilprozeß, 1999; *Hass,* Die Gruppenklage usw, 1996; *Kleffmann,* Unbekannt als Parteibezeichnung usw, 1983.

**A. Grundsatz: Nämlichkeitsklärung.** Vgl § 130 Z 1. Zwingend vorgeschrieben ist nur, *daß,* nicht, *wie* die Parteien zu bezeichnen sind, BGH **102**, 334, Stgt NJW **86**, 1882, LG Kassel RR **91**, 382. Zum Begriff der Partei vgl Grdz 3 vor § 50. In Scheidungssachen und im Eilverfahren heißt es statt Kläger: Antragsteller, statt Bekl: Antragsgegner, §§ 622 III, 916 ff. Die Parteinämlichkeit genügt, BGH **102**, 334. Sie und die Parteistellung müssen bereits im Zeitpunkt der Klagerhebung klar sein, § 690 Rn 3, BGH **102**, 334, Celle FamRZ **81**, 791, Köln NJW **82**, 1888. Änderungen müssen schon wegen Rn 2 unverzüglich mitgeteilt werden.

**23**    Die *Anschriftenangabe* des Klägers (wie natürlich ebenso des Bekl) ist grundsätzlich sowohl im Parteiprozeß als auch im Anwaltsprozeß notwendig, soweit diese Angabe zumutbar ist, denn das Gericht kann im Verfahren aus einer Reihe von Gründen auf sie angewiesen sein, § 130 Rn 10, BVerfG NJW **96**, 1273 (unnötig kompliziert), BGH NJW **88**, 2114, BVerwG NJW **99**, 2608 (Postfach reicht nicht), KG WoM **91**, 225 (WEG). Alles das gilt auch im Eilverfahren nach § 916 ff, BGH MDR **92**, 610, FamRZ **91**, 1178, Schlesw DGVZ **93**, 133. Ein Verstoß kann Auslagenhaftung, KV 9002, LAG Bre Rpfleger **88**, 165, und Anwaltshaftung nach § 85 II auslösen, LAG Bre Rpfleger **88**, 165. Eine Ausnahme vom Zwang zur Anschriftenangabe kann bei einem strengen zu prüfenden schutzwürdigen Geheimhaltungsinteresse bestehen, KG OLGZ **91**, 466, etwa bei einer Inkognito-Adoption, Karlsr FamRZ **75**, 507, oder beim Nachlaßpfleger unbekannter Erben, BGH NJW **88**, 2114. Eine frühere Tätigkeit beim Verfassungsschutz reicht nicht, KG OLGZ **91**, 466.

**24**    Unter der Voraussetzung der Wahrung der *Parteinämlichkeit* mag einerseits zusätzlich zum Vornamen sogar ein Zusatz nötig sein, zB das Geburtsdatum nebst der früheren Anschrift, BGH NJW **88**, 2114, oder die Angabe „senior" oder „junior", Nürnb OLGZ **87**, 484. Andererseits mag sogar die Reihenfolge Nachname Vorname (ohne Komma) ausreichen, LG Hamm JB **92**, 57 (aber Vorsicht!), ja sogar eine Namensangabe entbehrlich sein, wenn der Kläger zB den (wahren) Namen des Bekl nicht zumutbar ermitteln kann, Einl III

1. Titel. Verfahren bis zum Urteil § 253

54 (Treu und Glauben), LG Bln RR **98**, 714, Köln NJW **82**, 1888, LG Kassel RR **91**, 382, Christmann DGVZ **96**, 81, aM LG Krefeld NJW **82**, 289. Gerland DGVZ **91**, 183 fordert eine Gesetzesergänzung.

Freilich ist eine *Abgrenzbarkeit* einer Personengruppe nach äußeren Merkmalen notwendig, zB „7 bis 10 **25** Personen, Oldb MDR **95**, 794, oder „10 Personen auf einer schwimmenden Rettungsinsel" (LG Düss, zit bei Raeschke-Kessler NJW **81**, 663). Ausreichend ist eine vorübergehende Abgrenzbarkeit, LG Krefeld NJW **82**, 289, Lisken NJW **82**, 1136. Vgl auch Kleffmann, „Unbekannt" als Parteibezeichnung usw, 1983. Als ausreichend wurde zB erachtet „die unbekannten (derzeitigen) Besitzer", LG Kassel RR **91**, 382 (zu einer einstweiligen Verfügung), als nicht ausreichend zB „die namentlich bekannten" Mitglieder eines „Förderkreises", die „nicht öffentlich genannt werden möchen", LG Hbg MDR **94**, 1247, oder „gegenwärtig ca. 20 Personen als Hausbesetzer", LG Bre WoM **90**, 527, oder gar „die Besetzer des Gebäudes", BezG Potsd OLGZ **93**, 325, bzw „eine wechselnde Anzahl von etwa 20 bis 100 Personen in einem besetzten Haus" usw, Köln NJW **82**, 1888, LG Hann NJW **81**, 1455 (wegen einer einstweiligen Verfügung, vgl auch § 319 Rn 13 ff, § 750 Rn 6. Beim Verein kann die derzeitige bloße Namenslöschung unschädlich sein, BGH NJW **84**, 668. Partei kann nur eine bestimmte natürliche oder juristische Person sein. Die Gesellschafter einer BGB-Gesellschaft oder -Gemeinschaft sind als Kläger wie Bekl stets sämtlich zu erwähnen, BGH RR **90**, 867; klagt ein nicht rechtsfähiger Verein, so sind sämtliche Mitglieder aufzuführen, § 50 Rn 29. Die Partei kraft Amtes, Grdz 8 vor § 50, ist als solche zu benennen, zB „der Kaufmann X als Verwalter im Insolvenzverfahren des Y". Wegen der politischen Partei, der Gewerkschaft, einer Fraktion § 50 Rn 15. Wegen des Generalbundesanwalts im Verfahren nach dem AUG Grdz 28 vor § 50.

Bei *Firmen* genügt die Firma, § 17 HGB; Bekl ist im Zweifel der tatsächliche Inhaber, Mü NJW **71**, 1615. **26** Der Einzelinhaber ist schon wegen der Zwangsvollstreckung zweckmäßig bereits in der Klage zu benennen. Verklagt der Kläger einen Einzelkaufmann unter der fälschlichen Bezeichnung als Offene Handelsgesellschaft, so gelten die Klage und das Urteil gegen den Einzelkaufmann (etwas anderes gilt, wenn der Wille, nur eine Gesellschaft zu verklagen, klar ersichtlich ist); das Urteil ist ihm richtig zuzustellen. Eine Bezeichnung als Generalbevollmächtigter von Erben ist unzulänglich. Ist ein Verstorbener als Partei bezeichnet, so ist den Erben zuzustellen. Eine Klage namens des unbekannten Erben ist zulässig, BGH LM § 325 Nr 10.

Eine falsche Bezeichnung heilt, und zwar grundsätzlich von der Partei, Mü MDR **90**, 60, zu *berichtigen*, auch **27** in der Rechtsmittelinstanz, BGH RR **90**, 867, soweit die richtige Partei keine Instanz verliert, BGH Warn **70**, 247; sie schadet nicht, wenn die Nämlichkeit feststeht, BGH NJW **81**, 1454, KG OLGZ **78**, 477, wenn sie also objektiv erkennbar ist, Grdz 4 vor § 50. Überhaupt kann Förmelei hier nur schaden, Lisken NJW **82**, 1137. Auch das Klagerubrum unterliegt der Auslegung, BGH NJW **81**, 1947, Nürnb OLGZ **87**, 483. Über den Fall, daß der falschen Partei zugestellt wurde, Grdz 16–18 vor § 50. Die Bezeichnung des Berufs oder des gesetzlichen Vertreters ist, soweit ihre Nämlichkeit klarsteht, für die Wirksamkeit der Klagerhebung unwesentlich, Saarbr NJW **77**, 1928, Zweibr OLGZ **78**, 108 je betr den Fiskus als Bekl, aM Düss NJW **87**, 2522 (es übersieht § 171 III); sie ist aber durch IV, vgl § 130, zur Sollvorschrift gemacht; wenn ihr Fehlen eine nachstige Zustellung der Klage verhindert, so erfolgt keine Fristwahrung iSv § 270 durch die dadurch verspätete Zustellung.

Bei der *Inkognitoadoption* genügt „das am ... geb, im Register ... unter dem Namen ... eingetragene **28** Kind", Karlsr FamRZ **75**, 598. Die Bezeichnung „Wohnungseigentümergemeinschaft" ist evtl in die Nennung der Mitglieder umdeutbar, BGH ZMR **90**, 188, LG Kempten Rpfleger **86**, 93, OVG Bre NJW **85**, 2660. Ähnliches gilt bei einer Bauherrengemeinschaft, BGH VersR **89**, 276 (zu einer Rechtsmittelschrift), vgl auch Mü MDR **87**, 418 (zu § 189 I). Bei endgültiger grundloser Verweigerung der notwendigen Angaben ist die Klage als unzulässig abzuweisen, BGH **102**, 336.

**B. Kammer für Handelssachen.** Bei der Bezeichnung des Gerichts ist diejenige der Abteilung oder **29** Kammer unnötig, eine falsche ist unschädlich. Nötig ist aber die Bezeichnung der Kammer für Handelssachen falls die Klage vor diese gelangen soll, § 96 I GVG. „An das Landgericht" meint die Zivilkammer, Ffm BB **80**, 552. Der Antrag, die Kammer für Handelssachen möge entscheiden, ist weder nachholbar, noch kann er geändert werden, Ffm BB **80**, 552 (auch nicht auf Grund eines Schreibfehlers).

**6) Gegenstand und Grund des Anspruchs, II Z 2** **30**

**Schrifttum:** *Arend*, Zahlungsverbindlichkeiten in fremder Währung, 1989; *Meyke*, Darlegen und Beweisen, 1998; *Singer*, Das Verbot widersprüchlichen Verhaltens, 1993.

**A. Gegenstand des Anspruchs.** Nötig ist die bestimmte Angabe des Gegenstandes des erhobenen Anspruchs, des Streitgegenstands, § 2 Rn 3, dort auch zum Schrifttum. Das gilt auch für einen erstmals in der mündlichen Verhandlung eingeführten Klagantrag, BGH NJW **87**, 3266. Es darf keine Ungewißheit über die Nämlichkeit des Rechtsverhältnisses, BGH NJW **99**, 954, OVG Bln DGVZ **83**, 90, und über den Umfang der Rechtskraft bestehen, § 322 Rn 9, BGH NJW **99**, 954, BAG DB **92**, 1195.

Der Klagantrag muß einen *vollstreckungsfähig genauen* Inhalt haben, Grdz 28 vor § 704, BGH NJW **99**, 954, **31** Ffm NJW **96**, 751, Mü FamRZ **94**, 836. Der Bekl muß ihm entnehmen können, welches Risiko für ihn besteht, und er muß sich umfassend verteidigen können, BGH NJW **99**, 954. Der Kläger soll nicht dem Kostenrisiko entgehen, BGH NJW **83**, 1056, Pawlowski ZZP **82**, 131.

Als zu *unbestimmt* unzulässig ist zB ein Antrag, eine Rente „bis zur Wiedererlangung der vollen Arbeitskraft des Klägers" zuzusprechen. Auch ein Antrag auf Zahlung in ECU ist zulässig, Siebelt/Häde NJW **92**, 15. Ein Geldbetrag einer Hypothek, Grundschuld oder Rentenschuld kann (und muß evtl, Ritten NJW **99**, 1215) ab Inkrafttreten der 3. Stufe der Währungsunion nach Art 109 EGV auch in EUR oder der Währung eines der Mitgliedstaaten der Europäischen Union (und darf ab 1. 1. 2002 nur mehr in EUR) wie die Schweiz oder den USA lauten, VO vom 30. 10. 97, BGBl 2683. Wegen einer zulässigen Klage auf Zahlung in einer sonstigen Fremdwährung § 313 Rn 11, BGH NJW **80**, 2017, Maier/Reimer NJW **85**, 2053, Schmidt ZZP **98**, 40. Wegen einer Teilklage bei mehreren Ansprüchen Rn 43.

**B. Grund des Anspruchs.** Nötig ist ferner die bestimmte Angabe des Grundes des erhobenen An- **32** spruchs. Klagegrund ist die Gesamtheit der zur Begründung des Anspruchs nach der Ansicht des Klägers erforderlichen Tatsachen, der sog klagbegründenden Tatsachen, also des konkreten Sachverhalts, Lebensvorgangs, § 2 Rn 3, LAG Hamm NJW **81**, 887. Wiewit der Kläger mit der Darlegung gehen muß (sog Darlegungslast zwecks Schlüssigkeit zur Zeit des Verhandlungsschlusses, § 296 a), ist Sache des Einzelfalls, § 138 Rn 18, § 282 Rn 7 ff, BGH NJW **99**, 1407 oben links (eigener Wahrnehmungsbereich) und NJW **99**, 2888, BAG DB **86**, 1578. Eine Erweiterung der Darlegungspflicht kann sich aus der Einlassung des Bekl ergeben, § 138 II, BVerfG NJW **92**, 1031, BGH NJW **99**, 2888, Düss AnwBl **92**, 144. Das Gesetz lehnt also die Individualisierungstheorie ab und folgt der *Substantiierungstheorie*, BGH NJW **99**, 2888; zu großzügig BGH MDR **98**, 1178 (Verlagerung auf § 139). Der Kläger muß also grundsätzlich alle anspruchsbegründenden Tatsachen logisch und vollständig vortragen, Düss AnwBl **92**, 144, LAG Hbg RR **86**, 743. Er darf sich nicht stets einfach mit der Bezugnahme auf Anlagen begnügen, Drsd RR **99**, 147.

33 Dabei kommt es insoweit nur darauf an, daß sich die vom Kläger erstrebte Rechtsfolge, die aber juristisch benannt zu werden braucht („da mihi factum, dabo tibi jus", „jura novit curia"), aus den von ihm anzugebenden *Tatsachen* (Klagegründen) ergeben soll, BGH NJW **99**, 2888, was bei einer Klagerhebung binnen einer Ausschlußfrist von Bedeutung sein kann, da der Vortrag dann unter Umständen nicht mehr fristgerecht ergänzbar ist, BGH NJW **67**, 2210, LG Freibg MDR **75**, 60, aM LG Brschw WoM **85**, 318, Schmidt-Futterer MDR **75**, 4 (je betr Mieterhöhung), AG Stgt-Bad Cannstadt RR **92**, 958 (betr Btx). Der Kläger kann das Gericht nicht zwingen, die Klage nur oder auch unter dem von ihm genannten rechtlichen Gesichtspunkt zu prüfen, sondern nur durch seinen Sachantrag die Grenzen des Prüfungsumfangs bestimmen, §§ 306–308, BAG DB **75**, 1226, Köln MDR **70**, 686. Die Darlegungslast folgt grundsätzlich der Beweislast, Anh § 286, Stgt RR **86**, 898, kann aber über sie hinausgehen, Lange DRiZ **85**, 249.

34 *Zumutbarkeit* ist, wie bei § 138 erläutert, ein wesentlicher Maßstab. Es bleibt zwar einer Partei manchmal nicht erspart, zu Vermutungen aufzubauen, BGH RR **99**, 361; sie muß aber darauf hinweisen und sich vor Rechtsmißbrauch in Gestalt von Behaupten ins Blaue hüten, Einl III 54, BGH RR **99**, 360 und 361. Die Substantiierungslast bezweckt weder in erster Linie die Förderung der Wahrheitsermittlung noch eine Prozeßbeschleunigung, noch die Verbesserung der Lage des Gegners, BGH NJW **99**, 2888.

Das Gericht muß einen *ohne jede* mit Tatsachen versehene *Begründung* gestellten Antrag als unzulässig abweisen, BGH RR **89**, 396, BAG DB **81**, 1680, selbst wenn der Kläger ihn erst (an sich zulässigerweise) in der mündlichen Verhandlung einführt. Auch bei der Klage aus einem abgeleiteten, übergegangenen oder abgetretenen Recht gelten dieselben Anforderungen, BGH WertpMitt **82**, 1327.

35 Beim *Schadensersatzanspruch* muß der Kläger das zum Ersatz verpflichtende Ereignis genau bezeichnen, BGH WertpMitt **83**, 369, freilich nur in ihm zumutbaren Umfang, Köln VersR **87**, 791. Ob der mit Gründen versehene Klage auch nach Auffassung des Gerichts in sich ausreichend begründet, also schlüssig ist, gehört nicht zur Prüfung der Prozeßvoraussetzungen, Grdz 12 vor § 253, sondern unterliegt der sachlich-rechtlichen Prüfung in der mündlichen Verhandlung, BGH VersR **79**, 764, und führt bei einer Verneinung zur Sachabweisung, § 300 Rn 8. LG Ffm RR **97**, 434 hält in zeittypischer Nachgiebigkeit eine Nachrechenbarkeit durch Taschenrechner für ausreichend und begünstigt damit noch mehr Arbeitsüberbürdung auf den Richter, der dann oft genug erhebliche Rechenfehler entdecken muß.

36 Auch ein sonstiger Streit ist angesichts der richterlichen Aufklärungspflicht, §§ 139, 278 III, Mü OLGZ **79**, 355, ziemlich selten. Auch ein Klagantrag ist auszulegen, Grdz 12 vor § 128, BGH RR **95**, 1470. Freilich bestehen wegen der erheblichen *Prozeßförderungspflicht* der Parteien, Grdz 12 vor § 128, scharfe Anforderungen, Hartmann AnwBl **77**, 92, Putzo AnwBl **77**, 431. Der Kläger muß, zB bei einer Saldoforderung, grundsätzlich die Einzelzahlen so zusammenstellen, daß das Gericht eine vollständige rechnerische und rechtliche Überprüfung vornehmen kann, BVerfG NJW **94**, 2683, BGH NJW **83**, 2880, AG Köln ZMR **97**, 147. Freilich muß sich das Gericht bei nicht perfekter Übersichtlichkeit auch etwas Mühe geben, BVerfG NJW **94**, 2683. Bei einer Zahlungsklage wegen Btx-Vergütungen mag die bloße Vorlage von Stornolisten unzureichend sein, LG Mönchengladb RR **98**, 714, aM Köln VersR **93**, 840, Oldb RR **96**, 829.

37 Die *Verjährung* wird zudem auch durch eine nicht genügend substantiierte Klage unterbrochen; zum Problem der Verjährungsunterbrechung beim bloß vorbereitenden Anspruch (Auskunft usw) und bei der verteidigungsweisen Geltendmachung im Prozeß Arens Festschrift für Schwab (1990) 17. Bedeutung gewinnen kann ihr Streit im Versäumnisverfahren. Seine Hauptbedeutung liegt aber bei der Klagänderung und der Rechtskraftwirkung.

Bei der *dinglichen Klage* ist, soweit nicht eine Eigentumsvermutung, zB nach § 1006 BGB eingreift, die Angabe der Erwerbstatsachen notwendig, BGH **LM** § 985 BGB Nr 1. Bei der Gestaltungsklage wird kein Anspruch verletzt, sondern die Grundlage eines Anspruchs, etwa die eheliche Treuepflicht. Die Tatsachen müssen zur Klagbegründung vorgebracht sein, nicht beiläufig. Zum Klagegrund gehört auch die etwa nötige Darlegung des Rechtsschutzbedürfnisses, Grdz 33 vor § 253, der Sachbefugnis und des Prozeßführungsrechts, Grdz 21 vor § 50. Die Einordnung der rechtsbegründenden Tatsachen unter einen Rechtssatz ist unnötig und bindet nicht, Grdz 24 vor § 128, BAG DB **75**, 1226. Eine vom Kläger gewählte Rangfolge der Haupt- und Hilfsanträge ist für das Gericht verbindlich, § 308, eine vom Kläger gewählte Rangfolge der Begründung bindet das Gericht nicht, Köln MDR **70**, 686. Eigene Behauptungen muß die Partei auch gegen sich gelten lassen, die Gegenpartei kann sie also zum eigenen Nutzen heranziehen, auch als Beweisgrund. Ergibt aber das Vorbringen des Bekl einen neuen Klagegrund, so kann dieser für die Schlüssigkeit der Klage nur herangezogen werden, wenn sich der Kläger darauf beruft.

38 **7) Antrag, II Z 2**

**Schrifttum:** *Anders/Gehle,* Antrag und Entscheidung im Zivilprozeß, 3. Aufl 1997; *Friedrich,* Probleme der Teilklagen, Diss Köln 1995; *Klicka,* Bestimmtheit des Begehrens bei Leistungsklagen, Wien 1989; *Teplitzky,* Anmerkungen zur Behandlung von Unterlassungsanträgen, Festschrift für *Oppenhoff* (1985) 487; *Wagner,* Individualisierungsprobleme der Teilleistungsklage, Diss Marbg 1972.

1. Titel. Verfahren bis zum Urteil　　　　　　　　　　　　　　　　　　　　　　　§ 253

**A. Grundsatz: Notwendigkeit der Bestimmtheit.** Vgl zunächst Rn 30, 31. Als notwendige Folge der **39** Parteiherrschaft, Grdz 18 vor § 128 (nicht etwa des ebenfalls aus ihr folgenden Beibringungsgrundsatzes, Grdz 20 vor § 128), muß der Kläger einen bestimmten Antrag zur Sache stellen, BGH **100**, 208, eine Sachbitte, dh eine genaue Angabe der gewünschten Entscheidung. Er muß aus sich heraus im Rahmen des dem Kläger an Bestimmtheit der Formulierung Zumutbaren verständlich sein, BGH RR **94**, 1272 mwN, vglauch VGH Kassel NJW **93**, 3088. Dazu kann evtl sogar die bloße Wiedergabe des Gesetzestextes, etwa des § 8 UWG, ausreichen, Mü MDR **94**, 152. Es kann auch die Bezugnahme auf eine Anlage genügen, BGH WertpMitt **82**, 68, Schlesw SchlHA **77**, 32, aM BGH RR **94**, 1185 (Bilanz). Das gilt auch, wenn der Anwalt zB in einem Parallelprozeß einen Schriftsatz fertigte und von diesem nun eine Abschrift vorlegt oder wenn er auf das selbst gefertigte Prozeßkostenhilfegesuch Bezug nimmt, auch auf eine von der Partei im Mahnverfahren eingereichte Anspruchsbegründung, BGH **84**, 136. Die bloße Bezugnahme auf sonstiges Parteivorbringen kann im Einzelfall ausreichen, Düss MDR **96**, 416, aber auch unzureichend sein, erst recht diejenige auf den Vortrag eines Dritten, wenn er nicht zB der Streitgenosse oder Streithelfer ist. Eine Bezugnahme reicht aber, wenn sie erkennen läßt, daß man sie durchgearbeitet hat.

Das Bestimmtheitserfordernis gilt nach § 259, dort Rn 12, auch bei einer *Feststellungsklage,* BGH RR **40 94**, 1272, BAG DB **84**, 2413. Ungenügend ist es also, wenn nicht zu erkennen ist, ob ein Leistungs- oder ein Feststellungsurteil begehrt wird, wenn die geschuldete Summe sich erst durch einen Vergleich mit anderen Faktoren ergibt, BGH NJW **78**, 1585. Unzureichend ist auch eine bloße Bezugnahme auf den Mahnbescheid, § 697 Rn 4. Unklare Anträge, zB wegen handschriftlicher Zusätze evtl unbekannter Herkunft und Datierung, Köln NJW **73**, 1848, muß der Vorsitzende *klarstellen* lassen und auf die Stellung sachdienlicher Anträge hinwirken, §§ 139, 278 III, BGH WettbR **98**, 170, also auch dahin, daß der Antrag einen vollstreckungsfähigen Inhalt hat, BGH WettbR **98**, 170, BAG VersR **88**, 256. Ein Antrag ist der *Auslegung* fähig, Grdz 52 vor § 128, BGH RR **97**, 1217, KG OLGZ **75**, 54 (zu § 519), LG Mü WoM **93**, 611. Die Auslegung ist in der Revisionsinstanz frei nachprüfbar, BGH RR **93**, 550.

Ein *Kostenantrag* ist unnötig, § 308 II, aber unter Umständen zweckmäßig, da ein gestempeltes **41** Versäumnis- oder Anerkenntnisurteil oft nur auf die Klageschrift Bezug nimmt und dann ergänzt werden müßte, Stürner ZZP **91**, 359. Ein Antrag auf ein schriftliches Anerkenntnisurteil, § 307 II, oder Versäumnisurteil, § 331 III, ist keine Pflicht, wohl aber eine Obliegenheit, Grdz 11 vor § 128. Über den Hilfsantrag § 260. Eine Klage nur mit einem Hilfsantrag ohne einen Hauptantrag wäre bedingt und darum unzulässig, Rn 1. Notfalls hilft zunächst eine Auskunftsklage, § 254 Rn 4, Düss FamRZ **78**, 134. Auch bei ihr ist aber ein Ausforschungsantrag unzulässig, also ein solcher, den der Kläger bestimmter fassen kann, BGH NJW **83**, 1056. Wegen §§ 708 ff sind Anträge zur Vollstreckbarkeit nur unter besonderen Voraussetzungen nötig.

**B. Beispiele zur Frage der Bestimmtheit des Klagantrags**　　　　　　　　　　　　　　　**42**

**Allgemeine Geschäftsbedingungen:** Bei einer Verbandsklage gem § 13 AGBG muß der Klagantrag auch den Wortlaut der beanstandeten Bestimmung und die Bezeichnung derjenigen Rechtsgeschäfte enthalten, für die die Bestimmung beanstandet wird, § 15 AGBG.

**Alternativantrag:** § 260 Rn 7.

**Anerkenntnisurteil:** Ein Antrag auf ein schriftliches Anerkenntnisurteil, § 307 II, ist keine Pflicht, wohl aber eine Obliegenheit, Grdz 11 vor § 128.

**Anfechtungsklage:** Sie muß die bestimmte Angabe enthalten, für welche vollstreckbaren Forderungen in welcher Reihenfolge und für welche jeweiligen Beträge der Rückgewähranspruch erhoben wird, BGH **99**, 277. Bei der Insolvenzanfechtung durch eine sog Replik (Einrede) ist II Z 2 nicht voll anwendbar, sofern nur grds eine Bestimmtheit vorliegt, Düss RR **90**, 576.

**Angemessener Betrag:** Rn 51 „Angemessenheit", Rn 59 „Unbezifferter Leistungsantrag".

**Anspruchsmehrheit:** Der Kläger muß, zB bei einer Saldoforderung, grundsätzlich die Einzelzahlen so **43** zusammenstellen, daß das Gericht eine vollständige rechnerische und rechtliche Überprüfung vornehmen kann, BGH NJW **83**, 2880. Er muß im einzelnen angeben, wie die Gesamtsumme auf die verschiedenen Einzelansprüche verteilt, BGH NJW **98**, 1140, Ffm VersR **96**, 764. Er muß auch die Reihenfolge angeben, in der das Gericht die einzelnen Beträge prüfen soll, BGH NJW **98**, 1140, und diese Reihenfolge ist für das Gericht verbindlich, § 308 I, BGH NJW **98**, 1140; nur die vom Kläger gewählte Rangfolge der rechtlichen Begründung bindet das Gericht nicht, Köln MDR **70**, 686.

Soweit der Kläger aus *mehreren* selbständigen Ansprüchen in der Klage jeweils nur einen *Teilbetrag* oder den einen Anspruch voll, einen oder mehrere weitere Ansprüche aber nur teilweise geltend macht, was man natürlich durch eine Auslegung mitklären kann und muß, BGH RR **87**, 640, muß er angeben, welcher Teilbetrag von jedem der Ansprüche in welcher Reihenfolge geltend gemacht wird, BGH NJW **98**, 1140, Düss NJW **93**, 2691, Mü VersR **91**, 320, s auch zur Aufrechnung Schlesw MDR **76**, 50.

Es können auch ein Anspruch voll, die anderen *hilfsweise* in bestimmter Reihenfolge geltend gemacht **44** werden, § 260 Rn 8, zB bei Heilungskosten, Verdienstausfall, Schmerzensgeld. §§ 139, 278 III sind zu beachten. Jedoch genügt ein Hinweis auf Bedenken gegen die Zulässigkeit, selbst wenn der Vorderrichter sie bejahte, BGH JZ **75**, 449. Falls ein Teilanspruch geltend gemacht wird, entsteht auch nur insofern Rechtshängigkeit.

*Ungenügend ist* die unterschiedslose Angabe von Klagegründen ohne die betragsmäßige Aufteilung auf **45** den Klageantrag. Eine Angabe des Eventualverhältnisses ist notwendig. Eine Erklärung, daß die Reihenfolge der Prüfung dem Gericht überlassen bleiben solle, ist unzulässig, aM BGH ZMR **73**, 171. Wird gegen diese Erfordernisse der Antragstellung verstoßen, werden trotzdem bei einer späteren Aufteilung alle Einzelansprüche bis zur Höhe der Klagesumme rechtshängig, BGH LM § 209 BGB Nr 8. Auch wird die Verjährung trotz mangelnder Aufgliederung auf die Einzelforderungen unterbrochen, selbst wenn die Aufgliederung und Bezifferung der Einzelforderungen erst nach dem Ablauf der Verjährungsfrist vorgenommen wurde. Bei einer verneinenden Feststellungsklage nach § 256, die sich auf einen Teilbetrag beschränkt, der sich aus mehreren selbständigen Ansprüchen zusammensetzt, muß der Kläger angeben, für welche einzelnen Ansprüche oder Teile er die Feststellung begehrt, BGH LM § 256 Nr 45. Aus der

§ 253    2. Buch. 1. Abschnitt. Verfahren vor den LGen

Klagebegründung oder der Streitwertangabe kann sich eine Beschränkung des Feststellungsbegehrens ergeben; sie kann für die Verjährung von Bedeutung sein.

**46 Arbeitnehmer:** Auch im arbeitsgerichtlichen Beschlußverfahren muß man den Streitgegenstand, § 2 Rn 3, so genau bezeichnen, daß die Streitfrage mit Rechtskraftwirkung entschieden werden kann; daher reicht zB die bloße Wiedergabe des Gesetzestextes nicht, BAG DB **89**, 536. Die Notwendigkeit einer Bezifferung, vgl dort, gilt auch bei einem Lohnfortzahlungsanspruch, Lepke DB **78**, 839 (wg „brutto/netto" od Lohnfortzahlungsanspruch BAG DB **84**, 2376, LG Mainz Rpfleger **98**, 530, LAG Mü DB **80**, 886; wegen der Anrechnung des Arbeitslosengeldes BAG NJW **79**, 2634). Nach § 38 ArbNEG, Rn 6, ist ein Antrag auf die Zahlung eines vom Gericht zu bestimmenden angemessenen Betrages zulässig. Bei einer Klage auf ein qualifiziertes Zeugnis kann dessen vollständige Formulierung nötig sein, LAG Düss DB **73**, 1853. Zum arbeitsgerichtlichen Beschlußverfahren BAG DB **84**, 1479. Bei einer Kündigungsschutzklage genügen Angaben, aus denen man ersehen kann, wo der Kläger tätig war, gegen wen er sich wendet und daß er seine Entlassung nicht als berechtigt anerkennt, BAG NJW **82**, 1174. Ein Betriebs- oder Geschäftsgeheimnis ist hinreichend genau (unverwechselbar) zu bezeichnen, auch durch eine Zeichnung, Fotografie usw, BAG NJW **89**, 3237. Der Vergütungszeitraum ist anzugeben, BAG DB **96**, 1344. „Zur-Verfügung-Stellung eines tabakrauchfreien Arbeitsplatzes" reicht aus, BAG NJW **98**, 162.

**Auflassung:** Rn 100 „Zug-um-Zug-Gegenleistung".

**47 Aufrechnung:** Wer im Weg der Aufrechnung einen Teilbetrag aus mehreren selbständigen Ansprüchen geltend macht, muß angeben, welcher Teilbetrag von jedem dieser Ansprüche in welcher Reihenfolge geltend gemacht wird, § 145 Rn 9, Schlesw MDR **76**, 50, ThP § 145 Rn 14, aM Schneider MDR **88**, 928 (aber gerade wegen der zumindest auch sachlichrechtlichen Bedeutung einer im Prozeß erklärten Aufrechnung ist die Parteiherrschaft mit ihrem Beibringungsgrundsatz, Grdz 18–20 vor § 128, zu beachten und hat zur Folge, daß die Partei bestimmen kann und muß, welche Aufrechnung sie in welcher Reihenfolge der Prüfung des Gerichts unterbreitet).

S auch Rn 49 „Bezifferung".

**Auskunftsklage:** Bei einer Auskunftsklage, § 254, muß der Kläger diejenigen Belege, die der Bekl vorlegen soll, in einem zumutbaren Umfang genau bezeichnen, BGH FamRZ **88**, 496 mwN. Er muß beim Antrag auf Auskunft zB über Einkommens- und Vermögensverhältnisse (besser: über die Brutto- und Nettoeinkünfte lt Steuerbescheiden, Ffm FamRZ **91**, 1334) den begehrten Zeitraum nennen, Ffm FamRZ **91**, 1334, Büttner FamRZ **92**, 629. Die Einkommensarten sind, soweit möglich, näher zu bezeichnen, Büttner FamRZ **92**, 630. Er muß beim Verlangen nach Auskunft über Bemühungen zur Aufnahme von Erwerbstätigkeit genau angeben, welche Tatsachen der Arbeitssuche und Eingliederung in das Erwerbsleben der Bekl angeben soll, Brschw FamRZ **87**, 284. Bei der Auskunftsklage des Pflichtteilsberechtigten oder sonstigen Nichterben gegen den Erben oder Testamentsvollstrecker kann es zulässig sein, auch die Vorlage von Geschäftsunterlagen zwecks eigener Wertermittlung zu fordern, BGH NJW **75**, 1776, Zweibr FamRZ **87**, 1198 (eine weite Antragsfassung ist statthaft).

S auch § 254 Rn 4.

**Befreiung:** Rn 65 „Freistellung".

**Berufung:** Eine Bezugnahme auf ein verteidigtes vorinstanzliches Urteil reicht, BGH BB **95**, 1377.

**48 Beschwer:** Wenn der zuerkannte Betrag wesentlich unter demjenigen bleibt, den der Kläger als angemessen oder gar als Mindestbetrag bezeichnet hatte, muß insofern eine Klagabweisung erfolgen, BGH VersR **79**, 472; insofern liegt also eine Beschwer vor, Grdz 25 vor § 511.

**49 Bezifferung:**
a) **Grundsatz: Notwendigkeit der Klarheit für Beschwer, Rechtskraft und Vollstreckung.** Der Leistungskläger muß infolge der Parteiherrschaft, Rn 53, die Leistung so genau bezeichnen, daß der Bekl sein Risiko erkennen und sich demgemäß erschöpfend verteidigen kann, BGH NJW **83**, 1056, daß ferner das Berufungsgericht eine Beschwer ermitteln kann, BGH NJW **99**, 1339 (insofern freilich nur Obliegenheit), daß das Urteil klar die Grenzen der Rechtskraft erkennen läßt und so dem gemäß klar für die Zwangsvollstreckung klar ist, BGH NJW **94**, 3103, BAG NJW **85**, 646, Oldb NJW **91**, 1187. Das gilt besonders auch für eine Unterlassungsklage. Ein geforderter Geldbetrag ist grundsätzlich zu beziffern, BGH NJW **94**, 587, Ffm FamRZ **82**, 1223, aM MüKoWo § 726 Rn 8. Ausnahmen gelten (vgl auch Rn 52) nur, wenn das Beziffern dem Kläger aus besonderen Gründen nicht zuzumuten ist, vgl auch § 287, vgl auch Düss DNotZ **78**, 684, Oldb NJW **91**, 1187; Bull JR **75**, 449 fordert eine Gesetzesänderung, Röhl ZZP **85**, 73, 86, 326 hält einen unbezifferten Antrag für überflüssig und fordert dessen Unzulässigkeit, dagegen Karlsr BB **73**, 119 bei einem zunächst ermittlungsbedürftigem Pflichtteilsanspruch. Die Notwendigkeit einer Bezifferung gilt auch noch bei einem Unterhaltsanspruch, Düss FamRZ **78**, 134, Ffm FamRZ **82**, 1223, aM Spangenberg MDR **82**, 188. Jedoch ist es ausreichend, wenn das nichteheliche Kind „den Regelunterhalt" usw fordert, § 642.

**50** Die Notwendigkeit der Bezifferung gilt ferner zB bei einem *Schadenersatzanspruch*, BGH LM Nr 46, Kblz MDR **79**, 587, bei einem Anspruch nach § 651 f BGB, Bendref NJW **86**, 1722, bei einem *Lohnzahlungsanspruch*, Lepke DB **78**, 839 (wegen „brutto/netto" oä BAG NJW **85**, 646, LAG Mü DB **80**, 886; wegen der Anrechnung des Arbeitslosengeldes BAG NJW **79**, 2634). Die Notwendigkeit der Bezifferung gilt ferner zB bei einem Entschädigungsanspruch, BGH LM Nr 54, BayObLG **82**, 422, Stgt NJW **78**, 2209 (StPO). Die Notwendigkeit einer Bezifferung gilt auch bei einer Mitverursachung oder einem Mitverschulden.

Sie gilt aber *nicht*, wenn der Kläger einen angemessenen Preis oder eine *angemessene Vergütung* verlangt. Eine Bezifferung ist nicht erforderlich, soweit sie dem Kläger bei einer erforderlichen Abwägung der Gesamtumstände objektiv nicht zuzumuten ist. Selbst in einem solchen Fall muß er aber grundsätzlich wenigstens Tatsachen vortragen, die eine Ermittlung des objektiv angemessenen Betrags gestatten, BGH VersR **79**, 472, Ffm VersR **79**, 265, vgl auch § 287.

**51** b) **Einzelfragen**
– **(Angemessenheit):** Der Kläger kann einen „angemessenen Betrag, Preis usw verlangen, vgl BAG BB **77**, 1356, strenger BGH ZZP **86**, 322. Er darf allerdings nicht das Risiko einer Beweisaufnahme oder

der Kosten von sich abwälzen wollen, BGH NJW **83**, 1056, Köln MDR **72**, 428, Pawlowski ZZP **82**, 131, aM AG Groß Gerau MDR **77**, 410 (zu § 1360 a BGB).
Ein Beweisantrag *„Sachverständigengutachten"* ersetzt die Darlegung von Berechnungs- und Schätzungsgrundlagen nicht, BGH MDR **75**, 741. Es genügt jedoch, daß sich der Geldbetrag nach den gegebenen Unterlagen ohne weiteres genau berechnen läßt, BGH WertpMitt **82**, 68, zB aus verständlichen, übersichtlichen Kontenblättern als Anlagen, Schlesw SchlHA **77**, 32. Belege, die der Bekl vorlegen soll, sind in zumutbarem Umfang schon in der Klage zu bezeichnen, BGH NJW **83**, 1056. Die Bezifferung ist in der Berufungsinstanz nachholbar, Köln VersR **85**, 844.
– **(Arbeitsrecht):** Vgl zunächst Rn 46 „Arbeitnehmer", ferner Lepke BB **90**, 273 (ausf).
– **(Auskunft):** Vgl zunächst Rn 47 „Auskunftsklage". Es ist unzulässig, den Bekl A auf Auskunft und den Bekl B auf Zahlung einer von der Auskunft abhängenden Summe zu verklagen, BGH NJW **94**, 3103. Der Kläger darf die Ausübung seines Bestimmungsrechts nicht über das Gesetz hinaus dem Gericht überlassen, BGH JR **73**, 610.
S auch Rn 43.
– **(Bezugnahme):** Rn 39.
– **(Ersatzklage):** Bei einer Ersatzklage ist eine ziffernmäßige Angabe nicht unbedingt nötig, zB nicht im Fall der Notwendigkeit einer hypothetischen Schadensberechnung nach § 249 BGB, vgl BGH NJW **70**, 281. Es sind aber genügende tatsächliche Unterlagen für das richterliche Ermessen beizubringen, BGH LM Nr 53 und 54. Sie müssen für eine Schätzung nach § 287 genügen, falls diese überhaupt zulässig ist, BGH LM Nr 49. Beim merkantilen Minderwert sind Alter und Zustand des Fahrzeugs, Art der Unfallschäden, Reparaturkosten, etwa technische Mängel, die Anzahl der Vorbesitzer und Vorschäden, die Zulassungsdaten anzugeben, Darkow VersR **75**, 211. Zulässig ist eine Klage auf Verurteilung zum Ersatz des genauen, durch den Bekl dem Kläger erwachsenen, der Höhe nach durch einen Sachverständigen festzustellenden Schadens. Ein solcher Antrag macht den Anspruch seinem ganzen Umfang nach rechtshängig, auch wenn er nach unten begrenzt ist. Der Kläger muß aber Angaben über die Größenordnung dessen machen, was er als angemessen ansieht, BGH LM Nr 54. Ein Zusatz „oder nach richterlichem Ermessen" ist neben einem bestimmten Antrag bedeutungslos.
– **(Feststellungsantrag):** Auch bei ihm, Grdz 9 vor § 253, § 256, ist II Z 2 mitzubeachten, BGH GRUR **85**, 987. Ein Feststellungsantrag ohne Betragsangabe ist zulässig, soweit der Kläger ein rechtliches Interesse an der alsbaldigen Feststellung, § 256, unter der Beschränkung auf den Grund nachweist. Möglich ist auch eine ziffernmäßig beschränkte Teilfeststellungsklage. Auch bei einer verneinenden Feststellungsklage muß der Antrag allerdings grundsätzlich so bestimmt sein, daß der Umfang der Rechtshängigkeit nach § 261 und der Rechtskraft nach § 322 feststeht, LAG Düss BB **75**, 471.
– **(Gestaltungsklage):** Bei einer Gestaltungsklage, Grdz 10 vor § 253, vgl §§ 315 III 2, 343 BGB, ist die gewünschte Gestaltung grundsätzlich eindeutig zu bezeichnen, vgl freilich zB § 2048 S 3, § 2156 S 2 BGB. Ausreichend ist die Herabsetzung einer Vertragsstrafe „auf den angemessenen Betrag".
– **(Rückgabe):** Es kann zulässig sein, „Zahlung Zug um Zug gegen Rückgabe eines Kfz abzüglich x pro km ab km-Stand y bis zum km-Stand bei Rückgabe" zu fordern, Oldb NJW **91**, 1187.
– **(Schmerzensgeld):** Es ist kraft Gewohnheitsrechts grds unbeziffert zulässig, BGH MDR **92**, 520, Schneider MDR **85**, 992. Beim Schmerzensgeldanspruch, § 847 BGB, müssen wenigstens Tatsachen vorgetragen werden, die die Ermittlung eines angemessenen Betrages gestatten, BGH VersR **79**, 472, Ffm VersR **79**, 265, vgl auch § 287; eine Angabe, der Kläger sei erheblich verletzt, genügt nicht, so daß eine etwa mit der Klage zu wahrende Frist nicht eingehalten wird, solange es dem Antrag insofern an der Bestimmtheit fehlt und er daher in der Rechtshängigkeit nicht begründet ist, aM LG Hbg VersR **79**, 64 (die Angaben seien nachholbar). Das Gericht hat den Kläger zu befragen, was er etwa erwartet, Bbg VersR **84**, 875. Bleibt der zuerkannte Betrag wesentlich unter jenem, so erfolgt insofern eine Klagabweisung, BGH VersR **79**, 472, also liegt eine Beschwer vor, Grdz 13 ff vor § 511.
Notwendig ist aber auch beim unbezifferten Schmerzensgeldantrag die Angabe der *vorgestellten Größenordnung*, BGH NJW **99**, 1339 (dann mag freilich mangels Mindestforderung eine spätere Beschwer fehlen), Düss RR **95**, 955, Nürnb VersR **88**, 301, aM Allgaier VersR **87**, 31, Husmann VersR **86**, 715.
Ausreichend ist auch ein Sachvortrag, der dem Gericht die Ermittlung der Größenordnung ohne weiteres erlaubt, BAG NJW **84**, 1651, Lemcke-Schmalzl/Schmalzl MDR **85**, 362, oder eine *bezifferte Mindestforderung*, BGH LM § 511 Nr 25 und 26, Lindacher AcP **82**, 275 (freilich ist ein Mindestbetrag nur ein Pol, BGH MDR **78**, 44). Die Bezifferung usw ist in der Berufungsinstanz nachholbar, Köln VersR **85**, 844. Andernfalls kann eine Beschwer fehlen, Köln MDR **88**, 62.
– **(Unbezifferter Leistungsantrag):** Nötig ist bei einem unbezifferten Leistungsantrag auf Schmerzensgeld, s das vorangegangene Stichwort, oder aus anderem Rechtsgrund, dazu Dunz NJW **84**, 1734 (Rspr-Üb), entweder die Angabe der *vorgestellten Größenordnung*, Rn 57. Nötig und ausreichend kann auch ein Sachvortrag sein, der dem Gericht die Ermittlung der Größenordnung ohne weiteres erlaubt, BAG NJW **84**, 1651, Lemcke-Schmalzl/Schmalzl MDR **85**, 362, oder eine *bezifferte Mindestforderung*, Rn 58. Alles das ist innerhalb einer etwaigen Klagefrist vorzutragen. Wegen der Änderung bei einer Berufung Zweibr JZ **78**, 244.
– **(Urlaubsfreude):** LG Hann NJW **89**, 1936 läßt den Anspruch nach § 651 f II BGB ohne Bezifferung zu, da er schmerzensgeldähnlich ist.
**Bezugnahme:** Rn 39.
**Computerprogramm:** Zu den Anforderungen an die Darlegungslast BGH MDR **91**, 503 (ausf).
**Dingliche Klage:** Bei einer solchen Klage ist, soweit nicht eine Eigentumsvermutung eingreift, etwa nach § 1006 BGB, die Angabe der Erwerbstatsache notwendig, BGH LM § 985 BGB Nr 1. Bei der dinglichen Befriedigungsklage bzw Duldungsklage nach § 1147 BGB muß der Antrag auf eine Verurteilung zur Duldung der Zwangsvollstreckung in das Grundstück und in mithaftende Gegenstände zur Befriedigung

## § 253

des Klägers wegen der Hypothek und der Nebenforderungen gelten. Entsprechendes gilt bei einer Klage aus einem Schiffspfandrecht.

**Dritter:** Im Fall eines Antrags auf die Unterlassung einer Beeinträchtigung muß der Gegner sich erschöpfend verteidigen können, auch wenn er dabei einen Dritten nennen muß, Hbg MDR **72**, 1033. Der Kläger muß einen herausverlangten Gegenstand ausreichend und auch für einen Dritten zweifelsfrei erkennbar bezeichnen, BAG BB **72**, 1139. Dasselbe gilt für ein herausverlangtes Recht. Also ist es unzureichend, nur das Betriebsvermögen zu nennen; man muß auch die zugehörigen Verlags-, Aufführungs- und mechanischen Rechte nennen, BGH LM § 325 Nr 10.

**Duldung der Zwangsvollstreckung:** Rn 100 „Zwangsvollstreckung".

**Duldungsklage:** S „Dingliche Klage".

**62 Entlassung:** Rn 46.

**Entschädigung:** Die grundsätzliche Notwendigkeit einer Bezifferung, Rn 49 ff, gilt auch im Fall eines Entschädigungsanspruchs, BGH LM Nr 54, BayObLG **82**, 422, Stgt NJW **78**, 2209 (StPO). Bei einer Klage nach dem BEG ist eine Bezugnahme auf den angefochtenen Bescheid und die Akten der Entschädigungsbehörde ausreichend, BGH LM § 563 Nr 12.

**Erbrecht:** Bei der Klage wegen eines Pflichtteilsanspruchs, den man zunächst noch ermitteln muß, kann ein unbezifferter Antrag zulässig sein, Karlsr BB **73**, 119. Bei der Klage auf eine Erbauseinandersetzung, § 2042 BGB, muß schon die Klage einen genauen Auseinandersetzungsplan enthalten, KG NJW **61**, 733.

**63 Ermessen:** Soweit keine Bezifferung, Rn 49, erforderlich ist, muß der Kläger wenigstens sonstige tatsächliche Unterlagen für das dann notwendige richterliche Ermessen beibringen, BGH LM Nr 53 und 54. Sie müssen für eine Schätzung nach § 287 genügen, falls diese überhaupt zulässig ist, BGH LM Nr 49. Der Kläger muß Angaben über die Größenordnung dessen machen, was er als angemessen ansieht, Rn 59, BGH LM Nr 54. Ein Zusatz „oder nach richterlichem Ermessen" ist neben einem bestimmten Antrag bedeutungslos. Nach § 38 ArbNEG, Rn 6, ist ein Antrag auf die Zahlung eines vom Gericht zu bestimmenden angemessenen Betrages zulässig.

S auch Rn 49–59, Rn 86 „Schadensersatz", „Schmerzensgeld".

**Ersatz:** Rn 49–59, Rn 86.

**Euro:** Vgl *von Borries/Glonib*, Beck-Ratgeber Euro-Währung, 1997.

**64 Feststellungsklage:** Bei einer Feststellungsklage, Grdz 9 vor § 253, § 256, genügt eine bestimmte Bezeichnung des Rechtsverhältnisses, die den Umfang der Rechtshängigkeit und der Rechtskraft der begehrten Feststellung nicht ungewiß läßt, § 256 Rn 42, 43, BGH RR **94**, 1272, BAG DB **92**, 1195. Erforderlich ist ferner die Bezeichnung aller tatsächlichen Unterlagen für die genaue Feststellung BGH NJW **83**, 2250. Ein Feststellungsantrag ohne Betragsangabe ist zulässig, wenn der Kläger ein rechtliches Interesse an der alsbaldigen Feststellung unter der Beschränkung auf den Grund nachweist. Möglich ist auch eine ziffernmäßig beschränkte Teilfeststellungsklage. Auch bei der negativen Feststellungsklage muß der Antrag so bestimmt sein, daß der Umfang der Rechtshängigkeit und der Rechtskraft klar sind, BAG DB **92**, 1196, LAG Düss BB **75**, 471. Bei einer negativen Feststellungsklage, die sich auf einen Teilbetrag beschränkt, der sich aus mehreren selbständigen Ansprüchen zusammensetzt, muß entsprechend dem zu B Gesagten angegeben werden, für welche einzelnen Ansprüche oder Teile von ihnen die Feststellung begehrt wird, BGH LM § 256 Nr 45. Aus der Klagebegründung oder der Streitwertangabe kann sich eine Beschränkung des Feststellungsbegehrens ergeben (für die Verjährung von Bedeutung).

**Frachtgeschäft:** Rn 231–233 „Werkvertrag".

**65 Fragepflicht:** Das Gericht muß den Kläger fragen, was er etwa erwartet, wenn die Angaben des Klägers beim unbezifferten Antrag nicht ausreichen, § 139, Bbg VersR **84**, 875. Wenn der zuerkannte Betrag wesentlich unter demjenigen bleibt, den der Kläger wenigstens auf die Frage genannt hat, so muß insofern eine Klagabweisung erfolgen, BGH VersR **79**, 472. Insofern liegt also auch eine Beschwer vor, Grdz 13 vor § 511.

**Freistellung:** Ein Antrag mit dem Ziel der Freistellung von einer Verbindlichkeit ist grundsätzlich als eine Leistungsklage einzustufen, Grdz 8 vor § 253, Bischof ZIP **84**, 1444. Wenn er freilich keinerlei Angaben über den Umfang der Verbindlichkeit enthält, ist er regelmäßig zu unbestimmt, weil zur Vollstreckbarkeit ein weiterer, den Umfang klärender Prozeß notwendig wäre, KG MDR **99**, 118, Saarbr FamRZ **99**, 110, Stgt JB **98**, 324. Das Gericht muß aber im Rahmen von § 139 klären, ob eine Umdeutung in einen Feststellungsanspruch möglich ist, BGH FamRZ **80**, 655.

**Fremdwährung:** Rn 31.

**66 Gemeinschaft:** S „Gesellschaft, Gemeinschaft".

**Gesamtforderung:** Rn 43, 76.

**Gesamtgläubiger:** Rn 76.

**Gesellschaft, Gemeinschaft:** Nicht ausreichend ist ein Antrag, „an der Durchführung der Auseinandersetzung und an der Erstellung der Auseinandersetzungsbilanz mitzuwirken", BGH DB **81**, 366, oder ein Antrag „zusammen mit dem Kläger die Auseinandersetzung der BGB-Gesellschaft der Parteien durchzuführen", Hamm BB **83**, 1304. Zur Klage nach § 61 GmbHG Becker ZZP **97**, 314. Zur Verweigerung der Zustimmung zur Übertragung eines Gesellschaftsanteils Kblz DB **89**, 672.

S auch Rn 62 „Erbrecht".

**Gestaltungsklage:** Bei der Gestaltungsklage, Grdz 10 vor § 253, vgl zB §§ 315 III 2, 343 BGB, ist die gewünschte Gestaltung grundsätzlich einheitlich zu bezeichnen, vgl freilich zB § 2048, S 3, § 2156 S 2 BGB. Der Kläger darf die Ausübung seines Bestimmungsrechts nicht über das Gesetz hinaus dem Gericht überlassen, BGH JR **73**, 610. Ausreichend ist zB die Herabsetzung einer Vertragsstrafe „auf den angemessenen Betrag".

**67 Größenordnung:** Soweit eine unbezifferte Klage zulässig ist, Rn 49–59, muß der Kläger entweder den vorgestellten Mindestbetrag oder jedenfalls die Größenordnung des begehrten Betrags angeben, BGH VersR **84**, 740 (der BGH läßt unter Umständen die bloße direkte oder sogar nur stillschweigende Streitwertangabe genügen), Düss RR **95**, 955. Ausreichend ist auch ein Sachvortrag, der dem Gericht die

1. Titel. Verfahren bis zum Urteil § 253

*Ermittlung* der Größenordnung ohne weiteres *erlaubt,* BAG NJW **84**, 1651, Lemcke-Schmalzl/Schmalzl MDR **85**, 362. Der Kläger muß auch Angaben über die Größenordnung dessen machen, was er als „angemessen" ansieht, BGH **LM** Nr 54. Im Fall einer Zusammenfassung mehrerer Ansprüche in einer einheitlichen Gesamtsumme oder im Fall der Mehrheit von Gläubigern oder Schuldnern ist jeder einzelne Anspruch, soweit er unbeziffert ist, der Größenordnung nach zu bezeichnen; dabei darf sich der Kläger mit einer abweichenden Aufteilung des Gesamtbetrags durch das Gericht einverstanden erklären, insbesondere beim Familienunterhalt, BGH **LM** § 844 II BGB Nr 46, oder bei einem Entschädigungsanspruch, soweit sich der Eingriff gegen den Grundstückseigentümer, den Nutzungsberechtigten und den Inhaber des Gewerbebetriebs richtet, BGH **LM** Nr 26. Die Bezifferung usw ist in 2. Instanz nachholbar, Köln VersR **85**, 844.

S auch Rn 49–59, Rn 86 „Schadensersatz", „Schmerzensgeld".

**Grundstück:** Bei der dinglichen Befriedigungsklage, § 1147 BGB, muß der Antrag auf die Verurteilung zur **68** Duldung der Zwangsvollstreckung in das Grundstück und in mithaftende Gegenstände zur Befriedigung des Klägers wegen der Hypothek und der Nebenforderungen lauten. Ein Antrag auf die Annahme eines noch abzugebenden Angebots kann ausreichen BGH NJW **86**, 1983. Ausreichend ist ein Antrag, es zu unterlassen, den Kläger an der ungehinderten Ausübung des Besitzes zu stören, aM Düss NJW **86**, 2512.

**Herausgabe:** Ein herausverlangter Gegenstand, auch eine Urkunde, ist ausreichend und auch für einen **69** Dritten zweifelsfrei erkennbar zu bezeichnen, BAG BB **72**, 1139, Köln MDR **97**, 1059, AG Coburg DGVZ **95**, 77. Dasselbe gilt für ein herausverlangtes Recht. Also ist es unzureichend, nur das Betriebsvermögen zu nennen; insbesondere sind auch die dazugehörigen Verlags-, Aufführungs- und mechanischen Rechte zu nennen. Ausreichend sind zB der Antrag, „die in diesen Bauwerken aufgestellten Maschinen herauszugeben", nicht ausreichend „eine Zahnarztpraxis", KG MDR **97**, 1058, oder ein Antrag auf Nutzungsentschädigung „bis zur Herausgabe", BGH NJW **99**, 954.

**Hilfsantrag:** Eine Angabe des Eventualverhältnisses ist zulässig, § 260 Rn 8, und dann auch notwendig. Der **70** Kläger muß die Rangfolge des Haupt- und der Hilfsanträge nennen; die Erklärung, daß die Reihenfolge der Prüfung dem Gericht überlassen bleiben solle, ist unzulässig, aM BGH ZMR **73**, 171. Soweit der Kläger gegen diese Anforderungen verstößt, werden trotzdem im Fall einer späteren Aufteilung alle Einzelansprüche bis zur Höhe der Klagesumme rechtshängig, BGH **LM** § 209 BGB Nr 8. Der Kläger kann auch einen Anspruch voll, die anderen hilfsweise in bestimmter Reihenfolge geltend machen, etwa Heizungskosten, Verdienstausfall, Schmerzensgeld. §§ 139, 278 III sind zu beachten. Jedoch genügt ein Hinweis auf Bedenken gegen die Zulässigkeit, selbst wenn der Vorderrichter sie bejahte, BGH JZ **75**, 449. Eine vom Kläger gewählte Rangfolge der Haupt- und Hilfsanträge ist für das Gericht verbindlich, § 308 I. Eine vom Kläger gewählte Rangfolge der Begründung bindet das Gericht aber nicht, Köln MDR **70**, 686.

S auch Rn 97 „Wahlschuld".

**Hypothek:** Bei der dinglichen Befriedigungsklage nach § 1147 BGB muß der Antrag auf die Verurteilung zur Duldung der Zwangsvollstreckung in das Grundstück und in mithaftende Gegenstände zur Befriedigung des Klägers wegen der Hypothek und der Nebenforderungen lauten. Entsprechendes gilt bei der Klage aus einem Schiffspfandrecht.

**Immission:** Rn 99 „Zuführung".

**Inbegriff:** Ein Inbegriff von Sachen und/oder Rechten, etwa beim Warenlager, erfordert im Rahmen des **71** vernünftigerweise Möglichen die Aufzählung aller einzelnen Gegenstände, Schmidt BB **88**, 6.

**Kartellrecht:** Auch hier muß der Anspruch bestimmt sein, Hbg WettbR **97**, 214.

**Kind:** Rn 88 „Unterhalt". **72**

**Kapitalabfindung:** Ein Antrag, der nicht ersehen läßt, ob der Kläger eine Kapitalabfindung oder eine Rente verlangt, ist zu unbestimmt.

**Klagefrist:** Grundsätzlich hat der Kläger entweder die Bezifferung oder die Angabe der vorgestellten Größenordnung oder des Mindestbetrags innerhalb einer Klagefrist vorzunehmen. Die Angabe, der Kläger sei erheblich verletzt, genügt nicht, so daß eine Klagefrist nicht gewahrt wäre, wenn es dem Antrag insofern an der Bestimmtheit fehlt und er daher eine Rechtshängigkeit nach § 261 nicht begründen kann, aM LG Hbg VersR **79**, 64 (die Angaben seien nachholbar). Das Gericht hat den Kläger zu befragen, was er etwa erwartet, § 139, Bbg VersR **84**, 875. Bleibt der zuerkannte Betrag wesentlich unter jenem, so erfolgt insofern eine Klagabweisung, BGH VersR **79**, 472, also liegt eine Beschwer vor, Grdz 13 vor § 511.

**Klagegrund:** Rn 32. Ungenügend ist die unterschiedslose Angabe von Klagegründen ohne eine betragsmäßige Aufteilung auf den Klagantrag.

**Kontenblatt:** Beim unbezifferten Klagantrag genügt es, daß sich der geforderte Geldbetrag nach den **73** gegebenen Unterlagen ohne weiteres genau berechnen läßt, BGH WertpMitt **82**, 68, zB aus verständlichen, übersichtlichen Kontenblättern als Anlagen, Schlesw SchlHA **77**, 32. Belege, die der Bekl vorlegen soll, sind in zumutbarem Umfang schon in der Klage zu bezeichnen, BGH NJW **83**, 1056. Insgesamt darf der Kläger aber nicht diejenige Arbeit dem Gericht überlassen, die er selbst zumutbar vornehmen könnte.

**Kosten,** vgl BGH RR **96**, 1402: Es ist nicht zulässig, die Bezifferung des Haupt- oder Hilfsanspruchs zu unterlassen, nur um einem Kostenrisiko zu entgehen. Ein Kostenantrag ist wegen § 308 II zwar unnötig, trotzdem unter Umständen zweckmäßig. Denn ein gestempeltes Versäumnis- oder Anerkenntnisurteil nimmt oft nur auf die Klageschrift Bezug und müßte dann abgeändert werden, Stürner ZZP **91**, 359.

**Kraftfahrzeug:** Rn 77 „Merkantiler Minderwert", Rn 97 „Wandlung".

**Kündigungsschutzklage,** dazu *Diller* NJW **98**, 663 (ausf): Bei einer Kündigungsschutzklage genügen Angaben, aus denen man ersehen kann, wo der Kläger tätig war, gegen wen er sich wendet und daß er seine Entlassung nicht als berechtigt anerkennt, BAG NJW **82**, 1174.

S auch Rn 46.

**Künftige Leistung:** Ein vertraglich begründeter Unterlassungsanspruch kann durch eine Leistungsklage, **74** Grdz 8 vor § 253, nicht für die Vergangenheit, sondern nur für die zukünftigen Leistungen eingeklagt

werden, § 259, BGH **LM** § 241 BGB Nr 2, aM RoSGo § 93 II 2c (§ 259 sei beim Unterlassungsanspruch unanwendbar, da dieser auf eine gegenwärtige Leistung gehe.
S auch Rn 86 „Schadensersatz".

75 **Leistungsklage:** Der Leistungskläger, Grdz 8 vor § 253, muß infolge der Parteiherrschaft, Rn 39, die Leistung so genau bezeichnen, daß der Bekl sein Risiko erkennen und sich demgemäß erschöpfend verteidigen kann, BGH MDR **93**, 632, daß ferner das entsprechende Urteil klar die Grenzen der Rechtskraft erkennen läßt und daß es demgemäß für die Zwangsvollstreckung klar ist, BGH NJW **84**, 2347, BAG NJW **85**, 646, Köln MDR **97**, 1059. Das gilt besonders auch für eine Unterlassungsklage. Ein geforderter Geldbetrag ist grundsätzlich zu beziffern, Ffm FamRZ **82**, 1223. Ausnahmen gelten nur, wenn das unmöglich oder dem Kläger aus gesonderten Gründen nicht zuzumuten ist, vgl auch § 287, Düss DNotZ **78**, 684; Bull JR **75**, 449 fordert eine Gesetzesänderung, Röhl ZZP **85**, 73, **86**, 326 hält einen unbezifferten Antrag für überflüssig und fordert dessen Unzulässigkeit, aM Karlsr BB **73**, 119 bei einem ermittlungsbedürftigen Pflichtteilsanspruch.
S auch Rn 43, Rn 63 „Ermessen", Rn 86 „Schadensersatz" usw.

**Marke:** Der Antrag, die markenmäßige Verwendung einer Bezeichnung zu unterlassen, ist hinreichend bestimmt, Köln GRUR **88**, 220.

76 **Mehrheit von Gläubigern:** Mehrere Gläubiger, §§ 59 ff, müssen angeben, welchen Betrag ein jeder fordert, dürfen sich also nicht auf die Gesamtforderung aller beschränken, BGH NJW **81**, 2462, sondern dürfen sich allenfalls mit einer vom Antrag abweichenden Aufteilung im Rahmen der Gesamtforderung aller einverstanden erklären, BGH **81**, 2462. Um den Umfang der Rechtskraft später klarstellen zu können, können Ansprüche mehrerer Personen gegen denselben Bekl aufgrund desselben Ereignisses nicht in einer Summe zusammengefaßt, sondern müssen einzeln angegeben werden, Ffm FamRZ **80**, 721. Bei einem Schadensersatzklage wegen eines Unfalls ist es zulässig, daß mehrere Ersatzberechtigte gemeinsam klagen, wobei sie mangels etwaiger Gesamtgläubigerschaft zwar ein jeder den ihn betreffenden Anspruch der Größenordnung nach bezeichnen müssen, sich aber mit einer abweichenden Aufteilung des Gesamtbetrages durch das Gericht einverstanden erklären dürfen, insbesondere beim Familienunterhalt, BGH **LM** § 844 II BGB Nr 46, ebenso bei einem Entschädigungsanspruch, wenn die Eingriffe sich gegen den Grundstückseigentümer, den Nutzungsberechtigten und den Inhaber des Gewerbebetriebs richten, BGH LM Nr 26.
S auch Rn 43–45.

77 **Merkantiler Minderwert:** Bei ihm sind Alter und Zustand des Fahrzeugs, Art der Unfallschäden, Reparaturkosten, etwaige technische Mängel, die Anzahl der Vorbesitzer und Vorschäden, schließlich die Zulassungsdaten anzugeben, Darkow VersR **75**, 211.

**Miete:** Eine Klage auf vertragsgemäße Betriebskostenabrechnung bedarf evtl keiner Präzisierung im einzelnen, LG Kassel WoM **91**, 358. Aber Vorsicht!

**Mindestforderung:** Sofern der Kläger überhaupt einen unbezifferten Klagantrag stellen kann, Rn 49–59, muß er entweder die bezifferte Mindestforderung oder diejenige Größenordnung angeben, die dem Gericht die Ermittlung des angemessenen Betrags ohne weiteres erlaubt, BAG NJW **84**, 1651, Lemcke-Schmalzl/Schmalzl MDR **85**, 362. Die Bezifferung usw ist in der Berufungsinstanz nachholbar, Köln VersR **85**, 844.

78 **Nachbarrecht:** Nicht ausreichend ist ein Antrag, „die Grenze so zu befestigen, daß das Nachbargrundstück so wie vor dem Abgraben belastet werden kann", BGH NJW **78**, 1584. Beim länderrechtlich geregelten Anspruch auf Zurückschneiden ist darauf zu achten, daß die bloße Forderung nach einem Rückschnitt der Höhe nach zumindest mißverständlich ist, da der Anspruch auf Zurückschneiden mehr, nämlich auch den Seitenabstand zur Grenze, umfaßt.

**Negative Feststellungsklage:** Rn 64.

**Nutzungsentschädigung:** Rn 69 „Herausgabe".

79 **Ostmark:** Rn 31.

80 **Pflichtteil:** Rn 62 „Erbrecht".

**Preis:** Es kann zulässig sein, den „angemessenen Preis" oder eine „angemessene Vergütung" zu verlangen, BAG BB **77**, 1356, strenger BGH ZZP **86**, 322. Damit darf der Kläger aber nicht das Risiko einer Beweisaufnahme oder der Kosten beseitigen.

**Preisbindung:** Bei der Preisbindungsklage ist eine bestimmte Bezeichnung jedes einzelnen Buchs und des insoweit gebundenen Preises erforderlich. Bei der Unterbietung eines preisgebundenen Buchsortiments muß der Kläger die einzelnen Teile des Sortiments nennen. Es genügt aber ein Antrag, „die Unterbietung der jeweils hierfür geltenden Preise zu unterlassen".
S auch Rn 98 „Wettbewerbsrecht".

81 **Rente:** Ein Antrag, der nicht ersehen läßt, ob der Kläger eine Kapitalabfindung oder eine Rente verlangt, ist zu unbestimmt. Eine Verdienstausfallrente zugunsten eines nicht Selbständigen ist auf den Zeitraum der aktiven Dienstzeit zu begrenzen, BGH BB **95**, 2292 (meist 65. Lebensjahr).
Unzureichend ist ein Antrag auf Rentenzahlung „bis zur Wiedererlangung der vollen Arbeitskraft", BGH NJW **99**, 954.
S auch Rn 49–59, Rn 86 „Schadensersatz", Rn 88 „Unterhalt".

**Recht:** Rn 69.

82 **Rechtshängigkeit:** Falls der Kläger nur einen Teilanspruch geltend macht, entsteht auch nur insofern Rechtshängigkeit nach § 261, Bbg NJW **74**, 2003. Wenn der Kläger zunächst die erforderliche Angabe, in welcher Reihenfolge er die Anträge geprüft wissen wolle, unterlassen hat, diese Angabe aber später nachholt, auch zB später das Eventualverhältnis angibt, § 260 ZPO, werden alle Einzelansprüche bis zur Höhe der Klagesumme doch noch rechtshängig, BGH **LM** § 209 BGB Nr 8. Ein Antrag auf die Verurteilung des Bekl zum Ersatz des gesamten dem Kläger erwachsenen, der Höhe nach durch einen Sachverständigen festzustellenden Schadens macht den Anspruch seinem ganzen Umfang nach rechtshängig, auch wenn er nach unten begrenzt ist. Der Kläger muß aber Angaben über die Größenordnung dessen

## 1. Titel. Verfahren bis zum Urteil § 253

machen, was er als angemessen ansieht, BGH LM Nr 54. Auch bei der verneinenden Feststellungsklage nach § 256 muß der Kläger den Antrag so bestimmt fassen, daß der Umfang der Rechtshängigkeit klar ist, LAG Düss BB **75**, 471. Solange der Antrag nicht bestimmt genug gefaßt ist, kann keine Rechtshängigkeit entstehen, LG Hbg VersR **79**, 64.

**Rechtskraft:** Der Kläger muß so bestimmte Angaben über Gegenstand und Grund des erhobenen Anspruchs machen, daß keine Ungewißheit über den Umfang der Rechtskraft des begehrten Anspruchs besteht, § 322 Rn 9, BGH NJW **84**, 2347, BAG NJW **85**, 646, Kblz GRUR **85**, 61. Das gilt besonders auch für die Unterlassungsklage. Um den Umfang der Rechtskraft später klarstellen zu können, können mehrere Kläger ihre Ansprüche gegen denselben Bekl auf Grund desselben Ereignisses nicht in einer einzigen Summe zusammenfassen, sondern müssen angeben, wer wieviel verlangt, Ffm FamRZ **80**, 721. 83
S auch Rn 43–45.

**Rechtsschutzbedürfnis:** Zum Rechtsschutzbedürfnis bei der Unterlassungsklage Grdz 41–44 vor § 253. Zum Klagegrund gehört auch die nötige Darlegung des Rechtsschutzbedürfnisses.

**Reihenfolge:** Soweit der Kläger aus mehreren selbständigen Ansprüchen nur Teilbeträge oder einen Anspruch voll, andere nur teilweise geltend macht, muß er angeben, welchen Teilbetrag er von jedem dieser Ansprüche in welcher Reihenfolge verlangt, BGH NJW **84**, 2347, Schlesw MDR **76**, 50. Der Kläger kann auch einen Anspruch voll, die anderen hilfsweise in bestimmter Reihenfolge geltend machen, § 260 Rn 8, zB bei Heilungskosten, Verdienstausfall, Schmerzensgeld. §§ 139, 278 III sind zu beachten. Jedoch genügt ein Hinweis auf Bedenken gegen die Zulässigkeit, selbst wenn der Vorderrichter sie bejahte, BGH JZ **75**, 449. Eine Erklärung, daß die Reihenfolge der Prüfung dem Gericht überlassen bleiben soll, ist unzulässig, aM BGH ZMR **73**, 171. Eine vom Kläger gewählte Rangfolge der Haupt- und Hilfsanträge ist für das Gericht verbindlich, § 308 I; eine vom Kläger gewählte Rangfolge der Begründung bindet das Gericht nicht, Köln MDR **70**, 686. 84
S auch Rn 43–45.

**Sachbefugnis:** Zum Klagegrund gehört auch die etwa notwendige Darlegung der Sachbefugnis und des Prozeßführungsrechts, Grdz 22 vor § 50. 85

**Sachenrechtsbereinigungsgesetz:** Vgl §§ 104, 105 SachenRBerG, abgedruckt vor Rn 1.

**Sachverständiger:** Eine Klage auf die Verurteilung zum Ersatz des gesamten dem Kläger erwachsenen, der Höhe nach durch einen Sachverständigen festzustellenden Schadens ist zulässig. Ein solcher Antrag macht den Anspruch seinem ganzen Umfang nach rechtshängig, auch wenn er nach unten begrenzt ist. Der Kläger muß aber Angaben über die Größenordnung dessen machen, was er als angemessen ansieht, BGH LM Nr 54. Den Beweisantrag „Sachverständigengutachten" ersetzt die Darlegung von Berechnungs- und Schätzungsgrundlagen grundsätzlich nicht, BGH MDR **75**, 741.
S auch Rn 49–59.

**Saldo:** Rn 45.

**Schadensersatz:** Die Grundsätze zur Notwendigkeit der Bezifferung, s dort, gelten auch bei einem Schadensersatzanspruch, BGH LM Nr 46, Kblz MDR **79**, 587. Eine ziffernmäßige Angabe ist nicht unbedingt notwendig, so zB nicht beim Schmerzensgeld, s dort, oder im Fall der Notwendigkeit einer hypothetischen Schadensberechnung, vgl BGH NJW **70**, 281. Es kann ausreichen zu beantragen, den Bekl zu verurteilen, „Schadensersatz aus dem Verkehrsunfall vom ... zu zahlen", Ffm MDR **75**, 334. Der Kläger muß aber entweder die vorgestellte *Größenordnung*, BAG NJW **84**, 1651, Lemcke-Schmalzl/Schmalzl MDR **85**, 362, oder eine bezifferte *Mindestforderung* nennen, BGH MDR **78**, 44, Lindacher AcP **82**, 275 (freilich ist ein Mindestbetrag nur ein Pol im Spannungsfeld). 86
S auch Rn 49 „Bezifferung", Rn 56 „Schmerzensgeld".

**Schätzung:** Soweit es ausreicht, tatsächliche Unterlagen für ein richterliches Ermessen, s dort, beizubringen, müssen sie eine Schätzung nach § 287 erlauben, soweit diese überhaupt zulässig ist, BGH LM Nr 49.

**Schiffspfandrecht:** Bei einer Klage aus einem Schiffspfandrecht muß der Antrag auf die Verurteilung zur Duldung der Zwangsvollstreckung in das Schiff und in mithaftende Gegenstände zur Befriedigung des Klägers wegen des Schiffspfandrechts und der Nebenforderungen lauten.

**Schmerzensgeld:** Rn 49 „Bezifferung", Rn 86 „Schadensersatz".

**Software:** Rn 60 „Computerprogramm",

**Streitwert:** Beim unbezifferten Klagantrag läßt BGH VersR **84**, 740 unter Umständen die bloße direkte oder sogar nur stillschweigende Wertangabe als Bezifferung ausreichen, dazu krit Grossmann JR **82**, 158.

**Stufenklage:** § 254 Rn 1, 2.

**Teilbetrag:** Rn 43 „Anspruchsmehrheit", Rn 82 „Rechtshängigkeit", Rn 94 „Verjährung". 87

**Unbezifferter Antrag:** Rn 49 „Bezifferung". 88

**Unterhalt:** Die grundsätzliche Notwendigkeit einer Bezifferung, s dort, gilt an sich auch bei einem Unterhaltsanspruch, Ffm FamRZ **82**, 1223, Mü FamRZ **94**, 836, aM Spangenberg MDR **82**, 188. Jedoch ist es ausreichend, wenn das Kind „den Regelunterhalt" usw fordert, § 642. Der Kläger muß mehrere verlangte Unterhaltsarten einzeln beziffern, Karlsr FamRZ **85**, 630. Jeder Gläubiger muß seinen Anspruch gesondert beziffern; indessen ist eine Auslegung auch insoweit zulässig, BGH FamRZ **95**, 1132 (reichlich großzügig).

*Ungenügend* sind zB: Der Antrag auf „¹/₃ der Sätze der Düsseldorfer Tabelle", Ffm FamRZ **91**, 1458 (welcher ihrer Sätze?); die Geltendmachung von Kindesunterhalt (in Prozeßstandschaft) und Trennungsunterhalt in *einer*, nicht getrennt dargestellten, Summe, Mü FamRZ **94**, 836.

**Unterlassungsklage,** dazu zB *Pastor/Ahrens*, Der Wettbewerbsprozeß usw, 4. Aufl 1999; *Ritter*, Zur Unterlassungsklage, Urteilstenor und Klageantrag, 1994; *Teplitzky* Festschrift für *Oppenhoff* (1985) 487; *Teplitzky*, Wettbewerbsrechtliche Ansprüche usw, 5. Aufl 1986: 89
Bei Unterlassungsklagen, für die Z 2 mangels abweichender gesetzlicher Vorschriften uneingeschränkt gilt, Düss GRUR **87**, 450, sind *bestimmte* Vorkehrungen *nicht* zu verlangen. Der Antrag ist auf die tatsächlich vorgekommenen Zuwiderhandlungen, KG WettbR **98**, 160 links, oder auf eine Berührung

**§ 253**  2. Buch. 1. Abschnitt. Verfahren vor den LGen

zu stützen, BGH **LM** Nr 34. Aus bestimmten Rechtsverletzungen ist dann der Anspruch auf bestimmte Unterlassungen herzuleiten.

90 Eine *letzte Bestimmtheit* kann im Antrag *nicht* verlangt werden, § 890 Rn 2, BGH **140**, 3 (Gerüche), Mü GRUR **94**, 625, Stgt RR **90**, 1082, da sich nicht alle Fälle voraussehen lassen, BGH **LM** Nr 34, der Gegner sich auch danach einrichtet; aber der Erfolg, der erzielt werden soll, ist bestimmt anzugeben, BGH **LM** Nr 139. Das schützt freilich nicht immer vor einer Teilabweisung. Der Kläger muß auch bei Formulierungsproblemen zumindest das Charakteristische der Handlung eindeutig beschreiben, BGH WettbR **98**, 170, Düss GRUR **87**, 450, also den Kern, BGH WettbR **98**, 170, ebenso wie er bei § 890 beachtlich ist, dort Rn 2. Ein im Antrag benutzter Begriff kann zu unscharf sein, BGH **120**, 327 („Vorteil durch Preisunterbietung"), aber auch reichen, Köln WettbR **97**, 158 („in sonstiger Form auf Preisvorteile hinzuweisen"). Die Abgrenzung des Verbots darf nicht der Zwangsvollstreckung überlassen bleiben, BGH WettbR **98**, 170, BAG NJW **89**, 3237, Düss Rpfleger **98**, 530.

Jedenfalls darf sich der Antrag *nicht* in der *Wiederholung des Gesetzestextes* erschöpfen, BGH NJW **95**, 3188 (auch zu einer Ausnahme bei Rabatt), Zweibr GRUR **87**, 854 (zu § 890), Mattern WertpMitt **72**, 1419, großzügiger Düss RR **88**, 526. Ein allgemeiner Antrag, etwa auf Unterlassung derartiger Beeinträchtigungen, ist unstatthaft, Düss Rpfleger **98**, 530. Der Gegner muß sich erschöpfend verteidigen können, BGH NJW **94**, 246, auch wenn er dabei Dritte nennen muß. So sind bei einer Unterbietung eines preisgebundenen Buchsortiments die einzelnen Teile des Sortiments zu nennen, andererseits genügt, „die Unterbietung der jeweils hierfür geltenden Preise" zu unterlassen.

91 *Ausreichend* kann der Antrag sein, es zu unterlassen Waren anzubieten, von denen kein 3-Tage-Vorrat vorhanden ist, BGH GRUR **87**, 53, oder es zu unterlassen, in einem Anzeigenblatt in redaktionell gestalteten und nicht als Anzeigen kenntlich gemachten Beiträgen für einzelne Unternehmen zu werben, Ffm GRUR **87**, 751, oder dem Bekl aufzugeben, in bestimmten Zeiten geeignete Maßnahmen gegen störende Geräusche (Hundegebell) zu treffen, Köln VersR **93**, 1242, oder die Verpflichtung zu übernehmen, Musik nur in Zimmerlautstärke zu hören, LG Hbg MietR **96**, 6, oder „die erforderlichen" Maßnahmen zur Verhinderung einer Beeinträchtigung zu treffen, Köln RR **90**, 1087, oder das Verbot, in einer Anzeige von dem „Werkstatt für Ihren Opel" zu sprechen, Hamm GRUR **90**, 384. Ausreichen kann ein Antrag, „Bestellungen, auf die wie in den mit der Klage beanstandeten Fällen deutsches Recht anwendbar ist", zu verbieten, Stgt RR **90**, 1082. Das Verbot einer „markenmäßigen" Verwendung einer Bezeichnung kann ausreichen, BGH NJW **91**, 296, Mü MDR **95**, 174 (auch mit Zusatz: „insbesondere . . ."), auch dasjenige eines „werblichen Charakters", BGH NJW **95**, 3181. Über bestimmte Anordnungen bei Wettbewerbsurteilen s Baumbach/Hefermehl UWG. Rechtsschutzbedürfnis: Grdz 41 vor § 253.

92 Eine *vereinbarte* Unterwerfungserklärung kann die Klage unbegründet werden lassen, eine strafbewehrte einseitige nicht, Ffm DB **85**, 968. Für die Vergangenheit kann ein vertraglich begründeter Unterlassungsanspruch nicht durch die Leistungsklage geltend gemacht werden, sondern nur ein solcher, der auf künftige Leistungen gerichtet ist, § 259, BGH **LM** § 241 BGB Nr 2.

93 *Ungenügend* ist der Antrag, es zu unterlassen, Kunden außerhalb von Öffnungszeiten Waren anzubieten bzw zu verkaufen, „sofern es sich nicht um ein Ausbedienen handelt", Kblz GRUR **85**, 61, oder wenn nur die Marke genannt wird, Ffm WettbR **98**, 41, oder der Antrag, es zu verbieten, „im Rahmen eines Schlußverkaufs" näher bezeichnete, nicht schlußverkaufsfähige, Waren „zum Verkauf zu stellen", Kblz GRUR **87**, 296, oder Modelle, die „seit längerer Zeit", nicht mehr geführt werden, ohne die Bezeichnung als Auslaufmodelle anzubieten, Düss GRUR **87**, 450, oder es zu unterlassen, einen Pressebeitrag „werbenden Inhalts ohne publizistischen Anlaß" zu verbreiten, Karlsr WettbR **96**, 6, oder „Werbung in einer Zeitung in Form von redaktionellen Beiträgen zu verbreiten", selbst wenn unter dem Anhängsel „insbesondere" ein Beispiel für sich allein präzise genug wäre, KG GRUR **87**, 719, oder wenn es um „überwiegend pauschale Anpreisung" geht, BGH MDR **98**, 301, oder es zu unterlassen, etwas „ähnlich wie . . .", BGH NJW **91**, 1115, oder etwas „sinngemäß" zu beobachten oder einen bloßen „Eindruck" zu erwecken, Kblz GRUR **88**, 143, oder es zu unterlassen, „Bestellungen (aufzugeben usw), auf die wie in den mit der Klage beanstandeten Fällen deutsches Recht anwendbar ist", BGH RR **92**, 1068, oder es zu unterlassen, einen Pressebeitrag zu veröffentlichen, der „inhaltlich Werbung" sei, BGH MDR **93**, 632, oder es zu unterlassen, einen näher beschriebenen „Eindruck" zu erwecken, wenn nicht zugleich in dem Antrag die konkreten Umstände einbezogen werden, auf denen der Eindruck beruht, Hbg RR **94**, 290.

**Unternehmen:** Rn 46, 71.
**Unterwerfungserklärung:** Eine vereinbarte Unterwerfungserklärung kann die Klage unbegründet werden lassen, eine nicht strafbewehrte einseitige nicht, Ffm DB **85**, 968.
94 **Verbandsklage:** Bei einer Verbandsklage gemäß § 13 AGBG, Grdz 30 vor § 253, muß der Klagantrag auch den Wortlaut der beanstandeten Bestimmung und die Bezeichnung derjenigen Rechtsgeschäfte enthalten, für die der Kläger die Bestimmung beanstandet, § 15 AGBG.
**Verbot:** Rn 89 „Unterlassungsklage".
**Verjährung:** Die Verjährung kann durch eine ungenügend substantiierte Klage unterbrochen werden. Das gilt auch dann, wenn der Kläger die Aufgliederung und die Bezifferung der Einzelforderungen erst nach dem Ablauf der Verjährungsfrist vornimmt, Köln VersR **85**, 844, Arens ZZP **82**, 143. Bei einer Feststellungsklage kann sich aus der Klagebegründung oder der Streitwertangabe eine Beschränkung des Feststellungsbegehrens ergeben; das kann für die Verjährung von Bedeutung sein.
**Versäumnisurteil:** Ein Antrag nach § 331 III ist eine Obliegenheit, Grdz 11 vor § 128.
**Verschulden:** Die grundsätzliche Notwendigkeit einer Bezifferung, s dort, gilt auch zur Frage des Verschuldens oder Mitverschuldens. Ein unbezifferter Antrag steht unter Umständen nicht mit der Klagebehauptung in Übereinstimmung, die etwa das Alleinverschulden des Bekl ergeben soll.
95 **Vertragsstrafe:** Es reicht aus, einen Antrag zu stellen, eine Vertragsstrafe „auf den angemessenen Betrag" herabzusetzen.
S auch Rn 63 „Ermessen".

## 1. Titel. Verfahren bis zum Urteil § 253

**Verursachung:** Die grundsätzliche Notwendigkeit einer Bezifferung, s dort, gilt auch zur Frage der Verursachung oder Mitverursachung.
**Verzugszinsen:** Der Kläger braucht die Höhe von Verzugszinsen nur dann darzulegen, wenn sie den gesetzlichen Zinsfuß von 4%, § 288 I 1 BGB, bzw beim beiderseitigen Handelsgeschäft 5%, § 352 I 1 HGB, übersteigen. Auch höhere Zinsen braucht er erst dann näher darzulegen, wenn der Bekl diese bestritten hat (auch vorgerichtlich!) oder im Rechtsstreit bestreitet, BGH MDR **77**, 296. Freilich kann ein jetzt angebotener Beweis verspätet sein, §§ 282, 296.
**Vollstreckung:** Rn 100 „Zwangsvollstreckung".
**Vorlage:** Ungenügend ist die Forderung der Vorlage „geeigneter" Unterlagen, BGH FamRZ **95**, 1060.
**Vornahme einer Handlung:** Bei der Klage auf die Vornahme einer Handlung, vgl §§ 887, 888, muß der Kläger deren Art und Umfang so bestimmen, wie ihm zumutbar, bezeichnen, BGH NJW **78**, 1584, Kblz RR **98**, 1770. Es kann ausreichen zu beantragen, „das Haus mit einem funktionsfähigen Fahrstuhl zu versehen", LG Hbg MDR **76**, 847. Bei einer Beseitigung von Baumängeln genügt deren bestimmte Bezeichnung und die Angabe des verlangten Erfolgs, eine Angabe der Beseitigungsmethode ist nicht erforderlich, Mü MDR **87**, 945 (zu § 887). Unzureichend kann ein Antrag sein, „zu veranlassen", daß eine Eintragung bei einer privaten Auskunftsstelle gelöscht werde, LAG Mü VersR **85**, 151.
S auch Rn 99 „Willenserklärung".
**Vorvertrag:** Wenn ein Vertragspartner auf Grund eines Vorvertrags den Abschluß des Hauptvertrags erzwingen will, kann eine Klage auf die Abgabe eines vom Bekl zu formulierenden Angebots unzureichend, vielmehr eine Klage auf die Annahme eines vom Kläger genau zu formulierenden Angebots notwendig sein, BGH NJW **84**, 479. Etwas anderes kann gelten, wenn der beurkundungsbedürftige Hauptvertrag im Vorvertrag noch nicht vollständig ausformuliert war, BGH NJW **86**, 2825. Gerade dann kann es aber auch notwendig sein, den gesamten Inhalt des Hauptvertrags in den Klageantrag aufzunehmen, BGH WoM **94**, 71.
**Wahlantrag:** § 260 Rn 7.
**Wahlschuld:** Bei einer Wahlschuld genügt ein Antrag auf eine wahlweise Verurteilung nach der Wahl des Gläubigers oder des Schuldners, strenger ZöGre 16 (der Gläubiger müsse schon in der Klage wählen). Verfehlt ist ein Wahlantrag auf die Herausgabe, § 985 BGB, oder auf den Ersatz oder auf die Zahlung mit der Anheimgabe, stattdessen herauszugeben. Richtig ist ein Antrag auf den Ersatz im Fall der Nichtherausgabe mit einer Frist nach §§ 283 BGB, 255, sofern § 259 zutrifft.
**Währung:** Rn 31.
**Wandlung:** Der Antrag auf Rückzahlung des Kaufpreises eines Kfz „nach Wandlung" kann ausreichen, wenn man den Betrag nach dem Kilometerstand bei Rückgabe errechnen kann, Oldb MDR **91**, 249.
**Warenlager:** Rn 71 „Inbegriff".
**Wertsicherungsklausel:** Es gelten im wesentlichen dieselben Abgrenzungsmerkmale wie beim Vergleich mit einer Wertsicherungsklausel, § 794 Rn 34 „Wertsicherungsklausel". Eine solche Klausel ist im Antrag und Tenor nicht schlechthin, wohl aber dann unzulässig, wenn sie nur nach vielen Faktoren („dynamische Rente") in eine Endsumme umsetzbar ist, BGH LM Nr 49.
S auch Rn 31.
**Wettbewerbsrecht:** Es kann ausreichen zu beantragen, „Körperpflegemittel in solchen Aufmachungen als Zugabe zu gewähren, die mit handelsüblichen Verkaufseinheiten verwechslungsfähig sind", BGH NJW **70**, 701; „Flaschenbier zu denjenigen Preisen und Konditionen zu liefern, die der Beklagte Großhändlern einräumt, deren Umsätze mit denen des Klägers vergleichbar sind", Kblz GRUR **80**, 753.
S auch Rn 86 „Schadensersatz", Rn 89 „Unterlassungsklage", Rn 93 „Unterwerfungserklärung", Rn 98 „Widerruf", Rn 99 „Willenserklärung".
**Widerruf:** Der Kläger muß angeben, wer einen Widerruf wem gegenüber erklären soll, BGH GRUR **66**, 272.
S auch Rn 96 „Willenserklärung".
**Willenserklärung:** Bei der Klage auf die Abgabe einer Willenserklärung, vgl § 894, muß grundsätzlich ihr Wortlaut mitgeteilt werden, so daß bei seiner unveränderten Übernahme in den Tenor der Text der mit der Rechtskraft als abgegeben geltenden Erklärung feststeht, vgl BGH WoM **94**, 71. Es kann ausnahmsweise ausreichen, den Antrag so zu stellen, „alle Rechtsgeschäfte, die zur Übertragung des Geschäfts erforderlich sind, mit dem Kläger abzuschließen".
S auch Rn 96 „Vorvertrag".
**Wohnungseigentum:** In einer WEG-Sache ist II Z 2 nur bedingt anwendbar, BayObLG BB **74**, 1227.
**Zuführung:** Man darf die Anforderungen nicht überspannen, BGH NJW **93**, 1657, VGH Kassel NJW **93**, 3088.
S auch „Zumutbarkeit".
**Zug-um-Zug-Gegenleistung:** Es genügt, daß ihre Nämlichkeit klar ist, § 756 Rn 3, BGH NJW **93**, 325, Naumb RR **95**, 1149, Nürnb NJW **89**, 987 (je wegen eines Computerprogramms). Eine Klage auf Auflassung Zug um Zug gegen Vergütung des erst noch durch einen Schiedsgutachter für einen künftigen Zeitpunkt zu ermittelnden Verkehrswerts ist nicht ausreichend bestimmt, BGH NJW **94**, 588. Dasselbe kann für eine Gegenleistung „Herstellung eines lotrechten Mauerwerks" gelten, Düss RR **99**, 794.
**Zumutbarkeit:** Man muß darauf abstellen, was dem Kläger an Bestimmtheit der Formulierung des Antrags zumutbar ist, VGH Kassel NJW **93**, 3088.
S auch „Zuführung".
**Zwangsvollstreckung:** Die Leistung ist so genau zu bezeichnen, daß sie auch für die Zwangsvollstreckung genügend klar ist, BGH NJW **93**, 1657, BAG NJW **85**, 646, Schlesw MDR **96**, 416. Auch bei der Unterlassungsklage darf der Kläger die Entscheidung nicht praktisch in die Vollstreckungsinstanz verlegen. Bei der dinglichen Befriedigungsklage, § 1147 BGB, muß der Antrag auf eine Verurteilung zur Duldung der Zwangsvollstreckung in das Grundstück und in mithaftende Gegenstände zur Befriedigung des Klägers

wegen der Hypothek und der Nebenforderungen lauten. Entsprechendes gilt bei der Klage aus einem Schiffspfandrecht.

**Zeugnis:** Bei der Klage auf die Erteilung eines qualifizierten Zeugnisses kann dessen vollständige Formulierung notwendig sein, LAG Düss DB **73**, 1853.

**Zinsen:** Auch Zinsen sind vollstreckungsfähig genau zu bezeichnen, Ffm Rpfleger **92**, 206 (zB ist unzureichend ist die „Drei-Monats-Liborsatz" des Londoner Geldmarkts).

**101** **8) Streitwertangabe, Einzelrichter, III.** Die Klage soll weiter die Angabe des Streitwerts enthalten, vgl § 23 GKG; er ist nötig zur Berechnung der nach KV 1201, 1220 usw in Verbindung mit §§ 61, 65 GKG geschuldeten Verfahrensgebühr; die Versäumung der Angabe kann also den Fortgang des Verfahrens verzögern und bei § 270 III, dort Rn 8 ff, andere Nachteile herbeiführen. Wichtig ist sie auch unter Umständen für die Beurteilung der sachlichen Zuständigkeit. Trotzdem ist die Streitwertangabe nicht erzwingbar, BGH NJW **72**, 1949, freilich ratsam, Hartmann Teil I § 23 GKG Rn 5–7. Ferner soll eine Äußerung enthalten sein, ob Gründe gegen die Übertragung der Sache auf den Einzelrichter gemäß § 348 bestehen, etwa wegen einer besonderen Schwierigkeit tatsächlicher oder rechtlicher Art oder wegen der grundsätzlichen Bedeutung der Sache, aber auch zB wegen voraussichtlich besserer Beurteilungsmöglichkeit durch die gesamte Kammer, die zB einen Parallelprozeß kennt. Zweckmäßig, aber nicht notwendig ist „keine Bedenken".

**102** **9) Sonstige Erfordernisse, IV**

**Schrifttum:** *Braun,* Metaphysik der Unterschrift, Festschrift für *Schneider* (1997) 447.

Da die Klageschrift ein *bestimmender Schriftsatz* ist, § 129 Rn 5, soll sie den §§ 130, 131, 133 genügen. § 130 enthält entgegen dem „Soll"-Wortlaut eine Mußvorschrift, BGH FamRZ **88**, 382, aM BVerfG NJW **93**, 1319. Sie muß als bestimmender Schriftsatz eigenhändig unterschrieben worden sein, § 129 Rn 8 ff, BGH VersR **85**, 60, Köln MDR **97**, 500. Eine Unterschrift auf dem Anschreiben genügt, BAG NJW **76**, 1285, BFH NJW **70**, 1439; für die Anspruchsbegründung mag die nachträgliche Unterzeichnung eines in Bezug genommenen Schriftstücks reichen, Mü RR **98**, 634. Eine maschinenschriftliche Namensangabe genügt nicht, BFH NJW **73**, 80, ebensowenig ein Namensstempel, BFH DB **75**, 88 links, auch nicht ein Abzug, wenn das Original (die Matrize) eigenhändig unterschrieben wurde, aM BFH DB **75**, 88 und 1095. Zum Problem der Eigenhändigkeit Vollkommer 250 ff. Ein Zusatz „Rechtsanwalt" ist nicht erforderlich, LAG Ffm DB **97**, 938. Wegen eines Telefax § 129 Rn 21 „Fernschreiben".

**103** Bei *fehlender Unterschrift* werden keine Maßnahmen zur Terminsvorbereitung eingeleitet, weil noch gar keine Klage, auch keine mangelhafte, eingereicht worden ist, vgl BGH **92**, 254, offen BGH **65**, 47, abw RoSGg **98** III 3. Freilich ist dem Kläger anheimzugeben, die fehlende Unterschrift nachzuholen. Anwaltszwang herrscht wie sonst, § 78, BGH **100**, 208. Der Kläger muß in der Klagebegründung die Tatsachen in sich verständlich so weit darstellen, daß erkennbar wird, welchen Anspruch er aus welchem Sachverhalt ableitet und welcher Stoff daher rechtshängig wird, Lange NJW **89**, 439 (ausf zur Bezugnahme). Notfalls ist zurückzuverweisen, Köln MDR **97**, 500.

**104** Nicht ausreichend ist im Anwaltsprozeß für die Begründung eine *Bezugnahme* auf eine von der Partei oder von einem nicht beim Prozeßgericht zugelassenen Anwalt verfaßte Schrift, Oldb MDR **96**, 851. Diese „Klage" schützt also nicht vor Verjährung, Oldb MDR **96**, 851, und wahrt auch nicht eine Ausschlußfrist unabhängig davon, ob der Gegner den Fehler gerügt hat: die Wahrung von gesetzlichen, der Parteiverfügung entzogenen Ausschlußfristen erfolgt erst durch Erhebung, BAG NJW **76**, 1285. Nach dem Übergang in das streitige Verfahren genügt im Anwaltsprozeß die Bezugnahme auf eine vom Kläger im Mahnverfahren eingereichte, dem Bekl zugestellte Anspruchsbegründung, § 697 Rn 3, 4, BGH **84**, 139. Eine Angabe von Beweismitteln in der Klageschrift grundsätzlich noch nicht zwingend geboten, BGH LM § 195 BEG 1956 Nr 23. Vgl freilich § 282.

**105** **10) Einreichung der Klageschrift, V.** Wegen des Begriffs der Einreichung § 496 Rn 3. Die Einreichung bewirkt den Eintritt der Anhängigkeit, § 261 Rn 1. Ihr Zeitpunkt ist bei einer demnächst erfolgenden Zustellung für den Zeitpunkt der Fristwahrung und Verjährung maßgebend, Rn 17 und § 270 III. Zur Einreichung der Abschriften § 133 Rn 6, 10. Der Urkundsbeamte der Geschäftsstelle kann beim Fehlen einer Abschrift auf Kosten des Klägers fertigen lassen, KV 9000 II b, vgl schon bei AG Bln-Charlottenb DGVZ **81**, 43, oder eine Nachreichung verlangen. Dennoch obliegt dem Kläger grundsätzlich unaufgefordert die Einreichung. Bei einem Verstoß tritt evtl keine Fristwahrung nach § 270 III ein, BGH VersR **74**, 1107.

**106** **11) VwGO:** Es gelten §§ 81, 82 VwGO. Zur Angabe der Anschrift, Rn 23, s BVerwG DVBl **99**, 989, VGH Mannh NJW **97**, 2064 u OVG Münst NVwZ-RR **97**, 390 mwN. Wegen der Unterzeichnung, Rn 102, vgl § 130 Rn 33.

<br>

**Anhang nach § 253**

**Widerklage**

**Schrifttum:** *Costa Filho,* Die streitgenössische Widerklage usw, 1997; *Lüke,* Die Beteiligung Dritter im Zivilprozeß, 1993; *Ott,* Die Parteiwiderklage, 1999; *Rimmelspacher,* Die Bedeutung des § 33 ZPO, Festschrift für *Lüke* (1997) 655; *Schäfer,* Drittinteressen im Zivilprozeß, Diss Mü 1993; *Uhlmannsiek,* Die Zulässigkeit der Drittwiderklage usw, 1995. S auch bei § 33.

**Gliederung**

| | |
|---|---|
| **1) Systematik** ................................ 1–8 | **2) Regelungszweck** .................... 9 |
|   A. Keine planvolle Regelung .......... 1–4 | **3) Prozeßvoraussetzungen der Widerklage** ........................................ 10–15 |
|   B. Rechtsnatur ............................... 5, 6 | |
|   C. Anpassung an den Prozeß ........... 7, 8 | |

1. Titel. Verfahren bis zum Urteil **Anh § 253**

A. Rechtshängigkeit der Hauptklage (Vorklage) bei Erhebung der Widerklage ... 10
B. Zulässigkeit der Widerklage ........... 11, 12
C. Zusammenhang ....................... 13
D. Wider-Widerklage ................... 14
E. Mangel .............................. 15
4) **Erhebung der Widerklage** ............. 16
5) **Kosten** ................................ 17
6) *VwGO* ................................ 18

**1) Systematik.** Die von manchen bei § 33 behandelte Widerklage hat ziemliche Bedeutung. **1**
**A. Keine planvolle Regelung.** Eine Widerklage ist die vom Bekl, dem Widerkläger, im Laufe des Prozesses und im Prozeß gegen den Kläger, den Widerbekl, erhobene Klage, so auch Hamm FamRZ **87**, 711. Sie ist nirgends in der ZPO planvoll geregelt. Über ihren Gerichtsstand § 33; dort Rn 1 ff über die Streitfrage, ob § 33 ihre Voraussetzungen regelt. BGH NJW **91**, 2838 läßt im Rahmen von §§ 59, 60 auch die Heranziehung eines Dritten durch die Widerklage zu.

Nach § 33 ist das Gericht der Klage auch für diesen Widerbekl zuständig, Nieder MDR **79**, 11, wenn das **2** Gericht unter Berücksichtigung von § 263 die *Sachdienlichkeit* und damit auch die Zumutbarkeit für den bisher am Rechtsstreit nicht Beteiligten bejaht, so daß für § 36 Z 3 kein Raum bleibt, BGH NJW **75**, 1228, Wieser ZZP **86**, 45, Schröder AcP **164**, 531, aM BGH (1. ZS) NJW **91**, 2838 und (7. ZS) NJW **93**, 2120.

Die Widerklage (nur) *eines Dritten* ist *unzulässig*, Rn 14, BGH **LM** § 33 Nr 12, Karlsr ZZP **88**, 452, ArbG **3** Düss RR **92**, 366. Die Widerklage *gegen* einen Dritten (dazu BGH NJW **93**, 2120, auch zur internationalrechtlichen Problematik) ist *unzulässig*, solange sie nicht auch gegen den *Kläger* erhoben wird, BGH **LM** § 33 Nr 11 (dort wird angedeutet, daß eine Erhebbarkeit zB gemäß §§ 59, 60 ausreiche. Aber dann ist keine einheitliche Verhandlung des Zusammengehörigen mehr gesichert), BGH NJW **93**, 2120, Düss MDR **90**, 728, Zweibr VersR **95**, 197 (auch, wenn der Widerbekl an den Kläger abgetreten hat), aM LG Hann NJW **88**, 1601. Nieder ZZP **85**, 437 hält die Widerklage des Dritten oder gegen einen Dritten für zulässig, soweit das Urteil auf die Hauptklage eine Rechtskraft gegen den Dritten wirke (ähnlich Rüßmann AcP **172**, 554 bei einer Widerklage gegen den Einziehungsermächtigenden, Greger ZZP **88**, 454) und läßt auch einen der Rechtskraft nicht unterworfenen Dritten unter Umständen als Streitgenossen im Widerklageprozeß zu; Wieser ZZP **86**, 45. ZöV § 33 Rn 23, sehen alle diese Fälle als solche nach §§ 59, 60 an und behandeln sie nach §§ 145 I, 147.

Die Widerklage gegen den *Streitgenossen* des Prozeßgegners kann zulässig sein, Schlesw SchlHA **85**, 154, **4** diejenige gegen den eigenen ist unzulässig. Der Streithelfer kann die Widerklage nicht für die unterstützte Partei erheben, aber als Streitgenosse werden, BGH **LM** Nr 12. Die Widerklage gegen einen Streithelfer des Bekl, § 66, ist nicht schon deshalb unzulässig, BGH **131**, 78.

**B. Rechtsnatur.** Die Widerklage ist eine richtige Klage, Ffm JB **70**, 52, Hbg MDR **89**, 272, Gaul JZ **84**, **5** 63, ein selbständiger Gegenangriff, nicht ein bloßes Angriffs- oder Verteidigungsmittel nach § 282, Einl III 71, BGH NJW **95**, 1224, Schneider MDR **77**, 796, oder nach § 296, BGH NJW **95**, 1224, oder nach § 528 II, BGH NJW **86**, 2258, keine Klagänderung, BGH RR **96**, 65 (zur Wider-Widerklage), BVerwG NJW **74**, 1209, und keine bloße Haupt- oder Hilfsaufrechnung, § 145 Rn 8. Sie ist (nur) bis zum Schluß der letzten mündlichen Verhandlung zulässig, § 282 Rn 6, § 296 a Rn 2, BGH BB **92**, 1385, und zwar auch noch nach einem Grundurteil, § 304, oder nach einem Vorbehaltsurteil, §§ 302, 599, nicht aber nach dem einem Verhandlungsschluß entsprechenden Zeitpunkt, § 128 II 2. In der Berufungsinstanz ist § 530 I zu beachten. In der Revisionsinstanz ist sie nur unter den Voraussetzungen der §§ 302 IV, 600 II, 717 II, III, 1042 c II zulässig. Einzelheiten Nieder NJW **75**, 1000.

Ist sie einmal richtig erhoben, so ist sie *unabhängig* vom Schicksal der Hauptklage, Ffm JB **70**, 52, Hbg **6** MDR **89**, 272, LG Mü NJW **78**, 953, kann also auch nach deren Erledigung noch erweitert werden. Verneint sie den Klageanspruch, so ist sie wegen fehlenden Rechtsschutzbedürfnisses, Grdz 33 vor § 253, unzulässig; sie muß einen selbständigen Anspruch im Sinn von § 2 Rn 3 enthalten, Bork JA **81**, 389. Daher ist keine Widerklage auf eine leugnende Feststellung gegenüber der entsprechenden Leistungsklage zulässig, außer soweit die Widerklage einen Überschuß enthält, also nur ein Teil eingeklagt worden ist und die Widerklage die Feststellung des Nichtbestehens eines Mehranspruchs begehrt, BGH **53**, 93; gegenüber einer Feststellungsklage ist eine leugnende Feststellungswiderklage nur ausnahmsweise zulässig, soweit ein entsprechendes berechtigtes Interesse besteht, BSG MDR **73**, 884. Unnötig ist die Bezeichnung als Widerklage; auch ein Antrag aus § 717 II kann eine Widerklage sein.

**C. Anpassung an den Prozeß.** Da sich die Widerklage in einen rechtshängigen Prozeß hineinschiebt, **7** muß das Gericht der Klage auch für die Widerklage sachlich zuständig sein, wobei auch ein höheres Gericht grundsätzlich mit zuständig ist, § 10 (nur bei § 48 I ArbGG und bei einer ausschließlichen Zuständigkeit kann eine Verweisung nach Abtrennung nötig sein), oder eine Zuständigkeitsvereinbarung vorliegen kann; vgl ferner § 506 und wegen der Kammer für Handelssachen Gaul JZ **84**, 62. Ferner muß sich die Widerklage der Prozeßart der Hauptklage anpassen, Düss FamRZ **82**, 512.

Ist sie in der Prozeßart der Hauptklage unzulässig, so fehlt ihr eine unverzichtbare Prozeßvoraussetzung, **8** Grdz 12 vor § 253, Ffm FamRZ **93**, 1466. Widerklage ist danach *unzulässig* im Mahnverfahren, §§ 688 ff, AG Lüb RR **90**, 1152, im Arrest- und Verfügungsverfahren, §§ 916 ff, 936 ff. Sie wird erst zulässig nach der Überleitung des Mahnverfahrens ins Streitverfahren. Unzulässig ist sie als Urkunden- oder Wechselwiderklage im ordentlichen Verfahren, aber nach § 595 I auch im Urkunden- oder Wechselprozeß (im Nachverfahren ist eine gewöhnliche Widerklage zulässig). In einer Familiensache ist eine nicht familienrechtliche Widerklage unzulässig, Düss FamRZ **82**, 512, Klauser MDR **79**, 630. Im Ehe- und Kindschaftsprozeß gelten Einschränkungen, §§ 610 II, 632 II, 638, 640 II, 640 c I (vgl schon Köln NJW **72**, 1721); unzulässig ist insbesondere eine Feststellungswiderklage des Kindes im Anfechtungsprozeß gemäß Art 12 § 3 II NEG, Düss NJW **73**, 1332. Eine Abart der Widerklage ist die Zwischenfeststellung, Inzidentklage, § 256 II. Ersatzansprüche aus unberechtigter Zwangsvollstreckung, §§ 302 IV, 600 II, 717 II, III, sind der Widerklage nicht verschlossen, lassen aber auch einfachen Zwischenantrag (Inzidentantrag) zu.

**9** **2) Regelungszweck.** Die Widerklage dient dem praktischen Bedürfnis der einheitlichen Verhandlung von etwas Zusammengehörigem, zumal die gleiche Prozeßlage durch eine Verbindung, § 147, erreicht werden könnte; der Dritte kann sogar noch im Berufungsverfahren hereingezogen werden, wenn er zustimmt oder seine Zustimmung rechtsmißbräuchlich verweigert, Karlsr VersR **79**, 1033. Die Widerklage dient damit der Prozeßwirtschaftlichkeit, Grdz 14 vor § 128. Das ist bei der Auslegung mitzubeachten. Zur Prozeßtaktik Schneider MDR **98**, 21.

**10** **3) Prozeßvoraussetzungen der Widerklage.** Es müssen mehrere Voraussetzungen zusammentreffen.
**A. Rechtshängigkeit der Hauptklage (Vorklage) bei Erhebung der Widerklage,** Celle FamRZ **81**, 791, Ffm FamRZ **93**, 1466, Zweibr FamRZ **99**, 942. Zum Begriff der Rechtshängigkeit § 261 Rn 2. Das Mahnverfahren macht anhängig, nicht stets sogleich rechtshängig, dazu § 696 Rn 9; daher ist dann noch keine Widerklage zulässig. Das Prozeßkostenhilfeverfahren, §§ 114 ff, macht nicht als solches rechtshängig; daher ist dann noch keine Widerklage zulässig, Ffm FamRZ **83**, 203 (man muß sie dann unter Umständen in eine Klage umdeuten), soweit nicht zugleich schon eine unbedingte Klage erhoben wurde, § 253 Rn 7.
Die *Prozeßvoraussetzungen der Klage* selbst, Grdz 12 vor § 253, berühren die Widerklage nicht. Sie bleibt ab eigener Rechtshängigkeit, Rn 16, nach prozessualer oder sachlicher Abweisung der Klage und nach deren Rücknahme selbständig bestehen, Düss MDR **90**, 728. Darum darf der Widerkläger die Zulässigkeit der Klage leugnen, ohne sich zu schaden. Über die Widerklage in der Berufungsinstanz § 530 Rn 2, Karlsr VersR **79**, 1033, Schlesw SchlHA **85**, 154, Zweibr FamRZ **83**, 930. In der Revisionsinstanz gibt es keine Widerklage. Ebenso gibt es keine Möglichkeit der Erhebung der Widerklage erst nach rechtskräftiger Entscheidung über die Hauptklage, § 705, oder nach einem Vergleich, Anh § 307, oder nach einer Rücknahme der Klage, weil diese die Rechtshängigkeit rückwärts vernichtet, § 269 III. Die vorher erhobene Widerklage bleibt durch die Klagrücknahme unberührt, Kblz FamRZ **83**, 939, LG Mü NJW **78**, 953. Eine Erledigung der Hauptsache hindert eine Widerklage selbst dann, wenn noch nicht über die Kosten entschieden ist, ZöV § 33 Rn 17, aM Bork JA **81**, 387 (aber die Rechtshängigkeit endet mit der Erledigung, § 91 a Rn 108).

**11** **B. Zulässigkeit der Widerklage.** Sie ist eine Klage, Rn 5. Daher müssen die allgemeinen Prozeßvoraussetzungen vorliegen, Grdz 13 vor § 253, auch das Rechtsschutzbedürfnis, Grdz 33 vor § 253, BGH NJW **87**, 3139, Ffm RR **87**, 903, Kblz FamRZ **93**, 1098. Prozeßhindernisse, Grdz 19 vor § 253, müssen fehlen. Es darf auch kein Rechtsmißbrauch vorliegen, Einl III 54, Uhlmannsiek MDR **96**, 116 (nicht schon bei Zeugenausschaltung). Eine Sondervorschrift besteht für die örtliche Zuständigkeit, in § 33. Ein Zwang zur bloßen Widerklage besteht nicht; man kann den Gegenanspruch evtl auch in einer gesonderten Klage außerhalb des bisherigen Prozesses erheben, BGH NJW **94**, 3107. Eine Hilfswiderklage, Eventualwiderklage, ist aus Gründen der Waffengleichheit zuzulassen, wenn der Bekl beim Durchdringen der Klage mit der Eventualwiderklage die dann für ihn gegebenen Folgen zieht, BGH NJW **96**, 320, Köln VersR **98**, 98, LG Kassel RR **95**, 889. Das gilt auch dann, wenn zB einer Klage auf Nichtigkeit eines Vertrages nicht mit dem Abweisungsantrag begegnet wird, für den Fall der Nichtigkeit aber widerklagend Rückforderungsansprüche geltend gemacht werden, oder gegenüber der Klage des Lieferers auf Zahlung, der nach den Lieferungsbedingungen Gewährleistungsansprüche nicht entgegengehalten werden dürfen, auf Rückzahlung der künftigen Zahlung bei Verurteilung.
*Unzulässig* ist eine Widerklage nur zwecks Ausschaltung des einzigen Zeugen, Einl III 54, LG Kblz MDR **99**, 1020.

**12** Wird dem *Aufrechnungseinwand* des Bekl, § 145 Rn 9, die Unzulässigkeit der Aufrechnung entgegengehalten, so kann der Bekl diese mit einer auch vertraglich nicht ausschließlich zulässigen Klage geltend machen, LG Mosbach MDR **72**, 514, auch mit einer Hilfswiderklage, BGH **132**, 397, Hamm JB **78**, 64, Schneider MDR **88**, 462. Mit Rücksicht auf den Abwehrcharakter ist auch nicht erforderlich, daß die Hilfswiderklage und der Hauptantrag der Widerklage, zB auf Klageabweisung, in einem *wirklichen Eventualverhältnis* stehen, wenn ein Zusammenhang mit dem Klaganspruch oder den dagegen vorgebrachten Verteidigungsmitteln gegeben ist, BGH **132**, 397. Die Verteidigung gegen neue Anträge darf nicht erschwert werden, und die Widerklage ist zwar kein Verteidigungsmittel, § 282 Rn 5, wirkt aber praktisch im wesentlichen sehr ähnlich wie ein solches. Der neue Widerbekl (Dritter) darf evtl die Ergänzung oder Wiederholung einer Beweisaufnahme, die vor seinem Eintritt erfolgte, verlangen, BGH **131**, 79. Eine Abtrennung der Hilfswiderklage ist unzulässig, § 145 Rn 7.

**13** **C. Zusammenhang.** Viele meinen, die Widerklage müsse mit dem Klaganspruch oder einem Angriffs- oder Verteidigungsmittel, Einl III 70, im Zusammenhang stehen. Man entnimmt das zu Unrecht dem § 33, dort Rn 2. Ein solcher Mangel heilt jedenfalls durch Nichtrüge, § 295.

**14** **D. Wider-Widerklage.** Da die Widerklage eine Klage ist, muß man auch eine Widerklage gegen die Widerklage zulassen, BGH RR **96**, 65. Streitgenossen sind selbständig, jeder kann Widerklage erheben. Der Streithelfer ist nicht, auch nicht als streitgenössischer, § 69, aM Nieder MDR **79**, 11, widerklagebefugt; Rn 4.

**15** **E. Mangel.** Fehlt der Widerklage eine Prozeßvoraussetzung, so ist sie mangels eines Verweisungsantrags, §§ 281, 506, § 48 I ArbGG, durch ein Prozeßurteil abzuweisen, Grdz 14 vor § 253, auch durch ein Teilurteil, LG Kblz MDR **99**, 1020 (Zeuge als Widerbekl). Der Bekl trägt die Kosten der unzulässigen Widerklage auch dann, wenn sich der Widerbekl auf die Widerklage eingelassen hat und der im ersten Rechtszug abgewiesene Kläger seine Berufung zurücknimmt, Mü MDR **84**, 499.

**16** **4) Erhebung der Widerklage.** Man erhebt eine Widerklage: Entweder mündlich in der mündlichen Verhandlung, §§ 256 II, 261 II, 297, 523, was aber für den hereingezogenen Dritten, Rn 3, ausscheiden muß, aM Nieder MDR **79**, 11; oder mit der Zustellung eines den Erfordernissen des § 253 II Z 2 entsprechenden Schriftsatzes, §§ 261 II, 271, Gaul JZ **84**, 63, beim AG gemäß § 496. Er muß evtl bereits den Antrag nach § 96 I GVG enthalten, Gaul JZ **84**, 63. Wer die Ordnungsmäßigkeit der Klage leugnet, erklärt seine Widerklage für unstatthaft, weil er ihr die Voraussetzung entzieht (anders die Zulässigkeit der Klage, Rn 11). Nach dem Schluß der Verhandlung über die Klage ist eine Widerklage nicht mehr zulässig, Rn 5.

1. Titel. Verfahren bis zum Urteil **Anh § 253, § 254**

**5) Kosten.** Das Gericht darf über die Kosten von Klage und Widerklage nur einheitlich, auch zB nach **17**
Bruchteilen, nicht aber getrennt entscheiden, § 92 Rn 25. Streitwert: § 3 Anh Rn 71 „Hilfswiderklage",
Rn 138 „Widerklage".
**6) VwGO:** *Es gilt § 89 VwGO, dazu BVerwG NJW 74, 1209.* **18**

**254** *Stufenklage.* Wird mit der Klage auf Rechnungslegung oder auf Vorlegung eines Vermögensverzeichnisses oder auf Abgabe einer eidesstattlichen Versicherung die Klage auf Herausgabe desjenigen verbunden, was der Beklagte aus dem zugrunde liegenden Rechtsverhältnis schuldet, so kann die bestimmte Angabe der Leistungen, die der Kläger beansprucht, vorbehalten werden, bis die Rechnung mitgeteilt, das Vermögensverzeichnis vorgelegt oder die eidesstattliche Versicherung abgegeben ist.

**Schrifttum:** *Assmann,* Das Verfahren der Stufenklage, 1990; *Fett,* Die Stufenklage, Diss Saarbr 1978.

**Gliederung**

| | |
|---|---|
| 1) Systematik ................................ 1 | 7) Zulässigkeit gleichzeitiger Anträge; Unzulässigkeit gleichzeitiger stattgebender Entscheidung ................ 12–20 |
| 2) Regelungszweck ...................... 2 | A. Rechnungslegungsanspruch ........ 14–17 |
| 3) Geltungsbereich ...................... 3 | B. Eidesstattliche Versicherung ........ 18 |
| 4) Anspruch auf Rechnungslegung ...... 4–9 | C. Leistungsanspruch ................... 19 |
|   A. Grundsatz: Erleichterung, Ermöglichung .............................. 4 | D. Kosten .............................. 20 |
|   B. Einzelfragen ........................ 5–9 | 8) Fortsetzungsantrag ..................... 21, 22 |
| 5) Anspruch auf Leistung der eidesstattlichen Versicherung .................. 10 | 9) Versäumnisverfahren ................ 23 |
| 6) Anspruch auf Herausgabe bzw Leistung ................................... 11 | 10) VwGO ............................... 24 |

**1) Systematik.** § 254 BGH NJW **94**, 3103, ist eine Ausnahme von § 253, Düss FamRZ **96**, 493. Die **1**
Vorschrift behandelt meist, Düss MDR **92**, 1006, einen Sonderfall der objektiven Klagenhäufung, § 260
Rn 1, BGH NJW **94**, 3103, Düss FamRZ **96**, 493. Nach dem Wortlaut erlaubt die Vorschrift die
Verbindung von zwei, richtig von drei prozessual selbständigen Ansprüchen in einer Klage, BGH **76**, 12,
Kblz RR **98**, 71, obwohl jeder weiterer Anspruch die Erledigung des vorhergehenden voraussetzt. Darüber,
welche Ansprüche verbindbar sind, Rn 3–11.
Das Gericht muß *stufenweise entscheiden,* Rn 13, BGH NJW **91**, 1893, LAG Hamm DB **91**, 556. Daher
wird diese Klage zweckmäßig Stufenklage genannt. Sie muß sämtlichen Erfordernissen des § 253 genügen
mit der alleinigen Ausnahme, daß sie die bestimmte Angabe der endgültigen Leistung (nur) dieses Bekl
vorbehalten kann, BGH NJW **94**, 3103, Düss FamRZ **96**, 493; LAG Hamm DB **88**, 1071, Köln FamRZ **84**, 1029. Das gilt, obwohl
der Kläger natürlich zB den nach seiner Meinung vorhandenen Mindestanspruch auf Leistung usw bereits in
der Klage beziffern darf, BGH FamRZ **96**, 1071.
Sie ist eine *Leistungsklage,* BGH NJW **94**, 2897, aM Celle RR **95**, 1411 (erst ab Stellung des Zahlungsantrags; aber das verkennt die Regel Rn 12). Aber auch eine Abänderungsklage ist als Stufenklage zulässig,
§ 323 Rn 44. Einer Feststellungsklage wird sie also mangels eines Feststellungsinteresses regelmäßig entgegenstehen, BGH § 256 Rn 86, ebenso einer Feststellungs- oder Zwischenfeststellungsklage, daß der Bekl
zur Zahlung des sich aus der Abrechnung ergebenen Betrages verpflichtet sei; es ist aber ein Übergang von
der Leistungsklage zur Stufenklage, Mü Fam RZ **95**, 679 (das ist eine Klageänderung), oder von der
Auskunfts- zur Feststellungsklage denkbar (das ist keine Klageänderung), BGH LM § 264 aF Nr 13, und der
Unterhaltsschuldner kann die verneinende Feststellungsklage im Wege einer Stufenklage mit einem Auskunftsbegehren verbinden, Ffm FamRZ **87**, 175. Die Stufenklage unterbricht eine Verjährung, BAG DB **77**,
1371, Köln GRUR **83**, 753, auch beim unbezifferten Hauptanspruch, BGH NJW **92**, 2563 (auch zu den
Grenzen), BAG DB **86**, 1931. Die Unterbrechung endet, wenn nach der Erledigung der Vorstufe der
Anspruch nicht weiter verfolgt wird, BGH FamRZ **75**, 485, vgl auch BGH NJW **92**, 2563. Auch im
Verbundverfahren, § 623, ist eine Stufenklage betr den Zugewinnausgleich zulässig, Düss FamRZ **79**, 61,
Mü FamRZ **81**, 482, Stgt FamRZ **87**, 1035.

**2) Regelungszweck.** Die Vorschrift dient der Prozeßwirtschaftlichkeit, Grdz 14, 15 vor § 128, Rn 4, **2**
BGH NJW **94**, 3103, Düss FamRZ **96**, 493, Karlsr FamRZ **87**, 607. Daher ist sie trotz ihres formellen
Ausnahmecharakters, Rn 1, nicht zu eng auszulegen. Die Entscheidungen sollten widerspruchsfrei ergehen,
Peters ZZP **111**, 71.

**3) Geltungsbereich.** Die Vorschrift ist in allen Verfahren nach der ZPO anwendbar. Im WEG-Verfahren **3**
ist § 254 entprechend anwendbar, Düss RR **87**, 1164.

**4) Anspruch auf Rechnungslegung,** also auf eine geordnete Aufstellung der Einnahmen und Ausgaben, **4**
BGH NJW **85**, 1694 (sie geht meist weiter als eine bloße Auskunft), bzw auf die Vorlegung eines
Vermögensverzeichnisses (auch auf Herausgabe eines Inbegriffs), etwa aus §§ 259, 260, 681 BGB, 105, 114
HGB, 154 ZVG. Nicht jedes Auskunftsbegehren nebst Ankündigung etwaiger späterer Leistungsforderung
bedeutet eine Stufenklage, Düss FamRZ **99**, 1097 (aber keine Haarspaltereien!).
**A. Grundsatz: Erleichterung, Ermöglichung.** Auch der Anspruch auf Auskunft, §§ 260 BGB, 51 a
GmbHG, reicht aus, weil die Auskunft den Herausgabeanspruch vorbereitet und weil man sie immer dann
verlangen kann, wenn die Rechtsverfolgung des Ersatzberechtigten wesentlich erleichtert, aM ZöGre 1,
oder gar erst ermöglicht und vom Verpflichteten unschwer zu erteilen ist, BGH NJW **72**, 254, Köln VersR

## § 254

73, 1059. Dies gilt namentlich bei Verletzungsklagen des gewerblichen Rechtsschutzes oder des Wettbewerbsrechts, auch zwecks Beseitigung, BGH **LM** § 1 UWG Nr 241, oft auch bei Unterlassungsansprüchen, LG Hbg NJW **71**, 2078, auch für den Verpflichteten, LG Düss FamRZ **76**, 218 (zustm Mutschler), überhaupt immer dann, wenn der Kläger eine geordnete Auskunft über Tatsachen begehrt, die für ihn einen gesetzlichen oder vertraglichen Anspruch begründen, etwa auf einen Zugewinnausgleich im Verbundverfahren, Schlesw FamRZ **91**, 95, oder auf ein Auseinandersetzungsguthaben, Karlsr BB **77**, 1475, oder auf einen Pflichtteil, KG OLGZ **74**, 264, Zweibr FamRZ **87**, 1198, § 253 Rn 47 „Auskunftsklage". Dabei sollte der Kläger den Zeitraum, für den er die Auskunft begehrt, klar im Antrag angeben. Andernfalls umfaßt ein in der Urteilsformel unbestimmtes Urteil allenfalls die Zeit zwischen der Klagezustellung und dem Urteilserlaß, Ffm FamRZ **84**, 271.

**5** **B. Einzelfragen.** Ist bereits eine vollständige Abrechnung in Händen des Klägers, dann kann er nicht eine nochmalige Auskunft verlangen, auch nicht in Prozeßstandschaft, Grdz 26ff vor § 50, BAG BB **85**, 529. Steht fest, daß ein Hauptanspruch nicht besteht, so ist das Auskunftsverlangen unbegründet, Düss FamRZ **88**, 1071, aM Ffm FamRZ **87**, 293, AG Aachen FamRZ **88**, 1072. Weiß der Kläger, um welche Unterlagen es sich handelt, aber nicht, wo sie sind, so ist keine Auskunftsklage zulässig, sondern eine Herausgabeklage, die dann unter Umständen zur eidesstattlichen Versicherung nach § 883 II führt, BGH **LM** Nr 7. Auch die Möglichkeit einer Ergänzung oder Berichtigung einer Offenbarungsversicherung geht vor, Düss OLGZ **85**, 376. Wird auf Rechnungslegung, auf eidesstattliche Versicherung und auf entsprechende Zahlung geklagt, so fehlt für eine besondere Feststellungsklage, den sich aus der Abrechnung ergebenen Betrag zu zahlen, das rechtliche Interesse. Denn mit der Klage auf Auskunft bzw Rechnungslegung wird auch der in ihr weiterhin noch nicht bezifferte Zahlungsanspruch in seinem ganzen, vom Kläger noch nicht bestimmten Umfange rechtshängig, § 261, BGH RR **95**, 513, BAG DB DB **86**, 1931, Kblz FamRZ **93**, 1098.

**6** Die Stufenklage beschränkt sich auch nicht auf den Betrag, den eine etwa überreichte *Rechnung* ausweist, sondern ergreift denjenigen, den der Kläger glaubt geltend machen zu können. Wird also der Antrag auf Rechnungslegung abgewiesen, weil sie nach Ansicht des Gerichts gelegt ist, so ergeht lediglich ein Teilurteil, BGH **LM** Nr 3, Seetzen WertpMitt **85**, 220, und zwar auch dann, wenn der Bekl das nach seiner Rechnungslegung Geschuldete gezahlt hat, da sich möglicherweise zahlenmäßig noch weitere Ansprüche ergeben können, BGH **LM** Nr 3. Soweit der Kläger nach dem Erhalt der Auskunft zunächst nur einen Teil des ihm danach zustehenden Zahlungsanspruchs geltend macht, ist auch nur dieser Teil sogleich mit der Erhebung des Auskunftsanspruchs rechtshängig geworden, Hbg FamRZ **83**, 602, Köln FamRZ **96**, 51.

**7** Man kann sich grundsätzlich auch auf eine bloße Auskunftsklage bzw auf diese und diejenige auf eine eidesstattliche Versicherung *beschränken*, Zweibr NJW **86**, 939, und daneben oder später eine gesonderte Leistungsklage erheben, Hamm NJW **83**, 1914, freilich deren Mehrkosten evtl nur teilweise erstattet fordern. Eine zwar „erteilte", aber unzureichende „Auskunft" ist je nach den Gesamtumständen des Einzelfalles als Fehlen jeglicher wahren Auskunft oder als Vorliegen einer solchen zu werten, die nur noch den Anspruch auf die eidesstattliche Versicherung gibt. Vor einem Hausratsverfahren ist eine Auskunftsklage unzulässig, Düss FamRZ **85**, 1153.

**8** Ergibt die Rechnungslegung in erster Instanz, daß kein Zahlungsanspruch mehr besteht, ist dieser bei einer nur *einseitigen Erledigterklärung*, § 91a Rn 168 (sonst s unten) abzuweisen, nicht aber für erledigt zu erklären, BGH NJW **93**, 323, Düss FamRZ **96**, 493, ThP 10, ZöGre 5, aM Ffm FamRZ **87**, 293, Karlsr FamRZ **89**, 1100, StJBo 20, ZöV § 91a Rn 58. Erklärt der Kläger den Auskunftsanspruch einseitig für erledigt, so kündigt er den Anspruch der nächsten Stufe an; das Gericht erläßt in erster Instanz nicht extra ein Teilurteil nach § 91a, sondern sorgt für die Umstellung auf den Antrag der nächsten Stufe, § 139, Düss FamRZ **96**, 493, Köln VersR **97**, 601, aM Schneider MDR **88**, 807, und weist den Antrag notfalls als unzulässig ab, Rixecker MDR **85**, 634; in der Berufungsinstanz gelten die normalen Regeln, § 91a Rn 55 „Stufenklage", Karlsr FamRZ **86**, 272. Bei einer einseitigen Erledigterklärung des Zahlungsanspruches, weil die Auskunft sein Nichtbestehen ergab, hat der Kläger die Kosten zu tragen, Hamm MDR **89**, 461.

**9** Bei *beiderseitigen* wirksamen *Erledigterklärungen*, § 91a Rn 96, gehen die Kosten meist zu Lasten des Bekl, Ffm FamRZ **85**, Karlsr RR **85**, 1454, aM Bbg FamRZ **86**, 371, Zweibr NJW **86**, 939, Rixecker MDR **85**, 633. Eine Klage auf Rechnungslegung zwingt nicht zur Klage auf den Hauptanspruch, LG Düss BB **77**, 1675. Wegen der Prozeßkostenhilfe § 114 Rn 39 „Stufenklage", § 119 Rn 43 „Stufenklage". Wegen der Kosten im Teilurteil Üb 37 vor § 91.

**10** **5) Anspruch auf Leistung der eidesstattlichen Versicherung** zur Bekräftigung der Rechnung usw, etwa aus § 259 II, 260 II, 2006 BGB. Manche lassen diesen Anspruch in dieser Klage nicht von Anfang an zu. Aber er besteht bedingt von Anfang an, und die Prozeßwirtschaftlichkeit verlangt die Zulassung.

**11** **6) Anspruch auf Herausgabe bzw Leistung** des Geschuldeten, so wie es sich aus Rn 3–10 ergibt. Wird dieser Anspruch neben der Rechnungslegung geltend gemacht, so handelt es sich meist ebenfalls um eine Stufenklage; der Zahlungsanspruch kann nicht abgewiesen werden, wenn die Rechnungslegung bejaht wird, da diese möglicherweise einen Zahlungsanspruch ergeben kann. In Betracht kommt als letzte Stufe auch eine (zuvor unbezifferte) Abänderungsklage, Hbg (2. FamS) FamRZ **83**, 626, ThP 4, aM Hbg (2a. FamS) FamRZ **82**, 935.

**12** **7) Zulässigkeit gleichzeitiger Anträge; Unzulässigkeit gleichzeitiger stattgebender Entscheidung.** Es ist nicht notwendig, KG FamRZ **97**, 503, aber zulässig, gleichzeitig die beiden ersten Anträge, BGH MDR **99**, 350 (§ 256 II), aber auch sogleich sämtliche Anträge zu stellen, Ffm JB **99**, 303, Mü FamRZ **81**, 482, ZöGre 3, aM LAG Hamm DB **91**, 556 (evtl sei eine Umdeutung dahin notwendig, daß nur der erste Antrag gestellt sei), aM Düss NJW **73**, 2034. Soweit zulässig, ist die Verbindung der Anträge in derselben Klage (statt die Erhebung getrennter Klagen) auch notwendig, Düss FamRZ **89**, 204. Es kann auch zulässig sein, gleichzeitig abschließend über sämtliche Ansprüche wegen Fehlens des Leistungsanspruchs *abweisend* zu entscheiden, BGH NJW **99**, 1709.

**13** Es ist aber grundsätzlich *unzulässig*, *gleichzeitig* über sämtliche Ansprüche abschließend *stattgebend zu entscheiden*, BGH FamRZ **96**, 1071, Zweibr FER **98**, 243, LAG Hamm DB **91**, 556, ZöGre 3, aM ThP 6–8.

1. Titel. Verfahren bis zum Urteil  § 254

Das gilt auch nach einem umfassenden Anerkenntnis, Brdb FamRZ **98**, 1247 (beim Verstoß: § 99 II), oder nach einer Pfändung und Überweisung des Rechnungslegungsanspruchs. In Betracht kommt ein Grundurteil zur dritten Stufe zugleich mit dem Urteil einer früheren Stufe, BGH VRS **3**, 403, aM BGH NJW **89**, 2822 (überhaupt kein Grundurteil zulässig).

**A. Rechnungslegungsanspruch.** Es zeigen sich folgende prozessual jeweils *selbständige Stufen*, BGH **76**, 14 12, zunächst im Streitverfahren: Zuerst ist über den Anspruch auf Rechnungslegung, Vermögensverzeichnis, Auskunft zu verhandeln und zu entscheiden, KG MDR **75**, 1024.

Bei einer *Klagabweisung* ist der Prozeß in dieser Instanz zu Ende, BGH RR **91**, 1893, LG Stgt VersR **75**, 15 1005, falls nicht etwa der Zahlungsanspruch unberührt bleibt, das Gericht etwa die Erfüllung des Rechnungslegungsanspruch annimmt. Das gilt auch bei Säumnis des Klägers, § 330, Stgt RR **90**, 766.

Im Fall des *Stattgebens* kann ein Teilurteil auf Rechnungslegung ergehen. § 623 I 1 hindert nicht, AG Hbg 16 FamRZ **77**, 815. Der Kläger kann keine Vervollständigung der äußerlich ordnungsmäßigen Rechnung verlangen. Wohl aber darf er eine andere Rechnung aufmachen, deren Richtigkeit beweisen und danach die Herausgabe verlangen, oder den ihm obliegenden Beweis für den Schadenseintritt und die Schadenshöhe auf anderer Weise führen, also ohne den zugesprochenen Rechnungslegungsanspruch nach § 888 zu vollstrecken, LAG Bre BB **97**, 2223.

Eine *Verurteilung* zur Rechnungslegung schafft zwar wegen der direkt ausgesprochenen Rechtsfolge im 17 späteren Verfahren zB als Vorfrage Rechtskraft, § 322, BGH WertpMitt **75**, 1086, aber nicht eine Bindung nach § 318 und nicht eine Rechtskraft wegen des Klagegrundes, § 322 Rn 64 „Stufenklage", BGH NJW **85**, 862, Karlsr MDR **92**, 804, StJSchu **36**, aM BGH WertpMitt **75**, 1086. Möglich ist ein Urteil auf Rechnungslegung und gleichzeitige Herausgabe einer schon bestehenden Leistung. Das Urteil muß vollstreckungsfähig sein, Grdz 18 vor § 704, Karlsr FamRZ **83**, 631.

**B. Eidesstattliche Versicherung.** Liegen die sachlichrechtlichen Voraussetzungen eines Anspruchs auf 18 eidesstattliche Versicherung vor, ergeht sodann ein weiteres Teilurteil über diesen Anspruch, BGH **10**, 385 (dieses Urteil ist vor oder gleichzeitig mit dem Rechnungslegungsurteil zuzulassen), wenn er unbegründet ist, auf Abweisung. Die Zwangsvollstreckung richtet sich nach § 889. Erklärt der Bekl die eidesstattliche Versicherung freiwillig vor dem Urteil, §§ 79, 163 FGG, so entfällt diese Stufe.

**C. Leistungsanspruch.** Erst dann kommt es zur Verhandlung und Entscheidung über die nunmehr 19 bestimmt zu bezeichnende Leistung, § 253 Rn 39, 47 „Auskunftsklage", Hamm RR **90**, 709, Schlesw SchlHA **81**, 148, die nicht mit der Rechnungslegung des Bekl übereinzustimmen braucht, ThP 7. Unzulässig ist zB die „Herausgabe der Erbschaft". Verweigert der Kläger nun eine bestimmte Bezeichnung, so wird die Klage als unzulässig abgewiesen, Zweibr FamRZ **83**, 1155. Hat der Kläger die Rechnungslegung oder Auskunft anderweitig erhalten und geht daher zum Leistungsanspruch über, so wird der Auskunftsanspruch nicht etwa „obsolet", aM Köln VersR **94**, 114 (aber dergleichen Zauberei kennt die ZPO nicht), sondern ist zurückzunehmen oder für erledigt zu erklären; nur daraus ergeben sich Wert- und Kostenfolgen.

**D. Kosten.** Nach jeder Stufe ist eine zugehörige Kostenentscheidung nötig, § 308 II, Mü MDR **88**, 782, 20 aM Ffm RR **98**, 1536 (verwechselt Wert- und Gebührenberechnung mit der Kostengrundentscheidung und übersieht, daß es gerade bei Rücknahme der Anträge der 2. oder 3. Stufe mangels Antrags keinen weiteren richterlichen Kostenausspruch geben kann). Zu den zahlreichen Streitfragen Kassebohm NJW **94**, 2728 (ausf).

**8) Fortsetzungsantrag.** Nach jeder der drei Stufen, Rn 12, muß der Kläger den Fortgang des Prozesses 21 beantragen, um das Verfahren wieder in Gang zu setzen, Karlsr FamRZ **97**, 1224, Schlesw FamRZ **91**, 96, aM MüKoLü 21. Der Rechtsstreit bleibt in 1. Instanz anhängig. Wenn das Gericht die Klage nur irrtümlich voll abgewiesen hat, muß der Kläger § 321 beachten, sofern nicht § 319 anwendbar ist, Oldb MDR **86**, 62. Stellt der Kläger keinen Fortsetzungsantrag, kann das Gericht schon wegen der Parteiherrschaft, Grdz 18 vor § 128, den Prozeß nicht mehr fördern. Ein Antrag des Bekl, auch auf eine Ausschlußfrist, ist daher unzulässig, aM Karlsr FamRZ **97**, 1224 (aber auch die Folge mangelnder Bezifferung ist erst auf Antrag zu klären). Mag er eine verneinende Feststellungsklage erheben, § 256. Nach voller erstinstanzlicher Abweisung ist in zweiter zunächst nur über den Auskunftsanspruch zu erkennen, BGH RR **87**, 1029.

Weist die 1. Instanz überhaupt ab und verurteilt das *Berufungsgericht* zur Rechnungslegung, so ist entspre- 22 chend § 538 I Z 3 in die 1. Instanz zurückzuverweisen, BGH NJW **85**, 862, aM Celle RR **96**, 430 (es bedürfe keiner Zurückverweisung). Verurteilt die 1. Instanz zur Rechnungslegung und hält die zweite den ganzen Anspruch für unbegründet, so ist die ganze Klage abzuweisen, BGH RR **90**, 390 (schwebt der vorbereitende Anspruch vor dem Rechtsmittelgericht, kann der Kläger die dortige Abweisung der ganzen Klage nicht durch eine Bezifferung des Hauptanspruchs vor der ersten Instanz verhindern), Celle RR **95**, 1021, ebenso wenn das Revisionsgericht vorgreifliche andere Ansprüche verneint, BGH NJW **91**, 1501. Ein in der ersten Stufe verspätetes Vorbringen kann in der zweiten rechtzeitig sein, Karlsr NJW **85**, 1350.

Wird der Klagegrund nicht geändert, so kann nach der Entscheidung über die Auskunftsklage mit der Berufung die *Zahlung* verlangt werden, BGH NJW **91**, 925, aM BGH WertpMitt **74**, 1162 (Zurückverweisung des Zahlungsanspruchs). War die Zwangsvollstreckung aus den Stufen Rn 18 ff und Rn 18 fruchtlos, so kann der Kläger statt der Herausgabe das Interesse fordern, §§ 264 Z 3, 893. § 91 a ist anwendbar, Ffm FamRZ **87**, 85.

**9) Versäumnisverfahren.** Bei einer Säumnis des Klägers erfolgt eine volle Abweisung in jeder Stufe, 23 § 330, vgl Schlesw FamRZ **91**, 96, soweit nicht rechtskräftig erkannt ist, Zweibr FamRZ **83**, 1155. Bei einer Säumnis des Bekl erfolgt nur eine Entscheidung über die spruchreife Stufe, § 331. Ein unzulässig ergangenes rechtskräftiges Versäumnisurteil über die Rechnungslegung und Leistung zugleich gilt für die Leistung als Feststellungsurteil. §§ 264 Z 3, 893 sind anwendbar.

**10) VwGO:** Bei Leistungsklagen (Zahlungsklagen) ist eine Stufenklage nicht ausgeschlossen, Kopp § 40 Rn 73 u 24 § 44 Rn 1. In diesem Fall gilt § 254 entsprechend, § 173 VwGO, OVG Hbg DVBl **60**, 178.

## § 255 Fristsetzung im Urteil.

**I** Hat der Kläger für den Fall, daß der Beklagte nicht vor dem Ablauf einer ihm zu bestimmenden Frist den erhobenen Anspruch befriedigt, das Recht, Schadensersatz wegen Nichterfüllung zu fordern oder die Aufhebung eines Vertrages herbeizuführen, so kann er verlangen, daß die Frist im Urteil bestimmt wird.

**II** Das gleiche gilt, wenn dem Kläger das Recht, die Anordnung einer Verwaltung zu verlangen, für den Fall zusteht, daß der Beklagte nicht vor dem Ablauf einer ihm zu bestimmenden Frist die beanspruchte Sicherheit leistet, sowie im Falle des § 2193 Abs. 2 des Bürgerlichen Gesetzbuchs für die Bestimmung einer Frist zur Vollziehung der Auflage.

**1** 1) **Systematik, I, II.** Die Vorschrift ist eine vorrangige Sonderregel in ihrem Geltungsbereich, Rn 3–6.

**2** 2) **Regelungszweck, I, II.** Die Vorschrift dient der Verfahrensbeschleunigung, der Vermeidung zusätzlicher Verfahren und damit der Prozeßwirtschaftlichkeit, Grdz 14 vor § 128. Das ist bei der Auslegung mitzubeachten.

**3** 3) **Geltungsbereich, I, II.** Vgl zunächst Üb 2 vor § 253. § 255 greift in den folgenden Fällen ein.

**A. Nichterfüllung.** Nach dem sachlichen Recht muß die Nichterfüllung eine Folge, etwa den Rücktritt oder eine Ersatzpflicht, erst mit Ablauf einer vom Gläub zu setzenden Frist herbeiführen. Beispiele: §§ 283 (dazu Schmidt ZZP **87**, 49), 325 II, 326, 634, 651 BGB. Die Verbindung von Urteil und Frist soll die rasche Durchführung des Anspruchs sichern. I ist entsprechend anwendbar, wenn sonst der Gläubiger dem Schuldner eine Frist mit ähnlicher Wirkung setzen darf, BGH **97**, 182, wie bei §§ 250, 264 II, 354, 467, 527, 1003 II, 1133 BGB, 375 HGB, 37 VerlG.

**4** **B. Verwaltung.** Der Kläger muß die Anordnung einer Verwaltung mangels in Frist geleisteter Sicherheitsleistung verlangen dürfen. Fälle: §§ 1052 BGB (Eigentümer und Nießbraucher), 2128 BGB (Nacherbe und Vorerbe).

**5** **C. Auflage.** Im Fall § 2193 II BGB, der dem Beschwerten eine Frist gibt, muß die Person zu bestimmen sein, an die eine Auflage zu leisten ist. In diesem Fall kann der Kläger eine Fristbestimmung im Urt verlangen, während, wenn das Bestimmungsrecht einem Dritten zusteht, § 2193 III BGB, das Nachlaßgericht zuständig ist, § 80 FGG. Eine erweiterte Anwendung sehen für den Parteiprozeß § 510 b, für das Arbeitsgerichtsverf § 61 II ArbGG vor. In solchen Fällen ist der Schuldner später auf eine Vollstreckungsabwehrklage nach § 767 angewiesen.

**6** **D. Unanwendbarkeit.** Die Vorschrift ist unanwendbar, soweit es nicht um die Frist zur Erfüllung einer Leistung, sondern um diejenige zur Ausübung eines Rechts geht, zB bei §§ 355, 415 BGB.

**7** 4) **Verfahren, I.** Maßgeblich ist ein Antrag.

**A. Fristantrag.** Die Fristsetzung erfolgt nur auf Grund eines Antrags des Klägers. Er kann in der Klageschrift oder im Lauf des Verfahrens also durch Klagerweiterung nach § 264 Z 2, verlangen, daß das Gericht die Frist im Urteil bestimmt. Der Antrag ist ein Sachantrag, § 297 Rn 1. Der Kläger braucht keine bestimmte Frist vorzuschlagen, das Gericht darf trotz seines grundsätzlichen pflichtgemäßen Ermessens eine etwa vorgeschlagene Frist nicht verkürzen, vgl §§ 308 I, 335 I Z 3, Schmidt ZZP **87**, 66. Der Antrag ist auch in der Berufungsinstanz statthaft, aber nicht mehr in der Revisionsinstanz.

**8** Der Antrag macht den Ersatzanspruch *nicht* rechtshängig, § 261. Er ist daher auch ohne Einfluß auf den Streitwert. Der Kläger kann die Klage auf Ersatz oder Vertragsaufhebung mit der zur Fristsetzung führenden Klage nur im Fall § 259 verbinden, BGH NJW **99**, 955. Der Kläger kann also dann zB bedingte Wandlung nach § 634 BGB verlangen; anders bei § 510 b, BGH NJW **99**, 955. Der Antrag lautet dann auf Fristsetzung und Verurteilung für den Fall eines fruchtlosen Ablaufs.

**9** **B. Einzelheiten.** Da die vom Gläubiger zu setzende Frist sachlichrechtlich ist, ist es auch die Urteilsfrist nach § 255. Diese Frist richtet sich somit ganz nach §§ 187 ff BGB, Schmidt ZZP **87**, 49. Sie duldet keine Verlängerung oder Verkürzung, § 318. Sie beginnt mit der Rechtskraft des Urt, § 322, Schmidt ZZP **87**, 51 mwN, die vorläufige Vollstreckbarkeit des Urteils hinsichtlich des Klageanspruchs, §§ 708 ff, betrifft die Frist nicht. Die Rechtskraft des Urteils macht die Frist auch sachlichrechtlich unanfechtbar. Die Fristsetzung schafft keine eigene Rechtskraft für das Rechtsverhältnis, § 322 Rn 9, so daß der Richter, der über dieses zu entscheiden hat, oder der Richter der freiwilligen Gerichtsbarkeit es anders beurteilen können, Schmidt ZZP **87**, 53. Das Urteil auf Fristsetzung wirkt rechtsgestaltend. Soweit keiner der Fälle Rn 1 vorliegt, weist das Gericht den Antrag als unbegründet ab. Es kommt auch eine Teilabweisung in Betracht, zB dann, wenn das Gericht die etwa beantragte Frist von vornherein für zu kurz hält. § 321 ist entsprechend anwendbar, dort Rn 13.

**10** 5) *VwGO: Entsprechend anzuwenden, § 173 VwGO, soweit die Zuständigkeit der VerwGerichte gegeben ist, zB bei Klage aus einem öff-rechtlichen Vertrag.*

## § 256 Feststellungsklage, Zwischenfeststellungsklage.

**I** Auf Feststellung des Bestehens oder Nichtbestehens eines Rechtsverhältnisses, auf Anerkennung einer Urkunde oder auf Feststellung ihrer Unechtheit kann Klage erhoben werden, wenn der Kläger ein rechtliches Interesse daran hat, daß das Rechtsverhältnis oder die Echtheit oder Unechtheit der Urkunde durch richterliche Entscheidung alsbald festgestellt werde.

**II** Bis zum Schluß derjenigen mündlichen Verhandlung, auf die das Urteil ergeht, kann der Kläger durch Erweiterung des Klageantrags, der Beklagte durch Erhebung einer Widerklage beantragen, daß ein im Laufe des Prozesses streitig gewordenes Rechtsverhältnis, von dessen Bestehen oder Nichtbestehen die Entscheidung des Rechtsstreits ganz oder zum Teil abhängt, durch richterliche Entscheidung festgestellt werde.

# 1. Titel. Verfahren bis zum Urteil § 256

*SachenRBerG § 108. Feststellung der Anspruchsberechtigung.* ¹ Nutzer und Grundstückseigentümer können Klage auf Feststellung des Bestehens oder Nichtbestehens der Anspruchsberechtigung nach diesem Gesetz erheben, wenn der Kläger ein rechtliches Interesse an alsbaldiger Feststellung hat.

II Ein Interesse an alsbaldiger Feststellung besteht nicht, wenn wegen der Anmeldung eines Rückübertragungsanspruchs aus § 3 des Vermögensgesetzes über das Grundstück, das Gebäude oder die bauliche Anlage noch nicht verfügt werden kann.

**Schrifttum:** *Baltzer,* Die negative Feststellungsklage aus § 256 I ZPO, 1980; *Chern,* Die Feststellungsklage im Zivilprozeß, Diss Köln 1997; *Graf,* Feststellungsklage und Verjährungsunterbrechung, Diss Regensb 1989; *Ho,* Zum Anspruchsbegriff bei der Feststellungsklage, 1986; *Knöpfle,* Feststellungsinteresse und Klagebefugnis bei verwaltungsprozessualen Feststellungsklagen, in: Festschrift für *Lerche,* (1993) 771; *Kranzbühler,* Zur Zulässigkeit der Feststellungsklage im französischen Zivilprozeßrecht im Vergleich mit dem deutschen Recht, Diss Bln 1974; *Kuchinke,* Zur Sicherung des erbvertraglich oder letztwillig bindend Bedachten durch Feststellungsurteil, Vormerkung und Gewährung einstweiligen Rechtsschutzes, Festschrift für *Henckel* (1995) 475; *Lüke,* Zur Klage auf Feststellung von Rechtsverhältnissen mit oder zwischen Dritten, Festschrift für *Henckel* (1995) 567; *Michaelis,* Der materielle Gehalt des rechtlichen Interesses bei der Feststellungsklage usw, Festschrift für *Larenz* (1983) 443; *Moser,* Die Zulässigkeitsvoraussetzung der Feststellungsklage usw, Diss Erlangen-Nürnb 1981; *Trzakalik,* Die Rechtsschutzzone der Feststellungsklage im Zivil- und Verwaltungsprozeß, 1978; *de With,* Die negative Feststellungsklage gegen die einstweilige Anordnung zur Unterhaltsregelung nach Rechtskraft des Scheidungsurteils, Erlanger Festschrift für *Schwab* (1990) 257.

### Gliederung

| | |
|---|---|
| 1) Systematik, I, II ............................ 1 | 7) Verfahren, I .............................. 41–52 |
| 2) Regelungszweck, I, II ................ 2 | A. Prozeßvoraussetzungen .............. 41 |
| 3) Geltungsbereich, I, II ................ 3 | B. Klageschrift ............................ 42–44 |
| 4) Voraussetzungen, I, II .............. 4 | C. Zuständigkeit ............................ 45 |
| 5) Gegenstand, I ............................ 5–20 | D. Weiteres Verfahren .................. 46 |
|    A. Vorliegen eines Rechtsverhältnisses ... 5–7 | E. Beweisfragen ............................ 47 |
|    B. Subjektives Recht ...................... 8–10 | F. Urteil ........................................ 48–51 |
|    C. Unzulässigkeit bei bloßer Rechtsfrage . 11–13 | G. Wegfall des rechtlichen Interesses .... 52 |
|    D. Unzulässigkeit bei reiner Tatsache .... 14, 15 | 8) Beispiele zur Frage der Zulässigkeit einer Feststellungsklage, I ............ 53–106 |
|    E. Gegenwärtigkeit des Rechtsverhältnisses .............................. 16–19 | 9) Urkundenfeststellungsklage, I ........ 107 |
|    F. Maßgeblichkeit des Klaginhalts ...... 20 | 10) Zwischenfeststellungsklage, Inzidentfeststellungsklage oder -widerklage, II .............................. 108–120 |
| 6) Rechtliches Interesse, I ................ 21–40 | A. Rechtsnatur ............................ 108, 109 |
|    A. Grundsatz: Besondere Zulässigkeitsvoraussetzung ...................... 21–24 | B. Zulässigkeit ............................ 110 |
|    B. Tatsächliche Unsicherheit: Weite Auslegung .................................. 25, 26 | C. Klageberechtigung .................... 111 |
|    C. Unsicherheit bei Drittbeteiligung .... 27, 28 | D. Allgemeine Prozeßvoraussetzungen .. 112 |
|    D. Unsicherheit bei wirtschaftlichem Interesse usw .............................. 29, 30 | E. Streitigkeit eines Rechtsverhältnisses . 113 |
|    E. Gefährdung des Rechtsverhältnisses .. 31, 32 | F. Vorgreiflichkeit ........................ 114–116 |
|    F. Feststellungsinteresse: Zweckmäßigkeit .......................................... 33, 34 | G. Verbindung mit Hauptantrag ........ 117 |
|    G. Feststellungsinteresse: Notwendigkeit . 35 | H. Verfahren ................................ 118, 119 |
|    H. Notwendigkeit alsbaldiger Feststellung .................................. 36–40 | I. Rechtsmittel ............................ 120 |
| | 11) VwGO .................................... 121 |

**1) Systematik, I, II.** Die Feststellungsklage, dazu zunächst Grdz 9 vor § 253, ist eine rein prozeßrechtliche Einrichtung. I gibt keinen sachlichrechtlichen Anspruch, § 241 BGB, sondern stellt nur für bereits bestehende sachlichrechtliche Ansprüche unter gewissen Voraussetzungen eine andere Rechtsschutzform zur Verfügung, Grdz 2 vor § 253, BGH ZZP **86,** 312. 1

**2) Regelungszweck, I, II.** Die Vorschrift dient der Rechtssicherheit, Einl III 43, und der Prozßwirtschaftlichkeit, Grdz 14, 15 vor § 128, Grdz 9 vor § 253, BGH **103,** 365, BAG NJW **97,** 2257. Ziel ist die Feststellung des Anspruchs durch ein Urteil, Grdz 9 vor § 253 (dort Näheres über die Arten der Feststellungsklage). Eine Verurteilung zu einer Leistung, etwa ohne Anerkennung, kommt nicht in Betracht; die Worte „auf Anerkennung einer Urkunde" im Text sind das Überbleibsel einer überwundenen Anschauung; gemeint ist die Klage auf Feststellung der Echtheit einer Urkunde. Demgemäß zielt die Feststellungsklage auch nicht auf eine Zwangsvollstreckung ab; vgl freilich Rn 102 sowie Grdz 29 vor § 704. 2

**3) Geltungsbereich, I, II.** Vgl zunächst Üb 2 vor § 253. Die Zulässigkeit der Feststellungsklage ist gesetzlich abschließend geregelt; § 256 gilt auch im FGG-Verfahren, BGH JR **98,** 424, Düss ZMR **96,** 622; für Sonderfälle beseitigt das Gesetz das Erfordernis des Feststellungsinteresses; manchmal, wie in 9 AnfG, verbietet es eine Feststellungsklage. Da Feststellungsklagen keinen sachlichrechtlichen Anspruch verfolgen, verjähren sie nicht. Einwendungen und Einreden gegenüber dem behaupteten Anspruch können geltend gemacht werden, LG Dortm RR **89,** 1300, jedoch nicht gegenüber einer negativen Feststellungsklage ein Zurückbehaltungsrecht, da der Kläger keine Leistung verlangt, BGH LM Nr 256. Feststellungsurteile sind im Grund auch alle klagabweisenden Urteile; vom Feststellungsurteil unterscheidet sich das Feststellungsurteil dadurch, daß es den Rechtsstreit beendet; das Zwischenurteil ist nur wegen der Rechtsmittel ein Endurteil. Wegen Art 21 EuGVÜ vgl Rn 68. 3

**4**  4) **Voraussetzungen, I, II.** Die allgemeinen Prozeßvoraussetzungen sind wie bei einer Leistungsklage zu prüfen, Grdz 13 vor § 253, Rn 41. Die besonderen prozessualen Voraussetzungen der Feststellungsklage sind in jeder Lage des Verfahrens von Amts wegen zu prüfen, Grdz 39 vor § 128, BAG DB **98**, 1192; fehlen sie, ist die Klage durch ein sog Prozeßurteil als unzulässig abzuweisen, Grdz 14 vor § 253, BGH RR **87**, 1138, Nürnb FamRZ **82**, 1103, RoSGo § 93 IV 1, aM BGH NJW **78**, 2031, LG Stgt WoM **76**, 50. Das Gericht muß aber auch prüfen, ob die Klage nicht als Zwischenklage aus II haltbar ist oder ob in Wahrheit eine Leistungsklage vorliegt, Rn 20, Düss ZMR **85**, 235. Auch eine unzulässige Klage unterbricht die Verjährung, § 253 Rn 21. Evtl erfolgt eine Zurückverweisung, § 538 Rn 6–8.

**5**  5) **Gegenstand, I,** dazu Habscheid ZZP **112**, 17 (ÜB): Die Regelung ist kompliziert genug.

   **A. Vorliegen eines Rechtsverhältnisses.** Zulässig ist eine Klage auf Feststellung des Bestehens oder Nichtbestehens eines Rechtsverhältnisses, BGH RR **92**, 252, Balzer NJW **92**, 2724, dh der aus einem greifbaren Sachverhalt entstandenen Rechtsbeziehungen von Personen zu Personen oder Sachen, BGH **99**, 356, Saarbr RR **98**, 1191, LG Bln RR **97**, 205. Zulässig ist auch eine Klage auf Feststellung eines Teilrechtsverhältnisses, Mü RR **87**, 926, ArbG Paderborn DB **75**, 1655, also auch einer einzelnen von mehreren selbständigen Anspruchsgrundlagen, BGH **109**, 276, BAG NJW **85**, 221, auch die Wirksamkeit eines Gestaltungsrechts.

**6**  *Nicht zulässig* ist eine Feststellungsklage zur Klärung eines bloßen sog Realakts, zB der Wirksamkeit einer Zustellung, oder einzelner Vorfragen, BGH RR **92**, 252, BSG MDR **73**, 441, Drsd RR **97**, 1506. Nicht zulässig ist ferner eine Feststellungsklage nur zur Klärung der Elemente desselben Rechtsverhältnisses, BGH FamRZ **79**, 906, BayObLG WoM **88**, 91, Hamm AnwBl **89**, 616.

   Nicht zulässig ist ferner eine Feststellungsklage ferner nur zur Klärung der *Berechnungsgrundlagen*, BGH NJW **95**, 1097, oder der Wirksamkeit oder Unwirksamkeit von einzelnen Rechtshandlungen, BGH **37**, 333, BAG DB **84**, 2567, LG Bln RR **97**, 205.

**7**  Das *Rechtsverhältnis* ist mehr als ein Anspruch; dieser ergibt sich erst aus ihm, BGH GRUR **92**, 114, LAG Köln DB **84**, 1631, Schroers VersR **73**, 404, aM LG Hbg WoM **93**, 464, StJSchu 23. Das Rechtsverhältnis gehört regelmäßig dem Privatrecht an, zB als ein beliebiges Schuldverhältnis, ein Vertrag, BGH MDR **82**, 928, gelegentlich aber auch dem reinen Prozeßrecht, zB §§ 878 ZPO, 115, 156 ZVG, 153, 158 FGG (Nichtigkeit eines im Dispacheverfahren ergangenen Beschlusses), oder dem öffentlichen Recht, sofern eben der Rechtsweg zulässig ist, § 13 GVG Rn 30, BGH NJW **93**, 2540. Es kann auch dem ausländischen Recht angehören, vgl auch Art 26 II EuGVÜ SchlAnh V C 1. Über die Urkundenfeststellungsklage Rn 107.

**8**  **B. Subjektives Recht.** Zulässig ist eine Feststellungsklage zB betr subjektive Rechte jeder Art, vgl Nürnb FamRZ **82**, 1102, ohne Rücksicht auf ihren Entstehungsgrund. Das Rechtsverhältnis braucht keinen Leistungsanspruch zu begründen oder vorzubereiten oder auch nur vorbereiten zu können. Auch ein Recht des rechtlichen Könnens, also des Inhalts, daß man demnächst eine Rechtsänderung vollziehen darf, etwa kündigen oder Preise oder Bedingungen ändern darf, kann feststellbar sein, Hamm NJW **81**, 2474, LG Darmst BB **74**, 1501. Dasselbe gilt zur Feststellung, daß man eine Leistung nach § 478 BGB verweigern dürfe. Feststellbar sind ferner dingliche Rechte oder persönliche Rechte jeder Art, zB auf Getrenntleben, Hamm FamRZ **76**, 341, § 606 Rn 8.

**9**  Eine *Ehe*feststellungsklage ist begrenzt zulässig, §§ 610 II, 633 I, 638, dazu § 606 Rn 6; auch eine *Kindschafts*feststellungsklage ist begrenzt möglich, § 640 II Z 1, BGH LM § 640 Nr 22, ebenso ist die Feststellung von Mitgliedschaftsrechten zulässig. Zulässig ist ferner die Feststellung uneingeschränkter Rechte des gewerblichen Rechtsschutzes, diejenige von Namens- oder Urheberrechten, diejenige eines Rechtsverhältnisses aus dem Besitz, diejenige einzelner Berechtigten als eines Ausflusses des Rechtsverhältnisses. Nicht notwendig ist ein unmittelbares Rechtsverhältnis zwischen den Parteien des Prozesses.

**10**  *Es genügen zB* widerstreitende Nutzungsrechte der Parteien an demselben Recht. Nötig sind wenigstens mittelbare Wirkungen schon in der Gegenwart. Rechtsbeziehungen des Bekl zu Dritten, etwa daß ein dingliches Recht oder eine Forderung gegen Dritte dem Kläger und nicht dem Bekl zustehe, reichen aus, Ffm NJW **76**, 1944. Ebenso reicht es aus, daß der Kläger als Sänger vom Mitglied des beklagten Bühnenvereins nicht nur bestimmte Vergütungen beziehen dürfe; daß der Bekl den Kläger von Rückgriffsansprüchen befreien müsse. Bei einer Forderungsbeanspruchung darf nur die Person des Berechtigten streitig sein, vgl § 660 II BGB. Zulässig ist eine leugnende Feststellungsklage gegen den eine Anfechtung aus § 4 AnfG ankündigenden Gläub, ferner die Klage auf Feststellung eines Teils des Anspruchs, ebenso im Wege der Widerklage eine Feststellung, daß die behauptete Forderung des Klägers auch über den mit der Klage geltend gemachten Teil wegen eines weiteren Teiles nicht bestehe, BGH **69**, 41, also zB auch nicht wegen 10 000 DM, die über den mit der Klage geltend gemachten Teil von 2000 DM einer an sich unbezifferten Forderung hinausgehen, BGH **LM** Nr 55, obwohl mit dieser Teilwiderklage eine Abweisung jedes über die Klagforderung hinausgehenden Betrags erstrebt wird.

**11**  **C. Unzulässigkeit bei bloßer Rechtsfrage.** Eine Feststellungsklage ist unzulässig, soweit es nur um eine gedachte Rechtsfrage geht, BGH **LM** § 1542 RVO Nr 2, oder um den Bestandteil einer solchen Rechtsfrage, vgl LG Mannh ZMR **79**, 319.

**12**  *Dies gilt zB:* Bei der Feststellung der allgemeinen Güterbeförderungspflicht einer Eisenbahn; der bloßen Berechnungsweise eines Kaufpreises; der Verpflichtung zur Gewährung von Versicherungsschutz, solange keine Ablehnung erfolgt ist, der Feststellung, daß die Versicherung sich nicht auf eine Leistungsfreiheit berufen dürfe, BGH VersR **86**, 133, es sei denn, der Anspruch des Geschädigten ist schon nach Grund und Höhe rechtskräftig festgestellt worden, BGH NJW **81**, 870, oder bei der Feststellungsklage eines einzelnen Arbeitnehmers wegen des Geltungsbereichs eines Tarifvertrags, BAG DB **89**, 1832; bei der Feststellung der Berechnungsgrundlagen für einen Anspruch, BGH VersR **86**, 133, Arn 53 ff; der Feststellung der Nichtigkeit eines Vertrages, den der Bekl mit einem Dritten geschlossen hat; der Feststellung der Rechtsfolgen, die sich ergäben, wenn der Kläger den Vertrag kündigen würde, vgl aber BGH GRUR **92**, 114; der Feststellung der Auslegung einer Konkurrenzklausel im allgemeinen. Unzulässig ist eine Feststellung, wenn das Urteil zur

1. Titel. Verfahren bis zum Urteil § 256

Festigung eines Anspruchs im Ausland dienen soll, wenn dabei in keiner Weise feststeht, daß die Entscheidung dort anerkannt oder verwertet werden kann.

*Zulässig* ist aber zB die Feststellung, daß der zwischen den Parteien bestehende Vertrag ein Gesellschaftsvertrag und kein Dienstvertrag ist, oder die Feststellung, daß ein Vertrag fortbestehe, BGH GRUR **92**, 114, oder daß ein faktisches Gesellschaftsverhältnis bestehe, oder die Feststellung, daß von den denkbaren Anspruchsgrundlagen Unerlaubte Handlung oder Positive Vertragsverletzung oder Herausgabepflicht jedenfalls die eine (nicht) zutrifft, BGH NJW **84**, 1556. **13**

**D. Unzulässigkeit bei reiner Tatsache.** Eine Feststellungsklage ist unzulässig, soweit es nur um eine reine Tatsache geht, LAG Köln DB **84**, 1631 (Ausnahmen Rn 107), selbst wenn sie rechtserheblich ist, so grundsätzlich richtig BGH **68**, 334. Unzulässig ist zB die Feststellung der Vollziehung des Beischlafs; der Unrichtigkeit einer Kreditauskunft; des Eindringens von Rauch in eine Mietwohnung, LG Mannh MDR **78**, 25; der Tatsache eines Vertragsschlusses im Gegensatz zum Bestehen und zur Auslegung des Vertrags; eines Regreßanspruchs gegen den Vorstand und den Aufsichtsrat einer Aktiengesellschaft, ohne daß die dafür erforderliche Mehrheit oder Minderheit vorhanden ist, in der Hoffnung, daß sie sich finde. **14**

Unzulässig ist *ferner* zB die Feststellung der Angemessenheit der inneren Ordnung eines Vereins, über die die Mitgliederversammlung nicht beschlossen hat. BGH **68**, 334, ZöGre 5 lehnen die Feststellung der Unwahrheit reiner Tatsachen ab, aM Leipold ZZP **84**, 160. In der Tat kann ein Rechtsschutzbedürfnis für eine solche Feststellung bestehen, da ein bloßer Widerruf oft keine schutzwürdige Klärung der Wahrheit ermöglicht, Ritter ZZP **84**, 166, Leipold JZ **74**, 65. Vgl Rn 90 „Persönlichkeitsrecht". **15**

**E. Gegenwärtigkeit des Rechtsverhältnisses.** Das Rechtsverhältnis muß beim Verhandlungsschluß in der Regel schon, vgl BAG NJW **78**, 2115 oder noch bestehen, BFH BB **81**, 1567, Hamm VersR **94**, 193. Eine Feststellung des Bestehens eines vergangenen Rechtsverhältnisses ist nur dann zulässig, wenn sich Rechtsfolgen für die Gegenwart oder Zukunft ergeben, BAG NJW **97**, 3396. Aus dem Rechtsverhältnis muß sich der künftige Anspruch entwickeln können, BGH NJW **93**, 653, LG Dortm RR **89**, 1299, LG Stgt VersR **79**, 335. Es besteht aber kein Raum für die Feststellung eines künftigen Rechtsverhältnisses, dessen entscheidungserhebliche Tatsachen derzeit noch nicht festgestellt werden können, BGH NJW **93**, 653 und DB **99**, 1224, Düss VersR **99**, 587, Mü FamRZ **97**, 741. **16**

Es genügt jedoch ein *bedingtes oder betagtes* Recht, BGH NJW **92**, 437, Düss VersR **99**, 587, Karlsr FamRZ **89**, 185. So ist zB eine Klage auf Bestehen der Ersatzpflicht für zukünftige Einwirkungen zulässig, wenn mit ihnen nicht nur ausnahmsweise zu rechnen ist, BGH NJW **98**, 160, Hamm MDR **98**, 304 (selbst bei Verzicht auf Verjährungseinrede), Mü NJW **96**, 1490; die Klage auf die Feststellung der Unwirksamkeit eines Grundstückskaufvertrags wegen Formmangels oder Anfechtung ist nicht schon deshalb unzulässig, weil in einem Verfahren vor dem Landwirtschaftsgericht noch nicht über die Wirksamkeit des Vertrages nach dem GrdstVG entschieden wurde, BGH NJW **84**, 2950. Bei § 829 BGB genügt es, daß die Billigkeit vielleicht die spätere Heranziehung des Schädigers rechtfertigen kann, wie überhaupt Ansprüche wegen der künftigen Folgen eines bereits eingetretenen Schadensereignisses festgestellt werden können, BGH FamRZ **90**, 39, auch bei einer nur gewissen Wahrscheinlichkeit zukünftiger Ersatzansprüche, BGH NJW **93**, 653, Hamm RR **97**, 1489, Kblz MDR **87**, 936. **17**

Zulässig ist auch die Feststellung der Schadensersatzpflicht bei einer gewissen *Wahrscheinlichkeit* eines Schadens infolge der Verletzung einer Firma, BGH LM § 16 UWG Nr 69, LG Dortm RR **89**, 1299, s aber auch § 286 Rn 16–18. Ausreichend ist eine Wahrscheinlichkeit der Erhöhung eines durch die Schadensursache ausgefallenen Unterhaltsanspruch, Rn 77 „Leistungsklage". Einen merkantilen Minderwert nimmt BGH **35**, 396 jetzt sofort ohne Konkretisierung durch den Verkäufer an, so daß kein Feststellungsinteresse angenommen wird. Unzulässig ist eine Klage auf Feststellung der Gültigkeit des Testaments eines noch Lebenden, Rn 68. **18**

Eine Feststellungsklage wegen eines wenigstens bei Entscheidungsreife, §§ 296 a, 300, *vergangenen* Rechtsverhältnisses ist nur zulässig, wenn eine Partei irgendwelche rechtliche Nachwirkungen aus ihm herleitet, BGH WertpMitt **81**, 1050, BAG NJW **99**, 2918, Ffm MDR **84**, 59. Das gilt für die Feststellung des freiwilligen Ausscheidens aus einem Verein, oder soweit die Partei eine Wiederholung befürchten muß, BAG NJW **74**, 2023, BVerwG NJW **78**, 335, nicht aber bei einem bloßen Wunsch, den früheren Vertragspartner bestrafen zu lassen, Ffm MDR **84**, 59. Zulässig ist die Feststellungsklage auch, wenn der Anspruch ruht, aber später wieder aufleben kann; damit handelt es sich nicht um einen künftigen Anspruch. Unzulässig ist eine Klage auf Feststellung, daß ungewiß sei, ob ein Rechtsverhältnis bestehe, oder eine negative Feststellungsklage des Mieters zwei Jahre vor Beginn der Kündigungsfrist, Stgt WoM **76**, 56. **19**

**F. Maßgeblichkeit des Klaginhalts.** Entscheidend ist der Inhalt der Klage, die als Parteiprozeßhandlung auszulegen ist, Grdz 52 vor § 128, BAG NJW **98**, 2307; nicht entscheidend ist die gewählte Form; es kann trotz Feststellungsklage eine Leistungsklage gemeint sein, zB wenn eine solche unvorsichtigerweise nicht für möglich gehalten wird, Köln GRUR **83**, 753. Vorbedingung richtiger prozessualer Behandlung einer Klage ist also, daß sich das Gericht über ihre Rechtsnatur klar wird. Oft verwechselt die Praxis die behauptende und leugnende Feststellungsklage, weil sie sich durch die Form des Antrags irreführen läßt. **20**

**6) Rechtliches Interesse, I.** Die Grenzen zum Rechtsschutzbedürfnis, Grdz 33 vor § 253, verschwimmen oft. **21**

**A. Grundsatz: Besondere Zulässigkeitsvoraussetzung.** Der Kläger muß als besondere Zulässigkeitsvoraussetzung (Prozeßvoraussetzung), Grdz 13, 33 vor § 253, BAG DB **98**, 1192, unabhängig vom allgemeinen Rechtsschutzbedürfnis, Rn 41, und unabhängig von der sachlichrechtlichen Begründetheit seines Feststellungsanspruchs auch prozessual grundsätzlich (Ausnahme § 640 II Z 1, BGH NJW **73**, 51) ein rechtliches Interesse an der Feststellung haben, BGH NJW **99**, 432, BPatG GRUR **84**, 646, Hamm NJW **93**, 3275. Damit nimmt C das Rechtsschutzbedürfnis, Grdz 33 vor § 253, in seinen Tatbestand auf, BGH NJW **78**, 2032. Ob es vorliegt, ist in jeder Lage des Verfahrens von Amts wegen zu prüfen, Grdz 39 vor § 128, BAG DB **98**, 1192, Karlsr FamRZ **94**, 837, unklar Karlsr VersR **89**, 806 (nur beim stattgebenden

Urteil?). Die zu prüfenden Tatsachen unterliegen freilich der Parteiherrschaft, BGH RR 90, 319, sind daher zB dem Geständnis zugänglich.

22  Das rechtliche Interesse muß grundsätzlich noch in der *Revisionsinstanz* vorliegen, BGH LM Nr 92, BayObLG 92, 311; daß es früher einmal vorlag, genügt nicht, BAG DB 93, 1480, aM Düss ZMR 87, 377. Die mißverständliche Ansicht, es genüge sein Vorliegen beim Stellen des Antrags, trifft nur in der Richtung zu, daß ein späterer Wegfall nicht zum Leistungsantrag nötigt, Rn 83.

23  Macht der *Mangel* der Prozeßvoraussetzung das Urteil nichtig oder vernichtbar, so ist der Zeitpunkt der Revisionsverhandlung maßgebend, so daß dann allerdings neue Tatsachen vom Revisionsgericht zu berücksichtigen sind, ebenso, wenn infolge Entfallens des Feststellungsinteresses das Berufungsgericht zur gleichen Entscheidung kommen müßte. Hat aber der Bekl Anlaß zur Erhebung der positiven Feststellungsklage gegeben, so läßt ein außergerichtliches Anerkenntnis das Feststellungsinteresse nicht ohne weiteres wegfallen, BGH LM § 565 III Nr 6 a (anders der Verzicht bei leugnender Feststellungsklage, BGH 18, 106), wohl aber ein solches nach § 307, das dann Grundlage für ein Anerkenntnisurteil wird, ohne daß das Rechtsschutzbedürfnis für die Feststellungsklage noch zu prüfen wäre, aM RoSGo § 133 IV 5 a (das Rechtsschutzbedürfnis sei für die Klage zu prüfen).

24  Erhebt der *Gegner Leistungsklage* in der ersten Instanz, so entfällt nicht das Feststellungsinteresse für die im Revisionsrechtszuge anhängige, entscheidungsreife leugnende Feststellungsklage, da mit deren Erfolg festgestellt wäre, daß die Leistungsklage unbegründet wäre. Ein Rechtsschutzbedürfnis für eine leugnende Feststellungswiderklage entfällt nicht schon deshalb, weil der Kläger erklärt, er werde keinen weitergehenden Anspruch geltend machen, wenn er mit seiner Teilklage unterliege, BGH NJW 93, 2609. Ein Standesinteresse ist nicht stets ausreichend, zB nicht für die leugnende Feststellungsklage eines Anwalts gegenüber einer Mietforderung, Köln MDR 72, 428, kann aber zB gegenüber hartnäckigen rufschädigenden Behauptungen eines Auftraggebers vorliegen, BGH VersR 85, 39. Soweit das rechtliche Interesse nach I fehlt, ist zu prüfen, ob die Klage nach II zulässig ist.

25  **B. Tatsächliche Unsicherheit: Weite Auslegung.** Der Kläger hat ein rechtliches Interesse, wenn eine gegenwärtige tatsächliche Unsicherheit sein Rechtsverhältnis nach Art oder Umfang gefährdet, BGH NJW 99, 432, Celle RR 92, 1468, Karlsr FamRZ 94, 837, Mü GRUR 93, 509. Ob das behauptete Rechtsverhältnis wirklich besteht bzw das geleugnete fehlt, das gehört zur Klärung nicht schon zu der Zulässigkeit, sondern erst zur Begründetheit, BGH NJW 91, 2708, Karlsr RR 88, 252, Kblz RR 89, 510.

26  Dabei entscheidet ein persönlicher, nicht ein allgemein gültiger Maßstab, BGH VersR 85, 39. Es findet eine weite und freie Auslegung im Interesse des Klägers statt, BGH LM § 37 PatG aF Nr 17, Hamm RR 96, 1338. Ist die *Prozeßwirtschaftlichkeit* zu beachten, Grdz 14, 15 vor § 128, Kblz BB 80, 855. Es genügt, daß der Kläger sein Verhalten nach der Feststellung regeln will, BGH KTS 81, 218, auch daß der Kläger sich eine gesicherte Grundlage für die Anerkennung eines vor einer anderen Behörde zu verfolgenden Anspruchs verschaffen will. Dann besteht aber nur ein Feststellungsinteresse, wenn das Urteil von der anderen Behörde auch als Grundlage für die dortige Entscheidung anerkannt wird.

27  **C. Unsicherheit bei Drittbeteiligung.** Der Kläger kann auch ein Interesse am Bestehen oder Nichtbestehen eines Rechtsverhältnisses zwischen dem Bekl und Dritten haben, wenn das für die Rechtsbeziehung zwischen dem Kläger und dem Bekl von Bedeutung ist, BGH NJW 96, 2029 und RR 96, 869, BVerwG NJW 97, 3257, Mü WettbR 96, 262. Es genügt und ist erforderlich, daß das Feststellungsinteresse für die Rechtsbeziehung zwischen dem Kläger und dem Dritten von Bedeutung ist, BGH NJW 96, 2029 und RR 96, 869, BAG NJW 83, 1751, Zweibr OLGZ 80, 33. Dabei können die Parteien auf derselben Vertragsseite stehen, zB als Mitverpächter. Voraussetzung bei alledem ist stets, daß die Rechtsbeziehungen nicht eindeutig nichtig sind und daß Folgen nicht mehr eintreten können, BGH LM Nr 90.

28  Ebenso kann ein Dritter ein Interesse an der Feststellung der Nichtigkeit eines von anderen abgeschlossenen Vertrags haben, BGH LM 25 und 34, wenn er vom Bestehen oder Nichtbestehen des Rechtsverhältnisses zwischen dem Bekl und einem anderen in seinem Rechtsbereich auch nur *mittelbar* betroffen ist, BGH NJW 93, 2540. Daher besteht auch ein schutzwürdiges Interesse des Drittschuldners an der Feststellung der Unrechtmäßigkeit der Pfändung, BGH 69, 147, auch künftiger Ansprüche, allerdings erst nach dem Gläubiger zuzugestehenden Prüfungsfrist, BGH 69, 150. Es kommt sogar eine Klage auf die Feststellung in Betracht, daß zwischen mehreren am gegenwärtigen Prozeß überhaupt nicht beteiligten Dritten ein Rechtsverhältnis bestehe, BGH NJW 90, 2628. Freilich kommt es auch insofern darauf an, ob ein einfacher anderer Weg offensteht, zB nach §§ 766, 843, BGH NJW 77, 1881.

29  **D. Unsicherheit bei wirtschaftlichem Interesse usw.** Der von der Lehre und Rspr gemachte Unterschied zwischen einem rechtlichen und einem berechtigten (wirtschaftlichen) Interesse, vgl (nur zu diesen Begriffen und im übrigen zu dem von I abweichenden § 100 FGO) BFH BB 75, 1328, ist recht unsicher. Wer ein wirtschaftliches Interesse hat, der hat regelmäßig auch ein rechtliches. Nicht genügen kann aber zB das wirtschaftliche Interesse des Aktionärs am Gedeihen einer Aktiengesellschaft, die Hoffnung, bei der Feststellung der Nichtigkeit eines Pachtvertrags selbst Pächter zu werden, BGH LM Nr 25. Ein wirtschaftliches Interesse reicht bei einem schiedsrichterlichen Verfahren aus, BGH KTS 77, 45.

30  Ein *allgemeines* menschliches oder verwandtschaftliches Interesse kann mit Ausnahme der Statusklage, § 640 II, BGH NJW 73, 51, *nicht* genügen. Wohl aber kann das Interesse an der Wahrung der Ehre genügen, BGH VersR 85, 39. Es ist kein Grund zur Verneinung des Feststellungsinteresses, wenn sich eine sichere Entscheidungsgrundlage wegen eines ungeklärten Verhältnisses nur schwer finden läßt, vgl aber Rn 31. Das Interesse muß schutzwürdig sein. Das ist es auch bei einer unsicheren Lage, BGH NJW 91, 2708, ja sogar bei einer aussichtslosen, BGH LM § 37 PatG aF Nr 17, freilich nicht bei demjenigen, der die Feststellungsklage mißbrauchen will, Einl III 54, zB um eine Streitverkündung an ihn, §§ 72 ff, eine Zeugenvernehmung des Bekl oder die Geltendmachung eines Zurückbehaltungsrechts zu verhindern, BGH LM Nr 16.

31  **E. Gefährdung des Rechtsverhältnisses.** Eine solche Gefährdung liegt schon dann vor, wenn der Kläger in seiner Entscheidungsfreiheit oder in seinen Vorkehrungen gehemmt oder gestört ist, LG Zweibr

1. Titel. Verfahren bis zum Urteil § 256

RR **98**, 1106, wenn er einen erkennbaren Anlaß zur Besorgnis hat, BGH **LM** Nr 87. Es genügt bei einer behauptenden Feststellungsklage, daß der Bekl das Recht des Klägers ernstlich bestreitet, BGH NJW **99**, 432, Köln VersR **77**, 938, bei einer leugnenden, daß sich der Bekl ernsthaft eines Rechts gegen den Kläger oder gegen einen Dritten, „berühmt", BGH NJW **92**, 437, Karlsr FamRZ **94**, 837, LG Saarbr ZMR **97**, 655. In einer bloßen Streitverkündung, §§ 72 ff, liegt keine Berühmung, ebensowenig wie eine solche in der Ablehnung einer Unfallentschädigung durch den Verletzten liegt, so daß kein Feststellungsinteresse des Schädigers dahin besteht, daß kein höherer Ersatzanspruch gegeben sei, BGH **LM** Nr 91, auch nicht stets im bloßen Schweigen, BGH NJW **95**, 2032.

Es muß dem Kläger aber ein wirklicher *Nachteil* drohen; Hbg WoM **98**, 18; nicht genügen eine rein **32** gedankliche Behauptung, eine Möglichkeit, die in weiter Ferne liegt und sich noch nicht konkret erkennen läßt, BGH **LM** Nr 73, Karlsr FamRZ **94**, 837, ein künftiges Rechtsverhältnis, das infolge der gegenwärtigen Ungewißheit über die entscheidungserheblichen Umstände zZt nicht festgestellt werden kann, BGH MDR **60**, 371, oder ein für den Kläger nur lästiges, LG Zweibr RR **98**, 1106, ganz einflußloses Berühmen oder eine bloße Möglichkeit, LG Hbg RR **98**, 682. Andererseits können Handlungen oder Unterlassungen genügen, zB die Pfändung einer Forderung als Grundlage für die Klage des Drittschuldners, Rn 10, oder die Erwirkung einer einstweiligen Verfügung, oder das Unterlassen einer vom Gegner nach Treu und Glauben abzugebenden Erklärung, BGH **69**, 46. Ein Einverständnis des Gegners mit dem Getrenntleben oder das Fehlen eines eindeutigen Einverständnisses reichen für eine Feststellungsklage auf ein Getrenntleben nicht aus, Düss FamRZ **72**, 208. Die Gefährdung fällt weg, soweit und sobald der Bekl den bisherigen Standpunkt endgültig aufgibt, KG RR **96**, 846.

**F. Feststellungsinteresse: Zweckmäßigkeit.** Der Kläger muß ein Interesse an der Feststellung haben, **33** auch bei der Klärung einer Drittrechtsbeziehung, BAG NJW **83**, 1751. Über dessen Vorliegen ist in freier, weiter, nicht förmelnder Auslegung zu entscheiden, BGH FamRZ **72**, 90, also nach dem Grundsatz der Prozeßwirtschaftlichkeit, Grdz 14 vor § 128, Kblz BB **80**, 855, Rn 77 „Leistungklage".

Die Feststellung muß den Kläger *zum Ziel führen* können, vgl BAG DB **80**, 504. Das Urteil muß also trotz **34** seiner rein inneren Wirkung, also auch ohne Vollstreckbarkeit, bereits die Gefährdung beseitigen können, BGH NJW **92**, 437, BAG DB **94**, 737, Karlsr FamRZ **94**, 837. Darum ist regelmäßig keine Feststellungsklage zulässig, wenn der Kläger einen einfacheren Weg zum Ziel hat, zB eine Erinnerung nach § 766 oder eine Aufforderung nach § 843, BGH **69**, 144, oder wenn eine Leistungsklage möglich ist, Rn 77 „Leistungsklage", oder wenn eine anderweit schwebende Gestaltungsklage den Gegenstand der Feststellungsklage mitumfaßt, BGH **LM** Nr 41, oder wenn keine abschließende Klärung möglich wäre, BGH **126**, 373, oder wenn nur eine Einstellung der Zwangsvollstreckung dem Kläger helfen könnte. Unzulässig ist eine Feststellungsklage auch, wenn die Feststellung nur eine von mehreren zu erfüllenden Voraussetzungen schafft, wenn zB das Recht auf Getrenntleben nur wegen der Entfernung des anderen Ehegatten aus der Wohnung und wegen einer Unterhaltsregelung geltend gemacht wird oder wenn das Feststellungsurteil doch nicht (mehr) helfen kann, BGH NJW **73**, 1329, BAG DB **93**, 1480. Es reicht nicht aus, wenn der FGG-Richter ohne Bindung an das Feststellungsurteil über Streitpunkte zu entscheiden hat.

**G. Feststellungsinteresse: Notwendigkeit.** Die Feststellung muß nötig sein. Darum ist grundsätzlich **35** keine Feststellungsklage zulässig, wenn der Kläger bereits ein rechtskräftiges Urteil besitzt (wohl aber, wenn jenes zB wegen einer Unklarheit nicht vollstreckbar ist, BGH **LM** VOB Teil B [1952] § 13 Nr 83), oder soweit über den Streit bereits ein Prozeß schwebt, Bre FamRZ **81**, 981, so daß zB bei einer Stufenklage auch auf Zahlung kein Interesse auf Feststellung der Verpflichtung zu einer solchen besteht, § 254 Rn 5, oder soweit sonstwie ein einfacherer Weg zum Ziel führt, zB eine Erinnerung nach § 766, ein Verzicht nach § 843, BGH **69**, 144. Nötig ist die Feststellung nicht, wenn die entsprechende Klage als Widerklage, Anh § 253, nicht über den in der Leistungsklage erhobenen Anspruch hinausgeht, aM Hamm WertpMitt **71**, 1379; überhaupt ist eine Feststellungsklage nicht als Widerklage zulässig, soweit eine bloße Verteidigung die Rechte des Bekl ausreichend wahrt, also auch nicht, wenn gegenüber dem Unfallgeschädigten, der sich über die Schadensauswirkungen noch unklar sein muß, eine negative Feststellungsklage seitens des Schädigers oder seiner Versicherungsgesellschaft erhoben wird, daß kein weiterer Schaden vorhanden sei, um den Geschädigten zum Abschluß eines Abfindungsvertrags zu veranlassen.

Unzulässig ist eine Feststellungsklage wegen *Rechtsfolgen*, die das Gesetz ausspricht und die der Bekl nicht bestreitet. Unzulässig ist sie bei Zulässigkeit der Widerspruchsklage, § 771; unzulässig ist eine leugnende Feststellungsklage, wenn sie gegenüber der erhobenen Leistungsklage keinen Vorteil bringt; etwas anderes gilt zB, wenn die Leistungsklage ruhen soll. Vgl im einzelnen Rn 77 „Leistungsklage".

**H. Notwendigkeit alsbaldiger Feststellung.** Das Interesse muß eine alsbaldige Feststellung verlangen, **36** BGH **69**, 46, BAG DB **92**, 992, KG VersR **97**, 95. Dies gilt, wenn eine begründete Besorgnis der Gefährdung schon und noch jetzt besteht, Rn 16, BGH **LM** Nr 87, Hamm VersR **94**, 194. Es hängt im übrigen von der Lage des Einzelfalls ab und ist eng auszulegen, Hamm VersR **94**, 194, aber auch nicht zu streng, Oldb MDR **96**, 265. Wegen § 108 I, II SachenRBerG vgl vor Rn 1.

Bei Ersatzansprüchen genügt es, daß sich der Anspruch *allmählich* entwickelt, daß für die Entstehung eines künftigen Schadens wenigstens ein Anhalt vorhanden ist, BGH FamRZ **90**, 39, Hamm OLGZ **90**, 45. Das ist zB der Fall, wenn die Witwe eines tödlich verunglückten Ehemanns sich zwar derzeit selbst erhält, aber auf den Verlust der sonst gegebenen Unterhaltspflicht des Ehemannes im Falle eigener Erwerbslosigkeit hinweist; ähnliches gilt bei der Möglichkeit einer Unterhaltspflicht, mag diese infolge der Arbeitsfähigkeit des Klägers derzeit auch nicht gegeben sein.

Die *Wahrscheinlichkeit* eines Schadenseintrittes ist für das Feststellungsinteresse *nicht* erforderlich, BGH **LM** **37** § 24 WZG Nr 69, aM Düss VersR **91**, 789 (abl Jaeger), wohl aber für die Feststellung der Begründetheit der Klage, Kblz BB **91**, 722. Dort sind freilich keine zu hohen Anforderungen zu stellen, BGH VersR **91**, 779. Jedenfalls genügt es, daß spätere Schadensfolgen ernsthaft in Betracht kommen können, BGH FamRZ **76**, 144, BAG NJW **74**, 2023, Oldb MDR **96**, 265. Die Möglichkeit einer Klage nach § 259 braucht nicht zu schaden, BGH NJW **86**, 2507 (großzügig).

**38** Die rein *gedachte* Möglichkeit eines späteren, noch ganz ungewissen Anspruchs, etwa nach § 323, oder Schadens genügt nicht, wohl aber die Absicht, die Verjährung zu unterbrechen, BGH VersR **91**, 779, Celle FamRZ **76**, 89.

**39** *Ausreichend* ist ein Interesse an einer alsbaldigen rechtlichen Feststellung bei einem Anspruch auf Entschädigung aus enteignungsgleichem Eingriff, wenn die Möglichkeit einer Leistungsklage durch den Gesetzgeber als noch nicht zulässig erklärt ist und eine gesetzliche Regelung in Aussicht gestellt ist, wenn der Gesetzgeber eine allgemeine Regelung in Aussicht gestellt habe, da er dann die Klärung der richterlichen Gewalt nicht habe überlassen wollen, es auch am Interesse an alsbaldiger Feststellung fehle. Bei einer anderweitigen Ersatzmöglichkeit, § 839 I 2 BGB, besteht das Feststellungsinteresse erst, falls dort Beweisschwierigkeiten zu befürchten sind, Ffm VersR **73**, 576. Das Feststellungsinteresse kann entfallen, zB mit dem Tod des Bekl als Erblasser, BGH RR **93**, 391, oder auch, soweit und sobald der Bekl seinen bisherigen Standpunkt endgültig aufgibt. Es muß noch kein Schluß der letzten Verhandlung vorliegen, Kblz RR **89**, 510.

**40** *Nicht ausreichend* ist zB ein drohender Verlust von Beweismitteln, im Ergebnis ebenso Karlsr FamRZ **89**, 185, weil dagegen das selbständige Beweisverfahren hilft, §§ 485 ff. Dieses ist aber für die Bewertung des Feststellungsinteresses unterstützend heranziehbar. Ebensowenig genügt es, daß die Schadenshöhe eine zeitraubende Beweisaufnahme nötig macht, BGH BB **74**, 1184, oder daß die Möglichkeit denkbar ist, daß ein Feststellungsurteil einen Vergleich ermöglichen könnte (anders ist es, wenn dafür ein bestimmter Anhalt besteht), BGH BB **74**, 1184; wohl aber genügt es, daß eine derzeitige Schadensberechnung unmöglich oder untunlich ist oder daß es vor dem Eintritt derjenigen Bedingung, die nicht allzu fern liegt, den Schadensfolge hat, zB bei der Inanspruchnahme von Fürsorgeleistungen, die dann einen Forderungsübergang zur Folge haben. Mögliche spätere Veränderungen bleiben außer Betracht. Nicht ausreichend ist ferner eine Lage, in der der Haftpflichtversicherer des Schädigers die bereits entstandenen unfallbedingten Aufwendungen erstattet und wegen der noch entstehenden Ansprüche auf die Dauer von mehr als drei Jahren auf die Einrede der Verjährung verzichtet hat, Oldb VersR **80**, 272.

**41** 7) *Verfahren*, I. Es sind viele Besonderheiten zu beachten.

**A. Prozeßvoraussetzungen.** Hierher zählen außer den besonderen nach I diejenigen die der Leistungsklage, Grdz 13 vor § 253, auch zB im Verfahren über einen Versorgungsausgleich, BGH NJW **82**, 387. Hierzu zählt auch das allgemeine Rechtsschutzbedürfnis, Grdz 33 vor § 253, BGH NJW **77**, 1881. Gerichtsstand ist bei behauptender Feststellungsklage der der entsprechenden Leistungsklage; bei leugnender der ausschließliche oder besondere der umgekehrten Leistungsklage, sonst der allgemeine des Bekl; bei der Urkundenfeststellungsklage der des Rechtsverhältnisses, jedoch kein dinglicher, wenn die Urkunde ein dingliches Recht nur beweist; anders § 24, bei Klagen auf eine Feststellung des Eigentums. Die Prozeßvoraussetzungen müssen bei Schluß der letzten Verhandlung vorliegen, § 296 a. Beim Fehlen der allgemeinen Prozeßvoraussetzungen ist die Feststellungsklage ebenso wie beim Fehlen der besonderen, Rn 3, als unzulässig abzuweisen, Grdz 14 vor § 253. Bei einer Auslandsberührung entscheidet das Gericht über die Zulässigkeit nach deutschem Verfahrensrecht, Einl III 74, Geimer DNotZ **89**, 334.

**42** **B. Klageschrift.** Die Klageschrift muß dem § 253 genügen; die rechtsbegründenden Tatsachen sind auch hier näher anzugeben, BGH NJW **83**, 2250. Bei der leugnenden Feststellungsklage umreiße hinreichend die vom Bekl erhobenen Ansprüche und braucht der Kläger nur ihr Nichtbestehen zu behaupten. Der Antrag, vgl auch § 253 Rn 39, muß bestimmt sein, Düss ZMR **85**, 235, dh das Rechtsverhältnis eindeutig bezeichnen, BGH NJW **83**, 2250. Die Bezugnahme auf eine gesetzliche Bestimmung genügt jedenfalls dann nicht, wenn diese mehrere Tatbestände enthält. Falsche Anträge, etwa auf Anerkennung oder unbezifferte Leistung werden iS von § 253 Rn 42 ff Zulässigen, sind umzudeuten.

**43** Die Feststellungsklage kann im allgemeinen nicht auf einen ziffernmäßig bestimmten *Betrag* gehen. Die leugnende Feststellungsklage kann nicht dahin gehen, daß der Kläger nichts schulde, sondern nur, daß er aus einem bestimmten Rechtsverhältnis nichts schulde; darin steckt mangels gegenteiliger Erklärung der Antrag auf Feststellung, in welcher Höhe der Anspruch des Bekl etwa nicht begründet ist, BGH **LM** § 41 LitUG Nr 2. Bei einem Schaden handelt es sich nicht um die Bezifferung oder Berechnung von Einzelansprüchen, sondern um die bestimmte Bezeichnung des zum Ersatz verpflichtenden Ereignisses, sowie um hier (anders als für das Feststellungsinteresse) erforderliche Tatsachen für die Wahrscheinlichkeit einer Schadensentstehung, BGH NJW **83**, 2250. Ein Feststellungshauptantrag und ein Leistungshilfsantrag sind unvereinbar, BGH **LM** Nr 16. Eine Aufspaltung in einen Leistungs- und einen Feststellungsantrag ist nicht stets erforderlich, BGH VersR **91**, 788, aber meist statthaft und ratsam.

**44** Die *Rechtshängigkeit* äußert sachlichrechtliche Wirkungen nur bei der behauptenden Feststellungsklage; nur sie, also nicht die leugnende, BGH **72**, 23, Gürich MDR **80**, 359, unterbricht, und zwar im Zweifel wegen des gesamten Anspruchs, BGH JZ **54**, 169, die Verjährung und Ersitzung, §§ 209, 941 BGB. Freilich kann die bloße Bezugnahme auf eine Anlage der Klageschrift dazu unzureichend sein, Hbg ZMR **95**, 20 mwN. Wert Anh § 3 Rn 53 „Feststellungsklage".

**45** **C. Zuständigkeit.** Die Zuständigkeit ist wie sonst zu beurteilen, Rn 41. Bei der leugnenden Feststellungsklage kommt wegen § 269 BGB meist der Wohnsitz des Klägers in Betracht.

**46** **D. Weiteres Verfahren.** Der Bekl muß die ihm möglichen Einwendungen, zB eine Aufrechnung, § 145 Rn 9, wie gegenüber einer Leistungsklage unverzüglich erheben, BGH **103**, 367. Die Verhandlung läuft wie sonst ab. Wird anerkannt, so ergeht ein Anerkenntnisurteil, § 307, ohne daß noch ein rechtliches Interesse zu prüfen wäre. Das Anerkenntnis muß sich aber auf den Klageanspruch beziehen. Eine Anerkennung des Rechtsverhältnisses oder der Berühmung als unzutreffend genügt nicht; das Gericht muß jedoch prüfen, ob nach dem Wegfall der Berühmung noch ein Feststellungsinteresse vorliegt. § 93 kann anwendbar sein. Wer sich aber nicht berühmt hat, braucht den Klageanspruch nicht anzuerkennen, um der Kostenlage zu entgehen; er muß aber evtl eine Erklärung abgeben, wenn sie von ihm nach Treu und Glauben erwartet werden kann; danach ist zu beurteilen, ob er sich durch seinen Abweisungsantrag berühmt oder ob er nur den

## 1. Titel. Verfahren bis zum Urteil § 256

Klaganspruch leugnet. Ein „hilfsweises" Anerkenntnis beseitigt das Feststellungsinteresse nicht, BGH DB **76**, 1009. Die Frage eines mitwirkenden Verschuldens darf nicht offen bleiben, BGH NJW **78**, 544.

**E. Beweisfragen.** Die Beweislast richtet sich nach allgemeinen Grundsätzen, Anh § 286 Rn 92 „Feststellungsklage". Die äußere Parteistellung entscheidet nicht, BGH NJW **92**, 1103, Hbg FamRZ **89**, 1112, Oldb FamRZ **91**, 1071. Bei der leugnenden Feststellungsklage muß der Kläger die behauptete Berühmung des Bekl, insofern richtig BAG NJW **85**, 221, und alle Prozeßvoraussetzungen beweisen. Wenn der Kläger die den Klaganspruch begründenden Tatsachen leugnet, dann muß der Bekl ihr Vorhandensein nach Grund und Höhe beweisen, Anh § 286 Rn 92 „Feststellungsklage", BGH NJW **92**, 1103, Hbg FamRZ **89**, 1112, Balzer NJW **92**, 2725. Wenn der Kläger die Beseitigung der Wirkung durch rechtshemmende oder rechtsvernichtende Tatsachen behauptet, muß der Kläger diese beweisen, Balzer NJW **92**, 2725. Wenn der Kläger die Wirksamkeit aus Rechtsgründen leugnet, dann ist kein Beweis nötig, weil ein vorweggenommenes Geständnis vorliegt. **47**

**F. Urteil.** Sämtliche Erfordernisse des I sind besondere Prozeßvoraussetzungen, Grdz 13, 21 vor § 253. Fehlt das rechtliche Interesse, so ist die Klage durch Prozeßurteil abzuweisen, Grdz 14 vor § 253, BGH **18**, 41, 106, Rn 3, aM Bre MDR **86**, 765. Das Gericht darf die Feststellungsklage so wenig wie die Leistungsklage gleichzeitig als unzulässig und als unbegründet abweisen, wohl aber als unzulässig, hilfsweise als unbegründet behandeln, Grdz 17 vor § 253. Das Berufungs- oder Revisionsgericht darf die von der Vorinstanz als unzulässig abgewiesene Klage als unbegründet abweisen. **48**

Eine *Abweisung* der behauptenden Feststellungsklage ist nicht schon nach einer summarischen Prüfung möglich, ob ein Schaden entstanden ist, BGH **LM** § 638 BGB Nr 12. Eine völlige Abweisung der leugnenden Feststellungsklage setzt, wenn der Bekl beziffert hat, voraus, daß das Gericht den vom Kläger geleugneten Anspruch voll bejaht; ist nicht beziffert worden, so ist gemäß § 139 festzustellen, ob überhaupt jeder Anspruch (dann wäre also abzuweisen, wenn der Anspruch in irgendwelcher Höhe begründet ist, s aber unten) oder wenigstens hilfsweise nur in der angemaßten Höhe geleugnet werden soll. Eine betragsmäßige Begrenzung des stattgebenden leugnenden Feststellungsurteils nebst einer Abweisung der restlichen Klage ist zulässig, Kblz FamRZ **83**, 1150. **49**

Ein *Teilurteil*, § 301, ist auch bei der leugnenden Feststellungsklage möglich, sofern der Bekl nicht zu einer Bezifferung gezwungen wird, BGH **LM** Nr 94, aber nur dann, wenn das Schlußurteil nicht im Gegensatz dazu stehen kann; das ist aber regelmäßig dann der Fall, wenn ein derartiges Urteil für einen Teil der eingeklagten Summe ergeht, der Bekl dann aber, wie beim Schadensprozeß häufig, seine Ansprüche erweitert. Wenn der Kläger eine Verurteilung auf Feststellung verlangt, ist ein Leistungsurteil unzulässig. Wohl aber ist umgekehrt dann, wenn der Kläger eine Leistung verlangt, eine Verurteilung auf bloße Feststellung möglich, denn das Feststellungsurteil ist gegenüber dem Leistungsurteil ein Weniger, § 308 Rn 8. Ist wegen eines Einwands des Mitverschuldens aus § 254 II BGB der Wegfall des Anspruchs ungewiß, so ist ein Urteil auf eine unbegrenzte Feststellung falsch. Ist der Anspruch teilbar, so ist zu prüfen, ob der Klage nicht teilweise stattzugeben ist, BGH ZMR **85**, 295; das Urteil muß also erkennen lassen, ob es das Rechtsverhältnis ganz oder teilweise bejaht oder leugnet. **50**

Eine Prozeßvoraussetzung ist die *Bestimmtheit* des Klagantrags, Rn 42, 43; bei deren Fehlen, was noch in der Revisionsinstanz von Amts wegen nachzuprüfen ist, erfolgt eine Abweisung als unzulässig, Grdz 14 vor § 253. Wegen der Rechtskraftwirkung § 322 Rn 38 „Feststellungsurteil". Die Zwangsvollstreckung läßt ein Feststellungsurteil nur im Kostenpunkt zu; seine Wirkung ist eine rein innere. Trotzdem ist es gemäß §§ 704 ff für vollstreckbar zu erklären. **51**

**G. Wegfall des rechtlichen Interesses.** Ist das rechtliche Interesse im Prozeß weggefallen, so kann der Kläger die Kostenpflicht vermeiden, wenn er die Hauptsache für erledigt erklärt, § 91a, BGH VersR **72**, 459. Ob das Interesse weggefallen ist, bedarf einer sorgfältigen Prüfung. So erledigt eine Widerklage des Gegners mit dem Ziel einer Unterlassung vor der Rechtskraft der Entscheidung nur unter den Voraussetzungen Rn 77 die leugnende Feststellungsklage. Auch ein zu langes Zuwarten kann schaden, Ffm DB **88**, 1488. Selbst ein Anerkenntnis im Prozeß erledigt nicht, wenn das spätere Verhalten zweifelhaft ist. **52**

**8) Beispiele zur Frage der Zulässigkeit einer Feststellungsklage, I.** „Ja" bedeutet: eine Feststellungsklage ist zulässig; „nein" bedeutet: eine Feststellungsklage ist unzulässig. Vgl auch Rn 21 ff. **53**

**Abänderungsklage:** Rn 80.
**Abmahnung:** Ja bei gegnerischer, nein bei solcher irrtümlichen, Mü WettbR **98**, 42.
**Abstammung:** Rn 96 „Vaterschaft".
**Abtretung:** Ja für die leugnende Feststellungsklage gegen den Zessionar, wenn sich der Zedent der Forderung berühmt, der Zessionar sich zur Berechtigung ausschweigt, BGH **69**, 37.
**Abzahlungsgeschäft:** Rn 75 „Kauf".
**Anerkenntnis:** Nein, wenn der Kläger ein außergerichtliches Anerkenntnis des Bekl herbeiführen kann, insofern ebenso Celle VersR **89**, 102.
**Anfechtungsgesetz:** Gegenüber einer drohenden Gläubigeranfechtung ist die leugnende Feststellungsklage grundsätzlich möglich, BGH NJW **91**, 1062.
**Anwaltskosten:** Rn 88 „Notarkosten".
**Anwartschaftsrecht:** Ja für die Feststellung eines dinglichen Anwartschaftsrechts.
**Arbeitsverhältnis:** Berechtigung und Wirksamkeit einer Versetzung: Ja, spätestens auch noch seit ihrer Durchführung. Streit mit einem privaten oder öffentlichen Arbeitgeber über den Urlaubsumfang: Ja, da erfahrungsgemäß auch der private Arbeitgeber sich daran hält, aber auch ein Leistungsurteil ist möglich. Einstufung in die Gehaltsgruppe: Nein für den Betriebsrat, ja für den Arbeitnehmer, auch in der Privatwirtschaft, LAG Hamm DB **79**, 1560, auch wenn schon übertariflich gezahlt wird, BAG NJW **71**, 480, und auch für Zinsen, BAG NJW **70**, 1207. Ja, falls der Arbeitgeber die Versicherungskarte falsch ausgefüllt hat und eine Nachversicherung unmöglich oder von einem Proz abhängig ist, für die Klärung der Eintragungspflicht, BAG NJW **70**, 1654. Ja, daß eine versicherungs- und steuerpflichtige Arbeit vorliegt, **54**

wenn zB eine Rentenverkürzung droht oder wenn die Behörde das Urteil des ArbG zugrundelegen wird, BAG BB **74**, 1303. Ja, daß die Ehefrau Anspruch auf Witwenrente hat, BAG MDR **98**, 850.

Ja für den Arbeitgeber zur Feststellung gegenüber dem Versorgungsträger, auch vor dem Versorgungsfall und dann, wenn Leistungsklage möglich ist, BAG MDR **96**, 290, oder gegenüber einem *Pensions-Sicherungs-Verein*, daß eine Kürzung oder Einstellung von Leistungen berechtigt ist, BAG DB **80**, 1172, vgl aber auch LAG Köln DB **84**, 624. Ja, wenn die an sich bezifferbare Rente nur von der Rechtsfrage abhängt, ob eine Abgeordnetenpension anrechenbar ist, BAG BB **86**, 1990. Ja, wenn ein Anspruch auf Zahlung einer Betriebsrente noch nicht gegen den Träger der gesetzlichen Insolvenzsicherung geltend gemacht werden kann, BAG KTS **88**, 349.

**55** Ja, daß der Kläger *Arbeitnehmer* und kein freier Mitarbeiter ist, BAG DB **95**, 835, evtl auch, wenn schon ein weiterer Prozeß über einzelne Arbeitsbedingungen schwebt, BAG DB **77**, 2460 (aber nein, wenn es dabei in Wahrheit nur um die Höhe eines Vergütungsanspruchs geht, BAG BB **79**, 1456). Ja für Anwartschaftsrechte des Dienstherrn wegen der Erstattung von Weihnachtsgeld bei einer Dienstunfähigkeit, Mü MDR **70**, 236. Ja für die vom Betriebsrat begehrte Feststellung, der Arbeitnehmer sei kein leitender Angestellter, selbst wenn der letztere Klage auf Feststellung erhebt, er sei ein solcher, BAG NJW **75**, 1717, und umgekehrt, BAG MDR **75**, 609, selbst wenn kein akuter Streitfall mehr vorliegt, BAG NJW **75**, 1244 und 1246. Bei einer nur ideellen Rechtskraftwirkung ja nur, falls wenigstens ähnliche Fälle auftreten können oder die Entscheidung den Betriebsfrieden fördert, BAG JZ **78**, 153.

**56** Ja bei einer Klage auf Feststellung der Unwirksamkeit einer betriebsbedingten *Kündigung*, BAG NJW **97**, 2257, oder einer außerordentlichen Kündigung, BAG FamRZ **76**, 622, selbst wenn gemäß § 103 II BetrVG die Zustimmung bereits rechtskräftig ersetzt worden ist, BAG NJW **75**, 1752. Ja auch für den Arbeitgeber, wenn die Kündigung des Arbeitnehmers unwirksam sei, BAG MDR **97**, 370, erst recht für den Arbeitnehmer, daß das Arbeitsverhältnis wegen Unwirksamkeit einer eigenen Kündigung fortbestehe, LAG Mainz BB **99**, 800. Ja, daß die Kündigung die Ehre des Arbeitgebers verletze, BAG DB **86**, 2678. Ja bei einer Sozialwidrigkeit der Kündigung, § 4 KSchG, BAG NJW **88**, 2692 (auch zu im Prozeß nachgeschobenen Kündigungen), vgl auch BAG MDR **94**, 1128 (auch zu den Grenzen), BAG MDR **97**, 849 (zum Verhältnis zwischen Kündigungsschutzklage und allgemeiner Feststellungsklage), Prütting, Der Streitgegenstand im Arbeitsgerichtsprozeß, Festschrift für Lüke (1997) 625, Wenzel JB **97**, 1869. Ja, daß eine Aussperrung rechtswidrig sei, ArbG Paderborn DB **75**, 1655. Ja, daß eine Masseforderung bestehe, auch wenn die Quote ungewiß ist, LAG Düss DB **76**, 538. Ja bei einer Disziplinarmaßnahme gegen einen Arbeitnehmer im öffentlichen Dienst, LAG Bln BB **80**, 1749. Zum allgemeinen Beschäftigungsanspruch außerhalb eines Kündigungsschutzprozesses Pallasch, Der Beschäftigungsanspruch des Arbeitnehmers (1993) 114; zum Weiterbeschäftigungsanspruch während des Kündigungsschutzprozesses Bötticher BB **81**, 1958.

**57** Ja bei einer *Verbandsklage*, Grdz 30 vor § 253, zur Klärung der Gültigkeit und zur Auslegung einer Tarifnorm, BAG VersR **81**, 942. Ja für die Klärung des Bestehens oder Nichtbestehens eines Rechts auf Tarifverhandlungen, wenn eine Gewerkschaft sie nachdrücklich fordert und gar mit Kampfmaßnahmen droht, insofern aM BAG NJW **85**, 221 (aber was soll eigentlich noch geschehen?). Ja für die Frage, ob ein Tarifvertrag auf ein Arbeitsverhältnis anwendbar ist, LAG Bln DB **92**, 1300. Ja für die Feststellung der Verpflichtung des Arbeitgebers, den Betriebsrat über die Einführung und Anwendung eines neuen Finanzberichtssystems zu unterrichten und mit ihm zu beraten, BAG DB **86**, 2838. Ja für die Feststellung der Alleinerfinderschaft, falls der Arbeitgeber die Miterfinderschaft Dritter schon anerkannt hat, Mü GRUR **93**, 661. Ja bei einer Klage auf Feststellung des Tendenzcharakters eines Unternehmens im Sinn von § 118 I BetrVG, BAG NJW **99**, 1422.

**58** Nein für einen Arbeitgeberverband wegen des Anspruchs seiner Mitglieder auf die Unterlassung bestimmter Arbeitskampfmaßnahmen gegen eine *Gewerkschaft*, BAG NJW **83**, 1751. Nein für die Feststellung, daß ein unbefristetes Arbeitsverhältnis bestehe, solange keine Tatsachen dafür vorliegen, daß auch dieser Kläger alsbald entlassen werden soll, BAG DB **80**, 503. Nein betr die Bildung eines Betriebsrats unabhängig von § 17 BetrVG, BAG DB **76**, 823.

**59** Nein, solange mangels eines Tarifvertrags *kein Rechtsverhältnis* besteht, Rn 5, BAG NJW **78**, 2116. Nein für den einzelnen Arbeitnehmer wegen der Feststellung des Geltungsbereichs eines Tarifvertrags, BAG DB **89**, 1832. Nein für die Klage eines einzelnen Arbeitnehmers gegen die Wirksamkeit einer Aussperrung, LAG Hamm NJW **83**, 783. Nein für ein bloßes Tatbestandsmerkmal, das für Rechtsbeziehungen wesentlich ist, BAG NJW **83**, 2838. Nein für das Recht des Arbeitgebers, den Arbeitnehmer betrieblich abzumahnen, LAG Köln DB **84**, 1631, Jurkat DB **90**, 2219. Nein, wenn die Parteien einvernehmlich die Folgen der angegriffenen Kündigung aufgehoben haben, LAG Kiel DB **86**, 2334. Nein für die bloße Möglichkeit, daß einem Kläger, *falls* er Arbeitnehmer war, Altersversorgung zustände, BAG NJW **99**, 2918.

**Architekt:** Nein für den Bauherrn, wenn er seine (restliche) Forderung wegen eines Planungsfehlers des Architekten bereits beziffern kann, Köln VersR **93**, 1376.

**Arrest; einstweilige Verfügung:** Nein für die Feststellung, daß der Arrestbefehl nach § 922 rechtmäßig erlassen war, noch nach § 91 a eine Erledigung eingetreten ist, BGH NJW **73**, 1329.

**Aufopferungsanspruch:** Als solcher ja, auch dafür, daß er einen Anspruch auf vollen Schadensersatz gewährt; nein aber wegen der Verpflichtung zur Ausgleichung einzelner Nachteile (Heilkosten, Entschädigung für verminderte Erwerbsaussichten), da ein einheitlicher Anspruch vorliegt.

**Aufrechnung:** Sie kann sogar notwendig sein, um in einem späteren Prozeß über die Leistungsklage einen Ausschluß zu vermeiden, BGH **103**, 367. Ihre bloße Möglichkeit reicht für den Gegner nicht zur verneinenden Feststellungsklage, LG Hbg RR **98**, 1682.

**60 Auseinandersetzung:** Ja, wenn dem Kläger schon mit der Entscheidung bestimmter Fragen gedient ist, zB als Grundlage der Abrechnung, so ob bestimmte Posten miteinbezogen wurden oder außer Ansatz bleiben müssen, BGH WertpMitt **71**, 1450, KG OLGZ **77**, 458.

*Nein* wegen der Verpflichtung zur Aufstellung einer neuen Bilanz, dann ist vielmehr eine Leistungsklage erforderlich, bei der die bemängelten Wertansätze inzidenter mitgeprüft werden. Handelt es sich um einen

## 1. Titel. Verfahren bis zum Urteil § 256

auf dem Gesellschaftsverhältnis beruhenden Zahlungsanspruch, so kann dieser nach der Auflösung der Gesellschaft nicht durch eine Leistungs-, sondern nur durch eine Feststellungsklage geltend gemacht werden, da er nur einen unselbständigen Rechnungsposten innerhalb der Auseinandersetzungsrechnung darstellt.

**Ausland:** Ja, falls es die Klärung praktisch fördert, zB bei der Anerkennung im Ausland (SchlAnh V) oder wenn es um die Vollstreckbarkeit des zugehörigen Leistungsurteil im Inland geht, §§ 722, 723, BGH **LM** Nr 92.
*Nein,* soweit im Ausland nicht mit einer Anerkennung zu rechnen ist, BGH WertpMitt **82,** 619.

**Auslobung:** Rn 90 „Preisausschreiben".

**Baulandsache:** Ja, BGH NJW **77,** 716, zB wenn die Feststellung der Rechtswidrigkeit eines während des Baulandprozesses erledigten Verwaltungsaktes im zukünftigen Zivilprozeß bindend ist und der Zivilprozeß nicht offensichtlich aussichtslos ist, KG NJW **70,** 614. **61**

**Bausache:** Ja, soweit ein Feststellungs- statt eines Leistungsantrags ausnahmsweise zweckmäßig ist, Düss VersR **83,** 463.

**Beansprucherstreit:** Ja für die Feststellungsklage eines Beanspruchers gegenüber dem Schuldner, schon weil das Urteil im Beanspruchstreit nicht gegenüber dem Schuldner eine Rechtskraftwirkung erhalten kann, BGH KTS **81,** 218. Ja für die Feststellungsklage des einen Beanspruchers gegen den anderen, BGH FamRZ **92,** 1056 mwN.

**Bedingung:** Auch ein bedingter Anspruch kann ausreichen, Rn 17.

**Bergschaden:** Da ein Ersatz regelmäßig durch den Kapitalbetrag als Gesamtentschädigung erfolgt, nein wegen des noch entstehenden Schadens.

**Besitz:** Ja, soweit der Kläger aus ihm ein Recht ableitet, BayObLG WoM **89,** 529, zB eine Ersitzung.

**Betagung:** Auch ein betagter Anspruch kann ausreichen, Rn 17.

**Bilanz:** Ja für die Klarstellung einzelner für die Auseinandersetzungsrechnung, BGH WertpMitt **71,** 1450, bzw Schlußbilanz streitiger Einzelposten, BGH WertpMitt **84,** 361.

**Bürgschaft:** Nein für die Klage des sog Rückbürgen gegen den Gläubiger, daß dieser nicht berechtigt sei, den Hauptbürgen in Anspruch zu nehmen, Hamm NJW **93,** 3275.
S auch Rn 75 „Kauf".

**Drittschuldner:** Ja für die Rechtsbeziehung zum Gläubiger der gepfändeten Forderung, soweit nicht zB §§ 766, 840, 843 als einfachere Wege helfen, BGH NJW **77,** 1881. **62**

**Ehe:** Ja für die Hinzurechnung einzelner Vermögensstücke zum Anfangsvermögen, selbst nach der Beendigung des Güterstands, Düss MDR **72,** 782. Ja grds für die verneinende Feststellungsklage des Unterhaltspflichtigen, selbst wenn eine einstweilige Anordnung über den Unterhalt ergangen ist, BGH NJW **83,** 1330, Düss FamRZ **85,** 87, Mü FamRZ **85,** 410, aM Hbg FamRZ **85,** 1273. **63**

Das gilt auch dann, wenn die Parteien zu ihrer Abänderung einen *Vergleich* geschlossen hatten, § 779 BGB bzw Anh § 307, § 323 Rn 66, 77, Düss FamRZ **85,** 87, Stgt FamRZ **82,** 1033, Zweibr FamRZ **85,** 1150. Freilich muß das allgemeine Feststellungsinteresse bestehen und kann mangels Berührung durch den Gegner fehlen, Hamm FamRZ **85,** 952 (§ 623 ist hier nicht maßgeblich); es kann auch fehlen, wenn zB bei § 1586a BGB eine weitere Scheidung noch ganz ungewiß ist, Karlsr FamRZ **89,** 185. Ja für eine Feststellung nach § 1368 BGB, BGH RR **90,** 1154. Ja für die Höhe des schuldrechtlichen Versorgungsausgleichs, wenn es sich um eine Überschreitung der Höchstgrenze des § 1587b V BGB handelt und wenn das erstinstanzliche Urteil einen falschen Betrag nennt, BGH FamRZ **82,** 43, Köln FamRZ **87,** 287.

*Nein* für die Feststellung des Bestehens oder Nichtbestehens (insofern ist allenfalls § 606 anwendbar), Hamm FamRZ **80,** 706. Nein für die Fortwirkung eines Urteils nach § 1361 BGB nach der Scheidung, aM Köln FamRZ **79,** 925. Für das Recht zum Getrenntleben jetzt grds nein, KG FamRZ **88,** 81, zumindest dann nicht, wenn der andere Ehegatte dieses Recht nie bestritten hat, Karlsr RR **89,** 1415. Nein, daß für den Zugewinnausgleich das am Stichtag X vorhandene Vermögen als Endvermögen anzusehen sei, BGH FamRZ **84,** 906. Nein für die Feststellung der Zugehörigkeit einer (noch nicht unverfallbaren) Anwartschaft auf einen Versorgungsausgleich, Düss FamRZ **81,** 565 (wegen eines schuldrechtlichen Versorgungsausgleichs), aM Bre FamRZ **82,** 393 (wegen eines öffentlichrechtlichen Versorgungsausgleichs), oder für die Feststellung, daß ein Ehegatte im Weg eines schuldrechtlichen Versorgungsausgleichs eine Ausgleichsrente in Höhe von zu zahlen habe, BGH NJW **82,** 388 und (ähnlich) FamRZ **96,** 1465. Nein für die Feststellung, daß ein Ehepartner eine Forderung auf Zugewinnausgleich in eine Gütergemeinschaft einbrachte, Nürnb FER **98,** 236. **64**

**Ehre:** Ja für die zu ihrer Wahrung erforderlichen Feststellungen, BGH VersR **85,** 39, auch für die verneinende Feststellungsklage des Beleidigten, LG Oldb MDR **93,** 385, die sogar neben zusätzlichen Unterlassungs- oder Widerrufsforderung das Rechtsschutzinteresse nehmen kann, LG Oldb MDR **93,** 385. Ja für eine verneinende Feststellungsklage gegenüber einem Widerrufsverlangen, Celle RR **92,** 1468. **65**

**Eigentum:** Ja für den Eigentümer gegen den derzeitigen Besitzer, dem die Sache auf Grund gesetzlicher Vorschriften überwiesen wurde, bzw für die geschiedene Eheleute zur Klärung der Eigentumsverhältnisse an dem früherem Eigentum als Vorfrage für einen Entschädigungsanspruch.

**Erbrecht:** Ja für den Erblasser gegen den Notar, daß einem Testamentserben mit einiger Wahrscheinlichkeit aus einem fehlerhaft beurkundeten Abfindungsvertrag ein Schaden erwachsen werde, Hamm VersR **81,** 1037. Ja für den Testamentsvollstrecker, soweit er ein eigenes rechtliches Interesse in dieser Feststellung hat, zB den letzten Willen zu verwirklichen und zu verteidigen, BGH RR **87,** 1091. Ja für den Testamentsvollstrecker gegen den Erben wegen der Feststellung, daß sein Widerspruch gegen die Auszahlung des Vermächtnisses unbegründet ist. Ja gegen den Erben, daß das Testament als gültig anzusehen und auszuführen ist. Ja für den Erben gegen den Miterben bei Streit nur über gewisse Punkte, wenn der Nachlaß noch nicht teilungsreif ist, BGH NJW **74,** 956, Düss RR **96,** 1338, KG OLGZ **77,** 458, bzw wenn eine Erbauseinandersetzungsklage erspart wird, die wesentlich teurer wäre, da sie auch die unstreitigen Punkte mitumfaßt, BGH FamRZ **90,** 1113. **66**

**§ 256**  2. Buch. 1. Abschnitt. Verfahren vor den LGen

67  Ja bei Streit unter Vertragserben über den *Erbvertrag*, Düss FamRZ **95**, 58. Ja für den Vertragserben gegen den Beschenkten auch schon vor dem Tod des überlebenden Erblassers, Kblz MDR **87**, 936, aM Mü FamRZ **96**, 253. Ja gegen den früher Beschenkten wegen § 2329 III BGB. Ja für die von ihrem verstorbenen Ehemann als Vorerbin eingesetzte Ehefrau, die mit ihm im früheren gesetzlichen Güterstand gelebt hat, gegen den Nacherben auf Feststellung des Rechtsverhältnisses, das dadurch entstanden ist, daß ihr verstorbener Mann eingebrachtes Gut für sich verwendet hatte, BGH **LM** Nr 26. Ja für den Erben gegen den Testamentsvollstrecker, daß er an der Erbauseinandersetzung mitwirken muß, BGH DB **81**, 366. Ja für den Sozialhilfeträger gegen den Testamentsvollstrecker des Sozialhilfeempfängers, ob er korrekt amtiert, BGH **123**, 370. Ja für die Feststellung der Unwirksamkeit der Anfechtung des Erbvertrags. Ja für einen gesetzlichen Erben auf Feststellung der Haftung eines Notars, der die Unwirksamkeit eines Erbverzichts verschuldet hat, und zwar schon vor dem Tod des Erblassers, BGH NJW **96**, 1063. Ja, daß bei einer Teilungsversteigerung der Bekl zu viel erhielt, Köln RR **96**, 1352.

68  *Nein* im allgemeinen für eine Feststellung der erbrechtlichen Verhältnisse nach einer noch lebenden Person, Ffm MDR **97**, 481; ja bei gegenwärtigen Vorwirkungen eines erbrechtlichen Verhältnisses, Battes AcP **78**, 349, wie hinsichtlich des Bestehens eines Pflichtteils oder der Berechtigung bzw Nichtberechtigung, ihn zu entziehen, BGH **109**, 308, Saarbr NJW **86**, 1182, oder wegen der Abgrenzung einer Teilungsanordnung und eines Vorausvermächtnisses, BGH RR **90**, 1220, oder wegen der Unwirksamkeit der Anfechtung gegenüber einer Vermächtnisanordnung in einem gemeinsamen Testament. Nein für die Frage der Ausgleichspflicht im Nacherbfall vor seinem Eintritt, Karlsr FamRZ **89**, 1232. Nein für den Erben, der nach dem Erbfall eine Klage des Erblassers gegen den Pflichtteilsberechtigten auf Feststellung eines Rechts zum Pflichtteilsentzug fortsetzen will, denn der Erbe hat dieses Verfügungsrecht nicht mehr, BGH DB **90**, 321; nein für den Fortgang eines Prozesses gegen den künftigen Erblasser auf Feststellung des Nichtbestehens eines Pflichtteilsentziehungsrechts nach dem Tod des Erblassers, BGH RR **93**, 391. Nein bei der Klage aller Miterben wegen desjenigen von ihnen, dem gegenüber schon ein rechtskräftiges Urteil zu demselben Streitgegenstand vorliegt, BGH NJW **89**, 2134.

**EuGVÜ:** Art 21 EuGVÜ kennt keinen Vorrang der späteren Leistungsklage wegen Wegfalls des Rechtsschutzinteresses für die frühere verneinende Feststellungsklage, BGH **134**, 208.

69  **Fischereirecht:** Es kann Gegenstand eines Rechtsverhältnisses sein, BayObLG **92**, 311.
**Forderungsprätendentenstreit:** Er kann ausreichen, BGH **123**, 46.
**Freihaltungsanspruch:** Ja, soweit eine bestimmte Freistellungsklage nicht möglich war, BGH NJW **96**, 2725, oder wenn der Kläger der Inanspruchnahme in einem anderen Prozeß entgegentritt, Hbg VersR **86**, 385. S auch Rn 101 „Versicherung".

70  **Genossenschaft:** Ja für die Feststellung der beschränkten Unwirksamkeit eines Beschlusses der Genossen. Ja für die Feststellung der Unwirksamkeit des Ausschlusses eines Genossen zumindest dann, wenn er nicht von der Generalversammlung beschlossen wurde, Ffm DB **88**, 1487.
**Geschäftsfähigkeit:** Nein, soweit sie eine bloße Vorfrage darstellt, Rn 5.

71  **Gesellschaft:** Ja für die Feststellung der Unwirksamkeit einer formell protokollierten Entschließung (keine Anfechtungsklage), BGH RR **92**, 227; ja für die Feststellung, daß die Gesellschafterversammlung (gegen den Widerstand von Gesellschaftern, die vom Stimmrecht ausgeschlossen worden seien) einen Beschluß gefaßt habe, den der Versammlungsleiter nicht ordnungsgemäß festgestellt habe, BGH NJW **96**, 259; ja für die Feststellung, daß der Geschäftsführer wegen Abberufung ausgeschieden sei, BGH BB **99**, 867 (keine Klagefrist), oder daß der Gesellschaft gegen den Geschäftsführer keine Ersatzansprüche wegen einer Entlastungsperiode stehen, BGH BB **85**, 1870; ja (nur) für eine Nichtigkeitsklage des widersprechenden Gesellschafters gegen alle übrigen, Hbg RR **96**, 1065, Köln RR **94**, 491; ja für die Klage eines GmbH-Gesellschafters gegen den anderen und gegen die Gesellschaft wegen einer Verletzung von Gesellschafterrechten, BGH NJW **90**, 2628; ja dazu, welche Vermögensgegenstände die beklagte Gesellschaft zum Nachteil des klagenden Gesellschafters auf einen Dritten übertragen hat, BGH NJW **94**, 460.

72  Ja zur Klärung, ob und welche *Vergütung* dem Geschäftsführer-Gesellschafter zusteht, BGH BB **80**, 855; soweit die Gesellschafter die Ansicht des Klägers teilen, ist eine Klage gegen diese Gesellschafter nicht erforderlich. Ja für einzelne Rechnungsposten, solange keine Auseinandersetzung möglich ist, Mü RR **95**, 485. Man muß die Ansprüche und Einzelposten, die die Grundlage der Abrechnung bilden sollen, genau bezeichnen, soweit eben möglich, BGH WertpMitt **72**, 1399; ja für die Feststellung der Wirksamkeit des Ankaufsrechts an einem Gesellschaftsanteil, Mü RR **87**, 926; ja für die Feststellung des Fortbestands der Gesellschaft zwischen den Parteien, Düss MDR **88**, 976.

73  *Nein* für die Klage nur eines von mehreren nur gemeinsam Geschäftsführungsberechtigten, Düss MDR **72**, 615. Nein für den Gesellschafter gegenüber einem Gesellschaftsschuldner, soweit nur die Gesellschaft über die Forderung verfügen darf. Nein für die Klage eines Gesellschafters gegenüber einem Geschäftspartner, daß seine Vertretungsmacht vorhanden sei, BGH BB **79**, 286. Nein gegenüber einem Gesellschafter der OHG, soweit sie schon verklagt ist. Zu § 249 AktG BGH **70**, 386, Haase DB **77**, 241, Schmidt JZ **77**, 769 (dieser auch zu § 243 AktG).
**Gesundheitsschaden** aus einer unerlaubten Handlung: Ja, dies bezieht sich auch auf die Feststellung eines Schmerzensgeldanspruchs, BGH **LM** Nr 17; ja, falls mit einem weiteren Folgeschaden zu rechnen ist, BGH VersR **74**, 248. Ja, soweit die Gesamtentwicklung noch nicht absehbar ist, auch wenn ein Teilschaden schon bezifferbar ist, Köln VersR **92**, 764.

74  **Gewerbliches Schutzrecht:** Ja für die Erfinderklage, BGH **72**, 245. Ja, wenn der Verletzer, etwa eines Patents, erheblichen Anlaß zur Besorgnis einer Gefährdung des Rechts gibt. Ja für eine negative Feststellungsklage, auch wenn die Marke beim Patentamt angemeldet wurde oder dort ein Widerspruchsverfahren eingeleitet wurde, da das Gericht nicht an dessen Entscheidung über eine Markenübereinstimmung gebunden ist, BGH **LM** Nr 21. In der Regel für eine leugnende Feststellungsklage ohne eine Abmahnung ja, BGH MDR **85**, 467, Ffm GRUR **89**, 706, insbesondere sobald ein Inhaber eines Schutzrechts eine widerrechtliche Verwarnung ausgesprochen hat, Ffm GRUR **89**, 706, KG DB **80**, 735, aM KG WRP **80**, 81; dagegen bei einer widerrechtlichen Verwarnung wegen eines angeblichen sonstigen Verstoßes erst im

## 1. Titel. Verfahren bis zum Urteil § 256

Anschluß an eine Abmahnung durch den Verwarnten ja, KG DB **80**, 735, großzügiger Hamm GRUR **85**, 84. Ja für die Feststellung der Unwirksamkeit eines Gebrauchsmusters, wenn ein Verfahren nach § 945 folgen soll, und zwar auch dann, wenn es noch nicht eingeleitet worden ist, BPatG GRUR **81**, 125, und ja, wenn der Kläger Grund zur Besorgnis hat, er könne wegen einer Handlung vor dem inzwischen erfolgten Erlöschen in Anspruch genommen werden, BGH GRUR **85**, 872. Ja für eine Nichtigkeitsklage gegen ein erloschenes Patent, auch wenn kein patentrechtlicher Anspruch aus dem Streitverhältnis besteht, BPatG GRUR **84**, 645.

**Grundschuld:** Ja für die Feststellung, daß der Bekl aus mehreren Grundschulden insgesamt in einem begrenzten Umfang vollstrecken dürfe, BGH **110**, 111.

**Herausgabe:** Rn 77 ff „Leistungsklage".

**Insolvenz:** Ja, freilich grds nur für die Klage nach § 179 InsO, wenn der Bekl die angemeldete Forderung oder ihr Vorrecht bestreitet, BAG NJW **86**, 1896. Ja, wenn der Verwalter das Recht der Teilnahme am Verfahren leugnet, BGH MDR **98**, 672. Nein, solange er es nur „vorläufig bestreitet", LG Düss DB **76**, 2155. Ja für den Verwalter gegen den Schuldner, daß ein Gegenstand in die Masse fällt. Ja für Gesellschafter einer OGH, über deren Vermögen das Insolvenzverfahren eröffnet wurde, wegen des Nichtbestehens einer von ihnen bestrittenen Gesellschaftsverbindlichkeit, BGH **LM** § 128 HGB Nr 3.

*Nein* für den Verwalter auf Feststellung des Nichtbestehens einer zur Aufrechnung gestellten Insolvenzforderung, da der Verwalter nur die Aufgabe hat, die Masse zu vergrößern, und es Sache der Gläubiger ist, eine bestrittene Forderung im Klagewege geltend zu machen, BAG NJW **86**, 1896.

**Kartellstreit:** Schon eine einverständliche Aussetzung des Hauptsacheverfahrens kann das Rechtsschutz- **75** bedürfnis, Grdz 33 vor § 253, für das Kartellstreitverfahren begründen, Karlsr GRUR **83**, 464.

**Kauf:** Ja, daß ein Kaufvertrag sich noch auf ein anderes Grundstück bezieht, wenn die Wirksamkeit des ganzen Kaufvertrags im Streit ist. Ja, daß eine (auch bedingte) Wiederkaufsabrede besteht, BGH NJW **86**, 2507. Ja auch dann, wenn der Verkäufer vom Erfüllungs- zum Schadensersatzanspruch übergehen will, Kblz RR **89**, 510.

*Nein* für die Feststellung, daß kein wirksamer (früherer Abzahlungs-)Kaufvertrag mehr bestehe, wenn sich der Bekl nur eines Bürgschaftsvertrags berühmt, BGH **91**, 41.

**Kindschaft:** Rn 96 „Vaterschaft".

**Kündigung:** Ja, daß sie wirksam ist, weil damit das Rechtsverhältnis endet, aM KrG Großenhain WoM **92**, **76** 536 (aber die Kündigung ist als Gestaltungsrecht mehr als eine bloße Willenserklärung, auch wenn sie in der Kündigung steckt); ja, daß sie erst in einem bestimmten Zeitpunkt wirksam ist; ja, wenn im Prozeß fristlos gekündigt wurde, oder bei einer Klage des fristlos Entlassenen auf Weiterbestehen des Dienstverhältnisses. Ja, daß die Rechtsbeziehungen der Gesellschafter bei einem Übernahmerecht eines Gesellschafters nach der Kündigung in bestimmter Weise zu regeln sind. Ja neben einer Kündigungsschutzklage, BAG NJW **98**, 698. Ja, daß eine Kündigung unwirksam sei, wenn die Auslegung dieses Antrags ergibt, daß die Feststellung begehrt wird, daß ein Vertrag nicht beendet sei, BGH GRUR **92**, 114; ja, daß ein Vertrag nicht durch eine fristlose Kündigung beendet ist, Saarbr RR **98**, 1191, zB wenn sich der Kläger dadurch geschädigt fühlt, daß der Vertragspartner die Wirksamkeit der Kündigung Dritten gegenüber behauptet, Ffm VersR **92**, 492, Mü RR **95**, 485.

*Nein*, daß ein nicht ausgeübtes Kündigungsrecht bestehe, dessen Ausübung man gar nicht beabsichtigt.

**Leistungsklage:** Es entscheidet immer der Grundsatz der Prozeßwirtschaftlichkeit, Grdz 14 vor § 128, BGH **77** RR **94**, 344, Brdb FER **99**, 251, Hamm MDR **97**, 1162. Man darf ihn aber nicht zugunsten der Feststellungsklage überspannen, Pawlowski MDR **88**, 631. Darum regelmäßig (Ausnahmen s unten) für eine bejahende Feststellungsklage grds *nein*, wenn von vornherein eine Leistungsklage möglich ist, BGH NJW **94**, 3108, Düss GRUR **95**, 1302, KG DtZ **91**, 146. Nein, wenn eine Unterlassungsklage zulässig ist, BGH VersR **73**, 54, oder wenn sie gar schon erhoben worden ist, Karlsr GRUR **86**, 313, und der Kläger sie nicht mehr einseitig zurücknehmen kann, BGH NJW **99**, 2516, Brdb FER **99**, 251, Düss FamRZ **97**, 824, es sei denn, die Feststellungsklage ist dann schon entscheidungsreif, BGH MDR **90**, 540, LG Saarbr ZMR **97**, 655, aM Düss ZMR **87**, 377. Auch bei der Stufenklage ist nur § 254 Rn 2. So muß beim Streit über das Zustandekommen eines Vorvertrags auf den Abschluß eines bestimmten Hauptvertrags geklagt werden, nicht auf die Feststellung einer Verpflichtung zum Abschluß des Hauptvertrags, BGH **LM** Nr 40.

Ja, wenn es um eine leugnende Feststellungsklage *vor* Erhebung der *gegnerischen Leistungsklage* geht, **78** Hamm RR **88**, 432, LG Saarbr ZMR **97**, 655; wenn durch die Möglichkeit der Leistungsklage kein Interesse an der bejahenden Feststellung besteht, BGH KTS **90**, 364, BAG DB DB **86**, 2678, Düss FamRZ **93**, 816. Ja, wenn es also eine sachgemäße und erschöpfende Lösung des Streits zu erwarten ist, BGH NJW **88**, 775, wenn eine Leistungsklage erst nach der Erhebung einer Feststellungsklage möglich wird, BGH WertpMitt **78**, 470, BAG KTS **88**, 349, Walker ZZP **111**, 454 (auch nach gegnerischer leugnender Feststellungsklage).

Ja, wenn unklar ist, ob ein Schaden zu erwarten ist, vgl BGH NJW **84**, 1554, aM BAG NJW **71**, 1632 **79** (aber gerade dann besteht eine tatsächliche Unsicherheit, Rn 25); wenn sich zB der Schaden *derzeit nicht beziffern* läßt, BGH JZ **88**, 978, Saarbr VersR **92**, 1360. Dabei ist aber zu beachten, daß bei einer Wahl nach § 249 BGB die Bezifferung auch des voraussichtlichen Nutzungsausfalls schon jetzt zumutbar ist. Ja, soweit ein Schaden jedenfalls noch in der Entwicklung begriffen ist, BGH MDR **83**, 1018, Düss VersR **88**, 522, Hbg VersR **80**, 1030.

Sind *keine Spätfolgen* mehr zu erwarten, kann sich die Hauptsache erledigt haben, BGH VersR **72**, 459), **80** noch großzügiger Köln VersR **88**, 61; wenn die Höhe des Anspruchs vom Ausgang eines anderen Rechtsstreits abhängt; wenn die Möglichkeit einer Leistungsklage zwar gegeben war, das ProzGer aber wegen Zweifels den Übergang zur Feststellungsklage veranlaßt hat.

Eine *Änderung* der Verhältnisse fällt nicht hierunter, dann gilt § 323, Ffm FamRZ **93**, 347, Karlsr FamRZ **92**, 938; dies trifft aber für die Witwe eines getöteten Beamten regelmäßig nicht zu, sie hat vielmehr mit Rücksicht auf die zu erwartende Anpassung der Gehälter trotz der Möglichkeit einer Leistungsklage noch ein Feststellungsinteresse.

## § 256

**81** Ja, wenn der schädigende Zustand *andauert;* wenn eine Feststellungsklage das Verfahren vereinfacht, beschleunigt und und verbilligt und annähernd dasselbe erreicht, Düss FamRZ **96**, 1338, Hamm RR **95**, 1318, insbesondere bei der Klage, die eine Erbauseinandersetzung vorbereiten oder vermeiden soll; wenn die Feststellungsklage prozeßwirtschaftlich zu einem *sinnvollen,* BGH NJW **84**, 1119, oder gar sinnvolleren Ergebnis führt als die Leistungsklage, Grdz 14 vor § 128; wenn das Feststellungsurteil den Streit endgültig beilegen kann, BAG NJW **79**, 2634, Düss WoM **97**, 557; wenn die Leistungsklage die Streitfrage nicht klären kann, BGH **134**, 208, oder zu einer Erschwerung der Rechtsbeziehungen der Parteien führt, die Feststellungsklage prozeßwirtschaftlich vertretbar ist, BayObLG **76**, 62. Ja bei Auslegungszweifeln wegen eines schon vorhandenen Leistungstitels.

**82** Ja, wenn der Bekl, zB kraft Amtspflicht, die Rechtskraft, § 322, voraussichtlich ohne Zwang *anerkennen* und dem Spruch genügen wird, BGH RR **99**, 362, BAG JZ **90**, 194, Köln VersR **88**, 61. Ja also grds gegenüber einer *Behörde,* einer Körperschaft oder Anstalt des öffentlichen Rechts, BGH NJW **84**, 1119, BAG JZ **90**, 194 (jedoch nicht immer: die Sache muß sich durch eine Feststellungsklage in jeder Hinsicht erledigen, es dürfen also keine Fragen unentschieden bleiben), vgl auch Löwisch VersR **86**, 406, auch gegenüber dem als Gesamtschuldner haftenden Bediensteten, soweit ihm ein Freistellungsanspruch zusteht, Köln VersR **88**, 61, oder gegenüber einem Versicherer, Hamm VersR **88**, 173 (großzügig), strenger Düss GRUR **95**, 1302, oder einem Insolvenzverwalter.

Sehr weit Hamm VersR **72**, 967: Ja bei einer *Versicherung,* BGH VersR **83**, 125, weil sie der Aufsicht unterliegt und weil man annehmen kann, daß sie bei einer Verurteilung eine Regulierung vornehmen wird, ohne die Pfändung und Überweisung des Deckungsanspruchs durch den Geschädigten abzuwarten, Hamm VersR **80**, 1061, großzügiger BAG DB **84**, 2517 (wahrscheinlich ja bei einem privatrechtlichen Pensions-Sicherungsverein mit Aufgaben und Befugnissen der öffentlichen Verwaltung), strenger Hamm AnwBl **89**, 616 (nein, wenn offen ist, ob die Versicherung zahlen wird); zum Problem Bach VersR **79**, 506. Nicht schon bei einer als bedeutend anzusehenden juristischen Person des Privatrechts.

**83** Bei einer erst *teilweise* feststehenden Schadenshöhe ja wegen des Rests, BayObLG **71**, 66. Bei einer teilweise fälligen Forderung ja auf Feststellung der Restforderung, zB auf Feststellung des entstandenen und künftigen Schadens (keine Spaltung in Feststellungs- und Leistungsklage), BAG JZ **73**, 561. Ja (statt § 258) für den Unterhalt in der ferneren Zukunft, BGH NJW **83**, 2197. Ja bei Zulässigkeit einer Klage aus § 259, weil sie zu unsicher ist. Wenn die Tragweite der Feststellung weiter reicht, BAG FamRZ **76**, 622, BSG MDR **73**, 441, Celle BB **78**, 567, zB derzeit ein Anspruch aus § 829 BGB zwar nicht gegeben, aber möglich werden kann, BGH **LM** § 829 BGB Nr 2 und Rn 18. War eine Feststellungsklage bei Klageerhebung zulässig, so braucht der Kläger im Prozeß nicht zur Leistungsklage überzugehen, BGH **LM** Nr 92, ausnahmsweise muß das aber dann geschehen, wenn die Schadensentwicklung bereits im 1. Rechtszug voll abgeschlossen ist, der Bekl den Übergang anregt und damit weder eine Verzögerung noch ein Instanzverlust verbunden ist, BGH NJW **78**, 210, Hamm VersR **75**, 173.

**84** Eine *Leistungsklage* des Bekl räumt eine leugnende, BGH NJW **91**, 1062, Ffm GRUR **97**, 485, evtl auch eine behauptende Feststellungsklage des Klägers, Ffm NJW **70**, 2069, regelmäßig aus, Karlsr RR **93**, 243 (auch bei einer Klageerweiterung), LAG Düss BB **75**, 471, RoSGo § 93 IV 2, ThP 19, aM BGH NJW **75**, 1320, Walker ZZP **111**, 454 (wegen Art 21 EuGVÜ), ZöGre 16 (kein Ausschluß), Zeuner Festschrift für Lüke (1997) 1013 mwN (Ausschluß der Leistungsklage). Die tilgende Leistungsklage zwingt also den Feststellungskläger zur Erledigterklärung, § 919. Dies gilt aber nur, wenn der Bekl sie nicht mehr einseitig zurücknehmen kann, BGH NJW **91**, 1062, Düss GRUR **93**, 160, Hamm RR **86**, 923. Weitere Voraussetzung ist dann, daß der Kläger nicht trotzdem ein berechtigtes Interesse an der Durchführung hat, zB wegen der Beschleunigung und Vereinfachung des Verfahrens, BGH **LM** Nr 102, Hamm RR **86**, 923, Düss GRUR **93**, 160, wenn durch eine negative Feststellungsklage der Streit um Geld, dessen Hinterlegung droht, vermeidbar ist, BGH NJW **78**, 1521, oder wenn die Streitgegenstände sich unterscheiden, BayObLG WoM **89**, 529.

**85** *Nein* nach gegnerischer Erfüllung vor Rechtshängigkeit für eine noch unbezifferte Kostenerstattungsforderung, aM Hbg MDR **98**, 367 (aber man kann sehr wohl bezifferte Leistungsklage erheben, nur evtl erst etwas später). Nein für eine leugnende Feststellungsklage, soweit sich der Gegner *nicht mehr* ernsthaft eines weitergehenden als des eingeklagten Anspruchs *berühmt*, LG Ffm RR **91**, 379; nein evtl für eine Leistungsklage des Bekl, wenn anzunehmen ist, daß der Kläger der leugnenden Feststellungsklage dem abweisenden Urteil genügen wird, BFH BB **73**, 689; wenn erst in absehbarer Zukunft eine Anfechtungsklage möglich ist; etwas anderes gilt aber zumindest dann, wenn ein Abwarten unzumutbar ist, BFH DB **73**, 1053. Nein schon deshalb ja, weil im Leistungsprozeß eine umfangreiche Beweisaufnahme nötig wird (ein Grundurteil möglich!), Düss MDR **87**, 1032, oder weil evtl ein Vergleich durch ein Feststellungsurteil ermöglicht wird (anders ist es bei einem bestimmten Anhalt dafür), BGH BB **74**, 1184. Hbg MDR **75**, 56 hält die Feststellung einer Persönlichkeitsrechtsverletzung nebst einem Antrag auf Veröffentlichung des Urteils für zulässig. Wegen der Feststellungsklage betr ein ausländisches Urteil Geimer JZ **77**, 146, 213.

**86** *Nein,* wenn der *Kaskoversicherer* die Deckungspflicht nicht bestreitet und nur die Zuständigkeit des Sachverständigenausschusses zur Entscheidung über die Schadenshöhe einwendet, Stgt VersR **80**, 1114. Nein, soweit eine Stufenklage in Betracht kommt, BGH NJW **96**, 2098. Nein, wenn nur noch die Kostenfrage ungeklärt ist und zB durch einen Widerspruch gegen eine einstweilige Verfügung einfacher und billiger geklärt werden kann, BGH MDR **85**, 467. Nein, wenn damit nur eine Einstellung nach § 769 möglich werden soll, Düss FamRZ **85**, 1149.

S auch Rn 92 „Sicherheitsleistung", Rn 101 „Versicherung".

**87 Marke:** Ja für den verwarnten Anmelder bei einem Abwehrinteresse, BGH **LM** Nr 93. Ja für den Verletzten, wenn Schadensersatzansprüche noch problematisch sind, aber Verjährung droht, BGH **LM** § 24 WZG Nr 69.

## 1. Titel. Verfahren bis zum Urteil § 256

**Mietverhältnis:** Ja für die Feststellung, daß der Mietvertrag durch die Kündigung beendet sei, neben der Klage auf Räumung, Celle BB **78**, 576. Eine Feststellungsklage auf die Verpflichtung des Vermieters, die Umzugskosten zu erstatten und eine Räumungsentschädigung zu zahlen, kann auch vor der Räumungsklage zulässig sein. Ja für die Feststellung, daß das Mietverhältnis trotz einer Streitigkeit über seinen Umfang oder trotz einer drohenden Kündigung des Vermieters, AG Ibbenbüren WoM **80**, 62, oder wegen der Unwirksamkeit einer bereits ausgesprochenen Kündigung des Vermieters fortbestehe, Mü ZMR **97**, 234, LG Hbg WoM **93**, 464, Notz ZMR **97**, 499 (selbst beim Zurückbehaltungsrecht), aM LG Bielef WoM **85**, 121, oder daß es nicht fortbestehe, Düss MietR **96**, 154. Ja beim Streit, wer von den Parteien mit einem Dritten einen Mietvertrag schloß, BGH VersR NJW **71**, 459. Rechtsverhältnis im Sinn von I ist der Mietvertrag, nicht die Kündigung, Düss NJW **70**, 2027, AG Hbg-Blankenese WoM **80**, 56. Die Tatsache, daß Rauch eindringt, ist kein Rechtsverhältnis, LG Mannh ZMR **87**, 25. Ja, soweit trotz einer Aufrechnung in einem Verwaltungsprozeß dort eine Aussetzung erfolgen mußte, AG Springe WoM **85**, 158. Ja, daß der Mieter beim Mietende Verunreinigungen beseitigen muß, Hamm RR **97**, 1489.

*Nein* wegen der Feststellung einer künftigen Räumungspflicht, wenn der Vermieter nach Ablauf der Kündigungsfrist Räumungsklage erheben kann, AG Löbau WoM **93**, 664, oder wenn es um die Unwirksamkeit einer Abmahnung des Vermieters wegen Lärms geht, LG Bln RR **97**, 205.

S auch Rn 105 „Wohnungseigentum".

**Nichtige Entscheidung:** Auf Einwendungen gegen die Zulässigkeit der Vollstreckungsklausel oder auf eine 88 angebliche Unzulässigkeit der Zwangsvollstreckung aus dieser Klausel braucht sich der Kläger nicht verweisen zu lassen.

**Notarkosten:** Nein für eine verneinende Feststellung, soweit der vorrangige § 156 KostO, auch beim Anwaltsnotar, anwendbar ist, BGH AnwBl **88**, 115.

**Öffentliches Recht:** Ja, soweit der Rechtsweg zulässig ist, § 13 GVG Rn 30 ff.   89

**Pacht:** Ja für die Klage eines Mitpächters gegen den anderen Mitverpächter wegen eines Rechtsverhält- 90 nisses zu einem Dritten.

**Patent:** Rn 74 „Gewerbliches Schutzrecht".

**Persönlichkeitsrecht:** Evtl ja für die Feststellung, durch welche Tatsachenbehauptung es verletzt worden ist, selbst wenn zugleich Unterlassung, Schmerzensgeld usw verlangt werden, LG Konstanz NJW **76**, 2353, Rn 14, 15.

**Politische Partei:** Ja für die Feststellung der Ungültigkeit einer Wahl eines Ortsverbandes. Zum richtigen Bekl vgl aber § 50 Rn 15.

**Preisausschreiben:** Ja für die Feststellung, daß die Preisvorgabe an einen Mitbewerber unwirksam ist, BGH NJW **84**, 1118.

**Presserecht:** Es kann durchaus ein rechtliches Interesse an der Feststellung des Nichtbestehens des Anspruchs auf eine Gegendarstellung bestehen, Celle RR **89**, 183.

**Prozeßrechtliche Feststellung:** Ja nur dann, wenn sie gesetzlich besonders zugelassen ist, wie bei § 878 ZPO, §§ 115, 156 ZVG.

**Rabattverlust:** Rn 101 „Versicherung".   91

**Rechnungslegung:** Nein für eine Ersatzfeststellung neben der Klage auf Rechnungslegung, § 254 Rn 2.

**Rechtsanwalt:** Ja für die Feststellung des Nichtbestehens einer Haftung wegen Vertragsverstoßes beim Anwaltsvertrag, sobald der Auftraggeber mit einem Schadensersatzanspruch droht, BGH NJW **92**, 437.

**Rechtswidrigkeit:** Nein, soweit sie eine bloße Vorfrage darstellt, Rn 5, BGH NJW **77**, 1288.

**Sachenrechtsbereinigungsgesetz:** Vgl dessen § 108 I, II, abgedruckt vor Rn 1.

**Schiedsvereinbarung:** Ja für eine Klage auf Feststellung des Nichtbestehens, solange § 1054 nicht erfüllt 92 ist. Ein wirtschaftliches Interesse reicht aus, BGH KTS **77**, 45.

**Schuldnermehrheit:** Ja zur Klärung zwischen den Schuldnern, BGH **123**, 46.

**Selbständiges Beweisverfahren:** Nein für eine leugnende Feststellungsklage bis zum Abschluß des zugehörigen selbständigen Beweisverfahrens, nach §§ 485 ff, Düss OLGZ **94**, 228.

**Sicherheitsleistung:** Nein, solange die Frist nach § 109 I läuft, Schlesw MDR **86**, 944.

**Sozialhilfe:** Ja, daß der Schädiger gegenüber dem Sozialhilfeträger ersatzpflichtig und der Geschädigte daher kein „Sozialhilfefall" ist, Köln VersR **88**, 61.

**Stiftung:** Nein, soweit dem klagenden Destinatär die Sachbefugnis fehlt, Grdz 23 vor § 50, BGH **99**, 355.

**Streitverkündungsgegner:** Nein bei einem schwebenden Prozeß für eine Klage auf Feststellung des Nichtbestehens des Anspruchs des Streitverkünders, §§ 72 ff, weil sonst dessen Recht beeinträchtigt wird.

**Stufenklage:** Rn 86 „Leistungsklage. Nein".

**Testamentvollstreckung:** Rn 66 „Erbrecht".   93

**Unterhalt:** Ja für die Feststellung der künftigen Ersatzpflicht für einen entgangenen Unterhaltsanspruch, und 94 zwar auch dann, wenn der Gesamtumfang der zur Zeit gewährten Renten der Sozialversicherung den Unterhaltsanspruch erheblich übersteigt, Ffm VersR **83**, 238. Ja (statt § 258) für die fernere, noch nicht absehbare Zukunft, BGH NJW **83**, 2197, Celle RR **88**, 990. Ja für die Feststellung, ob und in welcher Höhe ein Zehnjähriger als Sonderbedarf eine voraussichtliche kieferorthopädische Behandlung bezahlt bekommen wird, Karlsr FamRZ **92**, 1317. Grds ja, daß der Unterhaltsanspruch nicht (ganz oder teilweise) verwirkt sei, Ffm FamRZ **93**, 436; nein freilich, wenn insoweit bereits eine Abänderungsklage schwebt, Ffm FamRZ **93**, 347.

*Nein* für die Feststellungsklage, daß die volljährige Tochter keinen Unterhaltsanspruch für die Vergangenheit gehabt habe, wenn sie keinen Unterhalt gefordert hatte, Nürnb FamRZ **82**, 1102; nein für die verneinende Feststellungsklage, wenn der Gegner (Gläubiger) nach der Ablehnung einer einstweiligen Anordnung längere Zeit wartete, BGH NJW **95**, 2032, Karlsr FamRZ **94**, 837; nein, soweit ein Titel vorliegt, Hamm FamRZ **97**, 1407.

S auch Rn 63 „Ehe", Rn 96 „Vaterschaft".

**Unterlassung:** Ja für den Vertragsschuldner, wenn der Gläubiger auf eine Anfrage, ob eine geplante Änderung der beanstandeten Äußerung erlaubt sei, nicht antwortet, Düss MDR **88**, 783. Ja, wenn man so auf einen Angriff nach §§ 926, 945 reagieren kann, Mü MDR **92**, 864.

*Nein,* soweit der auf Feststellung des Nichtbestehens einer gesetzlichen Unterlassungsanspruchs Bekl seine vor einem anderen Gericht rechtshängige Unterlassungsklage nicht mehr einseitig zurücknehmen kann, Düss GRUR **92**, 208. Nein für die Feststellung, daß der Bekl nicht berechtigt sei, Unterhalt nur unter Vorbehalt zu zahlen, soweit in einem weiteren Prozeß die Feststellung begehrt wird, daß der Unterhaltsanspruch nicht (ganz oder teilweise) verwirkt sei, Ffm FamRZ **93**, 436.

**Urheberrecht:** Ja für die Klärung nur der urheberrechtlichen Beziehungen, nicht der sonstigen, soweit das prozeßwirtschaftlich ausreicht, BGH GRUR **87**, 704.

**Urkunde:** Ja für die Feststellung ihrer Echtheit oder Unechtheit, wie sich schon aus dem Wortlaut von I ergibt. Zum Urkundenbegriff Üb 3 vor § 415, zur Echtheit §§ 437 ff.

95 **Urteil:** Ja wegen der Tragweite und des Inhalts, wenn der Streit durch Zwangsvollstreckungs-Organe zu beheben ist, BGH **LM** VOB Teil B (1952) § 13 Nr 83. Ja, wenn über die Tragweite eines auf Benutzungsunterlassung eines Patents oder einer Marke gehenden Urteils Unklarheit besteht, auch wenn die Frage im vorangegangenen Vollstreckungsverfahren schon entschieden wurde, BGH **LM** § 24 WZG Nr 4. Ja bei einem Streit, ob eine Zug-um-Zug-Leistung erbracht ist, BGH **LM** VOB Teil B (1952) § 13 Nr 83.

96 **Vaterschaft,** dazu *Frank,* Gedanken zu einer isolierten Abstammungsfeststellungsklage, Gedächtnisschrift für *Arens* (1993) 65: *Habscheid/Habscheid* FamRZ **99**, 480 (Üb).

Ja für ein nicht anerkanntes Kind, daß die Vaterschaft eines bestimmten Mannes feststellen lassen will, § 1600 n BGB. Ja, selbst wenn der Mann urkundlich anerkennen will, solange er es nicht tut, KG FamRZ **94**, 909, so wohl auch Nürnb AnwBl **95**, 110. Ja für eine Klage auf Unwirksamkeit der Anerkennung, § 1599 BGB. Ja für eine Feststellung, daß der Anerkennende nicht Vater des Kindes ist, § 1600 l BGB, vgl § 641; daher nein für eine gewöhnliche Feststellungsklage. Ja für die Feststellung der Anerkennung eines ausländischen Kindschaftsurteils, Hamm FamRZ **93**, 438.

*Nein* für ein eheliches Kind wegen der Feststellung, ob es das Kind des Vaters ist, weil es nach § 1592 Z 2 BGB ist; auch § 1593 BGB steht einer solchen positiven Feststellungsklage entgegen. Die Vaterschaft kann nur angefochten werden, und wer den angeblich wahre Vater hat kein Anfechtungsrecht und kann nicht auf Feststellung klagen, solange die Anerkennung des anderen Mannes besteht, BGH MDR **99**, 549. Die Beschränkung auf einzelne Rechtswirkungen der Vaterschaft ist unzulässig, BGH **60**, 248, krit Sturm JZ **74**, 205.

§§ 642 ff verlangen *nicht* die Darlegung eines *besonderen Rechtsschutzbedürfnisses;* wer es leugnet, muß einen Grund dafür dartun, so schon Odersky Rpfleger **74**, 441. Nein für die Klage auf Feststellung, daß das Kind nicht von dem Ehemann der Mutter abstamme, sondern vom Kläger, solange niemand die Vaterschaft mit Erfolg angefochten hat, so schon BGH **80**, 219. Nein für die normale Feststellungsklage, soweit die besondere nach § 640 zulässig ist.

S auch Rn 94 „Unterhalt".

97 **Verein:** Ja, daß eine Ausschließung unstatthaft gewesen sei, Hamm RR **97**, 989. Ja für die (obendrein vom Registergericht unter Fristsetzung „angeordnete") Klage auf Feststellung der Nichtigkeit der in einer Mitgliederversammlung durchgeführten Vorstandswahl, Zweibr Rpfleger **90**, 77. Ja (nur für den Verein selbst) auf Feststellung der Nichtigkeit eines Versammlungsbeschlusses, LG Ffm RR **98**, 396. Ja für eine Feststellung, daß ein Vorstandsmitglied, dem „Entlastung verweigert" wurde, nicht schadensersatzpflichtig ist, Köln RR **97**, 483.

*Nein,* daß ein Vereinsbeschluß unwirksam sei, wenn dieser später wirksam bestätigt wurde.

**Vergleich; Vergleichsverfahren:** Über eine Klage auf Feststellung der Unwirksamkeit eines Prozeßvergleichs Anh § 307 Rn 36. Ja für die Auslegung des Vergleichs, Mü AnwBl **86**, 542. Ja für die Feststellung des Rechts, wegen einer Forderung gegen den Vergleichsschuldner eine anteilige Befriedigung aus dem Liquidationserlös des Vergleichsverfahrens zu verlangen, BGH **118**, 80. Ja für die Feststellung, nach einem Vergleich einen noch vorbehaltenen Anspruch geltend machen zu können, Düss VersR **99**, 587. Nein für eine Feststellungsklage eines Vergleichsgläubigers gegen den anderen, daß dieser an den Schuldner oder Vergleichsverwalter zahlen soll, LG Hbg MDR **78**, 410. Nein bei einer vergleichsähnlichen Vereinbarung, die einen Verzicht auf gerichtliche Feststellungen enthält, Karlsr VersR **92**, 375.

98 **Verjährung,** dazu *Graf,* Feststellungklage und Verjährungsunterbrechung, Diss Regensb 1989, *Pietscher* GRUR **98**, 293: Ja, (nur) wenn dem Anspruch eine Verjährung droht, BGH VersR **72**, 459, Hamm VersR **94**, 193, Mü VersR **92**, 213 (der Verzicht auf die Einrede ist nur befristet), aM AG Groß Gerau FamRZ **89**, 1102. Wird eine Feststellungsklage für Ansprüche aus der Vergangenheit und für die Zukunft erhoben und wird Verjährung nur für die ersteren eingewendet, so ist beim Durchgreifen der Einrede das Feststellungsinteresse insoweit zu verneinen und die Klage als unzulässig abzuweisen, BAG DB **72**, 776, aM BAG NJW **71**, 1631 (Abweisung als unbegründet). Ja, sogar für eine weitere Feststellungsklage, wenn man die Verjährung nur so abwenden kann, BGH **93**, 289.

99 Ist eine *Leistungsklage* möglich und zumutbar (das ist nicht der Fall, wenn der Zahlungsanspruch noch einer eingehenden tatsächlichen Prüfung bedarf, BGH **LM** § 24 WZG Nr 69), nein wegen der Unterbrechung der Verjährung. Die Verjährung rechtfertigt nur eine Feststellung des Verweigerungsrechts, nicht mehr, BGH **LM** Nr 89. Durch die leugnende Feststellungsklage und deren Abweisungsantrag tritt keine Unterbrechung der Verjährung ein, durch die Abweisung der Klage als unbegründet evtl eine Wirkung gem § 218 BGB, BGH **LM** § 209 BGB Nr 23. Bei einem zeitlich unbeschränkten Verzicht auf die Verjährungseinrede trotz § 225 S 1 BGB nein, LG Weiden VersR **76**, 548, aM Düss MDR **70**, 840, ZöGre 8 a.

Ja für einen Deckungsprozeß (aus zu pfändendem Recht), wenn der Dritte ein rechtliches Interesse an alsbaldiger Feststellung der Deckungspflicht hat, zB wegen Entzug des Deckungsanspruchs als Befriedigungsobjekt, etwa durch Verjährung oder Ablauf der Frist des § 12 III VVG, LG Mü VersR **94**, 83.

## 1. Titel. Verfahren bis zum Urteil § 256

*Nein,* wenn der Versicherer auf die Verjährungseinrede verzichtet und dem Versicherungsnehmer den Schutz nicht entzieht, BGH VersR **84**, 787. Nein bei einem mehrjährigen Verzicht, Oldb VersR **80**, 272, aM Celle VersR **89**, 102.

**Verlag:** Ja gegen ihn beim zweigleisigen Vertrieb, daß der vorgeschriebene Endpreis nicht mehr gilt, Ffm RR **86**, 262. **100**

**Verlöbnis:** Ja für Streit aus ihm.

**Verschulden:** Nein, soweit es eine bloße Vorfrage darstellt, Rn 5.

**Versicherung:** Ja, soweit der Versicherungsnehmer zur Erhaltung seiner Rechte nach § 12 III VVG den „Anspruch auf die Leistung" geltend machen muß, BGH VersR **75**, 440, von Stebut VersR **82**, 108 mwN. Ja für die Feststellung der Gewährung eines Versicherungsschutzes in der Rechtsschutzversicherung trotz der Bezifferbarkeit der Kosten des betreffenden Prozesses, BGH VersR **83**, 125. Ja für die Feststellung, der Versicherer habe kraft besonderer Vereinbarung abweichend von AVB auf Reparaturkostenbasis statt auf Totalschadenbasis abzurechnen, BGH VersR **84**, 75. Ja, solange ein in den Versicherungsbedingungen vorgesehenes Sachverständigenverfahren zur Ermittlung der Schadenshöhe noch durchführbar ist, BGH VersR **86**, 675, Hamm NVersZ **99**, 380. Ja für eine Freistellung unabhängig von einer etwa möglichen Leistungsklage, wenn sie vor der Rechtskraft des Haftpflichtanspruchs anhängig geworden ist, Hamm VersR **87**, 88. Ja für die verneinende Feststellungsklage des Haftpflichtversicherers gegen den Versicherungsnehmer, selbst wenn dieser bisher im Deckungsverhältnis Leistungsklage erhoben hat, LG Ffm ZfS **88**, 24. Ja im Deckungsprozeß gegen die Kfz-Versicherung, selbst wenn der Versicherungsnehmer den Schaden beziffern könnte, Brschw VersR **94**, 1293. Ja für die Feststellung der Erstattung von Kosten einer in-vitro-Fertilisation, BGH NJW **88**, 774. Ja wegen künftigen Rabattverlustes, BGH NJW **92**, 1035. Ja wegen einer Zusatzversicherung, KG VersR **97**, 95. **101**

*Nein,* daß die Haftpflichtversicherung keine Leistungsfreiheit geltend machen könne, BGH VersR **75**, 440, es sei denn, der Anspruch des Geschädigten ist schon nach Grund und Höhe rechtskräftig festgestellt worden, BGH NJW **81**, 870. Neben der Klage auf Rente nein, daß Beitragsfreiheit versprochen worden sei, LG Kaisersl VersR **92**, 221. Nein, soweit der Versicherer Widerklage auf Erstattung seiner Leistungen erhebt, Ffm NJW **70**, 2069. Nein zur bloßen Auslegung einer Ausschlußklausel, BGH VersR **86**, 133. Nein für die Deckungsklage, wenn der Kläger im Direktklage durch Teilversäumnisurteil verurteilt wurde, der Versicherer aber gesiegt hat, weil im gestellter Unfall vorlag, LG Köln VersR **90**, 1384.

**Vertragsstrafe:** Nein für die Feststellung einer Schadensersatzpflicht, soweit der Kläger eine Vertragsstrafe geltend machen kann, BGH NJW **93**, 2993.

**Verzicht:** Rn 97 „Vergleich".

**Vollstreckungsfragen:** Ja bei Auslegungsschwierigkeiten wegen eines schon vorhandenen Leistungstitels, BGH NJW **97**, 2321, zB bei § 850 f II, § 850 f Rn 6. Ja beim Verlust des Leistungstitels. Eine Entscheidung im Vollstreckungsverfahren beseitigt das Feststellungsinteresse nicht stets. Die Vollstreckungsabwehrklage nach § 767 beseitigt, wenn sie vom Bekl nachträglich erhoben wurde, nicht grundsätzlich ein rechtliches Interesse des Klägers an der leugnenden Feststellung, weil sie ein anderes Ziel und eine andere Wirkung hat, Hamm RR **88**, 432, vgl Kblz AnwBl **90**, 49, ferner Mü FamRZ **81**, 913. Der Gläubiger, der einen Schuldtitel besitzt, hat also ein Feststellungsinteresse, daß die Vollstreckung aus einem Titel gegen seinen Schuldner, der das leugnet, zulässig sei, Kblz Rpfleger **93**, 28. Vgl auch § 767 Rn 6. Der Unterhaltsschuldner, der den Wegfall der Bedürftigkeit des Gläubigers behauptet, kann die leugnende Feststellungsklage erheben, und zwar auch für den Zeitraum vor dem Verzug des Gläubigers mit dem Verzicht auf den Anspruch aus einer einstweiligen Anordnung, Düss FamRZ **85**, 1148, aM Karlsr FamRZ **80**, 610. **102**

*Nein,* wenn sich der Vollstreckungsschuldner nur mit dem Einwand „unverschuldete Zahlungsschwäche" wehrt, Kblz AnwBl **90**, 40.

**Vorsatz:** Ja bei § 850 f, dort Rn 5.

**Vorschußklage:** Nein neben einer umfassenden Vorschußklage für die Feststellung der Pflicht, alle weiteren Mängelbeseitigungskosten zu tragen, Celle RR **86**, 99.

**Wahl:** Rn 90 „Politische Partei". **103**

**Werkvertrag:** Ja für den Besteller, der neben einem Kostenvorschuß zur Mängelbeseitigung die Feststellung der Verpflichtung des Unternehmers zur Bezahlung der den Vorschuß übersteigenden Kosten begehrt, BGH RR **86**, 1027. Ja für den Besteller, soweit noch ein selbständiges Beweisverfahren läuft, Kblz RR **88**, 533.

**Widerklage:** Nicht schon deshalb nein für die Feststellungsklage, weil man sie in einem anderen Prozeß als Widerklage nach Anh § 253 erheben kann, denn beide Wege bestehen nebeneinander, Hamm WertpMitt **71**, 1379. S auch Rn 101 „Versicherung". **104**

**Widerruf:** Rn 65 „Ehre".

**Wohnungseigentum:** Ja, daß ein nicht angefochtener Beschluß der Eigentümerversammlung für einen bestimmten Eigentümer verbindlich sei, LG Mannh ZMR **79**, 319. Ja für die Feststellung der Nichtigkeit der Verwalterbestellung, selbst wenn diese wegen Zeitablaufs hinfällig ist, BayObLG NJW **89**, 330. Ja, daß ein Beschluß der Eigentümer einen bestimmten Inhalt habe bzw nicht habe, vgl BayObLG RR **90**, 211 mwN. Ja für den Verwalter, soweit sich ein Eigentümer eines Anspruchs gegen ihn berühmt, Düss ZMR **96**, 622. **105**

*Nein,* daß ein auslegungsfähiger Rechtsbegriff in der Teilungserklärung einen bestimmten allgemeinen Sinn habe, LG Mannh ZMR **79**, 319. Nein, daß ein Beschluß der Eigentümer nicht wirksam geworden sei, wenn sie dazu später einen weiteren, wirksamen Beschluß gefaßt haben, BayObLG WoM **86**, 356. Nein, daß die Gemeinschaft eine Zustimmung zu der Gebrauchsüberlassung an einen Dritten nur aus wichtigem Grund versagen dürfe, BayObLG WoM **88**, 91. Nein, soweit ein anderer umfassender Weg, zB eine Verpflichtungsklage, in Betracht kommt, Rn 77, BayObLG RR **92**, 1433.

**Zahlungsklage:** Rn 77 „Leistungsklage". **106**

**Zustellung:** Nein, da kein Rechtsverhältnis, sondern ein sog Realakt zu klären ist.

## § 256

**Zwangsvollstreckung:** Rn 102 „Vollstreckungsfragen".
**Zwischenfeststellung:** Rn 108.

**107**  9) **Urkundenfeststellungsklage, I.** Regelwidrig ist eine Klage auf Feststellung der Echtheit oder Unechtheit einer Urkunde zulässig, BGH **LM** § 263 aF Nr 5. Da es sich hierbei um eine reine Tatsachenfeststellung handelt, läßt der Ausnahmefall keine ausdehnende Auslegung zu, zB nicht auf Feststellung der Vollmacht eines fremden Unterzeichners. Das Rechtsverhältnis selbst ist hier gar nicht im Streit. Begriff der Urkunde Üb 3 vor § 415, Begriff der Echtheit § 440 Rn 3. Unerheblich ist, wer Besitzer oder Aussteller der Urkunde ist. Die Rechtskraftwirkung des Urteils, § 322 Rn 38, besteht im Ausschluß jeder anderen Würdigung der Echtheit in jedem zwischen denselben Parteien schwebenden Streitverfahren. Aber darum ist die Klage noch nicht zulässig, wenn die Rechtskraft eines Leistungsurteils den Gegner nicht binden würde. Übrigens ist diese Klage sehr selten. Ihre Zulassung im Gesetz ist lehrmäßig und praktisch verfehlt. Wer ein Recht aus der Urkunde ableitet, muß ihre Echtheit beweisen. Ist die Echtheit rechtskräftig festgestellt worden, können zwar nicht die Parteien dieses Prozesses die Unechtheit noch beweisen, wohl aber jeder andere führen, auch der Streitgenosse. Vgl § 419 Rn 3.

**108**  10) **Zwischenfeststellungsklage, Inzidentfeststellungsklage oder -widerklage, II.** Es gelten die folgenden Regeln:
   **A. Rechtsnatur.** Die Zwischenfeststellungsklage oder -widerklage, § 33, ist eine zugleich mit der Hauptklage, § 260, oder im rechtshängigen Verfahren nach § 261 II erhobene Klage oder Widerklage auf Feststellung eines die Entscheidung bedingenden (vorgreiflichen) Rechtsverhältnisses. Ihr Zweck ist die Ausdehnung der Rechtskraftwirkung auf den Grund der Zwischenklage oder -widerklage, BGH NJW **92**, 1897, Schlesw RR **91**, 190, Hager KTS **93**, 51. Es ist unerheblich, ob das Gericht seine Entscheidung über die Feststellungsklage auch auf die mit der Zwischenklage geltend gemachten Gründe stützen muß, Köln MDR **81**, 678. Die Zwischenklage ist bzw wird unzulässig, wenn bzw sobald, Mü VersR **74**, 179, schon die in der Hauptsache ergehende Entscheidung die Rechtsbeziehungen erschöpfend klarstellt, BGH MDR **79**, 746, Ffm FamRZ **83**, 176, Nürnb MDR **85**, 417. Die Zwischenklage wird ferner unzulässig, wenn der Kläger der Zwischenwiderklage auf alle Ansprüche aus dem Rechtsverhältnis verzichtet.

**109**  Sie ist ein Ausgleich dafür, daß die Grundlagen der Entscheidung bis auf die tragenden, § 322 Rn 6 ff, 20; das übersieht Hager KTS **93**, 40) nicht in Rechtskraft übergehen können, Schneider MDR **73**, 271. Ihr *Gegenstand* kann nur eine durch den Sachverhalt und eine Rechtsnorm gegebene Beziehung einer Person zu einer anderen, zB Ffm FamRZ **83**, 176, oder zu einer Sache sein. Sie ist eine Feststellungsklage, deren Voraussetzungen der allein in II festlegt. Eines besonderen rechtlichen Interesses an der alsbaldigen Feststellung bedarf es grundsätzlich nicht, BGH NJW **92**, 1897, Hamm MDR **97**, 1163, Kblz AnwBl **89**, 49, vgl aber Rn 118. In geeigneten Fällen steht dem Kläger auch die gewöhnliche Feststellungsklage des I offen. Auf seiten des Klägers enthält die Klage als „Zusatzklage" keine Erweiterung des Klagantrags, sondern eine Anspruchshäufung nach § 260. Der Bekl erhebt mit ihr eine eigenartige Widerklage, Anh § 253. Die Klage ist weder durch noch gegen andere Prozeßbeteiligte, zB den Streithelfer, statthaft, denn insoweit besteht keine Vorgreiflichkeit. Soweit gegenüber einem Dritten freilich ein Feststellungsinteresse vorliegt, kann die leugnende Zwischenklage als Widerklage gegen den Dritten zulässig sein, BGH NJW **77**, 1638.

**110**  **B. Zulässigkeit.** Die Zwischenfeststellungsklage ist auch bei einer Stufenklage nach § 254, BGH MDR **99**, 350, und ferner hilfsweise zulässig, BGH NJW **92**, 1897. Sie ist in folgenden Fällen unzulässig: Wenn die Leistungsklage mangels Bestimmtheit unzulässig ist, § 253 II Z 2, BGH RR **94**, 1272; wegen der Prozeßeigenart im Urkunden- und Wechselprozeß, §§ 592 ff, im vorläufigen Verfahren (Arrest bzw einstweilige Verfügung), §§ 916 ff, ferner wegen §§ 610, 640 im Eheverfahren, Ffm FamRZ **83**, 176, und Kindschaftsverfahren, Göppinger JR **75**, 160. Vgl auch §§ 151–154. In der Berufungsinstanz ist die Klage zulässig, da II dem § 530 I vorgeht, § 523, BGH **53**, 94, Schlesw RR **91**, 190, RoSGo § 98 III 3 b, nicht aber in der Revisionsinstanz, BAG MDR **82**, 526, RoSGo § 98 III 3 b. Wegen des arbeitsrechtlichen Beschäftigungsanspruchs Pallasch, Der Beschäftigungsanspruch des Arbeitnehmers (1993) 114; wegen des arbeitsgerichtlichen Beschlußverfahrens BAG DB **90**, 132, Hager Festschrift für Kissel (1994) 338 (grundsätzlich entsprechende Anwendbarkeit).

**111**  **C. Klageberechtigung.** Klageberechtigt sind nur die eigentlichen Rechtsparteien, nicht der Streithelfer, auch nicht der streitgenössische des § 69.

**112**  **D. Allgemeine Prozeßvoraussetzungen.** Sie müssen wie sonst vorliegen, Grdz 12 vor § 253. Im einzelnen gilt folgendes: Die Partei- und Prozeßfähigkeit, §§ 50, 51, ist für diese Klage selbständig zu beurteilen. Die Prozeßvollmacht für den Hauptprozeß genügt, § 81. Die Zulässigkeit des Rechtswegs, § 13 GVG, ist selbständig zu beurteilen und notwendig. Die örtliche Zuständigkeit ist hier, außer im ausschließlichen Gerichtsstand, stets gegeben, wie aus dem Zweck des II folgt, vgl § 33. Die sachliche Zuständigkeit liegt beim LG immer vor; beim AG macht eine Überschreitung der Zuständigkeit durch die Zwischenfeststellungsklage eine Verweisung ans LG nötig, § 506. Für die Kammer für Handelssachen s § 99 GVG.

**113**  **E. Streitigkeit eines Rechtsverhältnisses.** Es muß bei weiter Auslegung, Köln MDR **81**, 678, als besondere Prozeßvoraussetzung zunächst ein Rechtsverhältnis vorliegen, BGH RR **90**, 320 mwN, oder im Prozeß streitig geworden sein, BAG DB **85**, 1538; es muß noch über den Streitgegenstand der Klage nach I hinaus zwischen den Parteien eine Bedeutung gewinnen können, BGH JR **98**, 424 (dann kann auch ein Rechtsverhältnis des Bekl zu einem Dritten Ausgangspunkt sein). BayObLG NZM **99**, 34. Nicht genügt eine bloße Tatsache, wie die Echtheit einer Urkunde; auch nicht eine rechtliche Vorfrage, BGH NJW **82**, 1879, Lüke Gedächtnisschrift für Bruns (1980) 131, oder gar eine von mehreren evtl erheblichen Vorfragen. Begriff des Rechtsverhältnisses Rn 5, Schneider MDR **73**, 270. Ausreichend ist nur ein bestehendes Rechtsverhältnis, aber auch bedingtes, wenn gerade der Eintritt der Bedingung vorgreiflich wirkt. Ausreichend sind auch Forderungsrechte und Ansprüche, die einem umfassenderen Rechtsverhältnis entspringen, etwa bei einem Vertrag, vgl Nürnb MDR **85**, 417; nur darf nicht schon die Rechtskraft der Hauptentscheidung das

## 1. Titel. Verfahren bis zum Urteil § 256

Rechtsverhältnis miterfassen, BGH **83**, 255. Das Rechtsverhältnis kann schon vor der Klage streitig und ein Feststellungsanspruch schon in die auf teilweise Leistung gerichtete Klage aufgenommen worden sein, BGH RR **90**, 320, Schneider MDR **73**, 270. Im übrigen ist unerheblich, welche Partei sich auf eine vorgreifliche Entscheidung stützt und sie herbeigeführt hat.

*Beispiel* des Vorliegens eines Rechtsverhältnisses: Streit über die Gültigkeit eines Vertragsverhältnisses, BGH **124**, 322 und **125**, 132, und über seine Dauer. Beispiel des Fehlens eines Rechtsverhältnisses: Erweiterung einer Teilklage im Berufungsrechtszug um einen zusätzlichen Betrag, Schlesw RR **91**, 190.

**F. Vorgreiflichkeit.** Das Bestehen oder Nichtbestehen des Rechtsverhältnisses muß als weitere besondere **114** Prozeßvoraussetzung für die Entscheidung über den Hauptanspruch ganz oder teilweise vorgreiflich sein, vgl § 148 Rn 1, BGH **124**, 322, BAG DB **84**, 2567, BayObLG NZM **99**, 34, so daß über die Frage mindestens in den Gründen zu befinden wäre. Es genügt die Möglichkeit einer Bedeutung über den gegenwärtigen Streitstand hinaus, BGH **124**, 322. Ist das Rechtsverhältnis in beiden Fällen dasselbe, zB die Frage der Klagebefugnis oder der Parteifähigkeit, so erledigt es das Urteil ohnehin. Es genügt die Möglichkeit, daß der Partei noch weitere Ansprüche erwachsen als die mit dem Hauptanspruch verfolgten, BGH MDR **79**, 746, Ffm FamRZ **83**, 177, Nürnb MDR **85**, 417. Es genügt auch, wenn beide Parteien selbständig Ansprüche verfolgen, für die das streitige Rechtsverhältnis vorgreiflich ist, wenn sie auch in ihrer Gesamtheit die Ansprüche erschöpfen, die aus dem Rechtsverhältnis überhaupt ergeben können.

Ist nur ein *Teil* des Anspruchs eingeklagt, so kann die Zwischenfeststellungsklage die ganze Vorfrage zur Entscheidung stellen.

*Beispiele:* Der Kläger ficht einen Teil der Rechtshandlungen des Schuldners an: zulässig ist die Zwischen- **115** feststellungswiderklage auf Feststellung des Fehlens jedes Anfechtungsrechts; der Kläger verlangt eine Teilleistung aus einem Vertrag: zulässig ist die Zwischenfeststellungswiderklage auf Feststellung, daß er keinen anderen Anspruch aus dem Vertrag hat, BGH **69**, 41 (das Rechtsschutzbedürfnis läßt sich damit ausräumen, daß der Kläger erklärt, beim Unterliegen wolle er sich keines weiteren Anspruches berühmen).

Gegenüber einer Teilklage auf einen festen Betrag aus einem unbezifferten Gesamtanspruch ist die Feststellungs*widerklage* zulässig, daß über den geltend gemachten Teilanspruch hinaus ein bezifferter weiterer Anspruch nicht bestehe, Rn 10. Bei einer Erbschaftsklage besteht Streit über die Wirksamkeit des Testaments.

Die Abhängigkeit muß beim Schluß der letzten mündlichen Verhandlung über die Zwischenfeststellungs- **116** klage *fortdauern*, BGH LM § 280 aF Nr 2 und 5; also darf die Klage nicht zurückgenommen oder aus sachlichen Gründen ohne Rücksicht auf das inzidenter festzustellende Rechtsverhältnis abweisungsreif sein; jedoch kann eine Zwischenfeststellungsklage als selbständige Feststellungsklage oder -widerklage, I, haltbar sein, BGH LM § 280 aF Nr 2, und kommt bei unterschiedlichen Begründungsmöglichkeiten diejenige als zulässig in Betracht, bei der das nach II unterbreitete Rechtsverhältnis vorgreiflich ist, Köln MDR **81**, 678.

Gegenüber einer Zwischenfeststellungsklage ist eine Zwischenfeststellungswiderklage mit nur entgegengesetztem Antrag trotz des unklaren Wortlauts von II nur bei einem entsprechenden *Rechtsschutzbedürfnis* zulässig, ThP **29**, 44 Köln MDR **72**, 698. Eine Zurückweisung von Angriffs- oder Verteidigungsmitteln macht die Zwischenfeststellungsklage unzulässig, wenn nur die Abhängigkeit beseitigt ist, Hager KTS **93**, 51. Bei einer rechtshindernden Einwendung ist die Zwischenfeststellungsklage zulässig, Hager KTS **93**, 51. Bei einer rechtsvernichtenden Einwendung ist die Zwischenfeststellungsklage des Klägers unzulässig, soweit die Klage wegen der Einwendung abzuweisen ist, Hager KTS **93**, 51; die Zwischenfeststellungsklage des Bekl ist dagegen auch bei einer rechtsvernichtenden Einwendung zulässig, Hager KTS **93**, 51. Ein Rechtsverhältnis, das nur für die mit der Eventualaufrechnung geltend gemachte Gegenforderung vorgreiflich ist, kann nicht Gegenstand einer Zwischenfeststellungsklage sein, solange nicht der Anspruch der Hauptklage feststeht, BGH LM § 280 aF Nr 9. Wegen der Aufrechnung als Zwischenfeststellungswiderklage § 261 Rn 13.

**G. Verbindung mit Hauptantrag.** Eine Verbindung mit dem Hauptantrag muß zulässig sein, vgl § 260. **117** Falls dies nicht zu bejahen ist, Rn 110 ff, kommt eine Trennung nach § 145 und notfalls eine Abweisung durch Prozeßurteil in Betracht.

**H. Verfahren.** Zur Klageerhebung §§ 260, 261 II. Die Klage ist bis zum Schluß der mündlichen Ver- **118** handlung, § 136 IV, § 296 a, der 1. Instanz über den Hauptanspruch zulässig. Köln MDR **72**, 698 will nach (unzulässigem) Teilurteil die Klagerhebung auch noch in der BfgInstanz zulassen, BGH **53**, 92 will dann auch für die Widerklage § 530 I ausschalten; beides ist eine Verkürzung des Rechtszugs hinsichtlich des Zwischenstreits. In der Revisionsinstanz zum Grund des Hauptanspruchs ist die Zwischenklage nicht mehr zulässig. Im Betragsverfahren ist die Zwischenklage nicht mehr zulässig. Die Rechtshängigkeit richtet sich nach § 261 II, auflösend bedingt durch die Endgültigkeit der Entscheidung wegen der Unzulässigkeit. Die besonderen Prozeßvoraussetzungen, Rn 3 ff, sind von Amts wegen zu beachten, Grdz 39 vor § 128. Vgl ferner § 595 I. Ein besonderes Feststellungsinteresse ist wegen der Vorgreiflichkeit entbehrlich, BGH NJW **77**, 1637. Fehlen sie oder fehlt eine von Amts wegen zu beachtende allgemeine Prozeßvoraussetzung, so ist die Zwischenklage mangels Vorliegens wenigstens der Voraussetzungen der I durch Prozeßurteil als unzulässig abzuweisen, Grdz 14 vor § 253. Dann kann das in der Hauptsache ergehende Endurteil trotzdem über die vorgreifliche Frage entscheiden, auch ohne Rechtskraftwirkung für sie.

Die *Entscheidung* über die Zwischenklage ist ein Endurteil; zulässig ist wegen der selbständigen Bedeutung **119** dieser Entscheidung auch ein Teilurteil, § 301, BGH LM § 280 aF Nr 5, Schneider MDR **73**, 270, zB wenn die Legitimation zur Hauptklage auch von demjenigen Rechtsverhältnis abhängt, das den Gegenstand der Zwischenfeststellungsklage bildet. Eine Abweisung der Zwischenklage (nur) als unbegründet ist vor der Klärung ihrer Zulässigkeit ebensowenig wie bei der Hauptklage statthaft, Grdz 14 vor § 253, aM Bre MDR **86**, 765. Während der Anhängigkeit der Zwischenklage ist ein Teilurteil über die Hauptklage unzulässig. Wegen der Umdeutung eines unzulässigerweise gestellten Antrags nach § 280 in eine Zwischenfeststellungsklage s bei § 280. Streitwert Anh § 3 Rn 53 „Feststellungsklage".

**I. Rechtsmittel.** Soweit gegen das Urteil in der Hauptsache ein Rechtsmittel statthaft ist, ist es auch **120** gegen den Feststellungsausspruch zulässig. Ein von der Rechtskraft des Feststellungsurteils in der Hauptsache ergehendes Endurteil ist durch die Aufhebung des Feststellungsurteils auflösend bedingt. Ein auf die Hauptsache beschränktes Rechtsmittel läßt die Zwischenfeststellung wegen des Anspruchsgrunds unberührt, §§ 318, 512, 548.

**121** **11) VwGO:** Es gilt § 43 VwGO, der keine Urkundenfeststellungsklage vorsieht. Zur Zulässigkeit der Feststellungsklage trotz möglicher Gestaltungs- oder Leistungsklage vgl BVerwG NJW **71**, 1284 (Übernahme der in Rn 77 ff, insbesondere Rn 82, dargestellten Grundsätze). II ist entsprechend anzuwenden, § 173 VwGO, da die Zwischenfeststellungsklage dem Wesen des VerwProzesses nicht widerspricht und vor allem bei einer Leistungsklage als notwendig anzuerkennen ist, Kopp § 43 Rn 33–35, BVerwG DÖV **88**, 224, OVG Bln JR **69**, 115. Außerdem kennt die VwGO noch eine besondere Fortsetzungsfeststellungsklage bei Erledigung einer Anfechtungs- oder Verpflichtungsklage, § 113 I 4 VwGO.

## Einführung vor §§ 257–259
## Klage vor der Fälligkeit

**Gliederung**

| | | | | |
|---|---|---|---|---|
| 1) Systematik | 1 | | C. Besorgnis der Nichterfüllung | 5 |
| 2) Regelungszweck | 2 | | 4) Gemeinsamkeit: Besondere Prozeß- | |
| 3) Geltungsbereich | 3–5 | | voraussetzungen | 6 |
|   A. Kalendermäßige künftige Leistung | 3 | | 5) Einzelheiten | 7 |
|   B. Wiederkehrende Leistung | 4 | | | |

**1** **1) Systematik.** Im allgemeinen ergibt erst die Fälligkeit des sachlichrechtlichen Anspruchs die Zulässigkeit der Klage, andernfalls ist sie ohne eine Sachverhandlung durch ein Prozeßurteil als unzulässig abzuweisen, Grdz 14, 27 vor § 253. Dabei entscheidet, wie stets, der Schluß der letzten Tatsachenverhandlung, § 136 IV, § 296 a, KG WoM **81**, 54, aM LG Duisb ZMR **99**, 334 (abl Eckert/Rau). Tritt ein Leistungsverweigerungsrecht erst später ein, muß der Bekl nach § 767 vorgehen, BGH ZMR **96**, 546. §§ 257 bis 259 sind rein verfahrensrechtliche Vorschriften, Hamm NJW **82**, 1402, aM Roth ZZP **98**, 312. Sie machen Ausnahmen von der vorstehenden Hauptregel, Wax FamRZ **82**, 347.

**2** **2) Regelungszweck.** Die Vorschriften dienen der Vermeidung zusätzlicher Wartezeiten sowie immer neuer Verfahren, Hamm RR **96**, 1222, und damit der Prozeßwirtschaftlichkeit, Grdz 14 vor § 128.

**3** **3) Geltungsbereich.** §§ 257–259 gelten in drei Gruppen von Fällen.

**A. Kalendermäßige künftige Leistung, § 257.** Es geht um einen Anspruch aus einer kalendermäßig bestimmten, einseitigen Geldforderung oder um einen Anspruch auf eine kalendermäßige Räumung, soweit es sich nicht um Wohnraum handelt.

**4** **B. Wiederkehrende Leistung, § 258.** Es geht um einen Anspruch auf eine mehr oder weniger oft wiederkehrende Leistung.

**5** **C. Besorgnis der Nichterfüllung, § 259.** Es besteht für den Kläger eine berechtigte Besorgnis der Nichterfüllung durch den Beklagten.

**6** **4) Gemeinsamkeit: Besondere Prozeßvoraussetzungen.** Diese Erfordernisse sind besondere Prozeßvoraussetzungen, Grdz 23, 27 vor § 253, Henssler NJW **89**, 139, RoSGo § 92 II 1, § 96 III, ZöGre 19 vor § 253, aM Roth ZZP **98**, 306. Diese Voraussetzungen sind von Amts wegen zu prüfen, Grdz 39 vor § 128. Fehlen sie beim Schluß der letzten Tatsachenverhandlung, so ist die Klage durch ein Prozeßurteil als unzulässig abzuweisen, Grdz 14 vor § 253. Beispiel: Bei der Klage auf eine sofortige Zahlung erfolgt dann, wenn der Beklagte erst in 6 Monaten schuldet, eine Sachabweisung, weil der Anspruch derzeit nicht fällig ist. Bei der Klage auf eine künftige Zahlung erfolgt eine Prozeßabweisung, wenn der Beklagte verurteilt werden soll, weil er sich der Erfüllung entziehen wolle. Denn diese Besorgnis ist nicht erwiesen, sofern nicht eine Klage nach §§ 257 ff zulässig ist. Ist dagegen der Anspruch nicht nur wegen des Fehlens der Fälligkeit zu verneinen, so ist die Klage als unbegründet abzuweisen. Wegen der Rechtskraftwirkung s auch § 322 Rn 37 „Fälligkeit".

**7** **5) Einzelheiten.** Die Klagen aus §§ 257 bis 259 sind Leistungsklagen; das Urteil ergeht auf eine Leistung. Will der Beklagte der Kostenlast entgehen, so muß er, falls die Klage zulässig ist, sofort anerkennen; etwas anderes gilt, wenn der Beklagte die Zulässigkeit leugnet, wenn er etwa jeden Grund zur Besorgnis der Nichterfüllung bestreitet. Eine Verurteilung benachteiligt den Beklagten insofern, als sie ihm nach dem Urteil erwachsene Einreden abschneidet und ihn insofern auf die Vollstreckungsabwehrklage, § 767, verweist. Man muß aber vernünftigerweise dem Beklagten das Recht zubilligen, mit allen Forderungen aufzurechnen, die nicht später fällig werden als die Klagforderung, Hoppenz FamRZ **87**, 1099. Denn dasjenige, was das Gesetz dem Kläger gewährt, gibt es unausgesprochen auch dem Beklagten. Andererseits gilt das Gleichbehandlungsgebot bei Veränderungen auch grds zugunsten des Gläubigers, Hoppenz FamRZ **87**, 1099. Vgl auch § 323 Rn 1 ff. Das Mahnverfahren ist zulässig. Zur Anwendbarkeit im gestörten Arbeitsverhältnis Vossen DB **85**, 385 und 439 (ausf).

**257** **Klage auf kalendermäßige künftige Leistung.** Ist die Geltendmachung einer nicht von einer Gegenleistung abhängigen Geldforderung oder die Geltendmachung des Anspruchs auf Räumung eines Grundstücks oder eines Raumes, der anderen als Wohnzwecken dient, an den Eintritt eines Kalendertages geknüpft, so kann Klage auf künftige Zahlung oder Räumung erhoben werden.

1. Titel. Verfahren bis zum Urteil                                    §§ 257, 258

**Schrifttum:** *Grunsky*, Veränderungen des Sachverhalts nach Verurteilung zu künftig fällig werdenden Leistungen, Gedächtnisschrift für *Michelakis* (Athen 1973) 377.

**1) Systematik.** Vgl zunächst Einf 1 vor §§ 257–259. Die Vorschrift, die durch § 258 ergänzt wird, dort **1** Rn 1, ist gegenüber § 259 eine vorrangige Sonderregel in ihrem Geltungsbereich.

**2) Regelungszweck.** Vgl Einf 2 vor §§ 257–259. Die Vorschrift von den besonderen Problemen Rech- **2** nung tragen, vor denen oft der Räumungsgläubiger in der Zwangsvollstreckung steht. Das Erkenntnisverfahren soll möglichst rasch beendet sein, den Sozialschutz des Räumungsschuldners bietet das 8. Buch. Das ist bei der Auslegung mitzubeachten.

**3) Geltungsbereich.** Vgl zunächst Üb 2 vor § 253. § 257 bezieht sich auf die folgenden Fälle. **3**
  **A. Nicht von einer Gegenleistung abhängige Geldforderung.** Es geht wie bei § 258, aber anders als bei § 259 eine nicht, noch nicht oder nicht mehr von einer Gegenleistung abhängige, also einseitig gewordene Geldforderung, zB nach der vollständigen Erbringung der Gegenleistung, Henssler NJW **89**, 139, mag auch die Mitteilung noch nicht vorliegen und sogar einklagbar sein. Rechtsgrund und Natur als Bring- oder Holschuld sind unerheblich.
  *Hierher* gehören zB: Die Klage aus einem Darlehen; auch einer Schenkung; aus einem Wechsel; aus der am Schluß der letzten Tatsachenverhandlung, Einf 1 vor §§ 257–259, jedenfalls rückständig gewordenen Miete; aus einer Hypothek, Grund- oder Rentenschuld; die Klage aus einem zweiseitigen Vertrag, bei dem der Kläger beim Schluß der letzten Tatsachenverhandlung, Einf 1 vor §§ 257–259, also nicht unbedingt vorher, bereits vollständig vorgeleistet hat; die Klage auf Duldung der Zwangsvollstreckung wegen einer einseitigen Geldforderung.
  *Nicht hierher* gehören zB: Ein Anspruch auf eine Leistung Zug um Zug, § 322 BGB, wie bei einem Zurückbehaltungsrecht, § 274 BGB; ein Anspruch auf eine künftige Miete, Henssler NJW **89**, 139 mwN, weil diese von einer Gegenleistung abhängt. Die Pflicht zur Quittungserteilung, § 368 BGB, Art 39 WG, ist keine Gegenleistung, weil der Gegenwert fehlt; ein Anspruch nach § 2 MHG, Sternel MDR **73**, 267; ein Antrag auf eine künftige Leistung des Versorgungsausgleichs, BGH NJW **84**, 611; ein Herausgabeanspruch; überhaupt ein Anspruch auf eine andere Leistung als auf eine Geldzahlung.
  **B. Räumung.** Es geht um einen Anspruch auf die Räumung eines nicht Wohnzwecken dienenden **4** Grundstücks oder Raums ohne Rücksicht auf den Rechtsgrund, ob also zB aus Vertrag, etwa Miete, Leihe, Besitz oder dinglichem Recht.
  *Nicht hierher* gehören Klagen auf die Einräumung oder auf die Rückgabe beweglicher Sachen, ebensowenig auf Räumung von (auch nur teilweisem) Wohnraum, unabhängig davon, ob er gemietet, gepachtet, geliehen, auf Grund eines dinglichen Wohnrechts oder ohne Rechtsgrund bewohnt wird; insofern ist nur eine Klage aus § 259, also bei der Besorgnis der Nichterfüllung, möglich, § 259 Rn 5.

**4) Kalendermäßige Fälligkeit.** Die Fälligkeit muß sich nach Gesetz oder Vertrag an den Eintritt eines **5** Kalendertages knüpfen, also entweder nach dem Kalender bestimmt oder nach ihm bestimmbar sein, § 284 II BGB. Beispiel: 1 Monat nach Kündigung; 2 Monate „nach Sicht", Art 35 WG; „Ziel 3 Monate nach Empfang der Ware", sofern diese bereits empfangen ist. Eine Kündigung, zB nach § 609 BGB, liegt ohne weiteres in der Klagzustellung, Grdz 62 vor § 128. Hat der Kläger den Anspruch zunächst als fälligen eingeklagt und stellt sich im Prozeß heraus, daß die Fälligkeit erst später eintritt, so muß der Kläger den Antrag ändern; darin liegt die Forderung eines Weniger, keine Klagänderung, aM ThP 1. Tritt die Fälligkeit im Prozeß ein, so kommt auf die Zulässigkeit der Klage aus § 257 nichts mehr an; es ist, auch in der Revisionsinstanz, schlechthin zu verurteilen. Auf einen bedingten, nicht nur noch nicht fälligen, Anspruch ist § 257 unanwendbar.

**5) Verfahren.** Der Kläger ist für das Vorliegen der tatsächlichen Voraussetzungen beweispflichtig. Eine **6** Besorgnis der Nichterfüllung ist, anders als bei § 259, nicht erforderlich. Der Antrag und das Urteil lauten auf Verurteilung zur Zahlung oder Räumung am zu bezeichnenden Datum. Verzugszinsen sind nach § 284 II BGB möglich, Prozeßzinsen erst seit Rechtshängigkeit, § 262 S 1, und erst seit Fälligkeit, § 291 BGB. Ein Anlaß zur Klagerhebung kann schon in der Nichtzahlung früherer Raten liegen, ein besonderes Rechtsschutzinteresse ist nicht erforderlich; bei einem Anerkenntnis ist § 93 aber streng auszulegen, ThP 5. Die vorläufige Vollstreckbarkeit ergibt sich wie sonst, §§ 708 ff. Wegen der Zwangsvollstreckung § 751; eine vollstreckbare Ausfertigung vor der Fälligkeit wird ohne Anordnung des Vorsitzenden erteilt. Denn die Befristetheit der Vollstreckbarkeit ergibt sich bereits aus dem Vollstreckungstitel.

**6) VwGO:** Im Rahmen einer Leistungsklage ist eine entsprechende Anwendung, § 173 VwGO, denkbar und **7** zulässig.


**258** *Klage auf wiederkehrende Leistungen.* Bei wiederkehrenden Leistungen kann auch wegen der erst nach Erlaß des Urteils fällig werdenden Leistungen Klage auf künftige Entrichtung erhoben werden.

**Schrifttum:** *Petzoldt*, Die Rechtskraft der Rentenurteile des § 258 ZPO und ihre Abänderung nach § 323 ZPO, 1992.

### Gliederung

| | |
|---|---|
| 1) Systematik .................................. 1 | 3) Geltungsbereich ........................ 5–8 |
| 2) Regelungszweck ......................... 2–4 | A. Unterhaltsanspruch ................. 5 |
| | B. Weitere Anwendungsbeispiele ......... 6–8 |

§§ 258, 259　　　　　　　　　　　　　　　2. Buch. 1. Abschnitt. Verfahren vor den LGen

| 4) Unanwendbarkeit ........................ 9 | 6) VwGO .................................. 11 |
| 5) Verfahren ................................... 10 | |

**1** **1) Systematik.** Wiederkehrende Leistungen sind in gewissen Zeitabschnitten aus demselben Schuldverhältnis fällig werdende Leistungen, KG FamRZ **79**, 171 (es besteht aber evtl wegen freiwilliger Unterwerfung nach §§ 59, 60 KJHG kein Rechtsschutzbedürfnis, abw AG Bln-Charlottenb FamRZ **91**, 859). Bei ihnen darf sich die Klage auf die beim Schluß der letzten Tatsachenverhandlung, § 136 IV, § 296 a, der Höhe nach bereits bestimmbaren, wenn auch erst nach dem Urteil fällig werdenden Leistungen erstrecken, BGH ZMR **96**, 546, auch wenn die Raten ungleich hoch sind. § 258 behandelt den Unterhaltsanspruch, Hbg FamRZ **92**, 328, vom Zeitpunkt der Entstehung an als ein einheitliches, durch den Wegfall seiner Voraussetzungen auflösend bedingtes Recht, BGH FamRZ **88**, 371.

**2** **2) Regelungszweck.** Vgl zunächst Einf 2 vor §§ 257–259. Das Gericht darf und muß die *künftige Entwicklung mitberücksichtigen*, BGH FamRZ **82**, 260, Ffm FamRZ **89**, 83. Freilich darf der zukünftige Zeitraum nur in zumutbaren, übersehbaren Grenzen einbezogen werden, Ffm FamRZ **89**, 83 (bis zum Studienabschluß).

Der Anspruch muß aber, anders als bei § 259, als ganzer *bereits entstanden* sein, BGH GRUR **85**, 289, wie das beim Ruhegehaltsanspruch der Fall ist, der nicht durch das Erleben aufschiebend, sondern durch den Tod auflösend bedingt ist. Der Kläger braucht nicht eine fällige Rate miteinzuklagen („auch" erweitert nur den Kreis der zulässigen Klagen), BGH FamRZ **82**, 251, und eine Mahnung nicht regelmäßig zu wiederholen, KG FamRZ **84**, 1132.

**3** Da § 258 den § 257 ergänzt, setzt er, wie dieser, eine einseitige, anders als bei § 259 noch nicht bzw nicht oder nicht mehr von einer *Gegenleistung* abhängige Leistung voraus; der Einschluß zweiseitiger Leistungen, wie derjenigen des Mieters, würde den Bekl zu sehr durch das Abschneiden seiner Einwendungen benachteiligen. Freilich ist die bloß denkbare Möglichkeit einer künftigen Einwendung unschädlich, aM BAG NJW **72**, 733. Das Merkmal der Fälligkeit ist zu eng; hierher zählt evtl auch ein betagter, bedingter, befristeter Auspruch, Roth ZZP **98**, 303. Der Rechtsgrund ist unerheblich.

**4** Wer schon eine *fällige Rate* einklagen, der soll auch die künftigen in den Prozeß einbeziehen dürfen, Henckel AcP **174**, 104, wenn auch keineswegs müssen.

**5** **3) Geltungsbereich.** Vgl zunächst Üb 2 vor § 253.

**A. Unterhaltsanspruch.** § 258 ist anwendbar auf Geld- und andere Leistungen (wegen der letzteren anders als bei § 257), zB auf Ansprüche auf Unterhalt, BGH FamRZ **98**, 1165 (Spitzenbetrag, vgl aber § 93 Rn 6 a), Düss FamRZ **91**, 1207, Köln FamRZ **80**, 399, Stgt FamRZ **80**, 397, vgl aber auch Rn 60.

**6** **B. Weitere Anwendungsbeispiele.** § 258 ist ferner zB anwendbar: auf Kapitalzinsen, Leibrenten, §§ 759 ff BGB, Haftpflichtrenten, §§ 843 ff BGB, oder Überbaurenten, § 912 BGB; bei den Haftpflichtrenten ist die voraussichtliche künftige Gestaltung der Erwerbsverhältnisse des Klägers zu berücksichtigen. Bei einer betrieblichen Pensionszusage hindert die Ungewißheit über die wirtschaftliche Entwicklung des Unternehmens eine Klage aus § 258 grundsätzlich nicht, BAG NJW **72**, 734. Eine Anpassungsbefugnis nach AGB bei dem Bekl schadet nicht, BGH VersR **87**, 808.

**7** Die Zusatzklage ist also nur zulässig, wenn sich die erste Klage als *Teilklage* kennzeichnet oder so auffassen läßt (teilweise Prozeßkostenhilfeverweigerung), Ffm FamRZ **80**, 895, Schlesw SchlHA **79**, 227, oder wenn das Gericht die erste Unterhaltsklage wegen des Fehlens einer Bedürftigkeit voll abgewiesen hatte, BGH **82**, 252, aM Karlsr FamRZ **80**, 1125.

**8** Einer *Feststellungsklage* fehlt, soweit § 258 anwendbar ist, grundsätzlich das Rechtsschutzbedürfnis, Grdz 33 vor § 253. Sie kommt aber in Betracht, soweit zB die Anspruchshöhe unklar ist oder mit Sicherheit eine Einwendung zu erwarten ist, etwa beim Unterhalt des Kindes über das 18. Lebensjahr hinaus.

**9** **4) Unanwendbarkeit.** § 258 ist aber unanwendbar auf Ansprüche auf Unterhalt nach der Scheidung, wenn deren Rechtskraft noch nicht absehbar ist, Hamm FamRZ **78**, 815, Stgt FamRZ **95**, 1427, und nicht auf eine noch nicht übersehbare fernere Zukunft; für diese ist nur eine Abänderungsklage, § 323, BAG NJW **72**, 733, oder eine Feststellungsklage zulässig, BGH NJW **83**, 2197, Köln VersR **88**, 1185.

Nicht hierher gehören *ferner*: Mietzins, Düss MietR **96**, 154, Henssler NJW **89**, 140, Zinsen für einen künftigen, noch nicht absehbaren Verzug, Kblz FamRZ **80**, 585, Hypothekenzinsen, Gehaltsansprüche, weil sie von einer Gegenleistung abhängig sind, auch nicht Leistungen, deren Wiederkehr willkürlich bestimmt ist, wie Kaufpreisraten, oder solche, deren Grund und Höhe zweifelhaft sind, zB bei Wertsicherungsklausel, ZöGre 1, aM BAG NJW **72**, 734. Ferner gehören nicht hierin der nacheheliche Unterhaltsanspruch, solange die Ehe noch nicht geschieden ist, s oben, und der Anspruch aus § 53 V UrhG vor der Geräteveräußerung, BGH GRUR **85**, 289.

**10** **5) Verfahren.** Vgl im wesentlichen § 257 Rn 6. Die Sicherheitsleistung richtet sich nach § 324, die vorläufige Vollstreckbarkeit nach § 708 Z 8.

**11** **6) VwGO:** Im Rahmen einer Leistungsklage ist eine entsprechende Anwendung, § 173 VwGO, denkbar und zulässig.

## 259

*Klage wegen Besorgnis der Nichterfüllung.* Klage auf künftige Leistung kann außer den Fällen der §§ 257, 258 erhoben werden, wenn den Umständen nach die Besorgnis gerechtfertigt ist, daß der Schuldner sich der rechtzeitigen Leistung entziehen werde.

1. Titel. Verfahren bis zum Urteil § 259

### Gliederung

| | | | |
|---|---|---|---|
| 1) Systematik | 1 | 5) Beispiele zur Frage der Besorgnis einer Nichterfüllung | 7–11 |
| 2) Regelungszweck | 2 | 6) Verfahren | 12 |
| 3) Geltungsbereich | 3, 4 | 7) *VwGO* | 13 |
| 4) Besorgnis der Nichterfüllung | 5, 6 | | |

**1) Systematik.** § 259 ist eine Art Generalklausel für sämtliche, zwar nach Grund und Höhe auf einem 1 gegenwärtigen Rechtsverhältnis (zum Begriff § 256 Rn 16) beruhenden, aber noch nicht fälligen Ansprüche aller Arten, insofern anders als §§ 257, 258, auch für bedingte, BGH RR **92**, 567, Köln FamRZ **87**, 165, aM Schlesw SchlHA **85**, 111. Das gilt freilich nicht, wenn die Bedingung nur im Willen eines Dritten liegt, etwa der Genehmigung einer Behörde, aM BGH NJW **78**, 1262 (Verurteilung unter dem Vorbehalt der Erteilung; krit ThP 2).

**2) Regelungszweck.** Vgl zunächst Einf 2 vor §§ 257–259. Sinn der Vorschrift ist es, als Auffangsbestim- 2 mung im Interesse der Prozeßwirtschaftlichkeit, Grdz 14, 15 vor § 128, eine baldige, rechtzeitige gerichtliche Klärung ohne Zeitdruck und ohne Notwendigkeit einstweiliger Regelungen im Sinn von §§ 916 ff, 935 ff zu ermöglichen. Andererseits muß das schon im Gesetzestext anklingende Rechtsschutzbedürfnis, Grdz 33 vor § 253, vorliegen und zieht eine Grenze. Beides ist bei der Auslegung mitzubeachten.

**3) Geltungsbereich.** Vgl zunächst Üb 2 vor § 253. § 259 gilt nicht für erst künftig entstehende 3 Ansprüche, Drsd NZM **99**, 173, Karlsr OLGZ **91**, 449 (künftiger Überhang). Für solche bleibt die Feststellungsklage, die der § 259 nie ausschließt, weil sie der sichere Weg ist, LG Dortm NJW **81**, 765. Bei einem dem § 894 unterfallenden Anspruch ist § 259 grundsätzlich schon deshalb unanwendbar, weil die erhoffte Wirkung dann ja mit der Rechtskraft automatisch eintritt, Köln FamRZ **91**, 571. Die künftige Leistung muß, abgesehen von einer ins Urteil aufnehmbaren Bedingung, in ihrem Bestand gewiß sein, von Stebut VersR **82**, 109; bevor ein Ausfall im Sinn von § 839 I 2 BGB feststeht, ist weder eine Feststellungs- noch eine Leistungsklage begründet, aM Baumann AcP **169**, 333, auch keine Herausgabe- und bedingte Schadensersatzklage, Köln MDR **97**, 1059; ob die Leistung von einer Gegenleistung abhängt, ist hier, anders als bei §§ 257, 258, unerheblich, sofern diese einwandfrei bestimmbar ist, aller Voraussicht nach die verlangte Leistung dann unmittelbar geschuldet wird (unzureichend ist „nach Vorlage entsprechender Bescheinigungen der zuständigen Stellen") und ins Urteil aufgenommen wird.

§ 259 ist *auch anwendbar auf* das Verhältnis zweier Mitmieter, etwa zwischen Ehegatten, LG Kassel WoM 4 **77**, 255, oder gegenüber einem Drittschuldner, zB nach § 835, Stgt FamRZ **88**, 166, oder nach § 840. Die Vorschrift ist anwendbar auf Lohnforderungen, BAG FamRZ **83**, 900, auf den Weiterbeschäftigungsanspruch, Löwisch VersR **86**, 405, oder auf Leistungen nach dem BEG, BGH **LM** Nr 5, oder zugunsten des Sozialhilfeträgers, zB §§ 90, 91 BSHG, und zwar nach der jeweiligen Zahlung, Bre FamRZ **84**, 1256 (freilich muß die Bedingung der Zahlung ins Urteil aufgenommen werden). Eine Widerklage kann zulässig sein.

Die *Unterlassungsklage*, Grdz 8 vor § 253, fällt an sich nicht unter § 259; bei ihr handelt es sich zwar um eine künftige Leistung, aber erstens sind ihre Voraussetzungen selbständig geregelt, zweitens genügt bei ihr meist schon, daß eine Beeinträchtigung droht. Anders ist es aber, wenn die Unterlassung eine reine Vertragspflicht ist und künftige Zuwiderhandlungen drohen, BGH **LM** Nr 2, Köln RR **87**, 360, auch wenn das gegen den Willen des Verpflichteten geschehen kann, § 253 Rn 92. Das allgemeine Rechtsschutzbedürfnis ist auch hier zu prüfen, Grdz 41 vor § 253, BGH WoM **90**, 395 mwN (auch zum Problem eines besonderen Rechtsschutzbedürfnisses), Henckel AcP **174**, 104.

**4) Besorgnis der Nichterfüllung.** Eine Klage auf künftige Leistung ist nach § 259 zulässig, wenn die 5 Umstände die Besorgnis begründen, daß sich der Schuldner der rechtzeitigen Leistung entziehen wolle. Damit ist nicht ein böser Wille oder auch nur bedingter Vorsatz oder Fahrlässigkeit des Schuldners zur Voraussetzung gemacht; es ist zwar nicht stets erforderlich, aber genügend, daß der Schuldner den Anspruch ernstlich, von aus gutgläubig, nach Grund oder Höhe ernstlich bestreitet, BGH NJW **99**, 955, BAG FamRZ **83**, 900, LG Bln ZMR **92**.

Nur unter der Voraussetzung des § 259, dann aber jeweils sehr wohl, ist eine Klage auf künftige Her- 6 ausgabe von (auch nur teilweisem) ortsfesten oder beweglichen *Wohnraum* zulässig, AG Bonn WoM **92**, 611, AG Münst WoM **88**, 364, Hensler NJW **89**, 144. Das gilt für: Einen Wohnwagen, einen gekündigten oder auf bestimmte Zeit vermieteten, LG Aachen WoM **85**, 150, oder geliehenen, gepachteten, auf Grund eines dinglichen Wohnrechts oder sonst ohne Rechtsgrund innegehaltenen Wohnraum, AG Düss WoM **76**, 31.

**5) Beispiele zur Frage der Besorgnis einer Nichterfüllung** 7
**Ablehnung:** Eine Besorgnis der Nichterfüllung ist vor, soweit der Schuldner die Leistung ablehnt, zB der Mieter die Räumung, Karlsr NJW **84**, 2953, LG Aachen MDR **76**, 848.
**Anfrage:** Eine Besorgnis der Nichterfüllung fehlt, soweit der Mieter auf eine Anfrage des Vermieters nicht antwortet, AG Bln-Charlottenb WoM **89**, 427, AG Köln ZMR **77**, 240. Das gilt freilich nur, wenn der Vermieter früher als 2 Monate vor dem Ablauf der Überlegungsfrist des Mieters angefragt hatte.
S auch „Auskunft".
**Arbeitgeber:** Eine Besorgnis der Nichterfüllung fehlt, soweit ein Arbeitgeber bisher lediglich das Gericht angerufen hat, Löwisch VersR **86**, 405.
**Arrest, einstweilige Verfügung:** Einen Arrest oder eine einstweilige Verfügung, §§ 916 ff, 935 ff, macht das Urteil nach § 259 nicht überflüssig, und umgekehrt.
**Aufrechnung:** Eine Besorgnis der Nichterfüllung fehlt, soweit der Schuldner eine Aufrechnung angekündigt hat. Denn mit ihr bringt er ja seine Schuld zum Erlöschen, und zwar rechtmäßig.

**§§ 259, 260**

**Auskunft:** Eine Besorgnis der Nichterfüllung fehlt, soweit der Schuldner bisher lediglich keine Auskunft gegeben hat, BGH GRUR 85, 289 oder wenn der Mieter erklärt hat, seine Wohnungssuche sei noch erfolglos, AG Waiblingen WoM 89, 428.
S auch „Anfrage".

8 **Bestreiten:** Rn 5.
**Fälligkeit:** Eine Besorgnis der Nichterfüllung liegt vor, wenn der Schuldner droht, den Anspruch bei Fälligkeit nach Grund oder Höhe zu bestreiten, Kblz FamRZ 80, 585, oder jedenfalls nicht erfüllen, LG Hbg RR 96, 1051, AG Kerpen WoM 91, 439.
S auch Rn 9 „Räumung".
**Herausgabezeitpunkt:** Eine Besorgnis der Nichterfüllung fehlt, soweit wegen des trotz § 259 fortbestehenden gesetzlichen Widerspruchsrechts der Herausgabezeitpunkt noch ungewiß ist, Karlsr NJW 84, 2953, LG Bln ZMR 80, 143, LG Brschw MDR 72, 695.

9 **Räumung:** Eine Besorgnis der Nichterfüllung liegt vor, wenn der Mieter erklärt, er werde wegen der Unwirksamkeit einer Kündigung nicht ausziehen, LG Bln ZMR 98, 636, LG Karlsr RR 96, 778.
S auch Rn 7 „Ablehnung", „Auskunft", Rn 8 „Herausgabezeitpunkt", Rn 10 „Umdeutung".

10 **Umdeutung:** Eine Besorgnis der Nichterfüllung fehlt, soweit lediglich ein Übergang von der auf eine fristlose Kündigung gestützten Räumungsklage auf eine solche wegen ordentlicher Kündigung vorliegt, LG Heidelb WoM 82, 133. Indessen mag die Besorgnis wegen des nachfolgenden Verhaltens des Bekl gegenüber dem neuen Klagegrund eintreten.
**Unmöglichkeit:** Eine Besorgnis der Nichterfüllung fehlt, soweit die Leistung unmöglich ist, Kblz FamRZ 80, 585.
**Unpünktlichkeit:** Eine Besorgnis der Nichterfüllung fehlt, soweit der Schuldner bisher unpünktlich geleistet hat. Denn er mag sich bessern (wollen).
**Vollstreckungsvereitelung:** Eine Besorgnis der Nichterfüllung fehlt, soweit die Vereitelung der Vollstreckung droht. Dann sind freilich §§ 916 ff beachtlich.
**Vorzeitige Klage:** Eine Besorgnis der Nichterfüllung fehlt, soweit und solange der Kläger vorzeitig Klage erhoben hat, LG Kempten WoM 93, 45.

11 **Widerspruch:** Eine Besorgnis der Nichterfüllung liegt vor, wenn der Mieter gegen die Kündigung einen Widerspruch nach § 556 a BGB erhebt. Das setzt aber voraus, daß der Vermieter im Kündigungsschreiben auf das Widerspruchsrecht hingewiesen hat, LG Kempten WoM 93, 45, LG Wiesb WoM 89, 428, AG Steinfurt WoM 89, 427, Karst ZMR 88, 454, aM AG Fritzlar WoM 98, 606, AG Hbg-Altona WoM 93, 460.
S auch Rn 9 „Räumung".
**Wohnungssuche:** Rn 7 „Auskunft".
**Zahlungsunfähigkeit:** Eine Besorgnis der Nichterfüllung fehlt, soweit der Schuldner lediglich voraussichtlich zahlungsunfähig ist, Kblz FamRZ 80, 585.

12 **6) Verfahren.** Vgl im wesentlichen § 257 Rn 6. § 253 II Z 2 (bestimmter Antrag) ist anwendbar, Karlsr RR 98, 1761. Soweit bei Entscheidungsreife bereits Fälligkeit vorliegt, kann das Gericht auf sofortige Leistung auch ohne Antragsumstellung verurteilen, Drsd NZM 99, 173. Der Urkundenprozeß ist zulässig, §§ 592 ff. § 256 kann neben § 259 anwendbar sein, zB wenn der Schuldner die Verpflichtung bestreitet. Ein bloßer Hilfsantrag aus § 259 ist denkbar. Die Besorgnis der Leistungsverweigerung ist als Prozeßvoraussetzung, Einf 3 vor §§ 257–259, von Amts wegen zu prüfen, Grdz 39 vor § 128. Bei einem Anerkenntnis des Beklagten ist § 93 zu beachten; Klaganlaß ist die begründete Besorgnis. Die Vollstreckung des Urteils auf eine bedingte Leistung richtet sich nach §§ 721 II, 726, 751. Das Urteil muß daher die Gegenleistung und Bedingung nennen, vgl auch BGH NJW 78, 1262.

13 **7) VwGO:** Entsprechend anzuwenden, § 173 VwGO, bei Leistungsklagen einschließlich Verpflichtungsklagen, VGH Mannh VerwRspr 28, 142 (auch für bedingte Ansprüche unter den Voraussetzungen der Rn 1ff).

**260** *Anspruchshäufung.* Mehrere Ansprüche des Klägers gegen denselben Beklagten können, auch wenn sie auf verschiedenen Gründen beruhen, in einer Klage verbunden werden, wenn für sämtliche Ansprüche das Prozeßgericht zuständig und dieselbe Prozeßart zulässig ist.

**Schrifttum:** *Brandhuber,* Konnexität bei Haupt- und Hilfsantrag, Diss Regensb 1987; *Frank,* Anspruchsmehrheit im Streitwertrecht, 1986; *Hackenbeck,* Eventuelle Anspruchskonkurrenz und unechte Eventualklage, Diss Freibg/Br 1979; *Jahr,* Anspruchsgrundlagenkonkurrenz und Erfüllungskonnexität, Festschrift für *Lüke* (1997) 297; *Lüke,* Zur Streitgegenstandslehre Schwabs – eine zivilprozessuale Retrospektive, Festschrift für *Schwab* (1990) 309; *Wolf,* Die Zulässigkeit unechter Eventualklagen, insbesondere bei Teilklagen, Festschrift für *Gaul* (1997) 805.

### Gliederung

| | |
|---|---|
| 1) Systematik ... 1, 2 | A. Mehrere Hauptansprüche ... 5 |
| A. Anspruchshäufung ... 1 | B. Einzelheiten bei mehreren Hauptansprüchen ... 6, 7 |
| B. Verschiedene rechtliche Gesichtspunkte ... 2 | C. Haupt- und Hilfsanspruch ... 8–10 |
| 2) Regelungszweck ... 3 | D. Derselbe Tatbestand ... 11 |
| 3) Geltungsbereich ... 4 | E. Verschiedene Tatbestände ... 12 |
| 4) Geltungsbereich: Verbindung mehrerer Ansprüche ... 5–15 | F. Derselbe Antrag ... 13, 14 |
| | G. Beendigung der Verbindung ... 15 |

# 1. Titel. Verfahren bis zum Urteil § 260

| | | | | |
|---|---|---|---|---|
| 5) **Prozeßgericht und Prozeßart** | 16–19 | A. Gleichzeitigkeit | | 20 |
| A. Grundsatz: Notwendigkeit der Zulässigkeit derselben Prozeßart | 16, 17 | B. Urteil erster Instanz | | 21 |
| | | C. Urteil der Berufungsinstanz | | 22 |
| B. Einzelfragen | 18, 19 | 7) *VwGO* | | 23 |
| 6) **Verfahren** | 20–22 | | | |

**1) Systematik.** Es sind zwei Situationen zu unterscheiden. **1**

**A. Anspruchshäufung.** § 260 betrifft im Gegensatz zur Parteienhäufung (subjektiver Klagenhäufung, §§ 59 ff) die Anspruchshäufung (objektive Klagenhäufung), dh die Verbindung mehrerer Streitgegenstände, also mehrerer prozessualer Ansprüche (Begriff Einl III 73 und § 2 Rn 3) desselben Klägers gegen denselben Bekl in einer Klage. Wird ein Anspruch auf Herausgabe von Räumen einerseits auf Eigentum, andererseits auf die Beendigung eines Vertragsverhältnisses gestützt, so liegt eine Anspruchshäufung vor, aM MüKoLü 6. Denn die Aufhebung zB eines Mietverhältnisses als Voraussetzung eines Herausgabeanspruchs ist etwas anderes als das Eigentum. Das zeigt sich auch bei der Rechtskraft, § 322, ThP 3, aM ZöGre 1 (aber Eigentum und Mietvertragsende sind auch tatsächlich verschiedene Vorgänge).

Eine Klagenhäufung liegt auch vor, wenn eine Zustimmungsklage jetzt auf ein neues *Mieterhöhungsverlangen* gestützt wird, § 2 MHG, LG Mannh ZMR 74, 340. Eine nachträgliche Anspruchshäufung ist, abgesehen von § 256 II, eine Klageänderung, BGH MDR 81, 1012, LG Mannh ZMR 74, 340, Braun ZZP 89, 98. Eine Anspruchshäufung ist nicht erzwingbar; sie steht grundsätzlich im Belieben des Klägers. Wegen der Unzulässigkeit einer Erschleichung der Zuständigkeit vgl freilich Einl III 56, § 2 Rn 7. Allerdings kann das Gericht nicht von sich aus eine Verbindung nach § 147 vornehmen. Die Zulässigkeit der Anspruchshäufung wird von § 610 II (zB dann, wenn es um Auskunft über das Vermögen und um Unterhalt geht, Schlesw SchlHA 74, 113) eingeschränkt. Das Gericht muß eine solche Unzulässigkeit von Amts wegen beachten; sie führt zur Prozeßtrennung, Verweisung, Abweisung durch ein Prozeßurteil.

**B. Verschiedene rechtliche Gesichtspunkte.** Der Gegensatz zur Anspruchshäufung ist das Herleiten **2** desselben Anspruchs aus verschiedenen rechtlichen Gesichtspunkten, (alternative Klagenhäufung), BGH MDR 97, 1022, etwa aus Vertrag, unerlaubter Handlung und ungerechtfertigter Bereicherung oder gerichtlicher Haftpflicht, aus Besitz und Eigentum, aus unerlaubter Handlung oder aus Nachbarrecht, BGH MDR 97, 1022. In solchen Fällen ist das Gericht in der Reihenfolge der Untersuchung selbst dann frei, wenn der Kläger die Begründung in ein Eventualverhältnis stellt. Wenn zB die erste Begründung streitig bleibt, während die zweite den Anspruch ohne weitere Beweisaufnahme trägt, so hat eine Beweisaufnahme zum Zweck der Klärung der ersten Anspruchsbegründung zu unterbleiben und ist der Anspruch zuzusprechen. Denn die Entscheidung bleibt dieselbe, wenn der an erster Stelle geltend gemachte Klagegrund durchgreifen würde.

Freilich mag das Gericht vorsorglich auch zum ersten Anspruchsgrund Beweis erheben, wenn dies *ohne zusätzlichen Aufwand* an Zeit oder Kosten möglich ist. Im übrigen bleibt natürlich zu prüfen, ob die Feststellungs- und Tatbestandswirkungen des Urteils nach beiden Ansprüchen gleich wären. Wegen Einwendungen im Eventualverhältnis § 300 Rn 10. Deubner NJW 78, 356 hält zur Vermeidung des „Berufungszwangs" ein verspätetes Vorbringen unter der auflösenden Bedingung, daß es auch berücksichtigt wird, für zulässig.

**2) Regelungszweck.** Die Vorschrift dient der Prozeßwirtschaftlichkeit, Grdz 14 vor § 128. Diese muß **3** aber ihre Grenzen in den Anforderungen finden, die die Vorschrift durch die Merkmale Rn 16–19 im Interesse der Rechtssicherheit, Einl III 43, selbst zieht. Beides ist bei der Auslegung abzuwägen.

**3) Geltungsbereich:** Vgl Üb 2 vor § 253. **4**

**4) Verbindung mehrerer Ansprüche.** Es sind zahlreiche Aspekte zu beachten. **5**

**A. Mehrere Hauptansprüche.** Der Kläger darf grundsätzlich mehrere Ansprüche gegen denselben Bekl verbinden, auch wenn sie verschiedene Klagegründe haben, Saenger MDR 94, 863. Daß die Ansprüche einander widersprechen, hindert nicht. Es ist also sowohl eine kumulative als auch eine alternative, jedoch nicht hilfsweise, Anspruchshäufung möglich, zur letzteren ebenso Düss FamRZ 89, 649. Der Kläger bestimmt frei, ob er die Ansprüche in demselben Prozeß oder in getrennten geltend macht (Ausnahme: Einl III 54), BGH NJW 96, 2569, Klevemann MDR 99, 974 (gegen Hbg, dort zit), und in welchem Verhältnis mehrere Ansprüche zueinander stehen sollen. Er muß diese Bestimmung treffen, wenn sich die Ansprüche auf verschiedene Tatbestände stützen, ebenso bei mehreren Ansprüchen aus demselben Tatbestand. Bei einer Teilklage ist hinsichtlich mehrerer Ansprüche wegen der Rechtskraftwirkung ihre genaue Abgrenzung nötig, § 322 Rn 51 „Nachforderung", 65, BGH LM § 15 RLG Nr 4, § 253 Rn 43. Verbindbar sind auch Ansprüche, die der Kläger teils aus eigenem, teils aus fremdem Recht erhebt; mit der Klage gegen den Zwangsverwalter kann auch eine solche gegen ihn persönlich verbunden werden.

*Nicht verbindbar* ist ein noch nicht fälliger Anspruch, soweit nicht ausnahmsweise §§ 257–259 gelten, aM (zu § 2 MHG und dem höheren Mietzins) LG Duisb ZMR 99, 334 (abl Eckert/Rau).

**B. Einzelheiten bei mehreren Hauptansprüchen.** Mehrere Hauptansprüche liegen vor, wenn der **6** Kläger entweder verschiedene Ansprüche aus verschiedenen Tatbeständen ableitet. Beispiel: der Anspruch auf Darlehnszinsen und auf einen Kaufpreis; oder wenn er verschiedene Ansprüche demselben Tatbestand entnimmt. Beispiel: ein Anspruch auf Darlehnszinsen und auf Rückzahlung des Darlehns. Mehrere Hauptansprüche liegen ferner bei einer wahlweisen Verbindung vor, wenn also der Kläger nur den einen oder nur den anderen Anspruch erhebt. So, wenn er eine Wahlschuld, §§ 262 ff BGB, einklagt oder wenn dem Bekl eine Abwendungsbefugnis zusteht, wie bei § 528 I BGB, zB bei einer Wahlwährungsklausel.

Das Urteil ergeht bei *Wahlschuld* dahin, daß der Bekl nach seiner (oder des Klägers) Wahl das oder **7** jenes leisten muß; bei einer Abwendungsbefugnis ist er zu einer bestimmten Leistung zu verurteilen und der Zusatz hinzuzufügen „der Beklagte kann diese Leistung durch ... abwenden". Abgesehen davon verstößt ein Wahlanspruch (Alternativantrag) gegen das Erfordernis eines bestimmten Klagantrags, § 253 II Z 2, BGH

FamRZ **90**, 38. Dies gilt zB bei einer Klage auf Mietzins oder auf Räumung. Ein Teilurteil ist in allen genannten Fällen außer bei der Wahlschuld zulässig. Dagegen liegt keine Anspruchshäufung vor, wenn der Kläger denselben Antrag verschiedenen Tatbeständen entnimmt, Rn 3.

8   **C. Haupt- und Hilfsanspruch.** Eine Anspruchshäufung liegt auch vor, wenn der Kläger gleichzeitig neben einem Hauptanspruch (Prinzipalanspruch) oder später, auch erstmals in der Berufungsinstanz, BGH FamRZ **79**, 573, zur Berufungssumme KG OLGZ **79**, 348, einen oder mehrere Hilfsansprüche (Eventualansprüche) für den Fall des Hauptanspruchs unzulässig oder unbegründet ist, BGH **132**, 397, Köln RR **87**, 505, Lüke/Kerner NJW **96**, 2123. Es ist auch ein sog uneigentlicher Hilfsantrag für den Fall des Erfolgs des Hauptantrags denkbar, BGH NJW **96**, 320 (Hilfswiderklage), BAG DB **88**, 1660, AG Grevenbroich MDR **89**, 459 (Weiterbeschäftigung nach erfolgreicher Kündigungsschutzklage); zum Problem Rüter VersR **89**, 1241.

9   Das Gericht muß auch klarstellen, wie die Klägeranträge gemeint sind, Hamm RR **92**, 1279. Der Kläger muß die *Reihenfolge* der Ansprüche genau angeben, § 253 Rn 43. Dann ist sie für das Gericht verbindlich, BGH RR **92**, 290 (auch beim Grundurteil). Zulässig ist evtl auch ein Hilfsantrag des Klägers auf seine Verurteilung nach einer Widerklage. Eine Staffelung der Hilfsanträge untereinander ist zulässig, BGH RR **92**, 290. Auch sie kann zu einer Mehrheit von Streitgegenständen führen, BGH NJW **84**, 371. Zur hilfsweisen Erledigterklärung usw § 91 a Rn 76.

10  Mit einem Hilfsantrag nicht zu verwechseln ist eine *Hilfsbegründung* desselben Antrags. Sie ist immer zulässig, auch wenn sich die einzelnen Begründungen widersprechen, worin nicht notwendig ein Verstoß gegen die Wahrheitspflicht liegt, BGH RR **94**, 995. Über das letztere, auch beim Hilfsantrag, § 138 Rn 19. Nicht hierher gehören die Fälle der §§ 255, 510 b, weil das Hilfsverhältnis erst für die Zwangsvollstreckung besteht.

11  **D. Derselbe Tatbestand.** Der Haupt- und der Hilfsanspruch können sich aus demselben Tatbestand ergeben. Beispiele: Der Hauptanspruch geht auf Leistung, der Hilfsanspruch auf Feststellung; der Hauptanspruch geht auf Ersatz, der Hilfsanspruch auf Minderung.

12  **E. Verschiedene Tatbestände.** Beide Ansprüche können sich aus verschiedenen Tatbeständen ergeben. Beispiele: Der Hauptanspruch geht auf Berichtigung des Grundbuchs wegen eines Scheinverkaufs, der Hilfsanspruch entfließt einem Wiederkaufsrecht.

13  **F. Derselbe Antrag.** Er kann sich auf verschiedene Tatbestände stützen. Beispiel: Der Kläger stützt den Antrag in erster Linie auf eine Bürgschaft von 1978, hilfsweise auf eine Bürgschaft von 1979. Daß die verschiedenen Klagegründe ausschließlich, ist nicht erforderlich, vgl Rn 5. Weiteres Beispiel: Der Kläger stützt den Antrag in erster Linie auf eine abgetretene Forderung des X, hilfsweise auf eine abgetretene Forderung des Y. Verbindbar sind auch der Anspruch auf künftige Leistung, § 259, und der ihn rechtlich bedingende Hauptanspruch. Beispiel: Der Kläger verlangt Herausgabe, hilfsweise Ersatz (beim AG gilt § 510b). Hier besteht das Hilfsverhältnis allerdings für die Zwangsvollstreckung. Denn das Urteil soll beides zusprechen. Ein Hilfsantrag für den Fall, daß der Hauptantrag begründet, aber nicht durchsetzbar ist, kann wegen Unbestimmtheit unzulässig sein.

14  *Zulässig* ist ein Antrag auf Herausgabe mit einer Abwendungsbefugnis durch Restzahlung. Wegen der Anspruchshäufung in Ehesachen § 610; unzulässig ist daher auch nur hilfsweise die Verbindung der Klage auf die Feststellung des Nichtbestehens der Ehe und eines Scheidungsantrags, Düss FamRZ **89**, 649. Über die Hilfswiderklage Anh § 253 Rn 11. Rechtshängig wird der Hilfsanspruch mit der Erhebung, rückwirkend auflösend bedingt durch die rechtskräftige Zuerkennung des Hauptanspruchs, Merle ZZP **83**, 442. Trotz des Eintritts dieser auflösenden Bedingung bleibt die Wirkung der Verjährungsunterbrechung, § 209 BGB, bestehen.

15  **G. Beendigung der Verbindung.** Die Anspruchshäufung endet: Durch die restlose Erledigung eines Antrags, § 91 a, auch im Weg eines Teilurteils, § 301; durch eine, auch teilweise, Klagerücknahme, § 269; durch einen gerichtlichen Beschluß auf eine Verfahrenstrennung, §§ 145, 150.

16  **5) Prozeßgericht und Prozeßart.** Ein klarer Grundsatz zeigt Einzelprobleme.

**A. Grundsatz: Notwendigkeit der Zulässigkeit derselben Prozeßart.** Für die gehäuften Ansprüche muß dieselbe Prozeßart zulässig sein. Es läßt sich zB zur Wiederaufnahmeklage, §§ 578ff, als Rechtsbehelf eigener Art nicht mit einer gewöhnlichen Klage verbinden. Das Prozeßgericht muß für jeden einzelnen Anspruch die Prozeßvoraussetzungen von Amts wegen prüfen, Grdz 39 vor § 128. Es muß insbesondere sachlich und örtlich zuständig sein, Düss FamRZ **80**, 794. Die örtliche Zuständigkeit kann sich zB aus § 25 ergeben; die sachliche Zuständigkeit kann durch Zusammenrechnung der Ansprüche, auch derjenigen mehrerer Kläger, begründet werden, soweit die Ansprüche einen selbständigen Wert haben, § 5 Rn 2.

17  *Unerheblich* ist geschäftliche Zuständigkeit, abgesehen vom Verhältnis zwischen der Zivilkammer und der Kammer für Handelssachen; dort erfolgt bei einem Widerspruch eine Trennung und Verweisung, §§ 97 ff GVG. Unerheblich ist es auch, wenn für einen Anspruch ein anderes Gericht ausschließlich zuständig ist oder wenn die Prozeßart für einen Anspruch versagt; das letztere ist aber nur dann der Fall, wenn für die abgetrennte Klage überhaupt Raum ist, wenn zB bei einer Abtrennung im Urkundenprozeß wegen dessen Unzulässigkeit der Kläger gleich in das ordentliche Verfahren überleitet, § 596.

18  **B. Einzelfragen.** Es findet keine Verbindung von Ansprüchen statt, die teils Familiensache, teils anderer Art sind, BGH NJW **81**, 2418, es sei denn, daß es sich um einen Haupt- und einen Hilfsantrag handelt. Eine Verbindung von Haupt- und Arrestprozeß ist unzulässig. Die Verbindung mit einem Anspruch zB nach einem verfahrensmäßig besonders gestalteten Landesgesetz ist unstatthaft, Grdz 12 vor § 916. Unzulässig ist ferner im Wechselprozeß ein Hilfsantrag als einem anderen Klagegrund, §§ 602, BGH **53**, 17, oder im Urkunden- oder Verfügungsverfahren ein weiterer Antrag auf eine Feststellung. Es kann auch ein gesetzliches Verbot einer Prozeßverbindung entgegenstehen, zB in §§ 578 II, 610. Ein Hilfsanspruch läßt sich nicht nach § 145 abtrennen, weil er damit zu einer bedingten Klage würde. Ist nur für ihn das eine Gericht zuständig,

für den Hauptanspruch jedoch das andere Gericht zuständig, so ist an dieses zu verweisen bzw abzugeben, § 281 Rn 7, wenn und soweit das Gericht den Hauptanspruch abgewiesen hat, BGH NJW **81**, 2418; der Hilfsanspruch bleibt zunächst unbeschieden; evtl verweist das VG zurück, BGH **LM** § 51 SGG Nr 2.

Es ist auch auszusetzen, wenn die Wirksamkeit des Vertrags, auf den die Klage in erster Linie gestützt wird, **19** vom *GWB* abhängt und die Kammer dann unzuständig wäre, obwohl die Hilfsbegründung, über die sie sachlich entscheiden könnte, den Anspruch trägt; denn das Gericht darf die von der Partei festgelegte Reihenfolge der Begründungen nicht umkehren, BGH **LM** § 96 GWB Nr 2.

**6) Verfahren.** Es sind drei Phasen zu trennen. **20**

**A. Gleichzeitigkeit.** Bei einer Anspruchshäufung ist über die verbundenen Ansprüche gleichzeitig zu verhandeln und zu entscheiden, BGH **56**, 9, Bähr JR **71**, 331. Ein Grundurteil, § 304, ist unzulässig, BGH MDR **75**, 1007. Eine Trennung durch das Gericht richtet sich nach § 145, ein Teilurteil nach § 301, soweit das Gericht nicht entsprechend § 146 die Verhandlung auf einen Antrag beschränkt. Fehlt eine von Amts wegen zu beachtende Prozeßvoraussetzung, so ist nur der betroffene Anspruch als unzulässig abzuweisen, Grdz 14 vor § 253. Die Zulässigkeit der Anspruchshäufung ist selbst Prozeßvoraussetzung und von Amts wegen zu prüfen, Rn 2. Eine Heilung kann nicht eintreten, § 295 Rn 17. Das Gericht kann nicht zwischen den gehäuften Ansprüchen frei wählen; es hat in der vom Kläger gewählten Reihenfolge zu prüfen, Rn 9, § 253 Rn 84.

**B. Urteil erster Instanz.** Eine Abweisung erfolgt nur, wenn sämtliche Haupt- und Hilfsansprüche **21** unzulässig oder unbegründet sind und wenn auch keine Verweisung möglich ist. Nicht zulässig ist zB die Abweisung einer leugnenden Feststellungsklage mit zwei Ansprüchen, weil einer von ihnen unbegründet sei. Eine Teilabweisung des Hauptanspruchs ohne Prüfung des Hilfsanspruchs ist im allgemeinen nicht möglich; etwas anderes gilt, wenn die Auslegung der Anträge ergibt, daß der Hilfsantrag nur für den Fall einer völligen Abweisung des Hauptantrags gestellt worden ist, BGH **56**, 79, und daß wegen des Hilfsantrags nur eine Verweisung vorzunehmen ist, BGH NJW **81**, 2418. S auch bei § 301. Das Gericht muß klarlegen, welchen Anspruch es beschieden hat, Hamm RR **92**, 1279. Die Klage ist auszulegen, wenn das Gericht erwägt, den Hauptanspruch wegen Fehlens einer Prozeßvoraussetzung als unzulässig zu betrachten. Die Voranstellung des unzulässigen Hauptanspruchs beweist im Zweifel, daß der Kläger seinen Hilfsanspruch von der sachlichen Beurteilung des Hauptanspruchs abhängig macht. Gibt das Gericht dem Hilfsanspruch statt, so muß es spätestens gleichzeitig und dann im Tenor den Hauptanspruch abweisen, BGH WertpMitt **78**, 194, falls er sich nicht vorher erledigt hatte, Rn 15.

**C. Urteil der Berufungsinstanz.** Trotz der Erfolgs des Hilfsantrags kann der Kläger wegen der Abwei- **22** sung des Hauptantrags rechtsmittelfähig beschwert sein. Soweit er deswegen Berufung einlegt, ist nur der Hauptantrag im Berufungsrechtszug anhängig, soweit nicht der Bekl wegen des Hilfsantrags Anschlußberufung einlegt. Soweit der Bekl wegen des Hilfsantrags Berufung einlegt, muß entsprechend der Kläger Anschlußberufung einlegen, um den abgewiesenen Hauptantrag in die Berufungsinstanz zu bringen.

Hat die 1. Instanz den Hauptanspruch zugesprochen, ohne über den ihn ausschließenden Hilfsanspruch zu befinden, so fällt auch die Entscheidung über den Hilfsanspruch der *Berufungsinstanz* an, weil der Hilfsanspruch aberkannt worden ist, und zwar schon aus Gründen der Prozeßwirtschaftlichkeit. Etwas anderes gilt, wenn die 1. Instanz den Hauptantrag abgewiesen und nicht auch den Hilfsantrag erkannt hat; dann ist das Urteil zu ergänzen, § 321, oder Berufung zulässig, § 537 Rn 7. Man kann den erstinstanzlichen Hauptantrag ohne Anschlußberufung als Hilfsantrag weiterverfolgen, BGH **LM** § 561 Nr 40.

**7)** *VwGO: Es gilt § 44 VwGO.* **23**

## 261

**Rechtshängigkeit. Rechtsweg. Zulässigkeit.** [I] Durch die Erhebung der Klage wird die Rechtshängigkeit der Streitsache begründet.

[II] Die Rechtshängigkeit eines erst im Laufe des Prozesses erhobenen Anspruchs tritt mit dem Zeitpunkt ein, in dem der Anspruch in der mündlichen Verhandlung geltend gemacht oder ein den Erfordernissen des § 253 Abs. 2 Nr. 2 entsprechender Schriftsatz zugestellt wird.

[III] Die Rechtshängigkeit hat folgende Wirkungen:

1. während der Dauer der Rechtshängigkeit kann die Streitsache von keiner Partei anderweitig anhängig gemacht werden;
2. die Zuständigkeit des Prozeßgerichts wird durch eine Veränderung der sie begründenden Umstände nicht berührt.

**Schrifttum:** *Bäumer,* Die ausländische Rechtshängigkeit im deutschen internationalen Zivilverfahrensrecht, Diss Köln 1998; *Bosch,* Rechtskraft und Rechtshängigkeit im Schiedsverfahren, 1991; *Buschmann,* Rechtshängigkeit im Ausland als Verfahrenshindernis usw, Diss Mü 1996; *Dohm,* Die Einrede ausländischer Rechtshängigkeit im deutschen internationalen Zivilprozeßrecht, 1996; *Gansen,* Die Rechtshängigkeit des Schmerzensgeldanspruchs, Diss Bonn 1989; *Gerichtshof der Europäischen Gemeinschaften* (Herausgeber), Internationale Zuständigkeit und Urteilsanerkennung in Europa; 1993; *Habscheid,* Bemerkungen zur Rechtshängigkeitsproblematik im Verhältnis der Bundesrepublik Deutschland und der Schweiz einerseits und den USA andererseits, Festschrift für *Zweigert* (1981); *Heiderhoff,* Die Berücksichtigung ausländischer Rechtshängigkeit im Ehescheidungsverfahren, 1998; *Herrmann,* Die Grundstruktur der Rechtshängigkeit, 1988; *Kerameus,* Rechtsvergleichende Bemerkungen zur internationalen Rechtshängigkeit, Festschrift für *Schwab* (1990) 257; *Koussoulis,* Beiträge zur modernen Rechtskraftlehre, 1986; *Leipold,* Internationale Rechtshängigkeit, Streitgegenstand und Rechtsschutzinteresse usw, Gedächtnisschrift für *Arens* (1993) 227; *de Lousanoff,* Die Anwendung des EuGVÜ in Verbrauchersachen mit Drittstaatenbezug, Gedächtnisschrift für *Arens*

## § 261
2. Buch. 1. Abschnitt. Verfahren vor den LGen

(1993) 251; *Lüke,* Die Zuständigkeitsprüfung nach dem EuGVÜ, Gedächtnisschrift für *Arens* (1993) 273; *Lüke,* Tempus regit actum, Festschrift für *Lüke* (1997) 391; *Schlosser,* Die perpetuatio litis als rechtsstaatlicher Leitgedanke des nationalen und internationalen Zivilprozeßrechts, in: Festschrift für *Nagel,* 1987; *Schumann,* Internationale Rechtshängigkeit (Streitanhängigkeit), Festschrift für *Kralik* (Wien 1986) 301; *Schumann,* Die Relativität des Begriffes der Rechtshängigkeit usw, Festschrift für *Lüke* (1997) 767; *Wittibschlager,* Rechtshängigkeit in internationalen Verhältnissen, Basel 1994; *Zeuner,* Zum Verhältnis zwischen internationaler Rechtshängigkeit nach Art 21 EuGVÜ und Rechtshängigkeit nach den Regeln der ZPO, Festschrift für *Lüke* (1997) 1003.

**Gliederung**

| | | | |
|---|---|---|---|
| 1) **Systematik, I–III** | 1, 2 | A. Geltungsbereich | 21 |
| A. Begriffe | 1 | B. Rechtshängigkeitsbeginn | 22, 23 |
| B. Rechtshängigkeitswirkung | 2 | 7) **Klagsperre, III Z 1** | 24–27 |
| 2) **Regelungszweck, I–III** | 3 | A. Wahrung von Prozeßwirtschaftlichkeit und Rechtssicherheit | 24, 25 |
| 3) **Geltungsbereich, I–III** | 4 | B. Einzelheiten | 26 |
| 4) **Rechtshängigkeit, I–III** | 5–17 | C. Rechtshängigkeit und Rechtskraft | 27 |
| A. Beginn | 5 | 8) **Erhaltung der Zuständigkeit, III Z 2** | 28–33 |
| B. Beispiele zur Frage des Beginns der Rechtshängigkeit, I | 6–14 | A. Grundsatz: Kein Einfluß späterer Veränderungen | 28–30 |
| C. Ende | 15–17 | B. Keine Umkehrung bei allgemeiner Zuständigkeit | 31 |
| 5) **Voraussetzungen der Rechtshängigkeit, I** | 18–20 | C. Keine Umkehrung bei ausschließlicher Zuständigkeit | 32, 33 |
| A. Nämlichkeit (Identität) der Parteien | 18 | 9) **VwGO** | 34 |
| B. Nämlichkeit des Streitgegenstands | 19, 20 | | |
| 6) **Im Prozeß erhobener Anspruch, II** | 21–23 | | |

**1**    **1) Systematik, I–III.** Die Vorschrift hat zentrale Bedeutung.
     **A. Begriffe.** *Rechtshängigkeit,* Litispendenz, ist das Schweben eines Streits über denselben prozessualen Anspruch, § 2 Rn 3, Hbg GRUR 99, 429, Karlsr IPRax 92, 172, im Urteilsverfahren eines jeden Rechtswegs, vgl § 17 I 2 GVG, Schumann (vor Rn 1) 790 mwN. *Anhängigkeit,* zum Begriff Bbg FamRZ 94, 520, ist das Schweben in einem beliebigen anderen gerichtlichen Verfahren, Ffm NJW 93, 2448 (Mahnverfahren). Die Anhängigkeit (Saarbr NJW 74, 1660 spricht unnötig von Gerichtshängigkeit) ist also der weitere Begriff, BPatG GRUR 78, 43. Sie beginnt mit dem Eingang, BGH NJW 87, 3265, BayObLG 79, 288, Schlesw SchlHA 89, 161 (die Uhrzeit kann maßgeblich sein). Maßgeblich ist der Eingang auf der Posteinlaufstelle des Gerichts, auch des zu diesem Zeitpunkt schon oder noch örtlich und/oder sachlich unzuständigen, bei erstmals in der Verhandlung erfolgender Geltendmachung mit ihr, BGH NJW 87, 3265. Die Anhängigkeit umfaßt zB das Schweben im Mahnverfahren, § 693 Rn 3, Ffm NJW 93, 2448, Nierwetberg NJW 93, 3247, oder im Prozeßkostenhilfeverfahren, §§ 114 ff, Ffm MDR 89, 272.
     Sie setzt freilich mehr als nur die Beziehung zwischen dem Gericht und dem Antragsteller, nämlich eine *Einbeziehung des Gegners* in das Prozeßrechtsverhältnis voraus, Grdz 3 vor § 128, Köln MDR 85, 680, aM Ffm VersR 78, 160 (ersteres genüge), Celle JB 74, 867 (anhängig bedeutet ebensoviel wie rechtshängig), Schilken JR 84, 446. Meist hält man die Ausdrücke zu Unrecht nicht genügend auseinander, die ZPO benutzt gar beide als gleichwertig, was sich daraus erklärt, daß früher das Mahnverfahren von vornherein rechtshängig machte; zum jetzigen Zustand § 696 Rn 3. Im Verfahren mit Amtsermittlung, Grdz 38 vor § 128, bedeutet eine bloße Erörterung zwecks Vorklärung nicht stets eine Anhängigkeit, vgl KG FamRZ 87, 727 (Versorgungsausgleich). §§ 302 IV 4, 496, 600 II, 717 II, III enthalten vorrangige Sonderbestimmungen.

**2**    **B. Rechtshängigkeitswirkung.** Die Rechtshängigkeit hat prozessuale und sachlichrechtliche Wirkungen, BGH RR 87, 323, zB wegen der Verjährungsunterbrechung, BGH BB 90, 22 (auf DM umgerechnete Forderung in ausländischer Währung) und FamRZ 96, 1271 (wegen einer Klagerweiterung). Von ihnen behandeln §§ 261 ff nur Teil. Weitere prozessuale Wirkungen sind: die Notwendigkeit einer Entscheidung durch Endurteil; die Zulässigkeit der Widerklage, Anh § 253, und einer Zwischenfeststellungsklage, § 256 II; die Zulässigkeit der Einmischungsklage, § 64; die Zulässigkeit von Streithilfe, § 66, und Streitverkündung, § 72; die Begründung des Prozeßrechtsverhältnisses, Grdz 3 vor § 128, Mü MDR 97, 1063.

**3**    **2) Regelungszweck, I–III.** Die Vorschrift dient der Klärung einer grundlegenden Frage, nämlich des Prozeßrechtsverhältnisses, Grdz 3 vor § 128, auch wenn sie nur einen Teil seiner Voraussetzungen behandelt. Damit dient sie zugleich der für das Gesamtverhalten des Bekl wichtigen Rechtssicherheit, Einl III 43. Das Gericht nimmt bei Parteiherrschaft, Grdz 18 vor § 128, zwar eine Amtsprüfung vor, Grdz 39 vor § 128, nicht aber eine Amtsermittlung, Grdz 38 vor § 128, Zweibr (4. ZS) MDR 98, 123, aM Zweibr (5. ZS) FamRZ 98, 1446.

**4**    **3) Geltungsbereich, I–III.** Vgl Üb 2 vor § 253.

**5**    **4) Rechtshängigkeit, I–III.** Sie hat eine Fülle von Auswirkungen.
     **A. Beginn.** Jede Klagerhebung, § 253 I, BGH NJW 94, 52 (zitiert irrig § 263 I statt § 261 I), Hamm RR 94, 63, vor einem deutschen staatlichen ordentlichen oder Sonderzivilgericht, zB einem Arbeits- oder Sozialgericht (wegen ausländischer Gerichte Rn 9 und § 328 Rn 26), BAG DB 96, 2448 (Beschlußverfahren) in einer beliebigen Prozeßart (nicht aber im Verfahren der freiwilligen Gerichtsbarkeit, soweit nicht die ZPO auf das FGG verweist) macht den Anspruch rechtshängig; dies gilt auch bei der Widerklage oder einer Zwischenfeststellungsklage aus § 256 II. Auch die Zustellung einer Scheidungsantragsschrift durch das FamG an den Antragsgegner begründet eine Rechtshängigkeit, BGH FamRZ 90, 1109, Kblz FamRZ 83, 201. Die Rechtshängigkeit eines im Prozeß erhobenen Anspruchs richtet sich nach II.

## 1. Titel. Verfahren bis zum Urteil § 261

**B. Beispiele zur Frage des Beginns der Rechtshängigkeit, I** 6

**Abänderungsklage:** Ihre Erhebung begründet noch keine Rechtshängigkeit im Sinn von § 819 BGB, BGH FamRZ **92**, 1155, Karlsr FamRZ **99**, 609 links.

**Adhäsionsprozeß:** Rn 11 „Strafverfahren".

**Arrest, einstweilige Verfügung:** § 261 gilt auch in diesen Verfahrensarten, Hamm WettbR **96**, 234. Die Rechtshängigkeit beginnt für den Eilantrag im Eilverfahren wegen der dann bestehenden Prozeßtreuhänderschaft des Gerichts bereits mit dem Eingang beim Gericht, Grdz 6 vor § 128, § 920 Rn 7, vgl freilich wegen der Kosten § 91 a Rn 42, § 269 Rn 38.

Für den *Hauptantrag* (Hauptsacheantrag) gilt aber dieser frühe Beginn der Rechtshängigkeit nicht; für ihn bleibt es bei der Notwendigkeit der Zustellung an den Gegner.

**Aufrechnung:** Sie begründet Rechtshängigkeit, § 145 Rn 15, BGH RR **94**, 380, BAG DB **74**, 1340, Mü FamRZ **85**, 85, aM Stgt NJW **70**, 1690, RoSGo § 105 IV 2. Deshalb darf der Kläger zB eine Forderung einklagen, mit der er in einem anderen Prozeß *schon* aufgerechnet hatte, Stgt NJW **70**, 204. Der Bekl darf mit einer bereits eingeklagten Forderung aufrechnen, BGH RR **94**, 380, Düss FamRZ **87**, 706, oder der Aufrechnung eine Hilfswiderklage über dieselbe Gegenforderung, Anh § 253 Rn 11, beifügen oder folgen lassen, und der Kläger kann alle, auch zB die im Nachverfahren zulässigen Einwendungen gegen die Aufrechnungsforderung erheben, BGH NJW **77**, 1687. Beides gilt, soweit nicht jeweils im Erstprozeß bereits nach § 322 rechtskräftig *entschieden* wurde, BAG DB **74**, 1340, aM Hekkelmann NJW **72**, 1350, der im übrigen die Rechtshängigkeit verneint. Düss FamRZ **87**, 706, Lindacher JZ **72**, 429, Bettermann ZZP **85**, 488 fordern bis dahin eine Aussetzung des Zweitprozesses; dagegen Häsemeyer Festschrift für Weber (1975) 232. Bettermann ZZP **85**, 489, Häsemeyer Festschrift für Weber (1975) 233 halten eine Aufrechnung mit derselben Forderung in mehreren Prozessen für unzulässig. Mittenzwei ZZP **85**, 466 hält eine Aufrechnung im Proz für eine (unzulässige) Zwischenfeststellungswiderklage § 256 II; er empfiehlt jedoch als interessengerechte Lösung notfalls eine Aussetzung. S auch §§ 145 Rn 24, 322 II.

**Ausland:** Das Vorliegen einer Rechtshängigkeit im Ausland ist in Abweichung vom Grundsatz der lex fori, 7 Einl III 74, nach dem *ausländischen Recht* zu prüfen, BGH RR **92**, 643, Celle FamRZ **93**, 439, Hbg IPRax **92**, 39. Dabei erfolgt eine bloße Amtsprüfung, nicht Amtsermittlung, Rn 3.

*Länder-Übersicht* bei Schütze ZZP **104**, 136 wegen des vorrangigen *EuGVÜ* SchlAnh V C 1, besonders Art 21 ff; betr *Belgien* Celle FamRZ **93**, 439, KG FamRZ **95**, 1074 (zu einer Ausnahme), Rauscher IPRax **94**, 188, betr *Frankreich* Ffm FamRZ **75**, 632, Safferling, Rechtshängigkeit in deusch-französischen Scheidungsverfahren, 1996, betr *Griechenland* Kerameus Festschrift für Schwab (1990) 262, betr *Großbritannien* Hamm NJW **88**, 3102 – zustm Geimer –, betr *Italien* Ffm FamRZ **75**, 647, LG Ffm VersR **77**, 67, AG Siegburg RR **97**, 388 (separatione legale reicht nicht), betr *Polen* zB BGH FamRZ **92**, 1061, Mü FamRZ **92**, 73, betr *Türkei* Köln FamRZ **92**, 75, betr *Vereinigte Staaten* Karlsr FamRZ **94**, 47, LG Landstuhl FamRZ **94**, 837, *Fritze*, Doppelte Rechtshängigkeit in USA und Deutschland usw, in Festschrift für *Vieregge* (1995).

*Liegt* eine ausländische Rechtshängigkeit *vor*, dann ist sie im Geltungsbereich des EuGVÜ und der LugÜbk stets zu beachten, Zeuner (vor Rn 1) 1003. Im übrigen ist sie aber nur zu beachten, soweit das fremde Urteil voraussichtlich hier anzuerkennen ist oder sein wird, § 328, BGH FamRZ **94**, 434, Hamm RR **95**, 511, Karlsr FamRZ **94**, 47.

Es muß eine generelle, oft unsichere *Prognose* genügen, Schumann IPRax **86**, 14, Schütze MDR **73**, 905, daß die internationale Zuständigkeit gewahrt, Üb 5 vor § 12, die Gegenseitigkeit verbürgt, § 328 Rn 46, Anh § 328, kein Verstoß gegen den deutschen ordre public zu erwarten ist, § 328 Rn 30. Außerdem muß eine Sachentscheidung zu erwarten sein, BGH FamRZ **82**, 917. Schließlich darf der Sperrwirkung des ausländischen Verfahrens dem Inländer keine unzumutbare Beeinträchtigung bringen, BGH NJW **83**, 1270 betr ein ausländisches Scheidungsverfahren (sehr weitgehend; zustm Geimer NJW **84**, 527), Ffm MDR **87**, 413. Dagegen erfolgt keine gesetzliche Vermutung für oder gegen die Anerkennungsmöglichkeit, aM Düss FamRZ **86**, 29, Schumann Festschrift für Kralik (Wien 1986) 309. S auch Rn 7 „Ehesache", Rn 8 „Insolvenz".

**Aussetzung:** Bei der Frage der Rechtshängigkeit wegen einer noch anerkennungsbedürftigen Auslandsent- 8 scheidung ist § 148 unanwendbar, Meyer MDR **72**, 111, aM Karlsr FamRZ **94**, 47 (aber ihm entgegen ist auch § 203 I BGB unanwendbar, dessen II entsprechend anwendbar).

**Ehesache:** Wegen der Besonderheiten bei einer Auslands-Ehesache § 328 Rn 52, Jena FamRZ **99**, 1211, KG NJW **83**, 2326, Mü FamRZ **92**, 74.

**Einrede:** Sie begründet keine Rechtshängigkeit.
S auch Rn 5 „Aufrechnung".

**Einstweilige Verfügung:** Rn 5 „Arrest, einstweilige Verfügung".

**Freiwillige Gerichtsbarkeit:** Ein reines FGG-Verfahren begründet keine Rechtshängigkeit vor dem Gericht für streitige Zivilprozeßsachen.

**Geschäftsunfähigkeit:** Sie bzw eine Unzurechnungsfähigkeit des Klägers hindert den Eintritt der Rechtshängigkeit nicht.

**Insolvenz:** Ein unterbrochenes Verfahren bleibt anhängig bzw rechtshängig, BGH KTS **95**, 488. Eine Anmeldung zum Insolvenzverfahren begründet keine Rechtshängigkeit des Anspruchs. Wegen der Besonderheiten bei einer ausländischen Entscheidung Art 102 EGInsO.

**Klagerweiterung:** Ihre Zustellung macht vor Rechskraft in den Grenzen von Arglist, Einl III 54, rechtshängig, § 296 a Rn 6.

**Mahnverfahren:** Eine rückwirkende Rechtshängigkeit kann gemäß §§ 696 III, 700 II bereits mit der Zustellung des Mahnbescheids eintreten, BGH **103**, 27 und NJW **79**, 1709, sofern die Streitsache alsbald nach Erhebung des Widerspruchs abgegeben wird, § 696 Rn 9 ff. Im übrigen tritt die Rechtshängigkeit mit der Zustellung der Anspruchsbegründung ein, § 696 Rn 11, also nicht schon mit dem Akteneingang beim Gericht des streitigen Verfahrens, denn dieser bewirkt dann nur die Anhängigkeit; das übersieht

§ 261  2. Buch. 1. Abschnitt. Verfahren vor den LGen

BayObLG MDR **95**, 312. Ab Erlaß eines Vollstreckungsbescheids gilt die Rechtshängigkeit gemäß § 700 II stets als bereits mit der Zustellung des Mahnbescheids rechtshängig geworden.
**Mangelheilung:** Wenn die Klage nicht formell ordnungsgemäß erhoben wurde, kann die Rechtshängigkeit durch Heilung der Mängel eintreten, § 253 Rn 16, § 295, aM LG Brschw FamRZ **85**, 1075.

9 **Prozeßfähigkeit:** Auf ihren Mangel, § 51, kommt es für die Rechtshängigkeit nicht an.
S auch Rn 12 „Unzulässigkeit".
**Prozeßkostenhilfe:** Die Rechtshängigkeit beginnt nicht schon durch die Zustellung des nach § 117 gestellten Antrags im bloßen Verfahren auf die Bewilligung einer Prozeßkostenhilfe, § 253 Rn 9, BGH FamRZ **80**, 131, LG Brschw (12. ZK) FamRZ **85**, 1075, aM LG Brschw (7. ZK) NJW **72**, 1240, auch nicht bei Hinzufügung der Klageschrift (nur) im Verfahren der Prozeßkostenhilfe, Hbg RR **96**, 204.
Freilich kann eine *rückwirkende* Bewilligung von Prozeßkostenhilfe für eine für den Fall einer Bewilligung eingereichte Klage eintreten, aM LG Brschw FamRZ **85**, 1075; es kommt auf die Gesamtumstände (Art der Bezeichnung der Klage usw) an.
**Prozeßvoraussetzungen:** Rn 12 „Unzulässigkeit".

10 **Rechtsmittel:** LG Ffm FamRZ **86**, 1037 spricht von der Möglichkeit einer Rechtsmittelhängigkeit. Ob damit etwas gewonnen ist, erscheint freilich als zweifelhaft.
**Rechtsweg:** Die Anrufung eines im Rechtsweg unzuständigen Gerichts, §§ 13, 17 ff GVG, hindert den Eintritt der Rechtshängigkeit nicht, BPatG GRUR **78**, 43.
**Rückwirkung:** Vgl §§ 270 III, 693 II. S auch Rn 8 „Mahnverfahren", Rn 9 „Prozeßkostenhilfe".

11 **Schiedsrichterliches Verfahren:** Eine Klagerhebung vor dem Schiedsgericht, § 1046, begründet keine Rechtshängigkeit vor einem staatlichen Gericht, sondern nur die Rüge der Schiedsvereinbarung, § 1032 I (vorbehaltlich dort II), Junker KTS **87**, 41.
**Schmerzensgeld:** Rn 12 „Unbezifferter Antrag".
**Selbständiges Beweisverfahren:** Das Verfahren nach §§ 485 ff begründet als solches keine Rechtshängigkeit des Hauptsacheanspruchs, Köln VersR **92**, 638.
**Strafverfahren:** Wer im Strafverfahren als Verletzter eine Entschädigung beansprucht, macht diesen Anspruch rechtshängig, weil dieses Vorgehen wie eine Klage wirkt, § 404 II StPO.
**Streithilfe:** Die Streithilfe, §§ 66 ff, begründet als solche keine Rechtshängigkeit; zum Problem Mansel IPRax **90**, 214 (internationalrechtlich).
**Streitverkündung:** Die Streitverkündung, §§ 72 ff, begründet als solche keine Rechtshängigkeit; zum Problem Mansel IPRax **90**, 214 (internationalrechtlich).
**Stufenklage:** Bei der Klage nach § 254 wird der Zahlungsanspruch unabhängig vom Bezifferungszeitpunkt bereits mit der Erhebung der Auskunftsklage rechtshängig, § 294 Rn 6, BGH RR **95**, 513, Ffm JB **99**, 303, Köln FamRZ **96**, 51.

12 **Unbegründetheit:** Es gelten dieselben Regeln wie bei einer Unzulässigkeit, s dort.
**Unbezifferter Antrag:** Beim unbezifferten Klagantrag, § 253 Rn 49, wird der gesamte Anspruch rechtshängig.
**Unterschrift:** Ein Mangel oder das Fehlen der (ordnungsgemäßen) Unterschrift, § 129 Rn 9, hindern den Eintritt der Rechtshängigkeit nicht, BGH RR **87**, 323.
**Unzulässigkeit:** Auch eine unzulässige, aber formell ordnungsgemäße Klage macht rechtshängig, Ffm FamRZ **80**, 711, aM LAG Köln MDR **99**, 376. Es kommt überhaupt auf den Mangel von Prozeßvoraussetzungen nach Grdz 12 vor § 253 nicht an; vgl bei den einzelnen Arten solcher Voraussetzungen.
S auch Rn 8 „Mangelheilung", Rn 10 „Rechtsweg".
**Unzuständigkeit:** Die Anrufung eines unzuständigen Gerichts hindert den Eintritt der Rechtshängigkeit nicht, vgl BGH **97**, 161, KG NJW **83**, 2710.
S auch Rn 10 „Rechtsweg".

13 **Verweisung:** Bei einer Verweisung von einem anderen Gerichtszweig zur ordentlichen Gerichtsbarkeit behält die Rechtshängigkeit ihre Wirkungen auch für das folgende Verfahren, vgl bei § 17 GVG; insofern kann also zB die bloße Einreichung der Klage bei dem Verwaltungsgericht die Rechtshängigkeit auch vor dem ordentlichen Gericht begründen, Mü VersR **75**, 1157, LG Lünbg NJW **85**, 2279, Zeiss ZZP **93**, 484, aM LG Marbg NJW **85**, 2280.
**Vollmacht:** Ihr Fehlen hindert den Eintritt der Rechtshängigkeit nicht, BGH **69**, 323, ebensowenig ein Mangel der Vollmacht.

14 **Zwangsvollstreckung:** Sie begründet als solche keine (erneute) Rechtshängigkeit des Hauptanspruchs.

15 **C. Ende.** Die Rechtshängigkeit endet mit dem Eintritt der äußeren Rechtskraft des Urteils, Einf 1 vor §§ 322–327, § 705 Rn 1, BGH NJW **95**, 1096, §§ 302, 599, nicht mit einem Vorbehaltsurteil. Sie endet ferner: mit der Wirksamkeit einer Klagänderung gegenüber dem ausscheidenden Bekl, § 264 BGH FamRZ **87**, 928; mit einem Prozeßvergleich, Anh § 307 Rn 35; mit einer Klagrücknahme, § 269 Rn 32, auch einer unterstellten aus § 113; mit der Versäumung der Antragsfrist für eine Urteilsergänzung wegen eines übergangenen Anspruchs, § 321 II; mit einer Aussetzung vor einem ausländischen Gericht ohne Aussicht einer Wiederaufnahme.

16 Die Rechtshängigkeit endet *nicht* durch andere Umstände, wie beim Ruhen des Verfahrens, § 251 a, Saarbr FamRZ **78**, 522; bei einer Aussetzung nach § 614, auch bei einem bloßen, wenn auch vielleicht jahrelangen, Stillstand, Üb 6 vor § 239; beim Vorbehaltsurteil, §§ 302, 599; bei einer Verweisung, §§ 281, 506; beim nur außergerichtlichen Vergleich; beim Verzicht, § 306; bei einem Vertrag über eine Prozeßerledigung, § 91 a; beim Arrest bzw der einstweiligen Verfügung erst mit deren formeller Rechtskraft und nicht schon beim Scheitern rechtzeitiger Vollziehung, weil über die Aufhebung wiederum zunächst zu entscheiden war, § 929 Rn 6, Hamm WettbR **96**, 234, aM Düss MDR **83**, 239.

17 Wegen der *Erledigung der Hauptsache* § 91 a Rn 108. Mit der Beendigung erlöschen die prozessualen Wirkungen; ob auch die sachlichrechtlichen erlöschen, das richtet sich nach Privatrecht. Wegen des Hilfs-

## 1. Titel. Verfahren bis zum Urteil § 261

antrags § 260 Rn 21. Die Rechtshängigkeit der Hilfswiderklage, Anh § 253 Rn 11, entfällt rückwirkend, wenn der Eventualfall nicht eintritt.

**5) Voraussetzungen der Rechtshängigkeit, I.** Es müssen zwei Bedingungen zusammentreffen. 18

**A. Nämlichkeit** (Identität) **der Parteien.** Sie können in vertauschter Stellung auftreten, zB kann dieselbe Partei in einem Proz Kläger sein, im anderen Widerkläger. Es genügt, daß die Entscheidung im ersten Prozeß Rechtskraftwirkung für den zweiten äußert, §§ 325 ff, Schwab Gedächtnisschrift für Bruns (1980) 185. Die Klage eines Insolvenzgläubigers kann derjenigen eines Sonderinsolvenzverwalters gleichstehen, BGH RR **90**, 47.

*Keine* Nämlichkeit liegt vor, wenn eine Partei in dem einen Prozeß für sich selbst, in dem anderen als gesetzlicher Vertreter, als Partei kraft Amtes, Grdz 8 vor § 50, oder als Mitglied einer Personenmehrheit beteiligt ist. Bei einer Einziehungsermächtigung, Grdz 29 vor § 50, tritt die Rechtshängigkeit nur ein, soweit der Ermächtigte sich auf die Ermächtigung derart stützt, daß der Gegner sich demgegenüber verteidigen kann, BGH **LM** § 50 Nr 26. Eine OHG oder eine KG und ihre Gesellschafter sind schon wegen § 129 IV HGB jeweils verschiedene Parteien, § 50 Rn 8, BGH **62**, 132; ZöGre 8 empfiehlt dann eine Aussetzung nach § 148. Die Klagen verschiedener Verbände nach § 13 UWG gegen dieselbe Partei geben nicht die Rüge der Rechtshängigkeit, BGH **LM** § 13 UWG Nr 10. Wegen des WEG BayObLG Rpfleger **77**, 446.

**B. Nämlichkeit des Streitgegenstands**, also des prozessualen Anspruchs, § 2 Rn 3, und Klagegrunds, 19 BGH **7**, 271; LG Mannh Rpfleger **76**, 57. Die leugnende Feststellungsklage, § 256, macht den Anspruch selbst rechtshängig, BGH NJW **75**, 1320, sperrt die Möglichkeit einer nachfolgenden behaupteten Feststellungsklage und umgekehrt, gibt aber trotzdem nicht die Rüge der Rechtshängigkeit gegenüber der Leistungsklage oder der Unterlassungsklage, Hamm MDR **91**, 546, RoSGo § 100 III 1 c, aM ZöGre 9 (aber schon die Streitgegenstände sind nicht dieselbe). Eine Nämlichkeit besteht evtl zwischen einer Unterlassungsklage und leugnender Feststellungsklage, Karlsr MDR **97**, 292, oder zwischen dem Prozeß vor dem Insolvenzverfahren des Bekl, der ja gegen den Verwalter aufzunehmen wäre, und einem trotzdem gegen den letzteren neu betriebenen weiteren Feststellungsprozeß, Düss RR **87**, 1401, einem gewöhnlichen Prozeß und dem Wechselprozeß, vgl aber auch Rn 20). Notwendig ist auch dasselbe Ziel, grundsätzlich derselbe Antrag. Unter dieser Voraussetzung kann zB Nämlichkeit vorliegen, wenn der Räumungskläger nur einen anderen Kündigungsgrund geltend macht, AG Plettenberg WoM **83**, 57. Bei der zulässigen Prozeßstandschaft ist der Schuldner gegen die Klage nun auch des Ermächtigenden geschützt, BGH RR **86**, 158. Zwischen der Abänderungsklage des einen und derjenigen des anderen kann Nämlichkeit des Streitgegenstands vorliegen, Düss FamRZ **94**, 1536.

Dagegen ist die Rechtshängigkeit des ersten Prozesses *unschädlich*, soweit der zweite Prozeß den Rest der 20 im ersten Prozeß eingeklagten Forderung betrifft, BGH WertpMitt **71**, 83, selbst nach einem Zwischenurteil über den Grund, § 304; unbeachtlich ist sie ferner bei einer behaupteten Feststellungsklage und der Leistungsklage, weil beide verschiedene Ziele haben, Kblz JZ **89**, 1075, Köln MDR **73**, 770. Unbeachtlich ist sie bei einer Klage auf Räumung zusammen mit einer Klage auf die Herausgabe eines Grundstücks und auf Beseitigung des Bauwerks auf diesem.

*Keine* Nämlichkeit besteht zwischen dem Unterhaltsprozeß und dem einstweiligen Verfügungsverfahren desselben Ziels, §§ 935 ff, Düss FamRZ **87**, 1058. Unbeachtlich ist die Rechtshängigkeit ferner bei einem Anspruch aus einer Wechselschuld und einem Anspruch auf Herausgabe des Wechsels, bei Klagen aus dem Wechsel und aus dem zugrundeliegendem Rechtsverhältnis, bei solchen aus einem Scheck und aus zugrundeliegendem Rechtsverhältnis. Keine Nämlichkeit besteht zwischen der Klage auf die Erstellung des an den Gläubiger gezahlten Betrags und der Klage auf Befreiung von der Verbindlichkeit gegenüber dem Gläubiger, BGH WertpMitt **74**, 1245. Unerheblich ist die Rechtshängigkeit schließlich bei der Hypothekenklage und der Klage auf Minderung des Kaufpreises und Teillöschung. Die Nämlichkeit des Klagegrunds allein reicht nicht aus, zB nicht bei zwei Ansprüchen aus demselben Rechtsverhältnis. Daher hindert III Z 1 nicht eine Einrede wegen eines Zurückbehaltungsrechts usw im Rahmen eines anderen Mietteils. Ein einredeweise geltend gemachter Anspruch begründet keine Rechtshängigkeit, Rn 12. Unerheblich ist die Nämlichkeit einer Vorfrage, selbst wenn ihre Klärung im Erstprozeß für den Zweitprozeß verbindlich ist.

**6) Im Prozeß erhobener Anspruch, II.** Er kommt sehr häufig vor. 21

**A. Geltungsbereich.** Die Vorschrift bezieht sich auf die erst im Prozeß, auch durch eine Anschlußberufung, § 521, erhobenen Ansprüche, also: Auf die Klagerweiterung, § 264 Z 2, 3, BGH **103**, 26 (zustm Vollkommer Rpfleger **88**, 195), Fenn ZZP **89**, 133, aM BGH RR **97**, 1486 (vgl aber § 296 a Rn 6); auf die nachträgliche Anspruchshäufung (Zusatzklage), § 260, Ffm JB **80**, 142; auf die Widerklage, § 33, Anh § 253, auch auf den Scheidungsantrag des bisherigen Antragsgegners, Ffm FamRZ **82**, 811; auf den Ersatzanspruch aus § 510 b; auf die Klagänderung, §§ 263, 264; auf die Zwischenfeststellungsklage, § 256 II. Sie bezieht sich nicht auf Einreden, BGH **98**, 11, wie diejenige der Aufrechnung, § 145 Rn 15. Zur Anspruchserweiterung während des Mahnverfahrens § 691 Rn 7.

**B. Rechtshängigkeitsbeginn.** Die Rechtshängigkeit tritt bei Rn 21 ein: Entweder durch Geltendma- 22 chung in der mündlichen Verhandlung, § 297, BGH NJW **87**, 3265, oder durch die wirksame Zustellung eines Schriftsatzes, BGH RR **88**, 685, der die bestimmte Angabe des Gegenstands und des Grundes sowie einen bestimmten Antrag enthalten muß, § 253 Rn 39, vor dem FamG die Zustellung einer entsprechenden Antragsschrift, Kblz FamRZ **83**, 201. Die Partei reicht nur ein, die Partei veranlaßt der Urkundsbeamte der Geschäftsstelle von Amts wegen, §§ 253 V, 270; ausreichend ist es aber, wenn statt dieser Zustellung eine solche nach § 198 von Anwalt zu Anwalt erfolgt ist, BGH NJW **92**, 2236.

*Fehlt* ein Erfordernis, so kündigt der Schriftsatz nur an. § 187 ist anwendbar, Zweibr FER **99**, 130. Wenn 23 der Schriftsatz im Antrag einen Schreibfehler enthält, den die Partei berichtigt, so wird nur der berichtigte Anspruch rechtshängig. Eine gleichzeitige oder vorherige *Terminsbestimmung* und/oder Ladung sind unnötig. Die Wahrung der Einlassungsfrist, § 274 III, ist (wegen der Möglichkeit einer Geltendmachung erst in der Verhandlung) unnötig; eine Versäumnisentscheidung ergeht aber nur bei einer rechtzeitigen Zustellung,

**§ 261**                          2. Buch. 1. Abschnitt. Verfahren vor den LGen

§§ 335 Z 3, 132, soweit diese überhaupt nötig ist (zB nicht im Verfahren vor dem AG). Eine Erhebung nach II erzeugt die vollen Wirkungen der Rechtshängigkeit, I, LG Mü NJW **78**, 954 (betr Widerklage), auch eine Unterbrechung der Verjährung, dazu Merschformann, Der Umfang der Verjährungsunterbrechung durch Klageerhebung, 1992. Also schadet bei mündlicher Geltendmachung ein Fehlen von Einzelheiten im Sinn von § 253 II Z 2 nicht, BGH NJW **87**, 3266. Dies alles gilt auch in der Berufungsinstanz, BGH VersR **73**, 54. Beim Hilfsantrag entscheidet seine endgültige Verneinung als unzulässig, Oldb FamRZ **96**, 1438.

**24**    **7) Klagsperre, III Z 1.** Sie wird zu wenig beachtet.

**A. Grundsatz: Wahrung von Prozeßwirtschaftlichkeit und Rechtssicherheit.** Zweck der Vorschrift ist, die Belästigung einer Partei durch mehrere gleichzeitige Prozesse desselben Inhalts zu verhüten, eine unnütze Anrufung der Gerichte zu verhindern, also die Prozeßwirtschaftlichkeit zu wahren, Grdz 14 vor § 128, und widersprechende Entscheidungen mehrerer Gerichte über denselben Streitgegenstand zu verhindern, also die Rechtssicherheit zu bewahren, Einl III 43, BGH NJW **86**, 663, vgl auch Hamm RR **95**, 510, Köln FamRZ **92**, 76. Es handelt sich größtenteils also um öffentliche Belange; darum ist die Rechtshängigkeit als ein Prozeßhindernis in jeder Lage des Verfahrens von Amts wegen zu beachten, Grdz 39 vor § 128, BGH RR **93**, 239. Das gilt, zumal dem Kläger für den zweiten Prozeß jedes Rechtsschutzbedürfnis fehlt, Grdz 33 vor § 253.

**25**    Die Rechtshängigkeit bewirkt, daß während ihrer Dauer keine Partei und auch nicht ihr Rechtsnachfolger, Kblz JZ **89**, 1075, *dieselbe Sache gegen denselben Prozeßgegner*, Düss FamRZ **92**, 1313, Hamm OLGZ **85**, 96 (ein Beitritt des früheren als Streithelfer schadet nicht), anderweit anhängig, nicht bloß rechtshängig, machen darf, also auch nicht im Mahnverfahren. Das galt im allgemeinen auch im ehemaligen interlokalen Recht, Vorbem vor § 328; es gilt aber nicht, wenn das Verfahren in der früheren DDR zwar nicht rechtlich, aber tatsächlich beendet war und keiner der Schutzzwecke des § 261 erfüllt werden konnte, BAG **AP** Nr 2. Ist dieselbe Sache vor einem ausländischen Gericht anhängig, so ist entscheidend, ob das Verfahren dort zu Ende geführt und das Urteil voraussichtlich anerkannt werden wird, da dann das Rechtsschutzbedürfnis fehlen wird, Rn 9, 10, BGH **LM** § 263 aF Nr 7, Karlsr IPRax **92**, 172, Rauscher IPRax **92**, 16. Zwischen einem (inländischen) Scheidungsverfahren und einem (ausländischen) Ehetrennungsverfahren kann bereits die zunächst zu prüfende Nämlichkeit fehlen, KG NJW **83**, 2326.

**26**    **B. Einzelheiten.** Die Rechtshängigkeit ist nach richtiger Auffassung ein Prozeßhindernis, Grdz 19 vor § 253, BGH NJW **89**, 2064, Düss FamRZ **94**, 1536, LG Aachen WoM **94**, 461, und führt zur Abweisung der später rechtshängig gewordenen Klage als unzulässig durch ein Prozeßurteil ohne eine Sachprüfung, Grdz 14 vor § 253, BGH FER **98**, 136. Macht der Kläger zwei Prozesse gleichzeitig rechtshängig, so ist jede Klage abzuweisen, solange nicht in einem Prozeß rechtskräftig entschieden worden ist. Ist die Rechtshängigkeit in einem rechtskräftigen Urteil übersehen worden, so ist dieses bindend, BGH NJW **83**, 515. Sind Urteile in beiden Prozessen rechtskräftig geworden, so unterliegt das später rechtskräftig gewordene Urteil der Restitutionsklage, § 580 Z 7 a, Gaul Festschrift für Weber (1975), 159. Ist diese nicht erhoben oder unzulässig, so geht das frühere Urteil wegen seiner Rechtskraftwirkung dem späteren vor, BGH NJW **81**, 1517, und ist gegen das spätere die Vollstreckungsabwehrklage zulässig, denn das frühere Urteil läßt sich weder durch eine Vereinbarung noch durch ein späteres Urteil beseitigen.

**27**    **C. Rechtshängigkeit und Rechtskraft.** Beide haben nicht immer dieselbe Tragweite. Die Rechtskraft, § 322, verlangt nicht immer eine Nämlichkeit des Streitgegenstands. Bei demselben Anspruch kann die Rechtshängigkeit versagen, die Rechtskraft jedoch durchgreifen. So hat ein Sieg bei einer leugnenden Feststellungsklage Rechtskraftwirkung für die zukünftige Leistungsklage, aber die leugnende oder die ein gegensätzliches Recht behauptende Feststellungsklage begründet keine Rechtshängigkeit für die Leistungsklage, Rn 20, BGH NJW **89**, 2064, Kblz JZ **89**, 1075.

**28**    **8) Erhaltung der Zuständigkeit, III Z 2.** Die Vorschrift gilt erst ab Rechtshängigkeit, also nicht in einem vorangehenden Prozeßkostenhilfeverfahren nach §§ 114 ff, Hamm MDR **95**, 1066.

**A. Grundsatz: Kein Einfluß späterer Veränderungen.** Die Rechtshängigkeit bewirkt weiter, daß nach § 17 I GVG der einmal begründete Rechtsweg, vgl dazu schon Grunsky, Grundlagen des Verfahrensrechts § 37, Pant VersR **89**, 1008, Schefold NJW **73**, 122, und nach Z 2 entsprechend die örtliche oder sachliche Zuständigkeit trotz späterer Veränderung des Wohnsitzes usw bleibt (perpetuatio fori), mögen sie von Anfang an bestanden haben oder später entstanden sein. Der Sinn ist: Der Bekl soll nicht zB durch einen ständigen Wohnsitzwechsel ein Sachurteil vereiteln können, Lüke (vor Rn 1) 407. Eine Gerichtsstandsvereinbarung § 38, nach dem Eintritt der Rechtshängigkeit kann daher die einmal begründete Zuständigkeit grundsätzlich (wegen der internationalrechtlichen Ausnahme s unten) nicht mehr beseitigen, BGH RR **94**, 126, Düss OLGZ **76**, 476, ZöGre 12, aM BGH MDR **76**, 378, LG Waldshut-Tiengen MDR **85**, 941.

**29**    Ebensowenig kann die Zuständigkeit durch eine nachträgliche *Ermäßigung* der Klage, § 264 Rn 5 ff, oder dann beseitigt werden, wenn sie sich durch Gesetz ändert, auch nicht dann durch den Einigungsvertrag, BGH DtZ **92**, 387, oder dann, wenn die Gerichtseinteilung gewechselt hat oder wenn der inländische Gerichtsstand nachträglich weggefallen ist (für das sachliche Recht gilt III nicht), ferner dann wegen einer nach § 33 erhobenen Widerklage nicht, wenn die Parteien (nur) die Klage, nicht die Widerklage in der Hauptsache für erledigt erklärt haben, Düss FamRZ **83**, 401, oder wenn nur die Klage zurückgenommen ist, LG Mü NJW **78**, 953, schließlich dann nicht, wenn die maßgebliche Rechtsprechung aufgegeben wurde, BGH **70**, 298. III Z 2 wirkt auch bei einer Veränderung des Gerichtssprengels; ein wiedereröffnetes Gericht setzt auch das frühere fort.

**30**    Im Ergebnis gilt dasselbe bei der *internationalen* Zuständigkeit, Üb 5 vor § 12, Üb 7 vor § 38, BGH NJW **76**, 626 (nachträgliche Zuständigkeitsvereinbarung), BayObLG FamRZ **93**, 1469, Grunsky ZZP **91**, 85, ZöGre 12, aM Damrau Festschrift für Bosch (1976) 113. Die Vorschrift gilt auch in einer Familiensache, §§ 606, 621 ff, Hbg FamRZ **84**, 69, aM Köln FamRZ **99**, 29 (aber in §§ 621 ff stehen keine abweichenden

1. Titel. Verfahren bis zum Urteil §§ 261, 262

Sonderregeln). Sie gilt nicht im Verfassungsprozeßrecht, BVerfG **64**, 317 mwN. Wegen des Vollstrekkungsbescheids vgl § 700 II.

**B. Keine Umkehrung bei allgemeiner Zuständigkeit.** Umkehren läßt sich der der perpetuatio fori **31** zugrundeliegende Satz nicht; ein unzuständiges Gericht kann zuständig werden, BGH LM § 39 Nr 6. Ändert sich der Streitgegenstand, wie bei einer Klageerweiterung, §§ 263, 264, oder bei einer Widerklage, Anh § 253 (dort abgesehen von den in Rn 28–30 genannten Fällen), vgl § 506, so erfolgt eine neue Prüfung für den Zeitpunkt dieser Veränderung, BGH RR **95**, 513, Hamm FamRZ **88**, 1293, Butzer NJW **93**, 2649. Es kann sich dann eine andere Zuständigkeit ergeben, BGH NJW **90**, 54 mwN. Das gilt natürlich nicht bei einer bloßen Änderung der Klagebegründung. Vgl auch § 506. Ausschlaggebend und genügend ist die Zuständigkeit beim Schluß der letzten Tatsachenverhandlung.

**C. Keine Umkehrung bei ausschließlicher Zuständigkeit.** Das Verbot der Umkehrung gilt auch bei **32** einer ausschließlichen Zuständigkeit, zB nach § 40 II, jedoch nicht zwischen zwei Spruchkörpern desselben Gerichts, wie in Familiensachen, BGH NJW **81**, 2465, Brschw NJW **78**, 56, Hbg FamRZ **83**, 613 (in Familiensachen sogar nicht zwischen verschiedenen Gerichten), aM BayObLG **79**, 291, Hbg FamRZ **78**, 544 und 797, Kissel DRiZ **78**, 136.

Überhaupt ist eine *enge Auslegung* geboten, KG FamRZ **77**, 819, aM BGH FamRZ **80**, 671. Verände- **33** rungen bei der Streitwertberechnung, § 4, berühren die Zuständigkeit nicht.

9) *VwGO:* Statt **I** u **III** gilt § 90 VwGO, Krüger VBlBW **98**, 52. **II** ist entsprechend anzuwenden, § 173 **34** VwGO, in Ergänzung von § 90 VwGO, Kopp § 90 Rn 6; jedoch tritt an die Stelle der Zustellung eines Schriftsatzes die für die Klageerhebung geltende Regelung, § 81 VwGO, BVerwG **40**, 32 (Klageerweiterung). Im Fall der Klagänderung durch Auswechslung des Beklagten, BVerwG DVBl **93**, 563, gilt II nicht, RedOe § 91 Anm 16, VG Freiburg NVwZ **85**, 444 (betr Wahrung der Klagefrist), abw Jaekel DÖV **85**, 479 mwN.

**262** *Sachlichrechtliche Wirkungen der Rechtshängigkeit.* [1]Die Vorschriften des bürgerlichen Rechts über die sonstigen Wirkungen der Rechtshängigkeit bleiben unberührt. [2]Diese Wirkungen sowie alle Wirkungen, die durch die Vorschriften des bürgerlichen Rechts an die Anstellung, Mitteilung oder gerichtliche Anmeldung der Klage, an die Ladung oder Einlassung des Beklagten geknüpft werden, treten unbeschadet der Vorschrift des § 207 mit der Erhebung der Klage ein.

**Schrifttum:** *Arens,* Zur Verjährungsunterbrechung durch Klageerhebung, Festschrift für *Schwab* (1990) 17.

1) **Systematik.** Die Vorschrift ergänzt den § 261. **1**

2) **Regelungszweck.** Die Vorschrift klärt das Verhältnis zum einschlägigen sachlichen Recht und dient **2** damit der Rechtssicherheit, Einl III 43.

3) **Geltungsbereich.** Vgl Üb 2 vor § 253. **3**

4) **Sachlichrechtliche Wirkungen.** Vgl zunächst § 261 Rn 2. Die hier geklärten Wirkungen richten **4** sich ausschließlich nach dem sachlichen Recht, gegebenenfalls nach dem ausländischen Recht oder nach Landesrecht. Es sind im wesentlichen folgende: Unterbrechung der Verjährung, §§ 209, 210 BGB, ThP 1, ZöGre 3, aM Addicks **92**, 332, und zwar für den eingeklagten Betrag, auch für ein Mehrfach von Ansprüchen, auch wegen des Hilfsantrags, § 260 Rn 8, nicht für den Rechtsanspruch; Unterbrechung der Ersitzung, § 941 BGB; Unterbrechung vieler Ausschlußfristen, BGH RR **87**, 323, wie derjenigen des § 864 BGB; Entstehung des Anspruchs auf Prozeßzinsen, § 291 BGB; Steigerung der Haftung bei obligatorischen Ansprüchen, zB § 818 IV BGB und bei den dinglichen Ansprüchen, namentlich von den §§ 987, 989, 991, 994 II, 996 BGB; Ermöglichung der Übertragbarkeit des Anspruchs auf Ersatz unkörperlichen Schadens, § 847 I 2 BGB, vgl § 270 Rn 7, Jauernig NJW **86**, 35, ferner § 1300 II BGB; evtl Kündigungswirkungen, zB bei einer Räumungsklage, zum Problem Deggau ZMR **82**, 291; evtl Ausschluß des Ehegattenerbrechts, § 1933 BGB, BGH FamRZ **90**, 1110 (auch zur Ansicht, die bloße Anhängigkeit genüge).

Die Voraussetzungen sind im einzelnen verschieden und dem sachlichen Recht zu entnehmen. So genügt beim Vermieterpfandrecht die „gerichtliche Geltendmachung". Die behauptende Feststellungsklage unterbricht die *Verjährung,* § 209 I BGB, BGH MDR **74**, 1000, die Verteidigung gegenüber der leugnenden Feststellungsklage unterbricht die Verjährung aber nicht, BGH **72**, 25, Gürich MDR **80**, 359, ZöGre 3, aM Schlesw NJW **76**, 970. Bei § 818 IV BGB genügt eine verneinende Feststellungsklage nicht, BGH **93**, 185, aM Hamm FamRZ **85**, 298. Ein Antrag auf einen Arrest oder eine einstweilige Verfügung, §§ 916ff, 935ff, genügt nicht. Das sachliche Recht bestimmt auch, ob die sachlichrechtlichen Wirkungen gleichzeitig mit den prozeßrechtlichen erlöschen.

5) **Zeitpunkt der Wirkungen.** Alle Wirkungen treten mit der Klagerhebung oder demjenigen Ereignis **5** ein, das dieser gleichsteht, mögen auch ältere Gesetze einen anderen Vorrang entscheiden lassen. Die sachlichrechtliche Wirkung tritt also grundsätzlich nicht vor dem prozessual maßgebenden Ereignis ein, BayObLG RR **90**, 517. Die Klage muß freilich für den Eintritt der sachlichrechtlichen Wirkungen ordnungsgemäß eingelegt, zB ordnungsgemäß unterschrieben sein, § 129 Rn 9, BGH RR **87**, 323. An Stelle des Zeitpunkts, in dem die Zustellung der Klage bewirkt wird und in dem somit die Klage erhoben ist, §§ 253 I, 261 I, tritt fristwahrend und die Verjährung unterbrechend bereits die Klageeinreichung bei Gericht, wenn demnächst zugestellt wird, §§ 207, 270 III. Dasselbe gilt bei der Einreichung des Antrags auf

## §§ 262, 263

einen Mahnbescheid, wenn der letztere demnächst zugestellt wird, § 693 II; dabei genügt die allgemeine Bezeichnung des Anspruchs nach § 690 I Z 3.

**6** 6) *VwGO: Entsprechendes gilt für sachlichrechtliche Wirkungen im öff Recht, die an die Rechtshängigkeit anknüpfen, zB den Anspruch auf Prozeßzinsen (BVerwG in stRspr, NJW 98, 3368 mwN, VGH Mannh VBlBW 89, 178, abw BSG DÖV 93, 395 mwN, Meyer-Ladewig § 51 Rn 20).*

## 263 Rechtshängigkeit. Klagänderung.
Nach dem Eintritt der Rechtshängigkeit ist eine Änderung der Klage zulässig, wenn der Beklagte einwilligt oder das Gericht sie für sachdienlich erachtet.

**Schrifttum:** *Gethmann*, Der Begriff der Sachdienlichkeit im Rahmen des § 264 ZPO, Diss Heidelb 1975; *Gollhoffer*, Die Ermäßigung des Klageantrages, 1985; *Heinrich*, Der gewillkürte Parteiwechsel, 1990; *Isenburg-Epple*, Die Berücksichtigung ausländischer Rechtshängigkeit nach dem europäischen Gerichtsstands- und Vollstreckungsübereinkommen usw, 1991; *Pawlowski*, Klagänderung und Klagerücknahme, Festschrift für *Rowedder* (1994) 309; *Schiller*, Die Klagänderung in der Revisionsinstanz in Zivilsachen, 1997; *Wahl*, Die Bindung an Prozeßlagen als Hauptproblem des gewillkürten Parteiwechsels, Diss Heidelb 1990.

### Gliederung

| | |
|---|---|
| 1) Systematik .................... 1 | 9) Kosten beim Parteiwechsel ... 15, 16 |
| 2) Regelungszweck ............... 2 | 10) Bloße Parteiberichtigung statt Parteiwechsels .................... 17 |
| 3) Geltungsbereich .............. 3 | 11) Verfahren bei der Klagänderung ... 18–22 |
| 4) Klagänderung: Änderung des Streitgegenstands .................... 4 | A. Erste Instanz .............. 18–20 |
| 5) Parteiwechsel in erster Instanz ..... 5–8 | B. Berufungsinstanz .......... 21 |
| A. Grundsatz: Lückenausfüllung ... 5 | C. Revisionsinstanz .......... 22 |
| B. Klägerwechsel .............. 6, 7 | 12) Zulässigkeit ................ 23–31 |
| C. Beklagtenwechsel .......... 8 | A. Einwilligung des Beklagten ... 23 |
| 6) Parteiwechsel in der Berufungsinstanz ........................ 9–12 | B. Sachdienlichkeit bei Prozeßwirtschaftlichkeit ............ 24 |
| A. Klägerwechsel ............. 9 | C. Beispiele zur Frage einer Sachdienlichkeit .............. 25–29 |
| B. Beklagtenwechsel .......... 10–12 | D. Verfahren der Zulässigkeitsprüfung ... 30, 31 |
| 7) Parteiwechsel in der Revisionsinstanz ... 13 | 13) VwGO ...................... 32 |
| 8) Gewillkürter Parteibeitritt ........ 14 | |

**1** 1) **Systematik.** Die ZPO regelt die Klagänderung an verschiedenen Stellen, vgl noch §§ 264, 267, 268 und für Ehesachen § 611. Die Änderung der Parteien ist überhaupt nicht zentral geregelt, Rn 5.

**2** 2) **Regelungszweck.** Die Vorschrift dient der Parteiherrschaft, Grdz 18, 19 vor § 128, und der Prozeßwirtschaftlichkeit, Grdz 14, 15 vor § 128. Das Gesetz erschwert die Klagänderung, um den Bekl gegen eine leichtfertige Prozeßführung zu schützen, vgl Grdz 2 vor § 253 (Rechtsschutzanspruch auch des Bekl).

**3** 3) **Geltungsbereich.** Die Vorschrift gilt in allen Verfahren nach der ZPO. Sie gilt auch für alle Arten der Rechtshängigkeit, auch für die Widerklage und die Zwischenfeststellungsklage § 256 II. § 296 steht einer Klagänderung bzw Klagerweiterung aber grundsätzlich nicht entgegen, BGH VersR **82**, 346. Schlechthin verboten ist eine Klagänderung im Insolvenzfeststellungsprozeß, §§ 179, 189 InsO, erschwert ist sie im Verteilungsverfahren, §§ 878 ZPO, 115 ZVG, und im aktienrechtlichen Anfechtungsprozeß, § 246 I AktG, zulässig ist sie bei Baulandsachen, BGH **61**, 132. In WEG-Sachen ist § 263, 264 entsprechend anwendbar, BayObLG ZMR **93**, 30 sowie 532. Dasselbe gilt im Gebrauchsmusterlöschungsverfahren, BGH **135**, 61. Unzulässig sind der Übergang vom Arrest- in das Hauptverfahren und umgekehrt, § 920 Rn 7.

**4** 4) **Klagänderung: Änderung des Streitgegenstands.** Klagänderung ist die Änderung des Streitgegenstands (§ 2 Rn 3), BGH GRUR **97**, 625, Saarbr MietR **96**, 217, Ritten NJW **99**, 1215. Eine Klagänderung liegt vor, wenn der Kläger anstelle des rechtshängigen prozessualen Anspruchs, § 2 Rn 3, oder neben ihm, BGH MDR **70**, 229, Zweibr MDR **81**, 586, auch hilfsweise, BGH NJW **85**, 1842, einen anderen Anspruch erhebt. Sie kann den Klagegrund oder den Antrag betreffen, BGH RR **87**, 125; näheres bei § 264. Nach einer vielfach vertretenen Meinung kann sie auch die Parteien betreffen. Die Klagänderung setzt eine ordnungsmäßige Klagerhebung voraus, also den Eintritt der Rechtshängigkeit, § 261 Rn 4. Eine Heilung der mangelhaften Klagerhebung macht die Klagänderung ordnungsmäßig, § 253 Rn 16. Bis zur Heilung kann höchstens eine Klageberichtigung in Frage kommen, die ohne weiteres zulässig ist. Die Ankündigung „Sollte der Beklagte vor der Klagezustellung erfüllen, so beantrage ich die Verurteilung in die Kosten", ist eine zulässige bedingte Klageberichtigung. Der Fall der nachträglichen Anspruchshäufung, § 260, ist wie eine Klagänderung zu behandeln, BGH RR **90**, 318, Rimmelspacher Festschrift für Lüke (1997) 658. Nachträge zur Klageschrift kommen in Frage, soweit sie der Kläger vorgetragen hat oder soweit er dem § 261 II genügt. Eine Widerklage, Anh § 253, ist keine Klagänderung, BVerwG NJW **74**, 1209. § 296 ist bei der Klagänderung unanwendbar, dort Rn 29. Vgl aber auch § 264 Rn 4.

**5** 5) **Parteiwechsel in erster Instanz.** Die praktisch recht häufige Lage ist rechtlich viel zu kompliziert.

**A. Grundsatz: Lückenausfüllung.** Ein Wechsel der Parteien im Prozeß, also ihrer Nämlichkeit, Saarbr VersR **97**, 436 (nur andernfalls kann § 319 anwendbar sein), ist zwar, soweit er nicht gesetzlich geregelt ist, zB in §§ 75 ff, 265, 266, 239 ff, EV, dazu BezG Potsdam VersR **94**, 576 (betr die Treuhandanstalt), als ein gewillkürter Parteiwechsel nach feststehender Rechtsprechung zumindest in der 1. Instanz eine *Klagänderung*,

## 1. Titel. Verfahren bis zum Urteil § 263

sog Klagänderungstheorie, BGH NJW **96**, 2799 (vgl freilich § 265 Rn 23), KG MietR **97**, 170, ZöGre 4; zur Abgrenzung gegen § 269 Henckel Festschrift für Bötticher (1969) 185 ff. Üb zum Meinungsstand bei Franz NJW **82**, 15 sowie Roth NJW **88**, 2977.

Dieser Standpunkt ist aber *äußerst anfechtbar,* denn eine Änderung der Parteien zerreißt das Prozeßrechtsverhältnis, Grdz 3 vor § 128, und begründet ein neues. Tritt eine neue Partei an die Stelle der alten, so liegt streng genommen stets eine neue Klage vor; die alte ist zurückgenommen, Düss ZMR **91**, 176, Hamm RR **91**, 61 (sog Klagerhebungstheorie). Daran ändert es nichts, daß der neue Bekl auf eine ordnungsmäßige Klagerhebung verzichten kann und daß auch § 295 heilt, BGH **LM** PreußEnteignG Nr 16. Dagegen zB Baumgärtel Festschrift für Schnorr von Carolsfeld (1972) 20, RoSGo § 42 III 2 c (es liege ein prozessuales Institut eigener Art vor), ThP 5. Man wird sich dem Bedenken, den gewillkürten Parteiwechsel wie eine Klagänderung zu behandeln, vgl auch Franz 40 ff, nicht verschließen können. Es handelt sich nämlich um etwas anderes, denn § 263 ist auf eine Änderung des Streitgegenstands zugeschnitten, beschäftigt sich demgemäß nicht mit dem Verhalten und dem Dulden der Parteien bei einem Parteiwechsel. BGH **62**, 132 läßt das Problem offen.

Es bleibt also nur eine Lückenfüllung übrig, sog Theorie der *Gesetzeslücke.*

**B. Klägerwechsel.** Beim Eintritt eines neuen Klägers bedarf es zwar zusätzlich keiner besonderen **6** Zustimmung, Düss ZMR **91**, 176, aM Mü RR **98**, 788, da er ohnehin von dem Verhalten des alten und des neuen Klägers abhängig ist und da der bisherige Rechtsstreit gegen den bisherigen Bekl fortgeführt wird. Diesem ist freilich ein Schriftsatz mit der Eintrittserklärung zuzustellen, zumal eine Klagerücknahme, § 269 I, auch seitens des ausscheidenden bisherigen Klägers nicht erfolgt.

*Dies gilt zB,* wenn ein Wechsel dahin eintritt, daß statt der Offenen Handelsgesellschaft ihre Gesellschafter **7** klagen (oder verklagt werden), BGH NJW **74**, 750; wenn in einer 2-Mann-GmbH die Gesellschaft in die Klage eines ihrer Gesellschafter auf Ausschluß des anderen eintritt; wenn ein Vertreter und der Vertretene wechseln, Zweibr FamRZ **86**, 289, oder die KG und ihre Kommanditisten, der einfache und die notwendige Streitgenosse; wenn der Insolvenzverwalter, Düss DB **74**, 2001, oder der Zwangsverwalter den Rechtsstreit an Stelle des bisherigen Klägers fortführt oder umgekehrt der Ersteher eintritt, Düss ZMR **91**, 176; wenn der Insolvenzverwalter die Sache im Aktivprozeß freigibt, Stgt NJW **73**, 1756, aM ThP § 269 Rn 3. Es darf aber nicht übersehen werden, daß der Bekl einen Anspruch gemäß § 269 I geltend machen könnte; er muß also einwilligen, sobald er zur Hauptsache verhandelt hat, Franz NJW **72**, 1744.

**C. Beklagtenwechsel.** Wechselt der Bekl und hat der Kläger den bisherigen Bekl nicht nur unrichtig **8** bezeichnet, Grdz 3 vor § 50, LG Marbg VersR **93**, 1424, so ist zunächst die Zustimmung des Klägers und des ausscheidenden Bekl erforderlich, der sonst ab Verhandlung zur Hauptsache auch in diesem Fall einen Anspruch aus § 269 hätte, BGH NJW **81**, 989, Ffm MDR **90**, 930, Hamm RR **91**, 61, aM Schlesw JB **97**, 584. Die Zustimmung des neuen Bekl ist daneben nicht erforderlich, Franz NJW **72**, 1744, obwohl der neue Bekl an die Ergebnisse des bisherigen Prozeßverlaufs gebunden bleibt, allerdings Geständnisse widerrufen und uU eine Wiederholung der Beweisaufnahme fordern kann, § 398 I. Die Aufnahme durch den Insolvenzverwalter ist ein Parteiwechsel, Köln KTS **83**, 452, aM Hamm Rpfleger **89**, 525.

Es ist davon auszugehen, daß das *Verfahren ein Ganzes* ist, daß also keine Klagerücknahme vorliegt. Anderseits muß durch Lückenfüllung ein Weg gefunden werden, damit die einheitliche Fortführung des Verfahrens die neue Partei nicht benachteiligt. Dem neuen Bekl ist also ein Schriftsatz entsprechend § 253 zuzustellen. Die etwaige Klagefrist, Grdz 27 vor § 253, muß erneut gewahrt werden, BGH **LM** PreußEnteignG Nr 16. Dasselbe gilt für die Einlassungsfrist, § 274 III. Erst seit dem Eintritt des neuen Bekl können ihm Zinsen angelastet werden. Erst jetzt tritt ihm gegenüber eine Unterbrechung der Verjährung ein. Franz NJW **72**, 1744 fordert außerdem wenigstens eine Teilidentität des Streitstoffs.

**6) Parteiwechsel in der Berufungsinstanz.** Sie ist etwas unkomplizierter. **9**

**A. Klägerwechsel.** Dieselben Grundsätze gelten in der Berufungsinstanz bei einem Klägerwechsel, BGH GRUR **96**, 866, BAG BB **75**, 1206, BayObLG **86**, 130, strenger Hamm VersR **96**, 149. Ein Klägerwechsel ist im übrigen nur dann zulässig, wenn überhaupt eine *zulässige Berufung* vorliegt, BGH NJW **94**, 3358. Der Beitritt eines weiteren Klägers in der Berufungsinstanz ist als eine Klagänderung anzusehen, BGH NJW **89**, 3225 (Zurückhaltung bei der Prüfung der Sachdienlichkeit!), Düss FamRZ **80**, 156. Auch ein zusätzlicher Widerbekl ist denkbar, Schlesw SchlHA **85**, 154.

**B. Beklagtenwechsel.** In der Berufungsinstanz kann ein neuer Bekl nicht schon bei Sachdienlichkeit, **10** sondern grundsätzlich nur beim Vorliegen seiner *Zustimmung* oder bei rechtsmißbräuchlicher Verweigerung der Zustimmung hineingezogen werden, weil sonst seine Abwehrmöglichkeiten verkürzt werden dürfen, BGH NJW **98**, 1497, Hamm RR **93**, 96, Karlsr NJW **95**, 1297.

Es erfolgt also eine Abweisung, keine Zurückverweisung, BAG NJW **71**, 723. Nur ausnahmsweise kann **11** über die Verweigerung der Zustimmung des Bekl hinweggegangen werden, wenn diese *mißbraucht* wird, Einl III 54, BGH NJW **98**, 1497, Hamm RR **93**, 96, Karlsr NJW **95**, 1297.

Die Frage ist vom vernünftigen subjektiven *Standpunkt des Bekl* her zu entscheiden (sog parteiobjektiver **12** Maßstab, vgl zu diesem auch § 42 Rn 10), also dann zu bejahen, wenn sein besonderes Interesse nicht gegen seinen Eintritt in das Verfahren spricht. Letzteres darf aber nicht mit der Sachdienlichkeit, die vom Verfahren her zu beurteilen ist, Rn 10, verwechselt werden, BGH **62**, 132. Der Verlust einer Instanz ist ein durchweg beachtliches Verweigerungsargument, aM Hamm RR **93**, 96 (aber niemand braucht sich den Rechtsschutz nur im Interesse des Gegners oder zur Bequemlichkeit der Justiz verkürzen zu lassen). Im übrigen bedarf es ausnahmsweise keiner Zustimmung des erst in der Berufungsinstanz in den Prozeß als Bekl geratenen neuen Betriebsinhabers nach § 613 a BGB, Zeuner Festschrift für Schwab (1990) 591.

**7) Parteiwechsel in der Revisionsinstanz.** Im Revisionsverfahren ist wegen § 561 ein Parteiwechsel **13** ausgeschlossen, BGH RR **90**, 1213. Nicht um einen Parteiwechsel handelt es sich, wenn an die Stelle der Mitglieder des nicht rechtsfähigen Vereins der inzwischen rechtsfähig gewordene Verein tritt, oder wenn der vertretungsberechtigte Gesellschafter einer BGB-Gesellschaft die Gesellschaftsforderung zunächst im eigenen

## § 263

Namen und in demjenigen des anderen Gesellschafters, dann nur noch im eigenen Namen (auf Zahlung an beide Gesellschafter) geltend macht.

**14**  **8) Gewillkürter Parteibeitritt.** Von einem Parteiwechsel ist der gewillkürte Parteibeitritt zu unterscheiden, der nur in § 856 gesetzlich geregelt ist. Er ist unter den Voraussetzungen der §§ 59, 60 zulässig, abw LG Konstanz VersR **75**, 94 (es liege eine Klagänderung vor). Der Kläger kann also unter diesen Voraussetzungen nachträglich einen Zweiten ordnungsgemäß verklagen und im anhängigen Prozeß zuziehen, Hamm AnwBl **74**, 275, LG Hbg KTS **85**, 576, jedoch nicht in der 2. Instanz.

**15**  **9) Kosten beim Parteiwechsel.** Die ausscheidende Partei hat ausnahmslos einen Anspruch auf eine Kostenentscheidung, Ffm MDR **77**, 410, Mü OLGZ **81**, 89. Diese ergeht gemäß § 308 II von Amts wegen, insofern nur scheinbar abweichend von § 269 III, der ja nur eine feststehende Bedeutung hat, durch Beschluß, evtl durch Urteil, Hamm JB **75**, 1503. Der ausscheidende Kläger trägt die bis dahin entstandenen Mehrkosten, BPatG GRUR **94**, 609, Düss MDR **74**, 147, KG OLGZ **78**, 478, aM LG Ffm MDR **87**, 591 (aber der Bekl verliert keinen Kostenvorteil).

**16**  Wer den Ausscheidenden *verklagt* hat, trägt die Kosten, Grdz 14 vor § 50, Hbg AnwBl **78**, 143, Schlesw SchlHA **75**, 66. Hat die richtige Partei den Kläger nach der Klagerhebung befriedigt, so ist eine Klagezustellung an sie die Erhebung einer unbegründeten Klage. Auch aus dem Gesichtspunkt des Verzugs kann sie nicht für die Kosten des falschen Prozesses haften. Wird die eingeklagte Schuld übernommen und tritt der Übernehmer im Einverständnis der Prozeßparteien im Weg einer Parteiänderung an die Stelle des bisherigen Bekl, so gilt § 265 Rn 24 entsprechend. Ein sachlichrechtlicher Ersatzanspruch gegen einen Dritten setzt natürlich dessen gesetzliche Haftung oder einen Vertrag mit ihm voraus, vgl Schneider MDR **81**, 355. Die Übernahme von „Kosten des Rechtsstreits" durch den Bekl umfaßt evtl nur die Kosten des neuen Klägers, Hbg MDR **90**, 1019.

**17**  **10) Bloße Parteiberichtigung statt Parteiwechsels.** Vom Eintritt einer neuen Partei ist die bloße Berichtigung einer falschen Parteibezeichnung zu unterscheiden, Grdz 3, 4 vor § 50, Mü OLGZ **81**, 90 mwN. Sie ist immer zulässig, auch wenn derselbe Bekl unter zwei Bezeichnungen verklagt worden ist.

**18**  **11) Verfahren bei der Klagänderung.** Es wird oft zu lasch gehandhabt.

**A. Erste Instanz.** Der neue Anspruch wird mit der Zustellung eines Schriftsatzes oder dem Vortrag in der mündlichen Verhandlung rechtshängig, § 261 II, Hummel WoM **86**, 79, also evtl schon vor der Entscheidung über die Zulässigkeit der Klagänderung, Ffm JB **80**, 142. Die Zulässigkeit der Klagänderung ist eine Prozeßvoraussetzung, Grdz 13 vor § 253. Sie ist daher in jeder Verfahrenslage von Amts wegen zu prüfen, Grdz 16 vor § 253. Bei einer unwirksamen Klagänderung bleibt die bisherige Klage rechtshängig, das Gericht muß über sie mangels Rücknahme usw entscheiden, BGH NJW **90**, 2682, Walther NJW **94**, 427. Bei einer zulässigen Klagänderung tritt der neue Antrag an die Stelle des alten, dessen Rechtshängigkeit mit der Zulassung des neuen endet, BGH NJW **90**, 2682 (evtl also im Urteil). Eine erneute Einhaltung der Einlassungsfrist ist entbehrlich, die Frist des § 132 ist aber zu beachten, § 274 Rn 7. Das Gericht hat gemäß § 308 I nur noch über den neuen zu entscheiden, Ffm FamRZ **81**, 979.

**19**  Für den neuen Antrag müssen die *Prozeßvoraussetzungen*, Grdz 13 vor § 253, erfüllt sein. Wenn daher die neue Klage nicht zugelassen worden ist, so ist sie durch Prozeßurteil ohne Rechtskraftwirkung in der Sache selbst als unzulässig abzuweisen, Grdz 14 vor § 253, BGH **LM** § 268 aF Nr 1, Saarbr WoM **85**, 295, nur scheinbar aM Walther NJW **94**, 427 (er überliest Rn 18). Eine unzulässige Sachentscheidung über den neuen Anspruch erlangt keine innere Rechtskraft, § 322 Rn 9. Die Rechtshängigkeit des neuen Anspruchs endet mit dem Eintritt der formellen Rechtskraft des die Klagänderung nicht zulassenden Urteils. Gleichzeitig kann das Gericht über die alte Klage, und zwar über deren Begründetheit, entscheiden, Schwab ZZP **91**, 493, ZöGre 16 a, aM LG Nürnb-Fürth ZZP **91**, 490, ThP 9, 17. Das Gericht hat die alte Klage evtl für zurückgenommen zu erklären, § 269. Unzulässig ist es, eine Klagänderung abzulehnen und sachlich über die neue Klage zu entscheiden, Ffm FamRZ **81**, 979, oder eine Klagänderung zuzulassen, den zugehörigen tatsächlichen Vortrag aber wegen Verspätung zurückzuweisen.

**20**  Der Streit über die Zulässigkeit der Klagänderung ist ein *Zwischenstreit*. Er kann daher entweder in den Gründen des Endurteils, Franz NJW **82**, 15, oder durch ein unselbständiges Zwischenurteil aus § 303 entschieden werden. Die Zurückweisung als unzulässig erfolgt nur durch ein Endurteil ohne Sachprüfung. Läßt man den Eintritt einer neuen Partei zu, so ist dieser in der mündlichen Verhandlung zu erklären. Rechtsbehelfe vgl § 268.

**21**  **B. Berufungsinstanz.** Eine Klagänderung ist als solche keine Urteilsanfechtung, BGH VersR **93**, 72. Sie kommt allerdings auch in der Berufungsinstanz in Betracht, BGH NJW **92**, 2296, BayObLG **88**, 432, Düss FamRZ **91**, 351. Das Gesetz nimmt den Verlust einer Tatsacheninstanz in Kauf, BGH NJW **85**, 1842. Es muß also eine Beschwer vorliegen, BGH NJW **99**, 1339, BAG MDR **97**, 95. Sie kann fehlen, wenn zB der in erster Instanz mit einer Feststellungsklage siegende Kläger nur in der Berufungsinstanz zur Leistungsklage übergeht, BGH NJW **88**, 829 (anders bei erstinstanzlichem Unterliegen), Köln RR **90**, 1086, oder wenn der Kläger Schmerzensgeld nur unter Angabe einer Betragsvorstellung verlangt und mit dieser Summe gesiegt hatte, BGH NJW **99**, 1339. Eine Klagänderung setzt die Zulässigkeit der Berufung voraus, BGH NJW **99**, 2119. Auch muß zumindest ein Teil des erstinstanzlichen Begehrens im Fall zusätzlicher, erstmals in der Berufungsinstanz gestellter Forderungen neben ihnen in dieser Instanz bestehenbleiben, und zwar nicht nur hilfsweise, BGH NJW **99**, 2119. Ferner muß das (Berufungs-)Gericht über den Klaganspruch sachlich entscheiden können, Bbg RR **94**, 456. Wegen einer Nachliquidation nach §§ 103 ff vgl § 104 Rn 51.

**22**  **C. Revisionsinstanz.** Ist eine Klagänderung in der Berufungsinstanz zu Unrecht nicht zugelassen worden, so erfolgt eine Zurückverweisung durch das Revisionsgericht, Rn 21. Wegen der Revisionsinstanz vgl auch § 561 Rn 5, BGH **123**, 136, BayObLG WoM **88**, 333.

**23**  **12) Zulässigkeit.** Sie erfordert die Erfüllung mindestens einer der folgenden Bedingungen.

1. Titel. Verfahren bis zum Urteil § 263

**A. Einwilligung des Beklagten.** Die Klagänderung ist nach der Rechtshängigkeit zulässig, wenn der Beklagte einwilligt. Diese rein prozeßrechtliche Einwilligung hat nichts mit derjenigen des § 183 BGB gemeinsam. Sie ist eine Parteiprozeßhandlung, Grdz 47 vor § 128, und braucht nicht voranzugehen. Sie ist schriftsätzlich oder in der mündlichen Verhandlung zu erklären, BGH NJW **92**, 2236 (auch stillschweigend möglich), im schriftlichen Verfahren des § 128 II, III in einem Schriftsatz. Es ist auch eine vorweggenommene stillschweigende Einwilligung denkbar, BGH RR **90**, 506 (Verteidigung nur wegen Abtretung der Klageforderung, der eine Rückabtretung gefolgt ist); aber Vorsicht! Eine vorbehaltlose Einlassung auf die neue Klage begründet die unwiderlegliche Vermutung der Einwilligung, § 267, und führt zur Heilung nach § 295, BGH KTS **86**, 666. Eine Einwilligung liegt auch bei einer vorweggenommenen Einlassung vor, dh dann, wenn der Kläger der Verteidigung des Bekl einen neuen Klagegrund entnimmt. Eine Einwilligung (oder die Bejahung der Sachdienlichkeit) ist auch erforderlich, wenn die Klage vor der Verhandlung zur Hauptsache geändert wird. Wegen § 269 vgl § 264 Rn 9.

**B. Sachdienlichkeit bei Prozeßwirtschaftlichkeit.** Zulässig ist die Klagänderung ferner, wenn das 24 Gericht sie sachdienlich findet, BGH NJW **94**, 3358, aM Mü RR **98**, 788. Maßgeblich ist die Prozeßwirtschaftlichkeit, Grdz 14, 15 vor § 128, BGH RR **90**, 506, Düss RR **93**, 1150. Die Frage der Sachdienlichkeit ist nach den objektiven Interessen beider Parteien zu beurteilen, BGH GRUR **96**, 866.

**C. Beispiele zur Frage einer Sachdienlichkeit** 25
**Arrest, einstweilige Verfügung:** Sachdienlichkeit fehlt beim Übergang in beiden Richtungen (Eil- und Hauptverfahren), § 920 Rn 7.
**Aufrechnung:** Sachdienlichkeit fehlt, soweit der Bekl erstmals in der Berufungsinstanz eine Aufrechnung nach § 145 Rn 9 erklärt, BGH MDR **83**, 1019.
**Aussetzung:** Sachdienlichkeit liegt vor, soweit eine Klagänderung eine Aussetzung, §§ 148 ff, verhindert, Celle VersR **75**, 264.
**Beweisaufnahme:** Sachdienlichkeit kann vorliegen, soweit keine (erstmalige oder weitere) Beweisaufnahme notwendig ist, BGH GRUR **96**, 866, Mü ZMR **96**, 496.
**Entscheidungsreife:** Sachdienlichkeit fehlt, soweit der bisherige Prozeß bereits entscheidungsreif ist, § 300 Rn 6, BGH NJW **75**, 1229, BAG WertpMitt **76**, 598, aM BGH NJW **85**, 1842.
**Erledigung:** Sachdienlichkeit liegt vor, soweit die Klagänderung die sachliche Erledigung des Streitfalls fördert, KG VersR **78**, 767. Bei „Erledigung" vor Rechtshängigkeit wird aber keine Feststellungsklage sachdienlich, aM Hbg MDR **98**, 367 (aber man kann, evtl etwas später, Leistungsklage auf Kostenerstattung erheben).
**Instanzverlust:** Sachdienlichkeit kann vorliegen, selbst wenn eine Instanz verlorengeht, Rn 10, BGH NJW 26 **85**, 1842, Zweibr ZMR **99**, 429, LG Gießen ZMR **94**, 706, aM LG Mannh ZMR **74**, 340.
**Künftige Leistung:** Die etwaige Sachdienlichkeit ersetzt nicht die Voraussetzungen der §§ 257 ff, AG Freibg WoM **89**, 573.
**Mieterhöhung:** Sachdienlichkeit fehlt bei § 2 MHG für den Übergang von der Zahlungs- zur (notwendigen) Zustimmungsklage, Hummel WoM **86**, 78, oder beim Nachschieben einer Neubegründung, aM LG Bln ZMR **98**, 430 (vgl aber Einl III 54).
**Nämlichkeit des Streitstoffs:** Rn 28 „Streitstoff".
**Neue Beweisaufnahme:** Sachdienlichkeit fehlt, soweit eine neue oder zusätzliche Beweisaufnahme er- 27 forderlich würde, Rn 26 „Entscheidungsreife".
**Neuer Klagegrund:** Sachdienlichkeit fehlt, soweit der Kläger einen neuen Klagegrund offenbar nur deshalb nachschiebt, um den Bekl zu schikanieren, oder weil er vorher ins Blaue hineingeklagt hatte, Bull SchlHA **74**, 150, oder wenn das Gericht für den neuen Klagegrund unzuständig ist, BGH ZZP **95**, 66, Düss FamRZ **83**, 401, oder weil nur so eine Rechtsmittelfähigkeit erzielbar wäre.
**Neuer Prozeß:** Sachdienlichkeit liegt vor, soweit eine Klagänderung einen neuen Prozeß verhindert, BGH RR **94**, 1143, Zweibr FamRZ **97**, 838, LG Gießen WoM **94**, 707.
**Neuer Streitstoff:** Rn 28 „Streitstoff".
**Rechtsmittelfähigkeit:** S „Neuer Klagegrund".
**Scheckprozeß:** Rn 28 „Urkundenprozeß".
**Streitstoff:** Sachdienlichkeit liegt vor, soweit der Streitstoff im wesentlichen derselbe bleibt, BGH **91**, 134, 28 Saarbr MietR **96**, 217, Zweibr ZMR **99**, 429.
  Sachdienlichkeit *fehlt*, soweit durch eine Klagänderung ein *völlig neuer* Streitstoff zur Entscheidung gestellt werden soll, ohne daß die Möglichkeit bestünde, das bisherige Prozeßergebnis nennenswert dabei mitzuverwerten, BGH RR **90**, 506, BezG Erfurt WoM **92**, 358, Saarbr WoM **85**, 295.
**Teilunzulässigkeit:** Sachdienlichkeit kann fehlen, soweit durch die Klagänderung erst eine Teilunzulässigkeit einträte, Hamm FamRZ **87**, 1303.
**Unterhalt:** Sachdienlichkeit kann beim Übergang zum Ausgleichsanspruch vorliegen, Kblz RR **97**, 1230.
**Urkundenprozeß:** Sachdienlichkeit liegt meist vor, soweit es um einen Übergang vom Urkunden-(Wechsel-, Scheck-)Prozeß in den ordentlichen Prozeß geht, § 596, BGH RR **87**, 58; umgekehrt liegt sie nur ausnahmsweise vor, BGH **69**, 70.
**Verlust einer Instanz:** Rn 26 „Instanzverlust".
**Verschulden:** Für die Frage einer Sachdienlichkeit ist ein etwaiges Verschulden unerheblich, LG Mannh ZMR **74**, 340.
**Verzögerung:** Sachdienlichkeit kann trotz Verzögerung vorliegen, BGH RR **94**, 1143. Freilich ist Vorsicht 29 ratsam. Denn die Klagänderung könnte zum Unterlaufen aller Verspätungsfolgen verleiten.
**Wechselprozeß:** Rn 28 „Urkundenprozeß".
**Weiterer Prozeß:** Rn 27 „Neuer Prozeß".
**Zeuge:** Sachdienlichkeit fehlt grds, soweit eine Klagänderung einen Zeugen prozessual ausschalten soll, LG Heidelb VersR **89**, 200. Nur ausnahmsweise kann Sachdienlichkeit insofern vorliegen, etwa dann, wenn der Prozeßgegner ein solches Vorgehen verursacht oder verschuldet hat.

§§ 263, 264　　　　　　　　　　2. Buch. 1. Abschnitt. Verfahren vor den LGen

**Zusammenhang:** Für die Frage einer Sachdienlichkeit ist ein rechtlicher oder wirtschaftlicher Zusammenhang der Ansprüche unerheblich.
**Zuständigkeit:** Rn 27 „Neuer Klagegrund".

30　D. **Verfahren der Zulässigkeitsprüfung.** Wird die Klagänderung zugelassen, darf das Vorbringen nicht gleichzeitig, etwa nach § 296 als verspätet, zurückgewiesen werden, BGH NJW **85**, 1842. Auch im Nachverfahren der §§ 302 IV, 600 kann die Sachdienlichkeit zu bejahen sein; das Vorbehaltsurteil bleibt zunächst wirksam. Ob eine Klagänderung sachdienlich ist, steht im pflichtgemäßen Ermessen des Gerichts, BGH NJW **85**, 1842. Ist die Sachdienlichkeit aber zu bejahen, so steht die Zulassung der Klagänderung nicht mehr im Ermessen des Gerichts; das Gericht muß sie zulassen, sobald es die Sachdienlichkeit bejaht, BGH RR **87**, 58. Hat das Gericht die Klagänderung angeregt, so darf der Kläger darauf vertrauen, daß das Gericht die Sachdienlichkeit trotz Widerspruchs des Bekl bejahen werde, BGH NJW **88**, 128. Freilich kann er die Zulassung nicht erzwingen, BGH NJW **88**, 128.

31　Eine *Verkennung* des Begriffs der Sachdienlichkeit begründet die Revision und führt zur Zurückverweisung, soweit nicht eine Anfechtung durch § 268 ausgeschlossen ist, BGH RR **87**, 59. Das Revisionsgericht kann also die Prüfung der Sachdienlichkeit nachholen, BGH RR **90**, 506. Die Zulassung kann auch stillschweigend erfolgen, etwa durch den Eintritt in eine Verhandlung über die neue Klage.

32　**13) *VwGO:*** Es gilt § 91 VwGO; zur Klagänderung durch Auswechslung des Beklagten BVerwG DVBl **93**, 563, zum gewillkürten Parteiwechsel Louis/Abry DVBl **86**, 334, Jaekel DÖV **85**, 479. Zu entscheiden ist durch unselbständiges Zwischenurteil entsprechend § 303, oben Rn 20, vgl Kopp § 91 Rn 25, oder im Endurteil, RedOe § 91 Anm 11–13, vgl Ey § 91 Rn 34.

## 264 Klagänderung. Einzelheiten.
Als eine Änderung der Klage ist es nicht anzusehen, wenn ohne Änderung des Klagegrundes
1. die tatsächlichen oder rechtlichen Anführungen ergänzt oder berichtigt werden;
2. der Klageantrag in der Hauptsache oder in bezug auf Nebenforderungen erweitert oder beschränkt wird;
3. statt des ursprünglich geforderten Gegenstandes wegen einer später eingetretenen Veränderung ein anderer Gegenstand oder das Interesse gefordert wird.

**Gliederung**

| | | | |
|---|---|---|---|
| 1) Systematik, Z 1–3 | 1 | C. Erweiterung oder Beschränkung des Antrags, Z 2 | 5 |
| 2) Regelungszweck, Z 1–3 | 2 | D. Anderer Gegenstand, Interesse, Z 3 | 6 |
| 3) Geltungsbereich, Z 1–3 | 3–6 | 4) Beispiele zur Frage einer Klagänderung, Z 1–3 | 7–24 |
| A. Grundsatz: Keine wesentliche Änderung | 3 | 5) VwGO | 25 |
| B. Ergänzung oder Berichtigung der Anführungen, Z 1 | 4 | | |

1　**1) Systematik, Z 1–3.** Über die Klagänderung im allgemeinen § 263 Rn 1, 3. Liegt eine Klagänderung vor und wird sie weder vom Gericht zugelassen noch vom Bekl gebilligt, so ist die Abweisung der geänderten Klage durch Prozeßurteil geboten, Grdz 14 vor § 253. Die Prüfung, ob eine Klagänderung vorliegt, muß der Sachprüfung vorausgehen. Wird die Klagänderung als unzulässig, gleichzeitig aber der neue Anspruch als unbegründet behandelt, ist die Entscheidung zum sachlichen Anspruch wirkungslos. Bei einem Widerspruch des Bekl erfolgt eine Entscheidung nach § 268 Rn 1.

Der neue Anspruch wird ohne Rücksicht auf die Zulassung *rechtshängig,* § 261. Ob seine Erhebung eine Rücknahme der bisherigen Klage bedeutet, ist eine Auslegungsfrage, abw LG Köln MDR **90**, 254. Es kann die Abweisung des alten Anspruchs nötig sein. Tritt freilich der neue Anspruch völlig an die Stelle des alten, so ist allein über den neuen zu entscheiden. Es empfiehlt sich stets eine Klärung gemäß §§ 139, 278 III. Dabei sind die Prozeßvoraussetzungen, Grdz 12 vor § 253, insbesondere die Zuständigkeit, neu zu prüfen. Eine Einlassung ist als Vereinbarung der Zuständigkeit anzusehen, § 39. Ist eine Klagerücknahme anzunehmen, so gilt § 269 für die Kosten. Über die Änderung der Partei § 263 Rn 5.

2　**2) Regelungszweck, Z 1–3.** Das Urteil darf der Frage, ob eine Klagänderung vorliege, nicht dahingestellt lassen. Dieser Notwendigkeit dient § 264 mit Klarstellungen, mögen die genannten Fallgruppen auch durchaus problematisch formuliert sein. Das ist bei der Auslegung mitzubeachten.

3　**3) Geltungsbereich, Z 1–3.** Vgl zunächst Üb 2 vor § 253.

**A. Grundsatz: Keine wesentliche Änderung.** § 264 verneint eine Klagänderung für drei Fallgruppen, in denen der Klagegrund, Begriff § 253 Rn 32, unberührt bleibt. Indessen berührt die durch Z 1 zugelassene Änderung oder Berichtigung der tatsächlichen Ausführungen notwendigerweise den Klagegrund. Darum kann nur solches Vorbringen eine Klagänderung enthalten, das nicht den Gesamttatbestand unverändert läßt, sondern die klagebegründenden Tatsachen wesentlich abändert. Z 2 und 3 können zusammentreffen.

4　**B. Ergänzung oder Berichtigung der Anführungen, Z 1.** § 264 verneint eine Klagänderung bei einer bloßen Ergänzung oder Berichtigung der tatsächlichen Angaben ohne Veränderung der Nämlichkeit des Vorgangs und der Personen (die rechtlichen Angaben haben mit einer Klagänderung überhaupt nichts zu tun), abgesehen von der Einschränkung Rn 3. Die Vorschrift dient nur diesem Ziel, Zweibr MDR **81**, 586. Z 1 dient nicht dazu, über die Ausnahmefälle des § 296 hinaus einen verspäteten Vortrag zulässig zu machen, Zweibr MDR **81**, 586. Vgl aber grundsätzlich § 296 Rn 29.

## 1. Titel. Verfahren bis zum Urteil § 264

**C. Erweiterung oder Beschränkung des Antrags, Z 2.** Keine Klagänderung ist eine quantitative oder 5
qualitative Erweiterung oder Beschränkung des Klagantrags, BGH RR **90**, 505, BayObLG **82**, 231. Das ist
nicht auf zahlenmäßige Unterschiede zu beschränken. Diese Regel gilt auch im Nachverfahren nach § 304;
insofern ist das Gericht für den Mehrbetrag nicht an seine Entscheidung gebunden.

Eine *Klagerweiterung* ist nur möglich, solange über die bisherige Klage nicht rechtskräftig entschieden
wurde, also evtl im Rechtsmittelverfahren, BGH NJW **83**, 173, Karlsr FamRZ **87**, 298, Schneider
MDR **82**, 626. Eine Klagerweiterung ist auch nach dem Ablauf einer etwaigen Klagefrist zulässig, BGH
VersR **73**, 54. Das ist allerdings nicht mehr in der Revisionsinstanz statthaft, BGH RR **91**, 1347. Freilich ist
eine Klagerweiterung keineswegs stets ein zwingender Grund zu einer Wiedereröffnung der Verhandlung,
§ 156 Rn 3. Eine Änderung des Antrags ist, abgesehen von Z 2 und 3, auch dann eine Klagänderung, wenn
der Klagegrund unverändert ist. Die Rechtshängigkeit der Erweiterung tritt wie sonst ein, § 261. Wegen der
durch die Erweiterung eintretenden Unzuständigkeit des AG § 506. Eine Beschränkung des Klagantrags
beseitigt die vorher begründete Zuständigkeit entgegen einem in der Praxis vielfach vorhandenen Standpunkt, der nicht selten von Bequemlichkeitserwägungen unschön mitmotiviert sein dürfte, keineswegs,
erlaubt also keine Verweisung vom LG an das AG.

Über die *Vorwegleistung* der Verfahrensgebühr nach § 65 GKG vgl Anh § 271. Zu den sonstigen Kostenfragen Göppinger JB **75**, 1409.

**D. Anderer Gegenstand, Interesse, Z 3.** Keine Klagänderung ist eine später eingetretene Veränderung, 6
wenn der Kläger deswegen den ursprünglichen Gegenstand nicht mehr fordern kann, vielmehr zur Vermeidung eines neuen Prozesses jetzt einen anderen Gegenstand, also ein anderes Objekt des prozessualen
Anspruchs, oder das Interesse fordert, BGH NJW **96**, 2869, Schneider MDR **87**, 812, aM Düss MDR **89**,
356. Die Veränderung muß nach der Klagerhebung eingetreten oder dem Kläger bekanntgeworden sein, Ffm
FamRZ **81**, 979, Altmeppen ZIP **92**, 454. Es ist unerheblich, ob die anfängliche Unkenntnis schuldhaft war.
Nur solange einer der bisherigen Ansprüche rechtshängig ist, § 261 Rn 4, 12, kann „statt" des ursprünglich
geforderten Gegenstands ein anderer gefordert werden, BGH LM § 264 aF Nr 25. Ob die Veränderung auf
dem Verhalten einer Partei oder auf einem Zufall beruht, ist unerheblich. Der neue Anspruch muß
demselben Klagegrund, § 253 Rn 32, entstammen, wie der alte, nicht aber dem alten Anspruch. Der
Insolvenzverwalter kann gegenüber einem Gläubiger, der gegen den Schuldner ein nicht rechtskräftiges
Urteil erstritten hat, dessen zur Tabelle angemeldete Forderung er aber ablehnt, den Rechtsstreit mit dem
Antrag aufnehmen, seinen Widerspruch für begründet zu erklären. Eine Änderung (Einschränkung) des
Antrags ist auch für denjenigen zulässig, der nach § 265 veräußert hat. Ob der Kläger einen anderen
Gegenstand usw verlangen kann, richtet sich nach dem sachlichen Recht. Eine Klagerweiterung ist gesondert
zu beurteilen, BGH NJW **96**, 2869.

**4) Beispiele zur Frage einer Klagänderung, Z 1–3** 7
**Abänderung – Leistung:** Eine Änderung des Klagantrags liegt vor, soweit der Kläger von der Abänderungsklage nach § 323 zur Leistungsklage übergeht, Hamm FamRZ **87**, 1303, und umgekehrt, Zweibr
FamRZ **97**, 838.
**Absonderung – Aussonderung:** Eine Änderung des Klagegrundes liegt vor, soweit der Kläger statt der
Absonderung jetzt die Aussonderung geltend macht, und umgekehrt.
**Abschlag – Schlußzahlung:** Eine Änderung des Klagantrags fehlt, soweit der Kläger von der Forderung
auf eine Abschlags- oder Abstandszahlung bei unverändertem Klagegrund nun zur Forderung auf die
Schlußzahlung übergeht, BGH NJW **99**, 713.
**Abstrakt – Konkret:** Rn 8 „Auswechslung von Berechnungen".
**Abtretung – eigener Vertrag:** Rn 19 „Neuer Erwerbsgrund".
**Abtretung – Wertersatz:** Eine Klagänderung fehlt wegen Z 3, soweit der Kläger statt einer Abtretung nun
einen Wertersatz fordert, BGH **LM** § 264 aF Nr 25, aM BGH (3. ZS) NJW **99**, 1407.
S auch Rn 17 „Leistung – Wertersatz".
**Abzahlung:** Rn 17 „Leistung – Wertersatz".
**Amtspflichtverletzung:** Rn 17 „Mehrheit von Handlungen".
**Anfechtung:** Rn 11 „Erfüllung – Bereicherung".
**Arrest:** Eine Änderung des Klagantrags kann vorliegen, soweit der Kläger vom Arrest- zum
Hauptsacheprozeß übergeht; vgl auch § 920 Rn 7 (Unzulässigkeit dieses Übergangs).
**Aufgabe eines Antrags:** Eine Änderung des Klagantrags liegt vor, soweit der Kläger zB den bisherigen
Antrag auf die Auflösung eines Arbeitsverhältnisses nicht weiter verfolgt, BAG NJW **80**, 1485.
**Aufhebung – Unzulässigkeit:** Rn 9 „Berichtigung".
**Aufrechnung:** Rn 15 „Leistung – Aufrechnung".
**Auskunft – Feststellung:** Eine Änderung des Klagantrags fehlt, soweit der Kläger vom Auskunftsanspruch, 8
§ 254, zur Feststellungsklage übergeht, § 256.
**Auskunft – Rechnungslegung:** Eine Änderung des Klagantrags fehlt, soweit der Kläger vom Auskunftszum Rechnungslegungsanspruch (und von ihm zum Leistungsanspruch) übergeht; § 254 erfaßt ja alle
diese Stufen, BGH NJW **79**, 926.
**Auskunft – Schadensersatz:** Eine Änderung des Klagantrags liegt grds vor, soweit der Kläger vom
Auskunfts- zum Schadensersatzanspruch übergeht, sofern nicht eine echte Stufenklage vorliegt, § 254,
BGH **81**, 129, BSG NJW **99**, 895, LAG Stgt JB **94**, 135.
Eine Antragsänderung *fehlt* aber ausnahmsweise, soweit der Kläger den Drittschuldner infolge von
dessen mangelhafter Auskunft nun nach § 840 II auf Schadensersatz in Anspruch nimmt, § 840 Rn 17
(Streitfrage, bitte dort nachlesen).
**Auswechslung von Ansprüchen:** Eine Änderung des Klagegrundes liegt vor, wenn völlig oder weitgehend
verschiedene Ansprüche ausgewechselt werden, BGH MDR **97**, 94 (Berufung), Mü BB **97**, 1705,
Spickhoff MDR **97**, 12 (Berufung).
**Auswechslung von Begründungen:** Rn 19 „Neue Begründungsart".

**Auswechslung von Berechnungen:** Eine Änderung des Klagegrundes fehlt, soweit der Kläger nur die Art der Schadensberechnung auswechselt, BGH NJW **92**, 568, etwa statt abstrakte jetzt konkrete Berechnung, oder wenn er nur Rechnungsposten auswechselt, BGH RR **96**, 892.
S auch Rn 19 „Neue Begründungsart".
**Auswechslung von Einwendungen:** Eine Änderung des Klagegrundes liegt vor, soweit der Kläger bei einer Vollstreckungsabwehrklage nach § 767 seine Einwendungen auswechselt oder neue Einwendungen nachschiebt.
**Auswechslung von Personen:** § 263 Rn 5 ff.
**Auswechslung von Währungen:** Eine Änderung des Klagantrags liegt vor, soweit der Kläger von der einen auf die andere Währung übergeht, BGH IPRax **94**, 366, Ritten NJW **99**, 1215 (EUR).
**Auswechslung von Zeiträumen:** Eine Änderung des Klagantrags liegt vor, soweit der Kläger den der Klage zugrunde liegenden Zeitraum auswechselt, etwa beim Unterhalt, Bbg FamRZ **89**, 520, oder bei der Miete (meist sachdienlich).

9 **Befreiung:** Rn 17 „Leistung – Schuldbefreiung".
**Bereicherung – Vollstreckungsabwehr:** Eine Änderung des Klagegrundes fehlt, soweit der Kläger von einer Vollstreckungsabwehrklage, § 767, zur Forderung nach §§ 812 ff BGB übergeht, Schlesw MDR **91**, 669, und umgekehrt.
**Berichtigung:** Eine Änderung des Klage*grundes* fehlt, soweit der Kläger nur eine Berichtigung vornimmt, zB bei der Parteibezeichnung, Ffm MDR **77**, 410, Stgt Just **72**, 204, oder bei Zahlen, auch beim Streitwert.
Eine Änderung des Klag*antrags* fehlt, wenn in Wahrheit eine bloße Berichtigung vorliegt, wenn der Kläger zB die Feststellung der Unzulässigkeit einer Pfändung statt Aufhebung der Vollstreckung fordert.
S auch Rn 21 „Sprachliche Verbesserung".
**Berufungsinstanz:** dazu *Sundermann*, Die Bedeutung der Berufungsanträge für die Zulässigkeit der Berufung usw, Diss Bonn 1998: Wegen des Klagegrundes vgl bei den einzelnen Stichwörtern sowie BGH RR **90**, 505, Karlsr FamRZ **87**, 298, Schneider MDR **82**, 626.

10 **Dingliche Klage:** Rn 19 „Neuer Erwerbsgrund".
**Drittschuldner:** Rn 8 „Auskunft – Schadensersatz".
**Drittwiderspruchsklage:** Rn 15 „Leistung – Drittwiderspruch".
**Duldung:** Rn 15 „Leistung – Duldung".

11 **Erfüllung – Bereicherung:** Eine Klagänderung fehlt wegen Z 3, soweit der Kläger wegen einer gegnerischen Vertragsanfechtung statt der Erfüllung nun die Herausgabe einer Bereicherung fordert.
**Erfüllung – Schadensersatz:** Eine Änderung des Klage*grundes* fehlt, soweit der Kläger auf Grund desselben Sachverhalts vom Erfüllungs- zum Schadensersatzanspruch wegen Nichterfüllung übergeht, BGH NJW **90**, 2684, und umgekehrt, aM Mü RR **98**, 207. Dasselbe gilt grds auch beim Klagantrag.
Eine Änderung des Klagantrags liegt aber ausnahmsweise vor, soweit der Kläger statt einer Herausgabe zB nach § 985 BGB, nun den Schadensersatz nach § 989 BGB, fordert, aM BGH NJW **99**, 360 oben links.
**Erhöhung eines Anspruchs:** Eine Änderung des Klagantrags fehlt, soweit der Kläger den Anspruch erhöht, Mü BB **97**, 1705, auch in zweiter Instanz, Stgt VersR **94**, 106 (Schmerzensgeld).
**Erledigung der Hauptsache:** Rn 16 „Leistung – Erledigung".
**Erneuter Vortrag:** Eine Änderung des Klagegrundes liegt vor, soweit der Kläger ein zuvor fallengelassenes Vorbringen wieder vorträgt oder einen in der ersten Instanz übergangenen Vortrag in der zweiten Instanz wieder aufnimmt.

12 **Feststellung – Leistung:** Eine Änderung des Klagantrags fehlt, soweit der Kläger bei gleichem Sachverhalt von der Feststellungs- zur Leistungsklage übergeht, BGH NJW **94**, 2897, Ffm RR **87**, 1536, Hager KTS **89**, 523, aM LG Hbg KTS **85**, 576, ThP § 263 Rn 2.
S aber auch Rn 13 „Insolvenz".
**Freistellung – Feststellung:** Gegenüber dem Haftpflichtversicherer liegt keine Klagänderung vor, Düss RR **96**, 1246.
**Freistellung – Vollstreckungsabwehr:** Eine Änderung des Klagantrags liegt vor, soweit der Kläger von einem Freistellungsanspruch zur Vollstreckungsabwehrklage nach § 767 übergeht, Ffm NJW **76**, 1983.
**Gesamtgläubiger – Einzelgläubiger:** Eine Änderung des Klagantrags liegt vor, soweit der Kläger von einer Gesamtgläubigerschaft zu einem eigenen Einzelgläubigeranspruch übergeht (das ist allerdings meist sachdienlich), BGH LM § 844 II BGB Nr 46, und umgekehrt.
**Gesamtschuldnerausgleich – Zugewinnausgleich:** Eine Änderung des Klagegrundes liegt vor, soweit der Kläger seine Forderung zusätzlich zum Gesamtschuldnerausgleich zwischen Ehegatten nun auch auf den Zugewinnausgleich stützt, BGH RR **89**, 68.
**Grundgeschäft – Wechsel:** Eine Änderung des Klagegrundes liegt vor, wenn der Kläger die Forderung statt auf das Grundgeschäft jetzt auf einen Wechsel stützt, und umgekehrt, BGH RR **87**, 58.

13 **Haftpflichtgesetz – Unerlaubte Handlung:** Eine Änderung des Klagegrundes fehlt, soweit der Kläger zunächst aus dem Haftpflichtgesetz und dann aus unerlaubter Handlung vorgeht.
**Hauptantrag – Hilfsantrag:** Eine Änderung des Klagegrundes liegt vor, soweit der Kläger vom erstinstanzlichen Hilfsantrag zum zweitinstanzlichen Hauptantrag übergeht, BGH RR **87**, 125.
S auch Rn 19 „Nachschieben".
**Herausgabe – Rückzahlung:** Bei einer Bürgschaft fehlt eine Klagänderung wegen Z 3, BGH NJW **96**, 2869.
**Herausgabe – Schadensersatz:** Rn 11 „Erfüllung – Schadensersatz".
**Hinterlegung:** Rn 17 „Leistung – Hinterlegung".
**Hinzufügen:** Rn 19 „Nachschieben".
**Hypothekenlöschung:** Eine Änderung des Klage*grundes* liegt vor, soweit der Kläger die Löschung einer Hypothek erst aus dem einen Grund, dann aus einem anderen begehrt.

Eine Änderung des Klag*antrags* fehlt, soweit der Kläger statt der Löschungsbewilligung nun eine Einwilligung in die Auszahlung eines Erlöses begehrt.

**Insolvenz:** Eine Änderung des Klagantrags liegt vor, soweit der Kläger von der Feststellung zur Insolvenztabelle wegen einer Masseschuld zu einer Leistungs- oder Feststellungsklage übergeht, auch in der Revisionsinstanz, BGH **105**, 35.

S aber auch Rn 12 „Feststellung – Leistung".

**Kapital – Zinsen:** Eine Änderung des Klagantrags liegt vor, soweit der Kläger statt eines Kapitals nun **14** Zinsen fordert.

**Klagerücknahme:** Rn 16 „Leistung – Erledigung".

**Künftige – jetzige Leistung:** Eine Änderung des Klagantrags fehlt, soweit der Kläger von der Klage auf eine künftige Leistung zur Forderung nach jetziger Leistung übergeht, § 257 Rn 5, BGH NJW **60**, 1950, und umgekehrt.

**Leistung – Abänderung:** Rn 7 „Abänderung – Leistung".

**Leistung – Aufrechnung:** Eine Änderung des Klagantrags fehlt, soweit der Kläger statt einer Leistungs- **15** forderung nun eine Aufrechnung geltend macht, § 145 Rn 9.

**Leistung – Drittwiderspruch:** Eine Änderung des Klagantrags liegt vor, soweit der Kläger von der Leistungs- zur Drittwiderspruchsklage nach § 771 übergeht, LG Bln KTS **89**, 207.

**Leistung – Duldung:** Eine Änderung des Klagantrags fehlt, soweit der Kläger statt der Leistung nun eine Duldung der Zwangsvollstreckung usw begehrt.

**Leistung – Erledigung:** Eine Klageänderung kann vorliegen, soweit der Kläger statt der Leistung **16** nun einseitig die Feststellung der Erledigung der Hauptsache fordert, § 91a Rn 168, Bbg NZM **99**, 376, Düss FamRZ **92**, 961, Zweibr FamRZ **97**, 505. Dann kann auch eine (teilweise) Klagerücknahme vorliegen, § 269 Rn 1. In solchem Fall sind §§ 263ff und 269 nebeneinander anwendbar, da sie unterschiedliche Ziele haben, Groß JR **96**, 357, ThP 6 ZöGre § 263 Rn 17, 18.

**Leistung – Feststellung:** Eine Klageänderung kann vorliegen, wenn der Kläger zunächst eine Genehmigung, dann die Feststellung ihrer Entbehrlichkeit fordert, Zweibr ZMR **99**, 429.

**Leistung – Hinterlegung:** Eine Änderung des Klagantrags fehlt, soweit der Kläger statt einer Leistung **17** (Zahlung) nun eine Hinterlegung fordert.

**Leistung an Kläger – an Dritten:** Eine Änderung des Klagantrags fehlt, soweit der Kläger die Leistung statt an sich selbst nun zugunsten eines Dritten fordert, BGH RR **90**, 505.

**Leistung an mehrere – an einen:** Eine Änderung des Klagantrags fehlt, soweit der Kläger statt einer Leistung an mehrere nun die Leistung an sich allein fordert.

**Leistung – Rechnungslegung:** Eine Änderung des Klag*grundes* fehlt, soweit der Kläger zum Leistungsanspruch den Anspruch auf eine Rechnungslegung hinzufügt. Denn der letztere betrifft nur eine Nebenforderung (diese hat hier um weitere Bedeutung als bei 4).

Auch eine Änderung des Klag*antrags* fehlt dann, BGH FamRZ **75**, 38, aM Köln RR **89**, 567.

**Leistung – Schuldbefreiung:** Eine Änderung des Klagantrags fehlt, soweit der Kläger statt einer Zahlung nun eine Schuldbefreiung fordert, und umgekehrt, BGH NJW **94**, 945, Ffm FamRZ **90**, 50, aM Görmer MDR **95**, 241.

**Leistung – Stufenklage:** Eine Änderung des Klagantrags liegt vor, soweit der Kläger von einer (bezifferten) Leistungsklage zur Stufenklage übergeht, Mü FamRZ **95**, 679.

**Leistung – Vollstreckbarerklärung:** Eine Änderung des Klagantrags liegt vor, soweit der Kläger statt einer Leistung nun die Vollstreckbarerklärung eines Schiedsspruchs fordert.

**Leistung – Wertersatz:** Eine Änderung des Klagantrags fehlt, soweit der Kläger statt der Leistung nun einen Wertersatz fordert, zB der Abzahlungsverkäufer, der nun außerdem eine Vorprüfung für eine Gebrauchsüberlassung begehrt, aM Düss MDR **89**, 356, oder nach § 281 BGB.

S auch Rn 7 „Abtretung – Wertersatz".

**Leistung – Zug um Zug:** Eine Änderung des Klagantrags fehlt, soweit der Kläger statt einer unbedingten Leistung nun eine solche nur noch Zug um Zug gegen eine eigene Gegenleistung fordert.

**Mängelbeseitigung – Neuherstellung:** Eine Änderung des Klagantrags fehlt, soweit der Kläger statt einer **18** Mängelbeseitigung eine Neuherstellung fordert, und umgekehrt.

**Materieller Schaden – Schmerzensgeld:** Eine Änderung des Klagantrags liegt vor, soweit der Kläger statt eines materiellen Schadens nun ein Schmerzensgeld fordert, und umgekehrt.

**Mauer – Zaun:** Eine Änderung des Klagantrags fehlt, soweit der Kläger statt einer festen Mauer nun einen Zaun auf fester Grundlage fordert.

**Mehrheit von Handlungen:** Eine Änderung des Klagegrundes liegt vor, wenn der Kläger erst in der einen Handlung, dann in einer anderen eine Amtspflichtverletzung sieht.

**Mieterhöhung:** Rn 19 „Nachschieben", „Neue Begründungsart".

**Minderung – Wandlung, Schadensersatz:** Eine Änderung des Klagantrags liegt vor, soweit der Kläger statt einer Minderung nun die Wandlung oder Schadensersatz geltend macht, und umgekehrt, BGH NJW **90**, 2682 und 2683, LG Mönchengladb RR **92**, 1524, Walcher NJW **94**, 424.

**Minderung – Nachbesserung:** Eine Änderung des Klagegrundes fehlt, soweit der Kläger statt einer Nachbesserung nun eine Minderung geltend macht, Mü NJW **72**, 62, und umgekehrt.

**Nachschieben:** Eine Änderung des Klagegrundes kann vorliegen, soweit der Kläger etwas nachschiebt, zB **19** ein Mieterhöhungsverlangen, LG Bln ZMR **98**, 430, AG Bad Homburg WoM **85**, 323, oder einen weiteren Haupt- oder Hilfsklagegrund anderer Art, auch in der Berufungsinstanz, BGH NJW **85**, 1842, oder eine weitere Kündigung, Mü ZMR **96**, 496.

S auch Rn 17 „Leistung – Rechnungslegung", Rn 19 „Neue Begründungsart".

**Neue Begründungsart:** Eine Änderung des Klagantrags oder der Klagebegründung kann ausnahmsweise vorliegen, soweit der Kläger eine neue Begründung vorlegt, etwa für eine Mieterhöhung, Grdz 32 vor § 253, LG Bln ZMR **98**, 430, aM Stgt RR **96**, 1085 (neuer Zeitraum).

**§ 264**  2. Buch. 1. Abschnitt. Verfahren vor den LGen

Grundsätzlich *fehlt* aber eine Änderung, soweit der Kläger auf Grund desselben Sachverhalts nur eine rechtlich andere weitere Begründung vorträgt, BGH DB **99**, 1315, Karlsr GRUR **79**, 473, Schlesw MDR **91**, 669, aM Bbg RR **94**, 455.
S auch Rn 8 „Auswechslung ...", Rn 9 „Nachschieben".
**Neuer Erwerbsgrund:** Eine Änderung des Klage*grundes* liegt vor, wenn der Kläger die Forderung nun auf einen neuen Erwerbs- oder Entstehungsgrund stützt, etwa statt auf den eigenen Vertrag nun auf ein an ihn abgetretenes Recht oder auf eine Prozeßstandschaft, BVerfG **54**, 127, BGH RR **94**, 1143, Zweibr OLGZ **70**, 179, aM Grunsky ZZP **91**, 317.
Eine Änderung des Klag*antrags* fehlt aber bei einer Rückabtretung, BGH RR **90**, 505.
**Neue Kündigung:** Eine Änderung des Klagegrundes liegt vor, soweit der Kläger sich nun auf eine neue Kündigung stützt. BezG Erfurt WoM **92**, 358, Zweibr MDR **81**, 586, AG Freibg WoM **89**, 373.
Eine Änderung *fehlt,* soweit der Arbeitgeber eine erst nach der Rechtshängigkeit, § 261 Rn 1, erklärte weitere Kündigung zu demselben Zeitpunkt nun im Prozeß geltend macht, Stgt BB **92**, 865.
**Neuordnung:** Eine Änderung des Klagegrundes fehlt, soweit der Kläger nur den Streitstoff neu ordnet.
20 **Patentnichtigkeit:** Eine Änderung des Klagegrundes fehlt, soweit im Patentnichtigkeitsverfahren mangels bisheriger Erfindungsneuheit nun weitere Veröffentlichungen angeführt werden. Denn dann liegt nur eine Klageerweiterung vor.
**Prozeßstandschaft:** Rn 19 „Neuer Erwerbsgrund".
**Räumung – Unterlassung:** Eine Änderung des Klagantrags liegt vor, soweit der Kläger vom Räumungs- zum Unterlassungsanspruch übergeht, LG Gießen WoM **76**, 13.
**Realteilung – Auseinandersetzungsvertrag:** In solchem Fall liegt eine Änderung des Klagantrags vor, Oldb FamRZ **96**, 1438.
**Rechnungslegung – Feststellung:** Eine Änderung des Klagantrags fehlt, soweit der Kläger von der Rechnungslegungs- zur Feststellungsklage übergeht, §§ 254, 256.
**Rechnungslegung – Leistung:** Eine Änderung des Klagantrags fehlt, soweit der Kläger vom Rechnungslegungs- zum Leistungsanspruch übergeht, § 254, BGH NJW **79**, 926.
**Rechtshängigkeit:** Eine Änderung des Klagegrundes wie des Klageantrags fehlt, soweit ein Umstand erst nach dem Eintritt der Rechtshängigkeit, § 261 Rn 1, eintritt, soweit der Sachverhalt im Kern unverändert bleibt, BGH NJW **85**, 1560, aM Zweibr MDR **81**, 586 (bei anderem Sachverhalt).
S auch Rn 19 „Neue Kündigung", Rn 22 „Wirtschaftsplan – Jahresabrechnung".
**Revisionsinstanz:** § 561 Rn 5 und BGH NJW **88**, 697.
**Rückzahlung:** Rn 22 „Vollstreckungsabwehr – Rückzahlung".
21 **Schiedsspruch:** Rn 17 „Leistungs – Vollstreckbarerklärung".
**Schmerzensgeld:** Rn 11 „Erhöhung des Anspruchs", Rn 17 „Materieller Schaden – Schmerzensgeld".
**Sprachliche Verbesserung:** Eine Änderung des Klagantrags fehlt, soweit der Kläger den Antrag nur sprachlich verbessert, nicht inhaltlich, zB bei einer Gegendarstellung, nicht auf eine Gegendarstellung, KG NJW **70**, 2029, oder bei einem bloßen Zusatz „insbesondere" beim Unterlassungsantrag, KG DB **87**, 2409.
S auch Rn 9 „Berichtigung".
**Stufenklage:** Rn 8 „Auskunft – Rechnungslegung", „Auskunft – Schadensersatz", Rn 17 „Leistung – Rechnungslegung"; Rn 20 „Rechnungslegung – Leistung".
22 **Üblichkeit – Vereinbarung:** Eine Änderung des Klagegrundes liegt vor, wenn der Kläger erst die übliche, dann eine vereinbarte Vergütung fordert, oder umgekehrt, Ffm MDR **84**, 238.
**Unerlaubte Handlung – Vertrag:** Rn 19 „Neue Begründungsart".
**Unterhalt:** Eine Änderung des Klagegrundes liegt vor, soweit neben Elementarunterhalt nun auch Krankenvorsorge- und Altersvorsorgeunterhalt begehrt wird, Hamm FER **97**, 98, oder soweit nun ein Ausgleichsanspruch erhoben wird, Kblz RR **97**, 1230.
**Unterlassung – Ausgleich:** Eine Änderung des Klagantrags liegt vor, soweit der Kläger vom Unterlassungs- zum Ausgleichsanspruch übergeht, BGH LM § 906 BGB Nr 30.
**Unterlassung – Feststellung:** Eine Änderung des Klagantrags liegt vor, soweit der Kläger vom Unterlassungs- zum Feststellungsbegehren übergeht, BAG DB **93**, 100 (freilich muß ein Rechtsschutzbedürfnis vorliegen).
**Unterlassung – Schadensersatz:** Eine Änderung des Klagegrundes fehlt, soweit der Kläger vom Unterlassungs- zum Schadensersatzanspruch übergeht.
**Urkunde – Wechsel:** Wegen des Übergangs vom Urkunden- zum Wechselprozeß usw § 602 Rn 3.
23 **Verfrühter Vortrag:** Rn 20 „Rechtshängigkeit".
**Verzicht:** Ein teilweiser Verzicht, § 306, kann eine endgültige Klageänderung sein.
**Vollstreckungsabwehr – Rückzahlung:** Eine Klagänderung fehlt wegen Z 3, soweit der Kläger einer Vollstreckungsabwehrklage, § 767, nach Zahlung an den Gläubiger nun eine Rückzahlung fordert, BAG NJW **80**, 142, KG FamRZ **88**, 85, Stgt MDR **89**, 463.
**Vollstreckungsabwehrklage:** Rn 8 „Auswechslung von Einwendungen", Rn 9 „Bereicherung – Vollstreckungsabwehr", Rn 12 „Freistellung – Vollstreckungsabwehr", Rn 23 „Vollstreckungsabwehr – Rückzahlung".
**Vorschuß – Schadensersatz:** Eine Änderung des Klagegrundes fehlt, soweit der Kläger von einer Vorschuß- zu einer Schadensersatzforderung übergeht, BGH NJW **93**, 598, aM BGH (7. ZS) MDR **98**, 557.
24 **Währung:** Rn 8 „Auswechslung von Währungen".
**Weitere Kündigung:** Rn 19 „Neue Kündigung".
**Widerruf – Kostenfeststellung:** LG Bln RR **98**, 749 wendet Z 2 an.
**Widerruf – Unterlassung:** Eine Änderung des Klagantrags liegt vor, soweit der Kläger vom Widerrufs- zum Unterlassungsanspruch übergeht, BGH MDR **94**, 1143.
**Wiederaufnahme von Vortrag:** Rn 11 „Erneuter Vortrag".

**Wirtschaftsplan – Jahresabrechnung:** Eine Änderung des Klagegrundes fehlt, soweit der Kläger einen Wohngeldanspruch statt auf den Wirtschaftsplan nun nur noch auf die erst im Prozeß ergangene Jahresabrechnung stützt, Köln WoM 90, 47.
S auch Rn 20 „Rechtshängigkeit".
**Zahlung – Wertersatz:** Eine Änderung der Klagebegründung liegt vor, wenn der Kläger von der Zahlungsklage zur Forderung auf Wertersatz übergeht, BGH **LM** Nr 33 (nach dem AnfG).

**5) VwGO:** Entsprechend anzuwenden, § 173 VwGO, als Ergänzung zu § 91, allgM, Kopp § 91 Rn 8 ff. Vorausgesetzt, daß der Klaggrund derselbe bleibt, BVerwG DVBl **84**, 93 (stRspr), liegt deshalb keine Klageänderung vor, wenn der Kläger von der Feststellungs- zur Leistungsklage übergeht (oder umgekehrt), BVerwG DÖV **88**, 224, auch nicht bei Übergang zum Antrag nach § 113 II VwGO, BVerwG DÖV **62**, 754, oder zur Klage nach § 113 I 4 VwGO, BVerwG **8**, 59 u RiA **82**, 18, ebensowenig bei Übergang von dieser Klage zur allgemeinen Feststellungsklage, BVerwG LS DVBl **80**, 641, nach Wegfall des Rechtsschutzbedürfnisses zur negativen Feststellungsklage oder einer Anfechtungsklage gegen einen jene unterlaufenden Verwaltungsakt, BVerwG **30**, 50, oder bei Rückkehr zum ursprünglichen Klagantrag nach einseitiger Erledigungserklärung, BVerwG NVwZ-RR **88**, 56, oder bei sonstiger Anpassung des Klagebegehrens an veränderte Umstände, BVerwG DÖV **84**, 984. Dagegen ist es idR eine Änderung des Klaggrundes, wenn der angefochtene Verwaltungsakt durch einen anderen ersetzt wird und nun dessen Aufhebung begehrt wird (keine entsprechende Anwendung von § 68 FGO oder § 96 SGG), OVG Münst DVBl **67**, 116 (eingehend), aM Grunsky § 13 II 1; in diesem Fall ist aber meist die Zulassung der Klageänderung, § 91 VwGO, geboten, vgl dazu BVerwG NJW **70**, 1564.

## 265

**Rechtshängigkeit. Veräußerung der Streitsache.** ¹Die Rechtshängigkeit schließt das Recht der einen oder der anderen Partei nicht aus, die in Streit befangene Sache zu veräußern oder den geltend gemachten Anspruch abzutreten.

II ¹Die Veräußerung oder Abtretung hat auf den Prozeß keinen Einfluß. ²Der Rechtsnachfolger ist nicht berechtigt, ohne Zustimmung des Gegners den Prozeß als Hauptpartei an Stelle des Rechtsvorgängers zu übernehmen oder eine Hauptintervention zu erheben. ³Tritt der Rechtsnachfolger als Nebenintervenient auf, so ist § 69 nicht anzuwenden.

III Hat der Kläger veräußert oder abgetreten, so kann ihm, sofern das Urteil nach § 325 gegen den Rechtsnachfolger nicht wirksam sein würde, der Einwand entgegengesetzt werden, daß er zur Geltendmachung des Anspruchs nicht mehr befugt sei.

**Schrifttum:** *Baur*, Rechtsnachfolge in Verfahren und Maßnahmen des einstweiligen Rechtsschutzes, Festschrift für *Schiedermair* (1976) 19; *Calavros*, Urteilswirkungen zu Lasten Dritter, 1978; *Grunsky*, Die Veräußerung der streitbefangenen Sache, 1968; *Jänsch*, Prozessuale Auswirkungen der Übertragung der Mitgliedschaft, 1996; *Lüke*, Die Beteiligung Dritter im Zivilprozeß, 1993; *Schilken*, Veränderungen der Passivlegitimation im Zivilprozeß: Studien zur prozessualen Bedeutung der Rechtsnachfolge auf Beklagtenseite außerhalb des Parteiwechsels 1987; *Schober*, Drittbeteiligung im Zivilprozeß usw (auch rechtsvergleichend), 1990; *Wahl*, Die Bindung an Prozeßlagen als Hauptproblem des gewillkürten Parteiwechsels, Diss Heidelb 1990; *Zeuner*, Verfahrensrechtliche Folgen des Betriebsübergangs nach § 613a BGB, Festschrift für *Schwab* (1990) 575.

### Gliederung

| | |
|---|---|
| 1) Systematik, I–III ................. | 1 |
| 2) Regelungszweck, I–III ........... | 2 |
| 3) Geltungsbereich, I–III ........... | 3 |
| 4) Veräußerung der Streitsache, I ... | 4–15 |
|   A. „Sache" ..................... | 4 |
|   B. Streitbefangenheit ............ | 5 |
|   C. Beispiele zur Frage einer Streitbefangenheit, I ..... | 6 |
|   D. Geltend gemachter Anspruch .. | 7 |
|   E. Begriffe der Veräußerung und Abtretung ............. | 8 |
|   F. Beispiele zur Frage einer Veräußerung oder Abtretung ........ | 9–13 |
|   G. Übergang als notwendige Folge ...... | 14 |
|   H. Nach Rechtshängigkeit ........ | 15 |
| 5) Einfluß auf den Prozeß, II ...... | 16–20 |
|   A. Grundsatz: Kein Einfluß ..... | 16 |
|   B. Antragsumstellung ........... | 17, 18 |
|   C. Prozeßhandlung, sachlichrechtliche Verfügung ................. | 19 |
|   D. Veräußerung, Abtretung des Beklagten .................. | 20 |
| 6) Übernahme durch den Rechtsnachfolger, I ................... | 21–26 |
|   A. Begriff ..................... | 21 |
|   B. Übernahme ................. | 22 |
|   C. Grundsatz: Notwendigkeit der Zustimmung beider bisherigen Parteien . | 23, 24 |
|   D. Ausnahmen ................. | 25 |
|   E. Einmischungsklage ........... | 26 |
| 7) Schutz des gutgläubigen Erwerbers, III .......................... | 27, 28 |
|   A. Veräußerung durch Kläger ... | 27 |
|   B. Veräußerung durch Beklagten | 28 |
| 8) Verstoß, I–III ................. | 29 |
| 9) Rechtsmittel, I–III ............ | 30 |
| 10) VwGO ....................... | 31 |

**1) Systematik, I–III.** § 265 gibt in I eine überflüssige, weil nach dem BGB selbstverständliche, Vor- **1** schrift. Das sachliche Recht kennt kein Verbot der Veräußerung einer Streitsache. Das Rechtsschutzbedürfnis ist wie stets zu prüfen, BayObLG **83**, 77. Ergänzungen geben §§ 325 I, 727, die die Wirkung des Urteils bezüglich der Rechtsnachfolge regeln.

**2) Regelungszweck, I–III.** Die Vorschrift dient der Ergänzung, daß niemand aus dem öffentlichrechtli- **2** chen Prozeßverhältnis ohne weiteres, insbesondere durch eigenes Tun, ausscheiden darf, BGH **117**, 146. Ohne §§ 265, 266 würde aber der Kläger die Sachlegitimation, Grdz 23 vor § 50, verlieren, BGH ZMR **85**,

§ 265    2. Buch. 1. Abschnitt. Verfahren vor den LGen

376, und der Bekl gezwungen sein, den vielleicht sicheren Prozeß gegen einen anderen Gegner von neuem zu beginnen, BGH **117**, 146, BAG DB **84**, 2567, LG Ffm NJW **72**, 955. Andere sachlichrechtliche Veränderungen sind voll beachtlich; für sie gelten die §§ 265, 266 nicht. II, III haben eine große prozessuale Tragweite. Sie sollen verhüten, daß die eine Partei durch eine Veräußerung der streitbefangenen Sache nach dem Eintritt der Rechtshängigkeit, § 261, um die Früchte ihres bisherigen Prozesses gebracht wird, BGH **117**, 146, oder daß die Lage der anderen Partei verschlechtert wird, BGH **72**, 241, OVG Münster NJW **81**, 598.

**3** **3) Geltungsbereich, I–III.** Die Vorschrift gilt in allen Verfahren nach der ZPO. Im Verfahren auf den Erlaß eines Arrests oder einer einstweiligen Verfügung, §§ 916 ff, 935 ff, ist § 265 grundsätzlich anwendbar, ThP 11. In Baulandsachen ist § 265 unanwendbar, Mü MDR **72**, 787. Bei einer Veräußerung der Eigentumswohnung ist in einem Verfahren nach § 43 WEG II entsprechend anwendbar, BayObLG **94**, 239, Hamm OLGZ **90**, 44. II ist in Patentnichtigkeitsverfahren entsprechend anwendbar, BGH NJW **93**, 203, nicht aber im markenrechtlichen Widerspruchsverfahren, BPatG WettbR **97**, 232, aM BGH RR **98**, 1505. Auf eine Abtretung oder Veräußerung nach der Zustellung des Mahnbescheids, aber vor einer Abgabe nach § 696 III ist § 265 unanwendbar, BGH NJW **75**, 929. Trotz der Rechtshängigkeit behält jede Partei das Verfügungsrecht über die Streitsache.

**4** **4) Veräußerung der Streitsache, I.** Die Vorschrift birgt zahlreiche Probleme.
   **A. „Sache".** Das ist in I nicht nur die körperliche Sache, § 90 BGB, sondern jeder Gegenstand, also auch ein Grundstück, soweit es nicht unter § 266 fällt, sondern auch ein Recht, eine Forderung, Schmidt JuS **97**, 108, eine rechtsähnliche Position, Brdbg RR **96**, 725, die verpfändete Hypothek oder eine Marke. Ein Gesamtanspruch, wie die Erbschaftsklage, macht nicht die einzelnen Sachen streitbefangen.

**5** **B. Streitbefangenheit.** „In Streit befangen" (dies ist weit auszulegen, Köln MDR **72**, 332) ist der Gegenstand, wenn auf ihm die rechtliche Beziehung zu ihm die Sachbefugnis einer Partei, Grdzu 22 vor § 50, beruht, OVG Münster NJW **81**, 598, oder wenn sein Verlust droht, Hamm RR **91**, 20. Das trifft namentlich dann zu, wenn der Besitz oder das Eigentum streitig sind oder wenn es sich um ein dingliches Recht oder ein gegen den jeweiligen Besitzer oder Eigentümer gerichtetes persönliches Recht handelt, BGH LM § 917 BGB Nr 12/13, ferner dann, wenn der gestörte Nachbar den Störenden wegen einer von dessen Grundstück ausgehenden Beeinträchtigung verklagt, OVG Münster NJW **81**, 598.

**6** **C. Beispiele zur Frage einer Streitbefangenheit, I**
**Anfechtungsklage:** Streitbefangen macht eine Anfechtungsklage nach § 246 AktG.
   *Nicht* streitbefangen macht eine Klage nach dem AnfG, weil sie einen persönlichen Anspruch auf Rückgewähr gibt.
**Beseitigung:** S „Räumung".
**Besitzklage:** Streitbefangen macht jede Klage auf bzw aus Besitz.
**Betrieb:** Bei § 13 IV UWG macht der Betrieb streitbefangen, Foerste GRUR **98**, 454.
**Dingliche Klage:** Streitbefangen macht jede dingliche Klage.
**Eigentumsstörung:** Streitbefangen macht die Klage des Eigentümers gegen den Störer.
   *Nicht* streitbefangen macht das Eigentum am Grundstück des Störers.
**Erbbaurechtseigentum:** Streitbefangen macht die Klage wegen der Veräußerung des Eigentums, auf dem ein Erbbaurecht lastet, Hamm RR **91**, 20.
**Gesellschaftsanteil:** Streitbefangen macht seine Veräußerung.
**Gesicherter Anspruch:** Keine Streitbefangenheit tritt ein, soweit nur der gesicherte Anspruch geltend gemacht wird.
**Grundbuchberichtigung:** Streitbefangen macht die Klage auf Zustimmung zur Berichtigung des Grundbuchs nach § 894 BGB.
**Mietmangel:** Bei einer Klage nach § 536 BGB ist das Mietgrundstück streitbefangen, wenn der Vermieter Eigentümer ist, § 571 BGB, Zeuner Festschrift für Schwab (1990) 584.
**Nichtigkeitsklage:** Streitbefangen macht eine Nichtigkeitsklage nach § 249 AktG.
**Notweg:** Streitbefangen macht eine Klage nach § 917 I BGB, BGH LM § 917 BGB Nr 12/13 (der BGH läßt offen, ob auch die Klage nach § 917 II BGB hierher gehört).
**Räumung:** Die Klage auf die Räumung und Herausgabe eines Grundstücks macht den Anspruch auf die Beseitigung eines auf diesem errichteten Bauwerks nicht rechtshängig.
**Sachhaftung:** Streitbefangen macht eine persönliche Klage, die auf der unmittelbaren Haftung der Sache beruht, zB nach §§ 809, 810 BGB.
**Schuldrechtlicher Anspruch:** Keine Streitbefangenheit tritt ein, soweit nur ein schuldrechtlicher Anspruch auf Eigentumsübertragung im Streit ist, Schlesw FamRZ **96**, 175 (beim Zugewinnausgleich).
**Übereignungspflicht:** Nicht streitbefangen macht die Klage aus einer persönlichen Übereignungspflicht.
**Vormerkung:** Streitbefangen macht eine Klage aus einem durch eine Vormerkung gesicherten Anspruch.
**Wechsel:** Keine Streitbefangenheit tritt bei einem rücklaufenden Wechsel ein.

**7** **D. Geltend gemachter Anspruch.** Der in Streit befangenen Sache steht der „geltend gemachte Anspruch" gleich. Der Begriff Anspruch ist dabei sachlichrechtlich zu verstehen, also als beliebiges subjektives Recht, zB im Sinne des § 194 BGB, wie I überhaupt sachlichrechtlichen Inhalt hat; der prozessuale Anspruch, § 2 Rn 21, ist nicht ohne den sachlichrechtlichen Anspruch abtretbar. Die Abtretung des Widerspruchsrechts aus § 771 enthält eine Abtretung des im Widerspruchsprozeß erhobenen sachlichrechtlichen Anspruchs; zum Anspruch aus § 771. Bei der Feststellungsklage, § 256, ist die Sache oder das Recht streitbefangen.

**8** **E. Begriffe der Veräußerung und Abtretung.** Diese Begriffe haben in § 265 nicht den Sinn wie im BGB. Während §§ 239 ff die Fälle der Rechtsnachfolge durch Tod, infolge Konkurses usw regeln, erfassen die §§ 265, 266 bei der gebotenen weiten Auslegung, Nürnb OLGZ **94**, 459, einen Einzelrechtsübergang unter Lebenden, der einen Wechsel der Sachbefugnis zur Folge hat, also durch Veräußerung und Abtretung,

1. Titel. Verfahren bis zum Urteil **§ 265**

dh jede Art von Rechtsübergang, soweit er nicht durch §§ 239 ff geregelt wird, Ramm KTS **90**, 620, um die in Rn 1 genannten Folgen auszuschließen. Demgemäß wirkt auch das Urteil für und gegen den Rechtsnachfolger, der die streitbefangene Sache bzw den rechtshängigen Anspruch nach dem Eintritt der Rechtshängigkeit erwirbt, ohne daß es auf die Art des Rechtsübergangs ankommt, Nürnb FamRZ **95**, 237. Maßgeblich ist der für den Rechtsübergang letzte notwendige Teilakt, BGH NJW **98**, 158.

Hierher zählen die Fälle einer *rechtsgeschäftlichen* Übertragung, einer Übertragung durch eine *staatliche Verfügung* und eines *Übergangs kraft Gesetzes*.

**F. Beispiele zur Frage einer Veräußerung oder Abtretung, I** 9

**Ablösungsrecht:** I ist anwendbar, soweit ein Dritter sein Ablösungsrecht ausübt und die Forderung auf ihn gesetzlich nach § 268 III BGB übergeht oder soweit es um ein Ablösungsrecht nach § 1249 BGB geht.

**Abtretung:** I ist anwendbar, soweit es um eine Abtretung geht, zB des Schlußsaldos, BGH NJW **79**, 324, oder eines Gesellschaftsanteils.

S auch Rn 11 „Hypothek", Rn 12 „Sicherungsabtretung".

**Aneignung:** I ist anwendbar, soweit es um eine Aneignung geht, zB nach §§ 928 II, 958 BGB.

**Anfechtungsklage:** I ist anwendbar, soweit es um eine Anfechtungsklage gegen einen Gesellschafterbeschluß geht.

**Aufgabe:** Rn 10 „Eigentumsaufgabe", Rn 11 „Rechtsaufgabe".

**Berufsgenossenschaft:** I ist anwendbar, soweit es um einen Ersatzanspruch an die Berufsgenossenschaft geht.

**Beschlagnahme:** I ist anwendbar, soweit bei der Zwangsverwaltung eine Beschlagnahme erfolgt, BGH NJW **86**, 3207.

**Besitzübertragung:** I ist anwendbar, soweit es um die Übertragung des Besitzes nach § 868 BGB geht, Schlesw SchlHA **75**, 48.

**Betriebsübergang:** I ist anwendbar, soweit es um den Aktivprozeß des bisherigen Betriebsinhabers beim Betriebsübergang nach § 613 a BGB geht, Zeuner Festschrift für Schwab (1990) 578, oder soweit es um einen entsprechenden Passivprozeß geht, zumindest insoweit, als nur der neue Betriebsinhaber noch erfüllen kann, BAG NJW **77**, 1119, PalP § 613 a BGB Rn 9, Zeuner Festschrift für Schwab (1990) 594, aM BAG DB **91**, 1886, Schilken (vor Rn 1) 43, StJSchu 6 Fn 3.

**Bürgschaft:** I ist anwendbar, soweit die Forderung kraft Gesetzes wegen des Umstands, daß der Bürge den Gläubiger befriedigt, auf den ersteren übergeht, § 774 I BGB.

**Eigentumsaufgabe:** I ist anwendbar, soweit es um die Eigentumsaufgabe geht, zB nach §§ 928 I, 959 10 BGB.

**Eigentumsübertragung:** Rn 12 „Übereignung".

**Enteignung:** I ist anwendbar, soweit bei einer Enteignung das Eigentum auf den Enteignenden übergeht.

**Erbausschlagung:** I ist unanwendbar (kein Übergang kraft Gesetzes), soweit es um eine Erbausschlagung geht, BGH **106**, 364.

**Gesamtschuldner:** I ist anwendbar, soweit ein Gesamtschuldner den Gläubiger befriedigt und daher vom anderen Gesamtschuldner Ausgleichung nach § 426 II BGB fordern kann.

**Gesellschaft:** Rn 12 „Übernahme".

**Gesetzlicher Forderungsübergang:** Rn 12 „Sozialhilfe".

**Gesetzliches Pfandrecht:** I ist anwendbar, soweit es um seine Entstehung geht.

**Grundbuchberichtigung:** I ist unanwendbar (kein Übergang kraft Gesetzes), soweit es um die Abtretung des Anspruchs auf eine Berichtigung des Grundbuchs geht. Denn sie gibt nur ein Recht, in fremdem Namen zu handeln.

**Haftungsübergang:** I ist unanwendbar (kein Forderungsübergang), soweit statt des Schuldners A jetzt der 11 Schuldner B kraft Gesetzes haftet, BGH **106**, 365.

**Hypothek:** I ist anwendbar, soweit der Eigentümer, der nicht der persönliche Schuldner ist, wegen Befriedigung des Gläubigers dessen Forderung kraft Gesetzes erhält, § 1143 I BGB oder soweit es um den Übergang der Hypothek im Fall der Abtretung der Forderung nach § 1153 BGB geht.

**Indossament:** I ist anwendbar, soweit es um ein Indossament geht.

**Insolvenz:** I ist unanwendbar (kein Übergang kraft Gesetzes), soweit das Insolvenzverfahren beendet wird oder soweit der Verwalter eine Sache freigibt, BGH **46**, 249, aM Nürnb OLGZ **94**, 459.

**Markenrecht:** I ist anwendbar bei einer Umschreibung nach § 27 III MarkenG, Drsd RR **99**, 135.

**Nichtigkeitsklage:** I ist anwendbar, soweit es um eine Nichtigkeitsklage gegen einen Gesellschafterbeschluß geht.

**Pfandrecht:** Rn 10 „Gesetzliches Pfandrecht".

**Prozeßführungsrecht:** I ist unanwendbar (kein Übergang kraft Gesetzes), soweit es um die Abtretung eines Prozeßführungsrechts geht, RoSGo § 46 IV 3, ThP 10, aM StJSchu 20.

**Rechtsaufgabe:** I ist anwendbar, soweit es um die Aufgabe eines Rechts geht, zB nach §§ 875, 876 BGB.

**Sachpfändung:** I ist anwendbar, soweit der Gerichtsvollzieher durch eine Sachpfändung den unmittelbaren Besitz erwirbt, Schlesw SchlHA **75**, 47.

**Schuldübernahme:** I ist anwendbar, soweit es um eine befreiende Schuldübernahme geht. Sie ist nämlich 12 eine Veräußerung, nicht anders als diejenige eines überlasteten Grundstücks, § 325 Rn 7, PalH Üb 1 vor § 414 BGB, RoSGo § 102 II 2, aM BGH **106**, 365, Ahrens GRUR **96**, 521, ThP 10, ZöGre 5.

I ist *unanwendbar* (kein Übergang kraft Gesetzes), soweit es um eine *kumulative* Schuldübernahme geht, BGH NJW **75**, 420, Zeuner Festschrift für Schwab (1990) 579.

S auch Rn 13 „Vermögensübernahme".

**Sicherungsabtretung:** I ist anwendbar, soweit es um Sicherungsabtretung geht.

**Sicherungsübereignung:** I ist anwendbar, soweit es um eine Sicherungsübereignung geht.

## § 265

**Sozialhilfe:** I ist anwendbar, soweit es zu einer Überleitung der Forderung nach §§ 90, 91 BSHG usw kommt, Bbg RR **95**, 581, KG FamRZ **82**, 428, Nürnb FamRZ **95**, 237, aM Karlsr FamRZ **95**, 617 (nur für Übergangsfälle), AG Bergheim FamRZ **95**, 1499.
**Streit um Rechtsnachfolge:** Grdz 22 ff vor § 50, §§ 146, 303.
**Übereignung:** I ist anwendbar, soweit es um eine Übereignung geht, zB nach §§ 873, 929 BGB. S auch „Sicherungsübereignung".
**Übernahme:** I ist anwendbar, soweit es um die Übernahme einer OHG durch einen Gesellschafter nach § 142 II HGB geht, BGH BB **71**, 974.
**Überweisung:** I ist anwendbar, soweit die gepfändete Forderung zur Einziehung überwiesen wird, § 835, vgl BGH MDR **88**, 1053, LG Bln MDR **86**, 327.
**Umwandlung:** I ist unanwendbar (kein Übergang kraft Gesetzes), soweit es um eine Umwandlung zB einer Erwerbs- in eine Abwicklungsgesellschaft geht, und umgekehrt. Denn die Nämlichkeit bleibt. Vgl auch das UmwG.
**Unterhaltspflicht:** I ist anwendbar, soweit ein nachrangig haftender Verwandter den Anspruch gegen den vorrangig haftenden kraft Gesetzes wegen eigener Leistung erwirbt, § 1607 II 2 BGB.

13 **Vermieterwechsel:** I ist anwendbar, soweit der bisherige Vermieter nach der Veräußerung der Mietsache dem Mieter nach § 571 II BGB haftet oder soweit der klagende Vermieter und der Hauskäufer vereinbart haben, der Klaganspruch werde (außerhalb § 571 BGB) auf den Käufer übergehen und dieser werde ihn nicht verfolgen, AG Köln WoM **89**, 31, oder soweit der Vermieter während der Zustimmungsfrist nach § 2 MHG wechselt, LG Kassel WoM **96**, 418.
**Vermögensgesetz:** I ist anwendbar, soweit es um einen gesetzlichen Forderungsübergang nach § 16 VermG geht, LG Bln WoM **95**, 108.
**Vermögensübernahme:** I ist anwendbar, soweit es um eine Vermögensübernahme nach § 419 BGB geht, aM ZöGre 5 (aber die Sachbefugnis, Grdz 22 vor § 50, entfällt beim Veräußerer auch hier).
**Verpfändung:** I ist anwendbar, soweit es um die Bestellung eines Pfandrechts geht oder soweit der Verpfänder, der nicht der persönliche Schuldner ist, wegen Befriedigung des Pfandgläubigers dessen Forderung kraft Gesetzes erhält, § 1225 BGB.
S auch Rn 9 „Ablösungsrecht".
**Verschmelzung:** I ist unanwendbar (kein Übergang kraft Gesetzes), soweit es um die Verschmelzung zB von Aktiengesellschaften geht. Dann gelten §§ 239, 246. Vgl auch das UmwG.
**Zuschlag:** I ist anwendbar, soweit bei der Zwangsversteigerung ein Erwerb infolge Zuschlags erfolgt. Der Ersteher und der Grundstücksgläubiger werden aber nicht Rechtsnachfolger des Zwangsverwalters, BGH **LM** Nr 2.
**Zwangsversteigerung:** S „Zuschlag".
**Zwangsverwaltung:** Rn 9 „Beschlagnahme", Rn 13 „Zuschlag".

14 **G. Übergang als notwendige Folge.** I ist anwendbar, wenn der Übergang die notwendige Folge eines anderen Rechtsgeschäfts ist, wie der Übergang einer Mietforderung als Folge der Veräußerung des Mietgrundstücks. Der Zeitpunkt der Veräußerung ist nach dem sachlichen Recht zu bestimmen. Eine Veräußerung nach der Rechtshängigkeit liegt nur vor, wenn sie später liegt.

15 **H. Nach Rechtshängigkeit.** Die Veräußerung oder Abtretung muß nach dem Eintritt der Rechtshängigkeit, § 261 Rn 4, erfolgt sein, Celle RR **98**, 206. Es kommt auf den letzten nach dem sachlichen Recht zum Rechtserwerb erforderlichen Vorgang an, zB: Auf den Eintritt der Bedingung; auf die Aushändigung des Hypothekenbriefs, §§ 1117, 1154 BGB. Im Fall der Rechtsnachfolge erst in Rechtskraft bleibt der Rechtsvorgänger gemäß § 578 passiv legitimiert, auch nach einer dem Rechtsnachfolger erteilten vollstreckbaren Ausfertigung. Daneben ist auch der Rechtsnachfolger passiv legitimiert.

16 **5) Einfluß auf den Prozeß, II,** dazu Dinstübler ZZP **112**, 61 (Üb): Ein Grundsatz zeigt mancherlei Wirkungen.

**A. Grundsatz: Kein Einfluß.** Veräußerung oder Abtretung der Streitsache oder des Streitanspruchs haben „auf den Prozeß keinen Einfluß". Der Wegfall der Sachbefugnis, Grdz 22 vor § 50, ist also unerheblich; der Rechtsvorgänger darf den Prozeß im eigenen Namen (gesetzliche Prozeßstandschaft) weiterführen, Grdz 26 vor § 50, BGH NJW **86**, 3206, Hamm FamRZ **97**, 1406, Schmidt JuS **97**, 108. Das Feststellungsinteresse, § 256 Rn 34, bleibt bestehen. KG MDR **81**, 940 wendet diesen Grundsatz auf das selbständige Beweisverfahren nach §§ 485 ff entsprechend an. Erlangt das Gericht von ihm keine Kenntnis, so wirkt die Prozeßführung des Veräußerers voll für und gegen den Erwerber, vorbehaltlich der sachlichrechtlichen Ansprüche. Hat das Gericht Kenntnis von einer Veräußerung oder Abtretung, so geht der Prozeß trotzdem unverändert weiter. Die Parteien bleiben die alten, das Urteil wirkt für und gegen den Nachfolger, §§ 325, 727, ein Prozeßvergleich, Anh § 307, ist für ihn bindend. Er kann (nur) als einfacher Streithelfer beitreten, II 3, ThP 12, aM Pawlowski JZ **75**, 681 (auch als streitgenössischer). Einer Klage des Erwerbers stünde die Rechtshängigkeit entgegen. II gilt auch im Verfahren nach § 722, BGH VersR **92**, 1282, aM Grunsky ZZP **89**, 257.

17 **B. Antragsumstellung.** Die Veräußerung ist trotzdem nicht unbeachtlich, wie die Unbeachtlichkeitslehre (kauderwelsch: Irrelevanztheorie) meint; nach der jetzt herrschenden Beachtlichkeitslehre (Relevanztheorie) muß der Kläger seinen Antrag, auch ohne Einwand des Bekl, grundsätzlich umstellen, da doch die Veräußerung sachlichrechtlich wirksam ist. Dies gilt zB bei einer Abtretung, BGH ZMR **85**, 376, oder bei einer Überleitung, zB gemäß (damals) §§ 90, 91 BSHG, Hamm FamRZ **95**, 174, Nürnb FamRZ **95**, 237, Schlesw FamRZ **96**, 40. Die Notwendigkeit einer Umstellung des Antrags gilt ferner bei einer Sicherungsabtretung. Denn die §§ 265 ff wollen verhindern, daß sich eine Partei dem Prozeßrechtsverhältnis entzieht, nicht aber ein sachlich unrichtiges Urteil herbeiführen.

Also handelt der Veräußerer von der Veräußerung an als *Prozeßgeschäftsführer*, Grdz 29 vor § 50 (evtl gilt dasselbe bei einer Abtretung vor der Rechtshängigkeit, BGH RR **88**, 289, Hamm RR **95**, 454. Er bleibt

## 1. Titel. Verfahren bis zum Urteil § 265

Partei, BGH NJW **86**, 3207, Kblz Rpfleger **86**, 449, Schmidt JuS **97**, 108, und ist der Widerklage ausgesetzt. Aber er muß seinen Antrag zur Vermeidung einer Sachabweisung wegen fehlender Sachbefugnis, Grdz 23 vor § 50, grundsätzlich (Ausnahme: § 27 III MarkenG, Drsd WettbR **99**, 135) dahin ändern, daß er die Leistung nunmehr an den Erwerber verlangt, was allerdings in der Revisionsinstanz nur zulässig ist, wenn das Berufungsgericht die Abtretung festgestellt hat, BGH VersR **92**, 1282. Das Prozeßführungsrecht, Grdz 22 vor § 50, für eine vom Insolvenzverwalter eingeklagte und danach abgetretene Masseforderung geht nach der Beendigung des Insolvenzverfahrens in der Regel auf den neuen Gläubiger über, BGH NJW **92**, 2895.

Hat er den Anspruch *verpfändet,* so muß er Leistung an sich und den Pfandgläubiger gemeinsam fordern, § 1281 BGB. Nach einer Pfändung lautet der Antrag vor Überweisung auf Feststellung oder Hinterlegung, ab Überweisung auf Zahlung an den Pfändungsgläubiger. Bei einem Arrest lautet er auf Hinterlegung. Das Gericht muß eine Änderung des Antrags anregen, §§ 139, 278 III, zB bei der Zwangsverwaltung auf eine Leistung an den Zwangsverwalter, BGH NJW **86**, 3207.

Die Notwendigkeit einer Antragsumstellung *entfällt,* wenn zB bisher beantragt wurde, den unmittelbaren **18** Besitzer nicht zu behindern, und der Kläger trotz der Veräußerung der Sache ihr unmittelbarer Besitzer bleibt, BGH **LM** § 917 BGB Nr 12/13.

**C. Prozeßhandlung, sachlichrechtliche Verfügung.** Das Recht des Veräußerers zu einer Parteipro- **19** zeßhandlung, Grdz 47 vor § 128, bleibt unberührt. Die Befugnis zu sachlichrechtlichen Verfügungen verliert er gemäß sachlichem Recht, Zeuner Festschrift für Schwab (1990) 592. Er kann also alle Prozeßhandlungen vornehmen, einen Gegenanspruch erheben, zB nach §§ 302 IV 3, 4, 600 II, 717 III 2–4, oder eine Widerklage erheben, Anh § 253. Er kann nach wie vor anerkennen, § 307, verzichten, § 306, die Klage zurücknehmen, § 269, Nürnb FamRZ **95**, 237, sich vergleichen, Anh § 307, BGH RR **87**, 307, Zeuner Festschrift für Schwab (1990) 592. Einreden gegen den Nachfolger müssen auch gegen den Veräußerer zulässig sein; andernfalls wäre der Bekl nicht geschützt, sondern benachteiligt. Etwas anderes gilt nur bei Einreden, die gegenüber dem Nachfolger unwirksame Verfügungen geltend machen. Wegen der Wiederaufnahme § 578 Rn 5. Hat der Bekl an den Nachfolger zur Abwendung der Zwangsvollstreckung geleistet, so ist der Nachfolger nach der Aufhebung des Urteils zur Rückzahlung verpflichtet. Macht der Bekl den Anspruch aus § 717 in demselben Prozeß geltend, so richtet er sich gegen den ursprünglichen Kläger, § 717 Rn 2, aM Nieder NJW **75**, 1004. Eine Einwendung aus der Person des Rechtsnachfolgers bleibt auch dem Rechtsvorgänger gegenüber möglich, zB Erfüllung an den Erwerber (Ausnahmen §§ 406, 407 BGB).

**D. Veräußerung, Abtretung des Beklagten.** Eine Veräußerung oder Abtretung den Beklagten **20** ist für das Gericht unbeachtlich. Das Gericht darf nicht einen am Prozeß Unbeteiligten verurteilen, BGH **61**, 143, aM BAG DB **77**, 681 betr § 613a BGB. Der Kläger wird natürlich zweckmäßig seine Anträge der Veräußerung anpassen, also etwa zum Ersatzanspruch übergehen, § 264 Z 3, Brdbg RR **96**, 725, oder die Erledigung der Hauptsache erklären, § 91a, evtl die Klage zurücknehmen, § 269, BGH **61**, 143. Versäumt er das, so bleibt nur eine Umschreibung der Klausel, § 727, oder eine Klage nach § 731 möglich.

6) **Übernahme durch den Rechtsnachfolger, II.** Ein Grundsatz kennt Ausnahmen. **21**

**A. Begriff.** Rechtsnachfolger ist hier der Nachfolger des Veräußerers oder des Abtretenden im Sinne von Rn 20, mag die Nachfolge als unmittelbares oder mittelbares Ergebnis des Rechtsvorgangs eintreten, durch Vermittlung eines Vorgängers oder kraft Gesetzes, voll oder nur beschränkt. So ist in einem auf eine Grundbuchberichtigung gehenden Prozeß Rechtsnachfolger derjenige, der nach der Rechtshängigkeit die Buchstellung erlangt hat. Eine Beendigung der Prozeßführungsbefugnis des Mannes infolge der Beendigung des früheren gesetzlichen Güterstandes ist nach § 239 zu behandeln, dort Rn 5, 6. Der Insolvenzverwalter des Gesellschaftsvermögens ist kein Rechtsnachfolger eines Gesellschaftsgläubigers, BGH **82**, 216. Eine Überleitung nach § 7 UVG läßt die Aktivlegitimation des unterhaltsberechtigten Kindes für künftigen Unterhalt bestehen, Bbg FamRZ **87**, 859.

**B. Übernahme.** Sie erfolgt in der mündlichen Verhandlung oder schriftsätzlich. Notwendig und aus- **22** reichend ist die Erklärung des Rechtsnachfolgers.

**C. Grundsatz: Notwendigkeit der Zustimmung beider bisherigen Parteien.** Der Rechtsnach- **23** folger darf den Prozeß grundsätzlich nur mit einer Zustimmung des Prozeßgegners übernehmen, BGH NJW **96**, 2799, BayObLG **94**, 239. Daneben braucht er die Einwilligung des Veräußerers; ohne sie wäre er wie der Erbe, dessen Rechtsnachfolge nach Unterbrechung verneint wird, aus dem Prozeß zu verweisen, § 239 Rn 22. Die Erklärung des Veräußerers muß ausdrücklich sein, die des Gegners ist stillschweigend möglich, etwa durch Einlassung, also auch nachträglich; § 295 ist unanwendbar, weil es sich um keine Verletzung einer Verfahrensvorschrift handelt. Die Zustimmung des Prozeßgegners ist nicht erzwingbar, auch nicht dadurch, daß das Gericht die Sachdienlichkeit bejaht, BGH NJW **96**, 2799 (zustm Schmidt JuS **97**, 109), Mü OLGZ **94**, 88 (nicht einmal nach den Erlöschen des Rechtsvorgängers). Sie kann entbehrlich sein, wenn der Rechtsvorgänger die Parteifähigkeit verloren hat, Ffm RR **91**, 318.

Der Nachfolger übernimmt den Prozeß beim *derzeitigen Stand.* Bindende Prozeßhandlungen des Veräuße- **24** rers binden auch ihn. Der Veräußerer scheidet stillschweigend und ohne besondere Entscheidung aus. Das Urteil ergeht in der Hauptsache wie in den Nebenfragen nur für und gegen den Nachfolger, auch wegen der gesamten Prozeßkosten, Köln JB **92**, 817. Der Ausgeschiedene muß einen etwaigen Kostenerstattungsanspruch nach dem sachlichen Recht einklagen. Tritt der Nachfolger dem Veräußerer als Streithelfer bei, §§ 66 ff, so ist er stets gewöhnlicher Streithelfer, nie streitgenössischer. Calavros, Urteilswirkungen zu Lasten Dritter (1978), 70, Pawlowski JZ **75**, 685 fordern wegen Art 103 I GG die Streichung von II 3; krit Wolf AcP **180**, 430.

**D. Ausnahmen.** Vgl § 266 I. Diese Vorschrift ist unter den Voraussetzungen des § 266 II wiederum **25** unanwendbar; vgl die dortigen Anm.

**§§ 265, 266**      2. Buch. 1. Abschnitt. Verfahren vor den LGen

26    **E. Einmischungsklage.** Dasselbe gilt entsprechend für die Einmischungsklage (Hauptintervention) des Rechtsnachfolgers.

27    **7) Schutz des gutgläubigen Erwerbers, III.** Es sind zwei Fallgruppen zu unterscheiden.
     **A. Veräußerung durch Kläger.** Soweit § 325 dem im Prozeß zwischen dem Veräußerer und dem Gegner ergehenden Urteil die Wirkung gegen den Rechtsnachfolger versagt, ist auch § 265 unanwendbar. Das trifft die Fälle, in denen nach sachlichem Recht der Nichtberechtigte kraft guten Glaubens erwirbt, LG Freibg WoM **93**, 127, wie nach §§ 892ff, 932ff BGB (Pawlowski JZ **75**, 685 hält eine grobe Fahrlässigkeit für unschädlich), vgl insofern BAG DB **77**, 681, ferner die Fälle der §§ 1032, 1138, 1155, 1207, 1208, 2366, 2367 BGB, § 366 HGB; dann erwirbt er auch frei von der Beschränkung durch die Rechtshängigkeit. Für Grundstücke gilt § 266. In diesen Fällen könnte dem Bekl der Sieg im Prozeß nicht helfen; darum gibt § 265 III dem Bekl hier den Einwand der fehlenden Sachbefugnis, der mangels Erledigungserklärung des Klägers zu einer Sachabweisung der Klage führt.

28    **B. Veräußerung durch Beklagten.** Hat der Bekl veräußert, so gilt II; der Kläger darf den Prozeß wegen der Kosten fortsetzen oder zu einem Ersatzanspruch übergehen, § 264 Z 3. Der Rechtsnachfolger darf selbständig klagen, auch nach § 64. Der Kläger kann mit Ermächtigung des Rechtsnachfolgers die Klage auf Leistung an diesen ändern (meist sachdienlich).

29    **8) Verstoß, I–III.** Soweit der Kläger den Antrag trotz eines etwa notwendigen Hinweises des Gerichts, Rn 17, nicht umstellt, weist das Gericht die Klage wegen des jetzt eingetretenen Fehlens der Sachbefugnis, Rn 16, als unbegründet ab, Grdz 18 vor § 50, BGH NJW **86**, 3207, Reinicke/Tiedtke JZ **85**, 892. Das gilt auch bei einer Sicherungsabtretung, ThP 13. Soweit Veräußerer und Erwerber gemeinsam das Verfahren fortführen, kann jeder bei einer eigenen Beschwer ein Rechtsmittel einlegen, BayObLG **94**, 237.

30    **9) Rechtsmittel, I–III.** Soweit das Gericht den übernahmebereiten Rechtsnachfolger aus dem Prozeß weist, kann er Rechtsmittel einlegen, allerdings nur zu dem Zweck der Übernahme, BGH MDR **88**, 956.

31    **10) *VwGO*: I** ist entsprechend anzuwenden, § 173 VwGO, weil auch im VerwProzeß die Rechtshängigkeit eine Verfügung über den Streitgegenstand nicht ausschließt, BVerwG NJW **85**, 281, OVG Münst NJW **81**, 598, krit Spannowsky NVwZ **92**, 429 (entspr Anwendung von § 239, wenn die Klagebefugnis mit der Veräußerung wegfällt). Streitbefangenheit, Rn 5ff, liegt im VerwProzeß vor, wenn die Sachbefugnis des Klägers auf seiner Beziehung zu dem (sodann veräußerten) Gegenstand beruht, BVerwG BayVBl **87**, 503, Ule VPrR § 38 III 2 (mit Beispielen), vgl § 266 Rn 11. **II** 1 u 2 sind entsprechend anzuwenden, § 173 VwGO, BVerwG NJW **93**, 79 u **85**, 281 mwN, VGH Kassel NVwZ **98**, 1317, VGH Mü NVwZ-RR **90**, 172, OVG Münst NVwBl **92**, 139 u NJW **81**, 598; der Rechtsnachfolger (dazu Rumpf VerwArch **78**, 269) ist notwendig beizuladen, BVerwG DVBl **88**, 738, VGH Mü aaO, str, jedenfalls dann, wenn die Entscheidung unmittelbar auf Rechte oder Rechtsbeziehungen des Erwerbers einwirkt, BVerwG NJW **79** u **85**, 281 mwN, str, weitergehend Müller NJW **85**, 2244 mwN, aM Kopp/Sch § 65 Rn 19. Bei Wechsel der Zuständigkeit auf seiten des Beklagten tritt jedoch ein Parteiwechsel kraft Gesetzes ein, § 239 Rn 23, VGH Mü DÖV **78**, 847 (zum Zuständigkeitswechsel auf Klägerseite vgl BVerwG DÖV **74**, 241). Wegen der Rechtskrafterstreckung auf den Beigeladenen, § 121 VwGO, wird **III** nicht praktisch.

**266**   *Rechtshängigkeit. Veräußerung von Grundstücken.* [1] [1]Ist über das Bestehen oder Nichtbestehen eines Rechts, das für ein Grundstück in Anspruch genommen wird, oder einer Verpflichtung, die auf einem Grundstück ruhen soll, zwischen dem Besitzer und einem Dritten ein Rechtsstreit anhängig, so ist im Falle der Veräußerung des Grundstücks der Rechtsnachfolger berechtigt und auf Antrag des Gegners verpflichtet, den Rechtsstreit in der Lage, in der er sich befindet, als Hauptpartei zu übernehmen. [2]Entsprechendes gilt für einen Rechtsstreit über das Bestehen oder Nichtbestehen einer Verpflichtung, die auf einem eingetragenen Schiff oder Schiffsbauwerk ruhen soll.

[II] [1]Diese Bestimmung ist insoweit nicht anzuwenden, als ihr Vorschriften des bürgerlichen Rechts zugunsten derjenigen, die Rechte von einem Nichtberechtigten herleiten, entgegenstehen. [2]In einem solchen Falle gilt, wenn der Kläger veräußert hat, die Vorschrift des § 265 Abs. 3.

**Schrifttum:** S bei § 265.

### Gliederung

| | |
|---|---|
| 1) Systematik, I, II ........................... 1 | D. Notwendige Übernahme ............ 7 |
| 2) Regelungszweck, I, II ................... 2 | E. Terminsablauf bei notwendiger Übernahme .............................. 8 |
| 3) Geltungsbereich, I, II .................... 3 | F. Übernahmewirkung .................. 9 |
| 4) Übernahme, I ............................. 4–9 | 5) Schutz des gutgläubigen Erwerbers, II ......................................... 10 |
| A. Grundsatz ............................... 4 | |
| B. Freiwillige Übernahme ................ 5 | 6) *VwGO* ................................... 11 |
| C. Terminsablauf bei freiwilliger Übernahme ................................ 6 | |

1    **1) Systematik, I, II.** § 266 trifft gegenüber § 265 eine vorrangige Sonderregelung für den Fall der freiwilligen oder zwangsweisen Veräußerung eines belasteten oder herrschenden Grundstücks, § 265 Rn 7. Voraussetzung ist ein rechtshängiger Prozeß zwischen dem Besitzer und einem Dritten über eine mit dem Grundstück verbundene Berechtigung oder eine Belastung oder eine Schiffs- oder Schiffsbauwerkslast oder ein Registerpfandrecht an einem Luftfahrzeug.

1. Titel. Verfahren bis zum Urteil § 266

**2) Regelungszweck, I, II.** Die Vorschrift dient der Erkenntnis, daß mit dieser Veräußerung das Interesse 2
des Berechtigten regelmäßig wegfällt und daß mit der leichteren Erkennbarkeit der mit dem dinglichen
Recht verbundenen Pflichten auch eine strengere Haftung des Erwerbers eintreten soll, ZöGre 1.

**3) Geltungsbereich, I, II.** Vgl zunächst Üb 2 vor § 253. § 266 ist anwendbar: Auf Grunddienstbar- 3
keiten; Notwege, Karlsr MDR **95**, 745; Vorkaufsrechte, §§ 1018, 1094 BGB; subjektiv dingliche Rechte,
§§ 1094 II, 1105 II BGB; alle dinglichen Lasten, wie die Hypothek, die Schiffshypothek, den Nießbrauch,
eine Grundschuld, eine Rentenschuld, §§ 1105, 1113, 1191 BGB; eine Vormerkung, § 265 Rn 4, ZöGre 3,
s aber auch unten; die Klage aus § 894 BGB gegen den im Grundbuch Eingetragenen; überhaupt alle Fälle,
bei denen das Grundstück wie ein Berechtigter oder Verpflichteter dasteht, den der jeweilige Besitzer nur
vertritt. Somit zählen hierher auch Prozesse über Nachbarrechte. Die Regelung gilt weiter auch für die
Veräußerung eines eingetragenen Schiffs oder Schiffsbauwerks, ebenso für diejenige eines in der Luftfahrzeugrolle eingetragenen Luftfahrzeugs, § 99 I LuftfzRG. Vgl § 265 Rn 1. Die Natur der Klage ist unerheblich.

*Nicht hierher* gehören zB die Eigentumsklage oder die Klage aus einer persönlichen Verpflichtung des
Eigentümers, etwa aus einem Miet- oder Pachtvertrag oder aus §§ 823 ff BGB oder wegen einer Störung aus
§ 1004 BGB, oder die Klage auf Brandentschädigungsgeld, selbst wenn dieser persönliche Anspruch durch
eine Vormerkung gesichert ist.

**4) Übernahme, I.** Ein Grundsatz hat recht zahlreiche Auswirkungen. 4

**A. Grundsatz.** Der Rechtsnachfolger darf bei der Veräußerung des Grundstücks in Abweichung von
§ 265 II grundsätzlich den Prozeß übernehmen und muß das auf Verlangen des Gegners tun. Soweit der
Veräußerer weiter mithaftet, zB bei nur teilweiser Veräußerung, bleibt auch er Partei als notwendiger
(dingliche Mithaftung) oder einfacher Streitgenosse. Im Fall einer Veräußerungsreihe haftet nur der Letzter-
werber. Die Übernahme kann in einem Schriftsatz, das das Gericht den Beteiligten von Amts wegen
zustellen muß, angekündigt werden. Sie ist in der mündlichen Verhandlung zu erklären.

**B. Freiwillige Übernahme.** Eine Zustimmung des Veräußerers und des Gegners ist, abweichend von 5
§ 265 II 2, entbehrlich. Bis zur Übernahme geht der Prozeß unverändert weiter. Der Rechtsnachfolger muß
einen Termin zur Erklärung der Übernahme erwirken; die Ladung erfolgt auch hier von Amts wegen,
§ 214.

**C. Terminsablauf bei freiwilliger Übernahme.** Bei einem Widerspruch des Veräußerers oder des 6
Gegners ergeht eine Entscheidung über die Sachbefugnis des Nachfolgers. Seine Zulassung erfolgt durch ein
unselbständiges Zwischenurteil nach § 303, das man nur zusammen mit dem Endurteil anfechten kann, oder
im Schlußurteil, notfalls nach der Beweisaufnahme. Seine Zurückweisung erfolgt durch ein Endurteil mit
einer Entscheidung über die Kosten des Nachfolgers. Nach einer Zurückweisung geht der Prozeß zwischen
den alten Parteien weiter. Ein Endurteil ist aber mit der auflösenden Bedingung der rechtskräftigen
Zulassung des Nachfolgers durch die höhere Instanz behaftet, ähnlich der Vorabentscheidung über den
Grund nach § 304. Wenn niemand widerspricht, erfolgen der Eintritt und das Ausscheiden ohne eine
Entscheidung. Der Prozeß nimmt seinen Fortgang wie bei § 265 Rn 21–26. Der Ausgeschiedene wird
zeugnisfähig, Üb 8 vor § 373. Eine Säumnis des Veräußerers ist unbeachtlich. Bei einer Säumnis des
Nachfolgers ergeht keine Entscheidung; der Prozeß geht unter den alten Parteien weiter. Bei einer Säumnis
des Gegners, §§ 330 ff, gilt: Wird die Übernahme widerspruchslos erklärt, so ergeht eine Versäumnisentscheidung in der Sache. Bei einer Säumnis aller Beteiligten gilt: War die Übernahme schriftlich erklärt, so ist
eine Entscheidung nach Aktenlage, § 251 a, zwischen dem Nachfolger und dem Gegner möglich, aber
mangels einer Verhandlung mit dem Übernehmer kein Urteil zulässig, § 251 a; andernfalls ergeht eine
Entscheidung nach Aktenlage zwischen den bisherigen Parteien.

**D. Notwendige Übernahme.** Nur der Gegner darf eine Übernahme verlangen, nicht der Veräußerer. 7
Der Gegner muß die Termine zur Übernahme und Verhandlung veranlassen.

**E. Terminablauf bei notwendiger Übernahme.** Bei einer Erklärung der Übernahme durch den 8
Rechtsnachfolger ist keine Entscheidung nötig. Der Prozeß nimmt seinen Fortgang wie bei § 265 Rn 21–
26. Bei einer Verweigerung der Übernahme durch den Rechtsnachfolger ist über die Sachbefugnis, Grdz 23
vor § 50, zu entscheiden, und zwar auf Verneinung, auch bei einem Leugnen der Rechtsnachfolge, durch
Endurteil mit einer Entscheidung über die Kosten des Nachfolgers, bei einer Bejahung durch ein unselbständiges Zwischenurteil oder im Endurteil. Eine Säumnis des Veräußerers, §§ 330 ff, ist belanglos. Bei einer
Säumnis des Nachfolgers gilt die Rechtsnachfolge entsprechend § 239 IV als zugestanden, es ergeht eine
Versäumnisentscheidung in der Sache. Dasselbe gilt bei einer Säumnis des Gegners, wenn der Rechtsnachfolger übernimmt; andernfalls ergeht eine Versäumnisentscheidung auf Verneinung der Übernahmepflicht, aM StJSchu 5 (ein Versäumnisurteil in der Sache). Bei einer Säumnis aller gilt dasselbe wie bei Rn 6.

**F. Übernahmewirkung.** Die Übernahme wirkt sich dahin aus, daß der Veräußerer als Partei ausscheidet. 9
Nach einem rechtskräftigen Ausscheiden ist er zeugnisfähig. Der Nachfolger trägt beim Unterliegen sämtliche Prozeßkosten, § 91.

**5) Schutz des gutgläubigen Erwerbers, II.** Soweit nach dem Privatrecht guter Glaube auch bei dem 10
Erwerb vom Nichtberechtigten ein Grundstück oder ein Recht am Grundstück erwerben läßt, §§ 892, 893,
1140, 2366 BGB, § 90 ZVG, gilt dann, wenn der Kläger veräußert, grundsätzlich nicht § 266 I, sondern
§ 265 III. Man muß aber auch hier die in § 325 III genannten Rechte ausnehmen und nach § 266 I
behandeln, weil II offensichtlich nur die Fälle ausscheiden will, in denen das Urteil nicht gegen den Erwerber
wirkt, § 325 II. Wenn II durchgreift, hat der Bekl den Einwand mangelnder Sachbefugnis des Veräußerers,
Grdz 23 vor § 50. Vgl auch § 265 Rn 27, 28.

**6) VwGO:** *Entsprechend anzuwenden, vgl § 265 Rn 31, auf dingliche Verwaltungsakte, VGH Kassel NVwZ **98**, 11*
*1315 mwN, zB bei Nachbarklagen, VGH Mü NVwZ-RR **90**, 173 u OVG Münst NJW **81**, 598, bei der*
*Anfechtung einer Beseitigungsanordnung, BVerwG NJW **85**, 281 u OVG Bln DÖV **88**, 384, bei Stillegungsanord-*

nungen, VGH Kassel aaO, oder bei Streit um eine öff Last auf einem Grundstück, nicht aber bei Anfechtung einer Planfeststellung, OVG Münst NWVBl **92**, 139, aM OVG Bln NVwZ **97**, 506 (Normenkontrolle), VGH Mü NVwZ **96**, 490; grundsätzlich krit Spannowsky NVwZ **92**, 429 (entspr Anwendung von § 239 bei Wegfall der Klagebefugnis).

**267** *Klagänderung. Vermutete Einwilligung.* **Die Einwilligung des Beklagten in die Änderung der Klage ist anzunehmen, wenn er, ohne der Änderung zu widersprechen, sich in einer mündlichen Verhandlung auf die abgeänderte Klage eingelassen hat.**

1  **1) Systematik, Regelungszweck.** Die Vorschrift ergänzt § 263. Sie dient wie der sie ergänzende § 295 der Vereinfachung und Beschleunigung und damit der Prozeßwirtschaftlichkeit, Grdz 14 vor § 128. Das ist bei der Auslegung mitzubeachten.

2  **2) Geltungsbereich.** Vgl Üb 2 vor § 253.

3  **3) Einlassung.** In der widerspruchslosen Einlassung des Bekl oder Widerbekl, Düss MDR **90**, 728, auf den Vortrag einer geänderten Klage liegt nach einer unwiderleglichen Vermutung eine Einwilligung in die Änderung, BGH RR **90**, 506, Düss MDR **90**, 728, KG MietR **97**, 170. Die Einlassung steckt in jeder sachlichen Gegenerklärung in der mündlichen Verhandlung, § 39 Rn 6, BGH NJW **90**, 2682. Im bloßen Vorbringen einer Rüge, die die Zulässigkeit betrifft, oder in einer schriftsätzlichen Erklärung liegt keine Einlassung. Im schriftlichen Verfahren, § 128 II, III, und im Aktenlageverfahren, § 251 a, erfolgt eine schriftliche Einlassung auf die geänderte Klage.
In einer bloßen *Säumnis* des Bekl im Verhandlungstermin liegt keine Einlassung, selbst wenn die Änderung angekündigt war und der Bekl sich vor dem Termin auf sie eingelassen hat. In einem Antrag auf Klagabweisung kann eine stillschweigende Bezugnahme gemäß § 137 III auf einen früheren Widerspruch stecken, BGH NJW **75**, 1229, aber auch eine Einlassung nach § 267, BGH RR **90**, 506. Das Gericht muß im Zweifel nach §§ 139, 278 III vorgehen. Ob sich der Bekl der rechtlichen Natur des Vorbringens als Klagänderung bewußt war, ist unerheblich. Eine vorweggenommene Einlassung, § 263 Rn 23, verschließt auch dem Bekl die Rüge der Klagänderung. § 267 ist entsprechend anwendbar bei § 530 II, Schneider MDR **75**, 979. Wegen des Parteiwechsels in der Berufungsinstanz § 263 Rn 9–12, BGH NJW **74**, 750.

4  **4) VwGO:** Es gilt § 91 II VwGO.

**268** *Klagänderung. Rechtsbehelfe.* **Eine Anfechtung der Entscheidung, daß eine Änderung der Klage nicht vorliege oder daß die Änderung zuzulassen sei, findet nicht statt.**

1  **1) Systematik, Regelungszweck.** Eine Entscheidung über die Klagänderung ergeht zwecks Prozeßwirtschaftlichkeit, Grdz 14 vor § 128, nur bei einem Widerspruch des Bekl. Abgesehen davon genügt es, daß das Urteil die stillschweigende Zulassung ergibt. Den etwaigen Zwischenstreit entscheidet das Gericht durch ein unselbständiges Zwischenurteil nach § 303 oder in den Gründen des Endurteils.

2  **2) Geltungsbereich.** Vgl Üb 2 vor § 253.

3  **3) Rechtsbehelfe.** Es sind vier Situationen zu unterscheiden.
**A. Nichtzulassung.** Soweit das Gericht entschieden hat, daß eine Klagänderung nicht vorliege oder nicht zulässig sei, erfolgt die Anfechtung nur zusammen mit derjenigen des Endurteils, §§ 512, 548, für den ersteren Fall aM ThP 4 (Unanfechtbarkeit). Liegt darin ein Aussetzungsbeschluß, so gilt § 252.

4  **B. Zulassung.** Soweit das Gericht eine Klagänderung zugelassen hat, ist kein Rechtsbehelf gegeben, BayObLG WoM **93**, 700, unabhängig davon, wie zugelassen wurde, ob in einem End- oder Zwischenurteil oder in den Gründen, auch nicht, wenn eine Klagänderung erst in der Berufungsinstanz erfolgte, BGH NJW **76**, 240. Es ist unerheblich, ob die Zulassung ausdrücklich oder stillschweigend erfolgte. Ein völliges Schweigen im Urteil enthält freilich keine Zulassung, BGH MDR **79**, 829. Unerheblich ist, ob das Gericht die Einwilligung zu Unrecht angenommen hat. Zulässig ist die Rüge, die Einführung des neuen Anspruchs sei zB wegen der Rechtskraft des bisherigen Anspruchs überhaupt unzulässig, BGH **LM** § 264 aF Nr 25.

5  **C. Übergehung.** Hat das Gericht eine begründet gerügte Klagänderung übersehen, so erfolgt eine Anfechtung nur zusammen mit derjenigen des Endurteils, §§ 512, 548.

6  **D. Verbot der Klagänderung.** Ist eine Klagänderung gesetzlich schlechthin verboten, § 263 Rn 2, so versagt § 268 und ist eine Anfechtung zusammen mit derjenigen des Endurteils möglich.

7  **E. Weitere Einzelfragen.** Das Revisionsgericht kann die Prüfung der Sachdienlichkeit der Klagänderung selbst nachholen, BGH MDR **79**, 829. Verweist die Revisionsinstanz an die Vorinstanz zurück, die zugelassen hat, so ist sie an die Zulassung gebunden. Der Eintritt einer neuen Partei, §§ 76, 77, 239, 240, 265, 266, 856, gehört hierhin nur, soweit er als Klagänderung aufzufassen ist, vgl § 263 Rn 14.

8  **4) VwGO:** Es gilt § 91 III VwGO.

1. Titel. Verfahren bis zum Urteil **§ 269**

**269** *Klagerücknahme.* ¹Die Klage kann ohne Einwilligung des Beklagten nur bis zum Beginn der mündlichen Verhandlung des Beklagten zur Hauptsache zurückgenommen werden.

II ¹Die Zurücknahme der Klage und, soweit sie zur Wirksamkeit der Zurücknahme erforderlich ist, auch die Einwilligung des Beklagten sind dem Gericht gegenüber zu erklären. ²Die Zurücknahme der Klage erfolgt, wenn sie nicht bei der mündlichen Verhandlung erklärt wird, durch Einreichung eines Schriftsatzes.

III ¹Wird die Klage zurückgenommen, so ist der Rechtsstreit als nicht anhängig geworden anzusehen; ein bereits ergangenes, noch nicht rechtskräftiges Urteil wird wirkungslos, ohne daß es seiner ausdrücklichen Aufhebung bedarf. ²Der Kläger ist verpflichtet, die Kosten des Rechtsstreits zu tragen, soweit nicht bereits rechtskräftig über sie erkannt ist oder sie dem Beklagten aufzuerlegen sind. ³Auf Antrag sind die in Satz 1 und 2 bezeichneten Wirkungen durch Beschluß auszusprechen. ⁴Der Beschluß bedarf keiner mündlichen Verhandlung. ⁵Er unterliegt der sofortigen Beschwerde.

IV Wird die Klage von neuem angestellt, so kann der Beklagte die Einlassung verweigern, bis die Kosten erstattet sind.

**Vorbem.** III 2, 3 geändert dch Art 3 Z 2 a, b KindUG v 6. 4. 98, BGBl 666, in Kraft seit 1. 7. 98, Art 8 I 2 KindUG, kein besonderes diesbezügliches ÜbergangsR in Art 5 KindUG.

**Schrifttum:** *Hinz,* Zeitliche Grenzen der Klagerücknahme; *Mende,* Die in den Prozeßvergleich aufgenommene Klagerücknahme, 1976; *Pawlowski,* Klageänderung und Klagerücknahme, Festschrift für *Rowedder* (1994) 309; *Walther,* Klageänderung und Klagerücknahme, 1969.

### Gliederung

| | |
|---|---|
| 1) Systematik, I–IV ............................... 1 | 6) Folgen wirksamer Rücknahme, III .... 32–47 |
| 2) Regelungszweck, I–IV ........................ 2 | A. Wegfall der Anhängigkeit ............ 32 |
| 3) Geltungsbereich, I–IV ...................... 3, 4 | B. Grundsatz: Kostenlast des Klägers kraft Gesetzes .......................................... 33 |
| 4) Zulässigkeit, I ................................... 5–21 | C. Kosten bei Säumnis ...................... 34 |
| A. Ab Klagerhebung ......................... 5–9 | D. Kosten bei Teilrücknahme ........... 35 |
| B. Rücknahmepflicht ........................ 10 | E. Sonstige Kostenfälle ..................... 36–38 |
| C. Vor Rechtskraft, Erledigung oder Vergleich ........................................ 11–13 | F. Kostenantrag ................................. 39–42 |
| D. Vor mündlicher Verhandlung ....... 14–16 | G. Kostenausspruch .......................... 43 |
| E. Ab mündlicher Verhandlung ........ 17–21 | H. Bindung an Kostenausspruch ...... 44 |
| 5) Verfahren, II ...................................... 22–31 | I. Wirkungslosigkeit des Urteils ....... 45, 46 |
| A. Form der Klagerücknahme ........... 22–26 | J. Rechtsmittel .................................. 47 |
| B. Empfänger der Klagerücknahme .. 27 | 7) Neue Klage, IV ................................... 48–50 |
| C. Wirksamkeit der Klagerücknahme .. 28 | A. Grundsatz: Zulässigkeit ............... 48 |
| D. Amtsprüfung ................................. 29 | B. Kostenerstattung ........................... 49 |
| E. Entscheidung ................................ 30, 31 | C. Verfahren ...................................... 50 |
| | 8) VwGO ................................................ 51 |

**1) Systematik, I–IV.** Die Klagrücknahme ist das Gegenteil der Klagerhebung. Sie ist eine Parteiprozeß- **1** handlung, Grdz 47 vor § 128. Sie ist zu unterscheiden vom zeitweisen Ruhenlassen, § 251 a, dem bloßen Nichtweiterbetrachten eines Antrags, von der Klageänderung, §§ 263 ff (vgl aber § 263 Rn 8), vom Verfahrensstillstand, Üb 1 vor § 239, von der Erklärung der Hauptsache als erledigt, § 91 a Rn 62, Brdb Rpfleger **98**, 484, Köln FamRZ **92**, 334, von Verzicht auf den Anspruch, § 306. Die Klagrücknahme geht als ein das gesamte Prozeßrecht erfassendes Prinzip auch den §§ 620 g, 621 f II vor, Düss FamRZ **78**, 910, aM Ffm NJW **75**, 2350. Für die Rücknahme eines Rechtsbehelfs oder Rechtsmittels enthalten §§ 346, 515, 566 Sonderregeln. Die Klagrücknahme ist nur ein derzeitiger Verzicht auf eine Entscheidung in diesem Prozeß. Sie läßt den sachlichrechtlichen Anspruch unberührt. Daher ist Empfänger das Gericht, nicht der Gegner, Rn 27.

Man kann die *Klage neu erheben,* sogar bis zur Rechtskraft in demselben Prozeß, IV, BGH NJW **84**, 658. Eine Beschränkung des Klagantrags kann eine teilweise Rücknahme enthalten, § 264 Rn 9, Kblz Rpfleger **88**, 162, aber auch Mü MDR **95**, 174, die bei einem von mehreren Klägern oder Bekl bedingt, Rn 5, aber bei einem von mehreren nach § 145 abtrennbaren Ansprüchen oder bei einem dem Teilurteil nach § 301 zugänglichen Anspruchsteil grundsätzlich statthaft ist; sie kann aber auch eine teilweise Erledigung der Hauptsache bedeuten. Ob eine Klagänderung auch eine Rücknahme der bisherigen Klage (mit den gegenüber § 91 a ff teilweise vorrangig abweichenden Kostenfolgen III, IV) bedeutet, ist eine Auslegungsfrage, § 264 Rn 1; zum Problem Walther NJW **94**, 423.

Ein *Parteienwechsel* bedeutet regelmäßig eine Rücknahme gegenüber der erstbeklagten Partei, § 263 Rn 5. Im Vergleich, Anh § 307, steckt nicht ohne weiteres eine Rücknahme; spricht sie der Vergleich aus, so ist sie von dessen Bestehen und davon abhängig, daß sie auch für sich im fraglichen Prozeß und nicht nur in einem anderen zur Klarstellung erfolgen soll, und zwar urschriftlich, BGH MDR **81**,1002. Was gemeint ist, hat das Gericht bei Zweifeln durch Befragen zu ermitteln, § 139, 278 III. Die Klagrücknahme ist auch im Statusverfahren zulässig, §§ 640 ff, Stgt NJW **76**, 2305.

**2) Regelungszweck, I–IV.** Die Klagerücknahme dient der Parteiherrschaft, Grdz 18 vor § 128, und **2** oft auch der Prozeßwirtschaftlichkeit, Grdz 14 vor § 128. Daran ändert auch IV nichts. Sie führt oft zum endgültigen Schluß des Gesamtstreits ohne neuen Prozeß. Das ist bei der Auslegung mit zu beachten.

**3) Geltungsbereich, I–IV.** § 269 ist in allen Verfahrensarten nach der ZPO direkt und außerdem **3** mindestens entsprechend anwendbar: Auf einen Antrag nach § 485, Celle RR **98**, 1079; auf den

§ 269   2. Buch. 1. Abschnitt. Verfahren vor den LGen

Scheidungsantrag,8 § 608, Mü RR **94**, 201, Zweibr RR **97**, 833; auf die Rücknahme der Widerklage, Anh § 253, und des Verhandlungsgesuchs bei einer freigestellten mündlichen Verhandlung, § 128 Rn 10, Drsd JB **98**, 28, Düss NJW **81**, 2824, Hamm MDR **93**, 909 (Antrag auf einstweilige Verfügung); auf das Mahnverfahren, § 690 Rn 14, § 696 Rn 15; auf den Kostenfestsetzungsantrag, § 104, Kblz Rpfleger **76**, 324; auf alle Fälle, in denen das Gesetz eine Klagrücknahme unterstellt (fingiert), §§ 113, 640 I.

4   Eine *Widerklage*, Anh § 253, bleibt trotz einer Klagrücknahme bestehen. Im Vollstreckungsverfahren (auch nach dem ZVG) gilt § 788, dort Rn 19. Wegen der Anwendbarkeit im Kartellverwaltungsverfahren BGH NJW **82**, 2775. III 3 ist bei § 130 II BRAGO unanwendbar, Köln Rpfleger **98**, 129, aM LG Osnabr JB **87**, 1379. Wegen der Unanwendbarkeit des III bei § 54 IV, V ArbGG LAG Hamm MDR **83**, 964, LAG Mü NJW **89**, 1503. Im FGG-Verfahren ist I unanwendbar, soweit er eine Einwilligung des „Bekl" vorschreibt, KG ZMR **98**, 656 (WEG). Wegen einer Rechtsmittelbeschränkung Karmasin NJW **74**, 982. Wegen des selbständigen Beweisverfahrens § 485 Rn 4. Wegen einer Markensache BGH RR **98**, 1203.

5   **4) Zulässigkeit, I.** Sie wird zu oft folgenschwer ungenau geprüft.

**A. Ab Klagerhebung.** Voraussetzung einer Klagrücknahme ist ein Prozeßrechtsverhältnis, Grdz 2 vor § 128, also eine Klagerhebung, also der Eintritt der Rechtshängigkeit, § 261 Rn 4, Drsd JB **98**, 28, Karlsr MDR **97**, 689, ZöGre 8, aM Köln MDR **94**, 618, Stgt WRP **79**, 818 (schon ab Einreichung, Anhängigkeit). Aber das gilt nur im Eilverfahren, § 261 Rn 6 „Arrest, einstweilige Verfügung").

Unerheblich ist, ob die Klage zulässig ist, ob zB Prozeßvoraussetzungen fehlen, Grdz 12 vor § 253. Ist aber eine Klage oder der Scheidungsantrag, § 622, überhaupt *nicht wirksam* zugestellt worden, so ist eine „Klagrücknahme" in Wahrheit die Rücknahme des Rechtsschutzgesuchs, Hamm RR **94**, 63, Karlsr MDR **89**, 260, aM Karlsr MDR **97**, 689. Es besteht daher vor wirksamer Klagezustellung kein Grund zu einer Sach- oder Kostenentscheidung, Bre AnwBl **88**, 484 (vgl aber Grdz 14 vor § 50), KG MDR **90**, 935, LG Köln AnwBl **88**, 590, aM LG Heilbr MDR **95**, 860.

6   Das gilt auch, wenn die Klage dem Bekl oder seinem ProzBev schon *formlos* zur Kenntnis gekommen war, KG MDR **90**, 935, Köln FamRZ **86**, 279, und im Mahnverfahren, insofern Mü OLGZ **88**, 493 (es genüge die Einreichung des Widerspruchs). Dagegen liegt auch vor der Zustellung an den Gegner eine echte Rücknahme vor bei einer entsprechenden Anwendung im Arrestverfahren ab Antragseintrag wegen § 920 Rn 3, Celle AnwBl **87**, 237, KG GRUR **85**, 325, Mü NJW **91**, 1604.

7   Bei einer *falschen Zustellung* gilt § 269 entsprechend, Schneider ZZP **76**, 32. Dasselbe gilt, wenn die Klage vor ihrer Zustellung zurückgenommen, dann aber doch zugestellt wurde, Köln MDR **94**, 618, Schlesw RR **87**, 951, wenn die Klage gemäß §§ 187, 295 als zugestellt anzusehen ist, wenn ein Anwalt vor Erhalt des Auftrags des Bekl eine Klagzustellung bescheinigt und dann vor wirksamer Klagzustellung den Auftrag des Bekl erhält, § 184 BGB, Kubisch NJW **70**, 433, oder nach der Rücknahme des Antrags auf die Durchführung des streitigen Verfahrens, § 696 IV, oder dann, wenn auf den Mangel der fehlerhaften oder fehlenden Klagzustellung verzichtet wird, Karlsr MDR **89**, 268. Nach einem Vollstreckungsbescheid, § 700, kommt nicht mehr eine Antragsrücknahme nach § 696 IV, sondern nur noch eine Klagrücknahme in Betracht, Kblz MDR **84**, 322.

8   An der Klagerhebung ändert die Bitte, zunächst *keinen Termin* zu bestimmen, nichts. Denn die Klagerhebung ist zwar von der Zustellung abhängig, §§ 253 I, 270 III, nicht aber von der Terminsbestimmung, § 253 Rn 10 (vgl freilich §§ 696 III, 701), auch soweit §§ 65, 68 GKG mißachtet wurden. Es liegt aber keine Klagerhebung vor, wenn die Klagschrift zusammen mit dem Antrag auf die Bewilligung von Prozeßkostenhilfe eingereicht wird, wenn sie aber nach dem Willen des Klägers nur bei einer Bewilligung der Prozeßkostenhilfe zugestellt werden soll, und wenn sie dann vor oder nach deren Versagung zurückgezogen wird, §§ 117 Rn 8, 253 Rn 11, Hamm NJW **72**, 1904, LG Kblz JB **78**, 450.

9   Die Rücknahme kann die ganze Klage betreffen, aber auch einen zur selbständigen Entscheidung geeigneten *Teil*, BAG NJW **80**, 1486, Köln RR **92**, 1480 (Stufenklage), Stgt NJW **84**, 2538, einen von mehreren gehäuften Ansprüchen oder einen von mehreren Streitgenossen. Die etwa notwendige Einwilligung des Bekl ist eine Voraussetzung nicht der Zulässigkeit, sondern der Wirksamkeit, Rn 28. Die Zulässigkeit der Klagrücknahme ist von Amts wegen zu beachten, Grdz 39 vor § 128. Sie ist von der Zulässigkeit oder Begründetheit der Klage unabhängig.

10   **B. Rücknahmepflicht.** Eine außergerichtliche Vereinbarung der Klagrücknahme ist zulässig, BGH RR **87**, 307, Piehler Gedächtnisschrift für Arens (1993) 329, auch in einem Vergleich, OVG Hbg NJW **89**, 604. Sie kann eine von III abweichende vorrangige Kostenregelung enthalten, Rn 33. Sie ist ein sachlichrechtliches Rechtsgeschäft über prozessuale Beziehungen, Grdz 48 vor § 128. Sie verpflichtet zur Rücknahme, steht aber mangels einer anderweitigen Abrede so wenig wie eine Rücknahme einer neuen Klage entgegen. Der Bekl kann auf die Erklärung der Rücknahme klagen, im anhängigen Prozeß auch durch Widerklage, Anh § 253; die Klage ist mit der Rechtskraft des Urteils zurückgenommen, § 894. Aber der Fortsetzung des Prozesses stünde die Rüge der prozessualen Arglist, Grdz 57 vor § 128, unter dem Fehlen des Rechtsschutzbedürfnisses, Grdz 33 vor § 253, entgegen; der Bekl kann nicht mehr erreichen als eine Klagrücknahme, also keine Sachabweisung, sondern nur eine Prozeßabweisung, Grdz 14 vor § 253, BGH RR **87**, 307, Stgt ZZP **76**, 318, OVG Hbg NJW **89**, 604.

11   **C. Vor Rechtskraft, Erledigung oder Vergleich.** Der Kläger kann seine Klage, wenn auch unter den Voraussetzungen Rn 17 nur mit Einwilligung des Beklagten, in jeder Lage des Prozesses bis zum Eintritt der formellen Rechtskraft des Urteils, Einf 1 vor §§ 322–327, § 705 Rn 1, oder bis zu beiderseits wirksamen Vollerledigterklärungen, § 91a Rn 108, oder bis zum Prozeßvergleich, Anh § 307, auch bis zu einem gerichtlichen Vergleich nach § 118 I 3, zurücknehmen, BFH JZ **72**, 167, auch im Fall des § 619 Mü NJW **70**, 1799, auch nach dem Schluß der Verhandlung, Hamm RR **91**, 61, auch zwischen zwei Instanzen KG NJW **71**, 2271, LAG Hamm NJW **72**, 2064, oder in der Rechtsmittelinstanz, BGH BB **98**, 2495, sofern das Rechtsmittel statthaft ist, mag es auch fehlerhaft eingelegt oder begründet worden sein, oder nach einer Rechtswegverweisung. Das Prozeßrechtsverhältnis, Grdz 3 vor § 128 unterliegt der Herrschaft der Parteien,

## 1. Titel. Verfahren bis zum Urteil § 269

Grdz 18, 19 vor § 128. Bis zur notwendigen Einwilligung ist die Klagerücknahme auflösend bedingt. Klagrücknahme ist nicht Rücknahme eines Rechtsmittels; die letztere läßt das frühere Urteil bestehen, die Klagrücknahme macht die frühere Entscheidung kraftlos, auch das Rechtsmittelurteil.

Zum Begriff der *Einwilligung* § 263 Rn 23. Die Einwilligung muß unbedingt sein, LAG Düss DB **77,** 12 1708. Sie kann in einer schlüssigen Handlung liegen, Rn 2, 22, zB in der Mitteilung einer außergerichtlichen Einigung oder eines außergerichtlichen Vergleichs, aber nicht in der bloßen Einreichung einer Vergleichsabschrift, BGH MDR **81,** 1002. Eine vorweggenommene Einwilligung ist zumindest aus praktischen Erwägungen zulässig, freilich erst ab Rechtshängigkeit und nur bis zur formellen Rechtskraft wirksam möglich. In einer Aufforderung des Bekl an den Kläger, sich zu einer etwaigen Klagrücknahme zu äußern, liegt keineswegs stets eine vorweggenommene Einwilligung des Bekl, BGH NJW **80,** 839. Nach der Rechtskraft ist keine Klagrücknahme mehr möglich, weil das Urteil die Klage voll erledigt hat und durch keine Parteivereinbarung mehr zu beseitigen ist, so grundsätzlich richtig Düss FamRZ **79,** 446. Wohl aber ist eine Klagrücknahme nach der Verkündung des Urteils möglich, solange es noch nicht rechtskräftig ist.

Weil auch ein Urteil des *OLG* selbst dann, wenn die Voraussetzungen des § 547 nicht vorliegen, nicht 13 sofort rechtskräftig wird, § 705 Rn 6, ist also der Zeitpunkt der Rechtskraft durch einen anwaltlichen Schriftsatz an das OLG oder nach einer Revisionseinlegung durch eine Erklärung der Parteien gegenüber dem RevG ohne Einwilligung durch einen Anspruchsverzicht des Klägers zulässig; vgl auch § 705 Rn 10, § 519b Rn 3–5. Rücknahme und Einwilligung liegen nicht in einem rein untätigen Verhalten. Wenn der Bekl den Abweisungsantrag verliest, versagt er damit seine Einwilligung zur Klagrücknahme.

**D. Vor mündlicher Verhandlung.** Die Klagrücknahme ist ohne Einwilligung des Beklagten (nur) bis 14 zum Beginn der mündlichen Verhandlung des Beklagten zur Hauptsache, § 39 Rn 6, möglich, vgl Stgt NJW **84,** 2538. Das ist eine Ausnahme von dem Satz, daß sich keine Partei dem Prozeßrechtsverhältnis einseitig entziehen kann. Der Bekl kann durchaus ein Rechtsschutzinteresse, Grdz 33 vor § 253, daran haben, daß das Gericht ihn durch eine Klagabweisung vor einer erneuten Klage schützt, BGH NJW **81,** 989. In einer Patentnichtigkeitssache ist die einseitige Rücknahme der Klage bis zur Rechtskraft zulässig, BGH MDR **93,** 1073. In einer Ehesache, §§ 606 ff, ist die Klagrücknahme in jeder Verfahrenslage möglich, wenn der Bekl anwaltlich nicht vertreten war, also nicht zur Hauptsache verhandeln konnte, mochte er auch geladen und erschienen sein, Köln FamRZ **85,** 1061, ZöGre 14, aM Karlsr OLGZ **77,** 479.

Im *schriftlichen Verfahren* des § 128 II ist die Klagrücknahme bis zur Erklärung des letzten Einverständ- 15 nisses mit einer schriftlichen Entscheidung möglich, wobei ein Rügevorbehalt unzulässig ist, eine Nachfrist gemäß § 283 aber nicht ausreicht, BGH LM § 274 aF Nr 1; im Verfahren des § 128 III ist die Klagrücknahme bis zu dem vom Gericht bestimmten Termin zulässig, § 128 III 2. Im Aktenlageverfahren, § 251 a, ist die Klagrücknahme bis zum Terminschluß zulässig.

Wenn bei der *Stufenklage,* § 254, die Auskunft das Fehlen des bisher vermuteten Anspruchs ergibt, kann der Kläger die Klage zu den nächsten Stufen auch nach streitiger Verhandlung über den Auskunftsanspruch noch bis zum Beginn der Verhandlung des Bekl zur nächsten Stufe ohne dessen Einwilligung wirksam zurücknehmen. Die Rücknahme nur der Leistungsstufe ist evtl eine nur teilweise Klagerücknahme, Köln RR **92,** 1480.

Wenn der Bekl rügt, daß es an Prozeßvoraussetzungen fehle, Grdz 12 vor § 253, und die Klage daher 16 *unzulässig* sei, dann kann er den zur Rücknahme bereiten Kläger nicht durch eine Verweigerung seiner Einwilligung an der Klage festhalten, auch wenn schon zur Hauptsache verhandelt wurde, § 39, Einl III 54, aM Henckel Festschrift für Bötticher (1969) 181. Im bloßen Abweisungsantrag liegt keine Verhandlung zur Hauptsache, Kblz FamRZ **81,** 261, aM ZöGre 13, im Scheidungsverfahren auch nicht stets schon darin, daß das Gericht einen Beweisbeschluß erläßt und den Scheidungsantragsgegner als Partei gemäß § 613 vernimmt, Kblz FamRZ **81,** 261, Köln FamRZ **85,** 1061. Eine Verhandlung zur Hauptsache liegt aber in der Erhebung einer Widerklage, Anh § 253, insofern aM StJSchu 11, falls die Widerklage zur Klage keine Stellung nehme und zu nehmen brauche. Ein früherer Antrag des Bekl auf ein Versäumnisurteil stört wegen § 342 nicht. Soweit das Gericht ein Versäumnisurteil wegen § 335 I Z 3 abgelehnt hat, liegt keine Verhandlung vor, BGH NJW **80,** 2313.

**E. Ab mündlicher Verhandlung.** Nach dem Beginn der mündlichen Verhandlung des Bekl zur Haupt- 17 sache, § 39 Rn 6, ist zwar nicht die Zulässigkeit, wohl aber die Wirksamkeit der Klagerücknahme von seiner Einwilligung abhängig, Rn 28. Denn jedenfalls ab jetzt hat jeder Bekl grundsätzlich einen Anspruch auf Schutz vor einem neuen Prozeß über demselben Streitgegenstand, Mü RR **94,** 201, und daher ein Recht auf ein Urteil über jeden gegen ihn erhobenen prozessualen Anspruch, so wohl auch BGH **106,** 367. Die Einwilligung des Bekl ist eine Parteiprozeßhandlung, Grdz 47 vor § 128. Sie erfolgt formlos in der mündlichen Verhandlung und nach einer schriftlichen Klagrücknahme auch durch Einreichung eines Schriftsatzes. Der Bekl kann die Einwilligung durch ein schlüssiges Verhalten erklären, zB durch einen bloßen Kostenantrag, Bbg FamRZ **97,** 92, Kblz VersR **81,** 1135. Sie ist nur bis zur Rechtskraft zulässig; die später erklärte Einwilligung wirkt auch nicht auf eine vor der Rechtskraft erklärte Rücknahme zurück. Sie muß, ebenso wie die Klagrücknahme, gerade dem Prozeßgericht gegenüber erfolgen. Es reicht nicht aus, daß der Bekl sie nur außergerichtlich gegenüber dem Kläger erklärt, selbst wenn dieser sie dem Gericht mitteilt. Vgl freilich Rn 10.

Eine bloße *Untätigkeit* genügt grundsätzlich nicht, Kblz VersR **81,** 1135; wegen §§ 612 IV, 640 I gelten 18 im Ehe- und Kindschaftsverfahren Abweichungen, Hamm FamRZ **89,** 1102. Eine bedingte-, nämlich zB vorweggenommene, Einwilligung ist zwar an sich unzulässig, Grdz 54 vor § 128, aber aus prozeßwirtschaftlichen Gründen hinnehmbar, vgl auch § 295, Karlsr FamRZ **90,** 84 (zum vergleichbaren § 515). Im Klagabweisungsantrag liegt die Versagung der Einwilligung, Kblz VersR **81,** 1136, ebenso darin, daß der Bekl die Einwilligung nicht nach einer schriftlichen Klagrücknahme bis zum Beginn der nächsten mündlichen Verhandlung, nach einer in der Verhandlung erklärten Klagrücknahme die Einwilligung nicht bis zum Schluß dieser Verhandlung erklärt, Kblz VersR **81,** 1136. Erörtern die Parteien nach „Antragsrück-

## § 269

nahme" die Kostenpflicht, können darin übereinstimmende Erledigterklärungen zu sehen sein, Köln RR **98**, 143.

**19** Die Einwilligung ist *unwiderruflich*, Grdz 58 vor § 128. Anwaltszwang herrscht wie sonst, § 78, ThP 9, ZöGre 15, aM StJSchu 16. Solange die Einwilligung fehlt, geht der Prozeß unverändert weiter, Rupp/Fleischmann MDR **85**, 18, und die Rechtshängigkeit bleibt bestehen, Hamm OLGZ **85**, 96, falls nicht etwa der Kläger auf den Anspruch eindeutig verzichtet, § 306, Mayer MDR **85**, 374. Der Kläger ist an seine Rücknahme nicht gebunden, wenn der Bekl eine notwendige Einwilligung versagt, Kblz VersR **81**, 1136. Wenn der Kläger nunmehr nicht verhandelt, ist die Klage im Fall eines Antrags des Bekl auf den Erlaß eines Versäumnisurteils, der in seinem Sachantrag stillschweigend mitenthalten sein kann und dürfte, nach § 330 abzuweisen. Allerdings muß man grundsätzlich davon ausgehen, daß der Kläger jedenfalls dann, wenn er nicht eingeräumt hat, mit der Klagrücknahme derzeit noch nicht oder nicht mehr zu besitzen, nunmehr zum schon gestellten Sachantrag zumindest stillschweigend zurückkehrt, was zulässig ist, BGH MDR **99**, 861. Wenn der Bekl den ja schon gestellten Antrag in demselben Termin nicht wiederholt, ist er in diesem Termin nicht etwa säumig geworden, § 334, Rupp/Fleischmann MDR **85**, 18; wohl aber kommt seine Säumigkeit in Betracht, wenn er in einem weiteren Termin nicht (mehr) verhandelt, § 333, Rupp/Fleischmann MDR **85**, 18. Das alles gilt auch bei teilweiser Klagrücknahme für den zurückgenommenen Teil, Rupp/Fleischmann MDR **85**, 19.

**20** Hat der Bekl seine Einwilligung *versagt*, so kann er den Kläger auch nicht durch den nachträglichen Widerruf seiner Versagung an dessen zunächst erklärter Klagrücknahme festhalten, Grdz 58 vor § 128, vgl Kblz VersR **81**, 1136. In Patentnichtigkeitssachen kann die Klage in jeder Verfahrenslage ohne die Einwilligung des Bekl zurückgenommen werden, BGH **LM** § 13 PatG aF Nr 20. In einer Ehesache stellt AG Bln-Schöneb FamRZ **86**, 704 auf § 630 II 1 ab; Mü NJW **70**, 1799 will auch nach dem Tod einer Partei trotz § 619 eine Klagrücknahme zulassen; aber erledigt ist erledigt; eine Zustimmung zur Antragsrücknahme ist trotz vorangegangener Zustimmung zum Scheidungsantrag erforderlich, Mü RR **94**, 201.

**21** Ein *Prozeßunfähiger*, § 51, kann evtl wirksam zustimmen, Karlsr FamRZ **77**, 563. Ein Antrag auf den Erlaß eines Arrests oder einer einstweiligen Verfügung ist auch nach einer mündlichen Verhandlung ohne die Einwilligung des Antragsgegners rücknehmbar, § 920 Rn 10. Im Fall einer Rechtswegverweisung, §§ 13, 17 GVG, beginnt beim aufnehmenden Gericht ein „neuer Rechtsstreit"; daher ist die etwa sonst erforderliche Einwilligung nicht entbehrlich, aM Schlesw SchlHA **76**, 48, ZöGre 13.

**22** 5) **Verfahren, II.** Es erfolgt oft erstaunliches „großzügig".

**A. Form der Klagerücknahme.** Die Erklärung ist auslegbar, Grdz 52 vor § 128. Sie braucht nicht ausdrücklich zu geschehen, Rn 1, BGH RR **96**, 886, LAG Düss DB **77**, 1708. Die Rücknahmeerklärung muß aber unmißverständlich (gemeint) sein, BGH RR **96**, 886. Die Klagrücknahme kann schon im Nichtstellen des Klagantrags oder eines Teils des Antrags liegen, freilich nur bei einer besonderen Sachlage; regelmäßig gilt nur der Termin als versäumt, § 333. Eine Klagrücknahme kann sogar dann vorliegen, wenn der Kläger auf eine für den Prozeßfortgang wesentliche Anfrage des Gerichts monatelang nicht antwortet, zB die Unterlagen über den Zeitpunkt der Zustellung eines Vollstreckungsbescheids nicht einreicht und auch keinen Hinderungsgrund nennt.

**23** *Keine* Klagrücknahme liegt vor, wenn der Kläger ohne einen ersichtlichen Grund den neben einem Leistungsantrag gestellten Feststellungsantrag nicht mehr verliest. Die Erklärung, die Hauptsache sei erledigt, § 91a, ist im allgemeinen nicht als Klagrücknahme anzusehen, Rn 1. Eine einverständliche Versöhnungsanzeige ist meist als Erledigterklärung aufzufassen, Mü NJW **72**, 869.

**24** Die Rücknahmeerklärung muß als Parteiprozeßhandlung, Grdz 47 vor § 128, unbedingt sein. Sie wird mit dem Eingang beim Prozeßgericht wirksam, Rostock MDR **95**, 212. Ihr *Widerruf* (wegen der vereinbarten Rücknahme der Klagrücknahme Rn 29) und ihre Anfechtung sind ab Einreichung, § 270 Rn 13, grundsätzlich unzulässig, Grdz 56, 58 vor § 128, BGH GRUR **85**, 920, Mü FamRZ **82**, 510, aM ThP 8. Die Rücknahmeerklärung bindet somit den Kläger, auch wenn der Bekl sie einwilligen muß, bis zur Versagung der Einwilligung, Mayer MDR **85**, 374. Ein Irrtum ist evtl unbeachtlich, BSG NJW **72**, 2280. Man kann die Rücknahme des Scheidungsantrags mit Rücksicht auf die übrigen Beteiligten des Verbundverfahrens nicht widerrufen, Mü FamRZ **82**, 510.

**25** Die Klagrücknahme erfolgt *mündlich oder* durch Einreichung eines *Schriftsatzes*, BGH MDR **81**, 1002, Kblz JB **75**, 1083. Anwaltszwang herrscht wie sonst, § 78, vgl Ffm Rpfleger **79**, 148, Kblz MDR **84**, 322, aM LG Bonn NJW **86**, 855 L, gegebenenfalls ist also die Klagrücknahme durch den ProzBev derjenigen Instanz vorzunehmen, bei der der Prozeß schwebt, also bis zur Einlegung eines Rechtsmittels von dem ProzBev der unteren Instanz, § 176 Rn 2.

**26** Hat der Bekl ein *Rechtsmittel* eingelegt, muß also unabhängig von dessen Zulässigkeit, Brschw NdsRpfl **70**, 207, grundsätzlich der Rechtsmittelanwalt tätig werden; ist der Kläger aber noch nicht in der höheren Instanz vertreten, so kann die Klagrücknahme auch durch den ProzBev der bisherigen Instanz erfolgen, Kblz Rpfleger **74**, 117, Vollkommer Rpfleger **74**, 90. Wegen einer „Klagrücknahme" nach vorangegangenem Mahnverfahren vgl § 696 Rn 14. Eine Protokollierung erfolgt durch Vorlesung und Genehmigung, §§ 160 III Z 8, 162 I; vgl aber auch Rn 28. Der Schriftsatz ist ein bestimmender, § 129 Rn 6. Er wird von Amts wegen förmlich zugestellt; eine formlose Mitteilung ist wegen § 270 II ausgeschlossen. Vor dem AG ist § 496 zu beachten. In Ehe- und Kindschaftssachen, §§ 606 ff, 640 ff, gilt nichts Besonderes, vgl Hamm FamRZ **89**, 1102. Vgl allerdings auch Rn 17.

**27** **B. Empfänger der Klagerücknahme.** Die Klagrücknahme geschieht durch eine Erklärung gegenüber dem Gericht, Rostock MDR **95**, 212. Sie ist nur gegenüber dem Prozeßgericht zulässig, BGH MDR **81**, 1002, mag ihre Wirksamkeit auch von einer Einwilligung des Bekl abhängen. Die Erklärung läßt sich vor dem verordneten Richter, §§ 361, 362, nur im Vergleichs- bzw Sühnetermin nach § 118 I oder § 279 wirksam erklären. Die bloße Mitteilung einer Abschrift der Rücknahmeerklärung, die der Kläger für diesen Prozeß in einem anderen abgegeben hatte, zu den richtigen Akten genügt nicht, BGH MDR **81**, 1002; freilich kann in der bloßen Abschrift die Erklärung auch gegenüber dem richtigen Prozeßgericht stecken.

1. Titel. Verfahren bis zum Urteil § 269

**C. Wirksamkeit der Klagerücknahme.** Eine unter Beachtung von Rn 22–27 abgegebene Rücknah- **28** meerklärung ist als solche grundsätzlich wirksam. Ihre Wirksamkeit ist nicht davon abhängig, daß das Gericht die Protokollierungsvorschriften der §§ 160 III Z 8, 162 I beachtet hat, BSG MDR **81**, 612. Die Erklärung eines gesetzlichen Vertreters unter einem offenkundigen Mißbrauch seiner Befugnis kann aber unwirksam sein, BGH LM § 515 Nr 13. Der Schuldner kann die Rücknahme nach der Eröffnung des Insolvenzverfahrens nicht mehr wirksam erklären, BGH WertpMitt **78**, 521. Soweit die Einwilligung des Bekl notwendig ist, Rn 17, ist zwar nicht eine Voraussetzung der Zulässigkeit, wohl aber der Wirksamkeit.

**D. Amtsprüfung.** Die wirksame Klagerücknahme ist von der Zulässigkeit oder Begründetheit der Klage **29** unabhängig. Sie ist von Amts wegen zu beachten, Grdz 39 vor § 128. Denn sie beseitigt die Rechtshängigkeit und damit die Grundlage der richterlichen Tätigkeit. Man darf aber aus Gründen der Prozeßwirtschaftlichkeit keine neue Klage verlangen, falls die Parteien eine Rücknahme der Klagerücknahme vereinbaren, was stillschweigend durch Fortsetzung des Prozesses geschehen kann, Eisenhofer GRUR **85**, 922. Ob eine wirksame Klagerücknahme vorliegt, entscheidet das Prozeßgericht notfalls durch Urteil, LAG Bln MDR **78**, 82, Gaul ZZP **81**, 273, ZöGre 19 b, aM BGH NJW **78**, 1585, ThP 20 (durch einen unanfechtbaren Beschluß). Vor der Klarstellung erfolgt kein Kostenurteil.

**E. Entscheidung.** Das Gericht, also evtl der Vorsitzende der Kammer für Handelssachen bzw der Einzel- **30** richter, §§ 348, 349 II Z 4, 524 III Z 2, stellt fest, daß die Klage zurückgenommen sei, und zwar durch im Endurteil, Hamm RR **91**, 61, VGH Mü NVwZ **82**, 45 (zu § 92 II VwGO), ZöGre 19 b, aM BGH NJW **78**, 1585, ThP 20. Dagegen sind die üblichen Rechtsmittel zulässig, wobei die Hauptsache im Streit bleibt, auch falls nur eine Kostenentscheidung ergangen ist.

Soweit keine wirksame Klagerücknahme vorliegt, ergeht die Entscheidung durch ein unselbständiges **31** Zwischenurteil nach § 303 oder in den Gründen des Endurteils.

**6) Folgen wirksamer Rücknahme, III.** Sie werden oft nicht genau genug erkannt. **32**

**A. Wegfall der Anhängigkeit bzw Rechtshängigkeit.** Die Sache gilt rückwirkend als nicht anhängig bzw als nicht rechtshängig geworden, § 261 Rn 1, Köln JB **99**, 366. Es ist so anzusehen, als hätte der Kläger keine Klage erhoben und kein Mahngesuch vorgebracht, vgl LG Itzehoe RR **94**, 1216. Das gilt auch für die Kündigungsschutzklage, Pallasch, Der Beschäftigungsanspruch des Arbeitnehmers (1993) 98. Auch im Beschwerdeverfahren wird gegenstandslos, Ffm RR **95**, 956. Darin erschöpft sich die Bedeutung der Klagerücknahme, BGH NJW **84**, 658, Schlesw JB **91**, 588, anders als bei einem Verzicht auf den Klageanspruch, Rn 1. Ein noch nicht rechtskräftiges Urteil wird grundsätzlich kraft Gesetzes wirkungslos, Brdb Rpfleger **98**, 485. Das Verfahren bleibt allein wegen der Kosten rechtshängig, Hamm OLGZ **89**, 466, LG Itzehoe RR **94**, 1216, nicht wegen der Kosten wenigstens ein Teilurteil möglich ist, Rn 43; ein anstehender Termin ist nicht aufzuheben. Die prozessualen Wirkungen der Rechtshängigkeit, § 261 Rn 1, entfallen rückwirkend, AG Nürnb FamRZ **85**, 1073; auch eine Streithilfe, § 66, bleibt bloß wegen der Kosten bestehen, BGH **65**, 134.

Eine wirksam erhobene *Widerklage*, Anh § 253, bleibt unberührt, denn sie ist eine wirkliche Klage und leitet ein eigenes Verfahren ein, das der Kläger nicht einseitig zunichte machen kann; die Klage bedingt nicht die Widerklage, sondern erleichtert nur ihre Erhebung, LG Mü NJW **78**, 953. Die sachlichrechtlichen Wirkungen der Rechtshängigkeit entfallen nach dem sachlichen Recht, §§ 212, 941 S 2 BGB, § 1408 II 2 BGB, BGH NJW **86**, 2318, BFH BB **95**, 347, aM Zweibr FamRZ **86**, 72. Auch sie entfallen im Zweifel rückwirkend, BGH NJW **86**, 2318. Eine im Prozeß abgegebene sachlichrechtliche Erklärung kann wirksam bleiben, zB § 145 Rn 8. Ein nur anhängig gewordener Scheidungsgegenantrag ist als Erstantrag umzudeuten, Zweibr FamRZ **99**, 952.

**B. Grundsatz: Kostenlast des Klägers kraft Gesetzes.** Der Kläger trägt grundsätzlich die Prozeß- **33** kosten und nur diese, Kblz VersR **90**, 1135, mangels einer anderweitigen Parteivereinbarung kraft Gesetzes, vgl Rostock MDR **95**, 212, ferner LAG Bln BB **93**, 583, und keineswegs erst auf Grund des lediglich diese Kostenfolge richtigerweise nur noch zusätzlich feststellenden Beschlusses, Karlsr MDR **94**, 1245, nach Rn 39. Das wird vielfach verkannt, zB von Brdb FamRZ **96**, 683, KG GRUR **84**, 160, Barschkies DRiZ **87**, 278. Insoweit bestehen auch Unterschiede zum Kostenausspruch nach § 494 a II 1, dort Rn 11. Die gesetzliche Kostenfolge ist also diesmal nicht richterliche, sondern eben bereits gesetzliche Kostengrundentscheidung und damit eine zur Kostenfestsetzung ausreichende Grundlage, unabhängig davon, daß der etwa zusätzlich beantragte feststellende Beschluß ein Vollstreckungstitel ist, Rn 43.

Die Kostenpflicht betrifft die *gesamten Kosten*, soweit sie nicht die Widerklage betreffen, durch den aufrechterhaltenen Rest verursacht sind oder soweit über sie rechtskräftig erkannt ist, LG Aachen VersR **79**, 1144. Der Grund der Klagerücknahme ist unerheblich, Mü MDR **81**, 940. Wer zurücknimmt, begibt sich freiwillig in die Rolle des Unterliegenden, KG VersR **74**, 979, Kblz MDR **74**, 317, Köln MDR **93**, 700 (irrtümlicher Bekl), auch wenn die Klage gut begründet wäre. § 93 ist deshalb unanwendbar, § 93 Rn 17 „Klagerücknahme". Darauf, ob die Bekl eingewilligt hat, kommt es nicht an; will er Kosten übernehmen, so bedarf es eines Vergleichs, Anh § 307, BGH MDR **72**, 945, Bbg JB **91**, 1696, Hamm MDR **87**, 589, aM Ffm RR **89**, 571. Eine Beweisaufnahme dazu, ob ein solcher Vergleich zustandegekommen ist, ist aber unzulässig, Ffm MDR **83**, 675. Im Fall der Klage eines vollmachtlosen Vertreters ist dieser daher nur dann selbst für die Kosten haftbar, wenn er die Vertretene die Klage veranlaßt hat, § 56 Rn 18, Hamm OLGZ **89**, 321, Emde MDR **97**, 1003, aM Vollkommer MDR **97**, 1004.

**C. Kosten bei Säumnis.** § 344 hat Vorrang vor § 269, Köln VersR **93**, 723, Habel NJW **97**, 2360, Brdb **34** MDR **99**, 639, aM Karlsr MDR **96**, 319, Schlesw MDR **98**, 562, ZöGre 18 (aber gerade wegen der bloß feststellenden Wirkung des Beschlusses nach III 3, Düss Rpfleger **74**, 234, Ffm MDR **83**, 675, bleibt die Ausnahme des speziellen § 344).

**D. Kosten bei Teilrücknahme.** Die Kostenpflicht aus § 269 reicht jedoch nur so weit wie die Klagerück- **35** nahme. Also entsteht bei einer teilweisen Klagerücknahme auch nur eine entsprechende Kostenpflicht, §§ 92, 308 II, Rn 43, Kblz RR **98**, 71. § 96 ist unanwendbar.

36　**E. Sonstige Kostenfälle.** Den rechtskräftig ausgeschiedenen Kosten stehen die durch einen Vergleich geregelten, auch einen außergerichtlichen, gleich, Köln VersR **99**, 1122, Mü VersR **76**, 395, LG Aachen VersR **79**, 1144. Ferner stehen den rechtskräftig ausgeschiedenen Kosten die durch einen in einem anderen Prozeß geschlossenen Vergleich gleich. Die Kostenpflicht entsteht auch, wenn die Klage dem zunächst benannten, aber nach Auswechslung ausgeschiedenen, davon jedoch nicht informierten Bekl noch zugestellt wird, LG Bln MDR **90**, 1122. III 2, 3 schaffen in Verbindung mit § 93 d eine Ausnahme vom Grundsatz Rn 33. Im Fall eines zunächst isoliert gewesenen selbständigen Beweisverfahrens nach § 485 ff ist III nicht entsprechend anwendbar und erfaßt der im etwa nachfolgenden Prozeß ergehende Kostenspruch nach § 269 auch die Kosten dieses Verfahrens, § 91 Rn 193, Bre FamRZ **92**, 1083, ZöGre 18 b, aM Karlsr MDR **91**, 911, Mü MDR **87**, 151.

37　Eine Versöhnung im *Scheidungsverfahren* ist ein rein tatsächlicher Vorgang und enthält grundsätzlich keine Kostenübernahme (Folge unter Umständen: § 91 a oder § 269 III, Düss FamRZ **73**, 264), sie kann jedoch als Vergleich (Folge unter Umständen: § 98) zu bewerten sein, Düss MDR **72**, 54. Wegen der Scheidungsfolgesachen §§ 621 a I 1, 623 I 1, 626 I 2, 626 II, Köln FamRZ **86**, 278. Nimmt der Kläger bei der Stufenklage, § 254, den unbezifferten Zahlungsantrag nach Erledigung des Auskunftsbegehrens zurück, so hat er die gesamten Kosten des Rechtsstreits zu tragen, Hamm RR **91**, 1407, denn es kommt, wie stets bei Prozeßkosten, nur auf das Endergebnis an, vgl auch Grdz 27 vor § 91, Hamm RR **91**, 1407, Mü MDR **90**, 636, aM BGH NJW **94**, 2895 (allenfalls sachlichrechtlicher Kostenersatz), Stgt FamRZ **94**, 1505.

Ist eine Klage und eine *Widerklage* erhoben, Anh § 253, und wurden beide zurückgenommen, kann hier nicht jede Partei die Kosten ihrer Klage übernehmen; es muß eine Kostenteilung erfolgen, § 92, da nur ein Streitwert vorliegt; dasselbe gilt bei einer Rücknahme der beiderseitigen Scheidungsanträge, Hamm FamRZ **79**, 169.

38　Bei der Rücknahme des *Insolvenzantrags* muß der Antragsteller auch die Kosten des etwaigen vorläufigen Insolvenzverwalters tragen, LG Münst MDR **90**, 453, aM Stgt NJW **73**, 1756 wendet III bei einer Freigabe durch den Insolvenzverwalter entsprechend an; krit Schmidt NJW **74**, 64. III gilt entsprechend auch bei einem Ausscheiden des Klägers, § 263 Rn 6, oder bei der Rücknahme eines sonstigen Antrags, zB eines Arrestantrags, § 916, Düss VersR **81**, 2284, oder eines Antrags auf eine einstweilige Verfügung, § 935, KG MDR **88**, 239, nicht aber mangels Schutzschrift, Brdb MDR **99**, 570, und auch nicht bei einer Rücknahme des markenrechtlichen Widerspruchs, BGH **LM** § 5 WZG Nr 36. Wenn die Rücknahme unter den Voraussetzungen KV 1292 a, 1221, 1231 erfolgt, ermäßigt sich die Verfahrensgebühr.

39　**F. Kostenantrag.** Nicht von Amts wegen, wohl aber auf Antrag, vgl Barschkies DRiZ **87**, 279 (und insofern wegen der nur feststellenden Bedeutung nur scheinbar von § 308 II abweichend) des Beklagten bzw des Scheidungsantragsgegners, § 622 III, oder Antraggegners, § 920 Rn 10, KG GRUR **85**, 325, vgl aber Rn 5, darf und muß das Gericht der Instanz, vor der die Klagerücknahme erklärt wurde, Düss Rpfleger **99**, 133, Hamm RR **91**, 60, wenn auch nach Zurückverweisung, also evtl der Vorsitzende der Kammer für Handelssachen bzw der Einzelrichter, §§ 348, 349 II Z 4, 524 III Z 2, die bereits mit der Wirksamkeit der Klagerücknahme unmittelbar kraft Gesetzes eingetretene Kostenfolge, Rn 33, (nur) dem Grunde nach feststellen. Darauf hat der Bekl ein Recht.

40　Er soll sogleich einen *Vollstreckungstitel* erwerben können, Rn 43, wenn auch der Höhe nach nur in Verbindung mit dem Kostenfestsetzungsverfahren, Hamm AnwBl **84**, 504. Für dieses ist der Kostenausspruch (dem Grunde nach) grundsätzlich bindend, Einf 8 vor §§ 103–107, Hamm NJW **72**, 1903. Der Einwand, die Kosten seien bezahlt, hindert nicht, wenn die Erstattungsfähigkeit der Kosten irgendwie streitig ist, da diese Feststellung ins Kostenfestsetzungsverfahren nach § 103 ff gehört. Sind die Kosten unstreitig bezahlt worden und besteht kein Erstattungsanspruch, würde allerdings das Rechtsschutzbedürfnis fehlen, Grdz 33 vor § 253, Hamm AnwBl **84**, 504, Mü MDR **75**, 584. Kein Rechtsschutzbedürfnis liegt ferner grundsätzlich vor, soweit der Bekl schon einen Kostentitel besitzt oder die Kosten übernommen hat, Hamm VersR **94**, 834 (Ausnahme: abredewidriges Verhalten des Klägers), Schlesw SchlHA **84**, 48, AG Bielef VersR **86**, 498, oder soweit er gar nicht beabsichtigt, wegen der Kosten zu vollstrecken, etwa weil er einen entsprechenden Verzicht dem Kläger gegenüber erklärt hat. Ein Rechtsschutzbedürfnis für ein Festsetzungsverfahren fehlt selbst dann, wenn der Bekl seinen Erstattungsanspruch vorher abgetreten hatte. Ein außergerichtlicher oder gerichtlicher Kostenvergleich ist zu beachten, Rn 33, BGH VersR **72**, 945, Bbg VersR **83**, 563, und zwar auch dann, wenn in ihm der Versicherer des Bekl die Kosten übernommen hat, Ffm MDR **86**, 765, LG Trier VersR **85**, 1151.

41　*Unbeachtlich sind zB:* Der Einwand, der Bekl habe auf die Kostenerstattung verzichtet, soweit dieser eine solche Erklärung bestreitet, Hamm FamRZ **91**, 839, KG VersR **91**, 1491, LG Ffm AnwBl **85**, 270; der Einwand, ein Streitgenosse habe für den anderen auf solche Erstattung verzichtet, soweit der letztere einen eigenen ProzBev hat und einer derartigen „Vereinbarung" nicht beigetreten war, LG Ffm AnwBl **85**, 270; der Kl habe einen sachlichrechtlichen Schadensersatzanspruch, aM Hamm GRUR **91**, 391 (aber der Ausspruch nach III 3, 4 stellt eben nur die bereits kraft Gesetzes eingetretene Kostenfolge fest; mag der Kläger nach § 767 vorgehen, nur insofern richtig Hamm GRUR **91**, 391).

42　Die *Prozeßvoraussetzungen,* Grdz 12 vor § 253, sind bis auf das in Rn 40 genannte Rechtsschutzbedürfnis im übrigen nicht zu prüfen. Fehlten sie, so besteht die Kostenpflicht erst recht. Karlsr MDR **97**, 689 läßt den bewußt vollmachtlosen ProzBev zu Veranlassungsschuldner haften. Ein Prozeßunfähiger, § 51, kann unter Umständen den Antrag stellen, Karlsr FamRZ **77**, 563. Verzichtet der Kläger zugleich auf den Anspruch, so gilt § 306, nicht § 269. Ist der Verzicht aber streitig, muß der Bekl nach §§ 767, 795 vorgehen, Ffm MDR **83**, 675. Ein Verzicht auf den Antrag nach III ist zulässig und bindend. Der Verzicht des Versicherers bindet den Versicherungsnehmer, AG Duisb AnwBl **83**, 471. Auch beim Ausscheiden eines Streitgenossen ergeht eine Kostenentscheidung, falls dies möglich ist, Hamm GRUR **83**, 608, oft nur bezüglich der eigenen Kosten des Ausscheidenden, Kblz VersR **85**, 789, Köln MDR **76**, 496. § 93 ist auch nicht entsprechend anwendbar, Karlsr GRUR **83**, 608.

1. Titel. Verfahren bis zum Urteil § 269

Der Kläger trägt nicht die Kosten des eigenen *Streitgehilfen,* wohl aber die des gegnerischen. Wegen des Anspruchs des ausgeschiedenen Bekl bei teilweiser Klagrücknahme (auch Parteiwechsel) § 263 Rn 15. Wenn wegen eines ausgeschiedenen Streitgenossen eine Entscheidung nach III ergeht, wird sie durch einen nachträglichen Kostenvergleich, an dem der Ausgeschiedene nicht beteiligt ist, nicht berührt, Kblz VersR **81,** 1136. Wenn ein Dritter ohne Veranlassung des Antragstellers nur wegen eines Zustellungsfehlers in den Prozeß gezogen wurde, kann man jedenfalls nicht III zu seinen Gunsten entsprechend anwenden, Düss MDR **86,** 504, aM Hbg GRUR **89,** 458; dann kommt die Staatshaftung in Betracht.

**G. Kostenausspruch.** Die Entscheidung erfolgt nach einer wirksamen vollen Klagrücknahme durch **43** einen Beschluß bei freigestellter mündlicher Verhandlung, § 128 Rn 10, nicht etwa durch ein Urteil, LG Itzehoe RR **94,** 1216. Der feststellende Kostenausspruch ist ein Vollstreckungstitel, Rn 33, III 5 in Verbindung mit § 794 I Z 3. LG Bückebg MDR **97,** 978 wendet § 780 entsprechend an.

*Gebühren:* Des Gerichts keine, des Anwalts keine, da zum Rechtszug gehörig, § 37 Z 7 BRAGO. Wegen der Gebühren nach einer Verweisung vom ArbG Mü NJW **71,** 473. Es treten ähnliche Fragen auf wie bei § 100, dort Rn 55 ff.

Es ist grundsätzlich kein gesonderter Kostenausspruch aus § 269 auf Feststellung über den *zurückgenommenen* Teil möglich, Wielgoss JB **99,** 127. Vielmehr muß das Gericht in einem solchen Fall in der Kostenentscheidung des etwa noch folgenden Urteils über die restliche Klage einheitlich und von Amts wegen über die gesamte Kostenverteilung unter Beachtung des Anteils der teilweisen Rücknahme am Gesamtstreitwerts entscheiden, §§ 92, 308 II, § 92 Rn 15 „Klagerücknahme", BGH RR **96,** 256, Düss Rpfleger **99,** 133, Kblz JB **91,** 1542, Mü MDR **90,** 636 (zur Stufenklage), aM Düss RR **94,** 828, ThP 16. Freilich kommt in Betracht; insofern kann das Gericht auch noch nach dem Urteil den Kostenausspruch durch Beschluß vornehmen, Karlsr MDR **89,** 268. Das Gericht hat die Rücknahme einer Klage nach § 13 oder § 19 AGBG gemäß § 20 I Z 3 dem Bundeskartellamt anzuzeigen.

**H. Bindung an Kostenausspruch.** Rechtsbehelfe: vgl Rn 47. Ein fälschlich ergangener Beschluß **44** bindet im Kostenfestsetzungsverfahren nach §§ 103 ff nicht für die Frage, ob und welche Kosten dem Bekl zu Recht entstanden sind, Hbg MDR **83,** 411.

**I. Wirkungslosigkeit des Urteils.** Ein ergangenes, noch nicht rechtskräftiges Urteil wird wirkungslos, **45** ohne daß es seiner Aufhebung bedürfte, BGH NJW **95,** 1096, Schlesw JB **92,** 404. Da die Klagrücknahme dem Gericht gegenüber zu erklären ist, ist eine Rechtskraftbescheinigung nicht zu befürchten. Aus Gründen der Klarheit, insbesondere zB in einer Ehesache, KG NJW **72,** 545, Vollkommer Rpfleger **74,** 91, ist aber auf Antrag des Bekl durch Beschluß auszusprechen, daß das Urteil wirkungslos ist und daß der Rechtsstreit als nicht anhängig geworden anzusehen ist. Er ist eine Entscheidung im Sinne von § 775 Z 1.

Für einen Antrag des Bekl kann ein *Rechtsschutzbedürfnis,* Grdz 33 vor § 253, bei einer Kostenüber- **46** nahmeverpflichtung fehlen, LG Detm JB **77,** 1780 (auch betr mehrere Bekl), vgl Rn 39. Ein Rechtsschutzbedürfnis kann auch der Kläger beim Antrag stellen, zB wegen einer Unklarheit über den Ehebestand, Düss FamRZ **77,** 131. Bei einer Kindschaftssache, §§ 640 ff, ist der klärende Beschluß zwecks Rechtssicherheit, Einl III 43, und wegen des Amtsermittlungsgrundsatzes, Grdz 38 vor § 128, sogar am besten von Amts wegen auszusprechen, Karlsr Just **76,** XLI, Kblz Rpfleger **74,** 117, Vollkommer Rpfleger **74,** 91 (ggf unter einem gleichzeitigen Ausspruch der Kostenfolge). Es ist also kein Rechtsmittel und kein aufhebendes Urteil der Rechtsmittelinstanz möglich, da hierfür kein Rechtsschutzbedürfnis besteht.

Eine *Widerklage,* Anh § 253, ist *nicht* mehr statthaft, die vorher erhobene bleibt statthaft. War ein Urteil noch nicht ergangen, so erfolgt nur der Ausspruch, daß der Rechtsstreit als nicht anhängig geworden anzusehen ist. Ein entsprechendes Zwischenurteil ist nicht zulässig, AG Nürnb FamRZ **85,** 1073. Mündliche Verhandlung ist freigestellt, § 128 Rn 5. Ein nach wirksamer Klagrücknahme ergehendes Urteil ist wirksam, aber mangelhaft und aufhebbar, Üb 19 vor § 300, aM ThP 12 (nichtig). Eine Klagrücknahme nach einem rechtskräftigen Urteil ist ausgeschlossen, vgl auch Hamm Rpfleger **77,** 445 (betr Insolvenz). Die Zwangsvollstreckung erfolgt nach § 794 I Z 3, Oldb Rpfleger **83,** 329 (krit Lappe), AG Warburg RR **98,** 1221 (deshalb nicht 767). Stgt RR **87,** 128 wendet III nach einem trotz verspäteten Vergleichswiderrufs ergangenen Urteil entsprechend an.

**J. Rechtsmittel.** Zulässig ist nach einem wenigstens teilweise die Kostenfrage bekräftigenden Beschluß, **47** auch nach einer irrig als „Urteil" bezeichneten Entscheidung, LG Itzehoe RR **94,** 1216 (vgl freilich Rn 43), die sofortige Beschwerde, § 577, Karlsr MDR **89,** 268, aber nicht, wenn das LG als Berufungs- oder Beschwerdegericht entschieden hat, § 567 III 1. Das gilt auch, soweit eine einheitliche Kostenentscheidung des Urteils nach einer Teilrücknahme nur insofern angegriffen werden soll, als sie auf § 269 beruht, LG Freibg NJW **77,** 2217. Soweit das Gericht dagegen den Kostenanspruch abgelehnt hat, ist wegen § 567 I, den § 269 III 4 davon nicht verdrängen will, die einfache Beschwerde nach § 567 I statthaft, Karlsr MDR **89,** 260, Mü NJW **93,** 1604. Die Beschwerdesumme muß mehr als 200 DM betragen, § 567 II 1, denn es handelt sich trotz des bloß feststellenden Charakters doch um eine Kostengrundentscheidung, § 91 Rn 4; daher ist § 567 II 2 unanwendbar. Die einfache Beschwerde ist unzulässig, soweit das LG als Berufungs- oder Beschwerdegericht, § 567 II 1, oder das OLG entschieden hat, § 567 IV 1.

*Gebühren:* KV 1900 (1/1), § 61 I Z 1 BRAGO (5/10). Soweit bei entsprechender Anwendung der Rpfl entschieden hat, gilt § 11 RPflG, § 104 Rn 41 ff.

**7) Neue Klage, IV.** Die Vorschrift ist als Ausnahme eng auszulegen, Oldb MDR **98,** 61. **48**

**A. Grundsatz: Zulässigkeit.** Eine neue Klage steht dem Kläger immer frei, BGH NJW **84,** 658, vgl auch LG Ffm Rpfleger **84,** 472, wenn er nicht auf den Anspruch verzichtet hat (dann wäre eine erneute Klage als unzulässig abzuweisen), BAG NJW **74,** 2151, Kblz VersR **90,** 1135, Mü OLGZ **77,** 484. Der Kläger darf auch die Klage in demselben Verfahren wieder erweitern, BGH NJW **84,** 658, sofern er nicht auf den Anspruch verzichtet hat. Das kann freilich schon aus Zweckmäßigkeitsgründen nicht mehr gelten, wenn das bisherige Verfahren auch kostenmäßig abgeschlossen ist. Natürlich kann man aber eine nur teilweise

## §§ 269, 270    2. Buch. 1. Abschnitt. Verfahren vor den LGen

wirksam zurückgenommene Klage bis zur Rechtskraft jederzeit in einer Tatsacheninstanz wieder ganz oder teilweise erweitern. Hat der Bekl Widerklage erhoben, so kann der Kläger gegen diese eine Wider-Widerklage erheben, Anh § 253 Rn 14. Wegen einer Klagänderung Rn 1.

**49**   **B. Kostenerstattung.** Hat der Kläger dem Beklagten die Kosten des ersten Prozesses nicht erstattet, so hat der Bekl bis zur Erstattung eine Zulässigkeitsrüge, § 282 III, § 296 III, und zwar auch dann, wenn der Kläger gegenüber dem nach der Klagrücknahme erlassenen Kostenfestsetzungsbeschluß eine Vollstreckungsabwehrklage erhebt, die er auf eine Aufrechnung mit dem Anspruch der zurückgenommenen Klage stützt, obwohl IV kein allgemeines Aufrechnungsverbot enthält, BGH NJW **92**, 2034 (eine Belästigungsabsicht des Klägers ist nicht erforderlich). Bre BB **91**, 1891. Auch die Gewährung einer Prozeßkostenhilfe schließt sie nicht aus, § 122 I 2 gilt hier nicht; wohl aber entfällt sie, wenn dem Kläger jede den Gegner belästigende Absicht fehlt oder wenn der Bekl die Kosten im Verfahren bis zur Klagrücknahme übernommen hatte. Nach Klagabweisung ist IV nicht entsprechend anwendbar, Rn 48, Oldb MDR **98**, 61.

Der Bekl muß den fehlenden Betrag *darlegen,* der Kläger die Zahlung. Eine Zahlung vernichtet die Rüge. Eine Ergänzung und Berichtigung der alten Klage hindern nicht. IV gilt als Sondervorschrift trotz § 280. IV gilt auch gegenüber einem anderen Gesamtgläubiger, § 429 I BGB, oder gegenüber dem Rechtsnachfolger des früheren Klägers im Sinne des § 265, auch gegenüber dem eine neue Klage erhebenden bisherigen Widerkläger, auch gegenüber der nach Rücknahme im Urkundenprozeß folgenden ordentlichen Klage.

**50**   **C. Verfahren.** Das Gericht setzt dem Kläger eine Frist zur Kostenerstattung. Der Bekl muß beweisen, daß und wieviel der Kläger ihm an Kosten des Vorprozesses noch zu erstatten hat. Der Kläger muß die Erfüllung des so ermittelten Erstattungsanspruchs beweisen. Nach ergebnislosem Ablauf der Erstattungsfrist erfolgt auf Antrag eine Klagabweisung durch ein Prozeßurteil als unzulässig.

**51**   **8) VwGO:** Zur Ergänzung von § 92 VwGO sind entsprechend anzuwenden, § 173 VwGO: **II**, VGH Mannh VRspr **14**, 1013 (jedoch kann im Verfahren vor VG und OVG die Rücknahme auch zu Protokoll des Urkundsbeamten oder in einer Verhandlung nach § 87 VwGO erklärt werden, aM VGH Kassel AS **24**, 120) und **III 1**, BVerwG NVwZ **86**, 468 (nicht bei Übergang zur FortsetzungsfeststKl); der nach § 92 III 1 VwGO vAw ergehende Beschluß (Einstellung, Wirkungslosigkeit eines Urteils, Kostenfolge des § 155 II, dazu VGH Kassel NVwZ-RR **92**, 55 mwN, VGH Mannh VBlBW **83**, 72, krit Kopp) ist unanfechtbar, § 92 III 2 VwGO (der Streit über die Wirksamkeit der Klagrücknahme ist ggf in Fortsetzung des ursprünglichen Verf auszutragen, RegEntw S 28, vgl VGH Mü u OVG Saarl NVwZ **99**, 896, 897, zu § 92 III 2 VwGO). **IV** ist entsprechend anwendbar, § 173 VwGO, Jauernig NVwZ **96**, 31, Ule VPrR § 40 I u Ey § 92 Rn 22, aM RedOe § 92 Anm 15. Entsprechendes gilt für selbständige Nebenverfahren, zB nach § 80 oder § 123 VwGO, nicht aber für unselbständige Zwischenverfahren, VGH Mü NJW **86**, 2068 (betr Aussetzung des Verf). Eine gesetzliche Fiktion der Klagrücknahme sieht § 92 II VwGO vor, dazu Decker BayVBl **97**, 673, Schenke NJW **97**, 93, Kuhla/Hüttenbrink DVBl **99**, 900.

## 270   *Amtsbetrieb.*

**I** Die Zustellungen erfolgen, soweit nicht ein anderes vorgeschrieben ist, von Amts wegen.

**II** ¹Mit Ausnahme der Klageschrift und solcher Schriftsätze, die Sachanträge oder eine Zurücknahme der Klage enthalten, sind Schriftsätze und sonstige Erklärungen der Parteien, sofern nicht das Gericht die Zustellung anordnet, ohne besondere Form mitzuteilen. ²Bei Übersendung durch die Post gilt die Mitteilung, wenn die Wohnung der Partei im Bereich des Ortsbestellverkehrs liegt, an dem folgenden, im übrigen an dem zweiten Werktage nach der Aufgabe zur Post als bewirkt, sofern nicht die Partei glaubhaft macht, daß ihr die Mitteilung nicht oder erst in einem späteren Zeitpunkt zugegangen ist.

**III** Soll durch die Zustellung eine Frist gewahrt oder die Verjährung unterbrochen werden, so tritt die Wirkung, sofern die Zustellung demnächst erfolgt, bereits mit der Einreichung oder Anbringung des Antrags oder der Erklärung ein.

**Schrifttum:** *Gansen,* Die Rechtshängigkeit des Schmerzensgeldanspruchs, Diss Bonn 1989; *Halbach,* Die Verweigerung der Terminsbestimmung und der Klagezustellung im Zivilprozeß, Diss Köln 1980.

### Gliederung

| | |
|---|---|
| 1) Systematik, I–III ............................. 1 | B. Parteiprozeß ........................... 6 |
| 2) Regelungszweck, I–III ...................... 2 | 7) Fristwahrung, Verjährungsunterbrechung, III ............................................ 7–28 |
| 3) Geltungsbereich, I–III ...................... 3 | A. Grundsatz: Möglichkeit bei demnächstiger Zustellung ................. 7, 8 |
| 4) Amts- oder Parteizustellung, I ........ 4 | B. Beispiele zur Frage des Geltungsbereichs aus III ............................ 9–12 |
|     A. Von Amts wegen ......................... 4 | C. Einreichung; Anbringung ...... 13, 14 |
|     B. Parteibetrieb .............................. 4 | D. Demnächstige Zustellung: Keine schuldhafte Verzögerung ....... 15–17 |
|     C. Verfahren der Amtszustellung ..... 4 | E. Beispiele zur Frage der Schädlichkeit einer Verzögerung, III ............ 18–28 |
| 5) Förmliche Zustellung, I, II .............. 5 | 8) Verstoß, I–III .................................... 29 |
|     A. Klageschrift ................................. 5 | 9) *VwGO* ................................................ 30 |
|     B. Sachantrag ................................... 5 | |
|     C. Klagrücknahme ......................... 5 | |
|     D. Andere Fälle ............................... 5 | |
| 6) Formlose Übersendung, I, II ............ 6 | |
|     A. Anwaltsprozeß ............................ 6 | |

1. Titel. Verfahren bis zum Urteil **§ 270**

**1) Systematik, I–III.** § 270 (vgl auch §§ 214, 261) enthält den Grundsatz, daß eine förmliche Zustellung 1 im Amtsbetrieb, von Amts wegen, §§ 208 ff, also nicht auf Betreiben der Parteien, §§ 166 ff, erfolgt. Dieser Grundsatz kennt nur in den ausdrücklich im Gesetz vorgesehenen Fällen Ausnahmen, zB in § 497 I 1. Das Gericht teilt Klage, Urteil und sonstige Erledigung einer Sache nach §§ 13, 19 AGBG dem Bundeskartellamt gemäß § 20 I AGBG mit.

**2) Regelungszweck, I–III.** Die Vorschrift dient zwar teilweise auch der Prozeßwirtschaftlichkeit, Grdz 2 14 vor § 128, in einem auch vom erfahrenen Praktiker erstaunlich oft verkannten Maße, aber vor allem der Rechtssicherheit, insbesondere der Sicherstellung des rechtlichen Gehörs, Art 103 I GG, Einl III 16, da bei Mißachtung einer notwendigen förmlichen Zustellung zB oft eine Frist nicht an- und daher auch nicht abläuft und die dennoch getroffene Entscheidung auf solchem schweren Verfahrensfehler beruhen kann. Deshalb sollte § 270 streng ausgelegt werden.

**3) Geltungsbereich, I–III.** Vgl Üb 2 vor § 253 und unten Rn 9 ff. 3

**4) Amts- oder Parteizustellung, I.** Sie folgen sehr unterschiedlichen Regeln. 4

**A. Von Amts wegen.** Die Zustellung erfolgt nicht nur beim AG, sondern auch bei den anderen ordentlichen Gerichten von Amts wegen. Dies gilt bei Entscheidungen einschließlich des Versäumnisurteils an den Unterlegenen, § 317 I 1, bei bestimmenden Schriftsätzen, § 129 Rn 5, und Erklärungen der Parteien, auch bei Ladungen, § 214, soweit sie nicht nach § 218 entbehrlich sind, ferner bei sonstigen Verfügungen, zB nach § 273, Terminsbekanntmachungen, nicht verkündeten Beschlüssen, soweit sie zugestellt werden müssen, § 329 II 2, III, zB beim Vollstreckungsbescheid im Fall des § 699 IV 2.

**B. Parteibetrieb.** Eine Zustellung im Parteibetrieb ist zulässig bei der Zwangsvollstreckung, §§ 750 I 2, II, 751 II, 756, 765, 795, 798, 829 II, 835 III, 843, 858 IV; sie nötig beim Vollstreckungsbescheid, sofern die Partei die Übergabe an sich zu Parteizustellung beantragt, § 699 IV 2, Bischof NJW **80**, 2235, beim Arrest und bei der einstweiligen Verfügung, §§ 922 II, 936.

**C. Verfahren der Amtszustellung.** Die Geschäftsstelle besorgt die Zustellung ohne richterliche Weisung (das übersieht sie infolge mangelhafter Ausbildung nur zu oft) und ohne besonderen Antrag. Die Partei hat nichts anderes zu tun als das zuzustellende Schriftstück dem Gericht einzureichen. Natürlich muß aus dem Schriftstück erkennbar sein, daß seine Bekanntmachung an den Gegner bezweckt wird. Beizufügen sind Abschriften in der erforderlichen Zahl, § 253 Rn 105. Der Urkundsbeamte der Geschäftsstelle prüft beim Eingang eines Schriftstücks nur die Notwendigkeit der Zustellung, nicht diejenige der Eingabe; denn der Amtsbetrieb für Zustellungen und Ladungen läßt die sachliche Parteiherrschaft unberührt, Hager NJW **92**, 354. Wegen der notwendigen Abschriften § 133 und BGH VersR **74**, 1106. Die Zustellung erfolgt gemäß §§ 208–213. Wegen der Mängelheilung Üb 13 vor § 166. Die Geschäftsstelle hat schon zur Vermeidung von Amtshaftung die ordnungsmäßige und insbesondere auch unverzügliche Zustellung zu überwachen, notfalls zu wiederholen.

**5) Förmliche Zustellung, I, II.** Förmlich zuzustellen sind nur die folgenden Schriftstücke der Parteien 5 (wegen der Verfügungen und Beschlüsse des Gerichts gilt § 329 II 1, 2):

**A. Klageschrift.** Zuzustellen ist die Klageschrift, § 253; ihre formlose Mitteilung, zB wegen eines gleichzeitigen Antrags auf die Bewilligung einer Prozeßkostenhilfe, reicht nicht aus, Schlesw SchlHA **77**, 189, auch nicht bei Kenntnis des Bekl von der Einreichung der Klageschrift, BGH **LM** LandbeschG Nr 19.

**B. Sachantrag.** Zuzustellen sind alle Sachanträge (Begriff § 297 Rn 1), auch diejenigen des Bekl, zB auf Klagabweichung; nur reine Prozeßanträge, Begriff § 297 Rn 4, also nicht.

**C. Klagrücknahme.** Zuzustellen ist die Klagrücknahme, § 269.

**D. Andere Fälle.** Zuzustellen sind weitere Schriftsätze und Erklärungen auf besondere Anordnungen des Gerichts. Eine förmliche Zustellung kann bei wichtigen Erklärungen stets am Platz sein. Verstoß: Rn 32. Wegen seiner Bedeutung für die Klage § 253 Rn 16, 17.

**6) Formlose Übersendung, I, II.** Es sind die beiden Prozeßarten zu unterscheiden. 6

**A. Anwaltsprozeß.** Außer bei Rn 4 können alle Parteierklärungen unbeglaubigt unmittelbar und formlos von Partei zu Partei übersandt werden. Die Einhaltung einer Form schadet natürlich nicht. Reicht eine Partei solche Erklärungen bei Gericht ein, was zulässig und wegen der Feststellung der Absendung zweckmäßig sein kann, so muß das Gericht sie an die Gegenpartei weitergeben. I bezieht sich zwar dem Wortlaut nach nur auf Zustellungen; ihn so eng aufzufassen, wäre aber der Partei nachteilig; es fehlte ihr dann oft jeder Nachweis des Aufgabetags, und damit wäre die Vermutung des Zugangs, die II aufstellt, für sie wertlos. Diese durch eine Glaubhaftmachung des Nichtzugangs nach § 294 entkräftbare Rechtsvermutung ist zwar an sich entbehrlich, vgl auch Schedl Rpfleger **74**, 215, wenn die Formlosigkeit nicht nur zur Verschleppung führen soll. Kommt die Sendung als unbestellbar zurück, so steht ihr Nichtzugehen fest.

**B. Parteiprozeß.** Im Verfahren vor dem AG gelten II 1 gemäß § 495 ohnehin, II 2 gemäß § 497 I 2 entsprechend. Die Zugangsvermutung ist keinesfalls schon als solche etwa wegen Art 103 I GG verfassungswidrig, zumal sie ja widerlegbar ist, II Hs 2, § 294; im Einzelfall kann sich eine Versagung des rechtlichen Gehörs freilich aus den Gesamtumständen ergeben.

**7) Fristwahrung, Verjährungsunterbrechung, III.** Die Vorschrift hat erhebliche Bedeutung. 7

**A. Grundsatz: Möglichkeit bei demnächstiger Zustellung.** III bestimmt ganz allgemein, auch vor dem AG, § 495 und ähnlich den §§ 207 I, 696 III, mit den für das Mahnverfahren vorrangigen, weitgehend inhaltsgleichen Regelungen der §§ 691 II, 693 II (zur Abgrenzung § 691 Rn 8) dasjenige, was § 207 I nur für gewisse Fälle vorschreibt. III knüpft für die Fristwahrung und für die Unterbrechung der Verjährung, BGH JZ **89**, 504, zum Schutz des Gläubigers (nicht des Schuldners) vor den Nachteilen des Amtsbetriebs, Ffm GRUR **87**, 651, eine Vorwirkung an die Klageinreichung an, falls die Zustellung demnächst wirksam erfolgt, BGH **86**, 322, LG Paderborn NJW **77**, 2077; für sonstige Folgen der Zustellung, insbesondere für

## § 270

den Eintritt der Rechtshängigkeit, § 261, hat III keine unmittelbare Geltung, BGH **LM** § 419 BGB Nr 29, Ffm GRUR **87**, 651.

**8** III gilt *für sämtliche Zustellungen,* BGH NJW **79**, 265, ohne obere Wertgrenze, BGH VersR **99**, 218. Erforderlich ist, daß die Zustellung eine Frist, auch eine Notfrist, wahren oder die Verjährung unterbrechen soll, § 209 BGB, BGH NJW **91**, 1745, Düss FamRZ **91**, 958, ThP 6 (III gilt entsprechend, wenn der Schuldner gegenüber dem Gläubiger auf die Verjährungseinrede bis zum Ablauf einer bestimmten Frist verzichtet hat, Haase JR **74**, 470, aM Düss MDR **70**, 840).

**9** **B. Beispiele zur Frage des Geltungsbereichs von III**
**Aktiengesetz:** III ist auf eine Klage nach § 242 II AktG anwendbar, BGH NJW **89**, 905; ebenso auf § 245 Z 1 oder § 246 AktG, Karlsr RR **86**, 711, oder auf § 256 VI 2 AktG, LG Düss KTS **88**, 797.
**Anfechtungsgesetz:** III ist auf eine Klage nach § 4 AnfG anwendbar, ArbG Bln DB **88**, 1608.
**Anfechtung von Willenserklärung:** III ist unanwendbar, soweit es um die Anfechtungsfrist des § 121 BGB geht, BGH NJW **75**, 39.
**Arbeitsrecht:** III ist auf § 4 KSchG anwendbar, auf § 2 S 2 KSchG unanwendbar, BAG DB **98**, 2171.
**Arrest, einstweilige Verfügung:** III ist auf eine Klage nach § 926 I anwendbar.
**Bürgschaft:** III ist unanwendbar, soweit es um eine Willenserklärung wegen eines Bürgschaft-Endtermins geht, denn dazu muß man das Gericht nicht einschalten, BGH NJW **82**, 581.
**Eingeschränkte Anwendung:** III ist entsprechend anwendbar, wenn eine gesetzliche oder vertragliche Regelung einer eingeschränkten Anwendung entgegensteht, BGH **75**, 312 und (6. ZS) **109**, 56, Saarbr FamRZ **83**, 175, aM BGH (8. ZS) NJW **82**, 172, Raudzus NJW **83**, 668.
**Enteignung:** III ist unanwendbar, soweit es um eine Enteignungsentschädigung und die zugehörige Klagefrist geht, BayObLG **95**, 67.

**10** **Erbrecht:** III ist unanwendbar, soweit es um den Ausschluß des gesetzlichen Erbrechts des überlebenden Ehegatten nach § 1933 BGB geht, BayObLG RR **90**, 517 (auch keine entsprechende Anwendbarkeit).
S auch Rn 11 „Schmerzensgeld".
**Handelsvertreter:** III ist auf den Ausgleichsanspruch nach § 89 b II HGB anwendbar, BGH **75**, 307.
**Mieterhöhung:** III ist im Prozeß um eine Mieterhöhung usw nach dem MGH anwendbar, LG Ellwangen WoM **97**, 118, LG Hann WoM **78**, 33, AG Dortm RR **95**, 971.
**Mietvertragsverlängerung:** III ist unanwendbar, soweit es um die Widerspruchsfrist des § 568 BGB geht, Stgt WoM **87**, 114.
**Rechtshängigkeit:** Wegen eines Verzichts auf den „Einwand der mangelnden Rechtshängigkeit" BGH **109**, 56.
S auch 11 „Schmerzensgeld".
**Reisevertrag:** III ist unanwendbar, soweit es um § 651 g I 1 BGB geht, LG Paderborn MDR **84**, 581, AG Düss NJW **86**, 593.

**11** **Sachlichrechtliche Frist:** III ist unanwendbar, soweit es um eine sachlichrechtliche Frist nach italienischem Recht geht, LAG Mü IPRax **92**, 97.
S auch bei den einzelnen Fristarten.
**Schmerzensgeld:** III ist unanwendbar, soweit es um die Vererblichkeit des Schmerzensgeldanspruchs geht, denn die Rechtshängigkeit, § 847 I 2 BGB, wahrt keine Frist, BGH NJW **77**, 696, aM Köln NJW **76**, 1213, Peters VersR **76**, 101.
**Stationierungsschaden:** III ist auf eine Klage wegen eines Stationierungsschadens anwendbar, vgl BGH NJW **79**, 2110, Karlsr NJW **90**, 845.
**Strafverfolgung:** III ist auf eine Klage nach dem StrEG anwendbar, Hamm MDR **93**, 385.
**Stufenklage:** III kann auf eine Stufenklage nach § 254 anwendbar sein, aM Celle RR **95**, 1411 (aber das verkennt die Regel § 254 Rn 12).
**Tarifrecht:** III ist unanwendbar, soweit es um eine tarifliche Ausschlußfrist geht, denn dazu muß man das Gericht nicht einschalten, BAG NJW **76**, 1520.
**Unwirksamkeit:** III ist unanwendbar, soweit es um die Zustellung einer unwirksamen Klage oder -erweiterung geht, BGH **103**, 26.
**Unzuständigkeit:** III ist anwendbar, soweit der Kläger ein unzuständiges Gericht anruft (vgl aber Rn 13), BGH **86**, 323, Hamm NJW **84**, 375, LG Aachen VersR **87**, 696, aM KG NJW **83**, 2709.

**12** **Vaterschaftsanfechtungsklage:** III ist anwendbar, so schon BGH FamRZ **95**, 1485.
**Vereinfachtes Unterhaltsverfahren:** III ist nach § 647 II entsprechend anwendbar.
**Versicherungsvertragsgesetz:** III ist auf die Einhaltung der Frist nach § 12 III VVG anwendbar, BGH RR **95**, 253, Hamm VersR **98**, 1493, LG Hbg VersR **93**, 215 (abl Schmalzl 374), LG Mü VersR **91**, 911.
**Versorgungsausgleich:** III ist auf den Antrag nach § 1408 II 2 BGB anwendbar, BGH RR **92**, 1346, Bbg FamRZ **84**, 485.
**Werkvertrag:** III ist auf den Fall § 16 Z 3 II VOB anwendbar, BGH **75**, 307.
**Zuständigkeit:** Rn 11 „Unzuständigkeit".

**13** **C. Einreichung; Anbringung.** In diesen Fällen genügt eine rechtzeitige Einreichung, also das tatsächliche Gelangen in die Verfügungsgewalt des Gerichts, BVerfG **57**, 120, Hbg RR **88**, 1277, ArbG Bielef BB **76**, 844, oder die Anbringung, also die etwa zulässige Protokollierung des Antrags oder der Erklärung beim Urkundsbeamten oder beim Rpfl. Ausreichend sind zB: Der Eingang in der Posteinlaufstelle oder im Tages- oder Nachtbriefkasten oder im Eingangskorb, vgl § 233 Rn 19 ff, „Gericht", BVerfG NJW **81**, 1951; die Übergabe an den Richter. Es ist unerheblich, wann der Antrag anschließend vorgelegt und bearbeitet wird, Hamm VersR **76**, 233, LG Mainz Rpfleger **74**, 369, vgl freilich § 496 Rn 3, 4. Ein Eingang beim irrig oder absichtlich falsch bezeichneten Gericht, das objektiv unzuständig ist, reicht nicht, § 129 a II, Köln RR **89**, 572 (wegen Verjährung).

**14** Die Klage gilt als in der mündlichen *Verhandlung* eingereicht, wenn der Kläger in ihr den bisherigen Klagentwurf (eine Begründung des Antrags auf die Bewilligung einer Prozeßkostenhilfe, §§ 114 ff) ein-

1. Titel. Verfahren bis zum Urteil § 270

deutig als Klage behandelt, indem er zB aus ihr den Sachantrag stellt, BGH **LM** § 253 Nr 47, aM ZöPh § 117 Rn 10 (maßgeblich sei die Bewilligung der Prozeßkostenhilfe). Der bloße Klagentwurf zusammen mit dem Antrag auf eine Prozeßkostenhilfe reicht also noch nicht, BGH **RR 89**, 675. Bei einer Einziehungsermächtigung, Grdz 29 ff vor § 50, ist diese in der Klageschrift anzugeben, BGH **LM** § 50 Nr 26. Der Eingang von Klage und Kostenvorschuß (Scheck) bei der Gerichtskasse kann die Frist wahren, BGH NJW **84**, 1239.

**D. Demnächstige Zustellung: Keine schuldhafte Verzögerung.** Die Frist gilt nur dann als gewahrt, **15** wenn nach pflichtgemäßen Ermessen, BGH DB **73**, 2342, Schlesw NJW **88**, 3104, und zwar des Tatrichters, BGH ZMR **78**, 18, vom Fristablauf an gemessen „demnächst" zugestellt wird, BGH FamRZ **95**, 1485 mwN, dh in einer den Umständen nach angemessenen Frist, ohne besondere von der Partei zu vertretende Verzögerung, BGH VersR **99**, 218. Die Vorschrift soll denjenigen, in dessen Interesse die Zustellung erfolgt, vor Verzögerungen schützen, auf die er keinerlei Einfluß hat, an denen er also nicht auch nur mitschuldig ist, die man ihm nicht zurechnen kann, BVerfG NJW **94**, 1853 (extrem lange Instanzwege), BGH RR **95**, 254, Düss ZMR **96**, 609, Schumann Festschrift für Lüke (1997) 791.

Der Gegner darf aber *nicht unbillig belastet* werden, BGH VersR **74**, 1107, Düss ZMR **96**, 609, Ffm **16** FamRZ **88**, 83. Daraus ergibt sich im übrigen die Verpflichtung, daß derjenige, der die Frist wahren will, seinerseits alles ihm Zumutbare tut, damit die Zustellung auch demnächst erfolgen kann, BGH NJW **82**, 172, Hbg RR **88**, 1277. Er muß mithin nicht nur Verzögerungen vermeiden, sondern auch im Sinne einer möglichen Beschleunigung wirken, BGH **69**, 363, Düss ZMR **96**, 609, LG Hann NZM **98**, 628, aM BGH **70**, 237.

Es kommt unter diesen Voraussetzungen nicht auf die Länge der zu wahrenden Frist an, Hbg RR **88**, **17** 1277. Schon *leichtes Verschulden schadet,* BGH NJW **96**, 1061, Düss ZMR **96**, 609.

**E. Beispiele zur Frage der Schädlichkeit einer Verzögerung, III** **18**

**Abschrift:** Schädlich ist die verzögerte Einreichung der zur Zustellung erforderlichen Abschriften, §§ 133 I 1, 253 V, BGH VersR **74**, 1107, es sei denn, die Partei wäre insofern schuldlos, BGH NJW **74**, 57.
**Aktenzeichen:** Unschädlich ist es, wenn man bei der Klageinreichung eine Gebühr zu einem falschen Aktenzeichen gezahlt und diesen Irrtum auf Anfrage des Gerichts sogleich mitgeteilt hat, Stgt VersR **80**, 158; andernfalls muß sich die Partei § 85 II entgegenhalten lassen, BGH RR **95**, 255. Schädlich ist es, wenn man nur das Aktenzeichen, nicht aber das Gericht richtig bezeichnet hat, AG Buxtehude VersR **87**, 1024.
**Anschrift:** Schädlich ist es, wenn der Kläger die Zustellung verzögert hat, weil er zunächst eine falsche Zustellanschrift angegeben hat, BGH FamRZ **88**, 83.
**Auslandszustellung:** Abweichend von den Regeln zur inländischen Verzögerung, Rn 26 „Verzögerungs- **19** dauer", gelten bei einer Zustellung im Ausland, zum Begriff zB § 917 Rn 9, im wesentlichen folgende Erwägungen: Auch bei ihr muß man zwar alle zulässigen Anträge zumindest vorsorglich unverzüglich (ohne schuldhaftes Zögern, vgl § 121 I 1 BGB) stellen, Schlesw NJW **88**, 3105 (vn § 693, abl Pfennig NJW **89**, 2172); im übrigen kann aber eine Zustellung 2 Monate nach der Klageinreichung noch „demnächst" sein, BGH **53**, 338, auch eine solche nach fast 4 Monaten, BGH DB **82**, 1614, ebenfalls eine solche auf diplomatischem Wege nach 6 Monaten, BGH VersR **75**, 374, oder 9 Monaten, BGH VersR **83**, 832.
**Beweislast:** Der Gläubiger muß seine Schuldlosigkeit beweisen, BGH **LM** LandbeschG Nr 19, Kblz VersR **20** **89**, 164.
**Ehesache:** Rn 24 „Scheidung".
**Einfaches Schreiben:** Schädlich ist es, wenn man die Frist durch ein einfaches Schreiben hätte einhalten können, BGH NJW **82**, 173, BAG NJW **76**, 1520, aM BGH NJW **80**, 455.
**Fehlbuchung:** Schädlich ist es, wenn der ProzBev monatelang unterläßt, eine Fehlbuchung des rechtzeitig gezahlten Vorschusses zu rügen, Ffm VersR **76**, 346.
**Fristablauf:** Rn 22 „Letzter Tag".
**Gerichtsbezeichnung:** Rn 18 „Aktenzeichen". **21**
**Gerichtsverschulden:** Eine vom Gericht verschuldete Verzögerung der Klagezustellung hemmt die Anfechtungsfrist, BGH FamRZ **95**, 1485, Brdb RR **99**, 545, aber höchstens für 4 Wochen, Hamm RR **98**, 1104.
**Gesetzlicher Vertreter:** Rn 25 „Verschulden Dritter".
**Heilung:** Die Zustellung muß im Fall eines Mangels infolge Nichtrüge geheilt sein, um „demnächst" erfolgt zu sein, BGH NJW **74**, 1557.
S auch Rn 22 „Keine Klagezustellung".
**Hinweis des Gerichts:** Das Gericht braucht nicht auf den Ablauf einer durch die Zustellung zu wahrenden Frist besonders hinzuweisen, BGH **LM** LandbeschG Nr 19.
**Inlandszustellung:** Rn 26 „Verzögerungsdauer".
**Keine Klagezustellung:** Wenn eine wirksame Klagezustellung fehlt und dieser Mangel durch Unterlassung **22** der entsprechenden Rüge geheilt worden ist, § 295 Rn 16, 17, dann muß der Zeitpunkt der Nichtrüge, durch die die Rechtshängigkeit dann eintritt, noch einer „demnächst" erfolgenden Zustellung entsprechen.
**Letzter Tag:** Unschädlich ist es, eine Klage, die eine Frist wahren soll, erst am letzten Tag der Frist einzureichen, BGH VersR **99**, 144, Hamm VersR **76**, 233. Das gilt auch für einen Antrag auf Prozeßkostenhilfe, BGH VersR **89**, 642, KG FamRZ **78**, 927, Schlesw FamRZ **88**, 962.
**Prozeßbevollmächtigter:** Rn 20 „Fehlbuchung", Rn 25 „Unzuständigkeit", „Verschulden Dritter".
**Prozeßkostenhilfe:** Unschädlich ist eine Verzögerung durch das Prozeßkostenhilfeverfahren nach **23** §§ 114 ff, soweit sie unverschuldet ist, BGH **70**, 239, Jena FamRZ **94**, 1596, Karlsr FamRZ **94**, 1538. Das müßte allerdings der Antragsteller beweisen, Rn 20 „Beweislast", BGH **LM** LandbeschG Nr 19.
Ausreichend sind zB: Eine Klagezustellung 10 Tage nach der Mitteilung des Beschlusses über die

**§ 270**  2. Buch. 1. Abschnitt. Verfahren vor den LGen

Bewilligung der Prozeßkostenhilfe, BGH VersR **77**, 666, oder 2 Wochen nach dieser Mitteilung, Jena FamRZ **94**, 1596.
  *Nicht ausreichend ist es,* wenn die Partei das Formular nach § 117 vorwerfbar verzögert nachreicht, vgl § 117 Rn 31, 33 (Sozialhilfe entbindet nicht vom Ausfüllzwang), BGH NJW **74**, 58 (zum alten Recht), DüssVersR **92**, 892 (zum neuen Recht), oder wenn sie die zusätzlich zum Formular vorgeschriebenen Belege nicht mit vorlegt, BGH JZ **89**, 504, oder wenn die Partei gegen die Ablehnung der Prozeßkostenhilfe erst nach fast 4 Wochen, Hamm MDR **93**, 385, oder gar erst nach mehr als acht Wochen Beschwerde einlegt, BGH NJW **91**, 1745, Hamm VersR **98**, 1493, oder wenn die Klage nur für den Fall der Bewilligung einer Prozeßkostenhilfe eingereicht worden war und erst fünfzehn Monate nach der Ablehnung der Prozeßkostenhilfe ein neuer Tatsachenvortrag erfolgt, Hamm FamRZ **72**, 216; wenn das Gericht eine Prozeßkostenhilfe versagt hat und eine kurze Überlegungsfrist abgelaufen ist, Schlesw MDR **78**, 235 (ein neuer Antrag auf eine Prozeßkostenhilfe auf Grund neuer Tatsachen heilt nicht), vgl aber auch Hamm VersR **83**, 64.
  S auch Rn 22 „Letzter Tag".

**24 Rückfrage des Gerichts:** Unschädlich kann eine Verzögerung sein, die infolge einer überflüssigen Rückfrage des Gerichts eintritt, BGH **LM** § 261 b aF Nr 16, aM Köln MDR **76**, 231.
  **Scheck:** Rn 27 „Vorschußzahlung".
  **Scheidung:** Schädlich ist eine nicht bloß geringfügige, auch nur fahrlässige Hinauszögerung, soweit nach § 65 VII 1 Z 3, 4 GKG ohne Vorschuß hätte vorgegangen werden können, Zweibr FamRZ **95**, 745.
  **Sommersache:** Die Frage, ob eine Sommersache im Sinn von § 227 III 2 vorliegt, hat bei der Prüfung, ob eine Verzögerung schädlich oder unschädlich ist, grds keine Bedeutung, (zum alten Recht) KG NJW **72**, 1330.
  **Streitwert:** Es ist unschädlich, den Streitwertvorschlag nicht schon entsprechend § 23 I GKG in der Klageschrift mitzuteilen, BGH NJW **72**, 1948, nur betr die Wertangabe richtig auch Düss MDR **76**, 848, Hbg MDR **76**, 320, aM Celle VersR **76**, 854, Düss MDR **76**, 848, LG Bonn NJW **77**, 55 (Anfrage notwendig, warum die Vorschußanforderung ausbleibe).

**25 Unzuständigkeit:** Schädlich kann die Einreichung beim unzuständigen Gericht schon dann sein, wenn dieses nicht an das zuständige verweist, sondern formlos abschließt, ähnlich BayObLG **95**, 70, und wenn der Unterzeichner beim Gericht, an das abgegeben wurde, nicht als ProzBev zugelassen ist, BGH **90**, 251.
  **Verjährungsfrist:** Die Länge der Verjährungsfrist ist unerheblich. Eine verschuldete Säumnis zwischen der Klageeinreichung und dem Ablauf der Verjährungsfrist ist unschädlich, soweit den Kläger jedenfalls keine Schuld an der Verzögerung zwischen dem Ablauf der Verjährungsfrist und der Zustellung trifft, BGH NJW **86**, 1348. Das verkennt Köln NZM **98**, 768.
  S auch Rn 24 „Rückfrage des Gerichts".
  **Verschulden Dritter:** Ein Verschulden des gesetzlichen Vertreters, § 51 II, oder des ProzBev, § 85 II, oder des Versicherers ist der Partei zuzurechnen, BGH RR **95**, 255, KG NJW **72**, 1329, LG Ellwangen WoM **97**, 118. Dabei ist schon eine leichte Fahrlässigkeit schädlich, BGH RR **95**, 255, Ffm FamRZ **88**, 83, LG Ellwangen **97**, 118. Auch ist ein Mitverschulden des Gerichts evtl unerheblich, LG Ellwangen WoM **97**, 118; man sollte insofern aber auf die Gesamtumstände abstellen.
  **Versicherer:** S „Verschulden Dritter".

**26 Verzögerungsdauer:** Es werden im wesentlichen folgende, nicht immer folgerichtigen und einheitlichen, Meinungen vertreten: Eine vermeidbare, aber unerhebliche Verzögerung ist unschädlich, BGH VersR **99**, 218. Im einzelnen gilt: 4 Tage: unschädlich, BGH NJW **93**, 2320 (dort sogar unvermeidbar); 10 Tage: unschädlich, BAG NJW **76**, 1422; 12 Tage: unschädlich, BGH **113**, 394; 13 Tage: unschädlich, soweit vom Gericht mitverschuldet, BGH **116**, 375; 14 Tage: unschädlich, BGH NJW **96**, 1061, anders VersR **87**, 1231 (anders in einer Wettbewerbssache, Düss DB **86**, 2596); mehr als 14 Tage: unschädlich, Düss FamRZ **91**, 958, aM BGH NJW **96**, 1061; 18 Tage: schädlich, BGH NJW **96**, 1061, Hamm NJW **77**, 2364; mehr als 18 Tage: unschädlich, KG VersR **94**, 922; 14–21 Tage: unschädlich, Kblz VersR **89**, 164 (zu § 693); 19 Tage: unschädlich, Hamm RR **92**, 480, aM Hamm VersR **91**, 1237, Mü NJW **66**, 1518; ca 21 Tage: unschädlich, BGH VersR **92**, 433, Düss MDR **84**, 854; über 21 Tage: im allgemeinen schädlich, BGH VersR **83**, 663, Hamm MDR **93**, 385; knapp 28 Tage: evtl noch unschädlich, BGH **86**, 322; 1 Monat: evtl unschädlich, Hamm VersR **83**, 64, LG Bln MDR **78**, 941; über 1 Monat: schädlich, Hamm RR **98**, 1104, Karlsr VersR **91**, 352, LG Mü VersR **91**, 911 (auch in einem Auslandsfall); 49 Tage: schädlich, Düss JB **94**, 302, Hamm VersR **92**, 303; 2 Monate: schädlich, BGH NJW **76**, 216, aM BGH **103**, 28 (zu § 696 III), Schlesw SchlHA **79**, 22; mehr als 2 Monate: schädlich, BGH NJW **87**, 257, Düss ZMR **96**, 609; 3 Monate: schädlich, LG Ellwangen WoM **97**, 118, LG Hann NZM **98**, 628; mehr als 5 Monate: evtl unschädlich, BGH **LM** § 246 AktG 1965 Nr. 2; fast 1 Jahr: schädlich, BGH FamRZ **72**, 500; fast 2 Jahre: schädlich, BGH NJW **88**, 1082; über 2 Jahre: unschädlich, soweit unverschuldet oder vom Gericht mitverschuldet, Ffm FamRZ **88**, 83.
  Besonderheiten gelten bei einer *Auslandszustellung,* Rn 19.
  S auch Rn 23 „Prozeßkostenhilfe", Rn 24 „Sommersache".

**27 Vorschußanforderung:** Wegen des Zeitraums nach der Anforderung durch das Gericht s „Vorschußzahlung". Bis zum Erhalt der Anforderung gilt: Der Kläger bzw Antragsteller darf grds bis zur Anforderung warten, BGH RR **95**, 255, Hbg MDR **76**, 320, Köln VersR **87**, 1231 (zumindest dann, wenn der Streitwert einer Festsetzung bedarf). Das gilt auch dann, wenn die Klage erst kurz vor dem Ablauf der Verjährungsfrist eingereicht wird, BGH **LM** § 253 Nr 58, Hbg MDR **76**, 320, Hamm FamRZ **77**, 553.
  **Vorschußzahlung:** Wegen des Zeitraums bis zur Anforderung durch das Gericht s „Vorschußanforderung". Nach Erhalt der Anforderung ist es schädlich, den Vorschuß nicht unverzüglich (ohne schuldhaftes Zögern, vgl § 121 I 1 BGB) zu zahlen (ein Scheck kann reichen), Düss MDR **84**, 854, Ffm VersR **88**, 1026, Köln MDR **95**, 589.
  S auch Rn 24 „Scheck", „Scheidung", Rn 26 „Verzögerungsdauer".

1. Titel. Verfahren bis zum Urteil  §§ 270, 271

**Zahlungserinnerung:** Es gelten dieselben Regeln wie nach einer Anforderung, Rn 27 „Vorschußanforde- 28
rung", Köln VersR **75**, 1001.
**Zustellempfänger:** Schädlich ist die unzureichende Bezeichnung des Empfängers, BGH VersR **83**, 662.
Unschädlich für die Partei ist die Nichtbeachtung der richtigen Bezeichnung des Empfängers durch das
Gericht trotz Parteiwarnung, Brdb RR **99**, 545.

**8) Verstoß, I–III.** Eine Zustellung im Parteibetrieb statt einer Zustellung von Amts wegen oder umge- 29
kehrt ist unwirksam, kann aber nach §§ 187, 295 heilen. Freilich kann eine Zustellung von Anwalt zu
Anwalt nach § 198 ausreichen. Schriftsätze, die sich die Parteien formlos zugehen lassen, wenn förmlich
zuzustellen war, sind keine vorbereitenden Schriftsätze im Sinne der ZPO, zB im Sinne von § 335 I Z 3,
lassen also keine Versäumnisentscheidungen zu. Wegen einer mangelhaften Zustellung Üb 12, 13 vor § 166. Ein Verstoß
zwingt zur Nachholung der Zustellung, BGH RR **86**, 1119, und macht ersatzpflichtig. Ist die Einlassungs-
oder Ladungsfrist nicht gewahrt, so ist die Sache dem Richter zur Terminsverlegung vorzulegen. Gegen eine
verzögerliche oder unterbliebene Zustellung ist die Dienstaufsichtsbeschwerde an den Gerichtsvorstand
zulässig. Der Spruchrichter hat aber auch von sich aus auf eine Erledigung hinzuwirken, ohne Zwangsmittel
zu besitzen.

**9) VwGO:** An Stelle von **I** und **II** gelten §§ 56 und 86 IV 3 VwGO. Entsprechend anwendbar, § 173 VwGO, 30
ist **III**, der einen allgemeinen Rechtsgedanken enthält.

**271** *Klagezustellung nebst Aufforderungen.* **¹ Die Klageschrift ist unverzüglich zuzustellen.**
**II** Mit der Zustellung ist der Beklagte aufzufordern, einen *bei dem Prozeßgericht zugelassenen*
**Rechtsanwalt zu bestellen, wenn er eine Verteidigung gegen die Klage beabsichtigt.**

**Vorbem.** I idF Art 3 Z 5 G v 2. 9. 94, BGBl 2278, in Kraft in Berlin und den alten Bundesländern seit
1. 1. 2000, in den neuen ab 1. 1. 2005, Art 22 II G, abgedruckt bei § 78. Der *kursive* Text von II gilt also bis
31. 12. 2004 in den neuen Bundesländern (ohne Berlin) fort (zur Problematik der Fortgeltung von § 78 I, II
aF vgl dort Rn 2–13). Vgl auch § 78 Vorbem. Weiteres ÜbergangsR Einl III 78.

**Schrifttum:** *Halbach*, Die Verweigerung der Terminsbestimmung und der Klagezustellung im Zivilprozeß, Diss Köln 1980.

**1) Systematik, I, II.** Die Vorschrift enthält eine gegenüber § 270 vorrangige Sonderregel. 1

**2) Regelungszweck, I, II.** Die Bestimmung dient sowohl der Prozeßförderung, Grdz 12, 13 vor § 128, 2
als auch der Prozeßwirtschaftlichkeit, Grdz 14, 15 vor § 128, und der Rechtssicherheit, Einl III 43, durch
Hinweis auf einen etwaigen Anwaltszwang.

**3) Geltungsbereich, I, II.** Vgl Üb 2 vor § 253. 3

**4) Zustellung der Klageschrift, I.** Erst diese Zustellung bewirkt die zB wegen der Verjährung oder der 4
Rechtshängigkeit wichtige Klagerhebung, § 253 I. Deshalb ist die Klagzustellung unverzüglich (Begriff
§ 216 Rn 16) von Amts wegen vorzunehmen, § 270 I, und zwar bei einem frühen ersten Termin zugleich
mit der Ladung, § 274 II, bei einem schriftlichen Vorverfahren, § 272 II, 276, ebenfalls unverzüglich nach
dem Klageingang, auch wenn noch nicht absehbar ist, wann ein Verhandlungstermin stattfinden wird. Eine
geringe Verzögerung zwischen der Aktenvorlage und der Zustellungsverfügung, etwa wegen eines Diktats
und der Niederschrift vorbereitender Maßnahmen, § 273, ist zulässig, wäre im übrigen auch eine „demnächst" erfolgende Zustellung, § 270 III.
Die Zustellung erfolgt *förmlich*, § 270 II. Sie erfolgt unter den Voraussetzungen § 176 Rn 10 an den
bestellten ProzBev. Bei einer Klage zum Protokoll der Urkundsbeamten der Geschäftsstelle, § 496 letzter
Halbsatz, erfolgt die Zustellung des Protokolls, § 498. Es erfolgt keine Klagzustellung, solange der Kläger
seine Vorwegleistungspflicht, § 65 GKG, Anh § 271, nicht erfüllt, wohl aber dann, wenn der Bekl den
Vorschuß zahlt, Düss OLGZ **83**, 117, oder wenn das Gericht dem Kläger Prozeßkostenhilfe bewilligt hat,
§ 122 I Z 1. Mit der Klagezustellung sind die jetzt schon möglichen Fragen, Hinweise und Auflagen nach
§§ 139, 273, 278 III zu verbinden. Außerdem erfolgen gleichzeitig die Festsetzungen nach §§ 275, 276.
§ 271 gilt nach einem Widerspruch im Mahnverfahren entsprechend, vgl § 697 I, aber nicht bei einer Klage
vor der Kammer für Handelssachen, § 96 GVG.

**5) Aufforderung zur Bestellung eines Anwalts, II.** Diese Aufforderung ist zugleich mit der Zustellung 5
nach I von Amts wegen an sich ohne Form, daher bei einer Nachholung formlos, § 329 II 1, vorzunehmen,
wenn ein AnwProz vorliegen, § 78 Rn 1, also beim AG nur in den Fällen § 78 II, sowie beim LG, und der
Bekl noch nicht mitgeteilt hat, er wolle sich nicht verteidigen (eine solche Erklärung könnte ja schon vor der
Klagzustellung eingegangen sein). II geht dem ähnlichen § 215 vor. Letzterer gilt erst bei der Ladung, II
jedoch schon bei der Klagzustellung, besonders bei einem schriftlichen Vorverfahren. Eine Aufforderung
nach II macht eine solche gemäß § 215 auch keineswegs stets überflüssig, wenn es §§ 276 I, II, 307 II, 331 III
nur um die Klärung geht, ob überhaupt mit einer Verteidigung gerechnet werden soll, §§ 276 I, II, 307 II, 331 III.
Deshalb geht die Aufforderung dahin, einen Anwalt zu bestellen, und zwar beim Prozeßgericht in den neuen
Bundesländern (ohne Berlin) einer bei diesem Prozeßgericht zugelassenen Anwalts (zur Problematik der
Fortgeltung von § 78 I, II aF vgl dort Rn 2–13), falls der Bekl eine Verteidigung gegen die Klage beabsich-
tige. Zugleich erfolgt eine Belehrung gemäß § 276 II. Der Urkundsbeamte der Geschäftsstelle fügt die
Aufforderung nach II von Amts wegen der Klagezustellung bei. Vgl im übrigen § 520 III 1.

*Hartmann* 921

**6**  6) **Verstoß, I, II.** Ein Unterbleiben der Aufforderung ist zwar auf die Wirksamkeit der Klagezustellung ohne Einfluß; jedoch ist die deshalb ohne ausreichenden Anwalt erscheinende Partei nicht im Sinn von § 335 I 2 ordnungsgemäß geladen.

**7**  7) *VwGO: Abgesehen von I, der ergänzend anzuwenden ist (aM Kopp § 173 Rn 5), gilt die besondere Regelung in § 85 VwGO.*

## Anhang nach § 271
### Die Vorwegleistungspflicht des Klägers

*GKG § 65.* <sup>I</sup> ¹In bürgerlichen Rechtsstreitigkeiten soll die Klage erst nach Zahlung der erforderlichen Gebühr für das Verfahren im allgemeinen zugestellt werden. ²Im Mahnverfahren soll auf Antrag des Antragstellers nach Erhebung des Widerspruchs die Sache an das für das streitige Verfahren als zuständig bezeichnete Gericht erst abgegeben werden, wenn die erforderte Gebühr für das Verfahren im allgemeinen gezahlt ist; dies gilt entsprechend für das Verfahren nach Erlaß eines Vollstreckungsbescheids unter Vorbehalt der Ausführung der Rechte des Beklagten. ³Wird der Klageantrag erweitert, so soll vor Zahlung der erforderten Gebühr für das Verfahren im allgemeinen keine gerichtliche Handlung vorgenommen werden; dies gilt auch in der Rechtsmittelinstanz. ⁴Die Sätze 1 bis 3 gelten nicht für die Widerklage.

<sup>II</sup> Absatz 1 gilt nicht für Scheidungsfolgesachen, für Familiensachen des § 621 Abs. 1 Nr. 9 der Zivilprozeßordnung sowie für Rechtsstreitigkeiten über Erfindungen eines Arbeitnehmers, soweit nach § 39 des Gesetzes über Arbeitnehmererfindungen die für Patentstreitsachen zuständigen Gerichte ausschließlich zuständig sind.

<sup>III</sup> ¹Soweit im Klageverfahren Absatz 1 Satz 1 Anwendung findet, soll auch der Mahnbescheid erst nach Zahlung der dafür vorgesehenen Gebühr erlassen werden. ²Wird der Mahnbescheid maschinell erstellt, so gilt Satz 1 erst für den Erlaß des Vollstreckungsbescheids.

<sup>IV</sup> Über den Antrag auf Erteilung der Abschrift eines mit eidesstattlicher Versicherung abgegebenen Vermögensverzeichnisses oder den Antrag auf Gewährung der Einsicht in dieses Schriftstück soll erst nach Zahlung der dafür vorgesehenen Gebühr entschieden werden.

<sup>V</sup> Über Anträge auf gerichtliche Handlungen der Zwangsvollstreckung gemäß § 829 Abs. 1, §§ 835, 839, 846 bis 848, 857, 858 oder § 886 der Zivilprozeßordnung soll erst nach Zahlung der Gebühr für das Verfahren und der Auslagen für die Zustellung entschieden werden.

<sup>VI</sup> Über den Antrag auf Eröffnung des schiffahrtsrechtlichen Verteilungsverfahrens soll erst nach Zahlung der dafür vorgesehenen Gebühr und der Auslagen für die öffentliche Bekanntmachung entschieden werden.

<sup>VII</sup> ¹Die Absätze 1, 4 bis 6 gelten nicht,
1. soweit dem Antragsteller die Prozeßkostenhilfe bewilligt ist,
2. wenn dem Antragsteller Gebührenfreiheit zusteht,
3. wenn glaubhaft gemacht wird, daß dem Antragsteller die alsbaldige Zahlung der Kosten mit Rücksicht auf seine Vermögenslage oder aus sonstigen Gründen Schwierigkeiten bereiten würde,
4. wenn glaubhaft gemacht wird, daß eine Verzögerung dem Antragsteller einen nicht oder nur schwer zu ersetzenden Schaden bringen würde; zur Glaubhaftmachung genügt in diesem Falle die Erklärung des zum Prozeßbevollmächtigten bestellten Rechtsanwalts.

²In den Fällen der Nummern 3 und 4 ist nicht von der Vorauszahlung oder der Vorschußzahlung zu befreien, wenn die beabsichtigte Rechtsverfolgung aussichtslos oder mutwillig erscheint. ³Absatz 3 gilt nicht, soweit dem Antragsteller die Prozeßkostenhilfe bewilligt ist oder Gebührenfreiheit zusteht.

Vorbem. IV, V idF Art 2 IV Z 1 a, b der 2. ZwVNov v 17. 12. 97, BGBl 3039, in Kraft seit 1. 1. 99, Art 4 I der 2. ZwVNov; VI idF Art 8 Z 3 G v 25. 8. 98, BGBl 2489, in Kraft seit 1. 9. 98, Art 21 G; ÜbergangsR jeweils § 73 GKG.

**1**  1) **Systematik, Regelungszweck, I–VII.** Im Verfahren vor den Arbeitsgerichten aller Instanzen ist § 65 unanwendbar, § 12 IV ArbGG. Hatte dort bereits eine mündliche Verhandlung stattgefunden, so kann auch nach der Verweisung ans LG die Bestimmung eines weiteren Termins nicht von der Zahlung der Verfahrensgebühr abhängig gemacht werden. Ein ProzBev ist nie vorschußpflichtig, BVerwG NJW **71**, 2086, Seltmann VersR **74**, 103.

**2**  2) **Geltungsbereich, I–VII.** Bei einem Streit über eine Arbeitnehmererfindung ist I unter den Voraussetzungen II unanwendbar, § 39 ArbNEG. In Baulandsachen ist I 1 und 3 unanwendbar, § 221 IV BauGB. In Entschädigungssachen kann ein Vorschuß nur bei einer offenbar mutwilligen Rechtsverfolgung verlangt werden, § 225 II 2 BEG. Im Fall der Nichtzahlung werden allenfalls die Akten gemäß § 7 III e AktO weggelegt, LG Frankenth Rpfleger **84**, 288.

**3**  3) **Einzelfragen, I–VII.** Dazu die Kommentierung bei Hartmann Teil I.

1. Titel. Verfahren bis zum Urteil                                       **Einf § 272**

## Einführung vor § 272
### Die Vorbereitung des Haupttermins

#### Gliederung

| | | | | |
|---|---|---|---|---|
| 1) Systematik | 1 | 4) Aufgaben der Parteien | | 4 |
| 2) Regelungszweck | 2 | 5) Kritik | | 5, 6 |
| 3) Aufgaben des Gerichts | 3 | 6) VwGO | | 7 |

**Schrifttum:** *Leipold,* Wege zur Konzentration von Zivilprozessen, 1999.

**1) Systematik.** §§ 272 ff enthalten ein mit deutscher Überperfektion entwickeltes, schwer durchschaubares, dennoch nicht abgeschlossenes System von Möglichkeiten der Terminsvorbereitung, des Ausscheidens des nicht Verhandlungsbedürftigen und der Heranführung an das Entscheidungserhebliche. Ergänzend gelten §§ 130 ff, 373 ff, 495 a usw.    **1**

**2) Regelungszweck.** §§ 272 ff dienen mehreren Grundsätzen, vor allem denjenigen der Prozeßförderung und Prozeßwirtschaftlichkeit, Grdz 12 ff vor § 128. Ein umfassend vorzubereitender sog Haupttermin soll den Rechtsstreit als sein Kernstück in der Regel zu einer raschen Entscheidungsreife führen. Diesem Ziel dienen umfangreiche gesetzliche Anweisungen an das Gericht und die Parteien, zahlreiche Fristen, Belehrungen, Auflagemöglichkeiten, eine erhebliche Prozeßförderungspflicht aller Beteiligten, die Einführung in den Sach- und Streitstand durch das Gericht zu Beginn des Haupttermins, die Pflicht zur Erörterung aller eventuell entscheidungserheblichen, erkennbar von einer Partei übersehenen oder für unerheblich gehaltenen rechtlichen Gesichtspunkte vor allem erhebliche Rechte und Pflichten des Gerichts zur Zurückweisung verspäteten Vorbringens. Zum Haupttermin führen nach Wahl des Vorsitzenden zwei Wege: derjenige über einen frühen ersten Termin oder derjenige über ein schriftliches Vorverfahren.    **2**

**3) Aufgaben des Gerichts.** Damit hat das Gericht zwischen dem Eingang der Klage und dem Verhandlungstermin vielfältige Aufgaben mit hohen Anforderungen zu erfüllen, vgl zB §§ 129 II, 273, 275 I, 276 I, III, 358 a. Eine bloße Terminsbestimmung und Verfügung „zum Termin" auf den eingehenden Schriftsätzen bis zum Termin, nicht so häufig anzutreffen wie Schneider MDR 89, 712 befürchtet, ist in der Regel ein glatter Verstoß gegen seine Amtspflicht. Vielmehr findet eine Annäherung an strafprozessuale Vorbereitungsaufgaben statt; es besteht nämlich die Notwendigkeit, schon die Klageschrift und sämtliche weiteren Eingänge unverzüglich sorgfältig auf solche Gesichtspunkte zu prüfen, die (weitere) vorbereitende Maßnahmen sinnvoll oder notwendig erscheinen lassen. Die Denkarbeit des Richters konzentriert sich zunächst ganz auf den Schreibtisch, van Bühren DRiZ 86, 400. Das gilt auch beim Verfahren mit frühem ersten Termin. Überdies hat er in zahlreichen Situationen schriftliche Belehrungen zu erteilen, Düss NJW 84, 1567, deren Mangelhaftigkeit zu beträchtlichen Rechtsnachteilen jedenfalls einer Partei führen kann, vgl freilich BGH 86, 225, Hamm NJW 84, 1566. Auch insofern sind Regeln des Strafprozesses übernommen worden. Freilich gelten nach wie vor der Beibringungsgrundsatz, Grdz 20 vor § 128 (Ausnahmen bestehen in Ehe-, Kindschaftssachen usw) und der Grundsatz der Parteiherrschaft, Grdz 18 vor § 128, Engels DRiZ 85, 196, vgl freilich auch Grdz 25 vor § 128. Damit hat das Gericht eine wesentlich stärkere Position, der freilich eine erhöhte Verantwortung für die Zweckmäßigkeit wie Gerechtigkeit des Verfahrens entspricht, §§ 139, 278 III, Wagner AnwBl 77, 329.    **3**

**4) Aufgaben der Parteien.** Die Parteien müssen zur Vermeidung unwiederbringlicher Rechtsnachteile von Anfang an ganz erheblich intensiv und sorgfältig mitarbeiten, vgl zB §§ 129, 277 I, 282 II, III. Sie haben dann eine große Chance, rasch und verhältnismäßig billig zu ihrem Recht zu kommen. Keinesfalls darf eine Partei und/oder Gericht, dessen Verschulden ihr anzulasten ist, § 85 II, erst einmal den Verhandlungstermin an sich herankommen lassen, auch nicht im Parteiprozeß, Brehm AnwBl 83, 197. Beide müssen dahin zusammenarbeiten, wenigstens eine Auflage des Gerichts zu erfüllen, BGH NJW 82, 437. Spätestens im Verhandlungstermin oder beim Einspruch gegen ein Versäumnisurteil muß zur Sache umfassend Stellung genommen und Farbe bekannt werden; dies ist die Regel mit nur wenigen Ausnahmen. Vgl Hartmann AnwBl 77, 92, 93.    **4**

**5) Kritik.** Bei etwas Achtung vor der Zeit und Mühe der übrigen Prozeßbeteiligten funktioniert dieses Verfahren ausgezeichnet, Greger ZZP 100, 384, aM Behnke MDR 92, 209. Das gilt im Ergebnis auch zB in Bayern, Greger ZZP 100, 384, Mertins DRiZ 88, 91, Walchshöfer ZZP 94, 179. Das gilt sogar (eingeschränkt) trotz der inzwischen enorm angewachsenen Arbeitslast der Gerichte auch jetzt noch, Birk AnwBl 84, 171, vgl zum Problem auch Rottleuthner, Die Dauer von Gerichtsverfahren usw, 1990. Die wahren Justizprobleme liegen auf ganz anderen Ebenen, Bachof Festschrift für Baur (1981) 175, Kissel DRiZ 81, 219. Das Verfahren belohnt die eigene Sorgfalt weit eher als früher und läßt die eigene Nachlässigkeit oder Verschleppungsabsicht nachhaltiger spürbar werden. Ob es im Ergebnis statt einer gewissen Entlastung wegen der umfassenden Vorbereitung eine böse Mehrbelastung aller Beteiligten und entgegen seiner erklärten Zielsetzung gerade eine Abkehr von der mündlichen Verhandlung, einen Rückfall in eine Schriftsatzjustiz bringt, ob es den zu zögernden oder zu laschen Richter, den es bewußt anstacheln will, um so mehr überfordert und am Ende alles in einer Kette von unvollständig vorbereiteten Terminen mündet, das liegt weitgehend an der Sorgfalt und Haltung vor allem des Richters.    **5**

Die *Praxis* fällt freilich vielerorts immer wieder in Übungen vor der Vereinfachungsnovelle von 1977 zurück, Brehm AnwBl 83, 197, van Bühren DRiZ 86, 400, Lange NJW 88, 1645, aM Maniotis, Gedächtnisschrift für Arens (1993) 295 (aber eine pflichtbewußte Haltung ist das Gegenteil einer Gefährdung der Rechtssicherheit). Das ist um so bedauerlicher, als die Gerichte in der gegenwärtigen Periode eines auf zahlreichen Gebieten abnehmenden Bewußtseins darüber, daß mit Rechten untrennbar Pflichten verbunden sind, eine wachsende Aufgabe bei der Durchsetzung der vom Gesetzgeber immerhin im Kern klaren Prozeßgrundsätze haben, auch wenn der Prozeß niemals Selbstzweck sein darf.

**6** Überflüssig sind ebenfalls die hier und dort zu beobachtenden Tendenzen einer Verlagerung der Sachdiskussion auf eine *emotionale Ebene*. Man sollte auch bei einer Kritik Ausdrücke wie „überzeugter Verfahrensbeschleuniger", Deubner NJW **80**, 2363, durchaus vermeiden. Die Gesetzgebungstechnik der §§ 272 ff ist allerdings alles andere als übersichtlich; allein die verschiedenen Belehrungspflichten finden sich derart verstreut, daß Pannen naheliegen. Es muß die Aufgabe der Praxis sein, einerseits trotz aller Bedrängnis durch das komplizierte Gesetz ihren guten Willen zu zeigen, Brangsch AnwBl **77**, 277, Vogel AnwBl **77**, 284, andererseits bei der Auslegung und Fortführung des Gesetzes beim gesunden Menschenverstand und der immer dringenderen Notwendigkeit zu bleiben, das höchst überfeinerte Prozeßrecht wenigstens leidlich verständlich zu halten. Sonst nähme die Rechtssicherheit, eines der höchsten Rechtsgüter, Einl III 43, noch mehr Schaden. Kritisch zum neuen Recht Mertins DRiZ **88**, 91, Rottleutner pp DRiZ **87**, 144. Wegen der Anwendbarkeit in Entschädigungssachen Weiß RzW **78**, 41.

**7** 6) *VwGO:* §§ 272–278 sind unanwendbar wegen einer eigenen Regelung (§§ 82 ff, 101 ff VwGO, 74 II AsylVfG), die auf dem Untersuchungsgrundsatz beruht, Ule VPrR § 46 I, II.

## 272 Wahl des Verfahrensgangs.
I Der Rechtsstreit ist in der Regel in einem umfassend vorbereiteten Termin zur mündlichen Verhandlung (Haupttermin) zu erledigen.

II Der Vorsitzende bestimmt entweder einen frühen ersten Termin zur mündlichen Verhandlung (§ 275) oder veranlaßt ein schriftliches Vorverfahren (§ 276).

III Die mündliche Verhandlung soll so früh wie möglich stattfinden.

**Schrifttum:** *Bathe,* Verhandlungsmaxime und Verfahrensbeschleunigung bei der Vorbereitung der mündlichen Verhandlung, 1977; *Bender,* Mehr Rechtsstaat durch Verfahrensvereinfachung, Festschrift für *Wassermann* (1985) 629; *Bender/Belz/Wax,* Das Verfahren nach der Vereinfachungsnovelle und vor dem Familiengericht, 1977; *Böhm,* Evaluationsforschung mit der Survivalanalyse am Beispiel des Gesetzes zur Vereinfachung und Beschleunigung des gerichtlichen Verfahrens, 1989; *Halbach,* Die Verweigerung der Terminbestimmung und der Klagezustellung im Zivilprozeß, Diss Köln 1980; *Leipold,* Wege zur Konzentration von Zivilprozessen, 1999; *Rottleuthner/Rottleuthner-Lutter,* Die Dauer der Gerichtsverfahren usw, 1990; *Rudolph,* Beschleunigung des Zivilprozesses, in: Festschrift für die *Deutsche Richterakademie* (1983) 151.

**Gliederung**

| | |
|---|---|
| 1) Systematik, I–III ............ 1 | B. Ausnahmen ............... 8 |
| 2) Regelungszweck, I–III ........ 2 | C. Änderung der Wahl ........ 9 |
| 3) Geltungsbereich, I–III ....... 3 | D. Gesamtabwägung ......... 10, 11 |
| 4) Terminsarten, I, II ........... 4, 5 | E. Kein Durchruftermin ...... 12, 13 |
|   A. Haupttermin, I ............ 4 | F. Unanfechtbarkeit .......... 14 |
|   B. Früher erster Termin, II ..... 5 | 6) Beschleunigung, III ........ 15, 16 |
| 5) Wahl des Verfahrens, II ...... 6–14 |   A. Regelfall ................. 15 |
|   A. Grundsatz: Ermessen des Vorsitzenden . 6, 7 |   B. Sonderfälle .............. 16 |

**1** 1) **Systematik, I–III.** S zunächst Einf 1, 2 vor § 272. Die mündliche Verhandlung findet statt entweder als (vorbereitender) früher erster Termin, II, oder als Haupttermin, I, oder als weiterer Termin, der vor oder nach dem Haupttermin liegen kann und ggf ein 2. Haupttermin ist. Im Protokoll und im Urteilskopf genügt die Bezeichnung als mündliche Verhandlung; bei einer Auflage oder Aufforderung an eine Partei, zB gemäß § 275 I, muß aber klar sein, welche Art von Frist gesetzt wird, und sollte daher erklärt werden, für welche Art von mündlicher Verhandlung die Partei sich äußern soll.

**2** 2) **Regelungszweck, I–III.** Die Vorschrift dient insgesamt, nicht nur beim frühen ersten Termin, der Förderungsaufgabe, Grdz 12 vor § 128, und damit der Prozeßwirtschaftlichkeit, Grdz 14 vor § 128, und der Gerechtigkeit, vgl La Bruyère (vor dem Vorwort). Ungeachtet der Worte „in der Regel" in I (zum Haupttermin) kann auch ein geschickt vorbereiteter und vor allem durchgeführter früher „erster" Termin das Ziel der Entscheidungsreife herbeiführen, Rn 4.

**3** 3) **Geltungsbereich, I–III.** Die Vorschrift gilt grundsätzlich in (fast) allen Verfahren nach der ZPO. In Ehesachen gilt § 611 I, unten Rn 16. Wegen des arbeitsgerichtlichen Verfahrens vgl Rn 8 und §§ 56, 57 ArbGG.

**4** 4) **Terminsarten, I, II.** Es sind zwei Hauptunterschiede zu beachten.

A. **Haupttermin, I.** Das ist diejenige mündliche Verhandlung, in der auf Grund einer möglichst umfassenden Vorbereitung die Entscheidungsreife eintreten soll (das Gesetz meint mit einer „Erledigung des Rechtsstreits" natürlich nicht nur die Erledigung der Hauptsache im Sinn von § 91 a). Mit dieser erheblichen Betonung des Grundsatzes der Verfahrenskonzentration (Konzentrationsmaxime) erfolgt eine Annäherung an strafprozessuale Regeln. Das Gericht muß im Rahmen der ihm von Amts wegen vorgeschriebenen umfassenden Vorbereitung jetzt insoweit ähnlich wie der Strafrichter an alle nur denkbaren Eventualitäten zur Aufklärung des Sachverhalts denken und letztere gemäß §§ 273 ff intensiv betreiben; freilich findet keine Amtsmittlung statt, Grdz 38 vor § 128, sondern gilt der Beibringungsgrundsatz, Grdz 18, 20 vor § 128, mit einer erheblichen Prozeßförderungspflicht der Parteien, § 275 ff, 282.

**5** B. **Früher erster Termin, II.** Auch ein früher erster Termin, § 275, kann ein vollwertiger, möglichst abschließender Termin sein, BVerfG **75**, 310 (verfehlt krit Deubner NJW **87**, 2735), BGH NJW **87**, 500,

### 1. Titel. Verfahren bis zum Urteil   § 272

Hamm RR **95**, 958, AG Lübeck WoM **83**, 51, Herget MDR **92**, 2340 („Filtertermin"). Das verkennen Düss NJW **95**, 2173, Hamm MDR **92**, 186 (15 Minuten können entgegen seiner Meinung sehr wohl zu einer völlig erschöpfenden Verhandlung nebst kurzer Beweisaufnahme usw reichen), Mü NJW **83**, 402. Soweit das Gericht also (meist pflichtgemäß, Rn 12) Entscheidungsreife im frühen ersten Termin herbeiführen will, was beim AG meist möglich ist, Herget MDR **92**, 2340, muß es ihn entsprechend vorbereiten und kann nur dann § 296 schon in ihm anwenden, BayVerfGH NJW **90**, 502.

Das Gericht mag ihn aber auch als einen sog *Durchlauf- oder Durchrufstermin* geplant haben, obwohl das nicht geschehen sollte, Rn 12. Dann gelten andere Regeln, zB zur Zurückweisung verspäteten Vortrags, BVerfG **69**, 140 (50 Sachen zu derselben Terminszeit!) und NJW **92**, 300, BGH NJW **87**, 499 und 500, Düss NJW **95**, 2173. Vgl Rn 12, aber auch § 275 Rn 9. Freilich ist ein früher erster Termin keineswegs schon deshalb ein bloßer Durchruftermin, weil I den Haupttermin als den Regelfall bezeichnet, aM Deubner NJW **87**, 1584.

**5) Wahl des Verfahrens, II.** Sie erfolgt äußerst unterschiedlich je nach Richterpersönlichkeit.   **6**

**A. Grundsatz: Ermessen des Vorsitzenden.** Der Vorsitzende (und nicht das Gericht) hat unverzüglich, 216 II, die Wahl vorzunehmen, und zwar nach freigestellter Beratung ohne Stimmrecht der übrigen Richter und ohne Anhörung der Parteien, auch ohne Bindung an deren diesbezügliche „Anträge", die nur Anregungen sind, vielmehr nur auf Grund der voraussichtlichen Prozeßentwicklung und nach pflichtgemäßem, der Dienstaufsicht entzogenen, im Rahmen der richterlichen Unabhängigkeit erfolgenden, nicht nachprüfbaren Ermessen, BGH **98**, 11, Ffm MDR **83**, 411, Franzki DRiZ **77**, 162. Die Wahl erfolgt vor oder (im Fall einer Änderung, Rn 9) nach der Klagzustellung, § 271, vgl auch § 273 Rn 3, vor oder nach der Übertragung auf den Einzelrichter, § 348 (nach der Übertragung auf ihn ist er der Vorsitzende; zum Problem Bischof NJW **77**, 1898), vor oder nach prozeßleitenden Maßnahmen, wobei dann die Terminsbestimmung erst nach Abschluß eines schriftlichen Vorverfahrens, Mü MDR **83**, 324, Bischof NJW **77**, 1897, aM Grunsky JZ **77**, 203, oder nach seinem Abbruch erfolgt.

Die Wahl erfolgt durch eine *Terminsverfügung*, evtl nebst einer Anordnung gemäß § 275, oder durch eine   **7**
Aufforderung gemäß § 276, jeweils evtl neben Maßnahmen gemäß § 273. Ratsam ist eine stichwortartige Klarstellung, welcher Weg gemeint sei, durch den Vorsitzenden in den Akten, oder bei der Terminsbestimmung, Brühl FamRZ **78**, 551. Der Vorsitzende muß die Einlassungsfrist, § 274 III, und die Ladungsfrist beachten, §§ 217, 337, 495, 697 II, III, und darauf achten, ob die Prozeßgebühr bezahlt worden ist, § 65 GKG, Anh nach § 271. Eine bloße Terminsbestimmung ist als früher erster Termin zu verstehen, sofern nicht zuvor schon Maßnahmen gemäß § 276 getroffen worden waren. Eine bloße Klagzustellung ohne Terminsbestimmung und Ladung ist mangels einer abweichenden Klarstellung durch den Vorsitzenden als Anordnung des schriftlichen Vorverfahrens zu verstehen, Bischof NJW **77**, 1899.

**B. Ausnahmen.** In Arbeitssachen findet kein schriftliches Vorverfahren statt, § 46 II 2 ArbGG, Eich DB   **8**
**77**, 909, ebensowenig in Ehesachen, § 611 II, oder in einer Kindschaftssache, § 640. In Arbeitssachen ist statt eines frühen ersten Termins § 54 ArbGG zu beachten, Eich DB **77**, 909. Vgl auch Rn 1.

**C. Änderung der Wahl.** Der Vorsitzende kann seine Entscheidung aus einem erheblichen Grund   **9**
ändern, vgl auch § 227 I, zB auf Grund besserer Erkenntnis und/oder des weiteren Verfahrensablaufs, zB eines weiteren Schriftsatzes, also infolge eines sehr wohl möglichen jetzt erst eingetretenen Bedürfnisses, also im Interesse möglichst sachgerechter Terminsvorbereitung unanfechtbar, Rn 6, und ohne Begründungszwang, KG MDR **85**, 416, Mü RR **86**, 1512, Hartmann NJW **78**, 1457, aM Mü MDR **83**, 324, Grunsky ZZP **92**, 107, ZöGre 4.

Natürlich sind die aus einer Änderung folgenden *Formalitäten* zu beachten; man muß zB bei einem Übergang ins schriftliche Vorverfahren nunmehr die Frist nach § 276 I 2 beachten. Bei einem Abbruch des schriftlichen Vorverfahrens und einer Terminsbestimmung liegt freilich in der Regel kein früher erster Termin (er ist allerdings zulässig, KG MDR **85**, 416), sondern eine Bestimmung des Haupttermins vor. Er kann natürlich auch nach abweichender Parteianregung unanfechtbar bei seiner vorherigen Wahl bleiben, Ffm MDR **83**, 411. Nach einer Terminsbestimmung ist kein Versäumnisurteil nach § 331 III mehr zulässig, KG MDR **85**, 416, Mü MDR **83**, 324, aM Nürnb MDR **82**, 943.

**D. Gesamtabwägung.** Maßgeblich ist das Ziel einer möglichst baldigen Sammlung des Streitstoffs,   **10**
soweit er voraussichtlich entscheidungserheblich sein wird. Welcher Weg ratsam ist, läßt sich nur auf Grund der Aktenlage, des Geschäftsanfalls, der Erfahrung, einer etwaigen Anregung des Klägers, einer schon vorliegenden Äußerung des Beklagten, der Kenntnis der Mentalität der Beteiligten aus anderen Prozessen und sämtlichen weiteren Umständen beantworten.

Ein *einfacher Fall* kann schon wegen der Chance der Aussonderung durch ein Anerkenntnis- oder Versäumnisurteil gemäß §§ 307 II, 331 III das schriftliche Vorverfahren ratsam machen, vgl Dittmar AnwBl **79**, 166. Es ist keineswegs nur ausnahmsweise statthaft, aM ZöGre 7. Freilich riskiert der Vorsitzende, daß gegen das Versäumnisurteil ordnungsgemäß Einspruch eingelegt wird, so daß eine mündliche Verhandlung doch noch notwendig wird.

Gerade einfache Fälle können aber auch einen *frühen ersten Termin* ratsam machen, BGH **86**, 38, zB wenn   **11**
es voraussichtlich nur um Rechtsfragen geht oder wenn ein einigermaßen stoffumfassendes Prozeßkostenhilfeverfahren vorangegangen ist, Franzki DRiZ **77**, 161, oder um eine Klagrücknahme, eine Erledigungserklärung, einen Prozeßvergleich zu erreichen oder den einzelnen, prozeßleitend geladenen Zeugen sogleich vernehmen zu können, KG NJW **80**, 2362. Ein komplizierter Fall kann einen frühen ersten Termin ratsam machen, Dittmar AnwBl **79**, 166, Lange DRiZ **77**, 409, um statt rasch anschwellender Schriftsätze, der Hauptgefahr des schriftlichen Vorverfahrens, in Rede und Gegenrede zum Kern vorzustoßen, Nebensächliches auszusondern und allen Beteiligten die rechtliche Beurteilung des Gerichts klarzumachen, bevor sie unnützes Schreibwerk liefern, Lange NJW **86**, 1730. Überhaupt kann ein früher erster Termin ohne vorherige Fristen das Verfahren außerordentlich beschleunigen helfen; die Notwendigkeit einer Erörterung des Vorbringens des Bekl, das er erst im Termin vornimmt, ändert daran nichts, und der Kläger darf in

§§ 272, 273  2. Buch. 1. Abschnitt. Verfahren vor den LGen

solcher Lage keineswegs schon im frühen ersten Termin eine Zurückweisung wegen Verspätung fordern, sondern allenfalls einen Schriftsatznachlaß nach § 283 erbitten.

Andererseits ist zB bei einem vom Kläger übersichtlich dargelegten sogenannten Punkteprozeß das schriftliche *Vorverfahren* in der Regel *vorzuziehen*, damit der Bekl Punkt für Punkt mit Unterlagen und Gegenbeweisantritten erwidern und das Gericht sodann vor dem Haupttermin sehr viel mehr tun können. Ausschlußfristen sind bei beiden Wegen möglich, §§ 275 I 1, III, IV einerseits, §§ 276 I 2, III andererseits je in Verbindung mit § 296 I, sie sind also kein Kriterium für oder gegen den einen oder anderen Weg. Das Gericht muß aber bedenken, daß das schriftliche Vorverfahren zunächst erheblich mehr Schreibtischarbeit machen kann, während ein früher erster Termin nebst einem besonderen Protokollführer die Zeit des Gerichts unter Umständen weniger beansprucht; die Entlastung der Parteien und ihrer ProzBev darf nicht auf Kosten des Gerichts gehen, das wäre auch nicht zum Nutzen der Parteien.

**12**   **E. Kein Durchruftermin.** Keineswegs darf der frühe erste Termin zum bloßen „Durchruftermin" degradiert werden, Rn 4, BVerfG **69**, 140, BGH **88**, 182, ZöGre 1 („unsinnig"). Freilich kann auch ein „Sammeltermin" ausreichen, § 216 Rn 20, BayVerfG NJW **90**, 1654 (abl Deubner); aber Vorsicht! Das Gericht darf die Akten noch weniger als vor der Vereinfachungsnovelle bis zum ersten Verhandlungstermin fast ungelesen vor sich herschieben. Das verkennt Bayer AnwBl **86**, 443 bei seinem Lob des sog Anwaltskartells, § 216 Rn 20, § 296 Rn 66. Unrichtig auch Deubner NJW **85**, 1140. Die Terminsplanung muß sachgerecht sein, Hamm RR **89**, 895. Zum Problem Franzki NJW **79**, 10.

**13**   Ob ein bloßer Durchlauftermin vorliegt, ist nach *objektiven Merkmalen* und nicht allein nach der subjektiven Ansicht des terminierenden Gerichts zu bestimmen, Ffm NJW **89**, 722; freilich dürfte seine am besten kurz zu protokollierende Ansicht in Verbindung mit dem gesamten Terminsplan dieses Tages und dessen tatsächlichem Ablauf, den man kurz mitprotokollieren sollte, erheblich sein.

**14**   **F. Unanfechtbarkeit.** Die Verfahrenswahl des Vorsitzenden ist weder durch die übrigen Mitglieder des Kollegiums noch durch eine Partei anfechtbar, BGH **86**, 35, Ffm MDR **83**, 411, Franzki DRiZ **77**, 162. Es gibt also bei einem Verstoß des Gerichts gegen diese Regeln keine direkten Folgen für das Gericht; der Gesamtbereich aller obigen Erwägungen fällt in die richterliche Unabhängigkeit; vgl Rn 15. Lediglich die an die Verfahrenswahl anschließenden Entscheidungen, zB die Bestimmung des Termins auf einen zu späten Zeitpunkt, können angreifbar sein, vgl § 216 Rn 28, 29.

**15**   **6) Beschleunigung, III.** Sie ist gerade bei Überlastung dringlich geboten.

**A. Regelfall.** Die mündliche Verhandlung soll in jedem Fall möglichst bald stattfinden. Das gilt besonders beim frühen ersten Termin. Dies betrifft nicht nur die Zeit zwischen dem Eingang der Klage und der Terminsbestimmung, § 216 II, sondern auch die Zeit zwischen der Terminsbestimmung und dem Terminstag, die III regelt. Natürlich sind sämtliche gesetzlichen Voraussetzungen von der Anwaltsvertretung bei § 78 a II über die Erfüllung einer etwaigen Vorweglleistungspflicht, Anh § 271, die Beachtung der Ladungs- und Einlassungsfrist, Rn 7, bis zur richterlichen Frist, etwa gemäß § 273 II Z 1, zu berücksichtigen. Die Nichterfüllung einer Auflage ändert an III nichts, Hamm VersR **99**, 860. Wegen allzu später Terminierung § 216 Rn 28, 29.

**16**   **B. Sonderfälle.** Im Eheverfahren gilt zwar III grundsätzlich nicht, § 612 I, BGH NJW **85**, 317, ebensowenig im Kindschaftsverfahren, § 640, ferner nicht in den Verfahren nach §§ 246 III 2 AktG, 51 III 4, 96, 112 I 2 GenG. Indessen kann besonders in den erstgenannten Verfahren eine baldige Verhandlung notwendig sein, wenn sich sonst die Lage einer Partei verschlechtern würde, Schlesw SchlHA **84**, 56; zumindest sollte eine der Erhaltung der Ehe dienende Sache nach III behandelt werden, Ditzen FamRZ **88**, 1010.

## 273 *Vorbereitung des Verhandlungstermins.* I ¹Das Gericht hat erforderliche vorbereitende Maßnahmen rechtzeitig zu veranlassen. ²In jeder Lage des Verfahrens ist darauf hinzuwirken, daß sich die Parteien rechtzeitig und vollständig erklären.

II Zur Vorbereitung jedes Termins kann der Vorsitzende oder ein von ihm bestimmtes Mitglied des Prozeßgerichts insbesondere

1. den Parteien die Ergänzung oder Erläuterung ihrer vorbereitenden Schriftsätze sowie die Vorlegung von Urkunden und von anderen zur Niederlegung bei Gericht geeigneten Gegenständen aufgeben, insbesondere eine Frist zur Erklärung über bestimmte klärungsbedürftige Punkte setzen;
2. Behörden oder Träger eines öffentlichen Amtes um Mitteilung von Urkunden oder um Erteilung amtlicher Auskünfte ersuchen;
3. das persönliche Erscheinen der Parteien anordnen;
4. Zeugen, auf die sich eine Partei bezogen hat, und Sachverständige zur mündlichen Verhandlung laden sowie eine Anordnung nach § 378 treffen.

III ¹Anordnungen nach Absatz 2 Nr. 4 sollen nur ergehen, wenn der Beklagte dem Klageanspruch bereits widersprochen hat. ²Für sie gilt § 379 entsprechend.

IV ¹Die Parteien sind von jeder Anordnung zu benachrichtigen. ²Wird das persönliche Erscheinen der Parteien angeordnet, so gelten die Vorschriften des § 141 Abs. 2, 3.

**Schrifttum:** *Baur*, Richterliche Verstöße gegen die Prozeßförderungspflicht, Festschrift für *Schwab* (1990) 53; *Deubner*, Gedanken zur richterlichen Verfahrensbeschleunigungspflicht, Festschrift für *Lüke* (1997) 51; *Fuhrmann*, Die Zurückweisung schuldhaft verspäteter und verzögernder Angriffs- und Verteidigungsmittel im Zivilprozeß, 1987; *Leipold*, Wege zur Konzentration von Zivilprozessen, 1999; *Rudolph*, Beschleunigung

# 1. Titel. Verfahren bis zum Urteil § 273

des Zivilprozesses, Festschrift für die *Deutsche Richterakademie* (1983) 151; *Scheuerle,* Vierzehn Tugenden für Vorsitzende Richter, 1983; *Schöpflin,* Die Beweiserhebung von Amts wegen im Zivilprozeß, 1992.

## Gliederung

| | | | |
|---|---|---|---|
| 1) **Systematik,** I–IV | 1 | 6) **Maßnahmen im einzelnen,** II | 18–27 |
| 2) **Regelungszweck,** I–IV | 2 | A. Auflage, II Z 1 | 18, 19 |
| 3) **Geltungsbereich,** I–IV | 3 | B. Aufklärungsfrist, II Z 1 letzter Halbsatz. | 20 |
| 4) **Zumutbarkeit,** I–IV | 4–7 | C. Ersuchen, II Z 2 | 21 |
| 5) **Terminsvorbereitung,** II | 8–17 | D. Anordnung des persönlichen Erscheinens, II Z 3 | 22 |
| A. Notwendigkeit der Prüfung | 8–10 | E. Ladung von Zeugen und Sachverständigen, II Z 4 | 23–27 |
| B. Entbehrlichkeit einer Maßnahme | 11, 12 | 7) **Widerspruch,** III | 28 |
| C. Zulässige Maßnahmen | 13, 14 | 8) **Benachrichtigung,** IV | 29 |
| D. Verstoß der Parteien | 15 | 9) *VwGO* | 30 |
| E. Verstoß des Gerichts | 16 | | |
| F. Verstoß der Beweisperson | 17 | | |

**1) Systematik I–IV.** Die Vorschrift enthält, vor allem in I, als Ausformung von § 139 zusammen mit **1** §§ 272, 275 ff den Grundsatz, daß der Prozeß tunlichst in einer einzigen mündlichen Verhandlung zu erledigen ist (Zusammenfassungsgrundsatz, Konzentrationsmaxime), Ffm AnwBl **88,** 411. Trotz gewisser Einschränkung der Parteiherrschaft, Grdz 18 vor § 128, ist diese Regelung mit dem GG vereinbar.

**2) Regelungszweck, I–IV.** Der Zusammenfassungsgrundsatz, Rn 1, ist zusammen mit den vielfach **2** möglichen weiteren Maßnahmen des Gerichts von größter Bedeutung für eine schnelle Prozeßerledigung und führt bei sorgfältiger Handhabung in der Mehrzahl der Fälle zur Erledigung in einem Termin. Zweck des § 273 ist wie bei §§ 272, 274 ff die Förderung des Prozesses durch mögliche Herbeischaffung des gesamten zur Entscheidung nötigen Stoffes zur mündlichen Verhandlung, BGH **88,** 182, Kblz JB **92,** 610. Die Vorschrift soll aber nicht die Parteiherrschaft, Grdz 18 vor § 128, zum bequemen Abwartendürfen verkommen lassen.

**3) Geltungsbereich, I–IV.** Die Vorschrift gilt in allen Verfahren nach der ZPO, auch im Verfahren nach **3** §§ 916 ff, LG Aachen RR **97,** 380, soweit nicht § 495 a im Kleinverfahren zu abweichender Handhabung führt. Im arbeitsgerichtlichen Verfahren gilt § 56 ArbGG; die Anwendung des § 273 ist nicht verboten, Grunsky JZ **78,** 81.

**4) Zumutbarkeit, I–IV.** Im Kollegialverfahren ist in erster Linie der Vorsitzende für den Prozeßbetrieb **4** verantwortlich. Daneben ist aber nach dem Wortlaut und Sinn von I auch das übrige Kollegium für die Prozeßförderung mitverantwortlich, Wolf ZZP **94,** 315. In jeder Lage des Verfahrens, also auch schon vor der Verfahrenswahl nach § 272, dort Rn 5, also schon (wichtig und ratsam) nach dem Klageingang oder nach dem Akteneingang bei einem Streitgericht nach § 696 I 1, ferner nach einem Verhandlungstermin (freilich folgt dann in der Regel eine ordentliche Beweisaufnahme) oder in der Berufungsinstanz, BGH NJW **91,** 2760, ist insbesondere an Hand der eingegangenen Schriftsätze anstatt ihrer bloßen Weiterleitung rechtzeitig und sorgfältig zu prüfen, ob Maßnahmen zur Vorbereitung des Termins zu treffen sind, BVerfG NJW **89,** 706, Deubner NJW **77,** 924; was trotz eines späten Parteivortrags, BGH LM § 272b aF Nr 9, 12, vom Gericht vorher durchführbar ist, das sollte auch geschehen, BGH **76,** 178, Köln VersR **79,** 89, Zweibr JB **78,** 270.

Freilich darf das weder zu einem *Unterlaufen* der §§ 216 II, 272 III führen, aM Hamm NJW **80,** 294, **5** Kalthoener DRiZ **75,** 202 (zum allein Recht), noch zu überstürzten Entscheidungen, erst recht nicht bei einer erst durch solche Anordnungen entstehenden Verzögerungsgefahr, BGH LM § 272b aF Nr 9. Das Gericht braucht nur im Rahmen des normalen Geschäftsgangs tätig zu werden, BVerfG **81,** 271, BGH NJW **88,** 3097, LG Hann MDR **85,** 241, also zB nicht dann, wenn nur noch einige Werktage zur Verfügung stehen, BGH NJW **87,** 499, Schlesw SchlHA **80,** 161, aM Hamm RR **94,** 958 (aber dann klappt schon technisch kaum noch etwas).

Keineswegs darf oder muß gar das Gericht zB schon die bloße Möglichkeit verspäteten Beweisantritts **6** mitberücksichtigen, Celle NJW **89,** 3024. Ob noch etwas anzuordnen ist, hängt davon ab, ob man dem Gericht jetzt schon oder noch eine solche Anordnung zumuten kann, BVerfG **81,** 271, BGH NJW **88,** 1103, also unter anderem von der *Terminsplanung,* insbesondere der Zahl und der mutmaßlichen Verhandlungsdauer der schon anberaumten Sachen, Oldb MDR **78,** 1028, und auch davon, ob die Partei schon ein Versäumnisurteil gegen sich hatte ergehen lassen, BGH NJW **81,** 286, ZöGre 3. BGH NJW **80,** 1849 überspannt die Anforderungen an die Urteilsgründe in solchen Punkten, s 313 Rn 32. Das Gericht muß sich unmißverständlich ausdrücken, Rn 20. Es braucht aber keineswegs die Art und Weise der beabsichtigten Prozeßförderung den Parteien in allen Einzelheiten zu verdeutlichen, BVerfG NJW **91,** 2824, BGH NJW **83,** 577. Es besteht keine Belehrungspflicht wegen einer Fristversäumung, Rn 19.

Bei einem *ausländischen Zeugen* ist evtl eine Vertagung nötig, BGH **LM** § 398 Nr 8, oder eine Anheimgabe **7** ratsam, den Zeugen im Termin zu stellen, BGH NJW **80,** 1849 (sehr weitgehend). Die Einleitung einer weitgehenden Beweiserhebung ist jetzt schon vor dem Termin zulässig, § 358 a. Natürlich ist die Partei vor einer Überrumplung zu schützen, BVerfG NJW **91,** 2824; nicht die Taktik soll siegen, sondern das Recht. Im Prozeßkostenhilfeverfahren gilt § 118, nicht § 273. Im Eilverfahren nach § 916 ff kommt auch die Beschränkung auf präsente Beweismittel, §§ 920 II, 294 II, eine Maßnahme nach § 273 nicht grundsätzlich, Mü WRP **78,** 400, sondern nur zB dann in Betracht, wenn die Partei den Zeugen nicht gestellen kann, Teplitzki DRiZ **82,** 41. Wenn eine Prozeßabweisung oder eine Aussetzung nach §§ 148 ff wahrscheinlich sind, sind Maßnahmen zur Vorbereitung einer sachlichen Entscheidung wertlos. Stets ist es die Pflicht des Gerichts, die Parteien zur rechtzeitigen und vollständigen Erklärung über tatsächliche Punkte (über rechtliche nur ausnahmsweise) zu veranlassen, I 2.

8   **5) Terminsvorbereitung, II.** Mancher vernachlässigt, mancher übertreibt sie.

   **A. Notwendigkeit der Prüfung.** Die vorbereitenden Anordnungen obliegen beim Kollegialgericht grundsätzlich dem Vorsitzenden, Schneider MDR **80**, 178, ausnahmsweise einem von ihm zu bestimmenden Richter, etwa dem Berichterstatter, beim AG dem Amtsrichter. Alle diese Richter handeln unter eigener Verantwortung im Rahmen eines pflichtgemäßen Ermessens, Kalthoener DRiZ **75**, 203, Walchshöfer NJW **76**, 699.

9   Wegen des Regelungszwecks, Rn 2, soll eine Anordnung nach § 273 möglichst frühzeitig und jedenfalls vorzüglich erfolgen. Sie bedarf zumindest dann, wenn sie zB wegen einer Fristbestimmung förmlich zuzustellen ist, der vollen Unterschrift, vgl § 329 Rn 8. Eine *Belehrung* über die Folgen einer Fristversäumung ist *nicht* erforderlich, Düss MDR **85**, 417, Rudolph DRiZ **83**, 225, ZöGre 4, aM BGH **86**, 218 (aber das Belehrungssystem ist in der ZPO abschließend und durchaus lückenbewußt geregelt, Karlsr RR **87**, 895 mwN; eine unnötige Belehrung kann sogar ein Ablehnungsgrund sein, BVerfG JZ **87**, 719).

10  Die Prüfung, ob überhaupt eine Anordnung zu erlassen ist, ist *Rechtspflicht*, Kalthoener DRiZ **75**, 202; die Prüfung, welche Anordnungen zu erlassen sind, steht im pflichtgemäßen *Ermessen*. Dieses soll nicht zu einem Vorgriff gegen das Kollegium führen, BGH **LM** § 272 b aF Nr 10, Köln NJW **73**, 1848; jedoch genügt eine Prüfung, ob das zugrundeliegende Parteivorbringen erheblich sein *kann*, es ist also nicht nötig, daß es auch erheblich *ist*, BGH **LM** § 272 b aF Nr 10.

11  **B. Entbehrlichkeit einer Maßnahme.** Keineswegs darf oder muß das Gericht gar eine umfangreiche Beweisaufnahme zur Klärung eines vielschichtigen Streitstoffs nach § 273 vorbereiten, BGH NJW **80**, 1103, Kblz NJW **79**, 374, Köln RR **87**, 442, aM Deubner NJW **79**, 337, ThP 1, Wolf ZZP **94**, 315.

12  Das Gericht darf eine Beweisaufnahme erst recht nicht zu dem Zweck vorbereiten, ein *verspätetes* Vorbringen vor einer Zurückweisung zu retten, BGH **91**, 304, großzügiger BVerfG **81**, 271 und NJW **89**, 706. Maßnahmen nach § 273 können entbehrlich sein, soweit zB der Kläger eine nach § 697 I 1 angeordnete, nach § 253 II Z 2 erforderliche Klagebegründung nicht eingereicht oder eine nach §§ 275 IV, 276 III, 277 IV angeordnete Stellungnahmefrist, der Bekl Anordnungen nach §§ 275 III, 276 I 2, 697 III 1 nicht beachtet haben.

13  **C. Zulässige Maßnahmen.** Die nicht abschließende („insbesondere") Aufzählung II Z 1–4 gibt nur Beispiele zulässiger Maßnahmen, vgl auch Kalthoener DRiZ **75**, 203. Grundsätzlich sind das Kollegium ebenso wie der Vorsitzende zu Aufklärungsmaßnahmen jeder Art zwecks sachlichrechtlicher oder prozessualer Förderung befugt und verpflichtet, Mü JB **92**, 404, Wolf ZZP **94**, 315, mit Ausnahmen derjenigen aus Z 4 bei einem fehlenden Widerspruch des Bekl, ferner derjenigen, die mit einem Beschluß des Gerichts im Widerspruch stehen; derjenigen, die über II hinausgehende Beweisaufnahme enthalten (dazu § 358 a).

14  *Außerdem sind etwa möglich:* Die Einnahme eines Augenscheins; § 371; die Einholung einer schriftlichen Beantwortung einer Beweisfrage durch einen Zeugen, § 377 III, dort Rn 8; die Anordnung des Nachweises fremden Rechts, § 293 S 2; die Einforderung von Akten, Düss MDR **92**, 812, einschließlich von Generalakten der Gerichtsverwaltung etwa zur Geschäftsverteilung oder zu Generalvollmachten, deren Klärung im Verfahren mit mündlicher Verhandlung ja nur dort unter den kontrollierenden Augen der Parteien und ihrer ProzBev korrekt erfolgen kann und die daher weder dem Datenschutz unterliegen noch von der Verwaltung als unentbehrlich zurückgehalten werden dürfen, Art 35 I GG, § 80 Rn 13; die Einholung von Registerauszügen, Mü JB **92**, 404, oder einer amtlichen Auskunft, Üb 32 vor § 373, BGH NJW **86**, 3081; die Aufforderung oder Anheimgabe an Gestellung von Zeugen oder zur Einsicht in die Unterlagen durch den Zeugen, § 378, oder zur Einreichung von Urkunden, namentlich nach § 423; Anregungen oder eine Anordnung zwecks Informationsbeschaffung unter Wahrung eines Vertraulichkeitsinteresses, Schlosser (bei § 138 vor Rn 1) 1015. Schon auf die bloße Klage hin sind Anordnungen möglich, da III 1 nur eine Sollvorschrift ist (was Walchshöfer NJW **76**, 699 übersieht) und außerdem vor der Terminsbestimmung zulässig, Kblz JB **75**, 1645, Büttner NJW **75**, 1349, aM Köln OLGZ **73**, 367, Mü MDR **75**, 495.

15  **D. Verstoß der Parteien.** Eine Nichtbefolgung von Anordnungen durch die Parteien bei einer Erklärungsfrist, II Z 1, ist gemäß § 296 I, IV auch gegenüber einer nicht anwaltlich vertretenen Partei, BGH **88**, 184, und im übrigen frei zu würdigen, § 286, Karlsr FamRZ **90**, 535. Der Anwaltsvertrag begründet für beide Partner die Nebenpflicht, einander so weit zu informieren, daß eine sachgemäße und ausreichende Beantwortung einer gerichtlichen Auflage möglich ist, BGH NJW **82**, 437. Ein Verschulden des gesetzlichen Vertreters oder des ProzBev gilt auch insofern als ein Verschulden der Partei, §§ 51 II, 85 II. Das Gericht ist an seine Anordnungen nicht gebunden, die bis zum Schluß der mündlichen Verhandlung undurchführbar sind, da sonst gerade keine Beschleunigung erfolgen würde, BGH **LM** § 272 b aF Nr 8. Wird eine Vertagung nötig, so können § 95 ZPO, § 34 GKG, Anh § 95, anwendbar sein. Es liegt kein Verstoß der Parteien vor, wenn ohne ihr Zutun ein Zeuge oder Sachverständiger nicht erscheint oder eine Behörde nicht reagiert, BGH MDR **86**, 1018 (abl Schneider).

16  **E. Verstoß des Gerichts.** Eine Verletzung des § 273 begründet trotz § 567 keine Beschwerde, aM Schlosser (bei § 138 vor Rn 1) 1016, und keine Revision, weil das Urteil auf ihr nicht beruhen kann; wohl kann aber eine Verzögerung, §§ 282, 296, 528, zu verneinen sein, weil die Möglichkeiten des § 273 zur Verfügung standen, BVerfG NJW **89**, 706, BGH NJW **87**, 499, KG NJW **79**, 1369. Freilich darf das Berufungsgericht nicht gezwungen sein, einen erstinstanzlichen Verstoß gegen § 296 durch § 273 unschädlich zu machen, BGH BB **99**, 1575 (8 Zeugen: unzumutbar), BayVerfGH RR **93**, 638. Es kann auch ein Verstoß gegen Art 103 I GG vorliegen, BVerfG **65**, 307, BGH NJW **91**, 2760. Zum Problem allgemein Walchshöfer NJW **76**, 697. Es liegt keineswegs etwa deshalb eine Unwirksamkeit vor, weil das Gericht keine Belehrung über eine Fristversäumung erteilt hat, Rn 19. Soweit der Gerichtsvorstand oder eine andere Stelle einen Verstoß begeht, etwa Generalakten nicht zur Verfügung stellt (das kommt tatsächlich vor, § 80 Rn 13),

1. Titel. Verfahren bis zum Urteil  § 273

bleibt (nur) der Partei die Möglichkeit eines Antrags nach §§ 23 ff EGGVG und dem Prozeßgericht einer etwaigen diesbezüglichen Aussetzung nach § 148.

**F. Verstoß der Beweisperson.** Soweit ein Zeuge eine zumutbar erfolgte Aufforderung, Aufzeichnungen 17 oder Unterlagen einzusehen und zum Termin mitzubringen, vorwerfbar nicht (genug) beachtet, ist er nach § 390 zu behandeln, sofern das Gericht auf diese Folge rechtzeitig hingewiesen hatte, II Z 4 Hs 2 in Verbindung mit §§ 378, 390.

**6) Maßnahmen im einzelnen, II.** Innerhalb der nach Rn 13, 14 erläuterten Zulässigkeit hat das Gericht 18 „insbesondere" die folgenden in II ausdrücklich genannten Möglichkeiten.

**A. Auflage, II Z 1.** Zulässig ist in einer Fortführung der §§ 139, 142 eine Auflage zur Ergänzung und Erläuterung schriftsätzlichen Vorbringens und zur Vorlegung von Urkunden, §§ 420 ff, auch zB zur Anfertigung und Vorlegung einer Skizze oder von Fotos, sowie eine Erklärungsfrist. Auch die Klärung rechtlicher Gesichtspunkte ist unter Umständen ratsam. Daß sich die Partei auf die Urkunde bezogen hat, ist unnötig, BAG DB **76**, 1020. Urkunden über die Vorbereitung des Prozesses scheiden aus, § 143 Rn 6. Die Beibringung einer Übersetzung einer fremdsprachigen Urkunde ist hier nicht zu verlangen.

Die Auflage *ergeht* auf Grund einer mündlichen Verhandlung oder außerhalb dieser. Denn der Beschluß 19 oder die Verfügung sind rein prozeßleitend; daß die Auflage eine Ausschlußfrist gibt, besagt nicht mehr als eine sonstige Zurückweisungsmöglichkeit. Die bloße Klagschrift kann eine ausreichende Unterlage sein, aM Köln OLGZ **73**, 365 (aber sie kann glaubhaft zB die Zweckmäßigkeit einer Zeugenladung ergeben). Bei einer ein- oder zweiseitigen Säumnis ist eine Auflage unzulässig; eine Aktenlageentscheidung ist nicht, § 251 a Rn 7. Zulässig ist sie auch beim AG. Die Anordnung ist zu verkünden und dann, wenn sie ohne mündliche Verhandlung ergeht, der aufklärungspflichtigen Partei zuzustellen, BGH **76**, 238 (ein Zustellungsmangel kann nicht heilen), der anderen formlos mitzuteilen, IV, § 329 II. Die Frist ist eine richterliche, Üb 10 vor § 214. Ihre Berechnung richtet sich nach § 222, ihre Abkürzung und Verlängerung nach § 224. Das Gericht kann sie auf den nächsten Termin begrenzen; dann genügt die Abgabe der Erklärung bis zum Terminsschluß. Dasselbe muß aber auch bei einer kalendermäßigen Befristung genügen, aM BGH **33**, 240.

Die *Erklärung* braucht nicht unbedingt schriftsätzlich zu sein; das Gericht kann aber eine schriftsätzliche Erklärung auch im Parteiprozeß verlangen und verlangt sie stillschweigend im Anwaltsprozeß. Bei einer Verweigerung sind §§ 427, 444 entsprechend anwendbar. Bei Verspätung gilt § 296 I, IV. Es besteht keine Belehrungspflicht, BGH **88**, 183, Düss MDR **85**, 417, Grunsky JZ **78**, 83 (Belehrung ratsam).

**B. Aufklärungsfrist, II Z 1 letzter Halbsatz.** Die Festsetzung einer solchen Frist ist zulässig, wenn das 20 Gericht bestimmte tatsächliche, nicht rechtliche, Punkte für aufklärungsbedürftig hält, Ffm MDR **79**, 764, Grunsky JZ **78**, 83. Die Punkte müssen streitig sein, wozu ein schriftsätzliches Bestreiten bei Säumnis oder bei einem Beschluß außerhalb der mündlichen Verhandlung genügt. Eine Aufrechnung, § 145 Rn 8, kann nicht unberücksichtigt bleiben, da zu ihrer Geltendmachung auch nicht aufgefordert wird, Z 1 also überhaupt nicht zutrifft, zudem durch eine Nichtberücksichtigung die zur Aufrechnung gestellte Forderung aberkannt würde, § 322 II. Die Punkte sind so genau zu bezeichnen, daß eine zulängliche Erklärung möglich ist, § 138 II, Mü MDR **78**, 147, nicht etwa soll die Auflage so lauten „auf den Schriftsatz des Klägers vom . . ." auffordern, außer wenn dieser nur einen bestimmten Punkt behandelt. Natürlich kommt nicht eine Auflage zur Erwiderung auf ein noch gar nicht beim Gericht eingegangenes gegnerisches Vorbringen in Betracht, BGH NJW **80**, 1168. Regelmäßig muß die Auflage alle streitigen Punkte betreffen, die klärungsbedürftig sind.

**C. Ersuchen, II Z 2.** Zulässig ist ferner ein Ersuchen um die Mitteilung von Urkunden oder um eine 21 amtliche Auskunft. Das Postgiroamt ist eine Behörde im Sinn von II, Karlsr RR **91**, 63, denn das Privatrecht gilt nur im Verhältnis zum Kunden, § 13 GVG Rn 54 „Post". Die Übersendungspflicht richtet sich nach § 432, eine amtliche Auskunft nach Üb 32 vor § 373.

**D. Anordnung des persönlichen Erscheinens, II Z 3.** Die Vorschrift führt den § 141 fort; diese 22 Bestimmung ist voll anwendbar, auch § 141 I 1, aM Stg Rpfleger **81**, 372, ferner § 141 I 2, obwohl IV nur § 141 II, III anführt, denn eine Anordnung gemäß § 273 kann keine größeren Pflichten nach sich ziehen als diejenige aus § 141. Daher kommt auch die Ladung vor einer streitigen Erklärung der Partei grundsätzlich nicht in Betracht, Köln JB **76**, 1113, ZöGre 9, aM ThP 13. Es besteht kein Erscheinenszwang; daher ist kein Ordnungsgeld vor einer Einlassung zulässig, § 141 Rn 29, Köln JB **76**, 1113, Mü MDR **78**, 147.

**E. Ladung von Zeugen und Sachverständigen, II Z 4.** Die Ladung eines Zeugen ist nur möglich, 23 wenn sich eine Partei auf diesen Zeugen berufen hat, sei es auch nur zu ihrem Hilfsvortrag, Deubner NJW **77**, 924 (wegen einer Berufung Deubner NJW **78**, 355). Sie ist nur sinnvoll, soweit der Prozeßgegner des Beweisführers das Beweisthema schon bestritten hat oder erkennbar bestreiten wird. Dann kann sie aber auch notwendig sein, BVerfG **99**, 1079, BGH (6. ZS) NJW **87**, 261 (je zur Berufungsinstanz), auch BGH (10. ZS) NJW **87**, 499. Zur Klärung der Frage, ob das Beweisthema streitig ist, kann das Gericht eine Frist nach Z 1 setzen und „soll" so verfahren, III 1. Der Zeuge muß zu einem präzisen und überschaubaren Beweisthema benannt worden sein, BGH NJW **87**, 261. Dieses ist ihm wenigstens im Kern mitzuteilen, Meyer JB **92**, 717. Mehr ist aber auch nicht nötig, § 373 Rn 5–7. Statt einer Ladung kommt auch eine vorbereitende Anordnung der schriftlichen Beantwortung einer Beweisfrage nach § 377 III in Betracht, dort Rn 6.

Keineswegs darf oder muß gar eine *umfangreiche* Beweisaufnahme vorbereitet werden, Rn 11. Der Zeuge 24 muß unbedingt erscheinen; ein Ordnungsmittel, §§ 380, 381, ist nur nach seiner ordnungsgemäßen Ladung zulässig, zu der unter anderem eine Mitteilung des Gegenstands der Vernehmung gehört, Celle NJW **77**, 540, Ffm MDR **79**, 236 (zu § 377). Ergeht ein Beweisbeschluß nach Aktenlage, § 251 a, so findet eine Vernehmung auch bei Säumnis beider Parteien statt, § 367 I. Eine schriftliche Äußerung, einschließlich einer eidesstattlichen Versicherung nach § 377 II, III, ist zwar zulässig („insbesondere", II 1), aM ThP 10, aber im allgemeinen jetzt gemäß § 358 a Z 3 zu beurteilen.

Das Gericht darf und sollte im Rahmen seines pflichtgemäßen Ermessens dem Zeugen aufgeben, *Aufzeich-* 25 *nungen* und Unterlagen usw einzusehen und zum Termin mitzubringen, Hs 2. Dabei bildet die etwaige

§§ 273, 274  2. Buch. 1. Abschnitt. Verfahren vor den LGen

Unzumutbarkeit eine Ermessensgrenze. Der Zeuge ist wegen § 378 II Hs 2 auf die Folgen der Unterlassung solcher ausreichender Vorbereitung „vorher" hinzuweisen, also auf die Möglichkeit der Kostenauferlegung von Ordnungsgeld und ersatzweiser Ordnungshaft, § 390. Soweit der Hinweis in der Ladung erfolgt, wäre an sich scheinbar dazu die Geschäftsstelle zuständig, § 270 I; indessen sollte der Vorsitzende zumindest organisieren und kontrollieren, ob, wann und wie der Hinweis erfolgt. Er muß eine ausreichende Frist einhalten.

26  Die Ladung eines *Sachverständigen* ist schon wegen § 144, den Z 4 fortführt, von einem entsprechenden, auch nur ohne Namensvorschlag gestellten Parteiantrag unabhängig. Auch sie soll aber nur zu einer Streitfrage erfolgen. § 379 ist entsprechend anwendbar, III 2. Eine Beweisanordnung liegt (anders als § 358 a) hier noch nicht vor, Mü AnwBl **89**, 110. In eindeutigen Fällen muß eine Anordnung der Vernehmung eines auswärtigen Zeugen möglich sein. Eine Auslandsladung findet nicht statt, Köln VersR **75**, 772.

27  Das Gericht braucht *keine Eilmaßnahmen* anzuordnen, etwa einen verspätet benannten Zeugen telegrafisch laden zu lassen, Schlesw SchlHA **80**, 161, zumal auch dem Zeugen eine gewisse Dispositionsfreiheit zu belassen und sein Persönlichkeitsrecht auch zeitlich zu wahren ist, Karlsr FamRZ **95**, 738. Es kann durchaus ausreichen, daß das Gericht dem Beweisführer, notfalls telefonisch, anheimgibt, den Zeugen im Termin zu gestellen, zu „sistieren". Es darf auch den Sistierten vernehmen, Gießler NJW **91**, 2885, aM Schlesw NJW **91**, 303. Es darf gleichwohl seine Vernehmung unter anderem dann ablehnen, wenn der Terminstag durcheinander käme oder wenn es den Zeugen aus anderen, nicht vom Gericht zu vertretenden Gründen nicht abschließend vernehmen kann, BGH NJW **86**, 2257, BayVerfGH RR **93**, 638, LG Köln VersR **90**, 674. Freilich entschuldigt Urlaub des Richters nicht, BVerfG RR **95**, 1469. Den verspäteten Beweisantritt „Sachverständigengutachten" braucht das Gericht keineswegs damit zu berücksichtigen, daß es den Gutachter (nur) mündlich vortragen läßt, LG Hann MDR **85**, 241. Vielmehr ist zunächst der Prozeßgegner anzuhören und anschließend zu prüfen, ob die Zeit noch dazu ausreicht, ein schriftliches Gutachten einzuholen und den Parteien zur Stellungnahme vorzulegen, LG Hann MDR **85**, 241, Köln VersR **90**, 674.

28  7) **Widerspruch, III.** Nur, wenn der Beklagte dem Klagantrag widersprochen hat, soll eine Anordnung gemäß II Z 4 ergehen, dann freilich auch schon zur Vorbereitung eines frühen ersten Termins, KG NJW **80**, 2363. Die Anordnung ist auch ohne vorherigen Widerspruch wirksam, ebenso bei einem verspäteten Widerspruch, §§ 275 III, 276 I 1, 2. In jedem Fall kann, nicht muß, das Gericht einen Vorschuß nach pflichtgemäßem Ermessen, § 379 Rn 1, fordern und die Ladung von der Zahlung gemäß § 379 abhängig machen, III 2, Düss MDR **74**, 321, aM ZöGre 10, 11; vgl § 379 III 2 auch wegen eines Verstoßes gegen die Vorschußanforderung und wegen der Rechtsmittel.

29  8) **Benachrichtigung, IV.** Das Gericht hat jede Partei von jeder nicht ihr gegenüber ergangenen Aufklärungsanordnung auch wegen des Gebots des rechtlichen Gehörs, aber auch mit Rücksicht auf das Gebot derParteiöffentlichkeit, §§ 357, 397, zeitig formlos zu benachrichtigen, auch wenn das Unterbleiben nach dem Ermessen des Richters eine Partei in der Wahrnehmung ihrer Rechte nicht beeinträchtigt, BVerwG NJW **80**, 900. Eine Beweisaufnahme ohne die Benachrichtigung ist vorbehaltlich einer Heilung, § 295, nicht verwertbar, BVerwG NJW **80**, 900, Schlesw NJW **91**, 304 (erörtert nicht den § 295), ferner Gießler NJW **91**, 2885.

30  9) **VwGO:** Es gilt die (inhaltlich weitgehend gleiche) Regelung des vorbereitenden Verf in §§ 87, 87 a u 87 b VwGO, dazu Kopp NJW **91**, 524, Stelkens NVwZ **91**, 214, Pagenkopf DVBl **91**, 289, ferner § 74 II AsylVfG.

**274** *Ladung der Parteien. Einlassungsfrist.* [1] Nach der Bestimmung des Termins zur mündlichen Verhandlung ist die Ladung der Parteien durch die Geschäftsstelle zu veranlassen.

**II** Die Ladung ist dem Beklagten mit der Klageschrift zuzustellen, wenn das Gericht einen frühen ersten Verhandlungstermin bestimmt.

**III** [1]Zwischen der Zustellung der Klageschrift und dem Termin zur mündlichen Verhandlung muß ein Zeitraum von mindestens zwei Wochen liegen (Einlassungsfrist). (S 2 entfallen). [3]Ist die Zustellung im Ausland vorzunehmen, so hat der Vorsitzende bei der Festsetzung des Termins die Einlassungsfrist zu bestimmen.

**Vorbem.** III 2 entfallen, Art 2 Z 6 G v 28. 10. 96, BGBl 1546, in Kraft seit 1. 1. 97, Art 4 G. Der Gesetzgeber hat vergessen, den bisherigen III 3 zu III 2 zu erklären.

### Gliederung

| | |
|---|---|
| 1) Systematik, I–III ............ 1 | 5) Früher erster Termin, II ............ 7 |
| 2) Regelungszweck, I–III ............ 2 | 6) Einlassungsfrist, III ............ 8–10 |
| 3) Geltungsbereich, I–III ............ 3 |    A. Grundsatz: Gesetzliche Überlegungsfrist ............ 8 |
| 4) Ladung, I ............ 4–6 |    B. Dauer ............ 9 |
|    A. Förmliche Zustellung ............ 4 |    C. Verstoß ............ 10 |
|    B. Formlose Ladung ............ 5 | 7) *VwGO* ............ 11 |
|    C. Keine Ladung ............ 6 | |

1  1) **Systematik, I–III.** Nach dem Eingang der Klageschrift prüft der Vorsitzende zunächst, ob ein früher erster Termin oder ein schriftliches Vorverfahren zu veranlassen ist, § 272 II, oder ob das schriftliche Verfahren stattfinden kann und soll, § 128 II, III. Nur im ersten Fall bestimmt er sogleich, § 216 II, einen baldmöglichen Verhandlungstermin, § 272 III, während er beim schriftlichen Vorverfahren gemäß § 276 verfährt; erst nach dessen Abwicklung (bzw Abbruch) erfolgt eine Terminsbestimmung. I bezieht sich auf beide Wege, II auf die Wahl des frühen ersten Termins, III wiederum auf beide Wege.

1. Titel. Verfahren bis zum Urteil § 274

**2) Regelungszweck, I–III.** Während I eine Zuständigkeitsvorschrift zwecks Entlastung des Vorsitzenden 2 enthält, dient II der Klarstellung des Umfangs des Prozeßrechtsverhältnisses, Grdz 3 vor § 128, und zusammen mit III dem Gebot des rechtlichen Gehörs, Art 103 I GG, Einl III 16. Diese außerordentliche Bedeutung der Vorschrift ist bei der gebotenen strengen Auslegung mitzubeachten.

**3) Geltungsbereich, I–III.** Die Vorschrift gilt im Gesamtbereich der ZPO (im Kleinverfahren nach 3 § 495 a gilt zumindest grundsätzlich III). Wegen des Mahnverfahrens § 697 Rn 12. Die Einlassungsfrist ist immer dann zu wahren, wenn eine Klage bzw ein Scheidungsantrag vorliegt. Sie gilt entsprechend im Berufungsverfahren, § 520 III 2, und im Revisionsverfahren, § 555 II. Sie gilt nicht im vorläufigen Verfahren nach §§ 916 ff (Arrest bzw einstweilige Verfügung), mit dessen Zweck ein rasches Verfahrensdurchführung sie nicht vereinbar ist, selbst wenn das Gericht eine mündliche Verhandlung für erforderlich hält; doch gilt dort die Ladungsfrist, § 217, Lidle GRUR **78**, 93. Im arbeitsgerichtlichen Verfahren gilt § 47 I ArbGG, Lorenz BB **77**, 1001.

**4) Ladung, I.** Es gibt drei Wege. 4

**A. Förmliche Zustellung.** Die Ladung zu einem jeden Verhandlungstermin erfolgt grundsätzlich von Amts wegen, §§ 214, 270 I, Gegenüber allen Parteien, ab Bestellung eines ProzBev an diesen, § 176 Rn 10 (eine bloße Angabe in der Klageschrift reicht nicht, § 176 Rn 13); evtl zusätzlich an die Partei in den Fällen §§ 141, 273 II 3, 279 II, 445 ff. Sie geschieht unter Zustellung der Terminsverfügung des Vorsitzenden, § 329 II 2, und unter Wahrung der Ladungsfrist, § 217, durch den Urkundsbeamten der Geschäftsstelle, §§ 208 ff. Er „veranlaßt" nicht die Ladung, sondern bewirkt sie in eigener Verantwortung. Der Urkundsbeamte prüft nicht, ob, sondern wer zu laden ist. Er muß namentlich § 63, Ladung von Streitgenossen, und § 71 III, Zuziehung des Streithelfers, beachten, ferner zB im Abstammungsprozeß den anderen Elternteil gemäß § 640 e I laden. Für die Beiladung von Streitgenossen nach § 63 hat die Partei die Unterlagen der Ladung der Geschäftsstelle zu liefern. Ob und welche Belehrung beizufügen ist, ist von Amts wegen nach den infragekommenden Vorschriften zu prüfen. Jede Ladung ist nach Art und Zeitpunkt aktenkundig zu machen. I ist im arbeitsgerichtlichen Verfahren anwendbar, Lorenz BB **77**, 1001.

**B. Formlose Ladung.** Im Verfahren vor dem AG erfolgt die Ladung des Klägers gemäß § 497 I 1 zum 5 ersten Verhandlungstermin formlos. Jedoch muß das Gericht ihn im Fall des § 340 a S 1 auch zum ersten Termin förmlich laden. Der Bekl wird wie sonst geladen.

**C. Keine Ladung.** Zu einem Verhandlungstermin, den das Gericht, auch ein LG oder OLG, in einer 6 verkündeten Entscheidung bestimmt hat, ist gemäß § 218 eine förmliche oder formlose Ladung überhaupt nicht nötig, abgesehen vom Fall § 141 II.

**5) Früher erster Termin, II.** Grundsätzlich bereits zugleich mit der Klageschrift, §§ 253 I, 271 I, ist die 7 Ladung nur dann zwingend zuzustellen, wenn das Gericht (der Vorsitzende, § 272 II) statt eines schriftlichen Vorverfahrens einen frühen ersten Termin bestimmt, was auch in der bloßen Terminsbestimmung oder Vorlage der Klageschrift bei ihm liegt, selbst wenn er zugleich vorbereitende Maßnahmen gemäß § 273 trifft; im Zweifel besteht eine Erkundigungspflicht der Geschäftsstelle, welchen Weg der Vorsitzende gewählt hat. Erst mit der Klagzustellung ist die Klage erhoben, so daß deren Wirkungen eintreten, § 253 Rn 8. Vgl im übrigen §§ 271, 275, 276. Nach einem schriftlichen Vorverfahren erfolgt die Ladung, sobald der Termin bestimmt ist. Wegen der Vorwegleistungspflicht, § 65 GKG, Anh § 271.

**6) Einlassungsfrist, III.** Sie ist wegen Art 103 I GG sorgsam zu wahren. 8

**A. Grundsatz: Gesetzliche Überlegungsfrist.** Einlassungsfrist ist die Frist zwischen der Zustellung der Klagschrift (Klageerhebung) und dem ersten Verhandlungstermin. Die Einlassungsfrist ist eine Zwischenfrist (Überlegungsfrist) und eine gesetzliche Frist, Üb 10 vor § 214, eine Schutzfrist gegenüber dem Bekl (nur) zur Sache selbst, BGH RR **94**, 1213. Sie ist nicht zur Einhaltung des rechtlichen Gehörs auch in allen übrigen Prozeßfragen bestimmt, die dies bei §§ 36, 37, BGH RR **94**, 1213.

Die Übersendung des Schriftsatzes im *Prozeßkostenhilfeverfahren* nach §§ 114 ff, der die Klagschrift (mit-) enthält, zur bloßen Stellungnahme zum Prozeßkostenhilfegesuch an den Antragsgegner läßt die Einlassungsfrist noch nicht beginnen. Daher muß das Gericht nach der Bewilligung der Prozeßkostenhilfe die Klagschrift auch wegen III nochmals, und jedenfalls jetzt förmlich, zustellen lassen, § 329 II 2. Für die späteren Termine gelten nur noch §§ 132, 217 und das Gebot rechtlichen Gehörs, Düss RR **99**, 860. Das gilt auch bei einer Klagerweiterung oder -änderung, § 263, Düss RR **99**, 860, und Widerklage, Anh § 253, vgl freilich § 227 I.

Die Ladungs- und die Einlassungsfrist können an *verschiedenen* Tagen beginnen, zB die Einlassungsfrist bereits mit der noch terminlosen Zustellung der Klagschrift, mit der das Gericht die Fristen nach § 276 setzt, Büttner NJW **75**, 1349, ZöGre 8, aM Hamm NJW **74**, 2139.

Das ist besonders nach einem *schriftlichen Vorverfahren* zu beachten.

**B. Dauer.** Die Dauer der Einlassungsfrist beträgt grundsätzlich 2 Wochen, III 1, jetzt auch beim AG, 9 § 495, in Wechsel- und Schecksachen, § 604 Rn 3, § 605 a; bei einer Auslandszustellung ist sie gemäß III 3 (vgl Vorbem) festzusetzen; wohl meist üblich sind etwa 4 Wochen; eine kürzere als die in III 1 genannte Frist widerspräche natürlich dem Sinn und wäre daher auch nach § 227 I ein „erheblicher" Grund. Die Festsetzung ist in beglaubigter Abschrift zuzustellen. Für eine öffentliche Zustellung, §§ 203 ff, gilt nichts Besonderes; der Zustellungstag richtet sich nach § 206. Ihre Berechnung richtet sich nach § 222, ihre Abkürzung nach § 226. Eine Verlängerung ist unzulässig, § 224 II Hs 2. Ihre Unterbrechung richtet sich nach § 249, ihre Hemmung nach § 223. Sie ist keine Notfrist, § 224 I 2. Deshalb ist keine Wiedereinsetzung nach § 233 möglich. Man sollte bei der Terminierung bedenken, daß die Akte zwischen der Bearbeitung durch den Richter und dem Hinausgehen der Ladung je nach der Geschäftsbelastung Tage oder mehr Zeit benötigt.

**C. Verstoß.** Bei einem Verstoß findet kein Versäumnisverfahren gegen den Bekl statt, § 337, aM ThP 4, 10 ZöGre 6 (sie wenden § 335 I Z 3 an). Das gilt auch, wenn der Bekl anwesend ist, aber die Einlassung verweigert, ZöGre 6, aM StJL 13. Der Bekl hat vielmehr einen Vertagungsanspruch. Der Kläger darf sich aber auf die Nichteinhaltung der Frist gegenüber dem verhandlungsbereiten Bekl nicht berufen. Denn der Mangel ist heilbar, § 295 Rn 39 „Ordnungsvorschrift". Eine Versäumnisentscheidung, die zu Unrecht ergeht, ist nur mit dem gegebenen Rechtsbehelf anzufechten; gegen ein zweites Versäumnisurteil ist die Berufung gemäß § 513 II zulässig.

**11** **7) *VwGO*:** *Es gilt § 102 I iVm § 56 VwGO, die keine besondere Einlassungsfrist vorsehen. Ladungsfrist: § 102 I VwGO.*

**275** *Früher erster Termin.* ¹ ¹Zur Vorbereitung des frühen ersten Termins zur mündlichen Verhandlung kann der Vorsitzende oder ein von ihm bestimmtes Mitglied des Prozeßgerichts dem Beklagten eine Frist zur schriftlichen Klageerwiderung setzen. ²Andernfalls ist der Beklagte aufzufordern, etwa vorzubringende Verteidigungsmittel unverzüglich durch den zu bestellenden Rechtsanwalt in einem Schriftsatz dem Gericht mitzuteilen; § 277 Abs. 1 Satz 2 gilt entsprechend.

II Wird das Verfahren in dem frühen ersten Termin zur mündlichen Verhandlung nicht abgeschlossen, so trifft das Gericht alle Anordnungen, die zur Vorbereitung des Haupttermins noch erforderlich sind.

III Das Gericht setzt in dem Termin eine Frist zur schriftlichen Klageerwiderung, wenn der Beklagte noch nicht oder nicht ausreichend auf die Klage erwidert hat und ihm noch keine Frist nach Absatz 1 Satz 1 gesetzt war.

IV Das Gericht kann dem Kläger in dem Termin oder nach Eingang der Klageerwiderung eine Frist zur schriftlichen Stellungnahme auf die Klageerwiderung setzen.

**Schrifttum:** *Deubner,* Gedanken zur richtlichen Verfahrensbeschleunigungspflicht, Festschrift für *Lüke* (1997) 51; *Garbe,* Antrags- und Klagerwiderungen in Ehe- und Familiensachen, 1997; *Maniotis,* Einige Gedanken zur Beteiligung des Richters an der Bemessung der Fristen für Klageerwiderung und Replik, Gedächtnisschrift für *Arens* (1993) 289.

**Gliederung**

| | | | |
|---|---|---|---|
| 1) **Systematik, I–IV** .................. | 1 | 6) **Klagerwiderung, III** .................. | 11–13 |
| 2) **Regelungszweck, I–IV** .................. | 2 | A. Grundsatz: Vermeidung einer Zurückweisung .................. | 11 |
| 3) **Geltungsbereich, I–IV** .................. | 3 | B. Fristbemessung .................. | 12 |
| 4) **Vorbereitung des frühen ersten Termins, I** | 4–8 | C. Belehrung .................. | 13 |
| A. Klagerwiderung, I 1: Wahlrecht des Vorsitzenden .................. | 4 | 7) **Stellungnahme des Klägers, IV** .... | 14–16 |
| B. Fristbemessung, I 1 .................. | 5, 6 | A. Grundsatz: Ermessen des Gerichts .... | 14 |
| C. Belehrung, I 1 .................. | 7 | B. Fristbemessung .................. | 15 |
| D. Mitteilung der Verteidigungsmittel, I 2 .. | 8 | C. Belehrungspflicht .................. | 16 |
| 5) **Vorbereitung des Haupttermins, II** ... | 9, 10 | 8) ***VwGO*** .................. | 17 |

**1** **1) Systematik, I–IV.** Die Vorschrift ist zur Durchführung der zur Wahl des Vorsitzenden gestellten Verfahrens mit frühem ersten Termin erlassen. Sie ergänzt also § 272 II, aber auch § 273.

**2** **2) Regelungszweck, I–IV.** Das ziemlich verwirrend anmutende Geflecht verschiedener Vorbereitungsmöglichkeiten schon des frühen ersten Termins, ein typisches Produkt deutscher Überperfektion, dient einerseits dem Einzelfall zugeschnittenen und auch einer zögernden Richterpersönlichkeit entgegenkommenden, aber natürlich auch durch alle seine Gründlichkeit der Gerechtigkeit als dem obersten Prozeßziel, Einl III 9, möglichst nahekommenden Arbeitsweise aller Prozeßbeteiligten. Der erfahrene, energisch arbeitende Richter macht von allen diesen ja auch Zeit kostenden Möglichkeiten so wenig wie möglich Gebrauch.

**3** **3) Geltungsbereich, I–IV.** Die Vorschrift gilt im Gesamtbereich der ZPO (im Kleinverfahren nach § 495 a nur, soweit der Richter es wünscht). Im arbeitsgerichtlichen Verfahren gilt § 275 nicht, vgl § 46 II 2 ArbGG. In Ehesachen gelten I 1, III, IV nicht, § 611 II, ebensowenig im Kindschaftsverfahren, § 640. Wegen des arbeitsgerichtlichen Verfahrens BAG DB **80,** 2399, Grunsky JZ **78,** 82.

**4** **4) Vorbereitung des frühen ersten Termins, I.** Wegen seiner Bedeutung § 272 Rn 4, 12. Auch ein früher erster Termin kann also die Bedeutung eines Haupttermines haben, § 272 Rn 5. Vgl auch §§ 271, 273, 274, 358 a, dazu BGH NJW **83,** 576. Neben diesen zum Teil notwendigen Maßnahmen hat der Vorsitzende zu wählen:

**A. Klagerwiderung, I 1: Wahlrecht des Vorsitzenden.** Der Vorsitzende kann statt einer Maßnahme nach I 2, Rn 8, dem Bekl eine Frist zur schriftlichen Klagerwiderung zu setzen, § 277 (er gilt auch hier, wie § 277 III ergibt). Der Vorsitzende von ein von ihm bestimmtes Mitglied des Kollegiums kann, BGH **88,** 182 (Kramer NJW **77,** 1660: darf nur, wenn der Bekl sich schon zur Verteidigung bereit gezeigt hat), nicht muß dies tun, es besteht also ein pflichtgemäßes Ermessen, KG NJW **80,** 2362, unklar BGH NJW **87,** 499. Man muß wegen § 274 II zugleich den frühen ersten Termin bestimmen, § 216 II, und die Ladung zustellen. Die Entscheidung erfolgt durch eine prozeßleitende, unanfechtbare Verfügung, die gemäß § 329 II 2, zB zugleich mit der Klageschrift, in beglaubigter Abschrift zuzustellen (und dem Kläger evtl formlos mitzuteilen) ist, BGH NJW **81,** 1217.

1. Titel. Verfahren bis zum Urteil §275

*Der Sinn* besteht darin, den Bekl zu zwingen, die ihm unter Beachtung seiner Prozeßförderungspflicht, § 282 I–III, möglichen Verteidigungsmittel so zeitig vorzubringen, daß das Gericht und der Kläger schon vor, spätestens in dem frühen ersten Termin möglichst viel aussondern, abtrennen, entscheiden können, BGH **88**, 182, KG NJW **80**, 2363, Stgt NJW **84**, 2538. Zumindest soll das Gericht den Haupttermin möglichst umfassend vorbereiten können, BGH **86**, 35.

*Nicht notwendig* ist es, zu mehr als zu einer schriftlichen „Klagerwiderung" aufzufordern. Der Vorsitzende kann sich auf Anordnungen nach § 273 beschränken, Karlsr NJW **83**, 403; eine Aufforderung wegen bestimmter Einzelpunkte ist im allgemeinen als eine solche gemäß § 273 II Z 1 Hs 2 zu werten, freilich auch im Rahmen von I 1 zulässig. Auch beim AG erfolgt die Fristsetzung zweckmäßig schon bei der Klagzustellung, Kramer NJW **77**, 1660.

Der *Inhalt* der Klagerwiderung richtet sich nach § 277 I. Eine Äußerung zu etwaigen Bedenken gegen eine Übertragung auf den Einzelrichter ist keine Pflicht mehr; das ergibt sich aus dem Wort „soll" in I 2 Hs 2. Daher besteht insofern auch keine Hinweis- oder Belehrungspflicht des Gerichts, etwa nach § 277 II, auf den I 2 Hs 2 nicht mitverweist. Freilich kann eine Obliegenheitsverletzung zu prozessualen Nachteilen führen, wenn auch nicht nach dem zu eng auszulegenden § 296, so doch zB nach § 95. Das Gericht braucht keineswegs die Art und Weise der beabsichtigten Prozeßförderung in jeder Einzelheit zu verdeutlichen, BGH **86**, 39.

**B. Fristbemessung, I 1.** Die Frist beträgt mindestens 2 Wochen seit der Zustellung, § 277 III, sie ist im **5** übrigen so zu bemessen, daß der Bekl vernünftigerweise die Klage prüfen, etwa notwendige erste Ermittlungen anstellen, eine Erwiderung formulieren, sie mit dem ProzBev besprechen, überdenken und absenden kann; er muß wegen §§ 282, 296 zu einer umfassenden Antwort Zeit haben, BVerfG NJW **82**, 1691, Hamm MDR **83**, 63, Köln NJW **80**, 2421.

2 Wochen können in einer einfachen Sache ausreichen, Stgt NJW **84**, 2538, 3 Wochen reichen meist aus, **6** Karlsr NJW **84**, 619. Im *Anwaltsprozeß* darf und sollte der Vorsitzende einen normalen Kanzleibetrieb des Anwalts berücksichtigen, aber keine Verzögerungs- oder Störversuche durchgehen lassen, Mü MDR **80**, 148. Der Fristablauf muß spätestens am Tag des frühen ersten Termins liegen, der dann freilich die 2-Wochen-Frist des § 277 II wahren muß; jedoch ist wegen § 283 jedenfalls im Anwaltsprozeß eine Frist von mindestens etwa 2 Wochen vor dem frühen ersten Termin sinnvoll, so daß infolge der Frist der frühe erste Termin unter Umständen erst nach 6 bis 8 Wochen möglich ist, was dann trotz § 272 III zulässig ist.

Eine *Friständerung* erfolgt gemäß §§ 224 ff. Eine Unklarheit bei der Fristbemessung führt zur Unanwendbarkeit von § 296 I, BVerfG **60**, 6, ebenso unter Umständen eine zu kurze Frist, vgl auch § 296 Rn 23, BVerfG **69**, 137, oder gar die Planung und Vorbereitung des Termins zum bloßen Durchlauf oder Durchruf, BVerfG **69**, 137, noch weitergehend Deubner NJW **85**, 1140, oder eine unzureichend kurz bemessene Terminsdauer, Hamm MDR **89**, 895. Eine Verweisung, zB nach § 281, beeinflußt die Frist grundsätzlich nicht, Ffm RR **93**, 1085. Eine übermäßig lange Klagerwiderungsfrist ist auch im Fall der Überlastung unzulässig, § 216 Rn 11, und als Ablehnung einer Terminsbestimmung anfechtbar, § 216 Rn 27.

**C. Belehrung, I 1.** Es besteht eine Belehrungspflicht (nur) gemäß § 277 II, und zwar auch gegenüber **7** einer anwaltlich vertretenen Partei, BGH **88**, 183; nur bei ihrer Beachtung kann bei einem Fristversäumnis § 296 I angewendet werden, BGH **88**, 184, Karlsr OLGZ **84**, 472. Gegenüber einem Anwalt genügt der Hinweis auf das Gesetz, Hamm NJW **84**, 1566. Die Frist muß die Aufforderung zu einer schriftlichen Erwiderung enthalten. Es sind strenge Anforderungen an die Belehrung zu stellen, Karlsr OLGZ **84**, 472.

**D. Mitteilung der Verteidigungsmittel, I 2.** Soweit der Vorsitzende keine Frist nach I 1 setzt, Rn 2, **8** muß er den Bekl zu einer unverzüglichen Mitteilung der etwaigen Verteidigungsmittel auffordern, im Anwaltsprozeß durch einen beim Prozeßgericht zugelassenen Anwalt. Das Verfahren läuft wie bei Rn 2–7 ab, jedoch erfolgt mangels einer Frist, die hier nicht gesetzt wird, eine formlose Mitteilung, § 329 II 1. Ein Schriftsatzzwang besteht nur im Anwaltsprozeß, sonst kann die Erklärung zu Protokoll jeder Geschäftsstelle abgegeben werden, §§ 496, 129 a. Es besteht eine Pflicht zur Aufforderung; ihr Unterlassen kann (nicht muß) eine Zulassung gemäß § 296 I oder die Gewährung einer Nachfrist gemäß § 283 notwendig machen. Hier besteht keine Belehrungspflicht über die Folgen einer etwaigen Versäumnis, da weder § 276 II noch § 277 III anwendbar sind. Nach I 2 Hs 2 ist § 277 I 2 entsprechend anwendbar; vgl dazu § 277 Rn 5.

**5) Vorbereitung des Haupttermins, II.** Reicht der frühe erste Termin nicht aus, so muß das Gericht **9** alle Anordnungen zur Vorbereitung des Haupttermins treffen. Der frühe erste Termin ist ein vollwertiger Termin zur mündlichen Verhandlung, § 272 Rn 4, BGH **86**, 36, Karlsr NJW **83**, 403, zumindest dann, wenn das Gericht ihn nach dem Akteninhalt als solchen ansetzen kann; Stgt NJW **84**, 2538. Das Gericht darf ihn dann gar nicht zum bloßen „Durchrufertermin" herabwürdigen, vgl insofern § 272 Rn 4, insofern richtig BGH NJW **87**, 499 und 501; selbst wenn es das tut, muß die Partei meist vorsorglich mit einer sich als abschließend entwickelnden Verhandlung rechnen, aM Karlsr NJW **84**, 619, Stgt RR **86**, 1062. Sein Ablauf richtet sich nach § 278, dort Rn 2; die Vorschrift ist auch im übrigen beachtlich, Grunsky JZ **77**, 202, Putzo NJW **77**, 3. Auch hier ist eine ganz kurze Einführung erwünscht gemäß § 278 I ratsam, aber nicht strikt vorgeschrieben. Der frühe erste Termin soll ein Versäumnis-, Anerkenntnis-, Verzichtsurteil, einen Prozeßvergleich, ein streitiges Endurteil in einfachen Sachen, zumindest die Eingrenzung des entscheidungserheblichen Stoffs ermöglichen.

Ist dennoch *keine Entscheidungsreife* erzielbar, § 300 Rn 6, so sind zB Auflagen nebst einer Frist gemäß **10** § 273 II Z 1, eine Frist zur Klagerwiderung gemäß III oder zur Stellungnahme darauf gemäß IV, ein Beweisbeschluß ratsam. Er sollte nur im Fall der Notwendigkeit einer Frist nach § 283 erst in einem sofort anzuberaumenden Verkündungstermin, sonst sogleich formuliert werden. Was notwendig ist, entscheidet die Gesamtlage, wobei auch jetzt schon eine gewisse rechtliche Erörterung entsprechend dem freilich nicht direkt anwendbaren § 278 III, wohl aber wegen § 139, notwendig sein kann. Dabei ist der neue Termin möglichst bald anzuberaumen, § 272 III. Fristen sind wie sonst zulässig, zB gemäß §§ 356, 379.

**6) Klagerwiderung, III.** Es sind drei Punkte zu beachten. **11**

## §§ 275, 276

**A. Grundsatz: Vermeidung einer Zurückweisung.** Wenn der Bekl bis zum frühen ersten Termin nicht (oder nicht ausreichend) erwidert hat, kann sein weiteres Vorbringen bereits im frühen ersten Termin als verspätet zurückzuweisen sein, falls ihm eine Frist gemäß I 1 gesetzt worden war, § 296 I, BGH NJW **83**, 576, Saarbr MDR **79**, 1030, Stgt NJW **84**, 2538, aM Stgt RR **86**, 1062. Eine Zurückweisung kann auch dann erforderlich sein, wenn der Bekl die Aufforderung nach I 2 nicht (unverzüglich) befolgt hatte, §§ 282, 296 II. Falls das Gericht keine Frist gesetzt hat, Lange NJW **86**, 1731, oder falls der Bekl die Frist unverschuldet versäumte, dann muß, nicht bloß kann oder soll, das Gericht bzw der Einzelrichter, § 348, oder der Vorsitzende der Kammer für Handelssachen, § 349, im frühen ersten Termin, spätestens unverzüglich danach, dem Bekl eine Frist zur Klagerwiderung zu setzen, Rn 2.

**12** **B. Fristbemessung.** Die Frist ist unter Beachtung der Mindestfrist von 2 Wochen seit der Verkündung bzw Zustellung, § 277 III, im übrigen freilich anders als diejenige vor dem frühen ersten Termin zu berechnen, weil es dem Bekl auf Grund des frühen ersten Termins im allgemeinen eher und schneller möglich sein wird, seine Erwiderung zu formulieren, Mü MDR **80**, 148. Vgl im übrigen § 224. Zum Inhalt der Aufforderung § 277 I. Eine Friständerung erfolgt gemäß §§ 224 ff. Wegen einer übermäßig langen Frist Rn 6. Das Gericht entscheidet durch einen Beschluß. Er bedarf wegen der Unanfechtbarkeit der Anordnung keiner besonderen Begründung, § 329 Rn 6. Er ist zu verkünden, § 329 I 1. Man kann die Fristsetzung mit einer weiteren vorbereitenden Anordnung, zB nach § 273, verbinden.

**13** **C. Belehrung.** Es besteht eine Belehrungspflicht (nur) gemäß § 277 II, und zwar auch gegenüber einer anwaltlich vertretenen Partei, BGH **88**, 183; nur dann, wenn die Belehrung ordnungsgemäß erfolgte, kann bei einer Fristversäumung § 296 I angewendet werden, Rn 7; ggf gilt § 283. Gegenüber einem Anwalt genügt der Hinweis auf das Gesetz, Hamm NJW **84**, 1566. Das Gericht braucht keineswegs die Art und Weise der beabsichtigten Prozeßförderung den Parteien in jeder Einzelheit zu verdeutlichen, BGH **86**, 39.

**14** 7) **Stellungnahme des Klägers, IV.** Auch hier sind drei Aspekte beachtlich.

**A. Grundsatz: Ermessen des Gerichts.** Diese sog Replik ist nach freiem, nicht nachprüfbarem Ermessen des Gerichts, hier also (anders als bei § 276 III) nicht von des Vorsitzenden oder des Berichterstatters, anzufordern, Ffm (17. ZS) RR **86**, 1446, aM Ffm (9. ZS) MDR **90**, 60, StJL 29, ThP 8. Maßgeblich ist im übrigen das Ermessen des Einzelrichters, § 348, bzw des Vorsitzenden der Kammer für Handelssachen, § 349. Die Anforderung erfolgt nur nach dem Eingang einer Klagerwiderung, BGH NJW **80**, 1168, und dann entweder vor oder nach dem frühen ersten Termin oder im frühen ersten Termin, aber nicht mehr, wenn er zum vollwertigen Termin wurde, § 272 Rn 3, BVerfG **75**, 310 (dann gilt § 283).

**15** **B. Fristbemessung.** Die Frist ist mit einer richterlichen Frist zu verbinden, die unter Beachtung der Mindestfrist von 2 Wochen seit der Verkündung oder Zustellung, § 277 IV, III, im übrigen nach den Gesamtumständen zu bemessen ist und eine ausreichende Überlegung ermöglichen muß, jedoch meist kürzer als die Frist zur Klagerwiderung sein kann (Ausnahmen bestehen, wenn der Bekl dort eine umfangreiche Aufrechnung, eine komplizierte Gegenberechnung, längere Rechtsausführungen usw vorgenommen hat). Vgl im übrigen § 224. Bei einer Fristversäumnis gilt § 296 I, auch gegenüber einer nicht anwaltlich vertretenen Partei, BGH **88**, 184. Zum Verfahren vgl im übrigen Rn 2–4. Die Anordnung der Frist muß durch das gesamte Gericht erfolgen und muß im Termin verkündet, § 329 I 1, vor oder nach ihm zugestellt werden, § 329 I 2, Ffm MDR **79**, 764, aM ThP 8 (eine Verfügung des Vorsitzenden oder eines anderen Kollegialmitgliedes reiche). Eine übermäßig lange Frist ist auch im Fall der Überlastung unzulässig, vgl § 216 Rn 11, und als Ablehnung einer Terminbestimmung anfechtbar, § 216 Rn 27.

**16** **C. Belehrungspflicht.** Hier besteht jetzt auch Belehrungspflicht, da § 277 IV jetzt auch auf dessen II verweist; BGH **88**, 183; ist seit 1. 4. 91 überholt. Zum Inhalt der Aufforderung § 277 IV in Verbindung mit I.

**17** 8) **VwGO:** Angesichts des § 85 VwGO unanwendbar, vgl Kopp § 173 Rn 5.

## 276

*Schriftliches Vorverfahren.* [I] [1]Bestimmt der Vorsitzende keinen frühen ersten Termin zur mündlichen Verhandlung, so fordert er den Beklagten mit der Zustellung der Klage auf, wenn er sich gegen die Klage verteidigen wolle, dies binnen einer Notfrist von zwei Wochen nach Zustellung der Klageschrift dem Gericht schriftlich anzuzeigen; der Kläger ist von der Aufforderung zu unterrichten. [2]Zugleich ist dem Beklagten eine Frist von mindestens zwei weiteren Wochen zur schriftlichen Klageerwiderung zu setzen. [3]Ist die Zustellung der Klage im Ausland vorzunehmen, so bestimmt der Vorsitzende die Frist nach Satz 1; § 175 gilt entsprechend mit der Maßgabe, daß der Zustellungsbevollmächtigte innerhalb dieser Frist zu benennen ist.

[II] Mit der Aufforderung ist der Beklagte über die Folgen einer Versäumung der ihm nach Absatz 1 Satz 1 gesetzten Frist sowie darüber zu belehren, daß er die Erklärung, der Klage entgegentreten zu wollen, nur durch den zu bestellenden Rechtsanwalt abgeben kann.

[III] Der Vorsitzende kann dem Kläger eine Frist zur schriftlichen Stellungnahme auf die Klageerwiderung setzen.

**Schrifttum:** *Deubner,* Gedanken zur richterlichen Verfahrensbeschleunigungspflicht, Festschrift für *Lüke* (1997) 51; *Maniotis,* Einige Gedenken zur Beteiligung des Richters an der Bemessung der Fristen für Klagerwiderung und Replik, Gedächtnisschrift für *Arens* (1993) 289.

1. Titel. Verfahren bis zum Urteil **§ 276**

**Gliederung**

| | | | |
|---|---|---|---|
| 1) **Systematik, I–III** ................... | 1 | B. Frist; weiteres Verfahren ............... | 10, 11 |
| 2) **Regelungszweck, I–III** ............... | 2 | C. Verstoß ................................ | 12 |
| 3) **Geltungsbereich, I–III** .............. | 3 | 6) **Belehrung, II** ...................... | 13–18 |
| 4) **Anzeige der Verteidigungsabsicht, I 1** . | 4–8 | A. Grundsatz: Pflicht des Vorsitzenden ... | 13 |
| A. Grundsatz: Pflicht des Vorsitzenden zur Aufforderung ................... | 4 | B. Schriftliche Entscheidung .............. | 14, 15 |
| B. Inhalt der gerichtlichen Aufforderung . | 5 | C. Anwaltszwang ........................ | 16 |
| C. Frist; weiteres Verfahren .............. | 6 | D. Weitere Belehrung .................... | 17 |
| D. Verstoß des Gerichts .................. | 7 | E. Mittellosigkeit des Beklagten .......... | 18 |
| E. Verstoß der Partei .................... | 8 | F. Verstoß .............................. | 18 |
| 5) **Klagerwiderung, I 2** .................. | 9–12 | 7) **Stellungnahme des Klägers, III** ........ | 19, 20 |
| A. Grundsatz: Pflicht dees Vorsitzenden zur Fristsetzung ................... | 9 | A. Grundsatz: Ermessen des Vorsitzenden . | 19 |
| | | B. Verstoß .............................. | 20 |
| | | 8) **VwGO** .............................. | 21 |

**1) Systematik, I–III.** Zur Wahl des Verfahrens (früher erster Termin oder schriftliches Vorverfahren) **1**
§ 272 Rn 6, 10. Ein Abbruch des schriftlichen Vorverfahrens ist jederzeit zulässig, insofern auch Brühl FamRZ **78**, 551, jedoch ist die gesetzliche Mindestfrist zu wahren. Auch nach einer planmäßigen Beendigung des Vorverfahrens erfolgt unverzüglich eine Terminsbestimmung, §§ 216 II, 272 III.

**2) Regelungszweck, I–III.** Es gelten grundsätzlich dieselben Erwägungen wie bei § 275 Rn 2. Aller- **2**
dings enthält § 276 wegen der Gefahr, daß der Bekl zunächst ohne mündliche Verhandlung unterliegen kann, § 331 III, zwingende Regeln in I und II. Sie sind wegen ihrer erheblichen Bedeutung, vgl auch § 296 I, streng auszulegen.

**3) Geltungsbereich, I–III.** I 2, II sind im schriftlichen Verfahren nach § 128 II, III entsprechend **3**
anwendbar, Kramer NJW **78**, 1411. Nach einem Mahnverfahren kommt ebenfalls ein schriftliches Vorverfahren in Betracht, § 697 II, § 700 IV. In Ehesachen gilt § 611 II, in einer Kindschaftssache gilt § 640, es gibt also jeweils kein schriftliches Vorverfahren, wohl aber evtl Anordnungen gemäß § 273. Beim Arbeitsgericht gibt es kein schriftliches Vorverfahren, § 46 II ArbGG, Lorenz BB **77**, 1001, Philippsen pp NJW **77**, 1134.

**4) Anzeige der Verteidigungsabsicht, I 1.** Sie hat sehr erhebliche Bedeutung. **4**
**A. Grundsatz: Pflicht des Vorsitzenden zur Aufforderung.** Es ist die Pflicht des Vorsitzenden, auch desjenigen der Kammer für Handelssachen, § 349 I, bzw des Einzelrichters, soweit das Kollegium ihn gleich nach § 348 bestellt, sogleich nach dem Klageingang und der Wahl des Verfahrens, § 272 Rn 6, den Bekl zugleich mit der Klagzustellung, § 271 I, und zunächst ohne eine Terminsbestimmung, ThP 2, ZöGre 2, aM Grunsky JZ **77**, 203 (eine sofortige Terminsbestimmung sei zulässig), zur Anzeige einer etwaigen Verteidigungsabsicht aufzufordern. Die Aufforderung ist notfalls unverzüglich nachzuholen. Außerdem erfolgen zahlreiche weitere Aufforderungen und Belehrungen, die wegen ihrer zum Teil erheblichen prozessualen Auswirkungen äußerste Sorgfalt erfordern und jedenfalls an diesem Punkt zum genauen Gegenteil einer Vereinfachung geführt haben.

**B. Inhalt der gerichtlichen Aufforderung.** Der Inhalt der Aufforderung gemäß I 1 ist davon abhängig, **5**
ob ein Anwalts- oder ein Parteiprozeß vorliegt, § 78 Rn 1. Stets ist der Bekl aufzufordern, eine etwaige *Verteidigungsabsicht* dem Gericht binnen einer Notfrist anzuzeigen. Im Anwaltsprozeß wird er zusätzlich darauf hingewiesen, daß dies nur durch einen beim Gericht zugelassenen Anwalt schriftlich wirksam erfolgen kann, II in Verbindung mit §§ 78 I, 271 II, im Parteiprozeß wird er darauf hingewiesen, daß die Verteidigungsanzeige schriftlich oder zu Protokoll jeder Geschäftsstelle erfolgen kann, §§ 496, 129 a (§ 496 erfaßt nur eine Erklärung, die zugestellt werden soll, meint aber hier mit der Zustellung nur den Übermittlungsweg über das Gericht im Gegensatz zur Übermittlung von Partei zu Partei, erfaßt daher auch die vom Gericht dem Kläger formlos mitzuteilende Anzeige der Verteidigungsabsicht). Dabei ist der weitere Hinweis ratsam, nicht notwendig, daß bei einer Erklärung zu Protokoll eines auswärtigen Gerichts erst der Erklärungseingang beim Prozeßgericht maßgeblich ist, § 129 a II 2.

**C. Frist; weiteres Verfahren.** Die gesetzliche Notfrist, §§ 224 I, 2, beträgt bei einer Inlandszustellung **6**
zwingend *2 Wochen* seit der Klagzustellung, I 1, Putzo AnwBl **77**, 432, an den jeweiligen Streitgenossen, § 61 Rn 6. Bei einer *Auslandszustellung*, § 199, beträgt die dann richterliche Notfrist zur Verteidigungsanzeige nach dem pflichtgemäßem *Ermessen* des Vorsitzenden, I 3, der zB die Einschaltung eines Übersetzers bedenken muß, unter Umständen 6 bis 8 Monate je nach der voraussichtlichen Laufzeit der vorgeschriebenen Zustellungsart, § 274 Rn 9, aM Bergerfurth JZ **78**, 299. Dabei muß der Vorsitzende die Einlassungsfrist abweichend vom Wortlaut des § 274 III 3 bereits jetzt mitbestimmen. Die Fristberechnung erfolgt gemäß §§ 224 ff. Der Bekl im Ausland muß innerhalb der Frist zur Anzeige der Verteidigungsabsicht einen inländischen Zustellungsbevollmächtigten bestellen. I 3 Hs 2, um die Rechtsfolgen nach § 175 I 2, 3 zu vermeiden.

Der Kläger erhält von der Aufforderung eine formlose Mitteilung, damit er erfährt, daß das schriftliche Vorverfahren läuft. Dem *Bekl* wird die Aufforderung (Verfügung oder Beschluß) gemäß § 329 II 2 zugestellt, § 329 Rn 32. Zugleich mit der Aufforderung nach I 1 ist eine Belehrung gemäß II, Rn 13 ff. Ferner ist zugleich eine Aufforderung gemäß § 271 II sowie eine Fristsetzung gemäß I 2 nebst Belehrung gemäß § 277 II (im Parteiprozeß nach Maßgabe des § 496) notwendig. Sie muß unmißverständlich sein, Düss NJW **84**, 1567. Schließlich ist evtl eine Frist gemäß § 273 II Z 1 Hs 2 notwendig.

**D. Verstoß des Gerichts.** § 276 ist eng auszulegen, BGH NJW **91**, 2773. Ein Verstoß des Vorsitzenden **7**
oder der ausführenden Organe des Gerichts (Geschäftsstelle, Kanzlei usw) gegen diese Pflichten, vgl aber auch § 331 Rn 17, ist nicht heilbar, soweit es um die förmliche Zustellung geht, § 187 S 2. Ein Verstoß

§ 276　　　　　　　　　　　　2. Buch. 1. Abschnitt. Verfahren vor den LGen

kann im übrigen zur Entschuldigung gemäß § 296 I führen, Bischof NJW **77**, 1899, und die Notwendigkeit einer Nachfrist, § 283, auslösen. Ein Versäumnisurteil nach § 331 III kann unzulässig sein, § 335 I Z 4. Soweit statt des Vorsitzenden usw nur ein von ihm bestimmtes Mitglied des Kollegiums gehandelt hat, ist allerdings dessen Anordnung einschließlich einer Fristsetzung, soweit sie formell korrekt erfolgte, zB im Original voll unterschrieben wurde, wirksam, ThP 9, aM Oldb NdsRpfl **79**, 179, StJL 24. Im übrigen kann trotz eines Verstoßes des Gerichts eine Zurückweisung nach §§ 282, 296 II in Betracht kommen.

Bei einer *Nichteinhaltung* der Notfrist im Anwaltsprozeß gilt wegen der Unmöglichkeit, nun rechtzeitig einen Anwalt zu bestellen, folgendes: bis zur Zustellung eines schriftlichen Versäumnisurteils gilt § 337, vgl § 331 Rn 20, danach ist Einspruch notwendig, es kann auch § 337 entsprechend anwendbar sein, KG MDR **96**, 634, Dittmar AnwBl **79**, 167, Franzki NJW **79**, 10, aM Rastätter NJW **78**, 96 (liest I 1 als einfache Frist, offenbar zustm Brühl FamRZ **78**, 552).

**8**　**E. Verstoß der Partei.** Ein Verstoß der Partei kann im engeren Sinn nicht erfolgen. Denn sie hat keine Pflicht zur Antwort. Soweit sie diese Obliegenheit nicht erfüllt, also im Anwaltsprozeß nicht durch einen Anwalt oder im Parteiprozeß nicht durch einen prozeßfähigen ProzBev anzeigt, nur grundsätzlich richtig LG Düss VersR **89**, 467, darf und muß das Gericht auf Grund eines Antrags des Klägers eine Entscheidung nach § 331 III (Versäumnisurteil gegen den Bekl oder sog unechtes Versäumnisurteil, also streitiges Endurteil gegen den Kläger, § 331 Rn 24) jeweils ohne mündliche Verhandlung erlassen. Mangels Antrag ordnet das Gericht das Ruhen des Verfahrens an, § 331 a entsprechend, ThP 4, ZöGre 11 (Terminsbestimmung). Bei einem Verstoß der Partei im Ausland gegen die Obliegenheit, einen Zustellungsbevollmächtigten zu bestellen, treten die Rechtsfolgen nach § 175 I 2, 3 ein.

**9**　**5) Klagerwiderung, I 2, 3.** Es ist schon wegen § 138 II–IV große Sorgfalt geboten.

**A. Grundsatz: Pflicht des Vorsitzenden zur Fristsetzung.** Es ist ebenfalls die Pflicht des Vorsitzenden, auch desjenigen der Kammer für Handelssachen, § 349 I, zugleich mit der Aufforderung nach I 1 dem Bekl eine richterliche Frist zur Klagerwiderung zu setzen, natürlich nur für den Fall, daß dieser sich überhaupt verteidigen wolle, Düss NJW **81**, 2264 (abl Deubner), aM ThP 9. Verfahren wie Rn 2–8. Hier handelt es sich nicht um eine Notfrist, sondern um eine gewöhnliche richterliche Frist, §§ 221 ff; ein Mangel der Zustellung kann jedoch nicht heilen, BGH **76**, 238. Der Vorsitzende oder der sonst zuständige Richter müssen die Fristverfügung mit dem vollen Namen und nicht nur einem Handzeichen (sog Paraphe) unterzeichnen, § 329 Rn 8, 11. Eine Unterzeichnung „auf Anordnung" durch einen Justizangestellten reicht also nicht aus, BGH JZ **81**, 351. Der Urkundsbeamte der Geschäftsstelle muß dem Bekl eine beglaubigte Abschrift dieser Verfügung förmlich zustellen, BGH JZ **81**, 351.

**10**　**B. Frist; weiteres Verfahren.** Die Frist beträgt bei einer Inlandszustellung mindestens (und nicht etwa in der Regel, Leipold ZZP **93**, 248) 2 Wochen seit dem Ablauf der Anzeigefrist des I 1 („weitere" Wochen). Vgl zur Fristbemessung § 275 Rn 5. Im Anwaltsprozeß darf und sollte der Vorsitzende einen normalen Kanzleibetrieb des Anwalts berücksichtigen, aber keine Verzögerungs- oder Störversuche durchgehen lassen, Mü MDR **80**, 148. Der Bekl hat also bei einer Inlandszustellung zur Klagerwiderung insgesamt mindestens 4 Wochen seit der Klagzustellung Zeit, auch im Parteiprozeß, so daß der Haupttermin auch bei einer einfachen Sache, frühestens etwa 6 bis 8 Wochen nach dem Klageingang zulässig ist; selbst ein Versäumnis- oder Anerkenntnisurteil gemäß §§ 307 II, 331 III kann ja wegen der Laufzeit bis zur Klagzustellung usw praktisch erst nach 4 Wochen nach dem Klageingang ergehen. Bei einer Auslandszustellung bestimmt der Vorsitzende die Klagerwiderungsfrist. Eine übermäßig lange Klagerwiderungsfrist ist auch im Fall der Überlastung unzulässig, § 216 Rn 11, und als Ablehnung einer Terminsbestimmung anfechtbar, § 216 Rn 27. Wegen der Fristberechnung und Friständerung §§ 222 ff. Nach einer Klagänderung ist grundsätzlich eine neue, ausreichende Klagerwiderungsfrist zu bestimmen, Düss MDR **80**, 943.

**11**　Ein Hinweis auf den notwendigen Inhalt der Klagerwiderung, § 277 I, ist nicht notwendig, oft aber ratsam. Eine *Belehrung* über die Folgen einer Versäumung der Klagerwiderungsfrist ist gemäß § 277 II notwendig, im Parteiprozeß also ohne einen Hinweis auf einen Anwaltszwang, §§ 495, 78. Der Vorsitzende kann mit der Frist zur umfassenden Klagerwiderung nach I 2 weitere Auflagen nach § 273 verbinden, sollte aber wegen der evtl unterschiedlichen Folgen der Nichtbeachtung diese letzteren Anordnungen klar sondern und insbesondere verdeutlichen, daß er vor allem eine umfassende Klagerwiderung anordnet. Nach dem Eingang einer Klagerwiderung bestimmt der Vorsitzende den Haupttermin oder verfährt nach III.

**12**　**C. Verstoß.** Es gilt dasselbe wie bei Rn 7, 8. Geht bis zum Ablauf der Klagerwiderungsfrist keine Klagerwiderung ein, bestimmt der Vorsitzende unverzüglich, § 216 II, ohne Nachfrist den Haupttermin auf einen möglichst baldigen Zeitpunkt, § 272 III.

**13**　**6) Belehrung, II.** Sie erfordert viel Sorgfalt.

**A. Grundsatz: Pflicht des Vorsitzenden.** Die Belehrung erfolgt durch eine Verfügung des Vorsitzenden, auch desjenigen der Kammer für Handelssachen, § 349 I, bzw des Einzelrichters, soweit das Kollegium ihn schon nach § 348 bestellt hat. Sie ist zugleich mit der Aufforderung gemäß I 1 und damit praktisch in derselben Form zuzustellen, Rn 5, und dem Kläger nicht notwendig mitzuteilen. Ein Verstoß nur bei der Belehrung beeinträchtigt zwar die Wirksamkeit der Notfrist des I 1 nicht, wohl aber evtl diejenige der Frist des I 2, BGH NJW **91**, 2774, und begründet aber evtl eine Wiedereinsetzung, § 233, zumal dort keine gesteigerten Sorgfaltsanforderungen mehr bestehen.

**14**　**B. Schriftliche Entscheidung.** Stets erfolgt die Belehrung, daß bei einer Fristversäumnis auf Antrag des Klägers eine Entscheidung ohne mündliche Verhandlung erfolgen könne. Ein Hinweis auf § 331 III ist nicht notwendig, der Gebrauch des Wortes „Versäumnisurteil" ist nicht ratsam, da evtl eine andere Entscheidung notwendig wird und das Gericht sich durch das Wort „Versäumnisurteil" vorzeitig festlegen würde, was auch die Gefahr einer Ablehnung herbeiführen könnte. Ebensowenig ist ein Hinweis notwendig, daß eine Entscheidung auch in einer Nicht-Feriensache während der Gerichtsferien möglich sei, § 331 Rn 25.

**15**　Der Hinweis sollte an sich auch dahin erfolgen, daß die Entscheidung *ohne* eine mündliche *Verhandlung* erfolgen könne, falls die Verteidigungsanzeige nicht bis zur Übergabe der Entscheidung an die GeschSt

## 1. Titel. Verfahren bis zum Urteil §§ 276, 277

eingehe. Auch diese Belehrung ist ratsam, obwohl sie die Wirkung der Fristversäumnis wieder erheblich abschwächt; denn der Bekl muß „über die (dh: alle!) Folgen einer Versäumung ..." belehrt werden, und dazu gehört eben genau genommen auch der Hinweis, daß eine verspätete Anzeige unschädlich sein kann. Freilich sind solche rechtlichen Feinheiten, eine Folge des überperfekten Gesetzes, in der Praxis Recken DRiZ **80**, 337. Die Belehrung muß klar sein, BGH **86**, 225 (krit Schneider MDR **85**, 288 vornehmlich zu § 528). Warum aber die Mitteilung des Wortlauts des II, auch formularmäßig, schlechthin unzureichend sein soll, bleibt unerfindlich, aM BGH NJW **91**, 2774 (dem Bekl sei klarzumachen, daß ihm bei einer Fristversäumung grundsätzlich jede Verteidigung abgeschnitten sei und daß er dann Gefahr laufe, den Prozeß vollständig zu verlieren. Aber so schlecht ist der knappere Gesetzeswortlaut nun auch nicht).

**C. Anwaltszwang.** Im Anwaltsprozeß, § 78 Rn 1, erfolgt außerdem eine Belehrung, daß die Anzeige **16** nach I 1 nur durch einen beim Gericht zugelassenen Anwalt wirksam abgegeben werden könne, § 271 II; dabei ist § 78 II zu beachten. Im Parteiprozeß erfolgt kein Hinweis auf einen Anwaltszwang, §§ 495, 78.

**D. Weitere Belehrung.** Unabhängig von II sind etwaige weitere notwendige Belehrungen zu beachten, **17** § 277 II. Im Verfahren vor dem AG ist der Hinweis auf die Folgen eines schriftlich abgegebenen Anerkenntnisses erforderlich, § 499. Eine Belehrung über die Folgen einer Versäumung der Klagerwiderungsfrist ist nicht nach II (sondern nach § 277 II Hs 2) erforderlich. Denn II verweist nur auf I 1, nicht auf I 2. Eine etwa unrichtige Belehrung kann zur Entschuldigung wegen Fristversäumung ausreichen.

**E. Mittellosigkeit des Beklagten.** Der mittellose Bekl kann die Notfrist des I 1 oft nicht einhalten, weil **18** ihm eine Prozeßkostenhilfe noch nicht bewilligt worden ist. Er muß trotzdem mit einer Versäumnisentscheidung rechnen; der Bekl muß evtl eine Wiedereinsetzung nach § 233 beantragen, die er freilich im allgemeinen in solchem Fall ohne weiteres erhalten wird. Deshalb ist es evtl ratsam, auch auf diese Folge hinzuweisen; es besteht jedoch keine diesbezügliche Belehrungspflicht.

**F. Verstoß.** Es gilt dasselbe wie bei Rn 7, 8.

**7) Stellungnahme des Klägers, III.** Sie kann hilfreich, aber auch verzögernd sein. **19**

**A. Grundsatz: Ermessen des Vorsitzenden.** Zur sog Replik kann, nicht muß, der Vorsitzende, auch derjenige der Kammer für Handelssachen, § 349 I, oder der Einzelrichter, § 348, und nicht, wie bei § 275 IV, dort Rn 14, das gesamte Gericht, dem Kläger eine Frist setzen. Ob eine solche Frist zu setzen ist, ist nach pflichtgemäßem Ermessen unter Berücksichtigung von §§ 272 I, 273 zu entscheiden; das verkennt BVerfG NJW **89**, 3212. Die Klagerwiderung muß bereits eingegangen sein, BGH **76**, 238. Es ergeht eine Verfügung oder ein Beschluß, der dem Kläger gemäß § 329 II 2 zuzustellen, BGH **76**, 238, dem Bekl (nicht notwendig) formlos mitzuteilen ist. Der Vorsitzende kann auch die Frist zur Replik mit einer prozeßleitenden Anordnung, zB nach §§ 273, 358 a, verbinden, sollte dann aber ähnlich scharf abgrenzen wie bei der Frist nach I 2, Rn 10.

Die Frist beträgt *mindestens zwei Wochen*, § 277 III, IV. Sie ist wirkungslos, wenn die Klagerwiderung nicht spätestens zugleich mit der Fristsetzung zugestellt wird, BGH NJW **80**, 1167. Eine schriftliche Stellungnahme kann nur im Anwaltsprozeß, § 78 Rn 1, verlangt werden, sonst kann die Stellungnahme auch zum Protokoll des Urkundsbeamten der Geschäftsstelle jedes AG abgegeben werden, §§ 496, 129 a, vgl auch Rn 4. Wegen des Mahnverfahrens vgl § 697 Rn 17. Es besteht jetzt eine Belehrungspflicht, vgl § 277 Rn 9.

**B. Verstoß.** Es gilt dasselbe wie bei Rn 7, 8. Ein Fristversäumnis ist nach § 296 I schädlich, auch bei **20** einer nicht anwaltlich vertretenen Partei, BGH **88**, 184.

**8) VwGO:** Es gilt § 87 b VwGO, vgl Kopp NJW **91**, 524, Stelkens NVwZ **91**, 213, Pagenkopf DVBl **91**, **21** 289.

## 277 Klageerwiderung. Stellungnahme zu ihr.

I ¹In der Klageerwiderung hat der Beklagte seine Verteidigungsmittel vorzubringen, soweit es nach der Prozeßlage einer sorgfältigen und auf Förderung des Verfahrens bedachten Prozeßführung entspricht. ²Die Klageerwiderung soll ferner eine Äußerung dazu enthalten, ob einer Übertragung der Sache auf den Einzelrichter Gründe entgegenstehen.

II Der Beklagte ist darüber, daß die Klageerwiderung durch den zu bestellenden Rechtsanwalt bei Gericht einzureichen ist, und über die Folgen einer Fristversäumung zu belehren.

III Die Frist zur schriftlichen Klageerwiderung nach § 275 Abs. 1 Satz 1, Abs. 3 beträgt mindestens zwei Wochen.

IV Für die schriftliche Stellungnahme auf die Klageerwiderung gelten Absatz 1 Satz 1 und Absätze 2 und 3 entsprechend.

**Schrifttum:** *Garbe*, Antrags- und Klagerwiderungen in Ehe- und Familiensachen, 1997; *Maniotis*, Einige Gedanken zur Beteiligung des Richters an der Bemessung der Fristen für Klagerwiderung und Replik, Gedächtnisschrift für *Arens* (1993) 289.

### Gliederung

| | |
|---|---|
| 1) Systematik, I–IV ............................. 1, 2 | 5) Belehrung, II ............................. 6, 7 |
| 2) Regelungszweck, I–IV ..................... 3 |    A. Grundsatz: Pflicht des Vorsitzenden ... 6 |
| 3) Geltungsbereich, I–IV ..................... 4 |    B. Verstoß ........................................ 7 |
| 4) Inhalt der Klagewiderung, I ............. 5 | 6) Erwiderungsfrist, III ........................ 8 |

§ 277　　　　　　　　　　　　　　　　　2. Buch. 1. Abschnitt. Verfahren vor den LGen

| 7) Stellungnahme (Replik), IV | 9, 10 | 8) VwGO | 11 |
| A. Ermessen des Gerichts | 9 | | |
| B. Verstoß | 10 | | |

**1** **1) Systematik, I–IV.** Das Gericht kann den Bekl zwar weder im Anwaltsprozeß, § 78 Rn 1, noch sonst, weder bei einem frühen ersten Termin noch bei einem schriftlichen Vorverfahren zwingen, sich zu melden oder gar Anträge zu stellen oder auch nur an einer Erörterung teilzunehmen; eine Anordnung des persönlichen Erscheinens führt nur zu den Folgen der §§ 141 III, 613 II. Das Gericht kann aber sowohl gemäß § 273 II Z 1 eine Ergänzung, Erläuterung, Erklärung über bestimmte Einzelpunkte fordern als auch stattdessen oder außerdem eine Frist setzen, binnen der eine etwaige Klagerwiderung beim Gericht ordnungsgemäß einzureichen ist. Bei Fristversäumnis muß das Gericht den Vortrag grundsätzlich und § 296 zurückweisen. Die Klagerwiderung ist also keine Rechtspflicht, sondern eine Obliegenheit, deren Verletzung erhebliche Rechtsnachteile bedeuten kann. Den notwendigen Inhalt einer ordnungsgemäßen Klagerwiderung bestimmt I 1. Die Form richtet sich im Anwaltsprozeß nach II, §§ 129 ff, sonst gilt § 496, die jeweilige Frist richtet sich vor einem frühen ersten Termin weise in oder nach ihm nach III in Verbindung mit § 275 I 1, III, im schriftlichen Vorverfahren nach § 276 I 2, 3.

**2** Darüber hinaus kann, nicht muß, das Gericht den Kläger zu einer *Stellungnahme* auf eine etwaige Klagerwiderung, zur sog Replik, auffordern, nicht zwingen. Ihr notwendiger Inhalt ergibt sich aus IV in Verbindung mit I 1, die Form im AnwProz aus §§ 129 ff, sonst aus § 496, die jeweilige Frist aus IV; auch sie ist eine Obliegenheit, deren Verletzung zur Zurückweisung gemäß § 296 führen kann. Es darf also auch beim Amtsrichter keineswegs mehr stets bis zum ersten Verhandlungstermin mit dem Vortrag oder doch der Stellungnahme zum gegnerischen Vorbringen gewartet werden. Unabhängig von einer Frist können beide Parteien zur Mitteilung gem § 282 II verpflichtet sein.

**3** **2) Regelungszweck, I–IV.** Die Prozeßförderungspflicht der Parteien, Grdz 12 vor § 128, § 282 Rn 7, das Gegenstück zur Förderungspflicht des Gerichts vor einer Zurückweisung verspäteten Vorbringens, § 296 Rn 16, zwingt den Bekl, alsbald nach Erhalt der Klagschrift wegen des nun einmal entstandenen Prozeßrechtsverhältnisses auch im eigenen Interesse zu prüfen, ob und wie er sich verteidigen will.

**4** **3) Geltungsbereich, I–IV.** Die Vorschrift gilt in allen Verfahrensarten der ZPO; Abweichungen sind bei §§ 611 II, 640 vorhanden und bei § 495 a möglich. Sie ist beim Arbeitsgericht unanwendbar, § 46 II 2 ArbGG.

**5** **4) Inhalt der Klagerwiderung, I.** In der Klagerwiderung ist nach I 1 alles mitzuteilen, was zur Zeit notwendig ist, damit der Kläger sich auf die Verteidigung des Bekl einrichten und notfalls noch einmal umfassend antworten kann und damit das Gericht den Verhandlungstermin ebenfalls umfassend vorbereiten kann, BVerfG **54**, 126, BGH **91**, 303. Hierher gehört zB grundsätzlich auch die Aufrechnung, BGH **91**, 303, ThP 6, aM Knöringer NJW **77**, 2336. Vgl § 282 Rn 7 ff. Der Bekl darf auch nicht etwa verlangen, das Gericht solle ihm weitere etwa dort für notwendig gehaltene Auflagen machen. Denn damit könnte er seine Obliegenheiten und seine Prozeßförderungspflicht, Grdz 12 vor § 128, glatt weitgehend unterlaufen; das unterschätzen ThP 7, 8. Eine rechtzeitige, aber inhaltlich mangelhafte Erwiderung kann ebenfalls eine Zurückweisung wegen Verspätung auslösen, § 296. Dies gilt auch für die Replik, IV.

Die Verteidigungs*anzeige* ist nur dann beachtlich, wenn sie einen Verteidigungs*willen* ohne prozessual unzulässige Bedingungen ergibt. Eine Anzeige einer „Verteidigungsabsicht für den Fall, daß eingeleitete Vergleichsverhandlungen scheitern" würde die gesetzliche Frist unterlaufen; in einem solchen Fall liegt keine wirksame Verteidigungsanzeige vor, und das Gericht darf und muß evtl gemäß § 331 III entscheiden und braucht jedenfalls dann keine Berichtigung der Anzeige anzuregen, wenn sie von einer anwaltlich vertretenen Partei eingereicht worden ist. Eine Äußerung zur Frage, ob einer Übertragung der Sache auf den Einzelrichter Gründe entgegenstehen, ist nach *I 2* nicht vorgeschrieben, sondern „soll" nur erfolgen. Eine Unterlassung dieser Obliegenheit kann Folgen nach §§ 95, 296 I haben.

**6** **5) Belehrung, II.** Sie erfordert Sorgfalt.

**A. Grundsatz: Pflicht des Vorsitzenden.** Vgl zunächst Rn 1–3. Die Belehrung erfolgt durch den Vorsitzenden, und zwar auch nach einer Anwaltsbestellung, BGH NJW **86**, 133. Beim AG erfolgt eine Belehrung über einen Anwaltszwang nur in den Fällen § 78 I 2 Z 1–3. Die Belehrung muß sich auch auf die Folgen einer Versäumung der Klagerwiderungsfrist erstrecken. Sie muß diese ganz klarstellen, BGH **86**, 225 (krit Schneider MDR **85**, 288 vornehmlich zu § 528). Gegenüber einem Anwalt genügt aber ein Hinweis auf das Gesetz, BGH NJW **91**, 493.

**7** **B. Verstoß.** Bei einem Verstoß gegen eine vorgeschriebene Belehrung ist evtl *keine Zurückweisung* nach § 296 zulässig, BVerfG NJW **82**, 1454, BGH **88**, 184, Düss NJW **78**, 2204. Im übrigen ist evtl § 283 anwendbar.

**8** **6) Erwiderungsfrist, III.** Die vom Gesetz erwähnte, nur für das Verfahren mit einem frühen ersten Termin geltende Frist von 2 Wochen seit der Verkündung oder Zustellung der Fristverfügung (im schriftlichen Vorverfahren gilt eine entsprechende Fristregelung, § 276 I 2), ist nur die gesetzliche Mindestfrist. Sie gilt im Verfahren mit einem frühen ersten Termin sowohl bei der Bestimmung vor ihm wie auch bei derjenigen in ihm. Eine Abkürzung nach § 224 ff unter sie unzulässig und unwirksam. Zur Fristbemessung im übrigen Kanzleibetrieb des Anwalts berücksichtigen, aber keine Verzögerungs- oder Störversuche durchgehen lassen, Mü MDR **80**, 148. Ein nachgeschobenes Mieterhöhungsverlangen rechtfertigt keine längere Frist, LG Hbg WoM **85**, 322. Zum Rechtsbehelf und zu den weiteren Einzelheiten der Frist §§ 221 ff. Wegen einer übermäßig langen Frist § 276 Rn 10.

**9** **7) Stellungnahme (Replik), IV.** Sie kann hilfreich, aber verzögernd sein.

**A. Ermessen des Gerichts.** Vgl zunächst Rn 1. *Falls* das Gericht eine Frist zur Stellungnahme setzt, besteht jetzt ebenfalls eine Belehrungspflicht, da IV nunmehr auch auf II verweist. Daher sind die zum alten Recht entstandenen Streitfragen überholt. Wegen einer übermäßig langen Frist § 276 Rn 10.

## 1. Titel. Verfahren bis zum Urteil     §§ 277, 278

**B. Verstoß.** Vgl bei §§ 275, 276. Bei IV kann ein Fristverstoß nach § 296 I zur Zurückweisung des **10** Vortrags auch einer nicht anwaltlich vertretenen Partei führen, BGH **88**, 184. Es kann aber in Wahrheit § 283 anwendbar sein, BVerfG **75**, 310. Allerdings kann bei einem unterlassenen oder mangelhaften Hinweis auf Folgen der Fristversäumnis eine Verspätung gem § 296 I entschuldigt sein, BVerfG NJW **82**, 1454, BGH **86**, 225, Bischof NJW **77**, 1899.

8) *VwGO*: Es gilt § 87b VwGO, dazu Kopp NJW **91**, 524, Stelkens NVwZ **91**, 213, Pagenkopf DVBl **91**, **11** 289; dazu, ob I 2 im Hinblick auf § 6 VwGO u § 76 AsylVfG, Üb § 348 Rn 5, entspr angewendet werden könnte, vgl § 348 Rn 21.

## 278 Haupttermin. Rechtliche Erörterung.
¹ ¹Im Haupttermin führt das Gericht in den Sach- und Streitstand ein. ²Die erschienenen Parteien sollen hierzu persönlich gehört werden.

II 1 Der streitigen Verhandlung soll die Beweisaufnahme unmittelbar folgen. ²Im Anschluß an die Beweisaufnahme ist der Sach- und Streitstand erneut mit den Parteien zu erörtern.

III Auf einen rechtlichen Gesichtspunkt, den eine Partei erkennbar übersehen oder für unerheblich gehalten hat, darf das Gericht, soweit nicht nur eine Nebenforderung betroffen ist, seine Entscheidung nur stützen, wenn es Gelegenheit zur Äußerung dazu gegeben hat.

IV Ein erforderlicher neuer Termin ist möglichst kurzfristig anzuberaumen.

**Schrifttum:** *Bottke,* Materielle und formelle Verfahrensgerechtigkeit im demokratischen Rechtsstaat, 1991; *Brehm,* Die Bindung des Richters an den Parteivortrag und Grenzen freier Verhandlungswürdigung, 1982; *Hahn,* Anwaltliche Rechtsausführungen im Zivilprozeß usw, 1998; *Helbig,* Das Verbot von Überraschungsentscheidungen nach § 278 III ZPO, 1979; *Hensen,* Das Rechtsgespräch im Zivilprozeß, Festgabe für *Reimers* (1979) 167; *Laumen,* Das Rechtsgespräch im Zivilprozeß, 1984; *Nowak,* Richterliche Aufklärungspflicht und Befangenheit, 1991; *Peters,* Richterliche Hinweispflichten und Beweisinitiativen im Zivilprozeß, 1983; *Scheuerle,* Vierzehn Tugenden für Vorsitzende Richter, 1983; *Stürner,* Die richterliche Aufklärungspflicht im Zivilprozeß, 1982; *Waldner,* Der Anspruch auf rechtliches Gehör, 1989.

S auch bei § 139.

### Gliederung

| | | | |
|---|---|---|---|
| 1) Systematik, I–IV | 1 | A. Grundsatz: Unmittelbare zeitliche Folge | 9 |
| 2) Regelungszweck, I–IV | 2 | B. Verstoß | 10 |
| 3) Geltungsbereich, I–IV | 3 | 8) Rechtliche Erörterung, III | 11–22 |
| 4) Haupttermin, I | 4, 5 | A. Grundsatz: Keine Überrumpelung | 11 |
| A. Grundsatz: Sachliche, ruhige Gestaltung | 4 | B. Abgrenzung zu § 139 | 12 |
| B. Verhandlungsablauf | 5 | C. Rechtlicher Gesichtspunkt | 13 |
| 5) Einführung in den Sach- und Streitstand, I 1 | 6 | D. Erkennbar übersehen usw | 14–16 |
| 6) Anhörung der Parteien, I 2 | 7, 8 | E. Entscheidungserheblichkeit | 17 |
| A. Grundsatz: Sollvorschrift | 7 | F. Hauptforderung | 18 |
| B. Verstoß | 8 | G. Gelegenheit zur Äußerung | 19, 20 |
| 7) Beweisaufnahme, II | 9, 10 | H. Umfang der Hinweispflicht | 21 |
| | | I. Verstoß | 22 |
| | | 9) Weiterer Termin, IV | 23 |
| | | 10) VwGO | 24 |

**1) Systematik, I–IV.** Die Vorschrift regelt den nach schriftlichem Vorverfahren, §§ 276, 277, anzuberaumenden Haupttermin, 272 I. Sie wird durch §§ 136 ff ergänzt, ferner durch §§ 169 ff GVG. **1**

**2) Regelungszweck, I–IV.** Ziel ist entsprechend dem Gebot des § 272 I die Herbeiführung der **2** Entscheidungsreife, § 300 I, aber nicht auf fixem Weg, sondern unter Einhaltung aller rechtsstaatlich gebotener Anforderungen. Die Vorschrift dient also zugleich der Prozeßförderung, Grdz 12 vor § 128, der Prozeßwirtschaftlichkeit, Grdz 14 vor § 128, der Gerechtigkeit, Einl III 9, und in diesem Rahmen dem rechtlichen Gehör, Art 103 I GG, BGH RR **97**, 441. Diese in der Praxis manchmal schwer zu verbindenden Ziele sind bei der Auslegung abzuwägen.

**3) Geltungsbereich, I–IV.** Die Vorschrift gilt in allen Verfahrensarten nach der ZPO, auch im arbeits- **3** gerichtlichen Verfahren, §§ 46 II 1, 54 ArbGG. Im Beschwerdeverfahren nach dem ZVG ist III unanwendbar, Köln Rpfleger **92**, 491. Im FGG-Verfahren ist II 2 unanwendbar, BayObLG **90**, 179. III gilt im FGG-Verfahren entsprechend, Köln OLGZ **92**, 396.

**4) Haupttermin, I.** Er hat zentrale Bedeutung. **4**

**A. Grundsatz: Sachliche, ruhige Gestaltung.** Zum Begriff § 272 Rn 2, vgl ferner zunächst dort Rn 1. § 278 gilt auch für den frühen ersten Termin, soweit er zu einer Entscheidungsreife führt, Bischof NJW **77**, 1902, Grunsky JZ **77**, 202, Schneider MDR **77**, 886. Das Gesetz verpflichtet das Gericht und alle Beteiligten, den Haupttermin als Zentrum des Prozesses in einem für alle Verfahrensbeteiligten und Interessierten klar verständlichen Ablauf und weder hektisch noch sonst irgendwie strapaziös, sondern ruhig und sachlich zu gestalten. Zur Sitzungsgewalt § 176 GVG, zur Öffentlichkeit §§ 169 ff GVG, zur Prozeßleitung § 136.

5   **B. Verhandlungsablauf.** Zunächst erfolgt der Aufruf. Daran schließt sich die Eröffnung der Verhandlung an, § 136 I. Die weitere Reihenfolge ergibt sich von Fall zu Fall nach der Sachdienlichkeit, über die der Vorsitzende nach pflichtgemäßem Ermessen unter Berücksichtigung des Üblichen nach §§ 137 ff, befindet. Henkel ZZP **110**, 91 unterscheidet aus psychologischer Sicht sogar 7 Phasen.

Nach dem *Aufruf* folgt im allgemeinen die Feststellung, wer anwesend ist. Sodann wird die Sitzordnung geklärt. Dann wird geklärt, ob öffentlich oder nichtöffentlich zu verhandeln ist. Es folgt durch den Vorsitzenden oder den Berichterstatter die Einführung in den Sach- und Streitstand, I 1, soweit sie zur Zulässigkeit der Klage gehört; sodann erfolgen etwa notwendige Hinweise zB gem § 504 und die Aufnahme etwaiger Zulässigkeitsrügen, über die evtl zu entscheiden ist. Danach folgt die Einführung in den Sach- und Streitstand, I 1, soweit diese zur Frage der Klagbegründetheit gehört. Daran schließt sich die Anhörung der Parteien hierzu an. Bereits jetzt ist ein ja grundsätzlich in jeder Verfahrenslage gebotener Versuch der Einigung nach § 279 zulässig. Es folgt eine etwaige Erörterung vor einer Antragstellung. Nun beginnt die eigentliche streitige Verhandlung durch die Antragstellung, § 137 I, Baur ZZP **91**, 329, Bischof NJW **77**, 1900, RoSGo § 106 III 4, aM Grunsky JZ **77**, 203, Putzo AnwBl **77**, 433 (die Antragstellung sei grundsätzlich schon vor der Einführung in den Sach- und Streitstand notwendig). Hierauf folgt die Parteianhörung, § 137 IV. Daran schließt sich die streitige Verhandlung in Rede und Gegenrede an, § 137 II.

Nun ergeht der etwa notwendige besondere *Beweisbeschluß* usw, oder es wird eine Vertagung angeordnet, IV; sonst folgt unmittelbar die Beweisaufnahme, II 1. Erst jetzt müssen Zeugen bis zu ihrer Vernehmung den Raum verlassen; der Vorsitzende sollte sie freilich schon vor der Einführung in den Sach- und Streitstand darum bitten, ohne sie dazu nötigen zu dürfen. Nach der Beweisaufnahme folgt die nach §§ 285, 370 I vorgesehene sofortige Verhandlung über die Beweisergebnisse und eine erneute Erörterung des Sach- und Streitstands mit den Parteien, II 2. Daran schließen sich abschließende Entscheidungen an, wenn möglich wird zugleich die Verhandlung geschlossen, § 136 IV. Es folgt die Beratung und die Verkündung der Entscheidung.

6   **5) Einführung in den Sach- und Streitstand, I 1.** Es handelt sich um eine von einem verständigen Gericht seit jeher vorgenommene Maßnahme zur besseren Verständlichkeit, Beschleunigung und Herausarbeitung des tatsächlich oder rechtlich Erörterungsbedürftigen und zur Verbesserung des Prozeßklimas, vgl Schneider DRiZ **80**, 221, Weber DRiZ **78**, 168; das bedenkt Bettermann ZZP **91**, 372 (I 1 sei „Unfug") nicht mit. Die Einführung erfolgt durch den Vorsitzenden oder ein von ihm zu bestimmendes Mitglied des Kollegiums, in der Regel den Berichterstatter. Ein schriftliches Votum ist nicht notwendig, oft jedoch ratsam. Keineswegs kann die Partei oder gar ihr ProzBev zunächst einen umfassenden Bericht fordern oder gar die Einlassung vorher verweigern. Letzteres wäre evtl Säumnis. I 1 will den Parteien und ihren ProzBev keineswegs das Denken und die insbesondere gem §§ 277, 282 gebotene gründliche Vorbereitung auf den Haupttermin abnehmen. In einer *einfachen,* offenbar für alle Prozeßbeteiligten übersehbaren Sache ist überhaupt keine Einführung notwendig. Gerade der Haupttermin soll konzentriert und zügig ablaufen.

Der *Umfang* der Einführung von sämtlichen zur Verständlichkeit des Sach- und Streitstands maßgeblichen Gesichtspunkten abhängig, zB von der Schwierigkeit der Rechtslage, von dem Aktenumfang, davon, ob Maßnahmen gemäß §§ 273, 358 stattgefunden haben, ob seit dem schriftlichen Vorverfahren neue Erwägungen bei einem Beteiligten aufgetreten sind usw. Die Einführung erfolgt möglichst konzentriert und knapp. Auf Zuhörer braucht in der Regel keine Rücksicht genommen zu werden; etwas anderes mag gelten, wenn zB eine Schulklasse zuhört, denn § 278 will auch zur Übersichtlichkeit der Rechtspflege beitragen. Ein Verstoß ist nur in Verbindung mit III prozessual erheblich.

7   **6) Anhörung der Parteien, I 2.** Sie kann sehr nützlich sein, aber auch zu Spannung führen.

**A. Grundsatz: Sollvorschrift.** Sie erfolgt schon nach der Einführung in den Sach- und Streitstand, aber nur, wenn die Partei von sich aus oder auf Anforderung des persönlichen Erscheinens erschienen ist, so daß also keineswegs vertagt wird, weil sie ohne Erscheinenszwang ausgeblieben ist; das wäre eine Umgehung der Säumnisfolgen. Oft ist es freilich ratsam, die Anhörung noch nicht in diesem Stadium durchzuführen, weil die vermutlichen Ausführungen der Partei den weiteren Gang erschweren könnten. Deshalb handelt es sich nur um eine Sollvorschrift. Zeugen müssen nicht, sollten aber vor dem Saal warten, es sei denn, ihr Zuhören dient einer zügigeren Durchführung der Beweisaufnahme.

8   **B. Verstoß.** Ein Verstoß ist prozessual belanglos, soweit Art 103 I GG durch die Anhörung am Verhandlungsschluß erfüllt wird, BVerfG RR **93**, 765, BGH RR **97**, 441. Bei einer Verbandsklage gem § 13 AGBG ist außerdem die Aufsichtsbehörde anzuhören, § 16 AGBG.

9   **7) Beweisaufnahme, II.** Ihre zügige Vornahme ist segensreich.

**A. Grundsatz: Unmittelbare zeitliche Folge.** Sie gehört grundsätzlich vor das ProzGer, § 355. Sie soll, nicht muß, aM Schneider NJW **77**, 302 (vgl aber IV) der streitigen Verhandlung unmittelbar folgen, und zwar auch im frühen ersten Termin, soweit sie dann schon durchführbar wird. Damit läßt sich der Prozeß konzentrieren und beschleunigen. Daher besteht eine Pflicht des Gerichts, den Haupttermin demgemäß nach §§ 139, 144, 273, 358 a vorzubereiten, und seine Pflicht der Parteien, dem Gericht diese Vorbereitung zu ermöglichen. Eine erneute Erörterung des Sach- und Streitstands nach dem Abschluß der Beweisaufnahme ist wegen der Notwendigkeit des rechtlichen Gehörs erforderlich, II 2, § 285 I. Hier ist ein (evtl nochmaliger) Güteversuch nach § 279 ratsam. Es ist ratsam, in das Protokoll aufzunehmen, daß eine Gelegenheit zur Äußerung bestand, § 160 II, IV. Grundsätzlich erfolgt keine Vertagung zum Zweck, einer Partei eine schriftliche Würdigung der Beweisaufnahme zu ermöglichen, Franzki DRiZ **77**, 163.

10  **B. Verstoß.** Ein Verstoß gegen II 1 ist nur im Rahmen von §§ 282, 296 zu ahnden; evtl ist § 283 zu beachten. Gerät der Zeitplan durcheinander, so ist zu unterscheiden: Hat das Gericht dies zu verantworten, zB wegen einer mangelhaften Berechnung der Verhandlungsdauer, so haben die Parteien Anspruch auf eine sofortige Beweisaufnahme, soweit diese an sich durchführbar wäre; das Gericht muß dann, evtl bei den folgenden Sachen gemäß § 227 verfahren. Haben die Parteien die Verspätungen usw zu verantworten, etwa wegen mitgebrachter, unvorhersehbarer Zeugen oder wegen einer mangelhaften Vorbereitung, so muß das

1. Titel. Verfahren bis zum Urteil § 278

Gericht evtl diesen Termin vertagen, IV, BGH **86**, 201, damit das nicht bei den nachfolgenden Sachen nötig wird. Freilich ist auch § 296 zu beachten. Ein Verstoß gegen II 2 kann ein Verfahrensmangel sein und daher zur Zurückverweisung führen, BGH NJW **90**, 122. Gegen die Entscheidung besteht jeweils der Rechtsbehelf wie bei § 227.

**8) Rechtliche Erörterung, III.** Sie zeigt das Niveau des Gerichts. **11**

**A. Grundsatz: Keine Überrumpelung.** Jede rechtliche Überrumpelung ist verboten, BGH NVersZ **99**, 216. Diese Erkenntnis ist eine Ausgestaltung des Grundsatzes der Notwendigkeit des rechtlichen Gehörs, Art 103 I GG, Einl III 16, Grdz 41 vor § 128, BGH NJW **89**, 2757, Hamm RR **99**, 369, Oldb MDR **99**, 89. III geht allerdings teilweise über jenen Grundsatz hinaus, BVerfG NJW **94**, 849. Daher ist nicht jeder Verstoß gegen III zugleich ein Verstoß gegen Art 103 I GG, BGH **85**, 291, BVerwG NJW **84**, 625, BayObLG FamRZ **83**, 1261, aM BVerfG VersR **91**, 1268 (es übersieht aber, daß § 296 verschiedenartige Tatbestände enthält und daß eine Beweiswürdigung gar keine „rechtliche" Erörterung erfordert, und überzieht die Anforderungen an das Gericht).

III enthält einen ausdrücklichen Befehl. Niemand soll aus dem Urteil mit Staunen erfahren müssen, daß das Gericht *völlig andere* rechtliche Erwägungen als diejenigen für entscheidungserheblich hielt, die in der mündlichen Verhandlung zur Sprache kamen oder auf Grund der vorbereitenden Schriftsätze usw scheinbar allseitig zugrundegelegt waren, BVerfG NJW **96**, 3202 (Änderung der Rechtsauffassung nach der Verhandlung). Das gilt auch in der Berufungsinstanz, BGH NJW **94**, 1880. Über das alles sollte überhaupt kein Streit bestehen. Sogar ein „breit dahinfließendes Sach- und Rechtsgespräch" kann segensreich sein, Zeidler DRiZ **83**, 255.

Die Erörterung nach III gibt grundsätzlich natürlich *keinen Ablehnungsgrund*, § 42 Rn 45, BVerfG **42**, 91. Ihre kurze Protokollierung ist ratsam, evtl notwendig, § 160 Rn 6. Freilich darf III weder zu einer Gedankenfaulheit der Parteien oder ihrer ProzBev noch dazu führen, das Gericht zu einer Offenbarung zu zwingen, die dann zum Vorwand allzu durchsichtiger Ablehnungsversuche benutzt werden könnte. Auch braucht sich das Gericht keineswegs wegen III schon vor der Beratung irgendwie rechtlich festzulegen oder wegen jeder Nuance der rechtlichen Beurteilung zu vertagen, RoSGo § 78 III 1 d (zustm Franzki NJW **81**, 1598), aM Hamm RR **95**, 957, oder erneut in die mündliche Verhandlung einzutreten, Bischof NJW **77**, 1901, Hinz NJW **76**, 1187; gerade dies wäre mit dem Ziel, den Verfahrensgang zu beschleunigen, Schneider MDR **77**, 881, sowie mit § 282 unvereinbar, Düss MDR **82**, 855. Das scheint Stgt VersR **88**, 1300 (L) zu übersehen: Nicht jede Auslegungsmöglichkeit muß erörtert werden.

**B. Abgrenzung zu § 139.** III ist einerseits enger, andererseits weiter gefaßt. Während § 139 sehr **12** wesentlich eine Aufklärungspflicht zum Sachverhalt begründet, verpflichtet III nur zu rechtlichen Hinweisen und keineswegs schon auf Grund von Art 103 I GG stets zu einer allgemeinen, umfassenden Erörterung, BVerfG **42**, 79, 85, BGH **85**, 291. Während andererseits § 139 zur rechtlichen Seite nur zur Überwachung der Anträge zwingt, fordert III eine Erörterung sämtlicher wesentlichen rechtlichen Gesichtspunkte, Becker AcP **188**, 57 FN 83, Bischof NJW **77**, 1901. Daher kann der Anwendungsbereich beider Vorschriften sich im Einzelfall decken, BGH **85**, 292, aber auch auseinanderfallen. Folglich ist nur von Fall zu Fall zu klären, ob § 139 und/oder § 278 III anwendbar sind. Die Rspr zu § 139 ist aber weitgehend bei III mitverwertbar, Schneider MDR **77**, 969. Im übrigen verpflichtet § 139 nur den Vorsitzenden, III jedoch alle Mitglieder des Kollegiums, was freilich strenggenommen bedeutet, daß über die Notwendigkeit eines Hinweises gemäß III zuvor beraten und abgestimmt werden müßte; in der Praxis trägt der Vorsitzende auch bei III die (Haupt-)Verantwortung.

Das Gericht sollte ein Rechtsgespräch eher *führen* als unterlassen. Es ehrt das Gericht, den Parteien seine vorläufige Beurteilung offen darzulegen und um etwa zur besseren Beurteilung brauchbare Gesichtspunkte zu bitten. Dergleichen selbstkritische Offenheit erweist sich in der Praxis täglich als ungemein anregend und förderlich und führt oft genug zu überraschenden Wendungen, die sich übrigens auch prozeßwirtschaftlich günstig auswirken können. Eine Erörterung ist auch und gerade dann oft ratsam und evtl notwendig, wenn eine Partei anwaltlich vertreten ist und wenn der ProzBev wahrscheinlich oder gar ersichtlich die Rechtslage falsch beurteilt, Hamm RR **94**, 475. Daher kann eine Partei auf eine offene, zur Selbstkritik bereite, erkennbar vorläufige Beurteilung keineswegs einen Ablehnungsantrag stützen, § 42 Rn 44, 45 „Rechtsansicht".

**C. Rechtlicher Gesichtspunkt.** Eine Hinweispflicht besteht, wenn es sich um einen rechtlichen, nicht **13** um einen tatsächlichen Gesichtspunkt handelt. Diese Eingrenzung schließt eine Erörterungspflicht bei denjenigen Punkten aus, die rechtlich nicht zumindest mit entscheidungserheblich sind. Unter „Gesichtspunkt" ist nicht eine in Betracht kommende gesetzliche oder vertragliche Vorschrift zu verstehen, sondern auch zB eine Vertragsklausel, Düss MDR **82**, 855, ein Organisationsmangel, BGH BB **87**, 156, überhaupt jedes rechtliche Argument, jede in Rspr und/oder Lehre vertretene Ansicht, erst recht jeder gefestigte Begriff, ferner sind darunter Observanzen, Gewohnheitsrecht zu verstehen, krit Bischof NJW **77**, 1901; vgl aber auch Rn 21.

Die Abgrenzung zum *tatsächlichen* Gesichtspunkt ist unter Umständen fließend. Beispiel: Ob jemand eine Überholspur benutzt hat, ist eine tatsächliche Frage, wenn es um den Fahrverlauf in Metern geht, jedoch eine Rechtsfrage, wenn es darum geht, ob der so ermittelte oder unstreitige Fahrverlauf als Benutzung einer Überholspur zu werten ist. Zu klären ist evtl auch, ob ein Beweisantrag gestellt wurde und ob aufrechterhalten blieb, Schneider VersR **77**, 164. Bei Abgrenzungszweifeln besteht eine Hinweispflicht, Schneider MDR **77**, 883. Sie kann auch zB zur Art der Schadensberechnung bestehen, Nürnb MDR **85**, 240.

**D. Erkennbar übersehen usw.** Eine Hinweispflicht besteht, wenn eine Partei oder deren gesetzlicher **14** Vertreter oder ProzBev, BGH NJW **90**, 1102, auch Streithelfer, den verfahrens- oder sachlichrechtlichen Gesichtspunkt, Franzki DRiZ **77**, 164, bisher entweder erkennbar übersehen hat, BGH MDR **90**, 1102, LG Krefeld Rpfleger **88**, 34, oder erkennbar (dieses Wort gehört auch zur 2. Alternative, ebenso Bischof NJW

## § 278      2. Buch. 1. Abschnitt. Verfahren vor den LGen

77, 1901, sonst müßte das Gericht Gedanken lesen) für unerheblich gehalten hat, Düss RR 92, 1268, Hbg NJW 84, 2710, LG Krefeld Rpfleger 88, 34, sei es auch schuldhaft, Schneider MDR 77, 882.

Die Erkennbarkeit ist ein Rechtsbegriff, der nachprüfbar ist. Maßgeblich ist eine *objektive Beurteilung,* also aus der Sicht eines den bisherigen Prozeßverlauf kennenden Rechtskundigen. Weder ist zur Erkennbarkeit die Ansicht der hinzuweisenden Partei noch diejenige des Gegners, sondern diejenige des Gerichts ohne Rücksicht auf deren wirkliche Richtigkeit maßgeblich, BGH RR 90, 341. Ob auch der Prozeßgegner objektiv erkennen konnte, ist unerheblich, Bischof NJW 77, 1901; er darf ja trotz seiner Wahrheits- und Prozeßförderungspflicht bei der rechtlichen Beurteilung schweigen, schon gar zu einem ihm evtl ungünstigen Argument.

**15**    *Übersehen* hat auch derjenige, der zwar evtl irgendwann einmal den rechtlichen Gesichtspunkt sogar selbst genannt hatte, aber jedenfalls jetzt erkennbar nicht (mehr) an ihn denkt oder ihn jetzt offenbar anders versteht. Für *unerheblich* gehalten hat auch derjenige, der ihn früher für erheblich hielt, inzwischen aber aus welchem Grund auch immer erkennbar seine Rechtsmeinung geändert hat oder zB neuerdings einer aM folgen will; aM Bischof NJW 77, 1901, (aber er übersieht, wie oft sich die rechtliche Beurteilung auch für eine sorgfältige Partei und einen sorgfältigen Richter ändern kann). Alles das gilt auch zB im Scheidungsverfahren, etwa wegen der Möglichkeit, Folgesachen in den Verbund einzubeziehen, Ffm FamRZ 85, 824. Eine rechtskundig vertretene Partei mag weniger übersehen; freilich sind auch hier Fehler denkbar, BGH Rpfleger 77, 359. Im Zweifel ist ein *Hinweis* erforderlich. Freilich muß das Gericht beim Anwalt das Grundwissen als vorhanden annehmen dürfen, BGH NJW 84, 310. Deshalb geht es auch zu weit, aus der bloßen Nichterwähnung im Übersehen auch nur in der Regel abzuleiten, BGH NJW 93, 2441, aM BGH NJW 93, 667.

**16**    *Beispiele:* Eine (weitere) nicht erwähnte Anspruchsgrundlage, ein gerichtskundiger oder offenkundiger, von keiner Partei vorgetragener Sachverhalt, BGH VersR 71, 1021; ein beabsichtigtes Abweichen von höchstrichterlicher Rechtsprechung, BAG BB 88, 488, oder vom vorinstanzlichen Urteil, BGH RR 94, 567, oder von Sachverständigen, BVerfG JZ 60, 124, BGH NJW 70, 419, oder vom bisher erlassenen Beweisbeschluß, Köln RR 87, 505; ausländisches Recht, BGH NJW 76, 476; Bedenken gegen die Schlüssigkeit, Mü OLGZ 79,355; eine Unklarheit darüber, ob die Partei einen früheren Beweisantritt noch aufrechterhält, BVerfG NJW 82, 1637; eine Verkennung der Beweislast, Anh § 286, BGH NJW 82, 582; eine Nichtbeachtung Allgemeiner Geschäftsbedingungen, Düss MDR 82, 855; ein Übersehen des von Amts wegen beachtlichen § 296. Zur Verjährung vgl § 42 Rn 38, 39. Wer nur Tatsachen vorträgt, zwingt nicht stets zu einer Maßnahme nach Rn 14–16, sondern evtl zu einem Hinweis gem § 139, Franzki DRiZ 77, 164.

**17**    **E. Entscheidungserheblichkeit.** Eine Hinweispflicht besteht, wenn das Gericht die nächste Entscheidung auf den fraglichen rechtlichen Gesichtspunkt (mit-) stützen will. Ausreichend ist ein Beweisbeschluß, eine Abgabe, eine Verweisung, die Anordnung des Ruhens des Verfahrens usw. Eine Hinweispflicht besteht also keineswegs nur vor einem Endurteil, aM Bischof NJW 77, 1901 (er will allerdings eine Verweisung ausreichen lassen). Eine Absicht der bloßen Mitverwertung genügt, also auch die Absicht, den rechtlichen Gesichtspunkt für eine Hilfsgründung (mit)zuverwerten, insofern aM Bischof NJW 77, 1901. Entscheidungserheblich kann sowohl die sachlichrechtliche Frage als auch eine prozessuale sein, Franzki DRiZ 77, 164, zB nach § 227 oder nach § 296.

*Nicht* entscheidungserheblich ist eine Frage, die nur im Rahmen einer Hilfsbegründung zu erörtern ist. Denn das Gericht geht bei ihr über den Mußinhalt seiner Entscheidung hinaus, aM Schneider MDR 77, 881, ThP 7. Etwas anderes gilt natürlich, soweit das Gericht eine weitere Hauptbegründung gibt. Offen bleibende Fragen sind nicht entscheidungserheblich.

**18**    **F. Hauptforderung.** Eine Hinweispflicht besteht, wenn es um mehr als um eine bloße Nebenforderung (etwa Zinsen, Kosten, Kblz MDR 88, 966, vorläufige Vollstreckbarkeit) geht. Auch ein geringfügiger Teil der Hauptforderung bleibt Hauptforderung, Franzki DRiZ 77, 164, aM Bauer NJW 78, 1239, Stürner, Die richterliche Aufklärungspflicht im Zivilprozeß (1982) 65 (wirtschaftliche Betrachtung).

**19**    **G. Gelegenheit zur Äußerung.** Sie ist erforderlich, sobald alle Voraussetzungen zu Rn 13–18 erfüllt sind, also unter Umständen schon vor dem Haupttermin in einer prozeßleitenden Maßnahme (Beschluß oder Verfügung), § 273 I, BVerfG RR 93, 765, Putzo AnwBl 77, 433, Schneider JB 78, 638. III gilt auch im schriftlichen Verfahren nach § 128 II, III. Die Äußerung kann schriftlich, mündlich oder telefonisch geschehen, Franzki DRiZ 77, 164. Die Partei muß sich, wenn zumutbar, sofort äußern, besonders wenn sie durch einen rechtskundigen ProzBev vertreten wird; III will nur eine hemmungslose Fixigkeit verhindern. Freilich darf keine Farce herauskommen; die Partei muß die Äußerung bedenken und ihre Tragweite absehen können und darf auch nicht für die etwaige Unfähigkeit oder Unerfahrenheit ihres ProzBev bestraft werden, BGH NJW 99, 1264, Mü RR 92, 62, Schneider MDR 77, 880 und 971; vgl BGH NJW 85 II. Das Gericht sollte verständige Rücksicht nehmen, Wagner AnwBl 77, 328. Es sollte schon zwecks Überprüfbarkeit durch das Rechtsmittelgericht seine Maßnahmen aktenkundig machen bzw protokollieren, § 160 II, zumindest kurz im Urteil darlegen, § 313 II.

**20**    Es ist nach den gesamten *Fallumständen* zu entscheiden, ob eine Nachfrist, § 283, zu setzen ist oder gar ein neuer Verhandlungstermin notwendig wird, IV, BGH NJW 81, 1378, Mü OLGZ 79, 355, Bischof MDR 93, 616, krit Stein MDR 94, 437, oder ob wenigstens eine Pause eingelegt werden muß, um der Partei zB das Nachschlagen in der Gerichtsbibliothek zu ermöglichen. Auch hier darf keineswegs auf einem Umweg doch wieder eine Überrumpelung der Partei, diesmal durch den Fahrplan des Gerichts, stattfinden, ebenso Bischof NJW 77, 1901. Oft ist freilich der Partei ohne weiteres eine sofortige Stellungnahme zuzumuten, wenn sie nicht rechtskundig ist, zumal wenn sie nur irgendwelche ergänzenden, ihr bei gehöriger Vorbereitung ohnehin geläufigen Tatsachen vorzutragen braucht, Hamm GRUR 89, 932. Das Recht zur Äußerung darf nicht zum Vorwand für Denkfaulheit oder Verzögerungstaktik mißbraucht werden, Einl III 54, Bischof MDR 93, 616, aM LG Mönchengl MDR 98, 1182 (zustm Nerlich). Daher gilt unter Umständen § 296.

**21**    **H. Umfang der Hinweispflicht.** Das Gericht braucht seine rechtlichen Erwägungen nur *knapp* zu umreißen. Zwar sollen die Parteien mitwägen können, BVerfG RR 93, 765; III darf aber nicht zur

1. Titel. Verfahren bis zum Urteil **§§ 278, 279**

öffentlichen Beratung des gesamten Problems zwingen. Keineswegs ist eine erschöpfende Darlegung des wissenschaftlichen Meinungsstands notwendig, Baur ZZP **91**, 330, auch nicht zur Festlegung der Meinung des Gerichts, strenger BVerfG NJW **99**, 1387. Es muß sogar zu erkennen geben, daß es gerade erst auf Grund der Äußerung zum abschließenden Urteil kommen will, sonst würde der Vorwurf der Befangenheit drohen, die freilich gerade hier nicht schon wegen jeder Offenlegung zu bejahen ist, Rn 12, Karlsr OLGZ **78**, 226, Franzki DRiZ **77**, 165.

Eine Unpünktlichkeit geht dem III vor; das Gericht ist *nicht* befugt, einen Parteivortrag erst zum Schaden des Gegners *schlüssig zu machen,* Schneider MDR **77**, 885 betr Verjährung. Ferner ist § 308 zu beachten. III treibt das Gericht ohnehin hart an den Rand einer Super-Berater-Funktion, die überhaupt nicht seiner wahren Aufgabe entspricht, auch wenn es den Schwachen schützen soll, § 139 Rn 18, insofern abw Schmidt JZ **80**, 158, Schneider MDR **77**, 881. Erst recht ist ein Hinweis entbehrlich, sobald und soweit ihn der Prozeßgegner schon gegeben hat, sei es auch in einem im übrigen verspäteten Vortrag.

**I. Verstoß.** Ein Verstoß gegen III kann zur Wiedereröffnung der Verhandlung nach § 156 zwingen. Er ist 22 evtl ein Verstoß gegen Art 103 I GG, BVerfG RR **93**, 765, BGH RR **97**, 441, auch gegen das Willkürverbot, Einl III 21, Naumbg FamRZ **97**, 617, ferner ein neuer selbständiger Beschwerdegrund, Köln MDR **83**, 325. Er ist kein absoluter Rechtsmittelgrund, Franzki DRiZ **77**, 164, wohl aber ein Verfahrensmangel und kann, freilich nur in einem schweren Fall, § 539, ThP 12, (und sollte nicht schon in einem Fall § 540) zur Zurückverweisung führen, BGH NVersZ **99**, 216, Ffm FamRZ **85**, 824, Hamm FamRZ **97**, 87, LG Mönchengl MDR **98**, 1182 (zustm Nerlich). Freilich kommt sie nicht in Betracht, soweit das Gericht wegen irriger Beurteilung des fachlichen Rechts einen falschen Hinweis gegeben hat, BGH RR **99**, 1289, oder soweit das Rechtsmittelgericht den „unerörterten" Gesichtspunkt für unerörtert oder nicht für übersehen hält oder wenn das Urteil im Ergebnis richtig ist, BSG NJW **91**, 1910. Ein in der Berufungsinstanz nicht erörterter Gerichtspunkt kann der Erörterung durch das Revisionsgericht entzogen sein, BGH NJW **89**, 898. III ist auch im FGG-Verfahren entsprechend anwendbar BayObLG **88**, 424, wegen der Auswirkungen eines Verstoßes im finanzgerichtlichen Verfahren BFH NJW **81**, 2720.

Ein *Verstoß* kann auch eine Kostenniederschlagung, § 8 GKG, nötig machen. Eine Verfassungsbeschwerde hat evtl Erfolg, BVerfG DtZ **94**, 67, aber keineswegs bei jedem Verstoß, BVerfG NJW **80**, 1093, BGH **85**, 291, BSG NJW **91**, 1910. Es ist ratsam, im Urteil kurz darzulegen, weshalb eine Erörterung nach III nicht für notwendig gehalten wurde. Stellt sich die Notwendigkeit der Erörterung erst nach Verhandlungsschluß heraus, so ist § 156 zu beachten.

**9) Weiterer Termin, IV.** Vgl § 227. Er ist möglichst bald anzuberaumen. § 216 II erfaßt den Zeitraum 23 zwischen der Aktenvorlage und der Terminsbestimmung; IV erfaßt denjenigen zwischen der Terminsbestimmung und dem Terminstag. Vgl auch § 272 II. Hat sich im Haupttermin ergeben, daß die Ladungs- oder Einlassungsfrist nicht eingehalten wurde, ist natürlich nun aufzupassen. Grundsätzlich erfolgt eine neue Terminierung sofort und ist nicht von Auflagen an die Partei abhängig, Ffm FamRZ **78**, 919. Gegen die Ablehnung der Terminsbestimmung und gegen die Wahl des Termins bestehen die Rechtsbehelfe wie bei § 216 Rn 27.

**10) VwGO:** Statt § 278 gelten § 104 I (u § 108 II) VwGO, dazu BVerwG DÖV **81**, 839. 24

**279** *Güteversuch.* ¹ ¹Das Gericht soll in jeder Lage des Verfahrens auf eine gütliche Beilegung des Rechtsstreits oder einzelner Streitpunkte bedacht sein. ²Es kann die Parteien für einen Güteversuch vor einen beauftragten oder ersuchten Richter verweisen.

II ¹Für den Güteversuch kann das persönliche Erscheinen der Parteien angeordnet werden. ²Wird das Erscheinen angeordnet, so gilt § 141 Abs. 2 entsprechend.

**Schrifttum:** *Bastine,* Mediation für die Praxis usw, 1998; *Blankenburg/Simsa/Stock/Wolff,* Mögliche Entwicklungen im Zusammenspiel von außer- und innergerichtlichen Konfliktregelungen, 2 Bde, 1990; *Bork,* Der Vergleich, 1988; *Ekelöf,* Güteversuch und Schlichtung, Gedächtnisschrift für *Bruns* (1980) 3; *Gottwald,* Streitbeilegung ohne Urteil, 1983; *Gottwald/Hutmacher/Röhl/Strempel,* Der Prozeßvergleich, 1983; *Gottwald/Haft,* Verhandeln und Vergleichen als juristische Fertigkeiten, 1987; *Haft,* Verhandeln – Die Alternative zum Rechtsstreit, 1992; *Holtwick/Mainzer,* Der übermächtige Dritte, 1985; *Preibisch,* Außergerichtliche Vorverfahren in Streitigkeiten der Zivilgerichtsbarkeit, 1982; *Proksch,* Kooperative Vermittlung (Mediation) in streitigen Familiensachen usw, 1998; *Weth,* Prämien für gute Richter, Festschrift für *Lüke* (1997) 961. Vgl ferner Anh nach § 307 und rechtspolitisch *Wagner* JZ **98**, 836.

**1) Systematik, I, II.** Der Güteversuch ist kein Amtsverfahren, Grdz 38 vor § 128, aber einem solchen 1 sehr ähnlich, weil die Parteien auf ihn keinen Einfluß haben. Darum beendigt das Nichtbetreiben durch die Parteien die Unterbrechung der Verjährung nicht, § 211 BGB.

**2) Regelungszweck I, II.** Der Güteversuch des § 279 bezweckt die Befriedung der Parteien, vgl 2 Gottwald ZZP **89**, 256, Siedhoff DRiZ **93**, 115, durch die Herbeiführung eines Prozeßvergleichs, Anh § 307, oder einer sonstigen Beilegung des Prozesses im weiteren Sinn, zB durch eine Klagrücknahme, § 269, oder beiderseitige Erledigterklärungen, § 91 a Rn 96.

**3) Geltungsbereich, I, II.** Die Vorschrift gilt in allen Verfahren nach der ZPO. Im arbeitsgerichtlichen 3 Verfahren gehen §§ 54, 57 II ArbGG vor, vgl Lorenz BB **77**, 1001, Philippsen pp NJW **77**, 1135.

**4) In jeder Lage des Verfahrens, I.** Man kann dabei übertreiben. 4

**A. Prozeßgericht, I 1.** Das Gericht soll auf Antrag oder von Amts wegen ohne besondere Förmlichkeiten, BGH **100**, 389, auf einen Ausgleich im ganzen oder in einzelnen Punkten bedacht sein. Das gilt schon im Prozeßkostenhilfeverfahren, § 118 Rn 14, Lüke NJW **94**, 234, oder im selbständigen Beweisver-

## §§ 279, 280          2. Buch. 1. Abschnitt. Verfahren vor den LGen

fahren, § 492 Rn 5, Lüke NJW **94**, 234, ferner zB schon vor der mündlichen Verhandlung, Bbg MDR **88**, 149, Schlicht DRiZ **80**, 311, natürlich jederzeit in ihr, BGH **100**, 389, insbesondere nach einer Beweisaufnahme, auch nach einer Wiedereröffnung, die sogar nötig werden kann, § 156, ferner in der Berufungsinstanz, BGH **100**, 389, und noch in der Revisionsinstanz darf und soll das Gericht.

„*Bedacht sein*" ist zwar weniger als ein „Hinwirken" im Sinn von § 495 II aF, aber auch mehr als ein bloßes „Denken an", Nagel DRiZ **77**, 325, Schneider JB **77**, 146, die freilich zu eng das Wort „soll" als „muß" lesen. Das Gericht hat also vielerlei Möglichkeiten zur Initiative, Weber DRiZ **78**, 166, Wolf ZZP **89**, 292 mwN, sollte freilich weder manipulieren, Stürner, Die richterliche Aufklärungspflicht im Zivilprozeß (1982) 73, noch sich dem Verdacht aussetzen, sich die Arbeit der Urteilsfällung und -abfassung ersparen zu wollen, noch in Zeiten ungehemmter Streitlust Kompromisse aufdrängen, die doch keinen Rechtsfrieden herbeiführen. Das Gericht darf zwar durchaus das Kostenrisiko erörtern, sollte es aber nicht als ein Druckmittel benutzen. Bei einer korrekten Handhabung des § 279 hat die Partei kein Ablehnungsrecht, Karlsr OLGZ **78**, 226. Im vorläufigen Verfahren (Arrest und einstweilige Verfügung) ist eine Maßnahme nach § 279 naturgemäß nur im Verhandlungstermin sinnvoll.

5    .**B. Verordneter Richter, I 2.** Der Güteversuch kann vor dem Prozeßgericht oder vor dem verordneten Richter stattfinden, §§ 361, 362. Eine Verweisung vor ihn erfolgt nur durch einen Beschluß des Kollegiums, nicht des verordneten Richters selbst, Ffm FamRZ **87**, 737, aM Kblz NJW **71**, 1043, Köln NJW **73**, 907. Wenn der Güteversuch vor dem Prozeßgericht stattfindet, ist ein förmlicher Beschluß unnötig. Der verordnete Richter bestimmt einen Termin und lädt von Amts wegen. Er kann auf Antrag auch aus eigener Machtbefugnis einen Gütetermin vornehmen, aM Schneider DRiZ **77**, 14. Ein Güteversuch und ein Prozeßvergleich, Anh § 307, sind allerdings auch vor dem verordneten Einzelrichter der §§ 348, 524 zulässig, Ffm FamRZ **87**, 737 (es bestehe kein Bedürfnis), ebenso vor dem Vorsitzenden der Kammer für Handelssachen, § 349 I. Vor dem verordneten Richter besteht kein Anwaltszwang, Anh § 307 Rn 29, während im übrigen Anwaltszwang wie sonst besteht, Anh § 307 Rn 26, vgl auch Karlsr JB **76**, 372 mwN. Bleibt eine Partei aus, so ist der Versuch mißlungen. In Wettbewerbssachen ist eine Vertagung auch zwecks eines Güteversuchs vor dem Einigungsamt gemäß §§ 27 a X UWG, 13 RabattG zulässig.

6    **5) Persönliches Erscheinen, II.** Es kann hilfreich sein, aber auch zu Spannung führen.

       **A. Grundsatz: Ratsamkeit der Anordnung.** Das Gericht kann und sollte, Weber DRiZ **78**, 167, das persönliche Erscheinen der Parteien zum Güteversuch ohne Androhung von Ordnungsmitteln anordnen; § 141 III ist für den bloßen Gütetermin bewußt nicht anwendbar gemacht worden, weil das Gesetz keinen Zwang zum Vergleich will, Ffm RR **86**, 997, KG MDR **84**, 325 (auch zum FGG), Köln BB **95**, 277 mwN. Verbindet das Gericht den Gütetermin mit einem Aufklärungstermin, dann ist Zwang erlaubt, aber nur nach einem entsprechenden Hinweis. Die Anordnung erfolgt auch durch den verordneten Richter. Sie geschieht mit einem verkündeten oder beiden Parteien von Amts wegen formlos mitzuteilenden Beschluß, § 329 II 1; daneben erfolgt aber, auch bei einer Verkündung, die Amtsladung nach § 141 II.

7    **B. Scheitern der Bemühungen.** In diesem Fall muß das Gericht vor der abschließenden streitigen Entscheidung (evtl nochmals) verhandeln lassen und beraten.

8    **C. Verstoß.** Das Ausbleiben im bloßen Gütetermin zieht keinen Rechtsnachteil nach sich, Nürnb MDR **78**, 499, insbesondere keinen Kostennachteil. War der Termin auch zur Aufklärung bestimmt, ist § 141 III nach einem Hinweis in der Ladung anwendbar, Köln NJW **74**, 1003.

9    **6) VwGO: I** (auch I 2) ist entsprechend anzuwenden, § 173 VwGO, zumal der Güteversuch auch nach § 87 I Z 2 VwGO schon vor der mündlichen Verhandlung statthaft ist. Im Hinblick auf diese Vorschrift ist auch **II 1** entsprechend anwendbar, ebenso **II 2** (keine Ordnungsmittel nach § 95 VwGO).

## 280 Verhandlung zur Zulässigkeit.
¹Das Gericht kann anordnen, daß über die Zulässigkeit der Klage abgesondert verhandelt wird.

II ¹Ergeht ein Zwischenurteil, so ist es in betreff der Rechtsmittel als Endurteil anzusehen. ²Das Gericht kann jedoch auf Antrag anordnen, daß zur Hauptsache zu verhandeln ist.

**Schrifttum:** *Flemming*, Die rechtliche Natur des Zwischenfeststellungsurteils, Diss Tüb 1954; *Schwab*, Die Entscheidung über prozeßhindernde Einreden, Festschrift für *Weber* (1975) 413.

**Gliederung**

| | |
|---|---|
| 1) Systematik, I, II ........................ 1 | A. Anordnung abgesonderter Verhandlung, I ........................................... 5 |
| 2) Regelungszweck, I, II ................ 2 | B. Entscheidung nach abgesonderter Verhandlung, II 1 ........................... 6–8 |
| 3) Geltungsbereich, I, II ............... 3 | C. Zwischenurteil ohne Endurteil, II 2 .... 9 |
| 4) Zulässigkeit abgesonderter Verhandlung und Entscheidung, I ............ 4 | D. Zwischenurteil und Endurteil, II 2 .... 10 |
| 5) Entscheidungen, I, II ............... 5–11 | E. Rechtsmittel gegen Beschluß, II 2 ..... 11 |
| | 6) VwGO ........................................ 12 |

1    **1) Systematik, I, II.** Die Zulässigkeit der Klage bzw Widerklage hängt von Umständen ab, die zum Teil von Amts wegen, zum Teil nur auf Rüge zu beachten sind (der frühere Begriff der prozeßhindernden Einrede ist entfallen). Während §§ 282 III, 296 III die Zulässigkeitsrügen behandeln, erfaßt § 280 diese und außerdem alle von Amts wegen zu prüfenden Prozeßvoraussetzungen, insbesondere Grdz 12 ff vor § 253, Düss RR **98**, 109.

1. Titel. Verfahren bis zum Urteil **§ 280**

Die *Reihenfolge* der Prüfung ist etwa: Die deutsche Gerichtsbarkeit, §§ 18–20 GVG; die Ordnungsmäßigkeit der Klagerhebung, §§ 253, 261; die Parteifähigkeit, § 50; die Prozeßfähigkeit, § 51; die gesetzliche Vertretung, § 51 II; die Prozeßvollmacht, § 80; das Prozeßführungsrecht, Grdz 22 vor § 50; die Zulässigkeit des Rechtswegs; die örtliche und sachliche Zuständigkeit; ein etwa nötiger Vorbescheid einer Behörde; das Fehlen einer anderweiten Rechtshängigkeit, § 261; das Rechtsschutzbedürfnis, Grdz 33 vor § 253; besondere Prozeßvoraussetzungen des betreffenden Verfahrens, Grdz 23 vor § 253, BGH NJW **79**, 428; die Klagbarkeit, Grdz 25 vor § 253; das Fehlen des Mangels einer Kostenerstattung; das Fehlen einer Kostengefährdung, § 110 Rn 1, § 282 Rn 22; das Fehlen einer Schiedsvereinbarung, §§ 1025 ff; die Zulässigkeit der Klagänderung, § 263, BGH NJW **81**, 989; das Fehlen einer entgegenstehenden Rechtskraft, § 322.

**2) Regelungszweck, I, II.** I gibt dem Gericht im Interesse der Prozeßwirtschaftlichkeit, Grdz 14 vor **2** § 128, eine Möglichkeit zur abschließenden Klärung vorgreiflicher Fragen. Sie ist freilich meist mit einem erheblichen Zeitverlust verbunden und daher nur von Fall zu Fall sinnvoll, nicht stets. Ein Ablehnungsantrag ist vorweg zu erledigen, ein Verweisungsantrag nach der Zuständigkeitsprüfung. Stgt FamRZ **78**, 443, wendet II entsprechend bei einer Zwischenentscheidung des FamGer über die Zuständigkeit an. Soweit das Gericht das Verfahren der abgesonderten Verhandlung aber nicht beachtet, sondern einfach durch einen Beschluß entschieden hat, kommt die Beschwerde (und eine Zurückverweisung) in Betracht, Zweibr FamRZ **83**, 618. Wegen einer Sicherheitsleistung nach § 110 vgl § 112 Rn 2.

**3) Geltungsbereich, I, II.** Die Vorschrift gilt in allen Verfahren nach der ZPO. Sie ist auch im arbeitsge- **3** richtlichen Verfahren anwendbar, Lorenz BB **77**, 1002. Dabei kann zB der Große Senat des BAG vorab gesondert über die Zulässigkeit seiner Anrufung entscheiden, BAG NJW **84**, 1990. § 280 ist auch im WEG-Verfahren vor dem WEG-Gericht anwendbar, Celle RR **89**, 143. Wegen des Patentstreits BPatG GRUR **86**, 50. Wegen eines Zwischenstreits über andere Fragen als die Zulässigkeit der Klage vgl §§ 303, 304. Wegen des Zwischenstreits mit einem Dritten vgl §§ 71, 135 II, 387, 402. Das Gericht darf bei § 280 die Anspruchsgründe nicht eingrenzen, BGH VersR **85**, 45.

**4) Zulässigkeit abgesonderter Verhandlung und Entscheidung, I.** Über sämtliche Zulässigkeits- **4** fragen, ob sie nun von Amts wegen oder nur auf Grund einer Rüge zu prüfen sind, kann das Gericht jederzeit abgesondert verhandeln und entscheiden, II. Wann eine Rüge vorzubringen ist, richtet sich nach §§ 282 III, 296 III. Bei der Prüfung von Amts wegen ist wegen deren Vorrang vor der Prüfung der Begründetheit, Grdz 14 vor § 253, die Prüfung, ob abgesondert zu verhandeln sei, ebenfalls vorrangig, jedoch kann § 280 auch noch später angewendet werden, wenn sich zB die Zweckmäßigkeit des Zwischenverfahrens erst dann ergibt, BGH RR **92**, 1388. Das Gericht entscheidet nach pflichtgemäßem Ermessen, vgl schon BGH LM § 110 Nr 8 (zum alten Recht). Ein Parteiantrag ist als bloße Anregung zu bewerten.

Eine *Entscheidung* ergeht auch gemäß § 128 II, III. § 280 ist auch noch in 2. Instanz anwendbar. Verweigern darf der Bekl die Verhandlung zur Hauptsache nur bei §§ 113 S 2, 269 IV; sonst wäre er säumig, § 333. Lehnt das Gericht eine abgesonderte Verhandlung ab, muß es sofort zur Sache verhandeln, BGH DB **76**, 1009. Die Anordnung abgesonderter Verhandlung ist auch dann zulässig, wenn die Rüge nur einen von mehreren Klagegründen betrifft. Die Anordnung leitet einen *Zwischenstreit* ein. Das Versäumnisverfahren findet nur nach § 347 II statt. Es kann auch zum unechten Versäumnisurteil gegen den Kläger führen, § 331 II Hs 2. Über den Beweis rügebegründender Behauptungen Üb 19 vor § 12 entsprechend. Kann der Beweis nicht geführt werden, ist zur Hauptsache zu entscheiden.

**5) Entscheidungen, I, II.** Es sind mehrere recht unterschiedliche Wege möglich. **5**

**A. Anordnung abgesonderter Verhandlung, I.** Die Entscheidung ergeht durch einen unanfechtbaren Beschluß, der zu verkünden oder gemäß § 329 II 1 formlos, bei gleichzeitiger Terminsbestimmung, abgesehen vom Verkündungsfall des § 218, förmlich gemäß § 329 II 2 mitzuteilen ist. Das Gericht darf den Beschluß ändern, muß freilich § 278 III beachten.

**B. Entscheidung nach abgesonderter Verhandlung, II 1.** Auf Grund der abgesonderten Verhandlung **6** (Ausnahme: § 128 II, III, Rn 4) sind folgende Entscheidungen möglich:

Im Fall der *Unzulässigkeit* der Klage bzw Widerklage erfolgt grundsätzlich eine Abweisung durch ein Prozeßurteil, Grdz 14 vor § 253, ohne Rechtskraftwirkung, § 322 Rn 60. Ausnahmsweise ist im Fall einer Unzuständigkeit evtl zu verweisen, §§ 281, 506, und zwar durch einen Beschluß, BAG BB **76**, 513, LG Trier NJW **82**, 286, aM Karstendiek MDR **74**, 983. Im Fall einer Rechtswegverweisung, § 17–17 b GVG, ergeht ebenfalls ein Beschluß, § 17 a II 3, IV 1 GVG. Wegen § 113 S 2 vgl dort. Ein die Sicherheit anordnendes Zwischenurteil ist selbständig anfechtbar, § 112 Rn 3. Unanfechtbar ist die gegenüber dem Antrag des Bekl niedrigere Bemessung der Sicherheitsleistung, BGH NJW **74**, 238.

Im Fall der *Zulässigkeit* der Klage bzw Widerklage, § 253, ergeht nach einer abgesonderten Ver- **7** handlung über diese ein Zwischenurteil, II 1, § 303, Ffm NJW **95**, 538, Zweibr NJW **95**, 538. Es kann zB lauten: „Die Klage" (oder: „Der ordentliche Rechtsweg") „ist zulässig", BGH **102**, 234 (Feststellungsurteil). Dieses führt einen tatsächlichen Verfahrensstillstand herbei, Üb 1 vor § 239, KG MDR **71**, 588, der bis zu der nach dem Eintritt der Rechtskraft des Urteils notwendigen Ladung, BGH NJW **79**, 2307 (zu § 304), usw oder bis zu einer Anordnung gemäß Rn 6 fortdauert.

Die *Anfechtung* des Endurteils ergreift das Zwischenurteil nicht; ist es rechtskräftig, bindet es die höhere **8** Instanz, Ffm NJW **70**, 1010. Wegen der Rechtskraft § 322 Rn 60 „Prozeßurteil". Die Kostenentscheidung bleibt dem Schlußurteil vorbehalten. Wegen § 3 Rn 90 „Prozeßvoraussetzungen". Streitwert: Anh § 3 Rn 90 „Prozeßvoraussetzungen". Das Zwischenurteil ist unabhängig von der Rechtskraft des Endurteils und auch im übrigen selbständig anfechtbar. Die Rechtsmittel sind grundsätzlich dieselben wie nach einem Endurteil, II 1, BGH NJW **79**, 428, Celle RR **89**, 143, Saarbr NJW **92**, 987. Unanfechtbar ist ein Urteil des LG, das die sachliche Zuständigkeit zu Unrecht bejaht, § 10, und ein Urteil, das in einer vermögensrechtlichen Sache, Grdz 10 vor § 1, die Rüge der örtlichen Unzuständigkeit verwirft, § 512 a, Schlesw FamRZ **78**, 429, § 549 II. Anfechtbar ist indessen ein Urteil, das die Rüge der internationalen Unzuständigkeit verwirft, das Gericht also für zuständig erklärt, BGH RR **88**, 173, Düss VersR **75**, 646, Saarbr NJW **92**, 987. Dem Rechtsmittelgericht fällt grundsätzlich

§§ 280, 281    2. Buch. 1. Abschnitt. Verfahren vor den LGen

nur der Zwischenstreit an, BGH RR **86**, 62. Hat das Gericht fälschlich einen „Nichtverweisungsbeschluß" anstelle eines Zwischenurteils gefällt, so ist nach dem Meistbegünstigungsprinzip die Beschwerde wie die Berufung möglich, Gottwald FamRZ **91**, 1072.

**9**  C. **Zwischenurteil ohne Endurteil, II 2.** Die Anordnung der Verhandlung zur Hauptsache erfolgt nur auf Antrag und grundsätzlich nur auf mündliche Verhandlung, Rn 7, s freilich §§ 128 II, III. Sie ergeht nur vor der Rechtskraft des Zwischenurteils nach II 1. Sie kann die Anhängigkeit des Prozesses in zwei Instanzen gleichzeitig begründen. Sie ist sofort nach dessen Verkündung zulässig. Sie steht im Ermessen des Gerichts; sie ist zu empfehlen bei Gefahr im Verzug oder schlechten Aussichten eines Rechtsmittels, zB wegen §§ 10, 512a, BGH NJW **98**, 1230, oder wegen § 549 II. Sie ergeht durch Beschluß, evtl nebst Terminsbestimmung. Sie ist zu begründen, § 329 Rn 4, zu verkünden oder gemäß § 329 mitzuteilen.

**10**  D. **Zwischenurteil und Endurteil, II 2.** Liegen ein Zwischenurteil über die Zulässigkeitsfrage und ein Endurteil zur Hauptsache vor, so ist das Endurteil auflösend bedingt durch eine Aufhebung des Zwischenurteils, BGH NJW **73**, 468, ähnlich dem Urteil über den Betrag nach § 304; das Zwischenurteil ist bei der Frage der Kostengefährdung nur zusammen mit dem Endurteil nach § 113 anfechtbar, BGH **102**, 232, Ffm NJW **95**, 538. Hebt die höhere Instanz das Zwischenurteil auf und weist ab, so bricht das Endurteil ohne weiteres und trotz etwa eingetretener formeller, äußerer Rechtskraft zusammen und entsteht eine Schadensersatzpflicht nach § 717 II. In einem Endurteil hindert also die Anfechtung des Zwischenurteils nicht, Rn 6. Dieselbe Instanz kann das Endurteil nicht förmlich aufheben; die höhere nicht, weil ihr nicht die Entscheidung über dieses Urteil angefallen ist. Es bedarf dessen auch nicht; das Urteil ist hinfällig und ein Rechtsmittel mangels Beschwer unzulässig. Die Zwangsvollstreckung aus dem Endurteil ist schon vor der Rechtskraft des die Zulässigkeitsrüge verwerfenden Zwischenurteils zulässig. Mit dem Wegfall des Endurteils erwächst ein Ersatzanspruch entsprechend § 717 II. Dieselben Grundsätze gelten bei einer Säumnis des Bekl in der Hauptsache nach dem Erlaß des Zwischenurteils.

**11**  E. **Rechtsmittel gegen Beschluß, II 2.** Bei der Anordnung wie Ablehnung durch einen Beschluß ist die einfache Beschw zulässig, § 252 gilt entsprechend, so daß § 567 I nicht hindert, Karlsr NJW **71**, 662, aM Ffm MDR **85**, 149, Mü NJW **74**, 1514 (die Anordnung der Hauptsacheverhandlung sei unanfechtbar). Soweit das LG als Berufungs- oder Beschwerdegericht durch einen Beschluß entschieden hat, ist die Beschwerde unzulässig, § 567 III 1. Eine Verhandlung zur Hauptsache zwingt das Gericht, über diese zu entscheiden.

**12**  6) **VwGO:** Entsprechend anwendbar, § 173 *VwGO*, sind sowohl **I**, da eine abgesonderte Verhandlung danach nicht erforderlich ist (abw wohl BVerwG **14**, 273), als auch **II**, da § 109 *VwGO* ein Zwischenurteil über die Zulässigkeit der Klage vorsieht, das nach § 124 I *VwGO* anfechtbar ist.

**281** *Verweisung ans zuständige Gericht.* ¹¹Ist auf Grund der Vorschriften über die örtliche oder sachliche Zuständigkeit der Gerichte die Unzuständigkeit des Gerichts auszusprechen, so hat das angegangene Gericht, sofern das zuständige Gericht bestimmt werden kann, auf Antrag des Klägers durch Beschluß sich für unzuständig zu erklären und den Rechtsstreit an das zuständige Gericht zu verweisen. ²Sind mehrere Gerichte zuständig, so erfolgt die Verweisung an das vom Kläger gewählte Gericht.

II ¹Anträge und Erklärungen zur Zuständigkeit des Gerichts können vor dem Urkundsbeamten der Geschäftsstelle abgegeben werden. ²Die Entscheidung kann ohne mündliche Verhandlung ergehen. ³Der Beschluß ist unanfechtbar. ⁴Der Rechtsstreit wird bei dem im Beschluß bezeichneten Gericht mit Eingang der Akten anhängig. ⁵Der Beschluß ist für dieses Gericht bindend.

III ¹Die im Verfahren vor dem angegangenen Gericht erwachsenen Kosten werden als Teil der Kosten behandelt, die bei dem im Beschluß bezeichneten Gericht erwachsen. ²Dem Kläger sind die entstandenen Mehrkosten auch dann aufzuerlegen, wenn er in der Hauptsache obsiegt.

*ArbGG § 48. Rechtsweg und Zuständigkeit.* ¹ Für die Zulässigkeit des Rechtsweges und der Verfahrensart sowie für die sachliche und örtliche Zuständigkeit gelten die §§ 17 bis 17 b des Gerichtsverfassungsgesetzes mit folgender Maßgabe entsprechend:
1. Beschlüsse entsprechend § 17 a Abs. 2 und 3 des Gerichtsverfassungsgesetzes über die örtliche Zuständigkeit sind unanfechtbar.
2. Der Beschluß nach § 17 a Abs. 4 des Gerichtsverfassungsgesetzes ergeht auch außerhalb der mündlichen Verhandlung stets durch die Kammer.

*Schrifttum: Gaede,* Zuständigkeitsmängel und ihre Folgen nach der ZPO, 1989; *Haus,* Übernahme von Prozeßergebnissen, insbesondere einer Beweisaufnahme, bei Verweisung eines Rechtsstreits usw, Diss Regensb 1971; *Herz,* Die gerichtliche Zuständigkeitsbestimmung: Voraussetzungen und Verfahren, 1990; *Sachsenhausen,* Die Entwicklung der Verweisung eines Verfahrens usw, Diss Regensb 1989; *Schwab,* Zum Sachzusammenhang bei Rechtsweg- und Zuständigkeitsentscheidung, in: Festschrift für *Zeuner* (1994); *Vollkommer,* Die Neuregelung des Verhältnisses zwischen den Arbeitsgerichten und den ordentlichen Gerichten und ihre Auswirkungen, in Festschrift für *Kissel* (1994).

**Gliederung**

| | |
|---|---|
| 1) **Systematik,** I–III ............ 1 | A. Umfassende Geltung ............ 3 |
| 2) **Regelungszweck,** I–III ............ 2 | B. Beispiele zur Frage der Anwendbarkeit ............ 4–14 |
| 3) **Geltungsbereich,** I–III ............ 3–14 | |

1. Titel. Verfahren bis zum Urteil **§ 281**

| | | | |
|---|---|---|---|
| 4) **Verweisung, I, II 1, 2** | 15–26 | B. Kein rechtliches Gehör | 41, 42 |
| A. Unzuständigkeit des angerufenen Gerichts | 15, 16 | C. Keine Begründung | 43 |
| | | D. Klagänderung, Klagerücknahme | 44 |
| B. Bestimmbarkeit des zuständigen Gerichts | 17 | E. Gerichtsstandsvereinbarung | 45 |
| C. Antrag des Klägers | 18, 19 | 10) **Bei Ausnahme von der Unanfechtbarkeit: Beschwerde, II 3–5** | 46 |
| D. Rechtshängigkeit | 20 | | |
| E. Verstoß | 21 | 11) **Bei Weiterverweisung, Zurückverweisung, II 3–5** | 47, 48 |
| F. Weiteres Verfahren | 22–24 | | |
| G. Entscheidung in erster Instanz | 25 | 12) **Internationale Zuständigkeit, II 3–5** | 49 |
| H. Entscheidung in Rechtsmittelinstanz | 26 | 13) **Berichtigung, II 3–5** | 50 |
| 5) **Grundsatz: Unanfechtbarkeit, II 3–5** | 27–29 | 14) **Anhängigkeit beim neuen Gericht, II 3–5** | 51 |
| 6) **Weiterer Grundsatz: Unwiderruflichkeit; Bindung, II 3–5** | 30–32 | 15) **Weiteres Verfahren, II 3–5** | 52, 53 |
| 7) **Ausnahme: Keine Bindungsabsicht, II 3–5** | 33–36 | 16) **Kosten, III** | 54–59 |
| | | A. Grundsatz: Kläger trägt Mehrkosten | 54 |
| 8) **Weitere Ausnahme: Irrtum, II 3–5** | 37 | B. Mehrkostenbegriff | 55, 56 |
| 9) **Weitere Ausnahme: Schwerer Verfahrensverstoß, II 3–5** | 38–45 | C. Einzelfragen | 57 |
| | | D. Verstoß | 58, 59 |
| A. Willkür, Rechtsmißbrauch | 39, 40 | 17) **VwGO** | 60 |

**1) Systematik, I–III.** Die Vorschrift regelt das Verfahren, das vor einen objektiv unzuständigen **1** Richter geraten ist, mit den Folgen zur Haupt- und Nebensache. Sie wird durch §§ 38 ff, 295, 696 ergänzt.

**2) Regelungszweck, I–III.** Die Vorschrift dient dem Gebot des gesetzlichen Richters, Art 101 I 2 GG, **2** und damit der Rechtssicherheit, Einl III 43, und in Wahrheit auch der Prozeßwirtschaftlichkeit, Grdz 14, 15 vor § 128: § 281 soll eine Verzögerung, AG Seligenstadt MDR **82**, 502, und Verteuerung des Prozesses durch einen Streit um die anfängliche örtliche und/oder die sachliche Zuständigkeit (wegen der funktionellen Rn 6 ff) vermeiden, BGH FamRZ **88**, 943, Köln OLGZ **89**, 86, Diederichsen ZZP **91**, 406. Wegen der nachträglich eintretenden Unzuständigkeit § 506. Wegen der Gefahr eines Verstoßes gegen Art 101 I 2 GG ist die Vorschrift aber behutsam anzuwenden.

**3) Geltungsbereich, I–III.** Ein Grundsatz zeigt breite Wirkung. **3**
**A. Umfassende Geltung.** Seinem Grundgedanken nach ist der unmittelbar nur für das Urteilsverfahren geltende § 281, BGH FamRZ **89**, 847, in jedem beliebigen Verfahren nach der ZPO anwendbar, BayObLG Rpfleger **86**, 98, Düss FamRZ **86**, 181. Das gilt grundsätzlich auch im Rechtsmittelverfahren (Ausnahmen Rn 7 „Handelssache", Rn 10 „Rechtsmittelgericht"), BGH NJW **86**, 2764, Hbg FamRZ **83**, 613, aM BGH FamRZ **84**, 36.

**B. Beispiele zur Frage der Anwendbarkeit** **4**
**Abtrennung:** § 281 kann für eine Teilverweisung gelten, soweit eine Abtrennung nach § 145 zulässig ist. **Anerkenntnis:** Rn 12 „Teilanerkenntnisurteil".
**Arbeitsgerichtssache:** § 281 schafft keine rechtswegübergreifende Zuständigkeit, Ffm RR **95**, 319. Vgl vielmehr §§ 17, 17a GVG in Verbindung mit § 48 ArbGG, abgedruckt bei § 281 vor Rn 1. Zur Problematik BAG AP § 2 ArbGG 1979 Nr 1 (krit Hager).
**Arrest, einstweilige Verfügung:** § 281 gilt im Verfahren auf einen Arrest oder eine einstweilige Verfügung, §§ 916 ff, 935 ff, BGH FamRZ **89**, 847, BAG BB **82**, 313, soweit sein Eilzweck nicht einer Verweisung entgegensteht, Teplitzky DRiZ **82**, 41.
S auch Rn 11 „Schriftliches Verfahren".
**Aufgebotsverfahren:** § 281 gilt im Verfahren nach §§ 946 ff.
**Ausland, frühere DDR:** Vgl zunächst Einl III 77. Es erfolgt keine Verweisung an ein ausländisches Gericht, Köln NJW **88**, 2183 mwN, LG Kassel NJW **88**, 652. Im übrigen kann § 281 auch bei einer Auslandsberührung anwendbar sein, BGH FamRZ **84**, 162. Wegen einer Verweisung auf Grund vorrangiger Zuständigkeit nach dem EuGVÜ vgl SchlAnh V C. § 281 galt auch zwischen KrG und AG, BGH MDR **91**, 768.
**Ausschließlicher Gerichtsstand:** § 281 galt auch dann, vgl § 40 II 1, 2, BGH NJW **83**, 285.
**Baulandsache:** Von der Zivilkammer erfolgt an die Kammer für Baulandsachen eine formlose Abgabe durch eine prozeßleitende Verfügung, KG OLGZ **72**, 293, Kissel NJW **77**, 1035, aM Oldb FamRZ **78**, 345, Müller DRiZ **78**, 15 (§ 281 sei entsprechend anwendbar). Köln RR **97**, 1351 wendet § 281 entsprechend bei Anrufung des örtlich falschen OLG in der Berufungsinstanz an.
**Beschwerdeverfahren:** § 281 gilt im Beschwerdeverfahren, § 573 Rn 4.
**Eheverfahren:** § 281 gilt im Eheverfahren, BGH RR **93**, 1091, Kblz FamRZ **77**, 796.
**Einstweilige Verfügung:** Rn 4 „Arrest, einstweilige Verfügung".
**Erledigung der Hauptsache:** § 281 gilt im Verfahren nach § 91a wegen der Kosten, Ffm NJW **93**, 2946.
**Europarecht:** Rn 4 „Ausland, frühere DDR".
**Familiensache:** Wie bei jeder bloß funktionellen Unzuständigkeit, s dort, erfolgt im Verhältnis zwischen **5** ProzG und FamG sowie umgekehrt grds (Ausnahme: § 18 I 3 HausrVO, § 281 Anh I Rn 4) nur eine formlose Abgabe durch eine prozeßleitende Verfügung, Üb 3 vor § 128 (evtl mit der Folge eines Verfahrens nach § 36 I Z 6, § 36 Rn 33), BGH NJW **86**, 2765, Kblz FamRZ **99**, 658, Köln FamRZ **98**, 171, aM BGH FamRZ **90**, 987, Karlsr FamRZ **98**, 1380, Köln FER **98**, 190 rechts.
§ 281 gilt ferner nicht im Verhältnis zwischen einem erstinstanzlichen FamG und einem Familiensenat des OLG, BayObLG FamRZ **79**, 940, oder im Verhältnis zwischen dem Vollstreckungsgericht und dem

**§ 281**  2. Buch. 1. Abschnitt. Verfahren vor den LGen

FamG, LG Mainz NJW **78**, 172, oder im Verhältnis zwischen dem Vormundschaftsgericht und dem FamG in einer FGG-Sache, BGH RR **90**, 707.
S auch „Freiwillige Gerichtsbarkeit", Rn 10 „Rechtsmittelgericht".
**Finanzgerichtssache:** § 281 gilt bei einer Finanzgerichtssache, Rössler NJW **70**, 1910.
S auch Rn 7 „Haupt- und Hilfsanspruch", aber auch Rn 7 „Mehrheit von Klagegründen".
**Freiwillige Gerichtsbarkeit:** Für eine Verweisung aus dem Streitverfahren vor den ordentlichen Gerichten ins FGG-Verfahren fehlt eine allgemeine Vorschrift. Infolge der Besonderheit, daß es sich hier um eine andere Verfahrensart handelt, ist bei einer Verweisung in das streitige Verfahren der freiwilligen Gerichtsbarkeit eine solche entsprechend § 17 GVG, also durch ein anfechtbares Urteil, zweckmäßig, Karlsr FamRZ **72**, 589. Entsprechendes gilt, wenn ein FamG vom ordentlichen Streitverfahren ins Verfahren der freiwilligen Gerichtsbarkeit (und umgekehrt) wechseln muß, Kissel NJW **77**, 1036. Zur Anwendbarkeit im isolierten Verfahren wegen einer Familiensache der freiwilligen Gerichtsbarkeit BGH FamRZ **98**, 361. Wegen Hausrats- und WEG-Sachen § 281 Anh I, II.
S auch „Familiensache".

**6 Funktionelle Unzuständigkeit:** § 281 gilt nicht direkt bei einer bloß funktionellen Unzuständigkeit, § 21 e GVG Rn 8, BGH VersR **96**, 1391 (auch zur entsprechenden Anwendung), BayObLG Rpfleger **91**, 13, Hamm FamRZ **95**, 487, also zB im Verhältnis der Abteilungen, Kammern oder Senate desselben Gerichts untereinander, BGH **63**, 217, Bbg FamRZ **90**, 180. Vielmehr erfolgt dann eine formlose Abgabe durch eine prozeßleitende Verfügung, Üb 5 vor § 128. Freilich ist dann evtl § 36 Z 6 anwendbar.
S auch Rn 5 „Familiensache", Rn 7 „Handelssache".
**Gerichtsstandsvereinbarung:** Vgl zunächst §§ 38 ff, ferner § 261 Rn 28.
**Gesetzlicher Richter:** Die Anwendung oder Nichtanwendung von § 281 darf nicht dazu führen, daß jemand seinem gesetzlichen Richter entzogen wird, Art 101 I 2 GG, KG OLGZ **72**, 293 (Nichtabgabe).

**7 Handelssache:** In einer Handelssache ist auf Klägerantrag, den das Gericht anregen kann und muß, § 139, aber nicht etwa von Amts wegen (nur Amtsprüfung, Grdz 39 vor § 128), vom AG an die Kammer für Handelssachen zu verweisen, nicht abzugeben, §§ 95, 96 II GVG. In einem Zweifelsfall sollte das Gericht nur an die Zivilkammer verweisen.
Vom LG, *Zivilkammer,* erfolgt an die Kammer für Handelssachen nicht eine Verweisung nach § 281, sondern eine formlose Abgabe, §§ 97 ff GVG, vgl auch § 696 I 4, § 36 Rn 30 ff. Die ordentliche Berufungskammer kann nicht mehr an die Kammer für Handelssachen verweisen, Schneider NJW **97**, 992, aM LG Köln NJW **96**, 2737.
**Haupt- und Hilfsanspruch:** § 281 gilt, soweit es sich um einen Haupt- und einen Hilfsanspruch handelt und soweit nur der Hilfsanspruch, § 260 Rn 8, zur Zuständigkeit des ordentlichen Gerichts gehört, BGH NJW **80**, 192.
S aber Rn 8 „Mehrheit von Klagegründen".
**Hausratssache:** Anh I nach § 281.
**Insolvenzverfahren:** § 281 gilt, § 4 InsO, auch ohne dortige mündliche Verhandlung, vgl II 2, Kblz Rpfleger **89**, 251 (zum alten Recht).
**Kartellsache:** § 281 gilt in einer Kartellsache auch bei einer Verweisung vom allgemeinen Berufungsgericht zum besonderen, BGH **71**, 374, Oldb FamRZ **78**, 796.
**Klagänderung, -erweiterung:** § 281 gilt auch dann, wenn das Gericht erst infolge einer Änderung bzw Erweiterung usw der Klage nach § 263, 264 unzuständig geworden ist.

**8 Landwirtschaftssache:** § 281 gilt einer Verweisung an das LwG, BGH **LM** § 276 aF Nr 6. Wegen der Verweisung von einem LwG an ein anderes Gericht Anh III nach § 281.
**Mahnverfahren:** § 696 Rn 17, § 700 Rn 14, BAG NJW **82**, 2792. Eine Verweisung findet auch auf Grund einer ordnungsgemäßen Vereinbarung eines Gerichtsstands statt, BayObLG MDR **95**, 312.
**Markensache:** Anh I nach § 78 b GVG.
**Mehrheit von Klagegründen:** § 281 gilt nicht, soweit bei einer mehrfachen, rechtlich und tatsächlich selbständigen Begründung eines einheitlichen prozessualen Anspruchs, § 260 Rn 2, für einen Klagegrund der ordentliche Rechtsweg, die sachliche oder die örtliche Zuständigkeit gegeben ist. Dann hat das ordentliche Gericht sich nur mit diesem zu befassen und durch Endurteil zu entscheiden (falls diese Anspruchsgrundlage nicht ausreicht, also abzuweisen). In den Gründen ist aber die Unzulässigkeit oder Unzuständigkeit im übrigen auszusprechen, BGH NJW **64**, 45 (sachliche Zuständigkeit), BGH VersR **80**, 846, Ffm MDR **82**, 1023 (örtliche Zuständigkeit), ZöGre 8, aM LG Köln NJW **78**, 329 (Sachzusammenhang); krit Flieger NJW **79**, 2603, StJL 13 (Teilverweisung). Die Verweisung ist insofern ausgeschlossen, da eine solche über einen einzigen Klagegrund eines einheitlichen Anspruchs unzulässig ist, § 301 Rn 5, Ffm MDR **82**, 1023.
S aber Rn 7 „Haupt- und Hilfsanspruch".
**Nichtvermögensrechtlicher Streit:** § 281 gilt auch bei einem solchen Streit, Grdz 10 vor § 1.
**Patentsache:** Anh I nach § 78 b GVG, BGH **72**, 6 (zustm von Falck GRUR **78**, 529), BAG NJW **72**, 2016.

**9 Prozeßkostenhilfeverfahren:** § 281 gilt im Verfahren nach §§ 114 ff, BGH FER **97**, 40, BAG NJW **93**, 751, KG FamRZ **97**, 1160, aM OVG Münst NJW **93**, 2766, Albers § 17 a GVG Rn 5 (keine isolierte Verweisung).
Dabei besteht eine *Bindung* an den Verweisungsbeschluß nur für das Prozeßkostenhilfeverfahren, nicht für die Klage, erst recht nicht für eine erst beabsichtigte Klage, BGH FER **97**, 40 (Vorlage), Hamm FamRZ **89**, 641, KG FamRZ **97**, 1160, aM BAG MDR **82**, 172, Düss Rpfleger **79**, 431 (eine Bindung erfolge auch für die Klage, soweit der Gegner gehört werde). Notfalls ist § 36 I Z 6 anwendbar, BGH NJW **83**, 285, Düss FamRZ **86**, 181, Hamm FamRZ **89**, 641.

**10 Rechtsmittelgericht:** Vgl zunächst Rn 3.

1. Titel. Verfahren bis zum Urteil § 281

§ 281 gilt *nicht* im Verhältnis zwischen zwei Rechtsmittelgerichten, BGH BB **96**, 1408, Hamm FamRZ **97**, 502, Bergerfurth FamRZ **87**, 1008, und nicht dann, wenn zB statt des OLG das LG anzurufen war, BGH VersR **96**, 1391.
S auch Rn 7 „Handelssache", Rn 12 „Verfahrensfehler".
**Regelbedarf:** § 281 gilt im Verfahren auf Änderung des Regelbedarfs, § 642 b, LG Hann Rpfleger **77**, 453.
**Sachzusammenhang:** § 17 GVG Rn 5.
**Scheidung:** Rn 4 „Eheverfahren".
**Schiedsrichterliches Verfahren:** § 281 gilt im Verfahren auf die Vollstreckbarerklärung eines Schiedsspruchs, §§ 1060, 1061. **11**
  § 281 gilt *nicht* zwischen dem staatlichen Gericht und dem Schiedsgericht, Junker KTS **87**, 37.
**Schiedsspruch:** S „Schiedsrichterliches Verfahren".
**Schriftliches Verfahren:** § 281 gilt im Verfahren ohne mündliche Verhandlung, §§ 128 II, III, 495 a I 1, schon wegen II 2. Das gilt zB im Arrestverfahren oder im Insolvenzverfahren, Kblz Rpfleger **89**, 251. Denn der Zivilprozeß ist nicht für nutzlose förmliche Tüfteleien da, Mü MDR **87**, 147.
**Selbständiges Beweisverfahren:** § 281 gilt in diesem Verfahren, § 490 Rn 3.
**Sozialgerichtssache:** §§ 17, 17 a GVG, § 52 SGG.
  S auch Rn 7 „Haupt- und Hilfsanspruch", aber auch Rn 8 „Mehrheit von Klagegründen".
**Teilanerkenntnisurteil:** § 281 gilt nach einem Teilanerkenntnisurteil, § 307 Rn 5, BGH RR **92**, 1091. **12**
**Unterhalt:** Rn 10 „Regelbedarf".
**Verfahrensfehler:** § 281 gilt nicht, soweit der Berufungskläger wegen eines Verfahrensfehlers der ersten Instanz das Berufungsgericht fälschlich angerufen hat, KG RR **87**, 1483.
**Versäumnisurteil:** § 281 gilt nach einem Versäumnisurteil, § 342, BGH RR **92**, 1091. **13**
**Verwaltungsgerichtssache:** Rn 60.
**Wiederaufnahmeverfahren:** § 281 gilt im Verfahren nach §§ 578 ff, BayObLG WoM **91**, 134. **14**
**Wohnungseigentumssache:** Anh II nach § 281.
**Zwangsvollstreckung:** § 281 gilt im Zwangsvollstreckungsverfahren, BayObLG Rpfleger **86**, 98.

4) **Verweisung, I, II 1, 2.** Sie erfolgt oft erstaunlich „großzügig". **15**
  A. **Unzuständigkeit des angerufenen Gerichts.** Voraussetzung einer Verweisung ist, daß das angerufene Gericht seine örtliche oder sachliche Unzuständigkeit oder seine Unzuständigkeit im ordentlichen Rechtsweg ausspricht, zu letzterer §§ 17 ff GVG. Die Klage darf also nicht nur eingereicht, sondern muß auch zugestellt worden sein, BGH NJW **80**, 1281, Düss Rpfleger **78**, 62, LG Hann Rpfleger **77**, 453, da sonst keine Verweisung im Sinne von § 281 möglich ist, der die Möglichkeit einer Unzuständigkeitserklärung zur Voraussetzung hat.
  Das verweisende Gericht kann mit der obigen Einschränkung auch ein *Berufungsgericht* sein, KG BB **83**, **16** 214, Köln OLGZ **89**, 87. Der früher versäumte Verweisungsantrag läßt sich dort nachholen, BAG BB **75**, 1209. Verweisen kann auch das *Revisionsgericht,* BAG BB **75**, 1209. Dabei ist das die Zuständigkeit bejahende oder wegen Unzuständigkeit abweisende Urteil der Vorinstanz durch ein Urteil, nicht durch einen Beschluß, aufzuheben, KG BB **83**, 214, Köln OLGZ **89**, 86; dieses aufhebende Urteil ist entspr § 281 II unanfechtbar. So kann zB nach erstinstanzlichem Prozeßurteil unter dessen Aufhebung grundsätzlich eine Verweisung an das erstinstanzlich zuständige Gericht erfolgen, Köln OLGZ **89**, 87.
  Unmöglich wäre es aber, daß das LG als Berufungsgericht nach einer *Klageerweiterung* der amtsgerichtlichen Klage nunmehr durch eine Verweisung an eine andere Kammer des LG diese wegen des über die amtsgerichtliche Zuständigkeit hinausgehenden Streitwerts als erste Instanz zuständig macht.
  B. **Bestimmbarkeit des zuständigen Gerichts.** Weitere Voraussetzung einer Verweisung ist, daß das **17** Gericht ein inländisches Gericht, Rn 14, als örtlich und sachlich zuständig bestimmen kann. Sind mehrere Gerichte örtlich zuständig, so gehört es zum Antrag des Klägers, daß er wählt; nicht aber darf das verweisende Gericht demjenigen Gericht, an das verwiesen wird, die Prüfung seiner Zuständigkeit unter mehreren anderen Gerichten überlassen, BayObLG **93**, 172. Im übrigen genügt es, daß das verweisende Gericht das andere pflichtmäßig für örtlich und sachlich zuständig hält; dabei hat es die Behauptungen des Klägers, soweit sie für die Bestimmung der Zuständigkeit genügen, Üb 19 vor § 12, zugrundezulegen. Werden die eine Verweisung begründenden Tatsachen, also die Zuständigkeit eines anderen Gerichts, bestritten, so kann auch eine Beweiserhebung nötig werden, natürlich vorausgesetzt, daß vorher ein Antrag, Rn 18, vorliegt. Die Bezeichnung der Abteilung oder Kammer des Gerichts, an das verwiesen wird, ist unnötig und zwecklos, Hamm FamRZ **79**, 1035. Das gilt freilich nur innerhalb derselben Funktion dieses Gerichts; die Bezeichnung einer Funktion wie „Familiengericht" oder „Prozeßgericht" ist bindend, Rn 31. Wegen der Verweisung an die KfH eines einzelnen LG § 96 GVG Rn 3, 4.
  C. **Antrag des Klägers.** Erforderlich ist ferner ein Antrag des Klägers auf Verweisung, BGH **63**, 218, **18** BayObLG MDR **95**, 312, auch in höherer Instanz. Ein „Antrag" des Beklagten ist nicht als solcher, sondern nur als Anregung wirksam, auch in höherer Instanz, aM BezG Gera FamRZ **91**, 1072 (abl Gottwald), Oldb FamRZ **81**, 186 (diese Gerichte lassen, letzteres unter Berufung auf den BGH, den Antrag des „Betroffenen" ausreichen). Etwas anderes gilt in den Fällen §§ 506, 696 ZPO, §§ 97 ff GVG, sowie bei einer sog Meistbegünstigung, Grdz 28 vor § 511. Der Verweisungsantrag kann ein Sachantrag sein, § 297 Rn 9 „Verweisung". Er ist als Hilfsantrag zulässig. Er kann auch im Säumnisverfahren gestellt werden, §§ 331 ff; auch im Verfahren nach § 36 Z 6, BGH NJW **78**, 1163; neuen in Verbindung mit einem Rechtsmittel oder im Anschluß an dieses. Er kann auch nach einer Rücknahme wiederholt werden.
  Es besteht *kein Anwaltszwang,* soweit der Verweisungsantrag oder eine weitere diesbezügliche Erklärung des **19** Klägers oder des Bekl (zulässigerweise, II 1) *vor* dem Urkundsbeamten der *Geschäftsstelle,* auch jedes Amtsgerichts, § 129 a, zu Protokoll abgegeben werden, § 78 III Hs 2. Ein Anwaltszwang entsteht, falls er überhaupt bestehen kann, nur, soweit es zu einer dem Gericht freigestellten, aber nun den tatsächlich anberaumten oder doch stattfindenden mündlichen Verhandlung kommt, und nur für ihre Dauer. Wegen derjenigen Verfahren, die überhaupt keine Verhandlung kennen, s unten.

*Hartmann* 949

§ 281　　　　　　　　　　　　　　　　2. Buch. 1. Abschnitt. Verfahren vor den LGen

**20**　**D. Rechtshängigkeit.** Der Prozeß muß bei dem verweisenden Gericht schon und noch rechtshängig sein, § 261 Rn 4, § 920 Rn 7, BGH NJW **80**, 1281, Zweibr RR **98**, 1606 (also evtl auch nach einem Teilversäumnisurteil), LAG Mü MDR **94**, 824. Eine bloße Anhängigkeit, § 261 Rn 1, genügt nicht, BGH NJW **80**, 1281, BayObLG **91**, 243. Vielmehr findet dann eine formlose Abgabe ohne vorherige Anhörung eines Gegners (es liegt ja noch gar kein Prozeßrechtsverhältnis vor, Grdz 3 vor § 128) und ohne eine Bindungswirkung statt, Hbg FamRZ **88**, 300 (Umdeutung eines „Verweisungs"-Beschlusses), BayObLG **91**, 243, Kblz Rpfleger **89**, 251 (Eröffnung des Insolvenzverfahrens).

**21**　**E. Verstoß.** Fehlt ein Erfordernis nach Rn 15–20 und liegt keine Heilung vor, so kann bei Gewährung des rechtlichen Gehörs eine erfolgte Verweisung wirksam sein, BGH FER **97**, 89; andernfalls ist die Klage durch ein Prozeßurteil abzuweisen; es ist eine Belehrung nach §§ 139, 278 III nötig, Stürner, Die richterliche Aufklärungspflicht im Zivilprozeß (1982) 66.

**22**　**F. Weiteres Verfahren.** Zuständig ist, auch bei einer Entscheidung ohne mündliche Verhandlung, das gesamte Gericht (Kollegium), der Einzelrichter, § 348, § 524 III 1, der Vorsitzende der Kammer für Handelssachen, § 349 II Z 1. Die Entscheidung über den Verweisungsantrag kann grundsätzlich ohne mündliche Verhandlung stattfinden. Das ergibt sich aus II 2. Damit ist der diesbezügliche frühere Streit erledigt. Es gelten vielmehr die Grundsätze zur freigestellten Verhandlung, § 128 Rn 3, auch hier.

**23**　Das Gericht entscheidet nach *pflichtgemäßem Ermessen*, ob es eine mündliche Verhandlung anordnet oder diese Anordnung wieder aufhebt. Es ist an einen diesbezüglichen „Antrag" nicht gebunden. Mag die Schwierigkeit der Sach- und Rechtslage zur Zuständigkeitsfrage, die Entfernung der Parteien vom Gerichtssort und (nur) in diesem Rahmen auch die Kosten eines etwa notwendigen oder gar zusätzlich erforderlichen Anwalts(wechsels) gerade nur zwecks Wahrnehmung dieser Verhandlung abwägen, sollte sich mit ihrer Anordnung zwar zurückhalten, darf und muß sie bei Erforderlichkeit oder auch nur Zweckmäßigkeit auch durchaus anordnen und keineswegs an Kostenerwägungen scheitern lassen; § 8 GKG ist unanwendbar, solange die Terminsanordnung nicht gänzlich abwegig war.

**24**　Ein besonderes *Einverständnis* „mit einer schriftlichen Entscheidung" oder „mit dem schriftlichen Verfahren" ist überflüssig. Schriftlich kann die Verweisung ohnehin im schriftlichen Verfahren, KG AnwBl **84**, 507, und im Aktenlageverfahren, § 251 a, sowie in denjenigen Verfahren stattfinden, die keine mündliche Verhandlung erfordern, zB beim Arrestantrag, § 921 I. Ein Anwaltszwang gilt auch dann, Ffm AnwBl **80**, 198. Alles das gilt auch im Verfahren auf den Erlaß einer einstweiligen Verfügung, §§ 935 ff. Soweit keine Verhandlung stattfindet, muß das Gericht schon wegen Art 103 I GG stets mit einer angemessenen Frist den Antragsgegner vor der Verweisung anhören, vgl schon (zum alten Recht) BGH FamRZ **89**, 847, und dem Antragsgegner daher selbst in einer klarliegenden Sache eine Gelegenheit zu einer schriftlichen Äußerung geben, aM BAG BB **82**, 313.

**25**　**G. Entscheidung in erster Instanz.** Die Verweisung geschieht durch einen zu verkündenden, bei einer Entscheidung ohne mündliche Verhandlung gemäß § 329 II 1 formlos mitzuteilenden Beschluß, nicht etwa erfolgt zusätzlich die Klagabweisung als unzulässig, BAG FamRZ **76**, 513, aM LAG Hamm BB **76**, 331. Nach einem erfolglosen Güteversuch erfolgt die Verweisung auch durch den Vorsitzenden, BAG BB **74**, 1124. Der Beschluß lautet entweder auf Zurückweisung des Antrags oder dahin, daß sich das Gericht insgesamt, nicht nur in der entscheidenden Abteilung oder Kammer usw, Ffm FamRZ **88**, 736, für unzuständig erklärt und den Rechtsstreit grundsätzlich insgesamt, nicht etwa nur wegen einzelner Anspruchsgrundlagen, Ffm RR **96**, 1341 (auch zu Ausnahmen zB bei § 32), an das andere Gericht verweist. Unterbleibt die Unzuständigkeitserklärung, so ist das unwesentlich, solange diese Grundlage der Verweisung eindeutig erkennbar ist. Das andere Gericht ist genau zu bezeichnen; eine Verweisung „an das zuständige Gericht" oder „an das ordentliche Gericht" ist wirkungslos. Der Beschluß ist grundsätzlich zu begründen, § 329 Rn 4, schon wegen unten Rn 43. Er darf keine Kostenentscheidung enthalten, auch nicht wegen der Mehrkosten des II 2.

**26**　**H. Entscheidung in Rechtsmittelinstanz.** Bei ihr ist nach einem erstinstanzlichen Urteil nun auch zwecks Verweisung grundsätzlich ein Urteil notwendig, weil man die gleichzeitig erforderliche Aufhebung des erstinstanzlichen Urteils nicht durch einen Beschluß vornehmen kann, BGH RR **88**, 1403, Ffm FamRZ **91**, 1073, Köln FamRZ **90**, 645. Das gilt auch beim bloßen Hilfsantrag auf Verweisung im Anschluß an eine erstinstanzliche Klagabweisung, BGH NJW **84**, 2040, BAG BB **75**, 1209, Hamm OLGZ **89**, 339. Insoweit ist dann auch unverändert und trotz II 2 in Wahrheit eine mündliche Verhandlung mit Anwaltszwang notwendig. Freilich kommt ein Beschluß infrage, wenn von der Verweisung nur derjene Teil der Klage berührt wird, der erstmals im Rechtsmittelzug durch nachträgliche Anspruchshäufung eingeführt werde und das erstinstanzliche Urteil nicht berührt, Köln FamRZ **90**, 645. Nach einer erst im Anschluß an einen Einspruch gegen ein Versäumnisurteil oder einen Vollstreckungsbescheid oder erst im Anschluß an einen Widerspruch im vorläufigen Verfahren erfolgten Verweisung durch das Rechtsmittelgericht muß dasjenige Gericht, an das verwiesen wurde, über diese Rechtsbehelfe befinden, Heberlein BB **72**, 337. Die Ablehnung der Verweisung erfolgt wie bei Rn 25.

**27**　**5) Grundsatz: Unanfechtbarkeit, II 3–5.** Beim Rpfl gilt in den Fällen Rn 27–45 § 11 RPflG, § 104 Rn 41 ff. Im übrigen gilt: Der Beschluß ist unabhängig von der Frage der Bindungswirkung, Rn 30, grundsätzlich völlig unanfechtbar, mag er zurückweisen, Oldb MDR **92**, 518, oder verweisen, LG Mainz NJW **89**, 171, ohne zurückverweisen, BGH FamRZ **98**, 477, Düss MDR **96**, 311, mag er richtig sein oder auf einem Prozeßverstoß beruhen, BGH FamRZ **98**, 477, BAG NJW **91**, 1630, Köln FamRZ **98**, 171, aM Ffm NJW **93**, 2448.

**28**　Der Verweisungsbeschluß ist sogar dann unanfechtbar, wenn das verweisende Gericht *ausschließlich* zuständig ist, BGH LM § 276 aF Nr 18, BAG BB **83**, 579, Ffm MDR **79**, 851. Die Unanfechtbarkeit besteht auch dann, wenn die Verweisung in der Berufungsinstanz durch Urteil ausgesprochen wurde, BayVGH FamRZ **75**, 60. Ist für die Anspruchsgrundlagen eines einheitlichen prozessualen Anspruchs zum Teil das ordentliche Gericht, zum Teil das ArbG ausschließlich zuständig und verweist das AG oder das ArbG zu Unrecht die

## 1. Titel. Verfahren bis zum Urteil § 281

Sache ans LG, so ist das LG (anders Rn 7) uneingeschränkt zuständig geworden, erst recht bei mehreren Ansprüchen, BAG NJW **74**, 1840.

Der Zweck der Vorschrift, Rn 2, *verbietet* grundsätzlich jede *Nachprüfung* in der höheren Instanz, BGH **29** NJW **90**, 94, selbst wenn das verweisende Gericht nicht ordnungsgemäß besetzt war, Ffm MDR **79**, 851. Vielmehr ist evtl § 36 I Z 6 anwendbar, Düss MDR **96**, 311 (nicht nach Zurückverweisung, BGH FamRZ **98**, 477). Eine Nachprüfung erfolgt freilich dann, wenn das Gericht an ein anderes Gericht zur Prüfung der Zuständigkeit verweist, da das keine Verweisung nach § 281 ist, Rn 30, 33. Erst recht wenn die Fehlerhaftigkeit eine sonst fehlende weitere Instanz eröffnet, Köln FamRZ **92**, 971. Gegen einen Beschluß ist freilich Verfassungsbeschwerde zulässig, BVerfG **29**, 50 (zu § 36), vgl Art 101 I 2 GG.

**6) Weiterer Grundsatz: Unwiderruflichkeit; Bindung, II 3–5.** Der Beschluß ist für das verweisende **30** Gericht unwiderruflich, § 329 Rn 16, BayObLG RR **94**, 1428, Karlsr RR **95**, 1536. Er bindet zwar nicht eine andere Abteilung desselben Gerichts, Bbg FamRZ **90**, 180 (dann ist § 36 I Z 6 anwendbar), wohl aber bei Mängeln im Sinn von Rn 27 grundsätzlich das andere selbständige Gericht, BGH FER **97**, 89, Ffm FamRZ **88**, 734, und dasjenige einer höheren Instanz, Ffm JB **96**, 481 mwN, auch die Rechtsmittelinstanzen des anderen Gerichts. Die Verweisung soll ja gerade die Sache fördern und einen Zwischenstreit zur Zuständigkeit beenden, BGH RR **92**, 903, Oldb MDR **89**, 1002. Das gilt nicht nur wegen derjenigen Zuständigkeitsfrage, derentwegen er verwiesen hat, BAG BB **77**, 613, sondern auch hinsichtlich sonstiger Zuständigkeitsfragen, jedenfalls soweit das verweisende Gericht letztere erkennbar zumindest subjektiv abschließend (mit)geprüft hat, BGH RR **98**, 1219, BAG BB **76**, 1564, Ffm MDR **79**, 851.

Das gilt auch im *Mahnverfahren*, BGH Rpfleger **78**, 138, und anschließend, BayObLG JB **97**, 153. Auch der **31** Verweisungsbeschluß eines in Wahrheit ausschließlich zuständigen Gerichts kann unter diesen Voraussetzungen grundsätzlich binden, BAG RdA **83**, 72, BayObLG **85**, 20. Eine im Prozeßkostenhilfeverfahren beschlossene Verweisung an das damals zuständige Gericht kann auch für das Klageverfahren binden, BAG MDR **82**, 171, Düss Rpfleger **79**, 431, aM BGH RR **92**, 59, Karlsr OLGZ **85**, 124, ZöGe 17.

Eine Prozeßkostenhilfeentscheidung des verweisenden Gerichts *im Hauptverfahren* bindet grundsätzlich, Düss RR **91**, 63. BGH NJW **80**, 1282, ThP 1 meinen, die Bindung umfasse nicht die Unterfrage, welcher Spruchkörper desjenigen Gerichts funktionell zuständig sei, an das die Sache verwiesen wird. Diese Meinung ist eine Folge des heillosen gesetzgeberischen Durcheinanders bei der Schaffung einwandfreie Verweisung an ein FamG für jetzt bindend, Köln FamRZ **82**, 944. Die Verweisung des Einzelrichters, § 348, bindet den Einzelrichter des anderen Gerichts, Kblz MDR **86**, 153.

Im Umfang der Bindungswirkung darf das andere Gericht die Zuständigkeit des verweisenden Gerichts **32** auch nicht erneut unter einem *anderen rechtlichen Gesichtspunkt* überprüfen, Ffm FamRZ **88**, 734, Oldb MDR **89**, 1002. Das wegen der Zuständigkeitsfrage gebundene Gericht muß zur Sache entscheiden, ist dabei aber an die diesbezügliche Ansicht des verweisenden Gerichts nicht mitgebunden, LG Gött VersR **80**, 1180.

**7) Ausnahme: Keine Bindungsabsicht, II 3–5.** Der Beschluß bindet allerdings nur, soweit er auch in **33** Wahrheit, vernünftigerweise ausgelegt, binden will, BGH RR **96**, 897, BAG NJW **97**, 1091, BayObLG RR **96**, 956, Köln VersR **94**, 77, aM StJL 27 (aber auch der Bindungswille und sein Umfang sind durch Auslegung ermittelbar, das ist das notwendig wird). Somit bindet sie nicht für die sachliche Zuständigkeit, wenn nur wegen der funktionellen, Nürnb MDR **96**, 1068, oder örtlichen Unzuständigkeit verwiesen wurde, BGH NJW **78**, 887, BayObLG MDR **86**, 326, Düss Rpfleger **78**, 328. Dann ist eine Weiterverweisung zulässig, BGH LM § 263 aF Nr 10, BayObLG MDR **86**, 326, LG Hbg WoM **88**, 407. Deshalb ist auch bei einer Verweisung vom AG an das LG nur wegen des Streitwerts eine Weiter- oder Rückverweisung an ein ausschließlich zuständiges Gericht möglich, BayObLG MDR **83**, 322 Nr 68, auch an ein ArbG, BAG NJW **74**, 1840, Oldb MDR **89**, 1002.

Es kommt auch eine Weiter- oder Zurückverweisung in Betracht, soweit sich der *Streitgegenstand*, § 2 **34** Rn 3, nach der vorangegangenen Verweisung *ändert*, BGH NJW **90**, 54, oder soweit zB wegen Parteiänderung zum jetzigen Bekl bei der ersten Verweisung noch gar kein Prozeßrechtsverhältnis bestand, KG MDR **98**, 367.

Es ist auch eine *Weiterverweisung* von ArbG zu ArbG möglich (nicht aber eine Rückverweisung), BAG **35** NJW **70**, 1702, oder in einen anderen Rechtsweg, BAG NJW **93**, 1878, oder nach im neuen Rechtswegverweisung nunmehr an ein örtlich zuständiges anderes Gericht, BAG NJW **96**, 742, oder eine Rückverweisung vom LG an das AG, wenn dieses § 29 a übersehen hatte, Düss Rpfleger **73**, 184, Mü ZMR **73**, 84, Stgt Rpfleger **74**, 319, aM Schlesw SchlHA **74**, 169 (eine Rückverweisung ist aber nicht möglich, wenn das AG § 29 a bewußt nicht angewendet hatte, LG Mannh MDR **74**, 235).

Zulässig ist eine Verweisung von der Berufungs- an die erstinstanzliche Kammer, Oldb NJW **73**, 810, aM **36** Sprenger AcP **72**, 471 (aber sonst würde eine Verkürzung des Rechtszuges eintreten). Ist nur wegen der *sachlichen* Unzuständigkeit verwiesen worden, so kann der Beschluß *auch für* die örtliche Zuständigkeit binden; denn sie müßte an sich ja bei ordnungsgemäßer Arbeit bei der sachlichen mitgeprüft worden sein, BayObLG RR **96**, 956, Mü Rpfleger **76**, 188 (Ausnahmen gelten aber, wenn die örtliche Zuständigkeit in Wahrheit eindeutig nicht wenigstens subjektiv abschließend geprüft wurde, BGH NJW **78**, 888 betr eine Familiensache, BayObLG MDR **83**, 322 Nr 68, Köln VersR **94**, 77), aM BAG BB **81**, 616. Man muß im übrigen § 11 beachten. Eine Weiterverweisung gemäß §§ 97 ff GVG an die KfH bleibt möglich, Düss OLGZ **73**, 245. An den an ein AG ergangenen Verweisungsbeschluß ist nur das AG als Ganzes, nicht sein Familiengericht, gebunden, soweit es sich nicht um eine Familiensache handelt, Düss Rpfleger **81**, 239.

**8) Weitere Ausnahme: Irrtum, II 3–5.** Vgl zunächst Rn 27–29. Hat das verweisende Gericht einen **37** landesrechtlichen Spezialgerichtsstand offenbar übersehen, so ist eine Weiterverweisung zulässig, Mü NJW **72**, 61. Hatte das verweisende Gericht sich über die richtige Bezeichnung desjenigen Gerichts, an das es verweisen wollte, offenbar geirrt, zB einen falschen Ortsnamen gewählt, weil es die Bezirksgrenzen nicht kannte, so ist eine Weiterverweisung zulässig, BAG DB **94**, 1380, aM Schlesw SchlHA **73**, 169, oder auch eine Rückgabe zur Berichtigung möglich, Rn 43. Ohne bindende Wirkung ist eine Verweisung an eine andere ZivK desselben Gerichts in derselben Instanz, weil es sich um eine Geschäftsverteilungsfrage handelt.

§ 281　　　　　　　　　　　　　2. Buch. 1. Abschnitt. Verfahren vor den LGen

Dagegen ändert eine bloß unrichtige rechtliche Beurteilung nichts an der Bindungswirkung, BGH RR **92**, 903, Düss WoM **92**, 548, KG RR **97**, 251. Dasselbe gilt erst recht bei zweifelhafter Rechtslage, BGH RR **95**, 702.

**38**　9) **Weitere Ausnahme: Schwerer Verfahrensverstoß, II 3–5.** Nicht bindend ist eine Verweisung ferner, wenn sie nicht mehr als eine im Rahmen des § 281 liegende Entscheidung anzusprechen ist, BGH FER **97**, 89, BayObLG **93**, 318, Ffm NJW **93**, 2449. Bei derart schweren Verfahrensverstößen kommt es nicht darauf an, ob sie für die Verweisung ursächlich waren, BayObLG MDR **80**, 583. Insofern sind folgende Fallgruppen zu unterscheiden:

**39**　A. **Willkür, Rechtsmißbrauch.** Die Verweisung bindet nicht, soweit sie objektiv willkürlich ist, Einl III 21, BVerfG **22**, 254, BGH FamRZ **97**, 173, BayObLG FamRZ **99**, 659, Ffm RR **99**, 604, KG MDR **99**, 56 und 439. Willkür fehlt bei einer vertretbaren Auffassung, BayObLG JB **97**, 153, KG RR **97**, 251, oder bei Nichtbeachtung von gar nicht vorgetragenen Allgemeinen Geschäftsbedingungen, BGH BB **95**, 2029.

**40**　Die Verweisung bindet ferner nicht, soweit sie *sonst rechtsmißbräuchlich* ist, Einl III 54, Schlesw SchlHA **74**, 169, wenn ihr zB *jede gesetzliche Grundlage fehlt,* BGH RR FER **98**, 136, BayObLG **93**, 318, Mü RR **94**, 891.

**41**　B. **Kein rechtliches Gehör.** Die Verweisung bindet ferner nicht, soweit das Gericht das rechtliche Gehör nicht gewährt hatte, da dann ein Verstoß gegen Art 103 I GG (und jetzt § 278 III) vorliegt, Einl III 16, BVerfG **61**, 40, BGH FamRZ **97**, 171 und 173, Ffm RR **99**, 604, aM Hbg FamRZ **88**, 300, Saarbr FamRZ **78**, 521 (dies gilt nicht bei § 251. Aber das rechtliche Gehör ist ein Eckpfeiler, Einl III 16). Abweichungen gelten bei Insolvenz, BGH NJW **96**, 3013.

**42**　Das Gericht muß also auch den Ablauf seiner selbst gesetzten *Frist* zunächst einmal wirksam *in Gang setzen* (daran fehlt es ungeachtet ständiger Verstöße aller möglichen Gerichte, wenn die fristgesetzende Verfügung usw nur mit einem bloßen Handzeichen versehen ist, § 329 Rn 10, und nicht förmlich zugestellt wurde, § 329 II 2) und sodann auch den Fristablauf *abwarten,* BVerfG **61**, 41, BGH FamRZ **86**, 789, und darf seine Überlegungen nicht nur der einen Partei mitteilen, BGH FamRZ **86**, 789. Dieser Verstoß ist auch bei der Verweisung eines Antrags auf den Erlaß einer einstweiligen Verfügung zu beachten, Rn 24, aM BAG BB **82**, 313. Die bloße Unterlassung einer, ja ohnehin freigestellten, mündlichen Verhandlung stellt aber noch keinen derart schweren Verstoß dar, BGH RR **90**, 506.

**43**　C. **Keine Begründung.** Die Verweisung bindet nicht, wenn mangels einer Begründung des Verweisungsbeschlusses nicht feststellbar ist, ob eine gesetzliche Grundlage angenommen worden war, und wenn man letzteres auch nicht den Akten entnehmen kann, Art 101 I 2 GG, BayObLG **93**, 318, KG MDR **98**, 618, Fischer NJW **93**, 2421; dies letztere übersieht BGH FamRZ **88**, 943. Zwar braucht der Beschluß schon wegen seiner Unanfechtbarkeit keine ausführliche Begründung zu enthalten; der bloße Satz „Es handelt sich um eine Familiensache" ist aber keine Begründung, § 329 Rn 4, Mü FamRZ **82**, 943. Die Begründung fehlt vielfach, ist nicht auszurotteneles Übel. Nur in für beide Parteien eindeutig klaren Fällen mag die aus den Akten ableitbare Unzuständigkeit keiner Begründung bedürfen. Unzulängliche Zitate bei Streitfragen stellen jedenfalls keinen Verstoß nach Rn 41, 42 dar, aM Köln RR **97**, 825 (zitiert selbst unvollständig). Eine Begründung fehlt auch, soweit das Gericht diejenigen Tatsachen völlig außer Acht läßt, die einer Verweisung entgegenstehen, KG MDR **99**, 56.

**44**　D. **Klagänderung, Klagerücknahme.** Bei einer nachträglichen Klagänderung, die freilich kaum je im Sinn von § 263 sachdienlich ist, ist eine Weiter- oder Rückverweisung grundsätzlich zulässig, BGH RR **94**, 126, Ffm FamRZ **81**, 186. Eine solche Maßnahme ist aber nicht auf Grund einer nunmehr getroffenen *Parteivereinbarung* statthaft, § 261 III 2, BGH RR **94**, 126, Düss OLGZ **76**, 476. Ferner tritt nach dem Wegfall der Rechtshängigkeit und deshalb nach wirksamer Klagerücknahme keine Bindung ein, Köln JB **99**, 366.

**45**　E. **Gerichtsstandsvereinbarung.** Eine solche Vereinbarung *vor* einer Verweisung nach § 38 ist unschädlich, wenn sie dem verweisenden Gericht unbekannt war, BGH FamRZ **89**, 847. Eine solche Vereinbarung *nach* einer Verweisung erlaubt keine Weiter- oder Zurückweisung, § 261 Rn 28.

**46**　10) **Bei Ausnahme von der Unanfechtbarkeit: Beschwerde, II 3–5.** Die einfache Beschwerde ist nach § 567 I grundsätzlich zulässig, wenn der Beschluß nicht einmal den allgemeinen Anforderungen des Gesetzes genügt, Kblz FamRZ **77**, 796, wenn etwa an ein OLG verwiesen wurde, § 567 Rn 6, abw BAG NJW **72**, 1216 (Folge: § 36 Z 6), oder wenn der Kläger die Verweisung erst nach dem Verhandlungsschluß in einem nicht nachgelassenen Schriftsatz beantragt hatte, AG Seligenstadt MDR **82**, 502, oder wenn in Wahrheit nur eine formlose Abgabe vorliegt, Mü RR **88**, 982, LG Mainz NJW **78**, 171, aM Oldb FamRZ **78**, 344; andernfalls würde ein gerichtliches Versehen die Partei ihres Rechts berauben. Die Beschwerde ist unzulässig, soweit das LG als Berufungs- oder Beschwerdegericht, § 567 III 1, oder soweit das OLG entschieden hat, § 567 IV 1. Die weitere Beschwerde ist unzulässig, § 568 II 1. Wegen einer Anschlußbeschwerde § 577 a. Beim Rpfl gilt § 11 RPflG, § 104 Rn 41 ff.

**47**　11) **Bei Weiterverweisung, Zurückverweisung, II 3–5.** Verweist das grob verfahrensfehlerhaft für zuständig erklärte, in Wahrheit unzuständige Gericht *zulässig* weiter oder zurück, so bindet diese Weiter- oder Zurückverweisung das ursprünglich verweisende Gericht. Dieses kann auch nicht etwa zB jetzt die versäumte Anhörung nachholen und dann wirksam erneut an dasselbe Gericht verweisen, Ffm MDR **80**, 583. Zulässig kann eine Zurückverweisung ferner etwa dann erfolgen, wenn sich der Streitgegenstand inzwischen geändert hat, Rn 44.

**48**　Verweist das Gericht dagegen *unzulässig* weiter oder zurück, so entscheidet das im Rechtszug vorgeordnete Gericht, § 36 I Z 6, BGH FER **97**, 89, BAG BB **73**, 754, Ffm FamRZ **88**, 735. Hat das Gericht, an das verwiesen wurde, sich vorher rechtskräftig für unzuständig erklärt, § 11, so geht diese Rechtskraft dem Verweisungsbeschluß vor, der Verweisungsbeschluß bindet also nicht, Schlesw SchlHA **74**, 169. Einzelheiten § 36 Rn 24 ff.

## 1. Titel. Verfahren bis zum Urteil § 281

**12) Internationale Zuständigkeit, II 3–5.** Das bezeichnete Gericht darf und muß seine internationale 49 Zuständigkeit prüfen, Üb 5 vor § 12, LG Itzehoe NJW **70**, 1010.

**13) Berichtigung, II 3–5.** Das verweisende Gericht darf seinen hinausgehenden Beschluß, § 329 Rn 23, 50 grundsätzlich nicht ändern, wohl aber berichtigen, § 319, insbesondere bei einem offenbaren Irrtum über das wirklich zuständige Gericht, wobei nicht der Wortlaut, sondern der Sinn und Zweck des früheren wie des berichtigenden Beschlusses maßgeblich sind, BVerfG **29**, 50. Solange die Entscheidung nach einer (freigestellten, II 2) mündlichen Verhandlung oder nach § 128 II, III nicht verkündet, oder sonst ohne Verhandlung nicht hinausgegeben worden ist, § 329 Rn 23, 24, ist sie frei abänderlich.

**14) Anhängigkeit beim neuen Gericht, II 3–5.** Nicht (mehr) mit einer Verkündung (Mitteilung), 51 sondern nach II 4 schon und erst mit dem *Eingang der Akten* (Posteingangsstempel der Verwaltungsgeschäftsstelle) „wird" die Sache beim bezeichneten Gericht „anhängig", BGH RR **93**, 700; zum Begriff § 261 Rn 1. Eine schon vorher rechtshängig gewesene Sache, zu diesem Begriff ebenfalls § 261 Rn 3, bleibt natürlich auch beim neuen Gericht von Eingang an rechtshängig, BGH JZ **89**, 50, Köln FamRZ **85**, 1278, aM BayObLG FGPrax **98**, 103 (ab Verweisungsbeschluß). Hat das AG verwiesen, ist jetzt das LG das erstinstanzliche Gericht, so daß eine Beschwerde in der Sache selbst an das OLG geht. Auch ist keine Aufhebung der einstweiligen Verfügung durch das verweisende, aber bisher unzuständige Gericht mehr möglich, desgleichen nicht die Nachholung der unterlassenen Prüfung, ob ein Einspruch gegen das Versäumnisurteil des verweisenden Gerichts überhaupt zulässig war; hat das AG die ZwV eingestellt, nach dem ein Vollstreckungsbescheid ergangen war, so entscheidet über eine sofortige Beschw das OLG, da das LG nicht gleichzeitig erstinstanzlich und als Beschwerdegericht tätig werden kann, zumal die Sache in ihrem ganzen Umfang, nunmehr beim LG anhängig ist.

**15) Weiteres Verfahren, II 3–5.** Das verweisende Gericht entscheidet nicht mehr über sofortige 52 Beschwerde nach § 11 I RPflG, wohl aber nach Nichtabhilfe seitens des Rpfl jetzt über eine sofortige Erinnerung gegen seine Entscheidung, § 11 II 3, 4 RPflG, § 104 Rn 41 ff. Das verweisende Gericht hat dem anderen Gericht die Akten von Amts wegen zuzusenden; dieses bestimmt einen Termin und lädt von Amts wegen, und zwar wegen der jetzigen Anhängigkeit bei ihm, Rn 51 auch dann, wenn es den Verweisungsvorgang für fehlerhaft und nicht bindend hält, BGH JZ **89**, 50. Die Einlassungsfrist nach § 274 III ist nicht ab Verweisung neu zu wahren. Das bisherige Verfahren behält seine prozessuale Bedeutung, LG Arnsberg RR **93**, 319, zB wirken eine Prozeßkostenhilfe und frühere Prozeßhandlungen fort und bleibt die Zuweisung an den Einzelrichter, § 348, bindend, ferner dauern die Wirkungen der Rechtshängigkeit an, ebenso die Bindung durch ein Geständnis usw; das neue Verfahren setzt das alte fort, BGH **97**, 161, Ffm Rpfleger **74**, 321, Hamm Rpfleger **76**, 142.

Wird verwiesen, so sind auch *Ausschlußfristen* gewahrt, § 253 Rn 21. Soweit das jetzt befaßte Gericht 53 seine Zuständigkeit ebenfalls verneinen will, hat es – evtl nach einem Hinweis gem §§ 139, 278 III, 504 – notfalls mangels wenigstens hilfsweisen Weiterverweisungsantrags die Klage abzuweisen, BGH JZ **89**, 50. Über ein Rechtsmittel gegen eine der Verweisung voraufgegangene richterliche Entscheidung befindet abgesehen von § 11 II 3, 4 RPflG das neue Gericht, soweit es abhelfen darf, sonst sein Rechtsmittelgericht.

**16) Kosten, III.** Ein klarer Grundsatz zeigt manches Einzelproblem. 54

**A. Grundsatz: Kläger trägt Mehrkosten.** Die gesamten Prozeßkosten bilden ebenso wie das Verfahren eine Einheit, Ffm GRUR **88**, 646. Das Gericht, an das verwiesen wurde, entscheidet grundsätzlich allein über die Kosten, Rn 25. Das gilt auch, wenn die Gerichte verschiedenen Ländern angehören. Dagegen kann bei einer Verweisung von einem höheren an ein erstinstanzliches Gericht das Rechtsmittelgericht über die Kosten des Rechtsmittelverfahrens entscheiden, Hamm Rpfleger **76**, 142, auch bei einer Verweisung an ein VG, BGH JR **76**, 85, aber nicht bei einer Verweisung an ein LwG. Im Fall der Verweisung in der höheren Instanz entscheidet das Rechtsmittelgericht über die Rechtsmittelkosten. Im Fall einer Rechtswegverweisung, §§ 17 ff GVG, kann das verweisende Gericht evtl selbst über die bisherigen Kosten entscheiden. Das Gericht, an das verwiesen worden ist, muß dem Kläger die durch die Anrufung des unzuständigen Gerichts erwachsenen Mehrkosten auferlegen, Schlesw SchlHA **80**, 220 (etwas anderes gilt nur bei einer entsprechenden Regelung in einem Vergleich, § 98 Rn 55 „Verweisung"). Das gilt auch dann, wenn der Kläger in der Hauptsache siegt. Das gilt auch, wenn das Gericht nicht hätte verweisen dürfen. „Kosten" können „Mehrkosten" bedeuten, Kblz Rpfleger **91**, 477.

**B. Mehrkostenbegriff.** Mehrkosten sind der Unterschied zwischen den dem Bekl tatsächlich entstande- 55 nen gesamten Kosten (Gebühren und Auslagen) und denjenigen, die ihm nur entstanden wären, wenn der Kläger das zuständige Gericht sofort angerufen hätte, Hamm MDR **90**, 161, Nürnb JB **91**, 1636, LAG Bre BB **86**, 672.

*Zu den Mehrkosten zählen* namentlich die Kosten des anderen Anwalts, Düss MDR **80**, 321, Ffm VersR **80**, 56 876, aM von Gierke-Braune/Hiekel Rpfleger **85**, 228, wenn auch nicht schlechthin, denn er könnte als Verkehrsanwalt erforderlich gewesen sein. Ferner Hbg AnwBl **82**, 384, wie auch die Kosten für Informationsreisen zu dem nunmehr erforderlich gewordenen Anwalt zu berücksichtigen sind. Der Bekl braucht sich nicht schon im Hinblick auf eine mögliche Verweisung einen Anwalt auszusuchen. Ist in der 2. Instanz verwiesen worden, so kommen nur die Mehrkosten der 1. Instanz in Frage. Ein Vergleich (er ist auslegbar) geht vor, § 98 Rn 29 ff. Säumniskosten, § 344, und Kosten erfolgloser Angriffs- und Verteidigungsmittel, § 96, sind keine Mehrkosten im Sinn von III 2.

**C. Einzelfragen.** Bei einer Verweisung vom ArbG ans ordentliche Gericht gelten der dem III inhaltlich 57 entsprechende § 17 b I GVG in Verbindung mit § 48 I ArbGG, letzterer abgedruckt hinter § 281 ZPO. Im übrigen gilt dort § 9 GKG, Hamm Rpfleger **76**, 142; desgleichen umgekehrt; zu diesem Fall LAG Tüb NJW **70**, 630. Im Arbeitsgerichtsverfahren sind ferner §§ 12, 12a ArbGG zu beachten, Ffm MDR **85**, 942, LAG Hamm MDR **87**, 876, LAG Kiel SchlHA **89**, 79, aM LAG Bln AuR **84**, 122, LAG Bre BB **86**, 671 (Erstattung nur der Mehrkosten). Bei einer Verweisung aus § 506 gilt S 2 nicht. Wegen des Mahnverfahrens

§ 281, § 281 Anh I        2. Buch. 1. Abschnitt. Verfahren vor den LGen

§ 696 Rn 21. Bei einer bloßen Abgabe, Rn 20, ist III unanwendbar; vielmehr gelten dann §§ 91ff, Ffm FamRZ **94**, 1603, KG MDR **90**, 1019, Schlesw JB **91**, 702, aM Hbg MDR **86**, 679, Kblz JB **84**, 759 (die Vorschrift sei entsprechend anwendbar).
*Gebühren:* § 33 GKG, wegen eines Vorschusses Anh § 271. Mehrere Anwalte können getrennt berechnen.

58   **D. Verstoß.** Wird die Auferlegung der Kosten versäumt, dann darf der Rpfl im Kostenfestsetzungsverfahren nicht abhelfen, Einf 9 vor §§ 103–107, Düss MDR **99**, 568. Regelmäßig liegt dann eine unvollständige Entscheidung vor und hat eine Urteilsergänzung nach § 321 einzutreten, Köln Rpfleger **93**, 37; denn wenn alle Kosten dem Bekl auferlegt sind, dann sind die Mehrkosten einfach übersehen worden. Ist das nicht mehr möglich, kann der Rpfl eine Ergänzung auch nicht mit der Erwägung nachholen, daß diese Kosten nicht notwendig gewesen seien, § 91 I. Ein unrichtiger Urteilsausspruch bleibt für ihn bindend, Einf 17 vor §§ 103–107, Hbg MDR **98**, 1502, Karlsr MDR **88**, 1063 (auch wegen Prozeßvergleichs), Kblz RR **92**, 892, aM Ffm MDR **97**, 103 (aber § 321 ist systematisch sauberer), Köln Rpfleger **93**, 37 (der Beschluß sei bindend, aber seine Notwendigkeit sei zu prüfen). § 99 hilft nicht, Kblz MDR **85**, 852.

59   Mit einer Auslegung, die grundsätzlich zulässig ist, Einf 19 vor §§ 103–107, hat das nichts zu tun; die richterliche Entscheidung umfaßt auch dann, wenn § 281 übersehen wurde, wie sich aus seinem Wortlaut ergibt, die *gesamten* Kosten, sie kann vom Rpfl nicht korrigiert werden, wenn schon ihre Richtigstellung durch das Gericht, § 321, nicht möglich ist. Die beim unzuständigen Gericht erwachsenen Säumniskosten trägt der Säumige, aM Habel NJW **97**, 2358 (aber § 344 hat auch hier Vorrang).

60   **17) VwGO:** Es gilt § 83 VwGO, der auf §§ 17–17b GVG verweist, s die dortigen Erl, BVerwG NVwZ **95**, 372 u NVwZ-RR **95**, 300 mwN, VGH Kassel NJW **95**, 1171. Anstelle von III tritt die (gleichlautende) Regelung in § 17b II GVG, wenn die Anrufung des Gerichts nicht vom Beklagten (durch unrichtige Rechtsmittelbelehrung) verschuldet worden ist, § 155 V VwGO (daß § 155 V vorgeht, ergibt die Begr zum 4. VwGOÄndG, BT-Drs 11/7030 S 38). Bei Verweisung durch das BVerwG (als 1. Instanz) hat dieses gesondert über die Kosten des Revisionsverf zu entscheiden, BVerwG **KR** § 155 Nr 6.

### Anhang nach § 281

### I. Abgabe in Hausratssachen

*HausratsVO § 18.* ¹ ¹Macht ein Beteiligter Ansprüche hinsichtlich der Ehewohnung oder des Hausrats (§ 1) in einem Rechtsstreit geltend, so hat das Prozeßgericht die Sache insoweit an das nach § 11 zuständige Familiengericht abzugeben. ²Der Abgabebeschluß kann nach Anhörung der Parteien auch ohne mündliche Verhandlung ergehen. ³Er ist für das in ihm bezeichnete Gericht bindend.

II Im Falle des Abs. 1 ist für die Berechnung der im § 12 bestimmten Frist der Zeitpunkt der Klageerhebung maßgebend.

*HausratsVO § 11.* I Zuständig ist das Gericht der Ehesache des ersten Rechtszuges (Familiengericht).

II ¹Ist eine Ehesache nicht anhängig, so ist das Familiengericht zuständig, in dessen Bezirk sich die gemeinsame Wohnung der Ehegatten befindet. ²§ 606 Abs. 2, 3 der Zivilprozeßordnung gilt entsprechend.

III ¹Wird, nachdem ein Antrag bei dem nach Absatz 2 zuständigen Gericht gestellt worden ist, eine Ehesache bei einem anderen Familiengericht rechtshängig, so gibt das Gericht im ersten Rechtszug das bei ihm anhängige Verfahren von Amts wegen an das Gericht der Ehesache ab. ²§ 281 Abs. 2, 3 Satz 1 der Zivilprozeßordnung gilt entsprechend.

1   **1) Systematik, Regelungszweck.** Die VO v 21. 10. 44, RGBl 256, mehrfach geändert, sieht keine Verweisung vor, sondern eine Abgabe. Das ist ein Unterschied: Die Abgabe hat zum einen von Amts wegen zu geschehen; das Verfahren vor dem Gericht der Abgabe ist zum anderen keine Fortsetzung des Verfahrens vor dem abgebenden Prozeßgericht, schon weil es anderer Art ist, kein Prozeß, sondern ein Verfahren der freiwilligen Gerichtsbarkeit. Für die Gerichts- und Anwaltskosten bestimmt freilich § 23 VO, daß sie als Teil der Kosten vor dem übernehmenden Gericht zu behandeln sind, KG FamRZ **74**, 197.

2   **2) Voraussetzungen der Abgabe, § 18 I.** Es müssen zwei Bedingungen zusammentreffen.

**A. Einigungsmangel.** Es muß sich um einen Fall handeln, in dem bisherige Ehegatten sich nach der Trennung, Scheidung oder Aufhebung der Ehe (§§ 1, 25 VO) nicht darüber einigen können, wer von ihnen künftig die Ehewohnung (auch eine Gartenlaube, BGH FamRZ **90**, 987) bewohnen, Ffm FamRZ **91**, 1327, oder die Wohnungseinrichtung oder den sonstigen Hausrat erhalten soll. Für einen solchen Fall sieht die VO eine auf Antrag stattfindende Regelung durch den Richter der freiwilligen Gerichtsbarkeit vor; ein Streitverfahren findet nur vor dem FamGer zum Zweck einer einstweiligen Anordnung im Eheverfahren statt, § 19 VO, s bei § 620 ff. Darum hat das Prozeßgericht, wenn es außerhalb dieses Falls angerufen ist, die Sache ans zuständige FamGer abzugeben. Eine Hausratssache liegt auch vor, soweit es um eine andere als die in § 1 HausrVO und in § 1361 a BGB genannte Eigentums- oder Besitzstreitigkeit zwischen getrennt oder in Scheidung lebenden Eheleuten über Haushaltsgegenstände geht, Bbg RR **96**, 1413, Hbg FamRZ **80**, 250, LG Bochum FamRZ **83**, 166, oder bei Zuweisung eines Haustiers, Zweibr MDR **98**, 911.

Eine Hausratssache liegt *nicht* vor, wenn der Streit der Eheleute nur um eine Nutzungsentschädigung für die Vergangenheit geht, Hbg FamRZ **82**, 941. Eine Hausratsverfahren ist eine Auskunftsklage unzulässig, Düss FamRZ **85**, 1153. Zur Zulässigkeit des Hausratsverfahrens vor Anhängigkeit einer Ehesache Hamm FamRZ **86**, 490.

1. Titel. Verfahren bis zum Urteil § 281 Anh I, II

**B. Anspruch eines Beteiligten.** Es muß sich weiter handeln um den Anspruch eines „Beteiligten". 3
Beteiligt sind nach § 7 VO nicht nur die Ehegatten, sondern auch der Vermieter der Ehewohnung, der
Grundstückseigentümer, Personen, mit denen die Gatten über ein Gatte hinsichtlich der Wohnung in
Rechtsgemeinschaft stehen, bei Dienstwohnung auch der Dienstherr.

**3) Entscheidung.** Das Prozeßgericht prüft, ob die Voraussetzungen Rn 2 vorliegen. Trifft das einwand- 4
frei von vornherein zu, so kann es ohne mündliche Verhandlung abgeben. Andernfalls muß es die Parteien
hören, um ein klares Bild zu gewinnen; es kann das in mündlicher Verhandlung tun, aber auch schriftlich.
Ob die Frist des § 12 VO eingehalten ist, berührt das Prozeßgericht nicht; darüber befindet das Gericht der
Abgabe. Das Prozeßgericht hat in keinerlei sachliche Verhandlung einzutreten. Das Fehlen der örtlichen
Zuständigkeit ist ein wichtiger Grund für das AG, die Sache ans örtlich zuständige AG weiterzugeben, § 11
II VO. Die Entscheidung erfolgt durch verkündeten oder formlos mitgeteilten Beschluß. Der Beschluß ist zu
begründen, § 329 Rn 4. Er bindet das AG, an das abgegeben ist, BGH FamRZ **90**, 987, Karlsr FamRZ **92**,
1083, auch wenn er falsch ist, Schlesw SchlHA **80**, 212. Diese Wirkung tritt auch innerhalb desselben AG im
Verhältnis zwischen seiner Zivilprozeßabteilung und seinem Familiengericht ein, Ffm FamRZ **81**, 479,
Heintzmann FamRZ **83**, 960. Die Bindung ergreift aber nicht die Frage, nach welchen Verfahrensregeln das
nunmehr zuständige Gericht zu entscheiden hat, Hbg FamRZ **82**, 941, Heintzmann FamRZ **83**, 960, für
die erste Instanz abw Karlsr OLGZ **86**, 131.

**4) Rechtsmittel.** Gegen den Beschluß ist die einfache Beschwerde zulässig, §§ 13 I VO, 19 FGG, aM 5
Heintzmann FamRZ **83**, 957; § 14 VO steht nicht entgegen, zumal der Beschluß nach §§ 11, 18 VO zwar
bindend, Ffm FER **98**, 835, nicht aber für unanfechtbar erklärt ist, vgl dagegen § 281 II. § 567 ist
unanwendbar, da auch das ProzG den Sonderregeln der VO (und damit FGG) bei der Abgabe unterworfen
ist, Karlsr FamRZ **76**, 93, Heintzmann FamRZ **83**, 957, aM BayObLG FamRZ **82**, 399. Vgl auch § 281
Anh II Rn 9. Zur Entscheidung über die Beschwerde ist der Familiensenat des OLG zuständig, Heintzmann
FamRZ **83**, 961. Karlsr OLGZ **86**, 132 wendet den Meistbegünstigungsgrundsatz, Grdz 28 vor § 511, an.
Beim Rpfl gilt § 11 RPflG, § 104 Rn 41 ff.

## II. Abgabe nach dem Wohnungseigentumsgesetz

**WEG § 46.** ¹¹**Werden in einem Rechtsstreit Angelegenheiten anhängig gemacht, über die
nach § 43 Abs. 1 im Verfahren der freiwilligen Gerichtsbarkeit zu entscheiden ist, so hat das
Prozeßgericht die Sache insoweit an das nach § 43 Abs. 1 zuständige Amtsgericht zur Erledigung im Verfahren der freiwilligen Gerichtsbarkeit abzugeben. ²Der Abgabebeschluß kann
nach Anhörung der Parteien ohne mündliche Verhandlung ergehen. ³Er ist für das in ihm
bezeichnete Gericht bindend.**

**II Hängt die Entscheidung eines Rechtsstreits vom Ausgang eines in § 43 Abs. 1 bezeichneten
Verfahrens ab, so kann das Prozeßgericht anordnen, daß die Verhandlung bis zur Erledigung
dieses Verfahrens ausgesetzt wird.**

**1) Systematik, Regelungszweck, I, II.** Nach § 1 WEG ist die Begründung folgender Eigentumsfor- 1
men möglich: Wohnungseigentum, dh Sondereigentum an einer Wohnung; außerdem Teileigentum, dh das
Sondereigentum an nicht zu Wohnzwecken dienenden Räumen eines Gebäudes, in den beiden ersteren
Fällen in Verbindung mit dem Miteigentumsanteil an dem gemeinschaftlichen Eigentum, zu dem es gehört.
Die Verwaltung des gemeinschaftlichen Eigentums erfolgt durch die Wohnungseigentümer gemeinschaftlich,
§ 21 WEG, oder durch einen Verwalter. Das Verfahren in Wohnungseigentumssachen ist das der freiwilligen
Gerichtsbarkeit, § 43 WEG. Mangels Vorliegens der allgemeinen Prozeßvoraussetzungen erfolgt keine
Abgabe, sondern eine Abweisung durch ein Prozeßurteil, § 56 Rn 3 usw, Kblz NJW **77**, 57. Es erfolgt keine
Verweisung, sondern eine Abgabe, § 281 Anh I Rn 1; also ist § 281 nicht anwendbar, wenn auch mitbeachtlich, BayObLG FGPrax **98**, 103. Für die Kosten vor dem Prozeßgericht hinsichtl Gerichts- und Anwaltskosten ist das Verfahren vor dem Prozeßgericht als Teil des Verfahrens vor dem übernehmenden Gericht zu
behandeln, § 50 WEG, KG OLGZ **90**, 193.

**2) Voraussetzungen der Abgabe, I.** Es muß sich um Angelegenheiten des § 43 I handeln. Maßgeblich 2
sind der Tatsachenvortrag des Antragstellers und sein Antrag, BayObLG MDR **84**, 942.

**A. Rechte und Pflichten des Wohnungseigentümers.** Es muß sich um die sich aus der Gemeinschaft
(wegen der erst künftigen BGH RR **87**, 1036) der Wohnungseigentümer, KG OLGZ **77**, 1, und aus der
Verwaltung, auch Benutzung, Stgt OLGZ **74**, 410, des gemeinschaftlichen Eigentums ergebenden Rechte
und Pflichten der Wohnungseigentümer untereinander handeln. Ausreichen können auch eine unerlaubte
Handlung im Zusammenhang mit dem Gemeinschaftsverhältnis, BGH WoM **91**, 418, oder ein Anspruch
gegen einen ausgeschiedenen Wohnungseigentümer, AG Karpen ZMR **99**, 125.

Das ist nicht der Fall, soweit einer dieser Beteiligten als *Vertragspartner* der anderen, Celle RR **89**, 143, Stgt 3
OLGZ **86**, 36, oder als Nachbar auftritt; dann ist der ordentliche Rechtsweg gegeben, BGH NJW **74**, 1552,
ebenso bei einem Streit wegen des Umfangs des Sondereigentums, Stgt OLGZ **86**, 36, bzw Sondernutzungs-
rechts, BGH NJW **90**, 1113, oder beim Streit zwischen Miteigentümern aus einem nur zwischen ihnen
vereinbarten Konkurrenzverbot, BGH BB **86**, 1676, oder beim Streit mit dem Versicherer des Verwalters
oder eines Miteigentümers, BayObLG RR **87**, 1099; wegen der Rechtsbeziehungen zwischen eingetragenen
Wohnungseigentümern und einem noch nicht eingetragenen Käufer KG RR **87**, 841 (Vorlagebeschluß) und
LG Aachen MDR **87**, 500.

Wenn es um einen Anspruch aus dem *Gemeinschaftsverhältnis* gegenüber dem vor Rechtshängigkeit Aus- 4
geschiedenen geht, ist das ProzGer für zuständig, BGH **106**, 37. Eine Ausnahme bildet der Anspruch im
Falle der Aufhebung der Gemeinschaft, § 17 WEG, und der Anspruch auf Entziehung des Wohnungseigen-

## § 281 Anh II, III   2. Buch. 1. Abschnitt. Verfahren vor den LGen

tums, §§ 18, 19 WEG. Die Abgabe erfolgt im oder nach dem Mahnverfahren, § 688 Rn 2, und zwar nur durch den Richter, LG Schweinf MDR **76**, 149, Vollkommer Rpfleger **76**, 3. Ein nach §§ 485 ff (und nicht nach § 164 FGG) eingeleitetes selbständiges Beweisverfahren ist nicht abzugeben, LG Bln MDR **88**, 322.

**5** **B. Rechte und Pflichten des Verwalters.** Es kann sich auch um die Rechte und Pflichten des Verwalters bei der Verwaltung des gemeinschaftlichen Eigentums handeln, auch zu der Frage, ob die Verwalterbestellung wirksam ist, KG OLGZ **76**, 267, oder bei einem Streit über einen Anspruch aus dem Verwaltervertrag, BGH **59**, 59, Hamm NJW **73**, 2301, Schlesw SchlHA **80**, 54, aM BayObLG **72**, 140, oder über Abwicklungspflichten des früheren Verwalters, BGH NJW **80**, 2466, BayObLG WoM **89**, 532, aM AG Mü RR **87**, 1425 (aber die Natur des Rechtsverhältnisses ändert sich durch das Ausscheiden nicht). Das gilt aber nicht wegen der Tätigkeit als Baubetreuer vor einer wenigstens tatsächlichen Bindung der Gemeinschaft, BGH **65**, 267, oder für einen Anspruch gegen den Verwalter wegen eines Sondereigentums, BayObLG WoM **89**, 533.

**6** **C. Verwalterbestellung.** Es kann um seine Bestellung in dringenden Fällen handeln, § 26 II WEG.

**7** **D. Beschluß der Wohnungseigentümer.** Es kann sich schließlich um die Gültigkeit eines Beschlusses der Wohnungseigentümer handeln.

**8** **3) Entscheidung, I.** Liegen die Voraussetzungen vor, so erfolgt die Abgabe vom WEG-Gericht an das Prozeßgericht nur auf Grund eines Antrags, Mü RR **89**, 272, und zwar durch Beschluß, in der Rechtsmittelinstanz durch Urteil. Sie erfolgt, sofern die Sache zweifelsfrei ist, ohne mündliche Verhandlung. In jedem Fall sind die Parteien vorher zu hören, was auch schriftlich geschehen kann. Abgegeben wird an das AG, in dessen Bezirk das Grundstück liegt, § 43 I WEG; nach einer Abgabe an das falsche AG ist eine Weiter- oder Rückabgabe an das richtige zulässig, BayObLG NJW **70**, 1550 (aM BayObLG DNotZ **74**, 79, falls das OLG verweist). Für dieses Empfängergericht ist der Abgabebeschluß bindend, Karlsr OLGZ **75**, 286, Vollkommer Rpfleger **76**, 4. BGH **78**, 60 erklärt auch eine Abgabe vom Gericht der freiwilligen Gerichtsbarkeit an das Prozeßgericht mit einer das letztere grundsätzlich bindenden Wirkung für zulässig.

**9** **4) Rechtsmittel, I, II.** Zulässig ist gegen einen Abgabebeschluß die einfache Beschwerde, §§ 43 I WEG, 19 FGG; die §§ 45, 58 WEG stehen nicht entgegen, zumal der Beschluß nach § 46 I WEG zwar grundsätzlich bindend (Ausnahme bei offensichtlicher Unrichtigkeit, BayObLG WoM **91**, 361), nur grds richtig BayObLG MDR **87**, 59 (vgl aber § 329 Rn 15 „§§ 313–313 b"), aber nicht für unanfechtbar erklärt ist, vgl dagegen § 281 II. § 567 ist unanwendbar, da auch das ProzG den Sonderregeln des WEG (und damit des FGG) bei der Abgabe unterworfen ist. Vgl auch § 281 Anh I Rn 5. § 46 WEG betrifft nicht das Verhältnis zweier Gerichte derselben Gerichtsbarkeit, BayObLG WoM **91**, 414, Düss MDR **87**, 242, Kblz ZMR **77**, 87, aM BGH **97**, 289, Hamm Rpfleger **78**, 25.

**10** Wegen einer Abgabe durch ein Urteil BGH **97**, 288. Ob § 17a GVG für eine Verweisung vom Prozeßgericht an das FGG-Gericht entsprechend anwendbar ist, BayObLG WoM **92**, 204, kann offen bleiben. Die Vorschrift ist jedenfalls bei einer Verweisung vom FGG-Gericht an das Prozeßgericht entsprechend anwendbar, BayObLG RR **91**, 1358. Beim Rpfl gilt § 11 RPflG, § 104 Rn 41 ff.

### III. Abgabe nach dem Verfahrensgesetz in Landwirtschaftssachen

*LwVG § 12.* **I** ¹Hält das Gericht sich für unzuständig, so hat es die Sache an das zuständige Gericht abzugeben. ²Der Abgabebeschluß kann nach Anhörung der Beteiligten ohne mündliche Verhandlung ergehen. ³Er ist für das in ihm bezeichnete Gericht bindend. ⁴Im Falle der Abgabe an ein Gericht der streitigen Gerichtsbarkeit gilt die Rechtshängigkeit der Sache in dem Zeitpunkt als begründet, in dem der bei dem für Landwirtschaftssachen zuständigen Gericht gestellte Antrag dem Beteiligten bekanntgemacht worden ist, der nach der Abgabe Beklagter ist. ⁵§ 270 Abs. 3 der Zivilprozeßordnung ist entsprechend anzuwenden.

**II** ¹Wird in einem Rechtsstreit eine Angelegenheit des § 1 Nr. 1 oder Nr. 2 bis 6 anhängig gemacht, so hat das Prozeßgericht die Sache insoweit an das für Landwirtschaftssachen zuständige Gericht abzugeben. ²Absatz 1 Satz 2, 3 ist anzuwenden.

**III** Für die Erhebung der Gerichtskosten ist das Verfahren vor dem abgebenden Gericht als Teil des Verfahrens vor dem übernehmenden Gericht zu behandeln.

**1** **1) Abgabe ans Prozeßgericht, I.** Es sind drei Phasen zu beachten.
**A. Verfahren.** Hält das Landwirtschaftsgericht das Prozeßgericht für sachlich zuständig, vgl BGH NJW **91**, 3280 (für den umgekehrten Fall), so hat es, ohne daß es eines Antrages bedarf, die Sache an das Prozeßgericht abzugeben. Vorher erfolgt eine Anhörung der Parteien, ohne daß hiervon die Wirksamkeit der Abgabe abhängig wäre; an die Anträge der Parteien ist das Gericht nicht gebunden. Mündliche Verhandlung ist freigestellt; der Vorsitzende kann allein entscheiden, § 20 I Z 3 LwVG. Als rechtshängig wird bei der Verweisung die Sache von dem Zeitpunkt ab angesehen, in dem der bei dem LwG gestellte Antrag dem Beteiligten, der nunmehr Bekl ist, bekanntgemacht worden ist. Ist erheblich, ob durch den Antrag eine Frist gewahrt oder die Verjährung unterbrochen ist, so ist die Einreichung des Antrags beim LwG maßgebend, wenn die Bekanntmachung demnächst erfolgt ist, § 270 III ZPO.

**2** **B. Entscheidung.** Der Beschluß, der keine Entscheidung in der Hauptsache ist, BGH **LM** Nr 2, ist zu begründen, § 21 LwVG. Er ist für das Prozeßgericht bindend. Im Prozeßkostenhilfeverfahren gilt dasselbe wie § 281 Rn 3, Hbg NJW **73**, 813.

## 1. Titel. Verfahren bis zum Urteil   § 281 Anh III, § 282

**C. Rechtsmittel.** Gegen den Beschluß ist die sofortige Beschwerde zulässig, § 22 LwVG, zumal der Beschluß nach § 12 LwVG nicht für unanfechtbar erklärt ist, vgl dagegen § 281 II. § 567 ist unanwendbar, da auch das Prozeßgericht den Sonderregeln des LwVG bei der Abgabe unterworfen ist, § 9 LwVG. Es entscheidet das OLG. Wird der Beschluß durch das Beschwerdegericht aufgehoben, so entfällt damit auch die Anhängigkeit beim Prozeßgericht. In der Revisionsinstanz findet keine Überprüfung der sachlichen Zuständigkeit mehr statt, § 549 II, § 48 I LwVG, BGH NJW 91, 3280. Beim Rpfl gilt § 11 RPflG, § 104 Rn 41 ff.

**2) Abgabe ans Landwirtschaftsgericht, II.** Auch hier gelten drei Phasen. 4

**A. Verfahren.** Im umgekehrten Fall wie Rn 1 hat das sachlich unzuständige Prozeßgericht, BGH NJW 91, 3280, an das LwG zu verweisen. Ist der Anspruch außer auf Landpachtvertrag auch auf unerlaubte Handlung gestützt, kann wegen letzterer nicht an das LwG verwiesen werden.

**B. Entscheidung.** Der Beschluß ergeht nur nach Anhörung der Parteien, II 2, aber ohne Bindung an 5 deren Anträge und in jeder Lage des Verfahrens von Amts wegen, Celle MDR 76, 586. Also anders als nach § 281 erfolgt auch dann keine Abweisung der Klage. Auch dieser Beschluß ist zu begründen und für das LwG, nicht aber für die Parteien bindend, Rn 2 (eine dem § 281 II 1. Halbsatz ZPO entsprechende Vorschrift fehlt). Es greift also die Sonderregelung des § 12 LwVG ein.

In der *Rechtsmittelinstanz* ist die Abgabe zwar grds zulässig, aber nur dann bindend, wenn sie durch Urteil 6 unter gleichzeitiger Aufhebung des vorinstanzlichen Urteils erfolgt, BGH RR 88, 1403.

**C. Rechtsmittel.** Es gelten dieselben Regeln wie Rn 3. 7

**3) Kosten, III.** Für die Kostenregelung ist maßgebend, welches Gericht endgültig über die Sache 8 entscheidet; die Sache wird also im Falle der Abgabe auch bezüglich der Gerichtskosten so angesehen, als wenn sie immer bei diesem Gericht anhängig gewesen wäre („als Teil des Verfahrens vor dem übernehmenden Gericht zu behandeln"). Eine Entscheidung des abgebenden Gerichts über die durch seine Anrufung entstandenen Mehrkosten ist unzulässig.

**282** *Rechtzeitiges Vorbringen.* ¹Jede Partei hat in der mündlichen Verhandlung ihre Angriffs- und Verteidigungsmittel, insbesondere Behauptungen, Bestreiten, Einwendungen, Einreden, Beweismittel und Beweiseinreden, so zeitig vorzubringen, wie es nach der Prozeßlage einer sorgfältigen und auf Förderung des Verfahrens bedachten Prozeßführung entspricht.

II Anträge sowie Angriffs- und Verteidigungsmittel, auf die der Gegner voraussichtlich ohne vorhergehende Erkundigung keine Erklärung abgeben kann, sind vor der mündlichen Verhandlung durch vorbereitenden Schriftsatz so zeitig mitzuteilen, daß der Gegner die erforderliche Erkundigung noch einzuziehen vermag.

III ¹Rügen, die die Zulässigkeit der Klage betreffen, hat der Beklagte gleichzeitig und vor seiner Verhandlung zur Hauptsache vorzubringen. ²Ist ihm vor der mündlichen Verhandlung eine Frist zur Klageerwiderung gesetzt, so hat er die Rügen schon innerhalb der Frist geltend zu machen.

**Schrifttum:** *Fuhrmann,* Die Zurückweisung schuldhaft verspäteter und verzögernder Angriffs- und Verteidigungsmittel im Zivilprozeß, 1987; *Grunsky,* Taktik im Zivilprozeß, 2. Aufl 1983; *Hartwieg,* Die Kunst des Sachvortrags im Zivilprozeß, 1988 (rechtsvergleichend); *Nordemann,* Taktik im Wettbewerbsprozeß, 2. Aufl 1984; *Rinsche,* Prozeßtaktik, 6. Aufl 1998; *Peters,* Auf dem Wege zu einer allgemeinen Prozeßförderungspflicht der Parteien?, Festschrift für *Schwab* (1990) 399.

### Gliederung

| | | | |
|---|---|---|---|
| 1) Systematik, I–III | 1 | 7) Zulässigkeitsrüge, III | 17–23 |
| 2) Regelungszweck, I–III | 2 | A. Grundsatz: Prozeßwirtschaftlichkeit und Beschleunigung | 17 |
| 3) Geltungsbereich I–III | 3, 4 | B. Unzuständigkeit | 18 |
| 4) Angriffs- und Verteidigungsmittel, I, II | 5, 6 | C. Schiedsgericht | 19–21 |
| | | D. Kostengefährdung | 22 |
| 5) Rechtzeitigkeit des Vorbringens, I | 7–13 | E. Keine Kostenerstattung | 23 |
| A. Möglichkeiten | 7, 8 | 8) Verlust des Rügerechts, III | 24, 25 |
| B. Grenzen der Möglichkeiten | 9–12 | A. Verhandlung zur Hauptsache | 24 |
| C. Verstoß | 13 | B. Fristablauf | 25 |
| 6) Rechtzeitigkeit eines Schriftsatzes, II | 14–16 | 9) VwGO | 26 |
| A. Grundsatz: Gegner muß Zeit behalten | 14, 15 | | |
| B. Verstoß | 16 | | |

**1) Systematik, I–III.** Während § 138 den Inhalt des Parteivortrags regelt, erfaßt § 282 neben anderen 1 Vorschriften, zB §§ 275 I 2, 276 I 2, 296, den Zeitpunkt, bis zu dem ein Vortrag zur Vermeidung von Prozeßnachteilen erfolgen muß. Ergänzend gelten § 132, BGH NJW 97, 2244, § 283.

**2) Regelungszweck, I–III.** Während vor allem die §§ 272, 273 das Gericht zu einer konzentrierten 2 Verfahrensführung anhalten, Schneider MDR 77, 796, enthält § 282 den Grundsatz der allgemeinen Prozeßförderungspflicht der Parteien, Grdz 12 vor § 128, Peters (vor Rn 1) 407. Diese Pflicht hat eine erhebliche praktische Bedeutung, Ffm MDR 80, 943, AG Lübeck WoM 83, 52. Ihre Verletzung kann zumindest zur Zurückweisung gemäß § 296 II, wenn nicht nach § 296 I führen. Die Prozeßförderungspflicht gilt für beide Parteien, Hamm OLGZ 89, 465.

§ 282                                       2. Buch. 1. Abschnitt. Verfahren vor den LGen

3   **3) Geltungsbereich, I–III.** Die Vorschrift gilt in allen Verfahren nach der ZPO. Sie findet schon vor der mündlichen Verhandlung Anwendung, §§ 277 I, IV, 282 II, III 2, BVerfG, zit bei Schneider MDR **86**, 896, Hartmann AnwBl **77**, 90, aM BGH NJW **92**, 1965. Der Grundsatz gilt sogar evtl vor einem frühen ersten Termin, § 272 Rn 3, aM BGH NJW **92**, 1965, Deubner NJW **87**, 1585. Der Grundsatz gilt ferner in einer mündlichen Verhandlung gleich welcher Art, BVerfG NJW **89**, 3212, aM BGH NJW **92**, 1965 (nicht in der ersten Verhandlung). Der Grundsatz gilt schließlich erst recht vor einer weiteren Verhandlung, I, III 1, BGH NJW **92**, 1965, Celle VersR **83**, 187. In Ehesachen gilt er abgeschwächt, § 611 I, freilich auch § 615. In der Berufungsinstanz gelten §§ 527–529, BGH NJW **87**, 261. § 282 gilt gemäß § 523 auch für die Anschlußberufung, BGH **83**, 373. Die in erster Instanz siegreiche Partei kann sich in der Berufungserwiderung grundsätzlich auf eine Verteidigung des angefochtenen Urteils und auf eine kritische Auseinandersetzung mit den Argumenten des Berufungsklägers beschränken, BGH NJW **81**, 1378. Ein nicht rechtzeitiges Vorbringen kann zu einer Nachfrist nach § 283 veranlassen.

4   Im *Arbeitsgerichtsverfahren* gilt § 61 a ArbGG, dazu Zimmermann BB **84**, 478. Eine Güterverhandlung nach § 54 ArbGG ist eine Verhandlung auch im Sinne von § 282 I, LAG Mü DB **88**, 1608.

5   **4) Angriffs- und Verteidigungsmittel, I, II.** Die Begriffe, vgl Einl III 70, § 296 Rn 28, sind weit zu verstehen, BGH VersR **82**, 346. Sie umfassen jeden Vortrag zur Begründung eines Sachantrags, § 253 II 2, oder zur Verteidigung gegen ihn. Sie erfassen also tatsächliche Behauptungen, Beweismittel, Einwendungen, das Bestreiten, Beweismittel und Beweiseinreden, sachlichrechtliche Erklärungen, etwa eine Aufrechnung, BGH **91**, 303, evtl auch rechtliche Ausführungen, Rn 15, aM Deubner NJW **77**, 921. Zulässigkeitsrügen sind besonders geregelt, III, obwohl sie begrifflich zu den Angriffs- und Verteidigungsmitteln zu zählen sind.

6   Ein Angriffs- oder Verteidigungsmittel liegt erst dann vor, wenn eine Partei es überhaupt *einführt*, AG Lübeck WoM **83**, 52. Die Klage oder die Widerklage, also die Sachanträge selbst, sind keine Angriffs- oder Verteidigungsmittel, Anh § 253 Rn 5, sie ist also bis zum Schluß der mündlichen Verhandlung, auf die das Urteil ergeht, zulässig, BGH NJW **95**, 1224, aber eben auch nicht später, § 296 a Rn 2. Eine Klageänderung ist kein Angriffs- oder Verteidigungsmittel, sondern ein (neuer) Angriff, BGH NJW **95**, 1224, Karlsr NJW **79**, 879. Freilich kann das Gericht im Fall ihrer Verspätung ihre Sachdienlichkeit verneinen.

7   **5) Rechtzeitigkeit des Vorbringens, I.** Die Praxis verfährt oft zu großzügig.

**A. Möglichkeiten.** Maßgeblich ist die Prozeßlage. Beide Parteien müssen je nach den objektiven Anforderungen der Prozeßlage sorgfältig und auf eine unverzügliche Prozeßförderung bedacht vorgehen. Was noch ohne Beweisantritt behauptet wird, kann auch noch ohne Gegenbeweisantritt bestritten werden: „quod gratis asseritur, gratis negatur" (scholastische Maxime). Freilich gilt das nur bei eindeutiger Beweislast und beim Fehlen einer gerichtlichen Auflage. Es besteht also keineswegs der Zwang, von vornherein tatsächlich oder gar rechtlich erschöpfend alles auch nur ganz eventuell im Prozeßverlauf einmal Erhebliche vorzutragen und unter Beweis zu stellen, BVerfG **54**, 126, BGH NJW **92**, 2428, Hbg RR **90**, 63. Das stünde nämlich im Widerspruch zum Beibringungsgrundsatz, Grdz 20 vor § 128, BVerfG **67**, 42, würde der dringend notwendigen Konzentration auf das Wesentliche widersprechen und könnte sogar zur Verzögerung des Rechtsstreits führen, BVerfG **54**, 126.

8   In den Grenzen der Wahrheits- und Lauterkeitspflicht, § 138, Grdz 16 vor § 128, ist eine gewisse *Prozeßtaktik* zulässig, Müther MDR **98**, 1335. Der Umfang der Darlegungspflicht, vgl auch § 138 Rn 13 ff, § 253 Rn 32, hängt vom Verhalten des Prozeßgegners mit ab, BGH NJW **92**, 2428. Keine Partei braucht sich selbst, obendrein etwa von vornherein, ans Messer zu liefern, und es kann sogar zweckmäßig sein, bestimmte Gesichtspunkte zurückzuhalten, solange nicht die Entwicklung des Prozesses oder eine Auflage des Gerichts, zB gemäß § 273 II, die Einführung des Gesichtspunkts erfordert, BVerfG **54**, 126. Der Bekl mag zB mit der Einrede der Verjährung zurückhalten, bis objektiv erkennbar wird, daß der Anspruch des Klägers ausreichend dargelegt bzw bewiesen wurde oder daß die Behauptung des Bekl, er habe den Anspruch erfüllt, nicht erweisbar ist, strenger Leipold ZZP **93**, 260, Schneider MDR **77**, 795. Selbst eine auf Grund der Verjährungseinrede jetzt erst mögliche Beweisaufnahme mag keineswegs zu versagen sein, weil der Bekl sich durchaus verständlich nicht nachsagen zu lassen braucht, er habe nur das moralisch oft umstrittene Notmittel der Verjährung einsetzen können, ebenso BGH MDR **91**, 240, Hamm MDR **93**, 686, Schneider MDR **77**, 795. Eine Partei braucht sich noch nicht zu einer vorbehaltenen oder angekündigten, aber noch nicht erklärten Aufrechnung des Prozeßgegners zu äußern, BVerfG **67**, 42. Die Prozeßlage ist mithin unter Beachtung der Interessen aller Beteiligten abzuschätzen.

9   **B. Grenzen der Möglichkeiten.** Andererseits duldet das nach dem Sach- und Streitstand Notwendige, Schlesw SchlHA **82**, 72, keinen Aufschub. Es ist keineswegs eine tröpfchenweise Information des Gerichts und des Gegners zulässig, nur um Zeit zu gewinnen, Ffm MDR **82**, 329, insofern richtig auch Leipold ZZP **93**, 240, oder den Gegner zu zermürben. Bei einem unkomplizierten und übersichtlichen Sachverhalt ist eine alsbaldige einigermaßen umfassende Klagebegründung oder Klagerwiderung notwendig, LG Kblz NJW **82**, 289 (zustm Deubner), und zwar einschließlich aller zumutbaren Beweisantritte, BVerfG, zit bei Schneider MDR **86**, 896. Das berücksichtigt Hbg RR **90**, 63 nicht genügend. Wenn sich auf denselben Anspruch mehrere selbständige Angriffs- oder Verteidigungsmittel beziehen, dann darf die Partei sich grundsätzlich nicht auf das Vorbringen einzelner von ihnen beschränken, selbst wenn sie nach dem Sach- und Streitstand davon ausgehen darf, daß diese für die Rechtsverfolgung oder Rechtsverteidigung ausreichen, vgl auch Flieger MDR **78**, 535.

10  Daher ist zB bei einer Zahlungsklage mit einer Hauptbegründung aus einem Kaufvertrag eine *Hilfsbegründung* mit Tatsachen betr eine unerlaubte Handlung oder eine ungerechtfertigte Bereicherung nur solange entbehrlich, wie hochgradig mit dem Erfolg der Hauptbegründung gerechnet werden kann. Man muß den Wechsel des Aufenthaltsorts des eigenen Zeugen unverzüglich mitteilen, LG Ffm RR **86**, 143. Bei einer Verteidigung gegen den Vertragsanspruch mit der Behauptung, die Schuld sei erfüllt worden, ist eine Hilfsaufrechnung notwendig, BGH **91**, 303, jedenfalls sobald die Beweisbarkeit der Erfüllung fraglich wird (das mag allerdings erst nach einer Beweisaufnahme so sein), strenger Schneider MDR **77**, 796, ZöGre 3.

## 1. Titel. Verfahren bis zum Urteil § 282

Bloße *Nachlässigkeit*, gar eine Verschleppungsabsicht sind *schädlich*. Das Gericht sollte jeden Ansatz zu **11** einem erneuten Zurückfallen in den altbekannten Schlendrian der Parteien energisch unterbinden. Ein Verschulden des gesetzlichen Vertreters und des ProzBev, auch des sog Kartellanwalts, vgl § 216 Rn 20, oder des „nicht sachbearbeitenden" Sozius, § 296 Rn 14, gilt als solches der Partei, §§ 51 II, 85 II, BGH VersR **83**, 562. Eine Partei muß auch eine sog negative Tatsache, also das Fehlen von Umständen, darlegen, soweit das für ihren Angriff oder ihre Verteidigung erheblich ist. Aus Darlegungsschwierigkeiten folgt keine Umkehr der Darlegungslast, sondern nach Treu und Glauben die Aufgabe des Gegners, sich nicht mit einem einfachen Bestreiten zu begnügen, sondern im einzelnen darzulegen, daß die von ihm bestrittene Behauptung unrichtig sei, § 138 II, BGH NJW **81**, 577. Das Gericht darf freilich diese Anforderungen nicht überspannen, BGH NJW **84**, 2889 (zustm Lange DRiZ **85**, 252, Stürner JZ **85**, 185). Zur Aufklärungspflicht der nicht beweisbelasteten Partei Arens ZZP **96**, 1.

Ein *Beweisbeschluß* kann jede Partei ohne eine ausdrückliche Auflage zwingen, den bisherigen Vertrag **12** selbstkritisch zu überprüfen und zB weitere Beweisanträge, oder die bisherigen schärfer, zu formulieren, vgl BGH VersR **84**, 540, oder das Gericht vor dem Schluß der letzten Verhandlung dieser Instanz vorsorglich auf sein offenkundiges Übergehen eines erheblichen Beweisantrags hinzuweisen, BVerfG, zit bei Schneider AnwBl **88**, 259 (er meint, das sei eine unzulässige Verlagerung richterlicher Pflichten auf den ProzBev; aber die Prozeßförderungspflicht bleibt gerade dann bestehen). Ein für den Gegner völlig unerwartetes Beweisergebnis mag dazu zwingen, Gelegenheit zur Rücksprache mit der Partei zu geben; an sich muß die Partei sich aber auf die möglichen Waffen des Gegners einstellen, Kblz RR **91**, 1087.

**C. Verstoß.** Es gilt § 296 Rn 74–76. Im schriftlichen Verfahren, § 128 II, III, ist dies entsprechend **13** anwendbar. Soweit keine Zurückweisung erfolgt, kann § 138 III zunächst unanwendbar sein. Es kommen dann eine Vertagung, § 227, oder eine Nachfrist, § 283, daneben Kostenfolgen nach § 95 und/oder eine Verzögerungsgebühr nach § 34 GKG, Anh § 95, in Betracht.

**6) Rechtzeitigkeit eines Schriftsatzes, II.** Auch hier ist die Praxis oft zu großzügig. **14**

**A. Grundsatz: Gegner muß Zeit behalten.** Während I das Verhalten in der mündlichen Verhandlung, BVerfG NJW **93**, 1319, sei sie auch früher erster Termin, behandelt, BGH NJW **89**, 716, 718 und 3212, Schlesw NJW **86**, 856, Deubner NJW **87**, 1585, erfaßt II, den KG NJW **80**, 2362 nicht genug beachtet, Angriffs- und Verteidigungsmittel, Begriff Einl III 70, und außerdem Anträge aller Art vor der mündlichen Verhandlung, also vor dem frühen ersten Termin, zwischen ihm und dem Haupttermin und im schriftlichen Vorverfahren sowie zwischen dem Haupttermin und einem etwaigen weiteren Verhandlungstermin, BGH NJW **89**, 716.

Die Anwendungsbereiche von II und von § 277 I, IV sowie von § 132 *überlappen* sich zum Teil; das sieht **15** BGH NJW **89**, 716 nicht deutlich genug. Dies gilt nur im Anwaltsprozeß, § 129 I, insofern ebenso BVerfG NJW **89**, 3212, ferner Ffm FamRZ **93**, 1468. Eine etwaige Anordnung im Parteiprozeß gemäß § 129 II fällt jedenfalls nicht unter II, sondern zB unter § 273 II Z 1, vgl freilich § 129 a, BVerfG NJW **93**, 1319.

II bezieht sich auch auf *Rechtsausführungen*. Der Schriftsatz ist so rechtzeitig einzureichen, daß der Gegner sich noch im erforderlichen Umfang dazu zu erkundigen vermag. Aus II folgt, daß auch das Gericht dem Gegner die nötige Zeit lassen muß, Kblz RR **91**, 1087, Schlesw NJW **86**, 856. Zur bloßen Verspätung muß bei II also die dadurch bedingte Einschränkung der Erklärungsmöglichkeit für den Gegner hinzutreten, Schlesw NJW **86**, 856, Deubner NJW **87**, 1585. Was für eine Versäumnisentscheidung zeitig genug ist, besagt an sich § 132. Es ist aber zu berücksichtigen, daß der Anwalt zunächst seine Partei benachrichtigen muß und daß diese auch noch etwas anderes zu tun hat, als den Prozeß zu führen. Im übrigen ist wegen der jetzt gesteigerten Prozeßförderungspflicht und der Folgen gemäß §§ 296 II, 283 keine Langatmigkeit mehr zulässig. BGH VersR **82**, 346 hält in einem etwas umfangreicheren Fall eine Einreichung spätestens etwa drei Wochen vor der mündlichen Verhandlung für notwendig.

**B. Verstoß.** Bei einem Verstoß, der auch bei Einhaltung der Frist des § 132 vorliegen kann, vgl BGH **16** NJW **89**, 716, gilt § 296 Rn 74–76.

**7) Zulässigkeitsrüge, III.** Es gelten die folgenden Regeln: **17**

**A. Grundsatz: Prozeßwirtschaftlichkeit und Beschleunigung.** Die Vorschrift dient der Prozeßwirtschaftlichkeit, Grdz 14, 15 vor § 128, und Beschleunigung, BGH NJW **85**, 744. Gemeint sind sämtliche Rügen, die die Sachurteilsbefugnis des Gerichts bezweifeln, also nicht nur alle prozeßhindernden Einreden des § 274 aF, sondern sämtliche Prozeßhindernisse und Prozeßvoraussetzungen, § 280 Rn 1, also auch alle von Amts wegen zu prüfenden, § 296 Rn 71, bei denen der Rüge natürlich nur eine Anregung, das Unterlassen der Rüge prozessual belanglos ist. Alle Rügen sind vor der ersten Verhandlung zur Hauptsache, § 39 Rn 6, in erster Instanz, und zwar im Anwalts- wie im Parteiprozeß, also auch vor dem AG, gleichzeitig und für alle Rechtszüge vorzubringen, BGH NJW **85**, 744, Zweibr NJW **95**, 538, gegenüber einer nach dem Klagvortrag zulässigen, aber unbegründeten Klage, BGH NJW **85**, 744, und stets sogleich für alle Instanzen, BGH NJW **81**, 2646; denn es gibt zu keinerlei logischem, prozessualem oder praktischem Eventualverhältnis, Schröder ZZP **91**, 305. III ist entsprechend anwendbar auf Rügen des Klägers, zB als Widerbekl oder bei einem Gegenvorbringen gegen eine Zulässigkeitsrüge des Bekl; also ist sie evtl innerhalb einer diesem gesetzten Frist vorzubringen, §§ 275 IV, 276 III, 277 IV, Schröder ZZP **91**, 313.

**B. Unzuständigkeit.** Eine Rüge ist im Fall der Unzuständigkeit nach den §§ 529 II, 549 II erforderlich. **18** Wie die sachliche Zuständigkeit behandelt das Gesetz die Zuständigkeit der für Patentstreitsachen bestellten LG, § 78 b GVG Anh I Rn 2. Der Streit, ob ein ArbG oder ein VG zuständig ist, geht um die Zulässigkeit des Rechtswegs. Eine Rüge führt in der Regel nur zur Verweisung, §§ 281 ZPO, 48 ArbGG, BAG BB **76**, 513. Dies ist zumindest entspr anwendbar auf die internationale Unzuständigkeit, BGH DB **76**, 1009. Bre MDR **80**, 410 wendet III entsprechend an, wenn der Bekl rügt, nicht die Zivilkammer sei zuständig, sondern die Kammern für Handelssachen. Wegen des Einspruchs § 340 III 1, 3, 700.

**C. Schiedsgericht**, dazu Schröder ZZP **91**, 302: Eine Rüge ist im Fall der Zuständigkeit eines Schiedsge- **19** richts, § 1032 I, zulässig und erforderlich, BGH DB **88**, 2302. Voraussetzung ist ein schiedsrichterliches

§§ 282, 283                                    2. Buch. 1. Abschnitt. Verfahren vor den LGen

Verfahren im Sinn von §§ 1025 ff, mag es auf einer Schiedsvereinbarung oder einer Verfügung nach § 1066 beruhen; für das arbeitsgerichtliche Verfahren gelten §§ 101 ff ArbGG. Auch der Insolvenzverwalter ist an die vom Schuldner eingegangenen Schiedsvereinbarung gebunden.

**20** Die *Zuständigkeit* eines gesetzlich eingesetzten Schiedsgerichts gehört nicht hierher, auch nicht die Vereinbarung eines vorherigen gütlichen Ausgleichsversuchs, Grdz 28 vor § 253, ein Gütevertrag oder ein Vereinsschiedsgericht, gegen das die Anrufung der Hauptversammlung zulässig ist, vgl Grdz 28 vor § 253, abw Oldb MDR **87**, 414. Die Rüge versagt mit dem Erlöschen der Schiedsvereinbarung, zB infolge Kündigung wegen Armut, BGH **51**, 79, was der Kläger zu beweisen hat. Sie versagt ebenso mit der Beendigung des schiedsrichterlichen Verfahrens; der Schiedsspruch bewirkt die Rechtskraft. Ein Vergleich gibt die Rüge aus diesem, eine rechtskräftige Unzuständigkeitserklärung bindet bezüglich der Zuständigkeit.

**21** Hat sich der Bekl vor dem Schiedsgericht darauf berufen, daß das ordentliche Gericht zuständig sei, so widerspricht es *Treu und Glauben,* Einl III 54, wenn er in dem darauf folgenden Verfahren vor dem ordentlichen Gericht die Schiedsgerichtsrüge erhebt, BGH **50**, 191. Ein ausländischer Schiedsvertrag gibt die Rüge, falls er nach dem anzuwendenden Recht wirksam ist, mag der Schiedsspruch im fremden Staat Anerkennung finden oder nicht. Ist für das schiedsrichterliche Verfahren deutsches Prozeßrecht vereinbart, so ist die Rüge nach deutschem Recht zu prüfen, BAG NJW **75**, 408. Ist der Hauptvertrag wirksam, so greift die Rüge trotzdem durch, wenn das Schiedsgericht über die Wirksamkeit zu entscheiden hat.

Die Rüge versagt gegenüber einer *einstweiligen Verfügung,* §§ 935 ff, weil für sie immer das Staatsgericht zuständig ist. Eine Schiedsgerichtsklausel kann die Vereinbarung betreffen, das Schiedsgericht solle auch über die Auslegung der Schiedsvereinbarung, insbesondere über ihren Umfang, entscheiden; im diesem Fall prüft das ordentliche Gericht nur die Gültigkeit dieses sog Kompetenz-Kompetenzklausel, so schon BGH DB **88**, 2302. Die Schiedsgerichtsklausel kann ferner die zur Aufrechnung verwendete Gegenforderung betreffen, § 145 Rn 10, 11, BGH **60**, 89. Die Verweisung auf eine Charter Party-Klausel im Konossement kann genügen, Hbg VersR **76**, 538. Die Verweisung auf eine fehlende Schiedsvereinbarung ist nicht in einen Vorvertrag dazu umdeutbar, BGH BB **73**, 957. Ein Vorvertrag gibt die Rüge, Habscheid KTS **76**, 4. Keineswegs darf man dem Bekl zubilligen, die Rüge schon deshalb zurückzuhalten, um sich nicht einen Sieg in der Sache zu verbauen, Ffm MDR **82**, 329, aM StJGr § 529 Rn 3.

**22** **D. Kostengefährdung.** Eine Rüge ist im Fall der Kostengefährdung, § 110 Rn 10, erforderlich, BGH NJW **81**, 2646, Ffm NJW **95**, 538, Zweibr NJW **95**, 538. Eine Klagerweiterung begründet die einmal verwirkte Rüge nicht neu. Wird die zunächst in geringfügiger Höhe erhobene Klage unverhältnismäßig erweitert, so braucht sich der Bekl nicht mit der bisherigen Sicherheitsleistung zu bescheiden, LG Schweinf NJW **71**, 330; er muß die Rüge aber vor der nächsten Hauptsacheverhandlung geltend machen.

**23** **E. Keine Kostenerstattung.** Eine Rüge ist schließlich im Fall der mangelnden Kostenerstattung, § 269 IV, erforderlich, BGH JR **87**, 332. Es ist keine „Erneuerung des Rechtsstreits", wenn die frühere Klage durch Urteil erledigt war oder die Partei das Rechtsmittel erneuert oder wenn die Klage nach einer teilweisen Klagrücknahme wieder erweitert wird.

**24** **8) Verlust des Rügerechts, III.** Es sind die folgenden Situationen zu unterscheiden.

**A. Verhandlung zur Hauptsache.** Das Rügerecht erlischt mit dem Beginn der Verhandlung des Bekl oder des Klägers, Rn 17, zur Hauptsache, III 1, § 39 Rn 4, BGH JR **87**, 332, und zwar in jedem Rechtszug, BGH NJW **85**, 744. Also ist eine Erörterung vor der Antragstellung unschädlich. Da III in Wahrheit ohnehin nur diejenigen Rügen erfaßt, auf die der Bekl verzichten kann, Rn 18–23, erübrigt sich die entsprechende Beschränkung in § 296 III.

**25** **B. Fristablauf.** Das Rügerecht erlischt auch mit dem Ablauf einer etwaigen Klagewiderungsfrist, III 2 in Verbindung mit §§ 275 I 1, III, 276 I 2, 277, 697 III 3, also nicht schon mit dem Ablauf einer Erklärungsfrist gemäß § 273 II Z 1; dann erfolgt jedoch eine Zurückweisung gemäß § 296 I. Trotz einer Frist muß die Partei die Rüge spätestens im Termin erheben, selbst wenn er vor dem Fristablauf liegt; das ergibt sich aus dem Wort „schon" in III 2. In den Fällen Rn 24, 25 erfolgt die Zulassung einer verspäteten Rüge nur gemäß § 296 II, III, BGH NJW **85**, 744.

**26** **9) VwGO:** Da auch im VerwProzeß für alle Beteiligen die Prozeßförderungspflicht besteht, sind **I** u **II** als Ergänzung zu den §§ 85 S 2 und 86 IV VwGO entsprechend anzuwenden, § 173 VwGO; ein Verstoß hat aber keine unmittelbaren prozessualen Folgen, Kopp § 86 Rn 30. Im Asylverfahren gilt § 74 II AsylVfG. **III** ist wegen § 86 I VwGO unanwendbar, vgl § 296 Rn 77.

---

**283** *Nachgereichter Schriftsatz.* ¹Kann sich eine Partei in der mündlichen Verhandlung auf ein Vorbringen des Gegners nicht erklären, weil es ihr nicht rechtzeitig vor dem Termin mitgeteilt worden ist, so kann auf ihren Antrag das Gericht eine Frist bestimmen, in der sie die Erklärung in einem Schriftsatz nachbringen kann; gleichzeitig wird ein Termin zur Verkündung einer Entscheidung anberaumt. ²Eine fristgemäß eingereichte Erklärung muß, eine verspätet eingereichte Erklärung kann das Gericht bei der Entscheidung berücksichtigen.

**Gliederung**

| | |
|---|---|
| 1) Systematik, S 1, 2 .................... 1 | 6) Erklärungsmöglichkeit, S 1 ............ 6–9 |
| 2) Regelungszweck. S. 1, 2 ............ 2 |    A. Unzumutbarkeit sofortiger Erklärung . 6, 7 |
| 3) Geltungsbereich, S. 1, 2 ............ 3 |    B. Verspätung als Ursache .............. 8 |
| 4) Vorbringen des Gegners, S 1 ........ 4 |    C. Keine Vertagung ................... 9 |
| 5) Rechtzeitigkeit der Mitteilung, S 2 ... 5 | 7) Nachfrist, S 1 ........................ 10–13 |
| |    A. Antrag ............................ 10 |

1. Titel. Verfahren bis zum Urteil **§ 283**

| | | | | |
|---|---|---|---|---|
| B. Anordnung | 11, 12 | 10) Nichteinhaltung der Nachfrist, S 2 | 19 |
| C. Ablehnung | 13 | 11) Verhandlungsschluß, S 1, 2 | 20 |
| 8) Umfang der Erklärungspflicht, S 1, 2 | 14, 15 | 12) Entscheidung, S 1, 2 | 21 |
| 9) Einhaltung der Nachfrist, S 2 | 16–18 | 13) *VwGO* | 22 |

**1) Systematik, S 1, 2.** Die Vorschrift stellt eine Ergänzung zu den in § 282 Rn 1 genannten Regeln dar; **1** ihr setzt § 296 a eine Grenze.

**2) Regelungszweck, S. 1, 2.** Die Vorschrift soll die Beachtung des Art 103 I GG sichern. Sie durch- **2** bricht daher den Grundsatz des § 310 I 1 Hs 1, Stgt NJW 84, 2539. Sie durchbricht auch den Mündlichkeitsgrundsatz, Üb 1 vor § 128, zum Nachteil der nicht rechtzeitig vortragenden Partei. Wegen der zahlreichen Rechte und Pflichten des Gerichts, schon vor der mündlichen Verhandlung für einen umfassenden Vortrag beider Parteien zu sorgen und ihn durch Ausschlußfristen zu erzwingen, hat § 283 nur noch eine hilfsweise Bedeutung, ist nicht mit § 277 IV zu verwechseln, BVerfG FamRZ 91, 1283, und verdrängt keineswegs den § 296, § 296 Rn 1, 44, 48, Stgt NJW 84, 2538, aM BGH NJW 85, 1558, BAG NJW 89, 2214, Köln VersR 89, 778.

**3) Geltungsbereich, S 1, 2.** Die Vorschrift gilt in allen Verfahren nach der ZPO. Sie ist hauptsächlich **3** dann an wendbar, wenn eine Verspätung genügend *entschuldigt* worden ist, um dem Gegner das nur dann erforderliche rechtliche Gehör zu sichern, Stgt NJW 84, 2539, aber auch dann erst, wenn die Verspätung so erheblich ist, daß der Gegner sich trotz seiner erhöhten Pflicht zur sorgfältigen und auf Verfahrensförderung bedachten Prozeßführung nicht bis zur mündlichen Verhandlung gemäß § 138 II ausreichend äußern kann, BVerfG NJW 80, 277, Stgt NJW 84, 2539. Wenn der verspätete Vortrag erst im Verhandlungstermin erfolgt, so mag zwar § 282 den Gegner dazu zwingen, sich je nach der Art und dem Umfang des Vortrags sogleich dazu zu äußern; dabei mag ein Bestreiten mit Nichtwissen gemäß § 138 IV unzulässig sein; in solchem Fall kann sich der ProzBev auch nicht auf sein persönliches Nichtwissen berufen, § 85 II. Es wäre aber eine glatte Verkennung der §§ 296, 528, stets einen Antrag nach § 283 für zumutbar zu halten und ihn deshalb zu vermeiden, weil ja nach dem Ablauf der Nachfrist aus § 283 „bloß ein Verkündungstermin nach § 310" notwendig werde, Hamm MDR 86, 766, Köln FamRZ 86, 929. Abgesehen davon, daß eine fristgerecht nachgereichte Erklärung nach S 2 berücksichtigt werden muß und einen völlig anderen weiteren Prozeßverlauf einleiten mag, kann schon die Notwendigkeit eines derart erzwungenen besonderen Verkündungstermins eine Verzögerung bedeuten. Auch das verkennen BGH 94, 213, Mü VersR 80, 95. Das Gericht darf auch keinen Antrag anregen, den es sogleich zurückweisen müßte. Vgl auch § 282 II. Angesichts der Wahrheitspflicht, § 138 I, hat § 283 besondere Bedeutung, darf aber nicht außerhalb von § 128 II, III zu einem schriftlichen Verfahren führen, Rn 16. Köln VersR 81, 559 wendet § 2 im Beschlußverfahren entsprechend an.

**4) Vorbringen des Gegners, S 1.** Dies ist an sich jede Tatsachenbehauptung und jede Rechtsausfüh- **4** rung, jeder rechtliche Gesichtspunkt im Sinn von § 278 III, denn das Gericht darf danach ja auch insofern eine Entscheidung nicht ohne Gelegenheit zur Äußerung treffen, BVerfG 86, 144, aM ThP 2, ZöGre 2 a. Es kann also zB notwendig sein, wegen des in der mündlichen Verhandlung vorgetragenen Gedankens einer Verwirkung dem Kläger eine Nachfrist zur Überprüfung der Nachweise usw zu gewähren, wenn das Gericht erwägt, die Klage wegen Verwirkung abzuweisen. Wenn aber nicht der Gegner, sondern erst das Gericht einen beachtlichen rechtlichen Gesichtspunkt eingeführt hat, ist § 283 unanwendbar, AG Lübeck WoM 83, 52. Dasselbe gilt bei Rechtsausführungen des Gegners, die bei zumutbarer Sorgfalt, § 85 Rn 9 ff, nicht wirklich überraschend sein können. Ob dann §§ 139, 278 III anwendbar bleiben, ist eine andere Frage. Nicht hierher gehört der Sachantrag selbst, § 297 Rn 4, und ein Vorbringen, das als bloße Erwiderung mithilfe schon genannter Argumente einzustufen ist.

**5) Rechtzeitigkeit der Mitteilung, S 2.** Ob ein Vorbringen nicht rechtzeitig mitgeteilt wurde, richtet **5** sich im Anwaltsprozeß zunächst nach § 132, in jedem Fall aber nach den §§ 273 I Z 1, 275 I 1, III, IV, 276 I 2, III, 277, 282. Im Parteiprozeß genügt nur nach Maßgabe dieser Vorschriften ein Vortrag im Termin.

**6) Erklärungsmöglichkeit, S 1.** Ob die Partei sich nicht erklären kann, ist nach pflichtgemäßem **6** Ermessen zu prüfen. Dabei muß das Gericht drei Prüfungen vornehmen.

**A. Unzumutbarkeit sofortiger Erklärung.** Es ist zu klären, ob wirklich keine sofortige Erklärung zumutbar ist. Dabei sind strenge Anforderungen zu stellen, weil die Partei längst auf ihre Förderungspflicht aufmerksam gemacht worden ist und unabhängig davon eine gesteigerte Vorbereitungspflicht gemäß § 282 hat. Das Gericht hat die Pflicht, im Verhandlungstermin mit den Parteien einen längeren Schriftsatz oder Vortrag Punkt für Punkt wenigstens im Kern darauf durchzugehen, was an ihm Neuem enthält und ob bzw weshalb eine sofortige Stellungnahme dem Gegner nicht zuzumuten ist. Dabei kommt es grundsätzlich nicht auf den Kenntnisstand des ProzBev an, sondern auf denjenigen der Partei und die ihr vor dem Termin zumutbaren Möglichkeiten der vollständigen und rechtzeitigen Information des ProzBev. Er darf keineswegs grundsätzlich erklären, er könne sich nicht sogleich äußern, unklar insoweit BVerfG FamRZ 95, 1562. Daran ändert auch ein nach wie vor weitverbreiteter Gerichtsgebrauch nichts. Andererseits mag ein überraschender später Hinweis nach § 139 dazu führen, daß sich die Partei nicht sofort erklären kann, BGH MDR **99**, 758 rechts.

Eine der Hauptsünden des Zivilprozesses, die lasche, oberflächliche, in letzter Sekunde stattfindende **7** Terminsvorbereitung, die auch gelegentlich bei Anwälten zu finden ist, und zwar wegen § 85 II zu Lasten ihrer Auftraggeber, darf *keineswegs* mit Hilfe einer *allzu großzügigen Auslegung* des Nichtkönnens im Sinn von S 1 doch wieder begünstigt werden. Dasselbe gilt natürlich erst recht für den Fall, daß eine Partei im letzten Moment einen ProzBev beauftragt oder gar einen sog gewillkürten Anwaltswechsel vornimmt, so daß der (jetzige) ProzBev ungenügend informiert auftritt. Flucht in die Anwaltsbestellung oder den Anwaltswechsel wäre ein zu bequemer Weg, alle gesetzlichen und gerichtlichen Versuche der Verfahrensförderung

## § 283

und -beschleunigung zu unterlaufen. Es ist und bleibt vielmehr der Prozeß der Parteien; sie mögen um ihr Recht kämpfen und sich auch auf die bei etwas Überlegung möglichen Waffen des Gegners einstellen. Natürlich können Art und Umfang des gegnerischen Vorbringens auch dem sorgfältig vorbereiteten Gegner und dessen ProzBev eine sofortige Stellungnahme unmöglich machen. Ob und inwiefern das aber so ist, läßt sich nur bei einer wenigstens vorläufigen sorgfältigen Erörterung dessen, was überhaupt „übrigbleibt", beurteilen. Dies gilt auch nach einer Beweisaufnahme, § 370 I, BGH **LM** Art 103 GG Nr 21 (eine Ausnahme gilt nach einer fremdsprachigen Zeugenerklärung gem § 377 III), BGH FamRZ **91**, 43.

**8   B. Verspätung als Ursache.** Es ist ferner zu klären, ob wirklich nur die fehlende Rechtzeitigkeit, Rn 5, und nicht etwa auch oder vor allem eine mangelnde eigene Überlegung, dazu führen, daß die Partei sich nicht sofort erklären kann.

**9   C. Keine Vertagung.** Es ist schließlich zu klären, ob statt einer bloßen Nachfrist nebst einem ja sogleich zu bestimmenden Verkündungstermin eine Vertagung nach § 227 erforderlich wird; man darf § 283 nicht mit § 277 IV verwechseln, BVerfG FamRZ **91**, 1283. Nur soweit sie erkennbar schon jetzt unvermeidbar ist, hat diese Maßnahme Vorrang vor einer Nachfrist.

**10   7) Nachfrist, S 1.** Die Praxis verfährt oft viel zu großzügig.
**A. Antrag.** Zunächst ist ein Antrag erforderlich, BVerfG **75**, 310, Deubner NJW **87**, 1585. Man muß ihn im Zweifel von einer Verfassungsbeschwerde stellen, Einl III 17, BVerfG NJW **93**, 2794. Das Gericht darf der Partei eine Nachfrist also nicht von Amts wegen gewähren. Es darf einen Antrag zwar grundsätzlich anregen und mag auch dazu nach § 139 verpflichtet sein, vgl Naumburg RR **94**, 704. Es ist zu solcher Anregung aber keineswegs stets verpflichtet oder auch nur berechtigt. § 139 Rn 66 „Nachfrist", aM Hamm MDR **92**, 186, zB dann nicht, wenn es den daraufhin gestellten Antrag doch nicht berücksichtigen dürfte, im Ergebnis aM BGH **94**, 214 (aber seine Auffassung paßt nicht zu seinem eigenen Verzögerungsbegriff). Es ist unzulässig, statt eines Antrags auf eine Nachfrist jede Einlassung zu verweigern, KG NJW **83**, 580, Mü VersR **80**, 95, Naumbg RR **94**, 704. Wer nur einen Antrag nach § 227 stellt, riskiert, sowohl mit ihm abgewiesen zu werden als auch die Chance der Nachfrist zu verlieren, BVerfG NJW **80**, 277, und beides erst im Urteil zu erfahren. Soweit ein Antrag fehlt, setzt das Gericht einen Verkündungstermin ohne Nachfrist an oder entscheidet sofort bzw am Schluß der Sitzung.

**11   B. Anordnung.** Die Bestimmung einer Nachfrist nebst gleichzeitiger Bestimmung eines Verkündungstermins, § 310 I, ist nur dann wegen Art 103 I GG eine Rechtspflicht des Gerichts, wenn nach seinem pflichtgemäßen Ermessen sämtliche Voraussetzungen Rn 4–9 erfüllt sind und wenn es überhaupt um einen derzeit entscheidungsbedürftigen Punkt geht, Gaier MDR **97**, 1094, aM Schneider MDR **98**, 139 (aber Unerhebliches ist überhaupt nicht beachtlich, vgl auch § 156). Insofern bedeutet „kann" = muß (es handelt sich um eine bloße Zuständigkeitsregelung). Die Nachfrist wird durch einen Beschluß des Gerichts, nicht des Vorsitzenden, BGH NJW **83**, 2031 gesetzt, und zwar in der mündlichen Verhandlung, daher gibt es gegen ihn so wenig wie gegen ihre Ablehnung einen Rechtsbehelf, § 567 I. Die Fristberechnung erfolgt nach § 222, die Abkürzung oder Verlängerung nach §§ 224 II, 225, und zwar durch das Kollegium, nicht den Vorsitzenden, BGH NJW **83**, 2031. Auch eine Verlängerung bedarf einer Entscheidung des Gerichts, nicht nur des Vorsitzenden, BGH NJW **83**, 2031.

**12** Im *Anwaltsprozeß* darf und sollte das Gericht einen normalen Kanzleibetrieb des Anwalts berücksichtigen. 3 Arbeitstage können zu kurz sein, erst recht in einer umfangreichen oder schwierigen Sache, BAG DB **82**, 1172. Das Gericht darf aber keine Verzögerungs- oder Störversuche durchgehen lassen, Mü MDR **80**, 148. Es besteht wegen der Fristbedeutung keine Belehrungspflicht, BVerfG **75**, 311. Der Verkündungstermin unterliegt keiner Höchstfrist; er sollte so gelegt werden, daß das Gericht einen fristgemäß eingehenden Schriftsatz noch durcharbeiten kann. Dabei ist zu beachten, daß bei einer Frist mit einem Zusatz der Eingang bei der Poststelle genügt und bis zum Eingang bei der GeschSt der Abteilung Tage vergehen können. Da ein fristgemäß eingehender Schriftsatz berücksichtigt werden muß, ist eine erhöhte Vorsicht zur Vermeidung irreparabler Fehlentscheidungen, § 318, wegen zu kurzer Zeit zwischen dem Fristablauf und dem Verkündungstermin notwendig. Eine Fehlentscheidung könnte eine Staatshaftung auslösen. Zweckmäßig sollte auch beim AG oder beim Einzelrichter, wo keine Beratung notwendig ist, zwischen dem Fristablauf und dem Verkündungstermin mindestens 1 Woche liegen. Die 3-Wochen-Frist des § 310 I 2 ist zwar hier nicht direkt anwendbar, wohl aber sinngemäß seit dem Ablauf der Nachfrist. Der Verkündungstermin darf auch nachträglich bestimmt werden.

**13   C. Ablehnung.** Soweit das Gericht eine Nachfrist ablehnt, muß das unverzüglich, also im Termin, durch einen Beschluß erfolgen. Das Gericht darf eine an sich schon im Termin mögliche Entscheidung nicht bis zum Urteilserlaß hinausschieben, Schneider MDR **82**, 902, sollte sich aber auch nicht gedrängt fühlen, über eine Nachfrist sofort zu entscheiden, und darf wie muß evtl in einem Verkündungstermin, § 310 I 1 Hs 1, durch das Urteil zugleich eine Nachfrist ablehnen, wenn sich diese Notwendigkeit nach (erneuter) Beratung ergibt. Um dem Antragsteller den Erlaß eines Versäumnisurteils gegen sich und damit einen weiteren Vortrag in der Einspruchsfrist zu ermöglichen, sollte das Gericht über einen vor der Stellung eines Sachantrags vorliegenden Antrag nach § 283 soweit ihm zumutbar freilich auch vor der Protokollierung des Sachantrags entscheiden.

**14   8) Umfang der Erklärungspflicht, S 1, 2.** Das Gericht darf die Nachfrist auf eine Erklärung über inhaltlich *bestimmte Punkte* beschränken. Sonst könnte die Partei unter dem Vorwand, auf einen Nebenpunkt nicht sofort antworten zu können, umfangreiche neue Behauptungen nachschieben und damit das gesamte System der §§ 272–282, 296 unterlaufen. Auch das übersieht BGH **94**, 214 im Ergebnis. Eine genaue Eingrenzung im Beschluß ist dringend ratsam. Nur sie gibt dem Gericht die Möglichkeit, aus dem innerhalb der gewährten Nachfrist Eingereichten das „Untergemogelte" unbeachtet zu lassen. Mangels einer Eingrenzung ist die Nachfrist nur zu allen denjenigen Punkten tatsächlicher und rechtlicher Art gewährt, zu denen die Partei im Verhandlungstermin keine Erklärung abgeben konnte, LG Brschw WoM **77**, 12.

Innerhalb des gewährten Erklärungsumfangs hat die begünstigte Partei die Pflicht, die zuvor noch nicht **15**
mögliche Erklärung *vollständig und wahrheitsgemäß* nachzuholen, § 138 I, II. Andernfalls können zB die
Rechtsfolgen aus § 138 III, IV eintreten. Das Gericht darf denjenigen Vortrag, den es zum Anlaß einer
Nachfrist genommen hat, nicht schon deshalb als verspätet zurückweisen, weil der von ihr begünstigte
Gegner ohne Entschuldigung auch in der Nachfrist nicht geantwortet hat. Vielmehr läßt sich die Verspätungsfrage erst auf Grund der Erwiderung beurteilen, Mü VersR **80**, 94. Freilich kann sich dabei ergeben,
daß eine zunächst verständlicherweise vorsorglich gewährte Nachfrist, in Wahrheit gar nicht objektiv notwendig gewesen war. Das in ihr Nachgeschobene bleibt dann unberücksichtigt, wie überhaupt alles Nachgeschobene zurückzuweisen ist.

**9) Einhaltung der Nachfrist, S 2.** Vgl zunächst Rn 1–3. Geht die Erklärung fristgemäß ein, Rn 12, **16**
also im Zweifel bei der Poststelle des Gerichts, so muß sie bei der nächsten Entscheidung berücksichtigt
werden, auch wenn dies zu einer erheblichen weiteren Verzögerung usw führt. Ihre Nichtberücksichtigung
würde gegen Art 103 I GG verstoßen, Einl III 16, BVerfG **34**, 347, und auch im Fall einer nur irrigen
Fehlleitung im Gericht die Berufung entsprechend § 513 II 2 eröffnen, LG Hann RR **89**, 382, LG Münst
RR **89**, 381. Dies gilt natürlich nur, soweit eine Stellungnahme nachgelassen war, Rn 14, BGH FamRZ **79**,
573. Haben beide Parteien Nachfristen erhalten, wenn auch nacheinander, so wird damit im schriftliche
Verfahren übergegangen, § 128 II, III, Köln RR **87**, 1152, Schlesw SchlHA **83**, 182. Hier ist evtl § 156
anwendbar. Das Gericht braucht sich auch keineswegs beiderseitigen Verschleppungsabsichten der Parteien
zu unterwerfen und daher keineswegs stets beiderseitigen Anträgen stattzugeben, ZöGre 3, aM Mü WRP
**72**, 41.

Eine *Wiedereröffnung* kann notwendig werden, wenn die nachgereichte Erklärung eine Klagänderung, **17**
§ 263, Mü NJW **81**, 1106, oder eine Gegenerklärung verlangt, denn diese wäre grundsätzlich nicht zu
verwerten, auch wenn sie vor dem Verkündungstermin eingegangen ist, Walchshöfer NJW **72**, 1031.
Keineswegs ist aber eine solche Gegenerklärung vom Gesetz vorgesehen, BFH BB **75**, 771. Das Abschneiden
der Gegenerklärung ist gerade der Zweck des § 283, LG Bln MDR **84**, 58. Darum sollte die Wiedereröffnung nur stattfinden, wenn ohne sie ein Verfahrensfehler eintreten würde, LG Bln MDR **84**, 58, oder
wenn das Gericht ohne Gegenerklärung nicht weiterkommt.

Das Gericht muß die in der Nachfrist eingegangene Erklärung dem Gegner *mitteilen*. Das kann formlos **18**
geschehen. Die Unterlassung der Mitteilung ist wegen § 296 a, Rn 20, prozessual belanglos. Eine Zurückweisung wegen Verspätung kommt zumindest nach § 296 I auch dann in Betracht, wenn das Gericht dem
Gegner eine Frist zur Erklärung auf einen nachgereichten Schriftsatz gesetzt hatte, Düss MDR **85**, 417.

**10) Nichteinhaltung der Nachfrist, S 2.** Geht die Erklärung nicht fristgemäß ein, Rn 12, also im **19**
Zweifel bei der Poststelle des Gerichts, dann kann sie bei der nächsten Entscheidung berücksichtigt werden.
Kann bedeutet hier grds nur: darf, keineswegs: muß; es liegt also ein freies Ermessen, BVerfG NJW **93**, 2794,
Fischer NJW **94**, 1321, nicht nur eine Zuständigkeitsregelung vor. Eine Berücksichtigung kommt zB dann
in Betracht, wenn die Fristversäumung nur gering war und das Gericht bei der Vorlage der Erklärung noch
nicht mit der Beratung oder dem Diktat der Entscheidung begonnen hatte oder wenn ein Antrag auf
Vorsitzende, nicht das Kollegium die Frist oder Fristverlängerung bewilligt hatte, BGH NJW **83**, 2031,
oder wenn eine sonst etwa doch unvermeidbare Wiedereröffnung auf diesem Weg unnötig wird. Die
Nichtberücksichtigung sollte im Tatbestand oder in den Entscheidungsgründen ganz kurz vermerkt werden.
§ 156 ist auch hier mitbeachtlich, vgl Schneider MDR **86**, 905.

**11) Verhandlungsschluß, S 1, 2.** Es verschiebt sich nur der Schluß der wie sonst erforderlichen münd- **20**
lichen Verhandlung, §§ 136 IV, 296a, Schlesw SchlHA **86**, 91. Der Verhandlungsschluß tritt mit dem
Eingang der fristgemäßen Erklärung oder mit dem Fristablauf ein, so daß das Gericht eine Entscheidung
verkünden darf, auch wenn das Verfahren später unterbrochen wurde, § 249 III. Es müssen dieselben Richter
wie in der mündlichen Verhandlung mitwirken, § 309. Im Sinne von §§ 323, 767 verschiebt sich der
Verhandlungsschluß für den, dem die Einreichung erlaubt war, auf das Fristende, nicht für den Gegner.

**12) Entscheidung, S 1, 2.** Die Entscheidung ergeht nicht etwa in einem nunmehr schriftlichen Ver- **21**
fahren; wäre das Gericht in dieses übergegangen, Rn 16, so müßte es jetzt § 128 II, III beachten. Die
Entscheidung kann beliebiger Art sein, auch ein Beweisbeschluß, ThP 7, aM Knöringer NJW **77**, 2336.

**13) VwGO:** *Das Verfahren des § 283 ist entsprechend anwendbar, § 173 VwGO, BVerwG NJW* **95**, *2308,* **22**
*RedOe § 108 Anm 2, Kopp/Sch § 104 Rn 10.*

### Einführung vor § 284

### Beweis

**Schrifttum:** *Baumgärtel,* Beweisrechtliche Studien, Festschrift der *Rechtswissenschaftlichen Fakultät . . .* Köln
(1988), 165; *Baumgärtel,* Das Beweismaß im deutschen Zivilprozeß, in: Tagungsbericht 1987 Nauplia, 1991;
*Baumgärtel,* Ausprägung der prozessualen Grundprinzipien der Waffengleichheit und der fairen Prozeßführung im zivilprozessualen Beweisrecht, Festschrift für *Matscher* (Wien 1993) 29; *Bender/Nack,* Tatsachenfeststellung vor Gericht, Bd I, II, 2. Aufl 1995 (Bespr *Rücker-Wetzel* NJW **96**, 650); *Brehm,* Die Bindung des
Richters an den Parteivortrag und Grenzen freier Verhandlungswürdigung, 1982; *Coester-Waltjen,* Internationales Beweisrecht, 1983; *Eberle,* Zur Rhetorik des zivilprozessualen Beweises, 1989; *Eichele/Klinge,* Das
Beweisbuch für den Anwalt, 1997 (Bespr *von der Seipen* NJW **99**, 708); *Huber,* Das Beweismaß im Zivilprozeß, 1983; *Kargados,* Das Beweismaß, in: Tagungsbericht 1987 Nauplia, 1991; *Kollhosser,* Das Beweisantragsrecht usw, Festschrift für *Stree* und *Wessels,* 1993; *Leipold,* Beweismaß und Beweislast im Zivilprozeß, 1985;
*Leipold,* Wahrheit und Beweis im Zivilprozeß, Festschrift für *Nakamura* (1996); *Meyke,* Darlegen und
Beweisen, 1998; *Michel/von der Seipen,* Der Schriftsatz des Anwalts im Zivilprozeß, 4. Aufl 1997; *Meyke,*
Darlegen und Beweisen im Zivilprozeß, 1998; *Motsch,* Vom rechtsgenügenden Beweis, 1983; *Motsch,* Einige

Bemerkungen zum Beweisrecht usw, Festschrift für *Schneider* (1997) 129; *Musielak/Stadler*, Grundfragen des Beweisrechts, 1984; *Pantle*, Die Beweisunmittelbarkeit im Zivilprozeß, 1991; *Rechberger*, Maß für Maß im Zivilprozeß? Ein Beitrag zur Beweismaßdiskussion, Festschrift für *Baumgärtel* (1990); *Rödig*, Die Theorie des gerichtlichen Erkenntnisverfahrens, 1973; *Schneider*, Beweis und Beweiswürdigung, 5. Aufl 1994; *Schneider* MDR **98**, 887 (Üb); *Schöpflin*, Die Beweiserhebung von Amts wegen im Zivilprozeß, 1992; *Sturmberg*, Der Beweis im Zivilprozeß, 1999.

**Gliederung**

| | | |
|---|---|---|
| 1) **Systematik** ........................... | 1 | B. Mittelbarer Beweis ............... 16 |
| 2) **Regelungszweck** .................... | 2 | 8) **Beweisgegenstand** ............... 17–22 |
| 3) **Geltungsbereich** .................... | 3 | A. Tatsache: Nachprüfbarkeit durch Dritte .............................. 17–19 |
| 4) **Beweisbedürftigkeit** ............... | 4, 5 | B. Innere Tatsache ...................... 20 |
| 5) **Beweisgrad** ............................ | 6–9 | C. Juristische Tatsache ............... 21 |
|    A. Strengbeweis ........................ | 7 | D. Erfahrungssatz ...................... 22 |
|    B. Glaubhaftmachung ................ | 8 | 9) **Beweisantritt** ....................... 23–26 |
|    C. Freibeweis ............................ | 9 | 10) **Ausforschungsbeweis** ........... 27–31 |
| 6) **Beweisrichtung** ...................... | 10–13 | 11) **Beweismittel** ........................ 32, 33 |
|    A. Hauptbeweis ......................... | 11 | A. Arten .................................... 32 |
|    B. Gegenbeweis ........................ | 12 | B. Benutzungsfreiheit ............... 33 |
|    C. Negativbeweis ...................... | 13 | 12) **Beweiswürdigung** ................. 34, 35 |
| 7) **Streitnähe** .............................. | 14–16 | 13) **VwGO** ................................. 36 |
|    A. Unmittelbarer Beweis ........... | 15 | |

**1**    **1) Systematik.** „Das Wahre ist gottähnlich; es erscheint nicht unmittelbar, wir müssen es aus seinen Manifestationen erraten" (Goethe, Wilhelm Meisters Wanderjahre III, 18. Kap.). §§ 284 ff regeln zusammen mit §§ 355 ff das Beweisrecht. Beweis ist eine Tätigkeit des Gerichts und der Parteien, die das Gericht von der Wahrheit oder der Unwahrheit einer Tatsachenbehauptung überzeugen soll, aM Meyke NJW **89**, 2032 (aber das Gericht darf erst auf Grund der Beweisaufnahme zur allein entscheidenden *abschließenden* Überzeugung kommen, § 286 Rn 16). Oft versteht man unter Beweis auch das Beweismittel oder das Beweisergebnis. Wegen der Freiheit der Rechtswahl vgl Art 14 Übk v 19. 6. 80, BGBl **86** II 810.

**2**    **2) Regelungszweck.** Ziel allen Beweisrechts wie allen Prozeßrechts ist die sachlichrechtlich richtige Entscheidung, Einl III 9. Die Rechtsidee hat freilich mehrere Komponenten, von denen die materielle Gerechtigkeit nur *eine* darstellt, § 296 Rn 1. Deshalb muß oft die Beweislast entscheiden, Anh § 286, ungeachtet ihrer umstrittenen Rechtsnatur, Anh § 286 Rn 2, 3. Der für den modernen Prozeß so außerordentliche Grundsatz freier Beweiswürdigung, § 286 Rn 2, darf nicht zur Schludrigkeit der Beweiserhebung führen. Das sollte bei jeder Auslegung mitbedacht werden.

**3**    **3) Geltungsbereich.** Die Vorschriften über den Beweis gelten voll in allen Verfahrensarten nach der ZPO; nur diejenigen zur Beweislast, Anh § 286, gelten eingeschränkt.

**4**    **4) Beweisbedürftigkeit.** Das Gericht muß jeden ihm ordnungsmäßig unterbreiteten Zivilprozeßfall entscheiden und darf eine Entscheidung niemals mangels genügender Klärung ablehnen. Im Rahmen des Beibringungsgrundsatzes (der Verhandlungsmaxime, Grdz 20 vor § 128) ist das Gericht verpflichtet, alles zur Klärung Geeignete zu tun. Das Gericht hat infolge des Justizanspruchs, Grdz 1 vor § 253, grundsätzlich auch ein Recht auf Beweis, Habscheid ZZP **96**, 306, auch bei sehr großer Unwahrscheinlichkeit der behaupteten Beweisbarkeit, BVerfG NVwZ **87**, 786.

*Des Beweises bedarf* alles, was nicht unstreitig, anerkannt, § 307, offenkundig, § 291, gesetzlich zu vermuten, § 292, zu unterstellen (zu fingieren), zB § 138 III, IV, oder als sog gleichwertiges, also der anderen Partei günstiges, Vorbringen des Prozeßgegners zu bewerten ist, § 138 Rn 19. Die beweispflichtige Partei kann sich nicht mehr auf solche beweisbedürftigen Tatsachen berufen, die sie nicht beweist.

Bei *mehreren* beweisbedürftigen Fragen sollte das Gericht zwar kostenschonend vorgehen, darf aber die Prozeßwirtschaftlichkeit, Grdz 14 vor § 128, auch so beachten, daß es zunächst denjenigen Beweis erhebt, der die weitere Beweisaufnahme erübrigen könnte, selbst wenn es teurer ist, etwa beim Sachverständigen. Hier ist viel Fingerspitzengefühl gefragt. Der weite Ermessensspielraum wegen der Reihenfolge bleibt indes bestehen.

**5**    *Von Amts wegen* darf das Gericht Beweis erheben, soweit er in einem Augenschein, in der Zuziehung von Sachverständigen, der Heranziehung von Urkunden, in der Vernehmung einer Partei besteht, §§ 142, 144, 448, vgl auch §§ 273, 358 a, oder soweit der Ermittlungsgrundsatz, Grdz 38 vor § 128, gilt, vgl namentlich für Ehe-, Familien- und Kindschaftssachen §§ 616, 640 I. Im übrigen hat das Gericht wegen der Parteiherrschaft, Grdz 18 vor § 128, Habscheid ZZP **96**, 309, von den Parteien Beweisantritt, Rn 23, zu erfordern, §§ 139, 278 III, BVerfG NJW **94**, 1211, vgl bei diesen Vorschriften und wegen gewisser Einschränkungen.

Die Parteien haben den Beweis nach den Vorschriften der ZPO zu *erbringen*, lies: zu führen. In Wahrheit haben sie aber keine prozessuale Pflicht, sondern nur eine Obliegenheit, deren Nichteinhaltung zum Unterliegen führen kann. Der so häufig mißbrauchte Ausdruck „unter Beweis stellen" bedeutet nicht beweisen, den Beweis erbringen, sondern den Beweis antreten, ihn versuchen, § 282.

**6**    **5) Beweisgrad.** Nach dem Grad von Anforderungen an die Überzeugungskraft kann man drei Beweisarten unterscheiden.

**7**    **A. Strengbeweis.** Es gibt den eigentlichen, den vollen Beweis (Strengbeweis), §§ 355 ff. Er bezweckt die volle Überzeugungsbildung des Gerichts, § 286 Rn 16.

**8**    **B. Glaubhaftmachung.** Es gibt einen geringeren, für gewisse Fälle ausreichenden Beweis, die Glaubhaftmachung, § 294.

1. Titel. Verfahren bis zum Urteil **Einf § 284**

**C. Freibeweis.** Es gibt den Freibeweis, BGH NJW 87, 2876 (krit Peters ZZP 101, 296), Koch/Steinmetz **9** MDR 80, 901. Dies gilt namentlich bei der Feststellung der allgemeinen und der besonderen Prozeßvoraussetzungen, Grdz 18 vor § 253, vgl § 56 Rn 3, und bei der Feststellung sonstiger von Amts wegen zu prüfenden Tatsachen, Grdz 39 vor § 128, BGH NJW 87, 2876, KG MDR 86, 1032, ZöGre 7 vor § 284, aM StJSchu 21 ff vor § 355, ThP 6 vor § 284. Einen Freibeweis gibt es ferner bei der Feststellung eines Erfahrungssatzes, Rn 22, in gewissen Grenzen im Prozeßkostenhilfeverfahren, § 118, in Verfahrensabschnitten, in denen ohne mündliche Verhandlung entschieden wird, zB im Beschwerdeverfahren, §§ 567 ff, und bei der Ermittlung ausländischen Rechts, § 293. Wegen amtlicher Auskünfte Üb 32 vor § 373.

**6) Beweisrichtung.** Nach der Richtung, die ein Beweis aus der Sicht des jeweiligen Beweisführers **10** erbringen soll, kann man drei Beweisarten unterscheiden.

**A. Hauptbeweis.** Es gibt den Hauptbeweis. Er liefert die Tatbestandsmerkmale des anzuwendenden **11** Rechtssatzes. Er ist erst erbracht, wenn das Gericht voll überzeugt ist, § 286 Rn 16, BGH JR 78, 418. Er ist beim Bestreiten seiner Tatsachen auch dann nötig, wenn Indiztatsachen unstreitig sind, BGH RR 97, 238.

**B. Gegenbeweis.** Es gibt den Gegenbeweis. Ihn erbringt die Gegenpartei zum Beweise des Gegenteils **12** der Behauptung des Beweisführers. Er ist grundsätzlich erst dann erbracht, wenn das Gericht vom Gegenteil der vom Beweisführer zu erbringenden Tatsache voll überzeugt ist, also nicht schon dann, wenn durch ihn die Überzeugung des Gerichts von der zu beweisenden Tatsache lediglich erschüttert wird, vgl § 418 Rn 9, BVerfG NJW 92, 225, BGH NJW 90, 2125, BVerwG AnwBl 87, 496, aM BGH VersR 83, 561. Der sog „Beweis des Gegenteils" ist Hauptbeweis, wenn er eine gesetzliche Vermutung entkräftet, wie bei § 292, oder Gegenbeweis, zB bei § 445 II, Düss MDR 95, 959.

**C. Negativbeweis.** Es kann zum Haupt- wie zum Gegenbeweis erforderlich sein, das Nichtvorliegen **13** einer Tatsache zu beweisen, zB dann, wenn eine anspruchsbegründende oder -vernichtende Vorschrift im Tatbestand das Nichtvorhandensein eines, meist subjektiven, Umstands voraussetzt, BGH NJW 85, 1775.

**7) Streitnähe.** Nach dem Grad von Annäherung an die umstrittene tatsächliche, beweisbedürftige **14** Behauptung kann man zwei Beweisarten unterscheiden.

**A. Unmittelbarer Beweis.** Es gibt den unmittelbaren, direkten Beweis. Er ergibt unmittelbar das **15** Vorliegen der Beweistatsachen.

**B. Mittelbarer Beweis**, dazu *Meixner*, Der Indizienbeweis, 1982; *Nack* MDR 86, 366 (ausf): Es gibt den **16** mittelbaren, indirekten, den Indizienbeweis, BGH NJW 92, 2489, BAG NJW 93, 613. Er ergibt nur Tatsachen, aus denen der Richter kraft seiner Lebenserfahrung auf das Vorliegen der Beweistatsachen schließt und schließen darf, BGH VersR 98, 1302. Hilfstatsachen des Beweises nennt man Tatsachen, die der Würdigung von Beweismitteln oder Indizien dienen, Lange DRiZ 85, 248, zB die Glaubwürdigkeit oder Unglaubwürdigkeit eines Zeugen dartun, BGH NJW 92, 1899. Sie wird zur Grundlage der Beweiseinreden, § 282. Für diese Fälle gelten die gewöhnlichen Regeln der Beweisführung, BGH NJW 88, 412. Der Richter darf einen Antritt eines mittelbaren (statt eines unmittelbaren) Beweises nicht von vornherein zurückweisen oder unbeachtet lassen, BGH NJW 92, 1899. Er muß zunächst prüfen, ob der Beweis schlüssig ist, BGH RR 93, 444. Der Indizienbeweis ist keineswegs von vornherein ungeeignet, BGH RR 90, 1276, aM LG Bbg VersR 84, 49, mag sein Beweiswert auch in der Regel nur gering sein, BGH NJW 84, 2040. Es ist eine Gesamtschau erforderlich, BGH RR 94, 1113.

**8) Beweisgegenstand.** Es sind vier Aspekte zu beachten. **17**

**A. Tatsache: Nachprüfbarkeit durch Dritte.** Beweisgegenstand sind entgegen Rödig, Die Theorie des gerichtlichen Erkenntnisverfahrens (1973) 6 (auch „Beweis von Normen", krit Adomeit AcP 174, 407) nur Tatsachen. Auch Rechtssätze, die wegen Art 20 III GG grundsätzlich nicht der freien Beweiswürdigung unterliegen, zählen im Fall des § 293 zu den Beweistatsachen. Indessen findet dann nicht ein wirklicher Beweis statt, § 293 Rn 6.

Regelmäßig stellt man Tatsachen in Gegensatz zu *Werturteilen* oder Urteilen schlechthin, BVerfG 77, 362, **18** BGH **LM** § 282 (BewL) Nr 25; dabei bezeichnet BGH NJW 81, 1562 als Tatsachen „konkrete, nach Zeit und Raum bestimmte, der Vergangenheit oder der Gegenwart angehörige Geschehnisse oder Zustände der Außenwelt und des menschlichen Seelenlebens". Tatsachen als gegenständliche Vorgänge kommen in ihrer Reinheit aber für den Richter nicht in Betracht. Der Mensch nimmt alle gegenständlichen Vorgänge mit den Sinnen auf und verarbeitet sie mit dem Verstand. An ihn selbst, und erst recht durch ihn an Dritte, treten sie ausnahmslos nur in der Form eines Urteils hervor. Ob dieses mehr oder weniger gefärbt ausfällt, mehr oder weniger „Werturteil" ist, hängt von gar manchem ab, Köln NJW 98, 237. BGH NJW 78, 751 stellt darauf ab, ob eine objektive Klärung möglich ist oder ob eine subjektive Wertung ganz im Vordergrund steht, Tillmann NJW 75, 761 läßt maßgeblich sein, ob eine Beurteilung als richtig oder falsch erlaubt ist (Tatsache) oder ob noch Streit möglich ist.

Nach richtiger Auffassung ist *Tatsache* jeder äußere oder innere Vorgang, der der Nachprüfung durch **19** Dritte offensteht, vgl auch KG NJW 70, 2031. Das trifft bei „Werturteilen" zu, wenn sich feststellen läßt, daß die Mehrzahl der anständig und verständig Denkenden denselben Vorgang gleichermaßen würdigt. In der Rechtsprechung herrscht Verwirrung. Die Auslegung eines Rechtsgeschäfts ist keine Tatfrage, sondern immer eine Rechtsfrage. Häufig werden dem Richter Beweistatsachen durch Mittelspersonen, insbesondere Zeugen, zugänglich. Er empfängt dann als Tatsache, was diese Personen als Tatsache beurteilen. Bekundet ein Zeuge die Ermordung eines Menschen, so bekundet er eine Tatsache, besser eine Tatsachenfülle. Behauptet der Zeuge, jemand sei Erbe des Ermordeten, so zieht er einen Schluß aus Tatsachen und gibt damit ein wirkliches, juristisches Urteil ab. Ein solches Urteil ist von Tatsachen scharf zu sondern; es bezieht sich nicht auf Tatsachen, Vorgänge, sondern auf die Folge eines Vorgangs.

**B. Innere Tatsache.** Innere Tatsachen nennt man Vorgänge des Seelenlebens im Gegensatz zu äußeren **20** Tatsachen. Zu den inneren Tatsachen gehören Beweggründe, Überlegungen und Willensrichtungen, vgl

BVerfG NJW **93**, 2165, BGH NJW **83**, 2035. Sie sind mustermäßige „Urteile". Im juristischen Sinne gelten aber Vermutungstatsachen (hypothetische Tatsachen), dh Dinge, die unter bestimmten Voraussetzungen geschehen wären, regelwidrig als Gegenstand des Beweises, BVerfG NJW **93**, 2165, zB daß man jemanden unter gewissen Umständen zum Direktor gewählt hätte oder ein Grundstück erwerben würde, aM LG Ffm RR **86**, 551; natürlich ist in solchen Fällen Vorsicht bei der Beweiswürdigung ratsam. Zu den inneren Tatsachen gehören auch unmögliche oder unterbliebene (negative). Das Gericht muß prüfen, auf Grund welcher Umstände der Zeuge von der inneren Tatsache Kenntnis erlangt hat, BGH NJW **83**, 2035.

**21** **C. Juristische Tatsache.** Solche Tatsachen, besser juristische Urteile, enthalten die rechtliche Beurteilung eines Vorgangs als Kauf, Kündigung usw, also eine Einordnung unter Rechtssätze. Sie sind begrifflich keine Beweistatsachen, sondern reine Urteile, Rn 22, Teil der richterlichen Tätigkeit. Eine scharfe Scheidung verbietet aber das praktische Bedürfnis. Man kann mit Rücksicht auf den Bildungsgrad und die Begabung der Mittelsperson und die Einfachheit und Geläufigkeit des Begriffs die Grenze nur von Fall zu Fall ziehen. Ein ganz einfacher, aus geläufiger Rechtsbegriff kann im Einzelfall Beweistatsache sein, vgl BGH **LM** § 675 BGB Nr 50, so ein einfacher Kauf, die Erteilung eines Auftrags, vereinzelt sogar Eigentum. Keine Beweistatsache ist zB der Begriff „höhere Gewalt", wohl aber zB ist eine Beweistatsache der die höhere Gewalt angeblich auslösende Sturm. Reine Urteile sind auch die sog technischen Tatsachen, dh Schlüsse, die man wegen seiner besonderen Sachkunde aus Vorgängen zieht, wie der Tod infolge einer Körperverletzung oder der Zahlungseinstellung. Für sie gilt dasselbe wie für juristische Urteile. Andere reine Urteile sind prozessual belanglos.

**22** **D. Erfahrungssatz,** dazu *Konzen,* Normtatsachen und Erfahrungssätze usw, Festschrift für *Gaul* (1997) 335: Erfahrungssätze, allgemeine Tatsachen, etwa ein Handelsbrauch, eine Verkehrssitte, ein typischer Ablauf, Anh § 286 Rn 15, sind Schlüsse, die man auf Grund seiner Erfahrung, auch fachlicher, auch zB auf Grund einer Meinungsumfrage, aus einer Reihe gleichartiger Tatsachen zieht. Sie gehören also entweder der allgemeinen Lebenserfahrung oder der besonderen Fachkunde an. Der Richter darf und muß sie in jedem Fall der eigenen Sachkunde entnehmen. Macht er solches Wissen zur Grundlage seiner Entscheidung, so muß er es den Parteien mitteilen, sofern es außerhalb der allgemeinen Lebenserfahrung liegt, Ffm NJW **86**, 855, außer wenn er sich auf Grund dieses Wissens einem Sachverständigengutachten anschließt, BGH **LM** § 286 (B) Nr 23. Er kann sein Wissen auch solchen Gutachten entnehmen, die in anderen Akten enthalten sind. Darin liegt ein erlaubter Urkundenbeweis von Amts wegen. Erfahrungssätze bieten immer nur ein Mittel zur rechtlichen Einordnung der Tatsachen. Eine Beweislast für Erfahrungssätze gibt es nicht. Der Richter darf und muß sie von Amts wegen beachten, Grdz 39 vor § 128, Christl NJW **84**, 270, auch wenn sie eine besondere Fachkunde verlangen, falls er sich diese zutraut. Als Rechtssätze zur Beurteilung von Tatsachen sind Erfahrungssätze in der Revisionsinstanz nachprüfbar.

**23** **9) Beweisantritt**

**Schrifttum:** *Söllner,* Der Beweisantrag im Zivilprozeß, Diss Erlangen 1972.

Beweisantritt ist die Einführung eines bestimmten Beweismittels gemäß §§ 371, 373, 403, 420 ff, 445, 447 durch die Partei in den Prozeß zum Beweis einer bestimmten gleichzeitig oder vorher aufgestellten Behauptung, des Beweissatzes (Beweisthemas), BGH NJW **72**, 250. Beweisführer braucht nicht derjenige zu sein, den die Beweislast trifft, BGH NJW **84**, 2039, Walther NJW **72**, 237. Der Beweisantrag erfolgt durch einen vorbereitenden Schriftsatz, § 130 Z 5, durch einen mündlichen Vortrag, durch Bezugnahme auf einen Schriftsatz oder durch Vorlage einer Urkunde, also nicht schon durch die bloße Ankündigung, wie sich aus dem immer wieder oberflächlich gelesenen § 420 bei genauer Prüfung schon seines Wortlauts ergibt. Der Vortrag eines einzelnen Beweisantrags schließt eine stillschweigende Bezugnahme im übrigen nicht stets aus. Es kommt aber auf die Prozeßlage an. Der Beweisführer hat die Beweismittel, Rn 5, außer beim Sachverständigenbeweis, § 403, zu jeder Tatsache besonders zu bezeichnen, vgl BGH **66**, 68 (sonst evtl § 144). Vgl Teplitzky DRiZ **70**, 280 (ausf).

**24** Eine völlig *unsubstantiierte* Behauptung ist nicht ausreichend, BGH RR **94**, 378, Köln VersR **77**, 577. Eine bloße Verweisung auf umfangreiche alte Schriftsätze ist bei einer langen Dauer eines verwickelten Prozesses kein Beweisantritt. Entgegen einer weitverbreiteten Unsitte ist auch die bloße Bezugnahme auf eine Bußgeld- oder Strafakte kein ausreichender Beweisantritt, und zwar selbst dann nicht, wenn der Beweisführer das Aktenzeichen angibt, LG Köln VersR **81**, 245, und wenn die Akte nur einen geringen Umfang hat. Denn es ist insbesondere im Bereich des Beibringungsgrundsatzes, Grdz 20 vor § 128, nicht die Aufgabe des Gerichts, solche Akte ohne eine nähere Seitenzahlangabe des Beweisführers auf die ihm günstigen Teile zu durchsuchen. Freilich muß das Gericht im Rahmen des Zumutbaren auf den Mangel einer lückenhaften Bezugnahme hinweisen. Es darf aber keine damit zusammenhängende Verzögerung dulden.

**25** Ebensowenig genügt in der Berufungsinstanz stets eine allgemeine Bezugnahme auf *das frühere Vorbringen* ohne die Rüge, daß die Beweise (und welche) bisher nicht erhoben worden seien. Das Gericht muß auf eine ungenügende Bezugnahme hinweisen, BVerfG NJW **82**, 1637. Eine Bezugnahme reicht aus, soweit das Vordergericht den Vortrag als unerheblich beurteilte und der Rechtsmittelführer diese Ansicht angreift, BVerfG NJW **74**, 133, oder soweit das Berufungsgericht einen Beweisantritt für erheblich hält, BGH NJW **82**, 581.

**26** *Ohne einen Beweisantritt* ist *kein Gegenbeweis* zu erheben, Celle VersR **74**, 664, RoSGo § 118 I 3, ZöGre 10 vor § 284. Der Beweisantritt unterbricht nicht die Verjährung im Sinne von § 477 II BGB, BGH **59**, 325, anders als ein Beweissicherungsantrag, § 485.

**27** **10) Ausforschungsbeweis**

**Schrifttum:** *Chudoba,* Der ausforschende Beweisantrag, 1993; *Müller,* Der Ausforschungsbeweis usw, Zürich 1991; *Stürner,* Die richterliche Aufklärung im Zivilprozeß, 1982.

1. Titel. Verfahren bis zum Urteil **Einf § 284**

Es ist *grundsätzlich unzulässig,* Beweis zur Beschaffung einer beweiserheblichen Tatsache als Grundlage für neue Behauptungen anzutreten, also willkürliche aus der Luft gegriffene Behauptungen aufzustellen, wenn tatsächliche Unterlagen für sie ganz fehlen, BGH NJW **99**, 1407, BAG DB **83**, 292, LG Köln NZM **99**, 409. Ebenso unzulässig ist, Behauptungen aufzustellen, für deren Richtigkeit keine Wahrscheinlichkeit spricht, die nicht im erforderlichen Maß substantiiert sind, die vielmehr eine Substantiierung erst ermöglichen sollen, BGH MDR **91**, 689, BAG DB **83**, 292, Baumgärtel MDR **95**, 987. Zu Unrecht meint Gamp DRiZ **82**, 171, es handle sich um ein Scheinproblem. Die hinter dem Ausforschungsbeweisantrag stehende, vom Gesetz mißbilligte Haltung geht oft weit über das bloß nicht genügend bestimmte Formulierung eines Beweisantrags hinaus. Zum internationalen Recht Schlosser ZZP **94**, 369.

Dies alles gilt auch beim Beweis durch *Zeugen,* BGH RR **87**, 415, oder durch die Gegenpartei, aber auch **28** beim *Urkundenbeweis,* etwa beim beliebten Antrag, eine nur generell bezeichnete Unfallakte „beizuziehen", § 420 Rn 3, oder beim *Sachverständigenbeweis,* zB dann, wenn eine Partei noch nicht ausreichende Tatsachen vortragen kann, LG Köln NZM **99**, 404, oder wenn sie mittelbare Tatsachen zurückhält, um sie erst durch den Sachverständigen „ermitteln" zu lassen, BGH **LM** § 138 Nr 14, oder wenn sich eine Partei der Prüfung ihrer kaufmännischen Fähigkeit durch den Sachverständigen unterziehen soll, da diese der Beschaffung des tatsächlichen Materials gegen sie dient, oder im selbständigen Beweisverfahren nach §§ 485 ff, Düss JB **92**, 426.

Jede Partei steht zwar unter der *Wahrhaftigkeitspflicht;* aber niemand braucht seinem Gegner die Waffen in **29** die Hand zu geben, vgl § 138 Rn 21, BGH **93**, 205, Stgt NJW **71**, 945. Der Richter braucht auch nicht einer wie jede Grundlage im Blaue aufgestellten Behauptung nachzugehen, BGH NJW **86**, 247, KG FamRZ **74**, 102. Er kann den Beweisführer vielmehr zur Darlegung der Erkenntnisquelle der Beweisbehauptung auffordern, § 278 III. Er darf den Erlaß eines Ausforschungsbeweisbeschlusses ablehnen bzw einfach unterlassen, der ersuchte Richter darf dessen Ausführung ablehnen, § 158 II (verbotene Handlung). Freilich braucht sich eine Partei gegen eine Beweispflichtige auch nicht im Blaue zu verteidigen, BGH **LM** § 138 Nr 14.

Die Partei behauptet aber *nicht* ins Blaue, wenn sie lediglich imstande ist, eine zunächst nur *vermutete* **30** Tatsache als Behauptung einzuführen, BGH NJW **96**, 3150, Düss RR **88**, 1529, Demharter FamRZ **85**, 235. Das gilt auch dann, wenn die Partei zB einen Antrag auf Einholung eines Blutgruppengutachtens oder eines erbbiologischen Zusatzgutachtens, § 372 a Rn 6 ff, damit begründet, daß ein Dritter der Kindesmutter in der Empfängniszeit beigewohnt habe und das Kind nicht die geringste Ähnlichkeit mit dem Beweisführer habe, zum Problem Celle FamRZ **71**, 376, Düss FamRZ **71**, 377, 379, oder wenn die Partei die Glaubwürdigkeit der Kindesmutter bestreitet und darum bittet, diese Glaubwürdigkeit durch das beantragte Gutachten überprüfen zu lassen, § 372 a Rn 2.

*Zulässig* ist demgemäß auch der Beweisantritt, daß die Kindesmutter allgemein einem außerehelichen **31** Geschlechtsverkehr leicht zugänglich sei, sofern dafür ein gewisser Anhalt besteht. Zulässig ist die Vernehmung eines Lotterieeinnehmers darüber, ob er ein Los auf eigene oder fremde Rechnung gespielt habe. Kein Ausforschungsbeweis liegt vor, wenn gewisse Umstände wahrscheinlich machen, daß sich das Behauptete aus Akten ergeben kann, die herangezogen werden sollen. Für den Abstammungsprozeß vgl § 640 Rn 11. Der Beweisführer braucht überhaupt nicht bereits beim Beweisantritt das behauptete Ergebnis wahrscheinlich zu machen; das wäre eine verfrühte Beweiswürdigung, BGH NJW **72**, 250, Mü OLGZ **79**, 355.

**11) Beweismittel.** Die Möglichkeiten sind zahlreich. **32**

**A. Arten.** Beweismittel im Sinne des § 282 sind die im 6. bis 10. Titel des zweiten Buchs der ZPO geregelten, nämlich Augenschein, Zeugen, Sachverständige, Urkunden, Parteivernehmung. Dazu tritt die amtliche Auskunft, Üb 32 vor § 373. Wegen einer Tonaufzeichnung usw Üb 11 vor § 371.

*Keine* Beweismittel sind das gerichtliche Geständnis, § 288 Rn 1 ff, und das außergerichtliche Geständnis, das ein bloßes Indiz ist, Rn 16. Andere Erkenntnisquellen als die genannten sind nur bei Erfahrungssätzen, Rn 22, Rechtssätzen, Offenkundigkeit zulässig.

**B. Benutzungsfreiheit.** Beweisfragen unterliegen der Parteiherrschaft, Grdz 18 vor § 128. Ihr unter- **33** liegen außer dem Sachverständigen- und dem Augenscheinsbeweis alle Beweismittel, soweit nicht die Parteiherrschaft, wie im Eheverfahren, gesetzlich beschränkt ist. Die Wahrheitspflicht, § 138, zwingt keine Partei dazu, ihr Vorbringen zu beweisen. Die ZPO gibt jeder Partei das Recht, auf Beweismittel des Gegners zu verzichten. Darum dürfen die Parteien beliebige Tatsachen dem Beweis entziehen oder einzelne Beweismittel durch Vereinbarung ausschließen. Insofern darf das Gericht keinerlei Beweis erheben, Schultze NJW **77**, 412. Wegen der Beweisverträge Anh § 286 Rn 7.

**12) Beweiswürdigung.** Die fast unlösbare Aufgabe des Richters ist es, in dem ihm übermittelten Trug- **34** bild angeblicher Tatsachen die wahren Umrisse, den wirklichen Vorgang zu erkennen. Dazu muß er Fehlerquellen möglichst ausscheiden und auf einer reichen Lebenserfahrung aufgebaute Schlüsse fast hellseherisch ziehen. Er darf sich dabei notfalls technischer Gehilfen, der Sachverständigen, bedienen. Über sachverständige Zeugen s § 414. Weiteres s bei § 286. Die freie Beweiswürdigung ist ein Kernstück des neuzeitlichen Zivilprozesses und sein größter Fortschritt gegenüber dem Gemeinen Prozeß. Sie ist der notwendige Ausgleich der nicht hoch genug zu veranschlagenden Mangelhaftigkeit fast jeder Beweiserhebung. Sie gilt ausnahmslos, soweit nicht § 286 II eingreift. Die Vorschriften über die Beweiswürdigung sind zwingenden öffentlichen Rechts, also der Parteivereinbarung entzogen.

Das *Berufungsgericht* prüft die Beweiswürdigung in freier Würdigung nach. Das Revisionsgericht prüft nur **35** auf gesetzliche Anwendung des Würdigungsrechts. Dieses ist entweder durch die gesetzwidrige Beschaffung der Grundlagen der Entscheidung, zB durch eine unzulässige Ablehnung einer Zeugenvernehmung, oder durch falsche Schlüsse aus den Grundlagen verletzt.

**13) VwGO:** Da der Ermittlungsgrundsatz gilt, § 86 I VwGO, werden alle Beweise von Amts wegen erhoben, vgl **36** Geiger BayVBl **99**, 321; den Umfang der Beweisaufnahme bestimmt das Gericht nach pflichtgemäßem Ermessen ohne Bindung an das Vorbringen. Demgemäß hat keiner der Beteiligten den Beweis zu „führen", Rn 23ff (formelle Beweislast), BVerwG NJW **81**, 1389, **52**, 260, Grunsky § 41 II mwN, abw Baur, Festschr Bachof, 1984, S 285–

288. Im übrigen gelten die vorstehend dargelegten Grundsätze sinngemäß auch im VerwProzeß; für das AsylVerf s § 74 II AsylVfG.

## 284 Beweisaufnahme. Die Beweisaufnahme und die Anordnung eines besonderen Beweisaufnahmeverfahrens durch Beweisbeschluß wird durch die Vorschriften des fünften bis elften Titels bestimmt.

1  **1) Systematik, Regelungszweck.** Die Beweisaufnahme erfolgt nach den §§ 355–455. Die Frage, ob ein förmlicher Beweisbeschluß notwendig ist, wird in den §§ 358–360 geregelt.

2  **2) VwGO:** Neben §§ 96 und 97 VwGO gelten nach § 98 VwGO entsprechend die §§ 358–444 und 450–494.

## 285 Verhandlung nach Beweisaufnahme. ¹ Über das Ergebnis der Beweisaufnahme haben die Parteien unter Darlegung des Streitverhältnisses zu verhandeln.

II Ist die Beweisaufnahme nicht vor dem Prozeßgericht erfolgt, so haben die Parteien ihr Ergebnis auf Grund der Beweisverhandlungen vorzutragen.

**Schrifttum:** *Haus,* Übernahme von Prozeßergebnissen, insbesondere einer Beweisaufnahme, bei Verweisung eines Rechtsstreits usw, Diss Regensb 1971.

1  **1) Systematik, I, II.** Während § 284 und die in ihm in Bezug genommenen Vorschriften die Beweisaufnahme regeln, bestimmt § 285 als notwendiges, nicht selten mißachtetes, Zwischenstadium die Erörterung der Beweisaufnahme mit den Parteien, bevor dann §§ 286 ff zur Beweiswürdigung überleiten.

2  **2) Regelungszweck, I, II.** Gelegenheit zur Äußerung über das Beweisergebnis müssen die Parteien schon wegen Art 103 I GG erhalten, Einl III 16, BGH NJW **90**, 122, Bbg FER **99**, 99, Schneider MDR **92**, 827. § 285 gibt ihnen das Recht, ihre Auffassung über das Beweisergebnis darzulegen, Beweiseinreden, auch des Beweisführers selbst, vorzubringen und Gegenbeweis oder neuen Beweis anzutreten, Walker Festschrift für Schneider (1997) 167. Darum verlangt er eine mündliche Verhandlung der Parteien über das Beweisergebnis, vgl § 278 II 2, bei darum sie den jetzigen Streitstand erörtern können. Diese Verhandlung setzt die durch die Beweisaufnahme unterbrochene Verhandlung fort, soll grundsätzlich unmittelbar nach der Beweisaufnahme in demselben Termin stattfinden, § 370 I, BGH FamRZ **91**, 43, und bildet mit ihr eine Einheit, Üb 3 vor § 253, also daß die schon gestellten Anträge nicht wiederholt werden müssen, BGH **63**, 95. Das Gericht darf, abgesehen von den Fällen der Säumnis, Rn 5, in seiner Entscheidung kein Beweisergebnis verwerten, über das die Parteien nicht verhandeln konnten, BGH **LM** § 360 Nr 1, Schneider MDR **92**, 827.

3  **3) Geltungsbereich, I, II.** Die Vorschrift gilt in allen Verfahrensarten nach der ZPO.

4  **4) Verhandlung, I.** Sie ist wegen § 286 nicht zu unterschätzen.

**A. Übliche Sorgfalt.** Es gelten natürlich zur Frage des „Könnens" im Sinn von Rn 2 die üblichen Sorgfaltsmaßstäbe, Schneider MDR **92**, 827. Im übrigen muß die Partei selbst bei gegnerischen *Betriebsgeheimnissen* auch im Anschluß an die Möglichkeit der Teilnahme an einer Beweisaufnahme, § 357 Rn 3, über diese verhandeln dürfen. Die Vorschrift ist auch bei einer Wiederholung der Beweisaufnahme zu beachten. Wenn die Beweisaufnahme unmittelbar vorangig, ist der Vortrag ihres Ergebnisses grundsätzlich entbehrlich. Wenn aber zB ein Sachverständiger ein Gutachten nur mündlich, dafür aber außerordentlich ausführlich erstattet, muß das Gericht einer nicht sachkundigen Partei die Gelegenheit geben, nach der Vorlage des Protokolls nochmals Stellung zu nehmen, BGH FamRZ **91**, 45. Bei einer früheren Beweisaufnahme genügt regelmäßig ein Parteibericht, Üb 5 vor § 253. Es ist zumindest ratsam, einen Hinweis auf die Verhandlung nach § 285 in das Protokoll aufzunehmen, strenger BGH NJW **90**, 122 (er sei nach § 160 II auch notwendig). Der Bezug auf einen Schriftsatz oder auf das Protokoll richtet sich nach § 137 III. Der Vorsitzende hat auf einen geeigneten Vortrag hinzuwirken, §§ 139, 278 III. Im schriftlichen Verfahren, § 128 II, III, ist entsprechend vorzugehen. Am besten setzt das Gericht dann eine Erklärungsfrist, wenn es die Beweisergebnisse mitteilt. Im FGG-Verfahren ist I unanwendbar, BayObLG **90**, 179. Die Ablehnung eines Antrags, einen beweiswürdigenden Schriftsatz nachzulassen, ist grundsätzlich kein Verstoß gegen Art 103 I GG, Einl III 16, BGH FamRZ **91**, 43, aM Schneider MDR **92**, 827.

5  **B. Erneute Erörterung des Sach- und Streitstands.** Während § 285 die Erörterung des Ergebnisses gerade der Beweisaufnahme regelt, schreibt § 278 II 2 eine erneute Erörterung des übrigen Sach- und Streitstands nach der Beweisaufnahme vor, § 278 Rn 9. In der Praxis lassen sich diese beiden Erörterungsarten freilich oft kaum trennen.

6  **C. Säumnisverfahren.** Wenn der Termin gleichzeitig zur Beweisaufnahme und zur mündlichen Verhandlung angesetzt worden ist, gilt folgende Regelung:
Bei Säumnis *einer* Partei wird die Beweisaufnahme nach Möglichkeit durchgeführt, § 367. Dann ergeht auf Antrag eine Versäumnisentscheidung in der Sache, §§ 330, 331, 331 a. Das gilt aber natürlich nur, wenn die Partei überhaupt (noch) keinen Sachantrag gestellt hat. Wenn sie dagegen zu Beginn des Termins streitig verhandelt hat und nun nach der Beweisaufnahme „keinen Antrag stellt", ist das keine Säumnis, sondern Verzicht auf weitere Ausführungen nach Erhalt des Gehörs. Bei Säumnis *beider* Parteien findet die Beweisaufnahme ebenfalls wenn möglich statt. Dann werden Vertagung, das Ruhen oder eine Entscheidung nach Aktenlage beschlossen, bei der das Beweisergebnis zu verwerten ist, § 251 a.

7  **5) Außerprozeßgerichtliche Beweisaufnahme, II.** Ein Grundsatz hat Ausnahmen.

## 1. Titel. Verfahren bis zum Urteil §§ 285, 286

**A. Grundsatz: Vortrag des Beweisergebnisses.** Nach einer Beweisaufnahme vor dem beauftragten oder ersuchten Richter oder im Ausland oder vor demjenigen Einzelrichter oder Vorsitzenden der Kammer für Handelssachen, der nur verbreitend tätigund deshalb nicht Prozeßgericht war, vgl ferner §§ 361, 362, 372 II, 375, 402, 434, 451, § 157 GVG, müssen die Parteien das Ergebnis auf Grund der Beweisverhandlungen vortragen, falls nicht verzichtet wird. Dabei genügt eine, auch stillschweigende, Bezugnahme auf das Protokoll, auf ein Gutachten oder auf eine schriftliche Auskunft. Dasselbe muß bei einer Beweisaufnahme vor einem anderen Kollegium gelten. Das Verfahren läuft im übrigen wie bei I ab. In der Praxis übernimmt der Vorsitzende den Vortrag für die Parteien. Er ist aber dazu nicht verpflichtet.

*Unverwertbar* ist der persönliche Eindruck des vernehmenden verordneten Richters, wenn dieser nicht im Vernehmungsprotokoll festgelegt worden ist, § 355 Rn 6. Dasselbe gilt nach einem Richterwechsel, § 355 Rn 7, BGH **53**, 257.

**B. Ausnahmen.** Bei einem Amtsbeweis, § 144, oder beim Beweis über Punkte, die von Amts wegen zu **8** beachten sind, Grdz 39 vor § 128, ist der Vortrag nach II unnötig. Bei einer Verwertung der Ergebnisse einer Beweissicherung gilt § 493 II.

**6) Verstoß, I, II.** Ein Verstoß gegen I oder II ist ein Verfahrensfehler, BGH NJW **90**, 122, Kblz RR **91**, **9** 1087. Er kann gemäß § 295 heilen, BGH **63**, 95, ZöGre 4, aM ThP 2. Es begründet ein Rechtsmittel, auch Revision, nicht aber stets eine Verfassungsbeschwerde, BVerfG **67**, 95, BGH FamRZ **91**, 43, aM Schneider MDR **92**, 827.

**7) *VwGO: I*** gilt in dem Sinne, daß die Beteiligten Gelegenheit erhalten müssen, sich zu den Beweisergebnissen zu **10** äußern, weil andernfalls das Urteil nicht auf sie gestützt werden darf, § 108 II *VwGO*. *II ist unanwendbar, weil das Gericht das Ergebnis einer Beweisaufnahme vor dem beauftragten oder ersuchten Richter von Amts wegen zum Gegenstand der Verhandlung macht, § 103 II VwGO.*

**286** *Beweiswürdigung.* ¹¹Das Gericht hat unter Berücksichtigung des gesamten Inhalts der Verhandlungen und des Ergebnisses einer etwaigen Beweisaufnahme nach freier Überzeugung zu entscheiden, ob eine tatsächliche Behauptung für wahr oder für nicht wahr zu erachten sei. ²In dem Urteil sind die Gründe anzugeben, die für die richterliche Überzeugung leitend gewesen sind.

<sup>II</sup> An gesetzliche Beweisregeln ist das Gericht nur in den durch dieses Gesetz bezeichneten Fällen gebunden.

**Schrifttum:** *Baumgärtel,* Beweisrechtliche Studien, Festschrift der *Rechtswissenschaftlichen Fakultät ... Köln* (1988) 165; *Bender,* Merkmalkombinationen in Aussagen usw, 1987; *Bender/Nack,* Vom Umgang der Juristen mit der Wahrscheinlichkeit, in: Festschrift für die *Deutsche Richterakademie* (1983) 263; *Bender/Nack,* Tatsachenfeststellung vor Gericht, Bd I, II, 2. Aufl 1995; *Brehm,* Die Bindung des Richters an den Parteivortrag und Grenzen freier Verhandlungswürdigung, 1982; *Habscheid,* Beweislast und Beweismaß – ein kontinentaleuropäischer und angelsächsischer Rechtsvergleich, Festschrift für *Baumgärtel* (1990) 105; *Heilmann,* Kindliches Zeitempfinden und Verfahrensrecht, 1998; *Huber,* Das Beweismaß im Zivilprozeß, 1983; *Kodek,* Rechtswidrig erlangte Beweismittel im Zivilprozeß, Wien 1988 (rechtsvergleichend); *Koussoulis,* Beweismaßprobleme im Zivilprozeßrecht, Festschrift für *Schwab* (1990) 277; *Lampe,* Richterliche Überzeugung, Festschrift *Pfeiffer* (1988) 353; *Leipold,* Beweislast und Beweismaß im Zivilprozeß, 1985; *Leipold,* Wahrheit und Beweis im Zivilprozeß, in: Festschrift für *Nakamura* (1996); *Lepa,* Beweislast und Beweiswürdigung im Haftpflichtprozeß, 1986; *Matscher,* Mangel der Sachverhaltsfeststellung, insbesondere der Beweiswürdigung und Verletzung von Verfahrensgarantien im Licht der EMRK, Festschrift für *Gaul* (1997) 435; *Motsch,* Vom rechtsgenügenden Beweisen, 1983; *Musielak/Stadler,* Grundfragen des Beweisrechts, 1984; *Motsch,* Einige Bemerkungen zum Beweisrecht usw, Festschrift für *Schneider* (1997) 129; *Nell,* Wahrscheinlichkeitsurteile in juristischen Entscheidungen, 1983; *Nierhaus,* Beweismaß und Beweislast – Untersuchungsgrundsatz und Beteiligtenmitwirkung im Verwaltungsprozeß, 1989; *Peters,* Richterliche Hinweispflichten und Beweisinitiativen im Zivilprozeß, 1983; *Prütting,* Gegenwartsprobleme der Beweislast (1983) § 8; *Rechberger,* Maß für Maß im Zivilprozeß? Ein Beitrag zur Beweismaßdiskussion, Festschrift für *Baumgärtel* (1990) 471; *Schneider,* Beweis und Beweiswürdigung, 5. Aufl 1994; *Schneider* MDR **98**, 999 (Üb); *Schwab,* Das Beweismaß im Zivilprozeß, Festschrift für *Fasching* (1988) 451; *Stürner,* Die richterliche Aufklärung im Zivilprozeß, 1982.

### Gliederung

| | |
|---|---|
| 1) Systematik, I, II ........................... 1 | A. Erwiesenheit, Offenkundigkeit, Unstreitigkeit .......................... 28 |
| 2) Regelungszweck, I, II .................. 2 | B. Unerheblichkeit .......................... 29 |
| 3) Geltungsbereich, I, II .................. 3 | C. Wahrunterstellung ..................... 30 |
| 4) Freie Beweiswürdigung, I ............ 4–23 | D. Unzulässigkeit, Unerreichbarkeit, Ungeeignetheit, Ungenauigkeit (Ausforschung) ................................ 31–34 |
|    A. Freiheit der Meinungsbildung ........ 4–12 | |
|    B. Berücksichtigung des gesamten Streitstoffs ............................ 13–15 | E. Erwiesenheit des Gegenteils ......... 35 |
|    C. Überzeugungsbildung ............... 16–19 | F. Unglaubwürdigkeit ..................... 36 |
|    D. Begründungspflicht ................. 20, 21 | G. Verwandtschaft, Gesellschaftsbeteiligung usw ................................ 37 |
|    E. Verhandlungsinhalt .................. 22 | H. Auswärtiger Zeuge ..................... 38 |
|    F. Privatwissen ......................... 23 | I. Unwirtschaftlichkeit ................... 39, 40 |
| 5) Erschöpfung der Beweismittel, I ..... 24–26 | J. Abstammungsprozeß .................. 41–44 |
| 6) Ablehnung eines Beweismittels, I .... 27–49 | K. Verschwiegenheitspflicht ............ 45 |

## § 286

2. Buch. 1. Abschnitt. Verfahren vor den LGen

| | |
|---|---|
| L. Verspätung ........................... 46 | A. Freie Beweismittelwahl .............. 63 |
| M. Gesetzliche Beweisregel ............. 47 | B. Würdigung anderer Akten .......... 64–67 |
| N. Rechtskräftige Feststellung .......... 48 | C. Rechtswidrig erlangte Urkunde ...... 68 |
| O. Weitere Einzelfragen ................ 49 | D. Verhältnis zum Zeugenbeweis ....... 69, 70 |
| 7) **Sachverständigenbeweis, I** .......... 50–62 | 9) **Gesetzliche Beweisregeln, II** ........ 71 |
| 8) **Urkundenwürdigung, I** .............. 63–70 | 10) **VwGO** ................................ 72 |

1 **1) Systematik, I, II.** Über die Beweiswürdigung im allgemeinen Einf 1 vor § 284.

2 **2) Regelungszweck, I, II.** Der Grundsatz der freien Beweiswürdigung, Rn 4, ist als eine der wichtigsten Errungenschaften des modernen Prozeßrechts auch Zweck des § 286, selbst wenn gewisse gesetzliche Beweisregeln, aus Gründen der Praktikabilität bestehengeblieben sind. In den vom Gebot des rechtlichen Gehörs, Art 103 I GG, Einl III 16, BVerfG NJW 96, 3203, wie immer dem Verbot der Willkür, Einl III 21, gezogenen Grenzen soll das Gericht eben wirklich nur dem Gesetz und seinem Gewissen unterworfen sein, Art 97 I GG, auch und gerade bei der Feststellung der entscheidungserheblichen Tatsachen. Das wird bei der oft reichlich engen Handhabung von Durchführungsvorschriften wie etwa dem § 397 ZPO bedauerlicherweise übersehen. Freilich ist der – auch wiederholte – persönliche Eindruck von einer Beweisperson usw zur wirklich freien Würdigung meist so notwendig, daß vor zu großzügiger Handhabung des § 286 auch insoweit zu warnen ist.

3 **3) Geltungsbereich, I, II.** Die Vorschrift gilt in allen Verfahrensarten nach der ZPO, auch im arbeitsgerichtlichen Verfahren, § 46 II 1 ArbGG, und im FGG-Verfahren, BayObLG FER 97, 173.

4 **4) Freie Beweiswürdigung, I.** „Was ist Wahrheit?" (Joh 18, 38). Sie hat zentrale Bedeutung.
**A. Freiheit der Meinungsbildung.** Das Gericht entscheidet, abgesehen von den Fällen einer gesetzlichen Vermutung oder Beweisregel, im gesamten Prozeßrecht, zB auch bei den Prozeßvoraussetzungen, Grdz 12 vor § 253, nach freier Überzeugung, ob eine tatsächliche Behauptung wahr ist oder nicht, auch BGH RR 88, 524, Britz ZZP 110, 90. Es steht in der Würdigung des Prozeßstoffs auf dessen Beweiswert völlig frei da. Daran sollten auch nicht die verbreiteten Verkümmerungen in der Praxis der Bewertung von Zeugenaussagen, die Reinecke MDR 86, 636 mit Recht beklagt, etwas ändern. Es ist aber auch erforderlich, daß das Gericht vorher die Parteien vor allem für sie Wissenswerten in Kenntnis gesetzt hat, zB auch davon, daß der Zeuge erklärt hat, er könne eine vollständige Aussage erst nach Einsicht in seine Unterlagen machen, wenn das Gericht diese Einsicht nicht für erforderlich gehalten hat. Es gehört zu den Rechten und Pflichten des Gerichts, die Glaubwürdigkeit grundsätzlich selbst zu beurteilen. Das Gericht darf zB einem 7jährigen Zeugen glauben, AG BergGladb WoM 94, 193. Nur ausnahmsweise wird es ratsam sein, zB einen Aussagepsychologen heranzuziehen, BVerwG NJW 85, 757.

5 Das Gericht darf eine Tatsache *ohne jede Beweisaufnahme* für wahr halten, § 294 Rn 4 (zur Glaubhaftmachung), BGH VersR 92, 868, Hamm VersR 93, 694, AG Westerstede FamRZ 94, 645 und 650. Dieser Grundsatz gilt auch im Urkundenprozeß, zB 440 Rn 3, 592 Rn 9, 10, Köln DB 83, 105, und bei klarem und widerspruchsfreiem Sachverhalt sogar trotz beiderseitigen Beweisantritts, BGH 82, 21. Das Gericht muß freilich seine Sachkunde prüfen, BGH VersR 81, 577. Das Gericht darf sich mit einer Anhörung einer zB nach § 141 erschienenen Partei begnügen, wenn sie glaubwürdig wirkt, BGH MDR 97, 546, Hamm VHR 97, 271, was grundsätzlich anzunehmen ist, Karlsr MDR 98, 494. Es darf auch einer Parteierklärung ebenso oder mehr glauben als einem eidlichen Zeugnis, Karlsr MDR 98, 494, oder der Behauptung des Klägers bei einer mangelnden Substantiierung der Gegenerklärung des Bekl folgen, BGH FamRZ 89, 841 (auch zu den Grenzen). Das Gericht ist dann auch nicht gezwungen, die Partei nach § 448 zu vernehmen.

Es kann aber nicht dann, wenn die Gegenseite die Behauptung bestreitet, auf Grund einer einfachen Anhörung Feststellungen treffen, die seinen eigenen in einem früheren Urteil *widersprechen*, BGH **LM** § 286 (B) Nr 10. Das Gericht kann nicht die bisher von einem anderen Senat für glaubwürdig angesehenen Zeugen nach einer Zurückverweisung ohne Vernehmung für unglaubwürdig halten, § 398 Rn 5.

Das *Berufungsgericht* darf nicht die Glaubwürdigkeit eines Zeugen ohne eigene Vernehmung anders als das erstinstanzliche Gericht beurteilen, § 398 Rn 9, BGH NJW 76, 1742 (Ausnahmen Rn 64). Das Berufungsgericht darf nicht auf Grund von Lichtbildern aus einer anderen Blickrichtung Feststellungen treffen, die von den Ergebnissen einer Ortsbesichtigung des erstinstanzlichen Gerichts abweichen, BGH **LM** (B) Nr 27. Das Gericht darf einem Polizisten besonders glauben, weil er im Beruf zu einer sorgfältigen Beobachtung usw verpflichtet ist, Karlsr VersR 77, 937.

6 Das *Revisionsgericht* darf die vorinstanzliche Beweiswürdigung nur auf Verstöße gegen Denkgesetze und Verfahrensregeln überprüfen, BGH VersR 97, 592, BayObLG WoM 94, 229. Ein solcher Verstoß liegt zB dann vor, wenn der Tatrichter die Doppeldeutigkeit einer Indiztatsache nicht erkennt oder einer Tatsache eine Indizwirkung zuerkennt, die sie nicht haben kann, BGH NJW 91, 1895, oder beim – auch stillschweigenden – Verzicht auf Vernehmung, BGH RR 97, 343, auch bei Nichtbeachtung allgemein anerkannter Erfahrungssätze, KG WoM 97, 608 (aber Vorsicht!), dagegen nicht schon dann, wenn die Feststellungen und Schlüsse des Vorderrichters nicht zwingend sind, BAG KTS 89, 151.

7 Das Revisionsgericht darf freilich eine *Urkunde anders auslegen* als das Berufungsgericht, soweit dieses rechtsfehlerhaft ausgelegt hat und keine (weiteren) tatsächlichen Feststellungen mehr in Betracht kommen, BGH NJW 91, 1180.

8 Unzulässig ist es, aus der Unglaubwürdigkeit eines (wenn auch *der Partei nahestehenden*) Zeugen auf die Unglaubhaftigkeit des Parteivortrags zu schließen, BGH VersR 99, 181, oder einen Zeugen schon wegen seiner Bindung an die Partei oder nur unter besonderen Voraussetzungen, zB als deren Angestellten oder Beifahrer, für glaubhaft oder unglaubhaft zu halten, BGH NJW 88, 567, Karlsr MDR 98, 494, aM Reinecke MDR 89, 115 (er fordert mit Recht die Gesamtabwägung, beurteilt aber die Wahrheitsliebe des Beifahrers sehr kritisch), LG Köln NZV 88, 28, AG Mü NJW 87, 1425 (abl Putzo).

9 Das Gericht darf sich nicht auf ein Sachverständigengutachten stützen, wenn es einen *anderen Sachverhalt* zugrunde legt. Es darf aber aus Tatsachen und Beweisverhandlungen andere Schlüsse ziehen als die Parteien. Es darf Handlungen und Unterlassungen der Partei frei würdigen, KG JR 78, 379.

## 1. Titel. Verfahren bis zum Urteil § 286

Die *Beweislast* ist dabei *völlig unerheblich,* namentlich kommt sie für die Auslegung von Urkunden und **10** Willenserklärungen nicht in Betracht, vgl aber auch Anh 286 Rn 220 „Vertragsurkunde". Weigert sich die nicht beweispflichtige Partei grundlos, die Anschrift eines nur ihr bekannten Zeugen anzugeben, so kann das zu ihren Ungunsten sprechen. Dasselbe gilt, wenn die Partei das Bankgeheimnis ausnutzt, um die Wahrheitsfindung zu vereiteln, Anh § 286 Rn 26. Wegen der Weigerung, das Augenscheinsobjekt bereitzustellen, Üb 6 vor § 371. Tatsächliche Vermutungen und der Anscheinsbeweis gehören zur Beweiswürdigung, Anh § 286 Rn 15.

Der freien Beweiswürdigung *widerspricht* es, wenn das Gericht den gesetzlichen Beweisregeln weitere **11** hinzufügt, II, BGH **LM** (A) Nr 30, zB mangels besonderer Anhaltspunkte für eine unrichtige Aussage stets auf die Glaubwürdigkeit, dagegen auch AG Marbach MDR **87,** 241, oder aus der Eidesverweigerung oder der Verwandtschaft des Zeugen mit der Partei ohne weiteres auf seine Unglaubwürdigkeit schließt, vgl auch § 384 Rn 6, BGH NJW **74,** 2283, KG VersR **77,** 771, aM Hamm VersR **83,** 871 (fordert zusätzliche Anzeichen).

Der Beweiswert einer *Indiztatsache* für den Hauptbeweis ist in der Regel nur gering, BGH NJW **84,** 2040. **12** Unzulässig ist es, ein Indiz ohne seine Schlüssigkeitsprüfung auszuwerten, BGH VersR **83,** 375, oder eine etwaige Doppeldeutigkeit nicht zu würdigen, BGH NJW **91,** 1895, ohne dem Ausscheiden eines Indizes zu folgern, daß die übrigen nicht genügen, oder einen Anwalt von vornherein für besonders glaubwürdig zu halten, BGH VersR **74,** 1021 (er empfiehlt eine Zurückhaltung vor der Annahme, der Anwalt habe bewußt unwahr ausgesagt), oder sich auf stereotype Wendungen zurückzuziehen, Schneider DRiZ **77,** 75.

**B. Berücksichtigung des gesamten Streitstoffs.** § 286 befreit den Richter aber nicht von der Pflicht **13** zu gewissenhaftester Prüfung und Abwägung der für oder gegen die Wahrheit einer erheblichen Behauptung sprechenden Umstände, BVerfG WoM **99,** 383, BGH VersR **87,** 767, BAG DB **97,** 1235. Der Richter darf zB nicht ein einfaches Bestreiten, das zulässig sein kann, BGH **12,** 50, zum Nachteil der nicht beweispflichtigen Partei auswerten, BGH FamRZ **87,** 260, BayObLG **72,** 241. Er darf nicht in Spezialfragen schon deshalb dem Vortrag eines sachverständigen Zeugen, BAG DB **76,** 2356, oder einer sachkundigen Partei folgen, weil der nicht sachkundige Gegner nur knapp bestreitet, BGH **LM** (C) Nr 64. Der Richter darf nicht leugnen, was durch einen Augenschein klar festgelegt ist, Grave-Mühle MDR **75,** 276. Er darf nicht erbbiologischen Untersuchungen grundsätzlich den Beweiswert absprechen, § 372a Rn 13, BGH **LM** (B) Nr 14. Er darf nicht das Gutachten eines anerkannten Fachgelehrten hinter das anderer Sachverständiger zurücksetzen, denen die Sachkunde auf dem betr Gebiet abgeht.

Der *gesamte Streitstoff ist zu erschöpfen,* schon wegen Art 103 I GG, BVerfG NJW **99,** 311 und WoM **99, 14** 383, Oldb MDR **98,** 89, evtl auch ein erst am Vortag des Termins eingegangener Schriftsatz, BFH BB **84,** 1673 (freilich zum Steuerverfahren), aber auch wegen Art 3 I GG (Willkürverbot, Einl III 21), BVerfG NJW **97,** 311. Der gesamte Inhalt der Verhandlungen bis zum Schluß der letzten, BGH GRUR **95,** 700, und grundsätzlich nur er, § 296a, BGH GRUR **95,** 701, BayObLG **90,** 175, einschließlich des Ergebnisses der Beweisaufnahme geben die Grundlage der Urteilsfindung, BayObLG **72,** 241. Dabei darf das Gericht nur dasjenige berücksichtigen, was auf der Wahrnehmung der an der Entscheidung beteiligten Richter beruht oder aktenkundig ist und wozu sich die Parteien äußern konnten, BVerfG **91,** 180, BGH NJW **91,** 1302, Pantle NJW **91,** 1280. Eine Widersprüchlichkeit im Verlauf des Vortrags einer Partei nimmt dem Vortrag eine Schlüssigkeit nicht von vornherein, BGH GRUR **95,** 701; freilich ist dann stets besondere Vorsicht geboten, § 138 I. Auch rechtliche Erwägungen können zu beachten sein, Einl III 16, BVerfG WoM **99,** 383.

Dahin gehören aber viele Umstände, wie die volle Ausschöpfung der Zeugenaussage, BGH GRUR **92,** 862, **15** die Glaubwürdigkeit einer Partei und der Zeugen, BGH NJW **91,** 1302, BAG BB **78,** 1217, die Versagung ihrer Mitwirkung bei der Beweisaufnahme, § 444 Rn 4, 5, BGH FamRZ **88,** 485, die Verweigerung einer nach Treu und Glauben zu erwartenden Erklärung, Einl III 54. Darüber, welcher Grad im Einzelfall genügt, muß die besondere Veranlagung des Richters und seine durch die Lebenserfahrung bedingte Einstellung entscheiden. Man darf die Anforderungen an die Schlüssigkeit wie Beweiserheblichkeit nicht überspannen, BGH RR **96,** 56. Der Richter darf auch nicht vorübergehend schlafen, BFH BB **86,** 2402 (auch zur Revisionsrüge), BVerwG NJW **86,** 2721.

**C. Überzeugungsbildung.** Beweis ist erst erbracht, wenn der Richter persönlich voll überzeugt ist, **16** BGH VersR **98,** 1302, und zwar nicht nur von der Wahrscheinlichkeit, sondern von der Wahrheit der behaupteten Tatsache, BGH NJW **78,** 1684, Oldb VersR **97,** 1492, Kroitzsch GRUR **76,** 183. Insofern ist die vom RG entwickelte Floskel von der „an Sicherheit grenzenden Wahrscheinlichkeit", vgl zB Kollhosser ZZP **96,** 271, Meyke NJW **89,** 2036 (aber was heißt „hohe Flexibilität"?), zumindest mißverständlich, BGH NJW **89,** 2949; zum Problem Allgaier MDR **86,** 626.

Noch weniger reicht, anders als bei einer bloßen Glaubhaftmachung, § 294 Rn 1, eine *überwiegende* **17** *Wahrscheinlichkeit* zum Beweis oder auch nur zum Anscheinsbeweis aus. Denn das Gericht muß eine größtmögliche Übereinstimmung zwischen der Wahrheit und ihrem Erkennen, § 284 Rn 1, anstreben, Bruns ZZP **91,** 70, RoSGo § 112 II, ZöGre 18, aM Maaßen, Beweismaßprobleme im Schadensersatzprozeß (1976) 9, Motsch NJW **76,** 1389, Schmidt, Tatsächlichkeit und Unteilbarkeit des Geständnisses usw (1972) 176.

Der Richter hat zu prüfen, ob er die an sich möglichen Zweifel überwinden kann, braucht diese aber **18** nicht völlig auszuschließen. Ausreichend ist ein für das praktische Leben *brauchbarer Grad von Gewißheit* und nicht nur von Wahrscheinlichkeit, BGH NJW **99,** 488 (keine unerfüllbaren Anforderungen), der einem restlichen etwaigen Zweifel Schweigen gebietet, ohne ihn völlig ausschließen zu müssen, BGH RR **94,** 567, Hamm NJW **99,** 1788, Kblz VersR **98,** 181.

Das gilt sogar dann, wenn nach dem Gesetz zB eine „offenbare Unmöglichkeit" vorliegen muß, BGH **7, 19** 120. Es gilt auch für die *von Amts wegen* festzustellenden Punkte, Grdz 39 vor § 128, zB für die Prozeßvoraussetzungen, Grdz 12 vor § 253, BGH VersR **89,** 721. Der Richter darf und muß sich seine persönliche Gewißheit frei von Beweisregeln bilden (Ausnahmen II), er ist nur seinem Gewissen unterworfen. Es ist unerheblich, ob andere zweifeln oder eine andere Auffassung haben können, BGH **53,** 256.

§ 286

**20**   **D. Begründungspflicht.** Das Gericht hat trotz der Erleichterungen des § 313 III und eingeschränkt sogar im Fall des § 495a II 1 oder 2 die wesentlichen Gründe, die es bei der Beweiswürdigung geleitet haben, im Urteil darzulegen, BGH NJW **82**, 1155, und zwar nachvollziehbar, BVerfG WoM **87**, BGH VersR **94**, 163, und in einem streng logischen Aufbau, BGH VersR **94**, 163, Grave-Mühle MDR **75**, 276. Sätze wie „das Gericht hat auf Grund der Verhandlung und der Beweisaufnahme die Überzeugung erlangt, daß ..." sind nichtssagend. Das Gericht muß die konkreten Umstände nennen, die seine Überzeugung gebildet haben, BGH MDR **78**, 826.

**21**   Was dem Gericht *unerheblich* scheint, das braucht es nicht ausdrücklich zu erörtern. Es braucht zB nicht jedes Parteivorbringen, jedes Beweismittel, jede Zeugenaussage, jedes abgelehnte Beweisvorbringen abzuhandeln, BVerfG NJW **93**, 254, BGH NJW **93**, 270. Ausreichend ist, daß nichts übersehen und alles im Zusammenhang gewürdigt wird, BVerfG NJW **92**, 2217, BGH GRUR **91**, 215, Düss Rpfleger **87**, 509. Ein Verstoß kann zur Zurückverweisung führen, BGH RR **88**, 524, und eine Verfassungsbeschwerde begründen, BVerfG NJW **92**, 2217.

**22**   **E. Verhandlungsinhalt.** Der „gesamte Inhalt der Verhandlung" umfaßt alles, aber grundsätzlich auch nur dasjenige, was in der mündlichen Verhandlung vorgetragen ist, BGH NJW **88**, 974, Düss NJW **87**, 508, einschließlich der außerprozeßgerichtlichen Beweisverhandlung, § 285 II, und der vor dem Prozeßgericht aufgenommenen Beweise, BGH VersR **81**, 352. Jedes Mitglied eines Kollegiums muß grundsätzlich die gesamten Akten selbst lesen und darf sich keineswegs auf die Kenntnisnahme eines Berichts des Vorsitzenden oder des sog Berichterstatters (Votum) beschränken, Einl III 18. Das Gericht ist aber auch verpflichtet, die Parteien von denjenigen Prozeßvorgängen zu unterrichten, die für die Parteien wichtig sind, BVerfG MDR **78**, 201. Das Prozeßgericht darf und muß auch und manchmal sehr wesentlich einen persönlichen Eindruck von den Prozeßbeteiligten und ihren Vertretern berücksichtigen. Über die Verwertung des Eindrucks eines Zeugen, eines Sachverständigen, einer Partei auf den verordneten Richter § 285 Rn 6; über die Beweiswürdigung nach einem Richterwechsel § 355 Rn 8; über die Behandlung von Schriftsätzen, die nach dem Verhandlungsschluß eingereicht wurden, § 156 Rn 3. Eine Beweisaufnahme ist nur dann verwertbar, wenn bei ihr alle wesentlichen Formen gewahrt wurden, zB die Parteiöffentlichkeit, § 357, die Protokollierung, §§ 159 ff, und dergleichen. Unverwertbar ist ein Sachverhalt, den keine Partei behauptet und der sich auch nicht aufdrängt, § 308 I, BGH RR **90**, 507.

**23**   **F. Privatwissen,** dazu *Lipps,* Das private Wissen des Richters usw, 1995: Sein privates Wissen über im Prozeß behauptete Vorgänge darf der Richter nicht verwerten. Er kann nicht gleichzeitig Richter und Zeuge sein, dazu noch ein heimlicher. Etwas anderes gilt bei Erfahrungssätzen, Einf 22 vor § 284, den Parteien bereits mitgeteilten Kenntnissen und offenkundigen Tatsachen, § 291. Amtliches Wissen, etwa aus einem Vorprozeß, ist benutzbar, wenn es gerichtskundig ist, § 291 Rn 3, 4.

**24**   **5) Erschöpfung der Beweismittel, I**

**Schrifttum:** *Born,* Wahrunterstellung zwischen Aufklärungspflicht und Beweisablehnung wegen Unerheblichkeit, 1984; *Gamp,* Die Ablehnung von Beweisanträgen im Zivilprozeß usw, Diss Bochum 1980; *Schwab,* Unzulässigkeit von Beweismitteln bei Verletzung des Persönlichkeitsrechts, Festschrift für *Hubmann* (1985) 421. Vgl zur Beweisbedürftigkeit zunächst Einf 2 vor § 284.

Das Gericht muß die Beweise, von den in Rn 27 ff und in § 287 I 2 genannten Fällen abgesehen, *erschöpfen,* BGH MDR **99**, 183, KG MDR **93**, 797; s auch zur Ablehnung von Beweisanträgen Schneider MDR **76**, 361 (rechtspolitisch). Grundsätzlich muß das Gericht die vom Beweispflichtigen prozessual korrekt, insbesondere rechtzeitig angetretenen, entscheidungserheblichen Beweise erheben, BVerfG NJW **90**, 3260 (wobei eine eidesstattliche Versicherung Zeugenbeweisantritt sein kann, BGH NJW **97**, 1988, Ffm VersR **84**, 169, VGH Kassel NJW **97**, 98. Es ist also keine Vorwegnahme der Beweiswürdigung statthaft, BGH MDR **99**, 183.

**25**   Dies gilt auch bei einem zur Vertragsauslegung notwendigen Beweis, auch Indizienbeweis, BGH NJW **92**, 2489, oder eines nur auf den wirklichen Willen der Parteien Beweis angetreten worden ist, BAG VersR **75**, 98. Eine weitergehende Erhebungspflicht besteht im Verfahren mit *Amtsermittlung,* Grdz 38 vor § 128, zB nach §§ 616, 640, BGH JZ **91**, 371, und evtl beim ausländischen Recht, § 293. Der Beweisantrag muß erkennen lassen, auf welche vorangestellten Behauptungen er sich bezieht, BAG BB **75**, 885; evtl ist die Partei zu befragen, § 139. Auch der Zeuge vom Hörensagen kann zu vernehmen sein; seine Aussage mag freilich besonders kritisch zu würdigen sein, ArbG Bln BB **83**, 1478.

**26**   Ein *Verstoß* ist ein erheblicher Verfahrensfehler, Hamm RR **95**, 518, Zweibr FamRZ **93**, 441. Er kann einen Verstoß auch gegen Art 103 I GG darstellen, BVerfG RR **95**, 441, BVerwG NJW **96**, 1553, Zweibr FamRZ **93**, 441. Er kann in Rechtsmittel begründen, einen absoluten Revisionsgrund bilden, BVerfG NJW **79**, 413, oder unter den in Einl III 16 ff genannten Voraussetzungen die Verfassungsbeschwerde begründen, BVerfG RR **95**, 441, sofern nicht ein Verstoß gegen die Prozeßförderungspflicht vorliegt, § 282 Rn 12. Es kann auch zur Zurückverweisung führen, BGH MDR **99**, 183, Hamm RR **95**, 518, Zweibr FamRZ **93**, 441.

**27**   **6) Ablehnung eines Beweismittels, I.** Hier ist Zurückhaltung erforderlich, vgl BVerfG NJW **93**, 254. Es sind folgende Fallgruppen zu unterscheiden. Dabei gelten etwa dieselben Grundsätze, wie sie § 244 III, IV StPO enthält, BGH FamRZ **94**, 507, BVerwG VBlBW **88**, 469 (unsubstantiierter Beweisantrag), OVG Münster FamRZ **81**, 700, aM Schneider ZZP **75**, 180, der diese Anlehnung weder für notwendig noch für statthaft hält.

**28**   **A. Erwiesenheit, Offenkundigkeit, Unstreitigkeit.** Das Gericht darf die Beweiserhebung ablehnen, wenn die Tatsache, die bewiesen werden soll, schon erwiesen oder offenkundig, § 291, oder unstreitig ist. Ein Geständnis, § 288, bindet das Gericht bis zur Offenkundigkeit des Gegenteils; das Gericht muß auf sie gemäß § 278 III hinweisen. Das Berufungsgericht darf eine Tatsache nicht schon deshalb als erwiesen ansehen, weil das erstinstanzliche Gericht sie als erwiesen angesehen hat, BVerfG WoM **94**, 187.

1. Titel. Verfahren bis zum Urteil § 286

**B. Unerheblichkeit.** Das Gericht darf die Beweiserhebung ablehnen, wenn die Tatsache für die Entschei- 29
dung unerheblich ist, was näher zu begründen ist. Solange der Hauptbeweis, Einf 11 vor § 284, nicht
erbracht ist, darf das Gericht zwar einen Gegenbeweis anordnen und erheben, Einf 12 vor § 284, braucht das
aber noch nicht zu tun, Weber NJW **72**, 896, ZöGre 10 vor § 284, aM Walther NJW **72**, 237. Die
Unerheblichkeit kann sich auch zB wegen eines restlichen Beweisbeschlusses ergeben; dazu ist evtl eine
Erörterung erforderlich, Art 103 I GG, Ffm NJW **86**, 855. Es reicht auch, daß das Gericht die Erheblichkeit
mangels näherer Bezeichnung der unter Beweis gestellten Tatsache nicht beurteilen kann, BGH NJW **96**,
394, Baumgärtel MDR **95**, 987, oder wenn die Behauptung erkennbar aus der Luft gegriffen ist, Einf 27 vor
§ 284. Die Unerheblichkeit mag auch nur derzeit bestehen, etwa dann, wenn es um einen Beweisantritt des
Gegners des Beweispflichtigen geht und wenn der Beweisantritt des letzteren noch nicht erledigt ist, weil zB
sein Zeuge ausgeblieben ist. Eine vorprozessuale Äußerung nimmt dem prozessualen Vortrag die Beachtlichkeit nur vornherein, BGH NJW **96**, 394.

**C. Wahrunterstellung.** Das Gericht darf die Beweiserhebung ablehnen, wenn die behauptete Tatsache 30
(nicht etwa ihr Gegenteil), BGH **53**, 260, und nicht nur die Aussage als wahr unterstellt werden kann, KG
VersR **75**, 1030, LG Bbg VersR **84**, 49, Bauer MDR **94**, 955. Eine teilweise Wahrunterstellung genügt
nicht. Handelt es sich nur um Indizien für einen Vorgang, so kann das Gericht frei würdigen, ob sie geeignet
sind, Beweis zu erbringen, falls sie als wahr unterstellt würden, und das Gericht kann die Beweiserhebung
ablehnen, falls es diese Eignung bei seiner freien Würdigung verneint, BGH RR **93**, 444.

**D. Unzulässigkeit, Unerreichbarkeit, Ungeeignetheit, Ungenauigkeit (Ausforschung).** Das Ge- 31
richt darf die Beweiserhebung ablehnen, wenn das Beweismittel unzulässig ist, etwa wegen einer in Wahrheit
vorliegenden Beweisvereitelung, § 444, LG Köln RR **94**, 1487 (Nichtvorlage erforderlicher Dokumente),
oder wegen Rechtsmißbrauchs (offensichtlich ins Blaue aufgestellte Behauptung), Einl III 54, BGH RR **96**,
1212, oder wegen einer Verletzung des Persönlichkeitsrechts, zB bei Verletzung der Privatsphäre usw, Üb 12
vor § 371 (Tonbandaufnahme, Mithören usw), §§ 383 ff, §§ 592, 595, ferner bei Mitbestimmungswidrigkeit,
Fischer BB **99**, 156, oder wenn es unerreichbar, §§ 356, 363 ff, Rn 34, BGH NJW **92**, 1768 (Zeuge in der
Türkei, dazu Nagel IPRax **92**, 301), Hamm RR **88**, 703 (Zeuge in Polen), Saarbr RR **98**, 1685 (Zeuge in
ausländischer psychiatrischer Behandlung), oder wenn das Beweismittel für den Beweis der behaupteten
Tatsache völlig ungeeignet ist, BVerfG NJW **93**, 254 (es fordert Zurückhaltung), BGH FamRZ **88**, 1038,
Düss VersR **93**, 1168.

Es kann zB eine Einwilligung des Beweisführers in eine Operation zwecks Aufklärung eines Arztfehlers 32
wegen deren Lebensgefährlichkeit unwirksam sein, Saarbr VersR **88**, 831. Dabei ist eine *Vorwegnahme* der
Beweiswürdigung *unzulässig*, BVerfG RR **95**, 441, BGH FamRZ **94**, 508, BVerwG NJW **68**, 1441.

Es ist eine *strenge Prüfung* notwendig. Unzulässig ist also die Begründung, der Zeuge werde doch nichts 33
Wesentliches aussagen können, BGH VersR **58**, 170, 340, BVerwG NJW **84**, 2962, etwa weil der Vorfall zu
lange zurückliege und er vermutlich doch keine Erinnerung mehr daran habe, oder weil der Zeuge über die
Schmerzen einer Partei doch nichts Wesentliches sagen könne, BVerfG RR **95**, 441, BGH NJW **86**, 1542,
oder weil der Sachverständigenbeweis unergiebig sein werde, BGH VersR **86**, 546. Denn ob der Zeuge noch
eine Erinnerung hat, das soll sich ja erst in der Beweisaufnahme zeigen.

Etwas anderes mag gelten, wenn eine Partei für einen lange zurückliegenden Vorfall, der durch Fotos und 34
einen Polizeibericht festgehalten wurde, einen Zeugen benennt, ohne seine Erinnerungsmöglichkeiten
darzulegen, evtl auch bei einem geistesschwachen Zeugen (Vorsicht!). Auch kann die *Lebenserfahrung* mitbeachtlich sein, BGH RR **90**, 1276, freilich nur in engen Grenzen, Söllner MDR **88**, 365; es kann ein
Anscheinsbeweis vorliegen, § 286 Rn 15. Bei einem schlechten Gedächtnis des Zeugen muß das
Gericht Kontrollmöglichkeiten ausnutzen, die sich anbieten, BGH **LM** (C) Nr 62. Eine zunächst unzulässig
gewesene Beweisaufnahme mag zulässig werden, zB dann, soweit der zur Aussageverweigerung entschlossen
gewesene und berechtigte Zeuge nun doch nicht aussagen will, Köln NJW **75**, 2074. Ein strafprozessuales
Geständnis, das in verfahrensfehlerhafter Handlungsweise der Ermittlungsbehörde oder des Strafgerichts
zustande kam, ist dennoch evtl als Indiz mitverwertbar, Hamm RR **89**, 573. Im Fall eines nur im Ausland
lebenden Zeugen ohne die Möglichkeit einer persönlichen Anwesenheit des Gerichts bei einer Auslands-
vernehmung, vgl Rn 31, kommt es auf die Entbehrlichkeit des persönlichen Eindrucks des Gerichts an,
BGH NJW **83**, 505. Eine Ablehnung kann ferner erfolgen, wenn der Beweisantritt in Wahrheit zu ungenau
ist (Ausforschungsbeweis, Einf 27 vor § 284), BGH RR **95**, 716, 723. Wegen des Beweisvertrags Anh § 286
Rn 5; wegen des Beweislastvertrags Anh § 286 Rn 6.

**E. Erwiesenheit des Gegenteils.** Die Ablehnung der Beweisaufnahme mit der Begründung, das Gegen- 35
teil sei bereits als erwiesen anzusehen, wäre eine verbotene vorweggenommene Beweiswürdigung, BGH
NJW **96**, 1542 und VHR **96**, 159, BVerwG MDR **83**, 870, VGH Kassel MDR **97**, 98. Erst recht verboten
ist die Ablehnung wegen großer Unwahrscheinlichkeit der behaupteten Tatsache, BVerfG NVwZ **87**, 786.
Es verstößt aber andererseits auch gegen I, wenn sich das Gericht nicht mit dem Fehlen jeder „inneren
Wahrscheinlichkeit" (ein unglücklicher Ausdruck) auseinandersetzt, BGH NJW **95**, 967.

**F. Unglaubwürdigkeit.** Eine Unglaubwürdigkeit darf nicht von vornherein abstrakt angenommen wer- 36
den, BVerfG RR **95**, 441, BGH NJW **95**, 957, auch nicht zB gegenüber Mitfahrern oder sonstigen
Unfallbeteiligten. Vielmehr kann sich das Gericht über die Unglaubwürdigkeit solcher Personen (man
spricht von Glaubwürdigkeit der Person, Glaubhaftigkeit der Aussage, BGH VersR **91**, 925) erst aus der
Vernehmung ein Bild machen, BGH NJW **95**, 957, Hamm VHR **96**, 87, zumal ein Zeuge gerade in
gewissen Punkten Glauben verdienen kann; nur in eigenartigen Ausnahmefällen mag es anders sein. Die zu
beweisende Behauptung braucht nicht wahrscheinlich gemacht zu werden; daß sich aus anderen Tatsachen
oder aus einem früheren Parteiverhalten die Unwahrscheinlichkeit oder Unglaubhaftigkeit der behaupteten
Tatsache ergibt, genügt nicht, BGH NJW **72**, 250. Angaben darüber, auf welche Weise, wo oder wann ein
Zeuge eine Tatsache erfahren hat, sind grundsätzlich nicht von der Partei zu verlangen, § 373 Rn 4,
sondern natürlich evtl vom Zeugen zu erfragen. Insbesondere ist es unzulässig, die Unglaubhaftigkeit aus der
Vernehmung des Zeugen in einer anderen Sache zu schließen oder sie aus dem Urteil in einem anderen

## § 286

2. Buch. 1. Abschnitt. Verfahren vor den LGen

Verfahren zu übernehmen, solange die Parteien nicht mit der Verwendung der dortigen Aussagen einverstanden sind. Aber auch dann ist das Gericht an die frühere Würdigung natürlich nicht gebunden. Ist eine Partei die Gewährsperson des Zeugen, so mag neben seiner auch ihre Glaubwürdigkeit zu prüfen sein, BGH VersR **96**, 703.

**37** G. **Verwandtschaft, Gesellschafterbeteiligung usw.** Unzulässig wäre es, die Vernehmung eines Verwandten der Partei als Zeugen mit der Begründung abzulehnen, wegen eines Beteiligungs-, Verwandtschafts-, Schwägerschafts-, Gesellschaftsverhältnisses usw sei keine Klärung zu erwarten usw. Das gilt jedenfalls, solange keine besonderen, die Glaubwürdigkeit beeinträchtigenden weiteren Umstände hinzutreten, BGH NJW **95**, 957, Mü RR **91**, 17.

**38** H. **Auswärtiger Zeuge.** Unzulässig ist die Ablehnung der Vernehmung eines nur durch einen beauftragten Richter vernehmbaren Zeugen mit der Begründung, seine Glaubwürdigkeit könne nur durch eine Vernehmung vor dem ProzGer beurteilt werden, BAG BB **77**, 1706.

**39** I. **Unwirtschaftlichkeit.** Unzulässig ist erst recht die Ablehnung einer Beweisaufnahme mit der Begründung, die Beweiserhebung sei unwirtschaftlich, BVerfG **50**, 35.

**40** *Berechtigt ist aber zB* die Ablehnung der erneuten Vernehmung eines in demselben Prozeß schon vernommenen Zeugen mit der Begründung, er habe den Beweispunkt schon früher bekunden müssen und verdiene daher bei einer erneuten Bekundung keinen Glauben. Vgl aber auch Rn 64, 68. Nur ganz ausnahmsweise und nur dann kann man also der Beweis von vornherein als ungeeignet abgelehnt und die Erhebung des Beweises als völlig nutzlos angesehen werden, so daß sie für die Überzeugung des Gerichts nichts Sachdienliches erbringen kann. Die Gründe einer solchen Ablehnung sind eingehend darzulegen. Sie können etwa in der rechtswidrigen Erlangung des Beweismittels liegen, zB wenn der Zeuge heimlich, wenn auch nicht unbedingt strafbar, mitgehört hatte, Üb 12 vor § 371, BAG DB **74**, 1243, Gießer NJW **77**, 1186. Zum Problem Kaissis, Die Verwertbarkeit materiell-rechtswidrig erlangter Beweismittel im Zivilprozeß, 1978. Vgl Üb 11 vor § 371. Die Ablehnungsgründe mögen in einer völligen Unglaubwürdigkeit des Zeugen liegen. Freilich ist größte Vorsicht bei derartiger Bewertung geboten.

Ein schwerwiegender *Widerspruch* zwischen mehreren Aussagen desselben Zeugen, auch in mehreren Instanzen, läßt sich kaum mit dem persönlichen Eindruck des Gerichts vom Zeugen beseitigen, noch strenger BGH NJW **95**, 967. Auch ein Widerspruch zwischen den Aussagen mehrerer Zeugen zwingt zur Erörterung bei der Beweiswürdigung.

**41** J. **Abstammungsprozeß,** vgl dazu auch bei § 372 a. Im Abstammungsprozeß müssen alle vernünftigerweise sachdienlichen Beweise erhoben werden, BGH FamRZ **88**, 1038, KG FamRZ **74**, 468, Karlsr FamRZ **77**, 342. Jedoch darf und muß sich das Gericht hier ebenso wie sonst auch, dazu Rn 18, mit einem praktisch brauchbaren Grad von Gewißheit begnügen, BGH FamRZ **88**, 1038, Oldb FamRZ **79**, 970, aM BGH **LM** § 1600 o BGB Nr 3.

**42** Die Einholung eines Blutgruppen- oder erbbiologischen *Gutachtens* (zum Antrag Hummel FamRZ **76**, 257, Schlosser FamRZ **76**, 6, 258) ist zwar in seltener Ausnahmelage entbehrlich, AG Westerstede FamRZ **94**, 645, aber grundsätzlich kaum entbehrlich. Sie darf nicht davon abhängig gemacht werden, daß der Mann konkrete Umstände gegen die Vaterschaft vortragen kann, Ffm FamRZ **72**, 383, KG NJW **74**, 608. Die Einholung des Gutachtens darf nicht abgelehnt werden, wenn Mehrverkehr eingeräumt worden ist und der entsprechende Zeuge nicht mehr vernommen werden kann, Kblz JB **76**, 683, oder weil das Bundesgesundheitsamt die fragliche Methode des Gutachters noch nicht anerkannt habe, BGH **LM** § 1600 o BGB Nr 13, oder weil die Mutter eine Dirne sei, BGH **LM** § 1600 o BGB Nr 14. Die Vernehmung eines Mehrverkehrszeugen darf selbst bei hoher Wahrscheinlichkeit der Vaterschaft des Bekl (99,9996% im Blutgruppengutachten) nicht abgelehnt werden, BGH FamRZ **88**, 1038.

**43** Jedoch braucht grundsätzlich *kein erbbiologisches* Gutachten eingeholt zu werden, wenn Geschlechtsverkehr in der Empfängniszeit bereits nebst gewichtigen Anzeichen für die Vaterschaft erwiesen ist und kein Anhalt (mehr) für einen Mehrverkehr in der Empfängniszeit besteht, BGH **LM** § 1600 o BGB Nr 6 (krit Ankermann NJW **75**, 592), Stgt FamRZ **73**, 48, Odersky FamRZ **74**, 563.

**44** Ein zusätzliches erbbiologisches Gutachten ist ferner nicht mehr erforderlich, wenn das weitere Bestreiten des Bekl *ohne jede Substanz* ist, Bbg FamRZ **75**, 51, aM Hbg FamRZ **75**, 108 (es sei unerheblich, ob der Bekl Mehrverkehr behaupten könne), aM Leipold FamRZ **73**, 69 mwN (ein an sich beweisgeeignetes Gutachten brauche nur dann nicht eingeholt zu werden, wenn mit Sicherheit keine Änderung des bisherigen Beweisergebnisse zu erwarten sei). Wenn das Abstammungsgutachten nicht zur Überzeugung des Gerichts von der Vaterschaft ausreicht, darf das Gericht es auch nicht als Indiz für eine Beiwohnung innerhalb der Empfängniszeit verwenden, BGH **LM** § 1600 o BGB Nr 9 (abl Odersky NJW **76**, 369), aM Maier NJW **76**, 1135. Bei unberechtigter Verweigerung einer nicht zwangsweise durchführbaren Blutprobe kann der verweigernde Bekl so beurteilt werden, als hätte eine Untersuchung keine schwerwiegenden Zweifel an seiner Vaterschaft erbracht, BGH NJW **93**, 1391. Vgl auch Rn 50 sowie Anh § 286 Rn 204 „Vaterschaft" und § 372a Rn 4.

**45** K. **Verschwiegenheitspflicht.** Unzulässig ist die Beweisaufnahme, soweit die Beweismittel nur unter Verstoß gegen eine Verschwiegenheitspflicht verwertbar wären, der zB auch das Finanzamt unterliegt, BAG NJW **75**, 408, § 299 Rn 5. Wegen der Verwertbarkeit der Aussage von Polizisten bei deren Verstoß gegen § 136 I 2 StPO, vgl Üb 7 vor § 373.

**46** L. **Verspätung.** Das Gericht darf ein Beweismittel nicht berücksichtigen, soweit es wegen §§ 296, 528 als verspätet zurückzuweisen ist. S dort.

**47** M. **Gesetzliche Beweisregel.** Soweit sie vorliegt, ist ein Hauptbeweis nicht notwendig, der Gegenbeweis aber grundsätzlich zulässig, falls das Gesetz ihn nicht ausschließt. Man unterscheidet zB Tatsachenvermutungen, etwa in §§ 363, 685 II, 938, 1117 III, 1253 II, 1720 II, 2009, 2270 BGB, und Rechtsvermutungen, etwa in §§ 891, 1006, 1362, 2365 BGB, sowie weitere Beweisregeln, etwa in §§ 80, 165, 415–418, 445, 592, 595 II, Rn 71.

1. Titel. Verfahren bis zum Urteil **§ 286**

**N. Rechtskräftige Feststellung.** Soweit eine Tatsache in einem anderen Verfahren in einer für beide **48** jetzige Prozeßparteien bindenden Weise rechtskräftig festgestellt ist, liegt nunmehr ein Beweistatsachenverbot vor, Habscheid ZZP **96**, 310.

**O. Weitere Einzelfragen.** Auch sachlichrechtliche Bestimmungen können der Durchführung eines **49** Beweises entgegenstehen, so § 38 I StVO (daher ist ein Einsatzfahrzeug nicht im fließenden Verkehr als Beweismittel für Fragen akustischer oder optischer Wahrnehmbarkeit geeignet), Nürnb VersR **77**, 64, oder § 1594 BGB, der es verbietet, daß die Ehelichkeit eines Kindes in einem anderen Verfahren angegriffen wird, oder § 1600d BGB. Ein Beweisantrag kann nicht mit der Begründung abgelehnt werden, ein allgemeiner Erfahrungssatz stehe entgegen. Abgesehen davon, daß ein solcher mit der Revision nachprüfbar ist, daß er allerdings auch mangelnde oder unzureichende Beweise ersetzen kann, läßt er im allgemeinen den Nachweis zu, daß der Fall eine abweichende Entwicklung genommen hat. Ob noch ein Beweisantrag vorliegt, ist eine Auslegungsfrage, BAG DB **78**, 1088. Das Gericht darf dem protokollierten Ergebnis eines Augenscheins des Vorrichters mangels eigener Beweiserhebung keine abweichende Bedeutung geben, vgl auch (für den Zeugenbeweis) § 398 Rn 6, 7, BGH VersR **85**, 839.

**7) Sachverständigenbeweis, I.** Auch Sachverständigengutachten, §§ 402 ff, unterliegen der Beweis- **50** würdigung, BVerfG FamRZ **97**, 152, BGH NJW **97**, 803, BayObLG BB **79**, 185. Den Sachverständigenbeweis darf das Gericht, auch in 2. Instanz, ablehnen, wenn es seine Sachkunde, LG Darmst WoM **93**, 680 (wucherische Miete), auch diejenige „nur" eines der Beisitzer, Bergefurth, FamRZ **90**, 243, oder diejenige der Handelsrichter mit Recht, BGH NJW **89**, 2822, Pieper ZZP **84**, 1, für ausreichend hält, aber nicht schon wegen drohender Unergiebigkeit des Gutachtens, BGH VersR **86**, 546, aber auch VersR **87**, 782. Das Gericht muß die tatsächlichen Grundlagen entweder selbst ermitteln und sie dem Sachverständigen mitteilen, BGH MDR **80**, 576, BAG DB **99**, 104, oder deren Ermittlung dem Sachverständigen überlassen, BGH RR **96**, 716, und dann und evtl überprüfen, ob er sie ordnungsgemäß durchgeführt hat, BVerfG RR **96**, 186, BGH NJW **97**, 1446, BAG DB **99**, 104, aM BVerfG **97**, 311 (keineswegs überzeugend). Vorsicht mit zu früher Unterstellung des Ablaufs früherer Teile eines streitigen Kausalablaufs, Oldb RR **99**, 718. Die Urteilsgründe müssen dann die *Sachkunde des Gerichts erkennen* lassen, BVerfG JZ **60**, 124, BGH NJW **99**, 1860, besonders bei einer Abweichung vom Gutachter, BGH NJW **97**, 1446. Selbst langjährige Tätigkeit schafft nicht stets ausreichende Sachkunde des Gerichts, BGH DB **97**, 1329.

Die Sachkunde ist vom *Revisionsgericht* überprüfbar, BGH RR **88**, 764, Köln VersR **95**, 1082. Die **51** Nichteinholung eines Gutachtens oder einer Meinungsumfrage ist also unter Umständen ein Verfahrensverstoß, der zur Zurückverweisung führen kann, BGH NJW **97**, 1641, BAG BB **79**, 111, Köln MDR **72**, 957.

Dem Antrag, einen Sachverständigen *vorzuladen*, um ihm Fragen vorzulegen, muß im allgemeinen stattge- **52** geben werden, § 411 Rn 9, BGH NJW **97**, 802, Köln NJW **94**, 394. Dasselbe gilt evtl für einen Antrag, einen Zeugen zur Widerlegung der tatsächlichen Grundlagen eines Gutachtens zu hören, BVerfG RR **96**, 186 (großzügig), BGH RR **96**, 185.

Bei besonders *schwierigen* Fragen, Mü RR **86**, 1142, ferner bei widersprechenden Gutachten muß das **53** Gericht eine weitere tatsächliche Aufklärungsmöglichkeit nutzen, BGH NJW **96**, 1598, zB nach § 144, Oldb MDR **91**, 546, Schlesw RR **91**, 715. Andernfalls ist eine sorgfältige Abwägung vornehmen, bevor das Gericht sich einem der Sachverständigen anschließt, BVerfG FamRZ **97**, 152, BGH RR **88**, 764. Das Gericht muß erkennen lassen, daß es sich mit Unterschieden in mehreren Äußerungen des Sachverständigen auseinandergesetzt hat, BGH NJW **93**, 270. Das Gericht muß die Sachkunde des Sachverständigen prüfen, BGH GRUR **98**, 366, auch wenn das praktisch nur bedingt möglich ist; zumindest empfiehlt sich im Urteil ein Satz, gegen die Sachkunde seien keine Bedenken erkennbar geworden. Es muß evtl mangels Sachkunde des Gutachters *weitere* Gutachten einholen, BGH MDR **97**, 287 und NJW **97**, 803 (BGH VersR **86**, 468 übersieht, daß ein Privatgutachten bloßer Parteivortrag ist, Üb 21 vor § 402; freilich kann auch er zu weiterer Aufklärung Veranlassung geben, BGH VersR **98**, 854). Die Einholung eines weiteren Gutachtens kommt insbesondere dann in Betracht, wenn das Berufungsgericht vom erstinstanzlichen Gutachten abweichen will, ohne eigene Sachkunde zu haben, BGH RR **88**, 1235; wegen einer ergänzenden Anhörung § 402 Rn 8 „§ 398". Sie steht im pflichtgemäßen Ermessen des Gerichts, BGH NJW **97**, 803. Ein Antrag auf die Hinzuziehung eines weiteren Sachverständigen ist nicht ausreichend, wenn der Beweisführer nicht darlegt, der weitere Sachverständige verfüge über bessere Methoden usw, Mü RR **91**, 17.

Zumindest muß das Gericht freilich im Urteil darlegen, warum es ein *Obergutachten* nicht für notwendig **54** hält, Rn 61, insofern auch BGH VersR **85**, 189, Hamm VersR **80**, 683. Dasselbe gilt bei auch nur angeblichen, einigermaßen substantiiert behaupteten groben Mängeln im eingeholten Gutachten, BGH RR **88**, 764, Mü RR **86**, 1142, Stgt VersR **88**, 410. Das gilt ferner dann, wenn der Sachverständige selbst neuerliche Beweisbehauptungen für evtl erheblich erklärt, so daß dann eine Ablehnung des Beweisantrags mit der Begründung, die Behauptungen seien unbestimmt, fehlerhaft wäre, § 412 Rn 3, 4.

Bei Unklarheiten, Widersprüchen oder Lücken kann zumindest eine Amtspflicht entstehen, den Gut- **55** achter zur *Klarstellung* zu veranlassen, BGH NJW **95**, 780, Saarbr RR **99**, 719, Stgt VersR **88**, 410. Das Gericht darf aber nicht anordnen, daß sich eine Partei einer – noch dazu etwa riskanten – Operation unterziehen müsse, wenn der Sachverständige nur auf grund der Ergebnisse einer Operation ein Gutachten erstellen kann. Vielmehr ist der Sachverständige dann als Beweismittel ungeeignet, Düss NJW **84**, 2635. Auch § 372 a hilft dann nicht weiter.

Wegen eines *aussagepsychologischen* Gutachtens Rn 2. Die Beurteilung der Geschäftsfähigkeit ist in der **56** Regel keine besonders schwierige Frage, die ein Obergutachten erforderlich machen würde, da hier nur die Feststellung der tatsächlichen Verhaltensschwierigkeit, nicht die ärztliche Beurteilung. Köln VersR **73**, 643 hält eine Prüfung, ob der Betreffende wegen Trunkenheit geschäftsunfähig gewesen sei, bloß auf Grund einer Unterschriftsprobe für unmöglich. Vorsicht mit der eigenen Sachkunde des Gerichts betr medizinische

§ 286  2. Buch. 1. Abschnitt. Verfahren vor den LGen

Fragen, BGH NJW **94**, 794 (Selbstmordgefahr), oder den merkantilen Minderwert, Darkow VersR **75**, 210, oder gegenüber Zeugenangaben über das Tempo oder den Zeitpunkt, Schneider MDR **75**, 19, oder bei Softwarefragen, dazu Bartsch, Softwareüberlassung und Zivilprozeß, 1991.

**57** Auch das Gutachten eines fachlich anerkannten Sachverständigen hat keinen „Anschein der Richtigkeit" für sich, den die betroffene Partei entkräften müßte, sondern unterliegt der normalen *Beweiswürdigung*, BGH VersR **81**, 1151. Das Gericht muß selbständig und eigenverantwortlich prüfen, ob es dem oder den Gutachten folgen darf, BGH NJW **94**, 163, 1597, Stgt VersR **88**, 410, Schneider MDR **85**, 199 (er kritisiert freilich mit Recht die Strenge der Anforderungen der Rechtsprechung an die Sachkunde des Tatrichters).

**58** Das Gericht muß insbesondere prüfen, ob der Sachverständige von *zutreffenden Tatsachenfeststellungen* ausgegangen ist, BVerfG WoM **97**, 318, BGH BB **94**, 1173, BayObLG FamRZ **88**, 1313, und ob er sich vollständig und widerspruchsfrei geäußert hat, BGH NJW **97**, 1039, BayObLG FamRZ **88**, 1313. Daher ist das Gutachten unverwertbar, soweit der Gutachter seine tatsächlichen Grundlagen, aus welchem berechtigten Grund auch immer, etwa wegen einer Schweigepflicht, nicht vollständig nachprüfbar offenlegt, Üb 8 vor § 402, § 407a Rn 18, BVerfG WoM **97**, 318, BGH VersR **97**, 459, BAG DB **99**, 104, höchst eigenartig als Fallfrage eingeschränkt von BVerfG NJW **97**, 311, aM Walterscheidt WoM **95**, 86 (vgl aber § 407a Rn 18). Das alles gilt auch beim Gutachten eines Meinungsforschungsinstituts, BGH RR **87**, 351.

**59** Ein *Verstoß* kann zur Zurückverweisung führen, Saarbr RR **99**, 719, Stgt VersR **88**, 410.

**60** Das Gericht kann vom Ergebnis des Gutachtens *abweichen*, Stgt NJW **81**, 2581, wenn es bei einer eigenen Sachkunde hierfür die ausreichende Begründung geben kann. Sie muß sorgfältig erfolgen, BGH NJW **89**, 2948, Baumgärtel VersR **75**, 677. Das ist aber bei erbbiologischen Fragen in Abstammungssachen nur schwer möglich, Üb 4 vor § 12, BGH LM (B) Nr 14. Zur Computer-Tomographie Mü VersR **78**, 65. Das Gericht muß sorgfältig auf Anzeichen einer etwaigen, evtl unbewußten, Voreingenommenheit des Sachverständigen achten, BGH NJW **81**, 2010, BSG NJW **93**, 3022, besonders im Kunstfehlerprozeß wegen etwa überholter Standesregeln, BGH NJW **80**, 2751, BSG NJW **93**, 3022, Franzki NJW **75**, 2225. Ein Literaturstudium reicht nur dann aus, wenn das gesuchte Ergebnis unmittelbar der Literatur entnehmbar ist, BGH MDR **78**, 42. Parapsychologische Gutachten sind ungeeignet, BGH NJW **78**, 1207.

**61** *Obergutachten*, Rn 94, sind nur bei konkreten sachlichen Bedenken gegen den vom Gutachter gewählten Weg, Köln GRUR **91**, 390 (nicht schon deshalb, weil er neue Wege beschreitet), oder bei besonders schwierigen Fragen notwendig, BGH BB **80**, 863. Diese sind nicht stets dann gegeben, wenn die bisherigen Gutachten voneinander abweichen, BGH BB **80**, 863, aM Hamm VersR **80**, 683. Dann ist vielmehr unter Umständen eine Stellungnahme der bisherigen Gutachter ausreichend, um das Gericht instand zu setzen, die Fragen zu überblicken. Es ist unzulässig, Abweichungen unkritisch nebeneinanderzustellen, BGH NJW **92**, 2292, und daraus auf die Unmöglichkeit von Feststellungen zu schließen, BGH **LM** (C) Nr 62, oder gar überhaupt keine Stellungnahme zu den Abweichungen zu beziehen, Hamm VersR **80**, 683. Vielmehr muß das Gericht begründen, warum es sich welchem der sich widersprechenden Gutachter anschließt, § 412 Rn 3, BGH MDR **80**, 662, Pieper ZZP **84**, 24.

**62** Wegen eines *Privatgutachtens* Üb 21 vor § 402. Das Gutachten des abgelehnten Sachverständigen ist unverwertbar, es sei denn, alle Beteiligten wären mit der Verwertung einverstanden.

**63** **8) Urkundenwürdigung, I.** Sie erfolgt oft recht großzügig.

**A. Freie Beweismittelwahl.** Unter den Beweismitteln darf die Partei frei wählen, also insbesondere Zeugen- oder Sachverständigenbeweise durch Urkundenbeweis ersetzen, Mü NJW **72**, 2047 und 2048. Das Gericht darf auch einen sog Mietspiegel heranziehen, freilich als alleiniges Beweismittel nur vorsichtig einsetzen, strenger LG Mü WoM **96**, 709 (abl Blank WoM **97**, 178), großzügiger LG Ffm RR **95**, 463. Eine solche Ersetzung kann auch im Einverständnis mit der Verwertung von Beiakten liegen, KG NJW **74**, 2011. Die Parteien können auch den Inhalt anderer Akten einschließlich dortiger Zeugenprotokolle vortragen; sie sind dann als Parteivortrag zu würdigen. Das Gericht darf und muß den Urkundeninhalt frei würdigen, BAG KTS **89**, 151, evtl auch zum Nachteil des Beweisführers, BGH MDR **83**, 1018. Es darf die Verwertung einer fremdsprachigen Urkunde wegen Art 103 I GG trotz § 184 GVG mit Rücksicht auf § 142 III nach vergeblicher Fristsetzung zur Vorlage einer Übersetzung ablehnen, BVerwG NJW **96**, 1553, und auch das nicht bei einer Amtsermittlung, Grdz 38 vor § 128, etwa nach §§ 606 ff, 640 ff.

**64** **B. Würdigung anderer Akten**, dazu *Häcker*, Grenzen der Verwertbarkeit strafprozessualer Aussagen im Zivilprozeß, Diss Tüb 1994: Das Gericht darf auf Grund eines Beweisantrags, der allerdings nicht förmlich zu sein braucht, BVerfG NJW **94**, 1211 (die Bezugnahme genügt, ist aber notwendig), Zeugen- und andere Protokolle sowie andere Urkunden, zB eine schriftliche Erklärung grundsätzlich aus anderen Akten würdigen, BGH NJW **97**, 3381, Düss RR **96**, 638, namentlich aus Strafakten, BGH NJW **95**, 2857 (auch zu den Grenzen), Hamm NVersZ **98**, 44 (§ 383), Köln VersR **94**, 374. Das Gericht darf Protokolle auch aus einem Prozeßkostenhilfeverfahren gemäß § 118 II 2 urkundenbeweislich würdigen, insoweit sogar bei einem Widerspruch des Gegners des Beweisführers, BGH NJW **85**, 1471, Ffm VersR **96**, 838, Köln VersR **93**, 1367 (es bedarf aber einer Klärung, zB nach § 139; vgl im übrigen Rn 68), und in der Berufungsinstanz ohne eigene Zeugenvernehmung vom Vorderrichter abweichend würdigen, § 398 Rn 4, BGH MDR **83**, 830, Köln MDR **72**, 957. Etwas anderes gilt nach einer früheren Vernehmung im Prozeß, Rn 4. Natürlich muß die Partei Gelegenheit haben, sich zur Verwertung zu äußern, BGH MDR **91**, 844.

Ebenso darf das Gericht eine amtliche *Auskunft*, Üb 25 vor § 402, BVerwG NJW **86**, 3221, oder ein Gutachten aus anderer Akte würdigen, Üb 12 vor § 402, BGH NJW **87**, 2301, Mü NJW **86**, 263, Oldb VersR **97**, 318; wegen Privatgutachten Üb 21 vor § 402. Freilich muß das Gericht, wenn ein solches Gutachten nicht ausreicht, einen anderen Sachverständigen hinzuziehen, BGH NJW **97**, 3381. Das Gericht darf derartige Akten von Amts wegen heranziehen. Ein Unfallbericht der Polizei hat zwar nicht den

### 1. Titel. Verfahren bis zum Urteil                                          § 286

Wert einer Parteivernehmung, § 448, jedoch einen gewissen Indizwert, insbesondere wenn der Vernommene sich auf ihn bezieht, BGH VersR **74**, 1030.

Auch *Privaturkunden,* etwa ärztliche Zeugnisse, sind benutzbar, BGH RR **87**, 1522. Sie lassen aber keinen **65** Beweis über Tatsachen außerhalb der Urkunde zu, die sich mit ihrem unzweideutigen Inhalt nicht vertragen, BGH NJW **82**, 581 (abl Hartung VersR **82**, 141), oder nicht zur Deutung, sondern zur Umdeutung führen müßten. Natürlich muß das Gericht die Parteien über eine beabsichtigte Verwertung informieren, Art 103 I GG, Stürner, Die richterliche Aufklärungspflicht im Zivilprozeß (1982) 58, und sie können Bedenken äußern, die das Gericht wenigstens mitbeachten muß, BFH BB **85**, 1118. Der Beweiswert wird bei Privaturkunden oft gering sein. Als Zeugenaussage sind Aussagen in anderen Prozessen nur zu würdigen, wenn beide Parteien sie gelten lassen wollen, als seien sie als solche in diesem Prozeß und vor diesem Gericht gemacht worden, BGH MDR **92**, 803, Düss MDR **78**, 60. Entsprechendes gilt bei der Augenscheinseinnahme, § 371, BGH **LM** (E) Nr 7 b. Auch ein bloßer Vermerk des beauftragten Richters über die Ergebnisse seines Augenscheins hat Beweiswert, wenn er von den Parteien nicht beanstandet wird, auch nach einem Richterwechsel, BGH **LM** § 160 Nr 3.

Wird dagegen eine *Vernehmung* auch für den vorliegenden Rechtsstreit beantragt, so handelt es sich nicht **66** um einen Antrag auf eine wiederholte Zeugenvernehmung, über den das Gericht nach § 398 Rn 4 befinden könnte, sondern um einen neuen Beweisantritt, BGH NJW **95**, 2857, Düss RR **96**, 638, Ffm VersR **96**, 838, so auch, wenn der Zeuge im vorausgegangenen Prozeßkostenhilfeverfahren gehört worden war, BGH **LM** § 355 Nr 4, desgleichen bei der Aufnahme von Zeugenaussagen in einem früheren, nunmehr aufgehobenen Berufungsurteil nach einem Richterwechsel oder im Berufungsverfahren, wenn das Berufungsgericht zur Berufung gegen ein Teilurteil Beweis erhoben hat, wenn es aber jetzt um die Berufung gegen das Schlußurteil geht, da dann zwei verschiedene Berufungsverfahren vorliegen, BGH **LM** § 355 Nr 6. Es gilt dann also das in Rn 24 Ausgeführte, auch wenn eine Abweichung vom früheren Protokoll sehr wahrscheinlich ist, vgl auch § 355 Rn 4–6.

Dies gilt erst recht bei *schriftlichen Äußerung* einer Privatperson, um so mehr, als die Unmittelbar- **67** keit und die Parteiöffentlichkeit fehlen und die Aussage nicht mit der Aussicht auf eine Beeidigung erfolgte.

**C. Rechtswidrig erlangte Urkunde.** Eine solche Urkunde ist unverwertbar, soweit sie verfassungswid- **68** rig erlangt wurde, Üb 12 vor § 371, aM Zeiss ZZP **89**, 399 (sie sei verwertbar, wenn die Schwere des Eingriffs zum erstrebten Zweck in einem angemessenen Verhältnis stehe). Sie ist ferner unverwertbar, wenn sie unter Verstoß gegen eine bei ihrer Entstehung zu beachtende Bestimmung zustandekam, Ffm MDR **87**, 152, zB wenn der danach Vernommene nicht über sein Schweigerecht belehrt worden war, BGH VersR **85**, 573. Dieser Mangel ist aber heilbar, etwa dadurch, daß der Vernommene im späteren Zivilprozeß nach ordnungsmäßiger Belehrung aussagt, BGH NJW **85**, 1471. Das Gericht darf ferner zB nicht das von ihm eingeholte Gutachten eines anderen als des im Beweisbeschluß genannten Sachverständigen ohne die Zustimmung der Parteien als Urkunde würdigen, BGH NJW **85**, 1401.

**D. Verhältnis zum Zeugenbeweis.** Grundsätzlich darf das Gericht einen Zeugenbeweis nicht in unge- **69** setzlicher Form zulassen oder ihn durch einen Urkundenbeweis ersetzen, BGH MDR **92**, 803. Beantragt eine Partei die mündliche Vernehmung nicht, so darf und muß evtl das Gericht die Urkunde als solche würdigen, KG VersR **85**, 332. Beantragt sie aber die Vernehmung, so darf das Gericht diese auf die Urkunde hin nur ablehnen, wenn es die Zeugen- oder Sachverständigenvernehmung überhaupt ablehnen könnte, Rn 24 und 66. Liegt ein Vernehmungsantrag vor, so darf sich das Gericht nicht auf eine urkundenbeweisliche Verwertung der Niederschrift einer Aussage in einem anderen Verfahren beschränken, BGH VersR **83**, 668 und 669, KG VersR **76**, 474. § 398 ist dann unanwendbar. Freilich kann im Einverständnis mit der Aktenverwertung ein Verzicht auf den Zeugen zumindest für diese Instanz liegen, BGH MDR **92**, 803, Mü VersR **76**, 1144, ThP 11, krit Schneider VersR **77**, 163). Das gilt noch in 2. Instanz; denn wenn die Partei in der 1. Instanz nicht die Vernehmung verlangt hatte, so lag ein Verfahrensmangel, auf den sie hätte verzichten können, noch gar nicht vor, aM KG NJW **74**, 373, Mü NJW **72**, 2047 (Zurückweisung wegen Verspätung).

Wird eine *Augenscheinseinnahme* durch das Prozeßgericht verlangt, § 371, so darf eine solche aus einem **70** anderen Verfahren ohne Einverständnis der Parteien nicht urkundenbeweislich verwendet werden. Soweit das Gesetz eine schriftliche Zeugenaussage zuläßt, § 377 III, IV, liegt kein Urkundenbeweis vor, sondern ein Zeugenbeweis. In Ehesachen gilt nichts Besonderes, nur ist § 616 zu beachten.

**9) Gesetzliche Beweisregeln, II.** Solche binden das Gericht nur in den im Gesetz ausdrücklich bezeich- **71** neten Fällen, LG Hbg WoM **77**, 37, zB für Urkunden, §§ 415–418, BGH NJW **90**, 2125, für das Protokoll, § 165, für die Zustellung von Anwalt zu Anwalt, § 198 II, für die Zustellung im Ausland, § 202, für eine Amtszustellung an einen Anwalt usw, § 212 a, BGH NJW **90**, 2125, für die Übergabezeit von Schriftsätzen und die Erklärung durch die Post, § 270 II 2, für den Tatbestand des Urteils, § 314, usw. Landesgesetzliche Beweisregeln sind aufgehoben; denn der Vorbehalt in § 16 Z 1 EG ZPO hat sich durch das PStG, § 17 II EG ZPO durch die Anlegung der Grundbücher erledigt. Wegen Tatsachen- und Rechtsvermutungen Rn 47.

**10)** *VwGO:* **I** gilt in *Ergänzung zu* § 108 I VwGO, BVerwG NVwZ **99**, 77, Dawin NVwZ **95**, 729; zur **72** *Ablehnung von Beweisanträgen,* Rn 27 ff, vgl § 93 a II 3 u 4 VwGO (Musterverfahren) sowie allgemein Jacob VBlBW **97**, 41, BVerwG NVwZ-RR **99**, 208, NVwZ **96**, Beil 10 S 75, NVwZ-RR **90**, 379, VGH Kassel DVBl **97**, 668 mwN, VGH Mannh NVwZ-Beilage 9/97 S 67 u 4/95 S 28 mwN und die Kommentare zu § 86 II VwGO. **II** ist entsprechend anzuwenden, § 173 VwGO, da gesetzliche Beweisregeln auch für den VerwProzeß gelten, zB §§ 164, 314, 415 ff, vgl Rn 71.

## Anhang nach § 286
### Die Beweislast

**Schrifttum:** *Arens,* Zur Problematik von non-liquet-Entscheidungen, Festschrift für *Müller-Freienfels* (1986) 13; *Baumgärtel,* Beweislastpraxis im Privatrecht, 1996; *Baumgärtel,* Das Verhältnis von Beweislastumkehr und Umkehr der konkreten Beweisführungslast im deutschen Zivilprozeß, in: Festschrift für *Nakamura* (1996); *Baumgärtel* pp, Handbuch der Beweislast im Privatrecht, Bd 1: Allgemeiner Teil und Schuldrecht BGB usw, 2. Aufl 1991; Bd 2: Sachen-, Familien- und Erbrecht, 2. Aufl 1999; Bd 3: AGBG/UWG, 1987; Bd 4: AbzG, HGB (§§ 1–340, 343–438), CMR, BinnSchG, 1988; Bd 5: Versicherungsrecht, 1993; *Baumgärtel,* Beweislastpraxis im Privatrecht, 1996; *Berg,* Die verwaltungsrechtliche Entscheidung bei ungewissem Sachverhalt, 1980; *Buciek,* Beweislast und Anscheinsbeweis im internationalen Recht, Diss Bonn 1984; *Chiang,* Beweislast und Beweiserleichterung bei der Haftung von Angehörigen der freien Berufe usw, 1999; *Eickmann,* Beweisverträge im Zivilprozeß, 1987; *Ekelöf,* Beweiswert, Festschrift für *Baur* (1981) 343; *Engels,* Der Anscheinsbeweis der Kausalität usw, 1994; *Habscheid,* Beweislast und Beweismaß – ein kontinentaleuropäisch-angelsächsischer Rechtsvergleich, Festschrift für *Baumgärtel* (1990) 105; *Heinemann,* Die Beweislastverteilung bei positiven Forderungsverletzungen, 1988 (rechtsvergleichend); *Huber,* Das Beweismaß im Zivilprozeß, 1983; *Hüffer,* Zur Darlegungs- und Beweislast bei der aktienrechtlichen Anfechtungsklage, Festschrift für *Fleck* (1988) 151; *Kegel,* Beweislast und Relationskunst, Festschrift für *Baumgärtel* (1990) 201; *Konzen,* Normtatsachen und Erfahrungssätze bei der Rechtsanwendung im Zivilprozeß, Festschrift für *Gaul* (1997) 335; *Larenz,* Zur Beweislastverteilung nach Gefahrenbereichen, Festschrift für *Hauß* (1978) 225; *Leipold,* Beweismaß und Beweislast im Zivilprozeß, 1985; *Lepa,* Beweislast und Beweiswürdigung im Haftpflichtprozeß, 1988; *Lieb,* Vermutungen, Beweislastverteilung und Klarstellungsobliegenheiten im Arbeitskampf, Festschrift für *Herschel* (1982); *Motsch,* Vom rechtsgenügenden Beweis, 1983; *Musielak/Stadler,* Grundfragen des Beweisrechts, 1984; *Nierhaus,* Beweismaß und Beweislast – Untersuchungsgrundsatz und Beteiligtenmitwirkung im Verwaltungsprozeß, 1989; *Prütting,* Gegenwartsprobleme der Beweislast, 1983 (speziell auch zum Arbeitsrecht); *Rommé,* Der Anscheinsbeweis im Gefüge von Beweiswürdigung, Beweismaß und Beweislast, 1989; *Rosenberg,* Die Beweislast usw, 5. Aufl 1966; *Schlemmer-Schulte,* Beweislast und Grundgesetz, 1997; *Schneider,* Beweis und Beweiswürdigung, 5. Aufl 1994; *Schwab,* Zur Abkehr moderner Beweislastlehren von der Normentheorie, Festschrift für *Bruns* (1978) 505; *Schwab,* Das Beweismaß im Zivilprozeß, Festschrift für *Fasching* (1988) 451.

### Gliederung

| | | | | |
|---|---|---|---|---|
| 1) **Systematik** | | 1–3 | B. Weitere Fälle | 10–13 |
| A. Begriff | | 1 | 6) Tatsächliche Vermutung | 14 |
| B. Rechtsnatur | | 2, 3 | 7) Anscheinsbeweis | 15–25 |
| 2) **Regelungszweck** | | 4 | A. Anwendbarkeit | 16–23 |
| 3) **Geltungsbereich** | | 5 | B. Unanwendbarkeit | 24, 25 |
| 4) **Vertragliche Regelung** | | 6–8 | 8) Beweisvereitelung | 26–32 |
| A. Beweisvertrag | | 6 | A. Grundsatz: Freie Beweiswürdigung | 27, 28 |
| B. Beweislastvertrag | | 7 | B. Fälle | 29–32 |
| C. Rechtswahl | | 8 | 9) Beispiele zur Frage der Beweislast | 33–238 |
| 5) **Träger der Beweislast** | | 9–13 | 10) Verstoß | 239 |
| A. Ausdrückliche, direkte gesetzliche Regelung | | 9 | 11) *VwGO* | 240 |

**1** **1) Systematik.** Die Beweislast hat enorme praktische Bedeutung. Sie ist gefährlich.

**A. Begriff.** Die Beweislast (schlecht Beweispflicht) ist das Risiko des Prozeßverlusts für den Fall der Nichtbeweisbarkeit. Sie ist eine Folge des Beibringungsgrundsatzes, Grdz 20 vor § 128, BVerfG **52**, 145. Es ist die Aufgabe einer Partei, die Tatsachen notfalls zu beweisen, ihr Vorbringen tragen, vgl BGH NJW **91**, 1053 mwN. Das gilt nicht nur im Bereich des Beibringungsgrundsatzes. Es gilt auch beim Kampf um die Identität (dann also kein Statusverfahren) oder wenn es sich um ein Grundrecht handelt, BGH **53**, 245.

**2** **B. Rechtsnatur.** Früher wurden die Rechtssätze über die Beweislast als prozessual angesehen, da die Beweislast nur im Prozeß eine Rolle spielt, indem sie notfalls den Inhalt des richterlichen Urteils im Zivilprozeß bestimmen. Häsemeyer AcP **188**, 165 vertritt die prozessuale Theorie im Ergebnis auch heute. Inzwischen erwies sich auch die Auffassung, daß die Regelung der Beweislast dem materiellen Recht angehörte, BGH NJW **83**, 2033, Schneider MDR **89**, 138, als zu eng.

Heute werden die Rechtssätze über die Beweislast demjenigen Rechtsgebiet zugeordnet, dem der *Rechtssatz angehöre,* dessen Voraussetzungen die streitigen Tatsachen *begründen* sollen, BGH RR **88**, 831, Fritze GRUR **82**, 525, Schneider MDR **82**, 502, aM Düss ZMR **88**, 335. Diese Zuordnung hat eine praktische Bedeutung, Rn 237. BGH NJW **96**, 1059 unterscheidet verunglückt zwischen „objektiver" und „subjektiver" Beweislast (zu § 52; vgl aber § 56 Rn 5).

**3** Die Versuche der letzten Jahrzehnte in Teilen der Rechtslehre, die dogmatischen und rechtstheoretischen Grundlagen der Beweislast zu klären, um bessere und sicherere Methoden zur Lösung des Einzelfalls zu gewinnen, Musielak ZZP **100**, 385 (Üb), haben für die Praxis noch nicht zu grundlegend neuen Erkenntnissen geführt. Es scheint am ehesten unverändert mit der – weiterentwickelten – „Normentheorie" Rosenbergs eine fallgerechte Lösung möglich zu sein: Jede Partei hat die Voraussetzungen der *ihr günstigen Norm,* also derjenigen, deren Rechtswirkung ihr zugutekommt, *zu beweisen,* BGH RR **93**, 1262, BAG BB **95**, 468,

### 1. Titel. Verfahren bis zum Urteil    Anh § 286

Schmidt-Salzer VersR **91**, 9, aM Boechen VersR **91**, 965. Der Anspruchsteller hat also die Beweislast der rechtsbegründenden Tatsachen, der Gegner diejenige der rechtshemmenden, -hindernden oder -vernichtenden, Rn 10, BGH **113**, 225, BAG BB **95**, 468. Eine Umkehrung der Beweislast (nur) aus Billigkeitsgründen ist unzulässig, BGH MDR **97**, 496. Das ausländische Recht bestimmt die Beweislast, falls das Rechtsverhältnis nach ihm zu beurteilen ist, § 293 Rn 6.

**2) Regelungszweck.** Da der Richter das gesamte Vorbringen beider Parteien würdigen muß und die **4** angetretenen Beweise ohne Rücksicht auf eine Beweislast erheben kann, Einf 23, 26 vor § 284, vgl BGH NJW **79**, 2142, ist der wahre Sinn der Beweislast praktisch nur die Klärung der Frage, wen nach der Erschöpfung aller Beweismittel, BGH NJW **85**, 498 (zustm Baumgärtel JR **85**, 244), Musielak ZZP **100**, 391, die Folgen der Beweislosigkeit treffen, BGH **LM** 1600 o BGB Nr 8. BGH NJW **96**, 1059 unterscheidet zwischen „objektiver" und „subjektiver" Beweislast (zu § 52; vgl aber § 56 Rn 5).

Man hat die Lehre von der Beweislast das Rückgrat des Zivilprozesses genannt. Das ist übertrieben. Zivilprozesse treten ohne dieses Rückgrat sehr nachdrücklich. Streitigkeiten über die Beweislast sind nicht allzu häufig. Oft tritt auch der nicht beweispflichtige Beweis an, was ja § 282 I eigentlich auch von ihm verlangt; zu seiner Aufklärungspflicht Arens ZZP **96**, 1. *Bedeutungsvoll* wird die Beweislast namentlich beim Beweisantritt durch Antrag auf Parteivernehmung, § 445. Die Beweislast schließt die Darlegungslast, die Behauptungslast ein, LAG Mü DB **82**, 2302. Sie zwingt die Parteien, Behauptungen aufzustellen. Wie weit sie dabei ins einzelne gehen muß, richtet sich nach der *Prozeßlage*, §§ 138, 282, BGH NJW **81**, 577. Sie gilt auch bei den von Amts wegen zu beachtenden Punkten (der Amtsprüfung), Grdz 39 vor § 128, nicht aber im Verfahren mit Amtsermittlung, Grdz 38 vor § 128, ferner nicht bei der Ermittlung der Rechtsfolge einer Tatsache, BGH NJW **73**, 2207. Auf die Auslegung von Willenserklärungen und Urkunden, Grdz 52 vor § 128, sind die Regeln der Beweislast unanwendbar, Rn 220 „Vertragsurkunde".

**3) Geltungsbereich.** Die Vorschrift gilt in allen denjenigen Verfahrensarten nach der ZPO, in denen das **5** Gericht keine Amtsermittlung vornimmt, Grdz 38 vor § 128, sondern allenfalls eine Amtsprüfung, Grdz 39 vor § 128.

**4) Vertragliche Regelung.** Es gibt drei Hauptwege. **6**

**A. Beweisvertrag.** Eine vertragliche Beschränkung der Freiheit der richterlichen Beweiswürdigung, der sogenannte Beweisvertrag, die Bindung des Gerichts an die Bewertung von Vorgängen seitens der Parteien, also eine Beschränkung der Beweise, dazu Behrle, Die Beschränkbarkeit der Beweisaufnahme, Diss Freibg 1950, mag zwar zulässig sein, kann aber das Gericht nicht in der Beweiswürdigung binden, § 286 Rn 4, Weth AcP **189**, 333, aM BGH DB **73**, 1451, ThP 41 vor § 284. Daher ist ein Vertrag, nach dem eine bestimmte Tatsache als unwiderlegbar anzusehen sei (Geständnisvertrag), unbeachtlich, Beuthien Festschrift für Larenz (1973) 510. Ebenso unbeachtlich ist ein Vertrag, nach dem eine Tatsache als bewiesen gelten soll, falls eine andere bewiesen wird (Vermutungsvertrag). Solche Verträge schränken zudem unzulässig die Entschlußfreiheit der Parteien ein und enthalten regelmäßig eine Knebelung der beweispflichtig gemachten Partei. Über die Einschränkungen der Beweislast durch Unterstellungen und Rechtsvermutungen vgl bei § 292.

**B. Beweislastvertrag.** Hingegen ist ein Beweislastvertrag, der eine Partei mit der Ungewißheit einer **7** Tatsache belastet, gültig, auch als Teil von allgemeinen Geschäftsbedingungen, sofern die Parteien über den Vertragsgegenstand verfügen dürfen und sofern die Vereinbarung nicht gegen § 11 Z 15 b AGBG verstößt, wonach eine Änderung zum Nachteil des Partners des AGB-Verwenders unwirksam ist, insbesondere wenn die zu beweisenden Umstände im Verantwortungsbereich des Verwenders liegen oder der Partner eine bestimmte Tatsache bestätigen läßt (Ausnahme: gesondert unterschriebenes Empfangsbekenntnis), BGH BB **86**, 1539, Stgt RR **93**, 1535, LG Mü DNotZ **90**, 574, aM Nürnb DNotZ **90**, 565, LG Köln DNotZ **90**, 570 und 577, LG Mainz DNotZ **90**, 567.

Eine allzu ungewöhnliche Klausel *kann* gemäß § 3 AGBG *unwirksam* sein, vgl auch § 38 Rn 6, BGH **65**, 123, Ffm (9. ZS) MDR **74**, 487, Karlsr NJW **73**, 1796, aM Ffm (16. ZS) NJW **74**, 559. Eine Klausel, die eine überwiegende Wahrscheinlichkeit zum Leistungsausschluß des Versicherers genügen läßt, kann wirksam sein, Karlsr VersR **88**, 713. Beweislastverträge zu Lasten Dritter sind ungültig, KG OLGZ **75**, 11. Bei der Auslegung eines Beweislastvertrags ist § 242 BGB anwendbar. Ferner ist § 61 VVG mitbeachtlich, BGH **LM** VersR **76**, 688, Ffm MDR **85**, 671, LG Ffm VersR **76**, 841.

**C. Rechtswahl.** Wegen der Freiheit der Rechtswahl vgl Art 14 Übk v 19. 6. 80, BGBl **86** II 810. **8**

**5) Träger der Beweislast.** Seine Ermittlung ist manchmal schwierig. **9**

**A. Ausdrückliche, direkte gesetzliche Regelung.** Zunächst ist zu prüfen, ob das Gesetz die Beweislast ausdrücklich und direkt selbst regelt, zB in §§ 179 I, 282, 358, 636 II, 2336 III BGB, oder ob es eine Tatsachen- oder Rechtsvermutung gibt, die der Richter nach § 292 zu beachten hat. Auch eine Beweislastregel muß mit dem GG vereinbar sein, Einl III 21 ff, Reinhardt NJW **94**, 99.

**B. Weitere Fälle.** Soweit eine vorrangige Regelung nach Rn 9 fehlt, gilt der folgende Grundsatz: Jede **10** Partei muß unabhängig von ihrer prozessualen Parteistellung die zu ihren Gunsten vereinbarten Tatsachen beweisen, aus denen sie Rechte herleitet, Rn 4, BGH NJW **95**, 50, Oldb FamRZ **91**, 1071, Gottwald BB **79**, 1782, aM Reinecke 71 (zu beweisen sei der weniger wahrscheinliche Vorgang), Wahrendorf (vor Rn 1) 14 (maßgeblich sei die materielle Gerechtigkeit).

Allerdings ist der *Zweck* der jeweiligen sachlichrechtlichen Norm mit zu berücksichtigen, Baumgärtel **11** Gedenkrede auf Bruns, 1980, 16. Dieser Grundsatz gilt nahezu lückenlos, sofern nicht eine Aufklärung von Amts wegen vorgeschrieben ist, BGH **53**, 253; gewisse Einschränkungen gelten bei § 3 UWG, BGH MDR **78**, 469. Die gelegentliche Unterscheidung zwischen subjektiver und objektiver Beweislast ist praktisch bedeutungslos.

Der Grundsatz gilt bei rechtsbegründenden, rechtshindernden, rechtsvernichtenden, rechtshemmenden **12** Tatsachen, Üb 8 vor § 253. Anders gesagt: Wer ein Recht *in Anspruch nimmt*, muß die rechts*begründenden*

Tatsachen beweisen, BVerfG **54**, 157, BGH NJW **89**, 1728, LG Mü DNotZ **90**, 575. Das sind diejenigen Tatsachen, die das Gesetz für wesentlich hält. Wer ein Recht trotz dessen gewisser Entstehung leugnet, muß die rechtshindernden, rechtsvernichtenden, rechtshemmenden Tatsachen beweisen, Rn 4, BGH NJW **86**, 2427, Oldb FamRZ **91**, 1071, LG Mü DNotZ **90**, 575. Zu diesen letzteren Tatsachen gehören abweichende Vereinbarungen (die accidentalia). Die Parteistellung ist bei alledem ohne Bedeutung, LG Mü DNotZ **90**, 575. Zu alledem krit Grunsky AcP **81**, 345 (er erwägt die Einführung „verschiedener Stufen der Beweislastnormen"). Der Gedanke, die Beweislast allgemein demjenigen aufzuerlegen, in dessen Einflußsphäre sich der Vorgang ereignet hat, ist in dieser Allgemeinheit zu wenig differenziert. Im übrigen bleibt der Schutz zB eines Geschäftsgeheimnisses zu beachten, Stgt RR **87**, 677.

Bei einer *Vollstreckungsabwehrklage*, § 767, trägt der Kläger die Beweislast für eine rechtsvernichtende oder hemmende Einwendung, § 767 Rn 47, BGH NJW **81**, 2756, Münch NJW **91**, 805 (ausf, auch zum Problem der anspruchsbegründenden Tatsachen). Bei einer Widerrufsklage muß der Bekl sein Recht auf eine ehrenschädigende Behauptung beweisen. Im höheren Rechtszug bleibt die Beweislast unverändert.

**13** Oft ist zweifelhaft, ob eine rechtshindernde Vorschrift vorliegt oder ein im Fehlen liegendes (negatives) Tatbestandsmerkmal. In solchen Fällen gibt das *BGB* meist einen sicheren *Anhalt*: es macht eine rechtshindernde Vorschrift durch Wendungen wie „es sei denn, daß", „gilt nicht, wenn", „wenn nicht", „ist ausgeschlossen, wenn", „beschränkt sich" und ähnlich kenntlich. Nicht immer ist aber ein solcher Anhalt vorhanden. Dann entscheidet, ob das Vorbringen des Bekl auf die Geltendmachung einer Gegennorm oder einer von ihm zu beweisenden Ausnahme von der Regel hinausläuft, BGH BB **89**, 658, ThP 24 vor § 284, aM Reinecke JZ **77**, 159, oder ob es nur ein Bestreiten des Klagegrunds darstellt, vgl Rn 186 „Schenkung", BGH **LM** § 242 BGB (Ca) Nr 13 (eingehend). Böser Glaube ist zu beweisen, nicht der gute.

**14** 6) **Tatsächliche Vermutung.** Die Erfahrung des Lebens begründet häufig die hohe Wahrscheinlichkeit eines gewissen Ablaufs, einen Erfahrungssatz, Einf 22 vor § 284, eine tatsächliche oder unechte Vermutung. Sie kann bei freier Beweiswürdigung weiteren Beweis überflüssig machen oder, wenn ihr eine so starke Beweiskraft nicht zukommt, neben anderen Umständen gewürdigt werden. Man hüte sich aber vor Mißbrauch. Insbesondere nötigt nicht jede Wahrscheinlichkeit den Gegner zur Entkräftung; so besteht kein Erfahrungssatz für das Zugehen behördlicher Schriftstücke.

**15** 7) **Anscheinsbeweis** (Prima-facie-Beweis, Beweis des ersten Anscheins). Dieser Beweis, eine Form des Indizienbeweises, ist keine andere Beweisart, BGH NJW **98**, 81; er fällt in das Gebiet der Erfahrungssätze, BGH NJW **98**, 81, und der Beweiswürdigung, BGH NJW **98**, 81, nicht der Beweislast, BGH **100**, 34, BFH BB **89**, 2386, Taupitz ZZP **100**, 295 (keine Beweislastumkehr), aM Greger VersR **80**, 1102 (ausf), der den Anscheinsbeweis nur aus dem sachlichen Recht ableitet. Der Anscheinsbeweis ist dogmatisch noch nicht geklärt, Düss VersR **97**, 337. Es hat indessen eine erhebliche praktische Bedeutung und hat sich im allgemeinen bewährt; er ist Gewohnheitsrecht, Celle MDR **96**, 1248, und daher von Amts wegen zu beachten, § 293 Rn 3. Das verkennt Huber MDR **81**, 98 (er will den Anscheinsbeweis ganz abschaffen). Man sollte den Anscheinsbeweis nicht mit dem Begriff „Beweisregel auf erste Sicht", oder „für das äußere Bild", einer weniger weitgehenden bloßen Beweiserleichterung, verwechseln, BGH VersR **91**, 925. Freilich birgt der Anscheinsbeweis auch eine erhebliche Versuchung. Denn man kann mit seiner Hilfe unter Berufung auf so schillernde Begriffe wie „Lebenserfahrung" oder „typischer Geschehensablauf", Rn 16, dem Prozeß eine erwünschte Richtung geben, die derjenigen ohne Anwendung solcher oft gefährlich unkontrollierter Begriffe gerade entgegengesetzt verläuft. Eine „Lebenserfahrung" ist rasch hingeredet und dann nur mühsam als Leerformel widerlegbar. Deshalb ist Zurückhaltung für alle Prozeßbeteiligten einschließlich des Gerichts erforderlich.

**16** A. **Anwendbarkeit.** Der Anscheinsbeweis greift nur bei formelhaften, *typischen Geschehensabläufen* ein, dh in denjenigen Fällen, in denen ein gewisser Sachverhalt feststeht, der nach der Lebenserfahrung auf (nur) eine bestimmte Ursache oder einen bestimmten Ablauf hinweist, BVerfG NJW **93**, 2165, BGH NJW **97**, 529, BPatG GRUR **91**, 822, aM BVerwG ZMR **79**, 372 (zu eng).

**17** Dabei ist es unerheblich, ob der Sachverhalt *unstreitig oder streitig* ist, BGH RR **88**, 790, KG VersR **88**, 1127, Köln RR **89**, 439. Der Beweispflichtige braucht in diesen Fällen nur diesen Tatbestand darzutun und evtl zu beweisen, Ffm VersR **78**, 828, Karlsr VersR **78**, 771. Dabei sind gewisse Denkgesetze des Anscheinsbeweises zu beachten, Nack NJW **83**, 1035. Das Revisionsgericht kann nachprüfen, ob ein Geschehensablauf typisch ist, BGH VersR **92**, 59, BayObLG **94**, 285.

**18** Es ist dann Sache desjenigen, der einen vom gewöhnlichen Verlauf *abweichenden Gang* des Geschehens behauptet, die ernstliche und nicht nur vage Möglichkeit eines solchen durch konkrete Tatsachen darzulegen, BVerfG NJW **92**, 226, BGH VersR **89**, 724, Hamm WoM **96**, 471.

**19** Eine bloß *vage*, nicht ernstliche *Möglichkeit* eines derart abweichenden Verlaufs entkräftet den Anscheinsbeweis nicht, BGH NJW **78**, 2033, Hamm VersR **78**, 47, wie auch Untersuchungserschwerungen nicht zu Lasten desjenigen gehen, der für den typischen Geschehensablauf beweispflichtig ist, BGH **LM** § 286 (C) Nr 20 a. Ein voller Gegenbeweis ist also nicht nötig, LG Hildesh RR **86**, 254.

**20** Werden die Tatsachen *bestritten*, aus denen die Abweichungen vom gewöhnlichen Gang hergeleitet werden soll, so müssen sie bewiesen werden, LG Gießen VersR **77**, 1118. Damit ist dem Anscheinsbeweis dann die Grundlage entzogen. Das Gericht muß also der Behauptung nachgehen, daß der nach der Lebenserfahrung typische Verlauf nicht eingetreten sei, diese Behauptung darf auch nicht damit entkräftet werden, daß der behauptete Verlauf der Lebenserfahrung widerspreche. Dabei gilt der Anscheinsbeweis, der mehrere mögliche schuldhafte Verursachungen umfaßt, erst bei Ausräumung aller unterstellten Möglichkeiten als entkräftet. Wer ihm das schuldhaft verwehrt, kann sich nicht auf Anscheinsbeweis berufen, § 444 Rn 4 (Beweisvereitelung), BGH NJW **98**, 81.

**21** *Gelingt* der Nachweis eines atypischen Geschehens, so kann sich der Beweispflichtige auf den Ablauf nach der Lebenserfahrung nicht mehr berufen, sondern muß nun seinerseits vollen Beweis erbringen, KG VersR **78**, 155, Mü OLGZ **73**, 363. Hier liegt also keine sogenannte Umkehrung der Beweislast vor. Welche

## 1. Titel. Verfahren bis zum Urteil                                                Anh § 286

Tatsachen zur Erschütterung des typischen Ablaufs genügen, um ernsthaft einen atypischen Ablauf wahrscheinlich zu machen, ist Sache der tatrichterlichen Beweiswürdigung; das Revisionsgericht kann aber nachprüfen, ob der Vorderrichter den Begriff der Ernsthaftigkeit verkannt hat.

Der Anscheinsbeweis ist im *Vertragsrecht,* BGH VersR **85**, 133, KG VersR **88**, 1127, und im Recht der **22** *unerlaubten Handlungen* möglich, BGH **LM** § 286 (C) Nr 28, zB bei einer Verkehrssicherungspflicht bzw bei einer Unfallverhütungsvorschrift, überhaupt bei einem Schutzgesetz, BGH NJW **94**, 946. Der Anscheinsbeweis ist auch zum Nachweis eines *ursächlichen* Zusammenhangs zulässig, BGH VersR **93**, 1351 (Brandursache), Köln NJW **87**, 2303 (Operation), LG Kblz VersR **88**, 1522. Der Anscheinsbeweis ist, abgesehen von den Fragen Rn 25, auch zum Nachweis des Verschuldens zulässig, BGH RR **88**, 790, Celle MDR **96**, 1248, Nürnb VersR **95**, 331, aM BGH **LM** § 277 BGB Nr 3, BAG DB **73**, 1405, Hamm RR **87**, 609; vgl freilich auch Rn 24, 25 sowie Rn 206–217 „Verschulden".

Die Grundsätze zum Anscheinsbeweis sind abgewandelt auch im Verfahren der *freiwilligen Gerichtsbarkeit* **23** anwendbar, BayObLG **79**, 266. In jüngster Zeit wird geltend gemacht, daß es sich beim Anscheinsbeweis um verschleierte gewohnheitsrechtliche Beweiswürdigungsregeln handele, die der § 286 doch gerade abgeschafft habe, mit denen sich also das Revisionsgericht entgegen der gesetzlichen Regelung die Möglichkeit einer Nachprüfung der Beweiswürdigung offenhalte, Ekelöf ZZP **75**, 301. Zum Unterschied zwischen Anscheinsbeweis und Beweislastumkehr Weitnauer Festschrift für Larenz (1973) 909, Walter ZZP **90**, 270 (erst sachlichrechtliche Gründe erlaubten eine Beweiserleichterung). Man sollte das Gebiet des Anscheinsbeweises nicht gesetzlich regeln. Solche Regelung würde noch stärker als bisher die Tendenz fördern, die formelle Wahrheit zum Schaden einer gerechten Entscheidung genügen zu lassen, Baumgärtel Gedenkrede auf Bruns (1980) 15. Die Gefahr, daß das Gericht mit Hilfe des Anscheinsbeweises so manche prozessuale Klippe einigermaßen kühn umschifft, nämlich einen Anscheinsbeweis annimmt oder ausschließt, um sich die Entscheidung zu erleichtern, ist demgegenüber das geringere Übel.

**B. Unanwendbarkeit.** Ein Anscheinsbeweis fehlt zB: Auf Grund eines bloßen Verdachts; bei einem **24** außergewöhnlichen Vorgang, etwa einem nur seltenen Fehler eines Handwerkers, KG VersR **88**, 1128; für die privatrechtliche Inhaberschaft eines Betriebes durch seine gewerberechtliche Anmeldung; durch ordnungsgemäß geführte Handelsbücher; für den Zugang einer empfangsbedürftigen Willenserklärung, wenn diese „eingeschrieben" abgegangen ist; für die Wahrheit der vom Anmeldenden im polizeilichen Meldeschein angegebenen Tatsachen; bei einem Sachverständigenstreit über die Möglichkeit eines angeblich typischen Ablaufs, Düss MDR **72**, 876; bei der Klärung, wie jemand gehandelt haben würde, BGH VersR **75**, 540; bei der vertraglichen Regelung eines besonderen Einzelfalls, da dann ein atypischer Verlauf vorliegt, BGH NJW **80**, 122; beim Massenunfall, Müller VersR **98**, 1184.

Ein Anscheinsbeweis *fehlt,* abgesehen von den Fragen Rn 22, ferner bei der Feststellung eines individuel- **25** len *Willensschlusses* angesichts einer besonderen Lage, BGH NJW **88**, 2041, BFH BB **89**, 2386, Düss VersR **97**, 337, aM Walter ZZP **90**, 270. Ein Anscheinsbeweis fehlt ferner dann wenn erfahrungsgemäß zwei verschiedene Möglichkeiten in Betracht zu ziehen sind, auch wenn die eine wahrscheinlicher als die andere ist, BGH RR **88**, 790, Brschw VersR **87**, 76, Düss VersR **95**, 724. Erfahrungssätze, die für einen Anscheinsbeweis nicht ausreichen, können als Beweisanzeichen gewürdigt werden.

### 8) Beweisvereitelung                                                                           26

**Schrifttum:** *Baumgärtel,* Die Beweisvereitelung im Zivilprozeß, Festschrift für *Kralik* (Wien 1986) 63; *Krapoth,* Die Rechtsfolgen der Beweisvereitelung im Zivilprozeß, 1996; *Musielak,* Die Grundlagen der Beweislast im Zivilprozeß (1975) 133 ff; *Schatz,* Die Beweisvereitelung in der Zivilprozeßordnung, Diss Köln 1992.

**A. Grundsatz: Freie Beweiswürdigung.** Die Beweisvereitelung, BGH RR **96**, 317 (er spricht von **27** sekundärer Beweislast), ist im Gesetz nicht allgemein geregelt, BGH DB **85**, 1020. Zur Dogmatik krit Paulus AcP **197**, 136 (ausf). Sie liegt vor, wenn eine Partei dem beweispflichtigen Gegner die Beweisführung vorwerfbar unmöglich macht oder erschwert, indem sie vorhandene Beweismittel vernichtet oder sonstwie deren Benutzung verhindert, BGH NJW **86**, 60, Köln VersR **92**, 356. Das Gericht darf dann wegen des stets von Amts wegen zu beachtenden Verstoßes gegen Treu und Glauben, Einl III 53, in freier Beweiswürdigung aus solchem Verhalten einer Partei beweiserleichternde Schlüsse ziehen, § 444 Rn 4, BGH GRUR **95**, 697, Düss MDR **90**, 628, Köln VersR **92**, 356, aM BGH DB **85**, 1020 (man müsse ein Verschulden voraussetzen, bevor man dann frei würdigen könne), Hbg NJW **82**, 1158, Schneider MDR **69**, 4 (es handle sich um einen Anwendungsfall unzulässiger Rechtsausübung, so daß auch von der Schuldfrage abgesehen werden könne).

*Nicht* ganz zutreffend spricht man in derartigen Fällen oft von einer *Umkehrung* der Beweislast, BGH NJW **80**, 888, Köln VersR **92**, 356, LG Bautzen VersR **96**, 367. Richtigerweise ermöglicht die Beweisvereitelung zunächst nur eine dem Vereiteler nachträgliche Beweiswürdigung, vgl BGH GRUR **95**, 697. Das gilt, wenn die Partei eine Beweisführung arglistig oder fahrlässig vereitelt oder verzögert, BGH BB **85**, 1020, Hbg VersR **89**, 246, Mü VersR **92**, 320. Das gilt ferner, wenn sie die Beweisführung erschwert, BGH BB **79**, 1527, LG Köln DB **89**, 1780.

Nicht die Vernichtung des Beweismittels, sondern die Vernichtung von seiner Beweisfunktion ist maßgeb- **28** lich, BGH VersR **75**, 954. Im Prozeß folgt aus dem Prozeßrechtsverhältnis, Grdz 3 vor § 128, eine *Förderungspflicht,* § 282. Vgl auch § 444 Rn 3. Keine Umkehr der Beweislast erfolgt, wenn eine Partei eine vorprozessuale Aufforderung des Gegners, sich untersuchen zu lassen, nicht befolgt.

**B. Fälle.** Vgl auch § 444 Rn 5, 6. Eine Beweisvereitelung liegt zB in folgenden Situationen vor: Die **29** Partei gibt die allein ihr bekannte Anschrift eines Unfallzeugen nicht an, vgl freilich § 282 Rn 7; sie nutzt unberechtigt das Bankgeheimnis aus; sie verweigert dem Gegner die Einsicht in Akten, die sie selbst in den Prozeß eingeführt hat; ein Anwalt legt seine Handakten im Prozeß des Auftraggebers gegen ihn nicht vor; die Partei vernichtet ein Beweismittel, Mü OLG **77**, 79, zB ein Testament, oder sie verändert den beweiserheblichen Zustand, Mü VersR **89**, 489, und macht dadurch die Beweisführung unmöglich; sie entfernt das vom Sachverständigen zu prüfende Objekt, LG Hbg ZMR **77**, 210; sie verweigert dem Sachverständigen des Versicherers nach dessen Anreise grundlos die Besichtigung eines Unfallwagens, BGH BB **84**, 568 (zur Pflicht zum Ersatz etwaiger diesbezüglicher Mehrkosten).

30   *Weitere Beispiele:* Eine Partei hat eine für das Rechtsverhältnis zum Prozeßgegner wichtige Unterlage pflichtwidrig nicht aufbewahrt; ein Arzt hat die vorgeschriebenen Aufzeichnungen über ein Krankheitsbild unterlassen, so daß sich der strenge Beweis einer falschen Behandlung nicht führen läßt, BGH **72**, 137 (zum Problem vgl auch BVerfG JZ **79**, 596); er hat es unterlassen, rechtzeitig Röntgenaufnahmen zu machen; er hat ein Röntgenbild nicht vorgelegt; er hat seine Aufzeichnungspflicht ungewöhnlich grob vernachlässigt, BGH NJW **78**, 2337; der Gegner des Beweisführers stellt sich nicht zu der vom Gericht angeordneten Untersuchung durch einen Sachverständigen, BGH **LM** § 32 EheG Nr 7, BAG NJW **77**, 350, und zwar gerade nach dem Ablauf einer Frist aus § 356 oder aus § 372 a.

31   *Weitere Beispiele:* Eine Partei entbindet den Arzt nicht von der Schweigepflicht, obwohl letzteres zumutbar wäre, § 444 Rn 6; die Entbindung von der Schweigepflicht erfolgt verspätet, Ffm NJW **80**, 2758; eine Partei handelt den Unfallverhütungsvorschriften entgegen; eine Werbeagentur klärt den Kunden nicht über die Rechtswidrigkeit der vorgeschlagenen Werbung auf (sie ist beweispflichtig, daß der Kunde die Werbung dennoch eingesetzt hätte), BGH **61**, 123, krit Hofmann NJW **74**, 1641; in einer Tbc-Fürsorgestelle sind die Räume unzureichend gegen Ansteckungsgefahr gesichert, § 618 BGB; eine Partei legt die erhaltene Urkunde nicht vor, Köln BB **74**, 1227, vgl aber auch § 427; ein angetrunkener Unfallbeteiligter schaltet die Polizei durch ein mündliches Schuldanerkenntnis aus, Hamm MDR **74**, 1019; ein Tierkörperverwerter läßt den Kadaver nicht auf eine Seuche untersuchen, LG Oldb VersR **82**, 1176.

32   *Weitere Beispiele:* Eine verkehrssicherungspflichtige Gemeinde verschuldet durch zu seltene Kontrollen, daß das Alter einer schadhaften Stelle nicht mehr zu klären ist, LG Ravensbg VersR **75**, 434; sie versäumt es, vor einem Straßenausbau ein Nivellement zu erstellen, so daß später unklar bleibt, worauf eine jetzige Überschwemmung beruht, Ffm MDR **84**, 947; der eigentlich Beweispflichtige kann nicht beurteilen, ob der Gegner zum Vorsteuerabzug berechtigt ist, KG VersR **75**, 451; ein Provisionsvertreter schweigt auf die Übersendung von Auszügen seines Provisionskontos und von Provisionslisten, Brschw VersR **75**, 518; ein Unfallbeteiligter stellt den Wagen so ab, daß er eine objektive Feststellung der maßgeblichen Fahrspuren erschwert oder sogar unmöglich macht, LG Stade VersR **80**, 100, oder entfernt sich unbemerkt vom Unfallort, LG Saarbr RR **88**, 37; er zieht entgegen einer vertraglichen Obliegenheit, etwa als Mieter des Kraftfahrzeugs, die Polizei nicht hinzu, Hamm MDR **82**, 414; der Gläubiger verkauft den Unfallwagen, ohne dem Schuldner eine Schadensfeststellung zu ermöglichen, und fordert dann die gedachten Reparaturkosten, BGH VersR **78**, 183; der Kläger kann bei § 3 UWG einen innerbetrieblichen Vorgang beim Bekl kaum näher darlegen, BGH MDR **78**, 469, Schmeding BB **78**, 741.

33   **9) Beispiele zur Frage der Beweislast.** „AnschBew" bedeutet: Anscheinsbeweis; „BewL" bedeutet: Beweislast; „bewpfl" bedeutet: beweispflichtig.

**Abänderungsklage:** Rn 198 „Unterhalt".
**Abstammung:** Rn 204 „Vaterschaft".
**Abtretung:** Der neue Gläubiger muß, auch bei einer Aufrechnung, nur die zur Abtretung führenden Tatsachen beweisen, allerdings auch die Noch-Wirksamkeit der Abtretung bei ihrer Vornahme, BGH NJW **86**, 1925, Düss MDR **90**, 627; der Schuldner muß rechtshindernde Tatsachen beweisen, BGH DB **83**, 1486. § 406 BGB regelt die BewL nur zwischen dem neuen Gläubiger und dem Schuldner, nicht aber zwischen dem Schuldner und einem Dritten, wenn der Schuldner seine Kenntnis von der Abtretung bei Erwerb seiner Forderung einräumt, Hamm RR **89**, 51. Der neue Gläubiger ist dafür bewpfl, daß die Abtretung vor der Zustellung eines Pfändungs- und Überweisungsbeschlusses erfolgt war, LG Hanau MDR **99**, 628.
**Abzahlung:** Rn 205 „Verbraucherkreditgesetz".
**Aktivlegitimation:** Rn 104 „Klagebefugnis".

34   **Allgemeine Deutsche Spediteurbedingungen:** Rn 227 ff „Werkvertrag".
**Allgemeine Geschäftsbedingungen:** s AGBG, insbesondere dort § 11 Z 15, BGH BB **87**, 781 (Aushandlungsbestätigung), BGH RR **89**, 817, Mü RR **95**, 1468. Wer sich auf sie beruft, ist für ihr Vorliegen bewpfl, BGH VersR **78**, 559, LG Potsd RR **98**, 129 (Weigerung der Vorlage). Dabei kann ein Anscheinsbeweis vorliegen, Willemsen NJW **82**, 1124. Der Verwender ist dafür bewpfl, daß die AGB einzeln ausgehandelt wurden, Heinrichs NJW **77**, 1509, Willemsen NJW **82**, 1124. Bei einer Unterlassungsklage ist der klagende Verband für die Merkmale des Verwendens oder Empfehlens von AGB bewpfl, BGH **112**, 209. Bei § 13 AGBG kann der Verwender zu beweisen haben, daß wegen einer Zusatzinformation eine ausreichende Durchschaubarkeit vorlag, BGH **116**, 3. Bei der Schadensersatzpauschale, § 11 Z 15 a AGBG, ist der Kunde dafür bewpfl, daß der Verwender bei der Kalkulation gegen Z 5 a verstoßen hat, aM PalH 21. Indessen sind keine übermäßigen Anforderungen an die BewL zu stellen, insofern auch BGH **67**, 319, Reich NJW **78**, 1571. Eine Sparkasse ist dafür bewpfl, daß ihre Ablehnung einer teilweisen Freigabe von Sicherheiten der Billigkeit entspricht, BGH JZ **81**, 27.

35   **Amtspflichtverletzung:** Rn 160 „Schadensersatz: Amtspflichtverletzung".
**Amtsprüfung:** Bei einer von Amts wegen zu prüfenden Tatsache, Grdz 39 vor § 128 (nicht zu verwechseln mit der Amtsermittlung, Grdz 38 vor § 128), ist derjenige bewpfl, der aus ihr eine ihm günstige Entscheidung herleiten möchte, es sei denn, es handelt sich um eine nur auf Grund einer Rüge (dann aber) von Amts wegen zu beachtende Tatsache. Bloße gerichtsinterne Vorgänge dürfen nicht zu Lasten einer Partei unaufklärbar bleiben, BGH MDR **81**, 644.

36   **Anerkenntnis:** Das echte Schuldanerkenntnis, §§ 781, 782 BGB, macht grds den Anerkennenden für die etwa nicht zulässigen ihn entlastenden Umstände bewpfl. Das gilt im Prinzip auch für ein Saldoanerkenntnis zwischen Bank und Bürger, BGH BB **99**, 1625, oder für ein Bekenntnis der Verursachung oder Schuld ohne besonderen rechtsgeschäftlichen Erklärungswillen, etwa spontan nach einen Unfall, BGH

## 1. Titel. Verfahren bis zum Urteil  Anh § 286

NJW **84**, 799, Bbg VersR **87**, 1246, vgl auch den Fall § 840 Rn 10. Beim sofortigen Anerkenntnis ist grds der Bekl unabhängig von der sachlichrechtlichen Lage wegen des Umstandes, daß § 93 eine Ausnahme von § 91 bildet, § 93 Rn 1, für alle Voraussetzungen des § 93 darlegungs- und bewpfl, Düss RR **93**, 75, Köln FER **99**, 190 links, ThP § 93 Rn 4, aM Köln FamRZ **88**, 96, ZöHe § 53 Rn 6 „Beweislast". Freilich ist der Kläger für die Entbehrlichkeit einer an sich notwendigen Abmahnung im Einzelfall, für das Ausreichen einer nur kurzen Abmahnfrist, Stgt WRP **83**, 305, und für den Zugang einer etwa notwendigen Abmahnung aus den Gründen Rn 154 bewpfl, Karlsr RR **93**, 1085 (zumindest wegen Absendung), aM Hamm MDR **99**, 956 (aber § 93 ist eben ein Ausnahmevorschrift).

**Anfechtung:** Wenn der Anfechtende ihre Unverzüglichkeit darlegt, ist der Gegner für ihre Verspätung **37** bewpfl, Mü RR **88**, 498.

**Anfechtungsgesetz:** Der Kläger ist bei § 2 AnfG dafür bewpfl, daß die Zwangsvollstreckung nicht zur Befriedigung führen würde; fruchtlose Vollstreckungsversuche usw sind nur zeitlich begrenzt Anhaltspunkte, BGH DB **90**, 2317. § 3 I Z 2 AnfG ist zwar auch Verhältnis zwischen der Gesellschaft und dem Gesellschafter anwendbar, nicht aber zwischen einem Gesellschafter und einem anderen Gesellschafter, BGH NJW **75**, 2194.

**Anlagenberater:** Er muß beweisen, daß er seine umfasende Informationspflicht erfüllt hat, Schlesw MDR **97**, 130 (zustm Graf von Westphalen).

**Anwaltsvertrag:** Es gibt grds keine Beweislastumkehr, Köln NJW **86**, 726. Wenn der „Auftraggeber" einen **38** in sich schlüssigen Sachverhalt behauptet, der der Annahme entgegensteht, die Parteien hätten einen Anwaltsvertrag abgeschlossen, dann muß der Anwalt beweisen, daß der Gegner ihn gerade als Anwalt in Anspruch genommen hat, Ffm AnwBl **81**, 153. Der Auftraggeber muß im Fall der Rückforderung eines angeblich überhöhten Honorars beweisen, daß die Partner keine Honorarabrede getroffen hatten; bleibt unklar, ob eine mündliche Abrede vorlag, dann muß der Anwalt die Kenntnis des Auftraggebers von einer über die BRAGO hinausgehenden Vergütung beweisen, LG Freibg MDR **83**, 1033.

Die Beweislast für eine *Gebührenvereinbarung* trifft denjenigen, der aus der Vereinbarung ein Recht **39** herleitet, Mü NJW **84**, 2537. Der Auftraggeber ist zB dafür bewpfl, daß er mit dem Anwalt eine geringere als die gesetzliche Vergütung vereinbart hat, Stgt AnwBl **76**, 440. Derjenige, der sich auf die Unwirksamkeit der Vereinbarung einer geringeren als der gesetzlichen Vergütung beruft, muß dafür sprechenden Umstände beweisen. Es gibt keinen Anscheinsbeweis zu seinen Gunsten. Das Gericht darf auch nicht auf dem verborgenen Umweg über eine Rechtsansicht, nach der die geringere Vergütung grundsätzlich unzulässig wäre, an den Beweis von Tatsachen, die im Einzelfall die Unzulässigkeit begründen könnten, nur geringe Anforderungen, an den Gegenbeweis um so höhere stellen.

Der Auftraggeber muß beweisen, daß der Anwalt sich so *vertragswidrig* verhalten hat, daß die Kündigung durch den Auftraggeber berechtigt war, BGH NJW **82**, 438, und daß die vorzeitige Kündigung durch den Anwalt nicht durch ein vertragswidriges Verhalten des Auftraggebers veranlaßt worden war, Düss VersR **88**, 1155.

S auch Rn 81 „Dienstvertrag", Rn 178 „Rechtsgeschäft".

**Arbeitnehmer,** dazu *Kosnopfel* BB **86**, 1982 (Üb): **40**
- **(Abtreibung):** Rn 49 „– (Schwangerschaftsabbruch)".
- **(Akkord):** Der Arbeitgeber ist dafür bewpfl, daß eine Akkordgruppe Schaden verursacht hat; das Mitglied der Gruppe ist alsdann dafür bewpfl, daß es selbst einwandfrei arbeitete oder jedenfalls keine Schuld hatte, BAG NJW **74**, 2225.
- **(Amtsarztattest):** Liegt ein amtsärztliches Attest wegen der Arbeitsunfähigkeit vor, haben anderslautende privatärztliche Atteste einen evtl geringeren Beweiswert, OVG Kblz NJW **90**, 788.
  S auch Rn 41 „– (Attest)".
- **(Änderungskündigung):** Die Grundsätze zur Änderungskündigung lassen sich nicht stets auf die Beendigungskündigung übertragen, BAG DB **85**, 1189.
- **(Arbeitnehmereigenschaft):** Sie ist vom Kündigungsschutzkläger zu beweisen, LAG Bre BB **98**, 223.
- **(Arbeitnehmererfindung):** Es kann gegen den früheren Arbeitnehmer ein AnschBew dahin vorliegen, daß er eine Erfindung noch vor dem Ausscheiden machte bzw entwickelte, Mü MDR **95**, 283.
- **(Arbeitsförderungsgesetz):** Der Arbeitgeber ist für die Richtigkeit einer Arbeitsbescheinigung nach § 133 AFG bewpfl, ArbG Wetzlar BB **76**, 978.
- **(Arbeitsunfähigkeit):** Der Arbeitgeber ist dafür bewpfl, daß der Arbeitnehmer ohne den Nachweis der Arbeitsunfähigkeit gefehlt hat, BAG NJW **77**, 167. Der Arbeitnehmer ist demgegenüber für seine Arbeitsunfähigkeit bewpfl, BAG BB **98**, 485 (evtl vom ersten Tag an), braucht aber seine Arbeitswilligkeit während der Arbeitsunfähigkeit nur ausnahmsweise besonders darzulegen und nachzuweisen, BAG BB **86**, 136.
  S auch Rn 41 „– (Attest)", Rn 47 „– (Krankheit)", „– (Kurzerkrankung)".
- **(Attest):** Für die Arbeitsunfähigkeit reicht ein dem LFG genügendes Attest trotz der Problematik des **41** sog „*gelben Urlaubsschein*" in der Regel aus, BAG BB **98**, 485, LAG Hamm BB **89**, 1270, LAG Köln BB **89**, 2048, aM LAG Mü NJW **89**, 2970. Das gilt, obwohl das Attest keine Vermutung im Sinn von § 292 darstellt, Eich BB **88**, 202. Allerdings muß der Arzt seine dortige Beurteilung auf Grund einer eigenen Untersuchung vorgenommen haben, BAG NJW **77**, 351, LAG Düss BB **73**, 1640, LAG Hamm DB **78**, 2180. Die bloße Schilderung des Verletzten kann beim HWS-Syndrom unzureichend sein, Ffm RR **99**, 822. Der Arbeitgeber ist nach ausreichender Diagnose dafür bewpfl, daß das Attest unrichtig ist, BAG DB **92**, 1528, LAG Ffm BB **79**, 1200, Reinecke DB **89**, 2073 (ausf), aM LAG Mü NJW **89**, 998. Das gilt zB bei einer Rückdatierung von 2 oder mehr Tagen, LAG Hamm DB **78**, 2180, ArbG Hamm BB **86**, 2127. Der Arbeitgeber ist sodann bewpfl, daß der Arbeitnehmer in Wahrheit doch arbeitsfähig ist, BAG NJW **97**, 676 (abl Pauly MDR **97**, 582), Wenzel MDR **78**, 128. Auch ein ausländisches Attest kann reichen, BAG DB **97**, 1942.
  S auch Rn 40 „– (Amtsarztattest)", Rn 42 „– (Auslandsattest)", Rn 50 „– (Solidarische Erkrankung)".

42  – **(Auflösung durch Urteil):** Bei einer Auflösung des Arbeitsverhältnisses durch ein Urteil nach § 9 KSchG ist der Antragsteller bewpfl, BAG DB **77**, 358, aM ArbG Kassel BB **80**, 417.
 – **(Auslandsattest):** Es kann reichen, EuGH DB **92**, 1721, BAG NJW **86**, 802, LAG Mü DB **89**, 281. S auch Rn 41 „– (Attest)".
 – **(Auszubildender):** Ein Auszubildender, der die Lehrstelle vorzeitig verläßt, ist für die einverständliche Beendigung des Lehrverhältnisses bewpfl, BAG MDR **72**, 810. Die BewL versagt bei einem Auszubildenden, soweit sein Verhalten außerhalb der Ausbildung lag, LAG Düss MDR **73**, 617.

43  – **(Bedingung, Befristung):** Zur EG-Richtlinie und EuGH v 4. 12. 97 – Rs. C-253/96 Hohmeister BB **98**, 587; vgl auch Rn 77.
 – **(Bereicherung):** Rn 78.
 – **(Berufsfortkommensschaden):** Rn 78.
 – **(Berufskrankheit):** Mummenhoff ZZP **80**, 129 (ausf).
 – **(Beschäftigungsverbot):** Für seine Unzulässigkeit ist der Arbeitgeber bewpfl, BAG MDR **98**, 291, LAG Düss BB **99**, 1607 (evtl für anschließenden Gegenbeweis BewL der Schwangeren).
 – **(Betriebliche Altersversorgung):** Bei einer betrieblichen Altersversorgung muß der Träger der Insolvenzsicherung beweisen, daß der Versorgungsberechtigte Unternehmer ist, LG Köln DB **89**, 1780 (auch zu einer Ausnahme), und daß der Versorgungsempfänger einen Anspruch auf ein Altersruhegeld hat, weil er innerhalb der letzten 1½ Jahre mindestens 52 Wochen arbeitslos gewesen sei, § 25 II 1 AVG, BGH **113**, 210. Der nach einer Versorgungsordnung schädliche Verdacht einer „Versorgungsehe" kann von dann bewpfl Versorgungsberechtigten entkräftet werden, BAG VersR **89**, 1218.
 – **(Betriebsänderung):** Bei § 1 V 1 KSchG ist der Arbeitnehmer für die Unrichtigkeit der Vermutung (§ 292 S 1) bewpfl, ArbG Siegburg MDR **97**, 1038.

44  – **(Betriebsbedingte Kündigung):** Vgl BAG BB **86**, 1092 und bei den einzelnen Gründen.
 – **(Betriebsbezogene Arbeit):** Rn 46 „– (Gefahrgeneigte Arbeit)".
 – **(Betriebsdurchschnitt):** Beim Abweichen vom Betriebsdurchschnitt kann ein AnschBew unzumutbarer betrieblicher Auswirkungen vorliegen, Osthold BB **82**, 1308.
 – **(Betriebsrat):** Der Arbeitgeber ist dafür bewpfl, daß der Betriebsrat nach § 102 I BetrVG gehört wurde oder nicht gehört zu werden brauchte, BAG NJW **76**, 310, Wenzel MDR **78**, 188.
 – **(Betriebsübergang):** Zu § 613 a BGB vgl zunächst BAG NJW **86**, 454. Der Arbeitnehmer ist dafür bewpfl, daß das Arbeitsverhältnis vom neuen Chef unverändert übernommen wurde, BAG NJW **71**, 1856.

45  – **(Fehlbestand):** Rn 48 „– (Manko)".
 – **(Firmenwagen):** Der Arbeitgeber ist dafür bewpfl, daß er die Benutzung des Firmenwagens nur gegen Entgelt zugelassen hatte, LAG Hamm DB **75**, 1564, oder daß der Monteur den von Unbekannten gestohlenen Kundendienstwagen nicht abgeschlossen hatte, BAG NJW **86**, 865.
 – **(Fortsetzungserkrankung):** Zur BewL für das Vorliegen einer sog Fortsetzungserkrankung BAG NJW **86**, 1568.
 – **(Fristlose Entlassung):** Der Arbeitnehmer ist dafür bewpfl, daß der Arbeitgeber bei einer fristlosen Entlassung wußte, daß der Arbeitnehmer in Wahrheit krank war, LAG Ffm BB **75**, 745, vgl Feichtinger DB **83**, 1203 mwN; bei einem arbeitsteiligen Betrieb reicht es aber nicht, daß der Arbeitnehmer seine Krankheit ordnungsgemäß mitgeteilt hatte, LAG Bln BB **77**, 296.

46  – **(Gefahrgeneigte Arbeit):** Die Beweislastregel des § 282 BGB ist bei einer sog gefahrgeneigten Arbeit unanwendbar (für die der Arbeitnehmer bewpfl ist, BAG BB **77**, 194, LAG Bln VersR **77**, 388), zB beim Lenken eines schwerbeladenen Sattelschleppers bei Nacht, BGH VersR **73**, 1121, BAG **79**, 70. S auch Rn 52 „– (Verschulden)".
 – **(Gelber Urlaubsschein):** Rn 41 „– (Attest)".
 – **(Gleichberechtigung):** Wegen der Gleichbehandlung von Mann und Frau § 611 a I 3 BGB, dazu Langohr-Plato MDR **94**, 122 (ausf), Lorenz DB **80**, 1745, Röthel NJW **99**, 611 (fordert wegen Unvereinbarkeit mit der EG-Richtlinie Beweislast eine weitere Gesetzesänderung).
 – **(Häufige Krankheiten):** Rn 52 „– (Vorerkrankung)".

47  – **(Konkurrenztätigkeit):** Der Arbeitnehmer ist dafür bewpfl, daß er eine Erlaubnis zu einer Konkurrenztätigkeit erhalten hatte, BAG NJW **77**, 646.
 – **(Krankheit):** Der Arbeitgeber ist dafür bewpfl, daß der Arbeitnehmer eine Krankheit, auch eine seelische, verschuldet hatte, LAG Stgt BB **77**, 1607, oder vorgetäuscht hat, BAG DB **97**, 1235 (freilich freie Beweiswürdigung, § 286). S auch bei den einzelnen Krankheitsarten, ferner Rn 40 „– (Arbeitsunfähigkeit)", Rn 41 „– (Attest)".
 – **(Kündigung):** S bei den einzelnen Kündigungsgründen.
 – **(Kündigungsschutz):** Im Kündigungsschutzprozeß, dazu von Altrock DB **87**, 443, Becker-Schaffner BB **92**, 557, Oetker BB **89**, 418, ist grds nach § 1 II 4 KSchG der Arbeitgeber bewpfl, Eich BB **88**, 205 mwN. Bei § 23 I 2 KSchG ist der Arbeitgeber bewpfl, LAG Bln BB **97**, 1000. Der Arbeitnehmer ist dafür bewpfl, daß er in einem Betrieb mit mehr als fünf Beschäftigten tätig war (Schwellenwert), LAG Hamm DB **97**, 881 (auch zu Einzelheiten), Köln AnwBl **84**, 92 und daß das KSchG überhaupt verletzt wurde, BAG DB **74**, 438, aM Berkowsky MDR **98**, 83. S auch bei den einzelnen Kündigungsgründen.
 – **(Kurzarbeit):** Der Arbeitgeber ist dafür bewpfl, daß er eine betriebsbedingte Kündigung auch nicht durch Kurzarbeit vermeiden konnte, ArbG Mannh BB **83**, 1032, Meinhold BB **88**, 627.
 – **(Kurzerkrankung):** Bei einer nach dem Tarifrecht nicht attestbedürftigen Kurzerkrankung ist der Arbeitgeber für Zweifel an der Arbeitsunfähigkeit bewpfl, und erst sie führen zur BewL des Arbeitnehmers für die Erkrankung, LAG Bln BB **88**, 768.

48  – **(Langanhaltende Krankheit):** Es gibt keinen AnschBew dafür, daß wegen einer langanhaltenden bisherigen Arbeitsunfähigkeit auch in Zukunft mit einer schlechten Gesundheit zu rechnen ist, BAG NJW **83**, 2899; freilich kommt es auf die Krankheitsart an.

1. Titel. Verfahren bis zum Urteil **Anh § 286**

– **(Magengeschwür):** Ein Magengeschwür einen Monat nach Beginn der Arbeit ist nicht stets ein AnschBew dafür, daß der Arbeitnehmer es beim Vertragsschluß schon kannte, LAG Bln BB **78**, 1311.
– **(Manko):** Der Arbeitnehmer ist dafür bewpfl, daß ein Manko bei der ihm übergebenen Ware oder dem ihm anvertrauten Geld weder verursacht noch verschuldet hat, BAG NJW **85**, 220, LAG Düss DB **74**, 2116; solange der Arbeitnehmer keinen Gewahrsam hatte, bleibt der Arbeitgeber bewpfl, BAG NJW **85**, 220; ähnliches gilt, solange dieser die Geschäftsbücher besitzt, BGH NJW **86**, 55.
– **(Nachweisgesetz):** Zu den BewLFragen Hamm, zit bei Hohmeister BB **96**, 2406, und LAG Hamm MDR **99**, 618.
– **(Positive Vertragsverletzung):** Rn 49 „,– (Schlechterfüllung)".
– **(Rationalisierung):** Der Arbeitnehmer kann dafür bewpfl sein, daß eine Rationalisierung willkürlich **49** erfolgte, BGH VersR **79**, 185, oder daß ein anderweitiger Einsatz möglich war, (es darf keine Überspannung stattfinden), BAG NJW **77**, 125, aM BAG BB **78**, 1310.
– **(Schlägerei):** Der Arbeitnehmer ist bewpfl, daß er keine Schuld hatte, LAG Ffm VersR **76**, 1128.
– **(Schlechterfüllung):** Die Beweislastregel des § 282 BGB ist bei einer Schlechterfüllung (positiver Vertragsverletzung) anwendbar, deren Ursache im Gefahrenbereich des Schädigers liegt, BAG DB **75**, 356, LAG Düss DB **77**, 828, Kniffka BB **75**, 274.
– **(Schwangerschaft):** Zum Beweiswert eines Attests nach § 3 I MuSchG BAG BB **97**, 1485. Zum Schwangerschaftsabbruch) Müller DB **86**, 2670.
– **(Seelische Erkrankung):** Rn 47 „,– (Krankheit)". **50**
– **(Solidarische Erkrankung):** Bei auffällig vielen „solidarischen" Erkrankungen kann der Beweiswert der Atteste selbst verschiedener Ärzte erschüttert sein, ArbG Bln BB **80**, 1105.
– **(Soziale Rechtfertigung):** Der Arbeitgeber ist dafür bewpfl, daß seine Kündigung grds sozial gerechtfertigt war, BAG NJW **77**, 167, ArbG Münster DB **83**, 444, aM ArbG Münster BB **81**, 913, Tschöpe NJW **83**, 1890. Zum Problem Linck DB **90**, 1866 (ausf). Der Arbeitnehmer kann dafür bewpfl sein, daß eine Sozialauswahl unrichtig erfolgte, BAG DB **83**, 560, Westhoff DB **83**, 2466.
S auch Rn 49 „,– (Rationalisierung)".
– **(Sport):** Der Arbeitgeber ist dafür bewpfl, daß eine Sportart besonders gefährlich war, LAG Ffm VersR **76**, 1128.
– **(Stasi-Unterlagen):** Vgl BAG DtZ **94**, 190, Lansnicker/Schwirtzek DtZ **94**, 162.
– **(Trunksucht):** Der Arbeitnehmer ist dafür bewpfl, daß seine Trunksucht von ihm nicht verschuldet **51** wurde, BAG NJW **73**, 1430, LAG Stgt BB **77**, 1607, soweit man sie nicht (wie mittlerweile wohl fast stets) als Krankheit ansieht.
– **(Unfall):** Der Arbeitnehmer ist dafür bewpfl, daß ein Arbeitsunfall vorlag, ArbG Solingen BB **97**, 1956, und er wegen eines Unfalls einen Verdienstausfall hatte, Zweibr VersR **78**, 67. Es hängt von der Konjunkturlage ab, ob beim Streit um die Unfallfolgen der Arbeitgeber beweisen muß, daß ohnehin Arbeitslosigkeit eingetreten wäre, oder der Arbeitnehmer, daß er ohne den Unfall wieder Arbeit gefunden hätte, LG Itzehoe VersR **87**, 494.
– **(Urlaubsschein):** Rn 41 „,– (Attest)".
– **(Verdienst):** Der Arbeitgeber ist bei seiner Einrede der Nichterfüllung bewpfl, LAG Köln MDR **96**, 79.
– **(Verdienstausfall):** S bei den Ausfallsgründen.
– **(Verschulden):** Der Arbeitgeber ist grds dafür bewpfl, daß der Arbeitnehmer insbesondere bei gefahr- **52** geneigter betriebsbezogener Arbeit schuldhaft handelte. Das schließt aber einen AnschBew nicht aus. Der Arbeitgeber ist bei der Lohnfortzahlung grds dafür bewpfl, daß der Arbeitnehmer eine Erkrankung verschuldet hat, LAG Düss DB **78**, 215. Jedoch ist ein AnschBew zB bei einer Verwicklung des Arbeitnehmers in eine Schlägerei möglich, vgl Rn 49 „,– (Schlägerei)".
S auch Rn 46 „,– (Gefahrgeneigte Arbeit)", Rn 207 „Verschulden".
– **(Verschweigen):** Rn 48 „,– (Magengeschwür)".
– **(Versorgungsanwartschaft):** Rn 53 „,– (Vorruhestand)".
– **(Vorerkrankung):** Bei häufigen Vorerkrankungen ist der Arbeitnehmer dafür bewpfl, daß die vorletzte Krankheit beim Beginn der neuen Schicht war, LAG Bln BB **90**, 1708; der Arbeitgeber muß die Besorgnis weiterer Erkrankungen darlegen, BAG DB **83**, 2525. Dazu kann freilich die Zahl der bisherigen Erkrankungen genügen. Der Arbeitnehmer ist sodann dafür bewpfl, daß trotzdem keine Bedenken gegen die weitere Arbeitsfähigkeit bestehen, BAG NJW **90**, 2340 und 2342 (je zur Darlegungslast), LAG Hamm BB **79**, 1350 (abl Popp BB **80**, 684).
– **(Vorruhestand):** Der Arbeitnehmer muß die Voraussetzungen eines Anspruchs auf Abschluß einer **53** Vorruhestandsvereinbarung beweisen, LAG Mü BB **89**, 71. Zur Versorgungsanwartschaft beim vorzeitigen Ausscheiden BAG VersR **85**, 998.
– **(Vorschuß):** Der Arbeitgeber ist dafür bewpfl, eine Zahlung als Lohnvorschuß erbracht zu haben, LAG Mü DB **90**, 1292 (kein AnschBew).
– **(Wichtiger Kündigungsgrund):** Bei der Kündigung des Arbeitgebers nach § 626 BGB muß er diejenigen Tatsachen beweisen, die einen vom Arbeitnehmer schlüssig behaupteten Rechtfertigungsgrund ausschließen, BAG BB **88**, 487. Der Arbeitnehmer ist dafür bewpfl, daß er seinerseits gemäß § 626 BGB kündigen konnte, BAG BB **72**, 1455. Er ist dafür bewpfl, daß er die Ausschlußfrist des § 626 II 1 BGB gewahrt hatte, BAG BB **75**, 1017.
– **(Zeugnis):** Wegen Verdienstausfalls mangels eines qualifizierten Zeugnisses BAG NJW **76**, 1470. Der Arbeitgeber ist für den Erteilungszeitpunkt, BAG DB **83**, 2043, und für die Richtigkeit einer nachteiligen Beurteilung bewpfl, der Arbeitnehmer dafür, daß er durch ein unrichtiges Zeugnis BAG BB **77**, 697, oder durch einen unrichtigen Vermerk des Arbeitgebers in seinen Personalakten einen Schaden erlitten hat, BAG DB **79**, 2429. Der Arbeitnehmer ist dafür bewpfl, daß eine begehrte Lohnzulage nur befristet war, LAG Düss DB **76**, 1113. Der Arbeitnehmer ist dafür bewpfl, daß der Arbeitgeber die auf eine Abfindung abgeführte Steuer unrichtig berechnet hat, LAG Bre BB **88**, 408.

**Anh § 286** 2. Buch. 1. Abschnitt. Verfahren vor den LGen

**54 Architekt:** Der Architekt ist dafür bewpfl, daß er einen umfassenden Auftrag erhalten hat, nicht nur einen begrenzten, BGH NJW **80**, 122, aM Köln BB **73**, 67. Es gibt für einen umfassenden Auftrag keinen AnschBew, BGH NJW **80**, 122. Der Bauherr ist dafür bewpfl, daß ein wichtiger Grund für seine entsprechende Kündigung vorlag, BGH RR **90**, 1109, und daß eine objektiv fehlende Planung oder eine ungenügende Aufsicht für seinen Schaden ursächlich waren; der Architekt ist dafür bewpfl, daß er schuldlos handelt, BGH VersR **74**, 263. Wendet der Bauherr gegenüber einer Forderung gemäß HOAI einen niedrigeren Festpreis ein, so ist der Architekt mangels eines schriftlichen Vertrags für seine höhere Forderung bewpfl, BGH NJW **80**, 122, Köln MDR **73**, 932 (Düss VersR **78**, 1044: erst, wenn der Bauherr Einzelumstände für einen Festpreis vorträgt); das gilt auch dann, wenn das Honorar von der Frage abhängt, ob der Bauherr die Bausumme begrenzt hatte, BGH NJW **80**, 122, s auch Rn 101 „Kauf". Der Architekt ist für die Umstände bewpfl, nach denen seine Leistung nur gegen eine Vergütung zu erwarten ist; der Auftraggeber muß beweisen, daß der Architekt trotzdem unentgeltlich arbeiten sollte, BGH NJW **87**, 2742. Bei viel zu geringer Betondichte und -härte ist der Architekt dafür bewpfl, daß er den Beton ausreichend überwacht hat, BGH BB **73**, 1191.

Der nicht planende, sondern nur die Bauaufsicht führende Architekt braucht eine *statische Berechnung* nicht zu überprüfen, so daß insofern der Bauherr für das Verschulden des Architekten bewpfl bleibt, Stgt VersR **75**, 70. Hat der bauleitende Architekt dem Bauherrn eine einwandfreie Herstellung zugesichert, so ist der Beweis seiner Schuld bei zahlreichen schweren Baumängeln kaum noch widerlegbar, Köln VersR **75**, 352. Es besteht kein AnschBew dafür, daß eine vom Architekten geprüfte Schlußrechnung fehlerfrei ist, Köln MDR **77**, 404. Bestreitet der Bauherr die vom Architekten angesetzten Kosten substantiiert, dann muß der Architekt entsprechend näher darlegen und beweisen, daß die tatsächlichen und rechnerischen Ansätze stimmen, BGH RR **97**, 1378.

**55 Arglistige Täuschung:** Wer sie behauptet, ist für sie bewpfl. Es gibt in der Regel auch keinen AnschBew dazu, daß jemand durch sie zum Vertragsabschluß bestimmt wurde; wohl aber ist der AnschBew möglich, wenn der Kunde bei einem kaufmännischen Umsatzgeschäft nach bestimmten Erfahrungen mit der Ware gefragt hatte und wenn der Verkäufer oder Lieferer diese falsch angab. Die Zugabe von Diäthylenglykol ergibt einen AnschBew für die Absicht der Vortäuschung einer höheren Weinqualität, AG Bad Kreuznach RR **87**, 242. Legt eine Privatperson Geld an, besteht kein AnschBew, da es sich um einen individuellen Willensentschluß handelt, BGH MDR **60**, 660. Dasselbe gilt bei individuellen Vereinbarungen.

**Arrest, einstweilige Verfügung:** Vgl Ulrech GRUR **85**, 201 (ausf).

**Arzneimittelgesetz:** Vgl *Kullmann*, Bestrebungen zur Änderung der Beweislast bei der Haftung aus § 83 AMG, Festschrift für *Steffen* (1995) 247.

**56 Ärztliche Behandlung,** dazu *Baumgärtel*, Das Wechselspiel der Beweislastverteilung im Arzthaftungsprozeß, Gedächtnisschrift für *Bruns* (1980) 93; *Baumgärtel*, Die beweisrechtlichen Auswirkungen der vorgeschlagenen EG-Richtlinie zur Dienstleistungshaftung auf die Arzthaftung und das Baurecht, JZ **92**, 321; *Franzki*, Die Beweisregeln im Arzthaftungsprozeß, 1982 (auch rechtsvergleichend); *Franzki*, Der Arzthaftungsprozeß, 1984; *Kaufmann*, Die Beweislastproblematik im Arzthaftungsprozeß, 1984; *Laufs/Uhlenbruck*, Handbuch des Arztrechts, 2. Aufl 1999; *Lepa*, Der Anscheinsbeweis im Arzthaftungsprozeß, in: Festschrift für *Deutsch* (1999); *Meyer-Maly*, Vom hippokratischen Eid zur Beweislastumkehr?, in: Festschrift für *Deutsch* (1999); *Müller* NJW **97**, 3049 (Üb); *Peter*, Das Recht auf Einsicht in Krankenunterlagen, 1989; *Prütting*, Beweisprobleme im Arzthaftungsprozeß, Festschrift für das LG Saarbrücken (1985) 257; *Sick*, Beweisrecht im Arzthaftpflichtprozeß, 1986; *Steffen*, Beweislasten für den Arzt ... aus ihren Aufgaben zur Befundsicherung, Festschrift für *Brandner* (1996).

Die Gerichte haben *harte Anforderungen* entwickelt, die von wohl sehr vielen Ärzten, auch den gewissenhaftesten, als manchmal nahezu unerfüllbar und daher unzumutbar bewertet werden. Es ist stets eine maßvolle, Arzt und Patient bedenkende Abwägung ratsam.

**57** – **(Anderer Arzt):** Ein Behandlungsfehler ergibt sich nicht schon stets daraus, daß erst ein anderer Arzt tätig war, etwa eine Fistel sogleich beseitigte, Hamm VersR **87**, 1119.

– **(Arztbrief):** Ein Behandlungsfehler ergibt sich nicht schon stets aus einem Arztbrief, Düss VersR **87**, 1138.

S auch Rn 62 „Dokumentation".

**58** – **Assistenzarzt:** Die Übertragung einer Operation auf einen noch nicht ausreichend qualifizierten Assistenzarzt ist ein Behandlungsfehler mit dessen Rechtsfolgen (s das Unterstichwort „Behandlungsfehler"), BGH **88**, 252 (zustm Giesen JR **84**, 331), Düss VersR **96**, 279, aM Oldb MDR **93**, 956. Der Krankenhausträger wie auch der für die Übertragung der Operationsaufsicht auf einen Nichtfacharzt verantwortliche Arzt und der aufsichtsführende Arzt selbst müssen beweisen, daß die Gesundheitsbeschädigung nicht auf der mangelhaften Qualifikation des operierenden Assistenzarztes beruhte, BGH VersR **92**, 746. Zur Frage, ob der Assistenzarzt ausreichend geschult worden war, BGH NJW **78**, 1681.

S auch Rn 68 „Organisationsverschulden", Rn 69 „Routinefall", Rn 72 „Ursächlichkeit".

– **(Aufbewahrung):** Rn 62 „Dokumentation".

– **(Aufklärung):** Der Arzt muß beweisen, daß er die notwendige Aufklärung gegeben hat, BGH MDR **90**, 996. Das gilt zwar auch dann, wenn der Arzt behauptet, der Patient habe keiner Aufklärung bedurft, weil er die aufzuklärende Behandlung verweigert habe, BGH MDR **92**, 651, oder weil er von anderer Seite bereits hinreichend aufgeklärt worden sei, BGH NJW **84**, 1809 (zustm Giesen JZ **85**, 238, krit Deutsch NJW **84**, 1802), Schmid NJW **84**, 2605 (diese BewL gelte nur beim Vertragsanspruch; beim Anspruch aus unerlaubter Handlung müsse der Patient eine unzureichende Aufklärung beweisen). Es sind aber keine übertriebenen Anforderungen an diesen Beweis zu stellen, BGH NJW **85**, 1399, Schlesw VersR **96**, 635. Der Patient ist für Beratungsfehler des Arztes bewpfl, Köln VersR **89**, 632.

S auch Rn 60 „Behandlungsfehler", „Beratung".

– **(Ausbildung):** Zu ihr BGH MDR **98**, 535.

## 1. Titel. Verfahren bis zum Urteil — Anh § 286

- **(Bakteriologie):** Eine Umkehrung der BewL tritt ein, wenn ein Arzt eine bakteriologische Untersuchung pflichtwidrig unterlassen hat, BGH **LM** § 287 Nr 15. 59
- **(Befund):** Rn 61 „Diagnose".
- **(Behandlungsfehler):** Der Patient muß einen Behandlungsfehler (nur) im zumutbaren Umfang darlegen, Mü MDR **79**, 1030, und muß ihn grds auch beweisen, BGH VersR **83**, 563, Kblz NJW **91**, 1553, Köln VersR **90**, 856, aM Düss MDR **84**, 1033, Köln VersR **87**, 164 (es genüge ein bestimmter Verdachtsgrund, dann müsse das Gericht von Amts wegen weiterermitteln. Aber das wäre eine Ausforschung, Einf 27 vor § 284, die auch durch § 144 nicht gerechtfertigt ist). 60

  Unter einem *Behandlungsfehler* versteht man sowohl eine unsorgfältige Erhebung der Befunde, BGH MDR **96**, 694, Düss RR **94**, 481, und eine Verletzung der allgemeinen bloßen sog therapeutischen Aufklärungspflicht im Gespräch mit dem Patienten, BGH **107**, 226 (nicht nur mit Angehörigen), im Gegensatz zur sog Selbstbestimmungsaufklärung, Rn 70, Karlsr VersR **87**, 1248, als auch den Kunstfehler, das Abweichen von generell geübten und nicht umstrittenen Erkenntnisformen und Behandlungsschritten, als auch die Verletzung der Sorgfalt, die man von einem Arzt der Fachrichtung erwarten kann, als auch die Übertragung einer Operation auf einen noch nicht ausreichend qualifizierten Assistenzarzt, BGH **88**, 252 (zustm Giesen JR **84**, 331), Düss VersR **96**, 279, aM Oldb MDR **93**, 956. Ein Behandlungsfehler ergibt sich nicht schon stets aus einem Arztbrief, Düss VersR **87**, 1138, oder daraus, daß erst ein anderer Arzt eine Fistel (sogleich) beseitigte, Hamm VersR **87**, 1119. Ob ein Behandlungsfehler vorliegt, muß das Gericht, beraten vom Sachverständigen, selbst entscheiden, § 286 Rn 16, Üb 4 vor § 402, BGH NJW **94**, 802. Eine Beweiserleichterung für den Patienten kommt bei einem Routineeingriff nicht schon deshalb in Betracht, weil ihn ein Assistenzarzt in Abwesenheit eines Facharztes ausführte, Düss NJW **94**, 1598; zur Weiter- oder Ausbildung BGH MDR **98**, 535.

  S auch Rn 65 „Grober Fehler", Rn 67 „Kunstfehler", Rn 72 „Ursächlichkeit".
- **(Beratung):** Der Patient ist für einen Beratungsfehler des Arztes bewpfl, Köln VersR **89**, 632. Der Arzt muß beweisen, daß sich die Mutter nach umfassender und richtiger Beratung nicht anders entschieden hätte, BGH NJW **84**, 658. 61

  S auch Rn 58 „Aufklärung", Rn 67 „Mongoloismus", Rz 70 „Schwangerschaft".
- **Desinfektion):** Es gibt keinen AnschBew dafür, daß ein Einstich, zB in oder neben das Kniegelenk, nur dann zu einer Entzündung führt, wenn die Einstichstelle vorher nicht gründlich gereinigt bzw desinfiziert wurde, Oldb VersR **87**, 590. Auch ein enger zeitlicher Zusammenhang zwischen Einstich und Spritzenabszeß soll keinen AnschBew bringen, Köln NJW **99**, 1791.

  S auch Rn 66 „Infektion", „Injektion".
- **(Diagnose):** Der Arzt muß nicht stets seine Schuldlosigkeit beweisen. Evtl genügen sogar die Angaben des Patienten, BGH VersR **99**, 839 (generalisierende Tendomyopathie). Er kann sich aber leichtfertig verhalten haben, etwa wenn er in einem erheblichen Ausmaß Diagnose oder Kontrollbefunde nicht erhoben hat, BGH NJW **99**, 861 und 862, sowie 1778, Düss VersR **89**, 193.

  S auch Rn 65 „Grober Fehler", Rn 67 „Kunstfehler", Rn 69 „Röntgenaufnahme".
- **(Dokumentation):** Der Patient hat einen sachlichrechtlichen Anspruch auf eine ordnungsgemäße, lückenlose und genaue Dokumentation durch den Arzt, BGH NJW **96**, 780, Saarbr VersR **88**, 916. Sie hat eine erhebliche Beweisfunktion, Oldb MDR **97**, 685. Ihr entspricht eine prozessuale Pflicht, vgl Franzki DRiZ **77**, 37, zur Vorlage der Dokumentation im Rahmen einer Beweisaufnahme, BGH NJW **78**, 1681. Die Dokumentation muß sich sowohl auf die Beschreibung des Handlungsablaufs, der Pflegesituation, der Medikamente usw, BGH NJW **86**, 2366 (zustm Matthies JZ **86**, 959), als auch auf die Aufbewahrung der Originalunterlagen erstrecken. Zur Dokumentationspflicht auch Wasserburg NJW **80**, 623. Die Verletzung dieser Pflicht (zum Mitverschulden des Patienten Taupitz ZZP **100**, 337, 343) kann zur Beweiserleichterung für den Gegner, BGH NJW **98**, 1780 (auch wegen eines Gesundheitsschadens), bis hin zur Beweislastumkehr wegen Beweisvereitelung führen, BGH NJW **96**, 780, Köln RR **93**, 920. Das gilt insofern, als ein Behandlungsfehler in Betracht kommt, Saarbr VersR **88**, 916. Das gilt aber nicht, soweit man den fehlerhaft dokumentierten Befund doch noch ermitteln kann. Düss VersR **87**, 1138, oder soweit eine Dokumentation nicht üblich ist, BGH NJW **93**, 2376, Köln VersR **98**, 1026, oder soweit sich Aufklärungserschwernisse nicht ausgewirkt haben, Oldb VersR **90**, 666. 62

  S auch Rn 73 „Zahnarzt".
- **(Einwilligung):** Der Arzt muß beweisen, daß er eine objektiv erforderliche Einwilligung, auch eines oder beider Elternteile usw, erhalten hat. Der Patient muß beweisen, daß die Einwilligungserklärung bei der Unterzeichnung noch nicht den Vermerk über die Beschreibung des Eingriffs enthielt, Ffm VersR **94**, 986. 63

  S auch Rn 70 „Selbstbestimmungserklärung".
- **(Erfolglosigkeit):** Die Erfolglosigkeit einer Operation bedeutet grds keine AnschBew für einen Behandlungsfehler, Düss NJW **75**, 595.
- **(Folgeverletzung):** Für die Ursächlichkeit des groben Behandlungsfehlers für mittelbare, spätere Schäden (sog haftungsausfüllende Ursächlichkeit, zum Begriff § 287 Rn 6) ist grds der Patient bewpfl, BGH NJW **94**, 802, Düss RR **94**, 481, Oldb VHR **98**, 138 (§ 287). Allerdings kann die BewL beim Arzt auch bei der Frage der Nichtursächlichkeit zwischen Erst- und Folgeverletzung bleiben, wenn er gerade auch diesem Folgeschaden hätte vorbeugen müssen, Mü VersR **93**, 607, Oldb VersR **88**, 603.

  Der *Arzt* muß dann also grundsätzlich *nachweisen*, daß die Schädigung auch *ohne* den Behandlungsfehler eingetreten wäre, BGH VersR **89**, 701. Ffm VersR **79**, 39 setzt außerdem voraus, daß der Fehler geeignet war, einen Schaden dieser Art herbeizuführen. Vgl auch BGH VersR **83**, 983, Hamm VersR **84**, 92. Der Krankenhausträger wie auch der für die Übertragung der Operationsaufsicht auf einen Nichtfacharzt verantwortliche Arzt und der aufsichtsführende Arzt selbst müssen beweisen, daß die

Gesundheitsschädigung nicht auf der mangelhaften Qualifikation des operierenden Assistenzarztes beruhte, BGH VersR **92**, 746. Braucht ein gewissenhafter Arzt bei pflichtgemäßer Prüfung eine bestimmte Folge bei der Behandlung nicht in Erwägung zu ziehen, so tritt keine Umkehrung der Beweislast ein, BGH VersR **78**, 543, ebenso beim Verschulden auch des Patienten (Vereitelung der Arztbemühungen), KG VersR **91**, 928.

S auch Rn 72 „Ursächlichkeit".

- **(Fragepflicht):** Der *Arzt* hat im Rahmen der Pflicht zur Beratung und Aufklärung, vgl diese Unterstichwörter, auch eine Fragepflicht etwa nach Vorerkrankungen usw.

    Das *Gericht* hat keine erhöhte Fragepflicht nach § 139, aM BGH NJW **79**, 1934 (aber ihr Umfang ergibt sich ohnehin bei jeder Anspruchsart aus den Gesamtumständen).

64  - **(Gebräuchlichkeit):** Es tritt keine Umkehr der BewL ein, wenn der Arzt ein gebräuchliches Verfahren anwendet, gegen dessen vereinzelt beschriebene Gefahren noch kein anerkannter Schutz gefunden worden ist; vgl zum Problem der Hinweispflicht auf Versagerquoten BGH NJW **81**, 2004 (zustm Fischer JR **81**, 501).

    S auch Rn 60 „Beratung".

- **(Grenzbereich):** Es findet keine Umkehr der BewL statt, soweit sich der Arzt allenfalls im Grenzbereich zwischen mittel- und schweren Fehlern bewegt hat und außerdem die Ursächlichkeit sehr unwahrscheinlich ist, BGH NJW **88**, 2950, Köln VersR **86**, 1216.

    S auch Rn 65 „Grober Fehler", Rn 72 „Ursächlichkeit".

65  - **(Grober Fehler):** Zum Begriff BGH NJW **92**, 755. Ob er vorliegt, hängt von den Gesamtumständen ab, BGH NJW **88**, 1511, Oldb VersR **93**, 753 (Verspätung des Eingriffs); Zweibr OLGZ **88**, 474 (Anfängernarkose). Als grober Fehler kann auch die Nichterhebung von Diagnose- oder Kontrollbefunden in erheblichem Ausmaß gelten, BGH NJW **99**, 861 und 862, Düss VersR **89**, 193, Nixdorf VersR **96**, 160. Dergleichen ist unabhängig von der Frage der Aufklärungspflicht zu prüfen, BGH NJW **87**, 2292.

    Der *Patient muß* einen groben Behandlungsfehler *beweisen,* Zweibr RR **97**, 666. Diese Schwelle liegt hoch, Bbg VersR **92**, 832, Köln VersR **98**, 1026. Gelingt dem Patienten dieser Beweis, so hat der *Arzt* grds im Wege einer Umkehrung der Beweislast nachzuweisen, daß der Kunstfehler für die unmittelbar folgende körperliche Schädigung *nicht ursächlich war,* BGH NJW **93**, 3140 (allgemein), BGH NJW **94**, 802 (verspätete Diagnose), BGH NJW **94**, 1594 (Organisationsfehler), Bre RR **96**, 1115 (auch zu Ausnahmen), Düss RR **96**, 279 (je: Geburtshilfe), Hamm VersR **96**, 756, Kblz VersR **99**, 318 und 491 (je: Unterlassung diagnostischer Abklärung). Das gilt auch dann, wenn nicht mehr aufgeklärt werden kann, ob die eingetretenen Schäden auf den Kunstfehler oder andere Ereignisse ursächlich waren, BGH NJW **88**, 2304, Düss VersR **92**, 240, etwa die Konstitution des Kranken, BGH **LM** § 286 (C) Nr 25, aM Bre VersR **77**, 378. Freilich muß sich gerade dasjenige Risiko verwirklicht haben, dessen Nichtbeachtung den Fehler als grob erscheinen läßt, BGH NJW **81**, 2513. Auch muß der Begünstigte evtl einer Obduktion des Verstorbenen zwecks Ursachenklärung zustimmen, LG Köln NJW **91**, 2974 (Vorsicht!).

    S auch Rn 60 „Behandlungsfehler", Rn 67 „Kunstfehler", Rn 72 „Ursächlichkeit".

66  - **(Handlungsablauf):** Rn 62 „Dokumentation".
- **(Indikation):** Der auf Schadensersatz beanspruchte Arzt muß das Fehlen einer Indikation beweisen, BGH NJW **85**, 2754.
- **Infektion):** Beim Infektionsschaden kann ein AnschBew zugunsten des Patienten gelten, Deutsch NJW **86**, 759.

    S auch Rn 61 „Desinfizierung".

- **(Injektion):** Zum Injektionsschaden Jaeger VersR **89**, 994 (Üb).

67  - **(Kausalität):** Rn 72 „Ursächlichkeit".
- **(Kontrollbefund):** Rn 61 „Diagnose".
- **(Kunstfehler):** Er ist das Abweichen von generell geübten und nicht umstrittenen Erkenntnisformen und Behandlungsschritten und damit Teil des Oberbegriffs Behandlungsfehler, Rn 60. In gesteigerter Form tritt der Kunstfehler als grober Fehler auf, Rn 65.
- **(Lagerung):** Arzt und Krankenhaus sind für eine ordnungsgemäße Lagerung des Patienten bewpfl, Köln VersR **91**, 696.
- **(Leberbiopsie):** Zur perkutanen Leberbiopsie Celle MDR **77**, 410.
- **(Medikament):** Rn 62 „Dokumentation".
- **(Mitverschulden):** Rn 62 „Dokumentation", Rn 68 „Patientenschuld".
- **(Mongoloismus):** Die Patientin, die wegen unvollständiger Beratung über die Gefahr der Trisomie Ersatz des Unterhaltsaufwands für ein mongoloides Kind verlangt, ist dafür bewpfl, daß es ihr gelungen wäre, rechtzeitig in einem erlaubten Schwangerschaftsabbruch eine Fruchtwasseruntersuchung durchführen zu lassen, BGH NJW **87**, 2923.

68  - **(Narkose):** Ob bei einer Anfängernarkose ein grober Behandlungsfehler vorliegt, Rn 60, 65, ist nach den Gesamtumständen zu beurteilen, Zweibr OLGZ **88**, 474. Eine Umkehrung der BewL zu Lasten des Arztes kann eintreten, wenn technisch unzulängliche Mittel benutzt wurden, BGH JZ **78**, 275, Hamm VersR **80**, 585 (Narkosegerät). Zu Narkoseschäden Düss VersR **87**, 487 und 489, Uhlenbruck NJW **72**, 2206.
- **(Obduktion):** Der Begünstigte muß evtl einer Obduktion zwecks Ursachenklärung zustimmen, LG Köln NJW **91**, 2975 (Vorsicht!).

    S auch Rn 72 „Ursächlichkeit".

- **(Organisationsverschulden):** Westermann NJW **74**, 584 erwägt bei schweren Fehlern eine BewL des Arztes, falls bloßes Organisationsverschulden genügt.

    S auch Rn 58 „Assistenzarzt".

- **(Patientenschuld):** Es tritt keine Umkehr der BewL zu Lasten des Arztes ein, soweit der Patient zumindest mitvorwerfbar handelte, etwa durch eine Vereitelung der Arztbemühungen, KG VersR **91**, 928.

## 1. Titel. Verfahren bis zum Urteil    Anh § 286

- **(Pflegesituation):** Rn 62 „Dokumentation".
- **(Psychotherapie):** Zur psychotherapeutischen Behandlung Kroitzsch VersR **78**, 399.
- **(Reinigung):** Rn 61 „Desinfizierung". **69**
- **(Röntgenaufnahme):** Eine Umkehr der BewL zu Lasten des Arztes kann eintreten, wenn eine erforderliche Röntgenaufnahme unterlassen wurde, BGH VersR **89**, 701.
- **(Routinefall):** Eine Beweiserleichterung für den Patienten kommt bei einem Routineeingriff nicht schon deshalb in Betracht, weil ihn ein Assistenzarzt in Abwesenheit eines Facharztes ausführte, Düss NJW **94**, 1598.
- **(Schuldlosigkeit):** Der Arzt muß nicht stets seine Schuldlosigkeit beweisen, Weber NJW **97**, 767. **70**
  S auch Rn 68 „Patientenschuld".
- **(Schwangerschaft):** Der Arzt muß beweisen, daß die Mutter sich nach umfassender und richtiger Beratung nicht für eine pränatale Untersuchung der Leibesfrucht auf etwaige Schädigungen entschieden hatte und daß sie sich nach einem etwa ungünstigen Ergebnis auch nicht für den Abbruch der Schwangerschaft entschieden hätte, BGH NJW **84**, 658. Schwangerschaft trotz Tubensterilisation ist kein AnschBew für die Fehlerhaftigkeit der letzteren, Saarbr VersR **88**, 831 (das Gewebe kann nämlich nachwachsen).
  S auch Rn 67 „Mongoloismus".
- **(Selbstbestimmungserklärung):** Der Arzt muß beweisen, daß er die von ihm vor einem Eingriff zur Erzielung einer wirksamen Einwilligung des Patienten anzufordernde sog Selbstbestimmungserklärung des Patienten erhalten hat, BGH NJW **86**, 1542, Düss VersR **90**, 853 (beim Arzt ist evtl ein Dolmetscher nötig), Karlsr VersR **87**, 1248, aM Hamm VersR **89**, 195.
  S auch Rn 57 „Aufklärung", Rn 63 „Einwilligung".
- **(Sorgfaltspflicht):** Rn 58 „Aufklärung", Rn 60 „Behandlungsfehler".
- **(Technische Mittel):** Eine Umkehrung der BewL zu Lasten des Arztes kann eintreten, wenn technisch **71** unzulängliche Mittel benutzt wurden, BGH JZ **78**, 275, Hamm VersR **80**, 585 (Narkosegerät).
- **(Tierarzt):** Die in diesem Unter-ABC für den Arzt genannten Regeln gelten auch grds beim Tierarzt, BGH LM § 282 BGB Nr 26 (krit Baumgärtel/Wittmann JR **78**, 63). Denn das Tier hat neue rechtliche Qualität. Daher ist bloße Ausrichtung auf wirtschaftliche Interessen, so Celle VersR **89**, 640, überholt. Der Tierarzt ist beim groben Kunstfehler entlastungsbewpfl, Hamm VersR **89**, 1106, Mü MDR **89**, 738. Der Tierarzt ist dafür bewpfl, daß die Verletzung einer voll beherrschbaren Nebenpflicht nicht schuldhaft war, etwa bei den technischen Geräten, BGH VersR **78**, 82. Wegen schädigender Auswirkungen des Haftungsgrundes ist § 287 anwendbar.
- **(Tubensterilisation):** Rn 68 „Narkose".
- **(Tupferrest):** Eine Umkehr der BewL tritt ein, wenn Tupferreste in einer Wunde gefunden werden, die bis dahin von keinem anderen Arzt behandelt wurde (damit ist auch die Verwendung von Tupfern gerade bei dem jetzt beklagten Arzt erwiesen), BGH LM § 286 (C) Nr 26.
- **(Unaufklärbarkeit):** Eine Umkehr der BewL zu Lasten des Arztes tritt auch dann ein, wenn nicht mehr geklärt werden kann, ob für die eingetretenen Schäden der (unstreitige oder erwiesene) Kunstfehler, Rn 67, oder andere Ereignisse ursächlich waren, BGH NJW **88**, 2304, Düss VersR **92**, 240, etwa die Konstitution des Kranken, BGH LM § 286 (C) Nr 25, aM Bre VersR **77**, 378.
  Im übrigen gibt es aber bei Unaufklärbarkeit des eingetretenen Ergebnisses weder einen AnschBew noch eine Umkehr der BewL gegen den Arzt.
  S auch Rn 72 „Ursächlichkeit".
- **(Unterlassung):** Rn 59 „Bakteriologie", Rn 60 „Behandlungsfehler", Rn 65 „Grober Fehler", Rn 69 „Röntgenaufnahme".
- **(Ursächlichkeit):** Nicht ohne weiteres trägt der Arzt die Folgen einer Fehlbehandlung. Sie begründet **72** nicht ohne weiteres die Vermutung, daß sie die Ursache für einen eingetretenen Schaden ist, BVerfG **52**, 146, BGH NJW **93**, 3140, Hamm VersR **91**, 1059, aM Mü MDR **79**, 1030 (es stellt darauf ab, ob dem Patienten ein noch präziserer Tatsachenvortrag zumutbar ist). Es findet keine Beweislastumkehr statt, soweit sich der Arzt allenfalls im *Grenzbereich* zwischen mittelschweren und schweren Fehlern bewegt hat und soweit außerdem die Ursächlichkeit sehr unwahrscheinlich ist, BGH NJW **88**, 2950, Köln VersR **86**, 1216.
  Der Patient muß einen groben Behandlungsfehler beweisen, Zweibr RR **97**, 666. Diese Schwelle liegt hoch, Bbg VersR **92**, 832, Köln VersR **98**, 1026. Gelingt dem Patienten dieser Beweis, so hat der Arzt grds im Wege einer Umkehrung der Beweislast nachzuweisen, daß der Kunstfehler für die unmittelbar folgende körperliche Schädigung *nicht ursächlich war*, BGH NJW **93**, 3140 (allgemein), BGH NJW **94**, 802 (verspätete Diagnose), BGH NJW **94**, 1594 (Organisationsfehler), Bre RR **96**, 1115 (auch zu Ausnahmen), Düss RR **96**, 279 (je: Geburtshilfe), Hamm VersR **96**, 756, Kblz VersR **99**, 318 und 491 (je: Unterlassung diagnostischer Abklärung).
  Das gilt auch dann, wenn *nicht mehr aufgeklärt* werden kann, ob für die eingetretenen Schäden der Kunstfehler oder andere Ereignisse ursächlich waren, BGH NJW **88**, 2304, Düss VersR **92**, 240, etwa die Konstitution des Kranken, BGH LM § 286 (C) Nr 25, insofern wohl aM Bre VersR **77**, 378. Freilich muß sich gerade dasjenige Risiko verwirklicht haben, dessen Nichtbeachtung den Fehler als grob erscheinen läßt, BGH NJW **81**, 2513. Auch muß der Begünstigte evtl einer Obduktion des Verstorbenen zwecks Ursachenklärung zustimmen, LG Köln NJW **91**, 2974 (Vorsicht!).
  Für die Ursächlichkeit des groben Behandlungsfehlers für mittelbare, spätere Schäden (sog haftungsausfüllende Ursächlichkeit, zum Begriff § 287 Rn 6) ist grds der *Patient bewpfl*, BGH NJW **94**, 802, Düss RR **94**, 481, Oldb VHR **98**, 138 (§ 287). Allerdings kann die BewL beim Arzt auch bei der Frage der Nichtursächlichkeit zwischen Erst- und Folgeverletzung bleiben, wenn er gerade auch diesem Folgeschaden hätte vorbeugen müssen, Mü VersR **93**, 607, Oldb VersR **88**, 603.
  Der *Arzt* muß dann also grundsätzlich *nachweisen*, daß die Schädigung auch ohne den Behandlungsfehler eingetreten wäre, BGH VersR **89**, 701. Ffm VersR **79**, 39 setzt außerdem voraus, daß der Fehler

geeignet war, einen Schaden dieser Art herbeizuführen. Vgl auch BGH VersR **83**, 983, Hamm VersR **84**, 92. Der Krankenhausträger wie auch der für die Übertragung der Operationsaufsicht auf einen Nichtfacharzt verantwortliche Arzt und der aufsichtführende Arzt selbst müssen beweisen, daß die Gesundheitsschädigung nicht auf der mangelhaften Qualifikation des operierenden Assistenzarztes beruhte, BGH VersR **92**, 746. Braucht ein gewissenhafter Arzt bei pflichtgemäßer Prüfung eine bestimmte Folge bei der Behandlung nicht in Erwägung zu ziehen, so tritt keine Umkehrung der Beweislast ein, BGH VersR **78**, 543, ebenso beim Verschulden auch des Patienten (Vereitelung der Arztbemühungen), KG VersR **91**, 928.

- **(Vereitelung):** Rn 68 „Patientenverschulden".
- **(Verrichtungsgehilfe):** Die Regeln des § 831 BGB können nur unter Beachtung aller von den Gerichten zur Arzthaftung entwickelten Gesichtspunkte angewandt werden, aM Oldb VersR **87**, 794 (abl Wosgien).
- **(Versagerquote):** Vgl zur Hinweispflicht auf sie BGH NJW **81**, 2004 (zustm Fischer JR **81**, 501). S auch Rn 60 „Beratung", Rn 64 „Gebräuchlichkeit".
- **(Versicherung):** Der Versicherer ist bewpfl, daß ein Schaden vor dem Ablauf der Wartezeit eingetreten war, Hamm VersR **77**, 953.
- **(Vornahme):** Der Arzt muß beweisen, daß er den vereinbarten Eingriff überhaupt vorgenommen hat, BGH NJW **81**, 2004 (zustm Fischer JR **81**, 501), Köln FamRZ **86**, 465.
- **(Vorsatz):** Die Regeln über eine etwaige Umkehrung der BewL zu Lasten des Arztes gelten nicht, wenn es um einen Anspruch des Täters einer vorsätzlichen Körperverletzung gegen den Arzt des Opfers geht, Köln VersR **89**, 294.

**73**
- **(Wartezeit):** Rn 72 „Versicherung".
- **(Weiterbildung):** Zu ihr BGH MDR **98**, 535.
- **(Zahnarzt):** Die in diesem Unter-ABC genannten Regeln zum Arzt gelten auch beim Zahnarzt, BVerfG **52**, 131, Hbg VersR **89**, 1298, Köln RR **95**, 347 (Dokumentation). LG Ffm NJW **82**, 2611 meint, es spreche eine AnschBew für eine längere und schmerzhaftere Behandlung als üblich, wenn nicht der Zahnarzt, sondern eine nicht beaufsichtigte Hilfskraft eine an sich dem Arzt vorbehaltene Tätigkeit im grundsätzlichen Einverständnis des Patienten und objektiv fehlerfrei durchführe.
- **(Zwischenfall):** Vgl Celle VersR **81**, 784 und die spezielleren Unterstichwörter, zB Rn 68 „Narkose".

S auch Rn 127 „Krankenhaus".

**74 Aufklärungspflicht:** Rn 57 ff „Ärztliche Behandlung", Rn 179 „Schadensersatz", Rn 201 „Ursächlichkeit".

**Aufrechnung:** Der Aufrechnende ist für seinen Gegenanspruch bewpfl, BGH NJW **92**, 2229.

**Aufsichtsverstoß, § 832:** Der Kläger ist dafür bewpfl, daß der Bekl für eine Aufsicht Anlaß hatte, Aden MDR **74**, 12. Erst dann ist der Bekl für das Fehlen einer Ursache oder einer Schuld bewpfl.

**Auftrag:** Der Beauftragte ist für die ordnungsgemäße Ausführung des Auftrags bewpfl, BGH VersR **91**, 575. Der Auftraggeber ist dafür bewpfl, daß der Verwalter eines Sparkontos noch Beträge besitzt, BGH FamRZ **89**, 960; nach einer Verfügung muß der Beauftragte den Verbleib und die Rechtmäßigkeit der Verwendung beweisen, BGH NJW **91**, 1884.

**Ausgleichsanspruch:** Rn 82 „Ehe".

**Auskunft,** dazu *Bürge*, Der Kupolofall – zwischen Beweislastverteilung und Auskunftsanspruch, Festschrift für *Lüke* (1997) 7: Es gelten die normalen Regeln, BAG DB **87**, 2050, Köln FamRZ **94**, 1197. Man darf keine unerfüllbaren Beweisanforderungen stellen, BGH NJW **98**, 2969.

**Auslegung:** Sie hat grds nichts mit der BewL zu tun, BGH FamRZ **89**, 959. Sind Wortlaut und Sinn eindeutig, so muß derjenige, der ein vom Wortlaut und objektiven Sinn abweichendes Verständnis der Erklärungen geltend macht, dies beweisen, BGH NJW **95**, 3258. Wer einen anderen Vertragsinhalt als den durch Auslegung zu findenden behauptet, muß ihn beweisen, LAG Bre BB **88**, 408.

**75 Bankrecht,** dazu *Nirk*, Beweislast und Prozeßökonomie bei der Saldokontokorrentklage, in: Festschrift für *Merz* (1992); *Pleyer*, Materiellrechtliche und Beweisfragen bei der Nutzung von EC-Geldausgabeautomaten, Festschrift für Baumgärtel (1990) 439:

Der Stempel auf der Rechnung oder dem Überweisungsdoppel hat sehr wohl Beweiswert, Vogel DB **97**, 1758. Es gibt keinen AnschBew dafür, daß eine Bank einen Überweisungsauftrag auch ausgeführt hat, BGH RR **97**, 177, solange sie letzteres nicht ausdrücklich mitbescheinigt hat. Klagt der Abbuchungsschuldner gegen den Gläubiger aus ungerechtfertigter Bereicherung, muß der Gläubiger ausnahmsweise beweisen, daß er seine Leistung erbracht hat, Düss RR **99**, 417. Die Gläubigerbank, die wegen einer unberechtigten *Rückbelastung* einer Abbuchungsauftragslastschrift gegen die Schuldnerbank einen Anspruch aus ungerechtfertigter Bereicherung geltend macht, trägt die BewL dafür, daß die Lastschrift schon vor ihrer Rückgabe eingelöst worden war und nicht mehr hätte zurückgegeben werden dürfen, BGH NJW **83**, 221. Es besteht ein AnschBew dafür, daß derjenige, auf den ein Bankkonto (wenn auch nur formell) lautet, über das Guthaben verfügen darf, BGH NJW **83**, 627. Beim sog „Oder-Konto" muß der nach § 430 BGB in Anspruch Genommene beweisen, daß das Innenverhältnis im Gegensatz zum Gesetz anders, als nach dem Gesetz vermutet, ausgestaltet war, BGH DB **90**, 215, vgl Rn 95 „Gesamtschuldner". Beim Diebstahl einer EC-Karte gelten etwa dieselben Regeln wie beim Autodiebstahl, Rn 161, Hamm NJW **97**, 1711.

Wenn die Bank auf Grund einer vom Kläger *widerrufenen Anweisung* dennoch irrig zahlte, muß der Kläger beweisen, daß der Widerruf dem Empfänger bekannt war, BGH **87**, 400. Beim Geldautomaten ist grds der Kunde für den Einwurf der gefüllten Kassette bewpfl, Ffm BB **87**, 1765; es besteht mangels anderer Anhaltspunkte ein AnschBew dafür, daß er die Codekarte mit der Geheimzahl usw benutzt hat, LG Bonn MDR **95**, 904, LG Duisb RR **89**, 879, LG Saarbr NJW **87**, 2382; er ist für das Kunde für eine zu geringe Auszahlung bewpfl, AG Nürnb NJW **87**, 660; indessen können aufgetretene Fehlermöglichkeiten die Bank für korrekte Auszahlung bewpfl machen, AG Aschaffenb RR **89**, 45. Es gibt keinen AnschBew

## 1. Titel. Verfahren bis zum Urteil **Anh § 286**

dafür, daß der Kunde mit seiner Geheimnummer Mißbrauch trieb, LG Ffm BB **96**, 820. Beim Börsentermingeschäft braucht derjenige, der Schadensersatz wegen unredlicher Verhinderung des Termineinwands fordert, nicht zu beweisen, daß das Geschäft für ihn unverbindlich war, BGH MDR **92**, 575.

Die *Mißbrauchsklausel* ist wirksam, AG Saarbr NJW **87**, 963. Die Bankeintragung im Sparbuch (und nicht im Geschäftsbuch) liefert Beweis für Höhe und Zeitpunkt der Einzahlung, Ffm RR **89**, 1517 (auch nach vielen Jahren), AG Hbg RR **87**, 1073. Die Bank ist grds dafür bewpfl, daß sie ein Sparguthaben ausgezahlt hat, LG Bonn RR **96**, 557; zu einer Beweiserleichterung nach dem Ablauf einer langen Zeit KG RR **92**, 1195. Der Beweiswert einer Bankquittung kann im Einzelfall erschüttert sein, Ffm RR **91**, 172. Wer den Untergang einer unstreitigen Forderung behauptet, muß ihn beweisen, BGH BB **93**, 1551. Das Kreditkartenunternehmen ist bewpfl, daß abgerechnete Leistungen nicht vom Vertragsunternehmen stammen, Ffm RR **96**, 1328. Für ein Uraltsparguthaben ohne Vorlage des Sparbuches ist der Kunde bewpfl, Köln BB **99**, 759.

S auch Rn 36 „Anerkenntnis", Rn 151 „Rechtsgeschäft", Rn 185 „Scheck".

**Baurecht,** dazu *Baumgärtel,* Grundlegende Probleme der Beweislast im Baurecht, Keio Law Review **90**, 76 109; *Baumgärtel,* Die beweisrechtlichen Auswirkungen der vorgeschlagenen EG-Richtlinie zur Dienstleistungshaftung auf die Arzthaftung und das Baurecht, JZ **92**, 321:

Zum Problem des AnschBew bei unvorschriftsmäßigen Anbringung von Sicherungsstiften an einem Baugerüst Düss VersR **82**, 501. Der Baugläubiger ist bewpfl für die Höhe des vom Empfänger erhaltenen sog Baugeldes, BGH NJW **87**, 1196; zum Problem Bre VersR **93**, 488. Der Auftraggeber ist für den Umfang selbst gestellter Arbeitskräfte bewpfl, BGH RR **88**, 983. Zu VOB/B Hamm RR **98**, 885.

S auch Rn 227 „Werkvertrag".

**Bedingung und Befristung:** Wer sich auf eine Bedingung des Wollens (Potestativbedingung) beruft, muß 77 deren Eintritt beweisen, Düss AnwBl **88**, 411. Der Bekl, der eine aufschiebende Bedingung (diese liegt auch bei einem Rückgaberecht vor, Karlsr OLGZ **72**, 278) oder eine Befristung einwendet, leugnet den behaupteten Vertragsinhalt, BGH NJW **85**, 497, AG Delmenhorst RR **94**, 823, LAG Köln DB **88**, 1607 (anders bei Befristung des Arbeitsvertrags), aM BAG BB **95**, 467 (bei Befristung ist bewpfl, wer sich auf die frühere Beendigung beruft), aM ThP 24 vor § 284. Dagegen ist der Bekl bewpfl, daß eine auflösende Bedingung vereinbart wurde und eingetreten ist, auch wenn er diese Behauptung nur hilfsweise neben dem Leugnen des Zustandekommens des Geschäfts aufstellt, Reinecke JZ **77**, 164. Wer behauptet, daß nachträglich eine Bedingung hinzugefügt worden sei, ist dafür bewpfl. Es genügt, daß der Kläger einen Vorgang beweist, der keine Bedingung erkennen läßt. Wer die Vereinbarung einer Rückwirkung eines Bedingungseintritts behauptet, muß diese Vereinbarung beweisen, Düss GRUR **85**, 149. Beim Haustürgeschäft ist § 1 I HWiG zu beachten. Die Vorschrift regelt eine rechtshindernde Einwendung. Daher muß der Kunde beweisen, daß die Voraussetzung der schwebenden Unwirksamkeit und damit seines Widerrufsrechts vorlagen, BGH **113**, 225. Für eine auflösende Bedingung und deren Eintritt ist der dies Behauptende bewpfl.

**Befundsicherung,** dazu *Steffen,* Beweislasten für den Arzt und den Produzenten aus ihren Aufgaben zur Befundsicherung, Festschrift für *Brandner* (1996): Man kann oft von einer Befundsicherungspflicht sprechen, nicht nur im Arzthaftungsrecht; die Verletzung kann zur Umkehr der BewL führen, zumindest zur Beweiserleichterung, BGH NJW **96**, 317, Baumgärtel Festschrift für Walder (Zürich 1994) 152.

**Bereicherung:** Es gelten grds die allgemeinen Beweislastregeln, BGH MDR **92**, 803. Der Kläger, der **78** vorbehaltlos geleistet hat, ist grds für eine Erfüllung und für das Fehlen des Rechtsgrundes dazu, BGH RR **95**, 131, Ffm FamRZ **86**, 997, Köln VersR **89**, 1073, oder für eine Nichtberechtigung des Empfängers bewpfl, BGH DB **78**, 2072, Düss RR **88**, 1536, Ffm RR **86**, 1354. Der Bereicherungsgläubiger trägt auch dann die BewL, wenn der Bereicherungsschuldner bezüglich der BewL sich neben anderen in dem ursprünglich angegebenen Rechtsgrund beruft, BGH RR **91**, 575; Abweichungen können beim Abbuchungsverfahren bestehen, Düss RR **99**, 417. Das gilt auch bei der Kfz-Versicherung, Köln VersR **86**, 1234, oder bei der Aufrechnung des Arbeitgebers gegen Lohnansprüche, LAG Mü DB **89**, 280. Wenn aber die Leistung nur in der bloßen Erwartung der künftigen Feststellung der Schuld erfolgte, also nicht in Anerkennung einer schon bestehenden, dann ist der Bekl dafür bewpfl, daß die Feststellung erfolgt ist oder erfolgen muß, BGH NJW **89**, 162, oder daß der geforderte Vorschuß berechtigt war, vgl LG Kblz WoM **95**, 99 (Mietnebenkosten). Der Scheckschuldner ist für die Unwirksamkeit des Grundgeschäfts bewpfl, Oldb BB **95**, 2342.

Ein *Vorbehalt* ist je nach seinem auszulegenden Sinn evtl geeignet, den Empfänger für die Berechtigung seiner Forderung bewpfl zu machen, Düss DB **88**, 2849, evtl aber auch nur als Ausschluß des § 814 BGB gedacht und dann kein Grund für eine Beweislastumkehrung, BGH MDR **92**, 803. Die Erfüllung der bestimmten Leistung erfolgt unter ausdrücklicher oder stillschweigende Erklärung bei der Leistung bewiesen, § 157 BGB. Bei § 814 BGB muß der Empfänger der Leistung beweisen, daß dem Leistenden die Nichtschuld bekannt war. Der „Bereicherte" muß die Unmöglichkeit der Herausgabe beweisen, BGH BB **88**, 1552 (anders beim diesbezüglichen Scheingeschäft). Wegen § 2287 BGB vgl BGH **66**, 17. Wer eine Entreicherung geltend macht, § 818 III BGB, muß hierfür die Voraussetzungen beweisen, BGH NJW **99**, 1181, zB eine Minderung des Saldos, BGH BB **90**, 20 (Leasingvertrag), oder den Verbrauch, BAG MDR **95**, 827.

S auch Rn 75 „Bankrecht", Rn 79 „Bürgschaft", Rn 218 „Versicherung".

**Berufsfortkommensschaden:** Vgl *von Hoyningen-Huene/Boemke* NJW **94**, 1757 (ausf).

**Berufung:** Die BewL bleibt unverändert.

S auch Rn 94 „Frist".

**Beschwerde:** Die BewL bleibt unverändert.

**Besitz:** Rn 99 „Herausgabe".

**Bevollmächtigung:** Rn 222 „Vollmacht".

**Beweissicherung:** Rn 189 „Selbständiges Beweisverfahren". **79**

**Brand:** Es kommt auf die Gesamtumstände an, Stgt VersR **97**, 340.
**Briefzugang:** Rn 153 ff.
**Bürgschaft:** Es gelten grds die allgemeinen Beweislastregeln, BGH NJW **89**, 1606. Der Gläubiger ist für das Bestehen der Hauptschuld bewpfl. Der Bürge ist für die Erfüllung der Hauptverbindlichkeit ebenso bewpfl wie der Hauptschuldner, BGH NJW **95**, 2161, Düss BB **88**, 97. Das gilt auch dann, wenn die Bürgschaft einen nicht anerkannten Tagessaldo aus einem Kontokorrent betrifft, BGH NJW **96**, 719. Der Bürge ist für eine andere Sicherheit nach § 772 II BGB bewpfl. Bei der Bürgschaft „auf erstes Anfordern" muß grds der Berechtete das Entstehen und die Fälligkeit der Hauptforderung, der Bürge die Leistung des Hauptschuldners beweisen, BGH RR **93**, 693 (Art 189 II EWGV enthält eine vorrangige abweichende Regelung), und gelten im Rückforderungsprozeß dieselben Beweislastregeln wie im Hauptprozeß gegen den Bürgen, BGH DB **89**, 2600. Der Gläubiger ist dafür bewpfl, daß der Anspruch durch die vom Bürgen „auf erstes Anfordern" übernommene Verpflichtung gesichert ist, BGH NJW **99**, 2361. Der Bürge ist für eine Tatsache bewpfl, die den Einwand nach § 242 BGB rechtfertigt, BGH DB **96**, 2074. Wer eine Blankobürgschaft unterschrieben haben will, ist dafür bewpfl, Köln BB **99**, 339. Bei der Ausfallbürgschaft ist der Gläubiger nicht nur für den Verlust, sondern auch dafür bewpfl, daß der Ausfall trotz aller Sorgfalt eingetreten ist oder wäre, BGH NJW **99**, 1467.
S auch Rn 36 „Anerkenntnis".
**Btx-Anschluß:** Der Inhaber ist für einen nicht veranlaßten Mißbrauch bewpfl, Köln VersR **93**, 840.
S auch Rn 91 „Fernsprechgebührenrechnung".
**Computer:** Es gelten die normalen Regeln, vgl zB Rn 151 „Rechtsgeschäft". Der Speicher ist keine Urkunde, Üb 3 vor § 415, Redeker NJW **84**, 2394. Der Anbieter kann für die Brauchbarkeit einer EDV-Anlage bewpfl sein, BGH NJW **96**, 2924 (Sicherungsroutine).

**80 Darlehen:** Wenn der Bekl bestreitet, das Geld als Darlehen erhalten zu haben, ist der Kläger dafür bewpfl, daß es als Darlehen gegeben wurde, Rn 186 „Schenkung", BGH NJW **86**, 2571, Schlesw FamRZ **88**, 165, Schneider MDR **89**, 138. Wer den Darlehensempfang quittiert und eine Rückzahlungspflicht unterschreibt, ist dafür bewpfl, daß keine Schuld entstanden ist, BGH NJW **86**, 2571 (zu einem Testament), PalP § 607 BGB Rn 22.
Allerdings beweist eine schriftliche Verpflichtung zu einer zB monatlichen Zinszahlung aus einem bestimmten Betrag *nicht schon die Hingabe* eines Darlehens, BGH WertpMitt **76**, 974. Der Beweis, daß entgegen dem Schuldschein kein Bardarlehen nach § 607 I BGB vorliegt, entbindet nicht von der Entkräftung der gegnerischen Behauptung, es liege ein Vereinbarungsdarlehen nach § 607 II BGB vor, PalP § 607 BGB Rn 22. Eine Umwandlung in ein Bardarlehen muß der Gläubiger beweisen. Der Schuldner ist der Unwirksamkeit des Darlehensvertrags bewpfl. Der Gläubiger ist für die Fälligkeit nach § 609 BGB bewpfl, der Schuldner für eine Stundung oder für einen Erlaß usw, ferner grds für vertragsgemäße Rückzahlung, AG Mü RR **96**, 687 (auch zu einer Ausnahme nach anfänglichen Teilzahlungen und dann langem Zeitablauf). Wenn der Geschäftsinhaber für einen Angehörigen im Betrieb ein Darlehenskonto führt und wenn der Angehörige den Saldo anerkannt hat, muß der Angehörige beweisen, welche Buchungen unrichtig sind, BGH MDR **80**, 45. Zu § 609 a BGB Bülow NJW **90**, 2335. Beim objektiv sittenwidrigen Kredit muß der Darlehensgeber beweisen, daß die subjektiven Voraussetzungen des § 138 I BGB nicht vorgelegen haben, BGH BB **94**, 1311 (krit Groeschke 1312), ferner Sandkühler DRiZ **89**, 127.
S auch Rn 76 „Baurecht", Rn 96 „Gesellschaft".
**Deckungspflicht:** Rn 203 „Ursächlichkeit", Rn 218 „Versicherung".
**Diebstahl:** Rn 161, 168, 170 „Schadensersatz".

**81 Dienstbarkeit:** Zur Beweislast im Rahmen von § 1020 BGB beim Streit über eine rechtsgeschäftlich festgelegte Trassenführung einer Leitungsdienstbarkeit BGH NJW **84**, 2157.
**Dienstvertrag,** dazu *von Craushaar,* Die Auswirkungen der Beweislastregelung in der geplanten EG-Dienstleistungshaftungsrichtlinie auf das deutsche Privatrecht, Gedächtnisschrift für *Arens* (1993) 26:
Die Beweislast für die Vergütung ist ebenso wie beim Kauf zu beurteilen. Bei einem Anspruch aus § 618 BGB oder aus § 62 HGB ist der Kläger nur für solche Mängel bewpfl, die nach dem natürlichen Verlauf der Dinge die späteren Schäden verursachen konnten; der Bekl muß beweisen, daß ihn und diejenigen, für die er haftet, keine Schuld trifft und daß die Mängel nicht ursächlich waren (sozialer Schutz). Der Dienstverpflichtete muß beweisen, daß er seine Dienste angeboten hat, KG BB **97**, 114; der Dienstberechtigte muß beweisen, daß die Kündigung des Partners nicht (mit)verschuldet hat, BGH MDR **97**, 197. Der Dienstberechtigte ist grds dafür bewpfl, daß eine abgeschlossene Dienstleistung Fehler oder Lücken aufweist, Kblz RR **93**, 251 (auch zu einer Teilleistung), oder daß ausnahmsweise keine Vergütung vereinbart wurde, wenn sie sonst üblich ist, BGH LM § 612 BGB Nr 9, oder daß er anfechten oder kündigen konnte, KG BB **97**, 114.
S auch Rn 38 „Anwaltsvertrag", Rn 151 „Rechtsgeschäft".
**DIN-Norm:** Vgl BGH **114**, 273, Kroitzsch BauR **94**, 673.
**Dokumentationspflicht.** Ihre Verletzung führt zur Beweiserleichterung für den Gegner bis zur Umkehr der Beweislast wegen Beweisvereitelung, Rn 27, BGH DB **85**, 1020.
S auch Rn 62 „Ärztliche Behandlung: Dokumentation".
**Duldung:** Der Gläubiger braucht im Prozeß auf Duldung der Zwangsvollstreckung aus einer Zwangshypothek grds die Entstehung der gesicherten Forderung nicht zu beweisen, BGH NJW **94**, 460 (Ausnahme, wenn dem Titel die innere Rechtskraft fehlt).
**EDV-Anlage:** Rn 79 „Computer".

**82 Ehe:** Der Antragsteller (Kläger) muß beweisen, daß der andere Ehegatte Familieneinkommen beiseitegeschafft hat, BGH NJW **86**, 1871. Bei § 1357 I 1 BGB ist der Vertragspartner des geschäftsführenden Ehegatten dafür bewpfl, daß das die Mithaftung des anderen Ehegatten begründende Geschäft nicht nur nach seiner Art, sondern auch tatsächlich dem familiären Lebensbedarf dient, AG Bochum RR **91**, 453. Bei §§ 1365, 1368 BGB ist derjenige Ehegatte bewpfl, der die Unwirksamkeit des Rechtsgeschäfts geltend macht, BGH RR **90**, 1155. Beim Ausgleichsanspruch muß (nur) in einem einfachen Fall der Ausgleichs-

## 1. Titel. Verfahren bis zum Urteil      Anh § 286

pflichtige lediglich beweisen, daß der andere von Umständen wußte, die die Ehe beendeten, und muß sodann der Ausgleichsberechtigte einen Rechtsirrtum beweisen, BGH **100**, 210; vgl aber Rn 205 „Verjährung"; der Ausgleichsberechtigte muß die Höhe des Anspruchs beweisen, Stgt FamRZ **93**, 193, freilich nur der Größenordnung nach, BGH NJW **98**, 353, strenger Köln RR **99**, 229 (BewL für Aktiva und Fehlen von Passiva im Endvermögen, auch zu den Grenzen).

**Ehre,** dazu *Leipold,* Zur Beweislast beim Schutz der Ehre und des Persönlichkeitsrechts, Festschrift für **83** *Hubmann* (1985) 271:
    Grundsätzlich ist der Verletzte dafür bewpfl, daß der Verletzer rechtswidrig handelte; bei einer üblen Nachrede ist jedoch wegen § 186 StGB der Verletzer bewpfl, solange er sich nicht auf die (von ihm zu beweisende) Wahrnehmung berechtigter Interessen berufen kann, BGH NJW **79**, 266, Ffm NJW **80**, 597, während nach der Feststellung der Wahrnehmung berechtigter Interessen der Verletzte für die Unwahrheit der Behauptung bewpfl werden muß, BGH NJW **85**, 622. Bei § 185 StGB ist der Verletzer für die Wahrheit bewpfl, Ffm MDR **80**, 495. Wer wegen teils wahrer, teils unwahrer Behauptungen aus § 824 BGB klagt, muß beweisen, daß sein Schaden durch die unwahren entstand, BGH NJW **87**, 1403.
    S auch Rn 235 „Widerruf".

**Eigenbedarf:** Rn 137 „Miete".

**Eigentum:** Der Kläger, der eine auf dem Nachbargrundstück zu errichtende Anlage verbieten will, muß **84** beweisen, daß mit Sicherheit von ihr unzulässige Einwirkungen ausgehen werden, BGH **LM** § 559 Nr 8. Der Störer ist dafür bewpfl, daß eine bestehende Störung nur unwesentlich ist, Düss NJW **77**, 931, oder daß er alles Zumutbare zur Beseitigung der Störung unternommen hat, BGH NJW **82**, 440, oder daß die Beeinträchtigte die Störung sonstwie dulden muß, BGH **106**, 145. Wer trotz § 891 BGB das Grundeigentum bestreitet, ist für dessen Fehlen bewpfl, auch bei einem Erwerb durch Genehmigung, BGH DB **79**, 1357, oder bei § 900 BGB, BGH **LM** § 891 BGB Nr 6. Bei § 931 BGB ist der Veräußerer dafür bewpfl, daß vor der Abtretung in seiner Person Eigentum entstanden ist; der Erwerber muß beweisen, daß das Eigentum des Veräußerers vor der Abtretung untergegangen war, BGH FamRZ **87**, 560. Der Vorbehaltseigentümer ist gegenüber dem unmittelbaren Besitzer bewpfl, BGH **LM** § 1006 BGB Nr 14, aM KG JR **78**, 378. Er muß auch Eigentumsvorbehalt versicherter, abgebrannter Sachen beweisen, BGH NVersZ **99**, 177. Wegen eines Anbaus Köln DB **75**, 497. Zur Beweislast bei unzulässigen Einwirkungen vgl auch Baumgärtel Keio Law Review **83**, 151.
    S auch Rn 99 „Herausgabe", „Höferecht".

**Einschreiben:** Rn 153.      **85**

**Einstweilige Einstellung:** Vgl § 707 Rn 7.

**Eisenbahn:** Bei Verspätung, Verlust, Beschädigung gelten Artt 28 CIM, CIV (grundsätzlich ist die Eisenbahn für ein Verschulden des Reisenden bewpfl, Ausnahmen dort), vgl Einl IV 14. Verunglückt ein Reisender beim Einsteigen in einen haltenden Zug, so liegt AnschBew für sein Verschulden vor, LG Düss VersR **79**, 166. Frachtrechtliche Einzelheiten bei Finger VersR **82**, 636.

**Energieversorgung:** Der Versorger muß die Tatsachen beweisen, die zum gesetzlichen Haftungsausschluß führen, BGH BB **82**, 335.

**Enteignung:** Der Kläger ist für einen Umbauplan bewpfl, BGH NJW **72**, 1947.

**Entgangener Gewinn:** Aus § 252 S 2 BGB folgt, daß der Geschädigte nur die Wahrscheinlichkeit darlegen und beweisen muß, der Schädiger aber bewpfl dafür ist, daß solcher Gewinn nicht erzielt worden wäre, BGH NJW **88**, 204.

**Erbrecht:** Zur Totenfürsorge BGH MDR **92**, 588. Durch den Erbfall gehen nicht nur die Ansprüche des **86** Erblassers, sondern auch dessen damit verbundene beweisrechtliche Positionen auf den Erben über, BGH RR **94**, 323. Wer einen von § 2066 S 1 BGB abweichenden Erblasserwillen behauptet, muß ihn beweisen, Tappmeier NJW **88**, 2715. Wer sein Erbrecht auf ein Testament stützt, es ist vorhanden oder nicht mehr, der muß sowohl die formgültige Errichtung, Hamm FamRZ **93**, 607, als auch grundsätzlich den vollen Wortlaut des Testaments nachweisen, BayObLG Rpfleger **85**, 194. Dabei sind alle zulässigen Beweismittel verwendbar, Zweibr RR **87**, 1158. Wer sich auf die Gültigkeit eines Erbvertrags beruft, ist dafür bewpfl, daß sie in seinem Sinne zu verstehen ist und damit dem § 2274 BGB genügt, Stgt OLGZ **89**, 417. Der den Erbvertrag widerrufende Erblasser muß beweisen, daß der Bedachte den Tatbestand einer entsprechenden Straftat erfüllt hat; der Bedachte muß Rechtfertigungs- oder Entschuldigungsgründe beweisen, BGH MDR **86**, 208. Bei § 2077 BGB ist derjenige, der die Unwirksamkeit der letztwilligen Verfügung geltend macht, dafür bewpfl, daß im Zeitpunkt des Erbfalls keine Versöhnungsbereitschaft der Ehegatten bestand, BGH **128**, 130.

    Bei *§ 2079 BGB* trägt der gesetzliche Erbe die BewL dafür, daß das gesamte Testament auf der **87** Nichtkenntnis des Pflichtteilsberechtigten beruhte, LG Darmst RR **88**, 262. Die Beweislast dafür, daß das Recht eines Dritten einer Anfechtung eines gemeinschaftlichen Testaments entsprechend § 2285 BGB angeschlossen ist, trifft den Anfechtungsgegner, Stgt OLGZ **82**, 315. Für die Voraussetzungen eines Herausgabeanspruchs nach § 2287 BGB ist der Kläger bewpfl, BGH **66**, 8, Köln RR **92**, 200. Verlangt der Nacherbe nach dem Eintritt des Nacherbfalls die Herausgabe von Sachen, die nicht von Anfang an zum Nachlaß des Erblassers gehörten, dann trägt der Nacherbe für die während der Vorerbschaft eingetretenen Ersatzvorgänge die Beweislast, BGH NJW **83**, 2874. Bei § 827 BGB ist der Schädiger für die Unzurechnungsfähigkeit bewpfl, BGH NJW **102**, 229. Die Anforderungen an den Beweis, eine Veränderung der Urkunde sei auf eine Handlung des Erblassers zurückzuführen, dürfen vor allem dann nicht zu hoch sein, wenn sich die Urkunde bis zuletzt im Gewahrsam des Erblassers befand, BayObLG **83**, 208 mwN. Der Nachlaßverwalter ist dafür bewpfl, daß eine Zulänglichkeit des Nachlasses für eine Zahlung vorhanden oder anzurechnen war, BGH FamRZ **84**, 1005. Hängt die Entgeltlichkeit einer Verfügung des Testamentsvollstreckers davon ab, daß der Empfänger der Leistung Miterbe ist, dann ist die Erbengemeinschaft nachzuweisen, BayObLG RR **86**, 1070. Die Beweiskraft eines Erbscheins verringert sich nicht dadurch, daß er nur für bestimmte Zwecke erteilt worden ist, Ffm RR **94**, 10.

    S auch Rn 74 „Auftrag", Rn 127 „Krankenhaus", Rn 144 „Pflichtteil", Rn 186 „Schenkung".

**88 Erfüllung:** Der Schuldner muß sie bis zur Annahme als Erfüllung grundsätzlich beweisen, §§ 362, 363 BGB, BGH VersR **93**, 1911, Ffm RR **88**, 108, Hamm RR **88**, 1088, auch soweit der Gläubiger aus einer angeblichen Nichterfüllung einen Anspruch geltend macht, MüKoVoelskow § 554 BGB Rn 25, aM Grames ZMR **94**, 7. Eine Quittung hat wegen der Unterschrift den Beweiswert des § 416, Saarbr MDR **97**, 1107, und wegen der Richtigkeit des Inhalts zwar meist einen AnschBew, Saarbr MDR **97**, 1107, ist indes zumindest bei Zweifeln frei zu würdigen, BGH VersR **93**, 1911, Ffm RR **91**, 172, Saarbr MDR **97**, 1107. Eine, auch maschinelle, Bankquittung hat erheblichen Beweiswert, BGH RR **88**, 881, Köln MDR **97**, 3080. Der Bekl muß eine Abweichung von den gesetzlichen Vorschriften beweisen, namentlich bei einer Stundung, vgl § 271 I BGB, bei Unmöglichkeit, Schopp ZMR **77**, 354, und bei Teilzahlung, aM Reinecke JZ **77**, 165. Der Kläger (Gläubiger) ist bewpfl für eine Vorleistungspflicht des Schuldners, für einen Ausschluß der Aufrechnung, für ein Fixgeschäft usw.

**89** Bei einer *Erfüllungsverweigerung* ist der Gläubiger grundsätzlich dafür bewpfl, daß er zur Gegenleistung bereit war, jedoch muß der Schuldner das Gegenteil beweisen, wenn er endgültig verweigerte, BGH DB **74**, 1381. Soll auf eine Klagforderung eine Zahlung nicht angerechnet werden, so muß der Kläger Forderungen aus mehreren Schuldverhältnissen beweisen, der Bekl alsdann beweisen, daß gerade die Klagforderung getilgt worden ist, BGH RR **93**, 1015, Ffm RR **88**, 108. Ist offen, ob eine Zahlung für den Empfänger oder einen Dritten, als dessen Vertreter bzw Inkassobeauftragten der Zahlungsempfänger auftritt, bestimmt war, so richtet sich die Beweislast nach den Regeln zur „Stellvertretung", Ffm RR **88**, 109. Soweit der Schuldner den Nachweis der Erfüllung nicht mehr zumutbar führen kann, weil er den geleisteten Gegenstand nicht mehr in Händen hat, muß der diesen besitzende Gläubiger beweisen, daß die Leistung im Sinn von § 363 BGB unvollständig war, Köln FamRZ **84**, 1090. Der Versicherer ist dafür bewpfl, daß der Versicherungsnehmer nach § 39 VVG gemahnt wurde, AG Mü VersR **76**, 1032.
S auch Rn 51 „– (Verdienst)", Rn 75 „Bankrecht", Rn 79 „Bürgschaft", Rn 142 „Nachgiebige Vorschriften".

**90 Erledigung der Hauptsache:** Soweit über ihr Vorliegen streitig zu entscheiden ist, ist der Kläger grds wie sonst dafür bewpfl, daß die Klagforderung zulässig und begründet war und daß (erst) ein erledigendes Ereignis sie beseitigt hat, Düss RR **91**, 138, Schneider MDR **84**, 550. Indessen kann der Bekl bewpfl werden, wenn er sich auf eine Unmöglichkeit beruft, §§ 282, 285 BGB, Düss RR **91**, 138.

**91 Fahrrad:** Die Notwendigkeit einigen Kraftaufwands zur Beseitigung der Verdrehung des Lenkers nach einem Unfall bringt einen AnschBew dafür, daß er vorher nicht fest genug saß, Ffm VersR **94**, 1118.
S auch Rn 105 ff.
**Fehlen von Umständen:** Beweispflichtig ist der Kläger. Fehlt ihm aber jeder Anhalt und kann der Bekl leicht aufklären, so ist dann, wenn der Bekl die Klärung verweigert, das Fehlen nach der Lebenserfahrung als bewiesen anzusehen (es liegt dann übrigens auch ein Verstoß des Bekl gegen die Förderungspflicht vor, Grdz 12 vor § 128, vgl auch BVerfG **54**, 157).
**Fernsprechgebührenrechnung:** Rn 79 „Btx-Anschluß", Rn 194 „Telefonrechnung".

**92 Feststellungsklage,** dazu *Stetter-Lingemann,* Die materielle Rechtskraft eines die negative Feststellungsklage abweisenden Urteils – insbesondere bei unrichtiger Beweislastverteilung, Diss Tüb 1992:
Bei der behauptenden und der leugnenden muß derjenige, der eine rechtshindernde oder rechts- vernichtende Tatsache behauptet, diese beweisen. Rechtswirkungen, wie die Gültigkeit eines Rechts- geschäfts, sind nicht zu beweisen. Die Parteistellung entscheidet nicht, § 256 Rn 47, BGH NJW **93**, 1717, Hbg FamRZ **89**, 1112, Oldb FamRZ **91**, 1071. Es reicht aus, daß die Grundlagen einer künftigen Leistungsklage wahrscheinlich gegeben sind, BGH NJW **78**, 544. Bei der leugnenden Klage ist der Bekl für das beanspruchte Recht nach Grund und Höhe bewpfl, BGH NJW **92**, 1103, Hbg FamRZ **89**, 1112.
Vgl auch § 256 Rn 47, 107.

**93 Form:** Behauptet der Kläger einen vorbehaltlosen Vertragsabschluß, der Bekl dessen Abhängigkeit von einer Schriftform, so ist der Kläger bewpfl. Wer mündliche Abreden neben einem ausführlichen schriftlichen Vertrag behauptet, muß Umstände dartun, die die Nichtaufnahme der Abreden in den Vertrag erklären. Denn der schriftliche Vertrag hat die Vermutung der Vollständigkeit und Richtigkeit für sich. Die Gerichte sollten jeden Angriff auf das einzige, einigermaßen zuverlässige Beweismittel, die Urkunde, mißtrauisch behandeln und den minderwertigeren Zeugenbeweis streng beurteilen. Wenn die Urkunde lückenhaft ist, fragt es sich, ob diese Lücken nicht als Absicht zu vermuten sind; das trifft meist zu, wenn das Gesetz die Regelung ausreichend ergänzt.
**Fortdauer** eines Zustands: Bis zum Beweis des Gegenteils spricht für sie kein Erfahrungssatz.
**Fracht:** Rn 223 „Währung", Rn 227 „Werkvertrag".

**94 Fremdwährung:** Rn 223 „Währung".
**Frist:** Wer eine Verjährung oder den Ablauf einer Ausschlußfrist behauptet, ist für Beginn und Ablauf bewpfl; zur Ausschlußfrist BGH LM § 282 (BewLast) Nr 23. Der Gegner ist dafür bewpfl, daß die Verjährung gehemmt oder unterbrochen wurde, der Einwendende ist für deren Beseitigung bewpfl. Steht ein Postein- zahlungstag fest, so liegt AnschBew dafür vor, daß die Einzahlung vor 18 Uhr erfolgte, Düss VersR **76**, 429. Bei einer Rechtsmittelfrist ist der Rechtsmittelführer grds für die Einhaltung bewpfl, jedoch nicht bei Umständen aus dem Verantwortungsbereich des Gerichts, Baumgärtel Festschrift für Mitsopoulos (Athen 1993) 22.
**Fund:** Rn 220 „Verwahrung".

**95 Geliebtentestament:** Beweispflichtig ist jeweils derjenige, zu dessen Gunsten die behaupteten Umstände bei der Prüfung der Sittenwidrigkeit ausfallen. Für diese sind der Inhalt des Testaments und seine Aus- wirkung wesentlich, auch das Motiv, etwa eine Belohnung für die Hingabe, BGH **53**, 369, aM Husmann NJW **71**, 406, Speckmann NJW **70**, 1839.
**Gemeinschaft:** Der Zusatz „TG" auf einem Spielschein beweist, daß der Ausfüller den Gewinn der Tippgemeinschaft zufließen lassen wollte, Mü RR **88**, 1268.
**Genehmigung:** Rn 141 „Minderjährigkeit".

1. Titel. Verfahren bis zum Urteil **Anh § 286**

**Gerichtsstand:** Vgl Üb 19 vor § 12.
**Gesamtschuldner:** Wer eine von § 426 BGB abweichende Vereinbarung behauptet, muß sie beweisen, BGH DB **90**, 215, Köln RR **96**, 557.
S auch Rn 75 „Bankrecht".
**Geschäftsunfähigkeit:** Rn 99 „Handlungsunfähigkeit".
**Geschlecht:** Seine Benachteiligung ist stets zu vermeiden, Art 3 II 1 GG, Richtlinie 97/80/EG v 15. 12. 97, ABl L 14/6 DE v 20. 1. 98.
**Gesellschaft:** Der Gesellschafter, der ein Recht aus einem Gesellschafterbeschluß ableitet, muß die formelle **96** und sachlichrechtliche Wirksamkeit des Beschlusses beweisen, BGH BB **82**, 1016. Nach einer Übertragung eines Gesellschaftsanteils ist derjenige bewpfl, der den Verbleib einer Forderung gegen die Gesellschaft beim Übertragenden behauptet, BGH DB **88**, 281. Wer sich auf die Nichtigkeit eines Beschlusses beruft, muß sie im einzelnen darlegen und beweisen, BGH NJW **87**, 1263. In Abwicklungsstadium ist der Gesellschafter dafür bewpfl, daß der rückständige Beitrag nicht mehr notwendig ist, der Abwickler dafür darlegungspflichtig, wie die Verhältnisse der Gesellschaft liegen, BGH MDR **79**, 119. Gliedert der herrschende Unternehmer-Gesellschafter im Rahmen eines Beherrschungsvertrags mit einer KG das Unternehmen der abhängigen Gesellschaft in das eigene Unternehmen ein, so ist er nicht nur dafür bewpfl, daß ihn kein Verschulden trifft, sondern im allgemeinen auch dafür, daß die behaupteten pflichtwidrigen Handlungen nicht vorliegen, BGH BB **79**, 1735.
Der Gesellschafter ist für die Leistung seiner *Stammeinlage* bewpfl, Köln RR **89**, 354. Soweit die GmbH beweist, daß ihr neben der Stammeinlage noch eine weitere Forderung gegen die Gesellschafter zusteht, muß er beweisen, daß er gerade die Stammeinlage vorgenommen hat, Stgt NJW **87**, 1032. Bei einem Anspruch gegen den Gesellschafter aus sog Unterbilanzhaftung kann der Anspruchsteller, der im Besitz der notwendigen Unterlagen ist, bewpfl dafür sein, daß der Gesellschafter seinen Anteil am Stammkapital bei Eintragung der Gesellschaft nicht voll eingezahlt hatte, Ffm DB **92**, 1335. Der Gesellschafter ist bewpfl, daß er keine Kenntnis von einer Krise hatte, die zur Anwendung von Eigenkapitalersatzregeln führte, BGH NJW **98**, 3201. Steht fest, daß ein Gesellschaftsanteil treuhänderisch für einen Außenstehenden gehalten worden ist, dann muß dieser, wenn er später der Gesellschaft ein Darlehen gewährt, beweisen, daß zu diesem Zeitpunkt das Treuhänderverhältnis nicht mehr bestand, BGH DB **89**, 271 (wegen einer Gesellschaftsinsolvenz). Zur BewL bei der aktienrechtlichen Anfechtungsklage Hüffer Festschrift für Fleck (1988). Der Geschäftsführer ist dafür bewpfl, eingenommene Gesellschaftsmittel an die Gesellschaft abgeführt zu haben, BGH BB **91**, 232. Der Geschäftsführer ist dafür bewpfl, für die Gesellschaft erhaltene Gelder ordnungsgemäß an die Gesellschaft weitergeleitet zu haben, Ffm RR **93**, 546. Die Gesellschaft ist bei § 303 AktG für innere Vorgänge bewpfl, der Anspruchsteller für die weiteren Voraussetzungen der Konzernhaftung, BAG NJW **99**, 741.
S auch Rn 74 „Aufrechnung".
**Geständnis:** Das prozessuale, § 290, kehrt die BewL um, das außergerichtliche ist frei zu würdigen, Köln **97** VersR **90**, 857.
**Gewässerschaden:** Zum sog Kleckerschaden Emde VersR **96**, 291 (ausf).
**Gewerblicher Rechtsschutz:** Rn 234 „Wettbewerb".
**Gewinn:** Für den entgangenen Gewinn ist der Geschädigte bewpfl, BGH NJW **89**, 2757 (krit Wolf ZZP **103**, 70). Vgl freilich § 287.
**Grundrecht:** Die Behauptung, es sei verletzt worden, ändert die Beweislast nicht, BGH **53**, 251.
**Grundschuld:** Wer eine fehlende Valutierung behauptet, ist dafür bewpfl, BGH KTS **92**, 497 (freilich muß der Sicherungsnehmer Umfang und Höhe der gesicherten Forderung beweisen). Der Schuldner ist für eine Sicherungsabrede bewpfl, die ihm Einwendungen erlaubt, BGH RR **91**, 759.
**Haftpflicht:** Vgl *Lepa*, Beweislast und Beweiswürdigung im Haftpflichtprozeß, 1988. Die Darlegungs- und **98** Beweislast für das Vorliegen der Voraussetzungen des § 4 I Nr 6 a AHG trägt der Versicherer; Beweiserleichterungen kommen dem Versicherer dabei nicht zugute, Kblz VersR **95**, 1083.
S auch Rn 105 „Kraftfahrzeug", Rn 159 „Schadensersatz", Rn 200 „Ursächlichkeit", Rn 218 „Versicherung".
**Handelsbrauch:** Soweit sein Bestehen feststeht, ist man für ein Abweichen von ihm bewpfl, Schmidt Handelsrecht (1980) 21.
S auch Rn 151 „Rechtsgeschäft".
**Handelsregister:** Seine Beweisfunktion läßt sich nicht auf Zeugnisse über den Inhalt der dem Register zur Eintragung vorgelegten Urkunden ausdehnen, Köln RR **91**, 425.
**Handelsvertreter,** dazu *Martinek,* der handelsvertreterrechtliche Ausgleichsprozeß usw, Festschrift für *Lüke* (1997) 409 (426): Er ist dafür bewpfl, daß er geschäftliche Beziehungen zwischen neuen Kunden und dem Unternehmer hergestellt hat, BGH BB **89**, 1077. Der Unternehmer ist dafür bewpfl, daß ihm die Ausführung des Geschäfts aus von ihm nicht zu vertretenden Gründen unmöglich geworden oder ihm nicht zuzumuten ist, BGH BB **89**, 1077. Zum Ausgleichsanspruch des ausgeschiedenen Tankstellenpächters BGH MDR **88**, 930. Der entgangene Gewinn ist nach § 287 zu ermitteln, dort Rn 22, BGH BB **89**, 2429. Zur BewL für den Fall, daß der Unternehmer ein Grundkapital zur Verfügung zu stellen und auf dessen Rückzahlung evtl zu verzichten hat, BGH RR **92**, 1388.
**Handlungsunfähigkeit;** dazu *Reinicke,* Entspricht die Beweislast bei Prozeßfähigkeit derjenigen bei der **99** Geschäftsfähigkeit?, in: Festschrift für *Lukes* (1989) 755; *Wolf* AcP **170**, 181 (Handlungsbegriff):
Beweispflichtig ist der Einwendende, BGH NJW **96**, 1059, Düss FamRZ **97**, 829, Musielak NJW **97**, 1741. Dies gilt bei der Unzurechnungsfähigkeit, BGH LM § 6 VVG Nr 39 (das darf aber nicht dazu führen, daß dem Versicherer die BewL für grobe Fahrlässigkeit abgenommen wird, BGH NJW **74**, 1378); bei der Testierunfähigkeit; der Deliktsunfähigkeit; der Minderjährigkeit, Saarbr NJW **73**, 2065. Wer trotzdem eine Handlungsfähigkeit behauptet, etwa nach § 112 BGB, ist dafür bewpfl. BGH **39**, 103 zieht den Beweis dafür, daß der Verletzungsvorgang nicht unter physischem Zwang erfolgt oder als unwillkürlicher Reflex durch fremde Einwirkung ausgelöst worden ist, zu den vom Verletzten zu beweisenden

Tatsachen, weil andernfalls kein der Bewußtseinskontrolle unterliegendes und durch den Willen beherrschtes Tun vorliege, also keine Handlung im Sinne von § 823 BGB; davon weicht BGH NJW **87**, 121 bei Bewußtlosigkeit des Täters ab und gibt ihm diese BewL. Wegen der Prozeßfähigkeit § 56 Rn 5.

**Haustürgeschäft:** Vgl zunächst Rn 77 „Bedingung und Befristung" sowie Rn 235 „Widerruf". Läßt sich der Auftragnehmer eine von ihm vorformulierte Erklärung bestätigen, die mündliche Verhandlung sei auf vorhergehende Bestellung des Kunden geführt worden, so bleibt es wegen Nichtigkeit dieser Klausel, § 11 Nr 15 b AGBG, bei der BewL des Auftragnehmers für eine vorhergegangene Bestellung im Sinn von § 1 II Nr 1 HWiG, Zweibr RR **92**, 565. Ist streitig, ob und wann die Belehrung über das Widerrufsrecht usw dem Kunden ausgehändigt worden ist, so ist sein Vertragsgegner bewpfl, § 2 II HWiG. Zur BewL beim Übergangsrecht BGH NJW **91**, 1052 (abl Boecken DB **92**, 461).

**Hebamme:** Ein schwerer Behandlungsfehler kann zu Beweiserleichterungen zugunsten der Patientin bei der Frage der Ursächlichkeit führen, Brschw VersR **87**, 76.

**Herausgabe:** Wegen der Notwendigkeit einer Gesamtschau sachlichrechtlicher und prozessualer Regeln, insbesondere des § 893, kommt es auf einen Beweis der Unmöglichkeit der Herausgabe nur an, soweit der Schuldner behauptet, er habe die Unmöglichkeit nicht zu vertreten, PalH § 275 BGB Rn 25, Schmidt ZZP **87**, 61, aM Wittig NJW **93**, 638. Hat der Besitzer in gemieteten Räumen investiert, so muß er gegenüber dem Anspruch des Eigentümers auf Herausgabe von Nutzungen den nicht herausgabepflichtigen Investitionsmehrwert beweisen, BGH BB **95**, 2341.

**Hinterlegung:** Beim Streit, an wen herauszugeben ist, trägt grds der Kläger wie bei § 812 BGB die BewL, BGH **109**, 244; bei einer Widerklage entscheidet das Innenverhältnis, Peters NJW **96**, 1249.

**Höferecht:** Verlangt ein Abkömmling aus einem formlosen Hofübergabevertrag die Übereignung des Hofes, so trifft ihn die BewL dafür, daß sich der Eigentümer trotz aufgetretener Zerwürfnisse binden wollte und die Bindung nachträglich nicht wieder weggefallen ist, BGH MDR **93**, 241.

**100** **Immission:** Rn 237 „Zuführung".

**Injektionsschaden:** Rn 56 „Ärztliche Behandlung".

**Insolvenz:** Der Gläubiger ist grds dafür bewpfl, daß die objektiven Voraussetzungen einer Pflicht zum Insolvenzantrag vorlagen, BGH BB **94**, 1657. Zur BewL zur Überschuldung nach Gutachten BGH NJW **97**, 3171, und bei Kreditunwürdigkeit einer GmbH BGH BB **98**, 555. Ein bei unzureichender Deckung etwa vorhandenes Beweisanzeichen für die Benachteiligungsabsicht des Schuldners kann bei nur geringer Unterdeckung entkräftet sein, noch dazu bei einem direkten Zusammenhang mit einem Sanierungsplan usw, BGH RR **93**, 238. Hat der Schuldner dem Anfechtungsgegner eine Vergütung für Leistungen gewährt, die dieser unentgeltlich zu erbringen hatte, so liegt darin ein erhebliches Beweisanzeichen für eine Gläubigerbenachteiligungsabsicht, BGH NJW **95**, 1093.

S auch Rn 37 „Anfechtungsgesetz", Rn 40 „Arbeitnehmer", Rn 96 „Gesellschaft".

**Kartellrecht:** Wegen der BewL beim Alleinbezugsvertrag wegen Art 85 I EWGV Ebenroth/Rapp JZ **91**, 965. Die BewL dafür, daß die Behinderung eines Unternehmens unbillig im Sinn von § 26 II GWB ist, trifft denjenigen, der daraus Rechte herleitet, BGH **134**, 9.

**101** **Kauf,** dazu *Henninger,* Die Frage der Beweislast im Rahmen des UN-Kaufrechts usw, 1995; *Reimers-Zocher,* Beweislastfragen im Haager und Wiener Kaufrecht, 1995: Wer einen freibleibenden Kauf oder einen Rücktrittsvorbehalt oder ein Umtauschrecht behauptet, ist dafür bewpfl. Wenn der Kläger einen Kauf zu einem unbestimmten, angemessenen Preis behauptet, der Bekl (Käufer) einen solchen zu einem bestimmten Preis, dann ist der Kläger für seine Behauptung bewpfl. Wegen Stundung s „Erfüllung". Verweigert der Käufer bei einem Kauf Zug um Zug die Annahme, so muß grundsätzlich der Verkäufer beweisen, daß die Ware mangelfrei ist, BGH DB **86**, 1386; der Käufer muß die Mangelhaftigkeit bei einer Vertragsklausel „Kassa gegen Faktura" oder dann beweisen, wenn er vorzuleisten hat. Der Verkäufer, der im schriftlichen Vertrag erklärt hatte, am verkauften PKW sei nur Blechschaden entstanden, muß, bei schärfsten Anforderungen an ihn beweisen, den tatsächlich größeren Schadensumfang mündlich erläutert zu haben, Bbg RR **94**, 1333. Der Käufer, der trotz Beschränkung seiner Gewährleistungsrechte auf Nachbesserung oder Ersatzlieferung wegen § 11 Z 15 AGBG wandelt oder mindert, ist dafür bewpfl, daß die Nachbesserung oder Ersatzlieferung fehlgeschlagen ist, BGH DB **90**, 1082, auch wenn sich die Sache nicht mehr beim Verkäufer befindet, Düss OLGZ **92**, 382. Der Käufer, der das Fehlen einer Eigenschaft usw erst nach Monaten rügt, ist für ihr anfängliches Fehlen bewpfl, Köln RR **95**, 751 (Alarmanlage).

Der Käufer, der wegen *Untergangs* wandelt, ist für sein Nichtverschulden bewpfl, BGH NJW **75**, 44. Der Verkäufer kann bei einer Wandlung des Käufers für die Mangelfreiheit der Ware bewpfl sein, Hamm MDR **81**, 756. Nach einer Annahme als Erfüllung muß der mindernde oder wandelnde Käufer aber den Mangel beweisen, BGH **86**, 1386. Einzelheiten zur BewL für Sollbeschaffenheit und Qualitätsabrede Nierwetberg NJW **93**, 1745. Der Käufer muß Arglist beweisen, der Verkäufer deren Nichtursächlichkeit oder die Mängelkenntnis des Käufers, BGH **89**, 1583. Beim Kauf auf Probe muß nach sofortiger Beanstandung durch den Käufer der Verkäufer die BewL für die Probemäßigkeit, Karlsr OLGZ **91**, 372, aM PalP § 494 BGB Rn 11 (es gelte § 363 BGB).

**102** Beim anfänglichen *Skonto* ist meist der Verkäufer für das Fehlen usw bewpfl, BGH NJW **83**, 2944; anders ist natürlich eine nachträgliche Ermäßigung zu beurteilen, BGH NJW **83**, 2944. Bei der Klausel „gekauft wie besichtigt" ist der Verkäufer dafür bewpfl, daß der Käufer den Mangel kannte oder hatte erkennen müssen, Ffm MDR **80**, 140. Behauptet ein Grundstückskäufer, dem „Miet- und Pachtrechte" bekannt waren, ihm sei bei den Verhandlungen gesagt worden, die Verlängerungsvereinbarung zu einem Pachtvertrag sei zurückgenommen worden, so ist er bewpfl, BGH RR **88**, 79. Bei einer Garantie des Verkäufers ist er für ein Verschulden des Käufers während der Garantiezeit bewpfl, BGH DB **95**, 623. Fordert der Verkäufer einen höheren Preis, so muß er den entsprechenden Umfang der Lieferung beweisen, LG Freibg MDR **80**, 140. Wegen Verzugsschadens durch Kursverlust BGH NJW **76**, 848. Wegen des Vorkaufsrechts eines Siedlungsunternehmens BGH DB **77**, 494.

**103** Der Käufer ist für den Zugang der Mängelanzeige nach § 377 *HGB* bewpfl, BGH NJW **87**, 2236. Wegen eines Beweislastvertrags beim Kauf von Einbaumöbeln Rn 6. Wegen des Einheitlichen Kauf-

1. Titel. Verfahren bis zum Urteil **Anh § 286**

gesetzes Düss DB **87**, 1039. Zweibr MDR **87**, 844 zählt einen Stromlieferungsvertrag hierher und macht den Lieferanten für einwandfreie Zähler und Ablesungen bewpfl. Beim Gaststättentrunk „auf Bierdeckel" reicht nicht einmal der (nicht vom Trinker geschriebene) Name des Trinkers aus, aM AG Saarbr RR **88**, 948 (aber das öffnet der Fälschung Tür und Tor).

S auch Rn 99 „Haustürgeschäft", Rn 130 „Mehrwertsteuer", Rn 186 „Schenkung", Rn 189 „Schlechterfüllung", Rn 223 „Vorkauf".

**Kausalität:** Rn 200 „Ursächlichkeit".

**Kindergeld:** Der Berechtigte bzw Begünstigte ist dafür bewpfl, daß die Sperrfrist von 7 Tagen seit der **104** Gutschrift noch nicht abgelaufen ist, § 12 I 3 Hs 2 BKGG.

**Klagebefugnis:** Man muß ihren Wegfall wegen Forderungsübergangs beweisen, KG BB **97**, 114.

**Kommission:** Im Rahmen des § 384 III HGB trägt der Kommissionär die Beweislast dafür, daß er dem Kommittenten zugleich mit der Anzeige von der Ausführung der Kommission den Dritten namhaft gemacht hat, mit dem er das Geschäft abgeschlossen hat, BGH DB **84**, 2297. Der Kommissionär ist dafür bewpfl, daß der Verlust oder die Beschädigung trotz der Sorgfalt eines ordentlichen Kaufmanns unabwendbar waren, § 390 HGB. Der Kommissionär ist für die Durchführung eines Auftrags wegen im Ausland verwahrter Wertpapiere bewpfl, BGH DB **88**, 1313.

**Kontokorrent:** Rn 75 „Bankrecht".

**Kraftfahrzeug, Fahrrad:** Es ist sehr fein zu unterscheiden. **105**

– **(Abbiegen):** Rn 114 „Linksabbiegen".

– **(Abstand):** Der AnschBew gegen den Auffahrer geht dahin, daß er entweder einen zu kurzen Abstand einhielt, zB bei 60 km/h nur eine Wagenlänge, Bre VersR **76**, 545, oder auf den Vordermann zu spät reagierte, Celle VersR **74**, 496. Bei § 3 I StVO fehlt ein AnschBew, wenn der Fußgänger evtl zu spät auf die Fahrbahn trat, LG Tüb VersR **98**, 607.

– **(Alkohol):** Wenn ein alkoholbedingt *bewußtseinsgestörter Fußgänger* einen Unfall erleidet, spricht ein **106** AnschBew nicht für die Schuld des ihn auf der eigenen Fahrbahn von hinten erfassenden Pkw-Fahrers, Mü RR **86**, 253, aM Zweibr VersR **77**, 1135 (zum alten Recht), LG Köln VersR **84**, 796 (aber auch § 3 II StVO entkräftet nicht eine Lebenserfahrung). Dieser AnschBew wird nicht schon durch die Möglichkeit entkräftet, daß auch ein Nüchterner die gleiche Unachtsamkeit begehen kann, BGH **LM** § 286 (C) Nr 66, Stgt VersR **72**, 827. Der AnschBew wird vielmehr erst bei der realen Möglichkeit entkräftet, daß der Gefährdete auch nüchtern die Lage nicht gemeistert hätte, Kblz VersR **75**, 515.

Die Beweislast des Versicherers für eine *absolute Fahruntüchtigkeit* des Versicherungsnehmers besteht auch gegenüber einem vom Versicherungsnehmer behaupteten Nachtrunk, Hamm VersR **81**, 924. Ist aber die Fahruntüchtigkeit zur Unfallzeit geklärt, dann ist der Versicherungsnehmer für den Nachtrunk bewpfl, Nürnb VersR **84**, 437. Bei einer relativen Fahruntüchtigkeit spricht kein AnschBew dafür, daß über die Alkoholmenge hinaus weitere ernsthafte Anzeichen für Ausfallerscheinungen vorliegen, Hamm VersR **81**, 924.

Bei alkoholbedingter nur *relativer Fahruntüchtigkeit* gibt es keinen AnschBew für sie, BGH NZV **88**, 17. Wenn ein alkoholbedingt Fahruntüchtiger verunglückt, spricht ein AnschBew dafür, daß der Alkohol unfallursächlich war, falls ein Nüchterner die Verkehrslage hätte meistern können, Ffm VersR **87**, 281, Karlsr VersR **83**, 628. Selbst bei einem verkehrswidrigen Verhalten des *nüchternen Gegners* bleibt ein AnschBew für eine Mitursächlichkeit der Trunkenheit bestehen, Köln MDR **72**, 781, aM KG NJW **75**, 267, Schlesw VersR **75**, 290, falls auch ein Nüchterner ebenso wie der Angetrunkene reagiert hätte.

Wenn der Fahrer bei 1,94⁰/₀₀ auf der Gegenfahrbahn mit einem *Entgegenkommer* zusammenstößt, **107** liegt ein AnschBew für grobe Fahrlässigkeit des betrunkenen Fahrers vor, LG Köln VersR **82**, 386. Zu streng wertet Ffm VersR **85**, 759 beim Ermüdeten bereits 1,15⁰/₀₀ als Anzeichen einer alkoholbedingten Bewußtseinsstörung. Beim Zusammenstoß in Fahrbahnmitte kann AnschBew dafür vorliegen, daß der mit 2,4⁰/₀₀ Alkoholisierte infolgedessen auf die Gegenfahrbahn geriet, Hamm VersR **87**, 788.

Der AnschBew der Schuld des Angetrunkenen ist entkräftet, wenn der *Gegner ebenfalls alkoholbedingt fahruntüchtig* ist, Schlesw VersR **92**, 843, LG Münst VersR **77**, 128. Wegen des AnschBew bei einem angetrunkenen Kleinkraftradfahrer LG Frankenthal VersR **74**, 533. Wenn jemand stark alkoholisiert einen Unfall begeht, den ein Nüchterner vermieden hätte, spricht ein AnschBew für Bewußtseinsstörung als Unfallursache, Hamm VersR **77**, 762, Kblz VersR **74**, 1215.

Ein Mitverschulden des *Mitfahrers* setzt voraus, daß er die Fahruntüchtigkeit des alkoholisierten Fahrers hätte erkennen müssen, Ffm VersR **87**, 1142 (dazu soll nicht einmal Alkoholgeruch bei Verlassen einer Diskothek zu später Nachtzeit ausreichen!), Köln VHR **96**, 38. Es gibt keinen AnschBew dafür, daß der Mitfahrer die Fahruntauglichkeit des Fahrers erkennen muß, und zwar selbst dann nicht, wenn der Fahrer hochgradig alkoholisiert ist, LG Köln VersR **74**, 1187.

Es gibt keinen AnschBew für Alkohol als Unfallursache, *wenn ein nüchterner Fahrer nicht anders gehandelt hätte*, Bbg VersR **87**, 909; die bloße Möglichkeit eines auch in nüchternem Zustand gleichen Unfallablaufs entlastet freilich nicht, LG BadBad VersR **74**, 54, LG Stgt VersR **83**, 1153. Man kann nicht schon bei jedem Fahrer, der nicht mehr ganz nüchtern ist, ein falsches Verhalten annehmen, Zweibr DB **75**, 497. Der AnschBew der Ursächlichkeit der Angetrunkenheit des Fahrers für den Unfall wird nicht schon durch die bloße Behauptung eines sog Nachtrunks entkräftet, Ffm VersR **81**, 51.

– **(Ampel):** Das Überfahren einer roten Ampel läßt sich nur nach den Gesamtumständen beurteilen, **108** Hamm RR **87**, 609. Der Ampelbetreiber ist dafür bewpfl, daß er an einer Ampelstörung keine Schuld trägt, Düss MDR **76**, 842.

S auch Rn 114 „Linksabbiegen".

– **(Anfahren vom Fahrbahnrand):** AnschBew spricht für ein Verschulden desjenigen, der vom Fahrbahnrand anfährt, gegenüber dem fließenden Verkehr, Düss VersR **78**, 852.

S auch Rn 125 „– (Vorfahrt)".

**Anh § 286** 2. Buch. 1. Abschnitt. Verfahren vor den LGen

- **(Anrollen):** Rn 110 „– (Führerlosigkeit)".
- **(Aquaplaning):** Rn 116 „– (Nässe)".
- **(Auffahren):** Beim Auffahren (Vorderpartie gegen Hinterpartie eines Kfz, Oldb VersR **92**, 842, kein seitlicher Aufprall, kein Aufprall auf ein schräges Fahrrad) sind alle Umstände beachtlich, KG MDR **75**, 664. Es gilt der Grundsatz eines AnschBew für das Verschulden des Auffahrers, BGH VersR **75**, 374, Celle VersR **74**, 438 und 496, Düss VersR **75**, 956.
S im einzelnen bei den unterschiedlichen Merkmalen eines Auffahrunfalls sowie Rn 110 „Doppelauffahren".

109
- **(Bahnübergang):** Wird jemand auf dem Übergang einer eingleisigen Bahnstrecke trotz rechtzeitig geschlossener Schranken von einem Zug erfaßt, spricht der AnschBew dafür, daß sich der Unglücksfall nicht ohne Verschulden des Verunglückten ereignet, BGH LM § 1 HaftpflG Nr 11.
- **(Baum):** Fährt jemand gegen einen Baum usw., so besteht AnschBew für ein Verschulden, Ffm VersR **87**, 281. Daran ändert auch eine Übermüdung nichts.
S auch Rn 112 „– (Hindernis)".
- **(Beifahrer):** Rn 107 „– (Alkohol)".
- **(Beleuchtung):** AnschBew für Verschulden des Wartepflichtigen kann entkräftet sein, wenn der Vorfahrtberechtigte nachts ohne Licht fährt, Köln VersR **88**, 859.
S auch Rn 112 „– (Hindernis)" sowie bei den einzelnen Beleuchtungsarten.
- **(Bergfahrer):** Ein AnschBew kann für ein Auffahren des Talfahrers statt für ein Zurückrollen des Bergfahrers sprechen, LG Stgt NJW **90**, 1858.
- **(Berührung):** AnschBew spricht grds für ein Verschulden des Fahrers, wenn eine Berührung mit einem anderen Fahrzeug erfolgt, BGH VersR **61**, 444, aM BGH VersR **75**, 765 (Überholen).
S aber auch Rn 121 „– (Ursächlichkeit)".
- **(Betrug):** Rn 120 „– (Täuschung)".
- **(Blutalkohol):** Rn 106 „– (Alkohol)".
- **(Bremsen):** Der AnschBew gegen einen Linksfahrer kann entkräftet sein, wenn sich der Unfall erst infolge eines Bremsens ereignet, dessen Ursache nicht erwiesen ist, Oldb VersR **78**, 1449, LG Stgt VersR **84**, 592. Der AnschBew gegen den Auffahrer kann entfallen, wenn der Vordermann scharf bremst, vgl auch Köln VersR **76**, 670, aM LG Freib VersR **77**, 90 (Mitschuld, wenn der Vordermann wegen eines Tieres bremst. Die bloße Behauptung, ein Tier sei in die Fahrspur gelaufen, reicht meist nicht, Karlsr Just **79**, 295). Der AnschBew gegen den Auffahrer ist aber nicht entkräftet, wenn er den Grund des Bremsens des Vordermanns erkennt, AG Singen VersR **77**, 629. Ein Bushalter ist gegenüber dem Fahrgast dafür bewpfl, daß seine scharfe Bremsung notwendig ist, KG VersR **77**, 724, aM LG Düss VersR **83**, 1044.
S auch Rn 124 „– (Verwechslung)".
- **(Bundesautobahn):** Kommt ein Fahrer über den Grünstreifen der Autobahn auf die Gegenfahrbahn, spricht AnschBew für sein Verschulden, außer wenn die Fahrbahn grobe Mängel aufweist, BGH LM § 286 (C) Nr 53 c. Beim Auffahren auf einer BAB-Einfahrt spricht kein AnschBew gegen den BAB-Benutzer, BGH NJW **82**, 1596, aM LG Köln VersR **74**, 1008. Wer auf der BAB einen Unfall verursacht, kann zu 2/3 am Schaden eines Hineinfahrers schuldig sein, Düss VersR **78**, 142.
- **(Bus):** Es gibt keinen AnschBew, daß ein Linienbus an einer Haltestelle hält, LG Bln VersR **76**, 1097.
S auch „– (Bremsen)".

110
- **(Diebstahl):** Rn 114 „– (Lenkradschloß)", Rn 122 „– (Versicherung)".
- **(Doppelauffahren):** Der AnschBew gegen jeden Auffahrer besteht auch beim sog Doppelauffahrenfall, BGH NJW **73**, 1284, Ffm VersR **73**, 720, Zweibr VersR **75**, 1158. Der AnschBew gegen den Hintermann als Auffahrer kann entkräftet sein, wenn auch sein Vordermann selbst auffährt, Bre VersR **76**, 571, Düss VersR **99**, 729, LG Heilbr VersR **87**, 290. Beim sog Kettenunfall (Massenunfall), dazu Heitmann VersR **94**, 137, gilt der Anscheinsbeweis nur gegen den letzten Fahrer, LG Heilbr VersR **87**, 290. Ein Fahrer inmitten der Kette hat bei einer Unklarheit über die Reihenfolge der Anstöße denjenigen Teil des Gesamtschadens zu tragen, der dem Umfang der von ihm mit Sicherheit verursachten Schäden im Verhältnis zu den übrigen Beschädigungen entspricht. Karlsr VersR **82**, 1150. Soweit er beweist, daß der Hintermann auf ihn auffuhr, braucht er nicht zu beweisen, daß sein eigener Wagen durch den Stoß von rückwärts auf seinen Vordermann aufgeschoben wurde, Nürnb VersR **83**, 252.
- **(Einsehbarkeit):** Der AnschBew gegen den Wartepflichtigen kann bei einer schwer einsehbaren Vorfahrtstraße entkräftet sein, Hamm VersR **78**, 64, Köln VersR **88**, 859; freilich gilt dort die höchste Sorgfaltspflicht.
- **(Eisglätte):** Rn 112 „Glatteis".
- **(Entgegenkommer):** Beim Zusammenstoß auf der linken Seite kann der Entgegenkommer mitschuldig sein, Oldb VersR **89**, 526. Der AnschBew für Verschulden des Linksfahrers kann ferner entkräftet sein, wenn der Entgegenkommer nach links abbiegt, besonders bei einem Grundstück, LG Mü VersR **83**, 936. Der AnschBew für das Verschulden eines Fahrers wird nicht dadurch entkräftet, daß nach § 18 I 2 StVG im Rahmen der Gefährdungshaftung das Verschulden des entgegenkommenden Fahrers vermutet wird, Bbg VersR **74**, 60. Wer trotz Gegenverkehrs überholt wird und nach rechts abkommt, hat keinen AnschBew gegen sich, BGH NJW **96**, 1828.
- **(Fahrbahnrand):** Rn 108 „– (Anfahren vom Fahrbahnrand)".
- **(Fahrer):** Wer nur Fahrer, nicht Halter ist, braucht nicht die Unabwendbarkeit des Unfalls, sondern nur seine Schuldlosigkeit zu beweisen, § 18 I 2 StVG, Bbg VersR **74**, 60, freilich hinsichtlich sämtlicher möglichen Unfallursachen, BGH MDR **74**, 1012.
- **(Fahrerlaubnis):** Wer ohne sie fährt, hat den AnschBew für Unfallursächlichkeit zumindest dann zu entkräften, wenn ähnliches Fahren die Entziehungsursache war, LG Lpz RR **97**, 25.

1. Titel. Verfahren bis zum Urteil **Anh § 286**

– **(Fahrlehrer, -schüler):** Der Fahrlehrer ist dafür bewpfl, daß er den Motorrad-Fahrschüler ausreichend im Kurvenfahren unterwiesen hat, Mü VersR **88**, 526.
– **(Fahruntüchtigkeit):** Rn 106 „– (Alkohol)".
– **(Führerlosigkeit):** AnschBew spricht für ein Verschulden desjenigen, der ein Fahrzeug nachmittags geparkt hatte, wenn es nachts führerlos anrollt, Köln MDR **74**, 754.
– **(Fußgänger):** Beim Zusammenstoß eines Fußgängers mit einem Kfz auf dessen Fahrbahnseite spricht ein AnschBew dafür, daß der Fußgänger unaufmerksam ist, BGH **LM** § 286 Nr 13, Nürnb VersR **84**, 247, aM Zweibr VersR **77**, 1135. Dies gilt auch dann, wenn der Fußgänger vor Schreck fällt, BGH VersR **74**, 196, oder wenn es sich um ein Kind handelt, Nürnb VersR **84**, 247, oder wenn der Fußgänger betrunken ist, auf der Fahrbahn rechts (statt auf einem der Seitenwege) nachts schwarz gekleidet geht und nicht durch Laternen beleuchtet ist, Karlsr VersR **89**, 302. Bleibt ein Fußgänger am Busausstieg hängen, so spricht AnschBew für seinen Unfallschock, LG Hanau VersR **73**, 971. Wird jemand auf dem Übergang einer eingleisigen Bahnstrecke trotz rechtzeitig geschlossener Schranken von einem Zug erfaßt, spricht der AnschBew dafür, daß sich der Unglücksfall nicht ohne Verschulden des Verunglückten ereignet, BGH **LM** § 1 HaftpflG Nr 11. Bei einem Unfall mit einer nach § 3 I StVO geschützten Person fehlt ein AnschBew gegen den Fahrer, wenn der Geschützte evtl zu spät auf die Fahrbahn trat, LG Tüb VersR **98**, 607. Bei § 3 II a StVO setzt ein AnschBew der Schuld des Fahrers voraus, daß er den Geschützten sieht oder sehen kann, Hamm RR **87**, 1250.
  S auch Rn 106 „– (Alkohol)", Rn 117 „– (Rückwärtsfahrt)".
– **(Gefährdungshaftung):** Rn 110 „– (Entgegenkommer)". **111**
– **(Gefälle):** Bei ansteigender Straße besteht beim Anfahren kein AnschBew gegen den Hintermann (Auffahren) oder Vordermann (Zurückrollen), LG Köln NJW **92**, 324.
– **(Gegenfahrbahn):** S zunächst Rn 114 „– (Linke Seite)". Die bloße Benutzung der Gegenfahrbahn reicht nicht stets für ein AnschBew des Verschuldens aus, BGH JZ **86**, 251, Ffm VersR **91**, 1194 (Möglichkeit der Schuld eines Dritten).
  S aber auch Rn 109 „– (Bundesautobahn)".
– **(Gehweg):** Rn 117 „– (Rückwärtsfahrt)".
– **(Gerade Strecke):** AnschBew spricht grds für ein Verschulden des Fahrers, wenn sein Fahrzeug auf gerader Strecke aus der Fahrbahn getragen wird, vgl auch Ffm VersR **87**, 281, Hamm MDR **93**, 516, Karlsr VersR **94**, 698, aber nicht, wenn er trotz Gegenverkehrs knapp überholt wurde, BGH NJW **96**, 1828.
– **(Geschwindigkeit):** Rn 120 „– (Tempo)".
– **(Glatteis):** AnschBew für Verschulden des Fahrers liegt vor, wenn der Wagen bei Glatteis ins Schleu- **112** dern gerät, BGH **LM** § 286 (C) Nr 46 und 62 a, Hamm VersR **78**, 950, Schlesw VersR **75**, 1132, milder Köln VersR **99**, 377, Schlesw (7. ZS) VersR **99**, 375 (nur bei Vorhersehbarkeit. Aber Glatteis ist meist vorhersehbar, sogar unter dünnem Schnee). AnschBew liegt ferner bei einem Unfall in Windböen und bei Glatteis vor, BGH **LM** § 286 (C) Nr 53 b, KG VersR **85**, 370, Karlsr VersR **75**, 886. Dabei ist eine Entkräftung zwar dann möglich, wenn ein Beifahrer den Fahrer irritiert, KG VersR **85**, 369, nicht aber schon dann, wenn der Fahrer die nötige und mögliche besondere Fahrweise in solcher Lage nicht kennt oder nur mangelhaft beherrscht, BGH **LM** § 286 (C) Nr 62 a.
– **(Granulat):** Rn 119 „– (Stein)".
– **(Grundstücksaus- oder einfahrt):** AnschBew spricht für ein Verschulden desjenigen, der aus einem Grundstück herausfährt, gegenüber dem fließenden Verkehr, KG VersR **75**, 664, oder für ein Verschulden desjenigen, der als Einbieger in ein Grundstück mit einem Überholer zusammenstößt, Oldb VersR **78**, 1027, LG Mü VersR **83**, 936, oder sonstwie mit dem fließenden Verkehr zusammenstößt, Hamm VersR **79**, 266.
  S auch Rn 124 „– (Vorfahrt)".
– **(Haube):** Es besteht kein AnschBew, daß der Tankwart am Vortag den Umstand verschuldete, daß die Haube später aufliegen konnte, LG Trier VersR **73**, 973.
– **(Hindernis):** Es besteht kein AnschBew für Verschulden desjenigen, der bei Dunkelheit auf ein unbeleuchtetes Hindernis auffährt, Celle VersR **86**, 450.
  S auch Rn 109 „– (Baum)".
– **(Kanaldeckel):** Der Verkehrssicherungspflichtige ist bewpfl, daß das Unterbleiben regelmäßiger Kontrollen eines (dann brüchigen) Kanaldeckels nicht schadensursächlich war, Ffm MDR **81**, 764.
– **(Kauf):** Rn 101. **113**
– **(Kausalität):** Rn 121 „– (Ursächlichkeit)".
– **(Kettenunfall):** Rn 110 „– (Doppelauffahren)".
– **(Kind):** § 7 I StVG gilt auch zu Lasten desjenigen, der einem Kind ausweicht und von dessen Eltern Schadensersatz wegen Geschäftsführung ohne Auftrag fordert, Celle VersR **76**, 449.
  S auch Rn 115 „– (Minderjähriger)".
– **(Kraftrad):** S bei den einzelnen Vorgängen.
– **(Kreuzung):** Rn 110 „– (Einsehbarkeit)", Rn 114 „Linksabbiegen", Rn 124 „– (Vorfahrt)", Rn 125 „– (Wartepflicht)".
– **(Kurve):** AnschBew spricht für ein Verschulden des Fahrers, wenn sein Fahrzeug in einer Kurve aus der Fahrbahn getragen wird, Düss VersR **81**, 263, LG Köln VersR **84**, 396, sei es in einer Linkskurve, KG VersR **81**, 64, in einer Rechtskurve oder in einer Doppelkurve, Celle VersR **74**, 1226. Der AnschBew gegen den Auffahrer kann entkräftet sein, wenn sich der Auffahrunfall in einer engen starken Kurve ereignet.
  S auch Rn 110 „– (Fahrlehrer, -schüler)".
– **(Laterne):** AnschBew gegen den Auffahrer kann entkräftet sein, wenn jemand gegen einen nur **114** unzureichend durch eine Laterne beleuchteten Lkw fährt, weil er nicht genug dem Eigentempo angepaßt Obacht gibt, Hamm VersR **87**, 492.

**Anh § 286**   2. Buch. 1. Abschnitt. Verfahren vor den LGen

- **(Lenkradschloß):** Es besteht kein AnschBew, daß das unbeschädigte Lenkradschloß des gestohlenen Pkw nicht auf „Blockieren" eingestellt war, Hamm VersR **73**, 122.
- **(Linienbus):** Rn 109 „– (Bus)".
- **(Linke Seite):** AnschBew spricht für ein Verschulden desjenigen, der grundlos nach links gerät, BGH JZ **86**, 251, Hamm MDR **93**, 516, KG VersR **83**, 1163, und dort mit einem Entgegenkommer zusammenstößt, BGH **LM** § 8 StVO Nr 9, Düss VersR **88**, 1190, Oldb VersR **89**, 526 (Mitverschulden des Entgegenkommers), oder mit einem Wartepflichtigen, BGH NJW **82**, 2668.
  S auch Rn 110 „– (Entgegenkommer)", Rn 111 „– (Gegenfahrbahn)".
- **(Linksabbiegen):** Es besteht AnschBew dafür, daß ein Linksabbieger schuldhaft handelt, wenn er mit einem geradeaus fahrenden Entgegenkommer in dessen Fahrbahn zusammenstößt, Celle VersR **78**, 94 (dieser AnschBew ist entkräftbar), Düss VersR **76**, 1135. Es besteht kein AnschBew für ein Verschulden des Überholers bei einem Zusammenstoß mit dem in derselben Richtung nach links Abbiegenden, aM Oldb VersR **74**, 762, und zwar auch dann nicht, wenn der Überholte alsbald von der Fahrbahn abkommt, LG Traunstein VersR **76**, 476. Beim Zusammenstoß zwischen einem Linksabbieger und einem entgegenkommenden Geradeausfahrer an einer mit grünem Pfeil versehenen Kreuzung entfällt eine BewL des Abbiegers wegen § 9 I, III StVO, BGH MDR **97**, 733, und muß der Geradeausfahrer beweisen, daß der Pfeil nicht leuchtete, BGH NJW **96**, 1405, solange nicht feststeht, daß die Ampelschaltung defekt war.

115
- **(Massenunfall):** Rn 110 „– (Doppelauffahren)".
- **(Mauer):** Rn 109 „– (Baum)".
- **(Mietwagen):** Der Geschädigte muß die Notwendigkeit eines Mietwagens insbesondere dann beweisen, wenn seine Fahrleistung vor und nach dem Unfall wesentlich geringer ist als während der umstrittenen Ausfallzeit; das Gericht darf dann auch nicht einfach einen Mindestbetrag für Mietwagenkosten ansetzen, LG Paderborn VersR **81**, 585.
- **(Minderjähriger):** Ein AnschBew ist auch gegenüber einem falsch fahrenden Minderjährigen möglich, BGH **LM** § 828 BGB Nr 4.
  S auch Rn 113 „– (Kind)".
- **(Mitverschulden):** S bei den einzelnen Gründen eines Mitverschuldens.
- **(Montage):** Es gibt grds keinen AnschBew für die Ursächlichkeit eines Montagefehlers im Herstellerwerk für einen späteren Unfall, Oldb VersR **84**, 1097. Ausnahmen können nach einer sog Rückrufaktion gelten.
- **(Motorrad):** S bei den einzelnen Vorgängen.

116
- **(Nässe):** Der AnschBew gegen den Auffahrer besteht auch bei sehr nasser Fahrbahn, BGH VersR **75**, 374. AnschBew für ein Verschulden des Fahrers besteht dann, wenn sein Wagen infolge Aquaplaning ins Schleudern gerät, Düss VersR **75**, 160, jedoch nicht für grobes Verschulden, Hamm VersR **85**, 679.
- **(Ölspur):** Der AnschBew gegen einen Auffahrer kann entkräftet sein, wenn der Auffahrer möglicherweise nur infolge einer Ölspur auf seiner Fahrbahn in Verbindung mit Seitenwind ins Schleudern kam, Hbg VersR **80**, 1172.
- **(Parklicht):** Der AnschBew gegen den Auffahrer kann entkräftet sein, wenn der Vordermann außerhalb eines geschlossenen Ortschaft nur das Parklicht einschaltet, Mü VersR **83**, 1064.
- **(Parklücke):** Rn 117 „– (Rückwärtsfahrt)".
- **(Parkstreifen):** Rn 117 „– (Rückwärtsfahrt)".
- **(Querstellen):** Der AnschBew gegen einen Auffahrer kann entkräftet sein, wenn der Vordermann grob fahrlässig von der Fahrbahn abkommt und sich querstellt, Hamm VersR **81**, 788.

117
- **(Reaktion):** Rn 105 „– (Abstand)".
- **(Rechte Seite):** AnschBew spricht für ein Verschulden desjenigen, der grundlos nach rechts gerät, BGH VersR **84**, 44 (Entlastungsbeweis möglich, wenn ein Tier den Fahrer irritierte).
- **(Reifen):** Der AnschBew gegen den von der Fahrbahn abkommenden Fahrer kann erschüttert werden, wenn infolge eines schleichenden Luftverlustes der Vorderreifen zusammenbricht, Köln VersR **89**, 526.
- **(Rettungswagen):** AnschBew gegen den Wartepflichtigen kann entkräftet sein, wenn ein Rettungswagen die Vorfahrtstraße kreuzt.
- **(Richtgeschwindigkeit):** Die bloße Überschreitung einer Richtgeschwindigkeit erbringt noch keinen AnschBew für die Ursache des folgenden Unfalls, Jagusch VersR **74**, 883, auch nicht für die BAB, Köln VersR **82**, 708; indessen kann sich der Fahrer dann nur für den Fall auf § 7 II StVG berufen, daß er nachweist, daß es auch beim Einhalten des Richttempos zu vergleichbaren Folgen gekommen wäre, BGH BB **92**, 1310.
  S auch Rn 120 „– (Tempo)".
- **(Rückblick):** Rn 120 „– (Tempo)".
- **(Rücktritt):** Wer den Einwand erhebt, auch der Gegner habe sich vertragswidrig verhalten, braucht nur dies zu beweisen; der Gegner muß seine Berechtigung dazu beweisen, BGH NJW **99**, 352.
- **(Rückwärtsfahrt):** AnschBew spricht für die Alleinverschulden desjenigen, der vom Parkstreifen rückwärts auf die Fahrbahn fährt und mit einem dort Herankommenden zusammenstößt, Ffm VersR **82**, 1079, oder einen Fußgänger auf dem Gehweg anfährt. Der AnschBew gegen den Auffahrer kann entkräftet sein, wenn der Vordermann wegen einer Parklücke zurücksetzt, BGH VersR **78**, 155.

118
- **(Schadensersatz):** Rn 159.
- **(Schleudern):** Rn 112 „– (Glatteis)", Rn 116 „– (Nässe)", „– (Ölspur)".
- **(Schuldanerkenntnis):** Ein mündliches Bekenntnis der Alleinschuld am Unfallort kann die BewL umkehren, Celle VersR **80**, 1122. Aber Vorsicht! Es kommt darauf an, ob das Bekenntnis ernst gemeint und wirksam war, ob kein Unfallschock usw vorlag.
- **(Schutzhelm):** Wenn ein Kraftradfahrer ohne Schutzhelm Verletzungen am Kopf erleidet, vor denen der Helm allgemein schützen soll, spricht der AnschBew für den Ursachenzusammenhang zwischen der Nichtbenutzung des Helms und den Verletzungen, BGH NJW **83**, 1380.

1. Titel. Verfahren bis zum Urteil **Anh § 286**

- **(Schwarzfahrt):** Der Geschädigte ist grds dafür bewpfl, daß der Halter seine Verkehrssicherungspflicht verletzt; jedoch ist der Halter dafür bewpfl, daß er vom Schlüsselbesitz des Schwarzfahrers nichts wissen mußte, Oldb VersR **78**, 1046.
- **(Seitenwind):** Rn 116 „– (Ölspur)". 119
- **(Sicherheitsgurt):** Die Nichtbenutzung eines Sicherheitsgurts gilt als AnschBew für eine Mitverursachung der eigenen Unfallfolgen, Karlsr Just **79**, 263; zur Problematik Weber NJW **86**, 2670. Bei bestimmten typischen Gruppen von Folgen (Verletzungen) kann ein AnschBew dafür bestehen, daß ein Insasse keinen Gurt benutzt hat, BGH NJW **91**, 230.
- **(Spurwechsel):** Der AnschBew gegen einen Auffahrer kann entkräftet sein und gegen den „Vordermann" umschlagen, wenn der Vordermann erst unmittelbar zuvor von der Seite her in die Spur des Auffahrers hineingewechselt ist, BGH VersR **82**, 672, Bre VersR **97**, 253, Köln VersR **97**, 982. Freilich besteht kein AnschBew dafür, daß ein Spurwechsel auf die Überholspur unmotiviert war, Hbg VersR **75**, 911.
  S auch „– (Straßenbahn)".
- **(Stein):** Bei nicht unerheblichem Tempo spricht AnschBew dafür, daß ein Stein hochgeschleudert werden kann, BGH MDR **74**, 1012; die Anforderungen an den Entlastungsbeweis des Überholers, dessen Wagen den Stein hochschleuderte, sind hoch, LG Aachen VersR **83**, 591; zur Problematik dann, wenn Herabfallen oder Wegschleudern in Frage kommt, LG Passau VersR **89**, 1061. Ein durch Granulat geschädigter Autobesitzer ist dafür bewpfl, daß die Gemeinde fehlerhaft und übermäßig gestreut hat, LG Wiesb NJW **87**, 1270.
- **(Straßenbahn):** Es gibt keinen AnschBew zu Lasten eines auffahrenden Straßenbahnführers, Düss VersR **76**, 499, erst recht nicht dann, wenn obendrein ein Pkw vor der Straßenbahn die Spur wechselt, Hbg VersR **75**, 475.
- **(Streuen):** S „– (Stein)".
- **(Talfahrer):** Rn 109 „– (Bergfahrer)". 120
- **(Täuschung):** Beim Vortäuschen eines Auffahrunfalls durch den Vordermann vgl Köln VersR **77**, 938. Wegen des betrügerischen Zusammenwirkens zweier „Unfall"-Fahrer Ffm VersR **78**, 260, LG Hagen VersR **78**, 356.
- **(Technisches Versagen):** AnschBew spricht für ein Verschulden des Fahrers, wenn eine technische Einrichtung am Fahrzeug versagt, BGH **LM** § 433 BGB Nr 36.
- **(Tempo):** Ein unzulässig hohes Tempo kann AnschBew für die Unfallursache und -schuld sein. Schleudert der Wagen nach einer Linkskurve, so spricht dies dafür, daß sein Tempo überhöht ist, Düss VersR **75**, 615. Dasselbe gilt dann, wenn ein Motorrad eine Kurve außerordentlich schnell durchfährt und dann stürzt, BGH **LM** § 286 (C) Nr 50. Eine Mitschuld des *Vorfahrtberechtigten* ist nicht schon bei einem nur um 15 oder 20% überhöhten Tempo erwiesen, Celle VersR **86**, 450, Köln VersR **78**, 830, wohl aber bei einem um 100% überhöhten Tempo, KG VersR **83**, 1163, oder bei einem Tempo von 120 km/h, Stgt VersR **82**, 1175. Bei solchem Tempo auf der Autobahn kann der Fahrer (Versicherungsnehmer) für das Fehlen grober Fahrlässigkeit (zu langer Blick nach hinten) bewpfl sein, Köln VersR **83**, 575.
  S auch Rn 117 „– (Richtgeschwindigkeit)", Rn 119 „– (Stein)", Rn 125 „– (Wenden)".
- **(Tier):** Entlastungsbeweis ist möglich, soweit ein Tier in oder vor dem Fahrzeug den Fahrer irritierte, BGH VersR **84**, 44, Hamm RR **97**, 24 AG Stade MDR **97**, 242 (je: kein AnschBew bei Rehen).
  S auch Rn 109 „– (Bremsen)".
- **(Trunkenheit):** Rn 106 „– (Alkohol)".
- **(Überholen):** AnschBew gegen den Hintermann besteht auch dann, wenn der Vordermann überholt 121 hat, LG Köln VersR **74**, 505; freilich ist der Entlastungsbeweis eines verkehrswidrigen Überholens zulässig, BGH **LM** § 286 (C) Nr 65, Düss VersR **76**, 298 für den Fall eines scharfen Wiedereinscherens wegen eines Hindernisses.
  S auch Rn 109 „– (Berührung)", Rn 112 „– (Grundstücksaus- oder einfahrt)", Rn 114 „– (Linksabbiegen)", Rn 119 „– (Stein)".
- **(Übermüdung):** Rn 109 „– (Baum)".
- **(Ursächlichkeit):** Der Geschädigte ist für die Ursächlichkeit der Fahrweise des Gegners jedenfalls dann bewpfl, wenn sich die Fahrzeuge der Parteien nicht berührt haben, BGH **LM** § 7 StVG Nr 46, Düss VersR **87**, 568, Kblz VersR **75**, 913. Der Geschädigte ist dafür bewpfl, daß der Schaden am Gebrauchtfahrzeug gerade durch den Zusammenstoß entstanden ist, Hamm VersR **74**, 347.
  S auch Rn 113 „– (Kanaldeckel)", Rn 115 „– (Montage)".
- **(Verletzung):** Es besteht kein AnschBew dafür, daß die gleich nach dem Unfall im Krankenhaus festgestellten Verletzungen Unfallfolgen sind, Mü OLGZ **73**, 362.
  S auch Rn 118 „– (Schutzhelm)", Rn 119 „– (Sicherheitsgurt)".
- **(Versicherung):** Der Versicherungsnehmer ist dafür bewpfl, daß bei einer Kaskoversicherung der 122 Unfall durch Haarwild entstand, Jena RR **99**, 1258 (Wildausweichschaden), Stgt VersR **74**, 502, LG Tüb VersR **76**, 262, AnschBew durch Tierhaare, die am Kfz kleben, ist entkräftet, wenn der Fahrer alkoholisiert ist). Der Versicherungsnehmer und bei der Direktklage der Geschädigte, BGH VersR **87**, 38, sind dafür bewpfl, daß eine Gefahrerhöhung, zB durch abgefahrene Reifen oder mangelhafte Bremsen, ohne Einfluß auf den Eintritt des Versicherungsfalls und den Umfang der Versicherungsleistung geblieben ist, BGH NJW **78**, 1919. Es besteht kein AnschBew dafür, daß das Anzünden einer Zigarette durch den übermüdeten Fahrer Unfallursache war, Köln MDR **71**, 52. Man kann die Beweislast bei einer Ausschlußklausel evtl entgegen deren Wortlaut verstehen, vgl Hamm RR **89**, 26.
  Der Versicherer ist dafür bewpfl, daß der Versicherte *vorsätzlich* handelte, Hbg MDR **70**, 328, aM BGH DB **81**, 1667. An den Nachweis eines Diebstahls sind keine überspannten Anforderungen zu stellen, Kblz VersR **76**, 1173 (Kfz), LG Krefeld VersR **76**, 1127, strenger BGH VersR **77**, 368. Eine Unstimmigkeit, vgl auch „Schadensersatz", kann den AnschBew eines KfzDiebstahls entkräften, Ffm

**Anh § 286**      2. Buch. 1. Abschnitt. Verfahren vor den LGen

VersR **75**, 341, LG Kblz VersR **77**, 563, LG Mü VersR **76**, 430, erst recht eine fingierte Rechnung, Mü VersR **76**, 1127. Der Versicherer muß besondere Umstände beweisen, nach denen der Halter den Kfz-Schlüssel auch vor Angehörigen sichern mußte, Hamm VersR **83**, 871. Wenn der Versicherer Umstände nachweisen kann, die den Schluß auf einen Verkehrsunfall als zweifelhaft erscheinen lassen, dann muß der Anspruchsteller den vollen Beweis der anspruchsbegründenden Tatsachen erbringen, Ffm VersR **80**, 978, LG Mü VersR **83**, 300.

**123**    Zur Glaubwürdigkeit des Versicherungsnehmers nach einer *früheren Unwahrheit* BGH MDR **77**, 738; wegen einer früheren falschen Offenbarungsversicherung BGH RR **88**, 343 (zu einem Hausratsdiebstahl). Der Versicherungsnehmer ist dafür bewpfl, daß er der Versicherung eine unrichtige Auskunft nur infolge einfacher Fahrlässigkeit erteilt hat, Mü VersR **77**, 540. Der Versicherungsnehmer ist dafür bewpfl, daß das Fehlen seiner Fahrerlaubnis nicht ursächlich war, Köln VersR **77**, 537. Der Versicherungsnehmer muß beweisen, daß er dem Fahrer ohne Fahrerlaubnis den Wagen nicht überlassen hatte (Schwarzfahrt), BGH RR **88**, 342, aM Düss VersR **86**, 377.

**124**  – **(Verwechslung):** Wenn der Vordermann Kupplung und Bremse verwechselte und deshalb grundlos bremst, was freilich der Auffahrer beweisen muß, LG Amberg VersR **79**, 1130, kann der AnschBew gegen den Auffahrer entkräftet sein, Köln VersR **75**, 165.

– **(Vordermann):** Beim Auffahren kann der Vordermann mitschuldig sein, Düss VersR **76**, 545, Mü VersR **83**, 1064, LG Gießen VersR **96**, 773 (Spurwechsel).

S auch bei den unterschiedlichen Merkmalen des Auffahrunfalls.

– **(Vorfahrt):** AnschBew spricht für ein Verschulden desjenigen, der die Vorfahrt verletzt, zB an einer Kreuzung, BGH **LM** § 13 StVO Nr 7, Köln VersR **88**, 59, Stgt VersR **82**, 783. Dieser AnschBew kann durch den Beweis eines wesentlich überhöhten Tempos des Vorfahrtberechtigten entkräftet werden, Köln VersR **88**, 859, aM LG Köln VersR **78**, 68. Zur Unklarheit, ob der Bevorrechtigte beim Beginn des gegnerischen Einbiegens sichtbar war, Mü VersR **98**, 733.

S auch bei den einzelnen Arten der Vorfahrtverletzung. Vgl ferner Rn 110 „– (Einsehbarkeit)", Rn 120 „– (Tempoverstoß)", Rn 125 „– (Wartepflicht)".

– **(Vorschaden):** Steht fest, daß nicht sämtliche Schäden auf diesem Unfall beruhen, so ist der Geschädigte bewpfl, daß er keinen Vorschaden vorlag, Köln VersR **99**, 866.

**125**  – **(Wartepflicht):** Der Wartepflichtige ist für die Mitschuld des Vorfahrtberechtigten bewpfl, Düss VersR **83**, 1164, KG VersR **77**, 651, aM Hamm VersR **78**, 64.

S auch Rn 124 „– (Vorfahrt)", ferner bei den einzelnen Situationen einer Wartepflicht.

– **(Waschanlage):** Wegen des Herausspringens des Wagens aus einer Waschanlage LG Bln VersR **83**, 841, LG Darmst VersR **78**, 1047. Der im Fall der Beschädigung des Kundenwagens in einer Waschanlage dem Unternehmer obliegende Entlastungsbeweis ist nicht schon durch den Hinweis auf die Vollautomatik zu führen, LG Bayreuth VersR **83**, 253.

– **(Wenden):** Wer wendet, ist dafür bewpfl, daß er korrekt wendet, KG VerkMitt **74**, 19. Überhöhtes Tempo des Entgegenkommers kann, muß aber nicht den AnschBew gegen den Wender entkräften, BGH VersR **85**, 989.

– **(Windböe):** Rn 112 „– (Glatteis)".

– **(Windschutzscheibe):** Wenn eine Windschutzscheibe zerspringt, spricht ein AnschBew für einen Unfallschock, selbst wenn dieser tödlich verläuft, BGH MDR **74**, 1012.

**126**  – **(Zeuge):** Für einen AnschBew ist kein Raum, soweit der (Auffahr-)Vorgang durch Zeugen feststellbar ist, Köln VersR **77**, 939.

– **(Zurücksetzen):** Rn 117 „– (Rückwärtsfahrt)".

**127 Krankenhaus,** dazu *Baumgärtel*, Das Wechselspiel der Beweislastverteilung im Arzthaftungsprozeß, Gedächtnisschrift für *Bruns* (1980) 93:

Der Träger ist dafür bewpfl, daß der Patient wirksam in eine kunstgerechte Behandlung *eingewilligt* hat, aM Baumgärtel 105 (der Patient sei für das Fehlen seiner Einwilligung bewpfl), und daß letztere vorgenommen wurde, BGH VersR **71**, 1020, Wilts MDR **73**, 356. Der Träger ist dafür bewpfl, daß ein Fehler bei der Zubereitung einer Infusionsflüssigkeit nicht einem ihm zuzurechnenden Organisations- oder Personalverschulden beruht, BGH NJW **82**, 699. Der Träger ist neben dem verantwortlichen Arzt dafür bewpfl, daß der Patient sorgfältig und richtig im Bett, Naumbg VHR **97**, 63, oder auf dem Operationstisch gelagert wurde und daß die Operateure dies kontrolliert haben, BGH NJW **84**, 1404. Bei einer extrem seltenen Anomalie, die nicht vorhersehbar ist, kann die Notwendigkeit solchen Entlastungsbeweises entfallen, BGH NJW **95**, 1618. Der Träger kann dafür bewpfl sein, daß Fehler irgendwelcher Angehörigen des Pflegepersonals für die Infektion nicht ursächlich waren, BGH **LM** § 286 (C) Nr 62. Ein Therapieversuch einer Krankenschwester kann als grobe Fehlbehandlung zur Haftung des Krankenhausträgers führen, Stgt VersR **93**, 1358 (Verstellen eines Tropfes).

Mängel des *Krankenblatts* können den Patienten von seiner etwaigen Beweislast befreien und diese umkehren, BGH **LM** § 286 (B) Nr 31. Ein gestürzter Patient ist dafür bewpfl, daß der grundsätzlich zugelassene Boden übermäßig glatt war, Köln VersR **77**, 575. Zur BewL für die Ursächlichkeit zwischen einem Organisationsmangel und dem Nichtzustandekommen eines wirksamen Patiententestaments, BGH NJW **89**, 2946.

S auch Rn 56 „Ärztliche Behandlung".

**Kreditkarte:** Rn 75 „Bankrecht".

**Kündigung:** Der Kündigende ist für die Wirksamkeit grds bewpfl, KG BB **97**, 114. Wer die Vereinbarung einer anderen als der gesetzlichen Kündigungsfrist behauptet, ist dafür bewpfl; sonst käme der Kündigende in die Hand des Gegners. Der Unternehmer ist dafür bewpfl, daß seine Kündigung zuging, insbesondere zu einem bestimmten Datum, LAG Bre BB **86**, 1992, und gemäß §§ 89 a I, 90 a II 2 HGB berechtigt war, wobei eine Beweislastumkehr im Formularvertrag unwirksam wäre, Karlsr VersR **73**, 857.

S auch Rn 40 „Arbeitnehmer".

1. Titel. Verfahren bis zum Urteil  **Anh § 286**

**Lagerung:** Wie „Kommission", §§ 390, 417 I HGB, BGH VersR 74, 643. Wegen Braugerste BGH VersR **128** 75, 417. Der Lagerhalter muß darlegen, wie und wo er das Gut aufbewahrt und welche Sicherungsmaßnahmen er getroffen hat; erst dann ist der Kunde für grobe Fahrlässigkeit bewpfl, BGH VersR 86, 1021. Der Einlagerer ist dann, wenn auf seinen Wunsch von einer Auflistung des Lagergutes abgesehen worden war, dafür bewpfl, daß bestimmte Güter in bestimmter Menge in die Verwahrung des Lagerhalters gelangt und dort auch verblieben sind, BGH BB 91, 2330.
**Leasing:** Der Leasingnehmer trägt für die entscheidungserheblichen Verhältnisse des Leasinggebers, an denen sich (im Versicherungsfall) die Höhe der Neupreisentschädigung orientiert, die BewL, Karlsr VersR 90, 1222. Der Umstand, daß der Leasingnehmer den Erhalt des geleasten Gegenstands vor Vertragsschluß bestätigte, schließt den Beweiswert als Quittung nicht aus, Mü RR 93, 123. Der Leasinggeber, der sich mit einer Vollstreckungsabwehrklage gegen die Zwangsvollstreckung aus einer Sicherungsgrundschuld wehrt, hat zu beweisen, daß sein Anspruch auf eine Nutzungsentschädigung nicht vom Sicherungszweck der Grundschuld erfaßt wird, BGH 114, 71.
S auch Rn 78 „Bereicherung", Rn 131 „Miete, Pacht".
**Leihe:** Bei § 599 BGB gelten die zu §§ 282, 285 BGB entwickelten Regeln der BewL: Der Schuldner ist dafür bewpfl, daß die Unmöglichkeit der Leistung oder die Leistungsverzögerung nicht zu vertreten hat. Der Verleiher ist für die Voraussetzungen seines Kündigungsrechts nach § 605 BGB bewpfl.
**Leistungsbestimmungsrecht:** Der Gläubiger ist bewpfl, daß seine Bestimmung der Billigkeit entspricht, §§ 315, 316 BGB, 32 I DMBilG, BGH DB 95, 1760.
**Luftfahrzeug:** Die Regeln zum Kraftfahrzeug sind nicht ohne weiteres anwendbar, BGH VersR 74, 754.
**Makler:** Die Vorkenntnisklausel begründet lediglich eine widerlegbare Beweisvermutung, LG Ffm NJW 70, **129** 431; der Gegner des Maklers muß die eigene Vorkenntnis beweisen, BGH NJW 71, 1133; es kann für trotzdem vorhandene Mitursächlichkeit der Maklertätigkeit eine tatsächliche Vermutung bestehen, BGH WertpMitt 78, 885 (das Angebot folgte, war günstiger, kurz danach Vertragsschluß). Bei einem gleichzeitigen Zugang mehrerer Angebote ist der Makler dafür bewpfl, daß gerade sein Angebot (mit-)ursächlich war, BGH NJW 79, 869. Der Auftraggeber ist dafür bewpfl, daß einer der Umstände vorliegt, aus denen ein Makleranspruch trotz Vertragsabschlusses, Tätigkeit und Erfolgsursächlichkeit wegen § 2 II, III WoVermG nicht zusteht. Der Makler ist für den Zugang seines Angebots, für den Abschluß des vermittelten oder eines gleichwertigen Vertrags, BGH ZMR 98, 580 (evtl Beweiserleichterungen), und für seine auftragsgemäße Tätigkeit bewpfl, PalTh § 652 BGB Rn 38, also auch dafür, daß der Auftrag nur den von ihm behaupteten Umfang hatte, BGH RR 90, 629. Der Makler muß beweisen, daß der Kunde ihm eine Provisionszusage gegeben hat, auch wenn sich der Kunde unstreitig an den Makler wandte, Hamm BB 89, 873. Wird für den Fall der Weitergabe an einen Dritten ein Schadensersatzanspruch vereinbart, so ist der Makler für die anspruchsbegründenden Umstände bewpfl, Mü RR 95, 1525 (innerhalb eines Konzerns).
Bei § 653 I BGB muß der Makler beweisen, daß Umstände vorlagen, nach denen seine Vermittlung nur gegen eine Vergütung zu erwarten war; der Auftraggeber muß dann beweisen, daß die Parteien eine Unentgeltlichkeit der Vermittlung vereinbart haben, BGH NJW 81, 1444.
Bei § 653 II BGB ist der Makler dafür beweispflichtig, daß die vom Auftraggeber behauptete (niedrigere) Vergütung nicht vereinbart wurde, so daß die (höhere) übliche als vereinbart gilt, BGH DB 82, 1263. Jedoch muß der Auftraggeber eine nachträgliche Herabsetzung beweisen, BGH DB 82, 1263.
S auch Rn 34 „Allgemeine Geschäftsbedingungen".
**Mangel:** Rn 101 „Kauf".
**Marke:** Der Anmelder ist nicht für die Absicht bewpfl, eine entsprechende Ware ins Sortiment aufzunehmen, BGH MDR 75, 643 (zum alten Recht). Zu § 24 MarkenG Meyer-Kessel GRUR 97, 878. Wegen der BewL im Löschungsverfahren vgl § 55 III MarkenG.
**Mehrwertsteuer:** Der Gläubiger ist dafür bewpfl, daß die Mehrwertsteuer zu einem Nettopreis hinzutreten **130** sollte, Karlsr BB 92, 231.
**Meßinstrument:** Die allgemeine Erwägung, daß es versagen kann, genügt nicht; vielmehr müssen die übrigen Beobachtungen mit dem Meßergebnis unvereinbar sein, vor allem muß ein derartiges Versagen, wie es dann eingetreten sein müßte, physikalisch denkbar sein.
**Miete, Pacht:** Die Beweislast bei der Vergütung ist wie beim Kaufpreis zu beurteilen. Im einzelnen: **131**
Bei § 654 BGB ist grds der Auftraggeber bewpfl, BGH BB 92, 236; soweit aber der Makler Vorteile daraus ableiten will, daß der Kunde ihn aus der Treuepflicht entlassen habe, ist der Makler für die endgültige Absage des Auftraggebers bewpfl, BGH BB 92, 236.
– (§ 276 BGB): Bei Schlechterfüllung durch den Vermieter kann dieser für seine Schuldlosigkeit bewpfl sein, AG Bln-Wedding RR 92, 968 (Rohrbruch). Bei Schlechterfüllung durch den Mieter ist der Vermieter für den Schaden bewpfl, der Mieter für seine Schuldlosigkeit, BGH VersR 78, 724. Wegen ölverseuchten Bodens BGH NJW 94, 1880.
– (§ 535 BGB): Für rechtzeitige Gewährung mangelfreien Gebrauchs ist vor der Übergabe der Vermieter bewpfl, Köln ZMR 87, 230. Beim Einwand überhöhter Miete kann die Vorspiegelung des Mieters, der Nachmieter gestatte keine Besichtigung, eine Beweisvereitelung sein, § 444 Rn 4, 5, LG Ffm RR 91, 13. Bei § 535 BGB muß der Vermieter beweisen, daß ihm eine (Nebenkosten-)Forderung zustand, auch wenn der Mieter eine Überzahlung zurückfordert, LG Kblz WoM 95, 99.
– (§ 537 BGB): Bei § 537 BGB, auch in Verbindung mit § 320 BGB, muß der Mieter den objektiven **132** Mangel beweisen, LG Tüb WoM 97, 41, Michalski ZMR 96, 638. Dafür kann ein AnschBew vorliegen, zB bei Feuchtigkeit, Hamm MietR 97, 275, Jenmann NZM 98, 855, Pauly WoM 97, 474. Der Vermieter muß anschließend beweisen, daß der Mieter diesen Mangel zu vertreten hat, LG Brschw WoM 88, 357, LG Hbg WoM 88, 359, AG Dortm WoM 93, 40 (die bloße Behauptung mangelnder Lüftung nebst Beweisantritt „Gutachten" reiche nicht), aM Hamm MietR 97, 275. Der Vermieter ist auch für ein Mitverschulden des Mieters bewpfl, AG Bochum WoM 85, 25. Zur BewL beim Frostwasserschaden Mü VersR 89, 1157, Heitgreß WoM 85, 107. Der Vermieter ist dafür bewpfl, daß seine

Mängelbeseitigung erfolgreich war, Hamm RR **95**, 525. Zur BewL bei Bodenverunreinigungen Schlemminger/Latinovic NZM **99**, 163.
- **(§ 539 BGB):** Der Vermieter ist dafür bewpfl, daß der Mieter Kenntnis im Sinne von § 539 BGB hatte, LG Bln WoM **74**, 241.
- **(§ 541 a BGB):** Bei § 541 a BGB ist der Vermieter für die Erforderlichkeit des Aufwands bewpfl.
- **(§ 541 b BGB):** Bei § 541 b I BGB ist der Vermieter dafür bewpfl, daß es sich um eine Verbesserungs- oder Energiesparmaßnahme handelt; der Mieter ist sodann dafür für das Vorliegen einer nicht zu rechtfertigenden Härte bewpfl. In diesem Zusammenhang ist der Vermieter dafür bewpfl, daß lediglich ein allgemein üblicher Zustand erreicht werden soll. Bei § 541 b II 3 BGB ist der Vermieter bewpfl.
- **(§ 544 BGB):** Bei § 544 BGB ist der Miete für die Tatsachen bewpfl, die seine Kündigung rechtfertigen, LG Mannh WoM **88**, 360.

133
- **(§ 548 BGB):** Bei einer Klage auf Schadensersatz wegen vertragswidriger Abnutzung der Mietsache und beim Einwand des Mieters, es liege nur eine nach § 548 BGB unschädliche Abnutzung vor, ist der Vermieter für den einwandfreien Anfangszustand bei der Übergabe und dafür bewpfl, daß bei der Rückgabe überhaupt eine Veränderung oder Verschlechterung eingetreten war, Saarbr RR **88**, 652. Der Vermieter muß auch beweisen, daß die Veränderung oder Verschlechterung durch ein objektiv vertragswidrigen Mietgebrauch herbeigeführt war, soweit der Endzustand auch ohne Vertragswidrigkeit des Mieters eingetreten sein konnte, Saarbr RR **88**, 652, LG Kiel RR **91**, 400, aM BGH NJW **94**, 2019 (stellt auf den Obhutsbereich ab und schafft damit zusätzliche Probleme), Karlsr NJW **85**, 142, PalP § 548 BGB Rn 4 (der Mieter sei auch dann für Schuldlosigkeit bewpfl).

134
Der Mieter ist sodann dafür bewpfl, daß der *Endzustand* vertragsgemäß war, LG Karlsr VersR **84**, 1055, PalP § 548 BGB Rn 4. Zum Problem des § 548 BGB Schweer ZMR **89**, 287 (ausf). Soweit der Endzustand objektiv nur vom Verhalten des Mieters herrührt, ist er dafür bewpfl, daß er die weitergehende Abnutzung jedenfalls subjektiv nicht zu vertreten hatte, BGH **66**, 349, insofern richtig auch Karlsr NJW **85**, 142. Man muß auch § 11 Z 15 AGBG beachten.
- **(§ 549 BGB):** Bei einer Untervermietung muß der Hauptvermieter grds beweisen, daß der Untermieter beim Abschluß des Untermietvertrags die Rechtslage zwischen dem Haupt- und Untervermieter kannte, LG Nürnb-Fürth WoM **91**, 489. Der Mieter muß beweisen, daß die Berufung des Vermieters auf ein vertragliches Verbot der Untervermietung oder auf das Fehlen ihrer vertraglichen Erlaubnis eine unzulässige Rechtsausübung ist, Hbg NJW **82**, 1158, aM LG Ffm WoM **81**, 40. Der Mieter muß den Fortbestand eines an sich erloschenen Optionsrechts beweisen, BGH DB **82**, 2456.

135
- **(§ 550 b BGB):** Bei § 550 b II 1 BGB muß derjenige, der sich auf die Üblichkeit des nach seiner Meinung richtigen Betrags beruft, diese beweisen. Grds hat der Mieter die BewL für die Erfüllung sämtlicher Mieterpflichten, da die Mieterkaution fast stets nach dem Vertrag erst unter solchen Voraussetzungen rückzahlbar ist, s auch Rn 136. Der Vermieter muß beweisen, daß die seinem Pfandrecht unterliegenden Mietersachen ohne sein Wissen oder unter Widerspruch entfernt wurden, AG Köln WoM **85**, 123.

Der Vermieter muß beweisen, daß er bei dem Versuch, eine rechtzeitige Räumung durch den Vormieter zu erreichen, die verkehrsübliche Sorgfalt aufgewendet hat, Köln WoM **77**, 69.
- **(§ 552 BGB):** Bei § 552 S 2 BGB ist der Mieter für eine anderweitige Vermietbarkeit bewpfl, Köln VersR **92**, 243. Der vorzeitig ausgezogene Mieter muß im Rahmen von § 552 S 3 BGB beweisen, daß der Vermieter die Wohnung selbst bezogen hat, Oldb OLGZ **81**, 202.
- **(§ 553 BGB):** Bei einer fristlosen Mieterkündigung wegen allzu schwerer Mängel der Mietsache kann dem an sich bewpfl Mieter im AnschlBew zugutekommen, Köln RR **89**, 439. Der Betreiber eines Parkhauses muß beim Schadensatzanspruch beweisen, daß der Besitzer einer verlorengemeldeten Code-Karte auch die ersatzweise erhaltene genutzt und nicht nur besessen hat, LG Kleve RR **90**, 666.
- **(§ 554 BGB):** Bei § 554 BGB gelten für die Erfüllung die normalen Regeln, Rn 88 „Erfüllung", Bender ZMR **94**, 252, PalP 9, aM Grams ZMR **94**, 5.
- **(§ 554 a BGB):** Bei § 554 a BGB trägt die Kündigende die BewL, Reichert-Leininger ZMR **85**, 402. Man kann aus dem Gesamteindruck der Zeugen auf deren Alkoholmißbrauch schließen, AG Rheine WoM **97**, 217.

136
- **(§ 556 BGB):** Bei § 556 BGB muß der Vermieter die Wirksamkeit seiner Kündigung oder das Zustandekommen eines Mietaufhebungsvertrags, auch durch schlüssiges Verhalten des Mieters im Anschluß an eine Vermieterkündigung, beweisen, LG Freibg WoM **89**, 7. Aber Vorsicht mit der Umdeutung der Kündigung, AG Offenbach WoM **89**, 71. Für rechtzeitige Rückgabe ist der Mieter bewpfl, LG Bln ZMR **98**, 703.

Die BewL bei einer *Mietsicherheit*, s auch Rn 135, ist zunächst dem auszulegenden Wortlaut der zugehörigen Vereinbarung zu beurteilen. Meist setzt diese für den Rückzahlungsanspruch nicht nur das Ende des Mietverhältnisses voraus, sondern außerdem zB eine „ordnungsgemäße Rückgabe der Mietsache" (BewL des Mieters) und weiter, daß „der Vermieter keine Gegenansprüche geltend machen kann"; auch bei solcher Fassung wäre der Mieter bewpfl. Wegen Vermieterwechsels LG Ffm WoM **98**, 31.

137
- **(§ 557 BGB):** Bei § 557 BGB ist der Mieter für den Untergang der Mietsache bewpfl, der Vermieter dafür, daß daraus ein Schaden erwachsen ist, Schopp ZMR **77**, 354.
- **(§ 564 b BGB):** Bei einer Eigenbedarfsklage, § 564 b BGB, ist der Vermieter dafür bewpfl, daß keine bestimmte Mietzeit vereinbart war, LG Aachen RR **90**, 1163, und daß für seine Kündigung zu ihrem Zeitpunkt ein berechtigtes Interesse bestand (und erst später weggefallen ist), LG Gießen ZMR **96**, 328, LG Hbg RR **93**, 333, LG Mü WoM **81**, 234. Freilich muß der Mieter beim Schadensersatzanspruch beweisen, daß der Eigenbedarf vorgetäuscht war; indessen setzt das stimmige Tatsachenbehauptungen des Vermieters zum unverschuldeten Wegfall des Eigenbedarfs voraus, LG Ffm WoM **95**, 165. Freilich kann auch der Vermieter getäuscht worden sein, zB vom Mieter über das Fehlen einer Ersatzwohnung, LG Brschw WoM **95**, 184.

1. Titel. Verfahren bis zum Urteil                                                    **Anh § 286**

Der Mieter ist dafür bewpfl, daß der Vermieter seinen Eigenbedarf *vorgetäuscht* hat, LG Aachen WoM **76**, 201. Unterbleibt aber die Eigennutzung, so muß der Vermieter beweisen, daß dies nur infolge wirklich unvorhersehbarer Umstände geschieht, LG Gießen ZMR **96**, 328. Der Mieter muß beweisen, daß er ein Feuer in der Mietsache nicht zu verantworten hat, BGH VersR **78**, 724, Düss OLGZ **75**, 318; zum Problem auch Wichardt ZMR **79**, 197. Der Vermieter ist dafür bewpfl, daß der Mieter eine Verstopfung verschuldet hat, AG Bln-Schöneb MDR **77**, 54. Der Vermieter muß beweisen, daß entgegen dem Wortlaut des Mietvertrags nicht eine Pauschale, sondern eine bloße Vorauszahlung vereinbart wurde, LG Mannh WoM **77**, 8.

– (**§ 564 c BGB**): Der Mieter ist bewpfl dafür, daß demnächst eine weitere Wohnung frei wird, LG **138** Hann WoM **89**, 416. Beim Zeitmietvertrag, § 564 c I BGB, ist der Vermieter für dessen Vorliegen und für sein berechtigtes Interesse an der Beendigung des Mietverhältnisses bewpfl. Beim Fortsetzungsstreit, § 564 c II BGB, ist der Vermieter für alle Voraussetzungen des S 1 bewpfl; der Mieter für seine Schuldlosigkeit im Sinn von S 2 bewpfl.

– (**§ 2 MHG**): Bei 2 MHG muß der Vermieter alle Voraussetzungen I – IV beweisen, insbesondere die **139** Ortsüblichkeit der verlangten Miete, AG Köln WoM **85**, 294, auch des Betriebskostenanteils, AG Hbg-Altona WoM **87**, 227, sowie die Richtigkeit der Daten der Vergleichsobjekte, AG Karlsr WoM **90**, 222. Der Vermieter ist dafür bewpfl, daß die bei einer Mieterhöhung begehrte neue Miete das Ortsübliche nicht übersteigt, BVerfG **53**, 361. Die Vergleichbarkeit beweist noch nicht die Ortsüblichkeit, LG Düss WoM **90**, 393. Der Mieter muß die Höherbelastung nach V beweisen. Ein Mietspiegel kann im Prozeß einen geringeren Beweiswert haben, wenn er nicht einer Repräsentativbefragung beruht, strenger AG Ffm RR **89**, 12 (er dürfe dann nicht als Beweismittel verwendet werden; aber das wäre eine unzulässige Einschränkung des Grundsatzes der freien Beweiswürdigung, § 286 Rn 2, nur insofern bedingt richtig LG Lüb WoM **95**, 189; das Mietgefüge ist nur *ein* Anhaltspunkt der Ortsüblichkeit).

– (**§ 10 MHG**): Bei § 10 II MHG muß der Vermieter die Wirksamkeit der Vereinbarung der Staffelmiete beweisen.

– (**§ 11 MHG**): Bei § 11 MHG ist der Vermieter dafür bewpfl, daß die in den neuen Bundesländern vermietete Wohnung nicht der gesetzlichen Mietpreisbindung unterliegt, LG Stendal WoM **93**, 267.

– (**§§ 12–14, 16, 17 MHG**): Vgl Erbarth WoM **96**, 192 (ausf).

Wer *Wärmemesser* nach dem Verdunstungsprinzip verwendet, muß ihre Genauigkeit voll beweisen, **140** LG Hbg NJW **84**, 1563, aM LG Hann ZMR **89**, 98. Wegen einer Wertsicherungsklausel BGH LM § 139 BGB Nr 51. Der Mieter ist dafür bewpfl, daß der Höchstsatz nach §§ 26, 28 der II. BV unangemessen ist, AG Wuppertal WoM **78**, 113, oder daß ihre Anwendung dem Bauordnungsrecht widerspricht, LG Bln NZM **99**, 307.

– (**§ 5 WiStrG**): Der Mieter ist für die Mangellage bewpfl, AG Köln NZM **99**, 414. Ein Antrag des Mieters, einen Sachverständigen zur Überhöhung zu hören, wird erst nach ausreichender Tatsachenbehauptung statthaft, LG Köln (sonst Ausforschung, Einf 27 vor § 284).

**Minderjährigkeit:** Die Beweislast für die fortdauernde oder die wiederhergestellte Genehmigungsfähigkeit **141** des Vertrags trifft den Partner des Minderjährigen, Hbg FamRZ **88**, 1168. Der volljährig Gewordene, der den Vertrag jetzt genehmigt und sich trotzdem auf dessen Unwirksamkeit beruft, ist bewpfl, daß sein gesetzlicher Vertreter die Genehmigung vor der Volljährigkeit verweigert hatte, BGH NJW **89**, 1728.

**Mobilfunk:** Rn 194 „Telefonrechnung".

**Muster** (Gebrauchs- und Geschmacks-): Der Gegner des Inhabers ist für den Mangel der Neuheit bewpfl, weil der Schutz sonst praktisch unerträglich erschwert würde; es besteht also eine tatsächliche Vermutung für den Schutz.

**Nachbarrecht:** Wenn streitig ist, ob der eine Nachbarwurzel zurückschneidende gestörte Eigentümer den **142** Störer benachrichtigt hat, damit dieser die restliche Standfestigkeit des Baumes sichern kann, muß der Störer das Fehlen der Unterrichtung beweisen, Köln VersR **95**, 665.

**Nachgiebige Vorschriften:** Wenn gesetzliche Vorschriften unstreitig vertraglich ausgeschaltet sind oder wenn streitig ist, ob sie ausgeschaltet sind, dann ist derjenige bewpfl, der eine günstigere Regelung als die gesetzliche für sich beansprucht. Wenn der Kläger behauptet, er habe dem Bekl 3 Monate Ziel bewilligt, muß der Bekl ein längeres Ziel beweisen, weil er 3 Monate zugesteht und nur noch mehr will.

**Negativbeweis:** Zum Begriff Einf 13 vor § 284. Die Beweislast kehrt sich nicht um, BGH NJW **85**, 1775 (zustm Baumgärtel JZ **85**, 541).

**Nettopreis:** Rn 130 „Mehrwertsteuer".

**Nichtigkeit:** Wer sich auf die Nichtigkeit des Vertrags beruft, muß die zugehörigen Tatsachen darlegen, vgl § 253 Rn 33, und daher erst beweisen, Sedemund NJW **88**, 3071. Es kann ihm aber § 291 zugutekommen, LG Aachen MDR **89**, 63.

**Notar:** Der Geschädigte hat nicht zu beweisen, daß dem Notar keine Rechtfertigung für eine schadensverursachende Amtshandlung zur Seite steht, BGH BB **85**, 153. Der Notar muß beweisen, daß eine Belehrung nicht (mehr) notwendig war. Vgl die Übersicht DNotZ **85**, 25 sowie Rn 177 „Schadensersatz".

**Notwehr:** Der Notwehrer muß ihre Voraussetzungen beweisen, zB eine Unverhältnismäßigkeit der polizeilichen Mittel, BGH NJW **76**, 42, Düss RR **96**, 22. Für Notwehrüberschreitung ist aber der Angreifer bewpfl, BGH NJW **76**, 42. Für Putativnotwehr muß der angeblich Angegriffene die Entschuldbarkeit des Irrtums beweisen, BGH NJW **81**, 745.

**Parteifähigkeit:** Vgl § 56 Rn 5.                                                                                      **143**

**Patent,** dazu *Scholl*, Die Beweislast im Patenterteilungs-, Patentverletzungs- und Patentnichtigkeitsverfahren, Diss Heidelb 1963:

Technische Erfahrungssätze können die Ausführbarkeit oder den technischen Fortschritt für die Erteilung ausreichend glaubhaft werden lassen, BGH **53**, 297.

**Persönlichkeitsrecht:** Es gelten die normalen Regeln, Rn 9, 10. Einzelheiten Brandner JZ **83**, 295, Leipold, Zur Beweislast beim Schutz der Ehre und des Persönlichkeitsrechts, Festschrift für Hubmann (1985) 271.

144 **Pflichtteil,** dazu *Baumgärtel,* Das Verhältnis der Beweislastverteilung im Pflichtteilsrecht zu den Auskunfts- und Wertermittlungsansprüchen in diesem Rechtsgebiet, in: Festschrift für *Hübner* (1984):

Die Entziehung richtet sich nach *§ 2336 III BGB.* Jedoch bleiben die Beweislastregeln des Eheverfahrens unberührt, BGH **LM** § 2336 BGB Nr 1. Der Pflichtteilsberechtigte muß die Zugehörigkeit des umstrittenen Gegenstands zum Nachlaß beweisen, BGH **89**, 29.

S auch Rn 86 „Erbrecht", Rn 186 „Schenkung".

**Positive Forderungsverletzung:** Rn 189 „Schlechterfüllung".

**Preisbindung:** Der Kläger hat gegenüber einem Außenseiter zu beweisen, daß er ein Preisbindungssystem lückenlos aufgerichtet hat und durch Verpflichtung der einzelnen Händler und ihre Überwachung auch kontrolliert, wozu er sich auch einer Reihe von Testkäufern bedienen kann, die dadurch allein ihre Glaubwürdigkeit nicht einzubüßen brauchen. Der Außenseiter kann den gegen ihn sprechenden AnschBew dadurch erschüttern, daß er nachweist, daß nicht gegen alle Verstöße vorgegangen wird, daß die Durchführung des Systems mangelhaft ist, daß das System in einem Ausmaß zusammengebrochen ist, das die weitere Vertragserfüllung für ihn unzumutbar macht. Gegenüber einem vertraglich gebundenen Händler liegt die Beweislast für eine theoretische Lückenlosigkeit (krit zu deren Notwendigkeit Knöpfle NJW **72**, 1397) beim Preisbinder, Hbg NJW **72**, 1429; der Händler ist bewpfl dafür, daß tatsächlich Lücken bestehen.

145 **Produkthaftung,** dazu *Arens* ZZP **104**, 123, *Steffen,* Beweislasten für den ... Produzenten aus ihren Aufgaben zur Befundsicherung, Festschrift für *Brandner* (1996):

A. **Geltungsbereich des ProdHaftG.** Man muß wie folgt unterscheiden.
a) **Grundsatz:** Soweit der Sachverhalt vom ProdHaftG erfaßt wird, richtet sich die BewL nach

*ProdHaftG § 1.* ᴵⱽ ¹Für den Fehler, den Schaden und den ursächlichen Zusammenhang zwischen Fehler und Schaden trägt der Geschädigte die Beweislast. ²Ist streitig, ob die Ersatzpflicht gemäß Absatz 2 oder 3 ausgeschlossen ist, so trägt der Hersteller die Beweislast.

Wegen des Umfangs des Geltungsbereichs des ProdHaftG vgl dessen §§ 1–5, ferner zB PalTh zu dessen Vorschriften. In den neuen Bundesländern gilt das ProdHaftG nur für solche Produkte, die am 3. 10. 90 oder später in den Verkehr gebracht worden sind, EV Anl I Kap III Sachgeb B Abschn III Z 8. Die Gefährdungshaftung nach dem ProdHaftG, § 1 I, verschließt, anders als zB § 7 II StVG, den Entlastungsbeweis eines schuldlosen Verhaltens, PalTh Einf 4 vor § 1 ProdHaftG.

146 Ob ein *Produkt* im Sinn des ProdHaftG vorliegt, richtet sich nach seinem § 2; ob ein *Fehler* vorliegt, ist nach seinem § 3 zu beurteilen; wer als *Hersteller* gilt, besagt § 4 (evtl auch ein Kleinbetrieb, BGH **116**, 106; zustm Baumgärtel JR **92**, 504). Der Geschädigte ist grds dafür bewpfl, daß das Produkt überhaupt dem Hersteller zuzurechnen ist, Frietsch DB **90**, 33, daß das Produkt im Schadenszeitpunkt fehlerhaft war, Frietsch DB **90**, 33, daß dieser Zustand im Zeitpunkt des Inverkehrbringens schon als Fehler einzustufen war, Frietsch DB **90**, 33, und daß überhaupt ein Schaden durch die Benutzung des Produkts eingetreten ist, BGH VersR **92**, 99, Ffm RR **94**, 800. Erst danach ist der Hersteller dafür bewpfl, daß dieses Produkt seinen Betrieb danach fehlerfrei verlassen hat oder daß der Fehler erst danach entstanden ist, BGH NJW **99**, 1028, Frietsch DB **90**, 33. Zum Verfalldatum Michalski/Riemenschneider BB **93**, 2103.

Jedoch kann bei einem *besonders risikobehafteten* Produkt eine Beweislastumkehr zugunsten des Geschädigten eintreten, BGH NJW **93**, 528 (zustm Foerste JZ **93**, 680). Als vorrangiges Spezialgesetz ist das ProdHaftG und daher auch sein § 4 IV eng auszulegen. Es ist nach seinem § 16 nicht auf ein vor dem 1. 1. 90 in den Verkehr gebrachtes Produkt anzuwenden.

147 b) **Einzelfragen.** Zu den unter a) genannten Grenzen gelten die in § 4 IV genannten gesetzlichen Beweisregeln. Wegen der sog Befundsicherungspflicht BGH BB **93**, 1476.

148 B. **Übrige Fälle.** Soweit das vorrangige ProdHaftG unanwendbar ist, zB für Produkte, die vor dem 1. 1. 90 in den Verkehr gebracht wurden, kann eine Haftung nach anderen Vorschriften in Betracht kommen; sie bleibt nach § 15 ProdHaftG ohnehin unberührt und kommt vor allem in Betracht, soweit diese Vorschriften weiter reichen, PalTh Einf 8 vor § 1 ProdHaftG. Soweit freilich das ProdHaftG gerade wegen seiner Anwendbarkeit einen Anspruch versagt, ist die Anwendbarkeit anderer Vorschriften trotz § 15 II ProdHaftG kritisch zu prüfen, auch zur BewL. Zur deliktischen Haftung Schmidt-Salzer NJW **92**, 2871.

**Prozeßfähigkeit:** Vgl § 56 Rn 5.
**Prozeßvoraussetzungen:** Sie unterliegen der BewL des Klägers, Grdz 40 vor § 128, BVerfG NJW **92**, 361, BGH RR **92**, 1339 (eine Prüfung von Amts wegen, Grdz 16 vor § 253, ist keine Ermittlung von Amts wegen, Grdz 39 vor § 128).
**Prüfung von Amts wegen:** Rn 35 „Amtsprüfung".
149 **Quittung:** Rn 75 „Bankrecht", Rn 88 „Erfüllung", Rn 128 „Leasing".
150 **Rechtsanwalt:** Wegen einer geringeren als der gesetzlichen Vergütung ist der Auftraggeber bewpfl, § 3 I 3, V BRAGO.

S im übrigen Rn 178 „Schadensersatz".
**Rechtsfähigkeit:** Bewpfl ist der sie Bestreitende, BGH **97**, 273, Rn 99 „Handlungsunfähigkeit".
151 **Rechtsgeschäft,** dazu *Heinrich,* Die Beweislast bei Rechtsgeschäften, 1996; *Hübner,* Beweislastverteilung bei der Verletzung von Vertragspflichten im französischen und deutschen Recht, Festschrift für *Baumgärtel* (1990) 151:

1. Titel. Verfahren bis zum Urteil **Anh § 286**

Rechtsgeschäftliche und bloß tatsächliche Erklärungen haben unterschiedliche Beweiskraft, BGH VersR **89**, 834. Wer den Abschluß eines Rechtsgeschäfts behauptet, der behauptet auch die gewöhnliche Rechtsfolge. Den Abschluß muß der Kläger beweisen, etwaige Willensmängel muß der Bekl beweisen. Beim kaufmännischen Bestätigungsschreiben ist der Absender dafür bewpfl, daß und wann dieses zugegangen ist, BGH **70**, 233 (im Ergebnis zustm Baumgärtel JR **78**, 458). Inhalt und Umfang einer Vertragsänderung hat grds derjenige zu beweisen, der aus ihr ein Recht herleiten will, BGH NJW **95**, 50. Der Absender muß ferner beweisen, daß vorher Verhandlungen stattfanden; er ist beweisberechtigt, daß zusätzliche Absprachen vorliegen, BGH **67**, 381. Wer Abweichungen vom schriftlichen Vertrag behauptet, muß sie beweisen, BGH NJW **80**, 1680, Hbg VersR **88**, 811. Haben die Parteien eine Nebenabrede zu einem beurkundungsbedürftigen Rechtsgeschäft getroffen, die nicht mitbeurkundet werden sollte, so ist die grundsätzliche Vermutung der Richtigkeit und Vollständigkeit der diese Abrede nicht enthaltenden Vertragsurkunde entkräftet, BGH NJW **89**, 898. Wer ein Scheingeschäft behauptet, ist bewpfl, BGH NJW **88**, 2599.

Der Empfänger ist dafür bewpfl, warum das kaufmännische *Bestätigungsschreiben nicht gilt*, etwa wegen **152** einer erheblichen Abweichung von den früheren Vereinbarungen oder wegen bewußter Unrichtigkeit, BGH **LM** § 346 (Ea) HGB Nr 17, oder wegen eines Widerspruchs; insofern ist er jedoch nicht bewpfl, wenn er weder Kaufmann ist noch wie ein solcher aufgetreten ist, Hamm MDR **74**, 487. Die Rechtzeitigkeit der Annahme des Antrags muß der Kläger beweisen, ebenso die Wahrung der nötigen Form. Der nach § 315 BGB zur Bestimmung Berechtigte ist dafür bewpfl, daß seine Bestimmung der Billigkeit entspricht, BGH **LM** § 315 BGB Nr 9. Wer sich auf das Fehlen der Einwilligung gemäß § 1365 BGB beruft, ist bewpfl dafür, daß alle Vertragspartner wußten, daß der Gegenstand dem 1365 BGB unterfiel, BGH FamRZ **72**, 446. Bei §§ 315, 316 BGB ist der Gläubiger für die Billigkeit bewpfl, BGH DB **75**, 250 mwN. Vgl auch Reinecke JZ **77**, 159.

Es gibt keinen AnschBew dafür, daß ein Mahn-Einwurf- oder Übergabe-*Einschreibebrief* (ohne Rück- **153** schein), zu den Begriffen Dübbers NJW **97**, 2503, nach § 39 VVG zugegangen ist, aM BVerfG NJW **92**, 2217 (zum einfachen Brief, vgl bei Rn 155). Dieser Gedanke läßt sich trotz der sehr geringen Verlustquote der Deutschen Post AG, AG Brschw JB **91**, 133, Allgaier VersR **92**, 1070, vorsichtig auch außerhalb von § 39 VVG anwenden, Hamm VersR **76**, 723, LG Ffm MDR **87**, 582, AG Köln ZMR **77**, 278 (es gibt auch keinen AnschBew dafür, daß der Einschreibebrief einen bestimmten Inhalt hat, selbst wenn zu vermuten ist, daß er weder leer ist noch ein Schriftstück ohne Unterschrift enthält, insofern großzügig Hamm RR **87**, 344). Erst recht gibt es keinen AnschBew dafür, daß der Einschreibebrief ohne Rückschein innerhalb einer bestimmten Frist zuging, Hamm VersR **84**, 730, Kblz Rpfleger **84**, 434, Köln MDR **87**, 405; zur besseren Lage beim Einwurf-Einschreiben Hohmeister BB **98**, 1478.

Die Regeln zum Einschreibebrief (§ 418 ist unanwendbar, dort Rn 4 „Post") gelten ebenso bei einem **154** *gewöhnlichen Brief.*

Diese Frage ist **streitig. Wie hier** zB BGH NJW **78**, 886, BAG VersR **78**, 671, BFH BB **89**, 2386, Hamm RR **95**, 363 (keine Ausnahme bei § 93), LG Rottweil VersR **91**, 1278 mwN, Brause NJW **89**, 2521 (beim kaufmännischen Schreiben wegen § 346 HGB), ZöHe § 93 Rn 6 „Wettbewerbsstreitigkeiten".

Eine **teilweise abweichende Meinung** vertreten zB BVerfG NJW **92**, 2217 (Absendung und Fehlen einer postalischen Rücksendung „als unzustellbar" = Beweisanzeichen für Zugang, also praktisch als AnschBew, grds problematisch, s unten), Ffm DB **88**, 1544, LG Hbg VersR **92**, 85 (bei einer Reihe von Schreiben in engem zeitlichen Abstand), Huber JR **85**, 181 (Ausnahme bei § 93), AG Freibg/Br AnwBl **92**, 139 (beim „Nichtzugang" von 4 Mahnungen), AG Grevenbroich MDR **90**, 437 (beim „Nichtzugang" von 4 Briefen; aber wo liegen die Grenzen?).

Eine **andere Meinung** als die oben genannte vertreten zB Köln GRUR **84**, 143, AG Offenbg MDR **89**, 992, Schneider MDR **84**, 281 (aber Vorsicht gegenüber amtlichen Statistiken der dort mitgeteilten Art: Sie weisen zB nicht aus, wieviele nicht als „Verlust" gemeldete Briefe tatsächlich doch nicht oder doch falsch „zugestellt" wurden, wie die fast tägliche, zunehmende Gerichtserfahrung beweist. Mancher Bürger hält es mit Recht für meist sinnlos, sich zu beschweren, und erscheint nicht deshalb nicht in solchen Statistiken!).

Man darf zwar *keine unzumutbaren Anforderungen* an den Absender stellen, BVerfG NJW **92**, 2217, ferner **155** BAG DB **86**, 2337; aber Vorsicht! Wo liegen die Grenzen? Diese Regeln gelten erst recht bei einer bloßen Fotokopie, LG Ffm VersR **78**, 861. Es gibt auch keinen AnschBew dafür, daß eine Postsendung nach einem bestimmten Zeitablauf beim Empfänger ankommt, Hamm VersR **82**, 1045. Zu einer Willenserklärung gegenüber dem Versicherungsnehmer Voosen VersR **77**, 895. Zur BewL für die Bösgläubigkeit einer Pfandkreditanstalt bei der Verpfändung von Teppichen BGH NJW **82**, 38.

S auch Rn 38 „Anwaltsvertrag", Rn 75 „Bankrecht", Rn 79 „Computer", Rn 81 „Dienstvertrag", Rn 98 „Handelsbrauch", Rn 142 „Nichtigkeit", Rn 192 „Stellvertretung", Rn 194 „Telefax", Rn 206 „Verschulden", Rn 219 „Vertrag", Rn 227 „Werkvertrag" usw.

**Rechtsmißbrauch:** Vgl zunächst Einl III 54. Soweit eine Partei den gegnerischen Rechtsmißbrauch aus- **156** reichend darlegt, muß dieser sein Fehlen beweisen, BGH DB **99**, 797.

**Rechtsschein:** Wer sich auf ihn beruft, ist für ihn bewpfl, ferner auch dafür, daß der Rechtsschein für sein rechtsgeschäftliches Handeln ursächlich war. Letzteres ist allerdings meist nach der Erfahrung des täglichen Lebens zu bejahen. Wer Rechtsscheinsfolgen nicht gegen sich gelten lassen will, ist bewpfl zB dafür, daß sein Partner eine Haftungsbeschränkung trotz eines Verstoßes § 4 II GmbHG kannte oder daß der Verstoß für den Schaden nicht ursächlich war, BGH BB **75**, 924. S auch Rn 192 „Stellvertretung".

**Rechtsschutzversicherung:** Rn 218 „Versicherung".

**Rechtswidrigkeit:** Bei der unerlaubten Handlung muß grundsätzlich zunächst der Verletzte die Rechtswidrigkeit beweisen. Der Verletzer muß anschließend einen Rechtfertigungsgrund beweisen. Vgl aber zB § 7 II StVG.

**Reisegepäckversicherung:** Rn 161 „Schadensersatz". **157**

**Reisevertrag:** Wenn viele an demselben Essen erkrankten, muß der Veranstalter beweisen, daß seine Reiseverpflegung nicht ursächlich war, LG Hann RR **89**, 634. Der Veranstalter muß beweisen, daß am Reiseziel ein Reiseleiter für Mängelanzeigen erreichbar war und daß der Reisende ihn nicht bzw zu spät ansprach; der Reisende muß insofern Schuldlosigkeit beweisen, LG Ffm RR **86**, 540 (auch zu weiteren Einzelfragen), LG Ffm RR **89**, 1212, aM BGH NJW **87**, 1938 (volle Beweislast des Veranstalters für die Schuldlosigkeit seiner Erfüllungsgehilfen), LG Hann RR **90**, 1018 (BewL des Reisenden); zu großzügig LG Ffm NJW **87**, 133 (zum Entlastungsbeweis nach § 651g BGB genüge die Glaubhaftmachung der Absendung. Vgl aber Rn 151 „Rechtsgeschäft"). Der Veranstalter, der sich auf Verjährung beruft, ist für den Zeitpunkt, zu dem eine nach § 651g II 3 BGB eingetretene Hemmung beendet wurde, bewpfl, LG Ffm RR **87**, 569.

**Rennsport:** Zur Beweislast der Rennleitung wegen des Fehlens sofortiger Hindernisbeseitigung BGH VersR **87**, 1149.

**Revision:** Die BewL bleibt unverändert.

**158** **Sachbefugnis:** Zugunsten einer urheberrechtlichen Verwertungsgesellschaft wird ihre Sachbefugnis im Umfang von § 13 b des VerwertungsG vermutet.

**Sachverständiger:** Der außergerichtliche Sachverständige (beim gerichtlich bestellten gilt das ZSEG) ist für die Billigkeit des von ihm festgesetzten Honorars bewpfl, AG Schwerin RR **99**, 510.

**Saldo:** Rn 75 „Bankrecht".

**159** **Schadensersatz,** dazu *Baumgärtel/Wittmann,* Zur Beweislastverteilung im Rahmen von § 823 Abs. 1 BGB, Festschrift für *Schäfer* (1980) 13; *Fischer,* Der Kausalitätsbeweis in der Anwaltshaftung, in: Festschrift für *Odersky* (1996); *Grunsky,* Beweiserleichterungen im Schadensersatzprozeß, 1990; *Lepa,* Beweislast und Beweiswürdigung im Haftpflichtprozeß, 1988; *Prütting,* Beweiserleichterungen für den Geschädigten, Karlsruher Forum 1989), 3, VersR **90** (Sonderheft) 13; *Vollkommer,* Beweiserleichterungen für den Mandanten bei Verletzung von Aufklärungs- und Beratungspflichten durch den Anwalt?, Festschrift für *Baumgärtel* (1990) 585:

**160** § 287 ändert grundsätzlich nichts an der Darlegungs- und Beweislast, § 287 Rn 2, BGH NJW **86**, 247. Wegen *Amtspflichtverletzung:* Der Kläger ist für die objektive Verletzung und ihre Ursächlichkeit bewpfl (Ausnahmen bestehen bei einer Beratungspflicht, s unten), BGH **110**, 257, Köln MDR **93**, 630. Der Beamte muß sodann seine Schuldlosigkeit beweisen, Karlsr MDR **90**, 722. S auch Rn 200 „Ursächlichkeit". S auch Rn 175 (Diensthund). Bei einer Amtshaftung kann § 287 anwendbar sein, BGH **129**, 233.

**161** Wegen *Diebstahls:* Es sind keine überspitzten Anforderungen an den Bestohlenen zu stellen, BGH RR **91**, 737 und 738 (je: Nachschlüsseldiebstahl), Ffm VersR **87**, 176, Hamm VersR **94**, 48 (Hausrat), strenger BGH NJW **93**, 1014 (der Versicherungsnehmer hatte ein Kfz einem Dritten überlassen). Überspitzte Anforderungen sind insbesondere dann unzulässig, wenn der Dieb entkam, BGH VersR **92**, 868, Hamm VersR **91**, 330, AG Bochum VersR **95**, 1094 (Reisegepäck), strenger BGH VersR **77**, 368, Karlsr VersR **77**, 904, LG Darmst VersR **77**, 1149.

Zum *Einbruchschaden* BGH VersR **94**, 1185, Bre VersR **81**, 1169, Hamm VersR **94**, 48; zum Kfz-Aufbruch AG Hbg VersR **87**, 1189 (Spuren am Kfz nötig).

**162** Die *objektiven Umstände* müssen aber auf einen Einbruch, Raub usw schließen lassen, damit man einen entsprechenden AnschBew annehmen kann, BGH **130**, 3, Hamm VHR **97**, 271, Köln VersR **94**, 420. Das äußere Bild eines Versicherungsfalls muß vorliegen, BGH **130**, 3, Hamm VHR **96**, 111, Saarbr RR **96**, 409 (je: die bloße Anzeige reicht nicht), Düss VHR **96**, 79 (Schlüsselgutachten), Köln VersR **95**, 41, Nürnb VersR **95**, 1089 (je: beim Kfz-Diebstahl müssen alle Schlüssel vorliegen oder plausibel fehlen). Das reicht dann freilich auch bei Fehlen eines typischen Geschehensablaufs aus, BGH VersR **93**, 798, Hamm VersR **93**, 220. Dazu muß aber der Versicherungsnehmer zB beweisen, daß er das Kfz an bestimmter Stelle abgestellt und dann nicht dort wiedergefunden habe, Brdb NVersZ **98**, 127, oder daß und wie der Täter in den Besitz eines passenden Schlüssels gekommen war, Hbg VersR **95**, 208, Hamm DB **93**, 695. Ein AnschBew zugunsten des Bestohlenen ist nicht erforderlich, BGH VersR **87**, 537. Nach einem Verstoß gegen eine Obliegenheit des Bestohlenen zur Einreichung einer Stehlgutanzeige binnen 3 Tagen muß er beweisen, daß das Stehlgut auch bei rechtzeitiger Anzeige mit an Sicherheit grenzender Wahrscheinlichkeit nicht wieder herbeigeschafft worden wäre, LG Detmold VersR **84**, 249.

**163** Zum AnschBew beim Kfz-Diebstahl *im Ausland* Stgt VersR **83**, 29. Vorsicht mit § 141, Mü VersR **98**, 1370. Es würde allgemein zu weit gehen, aus dem Fehlen vorher vorhandener Sachen stets auf einen Nachschlüsseldiebstahl zu schließen, Hamm VersR **80**, 738; auch bei ihm darf man die Anforderungen aber nicht überspannen, Düss VersR **82**, 765, Hamm VersR **93**, 694 (stellt auf Ungereimtheiten ab), Köln VersR **83**, 1121. Die bloße Tatsache, daß der „Bestohlene" eine Strafanzeige erstattet, reicht auch zusammen mit dem Verschwinden von Gepäck nicht als AnschBew für einen Gepäckdiebstahl aus, LG Hbg VersR **84**, 1169, ebensowenig dann, wenn das Fahrzeug ausgeschlachtet wurde, LG Freibg VersR **87**, 758. Beweiserleichterungen zugunsten des „Bestohlenen" gelten nicht im Rückforderungsprozeß zugunsten des Versicherers, BGH **123**, 219 (im Ergebnis zustm Knoche MDR **93**, 1056).

**164** Ob *Hausrat* aus einer Wohnung entwendet wurde, darf das Gericht dem Bestohlenen evtl auch ohne Beweis glauben, solange seine Glaubwürdigkeit nicht durch Anzeichen geschwächt ist, Hamm VersR **94**, 48. Steht fest, daß Hausrat aus der Wohnung entwendet wurde, und liegt kein AnschBew für einen Einbruch oder ein Eindringen vor, dann kann ein AnschBew für einen Nachschlüsseldiebstahl bestehen bleiben, LG Köln VersR **86**, 29, und dann kann im übrigen der Versicherungsnehmer den erforderlichen Beweis dadurch erbringen, daß er alle nicht versicherten Regelungsmöglichkeiten ausschließt, Hamm VersR **81**, 945 und 946, oder daß er Umstände beweist, die nach der Lebenserfahrung mit lediglich hinreichender Wahrscheinlichkeit auf die Benutzung zB eines Nachschlüssels schließen lassen, BGH RR **90**, 607. Aus einer Unklarheit läßt sich nicht stets ein Diebstahl via mittels eines Nachschlüssels folgern, Ffm VersR **86**, 1092, AG Bre VersR **85**, 1030. Wegen des auf einen „Diebstahl" folgenden „Brandes" Bre VersR **86**, 434.

## 1. Titel. Verfahren bis zum Urteil  **Anh § 286**

Steht ein Einbruchdiebstahl fest, dann ist der Versicherer für *grobe Fahrlässigkeit* des Versicherungsnehmers bewpfl, BGH VersR **85**, 29. Die sog Nachtzeitklausel der Hausratsversicherung führt zur Beweislast des Versicherungsnehmers, AG Köln VersR **88**, 76.

Die Beweislast für die *Nichtsächlichkeit* einer grob fahrlässigen Obliegenheitsverletzung bzw Gefahrerhöhung für den Umfang der Leistungspflicht des Versicherers trifft den Geschädigten bzw den Versicherungsnehmer, Ffm VersR **87**, 1143, AG Aachen VersR **81**, 1146, aM BGH VersR **85**, 29. Den Versicherungsnehmer trifft ebenso die Beweislast für das Fehlen von grober Fahrlässigkeit oder Vorsatz bei einer Verletzung der Auskunftsobliegenheit, BGH VersR **83**, 675. Der Versicherungsnehmer ist dafür bewpfl, daß die zum Versicherungsfall führende Krankheit erst nach dem Ablauf der Wartefrist eintrat, LG Ffm VersR **84**, 458. **165**

Der Versicherer ist grds bewpfl für eine *Täuschung* durch den „Abgebrannten", BGH VersR **87**, 277, Karlsr VersR **95**, 1088, Kblz VersR **98**, 181. Es kann zugunsten des Versicherers aber eine Beweiserleichterung eintreten, BGH RR **96**, 275. Ein bloßer Verdacht nebst Strafverfahren gegen den dann Freigesprochenen reicht nicht, BGH VersR **90**, 175. **166**

Der Versicherer ist ferner grds bewpfl für eine Täuschung durch den in Wahrheit Kranken, Hamm VersR **84**, 232, oder durch den „Verunglückten", BGH VersR **79**, 515, Hamm RR **87**, 1239. Freilich ist ein AnschBew für einen *gestellten Unfall* möglich, BGH VersR **89**, 269, Ffm VersR **89**, 858, Hamm VersR **98**, 734 (20 Auffahrunfälle an derselben Stelle in 26 Monaten), Köln VersR **96**, 1252 (massiertes Zusammentreffen bestimmter Umstände), VersR **97**, 129 (auffälliges Gutachten) und VersR **98**, 122 (Widersprüche), LG Bre VHR **98**, 106. Zum „Bayeschen Theorem" BGH VersR **89**, 3161 (zustm Rüßmann ZZP **103**, 65). Zum Gesamtproblem Knoche MDR **92**, 919 (ausf). Freilich gelten Beweiserleichterungen für den Versicherer nicht, soweit der Versicherungsfall als solcher bewiesen oder unstreitig ist, BGH MDR **89**, 976. **167**

Der Versicherer ist auch grds bewpfl für eine Täuschung durch den „*Bestohlenen*", BGH VHR **97**, 50, Hamm VersR **87**, 150 und 400, aM Saarbr NJW **89**, 1679. Üb bei Kollhosser NJW **97**, 969. **168**

Eine *Vorstrafe* des Versicherungsnehmers oder seines Repräsentanten oder Geschäftspartners oder Zeugen kann den AnschBew für einen Diebstahl des Kfz samt seiner Ladung entkräften, Hamm VersR **87**, 150, Mü VersR **85**, 277, LG Mannh VersR **85**, 1131, besonders wenn außerdem weitere Umstände entgegenstehen, Ffm RR **87**, 1244, Hamm VersR **83**, 852, LG Hbg VersR **91**, 810 (Raub). Ein früherer Verdacht eines fingierten Diebstahls reicht aber jetzt nicht zur Entkräftung des AnschBew eines (jetzt) echten Diebstahls aus, Hamm VersR **83**, 1172. Eine frühere falsche Offenbarungsversicherung kehrt die BewL nicht stets um, BGH RR **88**, 343. Eine frühere Entwendung eines anderen Fahrzeugs des Bestohlenen spricht aber für sich nicht dafür, daß der neue Diebstahl vorgetäuscht worden ist, Hamm VersR **81**, 923. Der Beweis für die Vortäuschung eines Versicherungsfalls ist auch nicht schon deswegen erbracht, weil das Fahrzeug wiederholt in Versicherungsfälle verwickelt worden war, Hamm VersR **90**, 378, strenger Hamm (27. ZS) VersR **99**, 336. **169**

Sprechen aber alle Anzeichen zB gegen eine Brandstiftung durch einen Dritten, muß der Versicherungsnehmer den AnschBew der eigenen Brandstiftung entkräften, LG Arnsb VersR **88**, 794. **170**

Eine *Unstimmigkeit* kann den AnschBew eines Diebstahls entkräften, BGH RR **87**, 537, Kblz RR **96**, 1433, Köln VersR **95**, 41. Das gilt freilich nicht für jede Unstimmigkeit, BGH VersR **97**, 53 (Fehlen eines Schlüssels), Hamm VersR **96**, 33 (Nachschlüssel), Saarbr VersR **95**, 30.

Eine Unstimmigkeit kann auch den AnschBew eines Zusammenstoßes entkräften, Celle VersR **80**, 483; das gilt auch bei einer *Wiederholung* gleichartiger Auffälligkeiten, Hamm VersR **94**, 1223, Ffm MDR **89**, 458, Karlsr VersR **94**, 1224. Der Versicherer muß beweisen, daß der „Einbrecher" beim Versicherungsnehmer wohnt, der letztere muß einen entsprechenden AnschBew entkräften, Köln VersR **88**, 257. **171**

Erst recht kann der AnschBew durch eine *fingierte* oder überhöhte *Rechnung* entkräftet werden, Düss NJW **78**, 830, Mü VersR **76**, 1127, Nürnb VersR **78**, 614. Zum AnschBew beim „Rauchen im Bett" Düss VersR **83**, 626. Der Versicherungsnehmer ist dafür bewpfl, daß er einen Vorschaden nur versehentlich nicht im Schadenanzeigeformular erwähnte, selbst wenn er für ihn keine Erstattung verlangt hatte, LG Hbg VersR **85**, 132. **172**

Wegen *Arglist:* Für die Täuschung ist bewpfl, wer sie behauptet, Köln WoM **92**, 263. Der Kläger ist bewpfl auch für die Ursächlichkeit der Täuschung für seinen Schaden, BGH **LM** § 123 BGB Nr 47. **173**

Wegen *positiver Vertragsverletzung:* Der Kläger ist für die Ursächlichkeit der Vertragsverletzung, selbst bei Unterlassen, für die ein AnschBew möglich ist, bewpfl, BGH **LM** § 86 a HGB Nr 4 mwN; jedoch wird die Beweislast umgekehrt, wenn die Schadensursache im Gefahrenkreis des Schuldners liegt, BGH NJW **86**, 55, Zweibr VersR **77**, 848, LG Bln VersR **83**, 842. Hinzukommen muß freilich, daß die Schadensursache zumindest in der Regel der Sachkenntnis des Klägers entzogen ist, BGH VersR **78**, 87, aM Musielak AcP **176**, 486. Vgl insofern auch Rn 189 „Schlechterfüllung".

Wegen eines *Verrichtungsgehilfen*, § 831 BGB: Derjenige, der den anderen zur Verrichtung bestellt hat, ist nach § 831 I 2 BGB entlastungsbewpfl wegen der gegen ihn sprechenden Vermutung eines Verschuldens oder der ebenso gearteten Vermutung der Schadensverursachung, BGH RR **92**, 533.

Wegen Verletzung der *Aufsichtspflicht:* An den Entlastungsbeweis nach § 832 I 2 BGB sind strenge Anforderungen zu stellen, BGH NJW **84**, 2576. **174**

Wegen *Tierhalterhaftung*, dazu Baumgärtel Festschrift *Karlsruher Forum* 1983, 85, *Honsell* MDR **82**, 798, Terbille VersR **95**, 129: Der Geschädigte ist für die Tierhaltereigenschaft des Bekl und eine spezifische Tiergefahr bewpfl, Terbille VersR **95**, 133. Grundsätzlich ist der Tierhalter dafür bewpfl, daß der Schaden nicht auf eine spezifische Tiergefahr zurückzuführen ist, aM LG Gießen RR **95**, 601, Terbille VersR **95**, 133. Der Tierhalter ist für ein Mitverschulden des Geschädigten bewpfl, Terbille VersR **95**, 133. Es sind strenge Anforderungen an die Entlastungsmöglichkeit desjenigen zu stellen, dessen Bulle auf der BAB einen Unfall verursacht, Celle NJW **75**, 1891, Hamm VersR **82**, 1009; strenge Anforderungen sind uU auch an den Entlastungsbeweis eines Reitlehrers zu stellen, Köln VersR **77**, 938. Der Tiermieter ist gegenüber dem Tierhalter dafür bewpfl, daß er selbst die erforderliche Sorgfalt beobachtete oder daß **175**

## Anh § 286
2. Buch. 1. Abschnitt. Verfahren vor den LGen

der Mangel an Sorgfalt für den Schaden nicht ursächlich war, Düss NJW **76**, 2137. Der AnschBew spricht für Untauglichkeit oder Fehlerhaftigkeit eines Karabinerhakens für ein Pferdegespann, das mit 18 Reisenden verunglückt, Karlsr NJW **89**, 908. Zur Infektion durch Importbier Ffm VersR **85**, 2425. § 833 II BGB findet auch bei einer Amtshaftung (Schaden durch Diensthund) Anwendung, BGH VersR **95**, 173.

**176** Wegen Verletzung der *Verkehrssicherungspflicht:* Der Geschädigte ist für sie grds bewpfl, Bre VersR **78**, 873, Hamm VersR **80**, 685, Schmid NJW **88**, 3183; der Fußgänger ist bei einem Sturz auf einem erkennbar unebenen Bürgersteig bewpfl, Ffm VersR **79**, 58; indessen kann der Verkehrssicherungspflichtige darzulegen haben, ob und welche Maßnahmen er zur Gefahrenabwehr getroffen hatte, Mü VersR **92**, 320, AG Gernsbach VersR **96**, 1291. Der AnschBev, daß das Fehlen eines Treppen-Handlaufs ursächlich für einen Sturz war, entfällt dann, wenn der Sturz nicht in dem Bereich erfolgt ist, in dem ein Handlauf ihn hätte verhindern können, BGH VersR **86**, 916, Kblz VersR **97**, 339, Köln VersR **92**, 512. Wenn sich der Schaden unmittelbar an einer Gefahrenquelle ereignet, kann ein AnschBew für ihre Ursächlichkeit vorliegen, Kblz RR **95**, 158 (Banane im Laden), aM Hamm BB **94**, 820. Ab Beginn von Vertragsverhandlungen ist aber § 282 entsprechend anwendbar, BGH BB **86**, 1185. Zum schadhaften Gerüstbrett BGH VersR **97**, 834.

Beim Schadensersatzanspruch des bei *Glatteis* Gestürzten muß man unterscheiden: Ist er innerhalb der zeitlichen Grenzen der Streupflicht gestürzt, kann ein AnschBew dafür, daß der Verantwortliche seine Streupflicht verletzt hat, vorliegen, nicht aber dann, wenn der Sturz außerhalb der Zeit der Streupflicht eingetreten ist, BGH NJW **84**, 433, LG Bln VersR **81**, 1138, aM LG Mannh VersR **80**, 1152. Der Verunglückte muß dann beweisen, daß er bei pflichtgemäßem Verhalten des Sicherungspflichtigen nicht verunglückt wäre, KG VersR **93**, 1369. Der Sicherungspflichtige muß nachweisen, daß Streumaßnahmen unzumutbar gewesen wären, zB weil sie ihre Wirkung alsbald verloren hätten, BGH NJW **85**, 485, Schmid NJW **88**, 3184.

Bei § *836 BGB,* der eine Beweislastumkehr enthält, BGH NJW **99**, 2593, liegt kein AnschBew vor, daß ein Rohrbruch seine Ursache in einer fehlerhaften Anlage oder Unterhaltung hatte, LG Heidelbg VersR **77**, 47. Bei § 844 II BGB ist der Geschädigte für die Leistungsfähigkeit des Getöteten bewpfl, die nach § 287 zu prüfen ist, BGH **LM** § 844 II BGB Nr 52. Wegen eines Kioskbesitzers Köln OLGZ **70**, 311.

**177** Gegen einen *Notar* wegen der Verletzung einer Belehrungspflicht: Der Geschädigte ist grundsätzlich bewpfl, Hamm VersR **80**, 683. Freilich kann § 287 anwendbar sein, BGH NJW **92**, 3241. Vgl auch die Übersicht DNotZ **85**, 25 und Rn 142 „Notar".

**178** Gegen einen *Anwalt, Rechtsbeistand, Steuerberater* usw wegen Verschuldens, zB beim Verlust eines Rechtsstreites, vgl *Ruppel,* Standeswidriges Verhalten des Anwalts im Zivilprozeß und seine prozessualen und materiellrechtlichen Folgen, Diss Gießen 1984, *Vollkommer,* Beweiserleichterungen für den Mandanten bei Verletzung von Aufklärungs- und Beratungspflichten?, Festschrift für *Baumgärtel* (1990):

Der *Kläger* hat diejenigen Tatsachen zu beweisen, die er in dem anderen Prozeß auch hätte beweisen müssen, BGH RR **87**, 899, und zwar auch negative Tatsachen, BGH NJW **85**, 265.

**179** Das gilt auch dann, wenn der Kläger einen Verstoß gegen die *Aufklärungspflicht* des Bekl behauptet, BGH BB **87**, 1203. Der Kläger braucht aber nicht auch zu beweisen, daß seinem Anspruch keine Einwände entgegengestanden hätten; letzteres ist vielmehr Sache des Bekl, Baur Festschrift für Larenz (1973) 1074. Es kommt nicht darauf an, wie das Gericht entschieden hätte, sondern darauf, wie es hätte entscheiden müssen, BGH **133**, 111, Düss VersR **88**, 522, Hamm RR **95**, 526. Der Auftraggeber ist dafür bewpfl, daß der Anwalt den Vergleich vorwerfbar für sie nachteilig abgeschlossen hat, KG MDR **73**, 233, Köln VersR **97**, 619. Das Gericht kann auch diejenigen Beweismittel verwerten, die in dem durch ein Verschulden des Anwalts unterbliebenen Prozeß nicht hätten berücksichtigt werden dürfen, BGH NJW **87**, 3256.

**180** Der Auftraggeber ist dafür bewpfl, daß der *Fehler* des Anwalts vorlag und daß dieser Fehler auch gerade für seinen Schaden *ursächlich* war, auch wenn er keinen Einblick in die Hintergründe hat, BGH NJW **99**, 2437, wobei evtl § 252 II BGB erleichternd wirkt, BGH JZ **88**, 656 (abl Giesen), Karlsr VersR **78**, 852, LG Nürnb-Fürth AnwBl **85**, 534. Ein AnschBew kommt dem Auftraggeber zugute, wenn bei vertragsmäßer Beratung eigentlich nur ein bestimmtes Verhalten des Auftraggebers nahegelegen hätte, BGH NJW **98**, 750, was freilich nicht eine bestimmte Empfehlung des Anwalts voraussetzte, BGH **123**, 314 (im wesentlichen zustm Baumgärtel JR **94**, 466). Er kann demgegenüber Tatsachen zu beweisen versuchen, die für eine atypische Reaktion des Auftraggebers sprechen, BGH **123**, 314 (im wesentlichen zustm Baumgärtel JR **94**, 466).

Zur Schadenshöhe vgl Rn 85 „Entgangener Gewinn". Der Anwalt ist bewpfl dafür, daß der Auftraggeber, den er nicht genug über die Möglichkeiten einer Beratungs- oder Prozeßkostenhilfe beraten hatte, trotzdem zu den gesetzlichen Gebühren abgeschlossen hätte, Schneider MDR **88**, 282. Der aus der Sozietät Ausgeschiedene haftet, solange er nicht alles ihm Zumutbare zur Tilgung seines Namens aus dem Praxisschild und den Briefkopf des Verbliebenen tat, BGH VersR **91**, 1003.

**181** Wegen *Manöverschadens* BGH **125**, 232. Wegen Tiefflugschadens: Der Geschädigte braucht nur aus seiner Sicht vorzutragen; der Schädiger muß beweisen, daß er zB die zulässige Flughöhe einhielt, Schmid JR **86**, 403, strenger LG Mü JR **86**, 420.

**182** Beim *Unfall:* Der Berechtigte der Unfallversicherung muß den Unfall beweisen, Köln RR **95**, 546, Zweibr VersR **84**, 578. Im übrigen ist der Kläger ist dafür bewpfl, daß zu den Folgen sein entgangener Gewinn zählt, BGH NJW **73**, 701. Bei § 827 II BGB ist der Minderjährige bewpfl, BGH VersR **77**, 431. Der Schädiger ist für eine Mitschuld, § 254 BGB, bewpfl, KG VersR **77**, 724, Köln OLGZ **73**, 207, ebenso für die Verletzung einer Schadensminderungspflicht durch den Geschädigten, BGH VersR **86**, 705 mwN, vgl aber auch Köln VersR **78**, 552 (betr eine andere Erwerbsmöglichkeit). Ein AnschBew für die Fehlerhaftigkeit eines Baugerüsts kann vorliegen, wenn es erst kurz vor dem Unfall eines Bauarbeiters (Loslösung einer Strebe) errichtet wurde und er es als erster betreten hat, Köln VersR **92**, 704. Zur Beweislast bei einer Gefahrerhöhung Honsell VersR **81**, 1094.

1. Titel. Verfahren bis zum Urteil **Anh § 286**

Wer eine *Ursächlichkeit leugnet,* weil der Schaden doch (in anderer Form) eingetreten wäre, ist für diesen **183** Verlauf bewpfl, BGH **LM** § 249 (Ba) BGB Nr 23, Hamm MDR **70**, 761; vgl aber auch die obige Rechtsprechung zum Anwaltsverschulden. Wer seine Aufklärungs- oder Beratungspflicht verletzt, ist dafür bewpfl, daß der Schaden auch bei einem eigenen korrekten Verhalten eingetreten wäre, s auch Rn 16, BGH VersR **89**, 701 (auch zu einer Ausnahme beim Arzt), Düss AnwBl **84**, 444, Stgt DNotZ **77**, 48 (Notar), aM Stgt NJW **79**, 2413 (es genüge wahrscheinlich zu machen, wie sich der Geschädigte bei einer ordnungsgemäßen Aufklärung verhalten haben würde). Es besteht ein AnschBew dafür, daß ein Turmdrehkran fehlerhaft errichtet oder unterhalten wurde, Düss MDR **75**, 843. Bei einer möglichen Selbstverursachung besteht keine Vermutung gemäß § 830 I 2 BGB zugunsten des Geschädigten, wohl aber evtl ein AnschBew, Klinkhammer NJW **72**, 1919. Zu § 830 I 2 BGB im übrigen Celle VersR **77**, 1008, Heinze VersR **73**, 1082.

Ein außergerichtliches *Anerkenntnis* kann die Beweislast umkehren, BGH **66**, 255. Eine Zahlung ohne **184** Anerkenntnis einer Rechtspflicht kehrt die Beweislast nicht um, Ffm VersR **74**, 553. Der Geschädigte ist dafür bewpfl, daß ihm kein Vorsteuerabzug möglich ist, KG VersR **75**, 451. Zur Anrechnung von Steuerersparnissen beim vom Geschädigten zu beweisenden Verdienstausfall BGH JZ **87**, 574 (krit Laumen). Der Schädiger ist evtl für eine Verletzung der Schadensminderungspflicht bewpfl, BGH VersR **78**, 183. Die Unterzeichnung einer Abfindungsvereinbarung durch einen Beauftragten kann einen AnschBew für die Wirksamkeit ergeben, Hamm VersR **84**, 229. Wegen Urteilserschleichung: der Bekl ist dafür bewpfl, daß die von ihm im Vorprozeß vernichtete Urkunde einen anderen Inhalt als den vom jetzigen Kläger behaupteten hat, Mü NJW **76**, 2137. Wegen einer Schadensersatzpauschale s „Allgemeine Geschäftsbedingungen".

Der Versicherungsnehmer ist dafür bewpfl, daß er die *Klagefrist* des § 12 III VVG schuldlos versäumt hat, Schlesw VersR **82**, 358.

S auch Rn 77 „Befundsicherung", Rn 78 „Bereicherung", Rn 85 „Entgangener Gewinn", Rn 122 „Kraftfahrzeug". Versicherungsfragen", Rn 200 „Ursächlichkeit", Rn 206 „Verschulden", Rn 218 „Versicherung", Rn 237 „Zuführung".

**Scheck:** Wenn der Scheckeinreicher die Inkassobank auf einen Schadensersatz in Anspruch nimmt, weil sie **185** den Scheck schuldhaft der bezogenen Bank vorgelegt habe, dann muß er darlegen und beweisen, daß auf dem Konto des Scheckausstellers bei der bezogenen Bank bei einer ordnungsgemäßen Vorlage des Schecks eine Deckung vorhanden gewesen wäre, BGH NJW **81**, 1102. Wer Einreden aus dem Grundgeschäft erhebt, trägt gegenüber dem ersten Schecknehmer die BewL für deren Bestehen, BGH RR **94**, 114. Der Scheckschuldner ist bei Rückforderungsverlangen wegen ungerechtfertigter Bereicherung für die Unwirksamkeit des Grundgeschäfts bewpfl, Oldb BB **95**, 2342.

S auch Rn 75 „Bankrecht", Rn 151 „Rechtsgeschäft".

**Scheingeschäft:** Wer es behauptet, ist bewpfl, BGH NJW **91**, 1618. **186**

**Schenkung:** Soweit der Bekl Schenkung behauptet, muß der Kläger seinen vertraglichen oder gesetzlichen Anspruch auf Zahlung oder Herausgabe beweisen, Zweibr Rpfleger **85**, 328, PalP § 516 BGB Rn 19, zB auf Grund eines Darlehens, Rn 80 „Darlehen", oder eines Kaufs, oder eines Werkvertrags, LG Oldb MDR **70**, 326; bei der Herausgabeklage ist für den Kläger § 1006 II BGB anwendbar, für den Bekl § 1006 I BGB anwendbar. Im Fall einer Zuwendung nach § 516 II BGB ist der Bekl nur für die Zuwendung und den Fristablauf bewpfl.

Bei der Schenkung unter einer *Auflage* trägt der Beschenkte im Fall des § 526 BGB die BewL für den Mangel, den Fehlwert und seine Unkenntnis. Beim Widerruf wegen Undanks, § 530 BGB, hat der Schenker nicht nur das verletzende Verhalten des Bekl zu beweisen, sondern auch dann, falls dieser die Reizung durch den Schenker einwendet, ihr Nichtvorhandensein, BGH **LM** § 242 (Ca) BGB Nr 13. Der Pflichtteilsberechtigte muß auch bei der Behauptung, der Erblasser habe innerhalb der Frist des § 2325 III BGB verschenkt, beweisen, daß der Gegenstand zum (gedachten) Nachlaß gehörte, BGH **89**, 30. Er trägt die BewL für die Werte von Leistung und Gegenleistung, wenn er in einem vom Erblasser mit einem Dritten abgeschlossenen Kaufvertrag eine gemischte Schenkung sieht, BGH **89**, 30. Bei einem groben Mißverhältnis zwischen Leistung und Gegenleistung besteht eine Vermutung unentgeltlicher Zuwendung, BGH NJW **87**, 890 mwN, Winkler von Mohrenfels NJW **87**, 2559. Zu § 2287 BGB vgl BGH **LM** § 2287 BGB Nr 10.

**Schiffsunfall,** dazu *Lotter,* Beweislast im Seefrachtrecht, Diss Hbg 1969; *Wassermeyer* VersR **74**, 1052: **187**
Eine Pflichtverletzung spricht dafür, daß sie für den Unfall ursächlich war, BGH **LM** RheinschiffPolVO Nr 63. Beim Zusammenstoß zwischen einem fahrenden und einem ordnungsgemäß liegenden Schiff spricht ein AnschBew für die Schuld des Führers des ersteren, KG VersR **76**, 463. Zur Problematik beim Anfahren gegen einen nicht ordnungsgemäß gesicherten Stilleger BGH VersR **82**, 491. Die Verletzung einer Unfallverhütungsvorschrift spricht dafür, daß sie ursächlich war. Dasselbe gilt beim Verstoß gegen die Notwendigkeit eines Radarschifferzeugnisses, BGH VersR **86**, 546. Zum AnschBew für eine Ursächlichkeit zwischen dem Anzünden einer Zigarre an Deck einer kurz zuvor betankten Motorjacht und einer sofort anschließenden Explosion unter Deck Köln VersR **83**, 44. Der Kläger muß beweisen, daß der Unfall durch ein Ereignis eingetreten ist, vor der Verhütungsvorschrift schützen sollte, BGH VersR **74**, 972. Ein AnschBew spricht für Schuld des Auffahrers, Köln VersR **79**, 439.

Wenn ein Kahn *aus dem Kurs läuft,* spricht ein AnschBew für seine falsche Führung; es ist aber ein Gegenbeweis (zB: Ruderversagen, Zwang durch andere Schiffsführer) zulässig, Hbg VersR **78**, 959. Steht fest, daß ein Schiff beim Begegnen mit einem anderen durch die Geschwindigkeit, die zu einer Absenkung des Wasserspiegels und daher zu einer Grundberührung des Entgegenkommers führen kann, so spricht ein Anscheinsbeweis dafür, daß das überhöhte Tempo die Grundberührung verursacht hat, BGH VersR **80**, 328. Auf dem Rhein muß der Talfahrer beweisen, daß ihm der Bergfahrer keinen geeigneten Weg zur Vorbeifahrt freigelassen hat usw, BGH RR **89**, 474.

Wenn ein Schiff durch das unsachgemäße Verhalten der Leute des Greiferbetriebs beim *Beladen* **188** beschädigt wird, trägt der in Anspruch genommene Geschäftsherr die BewL dafür, daß der Schaden auch bei einer unsachgemäßen Beladung eingetreten wäre, BGH **LM** § 831 (E) BGB Nr 3. Es gibt keinen AnschBew schon wegen eines fehlenden Ausgucks, Hbg MDR **74**, 674, aM Bre VersR **73**, 228. Es besteht kein AnschBew wegen des unerlaubten Ankerliegers, BGH MDR **74**, 675. Es gibt keinen AnschBew dafür, daß ein Ladungsschaden während der Seefahrt ohne weitere Störung auf einem Verschulden der Besatzung beruht, Hbg VersR **78**, 714. Wegen eines Schwellschadens Hbg MDR **74**, 50. Wegen eines Unfalls zwischen einem Schwimmkran und einer Containerbrücke Hbg VersR **76**, 752. Wegen der Beschädigung eines Dalbens BGH VersR **77**, 637. Wer im Manöver durchfährt, das den durchgehenden Verkehr behindern kann, ist für die Zulässigkeit des Manövers bewpfl, BGH **LM** RheinschiffPolVO Nr 70. Wegen Ankergeschirrs BGH **LM** § 286 (C) Nr 67.

189 **Schlechterfüllung,** dazu *Baumgärtel,* Gedanken zur Beweislastverteilung bei der positiven Forderungsverletzung, Festschrift für *Carnacini* (1984) Bd 2, 915; *Heinemann,* Die Beweislastverteilung bei positiven Forderungsverletzungen, 1988 (rechtsvergleichend):

Der Kläger muß eine Schlechterfüllung grds als Anspruchsbegründung beweisen, BGH ZMR **90**, 453 mwN, Hamm RR **89**, 468, Köln NJW **86**, 726. Soweit allerdings der Schaden bei der Vertragsabwicklung eingetreten ist, liegt grds schon deshalb ein Beweis der objektiven Pflichtverletzung und ihrer Ursächlichkeit vor, Hamm RR **89**, 468. Im übrigen trägt der Bekl die BewL für Umstände aus seinem Gefahrenbereich, BGH RR **91**, 575. Hat der Öllieferant das Einfüllen nicht ausreichend überwacht, muß er im Rahmen der vertraglichen Haftung beweisen, daß der Ölaustritt nicht durch eine Pflichtverletzung verursacht wurde (anders beim deliktischen Anspruch), LG Trier RR **92**, 1378.

S auch Rn 173 „Schadensersatz".
**Schuld:** Rn 36 „Anerkenntnis", Rn 206 „Verschulden".
**Schuldversprechen:** § 780 BGB: Der Kläger trägt die BewL für die Selbständigkeit, der Bekl diejenige von Einwendungen aus dem etwaigen Grundgeschäft, BGH WertpMitt **76**, 254 (eigentlich selbstverständlich).
**Schwarzfahrt:** Rn 122 „Kraftfahrzeug: Versicherungsfragen".
**Selbständiges Beweisverfahren:** Hat im selbständigen Beweisverfahren der Gegner eine mögliche und zumutbare Einwendung unterlassen, so ist er dafür bewpfl, daß das Ergebnis der Beweisaufnahme nicht zutrifft, Düss BB **88**, 721.

190 **Selbsttötung, Selbstverletzung:** Der Lebensversicherer ist für eine Selbsttötung bewpfl, Düss NVersZ **99**, 322. Es gibt grds keinen AnschBew für vorsätzliche Selbsttötung, BGH NJW **94**, 794, Köln VersR **92**, 229, Oldb VersR **91**, 985. Zur versuchten Selbsttötung Hamm VersR **90**, 1345, KG VersR **87**, 778.
**Sicherheitsleistung:** Wegen des Wegfalls § 109 Rn 17. Wegen der Ausländersicherheit § 110 Rn 12.
**Sofortiges Anerkenntnis:** Rn 36 „Anerkenntnis".
**Software:** Rn 199 „Urheberrecht".
**Sortenschutz:** Vgl Hesse GRUR **75**, 455 ausf.
**Sozialleistung:** Beim Unterhalt ist die in § 1610a BGB enthaltene Beweislastregelung zu beachten, Rn 198.
**Sparbuch:** Rn 75 „Bankrecht".
**Spedition:** Rn 227 ff „Werkvertrag".

191 **Sportunfall:** Zur Risikoverteilung Scheffen NJW **90**, 2663, Zimmermann VersR **80**, 497. Der Geschädigte ist beim Gemeinschaftssport für einen Regelverstoß bewpfl, BGH VersR **75**, 156, Scheffen NJW **90**, 2663. Das gilt auch beim Handball, AG Bln-Charlottenb VersR **82**, 1086, und bei anderen Sportarten nach Regeln, Bonde SchlHA **84**, 180, aber nicht beim Schlittschuhlauf, BGH NJW **82**, 2555, bei dem auch kein AnschBew für Verschulden des von hinten Auffahrenden besteht, Düss VersR **94**, 1484. Beim Fußball besteht für einen Regelverstoß nicht schon deshalb ein AnschBew, weil eine erhebliche Verletzung eingetreten ist, Nürnb VersR **98**, 69. Die Abrede, nicht mit vollem Einsatz zu spielen, begründet keine Umkehr der BewL zugunsten des verletzten Fußballers, Hamm MDR **97**, 553. Der Geschädigte ist für die *Schuld* des Schädigers bewpfl, Bbg NJW **72**, 1820, AG Bln-Charlottenb VersR **82**, 1086, ZöGre 20 vor § 284, aM Mü NJW **70**, 2297, Heinze JR **75**, 288. Ist ein Badebecken 4 Stunden nach der Reinigung schon wieder auffällig glitschig, spricht dafür ein AnschBew für eine Reinigung ungenügend war, Mü VersR **75**, 478. Es besteht ein AnschBew dafür, daß eine tiefe Stelle in der Badeanstalt, an der ein Nichtschwimmer versank, für seinen Tod ursächlich war, BGH **LM** § 286 (C) Nr 17. Beim Tanzsport gelten die sonstigen Sport-Beweisregeln nur eingeschränkt, Hamm VersR **88**, 1295. Für den Verlust eines eng sitzenden Ringes durch eine äußere Einwirkung beim Ski-Sturz spricht ein AnschBew nur dann, wenn der Finger anschließend schwer verletzt war, Hbg VersR **83**, 1129. Zur Skibindung Mü VersR **85**, 298, Dambeck VersR **92**, 284.
**Spedition:** Rn 231–233 „Werkvertrag".
**Staatshaftung:** Zu den zahlreichen Problemen Baumgärtel VersR **82**, 514.

192 **Stellvertretung:** Der Kläger ist für die Vertretungsmacht des Abschließenden und dafür bewpfl, daß die Vollmacht nicht eingeschränkt war. Der Bekl muß das Erlöschen der Vollmacht beweisen. Behauptet der Bekl, in anderem bzw fremdem Namen gehandelt zu haben, ist der Bekl dafür bewpfl, daß dieses beim Vertragsabschluß erkennbar hervorgetreten war, BGH RR **92**, 1010, Köln BB **97**, 229, Reinecke JZ **77**, 164. Der Bote ist dafür bewpfl, daß er als solcher erkennbar war, Schlesw MDR **77**, 841.

S auch Rn 88 „Erfüllung", Rn 222 „Vollmacht", Rn 225 „Wechsel".

193 **Steuerberater:** Er ist dafür bewpfl, daß er die zur Erledigung des Auftrags benötigten Unterlagen angefordert, jedoch erst nach dem Erlaß des zugehörigen Bescheids des Finanzamts erhalten hat, BGH VersR **83**, 61. Der Steuerberater ist dafür bewpfl, daß trotz seines Fehlers dieselbe oder eine höhere Steuerschuld entstanden wäre, soweit im Besteuerungsverfahren das Finanzamt dieselbe sachlichrechtliche Beweislast hat, BGH VersR **83**, 177. Vgl im übrigen BGH NJW **86**, 2570. Der Steuerberater ist für die Ermessensausübung bei einer Rahmengebühr nicht nur beim Überschreiten der Mittelgebühr bewpfl, Hamm RR **99**, 510. Der Auftraggeber ist für eine Pflichtverletzung durch den Steuerberater bewpfl, BGH RR **99**, 642. Bloßes Bestreiten durch den Steurberater gilt dabei als sein Geständnis, BGH RR **99**, 642.

S auch Rn 159 „Schadensersatz".

1. Titel. Verfahren bis zum Urteil **Anh § 286**

**Streithilfe, Streitverkündigung:** Vgl § 68 Rn 7.
**Tankstellenpächter:** Rn 98 „Handelsvertreter". **194**
**Teilleistung:** Wer sie erbracht hat, muß seine Berechtigung zu ihr beweisen, Kblz RR **93**, 251 (zum Dienstvertrag).
**Telefax,** dazu *Henneke* NJW **98**, 2194 (Üb): Die Absendung beweist wie beim Brief, Rn 153 ff, nicht stets den Zugang, sondern ist dafür allenfalls ein Anzeichen, § 233 Rn 164, BGH NJW **95**, 667, Köln NJW **95**, 1228, Schneider MDR **99**, 197, aM Hbg RR **94**, 629, Rostock NJW **96**, 1831. Freilich kann der *Sendebericht nebst „OK"-Vermerk* AnschBew erbringen, Mü MDR **99**, 286.
**Telefonrechnung:** LG Saarbr RR **96**, 894, LG Weiden RR **95**, 1278, LG Wuppert RR **97**, 701 lassen grds den AnschBew ihrer Richtigkeit zu, aM LG Oldb RR **98**, 1365, AG Haßfurt RR **98**, 1368. Er ist aber jedenfalls dann erschüttert, wenn konkrete Umstände gegen den üblichen Kausalverlauf sprechen, LG Saarbr RR **96**, 894, wenn zB der Anschlußinhaber verreist war, LG Mü RR **96**, 893, oder wenn die Verteilanlage im Keller des Kunden oder gar außerhalb nicht gegen Mißbrauch geschützt ist, LG Saarbr RR **98**, 1367, AG Ffm DWW **94**, 187 (Antillen-Nr), AG Lpz RR **94**, 1396. Da ein Verbrauch gerade durch den Anschlußinhaber bzw die von seinem Gerät Telefonierenden zu den Anspruchsvoraussetzungen der Telekom AG gehört, sollte sie für solchen Verbrauch auch unabhängig von den skandalösen Mißbrauchsfällen (durch angeblich technisch schwer bekämpfbare Dritte) eigentlich ganz selbstverständlich darlegungs- und bewpfl sein, so auch im Ergebnis Celle RR **97**, 568 (auch zur Beweisvereitelung durch Zuwarten des Kunden bis zur Datenlöschung), LG Aachen NJW **95**, 2364, LG Mü BB **96**, 450 (keine datenschutzrechtlichen Bedenken), LG Ulm BB **98**, 472 (BewL dafür, daß die automatische Gebührenerfassung funktionierte). Beim Mobilfunk gibt es bei hohen Gebühren keinen AnschBew dafür, daß die Datenerfassung richtig gearbeitet hat, LG Bln BB **96**, 818. Wegen Einzelgesprächsnachweisen LG Kiel RR **98**, 1366.
**Tierarzt:** Rn 73 „Ärztliche Behandlung".
**Tierhalterhaftung:** Rn 175 „Schadensersatz".
**Transportunternehmer:** Rn 227 „Werkvertrag".
**Umsatzsteuer:** Rn 130 „Mehrwertsteuer".
**Umwelthaftung,** dazu *Boecken* VersR **91**, 964; *von Craushaar,* Die Auswirkungen der Beweislastregelung in **195** der geplanten EG-Dienstleistungshaftungsrichtlinie auf das deutsche Privatrecht, Gedächtnisschrift für *Arens* (1993) 28; *Kargados,* Zur Beweislast bei der Haftung für Umweltschäden, Festschrift für *Baumgärtel* (1990) 187; *Kimeck,* Beweiserleichterungen im Umwelthaftungsrecht, 1998:
  Da es sich um eine Gefährdungshaftung handelt, § 1 UmweltHG, kommt eine BewL grds nur zur Verursachungsfrage in Betracht. § 6 I UmweltHG stellt auf Grund der bloßen Eignung einer Anlage auch die gesetzliche Vermutung auf, daß ein Schaden durch sie entstanden ist. § 6 II–IV, § 7 UmweltHG regeln die Fälle, in denen diese gesetzliche Vermutung entkräftet oder sonst unanwendbar ist. Die BewL trägt derjenige, der die Vermutung entkräften muß. Soweit sie entfällt, ist die BewL nach den sonst geltenden Regeln zu beurteilen; insoweit ist grds der Verletzte bzw Geschädigte bewpfl; freilich kann auch bei einer Unanwendbarkeit der gesetzlichen Vermutungsregeln im Einzelfall nach den Gesamtumständen ein AnschBew gelten. Mit seiner Bejahung soll man allerdings wegen der vorrangigen eingehenden Regeln der §§ 6, 7 UmweltHG zurückhaltend sein. Zum Problem BGH NJW **97**, 2748 (zustm Petersen NJW **98**, 2099). Die BewL für eine Altlast, auf die das UmweltHG nach seinen § 23 unanwendbar ist, trägt der Inhaber der Anlage, Boecken VersR **91**, 966.
**Unerlaubte Handlung:** Vgl *Baumgärtel/Wittmann,* Zur Beweislastverteilung im Rahmen von § 823 Abs. 1 **196** BGB, Festschrift für *Schäfer* (1980) 13.
  S auch Rn 159 „Schadensersatz".
**Unfall:** Rn 105 ff, 200 ff, 206 ff, 218 ff.
**Ungerechtfertigte Bereicherung:** Rn 78 „Bereicherung".
**Unmöglichkeit:** Bei § 282 BGB ist Schuldner bewpfl dafür, daß er sie nicht vertreten muß, BGH RR **88**, 1196. Dabei darf es nicht zu einer faktischen Umkehr der BewL kommen, BGH NJW **92**, 521. Bei § 324 I BGB ist der Schuldner bewpfl, daß der Gläubiger Unmöglichkeit zu vertreten hat, BGH NJW **92**, 683.
**Unterhalt,** dazu *Oelkers/Kreutzfeldt* FamRZ **95**, 137 (ausf): **197**
  Vgl zunächst BGH NJW **81**, 923. Der Unterhaltsberechtigte muß seine Bedürftigkeit beweisen, der Unterhaltsverpflichtete die etwaige Beschränkung seiner Leistungsfähigkeit, BGH NJW **91**, 1624, Hbg FamRZ **89**, 1112 (auch bei einer verneinenden Feststellungsklage), Karlsr RR **97**, 323, AG Lemgo JB **96**, 103. Der Bekl muß zwar das Vorhandensein anderer, näher Verpflichteter beweisen; der Kläger ist aber dafür bewpfl, daß diese an sich näher Verpflichteten hier ausscheiden, Ffm FamRZ **84**, 396. Eine Ehefrau, die bei einem Freund lebt, ist für ihre Bedürftigkeit bewpfl, Bre NJW **78**, 1331. Zur BewL für die Unterhaltsbedürftigkeit eines Geschiedenen, der einen anderen in seine Wohnung aufnimmt, BGH NJW **83**, 683. Der Unterhaltspflichtige muß die tatsächlichen Voraussetzungen des § 1579 I Z 4 BGB beweisen, BGH FamRZ **82**, 464, ebenso diejenigen für das Fortbestehen eines Härtegrundes nach § 1579 I Z 7 BGB, BGH NJW **91**, 1290. Ein Vollstreckungstitel reicht bis zur Abänderung usw aus §§ 323, 767 als Beweis aus, aM BSG RR **98**, 899 (Abänderbarkeit genüge; aber man muß dann eben klagen).
  Werden für Aufwendungen infolge eines Körper- oder Gesundheitsschadens *Sozialleistungen* bean- **198** sprucht, muß wegen § 1610 a BGB und darf wegen § 292 der Schuldner beweisen, daß die Kosten der Aufwendungen geringer als die Höhe dieser Sozialleistungen waren, dazu BGH FamRZ **93**, 22, Drerup NJW **91**, 683, Weychardt FamRZ **91**, 782. Vgl auch Hamm (12. FamS) FamRZ **91**, 1198. Hamm (9. FamS) FamRZ **91**, 1200 beurteilt die BewL für die Höhe von Aufwendungen vor und nach dem Inkrafttreten des § 1610 a BGB einheitlich. Gelingt die Widerlegung der gesetzlichen Vermutung, so ist der Gläubiger bewpfl, Künkel FamRZ **91**, 1134. Bei der Abänderungsklage nach § 323 ist der Kläger für eine wesentliche Änderung der Verhältnisse bewpfl, BGH FamRZ **87**, 260, Hamm RR **88**, 1277 (Verbesserung der Erwerbschancen des Bekl), Hbg FamRZ **93**, 1476 (Eintritt der Volljährigkeit). Entsprechendes gilt bei einer Erweiterung der Berufung nach Ablauf der Begründungsfrist anstelle einer Abände-

rungsklage, Kblz RR **88**, 1478. Den Umstand, daß sich die Einkommensverhältnisse der Eheleute seit der Trennung unerwartet und erheblich geändert haben, muß derjenige Ehegatte beweisen, der daraus ein Recht herleitet, BGH FamRZ **83**, 353. Wechselt der Abänderungsbekl die Anspruchsgrundlage, so ist er für den neuen Anspruch bewpfl, BGH FamRZ **90**, 496, KG FamRZ **89**, 1206, Zweibr FamRZ **89**, 1192.

**199 Unterlassung:** Grundsätzlich muß der Gläubiger die Erstbegehungs- wie die etwaige Wiederholungsgefahr beweisen, Hirtz MDR **88**, 182. Man kann die Wiederholungsgefahr mit allen Mitteln des § 286 ausräumen, Steines NJW **88**, 1361. Bei einer Briefkastenwerbung trotz Verbots besteht ein AnschBew dafür, daß die Werber trotz einer Verbotsaufschrift auf dem Kasten die Werbung eingeworfen haben, solange nicht das Unternehmen Belehrung bzw Überwachung der Mitarbeiter darlegen kann, KG DB **90**, 2319.
S auch Rn 34 „Allgemeine Geschäftsbedingungen", Rn 234 „Wettbewerb".
**Unzulässigkeit der Rechtsausübung:** Rn 156 „Rechtsmißbrauch".
**Unzurechnungsfähigkeit:** Rn 99 „Handlungsunfähigkeit", Rn 206 „Verschulden".
**Urheberrecht:** Im Verletzungsprozeß muß der Urheber die Schutzfähigkeit und evtl den Schutzumfang des Werks beweisen. Der Verletzer muß beweisen, daß der Urheber auf vorbekanntes Formengut zurückgegriffen hatte, BGH NJW **82**, 108. Die Herstellung von Plattenhüllen bringt keinen AnschBew für die Herstellung zugehöriger Platten, aM BGH **100**, 34 (zustm von Gravenreuth GRUR **87**, 633). Zur Problematik bei einer Verletzung betr Software Dreier GRUR **93**, 789. Die BewL dafür, daß eine pauschale Nutzungsrechtseinräumung dem Vertragszweck entspricht, trägt derjenige, der sich darauf beruft, BGH GRUR **96**, 121.
**Urkunde:** §§ 415 ff.

**200 Ursächlichkeit,** dazu *Fischer,* Der Kausalitätsbeweis in der Anwaltshaftung, in: Festschrift für *Odersky* (1996); *Mummenhoff,* Erfahrungssätze im Beweis der Kausalität, 1997; *Weber,* Der Kausalitätsbeweis im Zivilprozeß, 1997:
Für den Beweis der *haftungsbegründenden* Ursächlichkeit gibt es keine allgemeinen Beweiserleichterungen, BGH NJW **98**, 748 (freilich § 287), BayObLG **94**, 285. Bestehen nur für eine von mehreren möglichen Ursachen bestimmte Anhaltspunkte, dann spricht die Erfahrung für diese Ursache, selbst bei ungewöhnlicher Folge, BGH **81**, 227. Wenn der Schuldner durch ein vom Gläubiger zu beweisendes objektiv pflichtwidriges Verhalten in seinem Gefahren- und Verantwortungsbereich, BAG DB **71**, 2263, eine positive Vertragsverletzung begangen hat, wird er von seiner Haftung für die dadurch entstandenen Schaden nicht schon durch den Nachweis frei, daß ihn hinsichtlich einer von zwei als Schadensursache in Frage kommenden Handlungen kein Verschulden trifft, BGH MDR **81**, 39.

**201** Wer eine *Aufklärungs- oder Betreuungspflicht* verletzt hat, muß beweisen, daß der Schaden auch bei vertragsmäßigem Verhalten eingetreten wäre, BGH NJW **89**, 2946, Schultz VersR **90**, 812, aM Stodolkowitz VersR **94**, 12 (er befürwortet eine Beweiserleichterung zugunsten des Geschädigten). Auch bei einem Verstoß gegen ein Schutzgesetz ist grundsätzlich der Verletzte bewpfl, BGH NJW **84**, 433 mwN. Er muß beweisen, daß er einen Unfall nicht erlitten hätte, wenn der Verkehrssicherungspflichtige rechtzeitig gestreut hätte, Düss VersR **84**, 1173, oder daß ein Sturz in den Gefahrenbereich geschah, Schlesw MDR **98**, 286. Ein gerichtliches Mitverschulden ist beachtlich, Schneider NJW **98**, 3696.

**202** Es kann jedoch ein AnschBew bestehen, wenn das Schutzgesetz einer *typischen Gefährdungsmöglichkeit* entgegenwirken will, BGH VersR **75**, 1008 (Straßenbahnunfall), BGH NJW **84**, 433, BayObLG **94**, 285, Ffm VersR **90**, 51 (Streupflicht), BGH NJW **89**, 2947 (Unfallverhütungsvorschrift, auch zu den Grenzen), BGH BB **91**, 1149 (DIN); Kblz OLGZ **89**, 346 (Technische Regeln Flüssiggas), aM Zweibr VersR **77**, 849 (Brand). Es muß sich aber auch die vom Schutzgesetz bekämpfte Gefahr verwirklicht haben, BGH DB **86**, 1815. Die bei einem groben Behandlungsfehler des Arztes, vgl Rn 56 „Ärztliche Behandlung", mögliche Beweislastverteilung kann auch bei einer groben Verletzung der Pflicht aus einem anderen Berufsstandes gelten, zB bei einer Badefrau, Ffm VersR **84**, 169. Wegen einer Amtspflichtverletzung BGH MDR **86**, 650. Für eine Mitverursachung durch den Geschädigten ist der Schädiger bewpfl, BGH VersR **83**, 1162. Fließt aus einer Wasserleitung „dicke braune Brühe", so muß das Wasserwerk beweisen, daß dieser Umstand weder auf typischen Betriebsrisiken noch auf einem groben Überwachungsverschulden beruht, LG Duisb MDR **82**, 53. Zu Brand-Folgeschäden BGH VersR **84**, 63.

**203** Auch bei § 7 I StVG ist der Kläger bewpfl, BGH **LM** § 7 StVG Nr 46, Düss VersR **87**, 568, Köln VersR **89**, 152. Das gilt auch im Deckungsprozeß, nunmehr zu Lasten desjenigen Versicherers, der im Außenverhältnis gegenüber dem Unfallgegner des Kunden geleistet hatte. Trotz abgefahrener Reifen kann deren Ursächlichkeit für Unfallfolgen fehlen, BGH NJW **78**, 1919. Der Versicherer ist auch dann bewpfl, wenn der Versicherungsnehmer eine Straftat beging, deren Beendigungszeitpunkt unklar ist, Hamm VersR **78**, 1137. Der Versicherungsnehmer ist beim Sturmschaden dafür bewpfl, daß der Sturm alleinige oder letzte Ursache war, Köln RR **99**, 468. Es besteht ein AnschBew dafür, daß täuschende Angaben des Versicherungsnehmers im Versicherungsantrag für den Vertragsabschluß ursächlich waren, LG Dortm VersR **80**, 963.
Vgl auch Rn 56 „Ärztliche Behandlung", Rn 105 „Kraftfahrzeug", Rn 159 „Schadensersatz", Rn 187 „Schiffsunfall" Rn 189 „Selbständiges Beweisverfahren", Rn 193 „Steuerberater" usw.

**204 Vaterschaft:** Vgl §§ 1591 ff BGB, § 286 Rn 25, § 372 a Rn 3.
Trotz §§ 1592, 1593 BGB erfolgt eine etwaige Ermittlung *von Amts wegen,* Grdz 38 vor § 128, selbst wenn die Vaterschaft nicht bestritten wird; weder Kosten noch eine Verzögerung sind maßgeblich, da es darum geht, die biologische Abstammung zu klären. Daher ist eine Berufung des Mannes auf ein erbbiologisches Gutachten kein unzulässiger Ausforschungsantrag. Eine Vaterschaftsvermutung wird erst unter der Beweisaufnahme bedeutsam; „schwerwiegende Zweifel" bestehen, wenn die Vaterschaft nicht „sehr wahrscheinlich" ist, ferner wenn die Erzeugung durch den angeblichen Vater nicht wahrscheinlicher ist als diejenige durch einen (erwiesenen) Mehrverkehrer. Im Anfechtungsprozeß ist grds der Bekl dafür bewpfl, daß die Frist abgelaufen sei, BGH RR **87**, 899 (Klage des Mannes), KG FamRZ **74**, 380 (Klage des Kindes). Das klagende Kind muß beweisen, daß die Mutter den Namen seines Vaters kennt, Köln FamRZ **94**, 1198.

1. Titel. Verfahren bis zum Urteil **Anh § 286**

**Verbraucherkreditgesetz,** dazu *Bülow* NJW **98**, 3454 (ausf), *Gilles,* Prozessuale Weiterungen des Verbrau- **205** cherschutzes bei Kreditgeschäften, Festschrift für *Kitagawa* (1992) 347: Es gelten die allgemeinen Beweislastregeln, vgl zB Rn 151 „Rechtsgeschäft", Teske NJW **91**, 2801.
 Einen AnschBew für die Entgeltlichkeit eines erheblichen *Zahlungsaufschubs,* § 6 VerbrKrG, kann der Kreditgeber dadurch ausräumen, daß er seine Absicht beweist, die für den Zahlungsaufschub anfallenden Kosten ausnahmsweise aus seinem sonstigen Ertrag bestreiten zu wollen, LG Hbg RR **94**, 247. Der Kreditgeber ist grds dafür bewpfl, daß der Verbraucher nicht rechtzeitig und wirksam widerrufen hat, § 7 I–IV VerbrKrG, aM Teske NJW **91**, 2801 (aber § 7 I VerbrKrG macht den Eintritt der zu den anspruchsbegründenden Voraussetzungen zählenden Wirksamkeit der Willenserklärung des Verbrauchers vom Nichtwiderruf abhängig, Rn 77 „Bedingung und Befristung". Das gilt auch beim sog verbundenen Geschäft (Kauf + Kredit), § 9 II VerbrKrG. Die vom Kreditgeber zu beweisende Übergabe oder Leistungserbringung kann bei Verträgen auf Lieferung und Leistung gegen Teilzahlungen, § 4 I 2 Z 2 VerbrKrG, den Mangel der gesetzlichen Form heilen, § 6 III VerbrKrG.
**Vereinsbeschluß:** Wird behauptet, daß unberechtigte Dritte bei der Abstimmung mitgewirkt hätten, so muß grundsätzlich der Verein das Gegenteil beweisen. Ist der Mitgliederversammlung satzungsgemäß das Protokoll der vorangegangenen Versammlung zur Genehmigung vorgelegt worden und hat das Mitglied damals nicht widersprochen, sondern erst nachträglich die Nichtigkeit behauptet, weil durch nichtberechtigte Dritte die Mehrheit erzielt worden sei, so ist das Mitglied dafür bewpfl.
**Verjährung:** Wer sich auf sie beruft, muß ihre Voraussetzungen beweisen, BGH BB **94**, 601. Bei §§ 270 III, 693 II ist der Gläubiger für seine Schuldlosigkeit (und damit für eine Unterbrechung der Verjährung) bewpfl, Kblz VersR **89**, 164. Bei § 639 II BGB ist der Unternehmer für die zur Beendigung einer Hemmung führenden Tatsachen bewpfl, Düss RR **94**, 284.
**Verkehrssicherungspflicht:** Rn 176 „Schadensersatz".
**Verkehrsunfall:** Rn 91 „Fahrrad", Rn 105 ff, 200 ff, 206 ff, 218 ff.
**Vermögensgesetz:** Der Grundsatz, daß jede Partei die BewL für das Vorliegen der ihr günstigen Tatsachen trägt, gilt auch bei § 1 VermG. Ob eine Umkehrung der BewL in Betracht kommt, hängt vom Einzelfall ab, auch bei § 1 VermG, BVerwG DB **94**, 37.
**Verschulden:** Beim Verschulden während der Vertragsverhandlungen kann § 282 entsprechend anwendbar, **206** BGH BB **86**, 1185, und kann der Gefahrenkreis und Verantwortungsbereich wesentlich für die BewL sein. Der Schädiger muß die Behauptung des Geschädigten widerlegen, letzterer hätte bei wahrheitsgemäßer Information keinen Vertrag abgeschlossen, BGH NJW **96**, 2503. Bei einem vertraglichen Schuldverhältnis ist der Bekl für seine Schuldlosigkeit bewpfl, BGH NJW **78**, 2243, zB für den Wegfall des Schuldnerverzugs, für eine unvertretbare Unmöglichkeit, § 282 BGB, Düss MDR **74**, 1017, Crezelius BB **85**, 213, für eine Schuldlosigkeit bei positiver Vertragsverletzung, vgl BGH VersR **78**, 724, Düss OLGZ **75**, 318, s aber auch Rn 56 „Ärztliche Behandlung".
 Anders liegt es bei betriebsbezogener, *gefahrengeneigter Arbeit,* vgl Rn 40 „Arbeitnehmer". Die positive **207** Vertragsverletzung selbst muß der Gläub beweisen, wenn die Schadensursache nicht nachweislich im Gefahrenkreis des Schuldners liegt, BGH VersR **70**, 179, LG Mönchengl NJW **73**, 192 (krit zB Donau NJW **73**, 1502), s auch Rn 159 „Schadensersatz". Wegen der Verletzung eines Schutzgesetzes BGH **LM** § 823 (B) BGB Nr 8 (zustm Baumgärtel/Wittmann JR **77**, 244).
 Ein *Beamter,* in dessen amtliche Obhut die Sache gelangt ist, muß den Verlust aufklären. Dazu genügt **208** der Nachweis, daß die Sache ohne sein Verschulden verloren worden sein kann. Bei einem Schaden aus fehlerhafter Vertragserfüllung ist der Schuldner bewpfl, wenn der den Schaden verursachende Mangel zunächst gegen seine Sorgfalt spricht.
 Der Schädiger, auch im minderjähriger, BGH NJW **73**, 1792, ist für ein *Mitverschulden* des **209** Geschädigten bewpfl, BGH NJW **79**, 2142 (der Geschädigte ist aber darlegungspflichtig, daß und wie er den Schaden mindern helfen kann), KG VersR **77**, 724, Mü NJW **70**, 2297; zum Problem Köhnken VersR **79** 791. Auch bei einem Minderjährigen ist ein AnschBew möglich, BGH **LM** § 828 BGB Nr 4.
 Der *Versicherer,* vgl *Hauke,* Der prima-facie-Beweis unter besonderer Berücksichtigung des Privatver- **210** sicherungsrechts, Diss Hbg 1957, ist für Arglist beim Vertragsschluß bewpfl, zB daß der Versicherungsnehmer eine im Antrag nicht erwähnte Krankheit kannte, Hamm VersR **86**, 865. Es sind jedoch keine überspannten Anforderungen zu stellen, Köln VersR **73**, 1161, AG Altötting VersR **79**, 1024. Bei § 61 VVG ist der Versicherer für grobe Fahrlässigkeit bewpfl, Karlsr VersR **76**, 454, LG Landau VersR **76**, 455, und für deren Schadensursächlichkeit, LG Mü VersR **77**, 858. Auch hier ist ein AnschBew zulässig, Einf 6 vor § 284, Ffm VersR **77**, 927. Wegen des AnschBew beim Brand infolge Asche im Plastikeimer Celle VersR **78**, 1033, oder infolge von Schweißarbeiten nahe von brennbarem Material, BGH VersR **80**, 532; wegen vorsätzlicher Brandstiftung beim eigenen Hof Hamm VersR **85**, 437. Der Beweis der Selbstverstümmelung ist bereits dann erbracht, wenn die Schilderung des Unfallversicherten erwiesen falsch ist, LG Mü VersR **82**, 466.
 Bei der Verletzung einer *Obliegenheit* des Versicherungsnehmers ist der Versicherer für deren objektives **211** Vorliegen bewpfl, BGH NJW **72**, 1809 (§ 7 V AKB), Hbg VersR **74**, 26 (§ 2 Nr 2 c AKB), Hamm VersR **78**, 815 (§ 8 AVB).
 Der Versicherungsnehmer muß beweisen, daß die Verletzung der Obliegenheit für den Schaden *nicht* **212** *ursächlich* war, Ffm VersR **84**, 859, Karlsr VersR **77**, 245, oder daß er keine Schuld hatte, Hamm VersR **78**, 816, zB *nicht grob fahrlässig* handelte, BGH NJW **72**, 1809, LG Wiesb VersR **77**, 1148, aM BGH RR **86**, 705, LG Köln VersR **76**, 748, LG Mü **76**, 430.
 Der Versicherer muß beweisen, daß der Versicherungsnehmer *vorsätzlich* handelte, BGH VersR **77**, 734, **213** Hamm VersR **89**, 269, Zweibr VersR **77**, 807, aM BGH MDR **85**, 917, Stgt VersR **73**, 834.
 Der Versicherer muß grundsätzlich (Ausnahme: § 827 I BGB, s unten) die *Zurechnungsfähigkeit* des **214** Versicherungsnehmers beweisen, Hamm MDR **71**, 308, aM Hamm VersR **82**, 995, LG Wiesb VersR **77**, 1148.

**215** Der Versicherer muß beweisen, daß der Versicherungsnehmer von den Umständen Kenntnis hatte, die eine *Gefahrerhöhung* auslösten, LG Karlsr VersR **81**, 1169. Der Versicherungsnehmer muß beweisen, daß eine Gefahrerhöhung den Schaden nicht verursachte, BGH MDR **87**, 224, Hamm VersR **78**, 284, oder nicht von ihm verschuldet war, Nürnb VersR **72**, 925. Der Versicherer ist dafür bewpfl, daß nur eine Sucht die Ursache der Krankheit war, Hamm VersR **73**, 123. Wegen der BewL bei einer sog Brandrede (Anstiftung) Sieg VersR **95**, 369.

Ein objektiv *schwerer Verstoß* liefert keinen AnschBew für grobe Fahrlässigkeit, BGH LM § 640 RVO Nr 12, Röhl JZ **74**, 527, vgl freilich grundsätzlich Rn 16. Der Versicherungsnehmer muß beweisen, daß er schuldlos annehmen durfte, sein ausländischer Führerschein sei (noch) im Inland gültig, Karlsr VersR **76**, 181, oder sein Fahrer besitze einen Führerschein, LG Regensb VersR **75**, 850.

**216** Bei einer *unerlaubten Handlung* ist der Geschädigte für das Verschulden des Schädigers grundsätzlich bewpfl, BGH NJW **78**, 2242. Bei § 823 II BGB muß der Schädiger seine Schuldlosigkeit beweisen, soweit das Schutzgesetz das geforderte Verhalten so genau umschreibt, daß die Verwirklichung des objektiven Tatbestands den Schluß auf die Schuld nahelegt, BGB NJW **92**, 1040. Bei § 486 IV 2 HGB ist der Geschädigte für das Eigenverschulden des Reeders bewpfl, Helm VersR **74**, 713, aM Freise zB VersR **72**, 123. Eine Vertragsklausel, daß der Kraftfahrzeugmieter trotz einer entgeltlichen Haftungsfreistellung die Beweislast dafür trage, daß er weder vorsätzlich noch grob fahrlässig handelte, kann gegen Treu und Glauben verstoßen, § 11 Z 15 a AGBG, BGH **65**, 121 und VersR **76**, 689, LG Ffm VersR **76**, 841.

**217** Bei § 847 *BGB* ist der Geschädigte bewpfl, auch nach einem Verkehrsunfall, LG Hbg VersR **77**, 582. Wegen des Entlastungsbeweises eines Brotherstellers AG Ffm VersR **77**, 1137. Es findet grundsätzlich keine Beweislastumkehr betr Verschulden statt, LG Kref VersR **86**, 270, LG Mainz VersR **77**, 941. Bei § 827 *BGB* ist aber der Schädiger für die Unzurechnungsfähigkeit bewpfl, BGH NJW **90**, 2388, PalTh § 827 BGB Rn 3. Zu den Anforderungen an den Nachweis einer alkoholbedingten Bewußtseinsstörung im Verkehr BGH VersR **85**, 583.

S auch Rn 36 „Anerkenntnis", Rn 159 „Schadensersatz".

**218 Versicherung,** dazu *Hansen,* Beweislast und Beweiswürdigung im Versicherungsrecht, 1990; *Lang,* Beweislast und Beweiswürdigung im Versicherungsrecht, 1990; *Lücke* VersR **96**, 791, 802:

Der Versicherungsnehmer ist für den *Eintritt* eines *Versicherungsfalls* bewpfl, Hamm VersR **91**, 330, Karlsr VersR **97**, 607. Wegen der Diebstahlsversicherung vgl zunächst die umfangreichen Nachweise in Rn 161 ff „Schadensersatz", wegen der Brandversicherung Rn 166 ff, wegen der Verkehrsunfallsfragen Rn 166 ff. In der Rechtsschutzversicherung muß der Versicherer einen Vorsatz des Versicherungsnehmers beweisen, Hamm VersR **96**, 601. Der Vertreter ist dafür bewpfl, daß er am oder nach dem Ablauf der (meist vereinbarten) 12 Beitragsmonate schon die Provision endgültig verdient hat, Karlsr VersR **84**, 935. Der Versicherungsmakler ist dafür bewpfl, daß der Schaden des Kunden auch bei vertragsgerechter Erfüllung der Aufklärungs- und Beratungspflicht eingetreten wäre, BGH **94**, 363. Im Fall der Berichtigung der Schadensanzeige ist der Versicherungsnehmer dafür bewpfl, erst nachträglich die notwendige Tatsachenkenntnis erlangt zu haben, LG Osnabr VersR **86**, 1237.

Der Versicherungsnehmer ist für eine *rechtzeitige Prämienzahlung* bewpfl, LG Osnabr VersR **87**, 62. Der Versicherungsnehmer ist wegen § 6 III VVG grds für die Erfüllung seiner Obliegenheit bewpfl, LG Stade VersR **88**, 712, aM Köln VersR **95**, 567. Das gilt zB bei einer vollständigen und rechtzeitigen Schadensanzeige, AG Düss VersR **87**, 63. Er ist für die Leistungspflicht des Versicherers bewpfl, Knoche MDR **90**, 965. Er ist auch für Eigentumsvorbehalt an versicherten, abgebrannten Sachen bewpfl, BGH NVersZ **99**, 177. Der Versicherer ist dafür bewpfl, daß ein Kippfenster grob fahrlässig lange offenstand, Hamm NVersZ **99**, 178. Der Versicherer muß beweisen, daß die Heilbehandlung das medizinisch notwendige Maß überschritten hat, BGH VersR **91**, 987. Der Versicherer ist für die Voraussetzungen einer Rückforderung bewpfl, BGH NJW **95**, 662 (Verschulden bei Obliegenheitsverletzung), Köln NVZ **90**, 466, Knoche MDR **90**, 965. Hat der Versicherer vor Fälligkeit „vorbehaltlich Akteneinsicht" gezahlt, muß er aber nur den Vorbehalt, der Versicherungsnehmer indes das Bestehen der Schuld beweisen, Düss VersR **96**, 89. Der Versicherer ist für den Zugang einer qualifizierten Mahnung nach § 39 I VVG bewpfl, Nürnb VersR **92**, 602. Zu § 7 Z 1 a, 2 AFB 87 BGH RR **97**, 407.

Der Versicherer ist dafür bewpfl, daß der Versicherte, der im Antrag *Gesundheitsfragen* objektiv falsch beantwortete, Kenntnis des wahren Krankheitsbildes hatte, Hamm VersR **94**, 1333. Zur Beweislast beim Streit, ob der Makler oder der Versicherer den *Antrag* änderten, BGH NJW **88**, 62. Zur Frage, ob der Versicherungsnehmer den Agenten bei der Antragsausfüllung richtig informierte und der letztere unrichtig ausgefüllt hat, BGH BB **90**, 1731. Wenn der Agent das Antragsformular ausfüllte und der Versicherungsnehmer es nur unterschrieb, ist der Versicherer für die Kenntnis des Versicherungsnehmers von den Fragen nach den Gefahrumständen bewpfl, Karlsr RR **93**, 489. Die BewL in § 827 S 1 BGB gilt bei §§ 152 VVG, § 3 Z 1 PflVG, BGH **111**, 374. Zur Berufsunfähigkeit BGH NJW **88**, 974. Für Eigenbrandstiftung ist kein AnschBew möglich, Stgt VersR **97**, 824.

S auch Rn 159 „Schadensersatz", Rn 190 „Selbsttötung", Rn 200 „Ursächlichkeit", Rn 206 „Verschulden".

**219 Verspätung:** Bei § 296 I ist der verspätet Vortragende für die zur Entschuldigung ausreichenden Tatsachen bewpfl, Schneider MDR **87**, 900; jedoch mag das Gericht nur eine Glaubhaftmachung nach § 294 fordern, § 296 IV. Bei § 296 II ist der verspätet Vortragende nicht dafür bewpfl, daß keine grobe Nachlässigkeit vorlag, solange diese nicht vom Gericht festgestellt werden kann, ähnlich Schneider MDR **87**, 901.

**Vertrag:** Rn 74 „Auslegung", Rn 77 „Bedingung und Befristung", Rn 99 „Handlungsunfähigkeit", Rn 101 „Kauf", Rn 141 „Minderjährigkeit", Rn 151 „Rechtsgeschäft", Rn 189 „Schlechterfüllung", Rn 192 „Stellvertretung".

**Vertrag zugunsten Dritter:** Der Dritte ist bei § 331 BGB für einen entsprechenden Abschluß bewpfl.

**Vertragsstrafe:** Unterwirft sich der Schuldner ihr „für jeden Fall einer schuldhaften Zuwiderhandlung", so ergibt sich zB nach dem Hamburger Brauch aus dem Wort „schuldhaft" nicht, daß damit eine Beweislast-

1. Titel. Verfahren bis zum Urteil **Anh § 286**

abrede dahingehend getroffen worden sein soll, der Gläubiger müsse dem Schuldner entgegen § 282 BGB ein Verschulden nachweisen, Hbg GRUR **80**, 874.
**Vertragsurkunde:** Die Partei, die sich für einen bestimmten Vertragsinhalt auf Tatsachen außerhalb der **220** Urkunde beruft, hat diese zu beweisen. Eine Ermittlungspflicht für derartige Umstände besteht für das Gericht nicht. Ist der Vertragsinhalt völlig widerspruchsvoll, verbinden die Parteien aber einen bestimmten Sinn damit, so ist von diesem auszugehen. Nur im äußersten Falle kann der Vertrag als nicht auslegungsfähig angesehen werden, nämlich wenn die bewpfl Partei wegen einer Uneinigkeit über die Auslegung keine klärenden Tatsachen beweisen kann. Ist dagegen die Urkunde aus sich heraus verständlich, so muß derjenige, der eine abweichende Vereinbarung behauptet, dies beweisen. Die Auslegung selbst ist Sache des Gerichts und hat mit der Beweislast nichts zu tun. S auch Rn 151 „Rechtsgeschäft".
**Vertreter:** Rn 98 „Handelsvertreter", Rn 192 „Stellvertretung".
**Verwahrung:** Auch auf die öffentliche Verwahrung sind §§ 688 ff, 282 BGB entsprechend anwendbar, BGH MDR **90**, 417.
**Verwirkung:** Der Schuldner muß beweisen, daß der Gläubiger seine Forderung lange Zeit hindurch nicht **221** geltend gemacht hat. Der Gläubiger braucht nur substantiiert zu bestreiten und darzulegen, wann und unter welchen Umständen er das getan hat, so daß Unklarheiten, auch nach der Parteivernehmung des Gläubigers, zu Lasten des Schuldners gehen, BGH **LM** Nr 5. Beweisschwierigkeiten des Schuldners rechtfertigen die Annahme einer Verwirkung zwar nicht schon wegen des Zeitmoments, evtl aber dann, wenn der Schuldner ein Beweismittel im Vertrauen darauf, der Gläubiger werde nicht mehr hervortreten, vernichtet hat (Umstandsmoment), BGH MDR **93**, 26.
**Verzug:** Wegen § 285 BGB ist der Schuldner für das Fehlen von Verzug bewpfl, BGH VersR **83**, 61. Eine Vereinbarung kann zur BewL des Gläubigers führen, AG Rastatt Rpfleger **97**, 75.
**Verzugsschaden, Verzugszinsen:** Der Gläubiger ist für ihre Entstehung und die Höhe bewpfl; freilich ist § 287 anwendbar, Schopp MDR **89**, 1.
**Vollmacht:** Bei der Klage gegen den Vollmachtgeber ist der Kläger für das Entstehen der Vollmacht bewpfl, **222** der Bekl für deren Untergang, BGH **LM** § 282 (BewL) Nr 26. Etwas anderes gilt, wenn der Untergang der Vollmacht unstreitig ist. Bei einem Wechsel ist der Kläger dafür bewpfl, daß die Vollmacht zZt der Annahme (noch) bestand, BGH **LM** § 282 (BewL) Nr 26. Wenn ein Generalbevollmächtigter eine Wechselschuld für eigene Verbindlichkeit eingegangen, so muß der Vertretene einen Mißbrauch der Vollmacht beweisen, insbesondere wenn sein Einverständnis behauptet wird, BGH **LM** § 2205 BGB Nr 9, vgl KG MDR **73**, 233 betr einen Anwalt. Verhandlungs- und Bankvollmacht können den Rechtsschein für eine Abschlußvollmacht begründen, Oldb BB **95**, 2342.
S auch Rn 95 „Gemeinschaft", Rn 192 „Stellvertretung", Rn 225 „Wechsel".
**Vollstreckungsabwehrklage:** Der Kläger muß grundsätzlich die Voraussetzungen seiner Klage zumindest **223** wegen der anspruchsvernichtenden Tatsachen beweisen, § 767 Rn 47, BGH NJW **81**, 2756, Hamm RR **88**, 1088, Münch NJW **91**, 795 (ausf). Jedoch muß der Bekl beweisen, daß eine Vereinbarung, auf deren Nichtigkeit der Kläger die Vollstreckungsabwehrklage stützt, ein bloßes Scheingeschäft war, BGH DNotZ **93**, 234.
**Vorkauf:** Der Vorkaufsberechtigte ist für eine Umgehung des § 506 BGB bewpfl, BGH **110**, 234.
S auch Rn 101 „Kauf".
**Vorläufiger Insolvenzverwalter:** Der nach §§ 21 II Z 1, 22 InsO Bestellte muß seine Verwaltungs- und Verfügungsbefugnis beweisen, Urban MDR **82**, 446.
**Vorlegung:** Es kommt auf den Einzelfall und auf die Beachtung des Verbots des Ausforschungsbeweises, Einf 27 vor § 284, an, BGH **93**, 205.
**Währung:** Wer eine Forderung in fremder Währung geltend macht (Valutaforderung), muß ihre wirksame Entstehung beweisen, auch eine etwa nach § 3 WährG erforderliche Genehmigung, Kblz NJW **88**, 3099.
**Warenhaus:** Bei einem Unfall des Kunden, der über Obstreste ausglitt, muß der Inhaber beweisen, daß er **224** zur Erfüllung seiner Verkehrssicherungspflicht genügend getan hat, insbesondere dafür sorgen ließ, daß der Boden ständig beobachtet und geräumt wurde, besonders bei einem Selbstbedienungsgeschäft, Köln NJW **72**, 1950, Mü VersR **74**, 269.
**Wechsel:** Der Wechselschuldner muß das Fehlen einer sachlichen Berechtigung beweisen, BGH NJW **94**, **225** 1353, Bulla DB **75**, 193, und zwar auch dann, wenn die Wechselrechte beim Besitzerwerb nicht auf den Gläub übergegangen sein sollen, dieser aber behauptet, die Rechtsübertragung habe nachträglich stattgefunden, BGH **LM** Art 16 WG Nr 2, oder behauptet, der Gläubiger habe sich mit dem Schuldner nachträglich über ein Grundgeschäft geeinigt, BGH NJW **75**, 214, oder wenn es um eine Zwischenfeststellungsklage des Gläubigers geht, BGH **125**, 256. Der Gläubiger ist dafür bewpfl, daß der Schuldner auf eine Einrede verzichtet hat, Bulla DB **75**,193. Der Schuldner muß beweisen, daß der Wechselinhaber beim Erwerb wußte, daß die zugrunde liegende Forderung noch nicht fällig war, BGH RR **86**, 670. Wer aus einem Wechsel als Vertreter ohne Vertretungsmacht in Anspruch genommen wird, muß beweisen, daß er bevollmächtigt war, den Wechsel für den Vertretenen zu zeichnen, BGH NJW **87**, 649.
**Werbebehauptung:** Der Richter wird eine Irreführung oft auf Grund eigener Sachkunde bestätigen **226** können, aber kaum ohne weiteres das Gegenteil. Wer vorhersagt, muß beweisen, daß er nicht irreführt, KG RR **97**, 993. Der Werbende muß beweisen, daß die Lieferunfähigkeit unverschuldet war, BGH DB **83**, 2351. Der Kläger muß grundsätzlich alle Umstände beweisen, die eine vergleichende Werbung als sittenwidrig erscheinen lassen, BGH **138**, 58 und **139**, 381, Baumbach/Hefermehl, 19. Aufl, § 1 UWG Rn 335, Hartmann NJW **63**, 517. Denn der Vergleich als Denkmethode ist wertfrei und kann erst durch seine Art der Vornahme evtl unlauter werden, im Ergebnis auch Richtlinie 97/55 EG v 6. 10. 97 (abgedruckt auch in GRUR **98**, 117), Krüger. Die Zulässigkeit vergleichender Werbung aufgrund gemeinschaftsrechtlicher Vorgaben, 1996. Bei einer Gegenüberstellung eigener Leistungen ist der Werbende für deren Richtigkeit bewpfl. Seine Geschäftsgeheimnisse sind aber zu schützen, Stgt RR **87**, 677. Wenn der Kläger den Wettbewerbsverstoß nicht zumutbar darlegen kann, ist der Bekl dafür bewpfl, daß kein Verstoß vorliegt, BGH RR **91**, 1391, Schmeding BB **78**, 741. Zur Beweiserleichterung bei einer

**Anh § 286**  2. Buch. 1. Abschnitt. Verfahren vor den LGen

Anschwärzung im Sinn von § 14 UWG BGH RR **93**, 746. Es kann AnschBew dafür bestehen, daß der Hersteller an einer redaktionellen Werbung mitwirkte, BGH NJW **97**, 2757.
S auch Rn 234 „Wettbewerb".

**227** **Werkvertrag**, dazu *von Craushaar*, Die Auswirkungen der Beweislastregelung in der geplanten EG-Dienstleistungshaftungsrichtlinie auf das deutsche Privatrecht, Gedächtnisschrift für *Arens* (1993) 22:
Die Beweislast für die Vergütung ist wie beim Kauf zu beurteilen. Der Unternehmer muß grundsätzlich *beweisen*, daß die Parteien statt des vom Besteller eingeräumten niedrigen Festpreises, Höchstpreises oder Pauschalpreises, den der letztere lediglich (und allerdings) nach Ort, Zeit der Vereinbarung und Höhe substantiiert und widerspruchsfrei *darlegen* muß, BGH BB **92**, 1238 (krit Baumgärtel MDR **92**, 1028), entweder einen höheren bestimmten Preis, zB den Einheitspreis nach VOB, oder zusätzliche Leistungen, BGH RR **96**, 952, oder keinen bestimmten Preis mit der Folge, daß ein höherer Preis als üblicher Werklohn anzusehen ist, vereinbart haben, BGH NJW **83**, 1782, aM Honig BB **75**, 447, von Mettenheim NJW **84**, 776; aber der angebliche Festpreis oder Höchstpreis ist gegenüber der Forderung des höheren Bestimmten oder des höheren Angemessenen ein substantiiertes Bestreiten. Ffm MDR **79**, 756 fordert vom Besteller die präzise Darstellung der Vereinbarung. Karlsr MDR **79**, 756 fordert den Beweis von demjenigen, der sich auf eine Vereinbarung beruft, die nicht einmal halbwegs kostendeckend ist. Allerdings ist der Besteller, der sich auf eine Fest- bzw Pauschalpreisvereinbarung beruft, die erst während der Vertragsdurchführung getroffen sei, dafür bewpfl, weil er eine Vertragsänderung behauptet, Ffm RR **97**, 276.

**228** *Bis zur Abnahme* muß der Unternehmer mangels abweichender Vereinbarung die Mangelfreiheit des Werks beweisen, § 13 Z 1 VOB/B, BGH RR **98**, 1269, PalTh § 633 BGB Rn 10. *Nach der Abnahme* muß der Besteller beweisen, daß das Werk mangelhaft ist bzw daß der Unternehmer pflichtwidrig handelte, BGH RR **98**, 1269, Heiermann BB **74**, 959. Der Steuerberater muß beweisen, daß er einen notwendigen Hinweis oder Rat gegeben hat, BGH NJW **82**, 1517. Nach Mangelbeseitigung ist der Besteller bewpfl, noch nicht abrechnen zu können, BGH NJW **90**, 1475.

**229** Hat der Besteller nachgewiesen, daß objektiv eine *Pflichtverletzung* vorliegt, so ist es Sache des Unternehmers nachzuweisen, daß sein Verhalten nicht schadensursächlich war, Celle VersR **87**, 993, oder daß er den Schaden nicht zu vertreten hat, § 635 BGB, unabhängig davon, ob es sich um einen Mangel- oder Folgeschaden handelt, LG Aschaffenbg VersR **74**, 1134, Baumgärtel Festschrift für Baur (1981) 225 (auch zu weiteren Einzelfragen), Laufs/Schwenger NJW **70**, 1822.

**230** Jedoch ist grds objektive Pflichtverletzung und ihre Schadensursächlichkeit als bewiesen anzunehmen, wenn der Schaden bei der *Vertragsabwicklung* vor der Werkabnahme entstand, Hamm RR **89**, 468. Der Unternehmer, der den Besteller vor Schaden zu bewahren hat, ist für Schuldlosigkeit bewpfl, wenn die Ursache im eigenen Verantwortungsbereich liegt, BGH RR **95**, 684. Nach seiner Kündigung ist der Besteller dafür bewpfl, daß der Unternehmer eine höhere Ersparnis als die eingeräumte hatte, BGH RR **92**, 1077. Im übrigen ist der Besteller dafür bewpfl, daß der Unternehmer im Sinn von § 638 BGB arglistig handelte, BGH DB **75**, 1166. Der Unternehmer muß beweisen, daß er bei der Annahme einer Schlußzahlung gemäß § 16 VOB/B einen Vorbehalt gemacht hatte, BGH MDR **73**, 130. Hat der Unternehmer die Einsparung von Energie zugesichert und dem Besteller ein Rücktrittsrecht für den Fall eingeräumt, daß die Einsparung nicht erreicht wird, dann muß der Unternehmer die Einhaltung der Zusicherung beweisen, BGH BB **81**, 1732. Wenn ein Aushandeln der Gewährleistungsregelung der VOB/B behauptet wird, ist der Verwender bewpfl, Hamm ZMR **89**, 100.

**231** Der Absender ist dafür bewpfl, daß *Tiefkühlgut* bei der Beendigung seiner Verladung noch die für die Beförderung zugesagte Temperatur hatte, Celle NJW **74**, 1096. Der Frachtbrief dient bis zum Gegenbeweis als Nachweis für Abschluß und Inhalt des Frachtvertrags, § 409 I HGB, und mangels Vorbehalts als Vermutung, daß das Gut und seine Verpackung bei Übernahme durch den Frachtführer äußerlich einwandfrei waren, § 409 II HGB. Der jeweilige Anspruchsteller ist daher bewpfl, daß der Schaden in der Zeit zwischen Übernahme und Ablieferung des Guts durch den Frachtführer eintrat, so schon BGH RR **88**, 1369. Zu § 51 ADSp BGH BB **97**, 652 (Containerdiebstahl). Bei § 51 ADSp trägt der geschädigte Anspruchsteller die BewL, BGH **129**, 347. Für die Voraussetzungen des § 54 lit a Z 3 ADSp ist der Anspruchsteller bewpfl, BGH RR **96**, 546. Der Kunde muß darlegen und beweisen, daß der Spediteur entgegen § 54 ADSp ausnahmsweise unbegrenzt haftet, Köln RR **92**, 1448. Der Spediteur ist dafür bewpfl, daß das in ordnungsgemäßem Zustand in seine Obhut gelangte Gut ohne sein Verschulden Schaden nahm, BGH VersR **98**, 128 (Umzug), und nicht auf der Fernstrecke, sondern im speditionellen Gewahrsam abhanden kam, Mü BB **92**, 1744. Zur BewL bei grober Fahrlässigkeit BGH NJW **95**, 1490 (§ 51 Buchstabe b S 2 ADSp ist wirksam, insbesondere mit dem AGBG vereinbar) und BB **97**, 1070. Geiger VersR **92**, 170, Herber/Schmuck VersR **91**, 1209, Wingbermühle VersR **93**, 539 (str).

**232** Der Absender muß beweisen, daß das beförderte Gut erst *auf dem Transport* beschädigt wurde, vgl BGH RR **94**, 995, Karlsr VersR **75**, 669. Bei einer Beförderung gemäß CMR ist ein AnschBew zulässig, BGH VersR **85**, 133, und ist der Auftraggeber dafür bewpfl, daß die Verladung einwandfrei war oder daß deren Mangel für den Schaden nicht ursächlich war, Köln BB **75**, 719; beim sog multimodalen Transport muß er beweisen, daß der Schaden auf derjenigen Transportstrecke eintrat, bei der die für ihn günstigste Haftungsordnung galt, Karlsr OLGZ **84**, 492. Nachlässigkeit bei der Erstellung der Tatbestandsaufnahme bei einer Umladung kann entsprechend § 444 gewürdigt werden, Hbg VersR **89**, 1282. Zur Beweiskraft des Frachtbriefs § 409 HGB.
Der Verfrachter ist dafür bewpfl, daß eine *IoC-Klausel* vereinbart worden ist, LG Hbg VersR **75**, 734. Bei einem normalen Fahrtverlauf spricht der AnschBew dafür, daß der Absender ungenügend verladen hatte, Köln VersR **77**, 860. Der Verfrachter muß beweisen, daß das Schiff anfänglich tauglich war, BGH MDR **78**, 735. Zu Sackrißschäden BGH MDR **78**, 819. Der Empfänger von Luftfracht muß beweisen, daß das Frachtgut während der Luftbeförderung beschädigt wurde, Ffm MDR **84**, 236. Ein AnschBew dafür, daß ein Handwerker einen Fehler machte, liegt nur bei einem solchen Fehler vor, der sich oft einschleicht, BGH VersR **79**, 823. Der Frachtführer muß die Fälligkeit der Fracht beweisen, Düss RR **94**, 1122.

1. Titel. Verfahren bis zum Urteil **Anh § 286**

Zur BewL bei *§ 61 IV BinnSchG* BGH VersR **85**, 36; zur BewL im sog multimodalen Frachtverkehr BGH **101**, 176; zur BewL wegen eines Standgelds im internationalen Güterverkehr Mü OLGZ **87**, 472; zur BewL betr grobe Fahrlässigkeit bei einer speditionellen Falschbehandlung Köln VersR **94**, 1453 mwN, Mü RR **93**, 927, Nürnb RR **93**, 862; zur BewL beim Warschauer Abkommen betr Luftfracht Gran Festschrift für Piper (1996) 847. Zu einem Zwischenhändler und § 5 GüKG BGH MDR **88**, 930.
S auch Rn 54 „Architekt", Rn 76 „Baurecht", Rn 157 „Reisevertrag", Rn 205 „Verjährung".

**Wettbewerb**, dazu *Kemper*, Beweisprobleme im Wettbewerbsrecht, 1991; *Kur*, Beweislast und Beweisführung im Wettbewerbsprozeß, 1981: **234**

Der Kläger muß beweisen, daß ein Angestellter oder Beauftragter die Handlung im *Geschäftsbetrieb* des beklagten Inhabers vorgenommen hat. Es gibt keinen AnschBew dafür, daß der für ein Unternehmen Reisende eine Ware, die nicht im Unternehmen selbst geführt wird und die sich der Reisende selbst beschafft hat, zugunsten des Geschäftsherrn verkauft, auch wenn es sich um Ware aus dem Geschäftszweig handelt, BGH MDR **78**, 735. Zur Umkehr der BewL bei irreführender Werbung auch BGH GRUR **92**, 525, Borck GRUR **82**, 657, Kur GRUR **82**, 663. Zum Arrest und zur einstweiligen Verfügung Ulrich GRUR **85**, 201 (Üb). Zum Sortenschutz-Verletzungsprozeß Hesse GRUR **75**, 455. Zu Beweiserleichterungen allgemein BGH **120**, 327. Beim Unterlassungsanspruch gilt kraft Gewohnheitsrecht eine tatsächliche Vermutung der Wiederholungsgefahr nach einer Erstbegehung, die der Bekl widerlegen muß, Hirtz MDR **88**, 186. Der Unterlassungsschuldner ist bewpfl dafür, daß seine einem Dritten gegenüber abgegebene strafbewehrte Unterwerfungserklärung auch dem Gläubiger des vorliegenden Verfahrens gegenüber die Wiederholungsgefahr beseitigen kann, BGH NJW **87**, 3252, oder daß eine Marktverstopfung droht, Köln WettbR **97**, 54. Der Beweis läßt sich mit allen Mitteln des § 286 führen, Steines NJW **88**, 1361. Der Verletzer hat zu beweisen, daß der Schaden auch bei Erfüllung seiner diesbezüglichen Aufklärungspflicht eingetreten wäre, BGH RR **88**, 1067.
S auch Rn 53 „Arbeitnehmer", Rn 199 „Unterlassung", Rn 200 „Ursächlichkeit", Rn 226 „Werbebehauptung".

**Widerruf** einer ehrenkränkenden Behauptung: Es ist ein AnschBew für deren Fortwirkung möglich, Karlsr MDR **73**, 672. Der Bekl ist für die Wahrheit der behaupteten Tatsache erweitert darlegungspflichtig, BGH NJW **77**, 1681. Der Kläger muß aber sodann die Unwahrheit beweisen, BGH DB **76**, 1100, Schnur GRUR **79**, 142 (er unterscheidet zwischen einem eingeschränkten und einem uneingeschränkten Widerruf), aM Rötelmann NJW **71**, 1637. Beim Widerruf einer Willenserklärung, zB beim Haustürgeschäft, ist der Widerrufende für die Widerruflichkeit und daher dafür bewpfl, daß das Gesetz damals bereits galt, BGH **113**, 224. **235**
S auch Rn 83 „Ehre", Rn 99 „Haustürgeschäft".

**Wiederholungsgefahr:** Rn 199 „Unterlassung", Rn 234 „Wettbewerb".

**Willenserklärung:** Wer eine Willenserklärung im eigenen Namen abgegeben hat und sich darauf beruft, sie sei unternehmensbezogen und daher gegen den mit ihm nicht personengleichen Unternehmensinhaber, hat die Unternehmensbezogenheit zu beweisen, BGH BB **95**, 11.
S auch Rn 37 „Anfechtung", Rn 151 „Rechtsgeschäft".

**Zahnarzt:** Rn 72 „Ärztliche Behandlung". **236**

**Zinsen:** Der Gläubiger muß beweisen, daß er höhere als die gesetzlichen fordern kann; es gibt dafür keinen AnschBew, BGH RR **91**, 1406, PalH § 288 BGB Rn 6, Roll DRiZ **73**, 343, aM LG Bielef NJW **72**, 1995. Entgegen Gelhaar NJW **80**, 1373 ist keineswegs eine „Rechtsfortbildung" zulässig, soweit der Wille des Gesetzes eindeutig feststeht, zumal die Zinssätze der Wirtschaft rasch schwanken. Freilich braucht ein Kaufmann nicht zu beweisen, daß er wegen seiner Klagforderung Kredit aufnehmen mußte. Auch kann bei einem hohen Schaden eine großzügigere Beurteilung zulässig sein, BGH VersR **80**, 195.

**Zuführung,** dazu *Gmehling*, Die Beweislastverteilung bei Schäden aus Industrieimmissionen, 1988: **237**
Bei § 906 I BGB ist der Kläger für sein Eigentum und dessen Störung bewpfl, der Bekl für die Unwesentlichkeit oder Üblichkeit oder Unvermeidbarkeit. Bei § 906 II 2 BGB muß der Kläger die Unzumutbarkeit beweisen. Dabei sind die Richtwerte des BImSchG für einen AnschBew erheblich, Baur JZ **74**, 661. BGH BB **86**, 2297 macht den Betreiber einer Schmelzanlage dafür bewpfl, daß er zumutbare Vorkehrungen getroffen hat, um die Schädigung eines anderen zu verhindern.

**Zugang eines Briefes:** Rn 153 ff.

**Zugewinnausgleich:** Rn 82 „Ehe".

**Zurechnungsfähigkeit:** Rn 99 „Handlungsunfähigkeit", Rn 206 „Verschulden".

**Zurückbehaltungsrecht:** Der Gegner ist dafür bewpfl, daß der einbehaltene Betrag unbillig hoch ist, BGH DB **96**, 2435.

**Zusage persönlicher Vorteile** an den Vertreter der Gegenpartei: Da damit im allgemeinen eine Vernachlässigung des Interesses verbunden ist, hat nicht der Vertretene, der sich darauf beruft, sondern sein Vertragsgegner zu beweisen, daß keine nachteiligen Wirkungen eingetreten sind.

**Zuständigkeit:** Rn 95 „Gerichtsstand".

**Zustellung:** Die BewL liegt bei demjenigen, der für sich günstige Folgen aus einer ordnungsgemäßen Zustellung herleiten will, BGH NJW **92**, 1240.

**Zwangsvollstreckung,** dazu *Baumgärtel*, Probleme der Beweislastverteilung in der Zwangsvollstreckung, Festschrift für *Lüke* (1997) 1: Die BewL entspricht im wesentlichen den Regeln des Erkenntnisverfahrens, Baumgärtel aaO (6). Wegen einer einstweiligen Einstellung vgl § 707 Rn 7. **238**
S auch Rn 81 „Duldung".

**10) Verstoß.** Wegen der Rechtsnatur der Beweislast, Rn 2, 3, gilt: Der Verstoß gegen die Beweislastregel bedarf keiner besonderen Rüge, BGH RR **92**, 1010, während Verfahrensverstöße besonders gerügt werden müssen. Er ermöglicht nur dann eine Zurückverweisung, wenn die jeweilige Beweislastvorschrift dem Prozeßrecht angehört, BGH RR **88**, 831, ZöGre 15 vor § 284, aM Düss ZMR **88**, 336, Ffm RR **96**, 575, **239**

Schneider MDR **89**, 139 (§ 539 sei entsprechend anwendbar, wenn ein grober sachlichrechtlicher Fehler bei der Beweislastverteilung zu einem überflüssigen Rechtsmittelverfahren geführt habe).

**240** **11)** *VwGO:* Der VerwProzeß kennt keine formelle Beweislast, Einf § 284 Rn 36, wohl aber eine materielle Beweislast (Feststellungslast) in dem Sinne, daß die Folgen der Beweislosigkeit einen Beteiligten treffen, BVerwG in stRspr, **18**, 71, **44**, 265, **47**, 339, BayVBl **89**, 24; näheres vgl Ewer/Rapp NVwZ **91**, 549 mwN; Nierhaus, Beweismaß u Beweislast, 1989; Berg F Menger, 1985, S 548 bis 553; Baur, F Bachof, 1984, S 288–292; Peschau, Die Beweislast im VerwRecht, 1983; Berg, Die verwaltungsrechtliche Entscheidung bei ungewissem Sachverhalt, 1980. Die Frage nach der Beweislast ist in Anlehnung an die für den Zivilprozeß entwickelten Grundsätze zu beantworten, OVG Münst DVBl **87**, 1225 mwN (bestätigt durch BVerwG DVBl **88**, 404), vgl Ey § 86 Rn 2, Kopp § 108 Rn 11–18 a, RedOe § 108 Anm 11–15, Ule VPrR § 50, Grunsky § 41 III 2. Beweislastregeln (zB § 282 BGB bei Inanspruchnahme wegen Fehlbeträgen, BVerwG DVBl **99**, 318 mwN) können entspr angewendet werden.

## 287 Schadensermittlung und dergleichen.

¹ ¹Ist unter den Parteien streitig, ob ein Schaden entstanden sei und wie hoch sich der Schaden oder ein zu ersetzendes Interesse belaufe, so entscheidet hierüber das Gericht unter Würdigung aller Umstände nach freier Überzeugung. ²Ob und inwieweit eine beantragte Beweisaufnahme oder von Amts wegen die Begutachtung durch Sachverständige anzuordnen sei, bleibt dem Ermessen des Gerichts überlassen. ³Das Gericht kann den Beweisführer über den Schaden oder das Interesse vernehmen; die Vorschriften des § 452 Abs. 1 Satz 1, Abs. 2 bis 4 gelten entsprechend.

II Die Vorschriften des Absatzes 1 Satz 1, 2 sind bei vermögensrechtlichen Streitigkeiten auch in anderen Fällen entsprechend anzuwenden, soweit unter den Parteien die Höhe einer Forderung streitig ist und die vollständige Aufklärung aller hierfür maßgebenden Umstände mit Schwierigkeiten verbunden ist, die zu der Bedeutung des streitigen Teiles der Forderung in keinem Verhältnis stehen.

**Schrifttum:** *Gottwald,* Schadenszurechnung und Schadensschätzung, 1979; *Greger,* Beweis und Wahrscheinlichkeit, 1978; *Weber,* Der Kausalitätsbeweis im Zivilprozeß, 1997.

### Gliederung

| | |
|---|---|
| 1) Systematik, I, II .................................. 1 | 6) Schadensschätzung, I .................. 30–34 |
| 2) Regelungszweck, I, II .......................... 2–4 | A. Ermessen, I 2 .............................. 30–33 |
| 3) Geltungsbereich, I, II ......................... 5 | B. Schätzungsvernehmung, I 3 ........... 34 |
| 4) Ursächlichkeit, I, II ............................ 6–8 | 7) Anderer Prozeß: Bedingte Anwendbarkeit, II .............................. 35–40 |
| 5) Schadensermittlung, I ......................... 9–29 | A. Schwierigkeit der Aufklärung ......... 35 |
| A. Schadensentstehung .................... 9–14 | B. Geringfügigkeit des Streits ........... 36 |
| B. Schadenshöhe ............................ 15 | C. Beispiele zur Frage der Anwendbarkeit von II ......................................... 37–40 |
| C. Beispiele zur Frage der Anwendbarkeit von I ......................................... 16–24 | 8) *VwGO* ........................................ 41 |
| D. Verfahren .................................. 25–29 | |

**1** **1) Systematik, I, II.** Die Vorschrift stellt eine Ausnahme vom Grundsatz des § 286 dar. Daran ändert auch der Umstand nichts, daß sie in ihrem Geltungsbereich praktisch wie ein eigener weiterer Grundsatz angewandt wird.

**2** **2) Regelungszweck, I, II.** § 287 ist aus Gründen der *Prozeßwirtschaftlichkeit,* Grdz 14 vor § 128, eine Ausnahmevorschrift, Rn 1. Sie ist daher nicht zu weit auszulegen, Bendref NJW **86**, 1723. Das beachtet BGH RR **92**, 203 zu wenig. Sie ist nicht anwendbar, soweit sich zB der Schaden ohne Schwierigkeiten exakt berechnen läßt oder soweit stärkere Anhaltspunkte als die nach § 287 ausreichenden vorliegen, Leisse GRUR **88**, 90, erweitert bei Ersatzprozessen den Umfang der richterlichen Würdigung über die Grenzen des § 286 hinaus, weil ein strenger Beweis dann oft kaum zu führen ist, BGH NJW **88**, 2366, Streitigkeiten hierüber nur ungebührlich verzögern, BayObLG **87**, 14, und der Schuldner der Verursacher der Beweisnotlage ist, Hamm RR **90**, 42. Ähnlich ist der Sinn des § 252 S 2 BGB, BGH NJW **82**, 583. § 287 tritt gegenüber § 252 S 2 BGB zurück, von Hoyningen-Huene/Boenke NJW **94**, 1763 (zum sog Berufsfortkommensschaden).

§ 287 bringt in Abweichung vom Grundsatz der Notwendigkeit der Erschöpfung der Beweismittel, § 286 Rn 24, zur Vereinfachung und Beschleunigung des Verfahrens eine *Erleichterung* der Darlegungslast, BGH NJW **91**, 3278, Hamm RR **90**, 42, Schreiber NJW **98**, 3743. Daher muß der Kläger dann nicht den strengen Beweis erbringen. BGH RR **96**, 781 läßt sogar eine deutlich überwiegende, auf gesicherter Grundlage beruhende Wahrscheinlichkeit genügen. Die Darlegungs- und Beweislast, Anh § 286, entfällt aber nicht schlechthin, BGH BB **92**, 1300, Nürnb MDR **87**, 150. Sie bleibt zB bestehen, wenn „alles offen" ist, BGH RR **92**, 203. Lücken in Vertrag sind im Rahmen des von BGH RR **92**, 203 als „frei" bezeichneten, in Wahrheit natürlich pflichtgemäßen Ermessens zwar zu berücksichtigen, deshalb aber doch nicht einfach zugunsten des unzureichend Vortragenden ausfüllbar. Wo wäre sonst die Grenze? Es erfolgt also *keine Umkehr* der Darlegungs- oder Beweislast, BGH NJW **70**, 1971, aM BGH NJW **73**, 1283. Im übrigen ist der Umfang der Beweiserleichterung eine Tatfrage, BGH **LM** Nr 39, also zB bei § 844 II BGB, BGH **LM** Nr 45.

**3** Der Richter ist nicht an Beweisanträge gebunden, freilich auch nicht zu ihrer willkürlichen Zurückweisung befugt, BGH VersR **76**, 389; er ist vielmehr in der Auswahl der Beweise und ihrer Würdigung *freier*

## 1. Titel. Verfahren bis zum Urteil        § 287

*gestellt*, BGH NJW **75**, 2143. Er darf aber auch bei § 287 auf einen Sachverständigen nur bei genügender eigener Sachkunde (statt eines bloßen „Eindrucks" usw) verzichten, BGH NJW **95**, 1619. Eine Einschränkung der Glaubwürdigkeit der Partei ist zwar zu beachten, darf aber nicht für sich allein zur Anwendung des § 286 statt des § 287 führen, BGH RR **88**, 343. Freilich bleibt § 287 unanwendbar, soweit der Geschädigte bewußt die Sachaufklärung wegen der Grundlagen der Schadensschätzung behindert, Hamm RR **90**, 42. II erstreckt die Erweiterung auf ähnliche Fälle. § 287 betrifft aber nur die Entstehung und die Höhe des Schadens, grundsätzlich richtig Schlesw SchlHA **80**, 213, nicht das schädigende Ereignis, den Haftungsgrund, Rn 10, BVerfG **50**, 36.

Obwohl die *Verursachung* an sich zum schädigenden Ereignis gehört, unterwerfen Rechtsprechung und **4** Lehre sie ziemlich einmütig aus praktischen Gründen dem § 287, BGH **LM** Nr 39. Daher kann ein ursächlicher Zusammenhang bejaht werden, wenn eine erhebliche Wahrscheinlichkeit bejaht werden darf, die dem Richter hier anders als bei § 286, dort Rn 16, zur freien Überzeugungsbildung ausreicht, Bbg VersR **76**, 998, AG Köln VersR **84**, 492.

Sehr häufig folgt ein ausreichender Beweis aus Erfahrungssätzen bzw wird durch einen *Anscheinsbeweis* erleichtert, Anh § 286 Rn 15. Wenn aber ein Ereignis durch zwei verschiedene typische Geschehensabläufe erklärt werden kann, so ist weder ein Anscheinsbeweis annehmbar noch § 287 anwendbar, BGH **LM** Nr 11, vgl Bbg VersR **76**, 998. Wegen der Nachprüfung durch das Revisionsgericht Rn 32. Im Versäumnisverfahren ist § 287 unanwendbar; dort ist über die Höhe nach § 331 zu befinden.

**3) Geltungsbereich, I, II.** Die Vorschrift gilt in den Verfahrensarten nach der ZPO, auch in arbeitsge- **5** richtlichen Verfahren, § 46 II 1 ArbGG.

**4) Ursächlichkeit, I, II**                                                                                                               **6**

**Schrifttum:** *Hanau*, Die Kausalität der Pflichtwidrigkeit, 1971.

Fehlt die Ursächlichkeit naturwissenschaftlich, so fehlt sie auch rechtlich, Köln VersR **83**, 980. Ist die Ursächlichkeit naturwissenschaftlich vorhanden, kann sie rechtlich fehlen, BGH NJW **83**, 232. Erforderlich ist, PalHeinr Vorb 5 vor § 249 BGB: ein *nach § 286* zu bereitender Zusammenhang zwischen dem Verhalten des Verletzers oder dem rechtswidrigen Zustand und dem ersten Erfolg (*haftungsbegründende* Ursächlichkeit, zB BGH VersR **98**, 1154, Zweibr MDR **89**, 269, etwa zwischen Schuß und Wunde oder zwischen Stufe und Sturz, LG Kleve VersR **87**, 775) und ferner ein *nach § 287* zu beurteilender Zusammenhang zwischen dem rechtswidrigen Zustand bzw dem ersten Erfolg und den etwaigen weiteren Erfolgen (*haftungsausfüllende* Ursächlichkeit, BGH NJW **96**, 3010, Köln VersR **98**, 1247, Oldb VHR **98**, 63.

*Das gilt zB* zwischen Wunde (Behandlungsfehler) und Verdienstausfall, BGH NJW **93**, 2384, oder zwischen Unfallverletzung und Erhöhung des Risikos weiterer Unfälle, Oldb VersR **94**, 60 (Vorsicht!), oder zwischen dem seelischen Schock der schwangeren Ehefrau des Unfallopfers und der Verletzung ihrer Leibesfrucht, BGH **93**, 354, strenger BGH MDR **98**, 1165 (Hirnschaden).

Das Verhalten des Verletzers muß bei einer objektiv nachträglichen Vorhersage im allgemeinen und nicht **7** nur unter besonderen, unwahrscheinlichen Umständen geeignet gewesen sein, den Erfolg herbeizuführen (*Adäquanzlehre*), BGH **85**, 12, Düss VersR **82**, 1201, aM Bernert AcP **169**, 442. Von einer besonderen „Sozialadäquanz" sollte man aber nicht sprechen, BGH **85**, 112.

Zusätzlich wird ein Rechtswidrigkeitszusammenhang gefordert (*Schutzzwecklehre*); der Schaden muß **8** innerhalb der verletzten Norm liegen, BGH MDR **85**, 112, Lange JZ **76**, 198. Dieser Zusammenhang wird zB für die Haftung des betrügerischen Autoverkäufers bejaht, wenn der Wagen durch einen vom Käufer unverschuldeten Unfall beschädigt wurde, BGH VersR **57**, 137 (bei einer Unfallschuld des Käufers sei § 254 BGB auch hier anwendbar); bei der Bezifferung des als Vermögensschaden oder als Schmerzensgeld verlangten Ersatzes wegen Urlaubsärgers; bei einer weiteren Verletzung des Opfers des (ersten) Unfalls dadurch, daß ein Dritter in die Unfallstelle hineinfuhr, BGH NJW **72**, 1804, BGH NJW **73**, 994.

Der Zusammenhang wird *verneint* für Strafverteidigungskosten des Unfallverletzten; für einen Verdienstausfall wegen eines bei der Unfalloperation mitentdeckten, früher entstandenen Hirnschadens; für einen Verstoß gegen § 15 d StVZO, wenn keine Fahrgäste verletzt wurden, BGH **LM** § 2 AVB für KraftfVers Nr 25. Die Prüfung der Ursächlichkeit ist jedenfalls nicht etwa eine bloße Tatsachenfeststellung, sondern eine richterliche Bewertung von Tatsachen.

**5) Schadensermittlung, I.** Die Vorschrift gibt dem Gericht eine manchmal gefährliche Freiheit.          **9**

**A. Schadensentstehung.** I gilt in Schadensersatzprozessen jeder Art, also beim vertraglichen oder gesetzlichen Schaden, bei schuldabhängiger oder bei Gefährdungshaftung, auch bei Enteignung oder Aufopferung.

Nach I ist ein Streit über die Entstehung des Schadens, also über den konkreten Haftungsgrund, zu **10** beurteilen, wenn der Haftungsgrund unstreitig oder erwiesen ist, BGH RR **87**, 339. Wenn mehrere Ereignisse zum Haftungsgrund gehören, so müssen sie grundsätzlich sämtlich vom Kläger nach § 286 bewiesen werden, auch wenn sie aufeinander folgen oder wenn eines aus dem anderen folgt, BGH VersR **87**, 766.

Allerdings ist § 286 (und nicht § 287) dann anwendbar, wenn streitig ist, ob das schadenstiftende Ereignis **11** den Ersatzbegehrenden *überhaupt betroffen* hat (konkreter Haftungsgrund), BGH NJW **87**, 705 (ob der als Verletzungsfolge behauptete Tod überhaupt eingetreten ist), BGH VersR **87**, 766 (Ausnahme: lange Entstehungszeit, etwa beim Einsickern, LG BadBad VersR **94**, 852), und ob die eine oder die andere Ursachenkette maßgeblich ist, Köln VersR **78**, 346, aM BGH NJW **73**, 1283, Kblz VersR **64**, 178, Stgt VersR **89**, 643 (zwar sei § 287 in einem gewissen Umfang auch für die „Feststellung schadensbegründeter Tatsachen" anwendbar, also möglicherweise auch des Haftungsgrundes; sie verlange aber die Überzeugung von der Richtigkeit solcher Feststellungen, wenden also im Ergebnis doch wieder § 286 an, dort Rn 16). Zweibr FamRZ **82**, 415 wendet demgegenüber § 287 sogar dann an, wenn man im Verfahren nach § 323 die für das frühere Urteil maßgeblichen Erwägungen nicht hinreichend erkennen kann.

**§ 287**  2. Buch. 1. Abschnitt. Verfahren vor den LGen

12  Nach § 286 (und nicht nach § 287) ist ferner die Frage zu beurteilen, ob überhaupt (dem Grunde nach) ein *Mitverschulden* vorliegt (nur dessen *Höhe* ist nach § 287 zu klären, Rn 21 „Mitverschulden"), BGH (8. ZS) NJW **68**, 985 und (6. ZS) NJW **92**, 3298, aM BGH (6. ZS) RR **88**, 1373.

13  Dagegen ist der Ursachenzusammenhang zwischen dem *Haftungsgrund und dem Schaden* nach § 287 zu beurteilen, BGH NJW **93**, 2676 , Ffm OLGZ **87**, 25, Oldb VersR **94**, 60 (Vorsicht!). Allerdings differenziert BGH NJW **93**, 3076:

14  Wie hier nur bei einer Vertragsverletzung; bei § 823 I BGB dagegen Anwendung des § 286 auf den Zusammenhang zwischen dem Verhalten des Schädigers und der Rechtsgutsverletzung im allgemeinen(?). Hypothetische Ereignisse sind nur bedingt beachtlich, BGH RR **95**, 936.

15  **B. Schadenshöhe.** Nach I ist auch ein Streit über die Höhe des Schadens zu beurteilen. Dahin gehört alles, was zur Berechnung der Schadenshöhe zählt, BGH NJW **99**, 955, BAG NJW **89**, 317 (krit Bauer VersR **89**, 724).

16  **C. Beispiele zur Frage der Anwendbarkeit von I**
**Ab- und Anmeldekosten:** Nach § 287 ist zu beurteilen, welche Kosten nach einem Unfall zur Ab- bzw (Wieder-)Anmeldung angemessen sind, Hamm RR **95**, 224 (100 DM).
**Abnutzungsersparnis:** Nach § 287 ist zu beurteilen, ob und welche Abnutzungsersparnis eingetreten ist, Ffm VersR **78**, 1044 (15–20% der Mietwagenkosten), Karlsr VersR **89**, 58, Mü VersR **76**, 1147 (meist 15%).
**Abschleppkosten:** Nach § 287 ist zu beurteilen, welche Höhe Abschleppkosten erreicht hätten, Hamm VersR **99**, 364.
**Abschreibung:** Hamm FER **99**, 142 erkennt nur $2/3$ der steuerrechtlichen Möglichkeiten als Wertverlust an.
**Abstrakte Schadensberechnung:** Nach § 287 ist zu beurteilen, welcher Schaden dem einzelnen entstanden ist, wenn unsicher ist, welchem von mehreren Unternehmen der Auftrag erteilt worden war und wenn demgemäß ein Schaden (nur) im Wege einer abstrakten, also nicht konkreten, Berechnung ermittelt werden kann.
**Abzinsung:** Rn 24 „Zinsen".
**Allgemeinunkosten:** Nach § 287 ist zu beurteilen, welcher Pauschalsatz wegen Allgemeinunkosten angemessen ist, etwa bei Vermietung oder Verpachtung für den Erhaltungsaufwand, BGH RR **90**, 408, oder nach einem Verkehrsunfall, Köln VersR **92**, 719 (bis 30 DM + 80 DM zur An- und Abmeldung), AG Wiesb VersR **84**, 397 (30 DM auch bei Schaden unter 1000 DM).
**Amtspflichtverletzung:** § 287 ist auf eine Forderung aus jedem Rechtsgrund und daher auch aus einer Amtspflichtverletzung anwendbar, BGH **129**, 233 (Staatsgewalt) und NJW **96**, 3009 (Notar).
**Anderer Arbeitgeber:** Nach § 287 ist zu beurteilen, ob bei einem anderen Arbeitgeber nur ein geringerer Verdienst erzielt wird, BAG NJW **76**, 1470.
S auch Rn 19 „Gewinn".
**Anschaffungskosten:** Nach § 287 ist zu beurteilen, welchen Teil der Anschaffungskosten eines neuen Pkw ein infolge eines Unfalls Querschnittsgelähmter vom Schädiger ersetzt fordern kann, Mü VersR **84**, 246.
**Anwaltsvertrag:** Rn 23 „Vertrag".
**Arbeitskrafterhalt:** Nach § 287 ist zu beurteilen, wie ein Mehrbedarf zur Erhaltung der Arbeitskraft zu berechnen ist, BGH FamRZ **94**, 22 (Kampfflieger).
**Art des Ersatzes:** Nach § 287 ist die Art eine Schadensersatzes zu beurteilen.
**Arztpraxis:** Ihr Wert ist nach § 287 zu ermitteln, KG RR **96**, 431 (Zahnarzt).
**Aufopferung:** § 287 ist auf eine Forderung aus jedem Rechtsgrund und daher auch auf Grund eines Aufopferungsanspruchs anwendbar (zur Abgrenzung Bauschke und Kloepfer NJW **71**, 1233), insbesondere wegen Impfschadens, BGH **LM** Nr 38.

17  **Bankkredit:** Nach § 287 ist zu beurteilen, zu welchem Zinssatz der Gläubiger Bankkredit in Anspruch nehmen durfte bzw genommen hat, BGH NJW **84**, 372, Karlsr RR **90**, 945 (nicht ab Verhandlungsschluß), Schlesw SchlHA **80**, 213 (Vorsicht, insbesondere zur Frage, ob überhaupt Bankkredit in Anspruch genommen wurde!).
S auch Rn 24 „Zinsen".
**Bastlerstück:** Nach § 287 ist zu beurteilen, wie der Geldersatz bei der Beschädigung eines wertvollen Bastlerstücks zu bemessen ist, zB bei einem Modellboot, BGH **92**, 86, Köln VersR **83**, 378, Medicus JZ **85**, 42.
**Baum, Strauch:** Nach § 287 ist zu beurteilen, wie hoch der Schaden an einem Baum, Straßenbaum oder Strauch ist, Mü VersR **90**, 670, LG Itzehoe VersR **84**, 92, Breloer VersR **87**, 436, Koch VersR **86**, 1160 sowie Aktualisierte Gehölzwerttabellen, 2. Aufl 1987.
**Bauprozeß:** Zur Ermittlung einer Schadensquote im Bauprozeß Schulz BauR **84**, 40. Vgl ferner Diederichs, Schadensabschätzung nach § 287 ZPO bei Behinderungen gemäß § 6 VOB/B, 1998.
**Bereicherung:** Rn 22 „Ungerechtfertigte Bereicherung".
**Berufsausbildung:** Nach § 287 ist zu beurteilen, wie eine Berufsausbildung voraussichtlich verlaufen wäre und nun verlaufen wird, Karlsr FamRZ **89**, 738.
S auch Rn 18 „Erwerbsleben".
**Betreuer:** Entsprechend § 287 ist zu ermitteln, welchen Stundensatz ein Betreuer zu erhalten hat, BayObLG Rpfleger **95**, 70, und wieviel Zeit er brauchte, LG Essen FER **98**, 83, LG Stgt FamRZ **98**, 496. Der Gesamtaufwand ist nicht zu eng zu schätzen, Schlesw FER **98**, 36.
**Beweislast:** § 287 dienst nicht der Verringerung des Kostenrisikos bei der Beweislast, BGH NJW **70**, 1971.
**Bild:** Nach § 287 ist zu beurteilen, welcher Betrag als Entschädigung bei der Verletzung des Rechts am eigenen Bild angemessen ist.
**Bremsstrecke:** Nach § 287 ist zu beurteilen, welche Strecke ein Kraftwagen bis zum Unfallpunkt zurücklegte, KG NJW **72**, 769.

18  **Darlehen:** Rn 17 „Bankkredit".

1. Titel. Verfahren bis zum Urteil § 287

**Dauer:** Rn 24 „Zeitpunkt".
**Dauerschaden:** Nach § 287 ist zu beurteilen, ob infolge einer Verletzung ein Dauerschaden zu erwarten ist, Hamm RR **94**, 482 (ungeachtet etwa strengerer medizinischer Maßstäbe).
 S auch Rn 22 „Rente", Rn 24 „Zeitpunkt".
**Detektiv:** Rn 22 „Unerlaubte Handlung".
**Dienstbarkeit:** Nach § 287 ist der Wert einer beschränkten persönlichen Dienstbarkeit zu beurteilen, Karlsr WoM **96**, 325.
**Dritter:** Nach § 287 ist zu beurteilen, welche Beträge der Bekl von einem veruntreuenden Dritten in Einzelposten erhalten hat, BGH **LM** Nr 36 a.
 S aber auch Rn 24 „Willensbildung".
**Emission, Immission:** Zur Problematik Schwabe VersR **95**, 376.
**Enteignung:** Nach § 287 ist eine Entschädigung zu beurteilen, BGH NJW **85**, 387, BayObLG **87**, 450.
**Epilepsie:** Nach § 287 ist ein Ursachenzusammenhang zwischen einem Unfall und einer Epilepsie zu beurteilen, Rn 13, BGH **LM** § 832 BGB Nr 10.
**Erfüllung:** Rn 23 „Vertrag".
**Erschleichung:** Nach § 287 ist zu beurteilen, welche Schadensfolgen ein erschlichenes Urteil hat; es erfolgt also keine erneute Prüfung dieses Urteils auf Grund der neuen Tatsachen, sondern das nunmehr erkennende Gericht beurteilt diese Tatsachen selbständig.
**Erwerbsleben:** Nach § 287 ist zu beurteilen, wie sich das Erwerbsleben voraussichtlich entwickelt hätte und nun entwickeln wird, BGH JR **95**, 2292.
 S auch Rn 17 „Berufsausbildung", Rn 19 „Gewinn".
**Examen:** Rn 21 „Prüfung".
**Firmenwagen:** Seine private Nutzungsmöglichkeit erhöht das Einkommen, AG Weilbg FamRZ **98**, 1169.
**Foto:** § 287 ist auf die Schadensberechnung wegen unberechtigter Verwertung anwendbar, Düss RR **99**, 194 (auch evtl Pauschalzuschlag).
**Gebrauchsdauer:** Ihre voraussichtliche Länge ist zu beachten, zB bei einer Wohnungseinrichtung, Celle MietR **96**, 123.
**Gehölz:** Rn 17 „Baum, Strauch".

**19**

**GEMA:** Nach § 287 ist zu beurteilen, welche Vergütung die GEMA zahlt, falls kein Tarif vorhanden ist, BGH MDR **76**, 28, Brdb VHR **96**, 85, oder wieviel die GEMA bei einer unberechtigten öffentlichen Musikwiedergabe fordern kann, BGH **59**, 286 (diese Regeln sind auf andere ungenehmigte Vervielfältigungen und Verbreitungen von Musikwerken nicht stets anwendbar, BGH NJW **87**, 1405).
**Geschäftsgrundlage:** Nach § 287 ist zu beurteilen, wie beim Fehlen der Geschäftsgrundlage die voraussichtliche Entwicklung verlaufen wäre und nun verlaufen wird, Köln NJW **94**, 3237.
**Gewinn:** Nach § 287 ist zu beurteilen, welcher Gewinn oder Verdienst entgangen ist, § 252 II BGB, BGH NJW **98**, 1635 und NZM **98**, 666 (Geschäftsbeginn), BAG NJW **72**, 1438, Mü NJW **87**, 1484 (Arzt), Stgt VersR **99**, 630 (Patient), aM Ffm VersR **81**, 1036. § 287 ist auch anwendbar, soweit es auf einen Durchschnittsgewinn ankommt, BGH **62**, 108, Bre VersR **80**, 853, Düss RR **90**, 608.
 S auch Rn 16 „Anderer Arbeitgeber", Rn 17 „Umsatz", Rn 24 „Zinsen".
**Grundstück:** Rn 17 „Belastbarkeit", Rn 23 „Verkehrswert".
**Gutachtenbasis:** Nach § 287 ist zu beurteilen, ob sich ein Unfallschaden auch trotz bereits durchgeführter Reparatur auf Gutachtenbasis ermitteln läßt, BGH NJW **89**, 3009 (Vorsicht!).
**Haftpflicht:** § 287 ist auf eine Forderung aus jedem Rechtsgrund und daher auch aus einer gesetzlichen oder vertraglichen Haftpflicht anwendbar.
 S auch Rn 16 „Amtspflichtverletzung".
**Handelsvertreter:** Auf seinen Ausgleichsanspruch ist § 287 anwendbar, Schreiber NJW **98**, 3743.
**Hausfrau:** Nach § 287 ist zu beurteilen, wie nach einer Tötung oder Verletzung der Hausfrau die Mehrkosten nach Art und Umfang zu bemessen sind, BGH NJW **74**, 1651, Oldb NJW **77**, 962, Wussow NJW **70**, 1393.
**Heilungskosten:** Nach § 287 ist zu beurteilen, ob Aufwendungen zwecks Heilung angemessen sind, BGH **LM** § 254 (F) BGB Nr 12.
**Impfschaden:** Rn 16 „Aufopferung".
**Interesse:** Das in I erwähnte „zu ersetzende Interesse" fällt nach der jetzigen Fachsprache unter den Schaden.
**Kapital:** Rn 22 „Rente".

**20**

**Kostenpauschale:** Rn 16 „Allgemeinunkosten".
**Kostenrisiko:** Rn 17 „Beweislast", Rn 21 „Mitverschulden", Rn 22 „Unbezifferter Klagantrag".
**Kredit:** Rn 17 „Bankkredit".
**Leasing:** Rn 24 „Zinsen".
**Lizenz:** Nach § 287 ist zu beurteilen, welcher Mindestschaden infolge entgangener Lizenz vorliegt, BGH **119**, 30 (keine zu hohen Anforderungen), und wie überhaupt eine Lizenzgebühr zu bemessen ist, BGH RR **95**, 1320 (auch zu den Grenzen).
 S auch „Marke", Rn 21 „Patent".
**Lungenembolie:** Nach § 287 ist ein Ursachenzusammenhang zwischen einer Körperverletzung und einer tödlichen Lungenembolie zu beurteilen, Rn 13, BGH **LM** Nr 43.
**Marke:** Nach § 287 ist zu beurteilen, welche Lizenzgebühr bei einer Markenverletzung zu zahlen ist.
**Marktverwirrung:** Nach § 287 ist zu beurteilen, wie hoch ein sog Marktverwirrungsschaden ist, BGH MDR **88**, 1029, zum Problem Leisse GRUR **88**, 90.
**Mehrbedarf:** Ein solcher, zB im Krankenhaus, ist nach § 287 zu beurteilen, Karlsr FamRZ **98**, 1436.
**Mehrheit von Schuldnern:** Nach § 287 ist zu beurteilen, wie ein Schaden auf mehrere Schuldner zu verteilen ist, BGH **LM** Nr 44.

## § 287

**Merkantiler Minderwert:** Nach § 287 ist zu beurteilen, wie hoch ein merkantiler Minderwert ist, Düss VersR **88**, 1026 (auch beim älteren Kfz), Ffm VersR **78**, 1044 (der Minderwert darf nicht stets durch einen Prozentsatz der Reparaturkosten errechnet werden), KG VersR **88**, 361, Karlsr VersR **83**, 1065, AG Essen VersR **87**, 1154 (eine Meinungsumfage kann Grundlage sein).
**Mietvertrag:** Rn 23 „Vertrag".
**Minderung:** § 287 ist unanwendbar, soweit es um einen Minderungsanspruch geht, denn das ist kein Schadensersatz.
**Mindestschaden:** § 287 ist anwendbar, soweit es um die Klärung eines Mindestschadens geht, BGH NJW **99**, 955, Brdb ZMR **99**, 166, Mü RR **95**, 569. §§ 139, 278 können anzuwenden sein, BGH RR **96**, 1077; aber Vorsicht!

21 **Mitverschulden:** Nach § 287 ist zu beurteilen, *in welcher Höhe* es vorliegt, BGH NJW **86**, 2946.
Demgegenüber ist nach § 286 zu klären, *ob überhaupt* ein Mitverschulden vorliegt, Rn 12. Im übrigen dient § 287 nicht der Verringerung des Kostenrisikos beim Mitverschulden.
**Mitverursacher:** Nach § 287 ist es zu beurteilen, wenn es um das Entstehen und die Höhe des Schadens durch einen Mitverursacher geht, BGH **66**, 75.
**Modellboot:** Rn 17 „Bastlerstück".
**Neu für alt:** Nach § 287 ist zu beurteilen, wie weit die Regeln („neu für alt") anwendbar sind, Karlsr RR **88**, 373.
**Nichterfüllung:** Rn 23 „Vertrag".
**Notar:** Rn 16 „Amtspflichtverletzung".
**Nutzungsausfall,** dazu die Tabellen von *Sander/Danner/Küppersbusch* NJW **99**, 2238: Nach § 287 ist zu beurteilen, wie hoch ein Nutzungsausfall ist, LG Fulda VersR **89**, 814, LG Osnabr RR **99**, 349, und wie ein Mietvorteil zu bemessen ist, Hamm FER **99**, 204.
**Nutzungsherausgabe:** Nach § 287 ist zu beurteilen, wie hoch herauszugebende Nutzungen sind, BGH **115**, 51 (Kaufpreis = Bruttopreis), Ffm RR **96**, 585 (Nutzung auf Grund Vermieterpfandrechts), Kblz RR **92**, 688 (EDV-Anlage).
**Patent:** Nach § 287 ist zu klären, welche Lizenzgebühr bei Verletzung zu zahlen ist.
**Pauschale:** Rn 16 „Allgemeinkosten".
**Privatnutzungsanteil:** Nach § 287 ist zu beurteilen, wie hoch der Anteil der privaten Nutzung ist, zB beim Pkw, Ffm NJW **85**, 2956 (man kann von der steuerlich anerkannten Aufteilung ausgehen).
**Prognose:** Zum Problem beim Berufsanfänger BGH NJW **98**, 1633.
**Psychischer Folgeschaden:** Er ist nach § 287 zu beurteilen, Köln VersR **98**, 1247.
**Prüfung:** Nach § 287 ist zu beurteilen, wie eine Prüfung bei richtiger Arbeitsweise des Prüfers wahrscheinlich verlaufen wäre, wenn der durchgefallene Prüfling Schadensersatz wegen Amtspflichtverletzung (zB Befangenheit des Prüfers) fordert, BGH NJW **83**, 2242.

22 **Reisemängel:** Nach § 287 ist zu beurteilen, wie ein Geldersatz wegen eines Reisemangels und wegen vertaner Urlaubszeit zu bemessen ist, KG MDR **82**, 317, LG Hann NJW **89**, 1936.
**Rente:** Nach § 287 ist zu beurteilen, wie die Höhe einer Rente zu berechnen ist, BGH RR **90**, 962, Stgt VersR **77**, 1039, und wie ihre vermutliche Dauer zu bemessen ist, BGH VersR **76**, 663, Stgt VersR **93**, 1537, sowie ob ein Kapital oder eine Rente zu zahlen ist, BGH DB **76**, 1521.
S auch Rn 18 „Dauerschaden".
**Schadensverteilung:** Rn 20 „Mehrheit von Schuldnern", Rn 21 „Mitverschulden".
**Schlechterfüllung:** Rn 20 „Mindestschaden".
**Schmerzensgeld,** *dazu Seizyk,* Beck'sche Schmerzensgeldtabelle, 3. Aufl 1997: Nach § 287 ist zu beurteilen, wie hoch es zu bemessen ist, BGH MDR **92**, 349, Karlsr RR **95**, 477, Mü RR **96**, 862.
S aber auch „Unbezifferter Klagantrag".
**Selbstmord:** Nach § 287 ist zu beurteilen, ob eine unfallbedingte Schmälerung der geistigen und seelischen Verfassung zu einem Selbstmord führte.
**Steuerberater:** Nach § 287 ist zu beurteilen, welche Entwicklung bei einem ordnungsgemäßen Handeln eines Steuerberaters eingetreten wäre, BGH RR **94**, 535.
**Straßenbaum:** Rn 17 „Baum, Strauch".
**Totalschaden:** Nach § 287 ist zu beurteilen, ob ein Totalschaden eines Kfz vorliegt, wie hoch dann der Wiederbeschaffungspreis ist und wieviel die sog Totalschadenspauschale (Einsatz eines Sachverständigen zur Klärung der Fahrfähigkeit eines gebrauchten Ersatzwagens) beträgt, AG Freibg VersR **83**, 70.
**Umsatz:** Nach § 287 ist zu beurteilen, welcher Umsatzausfall eingetreten ist, BGH NJW **90**, 2471 oben links, BAG NJW **89**, 61. S auch Rn 19 „Gewinn".
**Umwelthaftung:** Zur Problematik Schwabe VersR **95**, 376.
**Unbezifferter Klagantrag:** § 287 dient nicht der Verringerung des Kostenrisikos beim unbezifferten Klagantrag.
S auch „Schmerzensgeld".
**Unerlaubte Handlung:** § 287 ist auf eine Forderung aus jedem Rechtsgrund und daher auch aus unerlaubter Handlung anwendbar, BGH **111**, 181 (Detektivkosten) und NJW **92**, 3298 (§ 844 II BGB). Zum Unlauteren Wettbewerb Leisse/Traub GRUR **80**, 1 ausf. Zu einem unerlaubten Werbehinweis in einer Fernsehsendung Mü DB **87**, 89.
**Unfallversicherung:** § 286 ist auf Ausgestaltung und Dauer des Schadens anwendbar, § 287 auf Ursächlichkeit zwischen Schädigung und Invalidität, BGH VHR **98**, 51.
**Ungerechtfertigte Bereicherung:** § 287 ist auf eine Forderung aus jedem Rechtsgrund und daher auch gerade auf Schadensersatz nach § 818 BGB anwendbar.
§ 287 ist aber *unanwendbar,* soweit es um die sonstige Herausgabe der Bereicherung geht, denn das ist kein Schadensersatz.
**Unlauterer Wettbewerb:** S „Unerlaubte Handlung".

1. Titel. Verfahren bis zum Urteil § 287

**Unterhalt:** Nach § 287 ist zu beurteilen, ob ein Unterhaltsanspruch entzogen wurde, ob also der getötete Unterhaltspflichtige leistungsfähig gewesen wäre, BGH **LM** Nr 25, oder wie ein trennungsbedingter Unterhaltsmehrbedarf zu beziffern ist, BGH NJW 90, 3021.
**Urlaub:** S „Reisemangel".
**Urteil:** Rn 18 „Erschleichung".
**Verdienst:** Rn 19 „Gewinn". 23
**Vergleich:** S „Vertrag".
**Verkehrswert:** Nach § 287 ist zu beurteilen, wie hoch der Verkehrswert eines Grundstücks ist, BayObLG **87**, 14, Celle NZM **98**, 638 (Ertragswert).
**Vermögensschaden:** Seine Höhe kann nach § 287 zu berechnen sein, BVerwG NJW **99**, 594.
**Versicherungsentschädigung:** Nach § 287 ist zu beurteilen, in welcher Höhe eine Versicherung eine Entschädigung zu leisten hat, BGH RR **88**, 343.
**Vertrag:** § 287 ist auf einen Vertrag anwendbar, zB auf einen Anwaltsvertrag, BGH **133**, 111 und NJW **96**, 2507, LG Hbg RR **98**, 1384, auch wegen eines Ersatzwagens, LG Freibg RR **97**, 1069, oder auf einen Mietvertrag (nicht aber auf die Vergleichsmiete iS § 2 MHG, aM LG Hanau WoM **96**, 773), Brdb ZMR **99**, 166 (Mindestschaden), AG Bergisch Gladb WoM **98**, 109 (aber Vorsicht!), auch wegen eines Ersatzwagens, LG Freibg RR **97**, 1069, oder auf einen Vergleich, Köln NJW **94**, 3237.
§ 287 ist aber *unanwendbar*, soweit es um den Anspruch auf eine Vertragserfüllung und nicht auf Schadensersatz geht.
**Vertragsstrafe:** § 287 ist unanwendbar, soweit es um sie geht, denn sie ist kein Schadensersatz.
**Verzugsschaden:** § 287 ist anwendbar, soweit es um seine Höhe beim Verbraucherkredit geht, BGH RR **99**, 1274.
§ 287 ist aber *unanwendbar*, soweit es um Nutzungsausfall geht, LG Osnabr RR **99**, 349.
**Vorfälligkeitsentschädigung:** Zur Berechnung ist § 287 anwendbar, Schlesw MDR **98**, 356.
**Vorteilsausgleich:** Nach § 287 ist zu beurteilen, welcher Vorteilsausgleich in Betracht kommt, Hamm RR **94**, 346.
**Wiederbeschaffungspreis:** Rn 22 „Totalschaden".
**Willensbildung:** § 287 dient nicht der Erleichterung bei der Klärung der Frage, unter welchen Voraussetzungen ein Dritter eine bestimmte Willensbildung vorgenommen hätte, BGH NJW **85**, 3082. 24
**Wohnungseinrichtung:** Rn 19 „Gebrauchsdauer".
**Zahnarztpraxis:** Rn 16 „Arztpraxis".
**Zeitaufwand:** Er läßt sich entsprechend § 287 beurteilen, Zweibr Rpfleger **99**, 182 (Betreuer).
**Zeitpunkt:** Nach § 287 ist zu beurteilen, in welchem Zeitpunkt das schädigende Ereignis eingetreten ist und wann seine Wirkung aufgehört hat, BGH LM § 66 BEG 1956 Nr 5.
S auch Rn 18 „Dauerschaden".
**Zinsen:** Nach § 287 ist zu beurteilen, welcher Zinssatz „üblich" ist, BayObLG **72**, 372, vgl auch Schopp MDR **89**, 1, und welche Abzinsung in Betracht kommt, Celle MDR **94**, 273 (bei Leasingraten). Es reichen Anhaltspunkte dafür, welcher über den gesetzlichen Zinsfuß hinausgehende Gewinn erzielt worden wäre, BGH NJW **95**, 733.
S auch Rn 17 „Bankkredit".
**Zweitverletzung:** Arens ZZP **88**, 43 wendet wegen einer Zweitverletzung § 286 an.

**D. Verfahren.** Das Gericht entscheidet in den Fällen Rn 9–23 unter Würdigung aller Umstände nach freier 25 Überzeugung, Rn 4. Entstehung, Höhe, ursächlicher Zusammenhang, Rn 6, brauchen sich die einzelnen substantiiert dargelegt zu werden, BGH NJW **94**, 664 (zustm Baumgärtel JZ **94**, 531). Das Gericht muß die Parteien aber anhalten, §§ 139, 278 III, BGH NJW **91**, 3278, Nürnb MDR **85**, 240, geeignete Schätzungsunterlagen beizubringen, BGH NJW **95**, 1023, Köln MDR **80**, 674. Diese Unterlagen müssen also ausreichen, die Ausgangssituation für die Schätzung zu schaffen, soweit diese Beibringung zumutbar ist, Karlsr VersR **88**, 1164 (etwa durch Abdecken der den Ehegatten betreffenden Teile einer gemeinsamen Steuererklärung).
Der Geschädigte muß beweisen, daß diese Unterlagen zutreffen. Bei alledem darf man die Anforderungen 26 an ihn nicht überspannen, BGH NJW **95**, 1023. Kann er mögliche Anhaltspunkte nicht nachweisen, so geht das zu seinen Lasten, BGH NJW **94**, 664 (zustm Baumgärtel JZ **94**, 531), KG VersR **91**, 706. Erst dann können nach dem mutmaßlichen Geschehensablauf ein eingetretener Schaden und seine Höhe geschätzt werden, Köln NJW **95**, 1023. Dagegen kann der Bekl Gegenbeweis antreten. Die Partei darf auch nichts versäumen, BGH NJW **81**, 1454. Sie muß zB einen Schaden rechtzeitig feststellen lassen, wenn sie andernfalls in den Verdacht der Mitverursachung käme. Der Kläger braucht jedoch nicht genaue Tatsachen anzugeben, die zwingend auf das Bestehen und den Umfang des Schadens schließen, Hbg VersR **77**, 465.
Das Gericht darf allerdings auch keine bloße Spekulation betreiben, LG Darmst ZMR **94**, 166, und *nicht* 27 *ins Blaue entscheiden*, BGH NJW **94**, 665, Ffm VersR **91**, 1070. Es muß über die Ausgangs- und Anknüpfungstatsachen auch beim Sachverständigenbeweis evtl selbst Beweis erheben, BGH RR **98**, 333. Es darf nicht eine abstrakte Berechnung eines hypothetischen Schadens vornehmen, soweit tatsächlich überhaupt kein Schaden eingetreten ist. Es darf einen Mindestschaden schätzen, LG Aachen VersR **86**, 775, aber nicht, sofern auch er der Höhe nach völlig unklar ist, aM BGH **67**, 119, Mü VersR **77**, 628 (Dirnenverdienst).
Es kann aber zur Klärung des Schadens gesetzliche Bemessungsregeln heranziehen, BGH **LM** Nr 38, 28 ferner zB im Rahmen und in den Grenzen von § 144, dort Rn 10, *Augenschein* vornehmen, § 371, und *Sachverständige* beauftragen, §§ 144, 402 ff, Einf 5 vor § 284, BGH LM § 844 II BGB Nr 45, ferner anordnen, daß der Kläger sich vernehmen und untersuchen läßt, §§ 372a, 448, BGH VersR **73**, 1028. Die „Grundsätze zur Errechnung der Höhe des Ausgleichsanspruchs (§ 89b HGB)" können berücksichtigt werden, Ffm VersR **86**, 814. Solange das Gericht mit solchen Mitteln nach § 287 zu einer Schätzung kommen kann, ist eine Klagabweisung unstatthaft, BGH **54**, 55. Darum läßt sich der Anspruch regelmäßig nicht mit Wendungen wie „die Verhältnisse sind unübersehbar" abtun. Es genügt die allgemeine Überzeugung des Gerichts, daß aus dem Ereignis ein Schaden entstanden ist.

*Hartmann* 1025

**29** Dann ist die Ablehnung einer Schätzung unzulässig; vielmehr muß dann geprüft werden, ob nicht wenigstens eine *ausreichende Grundlage* für die Schätzung eines Mindestschadens vorhanden ist. Kommt es darauf an, wie eine Verwaltungsbehörde entschieden hätte, so muß das Gericht die praktische Einstellung der Behörde ermitteln. Bei einem Schadensersatzanspruch gegenüber einem ProzBev wegen mangelnden Sachvortrags ist der Schaden nach dem Ergebnis zu beurteilen, das in dem früheren Prozeß bei einem vollständigen Vortrag und einer zutreffenden Entscheidung erzielt worden wäre.

**30** 6) **Schadensschätzung, I.** Auch insoweit besteht ein fast zu weiter Spielraum.
**A. Ermessen.** Ob das Gericht Beweis erheben will, steht in seinem pflichtgemäßen Ermessen, BGH VersR **88**, 38, Schlesw SchlHA **80**, 213, Kblz VersR **96**, 908. Das Gesetz nimmt ein etwaiges Abweichen der richterlichen Schätzung von der Wirklichkeit hin, BGH **91**, 256. Die Schätzung soll aber das Gericht möglichst nahe an diese heranführen, BGH VersR **92**, 1411. Es kann ohne Beweiserhebung schätzen, wenn es von der Entstehung des Schadens überzeugt ist. Das Urteil muß aber die Beweisanträge würdigen und ihre Ablehnung begründen, BGH NJW **82**, 33, so zB dann, wenn nach dem Ermessen des Gerichts die Beweisaufnahme keine Klärung bringen würde, was aber näher darzulegen ist; denn das Gericht muß genügende schätzungsbegründende Tatsachen feststellen, BGH VersR **92**, 1411, Wussow NJW **70**, 1394, darf nicht das Parteivorbringen zugunsten eines beweisanzeigenden Umstands vernachlässigen und muß § 139 beachten, Mü DB **87**, 89. Das Gericht darf in einer wichtigen Frage nicht auf die Herbeischaffung unerläßlicher Fachkenntnis verzichten, BGH RR **95**, 1320. Es darf nicht wegen Unwirtschaftlichkeit einen Beweisantrag ablehnen, § 286 Rn 39.

**31** Schätzungserleichternde Tatsachen sind *darzulegen* und vom Gericht, soweit zumutbar, rechtlich einwandfrei, also auch ohne Unterstellungen, festzustellen, BGH RR **88**, 1209, Mü VersR **87**, 87 (nur grds zustm Künz). Das Gericht darf zwischen abstrakter und konkreter Schadensberechnung wählen, soweit nicht der Kläger einen Beweis für die konkrete (höhere) Schadenshöhe angetreten hat. Die für die Schadensfeststellung maßgebenden einzelnen Erwägungen des Gerichts sind als Äußerungen freien Ermessens in der Berufungsinstanz voll, Zweibr MDR **89**, 269, in der Revisionsinstanz nur auf eine Überschreitung dieser Grenzen nachprüfbar, BGH RR **88**, 1209, BayOblG **87**, 15.

**32** Das *Revisionsgericht* kann nachprüfen, ob der Tatrichter von zutreffenden Erwägungen ausgegangen ist, zB von einem richtigen Eigentumsbegriff, BGH DB **81**, 2170, und ob er überhaupt § 287 beachtet und die Schätzungsgrundlagen richtig ermittelt hat, BGH RR **98**, 333. Das Revisionsgericht kann die Erwägungen des Tatrichters also beanstanden, wenn sie auf einem grundsätzlich falschen Satz beruhen oder offensichtlich unsachlich sind, BGH VersR **88**, 943, BayOblG **87**, 15. Das Revisionsgericht kann die Erwägungen des Tatrichters ferner beanstanden, wenn sie zu einer grundlosen Bereicherung oder zu einem verkappten Ausgleich des immateriellen Schadens führen, insbesondere bei einem typischen Fall wie bei der Berechnung von Kraftfahrzeug-Nutzungsausfall, BGH **56**, 214, oder seinem Wertverlust nach zeitweiser Benutzung durch den Käufer vor dem Austausch, BGH **88**, 29.

**33** Eine *Schmerzensgeldtabelle* gibt nur Anhaltspunkte, Köln VersR **77**, 628. Der Wert von Tabellen ist ohnehin zweifelhaft, § 323 Rn 38, 39, AG St Blasien MDR **86**, 757 (zustm Müller-Langguth). Es müssen schätzungsbegründende Tatsachen gewürdigt oder falsche Rechtsbegriffe oder Rechtssätze angewandt worden sein, BGH VersR **88**, 943, BAG NJW **72**, 1438. Ist eine Täuschung möglich oder kann der äußere Eindruck irreführend sein, so muß der Richter mit der Verwertung der eigenen Sachkunde vorsichtig sein, BGH VersR **76**, 390. Auch hier genügt aber eine hohe Wahrscheinlichkeit für das gefundene Ergebnis.

**34** **B. Schätzungsvernehmung, I 3.** Das Gericht kann den Beweisführer über die Höhe des Schadens vernehmen, nicht über andere Punkte. Dies gilt auch dann, wenn der Kläger seinen Ersatzanspruch nicht im einzelnen begründet hat. Diese Vernehmung ist eine Abart der Parteivernehmung nach § 448, nicht eine bloße Parteianhörung im Sinn von § 141, Kblz VersR **80**, 1173. Sie unterscheidet sich von der Parteivernehmung dadurch, daß § 448 einigen Beweis voraussetzt, die Schätzungsvernehmung nicht. Ein Einverständnis des Gegners ist nicht erforderlich. Auch nicht ist eine Vernehmung des Gegners nach § 445 zulässig, also auf Antrag des Beweisführers. Zunächst erfolgt eine uneidliche Vernehmung. Eine Beeidigung geschieht nur nach § 452 I 1, II–IV, dh auf Anordnung des Gerichts, wenn es einigen Beweis durch die Vernehmung für erbracht hält. Den § 452 I 2 erwähnt der § 287 I nicht. Das besagt, daß das Gericht nur den Beweisführer beeidigen darf, auch wenn es den Gegner vernommen hat. Die Schätzungsvernehmung kommt unter den Voraussetzungen des *§ 296* nicht mehr in Betracht.

**35** 7) **Anderer Prozeß; Bedingte Anwendbarkeit, II.** Die erweiterte freie Würdigung, mit Ausnahme der Schätzungsvernehmung, ist in vermögensrechtlichen Prozessen, Grdz 10 vor § 1, die auf Geld oder vertretbare Sachen gehen („Höhe der Forderung"), insoweit anwendbar, als die Voraussetzungen Rn 35, 36 zusammentreffen:
**A. Schwierigkeit der Aufklärung.** Eine völlige Aufklärung aller maßgebenden Umstände muß im Vergleich zur Bedeutung der gesamten Forderung oder eines Teils davon schwierig sein, BGH **74**, 226.

**36** **B. Geringfügigkeit des Streits.** Außerdem darf der Streit im Verhältnis zur Schwierigkeit der Klärung nur eine geringe Bedeutung haben, BGH FamRZ **93**, 792. Es gilt also ein ganz fallweiser Maßstab.

**37** **C. Beispiele zur Frage der Anwendbarkeit von II**
**Arbeitslohn:** II gilt wegen der Höhe eines fiktiven Arbeitseinkommens, BGH FamRZ **93**, 792, Düss FamRZ **81**, 256.
**Aufklärung:** II gilt bei einer Unmöglichkeit der Aufklärung.
**Ausgleichsanspruch:** II gilt beim Ausgleichsanspruch eines Bausparkassenvertreters wegen eines Folgevertrags nach seinem Ausscheiden, BGH **59**, 125, oder beim Ausgleichsanspruch eines Tankstellenvertreters, BGH NJW **85**, 860. Beim vorzeitigen Erbausgleich ist eine Lebensversicherung mit dem Zeitwert ansetzbar, Karlsr FER **97**, 207.
**Beweisaufnahme:** II gilt bei wahrscheinlich langer Dauer und hohen Kosten einer Beweisaufnahme, zB in einem Bauprozeß, BGH FamRZ **93**, 792, Köln MDR **74**, 321.

1. Titel. Verfahren bis zum Urteil **§ 287, Einf §§ 288–290**

**Erfüllung:** II gilt bei einem Erfüllungsanspruch, zB aus ungerechtfertigter Bereicherung. 38
**Erwerbsmöglichkeit:** II gilt nicht, soweit es um die anderweitige Erwerbsmöglichkeit eines unterhaltsberechtigten geschiedenen Ehegatten geht, BGH NJW **86**, 3081.
**Gefahrgeneigte Arbeit:** II gilt beim Ersatzanspruch des gefahrgeneigten Arbeitnehmers wegen Verfalls einer Sicherheitsleistung nach der StPO, BAG NJW **89**, 317, krit Bauer VersR **89**, 724.
**Grunderwerb:** II gilt bei einem Anspruch nach § 313 BGB.
**Inflation:** II gilt bei einem Anspruch auf eine Anpassung von Gehalt oder Ruhegeld wegen der Geldentwertung, 39
BAG MDR **87**, 257.
**Kleine Forderung:** Da II auf I 1, 2 verweist, gilt II beim Streit darüber, ob eine dem Grunde nach unstreitige Forderung überhaupt einen Betrag ausmacht, etwa bei einem angeblichen Gewinn.
**Leistungsbestimmung:** II gilt bei §§ 315, 316 BGB, denn das Gericht darf nicht einfach anstelle der Partei die Leistung beitmmen, BGH ZZP **86**, 322.
**Mieterhöhung:** II läßt sich zur Frage der Ortsüblichkeit höherer Miete bei § 2 MHG anwenden, soweit das Gericht nicht dadurch praktisch überfordert wird, LG Düss WoM **90**, 393, LG Hbg WoM **90**, 32, AG Straubing WoM **85**, 327.
**Provision:** II gilt beim Provisionsausfall über einen längeren Zeitraum, BAG VersR **86**, 75. 40
**Steuerberatung:** II gilt bei der Haftung eines Steuerberaters zB wegen einer Fehlerhaften Bilanz, BGH VersR **88**, 178.
**Ursächlichkeit:** II gilt bei einer hypothetischen Ursächlichkeit, Karlsr FamRZ **85**, 1045.
**Versicherungsvertrag:** II gilt bei der Geschäftsgebühr des zurücktretenden Versicherers, § 40 II 2 VVG, Sieg VersR **88**, 310.
**Wasserschaden:** II gilt nach einem Wasserschaden bei der Bestimmung des Mindestverbrauchs, AG Mü WoM **90**, 85.

8) *VwGO:* In Ergänzung des § 108 I VwGO ist § 287 entsprechend anwendbar, § 173 VwGO, Kopp/Sch 41
§ 108 Rn 16 u § 173 Rn 4, BVerwG NVwZ **99**, 77, NJW **95**, 2306 (eingehend), OVG Münst NVwBl **98**, 281 mwN, VGH Mü NVwZ-RR **96**, 555, weil diese Beweiserleichterung mit dem Wesen des VerwProzesses vereinbar ist und dafür ein praktisches Bedürfnis besteht, Grunsky § 43 II 2 (Bettermann, 46. DJT II E 48, hält wegen des Ermittlungsgrundsatzes nur II für entsprechend anwendbar). Jedoch gilt II nicht, wenn der Behörde eine Schätzungsbefugnis zusteht, BVerwG NJW **86**, 1124 (betr Erschließungsbeitrag).

### Einführung vor §§ 288–290

### Geständnis

**1) Systematik.** Es sind vier Varianten zu unterscheiden. 1

**A. Gerichtliches Geständnis.** Gerichtliches Geständnis, Tatsachengeständnis, ist die einseitige Erklärung an das Gericht, eine vom Gegner behauptete Tatsache sei wahr, BGH NJW **83**, 1497, Schneider MDR **91**, 297.

**B. Außergerichtliches Geständnis.** Es gibt zunächst das außergerichtliche Geständnis, das etwa in 2 einem anderen Verfahren oder in einem vorbereitenden Schriftsatz abgegeben worden ist. Dieses ist kein Beweismittel, sondern ein Indiz, Einf 16 vor § 284. Sein Beweiswert hängt von den Begleitumständen ab. Bedeutsam sind die Geständnisabsicht und das Bewußtsein der Tragweite. So beweist eine Quittung vorbehaltlich Gegenbeweises regelmäßig den Empfang der Leistung. Die Annahme ist unnötig.

**C. Anerkenntnis; Verzicht.** Das sind Rechtsgeständnisse, die sich nicht auf Tatsachen im Sinn von Einf 3 17 vor § 284 beziehen, sondern auf einen prozessualen Anspruch, §§ 306, 307.

**D. Nichtbestreiten.** Es gibt schließlich das bloße Nichtbestreiten, Rn 3, § 138 II, III, BGH NJW **99**, 4 580, § 288 Rn 5.

**2) Regelungszweck.** Das gerichtliche Geständnis ist eine einseitige, keine annahmebedürftige Partei- 5 prozeßhandlung, Grdz 47 vor § 128, BGH NJW **87**, 1948. Es ist kein Beweismittel, denn es erbringt nicht Beweis, sondern es erspart den Beweis, es erläßt dem Gegner die Beweislast, Anh § 286, vgl Köln VersR **90**, 857. Das tut aber auch das bloße Nichtbestreiten, § 138 III. Darum liegt die eigentümliche Wirkung des Geständnisses nicht hierin, sondern in der besonderen Regelung der Widerruflichkeit, § 290. Das gerichtliche Geständnis ist daher die prozessuale Erklärung des Einverständnisses damit, daß die zugestande Tatsache ungeprüft verwertet wird. Insoweit geht es über das bloße Nichtbestreiten hinaus.

**3) Geständnis und Wahrheitspflicht.** Die Geständniswirkung tritt nach dem Gesetz unabhängig von 6 der Postulationsfähigkeit, Üb 1 vor § 78, ein, Hamm MDR **98**, 286, und tritt grundsätzlich auch dann ein, wenn das Geständnis der Wahrheit widerspricht, § 290 Rn 7, vgl BGH **37**, 156, Schneider MDR **75**, 444. Indessen hat der Richter ein als offenkundig unwahr erkanntes Geständnis nicht zu beachten, BGH **37**, 156 Marburger NJW **74**, 1923, weil es der Wahrheitspflicht des § 138 zuwiderläuft, einer öffentlichrechtlichen Pflicht, § 291 Rn 7. Ein arglistiges oder zu einem sittenwidrigen Zweck abgegebenes Geständnis verliert seine Wirkung nicht bloß nach § 290, sondern sobald sich die Unwahrheit herausstellt, Einl III 54, BGH VersR **70**, 826, Düss RR **98**, 606. Der Gegner darf die zugestandene Behauptung immer zurücknehmen, wenn er damit nicht gegen die Wahrheitspflicht verstößt; die Rücknahme eines vorweggenommenen Geständnisses, § 288 Rn 4, ist unzulässig.

**4) *VwGO:*** Das gerichtliche Geständnis hat im VerwProzeß nicht die Wirkungen der §§ 288 bis 290, weil das 7 Gericht an das Vorbringen der Beteiligten nicht gebunden ist und den Sachverhalt vAw erforscht, § 86 I VwGO, BVerwG JZ **72**, 119 (abw Grunsky § 20 I, der immer dann, wenn der Beteiligte nach materiellem Recht verfügungsbefugt ist, Geständniswirkung annimmt). Das Gericht hat demgemäß jedes Geständnis, auch das gerichtliche, frei zu würdigen, § 108 I VwGO (vgl § 617).

## § 288

**288** *Gerichtliches Geständnis.* <sup>I</sup> Die von einer Partei behaupteten Tatsachen bedürfen insoweit keines Beweises, als sie im Laufe des Rechtsstreits von dem Gegner bei einer mündlichen Verhandlung oder zum Protokoll eines beauftragten oder ersuchten Richters zugestanden sind.

<sup>II</sup> Zur Wirksamkeit des gerichtlichen Geständnisses ist dessen Annahme nicht erforderlich.

**Schrifttum:** Brehm, Die Bindung des Richters an den Parteivortrag und Grenzen der freien Verhandlungswürdigung, 1982; Orfanides, Berücksichtigung von Willensmängeln im Zivilprozeß, 1982; Orfanides, Das vorweggenommene Geständnis, Festschrift für Baumgärtel (1990) 427; Schmidt, Teilbarkeit und Unteilbarkeit des Geständnisses im Zivilprozeß, 1972; Schoofs, Entwicklung und aktuelle Bedeutung der Regeln über Geständnis und Nichtbestreiten im Zivilprozeß, Diss Münster 1980; Ullmann, Gedanken zur Parteimaxime im Patentverletzungsstreit – Geständnis usw, Festschrift für Ballhaus (1985) 809; Wolf, Geständnis zu eigenen Lasten und zu Lasten Dritter?, in: Festschrift für Nakamura (1996).

### Gliederung

| | |
|---|---|
| 1) Systematik, Regelungszweck, I, II .... 1 | C. Zugeständnis des Gegners ............. 5 |
| 2) Geltungsbereich, I, II ................. 2 | D. Unbedingtheit usw ................... 6 |
| 3) Beweisentbehrlichkeit, I, II ........... 3–6 | 4) Erklärung, I .......................... 7 |
|   A. Tatsachenbezug ....................... 3 | 5) Geständniswirkung, I ................. 8, 9 |
|   B. Tatsachenbehauptung ,................ 4 |   A. Grundsatz: Kein Beweisbedarf ........ 8 |
| |   B. Grenzen ............................. 9 |

**1** **1) Systematik, Regelungszweck, I, II.** Vgl Einf 1–5 vor §§ 288–290. §§ 289, 290 gelten ergänzend.

**2** **2) Geltungsbereich, I, II.** Die Vorschrift gilt in allen Verfahrensarten nach der ZPO, die überhaupt der Parteiherrschaft unterliegen, Grdz 18 vor § 128.

**3** **3) Beweisentbehrlichkeit, I, II.** Die Vorschrift wird zu wenig beachtet.

**A. Tatsachenbezug.** Das Geständnis muß eine Tatsache betreffen. Begriff Einf 17 vor § 284, BGH NJW 94, 3109, Schneider MDR 91, 299. Es kann also eine innere Tatsache genügen, etwa eine Willensrichtung, BGH NJW 81, 1562. Auf juristische Tatsachen kann sich das Geständnis in demselben Umfang erstrecken wie eine Beweiserhebung, also auch auf ganz geläufige, einfache Rechtsbegriffe, Einf 21 vor § 284, BGH RR 94, 1085, Kblz OLGZ 93, 234 (auch zu den Grenzen). Das Geständnis kann sich nicht auf den Begriff der guten Sitten erstrecken, ebensowenig auf reine Werturteile oder Wertungen, auf Rechtssätze, Rechtsfolgen, Hamm MDR 92, 998, oder Erfahrungssätze. Die Parteien können das Gericht nicht zu einer bestimmten rechtlichen Beurteilung auf Umwegen zwingen. Vorgreifliche, präjudizielle Tatsachen sind dem Geständnis zugänglich, BGH LM § 260 BGB Nr 1, Zeiss ZZP 93, 484. So kann zB bei der Klage des Vermieters auf Zahlung und Räumung im Anerkenntnis des Zahlungsanspruchs das Geständnis der Verzugstatsache liegen.

**4** **B. Tatsachenbehauptung.** Die Tatsache muß von einer Partei behauptet worden sein, also vom Gegner des Gestehenden, BGH NJW 94, 3109 und RR 94, 1405, oder von dessen Streithelfer im Rahmen des § 67. Eigene Behauptungen darf jede Partei bis zum Schluß der letzten Tatsachenverhandlung beliebig widerrufen, BGH NJW 90, 393. Hat der Gegner sie aber übernommen, also zu den seinigen gemacht, und ist dann auch vorbehaltlos darüber verhandelt worden, BGH NJW 90, 393, dann liegt ein vorweggenommenes Geständnis mit allen Wirkungen des gerichtlichen Geständnisses vor, BGH FamRZ 78, 333. Es bedarf dann keiner Wiederholung der Behauptung, sofern sie nicht vorher widerrufen worden war. Der Widerruf kann auch in einer vom Gericht gesetzten Nachfrist erfolgen, auch durch jetzt abweichenden Vortrag, BGH NJW 90, 393. Die Partei muß aber auch die nicht widerrufenen eigenen Behauptungen darüber hinaus nach Treu und Glauben gegen sich gelten lassen, Einl III 54, § 286 Rn 13 ff. Die bei der Parteivernehmung oder -anhörung zugestehende Bekundung kann ein Geständnis sein, Rn 5, Köln VersR 96, 253, RoSGo § 124 I 3, ThP 4, ZöGre 5, aM BGH NJW 95, 1432, Hamm RR 97, 999, StJL 12 (aber auch dann liegt eine Verhandlung vor).

**5** **C. Zugeständnis des Gegners.** Die Tatsache muß vom Gegner des Behauptenden zugestanden worden sein, BGH NJW 90, 393. Nötig ist also ein übereinstimmendes Parteivorbringen, BGH RR 97, 150 (dann kann auch die eigene Behauptung unter I fallen). Das Geständnis muß unzweideutig sein, Schlesw SchlHA 83, 43. Es liegt auch in einer Anerkennung, Oldb NJW 99, 611. Es braucht nicht notwendig ausdrücklich zu geschehen, BGH NJW 99, 580. Eine bloße Hauptaufrechnung der Bekl kann sein Zugeständnis der klagebegründenden Tatsachen bedeuten, BGH RR 96, 699. Ein bloßes Nichtbestreiten genügt grundsätzlich nicht, ebensowenig die Erklärung, „nicht zu bestreiten" oder „nicht bestreiten zu wollen"; über deren Gleichwertigkeit § 138 Rn 36 ff, BGH NJW 94, 3109, Karlsr VersR 81, 645, ZöGre 3, aM Mü MDR 84, 322.

Doch kann diese Erklärung in Verbindung mit anderen Parteiäußerungen ein *stillschweigendes* Geständnis enthalten, BGH NJW 94, 3109, Köln RR 97, 213. Es ist aber eine vorsichtige Beurteilung geboten, BGH NJW 83, 1497. Entsprechendes gilt vom ausdrücklichen Aufgeben einer Behauptung. Der Wille zu gestehen (animus confitendi) oder das Bewußtsein der ungünstigen Wirkung sind hier unerheblich, BGH (4. ZS) VersR 96, 584, aM BGH NJW 91, 1683.

**6** **D. Unbedingtheit usw.** Ein Geständnis nur für diese Instanz ist wie jedes bedingte Geständnis unzulässig, § 532. Tatsächlich handelt es sich hier meist nicht um ein Geständnis, sondern um ein vom Gericht gemäß § 139 zu klärendes Nichtbestreitenwollen in dieser Instanz, § 138 III, Köln JB 75, 1251. Zulässig ist auch ein vorweggenommenes Geständnis, wenn sich der Gegner des Erklärenden dessen Ausführungen zumindest hilfsweise zu eigen macht (sog gleichwertiges Vorbringen, § 138 Rn 19), BGH RR 94, 1405. Unzulässig wie ein bedingtes Geständnis ist das unbedingte für einen gewissen Fall. Nur die prozeßfähige Partei oder der

## 1. Titel. Verfahren bis zum Urteil §§ 288, 289

gesetzliche Vertreter, § 51, sowie der Streitgenosse für sich persönlich und der Streithelfer im Rahmen von § 67, BGH NJW **76**, 293, Hamm MDR **98**, 286, können gestehen, die Partei immer auch selbst, § 78 Rn 17, BGH VersR **66**, 269, ZöGre **5**, aM Zweibr OLGZ **78**, 359, RoSGo § 124 I 3. Dies gilt zB beim Widerruf der Partei, wenn der ProzBev gesteht, § 85.

**4) Erklärung, I.** Das Geständnis ist im Laufe des Prozesses in der notwendigen oder doch stattfindenden **7** mündlichen Verhandlung, BGH RR **91**, 541, auch im Fall der Säumnis des Gegners, vor dem Prozeßgericht, auch vor dem Einzelrichter oder dem Vorsitzenden der Kammer für Handelssachen, oder zu Protokoll eines verordneten Richters zu erklären, BGH RR **91**, 541. Die, auch stillschweigende, Bezugnahme auf einen Schriftsatz kann aber ausreichen, § 137 Rn 28 ff, BGH RR **90**, 1151, Hamm RR **97**, 405. Der ProzBev ist zu ihm stets ermächtigt. Bei einem Widerspruch zwischen seiner Erklärung und derjenigen seines Auftraggebers geht die letztere allgemein vor, § 78 Rn 17, § 85 Rn 4, BGH RR **97**, 157, Hbg FamRZ **88**, 1169, Schneider MDR **91**, 299, ZöGre 5, aM RoSGo § 124 I 5 a, StjL 12.

Das Geständnis ist *kein Anerkenntnis* im Sinn von § 307. Eine Protokollierung ist in der mündlichen Verhandlung unnötig, ZöGre 5, aM ThP 4, beim verordneten Richter für die Wirksamkeit des Geständnisses wesentlich, Brschw MDR **76**, 673. Im schriftlichen Verfahren, § 128 II, III, im schriftlichen Vorverfahren, §§ 272, 276, 277, und im Aktenlageverfahren, § 251 a, genügt ein schriftliches Geständnis. Dasselbe gilt bei freigestellter mündlicher Verhandlung, § 128 Rn 10. Die Erklärung ist bis zum Schluß der letzten Tatsachenverhandlung zulässig, §§ 136 IV, 296 a, auch in Abwesenheit des Gegners. Eine Annahme des Geständnisses ist unnötig, Einf 3 vor §§ 288–290. Eine Erklärung nur im Prozeßkostenhilfeverfahren, §§ 114 ff, ist für das Hauptverfahren nicht ausreichend, Ffm VersR **84**, 972.

**5) Geständniswirkung, I.** Ein Grundsatz zeigt mancherlei Grenzen. **8**

**A. Grundsatz: Kein Beweisbedarf.** Die Wirkung des Geständnisses liegt darin, daß die zugestandene Tatsache keines Beweises bedarf, Einf 3 vor §§ 288–290, daß also eine Umkehr der Beweislast eintritt, Köln VersR **90**, 857. Die Partei ist ferner im Rahmen des § 290 an ihr Geständnis gebunden, auch in der Berufungsinstanz, § 532, Hamm BB **98**, 1654. Das Geständnis bezieht sich nicht ohne weiteres auf einen neuen Klagegrund. Ein behauptetes Geständnis muß derjenige beweisen, der sich darauf beruft. Mit der Rücknahme der Behauptung des Gegners, BGH VersR **79**, 75, oder der Aufhebung des Verfahrens, § 564 II, oder bei einer Zurückverweisung nach § 565 ist auch die Geständniswirkung beseitigt, selbst wenn ein vorweggenommenes Geständnis, Rn 3, vorgelegen hatte.

**B. Grenzen.** Das Geständnis entfließt der Parteiherrschaft, Grdz 18 vor § 128, BGH DB **73**, 1792. Es **9** kann deshalb seine Wirkung nur in ihrem Machtbereich äußern; darüberhinaus ist es frei zu würdigen, so auch Pawlowski MDR **97**, 7, und zwar auch in der Revisionsinstanz, sogar dort erstmalig, BGH NJW **99**, 580. Das gilt im Eheverfahren und im Kindschaftsverfahren, §§ 617, 640, 641 Karlsr FamRZ **77**, 205. Das gilt ferner bei allen von Amts wegen zu beachtenden Punkten, Grdz 39, 40 vor § 128. Das gilt ferner bei einer Berichtigung des Tatbestandes, § 320. Das gilt ferner für unmögliche Tatsachen, auch für diejenigen, deren Gegenteil offenkundig ist, Einf 4 vor §§ 288–290, denn auch sie entziehen sich der Parteiherrschaft. Das gilt ferner dann, wenn das Geständnis nur infolge verbotener Auswertung eines Beweismittels erfolgte, zB nach einem Video-Spähangriff des Arbeitgebers gegen seine Kassiererin, LAG Stgt BB **99**, 1439. Das gilt schließlich für offenkundige Tatsachen aus demselben Grund und wegen § 291. Über das Geständnis unwahrer Tatsachen Einf 4 vor § 288, § 290 Rn 6. Zur Patentverletzung Ullmann GRUR **85**, 809.

**289** **Zusätze beim Geständnis.** I Die Wirksamkeit des gerichtlichen Geständnisses wird dadurch nicht beeinträchtigt, daß ihm eine Behauptung hinzugefügt wird, die ein selbständiges Angriffs- oder Verteidigungsmittel enthält.

II Inwiefern eine vor Gericht erfolgte einräumende Erklärung ungeachtet anderer zusätzlicher oder einschränkender Behauptungen als ein Geständnis anzusehen sei, bestimmt sich nach der Beschaffenheit des einzelnen Falles.

**Schrifttum:** *Schmidt*, Teilbarkeit und Unteilbarkeit des Geständnisses im Zivilprozeß (rechtsvergleichend), 1972.

**1) Systematik, Regelungszweck, I, II.** Vgl Einf 1–5 vor §§ 288–290. § 289 behandelt drei verschie- **1** dene Fälle von Zusätzen zu einem gerichtlichen Geständnis.

**2) Geltungsbereich, I, II.** Vgl § 288 Rn 2. **2**

**3) Beifügung eines selbständigen Angriffs- oder Verteidigungsmittels, I.** Begriff Einl III 70, vgl **3** auch § 146 Rn 3. Hier sind der Sachverhalt des Geständnisses und der Zusatz verschieden. Daher bleibt das Geständnis wirksam.
*Beispiel:* Der Kläger klagt auf Lieferung der Kaufsache; der Bekl gibt den Kaufabschluß zu, behauptet aber geliefert zu haben: das Geständnis des Kaufabschlusses ist voll wirksam; der Bekl muß die Lieferung beweisen.

**4) Zusätze nach II.** Es sind die folgenden Situationen zu unterscheiden. **4**

**A. Anderer Sachverhalt.** Es kann sich um die Beifügung eines anderen Zusatzes mit verschiedenem Sachverhalt handeln, also um ein begründetes, qualifiziertes Bestreiten und Leugnen, motiviertes Leugnen.
*Beispiel:* Der Kläger klagt auf Lieferung der Kaufsache; der Bekl gibt den Kaufabschluß zu, behauptet aber einen aufschiebend bedingten Kauf. Hier liegt kein Geständnis vor; der Bekl leugnet, und daher muß der Kläger den unbedingten Kauf beweisen, Anh § 286 Rn 77 „Bedingung". Dies gilt immer beim Einwand einer aufschiebenden Bedingung. Eine andere Rechtsauffassung beim Zugestehen ist unerheblich.

5   **B. Derselbe Sachverhalt.** Es kann sich auch um die Beifügung eines anderen Zusatzes mit demselben Sachverhalt handeln, also um ein eingeschränktes, qualifiziertes Geständnis.
*Beispiel:* Der Kläger klagt auf Lieferung der Kaufsache; der Bekl gesteht den Kaufabschluß wie behauptet zu, ficht aber wegen Irrtums an. Hier liegt ein Geständnis des Kaufs vor. Der Bekl muß den Anfechtungsgrund beweisen, Anh § 286 Rn 151 „Rechtsgeschäft".
Ob Rn 4 oder Rn 5 vorliegt, ist notfalls nach den Regeln der *Beweislast* zu entscheiden.

## 290 *Widerruf des Geständnisses.* ¹Der Widerruf hat auf die Wirksamkeit des gerichtlichen Geständnisses nur dann Einfluß, wenn die widerrufende Partei beweist, daß das Geständnis der Wahrheit nicht entspreche und durch einen Irrtum veranlaßt sei. ²In diesem Falle verliert das Geständnis seine Wirksamkeit.

**Schrifttum:** *Orfanides,* Die Berücksichtigung von Willensmängeln im Zivilprozeß, 1982.

1   **1) Systematik, Regelungszweck S 1, 2.** Vgl Einf 1–5 vor §§ 288–290.

2   **2) Geltungsbereich, S 1, 2.** Die Vorschrift hat nur geringe Bedeutung.
**A. Anwendbarkeit.** § 290 behandelt den einseitigen Widerruf des gerichtlichen Geständnisses, den es grundsätzlich erlaubt, abweichend von der bei Parteiprozeßhandlungen geltenden Regel, Grdz 58 vor § 128, BGH DB **77,** 628, Gaul AcP **172,** 355.
Freilich ist der Widerruf des gerichtlichen Geständnisses anders als derjenige sonstiger tatsächlicher Erklärungen nicht schon wegen *bloßer Unrichtigkeit* zulässig. Eine Anfechtung des Geständnisses nach sachlichem Recht gibt es so wenig wie bei anderen Parteiprozeßhandlungen, Grdz 59 vor § 128.

3   **B. Unanwendbarkeit.** § 290 bezieht sich nicht auf: Das außergerichtliche Geständnis. Sein Widerruf ist unbeschränkt und frei zu würdigen, Köln VersR **90,** 857; den sofortigen Widerruf von Erklärungen des ProzBev oder Beistands nach §§ 85 I 2, 90 II; das sogenannte unterstellte Geständnis ds § 138 III, dort Rn 43; es ist grundsätzlich bis zum Schluß der mündlichen Verhandlung frei widerruflich, § 288 Rn 5; den Widerruf mit dem Einverständnis des Gegners. Er ist im Rahmen der Parteiherrschaft, Grdz 18 vor § 128, frei zulässig; den Widerruf des prozessualen Anerkenntnisses, Einf 5 vor §§ 306 ff, Ffm AnwBl **88,** 119.

4   **C. Berufungsinstanz.** In der Berufungsinstanz gilt für das wirkliche Geständnis § 532, für das unterstellte § 528.

5   **3) Widerruf nach § 290, S 1, 2.** Es müssen mehrere Bedingungen zusammentreffen.
**A. Unwahrheit.** Der Widerruf des gerichtlichen Geständnisses ist nur dann wirksam, wenn die widerrufende Partei beweist, daß das Geständnis unwahr war, Hamm VersR **97,** 302, Oldb VHR **98,** 140. Der volle Beweis der Unrichtigkeit der zugestandenen Tatsache ist auch dann notwendig, wenn dem Widerrufenden ohne das Geständnis nach dem sachlichen Recht eine Beweiserleichterung zugute gekommen wäre, Ffm MDR **82,** 329. Der Nachweis der Unwahrheit ist frei zu würdigen. Alle Beweismittel sind zulässig, auch eine Parteivernehmung. § 290 hat keineswegs stets Vorrang vor § 138, Olzen ZZP **98,** 421.

6   **B. Irrtum.** § 290 verlangt ferner den Nachweis, daß das Geständnis auf einem Irrtum beruhte, Oldb VHR **98,** 140. Wenn das Geständnis gegen besseres Wissen und zu eigenem Nutzen abgegeben wurde, also ohne einen Irrtum, so ist § 290 nicht anwendbar, § 814 BGB. Das Geständnis ist dann als ein solches, das mit der Wahrheitspflicht, § 138 I, in Widerstreit steht, nicht zu beachten. Die Partei kann es ohne weiteres widerrufen, um ihre Wahrheitspflicht zu erfüllen. Wirkt ein solches Geständnis zugunsten des Gegners, so bleibt aber der Erklärende an seine Erklärung gebunden.

7   **C. Einzelfragen.** Jeder Irrtum, dh der irrige Glaube an die Wahrheit der zugestandenen Tatsache, genügt. Das gilt für verschuldeten oder schuldlosen, Tatsachen- oder Rechtsirrtum, solchen der Partei oder ihres gesetzlichen Vertreters, solchen des ProzBev. Nur muß der Irrtum beim Erklärenden gelegen haben. Eine bloße, gar wiederholte, Änderung seiner Beurteilung genügt nicht, BGH VersR **99,** 839. Der ProzBev muß sich selbst geirrt haben; dasselbe gilt für die Partei oder ihren zur Unterrichtung des ProzBev bevollmächtigten Vertreter bei der Unterstützung, § 166 BGB, aber auch dessen II. Die den Irrtum veranlassenden Tatsachen sind zu beweisen; § 286 ist anwendbar. Die Genehmigung des Geständnisses in Kenntnis seiner Unwahrheit oder Irrigkeit ist ein neues Geständnis. Ein Betrug enthält stets eine Irrtumserregung. Andere Willensmängel, wie bloßer Scherz oder ein bloßer Motivirrtum, kommen nicht in Betracht. Da das Geständnis der Parteiherrschaft entfließt, Grdz 18 vor § 128, kann ein Einverständnis der Parteien die Erfordernisse des Widerrufs ersetzen, soweit es die öffentlichen Belange zulassen. Über den Widerruf in der 2. Instanz vgl bei § 532.

## 291 *Offenkundigkeit.* Tatsachen, die bei dem Gericht offenkundig sind, bedürfen keines Beweises.

**Schrifttum:** *Schmidt-Hieber,* Richtermacht und Parteiherrschaft über offenkundige Tatsachen, Diss Freibg 1975; *Seiter,* Beweisrechtliche Probleme der Tatsachenfeststellung bei richterlicher Rechtsfortbildung, Festschrift für *Baur* (1981) 573.

1   **1) Systematik.** Die Vorschrift zählt im weiteren Sinn zu den von § 286 II umfaßten gesetzlichen Beweisregeln; freilich verbietet sie dem Gericht eine Beweiserhebung nur indirekt, zB auch über § 8 GKG.

1. Titel. Verfahren bis zum Urteil § 291

**2) Regelungszweck.** Die Vorschrift dient der Prozeßförderung, Grdz 12 vor § 128, und der Prozeßwirtschaftlichkeit, Grdz 14 vor § 128, auch der Kostengerechtigkeit, Rn 1, vgl § 91 Rn 28, 29.

**3) Geltungsbereich.** Die Vorschrift gilt in allen Verfahrensarten nach der ZPO, auch im arbeitsgerichtlichen Verfahren, § 46 II 1 ArbGG.

**4) Offenkundige Tatsache.** Zum Begriff der Tatsache Einf 17 vor § 284. Offenkundige Tatsachen sind wie folgt zu unterteilen.

**A. Allgemeinkundigkeit.** Es kann sich um eine solche Tatsache handeln, die weite, verständige Kreise für feststehend halten, Kblz FamRZ 87, 83. Allgemeinkundig ist ein Ereignis oder Zustand, den so viele wahrnehmen oder ohne weiteres zuverlässig wahrnehmen können, daß die Unsicherheit bei der Wahrnehmung des einzelnen unerheblich ist, Karlsr MDR 89, 363, oder ein Ereignis bzw Zustand, der so allgemein verbreitet ist, daß ein besonnener Mensch von seiner Wahrheit überzeugt sein kann, BGH MDR 89, 63, BVerwG NJW 87, 1433, Celle MDR 95, 1262.

*Beispiele:* Allgemein anerkannte wissenschaftliche Wahrheiten (also nicht etwa okkulte); weltgeschichtliche Vorgänge unter Ausschluß wissenschaftlicher Streitfragen; in den Medien widerspruchslos veröffentlichte, auch dem Besonnenen glaubhafte Mitteilungen; Gewohnheiten und Bräuche, auch örtlich begrenzte, dort aber allgemein bekannte.

Es schadet nichts, wenn der Richter die Tatsache erst durch eine *Nachfrage* oder durch ein Nachschlagen in einem allgemein zugänglichen zuverlässigen Buch feststellt, zB in einem statistischen Jahrbuch, BGH JR 93, 1229, einem Lebenskostenindex, BGH NJW 92, 2088 (die Fachpresse genügt), oder das Datum einer Wahl, eine Entfernung oder den Kurs eines Börsenpapiers; die Unmöglichkeit einer Leistung durch Parapsychologie, LG Kassel NJW 85, 1642. Zumindest liegt dann ein Beweisanzeichen für ihre Richtigkeit vor. Vorsicht ist geboten, so im Ergebnis auch Pantle MDR 93, 1168 (enge Auslegung): Das Gericht darf nicht Gefahr laufen, daß die höhere Instanz das widerlegt, was er selbst als offenkundig bezeichnet. Ein Zugang ist nicht schon auf Grund eines Posteinlieferungsscheins offenkundig, KG Rpfleger 74, 121.

Allgemeinkundige Tatsachen, die allen Beteiligten mit Sicherheit gegenwärtig sind und von denen sie wissen, daß sie für die Entscheidung erheblich sind, bedürfen *keiner Erörterung*, BSG NJW 79, 1063, BVerwG Buchholz 402.24 § 28 AuslG Nr 36, und keines Beweises, BGH JR 93, 1229, LG Aachen MDR 89, 63. Soweit die Parteien sich nicht auf die allgemeinkundige Tatsache berufen, können Art 103 I GG, § 139 ZPO eine Erörterung erfordern, BGH JR 93, 1229.

**B. Gerichtskundigkeit.** Es kann sich auch um eine solche Tatsache handeln, die der Richter aus seiner jetzigen oder früheren amtlichen Tätigkeit sicher kennt, BGH RR 88, 173 (Sitz einer Großbank), BAG MDR 96, 828 (Tarifrecht), BVerwG NJW 90, 3104, Köln VersR 94, 1373. Hierher gehören der ihm dienstlich bekannten Mitteilungen, aus früheren Prozessen, BayObLG 48–51, 110, Konzen JR 78, 405, oder aus früherer Spezialzuständigkeit, BGH NJW 98, 3498, oder aus einem früheren Sachverständigengutachten einwandfrei bekannten Tatsachen. Gerichtskundige Tatsachen müssen aber als solche vom Gericht mitgeteilt und zum Gegenstand der Verhandlung gemacht werden, denn sonst wird das rechtliche Gehör verletzt, Art 103 I GG, Einl III 16, vgl auch § 278 III, BVerfG 48, 209, BSG MDR 75, 965, Köln Rpfleger 85, 498.

Sind die Tatsachen *nur aktenkundig,* muß sie der Richter also erst aus den Akten feststellen, so *fehlt* die Gerichtskundigkeit, Ffm NJW 77, 768, Hbg FamRZ 82, 426, ZöGre 1, aM Nürnb JB 78, 762, RoSGo § 114 I 3. Dasselbe gilt für Eintragungen in einem öffentlichen Register. Ein privates Wissen des Richters kann zwar nur Rn 3, 4 fallen, BSG NJW 70, 1814, wohl aber unter Rn 1, 2.

**5) Beweisentbehrlichkeit.** Man muß die Darlegung und den Beweis unterscheiden.

**A. Grundsatz: Kein Beweisbedarf.** Offenkundige, notorische Tatsachen bedürfen keines Beweises. Eine Hilfstatsache der Offenkundigkeit ist im Weg des Freibeweises zu würdigen. Allgemeine Erfahrungssätze, Einf 22 vor § 284, unterliegen zwar derselben Regel, sind aber als Schlüsse aus Tatsachen keine offenkundigen Tatsachen. Der praktische Unterschied liegt darin, daß Erfahrungssätze keiner Geltendmachung bedürfen. Aus demselben Grund gehören die Vorgänge im Prozeß nicht hierher.

**B. Behauptungslast.** Offenkundige Tatsachen sind von der Partei zu behaupten, Grdz 22, 23 vor § 128, BVerfG JZ 60, 124, Schlesw SchlHA 74, 168, ZöGre 2, aM MüKoPr 13, RoSGo § 114 I 3. Das gilt, sofern es sich nicht um Indizien und Hilfstatsachen des Beweises handelt, Einf 16 vor § 284. Das gilt auch für rechtsvernichtende und rechtshemmende Tatsachen, nicht für Tatsachen, die von Amts wegen zu beachten sind, wohl aber für solche Erklärungen, auf deren Vortrag der Vorsitzende hinzuwirken hat, § 139, Ffm MDR 77, 849. Ein Bestreiten oder ein Geständnis ist bei Offenkundigkeit bedeutungslos, BGH BB 79, 1470, ebenso eine Säumnis, ThP 4. Angebotene Beweise braucht das Gericht nicht zu erheben. Ein Gegenbeweis ist dahin zulässig, daß die als offenkundig angenommene Tatsache unrichtig sei. Die Frage der Offenkundigkeit ist keine Rechts-, sondern eine Tatfrage, BGH GRUR 90, 608, BayObLG WoM 84, 17. Die Verkennung des Begriffs ist ein Verfahrensmangel, KG Rpfleger 74, 121.

**C. Einzelfragen.** Was in der 1. Instanz offenkundig war, braucht es nicht in der 2. Instanz zu sein; die 2. Instanz prüft den Beweiswert der in der 1. Instanz bejahten Offenkundigkeit frei nach. Die Revisionsinstanz prüft nur die richtige Anwendung des Begriffs, ob also eine Offenkundigkeit hinreichend sicher festgestellt worden ist. Das muß sich aus der Urteilsbegründung ergeben. Das gilt zumindest wegen derjenigen Umstände nötig, deren Kenntnis normalerweise nicht zu vermuten ist, BSG NJW 70, 1814. Zur Bejahung der Offenkundigkeit durch das Kollegium genügt die Mehrheit, da es sich um eine Beweisfrage handelt.

**6) VwGO:** *Entsprechend anzuwenden,* § 173 VwGO, BVerwG NVwZ 90, 571 u 83, 99, OVG Münst u VGH Mannh NVwZ-Beilage I 7/99 S 68, KoppSch § 98 Rn 22ff, mit der Einschränkung, daß offenkundige Tatsachen niemals von einem Beteiligten behauptet zu werden brauchen, weil der Ermittlungsgrundsatz gilt, § 86 I VwGO. Zum Begriff der Allgemeinkundigkeit, oben Rn 4, im AsylVerf BVerwG NVwZ 83, 99, DÖV 83, 206 u 207, OVG Hbg HbgJVBl 90, 36 mwN, zur Entbehrlichkeit der Erörterung, oben Rn 4 aE, BVerwG Buchholz 402.24 § 28 AuslG Nr 36.

**292** *Gesetzliche Vermutungen.* ¹Stellt das Gesetz für das Vorhandensein einer Tatsache eine Vermutung auf, so ist der Beweis des Gegenteils zulässig, sofern nicht das Gesetz ein anderes vorschreibt. ²Dieser Beweis kann auch durch den Antrag auf Parteivernehmung nach § 445 geführt werden.

**Schrifttum:** *Allner,* Die tatsächliche Vermutung mit besonderer Berücksichtigung der GEMA-Vermutung, 1993; *Baumgärtel,* Die Bedeutung der sog „tatsächlichen Vermutung" im Zivilprozeß, Festschrift für *Schwab* (1990) 43; *Holzhammer,* Die einfache Vermutung im Zivilprozeß, Festschrift für *Kralik* (Wien 1986) 205; *Konzen,* Normtatsachen und Erfahrungssätze bei der Rechtsanwendung im Zivilprozeß, Festschrift für *Gaul* (1997) 335; *Medicus,* Ist Schweigen Gold?, Zur Widerlegung der Rechtsvermutungen aus §§ 891, 1006 BGB, Festschrift für *Baur* (1981) 63; *Prütting,* Die Vermutungen im Kartellrecht, Festschrift für *Vieregge* (1995) 733; *Sander,* Normtatsachen im Zivilprozeß, 1998.

**1** **1) Systematik, S 1, 2.** Die Vorschrift zieht aus den vorwiegend im sachlichen Recht verstreuten verschiedenartigen sog Vermutungen, einer aus Gründen der Praktikabilität geschaffenen eigenartigen Rechtsfigur, die prozessualen Folgen. Sie ergänzt gesetzliche Beweisregeln im Sinn von § 286 II, ohne im engeren Sinn zu ihnen zu gehören.

**2** **2) Regelungszweck, S 1, 2.** Die Vorschrift dient der Gerechtigkeit, Einl III 9, und schränkt in Wahrheit deshalb prozeßwirtschaftliche Erwägungen, auf denen gesetzliche Vermutungen ja an sich beruhen, ein. Das ist bei der Auslegung mitzubeachten.

**3** **3) Geltungsbereich, S 1, 2.** Die Vorschrift gilt in allen Verfahrensarten nach der ZPO, auch im arbeitsgerichtlichen Verfahren, § 46 II 1 ArbGG.

**4** **4) Rechtsvermutung, S 1.** Rechtsvermutungen sind ungeachtet mancher dogmatischer Nuancen Vorschriften, nach denen eine Tatsache als feststehend zu behandeln ist, wenn eine andere feststeht.

**A. Gewöhnliche Rechtsvermutung.** Diese Art, praesumtio iuris, läßt den Gegenbeweis zu, wie §§ 167 II, 270 II, 437 I, 440 II, dort Rn 4, BGH MDR **88**, 770, Köln WoM **96**, 266, im Ergebnis auch OVG Münst ZMR **89**, 395, ferner wie §§ 117 III, 891, 921, 938, 1006 I 1, 1253 II, 1362, 1377 I, 1610a BGB, Hamm FamRZ **91**, 1199, §§ 1964 II, 2009, 2365 BGB, § 1 V 1 KSchG, ArbG Siegburg MDR **97**, 1038; zu ihr krit Medicus Festschrift für Baur (1981) 81. Ein Mietspiegel bringt keine Vermutung der ortsüblicher Vergleichsmieten, Schopp ZMR **93**, 141.

**5** **B. Unwiderlegliche Rechtsvermutung.** Diese Art, praesumtio iuris et de iure, schließt jeden Gegenbeweis aus, zB in §§ 39, 267, 551, 755 ZPO, 1566 BGB, 27 III InsO. Die Auslegungsregeln des BGB, zB § 742 BGB, sind regelmäßig Tatsachenvermutungen. Bei der unwiderlegbaren Vermutung regelt das Gesetz in Wahrheit nicht das Verfahren der Tatsachenermittlung, sondern ändert den anzuwendenden Rechtssatz durch eine Art Fiktion, OVG Münst ZMR **89**, 395.

**6** **5) Tatsachenvermutung, S 1.** Tatsachenvermutungen, unechte Vermutungen, praesumtiones facti, sind Beweislastnormen, Baumgärtel Festschrift für Schwab (1990) 18, 45, 50 f, nämlich aus der Lebenserfahrung gezogene Schlüsse (vgl auch Anh § 286 Rn 14); alle tatsächlichen Vermutungen lassen den Gegenbeweis zu, der dahin geht, daß die vermutete Tatsache nicht zutrifft, Rn 7.

**7** **6) Unterstellung, S 1.** Von den Vermutungen zu scheiden sind die Unterstellungen, Fiktionen. Sie zwingen zur Anwendung der Rechtsfolgen eines Tatbestands auf einen andern Tatbestand, obwohl jede Möglichkeit fehlt, daß dieser Tatbestand zutrifft. Dahin gehören §§ 138 III (unterstelltes Geständnis) und 332 (unterstellter Wegfall der früheren Verhandlung). Die Unterstellung ist keine Beweisvorschrift. Diese Unterstellung ist nicht zu verwechseln mit der Unterstellung immer möglich wahren Tatsache als wahr in den Fällen, in denen die Wahrheit nichts an der Entscheidung ändern könnte.

**8** **7) Quellen, S 1.** Rechtsvermutungen finden sich größtenteils in sachlichrechtlichen Gesetzen, obwohl sich ihre Bedeutung im Prozeß erschöpft; sie sind meist prozessualer Natur, vgl grundsätzlich Anh § 286 Rn 2, 3. Landesgesetzliche Vermutungen bestehen weiter, weil die Gesetze sie irrig als sachlichrechtliche behandeln. Ausländische bestehen ebenso, sofern das ausländische Gesetz sie sachlichrechtlich behandelt. Rechtsvermutungen bestehen nur, wenn das Gesetz sie ausdrücklich vorschreibt, und sind nur dann unwiderleglich, wenn es das Gesetz ausdrücklich verlangt. Andernfalls lassen sie den Beweis des Gegenteils zu und fordern ihn, VGH Kassel FamRZ **86**, 1100.

**9** **8) Beweiserleichterung, S 1, 2.** Es sind zwei Fallgruppen zu trennen.

**A. Grundsatz, S 1.** Rechtsvermutungen ändern die Beweislast nicht, abw Prütting (vor Rn 1) 738, sondern erleichtern den Beweis, indem sie nur dazu nötigen, das Vorhandensein eines Anzeichens, die Ausgangstatsache, zu behaupten und zu beweisen. Den Schluß daraus zieht das Gesetz.

*Beispiel:* Wer seinen Besitz bewiesen hat, gilt als Eigentümer, § 1006 BGB. Das ist ein vom Gesetz gezogener Rechtsschluß; der Beweisführer braucht diesen Rechtsschluß nicht einmal zu behaupten; dem Gegner obliegt es, zu beweisen, daß der Besitzer etwa nur Verwahrer ist.

Der Beweis des Gegenteils besteht im *vollen Nachweis,* daß aus dem Indiz, aus dem als Vermutungsgrundlage behandelten Tatbestand, notwendig ein anderer Schluß zu ziehen ist, daß also jede Möglichkeit des gesetzlichen Schlusses wegfällt, BAG NJW **77**, 350, KG MDR **77**, 674. In Wahrheit liegt kein Gegenbeweis vor, sondern ein Hauptbeweis, Einf 11 vor § 284. Jedes Beweismittel ist zulässig.

**10** **B. Parteivernehmung, S 2.** Auch eine Parteivernehmung nach § 445, falls die Partei keine anderen Beweismittel vorbringt oder schon einigen Beweis, aber nicht vollständig erbracht hat. § 445 II ist hier unanwendbar, insofern richtig BGH MDR **88**, 770. Daß § 292 die Parteivernehmung nach § 447 nicht ausschließt, folgt aus dem Sinn und Zweck der Vorschrift.

1. Titel. Verfahren bis zum Urteil **§§ 292, 293**

9) *VwGO:* Entsprechend anzuwenden, § 173 VwGO, BVerwG NVwZ **96**, 178; jedoch ist S 2 gegenstandslos, **11** da der Ermittlungsgrundsatz gilt, § 86 I VwGO, und die Beschränkungen für die Parteivernehmung, §§ 445 ff, nicht anzuwenden sind, §§ 96 I, 98 VwGO, vgl Tietgen 46. DJT I 2 B 53.

**293** **Fremdes Recht. Gewohnheitsrecht. Satzungen.** ¹Das in einem anderen Staate geltende Recht, die Gewohnheitsrechte und Statuten bedürfen des Beweises nur insofern, als sie dem Gericht unbekannt sind. ²Bei Ermittlung dieser Rechtsnormen ist das Gericht auf die von den Parteien beigebrachten Nachweise nicht beschränkt; es ist befugt, auch andere Erkenntnisquellen zu benutzen und zum Zwecke einer solchen Benutzung das Erforderliche anzuordnen.

**Schrifttum:** (Auswahl): *Arens,* Prozessuale Probleme bei der Anwendung ausländischen Rechts im deutschen Zivilprozeß, in: Festschrift für *Zajtay* (1982) 7; *Buchholz,* Zur richterlichen Rechtsfindung in internationalen Familiensachen, Festschrift für *Hauß* (1978) 15; *Coester-Waltjen,* Internationales Beweisrecht, 1983; *Heldrich,* Probleme bei der Ermittlung ausländischen Rechts in der gerichtlichen Praxis, in: Festschrift für *Nakamura* (1996); *Hetger,* Sachverständige für ausländisches und internationales Privatrecht, 1990 (auch DNotZ **94**, 88); *Krause,* Ausländisches Recht und deutscher Zivilprozeß, 1990; *Kropholler,* Internationales Privatrecht, 3. Aufl 1997, § 59; *Küster,* Die Ermittlung ausländischen Rechts im deutschen Zivilprozeß und ihre Kostenfolgen, Diss Hann 95 (rechtsvergleichend); *Linke,* Internationales Zivilprozeßrecht (1990) § 8; *Nagel,* Internationales Zivilprozeßrecht, 3. Aufl 1991, 180; *Oldenbourg,* Die unmittelbare Wirkung von EG-Richtlinien im innerstaatlichen Bereich, 1984; *Raape/Sturm,* IPR I, 6. Aufl (1977) § 17; *Ress,* Die Direktwirkung von Richtlinien: Wandel von der prozeßrechtlichen zur materiellrechtlichen Konzeption, Gedächtnisschrift für *Arens* (1993) 351; *Schellack,* Selbstermittlung oder ausländische Auskunft unter dem europäischen Rechtsauskunftsübereinkommen, 1998; *Sturm,* Fakultatives Kollisionsrecht: Notwendigkeit und Grenzen, Festschrift für *Zweigert* (1981) 329; *Theiss,* Die Behandlung fremden Rechts im deutschen und italienischen Zivilprozeß, 1990. S ferner die weiteren Lehrbücher zum deutschen IPR sowie den Sammelband „Die Anwendung ausländischen Rechts im Internationalen Privatrecht" (1968). Rechtsvergleichend *Bachmann* IPRax **96**, 228 (Tagungsbericht).

**Gliederung**

| | | | |
|---|---|---|---|
| 1) **Systematik,** S 1, 2 | 1, 2 | B. Sachverständigenhilfe | 7 |
| A. Im Gerichtsbezirk geltendes Gesetzesrecht | 1 | C. Auslegung; Ermittlungsgrenzen | 8, 9 |
| B. Weiteres Recht | 2 | D. Beispiele zur Frage der Ermittlung ausländischen Rechts | 10–13 |
| 2) **Regelungszweck,** S 1, 2 | 3 | E. Europäisches Auskunftsübereinkommen | 14–17 |
| 3) **Geltungsbereich,** S 1, 2 | 4 | F. Zweiseitige Auskunftsverträge | 18 |
| 4) **Geltungsbereich: Beweis,** S 1, 2 | 5–18 | 5) **Rechtsbehelfe,** S 1, 2 | 19 |
| A. Grundsatz: Gerichtsanspruch auf Parteimitwirkung | 5, 6 | 6) *VwGO* | 20 |

**1) Systematik, S 1, 2.** Man muß zwei Hauptgebiete unterscheiden. **1**

**A. Im Gerichtsbezirk geltendes Gesetzesrecht.** Der Richter muß das Recht der BRep einschließlich Rechtsprechung und Lehre und dasjenige seines Bundeslandes usw kennen, soweit es förmliches Gesetzesrecht ist: jura novit curia, Schneider AnwBl **88**, 260. Den Maßstab gibt für jedes Gericht sein Sprengel; das BVerfG und der BGH müssen das gesamte Recht der BRep kennen. Kennt der Richter es nicht, so hat er es von Amts wegen zu ermitteln, Grdz 38 vor § 128, BGH NJW **84**, 2764, BAG MDR **96**, 828 (Tarifrecht). Insoweit findet auch keine Beweisaufnahme statt, Karlsr FamRZ **90**, 1367, aM BGH JZ **99**, 301 (abl Spickhoff), BVerwG NJW **99**, 1045 (aber wo liegen die Grenzen?).

Zum in der BRep geltenden Recht zählen auch das internationale Recht der BRep, BGH NJW **98**, 1321, von Bogdandy NJW **99**, 2088 (Überlagerung durch WTO-Recht), das *Völkerrecht,* Artt 25, 59 II GG, von Schönfeld NJW **86**, 2980, vgl aber auch § 1 GVG Rn 7, das als inländisches Recht zu behandelnde Recht der *Europäischen Union,* Einl III 39, BGH **19**, 265, ferner zB Schütze EWS **90**, 50, Sommerlad/Schrey NJW **91**, 1378. Zum Recht der BRep gehört ferner das Steuerrecht, Tipke NJW **76**, 2200, vgl freilich Üb 32 ff vor § 373.

Eine Direktwirkung von *Richtlinien des Gemeinschaftsrechts* ist zwischen Staat und Bürger nur dann möglich, wenn die Richtlinienbestimmung klar, eindeutig und unbedingt ist, wenn keine weiteren nationalen Ausführungsakte zu ihrer Anwendung erforderlich sind und wenn der Staat seiner Umsetzungspflicht in nationales Recht innerhalb der in der Richtlinie gesetzten Frist nicht nachgekommen ist, EuGH zB Slg 1982, 53, 71, Ress (vor Rn 1) 351. Im Verhältnis von Bürger zu Bürger tritt keine solche Direktwirkung ein, EuGH zB Slg 1987, 3969, 3985, Ress (vor Rn 1) 351.

Die *Verkehrssitte* oder der Handelsbrauch, dh die Verkehrssitte des Handels, schaffen keinen Rechtssatz; sie geben dem Richter nur ein Auslegungsmittel an die Hand. Zu den Grenzen einer entsprechenden Anwendbarkeit im Steuerrecht BFH BB **84**, 715.

**B. Weiteres Recht.** Recht, das nicht im Bezirk des Richters gilt, sei es nun ausländisches oder inländisches Recht, sowie Gewohnheitsrecht und Satzungsrecht (Statutarrecht) braucht der Richter nicht zu kennen, Hetger DNotZ **94**, 88. Er ist aber verpflichtet, es in jeder Verfahrenslage, also auch im Revisionsverfahren, von Amts wegen zu ermitteln, Grdz 38 vor § 128, und dabei alle ihm zugänglichen Erkenntnisquellen auszuschöpfen, BGH NJW **98**, 1396, BVerwG NJW **89**, 3107, Ffm FER **99**, 194. Zum Gewohnheitsrecht gehören namentlich die Gewohnheitsrechte engeren Geltungsbereichs, die Herkommen, die Observanzen, etwaige Regelungen der Streupflicht. Ein Gewohnheitsrecht verlangt zur Entstehung die **2**

§ 293                                            2. Buch. 1. Abschnitt. Verfahren vor den LGen

Rechtsüberzeugung der Beteiligten, nicht notwendig die Überzeugung von der Befolgung eines positiven Rechtssatzes. Satzungen, Statuten, sind das geschriebene oder geübte Recht autonomer Kreise, zB Tarifnormen. Sie sind nicht mit privatrechtlichen Rechtsvorschriften zu vermengen, wie Allgemeinen Geschäftsbedingungen, den Statuten von Versicherungsgesellschaften oder Vereinssatzungen, BayObLG MDR **77**, 491. BAG NJW **72**, 1439 wendet § 293 entsprechend zwecks Feststellung der Arbeitsweise von Heimarbeitsausschüssen an. Der Rpfl kann (darf, nicht muß), soweit ausländisches Recht in Betracht kommt, seinem Richter vorlegen, § 5 II RPflG, Anh § 153 GVG.

**3**  **2) Regelungszweck, S 1, 2.** Die Vorschrift dient zwar einerseits der Gerechtigkeit, Einl III 9, weil sie dem Gericht nicht die Ermittlung des etwa anwendbaren ausländischen Rechts gänzlich abnimmt; sie dient aber andererseits auch der Prozeßwirtschaftlichkeit, Grdz 14 vor § 128, weil sie die Parteien zu verstärkter Prozeßförderung zwingt und überdies die gerichtlichen Erkenntnisquellen erweitert.

**4**  **3) Geltungsbereich, S 1, 2.** Die Vorschrift gilt in allen Verfahrensarten nach der ZPO, auch im Urkundenprozeß, BGH MDR **97**, 879, ferner im arbeitsgerichtlichen Verfahren, § 46 II 1 ArbGG, und im finanzgerichtlichen Verfahren, § 155 FGO, BFH RR **98**, 1041. Im FGG-Verfahren gilt § 12 FGG (Ermessen), BayObLG FamRZ **99**, 101.

**5**  **4) Beweis, S 1, 2.** Die Regelung hat steigende Bedeutung.
   **A. Grundsatz: Gerichtsanspruch auf Parteimitwirkung**, dazu *Koehler* JR **51**, 549: Nach dem deutschen internationalen Zivilprozeßrecht gilt verfahrensrechtlich die lex fori, Einl III 74, Üb 6 vor § 12, BGH RR **90**, 424. Wenn § 293 sagt, fremdes Recht usw bedürfe des Beweises, so bedeutet das nur, daß das Gericht die Mithilfe der Partei in einem ihr zumutbaren Umfang bei der Erforschung dieses Rechts beanspruchen darf, BGH NJW **87**, 1146, Ffm MDR **83**, 410, Köln Rpfleger **89**, 67 (keine Anwendbarkeit von S 2 im FGG-Verfahren; zustm Kirstgen).

**6**  Nicht aber bedeutet § 293 etwa, daß der behauptete Rechtssatz als nicht vorhanden angesehen wird oder daß das Gericht wegen wirtschaftlicher Betrachtungsweise von der Ermittlung des ausländischen Rechts absehen dürfte, BGH RR **95**, 766, selbst wenn das schwierig ist, BGH NJW **97**, 325, oder daß das fremde Recht wie eine beweisbedürftige Tatsache angesehen würde, Dölle Jhb 39. Ein *Beweisverfahren* ist gar *nicht möglich*, weil Rechtssätze entgegen Rödig (vgl Einf 17 vor § 284) keinem Beweis unterliegen, Stgt MDR **89**, 1111. Vielmehr muß das Gericht das etwa maßgebliche ausländische Recht eben von Amts wegen ermitteln, Rn 3, zumal § 293 hinter §§ 288–290 steht, Geißler ZZP **91**, 176, nur scheinbar aM Mü NJW **76**, 489 (übersieht das Problem; krit auch Küppers). Das Übk v 19. 6. 1980, BGBl **86** II 809, gilt nicht, dort Art 1 II h.

**7**  **B. Sachverständigenhilfe.** Das Gericht kann amtliche Auskünfte erfordern, auch von ausländischen Stellen, wenn dies in Staatsverträgen vorgesehen ist, oder ein Gutachten, BGH MDR **97**, 879, etwa des Max-Planck-Instituts für ausländisches und internationales Privatrecht in Hamburg, einholen, BGH NJW **91**, 1419 (das reicht meist, aber nicht stets aus, zB nicht, wenn das Institut nicht die ausländische Praxis kennt, BGH NJW **91**, 1419; krit Samtleben NJW **92**, 3057), oder das Fachschrifttum einsehen, und darf bei fortbestehenden eigenen Zweifeln auch ein Rechtsgutachten erfordern, Hamm FamRZ **88**, 639, und zwar grundsätzlich von einer Einzelperson, Üb 10 vor § 402, Bendref MDR **83**, 894, vgl die Zusammenstellung geeigneter Sachverständiger bei Hetger DNotZ **94**, 89, nicht von einem Institut usw, das auch meist zu langsam arbeitet, Hetger DRiZ **83**, 233; zu den verschiedenen Möglichkeiten Bendref AnwBl **82**, 468.

**8**  **C. Auslegung; Ermittlungsgrenzen.** Ausländische Rechtssätze sind unter Ermittlung des dortigen Gesamtgefüges entsprechend ihrer geübten Anwendung auszulegen, BGH NJW **92**, 3106, Düss RR **97**, 3, BayObLG MDR **72**, 876. Einen übereinstimmend vorgetragenen Inhalt des ausländischen Rechts kann das Gericht in der Regel ohne eigene Nachprüfung zugrundelegen, BAG MDR **75**, 875, sollte freilich vorsichtig sein, Luther (vor Rn 1) 568.

**9**  Läßt sich das fremde Recht weder von Amts wegen noch mit Hilfe der Parteien ermitteln, so ist nach deutschem Recht zu entscheiden, sog *Ersatzrecht*, BGH FamRZ **82**, 265, Graf zu Westphalen NJW **94**, 2116, Sommerlad/Schrey NJW **91**, 1382, aM Kreutzer NJW **83**, 1945, Müller NJW **81**, 486 (bitte dort im einzelnen nachlesen) mit Hinweisen auf die zahlreichen Meinungsspielarten, unter ihnen zB StJL 36 ff: zunächst sei das dem anzuwendenden Recht vermutlich am nächsten verwandte anzuwenden, Heldrich Festschrift für Ferid, 1978, 216: Der Gesetzestext sei unter Umständen ausreichend, soweit die Rechtssprechung oder Literatur nicht zugänglich seien), Wengler JR **83**, 221.
   Erst in letzter Linie ist die *lex fori* anwendbar. Keineswegs kann ein nur wahrscheinlich geltendes Recht herangezogen werden.

**10**  **D. Beispiele zur Frage der Ermittlung ausländischen Rechts**, dazu *Schellack* (vor Rn 1, ausf):
   **Amtsermittlung:** Rn 1, 4.
   **Arrest, einstweilige Verfügung:** dazu *Brinker* NJW **96**, 2851 (EG-Recht), *Sommerlad/Schrey* NJW **91**, 1381: Die Regeln Rn 4 ff müssen auch im Verfahren auf den Erlaß eines Arrests oder einer einstweiligen Anordnung oder einer einstweiligen Verfügung gelten, denn dieses Verfahren entbindet trotz seiner Notwendigkeit einer schnellen Erledigung das Gericht nicht von seiner Pflicht zur Heranschaffung der fremden Rechtsquellen. Freilich geht die Pflicht zur Ermittlung und Glaubhaftmachung grundsätzlich im Eilverfahren nicht über die sogleich heranziehbaren Erkenntnisquellen hinaus, Kblz IPRax **95**, 39.
   **Auslegungsregeln:** Rn 11 „Entscheidungsgründe".
   **Beweisantritt:** S „Bindung".
   **Beweislast:** Wegen der Notwendigkeit der Amtsermittlung, Rn 1, 4, gibt es keine Beweislast im eigentlichen Sinn, § 286 Anh Rn 4, BGH LM Nr 2, Küppers NJW **76**, 489, aM Stgt RIW **83**, 460 (abl Schütze).
   **Bindung:** Das Gericht ist ungeachtet der Aufgabe, evtl Fragen zu stellen, Rn 11 „Fragepflicht", weder stets gezwungen, einen etwa angetretenen Beweis zu erheben, noch in den Erkenntnisquellen an das Parteivorbringen, Hamm FamRZ **88**, 639, oder grds sonst irgendwie beschränkt oder an Beweisquellen gebunden, Geisler ZZP **91**, 196; vgl freilich Rn 13 „Sachverständiger".

1. Titel. Verfahren bis zum Urteil       § 293

**Einstweilige Verfügung:** Rn 10 „Arrest, einstweilige Verfügung".  11
**Entscheidungsgründe:** Sie müssen ergeben, ob dem Gericht bei der Anwendung ausländischen (Vertrags-) Rechts auch die Auslegungsregeln des ausländischen Rechts bekannt waren, BGH RR 90, 249.
**Erkenntnisquelle:** Rn 10 „Bindung".
**Ermessen:** § 293 erlaubt nur, die Ermittlung in den Formen des Beweises vorzunehmen, dh unter Benutzung der Beweismittel wie überhaupt aller zugänglichen Erkenntnisquellen, BGH FamRZ 82, 265. Wie sich das Gericht die Kenntnis verschafft, das steht in seinem pflichtgemäßen Ermessen, BGH NJW 95, 1032, BVerwG NJW 89, 3107, Sommerlad/Schrey NJW 91, 1379. Das Gericht muß dabei alle Umstände des Einzelfalls berücksichtigen, BGH NJW 95, 1032, und mangels eigener Fachkunde zumindest die Anregung befolgen, sachverständigen Rat einzuholen, BGH NJW 84, 2764. Das Gericht hat wegen seiner Erkenntnisquellen zum Inhalt und Zweck von Auslandsrecht den Prozeßbeteiligten rechtliches Gehör zu gewähren, BVerwG InfAuslR 85, 275.
**Ersatzrecht:** Rn 9.
**Fragepflicht:** Das Gericht muß zwar evtl fragen, §§ 139, 278 III, und auch evtl § 144 anwenden, BGH 87, 591, ist aber nur wenig gebunden, Rn 10 „Bindung".
**Geständnis:** Wegen des Amtsermittlungsgrundsatzes, Rn 1, 4, ist ein Geständnis im Verfahren der Ermittlung zur Anwendung des ausländischen Rechts meist bedeutungslos, Sommerlad/Schrey NJW 91, 1381. Soweit das anwendbare ausländische Recht ein Geständnis kennt und beachtlich macht, ist es natürlich auch vom deutschen Gericht zu beachten.  12
**Nichtbestreiten:** Es gelten dieselben Regeln wie Rn 12 „Geständnis".
**Parteimitwirkung:** Rn 5.
**Parteivernehmung:** Es gelten dieselben Regeln wie Rn 12 „Geständnis".
**Parteivorbringen:** Rn 10 „Bindung".
**Rechtspraxis, -lehre, Rechtsprechung:** Das Gericht muß das ausländische Recht als Ganzes ermitteln, BGH NJW 92, 3106, und daher auch die Rechtspraxis, die Lehre und die Rechtsprechung ermitteln, BGH IPRax 95, 39, BVerwG NJW 89, 3107, aM Samtleben NJW 92, 3057. Es darf sich mit einer neueren, ihm als ausreichend erscheinenden Stimme aus dem ausländischen oder deutschen Schrifttum begnügen, Düss FER 96, 26.  13
**Sachverständiger:** Vgl zunächst Rn 7. Das Gericht sollte einem Sachverständigen stets die Gelegenheit geben, die Frage zu prüfen, welches Recht anwendbar ist, und sollte im Ersuchen Angaben über den Wohnsitz, den gewöhnlichen Aufenthaltsort, die Staatsangehörigkeit, die Religion und die Volksgruppenzugehörigkeit machen, Bendref, zitiert bei Herold DRiZ 83, 479. Das Gericht kann den Sachverständigen zur mündlichen Erläuterung vorladen, § 411 III, BGH NJW 75, 2142. Es ist auf Antrag dazu verpflichtet, BGH NJW 94, 2959.
**Säumnis:** Auch im Säumnisverfahren findet eine Prüfung von Amts wegen statt, die allenfalls dann gemindert ist, falls keine begründeten Zweifel am Vortrag des Klägers über das ausländische Recht vorhanden sind, MüKoPr 55, Sommerlad/Schrey NJW 91, 1382, ZöGei 18, aM Mü NJW 76, 489 (ein Beweisantritt des Klägers reiche aus).
**Urteil:** Rn 11 „Entscheidungsgründe".
**Versäumnisverfahren:** S „Säumnis".

**E. Europäisches Auskunftsübereinkommen.** Vgl ferner das Übk v 7. 6. 68, BGBl 74 II 938, nebst AusfG v 5. 7. 74, BGBl 1433, zuletzt geändert durch Art 8 I RpflVereinfG v 17. 12. 90, BGBl 2847, in Kraft seit 1. 4. 91, Art 11 V RpflVereinfG:  14

*Übk Art 1. Anwendungsbereich des Übereinkommens.* I Die Vertragsparteien verpflichten sich, einander gemäß den Bestimmungen dieses Übereinkommens Auskünfte über ihr Zivil- und Handelsrecht, ihr Verfahrensrecht auf diesen Gebieten und über ihre Gerichtsverfassung zu erteilen.  15

II ¹Zwei oder mehr Vertragsparteien können jedoch vereinbaren, den Anwendungsbereich dieses Übereinkommens untereinander auf andere als die im vorstehenden Absatz angeführten Rechtsgebiete zu erstrecken. ²Eine solche Vereinbarung ist dem Generalsekretär des Europarats im Wortlaut mitzuteilen.

*Übk Art 2. Staatliche Verbindungsstellen.* I ¹Zur Ausführung dieses Übereinkommens errichtet oder bestimmt jede Vertragspartei eine einzige Stelle (im folgenden als „Empfangsstelle" bezeichnet), welche die Aufgabe hat:
a) Auskunftsersuchen im Sinne des Artikels 1 Abs. 1 entgegenzunehmen, die von einer anderen Vertragspartei eingehen;
b) zu derartigen Ersuchen das Weitere gemäß Artikel 6 zu veranlassen.
²Diese Stelle kann entweder ein Ministerium oder eine andere staatliche Stelle sein.

II ¹Jeder Vertragspartei steht es frei, eine oder mehrere Stellen (im folgenden als „Übermittlungsstelle" bezeichnet) zu errichten oder zu bestimmen, welche die von ihren Gerichten ausgehenden Auskunftsersuchen entgegenzunehmen und der zuständigen ausländischen Empfangsstelle zu übermitteln haben. ²Die Aufgabe der Übermittlungsstelle kann auch der Empfangsstelle übertragen werden.

III Jede Vertragspartei teilt dem Generalsekretär des Europarats Bezeichnung und Anschrift ihrer Empfangsstelle und gegebenenfalls ihrer Übermittlungsstelle oder ihrer Übermittlungsstellen mit.

*Übk Art 3. Zur Stellung von Auskunftsersuchen berechtigte Behörden.* I ¹Ein Auskunftsersuchen muß von einem Gericht ausgehen, auch wenn es nicht vom Gericht selbst abgefaßt worden ist. ²Das Ersuchen darf nur für ein bereits anhängiges Verfahren gestellt werden.

II Jede Vertragspartei, die keine Übermittlungsstelle errichtet oder bestimmt hat, kann durch eine an den Generalsekretär des Europarats gerichtete Erklärung anzeigen, welche ihrer Behörden sie als Gericht im Sinne des vorstehenden Absatzes ansieht.

III ¹Zwei oder mehr Vertragsparteien können vereinbaren, die Anwendung dieses Übereinkommens untereinander auf Ersuchen zu erstrecken, die von anderen Behörden als Gerichten ausgehen. ²Eine solche Vereinbarung ist dem Generalsekretär des Europarats im Wortlaut mitzuteilen.

*Übk Art 4. Inhalt des Auskunftsersuchens.* I ¹Im Auskunftsersuchen sind das Gericht, von dem das Ersuchen ausgeht, und die Art der Rechtssache zu bezeichnen. ²Die Punkte, zu denen Auskunft über das Recht des ersuchten Staates gewünscht wird, und für den Fall, daß im ersuchten Staat mehrere Rechtssysteme bestehen, das System, auf das sich die gewünschte Auskunft beziehen soll, sind möglichst genau anzugeben.

II Das Ersuchen hat eine Darstellung des Sachverhalts mit den Angaben zu enthalten, die zum Verständnis des Ersuchens und zu seiner richtigen und genauen Beantwortung erforderlich sind; Schriftstücke können in Abschrift beigefügt werden, wenn dies zum besseren Verständnis des Ersuchens notwendig ist.

III Zur Ergänzung kann im Ersuchen Auskunft auch zu Punkten erbeten werden, die andere als die in Artikel 1 Abs. 1 angeführten Rechtsgebiete betreffen, sofern diese Punkte mit denen im Zusammenhang stehen, auf die sich das Ersuchen in erster Linie bezieht.

IV Ist das Ersuchen nicht von einem Gericht abgefaßt, so ist ihm die gerichtliche Entscheidung beizufügen, durch die es genehmigt worden ist.

*Übk Art 5. Übermittlung des Auskunftsersuchens.* Das Auskunftsersuchen ist von einer Übermittlungsstelle oder, falls eine solche nicht besteht, vom Gericht, von dem das Ersuchen ausgeht, unmittelbar der Empfangsstelle des ersuchten Staates zu übermitteln.

*Übk Art 6. Zur Beantwortung von Auskunftsersuchen zuständige Stellen.* ¹ Die Empfangsstelle, bei der ein Auskunftsersuchen eingegangen ist, kann das Ersuchen entweder selbst beantworten oder es an eine andere staatliche oder an eine öffentliche Stelle zur Beantwortung weiterleiten.

II Die Empfangsstelle kann das Ersuchen in geeigneten Fällen oder aus Gründen der Verwaltungsorganisation auch an eine private Stelle oder an eine geeignete rechtskundige Person zur Beantwortung weiterleiten.

III Ist bei Anwendung des vorstehenden Absatzes mit Kosten zu rechnen, so hat die Empfangsstelle vor der Weiterleitung des Ersuchens der Behörde, von der das Ersuchen ausgeht, die private Stelle oder die rechtskundige Person anzuzeigen, an die das Ersuchen weitergeleitet werden soll; in diesem Falle gibt die Empfangsstelle der Behörde möglichst genau die Höhe der voraussichtlichen Kosten an und ersucht um ihre Zustimmung.

*Übk Art 7. Inhalt der Antwort.* ¹Zweck der Antwort ist es, das Gericht, von dem das Ersuchen ausgeht, in objektiver und unparteiischer Weise über das Recht des ersuchten Staates zu unterrichten. ²Die Antwort hat, je nach den Umständen des Falles, in der Mitteilung des Wortlauts der einschlägigen Gesetze und Verordnungen sowie in der Mitteilung von einschlägigen Gerichtsentscheidungen zu bestehen. ³Ihr sind, soweit dies zur gehörigen Unterrichtung des ersuchenden Gerichts für erforderlich gehalten wird, ergänzende Unterlagen wie Auszüge aus dem Schrifttum und aus den Gesetzesmaterialien anzuschließen. ⁴Erforderlichenfalls können der Antwort erläuternde Bemerkungen beigefügt werden.

*Übk Art 8. Wirkungen der Antwort.* Die in der Antwort enthaltenen Auskünfte binden das Gericht, von dem das Ersuchen ausgeht, nicht.

*Übk Art 9. Übermittlung der Antwort.* Die Antwort ist von der Empfangsstelle, wenn die Übermittlungsstelle das Ersuchen übermittelt hat, dieser Stelle oder, wenn sich das Gericht unmittelbar an die Empfangsstelle gewandt hat, dem Gericht zu übermitteln.

*Übk Art 10. Pflicht zur Beantwortung.* ¹ Vorbehaltlich des Artikels 11 ist die Empfangsstelle, bei der ein Auskunftsersuchen eingegangen ist, verpflichtet, zu dem Ersuchen das Weitere gemäß Artikel 6 zu veranlassen.

II Beantwortet die Empfangsstelle das Ersuchen nicht selbst, so hat sie vor allem darüber zu wachen, daß es unter Beachtung des Artikels 12 erledigt wird.

*Übk Art 11. Ausnahmen von der Pflicht zur Beantwortung.* Der ersuchte Staat kann es ablehnen, zu einem Auskunftsersuchen das Weitere zu veranlassen, wenn durch die Rechtssache, für die das Ersuchen gestellt worden ist, seine Interessen berührt werden oder wenn er die Beantwortung für geeignet hält, seine Hoheitsrechte oder seine Sicherheit zu gefährden.

*Übk Art 12. Frist für die Beantwortung.* ¹Ein Auskunftsersuchen ist so schnell wie möglich zu beantworten. ²Nimmt die Beantwortung längere Zeit in Anspruch, so hat die Empfangsstelle die ausländische Behörde, die sich an sie gewandt hat, entsprechend zu unterrichten und dabei nach Möglichkeit den Zeitpunkt anzugeben, zu dem die Antwort voraussichtlich übermittelt werden kann.

*Übk Art 13. Ergänzende Angaben.* ¹ Die Empfangsstelle sowie die gemäß Artikel 6 mit der Beantwortung beauftragte Stelle oder Person können von der Behörde, von der das Ersuchen ausgeht, die ergänzenden Angaben verlangen, die sie für die Beantwortung für erforderlich halten.

1. Titel. Verfahren bis zum Urteil §293

<sup>II</sup> Das Ersuchen um ergänzende Angaben ist von der Empfangsstelle auf dem Wege zu übermitteln, den Artikel 9 für die Übermittlung der Antwort vorsieht.

*Übk Art 14. Sprachen.* <sup>I 1</sup>Das Auskunftsersuchen und seine Anlagen müssen in der Sprache oder in einer der Amtssprachen des ersuchten Staates abgefaßt oder von einer Übersetzung in diese Sprache begleitet sein. ²Die Antwort wird in der Sprache des ersuchten Staates abgefaßt.

<sup>II</sup> Zwei oder mehr Vertragsparteien können jedoch vereinbaren, untereinander von den Bestimmungen des vorstehenden Absatzes abzuweichen.

*Übk Art 15. Kosten.* <sup>I</sup> Mit Ausnahme der in Artikel 6 Abs. 3 angeführten Kosten, die der ersuchende Staat zu zahlen hat, dürfen für die Antwort Gebühren oder Auslagen irgendwelcher Art nicht erhoben werden.

<sup>II</sup> Zwei oder mehr Vertragsparteien können jedoch vereinbaren, untereinander von den Bestimmungen des vorstehenden Absatzes abzuweichen.

*Übk Art 16. Bundesstaaten.* In Bundesstaaten können die Aufgaben der Empfangsstelle, mit Ausnahme der in Artikel 2 Abs. 1 Buchstabe a vorgesehenen, aus Gründen des Verfassungsrechts anderen staatlichen Stellen übertragen werden.

*Übk Art 17. Inkrafttreten des Übereinkommens.* <sup>I 1</sup>Dieses Übereinkommen liegt für die Mitgliedstaaten des Europarats zur Unterzeichnung auf. ²Es bedarf der Ratifikation oder der Annahme. ³ Die Ratifikations- oder Annahmeurkunden werden beim Generalsekretär des Europarats hinterlegt.

<sup>II</sup> Dieses Übereinkommen tritt drei Monate nach Hinterlegung der dritten Ratifikations- oder Annahmeurkunde in Kraft.

<sup>III</sup> Es tritt für jeden Unterzeichnerstaat, der es später ratifiziert oder annimmt, drei Monate nach der Hinterlegung seiner Ratifikations- oder Annahmeurkunde in Kraft.

*Übk Art 18.* (nicht abgedruckt).

*Übk Art 19. Örtlicher Geltungsbereich des Übereinkommens.* <sup>I</sup> Jede Vertragspartei kann bei der Unterzeichnung oder bei der Hinterlegung ihrer Ratifikations-, Annahme- oder Beitrittsurkunde das Hoheitsgebiet oder die Hoheitsgebiete bezeichnen, für das oder für die dieses Übereinkommen gelten soll.

<sup>II</sup> Jede Vertragspartei kann bei der Hinterlegung ihrer Ratifikations-, Annahme- oder Beitrittsurkunde oder jederzeit danach durch eine an den Generalsekretär des Europarats gerichtete Erklärung dieses Übereinkommen auf jedes weitere in der Erklärung bezeichnete Hoheitsgebiet erstrecken, dessen internationale Beziehungen sie wahrnimmt oder für das sie berechtigt ist, Vereinbarungen zu treffen.

<sup>III</sup> Jede nach dem vorstehenden Absatz abgegebene Erklärung kann für jedes darin bezeichnete Hoheitsgebiet gemäß Artikel 20 zurückgenommen werden.

*Übk Artt 20, 21.* (nicht abgedruckt).

**Ausführungsgesetz:** 15

I. Ausgehende Ersuchen

*AusfG § 1.* <sup>1</sup>Hat ein Gericht in einem anhängigen Verfahren ausländisches Recht einer der Vertragsparteien anzuwenden, so kann es eine Auskunft nach den Vorschriften des Übereinkommens einholen. ²Das Gericht kann die Abfassung des Ersuchens den Parteien oder Beteiligten überlassen; in diesem Fall ist dem Auskunftsersuchen des Gerichts die gerichtliche Genehmigung des Ersuchens beizufügen. ³Das Auskunftsersuchen ist von dem Gericht der Übermittlungsstelle vorzulegen.

*AusfG § 2.* <sup>1</sup>Eine Mitteilung des anderen Vertragsstaats, daß für die Erledigung des Ersuchens mit Kosten zu rechnen ist (Artikel 6 Abs. 3 des Übereinkommens), leitet die Übermittlungsstelle dem ersuchenden Gericht zu. ²Das Gericht teilt der Übermittlungsstelle mit, ob das Ersuchen aufrechterhalten wird.

*AusfG § 3.* <sup>1</sup>Werden für die Erledigung eines Auskunftsersuchens von einem anderen Vertragsstaat Kosten erhoben, sind die Kosten nach Eingang der Antwort von der Übermittlungsstelle dem anderen Vertragsstaat zu erstatten. ²Das ersuchende Gericht übermittelt den Kostenbetrag der Übermittlungsstelle.

*AusfG § 4.* Die Vernehmung einer Person, die ein Auskunftsersuchen in einem anderen Vertragsstaat bearbeitet hat, ist zum Zwecke der Erläuterung oder Ergänzung der Antwort unzulässig.

II. Eingehende Ersuchen

*AusfG § 5.* <sup>1</sup>Bezieht sich ein Auskunftsersuchen auf Landesrecht, leitet es die Empfangsstelle an die von der Regierung des Landes bestimmte Stelle zur Beantwortung weiter. ²Bezieht sich ein Auskunftsersuchen auf Bundesrecht und auf Landesrecht, soll es die Empfangsstelle an die von der Regierung des Landes bestimmte Stelle zur einheitlichen Beantwortung weiterleiten. ³Gilt Landesrecht in mehreren Ländern gleichlautend, so kann die Beantwortung der Stelle eines der Länder übertragen werden.

*AusfG § 6.* <sup>I 1</sup>Die Empfangsstelle kann ein Auskunftsersuchen an einen bei einem deutschen Gericht zugelassenen Rechtsanwalt, einen Notar, einen beamteten Professor der Rechte oder einen Richter mit deren Zustimmung zur schriftlichen Beantwortung weiterleiten (Artikel 6 Abs. 2 des Übereinkommens). ²Einem Richter darf die Beantwortung des Auskunftsersuchens nur übertragen werden, wenn auch seine oberste Dienstbehörde zustimmt.

II ¹Auf das Verhältnis der nach Absatz 1 bestellten Person zur Empfangsstelle finden die Vorschriften der §§ 407, 407a, 408, 409, 411 Abs. 1, 2 und des § 412 Abs. 1 der Zivilprozeßordnung entsprechende Anwendung. ²Die nach Absatz 1 bestellte Person ist wie ein Sachverständiger nach dem Gesetz über die Entschädigung von Zeugen und Sachverständigen zu entschädigen. ³In den Fällen der §§ 409, 411 Abs. 2 der Zivilprozeßordnung und des § 16 des Gesetzes über die Entschädigung von Zeugen und Sachverständigen ist das Amtsgericht am Sitz der Empfangsstelle zuständig.

*AusfG § 7.* ¹Wird die Auskunft von einer privaten Stelle oder rechtskundigen Person erteilt (Artikel 6 Abs. 2 des Übereinkommens, § 6), obliegt die Entschädigung dieser Stelle oder Person der Empfangsstelle. ²Die Empfangsstelle nimmt die Zahlungen des ersuchenden Staates entgegen. ³Die Kostenrechnung ist der Empfangsstelle mit der Auskunft zu übersenden.

*AusfG § 8.* ¹Leitet die Empfangsstelle ein Ersuchen an eine von der Landesregierung bestimmte Stelle weiter, so nimmt diese die Aufgaben und Befugnisse der Empfangsstelle nach den §§ 6, 7 Satz 1, 3 wahr. ²In den Fällen des § 6 Abs. 2 Satz 3 ist das Amtsgericht am Sitz der von der Landesregierung bestimmten Stelle zuständig. ³Die von der Landesregierung bestimmte Stelle übermittelt die Antwort der Empfangsstelle. ⁴Hatte die von der Landesregierung bestimmte Stelle die Beantwortung übertragen (Artikel 6 des Übereinkommens, § 6), übermittelt die Empfangsstelle die Zahlungen des ersuchenden Staates dieser Stelle.

### II. Sonstige Bestimmungen

*AusfG § 9.* ¹ Die Aufgaben der Empfangsstelle im Sinne des Artikels 2 Abs. 1 des Übereinkommens nimmt der Bundesminister der Justiz wahr.

II ¹Die Aufgaben der Übermittlungsstelle im Sinne des Artikels 2 Abs. 2 des Übereinkommens nimmt für Ersuchen, die vom Bundesverfassungsgericht oder von Bundesgerichten ausgehen, der Bundesminister der Justiz wahr. ²Im übrigen nehmen die von den Landesregierungen bestimmten Stellen diese Aufgaben wahr. ³In jedem Land kann nur eine Übermittlungsstelle eingerichtet werden.

III ¹Der Bundesminister der Justiz wird ermächtigt, durch Rechtsverordnung, die der Zustimmung des Bundesrates bedarf, eine andere Empfangsstelle zu bestimmen, wenn dies aus Gründen der Verwaltungsvereinfachung oder zur leichteren Ausführung des Übereinkommens notwendig erscheint. ²Er wird ferner ermächtigt, durch Rechtsverordnung, die nicht der Zustimmung des Bundesrates bedarf, aus den in Satz 1 genannten Gründen eine andere Übermittlungsstelle für Ersuchen zu bestimmen, die vom Bundesverfassungsgericht oder von Bundesgerichten ausgehen.

*AusfG § 10.* Dieses Gesetz gilt nach Maßgabe des § 13 Abs. 1 des Dritten Überleitungsgesetzes vom 4. Januar 1952 (Bundesgesetzbl. I S. 1) auch im Land Berlin.

*AusfG § 11.* I Dieses Gesetz tritt gleichzeitig mit dem Europäischen Übereinkommen vom 7. Juni 1968 betreffend Auskünfte über ausländisches Recht in Kraft.

II Der Tag, an dem dieses Gesetz in Kraft tritt, ist im Bundesgesetzblatt bekanntzugeben.

16  Das Übereinkommen *gilt auch für* Belgien, Dänemark, Frankreich einschließlich seiner Übersee-Departments u -territorien, Island, Italien, Liechtenstein, Malta, Norwegen, Österreich, Schweden, Schweiz, Spanien, Vereinigtes Königreich, Zypern, Jersey, Bek v 4. 3. 75, BGBl II 300, Türkei, Costa Rica, Bek v 8. 6. 76, BGBl II 1016, Niederlande, Bek v 1. 1. 77, BGBl II 80, Griechenland, Bek v 21. 4. 78, BGBl II 788, Luxemburg, Portugal, Bek v 12. 10. 78, BGBl II 1295, Aruba, Bek v 26. 6. 87, BGBl II 385, Ungarn, Bek v 10. 1. 90, BGBl II 67, Finnland, Bulgarien, Sowjetunion, Bek v 20. 3. 91, BGBl II 647, Polen, Bek v 12. 3. 93, BGBl II 791, Estland, Weißrußland, Bek v 11. 3. 98, BGBl II 681, Slowenien, Bek v 22. 5. 98, BGBl II 1174.

17  Vgl ferner das *Zusatzprotokoll* v 15. 3. 78, BGBl 87 II 60, dazu G v 21. 1. 87, BGBl II 58. Es gilt für die BRep, Belgien, Dänemark, Frankreich, Italien, Luxemburg, Niederlande, Norwegen, Österreich, Portugal, Schweden, Schweiz, Spanien, Vereinigtes Königreich, Zypern, Bek v 11. 9. 87, BGBl II 593, Griechenland, Bek v 10. 12. 87, BGBl 88 II 6, Malta, Bek v 30. 5. 89, BGBl II 524, Island, Ungarn, Bek v 10. 1. 90, BGBl II 67, Finnland, Bulgarien, Bek v 20. 3. 91, BGBl II 647, Rumänien, Bek v 14. 5. 92, BGBl II 413, Polen, Bek v 12. 3. 93, BGBl II 791, Ukraine, Bek v 13. 7. 94, BGBl II 1260, Slowakei, Bek v 11. 3. 97, BGBl II 804, Litauen, Bek v 23. 4. 97, BGBl II 1083, Estland, Weißrußland, Bek v 11. 3. 98, BGBl II 682, Slowenien, Bek v 22. 5. 98, BGBl II 1174, Tschechische Republik, Bek v 14. 10. 98, BGBl II 2945, Belgien, Bek v 11. 12. 98, BGBl 99 II 15.
Zum Übk *Otto* Festschrift für *Firsching* (1985), *Wolf* NJW 75, 1583 ausf, *Wollny* DRiZ 84, 479. Vgl ferner die Auskunftsstellen für Notare lt Liste in DNotZ 79, 130.

18  **F. Zweiseitige Auskunftsverträge.** Vgl Art 18–26 des deutsch-marokkanischen Vertrags v 29. 10. 85, BGBl 88 II 1055, in Kraft seit 23. 6. 94, Bek v 24. 6. 94, BGBl II 1192.

19  **5) Rechtsbehelfe, S 1, 2.** Die Anordnung zur Unterstützung des Gerichts, zB durch die Beibringung eines Rechtsgutachtens, ist nicht zusammen mit dem Endurteil anfechtbar, Ffm MDR **83**, 410. Beim Rpfl gilt § 11 II RPflG, § 104 Rn 69 ff. In der Berufungsinstanz kann die Klärung, ob deutsches oder ausländisches Recht anzuwenden ist, eher notwendig werden, BGH WestpMitt **80**, 1083, aM ZöGei 13. Die Ermessensausübung ist grundsätzlich in der Revisionsinstanz nur auf die Überschreitung der Grenzen des Ermessens

## 1. Titel. Verfahren bis zum Urteil  §§ 293, 294

nachprüfbar. Das Verfahren bei der Feststellung des ausländischen Rechts kann also nur im letzteren Sinn (und wegen des sonstigen Verfahrens) von der Revision gerügt werden, BGH NJW 94, 2960 und VersR 96, 515, BVerwG RR 90, 248. Allerdings darf es dabei nicht nur um die Nachprüfung des nicht revisiblen ausländischen Rechts gehen, BGH 118, 163 und NJW 88, 648. Die Klärung kann evtl offen bleiben, BGH NJW 91, 2214, aM BGH NJW 92, 3106; zum Problem Samtleben NJW 92, 3057.

**6) VwGO:** Entsprechend anzuwenden, § 173 VwGO, BVerwG NVwZ 85, 411 (auch zur Notwendigkeit der Gewährung rechtlichen Gehörs). Es steht im Ermessen des Tatrichters, wie er sich die Kenntnis des fremden Rechts verschafft, BVerwG bei Melullis MDR 94, 337, NVwZ-RR 90, 653 mwN. Ob eine Beweisaufnahme über den Normzweck der fremden Vorschrift erforderlich ist, hat er nach § 86 I VwGO zu beurteilen, BVerwG Buchholz 427.6 § 3 BFG Nr 12; zu den Voraussetzungen, unter denen ein Sachverständigengutachten eingeholt werden muß, vgl BVerwG Buchholz 310 § 98 Nr 41. **20**

**294** *Glaubhaftmachung.* ¹ Wer eine tatsächliche Behauptung glaubhaft zu machen hat, kann sich aller Beweismittel bedienen, auch zur Versicherung an Eides Statt zugelassen werden.
 ² Eine Beweisaufnahme, die nicht sofort erfolgen kann, ist unstatthaft.

**Schrifttum:** *Bender/Nack,* Vom Umgang der Juristen mit der Wahrscheinlichkeit, in: Festschrift für die *Deutsche Richterakademie* 1983; *Bender/Nack,* Tatsachenfeststellung vor Gericht, Bd I: Glaubwürdigkeits- und Beweislehre, 2. Aufl 1995; *Greger,* Beweis und Wahrscheinlichkeit, 1978; *Leipold,* Grundlagen des einstweiligen Rechtsschutzes, 1971; *Scherer,* Das Beweismaß bei der Glaubhaftmachung, 1996.
S ferner bei §§ 916, 920.

**Gliederung**

| | | | |
|---|---|---|---|
| 1) Systematik, I, II | 1–3 | A. Grundsatz: Druckmittel der Strafbarkeit falscher Versicherung | 7 |
| A. Begriff | 1 | B. Einzelfragen | 8 |
| B. Zulässigkeit | 2 | 6) Sofortige Beweisaufnahme, II | 9–11 |
| C. Notwendigkeit | 3 | A. Notwendigkeit | 9, 10 |
| 2) Regelungszweck, I, II | 4 | B. Verstoß | 11 |
| 3) Geltungsbereich, S 1, 2 | 5 | 7) VwGO | 12 |
| 4) Zulässige Beweismittel, I | 6 | | |
| 5) Versicherung an Eides Statt, I | 7, 8 | | |

**1) Systematik, I, II.** Glaubhaftmachung hat enorme praktische Bedeutung. **1**
 **A. Begriff.** „Ich weiß aber, daß die Reden, die sich nur auf die Wahrscheinlichkeit stützen, Geschwätz sind und ... einen gar leicht täuschen", Simmias, in: Platon, Phaidon, 41. – Glaubhaftmachung ist ein geringerer Grad der Beweisführung, Einf 8 vor § 284, vgl BGH VersR 73, 187, BFH BB 78, 245. Beweis ist eine an Sicherheit grenzende Wahrscheinlichkeit, § 286 Rn 16. Glaubhaftmachung ist weniger, nämlich nur eine *überwiegende Wahrscheinlichkeit,* BVerfG 38, 39 (OWiG, StPO), BGH NJW 98, 1870 und VersR 98, 1302, BPatG GRUR 78, 359, BayObLG DNotZ 93, 599.
 **B. Zulässigkeit.** Die Glaubhaftmachung ist grundsätzlich nur in den vom Gesetz ausdrücklich genannten **2** Fällen erlaubt bzw ausreichend.
 *Beispiele:* §§ 1994 II BGB, 15 II FGG, §§ 44 II, 71 I 2, 104 II 1, 118 II 1, 224 II, 236 II 1, 251 a II 4, 296 IV, 299 II, 367 I, 386 I, II, 406 I, II, III, 424 Z 5, 430, 435 S 1, 441 IV, 487 Z 4, 493 II, 494 I, 511 a II, 528 I 2, 529 III, 589 II, 605 II, 714 II, 719 I 2, II 2, 769 I 2, 805 IV 1, 807 I 1, 815 II 1, 903, 914 I, 920 II, 980, 986 I–III, 996 II, 1007 Z 2, 1010 II.
 Eine Glaubhaftmachung ist meist bei reinen *Prozeßfragen* oder dann zulässig, wenn eine mündliche Verhandlung nicht notwendig ist. Eine entsprechende Anwendung auf andere Fälle ist nur ganz vereinzelt zulässig. Denn § 294 ist als Ausnahme von der Regel des Vollbeweises, § 286, eng auszulegen. Die entsprechende Anwendung ist regelmäßig nur dann möglich, wenn eine mündliche Verhandlung entbehrlich ist, vgl BGH VersR 73, 187. § 294 gilt für beide Parteien. Er ist auch dann anwendbar, wenn das sachliche Recht eine Glaubhaftmachung verlangt.
 **C. Notwendigkeit.** Soweit die Glaubhaftmachung für die eine Partei ausreicht, reicht sie auch gegenüber **3** dem gegnerischen Bestreiten, Köln KTS 88, 554. Freilich kann dann auch die andere Partei für ihre Gegenbehauptungen eine bloße Glaubhaftmachung vornehmen, BGH MDR 83, 749. Wenn sich ein Beweis erübrigt, ist auch keine Glaubhaftmachung notwendig. Dies gilt beim gerichtlichen Geständnis, § 288, beim unterstellten Geständnis, § 138 III, bei Offenkundigkeit, § 291, bei einer Rechtsvermutung, § 292. Der Richter braucht seine pflichtgemäße Überzeugung, daß die Tatsache glaubhaft sei, nicht zu begründen, § 286 I 2 ist insofern nicht anwendbar, empfiehlt sich aber im Hinblick auf ein Rechtsmittel. In der Revisionsinstanz ist das tatsächliche Vorbringen nicht nachprüfbar, daher sind auch die Mittel zu seiner Glaubhaftmachung nicht überprüfbar. Da voller Beweis ein Mehr ist, genügt er in allen Fällen der Glaubhaftmachung, soweit auch er erhoben ist, II.
 **2) Regelungszweck, I, II.** Sinn der Vorschrift ist eine im Interesse der Prozeßwirtschaftlichkeit, Grdz 14 **4** vor § 128, zeitliche Einschränkung, zugleich im Interesse der Gerechtigkeit, Einl III 9, aber eine im Umfang klare Ausweitung der prozessualen Möglichkeiten der Glaubhaftmachung.
 **3) Geltungsbereich, I, II.** Die Vorschrift gilt in allen Verfahrensarten nach der ZPO, auch im arbeits- **5** richtlichen Verfahren, § 46 II 1 ArbGG.

§ 294   2. Buch. 1. Abschnitt. Verfahren vor den LGen

**6**  **4) Zulässige Beweismittel, I.** Wer in den gesetzlich vorgesehenen Fällen eine tatsächliche Behauptung glaubhaft machen muß, darf sich aller Beweismittel der ZPO bedienen, auch der uneidlichen Parteivernehmung, §§ 445 ff. Die eidliche setzt voraus, daß sich das Gericht auf Grund der unbeeidigten Aussage einer Partei eine Überzeugung von der Wahrheit oder Unwahrheit der zu erweisenden Tatsachen noch nicht bilden konnte, § 452. Das Gericht kann auch außerhalb der Formen der Beweismittel nach §§ 371 ff jede gemäß II sofort mögliche Art und Weise der Wahrscheinlichmachung berücksichtigen. Es kann zB das Wissen jeder Auskunftsperson ohne Rücksicht auf die Form der Bekundung würdigen, Mü Rpfleger **85**, 457. Eine schlichte Parteierklärung kann zur Glaubhaftmachung genügen, § 286 Rn 5, BVerfG NJW **97**, 1771, Köln FamRZ **83**, 711, LG Dortm Rpfleger **86**, 321. Daher kann ausnahmsweise (zur Regel § 420 Rn 2) auch zB eine unbeglaubigte Fotokopie genügen, BGH RR **87**, 900, BayObLG RR **92**, 1159. Andererseits mag bloßer Beweisantritt ungenügend sein, Köln FER **97**, 175.

**7**  **5) Versicherung an Eides Statt, I.** Die Praxis behandelt sie zu großzügig.

**A. Grundsatz: Druckmittel der Strafbarkeit falscher Versicherung.** Das Gericht kann auch die mit dem Druckmittel des § 156 StGB versehene eidesstattliche Versicherung der Behauptung gestatten, dh eine solche Versicherung entgegennehmen, soweit diese nicht gesetzlich ausdrücklich ausgeschlossen ist, zB in §§ 44 II 1, 406 III, 511a II. Sie ersetzt den bei der Parteivernehmung geleisteten Eid, ist aber ein ganz andersartiges Beweismittel. Die eidesstattliche Versicherung setzt eine Eidesfähigkeit voraus. Das Gericht kann sie den Parteien und Dritten über eigene und fremde Handlungen abnehmen. Es kann außerdem alle Mittel anwenden, die seiner Überzeugungsbildung dienen können, zB schriftliche Zeugenaussagen entgegennehmen und deren Echtheit frei prüfen. Bei der Würdigung eidesstattlicher Versicherungen ist in der Regel besondere Vorsicht geboten, BPatG GRUR **78**, 359, AG Brschw AnwBl **85**, 539, auch ein gesundes Mißtrauen, LAG Mü DB **78**, 260, zB bei der Erklärung eines Testkäufers, Ffm GRUR **84**, 304. Eine Telefax-Erklärung kann ausreichen, BayObLG (4. StS) JR **96**, 292 (krit Vormbaum/Zwiehoff).

**8**  **B. Einzelfragen.** Nicht jede einfache Erklärung des ProzBev reicht aus; freilich ist auch sie stets frei zu würdigen, BAG BB **86**, 1232, LAG Stgt MDR **78**, 789. Seine anwaltliche Versicherung kann eher ausreichen; auch sie ist frei zu würdigen, BGH VersR **74**, 1021, BayObLG WoM **94**, 297, Kblz Rpfleger **86**, 71. Die eidesstattliche Versicherung eines Anwalts ist allerdings keineswegs von vornherein mehr wert, BGH VersR **74**, 1021, LAG Düss DB **76**, 106, AG Brschw AnwBl **85**, 539. Auch sie muß sich gerade auf eine Tatsache beziehen und darf daher nicht nur zB auf das „Entstehen einer Gebühr" beschränkt sein, LG Köln AnwBl **82**, 84. Die eidesstattliche Versicherung einer *Partei* ist oft wertlos; sie wird nur zu oft leichtfertig abgegeben, sie ist meist nichts anderes als eine eindringliche Parteierklärung. Die bloße Bezugnahme der Partei auf einen gesonderten eigenen Antrag oder auf einen Anwaltsschriftsatz ohne eigene Tatsachenbehauptung in der eidesstattlichen Versicherung ist zurückhaltend zu bewerten, BGH NJW **88**, 2045 (er bezeichnet sie als eine „heute weit verbreitete Unsitte"), Ffm FamRZ **84**, 313. Es kommt darauf an, ob die Partei den Anwaltsschriftsatz als selbst gelesen oder wenigstens nicht nur sein Diktat, sondern auch die Fertigstellung, am besten bis zur Anwaltsunterschrift, als miterlebt bezeichnet. Dritte unterschreiben meist, was ihnen vorgelegt wird, BPatG GRUR **78**, 360. Eine eidesstattliche Versicherung des Gegners kann diejenige des Erklärenden entkräften, Mü FamRZ **76**, 696.

**9**  **6) Sofortige Beweisaufnahme, II.** Die Vorschrift wird nicht selten verkannt.

**A. Notwendigkeit.** Die Glaubhaftmachung verlangt insoweit, als das Gesetz sie fordert und nicht nur zuläßt, und soweit nicht ohnehin ein Termin anzuberaumen und vom Gericht zB gemäß § 273 vorzubereiten ist, einen solchen Beweis, den das Gericht sofort erheben kann. Ein bloßes Erbieten zur Glaubhaftmachung ist unbeachtlich. Die Partei muß jedes Beweismittel zum Gericht bringen. Eine Vertagung zur Beweisaufnahme ist unzulässig, BGH FamRZ **89**, 373. Das übersieht Ffm NJW **87**, 1411 und 1412, das eine erst noch, wenn auch kurzfristig, anzuberaumende Augenscheinseinnahme zuläßt (aber ein möglichst baldiger Termin ist ohnehin bei jeder Terminsart nach § 216 II geboten).

Daher müssen *Urkunden* vorliegen, auch eine eidesstattliche Versicherung des Gegners zur Entkräftung muß sofort vorliegen, Mü FamRZ **76**, 696, ein Antrag zB nach § 421 reicht also nicht aus. Die Bezugnahme auf eine vom Gericht erst noch einzuholende Auskunft reicht nicht aus, selbst wenn die Behörde sie der Partei nicht direkt erteilen würde. Die Vernehmung des Prozeßgegners ist zulässig, wenn er erscheint. Über die Echtheit einer Urkunde ist sofort frei zu entscheiden. Man darf im Termin beantragen, daß sofort erlangbare Akten beigezogen werden.

**10**  Dem Gericht ist aber *nicht* zuzumuten, sie erst auf anderen Geschäftsstellen oder im Archiv usw *heraussuchen* zu lassen, jedenfalls nicht, wenn der Verhandlungstermin im übrigen beendet werden könnte und sich sofort Verhandlungen in anderen Sachen anschließen sollen. Amtliche Auskünfte müssen vorliegen. Beweispersonen hat der Beweisführer regelmäßig zu stellen, zu „sistieren", Ffm MDR **84**, 1034. Hat er sie nur in einem vorbereitenden Schriftsatz bezogen, so darf, nicht muß, der Richter sie auch laden, §§ 118 II 3, 273. Die Partei kann sich nicht auf eine derartige Ladung verlassen und braucht davon nicht, nur dann informiert zu werden, wenn dies ohne jede zeitliche oder sonstige Schwierigkeit möglich ist. Ein Beweisbeschluß und eine Protokollierung der Beweisaufnahme sind wie sonst nötig.

**11**  **B. Verstoß.** Es ist an sich unheilbar, soweit keine Parteiherrschaft besteht, Grdz 18, 19 vor § 128, BGH FamRZ **89**, 373; jedoch ist ein verfahrensfehlerhaft bis zum Verhandlungsschluß zur Akte gelangte Glaubhaftmachungsmittel mitverwertbar, BGH FamRZ **89**, 373.

**12**  **7) *VwGO:*** *Entsprechend anzuwenden,* § 173 *VwGO,* BVerwG NJW **96**, 409, NVwZ **89**, 1058, Buchholz 303 § 227 Nr 13, VGH Mü MDR **75**, 873, *weil auch der VerwProzeß die Glaubhaftmachung kennt, zB bei der Ablehnung von Gerichtspersonen, bei der Wiedereinsetzung in den vorigen Stand (vgl RedOe § 60 Anm 12) und bei einstweiligen Anordnungen, vgl Finkelnburg/Jank Rn 338 ff.*

## § 295

**295** *Verfahrensrügen.* ¹ Die Verletzung einer das Verfahren und insbesondere die Form einer Prozeßhandlung betreffenden Vorschrift kann nicht mehr gerügt werden, wenn die Partei auf die Befolgung der Vorschrift verzichtet, oder wenn sie bei der nächsten mündlichen Verhandlung, die auf Grund des betreffenden Verfahrens stattgefunden hat oder in der darauf Bezug genommen ist, den Mangel nicht gerügt hat, obgleich sie erschienen und ihr der Mangel bekannt war oder bekannt sein mußte.

II Die vorstehende Bestimmung ist nicht anzuwenden, wenn Vorschriften verletzt sind, auf deren Befolgung eine Partei wirksam nicht verzichten kann.

**Schrifttum:** *Ahrendt*, Der Zuständigkeitsstreit im Schiedsverfahren, 1996 (rechtsvergleichend betr §§ 1025 ff); *Fenger*, Die Genehmigung unwirksamer Prozeßhandlungen, Diss Mü 1986.

S ferner Grdz 45 vor § 128.

### Gliederung

| | | | |
|---|---|---|---|
| 1) Systematik, I, II | 1 | C. Verlust durch Rügeunterlassung | 10 |
| 2) Regelungszweck, I, II | 2 | D. Voraussetzungen einer Rügeunterlassung | 11–15 |
| 3) Geltungsbereich, I, II | 3 | 6) **Unheilbarer Mangel, II** | 16 |
| 4) Heilungsarten, I, II | 4–6 | 7) Beispiele zur Frage der Heilbarkeit oder Unheilbarkeit, I, II | 17–62 |
| 5) Heilbarer Mangel, I | 7–15 | | |
| A. Grundsatz: Rügemöglichkeit bis zur Verhandlung | 7, 8 | 8) *VwGO* | 63 |
| B. Verzichtserklärung | 9 | | |

**1) Systematik, I, II.** Die Vorschrift stellt in I nur scheinbar eine Ausnahme vom Grundsatz dar, daß ein **1** Verfahrensverstoß auch bis zum Schluß der letzten mündlichen Verhandlung, §§ 136 IV, 296 a, gerügt werden kann und ohnehin von Amts wegen zu beachten ist. In Wahrheit ist I ein neben II gleichrangiger weiterer Grundsatz. §§ 276 I, 277 I gehen vor, dort Rn 4.

**2) Regelungszweck, I, II.** I dient der Parteiherrschaft, Grdz 18, 19 vor § 128, und auch der Erkenntnis, **2** daß die Rechtsidee eben aus drei Komponenten besteht, von denen Gerechtigkeit nur die eine ist, wenn auch die wichtigste, § 296 Rn 2. II dient vor allem der Rechtsstaatlichkeit, Einl III 15, auch Rechtssicherheit, Einl III 43. Diese unterschiedlichen Zielsetzungen sind bei der Auslegung mitzubeachten.

**3) Geltungsbereich, I, II.** § 295 betrifft nur ein Verfahren mit einer notwendigen oder freigestellten **3** mündlichen Verhandlung, nicht zB das Mahnverfahren, §§ 688 ff. Er bezieht sich auf mangelhafte Prozeßhandlungen im weitesten Sinne, Grdz 46 vor § 128, und zwar auf solche der Parteien, des Gerichts, mitwirkender Amtspersonen, etwa der Zustellungs- und Vollstreckungsbeamten. Wenn solche Prozeßhandlungen gegen zwingende öffentlichrechtliche Vorschriften verstoßen, können sie dann, wenn sie eine Entscheidung darstellen, bedingt wirksam, Einl III 30, sonst ganz unwirksam. Sie sind aber schon zur Vermeidung des Selbstzwecks von Verfahrensregeln, Einl III 9, 10, evtl der Heilung fähig, wenn der Mangel ihre Form oder das Verfahren im Gegensatz zum Inhalt der Prozeßhandlung betrifft, den error in procedendo im Gegensatz zum error in iudicando. Vollkommer (vor Rn 1) 401 stellt bei einem Formmangel für die Heilbarkeit auf die Zweckerreichbarkeit ab, aM ThP 8.

Danach ist § 295 *nicht* auf solche Mängel anwendbar, die die Beschaffenheit des Prozeßstoffes betreffen, also den Inhalt der Parteierklärungen oder die Begründung der Ansprüche. Unanwendbar ist die Vorschrift auch auf die Beurteilung des Prozeßstoffs durch das Gericht, zB auf die Verwertung einer nicht protokollierten Aussage nach einem Richterwechsel, BGH **LM** Nr 1. Die Rechtskraft schließt eine Mängelrüge aus; es bleibt lediglich die Möglichkeit einer Nichtigkeitsklage nach § 579; auch die von dieser betroffenen Mängel heilen aber mit dem Ablauf der Frist des § 586. Jedenfalls außerhalb des „streitigen" Verfahrens ist § 295 im Bereich des FGG nur bedingt anwendbar, BayObLG FamRZ **88**, 873, und erst recht nicht anwendbar im Verwaltungsverfahren, BSG MDR **92**, 1067.

**4) Heilungsarten, I, II.** Mangelhafte Prozeßhandlungen heilen: rückwirkend durch Genehmigung, **4** wenn sie zulässig ist, dh wenn die handelnde Partei parteiunfähig, § 50, prozeßunfähig, § 51, mangelhaft vertreten war, § 78 Rn 32, Hager NJW **92**, 353; für die Zukunft durch die erneute Vornahme einer wirksamen Prozeßhandlung, BPatG GRUR **82**, 365; durch den Verzicht des Rügeberechtigten; durch die Unterlassung einer Rüge, BVerwG NJW **89**, 601, Nürnb OLGZ **87**, 485. § 295 behandelt nur die beiden letzten Fälle. Beide Arten von Mängeln heilen für alle Instanzen, §§ 531, 558. Sachlichrechtlich können sich aus der Heilung für die Verjährung und andere Fristen Wirkungen ergeben.

Wird das objektiv völlige Fehlen einer Klagezustellung nicht gerügt, so tritt die *Rechtshängigkeit*, § 261, mit dem Zeitpunkt ein, in dem nicht mehr gerügt werden kann, also grundsätzlich nicht rückwirkend, BGH NJW **84**, 926. Jedoch wahrt man dadurch rückwirkend die Frist entsprechend § 270 II, wenn das noch einer demnächstigen Zustellung entspricht; ebenso kann sich eine Unterbrechung bei der Erhebung eines neuen Anspruchs mit der Einreichung des Schriftsatzes ergeben, wenn rügelos verhandelt wird, obwohl der Schriftsatz noch nicht gemäß § 270 III zugestellt ist.

Ist eine Klagezustellung zwar, aber eben fehlerhaft, vorgenommen worden, dann kann durch das rügelose **5** Verhandeln eine *Rückwirkung* der Heilung auf den Zustellungspunkt eintreten, BGH NJW **84**, 926. Freilich gilt das nicht, wenn zwingende Vorschriften umgangen würden, etwa eine Klageausschlußfrist oder § 1589 II BGB, BGH NJW **84**, 926. Auch sonst hat eine Heilung keine rückwirkende Kraft, zB dann nicht, wenn der Klageschrift ein wesentliches Erfordernis fehlt, etwa die Unterschrift, §§ 130 Z 6, 253 IV, Tempel NJW **83**, 556; die Heilung tritt dann erst im Zeitpunkt der Behebung des Mangels oder der rügelosen Verhandlung ein, BGH **LM** § 253 Nr 16, 47, aM BAG NJW **86**, 3224.

**6** Die etwaige Heilbarkeit berechtigt das Gericht keineswegs dazu, einen schon vorher erkannten *Mangel* zu übersehen oder zu übergehen und einfach abzuwarten, ob er gerügt wird. Keine Partei kann das Gericht zu einer solchen Mißachtung der Verfahrensvorschriften zwingen, schon gar nicht mit dem Mittel eines Ablehnungsgesuchs oder einer Dienstaufsichtsbeschwerde, mag sie nach § 567 I Hs 2 vorgehen.

**7** **5) Heilbarer Mangel, I.** Er beherrscht die Praxis.

**A. Grundsatz: Rügemöglichkeit bis zur Verhandlung.** Mangelhafte Prozeßhandlungen des Gerichts dürfen beide Parteien rügen, solche einer Partei nur der Gegner. Die Partei muß bei der nächsten mündlichen Verhandlung, evtl schon vorher, Rn 1, rügen, die auf Grund des mangelhaften Verfahrens stattfindet, wenn auch vor einem unzuständigen Gericht, oder die auf die Erörterung des mangelhaften Verfahrens Bezug nimmt. Das Verfahren vor dem Kollegium und vor dem Einzelrichter, § 348, ist einheitlich. Beim verordneten Richter, §§ 361, 362, ist eine Rüge entbehrlich; es genügt eine Rüge bei der nächsten mündlichen Verhandlung vor dem erkennenden Gericht. Der Termin muß der Verhandlung der Sache dienen, die der Mangel betrifft; eine bloße Vertagung begründet keinen Verlust. Ein erst aus dem Urteil erkennbarer Verfahrensfehler heilt in dieser Instanz nicht, Schlesw MDR **99**, 761.

**8** *Verhandlung ist* auch eine solche im Anschluß an die Beweisaufnahme, §§ 285 I, 370 I, es ist also nicht ein neuer Termin notwendig, BVerwG NJW **77**, 314, Karlsr VersR **89**, 810. Die Verhandlung braucht keine solche zur Hauptsache zu sein, § 137 Rn 7. Mängel der Beweisaufnahme vor dem Prozeßgericht sind in der anschließenden Verhandlung zu rügen, nicht erst im nächsten Termin, § 367 Rn 4. Die Partei muß im Termin erschienen sein und verhandelt haben; die Rüge in einem vorbereitenden Schriftsatz genügt nicht, Köln MDR **70**, 596. Ein Erscheinen und Verhandeln des Gegners ist unnötig, vgl aber § 342. Im schriftlichen Verfahren, § 128 II, III, ist die Rüge im nächsten Schriftsatz geboten, Bischof NJW **85**, 1144, aM ThP 6, StJL 31 (sie sei bis zur nächsten Entscheidung erlaubt), ZöGre 2 (wenn sie bei Einverständnis mit einer Entscheidung – gemeint wohl: der nächsten – im schriftlichen Verfahren erlaubt). Im Aktenlageverfahren, § 251 a, erfolgt die Rüge nur in einer mündlichen Verhandlung, weil das Verfahren nicht dauernd und nicht freiwillig schriftlich ist.

**9** **B. Verzichtserklärung.** Das Rügerecht geht durch den Verzicht auf eine Befolgung der Vorschrift verloren. Der Verzicht hat mit demjenigen auf den Anspruch, § 306, nichts gemeinsam. Er entspricht dem Verzicht des § 296 III. Er ist eine einseitige Erklärung derjenigen Partei, die durch den Mangel benachteiligt wäre; ein Verzicht ihres Prozeßgegners ist nicht erforderlich und nicht ausreichend. Die Verzichtserklärung ergeht als eine Parteiprozeßhandlung, Grdz 47 vor § 128, gegenüber dem Gericht. Soweit das Verfahren eine mündliche Verhandlung verlangt, muß der Verzicht in dieser erklärt werden, Mü VersR **74**, 675, aM StJL 21. Dies kann formlos, ausdrücklich oder stillschweigend geschehen, BVerwG NJW **89**, 601. Wenn nicht ein vorheriger Verzicht, eine „Einwilligung", ausdrücklich zugelassen ist, wie bei § 263, dann kann der Verzicht nur nachträglich, also im Anschluß an den Verfahrensverstoß, erklärt werden. Jedoch kann auf das Rügerecht zurückgegriffen werden, wenn die Parteien selbst einen dahingehenden Antrag gestellt haben. Der Verzicht ist unwiderruflich, Grdz 58 vor § 128.

**10** **C. Verlust durch Rügeunterlassung.** Das Rügerecht geht ferner durch das Unterlassen der Rüge verloren, und zwar endgültig, Karlsr OLGZ **85**, 495 (zu § 93), von jetzt an, nicht stets rückwirkend, Jena FamRZ **98**, 1447 (Rechtshängigkeit). Dies ist nicht ein vermuteter Verzicht, sondern ein selbständiger Heilungsgrund. Er erfordert darum keinen Verzichtswillen. Der Verzichtende muß aber den Mangel kennen oder schuldhaft nicht kennen (kennen müssen), BVerwG NJW **89**, 601. Ob das zutrifft, braucht des Gericht in Ausübung seiner Fragepflicht, §§ 139, 278 III, nur dann festzustellen, wenn die Partei ohne einen entsprechenden Hinweis auf das Rügerecht von der Gerichtsentscheidung überrascht werden würde. Ein Anwalt braucht ihm übersandte Akten nicht außerhalb des bisherigen Einsichtszwecks auf etwaige Verfahrensfehler durchzuprüfen, BVerfG **18**, 150. Eine Unkenntnis gerichtsinterner Vorgänge schließt die Fahrlässigkeit im allgemeinen aus. Bei einer späteren Rüge muß die Partei Schuldlosigkeit an der Unkenntnis dartun. Rüge und Unterlassen können durch schlüssige Handlungen geschehen.

**11** **D. Voraussetzungen einer Rügeunterlassung.** Es müssen im einzelnen folgende Voraussetzungen zusammentreffen: Im Anschluß an den Verfahrensverstoß muß eine mündliche *Verhandlung* stattfinden, Schlesw MDR **99**, 761. Sie kann sich unmittelbar anschließen, zB an eine Beweisaufnahme, §§ 278 II 2, 285 I, 370 I. Eine Erörterung genügt nicht, Rn 12. Es genügt, daß ein Verfahrensbeteiligter bzw das Gericht in dieser nächsten Verhandlung oder Erörterung auf den fehlerhaften Verfahrensteil oder -akt auch nur stillschweigend Bezug nimmt.

**12** Der vom Verfahrensmangel Benachteiligte, sei er Partei, Streitgenosse, Streithelfer, gesetzlicher oder rechtsgeschäftlicher Vertreter, ProzBev oder Beistand, muß ferner gerade zu der nächsten Verhandlung, Rn 11, *erschienen* sein. Das Erscheinen auch des Prozeßgegners ist nicht erforderlich, vorbehaltlich § 342.

**13** Der vom Verfahrensmangel Benachteiligte, Rn 12, muß gerade in der nächsten Verhandlung, Rn 11, auch zur Sache *verhandeln*, § 137 Rn 7.

**14** Der Verhandelnde, Rn 13, darf den Mangel *nicht* weder ausdrücklich noch stillschweigend *gerügt* haben.

**15** Der nicht gerügte Mangel, Rn 14, muß beim Benachteiligten im Zeitpunkt des Beginns seiner Verhandlung, § 137 Rn 4, § 297, schon und noch *bekannt* sein oder sein können, vgl Pantle NJW **88**, 2028. Dabei gelten §§ 51 II, 85 II. Einfache Fahrlässigkeit ist bereits schädlich.

**16** **6) Unheilbarer Mangel, II.** Ein unheilbarer Mangel liegt vor, soweit die Partei nicht wirksam auf die Rüge verzichten kann, BGH NJW **90**, 3086. Es handelt sich hier um wesentliche Verstöße, die dem Beibringungsgrundsatz, Grdz 20 vor § 128, nicht unterliegen, die vielmehr gegen zwingende öffentlichrechtliche Vorschriften verstoßen, BGH **86**, 113, Hbg FamRZ **85**, 94, Schlesw FamRZ **88**, 737. Zu ihnen gehören Verstöße gegen die Grundlagen des Prozeßrechts, Köln OLGZ **85**, 320, vor allem gegen die von Amts wegen zu beachtenden Punkte, Grdz 39 vor § 128.

## 1. Titel. Verfahren bis zum Urteil § 295

**7) Beispiele zur Frage der Heilbarkeit oder Unheilbarkeit, I, II** 17
**Abänderungsklage:** Unheilbar ist ein Verstoß gegen § 323 III, Hbg FamRZ **85**, 94.
**Ablehnung eines Richters:** Unheilbar ist ein Verstoß gegen die Regeln über die Ablehnung eines Richters, Üb 9 vor § 41.
**Anspruchshäufung:** Unheilbar ist die fälschliche Zulassung einer Anspruchshäufung, § 260.
**Antrag:** Heilbar ist eine versehentliche Nichtverlesung usw des Antrags, Ffm FamRZ **82**, 812, KG FamRZ 18 **79**, 140.
 Unheilbar sind das Hinausgehen über den Antrag, § 308 I, oder das Fehlen der nach § 253 II Z 2 nötigen Bestimmtheit des Antrags, BGH RR **94**, 1185.
**Anwaltszwang:** Unheilbar ist grds ein Verstoß gegen die Regeln zum Anwaltszwang; vgl freilich § 78 Rn 32–34.
**Arbeitnehmererfindung:** Rn 32 „Klageerhebung".
**Arbeitsgericht:** Rn 60 „Zuständigkeit".
**Aufnahme:** Rn 54 „Unterbrechung". 19
**Ausländer:** Rn 51 „Sicherheitsleistung".
**Aussageverweigerungsrecht:** Rn 60 „Zeugnisverweigerungsrecht".
**Ausschließliche Zuständigkeit:** Rn 60 „Zuständigkeit".
**Ausschluß eines Richters:** Unheilbar ist ein Verstoß gegen die Regeln über den Ausschluß eines Richters, Üb 9 vor § 41.
**Baulandprozeß:** Heilbar ist im Baulandprozeß die Bestellung eines nur vorbereitenden Einzelrichters, 20 BGH **86**, 113.
**Beeidigung:** Rn 24 „Eid".
**Beglaubigungsvermerk:** Rn 27 „Form".
**Beibringungsgrundsatz:** Heilbar ist ein Verstoß gegen den Beibringungsgrundsatz, Grdz 20 vor § 128, BGH VersR **77**, 1125.
**Belehrung:** Rn 60 „Zeugnisverweigerungsrecht". 21
**Besetzung (Zusammensetzung):** Rn 29 „Gerichtsbesetzung".
**Beweisantrag:** Heilbar ist das Fehlen eines Beweisantrags bei der Zeugenvernehmung, BAG BB **72**, 1455.
**Beweisaufnahme:** Rn 21 „Beweisantrag", Rn 22 „Beweisbeschluß", Rn 25 „Einzelrichter", Rn 41 „Par- 22 teiöffentlichkeit", Rn 47 „Referendar", Rn 53 „Unmittelbarkeit der Beweisaufnahme", Rn 57 „Verhandlung nach Beweisaufnahme".
**Beweisbeschluß:** Heilbar ist eine Beweisaufnahme ohne einen nach §§ 358, 358 a erforderlichen Beweisbeschluß.
**Beweissicherung:** Rn 51 „Selbständiges Beweisverfahren".
**Beweiswürdigung:** Unheilbar ist ein Verstoß gegen die Regeln zur Beweiswürdigung, § 286, BGH RR 23 **95**, 1328, Pantle NJW **91**, 1280.
**Dolmetscher:** Rn 24 „Eid".
**Ehesache:** Unheilbar ist die Nichtbeachtung der Besonderheiten des Eheverfahrens, zB zum Verbundver- 24 fahren, Düss FamRZ **88**, 965.
 S auch Rn 50 „Scheidungsantrag", Rn 58 „Vorwegentscheidung beim Scheidungsantrag".
**Eid:** Heilbar ist ein Mangel der Beeidigung, außer in einer Ehe- oder Kindschaftssache.
 Unheilbar ist wegen § 189 GVG die Nichtvereidigung des Dolmetschers, BGH NJW **94**, 942.
**Einlassungsfrist:** Rn 39 „Ordnungsvorschrift". 25
**Einzelrichter:** Unheilbar ist ein Verstoß gegen die Regeln über die Bestellung des streitentscheidenden Einzelrichters, da ein Verstoß gegen Art 101 I 2 GG vorliegt, BGH NJW **93**, 601, Jena MDR **99**, 501, Köln RR **95**, 512, aM Karlsr VersR **94**, 860, ZöGre § 348 Rn 6.
 S aber auch Rn 20 „Baulandprozeß", ferner Rn 29 „Gerichtsbesetzung", Rn 55 „Unterschrift", § 375 Rn 17.
**Feststellungsklage:** Unheilbar ist die fälschliche Annahme, es sei eine Feststellungsklage zulässig. 26
**Form:** Unheilbar ist die Nichtbeachtung einer solchen Formvorschrift, deren Einhaltung eine Entscheidung 27 überhaupt erst zur wirksamen Entstehung bringt bzw überhaupt erst einen Vollstreckungstitel schafft, etwa bei §§ 160 III Z 1, 7, 165, § 170 Rn 6, §§ 310, 317 (Beglaubigungsvermerk), BGH NJW **76**, 2263.
 S auch Rn 43 „Prozeßvergleich".
**Frist:** Heilbar ist das Fehlen einer Zustellung einer (gewöhnlichen) Klage auch dann, wenn von einer 28 ordnungsgemäßen Zustellung eine sachlichrechtliche Frist abhängt, Rn 3, Meurer-Teubner NJW **73**, 1734, aM Saarbr NJW **73**, 857. Heilbar ist ein Verstoß bei einer anderen Zustellung, soweit sie keine Notfrist in Lauf setzt, BGH NJW **82**, 1048, Nürnb OLGZ **87**, 485 (Mahnbescheid).
 S aber auch Rn 61 „Zustellung".
**Gehör:** Rn 44 „Rechtliches Gehör". 29
**Gerichtsaufbau:** Unheilbar ist die Nichtbeachtung des Aufbaus der Gerichte.
**Gerichtsbesetzung:** Unheilbar ist eine fehlerhafte Besetzung (Zusammensetzung) des Gerichts, BGH RR **98**, 699, BAG MDR **84**, 347, BPatG GRUR **79**, 402, BVerwG NJW **97**, 674.
 S auch Rn 25 „Einzelrichter", Rn 30 „Gesetzlicher Richter", Rn 48 „Richteramt".
**Gerichtsstand:** Rn 45 „Rechtsmißbrauch", Rn 60 „Zuständigkeit". 30
**Geschäftsverteilung:** Heilbar ist ein Verstoß gegen die Geschäftsverteilung, erst recht beim AG, § 22 d GVG.
**Gesetzlicher Richter:** Unheilbar ist ein über einen bloßen Verfahrensirrtum hinausgehender Verstoß gegen das Gebot des gesetzlichen Richters nach Art 101 I 2 GG, BGH NJW **93**, 601, Gaul JZ **84**, 564, aM Herr JZ **84**, 318.
 S auch Rn 29 „Gerichtsbesetzung".
**Gesetzliche Vertretung:** Unheilbar ist ein Verstoß gegen die Regeln zur gesetzlichen Vertretung, § 51. 31
**Gutachten:** Rn 9 „Sachverständiger".

**§ 295**

**Insolvenz:** Die fehlerhafte Zustellung einer gegen den Schuldner gerichteten Klage an den Verwalter kann dadurch geheilt werden, daß er den Prozeß aufnimmt und daß der Kläger klarstellt, daß die Klage gegen den Verwalter gerichtet sein soll, Nürnb OLGZ **94**, 456.

32 **Klagänderung:** Rn 39 „Ordnungsvorschrift".
**Klagbarkeit:** Unheilbar ist ein Verstoß gegen die Regeln zur Klagbarkeit, Grdz 25 ff vor § 253.
**Klageerhebung:** Heilbar ist eine Klageerhebung ohne ein vorausgegangenes Schiedsverfahren nach dem Gesetz über Arbeitnehmererfindungen.

33 **Klageerweiterung:** Rn 39 „Ordnungsvorschrift".
**Klagefrist:** Unheilbar ist die Nichtbeachtung einer Klagefrist. Das gilt zB: Für § 61 LandbeschG, BGH **LM** LandbeschG Nr 19; für § 4 KSchG, aM BAG NJW **86**, 3224; für Art 12 NTS-AG, BGH NJW **90**, 3086.
**Klagerücknahme:** Heilbar ist ein Verstoß gegen das Gebot der Kostenerstattung nach § 269 IV.

34 **Klageschrift:** Heilbar ist ein inhaltlicher (auch formeller) Mangel der Klageschrift, auch des Scheidungsantrags, Rostock FamRZ, **99**, 1076, solange kein Verstoß gegen den Bestimmtheitsgrundsatz vorliegt, BGH **65**, 346, und sogar im letzteren Fall, wenn in der Verhandlung außer Frage steht, was Streitgegenstand usw sein soll, BGH NJW **96**, 1351 (reichlich großzügig). Heilbar ist auch ein Verstoß gegen § 253 V, AG Weilburg RR **94**, 829.
S auch Rn 50 „Scheidungsantrag", Rn 55 „Unterschrift", Rn 61 „Zustellung"
**Klagezustellung:** Rn 31 „Insolvenz", Rn 61 „Zustellung".

35 **Ladung:** Heilbar ist ein Mangel bei der Ladung eines Zeugen, Karls VersR **89**, 810.
S auch Rn 39 „Ordnungsvorschrift".

36 **Mahnbescheid:** Heilbar ist das Fehlen seiner Zustellung, Nürnb OLGZ **87**, 485.
**Mündlichkeitsgrundsatz:** Heilbar ist ein Verstoß gegen den Mündlichkeitsgrundsatz.

37 **Notfrist:** Unheilbar ist die Nichtbeachtung einer Notfrist, BGH NJW **78**, 427, AG BergGladb NJW **77**, 2080, unklar BGH NJW **91**, 230.
S auch Rn 61 „Zustellung".

38 **Öffentlichkeit:** Unheilbar ist ein Verstoß gegen die Voll-Öffentlichkeit bzw -nichtöffentlichkeit (anders als gegen die bloße Parteiöffentlichkeit, zu ihr Rn 41), Köln OLGZ **85**, 320, StJL **6**, ThP 3, aM ZöGre 5 (wirksam sei der *nach* dem Verfahrensfehler erklärte Verzicht der Partei; aber sie kann gar nicht die im allgemeinen Interesse mühsam errungene Öffentlichkeit wirksam verzichten, Üb 2 vor § 169 GVG).

39 **Ordnungsvorschrift:** Heilbar ist ein Verstoß gegen eine bloße Ordnungsvorschrift, etwa über die Einlassungs- und Ladungsfrist, BVerwG NJW **89**, 601, oder über die Klage- und Widerklageerhebung (vgl freilich Rn 61 „Zustellung") oder über die Klagänderung, BGH KTS **86**, 666, oder Klageerweiterung.
**Örtliche Zuständigkeit:** Rn 60 „Zuständigkeit".

40 **Parteifähigkeit:** Unheilbar ist ein Verstoß gegen die Regeln zur Parteifähigkeit, § 50.
**Parteiherrschaft:** Unheilbar ist ein Verstoß im Verfahren außerhalb der Parteiherrschaft, vgl bei den einzelnen Stichwörtern.

41 **Parteiöffentlichkeit:** Heilbar ist ein Verstoß gegen den Grundsatz der Parteiöffentlichkeit der Beweisaufnahme, § 357, BGH **LM** Nr 7. Das kann im Verfahren nach der FGO erst dann der Fall sein, wenn die Voll-Öffentlichkeit auf Antrag des Steuerpflichtigen zulässigerweise ohne weitere Begründung ausgeschlossen worden war.
S aber auch Rn 38 „Öffentlichkeit".

42 **Parteivernehmung:** Heilbar sind: Die Vernehmung einer Partei als Zeuge und umgekehrt, BGH **LM** Nr 2; ein Verstoß gegen die Regeln über die Zulässigkeit der Vernehmung einer Partei von Amts wegen, § 448, BGH VersR **81**, 1176.
**Protokoll:** Unheilbar ist die Unterlassung einer vorgeschriebenen Protokollierung, zB der Aussage eines Zeugen oder der Darstellung eines Sachverständigen, es sei denn, das Urteil gibt sie einwandfrei wieder, § 161 Rn 8 (dort zur Streitfrage), vgl BGH RR **93**, 1034.
S auch Rn 27 „Form".
**Prozeßart:** Unheilbar ist die irrige Bejahung einer besonderen Prozeßart.
S auch Rn 26 „Feststellungsklage".

43 **Prozeßfähigkeit:** Unheilbar ist ein Verstoß gegen die Regeln zur Prozeßfähigkeit, § 51.
**Prozeßvergleich:** Unheilbar ist ein Formmangel beim Prozeßvergleich, § 160 Rn 8, Anh nach § 307 Rn 21 ff, Ffm FamRZ **80**, 907 (er läßt sich auch nicht durch die dauernde Erfüllung des Vergleichs heilen).
**Prozeßvoraussetzungen:** Unheilbar ist ein Verstoß gegen die Prozeßvoraussetzungen, Grdz 12 ff vor § 253.

44 **Rechtliches Gehör:** Heilbar ist ein Verstoß gegen das Gebot des rechtlichen Gehörs, Grdz 45 vor § 128, BFH DB **77**, 804, Höfling NJW **83**, 1584, großzügiger ZöGre 5, strenger BAG BB **79**, 274. Ein unsachliches Verhalten des Vorsitzenden kann dazu führen, daß man einer Partei im Revisionsverfahren nicht entgegenhalten kann, sie hätte das Verhalten des Richters schon im damaligen Rechtszug rügen müssen und könne deshalb die Verletzung des Anspruchs auf das rechtliche Gehör jetzt nicht mehr rügen, BFH NJW **80**, 1768.

45 **Rechtshängigkeit:** Heilbar ist ein Verstoß gegen § 261 II 1 Hs 1 (Geltendmachung eines nachträglich erhobenen Anspruchs in der mündlichen Verhandlung), AG Landstuhl FamRZ **94**, 838 (betr USA). Unheilbar ist ein Verstoß gegen die übrigen Regeln zur Rechtshängigkeit, § 261.
**Rechtsmißbrauch:** Unheilbar ist Rechtsmißbrauch, zB die Erschleichung des Gerichtsstands, Einl III 56, vgl § 504 Rn 3.

46 **Rechtsmittel:** Unheilbar ist grds ein Verstoß gegen die Regeln über die Statthaftigkeit und Zulässigkeit eines Rechtsmittels, BGH RR **89**, 441, BAG DB **77**, 216. Vgl aber wegen des Berufungsverfahrens und des Revisionsverfahrens §§ 529 II, 549 II, BGH VersR **75**, 239 (wegen des Rheinschiffahrtsgerichts).

47 **Rechtsmittelschrift:** Rn 61 „Zustellung".
**Rechtsschutzbedürfnis:** Unheilbar ist ein Verstoß gegen die Regeln zum Rechtsschutzbedürfnis, Grdz 33 ff vor § 253.

1. Titel. Verfahren bis zum Urteil § 295

**Rechtsweg:** Unheilbar ist ein Verstoß gegen die Regeln zur Zulässigkeit des Rechtswegs.
**Referendar:** Unheilbar ist der Fehler einer Zeugenvernehmung durch einen Referendar in Abwesenheit des Richters, § 10 GVG Rn 1, KG NJW **74**, 2095.
**Rheinschiffahrtsgericht:** Rn 46 „Rechtsmittel". 48
**Richteramt:** Unheilbar ist ein Verstoß gegen die Regeln über die Befähigung zum Richteramt.
**Sachliche Zuständigkeit:** Rn 60 „Zuständigkeit". 49
**Sachverständiger:** Heilbar ist ein Mangel bei der Anordnung der Form des Gutachtens, Karlsr VersR **89**, 810, oder bei seinem Inhalt, BGH **LM** Nr 19, oder seiner Unterzeichnung, BGH BB **90**, 2435.
**Scheidung:** Rn 58 „Vorwegentscheidung beim Scheidungsantrag". 50
**Scheidungsantrag:** Unheilbar ist das Fehlen der Zustellung eines Scheidungsantrags, Schlesw FamRZ **88**, 737.
**Schiedsstelle:** Rn 32 „Klageerhebung".
**Schiedsvereinbarung:** Heilbar ist ein Verstoß gegen § 1032 I (vorbehaltlich dort II), Mü MDR **94**, 1244.
**Schriftliches Vorverfahren:** Rn 60 „Zuständigkeit". 51
**Selbständiges Beweisverfahren:** Heilbar ist ein Verfahrensfehler im selbständigen Beweisverfahren, §§ 485 ff, BGH NJW **70**, 1920.
**Sicherheitsleistung:** Heilbar ist das Fehlen einer Ausländersicherheitsleistung, §§ 110 ff, BGH RR **93**, 1021.
**Streitgenossenschaft:** Heilbar ist ein Verstoß gegen die Erfordernisse der Streitgenossenschaft. 52
**Streithilfe:** Heilbar ist ein Verstoß gegen die Erfordernisse der Streithilfe.
**Streitverkündung:** Heilbar ist ein Mangel des Inhalts oder der Zustellung des Streitverkündungs-Schriftsatzes, BGH **LM** § 73 Nr 1.
**Unmittelbarkeit der Beweisaufnahme:** Heilbar ist ein Verstoß gegen den Grundsatz der Unmittelbarkeit 53 der Beweisaufnahme, soweit nicht dadurch auch § 286 verletzt ist (wie wohl meist); vgl auch § 375 Rn 17, BGH RR **97**, 506, BayObLG FamRZ **88**, 423, Hamm MDR **93**, 1236 (der Mangel ist freilich unheilbar, wenn der Einzelrichter ohne einen entsprechenden Übertragungsbeschluß des Kollegiums entscheidet, aM Düss BB **77**, 1377, Schneider DRiZ **77**, 15 (die Mängelheilung sei zumindest bei einer Umgehung des § 348 möglich, die durchweg anzunehmen sei). Freilich muß der Verstoß überhaupt vor Verhandlungsschluß bekannt geworden sein, Pantle NJW **88**, 2028.
**Unterbrechung:** Heilbar ist ein Fehler bei der Aufnahme eines unterbrochenen Prozesses. Unheilbar ist im 54 übrigen ein Verstoß gegen §§ 240, 250, Nürnb OLGZ **82**, 380.
**Unterschrift:** Heilbar ist das Fehlen der wirksamen Unterzeichnung der prozessual fristgebundenen Klage, 55 BGH NJW **96**, 1351, BAG NJW **86**, 3225, und erst recht der nicht fristgebundenen Klage, BGH RR **99**, 1252, Zweibr FamRZ **89**, 191. Heilbar ist ferner bei einem echten Beschluß des Kollegiums gemäß § 348 I, II eine vergessene Unterschrift, Köln NJW **76**, 680.
S auch Rn 49 „Sachverständiger".
**Urteil:** Rn 8, 11, 62 „Zustellung". 56
**Verbundverfahren:** Rn 24 „Ehesache". 57
**Verhandlung nach Beweisaufnahme:** Heilbar ist ein Verstoß gegen die Notwendigkeit, nach der Beweisaufnahme nochmals zu verhandeln, § 285, BGH **63**, 95.
**Verhandlungsschluß:** Heilbar ist ein Verstoß gegen die Regeln zum Vortrag nach dem Verhandlungsschluß, § 296 a.
**Verlesung:** Rn 18 „Antrag". 58
**Vollmacht:** Heilbar ist ein Verstoß gegen § 88 I, LG Münster MDR **80**, 853.
**Vorwegentscheidung beim Scheidungsantrag:** Heilbar ist ein Verstoß gegen § 628 I, Düss FamRZ **80**, 146.
**Wahrheitspflicht:** Unheilbar ist eine Verletzung der öffentlichrechtlichen Pflicht zur Wahrheit bzw Wahrhaftigkeit, zB bei § 138, dort Rn 13 ff. 59
**Widerklage:** Heilbar ist das Fehlen eines Zusammenhangs zwischen der Klage und der Widerklage, BGH **LM** § 1025 Nr 7.
**Wiedereinsetzung:** Unheilbar ist grds ein Verstoß gegen die Regeln über die Wiedereinsetzung in den vorigen Stand, § 238 Rn 2, BGH FamRZ **89**, 373 (auch zu einer Ausnahme).
**Zeugnisverweigerungsrecht:** Heilbar sind: Ein Mangel in der Beurteilung des Zeugnisverweigerungs- 60 rechts, § 387 Rn 1; eine wegen mangelhafter Belehrung über ein Aussageverweigerungsrecht unzulässige Verwertung der Zeugenaussage, BGH NJW **85**, 1159.
**Zuständigkeit:** Heilbar ist ein Verstoß gegen eine nicht ausschließliche Zuständigkeit.
Unheilbar sind: Ein Verstoß gegen die ausschließliche Zuständigkeit, etwa gegen die Zuständigkeit, zB eines Arbeitsgerichts, Mü VersR **82**, 198; ein Verstoß gegen die Zuständigkeit bei § 276, BGH NJW **91**, 2773.
S auch Rn 29 „Gerichtsaufbau".
**Zustellung:** Heilbar ist das Fehlen der Zustellung einer (gewöhnlichen) Klageschrift, BGH NJW **95**, 61 1032, Zweibr RR **98**, 429, Hager NJW **92**, 353, aM BGH RR **91**, 926, Jena FamRZ **98**, 1447, LG Brschw FamRZ **85**, 1075 (aber bei Parteiherrschaft ist das kein zu schwerer Mangel). Das gilt auch dann, wenn von einer ordnungsgemäßen Zustellung eine sachlichrechtliche Frist abhängt, Rn 3, Meurer-Teubner NJW **73**, 1734, aM Saarbr NJW **73**, 857, oder bei einer anderen Zustellung, sofern sie keine Notfrist in Lauf setzt, BGH NJW **82**, 1048, oder bei der Einlassungs- und Ladungsfrist, Rn 39 „Ordnungsvorschrift". Heilbar ist ferner das Fehlen der Zustellung der Rechtsmittelschrift, BGH **65**, 116.
*Unheilbar* sind: Das Fehlen der Zustellung eines Scheidungsantrags, Schlesw FamRZ **88**, 737; ein 62 Verstoß gegen die Regeln über eine fristschaffende Zustellung, zB: Bei § 187 II, LG Hann AnwBl **86**, 246; bei § 329 II 2, Düss MDR **85**, 852, Ffm NJW **74**, 1389; bei § 929 II, dort Rn 2; ein Verstoß über die Regeln der Urteilszustellung, BGH **LM** Nr 4.
S auch Rn 34 „Konkurs", Rn 37 „Notfrist", Rn 52 „Streitverkündung".

**63**  8) *VwGO:* Entsprechend anzuwenden, § 173 *VwGO,* auf anwaltlich vertretene Beteiligte, Kohlndorfer DVBl **88**, 474 (eingehend), BVerwG in stRspr, zB NVwZ **99**, 66, NJW **98**, 3369, NVwZ **98**, 635, NJW **97**, 674, **94**, 1975, **92**, 1186, **89**, 1233, 678 u 601, **88**, 579 u 2491, **83**, 2275, ZBR **82**, 30, VerwRspr **30**, 1018. Im Nichterscheinen liegt kein Verzicht auf die Befolgung der VerfVorschriften, BVerwG NJW **84**, 251. Ein heilbarer Mangel des Verfahrens muß in der nächsten mündl Verh gerügt werden, BVerwG **8**, 149, falls er erst später erkennbar wird, ist Rüge im Berufungsrechtszug notwendig, BVerwG DVBl **61**, 379. Der Betroffene muß eindeutig zum Ausdruck bringen, daß er sich mit dem Verfahrensverstoß nicht abfinden werde, BVerwG NJW **89**, 601. Nächste mündliche Verhandlung kann auch ein Termin iSv § 370 I sein, BVerwG NJW **88**, 579 mwN.

**296** *Verspätetes Vorbringen.* [I] Angriffs- und Verteidigungsmittel, die erst nach Ablauf einer hierfür gesetzten Frist (§ 273 Abs. 2 Nr. 1, § 275 Abs. 1 Satz 1, Abs. 3, 4, § 276 Abs. 1 Satz 2, Abs. 3, § 277) vorgebracht werden, sind nur zuzulassen, wenn nach der freien Überzeugung des Gerichts ihre Zulassung die Erledigung des Rechtsstreits nicht verzögern würde oder wenn die Partei die Verspätung genügend entschuldigt.

[II] Angriffs- und Verteidigungsmittel, die entgegen § 282 Abs. 1 nicht rechtzeitig vorgebracht oder entgegen § 282 Abs. 2 nicht rechtzeitig mitgeteilt werden, können zurückgewiesen werden, wenn ihre Zulassung nach der freien Überzeugung des Gerichts die Erledigung des Rechtsstreits verzögern würde und die Verspätung auf grober Nachlässigkeit beruht.

[III] Verspätete Rügen, die die Zulässigkeit der Klage betreffen und auf die der Beklagte verzichten kann, sind nur zuzulassen, wenn der Beklagte die Verspätung genügend entschuldigt.

[IV] In den Fällen der Absätze 1 und 3 ist der Entschuldigungsgrund auf Verlangen des Gerichts glaubhaft zu machen.

**Schrifttum:** *Baur,* Wege zur Konzentration der mündlichen Verhandlung im Prozeß, in: Beiträge zur Gerichtsverfassung und zum Zivilprozeßrecht (1983) 223; *Deubner,* Gedanken zur richterlichen Verfahrensbeschleunigungspflicht, Festschrift für *Lüke* (1997) 51; *Fuhrmann,* Die Zurückweisung schuldhaft verspäteter und verzögernder Angriffs- und Verteidigungsmittel im Zivilprozeß, 1987; *Gounalakis,* Die Flucht vor Präklusion bei verspätetem Vorbringen im Zivilprozeß, 1995; *Kallweit,* Die Prozeßförderungspflicht der Parteien und die Präklusion verspäteten Vorbringens usw, 1983; *Mackh,* Präklusion verspäteten Vorbringens im Zivilprozeß usw, 1991; *Müller-Eising,* Die Zurückweisung verspäteten Vorbringens nach § 296 Abs. I ZPO in besonderen zivilprozessualen Verfahrensarten, Diss Bonn 1993; *Nottebaum,* Die Zurückweisung verspäteten Vorbringens nach der Vereinfachungsnovelle, Diss Bochum 1984; *Pieper,* Eiljustiz statt materielle Gerechtigkeit? usw, Festschrift für *Wassermann* (1985) 773; *Rinsche,* Prozeßtaktik, 6. Aufl 1998; *Rudolph,* Beschleunigung des Zivilprozesses, Festschrift für die *Deutsche Richterakademie* (1983) 151; *Ruppel,* Standeswidriges Verhalten des Anwalts im Zivilprozeß und seine prozessualen und materiellrechtlichen Folgen, Diss Gießen 1984; *Schumann,* Die materiellrechtsfreundliche Auslegung des Prozeßgesetzes, Festschrift für *Larenz* (1983) 571; *Seifert,* Prozeßstrategien zur Umgehung der Präklusion, 1996; *Weth,* Die Zurückweisung verspäteten Vorbringens im Zivilprozeß, 1988.

**Gliederung**

| | |
|---|---|
| 1) Systematik, I–IV ............... 1 | E. Erheblichkeit des Angriffsmittels usw . 35 |
| 2) Regelungszweck, I–IV ............... 2 | F. „Vorgebracht": Maßgeblichkeit des Eingangs ............... 36 |
| 3) Geltungsbereich, I–IV ............... 3 | 12) „... sind nur zuzulassen": Grundsatz des Ausschlusses verspäteten Vortrags, I ............... 37 |
| 4) Zurückweisungspflicht in erster Instanz, I–IV ............... 4–8 | |
| 5) Zurückweisungspflicht in der Berufungsinstanz, I–IV ............... 9–11 | 13) „... nach der freien Überzeugung des Gerichts": Ausnahmsweise Zulassung nach Ermessen, I ............... 38 |
| 6) Anwaltspflicht, I–IV ............... 12–15 | |
| 7) Förderungspflicht des Gerichts, I–IV . 16–25 | 14) „Zulassung würde die Erledigung ... nicht verzögern", I ............... 39–51 |
| A. Grundsatz: Voraussetzung jeder Zurückweisung ............... 16 | A. Schädlichkeit irgendeiner zeitlichen Verschiebung, sog absoluter Verzögerungsbegriff ............... 40, 41 |
| B. Grenzen: Unzumutbarkeit ......... 17 | |
| C. Ermessen ............... 18 | B. Unanwendbarkeit des sog hypothetischen Verzögerungsbegriffs ............... 42 |
| D. Beispiele zur Frage einer Förderungspflicht, I–IV ............... 19–25 | |
| 8) Verfassungsmäßigkeit, I–IV ............... 26 | C. Schädlichkeit einer nicht ganz unerheblichen Verzögerung ............... 43 |
| 9) Rechtsmißbrauch, I–IV ............... 27 | D. Schädlichkeit bei Notwendigkeit einer Nachfrist ............... 44 |
| 10) „Angriffs- und Verteidigungsmittel", I, II ............... 28, 29 | E. Beispiele zur Frage der Verzögerung . 45–51 |
| 11) „Nach Ablauf einer hierfür gesetzten Frist", I ............... 30–36 | 15) „Die Partei entschuldigt die Verspätung genügend", I ............... 52–56 |
| A. Notwendigkeit enger Auslegung .... 30 | A. Begriff der „Partei" ............... 52 |
| B. Zu beachtende Fristen ............. 31 | B. Maßstab der „Entschuldigung": Scharfe Anforderungen ............... 53 |
| C. Unbeachtliche Fristen ............. 32 | |
| D. „Gesetzte" Frist: Notwendigkeit wirksamer Anordnung ............... 33, 34 | C. Beispiele zur Frage einer Entschuldigung, I ............... 54–56 |

1. Titel. Verfahren bis zum Urteil **§ 296**

| | | | | | |
|---|---|---|---|---|---|
| 16) | „Nicht rechtzeitig vorgebrachte oder ... mitgeteilte Angriffs- oder Verteidigungsmittel", II | 57 | 20) | „Verspätete Rügen, die die Zulässigkeit der Klage betreffen", III | 69–72 |
| | | | | A. Grundsatz des Rügeverlustes | 70 |
| 17) | „... können zurückgewiesen werden": Ermessen, II | 58, 59 | | B. Ausnahme: Beachtlichkeit der Rüge bei einem von Amts wegen zu prüfenden Mangel | 71 |
| 18) | „Zulassung würde die Erledigung verzögern", II | 60 | | C. Weitere Ausnahme: „Der Beklagte entschuldigt die Verspätung genügend", III | 72 |
| 19) | „Verspätung beruht auf grober Nachlässigkeit", II | 61–68 | 21) | „Der Entschuldigungsgrund ist auf Verlangen ... glaubhaft zu machen", IV | 73 |
| | A. Begriff der „groben Nachlässigkeit" | 61–63 | | | |
| | B. Notwendigkeit des Ursachenzusammenhangs | 64 | 22) | Verstoß; Rechtsmittel, I–IV | 74–76 |
| | C. Beispiele zur Frage der groben Nachlässigkeit, II | 65–68 | 23) | VwGO | 77 |

**1) Systematik, I–IV.** Die besonders wichtige Vorschrift, vgl Lange DRiZ **80**, 408, regelt die Folgen 1 verspäteten Vortrags, der immerhin noch vor dem Verhandlungsschluß erfolgt. Demgegenüber regelt § 296 a in Verbindung mit §§ 156, 283 den Vortrag nach dem Verhandlungsschluß. Allerdings ist auch in den Fällen des § 296 die Regelung des § 283 mitzubeachten, nur mit dieser Maßgabe richtig BGH NJW **81**, 1319; vgl freilich auch Rn 4.

**2) Regelungszweck, I–IV.** Die Rechtsidee hat drei Komponenten: *Gerechtigkeit, Rechtssicherheit, Zweck-* 2 *mäßigkeit.* Gerechtigkeit, eine „Utopie" (Max Frisch), ist das Hauptziel, Einl III 36, BGH **76**, 178, Baumgärtel Gedenkrede auf Bruns (1980) 18. Aber es läßt sich weder ohne Rechtssicherheit, Einl III 43, BVerfG RR **93**, 232, BGH RR **93**, 131, noch ohne Zweckmäßigkeit erreichen, BAG NJW **89**, 1054. Dies gilt auch im Zivilprozeß. Ein noch so gerechtes Urteil ist sinnlos, wenn es inzwischen niemandem mehr nützen kann. Kein Zivilprozeß darf unerträglich dauern, nur um so gerecht wie nur möglich zu enden. Natürlich darf nicht Fixigkeit siegen, sondern das Recht, BGH **86**, 224, Brangsch AnwBl **77**, 277, Wolf JZ **83**, 312. Das wahre Recht darf aber nicht endlos auf sich warten lassen, Rauter DRiZ **87**, 354. Natürlich besteht bei einem so weitgehenden System von Zurückweisungsvorschriften wie dem jetzigen die Gefahr, daß der allzu forsche Richter allzu formal vorgeht und entscheidungserheblichen Stoff übergeht, Bruns Festschrift für Liebman (1979) I 132. Dieses Risiko hat der Gesetzgeber ersichtlich selbst bewußt in Kauf genommen, BGH **86**, 33 und 223, Baumgärtel Gedenkrede auf Bruns (1980) 18, aM ThP 13. Das alles muß bei jeder Auslegung der Vorschrift beachtet werden, BGH **86**, 223, Wolf ZZP **94**, 322, Mischke NJW **81**, 565.

**3) Geltungsbereich, I–IV.** Die Vorschrift gilt in allen Verfahrensarten der ZPO, auch im arbeitsge- 3 richtlichen Verfahren, § 46 II 1 ArbGG, und im patentgerichtlichen Verfahren, BPatG GRUR **97**, 370. Vor den Finanzgerichten gelten die vergleichbaren §§ 76 III, 79 b III FGO, BFH BB **99**, 1911.

**4) Zurückweisungspflicht in erster Instanz, I–IV.** Der Richter darf einen klaren Gesetzesbefehl nicht 4 mißachten, Lange NJW **86**, 1732 und 3044, schon gar nicht mit genau demjenigen Argument, das der Gesetzgeber eben nicht als das maßgebliche anerkannt hat, dem einer Gefahr für die Gerechtigkeit der Entscheidung. Das klärt BGH (8. ZS) **76**, 178 trotz seiner im übrigen richtigen Haltung nicht genügend. Zwar ist § 296 keine Strafvorschrift, Leipold ZZP **93**, 251, Mischke NJW **81**, 565, aber er dient der Beschleunigung, BGH **86**, 33, insofern grundsätzlich richtig und gerade deshalb wegen seiner Nichtbeachtung der §§ 216 II, 272 III im Ergebnis doch falsch Hamm NJW **80**, 294 (abl Deubner).

Das Gericht hat das Recht und die unmißverständliche Pflicht, verspätetes und verzögerndes Vorbringen, den „prozessualen Wechselbalg", Zeidler DRiZ **83**, 257, unter den strengen Voraussetzungen zurückzuweisen, Stgt NJW **84**, 2539, ThP 21, auch *schon im frühen ersten Termin*, § 275, BGH NJW **87**, 499 und 500, Düss NJW **87**, 508, Lange NJW **86**, 3043. Das gilt evtl sogar gegen den Wunsch des Gegners des Verspäteten, Grdz 27 vor § 128, aM Albers § 528 Rn 26, 27, Deubner NJW **79**, 343 („Sachvortrag auf Probe"), Schneider MDR **89**, 676 (§ 296 sei ganz abolishing).

Das Gericht hat eine evtl sachlichrechtliche Unrichtigkeit, eine *Ungerechtigkeit* der daraus folgenden 5 Entscheidung *hinzunehmen.* Damit erweist sich § 296 als eine betonte Maßregel zur Stützung der Rechtssicherheit und der Zweckmäßigkeit, selbst auf Kosten der Gerechtigkeit, Rn 2, BVerfG **2**, 403, BGH **86**, 223. Die Vorschrift ermächtigt nicht nur, sondern verpflichtet den Richter unter den strengen Voraussetzungen des Gesetzes unter Umständen sehr wohl, in einem in Wahrheit nur auf Verkennung des Wertsystems beruhenden Sinn „sehenden Auges Unrecht" zu sprechen, zumal in einem weiteren, eigentlichen Sinn auch ein solches Ergebnis „gerecht" ist, BVerfG **69**, 136, BGH **75**, 142, Deubner NJW **77**, 921, aM Bischof MDR **86**, 439, Knöringer NJW **77**, 2337, ZöGre 2.

Aus diesen Gründen ist auch die hier und dort zu beobachtende Tendenz bedauerlich, die Sachdiskussion 6 auf eine emotionale Ebene zu verlagern. Man sollte auch Ausdrücke wie „Überzeugter Verfahrensbeschleuniger", Deubner NJW **80**, 2363, bei seiner Kritik durchaus vermeiden. Ohne eine *energische* Anwendung des § 296 würde das für den Richter verbindliche Ziel des Gesetzes, den Zivilprozeß in einem erträglichen Zeitraum zu beenden, und damit die gesamte Neuregelung der §§ 271 ff weitgehend unerreichbar sein, BGH **86**, 34, Stgt NJW **84**, 2539, van Els FamRZ **94**, 735 (er leitet aus dem Grundsatz eines fairen Verfahrens, Einl III 22, allgemein einen Beschleunigungsgrundsatz ab), § 342 Rn 1, aM Baumgärtel NJW **78**, 931, Deubner NJW **80**, 947 (aber II macht ohnehin schon wieder erhebliche Zugeständnisse gegenüber der ungleich schärferen Waffe des ).

Zwar stellt § 296 *hohe Anforderungen* an alle Beteiligten. Es hat sich aber ergeben, daß sie durchaus *nicht zu* 7 *hoch* sind, wenn die Beteiligten nur mit der vom Gesetz geforderten und forderbaren Haltung vor den Staat und dem Gegner gegenübertreten. Sie beeinträchtigt auch die in gewissen Grenzen zulässige Prozeßtaktik, § 282 Rn 8, entgegen ZöGre 2 keineswegs. Es mag als problematisch empfunden werden, daß neue Sorgfaltsanforderungen aufstellt, die im Vergleich zu den heutigen allgemeinen Qualitätsvorstellungen jedenfalls äußerst anspruchsvoll sind. Um so mehr ist der Richter verpflichtet, den unmißverständlichen Willen des Gesetzgebers zu respektieren, und darf ihn nicht durch noch so gut gemeinte Gerechtigkeitsbestrebungen oder gar durch Ignoranz unterlaufen, BGH **86**, 34. Die Parteien haben eine vom Gericht gesetzte Frist auch dann grundsätzlich strikt einzuhalten, wenn sie nicht erkennen können, wie weitgehend das Gericht den Prozeß im folgenden Termin zur Entscheidungsreife führen will, BGH **86**, 37.

8   Bei der Auslegung vom § 296 sind stets auch §§ 277 I, 282 zu berücksichtigen, BGH **86**, 37. *Keineswegs* darf bequem *auf § 283* ausgewichen werden. Der Zivilprozeß ist und bleibt der Kampf der Parteien, Leipold ZZP **93**, 264. Er ist keineswegs eine bloße „Arbeitsgemeinschaft", Grdz vor § 128, aM Schmidt JZ **80**, 158, Schneider MDR **77**, 793. Die gesamte Regelung der verspäteten Vorbringens der VereinfNov ist der (nicht geringe) Preis, den die Parteien dafür zahlen müssen, daß sie schneller zu ihrem Recht kommen können. Sie sollen die gesetzten Fristen nach allen Kräften einhalten und ihre Prozeßförderungspflicht sehr ernst nehmen.

9   **5) Zurückweisungspflicht in der Berufungsinstanz, I–IV.** Daher wäre es auch verfehlt, durch eine obendrein bequeme Zurückweisungspraxis nach §§ 528, 529 den vom Gesetz gerade erst mühsam geschaffenen Ermessensspielraum der 1. Instanz bei § 296, BGH **76**, 138, gleich wieder einzuengen. Die 2. Instanz sollte auch im Rahmen von §§ 528, 529 dieselben harten Anforderungen stellen wie die 1. Instanz bei § 296. Nur durch eine derartige Übereinstimmung der Auslegung kann die dringend erforderliche Zügigkeit zum Nutzen aller Beteiligten erreicht werden, BVerfG NJW **92**, 2557, BGH ZMR **99**, 94, Düss RR **92**, 1239.

10   Erst recht beklagenswert sind Formulierungen, die zB ZöGre § 543 Rn 14 unter Bezug auf BGH NJW **82**, 2874 „*emotionale Äußerungen*" (in früheren Auflagen „Schulmeistereien"), Roellecke DRiZ **83**, 261 „öffentliche Blamierungen" nennt. Wenn das Berufungsgericht zum vom Vorderrichter als verspätet zurückgewiesenes Vorbringen als rechtzeitiges beurteilt und den Rechtsstreit zurückverweist, sollte es keine Wertungen der Arbeitsweise des Erstgerichts vornehmen, die als unangemessene sprachliche Wendungen und als Zeichen dafür, daß das Berufungsgericht sich seiner eigenen Aufgabe nicht bewußt ist, gelten müßten, Horst DRiZ **87**, 151, Mutschler FamRZ **82**, 549. Eine Häufung solcher Mißgriffe kann eine Befangenheit begründen, § 42, Hamm VersR **78**, 646. Eine Zurückweisung kommt ohnehin dann nicht mehr in Betracht, wenn der Prozeß inzwischen entscheidungsreif geworden ist, Ffm DB **79**, 2476.

11   Das *Berufungsgericht* darf Angriffs- und Verteidigungsmittel, die im ersten Rechtszug vorgebracht wurden, nur unter den Voraussetzungen des § 528 III ausschließen, BGH JZ **81**, 352. Es darf eine von der ersten Instanz unterlassene Prüfung nicht nachholen, BGH JZ **81**, 352. Es darf daher auch nicht in erster Instanz nur nach I zurückgewiesenes Vorbringen nach II zurückweisen, BGH JZ **81**, 352, aM KG MDR **81**, 853. Es muß § 139 beachten, nur grundsätzlich überzeugend BVerfG VersR **91**, 1268 (aber § 296 enthält verschiedenartige Tatbestände).

12   **6) Anwaltspflicht, I–IV.** Auch der ProzBev muß § 296 beachten. Überlastung ist zwar ein Zeichen der Zeit. Der Gesetzgeber hat sie gleichwohl nicht als ausreichende Entschuldigung anerkannt. Deshalb ist Überlastung kein Argument zur Prozeßverschleppung, auch nicht zur ungewollten. Jeder einzelne Vertrag zwingt den Anwalt als ProzBev, alles ihm überhaupt nur Zumutbare zu tun, um diesen einzelnen Rechtsstreit korrekt und rasch zum Ziel zu führen, § 85 Rn 8, BGH NJW **82**, 437 und 233 Rn 114 Gesetzesunkenntnis". Jeder einzelne Mandant hat das Recht, derartige Sorgfalt zu verlangen, und braucht grundsätzlich keinerlei Rücksicht auf andere Auftraggeber zu nehmen. Das verkennt Schlesw VersR **81**, 691.

13   An dieser eindeutigen bürgerlichrechtlichen Situation vermag auch kein *Standesrecht* etwas zu ändern. Der ProzBev darf nur soviele Aufträge annehmen, daß er jeden einzelnen mit der vom Gesetz und vom Vertrag geforderten Sorgfalt bearbeiten kann, und zwar vor allem zu Prozeßbeginn, Brehm AnwBl **83**, 197, Franzki DRiZ **77**, 169; zur Problematik Hanna, Anwaltliches Standesrecht im Konflikt mit zivilrechtlichen Ansprüchen des Mandanten, 1988.

14   Der sog *Kartellanwalt*, § 216 Rn 20, muß selbstverständlich den Sachstand beherrschen, Düss NJW **82**, 1888, ebenso bei nicht sachbearbeitende Sozius, § 85 Rn 21 „Sozius". An die Sorgfalt des Anwalts sind schärfere Anforderungen zu stellen als an diejenige der Partei, Mutscher VersR **72**, 148.

15   Ein *Verschulden* des ProzBev gilt als solches der Partei, § 85 II, auch im Bereich des § 296, BGH NJW **83**, 577, Düss NJW **82**, 1889 (zu § 528 II), Karlsr NJW **84**, 619. Es wäre verhängnisvoll, ein diesbezügliches Verschulden nur deshalb zu verneinen, weil eine allgemeine Überlastung vorliege, insofern wohl auch Schlesw VersR **81**, 691; genau solche Argumentation hat der Gesetzgeber bei der Verschärfung der Vorschriften zur Zurückweisung verspäteten Vorbringens nicht anerkennen wollen. Im Urteil ist ein Hinweis auf § 85 II nicht nur zulässig, Karlsr NJW **84**, 619, Köln VersR **84**, 1176, aM Franzki NJW **79**, 12, sondern oft notwendig, um klarzustellen, daß die persönlich schuldlose Partei zwar im Außenverhältnis die Folgen vorwerfbarer Untätigkeit oder Verzögerung ihres ProzBev hinnehmen muß, gleichwohl ihm gegenüber dadurch aber nicht völlig rechtlos wird.

16   **7) Förderungspflicht des Gerichts, I–IV. Es gelten die folgenden Regeln:**
**A. Grundsatz: Voraussetzung jeder Zurückweisung.** Die gesamte Neuregelung zur Zurückweisung verspäteten Vortrags setzt voraus, daß auch und vor allem das Gericht seine Pflichten erfüllt, § 273 Rn 16, BVerfG NJW **98**, 2044 und RR **99**, 1079, BGH NJW **99**, 585, BAG NJW **80**, 2486 (wegen der Berufung).

17   **B. Grenzen: Unzumutbarkeit.** Freilich braucht das Gericht bei verspätetem Vorbringen nur in zumutbaren Grenzen aktiv zu werden, BGH RR **94**, 1145, Köln RR **87**, 442, Stürner, Die richterliche Aufklärungspflicht im Zivilprozeß (1982) 34. Es braucht sich nicht abzuhetzen und alles andere liegenzulassen, andere Termine zu verschieben usw. Ein Zeitraum von 2–3 Werktagen ist meist zu kurz, BGH NJW **80**, 1103. Keineswegs kann dem Gegner des verspätet Vortragenden durchweg zugemutet werden, einen Antrag nach § 283 zu stellen; schon die Notwendigkeit so derart erzwungenen besonderen Verkündungstermins kann eine Verzögerung verursachen, § 283 Rn 1. Vermeidbare Verzögerung des Gerichts darf nicht als Unzumutbarkeit mißbraucht werden, BVerfG RR **99**, 1079.

1. Titel. Verfahren bis zum Urteil § 296

**C. Ermessen.** Das Gericht hat ein pflichtgemäßes, weites Ermessen. Natürlich darf das Gericht mit einer **18** Fristsetzung keinen Mißbrauch treiben, BVerfG WoM **94**, 123, BGH NJW **87**, 499 und 500, Karlsr NJW **84**, 619. In diesen Grenzen ist jede Zusammenarbeit mit den Parteien und ihren Anwälten hilfreich, Hamacher DRiZ **85**, 331. Selbst im Fall eines Verstoßes des Gerichts gegen seine Förderungspflicht kann dennoch eine Zurückweisung notwendig sein, weil zB die Partei die mangels wirksamer Zustellung nicht angelaufene „Frist" zu einer vorwerfbar unvollständigen Stellungnahme genutzt *hat*, so daß zwar nicht I, wohl aber II anwendbar ist.

**D. Beispiele zur Frage einer Förderungspflicht, I–IV** **19**
**Anregung:** Das Gericht braucht keineswegs stets einen Beweisantritt anzuregen, Mayer NJW **83**, 858.
S auch Rn 21 „Hinweis".
**Belehrung:** Das Gericht muß eine Belehrung ordnungsgemäß vornehmen, soweit es zu ihr überhaupt verpflichtet ist. Das ist nur in den im Gesetz ausdrücklich genannten Fällen so, zB bei § 277, nicht aber zB bei § 276 II, denn dort wird nur auf § 276 I 1 verwiesen, während § 296 I nur auf § 276 I 2 verweist, Düss MDR **85**, 417. Vgl aber auch § 335 I Z 4. Natürlich muß auch eine ohne gesetzlichen Zwang erteilte Belehrung ordnungsgemäß erfolgen.
Ist eine vom Gesetz nicht vorgeschriebene Belehrung auch tatsächlich *unterblieben*, so kann darin natürlich kein Verstoß gegen Art 103 I GG liegen, BVerfG NJW **87**, 2736. Ist sie irreführend erfolgt, so kann eine Zurückweisung unzulässig sein, BVerfG **60**, 100, BGH NJW **86**, 133. Ist eine strikt vorgeschriebene Belehrung unterblieben, so wird die verspätet vortragende Partei geschützt, BGH NJW **86**, 183, Franzki NJW **79**, 12.
**Beweismittel:** Trotz § 273 braucht das Gericht keineswegs jedes verspätet angebotene Beweismittel sofort herbeizuschaffen, etwa einen Zeugen telegrafisch zu laden, Schlesw SchlHA **80**, 161. Es muß vielmehr zunächst dem Gegner eine ausreichende Gelegenheit zur einer Stellungnahme geben, Art 103 I GG, BVerfG RR **95**, 1469, BGH NJW **80**, 946. Erst anschließend ist zu prüfen, ob die jetzt noch verbleibende Zeit zu zumutbaren Maßnahmen nach § 273 ausreicht, BGH **76**, 136.
In diesem Zeitpunkt kommt es sehr wohl darauf an, ob die Terminsbelastung am (meist ja längst anberaumten) Sitzungstag noch zusätzliche Zeugen usw erlaubt, BVerfG RR **95**, 1469 (Urlaub des Richters entschuldigt nicht), aM BVerfG WoM **94**, 123, Kblz NJW **89**, 987, Schneider NJW **80**, 948. Das Gericht darf und muß nämlich auch an die anderen anschließend anberaumten Prozesse und an die Zeitplanung dafür denken, § 227 Rn 7, 8, soweit diese sachgemäß war, Hamm RR **89**, 895.
**Durchlauftermin:** Das Gericht darf nicht schon auf Grund eines wirklich bloßen „Durchlauftermins" als **20** verspätet zurückweisen, BVerfG NJW **92**, 300. Freilich mag ein früher erster Termin zulässigerweise als echter, zur Entscheidungsreife führender Termin geplant und durchgeführt werden, § 272 Rn 5.
**Fristbemessung:** Das Gericht darf eine richterliche Frist nicht so kurz bemessen, daß dies praktisch einer Verletzung des rechtlichen Gehörs entspräche, BGH **124**, 74. Auch eine unklare Fristbemessung macht I unanwendbar, BVerfG **60**, 6.
**Fristverlängerung:** Rn 22 „Nachfrist".
**Früher erster Termin:** Soweit er eine Entscheidungsreife herbeiführen soll, § 272 Rn 5, muß das Gericht ihn ausreichend vorbereiten, BayVerfGH NJW **90**, 502.
**Gestellung:** Die Erwägungen Rn 19 „Beweismittel" gelten erst recht beim gestellten (sistierten) Beweis- **21** mittel. Es kann zwar ratsam, sogar notwendig sein, den verspätet benannten Zeugen zwar nicht zu laden, dem Beweisführer jedoch seine Gestellung anheimzugeben, BGH NJW **80**, 1849 (sehr weitgehend). Erscheint der gestellte Zeuge, so kommt es auf die nach der Terminsplanung verfügbare zusätzliche freie Zeit an; ist ohne Vorhersehbarkeit ein Dazwischenschieben der Vernehmung des gestellten Zeugen zumindest für die in anderen Sachen pünktlich Erschienenen unzumutbar, so ist das Gericht keineswegs verpflichtet, schon wegen seiner bloßen Anheimgabe des Erscheinens auch sogleich eine Vernehmung vorzunehmen. Würde deshalb ein weiterer Termin erforderlich, so ist die Zurückweisung wegen Verspätung in solcher Lage sehr wohl zulässig und im Interesse der Prozeßwirtschaftlichkeit wie des Prozeßgegners auch geboten, und zwar ohne Frist nach § 356, BGH NJW **98**, 762. Das gilt trotz vielfach entgegenstehender falsch verstandener „Fürsorge"-Anschauungen.
**Gutachten:** Es kann notwendig sein, ein Gutachten anzuregen, §§ 139, 402 ff, oder von Amts wegen einzuholen, § 144, BGH NJW **83**, 2031. Das Gericht braucht einen verspätet beantragten Beweis „Gutachten" keineswegs derart zu berücksichtigen, daß es den Gutachter (nur) mündlich vortragen läßt, LG Hann MDR **85**, 895.
**Hinweis:** Auch ein nach § 139 oder § 278 III notwendiger Hinweis gibt der Partei nicht einen Anspruch auf die Berücksichtigung eines nicht unverzüglich erfolgten anschließenden Vortrags oder Beweisantritts, Deubner NJW **89**, 1475. Die Unterlassung eines Hinweises, zB auf das Abhandenkommen eines Einspruchs, kann aber II unanwendbar machen, BVerfG NJW **98**, 2044.
**Kartellanwalt:** Hat sich das Gericht pflichtwidrig auf die Mitwirkung eines sog Kartellanwalts eingelassen, **22** § 216 Rn 20, so muß es der Partei Gelegenheit geben, noch anschließend vorzutragen, Düss NJW **89**, 1489, eine traurige, unvermeidbare Folge unhaltbarer vorangegangener Verfahrensleitung.
**Ladung:** Das Gericht muß eine Ladung in vernünftiger, sinnvoller Weise anordnen und veranlassen, BVerfG RR **95**, 378 (dort wird freilich die Praxis verkannt: Noch nicht eindeutig notwendige Ladungen sind aus einer ganzen Reihe von prozeßwirtschaftlichen Gründen durchaus zu vermeiden, außerdem darf nicht infolge zusätzlicher Vernehmungen alles durcheinander geraten).
**Nachfrist:** Es kann erforderlich sein, auch unabhängig von der Verspätungsfrage eine Nachfrist zu gewähren, § 283, BPatG GRUR **99**, 352, Mü VersR **82**, 884 (vgl aber auch Rn 44), und zwar durch einen Beschluß des Kollegiums, auch bei einer Fristverlängerung, § 283 Rn 11, BGH DB **83**, 1503.
**Rechtliches Gehör:** Das Gericht muß zur Frage der Verspätung stets das rechtliche Gehör gewähren, **23** Art 103 I GG, Einl III 16, Bbg RR **98**, 1607, Karlsr NJW **79**, 879.
S auch Rn 19 „Beweismittel".

## § 296

2. Buch. 1. Abschnitt. Verfahren vor den LGen

**Sachverständiger:** Das Gericht hat zu prüfen, ob es zumutbar und sinnvoll ist, einen Sachverständigen – wenigstens zum Termin – hinzuzuziehen, auch in der Berufungsinstanz, BGH NJW **99**, 585.
**Schriftsatznachlaß:** Rn 22 „Nachfrist".
**Sistierung:** Rn 21 „Gestellung".

24 **Terminierung:** Das Gericht darf und muß einen Termin in einer vernünftigen und sinnvollen Art bemessen und rechtzeitig ankündigen, BVerfG RR **95**, 378.
S auch Rn 22 „Ladung".
**Überspannung:** Man darf die Förderungspflicht des Gerichts keineswegs überspannen, Deubner NJW **79**, 880, aM Karlsr NJW **79**, 879.
**Unterschrift:** Eine fristsetzende Verfügung ist mit dem vollen Namen handschriftlich zu unterschreiben, nicht nur mit einem Namenskürzel (Paraphe), § 129 Rn 31, § 329 Rn 8, 9, 15.

25 **Verfahrensplanung:** Das Gericht soll das „gesetzliche Leitbild des Prozeßablaufs" beachten, Wolf JZ **83**, 312. Es braucht aber auch insofern wegen seines weiten Ermessens, Rn 20, insbesondere die Art seiner beabsichtigten Verfahrensförderung den Parteien nicht in sämtlichen Einzelheiten zu verdeutlichen, BGH **86**, 39.
**Zeitplanung:** Rn 19 „Beweismittel".
**Zeuge:** Rn 19 „Beweismittel", Rn 21 „Gestellung".
**Zustellung:** Eine fristsetzende Verfügung ist förmlich zuzustellen, § 329 Rn 32, BGH VersR **90**, 673, und zwar in beglaubigter Abschrift, BGH JZ **81**, 351, an die fristbelastete Partei; nur an ihren nicht mitbelasteten Gegner genügt die formlose Mitteilung.

26 **8) Verfassungsmäßigkeit, I–IV**, dazu *Schumann*, Bundesverfassungsgericht, Grundgesetz und Zivilprozeß, 1983: Nach alledem ist die Regelung durchaus mit dem GG vereinbar, Einl III 16, BVerfG RR **93**, 637 (zu § 296a), BGH **86**, 33, 38, 222, Stgt NJW **84**, 2538, aM Deubner NJW **89**, 1238 und 1475 (er sieht wegen des Verhältnismäßigkeitsgrundsatzes Probleme), Schneider NJW **80**, 947. Mancher, aber keineswegs jeder Verstoß gegen § 296 ist ein Verstoß gegen Art 103 I GG, einerseits BVerfG NJW **92**, 681, andererseits BVerfG NJW **90**, 566. Gerade Art 103 I GG kann eine Zurückweisung gebieten, BVerfG NJW **91**, 2276, BayVerfGH NJW **90**, 1654, Franke NJW **86**, 3053. Nicht jede Abweichung von einer höchstrichterlichen Auslegung ist mangels näherer Begründung verfassungswidrig, aM VerfGH Bln JR **96**, 234 (in erschreckender Verengung).
Eine *entsprechende* Anwendung des § 296 ist wegen seiner einschneidenden Wirkungen auch bei verfassungsrechtlicher Beurteilung unzulässig, BVerfG **69**, 136 und 149, BGH VersR **82**, 345, Düss MDR **83**, 943. Die Vorschrift ist also auch im Beschwerdeverfahren anwendbar, BVerfG **59**, 334, BGH MDR **81**, 664, Mü MDR **81**, 1025, aM KG OLGZ **79**, 367.

27 **9) Rechtsmißbrauch, I–IV.** Wegen der Pflichten des Gerichts Rn 16. Ein formell nicht verspätetes Vorbringen einer Partei kann wegen Rechtsmißbrauchs, Einl III 54, dennoch unbeachtlich sein, Wolf ZZP **94**, 322 (er spricht von Verwirkung). Freilich kann eine solche Situation nur ausnahmsweise vorliegen, Wolf ZZP **94**, 323, und unter anderem nur dann, wenn man dem Gegner infolge eines mittlerweile zu seinen Gunsten bestehenden Vertrauensschutzes die Rechtsausübung, die infolge einer Zulassung des Vorbringens der anderen Partei notwendig würde, nicht mehr zumuten kann, weil er dadurch eine Rechtsnachteil erleiden würde, den er sonst nicht erlitten hätte, etwa eine Verschlechterung seiner Beweismöglichkeiten, Wolf ZZP **94**, 323, BVerfG RR **95**, 378 spricht auch von gerichtlichem Rechtsmißbrauch.

28 **10) „Angriffs- und Verteidigungsmittel", I, II.** Die beiden Absätze umfassen im Erkenntnisverfahren, Mü MDR **81**, 1025, auch in der Berufungsinstanz, § 523, BVerfG NJW **91**, 2276, BGH NJW **81**, 1319, mit gewissen Abweichungen, §§ 527 ff, auch nach dem Mahnverfahren, §§ 697 III, 700 III 2, 340 III 3, und zwar bis zum Schluß der mündlichen Verhandlung, §§ 136 IV, 296a, alle nicht rechtzeitig vorgebrachten Angriffs- und Verteidigungsmittel, Einl III 70, § 282 Rn 5, BGH FamRZ **96**, 1071 (das sind nicht nur Tatsachenbehauptungen, Bischof Rpfleger **93**, 378), einschließlich ihrer Begründungen, Karlsr NJW **79**, 879, mit Ausnahme der Zulässigkeitsrügen, die in III besonders geregelt sind. Gewisse Besonderheiten oder andere Regelungen gelten im Beschlußverfahren, BVerfG NJW **83**, 2187, Mü MDR **81**, 1025, aM Schumann NJW **82**, 1611, im Beschwerdeverfahren, § 567, im Ehe- und Kindschaftsverfahren, §§ 615 I, 640, im Fall der örtlichen oder sachlichen Unzuständigkeit, § 39, und in Arbeitssachen, §§ 56 II, 61 a V, 67 ArbGG. Vgl im übrigen § 282 I. Ein Angriffs- oder Verteidigungsmittel liegt erst dann vor, wenn eine Partei es überhaupt bis zum Schluß des Verhandlungstermins einführt, AG Lübeck WoM **83**, 52, ebenso die Anschlußbeschwerde, BPatG GRUR **97**, 57. Die Anschlußberufung kann hierher gehören, BGH **83**, 371, Deubner NJW **82**, 1708, Olzen JR **82**, 447. Ein Eilverfahren, §§ 916 ff, 935 ff, läßt eine Zurückweisung nach § 296 zu, § 922 Rn 6, Schneider MDR **88**, 1025, aM Hbg RR **87**, 36, im übrigen natürlich auch eine solche nach §§ 920 II, 936, 294 II.

29 Der *Sachantrag*, § 297 Rn 3, die nach § 253 II Z 2 erforderliche Aufgliederung, BGH MDR **97**, 288, sowie die *Klagänderung und -erweiterung*, §§ 263, 264, sind kein Angriffs- oder Verteidigungsmittel, sondern ein neuer Angriff, BGH FamRZ **96**, 1071, Köln WoM **92**, 263, Mü RR **95**, 740; vgl aber auch § 264 Rn 3. Auch eine Widerklage ist kein bloßes Angriffs- oder Verteidigungsmittel, Anh § 253 Rn 5, § 282 Rn 5, BGH NJW **95**, 1224, aM LG Bln MDR **83**, 63 (es komme darauf an, ob zwar die Klage, nicht aber die Widerklage entscheidungsreif sei).

30 **11) „Nach Ablauf einer hierfür gesetzten Frist", I.** Die Vorschrift gilt für die Fälle des Fristablaufs, während II, III andere Fälle erfassen.
**A. Notwendigkeit enger Auslegung.** Eine Verspätung liegt nur vor, wenn die Partei eine der in I genannten Fristen versäumt hat. Das ergibt sich schon aus dem Ausnahmecharakter des § 296, BVerfG NJW **93**, 1319, BGH VersR **90**, 674, BayVerfGH NJW **90**, 502 und 1654. Diese enge Auslegung ist auch verfassungsrechtlich geboten, Rn 24.

1. Titel. Verfahren bis zum Urteil § 296

**B. Zu beachtende Fristen.** In Betracht kommen daher nach I nur die folgenden Fristen. 31
§ 273 II Z 1, LG Aachen RR **97**, 380 (auch bei §§ 916 ff);
§ 275 I 1, BGH NJW **87**, 499 und 500, Düss NJW **87**, 508, Karlsr (8. ZS) NJW **83**, 403, aM Karlsr (13. ZS) NJW **80**, 296, Mü NJW **83**, 402, Deubner NJW **85**, 1140;
§ 276 I 2, BGH NJW **79**, 2110;
§ 276 III;
§ 277;
§ 340 III, dort Rn 15, BGH **75**, 141, Deubner NJW **77**, 922;
§ 411 IV 2;
§ 527;
§ 697 III 2 Hs 2;
§ 700 V Hs 2.

**C. Unbeachtliche Fristen.** I ist also nicht beim Ablauf anderer Fristen anwendbar, zB derjenigen gemäß 32 § 283, BVerfG FamRZ **91**, 1283, oder derjenigen gemäß § 379, BGH NJW **80**, 344, Hamm RR **95**, 1152, oder derjenigen gemäß § 697 I, BGH NJW **82**, 1533, Hamm MDR **83**, 413, Köln FamRZ **86**, 928, aM Franzki NJW **79**, 12, Kramer NJW **78**, 1414, Mischke NJW **81**, 565. Es kann freilich in solchen Fällen II anwendbar sein. Im schriftlichen Verfahren, § 128 II, III, ist bei einem Vortrag nach Fristablauf § 296 a entsprechend anwendbar, nicht § 296, aM Kramer NJW **78**, 1414.

**D. „Gesetzte" Frist: Notwendigkeit wirksamer Anordnung.** Das Gericht muß die Frist wirksam 33 gesetzt haben, BGH NJW **91**, 2774. Der Vorsitzende muß die Verfügung mit seinem Namen unterzeichnet haben, §§ 129 Rn 13, 329 Rn 8; ein bloßes Handzeichen (Paraphe) reicht nicht aus, § 329 Rn 8, 11, BGH VersR **90**, 673, LAG Hamm MDR **82**, 612. Eine Unterzeichnung „auf Anordnung" durch einen Justizangestellten reicht also nicht aus, BGH JZ **81**, 351. Der Urkundsbeamte der Geschäftsstelle muß die Fristverfügung dem Empfänger in beglaubigter Abschrift zugestellt haben, BGH JZ **81**, 351.

Eine Verspätung kommt ferner nur in Betracht, wenn die fragliche Frist gerade vom Gericht dieser 34 Instanz, BVerfG **57**, 334, und gerade für dieses Angriffs- und Verteidigungsmittel („hierfür") gesetzt worden war, Deubner NJW **77**, 922, Schröder ZZP **91**, 306, also zB nicht wenn, wenn die andere Partei eine andere als die vom Richter gemäß § 273 II Z 1 angeforderte Urkunde vorliegt; dann kann freilich evtl II anwendbar sein. Bei einer (umfassenden) Klagerwiderung oder Replik gibt § 277 I, IV den Maßstab des Notwendigen. Ein Vorbringen kann unter solchen Voraussetzungen *schon im ersten Termin verspätet* sein, BGH **88**, 182, Karlsr NJW **84**, 619, LG Aachen MDR **78**, 851. Das Gericht darf und muß ein verspätetes Vorbringen auch dann als verspätet behandeln, wenn es ein Grundurteil erlassen will, BGH MDR **80**, 51.

**E. Erheblichkeit des Angriffsmittels usw.** Natürlich setzt das Gesetz außerdem voraus, daß das 35 Angriffs- oder Verteidigungsmittel überhaupt erheblich ist, Düss NJW **87**, 508, Deubner NJW **89**, 717.

**F. „Vorgebracht": Maßgeblichkeit des Eingangs.** Für die Einhaltung der Frist reicht der Eingang 36 beim Gericht aus; ein Eingang auf der zuständigen Geschäftsstelle ist dann nicht notwendig, BVerfG **60**, 122, aber auch 246. Natürlich reicht nicht der rechtzeitige Eingang irgendeines Schriftsatzes aus, sondern nur derjenige eines inhaltlich den jeweiligen gesetzlichen Anforderungen entsprechenden.

12) „... sind nur zuzulassen": Grundsatz des Ausschlusses verspäteten Vortrags, I. Ein Fristver- 37 säumnis nach I hat grundsätzlich den Ausschluß des Vortrags kraft Gesetzes zur Folge, BGH JZ **81**, 352. Diese entscheidende Verschärfung gegenüber der Regelung gemäß II darf nicht durch eine allzu großzügige Zulassung verwässert werden, Rn 4.

13) „... nach der freien Überzeugung des Gerichts": Ausnahmsweise Zulassung nach Ermes- 38 sen, I. Trotz einer Fristversäumnis kann der Vortrag ausnahmsweise zugelassen werden, wenn eine der beiden Voraussetzungen Rn 39 ff oder Rn 52 ff vorliegt. Diese Voraussetzungen sind wie alle Ausnahmeregeln eng auszulegen, obendrein wegen der grundsätzlichen Bedeutung des § 296, Rn 2. *Ob* eine Verzögerung fehlt, ist nach der freien Überzeugung des Gerichts, nicht des Vorsitzenden, zu prüfen. Das Gericht hat also nicht ein zwar pflichtgemäßes, aber weites Ermessensspielraum, BGH NJW **81**, 928. *Wenn* aber nach seinem Befund eine Verzögerung fehlt, dann muß es den verspäteten Vortrag zulassen, hat also insofern anders als bei II keinen weiteren Ermessensspielraum. Die Entscheidung über die Zulassung erfolgt im Endurteil oder in einem Zwischenurteil aus § 304. Ein bloßer Beschluß hätte keine Bedeutung; die Entscheidung müßte im Endurteil wiederholt werden. Die Anfechtung der Zulassung ist nur zusammen mit derjenigen des Endurteils möglich, Rn 74. Nachprüfbar ist in der höheren Instanz nur, ob Ermessensmißbrauch vorlag, vgl Rn 75.

14) „Zulassung würde die Erledigung ... nicht verzögern", I. Ein verspäteter Vortrag ist zuzulas- 39 sen, wenn er die Erledigung des Rechtsstreits nicht verzögert. Grundsätzlich kommt eine Verzögerung nur gerade auf Grund einer neuen, streitigen Behauptung in Betracht, BGH NJW **80**, 544, Hamm MDR **92**, 186, Karlsr MDR **87**, 241, Naumbg RR **94**, 704. Die Behauptung darf auch nicht sofort klärbar sein, Karlsr MDR **87**, 241, Deubner NJW **81**, 930, und muß natürlich entscheidungserheblich sein, Rn 46. Freilich kann zB bei schwierigen Rechtsfragen auch eine Rechtsausführung ausnahmsweise die Verzögerung herbeiführen, aM Bischof Rpfleger **93**, 378. Das Gericht muß auch in der Verhandlung klären, ob eine evtl verspätete Behauptung überhaupt streitig und entscheidungserheblich ist, Karlsr MDR **87**, 241, Bischof Rpfleger **93**, 378. Man darf den Verzögerungsbegriff keineswegs im Verfahren mit einem frühen ersten Termin großzügiger auslegen als nach einem schriftlichen Vorverfahren, BGH **86**, 36, Stgt NJW **84**, 2539.

**A. Schädlichkeit irgendeiner zeitlichen Verschiebung, sog absoluter Verzögerungsbegriff.** Eine 40 Verzögerung liegt auch dann vor, wenn der Prozeß ebenso lange dauern würde, wenn der verspätete Vortrag fristgerecht eingegangen wäre. Eine Verzögerung liegt also vor, wenn die Zulassung des nach Fristablauf eingegangenen Vortrags zu irgendeiner zeitlichen Verschiebung zwingt, die nicht ganz unerheblich ist,

**41** Diese Auslegung wird vom BGH nunmehr in stRspr vertreten, BGH **86**, 34. Man kennzeichnet sie als den *„absolute"* oder „realen" Verzögerungsbegriff (Wolf ZZP **94**, 313). Dieser ist grundsätzlich mit dem GG vereinbar, BVerfG FamRZ **91**, 1284, unklar BVerfG NJW **95**, 1418 (ohne ausreichende Erörterung der wahren Problemathik), BGH NJW **87**, 500, BayVerfGH NJW **90**, 1654 je mwN, Köln NJW **90**, 1371 MüKoPr 71 ff, ThP 14. Der absolute Verzögerungsbegriff gilt auch im finanzgerichtlichen Verfahren, BFH BB **99**, 1911.

**42** **B. Unanwendbarkeit des sog hypothetischen Verzögerungsbegriffs.** Demgegenüber vertreten einige trotz der stRspr des BGH, Rn 41, unrichtigerweise immer noch den sog „hypothetischen" Verzögerungsbegriff (eine Verzögerung liege nur dann vor, wenn die Instanz bei einem rechtzeitigen Vorbringen früher beendigt wäre), so möglicherweise BVerfG NJW **95**, 1417 (unklar, ohne ausreichende Erörterung der wahren Problematik), ferner Drsd MDR **98**, 1118, Leipold ZZP **97**, 410, RoSGo § 69 II 1 a, Schumann ZZP **96**, 208, ZöGre 19. Wolf JZ **87**, 418 empfiehlt eine Orientierung am jeweils richterlich geplanten Prozeßablauf.

Ein *Verstoß* gegen die von BVerfG **75**, 315, Hamm RR **89**, 895 ausdrücklich als grundsätzlich mit dem GG vereinbar erklärte, jetzt von mehreren Senaten vertretene Auffassung des BGH ist für sich allein allerdings noch kein Verfassungsverstoß, BVerfG **51**, 191.

**43** **C. Schädlichkeit einer nicht ganz unerheblichen Verzögerung.** Nur eine völlig unerhebliche Zeitspanne ist unschädlich, Fey DRiZ **78**, 180, strenger Mü NJW **90**, 1371 (krit Deubner), Stgt NJW **84**, 2539. Jede größere Zeitspanne ist aber bereits schädlich, Lange DRiZ **80**, 410, zB 10 Kalendertage, Karlsr NJW **84**, 619. Ein Vortrag nach dem Fristablauf darf also nicht etwa schon dann zugelassen werden, wenn die Verzögerung zwar erheblich, aber nicht ernstlich ist, so in Wahrheit wohl auch Mayer NJW **85**, 939 (er versteht und zitiert die hier vertretene Auffassung falsch).

**44** **D. Schädlichkeit bei Notwendigkeit einer Nachfrist.** Eine Verzögerung liegt insbesondere vor, sobald der geplante oder anberaumte Verhandlungstermin voraussichtlich gefährdet wird (das meint wohl auch Karlsr NJW **80**, 296) oder sobald die Zulassung des Vortrags voraussichtlich dazu führen würde, dem Gegner eine Nachfrist gemäß § 283 zu setzen, § 283 Rn 1, 11, Brdb RR **98**, 498, Stgt NJW **84**, 2538, aM BGH NJW **85**, 1558, BAG NJW **89**, 2213, Hamm MDR **92**, 186, (aber das paßt nicht zu dem ja auch und gerade vom BGH vertretenen absoluten Verzögerungsbegriff, Rn 41).

**45** **E. Beispiele zur Frage der Verzögerung**
**Ausbleiben:** Eine Verzögerung kann vorliegen, soweit ein verspätet benannter Zeuge oder eine verspätet benannte Partei als Beweisperson, die das Gericht nach § 273 II Z 4 dennoch geladen hatte, ohne dazu verpflichtet zu sein (nur im letzteren Fall gilt § 273 Rn 16), im Termin ausgeblieben ist, und zwar selbst dann, wenn der Beweisführer das bloße Nichterscheinen der verspätet benannten, dann aber noch an sich ordnungsgemäß geladenen Beweisperson nicht verschuldet hatte, denn die Beweisperson war eben verspätet benannt, Köln VersR **84**, 1176, Schneider MDR **85**, 279, ZöGre 18, aM BGH NJW **87**, 503 und 1950. Erst recht kann eine Verzögerung vorliegen, wenn der verspätet benannte Zeuge, den das Gericht nicht geladen hatte, auch nicht erschienen ist, selbst wenn ihn der Beweisführer gestellen wollte, BGH NJW **89**, 719.

Eine *Verzögerung fehlt*, soweit eine Beweisperson rechtzeitig benannt und ordnungsgemäß geladen wurde. Ist sie dann entschuldigt, so erfolgt eine Vertagung, § 227 Rn 4; ist sie unentschuldigt, so mag zur Vertagung ein Ordnungsmittel hinzutreten müssen, § 380; eine Zurückweisung wegen Verspätung kann nur unter den Voraussetzungen von II erfolgen, § 379 Rn 8.

**46 Entscheidungsreife:** Eine Verzögerung kann grds nur insoweit vorliegen, als der Rechtsstreit bereits insgesamt entscheidungsreif ist, § 300 I, BGH RR **99**, 787, zB nicht nur zur Klage oder Widerklage, BGH NJW **81**, 1217, oder wegen *eines* Streitgenossen, Brdb RR **98**, 498 (vgl aber Rn 49). Eine Verspätung zur Klage ist also unschädlich, soweit der Vortrag mit demjenigen zur Widerklage übereinstimmt und insofern nicht widerlegt ist, BGH NJW **81**, 1217, oder soweit ohnehin zB nur ein Beweisbeschluß möglich wäre, BGH RR **99**, 787, Ffm RR **93**, 62.

Das Gericht muß aber ein verspätetes Vorbringen zurückweisen, soweit der Gegner es zwar als richtig zugesteht, indes nun eine *neue Tatsache* vorträgt, die im an sich bereits entscheidungsreifen Prozeß eine Beweisaufnahme notwendig machen würde, Düss RR **92**, 1239, aM LG Freibg MDR **82**, 762.

S auch Rn 46 „Grundurteil", Rn 49 „Teilurteil".

**Gegenbeweis:** Rn 51 „Weiterer Beweis".

**Grundurteil:** Eine Verzögerung kann vorliegen, soweit das verspätete Vorbringen den Anspruchsgrund betrifft. Dann kann der Vortrag im Grundurteil zurückgewiesen werden kann. Denn dieses muß sämtliche Klagegründe usw erschöpfend erledigen und einen Anspruch auch der der Höhe nach als mit hoher Wahrscheinlichkeit bestehend beurteilen, § 304 Rn 2, 8, sodaß Entscheidungsreife vorliegt, § 300 I, BGH WoM **79**, 918.

S auch Rn 46 „Entscheidungsreife", Rn 49 „Teilurteil".

**47 Haupttermin:** Eine Verzögerung kann vorliegen, soweit zusätzlich zum frühen ersten Termin, insbesondere dann, wenn dieser zulässigerweise als ein vollwertiger, abschließender Termin geplant und durchgeführt worden war, § 272 Rn 4, ein folglich bisher nicht vorgesehener (auch weiterer) Haupttermin notwendig wird, § 272 Rn 2. Denn das Gericht hätte sonst auf Grund der schon zuvor eingetretenen Entscheidungsreife auch entscheiden müssen, § 300 I, Karlsr NJW **83**, 403, Stgt NJW **84**, 2538, aM Ffm MDR **86**, 539, Mü NJW **83**, 402.

**48 Insolvenzverfahren:** Zum Einfluß des § 240 Kühnemund KTS **99**, 28 (ausf).
**Mutmaßung:** Rn 42.
**Nachfrist:** Eine Verzögerung auf seiten der einen Partei kann auch dann vorliegen, wenn das Gericht der anderen Partei eine Nachfrist nach § 283 zur Erklärung auf einen nachgereichten Schriftsatz des Gegners gesetzt hatte, Düss MDR **85**, 417.

1. Titel. Verfahren bis zum Urteil § 296

**Nichterscheinen:** Rn 45 „Ausbleiben".
**Selbständiges Beweisverfahren:** Ein Antrag auf ein oder in einem selbständigen Beweisverfahren ist grundsätzlich im Rahmen von II kein „Fluchtweg", Mertins DRiZ **85**, 348. Andernfalls könnte jede Verspätungsfolge unterlaufen werden.
**Stufenklage:** § 254 Rn 20.
**Teilurteil:** Eine Verzögerung kann vorliegen, soweit das verspätete Vorbringen (nur) durch ein Teilurteil **49** zurückgewiesen werden kann. Denn in seinem Umfang muß Entscheidungsreife vorliegen, unabhängig vom Reststoff, § 301 Rn 4 ff, LG Bln MDR **83**, 63, LG Fulda NJW **89**, 3290, Gounalakis MDR **97**, 220, aM BGH **77**, 308 Düss NJW **93**, 2543, ZöGre 12.
    S auch Rn 46 „Entscheidungsreife", „Grundurteil", Rn 51 „Widerklage".
**Verfassungsmäßigkeit:** Vgl zunächst Rn 24 ff. Eine verfassungsmäßie Auslegung darf nicht dazu führen, **50** den Verzögerungsbegriff in sein Gegenteil zu verkehren, Stgt NJW **84**, 2539. Art 103 I GG (Rechtliches Gehör) verbietet nur eine Zurückweisung solchen verspäteten Vorbringsns, dessen Beachtung die Erledigung des Rechtsstreits nicht verzögert, Einl III 16, BVerfG NJW **89**, 705.
**Verhältnismäßigkeit:** Zwar ist der Grundsatz der Verhältnismäßigkeit der Mittel, Einl III 22, 23, auch hier zu beachten; er ist aber zurückhaltend anzuwenden, Stgt NJW **84**, 2539. Jedenfalls bleibt nach Bejahung einer Verzögerung kein Raum mehr für Verhältnismäßigkeitsabwägungen, die schon der Gesetzgeber vorgenommen hat, Stgt NJW **84**, 2539.
**Verkündungstermin:** Eine Verzögerung kann vorliegen, soweit am Schluß des Verhandlungstermins Verkündungsreife eingetreten ist, § 300 I, und die Partei zB ihr verspätetes Beweismittel bis zu einem vom Gericht nach § 311 IV 1 anberaumten (bloßen) Verkündungstermin noch beschaffen könnte. Denn der Gegner hat Anspruch auf unverzügliche Entscheidung auf Grund des bis zum Ende des Verhandlungstermins vorliegenden Tatsachenstoff, § 296 a, Zweibr MDR **81**, 504, aM Hamm NJW **94**, 958, ThP 20, ZöGre 15.
**Weiterer Beweis:** Eine Verzögerung kann vorliegen, soweit das Gericht einen verspätet benannten, lediglich **51** vom Beweisführer gestellten Zeugen in diesem Termin nicht abschließend vernehmen kann, BGH NJW **86**, 2257, Hamm MDR **86**, 766 (je zu § 528 II), oder soweit das Gericht nach der Vernehmung eines verspätet benannten, aber in (ersten) Termin vom Beweisführer gestellten Zeugen einen erst infolgedessen erforderlichen weiteren Beweis oder Gegenbeweis erst in einem späteren Termin erheben könnte, BGH **86**, 201, LG Ffm NJW **81**, 2266, auch wegen Durcheinandergeratens des Terminstages, Köln MDR **85**, 772, Schneider MDR **85**, 730, aM BGH NJW **91**, 1182 (zu theoretisch).
    Eine Verzögerung kann *fehlen*, soweit ungeachtet der Verspätung noch ein nicht verspäteter weiterer Beweisantritt zu beachten ist, BGH RR **99**, 787.
    S auch Rn 45 „Ausbleiben", Rn 48 „Selbständiges Beweisverfahren".
**Weiterer (Haupt-)Termin:** Rn 47 „Haupttermin", Rn 51 „Weiterer Beweis".
**Widerklage:** Sie darf nicht der Umgehung von § 296 dienen, Einl III 54, Gounalakis MDR **97**, 220.
    S auch Rn 49 „Teilurteil".
**Zeuge:** Eine Verzögerung kann vorliegen, soweit die Partei einen Zeugen erst nach Monaten und so spät benennt, daß das Gericht seine Dispositionsfreiheit und sein Persönlichkeitsrecht durch eine Ladung im letzten Moment mißachten müßte, Karlsr FamRZ **95**, 738.
    Eine Verzögerung kann *fehlen*, wenn die Partei das Ausscheiden ihres gesetzlichen Vertreters (Geschäftsführers) rechtzeitig ankündigt und ihn erst dann benennt, Üb 8 vor § 373, BGH NJW **99**, 2446.
    S auch Rn 45 „Ausbleiben".

**15) „Die Partei entschuldigt die Verspätung genügend", I.** Ein verspäteter Vortrag ist ferner auch **52** zuzulassen, wenn er die Erledigung des Rechtsstreits zwar verzögert, wenn die Partei die Verspätung jedoch entschuldigt; I spricht überflüssig von „genügender" Entschuldigung.

    **A. Begriff der „Partei".** Der Parteibegriff ist derselbe wie sonst, Grdz 3 vor § 50. Ein etwaiges Verschulden des gesetzlichen Vertreters oder ProzBev ist der Partei gemäß § 51 II, 85 II als das Verschulden der Partei zu beurteilen, Karlsr NJW **84**, 619; die Partei muß sich spätestens im folgenden Termin entlasten, Karlsr Just **79**, 14. Ein Verschulden des Streithelfers schadet der Partei nicht, soweit sie ausreichend darauf geachtet hat, daß er die Prozeßförderungspflicht einer Prozeßpartei erfüllt, Fuhrmann NJW **82**, 978, Schulze NJW **81**, 2665.

    **B. Maßstab der „Entschuldigung": Scharfe Anforderungen.** An eine Entschuldigung sind aus den **53** Gründen Rn 4 scharfe Anforderungen zu stellen, BGH NJW **85**, 744, Deubner NJW **77**, 924, aM Lange NJW **86**, 3045, und zwar an diejenige des Anwalts schärfere Anforderungen als an diejenige der Partei, BGH VersR **72**, 148. Keineswegs braucht das Gericht von Amts wegen nachzuweisen, daß die Partei die Verspätung schuldhaft oder gar grob fahrlässig oder gar in Verschleppungsabsicht herbeigeführt hat, BGH NJW **83**, 577, mißverständlich BVerfG NJW **89**, 706 rechte Spalte unten (es scheint I und II zu vermengen). Vielmehr darf und muß das Gericht nach einem (trotz etwaiger prozeßleitender Belehrung unter Umständen nochmals im Termin) notwendigen Hinweis darauf, daß der Vortrag verspätet sein könnte, Deubner NJW **78**, 356, Kinne DRiZ **85**, 15, aM von Bassewitz NJW **82**, 459, wegen der gerichtlichen Pflicht zur Unparteilichkeit zunächst abwarten, ob die Partei ihrerseits Entschuldigungsgründe darlegt bzw nachreicht, Karlsr Just **79**, 14.

    **C. Beispiele zur Frage einer Entschuldigung, I** **54**
**Anwaltsfrist:** Eine Entschuldigung liegt vor, soweit die Partei glauben durfte, ihr ProzBev erhalte ebenfalls eine Frist, LG Paderb NJW **78**, 381.
**Anwaltswechsel:** Eine Entschuldigung fehlt, soweit er gewillkürt war, § 91 Rn 128.
**Beauftragung:** Eine Entschuldigung fehlt, soweit die Partei ihren ProzBev vorwerfbar spät beauftragt hat, LG Paderb NJW **78**, 381.
**Einspruchsbegründung:** Rn 55 „Fristverlängerung".

## § 296

**55 Fristbemessung:** Eine Entschuldigung liegt nicht schon dann stets vor, wenn das Gericht von vornherein oder rückblickend betrachtet eine Frist zu kurz bemessen hatte, Celle RR **98**, 499 (großzügig: 20 Tage), aM Hamm MDR **83**, 63. Natürlich ist ein solcher Verstoß des Gerichts aber ein Anzeichen für eine Entschuldigung der Partei, Lange NJW **86**, 3045, Leipold ZZP **93**, 247. Dann kann es unschädlich sein, daß ein Verlängerungsantrag erst nach Fristablauf, aber vor der Terminsbestimmung einging, Karlsr RR **90**, 703.
**Fristverlängerung:** Eine Entschuldigung kann ausreichen, soweit sofort vor Fristablauf ausreichende Gründe für die Nichteinhaltung genannt wurden, Karlsr MDR **97**, 196. Im übrigen fehlt eine Entschuldigung, soweit die Partei keine Fristverlängerung beantragt, zB nach § 340 III 2, BGH NJW **79**, 1989, aM Lange NJW **86**, 3045. Es sind hohe Anforderungen zu stellen, Rn 53, BGH NJW **88**, 62 (Erkundigungsobliegenheit).
**Glaubhaftmachung:** Erst wenn ein Entschuldigungsgrund nachvollziehbar, schlüssig, vorgetragen worden ist, ist zu prüfen, ob das Gericht nach IV eine Glaubhaftmachung fordern muß, Rn 73, LG Ffm NJW **79**, 2112. Letztere braucht die Partei allerdings unabhängig davon, ob die Gründe offenkundig sind, § 291, erst auf Verlangen des Gerichts zu liefern, BGH MDR **86**, 1002. Daher darf der Vortrag nicht etwa wegen Fehlens einer Entschuldigung zurückgewiesen werden, nur weil die Partei ihre Entschuldigungsgründe nicht zugleich mit dem verspäteten Vortrag bereits glaubhaft gemacht hat; es ist eine kurze Frist zu setzen, BGH MDR **86**, 1002. Falls das Gericht eine Glaubhaftmachung fordert, muß es auch § 294 II beachten, darf also eine nicht sofortige Beweisaufnahme nicht durchführen.

**56 Krankheit:** Eine Entschuldigung liegt evtl vor, wenn der Alleingeschäftsführer der Partei eine stationäre Kur nehmen mußte, Hamm RR **92**, 122 (großzügig); freilich sind insofern scharfe Anforderungen zu stellen, Rn 53.
**Urlaub:** Eine Entschuldigung kann vorliegen, wenn der mit dem Streitstoff bekannte Vertrauensanwalt einer Partei im Urlaub war, Köln NJW **80**, 2422.
**Verfahrensfehler:** Eine Entschuldigung liegt vor, soweit ein Verfahrensfehler des Gerichts für die Verzögerung auch ursächlich war, Rn 16.

**57 16) „Nicht rechtzeitig vorgebrachte oder ... mitgeteilte Angriffs- oder Verteidigungsmittel", II.** Während I die Fälle des Fristablaufs und III die Fälle der Zulässigkeitsrügen regelt, nennt II die Voraussetzungen, unter denen eine sonstige Verspätung zur Zurückweisung führen kann. Umfaßt werden alle Angriffs- und Verteidigungsmittel, Einl III 70, 71, BGH FamRZ **96**, 1072. Eine Zurückweisung erfolgt nur, wenn der Vortrag nicht so rechtzeitig einging, wie § 282 I, II es fordern, BGH NJW **97**, 2244, Celle VersR **83**, 187, Hamm NJW **87**, 1207. Ein Verstoß nur gegen § 132 genügt hier nicht, BGH NJW **97**, 2244, BGH NJW **93**, 1926 behandelt das Fehlen der Zeugenanschrift nur nach § 356. Im schriftlichen Verfahren, § 128 II, III, gilt das in Rn 32 Ausgeführte entsprechend. Das Gericht darf und muß ein verspätetes Vorbringen auch dann als verspätet behandeln, wenn es ein Grundurteil erlassen will, BGH MDR **80**, 51. II gilt auch in der Berufungsinstanz, BVerfG, zit bei Schneider MDR **86**, 896, BGH NJW **87**, 502. II gilt auch im Mahnverfahren, § 697 Rn 6.

**58 17) „... können zurückgewiesen werden": Ermessen, II.** Fehlende Rechtzeitigkeit des Vortrags hat mangels Fristverstoßes keinen automatischen Ausschluß zur Folge, vgl Saarbr MDR **79**, 1030. Insofern bestehen erhebliche Unterschiede zu der scharfen Regelung gemäß I. Bei II bedarf es vielmehr zum Ausschluß des Vortrags, der auf Antrag oder von Amts wegen erfolgt, eines pflichtgemäßen Ermessens, Rn 38, BVerfG NJW **85**, 1151, BGH VersR **82**, 345, Leipold ZZP **102**, 487, aM Weth 293 (bei verfassungsgemäßer Auslegung verbleibe kein Ermessen).

**59** „Freie Überzeugung" ist weit zu fassen, Hbg NJW **79**, 376. Bei einer Zurückweisung besteht kein Anspruch auf Wiedereröffnung der Verhandlung gemäß § 156, Köln MDR **71**, 308 (zu § 279 aF). Das Gericht ist nicht verpflichtet, § 227 anzuwenden, solange es das rechtliche Gehör gewährt, Einl III 16, Köln NJW **73**, 1847 (zu § 279 aF). Keine Zurückweisung erfolgt bei einem Vortrag, der sich auf Umstände bezieht, die zu den von Amts wegen zu beachtenden Prozeßvoraussetzungen zählen, Nürnb OLGZ **72**, 41, und soweit das Gericht zur Amtsermittlung verpflichtet ist, Grdz 38 vor § 128, BFH NJW **70**, 2319. Soweit ein früher erster Termin ein bloßer Durchlauftermin war, § 272 Rn 5, kommt II nicht in Betracht, BVerfG **69**, 139, Hamm NJW **87**, 1207. Ein als vollwertiger Termin geplanter und durchgeführter früher erster Termin, § 272 Rn 4, 10, reicht aber aus, Hamm NJW **87**, 1207.

**60 18) „Zulassung würde die Erledigung verzögern", II.** Die Zurückweisung des ohne einen Fristverstoß dennoch nicht rechtzeitigen Vortrags kommt nach II in Betracht, soweit die beiden in Rn 60, 61 erläuterten Voraussetzungen zusammentreffen. Als erste Bedingung müßte die Erledigung des Rechtsstreits verzögert werden. Zum Verzögerungsbegriff vgl die (freilich umgekehrten) Voraussetzungen von Rn 40, 41, so wohl auch BGH NJW **82**, 2560 (krit Deubner). Eine Verzögerung allein reicht jedoch nicht.

**61 19) „Verzögerung beruht auf grober Nachlässigkeit", II.** Als weitere Voraussetzung einer Zurückweisung nach II muß die Verspätung auf einer mindestens groben Nachlässigkeit beruhen. Es ist also zwar keine Verschleppungsabsicht notwendig; andererseits ist eine nur leichte Nachlässigkeit unschädlich.

**A. Begriff der „groben Nachlässigkeit".** Eine solche liegt erst dann vor, wenn die Partei eine Pflicht in besonders schwerwiegender Weise verletzt, BVerfG **69**, 137, BGH NJW **87**, 502, Hamm NJW **87**, 1207, wenn das prozessuale Sorgfalt versäumt worden ist, Köln OLGZ **73**, 369, wenn die im Prozeß erforderliche Sorgfalt in ungewöhnlich großem Maße verletzt und wenn dasjenige unbeachtet geblieben ist, was jeder Partei hätte einleuchten müssen, BGH GRUR **90**, 1054, Köln VersR **84**, 1176, Schlesw NJW **86**, 857, wenn sie ausnehmend sorglos war, also bei einem groben prozessualen Verschulden, Einl III 68. Grobes prozessuales Verschulden ist freilich wegen der seit 1977 gesetzlich erheblich gesteigerten Sorgfaltsanforderungen jetzt eher anzunehmen als nach altem Recht, Rn 12, Düss NJW **82**, 1889.

**62** Es besteht auch hier ein *Ermessensspielraum*, Rn 58, BGH NJW **81**, 928, aM BGH NJW **86**, 1351, Hamm NJW **87**, 1207 (bloßer Würdigungsspielraum). Demnach ist die Anwendung des Rechtsbegriffs der groben

1. Titel. Verfahren bis zum Urteil § 296

Nachlässigkeit in der höheren Instanz nachprüfbar, Rn 75. Deshalb muß das Gericht die zugehörigen Tatsachen im Urteil feststellen, Saarbr MDR **79**, 1030, und dabei miteinander abwägen. Maßgeblich ist ein objektiver Maßstab, BGH NJW **86**, 135, Hamm NJW **87**, 1207.

Ein *Verschulden* des gesetzlichen Vertreters oder des ProzBev ist auch hier ein Verschulden der Partei, **63** §§ 51 II, 85 II, Karlsr NJW **84**, 619 (zu I), Köln VersR **84**, 1176 (zu II). Auch auf dieses Verschulden darf und muß das Gericht unter Umständen im Urteil eingehen, Köln VersR **84**, 1176. An die Sorgfalt eines Anwalts sind auch hier hohe Anforderungen zu stellen, sogar höhere als an die Partei selbst, BGH VersR **72**, 148, Köln VersR **84**, 1176. Seine Überlastung kann auch hier ein Organisationsverschulden sein. Ein Verschulden des Streithelfers schadet der Partei nicht, soweit sie ausreichend darauf geachtet hat, daß er die Prozeßförderungspflicht einer Prozeßpartei erfüllt, Fuhrmann NJW **84**, 978, Schulze NJW **81**, 2665.

**B. Notwendigkeit des Ursachenzusammenhangs.** Eine grobe Nachlässigkeit ist nur dann schädlich, **64** wenn die Verspätung gerade auf ihr beruht, BGH NJW **82**, 1533, also nicht schon dann, wenn eine Verspätung objektiv feststellbar ohnehin eingetreten wäre bzw wenn auch bei rechtzeitigem Vortrag eine Verzögerung eingetreten wäre, Hamm RR **95**, 127.

**C. Beispiele zur Frage der groben Nachlässigkeit, II** **65**
**Anwaltsauftrag:** Grobe Nachlässigkeit kann vorliegen, wenn die Partei den ProzBev zu spät beauftragt.
**Anwaltskartell:** Grobe Nachlässigkeit kann vorliegen, wenn der ProzBev ein sog Anwaltskartell beauftragt, § 85 Rn 28, § 216 Rn 20, § 272 Rn 12, Rudolph DRiZ **86**, 17.
S auch Rn 68 „Unkenntnis".
**Anwaltswechsel:** Grobe Nachlässigkeit kann vorliegen, wenn die Partei einen zu späten gewillkürten Anwaltswechsel vornimmt.
**Beweisantritt:** Grobe Nachlässigkeit kann vorliegen, wenn der Beweisführer den Beweis nicht einmal nach **66** der ersten streitigen Verhandlung unverzüglich antritt, Celle VersR **83**, 187.
S auch Rn 67 „Rechtsansicht".
**Beweisbeschluß:** Grobe Nachlässigkeit kann vorliegen, wenn der ProzBev einen Beweisbeschluß nicht alsbald daraufhin überprüft, ob er einen Antrag auf eine Berichtigung, Ergänzung stellen oder weitere Informationen einholen muß, Köln VersR **84**, 1176.
**Erkundigung:** Grobe Nachlässigkeit kann vorliegen, soweit man sich unschwer hätte erkundigen können usw, BGH NJW **88**, 62.
**Krankheit:** Grobe Nachlässigkeit kann bei schwerer Erkrankung natürlich fehlen, BGH VersR **82**, 346.
**Organisation:** Grobe Nachlässigkeit kann bei einem anwaltlichen Organisationsverschulden vorliegen, **67** BGH VersR **82**, 346.
S auch Rn 65 „Anwaltskartell", Rn 67 „Rechtsansicht", Rn 68 „Unkenntnis".
**Rechtsansicht:** Grobe Nachlässigkeit kann vorliegen, wenn der ProzBev trotz der Hinweise des Gerichts auf einer irrigen Rechtsansicht beharrt und daher nicht ergänzend Tatsachen vorträgt bzw Beweis antritt, Oldb NJW **87**, 1340. Es kann grobe Nachlässigkeit hier auch genügen, daß man sich unschwer hätte erkundigen können usw, BGH NJW **88**, 62.
**Triftige Gründe:** Grobe Nachlässigkeit kann fehlen, wenn triftige Gründe zugunsten der Partei oder des ProzBev sprechen, zB bei einer Zurückhaltung von Vortrag), Düss JB **92**, 263.
**Unkenntnis:** Grobe Nachlässigkeit kann vorliegen, wenn der Anwalt verhandelt, ohne die Sache überhaupt **68** zu kennen, Düss NJW **82**, 1889.
Sie kann *fehlen*, wenn die Partei die Bedeutung des Vorbringens wirklich nicht erkennen konnte.
S auch Rn 65 „Anwaltskartell".
**Urlaub:** Grobe Nachlässigkeit kann vorliegen, wenn der Beweisführer zwar eine Fristverlängerung beantragt, dann aber in den, wenn auch angekündigten, Urlaub fährt, ohne die Bewilligung der Fristverlängerung abzuwarten oder in einer unkomplizierten, übersichtlichen Sache noch vor dem Urlaubsantritt vorzutragen, LG Kblz NJW **82**, 289.
**Zurückbehaltungsrecht:** Grobe Nachlässigkeit kann vorliegen, soweit eine Partei ein Zurückbehaltungsrecht erst im oder gar nach dem Termin geltend macht, Hamm RR **89**, 61.

**20) „Verspätete Rügen, die die Zulässigkeit der Klage betreffen", III.** Die Vorschrift enthält eine **69** gegenüber I, II vorrangige Sonderregelung für Zulässigkeitsrügen. IV bleibt anwendbar, wie die ausdrückliche Verweisung zeigt.

**A. Grundsatz des Rügeverlustes.** Mit dem Beginn der mündlichen Verhandlung des Bekl (oder des **70** Klägers, § 282 Rn 10) zur Hauptsache, § 39 Rn 6, § 282 III, gehen sämtliche Zulässigkeitsrügen, auf die der Bekl bzw der Kläger verzichten kann, § 295, grundsätzlich verloren, Mü MDR **94**, 1244. Wegen des Einspruchs § 342 Rn 4. Es kommt insoweit auch nicht darauf an, ob die Verspätung zu einer Verzögerung führt, Mü MDR **94**, 1244.

**B. Ausnahme: Beachtlichkeit der Rüge bei einem von Amts wegen zu prüfenden Mangel.** Eine **71** „verspätete Zulässigkeitsrüge" ist ausnahmsweise erlaubt, soweit ein von Amts wegen zu beachtender Mangel vorliegt.
*Beachtlich* bleiben von Amts wegen zB: Eine sachliche Unzuständigkeit, zB eine ausschließliche Zuständigkeit des Arbeitsgerichts, Mü VersR **82**, 198, oder eine in nichtvermögensrechtlichen Sachen, Grdz IV vor § 1. Wegen vermögensrechtlicher Sachen vgl aber §§ 529 II, 549 II; die Unzulässigkeit des Rechtswegs; das Fehlen der deutschen internationalen Zuständigkeit, vgl Art 16, 19, 20 EuGVÜ, SchlAnh V C, Köln NJW **88**, 2182; eine anderweitige Rechtshängigkeit, § 261 Rn 28; das Fehlen der Partei- und Prozeßfähigkeit, §§ 50, 51; ein Mangel bei der gesetzlichen Vertretung, § 51 II.
*Nicht* von Amts wegen geprüft werden zB: Die Rüge einer Schiedsvereinbarung, § 1032 I (vorbehaltlich dort II), Mü MDR **94**, 1244; die Rüge der örtlichen Unzuständigkeit, Bischoff NJW **77**, 1900, Grunsky JZ **77**, 206, aM Putzo NJW **77**, 5.

**§§ 296, 296a**  2. Buch. 1. Abschnitt. Verfahren vor den LGen

72   C. **Weitere Ausnahme: „Der Beklagte entschuldigt die Verspätung genügend", III.** Trotz des grundsätzlichen Verlusts kann die verspätete Zulässigkeitsrüge ausnahmsweise auch dann zugelassen werden, wenn der Bekl bzw der Kläger, § 282 Rn 17, die Verspätung entschuldigt. III spricht wie I überflüssig von einer „genügenden" Entschuldigung. Zur Entschuldigung und zur etwaigen Glaubhaftmachung, IV, vgl Rn 73. Ob eine Entschuldigung ausreicht, ist auch hier nach der Ansicht des Gerichts und nicht des Vorsitzenden zu klären. *Wenn* die Entschuldigung ausreicht, ist eine Zulassung der Rüge Pflicht des Gerichts, auch insofern vgl Rn 38. Dort auch zum Verfahren.

73   **21) „Der Entschuldigungsgrund ist auf Verlangen ... glaubhaft zu machen", IV.** Die Vorschrift enthält eine Regelung nur für die Fälle I, III, nicht auch für die Fälle II. Das zeigt schon der Wortlaut. Die Glaubhaftmachung ist nur auf Verlangen des Gerichts nötig, BGH MDR 86, 1002, Brdb RR 98, 498, dann aber unverzüglich oder in der gesetzten Frist, BGH MDR 86, 1002. Das Gericht muß die eigene Frist abwarten. Die Glaubhaftmachung erfolgt nach § 294, Leipold ZZP 93, 246.

74   **22) Verstoß; Rechtsmittel, I–IV.** Die fehlerhafte Zulassung verspäteten Vortrags ist nur zusammen mit derjenigen des Endurteils anfechtbar, BGH FamRZ 84, 38. Köln NJW 80, 2361, LG Freibg NJW 80, 295. Ein Verstoß gegen § 296 ist in der höheren Instanz nachprüfbar, insofern richtig BGH NJW 86, 134, Hamm NJW 87, 1207. Das kann bei greifbarer Gesetzwidrigkeit, § 127 Rn 25 (Vorsicht mit diesem Begriff!), auch zur Rechtsmittelfähigkeit trotz Fehlens der Rechtsmittelsumme führen, LG Bochum RR 95, 1342.

75   Er ist ein wesentlicher *Verfahrensfehler*, Karlsr NJW 85, 1350, Naumbg RR 94, 704, Stgt RR 86, 1062. Er kann zur Zurückverweisung nach § 539 führen, BGH NJW 87, 501, Celle RR 95, 1407, Naumbg RR 94, 704. Das Revisionsgericht prüft die Rechtsbegriffe Verzögerung, Verspätung, Verschulden, grobe Nachlässigkeit voll, im Ermessen des Gerichts aber nur auf dessen Überschreitung nach, BGH VersR 83, 34.

76   Zur Problematik einer *Dienstaufsichtsbeschwerde* § 26 DRiG, SchlAnh I A, Baur Festschrift für Schwab (1990) 56; § 8 GKG (Kostennichterhebung) ist kaum anwendbar, Hartmann Teil I § 8 GKG Rn 8, 9. Auch § 839 BGB (Amtshaftung) hilft kaum. Soweit kein Rechtsmittel statthaft ist, kann die Verfassungsbeschwerde in Betracht kommen, Rn 24. Freilich ist nicht jeder Verstoß gegen § 296 auch ein Verfassungsverstoß, BVerfG, zit bei Schneider MDR 86, 896, Waldner NJW 84, 2926.

77   **23)** *VwGO:* Es gilt die durch das 4. *VwGOÄndG* eingeführte Präklusionsregelung des § 87 b *VwGO*, dazu *BVerwG NVwZ-RR 98,* 592, *Kopp NJW 91,* 524, *Stelkens NVwZ 91,* 213, *Pagenkopf DVBl 91,* 289, außerdem § 74 *AsylVfG*, dazu *VGH Mannh NVwZ 95,* 816. Einwendungsausschlüsse im *VerwVerf* können sich auch auf das Gerichtsverf erstrecken, vgl *Brandt NVwZ 97,* 233 mwN, *Streinz VerwArch 88,* 272, *Degenhart F Menger (1985) S 621–638, BVerfG NJW 82,* 2173 *u NVwZ 83,* 27, *BVerwG NVwZ 89,* 489 u *DVBl 96,* 684 (zu § 17 IV 1 FStrG) mwN, *BVerwG NVwZ 84,* 1250 (zu § 17 III, IV WasserstrG), vgl *Steinberg/Berg NJW 94,* 488 (zum *PlVereinfG*) und 490 (zu § 17 FStrG nF); bei der Anwendung solcher Vorschriften ist Art 103 I GG zu wahren, *BVerwG NVwZ 84,* 234. Zur Nichtbeachtung eines rechtsmißbräuchlichen Vorbringens (Verschleppung) vgl *OVG Münst NWVBl 95,* 75.

## 296a

*Verhandlungsschluß.* ¹Nach Schluß der mündlichen Verhandlung, auf die das Urteil ergeht, können Angriffs- und Verteidigungsmittel nicht mehr vorgebracht werden. ²§§ 156, 283 bleiben unberührt.

1   **1) Systematik, S 1, 2.** Die Vorschrift ist mit Art 103 I GG vereinbar, BVerfG RR 93, 637. Sie schafft einen wesentlichen Verfahrensgrundsatz von erheblicher Bedeutung. Sie wird durch § 156 ergänzt, aber nicht etwa verdrängt, sondern bestätigt.

2   **2) Regelungszweck, S 1, 2.** Die Vorschrift dient der Förderungsaufgabe. Grdz 12, 13 vor § 128, der Prozeßwirtschaftlichkeit, Grdz 14, 15 vor § 128, und der Rechtssicherheit, Einl III 43. Sie begrenzt die Parteiherrschaft, Grdz 18 vor § 128. Das ist bei der Auslegung mitzubeachten.

3   **3) Geltungsbereich, S 1, 2.** Die Vorschrift gilt in allen Verfahrensarten der ZPO, auch im Räumungsprozeß, BVerfG WoM 91, 466.

4   **4) Verhandlungsschluß, Urteil, S 1, 2.** Die Vorschrift versteht unter „Urteil" nicht schon ein Teilurteil, wenn die anschließende Verhandlung noch den hier maßgeblichen Rest erfassen kann, Köln FamRZ 92, 1317. Sie enthält eine eindeutige und zwingende Regelung, Düss NJW 87, 508. Sie setzt nicht voraus, daß die stattgefundene mündliche Verhandlung notwendig war, aM Mü MDR 81, 1025. Der Verhandlungsschluß, § 136 Rn 28, beendet in der Regel unabhängig vom etwaigen Verschulden der Partei jede Möglichkeit irgendwelchen rechtlichen oder tatsächlichen Vorbringens in dieser Instanz, Düss NJW 87, 508, also auch eines Sachantrags, §§ 261 II, 297, sofern sie überhaupt bis zum Verhandlungsschluß bestand, § 296 usw, BGH NJW 79, 2110. Ein vorher eingegangener Schriftsatz ist zu berücksichtigen, auch wenn wegen ihm ein Termin nicht vorlag, Düss RR 98, 1536. Eine erst nach Verhandlungsschluß auf der Posteingangsstelle eingegangene einseitige Erledigterklärung bleibt trotz § 91 a I 2 wegen § 296 a unbeachtlich; das übersieht LG Hbg MDR 95, 204. Dem Verhandlungsschluß entspricht bei § 128 II der dort bestimmte Zeitpunkt, bei § 128 III der dem Verhandlungsschluß entsprechende bestimmte Zeitpunkt, Kramer NJW 78, 1413, bei § 331 III die Übergabe des unterschriebenen Versäumnisurteils an die Geschäftsstelle.

5   **5) Verfahren, S 1, 2.** Das Gericht muß zwar einen verspätet eingegangenen Schriftsatz durchlesen, so auch Fischer NJW 94, 1321. Denn er kann ein Rechtsmittel oder zB ein hinsichtlich der vor Verhandlungsschluß eingetretenen Vorgänge evtl noch zulässiges Prozeßkostenhilfegesuch, § 114 Rn 95 „Letzter Augenblick", oder zB einen Antrag gemäß §§ 156, 283 usw enthalten und ergeben, daß der Verhandlungsschluß verfrüht war, was freilich keineswegs schon wegen der Nachreichung eines Antrags nach § 283 stets anzunehmen ist, § 156 Rn 4, BayVGH NJW 84, 1027. Das Gericht braucht jedoch grundsätzlich nur in einem solchen Ausnahmefall etwas anderes als „zu den Akten" zu verfügen, zumal sich das Gericht nicht um

die nächsthöhere Instanz zu kümmern braucht, Fischer NJW **94**, 1321. Eine Tatbestandsberichtigung kommt nicht in Betracht, Köln MDR **91**, 988.

Eine erst jetzt eingehende Widerklage, Anh § 253, ist unbeachtlich, weil unzulässig, Anh § 253 Rn 7, 8, **6** § 282 Rn 6, BGH MDR **92**, 899, Hbg MDR **95**, 526. Durch ihre Berücksichtigung ließe sich beliebig eine Wiedereröffnung der Verhandlung erzwingen. Das gilt auch dann, wenn der Bekl eine Nachfrist nach § 283 zur Stellungnahme (nur) auf gegnerisches Vorbringen erhalten hat, Hbg MDR **95**, 526. Wenn ein Angriffs- oder Verteidigungsmittel, Einl III 70, 71, unbeachtlich ist, braucht es auch nicht mehr an den Gegner übersandt zu werden. Soweit das Gericht freilich zB einen nachgereichten Sachantrag dem Gegner zustellt, kann dadurch insoweit die Rechtshängigkeit begründet, § 261, Mü MDR **81**, 502, und daher eine Wiedereröffnung nach § 156 oder eine Abtrennung nach § 145 usw notwendig werden.

Auch eine *Klagerweiterung* kann zu beachten sein, BFH DB **86**, 628, denn sie fällt schon deshalb grundsätzlich nicht unter § 296 a, weil sie überhaupt kein bloßes Angriffs- oder Verteidigungsmittel ist, Einl III 71, BGH NJW **95**, 1224, was BGH RR **97**, 1486 übersieht; nur Arglist ist verboten, Einl III 54. Freilich wird eine Wiedereröffnung nicht schon deshalb notwendig, weil eine Partei in einem ohne Nachfrist eingereichten Schriftsatz erklärt, sie werde auf ihn bei einer Wiederöffnung Bezug nehmen, Düss NJW **87**, 508. Zur Behandlung eines ohne Nachfrist nach dem Verhandlungsschluß eingegangenen Schriftsatzes allgemein Fischer NJW **94**, 1315. Verspätetes Vorbringen kann im Berufungsverfahren in Bezug genommen werden (vgl freilich § 528), BGH RR **98**, 1514.

**6) Verstoß,** S 1, 2. Er kann zu einer Verletzung des Art 103 I GG werden, BSG MDR **85**, 700. Er kann, **7** auch wegen Verstoßes gegen §§ 139, 278 III, zur Zurückverweisung führen, Düss RR **98**, 1530.

**7) VwGO:** *Unanwendbar wegen* § 86 I VwGO. **8**

**297** *Anträge.* ¹¹Die Anträge sind aus den vorbereitenden Schriftsätzen zu verlesen. Soweit sie darin nicht enthalten sind, müssen sie aus einer dem Protokoll als Anlage beizufügenden Schrift verlesen werden. ²Der Vorsitzende kann auch gestatten, daß die Anträge zu Protokoll erklärt werden.

II Die Verlesung kann dadurch ersetzt werden, daß die Parteien auf die Schriftsätze Bezug nehmen, die die Anträge enthalten.

**Gliederung**

| | | | |
|---|---|---|---|
| 1) Systematik, I, II | 1 | 5) Verlesung, I 1, 2 | 11, 12 |
| 2) Regelungszweck, I, II | 2 | 6) Bezugnahme auf Schriftsätze, II | 13 |
| 3) Geltungsbereich, I, II | 3 | 7) Antrag zu Protokoll, I 3 | 14, 15 |
| 4) Antrag, I 1 | 4–10 | 8) Teilverlesung usw, I, II | 16 |
|   A. Sachantrag | 4 | 9) Verstoß, I, II | 17 |
|   B. Prozeßantrag | 5 | 10) VwGO | 18 |
|   C. Beispiele zur Frage des Vorliegens eines Prozeß- oder Sachantrags | 6–10 | | |

**1) Systematik, I, II.** Die Vorschrift ergänzt den § 137 I und regelt die theoretische Form dieses **1** wichtigsten Teils der mündlichen Verhandlung. Sie wird ihrerseits durch § 157 ergänzt.

**2) Regelungszweck, I, II.** Die strenge Ausgangsform in I wird in der Praxis ebensowenig eingehalten **2** wie die übrigen in I, II zur Auswahl gestellten Formen. Das verdeutlicht, wie problematisch der Zweck des § 297 in der Praxis geworden ist. Der Vorsitzende befragt durchweg die Parteien bzw ProzBev, was sie beantragen bzw ob es bei den schriftsätzlich angekündigten Anträgen bleibe; zu diesem Zweck liest *er* die Anträge vor; sie bejahen oder verneinen oder ändern mündlich zu Protokoll ab. Immerhin dient auch der praktisch derart abgeschwächte § 297 der Klärung des Streitgegenstands, § 2 Rn 2, und hat daher größte Bedeutung. Zum Unterschied zwischen den prozessualen und gebührenrechtlichen Bedeutungen Hartmann Teil X § 31 BRAGO Rn 61.

**3) Geltungsbereich, I, II.** Die Vorschrift gilt in allen Verfahrensarten der ZPO, auch im arbeitsge- **3** richtlichen Verfahren, § 46 II 1 ArbGG.

**4) Antrag, I 1.** Zwei Antragsarten folgen unterschiedlichen Regeln. **4**

**A. Sachantrag.** Anträge sind nur die sogenannten Sachanträge, die den Inhalt der gewünschten Sachentscheidung bestimmen und gemäß § 308 I begrenzen, BGH **52**, 387, Hamm MDR **92**, 308, Karlsr MDR **93**, 1246.

**B. Prozeßantrag.** Nicht unter I 1 fallen bloße Prozeßanträge, die nur das Verfahren betreffen, zB der **5** Antrag auf eine Terminsanberaumung, auch zB nach § 697 III, Karlsr MDR **93**, 1246, oder der Antrag auf eine Verweisung, zB nach § 281, KG AnwBl **84**, 508, der Beweisantrag, §§ 355 ff, der Antrag auf das Ruhen des Verfahrens, § 251 a. Eine Verbindung von Sach- und Prozeßantrag kann beim Versäumnisurteil vorliegen, §§ 330 ff, Mü MDR **80**, 235, aM ThP 2, ferner zB beim Anerkenntnisurteil, § 307, Verzichtsurteil, § 306, auch bei einer Protokollberichtigung, § 164, aM Geffert NJW **78**, 1418.

**C. Beispiele zur Frage des Vorliegens eines Prozeß- oder Sachantrags** **6**
**Abweisungsantrag:** Rn 7 „Klagabweisung".
**Anerkenntnisurteil:** Beim Klagantrag auf den Erlaß eines Anerkenntnisurteils kann eine Verbindung von Prozeß- und Sachantrag vorliegen, ähnlich wie beim Versäumnis- oder Verzichtsurteil. Der bloße Kostenantrag nach § 93 ist ein Prozeßantrag, aM Kblz AnwBl **89**, 294 (zu § 35 BRAGO).

**Anschließung:** Es gelten dieselben Regeln wie zum Antrag derjenigen Partei, der man sich anschließt. Meist ist die Anschließung an das gegnerische Rechtsmittel ein Sachantrag, BGH NJW **93**, 270.
**Arrest, einstweilige Verfügung:** Es gelten dieselben Regeln wie bei der Klage, auch im Verfahren mit einer mündlichen Verhandlung bzw auf Grund eines Widerspruchs und auf eine Aufhebung. Vgl also zB „Abweisungsantrag", Rn 7 „Klagantrag", „Klagerwiderung".
**Aufnahme:** Die Erklärung nach § 250 ist kein Sachantrag, Karlsr JB **97**, 138.
**Berichtigungsantrag:** Rn 6 „Protokollberichtigung", Rn 8 „Tatbestandsberichtigung oder -ergänzung".
**Beweisantrag:** Der bloße Beweisantrag ist ein Prozeßantrag.
**Dritter:** S „Irrig einbezogene Partei".
**Ehescheidung:** Es gelten dieselben Regeln wie bei der Klage. Vgl also zB „Abweisungsantrag", Rn 7 „Klagantrag", „Klagerwiderung".
**Einstweilige Anordnung, Verfügung:** „Arrest, einstweilige Verfügung".
**Erledigterklärung:** Die erste Erklärung der Hauptsache als (ganz oder teilweise) erledigt ist ein Sachantrag. Denn der zunächst derart Erklärende muß zumindest mit der Möglichkeit rechnen, daß der Prozeßgegner sich dieser Erklärung (doch) nicht anschließt, und dann ein streitiges Urteil darüber notwendig wird, ob die Klage zunächst begründet war, § 91a Rn 170, Beuermann DRiZ **78**, 311, ThP 1, ZöGre 1, aM Schlesw SchlHA **82**, 143 (aber auch die Erledigterklärung bestimmt den Inhalt der jetzt noch gewünschten Entscheidung und begrenzt ihn nach § 308 I). Dagegen ist die Erklärung, man schließe sich der gegnerischen Erledigterklärung an, mit Rücksicht auf den dann nur noch allenfalls notwendigen Kostenausspruch nach § 91a ein bloßer Prozeßantrag. Auch der bloße Kostenantrag statt einer Erledigterklärung ist ein Prozeßantrag, Ffm VersR **78**, 573.
**Irrig einbezogene Partei:** Der bloße Kostenantrag des irrig in den Prozeß Einbezogenen, der aus dem Prozeß entlassen wurde oder werden will, Grdz 14 vor § 50, ist ein Sachantrag, Mü Rpfleger **85**, 326. Das gilt auch dann, wenn der „Gegner" die Befugnis des Dritten, die zur Entlassung aus dem Prozeß nötigen Handlungen vorzunehmen, bestreitet, Mü Rpfleger **85**, 326.

7 **Klagabweisung:** Der Antrag auf die Abweisung der Klage (oder eines Teils der Klage), auch der stillschweigende oder umschriebene, Kblz JB **95**, 197 („Entscheidung wie rechtens"), ist ein Sachantrag. Denn von ihm hängt ab, ob und welche Sachentscheidung möglich und notwendig wird, Hamm MDR **92**, 308, Karlsr MDR **93**, 1246, RoSGo § 64 I 1, aM BGH NJW **72**, 1373, Kblz VersR **78**, 353 (anders für § 32 BRAGO), 388, ThP 2.
**Klagantrag:** Ein Antrag aus der Klageschrift kann Sach- oder Prozeßantrag sein; man muß klären, welchen Inhalt er hat, um ihn einordnen zu können.
**Klagänderung:** Es gelten dieselben Regeln wie bei der Klage. Vgl also zB Rn 6 „Abweisungsantrag", Rn 7 „Klagantrag", „Klagerweiterung", „Klagerwiderung".
**Klagebeschränkung:** Es gelten dieselben Regeln wie bei der Klage. Vgl also zB Rn 6 „Abweisungsantrag", Rn 7 „Klagantrag".
**Klagerücknahme:** Die Erklärung der Klagerücknahme oder einer Rechtsmittelrücknahme ist ein Prozeßantrag. Denn sie richtet sich gerade darauf, die zuvor begehrte Sachentscheidung des Gerichts solle jedenfalls in diesem Prozeß nicht mehr erfolgen, Mü MDR **83**, 944. Dagegen ist der Antrag, durch Beschluß festzustellen, da der Kläger nach § 269 III die Kosten zu tragen habe, ein Sachantrag. Denn die Kosten sind jetzt (restliche) Hauptsache.
**Klagerweiterung:** Es gelten dieselben Regeln wie bei der Klage, Beuermann DRiZ **78**, 311. Vgl also zB Rn 6 „Abweisungsantrag", Rn 7 „Klagantrag", „Klagänderung", „Klagerwiderung".
**Klagerwiderung:** Ein Antrag aus der Klagerwiderungsschrift (oder zum Protokoll) kann Sach- oder Prozeßantrag sein; man muß klären, welchen Inhalt er hat, um ihn einordnen zu können.
S auch Rn 6 „Abweisungsantrag".
**Kostenantrag:** Rn 6 „Anerkenntnisurteil", Rn 7 „Erledigterklärung", „Irrig einbezogene Partei", „Klagerücknahme".
**Mahnverfahren:** Rn 8 „Terminsanberaumung".
**Protokollberichtigung:** Beim Antrag auf die Berichtigung des Protokolls kann eine Verbindung von Prozeß- und Sachantrag vorliegen, Geffert NJW **78**, 1418.

8 **Rechtsmittelantrag:** Es gelten grds dieselben Regeln wie in der ersten Instanz, auch für den Anschließungsantrag. Vgl also insofern zB Rn 6 „Abweisungsantrag", Rn 7 „Klagantrag", „Klagerwiderung". Sachantrag ist auch derjenige auf die Zurückweisung oder Verwerfung des gegnerischen Rechtsmittels, BGH **52**, 390, Hamm AnwBl **78**, 138, KG NJW **70**, 616. Das gilt unabhängig davon, ob ein solcher Antrag verlesen wird oder zuzustellen ist, BGH **52**, 388. Wegen der Rechtsmittelrücknahme Rn 5 „Klagerücknahme".
**Rücknahme:** Rn 7 „Klagerücknahme".
**Ruhen des Verfahrens:** Der Antrag, das Ruhen des Verfahrens anzuordnen, ist ein Prozeßantrag.
S auch „Terminsanberaumung".
**Scheidungsantrag:** Es gelten dieselben Regeln wie bei der Klage, Rn 7 „Klagantrag".
**Schiedsrichterliches Verfahren:** Der Antrag auf Vollstreckbarerklärung eines ausländischen Schiedsspruchs ist ein Sachantrag, BayObLG **99**, 57.
**Schriftsatznachlaß:** Ein Antrag zB nach § 283 S 1 ist ein bloßer Prozeßantrag.
**Streithelfer:** Der Antrag eines Streithelfers zur Sache ist ein Sachantrag, Hamm MDR **92**, 308.
**Streitiges Verfahren:** S „Terminsanberaumung".
**Tatbestandsberichtigung oder -ergänzung:** Der Antrag auf eine Berichtigung oder Ergänzung des Tatbestands ist ein Sachantrag.
**Terminsanberaumung:** Bloßer Prozeßantrag ist der Antrag auf eine Terminsanberaumung, auch zB nach § 697 III, Karlsr MDR **93**, 1246.

9 **Versäumnisurteil:** Beim Antrag auf den Erlaß eines Versäumnisurteils kann eine Verbindung von Prozeß- und Sachantrag vorliegen, insofern richtig Mü MDR **80**, 235, aM ThP 2, nämlich wie beim Anerkenntnis- oder Verzichtsurteil.

1. Titel. Verfahren bis zum Urteil § 297

**Verweisung:** Der bloße Verweisungsantrag, auch der hilfsweise gestellte, ist ein Prozeßantrag, KG NJW **84**, 508. Tritt zu ihm ein Klagabweisungsantrag hinzu, der auf Unbegründetheit der Klage gestützt wird, liegt insofern ein Sachantrag vor.
**Verwerfung:** Rn 8 „Rechtsmittelantrag".
**Verzichtsurteil:** Beim Antrag auf den Erlaß eines Verzichtsurteils kann eine Verbindung von Prozeß- und Sachantrag vorliegen, ähnlich wie beim Anerkenntnis- oder Versäumnisurteil.
**Vorläufige Vollstreckbarkeit:** Der Antrag auf eine nicht schon von Amts wegen zu gewährende vorläufige Vollstreckbarkeit ist ein Sachantrag.
**Widerklage:** Es gelten dieselben Regeln wie bei der Klage. Vgl also zB Rn 6 „Abweisungsantrag", Rn 7 **10** „Klagantrag", „Klagerwiderung".
**Zug-um-Zug-Verurteilung:** Der Antrag auf einen Verurteilung Zug um Zug gegen eine Gegenleistung ist ein Sachantrag.
**Zurückweisungsantrag:** Rn 7 „Klagabweisung", Rn 8 „Rechtsmittelantrag".
**Zwischenklage:** Es gelten dieselben Regeln wie bei der Klage. Vgl also zB Rn 6 „Abweisungsantrag", Rn 7 „Klagantrag", „Klagerwiderung".

**5) Verlesung, I 1, 2.** Die Verlesung (nur) der Sachanträge, Rn 1, aus einem vorbereitenden, §§ 129 ff, **11** 282, oder zur Protokollanlage erklärten Schriftsatz, § 160 V, ist grundsätzlich sowohl im Anwalts- als auch im Parteiprozeß eine Voraussetzung wirksamer Antragstellung, Karlsr OLGZ **77**, 486, soweit das Gericht im Parteiprozeß überhaupt eine schriftsätzliche Vorbereitung angeordnet hatte, § 129 II. Wegen der zentralen Bedeutung der Sachanträge zB für den Streitgegenstand und damit den Streitwert, vgl LG Bbg AnwBl **85**, 265, die Rechtskraft, die Kosten muß eindeutig sein, was beantragt wird und was (zur Zeit) nicht. Deshalb ist die Verlesung keine Förmelei, sofern irgendeine auch nur etwaige Unklarheit besteht, die oft in der mündlichen Verhandlung noch nicht erkennbar, später aber umso schwerer zu beseitigen ist.
Die Verlesung ist im *Protokoll* festzustellen, § 160 III Z 2; diese Feststellung besitzt erhöhte Beweiskraft, **12** § 165. Eine Berichtigung ist zulässig, § 164. Wenn der Antrag in einem vorbereitenden Schriftsatz zur Zeit der mündlichen Verhandlung nicht wesentlich verändert wird, ist er aus dem Schriftsatz zu verlesen, auch im Parteiprozeß. Soweit kein solcher Schriftsatz vorhanden ist oder soweit schriftliche Anträge überholt sind, ist grundsätzlich eine besondere (neue) Schrift erforderlich, die dem Protokoll als Anlage beizufügen und zu verlesen ist, vgl § 160 V. Eine (wesentliche) Änderung des schriftsätzlichen Antrags durch eine handschriftliche Vornahme im Termin muß den Zeitpunkt und den Urheber erkennen lassen, Köln NJW **73**, 1848, und kann nach §§ 263, 264 zu beurteilen sein. Eine Wiederholung der Verlesung usw ist auch im späteren Termin nicht erforderlich, BGH NJW **74**, 2322, auch nicht nach einem Richterwechsel, ZöGre 8, aM BAG NJW **71**, 1332.

**6) Bezugnahme auf Schriftsätze, II.** Eine solche Bezugnahme steht beiden Parteien im Anwalts- wie **13** Parteiprozeß, § 78 Rn 1, frei und bedarf keiner Genehmigung durch das Gericht, sondern ersetzt die Verlesung voll. Es genügt, auf eine Schrift im Sinn von I 2 Bezug zu nehmen. Der sprachliche Unterschied zwischen „Schriftsatz" in I 1, 2 und „Schrift" in I 2 nimmt Rücksicht darauf, daß die letztere nicht voll dem § 130 zu entsprechen braucht. Eine solche Bezugnahme ist aber nur dann ausreichend, wenn der Antrag in der Schrift eindeutig ist. Bedenklich ist die bloße Bezugnahme auf den Antrag auf Erlaß des Mahnbescheids oder auf den Mahnbescheid, Schuster MDR **79**, 724, aM Mickel MDR **80**, 278. Notfalls muß das Gericht nachfragen, § 139. Es ist aber in erster Linie Aufgabe der Partei, bei ihrer Bezugnahme Mißverständnissen vorzubeugen; es ist nicht Sache des Gerichts, ihr auch noch das Heraussuchen dessen abzunehmen, was sie beantragen will. Dies wenigstens sollten sie und ihr ProzBev bei Beginn des Verhandlungstermins bereits wissen. Im schriftlichen Verfahren erfolgt weder eine Verlesung noch eine Bezugnahme, sondern eben ein schriftlicher Antrag. Im Aktenlageverfahren, § 251 a, erfolgt eine Verlesung oder Bezugnahme nur bei einer einseitigen Verhandlung.

**7) Antrag zu Protokoll, I 3.** Ein Antrag, der weder verlesen noch durch Bezugnahme auf eine Schrift **14** gestellt wird, sondern nur mündlich erklärt wird, ist im Anwalts- wie Parteiprozeß zulässig, § 78 Rn 1, soweit der Vorsitzende ihn gestattet, Ffm FamRZ **82**, 812. „Kann" stellt ier nicht bloß in die Zuständigkeit, sondern ins Ermessen, da sonst besonders bei einer Verhandlung ohne Hinzuziehung eines Urkundsbeamten der Geschäftsstelle, § 159 I 2, unter Umständen ein erheblicher Zeitverlust durch die Entgegennahme und das etwaige Diktat eintreten würde, was die §§ 159 ff gerade verhindern sollen. Immerhin ist das Ermessen durch den Zwang zur Aufnahme wesentlicher Vorgänge ins Protokoll begrenzt, § 160 III.
Freilich kann die Partei nicht schon wegen der Notwendigkeit, Anträge ins *Protokoll* aufzunehmen, **15** § 160 III Z 2, ihre mündliche Erklärung der Anträge zu Protokoll erzwingen. Es liegt ja erst nach der Erlaubnis des Gerichts zur mündlichen Antragstellung überhaupt ein wirksamer Antrag im Sinn von § 160 III Z 2 vor. § 160 IV ist auch nicht entsprechend anwendbar, da I 3 die Entscheidung dem Vorsitzenden und nicht dem Gericht vorbehält. Im Zweifel ist eine Verlesung oder eine Bezugnahme auf eine Schrift notwendig, zumal § 162 I die Vorlesung und Genehmigung der Sachanträge nicht vorsieht. Die Ablehnung der Gestattung mündlicher Anträge ist ins Protokoll aufzunehmen, § 160 III Z 6; eine kurze Begründung ist zumindest Anstandspflicht des Gerichts.

**8) Teilverlesung usw, I, II.** Im bloß teilweisen Verlesen usw kann eine auf den nicht verlesenen Teil **16** erstreckte Klagrücknahme, § 269, liegen. Das Gericht muß seine Fragepflicht ausüben, § 139, die Partei darf die Frage aber nicht unbeantwortet lassen oder unklar beantworten, sie riskiert dann eine pflichtgemäße Auslegung zu ihrem Nachteil, vgl § 269 Rn 22.

**9) Verstoß, I, II.** Ein Verstoß gegen § 297 hat die Unwirksamkeit des Antrags zur Folge. Stets ist § 139 **17** zu beachten, vgl freilich auch Rn 8. Der Verstoß ist ebenso heilbar wie ein Verstoß gegen den Grundsatz der Mündlichkeit, § 295, nur das Stellen der Anträge ist unverzichtbar, nicht ihr Verlesen usw, Ffm FamRZ **82**, 812, KG FamRZ **79**, 140. Nach einer erfolglosen Anwendung des § 139 ist die Wiedereröffnung der Verhandlung unnötig. Eine Zurückverweisung, Mü FamRZ **84**, 407, sollte nur zurückhaltend erfolgen.

**10) VwGO:** *Anträge zu Protokoll sind zulässig, § 103 III VwGO, iü gilt § 105 VwGO iVm §§ 159 ff.* **18**

*Hartmann* 1059

## 298 *(aufgehoben)*

## 299 Akteneinsicht. Abschriften aus Akten.
I Die Parteien können die Prozeßakten einsehen und sich aus ihnen durch die Geschäftsstelle Ausfertigungen, Auszüge und Abschriften erteilen lassen.

II Dritten Personen kann der Vorstand des Gerichts ohne Einwilligung der Parteien die Einsicht der Akten nur gestatten, wenn ein rechtliches Interesse glaubhaft gemacht wird.

III Die Entwürfe zu Urteilen, Beschlüssen und Verfügungen, die zu ihrer Vorbereitung gelieferten Arbeiten sowie die Schriftstücke, die Abstimmungen betreffen, werden weder vorgelegt noch abschriftlich mitgeteilt.

**Schrifttum:** *Abel,* Datenschutz in Anwaltschaft, Notariat und Justiz, 1998 (Bespr *Mallmann* NJW **99**, 1620); *Jansen,* Geheimhaltungsvorschriften im Prozeßrecht, Diss Bochum 1989; *Liebscher,* Datenschutz bei der Datenübermittlung im Zivilverfahren, 1994; *Werner,* Untersuchungen zum Datenschutz und zur Datensicherung bei der Anwendung elektronischer Datenverarbeitung im Zivilprozeß, Diss Bonn 1994.

**Gliederung**

| | |
|---|---|
| 1) Systematik, I–III .................... 1 | D. Rechtsbehelfe ...................... 18 |
| 2) Regelungszweck, I–III ............ 2 | 7) Ausfertigungen usw, I ............ 19–22 |
| 3) Geltungsbereich, I–III ............ 3 |   A. Grundsatz: Parteirecht auf Erteilung ... 19–21 |
| 4) Datenschutz, I–III .................. 4 |   B. Rechtsbehelf ...................... 22 |
| 5) Behördeneinsicht, I–III .......... 5–8 | 8) Einsicht eines Dritten, II ........ 23–30 |
|   A. Aktenübersendung ................ 6, 7 |   A. Rechtliches Interesse ............ 23, 24 |
|   B. Auskunft aus Akten ................ 8 |   B. Beispiele zur Frage eines Einsichtsrechts durch Dritte, II ............ 25–28 |
| 6) Parteieneinsicht, I, III ............ 9–18 |   C. Entscheidung ...................... 29 |
|   A. Einsichtsrecht ...................... 9 |   D. Rechtsbehelfe ...................... 30 |
|   B. Grenzen .............................. 10 | 9) VwGO .................................... 31 |
|   C. Beispiele zur Frage einer Parteieneinsicht, I, III .................... 11–17 | |

**1** **1) Systematik, I–III.** Die Vorschrift stellt eine aus unterschiedlichen Gründen notwendige Regelung einer Frage dar, die ohne §§ 299, 299 a nach allgemeinem Verwaltungsrecht in einer den Prozeßfortgang oft störenden Weise zu klären wäre. Sie wird durch § 299 a ergänzt. Wegen des Datenschutzes Rn 4. Vgl ferner §§ 12 ff EGGVG.

**2** **2) Regelungszweck, I–III.** Die Akteneinsicht ist wesentlicher Bestandteil der Parteiöffentlichkeit, § 357. Sie dient unter anderem der Durchsetzung von Art 103 I GG, BVerwG NJW **88**, 1280, Schneider MDR **84**, 109, aber auch der Rechtssicherheit, Einl III 43, und eben Parteiöffentlichkeit, aber auch der Prozeßwirtschaftlichkeit, Grdz 14 vor § 128, Ffm MDR **96**, 379.

**3** **3) Geltungsbereich, I–III.** Die Vorschrift gilt in allen Verfahrensarten der ZPO, auch im arbeitsgerichtlichen Verfahren, § 46 II 1 ArbGG. Die Einrichtung der Gerichtsakten richtet sich nach der Aktenordnung mit landesrechtlichen Ergänzungen, Piller/Hermann, Justizverwaltungsvorschriften (Loseblattsammlung). Zu den Prozeßakten gehören auch die Zustellungsurkunden und die Beiakten. Urstücke von Parteiurkunden, Handelsbücher usw sind nicht Bestandteil der Akten, LG Hann KTS **84**, 500, Schneider MDR **84**, 109, wohl aber die Prozeßvollmacht.

§ 299 regelt die Einsicht usw durch die Parteien, ihre gesetzlichen Vertreter, ihre ProzBev, vgl auch § 19 BerufsO (Wirksamkeit bezweifelt, AnwG Düss NJW **98**, 2296, zustm Römermann NJW **98**, 2249, abl Schlosser NJW **98**, 2794), aM AnwG Kblz NJW **98**, 2751, und den Streithelfer, § 66, sowie doch sonstige Private. Sondervorschriften gelten für den Dienstvorgesetzten, zB § 26 DRiG, BGH DRiZ **87**, 58, für die Handakten des Gerichtsvollziehers, § 760, und für Aufgebotsakten, §§ 996 II, 1001, 1016, 1022 II, 1023. Die Einsicht in das Schuldnerverzeichnis ist zunächst in §§ 915 ff geregelt; ergänzend kann § 299 anwendbar sein. Die Einsichtnahme in die Akten nicht oder noch nicht bekanntgemachter Patentanmeldungen ist in §§ 28 I, 30 I PatG in Verbindung mit § 15 VO vom 5. 9. 68, BGBl 997, geregelt. § 299 kommt insofern nicht in Betracht, Boehme GRUR **87**, 668. In Patentnichtigkeitssachen entscheidet der Patentsenat selbst. Vgl zum Patentverletzungsprozeß § 99 III PatG, dazu BPatG GRUR **83**, 264 und 365. § 299 ist auch auf Zwangsversteigerungssachen anwendbar, Ffm Rpfleger **92**, 267, und auf § 4 InsO im Insolvenzverfahren entsprechend anwendbar, Uhlenbruck KTS **89**, 527 (Üb), zB auf die Gläubiger, Ffm MDR **96**, 379, LG Potsd Rpfleger **97**, 450, Haarmeyer/Seibt Rpfleger **96**, 221 (evtl auch auf einen Dritten), oder auf den Insolvenzverwalter, LG Hagen Rpfleger **87**, 427, wegen eines Gutachtens vor Eröffnung LG Magdeb Rpfleger **96**, 365, AG Potsd Rpfleger **97**, 37. Wegen § 78 I 1 FGO FGH NJW **94**, 752.

**4** **4) Datenschutz, I–III,** dazu *Wagner* ZZP **108**, 193 (ausf): Das BDSG ist beachtlich, aber nicht stets vorrangig, BGH VersR **88**, 38 (zu § 915 aF), Prütting ZZP **106**, 456, aM LG Hof Rpfleger **90**, 27 (es sei stets nachrangig). Man muß seine Anwendbarkeit im Einzelfall prüfen, insbesondere unter dem Gesichtspunkt des Rechts auf informationelle Selbstbestimmung, Einf III 21, Ehmann CR **89**, 49; zur Problematik auch Hirte NJW **88**, 1698. Art 2 I GG enthält einen Gesetzesvorbehalt auch zugunsten der ZPO. Es kommt für den Umfang des Einsichtsrechts stets auf den Einsichtszweck und dessen Grenzen mit an, AG Köln KTS **89**, 936. Vgl ferner zB §§ 35 I SGB I, 67 ff, 78 SGB X, BGH DRiZ **87**, 58. § 117 II 2 kann außerhalb eines PKH-Verfahrens entsprechend anwendbar sein, Nürnb MDR **99**, 315 (Attest nicht an Gegner).

1. Titel. Verfahren bis zum Urteil § 299

**5) Behördeneinsicht, I–III.** Die Einsicht durch Behörden ist öffentlichrechtlich, Art 35 I GG, KG **5**
OLGZ **90**, 299, Holch ZZP **87**, 14, Schnapp/Friehe NJW **82**, 1422.
   **A. Aktenübersendung.** Zuständig zur Entscheidung über die Einsicht im engeren Sinn, also für **6**
diejenige durch eine Aktenübersendung, ist der Gerichtsvorstand, Uhlenbruck KTS **89**, 538 aM ZöGre 8
(auch der Vorsitzende). In einem schwebenden Verfahren darf die Übersendung nur mit Zustimmung des
erkennenden Gerichts erfolgen, Holch ZZP **87**, 25, Uhlenbruck KTS **89**, 539. Die in der Praxis übliche
Übertragung des Entscheidungsrechts vom Gerichtsvorstand auf denjenigen Richter, um dessen Abteilungs-
akten es geht, AG Potsd Rpfleger **98**, 37, ist unproblematisch, aber grundsätzlich wohl zulässig und
wohl meist zweckmäßig, so auch Uhlenbruck KTS **89**, 334. Soweit (nur) der Vorsitzende oder das Kollegium entscheiden, liegt eine in richterlicher Unabhängigkeit ausgeübte Tätigkeit vor. Ehescheidungsakten
dürfen ohne das Einverständnis beider Parteien auch bei einer Rechts- und Amtshilfe nur dann zugänglich
gemacht werden, wenn das nicht außer Verhältnis zur Bedeutung der Sache und zur Stärke des Tatverdachts
steht, BVerfG **27**, 352, Becker NJW **70**, 1075.
   Akten insbesondere der *freiwilligen Gerichtsbarkeit* sind vor einer Herausgabe auch bei einer Anforderung **7**
gemäß § 273 auf ihre Geheimhaltungsbedürftigkeit zu überprüfen, zB wegen psychiatrischer Gutachten,
Rn 23, Mü OLGZ **72**, 363. Steuerakten sind unverwertbar, solange der Betroffene das Finanzamt nicht von
der Verschwiegenheitspflicht entbindet, BAG NJW **75**, 408 (freilich ist eine Weigerung des Betroffenen evtl
mitzuverwerten), § 286.
   **B. Auskunft aus Akten.** Bei dem Verlangen um eine Auskunft aus einer Akte, die nicht übersandt **8**
werden soll, handelt es sich um ein Verlangen nach einer Akteneinsicht im weiteren Sinn. Da die Akte beim
Gericht bleibt, scheint eine Mitwirkung des Prozeßgerichts nicht erforderlich zu sein. Da es sich aber bei der
Auskunftserteilung bei genauer Betrachtung um eine richterliche Tätigkeit handelt, BGH **51**, 193, Uhlenbruck KTS **89**, 528, empfiehlt es sich für den Gerichtsvorstand, die Zustimmung des Prozeßgerichts einzuholen oder ihm die Entscheidung zu überlassen, Holch ZZP **87**, 25. Wegen einer Auskunft aus dem
Schuldnerverzeichnis gelten §§ 915 ff.
   **6) Parteieneinsicht, I, III.** Ihre Grenzen sind nicht immer klar. **9**
   **A. Einsichtsrecht.** Parteien sind nur diejenigen im Sinn von Grdz 3 vor § 50, LG Mönchengladb NJW
**89**, 3164, großzügiger Ffm JB **89**, 867, KG NJW **89**, 534.
   *Hierher gehören allerdings auch* der Streithelfer, § 66, und der Bevollmächtigte, auch zB der Bezirksrevisor
bei § 127, Karlsr Rpfleger **88**, 425, auch ein weiterer Gläubiger, AG Dortm AnwBl **94**, 480, auch zB bei
§ 903, dort Rn 3, nicht aber der bloße Streitverkündete, § 72. Die Parteien haben das Recht, die gesamten
Prozeßakten einzusehen, KG NJW **88**, 1738, LG BadBad JB **90**, 1348, LG Kref JB **90**, 1347. Zu den Akten
gehört grundsätzlich alles, was den Akten beiliegt und im Prozeß verwertet ist oder verwertet werden soll,
also auch Urkunden, vgl § 134 II. Wegen der Erklärung nach § 117 vgl allerdings dort Rn 27, BGH **89**, 67
(kein Einsichtsrecht), Uhlenbruck KTS **89**, 529. Zuständig ist im Fall I das Prozeßgericht, Schlesw MDR
**90**, 254.
   **B. Grenzen.** Eine Bitte der übersendenden Behörde, die Akten den Parteien nicht zugänglich zu **10**
machen, bindet zunächst das Gericht. Das gilt namentlich für Strafakten im Vorverfahren; ihre Beifügung im
Zivilprozeß darf sie nicht offenlegen; die Entscheidung darüber, ob und wem sie zugänglich sein sollen, steht
der Staatsanwaltschaft zu. Im übrigen kann die betroffene Partei nach §§ 12 ff, 23 ff EGGVG klären lassen,
ob die Behörde den Parteien zugänglich zu machen hat. Läßt das Gericht Akten nach § 273 beifügen, so
wird es zweckmäßig die Erlaubnis einholen. Soweit die Akteneinsicht versagt ist, darf ihr Inhalt nicht
vorgetragen werden und nicht als Beweismittel verwertet werden.
   **C. Beispiele zur Frage einer Parteieneinsicht, I, III** **11**
**Anwaltszwang:** Eine Einsicht unterliegt nicht dem Anwaltszwang.
**Arbeitsgerichtsverfahren:** Rn 1 „Rechtshängigkeit".
**Auskunft:** Das Einsichtsrecht gibt nicht stets auch ein Auskunftsrecht, BGH **51**, 197. Auskünfte aus
   Geheimakten darf nur die für diese zuständige Stelle geben.
**Auswärtige Einsicht:** Die Aktenversendung nach auswärts, auch an einen dortigen Anwalt, kommt nur
   ausnahmsweise in Betracht. Freilich kann die Übersendung an ein dortiges Gericht zur dortigen Einsicht
   ratsam sein. Wegen der Versendungskosten gilt KV 9003, Hartmann Teil I (abweichende ältere Ansichten
   sind überholt).
   Der Vorsitzende entscheidet im Rahmen pflichtgemäßen *Ermessens*, Rn 13 „Einsichtsort".
**Behördenakte:** S „Beiakte". **12**
**Beiakte:** Für eine Beiakte gilt grds dasselbe wie für die Hauptakte, soweit auch die Beiakte der Einsicht eines
   Privaten offensteht, BayObLG **75**, 281. Im übrigen benötigt das Gericht zur Gestattung der Einsicht evtl
   die Genehmigung der zuständigen Behörde oder des Betroffenen, Mü OLGZ **72**, 363, LG Hann KTS **84**,
   500. Diese ist auch im Zweifel einzuholen; Einzelheiten Schneider MDR **84**, 109.
**Berichterstatter:** Äußerungen des Berichterstatters in einer Gerichtsakte gehören als interne Vorberei-
   tungsvorgänge nicht zu den einsehbaren Prozeßakten.
**Einsichtsort:** Die Einsicht erfolgt grds nur an der Gerichtsstelle, BSG MDR **77**, 1051, LAG Hamm NJW **13**
   **74**, 1920. Aufsicht führt der Urkundsbeamte der Geschäftsstelle bzw im Sitzungssaal usw der Vorsitzende.
   *Ausnahmsweise* darf eine Einsicht des *Anwalts* bei diesem gestattet werden, Ffm MDR **89**, 465, Hamm
   FamRZ **91**, 93, LG Köln Rpfleger **89**, 334. Maßgeblich ist dann das Ermessen des Vorsitzenden, BGH
   MDR **73**, 580, Hamm FamRZ **91**, 93, aM Köln RR **86**, 1125, Schneider MDR **84**, 108 (des
   Kollegiums). In der Zwangsvollstreckung entscheidet der Rpfl, Ffm MDR **89**, 465, Hamm NJW **90**, 843,
   LG Bln Rpfleger **89**, 468, LG Heilbr Rpfleger **89**, 468.
   Der Vorsitzende muß alle Umstände *abwägen*, BGH LM Nr 3, Hamm FamRZ **91**, 93, BSG MDR **77**,
   1051, s insofern auch Rn 15 „Geschäftsgang".
   S auch Rn 11 „Auswärtige Einsicht":

*Hartmann* 1061

## § 299          2. Buch. 1. Abschnitt. Verfahren vor den LGen

**14** **Entscheidung:** Ein Antrag auf eine bloße Akteneinsicht durch einen Anwalt am Ort bedarf keiner förmlichen Entscheidung, Köln RR **86**, 1125. Freilich meint er meist eine Übersendung in seine Kanzlei. Diese ist entscheidungsbedürftig.
**Entwurf:** Nicht zu den einsehbaren Prozeßakten gehören die Entscheidungsentwürfe vor wie nach der Verkündung der zugehörigen Reinschriften. Entwurf ist eine noch nicht voll unterschriebene und noch nicht gesetzmäßig verkündete Entscheidung, § 311 Rn 2, Schneider MDR **84**, 109.
S auch Rn 12 „Berichterstatter", Rn 17 „Urschrift".
**Geheimakte:** Rn 11 „Auskunft".
**Generalakte:** § 80 Rn 13.
**Generalvollmacht:** § 80 Rn 13.
**Gerichtsstelle:** Rn 13 „Einsichtsort".

**15** **Geschäftsgang:** Im Rahmen des Ermessens, ob der Anwalt die Akten außerhalb der Gerichtsstelle einsehen darf, dazu Rn 13 „Einsichtsort", ist mitzuprüfen, ob die Akten derzeit im Rahmen eines geordneten Geschäftsgangs überhaupt (und für welchen Zeitraum) entbehrlich sind. Werden sie demnächst eilig benötigt, zB zur Vorbereitung eines Termins oder wegen neuer Eingänge, so sollen sie nicht versandt werden, Hamm NJW **90**, 843, LG Heilbr Rpfleger **89**, 468 (Zwangsvollstreckung).
Es kann freilich *mißbräuchlich* sein, einem Anwalt die Herausgabe generell mit der Begründung zu versagen, der geordnete Geschäftsgang habe Vorrang, Hamm NJW **90**, 843, LG Kref JB **90**, 1347, LG Osnabr JB **91**, 267; zum Steuerprozeß Oswald AnwBl **83**, 253.

**16** **Häusliche Einsicht:** Rn 13 „Einsichtsort".
**Insolvenzakte:** Ein Dritter kann auch dann Einsicht in eine Insolvenzakte erhalten, wenn er wegen Einstellung mangels Masse Insolvenzgläubiger hätte sein können, Ffm MDR **96**, 379.
**Prozeßbevollmächtigter:** Er darf Behörden- und Gerichtsakten nur an Mitarbeiter aushändigen usw, § 19 BerufsO (Wirksamkeit bezweifelt, AnwG Düss NJW **98**, 2296).
**Prozeßkostenhilfe:** Vermögensangaben nach § 117 II gehören nicht zu den einsehbaren Prozeßakten, sondern zu den gesondert anzulegenden Sonderakten des Prozeßkostenhilfeverfahrens, § 117 Rn 27. Soweit freilich solche Angaben in demselben Schriftsatz stehen, der auch zu den der Anhörung des Gegners unterliegenden Fragen der Erfolgsaussicht Stellung nimmt, ist eine Trennung technisch kaum möglich.
**Rechtshängigkeit:** Vor der Rechtshängigkeit, § 261 Rn 1, kommt eine Einsicht für den Antragsgegner oder Bekl keineswegs in Betracht, auch nicht auf Grund einer sog Schutzschrift, Grdz 7 vor § 128, auch nicht im arbeitsrechtlichen Verfahren, Hilgard, Die Schutzschrift im Arrest- und Einstweiligen Verfügungsverfahren (1983) 46, aM Marly BB **89**, 773 (aber wo lägen die Grenzen, auch des Datenschutzes?).

**17** **Schutzschrift:** Rn 16 „Rechtshängigkeit".
**Selbstablehnungsanzeige:** Die Anzeige nach § 48 gehört wegen der Notwendigkeit einer Anhörung der Parteien, § 48 Rn 7, jetzt zu den Prozeßakten; abweichende ältere Äußerungen sind überholt.
**Übersendung:** Rn 11 „Auswärtige Einsicht", Rn 13 „Einsichtsort".
**Urschrift:** Zu den Prozeßakten gehören die Urschriften der Entscheidungen, auch wenn diese beim entscheidenden Gericht gesammelt zurückbleiben.
S auch Rn 13 „Entwurf".

**18** **D. Rechtsbehelfe.** Wenn ein Mitglied des Kollegiums, BFH BB **74**, 1236, oder der Urkundsbeamte der Geschäftsstelle die Einsicht verweigert, ist die Anrufung des Gerichts zulässig, § 140 entsprechend, BGH MDR **73**, 580. Bei einer Entscheidung des Rpfl gilt § 11 RPflG, § 104 Rn 41 ff. Gegen eine Entscheidung des Richters außerhalb von § 11 II 3, 4 RPflG ist einfache Beschwerde zulässig, § 576 II, LG Köln Rpfleger **89**, 334, Schneider MDR **84**, 109, aM BGH MDR **73**, 580 (die Entscheidung sei stets nur zusammen mit dem Endurteil anfechtbar; aber das gilt nur nach einer Verweigerung in der mündlichen Verhandlung, Schneider MDR **84**, 109), Schlesw Rpfleger **76**, 108 (es sei ohne Anrufung des Gerichts sogleich Beschwerde zulässig). Uhlenbruck KTS **89**, 534 befürwortet bei einer Übertragung, Rn 6, die Vorlage beim Gerichtsvorstand (und gegen ihn Verfahren nach § 23 EGGVG).
Soweit das *LG* als Berufungs- oder Beschwerdegericht entschieden hat, ist die Beschwerde unzulässig, § 567 III 1; dasselbe gilt, soweit das *OLG* entschieden hat, § 567 IV 1.

**19** **7) Ausfertigungen usw, I.** Die Regelung zeigt wenig Probleme.
**A. Grundsatz: Parteirecht auf Erteilung.** Die Parteien, Grdz 3 vor § 50, einschließlich des Streithelfers, § 66, und des Bevollmächtigten, nicht aber der bloße Streitverkündete, § 72, haben auf Grund ihres Antrags ein Recht auf die Erteilung von Ausfertigungen (Begriff § 170 Rn 3), Auszügen und Abschriften, auch unbeglaubigten, aus den Gerichtsakten, also auch zur eine Protokollabschrift, Celle Rpfleger **82**, 388. Diese ist freilich nicht schon nach der ZPO von Amts wegen zu erteilen, zumal die Parteien die erforderlichen Abschriften ihrer Schriftsätze gemäß § 133 selbst vorlegen sollen.

**20** *Zweck der Vorschrift* ist, der Partei die zum ordnungsmäßigen Prozeßbetrieb trotzdem noch nötigen Unterlagen zu sichern, BVerwG NJW **88**, 1280. Darum wird der Antrag trotz der grundsätzlichen Entbehrlichkeit eines rechtlichen Interesses ausnahmsweise als mißbräuchlich abgelehnt, vgl Einl III 54, wenn die Partei ohne ein begründetes Interesse statt einer einfachen Abschrift eine Ausfertigung fordert oder wenn sie eine größere Anzahl von Abschriften oder umfangreiche Abschriften verlangt, obwohl sie oder ihr Anwalt sich mühelos aus den Akten die nötigen Abschriften machen könnte. Überhaupt muß der Anfertigung durch das Gericht zumutbar sein, LG Magdeb Rpfleger **96**, 523. Die Partei kann auslagenfrei; KV 1900 Z 2, mindestens eine vollständige und eine „kurze" Urteilsausfertigung fordern.
Der sog *Drittgläubiger*, der das Offenbarungsverfahren nach §§ 807, 900 ff nicht betrieben hat, ist wegen § 903, dort Rn 3, 7, nicht Dritter, kann also durchaus Einsicht fordern, Ffm MDR **89**, 465, LG Kaisersl JB **93**, 436, ZöStö § 900 Rn 27, aM Schlesw MDR **90**, 254.

**21** Er kann eine Abschrift aber nur verlangen, wenn er im Besitze eines *vollstreckbaren Titels* ist, der mit einer Klausel versehen und zugestellt ist. Hat der Antragsteller nicht eine Prozeßkostenhilfe, §§ 114 ff, so kann die

### 1. Titel. Verfahren bis zum Urteil § 299

Geschäftsstelle die Erteilung der Ausfertigung usw von der vorherigen Zahlung der Schreibauslagen abhängig machen, § 64 II GKG, aM Hamm Rpfleger **89**, 469. Bei einer Überlastung darf die Gerichtsstelle die Erteilung nicht ablehnen, wohl aber zurückstellen. Es besteht kein Anwaltszwang. Es entscheidet der Urkundsbeamte der Geschäftsstelle. Die Parteien usw können sich aus den Akten auch selbst Abschriften anfertigen.

**B. Rechtsbehelf.** Gegen seine Entscheidung kann das Gericht angerufen werden, § 576 I; gegen dessen **22** Entscheidung ist Beschwerde zulässig, § 576 II, ZöGre 5, aM ThP 2 (§ 567). Soweit das LG als Berufungs- oder Beschwerdegericht entschieden hat, ist die Beschwerde unzulässig, § 567 III 1; dasselbe gilt, soweit das OLG entschieden hat, § 567 IV 1. Ein Verstoß bedeutet nicht stets auch eine Verletzung des an sich von § 299 geschützten Art 103 I GG, BVerwG NJW **88**, 1280 (anders, wenn eine Bitte um Fristverlängerung zwecks Verwertung einzusehender Unterlagen unbeschieden blieb). Beim Rpfl gilt § 11 RPflG, § 104 Rn 41 ff.

**8) Einsicht eines Dritten, II.** Es gelten die folgenden Regeln: **23**
**A. Rechtliches Interesse.** Personen, die noch nicht oder nicht mehr Prozeßpartei, Grdz 3 vor § 50, noch Streithelfer, § 66, oder deren Bevollmächtigte sind oder waren, vgl OVG Münster MDR **78**, 258, Willikowsky BB **87**, 2015 (Einsicht in eine Schutzschrift, Grdz 7 vor § 128), steht kein allgemeines gesetzliches Einsichtsrecht zu, KG NJW **88**, 1738. Ihnen kann der Gerichtsvorstand allenfalls die Akteneinsicht im Rahmen einer Ermessensausübung gestatten, Rn 24. Zuständig ist der aufsichtsführende Amtsrichter oder Präsident, nicht der Vorsitzende des Kollegiums. Wegen der in der Praxis üblichen Übertragung der Entscheidung vom Gerichtsvorstand auf einzelne Richter vgl Rn 6. Die Einsicht darf nicht schon wegen allgemeiner Arbeitsbelastung usw verweigert werden, LG Köln JB **93**, 241. Sie kann gestattet werden, wenn entweder beide Parteien einwilligen oder wenn der Antragsteller ein rechtliches, auch gar nicht berechtigtes oder wirtschaftliches, Interesse glaubhaft macht, § 294, Ffm Rpfleger **92**, 267 (abl Meyer-Stolte; aber das Gericht ist eben *kein* bloßer „Service-Betrieb"), Köln KTS **91**, 205. In beiden Fällen übt der Gerichtsvorstand sein pflichtgemäßes Ermessen aus, das auch ein Geheimhaltungsinteresse der Parteien beachten muß, BGH KTS **98**, 582 (deshalb evtl Anhörung des Schuldners nötig), BPatG GRUR **84**, 342, LG Nürnb-Fürth JB **93**, 241.

Er muß ferner das absolute *Vorrecht des Spruchrichters* beachten, die Akten während des gesamten Verfahrensdauer zur Verfügung zu behalten, solange er mit solchem Wunsch keinen offensichtlichen Mißbrauch treibt; der Spruchrichter und nicht der Gerichtsvorstand übt in richterlicher Unabhängigkeit ein Ermessen aus und ist daher zunächst um Einwilligung zu bitten, kann auch die Dauer der Herausgabe bestimmen und den Gerichtsvorstand insofern binden. Denn er ist Hilfsorgan der Rechtsprechung, nicht umgekehrt.

Die Ermessensausübung des Gerichtsvorstands beginnt überhaupt erst nach diesen Vorklärungen und *nach* **24** der *Feststellung eines rechtlichen Interesses,* BGH KTS **98**, 582, BayObLG Rpfleger **90**, 421 (zu § 34 FGG), Köln KTS **91**, 205, aM Ffm KTS **97**, 672. Ein rechtliches Interesse hat, dessen Rechtskreis der Prozeß oder die einzusehende Urkunde oder Erklärung auch nur mittelbar berühren, Brschw Rpfleger **97**, 229. Es muß ein auf Rechtsnormen beruhendes gegenwärtiges Verhältnis einer Person zu einer anderen oder zu einer Sache vorliegen, BGH NJW **90**, 842, Hamm RR **97**, 1490 (Schutzzweck der jeweiligen Norm), KG NJW **89**, 534. Es ist eine weitherzige Handhabung am Platz, Hamm RR **94**, 381 (er unterscheidet haarfein zwischen rechtlichen und weitergehenden berechtigten Interesse), BPatG GRUR **92**, 56, Hbg OLGZ **88**, 53, und sind nicht so strenge Aufrechnungen wie bei § 256 nötig.

**B. Beispiele zur Frage eines Einsichtsrechts durch Dritte, II** **25**
**Abschrift:** Auf eine Abschrift hat ein Dritter grds keinen Anspruch, großzügiger Celle JB **91**, 81 (für wissenschaftliche Zwecke; vgl „Forschung"). Indessen kann die Justizverwaltung sie gestatten und sollte das großzügig tun. Das zB bei einer Urteilsabschrift zum Gebrauch durch einen Sachverständigen, durch einen Verband, für eine wissenschaftliche Arbeit usw, Jessnitzer Rpfleger **74**, 425. Sie ist evtl auslagenfrei, §§ 4 IV, 12 JVerwKostO, Hartmann Teil VIII A, Jessnitzer Rpfleger **74**, 425.
**Ausforschung:** Nicht ausreichend ist ein nur wirtschaftliches Ausforschungsinteresse, selbst wenn es zur Grundlage einer Klage gegen eine der bisherigen Parteien werden kann, so wohl auch BGH NJW **90**, 842, ferner Ffm KTS **97**, 672, LG Bln Rpfleger **91**, 428.
S auch „Forschung".
**Behörde:** Sie ist kein Dritter, Rn 5. Das gilt auch für eine Steuerfahndungsstelle. Ihr muß der Vorsitzende ohnehin beim Verdacht eines Steuerdelikts die Akten evtl von Amts wegen zuleiten. Auch der Dienstvorgesetzte des Gerichts ist kein Dritter, BGH DRiZ **87**, 58.
**Einzelfrage:** Ihre Klärung kaum ausreichend, aM Hamm RR **97**, 1490 (viel zu eng, Rn 24).
**Forschung:** Zwar gibt ein rein wissenschaftliches Forschungsinteresse keinen verfassungsunmittelbaren Anspruch, BVerfG NJW **86**, 1278, Peglau NJ **93**, 443 (ausf); indessen sollte man bei einwandfrei wissenschaftlichen Motiven großzügig sein, unabhängig davon, ob die einzusehende Entscheidung zur Veröffentlichung vorgesehen ist (wer weiß, wann das endlich geschehen wird?).
S aber auch „Abschrift", „Ausforschung".
**Insolvenzverfahren:** Ausreichend ist zugunsten eines Titelinhabers die Ablehnung der Eröffnung, Brschw Rpfleger **97**, 229, Naumbg MDR **97**, 474. Der Schuldner mag anzuhören sein, BGH KTS **98**, 582. Ein nicht Verfahrensbeteiligter hat kaum ein Einsichtsrecht, Köln RR **98**, 407, aM Brdb MDR **98**, 1433.
**Kostenersparnis:** S „Musterprozeß".
**Musterprozeß:** Ausreichend kann die Bemühung sein, rechtliche Vergleichsmaßstäbe für einen ähnlichen Streit zu erhalten. Dieser mag vor Gericht anhängig sein, KG OLGZ **84**, 478, aM LG Mönchgladb NJW **89**, 3164, oder noch außergerichtlich bestehen. Es mag dasselbe Gericht zuständig sein, aber auch ein anderes; es kann sich sogar um einen Streit außerhalb der deutschen Gerichtsbarkeit handeln, Hbg OLGZ **88**, 53. Es reicht auch aus, Kosten zu sparen.
**Neugier:** Nicht ausreichend ist eine bloße Neugier. **26**
**Presse:** Ausreichen kann ein Interesse der Presse. Vgl aber Rn 4.
S auch „Neugier".

**§§ 299, 299a**  2. Buch. 1. Abschnitt. Verfahren vor den LGen

**Sachverständiger:** Ausreichen kann das Interesse eines Sachverständigen am Fortgang oder jedenfalls am Ausgang des Prozesses, auch eines Musterprozesses, s dort, Jessnitzer Rpfleger **74**, 43.
S auch Rn 25 „Abschrift".
**Schwarze Liste:** Vgl §§ 915 ff.
S auch Rn 27 „Vermögensverzeichnis".
**Verband:** Ausreichen kann das Interesse eines Fachverbandes. Vgl aber Rn 4.
S auch Rn 25 „Abschrift".

**27 Vermögensverzeichnis:** *Vor* dem Besitz eines Vollstreckungstitels hat ein Dritter grds kein Einsichtsrecht in das Vermögensverzeichnis nach § 807, KG NJW **89**, 934 (anders als in die nach § 915 zu beurteilende Schwarze Liste), LG Hbg Rpfleger **92**, 306, großzügiger LG Frankenth Rpfleger **92**, 306, LG Paderb Rpfleger **92**, 306. Anschließend kann sich sein Einsichtsrecht zB daraus ergeben, daß er Klarheit über die Pfändungsmöglichkeiten gegenüber seinem Schuldner gewinnen möchte, Hamm NJW **89**, 553, LG Hof Rpfleger **90**, 27, strenger LG Bln Rpfleger **91**, 428.
Es kann ein *Ermessensmißbrauch fehlen,* wenn die Akten zurückgehalten werden, um jederzeit für eine Abschrift des Vermögensverzeichnisses verfügbar zu bleiben, LG Nürnb-Fürth JB **93**, 241.

**28 Wirtschaftliches Interesse:** Rn 25 „Ausforschungsinteresse".
**Wissenschaft:** Rn 25 „Forschung".

**29   C. Entscheidung, II.** Die Entscheidung erfolgt durch eine Verfügung. Im Patentnichtigkeitsverfahren enthalten §§ 31, 99 III PatG Sonderregeln, BGH MDR **83**, 750. Bei der Herausgabe von Akten sind die Namen von Einzelpersonen abzudecken, soweit sie an der Geheimhaltung ein berechtigtes und nicht nur ein rechtliches (oder gar nur wirtschaftliches) Interesse haben, Celle JB **91**, 81, Hirte NJW **88**, 1703; Jauernig Festschrift für Böttcher (1969) 241 bejaht ein solches Interesse stets in Ehe- und Kindschaftssachen, ferner bei einer Berufsgefährdung, bei einer verstärkten Persönlichkeitsverletzung. Die Einsicht von Akten betr die Intimsphäre, zB von Scheidungsakten, ist selbst Behörden und Gerichten nur dann gestattet, wenn sie zur Erreichung des angestrebten Zwecks geeignet und erforderlich ist und der Einbruch in die Intimsphäre nicht unverhältnismäßig schwerwiegt, Rn 6, BVerfG **34**, 209. Wegen des BDSG Rn 4.

**30   D. Rechtsbehelfe.** Gegen die Entscheidung sind eine Dienstaufsichtsbeschwerde und (nur) gegen die Entscheidung des Gerichtsvorstands der Antrag auf gerichtliche Entscheidung zulässig, § 23 I 1 EGGVG, dort Rn 3, BGH NJW **90**, 841, Köln FamRZ **95**, 752 (auch zu § 28 I 4 EGGVG). Nachprüfbar ist aber nur, ob der Gerichtsvorstand sein Ermessen mißbraucht hat, KG MDR **76**, 585, Schlesw MDR **90**, 254. Gegen die Entscheidung des OLG ist keine Beschwerde zulässig, § 29 I 1 EGGVG; es kann jedoch eine Pflicht zur Vorlage beim BGH bestehen, § 29 I 2, 3 EGGVG. Beim Rpfl gilt § 11 RPflG, § 104 Rn 41 ff.

**31   9) VwGO:** Es gilt § 100 VwGO, der I u III inhaltlich wiederholt. Da dort ausgespart, ist II nicht entsprechend anwendbar, *§ 173 VwGO,* RedOe § 100 Anm 2, aM Ey § 100 Rn 1, Endemann F Zeidler (1987) S 423. Zum öff-rechtlichen Anspruch eines Beteiligten gegen die Gerichtsverwaltung auf Akteneinsicht vgl OVG Kblz NVwZ **84**, 526, zur Gewährung von Einsicht von Abschriften an Dritte RedOe § 100 Anm 2 u Endemann aaO, zur Aktenübersendung an RAe (in sog Kammerrechtsbeistände, BVerfG NVwZ **98**, 836) Dolde VBlBW **85**, 249, Kopp/Sch § 100 Rn 7, VGH Mü NVwZ-RR **98**, 686 (zur Anfechtung der Ablehnung), zur Veröffentlichung von *Entscheidungen,* BVerwG NJW **97**, 2694 (Anm Huff NJW **97**, 2651 u Thiedemann NVwZ **97**, 1187), OVG Lüneb NJW **96**, 1489 mwN, Hirte NJW **88**, 1698, Schoenemann DVBl **88**, 520, Endemann aaO.

## 299a

**Bildträgerarchiv.** ¹Sind die Prozeßakten zur Ersetzung der Urschrift auf einem Bildträger nach ordnungsgemäßen Grundsätzen verkleinert wiedergegeben worden und liegt der schriftliche Nachweis darüber vor, daß die Wiedergabe mit der Urschrift übereinstimmt, so können Ausfertigungen, Auszüge und Abschriften von der Wiedergabe erteilt werden. ²Auf der Urschrift anzubringende Vermerke werden in diesem Fall bei dem Nachweis angebracht.

**1   1) Geltungsbereich, S 1, 2.** Bei einem Bildträgerarchiv, zB Mikrofilm, sind Ausfertigungen, Auszüge und Abschriften von der verkleinerten Wiedergabe herzustellen. Ihre Erteilung ist nur dann zulässig, wenn beim Gericht ein schriftlicher Nachweis der Übereinstimmung dieser verkleinerten Wiedergabe mit der Urschrift vorliegt. Der Nachweis muß im Original vorhanden sein, nicht etwa darf er seinerseits nur als Bildträger vorliegen. Karteiform ist zulässig. Eine Verbindung zwischen dem Nachweis und dem Bildträger, etwa durch eine Schnur oä, ist nicht notwendig, weil sie kaum durchführbar ist. Die Übereinstimmung der Inhalte des Originals und des Bildträgers muß eindeutig nachgewiesen sein, Heuer NJW **82**, 1506. Dafür ist außer der Schriftlichkeit keine besondere Form notwendig, also zB eine Beglaubigung entbehrlich, Heuer NJW **82**, 1506. Die Aufnahme des Bildträgers muß ordnungsgemäß erfolgt sein. Die zugehörigen Grundsätze sind vom BJM für die Gerichte des Bundes, Richtlinie vom 1. 8. 78 (Inkrafttreten), im übrigen zu den Landesjustizverwaltungen zu erlassen und vorher im Einzelfall zu ermitteln. Die Einsicht erfolgt über ein Lesegerät im Gericht, zB auf der Geschäftsstelle, unter technischer Überwachung.

**2**   Solange eine bloße *Sicherheitsverfilmung* vorgenommen wurde, dh wenn die Originalakten neben dem Bildträger aufbewahrt werden, statt vernichtet zu werden, zB weil das letztere unzulässig wäre, etwa bei von den Parteien eingereichten oder vom Gericht beigezogenen Urkunden, die ohnedies zurückzugeben sind, dürfen Ausfertigungen, Auszüge und Abschriften nur anhand des Originals erteilt werden. Vermerke, die auf der Urschrift anzubringen sind, zB gemäß §§ 164 III 1, 319 II, 320 IV 5, 734, werden auf dem schriftlichen Nachweis angebracht, und zwar auf seinem Original, falls von ihm ebenfalls ein Bildträger existiert. Wegen der Bedeutung des § 299 a für Notarakten BGH NJW **77**, 1400.

**3   2) VwGO:** Gilt entsprechend, § 100 II 2 VwGO.

## Zweiter Titel. Urteil

### Übersicht

**Schrifttum:** Vgl bei den einzelnen Vorschriften, vor allem bei § 313.

**Gliederung**

| | |
|---|---|
| 1) **Begriffe** ........................... 1 | C. Vorbehaltsurteil ..................... 8 |
| A. Urteil ........................... 1 | 7) **Bedingtheit** ........................ 9 |
| B. Beschluß ....................... 1 | A. Unbedingtes Urteil ............... 9 |
| C. Verfügung ..................... 1 | B. Auflösend bedingtes Urteil ...... 9 |
| D. Sonstiges ...................... 1 | 8) **Wirksamkeit als Hoheitsakt** ........ 10 |
| 2) **Bedeutung des Urteils** ............ 2, 3 | 9) **Unwirksamkeit einer Scheinentscheidung** .................... 11–13 |
| 3) **Tragweite des Urteils** ............ 4, 5 | A. Nichtgericht .................... 11 |
| A. Sachurteil ..................... 4 | B. Keine Verkündung oder Zustellung .. 12 |
| B. Prozeßurteil .................. 5 | C. Folgen ........................ 13 |
| 4) **Sachrechtlicher Inhalt** ............. 6 | 10) **Unwirksamkeit eines Urteils** ..... 14–18 |
| A. Leistungsurteil ................ 6 | A. Fehlen der Gerichtsbarkeit ...... 14 |
| B. Feststellungsurteil ............ 6 | B. Nicht bekannte Rechtsfolge ..... 15 |
| C. Gestaltungsurteil ............. 6 | C. Unzulässige Rechtsfolge ........ 16 |
| 5) **Art des Zustandekommens** ........ 7 | D. Tatsächliche Wirkungslosigkeit .. 17 |
| A. Streitmäßiges (kontradiktorisches) Urteil ........................ 7 | E. Folgen ........................ 18 |
| B. Versäumnisurteil .............. 7 | 11) **Bloße Mangelhaftigkeit eines Urteils** . 19, 20 |
| 6) **Äußere Bedeutung** ................. 8 | 12) *VwGO* ........................... 21 |
| A. Endurteil ..................... 8 | |
| B. Zwischenurteil ................ 8 | |

**1) Begriffe.** Entscheidung nennt die ZPO häufig jede Willenserklärung des Gerichts, mag sie der **1** Prozeßleitung, Üb 5 vor § 128, angehören oder als eigentliche Entscheidung den Ausspruch einer Rechtsfolge enthalten. Die eigentlichen Entscheidungen gliedern sich in den folgenden Arten.

**A. Urteil.** Es ergeht in bestimmter Form und auf Grund einer notwendigen mündlichen Verhandlung oder in dem diese Verhandlung ersetzenden schriftlichen Verfahren, § 128 II, III oder im Aktenlageverfahren, § 251 a, oder im Verfahren ohne Verhandlung nach § 495 a.

**B. Beschluß.** Er ergeht ohne die Form des Urteils oder auf Grund einer mündlichen Verhandlung, die meist freigestellt ist.

**C. Verfügung.** Das ist eine Anordnung des Vorsitzenden oder eines verordneten Richters, §§ 361, 362. Regelwidrig gebraucht die ZPO das Wort Verfügung in dem Begriff „einstweilige Verfügung".

**D. Sonstiges.** Entscheidungen des Rechtspflegers sind Beschlüsse oder Verfügungen. „Anordnung" nennt die ZPO Beschlüsse verschiedener Art, prozeßleitende und entscheidende. Titel 2 handelt nicht nur von Urteilen, wie seine Überschrift vermuten läßt, sondern auch von Beschlüssen und Verfügungen, § 329. Über die Abfassung des Urteils Hartmann JR **77**, 181.

**2) Bedeutung des Urteils.** Sie liegt zwar darin, das Recht zu *finden,* nicht aber darin, Recht zu schaffen, **2** wenn kein solches besteht. Abgesehen von den Fällen, in denen der Richter durch sein Urteil Rechte gestaltet, Grdz 20 vor § 253, darf er Rechtsbeziehungen zwischen den Parteien nicht schaffen und gestalten, sondern nur klarstellen, wer von den Parteien im Recht ist. Wie aber, wenn er dem Recht zuwider entscheidet? Hat zB A dem B 1000 DM geliehen und weist der Richter die Rückzahlungsklage mangels Beweises ab, so kann das Urteil nichts daran ändern, daß B dem A 1000 DM schuldet; es kann den Anspruch aus Darlehen nicht vernichten, andernfalls läge die Verteilung aller Güter in Richterhand. Wohl aber entkleidet das Urteil den Anspruch des Rechtsschutzes, oder, in umgekehrt liegenden Fällen, es gibt Rechtsschutz, wenn ein Anspruch fehlt. Das zeigt, daß man den Rechtsschutz von dem sachlichrechtlichen Anspruch trennen muß. Zahlt im Beispielsfall B dem A trotz einer rechtskräftigen Aberkennung des Anspruchs die 1000 DM zurück, so hat er ihm nichts geschenkt, sondern eine klaglose Verbindlichkeit erfüllt, Grdz 25 vor § 253, nicht anders, als sei der Anspruch verjährt gewesen.

Das Wesentliche liegt also in der Gewährung oder Versagung des *Rechtsschutzes,* Grdz 1 vor § 253. Zweck **3** des Prozesses ist nicht, auch nicht bei Feststellungsklagen, der Ausspruch, daß etwas Recht oder nicht Recht ist, sondern die Erlangung des Rechtsschutzes für einen sachlichrechtlichen Anspruch. Ein von einem ordentlichen Gericht erlassenes Urteil über ein öffentlichrechtliches Rechtsverhältnis wandelt dieses nicht in einen privatrechtlichen Titel um.

**3) Tragweite des Urteils.** Maßgeblich ist weder die Bezeichnung noch die Rechtsansicht des Gerichts, **4** sondern der wahre Inhalt, den man im Weg der Auslegung ermittelt, BGH VersR **99**, 638, Ffm VersR **84**, 168, Köln RR **99**, 1084 (Meistbegünstigung). Die Urteile werden nach der Tragweite der Erledigung wie folgt eingeteilt.

**A. Sachurteil.** Es entscheidet in der Sache selbst und schafft insofern Rechtskraft.

**B. Prozeßurteil.** Es entscheidet nur über Prozeßfragen, über allgemeine oder besondere Prozeßvoraus- **5** setzungen, Grdz 13 vor § 253; daher kann es nur für die Prozeßfragen Rechtskraft schaffen, nicht für die Sache selbst. Die Abweisung durch ein solches Urteil heißt Prozeßabweisung im Gegensatz zur Sachabweisung, Grdz 14 vor § 253. Kein Urteil kann, richtig bedacht, gleichzeitig gleichrangig eine Prozeß- und eine

Sachabweisung aussprechen; vgl auch § 322 Rn 60 „Prozeßurteil", freilich auch Grdz 17 vor § 253. Verneint das Urteil zB die Zulässigkeit des Rechtswegs, so gilt alles, was es zur Sache ausführt, für die Revisionsinstanz als nicht geschrieben, OVG Schlesw MDR **92**, 525.

Freilich darf das die Klage als unzulässig abweisende Prozeßurteil *hilfsweise zur Unbegründetheit* der Klageforderung Ausführungen machen, Grdz 17 vor § 253. Die Berufungsinstanz muß dann, wenn sie die Voraussetzungen eines Sachurteils bejaht, den vom Erstrichter hilfsweise gegebenen sachlichen Abweisungsgrund prüfen, unklar OVG Schlesw MDR **92**, 525. Das Gericht darf aber nicht eine Entscheidung über Prozeßvoraussetzungen dahingestellt lassen und nur deshalb sachlich entscheiden, Grdz 14 vor § 253, OVG Schlesw MDR **92**, 525. Trotzdem braucht das Revisionsgericht in solchem Falle nicht aufzuheben, wenn die Prozeßvoraussetzungen nach dem unstreitigen Sachverhalt gegeben sind, BGH **LM** § 268 aF Nr 1. Dagegen erfolgt eine Zurückverweisung, wenn das Urteil auf eine unberechtigte Prozeßabweisung gestützt ist, selbst wenn das Urteil außerdem sachliche Abweisungsgründe enthält. Zur Unzulässigkeit der Abweisung „angebrachtermaßen" § 322 Rn 15.

**6**  **4) Sachlichrechtlicher Inhalt.** Nach ihm lassen sich Urteile wie folgt einteilen.

**A. Leistungsurteil.** Hierhin gehören auch Duldungsurteile.

**B. Feststellungsurteil.**

**C. Gestaltungsurteil**, aM Rödig, die Theorie des gerichtlichen Erkenntnisverfahrens (1973) 64 ff (das Urteil enthalte stets nur eine Feststellung; abl Grunsky JZ **74**, 754, Röhl ZZP **88**, 350). Diese Urteilsarten entsprechen den betreffenden Klageformen, Grdz 10 vor § 253, und ein Urteil kann grundsätzlich nur auf die entsprechende Klageform hin ergehen; es kann aber ein Weniger zusprechen, indem es auf eine Feststellung statt auf eine Leistung erkennt, § 308 Rn 9. Gewissen Feststellungsurteilen weist die Gesetzgebung rückwirkende Gestaltungswirkung zu. Es ist aber falsch, einem Feststellungsurteil Gestaltungswirkung schon deshalb beizulegen, weil es für und gegen alle wirkt.

**7**  **5) Art des Zustandekommens.** Nach ihr kann man Urteile wie folgt einteilen.

**A. Streitmäßiges (kontradiktorisches) Urteil.** Es ergeht auf eine zweiseitige Streitverhandlung oder im schriftlichen oder im Aktenlageverfahren. Es umfaßt grundsätzlich sämtliche Urteile, auch zB das Anerkenntnisurteil, § 307, das Verzichtsurteil, § 306, das Urteil nach Lage der Akten, § 251 a.

**B. Versäumnisurteil.** Es ergeht auf Grund einseitiger Säumnis gegen den Säumigen, bei § 331 III ohne eine mündliche Verhandlung. Das unechte Versäumnisurteil, das bei einer einseitigen Säumnis gegen den Erschienenen ergeht, ist ein streitmäßiges Sachurteil, Üb 13 vor § 330.

**8**  **6) Äußere Bedeutung.** Nach ihr kann man die Urteile wie folgt einteilen.

**A. Endurteil.** Es entscheidet über die Klage oder das Rechtsmittel endgültig, entweder als Vollurteile über den ganzen Anspruch oder als Teilurteile über einen Teil, § 301. Das abschließende Urteil nach einem Teilurteil heißt auch Schlußurteil. Kein Urteil ist der Spruch im schiedsrichterlichen Verfahren.

**B. Zwischenurteil.** Es erledigt nur einen Zwischenstreit zwischen den Parteien oder mit Dritten, zB bei § 280, ferner die Vorabentscheidung über den Grund des Anspruchs, § 304.

**C. Vorbehaltsurteil.** Es erledigt den Streit unter dem Vorbehalt einer Entscheidung derselben Instanz über bestimmte Einwendungen des Beklagten. Zulässig ist es sie im Urkunden- und Wechselprozeß, § 599, und bei der Aufrechnung, § 302. Urteile unter dem Vorbehalt der beschränkten Haftung, §§ 305, 305 a, 780, schließen den Prozeß endgültig ab und sind darum keine Vorbehaltsurteile.

**9**  **7) Bedingtheit.** Nach ihr lassen sich die Urteile wie folgt einteilen.

**A. Unbedingtes Urteil.** Ihm haftet keinerlei Bedingung an. Dahin gehören nur die äußerlich rechtskräftigen, vorbehaltslosen Urteile.

**B. Auflösend bedingtes Urteil.** Dahin gehören sämtliche Vorbehaltsurteile, Rn 8, sämtliche vorläufig vollstreckbaren Urteile (sie sind durch ihre Rechtskraft bedingt), §§ 708, 709, und Endurteile, die vor der Rechtskraft eines im selben Verfahren erlassenen Zwischenurteils ergehen; zB ist bei § 304 das Urteil über die Höhe bedingt durch die Rechtskraft des Zwischenurteils über den Grund.

**10**  **8) Wirksamkeit als Hoheitsakt**

**Schrifttum:** *Hein,* Das wirkungslose Urteil, 1995.

Jede gerichtliche Entscheidung ist ein Staatshoheitsakt, Hamm MDR **97**, 1155 (einschließlich der Zustellung). Als solche äußert sie grundsätzlich die angeordneten Wirkungen, mag sie sachlich richtig oder falsch sein, BGH VersR **87**, 1195, Oldb MDR **89**, 268. Die Lehre von der Leugnung des Fehlurteils, Üb bei Schumann Festschrift für Bötticher (1969) 289, ist überholt. Wenn Erfordernisse fehlen, sei es in der Entscheidung selbst oder in ihren Voraussetzungen, so ist wie bei Rn 11–20 zu unterscheiden.

**11**  **9) Unwirksamkeit einer Scheinentscheidung**

**Schrifttum:** *Schneider,* Rechtsschutzmöglichkeiten gegen formelle Verlautbarungsmängel usw, 1999.

Scheinentscheidungen, namentlich Scheinurteile, oft Nichturteile genannt, Ffm MDR **91**, 63, Zweibr OLGZ **87**, 372, tragen das Gewand der Entscheidung nur als Maske; in Wahrheit fehlt ihnen das Wesen der Entscheidung. Im einzelnen gilt:

**A. Nichtgericht.** Es kann eine Entscheidung eines gerichtsverfassungsmäßig nicht vorgesehenen Gremiums vorliegen, Hamm FamRZ **86**, 583, also eine solche, die ein Nichtgericht gefällt hat, BGH VersR **87**, 1195, BezG Leipzig DtZ **93**, 27, zu dem das Nicht-mehr-Gericht zählt, dazu mit Recht krit Jauernig DtZ **93**, 173), wie eine Entscheidung durch eine Regierungsstelle oder eine Entscheidung des beauftragten Richters.

**12**  **B. Keine Verkündung oder Zustellung.** Es kann eine Entscheidung vorliegen, die nicht in der vorgeschriebenen Form in deren Elementarteilen erlassen ist, BGH **137**, 51, Hamm FamRZ **86**, 583, zB

2. Titel. Urteil  **Übers § 300**

eine nicht bekannt gemachte Entscheidung, namentlich eine entgegen dem Gesetz überhaupt nicht nach § 311 verkündete, BGH VersR **85**, 46 Ffm RR **95**, 511, Kblz GRUR **89**, 75 (betr § 128 II, III). Etwas anderes gilt, wenn das Protokoll fehlt, BGH VersR **85**, 46, oder wenn die Verkündung mangelhaft erfolgt ist, § 310 Rn 3. Ein Fehler beim Erlaß liegt ferner zB bei § 310 III vor, wenn das Urteil überhaupt nicht zugestellt worden ist, § 317. Es ist in Wahrheit dann nur ein innerer Vorgang des Gerichts vorhanden, ein bloßer Urteilsentwurf, BGH **61**, 370, Ffm MDR **91**, 63, Kblz GRUR **89**, 75. Anders kann eine zwar gegen Art 103 I GG verstoßende, aber vor Jahren ergangene öffentliche Zustellung zu bewerten sein, Hamm MDR **97**, 1155. Der Verkündungsvermerk, § 315 III, genügt zum Nachweis der Verkündung nicht, § 315 Rn 14.

*Nicht hierher gehört* ein Urteil, das erst nach dem Ablauf der 3-Wochen-Frist des § 310 I 2 verkündet ist, BGH NJW **89**, 1157, oder das entgegen § 310 II bei der Verkündung noch nicht vollständig vorliegt, BGH NJW **89**, 1157, oder das entgegen § 315 I noch nicht vollständig unterschrieben ist, BGH NJW **89**, 1157.

**C. Folgen.** Alle Nichtentscheidungen sind *grundsätzlich unwirksam*, BGH **137**, 51, Kblz GRUR **89**, 75, **13** beendigen auch nicht das Verfahren; wegen Berufung § 310 Rn 3 und Grdz 26 vor § 511. Das alles ist von Amts wegen zu beachten, Grdz 38 vor § 128, BezG Leipzig DtZ **93**, 27. Wenn aus ihnen die Zwangsvollstreckung aus einer ordnungsmäßig für vollstreckbar erklärten Ausfertigung betrieben wird, bleibt der Weg der §§ 732, 766, 775, 776. Ein Rechtsmittel ist zwar nicht erforderlich, aber ausnahmsweise zulässig, Brdb RR **96**, 767, Kblz GRUR **89**, 75, Zweibr OLGZ **87**, 372.

**10) Unwirksamkeit eines Urteils.** Wirkungslose Entscheidungen, auch nichtige, BayObLG **97**, 57, **14** liegen nur ganz ausnahmsweise vor, Bbg RR **94**, 460, nämlich bei greifbarer Gesetzwidrigkeit (zu diesem zweifelhaften Begriff § 127 Rn 25) und deshalb in folgenden Fällen:

**A. Fehlen der Gerichtsbarkeit.** Die Entscheidung ist wirkungslos, soweit dem Gericht die Gerichtsbarkeit fehlt, nicht nur die Zuständigkeit, OVG Lüneb NJW **85**, 1573.
*Beispiele:* ein Urteil gegen Exterritoriale, Einf 2, 3 vor § 18 GVG; ein Urteil des Schöffengerichts in einem Zivilprozeß; ein Urteil des Einzelrichters (alten Rechts), § 348, statt des Kollegiums, Jauernig, Das fehlerhafte Zivilurteil 31 ff; ein Urteil des FGG-Richters in einem FGG-Verfahren wegen eines Streitgegenstandes, der zur streitigen ZPO-Gerichtsbarkeit gehört.
Über die Urteile eines *Sondergerichts* außerhalb seiner Zuständigkeit Üb 2 vor § 12 GVG. Hierher kann ein sog Instanzvorgriff zählen, BPatG GRUR **85**, 219 mwN. Ein auf eine unzulässige Beschwerde hin gesetzwidrig erlassener Beschluß fällt unter Rn 19, 20.

**B. Nicht bekannte Rechtsfolge.** Die Entscheidung ist auch wirkungslos, soweit die ausgesprochene **15** Rechtsfolge der Rechtsordnung überhaupt unbekannt ist, BGH VersR **87**, 1195, Oldb MDR **89**, 268, AG Lübeck Rpfleger **82**, 109.
*Beispiel:* Das Urteil verurteilt zur Bestellung eines dem Gesetz unbekannten dinglichen Rechts.
BGH RR **90**, 893 gibt bei einer schlechthin mit der Rechtsordnung unvereinbaren Entscheidung (gemeint wohl: auch) ein außerordentliches Rechtsmittel. Das ist dogmatisch unsauber, kann aber praktisch sein.

**C. Unzulässige Rechtsfolge.** Die Entscheidung ist auch wirkungslos, soweit die ausgesprochene **16** Rechtsfolge schlechthin gesetzlich unzulässig ist, BGH VersR **87**, 1195, Oldb MDR **89**, 268, AG Lübeck Rpfleger **82**, 109. Der Staat kann kein Urteil anerkennen, das gegen seine Ordnung verstößt. Das gilt für Urteile, deren Erfüllung gegen die öffentliche Ordnung oder gegen die guten Sitten verstoßen würde; für Urteile auf Teillöschung einer Marke, weil sie einen gesetzwidrigen Zustand herstellen müßten. LG Tüb JZ **82**, 474 rechnet zu dieser Gruppe ein Versäumnisurteil, das vor der Rechtshängigkeit erging, § 261, aM ZöGre § 261 Rn 2. Nicht mehr hierher gehören deutsche Urteile, die bei Ausländern entsprechend ihrem Heimatrecht auf Trennung von Tisch und Bett erkennen.

**D. Tatsächliche Wirkungslosigkeit.** Die Entscheidung ist schließlich wirkungslos, soweit sie aus tat- **17** sächlichen Gründen nicht entsprechend ihrem Inhalt wirken kann, MDR **89**, 268.
*Beispiele:* Ein Urteil gegen eine nicht, noch nicht oder nicht mehr bestehende Partei, Grdz 19 vor § 50, Hamm MDR **86**, 417 (zu einem Beschluß); ein Urteil auf eine unmögliche Leistung, BGH NJW **74**, 2317, aM Brehm JZ **74**, 574; ein unverständliches oder widerspruchsvolles Urteil; die Scheidung einer nicht bestehenden Ehe.

**E. Folgen.** Urteile dieser Art binden zwar das Gericht, aM Hamm FamRZ **86**, 583; sie sind auch **18** Grundlage eines Kostenerstattungsanspruches nach §§ 91 ff, 103 ff, und der äußeren Rechtskraft fähig, Einf 1 vor §§ 322–327, nicht aber der inneren, Einf 2 vor §§ 322–327. Sie sind mit dem jeweiligen *Rechtsmittel* oder mit einer Klage auf die Feststellung der Unwirksamkeit zu bekämpfen, BGH VersR **87**, 1195, Düss NJW **86**, 1763, evtl auch mit der Nichtigkeitsklage nach § 579. Der Zwangsvollstreckung ist wie bei Rn 15 entgegenzutreten; möglich ist auch eine Vollstreckungsabwehrklage, § 767.

**11) Bloße Mangelhaftigkeit eines Urteils.** Mangelhafte Entscheidungen im engeren Sinn sind alle mit **19** Fehlern behafteten Entscheidungen, die nicht unter Rn 11–18 fallen.
*Dahin gehören:* Eine mit erheblichen Mängeln behaftete Entscheidung, BGH NJW **98**, 1319 (wegen eines Beschlusses), zB gegen eine gar nicht gemeinte Partei, Grdz 3 vor § 50, BGH RR **95**, 764, oder eine Entscheidung, die ohne Gehör der Parteien usw, Stgt MDR **96**, 1077 (mangelhafte Belehrung), Jauernig ZZP **101**, 383, oder in fehlerhafter Besetzung erging; ein Urteil, das ohne ein Prozeßrechtsverhältnis ergangen ist, Grdz 3 vor § 128, aM LAG Ffm BB **82**, 1925 (es liege dann eine Nichtigkeit vor); ein Urteil über eine in Wahrheit nicht mehr wirksame Klage, aM Pantle NJW **88**, 2775, RoSGo § 62 IV 2 d, ZöV 18 vor § 300 dann aber auch würde nur über eine reine Rechtsfrage, etwa zur Zulässigkeit einer Klägeränderung, § 269, über die *äußere* Wirksamkeit eines formell ordnungsmäßigen Urteils entscheiden; eine Bewilligung von Prozeßkostenhilfe ohne einen Antrag nach § 117, Oldb MDR **89**, 268. Hierhin gehören auch die sog ungeheuerlichen, monströsen Urteile, zB wenn die Entscheidung von einem Eid abhängig sein soll.

## Übers § 300, § 300      2. Buch. 1. Abschnitt. Verfahren vor den LGen

**20** Eine mangelhafte Entscheidung ist *bis zur Aufhebung* auf den zugehörigen Rechtsbehelf, dazu Schlosser Festschrift für Nakamura (1996), *voll wirksam*, BGH **137**, 52 und NJW **99**, 1192, Oldb MDR **89**, 268, Stgt MDR **96**, 1077. Es kann nach LG Stgt RR **98**, 934 bei greifbarer Gesetzwidrigkeit (zu diesem problematischen Begriff § 127 Rn 25) eine „außerordentliche" (?) Beschwerde in Betracht kommen. Kein Gericht darf sie als nichtbestehend behandeln, BAG NJW **71**, 1823, Köln VersR **73**, 162. Freilich kann ihr die sonst bestehende Bindungswirkung fehlen, AG Lübeck Rpfleger **82**, 109. Verspätungsvorschriften können unanwendbar sein, etwa §§ 296 I, 340 III 3, LAG Hamm MDR **82**, 1053. Für andere mangelhafte Prozeßhandlungen, zB für die Beweisaufnahme, gelten die allgemeinen Grundsätze, dh sie sind unwirksam.

**21**  12) *VwGO:* Die vorstehend dargelegten allgemeinen Grundsätze gelten auch im VerwProzeß, EF § 107 Rn 2–13.

**300** **Endurteil.** ¹Ist der Rechtsstreit zur Endentscheidung reif, so hat das Gericht sie durch Endurteil zu erlassen.

II Das gleiche gilt, wenn von mehreren zum Zwecke gleichzeitiger Verhandlung und Entscheidung verbundenen Prozessen nur der eine zur Endentscheidung reif ist.

### Gliederung

| | |
|---|---|
| 1) Systematik, I, II ........................ 1 | B. Maßgebender Rechtszeitpunkt ........ 7 |
| 2) Regelungszweck, I, II ................... 2 | C. Zulässigkeitsprüfung ................. 8 |
| 3) Geltungsbereich, I, II .................. 3 | D. Haupt- und Hilfsantrag .............. 9 |
| 4) Urteil, I, II ........................... 4 | E. Mehrheit rechtlicher Gründe ......... 10 |
| 5) Zulässigkeit eines Vorbehalts, I, II .... 5 | 7) Prozeßverbindung, II ................. 11 |
| 6) Endurteil, I ........................ 6–10 | 8) *VwGO* ............................... 12 |
| A. Entscheidungsreife .................... 6 | |

**1** 1) **Systematik, I, II.** Die Vorschrift enthält nur *einen* der für das Urteil maßgebenden Gesichtspunkte, nämlich denjenigen des richtigen Zeitpunkts. §§ 301 ff nennen die weiteren Aspekte, § 495 a II die Besonderheiten des Kleinverfahrens usw.

**2** 2) **Regelungszweck, I, II.** Die Vorschrift dient einerseits der Verhinderung vorschneller Entscheidungen: Erst bei wirklicher Entscheidungsreife, Rn 5, soll das Urteil ergehen dürfen. Damit bezweckt § 300 die Verhinderung ungerechter Sprüche, Einl III 9. Anderseits soll bei Spruchreife auch sogleich entschieden werden, sei es auch nur über einen abtrennbaren Teil; das dient der Prozeßförderung, Grdz 12 vor § 128, und Prozeßwirtschaftlichkeit, Grdz 14 vor § 128, wie schon § 272 III. Das ist bei der Auslegung zu beachten.

**3** 3) **Geltungsbereich, I, II.** Die Vorschrift gilt in allen Verfahrensarten der ZPO, auch im arbeitsgerichtlichen Verfahren, § 46 II 1 ArbGG.

**4** 4) **Urteil, I, II.** Endurteil ist ein Urteil, das den Prozeß für die Instanz endgültig entscheidet, so daß in ihr kein weiteres Urteil über denselben Anspruch(steil) mehr denkbar ist. Freilich zählt auch ein Versäumnisurteil hierher, Üb 11 vor § 330, ebenso ein sog. Rechtsentscheid, BGH **101**, 249. Auch ein Prozeßurteil, Grdz 14 vor § 253, kann ein Endurteil sein, Üb 5 vor § 300. Jedes Verfahren mit einer notwendigen mündlichen Verhandlung, § 128 Rn 4, verlangt ein Endurteil, soweit nicht eine Klagrücknahme, § 269, ein Vergleich, Anh § 307, oder übereinstimmende Erledigterklärungen, § 91 a, ein Urteil abschneiden.

Eine *Abweisung „angebrachtermaßen"* ist abgeschafft, § 322 Rn 15. Über die Abweisung wegen des Fehlens der *Fälligkeit* § 322 Rn 37 „Fälligkeit". Ein Urteil auf eine jedem unmögliche Leistung ist unstatthaft. Etwas anderes gilt nur bei einer noch nicht festgestellten Unmöglichkeit, vgl § 283 BGB. Sonst muß der Kläger zur Ersatzforderung übergehen. Wirkungslos ist nur ein Urteil auf eine rechtlich unmögliche Leistung, nicht dasjenige auf eine tatsächlich unmögliche, Üb 17 vor § 300.

Da kein Gericht zu einer gesetzlich verbotenen Leistung verurteilen darf, muß bei Erlaß des Urteils eine etwa nötige Genehmigung nach *Preisvorschriften*, § 3 AWG, SchlAnh IV, vorliegen. Doch ist ein Verstoß gegen solche Vorschriften erlassenes Urteil nur mangelhaft, Üb 19 vor § 300. Wenn die Genehmigung erst in der Revisionsinstanz ergeht, so hat das Revisionsgericht das zu berücksichtigen.

**5** 5) **Zulässigkeit eines Vorbehalts, I, II.** Entscheidungsreif, spruchreif, ist der Prozeß, wenn das Gericht dem Klagantrag stattgeben oder die Klage abweisen kann. Nötig ist also eine Klärung des Sachverhalts, soweit diese dem Gericht möglich ist § 286 Rn 24, und soweit nicht etwa ein Vorbringen wegen §§ 282, 296, 528, 529 außer Betracht bleibt. Ein Urteil unter dem Vorbehalt der Entscheidung über Angriffs- oder Verteidigungsmittel ist nur nach den §§ 302, 599 zulässig. Daher ist auch keine Verurteilung zu einer Zahlung abzüglich eines noch zu ermittelnden Betrags zulässig. Ebenso unzulässig ist ein Urteil, dem erst die Vollstreckungsinstanz einen bestimmten Inhalt geben hätte, so ist besonders bei einem schlichten Urteil zu beachten, das eine Unterlassungspflicht ausspricht. Zulässig ist der Vorbehalt der beschränkten Haftung des Erben, §§ 305, 780. Bei einer Entscheidungsreife gegenüber nur einem Streitgenossen vgl § 301 Rn 24.

**6** 6) **Endurteil, I.** Es ist das Ziel des Erkenntnisverfahrens und entsprechend sorgsam vorzubereiten.

**A. Entscheidungsreife.** Das Endurteil ist zu erlassen (Mußvorschrift), sobald der Prozeß zur Entscheidung reif ist, BVerwG NJW **89**, 119. Bei einer Verzögerung der Entscheidung tritt evtl eine Staats- und Richterhaftung ein, Einl III 28. Das Endurteil ergeht auf Grund des Streitstands beim Schluß der mündlichen Verhandlung, §§ 136 IV, 296 a, BGH **77**, 308, BVerwG NJW **89**, 119, Brschw RR **96**, 380, mag der Anspruch von Anfang an begründet gewesen oder auch erst im Laufe des Prozesses begründet geworden sein. Ist ein anfänglich begründeter Anspruch unzulässig oder unbegründet geworden, so ist er abzuweisen. So sind alle Grundlagen einer günstigen Entscheidung zu beachten, namentlich auch die Prozeßvoraussetzungen, Grdz 12 vor § 253 (vgl aber wegen des teilweisen Wegfalls des Feststellungsinteresses § 256 Rn 77 „Leistungsklage") und die Sachbefugnis, Grdz 23 vor § 50. Keineswegs darf das Gericht über die gesetzlichen Fälle, zB §§ 257ff, hinaus künftige Umstände oder Änderungsmöglichkeiten zum Anlaß nehmen, die Entscheidungsreife schon deshalb zu verneinen, BVerwG NJW 89, 119.

Das *Fehlen* einer Prozeßvoraussetzung *kann* freilich eine grundlegende Prozeßhandlung *unwirksam machen*. So ist die Klage bei einer fehlenden Prozeßfähigkeit, § 51, fehlerhaft und abzuweisen, soweit nicht eine Handlung möglich und geschehen ist. Der Wegfall der Zuständigkeit nach dem Eintritt der Rechtshängigkeit ist in allen Fällen unbeachtlich, § 261 III Z 2. Über den maßgebenden Zeitpunkt im schriftlichen Verfahren § 128 Rn 27, 28, im Aktenlageverfahren § 251a Rn 10. Vgl im übrigen §§ 307 II, 331 III. In der Berufungsinstanz gilt nichts Besonderes.

**B. Maßgeblicher Rechtszeitpunkt.** Das Endurteil ergeht auf Grund des bei der Verkündung geltenden **7** Rechts. Es genügt eine Gesetzesänderung zwischen der Verhandlung und der Verkündung. Für das Revisionsgericht kann nichts anderes gelten; es hat nach geltendem Recht zu entscheiden, nicht nach aufgehobenem Recht, § 549 Rn 5, Bettermann ZZP **88**, 370.

**C. Zulässigkeitsprüfung.** Zunächst sind die Prozeßvoraussetzungen einschließlich des Rechtsschutz- **8** bedürfnisses zu prüfen, Grdz 14 vor § 253. Bei einem Fehlen erfolgt eine Prozeßabweisung, Üb 5 vor § 300. Eine Abweisung der Klage als „unbegründet" kann in eine solche als „unzulässig" umzudeuten sein, Düss RR **90**, 1040. Das Gericht darf sich darüber, ob ein Angriff oder eine Verteidigung unbegründet sind, hilfsweise nur äußern, wenn es zur Frage der Zulässigkeit eine abschließende Entscheidung spätestens gleichzeitig trifft. Eine Abweisung wegen unzulänglicher Angabe der Tatsachen, die geeignet seien, den Anspruch zu begründen (mangelnde Substantiierung) ist Sachabweisung, Köln VersR **74**, 563.

**D. Haupt- und Hilfsantrag.** Bei mehreren Haupt- und Hilfsanträgen, § 260 Rn 8, darf das Gericht nur **9** dann abweisen, wenn es sie sämtlich für unzulässig oder unbegründet befindet. Auf den Hilfsantrag ist grundsätzlich nur dann einzugehen, wenn der Hauptantrag unzulässig oder unbegründet ist; zulässig ist es auch, über den Hilfsantrag zu erkennen, „falls der Hauptanspruch nicht durchzusetzen ist", BGH **LM** Nr 1. Freilich kann eine vorsorgliche Hilfsbegründung zusätzlich zur stattfindenden Hauptbegründung ratsam sein, Grdz 17 vor § 253, § 313 Rn 35. Greift eine rechtsvernichtende Einrede des Bekl durch, so erübrigt sich die Prüfung des Klagegrunds. Da diese Entscheidung aber eine Sachabweisung ist, befreit sie nicht von der Prüfung der Prozeßvoraussetzungen.

**E. Mehrheit rechtlicher Gründe.** Unter mehreren rechtlichen Begründungen auf Grund des Sach- **10** verhalts kann der Richter grundsätzlich wählen; wegen einiger Ausnahmen zB Einl III 9, 10, § 304 Rn 23. Wegen einer besseren Vollstreckbarkeit kann der Kläger evtl eine Prüfung bestimmter Anspruchsgrundlagen und eine entsprechende Kennzeichnung im Tenor fordern, § 850f Rn 6, Hoffmann NJW **73**, 1113. Unter mehreren Gründen der Sachabweisung kann der Richter wählen, Mü NJW **70**, 2114, auch wenn ein Grund nur hilfsweise geltend gemacht wird, § 260 Rn 4.

Anders ist es bei der *Hilfsaufrechnung*, § 145 Rn 10–14. Wenn das Gericht auf Grund der Aufrechnung abweist, ist die aufgerechnete Forderung erloschen. Darum darf das nur geschehen, wenn der Klagforderung feststeht (Beweiserhebungslehre), § 322 II, BGH **80**, 99, Köln FamRZ **91**, 1194. Ebenso ist der Hilfseinwand der Zahlung zu behandeln, weil sonst das Rückforderungsrecht des Bekl ungeklärt bleibt. Zur Hilfsbegründung Grdz 17 vor § 253, § 313 Rn 35.

**7) Prozeßverbindung, II.** Hat das Gericht mehrere Prozesse nach § 147 verbunden, so hat es ohne **11** Ermessensspielraum, Schneider MDR **74**, 8 ein Endurteil zu erlassen, sobald einer der Prozesse entscheidungsreif ist. Die Erledigung der einen vor der Verbindung leiden. Die Anspruchshäufung, § 260, trifft II nicht. Das Urteil ist ein Vollurteil und enthält eine Aufhebung der Verbindung. Auch das restliche Urteil ist ein Endurteil, nicht ein Teilurteil, Schneider MDR **74**, 9. Über den Fall der gewöhnlichen Klägerhäufung § 301 Rn 7ff.

**8) VwGO:** Entsprechend anzuwenden, § 173 VwGO, BVerwG NJW **89**, 119. Wegen des Gerichtsbescheids s **12** § 84 VwGO.

## 301

**Teilurteil.** <sup>I</sup> Ist von mehreren in einer Klage geltend gemachten Ansprüchen nur der eine oder ist nur ein Teil eines Anspruchs oder bei erhobener Widerklage nur die Klage oder die Widerklage zur Endentscheidung reif, so hat das Gericht sie durch Endurteil (Teilurteil) zu erlassen.

<sup>II</sup> Der Erlaß eines Teilurteils kann unterbleiben, wenn es das Gericht nach Lage der Sache nicht für angemessen erachtet.

**Schrifttum:** *Friedrich,* Probleme der Teilklage, Diss Köln 1995; *de Lousanoff,* Zur Zulässigkeit des Teilurteils gemäß § 301 ZPO, 1979; *Musielak,* Zum Teilurteil im Zivilprozeß, Festschrift für *Lüke* (1997) 561; *Rimmelspacher,* Teilurteile und Anschlußberufungen, in: Festschrift für *Odersky* (1996); *Robertz,* Probleme beim Erlaß des Teilurteils, Diss Köln 1994; *Scholz,* Das unzulässige Teilurteil, Diss Bonn 1998.

### Gliederung

| | | | | |
|---|---|---|---|---|
| 1) Systematik, I, II | ........... | 1 | 3) Geltungsbereich, I, II ............. | 3 |
| 2) Regelungszweck, I, II | ........... | 2 | 4) Zulässigkeit eines Teilurteils, I | 4–32 |

§ 301  2. Buch. 1. Abschnitt. Verfahren vor den LGen

| | |
|---|---|
| A. Grundsatz: Teilbarkeit, Entscheidungsreife, Unabhängigkeit vom Rest ....... | 5, 6 |
| B. Beispiele zur Frage der Zulässigkeit eines Teilurteils ...................... | 7–32 |
| 5) Unterbleiben des Teilurteils, II ........ | 33–35 |
| 6) *VwGO* ............................................ | 36 |

**1**  **1) Systematik, I, II.** Die Vorschrift birgt erhebliche Schwierigkeiten.
**A. Begriff des Teilurteils.** Teilurteil ist, anders als ein Grundurteil, § 304, ein Endurteil über einen größenmäßigen, selbständigen Teil dess Streitgegenstandes, BGH **NJW 98**, 686, Karlsr FamRZ **94**, 1122, der den in der bisherigen Instanz anhängig bleibenden Rest einem weiteren Teilurteil überläßt, dem Schlußurteil. BGH **LM** § 303 Nr 4 gestattet, diesen Rest im Wege der Anschlußberufung in die Berufungsinstanz zu ziehen. Es liegt aber nicht im Belieben der Partei oder gar des Gerichts, den Instanzenzug zu ändern, § 521 Rn 2, § 537 Rn 3, BGH NJW **83**, 1312, großzügiger Ffm JR **84**, 290. Zulässig ist es aber, daß die Berufungsinstanz auf einen entsprechenden Antrag, dem nicht widersprochen wird, die ganze Klage abweist, wenn das für einen Teilanspruch geschieht, der dem Grunde nach mit dem Restanspruch gleich ist. Die Regelung ist mit dem GG vereinbar, Köln MDR **77**, 939.

**2**  **2) Regelungszweck, I, II.** Das Teilurteil soll den Rechtsstreit vereinfachen und beschleunigen, vgl BGH **77**, 310, Oldb VersR **86**, 927. Es bindet das Gericht nach § 318, BGH **LM** § 301 Nr 22. Es ist nicht der Sinn des § 301, einer Partei prozessuale Möglichkeiten abzuschneiden, die sonst noch hätte, insofern an sich richtig BGH **77**, 308. Dennoch ist eine Zurückweisung eines verspäteten Vortrags durch ein Teilurteil zulässig, § 296 Rn 51. Jedes Teilurteil bewirkt allerdings eine Aufspaltung des Prozesses in mehrere, voneinander unabhängig werdende Teile, BGH NJW **98**, 686. Das gilt zB für die Zulässigkeit von weiterem Vortrag, für die Zulässigkeit eines Rechtsmittels, BGH NJW **98**, 686, für die Vollstreckbarkeit. Jedes Teilurteil wird selbständig rechtskräftig, Mü FamRZ **80**, 279, natürlich nur für den entschiedenen Teil des Streitgegenstands, BGH NJW **98**, 686, für jedes ist die Rechtsmittelsumme selbständig nach der Beschwer zu berechnen, eine Teilung kann also das Rechtsmittel unstatthaft machen, BGH NJW **98**, 686. Über die Kosten bei Teilurteil Rn 14 sowie zB § 97 Rn 35.

**3**  **3) Geltungsbereich, I, II.** Die Vorschrift gilt in allen Verfahren nach der ZPO. Sie ist im arbeitsgerichtlichen Urteilsverfahren, § 46 II 1 ArbGG, im arbeitsgerichtlichen Beschlußverfahren, LAG Bln DB **78**, 1088 mwN, und im sonstigen Beschlußverfahren entsprechend anwendbar, BPatG GRUR **91**, 829, Bre FamRZ **82**, 393, Köln RR **86**, 1190. Es ist ferner entsprechend anwendbar auf das Beschwerdeverfahren, § 567, Schneider MDR **78**, 525, jedoch unanwendbar im Hausratsverfahren, LG Siegen FamRZ **76**, 698. Zur entsprechenden Anwendbarkeit im Verfahren über einen Versorgungsausgleich BGH NJW **84**, 120 und 1544, Zweibr FamRZ **83**, 941, zur entsprechenden Anwendbarkeit im WEG-Verfahren BayObLG WoM **94**, 153 oder im sonstigen FGG-Verfahren Zweibr RR **94**, 1527. Zum finanzgerichtlichen Teilurteil Rössler BB **84**, 204.

**4**  **4) Zulässigkeit eines Teilurteils, I.** Sie wird leider oft überschätzt.
**5**  **A. Grundsatz: Teilbarkeit, Entscheidungsreife, Unabhängigkeit vom Rest.** Es müssen folgende Voraussetzungen zusammentreffen, Prütting ZZP **94**, 106: Das derzeitige Rechtsverhältnis muß getrennte Entscheidungen überhaupt als möglich erscheinen lassen, Stgt FamRZ **84**, 273; es müßte ein Vollendurteil ergehen können, wenn nur der Teilanspruch im Streit wäre, BGH **72**, 37, Stgt FamRZ **84**, 273. Zum maßgeblichen Zeitpunkt § 300 Rn 6, 7; der weitere Verlauf des Prozesses darf die Entscheidung unter keinen Umständen mehr berühren können, BGH NJW **99**, 1035 und 1638, Düss RR **99**, 858, Ffm NZM **98**, 631. Es darf also das Schlußurteil *nicht* auch nur evtl dem Teilurteil *widersprechen* können, BGH NJW **91**, 571, BAG DB **71**, 344, Stgt MDR **98**, 960.

**6**  Die Entscheidung über den Teil darf also *nicht* davon *abhängig* sein, wie der Streit über den Rest ausgeht, BGH NJW **99**, 1035, Hbg FER **99**, 129, Zweibr VersR **99**, 509, aM Köln VersR **92**, 852, Musielak (vor Rn 1) 580 (er stellt auf Abgrenzbarkeit des vom Urteil erfaßten Prozeßstoffs und seine Entscheidungsreife ab; die herkömmliche sei sogar „schädlich", weil zu kompliziert. – Das Gegenteil ist der Fall. Das gilt etwa bei der unselbständigen Anschlußberufung, BAG NJW **75**, 1248, § 521 Rn 8, 9, § 522 Rn 2. Freilich ist es keineswegs die Aufgabe der unteren Gerichts, nun auch noch die Möglichkeit einzukalkulieren, daß seine Entscheidung von der höheren Instanz abgeändert wird, aM FamRZ **87**, 152, Hbg FamRZ **91**, 446 (aber dann wäre überhaupt kein Teilurteil statthaft).

**7**  **B. Beispiele zur Frage der Zulässigkeit eines Teilurteils**
**Abänderungsklage:** Rn 29 „Unterhalt".
**Amtshaftung:** Werden Beamte und Dienststelle verklagt, kann ein Teilurteil gegen nur einen der Bekl unzulässig sein, BGH NJW **99**, 1035.
**Angriffs- und Verteidigungsmittel:** Zulässig sein kann ein Teilurteil über eines von mehreren Angriffs- oder Verteidigungsmitteln, BGH NJW **84**, 615. Es kommt aber auf die Umstände an, vgl BGH DB **93**, 930 (zur Zurückweisung wegen Verspätung nach § 528 II).
**Anschlußberufung:** Rn 10 „Berufung".
**8 Anspruchshäufung:** Zulässig ist ein Teilurteil bei mehreren in einer Klage geltend gemachten Ansprüchen, also bei objektiver Anspruchshäufung, §§ 260 ff, BGH NJW **84**, 615, Oldb VersR **86**, 927.
**Arbeitsrecht:** Rn 20 „Kündigung".
**Aufopferungsanspruch:** Unzulässig ist ein Teilurteil bei einem Aufopferungsanspruch.
**9 Aufrechnung, Zurückbehaltungsrecht:** Unzulässig ist ein Teilurteil, wenn dem Klaganspruch eine Aufrechnung oder ein Zurückbehaltungsrecht entgegensteht, Ffm MDR **75**, 322, oder entgegenstehen kann, BGH NJW **92**, 1633, Brschw NJW **75**, 2209, LG Bonn RR **90**, 51 (kein Teilurteil ferner, wenn das Gericht zu dem Ergebnis kommt, der Anspruch habe entweder nicht bestanden oder sei durch eine Aufrechnung getilgt worden, mag selbst der Aufrechnungsanspruch widerklagend geltend gemacht wor-

## 2. Titel. Urteil § 301

den sein, oder wenn die Aufrechnung durch einen offenbleibenden Klaganspruch berührt werden kann, Düss RR **99**, 858 (dann Grundurteil unter Vorbehalt).
S auch Rn 14 „Feststellungsklage", Rn 17 „Hilfsantrag".

**Baulandsache:** Bei einer Baulandsache ist ein Teilurteil nur ausnahmsweise zulässig, vgl Mü MDR **72**, 788. **10**

**Berufung:** Zulässig ist ein Teilurteil über die Berufung und die Anschlußberufung, selbst im Fall der Rücknahme der restlichen Berufung, Celle RR **86**, 357. Unzulässig ist eine Teilentscheidung über eine unselbständige Anschlußberufung, BGH MDR **94**, 940, und gar eine derartige Teilversäumnisentscheidung, BGH NJW **99**, 1719.

**Einheitlichkeit des Anspruchs:** Unzulässig ist grds ein Teilurteil bei einem einheitlichen Anspruch, BGH **11** NJW **97**, 1710 und 2184, Köln VersR **97**, 625. Das gilt zB: Bei einem Anspruch des Handelsvertreters auf Ausgleich, Mü RR **92**, 1192; bei einem Anspruch auf den Versorgungsausgleich, BGH FamRZ **89**, 954, Mü FamRZ **79**, 1026, aM Köln FamRZ **81**, 904, AG Bonn NJW **79**, 318.
Von dem Grundsatz der Unzulässigkeit gilt eine Ausnahme, soweit sich innerhalb des einheitlichen Anspruchs ein bezifferter *Teil aussondern* läßt, BGH MDR **97**, 491.
S auch Rn 23 „Postensache", Rn 26 „Scheidungsfolgesache", Rn 32 „Zugewinnausgleich".

**Elemente des Anspruchs:** Unzulässig ist ein Teilurteil über nur einzelne Elemente des Anspruchs, BGH **12** NJW **99**, 1035, Düss VHR **97**, 30.
S auch Rn 7 „Angriffs- und Verteidigungsmittel".

**Endgültigkeit des Teilanspruchs:** Ein Teilurteil ist zulässig über einen Teil des Anspruchs, der größenmäßig bestimmt ist und endgültig feststeht, BGH NJW **99**, 1035. Eine Abweisung des Teilanspruchs setzt voraus, daß der gesamte Anspruch nicht höher sein kann als der Rest. Eine Verurteilung, „mindestens x DM zu zahlen", ist unstatthaft, weil sie keine genaue Feststellung enthält, wie sich der Mindestbetrag auf die einzelnen Posten verteilt, § 260 Rn 5. Zulässig ist aber die Begründung der Verurteilung zu x DM damit, daß der Bekl soviel auf alle Fälle schuldet. Einzelne Posten eines Kontokorrents usw, Mü FamRZ **79**, 1026, sind kein Teilanspruch. Zur Nachholbarkeit der Individualisierung in der Rechtsmittelinstanz BAG NJW **78**, 2114.

**Enteignungsanspruch:** Unzulässig ist ein Teilurteil bei einem Enteignungsanspruch, aM Mü MDR **72**, 788 (überhaupt in Baulandsachen nur ausnahmsweise).

**Entscheidungsreife:** Rn 4. **13**

**Erledigung der Hauptsache:** Rn 19 „Kosten".

**Feststellungsklage:** Zulässig sein kann ein Teilurteil dann, wenn es um eine bejahende Feststellungsklage **14** geht, während der Bekl den gegnerischen zusätzlichen Zahlungsanspruch mit einer höheren Aufrechnung bekämpft hat, Kblz RR **88**, 533.
*Unzulässig* ist ein Teilurteil, wenn das Feststellungsinteresse noch nicht geklärt ist, Mü VersR **97**, 1492.

**Gesamtschuldner:** Zulässig ist ein Teilurteil auch gegen einen von mehreren Gesamtschuldnern. **15**

**Geschäftsraum:** Rn 24 „Räumung".

**Gesellschaftsrecht:** Unzulässig ist bei der Klage mehrerer Aktionäre durch Anfechtungs- und Nichtigkeits- **16** klage ein Teilurteil nur über die eine oder andere Rechtsfolge, BGH NJW **99**, 1638.

**Grundurteil:** Zulässig ist die Verbindung von Teil- und Grundurteil bei einem bestimmten Teil eines teilbaren Streitgegenstands, BGH NJW **99**, 1709 (bei § 254), Düss VHR **97**, 30 (Vorsicht!), Schlesw RR **99**, 1094. Sie ist zB bei einem Teil eines einheitlichen Anspruchs sogar notwendig, BGH NJW **89**, 2822, Ffm RR **88**, 640, Köln WoM **92**, 263. Freilich kann man durch ein Teilurteil nur dann entscheiden, wenn zugleich ein Grundurteil über den restlichen Teil des Anspruchs ergeht, BGH NJW **97**, 1710, Düss VHR **97**, 30.

**Haftungsquote:** Zulässig ist ein Teilurteil über die Haftungsquote, wenn es im Schlußurteil um ein **17** zugehöriges Schmerzensgeld geht, BGH NJW **89**, 2758.

**Handelsvertreter:** Rn 11 „Einheitlichkeit des Anspruchs".

**Hauptanspruch:** Rn 17 „Hilfsantrag", Rn 30 „Vorbehalt", Rn 32 „Zinsen".

**Hilfsantrag:** Beim Hilfsantrag, § 260 Rn 10, 21, gilt: Wechselseitige Hilfsanträge sind zulässig, BGH MDR **92**, 708. Gibt das Urteil dem Hauptantrag statt, so ist es ein Vollendurteil. Den Hauptanspruch kann das Gericht durch ein Teilurteil abweisen, soweit es sich beim Hilfsanspruch nicht nur um eine andere Begründung desselben prozessualen Anspruchs handelt, sondern um einen anderen Anspruch, BGH NJW **95**, 2361, mag er auch aus demselben Sachverhalt folgen, § 2 Rn 3, BPatG GRUR **80**, 997 (jedoch gilt § 301 nicht im patentamtlichen Patenterteilungsverfahren, str).
So ist ein Teilurteil über den *Hauptanspruch* zulässig, wenn zB der Hauptanspruch auf die Feststellung der Nichtigkeit des Kaufvertrages geht, der Hilfsanspruch auf Zahlung, BGH **56**, 79 (richtig schon wegen § 537, dort Rn 7), oder bei einem Hauptanspruch auf eine Rente nach BEG, einem Hilfsanspruch auf eine Kapitalentschädigung, BGH **LM** § 91 BEG 1956 Nr 1, oder bei einem Hauptanspruch auf die Feststellung des Nichtbestehens der Ehe, einem Hilfsantrag auf die Scheidung, BGH NJW **81**, 2418, Düss FamRZ **89**, 649.
*Unzulässig* ist ein Teilurteil, solange eine Hilfsaufrechnung ungeklärt ist, mag der Bekl auch insofern Widerklage erhoben haben, Düss RR **95**, 576.

**Klägerhäufung:** Zulässig ist ein Teilurteil bei mehreren in einer Klage geltend gemachten Ansprüchen, also **18** auch bei einer Klägerhäufung, §§ 59 ff, BGH NJW **99**, 1035, Oldb VersR **86**, 927. § 300 II ist auf den Fall der gewöhnlichen Klägerhäufung nicht anzuwenden.

**Kosten:** Ein Teilurteil über die Kosten, vgl Rn 2, ist grds nicht nötig, ZöV 11, aM LAG Bln MDR **78**, 345. **19** Es ist zulässig, soweit auch diese Entscheidung vom Ausgang des Reststreits unabhängig ist, Lepke JR **68**, 411, zB beim Ausscheiden eines Streitgenossen, Düss NJW **70**, 568. Ein Teilurteil über die Kosten des beiderseits für erledigt erklärten Teils des ursprünglichen Streits ist denkbar, und zwar unabhängig davon, ob diese Kosten jetzt Hauptsache sind oder nicht, besonders in der Berufungsinstanz, vgl freilich § 91 a Rn 77.

**Kündigung:** Unzulässig ist ein Teilurteil, wenn es im Rechtsstreit über die Auflösung eines Arbeitsverhält- **20** nisses um die Wirksamkeit einer Kündigung geht, BAG NJW **82**, 1119. Unzulässig ist ein Teilurteil mangels Teilbarkeit auch bei § 9 KSchG, BAG NJW **80**, 1485, LAG Köln MDR **97**, 1132.

## § 301

21 **Mehrheit von Ansprüchen:** Rn 8 „Anspruchshäufung", Rn 18 „Klägerhäufung".
**Miete:** Rn 23 „Postensache".
**Minderungsrecht:** Unzulässig ist ein Teilurteil, wenn dem Klaganspruch ein Minderungsrecht entgegensteht, Düss MDR **90**, 930 (es ist nämlich kein eigener Anspruch).
**Mindestschaden:** Zulässig sein kann ein Teilurteil wegen eines nach § 287 zugesprochenen Mindestschadens, selbst wenn zur (darüber hinausgehenden) Höhe noch Beweis zu erheben ist, BGH MDR **96**, 520 (abl Müller JZ **96**, 1189. Aber § 287 dient gerade der Erleichterung).
**Mitverschulden:** Zulässig sein kann ein Teilurteil zur Frage des Mitverschuldens, BGH NJW **84**, 615.

22 **Passivlegitimation:** Ist sie ganz streitig, so darf sie nicht im Teilurteil offen bleiben, Düss RR **97**, 660.
**Patent:** Rn 17 „Hilfsantrag".
**Pflichtteil:** Zulässig ist ein Teilurteil, soweit ein bestimmtes Guthaben feststeht, Hbg FER **99**, 129.
  *Unzulässig* ist ein Teilurteil bei einem Pflichtteilsanspruch, wenn ungeklärt bleiben würde, ob seine Abweisung wegen zu geringer Aktiven oder zu hoher Passiven geschehen soll.

23 **Postensache:** Unzulässig ist ein Teilurteil wegen der Einheitlichkeit des Anspruchs, dazu Rn 11, bei einzelnen Posten eines einheitlichen Gesamtanspruchs, BGH NJW **92**, 263, Ffm NZM **98**, 631 (Miete), Zweibr MDR **82**, 1026 (Werklohn), LG Ffm NJW **89**, 1936 (Reisevertrag).

24 **Räumung:** Zulässig ist ein Teilurteil auf die Räumung eines Wohnraums trotz eines Streits (auch) über gesondert vereinbarten Geschäftsraum, BezG Cottbus WoM **92**, 302.
  *Unzulässig* ist ein Teilurteil auf Räumung bei Streit über evtl sittenwidrige Mietforderung, Stgt MDR **98**, 960.
  S auch Rn 9 „Aufrechnung, Zurückbehaltungsrecht".
**Rechtliche Grundlage:** Unzulässig ist ein Teilurteil wegen einer von mehreren rechtlichen Grundlagen desselben prozessualen Anspruchs, BGH NJW **99**, 1035, aM Peglau JA **99**, 141 (auch Verweisung durch Endurteil wegen eines vor dem bisher angegangenen Gericht nicht zulässigen Anspruchsgrunds, etwa bei § 32).
  S auch Rn 25 „Rechtsfrage".

25 **Rechtsfrage:** Unzulässig ist ein Teilurteil über einzelne Rechtsfragen, zB über das Vorliegen von Verzug, vgl auch § 256 Rn 50, Ffm MDR **75**, 322.
  S auch Rn 24 „Rechtliche Grundlage".
**Rechtsmittel:** Rn 10 „Berufung", Rn 29 „Unterhalt".
**Reisevertrag:** Rn 23 „Postensache", Rn 26 „Schmerzensgeld".
**Revision:** Die Beschwer richtet sich auch dann nur nach dem Teilurteil, wenn dort die Revisionssumme nicht erreicht wird, BGH NJW **96**, 3216.

26 **Scheidungsfolgesache:** Unzulässig ist ein Teilurteil wegen der Einheitlichkeit des Anspruchs, dazu Rn 11, bei einer Scheidungs- und Folgesache, §§ 623 I 1, 627–629.
**Schmerzensgeld:** Zulässig sein kann ein Teilurteil über ein Teilschmerzensgeld, Oldb VersR **86**, 927.
  *Unzulässig* ist ein Teilurteil bei einem einheitlichen bloßen Schmerzensgeldanspruch, den das Gericht nicht in Teilabschnitte zerlegen darf, Celle VersR **73**, 60, oder bei einem Schmerzensgeld nebst Minderung wegen Reisemängeln, LG Ffm RR **90**, 189.

27 **Streitgenossen:** Zulässig ist ein Teilurteil bei der einfachen Streitgenossenschaft, BGH NJW **88**, 2113, Bre VersR **96**, 749, Düss VersR **92**, 495, aM Mü RR **94**, 1278.
  *Unzulässig* ist ein Teilurteil grds bei der notwendigen Streitgenossenschaft, BGH NJW **96**, 1061, außer wenn die übrigen Streitgenossen sich zur Leistung bereit erklärt haben, BGH NJW **62**, 1712.
  S auch Rn 19 „Kosten".
**Stufenklage:** Rn 29 „Unterhalt".

28 **Teilbarkeit des Streitverhältnisses:** Rn 4.
**Tilgungsbestimmung:** Unzulässig ist ein unter ihrer Mißachtung, § 366 II BGB, ergehendes Teilurteil, Zweitb VersR **99**, 509.

29 **Unabhängigkeit vom restlichen Stoff:** Rn 5, 6.
**Unterhalt:** Zulässig ist ein Teilurteil nur auf Vorsorgeunterhalt, soweit über den Gesamtunterhalt noch nicht entschieden wurde, Mü FamRZ **94**, 967. Zulässig ist eine gleichzeitige Entscheidung über den Auskunfts- und einen teilweise bezifferten Zahlungsantrag (Mindestunterhalt), wenn ausgeschlossen ist, daß letzterer Antrag dem Grunde nach und der Höhe nach durch das weitere Verfahren beeinflußt werden kann, Nürnb FamRZ **94**, 1594.
  *Unzulässig* ist ein Teilurteil in folgenden Fällen: Das Gericht könnte nur über einen Teil des Unterhalts von einem bestimmten Zeitpunkt an entscheiden, nicht aber über den restlichen Unterhalt für denselben Zeitraum, Kblz FamRZ **98**, 756; die Leistungsfähigkeit ist noch nicht abschließend geklärt, Hamm FamRZ **93**, 1215; bei einer Abänderungsklage auf eine Erhöhung der Unterhaltspflicht, wenn in demselben Rechtsstreit eine Widerklage auf eine Ermäßigung derselben Pflicht anhängig ist, BGH **87**, 441, ebenso beim entsprechenden Rechtsmittel, BGH NJW **99**, 1719 (gar durch Teilversäumnisurteil), Kblz FamRZ **89**, 770.

30 **Versäumnisurteil:** Rn 10 „Berufung".
**Versorgungsausgleich:** Rn 11 „Einheitlichkeit des Anspruchs".
**Verteidigungsmittel:** Rn 7 „Angriffs- und Verteidigungsmittel".
**Vertragsaufhebung:** Rn 31 „Widerklage".
**Verzug:** Rn 45 „Rechtsfrage".
**Vorbehalt:** Unzulässig ist ein Vorbehalt über den Hauptanspruch im Teilurteil, BGH NJW **96**, 395.

31 **Werkvertrag:** Rn 23 „Postensache".
**Widerklage:** Zulässig ist ein Teilurteil grds dann, wenn nur über die Klage oder nur über die Widerklage oder die Zwischenwiderklage, § 256 II, entschieden wird, BGH NJW **87**, 441 (auch zu den Grenzen), LG Kblz MDR **99**, 1020. Ein rechtlicher Zusammenhang hindert dann nicht.

2. Titel. Urteil §§ 301, 302

*Unzulässig* ist ein Teilurteil in folgenden Fällen: Klage und Widerklage betreffen denselben Streitgegenstand, schließen sich also gegenseitig aus, BGH MDR **97**, 593, Köln NZM **99**, 417 (Ausnahme während bloßer Anhängigkeit der Widerklage); die Klage betrifft die Rückgewähr einer Anzahlung wegen einer Vertragsaufhebung, die Widerklage die Zahlung einer Restvergütung, Ffm MDR **83**, 498; für Klage wie Widerklage kommt es auf die Abnahme an, BGH NJW **97**, 454; die Klage betrifft die Feststellung der Unwirksamkeit einer Kündigung, die Widerklage eine damit zusammenhängende Schadensersatzforderung, Stgt RR **99**, 141.
S auch Rn 7 „Aufrechnung, Zurückbehaltungsrecht", Rn 29 „Unterhalt".
**Wohnraum:** Rn 24 „Räumung".
**Zinsen:** Unzulässig ist ein Teilurteil über Zinsen, soweit nicht zugleich eine Entscheidung über den zugehörigen Hauptanspruch ergeht, Ffm MDR **75**, 322. 32
**Zugewinnausgleich:** Unzulässig ist ein Teilurteil wegen der Einheitlichkeit des Anspruchs, dazu Rn 11, beim Zugewinnausgleich, Köln FamRZ **89**, 296, Stgt FamRZ **84**, 274.
S auch Rn 26 „Scheidungsfolgesache".
**Zurückbehaltungsrecht:** Rn 7 „Aufrechnung, Zurückbehaltungsrecht".
**Zwischenklage:** Rn 31 „Widerklage".

**5) Unterbleiben des Teilurteils, II.** Das Gericht braucht kein Teilurteil zu erlassen, wenn es ihm nach 33 der Lage des Falls unsachgemäß scheint. II mildert die durch I ausgesprochene Amtspflicht. Immerhin zeigt schon die Fassung von II, daß das Unterbleiben die Ausnahme sein soll, Köln MDR **77**, 939, Schlesw SchlHA **79**, 23, Schneider MDR **76**, 93. Dies gilt auch im Versäumnisverfahren, §§ 330 ff. Ausnahmen von II: §§ 254, 306, 307; im Säumnisverfahren; zum Problem vgl Bettermann ZZP **88**, 424. § 307 geht dem § 301 II vor, § 307 Rn 18. Das Gericht muß zum Ausdruck bringen, ob es nur über einen Teil des Streitgegenstands vorabentscheiden und den Rest später regeln will, Düss RR **99**, 858. Andernfalls liegt kein Teilurteil vor, BGH NJW **84**, 549, Düss RR **99**, 858. Das Urteil ist aber als Teilurteil, dh als Bezeichnung als eines solchen evtl dahin auslegbar, § 322 Rn 6, BGH NJW **99**, 1035, Düss VersR **89**, 705. Ergibt die Auslegung nicht, über welche Einzelforderungen oder Teilbeträge das Gericht entschieden hat, so entsteht keine innere Rechtskraft, BGH NJW **99**, 1035.
Die *Zweckmäßigkeit* eines Teilurteils ist *nicht nachprüfbar*, Düss NJW **74**, 2010, Köln MDR **77**, 939, weil 34 sonst grundsätzlich unzulässigerweise der noch in der Berufungsinstanz angefallene Streitstoff heranzuziehen wäre, BGH NJW **83**, 1312, und weil das Berufungsgericht weder selbst entscheiden noch zurückverweisen dürfte. Ein Verfahrensfehler wegen Unzulässigkeit des Teilurteils wird geheilt, wenn das Rechtsmittelgericht die gegen das Teilurteil und das Schlußurteil gerichteten Rechtsmittel verbindet, BGH NJW **91**, 3036. Andernfalls kann es zur Zurückbreitung kommen, § 539, Zweibr VersR **99**, 509.
Das *Berufungsgericht* kann auch wegen Sachdienlichkeit, § 540, die in erster Instanz noch nicht beschiede- 35 nen Anträge „an sich ziehen", Düss RR **97**, 660, Hamm VersR **96**, 646, Köln VersR **97**, 625. Die Zulassung der Revision kann auf einen solchen tatsächlich oder rechtlich selbständigen Teil des Streitgegenstands beschränkt werden, über den in einem Teilurteil hätte entschieden werden können, BGH FamRZ **95**, 1405. Das Revisionsgericht darf die Zulässigkeit eines angefochtenen Teilurteils außer in einer Entschädigungssache, BGH LM Nr 19, oder in einer Ehesache grundsätzlich nur auf Grund einer Verfahrensrüge prüfen, BGH NJW **99**, 1035, BAG DB **94**, 484, dann aber aufheben und insgesamt entscheiden; das letztere kann auch in der Revisionsinstanz erfolgen, BAG DB **94**, 484. Bei einer einfachen Streitgenossenschaft handelt es sich um ein Teilurteil. Es kann also trotz Entscheidungsreife, § 300 Rn 5, aus Zweckmäßigkeitsgründen unterbleiben, aM ThP 2. Mit Einverständnis der Parteien darf das Berufungsgericht über den an sich in erster Instanz verbliebenen Reststoff mitentscheiden, § 537 Rn 3, 4, Düss VersR **89**, 705.

**6) VwGO:** Eigene Regelung in § 110 VwGO, vgl BVerwG bei Melullis MDR **95**, 234, und Uerpmann NVwZ 36 **93**, 743 (betr AsylVfJ).

**302** **Vorbehaltsurteil.** ¹Hat der Beklagte die Aufrechnung einer Gegenforderung geltend gemacht, die mit der in der Klage geltend gemachten Forderung nicht in rechtlichem Zusammenhang steht, so kann, wenn nur die Verhandlung über die Forderung zur Entscheidung reif ist, diese unter Vorbehalt der Entscheidung über die Aufrechnung ergehen.

II Enthält das Urteil keinen Vorbehalt, so kann die Ergänzung des Urteils nach Vorschrift des § 321 beantragt werden.

III Das Urteil, das unter Vorbehalt der Entscheidung über die Aufrechnung ergeht, ist in betreff der Rechtsmittel und der Zwangsvollstreckung als Endurteil anzusehen.

IV ¹In betreff der Aufrechnung, über welche die Entscheidung vorbehalten ist, bleibt der Rechtsstreit anhängig. ²Soweit sich in dem weiteren Verfahren ergibt, daß der Anspruch des Klägers unbegründet war, ist das frühere Urteil aufzuheben, der Kläger mit dem Anspruch abzuweisen und über die Kosten anderweit zu entscheiden. ³Der Kläger ist zum Ersatz des Schadens verpflichtet, der dem Beklagten durch die Vollstreckung des Urteils oder durch eine zur Abwendung der Vollstreckung gemachte Leistung entstanden ist. ⁴Der Beklagte kann den Anspruch auf Schadensersatz in dem anhängigen Rechtsstreit geltend machen; wird der Anspruch geltend gemacht, so ist er als zur Zeit der Zahlung oder Leistung rechtshängig geworden anzusehen.

**Schrifttum:** *Hall,* Vorbehaltserkenntnis und Anerkenntnisvorbehaltsurteil im Urkundenprozeß, 1992; *Rabback,* Die entsprechende Anwendbarkeit des den §§ . . ., 302 Abs. 4 S. 3 usw zugrunde liegenden Rechtsgedankens auf die einstweiligen Anordnungen der ZPO, 1999.

**Gliederung**

| | | | |
|---|---|---|---|
| 1) Systematik, I–IV | 1 | A. Grundsatz: Ermessen des Gerichts | 9 |
| 2) Regelungszweck, I–IV | 2 | B. Urteilsformel | 10 |
| 3) Geltungsbereich, I–IV | 3 | C. Rechtsmittel | 11 |
| 4) Voraussetzungen eines Vorbehaltsurteils, I | 4–8 | 6) Nachverfahren, IV | 12–16 |
| A. Zusammenhang: Aufrechnung mit Gegenforderung | 4 | A. Grundsatz: Fortbestand der Rechtshängigkeit | 12–14 |
| B. Fehlen eines Zusammenhangs | 5 | B. Urteilsformel | 15 |
| C. Einzelfragen | 6 | C. Versäumnisverfahren | 16 |
| D. Entscheidungsreife des Klaganspruchs | 7 | 7) Schadensersatz, IV | 17, 18 |
| E. Fehlen der Entscheidungsreife des Aufrechnungsanspruchs | 8 | A. Grundsatz: Volle Ersatzpflicht | 17 |
| | | B. Verfahren | 18 |
| 5) Vorbehaltsurteil, I–III | 9–11 | 8) *VwGO* | 19 |

**1** **1) Systematik, I–IV.** Die Vorschrift schafft eine vorrangige Sonderregelung ohne Zwang zur Anwendung. Ihr gegenüber enthalten §§ 599, 602, 605 a wiederum vorrangige Spezialregelungen.

**2** **2) Regelungszweck, I–IV.** Die Vorschrift dient theoretisch der Prozeßförderung, Grdz 12, 13 vor § 128, und der Prozeßwirtschaftlichkeit, Grdz 14, 15 vor § 128. In Wahrheit schafft sie oft zusätzliche Unklarheiten, Schwierigkeiten und Verzögerungen. § 302 soll ein Prozeßverschleppung durch eine ungeklärte Aufrechnung verhindern. Seine Beschränkungen dienen dem Schutz des Bekl. Über eine Prozeßtrennung § 145 III. Sie ist nicht notwendig.

**3** **3) Geltungsbereich, I–IV.** Die Vorschrift ist in allen Verfahren nach der ZPO anwendbar. In der Berufungsinstanz ist § 302 für eine erstinstanzliche und eine zweitinstanzliche Aufrechnung anwendbar. Im Urkundenprozeß ist § 302 unanwendbar, § 598 Nr 2, aM Celle NJW **74**, 1473, ThP 5. § 302 findet bei einer Vorlage gemäß Art 100 GG keine entsprechende Anwendung, BVerfG **34**, 321, Jülicher ZZP **86**, 211 (allenfalls ist eine einstweilige Verfügung möglich).

**4** **4) Voraussetzungen eines Vorbehaltsurteils, I.** Sie sind nicht allzu problematisch.

**A. Zusammenhang: Aufrechnung mit Gegenforderung.** Der Bekl. muß mit einer Gegenforderung aufrechnen, § 145 Rn 8, die mit der Klagforderung nicht rechtlich zusammenhängt (der übliche Ausdruck „nicht konnex ist", besagt dasselbe unklarer), Karlsr RR **87**, 254. Es genügt nicht, daß der Bekl sich die Aufrechnung nur vorbehalten hat; er muß sie schon erklären, BGH **103**, 368.

Der Begriff des *rechtlichen Zusammenhangs* ist ähnlich wie bei § 33 Rn 5, 6 und § 273 BGB zu verstehen, Düss MDR **85**, 60, also meist weit, Düss NJW **90**, 2000, Karlsr RR **87**, 254. Für den rechtlichen Zusammenhang ist nicht dasselbe Rechtsverhältnis erforderlich. Es genügt ein innerer wirtschaftlicher Zusammenhang, daß es also Treu und Glauben widerspräche, wenn der Anspruch ohne Berücksichtigung des Gegenanspruchs durchgesetzt würde, Düss RR **93**, 476, LAG Düss DB **75**, 2040.

*Das gilt zB* bei einer laufenden Geschäftsbeziehung, Düss MDR **85**, 60, oder bei der Verletzung von Markenrechten während der Geltung eines Abkommens über die Geschäftsbeziehungen oder dann, wenn der Architekt ein Honorar einklagt und der Bauherr Mängel des Bauwerks als Schadensersatzansprüche entgegenhält, Düss RR **93**, 476.

**5** **B. Fehlen eines Zusammenhangs.** Zwischen einem privatrechtlichen Anspruch und einer öffentlich-rechtlichen Gegenforderung besteht meist kein rechtlicher Zusammenhang, so daß ein Vorbehaltsurteil möglich ist, wenn über die ersteren die Verwaltungsgerichte nach einer Aussetzung zu entscheiden haben. Kein rechtlicher Zusammenhang besteht in der Regel zwischen einem Anspruch auf einen anerkannten Saldo und dem Anspruch auf einem dem Saldo zugrundeliegenden Rechnungsposten, BGH **LM** Nr 7, oder zB zwischen einer Werklohnforderung und einem Schadensersatzanspruch wegen einer Grunderwerbsteuernachzahlung oder einer Grenzverletzung, Mü VersR **72**, 884.

**6** **C. Einzelfragen.** Eine zusammenhängende Forderung ist evtl gemäß § 296 zurückzuweisen. Unerheblich ist, wann der Bekl aufrechnet, ob vor oder in dem Prozeß. Eine Hilfsaufrechnung genügt, § 145 Rn 13. Ist aufgerechnet und wegen des überschießenden Teils Widerklage erhoben worden, Anh § 253, so ist ein Vorbehaltsurteil höchst unzweckmäßig. Über die sachlichrechtliche und die prozessuale Aufrechnung § 145 Rn 10.

**7** **D. Entscheidungsreife des Klaganspruchs.** Der Klaganspruch muß entscheidungsreif sein, so daß der Entscheidung nur die Aufrechnung im Weg steht, Joch NJW **74**, 1957. Es genügt aber, daß er nur dem Grunde nach feststeht, BGH **LM** § 304 Nr 6, ThP 3, ZöV 4, aM StJl 8.

**8** **E. Fehlen der Entscheidungsreife des Aufrechnungsanspruchs.** Die Aufrechnungsforderung darf nicht entscheidungsreif sein, § 300 Rn 6, sonst ist weder ein Vorbehaltsurteil noch ein Teilurteil noch ein Zwischenurteil zulässig. Dies gilt auch, wenn sich die Aufrechnung von vornherein als unzulässig erweist, so daß die Zulässigkeit zunächst zu prüfen ist. Bei einer Bejahung der Zulässigkeit ist ein Vorbehalt für das Nachverfahren möglich, Rn 13, § 322 Rn 21. Eine nach Grund und Höhe umstrittene Forderung kann aber hier nur zur Aufrechnung gestellt werden, wenn das Prozeßgericht darüber entscheiden kann, so daß mit einem Kostenerstattungsanspruch nur dann aufgerechnet werden kann, wenn er rechtskräftig festgestellt worden ist.

**9** **5) Vorbehaltsurteil, I–III.** Sein Gebrauch hat Vor-, aber auch Nachteile.

**A. Grundsatz: Ermessen des Gerichts.** Liegen die Voraussetzungen des § 302 I vor, so kann das Gericht auch ohne einen Antrag nach „freiem", in Wahrheit pflichtgemäßem Ermessen, so wohl auch Hamm MDR **75**, 1029, Braun ZZP **89**, 108, das Urteil unter dem Vorbehalt der Entscheidung über die

2. Titel. Urteil § 302

Aufrechnung erlassen. Diese Möglichkeit ist durch eine Parteivereinbarung nicht ausschließbar, BGH **LM** Nr 7. Im Rahmen des Ermessens hat das Gericht zwar grundsätzlich auch zu berücksichtigen, daß dem Bekl durch die Nichtanwendung der Vorbehaltsbefugnis die Geltendmachung einer etwa verspätet erklärten Aufrechnung in diesem Prozeß unmöglich werden kann; das Gericht hat aber auch das Interesse des Klägers an einer baldigen endgültigen Beendigung des Prozesses zu beachten und zu bedenken, daß der Bekl sonst die Verspätungsregeln mithilfe des Vorbehalts unterlaufen könnte. Daher ist im Fall einer verspäteten Aufrechnung in der Regel kein Vorbehaltsurteil zu erlassen.

Das Vorbehaltsurteil ist durch eine anderweitige Entscheidung im Nachverfahren *auflösend bedingt,* und umgekehrt. Für die Rechtsmittel und die Zwangsvollstreckung steht es einem Endurteil gleich, III, Joch NJW **74**, 1957, wenn man es nicht überhaupt als ein Endurteil ansehen will, StJL 11, ThP 1, aM RoSgo § 59 V 4. §§ 707, 719 sind anwendbar. Der inneren Rechtskraft, Einf 4 vor §§ 322–327, ist es seiner Natur nach unfähig; es bindet aber dasselbe Gericht und alle anderen Gerichte wegen des Anspruchs des Klägers wie ein rechtskräftiges Urteil, § 318, Köln BB **72**, 1207. Es muß über die Kosten, § 91, und die vorläufige Vollstreckbarkeit, § 708, wie sonst entschieden, IV 2. Es darf nicht weitergehen als eine Aufrechnung; wegen des überschießenden Teils des Klaganspruchs muß ein abschließendes Urteil ergehen. Ein Vorbehalt mit Wirkung nur für eine Partei ist unzulässig.

**B. Urteilsformel.** Der Vorbehalt muß in der Urteilsformel stehen, §§ 311 II 1, 313 I Z 4, BGH NJW **81**, 10
394, und zwar ist die Aufrechnungsforderung dort möglichst genau zu bezeichnen, auch durch eine Bezugnahme auf den Tatbestand. Fehlt der Vorbehalt, so stehen ein Antrag auf eine Berichtigung, falls der Vorbehalt nur in der Formel vergessen worden war, § 319 Rn 6ff, oder ein Antrag auf eine Urteilsergänzung, § 321, und im übrigen die Rechtsmittel zur Wahl, § 321 Rn 3. Ist teils mit, teils ohne Vorbehalt verurteilt worden und ist unbeschränkt Berufung eingelegt worden, so muß die 2. Instanz voll entscheiden, wenn die Voraussetzungen des § 302 fehlten. Sie darf die vorbehaltene Forderung nur dann prüfen, wenn sie entgegen der 1. Instanz den rechtlichen Zusammenhang bejaht, Rn 7, 8. Wenn der Vorbehalt erst im Berufungsurteil ergeht, so erfolgt eine Zurückverweisung, Düss MDR **73**, 857, LAG Düss DB **75**, 2040, § 600 Rn 3.

**C. Rechtsmittel.** Das Rechtsmittelgericht prüft nur den im Vorbehaltsurteil entschiedenen Streitstoff, 11
also nicht die Aufrechnungsforderung. Die höhere Instanz kann das Vorliegen der Voraussetzungen des Ermessens nachprüfen, nicht aber die Angemessenheit des Vorbehaltsurteils, und zwar aus denselben Gründen nicht wie beim Teilurteil, § 301 Rn 24. Ist ein Vorbehaltsurteil erlassen worden, obwohl die Aufrechnungsforderung unzulässig war, so liegt ein zur Zurückverweisung berechtigender Verfahrensmangel vor, BGH ZZP **67**, 305, Karlsr RR **87**, 254, und kann der Kläger vom Gericht die Verurteilung ohne einen Vorbehalt beantragen, BGH NJW **79**, 1046, Karlsr RR **87**, 254. Stand die Aufrechnungsforderung mit der Klagforderung in einem rechtlichen Zusammenhang, so gelangt der vorbehaltene Streitstoff trotzdem in die Berufungsinstanz, wo eine Zurückverweisung nach § 539 in Betracht kommt, Düss RR **93**, 476, wo aber auch sachlich über ihn entschieden werden kann, wenn die Anträge es zulassen und wenn über den Aufrechnungssachverhalt verhandelt worden ist, BGH **LM** Nr 4. Ebenso ist eine Entscheidung in der Berufungsinstanz zulässig, wenn das Vorbehaltsurteil dort trotz eines rechtlichen Zusammenhangs erlassen wurde und wenn die Revisionsinstanz zurückverwiesen hat.

**6) Nachverfahren, IV.** Es findet oft nicht zügig genug statt. 12

**A. Grundsatz: Fortbestand der Rechtshängigkeit.** Das Vorbehaltsurteil läßt die Klageforderung in der Instanz rechtshängig, aber nur, soweit eine Aufrechnung vorbehalten ist; neues Vorbringen gegen die Klagforderung ist ausgeschlossen. Das Gericht beraumt von Amts wegen einen Verhandlungstermin an, § 216. Er ist vor der Rechtskraft des Vorbehaltsurteils zulässig. Die Ladungsfrist ist zu beachten, § 217. Eine Einlassungsfrist, § 274 III, besteht nicht. Wird im Vorbehaltsverfahren 2. Instanz eine Gegenforderung eingeführt, so erstreckt sich die Bestätigung des Vorbehalts durch das Berufungsgericht auch auf das Nachverfahren der 1. Instanz, Mü MDR **75**, 324. Möglich ist aber eine Klagänderung oder Klagerweiterung, deren neuem Anspruch der Bekl dann auch Neues entgegensetzen kann. Der Bekl kann wegen § 145 Rn 15 nur die vorbehaltene Aufrechnungsforderung geltend machen, BGH WertpMitt **71**, 130, diese aber auch anderweit verfolgen, solange im Nachverfahren nicht rechtskräftig entschieden wurde, § 322 II, BGH NJW **72**, 451, aM Stgt NJW **70**, 1691. Die Parteirollen im Nachverfahren bleiben unverändert. Eine Widerklage, auch § 253, sowie eine Streithilfe sind zulässig.

Eine Entscheidung über die Zulässigkeit der *Aufrechnung* bindet für das Nachverfahren, BGH NJW **79**, 13
1046, und zwar selbst dann, wenn sie nur über bestimmte Aufrechnungshindernisse entschieden (dann ist aber das Vorbehaltsurteil anfechtbar). Eine Bindung, § 318, tritt in demjenigen Umfang ein, in dem die Tatsacheninstanz entscheiden wollte bzw mußte, also nicht hinsichtlich der übrigen Aufrechnungshindernisse. Fehlt eine Entscheidung über die Zulässigkeit, so fehlt eine Bindungswirkung.

Die *Fortsetzung* des Verfahrens geschieht auf Anregung einer Partei, §§ 253 V, 274, 497; das Vorbehalts- 14
urteil bewirkt einen tatsächlichen Stillstand des Verfahrens, Üb 1 vor § 239. Die Ladung setzt eine Rechtskraft des Vorbehaltsurteils, § 322, nicht voraus. Die Einstellung der Zwangsvollstreckung erfolgt jetzt nach § 707 direkt. Zur Rechtskraft des Vorbehaltsurteils Tiedemann ZZP **93**, 23.

**B. Urteilsformel.** Das Urteil im Nachverfahren, das Schlußurteil, lautet wie folgt: Beim Durchgreifen 15
der Aufrechnung erfolgen eine Aufhebung des Vorbehaltsurteils und eine Klagabweisung. Dabei ist das Gericht an sein Urteil über die Klagforderung schlechthin gebunden und darf sie nicht erneut prüfen, § 318. Das Gericht muß über die Kosten neu entscheiden. Die vorläufige Vollstreckbarkeit des Vorbehaltsurteils entfällt gemäß § 717 I. Bei einer Ablehnung der Aufrechnung spricht das Gericht die Aufrechterhaltung des bisherigen Urteils und den Wegfall des Vorbehalts aus. Es muß zugleich über die weiteren Kosten entscheiden. Hebt die höhere Instanz das Vorbehaltsurteil auf und weist die Klage ab, so wird damit ohne weiteres ein Urteil im Nachverfahren hinfällig, selbst wenn es rechtskräftig war.

*Hartmann*

## §§ 302, 303

**16** **C. Versäumnisverfahren.** Ein Versäumnisverfahren, §§ 330 ff, ist nur wegen der Aufrechnung denkbar, weil ja der Prozeß nur insoweit noch in der Instanz schwebt. Da der Aufrechnende in diesem Verfahren angreift, hat er praktisch die Stellung des Klägers. Ist er säumig, so spricht das Gericht den Wegfall des Vorbehalts und die Aufrechterhaltung des bisherigen Urteils (im übrigen) aus. Ist der Kläger säumig, dann gilt der Vortrag des Bekl zur Aufrechnungsforderung als zugestanden, § 331. Soweit er schlüssig ist, hebt das Gericht das Vorbehaltsurteil auf und weist die Klage ab. Somit ist die Aufrechnung bis zur Höhe der Klageforderung verbraucht.

**17** **7) Schadensersatz, IV.** Die Vorschrift kat keine große Bedeutung.

**A. Grundsatz: Volle Ersatzpflicht.** Hebt das Urteil im Nachverfahren das Vorbehaltsurteil ganz oder teilweise auf und weist die Klage insoweit im Nachverfahren ab, so muß der Kläger dem Bekl ohne Rücksicht auf Verschulden grds den vollen Schaden ersetzen, der dem Bekl durch eine Zwangsvollstreckung aus dem Vorbehaltsurteil entstanden ist. Dazu gehört nicht nur der durch die Beitreibung erwachsene Schaden, sondern auch der durch eine Leistung zur Vermeidung der Beitreibung entstandene. Unerheblich ist, ob das Vorbehaltsurteil rechtskräftig oder vorläufig vollstreckbar war. Dieser sachlichrechtliche Ersatzanspruch entsteht aufschiebend bedingt mit der Beitreibung oder einer Abwendungsleistung, aM StJl 28 (mit der Verkündung des Schlußurteils). Man kann wegen der Haft, die man auf Grund eines später aufgehobenen Vorbehaltsurteils nach § 901 erlitt, kein Schmerzensgeld fordern.

**18** **B. Verfahren.** Der Beklagte kann den Ersatzanspruch geltend machen: In einem besonderen Prozeß; durch eine Widerklage, Anh § 253; durch eine Aufrechnung in einem anderen Prozeß; durch einen Zwischenantrag (Inzidentantrag) im Nachverfahren. Dies gilt auch noch in der Revisionsinstanz entsprechend § 717. Nur beim Zwischenantrag im Nachverfahren gilt der Anspruch als mit der Zahlung oder Leistung rechtshängig geworden. Weiteres bei § 717. § 717 III ist unanwendbar.

**19** **8) VwGO:** Entsprechend anzuwenden, § 173 VwGO, BVerwG NJW 83, 776, wie KV 2113 u 2123 ergeben; vgl iü Ehlers JuS 90, 782 mwN, u a Kröger/Jakobs JA 81, 266, Pietzner VerwArch 74, 72 mwN, Herdegen VBlBW 84, 195, Grunsky § 46 II 5. Jedoch darf ein Vorbehaltsurteil nur ergehen, wenn über die Aufrechnung im VerwRechtsweg entschieden werden kann, Ehlers aaO, aM Herdegen aaO, OVG Münst NJW 80, 1068, OVG Lüneb VerwRspr 29, 757 (nach OVG Münst DÖV 76, 673 hindert der VerwRechtsweg nur die Vollstreckung), das war schon immer bei unbestrittenen oder rechtsbeständig festgestellten Gegenforderungen anzunehmen, BVerwG NJW 87, 2530, gilt aber jetzt nach § 17 II 1 GVG auch sonst, § 17 GVG Rn 6 (offen BVerwG NJW 94, 2969), soweit nicht § 17 II 2 GVG eingreift, dazu BVerwG DVBl 93, 885, BFH NVwZ-RR 98, 790 mwN. In den letztgenannten (Ausnahme-)Fällen ist das Verfahren entsprechend § 94 VwGO auszusetzen und eine Frist zur Klageerhebung vor dem für die Gegenforderung zuständigen Zivilgericht zu bestimmen, hM, Gaa NJW 97, 3346, Ehlers aaO, BVerwG NJW 99, 161 mwN, BFH NVwZ 87, 263, VGH Mannh NJW 97, 3394. Bei Spruchreife des Klagebegehrens kann darüber in diesen Fällen durch Vorbehaltsurteil unter Aussetzung des Nachverfahrens erkannt werden, BVerwG aaO; bei offensichtlich unbegründeten Gegenforderungen darf ohne Vorbehalt über die Klagforderung entschieden werden, VGH Mannh NVwZ 90, 685, krit Ehlers aaO. An die Stelle von § 321, II, tritt § 120 VwGO.

## 303 *Zwischenurteil.* Ist ein Zwischenstreit zur Entscheidung reif, so kann die Entscheidung durch Zwischenurteil ergehen.

**Schrifttum:** *Flemming*, Die rechtliche Natur des Zwischenfeststellungsurteils, Diss Tüb 1954.

**Gliederung**

| | |
|---|---|
| 1) Systematik .................... 1 | 5) Beispiele zur Frage der Anwendbarkeit ........................ 5–8 |
| 2) Regelungszweck ............. 2 | 6) Zwischenurteil ............. 9, 10 |
| 3) Geltungsbereich ............ 3 | 7) Rechtsmittel ................. 11 |
| 4) Zwischenstreit .............. 4 | 8) VwGO ......................... 12 |

**1** **1) Systematik.** Zwischenurteile sind Feststellungsurteile, die nur über einzelne verfahrensrechtliche Streitpunkte ergehen, und zwar zwischen den Parteien oder zwischen diesen und Dritten. Ein Zwischenurteil, durch das endgültig über einen Teil des Streitgegenstands, BGH NJW 87, 3265, also über sachlichrechtliche Ansprüche oder über ein selbständiges Angriffs- oder Verteidigungsmittel entschieden wird, Einl III 70, ist unzulässig, Tiedtke ZZP 89, 65. Bei mehreren solchen erfolgt notfalls eine Beschränkung der Verhandlung nach § 146; die Entscheidung muß immer einheitlich sein.

**2** **2) Regelungszweck.** Die Vorschrift dient der Prozeßförderung, Grdz 12, 13 vor § 128, und der Prozeßwirtschaftlichkeit, Grdz 14, 15 vor § 128. In der Praxis kann ihre Anwendung freilich zu Unklarheiten, Schwierigkeiten und Verzögerungen führen.

**3** **3) Geltungsbereich.** § 303 gilt in allen Verfahren nach der ZPO. Die Vorschrift gilt entsprechend im Beschwerdeverfahren, § 567, Düss OLGZ 79, 454. § 303 ist im patentgerichtlichen Beschwerdeverfahren entsprechend anwendbar, BPatG GRUR 78, 533. Zur Zulässigkeit eines Zwischenbeschlusses im arbeitsgerichtlichen Beschlußverfahren BAG DB 74, 1728. Der Große Senat des BAG kann vorab gesondert über die Zulässigkeit seiner Anrufung entscheiden, BAG NJW 84, 1990.

**4** **4) Zwischenstreit.** § 303 betrifft nur den Zwischenstreit, also noch nicht die Hauptsache, zwischen den Parteien und auch dann unter Ausschluß desjenigen Zwischenstreits, der durch eine Zulässigkeitsrüge entstanden ist (darüber §§ 280, 282 III, 296 III), und desjenigen über eine Vorabentscheidung über den

2. Titel. Urteil § 303

Grund, § 304, der kein Zwischenstreit ist (unter § 303 fällt auch das Grundurteil des arbeitsgerichtlichen Verfahrens, § 61 III ArbGG, BAG NJW **76**, 774). Das ist ein zwischen den Parteien entstandener Streit über Fragen, die den Fortgang des anhängigen Verfahrens betreffen und über die das Gericht nur auf Grund einer mündlichen Verhandlung entscheiden darf.

**5) Beispiele zur Frage einer Anwendbarkeit**  5
**Angriffs- und Verteidigungsmittel:** Nicht unter § 303 fällt der Streit über einzelne Angriffs- und Verteidigungsmittel, Rn 1.
**Anspruchsgrund:** Unter § 303 fällt der Streit über einzelne Anspruchsgründe, BGH VersR **85**, 45.
S aber auch „Element".
**Ausländersicherheit:** Unter § 303 fällt ein Streit über die Notwendigkeit einer Sicherheitsleistung durch einen Ausländer, § 112 Rn 3, BGH DB **82**, 802, Bre NJW **82**, 2737.
**Dritter:** Unter § 303 fällt ein Zwischenstreit mit einem Dritten, Rn 1.
**Einspruch:** Unter § 303 fällt der Streit über die Zulässigkeit eines Einspruchs, § 341.
**Element:** Nicht unter § 303 fällt der Streit über einzelne Elemente der Sachentscheidung, BGH **72**, 38.
S aber auch „Anspruchsgrund".
**Erledigung der Hauptsache:** Nicht unter § 303 fällt der Streit über eine Erledigung der Hauptsache, Köln RR **96**, 122, Tiedtke ZZP **89**, 72.
**Geständnis:** Unter § 303 fällt der Streit über den Widerruf eines Geständnisses, § 290.  6
**Grundurteil:** Rn 2.
**Klagänderung:** Unter § 303 fällt der Streit über die Zulässigkeit einer Klagänderung, §§ 263 ff.
S aber auch „Parteiwechsel".
**Klaglosstellung:** Unter § 303 fällt der Streit darüber, ob der Bekl den Kläger klaglos gestellt hat.
**Parteiwechsel:** Nicht unter § 303 fällt der Streit über die Zulässigkeit eines gewillkürten Parteiwechsels, § 263 Rn 5, BGH NJW **81**, 989.
**Prozeßvergleich:** Vgl auch § 307 Rn 39.
**Prozeßvoraussetzungen:** Unter § 303 fällt der Streit über Prozeßvoraussetzungen, soweit sie nicht in einer Zulässigkeitsrüge bestehen.
**Rechtsmittel:** Unter § 303 fällt ein Streit über die Zulässigkeit eines Rechtsmittels, BGH NJW **87**, 3265, 7 oder eines Rechtsbehelfs.
**Rechtsweg:** Unter § 303 fällt ein Streit über die Zulässigkeit des Rechtswegs, Tiedtke ZZP **89**, 68.
**Sachbefugnis:** Nicht unter § 303 fällt der Streit über die Sachbefugnis, Grdz 23 vor § 50, Tiedtke ZZP **89**, 72.
**Sachverständiger:** Unter § 303 fällt der Zwischenstreit mit einem Sachverständigen, §§ 387 ff, 402.
**Streithelfer:** Unter § 303 fällt der Zwischenstreit mit einem Streithelfer, § 71.
**Unterbrechung:** Unter § 303 fällt der Streit über die Aufnahme nach einer Unterbrechung, § 250.  8
**Urkunde:** Unter § 303 fällt ein Streit über die Pflicht zur Vorlegung einer Urkunde, §§ 422, 423, oder über deren Echtheit, §§ 440 ff, oder der Streit mit dem ProzBev des Gegners bei einer Urkundenrückgabe, § 135 II.
**Vergleich:** Rn 6 „Prozeßvergleich".
**Verjährung:** Nicht unter § 303 fällt der Streit über das Vorliegen einer Verjährung, Tiedtke ZZP **89**, 65.
**Wiederaufnahme:** Unter § 303 fällt der Streit über eine Wiederaufnahme des Verfahrens, § 590 II 1.
**Wiedereinsetzung:** Unter § 303 fällt der Streit über die Zulässigkeit einer Wiedereinsetzung, § 238.
**Zeuge:** Unter § 303 fällt ein Zwischenstreit mit einem Zeugen, §§ 387 ff.

**6) Zwischenurteil.** In den Fällen des § 303 steht der Erlaß eines Zwischenurteils grundsätzlich im 9 pflichtgemäßen, nicht nachprüfbaren Ermessen des Gerichts, Ausnahmen bilden §§ 280 II, 347 II, 366. Bisweilen ist ein Zwischenurteil zweckmäßig, weil es die Streitfrage infolge der Bindung des Gerichts für die Instanz ausscheidet, § 318. Auch ein Versäumniszwischenurteil ist statthaft, § 347, kommt aber praktisch kaum vor. War das Zwischenurteil unzulässig, so bindet es das Gericht nicht, Tiedtke ZZP **89**, 75. Ebensowenig ist das Berufungsgericht an seine Sachentscheidung gebunden, die es trotz einer Unzulässigkeit des Rechtsmittels erlassen hat.

*Keine Bindung* besteht, wenn das Zwischenurteil wegen später eingetretener neuer Umstände nicht 10 mehr zutrifft. Es ergeht grundsätzlich keine Kostenentscheidung. Die Zwangsvollstreckung ist ausgeschlossen. Eine Kostenentscheidung, §§ 91 ff, ergeht nur bei einem Zwischenstreit mit einem Dritten, nicht bei einem Zwischenstreit zwischen den Parteien. Ob ein Zwischenurteil oder ein Beschluß zu ergehen hat, ist oft zweifelhaft und steht manchmal zur Wahl; aus dem Begriff des Zwischenstreits folgt dafür nichts.

**7) Rechtsmittel.** Das Zwischenurteil ist ein vorweggenommener Teil der Endentscheidung und darum 11 grundsätzlich nicht selbständig anfechtbar, § 519b Rn 16, BGH NJW **87**, 3265, BVerwG NJW **97**, 2898, Köln RR **96**, 122. Wegen einer Ausnahme § 112 Rn 3. Das Zwischenurteil ist auch dann, wenn es unzulässig ergangen ist, nur zusammen mit dem Endurteil anfechtbar, vgl BGH VersR **85**, 45, BAG MDR **84**, 83. Eine das unzulässige Rechtsmittel verwerfende Entscheidung des Berufungsgerichts ist nicht mit der Revision oder Anschlußrevision anfechtbar, BGH VersR **85**, 45.

**8) *VwGO*:** Nach § 109 VwGO kann durch (selbständig anfechtbares) Zwischenurteil bejahend über die Zulässig- 12 keit der Klage entschieden werden, dh über sämtliche Sachurteilsvoraussetzungen, BVerwG NJW **62**, 2074. Ferner ist in § 111 VwGO ein Zwischenurteil über den Grund des Anspruchs vorgesehen, § 304 Rn 32. Im übrigen ist § 303 entsprechend anzuwenden, § 173 VwGO, BVerwG NJW **97**, 2898 zB bei der Entscheidung über die Zulässigkeit eines Rechtsmittels, BVerwG NVwZ **82**, 372, über die Wiedereinsetzung, § 238 Rn 16, BVerwG DVBl **86**, 1202, OVG Münst NJW **72**, 75, Unterbrechung, § 239 Rn 23, Klagänderung, § 263 Rn 32; wegen der Anfechtbarkeit s oben Rn 11. Wegen des Zwischenstreits über die Zeugnisverweigerung s § 387 Rn 7.

# § 304

**304** *Zwischenurteil über den Grund.* I Ist ein Anspruch nach Grund und Betrag streitig, so kann das Gericht über den Grund vorab entscheiden.

II Das Urteil ist in betreff der Rechtsmittel als Endurteil anzusehen; das Gericht kann jedoch, wenn der Anspruch für begründet erklärt ist, auf Antrag anordnen, daß über den Betrag zu verhandeln sei.

**Schrifttum:** *Arnold,* Das Grundurteil, 1996; *Becker,* Die Voraussetzungen für den Erlaß eines Grundurteils usw, Diss Augsb 1984; *Lohner,* Die Aufteilung eines einheitlichen Rechtsstreits durch ein Grundurteil nach § 304 ZPO bei einer Mehrheit von Klagegründen innerhalb eines Streitgegenstands, Diss Regensb 1985.

### Gliederung

| | |
|---|---|
| 1) Systematik, I, II ........................ 1 | 6) Vorabentscheidung, I, II ............... 20–27 |
| 2) Regelungszweck, I, II .................. 2 | A. Zulässigkeit, I ......................... 20–22 |
| 3) Geltungsbereich, I, II .................. 3 | B. Urteilsformel ........................... 23 |
| 4) Voraussetzungen, I ..................... 4, 5 | C. Urteilsfunktion, II ..................... 24, 25 |
| A. Art des Anspruchs .................... 4 | D. Fortsetzungsanordnung, II ............ 26 |
| B. Streitumfang ........................... 5 | E. Rechtsmittel ............................. 27 |
| 5) Grund und Betrag, I ................... 6–19 | 7) Betragsverfahren, II ................... 28–31 |
| A. Grundsatz: Vereinfachungszweck ...... 6, 7 | A. Grundsatz: Bindung an Grundurteil ... 28, 29 |
| B. Erschöpfende Erledigung ............. 8–10 | B. Einzelheiten ............................. 30, 31 |
| C. Beispiele zur Frage von Grund oder Betrag ........................................ 11–19 | 8) VwGO ................................... 32 |

**1** **1) Systematik, I, II.** § 304 erlaubt in gewissen Fällen, die das Gesetz abschließend nennt, BGH NJW **84**, 2214, eine Vorabentscheidung über den Grund des Anspruchs durch ein besonders geregeltes Zwischenurteil, BGH NJW **98**, 1709, Schlesw VersR **87**, 417. Es beendet den Prozeß noch nicht.

**2** **2) Regelungszweck, I, II.** Die Vorschrift dient der Prozeßwirtschaftlichkeit, Grdz 14, 15 vor § 128, BGH NJW **89**, 2745, BVerwG WoM **94**, 698, Hamm VersR **94**, 301. Sie soll das Verfahren nicht verwirren, BGH VersR RR **87**, 1278, sondern vereinfachen und verbilligen, BGH MDR **89**, 535, indem sie umfangreiche Beweisaufnahmen über den Betrag erspart, die bei einer anderweitigen Einstellung der höheren Instanz ins Wasser fallen. Diese Zweckrichtung ist bei der Auslegung mitzubeachten, BGH **108**, 259 mwN. § 304 ist insofern für den Kläger zweischneidig, als dieser Gefahr läuft, daß das Gericht durch eine unzweckmäßige Beschränkung auf den Grund die Entscheidung und die Befriedigung des Klägers stark verzögert. Außerdem bedeutet die Vorschrift eine starke Verteuerung, wenn etwa der Kläger auch in der Berufungs- und Revisionsinstanz dem Grunde nach siegt, der Bekl also dessen Rechtsmittelkosten gemäß § 97 I nach einem hohen Streitwert tragen muß, wenn sich dann aber im Betragsverfahren herausstellt, daß von der Klagforderung wenig oder nichts übrig bleibt. Das Gericht sollte auch bedenken, daß es sich doch im Grundurteil voreilig festlegen könnte.

Der Richter muß also bei jedem einzelnen der geltend gemachten Ansprüche prüfen, ob er *mit hoher Wahrscheinlichkeit in irgendeiner Höhe* besteht, BGH NJW **99**, 1709. Dabei ist auch ein Übergang auf den Versicherungsträger und möglichst der Grad eines etwaigen mitwirkenden Verschuldens zu berücksichtigen, Rn 8–18. Prozeßwirtschaftlich ist oft eine baldige Heranziehung der Unterlagen über die Höhe, so daß wenigstens teilweise auch über den Betrag entschieden werden kann. Problemübersicht bei Schneider MDR **78**, 705, 793.

**3** **3) Geltungsbereich, I, II.** Die Vorschrift ist in allen Verfahren nach der ZPO anwendbar, auch bei einer Stufenklage, BGH NJW **99**, 1709, aM BGH NJW **89**, 2822, auch im arbeitsgerichtlichen Verfahren, § 46 II 1 ArbGG. Zum finanzgerichtlichen Zwischenurteil Rössler BB **84**, 204.

**4** **4) Voraussetzungen, I.** Sie bereiten der Praxis ganz erhebliche Probleme.

**A. Art des Anspruchs.** Da § 304 einen „Betrag" verlangt, muß der sachlichrechtliche Anspruch, § 194 BGB, auf Geld oder vertretbare Sachen gehen, BGH RR **94**, 319. Darunter fällt der Ersatz durch Befreiung von einer (bestimmten) Geldschuld, BGH **LM** Nr 37, ferner der Anspruch auf eine Duldung der Zwangsvollstreckung oder auf die Zustimmung zur Auszahlung eines hinterlegten Betrags oder auf eine bezifferte Feststellung, BAG NJW **82**, 774. Auch bei einem Bereicherungsanspruch ist ein Grundurteil möglich, BGH **53**, 23, aM Celle ZZP **80**, 145 (abl Walchshöfer). Der Anspruch muß mit der Klage oder der Widerklage, Anh § 253, erhoben worden sein.

*Keine* Vorabentscheidung findet statt: Über einen Rückgewährsanspruch nach §§ 7 AnfG, 37 KO; über einen Anspruch auf Herausgabe bestimmter Sachen; auf eine Auflassung, BGH DNotZ **82**, 699; auf die Bestellung eines Erbbaurechts, BGH **LM** Nr 30; über die erbbaurechtlichen Heimfallanspruch, BGH NJW **84**, 2213; wegen einzelner Kontokorrentposten, weil sie bei einer Klage auf den Saldo nicht Bestandteil des Klagegrunds sind; oder auf die Befreiung von einer der Höhe nach unbestimmten Hauptschuld, BGH NJW **90**, 1367, oder wegen einer bloßen Feststellung, § 256, BGH NJW **83**, 332; wegen einzelner Anspruchsgrundlagen, Ffm MDR **87**, 62, oder sonstiger Elemente der Begründung, BGH NJW **92**, 511, Ffm VersR **84**, 168. Bei einer Widerklage wegen einer aufgerechneten Gegenforderung muß ihr Gegenstand denjenigen der Klage übersteigen, so daß bei einer Verrechnung ein Überschuß bleibt, LG Köln VersR **78**, 162; andernfalls ist die Widerklage abzuweisen. Bei einem Anspruch aus § 89b HGB ist ein Grundurteil unzulässig, ebenso bei einem Anspruch wegen unbestimmter Kosten, Spesen und Zinsen, BGH RR **87**, 756.

**5** **B. Streitumfang.** Der Anspruch muß nach Grund und Betrag streitig sein, BGH RR **94**, 319 mwN, Köln VersR **78**, 771. Die Entscheidung über den Grund muß spruchreif sein, § 300 Rn 6, BGH RR **94**, 319. Die Entscheidung über die Höhe darf noch nicht spruchreif sein, BGH RR **94**, 319, Ffm RR **88**, 640.

## 2. Titel. Urteil § 304

Zur Zulässigkeit der Verbindung von Teil- und Grundurteil Rn 21 und § 301 Rn 8. Es genügt nicht, daß nur der Betrag, dh Geld oder vertretbare Sachen, streitig ist, BGH MDR **89**, 535, Schneider JB **76**, 1137, oder daß nur der Grund streitig, jedoch der Betrag unstreitig ist. Im Enteignungsverfahren zB steht der Grund fest, also findet keine Vorabentscheidung statt (wegen einer Ausnahme BGH WertpMitt **75**, 141). Etwas anderes gilt ausnahmsweise etwa bei einem Streit, ob der Bekl eine Ersatzanlage liefern oder in Geld entschädigen muß.

**5) Grund und Betrag, I.** Der Zweck wird nicht immer genug beachtet. **6**

**A. Grundsatz: Vereinfachungszweck.** Was zum Grund und was zum Betrag gehört, ist manchmal schwer zu sagen. Die Rechtsprechung schwankt. Leitender Gedanke muß sein, daß § 304 vereinfachen soll, Rn 2. Die Abgrenzung ist darum nicht nach rein abstrakten Erwägungen vorzunehmen, sondern nach dem Gesichtspunkt der Prozeßwirtschaftlichkeit, Rn 2, und der praktischen Brauchbarkeit, BGH RR **94**, 319, Hamm VersR **94**, 301, Karlsr FamRZ **94**, 1122. Immer muß das Urteil klar zu erkennen geben, worüber das Gericht entschieden hat, da die Grenzen der Rechtskraft geklärt sein müssen, § 322, BGH **LM** Nr 35. Das wäre nicht der Fall, wenn zB in den Anträgen nicht gesagt worden wäre, wie hoch der Rentenanspruch für die Witwe und wie hoch er für das Kind sein soll, vgl auch § 253 Rn 81 „Rente". Andererseits darf das Gericht im Grundurteil je nach Zweckmäßigkeit den Beginn und das Ende einer Rente festlegen oder sie dem Betragsverfahren vorbehalten. Es muß dann aber den Vorbehalt wenigstens in den Gründen aussprechen. Jedenfalls ist eine Begrenzung der Ansprüche im Grundurteil nicht schlechthin unzulässig. Sie muß aber gerade den Grund betreffen und darf nicht dem Betragsverfahren vorgreifen.

Ist die Leistungsklage mit einer *Feststellungsklage* verbunden worden, so muß dann, wenn diese entscheidungsreif ist, ihretwegen ein Teilurteil nach § 301 und kann wegen jener ein Grundurteil, also ein Zwischenurteil ergehen. In der Zuerkennung des Anspruchs dem Grunde nach kann unter Umständen aber auch diejenige des Feststellungsanspruchs (insofern Teilendurteil) liegen, BGH VersR **75**, 254, Düss VHR **97**, 30 (Vorsicht!). Eine Pfändung und Überweisung, §§ 829 ff, steht dem Grundurteil nicht entgegen, weil es nur feststellt, daß zu zahlen ist, nicht aber auch, ob an den Kläger oder den Pfandgläubiger zu zahlen ist. **7**

**B. Erschöpfende Erledigung.** Das Grundurteil muß grundsätzlich sämtliche Klagegründe und die Sachbefugnis, Grdz 23 vor § 50, nebst zugehörigen Einwendungen dem Grunde nach erschöpfend erledigen, BGH MDR **99**, 112, Düss FamRZ **80**, 1012, Hamm NVersZ **99**, 192. **8**

*Das gilt auch* für eine Abtretung und für einen gesetzlichen Forderungsübergang, BGH VersR **87**, 1243. Wegen jeden Unfalls, wegen jedes *Teilanspruchs* muß das Bestehen dem Grunde nach feststehen, BGH NJW **92**, 511, Düss VHR **97**, 30, und müssen hinreichende Anhaltspunkte für einen erstattungsfähigen Schaden gegeben sein, BGH NJW **85**, 1959, mag auch ein Gesamtschaden aus selbständigen Ansprüchen geltend gemacht sein. Ist die Klage auf das StVG und §§ 823 ff BGB gestützt, so ist über jeden Klagegrund zu entscheiden, Ffm MDR **87**, 62, und zwar selbst dann, wenn summenmäßig dem Antrag voll entsprochen wird, BGH **LM** § 60 Nr 1. Doch läßt BGH **LM** Nr 15 bei einer Forderung mehrerer Teilbeträge zugunsten verschiedener Personen ausreichen, daß die Forderung entsprechend der Summe der geltend gemachten Ansprüche für möglich gehalten wird, Mü VersR **92**, 375. Das Urteil muß ergeben, welchem Kläger welcher Anspruch dem Grunde nach zugesprochen wird. Der weitere Klagegrund kann nur unentschieden bleiben, wenn der entschiedene Klagegrund zur Begründung des Anspruchs auch nach der im einzelnen noch zu prüfenden Höhe voll geeignet ist, BGH **LM** Nr 32, Mü VersR **92**, 375, und wenn aus dem unentschieden bleibenden Klagegrund keine weiteren Folgen herzuleiten sind als aus dem entschiedenen, BGH **72**, 34. **9**

Sind aber für einen Anspruch zwei Klagegründe geltend gemacht worden, die sich *ausschließen* und die auch einen verschiedenen Schadensbetrag ergeben können, so muß festgestellt werden, welcher Klagegrund zutrifft. Im Nichtbescheiden eines Klagegrundes liegt in der Regel noch keine Abweisung, aM Ffm MDR **87**, 62. Das nur einen Klagegrund ablehnende Urteil ist ein Zwischenurteil, BGH **LM** Nr 12. Das Gericht muß auch klarstellen, ob mehrere Hauptansprüche vorliegen oder ob nur ein Hauptanspruch mit Hilfsansprüchen vorliegt. **10**

**C. Beispiele zur Frage von Grund oder Betrag** **11**

**Abtretung:** Zum Anspruchsgrund gehört die Entscheidung über eine Abtretung.

**Anspruchsbegründung:** Zum Anspruchsgrund gehören die anspruchsbegründenden Tatsachen, zB die Sachbefugnis, Rn 15.

**Anspruchsübergang:** Zum Anspruchsgrund gehört die Frage, ob der Anspruch auf einen Dritten übergegangen ist, zB auf einen Versicherungsträger, Rn 8, ob also für den Kläger überhaupt noch etwas übriggeblieben ist, BGH **LM** Nr 16. Im Betragsverfahren ist diese Klärung auch hinsichtlich eines Teilübergangs nicht nachholbar. War aber der Rechtsübergang unbekannt geblieben, so wäre die Nichtbeachtung im Betragsverfahren ein Rechtsmißbrauch des Klägers, Einl III 54, aM Schneider MDR **78**, 794.

**Anwaltshaftung:** Im Anwaltshaftungsprozeß gehört zum Anspruchsgrund die Frage, ob der Auftraggeber überhaupt einen sachlichrechtlichen Anspruch hatte, BGH VersR **80**, 868.

**Anwaltsvergütung:** Zum Anspruchsgrund gehört die Beurteilung, in welcher Höhe ein Anwaltshonorar angemessen ist, § 12 II BRAGO, Düss AnwBl **84**, 444.

**Aufrechnung:** Eine Aufrechnung mit einer rechtlich zusammenhängenden Gegenforderung ist grundsätzlich zu erledigen, BGH **LM** Nr 6, andernfalls würde der Berechtigte damit im Betragsverfahren entsprechend § 767 II ausgeschlossen. Ein Vorbehalt im Grundurteil ist nur bei einer Aufrechnung mit nicht im Zusammenhang stehenden Forderungen zulässig, § 302 Rn 3, aM BGH **59**, 139 (Schadensersatz als Rente oder Kapital).

BGH **LM** Nr 6 verlangt bei der Aufrechnung eine *ziffernmäßige Prüfung* der Höhe der Aufrechnungsforderung, dies aber nicht erforderlich, soweit die Klageforderung einwandfrei höher ist, BGH **LM** Nr 35. Brschw NJW **73**, 473 hält sie auch sonst nicht für erforderlich, weil dann vielfach schon die Höhe der Klagforderung festgestellt werden müßte. Es ist aber zu beachten, daß bei einer zusammenhängenden Gegenforderung mindestens eine summarische Prüfung stattfinden muß, ob für den dem Grunde nach

**§ 304**

geklärten Anspruch mit hoher Wahrscheinlichkeit noch ein Betrag verbleibt, ob der Bekl also nicht etwa mit einem nutzlosen Grundverfahren belastet wird; strenger Schilken ZZP **95**, 55.
**Ausgleichsanspruch:** Rn 13 „Handelsvertreter".
12 **Beschränkung der Haftung:** Rn 13 „Haftungsbeschränkung".
**Beteiligungsquote:** Zum Anspruchsgrund gehört die Höhe einer Quote an der Beteiligung (x %) an einer Gesellschaft, BGH **LM** Nr 29.
**Bezifferung:** Rn 17 „Unbezifferter Antrag".
**Bürgschaft:** Zum Anspruchsgrund gehört das Bestehen auch der Hauptschuld, BGH NJW **90**, 1367.
**Dauer der Folgen:** Die Dauer der Folgen eines Unfalls und damit der Rente gehört eigentlich zum Anspruchsgrund; zweckmäßig läßt man die Bestimmung des Endtermins dem Betragsverfahren offen. Das Grundurteil muß aber jedenfalls erkennen lassen, ob darüber entschieden worden ist.
13 **Einwendung:** Jede Einwendung, die sich gegen das Bestehen des Anspruchs als solchen richtet, gehört zum Anspruchsgrund, BGH **LM** Nr 35, aM BGH NJW **93**, 1794. Ein dann nicht gerechtfertigter Anspruch ist durch Teilurteil abzuweisen, vgl Celle VersR **82**, 599.
**Ersetzungsbefugnis:** Rn 14 „Hilfsantrag".
**Feststellung:** Ein bezifferter Feststellungsantrag kann zum Anspruchsgrund gehören, Hamm NZM **99**, 753.
**Gesellschaft:** Rn 12 „Beteiligungsquote".
**Gewöhnlicher Verlauf:** Der Schaden braucht nicht unumstößlich festzustehen; es genügt und ist bei einer Leistungsklage aber auch notwendig festzustellen, um einen unnötigen weiteren Rechtsstreit zu vermeiden, daß nach der Sachlage und bei einem regelmäßigen Verlauf der Dinge ein ziffernmäßig feststellbarer Schaden wahrscheinlich eingetreten ist, Hbg VersR **79**, 667. Solange letzteres unklar ist, Hbg VersR **79**, 667. Solange letzteres unklar ist, ergeht kein Grundurteil, sondern findet eine Beweisaufnahme statt, BGH **LM** § 638 BGB Nr 12. Wenn der Kläger eine Sozialrente erhält, so genügt die Feststellung, daß sein Schaden diese mit hoher Wahrscheinlichkeit übersteigt.
**Haftungsbeschränkung:** Im Grundurteil ist ein Ausspruch beschränkter Haftung zulässig, zB bei der Erbenhaftung.
**Handelsvertreter:** Ein Grundurteil zum Ausgleichsanspruch setzt voraus, daß sämtliche Voraussetzungen des § 89 b I 1 Z 1–3 HGB erfüllt sind, BGH NJW **96**, 849.
14 **Hilfsantrag:** Zum Anspruchsgrund gehört die Entscheidung über einen Hilfsantrag im Fall der Abweisung des Hauptanspruchs, BGH MDR **75**, 1008. Das gilt auch wegen einer hilfsweise geltend gemachten Ersetzungsbefugnis, BGH **LM** Nr 33. Das Gericht ist an die vom Kläger genannte Reihenfolge gebunden, BGH RR **92**, 290.

*Unzulässig* ist ein Grundurteil, nach dem entweder der Haupt- oder der Hilfsanspruch festgestellt werden, BGH RR **92**, 290.
**Immission:** Zum Anspruchsbetrag gehört die Frage, inwieweit man dem lärmbelästigten Grundeigentümer nach den Umständen notwendige Abwehrmaßnahmen zumuten kann, BGH NJW **81**, 1370.
**Insolvenz:** Zum Anspruchsgrund gehört auch eine Feststellung zur Tabelle, BayObLG **73**, 286.
**Klagänderung:** Zum Anspruchsgrund gehört die Entscheidung über eine Klagänderung.
**Mitgliedschaftsdauer:** Zum Anspruchsgrund gehört die Dauer einer Mitgliedschaft.
15 **Mitverschulden:** Zum Anspruchsgrund gehört grds auch das mitwirkende Verschulden, BGH NJW **79**, 1935. Sofern feststeht, daß jedenfalls ein Anspruch des Klägers übrigbleibt, kann das mitwirkende Verschulden dem Betragsverfahren vorbehalten bleiben, BGH NJW **97**, 3176, Ffm ZMR **97**, 523. Das gilt auch dann, wenn das Mitverschulden nur bei einzelnen Schadensposten geltend gemacht wird, BGH VersR **74**, 1173. Im Betragsverfahren kann das Mitverschulden aber nur nach einem Vorbehalt im Grundurteil geltend gemacht werden. Zum UN-Kaufrecht BGH NJW **99**, 2441.
S auch Rn 16 „Schadensminderungspflicht", „Schmerzensgeld".
**Pfändung, Überweisung:** Eine Pfändung und Überweisung der Klageforderung macht ein Grundurteil unzulässig. Das Urteil darf einen Pfändungsgläubiger nicht auf einen nicht geltend gemachten Teil des Anspruchs verweisen.
**Rente oder Kapital:** Zum Anspruchsgrund gehört die Frage, ob beim Schadensersatz eine Rente oder ein kapitalisierter Betrag infrage kommen; freilich ist ein Vorbehalt für das Betragsverfahren zulässig, BGH **59**, 139 mwN.
S auch Rn 12 „Dauer der Folgen".
**Sachbefugnis:** Zum Anspruchsgrund gehört die Sachbefugnis, vgl BGH **LM** § 538 Nr 14. Dadurch findet freilich nicht stets eine erschöpfende Erledigung statt.
16 **Schadensberechnung:** Zum Anspruchsbetrag gehört die Frage, ob ein Schaden abstrakt oder konkret zu berechnen ist (zum Grund gehört die Feststellung hinreichender Anhaltspunkte, daß überhaupt ein Schaden entstanden ist).
**Schadensentstehung:** Zum Anspruchsgrund gehört die Frage, ob überhaupt ein Schaden entstanden ist.
S auch Rn 13 „Gewöhnlicher Verlauf".
**Schadensminderungspflicht:** Zum Anspruchsgrund gehört die Frage einer Schadensminderungspflicht des Verletzten.
S aber auch Rn 15 „Mitverschulden".
**Schmerzensgeld:** Die Regeln vom Mitverschulden, Rn 15, gelten beim Schmerzensgeldanspruch. Für ihn kommt dann, wenn zB die Hälfte des Verschuldens den Verletzten zur Last fällt, nur diese Hälfte in Betracht, denn auch bei der Bemessung des Schmerzensgeldes ist ein Verschulden mitentscheidend, BGH (GrZS) **18**, 157, aM BGH VersR **70**, 624, Düss VersR **75**, 1052 („angemessenes Schmerzensgeld unter Berücksichtigung des Mithaftungsanteils der Verletzten"), Köln MDR **75**, 148 (es erfolge keine endgültige Quotierung im Grundurteil).
S auch Rn 19 „Zurückverweisung".
**Stufenklage:** Zum Anspruchsgrund kann der Leistungsanspruch unabhängig vom Auskunftsanspruch zu erörtern sein, BGH NJW **99**, 1709.

2. Titel. Urteil § 304

**Übergang:** Rn 11 „Anspruchsübergang".
**Unbezifferter Antrag:** Ein solcher Antrag, insbesondere eine unbezifferte Feststellungsklage, läßt keine 17 Entscheidung dem Grunde nach zu, BGH **126**, 220, aM BGH VersR **75**, 254.
**Untergang:** Zum Anspruchsgrund gehört bei § 989 BGB, ob die Sache unterging.
**Ursächlichkeit:** Wird nur allgemein die Haftung für ein schädigendes Ereignis dem Grunde nach bejaht, so ist es Sache des Betragsverfahrens festzustellen, ob die Ursächlichkeit auch für jeden Einzelanspruch gegeben ist, so daß auch die Abweisung einzelner Posten möglich ist; § 318 steht nicht entgegen, BGH MDR **74**, 559. Richtig ist aber die Ursächlichkeit schon für jeden Einzelanspruch im Grundurteil zu prüfen, BGH VersR **80**, 868.
**Verein:** Rn 14 „Mitgliedschaftsdauer".
**Verjährung:** Die Einrede der Verjährung gehört grds zum Anspruchsgrund, BGH LM Nr 27, 35. Soweit 18 sie sich aber nur gegen einen Teil des Anspruchs richtet, kann man sie aus Zweckmäßigkeitsgründen dem Betragsverfahren überlassen, ähnlich wie bei der Dauer der Folgen, Rn 12.
**Versicherung:** Nicht von einer Partei angesprochene etwaige versicherungsrechtliche Einwendungen sind nicht Teil des Anspruchsgrunds, Hamm NVersZ **99**, 192.
**Vertrag:** Sein Fortbestehen gehört zum Anspruchsgrund, Hamm VersR **99**, 51.
**Vertrauensschaden:** Vgl BGH NJW **77**, 1539.
**Verzinsung:** Zum Anspruchsbetrag gehört eine Verzinsungspflicht.
**Vorgreiflichkeit:** Die Entscheidung über den Grund darf nicht derjenigen über den Betrag vorgreifen.
**Vorteilsausgleichung:** Zum Anspruchsgrund gehört auch die Ausgleichung des Schadens durch Vorteile. Die Feststellung der Höhe ist nicht erforderlich, wenn nur wahrscheinlich ist, daß ein Restbetrag bleibt.
**Wahrscheinlichkeit:** Rn 13 „Gewöhnlicher Verlauf". 19
**Zeitliche Begrenzung:** Zum Anspruchsgrund gehört eine zeitliche Begrenzung des Anspruchs, zB einer Rente, BGH **LM** § 578 Nr 6.
**Zinsen:** S „Verzinsung".
**Zug um Zug:** Die Einrede der bloßen Zug-um-Zug-Leistung kann im Grundurteil vorbehalten werden, weil sie nur die Art der Leistung berührt.
**Zulässigkeit:** Zum Anspruchsgrund gehört die Zulässigkeit der Klage bzw des Antrags.
**Zurückbehaltungsrecht:** Ein Zurückbehaltungsrecht kann im Grundurteil vorbehalten werden, weil es nur die Art der Leistung berührt.
**Zurückverweisung:** Wenn das Berufungsgericht ein Grundurteil erläßt, muß es grds dann, wenn die erste Instanz auch über die Höhe entschieden hatte, selbst ebenfalls dazu mitentscheiden, BGH NJW **98**, 613. Falls es dennoch den Prozeß wegen der Höhe zurückverweist, kann es diese Zurückverweisung allenfalls auf einen wegen etwaigen Mitverschuldens noch nicht entscheidungsreifen Feststellungsantrag erstrecken, Düss MDR **85**, 61.
S auch Rn 15 „Mitverschulden".

**6) Vorabentscheidung, I, II.** Sie liegt beim Vorliegen ihrer Voraussetzungen im pflichtgemäßen Er- 20 messen des Gerichts, Ffm ZMR **97**, 523.

**A. Zulässigkeit, I.** Eine Vorabentscheidung sollte nur dann ergehen, wenn in ihr wirklich eine Förderung des Prozesses liegt und nicht in Wahrheit eine Verschleppung oder Gefährdung, Rn 2. Sie sollte nicht ergehen, wenn das Gericht einen Grund bejaht, andere Gründe verneint, und wenn die Gründe im Betragsverfahren verschieden wirken können. Ob die Entscheidung das tut, ist durch Auslegung zu ermitteln, § 322 Rn 10. Das Grundurteil muß wegen seiner Bindungswirkung nach § 318 eindeutig ergeben, inwieweit es den Streit vorab entscheidet, BGH VersR **87**, 1243. Eine Abweisung wegen der verneinten Gründe in der Formel ist nicht unbedingt notwendig. Eine Vorabentscheidung ist unzulässig, wenn die Tatsachen für den Grund und die Höhe des Anspruchs annähernd identisch sind oder in so engem Zusammenhang stehen, daß die Herausnahme einer Grundentscheidung unzweckmäßig und verwirrend wäre, BGH MDR **95**, 412, Hamm VersR **94**, 301, Schlesw MDR **98**, 720. Wird ein Gesamtschaden eingeklagt, so ist ein Grundurteil nur möglich, wenn die Verteilung der rechtlich selbständigen Einzelansprüche auf die Klagesumme geklärt ist.

Setzt sich ein Anspruch aus *mehreren* nicht selbständigen Forderungen zusammen, so kann das Gericht die 21 Entscheidung über die Verursachung der einzelnen Posten dem Betragsverfahren überlassen, BGH **108**, 259 mwN. Jedoch sind dann die Rechtsmittel bezüglich derjenigen Schadensposten möglich, die nicht verursacht sein sollen, § 318 Rn 8, 11, BGH **LM** Nr 28. Eine Pfändung und Überweisung, §§ 829 ff, steht einem Grundurteil nicht entgegen. Das Grundurteil ist auch als Teilurteil statthaft, BGH NJW **99**, 1709. Dabei ist es abzuweisen, soweit die Klage unbegründet ist. Zulässig ist es auch als Urteil der Berufungsinstanz, wenn die 1. Instanz auch über den Betrag erkannt hat, BGH VersR **79**, 25; nicht als Versäumnisurteil, denn der Streit über den Grund ist kein Zwischenstreit, es ist nur ein Versäumnisurteil in der Sache möglich, Kblz MDR **79**, 587. Ein Urteil nach Aktenlage, § 251 a, ist statthaft. Eine Verjährung steht dem Grundurteil nur insoweit nicht entgegen, als sie nur einen Teil der Klageforderung betrifft.

Die Zulässigkeit des Grundurteils ist *von Amts wegen* zu prüfen, Grdz 39 vor § 128, weil das ganze weitere 22 Verfahren auf ihm aufbaut, BGH RR **91**, 600, BayObLG **94**, 281. Liegt sie vor, so steht der Erlaß der Vorabentscheidung im pflichtgemäßen Ermessen des Gerichts, BayObLG **94**, 281 („freies" Ermessen). Ein verspätetes Vorbringen darf und muß ebenso wie in einem Endurteil behandelt werden, BGH MDR **80**, 51. Wegen einer Zurückverweisung BGH NJW **76**, 1401, Düss MDR **85**, 61. Der vorherigen Beschränkung der Verhandlung auf den Grund bedarf es nicht.

**B. Urteilsformel.** Die Urteilsformel lautet: „Die Klage ist dem Grunde nach gerechtfertigt", BGH 23 VersR **79**, 25 (insbesondere in der Berufungsinstanz); wenn notwendig, werden Einschränkungen, zB zur Leistung erst von einem bestimmten Zeitpunkt ab, Celle VersR **82**, 598, oder zur Hälfte gemacht, wenn ein Teil eingeklagt wurde oder wenn der Bekl infolge eines mitwirkenden Verschuldens des Klägers nur zur Hälfte verpflichtet ist. Dann ist die andere Hälfte aber sofort abzuweisen, da die Sache insofern entschei-

*Hartmann*

§ 304   2. Buch. 1. Abschnitt. Verfahren vor den LGen

dungsreif ist. Wenn zB nach einem Unfall eine Leistungs- und Feststellungsklage erhoben wird und wenn über den Feststellungsanspruch gleichzeitig mit dem Leistungsanspruch befunden werden kann, so ist das auch auszusprechen (insofern liegt ein Teilendurteil vor). Ein Vorbehalt muß wenigstens in den Entscheidungsgründen stehen, BGH ZMR **96**, 315. Bei einem Anspruch des Klägers gegen eine Krankenkasse oder Berufsgenossenschaft ist eine Entscheidung dem Grunde nach gerechtfertigt, soweit der Anspruch nicht auf öffentliche Versicherungsträger übergegangen ist. Bei einem Haupt- und Hilfsanspruch, § 260 Rn 8, muß die Formel klarstellen, welcher begründet ist. Über die Kostenentscheidung bei einem erfolglosen Rechtsmittel § 97 Rn 37; sonst erfolgt keine Kostenentscheidung, BGH **110**, 205. Es erfolgt auch keine Entscheidung zur Vollstreckbarkeit.

**24**   **C. Urteilsfunktion, II.** Das Urteil ist ein Zwischenurteil, BGH VersR **87**, 940, Düss RR **93**, 976, Schlesw MDR **87**, 417, aber selbständig anfechtbar, und insofern einem Endurteil gleichgestellt, BGH MDR **80**, 51. Im arbeitsgerichtlichen Verfahren sind §§ 61 III, 64 VII ArbGG zu beachten, BAG NJW **76**, 744. Es ist aber kein Endurteil im Sinne des § 179 II InsO. Es unterscheidet sich von einem Feststellungsurteil dadurch, daß es einen bestimmt begrenzten Vermögensschaden erfordert, während die Feststellungsklage einen nicht zu übersehenden, vielleicht gar nicht entstehenden Schaden genügen läßt und daher kein Grundurteil zuläßt, Hamm VersR **92**, 209. Außerdem kennt das Feststellungsverfahren kein Nachverfahren. Nach einem Feststellungsurteil läuft eine Verjährungsfrist von 30 Jahren, nach dem Grundurteil läuft die frühere Frist. Ein Teilurteil, § 301, liegt vor, wenn das Urteil einen bezifferten Teil des Anspruchs abweist; ein Grundurteil liegt vor, wenn es den Grund des Anspruchs einschränkend näher bestimmt. Die Umdeutung eines Zwischenurteils in ein Teilurteil ist jedenfalls insoweit unzulässig, als sie zu einer verbotswidrigen Änderung zum Nachteil des Bekl führen würde, BGH NJW **84**, 2214.

**25**   Wird im Grundurteil etwas zum *Betragsverfahren* Gehöriges entschieden, so ist es insofern unverbindlich und ohne Rechtskraftwirkung, § 322 Rn 45 „Grund des Anspruchs", aM Tiedtke ZZP **89**, 79 (das Grundurteil sei bis zur Aufhebung bindend). Läßt ein Grundurteil etwas zum Grund Gehöriges offen, so findet eine Nachholung des Versäumten im Betragsverfahren statt, Tiedtke ZZP **89**, 76. Die Verkündung des Grundurteils bewirkt einen tatsächlichen Stillstand des Verfahrens, Üb 1 vor § 239, bis eine Partei die Fortsetzung anregt, RoSgo § 59 IV 5 a, StJL 45, ZöV 19, aM BGH NJW **79**, 2308 (das Gericht habe nach dem Eintritt der Rechtskraft des Grundurteils von Amts wegen einen Termin zur Fortsetzung des Betragsverfahrens zu bestimmen; krit Grunsky ZZP **93**, 179). Der rechtskräftig ausgeschiedene, am Betragsverfahren noch beteiligte Streitgenosse, §§ 59 ff, bleibt im Grundverfahren seines Genossen Partei.

**26**   **D. Fortsetzungsanordnung, II.** Das Gericht kann auf Antrag einer Partei jederzeit die Fortsetzung anordnen. Dies steht in seinem pflichtgemäßen Ermessen. Dabei ist die Dringlichkeit oder die offensichtliche Erfolgslosigkeit des Rechtsmittels gegen das Grundurteil beachtlich und die Fortsetzung die Ausnahme, KG MDR **71**, 588. Die Fortsetzung ist auch dann zulässig, wenn das Verfahren über das Grundurteil in der Rechtsmittelinstanz anhängig ist, Nürnb MDR **90**, 451.

**27**   **E. Rechtsmittel.** Vgl § 280 Rn 5, aM Mü NJW **74**, 1514 (bei der Anordnung sei keine Beschwerde zulässig, bei einer Ablehnung offen). Es liegt also grundsätzlich ein dem Endurteil gleicher Fall vor, Ffm ZMR **97**, 523. Über den Fall, daß das Urteil Zweifel über seine Natur läßt, Grdz 28 vor § 511. In der Zurückweisung des Rechtsmittels gegen das Grundurteil kann eine Zurückverweisung wegen des Betrags liegen, Düss JB **78**, 1809, Ffm AnwBl **87**, 98, aM Schlesw MDR **87**, 417. Bei der Feststellungs- und Leistungsklage, Grdz 8 vor § 253, darf das Berufungsgericht, wenn es wegen der Leistungsklage zum Grundurteil kommt, nicht auch zur Entscheidung über den Feststellungsanspruch zurückverweisen, BGH NJW **97**, 3176, Hamm NZM **99**, 753. Es liegt insofern keine Aufhebung oder Abänderung des erstinstanzlichen Zahlungsurteils vor, BGH NJW **90**, 1302. Hält die Berufungsinstanz die Klage auch der Höhe nach für begründet, so darf sie durchentscheiden, Kbz MDR **92**, 805. Die Zulassung der Revision kann auf einen solchen tatsächlich oder rechtlich selbständigen Teil des Streitgegenstands beschränkt werden, über den durch ein Grundurteil hätte entschieden werden können, BGH FamRZ **95**, 1405. Das Revisionsgericht überprüft die Voraussetzungen des § 304, BGH NJW **97**, 3176, BayObLG **94**, 81. Es kann zurückverweisen, § 565, BGH NJW **99**, 1709. Wegen der Kosten § 97 Rn 29.

**28**   **7) Betragsverfahren, II.** Es folgt einem selbstverständlichen Grundsatz.

   **A. Grundsatz: Bindung an Grundurteil.** Das Grundurteil bindet das Gericht für das Nachverfahren, Oldb VHR **98**, 139, soweit es den Anspruch subjektiv und objektiv tatsächlich festgestellt und rechtlich bestimmt hat (Auslegungsfrage, BGH RR **97**, 188), nach § 318, vgl aber auch dort Rn 9, nicht nach § 322, BGH VersR **87**, 940; wegen der Bindung des Berufungsgerichts BGH VersR **87**, 940. Das Urteil „ist in betreff der Rechtsmittel als Endurteil anzusehen", dh es ist nur der äußeren Rechtskraft fähig, Einf 1 vor §§ 322–327, nicht der inneren, Einf 2 vor §§ 322–327 (etwas anderes gilt im arbeitsgerichtlichen Verfahren; dort findet keine selbständige Anfechtung statt, § 61 III ArbGG, BAG NJW **76**, 744).

**29**   Das Gericht kann aber, wenn *kein Schaden* feststellbar ist, noch im Nachverfahren ganz abweisen, BGH LM Nr 21, BSG FamRZ **91**, 561. S dazu auch § 322 Rn 45 „Grund des Anspruchs". Das Gericht muß abweisen, wenn sich das Fehlen einer Prozeßvoraussetzung ergibt, Grdz 12 vor § 253, denn das gesamte Verfahren ist einheitlich. Dies gilt zB bei einer nachträglichen Feststellung der Unzulässigkeit des Rechtswegs, § 13 GVG; bei einer Säumnis des Klägers, § 330. Bei einer Säumnis des Bekl, § 331, wirkt die Bindung. Irgendwelche Einwendungen zum Grund, die der Bekl vor dem Erlaß des Grundurteils hätte erheben können, läßt das Nachverfahren nicht zu.

**30**   **B. Einzelheiten.** Die Entscheidung über die Zulässigkeit einer Aufrechnung ist bindend, BGH WertpMitt **65**, 1250. Mit Schadensersatzforderungen, die schon vor der Entscheidung über den Grund bestanden, kann der Bekl nicht mehr im Betragsverfahren aufrechnen. Etwas anderes gilt nur für diejenigen Forderungen, die erst nach dem Schluß der mündlichen Verhandlung im Grundverfahren entstanden sind, und für diejenigen, die das Gericht, wenn auch zu Unrecht, ins Verfahren über den Betrag verweisen oder übersehen hat. Dann tritt bei der Entscheidung über diese Ansprüche, die im Betragsverfahren nachgeholt werden

## 2. Titel. Urteil §§ 304–305a

kann, keine Bindung an das Grundurteil ein, BGH **LM** § 318 Nr 2, 4. Im Nachverfahren sind auch Wiederaufnahmegründe gegen das Grundurteil geltend zu machen, BGH **LM** § 578 Nr 6.

*Erweitert* der Kläger die Klage im Nachverfahren, so ist der Klagegrund für den überschießenden Teil ganz 31 neu zu prüfen, weil insofern keine Rechtshängigkeit bestand, § 261, BGH NJW **85**, 496. Notfalls sind die Gründe der Vorabentscheidung zur Auslegung dessen heranzuziehen, was diese feststellt, § 322 Rn 10. Die im Verfahren über den Grund mögliche Heilung eines sachlichrechtlichen Mangels des Kaufvertrags und dergleichen läßt sich nicht im Nachverfahren nachholen. Hebt die höhere Instanz die Vorabentscheidung auf, so verliert das Betragsurteil ohne weiteres jede Bedeutung, § 261, BGH NJW **85**, 496. Es ist also auflösend bedingt. Auch vor der Rechtskraft der Vorabentscheidung kann der Sieger aus dem Betragsurteil vollstrecken. Er tut das freilich auf seine Gefahr, denn er haftet bei einer Aufhebung auch ohne Verschulden für jeden Schaden entsprechend § 717 II (Ausnahme § 717 III), weil der dort ausgesprochene Rechtsgedanke auch hier zutrifft, § 717 Rn 26.

**8)** *VwGO:* Eigene Regelung in § 111 VwGO, BVerwG NVwZ **96**, 175.    32

**305** *Urteil unter dem Vorbehalt beschränkter Haftung.* [I] Durch die Geltendmachung der dem Erben nach den §§ 2014, 2015 des Bürgerlichen Gesetzbuchs zustehenden Einreden wird eine unter dem Vorbehalt der beschränkten Haftung ergehende Verurteilung des Erben nicht ausgeschlossen.

[II] Das gleiche gilt für die Geltendmachung der Einreden, die im Falle der fortgesetzten Gütergemeinschaft dem überlebenden Ehegatten nach dem § 1489 Abs. 2 und den §§ 2014, 2015 des Bürgerlichen Gesetzbuchs zustehen.

**1) Systematik, Regelungszweck, I, II.** Die Vorschrift schafft für die in ihr geregelten Sonderfälle 1 ähnlich wie § 599 eine eigenartige, wegen ihres Ausnahmecharakters eng auszulegende Regelung, die der Vorläufigkeit des jetzt möglichen Spruchs gerecht wird.

**2) Geltungsbereich, I, II.** Die Vorschrift gilt in allen Verfahren nach der ZPO.    2

**3) Erbenstellung, I, II.** Man muß zwei Zeiträume unterscheiden.    3

**A. Vor Annahme der Erbschaft.** Der Erbe ist noch nicht richtiger Bekl, weil nach § 1958 BGB noch nicht feststeht, ob er überhaupt haftet, und weil der Berechtigte nur gegen einen Nachlaßpfleger klagen kann, § 1960 BGB. Eine gegen den „Erben" erhobene Klage ist durch Sachurteil abzuweisen, aM PalEdenh § 1958 BGB Rn 1, StJL 1, ThP 1, ZöV 1 (die Klage sei derzeit unzulässig). Wegen der Zwangsvollstreckung vgl § 778. Der erneuten Klage nach der Annahme der Erbschaft steht die Rechtskraft, § 322, nicht entgegen, weil sich die Klage auf andere Tatsachen stützt. Einen rechtshängigen Prozeß, § 261, braucht der Erbe nicht fortzusetzen, § 239 V.

**B. Nach Annahme der Erbschaft.** Wenn der Erbe durch eine Versäumung der Inventarfrist, § 1994 4 BGB, oder gegenüber dem betreffenden Gläubiger unbeschränkt haftet, verläuft das Verfahren wie gegen den Erblasser; wenn der Erbe die Haftung noch auf den Nachlaß beschränken darf, kann er die Begleichung bis zum Ablauf der Fristen der §§ 2014 f BGB verweigern (Dreimonatseinwand und Einwand aus dem Aufgebot, beides aufschiebende Einreden).

**4) Haftungsvorbehalt, I.** Die Einreden führen nur zur Verurteilung unter dem Vorbehalt der beschränk- 5 ten Haftung ohne eine Prüfung der Begründetheit der Einreden. Das mit diesem Vorbehalt versehene Urteil ist kein Vorbehaltsurteil, Üb 8 vor § 300. Der Vorbehalt ist in die Formel aufzunehmen, §§ 311 II 1, 313 I Z 4, und zwar von Amts wegen, sobald der Erbe die Einreden erhoben hat. Wegen des Vorbringens in der Revisionsinstanz § 780 Rn 3. Dies gilt auch bei einem Urteil nach Aktenlage, § 251 a, nicht aber bei einem Versäumnisurteil, § 330 ff, falls es nicht der Kläger selbst beantragt. In einen Kostenfestsetzungsbeschluß, § 104, kann man den Vorbehalt jedenfalls dann nicht aufnehmen, wenn der Erblasser beim Urteilserlaß noch lebte, Hamm AnwBl **82**, 385. Bei einer Übergehung des Vorbehalts erfolgt eine Ergänzung nach § 321, Düss NJW **70**, 1689, oder ein Rechtsmittel, § 321 Rn 3, denn der Vorbehalt ist wegen § 780 I nötig. Erkennt der Erbe sofort mit Vorbehalt an, § 307, und hat er keinen Klagegrund gegeben, so bleibt er kostenfrei, § 93, andernfalls erstreckt sich der Vorbehalt nicht auf die Kosten, da die Haftung hierfür durch die Prozeßführung als solche entsteht. Im Fall eines unbeschränkten Antrags erfolgt eine Kostenteilung nach § 92. Eine Einrede des Testamentsvollstreckers, Nachlaßverwalters, Nachlaßpflegers macht wegen § 780 II keinen Vorbehalt nötig.

**5) Überlebender Gatte, II.** Soweit der Überlebende nur infolge des Eintritts der fortgesetzten Güter- 6 gemeinschaft den Gläubigern persönlich haftet, haftet er wie ein Erbe, § 1489 II BGB. Darum gilt für den Haftungsvorbehalt hier dasselbe wie beim Erben.

**6)** *VwGO:* Entsprechend anzuwenden, § 173 VwGO, bei Zahlungsklagen gegen Einzelpersonen.    7

**305a** *Schiffahrtsrechtliche Haftungsbeschränkung.* [I] [1]Unterliegt der in der Klage geltend gemachte Anspruch der Haftungsbeschränkung nach § 486 Abs. 1 oder 3, §§ 487 bis 487 d des Handelsgesetzbuchs und macht der Beklagte geltend, daß

1. aus demselben Ereignis weitere Ansprüche, für die er die Haftung beschränken kann, entstanden sind und

§ 305a, Einf §§ 306, 307   2. Buch. 1. Abschnitt. Verfahren vor den LGen

2. die Summe der Ansprüche die Haftungshöchstbeträge übersteigt, die für diese Ansprüche in Artikel 6 oder 7 des Haftungsbeschränkungsübereinkommens (§ 486 Abs. 1 des Handelsgesetzbuchs) oder in den §§ 487, 487a oder 487c des Handelsgesetzbuchs bestimmt sind,

so kann das Gericht das Recht auf Beschränkung der Haftung bei der Entscheidung unberücksichtigt lassen, wenn die Erledigung des Rechtsstreits wegen Ungewißheit über Grund oder Betrag der weiteren Ansprüche nach der freien Überzeugung des Gerichts nicht unwesentlich erschwert wäre. ²Das gleiche gilt, wenn der in der Klage geltend gemachte Anspruch der Haftungsbeschränkung nach den §§ 4 bis 5m des Binnenschiffahrtsgesetzes unterliegt und der Beklagte geltend macht, daß aus demselben Ereignis weitere Ansprüche entstanden sind, für die er die Haftung beschränken kann und die in ihrer Summe die für sie in den §§ 5e bis 5k des Binnenschiffahrtsgesetzes bestimmten Haftungshöchstbeträge übersteigen.

II Läßt das Gericht das Recht auf Beschränkung der Haftung unberücksichtigt, so ergeht das Urteil
1. im Falle des Absatzes 1 Satz 1 unter dem Vorbehalt, daß der Beklagte das Recht auf Beschränkung der Haftung geltend machen kann, wenn ein Fonds nach dem Haftungsbeschränkungsübereinkommen errichtet worden ist oder bei Geltendmachung des Rechts auf Beschränkung der Haftung errichtet wird,
2. im Falle des Absatzes 1 Satz 2 unter dem Vorbehalt, daß der Beklagte das Recht auf Beschränkung der Haftung geltend machen kann, wenn ein Fonds nach § 5d des Binnenschiffahrtsgesetzes errichtet worden ist oder bei Geltendmachung des Rechts auf Beschränkung der Haftung errichtet wird.

**Vorbem.** Fassg Art 3 Z 1 a–c G v 25. 8. 98, BGBl 2489, in Kraft seit 1. 9. 98, Art 21 G ÜbergangsR Einl III 78.

1 **1) Geltungsbereich, I, II.** §§ 486ff HGB, 4–5m BinnenschiffahrtsG erlauben eine Beschränkung der Haftung für Forderungen, auch wegen Ölverschmutzungsschäden. In diesem Zusammenhang ist ua die SVertO zu beachten, vgl dazu auch bei § 872. § 305a erfaßt aus dem Kreis solcher Fälle diejenigen, bei denen die Voraussetzungen I Z 1 und 2 zusammentreffen. Zur bloßen Möglichkeit der Haftungsbeschränkung müssen also hinzutreten: Der Bekl muß sie auch geltend machen; er muß außerdem aus demselben Ereignis von mindestens zwei weiteren Gläubigern in Anspruch genommen werden, denen gegenüber er eine Haftungsbeschränkung geltend machen kann; schließlich muß die Summe der Ansprüche die gesetzlichen Haftungshöchstbeträge übersteigen. Maßgeblich ist der Schluß der letzten mündlichen Verhandlung.

2 **2) Zulässigkeit des Vorbehaltsurteils, I.** Es müssen die folgenden Voraussetzungen zusammentreffen.
**A. Erschwerung der Erledigung des Rechtsstreits.** Die Beendigung des Prozesses (der Ausdruck Erledigung ist nicht im Sinn von § 91a gemeint) muß nicht unwesentlich erschwert sein, sei es zeitlich, sei es sachlich oder prozessual. Eine nur unerhebliche Erschwerung reicht also nicht aus. Als Erschwerungsgrund nennt I 1 eine Ungewißheit über Grund oder Betrag der (außerhalb dieses Prozesses entstandenen) weiteren Ansprüche nach Z 1. Ob eine ausreichende Erschwerung besteht, ist nach pflichtgemäßer, aber weiter „freier" Überzeugung des Gerichts zu entscheiden. Das Gericht braucht daher nicht in eine umfassende Prüfung einzutreten; freilich reicht eine bloße Parteibehauptung ebensowenig aus. Eine Aktenbeiziehung kann entbehrlich sein, wenn das andere Gericht usw ausreichende Auskunft über den dortigen Sach- und Verfahrensstand gibt.

**B. Entscheidungsreife.** Der vorliegende Rechtsstreit muß, abgesehen von der Frage der Haftungsbeschränkung, wegen der weiteren Ansprüche, entscheidungsreif sein, § 300 Rn 6.

3 **3) Fassung des Urteils, II.** Die Verurteilung des Bekl kann ohne Vorbehalt ergehen, nach dem pflichtgemäßen Ermessen des Gerichts aber auch unter etwa folgendem Zusatz: „Der Beklagte kann ein Recht auf die Beschränkung seiner Haftung gem §§ 486ff HGB (bzw: gem §§ 4ff BinnenschiffahrtsG) geltend machen, soweit ein Fonds nach dem Übereinkommen über die Beschränkung der Haftung für Seeforderungen" (bzw: gem § 5d BinnenschiffahrtsG) „errichtet worden ist im Zeitpunkt der Geltendmachung seines Rechts auf Haftungsbeschränkung errichtet wird". Die Entscheidungen zu den Kosten und zur vorläufigen Vollstreckbarkeit ergehen wie sonst, §§ 91ff, 708ff. Das Urteil ist kein Vorbehaltsurteil, Üb 8 vor § 300. Wegen der Zwangsvollstreckung vgl § 786a.

### Einführung vor §§ 306, 307
### Verzicht und Anerkenntnis

**Schrifttum:** *Ebel*, Die Grenzen der materiellen Rechtskraft des Anerkenntnis- und Verzichtsurteils usw, Diss Saarbr 1975; *Thomas*, Die Auswirkungen der im Aktiengesetz enthaltenen materiellen Verzichts- und Vergleichsbeschränkungen auf Prozeßvergleich, Klaganerkenntnis und Klageverzicht usw, Diss Gött 1974.

**Gliederung**

| | | | |
|---|---|---|---|
| 1) Systematik | 1, 2 | 3) Geltungsbereich | 4–9 |
| A. Prozessuale Erklärung | 1 | A. Unbedingtheit | 4–7 |
| B. Sachlichrechtliche Erklärung | 2 | B. Unwirksamkeit | 8, 9 |
| 2) Regelungszweck | 3 | 4) *VwGO* | 10 |

## 2. Titel. Urteil   Einf §§ 306, 307

**1) Systematik.** Prozeß- und sachliches Recht sind sorgfältig zu trennen. **1**

**A. Prozessuale Erklärung.** Verzicht und Anerkenntnis sind prozessuale Gegenstücke. Beide müssen also, um die Rechtsfolgen der §§ 306, 307 auszulösen, gerade auch im Prozeß erfolgen, LG Lpz RR **97**, 571 (zu § 307); andernfalls tritt eine freie Beweiswürdigung ein. Beide betreffen als rein prozessuale Erklärungen, als Parteiprozeßhandlungen, Grdz 47 vor § 128, den prozessualen Anspruch, § 2 Rn 3, BGH NJW **81**, 686, BPatG GRUR **94**, 280, Ffm AnwBl **88**, 119. Beide enthalten ein Zugeständnis, der Verzicht dahin, daß der prozessuale Anspruch nicht besteht, das Anerkenntnis dahin, daß er besteht. Man könnte den Verzicht eine Anerkennung der Einwendungen des Bekl nennen, das Anerkenntnis einen Verzicht auf Einwendungen, LG Lpz RR **97**, 571.

**B. Sachlichrechtliche Erklärung.** Verzicht und Anerkenntnis sind von den allenfalls in ihnen stek- **2** kenden sachlichrechtlichen Erklärungen, BGH **66**, 253, Düss FamRZ **83**, 723, Hamm FamRZ **88**, 854, streng zu trennen, Grdz 61 vor § 128, BPatG GRUR **94**, 280, Schlesw GRUR **86**, 840, AG Hbg MDR **87**, 768, ferner Jauernig § 47 VI, Mes GRUR **78**, 347, RoSgo § 63 VI 2, StJL § 307 Rn 11, ZöV 5 vor §§ 306–307; aM AG Hildesheim ZMR **76**, 153, Thomas ZZP **89**, 80 (*Doppelnatur:* Verzicht und Anerkenntnis sollen prozessual und sachlichrechtlich sein), ZöGre § 269 Rn 2 (rein sachlichrechtliche Willenserklärung).

Diese letzteren Auffassungen berücksichtigen nicht den grundverschiedenen Charakter des prozessualen und des sachlichrechtlichen Verzichts und Anerkenntnisses. Sachlichrechtlich bestehen Formvorschriften, eine Anfechtbarkeit wegen Willensmangels; prozeßrechtlich bestehen Formfreiheit und keinerlei Anfechtbarkeit, Grdz 56 vor § 128. Der sachlichrechtliche Verzicht führt nach einer Sachprüfung zur Sachabweisung, der prozessuale Verzicht führt zwar auch zu einer Sachabweisung, aber ohne jede sachlichrechtliche Prüfung, BGH **49**, 213. Das sachlichrechtliche Anerkenntnis begründet eine neue Schuld und führt zum Sachurteil auf Grund dieser Schuld, das prozessuale Anerkenntnis führt ohne Prüfung zum Sachurteil, BSG MDR **78**, 172 (krit Behn JZ **79**, 200).

Die prozessualen Erklärungen eines Verzichts und Anerkenntnisses sind *frei zu würdigen*, § 307 Rn 16, wenn nicht die Gegenpartei auf sie hin ein entsprechendes Urteil beantragt, Baumgärtel ZZP **87**, 130, Schilken ZZP **90**, 170, aM § 307 Rn 11, Wolf 19 (das Anerkenntnis beende den Prozeß).

**2) Regelungszweck.** §§ 306, 307 dienen in hohem Maße der Parteiherrschaft, Grdz 18 vor § 128, und **3** damit der Prozeßwirtschaftlichkeit, Grdz 14 vor § 128. Der mündige Bürger soll auch als Kläger oder Bekl weitgehend über den Anspruch und dessen prozessuale Behandlung verfügen können, sei es auch durch Folgen, die der wahren Rechtslage kaum entsprechen. Deshalb sind die Vorschriften weit auszulegen.

**3) Geltungsbereich.** Vgl zunächst Üb 2 vor § 253. **4**

**A. Unbedingtheit.** Verzicht und Anerkenntnis müssen als reine Parteiprozeßhandlungen, Grdz 47 vor § 128, unbedingt und vorbehaltlos sein, Düss OLGZ **77**, 252, aM Schilken ZZP **90**, 175, Baumgärtel ZZP **87**, 132, Wolf 90. Beide wirken entsprechend in der Berufungsinstanz, und zwar trotz § 531. Beide erfordern nur die Prozeßvoraussetzungen, Grdz 12 vor § 253, nicht die sachlichrechtlichen Voraussetzungen, wie die Verfügungsbefugnis, die Geschäftsfähigkeit. Sachlichrechtliche Formerfordernisse scheiden ganz aus. Die Prozeßvollmacht, § 80, ermächtigt zur Erklärung von Verzicht und Anerkenntnis; sie läßt aber eine Beschränkung zu, § 83. Verzicht und Anerkenntnis sind einseitige Erklärungen und bedürfen keinen Annahme, BPatG GRUR **80**, 783. Sie sind nur dem Prozeßgericht gegenüber abzugeben, BPatG GRUR **80**, 783, auch gegenüber dem Vorsitzenden der Kammer für Handelssachen, § 349 II Z 4, nicht aber vor dem verordneten Richter.

Beide sind grundsätzlich *unwiderruflich*, soweit nicht der Gegner zustimmt, Grdz 58, 59 vor § 128, Mü **5** FamRZ **92**, 698, Saarbr RR **97**, 252, ZöV 6 vor §§ 306–307, aM ThP § 307 Rn 8.

Beide sind den sachlichrechtlichen Vorschriften über *Willensmängel* entzogen, Grdz 56 vor § 128, BGH **6** **80**, 393, Bbg FamRZ **90**, 1096 (bei § 323 widerruflich), Ffm AnwBl **88**, 119, Hamm FamRZ **93**, 78 (je betr ein Anerkenntnis), KG RR **95**, 958 (bei § 580 Z 7 b), ZöV 6 (ein Anerkenntnis auf Unterhaltszahlungen sei bei wesentlichen Änderungen der ihnen zugrunde liegenden Verhältnisse rückwirkend auf den Zeitpunkt des Eintritts dieser Änderungen widerruflich).

Bei einer arglistigen Täuschung oder Drohung ist die *Wiederaufnahme* nach der Rechtskraft des Urteils **7** zulässig, § 578, Hamm FamRZ **93**, 78, Mü FamRZ **92**, 698; während des Verfahrens sind Widerruf und Rechtsmittel zulässig. Beim Vorliegen eines Restitutionsgrundes kann man den Widerruf auch mit der Berufung geltend machen, BGH **80**, 394, Hamm FamRZ **93**, 78, KG RR **95**, 958, ebenso nach § 323, Hamm FamRZ **93**, 78.

**B. Unwirksamkeit.** Es verstößt gegen Treu und Glauben, Einl III 54, wenn die Gegenpartei auf einen als **8** irrig erkannten Verzicht oder ein als irrig erkanntes Anerkenntnis hin ein Urteil verlangt; ein solcher Antrag ist als rechtsmißbräuchlich zurückzuweisen, BGH VersR **77**, 574, Ffm AnwBl **88**, 119, LG Hann NJW **73**, 1757. Nichts anders gilt, wenn der Verzicht oder das Anerkenntnis gesetz- oder sittenwidrig abgegeben werden, § 307 Rn 11, 12, etwa beim zeitlichen Ausschluß der Scheidung, soweit nicht schon ein Scheidungsrecht entstanden ist, BGH **97**, 309, oder wenn der Verzicht bzw das Anerkenntnis offensichtlich der Benachteiligung eines Dritten erstreben (Scheinprozeß). Bei einem nicht anerkannten Irrtum gibt es keinen Einwand. Der Widerruf ist nur beim Vorliegen eines Restitutionsgrundes möglich, § 580 Z 2, 4, 7, Ffm AnwBl **88**, 119, aM Kblz FamRZ **98**, 916 (auch bei § 323). Ein Verschulden im Sinn von § 582 ist dabei unschädlich.

Weder ein Verzicht noch ein Anerkenntnis können der Förderung einer *gesetzwidrigen Handlung* dienen. **9** Beide führen nicht zum Urteil, wenn die Parteien über das Rechtsverhältnis nicht verfügen können, § 307 Rn 10, BGH **104**, 24, Hamm Rpfleger **87**, 414, Nürnb NJW **89**, 842. Es ist keine vormundschaftsgerichtliche Genehmigung nötig, auch dann nicht, wenn sie sachlichrechtlich nötig wäre, BGH LM § 306 Nr 1, ZöV 7 vor §§ 306–307, aM Brüggemann FamRZ **89**, 1137 (ausf), Thomas ZZP **89**, 81.

**4) VwGO:** *Verzicht und Anerkenntnis sind zulässig, soweit der Erklärende über das in Frage stehende Recht* **10** *verfügen kann,* Grunsky §§ 9 III 1 u 10, Ule VPrR §§ 28 II u 43 I.

**§§ 306, 307**　　2. Buch. 1. Abschnitt. Verfahren vor den LGen

**306** *Verzicht.* **Verzichtet der Kläger bei der mündlichen Verhandlung auf den geltend gemachten Anspruch, so ist er auf Grund des Verzichts mit dem Anspruch abzuweisen, wenn der Beklagte die Abweisung beantragt.**

1　**1) Systematik.** Vgl Einf 1 vor §§ 306, 307.

2　**2) Regelungszweck.** Die Vorschrift dient der Parteiherrschaft wie der Prozeßwirtschaftlichkeit, Einf 2 vor §§ 306, 307.

3　**3) Geltungsbereich.** Der prozessuale Verzicht, Einf 1 vor § 306, ist eine Folge der Parteiherrschaft, Grdz 18 vor § 128, und darum nur in deren Wirkungsbereich zulässig, § 307 Rn 11, 12. Er ist auch im vorläufigen Verfahren zulässig, §§ 916 ff, 935 ff; die Erklärung, einen Arrest oder eine einstweilige Verfügung nicht vollziehen zu wollen, ist ein prozessualer Verzicht auf die Sicherung des Anspruchs und führt zur Aufhebung des Arrests usw. Auch ein teilweiser Verzicht ist möglich, zB wegen eines Auflösungsantrags nach § 9 I KSchG, BAG NJW **80**, 1485. Dann hat § 306 Vorrang vor § 301 II. Wenn der Kläger den Anspruch sofort auf die Kosten beschränkt, so kann eine Umkehrung von § 93 in Betracht kommen, § 93 Rn 109, aM Hamm MDR **82**, 676. Der Verzicht kann in Anerkenntnis des Abweisungsantrags des Berufungsklägers liegen. Er liegt keineswegs in einer Rechtsmittelbeschränkung, BGH RR **89**, 962.

4　**4) Verzichtserklärung.** Der Verzicht ist in der mündlichen Verhandlung ausdrücklich oder schlüssig zu erklären, § 128 Rn 7, immer muß er aber eindeutig sein. Anwaltszwang besteht wie sonst, § 78 Rn 2, BGH NJW **88**, 210. Der Verzicht bedarf im Gegensatz zur Klagrücknahme nicht der Zustimmung des Gegners. Im Zweifel ist kein Verzicht anzunehmen. Er liegt nicht in einer Klagrücknahme, § 269, die anders als eine Verzichtserklärung über die Nichtbestehen des bisher geltend gemachten Anspruchs nichts sagt; er liegt auch nicht in der Ermäßigung des Anspruchs. Wenn der Kläger bei der Klagrücknahme zugleich auf den Anspruch verzichtet, so ist nach § 306 zu verfahren, nicht nach § 269. Ob in dem Antrag, die Hauptsache für erledigt zu erklären, § 91 a, ein Verzicht liegen soll, ist aufzuklären, §§ 139, 278 III; meist wird in solchem Antrag kein derartiger Verzicht liegen, vgl § 91 a Rn 92 „Verzicht". Ein bloßer Kostenantrag kann eine bloße Erledigterklärung sein. Ein schriftlicher Verzicht ist nur im schriftlichen Verfahren, § 128 II, III, und bei einer Entscheidung nach Aktenlage wirksam, § 251 a. Vor dem verordneten Richter, §§ 361, 362, kann ein Verzicht nicht erklärt werden. Seine Protokollierung erfolgt nach §§ 160 III Z 1, 162. Die Erklärungsabgabe läßt sich aber auch außerhalb des Protokolls nachweisen.

5　**5) Verzichtsfolge.** Ein einfache Folge ergibt sich in einem etwas komplizierten Verfahren.
　**A. Verzichtsurteil.** Einzige Folge ist das Verzichtsurteil. Der prozessuale Verzicht berührt ohne ein entsprechendes Urteil die Rechtshängigkeit, § 261, und das sachliche Recht überhaupt nicht, Ffm FamRZ **82**, 812. Nach einem Urteil berührt er es nur insofern, daß er den Anspruch unklagbar macht, falls dieser an sich trotzdem bestehen sollte, Einf 2 vor §§ 306 ff, aber auch Üb 3 vor § 300. Wenn der Bekl trotz eines Verzichts ein streitiges Urteil beantragt, fehlt das Rechtsschutzbedürfnis, Grdz 33 vor § 253, BGH **76**, 50.

6　**B. Verfahren.** Wenn der Beklagte es beantragt, ist der Kläger durch Verzicht hin mit dem Anspruch abzuweisen, Einf 2 vor §§ 306 ff. Dieser Antrag ist ein Prozeßantrag, § 297 Rn 5, Einf 1, 2 vor §§ 306 ff, StJL 11, ZöV 5, aM Schilken ZZP **103**, 217 (aber die Sachabweisung erfolgt ohne jede sachlichrechtliche Prüfung, BGH RR **98**, 1652). Der Antrag des Bekl auf ein Verzichtsurteil braucht sich dem Verzicht nicht unmittelbar anzuschließen und ist auch bei einer Säumnis des Klägers zulässig, § 330. Das Gericht muß das Verzichtsurteil auf den Antrag hin erlassen, auch wenn der Kläger auf einen abtrennbaren Teil des Anspruchs verzichtet, vgl BAG NJW **80**, 1486, denn § 306 geht dem § 301 II vor. Fehlt eine Prozeßvoraussetzung, Grdz 12 vor § 253, so ist auch hier eine Prozeßabweisung, nicht eine Sachabweisung auf Verzicht geboten, Grdz 14 vor § 253. Das gilt auch für § 256, inn Rn 3. Verneint das Gericht einen wirksamen Verzicht, so hat es ein Verzichtsurteil durch Zwischenurteil oder im Endurteil abzulehnen, MüKoMu 5, aM ZöV 7 (durch Beschluß); es findet keine Prüfung statt, ob der Verzicht sachlichrechtlich berechtigt wäre. Über eine Verkündung vor der Niederschrift § 311 II 2.

7　Eine *abgekürzte Form* des Urteils ist statthaft, § 313 b I. Aus dem Verzicht folgt die Kostenpflicht, und zwar grundsätzlich nach § 91; § 93 wird grundsätzlich nach § 93 Rn 12. Evtl findet § 97 II Anwendung, Schlesw SchlHA **78**, 172. Die vorläufige Vollstreckbarkeit ist ohne eine Sicherheitsleistung auszusprechen, § 708 Z 1. Während die Klagrücknahme eine Erneuerung des Prozesses zuläßt, weil der Kläger nur auf die Durchführung in diesem Prozeß verzichtet hat, § 269 Rn 48, steht nach einem Verzichtsurteil dem Anspruch die Rechtskraft entgegen, § 322.

8　**6) Rechtsmittel.** Das Verzichtsurteil ist mit den normalen Rechtsmitteln anfechtbar, §§ 511 ff. Der Verzicht ist auch in der Rechtsmittelinstanz zulässig. Verzichtet der Kläger dann auf einen Anspruchsteil, so bleibt das Rechtsmittel zulässig, selbst wenn der Restanspruch die Rechtsmittelsumme unterschreitet.

9　**7) VwGO:** Entsprechend anzuwenden, § 173 VwGO, weil auch im VwProzeß die Hauptbeteiligten die Herrschaft über das Verfahren als Ganzes haben, Grdz § 128 Rn 65, und die VwGO keine entgegenstehende Bestimmung enthält, Ey § 86 Rn 4, Kopp § 173 Rn 4, Ule VPrR § 9 III 1 (eingehend), außerdem § 617 für die Anwendbarkeit spricht, vgl dort Rn 2. Die zu fordernde materielle Befugnis des Klägers, auf sein Recht zu verzichten, wird idR nicht fehlen.

**307** *Anerkenntnis.* **I Erkennt eine Partei den gegen sie geltend gemachten Anspruch bei der mündlichen Verhandlung ganz oder zum Teil an, so ist sie auf Antrag dem Anerkenntnis gemäß zu verurteilen.**

**II Erklärt der Beklagte auf eine Aufforderung nach § 276 Abs. 1 Satz 1, daß er den Anspruch des Klägers ganz oder zum Teil anerkenne, so ist er auf Antrag des Klägers ohne mündliche**

2. Titel. Urteil **§ 307**

**Verhandlung dem Anerkenntnis gemäß zu verurteilen.** ²Der Antrag kann schon in der Klageschrift gestellt werden.

**Schrifttum:** *Hall,* Vorbehaltserkenntnis und Anerkenntnisvorbehaltsurteil im Urkundenprozeß, 1992; *Ullmann,* Gedanken zur Parteimaxime im Patentverletzungsstreit – Anerkenntnis usw, Festschrift für *Ballhaus* (1985) 809; *Würthwein,* Umfang und Grenzen des Parteieinflusses auf die Urteilsgrundlagen im Zivilprozeß, 1977.

**Gliederung**

| | | | | |
|---|---|---|---|---|
| 1) Systematik, I, II | 1 | | A. Anerkenntnisurteil | 14 |
| 2) Regelungszweck, I, II | 2 | | B. Antrag | 15 |
| 3) Geltungsbereich I, II | 3 | | C. Fehlen eines Antrags | 16 |
| 4) Anerkenntnis I, II | 4–13 | | D. Sonstige Verfahrensfragen | 17 |
| A. Voraussetzungen | 4–7 | | E. Urteilseinzelheiten | 18, 19 |
| B. Erklärung | 8, 9 | 6) | Rechtsmittel, I, II | 20 |
| C. Wirksamkeit | 10–13 | 7) | *VwGO* | 21 |
| 5) Anerkenntnisfolge, I, II | 14–19 | | | |

**1) Systematik, I, II.** Über den Begriff, die Form und die Rechtsnatur des Anerkenntnisses Einf 1–3 vor **1** §§ 306 ff. Ein Geständnis, § 288, bezieht sich auf Tatsachen, das Anerkenntnis bezieht sich auf den bisher geltend gemachten prozessualen Anspruch gleich welcher Art, vgl BSG MDR **78**, 172, Ffm MDR **78**, 583, das Geständnis auf die Vordersätze, das Anerkenntnis auf die Schlußfolgerungen. Ein Anerkenntnis kann unter Umständen das Geständnis vorgreiflicher Tatsachen enthalten, § 288 Rn 1.

**2) Regelungszweck, I, II.** Die Vorschrift dient der Parteiherrschaft wie der Prozeßwirtschaftlichkeit, **2** Einf 2 vor §§ 306, 307.

**3) Geltungsbereich, I, II.** Die Vorschrift ist in allen Verfahren nach der ZPO mit Parteiherrschaft, Grdz **3** 18 vor § 128, anwendbar. Im sozialgerichtlichen Verfahren ist § 307 entsprechend anwendbar, BSG MDR **78**, 172 (krit Behn JZ **79**, 200). Im FGG-Verfahren hat ein Anerkenntnis nicht die Folgen des § 307, Hbg FamRZ **88**, 1179, aM AG Wuppert WoM **95**, 555. Zum Patentverletzungsstreit Ullmann GRUR **85**, 810. Zur Befugnis des Generalbundesanwalts im Verfahren nach dem AUG vgl Grdz 28 vor § 50, Üb 6, 8 vor § 78. Im Adhäsionsverfahren der StPO ist ein Anerkenntnisurteil unzulässig, BGH NJW **91**, 1244, aM Meyer JB **91**, 1155.

**4) Anerkenntnis, I, II.** Es ist ein Ausdruck von Rechtseinsicht, oft erst infolge behutsamen richterlichen **4** „Zuredens".

**A. Voraussetzungen.** Das Anerkenntnis muß, anders als ein Geständnis, unumschränkt sein, BGH NJW **85**, 2716, LG Hann RR **87**, 384. Wer „anerkennt", daß er zwar nicht uneingeschränkt schulde, wohl aber Zug um Zug, der gesteht freilich beschränkt zu; ein Anerkenntnisurteil Zug um Zug hätte aber einen anderen Inhalt als ein uneingeschränktes; es wäre nicht ein Weniger oder ein Teilurteil (Anerkenntnis der minderen Verpflichtung), aaO Düss MDR **89**, 825, RoSgo § 133 IV 2, aM BGH **107**, 146, Schilken ZZP **90**, 175, StJL 6. Ebenfalls erkennt nicht an, wer nur „im Urkundenprozeß" anerkennt, da das dann ergehende Urteil ein durch die Aufhebung im Nachverfahren bedingtes Urteil wäre, § 599 Rn 9, Naumbg RR **97**, 893, LG Hann RR **87**, 384, aM Düss RR **98**, 68 (kommt prompt zu Folgeproblemen).

*Kein Anerkenntnis* gibt derjenige ab, der statt Zug um Zug gegen 100 DM nur Zug um Zug gegen 150 DM herausgeben will. Der Kläger kann in solchen Fällen ein Anerkenntnisurteil nur dann erzielen, wenn er seinen Klagantrag diesem Anerkenntnis anpaßt. Ein Vorbehalt der Aufrechnung nach § 302 ist unzulässig, aM Ffm MDR **78**, 583, Grunsky 77; der Vorbehalt der beschränkten Haftung nach § 305 ist statthaft, ebenso derjenige nach § 780, Bre OLGZ **89**, 365. Ein Anerkenntnis vorgreiflicher Rechte oder Rechtsverhältnisse ist als Anerkenntnis unzulässig, Schilken ZZP **90**, 177, Wolf 60.

Das Anerkenntnis duldet *keine Bedingung,* BGH NJW **85**, 2716, auch nicht diejenige der Gewährung von **5** Ratenzahlungen, die schon in einer „Bitte um Genehmigung durch das Gericht" liegen kann. Es darf nicht im Ermessen eines Dritten stehen, etwa das des Gerichts. Zusätze, die die rechtlichen Folgen des Anerkenntnisses ausschließen wollen, sind wirkungslos; eine Formulierung wie „ich erkenne an, verwahre mich aber gegen die Kosten" wirkt als ein unbedingtes Anerkenntnis, da das Gericht ohnehin über die Kosten von Amts wegen zu befinden hat, § 308 II, Düss NJW **74**, 1518. Unbedenklich ist ein Anerkenntnis eines zum Teilurteil geeigneten Anspruchsteils, § 301 Rn 4, Schilken ZZP **90**, 178.

*Unzulässig* ist aber das Anerkenntnis nur eines von mehreren Klagegründen, LG Hann RR **87**, 384, ZöV **6** 2 vor §§ 306–307, aM Schilken ZZP **90**, 183, oder des Grundes des Anspruchs nur dem Grunde nach, also beim Bestreiten des Betrags, MüKoMu 12, StJL 9, aM LG Mannh MDR **92**, 898, RoSGo § 133 IV 2, ZöV 7. Kein Anerkenntnis ist auch ein solches zwar des Arrestanspruchs, § 916, aber nicht des Arrestgrundes, § 917. Ein solches Anerkenntnis ist regelmäßig als Geständnis nach § 288 zu werten, insofern aM Schilken ZZP **90**, 184 (es sei bindend), das unter den Voraussetzungen des § 290 widerruflich ist. Ein Anerkenntnis der Kosten ist nur zugleich mit demjenigen der Hauptsache zulässig, wenn die Kosten Hauptsache geworden sind oder wenn die Hauptsache erledigt ist, § 91 a.

Neben dem Abweisungsantrag ist ein *hilfsweises* Anerkenntnis selbst dann unzulässig, wenn der Abwei- **7** sungsantrag auf Fehler einer von Amts wegen zu prüfenden Prozeßvoraussetzung gestützt wird, Grdz 12 vor § 253, worauf der Bekl ja hinweisen kann, RoSGo § 133 IV 2, aM Mummenhoff ZZP **86**, 311, ThP 3, ZöV 9. Zulässig ist aber ein Anerkenntnis für den Fall, daß die Rüge der internationalen Unzuständigkeit, Üb 5 vor § 12, erfolglos bleibt, BGH DB **76**, 1010.

**B. Erklärung.** Die Erklärung des Anerkenntnisses erfolgt grundsätzlich nur in der mündlichen Ver- **8** handlung, I, Brdb MDR **99**, 504, Schlesw GRUR **86**, 840. Nur auf Grund einer Aufforderung nach § 276 I

## § 307

1, LG Münster ZMR **87**, 379, kann sie auch schriftlich erfolgen, II, Brdb MDR **99**, 504, ebenso im schriftlichen Verfahren, § 128 II, III, Brdb MDR **99**, 504, und im Aktenlageverfahren, § 251a. Sie wird gemäß § 160 III Z 1 protokolliert, insofern auch Düss FamRZ **83**, 723. Diese Protokollierung ist aber nicht der einzige zulässige Nachweis des prozessualen Anerkenntnisses, BGH NJW **84**, 1466, BSG MDR **81**, 612, Ffm AnwBl **88**, 119, aM Düss FamRZ **83**, 723.

**9** Das Anerkenntnis ist *in jeder Lage* des Verfahrens möglich, auch in der Revisionsinstanz. Es kann freilich zwar noch zum Urteil nach II führen, wenn der Bekl vorher eine Verteidigungsabsicht angezeigt hatte, Bohlander NJW **97**, 36, nicht aber mehr zur Kostenlast des Klägers, §§ 93 Rn 19 "Klagerwiderung", Ffm RR **93**, 128, Hbg GRUR **88**, 488. Es kann ausdrücklich oder durch schlüssige Handlung erfolgen, muß aber zweifelsfrei sein und dem Gericht gegenüber erfolgen, denn es ist etwas anderes als das sachlichrechtliche Anerkenntnis. In einem bloßen Schweigen liegt kein Anerkenntnis, ebensowenig in einer trotz eines fortbestehenden Abweisungsantrags vorbehaltlosen außergerichtlich stattfindenden Leistung, BGH NJW **81**, 686. Das unterstellte Geständnis des § 138 wirkt erst für die letzten Tatsachenverhandlung. Eine Ermäßigung der Klagforderung um den Betrag einer Aufrechnungsforderung enthält kein Anerkenntnis und bindet den Kläger nicht.

**10** **C. Wirksamkeit.** Anerkennen kann nur eine Partei, hier grundsätzlich nur der Bekl oder der Widerbekl, und zwar jeder Streitgenosse für sich selbst, §§ 59 ff; der streitgenössische Streithelfer, § 69, kann dem Anerkenntnis des Bekl wirksam widersprechen, Schlesw RR **93**, 932. Der Kläger kann nur ganz ausnahmsweise anerkennen, so zB die Kostenlast nach einer Erledigung der Hauptsache, § 91a, und nicht gemäß II. Anwaltszwang herrscht wie sonst, § 78 Rn 2. Erkennt der Kläger und Berufungsbekl den Berufungsantrag des die Klagabweisung fordernden Bekl und Berufungsklägers an, so ist das ein Verzicht auf den Klaganspruch, Einf 2 vor §§ 306 ff. Das Anerkenntnis ist insoweit wirksam, als die Prozeßhandlungsvoraussetzungen vorliegen, Grdz 18 vor § 253, und das Rechtsverhältnis der Verfügung der Parteien unterliegt, Grdz 20 vor § 128, Einf 8 vor §§ 306 ff, BGH **104**, 24, Nürnb NJW **89**, 842, LG Aachen MDR **88**, 240.

**11** Das Anerkenntnis ist daher zB grds nicht wirksam im *Eheverfahren*, §§ 606 ff, Ffm FamRZ **81**, 1123, LG Köln NJW **77**, 1783 (vgl allerdings wegen des Gegenstücks eines Verzichts Einf 8 vor §§ 306 ff), und im Kindschaftsverfahren, §§ 640 ff, Hamm FamRZ **88**, 854. Es ist ferner dann nicht wirksam, wenn öffentlich-rechtliche Verbote entgegenstehen, und überhaupt immer dann nicht, wenn eine unverzichtbare Sachurteilsvoraussetzung fehlt, etwa die Vollstreckbarkeit des bisherigen Titels bei § 323, KG FamRZ **88**, 310, überhaupt wenn es ein gesetzwidriges Urteil herbeiführen soll, Üb 16 vor § 300, Stgt JZ **86**, 1117, Geimer DNotZ **89**, 335. Das gilt zB zur Frage der vorläufigen Vollstreckbarkeit, Einf 4 vor §§ 708–720, Nürnb NJW **89**, 842.

**12** Das Anerkenntnis ist zB nicht zur Erzielung eines *sittenwidrigen* Ergebnisses zulässig, Einl III 54, Stgt NJW **85**, 2273, Kohte NJW **85**, 2228. Ein Anerkenntnis kann nicht in ein Urteil gegen Preisvorschriften herbeiführen; es ist nicht zulässig, um einem nicht anerkennungsfähigen ausländischen Urteil, § 328 Rn 14, eine Vollstreckbarkeit zu verschaffen. Unzulässig ist es, wenn der Insolvenzverwalter eine unanmeldbare Forderung anerkennt, Düss NJW **74**, 1518, oder wenn ein Testamentsvollstrecker „anerkennt", sein Amt sei nicht nur in seiner Person, sondern überhaupt erloschen. Solche Anerkenntnisse sind unwirksam, führen also nicht zum Urteil. Daran kann auch das Bestreben des § 307, eine sachlichrechtliche Prüfung zu erübrigen, nichts ändern; die Partei kann nicht durch ein Anerkenntnis wesentliche Grundsätze der Rechtsordnung überspielen. Wegen eines Irrtums usw Grdz 56 vor § 128.

**13** Ein *unwahres* Anerkenntnis ist voll wirksam, solange es nicht sittenwidrig ist, denn die Partei darf über ihren prozessualen Anspruch frei verfügen, Grdz 18, 19 vor § 128; sie kann ja auch zB eine Nichtschuld bezahlen, Köln RR **98**, 724. Ein Formnichtigkeit des Geschäfts hindert die Wirksamkeit eines Anerkenntnisses nicht. Eine fehlerhafte Protokollierung ist für sich kein ausreichender Grund zur Unwirksamkeit des Anerkenntnisses, § 162 Rn 1. Unschädlich ist das Fehlen einer sachlichrechtlich nötigen vormundschaftsgerichtlichen Genehmigung, Einf 9 vor §§ 306 ff. Ein Anerkenntnis ist auch bei einer Feststellungsklage nach § 256 zulässig, Ffm MDR **78**, 583 (es wirkt aber nicht beim Übergang zur Leistungsklage ihr gegenüber), oder bei der Gestaltungsklage, zB bei der Erklärung für erbunwürdig, LG Köln NJW **77**, 1783, aM LG Aachen MDR **88**, 240.

Ein Anerkenntnis ist auch im vorläufigen Verfahren nach §§ 916 ff, 935 ff, möglich, wobei sich das Anerkenntnis nur auf die Schutzbedürftigkeit bezieht und dem Hauptprozeß nicht vorgreift. Insofern ist es auch im zugehörigen Aufhebungsverfahren nach §§ 925, 936 zulässig.

**14** **5) Anerkenntnisfolge, I, II.** Der Prozeß ist rasch und (fast) umfassend beendet.
**A. Anerkenntnisurteil.** Einige Wirkung des prozessualen Anerkenntnisses ist der Anspruch auf ein Anerkenntnisurteil. Das sachlichrechtliche Schuldverhältnis berührt das prozessuale Anerkenntnis, anders als gegebenenfalls das sachlichrechtliche, überhaupt nicht, so daß auch ein Teilanerkenntnis für eine Würdigung des Restanspruchs nichts hergibt, zumal die Beweggründe für jenes nicht sachlichrechtlichen, sondern taktischen und sonstigen Erwägungen entspringen können. Über den Widerruf des Anerkenntnisses vgl Grdz 59 vor § 128 und Einf 5, 6 vor §§ 306, 307. Ein vereinbarter Widerruf ist bis zum Urteil als Folge der Parteiherrschaft, Grdz 18, 19 vor § 128, jederzeit statthaft. Wenn ein Anerkenntnisurteil entgegen Rn 10 ergeht, so kann es mit dem gewöhnlichen Rechtsmittel angefochten werden, vgl auch Grdz 16 vor § 704, § 89 Rn 11. Ein Anerkenntnisurteil ist nur dann wirkungslos, wenn auch ein sonstiges Urteil wirkungslos wäre, Üb 14 vor § 300, ferner bei unsinnigen Ansprüchen, etwa beim Anerkenntnis des Eigentums eines nicht eingetragenen Grundstücksbesitzers; denn es schafft keine Rechtskraft gegenüber dem in Wirklichkeit Eingetragenen.

**15** **B. Antrag.** Nur auf Antrag der anderen Partei ergeht ein Urteil „gemäß dem Anerkenntnis", ein Anerkenntnisurteil, BGH NJW **93**, 1718. Der Antrag ist ein Prozeßantrag, § 297 Rn 5. Er kann für den Fall II 1 schon in der Klagschrift gestellt werden, II 2, er braucht sich im übrigen nicht unmittelbar an ein Anerkenntnis anzuschließen, sondern ist noch nach einer streitigen Verhandlung und noch in der höheren Instanz statthaft. Bei einer Säumnis des Klägers darf ein Versäumnisurteil auf Abweisung ergehen, § 330. Ein bloßes

2. Titel. Urteil                                                                                               § 307, Anh § 307

Anerkenntnisurteil kann grundsätzlich keine Abweisung eines Klagantrags enthalten, Zweibr OLGZ **87**, 372. Bei einer Säumnis des Bekl hindert das Anerkenntnis ein Zurückgreifen auf die Klagebegründung nicht; es kann ein *echtes Versäumnisurteil* ergehen, § 331, BGH NJW **93**, 1718, aM StJL 29, ZöV 5 (möglich sei nur ein unechtes Versäumnisurteil auf Anerkennung; aber der Kläger hat ein Recht und nicht die Pflicht zum Antrag auf ein Anerkenntnisurteil).

**C. Fehlen eines Antrags.** Beantragt der Kläger kein Anerkenntnisurteil, so ist entgegen Wolf 54 weder **16** der Prozeß beendet noch etwa die Hauptsache erledigt, § 91 a, BGH NJW **81**, 686, denn der Kläger hat nicht die Erfüllung, die er begehrt. Vielmehr hat das Gericht dann, wenn nicht der Kläger auf Grund eines Antrags ein Versäumnisurteil erhalten kann, BGH NJW **93**, 1718, das Anerkenntnis frei nach § 286 zu würdigen, etwa als Nichtbestreiten oder als Geständnis, § 288, und im schriftlichen Vorverfahren notfalls das Ruhen des Verfahrens anzuordnen, § 251 a entsprechend, aM ThP 276 Rn 6 (es sei ein Verhandlungstermin zu bestimmen; das widerspricht aber dem II 1). Nach Düss FamRZ **83**, 725, Stgt OLGZ **68**, 289, Schilken ZZP **90**, 172 ergeht ein Anerkenntnisurteil, auch wenn kein Anerkenntnis-, sondern ein kontradiktorisches Urteil beantragt worden ist (Folge sei ua: mangels eines solchen Antrags ergehe eine Entscheidung nach Aktenlage, Schilken ZZP **90**, 175), aM Knöpfel ZZP **68**, 450; dem eine Urteilsvoraussetzung, der Antrag, fehlt, also ist § 308 verletzt, so daß eine Abweisung als unzulässig notwendig ist, Grdz 14 vor § 253. Mes ZZP **85**, 346 lehnt bei einem gegen § 266 BGB verstoßenen Teilanerkenntnis ein entsprechendes Urteil ohne Antrag ab. Thomas ZZP **89**, 80 weist die Klage dann mangels eines Rechtsschutzbedürfnisses als unzulässig ab.

**D. Sonstige Verfahrensfragen.** Die unheilbaren Prozeßvoraussetzungen, Grdz 12 vor § 253, sind auch **17** in diesem Verfahren zu prüfen, Grdz 39 vor § 128, BGH FamRZ **74**, 246, Karls WRP **79**, 223; fehlen sie, so muß das Gericht die Klage trotz eines Anerkenntnisses durch ein Prozeßurteil abweisen, Grdz 14 vor § 253, BAG NJW **72**, 1216, Hamm MDR **90**, 638. Hingegen ist ein Anerkenntnisurteil auch beim Fehlen der besonderen Prozeßvoraussetzungen des § 256, aM Köln VersR **77**, 938, oder der §§ 259, 592, 722, 723 zulässig. Heilbare Mängel, § 295, kommen hier nicht in Frage, weil ihrer Rüge das Anerkenntnis entgegensteht. Bei einem Anerkenntnis nach einer Aufforderung gemäß § 276 I 1 findet keine mündliche Verhandlung statt, II 1.

**E. Urteilseinzelheiten.** Das Anerkenntnisurteil muß ohne jede Sachprüfung ergehen, BGH NJW **74**, **18** 745, Hamm VersR **90**, 1026, Schlesw RR **93**, 932. Das gilt auch dann, wenn die Sache aussichtslos wäre. Etwas anderes gilt nur bei einer gesetzwidrigen Forderung, Rn 11. Wenn die Partei einen Teilanspruch anerkennt, so muß ein Teilanerkenntnisurteil ergehen, § 307 geht dem § 301 II vor, Schlesw SchlHA **88**, 65. Das Gericht darf den Antrag nur bei einer Verneinung eines wirksamen Anerkenntnisses ablehnen, die es durch ein Zwischenurteil, LG Nürnb-Fürth NJW **76**, 633, oder im Endurteil aussprechen kann, aM Schumann Festschrift für Larenz (1983) 585, ThP 10 (Zwischenurteil oder Beschluß), ZöV 4 (Beschluß).

Die *Bezeichnung* als Anerkenntnisurteil ist grundsätzlich erforderlich, § 313 b I, jedoch entbehrlich, soweit **19** ein derartiges Urteil vollständig mit Tatbestand und Entscheidungsgründen versehen ist, vgl auch Düss MDR **90**, 59. Die Kostenscheidung ergeht auch im Fall II nach §§ 91, 93, dort Rn 22. Die vorläufige Vollstreckbarkeit ist gemäß § 708 Z 1 auszusprechen. Die Verkündung erfolgt nach § 311, im Falle des II 1 durch Zustellung, § 310 III. Eine abgekürzte Urteilsform ist zulässig, § 313 b. §§ 319–321 sind anwendbar.

**6) Rechtsmittel, I, II.** Die Anfechtung erfolgt wie bei jedem Endurteil, §§ 511 ff, BGH NJW **92**, 1514, **20** Hamm FamRZ **88**, 854, KG RR **95**, 958; zum Problem DB **80**, 975. Nach einem gemäß § 310 III erlassenen Anerkenntnisurteil beginnt die Rechtsmittelfrist mit der letzten von Amts wegen notwendigen Zustellung, § 317, Ffm NJW **81**, 291. Hat das Gericht unrichtigerweise ein Teilanerkenntnisurteil zur Hauptsache und ein Schlußurteil über die Kosten erlassen, ist sofortige Beschwerde gegen das letztere zulässig. Sie ist unzulässig, soweit die LG als Berufungsgericht entschieden hat, § 567 III 1, oder wenn das OLG entschieden hat, § 567 IV 1. Auf Grund neuer Tatsachen kann man sein Anerkenntnis in der Berufungsinstanz ändern, Hbg FamRZ **84**, 706.

**7)** *VwGO:* Entsprechend anzuwenden, § 173 *VwGO,* ist **I,** soweit der Beklagte über den Streitgegenstand verfügen **21** kann, weil insofern die in § 306 Rn 8 genannten Gründe gelten und in § 156 VwGO die Zulässigkeit vorausgesetzt wird, BVerwG NVwZ **97**, 576 mwN, VGH Mannh NJW **91**, 859 mwN, Kopp § 173 Rn 4, Ule VPrR §§ 28 II u 43 I (eingehend) und Grunsky § 10 (vgl auch BSG JZ **79**, 199, SGb **80**, 122, dazu Behr SGb **80**, 525), und zwar auch im Anfechtungsprozeß, aM BVerwG **62**, 19 (ohne weitere Begr); einschränkend auch Falk (Üb 1 § 1) S 83 ff. Eine mdl Verh ist nicht erforderlich, VGH Mannh aaO. **II** ist unanwendbar.

## Anhang nach § 307

### Vergleich

**Schrifttum:** *Bork,* Der Vergleich, 1988; *Duve,* Mediation und Vergleich im Prozeß, 1999; *Egli,* Vergleichsdruck im Zivilprozeß, 1996 (Rechtstatsachen); *Ekelöf,* Gütevesuch und Schlichtung, Gedächtnisschrift für *Bruns* (1980) 3; *Felsenstein,* Die Vergleichspraxis vor deutschen Gerichten, Diss Augsb 1980; *Göppinger,* Vereinbarungen anläßlich der Ehescheidung, 5. Aufl 1985; *Gottwald,* Streitbeilegung ohne Urteil, 1983; *Gottwald/Haft,* Verhandeln und Vergleichen als juristische Fertigkeiten, 1987; *Gottwald/Treuer,* Vergleichspraxis – Tips für Anwälte und Richter, 1991; *Gottwald/Hutmacher/Röhl/Strempel,* Der Prozeßvergleich usw, 1983; *Haft,* Verhandeln – Die Alternative zum Rechtsstreit, 1992; *Jerschke,* Der Richter als Notar usw), in: Festschrift für *Hagen* (1999); *Kropholler,* Europäisches Zivilprozeßrecht, 6. Aufl 1998, Art 51 EuGVÜ; *Preibisch,* Außergerichtliche Vorverfahren in Streitigkeiten der Zivilgerichtsbarkeit, 1982; *Röhl,* Der Vergleich im Zivilprozeß usw, 1983; *Salje* DRiZ **94**, 285 (ausf; krit *Geffert* DRiZ **94**, 421, *Lempp* DRiZ **94**, 422); *Tempel,* Der Prozeßvergleich usw, Festschrift für *Schiedermair* (1976) 517; *Tempel,* Mustertexte zum Zivilprozeß, Bd 2: ... Prozeßvergleich, 4. Aufl 1996; *Ullmann,* Gedanken zur Parteimaxime im Patentverletzungsstreit – Prozeßvergleich, Festschrift für *Ballhaus* (1985), 809; *Veeser,* Der vollstreckbare Anwaltsvergleich, 1995; *Vollkommer,* Formzwang und Formzweck im Prozeßrecht, in: Festschrift für *Hagen* (1999); *Wehrmann,* Die Person des Dritten im Prozeßvergleich in materiellrechtlicher und prozessualer Hinsicht, 1995. Vgl ferner die Angaben bei § 279.

**Gliederung**

| | |
|---|---|
| 1) **Systematik** ................................... 1 | F. Ort, Zeit, Beteiligte ................ 22 |
| 2) **Regelungszweck** ........................ 2 | G. Verhandlungsablauf ............. 22 |
| 3) **Rechtsnatur des Prozeßvergleichs** ..... 3–7 | H. Vergleichswortlaut ............... 22 |
|    A. Rein prozessual ..................... 3–5 | I. Vorlesung, Genehmigung ....... 22 |
|    B. Vergleichsgegenstand ............ 6, 7 | J. Unterschriften ...................... 22 |
| 4) **Zulässigkeit** ................................ 8–14 | K. Weitere Einzelfragen ............ 23–25 |
|    A. Notwendigkeit der Parteiherrschaft .... 8 | L. Vertretung ........................... 26–33 |
|    B. Beispiele zur Frage einer Zulässigkeit des Berufsvergleichs ... 9 | 6) **Wirkung** ............................. 34, 35 |
|    C. Widerruf .............................. 10–14 |    A. Sachlichrechtliche Wirkung ...... 34 |
| 5) **Erfordernisse** ............................. 15–33 |    B. Prozessuale Wirkung ............. 35 |
|    A. Vor Gericht .......................... 15, 16 | 7) **Unwirksamkeit** .................... 36–47 |
|    B. Vor Gütestelle ...................... 17 |    A. Grundsatz ............................ 36 |
|    C. Vergleichspartner ................. 18 |    B. Streit über die Wirksamkeit ...... 37–41 |
|    D. Verfahrensart ...................... 19, 20 |    C. Bedingter Vergleich usw ....... 42–46 |
|    E. Notwendigkeit eines Protokolls ...... 21 |    D. Einstellung der Zwangsvollstreckung .. 47 |
| | 8) *VwGO* ................................ 48 |

**1**   **1) Systematik.** Die Begriffsbestimmung des bürgerlichrechtlichen Vergleichs gibt § 779 BGB. Häsemeyer ZZP **108**, 289 erörtert sogar beim außergerichtlichen Vergleich eine Doppelnatur (prozessual-sachlich-rechtlich). Der Prozeßvergleich, ein Vollstreckungstitel, § 794 I Z 1, ist demgegenüber eine Rechtsfigur prozeßrechtlicher Art und nicht etwa ein bürgerlichrechtlicher Vergleich, der zufällig im Prozeß vereinbart wird, Rn 3. Auch während des Prozesses können die Parteien einen außergerichtlichen Vergleich vereinbaren, Grdz 61 vor § 128. Er wird ohne Zuziehung des Gerichts geschlossen, unterliegt nur den Vorschriften des sachlichen Rechts und gibt, auch wenn er während des rechtshängigen Prozesses vereinbart wird, keinen Vollstreckungstitel. Wenn im Anwaltsprozeß, § 78 Rn 1, eine Partei in Abwesenheit ihres Anwalts vor Gericht einen Vergleich schließt, so ist das ein außergerichtlicher Vergleich, Rn 26. Solche Vergleiche berühren die Rechtshängigkeit nicht, § 261, auch nicht die ergangene Entscheidung, verpflichten aber als sachlichrechtlicher Vertrag über prozessuale Beziehungen, Grdz 48 vor § 128, soweit sie den Prozeß erledigen, zur Klagrücknahme nach § 269 und geben insoweit bei einer Fortsetzung des Prozesses die Einrede der Arglist, Einl III 54, § 269 Rn 10. Der außergerichtliche Vergleich kann nur durch eine Klage aus ihm und ein entsprechendes Urteil vollstreckbar werden.

Der außergerichtliche Vergleich ist unter anderem in §§ *796 a–c (anwaltlicher Vergleich)* geregelt; s dort. Der außergerichtliche Vergleich ist im Prozeß unbeachtlich, solange ihn nicht eine Partei geltend macht. Jede Partei darf sich auf ihn berufen und bei einer Verurteilung nach dem Vergleich mit einem neuen Antrag verlangen. Darin liegt nach § 264 Z 3 keine Klagänderung. Im weiteren Verfahren ist auch über die Wirksamkeit des außergerichtlichen Vergleichs zu befinden. Hat sich eine Partei im Vergleich zur Klagrücknahme verpflichtet, so hat das Gericht nur auf Rüge des Beklagten auszusprechen, daß das Verfahren seit dem Abschluß des Vergleichs unstatthaft war.

**2**   **2) Regelungszweck.** Der Prozeßvergleich wie indirekt der außergerichtliche Vergleich während eines Prozesses dienen der Parteiherrschaft, Grdz 18 vor § 128, und damit der Prozeßwirtschaftlichkeit, Grdz 14 vor § 128. Deshalb fördert sie § 279, und deshalb sind die ihn betreffenden Regeln an sich großzügig zu handhaben. – Als Vollstreckungstitel, Rn 1, muß der Prozeßvergleich aber auch die Anforderungen der Rechtssicherheit, Einl III 43, erfüllen, bestimmt sein, einen vollstreckbaren Inhalt haben usw. Daher sind die formellen wie inhaltlichen Anforderungen auch wiederum streng zu prüfen. Erst eine vorsichtige Abwägung ergibt eine in erheblicher Mitverantwortung des Gerichts liegende richtige Handhabung.

**3**   **3) Rechtsnatur des Prozeßvergleichs.** Sie ist streitig, aber nicht allzuwichtig.

**A. Rein prozessual.** Die volle Begriffsbestimmung des Prozeßvergleichs steckt in § 794 I Z 1: Eine vor Gericht oder vor einer durch die Landesjustizverwaltung eingerichteten oder anerkannten Gütestelle abgegebene beiderseitige Parteierklärung legt einen Streit ganz oder zu einem eines Teilurteils fähigen Teil bei. § 127 a BGB besagt nichts anderes; die dortige Formulierung „gerichtlicher Vergleich" nötigt keineswegs zur Unterstellung des Prozeßvergleichs (auch) unter § 779 BGB, zumal dieser in § 127 a BGB nicht erwähnt wird, obwohl das nur zu nahe gelegen hätte; das übersieht zB Breetzke NJW **71**, 180. Der Prozeßvergleich führt zur Vollstreckbarkeit und beendet den Prozeß, Hbg FamRZ **87**, 1173. Ein gegenseitiges Nachgeben ist hier unnötig, Keßler DRiZ **78**, 79; zur rein prozessualen Natur des Prozeßvergleichs Baumgärtel Prozeßhandlungen 192. Selbst dann, wenn der Beklagte vergleichsweise den Anspruch anerkennt und die gesamten Kosten übernimmt, liegt ein wesentlicher Unterschied zum Anerkenntnisurteil vor. Es fehlen sowohl die Rechtskraftwirkung, § 322 Rn 69 „Vergleich", als auch vor allem die seelische Wirkung einer Verurteilung.

**4**   **Demgegenüber steht die absolut herrschende Meinung** (zu diesem zweifelhaften Begriff Einl III 47, Zasius DGVZ **87**, 80), zB BGH MDR **99**, 1150, BAG MDR **83**, 1053, BVerwG NJW **94**, 2306, Köln FER **99**, 109, Zweibr FamRZ **98**, 1127, RoSGo § 131 III 1 c, StJM § 794 Rn 4 ff, Zeiss § 66 IV 1.

Nach ihr hat der Prozeßvergleich ebenso wie sein Widerruf, ArbG Mainz BB **86**, 532, eine *Doppelnatur:* er sei einerseits ein sachlichrechtliches Geschäft nach § 779 BGB, andererseits eine Prozeßhandlung. Holzhammer Festschrift für Schima (1969) 217 sieht den privatrechtlichen Vergleich und einen Prozeßbeendi-

## 2. Titel. Urteil **Anh § 307**

gungsvertrag isoliert nebeneinander (Doppeltatbestand); ähnlich Tempel Festschrift für Schiedermair (1976) 543. RG **153**, 67 nannte ihn einen „bloßen Privatvertrag", ähnlich jetzt BayObLG DNotZ **88**, 113 („Vertrag"). Aber ein sachlichrechtliches Geschäft, das natürlich gleichzeitig erfolgen kann, Stgt OLGZ **89**, 416 (Erbvertrag), kann als solches keinen Prozeß beenden. Für den Prozeßvergleich ist gerade die Mitwirkung des Gerichts eigentümlich. Das Gericht trägt die volle Verantwortung für die Form, §§ 160 III Z 1, 162, für den Inhalt zumindest insofern, daß der Vergleich nicht gegen ein gesetzliches Gebot verstößt, *Keßler* DRiZ **78**, 80 (weitergehend).

Der Prozeßvergleich ist eine *Prozeßhandlung der Parteien*, soweit er gegenüber dem Prozeßgericht zu **5** erklären ist, Grdz 47 vor § 128, AG Mosbach FamRZ **77**, 813, vgl auch Rn 11. Er ist auslegbar, Rn 11. Wegen seiner Änderung oder Beseitigung Rn 37. Auch nach Ansicht derer, die ein gegenseitiges, wenn auch ganz geringes, Nachgeben verlangen, braucht sich dieses nicht auf die Hauptsache zu beziehen. Es genügt, daß eine Partei einen Bruchteil der Kosten und der Zinsen übernimmt oder der Beklagte in eine Klagrücknahme einwilligt, wenn diese Einwilligung notwendig ist, aM Mü MDR **85**, 328; StJM § 794 Rn 15 läßt sogar eine volle Anerkennung genügen, wenn der Kläger sein auf eine der inneren Rechtskraft fähige Entscheidung gerichtetes Ziel aufgibt. Dann bleibt freilich von § 779 BGB nichts Rechtes mehr übrig. Zu den Möglichkeiten und Grenzen des Vergleichs Freund DRiZ **83**, 136, Strecker DRiZ **83**, 97, Wacke AnwBl **91**, 601.

**B. Vergleichsgegenstand.** Der Prozeßvergleich muß den Streitgegenstand, § 2 Rn 3, wenigstens mitbe- **6** treffen, braucht ihn aber nicht unmittelbar zu betreffen. Auch Dritte können an ihm teilhaben. Zum Problem Hiendl NJW **72**, 712, Segmüller NJW **75**, 1686. Die Parteien können zB einen Mietstreit dadurch erledigen, daß der Beklagte dem Kläger einen Pkw abkauft. Der Prozeßvergleich kann auch einen nicht eingeklagten Anspruch einbeziehen. Er kann ein vorgreifliches Rechtsverhältnis, § 148 Rn 1, bindend bewerten, auch als sog Zwischenvergleich, der den Prozeß zwar tatsächlich oder rechtlich berühren muß, ihn aber nicht (voll) beendet, aM KG NJW **74**, 912 (nicht um bloße Anspruchselemente). Er kann auch die Kosten eines anderen Prozesses mitbetreffen, aM KG Rpfleger **72**, 64, oder sich auf die Kosten der vorliegenden Prozesses beschränken; vgl auch § 98. Sowie die Parteien mehrere anhängige Verfahren erledigen, liegt ein sog Gesamtvergleich vor, BAG MDR **82**, 526. Der Prozeßvergleich kann aufschiebende oder auflösende Bedingungen enthalten.

Der Prozeßvergleich kann sich auf einen durch *Teilurteil* abtrennbaren Teil beschränken, § 301 Rn 4. **7** Wenn er die Kosten übergeht, dann greift § 98 ein. Ein Prozeßvergleich nur über die Hauptsache und eine gerichtliche Entscheidung über die Kosten sind zulässig, § 98 Rn 30 „Anrufung des Gerichts". Ein Prozeßvergleich ist auch in einem Privatklageverfahren oder in einem öffentlichen Strafverfahren über Kosten und Ersatzleistung zulässig. Kein Prozeßvergleich ist der im schiedsrichterlichen Verfahren geschlossene Vergleich, § 1053 (Ausnahme: § 1032 II).

**4) Zulässigkeit.** Sie folgt einer prozessualen Grundregel. **8**
**A. Notwendigkeit der Parteiherrschaft.** Die Grenzen der Parteiherrschaft, Grdz 18 vor § 128, beschränken den Prozeßvergleich inhaltlich, Zweibr Rpfleger **92**, 441, LAG Düss MDR **90**, 1044. Das Gericht darf und muß anregen und bei der Formulierung helfen, es darf aber keinerlei eigene inhaltliche Entscheidung treffen. Ein Prozeßvergleich ist unzulässig und daher unwirksam, Rn 36 ff, soweit die Parteiherrschaft versagt, sowie also zwingende Vorschriften entgegenstehen.

**B. Beispiele zur Frage einer Zulässigkeit des Prozeßvergleichs** **9**
**Arbeitsrecht:** Wegen des arbeitsgerichtlichen Beschlußverfahrens Lepke DB **77**, 629.
   S auch „Öffentlichrechtliche Pflicht", „Tariflohn".
**Auslandsunterhalt:** Wegen der Befugnisse des Generalbundesanwalts im Verfahren nach dem AUG vgl Grdz 28 vor § 50, Üb 6, 8 vor § 78.
**Ehesache:** Zur Zulässigkeit eines Vergleichs in einer Ehesache § 617 Rn 4 und LG Aachen Rpfleger **79**, 61, AG Mosbach FamRZ **77**, 813.
   *Unzulässig* ist ein Vergleich über das Bestehen einer Ehe außer in Richtung auf eine Versöhnung.
**Gesetzeswidrigkeit:** Unzulässig ist ein Vergleich, soweit sein Inhalt staatsordnungs- oder sonst gesetzeswidrig ist, § 134 BGB.
   S auch „Sittenwidrigkeit".
**Notar:** Unzulässig ist ein Vergleich über die Höhe einer Notarvergütung, § 140 S 2 KostO, soweit es nicht um echte Unklarheiten des Wertansatzes geht, Schlesw DNotZ **85**, 480 (im Ergebnis zustm Lappe).
**Öffentliche Mittel:** Unzulässig kann ein Vergleich sein, soweit eine Partei über den Streitgegenstand nicht verfügen darf, Rn 8, weil es sich zB um öffentliche Mittel handelt, vgl §§ 58, 59 BHO, § 4 DarlVO v 31. 5. 74, BGBl 1260.
**Öffentlichrechtliche Pflicht:** Unzulässig ist ein Vergleich, soweit es sich um eine öffentlichrechtliche Pflicht handelt, zB um eine Eintragung in eine Steuer- oder Versicherungskarte, LAG Düss MDR **90**, 1044 (auch zur Vollstreckbarkeit nach § 888), LAG Hamm MDR **72**, 900.
**Ordnungsmittel:** Unzulässig ist ein Vergleich, soweit er ein Ordnungsmittel androht oder festsetzt, § 890 Rn 7, 32.
**Patent:** Wegen eines Patentverletzungsstreits Ullmann GRUR **85**, 811.
**Scheidung:** S „Ehesache".
**Sittenwidrigkeit:** Unzulässig ist ein Vergleich, soweit sein Inhalt sittenwidrig ist, § 138 BGB.
   S auch „Gesetzwidrigkeit".
**Strafantrag:** Zulässig ist ein Vergleich auch, soweit er die Rücknahme eines Strafantrags umfaßt, BGH **LM** § 779 BGB Nr 39, aM Meyer NJW **74**, 1325 (aber es hat sich sogar die faktische Aushandelung der Ergebnisse ganzer Strafverfahren mehr oder minder eingebürgert).
**Strafanzeige:** Zulässig ist ein Vergleich auch, soweit er die Rücknahme einer Strafanzeige umfaßt, Ffm MDR **75**, 585.
   S auch „Strafantrag".

**Tariflohn:** Unzulässig ist ein Vergleich, soweit er gesetz- oder sittenwidrigerweise den Grundsatz der Unabdingbarkeit des Anspruchs auf einen Tariflohn verletzt.

**Überschreitung des Streitgegenstands:** Zulässig ist ein Vergleich auch, soweit er über den bisherigen Streitgegenstand hinausgeht, Oldb VersR **92**, 377.

**Unbestimmtheit:** Sie mag vollstreckungsschädlich sein und neue Klage erfordern, macht den Vergleich aber nicht unwirksam, Zweibr FamRZ **98**, 1127.

**Wohnungseigentum:** Zur Zulässigkeit eines Vergleichs in einer WEG-Sache BayObLG FGPrax **99**, 99.

10   **C. Widerruf,** dazu *Scharpenack,* Der Widerrufsvergleich im Zivilprozeß, 1996 (Bespr *Greger* ZZP **112**, 256); *Schneider* MDR **99**, 595 (zur Fristberechnung): Der Widerruf des Prozeßvergleichs ist mangels eindeutig anderen Parteiwillens, der natürlich vorrangig ist, BGH **88**, 367, trotz des auf ein auflösende Bedingung deutenden Worts „Widerruf" in der Regel als eine aufschiebende Bedingung (des Nichtwiderrufs) gemeint, BGH **88**, 367, BAG DB **98**, 1924, BVerwG NJW **93**, 2193. Das gilt insbesondere bei einer kurzen Widerrufsfrist, die in der Praxis die Regel ist. Der Widerruf ist grundsätzlich zulässig. Den Widerruf knüpft der Vergleich zweckmäßig an einen bestimmten Tag, bis zu dem der Widerruf bei Gericht eingehen muß. Sonst können Unklarheiten über die Wirksamkeit entstehen, § 222 Rn 1.

Eine Widerrufsfrist ist keine richterliche, erst recht *keine* gesetzliche *Notfrist,* § 224 I 2. Darum gibt es gegen ihre Versäumung grundsätzlich keine Wiedereinsetzung, § 233 Rn 9, BGH NJW **95**, 522, BAG MDR **98**, 794, Hamm MDR **94**, 309, aM StJSchu § 233 Rn 17 (aber man muß angesichts des klaren Wortlauts des § 233 mit einer ausdehnenden Auslegung äußerst behutsam sein. BGH **61**, 400 deutet an, daß die Rechtzeitigkeit des Widerrufs unterstellt werden kann, falls sonst ein Verstoß wegen Treu und Glauben vorliegen würde, Einl III 54). Die Frist kann bei Einhaltung der Vergleichsform einverständlich verlängert werden, Hamm FamRZ **88**, 535, LG Bonn MDR **97**, 783, ZöStö § 794 Rn 10 c, aM BGH **61**, 398.

11   Da der Widerruf eine Parteiprozeßhandlung ist, Rn 5, ist seine *Wirksamkeit* auch dann, wenn für ihn eine Form vereinbart wurde, *nur nach Prozeßrecht* zu beurteilen, Grdz 58 vor § 128, Mü NJW **92**, 3042, aM Hamm NJW **92**, 1705, ThP § 794 Rn 13.

Der Vergleich ist der *Auslegung fähig,* Grdz 52 vor § 128; sie darf nicht kleinlich am Wortlaut kleben, Einl III 40, BGH Rpfleger **91**, 261, Oldb VersR **92**, 377, AG Bln-Schöneberg DGVZ **91**, 93, aM Karlsr Just **70**, 344. Zur Auslegung des Vorbehalts zugunsten mehrerer gemeinsam Vertretener BGH **61**, 394. Wenn danach wirksam widerrufen wurde, dann ist eine Rücknahme des Widerrufs nicht möglich, selbst wenn der Gegner einverstanden wäre, da es sich um den Widerruf einer in Wahrheit unwiderruflichen Prozeßhandlung handeln würde, Grdz 56 vor § 128, BGH **LM** § 794 I 1 Nr 3. Ein einseitiger Rücktritt ist mangels vereinbarter Zulässigkeit wirkungslos, BayObLG FGPrax **99**, 99.

12   Mangels abweichender Vereinbarung genügt ein Widerruf *gegenüber dem Gegner* nicht, Rn 45. Wenn vereinbart wurde, daß er nur gegenüber dem Gegner erfolgen müsse, dann handelt es sich um eine empfangsbedürftige Willenserklärung des bürgerlichen Rechts, § 130 BGB. Es kann eine abweichende Übung bestehen. Ist eine bloße „Anzeige zu den Akten" vereinbart, so genügt ein Schriftsatz ohne eigenhändige Unterschrift des ProzBev. Ist freilich „mit Schriftsatz" vereinbart, „schriftlich" vereinbart, so muß er als sog bestimmender Schriftsatz sonst voll unterschrieben sein, § 129 Rn 5, 27, BAG NJW **89**, 3035, LAG Köln AnwBl **90**, 626. Die Fristberechnung erfolgt nach § 222 II, BGH MDR **79**, 49 (er wendet § 193 BGB an).

13   Für die *Rechtzeitigkeit* eines Widerrufs „gegenüber dem Gericht" (ohne nähere Angabe, gegenüber wem dort im einzelnen) genügt der Eingang auf der dortigen Posteinlaufstelle, zB der Verwaltungsgeschäftsstelle, ist also der weitere Eingang auf der Geschäftsstelle der zuständigen Abteilung nicht notwendig, BVerfG **60**, 246. Dem ArbG München steht die „allgemeine Einlaufstelle der Justizbehörden" gleich, denn das ArbG gehört zu den letzten, aM LAG Mü NJW **88**, 439. Vgl auch Rn 42. Es kann ein Einwurf in den Nachtbriefkasten genügen, Köln RR **96**, 122 (auch zu Beweisfragen); es kann auch ein Einwurf in das beim AG für das LG miteingerichtete Postfach genügen, BGH VersR **89**, 932. Falls nichts Besonderes vereinbart worden ist, genügt eine telefonische Mitteilung oder die Aushändigung der Widerrufsschrift an den Urkundsbeamten der Geschäftsstelle des Gerichtstages. BGH NJW **80**, 1754, ZöStö § 794 Rn 10 halten den Eingang beim Stammgericht nicht für ausreichend, wenn vereinbart wurde, der Widerruf müsse bei einem auswärtigen Senat eingehen. Ein Widerruf des vor einem LAG geschlossenen Vergleichs muß durch den ProzBev erfolgen, LAG Freibg/Br DB **76**, 203. BGH NJW **95**, 522 stellt scharfe Anforderungen an die Überwachung der Rechtzeitigkeit des Widerrufs durch den ProzBev auf, die über diejenigen bei § 233 wegen Rn 10 hinausgehen.

14   Die Nichtausnutzung einer Widerrufsmöglichkeit ist *unanfechtbar,* Celle NJW **70**, 48, der Verzicht auf einen Widerruf ist zulässig, LAG Bre MDR **65**, 331, ebenfalls unanfechtbar und führt zur Unwirksamkeit eines trotzdem erklärten Widerrufs. Der Widerruf ist grds unwiderruflich, Grdz 56 vor § 128, BGH **LM** § 794 I Z 1 Nr 3. Bei einem Streit über den Widerruf gilt das in Rn 36 ff Ausgeführte, § 310 Rn 7, auch zum Verkündungstermin für den Fall rechtzeitigen Widerrufs.

15   **5) Erfordernisse.** Es ist eine ganze Reihe von Bedingungen zu beachten.

**A. Vor Gericht.** Der Prozeßvergleich muß vor einem deutschen Gericht geschlossen werden. Gemeint ist das mit dem Prozeß befaßte Gericht, das Prozeßgericht, Düss JB **93**, 728, also auch der Einzelrichter, § 348 Rn 3, bei § 118 I 3 das mit dem Prozeßkostenhilfeverfahren befaßte Gericht, §§ 117 ff, ferner das Beschwerdegericht, § 567, der verordnete Richter, § 279 I 2, das Vollstreckungsgericht einschließlich des Versteigerungsrichters, die Kammer für Baulandsachen, Mü MDR **76**, 150, der Rpfl, soweit er zuständig ist, zB Rn 21, das Strafgericht zB bei §§ 403 ff StPO, Pecher NJW **81**, 2170. Eine fehlerhafte Besetzung, zB mit einem Hilfsrichter als Vorsitzenden, anders wenn §§ 41 ff vorliegen, schadet nicht, da auch eine gerichtliche Protokollierung erfolgen kann, BAG **AP** § 794 Nr 18.

16   Ein befaßtes Gericht kann sämtliche *anderen Streitigkeiten* der Parteien, anhängige und andere, zusammen mit dem Streitgegenstand, § 2 Rn 2, vergleichen, wobei jeder Zusammenhang mit dem Streitgegenstand genügt, Rn 6. Gerade das ist eine verdienstvolle Tätigkeit des Richters, zwischen den Parteien glatte Bahn

2. Titel. Urteil                                                                                              **Anh § 307**

zu schaffen. Hierhin gehört jedes ordentliche Gericht, aber auch ein Sondergericht, das wesentlich nach der ZPO arbeitet, also vor allem auch das Arbeitsgericht, §§ 54, 57 ArbGG. Es kommt also weder auf die örtliche noch auf die sachliche Zuständigkeit an. Demgemäß genügt auch ein Gericht der freiwilligen Gerichtsbarkeit; das ist eine praktische Notwendigkeit, zumal immer mehr „streitige" Sachen im Verfahren der „freiwilligen" Gerichtsbarkeit entschieden werden. Wegen des vorrangigen EuGVÜ SchlAnh V C.

**B. Vor Gütestelle.** Der Prozeßvergleich kann auch vor einer durch die Landesjustizverwaltung eingerich- **17** teten oder anerkannten Gütestelle geschlossen werden, § 794 Rn 4, § 797 a Rn 2. Diese Vergleiche stehen in ihren Voraussetzungen und Wirkungen den gerichtlichen gleich, sie ersetzen also wie die gerichtlichen Vergleiche auch jede sachlichrechtliche Form, Rn 34.

**C. Vergleichspartner**, dazu *Kleemeyer*, Die Sicherstellung der Vergleichserfüllung durch Dritte im ge- **18** richtlichen Vergleichsverfahren, Diss Tüb 1972. Der Vergleich kann zwischen den Parteien, Grdz 3 vor § 50, des Streit-, Güte-, Prozeßkostenhilfeverfahrens, auch des Vollstreckungsverfahrens zustandekommen. Dabei ist grds jeder Streitgenosse selbständig zu behandeln, § 61. Bei einer notwendigen Streitgenossenschaft, § 62, bindet der von von einem Streitgenossen abgeschlossene Prozeßvergleich das Gericht und andere Streitgenossen nur, wenn der Abschließende sachlichrechtlich über den ganzen Streitgegenstand verfügen durfte, § 62 Rn 20. Über die Vergleichsbefugnis des Streithelfers § 67 Rn 11. Der Vergleich kann auch zwischen beiden Parteien und einem Dritten zustandekommen. Dieser gilt für den Prozeßvergleich als Partei, aber nicht für den Prozeß, BGH 86, 164. Ein Vergleich zwischen „einer Partei und einem Dritten" (so der Text des § 794 I Z 1) würde die andere Partei nichts angehen, § 794 Rn 5.

**D. Verfahrensart.** Der Prozeßvergleich muß grundsätzlich zustandekommen ab Anhängigkeit, § 261 **19** Rn 1 (s aber unten), zB im Prozeßkostenhilfeverfahren, § 118 I 3, und bis zur Rechtskraft, § 322, eines zivilgerichtlichen Streitverfahrens, § 794 I Z 1, oder eines Entschädigungsanspruchs im Strafprozeß, § 404 II StPO, ohne daß er auf das Urteilsverfahren beschränkt wäre. Der Prozeßvergleich ist also auch im Arrest- und einstweiligen Verfügungs- oder Anordnungsverfahren zulässig, §§ 916 ff, BGH Rpfleger **91**, 261; dort läßt sich auch die Hauptsache vergleichen, wobei KV 1660 zu beachten ist. Der Prozeßvergleich ist ferner im selbständigen Beweisverfahren nach §§ 485 ff zulässig, unabhängig von einer Klageerhebung § 492 III. Natürlich ist ein Prozeßvergleich auch in einer höheren Instanz statthaft. Nicht ausreichend ist sein Abschluß im Vollstreckbarkeitsverfahren des § 722, auch weil eine private Vereinbarung ausgeschlossen ist, § 722 Rn 2.

*Nicht zulässig* ist der Prozeßvergleich im Mahnverfahren nach §§ 688 ff, weil vor einem Widerspruch, mit **20** dem es endet, keine Terminsbestimmung möglich ist. Über den Prozeßvergleich in Ehesachen Rn 9. Eine tatsächliche Rechtshängigkeit nach § 261 genügt. Prozeßvoraussetzungen, Grdz 12 vor § 253, die nur die Parteien und den Dritten betreffen, sind nicht zu prüfen. Vorliegen müssen die Partei- und Prozeßfähigkeit, §§ 50, 51; eine gesetzliche Vertretung; die Vollmacht, § 80. Letztere ermächtigt stets nach außen, wenn sie nicht ersichtlich beschränkt worden ist, § 83; auch dann heilt eine Genehmigung. Unbeachtlich sind zB eine Unzuständigkeit oder eine Unzulässigkeit des Rechtswegs oder einer Widerklage, Anh § 253, BGH NJW **88**, 65.

**E. Notwendigkeit eines Protokolls.** § 118 I 3 Hs 2 schreibt für den Vergleich im Prozeßkostenhilfe- **21** verfahren ein gerichtliches Protokoll vor, BVerwG JZ **96**, 100, LG Bln Rpfleger **88**, 110, AG Groß Gerau JB **98**, 76. Das gilt auch in allen anderen Verfahrensarten, Köln FamRZ **94**, 1048. Zur Beurkundung kann auch der Rpfl zuständig sein, soweit ihn der Vorsitzende damit beauftragt, § 20 Z 4 a RPflG, Anh § 153 GVG.

> **BGB § 127 a.** Die notarielle Beurkundung wird bei einem gerichtlichen Vergleich durch die Aufnahme der Erklärungen in ein nach den Vorschriften der Zivilprozeßordnung errichtetes Protokoll ersetzt.

Erforderlich und ausreichend sind Angaben gemäß Rn 22, 23.

**F. Ort, Zeit, Beteiligte.** In das Protokoll aufzunehmen sind gemäß § 160 I der Ort und der Tag der **22** Verhandlung; die Namen der Richter bzw des Rpfl, des Urkundsbeamten der Geschäftsstelle, des Dolmetschers; die Bezeichnung der Sache; die Namen der erschienenen Parteien, Nebenintervenienten, Vertreter, Bev, Beistände, Zeugen und Sachv; die Angabe, ob öffentlich oder nichtöffentlich verhandelt ist.

**G. Verhandlungsablauf.** In das Protokoll aufzunehmen ist gemäß § 160 II die Angabe des Ablaufs der Verhandlung im wesentlichen, also zB ob der Vergleich auf Anregung des Gerichts zustande kam. Dies ist für seine Wirksamkeit freilich nicht wesentlich.

**H. Vergleichswortlaut.** In das Protokoll aufzunehmen ist gemäß § 160 III Z 1 der volle Wortlaut des eigentlichen Prozeßvergleichs.

**I. Vorlesung, Genehmigung.** Erforderlich sind gemäß § 162 I der Vermerk über die Vorlesung oder Vorlegung gegenüber allen Beteiligten, KG FamRZ **84**, 285, und der Vermerk über deren Genehmigung, BGH MDR **99**, 1150, Düss FamRZ **83**, 723, Hbg FamRZ **87**, 1173. Ein Verstoß ist aber kein Wirksamkeitsmangel, BGH MDR **99**, 1150, aM Köln FamRZ **99**, 1048 und 57. Aufl. Erforderlich und unverzichtbar ist ferner der Vermerk über etwaige Aufnahmeweigerungen, zB über einen Rücktritts- oder Widerrufsvorbehalt, Hbg FamRZ **87**, 1173, LG Köln JMBlNRW **80**, 272.

**J. Unterschriften.** Erforderlich sind gemäß § 163 die vollen Unterschriften des Vorsitzenden und des Urkundsbeamten der Geschäftsstelle, vor denen der Prozeßvergleich geschlossen wurde, also zB des beauftragten Richters bzw Rpfl.

**K. Weitere Einzelfragen.** Wegen einer vorläufigen Aufzeichnung § 160 a. Stets ist auf Vollstreckbarkeit **23** zu achten, Schneider MDR **97**, 1092. Eine Formungültigkeit läßt sich zeitlich unbegrenzt geltend machen, Reinicke NJW **70**, 306, aM BAG NJW **70**, 349. Eine mündliche Erklärung ohne Protokollierung reicht

*Hartmann*                                                                                                                1093

nicht mehr aus, Rn 21; die Bezugnahme auf ein Schriftstück genügt, falls es dem Protokoll als Anlage beigefügt wurde und als solches bezeichnet worden ist, § 160 V, Ffm FamRZ **80**, 908. Eine Protokollberichtigung ist zulässig, Hamm MDR **83**, 410, Vollkommer Rpfleger **76**, 258, aM Stgt Rpfleger **76**, 278. Ein Formverzicht ist unwirksam, LG Brschw MDR **75**, 322.

24   Falls danach ein unheilbarer *Formfehler* vorliegt, ist der Prozeßvergleich nicht wirksam zustande gekommen, so daß auch *kein Vollstreckungstitel* vorliegt, BGH NJW **84**, 1466, Köln FamRZ **86**, 1018, LG Bln Rpfleger **88**, 110, aM Vollkommer Rpfleger **73**, 271. Vielmehr mag dann ein außergerichtlicher Vergleich vorliegen, § 160 Rn 8, Düss FamRZ **83**, 723, LAG Ffm NJW **70**, 2229, auch wenn der Formfehler einen Dritten betrifft, BAG NJW **73**, 918. Es kommt für die Wirksamkeit als außergerichtlicher Vergleich auf § 154 II BGB an, KG FamRZ **84**, 285 (beim Scheidungsfolgenvergleich ist Zurückhaltung geboten).

25   Eine *Unterschrift der Parteien* oder des zugezogenen Dritten unter dem Protokoll ist *unnötig*. Ein gerichtlicher Vergleichsvorschlag mit dem Zusatz, mangels anderweitiger Nachricht gelte der Vergleich als abgeschlossen, bedeutet nur, daß das Gericht beim Schweigen eine Einigung annimmt. Die Annahme des gerichtlichen Vergleichsvorschlags ist eine unwiderrufliche Prozeßhandlung. Besonders zu achten ist auf die Vollstreckbarkeit. Ein Prozeßvergleich, „die laufende Miete pünktlich zu zahlen", ist nicht vollstreckbar.

26   **L. Vertretung**

   **Schrifttum:** *Bücker,* Anwaltszwang und Prozeßvergleich, Diss Bochum 1980.

   Soweit ein *Anwaltszwang* besteht, § 78 I, II (zur Verfassungsmäßigkeit vgl schon Granderath MDR **72**, 828), gilt er auch für einen Prozeßvergleich, BGH NJW **91**, 1743, Schlesw MDR **99**, 252. Sowohl die Partei als auch ein hereingezogener Dritter muß anwaltlich vertreten sein. Andernfalls handelt es sich grundsätzlich allenfalls um einen außergerichtlichen Vergleich, auf den § 794 I Z 1 keine Anwendung findet, Düss NJW **75**, 2299, Köln AnwBl **82**, 114, Stgt JB **76**, 92. Das hat seinen guten Sinn darin, daß die Parteien oder der Dritte oft genug nicht die volle Tragweite der Erklärungen einschließlich der oft mit dem Vergleich verbundenen Verzichtserklärungen übersehen können, während andererseits auch das Kollegium sich oft nicht hinreichend allen Einzelheiten widmen kann, die etwa verglichen oder mitberührt werden. Deshalb hat der Gesetzgeber den Weg des § 279 eröffnet.

27   Vor einer *zu großzügigen Praxis,* insbesondere vor dem Abschluß bei einem Kollegialgericht ohne Anwaltsmitwirkung, ist im Interesse der Vollstreckbarkeit zu warnen. Mangels Vollstreckbarkeit oder wegen Unwirksamkeit des Vergleichs kann nu zu leicht ein weiterer Rechtsstreit entstehen, BGH NJW **85**, 1963.

28   Eine Klagrücknahme, § 269, die ebenso wie die Rücknahme eines Rechtsmittels oder ein Rechtsmittelverzicht häufig Gegenstand eines Vergleichs ist, kann vor einem Kollegialgericht nur durch den ProzBev erklärt werden, da der Prozeßvergleich ohnehin eine reine Prozeßhandlung ist, Rn 3, Ffm Rpfleger **80**, 291, Köln (4. ZS) FamRZ **88**, 1274, (17. ZS) NJW **79**, 2317, StJBo § 78 Rn 17, aM Ffm OLGZ **70**, 476, Köln (16. ZS) MDR **73**, 413, Schneider MDR **76**, 393.

29   Anwaltszwang besteht auch vor dem *Einzelrichter,* soweit er das Prozeßgericht ist, § 348 Rn 1–3, Celle OLGZ **75**, 353, Karlsr JB **76**, 372, und im Eilverfahren wie sonst, § 920 Rn 9, § 936 Rn 2 „§ 920", Köln FamRZ **88**, 1274.

30   *Kein Anwaltszwang* besteht freilich bei einem Vergleich vor dem beauftragten oder ersuchten Richter, §§ 361, 362, Düss NJW **75**, 2299, aM Celle Rpfleger **74**, 319. Kein Anwaltszwang besteht ferner vor dem im Prozeßkostenhilfeverfahren, §§ 114 ff, beauftragten Rpfl, § 20 Z 4 a RPflG, Anh § 153 GVG. Freilich muß der beauftragte oder ersuchte Richter gesetzmäßig zuständig gewesen sein, § 279 Rn 4, Ffm FamRZ **87**, 737.

31   Anwaltszwang besteht aber für denjenigen Vergleichsabschluß, der erst nach der *Beendigung* des Prozeßkostenhilfeverfahrens zustandekommt, Köln AnwBl **82**, 114, unklar Celle Rpfleger **90**, 27, sowie vor dem Vorsitzenden der Kammer für Handelssachen, § 349, Celle Rpfleger **74**, 319, Stgt JB **76**, 92, Bergerfurth NJW **75**, 335, § 78 Rn 38.

32   Anwaltszwang besteht stets beim Vergleich vor dem *Familiengericht* in den Fällen § 78 II 1 Z 1–3, § 630 Rn 7, BGH NJW **91**, 1743 (eine gerichtliche Genehmigung hielt nicht), Zweibr FamRZ **87**, 84, aM Hbg FamRZ **88**, 1299, AG Groß Gerau FamRZ **88**, 1245, ZöPh § 630 Rn 12, 15.

33   Anwaltszwang für den Prozeßvergleich bedeutet bei einem gleichzeitig erfolgenden *sachlichrechtlichen Geschäft* nicht, daß für das letztere die Mitwirkung *seiner* Partner entbehrlich wäre, Grdz 61 vor § 128, Stgt OLGZ **89**, 417 (Erbvertrag).

34   **6) Wirkung**

   **Schrifttum:** *Münzberg,* Die Auswirkung von Prozeßvergleichen auf titulierte Ansprüche und deren Vollstreckung, Festschrift für *Gaul* (1997) 447.

   **A. Sachlichrechtliche Wirkung.** Der Prozeßvergleich ersetzt jede sachlichrechtliche Form, BGH Rpfleger **91**, 261, Breetzke NJW **71**, 178, und zwar nicht nur bei Verträgen. Etwas anders gilt nur dann, wenn eine andere Behörde sachlich ausschließlich zuständig ist, wie der Standesbeamte für die Eheschließung. Der Prozeßvergleich ersetzt zB: die Schriftform der Bürgschaftserklärung; eine Beurkundung, etwa eines Erbverzichtsvertrags, und zwar auch dann, wenn die gleichzeitige Anwesenheit der Parteien vorgeschrieben ist, wie beim Ehevertrag, weil ja auch beim Prozeßvergleich beide Teile anwesend sein müssen, wenn sie auch anwaltlich vertreten sein mögen, Art 143 EGBGB. Eine Auflassung kann im Prozeßvergleich vorgenommen werden, § 925 I 3 BGB. Eine persönliche Erklärung, zB nach § 2347 II BGB, wird nicht ersetzt, weil sie kein reines Formerfordernis darstellt; dann aber darf die Partei persönlich erscheinen und sich erklären, selbst im Anwaltsprozeß. Eine etwaige gerichtliche Genehmigung bleibt notwendig, AG Mosbach FamRZ **77**, 813. Im Zweifel ist der im Vergleich erfaßte Anspruch sofort fällig, Köln ZMR **96**, 86. Solange nicht zB der Vormund seine Genehmigung dem Gegner mitgeteilt hat, ist ein im übrigen wirksamer Vergleich doch unwirksam, § 1829 BGB. Wegen der Wirkung des außergerichtlichen Vergleichs Rn 2, 24. Wegen einer Abänderbarkeit § 323 Rn 66.

2. Titel. Urteil **Anh § 307**

**B. Prozessuale Wirkung.** Der Prozeßvergleich beendet den Prozeß, §§ 81, 83: „Beseitigung des **35** Rechtsstreits", BGH **86**, 187, Hamm AnwBl **89**, 239. Daher erlischt mit seinem Wirksamwerden in seinem Umfang die Rechtshängigkeit, § 261. Sie beginnt allenfalls neu, wenn der Rechtsstreit wegen der Unwirksamkeit des Prozeßvergleichs fortgesetzt wird, Rn 37, BAG NJW **83**, 2213. Ein Vergleich beseitigt auch in seinem vereinbarten Umfang die Wirkung eines noch nicht rechtskräftigen Urteils, Düss RR **99**, 943, Hamm AnwBl **89**, 239. Die Parteien können durch eine Verzichtserklärung usw den wirksam zustande gekommenen Prozeßvergleich in seiner prozessualen Wirkung nicht wieder beseitigen, Rn 42, 43. Der Prozeßvergleich ist Vollstreckungstitel, § 794 Rn 7, BGH Rpfleger **91**, 261. Er muß einen vollstreckungsfähigen Inhalt haben, Grdz 15 vor § 704. Einzelfragen § 794 Rn 7–11.

**7) Unwirksamkeit** **36**

**Schrifttum:** *Henckel*, Fortsetzung des Zivilprozesses nach dem Rücktritt vom Prozeßvergleich? Festschrift für *Wahl* (1969) 465.

**A. Grundsatz.** Die Frage der Anfechtbarkeit ist **streitig**. Der Prozeßvergleich ist wegen Willensmangels *weder anfechtbar noch nichtig*, weil er eine reine Prozeßhandlung ist, Grdz 56 vor § 128. Ein Prozeßbetrug muß freilich eine Anfechtbarkeit auslösen, weil diejenigen Gründe versagen, die an sich bei einem rechtskräftigen Urteil dagegen sprechen, ihm die Wirksamkeit aus dem Gesichtspunkt einer Erschleichung abzusprechen, Einf 35 vor §§ 322–327. Zur Annahme eines Prozeßbetrugs genügt aber noch nicht ein Mißverhältnis zwischen der Ausgangslage und den übernommenen Leistungen; wohl aber genügt es, wenn die Partei sich eines derartigen Mißverhältnisses bewußt war und unter Hinzunahme weiterer für den Gegner ungünstiger Umstände die Situation in einer nach § 138 BGB verwerfbaren Weise ausnutzte, BGH **51**, 141. Ein Vergleich, den das Gericht der Partei unkorrekt aufgenötigt hat, kann für sie anfechtbar sein.
**Demgegenüber** muß man nach der ganz *herrschenden Meinung* (zur Fragwürdigkeit dieses Begriffs Einl III 47) die Anfechtbarkeit des Prozeßvergleichs wegen jeden Willensmangels zulassen, Hbg ZMR **96**, 266; wegen Geistesstörung Brschw OLGZ **75**, 441, LG Schweinfurt MDR **83**, 64.
**Folgt man der herrschenden Meinung**, so fehlt jeder Grund zu einer unterschiedlichen Behandlung der sachlichrechtlichen Anfechtbarkeit oder Nichtigkeit und der zweifellos möglichen prozeßrechtlichen, etwa beim Mangel in der Vertretung. Auch bleibt danach trotz des Fehlens der prozessualen Form, Rn 21, meist die sachlichrechtliche Wirkung bestehen, insbesondere wenn eine Berufung auf einen Formmangel ohnehin rechtsmißbräuchlich wäre, Einl III 54, Grdz 44 vor § 704, Hamm FamRZ **84**, 302. Beim „Fortfall der Geschäftsgrundlage", § 323 Rn 67, die BGH NJW **86**, 1348 nicht als ausreichenden Angriff auf die Wirksamkeit anerkennt, zeigen sich die Schwierigkeiten der hM deutlich, zB bei BAG NJW **98**, 2379.
Zum *Widerruf* Rn 10. Eine Verfassungsbeschwerde ist unstatthaft, BayVerfGH NJW **94**, 2281.

**B. Streit über die Wirksamkeit.** Bei einem Streit über die Wirksamkeit des Prozeßvergleichs kann jede **37** Partei grundsätzlich in dem bisherigen Prozeß die Anberaumung eines Termins zur Fortsetzung des bisherigen Prozesses, und zwar grundsätzlich vor dem Gericht der Sache erwirken, BGH NJW **99**, 2903, BayObLG FGPrax **99**, 99 (WEG), Köln FER **99**, 109. Insofern fehlt einer neuen Klage das Rechtsschutzbedürfnis, BGH NJW **99**, 2903 (auch bei § 812 BGB).
Die vorstehende Regel gilt auch, falls streitig ist, ob ein Voll- oder nur ein Teilvergleich zustandegekom- **38** men ist, Köln FamRZ **96**, 174. Nur insoweit, als der Vergleich umstreitig nur als bloßer Teilvergleich, also die streitig gebliebenen *übrigen Streitpunkte* gar nicht berühren sollte, kann eine neue Klage notwendig werden, BGH NJW **99**, 2903, Ffm RR **90**, 168. Maßgeblich ist im erstgenannten Fall der Fortsetzung des bisherigen Prozesses das Gericht der Instanz, in oder nach der der Vergleich zustande kam. Die Rechtshängigkeit, § 261, lebt ab Terminsberaumung wieder auf, LG StJM § 794 Rn 47 (sie bestehe fort). Einer Vollstreckungsabwehrklage fehlt grundsätzlich das Rechtsschutzbedürfnis, Grdz 33 vor § 253, soweit das Prozeßgericht in Fortsetzung des bisherigen Prozesses entscheiden kann, § 767 Rn 10. Dieses Gericht hat unverzüglich einen neuen Termin zu bestimmen, sobald eine Partei die Unwirksamkeit des Vergleichs behauptet, § 216. Ein Einspruch reicht aus. Ein Antrag, die Unwirksamkeit des Vergleichs festzustellen, ist unzulässig, ThP § 794 Rn 38, aM Ffm MDR **75**, 584.
Das bisherige Prozeßgericht hat über die *Wirksamkeit* des Vergleichs zu entscheiden. Es hat also darüber zu **39** befinden, ob der Prozeß bereits beendet ist. *Bejaht* es diese Beendigung, so fällt es ein Endurteil, BGH NJW **96**, 3346 (Streitfrage der Entscheidungsform), und zwar dahin, daß der Prozeß bereits durch den Vergleich erledigt; eben beendet ist. Die weiteren Kosten trägt dann entsprechend § 91 derjenige, der sich auf die Unwirksamkeit berief. Ab Rechtskraft dieses Urteils, § 322, ist ein weiterer Streit um diese Wirksamkeit unzulässig, BGH **79**, 71, aM Pecher ZZP **97**, 172. *Verneint* es diese Beendigung, was auch durch ein Zwischenurteil nach § 303 geschehen kann, Pankow NJW **94**, 1184, so hat es in der Sache selbst zu entscheiden, BGH **LM** § 794 Nr 22/23, BAG NJW **74**, 2151, Kblz NJW **78**, 2399. Das gilt auch dann, wenn der Prozeßvergleich über den Streitgegenstand, § 2 Rn 3, hinausging, BGH **LM** § 794 I Z Nr 21. Wenn der Vergleich ein anderes Verfahren umfaßte, kann man die Unwirksamkeit auch in jenem geltend machen, BGH BB **83**, 1250. Wenn der Vergleich in einem Verfahren nach § 620b oder nach § 620f abgeschlossen worden war, dann ist ein neues ordentliches Erkenntnisverfahren erforderlich, falls es zum Streit über die Wirksamkeit des Prozeßvergleichs kommt, Hamm FamRZ **91**, 582. Eine Partei, die sich weiter auf den Prozeßvergleich beruft, erstrebt den Anspruch des Gerichts über die Prozeßlage dahin, daß der Rechtsstreit erledigt sei; das übersieht Ffm MDR **75**, 584 (es sei nur eine Feststellungsklage zulässig).
Wenn sich die Berufung auf eine *Nichtigkeit* des Vergleichs auch darauf bezieht, daß die durch den **40** Vergleich begründete Forderung nachträglich weggefallen sei, dann ist für alle Einwendungen die Vollstreckungsabwehrklage im bei ihr möglichen Umfang zulässig, § 767 Rn 10. Wenn nur über die Auslegung eines unstreitig wirksamen Prozeßvergleichs gestritten wird, dann ist beim Streit über den vollstreckbaren Inhalt eine Feststellungsklage nach § 256 zulässig, sonst eine Vollstreckungsabwehrklage, BGH **LM** § 794 Nr 22/23. Wegen eines sog Anwaltsvergleichs §§ 796 a–c.

**41** BAG MDR **82**, 526 läßt beim Streit über die Wirksamkeit eines Prozeßvergleichs, der mehrere anhängige Verfahren betraf (sog *Gesamtvergleich*), auch ein neues Verfahren sowie eine Zwischenfeststellungsklage nach § 256 II oder -widerklage im alten oder neuen Verfahren zu. BGH **87**, 231, Ffm FamRZ **84**, 408 lassen ein neues Verfahren zu, wenn nur die Wirksamkeit eines über den ursprünglichen Streitgegenstand hinausgehenden Vergleichspunkts umstritten ist. Der Fortsetzungsantrag des Prozeßunfähigen, § 50, ist unzulässig, BGH **86**, 189. Dasselbe gilt vom Fortsetzungsantrag eines Dritten, selbst wenn er dem Vergleich beigetreten war, BGH **86**, 164. Er muß nach §§ 732 ff, 767 vorgehen, BGH **86**, 164.

**42** **C. Bedingter Vergleich usw.** Man kann einen Vergleich unter der aufschiebenden Bedingung des Nichtwiderrufs schließen, BGH NJW **88**, 416, Ffm FGPrax **96**, 8, LAG Mü NJW **88**, 439. Dann ist der Eintritt der Bedingung für die Wirksamkeit des Prozeßvergleichs entscheidend. Bei einem Streit über die Wirksamkeit des Widerrufs erfolgt ein Fortsetzung des Prozesses. Wenn erst das Berufungsgericht den Widerruf für wirksam hält, dann ist eine Zurückverweisung zulässig. Wenn der Vergleich, ebenfalls zulässigerweise, unter der auflösenden Bedingung des Widerrufs geschlossen wurde, wird der Rechtsstreit bei Streit über ihren Eintritt fortgesetzt, BGH **LM** § 263 aF Nr 12. S über den Widerruf Rn 10. Die Widerrufsfrist beginnt beim Prozeßvergleich im Zweifel mit dem auf den Vergleichsabschluß folgenden Tag, Schlesw RR **87**, 1022 (Leitsatz irreführend!).

**43** Bei einem *Rücktritt* wegen Nichterfüllung des Vergleichs ist ein neuer Prozeß notwendig. Die Rechtshängigkeit kann nicht wieder aufleben, nur die sachlichrechtlichen Folgen des Vergleichs können entfallen. Dasselbe gilt dann, wenn mit der Behauptung einer positiven Vertragsverletzung des Vergleichs ein Schadensersatzanspruch geltend gemacht wird oder wenn der Wegfall seiner Geschäftsgrundlage behauptet wird, BAG **AP** § 794 Nr 16, aM LG Brschw NJW **76**, 1749. Auch auf Grund einer Parteivereinbarung, zB eines beiderseitigen Verzichts auf den Prozeßvergleich bzw seiner einverständlichen Aufhebung, lebt der alte Prozeß nicht wieder auf, sondern ist ein neuer Prozeß nötig, Kblz JB **93**, 115, aM BAG NJW **83**, 2213.

**44** Möglich ist aber, die sachlichrechtlichen Wirkungen des Prozeßvergleichs durch eine Parteivereinbarung zu *ändern* oder zu *beseitigen,* Hbg FamRZ **87**, 1174, auch zum Adressaten eines Widerrufs, Düss RR **87**, 256. Die prozessualen Vereinbarungen über den Widerruf des Prozeßvergleichs sind nur eingeschränkt auslegbar, Grdz 52 vor § 128, anders als beim außergerichtlichen; zum Problem Hbg FamRZ **87**, 1174 (zustm Künkel). Auf die sachlichrechtlichen Wirkungen kann § 139 BGB anwendbar sein, BGH NJW **88**, 416.

**45** Mangels einer abweichenden klaren Vereinbarung, die zulässig ist, Rn 12, muß der Widerruf wegen der ohne solche Vereinbarung rein prozessualen Natur des Prozeßvergleichs, Rn 3, *dem Gericht gegenüber* erfolgen, BAG MDR **98**, 784, Brdb RR **96**, 123, Mü NJW **92**, 3042, aM Kblz MDR **97**, 883. Ein nicht handschriftlich voll unterzeichneter Widerruf reicht grundsätzlich nicht aus, da der Widerruf ein bestimmender Schriftsatz ist, § 129 Rn 5, 6, LAG Düss BB **90**, 562, LAG Mü DB **89**, 836. Ein Telefax kann ausreichen, § 129 Rn 21, 22. Im neuen Prozeß gilt zumindest § 528 S 2 entsprechend, BAG NJW **74**, 2151. Wegen der „Anzeige zu den Gerichtsakten" Rn 13.

**46** Mit einem *„Eingang beim Gericht"* ist ein Zugang im Sinne von § 130 I 1 BGB gemeint, also nicht eine Übergabe an einen zur Entgegennahme und zur Beurkundung des Zeitpunkts befugten Beamten, sondern ein Zugang in den Machtbereich des gesamten Gerichts, BGH NJW **80**, 1752 (zustm Grundmann JR **80**, 331), BAG NJW **86**, 1374, und nicht etwa nur den Dritten, aM BGH **LM** § 130 BGB Nr 2. Maßgeblich ist der normale Postzustelldienst, BAG NJW **86**, 1374 (auch wegen eines Postfachs). Ist eine schriftliche Anzeige an das Gericht vereinbart, so kann der Widerruf im Zweifel nicht wirksam schon gegenüber dem Prozeßgegner erfolgen, BAG DB **91**, 2680. Die Vereinbarung einer Verlängerung der Rücktrittsfrist bedarf daher der Protokollierung, VG Hbg MDR **82**, 962, LG Bonn MDR **97**, 133, aM Hamm FamRZ **88**, 536, ZöStö § 794 Rn 10. Ist die Widerrufsfrist versäumt worden, so ist der Rechtsstreit beendet, AG Mü ZMR **87**, 343, und keine Wiedereinsetzung möglich, Rn 10. Wegen § 269 III dort Rn 46.

**47** **D. Einstellung der Zwangsvollstreckung.** Sie ist entsprechend §§ 719, 707 zulässig, Düss MDR **74**, 52, auch im arbeitsgerichtlichen Verfahren, LAG Ffm DB **84**, 55, ferner auch bei einer Vollstreckungsabwehrklage gemäß §§ 767, 769, sofern vor dem Abschluß des Prozeßvergleichs eine vollstreckbare Entscheidung ergangen war, § 767 Rn 10, 11, Ffm Rpfleger **80**, 117, aM BGH **LM** § 767 Nr 37. Es besteht für die Einstellung der Zwangsvollstreckung kein Rechtsschutzbedürfnis, Grdz 33 vor § 253, sofern der Weg nach Rn 37 möglich ist, Zweibr OLGZ **70**, 185. Die Rückforderung des Geleisteten wird in einem besonderen Prozeß geklärt.

**48** **8) VwGO:** Eigene Regelung in § 106, Lüke NJW **94**, 233, Stelkens NVwZ **91**, 216 (dazu §§ 55 VwVfG, 54 SGB X). Zur Rechtsnatur des Prozeßvergleichs BVerwG NJW **94**, 2306 mwN, zur Wirksamkeit, wenn im Vergleich eine gesetzwidrige Leistung vereinbart wird, BVerwG DVBl **76**, 217, zur Gültigkeit einer im unwirksamen Prozeßvergleich getroffenen materiellen Vereinbarung BVerwG NJW **94**, 2307 u OVG Lüneb DVBl **85**, 1325, zum gesetzesinkongruenten Prozeßvergleich nach § 106 VwGO allgemein Meyer-Hesemann DVBl **80**, 869, RedOe § 106 Anm 4. Zur Wirksamkeit einer Grundstücksübertragung, Rn 34, s BVerwG NJW **95**, 2179. Zum Widerruf, Rn 10 ff, vgl BVerwG NJW **93**, 2193 (zu OVG Lüneb NJW **92**, 3253), Dawin NVwZ **83**, 143 (abl zu OVG Münst NVwZ **82**, 378); zur Wiedereröffnung eines durch Vergleich abgeschlossenen Verfahrens s OVG Münst NVwZ-RR **92**, 277.

**308** **Bindung an die Parteianträge.** [1] [1]Das Gericht ist nicht befugt, einer Partei etwas zuzusprechen, was nicht beantragt ist. [2]Dies gilt insbesondere von Früchten, Zinsen und anderen Nebenforderungen.

## 2. Titel. Urteil § 308

II Über die Verpflichtung, die Prozeßkosten zu tragen, hat das Gericht auch ohne Antrag zu erkennen.

**SachenRBerG § 106. Entscheidung.** ¹¹Das Gericht kann bei einer Entscheidung über eine Klage nach § 104 im Urteil auch vom Klageantrag abweichende Rechte und Pflichten der Parteien feststellen. ²Vor dem Ausspruch sind die Parteien zu hören. ³Das Gericht darf ohne Zustimmung der Parteien keine Feststellung treffen, die
1. einem von beiden Parteien beantragten Grundstücksgeschäft,
2. einer Verständigung der Parteien über einzelne Punkte oder
3. einer im Vermittlungsvorschlag vorgeschlagenen Regelung, die von den Parteien nicht in den Rechtsstreit einbezogen worden ist,
widerspricht.

**Schrifttum:** *Bruns,* Zur richterlichen Kognition, judicial process, Festschrift für *Rammos* (1979) 167; *DuMesnil de Rochemont,* Die Notwendigkeit eines bestimmten Antrags bei der Unterlassungsverfügung..., § 308 Abs. 1 ZPO contra § 938 Abs. 1 ZPO?, 1993; *Frühauf,* Die Grenzen des Zinsurteils usw, 1998 (Bespr *Schmitz* NJW 99, 2023); *Jauernig,* Das gleichwertige („aequipollente") Parteivorbringen, Festschrift für *Schwab* (1990) 247; *Melissionos,* Die Bindung des Gerichts an die Parteianträge nach § 308 I ZPO, 1982; *Musielak,* Die Bindung des Gerichts an die Anträge der Parteien im Zivilprozeß, Festschrift für *Schwab* (1990) 349; *Würthwein,* Umfang und Grenzen des Parteieinflusses auf die Urteilsgrundlagen im Zivilprozeß, 1977.

**Gliederung**

| | |
|---|---|
| 1) Systematik, I, II ..... 1 | 9) Prozeßkosten, II ..... 15–17 |
| 2) Regelungszweck, I, II ..... 2 |    A. Grundsatz: Entscheidung von Amts wegen ..... 15 |
| 3) Geltungsbereich, I, II ..... 3 |    B. Ausnahmen ..... 16 |
| 4) Maßgeblichkeit der Parteianträge, I .. 4, 5 |    C. Verstoß, II ..... 17 |
| 5) Bindungsgrenzen, I ..... 6 | 10) Rechtsmittel, I, II ..... 18 |
| 6) Weniger als beantragt, I ..... 7 | 11) Verfassungsbeschwerde, I, II ..... 19 |
| 7) Beispiele zur Frage der Gerichtsbefugnis, I ..... 8–12 | 12) VwGO ..... 20 |
| 8) Verstoß, I ..... 13, 14 | |

**1) Systematik, I, II.** Die Vorschrift enthält eine inhaltliche Grundregel aller Urteilsarten: Abgesehen von **1** der Kostenentscheidung, §§ 91 ff, und derjenigen über die vorläufige Vollstreckbarkeit, Einf 4 vor §§ 708–720, begrenzen die Parteianträge (und nicht der Beschluß über die Gewährung einer Prozeßkostenhilfe) das Urteil. In der Berufungsinstanz ist § 536 zu beachten, BGH NJW 98, 3411.

**2) Regelungszweck, I, II.** Die Vorschrift dient in I der Parteiherrschaft, Grdz 18 vor § 128, Musielak **2** (vor Rn 1) 349. Aus ihr folgt: Ohne Antrag keine Verurteilung („ne ultra petita partium"). In II wird wegen des Gebots der Prozeßwirtschaftlichkeit, Grdz 14, 15 vor § 128, ein anderer, weiterer Grundsatz aufgestellt.

**3) Geltungsbereich, I, II.** Die Vorschrift gilt in allen Prozeßarten, BGH NJW 92, 825, BAG NJW 95, **3** 1374, Köln FamRZ 95, 888, auch im Beschwerdeverfahren, § 567, Köln NJW 80, 1531, aM Ffm FamRZ 83, 1042, beim Kostenfestsetzungsbeschluß, Hamm Rpfleger 73, 370, Zweibr Rpfleger 81, 465; beim Schiedsspruch; grundsätzlich in Ehesachen, §§ 606 ff (wegen der Ausnahmen s unten); bei einer Schadensschätzung nach § 287; trotz § 938 I auch bei der einstweiligen Verfügung, § 938 Rn 3; für Haupt- und Nebenforderungen, § 4 Rn 10, BGH WertpMitt 78, 194, bei der Rangfolge von Haupt- und Hilfsanträgen, BGH RR 88, Rn 8, BGH RR 92, 290, etwa bei einer Hilfsaufrechnung, § 145 Rn 13, denn der Bekl will den eigenen Gegenanspruch natürlich nur für den Fall opfern, daß ihm in der Abwehr des gegnerischen Klaganspruchs mißlingt; bei der Reihenfolge von mehreren Hilfsanträgen untereinander; im selbständiges Beweisverfahren, §§ 485 ff, Ffm RR 90, 1024. § 308 ist auch im patentgerichtlichen Verfahren anwendbar, BPatG GRUR 86, 609.

**4) Maßgeblichkeit der Parteianträge, I.** Maßgebend sind allein die Parteianträge. Dabei kommt es **4** grundsätzlich nur auf den Sachantrag, § 297 Rn 1, 3, des Klägers bzw Widerklägers und nur ausnahmsweise, zB bei §§ 306, 330, auf denjenigen des Bekl an, Musielak (vor Rn 1) 351. Freilich kann es ausreichen, daß zwar nicht die vom Kläger, wohl aber die vom Bekl vorgetragenen Tatsachen das Begehren des Klägers im Ergebnis auch dann ohne eine Beweisaufnahme rechtfertigen, sog gleichwertiger Parteivorbringen, § 138 Rn 19, Einf 4 vor § 284, Jauernig (vor Rn 1) 251, RoSGo 133 I 3 a, aM BGH NJW 89, 2756. Maßgeblich ist nicht der Wortlaut, sondern der erkennbare wahre Wille des Antragstellers, Grdz 52 vor § 128, Ffm MDR 77, 56, Nürnb FamRZ 82, 1103. Das Gericht muß ihn durch eine auch in den Grenzen des § 308 zulässige Auslegung, Grdz 52 vor § 128, BGH RR 97, 1001, Nürnb FamRZ 82, 1103, durch Mitbeachtung der Antragsbegründung und durch die Ausübung der Fragepflicht klären, § 139, Grunsky ZZP 96, 398. Das Gericht darf aber nicht ganz neue, zusätzliche Anträge anregen, auch nicht zB bei einem hohen Zinsbetrag, Köln MDR 72, 779.

Sofern ein *unbezifferter* Antrag zulässig ist, § 253 Rn 49, darf das Gericht die vom Kläger genannte **5** Mindestsumme, aber auch die von ihm genannte Größenordnung, § 253 Rn 59, überschreiten, BGH 132, 351, Fenn ZZP 89, 134, MüKoMu 14, aM Röttger NJW 94, 369. Das Gericht hat stets von Amts wegen auf die Vollstreckbarkeit des Urteils zu achten, § 139; zum Problem (allzu) präziser Widerrufsanträge Ritter ZZP 84, 168. Auch das Zusprechen von Früchten, Zinsen, Zimmermann JuS 91, 583 (ausf), und dergleichen muß sich grundsätzlich streng im Rahmen des Beantragten halten. In der höheren Instanz wirkt sich derselbe Grundsatz als ein Verbot einer vorteilhaften oder nachteiligen Änderung aus, vgl bei §§ 536, 559. Das

Verbot, einer Partei etwas anderes als dasjenige zuzusprechen, was sie beantragt hat, BGH KTS **86**, 666, wirkt für Maß und Art. Das Gericht darf also nicht 150 DM statt 100 DM zusprechen; es darf nicht auf Herausgabe von Ware statt auf Zahlung verurteilen.

**6**  5) **Bindungsgrenzen, I.** Das Gericht ist aber grundsätzlich nicht an die von der Partei gewünschte rechtliche Begründung ihres Vortrags, Grdz 35 vor § 128, oder an deren Reihenfolge gebunden, BAG BB **75**, 609. Das gilt auch bei einer nur hilfsweise geltend gemachten Verjährung, § 145 Rn 13, Köln MDR **70**, 686, PalH § 222 BGB Rn 2, Schneider JB **78**, 1265. Denn mit der Verjährungseinrede opfert der Bekl, anders als bei der auch nur hilfsweisen Aufrechnung, keinen eigenen Gegenanspruch. Der Kläger kann das Gericht auch nicht zwingen, eine bestimmte rechtliche Anspruchsgrundlage ungeprüft zu lassen, zB den Gesichtspunkt einer unerlaubten Handlung, oder bei einem Streit über die Erledigung der Hauptsache von einer Abweisung wegen anfänglicher Unzulässigkeit oder Unbegründetheit abzusehen; das übersieht BGH NJW **91**, 1684 bei seiner allgemein so nicht haltbaren Meinung, eine Abweisung dürfe nicht erfolgen, wenn der Kläger den Anspruch nicht mehr zur Entscheidung stelle (er tut das aber durch den – einseitigen – Erledigungsantrag, § 91 a Rn 170). Wegen des SachenRBerG vgl dessen § 106, abgedruckt vor Rn 1.

**7**  6) **Weniger als beantragt, I.** Ein quantitatives oder qualitatives Weniger (minus) steckt stets im Mehr, BGH **118**, 81, Ffm FamRZ **90**, 50. Das gilt auch dann, wenn der Kläger neben dem Leistungsantrag nicht ausdrücklich hilfsweise einen Feststellungsantrag nach § 256 stellt, BGH **118**, 82. Daher darf es das Gericht zusprechen, muß aber auch über den Rest entscheiden; die Klage ist dann im übrigen abzuweisen, die Kostenverteilung erfolgt dann nach § 92. Unzulässige und unbegründete Ansprüche sind immer auch von Amts wegen zurückzuweisen. Diese Zurückweisung enthält kein „Zusprechen"; sie ist daher auch bei einer Säumnis des Gegners zulässig, vgl § 331 II. Das Gericht ist „nicht befugt", etwas zuzusprechen, was die Partei als Herr der Anträge überhaupt nicht haben will, also etwas ganz anderes (aliud), Ffm FamRZ **90**, 50. Deshalb darf das Gericht keine Verurteilung aussprechen, die der Kläger ausdrücklich als unerwünscht bezeichnet; es muß dann abweisen, weil der Kläger von dem Antrag, so wie er ihn gestellt hat, nicht abgehen will.

**8**  7) **Beispiele zur Frage der Gerichtsbefugnis, I**
**Allgemeine Geschäftsbedingungen:** Keine Bindung des Gerichts liegt im Fall § 17 Z 3, 4 AGBG vor. **Arbeitsgericht:** Das Gericht darf im Streit über die Entfernung eines Abmahnungsschreibens den beklagten Arbeitgeber nicht ohne entsprechenden Antrag für berechtigt erklären, erneut schriftlich abzumahnen, BAG NJW **95**, 1374.
**Aufrechnung:** Das Gericht darf nicht ohne einen Antrag nach § 302 IV entscheiden.
**Ausgleichsanspruch:** Das Gericht darf zum Ausgleich § 906 II 2 BGB statt zum Schadensersatz verurteilen, BGH JZ **90**, 978 (zustm Gerlach), Stgt NJW **89**, 1224.
**Befreiung:** Das Gericht darf zur Freistellung von einer Schuld des Klägers statt zu einer Zahlung an ihn verurteilen, BGH NJW **94**, 945, Ffm FamRZ **90**, 50, aM Görner MDR **95**, 241.
**Bezifferung:** Rn 11 „Unbezifferter Antrag".
**Bild:** Das Gericht darf nicht auf die Einwilligung in die Entfernung der Signatur statt in die Kennzeichnung des Bildes als Fälschung verurteilen, BGH **107**, 394.
**Duldung:** Das Gericht darf zur Duldung, etwa der Zwangsvollstreckung, statt zur Leistung verurteilen, BGH KTS **96**, 717.
**Einstweilige Anordnung:** Keine Bindung des Gerichts an Parteianträge liegt vor zB bei §§ 621 I Z 6, 621 a I (Vertragsausgleich), Düss FamRZ **85**, 720.
**Einstweilige Verfügung:** § 308 I gilt trotz § 938 I, II auch bei der einstweiligen Verfügung, § 938 Rn 3.
**Erledigung:** Das Gericht darf nicht zu einer Zahlung verurteilen, soweit der Kläger die Hauptsache wirksam, wenn auch vielleicht einseitig, für erledigt erklärt hat. Freilich kann dann eine Klagabweisung nötig sein, aM Ffm MDR **77**, 56.

**9** **Feststellung:** Das Gericht darf ein bloßes Feststellungsurteil statt eines Leistungsurteils erlassen, denn jede Verurteilung zur Leistung enthät eine Feststellung, Grdz 8 vor § 253, BGH **118**, 82, Köln FamRZ **86**, 578. Das gilt freilich nur, soweit dem Kläger nicht auch mit der bloßen Feststellung gedient ist, §§ 139, 278 III, BGH NJW **84**, 2296. Das trifft meist nicht zu. Denn derjenige, der einen Vollstreckungstitel begehrt, kommt regelmäßig mit einer Feststellung nicht aus. Die vom Kläger begehrte uneingeschränkte Feststellung schließt eine vom Bekl verlangte nur eingeschränkte evtl aus, BPatG GRUR **91**, 315.
Bei einer *leugnenden* Feststellungsklage kann das Gericht entscheiden, daß ein Teilanspruch doch besteht, wenn das dem Klagezweck nicht widerspricht. Es kommt also auf die Klarstellung und Auslegung des Antrags an.
Das Gericht darf *nicht* auf Leistung statt auf die nur beantragte Feststellung erkennen.
**Freistellung:** Rn 8 „Befreiung".
**Freiwillige Gerichtsbarkeit:** Wegen des FGG Brschw OLGZ **76**, 435, Kblz KTS **95**, 363 (§ 139).
S auch „Hausrat", Rn 12 „Wohnungseigentum".
**Geldersatz:** Das Gericht darf nicht zum Geldersatz statt zu der nur beantragten tatsächlichen Wiederherstellung verurteilen.
**Gesamthaftung:** Das Gericht darf eine objektiv vorliegende Gesamthaftung auch ohne einen entsprechenden Antrag klarstellen.
**Grenzstreit:** Das Gericht darf eine Grenzlinie anders als beantragt festsetzen, soweit der Kläger dadurch nicht mehr als beantragt erhält.
**Hausrat:** Keine Bindung des Gerichts liegt bei einer Hausratssache vor, BayObLG FamRZ **72**, 466.
**Heizungskosten:** Das Gericht darf nicht zur Erstattung auf Grund einer Abrechnung statt auf Grund einer Pauschale verurteilen, LG Mannh ZMR **74**, 382, soweit eine solche Pauschale überhaupt im Klagezeitraum zulässig war.
**Herausgabe:** Das Gericht darf nicht zu einer Herausgabe statt zu einer Zahlung verurteilen.
**Hinterlegung:** Das Gericht darf zu einer Hinterlegung statt zu einer Zahlung verurteilen.

2. Titel. Urteil § 308

**Immission:** Rn 8 „Ausgleichsanspruch".
**Kapitalabfindung:** Das Gericht darf nicht eine Kapitalabfindung statt einer Rente zusprechen.
**Kosten:** Rn 15 ff.
**Künftige Leistung:** Das Gericht darf zur künftigen statt zur sofortigen Leistung verurteilen, §§ 257 ff. Bei einer Klage auf eine künftige Räumung soll eine Umdeutung auf einen späteren Zeitpunkt erfolgen, LG Bonn WoM **93**, 464.
**Lärm:** Rn 11 „Verbot".
**Mietmängel:** Das Gericht darf nicht statt des begehrten bloßen Aufwendungsersatzes nach §§ 256, 257, 538 II Hs 2 BGB auf einen Minderungsanspruch nach § 537 BGB oder auf Schadensersatz nach §§ 249, 538 I BGB erkennen.
**Mitverschulden:** Eine seinetwegen erfolgende Kürzung ist als bloßes Minus zulässig, BGH NJW **97**, 2235.
**Postensache:** Das Gericht darf nur die Endsumme der die Einheit bildenden Posten nicht überschreiten; einzelne Posten dürfen sich der Höhe nach grundsätzlich verschieben, sogar über das jeweils einzeln Geforderte hinaus, BGH GRUR **90**, 355, Nürnb JB **75**, 771. Freilich darf das Gericht der Partei für einen Zeitabschnitt nicht auf solchem Saldierungsweg mehr, als gerade für sie zB als Rente beantragt, zusprechen, BGH VersR **90**, 212.
**Räumung:** Im Rahmen des § 308 a ist das Gericht nicht an die Parteianträge gebunden.
S auch Rn 9 „Künftige Leistung".
**Rente:** Rn 9 „Kapitalabfindung".
**Säumnis:** Das Gericht darf auch beim bloßen Versäumnisantrag des Klägers durch ein sog unechtes Versäumnisurteil entscheiden, § 331 Rn 21. Im Kleinverfahren nach § 495 a ist das Gericht berechtigt, trotz bloßen Antrags auf ein Versäumnisurteil durch ein die Instanz beendendes Urteil zu entscheiden, § 495 a Rn 75, sollte freilich ein solches Urteil eindeutig als solches bezeichnen und nach § 495 a II begründen.
**Schadensberechnung:** Rn 11 „Vorbehalt".
**Schmerzensgeld:** Rn 11 „Unbezifferter Antrag".
**Stufenklage:** Das Gericht darf nicht eine Endsumme mit einem Betrag auffüllen, den es einem noch nicht bezifferten Zahlungsanspruch einer Stufenklage entnimmt, BGH GRUR **90**, 355.
**Teilanspruch:** Das Gericht darf natürlich grds einen Teilanspruch statt des ganzen zuerkennen.
Es darf aber *nicht* zu einer bloßen Teilmaßnahme verurteilen, die dem Kläger nur im Rahmen eines nicht durchsetzbaren Gesamtplans nützen würde, LG Köln WoM **93**, 41.
S auch Rn 9 „Feststellung".
**Unbezifferter Antrag:** Soweit er zulässig ist, darf das Gericht die vom Kläger genannte Mindestsumme, aber auch die von ihm genannte Größenordnung, § 253 Rn 59, überschreiten, BGH VersR **96**, 990 (im Ergebnis zustm Frahm 1212), Fenn ZZP **89**, 134, MüKoMu 14, aM Röttger NJW **94**, 369 (aber diese Befugnis ist nur eine zwingende Folge der Zulässigkeit eingrenzbarer unbezifferter Antragstellung). Düss RR **95**, 955 begrenzt die Überschreitung auf 20%.
**Unterhalt:** Da Elementar- und Altersvorsorgeunterhalt zu demselben Anspruch gehören, darf das Gericht die Mitteilung anders vornehmen, Hamm FamRZ **99**, 443.
**Unterlassung:** Beim Unterlassungsurteil ist gegenüber einer Erstreckung des Tenors auf den „Kern", § 890 Rn 2, mangels eines präzisen Antrags Zurückhaltung geboten, Schubert ZZP **85**, 51.
S auch „Verbot".
**Vaterschaft:** Keine Bindung des Gerichts liegt vor bei § 641 h (Abweisung der verneinenden Vaterschaftsfeststellungsklage).
**Verbot:** Das Gericht darf ein beantragtes Verbot eingeschränkt aussprechen.
Das Gericht darf *nicht* zu einer zeitlichen Einschränkung zB eines Flugbetriebs statt zur begehrten Unterlassung zu starken Lärms verurteilen, BGH **69**, 122.
**Versäumnis:** Rn 10 „Säumnis".
**Verurteilung des Klägers:** Das Gericht darf den Kläger nicht ohne eine Widerklage oder einen Zwischenantrag des Bekl verurteilen.
**Vollstreckbarkeit:** Das Gericht hat stets von Amts wegen auf die Frage der Vollstreckbarkeit des Urteils zu achten, § 139.
**Vollstreckungsschaden:** Das Gericht darf nicht ohne einen Antrag nach § 717 II entscheiden.
**Vorbehalt:** Das Gericht darf eines bloßes Vorbehaltsurteil statt eines endgültigen erlassen. Es darf wegen der Besonderheiten im Patent- und Wettbewerbsprozeß auch ohne Antrag dem Schuldner wahlweise vorbehalten, daß der Gläubiger die für die Berechnung des Schadens maßgebenden Umstände einer Vertrauensperson mitzuteilen habe, BGH GRUR **78**, 53.
S aber auch Rn 8 „Aufrechnung".
**Währungswechsel:** Das Gericht darf nicht eine Zahlung statt in der ursprünglich begehrten Währung nun in einer anderen ausurteilen, vgl § 264 Rn 8 „Auswechslung von Währungen", BGH IPRax **94**, 366.
**Widerruf:** Zum Problem (allzu) präziser Widerrufsanträge Ritter ZZP **84**, 168.
**Wiederherstellung:** Rn 9 „Geldersatz".
**Wohnungseigentum:** In einer WEG-Sache ist das Gericht nur ausnahmsweise gebunden, BayObLG NJW **74**, 1910.
**Zug um Zug:** Das Gericht darf Zug um Zug statt unbedingt verurteilen, BGH **117**, 3.
**Zwangsvollstreckung:** Rn 8 „Duldung".

**8) Verstoß, I.** Ein Verstoß gegen I betrifft nicht die Form, sondern das sachliche Prozeßrecht. Er ist daher nach § 295 II unheilbar und von Amts wegen in jeder Lage des Verfahrens zu beachten, Grdz 39 vor § 128, BGH RR **89**, 1087, BAG NJW **71**, 1332, KG OLGZ **74**, 266. Hat das erstinstanzliche Gericht mehr, als beantragt, zugesprochen, so genügt zur Aufrechterhaltung eine auch nur hilfsweise Übernahme in den Berufungsantrag, BGH NJW **99**, 61, bzw in den Antrag auf Zurückweisung der Berufung, BGH FamRZ

10

11

12

13

## §§ 308, 308a  2. Buch. 1. Abschnitt. Verfahren vor den LGen

86, 662, auch ohne eine Anschlußberufung, BGH NJW 79, 2250, LG Kaisersl NJW 75, 1037; etwas anders gilt bei einem Antrag auf Zurückweisung der Revision, BGH WertpMitt 80, 344, BAG DB 75, 892, und bei einer Stufenklage, KG OLGZ 74, 266.

**14** Man muß einen Verstoß durch das jeweils zulässige *Rechtsmittel* geltend machen, §§ 511 ff, Ffm FamRZ 94, 835, Hamm MDR 85, 241. Der Verstoß führt zur Aufhebung und Zurückverweisung, Köln JB 70, 177. Wenn das nicht möglich ist, da es gegen das Urteil kein Rechtsmittel gibt, Einf 13 vor §§ 322–327, dann ist eine Verfassungsbeschwerde zulässig, Art 103 I GG, BVerfG 28, 385, Schneider MDR 79, 620. Bei einem nur versehentlichen Verstoß kommt eine Urteilsergänzung entsprechend § 321 in Betracht, Klette ZZP 82, 93 nur, RoSGo § 133 I 1 b, ZöV 6, aM MüKoMu § 321 Rn 7. Die Gerichtskosten sind dann evtl gemäß § 8 GKG niederzuschlagen, Köln MDR 72, 1044. Wert: Maßgeblich ist der Antrag, nicht die Entscheidung, BGH LM § 5 Nr 12, Schneider MDR 74, 183.

**15** 9) **Prozeßkosten, I, II.** Ein klarer Grundsatz hat wenige Ausnahmen.

**A. Grundsatz: Entscheidung von Amts wegen.** Über die Kostenpflicht hat das Gericht wegen des öffentlichen Interesses an gerechter Kostenverteilung, Musielak (vor Rn 1) 356, grundsätzlich von Amts wegen zu erkennen, BGH RR 95, 1211, Schneider MDR 97, 706 Teilkostenentscheidung). Das gilt auch im Fall der Gerichtskostenfreiheit, OVG Kblz Rpfleger 83, 124, im Urkundenprozeß nach §§ 592 ff, Karlsr OLGZ 86, 125, und bei einer Prozeßkostenhilfe, §§ 114 ff. Ein diesbezüglicher Parteiantrag ist überflüssig und nur eine Anregung. Es kann eine Schlechterstellung eintreten, Rn 17. Dies gilt auch für den Fall des § 91 a, dort Rn 62, aM KG FamRZ 94, 1608 (aber Kosten bleiben Kosten), oder zB Patenterteilungsverfahren, § 99 I PaTG, BGH 92, 139. Etwas anderes gilt nur bei §§ 269 III 3, 515 III 2, 566 (bloße Feststellungen). Soweit § 98 eingreift, ergeht nur bei einem (nachträglichen) Streit oder Antrag ein Beschluß, der die gesetzliche Kostenfolge bestätigt. Eine mündliche Verhandlung ist unnötig, § 128 Rn 10.

**16** **B. Ausnahmen.** Freilich besteht trotz II nicht stets eine Pflicht des Gerichts, über die Kosten von Amts wegen zu entscheiden. Das gilt zB bei einer Zurückverweisung, §§ 538 ff, 563, oder bei einem Prozeßvergleich, § 98, oder überhaupt insoweit, als die Kostenfolge ohnehin kraft Gesetzes eintritt, Bergerfurth NJW 72, 1841, Musielak (vor Rn 1) 357, aM Köln JB 83, 1882, und die Partei nicht einen Anspruch auf einen ja nur klarstellenden entsprechenden Ausspruch hat, wie etwa bei § 269 III 3, ferner zB bei § 308 a.

**17** **C. Verstoß, II.** Ein Verstoß ist von Amts wegen zu beachten, Grdz 39 vor § 128, BGH RR 98, 334 (§ 536 ist unanwendbar). Es würde aber zu weit führen, ein Urteil schon deshalb als unwirksam zu beurteilen, weil etwas anderes beantragt wurde, sofern überhaupt ein Rechtsschutzgesuch an das Gericht vorlag, Üb 10, 19 vor § 300, Musielak (vor Rn 1) 360, aM Jauernig, Das fehlerhafte Zivilurteil (1958) 156 ff, RoSGo § 133 I 1 b. Dasselbe gilt erst recht beim Zusprechen eines Mehr.

**18** 10) **Rechtsmittel, I, II.** Gegen einen Verstoß hat der Betroffene die sofortige Beschwerde. § 269 III 4–5 gelten entsprechend, Bergerfurth NJW 72, 1841. In der Rechtsmittelinstanz unterliegt die Kostenentscheidung nicht dem Verbot der nachteiligen Änderung. BGH NJW 81, 2360, BAG BB 75, 231. Dies gilt aber nur dann, wenn das Rechtsmittel zulässig ist. Soweit das LG als Berufungsgericht oder als Beschwerdegericht entschieden hat, ist die Beschwerde unzulässig, § 567 III 1, ebenso nach einer Entscheidung des OLG, § 567 IV 1. Beim unzulässigen Rechtsmittel ist die Kostenentscheidung der ersten Instanz gar nicht zu prüfen, aM BayObLG ZZP 55, 424. Sind die Kosten übergangen worden, so ist § 321 anwendbar, Celle JB 76, 1255. Es gibt keinen Rechtsbehelf und nach dem Ablauf der Frist zum Ergänzungsantrag keine besondere Klage. Beim Rpfl gilt § 11 RPflG, § 104 Rn 41 ff.

**19** 11) **Verfassungsbeschwerde, I, II.** Nach dem Eintritt der Rechtskraft bleibt nur die Verfassungsbeschwerde denkbar, vgl § 579 Rn 8.

**20** 12) **VwGO:** Statt I gilt § 88 VwGO. II ist entsprechend anwendbar, § 173 VwGO, BVerwG 14, 171, als (selbstverständliche) Ergänzung zu § 161 I VwGO; ein fehlender Kostenausspruch kann in der Berufungsinstanz von Amts wegen nachgeholt werden, VGH Mü BayVBl 82, 542.

---

**308a** *Ausspruch auf Fortsetzung des Mietverhältnisses.* [1]¹Erachtet das Gericht in einer Streitigkeit zwischen dem Vermieter und dem Mieter oder dem Mieter und dem Untermieter wegen Räumung von Wohnraum den Räumungsanspruch für unbegründet, weil der Mieter nach den §§ 556 a, 556 b des Bürgerlichen Gesetzbuchs eine Fortsetzung des Mietverhältnisses verlangen kann, so hat es in dem Urteil auch ohne Antrag auszusprechen, für welche Dauer und unter welchen Änderungen der Vertragsbedingungen das Mietverhältnis fortgesetzt wird. ²Vor dem Ausspruch sind die Parteien zu hören.

II Der Ausspruch ist selbständig anfechtbar.

**1** 1) **Systematik, I, II.** Es handelt sich um eine vom Grundsatz des § 308 I abweichende vorrangige Sondervorschrift, Musielak Festschrift für Schwab (1990) 358.

**2** 2) **Regelungszweck, I, II.** Die Vorschrift schränkt die Parteiherrschaft, Grdz 18 vor § 128, im Interesse des Rechtsfriedens in ihrem sozial so empfindlichen Geltungsbereich bewußt ein. Das ist bei der Auslegung mitzubeachten.

**3** 3) **Geltungsbereich, I, II.** Die Vorschrift gilt in dem in I umrissenen Sonderfall und nur in dieser Lage. Es muß also eine Räumungsklage aus den dort genannten Gründen derzeit unbegründet sein. I 1 gilt in den *neuen Bundesländern* entsprechend, Art 232 § 2 VI 2 EGBGB.

**4** 4) **Fortsetzung des Mietverhältnisses, I.** § 308 a zwingt das Gericht von Amts wegen, also ohne Notwendigkeit eines Antrags, Grdz 39 vor § 128, AG/LG Freibg WoM 93, 402, AG Friedberg WoM 93,

## 2. Titel. Urteil §§ 308a, 309

675, im Fall der Abweisung der Räumungsklage unabhängig davon, ob der Mieter eine Fortsetzung des Mietverhältnisses verlangt *hat* (es genügt nach I 1, daß er sie fordern *kann*), rechtsgestaltend, Pergande NJW 64, 1934, in der Urteilsformel darüber zu entscheiden, wielange, am praktischsten: bis zu welchem Datum, und unter welchen Bedingungen das Mietverhältnis fortbestehen soll. Es ist ein bestimmter Endzeitpunkt und nicht etwa eine Fortsetzung auf unbestimmte Zeit auszusprechen, aM insofern AG Friedberg WoM 93, 675 (aber das Gesetz verlangt einen Anspruch „für welche Dauer"). Auch eine Mieterhöhung kommt in Betracht, vgl auch LG Aurich WoM 92, 610, LG Heidelb WoM 94, 682, freilich nur wenn der Vermieter sie nur mittels Kündigung durchsetzen könnte, AG Heidenheim WoM 92, 436.

Beiden Parteien ist dazu das *rechtliche Gehör* zu geben, Art 103 I GG. Ein Termin ist unverzüglich zu **5** bestimmen, § 216, und zwar auch für die Zeit vom 1. 7. bis 31. 8. ohne spätere Verlegungsmöglichkeit, § 227 III 2 Hs 1 Z 2. Ein Versäumnisurteil nach § 331 ist gegen den Bekl unzulässig, soweit die vom Kläger genannten Tatsachen (im Zweifel nicht) einen Fortsetzungsanspruch des Bekl ergeben. Das Gericht ermittelt sie aber nicht von Amts wegen, Grdz 39 vor § 128. Der Kläger kann aber auch für den Fall der Abweisung seiner Räumungsklage aus den §§ 556 a oder b, 565 d BGB hilfsweise beantragen, daß das Mietverhältnis nicht länger als bis zum .... fortgesetzt werde. Die Klärung der Verhältnisse, die ein solcher Mietstreit ohnehin erfordert, hat sich auch darauf zu erstrecken. Das Gericht wirkt bei der Erörterung der Sache daraufhin, daß dazu zweckentsprechende Anträge gestellt werden, § 139. Sie können auch durch eine Widerklage gestellt werden. Diese liegt im Zweifel aber nicht vor. Ein Zwischenantrag entsprechend §§ 302 IV, 717 III 2 ist zulässig. Die vorläufige Vollstreckbarkeit seiner Entscheidung richtet sich nach § 708 Z 7.

*Kostenrechtlich* findet keine Zusammenrechnung der Ansprüche auf Räumung und auf Fortsetzung des **6** Mietverhältnisses statt, § 16 III, IV GKG. § 93 b ist anwendbar, §§ 91, 93 sind nur hilfsweise anwendbar. Berichtigung bzw Urteilsergänzung sind gemäß §§ 319, 321 möglich. Auf § 564 c BGB ist § 308 a unanwendbar, AG Hbg WoM 88, 364.

**5) Rechtsmittel, II.** Die Entscheidung ergeht in dem Urteil, durch das der Räumungsanspruch (als **7** derzeit noch unbegründet) abgewiesen wird. Auch wenn der Kläger insofern kein Rechtsmittel einlegt, kann er den Ausspruch über die Dauer der Fortsetzung des Mietverhältnisses und über die Vertragsbedingungen selbständig mit der Berufung anfechten. Das gilt auch für den Bekl, ohne daß es darauf ankommt, ob er in 1. Instanz mit dem Abweisungsantrag Erfolg hatte und ob er wegen der Mietvertragsfortsetzung Anträge gestellt hat, da über die Dauer und die Bedingungen der Fortsetzung des Mietverhältnisses von Amts wegen zu entscheiden war, I. Auch das Berufungsgericht hat in einer Räumungssache beim Vorliegen der §§ 556 a, b BGB den § 308 a von Amts wegen zu beachten.

## 309 Besetzung des Gerichts. Das Urteil kann nur von denjenigen Richtern gefällt werden, welche der dem Urteil zugrunde liegenden Verhandlung beigewohnt haben.

**Schrifttum:** *Schmidt,* Richterwegfall und Richterwechsel im Zivilprozeß, Diss Hann 1993.

**1) Systematik.** Die Vorschrift regelt eine wesentliche Frage der Besetzung des Gerichts. Nur diejenigen **1** Richter dürfen die Sachentscheidung treffen, in der Sache Beschluß fassen, die bei der für diese Entscheidung maßgeblichen (Schluß-)Verhandlung die Richterbank gebildet haben, BGH NJW 81, 1274.

**2) Regelungszweck.** § 309 dient in einer Ausprägung auch des Gebots des gesetzlichen Richters, **2** Art 101 I 2 GG, der Mündlichkeit und Unmittelbarkeit der Verhandlung, § 128 Rn 1, Köln NJW 77, 1159.

**3) Geltungsbereich.** Wegen des Regelungszwecks, Rn 2, ist die Vorschrift zwar in allen Verfahren mit **3** tatsächlich stattgefundener mündlicher Verhandlung nach der ZPO anwendbar, findet aber nicht auf (von vornherein oder schließlich) schriftliche Entscheidungen gemäß §§ 128 II, III, 495 a Anwendung, BGH RR 92, 1065, StJL 17, ThP 2, ZöV 6, aM Krause MDR 82, 186. Auch im Verfahren nach Aktenlage, § 251 a, ist § 309 unanwendbar, BGH **LM** § 41 h PatG aF Nr 7, ebenso im FGG-Verfahren, BayObLG MDR 83, 326, Köln FamRZ 92, 200 rechts, nicht aber im WEG-Verfahren, BayObLG RR 91, 140. Der Einzelrichter des § 348 muß nach der Übertragung auf ihn die Verhandlung geleitet haben, Köln NJW 77, 1159. § 309 gilt auch für *Beschlüsse,* die nach einer mündlichen Verhandlung ergehen, § 329 I 2, und für Beschlüsse nach Aktenlage, §§ 251 a, 331 a. Vorher von anderen Richtern ordnungsgemäß gefaßte Beschlüsse bleiben wirksam. Über die Beratung und Abstimmung §§ 192 ff GVG.

**4) Einzelfragen.** Unschädlich, wenn auch oft unzweckmäßig, ist grundsätzlich ein Richterwechsel **4** zwischen der Beweisaufnahme und der Schlußverhandlung, § 285 II, BGH NJW 79, 2518, Hamm MDR 93, 1235. Der Richter der Schlußverhandlung darf also eine Urkunde auswerten, die ein anderer Richter in der Beweisaufnahme gesehen hat; der Richter der Schlußverhandlung darf einen Zeugen würdigen, dessen Aussage ausnahmsweise von dem anderen Richter des Beweisaufnahmetermins protokolliert wurde, BGH 53, 257, er darf keine Aussage unprotokolliert, er kann auch von einem anderen Richter gemachte Aussage verwerten, Düss NJW 92, 188, Hamm MDR 93, 1236, Schlesw MDR 99, 761, auch keinen nicht (genügend) protokollierten Augenschein, BGH VersR 92, 884. Freilich zwingt nicht jeder Richterwechsel zur Antragswiederholung, § 295 I, Düss NJW 92, 188, Kirchner NJW 71, 2158, ZöV 4, aM BAG NJW 71, 1332. Mehrere Termine können dennoch dieselbe Schlußverhandlung bilden, VGH Mannh JZ 85, 852 (VwGO).

Wechselt ein Richter zwischen der Schlußverhandlung und der *Beschlußfassung* zum Urteil, so muß die **5** Verhandlung vom neuen Richter wiedereröffnet werden, § 156. Der neue Richter kann dann auch nicht argumentieren, die Sache sei schon entscheidungsreif, § 300 Rn 6. Denn er kann den bisherigen Richter, falls dieser überhaupt noch amtiert, nicht zur Entscheidung gegen dessen Überzeugung zwingen; mag er die wegen der eigenen Überzeugung nach § 309 notwendige nochmalige Verhandlung durchführen. Wechselt

## §§ 309, 310
2. Buch. 1. Abschnitt. Verfahren vor den LGen

ein Richter zwischen der Beschlußfassung und der Verkündung des Urteils, § 310, so ist § 309 unanwendbar, der neue Richter darf und muß also die bloße Verkündung dann vornehmen, BGH **61**, 370, Krause MDR **82**, 186; etwas anderes gilt hinsichtlich der Unterschriften, § 315 Rn 1.

6 **5) Verstoß.** Ein Verstoß macht das Urteil nicht nichtig, Grdz 11, 14 vor § 300, sondern führt zur Zurückverweisung, Köln NJW **77**, 1159, und ist ein unbedingter Revisions- und Nichtigkeitsgrund im Sinn von §§ 551 Z 1, 579 I Z 1, BVerfG NJW **64**, 1020, BAG NJW **71**, 1332. Ein Verstoß nur der ersten Instanz ist aber in der Revisionsinstanz nur gem § 549 I beachtlich, BGH FamRZ **86**, 898. Nach der Erschöpfung des Rechtswegs ist evtl die Verfassungsbeschwerde gemäß Art 101 I 2 GG statthaft.

7 **6) VwGO:** *Es gilt § 112 VwGO (inhaltsgleich).*

**310** *Urteilsverkündung. Zeit.* I ¹Das Urteil wird in dem Termin, in dem die mündliche Verhandlung geschlossen wird, oder in einem sofort anzuberaumenden Termin verkündet. ²Dieser wird nur dann über drei Wochen hinaus angesetzt, wenn wichtige Gründe, insbesondere der Umfang oder die Schwierigkeit der Sache, dies erfordern.

II Wird das Urteil nicht in dem Termin, in dem die mündliche Verhandlung geschlossen wird, verkündet, so muß es bei der Verkündung in vollständiger Form abgefaßt sein.

III Bei einem Anerkenntnisurteil und einem Versäumnisurteil, die nach § 307 Abs. 2, § 331 Abs. 3 ohne mündliche Verhandlung ergehen, wird die Verkündung durch die Zustellung des Urteils ersetzt.

**Gliederung**

| | |
|---|---|
| 1) Systematik, §§ 310–312 ............... 1 | A. Grundsatz: Unmittelbar nach Verhandlung ................... 6–9 |
| 2) Regelungszweck, I–III ............... 2 | B. Verstoß, II ................... 10 |
| 3) Geltungsbereich, I–III ............... 3 | 7) Zustellung, III ................... 11–13 |
| 4) Grundsatz: Verkündungszwang, I ..... 4 | A. Grundsatz: Verkündungsersatz ....... 11, 12 |
| 5) Verstoß, I ................... 5 | B. Verstoß, III ................... 13 |
| 6) Verkündungszeit, I, II ............... 6–10 | 8) *VwGO* ................... 14 |

1 **1) Systematik, §§ 310–312.** Die Vorschriften regeln einen wesentlichen Akt der Entstehung des Kernstücks des Prozesses, des Urteils. Sie sind im Zusammenhang zu verstehen.

2 **2) Regelungszweck, I–III.** Die ordnungsgemäße Bekanntgabe des Urteils dient der Rechtssicherheit, Einl III 43. Sie hat eine hohe Bedeutung, auch zur Vermeidung aller möglicher Grauzonen im Umfeld von Zustandekommen und Korrektur der Entscheidung, an die das Gericht ja nach § 318 gebunden ist. Das ist bei der Auslegung mitzubeachten.

3 **3) Geltungsbereich, I–III.** Die Vorschrift gilt in allen Verfahren nach der ZPO. Eine Verkündung erfolgt auch im schriftlichen Verfahren, § 128 II, Ffm MDR **80**, 320, § 128 III, oder bei einem Urteil nach Aktenlage, § 251 a II 2. Nur beim Anerkenntnis- oder Versäumnisurteil ohne mündliche Verhandlung tritt seine Zustellung an die Stelle der Verkündung, § 310 III, BGH VersR **84**, 1193, Unnützer NJW **78**, 986. Die Protokollierung erfolgt gemäß § 160 III Z 7. Ihr Nachweis ist nur nach § 165 möglich. Der Verkündungs- bzw Zustellungsvermerk, § 315 III, beweist die Verkündung nicht. Zulässig ist der Nachweis, daß das Protokoll verloren ist. Die Öffentlichkeit richtet sich nach § 173 GVG. Vgl §§ 60, 84 ArbGG, § 94 I 2 PatG, zu letzterem Schmieder NJW **77**, 1218.

4 **4) Grundsatz: Verkündungszwang, I.** Jedes Urteil ist zu verkünden, das auf Grund einer mündlichen Verhandlung ergeht. Eine vereinbarte Urteilszustellung kann die notwendige Verkündung nicht ersetzen. Erst die Verkündung bringt das Urteil rechtlich zum Entstehen, BGH NJW **94**, 3358, Ffm RR **95**, 511, Vogg MDR **93**, 293. Erst mit der Verkündung ist das Urteil „gefällt", „erlassen", §§ 309, 318. Bis zur Verkündung bleibt es eine innere Angelegenheit des Gerichts, ist lediglich ein abänderbarer Urteilsentwurf, § 299 III, BGH VersR **84**, 1193, Ffm MDR **90**, 63, Unnützer NJW **78**, 986. Dasselbe gilt wegen § 160 III Z 7, § 165, wenn etwa eine Protokollierung unterblieben wäre. Von der Verkündung ab ist das Urteil unabänderlich, § 318.

5 **5) Verstoß, I.** Ob eine ordnungsmäßige Verkündung bzw Zustellung vorliegt, hat die höhere Instanz jederzeit von Amts wegen zu prüfen, Grdz 39 vor § 128. Bei einem leichteren Mangel erfolgt die Prüfung allerdings nur auf Grund einer Rüge, BGH **61**, 370, Düss MDR **77**, 144, während eine Rüge bei einem Verstoß gegen eine unerläßliche Formvorschrift entbehrlich ist. Das Fehlen einer Verkündung führt (zunächst) zur bloßen Scheinentscheidung, Üb 11 ff vor § 300, Ffm RR **95**, 511, Zweibr FamRZ **92**, 972. Die fehlende oder mangelhafte Verkündung läßt sich aber grundsätzlich nachholen, Ffm FamRZ **92**, 972 (nach 2½ Jahren zweifelhaft), freilich ist evtl § 128 II 3 zu beachten, Ffm FamRZ **78**, 430, Schlesw SchlHA **79**, 21. Die Nachholung ist selbst nach einer Rüge bis zum Urteil der nächsthöheren Instanz möglich.

*Beispiele von Fehlern:* Der Einzelrichter, § 348, verkündet ein Kollegialurteil und umgekehrt, Düss MDR **77**, 144; es erfolgt eine Verkündung durch den nach der Geschäftsverteilung unzuständigen Richter, LAG Ffm BB **88**, 568; die Verkündung erfolgt statt im Sitzungs- im Beratungszimmer ohne Herstellung dortiger Öffentlichkeit; es erfolgt eine Zustellung statt der notwendigen Verkündung und umgekehrt, Ffm MDR **80**, 320. Im Fall des § 311 II 1 erfolgt eine bloße Bezugnahme auf die Urteilsformel, BGH VersR **85**, 46. Erst recht läßt sich eine fehlende Protokollierung der Verkündung nachholen, § 164, § 163 Rn 3; ein verständi-

## 2. Titel. Urteil § 310

ger Vorsitzender schickt die Akten dann einfach zur Nachholung zurück. Fehlt die Verkündung, so liegt kein Urteil vor, so daß keine Urteilsanfechtung möglich ist, Rn 1; insoweit inkonsequent Ffm MDR **91**, 63. Anders ist die Lage, wenn die Geschäftsstelle eine Ausfertigung als Urteilsausfertigung erteilt hat, wenn also äußerlich ein Urteil vorliegt; dann sind die gewöhnlichen Rechtsmittel statthaft, Ffm RR **95**, 511, Köln Rpfleger **82**, 113, LAG Hamm BB **98**, 275.

Eine *mangelhafte Verkündung* läßt aber ebenfalls Rechtsmittel zu, §§ 511 ff, BGH VersR **84**, 1193, Schlesw SchlHA **79**, 21, und zwar schon deshalb, weil aus einem solchen Urteil die Zwangsvollstreckung droht. Freilich beginnen die Fünfmonatsfristen der §§ 516, 552 mangels wirksamer Verkündung nicht zu laufen, vgl BGH VersR **85**, 46. Das Urteil beruht meist nicht auf einem Fehler der Verkündung, Köln Rpfleger **82**, 113. Andernfalls erfolgt eine Zurückverweisung. Vgl auch § 312 Rn 4. Das Urteil in einer Baulandsache wird von dem besonderen Spruchkörper verkündet; jedoch ist seine Verkündung durch eine Zivilkammer (Senat) desselben Gerichts wirksam. Das Urteil eines Einzelrichters, § 348, wird von ihm verkündet; die Verkündung durch seine Kammer wird nur auf Rüge als Verfahrensverstoß gewertet, Düss MDR **77**, 144.

**6) Verkündungszeit, I, II.** Eine sofortige Verkündung birgt Risiken. 6

**A. Grundsatz: Unmittelbar nach Verhandlung.** Grundsätzlich soll sich die Verkündung unmittelbar an die Verhandlung und Beratung anschließen („Stuhlurteil"), Stgt NJW **84**, 2539. Zulässig ist es auch, am Schluß der (einzelnen) Verhandlung einen Beschluß zu verkünden, daß „am Schluß der (gesamten) Sitzung eine Entscheidung verkündet werden" soll, und dann am Sitzungsschluß nach nochmaligem Aufruf nebst Feststellung der Anwesenden zu Protokoll das Urteil zu verkünden. Namentlich bei einer Verhandlung durch nur einen Richter ist dieses Verfahren elegant und dient der wünschenswerten Prozeßbeschleunigung. Es ist aber beim geringsten Zweifel und oft auch bei scheinbar eindeutiger Sach- und Rechtslage in Wahrheit riskant. Wenn der Richter nämlich das Urteil schriftlich erst nach der Verkündung absetzen kann, können sich Bedenken ergeben, die zu mangelhafter Begründung oder inkorrekter „Berichtigung" führen.

In einer solchen Lage sollte der Richter von der Möglichkeit Gebrauch machen, das Urteil in einem 7 *besonderen Verkündungstermin* zu verkünden. Das Gericht muß ihn sofort anberaumen. Dazu reicht es aber auch: am Schluß der Sitzung „weitere Entscheidung am ..." zu verkünden. „Sofort" meint zweckmäßig: sofort bei Entscheidungsreife, zB nach Ablauf einer Frist nach §§ 379 S 2, 402. Eine Ladung ist entbehrlich, § 218. Das Gericht darf den Verkündungstermin auf grundsätzlich höchstens drei Wochen hinausschieben, länger nur aus wichtigem Grund, insbesondere wenn der Umfang oder die Schwierigkeit der Sache es erfordern, I 2. Das Gericht hat insofern aber, insbesondere bei Überlastung, einen Ermessensspielraum, der durch eine etwaigen Wegfall einer Rechtsmittelmöglichkeit nicht stets überschritten wird, BVerfG RR **93**, 253 (keine Willkür bei dargelegten Erwägungen), und den natürlich auch keine Dienstaufsicht unterlaufen darf, schon gar nicht, wenn Kanzlei und/oder Geschäftsstelle verzögerlich arbeiten bzw ebenfalls überlastet sind. Ein wegen § 283 erzwungener Verkündungstermin kann bereits eine Verzögerung nach § 296 bedeuten, § 283 Rn 1, Stgt NJW **84**, 2539.

Ein Termin braucht und sollte schon wegen etwa zutage tretender Notwendigkeit etwa eines Beweisbeschlusses nur zur Verkündung „einer *Entscheidung*", nicht „des Urteils", angesetzt zu werden; auch im ersteren Fall müssen die Parteien grundsätzlich (auch) mit einem Urteil rechnen, BGH VersR **83**, 1082. Auch ist zumindest in ständiger Praxis ein Verkündungstermin für den Fall eines rechtzeitigen Widerrufs eines Prozeßvergleichs, dazu Anh § 307 Rn 10, üblich und trotz solcher Bedingung zulässig; geht kein rechtzeitiger Widerruf ein, so muß man den Verkündungstermin nicht zusätzlich aufheben; denn seine Bedingung existiert nicht mehr; freilich mag bei Streit über die Wirksamkeit des Widerrufs eine neue Verhandlung nötig werden, Anh § 307 Rn 14, 36 ff.

Der Termin kann auch durch einen verkündeten Beschluß *hinausgeschoben* werden, und zwar auch durch 8 andere Richter als die nach § 309 berufenen. Gegen eine zu weite Hinausschiebung schützen § 252, auch eine Dienstaufsichtsbeschwerde, BVerfG NJW **89**, 3148. Eine Verkündung in einem erst später anberaumten Termin führt nicht zur Aufhebung. Der Verkündungstermin läßt ausschließlich die Verkündung zu, sonst nichts, weder eine Verhandlung noch eine Beweisaufnahme. Die Verkündung erfolgt durch den Vorsitzenden, § 136 IV; im besonderen Verkündungstermin ist die Anwesenheit der Beisitzer unnötig, § 311 IV 1. Die Parteien können abwesend sein, § 312 I.

Die Verkündung in einem durch Unterbrechung über den natürlichen Tagesrhythmus hinaus erstreckten, 9 nicht als besonderen Verkündungstermin anberaumten, *Verhandlungstermin* ist unzulässig, Ffm AnwBl **87**, 235. Ein besonderer Verkündungstermin nur deshalb, weil in der Zeit zwischen dem Verhandlungsschluß und der Verkündung eine wirksame Nachholung eines Mieterhöhungsverlangens nach § 2 III Hs 1 MHG denkbar oder angekündigt ist, ist unzulässig. Denn das Gericht müßte dann einerseits den Ablauf der Zustimmungsfrist nach § 2 III Hs 2 MHG abwarten, dürfte aber andererseits den Prozeß nicht schon deshalb aussetzen, Einf 1 vor §§ 148–155, § 148 Rn 7, käme also doch nicht weiter. Wenn freilich nur noch der Ablauf der bereits vor dem Verhandlungsschluß begonnenen Frist nach § 2 III Hs 2 MHG abzuwarten ist, mag ein Verkündungstermin (und in ihm eine Wiedereröffnung der Verhandlung, § 156 Rn 3) vertretbar sein. Bei einem besonderen Verkündungstermin muß das Urteil zur Zeit der Verkündung vollständig abgefaßt worden sein, BVerfG NJW **96**, 3203, also in allen seinen Bestandteilen nach § 313 I schriftlich niedergelegt und von allen beteiligten Richtern unterschrieben sein, Mü MDR **86**, 62.

**B. Verstoß, II.** Ein Verstoß, etwa eine Verkündung durch einen nach der Geschäftsverteilung unzuständi- 10 gen Richter, LAG Ffm BB **88**, 568, oder in einem nicht korrekt anberaumten oder im falschen Termin, oder eine Verkündung in einem auch zur Verhandlung bestimmten Termin in einer Nichtsommersache während der in § 227 III 1 genannten Zeit, ist evtl nach § 295 heilbar. Ein Verstoß gegen das Gebot des Vorliegens einer vollständigen Urteilsfassung im besonderen Verkündungstermin beeinträchtigt die Wirksamkeit der Verkündung grundsätzlich nicht, BGH NJW **89**, 1157, Ffm MDR **98**, 124, LAG Ffm BB **88**, 568, ebensowenig ein Verstoß gegen I 2, BGH NJW **89**, 1157, und stellt erst dann einen Verstoß gegen Art 103 I GG dar, wenn sich das Gericht in Wahrheit keineswegs mehr erinnern konnte, BVerfG NJW **96**, 3203. Eine mangelhafte, aber wirksame Verkündung setzt die Frist des § 516 in Lauf, BGH RR **94**, 127; indessen kann

**§§ 310, 311**  2. Buch. 1. Abschnitt. Verfahren vor den LGen

das Urteil in einem krassen Fall (zwischenzeitliches Ausscheiden eines Mitglieds des Kollegiums; Ablauf von sechs Monaten oder mehr seit der Verkündung) aufzuheben sein, Hamm FamRZ **97**, 1166, Stgt AnwBl **89**, 232. Sonderfälle sind in §§ 276, 283, 310 III, 331 a geregelt.

**11**   7) **Zustellung, III.** Sie ist strikt zu beachten.
   **A. Grundsatz: Verkündungsersatz.** Die Zustellung ersetzt bei einem Anerkenntnis- oder Versäumnisurteil ohne mündliche Verhandlung, §§ 276, 307 II, 331 III, die Verkündung, BGH VersR **82**, 597, LG Stgt AnwBl **81**, 197. Eine solche wäre ohne Wirkung. Daran hat sich auch durch Art 6 I 2 Menschenrechtskonvention nichts geändert. Das ist entgegen Zugehör NJW **92**, 2261 keine Gefahr einer „tückischen Falle", sondern eine sich aus der Schriftlichkeit des Vorverfahrens vernünftig ergebende Folge. Die vollständige Fassung einschließlich des etwaigen Tatbestands und der etwaigen Entscheidungsgründe ist beiden Parteien zuzustellen. Die einer Verkündung gleichstehende Wirkung tritt erst mit der letzten notwendigen Zustellung ein, § 317 Rn 1, BGH NJW **96**, 1969, Brdb RR **96**, 767, LG Kiel RR **97**, 1022, aM LG Bückebg RR **86**, 1508.

**12**   Bei *Streitgenossen*, §§ 59 ff, tritt die Wirkung für jeden Streitgenossen besonders ein; bei einer notwendigen Streitgenossenschaft, § 62, tritt sie erst mit der letzten Zustellung für alle Streitgenossen ein. Bei einer Streithilfe, § 66, ist die Zustellung an den Streithelfer notwendig, um die Entscheidung ihm gegenüber wirksam zu machen. Soweit die Verkündung eine Frist in Lauf setzt, wie für die Berichtigung des Tatbestands, § 320 II 3, beginnt die Frist für beide Parteien mit der letzten notwendigen Zustellung zu laufen, Nürnb NJW **78**, 832. Die Zustellung nach III ersetzt nur die Verkündung.

**13**   **B. Verstoß, III.** Nur schwere Fehler machen die Zustellung unwirksam, zB das völlige Fehlen der Mitwirkung des Urkundsbeamten der Geschäftsstelle, §§ 315, 317; ein Vermerk nach § 213; das Fehlen der Unterschriften, § 315, unter dem Original im Zeitpunkt der Zustellung der Ausfertigung. Andere Fehler beeinträchtigen die rechtliche Entstehung des Urteils nicht, zB das Fehlen nur des Ausfertigungs- oder Beglaubigungsvermerks oder des Empfangsbekenntnisses des Anwalts, § 212 a, wenn unstreitig ist, daß er das Urteil erhalten hat.

**14**   8) **VwGO:** Eigene Regelung in § 116 VwGO, dazu BVerwG Buchholz 310 § 116 VwGO Nr 22.

---

**311** *Urteilsverkündung. Form.* ¹Das Urteil ergeht im Namen des Volkes.

II ¹Das Urteil wird durch Vorlesung der Urteilsformel verkündet. ²Versäumnisurteile, Urteile, die auf Grund eines Anerkenntnisses erlassen werden, sowie Urteile, welche die Folge der Zurücknahme der Klage oder des Verzichts auf den Klageanspruch aussprechen, können verkündet werden, auch wenn die Urteilsformel noch nicht schriftlich abgefaßt ist.

III Die Entscheidungsgründe werden, wenn es für angemessen erachtet wird, durch Vorlesung der Gründe oder durch mündliche Mitteilung des wesentlichen Inhalts verkündet.

IV ¹Wird das Urteil nicht in dem Termin verkündet, in dem die mündliche Verhandlung geschlossen wird, so kann es der Vorsitzende in Abwesenheit der anderen Mitglieder des Prozeßgerichts verkünden. ²Die Verlesung der Urteilsformel kann durch eine Bezugnahme auf die Urteilsformel ersetzt werden, wenn in dem Verkündungstermin von den Parteien niemand erschienen ist.

**Schrifttum:** *Schneider*, Rechtsschutzmöglichkeiten gegen formelle Verlautbarungsmängel usw, 1999.

**1**   1) **Systematik, I–IV.** Während §§ 313 ff dem Inhalt des Urteils, § 310 zusammen mit § 311 IV den Vorkündigungszeitpunkt, § 309 die Gerichtsbesetzung regeln, enthalten §§ 311, 312 zusammen mit § 173 I GVG die Formen einer wirksamen Urteilsverkündung, sofern sie überhaupt notwendig ist, vgl § 310 III.

**2**   2) **Regelungszweck, I–IV.** Die Vorschrift bezweckt wegen der zentralen Bedeutung des Urteils eine formell klare Bekanntgabe, und zwar stets in öffentlicher Sitzung, also vor „dem Volk", in dessen Namen das Gericht spricht, § 173 I GVG. Diese Formen sollten nicht verwässert gehandhabt werden.

**3**   3) **Geltungsbereich, I–IV.** Die Vorschrift gilt in allen Verfahren nach der ZPO, auch im arbeitsgerichtlichen Verfahren, § 46 II 1 ArbGG; das gilt auch für IV, §§ 53 II, 60 III ArbGG, Philippsen pp NJW **77**, 1135.

**4**   4) **Verkündungsform, I, II.** Sie wird nicht stets genau beachtet.
   **A. Eingangsformel.** Das Urteil ergeht im Namen des Volkes, vgl Art 20 II GG; zur Geschichte Müller-Graff ZZP **88**, 442. Das Fehlen des Vermerks ist unschädlich, LG Dortm WoM **95**, 548.

**5**   **B. Urteilsformel.** Ihre Verkündung ist der „Geburtsakt" des Urteils, BGH VersR **85**, 46, LAG Köln AnwBl **95**, 159. Sie kann auch „am Schluß der Sitzung" erfolgen; das ist ein Fall von IV, Fischer DRiZ **94**, 97. Grundsätzlich muß die Urteilsformel, nicht auch die Eingangsformel (ihre Erwähnung ist üblich), verlesen werden, sie muß also schriftlich vorliegen, BGH NJW **99**, 794, Roth NJW **97**, 1968, oder wenigstens „laut niedergeschrieben" werden, wie es in der Praxis vielfach üblich ist, wenn auch grundsätzlich nicht unbedingt schon unterschrieben sein, BGH NJW **99**, 794 (nämlich im Stenogramm oder auch nur stehen), das verkennt BFH BB **96**, 997; Ausnahmen: IV. Die Verweisung auf das Protokoll ersetzt die notwendige Verkündungsform nicht. § 137 III ist unanwendbar, weil er nur solche Schriftstücke betrifft, die den Parteien bekannt sind. Doch muß es vernünftigerweise genügen, daß die Parteien die Urteilsformel einsehen. Auch ist die Unterlassung des Vorlesens zweckmäßigerweise als unschädlich anzusehen, BAG DB **88**, 136, Jauernig NJW **86**, 117.

2. Titel. Urteil §§ 311, 312

Ein *Aufstehen* während der Verkündung der Urteilsformel ist nicht üblich, darf aber jederzeit praktiziert werden und ist zumindest nach Aufforderung seitens des Vorsitzenden von jedem Anwesenden mitzuvollziehen, zumal es die Bedeutung des Augenblicks würdig betont, §§ 173 I, 176 ff GVG. Wegen des Protokolls §§ 160 III Z 6, 7, 165, BGH NJW 94, 3358. Wegen des Verkündungsvermerks § 315 III.

**C. Vereinfachte Verkündung.** Eine Verkündung ohne Vorlesen der Urteilsformel ist in folgenden Fällen **6** statthaft, weil ein Auseinanderklaffen von verkündeter und später schriftlich abgefaßter Urteilsformel kaum zu befürchten ist, Jauernig NJW 86, 117: Beim zu verkündenden echten Versäumnisurteil, § 331 II; beim zu verkündenden Anerkenntnisurteil, § 307 I; bei einer Entscheidung auf wirksame Klagrücknahme, § 269 II 2; beim Verzichtsurteil, § 306; beim Urteil auf Rücknahme des Einspruchs, § 346; beim Urteil auf Rechtsmittelrücknahme, §§ 515 III, 566. Unstatthaft ist die vereinfachte Verkündung: Beim unechten Versäumnisurteil, Üb 13 von § 330; beim Aktenlageurteil, § 251 a. Über die Folgen eines Verstoßes § 310 Rn 3. Wegen eines ohne mündliche Verhandlung ergehenden Versäumnis- oder Anerkenntnisurteils § 310 III.

**5) Entscheidungsgründe, III.** Ihre Verkündung ist stets entbehrlich, BAG DB 88, 136. Sie steht im **7** pflichtgemäßen Ermessen des Vorsitzenden als der zur Verkündung nach § 136 IV berufenen Person. Geschieht sie, so sind die wesentlichen Gesichtspunkte mündlich mitzuteilen oder die Gründe zu verlesen. Sie sollte immer mündlich stattfinden, wenn keine schriftliche Begründung erfolgt. Bei einem Widerspruch zwischen den mündlich verkündeten und den schriftlich niedergelegten Gründen gelten die letzteren.

**6) Verkündungstermin, IV.** In einem besonderen Verkündungstermin, der auch in der Zeit vom 1. 7. **8** bis 31. 8. stets zulässig ist, § 227 III 1 Hs 1, braucht nur der Vorsitzende anwesend zu sein. Er darf zu Protokoll auf die Urteilsformel verweisen, wenn von den Parteien beim Aufruf, § 220 Rn 4, niemand erscheint, dh sich niemand zu Protokoll meldet, § 310 II. Er braucht dann also erst recht nicht die Wände (mit dem vollen Tenor) zu „beschreien", BGH NJW 94, 3358, Jauernig NJW 86, 117. Das alles gilt auch, wenn in derselben Sitzung am Schluß, Rn 2, niemand (erneut) erscheint.

**7) Verstoß, I–IV.** Soweit nicht einmal eine schriftliche Abfassung der Urteilsformel erfolgt ist, reicht die **9** Bezugnahme auf das Urteil auch nicht aus, wenn sie im übrigen nach IV erlaubt ist, BGH NJW 85, 1783, aM Jauernig NJW 86, 117 (aber dann entfällt für das Gericht das nach streitiger Verhandlung dringend notwendige Gebot der Selbstkontrolle bei der Urteilsformulierung).
*Mangels wirksamer Verkündung* liegt rechtlich ein bloßer Urteilsentwurf vor, Üb 12 vor § 300, aM BAG NJW 96, 674 (evtl § 319). Er setzt die Rechtsmittelfrist nicht in Lauf, LAG Köln AnwBl 95, 159, auch nicht die Fünfmonatsfristen der §§ 516, 552, BGH VersR 85, 46. Eine fehlerhafte Bekanntgabe des Verkündungstermins ist kein wesentlicher Verlautbarungsmangel, § 310 Rn 3. Die Bezugnahme nach IV 2 ist auch dann ausreichend, wenn diese Verkündung am Ende der mündlichen Verhandlung, §§ 136 IV, 296 a, und nicht in einem besonderen Verkündungstermin erfolgt, BGH VersR 85, 42, Jauernig NJW 86, 117.

**8) VwGO:** Statt **I** gilt § 117 I 1 VwGO. Als Ergänzung zu § 116 I 1 VwGO sind **II** u **III** entsprechend **10** anwendbar, § 173 VwGO, **II** jedoch mit der Einschränkung, daß es Versäumnisurteile im VerwProzeß nicht gibt; **IV** ist ebenfalls entsprechend anwendbar (auch S 1, weil es sich um eine zweckmäßige Erleichterung für alle Kollegialgerichte handelt, die zB unmittelbar für die Baulandgerichte gilt).

**312** *Urteilsverkündung. Parteien.* [I] ¹Die Wirksamkeit der Verkündung eines Urteils ist von der Anwesenheit der Parteien nicht abhängig. ²Die Verkündung gilt auch derjenigen Partei gegenüber als bewirkt, die den Termin versäumt hat.

[II] Die Befugnis einer Partei, auf Grund eines verkündeten Urteils das Verfahren fortzusetzen oder von dem Urteil in anderer Weise Gebrauch zu machen, ist von der Zustellung an den Gegner nicht abhängig, soweit nicht dieses Gesetz ein anderes bestimmt.

**Schrifttum:** S bei § 311.

**1) Systematik, Regelungszweck, I, II.** Die Vorschrift ist eine Ergänzung zu §§ 310, 311, dort Rn 1. **1**

**2) Regelungszweck, I, II.** Das Urteil als Hoheitsakt, Üb 10 vor § 300, soll in seiner Wirksamkeit **2** möglichst wenig gefährdet werden: Die Anwesenheit ist wegen Art 103 I GG nur im Verhandlungsteil eines Termins wichtig, selbst dort aber keine Pflicht. Bei der Verkündung darf man fehlen, ohne eines der Prozeßziele zu gefährden.

**3) Geltungsbereich, I, II.** Die Vorschrift gilt in allen Verfahren nach der ZPO, auch im arbeits- **3** richtlichen Verfahren, § 46 II 1 ArbGG. In WEG-Sachen gilt I nicht, BayObLG NJW 70, 1550.

**4) Wirksamkeit des Urteils, I.** Die Urteilsverkündung, vgl § 310 Rn 1–10, darf in Abwesenheit der **4** Parteien geschehen, Rn 2. Ist das Urteil nicht im verkündeten Termin verkündet worden, sondern in einem den Parteien nicht bekannt gegebenen weiteren Termin, so handelt es sich nicht um ein Nichturteil, sondern um eine Entscheidung, die zur Grundlage für eine Sachentscheidung des Revisionsgerichts werden kann. Ein Fehler ist nur auf eine Rüge zu beachten, § 554 III Z 3 b; meist beruht das Urteil nicht auf ihm, § 310 Rn 1. Mit der Verkündung hat die Partei gesetzlich Kenntnis vom Urteilsinhalt; unerheblich ist, wann sie von ihm wirklich unterrichtet wird. Das gilt auch für ihren gesetzlichen Vertreter oder ProzBev, dessen Verschulden (nur) im Verhältnis zum Prozeßgegner als solches der Partei gilt, §§ 51 II, 85 II.

Die Zustellung des Urteils ist nur für folgende Situationen *unentbehrlich:* Für den Beginn der Zwangsvollstreckung, § 750 I; für den Beginn der Notfristen für den Einspruch und die Rechtsmittel (aber nicht für deren Zulässigkeit), §§ 339 I, 516, 552, 577 II; für den Beginn der Frist zur Tatbestandsberichtigung, § 320

II, und zur Urteilsergänzung, § 321 II; beim Anerkenntnis- oder Versäumnisurteil ohne mündliche Verhandlung, § 310 III.

**5**  5) **Fortsetzung des Verfahrens, II.** Es steht den Parteien frei, ein zum Stillstand gekommenes Verfahren fortzusetzen. Das Gericht hat in diesen Fällen eine entsprechende Willenskundgebung abzuwarten; sie liegt in der ausdrücklichen Anregung oder in einer Antragstellung.

**6**  6) **VwGO:** Entsprechend anzuwenden, § 173 VwGO, auch auf Beschlüsse, RedOe § 122 Anm 6.

## 313 Form und Inhalt des Urteils. [I] Das Urteil enthält:
1. die Bezeichnung der Parteien, ihrer gesetzlichen Vertreter und der Prozeßbevollmächtigten;
2. die Bezeichnung des Gerichts und die Namen der Richter, die bei der Entscheidung mitgewirkt haben;
3. den Tag, an dem die mündliche Verhandlung geschlossen worden ist;
4. die Urteilsformel;
5. den Tatbestand;
6. die Entscheidungsgründe.

[II] [1]Im Tatbestand sollen die erhobenen Ansprüche und die dazu vorgebrachten Angriffs- und Verteidigungsmittel unter Hervorhebung der gestellten Anträge nur ihrem wesentlichen Inhalt nach knapp dargestellt werden. [2]Wegen der Einzelheiten des Sach- und Streitstandes soll auf Schriftsätze, Protokolle und andere Unterlagen verwiesen werden.

[III] Die Entscheidungsgründe enthalten eine kurze Zusammenfassung der Erwägungen, auf denen die Entscheidung in tatsächlicher und rechtlicher Hinsicht beruht.

**Schrifttum:** *Anders/Gehle*, Das Assessorexamen im Zivilrecht, 5. Aufl 1996; *Anders/Gehle*, Handbuch für das Zivilurteil, 2. Aufl 1995; *Anders/Gehle*, Antrag und Entscheidung im Zivilprozeß, 3. Aufl 1997; *Baader*, Vom richterlichen Urteil: Reflexionen über das „Selbstverständliche", 1989; *Balzer/Forsen*, Relations- und Urteilstechnik, Aktenvortrag, 7. Aufl 1993; *Baumfalk*, Die zivilrechtliche Assessorklausur, Ausgabe 1999; *Berg/Zimmermann*, Gutachten und Urteil, 16. Aufl 1994; *Fischer*, Bezugnahmen ... in Tatbeständen ... im Zivilprozeß usw, 1994; *Gehle*, Antrag und Entscheidung im Zivilprozeß, 1999; *Gottwald*, Das Zivilurteil (Anleitung für Klausur und Praxis), 1999; *Grabenhorst*, Das argumentum a fortiori usw, 1990; *Hartmann*, Das Urteil nach der Vereinfachungsnovelle, JR 77, 181; *Huber*, Das Zivilurteil im Assessorexamen, 1995; *Jauernig*, Das gleichwertige („aequipollente") Parteivorbringen, Festschrift für Schwab (1990) 247; *Kegel*, Beweislast- und Relationskunst, Festschrift für Baumgärtel (1990); *Knöringer*, Die Assessorklausur im Zivilprozeß, 7. Aufl 1998; *Köttgen*, Der Kurzvortrag in der Assessorprüfung, 1988; *Kötz*, Über den Stil höchstrichterlicher Entscheidungen, 1973 (Auszüge DRiZ 74, 146 und 183); *Lamprecht*, Richter kontra Richter, Abweichende Meinungen und ihre Bedeutung für die Rechtskultur, 1992; *Lücke*, Begründungszwang und Verfassung, 1987; *Mürbe/Geiger/Wenz*, Die Anwaltsklausur in der Assessorprüfung, 2. Aufl 1996; *Nordhues/Trinczek*, Technik der Rechtsfindung, 6. Aufl 1994; *Rosenberg/Solbach/Wahrendorf*, Der Aktenvortrag in Zivilsachen usw (ASSEX), 2. Aufl 1996; *Sattelmacher/Sirp*, Bericht, Gutachten und Urteil, 32. Aufl 1994; *Schellhammer*, Die Arbeitsmethode des Zivilrichters, 12. Aufl 1997; *Schmitz*, Zivilrechtliche Musterklausuren für die Assessorprüfung, 3. Aufl 1996; *Schmitz/Ernemann/Frisch*, Die Station in Zivilsachen, 4. Aufl 1993; *Schneider*, Zivilrechtliche Klausuren, 4. Aufl 1984; *Schneider*, Beweis und Beweiswürdigung, 5. Aufl 1994; *Schneider*, Der Zivilrechtsfall in Prüfung und Praxis, 7. Aufl 1988; *Schneider*, Richterliche Arbeitstechnik und Praxis, 5. Aufl 1991; *Schneider*, Logik für Juristen, 4. Aufl 1995; *Schneider/Teubner*, Typische Fehler in Gutachten und Urteil einschließlich Akten-Kurzvortrag, 3. Aufl 1990; *Schreiber*, Übungen im Zivilprozeß, 2. Aufl 1996; *Siegburg*, Einführung in die Urteils- und Relationstechnik, 4. Aufl 1989; *Smid*, Richterliche Rechtserkenntnis: zum Zusammenhang von Recht, richterlichem Urteil und Urteilsfolgen im pluralistischen Staat, 1989; *Tempel*, Mustertexte zum Zivilprozeß, Bd II ... Relationstechnik, 4. Aufl 1996; *Vollkommer*, Formenstrenge und prozessuale Billigkeit, 1973; *Vollkommer*, Formzwang und Formzweck, in: Festschrift für Hagen (1999); *Walchshöfer*, Die Abweisung einer Klage als „zur Zeit" unzulässig oder unbegründet, Festschrift für Schwab (1990) 521; *Weitzel*, Tatbestand und Entscheidungsqualität, 1990.

**Gliederung**

| | |
|---|---|
| 1) Systematik, I–III .............. 1 | 8) Tatbestand, I Z 5, II .............. 14–30 |
| 2) Regelungszweck, I–III .............. 2 |    A. Grundsatz: Beurkundung des Parteivortrags .............. 14–18 |
| 3) Geltungsbereich, I–III .............. 3 |    B. Anträge .............. 19 |
| 4) Parteien usw, I Z 1 .............. 4–8 |    C. Ansprüche .............. 20 |
|    A. Tatsächliche Parteien .............. 4 |    D. Angriffs- und Verteidigungsmittel .... 21 |
|    B. Gesetzlicher Vertreter .............. 5 |    E. Streitig – unstreitig .............. 22 |
|    C. Prozeßbevollmächtigte .............. 6 |    F. Wichtige prozessuale Ereignisse .... 23 |
|    D. Aktenzeichen .............. 7 |    G. Reihenfolge .............. 24 |
|    E. Verstoß .............. 8 |    H. Beweis .............. 25 |
| 5) Gericht und Richter, I Z 2 .............. 9 |    I. Rechtsausführungen .............. 26 |
| 6) Tag des Schlusses der letzten mündlichen Verhandlung, I Z 3 .............. 10 |    J. Tatsächliche Einzelheiten .............. 27 |
| |    K. Kosten; Vollstreckbarkeit .............. 28 |
| 7) Urteilsformel, I Z 4 .............. 11–13 |    L. Beispiel eines Tatbestands .............. 29 |
| |    M. Verstoß .............. 30 |

2. Titel. Urteil **§ 313**

| | | | | |
|---|---|---|---|---|
| 9) **Entscheidungsgründe, I Z 6, III** | 31–50 | I. Lehre und Rechtsprechung | | 45, 46 |
| A. Umfang | 32–37 | J. Rechtsbehelfsbelehrung | | 47 |
| B. Anspruchsgrundlagen | 38 | K. Sprache, Stil und Verständlichkeit | | 48 |
| C. Einreden, Einwendungen | 39 | L. Beispiel für Entscheidungsgründe | | 49 |
| D. Tatbestandsmerkmale | 40 | M. Verstoß | | 50 |
| E. Beweiswürdigung | 41 | 10) **Keine Rechtsmittelbelehrung, I–III** | | 51 |
| F. Verspätetes Vorbringen | 42 | 11) *VwGO* | | 52 |
| G. Nebenentscheidungen | 43 | | | |
| H. Gesetzeswortlaut | 44 | | | |

**1) Systematik, I–III.** § 313 gilt für fast sämtliche Urteile, nämlich mit Ausnahme nur derjenigen nach **1** §§ 313 a I, 313 b I, 495 a. Er enthält, abgesehen von § 315, in II und III alle für die Rechtswirksamkeit des Urteils wesentlichen Erfordernisse. Unwesentlich ist danach der Vermerk „Im Namen des Volkes", § 311 I (zu seiner Geschichte Müller-Graff ZZP **88**, 442), oder die Bezeichnung eines vollständigen Urteils als Anerkenntnis-, Versäumnis-, Wechsel- usw Urteil, BGH VersR **99**, 638; sie sind aber üblich. Den Verkündungstag ergibt der Vermerk nach § 315 III. Auf eine schriftliche Abfassung des Urteils können die Parteien im Umfang des § 313 a verzichten. Bei einem Anerkenntnis-, Versäumnis- oder Verzichtsurteil ist eine abgekürzte Fassung im Rahmen von § 313 b zulässig. Beim Berufungsurteil gibt § 543 Abkürzungsmöglichkeiten. Das Urteil zerfällt in: den Kopf, das Rubrum, Z 1–3; die Formel, den Tenor, Z 4; den Tatbestand, Z 5; die Gründe, Z 6; die Unterschriften, § 315 I. Vgl §§ 60, 61 ArbGG. Versform ist zulässig, LG Ffm NJW **82**, 650. Ein Verstoß gegen § 313 macht das Urteil nicht unwirksam, sofern es über haupt besteht, BGH VersR **80**, 744. Er macht aber das sonst zulässige Rechtsmittel statthaft, soweit das Urteil unbestimmt oder sachlich unvollständig ist. Wegen eines Unterschriftsmangels § 315 Rn 8.

**2) Regelungszweck, I–III.** Die Vorschrift dient einerseits der Prozeßwirtschaftlichkeit, Grdz 14, 15 vor **2** § 128, und zwar an einem wesentlichen Punkt, denn auch eine kurze Urteilsfassung trägt zur Arbeitsfähigkeit der Justiz bei. Sie dient andererseits natürlich wesentlich der Rechtsstaatlichkeit, Einl III 15, und Rechtssicherheit, Einl III 43, vor allem aber der Erzielung eines gerechten Ergebnisses, Einl III 1 ff, denn die Notwendigkeit für das Gericht, über sein Verfahren und dessen Ergebnisse Rechenschaft abzulegen, fördert Sorgfalt und Gewissenhaftigkeit. Das alles ist bei der Auslegung mitzubeachten.

**3) Geltungsbereich, I–III.** Die Vorschrift gilt in allen Verfahren nach der ZPO, auch im arbeitsge- **3** richtlichen Verfahren, § 46 II 1 ArbGG.

**4) Parteien usw, I Z 1.** Die Nämlichkeit muß bei allen Angaben zweifelsfrei feststehen. Denn diese **4** Feststellung ist für den Umfang der Rechtskraft, § 325 Rn 4, und für eine richtige Zustellung mit deren Rechtsfolgen unentbehrlich.

A. **Tatsächliche Parteien.** Erforderlich ist die Bezeichnung der tatsächlichen Parteien, Grdz 3 vor § 50, und Streithelfer, § 66, nicht auch diejenige der nicht beigetretenen Streitverkündungsgegner, § 74 II. Maßgebend ist der Stand bei der letzten mündlichen Verhandlung, §§ 136 IV, 296 a. Anzuführen ist also eine eingetretene neue Partei, ohne einen Eintritt im Fall des § 265 die alte Partei, bei einer Vertretung ohne Vollmacht der Vertretene, § 89. Die jeweilige Parteistellung gehört jedenfalls im weiteren Sinn zur Nämlichkeitsklärung, Grdz 3 vor § 50, und sollte stets angegeben werden, zB „Kläger und Berufungsbeklagter". Die Firma kann genügen, §§ 17 II, 124 I, 161 II HGB, vgl aber § 750 Rn 2.

B. **Gesetzliche Vertreter.** Erforderlich ist ferner die Bezeichnung der gesetzlichen Vertreter; Begriff **5** Grdz 7 vor § 50. Die Angabe „vertreten durch den Vorstand" ist nichtssagend, so auch Kunz MDR **89**, 593. Vielmehr ist die Namensnennung notwendig.

C. **Prozeßbevollmächtigte.** Erforderlich ist ferner grundsätzlich die Angabe der ProzBev, die als solche **6** bestellt, § 176 Rn 5, Hbg GRUR **81**, 91, und aufgetreten sind; diese Aufgabe kann zwar beim Tätigwerden in eigener Sache unterbleiben, empfiehlt sich aber dennoch vorsorglich, § 78 Rn 56, § 91 Rn 57, 171. Solche Anforderungen fehlen beim Einreichen einer „Schutzschrift" (nur) vor der Einreichung des gegnerischen Antrags auf den Erlaß einer einstweiligen Verfügung, Grdz 7 vor § 128, Hbg GRUR **81**, 91, oder (nur) vor der Klagezustellung, § 253 I. Die Anführung im Kopf beweist streng genommen nicht das Vorliegen einer Prozeßvollmacht, § 80, genügt aber praktisch für deren Nachweis im weiteren Verfahren, zB für die Kostenfestsetzung nach §§ 103 ff. Bei einem Anwalt als ProzBev ist ohnehin keine Vollmachtsprüfung erforderlich, § 88 II. Fehlt bei einem anderen Prozeß eine solche Vollmacht, so wird vermerkt, der Betreffende sei „Beteiligter", Karlsr FamRZ **96**, 1335, besser: er sei „als Prozeßbevollmächtigter aufgetreten".

D. **Aktenzeichen.** Erforderlich ist schließlich das Aktenzeichen. **7**

E. **Verstoß.** Ein Verstoß bei der Angabe der Parteien macht die Zustellung unter Umständen unmöglich **8** und ist ein wesentlicher Verfahrensmangel, der zur Zurückverweisung führt, auch falls die Nämlichkeit nicht feststeht, § 539, Hbg GRUR **81**, 91. Dasselbe kann bei den gesetzlichen Vertretern und beim ProzBev gelten, Hbg GRUR **81**, 91. Indessen hängt alles von der Lage des Einzelfalls ab. Außerdem läßt sich ein derartiger Mangel nach einer ordnungsmäßigen Zustellung heilen, sogar noch in der Revisionsinstanz.

**5) Gericht und Richter, I Z 2.** Das Urteil muß wegen §§ 551 Z 1–4, 556 I 2 grundsätzlich die **9** Bezeichnung des Gerichts enthalten, auch der Abteilung oder des Kollegiums, ferner die Namen der erkennenden Richter. Die Unterschriften der Richter ersetzen (nur) diese zweite Angabe, und zwar nur, soweit die Nämlichkeit feststeht, BGH FamRZ **77**, 124. Namen und Unterschriften müssen übereinstimmen, vgl bei § 315. Eine Nachholung oder Berichtigung ist auch nach Rechtsmitteleinlegung gemäß § 319 zulässig. Im Fall § 313 b II 2 ist die Angabe der Richternamen entbehrlich.

**6) Tag des Schlusses der letzten mündlichen Verhandlung, I Z 3.** Er muß schon wegen § 313 a I **10** erwähnt werden, aber auch wegen § 296 a, Düss NJW **87**, 508, sowie zB wegen §§ 323 II, 767 II. Ihm steht im schriftlichen Verfahren der in § 128 II 2 Hs 1, im Aktenlageverfahren der in § 251 a II 3 Hs 2 genannte Zeitpunkt gleich. Wenn die Angabe vergessen wurde, läuft die Rechtsmittelfrist gleichwohl grundsätzlich

## § 313

2. Buch. 1. Abschnitt. Verfahren vor den LGen

seit der Zustellung des fehlerhaften Urteils, nicht erst seit einer Berichtigung, BGH VersR **80**, 744. Üblich ist der das sog Rubrum beendende Satz, es sei „für Recht erkannt", Einf 9 vor §§ 322–327.

**11** **7) Urteilsformel, I Z 4,** dazu *Ritter,* Zur Unterlassungsklage: Urteilstenor ..., 1994: Die Urteilsformel, § 311 II, der sog Tenor (Betonung auf der *ersten* Silbe!), ist das Kernstück des Urteils, das Ziel des ersten Hauptabschnitts auf dem Weg des Klägers von der Anrufung des Staats bis zur Befriedigung wegen seiner Forderung. Die Urteilsformel ist vom Tatbestand und von den Entscheidungsgründen zu sondern. Üblicherweise und zweckmäßig, wenn auch nicht notwendig, geht sie voraus. Sie soll kurz und scharf, aus sich heraus verständlich sein, BGH GRUR **89**, 495, und entsprechend den Anforderungen an einen Klagantrag nach § 253 II Z 2 grundsätzlich stets so abgefaßt werden, daß der Umfang der Rechtskraft nach § 322 erkennbar ist und daß eine etwa beabsichtigte Zwangsvollstreckung möglich wird, Grdz 15, 16 vor § 704, BGH NJW **92**, 1692, Köln NJW **85**, 274. Freilich ist eine Abweichung „als unzulässig" oder „als derzeit unbegründet" nicht üblich, Rn 13, LG Freibg MDR **97**, 396.

Eine *Geldleistung* ist in DM oder EUR zu beziffern, auch in ECU, Siebelt/Häde NJW **92**, 15, in anderer Währung, dazu § 253 Rn 31, Maier-Reimer NJW **85**, 2053, Köln NJW **71**, 2128, evtl mit Genehmigung nach § 49 II AWG, evtl vorbehaltlich solcher Genehmigung, § 32 AWG, SchlAnh IV A. Dasselbe gilt evtl, wenn der Betrag in DM durch den Kurs einer anderen Währung oder durch den Preis oder die Menge von Feingold usw bestimmt wird, § 3 WährG, Heidel VersR **74**, 927. Jedoch ist § 3 WährG auf Rechtsgeschäfte zwischen Gebietsansässigen und -fremden unanwendbar, § 49 I AWG.

**12** In der Urteilsformel darf nur dann auf eine Urteilsanlage *Bezug* genommen werden, wenn das technisch unvermeidbar ist, BGH GRUR **89**, 495, wenn sie zB in einem langen Verzeichnis, einer Zeichnung oder einem Computerprogramm besteht, BGH **94**, 291, und mit ausgefertigt wird. Unzulässig ist eine Verurteilung auf den „Betrag aus dem Mahnbescheid", Schuster MDR **79**, 724, aM Mickel MDR **80**, 278. Eine Abweisung kann, braucht aber nicht schon in der Urteilsformel erkennen zu lassen, ob sie wegen der Unzulässigkeit oder Unbegründetheit der Klage erfolgt. Besonderheiten gelten im Versäumnisverfahren, §§ 341 I 2, 343, 344, 345. Ein Rechtsmittel wird im Fall seiner Unzulässigkeit ebenfalls „verworfen", im Fall der Unbegründetheit „zurückgewiesen". Bei einem Verfahrensfehler kann es zur „Aufhebung (des Urteils vom ...) und Zurückverweisung (an das ...gericht)" kommen, § 539, „auch wegen der Kosten", § 97 Rn 76.

Die Praxis ist oft *zu weitschweifig;* statt „das Urteil wird für vorläufig vollstreckbar erklärt" genügt: „das Urteil ist vorläufig vollstreckbar"; statt „der Beklagte wird in die Kosten des Rechtsstreits verurteilt" genügt „der Beklagte trägt die Kosten" (welche denn sonst?). Bei der Formulierung der Vollstreckbarkeit ist zB an § 850f Rn 5, 6 (unerlaubte Handlung) zu denken; vgl ferner § 713 Rn 2. Ein Urteil „die laufende Miete zu zahlen", ist nicht vollstreckbar.

Das Urteil der *höheren Instanz* soll eine neue Fassung erhalten, wenn es die Entscheidung der Vorinstanz nicht bestätigt. Es ist unzweckmäßig, die Entscheidung so zu formulieren, daß der Leser ihren Sinn erst durch Vergleich mehrerer Urteilsformeln erkennen kann; dies ist besonders bei § 323 zu beachten.

**13** *Notfalls* ist die Formel aus dem Inhalt des Urteils *auszulegen,* § 322 Rn 6, aber auch 14. Wenn auch das nicht möglich ist, kann keine innere Rechtskraft eintreten, § 322 Rn 9, und keine Zwangsvollstreckung stattfinden; dann ist vielmehr eine neue Klage notwendig; auf Revision wird das bisherige Urteil aufgehoben, BGH NJW **72**, 2268. Andererseits muß die Urteilsformel auch weit genug abgefaßt werden, so insbesondere bei einer Unterlassungsklage, damit der Gegner nicht durch eine geringfügige Abänderung seines Verhaltens das Urteil zuschanden machen kann, § 890 Rn 2. Bei der Verbandsklage gemäß § 13 AGBG gelten § 17 AGBG (Formel), § 18 AGBG (Veröffentlichung).

**14** **8) Tatbestand, I Z 5, II,** dazu *Geier,* Urteilstatbestand und Mündlichkeitsprinzip usw, 1999: Seine Bedeutung wird nicht selten unterschätzt.

**A. Grundsatz: Beurkundung des Parteivortrags.** Im Tatbestand, der grundsätzlich durchaus notwendig ist, Schopp ZMR **93**, 359, wird das Parteivorbringen im Urteil beurkundet, § 314, BAG NJW **89**, 1627. Das Protokoll, §§ 159 ff, geht im Zweifel dem Tatbestand vor. Er soll zwar den Sach- und Streitstand beim Schluß der mündlichen Verhandlung, §§ 136 IV, 296 a, erkennen lassen, jedoch nur dem wesentlichen Inhalt nach knapp, LG Mü NJW **90**, 1488. Die viel zu wenig beachtete Fassung der Z 5 bezweckt eine Abkehr von dem früheren Prinzip der Vollständigkeit zugunsten einer Arbeitserleichterung aller Beteiligten. Daher ist es jetzt weder im Tatbestand noch in den Entscheidungsgründen notwendig, eine auch für jeden Dritten verständliche Darstellung zu geben, Franzki NJW **79**, 13.

**15** Vielmehr reicht es aus, daß die unumgänglichen *Mindestangaben* vorhanden sind und daß die Parteien auf Grund der Verhandlung den Tatbestand verstehen können, Stanicki DRiZ **83**, 270, krit Sirp NJW **83**, 1305. Soweit die Parteien rechtskundig vertreten sind, genügt eine Verständlichkeit für die ProzBev. Das Gericht kann sich auch auf Zeichnungen, BGH **112**, 142, oder Fotos usw verweisen.

**16** *So weitgehend wie irgend möglich* darf und soll das Gericht auf die Akten *verweisen,* und zwar auf jeden beliebigen Aktenteil, soweit er für das Urteil Bedeutung hat. Ein Hinweis auf „die Schriftsätze der Parteien" oder ähnlich allgemeinere Bezugnahmen sind zwar einerseits nicht stets notwendig, Oldb NJW **89**, 1165, LG Mü NJW **90**, 1489, andererseits aber keineswegs grundsätzlich verboten, aM Hbg NJW **88**, 267, Schwöbbermeyer NJW **90**, 1453 (vgl aber unten wegen des Berufungsurteils). Sie sind vielmehr oft ratsam, dürfen freilich nicht die unumgänglichen Mitteilungen zum Tatbestand ersetzen. Man muß auch die Beweiskraft des Tatbestands dafür, daß die Parteien etwas dort nicht Erwähntes auch nicht vorgetragen haben, § 314 Rn 1, 4, beachten. Es ist so sorgfältig zu verweisen, daß keine Mißverständnisse entstehen können, BGH LM § 295 Nr 9, BVerwG MDR **77**, 604. Keineswegs sollen die protokollierten Aussagen usw nachgebetet werden. Es ist eine logische Reihenfolge zu wählen.

**17** Die *äußere Trennung* des Tatbestands von der Urteilsformel und von den Entscheidungsgründen ist ratsam, aber nicht unbedingt notwendig, BGH NJW **99**, 642. Inhaltlich ist stets klar und scharf zu scheiden. Bei einem Urteil nach Aktenlage nach § 251 a und einem Urteil nach § 128 II, III muß der Tatbestand ergeben, welche Schriftstücke das Gericht berücksichtigt hat. Hat das Gericht Aussagen bei der Entscheidung nicht

## 2. Titel. Urteil § 313

berücksichtigt, so ist damit der Beweisbeschluß insofern nachträglich aufgehoben worden. Daher werden die Aussagen im Tatbestand nicht aufgenommen.

Wegen des Urteils im Kleinverfahren § 495 a II 1 (kein Tatbestand notwendig). Wegen des *Berufungsurteils* **18** § 543 und BGH NJW **90**, 2755 (bei einer Bezugnahme auf Schriftsätze sind auch diese Ausführungen der Parteien der revisionsgerichtlichen Beurteilung zugänglich), BGH NJW **99**, 1720 (ohne Tatbestand nur dann keine Aufhebung in der Revisionsinstanz, wenn sich der Sach- und Streitstand aus den Entscheidungsgründen ausreichend ergibt), BAG DB **97**, 1828 (der Tatbestand ist nur beim nicht revisionsfähigen Urteil ganz entbehrlich), BAG NJW **89**, 1627 (eine Bezugnahme auf ein vorangegangenes Revisionsurteil kann ausreichen), Hbg NJW **88**, 2678, Schwöbbermeyer NJW **90**, 1453 (keine „Nur"-Verweisung). Der Tatbestand ist auch bei §§ 313 a, 313 b entbehrlich. Unentbehrlich sind folgende Angaben:

**B. Anträge.** Der Tatbestand „soll" die zuletzt aufrechterhaltenen bzw gestellten Anträge „hervorheben", **19** § 297, und zwar auch diese nur noch ihrem wesentlichen Inhalt nach, aber natürlich so ausführlich, daß die Nämlichkeit des Streitgegenstands, § 2 Rn 3, und der Umfang der Rechtskraft erkennbar sind, § 322 Rn 9. Bei den Anträgen empfiehlt sich noch am ehesten eine wörtliche, durch Einrücken im Text hervorgehobene Wiedergabe, die allenfalls sprachlich zu verbessern ist, nicht sachlich, § 308 I. Aber auch hier ist eine Verweisung innerhalb der Hervorhebung als Antrag keineswegs ganz unzulässig.

**C. Ansprüche.** Unentbehrlich ist ferner eine knappe Darstellung der Ansprüche, § 253 Rn 30, ihrem **20** wesentlichen Inhalt nach, also eine Begrenzung des Begehrens des Klägers und des Widerklägers nach Gegenstand und Grund. Bei einem unbezifferten Antrag, § 253 Rn 49 „Bezifferung", empfiehlt es sich, die gegenüber der Klagschrift etwa geänderten Wertvorstellungen oder die dafür vorgetragenen Tatsachen wenigstens zu skizzieren, da dies für die Rechtsmittelinstanz erheblich sein kann. Verweisungen sind zulässig.

**D. Angriffs- und Verteidigungsmittel.** Notwendig, aber auch ausreichend ist ferner eine noch knap- **21** pere Darstellung der Angriffs- und Verteidigungsmittel, § 282 I, Begriff Einl III 70, ihrem wesentlichen Inhalt nach. Ausreichend ist zB: „Die Beklagte beruft sich auf Verjährung, der Kläger auf die Unzulässigkeit dieser Einrede". Eine Verweisung ist weitgehend angebracht.

**E. Streitig – unstreitig.** Erforderlich ist weiterhin die Kennzeichnung als unstreitig, etwa mit den **22** Worten „der Kläger erlitt einen Schaden", oder streitig, etwa mit der Formulierung, „der Kläger behauptet, einen Schaden erlitten zu haben". Unstreitig sind: Übereinstimmende Tatsachenangaben; zugestandene Behauptungen, §§ 138 II, 288 I; solche Behauptungen, zu denen sich der Gegner nicht ausreichend streitig geäußert hat, § 138 III, IV (Bestreiten mit Nichtwissen). In diesen letzteren Fällen sollte man allerdings besser klarstellen, daß Behauptungen ohne ausdrückliches Bestreiten usw vorliegen. Ein Beweisergebnis wird unstreitig, soweit es der Gegner (auch stillschweigend) übernommen hat (Auslegungsfrage).

**F. Wichtige prozessuale Ereignisse.** Notwendig ist schließlich die Anführung der bisher im Verfahren **23** ergangenen Urteile und vergleichbaren wichtigsten Ereignisse prozessualer Art, zB ein Hinweis auf eine teilweise Klagrücknahme nach § 269. Alles dies darf und soll in äußerster Knappheit geschehen.

**G. Reihenfolge.** Es ist ratsam, nach der Kennzeichnung des Streitgegenstands, § 2 Rn 3, zunächst den **24** unstreitigen Teil des Sachverhalts, bzw Angaben zu einem etwa erlassenen Versäumnisurteil und zu dem Zeitpunkt des Einspruchs, dann die streitigen Behauptungen des Klägers, dann die Anträge des Kl und des Bekl, sodann diejenigen des Bekl, anschließend die streitigen Behauptungen des Bekl und seine übrige Einlassung in verständlicher Reihenfolge, zB rechtshindernde, -hemmende, -vernichtende Einreden bzw Rügen, daran anschließend die etwaigen diesbezüglichen Erwiderungen des Klägers, dann entsprechende Angaben zu einer Widerklage, Streitverkündung und schließlich etwaige Angaben zur Beweisaufnahme und sonstigen Prozeßgeschichte zu machen und etwaige Bezugnahmen vorzunehmen.

**H. Beweis.** Entbehrlich sind: Eine Wiedergabe des Inhalts der Beweisbeschlüsse; die Anführung aller **25** Zeugen, noch gar der nicht vernommenen; meist die Angabe des Tags der Beweisaufnahme, oder der Blattzahlen der Beweisprotokolle oder die Wiedergabe des Inhalts der Aussagen.

**I. Rechtsausführungen.** Die Wiedergabe der Rechtsausführungen der Parteien ist grundsätzlich ent- **26** behrlich, BPatG GRUR **78**, 40. Allenfalls ist eine knappste Andeutung ratsam, FG Hbg MDR **96**, 852, zB „der Kläger stützt seinen Anspruch insbesondere auf unerlaubte Handlung". Notwendig ist freilich die Angabe aller wesentlichen Einreden, etwa derjenigen der Verjährung. Geht der Streit nur um die rechtliche Würdigung des unstreitigen Sachverhalts, so mag eine etwas ausführlichere Anführung der Rechtsauffassungen ratsam sein. Empfehlenswert ist schon zur Vermeidung des Vorwurfs eines Verstoßes gegen Art 103 I GG der Hinweis darauf, daß (evtl: in welchem Umfang) das Gericht seine Rechtsauffassung mit den Parteien wegen § 278 III erörtert hat, falls dieser Hinweis sich nicht im Protokoll befindet.

**J. Tatsächliche Einzelheiten.** Entbehrlich ist weiterhin die Wiedergabe von Einzelheiten des tatsäch- **27** lichen Vortrags, insbesondere soweit eine Verweisung auf Schriftsätze möglich ist, aber auch dann, wenn eine solche Verweisung nicht erfolgt, Hamm RR **95**, 510. Wenn freilich eine Parteierklärung im Verhandlungstermin nicht protokolliert worden ist, kann ihre Aufnahme in den Tatbestand notwendig sein; ebenso kann es ratsam sein, den entscheidenden Einzelpunkt eines Tatsachenvortrags in den Tatbestand aufzunehmen.

**K. Kosten; Vollstreckbarkeit.** Die Kostenanträge und Anträge zur vorläufigen Vollstreckbarkeit sind **28** wegen der Notwendigkeit einer Entscheidung von Amts wegen, §§ 308 II, 708, 711 S 1, entbehrlich.

**L. Beispiel eines Tatbestands.** „Die Parteien streiten wegen der Folgen eines Verkehrsunfalls (Tag, **29** Stunde, Ort). Der Kläger hält den Beklagten für haftbar; er verlangt Schadensersatz laut Aufstellung der Klageschrift und beantragt, ..... Der Beklagte beantragt, ..... Er bestreitet die Darstellung des Klägers zum Hergang, hält den Kläger für allein schuldig und bestreitet die Schadenshöhe laut Schriftsatz Bl ..... Über den Unfallhergang ist Beweis erhoben worden".

**M. Verstoß.** Wegen einer Berichtigung § 319; wegen einer Ergänzung § 321. Ein Verstoß führt nur **30** insoweit zur Aufhebung, als infolge des Verstoßes keine sichere Grundlage zur Nachprüfbarkeit des Urteils mehr vorhanden ist, BGH RR **97**, 1486, BAG NJW **71**, 214, Ffm MDR **84**, 322.

## § 313

**31**  9) **Entscheidungsgründe, I Z 6, III**, dazu *Brink*, Über die richterliche Entscheidungsbegründung usw, 1999; *Kappel*, Die Klageabweisung „zur Zeit", 1999; *Prütting*, Prozessuale Aspekte richterlicher Rechtsfortbildung, Festschrift 600-Jahr-Feier der *Universität Köln* (1988) 305 (rechtspolitisch); *Seiber*, Höchstrichterliche Entscheidungsbegründungen und Methode im Zivilrecht, 1991:

**32**  **A. Umfang.** Das Urteil im Kleinverfahren braucht keine gesonderten Entscheidungsgründe zu enthalten, wenn ihr wesentlicher Inhalt in das Protokoll aufgenommen worden ist, § 495 a II 2. Im übrigen gilt: Nur noch eine *kurze Zusammenfassung* der entscheidungserheblichen Erwägungen des Gerichts ist in den Entscheidungsgründen zu formulieren. Eine der wichtigsten, viel zu wenig ausgenutzten Möglichkeiten des Gesetzes, Reineke DRiZ **83**, 404, ist der Wegfall des früheren Zwangs einer (früher notwendig gewesenen) erschöpfenden Urteilsbegründung, BVerfG NJW **94**, 2279. Schon gar nicht sollen wegen der Straffung des Tatbestands nun die Entscheidungsgründe noch länger werden als früher oft. Das Gesetz geht davon aus, daß die Rechtslage schon wegen § 278 III in der mündlichen Verhandlung ausreichend erörtert worden ist. Daher brauchen die Entscheidungsgründe nicht viel mehr zu sein als eine Erinnerungsstütze für die dort Beteiligten; ähnlich Franzki NJW **79**, 13 (er rät sogar dazu, in die routinemäßigen dienstlichen Beurteilungen der Vorgesetzten die Erörterung aufzunehmen, ob der Richter fähig sei, kurze Entscheidungsgründe abzufassen), Balzer NJW **95**, 2448, Meyke DRiZ **90**, 58, Stanicki DRiZ **83**, 270, aM Raabe DRiZ **79**, 138. Es ist ratsam, schon zwecks Vermeidung des Vorwurfs, nicht alles gesehen und erörtert zu haben, hinter das Wort Entscheidungsgründe zB den Vermerk „(kurzgefaßt, § 313 III ZPO)" zu setzen.

**33**  Immerhin müssen grundsätzlich schon wegen Art 6 I EMRK angemessene Gründe vorhanden sein, EGMR NJW **99**, 2429. Die Entscheidungsgründe *so präzise und ausführlich* sein, daß die Parteien die maßgebenden Erwägungen verstehen und nachvollziehen können, Saarbr FamRZ **93**, 1099, und daß die höhere Instanz das Urteil *überprüfen* kann, BGH RR **88**, 524, und daß erkennbar wird, ob Art 3 GG, BVerfG NJW **94**, 2279, und ob Art 103 I GG beachtet wurden, BVerfG NJW **94**, 2279, Köln RR **87**, 1152. Der wesentliche Kern des Parteivortrags ist also für das Verfahren zentral bedeutsamen Frage ist anzusprechen, soweit er nicht nach dem Rechtsstandpunkt des Gerichts unerheblich oder offenbar unsubstantiiert ist, BVerfG NJW **94**, 2279. Lücke (s „Schrifttum"), zit bei Robbers JZ **88**, 143, Schneider MDR **88**, 174, fordern eine verfassungskonforme Auslegung. Bei einem Auslandsbezug muß erkennbar sein, welche Rechtsordnung angewendet ist, BGH NJW **88**, 3097.

Auch bei einer *rechtlichen Streitfrage* kann es genügen, sich kurz zu fassen und lediglich durch zB eine Fundstellenangabe klarzustellen, daß eine abweichende Auffassung zur Kenntnis genommen wurde; BVerfG NJW **95**, 2911 hält eine unter Bezug auf nur eine in Wahrheit nicht einschlägige Fundstelle erfolgende Abweichung vom BGH sogar für Willkür (!?). 13 Belege für die eigene, 7 für die abweichende Meinung, so Schlesw RR **88**, 700, sind für ein OLG-Urteil des Guten reichlich viel, zeigen aber, mit welcher Sorgfalt wissenschaftlich weiterhelfende „Fundstellenketten" auch von Gerichten angeführt werden, die „nur" den Einzelfall zu beurteilen haben. Zur Problematik im Patentrecht Völcker GRUR **83**, 85. Beim Auslandsbezug müssen die Entscheidungsgründe ergeben, ob dem Gericht bei der Anwendung ausländischen (Vertrags-) Rechts auch die Auslegungsnormen des ausländischen Rechts bekannt waren, § 293 Rn 8, BGH RR **90**, 249.

**34**  *Keineswegs* braucht die Formulierung aber so ausführlich zu werden, daß *jeder Dritte* eine solche Überprüfung vornehmen oder gar eine Belehrung für alle möglichen Parallelsituationen schöpfen kann, so auch Meyke DRiZ **90**, 58, krit Schultz MDR **78**, 283. Das Urteil ist kein Gutachten; das hätte LAG Köln AnwBl **88**, 419 bedenken sollen. Natürlich ist eine Selbstkontrolle des Gerichts notwendig. Diese braucht aber entgegen Putzo AnwBl **77**, 434, Raabe DRiZ **79**, 138 nicht dazu zu führen, daß das Urteil verlängert wird. Zwar verlangen grundlegende Entscheidungen oberster Gerichte eine etwas ausführlichere Begründung. Auch sie sollten aber schon wegen Art 20 II 2 GG mit den sog obiter dicta (zum Begriff Schlüter, Das „obiter dictum" usw, 1973, 123) zurückhalten, Schlüter **18**, Schneider MDR **78**, 90, aM Köbl JZ **76**, 752. Trotz wünschenswerter Rechtssicherheit durch Grundsatzurteile höchster Gerichte sollte die von § 18 GeschO RG beschworene „bündige Kürze" unter strenger Beschränkung auf den Gegenstand der Entscheidung in der Regel den Vorrang haben, Birk AnwBl **84**, 171. Dies sollte auch der BGH bedenken.

**35**  Ist dem Gericht bekannt, daß das nächsthöhere Instanz dazu neigt, auf Grund angeblicher Verfahrensfehler der unteren Instanz *zurückzuverweisen*, § 539, Horst DRiZ **87**, 115, so mag es ratsam sein, den Verfahrensgang einschließlich der etwa vorgenommenen rechtlichen Erörterungen in einer Ausführlichkeit darzulegen, die eigentlich nicht notwendig wäre, Reineke DRiZ **83**, 404, etwa im Fall der Abweisung der Klage als unzulässig hilfsweise anzudeuten, weshalb sie zumindest unbegründet ist, Grdz 17 vor § 253. Durch solche bedauerlichen, praktisch aber ratsamen Absicherungen sollten aber die Gewichte nicht verschoben werden. Die Entscheidungsgründe eines nicht mit einem zivilprozessualen Rechtsmittel angreifbaren Urteils sollten so abgefaßt sein, daß sie einer etwaigen Verfassungsbeschwerde möglichst standhalten, also nicht insoweit Unklarheiten, Widersprüche usw enthalten.

**36**  Das Urteil sollte auch in den Entscheidungsgründen weitgehend nur ein Abbild der maßgeblichen mündlichen Verhandlung darstellen. Die Verwendung von *Textbausteinen* mag grundsätzlich zulässig sein, VGH Kassel NJW **84**, 2429, sollte aber zurückhaltend erfolgen. Sie darf natürlich nicht in einer bloßen Verweisung auf Bausteine bestehen, die man außerhalb des Urteils nachlesen müßte, VGH Kassel NJW **84**, 2429, oder die nur auf einem Formblatt mit Anweisungen an die Kanzlei für andere Fälle stehen, Celle RR **90**, 124; krit zur ungeprüften Verwendung von Textbausteinen (beim Anwalt) Bauer NJW **89**, 24. Freilich kommt es auch hier auf den Einzelfall an. So kann zB die Anweisung „es gilt nur das Angekreuzte bzw Ausgefüllte" durchaus reichen und hat sich in der Praxis tausendfach problemlos bewährt. Andererseits muß der Unterzeichner die inhaltliche Verantwortung übernehmen und dazu auch imstande sein, Düss Rpfleger **94**, 75, Köln MDR **90**, 346 (zu einem Beschluß durch Blanko-Formular usw). Beispiele beim Unterhaltsurteil Steffens DRiZ **85**, 297.

**37**  Eine Bezugnahme auf die Gründe eines genau bezeichneten *früheren Urteils* ist zweckmäßig, wenn die Parteien oder zumindest der Unterliegende die frühere Entscheidung kennen, BGH NJW **71**, 39, BAG NJW **70**, 1812, BFH BB **75**, 1421 (je zum alten Recht). Eine Bezugnahme auf eine gleichzeitig beschlos-

## 2. Titel. Urteil § 313

sene, aber erst später zugestellte andere Entscheidung, die dieselben Beteiligten betrifft, reicht aber nicht aus, BFH DB **84**, 1970, ebensowenig die Bezugnahme auf eine andere Entscheidung, die nur einer der jetzigen Parteien bekannt ist, BGH BB **91**, 506. Ein lapidarer Hinweis auf die eigene Rechtsprechungstradition kann nunmehr zulässig sein, BGH NJW **71**, 698. Die Beifügung einer überstimmten abweichenden Meinung (dissenting vote) innerhalb des Spruchkörpers ist, anders als beim BVerfG, unzulässig, Üb 1, 2 vor § 192 GVG. Zum Problem rechtspolitisch Lamprecht DRiZ **92**, 325.

**B. Anspruchsgrundlagen.** Notwendig ist eine kurze Bezeichnung der die Entscheidung tragenden **38** Rechtsnormen, § 322 Rn 20, so daß zB erkennbar ist, ob der zugesprochene Anspruch auf einen Vertrag (welcher Art? Parteiregeln oder gesetzliche Vertragsregeln?) oder auf eine unerlaubte Handlung stützbar ist. Bei alternativen Sachverhalten muß das Gericht klarlegen, welchen Anspruch es beschieden hat, Hamm RR **92**, 1279. Es kann notwendig sein, wenigstens kurz anzudeuten, weshalb neben dem Fehlen einer Vertragsgrundlage auch keine andere Anspruchsgrundlage besteht, etwa nach § 812 BGB, Köln MDR **83**, 151.

**C. Einreden, Einwendungen.** Notwendig sind ferner stichwortartige Hinweise, wenn zB die Einrede **39** der Verjährung als nicht begründet betrachtet wird oder wenn eine Partei Verwirkung geltend machte, LG Bln RR **97**, 842.

**D. Tatbestandsmerkmale.** Erforderlich, aber auch ausreichend ist ferner eine sehr knappe Darstellung, **40** welche Einzelmerkmale der Anspruchsnorm aus welchem Hauptgrund erfüllt sind, falls sie umstritten waren.

**E. Beweiswürdigung.** Das Gericht muß die Beweiswürdigung darlegen, § 286 I 2, und zwar unverän- **41** dert ausführlich, § 286 Rn 20, 21, Köln RR **98**, 1143, Schneider MDR **78**, 3.

**F. Verspätetes Vorbringen.** Notwendig ist eine kurze Begründung, weshalb eine Zurückweisung gemäß **42** §§ 282, 296 notwendig war, Schneider MDR **78**, 2. Dabei ist keineswegs eine Erörterung zB darüber notwendig, ob die Verspätung auch dann zu bejahen gewesen wäre, wenn man der in § 296 Rn 42 abgelehnten Auffassung gefolgt wäre (maßgeblich sei der voraussichtliche Prozeßverlauf), LG Ffm NJW **79**, 2112. Gerade in diesem Punkt mag freilich eine eigentlich zu ausführliche Darstellung vorsorglich ratsam sein, wenn dem Gericht bekannt ist, daß die höhere Instanz in allzu großzügiger Weise zur Zurückverweisung neigt, Rn 35, § 296 Rn 10, Düss VersR **79**, 773. Jedenfalls sollte das Urteil die Vorschrift nennen, auf die eine Zurückweisung beruhen soll, um einen Verstoß gegen Art 103 I GG zu verhindern, BVerfG WoM **94**, 187.

**G. Nebenentscheidungen.** Erforderlich ist schließlich ein knappster Hinweis auf die rechtlichen Grund- **43** lagen der Nebenentscheidungen.

**H. Gesetzeswortlaut.** Überflüssig ist durchweg eine umständliche Wiedergabe des Gesetzeswortlauts **44** und der Unterordnung der unstreitigen Tatsachen unter ihn.

**I. Lehre und Rechtsprechung.** Oft entbehrlich ist die Darlegung irriger Ansichten, vgl Schwarz **45** SchlHA **76**, 87, soweit es sich nicht um wirklich zweifelhafte Rechtsfragen handelt, von denen die Entscheidung zumindest teilweise abhängt. Schon gar nicht ist ein umfangreicher „wissenschaftlicher Apparat" notwendig, OVG Münster DRiZ **82**, 232, Schneider MDR **78**, 89, und zwar nicht einmal in höchstrichterlichen Urteilen, Rn 35, von seltenen Ausnahmen abgesehen. Die nicht auszurottende Tendenz zu deutscher Überperfektion in Verbindung mit allzu großzügig geduldeten Fleißarbeiten übereifriger Berichterstatter oder deren Assistenten ist das genaue Gegenteil dessen, was das Gesetz nicht zuletzt als Lohn für die verstärkte Sorgfalt des Richters vor und im Verhandlungstermin bei herbeiführen wollen.

Ganze Salven von *Entscheidungszitaten* und dgl, „Literaturfriedhöfe", May DRiZ **89**, 458, gehören in kein **46** Urteil. Ob eine mehr oder minder erschöpfende Erörterung aller möglichen Einzelfragen, die überhaupt nicht entscheidungserheblich sind, in sog Grundsatzurteilen in Wahrheit hilft, weitere Prozesse zu vermeiden, ist noch von niemanden bewiesen. Auch die Unsicherheit darüber, ob ein etwas anders gelagerter Fall ebenso entschieden werden würde, kann heilsam und prozeßhindernd wirken. Ob ein Hinweis wie „nach dem unstreitigen Sachverhalt" oder „schon nach dem Vortrag des Klägers" ratsam ist, läßt sich nur von Fall zu Fall klären. Ein kurzer hilfsweiser Hinweis dahin, daß die als unzulässig erklärte Klage zumindest unbegründet ist, ist erlaubt, Grdz 17 vor § 253, und evtl ratsam, Rn 35.

**J. Rechtsbehelfsbelehrung.** Sie ist grundsätzlich entbehrlich, BGH NJW **91**, 296, Hamm FamRZ **97**, **47** 758, Karlsr RR **87**, 895.

**K. Sprache, Stil und Verständlichkeit.** Bei alledem muß das Urteil vor allem für die Parteien verständ- **48** lich sein, damit es sie überzeugen kann, Groh MDR **84**, 196, Wassermann ZRP **81**, 260. Auch wenn es nicht an außenstehende Dritte gerichtet ist, sondern an die unter Umständen rechtskundigen oder rechtskundig vertretenen Parteien, ist eine Sprache zu wählen, die jeder verstehen kann. Verklausuliertes Juristendeutsch im Urteil ist unter den Hauptgründen für Rechtsunsicherheit und mangelndes Vertrauen in die Justiz. Verschachtelte Partizipialkonstruktionen und dgl sind erschreckende Anzeichen dafür, daß der Richter einen wesentlichen Teil seiner Aufgabe verkennt oder nicht beherrscht. Dringend ratsam ist ein strikter Urteils-, („Denn"-)Stil, kein Gutachten-(„Also"-)Stil. Der erstere Stil zwingt zu schärferer gedanklicher Straffheit und Klarheit, aM Grunsky NJW **82**, 743 (aber die Subsumtionsmethode ist gegenüber den „Rechtsgefühl" und „außerjuristischen Wertungen" immer noch bei weitem vorzuziehen, weil sie wolkigen Verschwommenheiten am ehesten vorbeugt). Zum Problem Gast BB **87**, 1, Lüke NJW **95**, 1067. Im übrigen hat der Richter viel Aufbau- und Formulierungsspielraum, er darf zB dichten, Beaumont NJW **90**, 1969. Kissel NJW **97**, 1106 sieht in der Rechtschreibreform 1998 keinen Eingriff in die richerliche Unabhängigkeit (das könne freilich zu verwaltungstreu und angepaßt sein).

**L. Beispiel für Entscheidungsgründe:** „Die auf § 7 I StVG stützbare Klage ist nach der Beweisauf- **49** nahme begründet. Der Beklagte hat den Entlastungsbeweis, § 7 II StVG, nicht erbracht (Beweiswürdigung). Gegen die ausreichend begründete Schadenshöhe hat der Beklagte keine erheblichen Einwände erhoben. Zinsen: § 288 II BGB. Kosten: § 91 ZPO. Vorläufige Vollstreckbarkeit: § 708 Z 1, § 711 ZPO."

**M. Verstoß.** Ein Widerspruch zwischen dem Tatbestand und den Entscheidungsgründen begründet die **50** Revision; das endgültige Fehlen von Gründen ist ein absoluter Revisionsgrund, § 551 Z 7, und ein Verfah-

## §§ 313, 313a

rensmangel, § 539 (Ausnahmen: §§ 313 a, 313 b, 543 I), BGH VersR **86**, 34, Ffm MDR **84**, 322, der zur Zurückverweisung führen kann, BGH RR **88**, 524. Wegen des „dissenting vote", Rn 37, vgl Üb 1, 2 vor § 192 GVG. Dem Fehlen steht eine „Begründung" gleich, die infolge einer groben inhaltlichen Unvollständigkeit nicht ausreichend erkennen läßt, über welchen Antrag das Gericht entscheiden wollte, welche tatsächlichen Feststellungen der Entscheidung zugrunde gelegt worden sind und welche rechtlichen und rechtlichen Erwägungen das Gericht angestellt hat, Ffm MDR **84**, 322. Freilich sind eben nur Angaben zu B erforderlich. Das Fehlen einer Rechtsmittelbelehrung ist kein Verstoß, Rn 47, vgl BGH NJW **91**, 296. Eine unrichtige Rechtsbehelfsbelehrung kann eine Wiedereinsetzung begründen, § 233 Rn 23 „Gericht".

**51** **10) Keine Rechtsmittelbelehrung, I–III.** Im Urteil ist eine Rechtsmittelbelehrung (ebensowenig wie grundsätzlich sonst) nicht erforderlich, BVerfG **93**, 107 (es spricht davon, dergleichen sei „jedenfalls derzeit noch nicht geboten"). Der Gesetzestext ist aber eindeutig: Der Gesetzgeber hat von der auch in der ZPO bewußt vereinzelt genutzten Möglichkeit von Belehrungspflichten ganz offenkundig hier keinen Gebrauch gemacht, und zwar aus vernünftigen, nachvollziehbaren Erwägungen, auf die gerade das BVerfG ja auch sonst abstellt, etwa bei der sog Eigenbedarfsklage. Da das Gesetz keine Belehrungspflicht vorsieht, sollte sich das Gericht hüten, Belehrungen zu erteilen, bevor sie evtl auch noch falsch werden. Es könnte sogar in einer vom Gesetz nicht geforderten Rechtsmittelbelehrung ein Ablehnungsgrund liegen, BVerfG JZ **87**, 719; das sollte BVerfG NJW **95**, 3173 mitbeachtet haben.

**52** **11)** *VwGO:* Statt **I** und **II** gelten § 117 II, III *VwGO*; zu Fragen des Tatbestandes, I Z 5, vgl VGH Kassel NJW **84**, 2429. **III** ist entsprechend anwendbar, § 173, als Ergänzung zu § 117 II Z 5 VwGO, BVerwG VerwRspr **29**, 927.

## 313a

**Ohne Tatbestand und Entscheidungsgründe.** ¹ ¹Des Tatbestandes bedarf es nicht, wenn ein Rechtsmittel gegen das Urteil unzweifelhaft nicht eingelegt werden kann. ²Das gleiche gilt für die Entscheidungsgründe, sofern die Parteien zusätzlich spätestens am zweiten Tag nach dem Schluß der mündlichen Verhandlung auf sie verzichten.

**II** Absatz 1 ist nicht anzuwenden

1. in Ehesachen, mit Ausnahme der eine Scheidung aussprechenden Entscheidungen;
2. in Kindschaftssachen;
3. im Falle der Verurteilung zu künftig fällig werdenden wiederkehrenden Leistungen;
4. wenn zu erwarten ist, daß das Urteil im Ausland geltend gemacht werden wird; soll ein ohne Tatbestand und Entscheidungsgründe hergestelltes Urteil im Ausland geltend gemacht werden, so gelten die Vorschriften über die Vervollständigung von Versäumnis- und Anerkenntnisurteilen entsprechend.

**Schrifttum:** *Gottwald,* Grenzen zivilgerichtlicher Maßnahmen mit Auslandswirkung, Festschrift für *Habscheid* (1989) 131; *Lücke,* Begründungszwang und Verfassung, 1987.

### Gliederung

| | | | |
|---|---|---|---|
| 1) Systematik, I, II | 1 | A. Allseitige Erklärung | 9 |
| 2) Regelungszweck, I, II | 2 | B. Rechtzeitigkeit | 10 |
| 3) Geltungsbereich, I, II | 3 | C. Form | 11 |
| 4) Entbehrlichkeit, I | 4, 5 | 7) Vollständige Fassung, II | 12–16 |
| 5) Kein Rechtsmittel, I 1 | 6–8 | A. Ehesache, II Z 1 | 13 |
| A. Grundsatz: Zweifelsfreie Unzulässigkeit | 6 | B. Kundschaftssache, II Z 2 | 14 |
| | | C. Wiederkehrende Leitung, II Z 3 | 15 |
| B. Einzelfragen | 7, 8 | D. Auslandsberührung, II Z 4 | 16 |
| 6) Bei den Entscheidungsgründen zusätzlich: Verzicht, I 2 | 9–11 | 8) VwGO | 17 |

**1** **1) Systematik, I, II.** Ein Anreiz zum Verzicht auf einen Tatbestand und auf Entscheidungsgründe ist die zugleich eingeführte Ermäßigung in vielen Fällen, KV 1225, 1227 usw. Diese Ermäßigung interessiert nicht nur den Unterlegenen als Entscheidungsschuldner, § 54 I Z 1 GKG, sondern auch jeden weiteren gesetzlichen Kostenschuldner, §§ 49, 54 GKG, vor allem also den Antragschuldner, oft also auch den Sieger, denn er könnte gemäß § 58 I GKG ebenfalls haften, wenn auch wegen § 58 II GKG nur hilfsweise und im Fall einer Prozeßkostenhilfe zugunsten des „Unterlegenen" nur ganz ausnahmsweise. Auf alle diese Auswirkungen eines rechtzeitigen Verzichts darf und sollte der Vorsitzende beim Schluß der mündlichen Verhandlung, §§ 136 IV, 296 a, bzw zu dem diesem Schluß entsprechenden Zeitpunkt, §§ 128 II, III, von Amts wegen jedenfalls kurz hinweisen, zumindest gegenüber einer nicht rechtskundigen Partei. Denn sie kann sonst den Sinn eines Verzichts kaum voll erkennen. Allerdings besteht keine derartige Hinweispflicht; § 139 meint nur die bis zur Sachentscheidung selbst, also für die Entscheidungsformel sachdienlichen Anträge, § 278 III ist unanwendbar, weil er nicht das Wie, nicht das Ob einer Entscheidungsbegründung meint. Deshalb hat auch die Unterlassung eines rechtzeitigen Hinweises weder eine Kostenniederschlagung gemäß § 8 GKG zur Folge (es liegt kein offenkundiger Verstoß vor, Hartmann Teil I § 8 GKG Rn 10) noch eine Amtshaftung gegenüber dem Kostenschuldner.

**2** **2) Regelungszweck, I, II.** Es handelt sich um eine der wichtigen Entlastungsvorschriften. Zu Unrecht hat sie nur geringe Bedeutung, Schneider MDR **85**, 906. Zu Unrecht hält Lücke, Robbers JZ **88**, 143, sie für verfassungswidrig; es muß ja ein wirksamer Verzicht vorliegen. Geschickt gehandhabt, ist sie keineswegs

## 2. Titel. Urteil § 313a

ein „Papiertiger", so Weng DRiZ **85**, 177 (er schlägt freilich mit Recht ihre Verbesserung vor), sondern erleichtert dem Gericht und allen anderen Beteiligten die Arbeit erheblich.

Der Hinweis auf die Möglichkeit des Verzichts sollte aber auch nicht zu einer *Nötigung* der Parteien führen. Eher muß das Gericht sich würdevoll dazu bequemen, ein vollständiges Urteil anzufertigen. Erlaubt und ratsam ist es aber, die finanziellen Auswirkungen eines Verzichts in DM geschätzt mitzuteilen. Wegen der oft erst später auftretenden Schwierigkeit, den Umfang der inneren Rechtskraft festzustellen, empfiehlt es sich, entweder im Urteilskopf oder in der Urteilsformel oder anschließend, so Schneider MDR **78**, 3, wenigstens in einem Satz den Streitgegenstand, § 2 Rn 3, stichwortartig darzustellen, falls die ohnehin erforderliche Fassung der Urteilsformel dazu nicht genug hergäbe, zB bei einer Klagabweisung oder bei einem unbezifferten Klagantrag.

**3) Geltungsbereich, I, II.** Die Vorschrift gilt in allen Verfahren nach der ZPO. Die vorstehenden Regeln **3** gelten entsprechend bei einem Beschluß, Ffm NJW **89**, 841, Schneider MDR **78**, 92, zB nach § 91 a (der Gesetzgeber hielt eine ausdrückliche diesbezügliche Regelung für entbehrlich, BR-Drs 551/74), Hamm RR **94**, 1407, bedeutet aber keinen Rechtsmittelverzicht, Schlesw MDR **97**, 1154, aM Brdb RR **95**, 1212. Die Regelung ist im arbeitsgerichtlichen Urteilsverfahren anwendbar, nicht aber im arbeitsgerichtlichen Beschlußverfahren, Lorenz BB **77**, 1003, Philippsen pp NJW **77**, 1135, betr das Beschlußverfahren aM Grunsky JZ **78**, 87. Sie ist im patentgerichtlichen Verfahren unanwendbar, Schmieder NJW **77**, 1218 (allenfalls gilt § 543 entsprechend).

**4) Entbehrlichkeit, I.** Entbehrlich sind Tatbestand bzw Entscheidungsgründe beim streitigen Urteil **4** (wegen des Anerkenntnis-, Versäumnis-, Verzichtsurteils § 313 b) gleich welcher Unterart nur unter folgenden Voraussetzungen, von denen keine fehlen darf: Beim Tatbestand müssen die Bedingungen Rn 6–8 erfüllt sein und es darf auch keiner der Fälle Rn 12–16 vorliegen. Bei den Entscheidungsgründen müssen die Bedingungen Rn 6–11 vorliegen und es darf keiner der Fälle Rn 12–16 vorliegen. Notfalls müssen Tatbestand und Entscheidungsgründe nachgeholt werden, §§ 320, 321 sind entsprechend heranziehbar.

Ein *Verstoß* ist Verfahrensmangel, § 539, und begründet die Revision; beim endgültigen Fehlen von **5** Entscheidungsgründen liegt ein absoluter Revisionsgrund vor, § 551 Z 7. Soweit ein Tatbestand und Entscheidungsgründe objektiv erforderlich sind, beginnt die Frist zur Einlegung des Rechtsmittels mit der Zustellung der vollständigen Urteilsfassung, spätestens aber mit dem Ablauf von 5 Monaten nach der Verkündung, §§ 516, 552. Für den Antrag auf eine nachträgliche Herstellung einer vollständigen Urteilsfassung entsteht keine Gebühr, § 37 Z 6 BRAGO entsprechend.

**5) Kein Rechtsmittel, I 1.** Es gilt für die Entbehrlichkeit von Tatbestand und Entscheidungsgründe: **6**

**A. Grundsatz: Zweifelsfreie Unzulässigkeit.** Es darf unzweifelhaft kein Rechtsmittel zulässig sein, §§ 511 ff, sei es überhaupt nicht, sei es mangels Erreichens des Beschwerdewerts, Rn 7 (a). Auch eine Beschwerde darf nicht in Betracht kommen, auch nicht zB nach §§ 71 II, 91 a II, 99 II, 269 III, 387 III, 402. Das ist von Amts wegen aus der Sicht des entscheidenden Gerichts zu beurteilen, Dodegge § 39 vor § 128, nicht aus derjenigen des Rechtsmittelgerichts, denn das letztere darf sich noch gar nicht dazu äußern. Erforderlich ist ein objektiver Maßstab beim Ablauf der 2-Tages-Frist. Ein Rechtsmittelverzicht reicht aus, Rn 7.

**B. Einzelfragen.** Der Beschwerdewert, §§ 511 a I, 3 ff, darf bei keinem vom Urteil rechtlich Berührten **7** überschritten worden sein. Es muß ein Berufungsurteil des LG vorliegen. Soweit es wegen eines Verfahrensmangels zurückverweist, hält Dodegge MDR **92**, 437 eine Begründung für evtl dennoch erforderlich. Es kommt auf die Fallumstände an, ob zB der gerügte Verfahrensmangel aus dem Protokoll des Berufungsgerichts erkennbar ist. Es mag auch ein nicht revisibles Urteil des OLG vorliegen. Es mag auch ein bereits wirksam erfolgter Rechtsmittelverzicht vorliegen. Er ist hier abweichend von § 514 vereinbar. In allen diesen Fällen reicht jeder Zweifel zu der Pflicht des Gerichts, eine vollständige Urteilsfassung herzustellen. Das gilt auch, solange einer hM noch eine aM gegenübersteht.

Soweit das Gericht die Statthaftigkeit eines Rechtsmittels *übersehen* hat, darf es das Fehlende oder eine **8** Vervollständigung wegen § 318 nicht nachholen, Schneider MDR **85**, 907. Das Rechtsmittelgericht hebt evtl auf, § 313 Rn 30; es wendet evtl §§ 539, 540, 551 Z 7 an, Schneider MDR **78**, 4.

**6) Bei den Entscheidungsgründen zusätzlich: Verzicht, I 2.** Entscheidungsgründe sind nur dann **9** entbehrlich, wenn zusätzlich zu den Bedingungen Rn 6–8 ein Verzicht vorliegt. Es müssen mehrere Voraussetzungen zusammentreffen.

**A. Allseitige Erklärung.** Alle vom Urteil rechtlich berührten Parteien müssen den Verzicht erklären. Es handelt sich um eine grundsätzlich unwiderrufliche Parteiprozeßhandlung, Grdz 47, 59 vor § 128, Ffm NJW **89**, 841. Der Verzicht wird mit seinem Eingang beim zuständigen Gericht wirksam, dem Eingang auf der Geschäftsstelle der zuständigen Abteilung. § 129 a ist anwendbar. Ein Anwaltszwang besteht wie sonst, § 78 I. Der Verzicht darf nicht bedingt erklärt werden, sonst ist er unwirksam. Er braucht nicht in der mündlichen Verhandlung erklärt zu werden, sondern kann noch nach ihrem Schluß erfolgen. Er kann auch schlüssig erklärt werden, sofern er eindeutig ist; im Zweifel liegt kein Verzicht vor. Er darf nicht mit dem Verzicht des § 306 verwechselt werden. Trotzdem sind die Voraussetzungen des § 306 zum Teil vergleichbar.

**B. Rechtzeitigkeit.** Außerdem muß der Verzicht spätestens am 2. Tag nach dem Schluß der mündlichen **10** Verhandlung beim zuständigen Gericht eingehen. § 222 ist anwendbar. Bei einem Verhandlungsschluß zB am Gründonnerstag läuft die Frist grundsätzlich erst am Dienstag nach Ostern um 24 Uhr ab. Maßgeblicher Eingangszeitpunkt ist derjenige der letzten erforderlichen Erklärung. Die *Fristverletzung* führt zur Unwirksamkeit des Verzichts, aM Schneider MDR **85**, 907, ThP 2.

**C. Form.** Eine besondere Form ist nicht erforderlich; freilich müssen die Anforderungen eines bestim- **11** menden Schriftsatzes erfüllt sein, § 129 Rn 5, 6. Er kann auch einen anderen zusätzlichen Inhalt haben.

## §§ 313a, 313b

**12**  **7) Vollständige Fassung, II.** Ob eine vollständige Fassung notwendig ist, das richtet sich einerseits nach der Verfahrens- bzw Anspruchsart, andererseits nach einer etwaigen Auslandsberührung. Notwendig ist eine vollständige Fassung in folgenden Fällen:

**13**  **A. Ehesache, II Z 1.** Ein vollständiges Urteil ist in Ehesachen, §§ 606 ff, erforderlich. Jedoch darf das Urteil, das eine Scheidung zwischen Deutschen ausspricht, unter den Voraussetzungen I ohne Tatbestand und Entscheidungsgründe ergehen. Das gilt freilich nur für den Scheidungsausspruch, während der Ausspruch über die Folgesachen, etwa über den Versorgungsausgleich, begründet werden muß, BGH NJW **81**, 2816, Stgt FamRZ **83**, 82. Das Gericht darf auch den Scheidungsausspruch begründen, sogar gegen den Antrag beider Parteien, denn gemäß I „bedarf" der Scheidungsausspruch lediglich keiner Begründung. Das Urteil, durch das die Scheidung abgelehnt wird, muß vollständig begründet werden; dann ist aber eine abgekürzte Fassung gemäß §§ 313 b, 612 IV zulässig.

**14**  **B. Kindschaftssache, II Z 2.** Ein vollständiges Urteil ist in einer Kindschaftssache, §§ 640 ff, wegen des öffentlichen Interesses erforderlich.

**15**  **C. Wiederkehrende Leistung, II Z 3.** Eine vollständige Fassung ist bei einem Urteil auf künftig fällige wiederkehrende Leistungen, § 258, erforderlich, auch bei §§ 323, 641 q, soweit diese bejaht werden, im Fall einer negativen Feststellungsklage, § 256, also bei einer Klagabweisung. Grund ist die Notwendigkeit, bei einer etwaigen weiteren oder erstmaligen Abänderung des Urteils durch ein Urteil oder in einem Beschlußverfahren die Grundlagen der letzten Entscheidung eindeutig vorzufinden. Auch in solchen Fällen ist natürlich keine Begründung bei § 313 b notwendig. Freilich ist sie dann ratsam.

**16**  **D. Auslandsberührung, II Z 4.** Eine vollständige Fassung ist schließlich dann erforderlich, wenn das Urteil voraussichtlich im Ausland geltend gemacht werden muß, sei es zwecks Anerkennung oder zur Zwangsvollstreckung oder sonstwie. Das braucht nicht glaubhaft gemacht zu werden, sofern die Auslandsbenutzung aus der Natur der Sache herzuleiten ist, zB dann, wenn am Scheidungsverfahren ein Ausländer beteiligt ist, selbst wenn er zugleich Deutscher ist. Evtl ist das Urteil zu vervollständigen, soweit die Ausführungsgesetze zu internationalen Abkommen über Versäumnis- oder Anerkenntnisurteile das fordern, Z 5 Hs 2. Vgl SchlAnh V. Man darf diese Fälle nicht mit dem Übersehen der Statthaftigkeit eines Rechtsmittels verwechseln, Rn 11.

**17**  **8) VwGO:** *Entscheidungsgründe sind (nur) im Fall des § 117 V VwGO entbehrlich (weitergehend § 77 II AsylVfG).* Daneben ist § 313 a auch insoweit unanwendbar, als kein Rechtsmittel gegeben ist, BR-Drs 551/74 S 44: der Grundgedanke der Ausnahmen in II Z 1–3 trifft auch auf den VerwProzeß zu (demgemäß fehlt in KV 2114 v 2115 eine KV 1225, 1227 u 1237 entspr Bestimmung). Abw will OVG Hbg, LS HbgJVBl **83**, 179, I entspr anwenden, wenn ein Rechtsmittel (zB wegen wirksamen Verzichts) unzweifelhaft nicht eingelegt werden kann.

## 313b Versäumnisurteil usw. Abgekürzte Form.

[I] [1]Wird durch Versäumnisurteil, Anerkenntnisurteil oder Verzichtsurteil erkannt, so bedarf es nicht des Tatbestandes und der Entscheidungsgründe. [2]Das Urteil ist als Versäumnis-, Anerkenntnis- oder Verzichtsurteil zu bezeichnen.

[II] [1]Das Urteil kann in abgekürzter Form nach Absatz 1 auf die bei den Akten befindliche Urschrift oder Abschrift der Klage oder auf ein damit zu verbindendes Blatt gesetzt werden. [2]Die Namen der Richter braucht das Urteil nicht zu enthalten. [3]Die Bezeichnung der Parteien, ihrer gesetzlichen Vertreter und der Prozeßbevollmächtigten sind in das Urteil nur aufzunehmen, soweit von den Angaben der Klageschrift abgewichen wird. [4]Wird nach dem Antrag des Klägers erkannt, so kann in der Urteilsformel auf die Klageschrift Bezug genommen werden. [5]Wird das Urteil auf ein Blatt gesetzt, das mit der Klageschrift verbunden wird, so soll die Verbindungsstelle mit dem Gerichtssiegel versehen oder die Verbindung mit Schnur und Siegel bewirkt werden.

[III] Absatz 1 ist nicht anzuwenden, wenn zu erwarten ist, daß das Versäumnisurteil oder das Anerkenntnisurteil im Ausland geltend gemacht werden soll.

**Schrifttum:** *Krause*, Ausländisches Recht und deutscher Zivilprozeß, 1990; *Müller/Hök*, Deutsche Vollstreckungstitel im Ausland, Anerkennung, Vollstreckbarerklärung und Verfahrensführung in den einzelnen Ländern, 1988.

**1**  **1) Systematik, I–III.** Die Vorschrift ist eine vorrangige Sonderregel gegenüber § 313 I Z 5, 6. Sie wird durch den noch spezielleren § 495 a II verdrängt.

**2**  **2) Regelungszweck, I–III.** Die Vorschrift dient in I, II der Prozeßwirtschaftlichkeit, Grdz 14 vor § 128, in III der Rechtssicherheit, Einl III 43.

**3**  **3) Geltungsbereich, I–III.** Die Vorschrift gilt in allen überhaupt einem Versäumnisurteil zugänglichen Verfahren nach der ZPO. Soweit ein echtes (Voll- oder Teil-)Versäumnisurteil gegen den Kläger, § 330, oder gegen den Bekl, § 331, ein Anerkenntnis- oder Verzichtsurteil ergeht, §§ 306, 307, sind unabhängig von § 313 a I, II grundsätzlich weder ein Tatbestand noch Entscheidungsgründe notwendig, I 1. Deren Vorhandensein ist freilich stets zulässig (Beispiel: BGH NJW **83**, 2451) und evtl ratsam, zB als Kurzfassung wegen § 93, um eine Überprüfung des Urteils zu ermöglichen, Bre NJW **71**, 1185, oder wenn es nach Versäumnisurteil nach § 323 evtl abgeändert werden könnte, Maurer FamRZ **89**, 446, oder wenn es nach § 345 nur infolge Verneinung eines der Fälle der §§ 227, 337 erlassen werden konnte, oder wenn es um ein höchstrichterliches Versäumnisurteil über eine Grundsatzfrage geht, BGH NJW **84**, 310, sowie notwendig, wenn eine Anerkennung oder eine Zwangsvollstreckung im Ausland in Frage kommt, III, Rn 5. Wegen des ohnehin vorrangigen EuGVÜ SchlAnh V C 2 §§ 32 ff. Eine abgekürzte Form ist jetzt auch bei einem

2. Titel. Urteil § 313b

echten Versäumnisurteil gegen den Kläger zulässig, nicht aber, soweit ein unechtes Versäumnisurteil ergeht, Üb 13 vor § 330, § 331 Rn 24, BGH BB **90**, 1664. Sie ist auch bei einem Teilurteil oder bei einem Urteil auf eine Widerklage, Anh § 253, zulässig. Dies gilt auch in der höheren Instanz und bei einer Klagerweiterung oder Klagänderung, §§ 263, 264.

**4) Mindestinhalt, I.** Das abgekürzte Urteil muß mindestens die folgenden Angaben enthalten. 4

**A. Gericht.** Erforderlich ist die Bezeichnung des Gerichts.

**B. Urteilsart.** Erforderlich ist ferner die Bezeichnung als Versäumnis-, Anerkenntnis- oder Verzichtsurteil, I 2, BGH FamRZ **88**, 945, Hamm RR **95**, 187. Sie kann fehlen, wenn ein derartiges Urteil vollständig mit Tatbestand und Entscheidungsgründen versehen ist, BGH FamRZ **88**, 945. Trotz Bezeichnung „Versäumnisurteil" kann ein streitiges Urteil vorliegen, Üb 12 vor § 330.

**C. Parteien usw.** Erforderlich ist weiterhin die Bezeichnung der Parteien usw nur dann, wenn Abweichungen gegenüber der Klageschrift bzw Widerklageschrift vorhanden sind, II 3.

**D. Verhandlungsschluß usw.** Notwendig ist außerdem die Angabe des Tages des Schlusses der mündlichen Verhandlung, § 313 I Z 3, bei § 128 II der Zeitpunkt des Einreichungsschlusses, bei § 128 III der dem Schluß der mündlichen Verhandlung entsprechende Zeitpunkt; bei §§ 307 II, 331 III die Angabe, daß ohne mündliche Verhandlung entschieden worden sei.

**E. Bezugnahme.** Zulässig ist die Bezugnahme auf die Klageschrift, soweit das Urteil nach dem Klagantrag erkennt (entsprechendes gilt bei der Widerklage), II 4; doch ist eine solche Bezugnahme zu vermeiden, wenn der Antrag nennenswert ergänzt oder berichtigt worden ist. Ein Zusatz wegen der Zinsen und der Vollstreckbarkeit schadet nicht. Ein Zusatz über die Kosten ist immer notwendig, § 308 II, falls nicht die Klageschrift schon das Nötige enthält, Stürner ZZP **91**, 359. „Rotklammer" usw bezeichnet ausreichend, Hamm MDR **99**, 316.

**F. Vollständige Formel.** Eine vollständige Formel, § 311 II, ist erforderlich, soweit das Urteil nicht nach dem Klag- (bzw Widerklag-)Antrag erkennt.

**G. Unterschriften.** Erforderlich sind ferner die Unterschriften aller mitwirkenden Richter, § 315.

**H. Verkündungsvermerk.** Schließlich ist der Verkündungsvermerk des Urkundsbeamten der Geschäftsstelle, § 315 III, notwendig.

**5) Entbehrliche Angaben, I, II.** Entbehrlich sind die folgenden Einzelheiten. 5

**A. Parteibezeichnung usw.** Man kann auf die Bezeichnung der Parteien usw verzichten, soweit diese mit der Klageschrift bzw Widerklageschrift übereinstimmt, II 3.

**B. Richternamen.** Entbehrlich sind die Namen der entscheidenden Richter, II 2. Wohl aber ist die Bezeichnung des Gerichts notwendig.

**C. Urteilsformel.** Entbehrlich ist schließlich die Urteilsformel, soweit nach dem Klag- bzw Widerklagantrag erkannt worden ist; dann genügt eine Bezugnahme auf den Antrag.

**D. Tatbestand, Entscheidungsgründe.** Sie können zwar auch beim Verzichtsurteil nach § 306 fehlen, BGH RR **98**, 1652, ebenso bei Versäumnis- und beim Anerkenntnisurteil nach § 307, schon wegen § 99 II ist aber eine Kurzbegründung ratsam, nach Bre NJW **71**, 1185, ZöV 3 im Fall streitiger „Kostenanträge" sogar notwendig. Überhaupt kann das Gericht stets ein an sich entbehrliches Urteilselement vollständig darstellen, wie es auch höchstrichterlich mit bemerkenswert erfreulicher Tendenz geschieht (solange sie nicht ausartet), BGH NJW **98**, 1219 und NJW **99**, 1395, 1718 Zweibr JB **97**, 431, wegen der inneren Rechtskraft § 313 a Rn 1.

**6) Aktenbehandlung, II.** Die Urschrift des Urteils kann auf die Urschrift oder eine Abschrift der 6 Klageschrift bzw Widerklageschrift gesetzt werden, die sich in der Gerichtsakte befindet. Nach dem Mahnverfahren, §§ 688 ff, kann die Urschrift auf die Urschrift des Mahnbescheids gesetzt werden. Eine Beglaubigung der Klagabschrift ist entbehrlich. Wird das Urteil auf ein besonderes Blatt gesetzt, so soll dieses mit der Klageschrift durch Schnur und Siegel oder durch Aufdrücken des Gerichtssiegels auf die Verbindungsstelle verbunden werden. Soweit das Urteil auf den Klagantrag verweist, ist dieser Bestandteil des Urteils auch für § 321. Die Ausfertigung erfolgt nach § 317 IV.

**7) Geltendmachung im Ausland, III.** Soweit das Anerkenntnis- oder Versäumnisurteil, §§ 306, 307, 7 im Ausland geltend gemacht werden soll, bleibt die Notwendigkeit von vollem Tatbestand und vollen Entscheidungsgründen; I ist insoweit unanwendbar. Man muß auf den Zeitpunkt des Urteilserlasses abstellen, § 311 Rn 2. Es genügt eine erkennbare Absicht einer Partei, das Urteil auch nur teilweise im Ausland irgendwie rechtlich geltend zu machen (Anerkennungs- oder Vollstreckungsabsicht). Im Zweifel reicht der bloße Auslandsbezug. In solcher Lage ist auch nicht etwa eine abgekürzte Fassung zulässig, wohl aber bleibt § 313 III anwendbar.

**8) Verstoß, I–III.** Ein entgegen I unstatthaft abgekürztes Urteil stellt einen Verfahrensmangel dar, § 539, 8 und begründet die Revision. Denn im Zweifel über den Umfang der Abkürzung ist die Parteivortrag heranzuziehen, BGH LM § 256 Nr 101, LG Mönchengladb KTS **76**, 155. Ein Verstoß gegen I 2 ändert an der Rechtsmittelfrist nichts, Düss MDR **85**, 679, ermöglicht aber nach dem Meistbegünstigungsgrundsatz, Grdz 28 vor § 511, beim Fehlen auch von Tatbestand und Entscheidungsgründen auch evtl eine Berufung, Hamm RR **95**, 186. Ein Verstoß gegen II ist prozessual belanglos, zumal das Urteil bereits vorher entstanden ist. Ein Verstoß gegen III ist wie sonst auch zu behandeln.

**9) *VwGO: Entsprechend anwendbar, § 173 VwGO, auf Anerkenntnis- und Verzichturteile, §§ 306 Rn 8, 307* 9 *Rn 21, OVG Hbg NJW **77**, 214.***

*Hartmann* 1115

## § 314

**314** *Bedeutung des Tatbestands.* ¹Der Tatbestand des Urteils liefert Beweis für das mündliche Parteivorbringen. ²Der Beweis kann nur durch das Sitzungsprotokoll entkräftet werden.

**Schrifttum:** *Gaul,* Die „Bindung" an die Tatbestandswirkung des Urteils, in: Festschrift für *Zeuner* (1994); *Weitzel,* Tatbestand und Entscheidungsqualität, 1990.

**1** **1) Systematik, S 1, 2.** Die Vorschrift ergänzt den §§ 313 I Z 5 und stellt zugleich den Vorrang von §§ 159 ff klar. Vgl auch Rn 2.

**2** **2) Regelungszweck, S 1, 2.** § 314 gibt eine gesetzliche Beweisregel, § 286 II; die Vorschrift soll die Beweiskraft des Tatbestands, einer öffentlichen Urkunde, §§ 415, 417, § 418 I, durch eine über § 418 II hinausgehende Erschwerung des Gegenbeweises erhöhen. Darin liegt für die Parteien eine Gefahr. Sie wird durch die Möglichkeit einer Berichtigung nach § 320, die einzige Berichtigungsmöglichkeit, BGH NJW 93, 1852, erträglich, dort Rn 1. Dieser Zusammenhang ist bei der Auslegung mitzubeachten.

**3** **3) Geltungsbereich, S 1, 2.** Die Vorschrift gilt in allen Verfahren nach der ZPO, auch im arbeitsgerichtlichen Verfahren, § 46 II 1 ArbGG.

**4** **4) Beweiskraft, S 1.** Der Tatbestand ist die *Beurkundung des Parteivorbringens,* abgestellt auf den Schluß der mündlichen Verhandlung, §§ 136 IV, 296 a, BGH NZM 98, 412. Maßgeblich ist der Tatbestand des angefochtenen, nicht des im höheren Rechtszug ergangenen Urteils, BGH NJW 99, 1339. Der Tatbestand liefert Beweis dafür, daß die Parteien etwas in der mündlichen Verhandlung vorgetragen haben, BGH VersR 90, 974 und FamRZ 95, 292, auch zB zu einer Klagänderung, § 263, BVerwG NJW 88, 1228. Er liefert, insbesondere soweit er schweigt, Beweis auch dafür, daß sie etwas nicht vorgetragen haben, BGH VersR 90, 974, demgemäß auch dafür, ob der Vortrag in der Berufungsinstanz neu ist, Schumann NJW 93, 2787, aM Oehlers NJW 94, 712. Er ist für das Revisionsgericht bindend, BGH NJW 87, 2298, Schumann NJW 93, 2787, für das Berufungsgericht nicht, BGH VersR 92, 999, Schumann NJW 93, 2787.

Der Beweis, daß eine Partei in der mündlichen Verhandlung auf einen im Tatbestand erwähnten eigenen oder fremden Schriftsatz *in Wahrheit nicht Bezug* nahm, ist nur durch das Protokoll möglich. Überhaupt kann nur das Protokoll entkräften, nicht ein Schriftsatz, BGH NJW 99, 1339.

Wegen des *vorinstanzlichen* Vortrags § 320 Rn 2. Bei einer Entscheidung im schriftlichen Verfahren nach § 128 II, III ist auch der Vortrag einer früheren mündlichen Verhandlung aufzunehmen, wenn die entscheidenden Richter dieselben sind. Der Tatbestand hat dann auch insoweit Beweiskraft, KG NJW 66, 601. § 314 gilt also im schriftlichen Verfahren, § 128 II, III, nur für ein solches Vorbringen in einem etwaigen Termin, das nicht aus den Akten hervorgeht, BGH Warn 72, 71, BFH BB 83, 755, BayObLG MDR 89, 650. Die Vorschrift gilt auch im Beschlußverfahren, in dem eine mündliche Verhandlung stattfand, § 573 I, BGH 65, 30. Im schriftlichen Vorverfahren gilt § 314 grundsätzlich nicht. Die Vorschrift ist im Rechtsbeschwerdeverfahren nach dem GWB entsprechend anwendbar, BGH 65, 35.

Der Tatbestand liefert auch Beweis für Anerkenntnisse, überhaupt *für alle prozessualen Erklärungen* und für deren Reihenfolge. Er liefert auch dafür Beweis, daß etwas in der mündlichen Verhandlung anders als in den Schriftsätzen vorgetragen wurde, BGH VersR 83, 1161, Köln MDR 76, 848, daß eine Behauptung unwidersprochen geblieben ist oder streitig war, BGH RR 87, 1091 und 1158, oder daß der Kläger keinen Abstand vom Urkundenprozeß genommen hat.

**5** **5) Fehlen der Beweiskraft, S 1.** Der Tatbestand liefert keinen Beweis: Für Zeugenaussagen, überhaupt für anderes Vorbringen als dasjenige der Parteien; für die Beweisergebnisse selbst, auch nicht im Fall des § 161 (dann gilt die Beweiskraft des § 418), Celle NJW 70, 53; für eine rechtliche Folgerung, BGH RR 90, 814; für sonstiges Prozeßgeschehen, etwa für die Gewährung oder Verlängerung einer Nachfrist nach § 283, BGH NJW 83, 2032. Die Anträge ergeben sich aus dem Protokoll in Verbindung mit den Schriftsätzen, der Tatbestand beweist nur, daß sie gestellt wurden, nicht, wann und mit welchem Inhalt sie gestellt wurden, BAG NJW 71, 1332, BVerwG NJW 81, 1228.

**6** **6) Einzelfragen zur Beweiskraft, S 1.** Ob eine Berichtigung zulässig ist, ist solange bedeutungslos, wie die Berichtigung nicht erwirkt wird. Man kann eine Berichtigung nicht schon durch die Berufung erzwingen. Eine Aufhebung des Urteils berührt die Beweiskraft seines Tatbestands nicht; anders liegt es dann, wenn das Verfahren aufgehoben wird, § 539. Wenn der Tatbestand einen Schriftsatz erwähnt, der nach dem Schluß der Verhandlung eingereicht wurde, so muß das Urteil aufgehoben werden, wenn es sich auf neue Tatsachen stützt, die erst in diesem Schriftsatz enthalten sind. Der Tatbestand ist auslegungsfähig, soweit er eine Auslegung gestattet, etwa bestimmte Tatsachen.

**7** **7) Widersprüchlichkeit, S 2.** Soweit der Tatbestand in sich widerspruchsvoll ist, fehlt ihm die Beweiskraft, so daß das Revisionsgericht an ihn nicht gebunden ist, BGH NJW 99, 642 und 1339, StJGr § 561 25, und zurückverweisen muß, BGH RR 94, 1341. Bei einem Widerspruch zwischen dem Tatbestand und dem Protokoll geht das Protokoll unbedingt vor, soweit es den Vorgang ausdrücklich feststellt, BVerwG NJW 88, 1228, und nimmt dem Tatbestand insoweit jede Beweiskraft, § 418 II, § 165 Rn 10, BVerwG Buchholz 310 § 86 Abs 2 Nr 26.

Das gilt aber nur für diejenigen Punkte, die gesetzlich in das Urteil zugrundeliegende *Protokoll* aufzunehmen sind, §§ 160 III, 162, BGH NJW 91, 2085, aM Düss ZMR 88, 336, wenn das Protokoll seine Beweiskraft nicht verloren hat, § 165. Das bloße Schweigen des Protokolls entkräftet den Tatbestand nicht, BVerwG Buchholz 442.10 § 4 StVG Nr 60, aM Düss NJW 91, 1493. Der Tatbestand ist insbesondere nicht entkräftet, wenn das Protokoll erkennbar unvollständig ist, § 165 Rn 10. Wenn kein Widerspruch besteht, dann sind Tatbestand und Protokoll gleichwertig. Jeder andere Gegenbeweis ist ausgeschlossen.

**8** Die übereinstimmende *Anerkennung der Unrichtigkeit* kann den Tatbestand nicht beeinflussen, weil die Parteien ihn sonst beliebig umformen könnten. „Tatbestand" ist bei § 314 nicht nur derjenige des § 313 I Z 5, II, sondern alles, was tatsächliche Feststellungen enthält, also auch ein derartiger Teil der Entscheidungsgründe, BGH VersR 74, 1021, BAG NJW 72, 789 (man muß aber eine bloße Unterstellung einer Tatsache

## 2. Titel. Urteil §§ 314, 315

durch das Gericht zu den Entscheidungsgründen rechnen), Schumann NJW 93, 2787. Wenn sich insofern Tatbestand und Gründe widersprechen, so geht ein eindeutiger Tatbestand vor, BGH NJW 89, 898, BAG NJW 72, 789; bei einem mehrdeutigen fehlt eine beweiskräftige Feststellung, § 313 Rn 30.

**8) VwGO:** Entsprechend anwendbar, § 173 VwGO, BVerwG NJW 88, 1228, NVwZ 85, 338, VerwRspr **26,** 9 116, VGH Kassel NJW **84,** 2429, da das Wesen des VerwProzesses nicht entgegensteht, vielmehr das Gegenstück zu § 314, die Tatbestandsberichtigung des § 320, in § 119 VwGO wiederkehrt und auch § 561 im VerwProzeß entsprechend gilt. Bei Widerspruch zum Protokoll geht dieses vor, Rn 7, BVerwG Buchholz 310 § 86 Abs 2 Nr 26; bloßes Schweigen des Protokolls entkräftet den Tatbestand nicht, BVerwG Buchholz 442.10 § 4 StVG Nr 60, auch nicht eine unklare Angabe im Protokoll, BVerwG NJW **88,** 1228. Der „Tatbestand" kann sich auch aus den Entscheidungsgründen ergeben, BVerwG NVwZ **85,** 337.

**315** *Unterschrift der Richter.* I ¹Das Urteil ist von den Richtern, die bei der Entscheidung mitgewirkt haben, zu unterschreiben. ²Ist ein Richter verhindert, seine Unterschrift beizufügen, so wird dies unter Angabe des Verhinderungsgrundes von dem Vorsitzenden und bei dessen Verhinderung von dem ältesten beisitzenden Richter unter dem Urteil vermerkt.

II ¹Ein Urteil, das in dem Termin, in dem die mündliche Verhandlung geschlossen wird, verkündet wird, ist vor Ablauf von drei Wochen, vom Tage der Verkündung an gerechnet, vollständig abgefaßt der Geschäftsstelle zu übergeben. ²Kann dies ausnahmsweise nicht geschehen, so ist innerhalb dieser Frist das von den Richtern unterschriebene Urteil ohne Tatbestand und Entscheidungsgründe der Geschäftsstelle zu übergeben. ³In diesem Falle sind Tatbestand und Entscheidungsgründe alsbald nachträglich anzufertigen, von den Richtern besonders zu unterschreiben und der Geschäftsstelle zu übergeben.

III Der Urkundsbeamte der Geschäftsstelle hat auf dem Urteil den Tag der Verkündung oder der Zustellung nach § 310 Abs. 3 zu vermerken und diesen Vermerk zu unterschreiben.

**Schrifttum:** *Schmidt,* Richterwegfall und Richterwechsel im Zivilprozeß, Diss Hann 1993.

### Gliederung

| | |
|---|---|
| 1) Systematik, I–III ........................... 1 | 5) Urteilsabfassung, II ........................... 11–13 |
| 2) Regelungszweck, I–III ................. 2 | A. Vollständiges Urteil ..................... 11 |
| 3) Geltungsbereich, I–III ................. 3 | B. Urteilskopf und -formel ............. 12 |
| 4) Unterzeichnung, I ......................... 4–10 | C. Verstoß, II .................................... 13 |
| A. Grundsatz: Pflicht aller Mitwirkenden, I 1 ................................ 4 | 6) Verkündungsvermerk, III .............. 14, 15 |
| B. Verhinderung, I 2 ..................... 5, 6 | A. Grundsatz: Bescheinigung der Übereinstimmung ............ 14 |
| C. Verweigerung ............................ 7 | B. Verstoß ........................................ 15 |
| D. Verstoß, I ................................... 8–10 | 7) VwGO ............................................. 16 |

**1) Systematik, I–III.** Die Vorschrift enthält eine notwendige Ergänzung zu § 313. **1**

**2) Regelungszweck, I–III.** Die Vorschrift bezweckt, die Verantwortung des Gerichts für sein Urteil **2** auch durch Unterschriften zu stärken, obwohl diese streng genommen entbehrlich sein könnten. Es gelten indes naturgemäß die Anforderungen an die Unterschrift eines Partei- bzw Anwaltsschriftsatzes in § 129 Rn 8 ff, § 130 Z 6 entsprechend. Das ist bei der Auslegung mitzubeachten.

**3) Geltungsbereich, I–III.** Die Vorschrift gilt in allen Verfahren nach der ZPO. Im arbeitsgerichtlichen **3** Verfahren gelten §§ 60 IV, 84 ArbGG, LAG Köln BB **88,** 768, Philippsen pp NJW **77,** 1135. Im patentamtlichen Einspruchsverfahren ist I 1, 2 entsprechend anwendbar, BGH GRUR **94,** 725.

**4) Unterzeichnung, I.** Sie ist, weil unentbehrlich, strikt einzuhalten. **4**

**A. Grundsatz: Pflicht aller Mitwirkenden, I 1.** Sämtliche Richter, die bei der Entscheidung mitgewirkt haben, § 309, auch die überstimmten, die kein „dissenting vote" bekanntgeben dürfen, § 313 Rn 37, müssen zwecks Übernahme der Verantwortung für den Gesamtinhalt, Celle RR **90,** 124, das vollständige schriftliche Urteil handschriftlich mit ihrem vollen bürgerlichen Nachnamen unterschreiben, LAG Köln BB **88,** 768, und zwar unter der vollständigen Urschrift. Eine Unterzeichnung des Protokolls genügt nur, wenn das Protokoll das vollständige Urteil mit dem Tatbestand und den Entscheidungsgründen enthält und wenn das Protokoll die Unterschrift sämtlicher Richter trägt. Eine Unterzeichnung eines bloßen Formulars mit einer Fülle von Textbausteinen für verschiedene Fälle läßt evtl noch keine Urschrift entstehen, Celle RR **90,** 124; vgl aber auch § 313 Rn 36. Zu unterschreiben haben die erkennenden, § 309, nicht die verkündenden Richter, Köln NJW **88,** 2806.

Bei der *Form* der Unterschrift gelten dieselben Maßstäbe wie bei derjenigen des Anwalts, § 129 Rn 9, vgl KG NJW **88,** 2807; es muß die Absicht bestehen, mit dem vollen Namen zu unterschreiben und damit (im Gegensatz zum bloßen Entwurf) die volle Verantwortung zu tragen; diese Absicht muß auch erkennbar sein; man muß den Namen, Kenntnis unterstellt, herauslesen können, Oldb MDR **88,** 253 (StPO), LG Ffm MDR **90,** 933. Ein Handzeichen (Paraphe) ist keine Unterschrift, § 329 Rn 9, BGH **76,** 241, Fischer DRiZ **94,** 95. Zum Beschlußverfahren § 329 Rn 6, 7.

**B. Verhinderung, I 2.** Ein Verhinderungsvermerk ist notwendig bei einer Verhinderung eines Richters **5** nach der Beschlußfassung, §§ 192 ff GVG, BGH NJW **80,** 1849, Stgt RR **89,** 1534, nicht schon bei dessen vorübergehender Erkrankung, BGH NJW **77,** 765, kaum schon bei einer Versetzung des Richters, § 163

## § 315  2. Buch. 1. Abschnitt. Verfahren vor den LGen

Rn 5, BGH VersR **81**, 553, ThP 1, Vollkommer Rpfleger **76**, 258, aM Stgt Rpfleger **76**, 258. Diesen Verhinderungsvermerk verfertigt und unterschreibt zweckmäßigerweise der Vorsitzende, bei seiner Verhinderung der dienstälteste Beisitzer, so auch Schmidt JR **93**, 457, nur bei gleichem Dienstalter der lebensälteste, § 21 f II GVG, und zwar mit dem Hinweis „zugleich für ..." und mit einer Angabe des Grundes, BGH VersR **84**, 586, Ffm VersR **79**, 453. Einzelheiten Fischer DRiZ **94**, 95.

*Es genügt* eine Unterschrift „zugleich für den (länger) erkrankten Richter ...", BGH VersR **84**, 287, so daß die Rüge, dessen Unterschrift sei möglich gewesen, zulässig wird. Der Vermerk braucht die Art der Erkrankung nicht anzugeben. Zumindest muß aber die räumliche Stellung und/oder die Fassung des Vermerks zweifelsfrei ergeben, daß er von dem fraglichen Richter herrührt, BGH VersR **84**, 287, Ffm VersR **79**, 453. Bei einer räumlich eindeutigen Zuordnung des Vermerks braucht der Vorsitzende ihn nicht ebenfalls zu unterschreiben, BGH VersR **84**, 287 (die gesonderte Unterschrift ist freilich auch dann ratsam). Eine ordnungsgemäße Ersetzung der Unterschrift macht deren persönliche Nachholung überflüssig, Schneider MDR **77**, 748.

**6**  Wird der älteste *Beisitzer* verhindert, nachdem der Vorsitzende unterschrieben hat und dann an der Vertretungsunterschrift gehindert wurde, so unterschreibt für den ältesten Beisitzer der zweitälteste, ohne daß dieser Umstand einer Begründung bedarf. Sind der Vorsitzende und der dienstälteste Beisitzer von vornherein verhindert, so unterschreibt der dienstjüngere Beisitzer nebst Verkündungsvermerk, BGH VersR **92**, 1155. Wer aus dem Richteramt überhaupt ausgeschieden ist, darf nicht mehr unterschreiben, da er nunmehr die Beurkundungsfähigkeit verloren hat, BVerwG NJW **91**, 1192, Mü OLGZ **80**, 465. Natürlich ist auch eine Rückdatierung dann unzulässig.

Beim *alleinigen Richter* ist die Unterschrift nicht zu ersetzen, Kblz VersR **81**, 688. Da das Urteil mit der Verkündung entsteht, bleibt dann nur eine Zustellung der Formel und die Einlegung des zugehörigen Rechtsmittels möglich. Fehlt auch die Formel, so fehlt das Urteil. Ein Richter, der bei der Beschlußfassung nicht mitgewirkt hat, darf das Urteil nicht anfertigen und nicht unterschreiben, Kblz VersR **81**, 688.

**7**  **C. Verweigerung.** Eine Unterschriftsverweigerung ist nur unter den Voraussetzungen Rn 4–6 berechtigt, BGH NJW **77**, 765, und führt andernfalls zur Zurückverweisung, Rn 8.

**8**  **D. Verstoß, I.** Die fehlende Unterschrift läßt sich jederzeit nachholen, Köln NJW **88**, 2806, Zeiss JR **80**, 507, auch nach der Einlegung eines Rechtsmittels, Ffm NJW **83**, 2396, bzw einer Nichtzulassungsbeschwerde, BGH NJW **77**, 765. Ein vernünftiger Richter der höheren Instanz schickt die Akten zur Nachholung der Unterschrift zurück und hebt nicht etwa zugleich das Urteil zum Schaden der Partei auf, Schneider MDR **77**, 748. Fehlt auch die erforderliche Unterschrift, so ist mit der Verkündung zwar ein Urteil entstanden, § 310 Rn 1–4, BGH NJW **89**, 1157, ThP 2, ZöV 1, aM BGH VersR **84**, 586 (es liege nur ein Urteilsentwurf vor; krit Zeiss JR **80**, 508). Es ist dann aber eine wirksame Urteilszustellung nicht möglich, eine bewirkte Zustellung ist wirkungslos. BGH VersR **78**, 138 (die Rechtsmittelfrist wird nicht in Lauf gesetzt), LAG Köln BB **88**, 768, aM ThP 3.

**9**  Das gilt auch dann, wenn die nach Rn 4–6 erforderliche Angabe des Verhinderungsgrundes *überhaupt fehlt*, BGH NJW **80**, 1849, Ffm VersR **79**, 453, ZöV 1, aM Stgt RR **89**, 1534, (§ 187 S 1 entsprechend). Es erfolgt, auch im Fall der unberechtigten Unterschriftsverweigerung, eine Zurückverweisung, § 551 Z 7, BGH NJW **77**, 765.

**10**  Wenn die im Kopf Genannten überhaupt nicht bzw nicht ordnungsgemäß unterschrieben haben, die Urteilsausfertigung aber ihre Unterschrift aufführt, also den *Anschein* eines ordnungsgemäßen Urteils erweckt, dann ist die Zustellung des Urteils grundsätzlich (Ausnahme: § 317 Rn 8) ohne Rücksicht auf den Mangel zunächst wirksam, weil sich die Partei auf die Ausfertigung verlassen darf, BGH RR **98**, 141, Ffm NJW **83**, 2396. Die richtige Unterschrift kann nachgeholt werden, § 319, BGH MDR **98**, 336, Ffm NJW **83**, 2396. Wird freilich die Nachholung verweigert, so kann rechtlich ein bloßer Entwurf vorliegen, Üb 12 vor § 300, BGH RR **98**, 141 (kein Anlauf der Notfrist). Für die Frage der Zulässigkeit eines Rechtsmittels ist die Unterschrift belanglos, soweit das Rechtsmittel bereits vor der Urteilszustellung zulässig ist, BGH MDR **98**, 336. Das Rechtsmittelgericht prüft nur, ob der als Verhinderungsgrund bezeichnete Tatsache einen solchen darstellen kann, nicht, ob er tatsächlich gegeben war. Zur Überprüfbarkeit des Verhinderungsvermerks BGH MDR **83**, 421 (StPO), § 317 Rn 8. Hat (auch) ein Richter unterschrieben, der an der Beratung und Beschlußfassung nicht mitwirkte, so ist ein Berichtigungsbeschluß notwendig und ausreichend, BGH MDR **98**, 336, Düss RR **95**, 636.

**11**  **5) Urteilsabfassung, II.** Theorie und Praxis klaffen nicht selten auseinander.

**A. Vollständiges Urteil.** Das Urteil muß bei einem besonderen Verkündungstermin, auch bei § 128 II, III vollständig (zumindest hand-) schriftlich abgefaßt sein, § 310 II. Wird es schon in demjenigen Termin verkündet, in dem die mündliche Verhandlung geschlossen wurde, so ist es in vollständiger schriftlicher Fassung binnen 3 Wochen seit der Verkündung der Geschäftsstelle zu übergeben. Es handelt sich nicht um eine Ausschlußfrist, vgl freilich Rn 4–6, sondern um eine Ordnungsvorschrift, BAG MDR **84**, 435 Karlsr NJW **84**, 619.

**12**  **B. Urteilskopf und -formel.** Ist die Einhaltung der Frist unmöglich, etwa wegen des Umfangs des Urteils oder einer Erkrankung des Richters oder der Schreibkraft oder wegen einer Überlastung, so ist das Urteil innerhalb der Frist wenigstens ohne Tatbestand und Entscheidungsgründe unterschrieben der Geschäftsstelle zu übergeben. Das Urteil muß auch hier beschleunigt schriftlich abgefaßt werden, damit die Partei nicht die 3-Monats-Frist des § 320 II 3 verliert. Zweckmäßiger als das Verfahren nach II 2, 3 ist es, wenn die Richter der letzten Verhandlung beschließen, den Verkündungstermin hinauszuschieben. Denn gerade bei der Absetzung des Urteils in umfangreicheren Sachen kann eine etwaige Unstimmigkeit gegenüber der verkündeten Urteilsformel sonst nicht mehr ausgeglichen werden.

**13**  **C. Verstoß, II.** Ein Verstoß gegen II 1 kann zur Aufhebung des Urteils und jedenfalls zur Zurückverweisung nach § 539 führen, wenn die Entscheidungsgründe fünf Monate nach der Verkündung noch nicht vorlagen (§§ 516, 552), BGH FamRZ **91**, 43, Schneider MDR **88**, 640. In diesem Fall muß das

Gericht die Kosten durchweg nach § 8 GKG niederschlagen, BGH VersR **87**, 405, Mü NJW **75**, 837. Wegen des Fehlens der Unterschrift Rn 8–10. Die Versäumung der Pflicht nach II 2, 3 ist ein grober Verstoß und kann zur Aufhebung führen, § 551 Rn 14, BGH LM § 41 p PatG Nr 18. Evtl müssen auch die Kosten niedergeschlagen werden, § 8 GKG, Mü NJW **75**, 837. Eine ordnungsmäßige Unterschrift unter dem später beigebrachten vollständigen Urteil heilt den Mangel einer unvollständigen oder fehlerhaft unterschriebenen Formel, nicht aber den ihrer Zustellung.

**6) Verkündungsvermerk, III.** Er hat keine übermäßige Bedeutung. **14**

**A. Grundsatz: Bescheinigung der Übereinstimmung.** Der Urkundsbeamte der Geschäftsstelle, nicht notwendig der bei der Verkündung mitwirkende Urkundsbeamte, vermerkt auf Grund des natürlich zuvor erforderlichen Verkündungsprotokolls, Brdb MDR **99**, 564, LAG Köln AnwBl **95**, 159, auf dem Urteil den Tag der Verkündung und unterschreibt diesen Vermerk. An seine Unterschrift sind dieselben Anforderungen zu stellen wie an Unterschriften des Richters oder Anwalts, zB § 129 Rn 9, § 163 Rn 3, § 329 Rn 8, 9, BGH NJW **88**, 713. Zweck ist die Bescheinigung der Übereinstimmung, Ffm RR **95**, 511. Der Vermerk ist auf die Urschrift zu setzen; das nach § 160 III Z 7 erforderliche Verkündungsprotokoll ersetzt er nicht, § 165, BGH FamRZ **90**, 507, Zweibr OLGZ **87**, 372, LAG Köln AnwBl **95**, 159. Bei einem Anerkenntnis- oder Versäumnisurteil, §§ 306, 330 ff, ist im Falle des § 310 III der Tag der letzten Zustellung zu vermerken. III ist auf einen Zuschlagsbeschluß nach § 87 I ZVG anwendbar, Köln Rpfleger **82**, 113.

**B. Verstoß.** Ein Verstoß gegen III ist kein Mangel des Urteils und prozessual, auch für die Wirksamkeit **15** der Zustellung, unschädlich, BGH VersR **87**, 680, Köln Rpfleger **82**, 113.

**7) VwGO:** Es gelten statt **I** § 117 I VwGO, statt **II** § 117 IV VwGO und statt **III** § 117 VI VwGO. **16**

# 316 *(weggefallen)*

**317** *Urteilszustellung und -ausfertigung.* [I] ¹Die Urteile werden den Parteien, verkündete Versäumnisurteile nur der unterliegenden Partei zugestellt. ²Eine Zustellung nach § 310 Abs. 3 genügt. ³Auf übereinstimmenden Antrag der Parteien kann der Vorsitzende die Zustellung verkündeter Urteile bis zum Ablauf von fünf Monaten nach der Verkündung hinausschieben.

[II] ¹Solange das Urteil nicht verkündet und nicht unterschrieben ist, dürfen von ihm Ausfertigungen, Auszüge und Abschriften nicht erteilt werden. ²Die von einer Partei beantragte Ausfertigung eines Urteils erfolgt ohne Tatbestand und Entscheidungsgründe; dies gilt nicht, wenn die Partei eine vollständige Ausfertigung beantragt.

[III] Die Ausfertigung und Auszüge der Urteile sind von dem Urkundsbeamten der Geschäftsstelle zu unterschreiben und mit dem Gerichtssiegel zu versehen.

[IV] ¹Ist das Urteil nach § 313 b Abs. 2 in abgekürzter Form hergestellt, so erfolgt die Ausfertigung in gleicher Weise unter Benutzung einer beglaubigten Abschrift der Klageschrift oder in der Weise, daß das Urteil durch Aufnahme der im § 313 Abs. 1 Nr. 1 bis 4 bezeichneten Angaben vervollständigt wird. ²Die Abschrift der Klageschrift kann durch den Urkundsbeamten der Geschäftsstelle oder durch den Rechtsanwalt des Klägers beglaubigt werden.

### Gliederung

| | | | |
|---|---|---|---|
| 1) Systematik, I–IV | 1 | A. Notwendigkeit der Verkündung bzw Zustellung | 8, 9 |
| 2) Regelungszweck, I–IV | 2 | B. Einzelfragen | 10–13 |
| 3) Geltungsbereich, I–IV | 3 | C. Berichtigung | 14 |
| 4) Zustellung, I | 4–7 | D. Unterschrift | 15 |
| A. Von Amts wegen | 4 | 6) Abgekürztes Urteil, IV | 16, 17 |
| B. Hinausschiebung | 5, 6 | A. Beglaubigung | 16 |
| C. Mitteilungspflicht | 7 | B. Vervollständigung | 17 |
| 5) Ausfertigungen usw, II, III | 8–15 | 7) VwGO | 18 |

**1) Systematik, I–IV.** Die Vorschrift schafft zusammen mit vielen anderen Bestimmungen, zB §§ 339 I, **1** 700 I, II (Einspruch), 516 (Berufung), 552 (Revision), 750 I 1 (Zwangsvollstreckung) Klarheit über eine zusätzlich zur etwaigen Verkündung stattfindende Bekanntgabe des Urteils. Sie wird durch §§ 166 ff, 208 ff ergänzt.

**2) Regelungszweck, I–IV.** Die Vorschrift dient der Rechtssicherheit, Einl III 43. Sie ist daher streng **2** auszulegen.

**3) Geltungsbereich, I–IV.** Die Vorschrift gilt umfassend, im Kleinverfahren, soweit es sich um das **3** „eigentliche" Urteil und nicht nur um die „Protokollgründe" des § 495 a II 2 handelt. Die Amtszustellung im Verfahren nach §§ 208 ff erfolgt bei sämtlichen Urteilen und in allen Instanzen.

**4) Zustellung, I.** Sie macht nicht selten ziemliche Schwierigkeiten. **4**

**A. Von Amts wegen.** Die Zustellung erfolgt im Verfahren nach §§ 166 ff und beim Urteil grundsätzlich zwingend von Amts wegen, § 270 I, BGH VersR **78**, 943, Hamm RR **88**, 1151. Ausnahmen gelten nur bei

§ 317  2. Buch. 1. Abschnitt. Verfahren vor den LGen

§ 750 I 2, § 922 II (also nur beim Beschluß, nicht bei einer einstweiligen Verfügung durch Urteil, § 922 Rn 7), § 936, dort Rn 7 „§ 929". Wegen des Vollstreckungsbescheids vgl § 699 IV, Bischof NJW **80**, 2235. Eine Parteizustellung ist unwirksam, § 187 S 2. Eine Zustellung ist grundsätzlich an alle Parteien notwendig, nicht an den gewöhnlichen Streithelfer, § 67 Rn 1, BGH NJW **86**, 257, wohl aber an den streitgenössischen, § 69, BGH **89**, 125, und daher auch an den entgegen § 640 e nicht zugeladenen Elternteil, BGH **89**, 125. Dies gilt auch bei § 310 III, Nürnb NJW **78**, 832 (krit Schneider) und beim sog unechten Versäumnisurteil, Üb 13 vor § 330. Einer am Versorgungsausgleich beteiligten Versicherungsgesellschaft braucht das Urteil auch dann nur einmal zugestellt zu werden, wenn das Konto sowohl für den Berechtigten als auch für den Verpflichteten dort geführt wird, Zweibr FamRZ **80**, 813.

Die *Rechtsmittel- und die Einspruchsfrist beginnen* bereits und grundsätzlich nur mit einer Zustellung gemäß I, vgl Gilleßen/Jakobs DGVZ **77**, 111, nicht etwa mit einer Parteizustellung gemäß § 750 I 2; vgl freilich die §§ 516, 552 (absolute Frist von fünf Monaten seit der Verkündung). Ein nicht nach § 310 III ergangenes, sondern verkündetes Versäumnisurteil braucht nur dem Unterlegenen zugestellt zu werden. Bei der Zustellung eines jeden echten Versäumnisurteils muß das Gericht von Amts wegen die Hinweise gemäß § 340 III 4 geben. Eine Zustellung an den Sieger ist unschädlich.

Die Zustellung erfolgt grundsätzlich *unverzüglich*, sobald die vollständige Urteilsfassung vorliegt, Rn 8–15, bei § 313b II die abgekürzte Fassung, Rn 16, 17. Ein bestimmter Zustellungstag ist nicht vorgeschrieben; § 193 BGB ist unanwendbar, BGH VersR **83**, 876. Die Zustellung ist in einer Nicht-Sommersache trotzdem im Zeitraum des § 227 III 1 statthaft, denn die Vorschrift erfaßt nur Termine. Eine vollständige Fassung liegt auch dann vor, wenn das Urteil auf andere Schriftstücke usw gemäß § 313 II 2 verweist, selbst wenn die letzteren (noch) nicht zugestellt wurden und nicht beiliegen, aM ZöGu § 516 Rn 9. Eine Rechtsbehelfsbelehrung ist grundsätzlich nicht notwendig, § 313 Rn 47, 50, BGH NJW **91**, 296.

**5  B. Hinausschiebung.** Nur auf Grund eines Antrags beider Parteien darf der Vorsitzende die Zustellung eines verkündeten Urteils bis zum Ablauf von 5 Monaten seit der Verkündung hinausschieben. Es handelt sich um eine bloße Zuständigkeitsregel; wenn die Parteien die Anträge zulässigerweise stellen, muß der Vorsitzende entsprechend handeln, die Parteien sollen den Beginn der Rechtsmittelfrist in der Hand behalten können, etwa wegen Vergleichsverhandlungen. Die Regelung gilt nur bei dem verkündeten Urteil, nicht bei einem nach § 310 III von Amts wegen zuzustellenden und nicht in einer Ehesache, § 618, Familiensache, § 621 c, Kindschaftssache, § 640 I, ferner nicht bei § 50 I 2 ArbGG. Der Antrag bedarf keiner Begründung. Daher ist die „fehlerhafte" Begründung eines an sich zulässigen Antrags unschädlich. Der Vorsitzende ist an denjenigen Zeitraum gebunden, den die Parteien übereinstimmend wünschen. Bei unterschiedlichen Wünschen ist er zu einer Rückfrage wegen eines etwaigen Irrtums usw verpflichtet, § 139. Im Zweifel gilt der kürzere Zeitraum als maßgeblich.

Der *Antrag* kann formlos gestellt werden. Anwaltszwang herrscht wie sonst, § 78 I. Es handelt sich um eine grundsätzlich unwiderrufliche Parteiprozeßhandlung, Grdz 47 vor § 128. Die Frist beginnt am Tag nach der Verkündung, § 222 I in Verbindung mit § 187 I BGB. Es handelt sich um eine uneigentliche Frist, Üb 11 vor § 214, insbesondere nicht um eine Notfrist nach § 224 I 2; § 222 II gilt nicht, Ffm NJW **72**, 2313 (zum vergleichbaren § 516 aF), aM ZöV 2. Eine Verlängerung ist gemäß § 224 bis zur Dauer nach I 3 statthaft.

**6**  Die *Entscheidung* ergeht durch eine Verfügung oder einen Beschluß mit einer Anweisung an die Geschäftsstelle, § 329. Die Entscheidung ist kurz zu begründen, § 329 Rn 4, und beiden Parteien formlos mitzuteilen. Beschwerde ist wie sonst zulässig, § 567 ff. Es entstehen keine Gebühren, §§ 1 GKG, 37 BRAGO. Franzki DRiZ **77**, 167 empfiehlt, den Parteien auf Wunsch eine Urteilsabschrift vor der Urteilszustellung formlos zu übersenden, damit sie prüfen können, ob sie Anträge gemäß I 2 stellen wollen.

**7  C. Mitteilungspflicht.** Der Urkundsbeamte hat (ab 1. 6. 98) Mitteilungspflichten nach §§ 12 ff EGGVG, die sich am BDSG messen lassen müssen. Er hat ferner von einem rechtskräftigenUrteil nach §§ 13, 19 AGBG (Unterlassungs- und Widerrufsklage) gemäß § 20 I AGBG von Amts wegen das Bundeskartellamt zu benachrichtigen.

**8  5) Ausfertigungen usw, II, III.** Ausgangspunkt ist stets der vollständige Wortlaut der, evtl handschriftlichen, Urschrift, § 170 Rn 5, BGH **138**, 168, BayObLG **90**, 330.

**A. Notwendigkeit der Verkündung bzw Zustellung.** Wirksam wird das Urteil mit seiner gesetzmäßigen Verkündung, § 311, BGH BB **93**, 1174, oder bei § 310 III mit seiner Zustellung. Zur Ausfertigung, Begriff § 170 Rn 3, wird das Urteil erst mit der Unterschrift aller mitwirkenden Richter reif, Hamm GRUR **87**, 853. Eine bloße Namensabkürzung (Paraphe) genügt nicht, § 170 Rn 10, BGH NJW **80**, 1960. Eine Ausfertigung des Urteils entsteht erst mit der anschließenden Unterschrift des Urkundsbeamten der Geschäftsstelle, BGH NJW **91**, 1116, und zwar derjenigen des erkennenden Gerichts. Ausfertigungen, Begriff § 170 Rn 3, Auszüge und Abschriften eines Urteils sind vor dessen Verkündung und Unterzeichnung verboten; eine dennoch verfrüht hergestellte Ausfertigung reicht nicht zur Wirksamkeit der Zustellung, BGH BB **93**, 1174. Darüber, wann eine Ausfertigung und wann eine beglaubigte Abschrift zuzustellen ist, vgl § 170 Rn 1. Bei einer Erteilung von Amts wegen erfolgt nur noch eine vollständige Ausfertigung.

**9**  Wenn eine Partei, zB wegen der Zwangsvollstreckung, § 750 I 2, eine Ausfertigung oder eine beglaubigte Abschrift des Urteils beantragt, so erhält sie eine solche mit Urteilskopf, Entscheidungsformel und Unterschriften, aber ohne Tatbestand und Entscheidungsgründe, solange sie *keine vollständige Ausfertigung* oder vollständige beglaubigte Abschrift beantragt. Ob ein derartiger stillschweigender Antrag vorliegt, der zulässig ist, das ist eine Fallfrage, Grdz 52 vor § 128. Die Zustellung einer Urteilsfassung ohne Tatbestand und Entscheidungsgründe steht der Zustellung eines vollständigen Urteils wegen des Wegfalls der früheren II 2 grundsätzlich keineswegs mehr gleich; eine Ausnahme gilt bei § 495 a II 1, 2. Fehlt der Tenor ganz, § 311 II 1, 313 I Z 4, so ist die Zustellung stets unwirksam, auch diejenige von Anwalt zu Anwalt, § 212 a, BGH VersR **78**, 155. Im übrigen führt nicht jede Abweichung zwischen der Urschrift und der Ausfertigung zur Unwirksamkeit der Zustellung, sondern es ist nur eine wesentliche Abweichung schädlich, BGH **85**, 551. Es kann daher unschädlich sein, wenn der Ausspruch „Im übrigen wird die Klage abgewiesen" fehlt,

2. Titel. Urteil § 317

BGH **67**, 284, oder wenn die Kostenentscheidung (nur) im Tenor der Ausfertigung fehlt, BGH VersR **82**, 70.

**B. Einzelfragen.** Fehlt die Unterschrift des Richters, § 315 I, oder fehlt der vom Urkundsbeamten der **10** Geschäftsstelle zu unterschreibende Ausfertigungsvermerk der Geschäftsstelle, § 315 III, so liegt nur ein Ausfertigungsentwurf vor, BGH **100**, 237, und ist die Urteilszustellung unwirksam, weil die Ausfertigung eine Übereinstimmung mit der Urschrift verbürgen soll, BGH VersR **83**, 874, ohne dem Empfänger die Prüfung der Richtigkeit oder Vollständigkeit zuzumuten, vgl BGH NJW **78**, 217. Wenn die Ausfertigung lediglich den Vermerk „gez. Unterschrift" oder lediglich die Namen der Richter in Klammern ohne weiteren Zusatz enthält, reicht dies nicht aus, BGH VersR **94**, 1495, aM Vollkommer ZZP **88**, 334. Es reicht auch nicht aus, daß die Ausfertigung von mehreren richterlichen Unterschriften nur diejenige des Vorsitzenden wiedergibt, KG JR **82**, 251. Die Ausfertigung darf nicht eine auf der Urschrift gar nicht vorhandene Unterschrift ausweisen, Hamm MDR **89**, 465.

*Ausreichend* ist es aber, wenn die Ausfertigung den Vermerk „gez. Namen" enthält, selbst wenn der Name **11** in Klammern steht, BGH VersR **80**, 742. Ausreichend ist es auch, wenn der Name ohne Klammern und ohne den Zusatz „gez." maschinenschriftlich auftritt, sofern dadurch keine Unklarheiten entstehen, BGH VersR **94**, 1495, AG Bergisch-Gladbach Rpfleger **89**, 337. Es ist unschädlich, daß der Name zwischen Binde- oder Trennungsstrichen steht, BGH FamRZ **90**, 1227. Wenn die Richternamen in Klammern stehen, genügt ein einziger Vermerk „gez." am Anfang der Namenszeile, BGH VersR **80**, 742, und ist die Lesbarkeit der handschriftlichen Namenszugs entbehrlich, BGH VersR **83**, 874. Das alles gilt auch bei der Unterschrift für einen verhinderten Richter, BGH NJW **78**, 217. Es reicht aus, daß die räumliche Zuordnung des Vermerks, zB nur unter dem Namen des Vorsitzenden, eindeutig ergibt, daß der Vermerk vom Vorsitzenden stammt, selbst wenn dieser den Vermerk nicht zusätzlich unterschrieben hat, BGH VersR **84**, 287. Bloße Bindestriche sind unschädlich, BGH VersR **73**, 965.

Für den *Ausfertigungsvermerk* des Urkundsbeamten der Geschäftsstelle ist ein bestimmter Wortlaut nicht **12** vorgeschrieben, BGH **55**, 251, ebensowenig ein Datum, BGH VersR **85**, 503. Es reicht jedoch nicht aus, in der Abschrift an der für die Unterschrift vorgesehenen Stelle nur den in Klammern gesetzten Namen des Urkundsbeamten der Geschäftsstelle wiederzugeben. Freilich reicht hier „gez. Unterschrift" aus, BGH NJW **75**, 781 mwN. Zur Entzifferbarkeit § 129 Rn 26 „Herauslesenkönnen", BGH VersR **85**, 503.

Die Urteilszustellung *vor* einer nach § 311 erforderlichen *Verkündung* ist unwirksam. Eine Zustellung ist **13** nicht schon deshalb unwirksam, weil auf der zugestellten Urteilsausfertigung der Vermerk über die tatsächlich erfolgte Verkündung fehlt. Es genügt, daß eine beglaubigte Abschrift ersehen läßt, daß eine „Ausfertigung" nebst Gerichtssiegel und Unterschrift des Urkundsbeamten der Geschäftsstelle („gez. Unterschrift") vorgelegen hat, BGH VersR **73**, 351. Der Vermerk „als Urkundsbeamter der Geschäftsstelle" braucht nicht beigefügt zu werden, falls die Dienststellenbezeichnung beigefügt ist und falls landesrechtliche Bestimmungen ergeben, daß der Inhaber dieser Dienststelle ein Urkundsbeamter der Geschäftsstelle ist, BGH LM Nr 6, LG Bln Rpfleger **79**, 111. BAG BB **85**, 1199 läßt die Rechtsmittelfrist sogar dann anlaufen, wenn die Ausfertigung vom Urkundsbeamten eines anderen als des erkennenden Gerichts stammt. Aber wo liegen dann die Grenzen der Wirksamkeit? Das Fehlen eines Hinweises auf das in der Vorschrift vorhandene Landeswappen ist unschädlich, BGH VersR **85**, 551. Zur Übung, nur die erste Ausfertigung förmlich zuzustellen, BGH VersR **85**, 551.

**C. Berichtigung.** Eine offenbare Unrichtigkeit der Ausfertigung usw wird vom Urkundsbeamten der **14** Geschäftsstelle entsprechend § 319 berichtigt. Lehnt er die Berichtigung ab, so kann das Gericht angerufen werden, § 576. Gegen die Entscheidung des Gerichts ist die einfache Beschwerde nach § 567 zulässig. Eine Berichtigung der Urschrift ist nur dem Gericht gestattet, nicht dem Urkundsbeamten; er vermerkt sie gemäß § 319 II 2.

**D. Unterschrift.** Sämtliche Ausfertigungen und Auszüge hat der Urkundsbeamte der Geschäftsstelle zu **15** unterschreiben, § 315 Rn 14, und mit dem Gerichtssiegel zu versehen. Statt des Siegels genügt der Gerichtsstempel, BGH VersR **85**, 545. Das Fehlen eines Hinweises in der zugestellten beglaubigten Abschrift auf das in der Ausfertigung vorhandene Siegel bzw auf den dort vorhandenen Gerichtsstempel macht die Zustellung nicht unwirksam. Zu den Übergangsproblemen nach dem EV BGH DtZ **93**, 54.

**6) Abgekürztes Urteil, IV.** Der Urkundsbeamte der Geschäftsstelle wählt von zwei möglichen Arten der **16** Ausfertigung eines nach § 313b II hergestellten abgekürzten Urteils die zweckmäßigste und billigste:

**A. Beglaubigung.** Entweder setzt er die Ausfertigung auf eine beglaubigte Abschrift der Klageschrift oder ein damit zu verbindendes Blatt. Zur Beglaubigung sind er oder der Anwalt des Klägers befugt. Dem Anwalt steht ein Erlaubnisträger nach § 209 BRAO gleich, § 25 EGZPO. Der Urkundsbeamte der Geschäftsstelle darf auch die Urschrift der Klage benutzen.

**B. Vervollständigung.** Oder er ergänzt das abgekürzte Urteil zu einem gewöhnlichen ohne Tatbestand **17** und Entscheidungsgründe, fügt also alle anderen Erfordernisse des § 313 bei, mithin auch die Unterschriften der Richter. Die Ergänzung muß mit den Angaben der Klageschrift übereinstimmen, § 313b. Sind diese unrichtig und im Urteil nicht berichtigt worden, muß zunächst das Gericht das Urteil berichtigen, §§ 319 ff. Zu irgendeiner sachlichen Änderung ist der Urkundsbeamten der Geschäftsstelle nicht befugt, auch nicht zur Verbesserung von Schreibfehlern, solange solche nicht ganz zweifelsfrei vorliegen und solange das Richtige nicht zweifelsfrei ist.

**7) VwGO:** *I* 1 u 2 sind durch § 116 I u II VwGO ersetzt, *I* 3 ist unanwendbar, da im *VerwProzeß für solche* **18** *Vereinbarungen kein Raum ist, RegEntwBegr 88 zur VereinfNov. II* 1 ist entsprechend anwendbar, § 173 *VwGO, ebenso III, BVerwG Buchholz 310 § 117 Nr 20 mwN, und IV. Statt II 2 gilt* § 168 II *VwGO*.

## § 318

**318** *Bindung des Gerichts an seine Entscheidung.* Das Gericht ist an die Entscheidung, die in den von ihm erlassenen End- und Zwischenurteilen enthalten ist, gebunden.

**Schrifttum:** *Bauer,* Die Gegenvorstellung im Zivilprozeß, 1990; *Eichfelder,* Die Stellung der Gerichte ... und die Bindungskraft ihrer Entscheidungen, Diss Würzb 1980; *Gaul,* Die „Bindung" an die Tatbestandswirkung des Urteils, in: Festschrift für *Zeuner* (1994); *Werner,* Rechtskraft und Innenbindung zivilprozessualer Beschlüsse im Erkenntnis- und summarischen Verfahren, 1983; *Ziegler,* Selbstbindung der dritten Gewalt, 1993.

### Gliederung

| | |
|---|---|
| 1) Systematik ............... 1 | D. Gerichtsbegriff ............... 7 |
| 2) Regelungszweck ............... 2 | E. Unabdingbarkeit ............... 8 |
| 3) Geltungsbereich ............... 3 | 5) Umfang der Bindung ............... 9–12 |
| 4) Bindungswirkung ............... 4–8 | A. Grundsatz: Allenfalls Berichtigung .... 9 |
| A. Grundsatz: Bindungswirkung des Urteils ............... 4 | B. Ausnahmen ............... 10 |
| B. Ausnahmen ............... 5 | C. Einzelfragen ............... 11, 12 |
| C. Verfügung, Beschluß ............... 6 | 6) VwGO ............... 13 |

**1  1) Systematik.** Die Vorschrift stellt einen für jedes Urteil geltenden Grundsatz auf. Er stellt zugleich den „Auftakt" zu einer Reihe von notwendigen, in §§ 319–321, 578 ff vorrangig geregelten Ausnahmen dar.

**2  2) Regelungszweck.** Die Vorschrift bezweckt eine möglichst abschließende Abwägung zwischen dem Gebot der Rechtssicherheit, Einl III 43, und dem auch öffentlichen Interesse an der Korrektur einer unrichtigen Entscheidung, BSG MDR **92**, 386. Deshalb ist auch eine Gegenvorstellung, Üb 3 vor § 567, grundsätzlich unstatthaft, BSG MDR **92**, 386.

**3  3) Geltungsbereich.** Die Vorschrift gilt in allen Verfahren nach der ZPO, auch im arbeitsgerichtlichen Verfahren, § 46 II 1 ArbGG.

**4  4) Bindungswirkung.** Dem beherrschenden Grundsatz stehen wichtige Ausnahmen gegenüber.

**A. Grundsatz beim Urteil.** Das Gericht ist grundsätzlich an die Entscheidungen gebunden, die es in demselben Prozeß, Jauernig MDR **82**, 286, in einem End- oder Zwischenurteil wirksam getroffen hat, BGH VersR **87**, 940, BAG DB **84**, 1628, BFH BB **96**, 997 (s aber § 310 Rn 4), BSG MDR **92**, 386. Die Bindung tritt auch zB zur Höhe einer Sicherheitsleistung nach § 108 ein, Schneider MDR **83**, 905. Das gilt grundsätzlich auch für ein Vorbehaltsurteil, §§ 302, 599, BGH NJW **88**, 1468; wegen der Ausnahmen Rn 10, und für ein Grundurteil, § 304, BGH RR **97**, 188. Diese Bindung (Schmidt Rpfleger **74**, 178: Innenbindung) beruht weder auf der formellen noch auf der sachlichen Rechtskraft nach § 322, zu der ein Zwischenurteil aus § 303 gar nicht fähig ist, BGH VersR **87**, 940, BAG DB **84**, 1628, Jauernig MDR **82**, 286.

Die Bindung *beginnt* auch schon *mit dem Erlaß* der Entscheidung, § 311 Rn 5, § 329 Rn 24, bei einem Versäumnisurteil also mit dem Eingang bei der Geschäftsstelle, LG Stgt AnwBl **81**, 198, führt aber für dieses Gericht dieselbe Wirkung wie die innere Rechtskraft herbei, Einf 2 vor §§ 322–327, BAG DB **84**, 1628, Schmidt Rpfleger **74**, 181. Darum erstreckt sich die Bindung nicht auf die Gründe, OGB BGH **60**, 396, BGH FamRZ **89**, 849, Tiedtke ZZP **89**, 69. Die Gründe sind aber zur Ermittlung der Tragweite der Urteilsformel heranziehbar, § 322 Rn 10, BGH RR **97**, 188. Ein Zwischenurteil, §§ 280, 303, muß zulässig gewesen sein, Tiedtke ZZP **89**, 73. Praktisch wichtig ist die Bindung namentlich beim Urteil nach § 304. Das Gericht kann sein Urteil auch nicht durch eine einstweilige Verfügung aufheben, LAG Hamm DB **82**, 654.

**5  B. Ausnahmen.** Ausnahmsweise kann jedenfalls das letztinstanzliche ordentliche Gericht wegen eines Verfassungsverstoßes, etwa gegen Art 103 I GG, berechtigt und verpflichtet sein, den Grundrechtsverstoß durch eine neue Sachentscheidung selbst zu beseitigen, BVerfG **49**, 258, BGH **130**, 99 (zustm Roth JZ **96**, 375, krit Hoeren JR **96**, 199).

**6  C. Verfügung, Beschluß.** Eine Verfügung, § 329 Rn 11, bindet das Gericht nicht. Wegen eines Beschlusses § 329 Rn 16 „§ 318", § 577 Rn 9, BGH RR **95**, 765, Köln VersR **73**, 162.

**7  D. Gerichtsbegriff.** „Gericht" ist hier derjenige Spruchkörper, der in der Instanz entschieden hat, wenn auch vielleicht in anderer Besetzung, BAG MDR **84**, 83. Das Kollegium ist auch an eine Entscheidung des Einzelrichters nach § 348 gebunden. Wegen der Bindung des erstinstanzlichen Gerichts an die zurückverweisende Entscheidung des Berufungsgerichts § 42 Rn 23 „Festhalten an einer Ansicht" und § 538 Rn 1–3; wegen der Bindung des Berufungsgerichts an die zurückverweisende Entscheidung des Revisionsgerichts § 565 II. Diese Vorschrift ist als allgemeiner Rechtsgedanke auf das erstinstanzliche Gericht entsprechend anwendbar, LG Ffm MDR **88**, 1062.

Gebunden sein kann auch das *Revisionsgericht,* wenn die zurückverwiesene Sache erneut zum Revisionsgericht kommt, § 538 Rn 1–3. Eine solche Bindung tritt allerdings nicht ein, wenn das Revisionsgericht seine Rechtsauffassung wechselt, OGB BGH **60**, 398, BFH DB **84**, 222, krit Sommerlad NJW **74**, 123. Eine Bindung der höheren Instanz an eine Entscheidung der niederen tritt natürlich nur ein, soweit das erstinstanzliche Urteil gar nicht ausgefochten wurde; die Bindungswirkung tritt im Umfang der Anfechtung aber nur nach §§ 512, 548 ein, daneben zB bei § 21 AGBG. Voraussetzung der Bindung ist die Entstehung des Urteils, also seine Verkündung, bei § 310 III seine Zustellung.

**8  E. Unabdingbarkeit.** Die Bindung ist ebensowenig wie die Rechtskraft umgehbar, Einf 26 vor §§ 322–327, also auch einer abweichenden Parteivereinbarung entzogen, StJL 6, ThP 5, ZöV 10, aM Schlosser Einverständliches Handeln im Zivilprozeß (1968) 16 ff. Das gilt grundsätzlich sogar bei einer rückwirkenden

2. Titel. Urteil **§§ 318, 319**

Gesetzesänderung, MüKoMu 5, ZöV 11, Zuck NJW **75**, 907 betr BVerfG, Schulte GRUR **75**, 573 betr PatG. Vgl aber auch Rn 4.

**5) Umfang der Bindung.** Auch gibt es einen Grundsatz mit Ausnahmen. **9**
**A. Grundsatz: Allenfalls Berichtigung.** Das Gericht darf seine Entscheidung unter den Voraussetzungen des § 319 berichtigen. Im übrigen darf es sie selbst bei einem Versehen und beim Einverständnis beider Parteien nicht aufheben, ergänzen oder sonstwie ändern, BGH RR **95**, 765.
**B. Ausnahmen.** Ausnahmen gelten: im Einspruchsverfahren, § 343; im Wiederaufnahmeverfahren, **10** §§ 578 ff; eingeschränkt im Nachverfahren nach einem Vorbehaltsurteil, §§ 302, 599, 600, vgl § 302 Rn 13, § 600 Rn 6, 8; nach einem Zwischenurteil über Prozeßvoraussetzungen bei veränderter Sachlage; nach einer Unterbrechung durch den Tod der Partei, § 239, zwischen dem Urteilserlaß und der Rechtsmitteleinlegung; dann ist ein die Rechtsnachfolge klärendes Zusatzurteil statthaft.
**C. Einzelfragen.** Das Gericht darf von seiner Entscheidung auch dann nicht abweichen, wenn es anderer **11** Meinung geworden ist, Schmidt Rpfleger **74**, 182. Das gilt auch, wenn die höhere Instanz zwar das Endurteil aufgehoben, das Zwischenurteil aber belassen hat. Die Bindung erstreckt sich nicht auf die tatsächlichen Unterlagen der Entscheidung. So bindet bei der Stufenklage, § 254, das Urteil auf eine Rechnungslegung oder Auskunft nicht für die Entscheidung über den Hauptanspruch, BGH JZ **70**, 226 (abl Grunsky) und das Urteil auf eine Auskunft nicht für die Entscheidung über die Zustellung, Brschw FamRZ **79**, 929. Die spätere Entscheidung darf die frühere als unerheblich außer acht lassen, wenn das Gericht sie für die weitere Entscheidung nicht braucht. Ein Zwischenurteil nach § 304, dort Rn 6, bindet nur für den Umfang des Anspruchs, wie er bei der letzten Tatsachenverhandlung rechtshängig war; eine spätere Erweiterung erfordert eine neue Prüfung.
Die Bindung ergreift aber dann, wenn das Urteil rechtskräftig ist, § 322, jedes andere mit *derselben Sache* befaßte Gericht. Dieses darf also den Grund nicht erneut prüfen. Etwas anderes gilt aber dann, wenn bei einem Grundurteil nur ein Teil der Klagegründe rechtlich nicht berücksichtigt worden ist. Dann ist eine Entscheidung über diese im Betragsverfahren ohne eine Bindung an das Grundurteil möglich, BGH LM Nr 2.
Wird der Anspruch schlechthin *dem Grunde nach* bejaht, § 304, BGH RR **97**, 188, ohne die Ursäch- **12** lichkeit des schädigenden Ereignisses für die Einzelansprüche zu untersuchen, so ist das Gericht im weiteren Verfahren nicht gehindert, die Ursächlichkeit des Ereignisses für die einzelnen Schadensposten zu untersuchen. Jedoch kann man einem dem Grunde nach zugesprochenen Feststellungsanspruch eine Wirkung nicht absprechen, der der Höhe nach unbeziffert war, so daß die Voraussetzungen von § 304 nicht vorlagen, BGH VersR **75**, 254 (evtl Teilurteil). Wegen der Bindung an das Grundurteil bei einer nicht geltend gemachten Aufrechnung § 304 Rn 12. Die Rechtsauffassung des Teilurteils, § 301, bindet auch, Köln WoM **92**, 263, auch nicht diejenige zu einem wegen einer Gegenforderung nicht zuerkannten Teilanspruch. Eine nachträgliche Aufteilung der Sicherheitsleistung ist grundsätzlich unzulässig.

**6)** *VwGO:* Entsprechend anzuwenden, § 173 *VwGO,* BVerwG NVwZ **94**, 1206, NJW **87**, 2247 u NVwZ- **13** RR **88**, 126, VGH Mü DVBl **97**, 662 (aber nicht auf Beschlüsse, § 329 I 2, VGH Kassel NJW **87**, 1354 mwN): die Selbstbindung des Gerichts ist ein allgemein anerkannter Grundsatz des Verfahrensrechts, vgl Grunsky § 50. Bei der Zustellung am Verkündungsstatt, § 116 II u III *VwGO*, tritt die Bindung mit der Übergabe des Tenors an die Geschäftsstelle ein, VGH Mü Bay *VBl* **98**, 733 mwN, sonst mit der ersten Zustellung an einen Beteiligten, Ruthig NVwZ **97**, 1189 mwN; zum Beginn der Bindungswirkung vgl ü BFH NVwZ-RR **96**, 360, VGH Mannh VBlBW **99**, 262. Ein nicht zulässiger Inhalt eines Zwischenurteils wird von der Bindung nicht erfaßt, oben Rn 4, BVerwG **60**, 125. Ob das Gericht eine Verletzung des Art 103 I GG unter ausnahmsweiser Durchbrechung der Bindungswirkung durch eine neue Sachentscheidung selbst beseitigen darf, läßt BVerwG NJW **84**, 625 offen (bejaht für Beschlüsse nach § 33 AsylVfG, DVBl **84**, 568), vgl § 511 a Rn 9.

**319** *Berichtigung des Urteils.* [I] Schreibfehler, Rechnungsfehler und ähnliche offenbare Unrichtigkeiten, die in dem Urteil vorkommen, sind jederzeit von dem Gericht auch von Amts wegen zu berichtigen.

[II] [1]Über die Berichtigung kann ohne mündliche Verhandlung entschieden werden. [2]Der Beschluß, der eine Berichtigung ausspricht, wird auf dem Urteil und den Ausfertigungen vermerkt.

[III] Gegen den Beschluß, durch den der Antrag auf Berichtigung zurückgewiesen wird, findet kein Rechtsmittel, gegen den Beschluß, der eine Berichtigung ausspricht, findet sofortige Beschwerde statt.

**Schrifttum:** *Baumgärtel,* Kriterien zur Abgrenzung von Parteiberichtigung und Parteiwechsel, Festschrift für *Schnorr von Carolsfeld* (1973) 31; *Wiesemann,* Die Berichtigung gerichtlicher Entscheidungen im Zivilprozeß usw, Diss Mainz 1974; *Wolter,* Die Urteilsberichtigung nach § 319 ZPO, 1999.

**Gliederung**

| | | | |
|---|---|---|---|
| 1) Systematik, I–III | 1 | A. Grundsatz: Notwendigkeit einer offenbaren Unrichtigkeit | 6–9 |
| 2) Regelungszweck, I–III | 2 | B. „Offenbar" | 10, 11 |
| 3) Geltungsbereich, I–III | 3, 4 | C. Weite Auslegung | 12 |
| 4) Berichtigung der Kostenentscheidung, I–III | 5 | D. Beispiele zur Frage einer offenbaren Unrichtigkeit | 13–25 |
| 5) Voraussetzungen, I | 6–25 | 6) Verfahren, I, II | 26–34 |
| | | A. Grundsatz: Jederzeit von Amts wegen | 26, 27 |

## § 319
2. Buch. 1. Abschnitt. Verfahren vor den LGen

|   |   |
|---|---|
| B. Entscheidung | 28 |
| C. Einfluß auf Rechtsmittel usw | 29–31 |
| D. Bindungsgrenzen | 32 |
| E. Zwangsvollstreckung | 33 |
| F. Vermerk | 34 |
| 7) Rechtsmittel, III | 35, 36 |
| A. Gegen Ablehnung | 35 |
| B. Gegen Berichtigung | 36 |
| 8) *VwGO* | 37 |

**1) Systematik, I–III.** § 318 bindet das Gericht an seine Entscheidung, aber nur an eine gewollte Entscheidung, nicht an das irrig Ausgesprochene, wenn der Irrtum offen liegt. Ein solcher Irrtum ermöglicht das zulässige Rechtsmittel, soweit er die Entscheidung selbst betrifft, §§ 311 II 1, 313 I Z 4, und nicht nur den Urteilskopf oder die Gründe. § 319 gibt aber als Ausnahme von § 318 dem Instanzgericht ein einfacheres und billigeres Mittel zur Berichtigung.

**2) Regelungszweck, I–III.** Die Vorschrift dient in den Grenzen des Gebots der Rechtssicherheit, Einl III 43, dem Hauptziel des Zivilprozesses, der Gerechtigkeit, Einl III 36. Andererseits ist sie ungeachtet ihres allgemeinen Rechtsgedankens, Rn 3, eine Ausnahmevorschrift, Rn 1. Alle diese Gesichtspunkte sind bei der Auslegung mit dem notwendigen Gleichrang mitzubeachten; vgl auch Rn 12.

**3) Geltungsbereich, I–III.** Die Vorschrift gilt in allen Verfahrensarten nach der ZPO. Sie enthält einen allgemeinen Rechtsgedanken, BGH **106**, 372, und ist darum auf Beschlüsse anzuwenden, § 329 Rn 19 „§ 319", zB auf solche nach § 281, BVerfG **29**, 50, oder auf den Mahnbescheid, § 692 Rn 8, oder den Vollstreckungsbescheid, Ffm Rpfleger **90**, 201, LG Köln Rpfleger **87**, 508. Sie ist auch auf den Prozeßvergleich anwendbar, denn auch bei seiner Formulierung hat das Gericht zumindest wegen der Form eine Verantwortung, Anh § 307 Rn 21, Hamm (26. ZS) MDR **83**, 410, aM Hamm (15. ZS) Rpfleger **79**, 30, StJL 1. Freilich kommt sie dann nicht beim (allseits unerkannt gebliebenen) bloßen Rechenfehler der Parteien in Betracht, soweit ihr Wille im übrigen ordnungsgemäß protokolliert wurde, Ffm MDR **86**, 153. Da die Berichtigung jederzeit geschehen kann, BGH VersR **80**, 744, auch noch nach der Einlegung eines Rechtsmittels, BGH NJW **93**, 1400, ja sogar nach dem Eintritt der Rechtskraft, Rn 26, läuft derjenige die Gefahr der Kostenlast, der sie durch ein Rechtsmittel erreichen will, § 97 I. § 319 betrifft Urteile jeder Art. Das jeweilige Rechtsmittel ist anstelle des Berichtigungsantrags oder neben ihm wie sonst zulässig, BGH MDR **78**, 307. § 319 ist auf das Protokoll nur beschränkt sinngemäß anwendbar, § 159 Rn 1, Ffm OLGZ **74**, 302.

**§ 319 gilt auch:** Für einen Schiedsspruch, § 1058 I–IV; im FGG-Verfahren, BGH **106**, 372, BayObLG WoM **98**, 120, Zweibr FGPrax **98**, 46, aM BayObLG WoM **89**, 104 (III sei entsprechend anwendbar). § 319 gilt auch im Zwangsversteigerungsverfahren, Hamm Rpfleger **76**, 146. Für die Protokollberichtigung gelten §§ 164, 165 vorrangig, Hamm OLGZ **79**, 383. Soweit §§ 319–321 unanwendbar sind, kann eine Klage auf die Feststellung des richtigen Urteilsinhalts zulässig werden, BGH DB **72**, 2302. Zur Anwendbarkeit in der Arbeitsgerichtsbarkeit, speziell wegen Rechtsmittelzulassung, BAG NJW **99**, 1420 (Üb).

**4) Berichtigung der Kostenentscheidung, I–III.** Eine Berichtigung der Kostenentscheidung ist zulässig, Köln FamRZ **93**, 456. Das gilt auch dann, wenn die Berichtigung in der Sache sie bedingt, und zwar auch dann, wenn das Gericht über die Kosten praktisch unbrauchbar entschieden hat. Streng genommen ist dieser Weg dogmatisch falsch; er ist aber der einzige Ausweg, wenn kein Rechtsbehelf möglich ist. Das gilt auch dann, wenn die Kostenentscheidung wegen einer Streitwertänderung falsch geworden, aber gemäß § 99 I unanfechtbar ist, Hartmann Teil I § 25 GKG Rn 30, 31, Düss RR **92**, 1407, AG Burgwedel RR **98**, 863, StJL 9, ZöV 18, aM BGH MDR **78**, 196, Zweibr FamRZ **97**, 1164, ThP 3, MüKoMu 8. Zur sog *Rückfestsetzung* § 104 Rn 14.

**5) Voraussetzungen, I.** Sie sollten weder streng noch lasch gehandhabt werden.

**A. Grundsatz: Notwendigkeit einer offenbaren Unrichtigkeit.** Alle offenbaren Unrichtigkeiten unterliegen einer Berichtigung nach § 319, BGH **78**, 22, BAG BB **78**, 453. Andere Unrichtigkeiten fallen unter §§ 320, 321. Das Gesetz nennt als Beispiele offenbarer Unrichtigkeiten Schreib- und Rechenfehler, Köln FamRZ **93**, 457, ArbG Hanau BB **96**, 539. Gemeint sind alle versehentlichen Abweichungen von dem Willen bei der Urteilsbildung bei seinem Ausdruck, also ähnlich wie bei § 119 BGB eine Abweichung zwischen Willensbildung und Willenserklärung, BGH **106**, 373, BayObLG WoM **89**, 104, LAG Bre MDR **96**, 1069. Maßgeblich ist, was der Richter in Wahrheit wirklich gewollt hatte, nicht dasjenige, was er infolge eines Irrtumes wollte.

Hierher gehört aber grundsätzlich *nicht jeder Fehler* nur der Willensbildung, BGH NJW **85**, 742, Köln FamRZ **97**, 570, Nürnb NJW **89**, 842.

Allerdings kann ausnahmsweise auch ein bloßer *Willensbildungsfehler* in Betracht kommen, Hamm MDR **86**, 594 (besonders beim Rechenfehler), LAG Mü MDR **85**, 171. An bloßen Förmlichkeiten soll das Recht nur im äußersten Notfall scheitern. In welchem Teil des Urteils sich die Unrichtigkeit befindet, ist unerheblich. § 319 ermöglicht auch eine Berichtigung des Urteilskopfes (Rubrum), Celle MDR **99**, 499, oder der im Tatbestand wiedergegebenen Anträge und eine Berichtigung der Urteilsformel, §§ 311 II 1, 313 I Z 4, BGH VersR **82**, 70, BAG **AP** § 616 BGB Nr 45, Düss MDR **86**, 76, aM Mü RR **86**, 1447 (beim sog Stuhlurteil).

Die Berichtigung darf die *Urteilsformel sogar in deren Gegenteil* verkehren, selbst wenn das Rechtsmittel dadurch erst statthaft, BGH **78**, 22, oder unstatthaft wird. Doch sollte dies nur sehr behutsam geschehen, um den Eindruck einer nachträglichen Abänderung zu vermeiden; vgl auch BFH BB **76**, 1643. In Arbeitsgerichtssachen kann der im Urteil festzusetzende Streitwert, § 61 I ArbGG, nur in den Grenzen des § 319 berichtigt werden.

**B. „Offenbar".** Stets muß der Irrtum bei einer auf den Zeitpunkt der Entscheidung rückbezogenen Betrachtung, BGH RR **93**, 700, klar erkennbar, „offenbar" sein, Düss FamRZ **97**, 1408, und zwar grundsätzlich, abgesehen von Formularen, nicht nur für den Rechtskundigen, Runge BB **77**, 472, ZöV 5, aM Düss BB **77**, 472 (abl Runge), MüKoMu 7. Bei Rechenfehlern ist die Grenze flüssig. Sie sind meist Denkfehler, also ein sachlicher Irrtum und nicht nur eine Achtlosigkeit, BGH MDR **73**, 45. Trotzdem handhabt die

## 2. Titel. Urteil           § 319

Praxis gerade bei ihnen aus prozeßwirtschaftlichen Gründen, Grdz 14, 15 vor § 128, den § 319 weitherzig; die Notwendigkeit sorgfältigen Nachrechnens kann unschädlich sein, Hbg MDR **78**, 583, Schlesw SchlHA **71**, 40.

„*Offenbar*" ist ein bei vernünftiger Überlegung, Rn 6, auf der Hand liegender Irrtum, BFH DB **84**, 2602, **11** Celle JB **76**, 1254. Hierher gehört ein Irrtum, der sich für einen Außenstehenden aus dem Zusammenhang des Urteils ergibt, BGH **127**, 76, Düss MDR **86**, 76, LG Köln RR **87**, 955, ferner ein Irrtum, der sich mindestens bei Vorgängen beim Erlaß und der Verkündung, § 311, ohne weiteres ergibt, BGH NJW **93**, 1400, BFH DB **84**, 2602, Düss FGPrax **97**, 73 (veraltet zitierend), LG Stgt Rpfleger **96**, 166 (Melderegister). Trotz einer offenbaren Unrichtigkeit kann keine Berichtigung erfolgen, soweit man den wirklichen Willen des Gerichts nicht zweifelsfrei ermitteln kann, § 322 Rn 10, Zweibr FamRZ **82**, 1031, LAG Hamm BB **81**, 795.

**C. Weite Auslegung.** Vgl zunächst Rn 2. § 319 ist aus Gründen der Prozeßwirtschaftlichkeit, Grdz 14, **12** 15 vor § 128, im Rahmen des Zulässigen weit auszulegen, BGH NJW **85**, 742, KG RR **87**, 955, Zweibr ZMR **87**, 233. Ob richtig oder falsch verkündet worden ist, bleibt unerheblich. Ist falsch verkündet worden, so ist die verkündete Entscheidung ins schriftliche Urteil aufzunehmen und gleichzeitig zu berichtigen; bei einer unzulässigen Berichtigung ist das Rechtsmittel gegen das berichtigte Urteil zu richten. Freilich darf auch die großzügigste Auslegung nicht dazu führen, daß das Gericht ohne jede zeitliche Begrenzung das Urteil inhaltlich korrigieren, BGH RR **93**, 700, Ffm MDR **84**, 323, und gar den Prozeß wiederholen darf, wann immer es das für richtig hält, Braun NJW **81**, 427.

**D. Beispiele zur Frage einer offenbaren Unrichtigkeit**           **13**
**Aberkennung:** Keine offenbare Unrichtigkeit liegt grds vor, wenn das Gericht eine im Urteil aberkannte (Teil-)Forderung nun **zu**erkennen wollte, Düss NJW **73**, 1132, Ffm MDR **84**, 323. Freilich ist ein Tenor stets auch unter Berücksichtigung des Tatbestands und der Entscheidungsgründe auszulegen.
**Anschrift:** Eine offenbare Unrichtigkeit fehlt, soweit das Gericht von einer Änderung der für seine Zuständigkeit usw erheblichen Anschrift eines Beteiligten erst nach dem Erlaß seiner Entscheidung erfahren hat, BGH RR **93**, 700.
**Anspruch:** Rn 14 „Auslassung", Rn 16 „Kein Erkenntnis".
**Anwartschaft:** Wegen der Übergehung eines Teils der für den Versorgungsausgleich in Betracht kommenden Anwartschaften Düss FamRZ **82**, 1093, aber auch Oldb FamRZ **82**, 1092.
**Arbeitsrecht:** Rn 20 „Revision".
**Aufrechnung:** Keine offenbare Unrichtigkeit liegt vor, wenn das Gericht irrig eine Aufrechnungsforderung **14** für noch bestehend gehalten hat oder wenn es die Aufrechnungsforderung einfach übergangen hat, Ffm RR **89**, 640.
**Ausländisches Recht:** Eine offenbare Unrichtigkeit kann vorliegen, wenn das Gericht bei der Anwendung ausländischen Rechts eine entsprechende Urteilsformel vergessen hat, LG Darmst FamRZ **74**, 192.
**Auslassung:** Eine offenbare Unrichtigkeit liegt vor, wenn das Gericht etwas versehentlich ausgelassen hat, Hamm RR **86**, 1444. In Betracht kommt zB: Die mitverkündete Kostenentscheidung ist nicht in den schriftlichen Tenor aufgenommen worden, Hamm RR **86**, 1444, LAG Bre MDR **96**, 1069; der Ausspruch über einen Anspruch oder über die vorläufige Vollstreckbarkeit ist versehentlich nicht in das schriftliche Urteil aufgenommen worden; das Gericht hat über den Anspruch in den Gründen befunden, dies aber nicht in der Formel zum Ausdruck gebracht, BGH RR **91**, 1278, Bre VersR **73**, 228, Stgt FamRZ **84**, 403.
**Berechnung:** Eine offenbare Unrichtigkeit kann vorliegen, soweit falsche Angaben oder Berechnungen **15** vorliegen, Zweibr FamRZ **85**, 614, auch wenn deren Unrichtigkeit nicht auf einem Irrtum des Gerichts beruht, sondern auf einem solchen der Partei selbst, Zweibr ZMR **87**, 233.
**Berufung:** Eine offenbare Unrichtigkeit liegt vor, wenn die Zulassung der Berufung zwar nicht verkündet worden ist, sich aber aus dem später abgesetzten Urteil ergibt, aM BAG NJW **87**, 1221.
**Beweiswürdigung:** **Keine** offenbare Unrichtigkeit liegt vor, soweit das Gericht bei der Beweiswürdigung oder bei der sonstigen Verwertung nicht feststehender Tatsachen einem Irrtum unterlegen ist.
**Computer:** Eine offenbare Unrichtigkeit kann bei einem Eingabebefehl vorliegen, Bbg FamRZ **98**, 764.
**Ehescheidung:** Eine offenbare Unrichtigkeit kann vorliegen, wenn der Richter infolge einer ihm von den Parteien irrig vorgelegten Urkunde über eine erste, inzwischen geschiedene Ehe derselben Partner und in Unkenntnis ihrer nochmaligen Eheschließung nun seiner nach seiner Ansicht einzige die Ehe, formell aber die frühere nochmals, geschieden hat. Denn er wollte eben in Wahrheit nur die derzeitige Ehe scheiden.
**Formel:** Rn 13 „Auslassung".           **16**
**Gedankenlosigkeit:** Trotz ihres Vorliegens kann offenbare Unrichtigkeit vorliegen, Zweibr MDR **94**, 832.
**Gründe:** Rn 13 „Auslassung".
**Grundstück:** S „Irrtum der Partei".
**Irrtum der Partei:** Eine offenbare Unrichtigkeit kann vorliegen, soweit eine Partei zB in der Klageschrift eine unrichtige Bezeichnung gewählt hat, Rn 18 „Partei", BGH MDR **78**, 308, LG Drsd JB **96**, 95. Das gilt zB bei der Bezeichnung eines Grundstücks, dessen Nämlichkeit feststeht, BAG BB **78**, 453, Kblz WRP **80**, 576, AG Heilbr ZMR **98**, 297.
**Kein Erkenntnis:** *Keine* offenbare Unrichtigkeit liegt vor, soweit das Gericht über einen Anspruch oder über die vorläufige Vollstreckbarkeit in Wahrheit überhaupt nicht erkannt hat. Dann greift allenfalls § 321 ein, Ffm RR **89**, 640, ThP 3, aM Düss BB **77**, 472 (abl Runge).
**Kosten:** Eine offenbare Unrichtigkeit kann vorliegen, wenn das Urteil der siegenden Partei die Kosten (außerhalb eines Falls von § 93) auferlegt. Wußte der Rpfl nicht, daß eine Wertfestsetzung geändert worden war, kann § 319 auf seine Kostenfestsetzung anwendbar sein, Mü JB **93**, 680 (aber Vorsicht!).
S auch Rn 13 „Auslassung", Rn 23 „Verweisung".
**Mehr als beantragt: Keine** offenbare Unrichtigkeit liegt vor, wenn das Gericht mehr zugesprochen hat, als **17** beantragt worden war, es sei denn, es liege ein klarer Additionsfehler usw vor.

*Hartmann*

**Nachfrist:** Rn 21 „Schriftsatz".

**18 Partei:** Eine offenbare Unrichtigkeit kann vorliegen, soweit das Gericht eine Partei, Begriff Grdz 3 vor § 50, unrichtig bezeichnet hat vgl Rn 16 „Irrtum der Partei", BAG BB **78**, 453, Celle MDR **99**, 499 (im Rubrum nur *ein*, in den Gründen beide Bekl), LAG Nürnb Rpfleger **98**, 296 (Gesellschafter statt Gesellschaft) und 930, LG Stgt Rpfleger **96**, 166 (Vorname), AG Hagen DB **95**, 264 (Gesellschaft statt wahrer Geschäftspartner), Zweibr ZMR **87**, 233, LG Köln Rpfleger **87**, 508 (solange die Nämlichkeit bestehen bleibt).

*Keine* offenbare Unrichtigkeit liegt vor, wenn die zunächst als „50 nicht bekannte Personen" bezeichneten Bekl, vgl § 253 Rn 24, § 750 Rn 2, nachträglich (teilweise) nachträglich mit ihren Nachnamen angegeben werden, Düss OLGZ **83**, 351, oder wenn die klagende KG von vornherein nicht bestand und nun ihre Gesellschafter „berichtigend" eingesetzt werden sollen, Nürnb JB **80**, 144, oder dann, wenn von zwei Klägern einer (dem Gericht unbekannt) verstorben war, LG Ffm Rpfleger **91**, 426, und überhaupt beim Parteiwechsel, Mü OLGZ **81**, 89, Zweibr ZMR **87**, 233, oder bei einer bloßen Scheinpartei, Grdz 14 vor § 50, Stgt RR **99**, 216.

S auch Rn 15 „Berechnung".

**Preisindex:** Eine offenbare Unrichtigkeit kann vorliegen, soweit ein falscher Index zugrundegelegt ist, Düss FamRZ **97**, 1408.

**19 Prozeßbevollmächtigter:** Eine offenbare Unrichtigkeit kann vorliegen, soweit das Gericht einen ProzBev, §§ 78 ff unrichtig bezeichnet. Es gelten dieselben Regeln wie bei einer unrichtigen Parteibezeichnung, Rn 18 „Partei".

**Punktensache:** Eine offenbare Unrichtigkeit kann vorliegen, wenn das Gericht bei einer sog Punktensache eine Forderungsgruppe bei deren rechtlicher Beurteilung, etwa der Verjährung, bei der Formulierung des Tenors mit einer anderen Forderungsgruppe verwechselt hat, BGH FamRZ **95**, 156.

**20 Rechtsbegriff:** Eine offenbare Unrichtigkeit liegt vor, soweit das Gericht einen Rechtsbegriff irrtümlich verwendet hat, zB „Offenbarungseid", Köln MDR **71**, 56.

**Revision:** Eine offenbare Unrichtigkeit kann vorliegen, wenn die Tatsache, daß das Berufungsgericht die Zulassung der Revision beschlossen und nur versehentlich nicht im Urteil ausgesprochen hatte, sogar für andere als die erkennenden Richter ohne weiteres deutlich ist, BGH **78**, 22, oder wenn sich die Revisionszulassung zwar nicht aus dem „anliegend" verkündeten Urteilstenor ergibt, wohl aber aus den zur Zeit der Verkündung schon unterschriebenen Urteilsgründen.

Zum Meinungsstand zur Frage einer Unrichtigkeit, wenn für ein an sich nicht berufungsfähiges *arbeitsgerichtliches* Urteil die Zulassung der Revision weder aus dem Tenor noch aus den Entscheidungsgründen noch aus den Vorgängen bei seiner Verkündung ersichtlich ist, BAG NJW **99**, 1420 (Üb).

**Richterbezeichnung:** Eine offenbare Unrichtigkeit kann bei einer ungenauen oder falschen Bezeichnung der Richter im Rubrum oder in der Unterschriftsspalte vorliegen, LAG Mü MDR **85**, 171.

**21 Schriftsatz:** Keine offenbare Unrichtigkeit liegt vor, soweit das Gericht einen rechtzeitig nachgereichten oder eingereichten Schriftsatz nicht berücksichtigt hat, sei es auch nur versehentlich, Braun NJW **81**, 427.

**Sicherheitsleistung:** Keine offenbare Unrichtigkeit liegt vor, wenn es um eine nachträgliche Aufteilung einer Sicherheitsleistung gehen soll (sie ist unzulässig).

**22 Tatsache:** Keine offenbare Unrichtigkeit liegt vor, wenn das Gericht eine feststehende Tatsache nicht oder falsch berücksichtigt hat, denn dann liegt eine falsche Willensbildung vor, Rn 24 „Willensbildung". Ferner fehlt eine offenbare Unrichtigkeit, soweit eine Partei ihren Tatsachenvortrag erst nachträglich berichtigt hat.

**Tenor:** Rn 13 „Auslassung".

**Übereinstimmung:** Keine offenbare Unrichtigkeit liegt meist vor, soweit Tenor und Begründung übereinstimmen. Denn dann muß man eine entsprechende Willensbildung annehmen.

**Übersehen:** Es reicht keineswegs stets aus, Köln FamRZ **97**, 570.

**23 Verhandlungszeit:** Eine offenbare Unrichtigkeit liegt vor, soweit infolge eines Irrtums der Tag der (stattgefundenen) letzten mündlichen Verhandlung im Urteilsrubrum fehlt, § 313 I Z 3, BGH VersR **80**, 744.

**Verjährung:** Rn 19 „Punktensache".

**Versorgungsausgleich:** Rn 13 „Anwartschaft".

**Verweisung:** Keine offenbare Unrichtigkeit liegt vor, soweit das Gericht den § 281 III 2 vergessen hat, Hamm MDR **70**, 1018.

S auch Rn 24 „Willensbildung".

**Vorläufige Vollstreckbarkeit:** Rn 13 „Auslassung", Rn 16 „Kein Erkenntnis", Rn 21 „Sicherheitsleistung".

**24 Widerspruch:** Eine offenbare Unrichtigkeit kann bei einem Widerspruch zwischen dem Beschlossenen und dem Herausgegebenen vorliegen.

**Willensbildung:** Keine offenbare Unrichtigkeit liegt vor, soweit es sich um eine falsche Willensbildung handelt, KG NJW **75**, 2107, Köln MDR **97**, 570, ThP 3, aM LG Stade NJW **79**, 168, LAG Mü MDR **85**, 170.

**25 Zinsen:** Eine offenbare Unrichtigkeit liegt vor, wenn das Gericht in der Urteilsformel Zinsen „ab jeweiliger Fälligkeit" zuspricht, die in den Entscheidungsgründen jedoch nach den Kalendertagen bezeichnet.

**Zulassung:** Rn 15 „Berufung", Rn 20 „Revision".

**26 6) Verfahren, I, II.** Es kann elegant ablaufen.

**A. Grundsatz: Jederzeit von Amts wegen.** Die Berichtigung ist jederzeit auf Antrag oder von Amts wegen statthaft, BGH VersR **80**, 744, selbst nach der Einlegung eines Rechtsmittels, BGH MDR **78**, 308 rechts, BayObLG NZM **99**, 34, das zulässig bleibt, Köln FamRZ **98**, 1239, und auch nach dem Eintritt der Rechtskraft, Hamm FamRZ **86**, 1138, aM Lindacher ZZP **88**, 72. Der Berichtigungsantrag kann freilich als Rechtsmißbrauch unzulässig sein, Einl III 54, Hamm FamRZ **86**, 1138. Anwaltszwang herrscht wie sonst, § 78 I. Zuständig ist nur das Gericht, dh die erkennende Stelle, also auch das Rechtsmittelgericht, BayObLG

2. Titel. Urteil § 319

NZM **99**, 34, insbesondere für die eigene Entscheidung, BayObLG **89**, 721 (WEG), Düss MDR **91**, 789 (auch nach Beendigung der Rechtsmittelinstanz).

Das Kollegium darf kein Urteil des Einzelrichters, § 348, berichtigen und umgekehrt. Die Mitwirkung **27** derselben Richter ist *unnötig*, BGH **78**, 23, BayObLG WoM **89**, 104, weil es sich nicht um eine sachliche Entscheidung handelt; freilich ist die Überprüfung den nicht zuvor beteiligten Richtern oft kaum möglich, BayObLG WoM **89**, 104. Nach der Verweisung kann noch das verweisende Gericht berichtigen. Das höhere Gericht darf ein Urteil des niederen berichtigen, soweit es sich das Urteil sachlich zu eigen macht, Schneider MDR **73**, 449. In einer Arbeitssache ist der Vorsitzende zuständig, §§ 46 II, 53 I 1 ArbGG. Der Urkundsbeamte ist zuständig, soweit es nur um einen Fehler der Ausfertigung geht, § 317.

**B. Entscheidung.** Die Entscheidung erfolgt durch einen Beschluß, § 329, bei freigestellter mündlicher **28** Verhandlung, § 128 Rn 10. Eine Berichtigung nur im Urteil, etwa bei einer Parteibezeichnung, noch gar auf der Urfassung eines in Abwesenheit der Parteien verkündeten und noch nicht in Ausfertigung hinausgegangenen Urteils, mag zwar praktisch sein und wird auch praktiziert, ist aber formell unstatthaft, Hamm MDR **86**, 417. § 249 III ist anwendbar, dort Rn 13. Die Anhörung eines Beteiligten ist nur ausnahmsweise entbehrlich, LG Köln Rpfleger **87**, 508, etwa insoweit, als die Berichtigung reiner Formalien, wie zB Schreib- oder Rechenfehler, ohne einen Eingriff in seine Rechte oder gar eine Schlechterstellung erfolgt, vgl BVerfG **34**, 7. Wenn es notwendig ist Beweis zu erheben, liegt kaum noch eine „offenbare" Unrichtigkeit vor. Der Beschluß ist wenigstens kurz zu begründen, § 329 Rn 4. Er ist nicht starr nach seinem Wortlaut und seinem äußeren Anschein auszulegen, sondern nach seinem erkennbaren Sinn und Zweck, BVerfG **29**, 50. Der Beschluß wirkt auf die Zeit der Verkündung des Urteils, § 311, zurück, BGH NJW **93**, 1400. Die neue Fassung gilt als die ursprüngliche, wirkt also auf den Zeitpunkt von deren Erlaß zurück, BGH NJW **93**, 1400. Daher sind Rechtsbehelfe nur gegen das alte Urteil in der berichtigten Form zulässig, soweit die Berichtigung wirksam erfolgt ist, BGH NJW **93**, 1400. Der rechtskräftige Berichtigungsbeschluß ist grundsätzlich in anderen Verfahren nicht auf seine Richtigkeit überprüfbar, BGH **127**, 76 (auch zu Ausnahmen).

*Gebühren:* Des Gerichts keine, des Anwalts keine, § 37 Z 6 BRAGO. Hatte die Partei (zunächst) Rechtsmittel eingelegt und erfolgt während des Rechtsmittelverfahrens auf Antrag von Amts wegen eine Berichtigung, so muß der Rechtsmittelführer evtl die Kosten des Rechtsmittels tragen, § 97 I.

**C. Einfluß auf Rechtsmittel usw.** Die Berichtigung eröffnet grundsätzlich keine neue Notfrist, BGH **29** FamRZ **90**, 988, gibt kein neues Rechtsmittel und beeinflußt das alte Rechtsmittel (bzw eine Verfassungsbeschwerde, BVerfG 1 BvR 583/87 v 1. 10. 87) grundsätzlich nicht, BGH FamRZ **95**, 156, Hamm FamRZ **92**, 1452, Schlesw SchlHA **85**, 105. Das gilt auch bei einer Berichtigung erst nach der Erhebung einer Revisionsrüge, BayObLG **86**, 398.

*Etwas anderes gilt dann,* wenn das alte Urteil nicht klar genug war, um die Grundlage für das weitere **30** Handeln der Partei zu bilden, BGH FamRZ **95**, 156, BFH BB **74**, 1330, Celle MDR **99**, 499. Im übrigen kann eine wirksame Berichtigung ein bisher zulässiges Rechtsmittel rückwirkend unzulässig machen, Rn 28, BGH NJW **93**, 1400.

Eine *neue Notfrist*, § 224 I 2, kommt also zB dann in Betracht, wenn erst die berichtigte Fassung erkennen **31** läßt, ob und wie die Partei beschwert ist, Grdz 13 vor § 511, BGH NJW **99**, 647 links, Düss MDR **90**, 930, Stgt FamRZ **84**, 403. Es ist jeweils unerheblich, ob sich der Fehler in der Urschrift oder (nur) in der (zugestellten) Ausfertigung des Urteils befindet, BGH VersR **82**, 70 mwN. Bei Ursächlichkeit der Unrichtigkeit für die Erfolglosigkeit des Rechtsmittels kommt eine Wiedereinsetzung in Betracht.

**D. Bindungsgrenzen.** Eine Bindung auch durch einen formell rechtskräften Berichtigungsbeschluß, **32** § 322, findet nicht statt, wenn er keine gesetzliche Grundlage hatte, wenn zB eine offenbare Unrichtigkeit weder aus der berichtigten Entscheidung noch aus den Vorgängen bei ihrer Verkündung erkennbar ist, BGH RR **93**, 700.

**E. Zwangsvollstreckung.** Die Zwangsvollstreckung erfolgt nur aus dem berichtigten Urteil. War sie **33** vorher eingeleitet worden, Grdz 51 vor § 704, ist sie gegebenenfalls aus § 766 einzustellen. Das Beigetriebene kann nur durch eine besondere Klage zurückgefordert werden; eine Ersatzpflicht entsprechend § 717 II kann nur dann entstehen, wenn die Partei die Unrichtigkeit des Urteils aus dessen ihr zugegangener Fassung erkennen mußte. Der Berichtigungsbeschluß fällt als „Urteil in einer Rechtssache" unter § 839 II BGB.

**F. Vermerk.** Die Geschäftsstelle hat den Berichtigungsbeschluß auf der Urschrift des Urteils und auf den **34** Ausfertigungen zu vermerken, BVerwG NJW **75**, 1796. Die Geschäftsstelle muß die Ausfertigungen zurückfordern, kann deren Rückgabe aber nicht erzwingen. Der Vermerk erfolgt an einer sichtbaren Stelle. Die Wirkung des Berichtigungsbeschlusses ist allerdings von dem Vermerk unabhängig.

**7) Rechtsmittel, III.** Es kommt auf den Entscheidungsinhalt an. **35**

**A. Gegen Ablehnung.** Bei einer Ablehnung der beantragten Berichtigung erfolgt die Anfechtung grundsätzlich nur zusammen mit derjenigen des Urteils, Brschw DGVZ **92**, 120, Ffm FGPrax **96**, 160. Soweit allerdings die Ablehnung ohne jede sachliche Prüfung oder unter einer Verkennung des Begriffs der offenbaren Unrichtigkeit erfolgte, ist die einfache *Beschwerde* nach § 567 I zulässig, BayObLG WoM **89**, 105 (sofern III 1 überhaupt anwendbar ist; zum FGG-Verfahren Rn 4), Ffm OLGZ **90**, 76, LG Bonn JB **91**, 125 ZöV 27, aM Brdb MDR **97**, 497 (aber dann liegt doch gerade durchweg ein Fall greifbarer Gesetzwidrigkeit vor). Die einfache Beschwerde ist ferner ausnahmsweise zulässig, wenn die Ablehnung nur aus prozessualen Gründen erfolgte, Hamm FamRZ **86**, 1137, LG Ffm Rpfleger **91**, 426, aM MüKoMu 20. Die einfache Beschwerde ist auch sonst zulässig bei einer greifbaren Gesetzwidrigkeit (zu diesem Begriff § 127 Rn 25), Kblz FamRZ **91**, 101, oder wenn die Ablehnung durch ein unzuständiges oder fehlerhaft besetztes Gericht erfolgte, LG Ffm Rpfleger **91**, 426. Soweit das LG als Berufungs- oder Beschwerdegericht entschieden hat, ist die weitere Beschwerde unzulässig, § 568 II 1, BayObLG WoM **98**, 120, ebenso nach einer Entscheidung des OLG, § 567 IV 1.

**§§ 319, 320**

**36  B. Gegen Berichtigung.** Gegen den Berichtigungsbeschluß ist grundsätzlich die sofortige Beschwerde nach Hs 2, § 577, zulässig, BayObLG DB **96**, 370, KG RR **87**, 954. Das gilt auch zugunsten einer bloßen Scheinpartei, Grdz 14 vor § 50, Stgt RR **99**, 217 (Meistbegünstigung). Das Beschwerdegericht prüft nur die Voraussetzungen der Berichtigung, nicht aber die Entscheidung im übrigen, BayObLG DB **96**, 370. Wird der Berichtigungsbeschluß eines AG auf sofortige Beschwerde durch das LG aufgehoben, so ist gegen dessen Beschluß keine weitere sofortige Beschwerde möglich, §§ 567 III 1, 568 II 1. Dadurch sind die diesbezüglich abweichende frühere Rechtsprechung und Lehre erledigt, selbst wenn infolgedessen die Partei jetzt sofort nur die Einlegung der Berufung abgedrängt wird, ohne den Ausgang des Berichtigungsverfahrens abzuwarten. Der Gesetzestext ist eben eindeutig. Daher ist auch gegen den Berichtigungsbeschluß, den das LG zu seinem eigenen Berufungsurteil erläßt, die sofortige Beschwerde unzulässig, § 567 III 1. Auch insoweit sind die diesbezügliche frühere Rechtsprechung und Lehre erledigt. Gegen einen Berichtigungsbeschluß des OLG ist jedenfalls dann kein Rechtsmittel gegeben, § 567 IV 1, 2, wenn das Urteil selbst auch in der berichtigten Fassung unanfechtbar ist, BGH RR **90**, 893 (auch zu einer Ausnahme), aM Düss NJW **73**, 1132. Ein Rechtsbehelf gegen das Urteil ergreift den Berichtigungsbeschluß als solchen nicht; darum darf die höhere Instanz nur das berichtigte Urteil ändern, nicht den Berichtigungsbeschluß. Gegen eine Protokollberichtigung ist nur der Fälschungsnachweis zulässig, § 165 S 2, Ffm OLGZ **74**, 302, Hamm OLGZ **79**, 383.

**37  8) VwGO:** Es gilt § 118 VwGO, der inhaltlich I u II entspricht. III ist unanwendbar; gegen den Beschluß des VG ist stets Beschwerde nach §§ 146 ff VwGO gegeben, Ey Rn 5 und Kopp Rn 12 zu § 118, soweit sie nicht ausgeschlossen ist, § 252 Rn 7.

---

**320** *Berichtigung des Tatbestands.* [1]Enthält der Tatbestand des Urteils Unrichtigkeiten, die nicht unter die Vorschriften des vorstehenden Paragraphen fallen, Auslassungen, Dunkelheiten oder Widersprüche, so kann die Berichtigung binnen einer zweiwöchigen Frist durch Einreichung eines Schriftsatzes beantragt werden.

II [1]Die Frist beginnt mit der Zustellung des in vollständiger Form abgefaßten Urteils. [2]Der Antrag kann schon vor dem Beginn der Frist gestellt werden. [3]Die Berichtigung des Tatbestandes ist ausgeschlossen, wenn sie nicht binnen drei Monaten seit der Verkündung des Urteils beantragt wird.

III [1]Auf den Antrag ist ein Termin zur mündlichen Verhandlung anzuberaumen. [2]Dem Gegner des Antragstellers ist mit der Ladung zu diesem Termin der den Antrag enthaltende Schriftsatz zuzustellen.

IV [1]Das Gericht entscheidet ohne Beweisaufnahme. [2]Bei der Entscheidung wirken nur diejenigen Richter mit, die bei dem Urteil mitgewirkt haben. [3]Ist ein Richter verhindert, so gibt bei Stimmengleichheit die Stimme des Vorsitzenden und bei dessen Verhinderung die Stimme des ältesten Richters den Ausschlag. [4]Eine Anfechtung des Beschlusses findet nicht statt. [5]Der Beschluß, der eine Berichtigung ausspricht, wird auf dem Urteil und den Ausfertigungen vermerkt.

V Die Berichtigung des Tatbestandes hat eine Änderung des übrigen Teils des Urteils nicht zur Folge.

**Schrifttum:** *Fischer*, Bezugnahmen ... in Tatbeständen usw, 1994; *Wiesemann*, Die Berichtigung gerichtlicher Entscheidungen im Zivilprozeß usw, Diss Mainz 1974.

**Gliederung**

| | |
|---|---|
| 1) Systematik, I–V ............................. 1 | 7) Weiteres Verfahren, Entscheidung und Anfechtung, IV, V .......................... 9–14 |
| 2) Regelungszweck, I–V ..................... 2 | A. Grundsatz: Verhandlung; Beschluß .... 9, 10 |
| 3) Geltungsbereich, I–V ..................... 3 | B. Grenzen der Berichtigung ............. 11 |
| 4) Voraussetzungen, I ........................ 4, 5 | C. Verfahrenseinzelheiten ................. 12, 13 |
| A. Unrichtigkeit des Tatbestands ......... 4 | D. Rechtsmittel ................................. 14 |
| B. Unanwendbarkeit ........................... 5 | 8) VwGO .............................................. 15 |
| 5) Antrag, I, III .................................... 6 | |
| 6) Frist, I, II ........................................ 7, 8 | |

**1  1) Systematik, I–V.** Die Vorschrift enthält eine scheinbar gegenüber § 319 vorrangige, in Wahrheit aber neben diese Bestimmung tretende Regelung, Rn 4. Die Tatbestandsberichtigung bereitet einen Antrag auf Ergänzung des Urteils oder ein Rechtsmittel vor, BGH VersR **88**, 268, LAG Bln DB **81**, 592. Sie ist wegen der Rechtskraftwirkung, der Wiederaufnahme usw, aber auch bei einem rechtskräftigen Urteil statthaft.

„Tatbestand" ist bei § 320 ebenso wie bei § 314 zu verstehen, § 314 Rn 8, BAG VersR **79**, 94, also grundsätzlich ausschließlich von Tatbestandsteilen in den Entscheidungsgründen, § 313 Rn 17, Köln NJW **97**, 1931, LAG Köln MDR **85**, 171, zB einer Zeugenaussage, Celle NJW **70**, 53. Kopf und Formel gehören nicht dazu, ebensowenig wertende Entscheidungsteile, BFH BB **74**, 1330. Eine Berichtigung von Tatbestandsteilen in den Entscheidungsgründen eines Urteils ohne besonderen Tatbestand, etwa bei §§ 313b, 543 I, ist nur vorsichtig statthaft, Schneider MDR **78**, 1, strenger Köln MDR **88**, 870.

Die Berichtigung kann nur insoweit verlangt werden, als die unrichtigen Tatbestandsteile für das Verfahren *urkundliche Beweiskraft* haben, § 314 Rn 1, BayObLG MDR **89**, 650, Köln MDR **88**, 870. Dies trifft nach

## 2. Titel. Urteil § 320

BGH **LM** Nr 2 für die Wiedergabe des Sachverhalts und für die vorinstanzlichen Anträge im Revisionsurteil nicht zu, ebenso Stgt NJW **73**, 1049, ThP § 314 Rn 2 für den erstinstanzlichen Vortrag im Berufungsurteil, aM LAG Köln MDR **85**, 171. Doch sollte § 418 genügen, Celle NJW **70**, 53, ZöV § 314 Rn 2. § 320 gilt auch bei §§ 307 II, 331 II, III.

**2) Regelungszweck, I–V.** § 320 bietet die einzige Möglichkeit einer Berichtigung des Tatbestands, **2** BGH NJW **93**, 1852. Die Vorschrift macht die gesetzliche Beweisregel des § 314 erträglich, BGH NJW **83**, 2032, LAG Köln MDR **85**, 171, Schneider MDR **87**, 726, aM Rinsche Prozeßtaktik Rn 174. Damit dient die Vorschrift im Spannungsfeld von Rechtssicherheit, Einl III 43, und Gerechtigkeit, Einl III 36, wie § 319 der letzteren. Das ist bei der Auslegung mitzubeachten.

**3) Geltungsbereich, I–V.** Die Vorschrift ist in allen Verfahren nach der ZPO anwendbar. § 320 ist im **3** Rechtsbeschwerdeverfahren nach dem GWB entsprechend anwendbar, BGH **65**, 36. Die Vorschrift gilt auch im arbeitsgerichtlichen Verfahren, ArbG Hanau BB **96**, 539. In Patentsachen gilt § 96 PatG, BGH RR **97**, 232, BPatG GRUR **78**, 40. Einen nach § 320 ergangenen Berichtigungsbeschluß kann man nicht nach § 320 angreifen, weil das eine endlose Kette eröffnen könnte, BGH VersR **88**, 268.

**4) Voraussetzungen, I.** Sie sind nicht oft erfüllt. **4**

**A. Unrichtigkeit des Tatbestands.** Sie lassen eine Berichtigung auf Antrag zu. „Unrichtigkeiten" sind im Gegensatz zu den „offenbaren Unrichtigkeiten" des § 319 solche Unrichtigkeiten, bei denen sich Wille und Ausdruck decken, die also auf einer fehlerhaften Willensbildung beruhen. Als Beispiele nennt I Auslassungen, Dunkelheiten und Widersprüche. Wichtig ist vor allem, daß das Urteil dem Revisionsgericht eine klare, richtige, vollständige Grundlage der Entscheidung geben muß. Beim Aktenlageurteil muß ein mündliches Vorbringen oder ein solches schriftliches übergangen worden sein, das in einem benutzbaren Schriftsatz enthalten ist, § 251 a Rn 12.

**B. Unanwendbarkeit.** Unanwendbar ist § 320: Bei einem Revisionsurteil, weil es keinen Tatbestand **5** braucht, sondern auf dem Tatbestand des Berufungsurteils fußt, so daß ein Tatbestand des Revisionsurteils eine urkundliche Beweiskraft hat, BGH **LM** Nr 2; soweit eine Urteilsberichtigung nach dem vorrangigen § 319 eingreift. Ein Antrag auf Tatbestandsberichtigung ist dann durch die rechtskräftige Berichtigung aus § 319 erledigt; wegen derjenigen Punkte, in denen das Sitzungsprotokoll den Tatbestand entkräftet, § 314 Rn 6; wenn das Urteil ohne jede mündliche Verhandlung ergangen ist, da es dann nur einen Beweis des schriftlichen Vorbringens geben könnte, § 128 II, III, das aus den Schriftsätzen ersichtlich ist, BFH BB **83**, 755; § 310 III oder § 495 a ohnehin, weil kein Tatbestand erforderlich ist; soweit § 321 anwendbar ist; soweit ein Vorbringen nach Verhandlungsabschluß erfolgte §§ 136 IV, 296 a, und nicht nach § 283 nachgelassen war, Köln MDR **91**, 988; soweit das Gericht den Sachverhalt rechtlich fehlerhaft beurteilt hat. In diesem Fall kommt das Rechtsmittel in Betracht; beim sprachlichen bloßen Synonym, AG Hattingen MDR **90**, 729.

**5) Antrag, I, III.** Es ist ein Antrag nötig. Ihn kann der Gemeinschuldner für ein gegen ihn ergangenes **6** Urteil stellen, Schlesw SchlHA **71**, 18. Der entsprechende bestimmende Schriftsatz, § 129 Rn 5, ist beim Gericht einzureichen, im Parteiprozeß, § 78 Rn 1, auch zu Protokoll des Urkundsbeamten der Geschäftsstelle eines jeden AG, § 129 a. Anwaltszwang herrscht wie sonst, § 78 I. Das Gericht muß die Parteien, abgesehen von den in Rn 9, 10 genannten Ausnahmen, zur mündlichen Verhandlung über die Berichtigung laden, § 274, beim AG in Verbindung mit § 497; es muß den Berichtigungsantrag von Amts wegen dem Gegner des Antragstellers zugleich mit der Ladung zustellen, § 270, und die Ladungsfrist einhalten, § 217. Eine etwaige Rückbeziehung erfolgt nach § 270 III. Eine Ausdehnung der Berichtigung ist im Termin zulässig, wenn der Gegner zustimmt oder das Gericht sie für sachdienlich hält, § 263 entsprechend.

**6) Frist, I, II.** Für den Berichtigungsantrag läuft eine zweiwöchige Frist seit der von Amts wegen **7** erfolgten Zustellung des vollständigen Urteils, § 317. Der Antrag ist schon vor dem Beginn der Frist zulässig. Nach Ablauf von 3 Monaten seit der Urteilsverkündung ist der Antrag ausgeschlossen. Die Zweiwochenfrist ist eine gesetzliche Frist, aber keine Notfrist nach § 224 I 2. Sie ist unverzichtbar. Sie duldet eine Abkürzung nur durch eine Parteivereinbarung, § 224 I, jedoch keine Verlängerung, § 224 II Hs 2. Sie wird von Amts wegen geprüft, Grdz 19 vor § 128. Eine Wiedereinsetzung nach § 233, ist nicht möglich, wird aber auch nicht nötig, wenn das Urteil erst nach dem Ablauf der Frist zu den Akten gelangte. Aus allen diesen Gründen muß der Anwalt das gesamte Urteil nach dessen Erhalt sogleich kontrollieren, § 85 II, Schumann NJW **93**, 2787.

Die Dreimonatsfrist ist eine *uneigentliche Frist,* Üb 11 vor § 214. Auch sie duldet weder eine Abkürzung **8** noch eine Verlängerung noch eine Wiedereinsetzung, auch nicht dann, wenn das vollständige Urteil nach drei Monaten seit der Verkündung noch nicht vorliegt, und wird durch die Sommerzeit § 227 III 1, nicht beeinflußt. Da sie mit der Urteilsverkündung beginnt, kann sie vor der Zweiwochenfrist ablaufen, ein Grund mehr, das Urteil rechtzeitig zu den Akten zu bringen; die Partei muß notfalls Dienstaufsichtsbeschwerde einlegen, um ihr Recht zu wahren. Liegt das Urteil nach 3 Monaten immer noch nicht begründet, so liegt eine Gesetzesverletzung nach § 549 vor, also nicht ein solcher nach § 551 Z 7. Bei einem etwaigen Tatbestand einer gemäß § 310 III erlassenen Entscheidung beginnt die Zweiwochenfrist mit der Zustellung des vollständigen Urteils, § 310 Rn 11, die Dreimonatsfrist mit der Zustellung der Urteilsformel. Gegen den Streithelfer läuft keine eigene Frist, § 71 Rn 6, BGH **LM** Nr 5.

**7) Weiteres Verfahren, Entscheidung und Anfechtung, IV, V.** Es ist manchmal „lästig", aber sorgsam **9** durchzuführen.

**A. Grundsatz: Verhandlung; Beschluß.** Die Entscheidung ergeht grundsätzlich auf Grund einer notwendigen mündlichen Verhandlung, § 128 Rn 4, auch nach einem Urteil im schriftlichen Vorverfahren nach §§ 307 II, 331 II, III, oder im schriftlichen Verfahren nach § 128 II, III. Soweit der Antrag als unzulässig zu verwerfen ist, braucht vor dem BGH nicht verhandelt zu werden, BGH NJW **99**, 796. Sie wird durch einen wegen § 329 I 1 zu verkündenden Beschluß auf Berichtigung oder Zurückweisung des Antrags erlassen, § 329. Es findet kein Versäumnisverfahren, §§ 330 ff, und keine Beweisaufnahme statt, §§ 355 ff,

## §§ 320, 321   2. Buch. 1. Abschnitt. Verfahren vor den LGen

auch nicht zur Berichtigung von aufgenommenen Zeugen- oder Sachverständigenaussagen; die Beweiskraft aufgenommener Aussagen richtet sich nur nach § 418. Es gibt kein Geständnis im Sinn von § 288. Maßgebend ist allein die Erinnerung der Richter, unterstützt durch das Protokoll und durch private Aufzeichnungen.

**10** Obwohl der Beschluß grundsätzlich unanfechtbar ist, ist eine wenigstens kurze *Begründung* Rechtspflicht. Denn der Beschluß kann ausnahmsweise doch anfechtbar sein, Rn 14, § 329 Rn 4, Hirte JR **85**, 140. Ein aus dem Richteramt Ausgeschiedener kann nicht mehr mitwirken, Schmidt JR **93**, 458, aM Hirte JR **85**, 140 (aber wo lägen die Grenzen?). Würdigt der Beschluß das durch ihn festgestellte Parteivorbringen, ist er ein unzulässiger Urteilsnachtrag und darf sich nur auf den Tatbestand erstrecken.

**11**  **B. Grenzen der Berichtigung.** Grundsätzlich unzulässig ist es, auf Grund des Beschlusses das Urteil im übrigen zu berichtigen oder zu ergänzen; die sachliche Entscheidung bleibt ganz unberührt, mag sie auch nach dem Beschluß ersichtlich falsch sein, V. Eine Ergänzung ist nur in den Grenzen und im Rahmen des § 321 I und natürlich im Rahmen von § 319 möglich. Der Beschluß ist der Revisionsentscheidung zugrunde zu legen, BGH RR **95**, 572 (keine Korrektur in Verfahren nach § 554 b). Das Gesetz ist verletzt, wenn nach dem Beschluß ein Hilfsantrag übergangen ist. Die Berichtigung reicht nicht allein für eine Wiederaufnahme nach §§ 578 ff aus, BVerfG **30**, 58. Man kann auch nicht schon mit dem Rechtsmittel gegen das bisherige Urteil eine Berichtigung seines Tatbestands erreichen.

**12**  **C. Verfahrenseinzelheiten.** Das *Rechtsschutzbedürfnis*, Grdz 33 vor § 253, liegt auch bei einer nicht mehr mit einem Rechtsmittel anfechtbaren Entscheidung schon wegen der Möglichkeit einer Verfassungsbeschwerde vor, LAG Köln MDR **85**, 171 (evtl Aussetzung bis zur Klärung, ob eine Nichtzulassungsbeschwerde erfolgt). Es wirken nur diejenigen Richter mit, die beim Urteil mitgewirkt haben, § 309, also evtl nur ein Mitglied des Kollegiums oder nur die Handelsrichter. Deshalb kann keiner dieser Richter im Berichtigungsverfahren nach §§ 42 ff abgelehnt werden, Ffm MDR **79**, 940.

**13**  Ist ein Mitglied *verhindert*, § 315 Rn 3, oder wird es abgelehnt, BGH LM Nr 4, so entscheidet die Stimme des Vorsitzenden. Ist er verhindert, so entscheidet die Stimme des ältesten Beisitzers. Sind alle oder der Amtsrichter verhindert, so ist keine Berichtigung möglich. Das Revisionsgericht muß dann nachprüfen, ob ein Antrag Erfolg gehabt hätte, BAG NJW **70**, 1624. Wegen der Begründungspflicht Rn 10. Ein Urlaub kann ausreichen, BFH BB **78**, 1607. Der Termin ist so zu legen, daß möglichst alle Richter teilnehmen können, Hirte JR **85**, 139. Die Entscheidung ergeht auch in Abwesenheit der Parteien. Sie ist keine Aktenlageentscheidung nach § 251 a, aM ZöV 11. § 249 III ist anwendbar, dort Rn 13. Wegen des Vermerks des Beschlusses auf dem Urteil und den Ausfertigungen vgl § 319 Rn 34 entsprechend.

*Kosten:* Vgl § 319 Rn 28.

**14**  **D. Rechtsmittel.** Eine Anfechtung des Beschlusses ist sowohl bei einer Berichtigung als auch bei einer Ablehnung des Antrags grundsätzlich unstatthaft, BGH VersR **88**, 268.

Beschwerde nach § 567 I ist aber in folgenden Fällen grundsätzlich (Ausnahmen s unten) zulässig. Die Berichtigung ist ohne eine Sachprüfung als unzulässig abgelehnt worden, Hirte JR **85**, 139; das Gericht hat prozessual unzulässig entgegen dem Antrag des Gegners berichtigt. Die Gegenmeinung müßte die Partei schwer schädigen, BGH LM § 41 p PatG aF Nr 36. Rechtsbehelfe gegen das Urteil, §§ 511 ff, ergreifen den Berichtigungsbeschluß nicht; es hat ein Richter mitgewirkt, der nicht mitwirken konnte, Rn 13, und es handelt sich um ein Berufungsurteil des LG. Denn ein derartiger Berichtigungsbeschluß muß so behandelt werden, als wäre er nicht ergangen. Bei Rn 4 und Rn 12, 13 ist wegen IV 2 eine Zurückverweisung notwendig. Soweit das LG als Berufungs- oder Beschwerdegericht entschieden hat, ist die Beschwerde unzulässig, § 567 III 1, ebenso, wenn das OLG entschieden hat, § 567 IV 1.

**15**  **8)** *VwGO:* Es gilt § 119 VwGO (im wesentlichen inhaltsgleich). Beschwerde, § 146 VwGO, ist im Hinblick auf § 119 II 2 VwGO nur in den Fällen oben Rn 14 gegeben, vgl VGH Mü DÖV **81**, 766, Ey § 119 Rn 6, Kopp § 119 Rn 6 mwN, wenn sie nicht schlechthin ausgeschlossen ist, s § 252 Rn 7.

## 321 *Ergänzung des Urteils.* 
[1] Wenn ein nach dem ursprünglich festgestellten oder nachträglich berichtigten Tatbestand von einer Partei geltend gemachter Haupt- oder Nebenanspruch oder wenn der Kostenpunkt bei der Endentscheidung ganz oder teilweise übergangen ist, so ist auf Antrag das Urteil durch nachträgliche Entscheidung zu ergänzen.

II Die nachträgliche Entscheidung muß binnen einer zweiwöchigen Frist, die mit der Zustellung des Urteils beginnt, durch Einreichung eines Schriftsatzes beantragt werden.

III [1]Auf den Antrag ist ein Termin zur mündlichen Verhandlung anzuberaumen. [2]Dem Gegner des Antragstellers ist mit der Ladung zu diesem Termin der den Antrag enthaltende Schriftsatz zuzustellen.

IV Die mündliche Verhandlung hat nur den nicht erledigten Teil des Rechtsstreits zum Gegenstande.

### Gliederung

| | |
|---|---|
| 1) Systematik, I–IV ............... 1 | A. Antrag ......................... 6–8 |
| 2) Regelungszweck, I–IV ........ 2 | B. Weiteres Verfahren ........ 9 |
| 3) Geltungsbereich, I–IV ....... 3 | 6) Rechtsmittel, I–IV ........... 10, 11 |
| 4) Voraussetzungen, I ............ 4, 5 | 7) Beispiele zur Frage einer entsprechen- |
| 5) Verfahren, II–IV ................ 6–9 | den Anwendbarkeit, I–IV .... 12–16 |
| | 8) VwGO ............................... 17 |

## 2. Titel. Urteil                                        § 321

**1) Systematik, I–IV.** Die Vorschrift ist eine notwendige Ergänzung zu §§ 319, 320. Die Vorschrift steht  1
im Gegensatz zu § 319, AG Mü ZMR **88**, 434, was Düss BB **77**, 472 (abl Runge) verwischt. § 321 kann
anderen Rechtsbehelfsmöglichkeiten vorgehen, Zweibr ZMR **99**, 663 (FGG). Wenn der Wille des Gerichts
zweifelhaft ist, so stellt die Partei zweckmäßigerweise beide Anträge, vgl auch BGH NJW **80**, 841. § 321 gilt
auch bei §§ 307 II, 331 II, III, 599 II, Rn. 12.

**2) Regelungszweck, I–IV.** Vgl zunächst § 320 Rn 2. § 321 dient der Ergänzung eines lückenhaften  2
Urteils ohne einen Verstoß gegen § 318, nicht aber der Richtigstellung einer falschen Entscheidung, BGH
FamRZ **93**, 50, Köln MDR **92**, 301, Saarbr RR **99**, 214.

**3) Geltungsbereich, I–IV.** Die Vorschrift gilt grundsätzlich in allen Verfahrensarten nach der ZPO ein-  3
schließlich eines Schiedsspruchs, § 1058 I Z 3. In Ehesachen gilt § 321 wegen des Grundsatzes der Einheitlichkeit der Entscheidung nicht, Einf 3 vor § 610; dort sind nur die etwaigen Rechtsmittel zulässig, §§ 511 ff.
Wegen des Verfahrens nach dem FGG BGH **106**, 372, Karlsr FGPrax **98**, 153, Zweibr ZMR **99**, 663.

**4) Voraussetzungen, I.** § 321 setzt voraus, daß das Urteil einen Punkt versehentlich übergeht, den es  4
hätte zu- oder absprechen müssen, Düss FamRZ **97**, 1408. Eine solche Unterlassung läßt sich nicht etwa in
den Urteilsgründen nachholen. Wenn das Urteil als Teilurteil nach § 301 gedacht war, wenn es also absichtlich den Punkt aufspart, oder wenn das Urteil den Punkt für erledigt erklärt, dann versagt § 321, selbst bei
einem Rechtsirrtum, Rn 5.

§ 321 ist *unanwendbar*, wenn der Anspruch nur in den Gründen übergangen worden ist, nicht in der
Formel, §§ 311 II 1, 313 I Z 4, oder umgekehrt, BGH VersR **82**, 70, AG Mü ZMR **88**, 434, StJL 4, ThP 2
(§ 319 ist anwendbar), aM BAG NJW **59**, 1942, Lindacher ZZP **88**, 73; wenn die verkündete Kostenentscheidung versehentlich nicht mit in den schriftlichen Tenor übernommen worden ist, Hamm RR **86**, 1444;
wenn das Gericht eine Entscheidung in den Gründen ausdrücklich ablehnt, zB unter der Anerkenntnisurteil den
Schlußurteil vorbehält; wenn es an einem Antrag fehlt, übergangen sein sollte, BGH **LM** Nr 3; wenn das
Gericht die Erhebung des Anspruches entgegen § 314 Rn 20 versehentlich nicht im Tatbestand erwähnt hat
(dann ist § 320 anwendbar); wenn das Gericht nur ein einzelnes Angriffs- oder Verteidigungsmittel, Einl III
70, übergangen hat; wenn das Berufungsgericht die Revision nicht eindeutig zugelassen hat, Saarbr RR **99**,
214 (das bedeutet nämlich Nichtzulassung). Aus dem Umstand, daß der fragliche Punkt weder im Tenor
noch in den sonstigen Teilen der Entscheidung erörtert worden ist, läßt sich nicht stets schließen, daß das
Gericht ihn übergangen hat, Zweibr FamRZ **80**, 1144, aM BayObLG WoM **97**, 399.

Soweit nur ein Fall nach Rn 4 vorliegt, kann man *keine Ergänzung mit Rechtsmitteln* betreiben, Zweibr
FamRZ **94**, 972; da eine Entscheidung fehlt, fehlt eine Anfechtbarkeit. Daher läßt sich der übergangene
Anspruch in der zweiten Instanz nur als „neuer" Anspruch oder evtl als Klagerweiterung geltendmachen,
§ 264 Z 2, in der Revisionsinstanz gar nicht. Wenn ein Antrag des Bekl die Neufassung seiner Verurteilung
bezweckt, so kann die etwa zulässige Berichtigung mit dem Rechtsmittel zusammentreffen, weil die
Entscheidung im Grund nicht unvollständig ist, sondern falsch. Dies gilt, wenn beim Urteil nach § 302 der
Vorbehalt fehlt, vgl aber auch § 302 Rn 9, oder wenn die Entscheidung über die Kosten, §§ 91 ff, oder über
die vorläufige Vollstreckbarkeit, §§ 708 ff, nicht nur wegen versehentlichen Übergehens fehlt, LG Essen
NJW **70**, 1688, StJL 15, ZöV 7, aM Düss JB **57**, 780. Ist die Rechtshängigkeit erloschen, so ist auch eine
neue Klage zulässig, KG Rpfleger **80**, 159, Mü AnwBl **88**, 249, AG Castrop-Rauxel ZMR **93**, 229.

Es muß nach dem Tatbestand, auch nach dem gemäß § 320 berichtigten, ein Haupt- oder Nebenanspruch  5
(dieser macht eine Nebenforderung geltend, § 4) oder der Kostenpunkt ganz oder teilweise übergangen
worden sein. „*Übergangen*" heißt: versehentlich nicht beachtet, BGH MDR **96**, 1061, Celle Rpfleger JB **76**,
1255, Hamm FamRZ **81**, 190. Das gilt zB beim gestempelten Versäumnis- oder Anerkenntnisurteil, das auf
eine Klagschrift verweist, die keinen Kostenantrag enthält, Stürner ZZP **91**, 359. „Übergangen" heißt nicht
etwa: rechtsirrtümlich, aber bewußt nicht beschieden, BGH NJW **80**, 841, Hamm FamRZ **81**, 190, LSG
Darmst MDR **81**, 1052.

Das Übergehen eines *Hilfsanspruchs* nach § 260 Rn 8 genügt, wenn seine Prüfung geboten war, § 260
Rn 8, 9. Die Übergehung des Kostenpunkts bei einem Streithelfer oder Streitgenossen genügt, BGH **LM**
Nr 6, Stgt MDR **99**, 116. Ist für einen Streitgenossen in der Hauptsache nicht erkannt worden, so ist das
Urteil ein Teilurteil, § 301; es ist nicht zu ergänzen, sondern es ist vielmehr ein Schlußurteil zu erlassen. Die
höhere Instanz kann eine von der niederen Instanz übergangene Kostenentscheidung von Amts wegen
nachholen, § 308 II. Das Übergehen eines Anspruches zur vorläufigen Vollstreckbarkeit genügte, § 716
Rn 13, auch das Übergehen einer Entscheidung nach §§ 708, 711, Einf 6 vor §§ 708–720. Es genügt auch
ein Übergehen der Frist nach § 255 oder der Bestimmung der Lösungssumme nach § 923 oder das Übergehen des § 281 III 2. § 321 ist aber unanwendbar, wenn das Gericht nur einzelne Angriffs- oder Verteidigungsmittel, Einl III 70, übergangen hat, BGH NJW **80**, 841, Ffm RR **89**, 640 (Aufrechnung).

**5) Verfahren, II–IV.** Es ist mit großer Sorgfalt durchzuführen.  6

**A. Antrag.** Nötig ist ein Antrag auf eine bestimmte Ergänzung. Eine Ergänzung von Amts wegen ist also
unzulässig. Der Antrag ist beim Gericht des bisherigen Urteils zu stellen, bei AG auch zum Protokoll der
Geschäftsstelle, § 496, auch jedes anderen AG, § 129a. Er ist im übrigen schriftlich einzureichen. Ihn kann
nicht nur diejenige Partei stellen, deren Anspruch übergangen worden ist. Anwaltszwang herrscht wie sonst,
§ 78 I. Ein Kostenfestsetzungsantrag ist umdeutbar, Stgt MDR **99**, 116. Das Verfahren verläuft im
einzelnen wie bei § 320 Rn 6. Die Antragsfrist beträgt 2 Wochen seit der Zustellung des vollständigen
Urteils, § 317, Karlsr OLGZ **78**, 487. Der Antrag ist schon vor dem Fristbeginn zulässig. Ein Antrag auf eine
einstweilige Einstellung der Zwangsvollstreckung ist zulässig, § 707 Rn 22.

Ein Antrag auf Tatbestandsberichtigung *verlängert* ähnlich wie eine Berichtigung nach § 319, dort Rn 39,  7
*die Frist nicht*, so daß die Frist ohne Rücksicht auf einen Erfolg des Tatbestandsberichtigungsverfahrens zu
wahren ist, aM BGH NJW **82**, 1822, StJL 13, ThP 4, ZöV 7 (die Frist beginne mit der Zustellung des
Berichtigungsbeschlusses von neuem zu laufen). Ist die Kostenentscheidung gemäß § 101 I übergangen
worden, so beginnt die Frist für den Streithelfer wegen der Ergänzung in diesem Punkt jedenfalls bei einem
noch nicht rechtskräftigen Urteil erst mit seiner Zustellung an ihn, BGH **LM** Nr 6.

## § 321

2. Buch. 1. Abschnitt. Verfahren vor den LGen

**8** Es handelt sich um eine gesetzliche Frist, *aber* nicht um eine *Notfrist*, § 224 I 2. Darum kann sie nur durch eine Parteivereinbarung abgekürzt, § 224 I 1, und in keinem Fall verlängert werden, § 224 II. Ebensowenig ist eine Wiedereinsetzung zulässig, § 233 Rn 8. Der Fristablauf wird von Amts wegen geprüft, Grdz 39 vor § 128. Solange das Urteil nicht zugestellt wird, beginnt die Frist nicht zu laufen. Mit dem Fristablauf erlischt die Rechtshängigkeit des übergangenen Anspruchs, § 261 Rn 15, so daß insoweit ein neuer Prozeß statthaft wird, BGH LM § 322 Nr 54, Hamm Rpfleger **80**, 482, KG Rpfleger **80**, 159, mit Ausnahme der Kosten, über die das Rechtsmittelgericht mitentscheiden muß, § 308 II, Rn 9. Zur Entscheidung zuständig ist dasjenige Gericht, das das Urteil erlassen hat.

**9 B. Weiteres Verfahren.** Das Gericht stellt den Ergänzungsantrag von Amts wegen mit der Ladung zum Verhandlungstermin nach §§ 214, 270. Die Entscheidung erfolgt auf eine notwendige mündliche Verhandlung, § 128 Rn 4, auch nach einem Urteil im schriftlichen Vorverfahren nach §§ 307 II, 331 II, III, freilich nicht im schriftlichen Verfahren, § 128 Rn 4, durch ein Ergänzungsurteil, LG Bielef MDR **87**, 941, auch bei einer Zurückweisung aus prozessualen Gründen. Die Verhandlung findet nur über die beantragte Ergänzung statt. Die Zulässigkeit des Antrags ist von Amts wegen zu prüfen, Grdz 39 vor § 128. Da über den Ergänzungsanspruch neu zu verhandeln ist, dürfen anders als bei § 309 andere Richter als beim ersten Urteil mitwirken. Die frühere eigentliche Entscheidung muß unberührt bleiben. Einen Ergänzungsanspruch des Bekl kann der Kläger anerkennen, § 307. Das Versäumnisverfahren verläuft wie sonst, § 330 ff. Eine Entscheidung ist auch noch nach der Rechtskraft der übrigen Entscheidung statthaft, Köln MDR **92**, 301.

*Kosten:* Das alte Urteil trifft streng genommen eine Kostenentscheidung nur in seinem Entscheidungsbereich; bei einer Ergänzung ohne Kostenentscheidung ist aber anzunehmen, daß das Gericht die Ergänzung in das alte Kostenurteil einschließt, Rn 6–8. Gebühren: Des Gerichts: keine; des Anwalts: Gehört zum Rechtszug, § 37 Z 6 BRAGO.

**10 6) Rechtsmittel, I–IV.** Das Ergänzungsurteil ist selbständig anfechtbar, §§ 511 ff, BGH NJW **80**, 840. Es ist auch für die Beschwerdesumme als selbständig zu behandeln, BGH NJW **80**, 840, LG Bielef MDR **87**, 941. Ein nur über den Kostenpunkt ergangenes Ergänzungsurteil steht im selben Verhältnis zum ersten Urteil wie ein Schlußurteil zum Teilurteil. Ein Rechtsmittel ist daher nur gegen beide gemeinsam zulässig, Zweibr FamRZ **83**, 621. Das Rechtsmittel gegen das Hauptteil erfaßt ohne weiteres den Kostenausspruch und die Entscheidung zur vorläufigen Vollstreckbarkeit des Ergänzungsurteils nach §§ 708 ff. Dies ist auf andere Nebenleistungen, zB Zinsen, nicht zu übertragen.

**11** Wenn das Urteil in Wahrheit nur eine *Berichtigung* nach § 319 vornimmt, so ist es wie eine bloße Berichtigung zu behandeln. Über die Berufungsfrist und die Verbindung der Berufungen vgl § 517 Rn 3, 4. Hat das Gericht fälschlich durch einen Beschluß nach § 329 entschieden, so ist nach dem Meistbegünstigungsgrundsatz, Grdz 28 vor § 511, zwar die Beschwerde nach § 567 I grundsätzlich statthaft, Ffm OLGZ **90**, 76, jedoch bei Nichterreichen der Berufungssumme nach § 511a grundsätzlich unzulässig, LG Bielef MDR **87**, 941, ebenso, soweit das LG als Berufungs- oder Beschwerdegericht, § 567 III 1, oder das OLG entschieden hat, § 567 IV 1.

**12 7) Beispiele zur Frage einer entsprechenden Anwendbarkeit, I–IV**
**Abwendung der Zwangsvollstreckung:** Rn 16 „Vorläufige Vollstreckbarkeit".
**Arrest:** § 321 ist entsprechend anwendbar, soweit das Gericht den Abwendungsbetrag nach § 923 übergeht.
**Bekanntmachungspflicht:** § 321 ist entsprechend anwendbar, soweit das Gericht einen Ausspruch zur Bekanntmachungs-, Beseitigungs- und Vernichtungspflicht übergeht, zB nach § 23 UWG oder nach dem MarkenG.
**Beschlußverfahren:** Wegen des Beschlußverfahrens § 329 Rn 20 „§ 321".
**Beschränkte Haftung:** Rn 16 „Vorbehalt beschränkter Haftung".
**Beseitigungspflicht:** S „Bekanntmachungspflicht".
**13 Frist:** § 321 ist entsprechend anwendbar, soweit das Gericht eine nach § 255 erforderliche Fristsetzung übergeht.
**Nachverfahren:** Rn 16 „Vorverfahren".
**Räumungsfrist:** § 321 ist entsprechend anwendbar, soweit das Gericht einen Ausspruch zur Räumungsfrist nach § 721 übergeht.
**14 Revision:** § 321 ist entsprechend anwendbar, soweit das Gericht einen Ausspruch zur Zulassung der Revision übergeht, BGH NJW **80**, 344, BAG BB **81**, 616, StJL 11, aM BGH MDR **85**, 43, Düss MDR **81**, 235, Zweibr FamRZ **80**, 614.
**15 Sicherheitsleistung:** Rn 16 „Vorläufige Vollstreckbarkeit".
**Teilurteil:** § 321 ist entsprechend anwendbar, soweit das Gericht im Teilurteil eine Kostenentscheidung unterläßt und soweit sich dann der Rest erledigt.
**16 Vernichtungspflicht:** Rn 12 „Bekanntmachungspflicht".
**Vorbehalt beschränkter Haftung:** § 321 ist entsprechend anwendbar, soweit das Gericht einen Vorbehalt beschränkter Haftung übergeht, § 305, BGH MDR **96**, 1062, Düss NJW **70**, 1689, §§ 780, 786.
**Vorläufige Vollstreckbarkeit:** § 321 ist entsprechend anwendbar, soweit das Gericht den Ausspruch zur vorläufigen Vollstreckbarkeit übergeht, §§ 711, 712, 716, BGH NJW **84**, 1240.
**Vorverfahren:** § 321 ist entsprechend anwendbar, soweit das Gericht einen erforderlichen Vorbehalt im Vorverfahren für das Nachverfahren übergeht, §§ 302 II, 599 II, Hamm BB **92**, 236.
**Zug-um-Zug:** § 321 ist entsprechend anwendbar, soweit das Gericht den erforderlichen Zusatz „Zug um Zug" bei einer Verurteilung unterläßt, ThP 7, aM LAG Hamm MDR **72**, 900 (direkte Anwendung von Amts wegen).

**17 8) VwGO:** Es gilt § 120 *VwGO*.

## Einführung vor §§ 322–327
## Rechtskraft

### Gliederung

| | | | |
|---|---|---|---|
| 1) Äußere, formelle Rechtskraft | 1 | D. Vorrang | 19 |
| 2) Innere, materielle Rechtskraft | 2 | 6) Wirkung der persönlichen Rechtskraft | 20–24 |
| A. Grundsatz: Keine nochmalige Entscheidung | 2 | A. Zwischen den Parteien | 20 |
| B. Sachliche Rechtskraft | 2 | B. Bindung für andere Staatsbehörden | 21 |
| C. Persönliche Rechtskraft | 2 | C. Bindung des Zivilrichters | 22–24 |
| 3) Vollstreckbarkeit | 3 | 7) Amtsprüfung | 25, 26 |
| 4) Wesen der inneren Rechtskraft | 4–10 | A. Grundsatz: Jederzeitige Beachtung von Amts wegen | 25 |
| A. Sachlichrechtliche Theorie | 5 | B. Einzelheiten | 26 |
| B. Prozeßrechtliche Theorie | 6 | 8) Beseitigung der Rechtskraft | 27–36 |
| C. Gemischtrechtliche Theorie | 7 | A. Zulässigkeit | 27 |
| D. Rechtsschöpfungslehre | 8 | B. Sittenwidrigkeit: Meinungsstand | 28, 29 |
| E. Kritik | 9 | C. Sittenwidrigkeit: Kritik | 30–34 |
| F. Prozessuale Bedeutung | 10 | D. Sonderfall: Erschleichung | 35 |
| 5) Wirkung der sachlichen Rechtskraft | 11–19 | E. Unwirksamkeit einer Parteivereinbarung | 36 |
| A. Prozeßhindernis | 11, 12 | | |
| B. Unanfechtbarkeit | 13–15 | | |
| C. Rechtsschutzbedürfnis | 16–18 | 9) *VwGO* | 37 |

**1) Äußere, formelle Rechtskraft.** Sie bedeutet, daß das Urteil für dasselbe Verfahren unabänderlich ist, **1** namentlich keinem Rechtsmittel mehr unterliegt. Die äußere Rechtskraft wird von § 705 geregelt. Die äußere Rechtskraft ist nicht eine Urteilswirkung, sondern deren Voraussetzung, Rn 2. Mängel des Urteils sind vom Eintritt der äußeren Rechtskraft an nicht mehr beachtlich. Eine Ausnahme machen nur die Scheinurteile, Üb 11 vor § 300; ihrem Scheindasein kann keine äußere Rechtskraft lebendigen Odem einblasen. Wiederaufnahmeklage, §§ 578 ff, Vollstreckungsabwehrklage, § 767, Abänderungsklage, § 323, leiten ein neues Verfahren ein. Wenn die ZPO von Rechtskraft spricht, meint sie meist die äußere Rechtskraft.

**2) Innere, materielle Rechtskraft.** Es sind drei Aspekte zu beachten. **2**
    **A. Grundsatz: Keine nochmalige Entscheidung.** Sie bedeutet, daß die Gerichte in einem späteren Prozeß der Parteien über dieselbe Sache, gemessen am Streitgegenstand, § 2 Rn 3, BGH RR **87**, 831, BAG NJW **84**, 1711, den Parteien des Erstprozesses, Grdz 3 vor § 50, und evtl deren Rechtsnachfolgern, § 325, und unter Umständen innerhalb gewisser zeitlicher Grenzen (vgl aber Rn 16) an die Entscheidung gebunden sind, BSG MDR **80**, 699, also nochmals, BGH NJW **85**, 2535, oder gar abweichend entscheiden darf: „Ne bis in idem", Rn 11. Demgegenüber stellt Schmidt Rpfleger **74**, 182 auf die Verhinderung einer zweiten, widersprechenden Entscheidung in einem neuen Verfahren ab. Die innere Rechtskraft setzt die äußere voraus.
    **B. Sachliche Rechtskraft.** Die innere Rechtskraft äußert sich sachlich, für den prozessualen Anspruch, § 2 Rn 3.
    **C. Persönliche Rechtskraft.** Die innere Rechtskraft äußert sich auch persönlich, für bestimmte Personen.

**3) Vollstreckbarkeit.** Sie ist von der Rechtskraft zu unterscheiden. Die Vollstreckbarkeit, §§ 704 ff, kann **3** beim Leistungsurteil und bei der Kostenentscheidung der inneren und äußeren Rechtskraft vorangehen, im letzteren Fall als vorläufige Vollstreckbarkeit, §§ 708 ff. Das sachliche Recht knüpft nicht selten sachlichrechtliche Wirkungen an ein äußerlich rechtskräftiges Urteil, zB § 283 BGB.

**4) Wesen der inneren Rechtskraft** **4**
**Schrifttum:** *Arens*, Überlegungen zum Geltungsgrund der materiellen Rechtskraft, Festschrift des *Instituts für Rechtsvergleichung* der Waseda Universität (1988) 689; *Fenge*, Über die Autorität des Richterspruches, Festschrift für *Wassermann* (1985) 659; *Gaul*, Die Entwicklung der Rechtskraftlehre seit Savigny und der heutige Stand, Festschrift für *Flume* (1978) I 443; *Gaul*, Rechtskraft und Verwirkung, Festschrift für *Henckel* (1995) 235; *Koussoulis*, Beiträge zur modernen Rechtskraftlehre, 1986; *Roth*, Der Zivilprozeß zwischen Rechtsklärung und Rechtsschöpfung, Festschrift für *Habscheid* (1989) 253; *Spellenberg*, Prozeßführung oder Urteil – Rechtsvergleichendes zu Grundlagen der Rechtskraft, Festschrift für *Henckel* (1995) 841.

    Die Lehre ist stark umstritten. Welche Lehre „herrscht" (zur Fragwürdigkeit dieses Begriffs Einl III 47), ist zweifelhaft. Wichtige Theorien sind:
    **A. Sachlichrechtliche Theorie** (Pagenstecher, Kohler; ihr zuneigend Pohle [österr] JurBl **57**, 117): **5** Nach ihr gestaltet das Urteil die Rechtsbeziehungen der Parteien, und zwar nicht nur beim Gestaltungsurteil im Sinn von Grdz 10 vor § 253, LG Stgt ZZP **79**, 183. Das richtige Urteil bestätigt oder gar schafft ein subjektives Recht, schafft zumindest eine entsprechende unwiderlegbare Voraussetzung; das falsche vernichtet es. Es entsteht also immer ein Entscheidungsanspruch (Judikatsanspruch), ein Anspruch aus dem Urteil. Das Urteil beeinflußt auch die Rechtslage von Personen, die die Rechtskraft nicht berührt. Eine Abwandlung dieser Theorie unter Ablehnung des Judikatsanspruchs und unter Betonung der prozessualen Bindung aller Gerichte an die Entscheidungen findet sich bei Nikisch.

**6**  **B. Prozeßrechtliche Theorie:** Nach ihr wirkt das Urteil rein prozeßrechtlich, indem es den Richter an den Ausspruch des Urteils bindet, BGH **36**, 365, BAG BB **85**, 1735, Häsemeyer AcP **188**, 162, Kohte NJW **85**, 2227 (krit Münzberg NJW **86**, 361), RoSGo § 151 II 3. Zur Abgrenzung von der schon mit dem Urteilserlaß, § 311 Rn 2, meist also noch vor dem Eintritt der äußeren Rechtskraft, einsetzenden Bindungswirkung des § 318 dort Rn 2 und Schmidt Rpfleger **74**, 177.

**7**  **C. Gemischtrechtliche Theorie:** Nach ihr ist der Gesetzgeber in seiner Ausgestaltung, der Richter in seiner Auslegung an sachlichrechtliche Wertungen gebunden; erst so sind die objektiven Grenzen der Rechtskraft ermittelbar, Bötticher ZZP **85**, 15, Henckel, Prozeßrecht und matrielles Recht (1970) 421, ähnlich Rimmelspacher, wenn auch von einem sachlichrechtlichen Anspruchsbegriff aus (103, 175, 207: Rechtsposition nebst Rechtsbehelf; Bespr Habscheid ZZP **84**, 360), ähnlich StJL § 322 Rn 34 ff, 40.

**8**  **D. Rechtsschöpfungslehre:** Nach ihr schafft der Richter durch sein Urteil überhaupt erst eine für den Einzelfall gültige Rechtsvorschrift (Bülow).

**9**  **E. Kritik.** Den Vorzug verdient jedenfalls die prozessuale Lehre. Wenn der Richter das subjektive Recht erst durch sein Urteil schüfe, dann wären alle Rechtsgeschäfte nur Wünsche. Der Richter schafft nicht Recht, sondern wendet Recht an; er „erkennt für Recht", wie er meist ausdrücklich im sog Rubrum erklärt, § 313 Rn 10. Nur bei den Gestaltungsurteilen, Üb 6 vor § 300, gestaltet, „schafft" er Recht. Aber dort ist auch kein Recht als bestehend festzustellen, sondern erst an Hand des Gesetzes zu gestalten; auch ist dort die Rechtskraftwirkung außergewöhnlich, sie richtet sich nämlich für und gegen alle. Bildet der Richter das Recht fort, so gibt er kein Gesetz, sondern legt den Willen des Gesetzes in einem weiteren Sinne aus, denkt das Gesetz weiter. Der Richter gewährt oder versagt Rechtsschutz, Üb 3 vor § 300. Die innere Rechtskraft beruht auf der staatsrechtlichen Erwägung, daß die Rechtssicherheit, Einl III 43, eine der Grundlagen des Staats, das Aufhören eines Streits um das Recht in einem gewissen Zeitpunkt gebietet, BAG NJW **84**, 1711. Ein Richterspruch kann nicht Unrecht zu Recht machen. Aber er kann gebieten, daß das Recht des einzelnen hinter der Allgemeinheit durch Rechtsfrieden zurückweicht, BGH RR **87**, 832, BAG NJW **84**, 1711, Bruns FamRZ **57**, 201. Ein Urteil bringt nicht Rechte zur Entstehung, sondern stellt nur fest, was Rechtens ist. „Die Rechtskraft verändert nicht die materielle Rechtslage, sie ist keine causa für den Erwerb und Verlust von Rechten, sondern besteht in der bindenden Kraft der im Urteil enthaltenen Feststellung", BGH **3**, 85. Weil das falsche Urteil die wahre Rechtslage nicht verändert, kann der Berechtigte sein Recht trotz der Rechtskraft immer dann zur Geltung bringen, wenn die Rechtskraft versagt, namentlich also gegenüber Dritten. Die Lehre von der inneren Rechtskraft ist ein Angelpunkt des Zivilprozeßrechts.

**10**  **F. Prozessuale Bedeutung.** Die innere Rechtskraft liegt, wie die äußere, ganz auf prozessualem Gebiet. Die ZPO, vgl § 69, und das BGB, ganz im Bann römisch-rechtlicher Anschauungen, stehen auf einem verschiedenen Boden. Erst die 2. BGB-Kommission verwies die Bestimmungen über die sachlichen Wirkungen der inneren Rechtskraft aus Gründen der Übersichtlichkeit in die ZPO. Folge: Die Landesgesetze über die sachlichen Wirkungen sind durch § 322 aufgehoben worden; § 14 EG ZPO, Art 55 ff EG BGB haben die landesrechtlichen Vorschriften über die persönlichen Wirkungen auf den dem Landesrecht vorbehaltenen Gebieten aufrechterhalten. Die Frage nach der Tragweite und Bedeutung des Urteils richtet sich nach dem Prozeßrecht des erkennenden Gerichts zur Zeit des Eintritts der äußeren Rechtskraft am Gerichtssitz, Einl III 74, ThP § 322 Rn 14, aM ZöV 7 vor § 322 (maßgeblich sei die Zeit des Erlasses des Ersturteils). Dagegen richtet sich die Wirkung des Urteils auf einen späteren Prozeß nach dem für diesen geltenden Prozeßrecht. Dies gilt namentlich bei einem ausländischen Urteil.

**11**  **5) Wirkung der sachlichen Rechtskraft**

**Schrifttum:** *Arens,* Zur Problematik von non-liquet-Entscheidungen, Festschrift für *Müller-Freienfels* (1986) 13; *Bettermann,* Über die Bindung der Verwaltung an zivilgerichtliche Urteile, Festschrift für *Baur* (1981) 273; *Bürgers,* Rechtskrafterstreckung und materielle Abhängigkeit, 1993; *Fenge,* Über die Autorität des Richterspruchs, Festschrift für *Wassermann* (1985) 659; *Fischer,* Objektive Grenzen der Rechtskraft im internationalen Zivilprozeßrecht, Festschrift für *Henckel* (1995) 199; *Gaul,* Die Entwicklung der Rechtskraftlehre seit Savigny und der heutige Stand, Festschrift für *Flume* (1978) 443; *Gaul,* Die Erstreckung und Durchbrechung der Urteilswirkungen nach §§ 19, 21 AGBG, Festschrift für *Beitzke* (1979) 997; *Gaul,* Rechtskraft und Verwirkung, Festschrift für *Henckel* (1995) 235; *Haaf,* Die Fernwirkungen gerichtlicher und behördlicher Entscheidungen, 1984; *Heil,* Die Bindung der Gerichte an Entscheidungen anderer Gerichte, Diss Bochum 1983; *Koussoulis,* Beiträge zur modernen Rechtskraftlehre, 1986; *Leipold,* Zur zeitlichen Dimension der materiellen Rechtskraft, Keio Law Review **90**, 277; *Pawlowski,* Rechtskraft im Amtslöschungsverfahren nach § 10 II 2 WZG, in: Festschrift für *Trinkner* (1995); *Peetz,* Die materiellrechtliche Einordnung der Rechtsfolge und die materielle Rechtskraft usw, 1976; *Rimmelspacher,* Materiellrechtlicher Anspruch und Streitgegenstandsprobleme im Zivilprozeß, 1970; *Simon,* Die Behandlung einander widersprechender rechtskräftiger Zivilurteile usw, Diss Köln 1978; *Stangel,* Die Präklusion der Anfechtung durch die Rechtskraft, 1996; *Werner,* Rechtskraft und Innenbindung zivilprozessualer Beschlüsse im Erkenntnis- und summarischen Verfahren, 1983.

**12**  **A. Prozeßhindernis.** Zum Begriff der sachlichen Rechtskraft vgl zunächst Rn 2. Sachlich wirkt die Rechtskraft dahin, daß keine neue Verhandlung und Entscheidung (auch kein Beschluß, Beweisbeschluß und keine Verfügung zur Vorbereitung eines Urteils, ZöV 23 vor § 322) über „den Streitgegenstand", § 2 Rn 3, BGH NJW **93**, 334, hier also über den rechtskräftig festgestellten Punkt mehr zulässig ist, „*ne bis in idem*", BGH NJW **86**, 2833, Düss OLGZ **94**, 547, RoSGo § 151 II 2.

Die Rechtskraftwirkung tritt selbst dann ein, wenn die zugrunde liegende Vorschrift *verfassungswidrig* war. BGH NJW **89**, 106, oder wenn das Urteil unter einer Mißachtung einer anderweitigen Rechtshängigkeit der Sache, § 261, erzwungen ist, BGH NJW **83**, 515, oder wenn das Urteil wegen seiner Einstellung heute oder überhaupt als fehlerhaft zu mißbilligen ist, BGH RR **90**, 390. Nur der Gesetzgeber kann dann helfen.

## 2. Titel. Urteil **Einf §§ 322–327**

Die Rechtskraft ist daher eine verneinende Prozeßvoraussetzung, ein Prozeßhindernis, Grdz 19 vor § 253, BGH NJW **79**, 1408, Gaul Festschrift für Weber (1975) 169, StJL § 322 Rn 34 ff. Demgegenüber verbietet Grunsky 431 nicht eine neue Verhandlung, sondern nur eine widersprechende Entscheidung. Nach dieser sog Bindungslehre wäre die Klage in einem zweiten gleichen Prozeß bei einer Säumnis des Klägers gemäß § 331 II sachlich unbegründet. In Wahrheit ist sie im zweiten gleichen Prozeß unzulässig. Nach der sog Vermutungslehre, zB Blomeyer JR **68**, 409, schafft das rechtskräftige Urteil eine unwiderlegbare Vermutung dafür, daß die im Urteil ausgesprochene Rechtsfolge zu Recht besteht. Das ist zu blaß, ähnlich Gaul NJW **70**, 602, ZöV 16 vor § 322.

**B. Unanfechtbarkeit.** Die Rechtskraft macht den Anspruch grundsätzlich unanfechtbar. Das gilt unab- **13** hängig davon, ob er entstanden, klagbar, erzwingbar war. Die Rechtskraft gewährt Rechtsschutz ohne Rücksicht auf die wirkliche Rechtslage, selbst ohne Rücksicht darauf, ob der Anspruch wirklich erhoben worden war; vgl freilich § 308 Rn 14, BGH RR **88**, 959, BAG DB **81**, 2183, Düss NJW **85**, 153. Alle Einreden, die dem Anspruch beim Schluß der mündlichen Verhandlung, §§ 136 IV, 296 a, objektiv entgegenstanden, sind unabhängig davon, ob man sie kannte, entsprechend § 767 II ausgeschlossen, BGH **83**, 280, Zweibr DNotZ **88**, 194, Prölls VersR **76**, 428. Das gilt auch beim Vollstreckungsbescheid, § 322 Rn 71 „Vollstreckungsbescheid", § 700 Rn 1, BGH RR **90**, 179, Köln (7. ZS) RR **86**, 1238, LG Köln RR **86**, 1493, aM BGH RR **88**, 757, Köln (12. ZS) NJW **86**, 1351.

*Dies gilt etwa dann,* wenn die im Erstprozeß festgestellte Rechtsfolge für den Zweitprozeß vorgreift; wenn **14** zB im Erstprozeß das Eigentum rechtskräftig festgestellt worden ist, dann muß das Gericht des Zweitprozesses auf eine Herausgabe von eben diesem Eigentum ausgehen; wenn die Herausgabeklage im Erstprozeß Erfolg hatte, ist der Herausgabeanspruch im beliebigen Zweitprozeß bindend, BGH NJW **81**, 1517; wenn im Wechselprozeß, §§ 602 ff, die Gültigkeit des Wechsels rechtskräftig festgestellt worden ist, dann ist im Nachverfahren der Einwand eines unwirksamen Protestes unzulässig; wenn im Ehelichkeitsanfechtungsprozeß, §§ 640 ff, der Scheinvater als Erzeuger ausgeschlossen worden ist, dann ist im nachfolgenden Vaterschaftsfeststellungsprozeß eine Beweisaufnahme über seine Vaterschaft wegen § 640 h unzulässig, Düss NJW **80**, 2760, Mü NJW **77**, 342; wer im Erstprozeß zur Räumung verurteilte, § 885, muß sich im Räumungspflicht auch im Zweitprozeß auf Schadensersatz entgegenhalten lassen; der zur Auskunft und Rechnungslegung Verurteilte, § 254, kann diese Pflicht im Verfahren auf die Abgabe der eidesstattlichen Versicherung, §§ 807, 900, nicht mehr leugnen, BGH WertpMitt **75**, 1086.

Dieser Ausschluß findet über § 767 II hinaus auch bei *Behauptungen des Klägers* statt, die er im Vorprozeß **15** hätte vorbringen können, BGH **LM** § 322 Nr 78, AG Nürnb VersR **79**, 1042. Jedes Urteil, auch das Feststellungsurteil, § 256, BGH **LM** § 254 (C) BGB Nr 5 (Mitverschulden), schließt die Parteien mit solchem Vorbringen aus. Dabei ist zu berücksichtigen, daß auch jedes Unterlassungsurteil die Feststellung einer Verpflichtung enthält, die bei einem späteren Schadensersatzprozeß eine nochmalige Untersuchung dieser Verpflichtung ausschließt, BGH **52**, 2.

**C. Rechtsschutzbedürfnis.** Ist der Streitgegenstand, § 2 Rn 3, in beiden Prozessen derselbe, so ist eine **16** neue Klage und Entscheidung nur dann zulässig, wenn für sie ein Rechtsschutzbedürfnis besteht, Grdz 33 vor § 253.

*Beispiele:* Die Akten des Erstprozesses sind verloren, eine Urteilsausfertigung war nicht erteilt worden, und der Vollstreckungstitel läßt sich im bisherigen Verfahren nicht wiederherstellen; das Urteil des Erstprozesses erging im Ausland, Nürnb FamRZ **80**, 925; die Scheidung ist rechtskräftig geworden, aber es fehlt eine Urteilsausfertigung nebst Rechtskraftbescheinigung, und inzwischen ist das erkennende Gericht weggefallen.

Dann ist *Feststellungsklage* nach § 256 möglich. Über die Einrede der Aufrechnung § 322 Rn 21. Eine **17** spätere Tatsache berührt die Rechtskraft selbst dann nicht, wenn sie schon früher hätte herbeigeführt werden können, BGH NJW **84**, 127, LG Nürnb-Fürth AnwBl **86**, 38. Der Kläger kann dann auf Grund der späteren Tatsache neu klagen, der Beklagte kann die Zahlung der Urteilssumme im Zweitprozeß geltendmachen.

Die Rechtskraft wirkt grundsätzlich für immer. *Veränderungen* der tatsächlichen Verhältnisse sind im **18** Rahmen von §§ 323, 324 zu berücksichtigen. Veränderungen der Rechtsprechung oder der Rechtsanschauung bleiben grundsätzlich außer Betracht, § 323 Rn 18, BAG DB **76**, 151. Sonst würde jegliche Rechtssicherheit entfallen, Einl III 43, BGH DB **73**, 715. Auch ein rückwirkendes Gesetz kann ein vorher ergangenes Urteil nicht zerstören, weil es verfassungsrechtlichen Bestandsschutz genießt, krit ArbG Hagen DB **73**, 2195. Gegenüber einem Leistungs- und Feststellungsurteil, das noch in die Zukunft wirkt, kann wegen eines neuen Gesetzes Vollstreckungsabwehrklage, § 767, oder eine negative Feststellungsklage, eine Gestaltungsklage eine abermalige, Habscheid ZZP **78**, 401 oder eine Klage auf die Feststellung seines Inhalts zulässig sein; weitergehend BAG DB **76**, 151 bei Ansprüchen, die sachlich in jedem Augenblick neu entstehen (dann trete uU keine Rechtskraft ein). Ist der Anspruch zu Unrecht, aber rechtskräftig abgewiesen worden, so kann er nie mehr geltend gemacht werden, auch nicht unter dem Gesichtspunkt eines Schadensersatzes, BGH NJW **90**, 1796, Köln MDR **84**, 151. Etwas anderes gilt, wenn das Gericht den Klagantrag im Vorprozeß nicht so umfassend verstanden hatte, wie er gemeint war.

**D. Vorrang.** Im Widerstreit zwischen der Rechtskraft und dem Verbot einer nachteiligen Abänderung **19** geht die Rechtskraft vor. Im Widerstreit zwischen Rechtskraft und Rechtskraft geht diejenige aus dem jüngeren Urteil nur dann vor, wenn der neue Prozeß zulässig war. Denn andernfalls würde das jüngere Urteil gegen die öffentliche Ordnung verstoßen, Üb 16 vor § 300, Gaul Festschrift für Weber (1975) 159. Über die Heilung von Verfahrensmängeln durch die Rechtskraft § 295 Rn 2.

### 6) Wirkung der persönlichen Rechtskraft **20**

**Schrifttum:** *Berger,* Die subjektiven Grenzen der Rechtskraft bei der Prozeßstandschaft usw, 1992; *Beys,* Die subjektiven Grenzen der Rechtskraft und die staatsrechtliche Wirkung des Urteils, Festschrift für *Schwab* (1990) 61; *Calavros,* Urteilswirkung zu Lasten Dritter, 1978; *Herrmann,* Zur Bindung des Zivilrichters an Strafurteile usw, Diss Bonn 1985; *Kass,* Prozeßstandschaft und Rechtskraftwirkung usw, Diss Ffm 1971;

*Schwab,* Die prozeßrechtlichen Probleme des § 407 II BGB, Gedächtnisschrift für *Bruns* (1980) 181; vgl die Schrifttumsangaben bei § 325.

**A. Zwischen den Parteien.** Zum Begriff der persönlichen Rechtskraft vgl zunächst Rn 2. Persönlich wirkt die Rechtskraft gegenüber Privatpersonen grundsätzlich nur zwischen den Parteien dieses Prozesses, Grdz 3 vor § 50, BGH DB **89**, 420, denn Dritte können nicht unter dem Streit der Partei leiden. Über die zahlreichen Ausnahmen vgl zB § 325 und Marotzke ZZP **100**, 164.

21 **B. Bindung für andere Staatsbehörden.** Sie läßt sich nicht allgemein beurteilen. Die etwaige Bindung ist von Amts wegen zu beachten, Rn 25, BGH ZZP **89**, 331. Gebunden sind der Vollstreckungs- und der Konkursrichter. Nicht gebunden ist der Strafrichter, außer für die Zuerkennung einer Entschädigung. Den Richter der freiwilligen Gerichtsbarkeit binden rechtsgestaltende Entscheidungen, Grdz 10 vor § 253, BayObLG Rpfleger **82**, 20, sowie Leistungs- und Feststellungsurteile, Grdz 8, 9 vor § 253, im Rahmen ihrer Rechtskraft, auch abweisende, BayObLG MDR **88**, 65; zB kann der Nachlaßrichter einen Erbschein nicht derjenigen Partei erteilen, die als Erbe im Prozeß unterlegen ist, wohl aber einem Dritten, vgl auch PalEdenh § 2359 BGB Rn 1. Verwaltungsbehörden sind an das Urteil gebunden. Arbeits-, Finanz- oder Sozialgerichte sind grundsätzlich gebunden, BGH **77**, 341, OVG Münster NJW **80**, 1068. Vgl auch § 17 GVG.

22 **C. Bindung des Zivilrichters.** Den Zivilprozeßrichter binden neben den Entscheidungen anderer Zivilgerichte folgende Entscheidungen anderer Gerichte und Behörden: Eine Entscheidung des Vollstreckungsgerichts, § 764, oder des Insolvenzgerichts bindet, weil beide im weiteren Sinne im Zivilprozeß entscheiden. Ein Urteil des Strafrichters bindet nicht, § 14 EG ZPO, außer soweit er eine Entschädigung zugesprochen hat, § 406 III StPO. Eine Entscheidung des Richters der freiwilligen Gerichtsbarkeit bindet, soweit ihre Rechtskraft zwischen den Parteien reicht, soweit diese Entscheidung ein Recht erzeugt, wie die Eintragung einer Aktiengesellschaft oder die Bestellung eines Betreuers, und soweit die Entscheidung schließlich im Rahmen der sachlichen Zuständigkeit jenes Richters gelegen hat. Darüber hinaus entsteht regelmäßig insoweit keine Bindung, also zB nicht für die Ablehnung der Feststellung der Nichtigkeit einer Annahme als Kind oder für eine Entscheidung des Kartellgerichts, Sieg VersR **77**, 493. Eine Nachprüfung des vorangegangenen Verfahrens ist unzulässig.

23 Eine Entscheidung einer *Verwaltungsbehörde* und eines Verwaltungsgerichts bindet, soweit deren Rechtskraft reicht, § 121 VwGO (im allgemeinen werden nur die Beteiligten und ihre Rechtsnachfolger gebunden; eine weitergehende Bindung tritt bei Statussachen ein, zB bei der Feststellung der Staatsangehörigkeit), soweit sie rechtsgestaltend wirkt und von der sachlich zuständigen Stelle vorgenommen wurde; vgl BGH BGH **77**, 341. Entscheidungen eines ArbG, FG oder SG können den Zivilrichter binden, § 17 GVG.

24 *Ferner* binden diejenigen Entscheidungen, die das Gesetz ausdrücklich als bindend bezeichnet. Vgl *Ströbele,* Die Bindung der ordentlichen Gerichte an Entscheidungen der Patentbehörden, 1975. Zur Bindung an Entscheidungen des BVerfG Klein NJW **77**, 697. Zur Bindungswirkung einer ausländischen Entscheidung § 328 Rn 1; wegen der früheren DDR Einf 1–5 vor § 328.

25 **7) Amtsprüfung.** Sie erfolgt keineswegs immer sorgfältig genug.

**A. Grundsatz: Jederzeitige Beachtung von Amts wegen.** Als öffentlichrechtliche Einrichtung von größter Bedeutung ist die Rechtskraft in jeder Lage des Prozesses zwar nicht von Amts wegen nach Grdz 38 vor § 128 zu ermitteln, wohl aber von Amts wegen zu beachten, Grdz 39 vor § 128, zB BGH FamRZ **87**, 369, vgl auch Rn 22. Sie darf nicht ungeklärt bleiben, BGH WertpMitt **75**, 1181. Einer Parteivereinbarung ist die Rechtskraftwirkung nicht zugänglich, Rn 36.

26 **B. Einzelheiten.** Der Einwand, der Sache sei unrichtig entschieden worden, ist unbeachtlich. Die Nichtbeachtung der Rechtskraft ist ein Mangel, der evtl die Restitutionsklage zuläßt, § 580 Z 7. Ein Urteil, das die Rechtskraft in derselben Sache aus einem unzulässigen Rechtsgrund beseitigt, Rn 27 ff, verstößt zudem gegen die öffentliche Ordnung, weil das Gericht eine Erschütterung der Rechtssicherheit, Einl III 43, nicht wissentlich fördern darf. Der Inhalt eines rechtskräftigen Urteils ist auch in der Revisionsinstanz frei zu würdigen. Die Rechtskraft führt jedenfalls beim Fehlen neuer Tatsachen in einem etwa geänderten Streitgegenstand, BAG NJW **84**, 1711, zur Klagabweisung als unzulässig, also durch ein Prozeßurteil, Grdz 14 vor § 253, BGH NJW **81**, 2306, Hamm FamRZ **85**, 505. Eine Sachabweisung könnte lediglich hilfsweise zusätzlich zur jedenfalls notwendigen Prozeßabweisung erfolgen, Grdz 17 vor § 253. Ist ein zweites Urteil zulässig, Rn 16, so hat es wie das erste zu lauten.

27 **8) Beseitigung der Rechtskraft**

**Schrifttum:** *Bamberg,* Die mißbräuchliche Titulierung von Ratenkreditschulden mit Hilfe des Mahnverfahrens, 1987; *Braun,* Rechtskraft und Restitution. Erster Teil: Der Rechtsbehelf gemäß § 826 BGB gegen rechtskräftige Urteile, 1979; *Braun,* Rechtskraft und Rechtskraftdurchbrechung von Titeln über sittenwidrige Ratenkreditverträge, 1986; *Gaul,* Möglichkeiten und Grenzen der Rechtskraftdurchbrechung, Thrazische juristische Abhandlungen, 1986; *Grün,* Die Zwangsvollstreckung aus Vollstreckungsbescheiden über sittenwidrige Ratenkreditforderungen: Klage aus § 826 BGB oder beschränkte Rechtskraft des Vollstreckungsbescheids?, 1990; *Hönn,* Dogmatische Kontrolle oder Verweigerung – Zur Rechtskraftdurchbrechung über § 826 BGB, Festschrift für *Lüke* (1997) 265; *Lenenbach,* Die Behandlung von Unvereinbarkeiten zwischen rechtskräftigen Zivilurteilen nach deutschem und europäischem Zivilprozeßrecht, 1997; *Prütting/ Weth,* Rechtskraftdurchbrechung bei unrichtigen Titeln, 2. Aufl 1994; *Vollkommer,* Neuere Tendenzen im Streit um die „geminderte" Rechtskraft des Vollstreckungsbescheids, Festschrift für *Gaul* (1997) 759.

**A. Zulässigkeit.** Die Beseitigung der Rechtskraft ist in folgenden Fällen möglich: Durch eine Wiedereinsetzung wegen Versäumung der Einspruchs- oder Rechtsmittelfrist, §§ 233 ff; durch eine Bestimmung des zuständigen Gerichts gemäß § 36 Z 5, 6; durch eine Abänderungsklage, § 323; durch eine Nachforderungsklage, § 324; durch eine Wiederaufnahmeklage, §§ 578 ff. Eine Änderung der Gesetzgebung wirkt regelmäßig nicht auf die Rechtskraft, sofern nicht das Gesetz eine Erneuerung des Streits ausdrücklich zuläßt, BGH **LM** Nr 10, vgl aber § 323 Rn 18, § 767 Rn 18 „Änderung der Gesetzgebung". Der Fortbestand der

2. Titel. Urteil **Einf §§ 322–327**

Rechtskraft muß aber seine Grenze dort finden, wo eine Vollstreckung aus dem Urteil nach dem neuen Gesetz sittenwidrig wäre, § 767 Rn 30 „Treuwidrigkeit".

**B. Sittenwidrigkeit: Meinungsstand.** Die Frage, ob man die Rechtskraft mit Mitteln des sachlichen 28 Rechts bekämpfen kann, ist **umstritten**.

Das **Reichsgericht** bejahte eine solche Möglichkeit in immer steigendem Maß. Bereits RG 46, 79 gab gegenüber einem rechtskräftigen Urteil den Einwand der Arglist, § 826 BGB. Die Instanzgerichte verloren allmählich jeden Halt.

Zwar hielt auch zB **BGH NJW 51**, 759 den § 826 BGB mit Rücksicht auf die verschiedenen Voraussetzungen von § 580 und § 826 BGB gegenüber dem rechtskräftigen Urteil für anwendbar. So auch BSG BB **87**, 973, Ffm RR **90**, 308, Köln VersR **90**, 501. Dies sollte etwa bei einem Urteil gelten, das durch Irreführung des Gerichts arglistig erwirkt wurde, Einl III 54, insbesondere durch falsche Zeugenaussagen oder unrichtige Parteierklärungen, oder sogar grundsätzlich dann, wenn eine Partei ein Versäumnisurteil, Hamm NJW **91**, 1362, LG Köln NJW **91**, 2427 (krit sogar Grün NJW **91**, 2402), oder einen Vollstreckungsbescheid, BGH NJW **98**, 2818, Hamm RR **90**, 306, LG Essen NJW **91**, 2425, oder ein Urteil, dessen Unrichtigkeit sie kennt, sittenwidrig ausnutzt, BGH FamRZ **87**, 369.

Zugleich ist freilich eine teilweise deutlich *strengere* Entwicklung des BGH und anderer zu beobachten. 29 Man betont die *Gefahr der Aushöhlung* der Rechtskraft, zB BGH NJW **99**, 1258. Eine solche Gefahr besteht auch bei einer Verbandsklage, aM Hasselbach GRUR **97**, 44. BAG NJW **89**, 1054 lehnt ausdrücklich die Auffassung ab, die Gültigkeit eines Vollstreckungstitels sei zu verneinen, wenn ihm ein sittenwidriger Ratenkreditvertrag zugrunde liege. Es weist zur Begründung ausdrücklich auf den Rang von Rechtsklarheit und *Rechtssicherheit,* Einl III 43, sowie *Praktikabilität* hin. Sehr zurückhaltend und offen auch grds BVerfG Rpfleger **91**, 324, noch mehr die Rechtssicherheit beachtend BVerfG RR **93**, 232 (je zu § 700).

*Nur scheinbar überraschend* erklärt BGH NJW **88**, 2049 rechts unten, eine Berufung auf § 826 BGB könne den Eintritt der Rechtskraft nicht hindern. Gemeint ist in Wahrheit aber nur der Eintritt der formellen Rechtskraft, aaO rechts oben. Der BGH lehnt allerdings einen Schadensersatzanspruch ab, wenn sich der jetzige Kläger auf dieselben Behauptungen, Beweismittel und Rechtsausführungen wie im Vorprozeß beruft oder den früheren Vortrag mit Ausführungen oder Beweisanträgen ergänzt, die er schon im Vorprozeß hätte vorbringen können, BGH FamRZ **88**, 829, Hamm RR **94**, 1468.

**C. Sittenwidrigkeit: Kritik.** Die Versuche zur Beseitigung der Rechtskraft führen zu einer schikanösen 30 Vermehrung und Verteuerung des Prozessierens und zu einer bodenlosen Rechtsunsicherheit, Einl III 43, Hamm FamRZ **84**, 1125, wonach sogar die bloß objektive Unrichtigkeit ohne jedes Erschleichen soll ausreichen können. Außerdem sind die Regeln des BGH in sich unsicher. Gewiß soll das sachliche Recht siegen, Einl III 1. Das Recht dient dem Leben. Darum ist eine Lehre falsch, die zu einem praktisch unbrauchbaren Ergebnis führt. Man darf aber deshalb nicht die tragenden Pfeiler jeder Rechtsordnung sprengen. Die Rechtssicherheit ist eines der größten Güter, BVerfG **2**, 403, BAG NJW **89**, 1054. Sie dient dem einzelnen wie der Allgemeinheit.

Überdies ist eine Aufweichung der Rechtskraft *in sich widersprüchlich.* So nahe bei flüchtiger Überlegung 31 der Gedanke liegt, in solchen Fällen einen Rechtsmißbrauch anzunehmen, so abwegig ist er bei genauerer Prüfung. Gibt es einen schlimmeren Rechtsmißbrauch, als wenn der Sieger trotz Zahlung nochmals vollstreckt? Und trotzdem hat der Verurteilte nach dem ganz klaren Willen des Gesetzes dann nicht die Einrede aus § 826 BGB, sondern nur die Möglichkeit der Vollstreckungsabwehrklage. Man beachte auch, daß § 586 II die Wiederaufnahmeklage trotz schwerster Mängel mit dem Ablauf von 5 Jahren seit der Rechtskraft schlechthin verbietet, BGH NJW **94**, 591, während nach BGH bei leichteren Mängeln gegebenenfalls noch nach späterer Anfechtung aus § 826 BGB zugelassen werden müßte. Ziemlich heikel BayVerfGH MDR **97**, 882 (Willkür reiche. Zu diesem schillernden Begriff Einl III 21).

Die ganze unter der Führung des Reichsgerichts entwickelte Lehre klingt verlockend, wirkt aber als 32 „*juristische Knochenerweichung*" (Baumbach, zuletzt in der 18. Aufl) verderblich und ist abzulehnen, Geißler NJW **87**, 169, Jauernig ZZP **66**, 405 (mit Rücksicht auf die Gesetzeskonkurrenz zwischen §§ 580 ZPO, 826 BGB schließe die erstere Vorschrift als lex specialis die letztere aus, insofern aM Celle OLGZ **79**, 66); RoSGo § 162 III; StJL § 322 Rn 284ff (bloße Funktion als „Notventil"), Sternel MDR **76**, 267.

Beachtenswert BGH (2. ZS) **LM** § 322 Nr 10: Man dürfe nicht von einem als unrichtig erkannten Urteil 33 Gebrauch machen. Köln RR **93**, 570 will einen Anspruch auf Unterlassung der Zwangsvollstreckung und auf Herausgabe eines Titels ausnahmsweise dann zubilligen, wenn zu der Ausnutzung des unrichtigen Urteils, das dem Berechtigten als solchem bekannt sei, *„besondere Umstände"* hinzutreten, die die Ausnutzung in hohem Maße unbillig und geradezu unerträglich machen, BGH NJW **96**, 49; LG Hbg RR **86**, 407 bejaht, Düss RR **86**, 49, Kblz RR **86**, 50 verneinen dergleichen, soweit es um einen Vollstreckungsbescheid geht. Düss VersR **92**, 764 verneint die Möglichkeit, die Rechtskraft zu bekämpfen, wenn man sie selbst verursacht habe, etwa durch Rücknahme eines Rechtsmittels.

Der von der Rechtslehre entwickelte *Scheinprozeß* (simulierte Prozeß), dazu Costede, Scheinprozesse, Diss 34 Gött 1968, ist ein Gedankenspiel. Kommt er einmal wirklich vor, so mögen die Parteien die Folgen ihres Tuns tragen, ebenso wie bei einem Versäumnisurteil gegen sich im Ausland auf eine Voraussetzung ergehen läßt, die dann nicht eintritt. Der besonders unerfreuliche Fall eines Unterhaltsurteils gegen den Scheinvater bei einem entgegenstehenden Abstammungsurteil ist durch das NichtehelG ausgeräumt, Üb 3 vor § 642.

**D. Sonderfall: Erschleichung.** Bei einer Erschleichung und bei gröbstem Mißbrauch der Rechtskraft, 35 Einl III 54, genügt die *Restitutionsklage* zur Beseitigung von Schäden, BGH NJW **94**, 592. Denn Erschleichung ist Prozeßbetrug, als solcher eine Straftat und daher ein Restitutionsgrund, § 580 Z 4. Erschleichung gibt auch einen Ersatzanspruch aus § 826 BGB, § 138 Rn 65, Düss MDR **84**, 401, Karlsr OLGZ **76**, 375, LG Saarbr RR **86**, 1049. Der Zustand voller Gerechtigkeit ist eine Utopie. Zahlen muß zB auch diejenige

**36   E. Unwirksamkeit einer Parteivereinbarung.** Die Parteien können nicht etwa schon wegen der Amtsprüfung der Rechtskraft, Grdz 39 vor § 128, aM ZöV 12 vor § 322, wohl aber wegen der Wirkung der inneren Rechtskraft, Rn 11 ff, die prozessualen Wirkungen der Rechtskraft nicht durch eine Vereinbarung herbeiführen oder abbedingen, StJL § 322 Rn 222. Sie können vor allem keinen Staatsakt, und das ist das rechtskräftige Urteil, durch einen Vergleich beseitigen. Zwar können sie auf die Urteilsfolgen, auf das rechtskräftig geklärte sachlichrechtliche Gut, den Anspruch, verzichten oder darüber einen Vergleich schließen. Wenn die Sache aber irgendwie nochmals zur gerichtlichen Entscheidung gestellt wird, dann bleibt das rechtskräftige Urteil für den jetzt erkennenden Richter maßgebend. Die Parteien können grundsätzlich nicht wirksam vereinbaren, die rechtskräftig entschiedene Sache einem Gericht oder Schiedsgericht erneut zu einer sachlichen Prüfung zu unterbreiten; über eine Ausnahme Rn 16.

**37   9) VwGO:** *Die vorstehend dargelegten Grundsätze gelten auch im VerwProzeß, Ule VPrR § 59, EF § 121 Rn 4ff.*

---

**322** *Innere Rechtskraft.* [1] Urteile sind der Rechtskraft nur insoweit fähig, als über den durch die Klage oder durch die Widerklage erhobenen Anspruch entschieden ist.
[II] Hat der Beklagte die Aufrechnung einer Gegenforderung geltend gemacht, so ist die Entscheidung, daß die Gegenforderung nicht besteht, bis zur Höhe des Betrages, für den die Aufrechnung geltend gemacht worden ist, der Rechtskraft fähig.

**Vorbem.** In den *neuen Bundesländern* gilt

**EV Art 18 I. Fortgeltung gerichtlicher Entscheidungen.** [1]Vor dem Wirksamwerden des Beitritts ergangene Entscheidungen der Gerichte der Deutschen Demokratischen Republik bleiben wirksam und können nach Maßgabe des gemäß Artikel 8 in Kraft gesetzten oder des gemäß Artikel 9 fortgeltenden Rechts vollstreckt werden. [2]Nach diesem Recht richtet sich auch eine Überprüfung der Vereinbarkeit von Entscheidungen und ihrer Vollstreckung mit rechtsstaatlichen Grundsätzen. [3]Artikel 17 bleibt unberührt.

**Schrifttum:** *Bosch,* Rechtskraft und Rechtshängigkeit im Schiedsverfahren, 1991; *Habscheid,* Zur materiellen Rechtskraft des Unzuständigkeitsentscheids (rechtsvergleichend), in: Festschrift für *Nakamura* (1996); *Heil,* Die Bindung der Gerichte an Entscheidungen anderer Gerichte, Diss Bochum 1983; *Henssler,* Korrektur rechtskräftiger Entscheidungen über den Versorgungsausgleich, 1983; *Koshiyama,* Rechtskraftwirkungen und Urteilsanerkennung nach amerikanischem, deutschem und japanischem Recht, 1996; *Koussoulis,* Beiträge zur modernen Rechtskraftlehre, 1986; *Lipp,* Doppelzahlung und Rechtskraft, Festschrift für *Pawlowski* (1997) 359; *Musielak,* Einige Gedanken zur materiellen Rechtskraft, in: Festschrift für *Nakamura* (1996); *Petzold,* Die Rechtskraft der Rentenurteile des § 258 ZPO und ihre Abänderung nach § 323 ZPO, Diss Saarbr 1991; *Reuschle,* Das Nacheinander von Entscheidungen usw, 1998; *Schneider,* Verbund- und Teilrechtskraft im Scheidungsverfahren, Diss Mü 1982; *Schwab,* Bemerkungen zur Rechtskraft inter omnes usw, Festschrift für *Gaul* (1997) § 729; *Seelig,* Die prozessuale Behandlung materiellrechtlicher Einreden – heute und einst –, 1980; *Stucken,* Einseitige Rechtskraftwirkung von Urteilen im deutschen Zivilprozeß, 1990; *Varvitsiotis,* Einführung in die Rechtsnatur der Aufrechnungseinrede im Zivilprozeß, 1987; *Vollkommer,* Schlüssigkeitsprüfung und Rechtskraft, Erlanger Festschrift für *Schwab* (1990) 229; vgl auch Einf vor §§ 322–327.

### Gliederung

| | |
|---|---|
| 1) Systematik, I, II .................... | 1 |
| 2) Regelungszweck, I, II .............. | 2 |
| 3) Geltungsbereich, I, II .............. | 3–8 |
| A. Rechtskraftfähigkeit, I ......... | 3 |
| B. Beispiele zur Frage einer Rechtskraftfähigkeit, I .................. | 4–8 |
| 4) Tragweite der inneren Rechtskraft, I .. | 9–15 |
| A. Maßgeblichkeit des wahren Entscheidungsumfangs .................. | 9 |
| B. Auslegung ........................ | 10–14 |
| C. Anspruch ........................ | 15 |
| 5) Grenzen der Rechtskraft, I ......... | 16–20 |
| A. Tatsachenfeststellung .......... | 16 |
| B. Juristischer Obersatz .......... | 17 |
| C. Allgemeine Rechtsfolge ....... | 18 |
| D. Einreden usw .................. | 19 |
| E. Entscheidungsgründe .......... | 20 |
| 6) Aufrechnung, II ................... | 21–26 |
| 7) Beispiele zur Frage des Vorliegens einer Rechtskraft, I, II ............... | 27–75 |
| 8) VwGO .............................. | 76 |

**1   1) Systematik, I, II.** Vgl zunächst Einf vor §§ 322–327. Die Vorschrift regelt die Rechtskraft zentral. Sie wird durch §§ 323 ff ergänzt und in §§ 704 ff für die Zwangsvollstreckung weiterentwickelt. Ausnahmen sind nach §§ 578 ff herbeiführbar.

**2   2) Regelungszweck, I, II.** Die Vorschrift bezweckt die Klärung und Abgrenzung desjenigen Streitstoffs, der im Erkenntnisverfahren abschließend beurteilt wurde und nun zur Vollstreckung eröffnet wird, mag diese vorläufig, §§ 708 ff, oder endgültig erfolgen. Weder eine zu enge noch eine zu großzügige Auslegung dienen der Gerechtigkeit oder sind zweckmäßig. Die Rechtssicherheit, Einl III 43, als notwendiger dritter Bestandteil der übergeordneten Rechtsidee, vgl auch § 296 Rn 2, erfordert sorgsame Abwägung dessen, was als ausgeurteilt anzusehen ist.

2. Titel. Urteil § 322

**3) Geltungsbereich, I, II.** Die Vorschrift gilt in allen Verfahrensarten nach der ZPO. Sie erfaßt in I die Klagforderung, in II eine Gegenforderung des Bekl. Sie gilt vor den Arbeitsgerichten, BAG BB **96**, 2470 mwN. 3

**A. Rechtskraftfähigkeit, I.** Der inneren Rechtskraft fähig sind sämtliche Urteile ordentlicher Gerichte, die endgültig und vorbehaltslos eine Rechtslage feststellen bzw über eine Rechtsfolge entscheiden.

**B. Beispiele zur Frage einer Rechtskraftfähigkeit, I.** Vgl auch Rn 27 ff (innere Rechtskraft). 4
**Anerkenntnisurteil:** Der inneren Rechtskraft fähig ist ein Anerkenntnisurteil, § 307.
**Arbeitsgericht:** Der inneren Rechtskraft fähig ist ein Urteil des Arbeitsgerichts, BAG NJW **96**, 1300.
**Arrest, einstweilige Verfügung:** § 322 Rn 29 „Arrest, einstweilige Anordnung oder Verfügung".
**Ausländisches Urteil:** Vgl §§ 328, 722, Karlsr RR **99**, 82, Geimer DNotZ **89**, 355.
**Berichtigung:** Der inneren Rechtskraft fähig ist ein Berichtigungsbeschluß, § 319, BGH NJW **85**, 743.
  S auch „Beschluß".
**Berufung:** Rn 7 „Verwerfung".
**Beschluß:** Der inneren Rechtskraft kann ein Beschluß fähig sein, soweit in ihm eine der äußeren Rechtskraft fähige Entscheidung steckt (ohne äußere Rechtskraft keine innere), § 329 Rn 21 „§§ 322–327".
  S auch „Berichtigung", Rn 5 „Kostenfestsetzung", Rn 7 „Verwerfung".
**Dritter:** Rn 8 „Zwischenurteil".
**Einspruch:** S „Beschluß", Rn 5 „Prozeßurteil". 5
**Einstweilige Anordnung oder Verfügung:** § 322 Rn 29 „Arrest und Einstweilige Anordnung oder Verfügung".
**Erinnerung:** Der inneren Rechtskraft fähig ist ein Beschluß im Erinnerungsverfahren, § 766 Rn 27.
  S auch „Beschluß".
**Gebührenfestsetzung:** Ein Beschluß nach § 19 BRAGO ist der inneren Rechtskraft fähig, BGH NJW **97**, 743, Bbg JB **78**, 1524, Brschw Rpfleger **77**, 177.
**Gestaltungsurteil:** Der inneren Rechtskraft fähig ist ein Gestaltungsurteil, Grdz 10 vor § 253.
**Insolvenz:** Der inneren Rechtskraft fähig ist eine Eintragung in die Tabelle, § 178 III InsO, und zwar auch dem Verwalter gegenüber.
  S auch Rn 3 „Beschluß".
**Kostenfestsetzung:** Der inneren Rechtskraft fähig ist ein Kostenfestsetzungsbeschluß, § 104 Rn 31 mwN, BGH NJW **84**, 126.
  S auch Rn 3 „Beschluß".
**Prozeßvergleich:** § 322 Rn 69.
**Prozeßurteil:** Der inneren Rechtskraft fähig ist ein sog Prozeßurteil, Grdz 14 vor § 253, soweit es eine Klage wegen Unzulässigkeit abweist oder einen Einspruch oder ein Rechtsmittel als unzulässig verwirft, Üb 5 vor § 300, BGH NJW **85**, 2535, Stgt FamRZ **80**, 1117, ZöV 8 vor § 322, aM die Vertreter der sachlichrechtlichen Rechtskraftlehre, Einf 5 vor § 322, weil sie diese Rechtskraft von ihrem Standpunkt aus nicht erklären können.
**Revision:** Rn 7 „Verwerfung".
**Sondergericht:** Der inneren Rechtskraft fähig ist das Urteil eines Sondergerichts im Rahmen seiner sachlichen Zuständigkeit; darüber hinaus ist ein solches Urteil wirkungslos, Üb 2 vor § 13 GVG. 6
**Unvertretbare Handlung:** Der inneren Rechtskraft fähig ist ein Beschluß im Verfahren nach § 888, LG Wiesb NJW **86**, 940.
  S auch Rn 3 „Beschluß".
**Versäumnisurteil:** Der inneren Rechtskraft fähig ist ein Versäumnisurteil, BGH **35**, 338. 7
**Vertretbare Handlung:** Der inneren Rechtskraft fähig ist ein Beschluß im Verfahren nach § 887, LG Wiesb NJW **86**, 940.
  S auch Rn 3 „Beschluß".
**Verweisung:** Der inneren Rechtskraft unfähig ist ein Endurteil, das eine Verweisung ausspricht, § 281.
  S auch Rn 8 „Zurückverweisung".
**Verwerfung:** Der inneren Rechtskraft fähig ist ein Verwerfungsbeschluß zB nach §§ 519 b, 554 a, BGH NJW **81**, 1962.
  S auch Rn 3 „Beschluß", Rn 5 „Prozeßurteil".
**Verzichtsurteil:** Der inneren Rechtskraft fähig ist ein Verzichtsurteil, § 306.
**Vorbehaltsurteil:** Keine eigentliche Rechtskraftwirkung ist die Bindung des Vorbehaltsurteils, §§ 302, 599, oder der Vorabentscheidung nach § 304 für das Nachverfahren, Rn 45 „Grund des Anspruchs", § 318 Rn 1.
**Wiedereinsetzung:** Der inneren Rechtskraft fähig ist ein die Wiedereinsetzung ablehnender Beschluß, § 238 Rn 5. 8
  S auch Rn 3 „Beschluß".
**Zurückverweisung:** Der inneren Rechtskraft unfähig ist ein Endurteil, das eine Zurückverweisung ausspricht, §§ 539, 565 I, II, BGH LM § 512 Nr 4.
  S auch Rn 7 „Verweisung".
**Zwangsvollstreckung:** Rn 4 „Erinnerung", Rn 6 „Unvertretbare Handlung", Rn 7 „Vertretbare Handlung".
**Zwischenurteil:** Der inneren Rechtskraft fähig ist ein Zwischenurteil gegen einen Dritten, zB nach §§ 71, 135, 303 Rn 1, 2, §§ 387, 402.
  Der inneren Rechtskraft *unfähig* ist ein Zwischenurteil zwischen den Parteien dieses Rechtsstreits, §§ 280, 303 (der äußeren Rechtskraft ist ein Zwischenurteil in den Fällen der §§ 280, 304 fähig).

**4) Tragweite der inneren Rechtskraft, I.** Sie ist oft nur schwer erkennbar. 9
**A. Maßgeblichkeit des wahren Entscheidungsumfangs.** Die innere Rechtskraft reicht so weit, wie über den Klag- oder Widerklaganspruch, Rn 15, wirklich entschieden worden ist, Einf 2 vor §§ 322–327,

§ 322                                           2. Buch. 1. Abschnitt. Verfahren vor den LGen

BGH NJW **99**, 287, BAG FamRZ **96**, 1300. Die innere Rechtskraft reicht, anders ausgedrückt, soweit der in der Urteilsformel enthaltene Gedanke reicht, BVerfG MietR **96**, 121 (mit etwas wolkiger Begründung), BGH RR **87**, 831, also nicht schon Vorfragen, BGH NJW **95**, 2993, sondern nur der vom Richter aus dem Sachverhalt gezogene und im Urteil ausgesprochene Schluß auf das Bestehen oder Nichtbestehen des Anspruchs, BGH MDR **96**, 846, BayObLG **88**, 431, Kblz FamRZ **87**, 951. Die Savignysche Lehre, daß sich die Rechtskraft auf die „in den Gründen enthaltenen Elemente des Urteils" erstrecke, schien verlassen.

Neuerdings wird aber mit Recht eine differenzierende Betrachtung und die Teilnahme zumindest der „*tragenden*" Entscheidungsgründe an einer „relativen" Rechtskraft verfochten, Rn 10, BGH NJW **95**, 968, BayObLG Rpfleger **95**, 406, Schwab ZZP **91**, 235, aM BGH NJW **95**, 2993. Lindacher ZZP **88**, 73 sieht den Tenor, den Tatbestand und die Entscheidungsgründe als Einheit an und läßt die Gründe im Zweifel vorgehen. Zeuner, Die objektiven Grenzen der Rechtskraft usw, 1959, berücksichtigt die rechtlichen Sinnzusammenhänge; ähnlich Braun ZZP **89**, 104.

10    **B. Auslegung.** Auszulegen ist die Formel, freilich nur, soweit sie Zweifel läßt, Kblz VersR **85**, 1150, aM LG Bonn JB **91**, 264 (abl Wasmuth), und nur in engen Grenzen, BGH VersR **86**, 565, unter *Heranziehung des Tatbestands und der Entscheidungsgründe*, Rn 9, BGH NJW **99**, 287 und RR **99**, 641, 1006, Ffm FamRZ **98**, 968, Saarbr FamRZ **98**, 110.

11    Der im Urteil *in Bezug genommene Parteivortrag* im Prozeß ist ebenfalls zu berücksichtigen, BGH RR **99**, 1006, Mü NJW **88**, 916. Nicht Vorgetragenes darf nicht im Zweitprozeß nachgeholt werden, BGH MDR **96**, 846. Maßgeblich ist die Entscheidung der letzten Instanz, StJL 183, ThP 17, aM Jauernig zB Festschrift für Schiedermair (1976) 297 (im Fall der Zurückweisung eines Rechtsmittels komme es ausschließlich auf den Ausspruch der Zurückweisung an; die dafür angeführten Gründe hätten keinerlei Einfluß auf das angefochtene Urteil). Dasselbe gilt bei einer Vorabentscheidung über den Grund, § 304. Wenn der Anspruch A die Voraussetzung eines Anspruchs B bildet, dann ist A ab Rechtskraft seiner Bejahung oder Verneinung auch für B positiv oder negativ festgestellt, BGH **LM** § 169 BEG 1956 Nr 16 (das Urteil betrifft das Verhältnis zwischen der Haupt- und der Zinsanspruch), BGH NJW **93**, 3204.

12    Bei einem *Anerkenntnisurteil*, § 307, oder bei einem *Versäumnisurteil*, §§ 330 ff, dienen das Vorbringen des Klägers, BGH **124**, 167, BAG NJW **95**, 2310, und die Anerkenntniserklärung des Bekl der Auslegung, Köln FamRZ **92**, 1446. Das beachten Bbg FamRZ **86**, 702, Ffm RR **94**, 9, Beckmann MDR **97**, 614 nicht genug. Auch im Verhältnis zueinander können die Parteien dem Urteil keinen anderen Inhalt geben, als das Gericht ihn nach dem Streitstoff geben konnte. Andererseits können die Parteien dem Urteil aber auch denselben Inhalt geben, den das Gericht gegeben hat.

13    Wenn der Kläger zB nach der seinerzeit gegebenen Sachlage und nach seinem Verhalten die ganze Entschädigungsforderung geltend machen wollte, so ist sie insgesamt im Streit befindlich anzusehen. Wenn das Gericht fälschlich, § 308 I, über einen *nicht erhobenen* Anspruch als über einen erhobenen erkannt hat, dann erstreckt sich die Rechtskraft seiner Entscheidung auch auf diesen Anspruch, Einf 13 vor §§ 322–327, BGH NJW **99**, 287. Die Rechtskraft macht überhaupt alle Mängel des früheren Verfahrens unbeachtlich, BGH **LM** VAG § 21 Nr 2, etwa denjenigen, daß das Gericht eine der möglichen Anspruchsgrundlagen übersehen hat, BAG DB **90**, 893. Wenn sich der im neuen Prozeß vorgetragene Sachverhalt seinem Wesen nach von demjenigen am Schluß der letzten mündlichen Tatsachenverhandlung, §§ 136 IV, 296 a (oder dem ihm gleichstehenden Zeitpunkt, § 128 II, III) vorgelegenen Sachverhalt des Vorprozesses unterscheidet, dann steht der neuen Klage die innere Rechtskraft des Urteils auch dann nicht entgegen, wenn das Klageziel äußerlich unverändert geblieben ist und wenn der Kläger die zur Begründung der neuen Klage vorgebrachten Tatsachen schon im Vorprozeß hätte vortragen können, BGH NJW **81**, 2306.

14    Widersprechen sich die Entscheidungsgründe und die Urteilsformel, §§ 311 II 1, 313 I Z 4, so geht die Formel vor, denn die Gründe dienen der Auslegung der Formel, nicht der Änderung, BGH NJW **97**, 3448. Stützt sich eine Sachabweisung auf mehrere Gründe, so erwächst die Entscheidung aus allen die Gründe in Rechtskraft. Dies gilt zB dann, wenn das Gericht wegen fehlender Sachbefugnis, Grdz 23 vor § 50, und wegen Unbegründetheit des Anspruchs abweist. Die Rechtskraft ergreift sogar grundsätzlich die übersehenen rechtlichen Gesichtspunkte, BGH VersR **78**, 60 (eine Ausnahme gilt evtl bei § 32), aM BGH NJW **85**, 2412. Soweit weitere Tatsachen zu prüfen sind, erwächst keine Rechtskraft, BGH FamRZ **73**, 157. Führt es zu einer Auslegung nicht weiter, so liegt insofern keine innere Rechtskraft, BGH BB **99**, 1625, Hamm ZMR **98**, 341, Mü FamRZ **89**, 199, und kein vollstreckungsfähiger Titel vor, Hamm BB **83**, 1304. Das gilt etwa bei völliger Unbestimmtheit des bisherigen Titels, Zweibr FamRZ **96**, 750; aber Vorsicht!

15    **C. Anspruch.** Das ist der prozessuale Anspruch, der Streitgegenstand, Einl III 73, § 2 Rn 3, BGH NJW **90**, 1796 KG VersR **94**, 601, Zweibr JB **96**, 443. Der Anspruch umfaßt also eine Feststellung und eine Gestaltung, Grdz 9, 10 vor § 253. Eine Entscheidung über den Anspruch ist auch die Entscheidung über Prozeßvoraussetzungen, Grdz 13 vor § 253. Daher handelt es sich darum, inwieweit das Urteil das Bestehen oder das Nichtbestehen einer Rechtsfolge der rechtsbegründenden Tatsachen feststellt, § 253 Rn 32. Der Einwand, die Sache sei bereits rechtskräftig entschieden worden, darf nicht dahingestellt bleiben, weil evtl eine Prozeßabweisung erfolgen muß und eine Sachentscheidung fehlerhaft wäre, BGH **LM** Nr 78. Die früher zulässig gewesene Abweisung „angebrachtermaßen", also nur so, wie die Klage angebracht worden war, sodaß man sie mit besserer Darlegung wiederholen konnte, ist abgeschafft, BGH NJW **89**, 394. War das Rechtsmittel mangels rechtzeitiger Begründung rechtskräftig verworfen worden und läuft in Wahrheit die Einlegungsfrist noch, so kann eine Wiederholung des Rechtsmittels zulässig sein, BGH NJW **91**, 1116.

16    5) **Grenzen der Rechtskraft, I**, dazu *Gaul*, die Ausübung privater Gestaltungsrechte nach rechtskräftigem Verfahrensabschluß usw, in: Gedächtnisschrift für *Knobbe-Keuk* (1997):

**A. Tatsachenfeststellung.** Die Rechtskraft ergreift grundsätzlich nicht die tatsächlichen Feststellungen des Urteils, vgl auch Rn 41 „Feststellungsurteil: b) Sachurteil: Leugnende Klage", BGH NJW **83**, 2032 (problematisch; abl Tiedtke NJW **83**, 2014, Waldner JZ **83**, 374, zustm Messer JZ **83**, 395).

*Beispiel:* Die Feststellung der Nichtehelichkeit eines Kindes besagt nichts für den Ehebruch der Mutter.

**B. Juristischer Obersatz.** Die Rechtskraft ergreift auch nicht den juristischen Obersatz, die abstrakte **17** Rechtsfrage. Es bindet nur der Unterordnungsausschluß, nicht der Satz, der unterordnet. Dies gilt namentlich bei Reihen-, Teilbetrags- und Ratenprozessen. Bei allen diesen tritt also keine Rechtskraft für den nicht entschiedenen Teil oder Prozeß ein.

**C. Allgemeine Rechtsfolge.** Die Rechtskraft ergreift weiterhin nicht die allgemeine Rechtsfolge. Es **18** bedarf hier derselben Einzelbeziehung wie bei der Klage. Beispiel: Rechtskräftig werden kann nicht die Verurteilung zur Zahlung von 100 DM, sondern nur die Verurteilung zur Zahlung von 100 DM aus einem bestimmten Kaufvertrag. Mit der Rechtskraft steht aber nicht etwa sein Abschluß fest.

**D. Einreden usw.** Die Rechtskraft ergreift ferner nicht Einreden und sonstige Einwendungen des Bekl, **19** wie ein Zurückbehaltungsrecht, die Einrede des nicht erfüllten Vertrags, eine Wandelung, eine Minderung, Düss AnwBl **84**, 614, ein geltend gemachtes Pfandrecht, soweit der Bekl ihretwegen keine Widerklage, Anh § 253, erhoben hat. Eine Ausnahme bildet die Aufrechnung, Rn 21, Düss FamRZ **80**, 377, der Düss AnwBl **84**, 614 im Ergebnis ein Vorgehen nach § 633 III BGB gleichstellt.

**E. Entscheidungsgründe.** Die Rechtskraft ergreift schließlich grundsätzlich nicht sämtliche, sondern **20** nur die tragenden Entscheidungsgründe, Rn 9 ff. Darum entsteht nicht stets eine Rechtskraft für ein vorgreifliches Rechtsverhältnis, § 148 Rn 3, 4, BGH **LM** 2. WoBauG Nr 18, BayObLG ZMR **83**, 288, und für dessen rechtliche Bewertung (Vorsatz, Fahrlässigkeit), BGH **LM** Nr 2, BayObLG ZMR **83**, 287. Vgl aber Rn 4 ff. Wegen der leugnenden Feststellungsklage vgl Rn 38 „Feststellungsurteil".

**6) Aufrechnung, II,** dazu zB *Kawano* ZZP **94**, 14: Rechnet der Bekl mit einer Gegenforderung auf, **21** auch hilfsweise, so wird die Entscheidung, daß diese Gegenforderung nicht besteht, bis zum aufgerechneten Betrag rechtskräftig; wegen der Rechtshängigkeit vgl § 145 Rn 15, § 261 Rn 12. Das ist eine willkürliche, ausdrückliche, der Ausdehnung auf andere Rechte unfähige Ausnahme von I, BGH NJW **92**, 318, Kblz RR **97**, 1427, so daß II bei einer Abweisung aus anderen Gründen weder direkt noch entsprechend anwendbar ist, zB dann, wenn es um ein Abrechnungsverhältnis geht, BGH JZ **96**, 636, oder wenn der beklagte Bürge mit einer Gegenforderung des Hauptschuldners aufrechnet, BGH NJW **73**, 146, oder bei Aufrechnung des Klägers, Kblz RR **97**, 1427 (Ausnahmen bei verneinender Feststellungsklage oder bei § 767), oder wenn sich der Bekl auf eine vom Kläger außerhalb des Prozesses erklärte Aufrechnung beruft, BGH MDR **95**, 407, Tiedtke NJW **92**, 1475, aM Foerster NJW **93**, 1184, ThP 44 ff, ZöV 24.

*II gilt in folgenden Fällen:* Wenn das Urteil ausspricht, daß die Gegenforderung schon vor der Aufrechnung **22** nicht bestanden habe. Maßgebend ist das Urteil, nicht die Aufrechnungserklärung, Schlesw SchlHA **83**, 198; wenn das Gericht die Aufrechnung als unzulässig erklärt, BGH RR **91**, 972, oder die zur Aufrechnung gestellte Forderung als unbegründet erklärt, zB wegen des Fehlens der Gegenseitigkeit, Celle AnwBl **84**, 311; wenn die Klage wegen des Verbrauchs durch die als begründet erachtete Aufrechnung abgewiesen wird (etwas anderes gilt, wenn das Gericht die Klagforderung für evtl nicht begründet erklärt), Hager Festschrift für Kissel (1994) 345, und zwar auch bei einer leugnenden Feststellungsklage, Braun ZZP **89**, 93, oder in dem Fall, daß der Vollstreckungsabwehrkläger eine Aufrechnungsforderung geltend gemacht hat. Demgemäß ist der Bekl beschwert, wenn die Klageforderung aus anderen Gründen hätte abgewiesen werden können.

Die *Rechtskraft ergreift nur* den zur Aufrechnung verwendeten Teil der Gegenforderung, nicht den überschießenden, BGH **57**, 301, selbst wenn die gesamte Gegenforderung in den Entscheidungsgründen verneint wird, Celle AnwBl **84**, 311. Eine Annahme der Rechtskraftwirkung auch für den den Klagsumme übersteigenden Teil der Aufrechnungsforderung ist ein Verfahrensfehler, Celle OLGZ **70**, 5, der zu einer Zurückverweisung führen kann. Rechnet der Kläger mit (einem Teil) der ihm erstinstanzlich zuerkannten Klagforderung gegen eine andererseits titulierte Gegenforderung des Bekl auf, so erstreckt sich die Rechtskraft des Berufungsurteils, das die Klage mit Rücksicht auf die Aufrechnung (teilweise) abweist, nicht auf die Gegenforderung, BGH NJW **92**, 983.

Es ist *unzulässig,* die Entscheidung mit dem Argument *zu begründen,* die Klagforderung habe nicht **23** bestanden oder sei durch die Aufrechnung getilgt, denn dabei bleibt die Rechtskraftwirkung ungewiß, BGH **LM** Nr 21, KG DNotZ **73**, 635. Ebensowenig darf das Gericht offenlassen, ob die Aufrechnung zulässig ist, BGH RR **91**, 972. Es darf die Aufrechnung also nicht für unbegründet erklären, ohne vorher über ihre Zulässigkeit entschieden zu haben, BGH RR **91**, 972. Denn die Unzulässigkeit würde der Geltendmachung der Aufrechnung in einem anderen Rechtsstreit nicht entgegenstehen, Celle AnwBl **84**, 311. Wenn dieser Punkt unklar bleibt, muß er von Amts wegen ohne Verfahrensrüge berücksichtigt werden, BGH RR **91**, 972.

Bloße *Hilfserwägungen* zur Begründetheit neben der Erklärung der Unzulässigkeit sind aber statthaft, Grdz **24** 17 vor § 253, und unschädlich, freilich für die Rechtskraft auch unbeachtlich, BGH NJW **88**, 3210.

Es kann im *Feststellungsprozeß* nach § 256 notwendig sein, eine schon mögliche Aufrechnung zu erklären, **25** um ihren Ausschluß in einem späteren Leistungsprozeß zu vermeiden, BGH **103**, 367. Ist die Aufrechnung im ersten Rechtszug erfolgte Aufrechnung unangefochten geblieben, so kann das Rechtsmittelgericht nicht erklären, die der Aufrechnung zugrunde liegende Forderung bestehe nicht. Ein mit seiner Aufrechnung abgewiesener Bekl muß Berufung oder Anschlußberufung einlegen, um die Aufrechnung weiterverfolgen zu können, LG Köln WoM **77**, 186. Ist die Klage nur auf Grund der Hilfsaufrechnung abgewiesen und legt nur der Kläger Rechtsmittel ein, so darf das Rechtsmittelgericht die Klagforderung nicht erneut überprüfen, BGH WoM **90**, 41.

Das ordentliche Gericht kann über eine zur Aufrechnung gestellte Forderung entscheiden, die an sich vor **26** ein *ArbG* gehört. Im streitigen Verfahren der freiwilligen Gerichtsbarkeit ist II entsprechend anwendbar, Stgt WoM **89**, 199. Das LwG kann über eine Forderung entscheiden, die vor ein Prozeßgericht gehört. Vgl ferner § 145 Rn 15. Wegen der Hilfsaufrechnung eines Bürgen § 325 Rn 24 „Bürgschaft". Wegen des Streitwerts vgl Anh § 3 Rn 15 „Aufrechnung".

**27** **7) Beispiele zur Frage des Vorliegens einer Rechtskraft, I, II.** Vgl auch Rn 4 ff. Erweiterte Rechtskraft: § 325 Rn 21.

**Abänderungsklage:** Es kommt auch hier auf die Übereinstimmung der Streitgegenstände an, Karlsr FamRZ **87**, 396.
**Abrechnungsverhältnis:** Aufrechnung im: Rn 21.
**Abtretung:** Das Urteil, das zur Beglaubigung einer Abtretung verpflichtet, erstreckt sich nicht auf den tatsächlichen Vorgang der nach § 888 zu bewirkenden Erklärungen vor dem Notar usw, BayObLG **97**, 91. Der neue Gläubiger wird nur soweit gebunden, als das Urteil gegenüber dem bisherigen Gläubiger rechtskräftig ist. Es ist keine erneute Klage nur auf Grund einer weiteren Abtretungserklärung desselben Zedenten möglich, die schon im Vorprozeß des neuen Gläubigers hätte geltend gemacht werden können, und umgekehrt, BGH NJW **86**, 1046, aM LG Wiesbaden MDR **79**, 236.
**Abweisung:** Es kommt auf den gesamten (wesentlichen) Urteilsinhalt an, BGH FamRZ **86**, 670, Düss RR **92**, 114, KG VersR **94**, 601. Vgl Rn 60 „Prozeßurteil". Sachabweisung erfaßt jeden Rechtsgrund, BAG DB **98**, 1924.

**28** **Allgemeine Geschäftsbedingungen:** Vgl § 21 AGBG.
**Alternative Sachverhalte:** Das Gericht muß darlegen, welchen Anspruch es beschieden hat; sonst fehlt eine rechtskraftfähige Entscheidung, Hamm RR **92**, 1279.
**Amtshaftung:** Wird die Amtshaftungsklage mit Rücksicht auf das Bestehen eines anderweitigen Ersatzanspruchs abgewiesen, so ist das nur eine Abweisung als zZt unbegründet, selbst wenn das Urteil ohne zeitliche Begrenzung ergeht, BGH VersR **73**, 444. Wird dann der anderweitige Ersatzanspruch mit Recht oder zu Unrecht abgewiesen, so ermöglicht dieser neue Sachverhalt eine Wiederholung des ersten Rechtsstreits.
Etwas anderes gilt, wenn die erste Klage wegen *Versäumnis des Klägers* abgewiesen wurde, § 330, da dann überhaupt eine Klagabweisung eingetreten ist.
**Anerkenntnisurteil:** Vgl Rn 1, 8.
**Anspruchsaustausch:** Der Kläger kann evtl auch einen Anspruch geltend machen, den er zuvor auf einen anderen Rechtsgrund stützt, mag er sich auch zahlenmäßig mit dem vorher abgewiesenen Anspruch decken und mag jener auch schon bereits damals vorgelegen haben, BGH MDR **92**, 708. Insofern können die Ansprüche also ausgetauscht werden. Freilich beschränkt sich die Rechtskraft grundsätzlich nicht auf die rechtliche Begründung, sondern erfaßt den Anspruch selbst, BAG VersR **91**, 365.
**Anspruchsmehrheit:** Spricht das Gericht einen aus mehreren Ansprüchen zusammengesetzten Betrag zu, so muß ersichtlich sein, in welcher Höhe es die einzelnen Ansprüche berücksichtigt hat; andernfalls können die Ansprüche trotz eines Teilurteils weiter geltend gemacht werden, BGH LM § 253 Nr 7.
**Arbeitsrecht:** Die Feststellung der Unwirksamkeit einer außerordentlichen Kündigung hat nicht stets diejenige der Wirksamkeit zum nächsten ordentlichen Kündigungstermin zur Folge, Mü RR **95**, 740. Wird die Klage eines Arbeitnehmers gegen den Pensions-Sicherungsverein auf Gewährung von Insolvenzschutz abgewiesen, so kann auch ein Hinterbliebener keinen solchen Schutz verlangen, BAG VersR **91**, 365. Der Arbeitgeber kann die Wiederholungs- oder sog Trotzkündigung nicht auf einen Grund stützen, den er schon im vorangegangenen Kündigungsschutzprozeß vorgebracht hatte und das Gericht dort sachlichrechtlich geprüft hatte, bevor es dem Arbeitnehmer recht gab, BAG NJW **94**, 475. Zu Reflexwirkungen gegenüber Dritten BSG KTS **92**, 676.

**29** **Arrest und Einstweilige Anordnung oder Verfügung:** Die Abgrenzung ist schwierig.

**A. Grundsatz,** dazu *Werner,* Rechtskraft und Innenbindung zivilprozessualer Beschlüsse im Erkenntnis- und summarischen Verfahren, 1982: Jede Rechtskraftwirkung im Eilverfahren zu leugnen, Ffm FamRZ **82**, 1223, Karlsr GRUR **84**, 157, und unter anderem dasselbe Gesuch mit derselben Glaubhaftmachung erneut zuzulassen, heißt zum Mißbrauch der Gerichte geradezu aufzufordern und bei der Vertretungskammer unter dem Vorwand der Dringlichkeit versuchen zu lassen, was man bei der ordentlichen Kammer nicht erreicht hat. Niemand darf eine doppelte Entscheidung derselben Sache verlangen, KG MDR **79**, 64, OVG Münst FamRZ **75**, 293.
Vielmehr erfordert ein neues Gesuch *neue Tatsachen,* die der Antragsteller in bisherigen Verfahren noch nicht vorbringen konnte, Ffm FamRZ **87**, 394, LAG Köln DB **83**, 2369. Falsch ist auch die Ansicht, ein solches Urteil sei keine „endgültige Entscheidung", so Teplitzky NJW **84**, 851. Es ist eine solche, denn es entscheidet in diesem, dem vorläufigen Verfahren, endgültig über den Anspruch, so wie er erhoben worden ist und derzeit besteht. Eine abweisende Hauptsacheentscheidung läßt die einstweilige Anordnung usw auch dann außer Kraft treten, wenn die Abweisung nicht für vorläufig vollstreckbar erklärt ist, Karlsr FamRZ **87**, 609. Bongen/Renaud NJW **91**, 2886 (Üb) halten auch einen Sieg im Hauptverfahren oder eine Änderung der Rechtsprechung für ausreichend; im ersteren Fall fehlt aber meist das Rechtsschutzbedürfnis, im letzteren droht eine Durchlöcherung der Rechtskraft.

**30** **B. Einzelfälle.** Hier sind die folgenden Situationen zu unterscheiden.
– **(Arrestanspruch):** Wenn das Gericht den Rechtsschutz versagt, weil ein zu sichernder sachlichrechtlicher Anspruch fehle, § 916, so ist die Entscheidung endgültig. Ein neues Gesuch ist wegen der Rechtskraft unzulässig, es sei denn auf neue, nach der ersten Entscheidung entstandene Tatsachen gestützt, KG MDR **79**, 64.
– **(Arrestgrund):** Wenn das Gericht den Rechtsschutz versagt, weil ein Arrestgrund fehle, § 917, so liegt eine neue Sachlage vor, sobald ein Arrestgrund entsteht, so daß dann ein neues Gesuch zulässig wird, Düss NJW **82**, 2453.
– **(Erledigung):** Die Entscheidung im Arrestprozeß nach § 91 a bewirkt keine Rechtskraft über die Rechtmäßigkeit des Arrests.
Vgl aber auch § 945 Rn 8 ff.

2. Titel. Urteil **§ 322**

- **(Glaubhaftmachung):** Wenn das Gericht den Antrag zurückweist, weil die Glaubhaftmachung von Arrestgrund oder -anspruch nicht ausreiche, dann kann man das Gesuch mit einer besseren Glaubhaftmachung erneuern, Düss NJW **82**, 2453, Zweibr FamRZ **82**, 414. Denn die bisherige Entscheidung erklärt das Gesuch nur für derzeit unbegründet. Bei den beiden vorgenannten Fällen muß eine Wiederholung des Antrags bei einem besonderen Rechtsschutzbedürfnis auch während eines schwebenden Rechtsmittelverfahrens wegen der Ablehnung des ersten Gesuchs möglich sein, Zweibr FamRZ **82**, 414. Das würde bei einem rechtskräftigen Sieg auf Grund des 2. Gesuchs eine Erledigung des ersten Verfahrens zur Folge haben, Zweibr FamRZ **82**, 414.
- **(Hauptprozeß):** Innere Rechtskraft für den Anspruch selbst, also mit Wirkung für den Hauptprozeß, kann keine Eilentscheidung begründen, BGH FamRZ **85**, 288, Jestaedt GRUR **81**, 154.
- **(Vollziehung unstatthaft):** Im Fall des § 929 II ist ein neuer Antrag zulässig, § 929 Rn 18.

**Auflassung:** Sämtliche die Wirksamkeit des Rechtsgeschäfts betreffenden Vorgänge gehören zu dem zur Entscheidung gestellten Lebenssachverhalt, ob sie vorgetragen werden oder nicht, BGH NJW **95**, 968. Das gilt auch dann, wenn die Parteien im Folgeprozeß die Rollen vertauschen, BGH NJW **95**, 968.

**Aufrechnung:** Rn 21.                                                                                                                          **31**

**Auskunftsurteil:** Wenn seine Formel nicht den Auskunftszeitraum angibt, kann man das Urteil allenfalls dahin auslegen, daß die Auskunftspflicht die Zeit zwischen der Klagezustellung und dem Urteilserlaß umfaßt, Ffm FamRZ **84**, 271. Auskunftsanspruch und daraus abgeleiteter Leistungsanspruch sind nicht dieselben Streitgegenstände, BAG NJW **89**, 1236 (krit Deubner).

**Auslandsurteil:** § 328.

**Besitz:** Werden Ehemann und Ehefrau aus Besitz in Anspruch genommen, so ist damit auch über den Anspruch gegen die Ehefrau als mittelbare Besitzerin entschieden. Das Herausgabeurteil nach §§ 985 ff BGB befindet auch über ein Besitzrecht, BGH NJW **98**, 1709.

**Betreuung:** Die Vergütungsentscheidung ist rechtskraftfähig, BayObLG FER **98**, 66.

**Bürgschaft:** Die Rechtskraft im Prozeß des Hauptschuldners gegen den Gläubiger auf Entlassung des **32** Bürgen und Herausgabe der Bürgschaftsurkunde wirkt im nachfolgenden Prozeß zwischen denselben Parteien auf Unterlassung der Inanspruchnahme des Bürgen, und zwar auch dann, wenn das Gericht dem Hauptschuldner im Zweitprozeß nach § 926 I eine Klagefrist gesetzt hat, BGH DB **87**, 732.

S auch § 325 Rn 24 „Bürgschaft".

**Buße** oder Entschädigungsurteil im Strafverfahren: Wird sie zugesprochen, so schafft die Entscheidung Rechtskraft nur, soweit sie zuerkennt. Das Absehen von einer Entscheidung schafft keine Rechtskraft. Vgl §§ 406 III, 405, 406 d StPO.

**Ehe- und Kindschaftsurteil,** dazu §§ 638, 640 h, Düss NJW **80**, 2760, §§ 641 k, 676; *Henssler,* Korrektur **33** rechtskräftiger Entscheidungen über den Versorgungsausgleich, 1983; *Schweizer,* Der Eintritt der Rechtskraft des Scheidungsausspruches bei Teilanfechtung im Verbundverfahren usw, 1991; *Stoll,* Der Eintritt der Rechtskraft des Scheidungsanspruchs im Verbundverfahren, Diss Erl/Nürnb 1988. S auch Rn 43 „Gestaltungsurteil":

Wird die Anfechtungsklage des Mannes gegen das Kind wegen einer Versäumung der Anfechtungsfrist oder mangels eines Anfechtungsrechts *abgewiesen,* so steht nur fest, daß dieser Mann die fehlende Abstammung nicht mehr geltendmachen kann, Düss NJW **80**, 2760. Entsprechendes gilt, wenn im Prozeß auf eine Anfechtung des Vaterschaftsanerkenntnisses die Nichtvaterschaft nicht feststellbar ist, Düss NJW **80**, 2760. Eine Entscheidung über den öffentlichrechtlichen Versorgungsausgleich ist der sachlichen Rechtskraft fähig, BGH NJW **82**, 1647, KG FamRZ **82**, 1091. Die Rechtskraft ist auch dann zu beachten, wenn das Urteil unter einer Mißachtung einer anderweitigen Rechtshängigkeit der Sache ergangen ist, BGH NJW **83**, 515. Zur Teilrechtskraft eines Scheidungsurteils wegen des Scheidungsausspruchs durch Rechtsmittelverzicht BGH FamRZ **85**, 288. Wenn in Wahrheit noch keine Entscheidung über die Nutzungsentschädigung der zugesprochenen Ehewohnung vorliegt, ist trotz rechtskräftigen Scheidungsurteils insofern eine Klage zulässig, Mü FamRZ **89**, 199.

**Eigentumsanspruch:** Wegen der Rechtskraftwirkung eines Urteils auf Unterlassung Rn 67 „Unterlas- **34** sungsanspruch". Das Urteil, das eine Grundbuchberichtigung wegen wirksamer Auflassung ablehnt, schafft keine Rechtskraft für einen Bereicherungsanspruch wegen unberechtigten Eigentumserwerbs. Hat das Erstgericht die Klage des Eigentümers auf Löschung einer Auflassungsvormerkung wegen Fortbestands des Auflassungsanspruchs abgewiesen, so ist unklar, ob das Zweitgericht an die Bejahung des Auflassungsanspruchs gebunden ist, zumindest wenn nur der Rechtsnachfolger des Vorgemerkten klagt, BGH **52**, 150. Verlangt der Berichtigungsanspruch eine Eintragung als Eigentümer, so ist über das Eigentum selbst erkannt, Wieling JZ **86**, 10. Wird im Wege der Herausgabe aus einer Geschäftsführung das Miteigentum mindestens zur Hälfte geltend gemacht, ohne daß eine ganz bestimmte Quote eingeklagt wird, so ist der Anspruch auf das Miteigentum als solcher streitbefangen und hindert eine spätere Erhöhung des Anteils. Eine Klagabweisung erwächst gegenüber dem nicht klagenden Miteigentümer nicht in Rechtskraft, BGH **79**, 247. War der gegen einen Besitzstörung (Wegerecht) auf Unterlassung klagende Eigentümer abgewiesen worden, kann das Gericht im Folgeprozeß dem Eigentümer nicht die Bebauung dieses Grundstücksteils gestatten, BGH **LM** Nr 48.

S auch Rn 31 „Besitz", Rn 47 „Herausgabe".

**Einrede, Einwendung:** Es gelten die allgemeinen Regeln. Es kommt also darauf an, ob und wie weit die **35** Entscheidung über sie zu den das Urteil tragenden Entscheidungsgründen gehört, Rn 4, 6, Doderer NJW **91**, 878, Batschari/Durst NJW **95**, 1653 (zu § 320 BGB).

**Einreihung in eine Gehaltsgruppe:** Da wegen § 308 I im Vorprozeß nur geprüft werden durfte, ob die Merkmale der damals umstrittenen Gehaltsgruppe erfüllt waren, kann in einem weiteren Prozeß über die Frage geführt werden, ob nunmehr die Merkmale einer höheren Gehaltsgruppe erfüllt sind, BAG BB **77**, 1356, aM BAG **18**, 330, ZöV 27 vor § 322.

**Einstweilige Verfügung:** Rn 29 „Arrest, Einstweilige Anordnung oder Verfügung". **36**

*Hartmann* 1143

**§ 322**           2. Buch. 1. Abschnitt. Verfahren vor den LGen

**Erbrecht:** Die Erbschaftsklage stellt die Wirksamkeit des Testaments noch nicht fest. Eine Abweisung mangels gesetzlicher Erbfolge ist für eine nachfolgende Klage auf Grund testamentarischer Erbfolge unschädlich, BGH NJW **76**, 1095. Bei § 2018 BGB stellt das stattgebende Urteil auch die Erbeneigenschaft fest, Wieling JZ **86**, 11. Die Klage aller Miterben ist hinsichtlich desjenigen von ihnen unzulässig, dem gegenüber bereits ein rechtskräftiges Urteil zu demselben Streitgegenstand vorliegt, BGH NJW **89**, 2134. Die Entlassung eines Testamentsvollstreckers bringt evtl keine Rechtskraft dazu, ob Testamentsvollstreckung angeordnet wurde, Düss FER **98**, 135.

**Ergänzungsurteil:** § 321 Rn 9.

**Erledigung:** Bei wirksamen übereinstimmenden Erledigterklärungen vgl § 91a Rn 108. Bei einseitiger Erledigterklärung des Klägers LG Bochum MDR **82**, 675.

37    **Factoring:** Betr Abrechnung vgl BGH NJW **93**, 2684.

**Fälligkeit:** Es sind die folgenden Situationen zu unterscheiden.

     **A. Sofortige Fälligkeit.** Im allgemeinen ist die Fälligkeit eine Sachvoraussetzung. Fehlt sie und steht nicht fest, ob der Anspruch im übrigen unbegründet ist, so wird die Klage als lediglich „zur Zeit unbegründet" ohne weitere Prüfung des Anspruchs abgewiesen, BGH NJW **99**, 1867, LG Köln WoM **90**, 38 (zur Abgrenzung), aM BGH NJW **70**, 1507, Düss NJW **93**, 803, ArbG Bln BB **76**, 1610 (Prozeßurteil). Die Rechtskraftwirkung erstreckt sich dann nur auf die Frage der Fälligkeit, nicht die weiteren Voraussetzungen des Anspruchs, StJL 248, ZöV 58 vor § 322, aM Brox ZZP **81**, 389. Ist aber der Anspruch im Erstprozeß endgültig als überhaupt nicht bestehend abgelehnt worden, dann tritt auch wegen der Fälligkeitsfrage im Zweitprozeß eine Bindung ein, Düss NJW **93**, 803, LG Köln WoM **90**, 38.

     **B. Künftige Fälligkeit.** In den Fällen der §§ 257–259 ist die Fälligkeit eine Prozeßvoraussetzung. Eine Klagabweisung trifft nur die Fälligkeit. So steht bei einer Abweisung aus § 259 rechtskräftig nur fest, daß der geltend gemachte Besorgnisgrund nicht vorliegt.

38    **Feststellungsurteil:** Vgl auch Rn 49 „Leistungsurteil". Wegen der Wirkung für und gegen einen Dritten BGH **LM** § 325 Nr 16 und §§ 640 h, 641 k.

     **A. Prozeßurteil.** Eine Klagabweisung wegen Fehlens von Prozeßvoraussetzungen, insbesondere wegen Fehlens des rechtlichen Interesses an einer alsbaldigen Feststellung, ist ein Prozeßurteil ohne eine Rechtskraftwirkung in der Sache selbst und steht daher einer besser begründeten Feststellungs- oder Leistungsklage nicht entgegen.

39    **B. Sachurteil bei behauptender Klage**, dazu *Piepenbrock* MDR **98**, 201 (ausf): Wenn bei einer behaupteten Feststellungsklage ein Sachurteil ergeht, gilt: Hat sie Erfolg, so steht die Rechtsfolge fest; der Bekl kann nicht das Gegenteil derselben Rechtsfolge durch eine nachfolgende leugnende Feststellungsklage erörtern lassen. Wird sie abgewiesen, steht das Nichtbestehen der Rechtsfolge fest, BGH NJW **94**, 659, BayObLG Rpfleger **95**, 406. Evtl ist § 580 anwendbar. Während ein Grundurteil, § 304, nur im Umfang der erhobenen Anspruchs bindet, so daß für jede darüber hinausgehende Leistung der Grund neu zu prüfen ist, BGH NJW **89**, 105, erstreckt sich beim Feststellungsurteil die Rechtskraft auf die Entstehung des Schadens auf Grund des schadenstiftenden Ereignisses, das der Gegenstand des Feststellungsrechtsstreits war. Deshalb darf die Frage des Mitverschuldens nicht ungeklärt bleiben, BGH NJW **89**, 105. Über Beginn und Ende des Schadens braucht nichts gesagt zu sein, vielmehr erfaßt die Feststellung auch den seinerzeit gar nicht bekannten zukünftigen Schaden. Die Rechtskraft läßt eine solche Einwendung nicht zu, die das Bestehen eines festgestellten Anspruchs betrifft und sich auf eine vorgetragene Tatsache stützt, die schon zur Zeit der letzten Tatsachenverhandlung vorgelegen hat, BGH NJW **82**, 2257. Das gilt jedenfalls, soweit nicht das Urteil unmißverständlich die Möglichkeit offenläßt, denselben Klagegrund von Umständen, die bereits beim Schluß der mündlichen Verhandlung vorlagen, dennoch in einer neuen Klage geltend zu machen, BGH NJW **89**, 394.

40    Freilich kann der Bekl ein später entstandenes *Leistungsverweigerungsrecht* dann auch einwenden, BGH **LM** Nr 27. Auch kann ein Eigenbeitrag des Geschädigten, der „Sowieso"-Schaden, erst nachträglich abschließend berechenbar sein, BGH RR **88**, 1045. Im nachfolgenden Leistungsprozeß kann das Feststellungsurteil durch ein Leistungsurteil ausgefüllt werden, BGH MDR **68**, 1002; es können Ansprüche, deren Entstehung durch das schadenstiftende Ereignis rechtskräftigfeststeht, mit anderen Ansprüchen verbunden werden, die noch nicht Gegenstand des Feststellungsprozesses waren. Das Urteil deckt nicht den etwaigen Anspruch des Klägers auf eine Befreiung von Schadensersatzansprüchen Dritter gegen ihn aus Anlaß des Unfalls, BGH ZZP **87**, 78 (zustm Rimmelspacher).

S auch Rn 62 „Schadensersatz", Rn 74 „Zur Zeit unbegründet".

41    **C. Sachurteil bei leugnender Klage**

**Schrifttum:** *Stetter-Lingemann*, Die materielle Rechtskraft eines die negative Feststellungsklage abweisenden Urteils – insbesondere bei unrichtiger Beweislastverteilung, Diss Tüb 1992.

     Wenn bei einer leugnenden Feststellungsklage ein *Sachurteil* ergeht, gilt: Hat sie Erfolg, so steht das Nichtbestehen fest. Wird sie abgewiesen, so entscheiden die Gründe über den Umfang des Bestehens, BGH NJW **86**, 2508 und betr Vaterschaft BGH **LM** NEhelG Nr 2, Ffm ZMR **92**, 381, aM BGH NJW **95**, 1757 (maßgeblich sei die Nämlichkeit des Streitgegenstands).

42    Das abweisende Urteil stellt das Bestehen nur dann fest, wenn sich die Klage gegen einen *bestimmten* Anspruch oder einen bestimmten Rechtsgrund richtet, BGH NJW **86**, 2508. Es hat die Wirkung eines feststellenden Grundurteils BGH NJW **75**, 1320, soweit es die Höhe der Forderung des Bekl feststellt, Rn 21, BGH NJW **72**, 1043. Jedoch kann die Abweisung der negativen Feststellungswiderklage gegenüber einem der Höhe nach noch nicht abschließend bezifferten Zahlungsanspruch bedeuten, daß dieser Anspruch auch in seinem Restbetrag feststeht, BGH **LM** § 218 BGB Nr 4. Im späteren Leistungsprozeß können keine Tatsachen mehr vorgebracht werden, die im Feststellungsprozeß bei der mündlichen Verhandlung vorlagen, § 767, vgl Einf 16, 17 vor §§ 322–327 sowie unten Rn 62 „Schadensersatz". Anders liegt es aber bei einem nur vorübergehenden Leistungsverweigerungsrecht.

## 2. Titel. Urteil § 322

**Freiwillige Gerichtsbarkeit:** II ist in ihrem streitigen Verfahren entsprechend anwendbar, Stgt WoM **89**, 199. **43**
**Genehmigung:** Wenn die Genehmigung einer Behörde, die zur Leistung aus einem Urteil notwendig ist, versagt wird, dann kann die Klage, angepaßt an die behördlichen Gegebenheiten, wiederholt werden. Entsprechendes gilt, wenn ein nach dem Statut erforderlicher Beschluß der Generalversammlung nicht vorlag, BGH **LM** Nr 39. Es handelt sich dann um veränderte Tatbestände, während unveränderte, die zu den tragenden Gründen gehörten, nicht überprüfbar sind.
**Gesamtschuld:** Das Urteil gegen einen Gesamtschuldner wirkt nicht gegen einen anderen in einem gegen diesen anhängigen weiteren Prozeß, BGH DB **89**, 420, und nicht für das Verhältnis der Gesamtschuldner untereinander, Düss VersR **92**, 582; s aber Rn 46 „Haftpflicht". Der Ausgleichsanspruch verjährt nicht nach § 852 BGB. Dies gilt auch bei einem Ausgleichsanspruch aus § 17 StVG.
**Gesellschaft:** Ein Urteil, durch das die Wirksamkeit eines mit den Gesellschaftern bürgerlichen Rechts abgeschlossenen Vertrags festgestellt wird, schafft keine Rechtskraft zur Frage, ob die Gesellschafter für die Erfüllung mit ihrem Privatvermögen haften, BGH ZMR **90**, 212 (sehr vorsichtig).
**Gestaltungsurteil:** Es hat ebenfalls eine Rechtskraftwirkung, BAG NJW **94**, 475, KG FamRZ **82**, 1091. Diese wird auch nicht durch die Gestaltungswirkung, dazu BAG BB **77**, 896, überflüssig, BAG JZ **73**, 563, Becker AcP **188**, 54, Habscheid FamRZ **73**, 432. Mit der Rechtskraft steht das Bestehen des sachlichrechtlichen Anspruchs auf eine Rechtsänderung fest. Mit der Rechtskraft der Abweisung steht nur fest, daß der bisher geltend gemachte Gestaltungsgrund nicht besteht, BAG NJW **94**, 475, BayObLG NZM **98**, 974. Da das Urteil Rechte begründet oder vernichtet, Grdz 2 vor § 253, wirkt es für und gegen alle. Ein Schadensersatzanspruch für die Zeit nach der Rechtskraft ist nicht völlig ausgeschlossen, BAG JZ **73**, 564, s aber Einf 28 vor §§ 322 bis 327.
**Gewerblicher Rechtsschutz:** Das Urteil auf Unterlassung einer Patentverletzung schafft keine Rechtskraft **44** für das Bestehen und den Umfang des Patents, Rn 67 „Unterlassungsanspruch". Das Urteil erstreckt sich nur auf die beanstandete Verletzungsform. Es erfaßt aber auch unwesentliche Änderungen. Entsprechendes gilt bei Wettbewerbsverboten.
**Grund des Anspruchs:** Eine Vorabentscheidung nach § 304, vgl dort und oben Rn 3, ist nur der äußeren **45** Rechtskraft fähig. Das Grundurteil steht dem Anspruch rechtskräftig fest, bindet aber im weiteren Verfahren nach § 318, BGH NJW **82**, 1155, und zwar auch andere Gerichte, § 318 Rn 11. Die Bindung läßt sich ebensowenig wie die Rechtskraft beseitigen. Darum sind im Umfang der Rechtshängigkeit des Grundurteils im weiteren Verfahren nur später entstandene Einwendungen zulässig, auch Änderungen, die sich aus der Entscheidung über Klagegründe ergeben, die im Grundurteil versehentlich nicht berücksichtigt wurden, Hamm RR **93**, 693; insofern besteht dann auch keine Bindung an das Grundurteil. Keine Bindung besteht hinsichtlich des Betrags. Im Nachverfahren kann die Klage auch mit der Begründung ganz abgewiesen werden, es sei kein Schaden entstanden, BGH NJW **86**, 2508.
S auch Rn 74 „Zugewinngemeinschaft".
**Grundschuld:** Die Abweisung der Klage des Grundeigentümers auf Rückabtretung wirkt auch dann, wenn der Bekl nun im Zweitprozeß aus § 1147 BGB klagt, BGH **LM** Nr 47, aM ZöV V 5 d vor § 322.
**Haftpflicht:** Der in erster Instanz mitverurteilte Versicherer muß in der Berufungsinstanz das gegen den **46** Versicherten rechtskräftige Urteil gegen sich gelten lassen, LG Bln VersR **76**, 580. Im nachfolgenden Rückgriffsprozeß kann das Gericht auch dann an das Urteil des Deckungsprozesses gebunden sein, wenn sich inzwischen die Rechtsprechung geändert hat, Ffm VersR **70**, 217. Wegen des nachfolgenden Deckungsprozesses Celle NJW **70**, 314. Das Versäumnisurteil gegen den Steuerberater wirkt nicht im Prozeß des Geschädigten gegen den Haftpflichtversicherer, LG Mü VersR **88**, 233.
**Herausgabe:** Das Urteil hat eine Rechtskraftwirkung über das Eigentum des Klägers, MüKoGo **95**, **47** Wieling JZ **86**, 10, aM RoSGo § 154 III 1, StJL **91**, ZöV 36 vor § 322. Das Urteil hat eine Rechtskraftwirkung auch für den Anspruch auf Herausgabe der Nutzungen nach §§ 292, 987 BGB, BGH NJW **83**, 165, KG VersR **94**, 602, aM Mädrich MDR **82**, 455, nicht aber auch für den Anspruch nach § 988 BGB, BGH NJW **83**, 165. Die Rechtskraft erfaßt den Zeitraum seit der Rechtshängigkeit, BGH NJW **85**, 1553, aM Hackspiel NJW **86**, 1150. Der mangels Übereignung abgewiesene Herausgabekläger kann mit der Begründung, er sei nach dem Schluß der letzten Tatsachenverhandlung, §§ 136 IV, 296a, Alleinerbe des Eigentümers geworden, neu klagen. Ist die Herausgabeklage des mittelbaren Besitzers abgewiesen worden, kann eine rechtskräftige Entscheidung über den Anspruch auf Abtretung des Herausgabeanspruchs gegen den unmittelbaren Besitzer vorliegen.
S auch Rn 63 „Schuldschein".
**Hilfsanspruch:** Ist ein Klaganspruch aus zwei voneinander unabhängigen Gründen geltend worden, etwa aus Bürgschaft und Werklohnforderung, und zwar der eine nur hilfsweise, wird aber im abweisenden Urteil der Hilfsanspruch vergessen, so wird dieser Hilfsanspruch von der Rechtskraft des Urteils nicht erfaßt, sofern § 321 unanwendbar ist.
**Hypothek:** Die Abweisung der Klage des Hypothekenschuldners auf Löschungsbewilligung hat nur für das dingliche Hypothekenrecht eine Rechtskraftwirkung, steht also einer Klage aus § 767 wegen der persönlichen Haftung nicht entgegen.
**Klageänderung:** Vgl *Altmeppen* ZIP **92**, 453 (ausf).
**Kündigung:** Die Ersetzung der Zustimmung des Betriebsrats gemäß § 103 BetrVG schafft keine rechts- **48** kräftige Feststellung, daß die Kündigung berechtigt war, Etzel DB **73**, 1023. Hat das Gericht die Wirksamkeit einer Kündigung rechtskräftig verneint, so kann eine Kündigung nicht auf Grund neuer Gründe zum Gegenstand eines weiteren Rechtsstreits gemacht werden, und zwar auch dann nicht, wenn die neuen Gründe im Vorprozeß nicht bekannt waren, BAG DB **70**, 1182. Möglich ist aber eine neue Kündigung aus anderen Gründen, selbst wenn die jetzt genannten Kündigungsgründe auch zZt des Vorprozesses objektiv schon vorgelegen haben, nur dort nicht vorgebracht worden waren, weil sie nicht bekannt waren. Möglich ist auch eine neue Kündigung mit der Begründung, ein Arbeitsverhältnis habe nie bestanden, BAG NJW **77**, 1896. Zum Antrag auf die nachträgliche Zulassung einer Kündigungsschutzklage BAG DB **84**, 1835, LAG Hamm DB **90**, 796.

**§ 322**

**49 Leistungsurteil:** Vgl zunächst bei „Feststellungsurteil". Das Leistungsurteil ergreift den in ihm steckenden Feststellungsausspruch, BGH **LM** § 169 BEG 1956 Nr 16. Der im Leistungsprozeß verurteilte Bekl kann nicht die Feststellung der entgegengesetzten Rechtsfolge im Zweitprozeß fordern. Weist das Gericht eine Klage auf Grundbuchberichtigung ab, weil die Grundbuchbelastung zu Recht bestehe, dann steht das Bestehen jener Belastung rechtskräftig fest.

**50 Mehrheit von Ansprüchen:** Rn 28 „Anspruchsmehrheit". S auch Rn 47 „Hilfsanspruch".
**Mietsache:** Ist eine Räumungsklage abgewiesen worden, so steht damit nicht fest, daß diejenige Kündigung, auf die die Klage gestützt war, das Mietverhältnis nicht beendet hat. Ein Räumungsurteil nach § 554 BGB erstreckt sich grds auf die Wirksamkeit der Kündigung, aM LG Bln WoM **98**, 28 (aber sie ist tragende Voraussetzung); über vergeblich aufgerechnete Gegenansprüche ist im folgenden Zahlungsprozeß nicht mehr zu entscheiden, LG Kiel WoM **98**, 234. Ist die Eigenbedarfsklage *abgewiesen* worden, ist eine neue gleichartige Klage nur auf Grund wirklich neuer Tatsachen zulässig, LG Hbg MDR **78**, 847, aM Stadie MDR **78**, 800.

Hat das Gericht die Räumungsklage wegen eines *Wohnrechts* des Bekl abgewiesen, so ist eine neue Klage aus Bereicherung möglich. Hat das Gericht den Räumungsanspruch rechtskräftig abgewiesen, so kann er nicht bei einem Streit über eine Vertragsstrafe wieder aufgerollt werden. Wenn das Urteil einen Anspruch auf Räumung *bejaht*, so ist dies in einem späteren Prozeß bindend, in dem ein Anspruch darauf gestützt wird, daß der Bekl nicht geräumt habe, BGH **LM** Nr 65. Ein Abstand nach § 29 II BMG ist nicht mit demjenigen nach § 29 a I des 1. BMG gleich, BGH **LM** Nr 82. Ist der Mieter zur Entfernung von Einrichtungen verurteilt und fordert der Vermieter im Zweitprozeß wegen Nichtentfernung Nutzungsentschädigung, so ist das Zweitgericht an das Urteil im Erstprozeß gebunden, BGH **104**, 290. Das den Mietzins für den Zeitraum A behandelnde Urteil des Erstprozesses hindert nicht ein Urteil im Zweitprozeß wegen des Zeitraums B, BGH NJW **98**, 375, Düss WoM **98**, 484. Hat das Gericht die Klage auf Zustimmung zu einer Parabolantenne abgewiesen, wirkt das im Prozeß auf deren Entfernung fort, BVerfG MietR **96**, 121 (etwas wolkig).

**51 Nachforderung,** dazu *Beinert,* Der Umfang der Rechtskraft bei Teilklagen, Diss Passau 1999; *Gottwald,* Abänderungsklage, Unterhaltsanspruch und materielle Rechtskraft, Festschrift für *Schwab* (1990) 151; *Knüllig/Dingeldey,* Nachforderungsrecht oder Schuldbefreiung, 1984; *Leipold,* Teilklagen und Rechtskraft, in: Festschrift für *Zeuner* (1994); *Marburger,* Rechtskraft und Präklusion bei der Teilklage im Zivilprozeß, Gedächtnisschrift für *Knobbe-Keuk* (1997) 187; *Schulte,* Zur Rechtskrafterstreckung bei Teilklagen, 1999:

Nur nach einem *wirklichen bloßen Teilurteil* darf und muß das Gericht den Anspruchsgrund neu prüfen, soweit es um den Rest geht, BGH NJW **94**, 3165, Niklas MDR **89**, 135. Ob eine Nachforderung möglich ist, nachdem über dieselbe Sache bereits ein rechtskräftiges, wenigstens teilweise stattgebendes Urteil ergangen ist, ergibt die Auslegung des ersten Urteils, BGH RR **87**, 526, Düss FamRZ **98**, 916, KG OLGZ **89**, 133. BGH **135**, 181 (zustm Tischner JR **99**, 154, Windel ZZP **110**, 501, krit Jauernig JZ **97**, 1127), Hamm FamRZ **99**, 1085 bejahen die Zulässigkeit der sog verdeckten Teilklage.

**52** Dabei ist § 308 I zu beachten, BGH NJW **94**, 3165, BAG MDR **72**, 83. Das mit der Nachforderungsklage befaßte Gericht muß die *Auslegung* des ersten Urteils nach seinem Inhalt vornehmen, BGH FamRZ **84**, 773, Hamm FamRZ **99**, 1085, insbesondere durch einen Vergleich der Anträge mit der Entscheidungsformel. Wenn der Kläger einen Schadensersatz in der beantragten Höhe aufgrund seiner Wahl nach dem mutmaßlichen Rechnungsbetrag erhalten hat, dann kann er nicht später den Unterschiedsbetrag der wahren Rechnung nachfordern, AG Landstuhl MDR **81**, 234, AG Nürnb VersR **79**, 1042. Läßt das Teilurteil nicht erkennen, welcher Teil des Gesamtanspruchs, welche der Einzelforderungen oder welche Teilbeträge beurteilt worden sind, so ist es nicht der inneren Rechtskraft fähig; das kann der Schuldner entsprechend § 767 I klären lassen, BGH NJW **124**, 166. Wenn der Kläger die Höhe des Betrags in das Ermessen des Gerichts gestellt hatte, dann hatte er grundsätzlich den vollen Betrag eingeklagt, BGH NJW **80**, 2754 (Ausnahmen sind zB bei Enteignungsfolgeschäden möglich, Bbg NJW **74**, 2003, Kblz RR **97**, 1157). Hatte er lediglich eine Mindestforderung beziffert, so ist eine Nachforderung nicht ausgeschlossen, BGH NJW **79**, 720, Oldb VersR **97**, 1541. Der Vorbehalt einer Nachforderung ist dann also wegen § 308 I 1 nicht erforderlich. Ist er erfolgt, so reicht das natürlich, BGH NJW **98**, 995. Man muß aber einen Verstoß gegen diese Vorschrift durch das zulässige Rechtsmittel geltend machen, § 308 Rn 14; andernfalls steht die Rechtskraft einer weiteren Forderung entgegen, sofern keine unvorhersehbare Verschlechterung usw eingetreten ist, Hamm MDR **85**, 241.

**53** Es kommt im übrigen nicht auf die Frage an, ob das Gericht den ihm unterbreiteten Tatsachenstoff *umfassend* berücksichtigt und zutreffend *gewürdigt* hat, BGH NJW **88**, 2301, LG Lüneb VersR **86**, 1246. Andernfalls könnte man ein rechtskräftiges Urteil schon mit der Behauptung angreifen, die Entscheidung beruhe auf einer unvollständigen Erfassung des Streitstoffs, BGH NJW **88**, 2301. Da jedoch die Auslegung des Urteils nicht immer sicher ist (das Wort „mindestens" im Klagantrag bedeutet wohl meist, daß ein Anspruch jedenfalls in dieser Höhe angemessen sei, aM BGH NJW **79**, 720), ist es meist notwendig oder zumindest ratsam, bei einem bloßen Teilanspruch die Klage auch eindeutig als Teilklage zu bezeichnen oder sich zumindest erkennbar eine Nachforderung vorzubehalten, BGH RR **90**, 390, Düss OLGZ **94**, 547, Köln VersR **93**, 1376 („Vorschuß"), großzügiger BGH NJW **97**, 3020, RoSGo § 154 V, StJL 156 ff (eine Nachforderung sei auch dann zulässig, wenn im vorangegangenen Prozeß eine „erschöpfende" Forderung eingeklagt worden sei, sofern nicht die dortige rechtskräftige Entscheidung eine „Repräsentationswirkung" für den Gesamtanspruch habe).

**54** Auch die Art der Klage kann ergeben, ob es sich um einen Teilanspruch oder um den vollen handelt, vgl Rn 72 „Vorschuß". So wird *Unterhalt* meist voll eingeklagt, § 258 Rn 5, Hamm FamRZ **90**, 300, Kblz FamRZ **86**, 489, aM BGH NJW **94**, 3165, Düss FamRZ **84**, 796 (je betr eine Zugewinngemeinschaft). Eine bloße Teilforderung kann aber auf der Hand liegen, Hamm FamRZ **99**, 1085.

**55** Der Unterhaltskläger muß verdeutlichen, ob er zusätzlich zum jetzt voll eingeklagten Elementarunterhalt noch Vorsorgeunterhalt geltend machen will, BGH **94**, 147, Karlsr NJW **95**, 2795. Bei einer Klage

## 2. Titel. Urteil § 322

auf die Titulierung des bisher *freiwillig* gezahlten Unterhalts oder auf die Zahlung eines über den freiwillig geleisteten Betrag hinausgehenden weiteren Betrags kann das Gericht in aller Regel nur auf der Basis der freiwilligen Grundzahlung über die Angemessenheit des verlangten Spitzenbetrags entscheiden. Daher erwächst nur der *Spitzenbetrag* in Rechtskraft, BGH NJW **91**, 430, aM Schlesw SchlHA **81**, 67. Vgl auch Rn 66 „Unterhaltsanspruch" und § 323 Rn 12.

Ein *sonstiger* Anspruch ist nicht stets schon deshalb als voll eingeklagt anzusehen, weil er nicht ausdrücklich als bloßer Teilanspruch gekennzeichnet ist, Kblz GRUR **88**, 479. Ein Schadensersatzanspruch insbesondere nach einem Unfall wird keineswegs stets sogleich voll eingeklagt, vor allem dann nicht, wenn zunächst nur Krankenhauskosten, ein zeitlich begrenzter Verdienstausfall usw geltend gemacht werden und sonstige Schäden (Schmerzen usw) erst nacheinander feststellbar sind, BGH NJW **98**, 1786, Celle VersR **98**, 643, Köln VersR **97**, 1551, strenger Hamm MDR **97**, 1159. Auch schließt eine Klage mit Ansprüchen, die nur auf das StVG gestützt werden, nicht eine weitere Klage mit einem Anspruch nach BGB aus, falls der Kläger nicht mit der ersten Klage auf weitere Ansprüche verzichten wollte; ein solcher Verzicht ist im allgemeinen nicht anzunehmen. Eine Feststellungsklage auf den Ersatz auch „jeden weiteren Schadens" ist aber im Zweifel auch auf den Ersatz des immateriellen Schadens gerichtet, BGH NJW **85**, 2022. **56**

Klagt ein Vertragspartner im Erstprozeß nur einen Teil der *Vertragsforderung* ein, darf und muß das Gericht im Zweitprozeß über den Vertrag neu entscheiden. **57**

Etwas anderes gilt natürlich, wenn durch eine *Widerklage* das Nichtvorhandensein weiterer Ansprüche festgestellt worden ist. Eine Nachforderung ist aber auch immer dann zulässig, wenn das Gericht die erste Klage mangels Bedürftigkeit voll abgewiesen hatte, BGH NJW **82**, 1284, aM Karlsr FamRZ **80**, 1125, oder wenn entgegen dem früheren Urteil, das eine Bedürftigkeit nur für einen abgegrenzten Zeitraum bejaht hatte, die Bedürftigkeit auch für den Folgezeitraum besteht, Hamm FamRZ **82**, 920 (dann ist eine Klage nach § 323 zulässig), Kblz FamRZ **86**, 489, oder wenn erst nach der Rechtskraft weitere immaterielle Nachteile eingetreten oder erkennbar geworden sind, BGH NJW **80**, 2754, überhaupt dann, wenn spätere Ereignisse die Erfüllung beeinflussen und die Ansprüche erhöhen. Maßgebender Zeitpunkt ist die letzte Tatsachenverhandlung, AG Nürnb VersR **79**, 1042. Dergleichen kann zB bei einer Inflation eintreten; möglich ist aber auch dann, daß die Forderung endgültig getilgt ist. Eine vorbehaltslose Annahme steht einer Nachforderung grundsätzlich nicht entgegen. Zur Auswirkung einer Teilklage auf die Verjährung des Restanspruches BGH **85**, 369. **58**

S auch Rn 65 „Teilklage".

**Nachlaßfragen:** Rn 36 „Erbrecht".
**Nebenintervenient:** Rn 64 „Streithelfer".
**Parteistellung:** Auch bei einer Umkehrung der Parteirollen im Folgeprozeß kommt es nur auf die Nämlichkeit des Streitgegenstands an, BGH NJW **93**, 2684 (auch zu den Grenzen). **59**
**Patentsache:** Rn 60 „Prozeßurteil".
**Prozeßstandschaft,** dazu *Berger,* Die subjektiven Grenzen der Rechtskraft bei der Prozeßstandschaft, 1992: Der Prozeßstandschafter erwirkt Rechtskraft für und gegen den Rechtsinhaber, BGH NJW **88**, 1586 (jedenfalls wenn die Ermächtigung offengelegen hatte).
**Prozeßurteil,** Üb 5 vor § 300: Es stellt nur die einschlägige Prozeßfrage fest, etwa die Unzulässigkeit des Rechtswegs. Es entscheidet nichts für die anderen Prozeßvoraussetzungen und erst recht nicht sachlich, Hamm Rpfleger **83**, 362, Baumgärtel/Laumen JA **81**, 215. Der wegen Unzuständigkeit des Gerichts abgewiesene Kläger kann also vor einem zuständigen Gericht neu klagen, BGH VersR **78**, 60, Baumgärtel/Laumen JA **81**, 215. Trotzdem ist eine Rechtskraft eben wegen des entschiedenen verfahrensrechtlichen Punkts möglich, BGH NJW **85**, 2536. Bei einer Änderung der Verhältnisse versagt die Rechtskraft, etwa beim Wegfall des Schiedsvertrags. Eine Prozeß- und Sachabweisung in demselben Urteil ist natürlich über selbständige Teile des Sachverhalts zulässig, BGH FamRZ **85**, 581; über denselben Sachverhalt ist sie an sich eine prozessuale Ungeheuerlichkeit und schafft Rechtskraft nur als Prozeßurteil, (über die Behandlung in der höheren Instanz Üb 5 vor § 300). Das Gericht darf freilich neben der Prozeßabweisung hilfsweise auch eine Sachabweisung erklären, Grdz 17 vor § 253. Auch dann ist aber nur die Prozeßabweisung in Rechtskraft erwachsen. Ob eine Prozeß- oder eine Sachabweisung vorliegt, ergeben notfalls die Entscheidungsgründe. Zur Unzulässigkeit der Abweisung „angebrachtermaßen" Rn 15. Wegen der umstrittenen erweiterten Rechtskraftwirkung im Patentnichtigkeitsverfahren van Venrooy GRUR **91**, 92 (ausf). **60**
**Prozeßvergleich:** Rn 69 „Vergleich".
**Räumung:** Ob auch über das Bestehen des zugrundeliegenden Rechtsverhältnisses Rechtskraft eintritt, läßt sich natürlich nur von Fall zu Fall sagen, aM BGH NZM **99**, 139 (beim dinglichen Wohnrecht. Aber gerade § 556 BGB zeigt – beim Mietvertrag –, daß die Beendigung Voraussetzung der Räumung ist, also tragender Räumungsgrund).
**Rechtshängigkeit:** Ihr Fehlen mag an der Rechtskraft nichts ändern, Zweibr FER **99**, 130.
**Rentenurteil:** Wenn es unzulässig den Endpunkt der Rente nicht bestimmt, dann ist die Rentendauer nicht rechtskräftig geklärt. Es ist dann eine Feststellungsklage zulässig, daß die Rente erloschen sei. Eine Änderung des Rentenurteils ist auch nach einem vorangegangenen Feststellungsurteil nur gemäß § 323 zulässig, BGH LM Nr 13. **61**
**Schadensersatz:** Wenn das Feststellungsurteil eine Ersatzpflicht wegen einer Körperverletzung ausspricht, so ist der ursächliche Zusammenhang rechtskräftig entschieden. Das Feststellungsurteil, das zum Ersatz „jeden weiteren Schadens" verpflichtet, umfaßt auch immaterielle Schäden, soweit nicht der Tenor Einschränkungen enthält oder sonst Anhaltspunkte für eine Beschränkung des Streitgegenstands vorliegen, BGH NJW **85**, 2022. Wenn der Kläger Ersatz in Natur verlangt und das Urteil den Ersatzanspruch ablehnt, dann ist kein neuer Prozeß auf Geldersatz zulässig, BGH NJW **91**, 2014. Ist ein Lieferungsanspruch rechtskräftig abgewiesen worden, so ist kein neuer Prozeß auf Ersatz wegen unterlassener Lieferung zulässig. Ist im Vorprozeß eine unbeschränkte Schadensersatzpflicht festgestellt worden, so kann im **62**

## § 322

Leistungsprozeß nicht geltend gemacht werden, die Leistungspflicht sei schon vor dem Urteil im Vorprozeß erlassen, weil das im Widerspruch mit der festgestellten Rechtsfolge stehen würde. Wenn eine Schadensersatzverpflichtung durch ein Feststellungsurteil festgestellt wurde, so können im Leistungsrechtsstreit grundsätzlich keine Einwendungen mehr geltend gemacht werden, die sich gegen die Verpflichtung richten (Mitverschulden), mögen sie damals auch noch nicht bekannt gewesen sein. Zur Feststellung eines Stationierungsschadens BGH VersR **73**, 156. Stellt das Feststellungsurteil fest, daß ein Vertragsverhältnis wegen arglistiger Täuschung aufgelöst ist, dann steht im Schadensersatzprozeß ebenfalls die Arglist fest, aM BGH RR **88**, 200 (zu eng).

S auch Rn 38 „Feststellungsurteil", Rn 46 „Haftpflicht", Rn 67 „Unterlassungsanspruch".

**63 Scheidungsverfahren:** Rn 33 „Ehe- und Kindschaftsurteil".

**Schiedsvereinbarung,** dazu *Bosch,* Rechtskraft und Rechtshängigkeit im Schiedsverfahren, 1991: Bei einer Abweisung der Klage wegen der Rüge der Schiedsvereinbarung steht fest, daß ein Schiedsgericht zu entscheiden hat. Zur Rechtskraft des Schiedsspruches Loritz ZZP **105**, 3.

**Schiffsgläubiger:** Zur Drittwirkung der Rechtskraft des Vollstreckungstitels nach § 776 HGB BGH NJW **74**, 2284, aM Hbg VersR **73**, 563.

**Schmerzensgeld:** Rn 51 „Nachforderung".

**Schuldschein:** Das Urteil auf seine Herausgabe stellt noch nicht fest, daß der Bekl keine Forderung hat.

**Sparbuch:** Rn 72 „Vorgreifliche Rechtsverhältnisse".

**Steuerrecht:** Das Urteil des ordentlichen Gerichts kann das Finanzgericht binden, BGH NJW **88**, 2044.

**64 Stufenklage,** § 254: Der Rechnungslegungsanspruch ist davon abhängig, daß der Hauptanspruch wahrscheinlich vorhanden ist. Werden der Rechnungslegungsanspruch oder der Auskunftsanspruch bejaht, so sind damit nicht schon dem Grunde nach auch die Leistungspflicht oder die Herausgabe bejaht, § 254 Rn 17, BGH FamRZ **91**, 316, Karlsr MDR **92**, 804, StJSchu § 254 Rn 35, aM BGH WertpMitt **75**, 1086. Wird der Auskunfts- oder Rechnungslegungsanspruch verneint, so besteht keine innere Rechtskraft wegen des Leistungsanspruchs, BGH LM § 254 Nr 3 (die eidesstattliche Versicherung kann Neues ergeben).

**Streitgenosse:** § 325 Rn 37 „Streitgenosse".

**Streithelfer:** Beim unselbständigen Streithelfer (Nebenintervenienten) wirkt, anders als beim streitgenössischen des § 69, die Rechtskraft des Urteils im Hauptprozeß nicht für oder gegen den Nebenintervenienten, Hbg NJW **90**, 650.

**65 Teilklage, -urteil,** dazu *Beinert,* Der Umfang der Rechtskraft bei Teilklagen, Diss Passau 1999; *Schulte,* Zur Rechtskrafterstreckung bei Teilklagen, 1999: Wenn sich das Gericht in den Gründen eines Teilurteils, das einen Anspruch über einen bestimmten Betrag hinaus abweist, bejahend über den restlichen Klaganspruch ausgesprochen hat, ohne ein Vorbehaltsurteil nach § 302 zu erlassen, dann kann es im Schlußurteil, das an sich nur zurückgestellten Aufrechnungseinwand gewidmet sein sollte, feststellen, daß der Klaganspruch überhaupt nicht bestand. Denn der Bekl hatte gegen die bejahende Stellungnahme im Teilurteil kein Rechtsmittel, so daß diese Feststellung das Gericht auch nicht ausnahmsweise band.

*Keine* innere Rechtskraft entsteht, soweit das Gericht verbotenerweise, § 301 Rn 27, ein Teilurteil nur gegen einen von mehreren notwendigen Streitgenossen, § 62, erlassen hat, BGH NJW **96**, 1061.

S auch Rn 13, 51 „Nachforderung".

**Testament, -svollstreckung:** Rn 36 „Erbrecht".

**66 Übergangener Anspruch:** Ihm steht die Rechtskraft ebensowenig entgegen wie einer neuen Klage die Klagrücknahme.

**Umkehrung der Parteirollen:** Rn 59 „Parteistellung".

**Umsatzsteuer:** Rn 64 „Steuerrecht".

**Unterhaltsanspruch:** Der auf Grund eines rechtskräftigen Urteils bezahlte Unterhalt läßt sich zurückfordern, wenn der Unterhaltsanspruch später wegfällt, BGH NJW **82**, 1147. Die Rechtskraft des Abänderungsurteils geht dem Rechtsmittelurteil des Ursprungsprozesses vor, Hamm FamRZ **85**, 505. Anders als beim Ehegattenunterhalt, § 323 Rn 14, gilt beim Kindesunterhalt keine Unterscheidung zwischen der Zeit vor und nach der Scheidung der Eltern, Kblz FamRZ **88**, 961. Zum Problem der Abgrenzung zu § 323 Gottwald FamRZ **92**, 1376. Wird die Klage mangels Leistungsfähigkeit abgewiesen, so tritt Rechtskraft hier wegen des Klagezeitraums ein, sodaß bei späterer Leistungsfähigkeit nicht § 323 anwendbar ist, sondern eine Klage für den weiteren Zeitraum in Betracht kommt, § 323 Rn 12. Graba NJW **88**, 2350 fordert eine Bindung an das Urteil „in seiner Struktur als Sinneinheit". Das ergebe eine erweiterte Abänderbarkeit nach Treu und Glauben (Vorsicht!). Eine vollstreckbare Urkunde nach § 794 I Z 5 erwächst nicht in Rechtskraft, Hamm FamRZ **93**, 340.

S auch Rn 51 „Nachforderung".

**67 Unterlassungsanspruch,** dazu *Rüßmann,* Die Bindungswirkung rechtskräftiger Unterlassungsurteile, Festschrift für *Lüke* (1997) 675: Ist dieser zugesprochen worden, so ist damit auch festgestellt, Grdz 8 vor § 253, daß kein dem Unterlassungsanspruch entgegenstehendes Recht besteht, daß vielmehr der Bekl eine bestimmte Handlung zu unterlassen hat. Dabei wird eine Änderung, die den Kern der Verletzungsform unberührt läßt, vom Verbotsurteil mitumfaßt (sog Kerntheorie), § 2 Rn 3, § 890 Rn 4, BGH NJW **93**, 334, KG RR **99**, 789. Daher kann diese Feststellung in einem späteren Schadensersatzprozeß nicht mehr Gegenstand der Urteilsfindung sein, KG RR **99**, 789; zum Problem Teplitzky GRUR **98**, 321. Das Urteil hat für spätere Rechtsstreitigkeiten präjudizielle Bedeutung, ohne daß es einer Zwischenfeststellungsklage bedurft hätte, aM Düss GRUR **94**, 82 (evtl Wahl zwischen neuer Klage und § 890. Aber das wäre eine gefährliche Aufweichung der Rechtskraft). Wenn aber nur eine Unterlassung seit der Klagerhebung verlangt und zugesprochen wurde, dann steht auch bei derselben Vertragsgrundlage durch das stattgebende Urteil nur die Unterlassung seit der Klagerhebung fest, und zwar auch für einen in einem späteren Rechtsstreit geltend gemachten Schadensersatzanspruch; für die Zeit vor der Klagerhebung muß die Verpflichtung neu untersucht werden, Karlsr GRUR **79**, 473. Dann hilft nur eine Zwischenfeststellungsklage über die Unterlassungspflicht auf Grund des Vertrages überhaupt. Man darf, wie stets, nicht

2. Titel. Urteil § 322

nur den früheren Urteilstenor, sondern muß auch die früheren Urteilsgründe beachten, Ffm OLGZ **85**, 208.

Wenn das Urteil den Unterlassungsanspruch *verneint*, dann hat es als solches eine das Gegenrecht **68** bejahende Feststellungswirkung. Dieses Gegenrecht gilt also in einem weiteren Prozeß als festgestellt, jedoch nur in demjenigen Umfang, der für den Vorprozeß notwendig war, BGH NJW **98**, 2368. Fehlt es an einer Erstbegehungsgefahr, so schafft das die Klage als unbegründet abweisende Urteil keine Rechtskraft für den Fall eines späteren Verstoßes, BGH NJW **90**, 2469. Wenn das Urteil den Anspruch verneint, weil keine Wiederholungsgefahr bestehe, so verneint es damit nur das Rechtsschutzbedürfnis und sagt nichts über den Unterlassungsanspruch an sich.

S auch Rn 34 „Eigentumsanspruch", Rn 38 „Feststellungsurteil", Rn 62 „Schadensersatz".
**Urkunde:** Rn 66 „Unterhaltsanspruch".
**Urkundenprozeß:** Ein in ihm erlassenes rechtskräftiges Anerkenntnisurteil ohne Vorbehalt nach § 599 **69** kann nicht im Nachverfahren aufgehoben werden, § 599 Rn 8.
**Vergleich:** Der außergerichtliche Vergleich, § 779 BGB, wie der Prozeßvergleich, Anh § 307, sind ihrer Natur nach nicht rechtskraftfähig, BGH **139**, 135, BayObLG RR **82**, 90, Köln MDR **88**, 974. Der Ablauf einer Widerrufsfrist ist etwas anderes als derjenige einer Rechtsmittelfrist. Ist im Erstprozeß ein angefochtener Vergleich geschlossen worden, kann man im Zweitprozeß nicht mehr seine sachlichrechtliche Unwirksamkeit geltend machen, BGH NJW **81**, 823.
**Vermögensübernahme:** Die Rechtskraftwirkung eines Urteils, das einen Anspruch aus einer rechtsgeschäftlichen Verpflichtungserklärung abgewiesen hat, erfaßt nicht den in einem neuen Prozeß geltend gemachten Anspruch aus einer Gesamtvermögensübernahme nach § 419 BGB, auch wenn beiden Ansprüchen im Ausgangspunkt derselbe Vertrag zugrunde liegt, BGH NJW **81**, 2306 (krit Olzen JR **82**, 70).
**Versäumnisurteil:** Es ist der inneren und äußeren Rechtskraft fähig, BGH NJW **96**, 49 (selbst wenn es sachlichrechtlich unrichtig ist), insofern richtig auch LG Memmingen VersR **75**, 1061. Es unterscheidet sich von anderen Urteilen nur durch die Art seines Zustandekommens. Ein klagabweisendes Versäumnisurteil kann weiter als ein kontradiktorisches Urteil wirken, da es den Anspruch grundsätzlich überhaupt abweist, vgl aber auch § 330 Rn 6. Zur Abänderungsklage Maurer FamRZ **89**, 445 (ausf).

S auch Rn 46 „Haftpflicht".
**Versicherungsanspruch:** Rn 46 „Haftpflicht".
**Versorgungsausgleich:** Die innere Rechtskraft läßt sich evtl mit Hilfe von § 10 a VAHRG durchbrechen, BGH RR **89**, 130.
**Verzichtsurteil:** Es ist keiner inneren Rechtskraft fähig, soweit es keine Gründe enthält, BGH RR **98**, 70 **1652**.
**Vollstreckungsabwehrklage:** Ist diese als unzulässig abgewiesen worden, so ist weder der dem Vollstreckungstitel zugrundeliegende Anspruch noch die Wirksamkeit der Klausel verneint worden, selbst wenn diese im abweisenden Urteil in Frage gestellt wurde, Kblz NJW **73**, 1756. Ist die Vollstreckungsabwehrklage als unbegründet abgewiesen worden, so erstreckt sich die Rechtskraft, Düss RR **92**, 1216, zwar auf den zB mit einer Aufrechnung geltend gemachten Gegenanspruch, Düss RR **92**, 1216, Karlsr MDR **95**, 643, Schmidt JR **92**, 93, nicht aber auf das Bestehen des mit dem Ausgangsprozeß verfolgten sachlichrechtlichen Anspruchs, BGH FamRZ **84**, 879, es kann ein Schadensersatzanspruch wegen der Zwangsvollstreckung aus dem Urteil, gegen das sich die Abwehrklage gerichtet hatte, nicht geltend gemacht werden, selbst wenn Schadensfolgen erst nach dem Urteil des Vorprozesses eingetreten sind. Der Anspruch kann auch nicht auf Tatsachen gestützt werden, die nicht bekannt waren, aber zZt der letzten mündlichen Verhandlung des Vorprozesses objektiv vorlagen, BGH **LM** Nr 27.

Hat die Abwehrklage *Erfolg*, so bleiben die materielle Rechtskraft des früheren Urteils und dessen Kostenentscheidung unberührt; es wird nur die Vollstreckbarkeit des titulierten Anspruchs beseitigt, BGH RR **90**, 179 (Ausnahme: § 322 II). Die Rechtskraft erstreckt sich auch nicht auf einen Gegeneinwand, BGH FamRZ **89**, 1074.

**Vollstreckungsbescheid,** dazu *Schrameck,* Umfang der materiellen Rechtskraft bei Vollstreckungsbescheiden, 1990; *Vollkommer,* Neuere Tendenzen im Streit um die „geminderte" Rechtskraft des Vollstreckungsbescheids, Festschrift für *Gaul* (1997) 759: **71**

Es ist der äußeren und inneren Rechtskraft fähig, Einf 13 vor §§ 322–327, § 700 Rn 1, BGH RR **90**, 434, BAG NJW **89**, 1053, Köln (7. ZS) RR **86**, 1238, aM (er sei nur der äußeren Rechtskraft fähig) Köln (12. ZS) NJW **86**, 1351, Grün NJW **91**, 2864 (nur „beschränkte" Rechtskraft).
**Vorbehaltsurteil:** Es ist der äußeren, aber nicht der inneren Rechtskraft fähig, § 599 Rn 9, 11.
**Vorgreifliche (präjudizielle) Rechtsverhältnisse** und logische Schlußfolgerungen. Sie gehen mangels **72** einer Zwischenfeststellungsentscheidung nach § 256 II nicht in Rechtskraft über, insbesondere dann nicht, wenn sie nur Vorfragen sind oder waren, BGH NJW **95**, 2993, BAG NJW **96**, 1300, Düss FER **98**, 135. Daher stehen Willensmängel nicht fest, wenn die auf Vertrag gestützte Klage ihretwegen abgewiesen wurde. Ein Urteil auf Räumung wegen eines unsittlichen Vertrags stellt die Unsittlichkeit nicht rechtskräftig fest. Ein Urteil auf Zahlung von Zinsen schafft keine Rechtskraft für die Hauptforderung. Ein Urteil, durch das die Nichtehelichkeit eines während der Ehe geborenen Kindes festgestellt wird, stellt nicht einen Ehebruch der Mutter fest. Das Urteil auf einen Teilbetrag schafft keine Rechtskraft für die Mehrforderung, BGH NJW **81**, 1045, außer soweit dieses abspricht, Rn 51 „Nachforderung". Der Besitz am Sparbuch ist nicht für die Frage, wer Gläubiger des Guthabens ist, vorgreiflich, BGH NJW **72**, 2268.

Dagegen entsteht eine Rechtskraft wegen der festgestellten oder verneinten *Rechtsfolge* auch dann, wenn sie in einem späteren Prozeß als Vorfrage Bedeutung hat, BGH NJW **93**, 3204, BAG VersR **91**, 366 mwN. Es entsteht ferner eine Rechtskraft für einen weitergehenden Anspruch, wenn der Kläger vor der Beendigung des Vorprozesses von der Möglichkeit eines weitergehenden Anspruchs Kenntnis hatte. Wenn ein Anspruch in einem rechtskräftig festgestellten Urteil wurzelt, so steht seine Voraussetzung rechtskräftig

fest, Rn 47 „Herausgabe", Rn 67 „Unterlassungsanspruch". Diese Wirkung über den Prozeß hinaus gilt aber nur bei Verschiedenheit der Prozesse, nicht in demselben Prozeß, BVerwG **12**, 266, krit Zeuner Festschrift für Weber (1975) 454.
**Vorschuß:** Wegen seiner vorläufigen Natur ist die Rechtskraftwirkung begrenzt, Rn 54. Ein weiterer Vorschuß läßt sich nachfordern, selbst wenn sich seine Notwendigkeit schon während des Verfahrens über einen vorangegangenen Vorschuß abzeichnete, Mü MDR **94**, 585.

73 **Wandlung:** Wird die Wandlungsklage abgewiesen, weil die Kaufsache fehlerfrei sei, so bleibe eine Minderungsklage möglich, Rn 72 „Vorgreifliche Rechtsverhältnisse".
S auch Rn 74 „Zug um Zug".
**Wechselklage:** Der rechtskräftig abgewiesene Wechselkläger kann im Zweitprozeß den dem Wechsel zugrundeliegenden sachlichrechtlichen Anspruch geltend machen, BGH WertpMitt **72**, 461, und umgekehrt.
**Widerklage:** Die Rechtskraft besteht stets nur soweit, wie über die Klage oder Widerklage entschieden worden ist, BGH MDR **81**, 216.
**Widerspruchsklage,** § 771. Sie schafft eine Rechtskraft nur wegen der Zulässigkeit der Zwangsvollstreckung und nicht wegen des Bestandes des die Veräußerung hindernden Rechts.

74 **Wohnrecht,** Rn 60 „Räumung".
**Zinsanspruch:** Im Rechtsstreit um den Zinsanspruch darf das Gericht den rechtskräftig bejahten Hauptanspruch nicht prüfen, BGH **LM** § 169 BEG 1956 Nr 16. Zinsen, die über den im Vorprozeß verlangten Betrag hinausgehen, werden von der Rechtskraft des ersten Urteils nicht erfaßt, Ffm RR **97**, 700. Nach einer Forderung von Zinsen „mindestens" in der im Erstprozeß zugesprochenen Höhe kann der Gläubiger Mehrzinsen im Zweitprozeß grundsätzlich als weiteren Teilanspruch geltend machen, vgl BGH NJW **79**, 720 (im Einzelfall kann ein Verzicht des Gläubigers auf den Restzins zu ermitteln sein).
**Zugewinngemeinschaft:** Wenn ein Ehegatte über das Vermögen im ganzen oder über Haushaltsgegenstände ohne die Zustimmung des anderen Ehegatten verfügt, §§ 1365, 1369 BGB, und wenn er verurteilt wird, so wirkt das Urteil nicht auch gegen den anderen Ehegatten. Ein Urteil, durch das die Rückforderung eines Ehegatten, § 1368 BGB, abgewiesen wird, wirkt nicht auch gegen den anderen Ehegatten, da sonst dem nicht verfügenden Ehegatten das Rückforderungsrecht genommen würde, Baur FamRZ **58**, 257. Wegen der Maßnahmen dieses Ehegatten gegen eine Zwangsvollstreckung § 739 Rn 11, 12. Das Urteil, das eine Klage auf die Feststellung eines nicht abschließend bezifferten Zugewinnausgleiches aus sachlichen Gründen abweist, stellt das Bestehen der Forderung nur dem Grunde nach fest, BGH FamRZ **86**, 565.
S auch Rn 45 „Grund des Anspruchs", Rn 51 „Nachforderung".
**Zug um Zug,** dazu *Dieckmann,* Zur Rechtskraftwirkung eines Zug-um-Zug-Urteils, Gedächtnisschrift für *Arens* (1993) 43 (ausf): Das Urteil schafft eine Rechtskraft nur für die Leistungspflicht, nicht für die Gegenleistung, BGH RR **86**, 1066, Scheffler NJW **89**, 1848. Einer neuen Klage, jetzt auf unbedingte Leistung, steht die Rechtskraft des Zug-um-Zug-Urteils entgegen, soweit die Gründe der neuen Klage schon im Vorprozeß vortragbar waren, BGH **117**, 3.
**Zurückbehaltungsrecht:** Rn 21.
**„Zur Zeit unbegründet":** Eine solche Entscheidung läßt eine erneute spätere Prüfung offen, BayObLG Rpfleger **95**, 406.

75 **Zwangsvollstreckung:** Wegen einer einstweiligen Einstellung gelten dieselben Regeln wie zB bei Rn 29 „Arrest und Einstweilige Anordnung oder Verfügung. A. Grundsatz", Ffm FamRZ **87**, 394.
S auch Rn 70 „Vollstreckungsabwehrklage".
**Zwischenstreit:** Ein Zwischenstreit der Parteien läßt sich nur durch eine Zwischenklage nach § 256 II rechtskräftig entscheiden, Stgt NJW **70**, 569. S auch Rn 72 „Vorgreifliches Rechtsverhältnis".

76 **8) VwGO:** Es gilt § 121 VwGO, dazu BVerwG NJW **96**, 737 (Bescheidungsurteil), Kopp/Kopp NVwZ **94**, 1. Ergänzend ist **I** entsprechend anwendbar, BVerwG **17**, 293 (Feststellungsurteil), ebenso **II**, § 173 VwGO, BVerwG DÖV **72**, 575, Appel BayBVl **83**, 202 mwN, hM; vgl § 302 Rn 19. Zur Bindungswirkung rechtskräftiger Entscheidungen der VerwGerichte im Zivilverfahren s § 13 GVG Rn 16 aE.

## 323 *Abänderungsklage.* [1]Tritt im Falle der Verurteilung zu künftig fällig werdenden wiederkehrenden Leistungen eine wesentliche Änderung derjenigen Verhältnisse ein, die für die Verurteilung zur Entrichtung der Leistungen, für die Bestimmung der Höhe der Leistungen oder der Dauer ihrer Entrichtung maßgebend waren, so ist jeder Teil berechtigt, im Wege der Klage eine entsprechende Abänderung des Urteils zu verlangen.

II Die Klage ist nur insoweit zulässig, als die Gründe, auf die sie gestützt wird, erst nach dem Schluß der mündlichen Verhandlung, in der eine Erweiterung des Klageantrages oder die Geltendmachung von Einwendungen spätestens hätte erfolgen müssen, entstanden sind und durch Einspruch nicht mehr geltend gemacht werden können.

III [1]Das Urteil darf nur für die Zeit nach Erhebung der Klage abgeändert werden. [2]Dies gilt nicht, soweit die Abänderung nach § 1360 a Abs. 3, § 1361 Abs. 4 Satz 4, § 1585 b Abs. 2, § 1613 Abs. 1 des Bürgerlichen Gesetzbuchs zu einem früheren Zeitpunkt verlangt werden kann.

IV Die vorstehenden Vorschriften sind auf die Schuldtitel des § 794 Abs. 1 Nr. 1, 2 a und 5, soweit darin Leistungen der im Absatz 1 bezeichneten Art übernommen oder festgesetzt worden sind, entsprechend anzuwenden.

## 2. Titel. Urteil § 323

**V** Schuldtitel auf Unterhaltszahlungen, deren Abänderung nach § 655 statthaft ist, können nach den vorstehenden Vorschriften nur abgeändert werden, wenn eine Anpassung nach § 655 zu einem Unterhaltsbetrag führen würde, der wesentlich von dem Betrag abweicht, der der Entwicklung der besonderen Verhältnisse der Parteien Rechnung trägt.

**Vorbem.** III 2 angefügt, IV, V idF Art 3 Z 3 a–c KindUG v 6. 4. 98, BGBl 666, in Kraft seit 1. 7. 98, Art 8 I 2 KindUG, ÜbergangsR (indirekt) Art 5 KindUG.

Für die *neuen Bundesländer* gilt

**EV Anl I Kap III Sachgeb A Abschn III Z 5 i.** ¹Gegen Entscheidungen, die vor dem Wirksamwerden des Beitritts rechtskräftig geworden sind, finden die vorgesehenen Rechtsbehelfe gegen rechtskräftige Entscheidungen statt (§§ 323, 324, 579 ff., 767 ff.). ²Die Voraussetzungen einschließlich der Fristen richten sich nach der Zivilprozeßordnung.

**Schrifttum:** *Adams,* Zur Fortgeltung und Abänderung von DDR-Unterhaltstiteln nach Wiederherstellung der Rechtseinheit, Diss Bonn 1995; *Boetzkes,* Probleme der Abänderungsklage usw, Diss Marbg 1986; *Braeuer,* Die einstweilige Anordnung auf Ehegattenunterhalt und ihre Abänderung, Diss Hann 1984; *Braun,* Grundfragen der Abänderungsklage, 1994; *Gottwald,* Abänderungsklage, Unterhaltsanspruch und materielle Rechtskraft, Festschrift für *Schwab* (1990) 151; *Graba,* Die Abänderung von Unterhaltstiteln, 1996; *Habscheid,* Urteilswirkungen und Gesetzgeber, Festschrift für *Lüke* (1997) 225; *Heil,* Die Bindung der Gerichte an Entscheidungen anderer Gerichte, Diss Bochum 1983; *Jakoby,* Das Verhältnis der Abänderungsklage gemäß § 323 ZPO zur Vollstreckungsgegenklage gemäß § 767 ZPO, 1991; *Kalthoener/Büttner,* Die Rechtsprechung zur Höhe des Unterhalts, 3. Aufl 1985; *Kurz,* Die Reformbedürftigkeit der Absätze 3, 4 und 5 des § 323 ZPO insbesondere für das Unterhaltsrecht, Diss Bonn 1992; *Leipold,* Das anwendbare Recht bei der Abänderungsklage gegen ausländische Urteile, in: Festschrift für *Nagel* (1987) 189; *Matsumoto,* Die Abänderung ausländischer Unterhaltsentscheidungen, Diss Regensb 1986; *Moritz,* Probleme der Abänderungsklage nach § 323 ZPO, Diss Passau 1998; *Niklas,* Das Erfordernis der wesentlichen Veränderung der Verhältnisse in § 323 I ZPO, 1988; *Petzoldt,* Die Rechtskraft der Rentenurteile der § 758 ZPO und ihre Abänderung nach § 323 ZPO, 1992; *Wendl/Staudigl,* Das Unterhaltsrecht in der familienrechtlichen Praxis, 1986.

**Gliederung**

| | |
|---|---|
| 1) **Systematik, I–V** ................ 1 | E. Prüfungsumfang ................... 45–48 |
| 2) **Regelungszweck, I–V** .......... 2 | F. Maßgeblicher Zeitpunkt, II ........ 49–53 |
| 3) **Geltungsbereich, I–V** ........... 3 | G. Einstellung der Zwangsvollstreckung . 54 |
| 4) **Verhältnis zur Vollstreckungsabwehrklage, I–V** ............. 4–7 | 8) **Urteil, II, III** ......................... 55–64 |
| A. Wahlmöglichkeit zur Vollstreckungsabwehrklage ............. 4, 5 | A. Sachentscheidung ................ 55 |
| B. Praktischer Vorrang von § 323 usw .. 6, 7 | B. Abänderungszeitraum ............ 56–62 |
|  | C. Kosten .......................... 63 |
| 5) **Auslandsberührung, I–V** ........ 8 | D. Vollstreckbarkeit ................. 64 |
| 6) **Voraussetzungen, I** ............. 9–39 | 9) **Anderer Schuldtitel, IV** .......... 65–79 |
| A. Verurteilung ................... 9–15 | A. Abänderungsbeschluß ............ 65 |
| B. Wiederkehrende Leistung ....... 16 | B. Prozeßvergleich; Vergleich vor Gütestelle; Vergleich zu Protokoll ....... 66–76 |
| C. Änderung der Verhältnisse ...... 17–20 | C. Außergerichtliche Vereinbarung .... 77 |
| D. Beispiele zur Frage einer Änderung der Verhältnisse ................ 21–35 | D. Vollstreckbare Urkunde ........... 78 |
| E. Wesentlichkeit der Änderung ..... 36–39 | E. Entsprechende Anwendbarkeit ..... 79 |
| 7) **Klage, I–III** ..................... 40–54 | 10) **Vereinfachtes Beschlußverfahren, V** .. 80–83 |
| A. Verfahrensziel: Umgestaltung der Rechtsbeziehung ................ 40, 41 | A. Bisher Anrechnung von Kindergeld oder kindbezogener Leistungen, §§ 1612 b, c BGB .................. 81 |
| B. Parteien ......................... 42 | B. Abänderung durch Beschluß ....... 82 |
| C. Zuständigkeit .................... 43 | C. Abweichung vom richtigen Betrag ... 83 |
| D. Antrag .......................... 44 | 11) *VwGO* ............................ 84 |

**1) Systematik, I–V.** Die dem § 767 nachgebildete Abänderungsklage des § 323, eine der ältesten, gleichwohl umstrittensten Vorschriften der ZPO, Gottwald (vor Rn 1) 151, ein „ständiger Unruheherd", Braun FamRZ **94**, 141, gibt dem Kläger bei einem Urteil auf wiederkehrende Leistung zur Korrektur der erweiterten Möglichkeiten nach § 258, Hoppenz FamRZ **87**, 1098, einen außerordentlichen, rein prozessualen Rechtsbehelf, eine prozessuale Gestaltungsklage, Grdz 10 vor § 253, BGH VersR **81**, 280, BFH NJW **86**, 2730, RoSGo § 158 I 2, ZöV 2, aM Köln FamRZ **83**, 1049, StJL 34, ThP 1. Dieser Rechtsbehelf dient der Verhütung oder Beseitigung der prozessualen Bindungswirkung des § 318 und nach dem Eintritt der äußeren Rechtskraft, Einf 1 vor §§ 322–327, und gibt zur Beseitigung der Wirkungen der inneren Rechtskraft, Einf 2 vor §§ 322–327, an die Hand, Nürnb FamRZ **96**, 353, und verschafft eine erweiterte Möglichkeit, das Urteil mit späteren Tatsachen zu bekämpfen, Rn 40. § 323 ist Ausdruck eines allgemeinen Rechtsgedankens, der clausula rebus sic stantibus, im Zivilprozeß, BGH FamRZ **87**, 263, Stgt RR **88**, 310, strenger Roth NJW **88**, 1236 (Zulässigkeit der Abänderung nur bei Erforderlichkeit der Rechtskraftdurchbrechung).

I, III sind mit *Art 103 I GG* vereinbar, Waldner NJW **93**, 2086, aM Braun NJW **95**, 936 (aber die ZPO kennt ohne Beanstandung durch das BVerfG so manche Entscheidung wegen der Besonderheit der Verfahrenslage auch ohne vorheriges Gehör, und im übrigen kann sich der Bekl auch im Verfahren nach I, III äußern. Freilich darf die Entscheidung nicht etwa erst später entstehende Einwände abschneiden; gerade insofern helfen aber I, III. Gerade deshalb liegt auch keine „Zukunftsrechtskraft" vor: Bei jeder im Rahmen

## § 323
### 2. Buch. 1. Abschnitt. Verfahren vor den LGen

des § 323 beachtlichen Änderung, und das ist bereits eine solche ab ca 10%, Rz 37, hat der Benachteiligte alle rechtlichen Möglichkeiten der Anpassung).

**2** 2) **Regelungszweck, I–V.** Grund der Regelung ist die Erkenntnis, daß sich die Entwicklung der Verhältnisse für die ganze Wirkungsdauer eines solchen Urteils im allgemeinen nicht übersehen läßt, BGH NJW **81**, 819, BFH DB **81**, 723, Hamm FamRZ **82**, 949, und daß der Fortbestand der insofern von vornherein zeitlich nur begrenzt gerechten Entscheidung mit der sachlichen Gerechtigkeit, Einl III 9, unvereinbar werden kann, daß aber andererseits die Verurteilung von vornherein zu einer „dynamischen", also den jeweiligen Lebenskosten angepaßten Rente unzulässig ist, BGH NJW **81**, 820. III dient dem Vertrauensschutz, BGH NJW **98**, 2434.

**3** 3) **Geltungsbereich, I–V.** Die Vorschrift gilt in allen Verfahren nach der ZPO, auch im arbeitsgerichtlichen Verfahren, § 46 II 1 ArbGG.

**4** 4) **Verhältnis zur Vollstreckungsabwehrklage, I–V.** Es ist schwer zu klären.
A. **Wahlmöglichkeit.** Die Klage hat aus der Sicht des Schuldners praktisch oft fast dasselbe Ziel wie die Vollstreckungsabwehrklage, § 767, Düss FamRZ **80**, 1046, Köln MDR **88**, 974. Diese ist darum in geeigneten Fällen wahlweise neben § 323 zulässig, und umgekehrt, Mü FamRZ **92**, 213 (zum Prozeßvergleich), Böhmer IPRax **91**, 92, StJL 41 ff, aM (nur § 323 oder nur § 767) Bbg FER **99**, 97 (§ 323), Hamm FER **99**, 76 (§ 767), MüKoGo 28, RoSGo § 158 IV.
*Im einzelnen* unterscheidet Hamm FamRZ **80**, 150: § 323 betreffe Änderungen, durch welche die Vorausschau des Gerichts unrichtig werde, § 767 Änderungen, die das Gericht nicht vorauszusehen hatte; § 323 sei eine Sonderregelung, die den § 767 ausschließe und auch den Gläubiger begünstige, BGH FamRZ **77**, 462, Bbg FamRZ **92**, 718, KG FamRZ **90**, 187 (§ 767 bringe den Anspruch endgültig zu Fall). Bbg FamRZ **88**, 641 erfaßt mit § 323 den Einfluß der wirtschaftlichen Verhältnisse, mit § 767 die rechtsvernichtenden (sonstigen) Tatsachen.
Die Vollstreckungsabwehrklage ist neben § 323 zulässig *auch als eine Hilfsklage*, § 260 Rn 8, BGH FamRZ **79**, 573, Karlsr FamRZ **85**, 288, ZöV 16, aM Düss RR **93**, 137.
Das alles gilt etwa dann, wenn der Bekl behauptet, seine *Leistungspflicht* sei jetzt *vermindert*, Rn 28, BGH FamRZ **89**, 159, Ffm FamRZ **91**, 1328 (je: für Rückstände nur nach § 767), oder sei wegen eines Verzichts des Klägers weggefallen, LG Köln MDR **58**, 522, das allerdings eine Klage aus § 767 ablehnt, aM Düss FamRZ **85**, 1148 (es komme weder § 323 noch § 767 in Betracht). Im Fall einer *Verwirkung* kommt freilich meist nur § 767 in Betracht, dort Rn 34, BGH FamRZ **87**, 261 (krit v Olshausen JR **88**, 464), Düss FamRZ **81**, 884, aM Ffm FamRZ **88**, 62.

**5** Die Vollstreckungsabwehrklage ist an den in § 767 I bestimmten *Gerichtsstand* gebunden, wirkt aber in Abweichung von den bei einem Urteil geltenden zeitlichen Beschränkungen des § 323 III (wegen anderer Schuldtitel Rn 65 ff) auch für die rückständigen Leistungen, ist also häufig vorteilhafter. Andererseits ist die Klage aus § 323 auch dem Gläubiger gegeben, Hoppenz FamRZ **87**, 1100.
Zur Abgrenzung von § *1605 BGB* AG Hersbruck FamRZ **85**, 634.

**6** B. **Praktischer Vorrang von § 323 usw.** Die Praxis unterscheidet freilich im allgemeinen nicht so scharf. Ist eine Abänderungsklage anhängig, so liegt im allgemeinen für eine Klage aus § 767 kein Rechtsschutzbedürfnis vor, Grdz 33 vor § 253, und umgekehrt, BGH **70**, 156, Ffm FamRZ **80**, 176, Hahne FamRZ **83**, 1191.

**7** Das *Vertragshilfeverfahren* und die Abänderungsklage stehen nebeneinander. Bei einer Änderung des Regelbedarfs kommt das Verfahren nach § 642 b I in Betracht, aber auch dasjenige nach § 323, wie §§ 645 ff zeigen. Freilich ist dann auch die Abänderungsklage nach § 656 statthaft. Eine Klage nach § 323 ist auch wegen Vorsorgeunterhalts statthaft, BGH FamRZ **85**, 690, Ffm RR **86**, 558. Im übrigen ist eine „Zusatzklage" nicht möglich, sondern allenfalls § 323, BGH NJW **86**, 3142, Hamm FamRZ **80**, 480. Der ersteren fehlt grundsätzlich das Rechtsschutzbedürfnis, soweit letztere zulässig ist, BGH **94**, 146, Ffm FamRZ **83**, 796 (Ausnahme: Rn 77). Zum Versuch, für Unterhaltsklagen bei einer Heraufsetzung der Richtsätze den § 323 mit Hilfe von § 258 auszuschalten, vgl § 258 Rn 5, § 322 Rn 51 „Nachforderung". Zur Anschlußberufung statt § 323 BGH NJW **89**, 3225. I–IV sind neben einem Anpassungsverfahren nur bedingt zulässig, V, Rn 80.

**8** 5) **Auslandsberührung, I–V.** Hier nur Andeutungen. Das Auslandsurteil muß im Inland anerkennbar sein, §§ 328, 722, Celle FamRZ **93**, 104, Hamm FamRZ **93**, 190, Nürnb FamRZ **96**, 353. Die Abänderbarkeit, ihr *Ob*, richtet sich nach dem deutschen Prozeßrecht, Einl III 74, BGH NJW **92**, 439, Hamm FamRZ **93**, 1477. Der Abänderungs*maßstab*, das *Wie*, richtet sich nach dem ausländischen Recht, BGH FamRZ **92**, 1062, Celle FamRZ **93**, 104, Schlesw FamRZ **93**, 1483 (je Polen) Düss RR **93**, 137 (Serbien), Hamm RR **95**, 457 (Türkei), Karlsr FamRZ **89**, 1310, Mü RR **90**, 649 (je Jugoslawien), AG Kerpen FamRZ **97**, 436.
*Zu beachten* ist Art 18 EGBGB, Karlsr FamRZ **89**, 1311, ferner das HUnterhVollstrÜbk, SchlAnh V A 2; zur Problematik BGH MDR **90**, 718 (österreichischer Titel), Katzke NJW **88**, 104. Wegen der entsprechenden Anwendbarkeit des § 323 bei einem Anspruch nach dem NATO-Truppenstatut Karlsr VersR **76**, 197. Wegen des EuGVÜ Schlosser FamRZ **73**, 429. Wegen eines Auslandsunterhaltstitels § 10 II AUG, abgedruckt bei § 722.

**9** 6) **Voraussetzungen, I.** Es sind vier Hauptfragen zu klären.
A. **Verurteilung.** I verlangt eine Verurteilung (also überhaupt ein Urteil), §§ 300 ff, und zwar auch der früheren DDR, Vorbem, BGH RR **93**, 1475, Brdb FamRZ **97**, 1342, Hamm FamRZ **96**, 1086. Es genügt eine Verurteilung durch ein Teilurteil, § 301, Karlsr FamRZ **92**, 199, durch ein Anerkenntnisurteil, § 307, BGH NJW **81**, 2195, (ob der Titel in Verlust geraten ist, ist unerheblich), Bbg FamRZ **86**, 702, Hamm FamRZ **97**, 890, oder durch ein Versäumnisurteil, §§ 330 ff, gegen das ein Einspruch nicht oder nicht mehr zulässig ist, Hamm RR **90**, 773 und RR **90**, 841. Zur Problematik des letzteren Maurer FamRZ **89**, 445 (ausf). Ein solches Urteil läßt also evtl wahlweise Berufung und die Abänderungsklage zu, BGH NJW **86**, 383, Karlsr FamRZ **87**, 1289, aM Hamm FamRZ **78**, 446. Wegen eines Beschlusses im Vereinfachten Verfahren der §§ 645 ff vgl § 656.

2. Titel. Urteil § 323

Die Möglichkeit der *Revision* schadet für § 323 nicht, Hamm FamRZ **85**, 505, schon wegen seines II, MüKoGo 32, StJL 11, 30, ZöV 13, aM RoSGo § 158 V 1.

Es ist also der Eintritt der *Rechtskraft nach § 322 nicht vorausgesetzt*, eine Rechtsmittelmöglichkeit ist also **10** keineswegs stets schädlich, BGH NJW **86**, 383, Bbg RR **90**, 74, MüKoGo 32, aM RoSGo § 158 II 3.

Es kommt vielmehr auf das nach dem Einzelfall zu klärende *Rechtsschutzbedürfnis* an, Grdz 33 vor § 253, **11** Oldb FamRZ **80**, 395. Allerdings muß die Möglichkeit des Einspruchs bei der Entstehung des Grundes ausgeschlossen sein. Auch ein klagabweisendes Urteil kann genügen, Rn 13, BGH NJW **85**, 1345, Düss FamRZ **84**, 493, StJL II 2 a, ZöV 26, aM Bre FamRZ **81**, 1076, RoSGo § 158 II 3.

Allerdings kommt dann, wenn das Gericht die erste Unterhaltsklage mangels Übersehbarkeit der Verhältnisse **12** als zur Zeit unbegründet abgewiesen hatte, eine neue Leistungsklage in Betracht, Hamm RR **94**, 649 (auch zu den Grenzen); dasselbe gilt, wenn das Gericht die erste Klage wegen des *Fehlens einer Bedürftigkeit* voll abgewiesen hatte, BGH FamRZ **84**, 1003, Hamm RR **95**, 578, Zweibr FamRZ **83**, 1039 (freilich nicht, falls die Abweisung auf § 1579 I Z 4 BGB gestützt war und dessen Voraussetzungen jetzt fehlen), aM Karlsr FamRZ **80**, 1125, Hahne FamRZ **83**, 1190, Wax FamRZ **82**, 347. Wenn demgegenüber die im ersten Urteil nur für einen begrenzten Zeitraum bejahte Bedürftigkeit auch für den Folgezeitraum eintritt, ist die Klage nach § 323 zulässig, Hamm FamRZ **82**, 920. Dasselbe gilt, wenn das erste Urteil Unterhalt zugesprochen, ein folgendes Abänderungsurteil ihn wieder aberkannt hatte und der Gläubiger nun doch wieder Unterhalt fordert, BGH NJW **85**, 1346, oder wenn nur ein Spitzenbetrag tituliert war, Hamm FamRZ **97**, 619.

Ein positives *Feststellungsurteil* nach § 256 genügt grundsätzlich nicht, s aber Rn 66 ff, Rn 79. Ein abweisendes Urteil auf Grund einer leugnenden Feststellungsklage kann wegen seiner inneren Rechtskraftwirkung, **13** § 322 Rn 41, 42, genügen, Hamm FamRZ **94**, 387. Eine einstweilige Verfügung genügt nicht, bei ihr gelten §§ 927, 936, Zweibr FamRZ **83**, 415. Ebensowenig genügt eine einstweilige Anordnung, §§ 620 ff, BGH NJW **83**, 1331, Kblz FamRZ **86**, 999, ZöV 17, aM Ffm FamRZ **80**, 175. In solchem Fall kommt eine verneinende Feststellungsklage in Betracht, § 256 Rn 63 „Ehe". Eine privatschriftliche Vereinbarung genügt nicht, Rn 75. Gegen einen Schiedsspruch, § 1054, ist eine Abänderungsklage je nach der Schiedsvereinbarung beim Schiedsgericht oder beim Staatsgericht zu erheben; sie ist ja kein Rechtsbehelf nach § 1059, sondern nur nach Rn 1.

Ist vor der *Scheidung* ein Unterhaltsanspruch ergangen, so kann nicht schon deshalb seine Abänderung **14** begehrt werden, weil nach der Scheidung Umstände neu eingetreten sind. Denn nunmehr ist Rechtsgrundlage nicht mehr § 1360 BGB, sondern die Regelung der §§ 1569 ff BGB. Ein Anspruch aus dem alten Urteil ist überhaupt nicht mehr gegeben; man muß neu klagen, BGH FamRZ **85**, 581, Hamm FamRZ **88**, 402, ZöV 21, aM Hamm FamRZ **80**, 797. Vgl §§ 620 ff, die den § 323 nicht automatisch ausschließen, Hamm NJW **78**, 1536, Flieger MDR **80**, 803.

Entsprechendes gilt für den Zustand des *Getrenntlebens*, Köln FamRZ **87**, 1060 (zu § 263), Mü FamRZ **15** **81**, 451, auch nach einem erneuten Zusammenleben, Stgt FamRZ **82**, 1012. Zur allgemeinen – auch vollstreckungsrechtlichen – Problematik Scheld Rpfleger **80**, 325. Dagegen ist der Unterhaltsanspruch des minderjährigen Kindes mit dem der mittlerweile volljährig gewordenen jedenfalls dem Grunde nach identisch. Daher ist eine Abänderungsklage insoweit zulässig, BGH NJW **84**, 1613, Hamm (7. ZS) FamRZ **83**, 208 und (9. FamS) FamRZ **91**, 1201, aM Hamm (3. ZS) FamRZ **83**, 206.

**B. Wiederkehrende Leistung.** Die Verurteilung muß auf wiederkehrende Leistungen im Sinne des **16** § 258 gehen, die wenigstens teilweise in Zukunft fällig werden, BGH **93**, 773. Auch ein Unterhaltsurteil zugunsten eines Kindes gehört hierhin, FamRZ **87**, 709, Karlsr FamRZ **91**, 601, sei es ehelich oder nichtehelich. Ferner zählt hierher eine Verurteilung zur Zahlung eines betrieblichen Ruhegelds, § 16 BetrAVG, BGH NJW **81**, 190. Nicht aber gehört hierhin eine Verurteilung aus einem zweiseitigen Vertrag zu Leistungen, deren anspruchsbegründende Tatsachen schon endgültig feststehen, etwa Kaufpreisraten oder Renten nach §§ 912, 917 BGB, ferner nicht eine Verurteilung zu einer Leistung, die von einer gleichzeitigen oder vorgängigen Gegenleistung abhängt, ferner nicht eine Kapitalzahlung in Raten. Wegen einer Kapitalabfindung Rn 79.

**C. Änderung der Verhältnisse.** Es muß weiter eine objektive Änderung der nach Grund und Betrag **17** erheblichen Verhältnisse bereits eingetreten sein, BGH NJW **93**, 1795. Die Änderung muß diejenigen Verhältnisse betreffen, die für die Verurteilung oder für deren Dauer oder für die Höhe der Leistung maßgebend waren. Die neuen Umstände können allgemein sein oder auch nur in der Person des Berechtigten oder Verpflichteten liegen. Die Darlegung der Änderung der Verhältnisse, und zwar per Saldo, Rn 37, zu Lasten des Klägers, Rn 46, ist eine Voraussetzung der Zulässigkeit der Klage, BGH FamRZ **84**, 355, Hamm FamRZ **84**, 1124, Schlesw SchlHA **89**, 17.

Wegen einer Veränderung der *Gesetzeslage* Bbg FamRZ **92**, 185 (betr § 1610 a BGB), KG FamRZ **87**, **18** 181, Gießler FamRZ **87**, 1276. Eine bloße Änderung der *Rechtsprechung* genügt grundsätzlich nicht, BGH FamRZ **95**, 222, Oldb FamRZ **93**, 1475 (Tabellenänderung), ebensowenig ein jetzt besserer, genauerer Vortrag der objektiv in Wahrheit gleichgebliebenen Verhältnisse, Düss FamRZ **89**, 1207, oder ein bloßer Wechsel in der Beurteilung der damals entscheidungserheblichen Umstände, BGH RR **92**, 1092, Hamm FER **97**, 164, Derleder FamRZ **89**, 559. Ein solcher Wechsel genügt auch dann nicht, wenn in einem zweiten Prozeß wegen eines weiteren Teils des Schadens schon eine andere Entscheidung ergangen ist, BGH VersR **81**, 281, und grundsätzlich unabhängig davon, ob das Gericht desjenigen Urteils, dessen Abänderung der Kläger jetzt beantragt, damals eine fehlerhafte Beurteilung vorgenommen hatte, BGH VersR **81**, 281, Hamm RR **90**, 841, aM Schlesw FamRZ **88**, 418.

Vielmehr müssen sich die tatsächlichen Verhältnisse und nicht nur die subjektiven Vorstellungen eines **19** Beteiligten nach Schluß der mündlichen Verhandlung des letzten Vorprozesses, §§ 136 IV, 296 a, *dauerhaft verändert* haben, BGH RR **92**, 1092, Hamm NJW **86**, 730, Hamm RR **90**, 841, und zwar gegenüber dem Voraussehbaren oder Vorausgesehenen, Karlsr FamRZ **97**, 366 (Auslegung).

Das *bloße Bekanntwerden* einer schon vorher eingetretenen Veränderung reicht nicht aus, Düss FamRZ **79**, **20** 803, Hamm RR **90**, 841, Karlsr FamRZ **80**, 1125. Ebensowenig reicht schon der Eintritt der Volljährigkeit

**§ 323**                      2. Buch. 1. Abschnitt. Verfahren vor den LGen

des Unterhaltsberechtigten, Hbg FamRZ **83**, 211, oder neue Beweismöglichkeiten. Unerheblich ist, ob die Mutter, die ihre Unterhaltspflicht (noch) voll durch die Pflege und Betreuung erfüllt, inzwischen wieder (außerdem) berufstätig ist, BGH NJW **84**, 1459.

**21**    **D. Beispiele zur Frage einer Änderung der Verhältnisse**
      **Adoption:** Eine Änderung der Verhältnisse kann vorliegen, wenn der Geschiedene ein unterhaltsbedürftiges Kind seines neuen Partners adoptiert, Hamm FamRZ **92**, 322.
          S auch Rn 35 „Weiteres Kind".
      **Altersgruppe:** Eine Änderung der Verhältnisse kann vorliegen, wenn der Unterhaltsberechtigte die nächsthöhere Altersgruppe bzw für die nächste Tabellenstufe erreicht hat, Hbg FamRZ **89**, 885, Nürnb FER **97**, 187, Oldb FamRZ **93**, 1475.

**22**    **Arbeitsfähigkeit:** Eine Änderung der Verhältnisse kann vorliegen, wenn der Kläger entgegen der Annahme im bisherigen Urteil in einem gewissen Alter noch arbeitsfähig ist, vgl Karlsr FamRZ **93**, 1456, oder nicht mehr vermittelbar ist, aM Hamm FamRZ **96**, 1017. Eine hochschwanger gewesene Frau kann sich nach der Geburt nicht darauf berufen, nicht mehr arbeiten zu können, Ffm NJW **82**, 1232.
          S auch Rn 24 „Erwerbsunfähigkeit".
      **Arbeitslosigkeit:** Eine Änderung der Verhältnisse kann vorliegen, wenn sich der Arbeitslose ernsthaft um Arbeit bemüht, BGH FamRZ **95**, 174, KG NJW **85**, 869, Karlsr FamRZ **83**, 931. Eine Änderung kann auch vorliegen, wenn der Unterhaltsberechtigte mittlerweile seine Obliegenheit verletzt, sich um Erwerb zu bemühen, Hamm FamRZ **87**, 1286.
      Eine Änderung der Verhältnisse *fehlt* bei nur vorübergehender Arbeitslosigkeit, Drsd FamRZ **98**, 767 (bis 6 Monate).
          S auch Rn 33 „Umschulung".
      **Arzt:** Man darf bei stabiler Aufwärtsentwicklung die letzten Jahre zum Vergleich heranziehen, Hamm FamRZ **97**, 310.
      **Ausland:** Rn 27 „Lebensbedarf", Rn 33 „Umzug ins Ausland".

**23**    **Bedürftigkeit:** Eine Änderung der Verhältnisse kann vorliegen, wenn die Bedürftigkeit des Unterhaltsberechtigten ganz oder teilweise entfallen ist, Bbg FamRZ **80**, 617, Hamm FamRZ **97**, 232 (Student).
      **Beurteilung:** Rn 30 „Rechtliche Würdigung".
      **Darlehen:** Eine Änderung der Verhältnisse kann vorliegen, wenn der Schuldner nachhaltig die damals mitberücksichtigte Beteiligung an der Tilgung eines Darlehens unterläßt, Kblz FamRZ **86**, 1232.
      **Dritter:** Eine Änderung der Verhältnisse kann vorliegen, wenn die Unterhaltspflicht gegenüber einem Dritten entfallen ist, BGH FamRZ **88**, 817.

**24**    **Einkommenssteigerung:** Eine Änderung der Verhältnisse kann vorliegen, wenn der Unterhaltspflichtige mittlerweile ein nicht unbedeutendes, Hamm FamRZ **97**, 232, bzw ein trotz des Anstiegs der allgemeinen Lebenskosten immer noch als Steigerung anzusehendes Einkommen hat, BGH FamRZ **95**, 222, Kblz FamRZ **97**, 372, aM LG Kassel NJW **75**, 267. Dabei kann ein fiktives Einkommen einzusetzen sein, soweit der Schuldner gezielt darauf hingewirkt hat, daß ihm Einkünfte erst nachprozessual zufließen, Hamm FamRZ **96**, 505. Denn Arglist ist auch im Prozeß unzulässig, Einl III 54. Zur Offenbarungspflicht des Schuldners Hamm FamRZ **97**, 434.
      **Einkommensverringerung:** Eine Änderung der Verhältnisse kann vorliegen, wenn sich das Einkommen des Schuldners verringert, BGH FamRZ **95**, 174.
      **Ersatzdienst:** Die Absicht, nach ihm zu studieren, beseitigt nicht den Fortbestand eines titulierten Anspruchs des früher Minderjährigen, aM Kblz FamRZ **99**, 676 (aber jeder kann für die Zeit nach dem Ersatzdienst). Zu prüfen bleibt natürlich eine Änderung des Bedarfs wegen des Studiums.
      **Ersparnis:** Eine Änderung der Verhältnisse kann beim Anwachsen von Ersparnissen vorliegen, Brdb FamRZ **97**, 1342. Aber Vorsicht!
      **Erwerbschance:** Eine Änderung der Verhältnisse kann vorliegen, wenn die Erwerbschancen des Unterhaltsberechtigten inzwischen gestiegen sind, Hamm RR **88**, 1476.
      **Erwerbsunfähigkeit:** Eine Änderung der Verhältnisse kann beim Eintritt der teilweisen oder völligen Erwerbsunfähigkeit vorliegen, Zweibr FamRZ **93**, 441.

**25**    **Freiwillige Leistung:** Eine Änderung der Verhältnisse kann vorliegen, wenn bei demjenigen, der über freiwillige Unterhaltszahlungen hinaus verurteilt wurde, bzw bei seinem Gegner die Einschränkung der freiwilligen Zahlungen nicht mehr ausreicht und das Titulierte berührt wird, BGH NJW **85**, 1343.
      **Geburt:** Ein Kind aus 2. Ehe kann zur Änderung der Verhältnisse führen. BGH FamRZ **96**, 788.
          S auch Rn 22 „Arbeitsfähigkeit".
      **Geschäftsgrundlage:** Nach ihrem Fortfall kann eine Änderung der Verhältnisse vorliegen.
      **Gesetzgebung:** Eine Änderung der Verhältnisse kann vorliegen, wenn sich das Gesetz ändert, sofern es eine wesentliche Abweichung von der früheren Beurteilung nach Höhe und Dauer verlangt, Kblz FamRZ **79**, 703, aM BGH FamRZ **77**, 462 (wohl aber sei eher § 767 anwendbar), Müller-Webers DRiZ **84**, 372, ThP 19 (jede Gesetzesänderung könne ausreichen).
      **Gesundheit:** Eine Änderung der Verhältnisse kann bei erheblicher Veränderung des Gesundheitszustandes eintreten, Hamm FamRZ **99**, 917 (Besserung beim Berechtigten).

**26**    **Haft:** Rn 28 „Leistungsfähigkeit".
      **Halbtagsarbeit:** Rn 28 „Leistungsfähigkeit".
      **Kindergeld:** Eine Änderung der Verhältnisse kann vorliegen, wenn ein Wechsel bei den Verhältnissen wegen des Kindergeldes eingetreten ist, Hamm FamRZ **90**, 542.
          S auch Rn 35 „Weiteres Kind".

**27**    **Lebensbedarf:** Eine Änderung der Verhältnisse kann vorliegen, wenn der Lebensbedarf des Unterhaltsberechtigten gestiegen ist, Hbg FamRZ **83**, 211. Das gilt insbesondere bei einer Erhöhung der allgemeinen Lebenskosten, BGH FamRZ **95**, 222, Hamm NJW **94**, 2627 (Auslandsstudium), Zweibr NJW **94**, 527.
          S auch Rn 24 „Einkommenssteigerung", Rn 27 „Lebensstandard".

## 2. Titel. Urteil § 323

**Lebenskosten:** S „Lebensbedarf".
**Lebensstandard:** Eine Änderung der Verhältnisse kann vorliegen, wenn sich der allgemeine Lebensstandard ändert, aM ZöV 33.
S auch „Lebensbedarf".
**Leistungsfähigkeit:** Eine Änderung der Verhältnisse kann vorliegen, wenn die Leistungsfähigkeit des 28 Unterhaltsverpflichteten gestiegen ist, BGH NJW **90**, 3274 (früher Arbeitslosigkeit, jetzt Halbtagsarbeit), Hbg FamRZ **83**, 211, Zweibr FamRZ **79**, 929. Dasselbe gilt, wenn die Leistungsfähigkeit gesunken ist, BGH FamRZ **89**, 173, Ffm FamRZ **95**, 735, Mü FamRZ **89**, 286, Hamm RR **90**, 841. Dasselbe gilt, wenn die Leistungsfähigkeit fortfiel, Karlsr FamRZ **92**, 199.
**Mehrheit von Ansprüchen:** Eine Änderung der Verhältnisse liegt nicht vor, wenn der bisherige Anspruch bereits entfallen war, bevor der neue Anspruch entstand, Hamm FamRZ **93**, 1477 linke Spalte (neuer Trennungsunterhalt nach einer nicht nur ganz vorübergehenden Versöhnung).
**Nachehelicher Unterhalt:** Rn 34 „Versorgungsausgleich".  29
**Neue Bundesländer:** Rn 27 „Lebensbedarf".
**Nichteheliche Beziehung:** Eine Änderung der Verhältnisse kann in folgenden Fällen vorliegen: Es ist eine Verfestigung der nichtehelichen Beziehung des unterhaltsberechtigten Geschiedenen eingetreten, Düss RR **91**, 1347, Hamm FamRZ **87**, 1266 (Vorsicht! Wo liegen die Grenzen?); ein in der Ehe geborenes Kind wird für nichtehelich erklärt, § 1599 BGB, so schon Nürnb FamRZ **96**, 1090.
**Preissteigerung:** Rn 27 „Lebensbedarf".
**Rechtliche Würdigung:** Wenn das Gericht im ersten Urteil die damaligen Verhältnisse nicht gekannt oder 30 bzw und deshalb falsch beurteilt hatte, dann greift § 323 nicht ein, Rn 48, Karlsr FamRZ **83**, 625, Schlesw SchlHA **78**, 198.
**Rechtsgeschäft:** Eine Änderung der Verhältnisse liegt nicht schon deshalb vor, weil sich rechtsgeschäftliche Änderungen ergeben haben; dann ist vielmehr § 767 zu beachten.
S freilich auch Rn 25 „Geschäftsgrundlage".
**Rente:** Eine Änderung der Verhältnisse kann in folgenden Fällen vorliegen: Ein Beteiligter ist in das Rentenalter eingetreten, BGH FamRZ **88**, 817, Hamm FamRZ **99**, 239, Kblz FamRZ **97**, 1338; die Rente, die ein Dritter dem Unterhaltsberechtigten zahlt, ist angestiegen, LG Bln FamRZ **72**, 368; es ist eine auf dem Versorgungsausgleich beruhende Änderung einer Rente eingetreten, Karlsr FamRZ **88**, 197, Köln FER **99**, 249, aM ZöV 16.
S auch Rn 34 „Versorgungsausgleich".
**Schwangerschaft:** Eine Änderung der Verhältnisse kann beim Eintritt einer (auch weiteren) Schwangerschaft vorliegen, AG Westerburg FamRZ **97**, 1339.
**Schwankungen:** Eine Änderung kann bei längeren Schwankungen vorliegen, Hbg FamRZ **89**, 304.  31
**Sonderbedarf:** Eine Änderung der Verhältnisse kann vorliegen, wenn es um einen Sonderbedarf und dessen Erfüllung geht, Stgt FamRZ **78**, 684.
**Steigerung:** S bei den einzelnen Sachstichwörtern.
**Steuerrecht:** Eine Änderung der Verhältnisse kann vorliegen, wenn sich die Situation steuerrechtlich 32 ändert, BGH FamRZ **88**, 817, Ffm FamRZ **86**, 1130, freilich nur beim etwa notwendigen Einverständnis des Klägers, Köln FER **98**, 265 (Splitting).
**Strafhaft:** Rn 28 „Leistungsfähigkeit".
**Tabellenänderung:** Sie kann ausreichen, Rn 38.
**Tabellenstufe:** Rn 21 „Altersgruppe".
**Teilklage:** Hamm FamRZ **99**, 677 erlaubt eine Korrektur des Fehlers, die frühere Teilforderung nicht als solche bezeichnet zu haben, im Abänderungsprozeß. Vgl aber § 322 Rn 51 ff „Nachforderung".
**Trennungsunterhalt:** Eine Änderung kann nach längerem Wiederzusammenleben vorliegen, Hamm FamRZ **99**, 30. Sie kann im übrigen nicht schon wegen Zeitablaufs vorliegen, Düss FamRZ **96**, 1416, aM Hamm FamRZ **96**, 1219 (kommt denn auch prompt in Schwierigkeiten bei der Beweislast).
**Umschulung:** S zunächst Rn 22 „Arbeitslosigkeit". Die Bemühung um eine neue Arbeit ist freilich 33 während einer vom Arbeitsamt bewilligten Umschulung nicht notwendig, Düss FamRZ **84**, 392.
**Umzug ins Ausland:** Eine Änderung der Verhältnisse kann vorliegen, wenn ein nichteheliches Kind ins Ausland verzogen ist.
**Unterhaltspflicht:** Eine Änderung der Verhältnisse kann vorliegen, soweit die Unterhaltspflicht weggefallen ist, unklar Köln VersR **90**, 1285 (L).
**Verdienst:** Eine Änderung der Verhältnisse kann vorliegen, wenn der Unterhaltsberechtigte nach Voll- 34 endung des 16. Lebensjahres den Unterhalt jetzt ganz oder teilweise selbst verdient, Ffm RR **98**, 1699 (Witwe).
**Versorgungsausgleich:** Eine Änderung der Verhältnisse kann vorliegen, wenn der Unterhaltsberechtigte auf Grund eines Versorgungsausgleichs eine Rente erhält, BGH FamRZ **89**, 159 (wegen der Rückstände nur § 767), erst recht dann, wenn er nun außerdem noch einen nachehelichen Unterhalt erhält, Ffm FamRZ **87**, 1271; ferner dann, wenn sich die Rentenhöhe infolge eines Versorgungsausgleichs ändert, Karlsr FamRZ **88**, 197, aM ZöV 16.
**Verwirkung:** Eine Änderung der Verhältnisse kann wegen Verwirkung vorliegen, vgl auch Einl III 54, Kblz FamRZ **97**, 1338 (Verschweigen einer Rente).
**Volljährigkeit:** Der Eintritt kann ausreichen, Köln FamRZ **97**, 434; vgl aber auch Rn 49.
**Vollzeitarbeit:** Ab ihrer Zumutbarkeit kann eine Änderung der Verhältnisse vorliegen, AG Groß Gerau FamRZ **97**, 434.
**Vorsorgeunterhalt:** Eine Änderung der Verhältnisse kann vorliegen, wenn ein Vorsorgeunterhalt bestimmungswidrig verwendet worden ist, BGH FamRZ **87**, 685.
**Wechselkurs:** Allein mit der Wechselkursentwicklung läßt sich eine Änderung der Verhältnisse nicht 35 begründen, da es nur auf den Binnenwert der Währung ankommt, Hamm RR **94**, 649.
**Wegfall:** S bei den einzelnen Sachstichwörtern.

§ 323　　　　　　　　　　　2. Buch. 1. Abschnitt. Verfahren vor den LGen

**Weiteres Kind:** Eine Änderung der Verhältnisse kann vorliegen, wenn ein weiteres Kind geboren ist, Schlesw FamRZ **88**, 418.
S auch Rn 21 „Adoption", Rn 26 „Kindergeld".
**Wiederverheiratung:** Eine Änderung der Verhältnisse liegt grds dann vor, wenn eine Wiederverheiratung eingetreten ist, BGH RR **90**, 581, Mü RR **86**, 76.
**Zeitablauf:** Rn 3 „Trennungsunterhalt".
**Zinsniveau:** Eine Änderung der Verhältnisse kann vorliegen, wenn sich das Zinsniveau ändert, Karlsr NJW **90**, 1738. Zum Problem Brauer ZZP **108**, 319, Frühauf NJW **99**, 1217 (je ausf).
**Zweite Ehefrau:** S „Wiederverheiratung".

36　　E. **Wesentlichkeit der Änderung,** dazu *Niklas,*Das Erfordernis der wesentlichen Veränderung der Verhältnisse in § 323 I ZPO, 1988: Die Änderung muß wesentlich sein, BGH **94**, 149. Das ist sie, wenn sie nach dem sachlichen Recht zu einer anderen Beurteilung des Bestehens, der Höhe oder der Dauer des Anspruchs führt, und zwar in einer nicht unerheblichen Weise, BGH NJW **87**, 1552. Darüber entscheidet das Gericht bei der gebotenen Gesamtabwägung der in Rn 17 ff genannten Fragen, Brschw FamRZ **83**, 198, LG Nürnb-Fürth FamRZ **76**, 358.

37　　Wesentlich ist eine Änderung praktisch erst dann, wenn sich bei einer notwendigen Gesamtsaldierung ergibt, daß zu Lasten des Klägers, Rn 41, eine Abweichung von grundsätzlich *wenigstens etwa 10%* eingetreten ist, Düss Rpfleger **83**, 462, Hamm FamRZ **98**, 1192, KG FamRZ **83**, 293, aM Düss FamRZ **93**, 1103 (bei wirtschaftlich beengten Verhältnissen genügen unter 10%), Nürnb VersR **92**, 623 (fordert eine gravierende Änderung der Lebenskosten), ZöV 33. Natürlich kann einer Verbesserung in der einen Hinsicht eine Verschlechterung in der anderen gegenüberstehen. Wesentlich ist nur eine Schlechterstellung des Klägers per Saldo. Die Beteiligten müssen beim Schluß der letzten mündlichen Verhandlung des Vorprozesses nicht imstande gewesen sein, die Änderung vorauszusehen, weil eine Änderung dem gewöhnlichen Verlauf, so wie man ihn damals annehmen durfte, widersprach, Ffm FamRZ **78**, 716, aM BGH NJW **92**, 364, RoSGo § 158 VI 2, ThP 24 (sie stellen auf die tatsächliche Berücksichtigung im Urteil ab). Eine solche Situation kann auch vorliegen, wenn das Gericht damals eine Änderung annahm, wenn die Verhältnisse aber entgegen seiner Annahme gleich geblieben sind.

38　　Eine in wenigen Monaten bevorstehende Einstufung in eine höhere Altersgruppe zB der „Düsseldorfer *Tabelle*" war vorhersehbar, KG FamRZ **83**, 292, eine erst nach Jahren bevorstehende nicht, Düss FamRZ **82**, 1230, Nürnb FER **97**, 187.

*Tabellen der OLG,* dazu *Esser,* Zur Rechtmäßigkeit richterlicher Tabellen, Diss Köln 1999, sind mittlerweile überall eingeführt. Ihr Stand vom 1. 7. 99 ist in der Übersicht der Beilage zur NJW **99**, Heft 14, zusammengestellt. Sie sind auch einzeln abgedruckt, zB für Bbg NJW **99**, 773, Bln NJW **99**, 1849, Brdb NJW **99**, 2336, Bre NJW **99**, 2348, Celle NJW **98**, 2034, Drsd FamRZ **99**, 913, Düss NJW **99**, 1845, 2020, Ffm NJW **99**, 2337, Gera FamRZ **92**, 524, Hbg NJW **98**, 2038, Hamm NJW **99**, 2016, Jena NJW **99**, 2341, KG NJW **99**, 2097, Karlsr NJW **96**, 1525 (Selbstbehelfssätze), Kblz NJW **96**, 2358, Köln NJW **99**, 2342, Leipzig FamRZ **92**, 769, Magdeb FamRZ **92**, 646, Mü FamRZ **99**, 773, Naumburg NJW **99**, 928, 2017, Nürnb NJW **99**, 2021, Oldb NJW **98**, 2420, Rostock NJW **99**, 2342, Saarbr NJW **99**, 2348, Schlesw NJW **99**, 2345, Stgt NJW **98**, 2424.

39　　Richterliche „*Übereinkünfte*" zur künftigen Anwendung derartiger Tabellen sind im Ergebnis problematische Selbstbeschränkungen der zB nach § 286 zwingend gebotenen Gesamtwürdigung jedes Einzelfalls, AG St Blasien MDR **86**, 757 (zu § 287; zustm Müller-Langguth), Lindenau SchlHA **85**, 81, Petersen SchlHA **85**, 81 (je auch zur verfassungsrechtlichen Problematik). Ganz problematisch ist die pauschale Übernahme von Tabellenänderungen als wesentlichen Umstand im Sinn von I, Mü FamRZ **97**, 312 (LS), aM Saarbr FamRZ **87**, 615. Als bloße Änderung der Rechtsprechung wären Tabellenänderungen ohnehin unbeachtlich, Rn 18, Düss FamRZ **93**, 1475, Derleder FamRZ **89**, 559 (freilich ergehen sie durchweg eben auf Grund von tatsächlichen Veränderungen, BGH FamRZ **95**, 222. Was im Vorprozeß verlangt worden war, ist unerheblich; der Kläger kann jetzt auch einen anderen Klagegrund heranziehen, der der Klage nicht zuwiderläuft, zB wenn sich die frühere Klage auf eine Haftpflicht, die Abänderungsklage auf eine Vertragsverletzung stützt.

§ 323 gilt auch dann, wenn nach dem *Unfall,* auf den sich die frühere Klage stützte, unvorhergesehene Folgen einer schon damals vorhandenen Erkrankung eingetreten sind.

40　　7) **Klage, I–III.** Es sind zahlreiche schwierige Punkte zu beachten.

A. **Verfahrensziel: Umgestaltung der Rechtsbeziehung.** Die Abänderungsklage verfolgt keinen sachlichrechtlichen Anspruch, sondern setzt ihn voraus, BGH FamRZ **84**, 353, wie sich bei einer erstrebten Herabsetzung besonders klar zeigt. Sie bezweckt vielmehr die anderweitige Gestaltung der Rechtsbeziehung aus dem alten Anspruch wegen einer Veränderung der Verhältnisse, BGH NJW **92**, 440, Kblz FamRZ **90**, 427. Deshalb versagt § 323 bei allen ein für allemal feststehenden Leistungen, wie Leibrenten, BayObLG DNotZ **80**, 96 (die Parteien können sich freilich vertraglich der Regelung des § 323 unterwerfen, Rn 75); bei Überbau- und Notwegrenten, §§ 912 II, 917 II BGB. Eindeutige Gegenbeispiele sind jene in § 323 ausdrücklich genannten Entscheidungen. Einredeweise kann man den Abänderungsanspruch nicht geltend machen. Eine Verjährung des Abänderungsanspruchs tritt nicht ein. Auch ein familienrechtlicher Ausgleichsanspruch kann nicht unabhängig von § 323 zugelassen werden, BGH FamRZ **81**, 762. Eine Abänderungswiderklage, Anh § 253, ist denkbar, Saarbr FamRZ **93**, 1477.

41　　Die *allgemeinen Prozeßvoraussetzungen,* Grdz 12 vor § 253, müssen vorliegen. Auch das Rechtsschutzbedürfnis, Grdz 33 vor § 253, muß wie stets vorhanden sein. Es fehlt grundsätzlich, wenn der Saldo, Rn 37, oder sogar schon die Veränderung überhaupt, Rn 17 ff, nur zu einer Besserstellung des Klägers führten. Es darf keine anderweitige Rechtshängigkeit vorliegen, § 261 III Z 1, BGH FER **98**, 136.

42　　B. **Parteien.** Klageberechtigt ist jede Partei des Vorprozesses, Grdz 3 vor § 50, § 325 Rn 4, BGH FamRZ **86**, 153, KG FamRZ **94**, 760, Kblz FamRZ **86**, 1128. Den Parteien stehen diejenigen gleich, auf die sich die Rechtskraft der abzuändernden Entscheidung erstreckt, KG FamRZ **94**, 760, also zB die Rechtsnachfolger, § 325, Brdb FER **99**, 282, Düss FamRZ **94**, 764. Nach dem Ende der Prozeßstandschaft des Elternteils infolge Rechtskraft der Scheidung ist nur das Kind klageberechtigt, Hamm FamRZ **90**, 1375.

## 2. Titel. Urteil § 323

Nach einem Übergang der Forderung gemäß SGB ist klageberechtigt auch der Versicherungsträger; bei einer Überleitung kraft Gesetzes in diesem Umfang der Sozialhilfeträger, wegen des Rests der Schuldner, Düss FamRZ **94**, 764, Zweibr NJW **86**, 731 (str); beim Forderungsübergang nach § 37 I BAföG der neue Gläubiger, BGH FamRZ **86**, 153; bei einem Vollstreckungstitel, dessen Rechtskraft sich auf einen Dritten erstreckt, § 325, auch der Dritte, BGH FamRZ **86**, 153, Bbg FamRZ **79**, 1060, LG Saarbr FamRZ **86**, 254, aM Hamm FamRZ **81**, 590.

Der Dritte kann auch in solchem Fall nur insoweit klagen, als er überhaupt *wirksam berechtigt* oder verpflichtet war, vgl § 794 Rn 9. Die Identität der Parteien des Abänderungsverfahrens mit denjenigen des abzuändernden Titels ist eine Zulässigkeitsvoraussetzung der Abänderungsklage, BGH FamRZ **86**, 254.

**C. Zuständigkeit.** Die Klage leitet grundsätzlich ein neues Verfahren ein. Sie ist allerdings auch als eine **43** Widerklage denkbar, Anh § 253, Bbg FamRZ **99**, 32, etwa in dem etwa noch wegen Rests anhängigen Erstprozeß, BGH FamRZ **85**, 692. Sie ist im gewöhnlichen Gerichtsstand des §§ 12 ff zu erheben, Bbg FamRZ **80**, 617, nicht in demjenigen des § 767 I. Zur sachlichen Zuständigkeit §§ 9 ZPO, 23–23 c GVG. In einer Familiensache, Grdz 1 vor § 606, ist also das Familiengericht zuständig, BGH NJW **78**, 1812, Düss FamRZ **80**, 794, AG Lübeck NJW **78**, 281. Eine neue Prozeßvollmacht ist erforderlich, § 81 Rn 6 (neuer Streitgegenstand).

**D. Antrag.** Es ist ein Antrag erforderlich, vgl BGH NJW **86**, 2049. Ein Antrag des Inhalts, daß keine **44** Ansprüche mehr bestehen, stützt sich auf § 256 I, kann aber als Antrag nach § 323 umzudeuten sein, vgl BGH FamRZ **83**, 893, vor allem wenn er sonst erfolglos wäre, Bbg FamRZ **88**, 640. Eine Rückforderung oder eine Nachforderung, § 322 Rn 51, für die Zeit vor der Erhebung der Abänderungsklage ist unzulässig, III. Eine Abänderungsklage kann allerdings in eine Nachforderung mit deren prozessualen Folgen umdeutbar sein, BGH FamRZ **86**, 662. Eine Umdeutung einer Leistungsklage in eine Abänderungsklage kann zulässig sein, BGH NJW **92**, 440, Hamm FamRZ **93**, 1102. Freilich ist ein klarer bloßer Leistungsantrag ohne eine auf § 323 gestützte Begründung nicht undeutbar, Zweibr FamRZ **92**, 974. Eine Stufenklage ist zulässig, § 254 Rn 2, Karlsr FamRZ **86**, 561, Hbg (2. FamS) FamRZ **83**, 626, Mü RR **88**, 1286, ZöV 35, aM (2 a. FamS) FamRZ **82**, 935.

**E. Prüfungsumfang.** Wie bei allen Angriffen gegen ein rechtskräftiges Urteil, Köln FamRZ **83**, 1049, **45** zerfällt das Verfahren in mehrere Teile, Karlsr FamRZ **88**, 859: das Aufhebungsverfahren, iudicium rescindens, dh die Aufhebung des früheren Urteils; anschließend das Ersetzungsverfahren, iudicium rescissorium, dh die Ersetzung des früheren Urteils durch ein neues. Zum Aufhebungsverfahren gehört die Prüfung der Zulässigkeit der Klage, überhaupt der Prozeßvoraussetzungen, Grdz 12 vor § 253. Nur bei ihrer Bejahung kommt es zum Ersetzungsverfahren. Der neuen Verhandlung sind die tatsächlichen Feststellungen des früheren Urteils zugrunde zu legen, soweit die Veränderung der Verhältnisse sie nicht berührt hat, abw Mü FamRZ **84**, 492. Die Rechtskraftwirkung ist nur für die Bemessung der Leistungen ausgeschaltet.

Der Kläger muß alle diejenigen Faktoren *darlegen und beweisen*, die für die Festsetzung der titulierten **46** Unterhaltsrente maßgebend waren und die eine wesentliche Änderung der Verhältnisse ergeben, KG FamRZ **94**, 765, Zweibr FamRZ **89**, 304. Es reicht also nicht aus, wenn er nur zu einem einzigen oder zu einzelnen von mehreren maßgeblich gewesenen Bemessungsfaktoren eine wesentliche Änderung darlegt, Ffm FamRZ **85**, 304, Karlsr FamRZ **87**, 504, Zweibr FamRZ **81**, 1102. Freilich muß gegenüber der Klage des Vaters auf Herabsetzung des Unterhalts das volljährig gewordene Kind darlegen und beweisen, daß sein Anspruch unverändert geblieben ist, KG FamRZ **94**, 765. Das Gericht darf die tatsächlichen Grundlagen des abzuändernden Titels durch dessen Auslegung ermitteln und dabei auch nach § 287 verfahren, Düss FamRZ **81**, 587, insofern unklar BGH FamRZ **87**, 258 (beim Fehlen von früheren Feststellungen könne der Abänderungsrichter angemessen festsetzen).

Es ist also grundsätzlich nur die Höhe der jetzt gegebenen Ansprüche zu prüfen, *nicht* aber die *ursprüngliche* **47** *Begründung nachzuprüfen*, BGH RR **90**, 194, Hamm FER **97**, 164, RoSGo § 158 VI 2, aM BVerfG **26**, 53, Ffm FamRZ **79**, 238, Oldb NdsRpfl **79**, 223, (keine Rücksicht auf das frühere Urteil oder den früheren Vergleich).

Diese letztere, gegenüber der hier vertretenen andere Ansicht *setzt sich über den Gesetzestext hinweg*. Er **48** gestattet lediglich eine „entsprechende Abänderung des Urteils". Damit sind die seit dem Erlaß des Urteils eingetretenen Veränderungen gemeint, gemessen an den für die damalige Urteilsfindung als maßgeblich verwendeten Tatsachen. Durch die hier abgelehnte Auffassung würden uferlose Neufestsetzungen oder jedenfalls Versuche dazu die Folge sein, so daß zB der nur als notdürftig festgesetzte Unterhalt, § 1611 BGB, nunmehr voll oder jedenfalls nach einem anderen Maßstab als früher festgesetzt werden könnte, Kblz FamRZ **84**, 185. Vgl ferner Rn 17 ff.

Richtigerweise darf also *nicht nachgeprüft werden*, ob das Gericht die früheren Verhältnisse richtig beurteilt hat, etwa die Schadensursache, Rn 17 ff, aM ZöV 32. Das gilt auch dann, wenn das abzuändernde Urteil einen Prozeßvergleich, Anh § 307, abgeändert hatte und wenn im Vorprozeß das, was die Parteien im damaligen Vergleich gewollt hatten, zur Erörterung gekommen war, Hamm FamRZ **92**, 1322. Freilich ist das Gericht nicht an die für die frühere Urteilsfindung angewendeten rechtlichen Maßstäbe gebunden, Kblz FamRZ **91**, 210, also zB nicht an die dort angewandten Unterhaltsrichtlinien, BGH FamRZ **87**, 258, auch nicht an eine im früheren Urteil festgelegte Unterhaltsquote, wenn jenes Urteil keine Feststellung über die Bestimmung der damaligen Lebensverhältnisse traf, BGH FamRZ **95**, 174, ferner evtl nicht an die Berechnungsweise des Ausgangsgerichts, BGH FamRZ **94**, 1101. Ein Berufswechsel kann zur Abänderungsklage berechtigen. Köln FamRZ **81**, 999 behandelt die Abänderungsklage dann, wenn die Verhältnisse bei der Entstehung des abzuändernden Vollstreckungstitels nicht mehr feststellbar sind, wie eine Erstklage.

**F. Maßgeblicher Zeitpunkt, II.** Die Vorschrift ist nur beim Vortrag des Abänderungsklägers zu beach- **49** ten, nicht beim Vortrag des Abänderungsbekl, Oldb FamRZ **96**, 357. Nur solche Klagegründe genügen, die erst nach dem Schluß der letzten Tatsachenverhandlung, §§ 136 IV, 296 a, also nach Sachantragstellung, Köln FamRZ **96**, 355 (nicht schon nach bloßer Kostenerörterung), objektiv entstanden sind, evtl also nach dem Schluß derjenigen in der Berufungsinstanz, BGH (12. ZS) **136**, 376, Hamm FamRZ **96**, 1088 (evtl muß man sich also dem gegnerischen Rechtsmittel anschließen), ThP 13, 24, aM BGH FamRZ **90**, 1096

(Fortsetzungszusammenhang über den Verhandlungsschluß hinaus genüge), Hamm FamRZ **87**, 734, Köln FamRZ **97**, 507 (wahlweise Berufung).

Selbst ein erst nach dem obigen Zeitpunkt eingetretener Umstand ist unbeachtlich, wenn beim Verhandlungsschluß sein *Eintritt in nächster Zeit* feststand, und durch das Gegenspiel anderer Faktoren nicht ausgeglichen werden konnte, KG FamRZ **90**, 1122 (krit Diener FamRZ **91**, 211), aM Ffm FamRZ **97**, 434.

**50** Es genügen ferner solche Gründe, die nach dem Schluß des *vorangegangenen (letzten) Abänderungsprozesses* entstanden sind, BGH **136**, 376, Düss FamRZ **85**, 1277, Zweibr FamRZ **92**, 974. Wenn freilich das Rechtsmittel vor dem Eintritt in die Sachverhandlung zurückgenommen wurde, ist wieder der Schluß der letzten erstinstanzlichen Tatsachenverhandlung maßgebend, BGH NJW **88**, 2473, Köln FamRZ **97**, 508. Es erfolgt also kein Ausschluß mit Vorbringen, das bereits Gegenstand eines Prozeßkostenhilfegesuchs zur Durchführung einer Anschlußberufung war, wenn die Hauptberufung zurückgenommen wurde, Köln FamRZ **96**, 355. Im übrigen genügen nur solche Klagegründe, deren Vorbringen im Verfahren auf Einspruch, auch auf einen solchen des Gegners, nicht möglich war, die also erst nach dem Ablauf der Einspruchsfrist entstanden sind, BGH NJW **82**, 1812, Hamm FamRZ **97**, 433, aM Köln FER **99**, 249 (großzügiger bei Rentenänderung), StJM § 767 Rn 40.

Ebenso wie bei § 767 kommt es nicht darauf an, ob die Partei von den Gründen *Kenntnis* hatte, eine dem Schutz der Rechtskraft dienende Erwägung, BGH NJW **73**, 1328, Düss FamRZ **79**, 803, Zweibr FamRZ **81**, 1190. Das gilt jedenfalls, soweit sonst eine Rechtskraftwirkung, Einf 2 vor §§ 322–327, beseitigt würde, BGH FamRZ **87**, 262. Arglist des Gegners mag ausnahmsweise unabhängig von II beachtlich sein, Einl III 54, Kblz RR **97**, 1229. Ob im übrigen II nur die Zulässigkeit und nicht auch die Begründetheit der Klage betrifft, läßt letztlich auch BGH FamRZ **87**, 262 wiederum offen. Seine Erwägungen sind ohnehin reichlich vom gewünschten Ergebnis her bestimmt. Schlesw FamRZ **88**, 418, Niklas FamRZ **87**, 873 möchten zumindest bei Härtefällen II im Interesse des sachlichen Rechts großzügig auslegen; strenger Roth NJW **88**, 1239 (Durchbrechung der Rechtskraft erforderlich).

**51** Im *schriftlichen Verfahren*, § 128 II, III, und im Aktenlageverfahren, § 251 a, entscheidet der dem Verhandlungsschluß gleichstehende Zeitpunkt, § 128 Rn 27, § 251 a Rn 10.

**52** Nach einem *Versäumnisurteil*, §§ 331 ff, kommt es auf den Zustand an, den der damalige Kläger behauptete und der gemäß § 331 I 1 als zugestanden galt, Hamm (9. FamS) FamRZ **91**, 1201 und (12. FamS) FamRZ **97**, 891, Zweibr FamRZ **83**, 291, aM Hamm (5. FamS) FamRZ **90**, 773, Oldb FamRZ **90**, 188 (maßgeblich seien nicht die als zugestanden anzunehmenden, sondern die tatsächlich vorhanden gewesenen Verhältnisse). Dasselbe gilt nach einem Anerkenntnisurteil, § 322 Rn 8; das verkennen Bbg FamRZ **86**, 702, Hamm FamRZ **97**, 891.

II bezieht sich aber nur auf das Vorbringen des Klägers; dasjenige des *Bekl* unterliegt der zeitlichen Begrenzung des II nicht, BGH FamRZ **87**, 263. II ist bei einem Urteil, das dem Art 6 Z 1 S 2 UÄndG 1986 unterliegt, nicht anwendbar, AG Peine FamRZ **87**, 594. Ramelsberger DRiZ **89**, 137 hält Art 6 Z 1 UÄndG für verfassungswidrig.

**53** Ein nachträgliches *mitwirkendes Verschulden* ist zu berücksichtigen. Wurde die erste Abänderungsklage abgewiesen, weil die erforderliche Steigerung der Lebenskosten damals noch nicht erreicht war, dann darf und muß in einem weiteren Abänderungsprozeß die während des ersten Prozesses eingetretene Steigerung mit berücksichtigt werden, Ffm FamRZ **79**, 139. Vgl im übrigen bei § 767 II.

**54 G. Einstellung der Zwangsvollstreckung.** § 769 ist entsprechend anwendbar, denn die Verhältnisse liegen hier ganz ähnlich wie dort, Rn 1–6, BGH NJW **86**, 2057 (großzügige Prüfung vor allem wegen der etwaigen Rechtskraftwirkung des Urteils), Brdb FamRZ **96**, 356, Karlsr FamRZ **93**, 225. Die Rechtsmittel sind dieselben wie bei § 769, Hbg FamRZ **82**, 622, Hamm FamRZ **81**, 589. Gegen eine Entscheidung des LG als Beschwerdegericht bei einer Beschwerde ist eine weitere Beschwerde unzulässig, §§ 567 III 1, 568 II 1. Dadurch ist die diesbezügliche frühere Streitfrage erledigt. Wer eine entsprechende Anwendbarkeit des § 769 ablehnt, muß eine Einstellung der Zwangsvollstreckung durch eine einstweilige Verfügung nach §§ 935 ff zulassen. Bei einer Zwangsvollstreckung während des Prozesses entsteht kein Schadensersatzanspruch entsprechend § 717, wenn das Urteil rechtskräftig war; auf die Rechtskraft muß man nämlich vertrauen dürfen.

**55** 8) **Urteil, II, III.** Es muß vor allem in zwei Punkten Klarheit bringen.

**A. Sachentscheidung.** Das Urteil lautet auf Abweisung oder auf eine völlige Aufhebung der früheren Entscheidung oder auf eine bloße Änderung der früheren Entscheidung nebst einer Neufestsetzung, vgl Karlsr FamRZ **88**, 859. Das Gericht kann also eine vom früheren Urteil zugebilligte Rente auch wegfallen lassen. Es muß die Entwicklung abschätzen, Rn 36, auch Vert **287**, BGH RR **90**, 962.

**56 B. Abänderungszeitraum.** Grundsätzlich nur für die Zeit seit der Erhebung der Abänderungsklage, §§ 253 I, 261 I (Ausnahmen, III 2: §§ 1360a III, 1361 IV 4, 1585 b III, 1613 I BGB) darf das frühere Urteil im Abänderungsverfahren abgeändert werden, III, BGH NJW **98**, 2434, Köln FamRZ **96**, 51, Frühauf NJW **91**, 1219, aM Gottwald FamRZ **92**, 1375, Meister FamRZ **80**, 869 (es liege ein Verstoß gegen Artt 3, 19 IV GG vor). Man kann auch III nicht mit Erwägungen unterlaufen, der Kläger habe auf eine außergerichtliche Einigung vertraut, BGH FamRZ **89**, 161, Ffm FamRZ **91**, 1329, aM Hoppenz FamRZ **87**, 1100. Evtl bleibt dann die Klage nach § 767 möglich, ebensowenig dann, wenn der Schuldner Unterhalt nach freiwilliger Erklärung wieder auf die titulierte Höhe kürzt, aM KG FamRZ **95**, 892. Das alles gilt auch in den neuen Bundesländern, Vogel DtZ **91**, 339, aM KG DtZ **92**, 222 (wegen einer sog Unterhaltseinigung).

**57** Bei einer Abänderungs-*Stufenklage* entscheidet für III schon die Erhebung in ihrer ersten Stufe, § 254 Rn 5, Düss FamRZ **87**, 1281. Bei mehreren zeitlich aufeinander folgenden Abänderungsklagen ist das zuletzt ergangene Urteil als Ausgangspunkt maßgeblich, Düss FamRZ **85**, 1277. Dieser Zeitpunkt ist auch für eine weitergehende Änderung ausschlaggebend, die erst im Laufe des Verfahrens geltend gemacht wird, § 261 II. Denn III ist der Parteidisposition entzogen, von Amts wegen zu beachten, Hbg FamRZ **85**, 94, rein förmlich zu verstehen und beruht auf der Erwägung, daß vorher die Rechtskraftwirkung unangetastet

## 2. Titel. Urteil § 323

war. § 258 Rn 1, RoSGo § 158 VI 2, ThP 31, 32, ZöV 42, aM BGH FamRZ **83**, 2318 (es handle sich um eine reine Zweckmäßigkeitsregel; krit Braun ZZP **97**, 340).

Die *Herabsetzung* eines monatlich zu zahlenden Unterhalts kommt erst vom Beginn desjenigen Monats an **58** in Betracht, der dem Tag der Klagezustellung folgt. Denn der Monat ist durchweg die „kleinste Zahlungseinheit" beim Unterhalt, Stgt FamRZ **80**, 394, StJL 37, aM BGH NJW **90**, 710, Karlsr FamRZ **80**, 918, ZöV 42 (ab Klagezustellung), auch bei einer *Heraufsetzung*, Karlsr FamRZ **83**, 717.

Der Zugang des zunächst alleinigen *Prozeßkostenhilfeantrags,* § 117 Rn 7–11, beim Gegner genügt nicht, **59** BGH NJW **90**, 496, Bbg RR **92**, 1414, Köln FamRZ **88**, 1078, aM Ffm FamRZ **79**, 964, Kblz FamRZ **79**, 194 (aber das ist inkonsequent. Denn wenn § 270 III entsprechend anwendbar wäre, dann müßte ein Eingang beim Gericht ausreichen). Im übrigen ist § 270 III unanwendbar, Hamm Rpfleger **86**, 136, Köln FamRZ **87**, 618, aM Odersky FamRZ **74**, 566.

Ein Eingang des Gesuchs um die Bewilligung einer Prozeßkostenhilfe beim Gegner ist *außerdem unnötig,* **60** da gleichzeitig die Klage eingereicht werden kann, § 117 Rn 7, und dann keine Benachteiligung des Antragstellers eintritt, BGH NJW **82**, 1051, Hbg FamRZ **82**, 623, aM Maurer FamRZ **88**, 445 (ausf), RoSGo § 158 V 4 a. Auch die formlose Mitteilung der Klageschrift im Prozeßkostenhilfeverfahren reicht noch nicht aus, Drsd FamRZ **98**, 566, Nürnb NJW **87**, 265, aM ZöV 42. Freilich kann die förmliche Zustellung einer Klage „im Rahmen des Verfahrens auf Prozeßkostenhilfe" auch schon in Wahrheit im Einzelfall als eine echte Klagezustellung anzusehen sein, Köln FamRZ **80**, 1144 (sehr weitgehend).

Beim *Parteiwechsel,* § 263 Rn 5, bleibt wegen der Nämlichkeit des Prozeßrechtsverhältnisses, Grdz 3 vor **61** § 128, der Zeitpunkt der ursprünglichen Erhebung der Abänderungsklage maßgeblich. Ist im früheren Verfahren eine unselbständige Anschlußberufung, § 522 Rn 2, infolge Rücknahme der Berufung wirkungslos geworden, so ist im Abänderungsverfahren der damalige Anschließungszeitpunkt der „Erhebung" nach III gleichzusetzen (sog „Vorwirkung"), BGH **103**, 396, Hamm FamRZ **87**, 830, aM Eckert MDR **86**, 542, Hoppenz FamRZ **86**, 226.

In der Änderung liegt *keine Urteilsänderung* im Sinn der ZPO, wie die Vollstreckungsabwehrklage zeigt, die auch den Titel an sich unberührt läßt. Dieser Standpunkt entspricht allein dem praktischen Bedürfnis. Der Umweg über § 767 ist unnötig, Karlsr FamRZ **88**, 859. Die Rechtskraftwirkung des Abänderungsurteils besteht darin, daß die von ihm erledigten Änderungen bei zukünftigen Erörterungen nicht mehr erneut geprüft werden. Meister FamRZ **80**, 869 hält III wegen Verstoßes gegen Art 3, 19 GG für nichtig. Laier AnwBl **82**, 419 weist auf § 65 VII 1 Z 3, 4 GKG hin und hält den Anwalt, der diese Möglichkeit versäumt, für schadensersatzpflichtig.

III steht einem Schuldanerkenntnis nicht entgegen, Celle FamRZ **81**, 1201. Wenn das Urteil eine **62** Änderung ohne die Angabe enthält, ab wann sie *gültig* sein soll, dann tritt sie *mit dem Urteilserlaß* ein, also mit der Urteilsverkündung, § 311, Köln NJW **75**, 890 (es nennt evtl sogar erst den Zeitpunkt der Rechtskraft); bei § 310 III tritt die Änderung mit der Urteilszustellung ein. Das Gericht muß die weitere künftige Entwicklung der Verhältnisse erneut vorausschauend prüfen; maßgebend ist aber letztlich der Zeitpunkt des tatsächlichen Eintritts des ändernden Umstands, BGH NJW **82**, 1812, Bbg RR **90**, 74.

**C. Kosten.** Es gelten in erster Instanz §§ 91 ff, nicht § 97. Wert: Anh § 3 Rn 2 „Abänderungsklage". **63**

**D. Vollstreckbarkeit.** Vgl § 708 Z 8. **64**

**9) Anderer Schuldtitel, IV.** § 323 ist nach IV auf folgende anderen Schuldtitel entsprechend anwendbar: **65**

**A. Abänderungsbeschluß.** Die Vorschrift gilt für einen Abänderungsbeschluß im Vereinfachten Verfahren, §§ 645 ff, vgl freilich Rn 80 wegen § 655.

**B. Prozeßvergleich; Vergleich vor Gütestelle; Vergleich zu Protokoll.** Die Vorschrift gilt ferner **66** grundsätzlich für einen Prozeßvergleich, Anh § 307, BGH RR **91**, 1155, Hamm RR **99**, 1096, Karlsr FamRZ **98**, 1597. Sie gilt ausnahmsweise *nicht*, soweit dem Vergleich bereits ein Abänderungsurteil folgte, das nun seinerseits abgeändert werden soll, Bbg FamRZ **99**, 32.

*IV gilt ferner:* Für einen Vergleich vor einer Gütestelle, § 794 I Z 1, sowie einen gemäß § 118 I 3 protokollierten Vergleich, § 794 I Z 1, Zweibr FamRZ **81**, 1073, oder einen Schiedsspruch mit vereinbartem Wortlaut, § 1053. Eine Abänderung auf Zahlung des Regelunterhalts erfolgt dann nur, wenn auch die Abänderung auf einen höheren bezifferten Betrag möglich wäre, LG Gießen FamRZ **73**, 548, Odersky FamRZ **74**, 566. Auch IV hat rein prozessualen Inhalt, verlangt also einen sachlichrechtlichen Anspruch auf Abänderung. Dem Unterhaltsvertrag (abw LG Kassel NJW **75**, 267: nur dem unselbständigen) und ähnlichen Verträgen wohnt ja die Derzeitklausel (clausula rebus sic stantibus) stillschweigend inne, Zweibr FamRZ **82**, 303.

Darum kommt es beim Vergleich auf den Parteiwillen, Hbg FamRZ **88**, 743, und auf die *Geschäftsgrund-* **67** *lage* an, § 242 BGB, BGH MDR **95**, 70 (DDR-Gläubiger usw), BSG FER **98**, 167, Hamm RR **99**, 1096, Kblz FamRZ **99**, 675, zB darauf, ob der Vergleich nach dem Parteiwillen unabänderlich sein sollte, Brschw FamRZ **79**, 929, AG Lörrach FamRZ **81**, 464. Auch der Parteiwille ist dem § 242 BGB unterstellt, BSG FER **98**, 167. Er ist auch bei einer Abänderung zu beachten, Schlesw SchlHA **78**, 41, zB dann, wenn nur der notwendige Unterhalt zugebilligt wurde, nicht der standesgemäße, oder wenn darüber geht, wie alt der Vergleich sein muß, Karlsr FamRZ **89**, 92, oder wenn nach dem Ablauf einer Frist eine Neufestsetzung und nicht nur eine Anpassung erfolgen soll, Zweibr FamRZ **92**, 840 links.

Wenn die Parteien im Vergleich seine Abänderbarkeit bis zu einer *gewissen Grenze* ausgeschlossen haben, **68** dann ist regelmäßig davon auszugehen, daß die Parteien bei einer Überschreitung jener Grenze die Verhältnisse zur Zeit des Vergleichsabschlusses nicht als gegeben ansehen wollten. Jedenfalls darf eine vertragliche Ausschließung der Abänderbarkeit wegen der erhöhten Unterhaltspflicht des Mannes infolge einer Wiederverheiratung nicht seine Unterhaltspflicht gegenüber der zweiten Ehefrau in Frage stellen, da diese letztere Unterhaltspflicht eine gesetzliche, unabdingbare Unterhaltspflicht darstellt; vgl freilich § 1582 BGB. Auch kann § 1578 II BGB entsprechend anwendbar sein, Saarbr FamRZ **99**, 382. Ein Vergleich über den Unterhaltsanspruch während des Getrenntlebens in der Ehe umfaßt grundsätzlich nicht den Unterhaltsanspruch nach der Scheidung, sofern er nicht auch dazu eine Einigung enthält, Rn 14, Hamm FamRZ **81**, 1075. Ein Verzicht auf § 323 kann unbeachtlich sein, BSG FamRZ **96**, 1405. Das ist aber keineswegs stets so, Karlsr FER **98**, 147.

**69** Auch ein Vergleich im Verfahren nach §§ 620ff untersteht grundsätzlich dem § 323, Zweibr FamRZ **80**, 69, AG Besigheim FamRZ **81**, 555, aM Celle FamRZ **80**, 611 (das OLG läßt eine leugnende Feststellungsklage nach § 254 oder eine Vollstreckungsabwehrklage nach § 767 zu), Karlsr FamRZ **80**, 609, Zweibr FamRZ **81**, 191 (diese Gerichte lassen nur eine leugnende Feststellungsklage zu). Ein gerichtlich protokollierter Unterhaltsvergleich kann nicht nach den §§ 620ff geändert werden, sondern nur im Verfahren nach § 323, Hamm FamRZ **80**, 608, Zweibr FamRZ **81**, 701.

**70** *Kinder* erwerben hier wie beim Scheidungsvergleich bei einer einstweiligen Anordnung und bei einem in solchem Verfahren geschlossenen Prozeßvergleich einen Titel ohne förmlichen Beitritt, Köln FamRZ **83**, 88 mwN, Schlesw SchlHA **78**, 37, sofern § 1629 II 2, III BGB (Prozeßstandschaft des klagenden Elternteils) anwendbar ist, PalDied BGB § 1585c BGB Rn 7 und § 1629 BGB Rn 18. Im übrigen erwirbt das Kind einen Titel grundsätzlich nur nach einem förmlichen Beitritt. Dann ist das Kind also nicht an § 323 gebunden, § 794 Rn 8, Celle NJW **74**, 504, LG Bln FamRZ **73**, 99, Wächter FamRZ **76**, 253, aM Hamm FamRZ **80**, 1061, Karlsr FamRZ **80**, 1059.

**71** Ein Vergleich im Verfahren nach § 620ff läßt sich aber meist ebenso wie eine einstweilige Anordnung durch eine *anderweitige einstweilige Anordnung* ändern, Rn 13, Ffm FamRZ **89**, 87, AG Hbg FamRZ **78**, 806, Flieger MDR **80**, 803. Ein außergerichtlicher Vergleich hat keine Rechtskraftwirkung und fällt deshalb nicht unter § 323, BGH FamRZ **60**, 60. Er unterliegt den allgemeinen Vorschriften; evtl ist eine Klage auf Feststellung eines anderen Inhalts ratsam. Bei mehreren wegen desselben Rechtsverhältnisses ergangenen Titeln ist stets nur der letzte maßgeblich, Ffm FamRZ **80**, 895. Hat freilich das Kind rechtsfehlerhaft einen eigenen Titel erhalten, so unterliegt es grds dem § 323, Ffm FamRZ **83**, 756.

**72** Ein *unwirksamer* Vergleich läßt keine Abänderungsklage, sondern nur die Fortsetzung des bisherigen Prozesses, Anh § 307 Rn 37, oder einen ersten Prozeß zu, Karlsr FamRZ **90**, 522, Köln FER **99**, 109, Zweibr FamRZ **83**, 930.

**73** Bei einer Klage aus IV ist *I unanwendbar*, BGH NJW **86**, 2054, aM Celle FamRZ **91**, 853.

**74** Ebenso ist bei ihr *II unanwendbar*, BGH FamRZ **95**, 223, Celle FamRZ **91**, 853, Hamm FamRZ **94**, 1592 (erst recht für den Bekl), aM Ffm FamRZ **84**, 63, Hamm FamRZ **84**, 1033, RoSGo § 131 V.

**75** *III ist* bei einer Parteivereinbarung, zB beim Prozeßvergleich, ebenfalls prozessual grundsätzlich *unanwendbar*, BGH NJW **98**, 2434, Hamm FamRZ **99**, 1163, Kblz FER **98**, 124. Sonst wäre ein Prozeßvergleich ungünstiger als ein außergerichtlicher Vergleich. Außerdem hat die Regelung des III ihren Grund in der Rechtskraftwirkung eines Urteils. Schon deshalb ist eine Gleichstellung des gerichtlichen und des außergerichtlichen Vergleichs nicht möglich. Vielmehr ist der gerichtliche Vergleich einer vollstreckbaren, also auch der notariellen Urkunde, IV, BGH FamRZ **91**, 542, gleichgestellt. Für deren Inhalt wäre eine derartige zeitliche Beschränkung der Abänderbarkeit unberechtigt, s oben, aM Ffm FamRZ **83**, 756, Köln FamRZ **82**, 713.

**76** Im übrigen ist aber von dem Prozeßvergleich und seinen Festsetzungen auszugehen, und zwar auch dann, wenn sie inzwischen schon geändert worden waren, BGH FamRZ **85**, 582, Kblz FER **98**, 124. Sie sind grundsätzlich nicht abänderbar; es sind allerdings das sachliche Recht und dort insbesondere der (ja außerdem ohnehin auch im Prozeßrecht geltende) Grundsatz von *Treu und Glauben*, § 242 BGB, zu beachten, BGH FamRZ **91**, 542, Hamm RR **99**, 1096, Köln NJW **90**, 2630. Insoweit können die Leistungen der Höhe nach auf Grund derjenigen Veränderungen zu ändern sein, die nach dem Vergleich eingetreten sind. Zur Unaufklärbarkeit der Vergleichsgrundlagen Hamm FamRZ **95**, 891 und FER **99**, 142. Zur unterschiedlichen Beweislast Hamm FamRZ **84**, 728. Köln MDR **88**, 974 hält eine Abänderungsklage beim Wegfall der Bedürftigkeit für unnötig, soweit es um die Rückforderung nach §§ 812ff BGB geht. Wenn freilich ein Vergleich bereits durch ein Urteil abgeändert worden war, ist auf eine weitere Abänderung wieder die für Urteile geltende Regelung und daher auch II anwendbar, BGH NJW **92**, 364. Dasselbe gilt, soweit der Vergleich das Urteil aufrechterhält, BGH NJW **90**, 710. Eine Abänderungsklage kann dazu zwingen, einen im Vergleich noch einheitlichen Unterhaltsanspruch auf jetzt mehrere Rechtsgrundlagen aufzuteilen, Hbg RR **96**, 323.

**77** **C. Außergerichtliche Vereinbarung.** Auf eine privatschriftliche Vereinbarung ist IV grundsätzlich unanwendbar, Zweibr FamRZ **82**, 303 (es kann aber eine unzulässige Rechtsausübung vorliegen), aber ausnahmsweise anwendbar, soweit die Parteien § 323 als anwendbar vereinbarten, BayObLG DNotZ **80**, 96, Fischer FamRZ **88**, 985, großzügiger Köln FamRZ **86**, 1018 (§ 323 sei auch ohne Vereinbarung anwendbar).

**78** **D. Vollstreckbare Urkunde.** Die Vorschrift einschließlich der Handhabung nach Rn 67ff ist ferner anwendbar auf eine auch vollstreckbare Urkunde, § 794 I Z 5, dort Rn 41, BGH RR **93**, 773, Kblz FER **96**, 27, und auf eine solche gerichtliche oder notarielle Urkunde, die zu künftig fällig werdenden wiederkehrenden Leistungen verpflichtet, in der sich zB der Ehegatte zum Scheidungsunterhalt, Hamm FamRZ **95**, 1151, Zweibr FamRZ **97**, 838 (keine Anwendung von II, III), oder der Vater zum Unterhalt, BGH FamRZ **89**, 173, Celle FamRZ **93**, 838, bzw Regelunterhalt mit einem Zuschlag oder Abschlag oder allein den Zuschlag verpflichtet, BGH NJW **85**, 64. Hierunter fällt auch eine Urkunde gemäß SGB V, BGH NJW **85**, 64, Hamm FamRZ **99**, 794, Karlsr RR **96**, 94, aM Zweibr FamRZ **92**, 841.

Bei einer vollstreckbaren Urkunde, aber auch beim Prozeßvergleich, ist zu beachten, daß sich der Schuldner nur der geforderten Leistung darin unterworfen hat. Demgemäß erfolgt eine Abänderung auch nur im Rahmen der darin *zugebilligten Höhe* der Forderung und ihrer Veränderung durch die Verhältnisse, Karlsr FamRZ **83**, 755. Es ist also nicht zulässig, den ursprünglichen Titel durch eine willkürliche Angleichung an eine Forderung beiseite zu schieben, die verhältnismäßig höher ist als die ursprünglich zugebilligte. Erst recht ist keine freie Zusatzklage schon deshalb statthaft, weil ein einseitiges Schuldbekenntnis vorlag, aM ZöV 43.

**79** **E. Entsprechende Anwendbarkeit.** § 323 enthält einen allgemeinen Rechtsgedanken, Rn 1. Die Vorschrift ist daher auf andere Schuldtitel entsprechend anwendbar, die einem anderen Verfahren ergangen sind,

## 2. Titel. Urteil §§ 323, 324

sofern sie bürgerlichrechtliche Ansprüche zum Gegenstand haben, wenn eine sonst zuständige Stelle nicht vorhanden ist, etwa bei einem Urteil auf eine Kapitalabfindung statt einer Rente, zB nach § 843 III BGB, weil dort dieselben Erwägungen stattfinden, Grunsky AcP 181, 346, ZöV 28, aM BGH 79, 192, MüKoGo 23, RoSGo § 158 II 2, StJL 7, ThP 12.

*Weitere Fälle* entsprechender Anwendbarkeit: Bei einem Urteil auf Feststellung einer Rente in gewisser Höhe, etwa zu 30%, oder ausnahmsweise, Rn 13, gegenüber einer zur Rentenverpflichtung getroffenen Feststellung, wenn neue Ansprüche geltend gemacht werden können, und wenn bei einem Leistungsurteil die Voraussetzungen des § 323 gegeben wären; gegenüber einer rechtskräftigen Festsetzung der künftig wiederkehrenden Leistungen durch das Entschuldungsamt; von im Vertragshilfeverfahren festgesetzten Leistungen; bei einem Unterlassungsurteil, Völp GRUR 84, 489. So ist zB eine Klage auf Aufhebung eines Verbots zulässig, wenn das Verbotene später erlaubt wird; wenn zB eine verbotene Behauptung später wahr wird; bei einem Vollstreckungsbescheid, § 700 I; bei einem Schiedsspruch mit vereinbartem Wortlaut, § 1053; bei einer Reallast, soweit die tatsächlichen Bemessungsgrundlagen genügend bestimmt waren, Oldb RR 91, 1174; im finanzgerichtlichen Verfahren, zB bei der Frage, ob Versorgungsleistungen in Geld als dauernde Lasten abziehbar sind, BFH NJW 93, 286. Zum Problem auch Richter DStR 92, 812, Seithel BB 93, 477.

**10) Vereinfachtes Beschlußverfahren, V.** Es kann das Vereinfachte Verfahren statthaft sein, §§ 645 ff, § 1612a BGB. Soweit das Vereinfachte Verfahren statthaft ist, ist eine Abänderungsklage im Verfahren nach §§ 654 ff zulässig. Davon erfaßt V nur den Fall eines vereinfachten Abänderungsverfahrens nach § 655, während die übrigen Fälle von Abänderungsmöglichkeiten nach I–IV zu beurteilen sind. V gilt unter folgenden Voraussetzungen: 80

**A. Bisher Anrechnung von Kindergeld oder kindbezogener Leistung, §§ 1612b, c BGB.** Es muß sich um einen solchen Unterhaltstitel handeln, in dem ein Betrag von Kindergeld, § 1612b BGB, oder von kindbezogener Leistung, die ein Kindergeld ausschließt, § 1612 BGB, festgesetzt worden ist. 81

**B. Abänderung durch Beschluß.** Die Abänderung muß gerade im Beschlußverfahren nach § 655 beantragt worden sein (dort zu seinen Einzelheiten), also nicht im Klagewege nach § 654 oder gar in demjenigen (im Anschluß an das Beschlußverfahren) nach § 656. 82

**C. Abweichung vom richtigen Betrag.** Eine Anpassung nach § 655 müßte zu einem Unterhaltsbetrag führen, der wesentlich, Rn 36, von demjenigen Betrag abweichen würde, der der Entwicklung der besonderen Verhältnisse der Parteien Rechnung trägt, wenn also die Verfahrensgrenzen des § 655 III zu eng wären. 83

**11) VwGO:** Unter den Voraussetzungen von I entsprechend anzuwenden, § 173 VwGO, auf Leistungsurteile im engeren Sinne, Ule VPrR § 58 I, RedOe § 107 Anm 9, auch auf entsprechende Vergleiche, VGH Mü BayVBl 78, 53, vgl Kopp/Sch § 153 Rn 1a. 84

**324** *Nachforderungsklage.* Ist bei einer nach den §§ 843 bis 845 oder §§ 1569 bis 1586b des Bürgerlichen Gesetzbuchs erfolgten Verurteilung zur Entrichtung einer Geldrente nicht auf Sicherheitsleistung erkannt, so kann der Berechtigte gleichwohl Sicherheitsleistung verlangen, wenn sich die Vermögensverhältnisse des Verpflichteten erheblich verschlechtert haben; unter der gleichen Voraussetzung kann er eine Erhöhung der in dem Urteil bestimmten Sicherheit verlangen.

**Vorbem.** Wegen der *neuen Bundesländer* vgl § 323 Vorbem.

**1) Systematik.** §§ 843–845 BGB gewähren eine Geldrente bei einer Tötung, Körperverletzung, Freiheitsentziehung; §§ 1569 ff BGB gewähren eine solche bei der Scheidung. Das Gericht befindet, ob und in welcher Höhe der Ersatzpflichtige dem Berechtigten eine Sicherheit leisten muß. Soweit dies Gericht keine Sicherheit verlangt hat, greift § 324 mit einer dem § 323 nur entfernt ähnlichen, ihm gegenüber vorrangigen Regelung ein. Ähnliche Regelungen enthalten §§ 618 III BGB, 62 III HGB, 7 III RHPflG, 13 III StVG, 38 III LuftVG, 30 II AtomG. Auf andere Renten ist § 324 nur anwendbar, soweit die sie anordnende Vorschrift auf die in § 324 genannten Bestimmungen verweist, so bei § 62 III HGB. 1

Die Nachforderungsklage ist eine von der Abänderungsklage des § 323 wesentlich verschiedene *Zusatzklage*, mit der der Kläger eine Ergänzung des früheren Urteils wegen seines sachlichrechtlichen Sicherungsanspruchs betreibt. Die Grundsätze des § 323 finden darum hier keine Anwendung. Die Verurteilung auf die Geldrente braucht nicht, kann aber rechtskräftig zu sein.

**2) Regelungszweck.** Die Vorschrift bezweckt eine Sicherung des Gläubigers wegen seines erhöhten Bedürfnisses nach tatsächlichem Erhalt der Geldrente, ist also auch eine in den Bereich der Vollstreckung reichende Gläubigerschutzvorschrift. Natürlich soll aber auch nicht jede kleine Verschlechterung der Schuldnersituation zur Nachforderungsklage berechtigen; sie muß sich vielmehr „erheblich" verschlechtert haben. Beides ist bei der Auslegung mitzubeachten. 2

**3) Verfahren.** Klageberechtigt sind beide Teile. Der Berechtigte kann auf die Hingabe einer Sicherheit oder auf deren Erhöhung klagen; der Verpflichtete kann auf die Aufhebung oder Ermäßigung einer erheblichen angeordneten Sicherheit wegen einer erheblichen Besserung seiner Verhältnisse klagen. Die Klage ist nur unter der besonderen Prozeßvoraussetzung, Grdz 23 vor § 253, einer erheblichen Verschlechterung der Vermögensverhältnisse des Verpflichteten zulässig, nicht aus anderen Gründen, etwa bei einer bloßen Verschwendung. Warum nicht früher eine Sicherheit verlangt war, ist unerheblich. Die Veränderung muß nach dem Schluß der letzten Tatsachenverhandlung des Erstprozesses eingetreten sein. Es gilt der gewöhnliche Gerichtsstand. 3

**§§ 324, 325**  2. Buch. 1. Abschnitt. Verfahren vor den LGen

**4** Die Klage begründet ein *neues Verfahren*. Die Prozeßvollmacht des Vorprozesses genügt hier nicht. Einen sachlichrechtlichen Anspruch gibt § 324 nicht. Er setzt vielmehr einen solchen voraus. Dabei ist der Zeitpunkt des auf die Nachforderungsklage ergehenden Urteils maßgeblich. Soweit das Gericht vom Urteil des Vorprozesses in der Frage der Sicherheitsleistung abweicht, hebt es das frühere Urteil auf. Eine Sicherheitsleistung wird nur für die Zukunft zugesprochen, also ab Rechtskraft oder vorläufiger Vollstreckbarkeit. Deshalb ist sie auf der Grundlage derjenigen Raten zu bemessen, die nach dem Urteil fällig werden.

**325** *Rechtskraft und Rechtsnachfolge.* ¹Das rechtskräftige Urteil wirkt für und gegen die Parteien und die Personen, die nach dem Eintritt der Rechtshängigkeit Rechtsnachfolger der Parteien geworden sind oder den Besitz der in Streit befangenen Sache in solcher Weise erlangt haben, daß eine der Parteien oder ihr Rechtsnachfolger mittelbarer Besitzer geworden ist.

II Die Vorschriften des bürgerlichen Rechts zugunsten derjenigen, die Rechte von einem Nichtberechtigten herleiten, gelten entsprechend.

III ¹Betrifft das Urteil einen Anspruch aus einer eingetragenen Reallast, Hypothek, Grundschuld oder Rentenschuld, so wirkt es im Falle einer Veräußerung des belasteten Grundstücks in Ansehung des Grundstücks gegen den Rechtsnachfolger auch dann, wenn dieser die Rechtshängigkeit nicht gekannt hat. ²Gegen den Ersteher eines im Wege der Zwangsversteigerung veräußerten Grundstücks wirkt das Urteil nur dann, wenn die Rechtshängigkeit spätestens im Versteigerungstermin vor der Aufforderung zur Abgabe von Geboten angemeldet worden ist.

IV Betrifft das Urteil einen Anspruch aus einer eingetragenen Schiffshypothek, so gilt Absatz 3 Satz 1 entsprechend.

**Schrifttum:** *Berger,* Die subjektiven Grenzen der Rechtskraft bei der Prozeßstandschaft usw, 1992; *Bettermann,* Bindung der Verwaltung an zivilgerichtliche Urteile, Festschrift für *Baur* (1981) 273; *Beys,* Die subjektiven Grenzen der Rechtskraft und die staatsrechtliche Wirkung des Urteils, Festschrift für *Schwab* (1990) 61; *Blume,* Die subjektiven Grenzen der Rechtskraft im Rahmen des § 325 II ZPO, 1999; *Bürgers,* Rechtskrafterstreckung und materielle Abhängigkeit, 1993; *Dimaras,* Anspruch „Dritter" auf Verfahrensbeteiligung, 1987; *Gaul,* Die Erstreckung und Durchbrechung der Urteilswirkungen nach §§ 19, 20 AGBG, Festschrift für *Beitzke* (1979) 997; *Gaul,* Der Einwendungsausschluß in bezug auf den Schuldtitel nach § 2 AnfG als Problem der Gläubigeranfechtung und der Urteilswirkungen gegenüber Dritten, Festschrift für *Schwab* (1990) 111; *Gottwald,* Bindungswirkungen gerichtlicher Entscheidungen in der Kraftfahrzeug-Haftpflichtversicherung, Festschrift für *Mitsopoulos* (Athen) 1992; *Herrmann,* Die Grundstruktur der Rechtshängigkeit, entwickelt am Problem des Rechtshängigkeitseinwandes bei Rechtskrafterstreckung auf Dritte, 1988; *Jänsch,* Prozessuale Auswirkungen der Übertragung der Mitgliedschaft, 1996; *Koch,* Prozeßführung im öffentlichen Interesse, 1990; *Koussoulis,* Beiträge zur modernen Rechtskraftlehre, 1986; *Lüke,* Die Beteiligung Dritter im Zivilprozeß, 1993; *Peters,* Die Bundeswirkung von Haftpflichtfeststellungen im Deckungsverhältnis, 1985; *Schilken,* Veränderungen der Passivlegitimation im Zivilprozeß: Studien zur prozessualen Bedeutung der Rechtsnachfolge auf Beklagtenseite außerhalb des Parteiwechsels, 1987; *Schober,* Drittbeteiligung im Zivilprozeß usw (auch rechtsvergleichend), 1990; *Schwab,* Die prozeßrechtlichen Probleme des § 407 II BGB, Gedächtnisschrift für *Bruns* (1980) 181; *Stucken,* Einseitige Rechtskraftwirkung von Urteilen im deutschen Zivilprozeß, 1990; *Wahl,* Die Bindung an Prozeßlagen als Hauptproblem des gewillkürten Parteiwechsels, Diss Heidelb 1990; *Waldner,* Aktuelle Probleme des rechtlichen Gehörs im Zivilprozeß, Diss Erl (1983) 222; *Zeuner,* Verfahrensrechtliche Folgen des Betriebsübergangs nach § 613a BGB, Festschrift für *Schwab* (1990) 575.

S auch Einf 19 vor §§ 322–327.

**Gliederung**

| | |
|---|---|
| 1) Systematik, I–IV ............... 1 | A. Gestaltungsurteil ............... 15 |
| 2) Regelungszweck, I–IV ............ 2 | B. Keine Verschiedenheit der Entschädigung ............... 16 |
| 3) Geltungsbereich, I–IV ............ 3 | 8) Erweiterung bei Rechtskraftwirkung gegenüber dem Einzelnen, I–IV ...... 17–19 |
| 4) Regelmäßige Rechtskraftwirkung, I . 4–7 | A. Prozeßstandschaft usw ............ 17 |
| A. Auf Parteien .................... 4 | B. Streithelfer .................... 18 |
| B. Auf Dritte ..................... 5 | C. Sachliches Recht ................ 19 |
| C. Rechtsnachfolger im einzelnen ...... 6, 7 | 9) Zwangsvollstreckung, I–IV ......... 20 |
| 5) Erwerb vom Nichtberechtigten, II ... 8–11 | 10) Beispiele zur Frage des Umfangs der persönlichen Rechtskraft, I–IV ..... 21–40 |
| 6) Eingetragenes Recht, III, IV ........ 12–14 | 11) VwGO ............... 41 |
| A. Grundsatz: Sonderregeln .......... 12 | |
| B. Veräußerung, III 1 ................ 13 | |
| C. Ersteigerung, III 2, IV ............ 14 | |
| 7) Erweiterung der Rechtskraftwirkung gegenüber mehreren Personen, I–IV . 15, 16 | |

**1** **1) Systematik, I–IV.** Grundsätzlich wirkt das rechtskräftige Urteil nur zwischen den Parteien, BGH **124**, 95. Das ist die notwendige Folge der Herrschaft der Parteien über den Prozeß, Grdz 18 vor § 128. Diese Folge und der Grundsatz des rechtlichen Gehörs, Grdz 41 vor § 128, lassen es an sich als unmöglich erscheinen, die Rechtskraft auf diejenigen zu erstrecken, die an der Gestaltung des Prozesses keinen Anteil hatten, BGH NJW **96**, 396 (zustm Brehm JZ **96**, 526). Indessen verlangen die Rechtssicherheit, Einl III 43,

## 2. Titel. Urteil § 325

und die Prozeßwirtschaftlichkeit, Grdz 14, 15 vor § 128, in zahlreichen Fällen eine Erstreckung der Rechtskraft auf Dritte, BGH NJW **96**, 396 (zustm Brehm JZ **96**, 526), Häsemeyer ZZP **101**, 411, auch und gerade trotz Verletzung des rechtlichen Gehörs, Jauernig ZZP **101**, 384. Diese Erstreckung der Rechtskraft wird von §§ 325–327 und anderen Vorschriften geregelt. Soweit solche Vorschriften auf einem allgemeinen Rechtsgedanken beruhen, sind sie einer sinngemäßen Anwendung fähig; Beispiel: § 717 Rn 6. Der Versuch, in Fällen mangelnder Rechtskrafterstreckung mit einer „Tatbestandswirkung" weiterzukommen, vgl BSG MDR **88**, 82 mwN, ist eine gefährliche Aufweichung der ohnehin zunehmend unterlaufenen Rechtskraft.

Im Gegensatz zu einer Rechtskrafterstreckung, durch die der Dritte unmittelbar erfaßt wird, liegt nach Schwab ZZP **77**, 124 vielfach nur eine *Drittwirkung* der Rechtskraft vor, die dem Dritten den Einwand nimmt, das im Vorprozeß zwischen den Parteien Entschiedene sei ihm gegenüber nicht maßgeblich, vgl Hbg VersR **73**, 564, zB wenn die Rechtseigenschaft des A im Rechtsstreit mit B festgestellt ist, so daß ein Nachlaßgläubiger nur gegen A Ansprüche erheben kann. Die Wirkung, die das Urteil gegenüber dem Dritten hat, muß es auch in einem Rechtsstreit des Dritten gegenüber den Parteien des Vorprozesses haben. Im einzelnen kann es sich auch um eine nur einseitige Rechtskrafterstreckung handeln, also um eine solche nur für oder nur gegen einen Dritten, Stucken (vor Rn 1). Zur gesamten Problematik der Drittwirkung Schack NJW **88**, 865 (ausf).

**2) Regelungszweck, I–IV.** Vgl zunächst Rn 1. Die Rechtskrafterstreckung bewirkt erst in Verbindung **2** mit einer Umstellung der Vollstreckungsklausel nach § 727 eine Vollstreckungsmöglichkeit für oder gegen den Dritten. II schützt den gutgläubigen Sonderrechtsnachfolger, Rn 8, Stgt FGPrax **96**, 208.

**3) Geltungsbereich, I–IV.** Die Vorschrift gilt in allen Verfahren nach der ZPO. In Baulandsachen ist **3** § 325 unanwendbar, Mü MDR **72**, 787.

**4) Regelmäßige Rechtskraftwirkung, I.** Es sind zwei Arten von Auswirkung zu beachten. **4**

**A. Auf Parteien.** Das Urteil wirkt zwischen den Parteien, dh für und gegen die Personen, auf die es lautet, § 750 Rn 1, auch wenn es sich um ein Rechtsverhältnis handelt, an dem nur eine Prozeßpartei oder keine beteiligt ist, BGH LM Nr 4. Die Umkehrung der Parteirollen im Folgeprozeß ist (bei Nämlichkeit des Streitgegenstandes, § 2 Rn 3) unbeachtlich, § 322 Rn 59 „Parteistellung". Die Rechtskraft tritt freilich nicht zwischen einfachen Streitgenossen, § 59, untereinander ein. Die Rechtskraft erstreckt sich auf die gesetzlichen oder rechtsgeschäftlichen Vertreter persönlich. Die Partei kraft Amts, Grdz 8 vor § 50, ist ein Dritter. Ist sie aber nach der Rechtshängigkeit bestellt worden, § 261, so steht sie dem Rechtsnachfolger gleich. Der Prozeßstandschafter, Grdz 26 ff vor § 50, erwirkt Rechtskraft für und gegen den Rechtsinhaber, BGH FamRZ **88**, 835.

**B. Auf Dritte.** Das Urteil wirkt ferner für und gegen diejenigen Personen, die nach dem Eintritt der **5** Rechtshängigkeit Rechtsnachfolger einer Partei geworden sind. Insofern ergänzt § 325 den § 265. Unerheblich ist, ob und wann der Rechtsnachfolger in den Prozeß eingetreten ist. Jedoch wirkt das Urteil nur insoweit, als jemand Rechtsnachfolger ist, nicht auch im übrigen; vgl Rn 26 „Erbrecht". Zwischen einer Partei und ihrem eigenen Rechtsnachfolger wirkt das Urteil nicht. Eine vor der Rechtshängigkeit eingetretene Nachfolge hat keine Wirkung, denn der Vorgänger ist nicht sachlich befugt und nicht prozeßführungsberechtigt, er kann darum seinen Nachfolger nicht binden. Etwas anderes gilt nur bei einer fehlenden Kenntnis von einer Abtretung, §§ 407 II, 408, 412, 413 BGB, oder bei einem Zurückbehaltungsrecht nach § 372 II HGB, oder bei einer Marke nach dem MarkenG. Diese Wirkung tritt aber jeweils aber nur gegen den Nachfolger ein, nicht auch für ihn, vgl Rn 21 „Abtretung".

**C. Rechtsnachfolger im einzelnen.** Rechtsnachfolger ist hier, wie in § 265, jeder Nachfolger in das **6** volle oder in das geminderte Recht des Vorgängers durch Rechtsgeschäft, Gesetz oder Staatsakt, § 265 Rn 21, auch durch Pfändung, § 803, BGH MDR **88**, 1053. Ob das Gericht die Nachfolge kennt und im Urteil berücksichtigt, ist unerheblich. Rechtsnachfolger ist auch derjenige, der Besitzmittler der streitbefangenen Sache (vgl § 265 Rn 3) geworden ist, § 868 BGB. Es bedurfte der Erwähnung dieses Falls in I nicht. Dies gilt auch bei Besitzklagen oder beim Eigenbesitz, BGH NJW **81**, 1517, und beim Fremdbesitz. Es entscheidet der Besitzerwerb nach der Rechtshängigkeit. Ältere Besitzer sind mit zu verklagen. Besitzdiener gehören nicht hierher; für und gegen sie wirkt das Urteil ohne weiteres.

Rechtsnachfolger ist ferner derjenige, der den Prozeßführung des anderen, Grdz 22 vor § 50, genehmigt **7** hat, § 89 Rn 15, oder über den Streitgegenstand verfügen darf. Für eine befreiende *Schuldübernahme* gilt dasselbe wie bei § 265 Rn 9, Schlesw JZ **59**, 668, aM BGH LM Nr 14 (zustm Henckel ZZP **88**, 329. Aber § 425 II BGB beweist als Ausnahme für den Übernehmer nichts). Der nach § 419 I BGB mithaftende Übernehmer ist *kein* Rechtsnachfolger, BGH NJW **84**, 794, Baumgärtel DB **90**, 1907, StJL 29, aM Bettermann Festschrift für Baur (1981) 273, Grunsky AcP **186**, 524, ZöV 34. Ebensowenig ist Rechtsnachfolger, wer von dem zur Auflassung Verpflichteten erwirbt. Weitere Einzelfälle Rn 21 und Schwab ZZP **77**, 151.

**5) Erwerb vom Nichtberechtigten, II.** Die Vorschriften des sachlichen Rechts über den Erwerb vom **8** Nichtberechtigten gelten auch für die Rechtskraftwirkung. Damit macht II eine Ausnahme von I, indem er den gutgläubigen Erwerber gegen die Rechtskraft schützt, soweit sein Recht von dem des Veräußerers unabhängig ist, wie bei §§ 892 ff, 932 ff BGB, 366 ff HGB. Guter Glaube muß sich auf das Recht bzw auf die Verfügungsbefugnis, § 366 HGB, und auf die Rechtshängigkeit beziehen, Henckel ZZP **82**, 341, 358, StJL 38, ZöV 45, aM Grunsky 543 (maßgeblich sei nur der gute Glaube an Nicht-Rechtshängigkeit), von Olshausen JZ **88**, 591 (maßgeblich sei nur der sachrechtliche Gutglaubenserwerb).

II bezieht sich also auch auf den Fall des Erwerbs vom Berechtigten nach dem Eintritt der Rechts- **9** hängigkeit. Das einzelne richtet sich nach dem *sachlichen* Recht, namentlich auch die Frage, ob nur die positive Kenntnis, zB § 892 BGB, oder auch schon die durch grobe Fahrlässigkeit bewirkte Unkenntnis, zB § 932 BGB, den bösen Glauben bedeutet, ThP 8, aM Pawlowski JZ **75**, 681 (wegen Art 103 I GG schade nur die positive Kenntnis). Bösglaubigkeit schadet, mag sie sich auf die Mängel im Recht des Vorgängers beziehen oder nur auf die Rechtshängigkeit, BGH **114**, 309.

**§ 325**  2. Buch. 1. Abschnitt. Verfahren vor den LGen

10    *Für* den *gutgläubigen* Rechtsnachfolger wirkt das Urteil ausnahmslos; *gegen* ihn wirkt es nur dann, wenn ihm sein guter Glaube nichts nützt. Kommt es auf den guten Glauben bezüglich der Rechtshängigkeit an, so kann man ihn auch durch die Eintragung der Rechtshängigkeit ins Grundbuch ausschließen, wenn ein Rechtsschutzbedürfnis, Grdz 33 vor § 253, dafür gegeben ist, sog Rechtshängigkeitsvermerk, Zweibr NJW **89**, 1098. Dabei sind im allgemeinen die Klagaussichten nicht zu prüfen, aM Brschw MDR **92**, 75 (keine Eintragung dieses Vermerks auf Grund eines nur schuldrechtlichen Anspruchs).

11    Die *Eintragung* des Rechtshängigkeitsvermerks erfordert nicht stets eine einstweilige Verfügung nach §§ 935 ff; es gibt nämlich Situationen, in denen die zum Erlaß der einstweiligen Verfügung erforderliche Glaubhaftmachung eines Berechtigungsanspruchs, §§ 920 II, 936, nicht möglich ist oder nicht gelingt. Deshalb kann ein urkundlicher Nachweis der Rechtshängigkeit ausreichen, §§ 22, 29 GBO, Schlesw MDR **94**, 833, Zweibr NJW **89**, 1098. Hat ein sachlich Unbefugter den Prozeß geführt, so gilt I, mag auch der Gegner den Unbefugten für befugt gehalten haben. Denn die Prozeßführung ist keine Verfügung. Dies gilt zB dann, wenn der eingetragene Nichtberechtigte verurteilt worden ist. Ausnahmen gelten bei §§ 409, 1058, 1412 BGB, vgl auch Rn 5.

12    **6) Eingetragenes Recht, III, IV.** Die Regelung ist strikt auszulegen.

   **A. Grundsatz: Sonderregeln.** Diese Vorschriften geben Sonderrechte für Urteile bezüglich einer eingetragenen Reallast, Hypothek, Grundschuld, Rentenschuld, Schiffshypothek, ferner für ein Registerpfandrecht an einem Luftfahrzeug, auf das IV sinngemäß anzuwenden ist, § 99 I LuftfzRG. III, IV beziehen sich aber nicht auf die der Hypothek zugrunde liegende Forderung.

13    **B. Veräußerung, III 1.** Die Vorschrift macht eine Ausnahme von II, indem sie die Regel I wiederherstellt. Auch der gutgläubige Erwerber ist hier nicht geschützt, wenn das belastete Grundstück, eingetragene Schiff usw nach der Rechtshängigkeit veräußert worden ist. Denn die Rechte des Gläubigers stehen höher, weil sich der Erwerber ja nach einem Prozeß erkundigen kann. Die Rechtskraftwirkung für den Erwerber richtet sich aber nach I.

14    **C. Ersteigerung, III 2, IV.** Die Vorschrift macht bei einem Grundstück, nicht auch bei einem Schiff, eine Unterausnahme von Satz 1 für den Fall eines Erwerbs in der Versteigerung; dann wirkt das Urteil gegen den Ersteher nur, wenn die Rechtshängigkeit spätestens im Versteigerungstermin vor der Aufforderung zur Abgabe von Geboten angemeldet worden ist, selbst wenn sie dem Ersteher bekannt war. Das Gesetz will eine Täuschung des Erstehers vermeiden, dessen guter Glaube übrigens keine Rolle spielt, § 817 Rn 7; der Grundpfandgläubiger könnte die Rechtshängigkeit ja anmelden. Dasselbe gilt, wenn der Grundeigentümer eine Feststellung des Nichtbestehens einer Hypothek begehrt, nicht aber dann, wenn der Rechtsstreit schon vor der Versteigerung rechtskräftig entschieden worden ist.

15    **7) Erweiterung der Rechtskraftwirkung, gegenüber mehreren Personen, I–IV.** Eine erweiterte Rechtskraftwirkung ergibt sich in dieser Fallgruppe wie folgt:

   **A. Gestaltungsurteil.** Das Gestaltungsurteil, Üb 6 vor § 300, wirkt immer für und gegen alle, denn es stellt nicht ein Recht als bestehend fest, sondern schafft eine neue Rechtslage. Manche halten das für seine Rechtskraftwirkung; praktisch ist diese Abweichung belanglos.

16    **B. Keine Verschiedenheit der Entschädigung.** Eine erweiterte Rechtskraftwirkung haben für und gegen sachlichrechtlich Berechtigte Urteile in Fällen, die keine verschiedene Entschädigung erlauben. Beispiele: betr den Pfandgläubiger nach § 856 IV, betr den Konkursgläubiger nach §§ 145 II, 147 S 1 KO. Diese Fälle sind selten. Sie ergreifen Gesamtschuldverhältnisse nicht. Die Rechtskraft des einem Bekl günstigen Urteils steht dem Ausgleichsanspruch nicht im Weg. Ferner ergreifen sie nicht Ansprüche auf eine unteilbare Leistung. Die Logik entscheidet in solchen Fällen nicht; diese sonderbare Folge zeigt die Unzweckmäßigkeit der gesetzlichen Regelung der notwendigen Streitgenossenschaft. Darum kann einer von mehreren auf eine unteilbare Leistung Verklagten nicht die Unbeteiligten durch ein Anerkenntnis usw schädigen.

17    **8) Erweiterung der Rechtskraftwirkung gegenüber dem Einzelnen, I–IV.** Eine erweiterte Rechtskraftwirkung haben ferner gegenüber nur einzelnen Dritten Urteile außer nach § 325 in vielen Fällen, zB:

   **A. Prozeßstandschaft usw.** Diese Wirkung ergibt sich im Fall einer Prozeßstandschaft und Prozeßgeschäftsführung, Grdz 26, 29 vor § 50, BGH **LM** § 1169 Nr 1, Hamm FamRZ **81**, 589, Heitzmann ZZP **92**, 66. Das gilt beim Einziehungsabtretungsnehmer, sofern er sich auf die Ermächtigung gestützt hat, BGH **LM** Nr 4 und § 50 Nr 26, beim Nacherben, § 326, beim Testamentsvollstrecker, § 327, überhaupt bei Parteien kraft Amts, Grdz 8 vor § 50. Damit wird aber nicht automatisch auch das Grundrecht des Rechtsnachfolgers verletzt, BVerfG **25**, 262.

18    **B. Streithelfer.** Eine Erweiterung der Rechtskraft ergibt sich ferner gegenüber dem Streithelfer, § 68, und dem Streitverkündungsgegner, § 74 III.

19    **C. Sachliches Recht.** Eine Erweiterung der Rechtskraft ergibt sich schließlich oft nach Vorschriften des sachlichen Rechts. So wirkt das Urteil über eine Gesellschaftsschuld der OHG gegenüber den Gesellschaftern, § 128 HGB, das Urteil auf eine Gestattung der Befriedigung aus einem kaufmännischen Zurückbehaltungsrecht regelmäßig gegenüber dem dritten Erwerber der zurückbehaltenen Sache, § 372 II HGB, das klagabweisende Urteil im Prozeß des Geschädigten mit dem Schädiger auch zugunsten des Versicherers und im Prozeß mit dem Versicherer auch zugunsten des Schädigers, § 3 Z 8 PflVG, und zwar sowohl bei gleichzeitiger als auch bei zeitlich getrennter Inanspruchnahme beider, BGH NJW **82**, 999, Karlsr VersR **88**, 1193. Diese Vorschrift ist auf einen Prozeßvergleich, Anh § 307, unanwendbar, BGH RR **86**, 22. Es gibt aber keine allgemeine Rechtskrafterstreckung schon auf Grund einer sachlichrechtlichen Mitschuld, Ffm FamRZ **83**, 173, Höhne VersR **87**, 1169. Zur Wirkung gegen einen nicht angehörten Dritten Marotzke ZZP **100**, 164.

20    **9) Zwangsvollstreckung, I–IV.** Über diejenige gegen einen Rechtsnachfolger vgl §§ 727, 731.

## 2. Titel. Urteil § 325

**10) Beispiele zur Frage des Umfangs der persönlichen Rechtskraft, I–IV** 21

**Abtretung**

*BGB § 407.* II Ist in einem nach der Abtretung zwischen dem Schuldner und dem bisherigen Gläubiger anhängig gewordenen Rechtsstreit ein rechtskräftiges Urteil über die Forderung ergangen, so muß der neue Gläubiger das Urteil gegen sich gelten lassen, es sei denn, daß der Schuldner die Abtretung bei dem Eintritte der Rechtshängigkeit gekannt hat.

Der neue Gläubiger ist nicht Rechtsnachfolger, wenn die Abtretung *vor* der Rechtshängigkeit erfolgt, BGH **86**, 339. Bei § 407 II BGB tritt eine Rechtskrafterstreckung nicht zugunsten, sondern allenfalls zu Lasten des neuen Gläubigers ein, BGH **MDR 75**, 572, ThP 2, aM von Olshausen JZ **76**, 85. Wenn der Kläger vor oder in dem Prozeß abgetreten hat, dann darf der zur Leistung an ihn verurteilte Bekl seit der Kenntnis von dieser Abtretung nicht mehr an den Kläger leisten; unter Umständen sind die §§ 767, 769 anzuwenden. Wenn der Abtretende mit einer Ermächtigung des neuen Gläubigers klagt, dann wirkt das Urteil gegen den letzteren, BGH **LM** Nr 2 und 9, Kblz Rpfleger **86**, 449. Der Erwerber eines rechtshängigen Anspruchs muß mit der Abweisung des Abtretenden rechnen, ist daher nicht gutgläubig. § 325 ist auch im Fall der Abtretung nach dem Eintritt der Rechtskraft anwendbar, BGH **NJW 83**, 2032. KG MDR **81**, 940 wendet II auf das selbständige Beweisverfahren entsprechend an. 22

**Allgemeine Geschäftsbedingungen,** dazu *Gaul,* Die Erstreckung und Durchbrechung der Urteilswirkungen nach §§ 19, 20 AGBG, Festschrift für *Beitzke* (1979) 997: Zur Rechtskrafterstreckung einer Verbandsklage, § 21 AGBG, Gaul aaO 1026 mwN, aM PalH § 21 AGBG Rn 2.

**Anfechtungsgesetz:** Die Frage der Rechtskraftwirkung ist dafür, ob das Bestehen eines vollstreckbaren Titels zur Verurteilung des Anfechtungsgegners ausreicht, ohne Bedeutung, BGH **LM** § 2 AnfG aF Nr 1, 2, Gaul Festschrift für Schwab (1990) 134.

**Arbeitsrecht:** Eine Pflicht des Betriebsveräußerers gegenüber dem Betriebsrat kann den Erwerber treffen, wenn die Nämlichkeit des Betriebs erhalten bleibt, BAG **MDR 91**, 648.

**Aufrechnung:** BGH **LM** § 535 BGB Nr 70 läßt offen, ob I auf einen Fall des § 322 II anwendbar ist.

**Bedingung:** Wer infolge des Eintritts einer auflösenden Bedingung zurückerwirbt, ist nicht Rechtsnach- 23 folger des bis dahin Berechtigten. Wer aufschiebend bedingt erwirbt, ist es mit dem Eintritt der Bedingung. Für den Käufer unter Eigentumsvorbehalt gilt aber I, wenn er besitzt.

**Bürgschaft:** Wegen der dauernden Abhängigkeit der Bürgschaftsschuld, §§ 765 I, 767 I, 768 I BGB, 24 erstreckt sich die Rechtskraft des stattgebenden wie des abweisenden Urteils auf den Hauptschuldner, BGH **LM** § 768 BGB Nr 4, RoSGo § 156 III (dort wird allerdings die frühere Lehre vor der Drittwirkung der Rechtskraft nicht mehr aufrechterhalten), aM BGH **LM** § 283 BGB Nr 4, LG Memmingen VersR **75**, 1061. Zum Meinungsstand auch Fenge NJW **71**, 1920. Der Bürge kann sich Gehör über § 66 verschaffen, und zwar auch nach einem Versäumnisurteil gegen den Hauptschuldner, aM LG Memmingen VersR **75**, 1061. Falls der Hauptschuldner den Bürgen nicht vom Prozeß des Gläubigers gegen den Hauptschuldner informiert, kann der Bürge den Hauptschuldner gegebenenfalls belangen. Nach einer Abweisung der Klage gegen den Hauptschuldner ist also kein Versäumnisurteil gegen den Bürgen zulässig, Fenge NJW **71**, 1921, Weber JuS **71**, 553. Ein Urteil zwischen dem Hauptschuldner und dem Bürgen wirkt nicht stets im Verhältnis zwischen dem Gläub und dem Bürgen, BGH **NJW 71**, 701. Ebensowenig wirkt ein Urteil zwischen dem Gläub und dem Bürgen, zB bei einer Hilfsaufrechnung des Bürgen mit einer Forderung des Hauptschuldners, im Verhältnis zwischen dem Hauptschuldner und dem Bürgen, BGH **LM** § 546 Nr 80. Ein „Prozeßbürge" anerkennt idR den Ausgang des Rechtsstreits als für sich verbindlich, BGH **NJW 75**, 1121, Kblz MDR **98**, 1022.

S auch § 322 Rn 32 „Bürgschaft".

**Buße** oder Entschädigung im Strafverfahren: Ein Urteil, daß sie zuspricht, berührt nicht den Ersatzanspruch des Verletzten gegen einen am Strafverfahren unbeteiligten Dritten.

**Drittschuldner:** Die Rechtskraft des vom Drittschuldner gegen den Schuldner erstrittenen Urteils auf Vertragserfüllung bindet den Vollstreckungsgläubiger, der den Anspruch des Schuldners aus ungerechtfertigter Bereicherung wegen Unwirksamkeit des Vertrags gepfändet hat, nicht, BGH **NJW 96**, 396 (zustm Brehm JZ **96**, 526).

**Ehe:** Ein persönlicher Schuldtitel gegen einen Ehegatten wirkt beim Güterstand der Gütergemeinschaft mit 25 einer gemeinschaftlichen Verwaltung des Gesamtguts nicht gegen den anderen Ehegatten, Ffm FamRZ **83**, 172. Ein Dritter kann nicht Rechtsnachfolger eines Anspruchs auf Grund der HausratsVO sein, Hamm FamRZ **87**, 509. Ein Urteil gegen den Ehegatten wirkt nach § 325 im Prozeß des Ehegatten gegen den Rentenversicherer, BSG **NJW 89**, 2011.

**Eigentum:** Die Rechtskraft des Urteils auf die Abweisung der Klage eines Miteigentümers nach § 1011 BGB erstreckt sich grundsätzlich nur bei einem Prozeßführungsrecht auf die anderen, BGH **79**, 245. Freilich reicht die (auch evtl nur intern erteilte) Zustimmung des Miteigentümers zur Klageerhebung durch den anderen aus, BGH **NJW 85**, 2825.

**Erbrecht:** Eine Feststellung durch ein Urteil in einem Prozeß zwischen dem Erben und einem Dritten hat 26 Wirkung auch gegenüber dem Nachlaßgläubiger und Nachlaßschuldner, Rn 3. Ein Urteil zwischen Erbbeteiligten wirkt wegen der Erbschaftssteuer auch für den Fiskus, aM Bettermann Festschrift für Baur (1981) 277. Die Rechtskraft gegen den Erblasser wirkt gegen den Erben, ändert aber nichts an der bereits vor der Rechtshängigkeit dieses Prozesses erworbenen eigenen Rechtsstellung. Wegen des Nacherben § 326.

**Gesellschaft:** Ein Grundsatz hat vielfältige Auswirkungen. 27

**A. Maßgeblichkeit der Prozeßart.** Ein Urteil gegen die GmbH im Anfechtungsprozeß eines Gesellschafters wirkt auch im Verhältnis zu den Gesellschaftern. S auch Rn 32 „Juristische Person". Ein Urteil für und gegen die OHG wirkt grundsätzlich nicht für und gegen deren Gesellschafter, Schiller NJW **71**, 412.

## B. Einzelfälle

**28** – **(Verurteilung):** Eine rechtskräftige Verurteilung der Gesellschaft wirkt begrenzt gegen die Gesellschafter, § 129 I HGB, BGH WertpMitt **80**, 102. Sie beläßt nur persönliche Einreden und solche aus § 767. Auch findet keine Zwangsvollstreckung gegen den Gesellschafter aus einem Urteil statt, das gegen die Gesellschaft ergangen ist, § 129 IV HGB. Der Gesellschafter kann im Prozeß des Gläubigers gegen ihn nicht den Inhalt eines gegen die Gesellschaft erstrittenen Urteils bestreiten. Vgl auch Schwab ZZP **77**, 151.

**29** – **(Sieg):** Ein rechtskräftiger Sieg der Gesellschaft befreit die Gesellschafter, weil feststeht, daß die Gesellschaftsschuld nicht besteht. Dies gilt auch, wenn ein Gesellschafter im Prozeß ausgeschieden ist. Die erstinstanzliche Abweisung einer Klage gegen die KG erwächst nicht in sachlicher Rechtskraft, wenn die KG gemäß § 161 II HGB erlischt und das Berufungsgericht die jetzt gegen den Rechtsnachfolger (§ 239) gerichtete Klage als unzulässig abweist, BGH **LM** § 239 Nr 9.

**30 Gesetzlicher Übergang:** Die Abweisung der Unterhaltsklage wirkt auch gegen den Träger der Sozialhilfe, zB SGB V, selbst wenn sie nur deshalb erfolgt ist, weil das Gericht fälschlich angenommen hat, daß der Anspruch wegen der Unterstützung der Kinder zB nach dem SGB V erloschen sei. Dagegen wirkt eine Verurteilung zum Ersatz allen Unfallschadens nicht für den Sozialversicherungsträger, soweit Schadensersatzansprüche des Verletzten vor der Klagerhebung, Rn 4, 6, auf den Versicherungsträger übergegangen sind.

**Grundbuchamt:** Es kann an ein rechtskräftiges Urteil gebunden sein, das zwischen zwei Beteiligten ergangen ist, BayObLG **91**, 335 (Fischereirecht).

**31 Hypothek:** Wenn der Hypothekenkläger die Hypothek erworben hatte, als der Prozeß des Eigentümers gegen den früheren Hypothekengläub auf Feststellung des Nichtbestehens der Hypothekenschuld schwebte, und wenn der Hypothekenkläger die Rechtshängigkeit beim Erwerb kannte, dann nützt ihm guter Glaube nichts. Die Rechtskraft des Titels, auf Grund dessen eine Zwangshypothek eingetragen wurde, erstreckt sich nicht auf den späteren Erwerber des belasteten Grundstücks, BGH NJW **88**, 829.

**Insolvenzverwalter:** Ein Urteil gegen ihn wirkt gegen den Schuldner, BAG NJW **80**, 142, Celle RR **88**, 448.

**32 Juristische Person:** Die Organmitglieder sind als solche nicht Rechtsnachfolger früherer Organmitglieder. S auch Rn 27 „Gesellschaft", Rn 33 „Konzern".

**33 Käufer:** Er hat für eine neue Klage gegen den Besitzer kein Rechtsschutzbedürfnis, auch wenn der Besitzer ein Zurückbehaltungsrecht nicht geltend macht. Dann ist insofern nur eine negative Feststellungsklage möglich, BGH **LM** Nr 7.

**Kindschaftssache:** Wegen der erweiterten Rechtskrafterstreckung vgl § 640 h.

**Konzern:** Eine „Konzernverbundenheit" schafft keine Rechtskraft für oder gegen ein am Prozeß nicht beteiligtes Unternehmen, BPatG GRUR **85**, 126.

**Kosten:** Das Urteil wirkt auch wegen der Kosten gegenüber dem Rechtsnachfolger, aM ZöV 1.

**34 Mieter:** Ein Räumungsurteil gegen den Hauptmieter erstreckt sich auch auf den nach der Rechtshängigkeit aufgenommenen Untermieter. Daher ist (nur) dann eine Umschreibung möglich, § 727, LG Köln WoM **91**, 507. Eine Klage nach § 2 MHG gegen nur einen Mitmieter würde trotz anderer Vertragsklauseln nicht auch gegen den anderen wirken und ist daher unzulässig, KG WoM **86**, 108.

**35 Nichtigkeit des Vertrags:** Das Urteil betr einen Vertragspartner wirkt nicht betr andere Vertragspartner.

**Nießbrauch:** Ein Urteil für den die Miete pfändenden Gläub auf Mietzahlung im Prozeß gegen den Eigentümer wirkt nicht gegen den Nießbraucher des Grundstücks.

**36 Patent:** Ein Urteil gegen den Inhaber wirkt gegen einen einfachen Lizenznehmer, aber nicht gegen einen ausschließlichen. § 145 PatG steht einer Klage gegen andere als den bisherigen Bekl nicht entgegen, BGH **LM** § 54 PatG aF Nr 3.

S auch Rn 33 „Konzern".

**Pfändungsgläubiger:** Ein Urteil zwischen ihm und einem Drittschuldner über den Bestand der Forderung wirkt nicht gegenüber dem Schuldner. Ist eine zwischen dem Schuldner und dem Drittschuldner in einem Prozeß umstrittene Forderung (zulässig) gepfändet worden, dann wirkt das Urteil auch gegenüber dem Pfändungsgläubiger, BGH MDR **88**, 1053. Der Schuldner muß notfalls hinterlegen, BGH **86**, 340.

**Prozeßstandschaft,** dazu Berger (vor Rn 1): Das im Prozeßstreit des Prozeßstandschafters ergangene Urteil wirkt für und gegen den Rechtsinhaber, BGH FamRZ **88**, 835.

**37 Schuldübernahme,** befreiende: Hier findet eine Rechtskrafterstreckung statt, Rn 7.

**Streitgenosse:** Die Rechtskraft tritt nicht zwischen einfachen Streitgenossen untereinander ein, Hamm RR **97**, 90, vgl Höhne VersR **87**, 1169.

**38 Unterlassung:** Die Rechtskraft eines entsprechenden Urteils wirkt nicht gegenüber dem Rechtsnachfolger des Schuldners, auch nicht dann, wenn bisher ein abänderbarer Zustand beeinträchtigt zu werden drohte. Denn auch dann muß das Verhalten des Rechtsnachfolgers zunächst einmal abgewartet werden; das übersieht Brehm JZ **72**, 225.

S auch § 265 Rn 6 „Betrieb".

**39 Versicherung:** Rn 19 und Höhne VersR **87**, 1167 (ausf).

S auch Rn 25 „Ehe".

**Vertrag zugunsten Dritter:** Ein Urteil zwischen Versprechendem und Versprechensempfänger wirkt nicht für oder gegen den Dritten, ThP 1, ZöV 4, aM MüKoGo 73, Schwab ZZP **77**, 149.

**Vollstreckungsgläubiger:** Rn 25 „Drittschuldner".

**40 Wohnungseigentümer:** Ein Urteil wegen eines individuellen Anspruchs des einzelnen gegen einen Dritten wirkt nicht für und gegen die am Prozeß unbeteiligten übrigen Wohnungseigentümer, BGH NJW **74**, 1553.

**41** 11) *VwGO: Entspr anzuwenden,* § 173 *VwGO, in Ergänzung von* § 121 *VwGO, Ey* § 121 *Rn 43. Zur notwendigen Beiladung des Rechtsnachfolgers s* § 265 *Rn 31.*

## § 326 Rechtskraft bei Erbnachfolge.

**I** Ein Urteil, das zwischen einem Vorerben und einem Dritten über einen gegen den Vorerben als Erben gerichteten Anspruch oder über einen der Nacherbfolge unterliegenden Gegenstand ergeht, wirkt, sofern es vor dem Eintritt der Nacherbfolge rechtskräftig wird, für den Nacherben.

**II** Ein Urteil, das zwischen einem Vorerben und einem Dritten über einen der Nacherbfolge unterliegenden Gegenstand ergeht, wirkt auch gegen den Nacherben, sofern der Vorerbe befugt ist, ohne Zustimmung des Nacherben über den Gegenstand zu verfügen.

**1) Systematik, I, II.** Es handelt sich um eine gegenüber § 325 vorrangige Spezialvorschrift, deren Geltungsbereich neben demjenigen des gleichermaßen gegenüber § 325 vorrangigen § 327 liegt.

**2) Regelungszweck, I, II.** Der Nacherbe ist Rechtsnachfolger nicht des Vorerben, sondern des Erblassers. Deshalb muß § 326 den § 325 I in einem gewissen Umfang für den Fall anwendbar machen, daß ein Urteil zwischen dem Vorerben und einem Dritten ergeht.

**3) Vorerbe als Erbe, I.** Das Urteil ergeht über einen gegen den Vorerben als Erben gerichteten Anspruch, I, also über eine Nachlaßverbindlichkeit, §§ 1967, 1968 BGB, nicht über die Prozeßkosten: Dann wirkt es bei einer Rechtskraft vor dem Eintritt der Nacherbfolge sachlich unberechtigt nur für den Nacherben. Das dem Vorerben ungünstige Urteil trifft den Nacherben nur gemäß §§ 2112 ff BGB. Ist das Urteil teils günstig, teils ungünstig, so wirkt es, wenn eine Trennung möglich, also ein Teilurteil zulässig ist, nur, soweit es günstig lautet.

**4) Gegenstand der Nacherbfolge, I.** Das Urteil betrifft einen der Nacherbfolge unterliegenden Gegenstand: Dann muß man wiederum wie folgt unterscheiden: Ein dem Vorerben günstiges Urteil wird vor dem Eintritt der Nacherbfolge rechtskräftig: Es wirkt nur für den Nacherben. Ein dem Vorerben ungünstiges Urteil wird vor dem Eintritt der Nacherbfolge rechtskräftig: Es wirkt gegen den Nacherben nur, soweit der Vorerbe ohne Zustimmung des Nacherben verfügen darf, namentlich also dann, wenn er befreiter Vorerbe ist, § 2136 BGB, II.

**5) Nacherbfolge während der Rechtshängigkeit, II.** Wenn der Vorerbe nicht befugt war, über den Gegenstand zu verfügen, dann verliert er mit der Sachbefugnis das Prozeßführungsrecht. Die Klage ist wegen fehlender Sachbefugnis als unbegründet abzuweisen, wenn der Kläger sie nicht für erledigt erklärt; vgl aber § 2145 BGB.

**6) Eintritt des Nacherben, II.** Der Nacherbe tritt nach § 242 in den Prozeß ein: Das Urteil ergeht auf seinen Namen. Eine spätere Prozeßführung des Vorerben selbst berührt den Nacherben nicht. Etwas anderes gilt bei der Prozeßführung des ProzBev des Vorerben, § 246.

**7) Kein Eintritt des Nacherben, II.** Der Nacherbe tritt nicht ein: Dann gilt § 239. Schlägt der Nacherbe aus und verbleibt die Erbschaft dem Vorerben, § 2142 II BGB, so bleibt die Unterbrechung des Rechtsstreits bestehen, bis der Vorerbe den Prozeß aufnimmt.

Die *Zwangsvollstreckung* erfolgt nach § 728 I.

**8) *VwGO*:** Entsprechend anzuwenden, § 173 *VwGO*, in Ergänzung von § 121 *VwGO*, Ey § 121 Rn 43.

## § 327 Rechtskraft bei Testamentsvollstreckung.

**I** Ein Urteil, das zwischen einem Testamentsvollstrecker und einem Dritten über ein der Verwaltung des Testamentsvollstreckers unterliegendes Recht ergeht, wirkt für und gegen den Erben.

**II** Das gleiche gilt von einem Urteil, das zwischen einem Testamentsvollstrecker und einem Dritten über einen gegen den Nachlaß gerichteten Anspruch ergeht, wenn der Testamentsvollstrecker zur Führung des Rechtsstreits berechtigt ist.

**Schrifttum:** *Heintzmann,* Die Prozeßführungsbefugnis, 1970.

**1) Systematik, I, II.** § 327 bezieht sich als eine wie § 326 gegenüber § 325 vorrangige Sondervorschrift nur auf den Testamentsvollstrecker der §§ 2197 ff BGB und beruht darauf, daß dieser Partei kraft Amtes ist, Grdz 8 vor § 50, § 325 Rn 4. Der Nachlaßpfleger ist Vertreter der unbekannten Erben. Er fällt nicht unter § 327.

**2) Regelungszweck, I, II.** Die Vorschrift zieht die notwendigen prozessualen Folgerungen aus der Stellung des Testamentsvollstreckers nach dem sachlichen Recht.

**3) Urteil zwischen dem Testamentsvollstrecker und einem Dritten, I, II.** Wenn ein rechtskräftiges Urteil zwischen dem Testamentsvollstrecker und einem Dritten ergeht, ist wie folgt zu unterscheiden:

**A. Testamentsvollstreckung, I.** Das Urteil betrifft ein der Verwaltung des Testamentsvollstreckers unterliegendes Recht: Es wirkt für und gegen den Erben. Dies gilt auch bei einer Feststellungsklage, § 256, und einer Erbschaftsklage. Der Testamentsvollstrecker ist allein prozeßführungsberechtigt, § 2212 BGB. Die Zwangsvollstreckung richtet sich nach § 728 II.

**B. Nachlaßverbindlichkeit, II.** Das Urteil betrifft eine Nachlaßverbindlichkeit, §§ 1967, 1968 BGB: Es wirkt für und gegen den Erben nur insoweit, als der Testamentsvollstrecker nach § 2213 BGB prozeßführungsberechtigt ist. Die Zwangsvollstreckung erfolgt nach §§ 728 II, 748, 749, 780 II.

**4) Prozeß des Erben, I, II.** Ergeht das Urteil im Prozeß des Erben, ist wie folgt zu unterscheiden.

**A. Aktivprozeß.** Ein behauptender Prozeß des Erben berührt den Testamentsvollstrecker nicht, weil der Erbe nicht prozeßführungsberechtigt ist, § 2212 BGB.

§§ 327, 328                                2. Buch. 1. Abschnitt. Verfahren vor den LGen

6   B. Passivprozeß. Ein leugnender Prozeß wirkt nur für den Testamentsvollstrecker, nicht gegen ihn, wenn der Erbe allein oder neben dem Testamentsvollstrecker prozeßführungsberechtigt ist, § 2213 BGB. Ist der Testamentsvollstrecker allein prozeßführungsberechtigt, so berührt ihn das Urteil nicht. Prozessiert der Testamentsvollstrecker aus eigenem Recht, etwa wegen des Bestehens seines Amts, so wirkt das Urteil nur für und gegen ihn.

7   5) *VwGO:* Entsprechend anwendbar, § 173 *VwGO,* in Ergänzung zu § 121 *VwGO,* Ey § 121 Rn 43.

**328** *Ausländische Urteile.* [I] Die Anerkennung des Urteils eines ausländischen Gerichts ist ausgeschlossen:
1. wenn die Gerichte des Staates, dem das ausländische Gericht angehört, nach den deutschen Gesetzen nicht zuständig sind;
2. wenn dem Beklagten, der sich auf das Verfahren nicht eingelassen hat und sich hierauf beruft, das verfahrenseinleitende Schriftstück nicht ordnungsmäßig oder nicht so rechtzeitig zugestellt worden ist, daß er sich verteidigen konnte;
3. wenn das Urteil mit einem hier erlassenen oder einem anzuerkennenden früheren ausländischen Urteil oder wenn das ihm zugrunde liegende Verfahren mit einem früher hier rechtshängig gewordenen Verfahren unvereinbar ist;
4. wenn die Anerkennung des Urteils zu einem Ergebnis führt, das mit wesentlichen Grundsätzen des deutschen Rechts offensichtlich unvereinbar ist, insbesondere wenn die Anerkennung mit den Grundrechten unvereinbar ist;
5. wenn die Gegenseitigkeit nicht verbürgt ist.

[II] Die Vorschrift der Nummer 5 steht der Anerkennung des Urteils nicht entgegen, wenn das Urteil einen nichtvermögensrechtlichen Anspruch betrifft und nach den deutschen Gesetzen ein Gerichtsstand im Inland nicht begründet war oder wenn es sich um eine Kindschaftssache (§ 640) handelt.

**Schrifttum:** *Basedow,* Die Anerkennung von Auslandsscheidungen, Rechtsgeschichte, Rechtsvergleichung, Rechtspolitik, 1980; *Baumann,* Die Anerkennung und Vollstreckung ausländischer Entscheidungen in Unterhaltssachen, 1989; *Bernstein,* Prozessuale Risiken im Handel mit den USA (ausgewählte Fragen zu § 328 ZPO), Festschrift für *Ferid* (1978) 75; *Bittighofer,* Der internationale Gerichtsstand des Vermögens, 1994; *Börner,* Die Anerkennung ausländischer Titel in den arabischen Staaten, 1996; *Bülow/Böckstiegel/Geimer/Schütze,* Der internationale Rechtsverkehr in Zivil- und Handelssachen, 3. Aufl seit 1990; *Drobnig,* Skizze für internationalprivatrechtliche Anerkennung, Festschrift für *von Caemmerer* (1978) 687; *Geimer,* Internationales Zivilprozeßrecht, 3. Aufl 1997 (Bespr *Hüßtege* NJW **98**, 1214, *Pfeiffer,* FamRZ **98**, 1013); *Geimer,* Anerkennung ausländischer Entscheidungen in Deutschland, 1995; *Geimer/Schütze,* Internationale Urteilsanerkennung, Bd I 1. Halbband (Das EWG-Übereinkommen über die gerichtliche Zuständigkeit usw) 1983; 2. Halbband (Allgemeine Grundsätze und autonomes deutsches Recht) 1984, Bd II (Österreich, Belgien, Großbritannien, Nordirland) 1971; *Gerichtshof der Europäischen Gemeinschaften* (Herausgeber), Internationale Zuständigkeit und Urteilsanerkennung in Europa, 1993; *Jayme/Hausmann,* Internationales Privat- und Verfahrensrecht, 9. Aufl 1998; *Koch,* Anerkennung und Vollstreckung ausländischer Urteile und ausländischer Schiedssprüche in der Bundesrepublik Deutschland, in: *Gilles,* Effiziente Rechtsverfolgung (1987) 161; *Koshiyama,* Rechtskraftwirkungen und Urteilsanerkennung nach amerikanischem, deutschem und japanischem Recht, 1996; *Krause,* Ausländisches Recht und deutscher Zivilprozeß, 1990; *Kropholler,* Europäisches Zivilprozeßrecht, 5. Aufl 1996; *Kropholler,* Internationales Privatrecht, 3. Aufl 1997, §§ 36, 58, 60; *Lauk,* Die Rechtskraft ausländischer Zivilurteile im englischen und deutschen Recht, Diss Bayreuth 1989; *Leipold,* Lex fori, Souveränität, Discovery, Grundfragen des Internationalen Zivilprozeßrechts, 1989; *Linke,* Internationales Zivilprozeßrecht, 2. Aufl 1995, § 9; *Linke,* Die Bedeutung ausländischer Verfahrensakte im deutschen Verjährungsrecht, Festschrift für *Nagel* (1987) 209; *Lutter,* Europa und die nationale Gerichtsbarkeit, ZZP **86**, 107; *Martiny,* Anerkennung ausländischer Entscheidungen nach autonomem Recht, in: Handbuch des Internationalen Zivilverfahrensrechts Bd III/1 (1984) 581; *Nagel/Gottwald,* Internationales Zivilprozeßrecht, 4. Aufl 1997 (Bespr *Taupitz* FamRZ **99**, 145); *Nagel,* Die Anerkennung und Vollstreckung ausländischer Urteile..., Festschrift des *Instituts für Rechtsvergleichung* der Waseda Universität (1988) 757; *Reithmann,* Internationales Vertragsrecht, 5. Aufl 1972; *Schack,* Internationales Zivilverfahrensrecht, 2. Aufl 1996; *Schütze,* Deutsches Internationales Zivilprozeßrecht, 1985; *Staudinger/Spellenberg,* § 328 ZPO, Art 7 § 1 FamRÄndG, 12. Aufl 1992; *Sturm,* Gelten die Rechtshilfeverträge der DDR fort?, Festschrift für *Serick* (1992) 351 (dazu auch SchlAnh V Üb 3).

1   **Einführung.** Es sind zwei Urteilsarten zu unterscheiden.
    **A. Urteil der früheren DDR,** Einl III 77. Für die bis 3. 10. 90 eingetretenen Fälle gilt: Ein solches Urteil war bzw ist grundsätzlich ohne ein Verfahren nach § 722 oder nach Art 7 § 1 FamRÄndG, Rn 48, *anzuerkennen* (wegen Scheidung Rn 2), BGH **84**, 19, Brdb FamRZ **98**, 1134, aM Düss FamRZ **79**, 313, Schütze JZ **82**, 637 (sie unterscheiden zwischen einem Urteil vor dem 1. 1. 76 und später), Bbg FamRZ **81**, 1104 (es läßt auch eine Klage nach § 722 I zu). Dementsprechend können Einwendungen gegen den Titel der früheren DDR erhoben werden, nämlich aus dem ordre public, BVerfG **36**, 30, BGH NJW **97**, 2051, AG Hbg-Wandsbek DtZ **91**, 307, wegen Unzuständigkeit, Hamm NJW **70**, 388, KG Rpfleger **82**, 433; wegen Versagung des rechtlichen Gehörs, Art 103 I GG. Es findet also eine Anlehnung an § 328 statt, AG Hbg-Wandsbek DtZ **91**, 307, Brüggemann FamRZ **92**, 280. Alle diese Einwendungen können aber nur auf dem Umweg des § 766 erhoben werden, aM AG Hbg-Wandsbek DtZ **91**, 307.

## 2. Titel. Urteil § 328

Hier *muß* der *Erinnerungsführer behaupten,* daß der Gläubiger aus einem in der BRep unwirksamen Titel vollstrecke oder daß das Umrechnungsverhältnis unrichtig sei, und insofern muß man also den Grundsatz der ZPO einschränken, das sachliche Recht und das Vollstreckungsrecht getrennt zu halten. Ein abweichendes Verfahren steht im allgemeinen der Anerkennung nicht entgegen. So widersprach das Kassationsverfahren der DDR nicht rechtsstaatlichen Grundsätzen. Eine Entscheidung des staatlichen Notariats der früheren DDR, in der rechtsstaatliche Grundsätze verletzt worden waren, ist nicht anzuerkennen, vgl aber BGH **52,** 123, ebensowenig die Entscheidung einer dortigen Verwaltungsbehörde, die zu einem Rechtsverlust führte, weil das Grundrecht der Justizgewährung nicht gewährt worden war. – Besondere Vorschriften gelten für Vertriebene, §§ 86 ff BVFG (zum Teil ist § 766 anwendbar, zum Teil findet eine Vertragshilfe statt).

**B. Scheidungsurteil der früheren DDR.** Vgl Einl III 77. Für die bis 3. 10. 90 eingetretenen Fälle gilt: **2** Ein solches Urteil war bzw ist in der BRep oder in Westberlin grundsätzlich wirksam, ohne daß es eines förmlichen Anerkennungsverfahrens bedürfte. Art 7 FamRÄndG ist also unanwendbar, BGH **85,** 18 und LM § 52 EheG Nr 11. Hat aber eine Partei zur Zeit des Urteilserlasses in der alten BRep oder im früheren Westberlin einen Wohnsitz oder einen ständigen Aufenthalt gehabt, so ist das DDR-Urteil hier nicht wirksam, wenn die Ehe nicht auch nach dem Recht der BRep oder Westberlins geschieden worden wäre, BGH **38,** 1. Hatte zZt der Klagerhebung nur ein Ehegatte seinen gewöhnlichen Aufenthalt in der DDR und hatten die Ehegatten zu diesem Zeitpunkt ihren letzten gemeinsamen gewöhnlichen Aufenthalt in der DDR, so bestand entspr §§ 606, 606 a Z 2 eine Gerichtsbarkeit der DDR-Gerichte, also sowohl dann, wenn der Kläger im Zeitpunkt der Klagerhebung in der BRep wohnte, die Ehegatten aber ihren letzten gewöhnlichen Aufenthalt in der DDR hatten, wie auch dann, wenn der Kläger noch in der DDR wohnte, BGH **34,** 139, vgl auch BGH **7,** 221 (konkurrierende Gerichtsbarkeit), BGH **20,** 336 (keine ausschließliche westdeutsche Gerichtsbarkeit). Insoweit stünden also die Zuständigkeitsvorschriften einer Anerkennung nicht entgegen.

Die Anerkennung ist aber *zu versagen,* wenn ein Gericht der BRep ausschließlich zuständig war, BGH **30, 3** 1, oder wenn die Zuständigkeit eines Gerichts der DDR in einer Umgehungsabsicht begründet wurde, Celle NJW **59,** 2124. Zu prüfen ist ferner, ob grobe Verfahrensverstöße vorliegen, also ob das rechtliche Gehör gewährt wurde, ohne daß aber die persönliche Anwesenheit zu fordern ist, BGH FamRZ **61,** 210; ob nicht etwa die Rechtskraft einer Entscheidung eines Gerichts der BRep entgegensteht, ob zB die Klage in der BRep abgewiesen worden war, BGH FamRZ **61,** 471, dazu Habscheid FamRZ **61,** 523. Andererseits war auch eine Rechtshängigkeit in der DDR zu beachten, Celle NJW **55,** 26, außer wenn der dortigen Entscheidung die Anerkennung mit großer Wahrscheinlichkeit zu versagen war, BGH NJW **58,** 103. Seit der EheVO vom 24. 11. 55 – das dürfte auch für das in der früheren DDR geltende Familiengesetzbuch vom 20. 12. 65, GBl **66,** 1 gelten – lehnte der BGH, der interlokal eine entsprechende Anwendung von Art 17 EGBGB (aF) verneint, BGH **42,** 99, die Parität des DDR-Eherechts mit Rücksicht auf seine andersartigen ideologischen Grundlagen gegenüber demjenigen der BRep ab, BGH **38,** 2. Für eine entsprechende Anwendung von Art 17 EGBGB (aF) waren zB schon Beitzke JZ **52,** 512, Drobnig FamRZ **61,** 341, Erman/Marquordt Art 17 EGBGB Anm 16 b (sie halfen demgemäß mit Art 17 IV EGBGB (aF)), Neuhaus FamRZ **64,** 23, Soergel/Kegel Art 17 EGBGB Anm 129 f.

Das Urteil war bzw ist also *nachzuprüfen.* Dabei konnten die Parteien alle Tatsachen bis zum Zeitpunkt der **4** Entscheidung des DDR-Urteils unabhängig davon vortragen, ob sie sie im DDR-Verfahren getan haben oder nicht, BGH **38,** 6. Im Interesse der Rechtssicherheit gilt aber das DDR-Urteil solange, bis seine Unwirksamkeit für die BRep durch Urteil festgestellt worden ist. Dies geschieht nur auf Klage des Beschwerten (Ehefeststellungsklage) innerhalb einer angemessenen Frist. Diese ist unter Heranziehung aller Umstände zu bestimmen, BGH LM Nr 12, insbesondere unter Abwägung der schutzwürdigen Interessen des einen Ehegatten gegenüber Interessen des in der BRep ansässigen Ehegatten, BGH LM Nr 17, zB unter Berücksichtigung der Wiederverheiratung des anderen.

*Maßgebend ist,* wann dem Beschwerten das Urteil bekannt geworden ist oder, falls es einen Verstoß gegen **5** die guten Sitten oder den Zweck eines deutschen Gesetzes enthält, ohne Frist auf Klage des Staatsanwalts geschehen kann, BGH **34,** 149. Hieran hat sich auch nach dem Inkrafttreten des FamÄndG nichts geändert, BGH LM Nr 12. Der Staatsanwalt kann auch nach dem Tod eines Ehegatten Klage erheben, Ffm NJW **64,** 730. Erhebt der Beschwerte innerhalb angemessener Frist keine Klage, so wirkt das gleichzeitig wie ein Verzicht auf Einwendungen entspr I Z 1–3. So auch Drobnig FamRZ **61,** 341 (eingehend).

**C. Früheres Westberlin.** Für dieses Gebiet galt in vermögensrechtlichen Sachen das in § 723 Rn 4 **6** Ausgeführte.

### Gliederung

| | | | |
|---|---|---|---|
| 1) Systematik, I, II | 1–6 | A. Grundsatz: Verteidigungsmöglichkeit | 20 |
| 2) Regelungszweck, I, II | 7 | B. Begriff der Einlassung | 21 |
| 3) Geltungsbereich: Urteil, I, II | 8–13 | C. Berufung auf die Nichteinlassung | 22 |
|    A. Jede gerichtliche Entscheidung | 8–12 | D. Zustellung | 23 |
|    B. Ehesache | 13 | E. Rechtzeitigkeit der Verteidigung | 24 |
| 4) Verfahrensgrundregeln, I, II | 14, 15 | F. Verstoß | 25 |
|    A. Amtsprüfung | 14 | 7) Verstoß gegen Rechtskraft, Rechtshängigkeit usw, I Z 3 | 26–29 |
|    B. Vollstreckungsurteil | 15 | A. Abgrenzung zu I Z 4 | 26 |
| 5) Unzuständigkeit, I Z 1 | 16–19 | B. Unvereinbarkeit mit früherem Urteil | 27 |
|    A. Grundsatz: Maßgeblichkeit des deutschen Rechts | 16 | C. Unvereinbarkeit mit früherem Verfahren | 28 |
|    B. Beispiele zur Frage einer deutschen Unzuständigkeit, I Z 1 | 17–19 | D. Beispiele | 29 |
| 6) Nichteinlassung, I Z 2 | 20–25 | 8) Verstoß gegen öffentliche Ordnung, I Z 4 | 30–45 |

## § 328

2. Buch. 1. Abschnitt. Verfahren vor den LGen

| | | |
|---|---|---|
| A. Anwendungsbereich | 30 | |
| B. Wesentlicher deutscher Rechtsgrundsatz | 31 | |
| C. Maßgeblicher Zeitpunkt | 32 | |
| D. Grundrechte | 33 | |
| E. Unvereinbarkeit | 34 | |
| F. Beispiele zur Frage eines Verstoßes gegen den ordre public | 35–45 | |
| 9) Fehlen der Gegenseitigkeit, I Z 5 | 46, 47 | |
| A. Grundsatz: Weite Auslegung der „Gegenseitigkeit" | 46 | |
| B. Einzelheiten | 47 | |
| 10) Nichtvermögensrechtlicher Anspruch: Maßgeblichkeit des inländischen Rechts, II | 48 | |
| 11) Sonderregeln bei Ehesache, II | 49–73 | |
| A. Entscheidungsbegriff | 52 | |
| B. Privatscheidung | 53–55 | |
| C. Klagabweisung | 56 | |
| D. Weitere Einzelfragen | 57–62 | |
| E. Antrag | 63, 64 | |
| F. Entscheidung der Landesjustizverwaltung usw | 65–67 | |
| G. Entscheidung des Oberlandesgerichts | 68–70 | |
| H. Angehörige des Entscheidungsstaats | 71, 72 | |
| I. Drittstaatsentscheidung | 73 | |
| 12) VwGO | 74 | |
| Anhang: Übersicht über die Verbürgung der Gegenseitigkeit für vermögensrechtliche Ansprüche nach § 328 I Z 5 | 1–22 | |

**1** **1) Systematik, I, II.** Die Vorschrift regelt, ergänzt durch §§ 722, 723 (Verfahren), dort II 2, die Voraussetzungen der Anerkennungsfähigkeit und damit inländischen Vollstreckbarkeit einer ausländischen Entscheidung. Wegen des vorrangigen EuGVÜ vgl SchlAnh V C, Geimer JZ 77, 145, 213, Kropholler, Europäisches Zivilprozeßrecht, 5. Aufl 1996, Art 25 EuGVÜ Rn 6; zB betr Italien Kblz NJW 76, 488, LG Ffm VersR 77, 67. Der Schutzbereich des § 328 beschränkt sich auf den Bereich der inländischen Gerichtsbarkeit, Mü NJW 89, 3103. Aus der Fassung der Eingangsworte von I ist weder der Schluß zu ziehen, daß die Anerkennung (zum Begriff Müller ZZP 79, 199) die Regel sei, wie Habscheid FamRZ 73, 431 meint, noch, daß sie die Ausnahme sei. Richtig ist lediglich: Das ausländische Urteil wirkt nicht ohne weiteres in der Bundesrepublik, sondern muß nach § 328 geprüft werden, BGH FamRZ 87, 370, BayObLG RR 92, 514, Hamm FamRZ 89, 1332. Die Vorschrift enthält die Voraussetzungen für eine Anerkennung, die anzuweisen sind.

**2** Dabei ist zwischen der Rechtskraftwirkung und der Vollstreckbarkeit zu entscheiden, Gottwald FamRZ 87, 780: Die Anerkennung ist *teilbar*, BGH VersR 92, 1281, Milleker NJW 71, 303. Wenn zB der ausländische Staat auf Grund eines Urteils der Bundesrepublik in seinem Bereich keine Zwangsvollstreckung gestattet, dann können seine Urteile doch in der Bundesrepublik hinsichtlich ihrer Rechtskraft anerkannt sein, während sie hinsichtlich ihrer Vollstreckbarkeit nicht automatisch anzuerkennen sind, §§ 722–723. Eine solche Differenzierung darf aber nicht zu einer Rechtlosstellung des Gläubigers führen, Schütze NJW 73, 2145. Im einzelnen Rn 46.

**3** Wenn das ausländische Urteil im formellen Verfahren nach Art 7 § 1 FamRÄG, unten Rn 49, oder nach Art 26 III EuGVÜ, SchlAnh V C 1, oder ohne besonderes Verfahren nach Art 26 I EuGVÜ anerkannt wird, dann wirkt es weitgehend wie ein deutsches. Es genießt also *sachliche Rechtskraft*, Einf 4 vor §§ 322–327, LG Münst NJW 80, 534. Das gilt freilich nur, soweit keine Entscheidungsgründe überhaupt eine Klärung zulassen, worauf das Urteil beruht, § 322 Rn 14, Hbg FamRZ 90, 535.

**4** Aus dem ausländischen Urteil kann nach besonderer *Vollstreckbarerklärung*, § 722, Gottwald FamRZ 87, 780, vollstreckt werden. An das anerkannte Urteil können sich auch andere Wirkungen knüpfen, vor allem sachlichrechtliche, soweit sie dem deutschen Recht nicht völlig wesensfremd sind, Bernstein Festschrift für Ferid (1978) 89, aM Müller ZZP 79, 203, 245.

**5** Dem § 328 *gehen*, abgesehen von ebenfalls vorrangigen EuGVÜ, Rn 1, *Staatsverträge vor*, Celle FamRZ 93, 439, Köln FamRZ 95, 306, Habscheid FamRZ 82, 1142, auch solche der Länder aus der Zeit vor dem 1. 10. 1879. *In Betracht kommen namentlich*, vgl Einl IV, das HZPrÜbk, auch das HZPrAbk (nur wegen der Kostenentscheidung), das HUnthÜbk, der deutsch-schweizerische Vertrag, der deutsch-italienische Vertrag, Kblz NJW 76, 488, der deutsch-österreichische Vertrag, der deutsch-belgische Vertrag, Celle FamRZ 93, 439, der deutsch-griechische Vertrag, der deutsch-niederländische Vertrag, der deutsch-britische Vertrag, sämtlich SchlAnh V; vgl auch Einl IV 3, 7 sowie wegen der von der früheren DDR geschlossenen Verträge Sturm (s Schrifttum vor § 328) 367. In Betracht kommen ferner das CIM, das CIV; die Revidierte Rheinschifffahrtsakte idF vom 11. 3. 69, BGBl II 597, zuletzt geändert durch das Zusatzprotokoll Nr 3, BGBl 80 II 876, nebst G vom 27. 9. 52, BGBl 641; vgl ferner Anh § 328.

**6** Eine Vereinbarung des Inhalts, ein ausländisches Urteil solle im Inland Rechtskraftwirkung haben, kann als ein sachlichrechtlicher *Vergleich*, § 779 BGB, wirksam sein. Auch kann das ausländische Urteil ein Beweismittel sein. Eine Erfüllungsklage (actio iudicati) aus dem ausländischen Urteil gibt es nicht. Wenn das ausländische Urteil nicht anerkannt werden kann, so bleibt nur eine neue Klage übrig. Ist das ausländische Urteil anzuerkennen, so ist trotzdem eine selbständige Klage im Inland im Bereich des § 722 zulässig, Gottwald FamRZ 87, 780. Es ergibt dann ein mit dem ausländischen Urteil inhaltlich evtl übereinstimmendes Sachurteil, § 722 Rn 5, BGH NJW 64, 1626, Nürnb FamRZ 80, 925, Geimer NJW 80, 1234, aM LG Münst NJW 80, 535. Wegen des einfacheren Klauselerteilungsverfahrens vgl Art 31 EuGVÜ, SchlAnh V C 1.

**7** **2) Regelungszweck, I, II.** Die Vorschrift bezweckt die Klärung der Voraussetzungen, unter denen fremde Rechtsprechung im Inland als verbindlich angesehen werden kann und muß. Damit dient die Vorschrift einerseits der Rechtssicherheit, Einl III 43 (die deutsche Rechtssouveränität bleibt gewahrt), andererseits der Zweckmäßigkeit und damit der Prozeßwirtschaftlichkeit, Grdz 14 vor § 128 (Vermeidung eines inländischen Zweitverfahrens). Beides ist bei der Auslegung mitzubeachten.

**8** **3) Geltungsbereich: Urteil, I, II.** Vgl zunächst Üb 2 vor § 253, §§ 300 ff.

**A. Jede gerichtliche Entscheidung.** Unter „Urteil" versteht § 328 jede gerichtliche Entscheidung, die den Prozeß der Parteien in einem beiden Parteien nach Art 103 I GG Gehör gebenden Verfahren rechtskräftig entschieden hat. Die Form und Bezeichnung der Entscheidung ist unerheblich.

2. Titel. Urteil **§ 328**

*Hierher gehören auch:* Ein Mahnbescheid; ein Versäumnisurteil; ein Abänderungsurteil, Zweibr FamRZ **99**, 34; ein Kostenfestsetzungsbeschluß, ein unanfechtbarer österreichischer Zahlungsauftrag; eine Entscheidung über Unterhaltsgewährung im Eheverfahren; das nordamerikanische Exequatururteil auf Grund eines ausländischen Schiedsspruches, BGH NJW **84**, 2763 und 2765. Zur ausländischen Konkursentscheidung Trunk KTS **87**, 427.

*Nicht hierher gehören:* Ein Arrest oder eine einstweilige Verfügung, soweit nicht Art 31 EuGVÜ, SchlAnh **9** V C 1, (vorrangig) gilt, Gottwald FamRZ **87**, 780, denn sie erledigen den Streit nicht, Rn 62 (etwas anderes gilt aber stets, wenn sie eine vorläufige Verurteilung aussprechen, Grdz 5, 6 vor § 916, vgl Karlsr FamRZ **84**, 820); ein Vergleich; ein Strafurteil, auch wenn es über einen Zivilanspruch entscheidet, aM Riezler IZPrR 530, trotz § 3 EGZPO; ein Vollstreckbarkeitsurteil eines ausländischen staatlichen Gerichts wegen eines ausländischen Schiedsspruchs, § 1061. Etwas anderes gilt, wenn ein Sondergericht über eine Zivilsache im staatlichen Auftrag entscheidet, etwa ein Börsenschiedsgericht. Hierher kann evtl auch eine Entscheidung über einen Streit gehören, an dem volkseigene Betriebe beteiligt waren, Sonnenberger Studien des Institut für OstR **24**, 213. Ob eine Entscheidung der freiwilligen Gerichtsbarkeit anerkannt werden darf, ist (jetzt) nach § 16a FGG zu prüfen, Gottwald FamRZ **87**, 780. Die Vorschrift gleicht dem § 328 I Z 1–4 ZPO fast wörtlich.

Zur *Herausgabe eines Kindes* nach dem FGG vgl § 883 Rn 14, BGH **LM** § 722 Nr 1 prüfte noch einen auf **10** Herausgabe eines Kindes gerichteten Beschluß eines österreichischen Gerichts, der im außerstreitigen Verfahren ergangen war, nach § 722. Auch das dürfte wegen § 16a FGG überholt sein. Die ausländische Gerichtsverfassung ist unerheblich.

Um ein Urteil eines ausländischen Gerichts handelt es sich schon dann, wenn die Entscheidung von einer **11** mit *staatlicher Autorität* bekleideten Stelle erlassen wurde, die nach den ausländischen Gesetzen auf Grund eines prozessualen Verfahrens zur Entscheidung von privatrechtlichen Streitigkeiten berufen ist. Deshalb gehören hierher auch Entscheidungen über die Anerkennung der Entscheidung eines anderen ausländischen Staates, so daß auf Grund eines Vollstreckungsvertrags der Bundesrepublik mit einem anderen Staat die durch diesen anerkannten Entscheidungen eines dritten Staates, mit dem seitens der Bundesrepublik die Gegenseitigkeit nicht verbürgt ist, in der Bundesrepublik zur Vollstreckung gebracht werden können, Schütze ZZP **77**, 287.

Die ausländische Entscheidung muß nach dem Recht des ausländischen *Entscheidungsstaats* wirksam er- **12** gangen sein, um im Inland anerkennungsfähig zu sein, Habscheid FamRZ **81**, 1143. Außerdem darf der ausländische Staat die Grenzen seiner Gerichtsbarkeit nicht überschritten haben, Habscheid FamRZ **81**, 1142.

**B. Ehesache.** Der Begriff Urteil ist in einer Ehesache, §§ 606 ff, noch weiter zu fassen. Für sie gilt Art 7 **13** § 1 FamRÄG, der den § 328 insoweit abändert, Rn 49. Es muß sich danach um eine Entscheidung handeln, die von einer ausländischen Behörde geschaffen wurde. Als ausländisch ist auch eine polnische Behörde östlich der Oder-Neiße-Linie anzusehen, BGH **LM** § 52 EheG Nr 11, BSG FamRZ **77**, 637, BayObLG NJW **76**, 1032. Zu solchen Entscheidungen zählen nicht nur Urteile, sondern auch zB: eine Scheidungsbewilligung des Königs (Dänemark, Norwegen); eine kirchliche Entscheidung oder eine Entscheidung einer anderen religiösen Einrichtung; eine Scheidung durch einen Scheidebrief, wenn zusätzlich ein Hoheitsakt vorliegt, auch derjenige einer staatlich anerkannten und ermächtigten Religionsgemeinschaft, Düss FamRZ **76**, 277, und wenn die nach dem dortigen Recht notwendige behördliche Registrierung vorgenommen war, Rn 54.

**4) Verfahrensgrundsätze, I, II.** Im Bereich I gelten die Regeln Rn 14, 15, im Bereich II Rn 49–73. **14**

**A. Amtsprüfung.** Ob die Voraussetzungen der Anerkennung vorliegen, hat das Gericht von Amts wegen zu prüfen, weil § 328 mit Ausnahme seiner Z 2 zwingendes öffentliches Recht ist, Grdz 39 vor § 128, zB BGH **59**, 121, BayObLG NJW **76**, 1038, aM Gottwald ZZP **103**, 292. Diejenige Partei, die sich auf das Urteil beruft, muß die Voraussetzungen der Anerkennung beweisen. Z 2 läßt einen Verzicht auf einen Mangel zu. Fehlt eine Voraussetzung, so ist das ausländische Urteil und damit der daraufhin ergangene Kostenfestsetzungsbeschluß als solches unwirksam. Die ausländische Entscheidung kann aber in dem neuen Verfahren vor dem deutschen Gericht als Beweismittel bedeutsam sein, Bülow NJW **71**, 487, Schütze DB **77**, 2131. Andernfalls sind die Gerichte und im Rahmen des in Einf 20 ff vor §§ 322–327 Gesagten auch andere deutsche Behörden an die ausländische Entscheidung gebunden wie an ein inländisches Urteil, Düss FamRZ **84**, 195, und dürfen keinerlei sachliche Nachprüfung, révision au fond vornehmen, BGH **53**, 363. Der Inhalt der Rechtskraft, § 322 Rn 9, und die persönliche Rechtskraftwirkung, Einf 20 vor §§ 322–327, richten sich nach dem betreffenden ausländischen Recht, weil sie prozeßrechtlich sind. Dies gilt auch dann, wenn das ausländische Recht die Lehre von der Rechtskraft etwa dem sachlichen Recht zuweist. Es ist aber eine etwaige Rück- oder Weiterverweisung zu beachten, Müller ZZP **79**, 207. Jedoch gilt dies nur im Rahmen von Z 4, also zB nicht dann, wenn eine Wirkung dem Zweck eines deutschen Gesetzes zuwiderlaufen würde.

**B. Vollstreckungsurteil.** Ein gerichtlicher Ausspruch über die Anerkennung ergeht nur in der Form des **15** Vollstreckungsurteils, § 722, Hamm RR **95**, 511.

**5) Unzuständigkeit, I Z 1** **16**

**Schrifttum:** *Fricke*, Anerkennungszuständigkeit zwischen Spiegelbildgrundsatz und Generalklausel, 1990; *Geimer*, „Internationalpädagogik" oder wirksamer Beklagtenschutz? usw, in: Festschrift für *Nakamura* (1996); *Möllers*, Internationale Zuständigkeit bei der Durchgriffshaftung, 1987; *Pfeiffer*, Internationale Zuständigkeit und prozessuale Gerechtigkeit, 1995; *Schröder*, Die Vorschläge des Deutschen Rats zur internationalen Zuständigkeit und zur Anerkennung ausländischer Entscheidungen, in: *Beitzke*, Vorschläge und Gutachten zur Reform des deutschen internationalen Personen-, Familien- und Erbrechts (1981) 226; *Schulte-Beckhausen*, Internationale Zuständigkeit durch rügelose Einlassung im Europäischen Zivilprozeßrecht, 1994.

§ 328    2. Buch. 1. Abschnitt. Verfahren vor den LGen

**A. Grundsatz: Maßgeblichkeit des deutschen Rechts.** Die Anerkennung ist zu versagen, wenn die Gerichte des betreffenden Staats nach dem deutschen Recht unzuständig sind, BayObLG RR **92**, 514. Es handelt sich hier also nicht um eine Zuständigkeit im Einzelfall, sondern um die allgemeine, internationale Zuständigkeit, Üb 5 vor § 12, KG OLGZ **76**, 39, eines Gerichts dieses Staats, Habscheid FamRZ **81**, 1143. Irgendein Gericht des Staats müßte zur Zeit der Geltendmachung der Anerkennung („sind"), Habscheid FamRZ **81**, 1143, in dem Urteilsstaat nach den deutschen Gesetzen zuständig sein, wenn diese dort gelten würden, Üb 6 vor § 12, BGH MDR **99**, 1084, Hamm FamRZ **93**, 340. BayObLG RR **92**, 514, RoSGo § 157 I 3 b stellen dabei auf den Zeitpunkt der Urteilsfällung im ausländischen Staat ab. Das wird aber nur der früheren Fassung „waren" gerecht, nicht der heutigen Fassung „sind". Die Zuständigkeit müßte also ohne Rücksicht darauf gegeben sein, ob nach den eigenen Gesetzen des Urteilsstaats eine Zuständigkeit gegeben war, BayObLG **80**, 55. Dabei ist zB in den USA auf den einzelnen Bundesstaat abzustellen, Sieg IPRax **96**, 80. Die Prüfung nach I Z 1 ist auch dann erforderlich, wenn die Zuständigkeit begründenden Tatsachen zugleich die Klageforderung inhaltlich stützen, BGH **124**, 241. Sie ist von Amts wegen in jeder Verfahrenslage zu prüfen, auch in der Revisionsinstanz, Üb 17 vor § 12, BGH NJW **99**, 1395.

*Rügeloses Verhandeln* vor einem ausländischen Gericht kann die internationale Zuständigkeit begründen, § 295, BGH NJW **93**, 1073. Eine Unterwerfung durch schlüssiges Verhalten setzt voraus, daß man eindeutig den Willen des Bekl erkennen kann, das Ergebnis der Verhandlung als Grundlage für die Anerkennung in weiteren Staaten hinzunehmen, BGH NJW **93**, 1073. Rügeloses Verhandeln begründet die internationale Zuständigkeit nicht selbständig, wenn der fremde Staat nach seinem eigenen Recht unabhängig davon international zuständig ist, BGH NJW **93**, 1073.

Die einmal begründete Zuständigkeit *wirkt fort*, § 261 III Z 2, KG NJW **88**, 649 (zustm Geimer). Daher steht es zB der Anerkennung eines ausländischen Scheidungsurteils nicht entgegen, wenn ein deutscher Bekl nach der Einleitung des Scheidungsverfahrens seinen gewöhnlichen Aufenthalt in der Bundesrepublik nimmt, vgl auch Rn 49. Es ist keine Mängelheilung nach § 295 möglich.

17 **B. Beispiele zur Frage einer deutschen Unzuständigkeit, I Z 1**
**Aufrechnung:** Wegen der ausländischen Zuständigkeit betreffend eine Aufrechnung vgl § 145 Rn 18.
**Ausschließlicher Gerichtsstand:** Es darf kein ausschließlicher deutscher Gerichtsstand bestehen, BGH NJW **93**, 1271.
**Beweis:** Rn 18 „Nachweis".
**Exorbitanter Gerichtsstand:** Wegen eines sog exorbitanten Gerichtsstands zB in Arkansas Schütze JR **87**, 499, in Texas Schütze JR **87**, 405.
**Feststellung:** Das deutsche Gericht ist an die tatsächlichen Feststellungen des ausländischen Urteils gebunden, so wohl auch RoSGo § 157 I 3 b, aM BGH **124**, 245, Habscheid FamRZ **81**, 1143.
S aber auch Rn 19 „Wahrunterstellung".
**Garantieurteil:** Zur Anerkennung eines französischen sog Garantieurteils Karlsr NJW **74**, 1059, Bernstein Festschrift für Ferid (1978) 88, Geimer ZZP **85**, 196.
18 **Gerichtsstandsvereinbarung:** Eine Vereinbarung des Gerichtsstands (Prorogation) genügt, soweit dieser Gerichtsstand nicht nach § 40 verboten ist, KG OLGZ **76**, 40. Eine Form ist für die Vereinbarung stets entbehrlich, BGH **59**, 23 (zustm Geimer NJW **72**, 1622), auch für die Widerklage, BGH **59**, 116 (zustm Geimer NJW **72**, 2179), Walchshöfer NJW **72**, 2166. Ob das deutsche Recht einen entsprechenden Gerichtsstand kennt, ist belanglos, wenn sich danach ein anderer Gerichtsstand ergeben würde.
S auch „Rechnung".
**Impleader:** Zur Anerkennung einer amerikanischen Entscheidung auf Grund eines „Impleader" Hamm NJW **76**, 2080, KG OLGZ **75**, 121, Bernstein Festschrift für Ferid (1978) 91, Habscheid FamRZ **81**, 1143.
**Nachweis:** Der Nachweis der ausländischen Zuständigkeit läßt sich auch durch neu vorgebrachte Tatumstände führen.
**Ordonnance de non conciliation contradictoire:** Rn 19 „Trennungsunterhalt".
**Prorogation:** S „Gerichtsstandsvereinbarung".
**Rechnung:** Eine grds zulässige Gerichtsstandsvereinbarung, s dort, liegt nicht schon in der anstandslosen Entgegennahme einer Rechnung.
**Rechtsweg:** Die Zulässigkeit des ordentlichen Rechtswegs, vgl §§ 13 ff GVG, fällt nicht unter I Z 1. Sie ist überhaupt eine innere Angelegenheit jedes Staates und ist darum hier nicht zu prüfen.
19 **Scheidungsurteil:** Wegen eines ausländischen Scheidungsurteils Rn 49.
**Tatsachen:** Rn 17 „Feststellung", Rn 19 „Wahrunterstellung".
**Third party complaint:** Vgl Mansel, in: Herausforderungen des Internationalen Zivilverfahrensrechts (1995) 63 (ausf).
**Trennungsunterhalt:** Zum Vorrang der Entscheidung eines Tribunal de Grande Instance über Trennungsunterhalt in einer ordonnance de non conciliation contradictoire Karlsr RR **94**, 1286.
**Vermögensgerichtsstand:** Dem ausländischen Gerichtsstand des Vermögens steht ein Wohnsitz im Inland nicht entgegen.
**Wahrunterstellung:** Das deutsche Gericht ist nicht an eine ausländische prozessuale Wahrunterstellung gebunden, etwa an eine solche nach Artt 149 ff Code de Prcédure Civile, Düss DB **73**, 1697.
S aber auch Rn 17 „Feststellung".
**Warranty claim:** Zur Anerkennung einer amerikanischen Entscheidung auf Grund eines „warranty claim" LG Bln DB **89**, 2120.

20 **6) Nichteinlassung, I Z 2**
**Schrifttum:** *Linke,* Die Versäumnisentscheidungen im deutschen, österreichischen, belgischen und englischen Recht, 1972; *Merkt,* Abwehr der Zustellung von „punitive damages" – Klagen usw, 1995.

**A. Grundsatz: Verteidigungsmöglichkeit.** Eine ausländische Entscheidung (also nicht nur ein Versäumnisurteil, Gottwald FamRZ **87**, 780), die einen deutschen oder ausländischen Bekl verurteilt, der sich auf den Prozeß nicht eingelassen hat und sich darauf auch beruft, ist nur dann anzuerkennen, wenn ihm wenigstens das verfahrenseinleitende Schriftstück (zB Klage, Antrag, nicht aber bloße Schutzschrift, vgl Grdz 7 vor § 128) in dem betreffenden Staat oder anderswo ordnungsgemäß und überdies so rechtzeitig zugestellt worden ist, daß er sich ausreichend verteidigen konnte, Art 103 I GG, BGH MAR **99**, 1084. Unerheblich ist, ob der Bekl einen deutschen oder ausländischen Rechtsnachfolger hat. Die Staatsangehörigkeit entscheidet nicht mehr; es kommt nur noch auf die Parteistellung als Bekl im Zeitpunkt der Zustellung bzw Verteidigungsmöglichkeit an. Der Wohnsitz bleibt ebenfalls außer Betracht. Bei anderen als natürlichen Personen ist der Sitz maßgeblich. Staatsverträge sind vorrangig, Rn 5, zB im Verhältnis zur Schweiz, KG FamRZ **82**, 382. Z 2 ist in den Fällen des Art 55 § 1 CIM und CIV unanwendbar. Eine Inhaltskontrolle der ausländischen Entscheidung ist im Rahmen von Z 2 unzulässig, Habscheid FamRZ **81**, 1143.

**B. Begriff der Einlassung.** Der Begriff der „Einlassung" ist weit auszulegen, Geimer IPRax **85**, 6, **21** Habscheid FamRZ **81**, 1143. Hierher gehört jede anerkennende oder abwehrende Parteiprozeßhandlung, Grdz 47 vor § 128, BGH NJW **90**, 3091, KG NJW **88**, 650, Schütze ZZP **90**, 73. Zur Annahme einer Einlassung genügt selbst die Behauptung der Unzuständigkeit des Gerichts, BGH **73**, 381, Hamm NJW **88**, 653, Geimer IPRax **85**, 6. Die Einlassung muß in einer beachtlichen Form geschehen, Matscher ZZP **86**, 415, also nicht durch eine deutsche Eingabe dort, wo man eine solche nicht beachtet, JM Stgt FamRZ **90**, 1018. Sie kann auch durch einen gesetzlichen oder von der Partei gestellten Vertreter erfolgen, nicht aber durch einen ohne Wissen der Partei bestellten Abwesenheitspfleger, Hamm FamRZ **96**, 179. Eine Einlassung zur Hauptsache, § 137 Rn 7, ist unnötig. Die Teilnahme am dänischen Separationsprozeß ist aber keine Einlassung, BayObLG **78**, 134. Nur die Prozeßeinleitung muß dem Bekl zugestellt worden sein; seine spätere Versäumnis ist unerheblich.

**C. Berufung auf die Nichteinlassung.** Die Nichteinlassung ist nur beachtlich, soweit sich der Bekl **22** auf sie spätestens im Zeitpunkt der Entscheidungsreife über die Anerkennung auch beruft, sie also geltendmacht (Einrede, Rüge). Die ausdrückliche Geltendmachung ist zwar nicht zwingend geboten, aber dringend ratsam. Das Gesamtverhalten der Bekl ist insoweit auszulegen; völliges Schweigen ist kein auch nur stillschweigendes Sichberufen, es sei denn, die Rüge wäre nach dem Recht des Urteilsstaats sinnlos gewesen, Hamm NJW **88**, 653. Z 2 entfällt nicht schon deshalb, weil der Bekl keinen nach der Verfahrensordnung des Urteilsstaats zulässigen Rechtsbehelf eingelegt hat, BGH **120**, 313 (zustm Rauscher JR **93**, 414, im Ergebnis auch Schack JZ **93**, 621; krit Schütze ZZP **106**, 396).

**D. Zustellung.** Die Zustellung muß „ordnungsgemäß" erfolgt sein, BGH NJW **90**, 3091, BayObLG **23** FER **98**, 209. Maßgeblich ist die lex fori, Einl III 74, Düss IPRax **97**, 194 (Kroatien), LG Heilbr IPRax **91**, 262, AG Hbg-Altona FamRZ **92**, 83. Soweit danach die ZPO gilt, sind §§ 166 ff anwendbar; auch eine Ersatzzustellung, §§ 181 ff, oder eine öffentliche Zustellung, §§ 203 ff, können dann ausreichen, ebenso eine Zustellung an einen Generalbevollmächtigten, einen gewillkürten Vertreter, einen Prokuristen. Eine Zustellung „in Person" ist nicht mehr erforderlich, soweit das anwendbare Recht auch eine andere Zustellungsart ausreichen läßt. Eine deutsche Rechtshilfe muß nach der ZRHO erfolgt sein, Bernstein Festschrift für Ferid (1978) 80, oder durch ein deutsches Gericht, einen deutschen Konsul, einen deutschen Gesandten, nicht durch einen ausländischen Konsul oder in dessen Auftrag im Inland. Eine Zustellung in Person ist insoweit unnötig.

Die bloße Übersendung der Klageschrift an den deutschen Konsul ist kein Gesuch um Rechtshilfe. Wegen des Aufenthalts eines Deutschen im Drittstaat Geimer NJW **73**, 2140. *§ 187 ist* auch bei der Klagezustellung grundsätzlich zumindest entsprechend *anwendbar*, Ffm BGH **65**, 291, Ffm MDR **78**, 943, MüKoGo **75**, aM BGH **120**, 311. Wegen der Verschaffung einer USA-jurisdiction durch Zustellung der „summons" Psolka VersR **75**, 405, durch Zustellung nach den „Long-Arm-Statutes" Bernstein aaO 82. Zur Zustellung beim Strafschadensersatzfall Mörsdorf, Funktion und Dogmatik US-amerikanischer punitive damages, 1999, Zekoll/Rahlf JZ **99**, 386 (antitrust-treble-damages).

**E. Rechtzeitigkeit der Verteidigung.** Die Rechtzeitigkeit ist nach den gesamten Fallumständen zu **24** beurteilen. Dabei kommt es auch auf die Verfahrensart an, zB darauf, ob es um einen Arrest, eine einstweilige Anordnung oder Verfügung, eine Beweissicherung ging. Die Zumutbarkeit kann gegenüber dem ausländischen Verfahren später als gegenüber einem gleichartigen deutschen eingetreten sein.

**F. Verstoß.** Ein Verstoß gegen Z 2 ist jetzt trotz des unveränderten Umstands, daß diese Vorschrift **25** zumindest vorwiegend dem Schutz des Bekl dient, grundsätzlich heilbar, vgl §§ 187, 295, BGH NJW **90**, 3091 (zustm Nagel IPRax **91**, 172). Denn die Beachtung der Nichteinlassung hängt ja von ihrer Geltendmachung ab, Rn 22. Das gilt theoretisch sogar beim Verstoß gegen Art 103 I GG; dies ergibt sich daraus, daß Z 2 letzte Satzhälfte ebenfalls von dem „sich hierauf beruft" abhängt. Diese Abhängigkeit ist freilich verfassungsrechtlich problematisch, denn Art 103 I GG gehört zu den Kernbestandteilen des deutschen Rechts, vgl auch Köln VersR **89**, 728 (zur „mise à parquet" in Belgien). Indessen liegt beim Verstoß gegen diese Vorschrift unter Umständen zugleich ein Verstoß gegen Z 4 vor.

### 7) Verstoß gegen Rechtskraft, Rechtshängigkeit usw, I Z 3      26

**Schrifttum:** *Fritze,* Doppelte Rechtshängigkeit in USA und Deutschland usw, in: Festschrift für *Vieregge* (1995). S auch § 261 Rn 6 „Ausland".

**A. Abgrenzung zu I Z 4.** In erheblicher Abweichung von der aF regelt die Vorschrift die Unvereinbarkeit des jetzt auf Anerkennung zu prüfenden Urteils mit einer früheren deutschen oder ausländischen Entscheidung, also vor allem den Verstoß gegen eine Rechtskraft, sowie den Verstoß gegen eine frühere ausländische oder inländische Rechtshängigkeit, Ffm FamRZ **93**, 93. Damit ergeben sich Überschneidungen mit Z 4 erste Alternative. Denn zumindest die Rechtskraft zählt zu den Fundamenten des deutschen Rechts. Ob auch die Wirkungen der Rechtshängigkeit solches Gewicht haben, ist allerdings zweifelhaft.

§ 328   2. Buch. 1. Abschnitt. Verfahren vor den LGen

Jedenfalls erweist sich Z 3 nur teilweise als Sonderregelung gegenüber Z 4. Auch wenn letztere nicht eingreift, kann Z 3 anwendbar sein, und umgekehrt. Die Anforderungen sind bei Z 3 nicht so hoch wie bei Z 4.

27    **B. Unvereinbarkeit mit früherem Urteil.** Es kann sich um ein früheres deutsches Urteil („hier erlassen") oder ausländisches Urteil handeln, Bbg FamRZ **97**, 96. Das ausländische Urteil mag bereits im Inland anerkannt oder erst noch anzuerkennen sein; jenes Anerkennungsverfahren mag schon anhängig sein oder noch nicht schweben. Im letzteren Fall muß man im jetzigen Anerkennungsverfahren mitprüfen, ob das frühere ausländische Urteil hier anzuerkennen wäre. Es kann sich auch um einen richterlichen sonstigen Entscheid handeln, zB um einen Beschluß, JM Stgt FamRZ **90**, 1018. Die frühere Entscheidung muß im Ergebnis mit der jetzt zur Anerkennung anstehenden unvereinbar sein. Eine „offensichtliche" Unvereinbarkeit ist, anders als bei Z 4 erste Alternative, nicht erforderlich. Das bedeutet aber nicht, daß man sich mit einer nur vorläufigen, oberflächlichen Prüfung begnügen dürfte. Die jetzt zu prüfende Entscheidung darf nicht nur schwer vereinbar, sie muß dem zu Überzeugung des Gerichts unvereinbar mit der früheren sein. Dergleichen fehlt zB bei unterschiedlichen Zeiträumen, AG Gelsenkirchen FamRZ **95**, 1160.

Die äußere, formelle und/oder innere, materielle *Rechtskraft*, Einf 1, 2 vor §§ 322–327, ist der Hauptanwendungsbereich der Z 3 erste Alternative. Er liegt nicht vor, wenn früher nur ein nicht der Rechtskraft fähiger Vergleich nach § 794 I Z 1, § 322 Rn 69 „Vergleich", oder eine ebenfalls nicht der Rechtskraft fähige Urkunde nach § 794 I Z 5 ergangen war, Hamm FamRZ **93**, 340. Das Gesetz erfaßt aber zumindest nach seinem Wortlaut auch andere Fälle der Unvereinbarkeit der Urteile. Deshalb kann zB der Streit darüber, wie das sittenwidrige oder erschlichene Urteil dogmatisch einwandfrei zu beseitigen sei, Einf 27 vor §§ 322–327, hier ungeklärt bleiben: Auch mangels Rechtskraft kann ein solches Urteil unter Z 3 fallen.

28    **C. Unvereinbarkeit mit früheren Verfahren.** Während Rn 27 auf das Verfahrensergebnis, das Endurteil, abstellt, genügt nach der zweiten Alternative der Z 3 auch schon eine Unvereinbarkeit der Verfahren. Dieser Fall kann freilich nur dann eintreten, wenn zunächst im Inland ein Verfahren rechtshängig, nicht bloß anhängig, geworden war, § 261 Rn 1, Zweibr FamRZ **99**, 34, vgl freilich beim Arrest und der einstweiligen Verfügung § 261 Rn 8, § 920 Rn 7, § 936 Rn 2 „§ 920 Gesuch". In solchem Fall mag das spätere ausländische oder deutsche Urteil eines Folgeverfahrens, isoliert betrachtet, einwandfrei sein; eine Unvereinbarkeit des ihm zugrundeliegenden Verfahrens mit dem früheren deutschen kann zur Versagung der Anerkennung führen.

29    **D. Beispiele.** Die zum bisherigen Recht (vor dem 1. 9. 86) ergangenen Entscheidungen usw sind nur nach Maßgabe der Neufassung der Z 3 verwendbar. Ein Verstoß kann etwa in folgenden Situationen vorliegen: Das ausländische Gericht hat eine inländische Rechtshängigkeit mit oder ohne deren Kenntnis übergangen, BayObLG FamRZ **83**, 501, Hamm NJW **76**, 2081. Für ausländische Rechtshängigkeit auch § 261 Rn 9; das Auslandsurteil ist erschlichen, namentlich als Scheidungsurteil, Rn 48, BayObLG **77**, 185. Ein Verstoß kann etwa in folgenden Situationen fehlen: Nach Rechtskraft hat der später Eingebürgerte erneut Scheidungsklage erhoben; es liegt keine Rechtskrafterstreckung vor, § 325; das Urteil ist auf gemeinsamen Antrag beider Parteien ergangen.

30    **8) Verstoß gegen öffentliche Ordnung, I Z 4**

**Schrifttum** (teilweise zum alten Recht): *Bruns* JZ **99**, 274 (Üb. auch rechtspolitisch); *Jung*, Der Grundsatz des fair trial in rechtsvergleichender Sicht, Festschrift für *Lüke* (1997) 323; *Kropholler*, Internationales Privatrecht, 3. Aufl 1997, § 36; *Marx*, Der verfahrensrechtliche ordre public bei der Anerkennung und Vollstreckung ausländischer Schiedssprüche in Deutschland, 1994; *Schütze*, Die Anerkennung und Vollstreckbarerklärung US-amerikanischer Schadensersatzurteile in Produkthaftungssachen in der Bundesrepublik Deutschland, Festschrift für *Nagel* (1987) 392; *Völker*, Zur Dogmatik des ordre public usw, 1998.

**A. Anwendungsbereich.** Die Vorschrift erfaßt einerseits den Verstoß gegen sachliches Recht, andererseits und insofern in Ergänzung zu Z 3 grundlegende Verstöße gegen Verfahrensrecht. Die Neufassung entspricht im wesentlichen dem mit „Öffentliche Ordnung (ordre public)" überschriebenen Art 6 EGBGB idF des IPRG. Sie geht über die in Z 4 aF geregelten Bereiche der Sittenwidrigkeit und des Verstoßes gegen den Gesetzeszweck, die sie mitumfaßt, hinaus. Zur Unterscheidung zwischen ordre public interne und ordre public international BGH NJW **86**, 3029, von Winterfeld NJW **87**, 3059, aM Kornblum NJW **87**, 1105. Eine sachlichrechtliche Nachprüfung über die in Z 4 genannten Verstöße hinaus ist unstatthaft, § 723 Rn 2 (Verbot der sog révision au fond). Das gilt auch bei einer Versäumnisentscheidung, BGH NJW **80**, 531. Ein Verstoß gegen Z 4 läßt sich nicht durch solche neuen Angriffs- oder Verteidigungsmittel feststellen, die dem ausländischen Richter noch nicht vorgelegen hatten.

31    **B. Wesentlicher deutscher Rechtsgrundsatz.** Wie das Wort „insbesondere" zeigt, ist der Begriff der wesentlichen Grundsätze des deutschen Rechts sogar gegenüber dem Grundrechtsbegriff umfassender. Es muß sich um die Grundlagen des deutschen staatlichen, rechtlichen und in diesem Zusammenhang wirtschaftlichen Lebens handeln, BayObLG **93**, 223 und FamRZ **93**, 1469, um die Grundwerte der deutschen Rechtsordnung, BGH NJW **93**, 2314, Gottwald FamRZ **91**, 581, Habscheid FamRZ **81**, 1144. Anders ausgedrückt: Es muß sich um die das deutsche Recht tragenden Gedanken, seine Fundamente und Grundprinzipien handeln, BGH VersR **92**, 1284.

*Nicht hierzu zählen* Regeln, die sich derzeit als „Grundsätze" entwickelt haben, ohne über den Gegensatz zur „Ausnahme" hinaus zu eben fundamentalen Säulen des Rechts geworden zu sein, mögen sie auch einer noch so „herrschenden Meinung" (ein stets fragwürdiger Begriff, Einl III 47) entsprechen. Nicht hierher zählen daher viele sachlich- oder verfahrensrechtliche noch so deutliche Abweichungen des ausländischen vom deutschen Recht, BGH FamRZ **86**, 667, Hamm FamRZ **88**, 438, Saarbr NJW **88**, 3100. Immerhin soll Z 4 die Anerkennung ja nicht grundsätzlich erschweren, sondern eben an einer wirklich untragbaren Rechtsabweichung scheitern lassen, BGH NJW **90**, 2198, vgl freilich auch Rn 1.

## 2. Titel. Urteil § 328

**C. Maßgeblicher Zeitpunkt.** Wie das Wort „Ergebnis" in Z 4 zeigt, kommt es nicht auf den Zeitpunkt 32 des Erlasses der ausländischen Entscheidung, sondern auf denjenigen der Anerkennung an, vgl schon BGH NJW **80**, 531. Änderungen der beiderseitigen Rechtsentwicklung in der Zwischenzeit können die Anerkennung erleichtern oder erschweren.

**D. Grundrechte.** Gemeint sind nur die als Grundrechte überschriebenen Artt 1–19 GG, BGH MDR 33 **94**, 40, AG Hbg-Altona FamRZ **92**, 83. Der Anspruch auf rechtliches Gehör, Art 103 I GG, den das BVerfG dogmatisch etwas problematisch als „Prozeßgrundrecht" bezeichnet, Einl III 16, sollte nicht hierher gehören, sondern zu Rn 31, aM AG Hbg-Altona FamRZ **92**, 83 (weder-noch), auch nicht eine sonstige Verfassungsnorm BGH MDR **94**, 40.

**E. Unvereinbarkeit.** Die Anerkennung scheitert erst dann, wenn die ausländische Entscheidung im 34 Ergebnis, Rn 32, also auch dann, wenn man das deutsche Recht (teilweise) angewandt hätte, Kblz RR **93**, 71, mit dem deutschen Recht unvereinbar ist. Diese Unvereinbarkeit darf also nicht nur gegenüber irgendwelchen Verfahrensabschnitten oder gar Einzelmaßnahmen oder Zwischenentscheidungen vorliegen; sie muß sich aus der Endentscheidung ergeben, mag diese auch zB als Versäumnisurteil ergangen sein. Es muß eine solche Abweichung von den deutschen Prinzipien vorliegen, daß nach deutscher Bewertung kein geordnetes, rechtsstaatliches Verfahren mehr vorliegt, BGH VersR **92**, 1284. Dabei verlangt Z 4 beim Verstoß gegen ein Grundrecht sprachlich nur eine „Unvereinbarkeit", beim übrigen Verstoß eine „offensichtliche". Gemeint ist stets eine unbezweifelbare, auf der Hand liegende, offensichtliche unverkennbare Unvereinbarkeit, BGH VersR **92**, 1284, Düss VersR **91**, 1162. Sie liegt natürlich beim Grundrechtsverstoß schon begrifflich vor.

**F. Beispiele zur Frage eines Verstoßes gegen den ordre public.** Die zum bisherigen Recht (vor dem 35 1. 9. 86) ergangenen Entscheidungen usw sind nur nach Maßgabe der Neufassung der Z 4 verwendbar, LAG Kiel DB **89**, 1828.

**Abstammung:** Ein Verstoß gegen den deutschen ordre public kann erheblich sein, BGH NJW **97**, 2054, und vorliegen, wenn das ausländische Gericht die Vaterschaftsfeststellungsklage unabhängig von der wirklichen Abstammungslage schon deshalb abweist, weil ein eheähnliches Zusammenleben der Kindesmutter mit dem Bekl nicht bewiesen ist, Oldb FamRZ **93**, 1486, oder wenn das ausländische Gericht den Einwand des Mehrverkehrs und der Zeugungsunfähigkeit nicht berücksichtigt hat, AG Würzb FamRZ **94**, 1596, oder wenn Urteilserschleichung vorliegt, BSG FamRZ **97**, 1010 (Türkei; nicht schon beim Fehlen eines Gutachtens).

Ein Verstoß kann *fehlen*, wenn im ausländischen Statusverfahren das Gericht zwar die Mutter angehört, nicht aber ein Gutachten eingeholt hat, BGH FamRZ **86**, 667, Hamm FamRZ **93**, 438, oder wenn das ausländische Gericht nach Blutgruppen- und erbbiologischen Gutachten die Kindesmutter nicht vernommen hat, Düss FER **98**, 282.

**Amtsermittlung:** Ein Verstoß gegen den deutschen ordre public kann vorliegen, wenn die Entscheidung den Amtsermittlungsgrundsatz, Grdz 38 vor § 128, nicht beachtet hat, BGH FamRZ **97**, 490, LAG Kiel DB **89**, 1828.

**Anwaltszwang:** Ein Verstoß gegen den deutschen ordre public kann fehlen, wenn es vor dem ausländischen Gericht in Abweichung vom deutschen Verfahrensrecht keinen Anwaltszwang gegeben hat, BayObLG NJW **74**, 418.

**Antitrust-treble-damages:** Rn 44 „Strafschadensersatz".

**Ausforschung:** Ein Verstoß gegen den deutschen ordre public kann fehlen, wenn die bloße Möglichkeit einer nach deutschem Recht unzulässigen Ausforschung, dazu zB Einf 27 vor § 284, besteht, BGH VersR **92**, 1285, aM LG Bln DB **89**, 2120.

**Beweissicherung:** Rn 41 „Pre-trial-discovery". 36

**Börsentermingeschäft:** Ein Verstoß gegen den deutschen ordre public kann vorliegen, wenn das Urteil gegen Regeln zum Börsentermingeschäft verstößt, BGH NJW **75**, 1600.
S auch „Devisenrecht".

**Class action-Urteil:** Ein Verstoß gegen den deutschen ordre public kann vorliegen, Mann NJW **94**, 1189.

**Contempt of court:** Ein Verstoß gegen den deutschen ordre public kann fehlen, wenn ein englisches Gericht eine Partei wegen contempt of court ausgeschlossen hat, BGH **48**, 327, dazu Roth ZZP **69**, 152.

**Devisenrecht:** Ein Verstoß gegen den deutschen ordre public kann vorliegen, wenn das Urteil gegen tragende Grundsätze des deutschen Devisenrechts verstößt, Stürner/Münch JZ **87**, 180.
S auch „Börsentermingeschäft", Rn 39 „Grundlegende Unterschiede".

**Eherecht:** S „Eheschließung", „Eheschuldstrafe", Rn 38 „Erschleichung", Rn 43 „Scheidung", Rn 45 37 „Zerrüttung".

**Eheschließung:** Ein Verstoß gegen den deutschen ordre public kann fehlen, wenn zB in den USA eine Ehe formlos geschlossen, aber dort anerkannt worden ist, vgl freilich Rn 49, oder wenn das ausländische Gericht eine Doppelehe ausnahmsweise für gültig hielt (und auflöste), BayObLG **93**, 224.

**Eheschuldstrafe:** Ein Verstoß gegen den deutschen ordre public kann vorliegen, wenn es um eine schweizerische Eheschuldstrafe geht, Rn 39 „Grundlegende Unterschiede".

**Entscheidungsgründe:** Ein Verstoß gegen den deutschen ordre public kann vorliegen, wenn das Urteil keine Entscheidungsgründe für einen dem ordre public wahrscheinlich widersprechenden Tenor enthält, § 313a II Z 4, LG Bln DB **89**, 2120.

**Erfolgshonorar:** Ein Verstoß gegen den deutschen ordre public kann vorliegen, wenn es um ein ausländisches Erfolgshonorar geht, BGH VersR **92**, 1287, Heß NJW **99**, 2486.

**Erschleichung:** Ein Verstoß gegen den deutschen ordre public kann vorliegen, wenn das Urteil erschlichen 38 worden ist, Einl III 53 ff, zB als Scheidungsurteil, BayObLG **77**, 185 (diese Fälle zählen freilich meist zu Z 3), Kblz FamRZ **91**, 460.

## § 328

**Gerichtsstand:** Ein Verstoß gegen den deutschen ordre public kann fehlen, wenn der deutsche Geschädigte bei der Ausübung der zulässigen Wahl des Gerichtsstands über den ausländischen mehr erhalten hat, als im deutschen möglich gewesen wäre, BGH **88**, 25.

**39 Grundlegende Unterschiede:** Ein Verstoß gegen den deutschen ordre public kann vorliegen, wenn das im Urteil angewandte ausländische Recht vom entsprechenden deutschen staatspolitisch oder sozial grundlegend verschieden ist, also gegen deutsche Grundwerte verstößt, BGH VersR **92**, 1284, Gottwald FamRZ **91**, 581, Habscheid FamRZ **81**, 1144.

S aber auch Rn 45 „Zwingendes Recht".

**Grundgesetz:** Rn 33.

**40 Haftungsfolge:** Ein Verstoß gegen den deutschen ordre public kann vorliegen, wenn das Urteil eine mit dem deutschen Recht ganz unvereinbare Haftungsfolge enthält, BGH **88**, 25.

S auch Rn 39 „Grundlegende Unterschiede", Rn 44 „Strafschadensersatz".

**Heilungskosten:** Ein Verstoß gegen den deutschen ordre public kann fehlen, wenn das Urteil zu einem nach dem ausländischen Recht möglichen Ersatz von Heilungskosten unabhängig davon verurteilt, ob sich der Verletzte behandeln lassen will, BGH VersR **92**, 1286.

**Herstellerhaftung:** Rn 41 „Produkthaftung".

**Index:** Rn 44 „Unterhalt".

**Insolvenz:** Rn 42 „Restschuldbefreiung".

**41 Ordnungswidriger Zustand:** Ein Verstoß gegen den deutschen ordre public kann ausnahmsweise schon dann vorliegen, wenn das Urteil einen ordnungswidrigen Zustand oder eine Ordnungswidrigkeit verlangt; freilich ist insofern Zurückhaltung geboten, da dergleichen kaum einen Verstoß gegen deutsche rechtliche Grundwerte darstellt.

**Personalstatut:** Ein Verstoß gegen den deutschen ordre public kann vorliegen, wenn es um eine Abweichung des ausländischen Urteils von Art 5 I 2 EGBGB geht, BGH VersR **92**, 1286.

**Pre-trial-discovery,** dazu *Lorenz* ZZP **111**, 35 (Üb): Ein Verstoß gegen den deutschen ordre public kann fehlen, wenn es um das amerikanische „pre-trial-discovery"-Verfahren geht, BGH VersR **92**, 1285, Düss VersR **91**, 1162, aM LG Bln DB **89**, 2120.

**Produkthaftung:** Ein Verstoß gegen den deutschen ordre public kann vorliegen, wenn das Urteil schon aus der bloßen Tatsache eines Schadenseintritts eine Herstellerhaftung abgeleitet hat, LG Bln DB **89**, 2120 (zum alten Recht; vgl jetzt Anh § 286 Rn 145).

**Punitive damages:** Rn 44 „Strafschadensersatz".

**42 Rechtliches Gehör:** Ein Verstoß gegen den deutschen ordre public kann vorliegen, wenn das Urteil gegen das Gebot des rechtlichen Gehörs, Art 103 I GG, verstößt, BGH VersR **92**, 1284, Ffm IPRax **96**, 38, Hamm FamRZ **96**, 179.

**Rechtsanwendung:** Ein Verstoß gegen den deutschen ordre public kann fehlen, wenn das ausländische Gericht sein Recht nicht richtig erkannt bzw angewendet oder fortentwickelt hat (Ausnahme Rechtsbeugung), Stgt FamRZ **73**, 39, Habscheid FamRZ **81**, 1144.

**Rechtsbeugung:** Ein Verstoß gegen den deutschen ordre public dürfte stets dann vorliegen, wenn das Urteil auf einer Rechtsbeugung beruht.

S aber auch „Rechtsanwendung".

**Rechtshängigkeit:** Ein Verstoß gegen den deutschen ordre public kann vorliegen, wenn das deutsche Verfahren eine ausländische Rechtshängigkeit nicht beachtet hat, Hamm FamRZ **98**, 303, selbst wenn das ausländische Gericht dies alles nicht kannte, Hamm FamRZ **93**, 190.

**Rechtskraft:** Rn 26.

**Rechtsmittel:** Ein Verstoß gegen den deutschen ordre public fehlt, wenn er bereits im Urteilsstaat durch den Rechtsmittel beseitigt worden ist, Geimer NJW **73**, 2139.

**Rechtsstaat:** Ein Verstoß gegen den deutschen ordre public kann vorliegen, wenn das Urteil nicht in einem geordneten, rechtsstaatlichen Verfahren ergangen ist, BGH VersR **92**, 1284, BayObLG FamRZ **83**, 501, Düss FamRZ **82**, 535.

**Rechtswahl:** Ein Verstoß gegen den deutschen ordre public fehlt, soweit niederländische Schutzvorschriften betr die Zuständigkeit abbedungen sind, Köln VersR **98**, 736.

**Restschuldbefreiung:** S (jetzt) §§ 286 ff InsO.

**43 Schadensersatz:** Zur Problematik amerikanischer Schadensersatzurteile exzessiver Höhe Stiefel/Stürner VersR **87**, 829.

S auch Rn 39 „Grundlegende Unterschiede".

**Scheidung:** Ein Verstoß gegen den deutschen ordre public läßt sich nur von Fall zu Fall klären, soweit es um das Verstoßungsrecht des Mannes nach dem iranischen Scheidungsrecht geht, KG RR **94**, 199.

Ein derartiger Verstoß dürfte in folgenden Fällen *fehlen:* Das ausländische Recht kennt keine Scheidung; ein tschechisches Gericht hat evtl einen falschen Trennungszeitpunkt zugrunde gelegt, BayObLG FamRZ **93**, 1469; ein italienisches Gericht hat vor dem Ablauf der Trennungszeit geschieden, BayObLG **92**, 118.

**Schiedsvereinbarung:** § 1059 II Z 2 b.

**Schmerzensgeld:** Ein Verstoß gegen den deutschen ordre public kann fehlen, wenn das Urteil zu einem so dem deutschen Recht nicht möglichen Ersatz immateriellen Schadens verpflichtet, LG Heilbr IPRax **91**, 262.

**Selbständiges Beweisverfahren:** Rn 41 „Pre-trial-discovery".

**Spielschuld:** Ein Verstoß gegen den deutschen ordre public kann vorliegen, wenn die Entscheidung eine Verurteilung zur Zahlung einer Spielschuld ausspricht, § 762 BGB, BGH NJW **75**, 1600.

**44 Statusverfahren:** Rn 35 „Abstammung".

**Strafschadensersatz,** dazu *Merkt,* Abwehr der Zustellung von „punitive damages"-Klagen usw, 1995; *Mörsdorf,* Funktion und Dogmatik US-amerikanischer punitive damages, 1999; *Rosengarten,* Punitive damages und ihre Anerkennung und Vollstreckung in der Bundesrepublik Deutschland, 1994: Ein Verstoß

2. Titel. Urteil § 328

gegen den deutschen ordre public kann vorliegen, wenn es um einen amerikanischen Strafschadensersatz („punitive damages") geht, BGH VersR **92**, 1287, Mü NJW **92**, 3113, großzügiger Rosengarten NJW **96**, 1938. Evtl soll schon die Zustellung der Klage in Deutschland verfassungswidrig sein, BVerfG **91**, 339 (mit Recht krit Juenger/Reimann NJW **94**, 3275), Zekoll/Rahlf JZ **99**, 387 (antitrust-treble-damages), aM KG OLGZ **94**, 587. Im übrigen kann aber die Anerkennung nach Z 4 möglich bleiben, Zekoll/Rahlf JZ **99**, 394.
   S auch Rn 40 „Haftungsfolge".
**Treu und Glauben:** Rn 38 „Erschleichung".
**Unerlaubte Handlung:** Ein Verstoß gegen den deutschen ordre public kann vorliegen, wenn es um eine Abweichung des ausländischen Urteils von Art 38 EGBGB geht, BGH VersR **92**, 1286.
**Unterhalt:** Ein Verstoß gegen den deutschen ordre public kann vorliegen, wenn es um einen sog indexierten ausländischen Unterhaltstitel geht, Stürner/Münch JZ **87**, 180, oder wenn ein, sei es auch nur teilweiser, Unterhaltsverzicht für die Zukunft vorliegt, Nürnb FamRZ **96**, 353 (ziemlich streng, denn im deutschen Scheidungsrecht ist dergleichen keineswegs ganz unzulässig), oder wenn eine ausländische Wartefrist die zum Verdienst unfähige Partei trifft, Zweibr FamRZ **97**, 94.
   Ein Verstoß kann *fehlen*, wenn ein englisches Gericht einen Stiefvater zur Unterhaltsleistung verurteilt, aM LG Düss FamRZ **91**, 581 (nur wegen § 39 II AVAG, im Ergebnis eher zustm Gottwald).
   S auch Rn 36 „Devisenrecht".
**Untersuchungsgrundsatz:** Rn 35 „Amtsermittlung".
**Vaterschaft:** Rn 35 „Abstammung".
**Verhältnismäßigkeit:** Ein Verstoß gegen den deutschen ordre public kann vorliegen, wenn das Urteil auf **45** einem Verstoß gegen das Gebot der Verhältnismäßigkeit der Mittel zum angestrebten Zweck beruht, LG Heilbr IPRax **91**, 262.
**Wettschuld:** Vgl Rn 43 „Spielschuld".
**Zerrüttung:** Ein Verstoß gegen den deutschen ordre public kann fehlen, wenn eine Scheidung schon wegen unheilbarer Zerrüttung erfolgt ist, Ffm NJW **89**, 672, Stgt FamRZ **73**, 39.
**Zwingendes Recht:** Ein Verstoß gegen den deutschen ordre public kann fehlen, wenn der ausländische Richter von zwingenden, aber nicht die deutsche Rechtsordnung geradezu tragenden Verfahrensregeln abgewichen ist. Dann kann freilich Z 3 vorliegen, BGH RR **91**, 1213, KG NJW **77**, 1017, LG Hbg FamRZ **93**, 1072.
   S aber auch Rn 39 „Grundlegende Unterschiede".

**9) Fehlen der Gegenseitigkeit, I Z 5** **46**

**Schrifttum:** *Doser*, Gegenseitigkeit und Anerkennung ausländischer Entscheidungen (§ 328 Abs. 1 Nr. 5 ZPO) usw, 1999.

**A. Grundsatz: Weite Auslegung der „Gegenseitigkeit".** Ausländische Urteile sind nicht anzuerkennen, soweit die Gegenseitigkeit nicht verbürgt ist (Teilbarkeit, Rn 2). Die Gegenseitigkeit ist aber nur dann zu prüfen, wenn nicht Staatsverträge eingreifen, Rn 5. Z 5 hat neben den anderen Versagungsgründen eine selbständige Bedeutung. Wenn die Gegenseitigkeit nicht verbürgt ist, so erfolgt selbst dann keine Anerkennung, wenn nach dem deutschen Internationalen Privatrecht dasjenige Recht anzuwenden ist, dem das ausländische Gericht angehört, um dessen Urteil es sich handelt, BGH **LM** Nr 14. Gemeint ist die sachliche Gegenseitigkeit, § 110 Rn 13: die Prozeßlage darf im ausländischen Staat für Deutsche nicht ausnahmslos schlechter sein als umgekehrt, BGH **53**, 334 (abl Geimer NJW **70**, 2163, Schütze NJW **73**, 2144), insbesondere im Hinblick auf die Vollstreckbarkeit, BGH **59**, 121.
   Jedoch ist kein formaler und kleinlicher Maßstab anzulegen. Vielmehr ist eine differenzierende und *großzügige Auffassung* des Begriffs der Gegenseitigkeit geboten, BGH **52**, 256. Eine völlige Übereinstimmung des Anerkennungsrechts ist ohnehin nicht zu verlangen; es können nur im wesentlichen gleichwertige Bedingungen gefordert werden, Köln FamRZ **95**, 307, LG Mü JZ **76**, 610, Schütze NJW **73**, 2144. Dabei ist insbesondere darauf zu achten, welches Gewicht die einzelne Rechtsungleichheit in der Anerkennungspraxis hat. Die Vorschrift ist verfassungsgemäß, BVerfG **30**, 409. Wer die Anerkennung ins Inland erstrebt, muß die Verfügung der Gegenseitigkeit beweisen, BGH MDR **99**, 1084.

**B. Einzelheiten.** Die Gegenseitigkeit ist also nur dann zu verneinen, wenn nennenswerte Erschwerungen **47** vorliegen. Dies kann zB bei einem ausländischen Jurisdiktionsprivileg vorliegen, BGH **53**, 334 (krit Einmahl NJW **71**, 1488). Die Gegenseitigkeit ist trotzdem zu bejahen, falls sich die ausländische Partei bei einer umgekehrten Rolle nicht auf ihr Jurisdiktionsprivileg berufen könnte, zB wegen eines Verzichts oder einer rügelosen Einlassung, BGH **59**, 123 (betr Frankreich). Die Gegenseitigkeit ist ferner zu verneinen: bei einer unbeschränkten sachlichen Nachprüfung, révision au fond, irgendwelcher Art (sie ist in Frankreich entfallen, BGH **59**, 123); wenn das ausländische Gericht die sachliche Zuständigkeit nachprüft, da darin eine Nachprüfung der Entscheidung liegt. Etwas anderes gilt daher, wenn es sich um eine Nachprüfung ohne besondere Bedeutung handelt. Grundsätzlich wird kein Unterschied zwischen einer zusprechenden und einer abweisenden Entscheidung gemacht, Schütze NJW **73**, 2145. Es kommt trotz der Berücksichtigung der Einzelumstände wesentlich auf die grundsätzliche Anerkennung eines gleichartigen inländischen Urteils an.
   Die *praktische Handhabung* entscheidet. Wenn keine Praxis besteht, dann kommt es auf das Anerkennungsrecht des Urteilsstaats an, LG Mü JZ **76**, 610. Die Verbürgung der Gegenseitigkeit ist trotz § 561 in der Revisionsinstanz nachprüfbar, weil diese Frage nicht den Tatbestand des Einzelfalls betrifft, § 549 Rn 6. Die Frage, was das fremde Recht bestimmt, ist nur die Vorfrage der Verbürgungsfrage. Für die Prüfung, ob die Gegenseitigkeit verbürgt ist, ist der Zeitpunkt der Anerkennung maßgeblich, aM Schütze DB **77**, 2129. Vgl die Übersicht über die Gegenseitigkeit im Anh § 328. Zur Vollstreckbarkeit von Entscheidungen, die in einem Vertragsstaat anerkannt sind, Rn 11, 12.

**§ 328** 2. Buch. 1. Abschnitt. Verfahren vor den LGen

**48** **10) Nichtvermögensrechtlicher Anspruch: Maßgeblichkeit des inländischen Rechts, II**

**Schrifttum:** *Arnold/Haecker*, Die Befreiung von der Beibringung des Ehefähigkeitszeugnisses und die Anerkennung ausländischer Entscheidungen in Ehesachen, 1985; *Basedow*, Die Anerkennung von Auslandsscheidungen, 1980; *Haecker*, Die Anerkennung ausländischer Entscheidungen in Ehesachen, 1989; *Hausmann*, Die kollisionsrechtlichen Schranken der Gestaltungskraft von Scheidungs-Urteilen, 1980; *Lüderitz*, „Talâq" vor deutschen Gerichten, Bestandsaufnahme, Festschrift für *Baumgärtel* (1990) 333; *Schwenn*, Anerkennung ausländischer Eheurteile, in: Beitzke, Vorschläge und Gutachten zur Reform des deutschen Personen-, Familien- und Erbrechts (1981) 134.

Wenn ein Urteil einen nichtvermögensrechtlichen Anspruch betrifft (*Begriff* Üb 11 vor § 1), dann ist es trotz Z 5 anzuerkennen, wenn nach dem inländischen Recht ein inländischer Gerichtsstand fehlte, vgl auch § 40 II, oder wenn es sich um eine Kindschaftssache handelt, § 640. Der Haupt-Streitgegenstand entscheidet, die Kostenentscheidung folgt. Wenn die Gegenseitigkeit fehlt, könnte theoretisch ein Vergeltungsrecht anwendbar sein, § 24 EG ZPO; bisher gibt es dergleichen allerdings nicht.

**49** **11) Sonderregeln bei Ehesache, II.** In Ehesachen, nicht aber den früheren sog interlokalen, Vorbem, ist § 328 Z 1–4 keineswegs völlig unbeachtlich, sondern bleibt in zweiter Linie unverändert grds beachtlich, BayObLG FamRZ **90**, 650. Freilich ist zunächst zu klären, ob bereits eine ipso-iure-Anerkennung nach Art 14 des Europäischen Übereinkommens über die Zuständigkeit und die Anerkennung und Vollstreckung von Entscheidungen in Ehesachen vom 28. 5. 98 nebst Auslegungsprotokoll stattfinden kann, Roth BB **99**, 1171. Für die verbleibenden Fälle ist sodann zunächst eine etwaige weitere zwischenstaatliche Regelung zu prüfen, BGH NJW **90**, 3091. Bei ihrem Fehlen gilt als eine innerstaatlich dann vor § 328 zu prüfende und insofern vorrangige Sonderregelung, BGH NJW **83**, 515, BayObLG FamRZ RR **92**, 514, Hamm FamRZ **94**, 582, der *Art 7 § 1 FamRÄndG*, zuletzt geändert dch Art 3 § 5 BtÄndG v 25. 6. 98, BGBl 1580, in Kraft seit 1. 7. 78, Art 5 I BtÄndG, ÜbergangsR Einl III 78.

**50** Die Vorschrift ist *mit dem GG vereinbar*, BGH **82**, 40, KG FamRZ **82**, 382.
**51** Die Vorschrift setzt *keine* Verbürgung der *Gegenseitigkeit* voraus, BGH NJW **90**, 3091.

*FamRÄndG Art 7 § 1. Anerkennung ausländischer Entscheidungen in Ehesachen.* I ¹Entscheidungen, durch die im Ausland eine Ehe für nichtig erklärt, aufgehoben, dem Bande nach oder unter Aufrechterhaltung des Ehebandes geschieden oder durch die das Bestehen oder Nichtbestehen einer Ehe zwischen den Parteien festgestellt ist, werden nur anerkannt, wenn die Landesjustizverwaltung festgestellt hat, daß die Voraussetzungen für die Anerkennung vorliegen. ²Die Verbürgung der Gegenseitigkeit ist nicht Voraussetzung für die Anerkennung. ³Hat ein Gericht oder eine Behörde des Staates entschieden, dem beide Ehegatten zur Zeit der Entscheidung angehört haben, so hängt die Anerkennung nicht von einer Feststellung der Landesjustizverwaltung ab.

II ¹Zuständig ist die Justizverwaltung des Landes, in dem ein Ehegatte seinen gewöhnlichen Aufenthalt hat. ²Hat keiner der Ehegatten seinen gewöhnlichen Aufenthalt im Inland, so ist die Justizverwaltung des Landes zuständig, in dem eine neue Ehe geschlossen werden soll; die Justizverwaltung kann den Nachweis verlangen, daß die Eheschließung angemeldet ist. ³Soweit eine Zuständigkeit nicht gegeben ist, ist die Justizverwaltung des Landes Berlin zuständig.

IIa ¹Die Landesregierungen können die den Landesjustizverwaltungen nach diesem Gesetz zustehenden Befugnisse durch Rechtsverordnung auf einen oder mehrere Präsidenten des Oberlandesgerichts übertragen. ²Die Landesregierungen können die Ermächtigung auf die Landesjustizverwaltungen übertragen.

III ¹Die Entscheidung ergeht auf Antrag. ²Den Antrag kann stellen, wer ein rechtliches Interesse an der Anerkennung glaubhaft macht.

IV Lehnt die Landesjustizverwaltung den Antrag ab, so kann der Antragsteller die Entscheidung des Oberlandesgerichts beantragen.

V ¹Stellt die Landesjustizverwaltung fest, daß die Voraussetzungen für die Anerkennung vorliegen, so kann ein Ehegatte, der den Antrag nicht gestellt hat, die Entscheidung des Oberlandesgerichts beantragen. ²Die Entscheidung der Landesjustizverwaltung wird mit der Bekanntmachung an den Antragsteller wirksam. ³Die Landesjustizverwaltung kann jedoch in ihrer Entscheidung bestimmen, daß die Entscheidung erst nach Ablauf einer von ihr bestimmten Frist wirksam wird.

VI ¹Das Oberlandesgericht entscheidet im Verfahren der freiwilligen Gerichtsbarkeit. Zuständig ist das Oberlandesgericht, in dessen Bezirk die Landesjustizverwaltung ihren Sitz hat. ²Der Antrag auf gerichtliche Entscheidung hat keine aufschiebende Wirkung. ³§ 21 Abs. 2, §§ 23, 24 Abs. 3, §§ 25, 28 Abs. 2, 3, § 30 Abs. 1 Satz 1 und § 199 Abs. 1 des Gesetzes über die Angelegenheiten der freiwilligen Gerichtsbarkeit gelten sinngemäß. ⁴Die Entscheidung des Oberlandesgerichts ist endgültig.

VII Die vorstehenden Vorschriften sind sinngemäß anzuwenden, wenn die Feststellung begehrt wird, daß die Voraussetzungen für die Anerkennung einer Entscheidung nicht vorliegen.

VIII Die Feststellung, daß die Voraussetzungen für die Anerkennung vorliegen oder nicht vorliegen, ist für die Gerichte und Verwaltungsbehörden bindend.

**52** **A. Entscheidungsbegriff.** Es muß eine Entscheidung vorliegen, Geimer NJW **88**, 3104. Zu den Entscheidungen gehören auch im Rahmen von Staatsverträgen erlassene Entscheidungen und nicht nur Urteile, sondern auch Entscheidungen von Verwaltungsbehörden, Hoheitsakte eines Staatsoberhaupts (Dänemark), Rn 7 ff, außer wenn die Parteien Deutsche sind. Das Verfahren der ausländischen Stelle ist unerheblich. Die Entscheidung muß rechtskräftig sein, Düss FamRZ **76**, 356. Wenn zum Wirksamwerden der

2. Titel. Urteil **§ 328**

ausländischen Entscheidung eine Registrierung gehört, so muß diese bewirkt worden sein, BayObLG FER **98**, 209, Düss NJW **75**, 1081. Ein Urteil auf Trennung von Tisch und Bett ist bei Personen, die nicht Deutsche sind, anerkennungsfähig, BayObLG RR **90**, 843. Der Tod eines Ehegatten hindert die Anerkennung nicht. Zum israelischen Scheidungsurteil Scheftelowitz FamRZ **95**, 593 (keine Privatscheidung). Ein Unterhaltsurteil zählt als solches nicht hierher, Hamm RR **89**, 514.

**B. Privatscheidung.** Auch eine ausländische Privatscheidung ist grundsätzlich anerkennungsfähig, **53** BayObLG RR **94**, 771, Ffm NJW **90**, 646, Hamm FamRZ **92**, 674. Das gilt für die einseitige wie die vertragliche Privatscheidung, BGH **110**, 270, JM NRW FamRZ **74**, 193, allerdings nur unter der Voraussetzung, daß sämtliche Akte, an die Rechtswirkungen geknüpft werden, im Ausland erfolgen, BGH FamRZ **85**, 76, BayObLG **82**, 259, zB die Verstoßung (talaq), BGH FamRZ **85**, 76, oder die Ausfertigung und Übergabe des Scheidebriefs, BayObLG FamRZ **85**, 1259, Stgt FamRZ **80**, 886 (Vorlagebeschluß), Kleinrahm/Partikel 68, aM JM NRW FamRZ **74**, 193 (s aber auch Düss FamRZ **76**, 277); BayObLG **78**, 36, JM Stgt FamRZ **80**, 148 wenden bei einer Scheidung vor dem ausländischen Konsul im Inland § 1 entsprechend an.

Nach Ansicht vieler muß auch eine *Behörde irgendwie mitgewirkt* haben, zB bei einem Sühneversuch oder **54** bei der Registrierung, BGH **110**, 270, BayObLG **98**, 105 (Sharia-Gericht), Celle FamRZ **98**, 686 und 757, Kblz RR **93**, 70 (Sharia-Gericht), aM Kleinrahm/Partikel 68 ff, die unter Einschaltung von einem Akt verstehen wollen, dem es nach der ausländischen Rechtsordnung zukommt, die Scheidung, Aufhebung und dgl herbeizuführen.

Die letztere Meinung *verdient den Vorzug*, weil oft für einst deutsche Frauen bei einem hiesigen Scheidungsforum, § 606 a I Z 1, II, sonst jede Scheidungsmöglichkeit entfallen würde, während sich der Mann nach seinem Heimatrecht als geschieden betrachten kann, Kleinrahm/Partikel 162 ff. Schon deshalb darf man die Privatscheidung nicht als gegen den deutschen ordre public schlechthin verstoßend ansehen dürfen. Vielmehr müssen die Auswirkungen im Einzelfall geprüft werden, BGH FamRZ **85**, 74, AG Ffm NJW **89**, 1434, Ffm NJW **90**, 646 (je wegen eines „talâq"), und zwar nach Art 6, 17 EGBGB, nicht nach § 328, da die Privatscheidung ein privatrechtlicher Vorgang ist, Ffm NJW **90**, 646, Beitzke FamRZ **74**, 530, der zutreffend auf Art 3 II GG hinweist und auf die „effektivere" Staatsangehörigkeit abstellt, ähnlich im Ergebnis Bolz NJW **90**, 620, aM Otto FamRZ **74**, 655.

Ist ein *Deutscher* an einer Privatscheidung im Ausland beteiligt, auch ein solcher, der neben der deutschen **55** Staatsangehörigkeit noch eine andere hat, so wird die Entscheidung oft nicht anerkannt, BGH FamRZ **94**, 434, BayObLG **82**, 391, Celle FamRZ **98**, 686 und 757, aM BayObLG **98**, 107. Ebensowenig kann eine inländische Privatscheidung irgendwelcher Art anerkannt werden, auch dann nicht, wenn Ausländer beteiligt sind, insofern richtig JM Stgt FamRZ **80**, 148, aM BayObLG **82**, 259, Stgt FamRZ **80**, 886 (Vorlagebeschluß). Keine Anerkennung bedürfen Entscheidungen eines Gerichts oder einer Behörde des Staates, dem beide Ehegatten zZt der Entscheidung angehört haben, Art VII § 1 I 3 FamRÄndG. Eine solche Anerkennung ist aber nicht unzulässig, sondern insbesondere bei Zweifeln zweckmäßig, BGH **112**, 130, MüKoGo 162, aM Ffm NJW **71**, 1528, Geimer NJW **71**, 2138, StJSchu 440, 445.

**C. Klagabweisung.** Auch eine klagabweisende Entscheidung kann anerkannt werden, Geimer NJW **67**, **56** 1462. Da Art 7 § 1 sie nicht nennt, ist sie allerdings nur nach § 328 anzuerkennen, Ffm NJW **89**, 672, Kleinrahm/Partikel 79, StJSchu 428. Habscheid FamRZ **73**, 431 wendet Art 7 § 1 an, soweit die Rechtskraft der abweisenden Entscheidung für und gegen alle wirke, also wenn die Entscheidung im Urteilstaat eine positive oder negative Feststellung enthalte oder eine Nichtigkeitsklage abweise; sonst wendet auch er § 328 an.

**D. Weitere Einzelfragen.** Die Landesjustizverwaltung kann nur dann anerkennen, wenn die Voraus- **57** setzungen des *§ 328,* anders als bei einer Privatscheidung, s oben, erfüllt sind, BGH NJW **72**, 2188, BayObLG FER **98**, 209, Bürgle NJW **74**, 2163, aM Geimer NJW **76**, 1039 (die Anerkennung dürfe wegen Unzuständigkeit nur dann versagt werden, wenn der Bekl die Unzuständigkeit gerügt habe (so auch Kblz FamRZ **74**, 192) oder wenn er dazu zumindest das rechtliche Gehör gehabt habe, wofür bei der Bestellung eines Verfahrenspflegers eine öffentliche Zustellung ausreiche. Das wird im allgemeinen voraussetzen, daß die Entscheidung begründet worden ist).

Insbesondere muß das ausländische Gericht beim Erlaß der Entscheidung *international zuständig* gewesen **58** sein, Üb 5 vor § 12, BayObLG FamRZ **93**, 1469, Düss FamRZ **76**, 356.

Die Entscheidung kann daher grundsätzlich nicht anerkannt werden, wenn eine *ausschließliche deutsche* **59** Zuständigkeit bestand, § 606. Jedoch steht diese im Fall des § 606 a der Anerkennung nicht entgegen. Abweichend von § 328 I Z 5 ist eine Verbürgung der Gegenseitigkeit keine Voraussetzung der Anerkennung. Im Anerkennungsverfahren erfolgt grds keine Prüfung der Zulässigkeit eines inländischen Scheidungsverfahrens, BayObLG FamRZ **83**, 501. Ist die ausländische Scheidung eine Vorfrage, so erfolgt, abgesehen von den unter e) erörterten Fällen, zunächst eine Entscheidung der Landesjustizverwaltung, BGH **82**, 37, Köln FamRZ **98**, 1304. Das deutsche Scheidungsverfahren wird also ausgesetzt, Karlsr FamRZ **91**, 92, Köln FamRZ **98**, 1304. Wird die Anerkennung versagt, weil § 328 entgegensteht, so erfolgt eine Aussetzung, um das Scheidungsverfahren im Inland durchzuführen, BayObLG FamRZ **73**, 251, Stgt FamRZ **74**, 460, aM BGH NJW **83**, 515 (es handle sich um eine Fallfrage), BGH **82**, 37 (das Scheidungsgericht prüfe dann diese Frage als Vorfrage). Das ausländische Urteil darf nicht aufgehoben sein, BayObLG FER **98**, 209.

Die Entscheidung der Vorfrage erfolgt im Rahmen der *Hauptsache*, wenn eine anerkennungsfähige **60** Entscheidung überhaupt (noch) nicht vorliegt, Düss MDR **74**, 1023.

Art 7 § 1 bezieht sich *nicht* auf die *Nebenentscheidungen*, die zugleich oder im Zusammenhang mit der **61** Scheidung oder Aufhebung oder Nichtigkeit getroffen worden sind, also zB nicht auf die Entscheidung über das Sorgerecht, BGH **64**, 21, Ffm NJW **77**, 504, Hamm FamRZ **75**, 428, aM Hamm NJW **76**, 2080, abw KG FamRZ **74**, 148, Karlsr FamRZ **84**, 820.

*Einstweilige Anordnungen* sind jedenfalls außerhalb des Bereichs des (vorrangigen) Art 31 EuGVÜ, SchlAnh **62** V C 1, Gottwald FamRZ **87**, 780, wegen ihrer nur vorläufigen Wirkung grundsätzlich nicht anerkennungs-

## § 328

2. Buch. 1. Abschnitt. Verfahren vor den LGen

fähig, Rn 9, zB nicht eine „Ordonnance de nonconciliation„ betreffend das Sorgerecht, Düss FamRZ 83, 422, aM Karlsr FamRZ 84, 820.

63  **E. Antrag.** Es ist ein Antrag erforderlich, BGH NJW 83, 515. Ihn kann jeder stellen, der ein rechtliches Interesse an der Anerkennung glaubhaft macht, III, BayObLG 80, 54, Düss FamRZ 76, 356, JM Stgt FamRZ 90, 1016. Das sind außer den Ehegatten, KG OLGZ 76, 39, vor allem diejenigen Personen, deren Erbberechtigung von der Entscheidung abhängt. In Frage kommt aber auch der Sozialversicherungsträger, KG OLGZ 84, 38.

64  Der Antrag ist *formgebunden,* BGH FamRZ 85, 75, Düss FamRZ 74, 530. Für ihn besteht keine Frist, BGH FamRZ 85, 75, BayObLG FER 98, 209, Ffm OLGZ 85, 258. Wegen einer Verwirkung BayObLG FER 98, 209, Düss FamRZ 88, 198. Der Antrag kann nicht nur die Anerkennung bezwekken, sondern auch dahin gehen, daß die Voraussetzungen für die Anerkennung nicht vorliegen, VII. Der Antrag kann bis zum Zeitpunkt der Entscheidung der Landesjustizverwaltung geändert werden, Düss FamRZ 76, 356.

65  **F. Entscheidung der Landesjustizverwaltung usw.** II bestimmt mangels vorrangiger anderer Regelung (ipso-iure-Anerkennung, Rn 49) die Zuständigkeit der Landesjustizverwaltung, BayObLG 96, 123. Berlin ist auch dann zuständig, wenn der Antragsteller nicht Ehegatte war. Die Landesjustizverwaltung gewährt das rechtliche Gehör, Geimer NJW 74, 1632, aM KG OLGZ 76, 41. Sie prüft von Amts wegen, ob der Antrag wegen Rechtsmißbrauchs unbegründet ist, JM Stgt FamRZ 79, 812. Die Entscheidung ergeht auf die Feststellung, daß die Voraussetzungen der Anerkennung vorliegen oder nicht vorliegen, und zwar unter Berücksichtigung von §§ 328, 606 ff. Bis zu dieser Entscheidung ist die ausländische Entscheidung wirkungslos, BGH NJW 83, 515. Daher kann ein Rechtsschutzbedürfnis für das Nichtvorliegen der Anerkennungsvoraussetzungen nur ganz ausnahmsweise gegeben sein. Nach II a kann ein OLG-Präsident statt der Landesjustizverwaltung zuständig sein.

Dazu sind ergangen in:
**Baden-Württemberg:**
**Bayern:**
**Berlin:**
**Brandenburg:**
**Bremen:**
**Hamburg:**
**Hessen:** VO v 21. 9. 94, GVBl 435, und v 3. 11. 94, GVBl 635;
**Mecklenburg-Vorpommern:**
**Niedersachsen:**
**Nordrhein-Westfalen:** VO v 16. 8. 94, GVBl 695;
**Rheinland-Pfalz:**
**Saarland:**
**Sachsen:**
**Sachsen-Anhalt:**
**Schleswig-Holstein:** VO v 4. 12. 96, GVBl 720 (§ 1 Z 9 Ermächtigung des JustMin);
**Thüringen:**

66  Die *anerkennende* Entscheidung wirkt grundsätzlich auf den Zeitpunkt der Rechtskraft der anerkannten Entscheidung zurück, BGH NJW 83, 515, BayObLG 88, 445. Wenn allerdings ein später in Kraft getretenes Gesetz die Anerkennung überhaupt erst ermöglicht, kann die Entscheidung ausnahmsweise auch nur auf den Zeitpunkt seines Inkrafttretens zurückwirken, BayObLG NJW 88, 2179. Sie wird mit der Bekanntgabe an den Antragsteller wirksam. Jedoch kann die Landesjustizverwaltung in ihrer Entscheidung die Wirksamkeit erst nach einer bestimmten Frist eintreten lassen, V 3. Das ist zweckmäßig, wenn zu erwarten ist, daß der andere Ehegatte einen Antrag auf eine gerichtliche Entscheidung stellen wird. Sowohl die ablehnende als auch die verneinende sachliche Feststellung der Landesjustizverwaltung oder des gegen ihre Entscheidung angerufenen OLG ist für Gerichte und Verwaltungsbehörden bindend, VIII, Hamm FamRZ 92, 674. Sie wirkt auf den Zeitpunkt der „Rechtskraft" der anerkannten Entscheidung zurück, BGH NJW 83, 515, Hamm FamRZ 92, 674. Ein neuer Antrag auf eine entgegengesetzte Entscheidung ist unzulässig, vgl Habscheid FamRZ 73, 432. Bindend ist auch schon die Entscheidung der Landesjustizverwaltung, daß ein positiver Feststellungsantrag unbegründet sei, BayObLG NJW 74, 1630, aM KG OLGZ 76, 42.

67  Dagegen tritt keine Bindung ein, wenn die Landesjustizverwaltung den positiven Feststellungsantrag als *unzulässig* abweist. Sie kann diese Entscheidung auch bei einem Antrag eines weiteren Berechtigten oder beim Vorliegen neuer Tatsachen abändern, BayObLG 80, 353. Die Wiederaufnahme ist statthaft, Grdz 8 vor § 578, Geimer NJW 74, 1631.

68  **G. Entscheidung des Oberlandesgerichts.** Diese Entscheidung (in Bayern des BayObLG, vgl BayObLG FER 98, 209, maßgeblich ist der Zeitpunkt der Antragstellung bei der Landesjustizverwaltung, BayObLG NJW 76, 1032) kann vom Antragsteller bei der Ablehnung seines Antrags auf Anerkennung, BayObLG NJW 74, 1629, BayObLG 82, 258, oder auf deren Aufhebung, BayObLG MDR 76, 232 (zustm Geimer) oder auf Nichtanerkennung beantragt werden, IV. Das gilt auch dann, wenn nach II a ein OLG-Präsident als Verwaltung entschieden hatte. Der andere Ehegatte kann die Entscheidung des OLG dann beantragen, wenn eine Anerkennung erfolgte, V. Er kann auch zusätzlich die Feststellung begehren, daß die Voraussetzungen für eine Anerkennung nicht vorliegen, BayObLG 92, 195. Wenn beide Ehegatten bei der Landesjustizverwaltung erfolgreich eine Anerkennung beantragt hatten, kann die Entscheidung des OLG nicht herbeigeführt werden, BayObLG MDR 76, 232 (zustm Geimer).

69  Man muß außerdem jedem ein Antragsrecht geben, der ein *rechtliches Interesse* an einer Entscheidung des OLG hat, also entsprechend III, KG OLGZ 84, 38, aM KG OLGZ 76, 41 (es läßt auch keinen Beitritt zu). Zuständig ist ein Zivilsenat des OLG, in dessen Bezirk die Landesjustizverwaltung ihren Sitz hat. Der Antrag ist nicht fristgebunden, BayObLG 82, 258, Düss FamRZ 74, 528. Die Form des Antrags richtet sich nach

## 2. Titel. Urteil § 328, Anh § 328

§ 21 II FGG. Es besteht kein Anwaltszwang; Geimer NJW **74**, 1032 fordert die Einführung des Anwaltszwangs, aM Bürgle NJW **74**, 2167. Neue Tatsachen und Beweise sind zulässig, § 23 FGG.

Der Antrag hat *keine aufschiebende Wirkung*, VI 3. Das OLG kann jedoch durch eine einsweilige Anord- 70 nung die Vollziehung der angefochtenen Entscheidung der Landesjustizverwaltung vorläufig aussetzen, § 24 III FGG. Das ist bei einer Anfechtung einer anerkennenden Entscheidung immer dann zweckmäßig, wenn eine Wiederverheiratungsabsicht zu vermuten ist. Das OLG entscheidet im Verfahren der FGG. §§ 23 ff EGGVG sind also unanwendbar. Das Gericht kann weder prüfen, ob die Anerkennung vorgreiflich in einem inländischen Verfahren ist, noch, ob sich ein Beteiligter treuwidrig verhält, KG OLGZ **84**, 40. Die Entscheidung des OLG muß begründet werden. Sie ist endgültig (diese Regelung ist mit dem GG vereinbar, Düss FamRZ **74**, 529). Die Entscheidung des OLG hat eine allgemein bindende Wirkung, VIII. Wenn widersprechende Entscheidungen von Oberlandesgerichten bzw dem BGH vorliegen, besteht eine Vorlagepflicht, §§ 28 II, III FGG, BayObLG **78**, 34. Das gilt auch dann, wenn eine gesetzliche Vorschrift inzwischen geändert ist, KG FamRZ **88**, 642.

**H. Angehörige des Entscheidungsstaats.** Wenn beide Ehegatten beim Erlaß der ausländischen Ent- 71 scheidung Angehörige des Entscheidungsstaats waren, dann bedarf die ausländische Entscheidung eines dortigen Gerichts gemäß I 3 (also enger als § 1 I 1) keiner Anerkennung im Verfahren nach Art 7 § 1 FamRÄndG, sondern eine solche nach § 328, BayObLG RR **90**, 843, Hamm FamRZ **98**, 303. Einer solchen Anerkennung bedarf es auch dann nicht, wenn die beiden früheren Ehegatten in der BRep wohnen, so wohl auch Köln FamRZ **88**, 1177. Es tritt freilich auch keineswegs eine automatische Bindung des Gerichts an die ausländische Entscheidung ein, aM Ffm NJW **71**, 1528 (abl Beitzke FamRZ **71**, 347, Geimer NJW **71**, 2138).

Die *Prüfung* des inländischen Gerichts beschränkt sich in diesem Fall allerdings auf die Frage, ob die 72 Voraussetzungen der Z 4 vorliegen (Art 6 EGBGB), Kblz FamRZ **91**, 460. Hatte aber ein Ehegatte außerdem die deutsche Staatsangehörigkeit, so wird er so behandelt, als wenn er nur diese hätte, so daß das Anerkennungsverfahren erforderlich ist, BayObLG **98**, 105, aM BGH **75**, 40 (es komme darauf an, ob die deutsche Staatsangehörigkeit die effektive sei). Ob auch die deutsche Staatsangehörigkeit vorlag, wird vom Gericht auch dann geprüft, wenn es sich bei der ausländischen Entscheidung um eine Vorfrage handelt.

**I. Drittstaatsscheidung.** Sind *Ausländer* im dritten Staat geschieden worden, so wird im Anerken- 73 nungsverfahren geprüft, ob der Heimatstaat anerkennen würde, BayObLG FamRZ **76**, 702, Ffm NJW **89**, 3102, aM Hamm RR **95**, 520, Geimer NJW **74**, 1028. Bei einer Drittstaatsscheidung, an der ein Deutscher beteiligt war, genügt ein gewöhnlicher Aufenthalt, also ein längerer tatsächlicher Mittelpunkt des Daseins, BayObLG FamRZ **79**, 1016, eines der Ehegatten in dem Entscheidungsstaat, von Ungern-Sternberg FamRZ **73**, 574, großzügiger jetzt BayObLG **80**, 355 (der Senat verzichtet auf das Aufenthaltserfordernis).

**12) VwGO:** Auch im VerwProzeß beurteilt sich die Anerkennung einer ausländischen Entscheidung nach den 74 Grundsätzen des § 328 I Z 1, 2 und 4, vgl VGH Mü NVwZ **82**, 323.

### Anhang nach § 328
### Übersicht über die Verbürgung der Gegenseitigkeit für vermögensrechtliche Ansprüche nach § 328 I Z 5

Vgl auch Einl IV Vorbem

Wegen des EuGVÜ Einl IV 2 und SchlAnh V C. Es bedeuten: „ja": die Gegenseitigkeit ist verbürgt; „nein": die Gegenseitigkeit ist nicht verbürgt. „Kosten" meint die dem Kläger oder seinem Streithelfer auferlegten. Vgl auch *Börner*, Die Anerkennung und Vollstreckung ausländischer Titel in den arabischen Staaten, 1996; *Bülow/Böckstiegel/Geimer/Schütze*, Der internationale Rechtsverkehr in Zivil- und Handelssachen (Loseblattsammlung), 3. Aufl 1990 (BBGS/Bearbeiter); *Geimer/Schütze*, Internationale Urteilsanerkennung, Band I 2. Halbband (Allgemeine Grundsätze und autonomes deutsches Recht) 1984; *Haecker*, Die Anerkennung ausländischer Entscheidungen in Ehesachen, 1989; *Martiny*, Anerkennung ausländischer Entscheidungen nach autonomem Recht, in: Handbuch des Internationalen Zivilverfahrensrechts Bd III/1 (1984) 581, zit nach Rn; *Möllring*, Anerkennung und Vollstreckung ausländischer Urteile in Südamerika, 1985; *Schütze*, Die Geltendmachung deutscher Urteile im Ausland – Verbürgung der Gegenseitigkeit, 1977; *Sturm*, Gelten die Rechtshilfeverträge der DDR fort?, Festschrift für *Serick* (1992) 351; vgl dazu auch SchlAnh V Üb 3. Wegen Ehesachen vgl § 606 a.

**Ägypten** ja, Ffm WertpMitt **87**, 276, Nagel ZZP **95**, 369, Schütze AWD **69**, 437    1
**Äthiopien** nein, Arnold AWD **68**, 309, aM Martiny 1320
**Afghanistan** nein, Krüger IPRax **85**, 152
**Albanien** nein
**Algerien** maßgeblich ist der französisch-algerische Vollstreckungsvertrag von 1964, Nagel ZZP **95**, 369, abw Martiny 1312, aM Krüger, in: Böckstiegel (Hrsg), Vertragspraxis und Streiterledigung im Wirtschaftsverkehr mit arabischen Staaten (1981) 49 (nein)
**Andorra** wohl jetzt ja, BBGS/Rau, Martiny 1313, Maus RIW **81**, 151
**Antigua/Borbuda** ja, BGH **42**, 194 (Südafrika), BBGS/Schütze
**Arabische Emirate, Vereinigte:** nein, Krüger RIW **93**, 385 und IPRax **98**, 129
**Argentinien** jetzt ja, BBGS/Piltz, Martiny 1317 ff, Weinberg IPRax **86**, 318
**Armenien** nein, Meyer WiRO **97**, 216, aM Schütze NJW **95**, 497

**Australien** ja für Australian Capital Territory, New South Wales, Northern Territory, Southern Australia, Tasmania, Martiny 1321 ff; im übrigen grds nein, da möglicherweise eine sachliche Nachprüfung stattfindet, aM Martiny 1321 ff, MüKoGo 100; jedoch ja auch für Victoria und Western Australia, vgl die oder in Council, Gouvernement Gazette **73**, 85 sowie Patchett, Recognition of Commercial Judgments and Awards in the Commonwealth, 1984, 77 ff
**Bahamas** ja
**Bahrain** ja
2 **Bangla Desh** ja, aber zeitlich begrenzt, Schütze NJW **73**, 2144, aM BBGS/Otto, Martiny 1333 (ja ohne Versäumnisurteil)
**Belarus** ja, Art 17 HZPrÜbk, Meyer WiRO **97**, 216
**Barbados** ja beim Unterhalt, UN-UnterhÜbk
**Belgien** ja für die Kosten, Art 18, 19 HZPrÜbk, SchlAnh V, im übrigen im Rahmen des deutsch-belgischen Abk v 30. 6. 58, Einl IV 3 B, SchlAnh V B 4. Wegen des EuGVÜ SchlAnh V C
**Belize** ja
**Benin** nein
**Birma** ja, Martiny 1339 (binnen 6 Jahren; ohne Verstäumnisurteil)
**Bolivien** nein, abw Martiny 1340 (ja ohne dingliches Recht in Bolivien)
**Bosnien-Herzegowina** wegen nachehelichen Unterhalts Hamm RR **95**, 520, nein im übrigen, Köln IPRax **96**, 268
**Botswana** ja, Martiny 1341, Schütze JR **78**, 55
**Brasilien** ja, Martiny 1342; im notwendigen Anerkennungsverfahren vor dem Supreme Tribunal Federal findet eine dem § 328 ähnliche Nachprüfung statt, also nicht eine sachlichrechtliche; abw BBGS/Samtleben (evtl Unterwerfung nötig)
3 **Bulgarien** jetzt grds ja, BBGS/Jessel-Holst, Martiny 1343 (nach Art 303 bulgar ZPO genügt eine tatsächliche, förmlich festgestellte Gegenseitigkeit)
**Burkina Faso** zweifelhaft, Geimer/Schütze 1883, aM Martiny 1453
**Burundi** ja
**Chile** nein, aM MüKoGo 101, StJSchu 274
**China** (Volksrepublik) jetzt wohl ja, BBGS/Schütze, aM Martiny 1345; Taiwan ja, Art 402 Rules of Civil procedure, BBGS/Etgen, Geimer/Schütze Bd I Halbbd 2 § 246, Martiny 1346. Hongkong s dort
**Ceylon** s Sri Lanka
**Costa Rica** ja, StJSchu 274
**Cuba** nein, aM Martiny 1423, MüKoGo 101, StJSchu 274
4 **Dänemark** ja gemäß königlicher Anordnung v 13. 4. 38, deutsche Übersetzung BAnz Nr 105/53, BGH **22**, 27, Schütze ZZP **90**, 71, Kosten gemäß Art 18, 19 HZPrÜbk, SchlAnh V A. Wegen des EuGVÜ SchlAnh V C
**Frühere Deutsche Demokratische Republik** Einl III 77; zur Problematik Sturm (s oben) 367
**Dominica** (kleine Antillen) ja, MüKoGo 102
**Dominikanische Republik** nein
5 **Ecuador** ja, Art 451 Code de proc civ, StJSchu 276
**Elfenbeinküste** ja
**El Salvador** nein, aM Martiny 1355, MüKoGo 103 (ja ohne Versäumnisurteil)
**Fidschi** ja für Zahlungsurteile, Martiny 1356
6 **Finnland** ja für die Kosten, Art 18, 19 HZPrÜbk, SchlAnh V A, nein im übrigen, da eine Anerkennung nur beim Vorliegen eines Staatsvertrags erfolgt, aM MüKoGo 104
**Frankreich** vgl zunächst das EuGVÜ SchlAnh V C. Die Gegenseitigkeit ist im übrigen grundsätzlich zu bejahen. Auf eine révision au fond hat der CassHof seit dem Urteil v 7. 1. 64, Rev crit de dr int pr **64**, 344 (mit Note Batiffol), verzichtet, RabelsZ **65**, 405, und ist damit der Ansicht der Cour d'appel Paris, RabelsZ **57**, 533 unter Aufgabe der früheren Rechtsprechung beigetreten.
Die *Nachprüfung* erstreckt sich jetzt nur noch auf ähnliche Voraussetzungen wie bei § 328 I. Wenn das französische Gericht auch die Ordnungsmäßigkeit des ausländischen Verfahrens entsprechend dem angewandten Recht nachprüft, so dürfte das nicht wesentlich über § 328 I Z 2 hinausgehen, wie auch die Prüfung, ob das in der Entscheidung angewandte Recht dem französischen Kollisionsrecht entspricht, als eine erweiterte ordre-public-Erwägung angesehen werden muß, vgl auch Saarbr NJW **88**, 3100, Raape/Sturm IPR 139. Das hat auch BGH **50**, 109 (Anm Mormann **LM** Nr 20, Geimer NJW **68**, 2198, Mezger ZZP **82**, 306) bei der Vereinbarung eines französischen Gerichtsstandes für Vertragssachen anerkannt.
Die Verbürgung der Gegenseitigkeit wird wohl von der deutschen Seite, BGH **53**, 332 (Anm Geimer NJW **70**, 2163), *nicht* aber von der *französischen* Seite verlangt. Das von BGH **42**, 197 aufgestellte Erfordernis, die Vollstreckung eines deutschen Urteils dürfe im anderen Land auf keine größeren Schwierigkeiten stoßen als die Vollstreckung im umgekehrten Falle, dürfte also erfüllt sein.
Ein französisches Urteil ist *nicht* anzuerkennen, wenn ein deutsches Urteil entsprechenden Inhalts in Frankreich wegen des dort geltenden sogenannten Jurisdiktionsprivilegs (Art 14, 15 code civil, dazu zB Geimer NJW **76**, 442) nicht anerkannt würde, BGH **53**, 332, Schütze JR **85**, 457. Das gleiche gilt für sogenannte Garantieurteile, BGH **LM** § 723 Nr 6, Karlsr NJW **74**, 1059, vgl Milleker ZZP **84**, 91, Geimer ZZP **85**, 196. Ja für Kosten, Artt 18, 19 HZPrÜbk, SchlAnh V.
7 **Gabun** nein
**Georgien** zweifelhaft, Meyer WiRO **97**, 216
**Griechenland** ja für die Kosten, Art 16 deutsch-griechisches Abkommen, s Einl IV 6, aber auch sonst, BBGS/Kerameus mwN. Wegen des EuGVÜ SchlAnh V C
**Großbritannien** einschließlich Schottland und Nordirland ja im Rahmen des Abk v 14. 7. 60, Einl IV 8, SchlAnh V B 5, im Ergebnis ebenso BBGS/Schütze. Wegen des EuGVÜ SchlAnh V C

## 2. Titel. Urteil                                                                 Anh § 328

**Guatemala** nein, aM Martiny 1372 (ja ohne Versäumnisurteil)
**Haiti** grds nein, jedoch ja beim Unterhalt, UN-UnterhÜbk, MüKoGo 105            8
**Honduras** nein, abw MüKoGo 106 (ja ohne Versäumnisurteil)
**Hongkong** ja wie früher Großbritannien, Bek v 13. 8. 73, BGBl II 1306, Arnold AWD **74**, 135, Schütze RIW **82**, 722. Die frühere Regelung gilt zumindest im Ergebnis überwiegend fort, Z 2 a, 7 der Ord.No. 110 of 1997 der Hong Kong Reunification-Gesetzgebung, BJM v 29. 9. 97 I A 4 Bln – 9341 C 2 a – 54 099 3/97, aM Drobnig/Ferid/Kegel, Gutachten zum Internationalen und Ausländischen Privatrecht, Baden-Baden 1997, Luthra RIW **97**, 625; natürlich bleibt die Entwicklung abzuwarten
**Indien** im Ergebnis ja, vgl BGH **42**, 195 ff, BBGS/Otto, aM Martiny 1379 ff, Schütze NJW **73**, 2144
**Indonesien** ungeklärt                                                           9
**Irak** nein, Krüger IPRax **88**, 182
**Iran** nein, da eine sachliche Nachprüfung stattfindet, aM Martiny 1387
**Irland** Vgl zunächst wegen Nordirland bei „Großbritannien". Im übrigen ja wegen der Kosten, Art 18, 19 HZPrAbk, Einl IV 3, SchlAnh V A; auch im übrigen, MüKoGo 107. Wegen des EuGVÜ SchlAnh V C
**Island** ungeklärt, aM MüKoGo 107, StJSchu 280 (je: ja), Schütze NJW **73**, 2144 (grds ja, aber nein wegen Versäumnisurteile), BBGS/Stefánsson (nein). Wegen des EuGVÜ SchlAnh V C
**Israel** weitgehend ja, Art 1 dt-israelischer Vertrag, SchlAnh V B 9 (wegen der Ausnahmen dort Art 4), dort auch wegen des AusfG und des insoweit jetzt maßgeblichen AVAG, SchlAnh V D, dort vor allem §§ 50–55. Ja zusätzlich wegen der Kosten, Art 18, 19 HZPrAbk, Einl IV 3
**Italien** ja, deutsch-italienisches Anerkenngs- und VollstrAbkommen, Einl IV 8, SchlAnh V. Nicht unter dieses fallendes Versäumnisurteil nein, AG Garmisch-Partenkirchen NJW **71**, 2135, Schütze NJW **73**, 2144. Wegen des EuGVÜ SchlAnh V C
**Jamaika** ja
**Japan** jetzt ja, BBGS/Schütze, Menkhaus RIW **88**, 192, Nagata RIW **76**, 209, Nagel, Die Anerkennung 10 usw, Festschrift für das Institut für Rechtsvergleichung der Waseda Universität (Tokio 1988) 770
**Jemen** zweifelhaft, Krüger RIW **93**, 471, Nagel ZZP **95**, 370, strenger MüKoGo 108 (nein)
**Jordanien** ja, Geimer/Schütze I/2 1851, Martiny 1396
**Jugoslawien** ja für die Kosten, Art 18, 19, HZPrÜbk, Einl IV 3, wohl auch im übrigen, Düss FamRZ **82**, 631, LG Mü NJW **75**, 1609 und JZ **76**, 610, Lipowscheck RabelsZ **85**, 460, Rauscher IPRax **92**, 16, Varady RabelsZ **87**, 632; aM BGH NJW **76**, 800 und wegen einer Widerklage LG Bonn NJW **74**, 429. Das alles mag derzeit unklar sein
**Kanada** scheinbar ja, Art 3155 des seit 1. 1. 94 geltenden Code Civil; in Wahrheit wohl nein, denn nach 11 Art 3155 IV c.c. könnte der in der BRep verklagte Bürger durch eine, wenn auch unzulässige, Klage vor einem Gericht in Québec die Vollstreckbarkeit des deutschen Urteils unterlaufen; nein jedenfalls vorher, LG Hbg FamRZ **94**, 403, auch für die Provinz Québec (wegen révision au fond); sonst KG FamRZ **88**, 643, Martiny 1410, in der Provinz Saskatchewan ähnlich Großbritannien; insgesamt abw BBGS/Bachmann, MüKoGo 109 mwN
**Kap Verde** teilweise ja, Schütze JR **89**, 325, ja beim Unterhalt, UN-UnterhÜbk
**Kasachstan** nein, Meyer WiRO **97**, 216, aM Schütze NJW **95**, 497
**Katar**: S „Quatar"
**Kenia** ja für ein Zahlungsurteil, soweit es sich um ein Sachurteil handelt, Martiny 1415 (ohne Versäumnisurteil), Schütze JR **85**, 54
**Kirgisistan** nein, Meyer WiRO **97**, 216, aM Schütze NJW **95**, 216
**Kolumbien** nein, aM Martiny 1418                                                12
**Kongo**: (früher: Zaire) ja, Martiny 1573 (noch zu Zaire)
**Korea,** Republik (Südkorea) ja, BBGS/Stiller, Martiny 1421
**Kuba** ja
**Kuwait** im Zweifel nein, Krüger RIW **83**, 809
**Libanon** ja wegen der Kosten, Art 18, 19 HZPrÜbk; sonst nein (wegen sachlicher Überprüfung), Martiny 1421
**Liberia** jetzt ja, Martiny 1428, Schütze RIW **87**, 599
**Libyen** nein, Geimer/Schütze I/2 1867, Nagel ZZP **95**, 370 (die Lage sei ungeklärt), aM StJSchu 283 (ja)
**Liechtenstein** ja beim Unterhalt, MüKoGo 110, sonst nein (wegen sachlicher Überprüfung), Martiny 1427, StJSchu 283
**Luxemburg** ja für die Kosten, Art 18, 19 HZPrÜbk, SchlAnh V A, im übrigen nein, da eine sachliche Nachprüfung stattfindet, aM BBGS/Harles/Kohler. Wegen des EuGVÜ SchlAnh V C
**Madagaskar** nein, Martiny 1432                                                  13
**Malawi** ja
**Malaysia** ja für ein Zahlungsvorteil, sonst nein, BBGS/Schütze, Schütze JR **84**, 274
**Mali** nein, BBGS/Schütze, Schütze JR **85**, 457
**Malta** nein, Martiny 1437, Schütze AWD **65**, 84
**Marokko** grds ungeklärt, Nagel ZZP **95**, 370; grds ja beim Unterhalt, UN-UnterhÜbk; nein bei einem Unterhaltsurteil gegen den nichtehelichen Vater, Schütze NJW **73**, 2144
**Mauretanien:** zweifelhaft, Krüger RIW **90**, 990
**Mauritius** ja, BBGS/Otto
**Mexiko** ja, Martiny 1441; aber ausgenommen der Bereich der mexikanischen Bundesgerichtsbarkeit
**Moldau** ja, Art 17 HZPrÜbk, Meyer WiRO **97**, 216
**Monaco** ja (außerhalb von Gerichtsstandsprivilegien), Martiny 1442, MüKoGo 111 (das EuGVÜ gilt nicht)
**Mongolei** nein
**Neuseeland** noch nein, abw Martiny 1447 (ja für Zahlungsurteil); jedoch ist eine Regelung zwischen 14 beiden Staaten von der neuseeländischen Regierung angeregt worden. Bis zu ihrem Erlaß ist eine „order in council" (Entscheidung des neuseeländischen Exekutivrats, der sich aus Kabinettsmitgliedern

zusammensetzt) erforderlich; sie setzt eine Anerkennung neuseeländischer Entscheidungen in der BRep voraus

**Nicaragua** ungeklärt, aM Martiny 1448 (ja)
**Niederlande** ja für die Kosten, Art 18, 19 HZPrÜbk, und im Rahmen des deutsch-niederländischen Vertrags, SchlAnh V B 7. Wegen des EuGVÜ SchlAnh V C
**Nigeria** wohl ja
**Norwegen** ja für die Kosten, Art 18, 19 HZPrAbk, Einl IV 3, vgl im übrigen den deutsch-norwegischen Vertrag v 17. 6. 77, BGBl **81** II 342, dazu SchlAnh V B 10

15 **Österreich** ja im Rahmen des deutsch-österreichischen Vertrages v 6. 6. 59, Einl IV 8, SchlAnh V B 3; vgl BGH NJW **64**, 1626 (zur Theorie der Anerkennung aus Entscheidungen nach dem österreichischen Recht s Matscher in Festschrift für Schima, 1969), BBGS/Bajons. Wegen des EuBVÜ SchlAnh V C
**Oman** nein, Krüger IPRax **98**, 129

16 **Pakistan** nein, BBGS/Otto, aM Martiny 1456, Schütze NJW **73**, 2144 (ja, aber zeitlich begrenzt)
**Panama** jetzt ja (ohne Versäumnisurteil), Martiny 1457
**Papua-Neuguinea** ja, MüKoGo 114
**Paraguay** grds ja, StJSchu 288, aber nein wegen Versäumnisurteil, Schütze NJW **73**, 2144
**Peru** ja, AG Hbg RR **86**, 374, Samtleben RabelsZ **85**, 515, StJSchu 287, aM Martiny 1460
**Philippinen** ja beim Unterhalt, UN-UnterhÜbk, MüKoGo 114; im übrigen nein (wegen sachlicher Überprüfung)
**Polen** seit 1. 7. 96 grds weitgehend ja, Art 17 HZPrÜbk, Karlsr RR **99**, 82, LG Mü – 11 O 2823/96 – v 9. 4. 97, Bytomski FamRZ **97**, 986 (ausf, auch zum deutschen Vorbehalt betr Unterhalt), Meyer WiRO **97**, 217 (ausf)
**Portugal**, dazu Arnold AWD **70**, 550: Ja wegen der Kosten, Art 18, 19 HZPrAbk, Einl IV 3, SchlAnh V A; auch im übrigen teilweise ja, Schütze JR **89**, 325. Wegen des EuGVÜ SchlAnh V C

17 **Puerto Rico** ja, LG Heilbr IPRax **91**, 262
**Quatar** wohl ja, Krüger RIW **91**, 1008
**Rumänien** ja, Hamm IPRax **86**, 234, LG Mainz IPRspr **86**, Nr 169, Böhmer IPRax **86**, 217, StJSchu 289
**Russische Föderation** ja, Art 17 HZPrÜbk, Meyer WiRO **97**, 215
**Rwanda** ja, Schütze JR **86**, 99
**Sambia** ja

18 **San Domingo** s Dominikanische Republik
**San Marino** nein, aM Martiny 1469, MüKoGo 116 (das EuGVÜ gilt nicht)
**Saudi Arabien** nein, Krüger RIW **90**, 113 ff, Schütze RIW **84**, 262
**Schweden** ja wegen der Kosten, Art 18, 19 HZPrÜbk, SchlAnh V A, sonst nein, da ein Staatsvertrag fehlt, ähnlich BBGS/Pålsson, Martiny 1472
**Schweiz** ja, deutsch-schweizerisches Anerkennungs- und Vollstreckungsabkommen, SchlAnh V B 1, abw Stürner Festschrift für Schwab (1990) 472 ff (nur teilweise). Wegen des LugÜbk SchlAnh V D
**Senegal** grds ja, Martiny 1474, Schütze RIW **85**, 778
**Serbien**: [bisher] ja wegen der Republik, Düss RR **93**, 137
**Simbabwe** ja
**Singapur** zweifelhaft, vgl Mitt der Bundesstelle für Außenhandelsinformation, Köln, Postfach, Nr 36 von März 81, aM BBGS/Schütze, Schütze RIW **82**, 722
**Sowjetunion**, frühere nein
**Spanien** ja wegen der Kosten, Art 18, 19 HZPrAbk, Einl IV 3, im übrigen ebenfalls ja, deutsch-spanischer Vertrag v 14. 11. 83, SchlAnh V B 11, BBGS/Schütze/Karl
**Sri Lanka** (Ceylon) ja, BBGS/Otto, Martiny 483
**Südafrikanische Union** teilweise, BGH **42**, 197, **52**, 251
**Surinam** nein

19 **Syrien** ja, BGH **49**, 50, Hamm RIW **87**, 467, Kaiser RIW **85**, 206, Nagel ZZP **95**, 369, aM Börner (vor Rn 1) 423 (keineswegs sicher ja)
**Taiwan** s China
**Thailand** nein, BGH VersR **74**, 471
**Tschechien** wohl nein, BBGS Wünsch
**Türkei** ja wegen der Kostenentscheidung gegen den abgewiesenen Kläger, Art 3, 4 deutsch-türkisches Abkommen, Einl IV 6, im übrigen seit 22. 11. 82 ja, Art 34–45 türkisches IPR-Gesetz Nr 2675, Nürnb IPRax **84**, 162, Oldb FamRZ **84**, 1096 (sein Art 46 hat den vorher entsprechenden Art 540 des türkischen ZPG aufgehoben; das übersieht noch Brschw NJW **84**, 2767), AG Gummersbach RR **86**, 1392, Henrich IPRax **91**, 136
**Tunesien**, ja, deutsch-tunesisches Anerkennungs- und Vollstreckungsabkommen, Einl IV 8, SchlAnh V B 8, Nagel ZZP **95**, 369
**Uganda** ja, soweit es um ein Zahlungsurteil geht, vgl BGH **42**, 195 (Südafrika), BBGS/Knieper
**Ukraine** nein, Meyer WiRO **97**, 216, aM Schütze NJW **95**, 497

20 **Ungarn** ja bei einem Urteil, das nach dem 26. 2. 92 rechtskräftig geworden ist, Bek v 29. 7. 92, BGBl II 598; im übrigen wohl ebenfalls ja, BBGS/Kengyel
**Uruguay** ja, Martiny 1508

21 **Vatikan** ja
**Venezuela** nein, im Ergebnis auch Martiny 1511
**Vereinigtes Königreich** s Großbritannien

22 **Vereinigte Staaten**, dazu *Schütze*, Deutsch-amerikanische Urteilsanerkennung, 1992: Für jeden Staat besonders zu prüfen, Schütze JR **86**, 180; vgl auch Schütze, Die Anerkennung ... in Produkthaftungssachen usw, in: Festschrift für Nagel (1987) 392; derselbe, Die Anerkennung und Vollstreckbarerklärung US-amerikanischer Zivilurteile, die nach einer pre-trial-discovery ergangen sind, in der BRep, Festschrift

für Stiefel, 1987; zB ja wegen Alabama, Schütze JR 87, 280; ja wegen Alaska, Schütze JR 88, 9; eingeschränkt ja wegen Arizona, Schütze JR 87, 186; ja wegen Arkansas, Schütze JR 87, 499; ja wegen Colorado, Schütze JR 89, 236; ja wegen Columbia, Schütze JR 89, 190; ja wegen Connecticut, Schütze JR 87, 366; ja wegen Delaware, Schütze JR 88, 104; ja wegen Florida, Hamm RR 95, 511, Schütze JR 87, 59; ja wegen Georgia, Schütze JR 88, 60; ja wegen Hawaii, Schütze JR 88, 142; ja wegen Idaho, Schütze JR 90, 325; ja wegen Illinois, Schütze JR 86, 365; ja wegen Indiana, Schütze JR 88, 323; ja wegen Iowa, Schütze JR 88, 449; ja wegen Kalifornien, BGH VersR 92, 1285 mwN; ja wegen Kansas, Schütze JR 89, 57; ja wegen Kentucky, Schütze JR 88, 276; ja wegen Louisiana, Schütze JR 88, 230; ja wegen Maryland, Schütze JR 87, 232; ja wegen Massachusetts, LG Bln DB 89, 2120, im wesentlichen ebenso Schütze JR 90, 365 mwN; ja wegen Michigan, Schütze JR 88, 499; ja wegen Minnesota, Schütze JR 90, 416; nein wegen Mississippi, Schütze JR 90, 457; ja wegen Missouri, Schütze JR 90, 59 mwN; Montana: ja für in rem judgments (bei Statusentscheidungen weitgehend bedeutungslos), nein für in personam judgments, Schütze JR 86, 275; ja wegen Nebraska, Schütze JR 89, 410; ja wegen Nevada, Schütze JR 89, 367; ja im Ergebnis wegen New Hampshire, Schütze JR 90, 235; ja wegen New Jersey, Schütze JR 88, 366; ja wegen New Mexico, Schütze JR 89, 459; ja wegen eines New Yorker Exequaturteils, BGH NJW 84, 2765, und auch sonst bei New York, Schütze JR 86, 324 mwN; ja wegen North Carolina, Schütze JR 86, 404; wegen North Dakota: beim Zahlungsurteil streitig, nein beim Unterhaltstitel, im übrigen ja, Schütze JR 87, 447; ja wegen Ohio, Schütze JR 88, 195 (vgl auch 406); ja wegen Oklahoma, Schütze JR 89, 7; ja wegen Zahlungsurteilen, im übrigen nein wegen Oregon, Schütze JR 87, 319; ja wegen Pennsylvania, Schütze JR 90, 191; ja wegen Rhode Island, Schütze JR 90, 102; ja wegen South Carolina, Schütze JR 90, 279; ja (zum Teil zeitlich eingeschränkt) für South Dakota, Schütze JR 88, 406; ja wegen Tennessee, Schütze JR 89, 278; ja wegen Texas, Schütze JR 87, 405; ja wegen Utah, Schütze JR 87, 143; ja wegen Vermont, Schütze JR 89, 499; im Grundsatz ja wegen Virginia, jedoch bei einem Zahlungsurteil nur im Rahmen der zeitlichen Grenze von 10 Jahren, Schütze JR 90, 149. Vgl auch bei „Westvirginia"; ja wegen Washington, Schütze JR 87, 10; im Ergebnis ja für Westvirginia, Schütze JR 89, 103. Vgl auch bei „Virginia"; ja für Wisconsin, Schütze JR 89, 146; ja wegen Wyoming, Schütze JR 86, 445; ja wegen der Anerkennung ausländischer Urteile in den Staaten der USA, Deutsch ZZP 71, 321, Peterson, Anerkennung ausländischer Urteile im amerikanischen Recht, 1964 (Arbeiten zur Rechtsvergleichung Nr 18).
**Zentralafrikanische Republik** ja beim Unterhalt, UN-UnterhÜbk, und auch sonst, BBGS/Knieper
**Zypern** ja, Martiny 1575, MüKoGo 120, aM Schütze AWD 65, 311.

**329** *Beschlüsse und Verfügungen.* <sup>I</sup> ¹Die auf Grund einer mündlichen Verhandlung ergehenden Beschlüsse des Gerichts müssen verkündet werden. ²Die Vorschriften der §§ 309, 310 Abs. 1 und des § 311 Abs. 4 sind auf Beschlüsse des Gerichts, die Vorschriften des § 312 und des § 317 Abs. 2 Satz 1, Abs. 3 auf Beschlüsse des Gerichts und auf Verfügungen des Vorsitzenden sowie eines beauftragten oder ersuchten Richters entsprechend anzuwenden.

<sup>II</sup> ¹Nicht verkündete Beschlüsse des Gerichts und nicht verkündete Verfügungen des Vorsitzenden oder eines beauftragten oder ersuchten Richters sind den Parteien formlos mitzuteilen. ²Enthält die Entscheidung eine Terminsbestimmung oder setzt sie eine Frist in Lauf, so ist sie zuzustellen.

<sup>III</sup> Entscheidungen, die einen Vollstreckungstitel bilden oder die der sofortigen Beschwerde oder der befristeten Erinnerung nach § 577 Abs. 4 unterliegen, sind zuzustellen.

**Schrifttum:** *Ehrlein,* Die Begründungspflicht für erstinstanzliche zivilprozessuale Beschlüsse im Erkenntnisverfahren, Diss Tüb 1987; *Lücke,* Begründungszwang und Verfassung, 1987; *Waldner,* Aktuelle Probleme des rechtlichen Gehörs (1983) 111; *Werner,* Rechtskraft und Innenbindung zivilprozessualer Beschlüsse im Erkenntnis- und summarischen Verfahren, 1983.

**Gliederung**

| | |
|---|---|
| 1) Systematik, I–III ............... 1 | 10) Nichtverkündeter Beschluß usw, II ... 23–27 |
| 2) Regelungszweck, I–III ............ 2 |    A. Entstehung ..................... 23–25 |
| 3) Geltungsbereich, I–III ............ 3 |    B. Wirksamkeitsgrundsatz: Gesetzmäßige Mitteilung ............. 26 |
| 4) Notwendigkeit einer Begründung, I–III ..................... 4, 5 |    C. Ausnahme bei formloser Mitteilung .. 27 |
| 5) Entbehrlichkeit einer Begründung, I–III ..................... 6, 7 | 11) Formlose Mitteilung, II 1 .......... 28–30 |
| | 12) Zustellung von Amts wegen, II 2 ..... 31–34 |
| 6) Unterschrift. I–III ............ 8–10 |    A. Terminsbestimmung ............ 31 |
| 7) Verfügung, I–III ............... 11 |    B. Fristlaufbeginn ................ 32, 33 |
| 8) Verkündung, I 1 ............... 12 |    C. Gebot; Verbot ................. 34 |
| 9) Entsprechende Anwendung, I 2 ..... 13–22 | 13) Zustellung von Amts wegen, III ...... 35, 36 |
|    A. Grundsatz: Keine abschließende Aufzählung ................ 13 |    A. Vollstreckungstitel ............. 35 |
| |    B. Befristetes Rechtsmittel .......... 36 |
|    B. Einzelvorschriften ............. 14–22 | 14) Verstoß, II 2, III ................ 37 |
| | 15) *VwGO* ....................... 38 |

**1) Systematik, I–III.** § 329 gibt unvollständige Vorschriften über Beschlüsse und Verfügungen, vgl BGH **1** NJW 83, 123. Über deren Begriffe vgl Üb 1 vor § 300. Über die Notwendigkeit einer mündlichen

## § 329

2. Buch. 1. Abschnitt. Verfahren vor den LGen

Verhandlung vgl Üb 1 vor § 128. Eine schriftliche Abfassung ist nicht ausdrücklich vorgeschrieben, aber selbstverständlich; mündliche Äußerungen sind kein vollendeter Beschluß, vgl auch § 160 III Z 6 § 7. Das Gericht muß einen in der mündlichen Verhandlung zu Protokoll verkündeten Beschluß zumindest dann nachträglich begründen, wenn er anfechtbar ist, Rn 5, 6. Daß es einen stillschweigenden Beschluß überhaupt nicht gebe, kann man nicht sagen; in besonderen Fällen mag ein Verhalten des Gerichts notwendig auf einen Beschluß hindeuten und mag in diesem Verhalten dessen Bekanntmachung zu finden sein.

**2** 2) **Regelungszweck, I–III.** Die Vorschrift bezweckt eine Klarstellung der Formen und teilweise auch der Inhalte, die bei der Abfassung und Mitteilung der neben dem Urteil möglichen und in der Praxis ebenso wichtigen weiteren Entscheidungsarten des Gerichts zu beachten sind, damit die Rechtssicherheit, Einl III 43, gewahrt wird, damit nämlich der Umfang der Rechtskraft, Einf 2 vor §§ 322–327, und der Vollstreckbarkeit feststehen, soweit sie in Betracht kommen, Grdz 28 ff vor § 704, und damit – oft in der Praxis vernachlässigt, Rn 32 – das rechtliche Gehör gewahrt wird, Art 103 I GG. Deshalb ist grundsätzlich eine strenge Auslegung geboten.

**3** 3) **Geltungsbereich, I–III.** Die Vorschrift gilt in allen Verfahren nach der ZPO, im arbeitsgerichtlichen Verfahren gemäß § 46 II 1 ArbGG mit den Besonderheiten des § 50 ArbGG.

**4** 4) **Notwendigkeit einer Begründung, I–III.** Eine Begründung ist, soweit sie nicht ohnehin nach dem Gesetz ausdrücklich vorgeschrieben ist, zB § 922 I 2 (Auslandsbezug), bei einem Beschluß grundsätzlich eine Rechtspflicht, die schon aus Art 6 I EMRK, EGMR NJW **99**, 2429, und aus Art 20 III GG folgt. Denn sonst würde die Grundlage der Nachprüfbarkeit durch die Partei wie durch das Gericht fehlen, BVerfG **71**, 135, BGH NJW **83**, 123, Gießler FamRZ **99**, 696, aM BGH FamRZ **88**, 943.

Die bloße *Bezugnahme* „auf zutreffende Gründe" eines Schriftsatzes oder einer (angefochtenen oder auch unveröffentlichten) Entscheidung kann ausreichen, BGH NJW **83**, 123, Hamm MDR **91**, 452, Köln VersR **83**, 252, strenger BVerfG **71**, 135. Man muß sich aber grundsätzlich davor hüten, zu solcher „Begründungs"-Floskel zu greifen, statt den Sachverhalt umfassend nachzuprüfen, § 286 Rn 13, 20, Hamm MDR **91**, 452, Jena FamRZ **97**, 758. Eine widersprüchliche Begründung kann als deren Fehlen anzusehen sein, BGH MDR **78**, 928.

Soweit eine Begründung in Wahrheit oder schon äußerlich fehlt, kommt eine *Nachholung*, etwa in einem statthaften Nichtabhilfebeschluß (auf Rechtsmittel), in Betracht, Bbg JB **92**, 632, KG NJW **74**, 2010, Karlsr Just **76**, 300. Andernfalls liegt ein Verfahrensmangel vor, der zur Zurückverweisung führen kann, Ffm Rpfleger **84**, 477, Hamm RR **97**, 318, Schlesw MDR **97**, 1154.

**5** Wenn eine Beschwerde zulässig ist, dann hat das untere Gericht, Düss OLGZ **72**, 245, bei § 11 RPflG, Anh § 153 GVG, die *Rechtspflicht* zur Nachholung der Begründung, falls es der Beschwerde abhilft, Karlsr NJW **71**, 764, KG NJW **74**, 2010, Schlesw SchlHA **82**, 43. Die bloße Wiedergabe des Gesetzestextes ist keine Begründung, Düss FamRZ **78**, 919. Es würde auch den BGH ehren, entsprechend BVerfG GRUR **81**, 295 einen Beschluß, durch den er die Annahme einer Revision ablehnt, mit Gründen zu versehen, die nicht nur durch eine gelegentlich formelmäßige Verweisung auf BVerfG NJW **81**, 39 erkennbar machen, ob er die Erfolgsaussicht geprüft und verneint hat (nobile officium), vgl auch § 37 Rn 4.

**6** 5) **Entbehrlichkeit einer Begründung, I–III.** Eine gesetzlich nicht ausdrücklich vorgeschriebene Begründung kann aber ausnahmsweise fehlen, wenn der Beschluß schlechthin unanfechtbar ist, zB bei § 696 I 3, vgl freilich auch BVerfG **71**, 135 (zu § 119 II), FamRZ **89**, 145 (zu § 554 b I) und NJW **93**, 1909 (zu Art 3 I GG). Freilich kann eine Begründung auch bei grundsätzlicher Unanfechtbarkeit notwendig sein, falls im Ausnahmefall ein Rechtsmittel statthaft ist und das Rechtsmittelgericht dann zur Überprüfung imstande sein muß, zB bei §§ 707, 769, Düss FamRZ **89**, 89.

**7** Eine Begründung kann auch fehlen, soweit der Beschluß *in keine Rechte* eines Betroffenen *eingreift*, vgl BVerfG NJW **57**, 298, zB dann, wenn er den übereinstimmenden Anträgen entspricht, oder wenn die Gründe schon allen bekannt sind, oder bei einem allseitigen Rechtsmittelverzicht, Köln MDR **71**, 225, auch wenn die der Entscheidung zugrundeliegenden Fragen auf der Hand liegen (Vorsicht!) oder sich aus dem Streitstoff selbst ergeben, Ffm Rpfleger **84**, 477, KG FamRZ **76**, 99, Schlesw SchlHA **82**, 43, etwa bei einem Beweisbeschluß oder bei einer Wertfestsetzung für einen bezifferten Antrag, Düss OLGZ **72**, 245, Schlesw SchlHA **75**, 180.

**8** 6) **Unterschrift, I–III.** Ein Beschluß muß unterschrieben sein, weil nur die Unterschrift seine Herkunft verbürgt, § 129 Rn 8 ff, BGH VersR **86**, 442, Karlsr FamRZ **99**, 452. Im Kollegialgericht genügen die bloße Unterschrift des Vorsitzenden oder diejenigen des Vorsitzenden und des Berichterstatters nicht, MüKoMu 3, Schneider MDR **89**, 488, StJSchu 14, aM Düss MDR **80**, 943, ThP 11 („gerichtliche Übung"). In Wahrheit: Gerichtliche Nachlässigkeit, wie bei so mancher „Übung", die die „Vermutung hat, falsch zu sein" [Lauterbach], ZöV 36 (er beruft sich auf eine „Übung des BGH").

**9** Ein *Handzeichen* (Paraphe) ist *keine* hier ausreichende Unterschrift, § 104 Rn 15, § 129 Rn 31 „Namensabkürzung (Paraphe)", § 170 Rn 10, § 216 Rn 12, § 317 Rn 8, BGH VersR **90**, 673, Brdb Rpfleger **98**, 208, Köln Rpfleger **91**, 198 (je: Rpfl). Das gilt auch bei einer Verfügung des Urkundsbeamten, Düss Rpfleger **89**, 276.

**10** Bei einem *Verstoß*, einem nicht auszurottenden Übel, liegt rechtlich nur ein Entwurf vor, Üb 12 vor § 300, BGH NJW **80**, 1167, Karlsr FamRZ **99**, 452. Es setzt keine Notfrist in Lauf, BGH NJW **95**, 533, auch keine andere Frist. Dann hilft auch kein Nichtabhilfebeschluß auf Beschwerde, Karlsr FamRZ **99**, 452.

**11** 7) **Verfügung, I–III.** Eine Verfügung des Vorsitzenden oder eines verordneten Richters ist wie ein Beschluß zu behandeln. Das gilt zB wegen der Notwendigkeit einer vollen Namensunterschrift, Rn 8, BVerwG NJW **94**, 746, Köln RR **97**, 1292. Nur bedarf sie keiner Verkündung, wenn sie auf Grund einer mündlichen Verhandlung ergeht, sofern sie das Gericht nach II, III beschließen kann. Kein Richter braucht außerhalb seines Dienstes zu verfügen; er darf das aber tun. Die Schriftform kann auch dann erforderlich sein, wenn die Entscheidung keiner förmlichen Zustellung bedarf, BGH **93**, 305.

## 2. Titel. Urteil § 329

**8) Verkündung, I 1.** Der Beschluß muß verkündet werden, wenn er auf eine notwendige oder auf eine **12** freigestellte mündliche Verhandlung ergeht, § 128 Rn 4 ff, Bre FamRZ **81**, 1091, auch nach § 251a. Im schriftlichen Verfahren ist jetzt ebenfalls eine Verkündung notwendig, § 128 II 2, III 2. Wenn keine Verkündung, sondern eine Zustellung erfolgt, dann ist der Beschluß entstanden, man kann den Fehler aber rügen, § 310 Rn 3, Bre FamRZ **81**, 1091, Köln Rpfleger **82**, 113. Stellt der Beschluß eine innere Maßnahme des Gerichts dar, so ist er den Parteien nicht bekanntzugeben. Ein stillschweigender „Beschluß" reicht jedenfalls nach außen nicht, Peters NJW **90**, 1833.

**9) Entsprechende Anwendung, I 2.** Die Vorschrift hat ganz erhebliche Bedeutung. **13**

**A. Grundsatz: Keine abschließende Aufzählung.** Die Vorschrift macht in lückenhafter Weise einige Vorschriften auf Beschlüsse und Verfügungen entsprechend anwendbar. Bei § 319 zeigt sich klar, daß der berüchtigte Umkehrschluß auf die Unanwendbarkeit anderer Vorschriften zu Unrichtigkeiten führt.

**B. Einzelvorschriften:** **14**
§ 308 ist anwendbar, wie sich aus der Parteiherrschaft ergibt, Grdz 18 vor § 128. Daher ergeht keine Entscheidung über den Antrag hinaus. Ein Beschluß, der aus dem Rahmen eines in sich geschlossenen Verfahrens herausfällt, wie ein Arrestbeschluß, § 922, enthält von Amts wegen eine Kostenentscheidung, vgl Kblz Rpfleger **74**, 27.
§§ 309, 310 I (Besetzung des Gerichts, Verkündung) sind anwendbar, I 2, §§ 192ff GVG sind anwendbar. Man darf sich nicht darauf verlassen, im Termin zur Verkündung einer „Entscheidung" werde nur ein Beschluß und kein Urteil ergehen, BGH VersR **83**, 1082. Fristbeginn: Verkündung, § 221 Rn 3.
§ 311 (Art der Verkündung): I–III sind grundsätzlich unanwendbar, LG Ffm Rpfleger **76**, 257; IV ist anwendbar, I 2.
§ 312 (Parteien und Verkündung) ist anwendbar, I 2.
§§ 313–313b (Form und Inhalt) sind grundsätzlich unanwendbar, Schneider MDR **78**, 528. Das sog **15** Rubrum, § 313 Rn 1, kann abgekürzt sein, Oldb JB **97**, 377, etwa: „In pp". Jedoch muß die Nämlichkeit der Beteiligten feststehen und die Entscheidungsformel natürlich verständlich und gegebenenfalls vollstreckbar sein. Eine Begründung ist im Fall des § 620d zwingend und im übrigen gemäß Rn 2 vorzunehmen. § 313a I aber anwendbar, dort Rn 3, Ffm NJW **89**, 841, Hamm JB **96**, 96. Keineswegs sind höhere Anforderungen als bei § 313 III zu stellen; das verkennt BayObLG MDR **87**, 59. „In pp ... (volles Rubrum)" reicht nicht, Brdb Rpfleger **98**, 208. „Rotklammer" usw reicht aus, Hamm MDR **99**, 316.
§ 314 (Tatbestand) ist im Verfahren mit mündlicher Verhandlung anwendbar, BGH **65**, 30, aM ThP 11, ZöV 35, sonst unanwendbar, Köln MDR **76**, 848.
§ 315 (Unterschrift) vgl Rn 8, 9.
§ 317 (Zustellung): I ist unanwendbar; II 1 (Erteilung von Ausfertigungen usw) ist anwendbar, I 2; II 2 (Ausfertigung) ist unanwendbar; III (Unterschrift) ist anwendbar, I 2, BGH NJW **80**, 1960, KG MDR **81**, 853; IV (abgekürzte Fassung) ist unanwendbar, LG Stade Rpfleger **87**, 253. Wegen des Fristbeginns bei der sofortigen Beschwerde § 577 Rn 4.
§ 318 (Bindung des Gerichts), dazu *Fraga Novelle*, Die Wirkung der Beschlüsse im Zivilprozeßrecht, Diss **16** Passau 1999; *Werner*, Rechtskraft und Innenbindung zivilprozessualer Beschlüsse im Erkenntnis- und summarischen Verfahren, 1982:
– *Grundsatz: Abänderbarkeit.* Die Vorschrift ist teilweise anwendbar. Das Gericht ist an seinen bloßen Entwurf (zB solange keine wirksame Unterzeichnung vorliegt, Rn 8, 9) natürlich nicht gebunden, Köln NJW **88**, 2806. Es ist an seinen wirksam erlassenen Beschluß nur gebunden, solange er nicht abgeändert ist oder wenn er unabänderlich ist, BGH FamRZ **89**, 849, BPatG GRUR **86**, 54, Karlsr RR **95**, 1536 (zu § 281). Regelmäßig ist das Gericht frei abzuändern, solange das Gericht mit dem Gegenstand des Beschlusses befaßt ist, zB beim Beweisbeschluß § 360 Rn 1, 2, und daher auch beim Beschluß im selbständigen Beweisverfahren, § 490 Rn 6, ZöV 38, aM Schmidt Rpfleger **74**, 182. Die Gegenmeinung führt zu einer sinnlosen Förmelei; auch § 571 läßt Abänderungen zu. Auch die Ablehnung der Prozeßkostenhilfe, § 127 I 1, kann abänderbar sein, BVerfG **56**, 154. Wegen § 519b dort Rn 8, aM Bauer NJW **91**, 1714.
– *Ausnahmen: Unabänderbarkeit.* Unabänderlich sind: Ein Beschluß nach §§ 36, 37, dort II und Rn 7; **17** ein Beschluß im Verfahren auf Arrest oder einstweilige Verfügung, §§ 924, 926, 927, 936, sowie auf die Vollstreckbarerklärung eines Schiedsspruchs einschließlich desjenigen mit vereinbartem Wortlaut, §§ 1053, 1054. Das folgt daraus, daß das Gesetz seine Aufhebung an besondere Voraussetzungen und Verfahren knüpft. Unabänderlich ist ferner ein Beschluß auf eine Verweisung, §§ 281, 506, 696 V. Denn diese nimmt dem bisherigen Gericht dessen Zuständigkeit.
Unabänderlich ist ferner ein Beschluß, soweit er der sofortigen, befristeten Beschwerde, § 577, § 11 I **18** RPflG, Anh § 153 GVG, oder sofortigen Ermessens, § 11 II RPflG, § 104 Rn 69 ff, oder einem anderen *befristeten Rechtsbehelf* unterliegt, zB der Vollstreckungsbescheid bis zum Einspruch, § 700 I, III (nicht aber schon der Mahnbescheid, Vollkommer Rpfleger **75**, 165), also schon der äußeren Rechtskraft fähig ist, § 577 III, BPatG GRUR **86**, 54, Hbg MDR **86**, 245, VG Hann Rpfleger **90**, 388, aM Köln MDR **89**, 920, Schneider MDR **80**, 532.
Unabänderlich ist ferner ein Beschluß, soweit er bereits *ausgeführt* worden ist, soweit das Rechtsmittelgericht ihn bestätigt hat, soweit er prozessual überholt ist, soweit er auf Grund einer sofortigen Beschwerde abgeändert worden ist, und grundsätzlich auch, soweit er die Wiedereinsetzung gewährt, § 238 III, BVerfG JZ **59**, 59 (krit Baur), BGH NJW **95**, 2497. Zur Gegenvorstellung, Üb 3 vor § 567, BGH **130**, 98. Beim unanfechtbaren Beschluß kommt also zumindest auf Gegenvorstellung eine Nachholung des etwa versagten rechtlichen Gehörs und insofern auch eine Änderung in Betracht, Schlesw SchlHA **84**, 62.
§ 319 (Berichtigung) ist grds anwendbar, § 319 Rn 2, BVerfG **29**, 50, BayObLG RR **89**, 721 (WEG), **19** Schneider MDR **84**, 461. Bei einem unanfechtbaren Beschluß wäre es unbegreiflich, wenn das Gericht seinen Schreibfehler nicht berichtigen dürfte. Es darf zB eine versehentliche Verweisung berichtigen,

## § 329

BVerfG **29**, 50. Wegen des Mahnbescheids § 692 Rn 8. Auch ein Kostenfestsetzungsbeschluß, § 104, läßt sich berichtigen, Hamm Rpfleger **77**, 218, und zwar vom Rpfl, freilich nicht nach § 319, soweit der Rpfl die Kosten irrig von der Kostengrundentscheidung abweichend festsetzte, VG Hann Rpfleger **90**, 388, ZöV § 319 Rn 20, aM Mü Rpfleger **92**, 217. Wegen neuer Sachlage LG Nürnb-Fürth Rpfleger **78**, 333. Wegen des FGG-Verfahrens § 319 Rn 4.

§ 320 (Berichtigung des Tatbestands) ist unanwendbar, da Unrichtigkeiten ohne weiteres zu berichtigen sind, soweit keine Bindungswirkung (vgl „§ 318") vorliegt, Köln MDR **76**, 848, aM BGH **65**, 36.

**20** § 321 (Ergänzung) ist anwendbar, Ffm FamRZ **90**, 297, Mü AnwBl **88**, 249, namentlich wegen des Kostenpunkts, KG Rpfleger **81**, 318, also auch wegen der Kostenfestsetzung, KG Rpfleger **80**, 159, Mü AnwBl **88**, 249, oder bei der Entscheidung im Insolvenzverfahren über angemeldete Kosten, Hamm Rpfleger **73**, 709, KG Rpfleger **80**, 158. Innere Gründe verlangen die Anwendbarkeit. Nur eine Förmlei würde ihr entgegenstehen. Daß § 321 eine mündliche Verhandlung verlangt, besagt nichts, Zweibr FamRZ **80**, 1144; auch der nach I 2 anwendbare § 310 I verlangt eine mündliche Verhandlung. Eine sinngemäße Anwendung bedeutet nicht bindende Anwendung.

Die *Zweiwochenfrist* beginnt mit dem Zugang des Beschlusses, Hamm Rpfleger **73**, 409, Stgt ZZP **69**, 428. Eine Ergänzung durch Rechtsmittel (Beschwerde) ist grundsätzlich unzulässig, Hamm Rpfleger **73**, 409, § 321 Rn 3 (auch zu Ausnahmen). Bei der Vollstreckbarerklärung eines Schiedsspruchs oder einer ausländischen Kostenentscheidung ist eine Ergänzung gar nicht zu entbehren. Vgl auch § 794 I Z 4 a.

**21** §§ 322–327 (Rechtskraft), dazu *Werner*, Rechtskraft und Innenbindung zivilprozessualer Beschlüsse im Erkenntnis- und summarischen Verfahren, 1982: Der Beschluß ist der äußeren Rechtskraft fähig, Einf 1 vor §§ 322–327, auch vor den Arbeitsgerichten, BAG BB **96**, 2470. Wenn einfache Beschwerde zulässig ist, § 567, kann sie freilich nur durch eine Erschöpfung des Instanzenzugs oder durch einen Verzicht auf die Beschwerde eintreten. Der inneren Rechtskraft, Einf 2 vor §§ 322–327, kann auch im Beschluß fähig sein, BGH NJW **85**, 1336 (auch zu Grenzfällen), BAG MDR **71**, 71, LG Wiesb NJW **86**, 940. Die innere Rechtskraft kann natürlich nur eintreten, soweit der Beschluß eine entsprechende Entscheidung enthält, insofern unrichtig Koenigk NJW **75**, 529, zB ein Kostenfestsetzungsbeschluß, § 104, Hbg MDR **86**, 245, soweit er zuerkannt oder aberkannt, Mü MDR **87**, 419 (auch zur Auswechselbarkeit von Einzelposten, vgl § 104 Rn 18).

Der inneren Rechtskraft sind *ferner fähig*: Ein Verwerfungsbeschluß nach §§ 341 II 1, 519 b II, 554 a II, BGH NJW **81**,1962; ein Beschluß nach § 766, dort Rn 27; ein Beschluß aus § 888; die Ablehnung der Eröffnung eines Insolvenzverfahrens, Hamm BB **76**, 640. Bei einem Beschluß nach § 91 a tritt keine innere Rechtskraft in der Hauptsache ein (anders bei einem Urteil), dort Rn 188, insofern mißverständlich Koenigk NJW **75**, 529 (die Rechtskraft trete auch bei einem Beschluß ein; gemeint ist das Urteil), vielmehr tritt die innere Rechtskraft nur wegen der Kosten ein, § 91 a Rn 167.

**22** § 328 (ausländischer Beschluß) ist auf einen rechtskräftigen Beschluß anwendbar, vgl § 328 Rn 8.
§ 543 (Beschluß des Beschwerdegerichts) ist anwendbar.

**23** **10) Nicht verkündeter Beschluß usw, II.** Seine Voraussetzungen werden oft unterschätzt.

**A. Entstehung.** Entstanden ist ein nach II, III mitzuteilender Beschluß oder eine entsprechende Verfügung schon mit der ersten Herausgabe durch den Urkundsbeamten der Geschäftsstelle in den Geschäftsgang, BGH VersR **74**, 365, Kblz VersR **82**, 1058, LG Gött RR **93**, 1361.

**24** Der Beschluß ist derart herausgegeben, sobald er die *Akten endgültig verlassen* hat, um nach außen zu dringen, also zB wenn ihn der Urkundsbeamte der Geschäftsstelle dem Gerichtswachtmeister oder der Post zur Beförderung übergeben hat, BayObLG MDR **97**, 1153 (FGG), was er ja auch in den Akten zu vermerken hat, oder sobald er ihn ins Abtragefach gelegt hat, vgl (nur grundsätzlich) Kblz VersR **82**, 1058, LG Schweinfurt MDR **74**, 852, oder sobald der Beschluß ins Anwaltsabholfach kommt, Kblz RR **86**, 935. Bis dahin liegt ein innerer Vorgang des Gerichts vor, BGH **137**, 52. Das Gericht darf jederzeit berichtigen oder ändern, BGH Rpfleger **82**, 306, Köln NJW **88**, 2806. Das Gericht *muß* ihn evtl ändern, Celle FamRZ **70**, 533, Kblz JB **91**, 436, Schlesw SchlHA **82**, 43.

**25** *Das alles gilt auch dann*, wenn sich die Akten zB schon in der Kanzlei befinden, die eine Zustellung durch die Post abschließend vorbereiten sollen, Kblz JB **91**, 436, Schlesw NJW **83**, 460, oder wenn gar bereits irgendeine tatsächlich erfolgte Mitteilung an eine Partei, Ffm NJW **74**, 1389, Köln Rpfleger **76**, 102, oder an den Gerichtsvollzieher erfolgt ist, oder wenn irgendein Vollstreckungsorgan zB von einem Einstellungsbeschluß Kenntnis hat, Kirberger Rpfleger **76**, 8. Nach der Herausgabe des Beschlusses kann keine Partei mehr seine Änderung, BGH VersR **74**, 365, oder die Berücksichtigung eines neuen Vortrags verlangen. Denn die Hinausgabe entspricht dem Schluß der mündlichen Verhandlung. Freilich muß erkennbar eine vollständige Entscheidung vorliegen. Diese fehlt, soweit überhaupt keine Unterschrift vorliegt, insofern aM Kblz VersR **82**, 1058, oder soweit diese nicht ausreicht, Rn 2 ff, Köln NJW **88**, 2806.

**26** **B. Wirksamkeitsgrundsatz: Gesetzmäßige Mitteilung.** Wirksam wird ein Beschluß grundsätzlich (Ausnahme: § 629 d) mit seiner ordnungsmäßigen Verkündung, BGH NJW **81**, 1218, oder mit seiner sonstigen gesetzmäßigen Mitteilung, BGH **137**, 52, Bbg JB **93**, 89, Kblz GRUR **84**, 611, und zwar grundsätzlich mit der ersten, Schneider NJW **78**, 833; nur für die Rechtsmittelfrist kommt es auf die Zustellung an die jeweilige Partei an, Schneider NJW **78**, 833, ZöV 20, aM Nürnb NJW **78**, 832 (je zu § 331 III). Bei einer Verweisung ist die letzte Mitteilung maßgeblich, BGH FamRZ **95**, 552. Mit ihnen ist der „erlassen", Schlesw SchlHA **82**, 43. Bis zu diesem Zeitpunkt berührt er die Parteien nur insofern, als eine Anfechtung bereits möglich ist, BGH FamRZ **95**, 552, Ffm NJW **74**, 1389, Stgt AnwBl **80**, 114. In eilbedürftigen Sachen, also bei einer einstweiligen Einstellung, §§ 707, 719, 769, bei einem Arrest, §§ 916 ff, bei einer einstweiligen Verfügung, §§ 935 ff, entscheidet diejenige Bekanntmachung, die zuerst erfolgt, auch für die andere Partei.

**27** **C. Ausnahme bei formloser Mitteilung.** Ein formlos mitzuteilender Beschluß wird mit der ersten Hinausgabe der Entscheidung, Rn 24, wirksam, BGH NJW **92**, 840 (mit dem Zugang; wohl ungenau durchdacht, trotz richtiger Erörterung der Rückwirkungsfrage im übrigen), Düss MDR **88**, 62. Der

## 2. Titel. Urteil § 329

maßgebende Zeitpunkt kann also nur aus dem Vermerk ersehen werden, der darüber in den Akten aufgenommen wurde. Jedoch ist die Wirksamkeit von jenem Aktenvermerk nicht abhängig. Das gilt zB bei einer telefonischen Mitteilung ohne einen Aktenvermerk.

**11) Formlose Mitteilung, II 1.** Sie genügt grundsätzlich (Ausnahmen II 2, III) bei einem nicht **28** verkündeten Beschluß des Gerichts, BGH VersR **81**, 1056, oder einer nicht verkündeten Verfügung des Vorsitzenden oder des beauftragten Richters oder des ersuchten Richters, §§ 361, 362. Ausreichend sind dann: Die Übersendung durch die Post; die Aushändigung durch einen Gerichtsboten; der Einwurf in einen Briefkasten; ein Telefonat, BAG **AP** § 519 Nr 28, Hamm Rpfleger **87**, 253; ein Telegramm; eine Erklärung des Urkundsbeamten der Geschäftsstelle. Ein unzustellbar zurückkommender Brief ist nicht mitgeteilt worden; § 175 I 3 ist unanwendbar, weil es sich nicht um eine Zustellung durch Aufgabe zur Post handelt. Ein Aktenvermerk über die Mitteilung ist nicht notwendig, aber ratsam.

Die Voraussetzungen dieser Art der Mitteilung sind *für jede Partei besonders* zu prüfen, auch im Beschwerde- **29** verfahren; für die eine Partei mag eine formlose Mitteilung genügen, während für die andere eine Zustellung notwendig sein kann.

Eine förmliche Zustellung statt einer formlosen Mitteilung genügt immer. Bei einer formlosen *Mitteilung* **30** *statt* einer förmlichen *Zustellung* ist eine Entscheidung entstanden (BGH VersR **74**, 365: sie sei erlassen, s aber Rn 23), aber nicht wirksam geworden, aM ThP 7; es ist zwar das jeweils bei einer Wirksamkeit vorgesehene Rechtsmittel zulässig, jedoch kann das rechtliche Gehör fehlen, BVerfG NJW **91**, 2757, und beginnt wegen des Mangels der Wirksamkeit die Rechtsmittelfrist noch nicht zu laufen, BGH VersR **74**, 365, Köln Rpfleger **76**, 102, Stgt FamRZ **82**, 429 (diese sprechen von der Wirksamkeit). Es ist allerdings eine Rüge erforderlich, Rn 12. Wegen der Zwangsvollstreckung § 750 Rn 9. Wegen des Gebots des Datenschutzes beschränkt LAG Hamm MDR **88**, 172 die Mitteilung der Entscheidungsgründe im Prozeßkostenhilfeverfahren an den Prozeßgegner des Antragstellers, § 117 Rn 27, 28.

**12) Zustellung von Amts wegen, II 2.** Eine Zustellung nach § 270 I, BGH **76**, 238, in Verbindung mit **31** §§ 208 ff ist schon zwecks rechtlichen Gehörs, Art 103 I GG, in den folgenden Fällen notwendig.

**A. Terminsbestimmung.** Die Amtszustellung ist erforderlich, wenn die Entscheidung eine Terminsbestimmung, § 216, enthält. Eine Ausnahme gilt bei der Ladung des Klägers zum ersten Verhandlungstermin beim AG, auch FamG, § 497 I 1, dort Rn 1, ferner bei einer mündlichen Mitteilung gemäß § 497 II.

**B. Fristlaufbeginn.** Die Amtszustellung ist ferner dann erforderlich, wenn die Entscheidung eine eigent- **32** liche Frist, Üb 10 vor § 214, überhaupt wirksam in Lauf setzt, zB bei einer Frist der in § 296 I genannten Art, BGH NJW **89**, 228, Düss MDR **85**, 852, Hamm NJW **84**, 1566, oder bei einer Frist nach § 234, BGH VersR **95**, 318, oder bei der Frist nach § 356, BGH NJW **89**, 228, oder bei der sofortigen Beschwerde, § 577 II 1, Ffm NJW **68**, 404, Nürnb MDR **72**, 429, nicht aber bei einer uneigentlichen Frist, Üb 11 vor § 214, zB bei derjenigen des § 614 III, BGH NJW **77**, 718, auch nicht bei der Frist des § 234 I wegen dessen II, BGH VersR **85**, 69.

Oft genug wird gegen II 2 *verstoßen* und damit der schwere Verfahrensfehler einer Mißachtung des Art 103 I GG begangen: Das Gericht darf nur nach dem Ablauf einer von ihm selbst gesetzten Frist entscheiden, und dazu muß erst einmal der Zeitpunkt des Fristablaufs feststehen. Vgl Rn 12, 37.

Eine *Fristverlängerung*, § 224, bedarf theoretisch keiner Zustellung, weil der Beginn der alten Frist **33** bestehenbleibt (Ausnahmen s unten), BGH (XII. ZS) NJW **90**, 2365, Müller NJW **90**, 1779, Vollkommer Rpfleger **74**, 339; BGH (IV a–ZS) VersR **89**, 1063 will seine abw Haltung aufgeben, vgl den entsprechenden Hinweis in BGH (XII. ZS) FamRZ **90**, 613. Freilich läßt sich ohne förmliche Zustellung evtl nicht feststellen, ob der Betroffene überhaupt von der Verlängerung erfahren hat und ob er die mit ihr bezweckte Verlängerung des rechtlichen Gehörs, Art 103 I GG, überhaupt ausnutzen konnte. Da überdies kein Richter vor dem Ablauf einer richterlichen Frist entscheiden darf, ist eine förmliche Zustellung zumindest ratsam. Dasselbe gilt natürlich erst recht bei einer Fristverkürzung, § 224, unklar BVerfG RR **94**, 255.

**C. Gebot; Verbot.** Die Amtszustellung ist schließlich dann erforderlich, wenn die Entscheidung ein **34** Gebot oder Verbot enthält, zB nach §§ 936, 938, 940, BGH Rpfleger **82**, 306.

**13) Zustellung von Amts wegen, III.** Die Amtszustellung, § 270, ist erforderlich, wenn es sich um eine **35** Entscheidung gemäß III handelt, also um eine Verfügung oder einen Beschluß, des Gerichts oder des Vorsitzenden oder des beauftragten Richters bzw ersuchten Richters, gleichgültig ob sie zu verkünden war oder nicht. Es muß außerdem eine der folgenden Voraussetzungen erfüllt sein:

**A. Vollstreckungstitel.** Die Entscheidung muß entweder einen Vollstreckungstitel bilden, dh äußerlich, § 794, und innerlich vollstreckungsfähig sein, zB auch bei einem Beschluß gemäß § 34 GKG, Düss OLGZ **65**, 191. Zum Beginn der Zwangsvollstreckung, Grdz 51 vor § 704, genügt grundsätzlich die Amtszustellung, Mü MDR **72**, 698, aber auch die Parteizustellung, §§ 166 ff, 750 I, 794 I Z 3, 795.

**B. Befristetes Rechtsmittel.** Oder die Entscheidung muß der sofortigen Beschwerde, § 577 II 1, bzw **36** der befristeten Erinnerung unterliegen, § 577 IV, § 11 z RPflG, § 104 Rn 41 ff, Drsd JB **98**, 28.

**14) Verstoß, II 2, III.** Vgl Rn 12 sowie Üb 12–14 vor § 166. Mü WRP **75**, 457 hält das Fehlen der **37** Unterschrift auf dem Empfangsbekenntnis für unschädlich, sofern die Sendung unstreitig tatsächlich zuging, § 198 Rn 15, 19. Beispiel: Ein Beschluß nach § 17 a GVG, BAG DB **92**, 2040. Dieses Gericht, ferner BayObLG WoM **92**, 204, wenden § 516 entsprechend an.

**15) VwGO: I 1** ist unanwendbar, da auch Urteile im VerwProzeß nicht verkündet werden müssen, § 116 II **38** VwGO; **I 2** ist entsprechend anzuwenden, weil § 122 I VwGO insoweit schweigt, VGH Kassel NJW **87**, 1354 (zu § 318); wegen der Anwendbarkeit der in I 2 genannten Bestimmungen vgl bei diesen. Entspr anwendbar, § 173 VwGO, ist auch **II**, BVerwG NJW **98**, 350 u NVwZ **92**, 179, OVG Lüneb NdsRpfl **99**, 82. Statt **III** gilt § 56 I VwGO (ohne wesentliche Unterschiede, jedoch braucht danach auch jeder Vollstreckungstitel zugestellt zu werden), vgl Roth NJW **97**, 1966, OVG Bre NVwZ **87**, 518. Wegen der Erleichterung der Begründung s § 122 II VwGO.

## Dritter Titel. Versäumnisurteil

### Übersicht

**Schrifttum:** *Hartung,* Das anwaltliche Verbot des Versäumnisurteils, 1991; *Hoyer,* Das technisch zweite Versäumnisurteil, 1980; *Schubert,* Zur Rechtsgeschichte des Versäumnisverfahrens usw, Festschrift für *Schneider* (1997) 65; *Steinhauer,* Versäumnisurteile in Europa usw, 1996; *Taupitz,* Das Versäumnisurteil zwischen anwaltlicher Kollegialität und Mandantenrecht, Festschrift für *Pawlowski* (1997) 443.

### Gliederung

| | |
|---|---|
| 1) Systematik ............................ 1 | D. Schriftliches Vorverfahren ............. 9 |
| 2) Regelungszweck ...................... 2 | E. Prozeßvoraussetzungen ................ 10 |
| 3) Geltungsbereich ...................... 3 | 5) Folgen der Versäumnis ................ 11–17 |
| 4) Voraussetzungen der Säumnis ........ 4–10 | A. Versäumnisurteil ....................... 11, 12 |
| A. Terminsbestimmung ................ 4, 5 | B. Streitmäßiges Urteil .................. 13–15 |
| B. Nichterscheinen, Nichtverhandel ..... 6, 7 | C. Rechtskraft ........................... 16 |
| C. Ladung, Verkündung ................ 8 | D. Entscheidung nach Aktenlage ......... 17 |
| | 6) VwGO ................................... 18 |

**1**  **1) Systematik.** Die Versäumung einzelner Parteiprozeßhandlungen, Grdz 47 vor § 128, wird durch §§ 230 ff, 283, 296 geregelt. Titel 3 behandelt die Versäumnis von Terminen durch nur eine Partei und der Anzeigefrist des § 276 I 1. Die Säumnis beider Parteien wird in § 251 a geregelt. Grundsätzliches über die Versäumung und Versäumnis Üb 1 vor § 230. Wegen des Standesrechts § 337 Rn 10.

**2**  **2) Regelungszweck.** Das Versäumnisverfahren der §§ 330 ff ist aus dem französischen Jugement par défaut mit der Verschlechterung übernommen worden, daß eine vorherige streitige Verhandlung den Einspruch nicht ausschließt. Die damit gebotene Möglichkeit der Prozeßverschleppung ist durch die Zulässigkeit einer Aktenlageentscheidung gemildert. Einen erheblichen Vorteil bietet die Möglichkeit, ohne mündliche Verhandlung zu entscheiden, wenn die Voraussetzungen des § 331 III vorliegen. Seine Berechtigung findet das Versäumnisverfahren als solches in der Verletzung des durch das Prozeßrechtsverhältnis begründeten Mitwirkungspflicht, Grdz 11 vor § 128. Das Gericht hat mit der Anberaumung des Termins und der Ladung der Partei grundsätzlich das Seinige zur Wahrung des Art 103 I GG getan, vgl aber § 337, BVerfG **36**, 301. Das persönliche Erscheinen des Bekl läßt sich bei einer Säumnis auch dann nicht erzwingen, wenn es nach § 273 angeordnet worden war.

**3**  **3) Geltungsbereich.** Die Vorschriften gelten grundsätzlich in allen Verfahren nach der ZPO. Wegen Ehesachen vgl § 612 IV, V. Wegen des Statusverfahrens § 640 I, Bbg RR **94**, 459, Prütting ZZP **91**, 197. Im arbeitsgerichtlichen Verfahren enthalten §§ 55, 59 ArbGG, im Patentnichtigkeitsverfahren enthält § 82 PatG Besonderheiten, BGH GRUR **96**, 757.

**4**  **4) Voraussetzungen der Säumnis.** Eine Säumnis liegt unter folgenden Voraussetzungen vor, von denen entweder diejenigen nach Rn 4–8 und 10 oder diejenigen nach Rn 9 und 10 zusammentreffen müssen:

**A. Terminsbestimmung.** Es muß ein Termin zur mündlichen Verhandlung bestimmt worden sein, § 216. Es kann sich um den ersten oder um einen weiteren Verhandlungstermin handeln, § 332. Maßgeblich ist nur der zur Verhandlung bestimmte Terminsteil, §§ 280, 347. Ein Verhandlungstermin nach §§ 921 I, 937 II reicht aus. Wenn eine Beweisaufnahme vor dem Prozeßgericht stattfindet und der Termin mit der Beweisaufnahme beginnt, beginnt die mündliche Verhandlung erst nach dem Abschluß der Beweisaufnahme, § 370 Rn 4. Eine freigestellte mündliche Verhandlung, § 128 Rn 10, genügt nur im Verfahren auf einen Arrest oder auf eine einstweilige Verfügung, §§ 922 I, 936, 937 II. Es kommt auch ein Termin im Verfahren auf die Vollstreckbarerklärung eines Schiedsspruchs einschließlich desjenigen mit vereinbartem Wortlaut in Betracht, §§ 1053 ff, 1064. Es ist für die Säumnis unerheblich, ob eine Vertagung nach § 227 usw beantragt worden war. Eine Säumnis fehlt aber, wenn das Verfahren unterbrochen ist, §§ 239 ff, oder ausgesetzt war, §§ 148 ff, oder ob es ruht, § 251 a. Ein Sühne- oder bloßer Verkündungstermin nach § 310 reichen nicht aus.

**5**  Der Verhandlungstermin muß vor dem *Prozeßgericht* bestimmt worden sein. Ausreichend sind: Der nach § 348 bestellte Einzelrichter; der Vorsitzende der Kammer für Handelssachen, § 349 II Z 5; der Einzelrichter des § 524 III Z 3. Nicht ausreichend sind: Der beauftragte Richter, § 361; der ersuchte Richter, § 362. Das Gericht muß der später säumigen Partei das tatsächliche (frühere) mündliche Vorbringen des Gegners und seine (früheren) Anträge rechtzeitig mitgeteilt haben, § 335 I Z 3. Das Verfahren darf nicht unterbrochen gewesen sein, §§ 239 ff.

**6**  **B. Nichterscheinen, Nichtverhandeln.** Der Termin muß versäumt worden sein. Die Partei muß also bis zu seinem Schluß, § 220 II, trotz ordnungsgemäßen Aufrufs, § 220 Rn 1, 2, nicht erschienen sein oder nicht verhandelt haben, § 137 Rn 4, 5, § 220 Rn 6–8, § 333 Rn 2, 3. Säumnis liegt auch vor, wenn die Partei sich freiwillig nach dem Terminsbeginn entfernt; wird sie aus sitzungspolizeilichen Gründen zwangsweise entfernt, so gilt dies als freiwilliges Sichentfernen, § 158. Nach einer streitigen Verhandlung ist auch im Anschluß an eine etwa inzwischen erfolgte Beweisaufnahme trotz des insoweit irreführenden Wortlauts des § 285 in demselben Termin keine Antragswiederholung notwendig, BGH NJW **74**, 2322, Hamm NJW **74**, 1097. Über die Zurückweisung von Parteien und Vertretern vgl §§ 157, 158.

Das Gericht braucht nach *pünktlichem Aufruf,* § 220 Rn 1 ff, nicht allzu lange auf die Partei oder ihren ProzBev zu warten, zu letzterem § 337 Rn 10 „Standesrecht"; das Gericht ist kein Schalterbeamter, der auf Kundschaft wartet. Nach unpünktlichem Aufruf entsteht keine längere Wartepflicht; es wäre Sache der Partei, sich vor zwischenzeitlicher Entfernung zu erkundigen, wann etwa der Aufruf erfolgen wird.

3. Titel. Versäumnisurteil **Übers § 330**

Als ausgeblieben gilt im *Anwaltsprozeß*, § 78 Rn 1, eine Partei, die ohne zugelassenen Rechtsanwalt **7** auftritt; zur Verfassungsmäßigkeit dieser Regelung Granderath MDR **72**, 828. Fehlt es am Verschulden, so ist § 337 S 1 beachtlich, BGH NJW **76**, 196, BAG DB **77**, 919, Ffm MDR **76**, 585. Im Zwischenstreit gegen den Zeugen, der seine Aussageverweigerung nach § 386 I, II ordnungsgemäß schriftlich oder zum Protokoll der Geschäftsstelle erklärt hat, findet wegen § 386 III kein Versäumnisverfahren statt, § 388. Soweit ein Streitgehilfe, § 67, oder notwendiger Streitgenosse der Partei, § 62, verhandelt, ist auch sie selbst nicht säumig. Die bloße Nichtzahlung eines Kostenvorschusses nach § 65 GKG macht ein Versäumnisurteil gegen den erschienenen und verhandlungsfähigen und -bereiten Kostenschuldner nicht zulässig, BGH **62**, 178.

**C. Ladung, Verkündung.** Die Partei muß ordnungsgemäß geladen, § 335 I Z 2, oder der Termin muß **8** ordnungsgemäß verkündet worden sein, § 218. Ein Mangel der Ladung hindert den Erlaß des Versäumnisurteils nicht, soweit die Partei erscheint, aber nicht verhandelt, § 337 Rn 2.

**D. Schriftliches Vorverfahren.** Im Falle des § 331 III muß statt der Voraussetzungen Rn 4–8 folgendes **9** vorliegen: Es muß eine ordnungsgemäße Aufforderung nach § 276 I, II ergangen sein, § 331 I Z 4. Es muß bis zur Übergabe des vom Gericht unterschriebenen Versäumnisurteils an die Geschäftsstelle, § 331 Rn 14, der dortige Eingang einer rechtzeitigen Anzeige der Verteidigungsabsichten fehlen. Es muß ein Antrag des Klägers auf Erlaß eines Versäumnisurteils ohne mündliche Verhandlung vorliegen. Ein Antrag der Partei auf den Ausspruch der Versäumnisfolgen ist nur bei einer einseitigen Säumnis notwendig. Er ist ein Prozeßantrag, kein Sachantrag, § 297 Rn 4, 6, aber beim Versäumnisverfahren gegen den Beklagten immer mit einem Sachantrag verbunden. Eine Parteivereinbarung, kein Versäumnisurteil zu beantragen, ist für das Gericht unbeachtlich, soweit doch ein Antrag vorliegt, es sei denn, der Antrag wäre arglistig, Einl III 54. Es muß eine Erklärung des Beklagten bis zur Hinausgabe des unterschriebenen Versäumnisurteils ausbleiben.

**E. Prozeßvoraussetzungen.** In allen Fällen Rn 4–9 müssen schließlich die von Amts wegen zur **10** prüfenden Prozeßvoraussetzungen vorliegen, Grdz 12 vor § 253, LG Hbg MDR **91**, 1089.

**5) Folgen der Versäumnis.** Es gibt zwei äußerst unterschiedliche Fallgruppen. **11**

**A. Versäumnisurteil.** Es kann ein Versäumnisurteil zulässig und notwendig sein. Dazu zählt jedes Urteil, das gegen die säumige Partei erlassen wird, ob auf Grund ihrer Säumnis oder sonst. Ein Versäumnisurteil ergeht auch dann, wenn der Berufungskläger nicht erscheint und wenn nun eine unstatthafte oder nicht in der gesetzlichen Form oder Frist eingelegte Berufung als unzulässig verworfen wird, BGH **LM** § 338 Nr 2, aM BGH NJW **95**, 1561 (zu § 345), RoSGo § 141 I, StJSchu 29 vor § 330 (es ergehe ein kontradiktorisches Urteil, da die notwendige Entscheidung keine Folge der Säumnis sei, ein Versäumnisurteil aber nur ein solches Urteil sei, das aus der Säumnis die gesetzlichen Folgen ziehe; dieses ist jedoch eine unbegründete Einschränkung). Ein Versäumnisurteil ist auch in der Revisionsinstanz möglich, BGH RR **92**, 1474.

Das Versäumnisurteil ist grundsätzlich ein *Endurteil* im Sinn von § 300 Rn 4, § 704 Rn 3, BGH VersR **12** **74**, 1100, BayObLG Rpfleger **82**, 4661. Eine Ausnahme gilt im Fall des § 347 II. Das Versäumnisurteil unterscheidet sich vom streitmäßigen Endurteil nur durch die Art seines Zustandekommens, Üb 7 vor § 300. Ob ein kontradiktorisches oder ein Versäumnisurteil vorliegt, hängt nicht von der Bezeichnung ab, sondern vom Inhalt, Üb 4 vor § 300, BGH VersR **99**, 639, Köln VersR **98**, 387, Zweibr JB **97**, 431.

**B. Streitmäßiges Urteil.** Im Fall der Säumnis einer Partei kann aber auch gegen die nichtsäumige Partei **13** ein Urteil zulässig und notwendig sein. Ein solches Urteil setzt jedenfalls gegenüber der nicht anwaltlich vertretenen Partei einen Hinweis des Gerichts auf die Bedenken gegen das beantragte (echte) Versäumnisurteil voraus, Art 103 I GG, §§ 139, 278 III, BGH RR **86**, 1041, Köln OLGZ **89**, 84. Es kann freilich in der Erörterung der sonstigen Rechtslage liegen. Es handelt sich um ein streitmäßiges, sog unechtes Versäumnisurteil, BGH RR **86**, 1041, Köln OLGZ **89**, 84, LAG Hamm NJW **81**, 887, aM Celle OLGZ **80**, 11. Für dieses Urteil gilt § 708 Z 2 nicht.

*Dahin gehören:* Ein Urteil nach § 331 II, III auf Klagabweisung; ein Urteil nach § 542 II auf Zurück- **14** weisung der Berufung, KG RR **91**, 42; auf Prozeßabweisung gegen den erschienenen Kläger, Üb 5 vor § 300, BGH RR **86**, 1041; auf Abweisung gegen den erschienenen Revisionskläger, BGH RR **86**, 1041.

*Dagegen* ist ein Urteil auf Verwerfung einer Klage oder eines Rechtsmittels des Säumigen als unzulässig **15** immer ein echtes Versäumnisurteil, aM Mü MDR **89**, 973. Das unechte Versäumnisurteil ist als streitiges Endurteil mit Tatbestand und Entscheidungsgründen zu versehen, § 313, BGH BB **90**, 1664, nur mit der Berufung oder Revision anfechtbar. Die Rechtsmittelfrist läuft mangels Zustellung eines vollständigen Urteils nicht an, BGH BB **90**, 1664.

**C. Rechtskraft.** Das Versäumnisurteil ist als Endurteil der äußeren und inneren Rechtskraft fähig, § 322 **16** Rn 69 „Versäumnisurteil". Gegen das echte Versäumnisurteil ist Einspruch nach § 338 statthaft, auch ein teilweiser Einspruch. Wenn er form- und fristgerecht eingelegt ist, versetzt er das Verfahren in den Stand vor dem Eintritt der Säumnis, soweit er reicht, § 342. Die Sache fällt nicht bei der höheren Instanz an. Der Einspruch vernichtet grundsätzlich die Wirkungen des Versäumnisverfahrens, wenn er auch das Versäumnisurteil nicht aus der Welt schafft. Ausnahme: zweites Versäumnisurteil im Fachsinn, § 345. Ein echtes Versäumnisurteil ist ohne Antrag und ohne Sicherheit für vorläufig vollstreckbar zu erklären, § 708 Z 2. Über formfehlerhafte Urteile, Üb 10 ff vor § 300, Grdz 27 vor § 511.

**D. Entscheidung nach Aktenlage.** Eine derartige Entscheidung, §§ 251 a, 331 a, ist immer ein End- **17** urteil, das in jeder Beziehung der streitmäßigen gleichsteht, also zwar eine Versäumnisfolge, aber keine eigentliche Versäumnisentscheidung. Die Überschrift des Titels 3 ist daher ungenau.

**6) VwGO:** Ein Versäumnisverfahren gegen den Kläger oder den Beklagten ist unzulässig, weil § 102 II VwGO die **18** Notwendigkeit einer streitigen Entscheidung bei Ausbleiben voraussetzt, OVG Münst JZ **64**, 566, Ule VPrR § 43 II, und die VwGO den Einspruch, § 338, als Rechtsmittel nicht kennt, Rupp AöR **85**, 191 (keine entsprechende Anwendung von § 635). In beiden Punkten aM Grunsky § 21 I: aber § 102 II VwGO steht entgegen, weil „verhandelt und entschieden (werden)" an §§ 101, 107 ff VwGO anknüpft und dort die Arten der Urteile abschließend aufgezählt werden.

## § 330

**330** *Versäumnisurteil gegen den Kläger.* Erscheint der Kläger im Termin zur mündlichen Verhandlung nicht, so ist auf Antrag das Versäumnisurteil dahin zu erlassen, daß der Kläger mit der Klage abzuweisen sei.

**Schrifttum:** *Dietrich,* Rechtskraft und neue Tatsachen, insbesondere beim Versäumnisurteil gegen den Kläger, Diss Freibg 1969.

1 **1) Systematik.** Vgl zunächst Üb 1 vor § 330. Der Kläger bezahlt die Versäumung seiner durch das Prozeßrechtsverhältnis begründeten Förderungspflicht, Grdz 12 vor § 128, mit einem Rechtsverlust. Er steht also schlechter als der Bekl da. Die Voraussetzungen Üb 3–10 vor § 330 müssen vorliegen. §§ 331 a ff sind ergänzend zu beachten. Wegen der Besonderheiten im Kleinverfahren § 495 a Rn 20, 21, 75.

2 **2) Regelungszweck.** Vgl zunächst Üb 2 vor § 330. Als Folge der Parteiherrschaft, Grdz 18 vor § 128, muß der säumige Kläger den jedenfalls zunächst eintretenden Prozeßverlust im Interesse der Prozeßwirtschaftlichkeit, Grdz 14 vor § 128, hinnehmen; das ist ein durchaus vertretbarer Zweck der Vorschrift.

3 **3) Geltungsbereich.** Die Vorschrift gilt in allen Verfahren nach der ZPO, soweit ein Versäumnisverfahren zulässig ist, Üb 3 vor § 330, auch im arbeitsgerichtlichen Verfahren, § 46 II 1 ArbGG, denn §§ 55, 59 ArbGG enthalten hier keine Besonderheiten.

4 **4) Antrag.** Nötig ist stets ein Antrag des Bekl. Er kann im Sachantrag liegen, Kblz FamRZ **90,** 894 (zu § 331). Beim Fehlen jedes Antrags ist auch der Bekl säumig, § 333. Der Antrag ist beschränkbar, nach der Erledigung der Hauptsache, § 91 a, auch auf die Kosten, § 91 a Rn 106. Der Bekl muß die Erledigung, überhaupt den Sachverhalt darlegen und seinen Antrag begründen.
Der Antrag ist nicht ausdehnbar, § 335 I Z 3. Das Stellen und die Begründung des Antrags ist *Verhandlung zur Hauptsache,* § 137 Rn 7. Ein Einspruch beseitigt sie kraft gesetzlicher Unterstellung, § 342. Wenn der Bekl nur ein Prozeßurteil beantragt, Grdz 14 vor § 253, dann ergeht es als echtes Versäumnisurteil, wenn der Antrag begründet ist, Üb 11 vor § 330. Wenn der Bekl nicht verhandelt, § 333, und der erschienene Kläger keinen Sachantrag nach § 297 stellt, dann ist § 251 a anwendbar. Ein Recht auf Vertagung, etwa nach § 227, hat der Bekl nicht. Die Vorschrift ist auch gegen den Widerkläger, ferner im Eheverfahren, § 612 Rn 5, BGH FamRZ **88,** 945 (Verbund, Unterhalt), Hamm FamRZ **86,** 705 (Ausnahme: § 635), sowie im Statusverfahren anwendbar. Wegen des Standesrechts § 337 Rn 10.

5 **5) Entscheidung.** Das Versäumnisurteil gegen den Kläger ist ohne eine sachlichrechtliche Schlüssigkeitsprüfung schon auf Grund seiner Säumnis auf eine Klagabweisung zu erlassen, BGH FamRZ **87,** 928. Zu unterscheiden ist aber folgendes:

**A. Unzulässigkeit der Klage.** Zunächst sind die allgemeinen Prozeßvoraussetzungen, Grdz 12 vor § 253, und die besonderen Voraussetzungen des Versäumnisverfahrens, Üb 4 ff vor § 330, zu prüfen. Wenn unheilbare Prozeßvoraussetzungen fehlen oder heilbare vom Bekl bemängelt werden, § 295, dann gilt folgendes:
Ist der Mangel *behebbar* oder fehlen die Voraussetzungen des Versäumnisverfahrens, so wird der Antrag nach § 335 zurückgewiesen und die abwesende Partei zu dem sogleich zu verkündenden oder zu bestimmenden neuen Termin förmlich geladen.
Ist der Mangel *nicht* behebbar, so findet eine Prozeßabweisung statt, Grdz 14 vor § 253, Üb 5 vor § 300, Ffm NJW **92,** 1178. Das Urteil ist ein echtes Versäumnisurteil, Üb 11 vor § 330, aM BGH RR **86,** 1041, BAG DB **74,** 1244, ZöHe 7 (es handle sich um ein unechtes Versäumnisurteil; aber der Wortlaut des § 330 besagt für *jeden* Fall der Abweisung, daß sie durch Versäumnisurteil zu erfolgen habe, und der Sinn geht auch bei Abweisung als unzulässig dahin, dem Säumigen die Einspruchsmöglichkeit und damit die Instanz zu erhalten).
Gegen einen *Prozeßunfähigen,* § 51, ist kein Versäumnisurteil möglich, da die gesetzlichen Voraussetzungen fehlen, Rn 4). Wenn das Gericht sachlich unzuständig ist, so verweist es bei nachträglich eingetretener Unzuständigkeit auf Antrag des Bekl durch Beschluß, § 506. Eine Verweisung nach § 281 kommt nicht in Frage, weil diese Vorschrift nur dem Kläger ein Antragsrecht gibt.

6 **B. Sachabweisung.** Wenn die förmlichen Voraussetzungen vorliegen, dann muß das Gericht durch ein echtes Versäumnisurteil, das als Versäumnisurteil zu bezeichnen ist, § 313 b I, grundsätzlich eine Sachabweisung vornehmen (Ausnahmen bestehen bei §§ 113, 632 IV, 640, wo die Klage als zurückgenommen erklärt wird). Wer diesem Urteil aus Zweckmäßigkeitserwägungen eine volle Rechtskraftwirkung nach § 322 gibt, erkennt den Kläganspruch damit schlechthin ab. Das kann zu unheilbaren Ergebnissen führen, wenn der Einspruch zur Zeit sinnlos wäre, zB wegen einer Stundung, und wenn der spätere Eintritt der Fälligkeit im Zweitprozeß unbeachtlich bleiben müßte. Denn das abweisende Versäumnisurteil des Vorprozesses braucht keine zur Abgrenzung seiner Rechtskraftwirkung ausreichenden Entscheidungsgründe aufzuweisen. Deshalb ist eine neue Klage zulässig, wenn das abweisende Versäumnisurteil infolge einer späteren Veränderung der maßgeblichen Umstände unrichtig geworden ist. Die diesbezüglichen Tatsachen darf und muß der Kläger im Zweitprozeß beweisen.

7 **C. Weitere Einzelfragen.** Das Versäumnisurteil kann schon vor der schriftlichen Abfassung verkündet werden, § 331 II I. Es bleibt auch beim Fehlen der entsprechenden Bezeichnung ein solches, soweit es nach seinem Inhalt (und den Akten) ein Versäumnisurteil ist, und umgekehrt, BGH VersR **76,** 251. Es muß wenigstens klar ergeben, ob eine Sach- oder eine Prozeßabweisung vorliegt, Grdz 14 vor § 253, weil die Rechtskraftwirkung verschieden ist, § 322 Rn 60 „Prozeßurteil". Bei einem Prozeßurteil wählt man am besten die Formel: „... als unzulässig abgewiesen". Bei der Zustellung des Versäumnisurteils, die beim echten Versäumnisurteil gemäß § 317 I nur an den unterlegenen Kläger erfolgt (der Bekl erhält eine Ausfertigung, § 317 II), muß das Gericht von Amts wegen die Hinweise gemäß § 340 III 4 geben.

8 **D. Gebühren:** Des Gerichts: Beim unechtem Versäumnisurteil volle Urteilsgebühr, beim echten keine Urteilsgebühr (wohl aber Verfahrensgebühren), amtlicher Text vor KV 1100; des RA §§ 33, 38 BRAGO.

### 3. Titel. Versäumnisurteil §§ 330, 331

**6) Rechtsbehelfe.** Gegen einen Zurückweisungsbeschluß ist grundsätzlich die sofortige Beschwerde 9
nach § 577 zulässig, § 336 I 1. Sie ist aber unzulässig, soweit das LG als Berufungsgericht, § 567 III 1, oder
das OLG entschieden hat, § 567 IV 1. Gegen das echte Versäumnisurteil ist nur der Einspruch zulässig,
§ 338, BGH NJW 94, 665, Zweibr JB 97, 431. Gegen das unechte Versäumnisurteil sind nur Berufung oder
Revision zulässig, §§ 511, 545. Maßgeblich ist, welches Urteil in Wahrheit (und nicht nur der Bezeichnung
nach) ergangen ist, Üb 12 vor § 330; maßgeblich ist also nicht, welches Urteil hätte ergehen müssen.

**331** *Versäumnisurteil gegen den Beklagten.* I ¹Beantragt der Kläger gegen den im Termin zur mündlichen Verhandlung nicht erschienenen Beklagten das Versäumnisurteil, so ist das tatsächliche mündliche Vorbringen des Klägers als zugestanden anzunehmen. ²Dies gilt nicht für Vorbringen zur Zuständigkeit des Gerichts nach § 29 Abs. 2, § 38.

II Soweit es den Klageantrag rechtfertigt, ist nach dem Antrag zu erkennen; soweit dies nicht der Fall ist, ist die Klage abzuweisen.

III ¹Hat der Beklagte entgegen § 276 Abs. 1 Satz 1, Abs. 2 nicht rechtzeitig angezeigt, daß er sich gegen die Klage verteidigen wolle, so trifft auf Antrag des Klägers das Gericht die Entscheidung ohne mündliche Verhandlung; dies gilt nicht, wenn die Erklärung des Beklagten noch eingeht, bevor das von den Richtern unterschriebene Urteil der Geschäftsstelle übergeben ist.
²Der Antrag kann schon in der Klageschrift gestellt werden.

**Schrifttum:** *Hartung,* Das anwaltliche Verbot des Versäunisurteils, 1991; *Ritter-Schmidt,* Die Zulässigkeit eines Versäumnisurteils im schriftlichen Vorverfahren nach vorangegangenen Mahnverfahren usw, Diss Marbg 1989 (teilweise überholt); *Taupitz,* Das Versäumnisurteil zwischen anwaltlicher Kollegialität und Mandantenrecht, Festschrift für *Pawlowski* (1997) 443.

**Gliederung**

| | | | |
|---|---|---|---|
| 1) Systematik, I–III | 1 | A. Korrekte Aufforderung nach § 276 | 14 |
| 2) Regelungszweck, I–III | 2 | B. Fristablauf | 15 |
| 3) Geltungsbereich, I–III | 3 | C. Antrag | 16 |
| 4) Antrag, I | 4 | D. Keine nachträgliche Verteidigungsanzeige | 17 |
| 5) Unterstellung, I | 5–8 | E. Weitere Einzelfragen | 18 |
| A. Grundsatz: Geständnis des Beklagten | 5 | 8) Unzulässigkeit eines Versäumnisurteils ohne mündliche Verhandlung, III | 19–23 |
| B. Umfang des Klagevortrags | 6 | A. Aufforderung nur nach § 275 | 19 |
| C. Parteiherrschaft, I 1 | 7 | B. Verteidigungsanzeige | 20 |
| D. Zuständigkeit, I 2 | 8 | C. Klagerwiderung | 21 |
| 6) Entscheidung, II | 9–13 | D. Fehlerhafte Aufforderung nach § 276 | 22 |
| A. Zurückweisung des Antrags durch Beschluß | 9 | E. Unklarer Antrag | 23 |
| B. Zulässigkeit eines Versäumnisurteils | 10 | 9) Verfahren ohne mündliche Verhandlung, III | 24–28 |
| C. Begründetheit eines Versäumnisurteils | 11, 12 | A. Allgemeines | 24 |
| D. Abweisung der Klage durch Urteil | 13 | B. Urteil | 25–27 |
| 7) Zulässigkeit eines Versäumnisurteils ohne mündliche Verhandlung, III | 14–18 | C. Rechtsmittel | 28 |

**1) Systematik, I–III.** Während § 330 die Säumnis des Klägers regelt, behandelt § 331 diejenige des 1
Bekl. §§ 331 a ff sind ergänzend zu beachten. Wegen der Besonderheiten im Kleinverfahren § 495 a Rn 20, 21, 75.

**2) Regelungszweck, I–III.** Die Vorschrift dient einerseits der Prozeßwirtschaftlichkeit, Grdz 14 vor 2
§ 128, andererseits dem Gebot der sachlichrechtlichen Gerechtigkeit, Einl III 9, durch Verhinderung einer trotz Parteiherrschaft, Grdz 18 vor § 128, doch ersichtlich „falschen" Sachentscheidung.

**3) Geltungsbereich, I–III.** Vgl zunächst Üb 3 vor § 330. II Hs 2 gilt auch im schriftlichen Vorverfahren, 3
Rn 24. §§ 612 IV, 640 I verbieten ein Versäumnisurteil gegen den Bekl. III ist in der Berufungsinstanz unanwendbar, Kramer NJW 77, 1657, im arbeitsgerichtlichen Verfahren unanwendbar, Grunsky JZ 78, 81 (§ 55 II in Verbindung mit I Z 5 ArbGG meint einen anderen Fall).

**4) Antrag, I.** Wie jedes Versäumnisurteil, setzt auch dasjenige gegen den Bekl einen Antrag voraus. Es 4
handelt sich um einen Prozeß-, nicht um einen Sachantrag, § 297 Rn 4, 6, Kblz FamRZ 90, 894. Der Klagantrag ersetzt den Antrag auf Erlaß eines Versäumnisurteils grundsätzlich nicht, aM BGH 37, 83, Köln FamRZ 95, 889. Jedoch kann im Sachantrag ein stillschweigender Prozeßantrag stecken, Kblz FamRZ 90, 894. Für eine Beschränkung und Erweiterung des Antrags gilt § 330 Rn 1, 2. Der Kläger kann statt eines Versäumnisurteils eine Entscheidung nach Lage der Akten beantragen, § 331 a, oder eine Verweisung nach §§ 281, 506 beantragen. Eine Vertagung kann er regelmäßig nicht beanspruchen, Kramer NJW 77, 1662. Ein Teilversäumnisurteil steht grundsätzlich im Ermessen des Gerichts, § 301 II. Freilich kann eine die Instanz beendende Entscheidung zum Teil als Versäumnisurteil zu erlassen und gem § 313 b I 2 auch als Teilversäumnisurteil (und streitiges Schlußurteil) zu bezeichnen sein, Rn 13, 24. Die Antragstellung und die Begründung des Antrags ist Verhandlung zur Hauptsache, § 137 Rn 7. Nach einem Einspruch fällt die Wirkung kraft gesetzlicher Unterstellung rückwirkend weg, § 342. Wegen des Standesrechts § 337 Rn 10. Wenn der Kläger überhaupt keinen Antrag stellt, dann ist auch er säumig, § 333, so daß ein Fall des § 251 a vorliegt, Kramer NJW 77, 1662.

## § 331

**5** 5) **Unterstellung, I.** Ein Grundsatz kennt erhebliche Ausnahmen.
**A. Grundsatz: Geständnis des Beklagten.** Wenn der Kläger das Versäumnisurteil beantragt, gilt sein tatsächliches Vorbringen als zugestanden. Das Gesetz unterstellt also ähnlich § 138 III ein Geständnis.

**6** **B. Umfang des Klagevortrags.** Das Geständnis kann sich nur auf das mündliche vorgetragene und rechtzeitig schriftlich mitgeteilte tatsächliche Vorbringen beziehen, § 335 I Z 3. Ein schriftliches oder in einem früheren Termin mündlich erfolgtes Vorbringen des Bekl bleibt unbeachtet. Eine Klagänderung, §§ 263, 264, ist zulässig, wenn sie rechtzeitig mitgeteilt worden war, §§ 335 I Z 3, 132; ihre Zulassung erfolgt wie sonst, § 263. Bei einer Klage auf den Widerruf einer ehrverletzenden Behauptung gilt ihre Unwahrheit als zugestanden, so daß er uneingeschränkt zu erfolgen hat, Hamm MDR **83**, 850.

**7** **C. Parteiherrschaft, I 1.** Das Geständnis kann nur im Rahmen der Parteiherrschaft stattfinden, Grdz 18 vor § 128. Daher ist das Versäumnisurteil gegen den Bekl (anders als gegen den Kläger, § 330 Rn 1) im Ehe- und Kindschaftsverfahren unzulässig, §§ 612 IV, 640 I. In einem Scheidungsfolgeverfahren ist grundsätzlich die Rechtskraft des streitigen Scheidungsurteils abzuwarten, §§ 623 I 1, 629 II 1. Die Unterstellung versagt also dann, wenn ein Geständnis, § 288, unwirksam wäre, dh namentlich bei Rechtsfragen, Küppers NJW **76**, 489; unmöglichen, offenkundigen Tatsachen, BGH NJW **79**, 2089; bei sittenwidrigen, ordnungswidrigen Tatsachen; von Amts wegen zu beachtenden Punkten, wie der Zulassung des Rechtswegs, der Prozeßfähigkeit, der Rechtskrafterstreckung § 325 Rn 24 „Bürgschaft" (das Verschweigen eines Urteils gegen den Hauptschuldner verstößt gegen die Wahrheitspflicht).

**8** **D. Zuständigkeit, I 2.** Die Zuständigkeit unterliegt nur noch stark eingeschränkter Parteiherrschaft, Grdz 18 vor § 128. Zwar gilt I 2 nur bei den dort genannten §§ 29 II (nicht also bei § 29 I), 38; insofern genügt aber eben die bloße Behauptung, die Zuständigkeit sei vereinbart worden, ohne dazu ausreichende Tatsachen nicht, LG Brschw MDR **73**, 1027, selbst wenn dazu ausreichende Tatsachen vorgetragen wurden. I 2 verbietet die diesbezügliche Unterstellung. Daher ist zur Zuständigkeit eine Amtsprüfung, Grdz 39 vor § 128, bis zur vollen Überzeugung des Gerichts und daher unter Umständen ein voller Beweis notwendig, Ffm MDR **75**, 232, Diederichsen BB **74**, 378, Unruh NJW **74**, 1113, und zwar auch im Urkundenprozeß, Ffm MDR **75**, 232. Freilich sind die Beweismittel beliebig. Daher braucht keineswegs starr ein Registerauszug, ThP 3, ZöHe 6, aM Vollkommer Rpfleger **74**, 139, 252, oder selbst im Urkundenprozeß, § 597 Rn 4, eine Urkunde gefordert werden, Reinelt NJW **74**, 2313. Ein praktisch brauchbarer Grad von Gewissheit genügt, BGH **53**, 256, Einl III 10, § 286 Rn 16. Das Gericht darf der erschienenen Partei ohne Beweisaufnahme glauben, § 286 Rn 4, hat zu Bedenken meist keinen Anlaß und muß evtl seine Frage- und Hinweispflicht beachten, §§ 139, 278 III. Es sollte zumindest in einem Vermerk oder in einem kurzen Satz von Entscheidungsgründen („... nur zur Zuständigkeitsfrage, § 331 I 2 ZPO") erkennbar machen, daß es die Problematik erkannt hat. Wegen des Verfahrens vgl § 335 Rn 4, 8.

**9** 6) **Entscheidung, II.** Es gibt vier Möglichkeiten.
**A. Zurückweisung des Antrags durch Beschluß.** Fehlen die Voraussetzungen eines Versäumnisurteils, Üb 3–10 vor § 330, so ist der Antrag durch Beschluß zurückzuweisen, § 335. Ist der Bekl prozeßunfähig, § 51, so findet eine Abweisung als unzulässig statt. Zum Ausbleiben des Revisionsbekl § 557 Rn 3.

**10** **B. Zulässigkeit eines Versäumnisurteils.** Ein Versäumnisurteil gegen den Bekl ergeht, wenn die folgenden Voraussetzungen zusammentreffen:
Für die Zulässigkeit müssen die *Prozeßvoraussetzungen*, Grdz 12 vor § 253, und die allgemeinen Voraussetzungen des Versäumnisurteils vorliegen, Üb 3 vor § 330, BGH NJW **91**, 44. Ein Verzicht auf die Einhaltung der Prozeßvoraussetzungen ist nicht zulässig, BGH RR **86**, 1041. Es ist nicht zu prüfen, ob ein Anwalt eine ausreichende Prozeßvollmacht hat, § 88 II. Im Statusverfahren ist kein Versäumnisurteil gegen den Bekl statthaft, § 640 I, Bbg RR **94**, 460 (keine Nichtigkeit).

**11** **C. Begründetheit eines Versäumnisurteils.** Es muß ferner das tatsächliche mündliche Vorbringen des Klägers den Klagantrag rechtfertigen. Dabei sind die vom Kläger selbst vorgetragenen rechtshindernden und rechtsvernichtenden Tatsachen zu beachten, Köln VersR **74**, 563, zB eine Nichtigkeit wegen Sittenwidrigkeit oder das Fehlen der Sachbefugnis, Grdz 23 vor § 50, KG RR **91**, 42. Wegen der Schlüssigkeit eines Hilfsantrags § 260 Rn 8 ff. Wegen der Stufenklage § 254 Rn 22. Im Urkundenprozeß kommt kein Vorbehalt ins Versäumnisurteil, § 599 Rn 5.

**12** *Unbeachtlich* sind dagegen Einwendungen des Bekl, dh Einreden im Sinne des bürgerlichen Rechts, zB Verjährung, Zurückbehaltungsrecht, aM Düss NJW **91**, 2089. Was nur schriftsätzlich angekündigt, aber nicht mündlich vorgetragen worden ist, § 137 Rn 25 ff, bleibt hier unbeachtet. Nur wenn der Kläger auch selbst auf die schriftsätzliche Einrede zB der Verjährung wirklich durch eigenen Vortrag eingeht, ist sie beachtlich, BGH NJW **99**, 2121 (Gesamtumstände prüfen). Es besteht eine Fragepflicht, §§ 139, 278 III. Unbeachtlich ist auch, daß die Schonfrist des § 554 II Z 2 BGB noch nicht abgelaufen ist. Denn es ist nach dem Stand am Schluß der mündlichen Verhandlung, §§ 136 IV, 296 a, zu entscheiden und dann eben noch unklar, ob der bisher bestehende Räumungsanspruch noch (wenn auch rückwirkend) durch eine spätere Handlung des jetzt säumigen Bekl zu Fall kommt. Der Kläger handelt keineswegs arglistig, wenn er bis zur Erfüllung der überfälligen Mieterschuld auf Erteilung eines Vollstreckungstitels besteht. Das alles wird von Hbg ZMR **88**, 225 bei seiner aM zu wenig, im Grunde gar nicht beachtet. Unzulässig ist ein Versäumnisurteil mit dem Ausspruch, der Anspruch sei dem Grund nach gerechtfertigt, § 304 Rn 21. Bei einem Schmerzensgeldanspruch, den der Kläger der Höhe nach in das Ermessen des Gerichts gestellt hat, § 253 Rn 49 „Bezifferung", Rn 86 „Schadensersatz", kommt es darauf an, ob der Kläger diejenigen Tatsachen vorgetragen hat, die dem Gericht eine Bemessung ermöglichen, Kblz MDR **79**, 587; dann ist das Versäumnisurteil zu beziffern. Bei einer (nur) vom Kläger behaupteten Erledigung lautet das Versäumnisurteil: „Die Hauptsache ist erledigt", § 91 a Rn 175. Bei der Zustellung des Versäumnisurteils sind von Amts wegen die Belehrungen gemäß § 340 III 4 vorzunehmen.

*Gebühren:* Des Gerichts: keine Urteilsgebühr (wohl aber Verfahrensgebühren), amtlicher Text vor KV 1100; des RA §§ 33, 38 BRAGO.

3. Titel. Versäumnisurteil **§ 331**

**D. Abweisung der Klage durch Urteil.** Soweit die Voraussetzungen Rn 6–9 ausscheiden, ist die Klage **13** durch ein streitmäßiges Urteil, Üb 13 vor § 330, abzuweisen, aM Maurer FamRZ **89**, 447 (es liege auch dann ein Versäumnisurteil vor). Es erfolgt eine Prozeßabweisung, wenn Prozeßvoraussetzungen endgültig fehlen und eine Verweisung nicht möglich ist, Grdz 14 vor § 253 (wenn sie nicht endgültig ausscheidet, gilt § 335 I Z 1). Es erfolgt eine Sachabweisung, soweit die Voraussetzungen Rn 8, 9 fehlen. Dieses Urteil ist ein unechtes Versäumnisurteil, Üb 13 vor § 330, LAG Hamm NJW **81**, 887. Es läßt daher nur Rechtsmittel zu, nicht den Einspruch nach § 338, BGH NJW **87**, 1204. Wie das Wort „soweit" in II zeigt, sind ein Teilversäumnisurteil nebst Schlußurteil zulässig, § 301. Bei einer solchen Teilabweisung sind teils Rechtsmittel, teils Einspruch zulässig.

**7) Zulässigkeit eines Versäumnisurteils ohne mündliche Verhandlung, III.** Ein solches Versäum- **14** nisurteil kann als Ausnahme von § 335 I Z 2, KG MDR **85**, 416, unter folgenden Voraussetzungen ergehen, die man eng auslegen muß, BVerfG NJW **82**, 1453, Mü MDR **83**, 324.

**A. Korrekte Aufforderung nach § 276.** Es muß eine ordnungsgemäße Aufforderung an den Bekl nach § 276 I 1 Hs 1, II ergangen sein; soweit beim AG kein Anwaltszwang besteht, § 78 Rn 1, brauchte natürlich darauf nicht hingewiesen zu werden. Eine derartige Aufforderung ist jetzt auch nach einem Widerspruch des Antragsgegners gegen den Mahnbescheid notwendig, § 697 Rn 13.

**B. Fristablauf.** Die Notfrist des § 276 I von meist 2 Wochen, bei einer Auslandszustellung länger, muß **15** abgelaufen sein, und außerdem müssen folgende Voraussetzungen vorliegen: Entweder hat der Bekl überhaupt nicht geantwortet. Oder der Bekl hat mitgeteilt, er wolle sich gegen die Klage (überhaupt) nicht verteidigen. Eine Aufrechnung oder Hilfsaufrechnung wäre eine Verteidigung. Oder der Bekl hat eine Verteidigungsabsicht mitgeteilt, jedoch ist diese Mitteilung trotz Anwaltszwangs ohne einen zugelassenen Anwalt erfolgt (dessen Vollmacht ist nicht mehr zu prüfen, § 88 II).

**C. Antrag.** Der Kläger muß einen Antrag auf den Erlaß des Versäumnisurteils gestellt haben, Düss MDR **16** **84**, 950. Dieser Antrag kann schon in der Klageschrift gestellt werden, III 2. Ein Antrag auf eine Entscheidung „ohne mündliche Verhandlung" ist unnötig, aber natürlich zulässig. Das Gericht muß seine Fragepflicht ausüben, § 139, Kramer NJW **77**, 1658; wenn der Kläger keinen Antrag auf Versäumnisurteil stellt, dann ist § 251a anwendbar, Rn 1. Es wird also kein Termin bestimmt, Kramer NJW **77**, 1662, aM Bergerfurth JZ **78**, 299, Brühl FamRZ **78**, 552, ThP 2. Auch insofern besteht eine Hinweispflicht, § 139. Der Anwalt ist nach dem Eingang einer Verteidigungsanzeige des Gegners nicht zur Antragsrücknahme verpflichtet, Stgt AnwBl **85**, 265.

**D. Keine nachträgliche Verteidigungsanzeige.** Bis zum Eingang des vollständigen, unterschriebenen **17** Versäumnisurteils bzw des unechten Versäumnisurteils in der Geschäftsstelle der zuständigen Abteilung darf dort eine Verteidigungsanzeige des Bekl nicht wirksam eingegangen sein. Unerheblich ist ihr etwaiger Eingang auf der Verwaltungsgeschäftsstelle, Gerichtskasse, Posteinlaufstelle usw, KG MDR **89**, 1003, Bergerfurth JZ **78**, 299. Sie mag auch direkt oder stillschweigend zurückgenommen worden sein, Grdz 58 vor § 128, Stoffel/Strauch NJW **97**, 2372. Es ist ratsam, die Eingänge sowohl des Urteils als auch der Verteidigungsanzeige auf der Abteilungsgeschäftsstelle mit der jeweiligen Uhrzeit zu versehen. Man kann aber nicht verlangen, daß der Richter bzw Aktenbote mit der Übergabe des Urteils an den Urkundsbeamten der Geschäftsstelle zuwartet, bis der Posteingang durchgesehen worden ist, KG MDR **89**, 1003, aM ThP § 276 Rn 7 (aber das läßt sich zumindest beim größeren Gericht schon technisch gar nicht durchführen).

**E. Weitere Einzelfragen.** Das Gericht darf noch keinen frühen ersten Termin, KG MDR **85**, 417, oder **18** einen Haupttermin anberaumt haben, Mü MDR **83**, 324. II Hs 2 ist anwendbar, aM StJL § 276 Rn 35 (abl Gerhardt ZZP **99**, 494).

**8) Unzulässigkeit eines Versäumnisurteils ohne mündliche Verhandlung, III.** Es ergeht keine **19** Entscheidung ohne mündliche Verhandlung, wenn eine der folgenden Situationen vorliegt:

**A. Aufforderung nur nach § 275.** Es muß eine Aufforderung nicht gemäß § 276 erfolgt sein, sondern gemäß § 275, vgl § 335 I Z 4.

**B. Verteidigungsanzeige.** Der Bekl muß die Anzeige der Verteidigungsabsicht zwar entschuldigt oder **20** unentschuldigt verspätet eingereicht haben; sie muß aber noch vor dem Urteil auf der Geschäftsstelle eingegangen sein, Bergerfurth JZ **78**, 299, Franzki NJW **79**, 10, ThP § 276 Rn 5, aM Jauernig ZPR § 66 III 3 (hier sei erst das Wiedereinsetzungsverfahren durchzuführen), Unnützer NJW **78**, 986. Die Meldung eines Anwalts zur Akte, § 176 Rn 5, kann genügen, Bergerfurth JZ **78**, 299. Etwas anderes gilt, wenn der Anwalt zB nur Akteneinsicht begehrt.

**C. Klagerwiderung.** Der Bekl muß bis zum Eingang des Versäumnisurteils auf der Geschäftsstelle, **21** Rn 14, eine Klagerwiderung gemäß § 276 I 2 eingereicht haben, die eine Mitteilung der Verteidigungsabsicht umfaßt. In diesem Fall ist auch dann keine (nochmalige) Frist gemäß § 276 I 2 notwendig, wenn die erste Erwiderungsfrist fast oder schon abgelaufen ist, aM Kramer NJW **77**, 1661.

**D. Fehlerhafte Aufforderung nach § 276.** Die Aufforderung gemäß § 276 muß irgendwie fehlerhaft **22** gewesen sein. Sie muß zB einen Hinweis auf einen angeblichen, in Wahrheit nicht vorhandenen Anwaltszwang enthalten haben, § 335 I Z 4, dort Rn 9, Bergerfurth JZ **78**, 298.

**E. Unklarer Antrag.** Der Antrag auf Versäumnisurteil muß unklar gewesen sein, § 308 Rn 1. Freilich **23** hat das Gericht dann seine Fragepflicht zu erfüllen, § 139, Bergerfurth JZ **78**, 299. Der Bekl braucht zu einem nachgereichten Antrag des Klägers gemäß III nicht mehr gehört zu werden, KG RR **94**, 1344, aM Mü MDR **80**, 235.

**9) Verfahren ohne mündliche Verhandlung, III.** Es hat enorme praktische Bedeutung. **24**

**A. Allgemeines.** Die Entscheidung ergeht wie sonst. Es ist also das tatsächliche Vorbringen des Klägers in der Klageschrift als zugestanden anzusehen, I 1. Die Zuständigkeit ist von Amts wegen zu prüfen, I 2. Soweit danach der Klagantrag gerechtfertigt ist, ergeht ein Versäumnisurteil. Andernfalls ergeht eine Klagab-

*Hartmann* 1195

## §§ 331, 331a   2. Buch. 1. Abschnitt. Verfahren vor den LGen

weisung durch ein unechtes Versäumnisurteil, II, Üb 13 vor § 330, denn „die Entscheidung" in III meint jede der nach I, II möglichen und notwendigen Entscheidungen, BayVerfGH NJW **91**, 2079, Brdb MDR **97**, 1158, LG Bln RR **98**, 1285, aM zB Brdb MDR **98**, 1052, Grunsky JZ **77**, 203 (statt einer Abweisung erfolge eine Terminsbestimmung), ZöHe 13 (spricht unklar von einem „schriftlichen Versäumnisurteil gegen den Kläger").

Es kann also auch ein Urteil ergehen, das *teilweise* ein Versäumnisurteil, teilweise aber ein unechtes Versäumnisurteil ist. Wegen der Hinweispflicht des Gerichts auf Bedenken gegen das beantragte (echte) Versäumnisurteil vor Erlaß des unechten Üb 13 vor § 330. Ein Vorbringen des Klägers in einem weiteren Schriftsatz ist nur dann beachtlich, wenn der Bekl sich auch dazu äußern konnte, wozu ihm evtl eine weitere Frist zu setzen ist. Anders liegt es nur beim nachgereichten Antrag nach III, Rn 20.

**25**   **B. Urteil.** Im Urteil heißt es nicht, die Entscheidung ergehe auf die mündliche Verhandlung vom ..., sondern sie ergehe „auf Antrag ohne mündliche Verhandlung am ...". Soweit ein unechtes Versäumnisurteil ergeht, ist § 313 b unanwendbar, Ffm MDR **84**, 322. Die Kostenscheidung, §§ 91 ff, und die Entscheidung zur vorläufigen Vollstreckbarkeit, §§ 708 ff, lauten stets wie sonst. Das Urteil wird nicht verkündet, sondern von Amts wegen zugestellt, §§ 310 III, 317 I 1, 2. Es findet keine Hinausschiebung dieser Maßnahme statt, denn § 317 I 3 gilt nur für verkündete Urteile. Bei der Zustellung muß das Gericht gemäß § 340 III 4 von Amts wegen auf die Folgen eines verspäteten Einspruchs aufmerksam machen.

**26**   Das fertiggestellte, aber *nicht mehr zulässige* Versäumnisurteil, Rn 19–23, bleibt bei den Akten, denn man muß nachprüfen können, warum es nicht wirksam geworden ist. Auf seine Existenz und seine Begründung darf keine Partei eine Ablehnung des Gerichts stützen, denn das Gericht mußte ja eine Entscheidung treffen, nur ist diese eben nicht mehr wirksam geworden. Andere Entscheidungen, etwa ein Beweisbeschluß, ergehen nicht gemäß III, sondern nur gemäß § 128 II, III oder nach einer nunmehr im Rahmen von § 128 I notwendigen mündlichen Verhandlung. §§ 319–321 sind anwendbar, s dort.

**27**   Das Versäumnisurteil gemäß III kann auch in Nichtsommersachen, § 227 III 1, während der Zeit vom 1. 7. bis 31. 8. ergehen, erst recht in einem bloßen Verkündungstermin, § 227 III 1 Hs 1.

**28**   **C. Rechtsmittel.** Die Rechtsmittel sind wie sonst statthaft. Wegen des unvollständigen unechten Versäumnisurteils Üb 13 vor § 330.

**331a** *Entscheidung nach Aktenlage.* ¹Beim Ausbleiben einer Partei im Termin zur mündlichen Verhandlung kann der Gegner statt eines Versäumnisurteils eine Entscheidung nach Lage der Akten beantragen; dem Antrag ist zu entsprechen, wenn der Sachverhalt für eine derartige Entscheidung hinreichend geklärt erscheint. ²§ 251 a Abs. 2 gilt entsprechend.

**1**   1) **Systematik, S 1, 2.** Die Vorschrift gibt eine Wahlmöglichkeit neben §§ 330, 331. Sie setzt die Säumnis nur *einer* Partei voraus; sind beide säumig, so gilt § 251 a. Dessen II gilt auch bei § 331 a, dort S 2.

**2**   2) **Regelungszweck, S 1, 2.** Vgl zunächst § 251 a Rn 2. Eine Entscheidung nach Lage des Antrags hat je nach den Gesamtumständen Vor- und Nachteile. Diese muß derjenige, der sie beantragt, abwägen. Der Chance des die Instanz beendenden obsiegenden Urteils steht das Risiko des in dieser Instanz endgültigen Prozeßverlusts gegenüber.

**3**   3) **Geltungsbereich, S 1, 2.** Vgl zunächst Üb 3 vor § 330. Im arbeitsgerichtlichen Verfahren sind §§ 53, 60 I 3, 64 VII ArbGG beachtlich; es genügt die Anwesenheit in einer früheren Güteverhandlung, ArbG Bln BB **75**, 746, ArbG Ffm BB **76**, 1611.

**4**   4) **Antrag, S 1.** Es wird zu wenig angeregt.
**A. Antrag.** § 331 a mildert in jeder Instanz die Schädlichkeit der unbeschränkten Einspruchsfreiheit, indem er einen Antrag auf eine Entscheidung nach Aktenlage zuläßt, wenn der Kläger gegen den Bekl nach § 331 oder der Bekl gegen den Kläger nach § 330 ein Versäumnisurteil beantragen dürfte, BGH RR **90**, 342. Der Antrag ist ein Prozeßantrag, § 297 Rn 5, und muß gerade auf eine Entscheidung nach Aktenlage gehen. Er ist auch wegen eines Teils des Anspruchs zulässig. Die Partei kann allerdings auch hilfsweise ein Versäumnisurteil für den Fall beantragen, daß das Gericht eine Entscheidung nach Lage der Akten ablehnt. Ein Hilfsantrag auf ein Versäumnisurteil ist aber nicht für den Fall zulässig, daß eine Aktenlageentscheidung ungünstig ausfallen würde. Ein Aktenlageantrag nur für eine beschränkte, nicht abschließende Entscheidung, etwa hier auf den Erlaß eines Beweisbeschlusses, ist unzulässig. „Statt eines Versäumnisurteils": meint: auch eines unechten, zB bei § 331 II. Wenn die Partei überhaupt keinen Antrag stellt, dann liegt eine zweiseitige Säumnis vor, § 251 a, 333. Der Termin zur mündlichen Verhandlung kann auch ein solcher sein, auf den hin vertagt wurde, § 332 Rn 1.

**5**   **B. Auslegung.** Oft ist zweifelhaft, was ein Antrag bezweckt. Die Auslegung, Grdz 52 vor § 128, muß zeigen, ob die Partei einen förmlichen Antrag aus § 331 a stellt oder ob sie anheimstellt, aus § 251 a von Amts wegen nach der Aktenlage zu entscheiden, oder ob sie eine schriftliche Entscheidung nach § 128 II beantragt und annimmt, der Gegner werde später erscheinen und sich anschließen. Angesichts der verschiedenen Tragweite aller dieser Maßnahmen für die Hauptsache und die Kosten muß das Gericht eine ganz eindeutige Erklärung herbeiführen, §§ 139, 278 III.

**6**   5) **Entscheidung, S 1, 2.** Das Gericht geht oft zu zögerlich vor.
**A. Ermessen, S 1.** Dem Antrag „ist zu entsprechen, wenn der Sachverhalt für eine derartige Entscheidung hinreichend geklärt erscheint". Trotz der Mußfassung steht die Entscheidung im Ermessen des Gerichts. Aber das Gericht muß hier, anders als bei § 251 a, prüfen, ob nicht eine Aktenlageentscheidung möglich ist. Die Erfordernisse der Entscheidung sind dieselben wie bei § 251 a. § 331 a unterstellt nicht, wie § 331, ein Geständnis, sondern gibt nur die Möglichkeit für einen Antrag auf Aktenlageentscheidung. Daher

3. Titel. Versäumnisurteil §§ 331a–333

kann ein früheres gegnerisches Bestreiten zur Beweislast führen. Einer Sachverhandlung bedarf es nicht, anders als bei §§ 330, 331. Die Entscheidung braucht kein Urteil zu sein. Sie kann gegen den Antragsteller ergehen, weil ihr das beiderseitige Vorbringen zugrunde liegt. Eine hinreichende Klärung ist hier dasselbe wie in § 251 a.

Fehlt eine Voraussetzung des Antrags, so ist er *zurückzuweisen*, § 335, wobei der Vorsitzende einen neuen Termin bestimmen kann und muß. Der zurückweisende Beschluß ist unanfechtbar, § 336 II. Die Folge einer Entscheidung, die kein Urteil ist, lautet: Die Schriftsätze gelten als vorgetragen, Zulässigkeitsrügen sind aber bei einer schriftlichen Einlassung verloren, § 296 III. Das Urteil ist kein Versäumnisurteil, sondern ein gewöhnliches Endurteil. Seine Voraussetzungen sind die eines streitmäßigen Urteils. Gegen ein Urteil ist nicht der Einspruch nach § 338, sondern Berufung statthaft, §§ 511 ff.

*Gebühren:* Des Gerichts KV 1201 ff (keine Besonderheit); des Anwalts § 33 BRAGO.

**B. Entsprechende Anwendung des § 251 a II, S 2.** Sie bezieht sich nur auf ein Urteil, S 2. Ein solches verlangt eine frühere mündliche Verhandlung und die Anberaumung eines Verkündungstermins mit besonderer Benachrichtigung des Säumigen. In dieser Instanz muß streitig verhandelt worden sein, § 137 Rn 7. § 251 a III ist nicht anwendbar gemacht worden; das Gericht darf nicht das Ruhen anordnen, weil damit auch der Nichtsäumige betroffen würde, Ffm RR **98**, 1288. Daß eine Vertagung zulässig ist, §§ 227, 337, ergibt sich schon daraus, daß jedem Antrag auf eine Aktenlageentscheidung ein Hilfsantrag auf Verlegung innewohnt. In den Fällen des unechten Versäumnisurteils, Üb 13 vor § 330, ist eine Aktenlageentscheidung ohne die Beschränkung des § 251 a II 1, 2 zulässig, namentlich dann, wenn Prozeßvoraussetzungen fehlen, Grdz 12 vor § 253, StjSchu 14, aM ThP 5; denn dann hat niemand ein schutzwürdiges Interesse daran, daß erst später ein Urteil ergeht als bei einem Antrag auf Versäumnisurteil. § 251 a II 4 bleibt auch dann anwendbar. **7**

**332** *Begriff des Verhandlungstermins.* Als Verhandlungstermine im Sinne der vorstehenden Paragraphen sind auch diejenigen Termine anzusehen, auf welche die mündliche Verhandlung vertagt ist oder die zu ihrer Fortsetzung vor oder nach dem Erlaß eines Beweisbeschlusses bestimmt sind.

**1) Systematik, Regelungszweck.** § 332 bezieht sich auf Versäumnis- und Aktenlageentscheidungen, **1** §§ 251 a, 330–331 a, nicht aber auf unechte Versäumnisurteile, Üb 13 vor § 330. Der Antrag nach § 331 a kann in einem Termin gestellt werden, falls die andere Partei in diesem ausgeblieben ist. § 332 macht eine Ausnahme vom Grundsatz der Einheitlichkeit der Verhandlung, Üb 3 vor § 253, § 296 a, indem das bisher vom Bekl Vorgetragene entfällt.

**2) Geltungsbereich.** Vgl Üb 3 vor § 330. **2**

**3) Grundsatz: Jeder Verhandlungstermin zur Hauptsache.** Verhandlungstermin ist auch der Termin, **3** auf den vertagt ist oder der der Fortsetzung der Verhandlung nach der Beweisaufnahme dienen soll, die aber grundsätzlich zunächst durchgeführt werden muß, §§ 367, 370, es sei denn, der Termin fände auf Grund eines Einspruchs des Säumigen statt: Dann ergeht ein Zweites Versäumnisurteil nach § 345. Erfaßt wird also hier jeder Verhandlungstermin, der nicht nur für einen Zwischenstreit bestimmt ist. Sobald die Partei einen Sachantrag gestellt hat, § 137 Rn 7, § 297, ist sie in diesem Termin grundsätzlich nicht mehr säumig, selbst wenn in ihm eine Beweisaufnahme folgte und wenn die Partei anschließend den Sachantrag nicht wiederholte, § 285 Rn 1, BGH RR **86**, 1253, Hamm MDR **74**, 407. In einem späteren Termin ist bei § 331 das Vorbringen des Klägers als zugestanden zu unterstellen, als wäre in einem ersten Termin vorgetragen. Prozeßhandlungen der Parteien in früheren Terminen, Geständnisse, Anerkenntnisse, Verzichte, die noch zu keinem Urteil führten, sowie Beweisaufnahmen verlieren, durch Einspruch auflösend bedingt, § 342, jede Bedeutung.

**4) Ausnahmen.** Es gelten folgende Einschränkungen: Das Gericht bleibt an seine End- und Zwischenurteile gebunden, § 318. Eine Vorabentscheidung nach § 304 bindet nur bei einer Säumnis des Bekl. Bei einer Säumnis des Klägers verliert dieses Zwischenurteil durch § 330 jede Bedeutung. Die frühere Verhandlung behält auch Bedeutung für die Zuständigkeit, § 39, und die Heilung von Mängeln der Klage, § 253 Rn 16. **4**

**333** *Nichtverhandeln des Erschienenen.* Als nicht erschienen ist auch die Partei anzusehen, die in dem Termin zwar erscheint, aber nicht verhandelt.

**1) Systematik, Regelungszweck, §§ 333, 334.** Die Vorschriften ergänzen zwecks Prozeßwirtschaftlichkeit, Grdz 14 vor § 128, die §§ 136, 251 a, 330–332. § 333 setzt, wie § 334 deutlich zeigt, ein völliges Nichtverhandeln voraus, und zwar bis zum Verhandlungsschluß, BGH NJW **93**, 862. Dann stört § 220 II nicht, BGH NJW **93**, 862. Beide Vorschriften gelten auch bei einer sitzungspolizeilichen Entfernung, § 158. Sie sind auf die Entscheidung nach Aktenlage nach §§ 251 a, 331 a anwendbar. **1**

**2) Geltungsbereich.** Vgl Üb 3 vor § 330. **2**

**3) Nichtverhandeln.** Wer nicht verhandelt oder nicht wirksam verhandeln darf, zB wegen Rechtsmißbrauchs, Einl III 54, etwa wegen verbotener Mehrfachvertretung trotz Interessenkollision, ist säumig. Verhandeln ist jede handelnde Teilnahme am Prozeßbetrieb in der mündlichen Verhandlung, im Ergebnis ebenso Bbg RR **96**, 318. Sie darf sich auf Prozeßvoraussetzungen beschränken, Grdz 12 vor § 253, etwa auf die Zuständigkeit, BGH NJW **67**, 728, strenger Ffm RR **98**, 280 (Richtung Sachentscheidung). Es genügt **3**

§§ 333-335  2. Buch. 1. Abschnitt. Verfahren vor den LGen

nicht ein Antrag auf Aussetzung, §§ 148 ff, BGH RR **86**, 1253, auf Trennung, § 145, auf Verbindung, § 147, auf Ablehnung eines Richters, § 42, BGH RR **86**, 1253. Im bloßen Stellen der Anträge liegt ein Verhandeln nur, aber auch bereits dann, wenn es ein sachliches Eingehen auf das Vorbringen des Gegners einschließt, § 137 Rn 5, Kblz JB **95**, 197, Köln MDR **91**, 896, Schlesw SchlHA **86**, 91. Das gilt bis zum Verhandlungsschluß, §§ 136 IV, 296a, BGH NJW **93**, 862. Dann stört § 220 II nicht, BGH NJW **93**, 862. Ausreichend ist auch ein stillschweigendes sachliches Eingehen, § 137 Rn 12, Ffm RR **98**, 280, Kblz JB **95**, 197, ArbG Düss RR **92**, 366 zB ein Widerklageantrag, Anh § 253.

Ein *Beweisantrag* ist Verhandlung; ein bloßer Vertagungsantrag, §§ 227, 337, ist keine Verhandlung. Es handelt sich im einzelnen um eine Tatfrage, auch bei der Beurteilung einer Erörterung, insofern abw Kblz MDR **82**, 858. Wenn aber verhandelt ist, greift § 333 selbst dann nicht ein, wenn nach der Verhandlung die Vertretung niedergelegt oder die Fortsetzung der Verhandlung verweigert wird, BGH **LM** § 88 Nr 3. Wer zwar den Saal betritt, dann aber einfach die Handakten hinlegt und auf keinen Zettel mit dem „Auftrag" an irgendeinen beim Aufruf evtl anwesenden Kollegen zur Vertretung hinterläßt, ist säumig, vgl LG Duisb RR **91**, 1022. Noch weniger reicht die Aufforderung an das Gericht, dieses möge einen Kollegen derart „beauftragen" usw. Das Gericht darf solchen Auftrag „offiziell" gar nicht annehmen.

4 Sobald die Partei während des Termins einen *Sachantrag* stellt, § 297 Rn 1, ist sie nicht mehr säumig und kann eine Säumniswirkung auch nicht durch die anschließende Erklärung herbeiführen, sie nehme den Sachantrag zurück, Ffm RR **92**, 1406, oder verweigere jede weitere Erklärung, oder „trete nicht auf". Sie *ist* ja bereits verhandelnd aufgetreten; zum Problem Schneider MDR **92**, 827. Wenn zunächst auf Grund eines Antrags verhandelt und sodann Beweis erhoben wurde, dann schadet das Nichtverhandeln bei der abschließenden Erörterung wegen der Einheit der mündlichen Verhandlung nicht, § 285 Rn 1, BGH **63**, 95, Hamm NJW **74**, 1097. Etwas anderes gilt, wenn der Termin mit der Beweisaufnahme begonnen hat, Üb 4 vor § 330. Das Unterlassen der Verhandlung über einen des Teilurteils fähigen Teilanspruch oder bloß über die Klage oder Widerklage ist Nichtverhandeln im Sinne des § 333 nur dann, wenn die Partei ausdrücklich zum Verhandeln aufgefordert worden ist. Auf den Grund des Nichtverhandelns kommt es nicht an, § 337 Rn 4. § 333 gilt auch dann, wenn die Partei nicht verhandeln darf.

5 **4) Entscheidung.** Es sind zwei Situationen zu unterscheiden.

**A. Antrag, aber keine Säumnis.** Wenn die Partei ein Versäumnisurteil beantragt, das Gericht aber die Säumnis verneint, weil es eine unvollständige Verhandlung annimmt, § 334, erfolgt eine Zurückweisung durch Beschluß oder durch streitmäßiges Endurteil in der Sache, zu dem der Antrag auf Versäumnisurteil eine ausreichende Unterlage gibt.

6 **B. Antrag und Säumnis.** Wenn die Partei ein streitmäßiges Urteil beantragt und das Gericht eine volle Säumnis annimmt, erfolgt eine Zurückweisung durch Beschluß, weil eine Versäumnisentscheidung einen besonderen Antrag verlangt. Gegen den Beschluß ist kein Rechtsbehelf gegeben, § 567; § 336 ist unanwendbar. Nach § 251a ist zu verfahren, wenn kein zulässiger Antrag gestellt wurde, Bbg OLGZ **76**, 353. Das Gericht hat eine Frage- bzw Aufklärungspflicht, §§ 139, 278 III.

7 **C. Kein Antrag, aber Säumnis.** Wenn das Gericht ein Versäumnisurteil ohne Antrag erläßt, kann der Verurteilte Einspruch einlegen; der Gegner hat keinen Rechtsbehelf.

## 334

*Teilweises Verhandeln.* **Wenn eine Partei in dem Termin verhandelt, sich jedoch über Tatsachen, Urkunden oder Anträge auf Parteivernehmung nicht erklärt, so sind die Vorschriften dieses Titels nicht anzuwenden.**

1 **1) Geltungsbereich.** Vgl zunächst § 330 Rn 3, § 333 Rn 1. § 334 gilt also nicht, soweit ein Verhandeln über einen des Teilurteils, § 301, fähigen Teilanspruch usw zulässig ist und stattfindet. § 334 greift zB dann ein, wenn eine Partei nach ihrer anfänglichen Verhandlung eine weitere Erklärung zu denselben Punkten verweigert. Wenn sich die Partei bei der Verhandlung im übrigen nicht zu Tatsachen, Urkunden, Anträgen auf Parteivernehmung erklärt, dann gelten die §§ 85 I, 138 III, IV, 427, 439 I, III, 446, 453, 454, 510; abgesehen davon ist ihr Verhalten frei zu würdigen, § 286. Eine Versäumnisentscheidung oder eine Entscheidung nach Aktenlage sind immer unzulässig. Wohl aber sind §§ 282, 296, 528 anwendbar.

## 335

*Unzulässigkeit einer Versäumnisentscheidung.* **I Der Antrag auf Erlaß eines Versäumnisurteils oder einer Entscheidung nach Lage der Akten ist zurückzuweisen:**
1. **wenn die erschienene Partei die vom Gericht wegen eines von Amts wegen zu berücksichtigenden Umstandes erforderliche Nachweisung nicht zu beschaffen vermag;**
2. **wenn die nicht erschienene Partei nicht ordnungsmäßig, insbesondere nicht rechtzeitig geladen war;**
3. **wenn der nicht erschienenen Partei ein tatsächliches mündliches Vorbringen oder ein Antrag nicht rechtzeitig mittels Schriftsatzes mitgeteilt war;**
4. **wenn im Falle § 331 Abs. 3 dem Beklagten die Frist des § 276 Abs. 1 Satz 1 nicht mitgeteilt oder er nicht gemäß § 276 Abs. 2 belehrt worden ist.**

**II Wird die Verhandlung vertagt, so ist die nicht erschienene Partei zu dem neuen Termin zu laden.**

3. Titel. Versäumnisurteil § 335

**Gliederung**

| | | | |
|---|---|---|---|
| 1) Systematik, I, II | 1 | 6) Fehlen einer Mitteilung, I Z 3 | 7, 8 |
| 2) Regelungszweck, I, II | 2 | A. Grundsatz: Tatsachenvortrag; Sachantrag | 7 |
| 3) Geltungsbereich, I, II | 3 | B. Verfahren | 8 |
| 4) Fehlen einer Nachweisung, I Z 1 | 4, 5 | 7) Mitteilung bzw Belehrung, I Z 4 | 9 |
| A. Grundsatz: Von Amts wegen zu berücksichtigender Umstand | 4 | 8) Vertagung, II | 10 |
| B. Verfahren | 5 | 9) Rechtsbehelfe, I, II | 11 |
| 5) Mangel der Ladung, I Z 2 | 6 | | |

**1) Systematik, I, II.** Die Vorschrift, die im Gegensatz zu § 337 eine endgültige Regelung schafft, faßt **1** einige Fälle zusammen, in denen eine Versäumnisentscheidung unzulässig ist und daher der Antrag auf eine Versäumnisentscheidung durch einen zu verkündenden Beschluß, § 336, zurückgewiesen werden muß. Die Nov 24 hat die ursprünglich nur für Versäumnisurteile geltende Vorschrift auf die Entscheidung nach Aktenlage anwendbar gemacht, ohne die Verschiedenheit beider Urteile zu berücksichtigen; daher rühren Unstimmigkeiten. Man sollte aber mit einer entsprechenden Anwendung, die Hamm RR **91**, 703 etwa bei einem Verstoß gegen § 278 III für möglich hält (und dort offen läßt), zurückhalten. Eine Zurückweisung liegt meist auch in der Vertagung trotz eines Antrags auf eine Versäumnisentscheidung, § 336 Rn 3. Sie berührt die Rechtshängigkeit nach § 261 nicht. Das Gericht kann sofort einen neuen Termin bestimmen und dazu laden und trifft die unterlassenen Maßnahmen des § 276 jetzt. Wenn ein eindeutiges Versäumnisurteil zu Unrecht ergeht, dann kann es nur mit Einspruch angegriffen werden, nicht auch mit der Berufung; der sog Meistbegünstigungsgrundsatz gilt dann also nicht, BGH NJW **94**, 666. Wird der Einspruch versäumt, so wird das Versäumnisurteil rechtskräftig. Wegen § 554 II Z 2 BGB vgl § 331 Rn 12.

**2) Regelungszweck, I, II.** Die Vorschrift dient wie § 337 dem rechtlichen Gehör, Art 103 I GG, als **2** einen wesentlichen Erfordernis der Rechtsstaatlichkeit, Einl III 15 ff. Sie ist daher im Zweifel zugunsten des Gegners auszulegen.

**3) Geltungsbereich, I, II.** Vgl Üb 3 vor § 330. **3**

**4) Fehlen einer Nachweisung, I Z 1.** Die Vorschrift ist sorgfältig zu beachten. **4**

**A. Grundsatz: Von Amts wegen zu berücksichtigender Umstand.** Überflüssigerweise bestimmt Z 1, daß der Antrag zurückzuweisen ist, wenn der Erscheinende einen vom Amts wegen zu berücksichtigen den Punkt, Grdz 39 vor § 128, nicht nachweisen kann. Hierher gehören alle sachlichen und förmlichen Voraussetzungen der Versäumnisentscheidung, die von Amts wegen zu prüfen sind, Üb 3 vor § 330, zB: Die Klagerhebung; die Zuständigkeit, § 331 Rn 5; die anderweitige oder fehlende Rechtshängigkeit, § 261, BGH FamRZ **87**, 928; die Kostensicherheitsleistung, § 110; die Anerkennung eines ausländischen Urteils, § 328; eine völlige Säumnis, § 333; beim AG (nur dort, § 88 II) die Vollmacht des Vertreters (Ausnahme: es tritt ein Anwalt auf); die Notwendigkeit, einen Dolmetscher zuzuziehen, LG Bln ZMR **87**, 23. Wegen § 88 I vgl dort Rn 13.

**B. Verfahren.** Bei einem für den Erschienenen behebbaren Mangel ergeht ein Beschluß auf Zurück- **5** weisung. Bei einem für den Erschienenen unbehebbaren Mangel, etwa bei dauernder Mangel der Prozeßfähigkeit, oder beim Fehlen des nur dem Gegner zustehenden Verweisungsantrags, zB nach § 281, oder dann, wenn die Partei seine Behebung ablehnt, oder bei Unzuständigkeit, § 331 Rn 24, LG Bln RR **98**, 1285, wird die Klage durch unechtes Versäumnisurteil, Üb 13 vor § 330, oder durch ein Urteil nach Aktenlage abgewiesen, § 251 a. Fehlt die Zuständigkeit, so wird auf Antrag auch verwiesen, §§ 281, 506. Es besteht eine Frage- und Aufklärungspflicht, §§ 139, 278 III. Die Behauptung einer Zuständigkeit aus §§ 29 II, 38 ist unbeachtlich, § 331 I 2, vgl auch § 40 II. Wer ein Urteil begehrt, hat die Nachweise für die von Amts wegen zu beachtenden Umstände zu liefern, und zwar ohne Rücksicht auf die Parteistellung. Bei einem Antrag auf eine Entscheidung nach Aktenlage ist nach Rn 4 eine Zurückweisung ganz unangebracht. Das Gericht hat Beweis zu beschließen oder dem Kläger evtl eine Auflage nach § 283 zu machen; da das Verfahren dem streitigen entspricht, ist hier immer der Kläger beweispflichtig.

**5) Mangel der Ladung, I Z 2.** Der Antrag ist zurückzuweisen, wenn der Säumige nicht ordnungsmäßig **6** oder nicht rechtzeitig geladen worden ist, Üb 8 vor § 330. Das gilt natürlich nur, soweit es einer Ladung bedarf, daher nicht bei § 331 III und nicht bei einem verkündeten Termin, § 218, wenn der Säumige zu demjenigen Termin geladen worden war, in dem verkündet ist, s aber II. Eine Bekanntmachung des Termins durch eine zulässige Mitteilung beim AG, § 497 II, steht der Ladung gleich. Die Ladungs- und Einlassungsfrist, §§ 217, 239 III, 274 III (wegen des Mahnverfahrens § 697 Rn 12), § 604 II, muß eingehalten sein, Hamm RR **93**, 896; es ist eine ordnungsmäßige Zustellung notwendig, §§ 270, 329 II 2. Unerheblich ist, ob derjenige rechtzeitig oder überhaupt vom Termin benachrichtigt wurde, der im Termin auch erschienen ist, § 337 Rn 4. Wer abwesend ist oder zwar erscheint, aber nicht verhandelt, § 333 Rn 2, kann nicht nach § 295 verzichten. Wenn die Klage erst nach einer Vertagung zugestellt wurde, dann gilt § 253 Rn 10. Z 2 gilt sowohl für das Versäumnisurteil als auch für die Aktenlageentscheidung. Eine Ankündigung des Prozeßantrags ist nicht erforderlich, Köln MDR **91**, 896. Eine Belehrung über Säumnisfolgen ist nicht erforderlich, Düss MDR **87**, 769, und auch nicht ratsam.

**6) Fehlen einer Mitteilung, I Z 3.** Auch diese Vorschrift fordert genaue Beachtung. **7**

**A. Grundsatz: Tatsachenvortrag; Sachantrag.** Dem Säumigen muß jedes tatsächliche mündliche Vorbringen, also alles, was zur sachlichen Begründung des Versäumnisantrags nötig ist, und ferner jeder Sachantrag, § 297 Rn 4, rechtzeitig und, soweit überhaupt ein Schriftsatzzwang besteht, eben schriftsätzlich mitgeteilt worden sein, §§ 129 a, 132, 226, 262, 274 III, 496. Prozeßanträge, § 297 Rn 5, gehören nicht hierher, namentlich nicht der Antrag auf Erlaß eines Versäumnisurteils, § 331 Rn 20, auch nicht der Antrag, einen Vollstreckungsbescheid aufrechtzuerhalten, auch nicht der Antrag auf eine Zurückweisung des gegne-

Hartmann 1199

rischen Rechtsmittels, BGH NJW **70**, 100, Celle MDR **93**, 686. Eine weitere Form der Mitteilung ist nicht vorgeschrieben. Darum ist es unerheblich, wie die Mitteilung nachgewiesen wird. Es genügt zB, daß eine Erwiderung bei den Akten oder im Besitz des Erschienenen ist. Ein Schriftsatz ist selbst bei einem grundsätzlichen Schriftsatzzwang ausnahmsweise dann nicht erforderlich, wenn sich sämtliche Richter eines früheren mündlichen Vortrags aus einer Streitverhandlung erinnern oder wenn sich der Vortrag aus den Akten, insbesondere aus dem Protokoll ergibt. Eine Protokollierung vor dem Einzelrichter genügt. Das folgt aus dem Grundsatz der Einheit der Verhandlung, § 296 a. Eine Abstandnahme von Tatsachen oder Anträgen bedarf als ein Weniger keiner Mitteilung. Wegen § 331 III Rn 9.

**8**   **B. Verfahren.** Soweit ein Antrag auf Versäumnisurteil vorliegt, ist Z 3 nur bei einer Säumnis des Bekl oder Widerbekl oder Rechtsmittelbekl anwendbar. Bei einer Säumnis des Klägers tritt der Rechtsverlust nach § 330 ohne weiteres ein. Soweit ein Antrag auf Aktenlageentscheidung vorliegt, vgl insbesondere § 251 a Rn 9, 10, ist die „rechtzeitige Mitteilung" hier ganz im Sinne des § 251 a Rn 21 zu verstehen.

**9**   **7) Mitteilung bzw Belehrung, I Z 4.** Vgl zunächst § 276 Rn 4, 14. Es ist unerheblich, ob der Antrag des Klägers nach § 331 III schon in der Klageschrift enthalten war. Freilich sind in der Regel zunächst die unterlassenen Maßnahmen von Amts wegen nachzuholen, Rn 1. Der Antrag nach § 331 III wird nicht fristgebunden mitgeteilt, auch nicht, falls er schon in der Klageschrift enthalten war, AG BergGladb NJW **77**, 2080. Z 4 ist im arbeitsgerichtlichen Verfahren unanwendbar, Philippsen pp NJW **77**, 1135.

**10**   **8) Vertagung, II.** Ein unbedingter Anspruch auf Vertagung besteht nicht. Sie ist nur aus erheblichen Gründen zulässig, § 227 I, Ffm FamRZ **93**, 1468, aM ZöHe 6. Vertagt das Gericht, weil es dem Antrag auf eine Versäumnisentscheidung aus den Gründen Z 1–4 nicht stattgeben will, so ist der Säumige trotz § 218 zu dem neuen, wenn auch verkündeten Termin zu laden, § 274, Köln RR **95**, 446 (auch zu einer ausländischen Entscheidung). Für andere Fälle gilt das nicht. Die Neuladung ist dann entbehrlich, wenn das Gericht auf Antrag des Erschienenen einen neuen Termin ordnungsgemäß verkündet hat. Wenn aber die Ladungsfrist, § 217, zum früheren Termin nicht gewahrt war, dann ist immer eine neue Ladung notwendig, weil § 218 eine ordnungsmäßige Ladung voraussetzt, Mü VersR **74**, 675.

**11**   **9) Rechtsbehelfe, I, II.** Vgl Rn 1 und § 336. In einem Vertagungsantrag liegt der Verzicht auf eine sofortige Beschwerde.

**336**   *Rechtsmittel bei Zurückweisung.* I ¹Gegen den Beschluß, durch den der Antrag auf Erlaß des Versäumnisurteils zurückgewiesen wird, findet sofortige Beschwerde statt. ²Wird der Beschluß aufgehoben, so ist die nicht erschienene Partei zu dem neuen Termin nicht zu laden.

II Die Ablehnung eines Antrages auf Entscheidung nach Lage der Akten ist unanfechtbar.

**1**   **1) Systematik, Regelungszweck, I, II.** Die Vorschrift geht als Sonderregel den §§ 252, 567 ff vor, findet indes in § 577 ihre nähere Ausgestaltung. Sie dient der Prozeßwirtschaftlichkeit, Grdz 14 vor § 128.

**2**   **2) Geltungsbereich, I, II.** Vgl Üb 3 vor § 330.

**3**   **3) Sofortige Beschwerde, I 1.** Weist das Gericht den Antrag auf den Erlaß eines Versäumnisurteils aus § 335 zurück, weist es ihn aus einem anderen Grund zurück, so kann der Erschienene, der keine Vertagung beantragt hat, § 335 Rn 10, die sofortige Beschwerde einlegen, § 577, Hamm RR **91**, 703, KG MDR **83**, 412, Zweibr FamRZ **97**, 506. Das gilt auch dann, wenn das Versäumnisurteil nur gegen einen Streitgenossen, §§ 59 ff, verweigert worden ist; wenn das Gericht den Beschluß in ein anderes Versäumnisurteil aufgenommen hat. Es gilt nicht, wenn das Gericht ein Teilversäumnisurteil abgelehnt hat, weil ein solches Urteil im gerichtlichen Ermessen steht, oder wenn es ein klagabweisendes sog unechtes Versäumnisurteil, Üb 13 vor § 330, erlassen hat, BGH NJW **87**, 1204.

Ist nach einem Antrag auf Versäumnisentscheidung eine *Vertagung* oder eine *Auflage* erfolgt, so ist damit der Antrag meist zurückgewiesen, Hamm RR **91**, 703, KG MDR **83**, 412. Freilich kommt es auf die Gesamtumstände an. Andernfalls könnte man eine Vertagung glatt unterlaufen. Die sofortige Beschwerde geht verloren, wenn der Berechtigte im neuen Termin trotz Erscheinens des Gegners eine Vertagung beantragt, weil er damit eine neue Kette von Terminen eröffnet.

Die *Beschwerdefrist* von 2 Wochen beginnt mit der Verkündung des Beschlusses, § 577 II. LG Köln MDR **85**, 593 läßt sich im Fall einer Verkündung in einem besonderen Verkündungstermin erst mit der Zustellung nach § 329 III beginnen. Im Beschwerdeverfahren ist der Säumige nicht zu hören, KG MDR **83**, 412. Bei der Aufhebung des Beschlusses hat das Beschwerdegericht das weitere Verfahren der ersten Instanz zu überlassen, vgl I 2, BGH MDR **83**, 523, KG MDR **83**, 412. Soweit das LG als Berufungs- oder Beschwerdegericht entschieden hat, ist die Beschwerde unzulässig, § 567 III 1, ebenso, soweit das OLG entschieden hat, § 567 IV 1. Es ist keine weitere Beschwerde zulässig, § 568 II 1, KG MDR **83**, 412. Wird die sofortige Beschwerde zurückgenommen, kann § 515 III anwendbar sein, Zweibr FamRZ **97**, 506.

**4**   **4) Keine Ladung, I 2.** Zur neuen Verhandlung vor der unteren Instanz nach der Aufhebung ihres zurückweisenden Beschlusses ist dann der Gegner nicht zu laden. Wenn er erscheint, dann gebietet es die Prozeßwirtschaftlichkeit, Grdz 14, 15 vor § 128, ihn zur Verhandlung zuzulassen, Hamm RR **91**, 703, RoSGo § 107 III 2 c (3), ThP 1, aM StJSchu 8 (beim Zweiten Versäumnisurteil nach § 345). Es gibt kein späteres Versäumnisurteil von Amts wegen, vielmehr ist beim Ausbleiben des Beschwerdeführers oder dann, wenn er jetzt kein Versäumnisurteil mehr beantragt, § 251 a anwendbar.

**5**   **5) Entscheidung nach Aktenlage, II.** Sie steht bei § 331 a wegen der Spruchreife im richterlichen Ermessen. Deshalb läßt II keine Anfechtung der Ablehnung zu. Nach einer Ablehnung kann die Partei ein Versäumnisurteil beantragen, auch hilfsweise. Stellt sie keinen weiteren Antrag, so kann das Gericht vertagen, nicht das Ruhen anordnen, § 331 a Rn 7.

3. Titel. Versäumnisurteil § 337

**337** *Vertagung von Amts wegen.* ¹Das Gericht vertagt die Verhandlung über den Antrag auf Erlaß des Versäumnisurteils oder einer Entscheidung nach Lage der Akten, wenn es dafür hält, daß die von dem Vorsitzenden bestimmte Einlassungs- oder Ladungsfrist zu kurz bemessen oder daß die Partei ohne ihr Verschulden am Erscheinen verhindert ist. ²Die nicht erschienene Partei ist zu dem neuen Termin zu laden.

**Schrifttum:** *Hartung,* Das anwaltliche Verbot des Versäumnisurteils, 1991; *Taupitz,* Das Versäumnisurteil zwischen anwaltlicher Kollegialität und Mandantenrecht, Festschrift für *Pawlowski* (1997) 443.

**Gliederung**

| | | | |
|---|---|---|---|
| 1) **Systematik,** S 1, 2 | 1 | B. Beim Zweifel oft: Verhandlung und Verkündungstermin | 5 |
| 2) **Regelungszweck,** S 1, 2 | 2 | C. Beispiele zur Frage des Vorliegens einer Entschuldigung | 6–16 |
| 3) **Geltungsbereich,** S 1, 2 | 3 | D. Erste Instanz | 17 |
| 4) **Vertagung,** S 1, 2 | 4–18 | E. Rechtsmittel | 18 |
| A. Grundsatz: Nur bei schuldloser Verhinderung | 4 | 5) **Neuer Termin,** S 1, 2 | 19 |

**1) Systematik, S 1, 2.** Die Vorschrift, die im Gegensatz zu § 335 eine nur vorläufige Regelung schafft, kennt ähnlich dem § 227 einige Fälle, in denen eine Entscheidung noch nicht ergehen darf. **1**

**2) Regelungszweck, S 1, 2.** Die Vorschrift dient wie § 335 dem rechtlichen Gehör, Art 103 I GG, als einem wesentlichen Erfordernis der Rechtsstaatlichkeit, Einl III 15 ff. Es muß indessen wie bei § 227 auch im Interesse der Prozeßwirtschaftlichkeit, Grdz 14 vor § 128, eine zu großzügige Vertagungspraxis unterbleiben. Beides ist bei der Auslegung mitzubeachten. **2**

**3) Geltungsbereich, S 1, 2.** Vgl Üb 3 vor § 330. **3**

**4) Vertagung, S 1, 2.** Das Gericht muß behutsam abwägen. **4**

**A. Grundsatz: Nur bei schuldloser Verhinderung.** Die Vorschrift ist wegen § 333 nur auf den Nichterschienenen anwendbar, Hamm NJW **91**, 1067. Ihm steht im schriftlichen Vorverfahren der Bekl gleich, der keine Verteidigungsanzeige macht, § 276 I 1. Vor einem Antrag auf den Erlaß einer Versäumnisentscheidung darf das Gericht nur aus einem wichtigen Grund vertagen, § 227 I. Nach einem solchen Antrag muß es vertagen, wenn die Einlassungsfrist oder Ladungsfrist, die der Vorsitzende bestimmt, §§ 226, 239 III, 274 III 3, 520 III 2, 555 II (also nicht die gesetzliche nach § 217), nach seinem Ermessen für den nicht Erschienenen zu kurz war. Das kann namentlich bei einem Auswärtigen oder einem Abwesenden zutreffen.

Das Gericht muß auch dann vertagen, wenn die Partei bzw ihr Vertreter, §§ 51 II, 85 II, nach der Vermutung des Gerichts *schuldlos* am Erscheinen verhindert ist, § 233 Rn 11, BGH VersR **81**, 1056, KG OLGZ **93**, 360. Es ist keine Unabwendbarkeit mehr nötig; normales Verschulden schadet, BGH VersR **99**, 157. Hier genügt es, daß der Grund offenkundig, § 291, oder glaubhaft ist, § 294. An die Glaubhaftmachung sind vor einem Zweiten Versäumnisurteil nach § 345 evtl geringeren Anforderungen zu stellen, LG Düss MDR **88**, 326 (es schlägt einen Verkündungstermin vor), aM LAG Ffm BB **95**, 468 unten. Der Verhinderte muß wenigstens in zumutbarer Weise sein Ausbleiben rechtzeitig mitteilen, Brdb RR **98**, 1679.

Die bloße *Behauptung* einer Verhinderung reicht, abgesehen von den von Amts wegen zu beachtenden Fällen einer Prozeßunfähigkeit, § 51, Grdz 39 vor § 128, Mü RR **89**, 255, keineswegs aus, denn mit ihr könnte die Partei den Prozeßfortgang beliebig verzögern. Das verkennt ZöHe 3. Die bloße Mitteilung, man werde „abwesend" oder „verhindert" oder „geschäftlich verhindert" sein, ist nicht einmal eine schlüssige Begründung, geschweige denn eine Glaubhaftmachung, und gibt auch keinen Anlaß zu Nachfragen oder einer Nachfrist. Im Fall der schuldlosen Verhinderung muß ein unechtes Versäumnisurteil, Üb 13 vor § 330, unzulässig sein. § 337 ist wegen § 333, dort Rn 3, auf die erschienene, aber nicht verhandelnde Partei unanwendbar, Hamm NJW **91**, 1067, und zwar selbst dann, wenn sie fehlerhaft geladen wurde. Ausreichende Gründe sind bis zur Verkündung, LG Bln MDR **95**, 1067, auch von Amts wegen zu beachten, Grdz 39 vor § 128; sie brauchen sich nicht aus der Verhandlung oder aus den Akten zu ergeben oder mitgeteilt worden zu sein, LG Bln MDR **95**, 1067.

**B. Beim Zweifel oft: Verhandlung und Verkündungstermin.** Soweit noch unklar ist, ob eine Schuldlosigkeit vorliegt, sollte das Gericht vom Erschienenen den Sachantrag und einen Antrag auf Versäumnisurteil stellen lassen und, evtl nach Erörterung der Schlüssigkeitsfragen usw, einen Verkündungstermin anberaumen, dem Abwesenden eine Frist zur Nachholung einer ausreichenden Entschuldigung setzen und nach fruchtlosem Fristablauf durch Versäumnisurteil, auch durch sog Zweites Versäumnisurteil, oder durch Aktenlageurteil entscheiden, bei nachträglich ausreichender Entschuldigung aber einen neuen Verhandlungstermin ansetzen. **5**

**C. Beispiele zur Frage des Vorliegens einer Entschuldigung** **6**

**Anwaltsbereitschaft:** Eine Entschuldigung dürfte vorliegen, wenn der Säumige trotz aller Bemühung, LAG Ffm NJW **73**, 1719, noch keinen zu seiner Vertretung bereiten Anwalt gefunden hat. **Anwaltsvereinbarung:** Rn 12 „Vereinbarung".

**Arbeitsunfähigkeit:** Rn 6 „Erkrankung".

**Belehrung:** Eine Entschuldigung fehlt, soweit das Gericht eine mißverständliche, der ProzBev aber eine richtige Belehrung über die Säumnisfolgen gegeben haben, Düss MDR **87**, 769.

**Bestellungsanzeige:** Rn 9 „Späte Bestellung".

**Einspruch:** Rn 11 „Urlaub".

**Erkrankung:** Eine Entschuldigung liegt grds nur dann vor, wenn die Partei bzw der ProzBev, § 85 II, eine ernsthafte Erkrankung unverzüglich meldet, KG MDR **99**, 185, LAG Köln BB **94**, 867, und glaubhaft ein Attest ankündigt, LG Düss MDR **88**, 326 (es schlägt einen Verkündungstermin vor). Ein Attest kann näher

**§ 337**

zu erläutern sein, selbst wenn es „Verhandlungsunfähigkeit" bescheinigt, Nürnb MDR **99**, 315, und kann evtl entkräftet werden), oder wenn die Partei krankheitsbedingt derzeit prozeßunfähig ist, Mü RR **89**, 255; oder wenn der ProzBev plötzlich erkrankt ist.

Keine Entschuldigung liegt vor, soweit eine wenn auch krankheitsbedingte Arbeitsunfähigkeit immerhin derzeit nicht auch die Reise- bzw Verhandlungsfähigkeit beeinträchtigt, Zweibr JB **76**, 1256.

**Erkundigungspflicht:** Als Entschuldigung kann es aus den in Rn 10 „Standesrecht" dargelegten Gründen nicht mehr ausreichen, daß ein Anwalt ein Versäumnisurteil beantragt, ohne sich zuvor wenigstens telefonisch nach dem Grund des Ausbleibens des gegnerischen Kollegen zu erkundigen, aM Nürnb AnwBl **83**, 28. Es kommt auf die Gesamtumstände an.

S auch Rn 10 „Standesrecht", Rn 12 „Vereinbarung".

**7 Fragepflicht:** Der Vorsitzende darf und muß im Rahmen des Zumutbaren versuchen, den Grund für das Ausbleiben des Anwalts zu erfahren, zB durch eine telefonische Rückfrage in seiner Kanzlei, falls er kurz zuvor in anderer Sache gesichtet worden war. In solchem Fall liegt aber kein Anscheinsbeweis für Schuldlosigkeit vor; nach der Lebenserfahrung kann beim Anwalt wie in jedem Beruf auch schlichtes Vergessen oder mangelhafte Organisation die Ursache sein, und die ist gerade *kein* Fall einer Entschuldigung. Der erschienene Prozeßgegner mag einen Anspruch auf ein Versäumnisurteil oder ein Urteil nach Aktenlage oder nach § 495 a haben.

**Kartellanwalt:** Vgl BGH NJW **78**, 428.
**Kollegialität:** Rn 10 „Standesrecht", Rn 12 „Vereinbarung".
**Krankheit:** Rn 6 „Erkrankung".
**Mittellosigkeit:** Eine Entschuldigung kann vorliegen, wenn die Partei die Mittel einer Reise vom auswärtigen Wohnort nicht hat, auch keine Prozeßkostenhilfe beantragt, aber Reisekostenerstattung nach den Ländererlassen, abgedruckt bei Hartmann Teil V § 18 Anh I, II, beantragen könnte und dazu noch keine ausreichende Gelegenheit erhalten hat, LAG Ffm BB **95**, 468.

**8 Prozeßkostenhilfe:** Als Entschuldigung reicht es aus, wenn das Gericht über einen ordnungsgemäß und rechtzeitig gestellten Antrag auf die Gewährung einer Prozeßkostenhilfe vorwerfbar noch nicht entschieden hat, LAG Mü AnwBl **90**, 176. Es kann als Entschuldigung ausreichen, wenn das Gericht einen solchen Antrag unvorhersehbar erst unmittelbar vor dem Termin oder im schriftlichen Vorverfahren zurückgewiesen hat, Kblz MDR **90**, 255 (dort lag freilich keine solche Unvorhersehbarkeit vor), Schneider MDR **85**, 377; vgl freilich auch § 118 Rn 2.

**Reisefähigkeit:** Rn 6 „Erkrankung".
**Rückfrage:** Rn 13 „Vertagungsantrag".
**Ruhen des Verfahrens:** Eine Entschuldigung fehlt, soweit die Partei irrig Ruhen annahm, BGH VersR **81**, 1056.

**9 Späte Bestellung:** Wenn das Gericht eine bisher ausweislich der Akten noch nicht anwaltlich vertretene Partei pflichtgemäß persönlich laden ließ und erst nach Absendung dieser Ladung die Bestellungsanzeige eines ProzBev nach § 176 eingeht, braucht das Gericht entgegen BAG DB **77**, 919 den Anwalt nicht schon auf Grund seiner vorsorglichen Bitte zusätzlich zu laden. Bleibt er aus, liegt daher insofern nicht stets eine Entschuldigung vor. Es war die Obliegenheit seines Mandanten, ihn vom Termin zu verständigen. Bei Kreuzung von Ladung und Bestellungsanzeige mögen Ausnahmen vorliegen.

**10 Standesrecht:** Das frühere Standesrecht mit seinen Bedenken dagegen, daß der Anwalt insbesondere ohne vorherige Androhung gegenüber dem gegnerischen Kollegen ein Versäumnisurteil beantrage, ohne zu mindest eine Wartefrist von etwa 15 Minuten einzuhalten, ist nicht mehr beachtlich, § 13 Hs 2 BerufsO (Wirksamkeit bezweifelt, AnwG Düss NJW **98**, 2296); die Interessen des Mandanten „erfordern" durchweg einen Antrag auf Versäumnisurteil, soweit er Erfolg verspricht, schon wegen der vorrangigen Vertragspflicht, § 670 BGB, zur umfassenden Interessenwahrnehmung, § 85 Rn 15, 23. Denn solche Kollegialität ist insoweit nicht mehr zur allein maßgeblichen Aufrechterhaltung einer Funktionsfähigkeit der Rechtspflege unerläßlich, BVerfG NJW **93**, 122, BGH NJW **91**, 43 und NJW **99**, 2122, Köln VersR **94**, 242, aM MüKoPr 7 ff (grds keine Fortgeltung des früheren Standesrechts, schon gar nicht als etwaiges vorkonstitutionelles Gewohnheitsrecht; indessen unabhängig davon Wartepflicht. Aber das Gericht terminiert und wartet nicht auf Kundschaft), Foerste NJW **93**, 1310, ThP 3 (sie gehen nicht auf das neue Recht ein).

Die Pflicht zur Wahrnehmung der Interessen des Auftraggebers hat also *Vorrang vor Standesrücksichten*. Darauf darf und sollte das Gericht hinweisen. Das alles gilt erst seit dem Inkrafttreten des Gesetzes zur Neuordnung des Berufsrechts usw, solange kein neues näheres Standesrecht geschaffen ist. Das alles verkennt LG Mönchengladb RR **98**, 1287.

S auch Rn 6 „Erkundigungspflicht", Rn 10 „Standesrecht", Rn 12 „Vereinbarung".

**11 Urlaub:** Wegen des Rechts auf einen ungestörten Urlaub, BVerfG **25**, 166, ist tunlichst zu vertagen, falls die Zustellung oder die Ladung durch eine Niederlegung vermutlich während des Urlaubs des Empfängers erfolgen müßten, LG Mannh NJW **71**, 250, und natürlich erst recht dann, wenn der Termin während des Urlaubs stattfinden würde. Wegen einer Sommersache § 227 III.

Keine Entschuldigung liegt vor, soweit die Partei in den Urlaub fährt, ohne den ProzBev vorsorglich zu informieren, obwohl sie auf Grund eigenen Einspruchs mit einem Termin rechnen mußte, BGH VersR **83**, 1082 (zu § 233), zu großzügig LG Tüb RR **87**, 1213.

**12 Vereinbarung:** Als Entschuldigung kann es kaum noch ausreichen, daß ein Anwalt eine kollegiale Vereinbarung bricht, kein Versäumnisurteil zu beantragen.

S auch Rn 5 „Erkundigungspflicht", ferner Rn 14 „Vertreter".
**Verhandlungsfähigkeit:** Rn 5 „Erkrankung".

**13 Verkehrsprobleme:** Schwierigkeiten bei der Anfahrt zum Termin sind grds keine ausreichende Entschuldigung. Das gilt auch dann, wenn infolge eines Unfalls usw die Zufahrt erschwert wurde. Denn man muß heutzutage in aller Regel mit derartigen Schwierigkeiten rechnen, Köln MDR **98**, 617 (krit Schneider 581, 673), LAG Bln BB **76**, 420, aM BGH MDR **99**, 179 (zustm Schneider; aber Verkehrsprobleme sind so häufig vorhanden, daß man sie grds sehr wohl einkalkulieren kann und muß, von Extremfällen

### 3. Titel. Versäumnisurteil §§ 337, 338

abgesehen), LAG Köln BB **98**, 595, und zwar bei jeder Art von Verkehrsmittel und zu allen Tages- und Jahreszeiten, und dementsprechend früher losfahren usw. An alledem kann auch eine Ankündigung nichts ändern, möglichst pünktlich zu erscheinen, aM Drsd RR **96**, 246 (2 Stunden), Köln RR **95**, 1150 (aber wo läge die Grenze?).

Hat der Verspätete rechtzeitig uns eine *kurze Wartezeit* gebeten, mag eine solche von 20 Minuten zumutbar sein, BGH MDR **99**, 179 (zustm Schneider).

**Vertagungsantrag:** Eine Entschuldigung fehlt, wenn ein Vertagungsantrag erst vermeidbar spät ganz kurz vor dem Termin gestellt worden war, Köln VersR **92**, 1023, noch dazu ohne eine entsprechende Rückfrage beim Gericht dazu, ob es ihm noch stattgeben werde, BGH NJW **82**, 889. Wegen einer Sommersache § 227 III.

**Vertreter:** Der Anwalt muß alles Zumutbare für die Vertretung der Partei im Termin getan haben. Deshalb **14** kann kein Anwalt grundsätzlich erwarten, bei seinem Ausbleiben werde das Gericht einen zufällig in einer anderen Sache im Saal oder gar irgendwo im Gerichtsgebäude anwesenden anderen Anwalt bitten, für den Abwesenden einen Sachantrag zu stellen. Selbst wenn das Gericht diesem „Vertreter" die Akten zur raschen Einarbeitung überlassen und ihn nicht auch noch in den Sach- und Streitstand einführen würde, wäre eine solche Aktivität keineswegs mehr als Teil der prozessualen Fürsorgepflicht des Gerichts, Einl III 27, anzusehen. Das gilt selbst dann, wenn der anwesende Prozeßgegner mit solcher Anwaltssuche einverstanden ist oder sie sogar erbittet, ohne das dem gegnerischen Anwalt zugesagt zu haben.

Ob das Gericht zu einer solchen, unter dem vorrangigen Gebot der Unparteilichkeit problematischen **15** Aktivität *bereit* ist, das ist eine andere Frage. Soweit die Suche nach einem verhandlungsbereiten Prozeßgegner der anwesenden Partei erlaubt, ist das Gericht allerdings nach § 139 I, II zur fördernden Überprüfung der Anträge des dann Auftretenden verpflichtet. Daher reicht auch keineswegs die bloße Abrede der Anwälte beider Parteien aus, zum Termin 15 Minuten zu spät zu erscheinen, sei es auch wegen anderer Termine. Mögen die Anwälte eine Entscheidung nach § 227 einholen und respektieren. Auch die etwa erscheinende und ein Zweites Versäumnisurteil beantragende Partei ändert daran nichts (ihr Prozeßgegner muß sich ein Verschulden seines Anwalts bei obiger Vereinbarung gemäß § 85 II anrechnen lassen. Das übersieht LAG Köln AnwBl **84**, 159).

**Zustellung:** Eine Entschuldigung fehlt grds, wenn die Partei eine ihr ordnungsgemäß durch Niederlegung **16** nach §§ 182 ff zugestellte Sendung (Ladung usw) nicht abgeholt hat, § 182 Rn 1, 8.

**D. Erste Instanz.** Die Vertagung erfolgt durch einen Beschluß. Die Anberaumung eines Verkündungs- **17** termins für eine Entscheidung nach Lage der Akten stellt keine Vertagung dar.

**E. Rechtsmittel.** Ein Verstoß macht das Versäumnisurteil auch dann gesetzwidrig, vgl auch Art 103 I **18** GG, LAG Mü AnwBl **90**, 176, wenn die Tatsachen nicht erkennbar waren, und ermöglicht den Einspruch nach § 338 bzw gemäß § 513 II die Berufung, LAG Ffm NJW **73**, 1719. Gegen eine Vertagung ist grundsätzlich die sofortige Beschwerde zulässig, § 336 Rn 1, 2. Die zweiwöchige Beschwerdefrist, § 577 II 1, beginnt hier schon mit der Verkündung, nicht erst mit der Zustellung, Brschw MDR **92**, 292, aM LG Köln MDR **85**, 593. Die höhere Instanz muß bei einem gesetzwidrigen Unterbleiben der Vertagung das Vorliegen einer Versäumung verneinen, vgl § 513 Rn 4, und an das untere Gericht zurückverweisen, § 539, Nürnb AnwBl **83**, 29. Soweit das LG als Berufungs- oder Beschwerdegericht entschieden hat, ist die Beschwerde unzulässig, § 567 III 1, ebenso nach einer Entscheidung des OLG, § 567 IV 1.

**5) Neuer Termin, S 1, 2.** Er ist zu verkünden. Trotzdem ist die säumige Partei abweichend von § 218 **19** zu laden, Köln RR **95**, 446 (auch zu einer ausländischen Entscheidung). Der neue Termin ist ein regelrechter Verhandlungstermin. Der Säumige darf in ihm zur Sache verhandeln, § 137 Rn 7, dadurch die Säumnisfolgen abwenden und selbst eine Versäumnisentscheidung erwirken. Wenn der Säumige wieder ausbleibt, so ergeht gegen ihn auf Grund der neuen Verhandlung eine Versäumnisentscheidung.

## 338 Einspruch. Der Partei, gegen die ein Versäumnisurteil erlassen ist, steht gegen das Urteil der Einspruch zu.

**Schrifttum:** *Fasching*, Die Rechtsbehelfe gegen Versäumnisurteile im deutschen und im österreichischen Zivilprozeß, Festschrift für *Baur* (1981) 387.

**1) Systematik**, dazu *Bettermann* ZZP **88**, 418 (ausf): Das Versäumnisurteil unterscheidet sich von dem **1** streitmäßigen Urteil unter anderem durch die Zulässigkeit des Einspruchs. Der Einspruch ist kein Rechtsmittel, weil die Entscheidung durch nicht der höheren Instanz anfällt, Grdz 3 vor § 511, insofern richtig Mü RR **95**, 59, und weil keine Nachprüfung des Versäumnisurteils eintritt, Köln RR **93**, 1408 (daher ist auch keine Beschwer erforderlich).

**2) Regelungszweck.** Es erscheint als sinnvoll, daß eine bloße Säumnis noch nicht zum Verlust der **2** Instanz führt. Deshalb ist der ohne den Anfalleffekt einer Berufung, Grdz 3 vor § 511, mögliche Einspruch der einzige zulässige Rechtsbehelf gegen ein Versäumnisurteil, BGH FamRZ **94**, 1521, abgesehen von der Wiederaufnahmeklage nach §§ 578 ff und dem Fall §§ 345, 513 II. Eine Parteivereinbarung kann ein Versäumnisurteil nicht beseitigen.

**3) Geltungsbereich.** Vgl Üb 3 vor § 330. **3**

**4) Einspruch.** Einspruch ist gegen ein echtes Versäumnisurteil gegeben, Üb 11 vor § 330, nicht gegen **4** ein unechtes Versäumnisurteil, Üb 13 vor § 330. Maßgeblich ist nicht die Bezeichnung, sondern die Art des Zustandekommens und der Inhalt der anzufechtenden Entscheidung, Üb 12 vor § 330, BGH NJW **99**, 583. Die etwaige Unzulässigkeit des inhaltlich aber eindeutig vorliegenden Versäumnisurteils ist für die Zulässigkeit des Einspruchs unerheblich, BGH VersR **73**, 715, Düss MDR **85**, 1034.

## §§ 338, 339

Der Einspruch kann auch gegen einen *Teil* des Streitgegenstands eingelegt werden, der teilurteilsfähig ist, § 340 II 1 Z 2, BGH FamRZ **88**, 945, und zwar evtl noch im Einspruchstermin, §§ 346, 514, 515, oder nur wegen der Kosten, § 340 II 2; § 99 I ist also unanwendbar. Er steht nur dem Säumigen zu, nicht dem Gegner. Wegen des Rechtsbehelfs bei einem formfehlerhaften Urteil vgl Grdz 26 vor § 511, Düss MDR **85**, 1034 (irrig als Zweites Versäumnisurteil ergangenes).

5  **5) Berufung.** Gegen ein Versäumnisurteil ist Berufung gegeben, wenn Einspruch unzulässig ist und kein Fall der Versäumung vorlag, § 513 II, oder wenn nur ein scheinbares Versäumnisurteil, in Wahrheit ein streitmäßiges Urteil vorliegt, BGH NJW **99**, 583, zB ein unechtes Versäumnisurteil, Üb 13 vor § 330, oder wenn inhaltlich ein erstes, dem Wortlaut nach aber ein „Zweites" Versäumnisurteil nach § 345 vorliegt, Schlesw SchlHA **87**, 171 (dann ist nach dem Meistbegünstigungsgrundsatz, Grdz 28 vor § 511, auch der Einspruch statthaft).

6  **6) Mischfälle.** Gegen ein Urteil, das teilweise auf Grund einer Säumnis, teilweise trotz ihr und insoweit als sog unechtes Versäumnisurteil, Üb 13 vor § 330, oder teilweise auf Grund streitiger Verhandlung ergeht, ist teils Einspruch, teils Berufung statthaft, BGH FamRZ **88**, 945 (Verbundverfahren).

7  **7) Aktenlageurteil.** Ein Urteil nach Aktenlage, §§ 251a, 331a, unterliegt ausnahmslos den gewöhnlichen Rechtsmitteln.

## 339

*Einspruchsfrist.* ¹Die Einspruchsfrist beträgt zwei Wochen; sie ist eine Notfrist und beginnt mit der Zustellung des Versäumnisurteils.

II Muß die Zustellung im Ausland oder durch öffentliche Bekanntmachung erfolgen, so hat das Gericht die Einspruchsfrist im Versäumnisurteil oder nachträglich durch besonderen Beschluß, der ohne mündliche Verhandlung erlassen werden kann, zu bestimmen.

1  **1) Systematik, I, II.** Die Vorschrift, den §§ 516, 552 vergleichbar, wird beim Vollstreckungsbescheid durch § 700 I ergänzt. Sie findet in § 341 ihre Durchführung. Beim schuldlosen Fristverstoß können §§ 233 ff helfen.

2  **2) Regelungszweck, I, II.** Die Rechtssicherheit, Einl III 43, erfordert eine klar begrenzte Zeitspanne, nach deren Ablauf die Rechtskraft eintritt, § 322. Die Einspruchsfrist muß den unterschiedlichen Situationen von I, II angepaßt sein.

3  **3) Geltungsbereich, I, II.** Vgl zunächst Üb 3 vor § 330. Im Arbeitsgerichtsprozeß ist § 64 VII ArbGG zu beachten, vgl Leser DB **77**, 2449. In jenem Verfahren beträgt die Frist eine Woche seit der Zustellung, § 59 S 1 ArbGG, BVerfG NJW **74**, 847, LAG Hamm DB **78**, 896 (nur dort ist eine Belehrung notwendig, § 59 S 3 ArbGG, ohne die die Frist trotz einer Zustellung nicht beginnt, BVerfG **36**, 303.

4  **4) Regelfall, I.** Die Einspruchsfrist, die mit dem Grundgesetz vereinbar ist, vgl auch BVerfG **36**, 302, beträgt im Anwaltsprozeß wie im Parteiprozeß zwei Wochen seit der Zustellung des Versäumnisurteils oder des Vollstreckungsbescheids, § 700. Im Zivilprozeß besteht keine Pflicht zur Rechtsmittelbelehrung, § 313 Rn 51, BVerfG **93**, 107, BGH NJW **91**, 296). Ausnahmen von diesen Fristen gelten bei einer Zustellung im Ausland, §§ 199 ff, oder bei einer öffentlichen Zustellung, §§ 203 ff, BVerfG **36**, 305. Wegen einer Kurzausfertigung im arbeitsgerichtlichen Beschlußverfahren BAG NJW **74**, 1156, im arbeitsgerichtlichen Urteilsverfahren LAG Hbg NJW **75**, 951.

Die Frist ist eine *Notfrist*, § 224 I 2. Das Gericht muß sie von Amts wegen prüfen, § 341 I. Zur Fristwahrung § 233 Rn 18ff, dort insbesondere Rn 19 „Gericht", Rn 49 „Rechtsanwalt". Wegen der Notfrist vgl § 224 I 2; es ist also keine Wiedereinsetzung, § 233 ff, jedoch keine Abkürzung oder Verlängerung, § 224 I 1. Die Notfrist beginnt mit der Zustellung des Versäumnisurteils im Prozeß, nicht etwa mit einer Zustellung außerhalb des Prozesses zur Streitverkündung. Maßgeblich ist die zeitlich letzte derjenigen Zustellungen, die von Amts wegen gemäß § 317 I erfolgen müssen, § 310 Rn 11. Bei § 310 III ist also unter Umständen die Zustellung an den Gläubiger maßgeblich. Bei § 310 III ist die meist später beginnende Zustellung durch den Gläubiger gemäß § 750 I 2, Bischof NJW **80**, 2236. Die Zustellung muß natürlich wirksam erfolgt sein, BGH NJW **84**, 57. Eine bloße Glaubhaftmachung reicht nicht, Ffm RR **97**, 956. Eine Rechtsbehelfsbelehrung ist nicht notwendig, § 313 Rn 47, Karlsr RR **87**, 895, evtl sogar ein Ablehnungsgrund BVerfG JZ **87**, 719 (das sollte BVerfG NJW **95**, 3173 mitbeachtet haben).

Ein *Verstoß* gegen § 340 III 4 berührt den Fristlauf nicht, Rn 17. Ein Zustellungsmangel heilt nicht, § 187 S 2, auch nicht eine Wiederholung der Zustellung, Köln VersR **98**, 1303.

5  Ein Einspruch ist bedingt und deshalb unstatthaft, wenn er bei § 310 I *vor der Verkündung* eingelegt wird, RoSGo **107** V 2, ThP 1, ZöHe 7 (zulässig, wenn der Einsprechende nach Säumnis annahm, es sei ein Versäumnisurteil ergangen. Aber bedingte Rechtsbehelfe sind ebenso unstatthaft wie Rechtsmittel. Außerdem ist dergleichen unnötig; der Säumige kann nochmals nach Verkündung bzw Zustellung Einspruch einlegen; das ist durchaus zumutbar). Der Einspruch ist auch dann bedingt und deshalb unstatthaft, wenn er bei § 310 III *vor der Zustellung* eingelegt wird, Unnützer NJW **78**, 986, Zugehör NJW **92**, 2262, aM StJSchu 8, ThP 1 (bei § 310 III sei der Einspruch ab erster Hinausgabe durch die Geschäftsstelle zulässig). Bei § 310 I ist der Einspruch zulässig, der nach der Verkündung, aber vor der Zustellung eingelegt wird. Die 5-Jahres-Frist des § 586 ist unanwendbar. Möglicherweise muß der Einspruch aber als verwirkt angesehen werden, BGH LM Nr 2. Für den Fristbeginn ist unerheblich, ob das Versäumnisurteil zu Recht oder zu Unrecht erging, BGH VersR **73**, 715, Franzki NJW **79**, 10.

6  **5) Zustellung im Ausland usw, II.** Bei einer Zustellung im Ausland, §§ 199 ff, die nur dann infrage kommt, wenn kein Zustellungsbevollmächtigter nach § 174 II besteht und eine Aufgabe zur Post nach § 175 I 2 ausscheidet, BVerfG NJW **97**, 1772, BGH **98**, 266 (zum Vollstreckungsbescheid) und NJW **92**, 1701 und

3. Titel. Versäumnisurteil §§ 339, 340

1702 (je zum Versäumnisurteil), und bei einer öffentlichen Zustellung, §§ 203 ff, muß das Gericht, nicht der Vorsitzende, die Einspruchsfrist von Amts wegen im Versäumnisurteil bestimmen. Wenn das versäumt worden ist, dann wird die Frist durch einen besonderen Beschluß auf eine freigestellte mündliche Verhandlung bestimmt. Wegen der Zuständigkeit des Rpfl nach einem Vollstreckungsbescheid § 20 Z 1 RPflG, Anh § 153 GVG.

Der *Beschluß*, der die Frist bestimmt, die ebenfalls eine Notfrist ist, § 224 I 2, ist grundsätzlich zu **7** begründen, § 329 Rn 4. Er ist dem Antragsteller formlos mitzuteilen, § 329 II 1, und dem Säumigen von Amts wegen zuzustellen, § 329 II 2. Die Bewilligung der öffentlichen Zustellung des Versäumnisurteils umfaßt eine Zustellung des Beschlusses. Die Einspruchsfrist läuft seit der Zustellung des Versäumnisurteils oder, bei einem besonderen Beschluß, seit dessen Zustellung, jedoch nicht vor der Zustellung des Versäumnisurteils. Die Bestimmung ist eine prozeßleitende Maßnahme. Sie ist daher stets unanfechtbar. Sie wirkt auch dann, wenn ihre Voraussetzungen fehlten und wenn nachher im Inland zugestellt wird; bei widersprüchlichen Bestimmungen zweier Fristen gilt die längere, BGH NJW **92**, 1701. Eine Zustellung durch Aufgabe zur Post nach § 175 II ist keine Zustellung im Ausland. § 175 Rn 5, § 199 Rn 2.

**340** *Einspruchsschrift. Inhalt.* ¹Der Einspruch wird durch Einreichung der Einspruchsschrift bei dem Prozeßgericht eingelegt.

II ¹Die Einspruchsschrift muß enthalten:
1. die Bezeichnung des Urteils, gegen das der Einspruch gerichtet wird;
2. die Erklärung, daß gegen dieses Urteil Einspruch eingelegt werde.

²Soll das Urteil nur zum Teil angefochten werden, so ist der Umfang der Anfechtung zu bezeichnen.

III ¹In der Einspruchsschrift hat die Partei ihre Angriffs- und Verteidigungsmittel, soweit es nach der Prozeßlage einer sorgfältigen und auf Förderung des Verfahrens bedachten Prozeßführung entspricht, sowie Rügen, die die Zulässigkeit der Klage betreffen, vorzubringen. ²Auf Antrag kann der Vorsitzende für die Begründung die Frist verlängern, wenn nach seiner freien Überzeugung der Rechtsstreit durch die Verlängerung nicht verzögert wird oder wenn die Partei erhebliche Gründe darlegt. ³§ 296 Abs. 1, 3, 4 ist entsprechend anzuwenden. ⁴Auf die Folgen einer Fristversäumung ist bei der Zustellung des Versäumnisurteils hinzuweisen.

**Gliederung**

| | | | |
|---|---|---|---|
| 1) Systematik, I–III | 1 | F. Sonstiges | 10 |
| 2) Regelungszweck, I–III | 2 | G. Verstoß, II Z 1, 2 | 11 |
| 3) Geltungsbereich, I–III | 3 | 6) Einspruchsbegründung im einzelnen, III | 12–17 |
| 4) Einlegung, I | 4 | A. Nachholbarkeit binnen Einspruchsfrist, III 1 | 12 |
| 5) Inhalt der Einspruchsschrift, II | 5–11 | B. Begründungsinhalt, III 1 | 13 |
| A. Bezeichnung des Versäumnisurteils, II 1 Z 1 | 5 | C. Fristverlängerung, III 2 | 14 |
| B. Einspruchserklärung, II 1 Z 2 | 6 | D. Verspäteter Eingang, III 3 | 15 |
| C. Teileinspruch, II 2 | 7 | E. Hinweispflicht, III 4 | 16 |
| D. Einspruchsbegründung | 8 | F. Verstoß, III 1–4 | 17 |
| E. Unterschrift | 9 | | |

**1) Systematik, I–III.** Während § 339 die Einspruchs*frist* regelt, bestimmt § 340 den Inhalt der Ein- **1** spruchs*schrift* und damit den Umfang desjenigen Streitstoffes, über den das bisherige Gericht nochmals befinden soll. Die Vorschrift ist den §§ 518, 553 und indirekt auch den §§ 519, 554 vergleichbar. Nach einem Vollstreckungsbescheid ist wegen § 700 I eine evtl erstmals nähere Begründung geboten.

**2) Regelungszweck, I–III.** Die Vorschrift dient sowohl der Rechtssicherheit, Einl III 43, als auch in **2** erheblichem Maße der Prozeßwirtschaftlichkeit, Grdz 14 vor § 128, unter Beibehaltung der Parteiherrschaft über den Streitstoff (nicht über das Verfahren), Grdz 18 vor § 128. Das ist bei der Auslegung mitzubeachten.

**3) Geltungsbereich, I–III.** Vgl zunächst Üb 3 vor § 330. Im arbeitsgerichtlichen Verfahren sind §§ 59 **3** S 2, 64 VII ArbGG zu beachten und besteht in der Berufungsinstanz kein Anwaltszwang.

**4) Einlegung, I.** Man legt den Einspruch dadurch ein, daß man bei demjenigen Gericht, das das **4** Versäumnisurteil erlassen hat, eine Einspruchsschrift einreicht. Beim AG kann das auch zu Protokoll jeder Geschäftsstelle geschehen, §§ 496, 129 a, BVerfG **88**, 126, auch zu Protokoll des Richters, Einf 1, 3 vor §§ 159–165, BGH **105**, 199 (sogar in Verbindung mit einer Bezugnahme auf eine schon bei den Akten befindliche Schrift), nicht aber beim LG, denn dort fehlt gerade eine dem § 496 entsprechende Vorschrift; das übersieht Zweibr MDR **92**, 998. Zum Begriff der Einreichung § 496 Rn 3. Über die telegrafische Einlegung § 129 Rn 12, BVerfG **36**, 304 (evtl erfolgt eine telefonische Aufgabe oder Durchsage). Wenn das Revisionsgericht ein streitmäßiges Urteil des OLG in ein Versäumnisurteil umändert, dann ist der Einspruch beim OLG einzureichen. Beim Vollstreckungsbescheid genügt die Einreichung bei der Vollstreckungsabteilung desselben AG, das auch Prozeßgericht ist, LG Köln MDR **88**, 63. Der Einspruch ist unentbehrlich, um das Versäumnisurteil zu beseitigen. Die Parteien können ihn weder durch einen gemeinsamen Beschluß, ihn nicht geltend zu machen, noch durch gemeinsame Verhandlungsbereitschaft erübrigen. Wegen des einseitigen Verzichts § 346.

**5) Inhalt der Einspruchsschrift, II.** Die Einspruchsschrift ist ein bestimmender Schriftsatz, § 129 **5** Rn 5. Sie muß daher dessen Anforderungen erfüllen, zB eine zur förmlichen Ladung ausreichende Anschrift

## § 340

2. Buch. 1. Abschnitt. Verfahren vor den LGen

des Einsprechenden angeben, § 130 Z 1, Düss RR **93**, 1150 (Postfach genügt nicht), aM Mü RR **95**, 59. Notwendig ist folgender Inhalt:

**A. Bezeichnung des Versäumnisurteils, II 1 Z 1.** Man muß das Versäumnisurteil bezeichnen. Anzugeben sind Gericht, Datum und Aktenzeichen.

6 **B. Einspruchserklärung, II 1 Z 2.** Notwendig ist ferner die schriftliche Erklärung, man lege Einspruch ein; mündliche Erklärungen (außerhalb eines zu Protokoll erklärten Einspruchs) bleiben unbeachtlich, BGH RR **95**, 1214. Jede Förmelei ist zu vermeiden, BGH **105**, 200, AG Dortm MDR **92**, 413. Wenn sich aus der Eingabe ergibt, daß der Säumige das Versäumnisurteil bzw im Fall des § 700 III den Vollstreckungsbescheid nicht hinnehmen will, BGH **105**, 200, dann sind damit die Anforderungen II Z 2 erfüllt, insbesondere bei Verbindung mit einem Wiedereinsetzungsgesuch, BVerfG **88**, 126, wohl auch, wenn ein Anwalt die „Einspruchs"-Erklärung vergessen hat, BGH RR **94**, 1214, AG Dortm MDR **92**, 413, oder wenn eine Verwechslung der Parteien erfolgte, BGH RR **99**, 938. Eine Entschuldigung reicht nur aus, wenn erkennbar wird, daß der Absender auch etwaigen nachteiligen Folgen begegnen will, BAG NJW **71**, 1479. Es ist aber eine großzügige Auslegung geboten, BGH RR **99**, 938, LG Lpz MDR **96**, 418. Deshalb ist ein verspäteter Widerspruch gegen einen Mahnbescheid in einen Einspruch gegen den Vollstreckungsbescheid umdeutbar. Das gilt sogar dann, wenn der Vollstreckungsbescheid *vor* Absendung des „Widerspruchs" usw zugestellt worden war, denn gerade auch wendet sich der Antragsgegner im Ergebnis gegen einen Vollstreckungstitel. Wenn aber nur eine Klageerwiderung mit einem *Abweisungsantrag* vorliegt, ist eine Umdeutung in einen Einspruch keineswegs stets zulässig, denn der Bekl wendet sich zwar gegen die Forderung des Klägers, nicht aber auch stets erkennbar gegen deren Beurteilung durch das Gericht, AG Dortm MDR **92**, 413. Daher reicht auch kein Schriftsatz, den der Betroffene vor Kenntnis des Versäumnisurteils abgesandt hat, LG Lpz MDR **96**, 418, Zugehör NJW **92**, 2261, aM Brschw FamRZ **95**, 237 (aber es ist bei aller gebotenen Großzügigkeit einer Partei nicht zu unterstellen, sie wende sich gegen eine Entscheidung, wenn sie diese überhaupt noch nicht kennt und man ihr daher auch zubilligen müßte, „auf Verdacht" jede ihr ungünstige Entscheidung bekämpfen zu wollen; das kann auch aus Kostengründen und daher gerade auch aus Achtung vor dem freien Willen der Partei durchaus zu weit gehen. Mag sie *nach* Kenntnis Einspruch einlegen, soweit zulässig). Alles das gilt auch und gerade bei einer anwaltlich vertretenen Partei. Eine Umdeutung entfällt auch, wenn der Rechtsbehelf an ein für den Einspruch überhaupt nicht zuständiges anderes Gericht gerichtet ist, BGH FamRZ **94**, 1521.

7 **C. Teileinspruch, II 2.** Soweit man das Versäumnisurteil nur teilweise anfechten will, ist die Bezeichnung desjenigen Teils des Versäumnisurteils notwendig, auf den sich der Einspruch beschränkt. Man kann einen beliebigen Teil anfechten, Bbg RR **95**, 581, oder die Anfechtung nur gegen einzelne der Gegner durchführen.

8 **D. Einspruchsbegründung.** Sie ist grundsätzlich gleichzeitig notwendig, III, Rn 12 ff.

9 **E. Unterschrift.** Eine Unterschrift ist wie bei jedem bestimmenden Schriftsatz, § 129 Rn 6, erforderlich, § 129 Rn 8, § 700 Rn 10. BGH **101**, 137, Karlsr FamRZ **88**, 82, ZöHe 2, aM LG Heidelb RR **87**, 1214 (sie könne fehlen, soweit die Nämlichkeit und der Einreichungswille erkennbar sei. Aber erst mit voller Unterzeichnung übernimmt der Absender die volle Verantwortung.

10 **F. Sonstiges.** Wenn ein Anwalt eine Berufung einlegt, dann ist zu prüfen, ob er wirklich (nur) eine Berufung oder nicht vielmehr (zumindest auch) einen Einspruch meint. Es muß klar sein, für wen von mehreren Betroffenen der Einspruch eingelegt wird, BGH VersR **87**, 989. Sehr weitgehend will BAG BB **75**, 842 den Einspruch einer von zwei Gesellschaften dann, wenn in Wahrheit die andere verurteilt worden war, der letzteren Gesellschaft zugute halten.

11 **G. Verstoß, II Z 1, 2.** Ein Verstoß gegen II führt zur Verwerfung des Einspruchs als unzulässig, § 341, Düss RR **93**, 1150.

12 **6) Einspruchsbegründung im einzelnen, III.** Zwar ist eine Einspruchsbegründung nicht schon zur Zulässigkeit des Einspruchs erforderlich, BVerfG **88**, 126. Zur Vermeidung erheblicher Rechtsnachteile ist grundsätzlich eine „Begründung" (diesen Ausdruck nennt III 2) des Einspruchs aber jedenfalls ratsam, es ist zumindest notwendig, die in III 1 genannten, in Rn 11 erläuterten Angaben zu machen, so im Grunde auch Köln **93**, 1408. Das ist nur nach einem Vollstreckungsbescheid entbehrlich, § 700 III 2 Hs 2, Hartmann NJW **88**, 2661. Eine Begründung ist freilich auch dort zulässig.

**A. Nachholbarkeit binnen Einspruchsfrist, III 1.** Die Einspruchsbegründung muß zwar grundsätzlich bereits in der Einspruchsschrift erfolgen. Wenn die Einspruchsschrift noch vor dem Ablauf der Einspruchsfrist des § 339 eingeht, dann kann der Säumige die Einspruchsbegründung trotz des mißverständlichen Gesetzeswortlauts aber noch während der Einspruchsfrist ohne weiteres nachholen oder verbessern, Mü NJW **77**, 1972, Schlesw SchlHA **82**, 73, Hartmann NJW **88**, 2660, aM Nürnb NJW **81**, 2266 (die Mindestfrist zur Klagerwiderung, § 276 I 1, 2, sei stets mitzubeachten). Die Begründungsfrist ist eine Notfrist, § 224 I 2, Hartmann NJW **88**, 2660, aM Ffm RR **93**, 1151, Schneider MDR **99**, 596 (unvollständig zitierend), ThP 5, Wedel MDR **89**, 512, ZöHe 11. Sie endet erst zusammen mit der Einspruchsfrist und nur dann, wenn das Gericht den Säumigen auf die Folgen einer Fristversäumnis spätestens bei der Zustellung des Versäumnisurteils hingewiesen hatte, III 4. Ein derartiger Hinweis braucht allerdings noch nicht im Versäumnisurteil selbst gegeben zu werden.

13 **B. Begründungsinhalt, III 1.** Es gelten zumindest dieselben Anforderungen wie bei §§ 277 I, 282 I 1, III, Schlesw SchlHA **82**, 73. Die Anforderungen sind jedoch eher zu verschärfen, denn es ist schon zu einem Versäumnisurteil gekommen. Falls das Versäumnisurteil gegen den Kläger erging, muß er jetzt alle auch nur evtl möglichen Ergänzungen der Klagschrift vornehmen und zugleich auf eine etwaige bereits vorliegende Klagerwiderung antworten, Kramer NJW **77**, 1660. Eine Bezugnahme auf frühere Schriftsätze kann allerdings genügen. In welchem Umfang der Einspruch begründet werden muß, hängt vom Verfahrensstadium mit ab, Kramer NJW **77**, 1659. Bei einem Teileinspruch ist es ratsam, die Abgrenzung nicht nur im

3. Titel. Versäumnisurteil **§§ 340, 340a**

Antrag, sondern auch in der Begründung so zu verdeutlichen, daß der Umfang der Rechtskraft des Versäumnisurteils eindeutig wird. Das Gericht hat auch insofern eine Fragepflicht, § 139.

**C. Fristverlängerung, III 2.** Ausnahmsweise dürfen die Begründungsfrist verlängert und der Einspruch 14 auch noch nach dem Ablauf der Einspruchsfrist begründet werden, wenn ein entsprechender Antrag gestellt wird. Anwaltszwang herrscht wie sonst, § 78 Rn 1. Außerdem darf entweder durch eine Verlängerung der Begründungsfrist keine Verzögerung eintreten, § 296 Rn 39, oder der Antragsteller muß für die Notwendigkeit einer längeren Begründungsfrist erhebliche Gründe darlegen können. Eine *Glaubhaftmachung* nach § 294 ist hierzu nicht ausdrücklich vorgeschrieben, aber ratsam. In diesem Falle ist eine Verzögerung unschädlich. Es muß freilich abgewogen werden, wie lange die vorgebrachten Gründe eine Verzögerung rechtfertigen können. „Erheblich" bedeutet: weniger als „zwingend", aber mehr als „beachtlich". Vgl §§ 227 I, 519 II 3.

Eine Verlängerung *nach* dem Ablauf der ursprünglichen Begründungsfrist ist begrifflich möglich und wirksam, falls wenigstens der Verlängerungsantrag bei Gericht vor dem Ablauf der ursprünglichen Begründungsfrist eingegangen ist, § 519 Rn 19 entsprechend. Die Verlängerung erfolgt durch den Vorsitzenden oder den Einzelrichter nach seinem pflichtgemäßen *Ermessen* durch einen Beschluß. Er ist grundsätzlich zu begründen, § 329 Rn 4. Die verlängerte Frist ist ebenfalls eine Notfrist, § 224 I 2, Rn 12, Hartmann NJW 88, 2660, aM Wedel MDR 89, 512. Sie ist formlos mitzuteilen, § 329 Rn 28, denn der Beginn der alten Frist ist unverändert geblieben. Im arbeitsgerichtlichen Verfahren ist III anwendbar, Lorenz BB 77, 1003, III 2 großzügig anwendbar, Philippsen pp NJW 77, 1135.

**D. Verspäteter Eingang, III 3.** Wenn die Einspruchsbegründung nach dem Ablauf der gesetzlichen 15 oder der richterlichen Frist eingeht, wird das Vorbringen als verspätet zurückgewiesen, sofern die Voraussetzungen des § 296 I, BVerfG 88, 126, BGH 75, 141, oder des § 296 III, IV vorliegen, Hartmann NJW 88, 2661. Das Vorbringen wird also nur dann zugelassen, wenn keine Verzögerung eintritt oder wenn die Verzögerung glaubhaft entschuldigt ist. Es reicht aus, daß das Gericht den Vortrag im Einspruchstermin erledigen kann, vgl BGH 76, 173. Das Gericht muß ihn sachgerecht vorbereiten, § 341a I. Es kann sachlichrechtliche Auswirkungen geben, zB den Ausschluß einer Anfechtbarkeit selbst vor dem Ablauf der Frist nach § 124 BGB, BAG DB 84, 408 (sehr streng). Die Vorschrift ist zB dann unanwendbar, wenn der Vorsitzende die Terminsverfügung zum versäumten Termin nur mit einem Handzeichen versehen, also nicht ordnungsgemäß unterschrieben hatte, § 129 Rn 31 ff, § 216 Rn 12, LAG Hamm MDR 82, 1053. Da die Begründungsfrist eine Notfrist ist, Rn 12, 14, kommt gegen ihre Versäumung die Wiedereinsetzung in Betracht, § 233, Hartmann NJW 88, 2661.

**E. Hinweispflicht, III 4.** Zu ihrem Zeitpunkt vgl bei Rn 12. Inhaltlich muß der Hinweis so gehalten 16 werden, daß im Parteiprozeß auch der nicht Rechtskundige ohne eine Nachfrage verstehen kann, was er beachten muß. Daher ist eine bloße Bezugnahme auf § 296 nur im Anwaltsprozeß ausreichend. Andererseits ist kein Roman notwendig. Grundsätzlich erfolgt nur eine Belehrung über die Folgen einer nicht fristgerechten Begründung, nicht auch Belehrung über die Dauer und die Einhaltung der Einspruchsfrist, Bischof ZRP 78, 105. Bei Verwendung von Belehrungsformularen sollte das Gericht ein Exemplar zu den Akten nehmen, damit der Wortlaut der Belehrung ohne weiteres nachprüfbar ist.

**F. Verstoß, III 1–4.** Ein Verstoß gegen die Form oder die Frist des III, also auch das Fehlen einer 17 jeglichen Begründung, führt nicht zur Unzulässigkeit des Einspruchs, Mü RR 89, 255, und berührt den Lauf der Einspruchsfrist nicht, Köln VersR 98, 1303, sondern ist wie bei Rn 15 zu behandeln, BGH NJW 80, 1103, Ffm RR 93, 1151, Grunsky ZZP 92, 108, Jauernig § 67 III. Eine Zurückweisung wegen Verspätung kommt also sowohl bei einem Verstoß gegen die gesetzliche Frist zur Einspruchsbegründung in Betracht, BGH NJW 81, 928 (insofern zustm Deubner), als auch dann, wenn die Partei eine vom Vorsitzenden nach III 2 verlängerte Frist nicht eingehalten hat. Enthält die vorhandene und rechtzeitig eingegangene Einspruchsbegründung inhaltliche Mängel, so können diese natürlich erst im Rahmen von § 343 berücksichtigt werden. Eine, wenn auch gesetzwidrige, Zulassung des verspäteten Vortrags ist unanfechtbar und für das Rechtsmittelgericht bindend, § 296 Rn 38.

## 340a

*Einspruchsschrift. Zustellung.* ¹Die Einspruchsschrift ist der Gegenpartei zuzustellen. Dabei ist mitzuteilen, wann das Versäumnisurteil zugestellt und Einspruch eingelegt worden ist. ²Die erforderliche Zahl von Abschriften soll die Partei mit der Einspruchsschrift einreichen.

**1) Systematik, S 1, 2.** Die Vorschrift, den §§ 519a, 553a vergleichbar, regelt den ersten Schritt des 1 Gerichts im Verfahren über den Einspruch und zur Sache. Wenn freilich der Einspruch unzulässig ist, verliert § 340a neben § 341 seine Bedeutung.

**2) Regelungszweck, S 1, 2.** Der Sinn der Vorschrift besteht im Rahmen des rechtlichen Gehörs, 2 Art 103 I GG, Einl III 16, in einer Erleichterung des Verfahrens nach § 341 I–II, aber auch desjenigen nach § 341a. Der Einspruch kann erst dann gemäß § 341 II als unzulässig verworfen werden, wenn eine dem Gegner zu setzende angemessene Äußerungsfrist abgelaufen ist, § 278 III, BGH VersR 75, 899. Denn der Gegner kann an einer mündlichen Verhandlung interessiert bzw durch einen Beschluß gemäß § 341 II und das dann notwendige weitere Verfahren beschwert sein.

**3) Geltungsbereich, S 1, 2.** Vgl Üb 3 vor § 330. 3

**4) Zustellung, Mitteilung, S 1.** Die Einspruchsschrift wird von Amts wegen zugestellt, § 270 I, und 4 zwar an jeden Gegner des Einsprechenden. Die Zustellung erfolgt unverzüglich nach dem Eingang des Einspruchs, ohne daß der Einspruch auf seine Zulässigkeit geprüft wird. Zuständig ist der Urkundsbeamte der Geschäftsstelle, § 270 Rn 4. Er fertigt in der Regel die in S 2 vorgeschriebene Mitteilung ohne eine Vorlage beim Vorsitzenden an. Eine Ausnahme gilt nur dann, wenn der Vorsitzende angeordnet hat, ihm den Einspruch zuvor vorzulegen, oder wenn der Urkundsbeamte Zweifel über das Datum der Zustellung und/oder über den Zeitpunkt des Eingangs des Einspruchs hat. Einzelheiten wie § 519a Rn 2, vgl auch § 553 a II 2. Eine Ladung zum Einspruchstermin, § 341 a, hat die Mitteilung nach § 340 a zu erhalten.

5  **5) Abschrift, S 2.** Eine beglaubigte Abschrift ist nicht mehr erforderlich; wenn sie nicht mit eingereicht wurde, fertigt der Urkundsbeamte der Geschäftsstelle sie auf Kosten der Partei an, KV 9000 Z 1 b.

**341** *Einspruchsprüfung.* I ¹Das Gericht hat von Amts wegen zu prüfen, ob der Einspruch an sich statthaft und ob er in der gesetzlichen Form und Frist eingelegt ist. ²Fehlt es an einem dieser Erfordernisse, so ist der Einspruch als unzulässig zu verwerfen.

II ¹Die Entscheidung kann ohne mündliche Verhandlung durch Beschluß ergehen. ²Sie unterliegt in diesem Falle der sofortigen Beschwerde, sofern gegen ein Urteil gleichen Inhalts die Berufung stattfinden würde.

**Schrifttum:** *Rüßmann,* Das Erfordernis einer Beschwer zur Geltendmachung von Rechtsbehelfen usw, Diss Ffm 1967.

**Gliederung**

| | | | |
|---|---|---|---|
| 1) Systematik, I, II | 1 | C. Einspruch zulässig; Einsprechender säumig | 8 |
| 2) Regelungszweck, I, II | 2 | D. Einspruch unzulässig | 9 |
| 3) Geltungsbereich, I, II | 3 | 7) Beschluß, II | 10 |
| 4) Amtsprüfung, I | 4 | 8) Erneute Einlegung, I, II | 11 |
| 5) Grundsatz: Freigestellte Verhandlung, I | 5 | 9) Rechtsmittel, I, II | 12–14 |
| 6) Urteil, I | 6–9 | A. Gegen Urteil | 12 |
| A. Einspruch zulässig; Gegner des Einsprechenden verhandelt | 6 | B. Gegen erstinstanzlichen Beschluß | 13 |
| B. Einspruch zulässig; Gegner des Einsprechenden säumig | 7 | C. Gegen zweitinstanzlichen Beschluß | 14 |

1  **1) Systematik, I, II.** Die Vorschrift schließt sich nur scheinbar zeitlich an § 340 a an. Gerade bei Verneinung der Zulässigkeit hat sie zumindest praktisch Vorrang. Sie ist den §§ 519 b, 554 a, 589 vergleichbar.

2  **2) Regelungszweck, I, II.** Die Vorschrift bezweckt eine ebenso gründliche wie rasche Klärung der Frage, ob es überhaupt noch einmal zu einer neuen Sachverhandlung und -entscheidung kommen kann. Sie dient damit sowohl der Rechtssicherheit, Einl III 43, als auch vor allem in II der Prozeßwirtschaftlichkeit, Grdz 14 vor § 128.

3  **3) Geltungsbereich, I, II.** Vgl zunächst Üb 3 vor § 330. Im arbeitsgerichtlichen Urteilsverfahren ist sie anwendbar, BAG NJW **78**, 2215, ArbG Rosenheim BB **78**, 310 (der Beschluß nach II erfolgt durch den Vorsitzenden, § 53 I ArbGG), Oetker DRiZ **89**, 418.

4  **4) Amtsprüfung, I.** Das Gericht muß von Amts wegen prüfen, Grdz 39 vor § 128, ob folgende unverzichtbaren Zulässigkeitsvoraussetzungen vorliegen, vgl Grdz 13 vor § 253: Ob der Einspruch statthaft ist, § 338, ob also ein echtes Versäumnisurteil vorliegt , Üb 11 vor § 330, und ob ein Einspruch eines Säumigen eingegangen ist, ferner ob der Einspruch nach § 238 II oder nach § 345 unzulässig ist. Das Gericht muß ferner von Amts wegen prüfen, ob der Einspruch in der gesetzlichen Form und Frist eingegangen ist, §§ 339, 340, Brschw MDR **98**, 621. Bei einem Verstoß gegen § 340 III gilt allerdings § 340 Rn 17, denn § 340 III erwähnt in Abweichung von §§ 519 b I 1, 554 a I 1 eine rechtzeitige Begründung nicht. Wenn der Säumige alles für Frist- und Formwahrung beigebracht hat, muß der Gegner ihn widerlegen, etwa eine frühere Zustellung darlegen.

Das Gericht muß schließlich von Amts wegen prüfen, ob kein wirksamer *Verzicht* auf den Einspruch und keine wirksame Einspruchsrücknahme vorliegen, § 346, aber auch § 340 Rn 4. Alle diese Voraussetzungen werden auch in der Berufungs- und Revisionsinstanz von Amts wegen geprüft, BGH **LM** Nr 2 (es handele sich um „Prozeßfortsetzungsbedingungen"), BAG **AP** § 178 BGB Nr 1, und zwar vor der (erneuten) Prüfung der Begründetheit des Klaganspruchs, Grdz 14 vor § 253. Daher ist sie zu Protokoll, § 160 III Z 6, vor einer Verweisung festzustellen. Im Fall eines diesbezüglichen Verstoßes muß das Gericht, an das verwiesen wurde, die Prüfung wegen der Bindungswirkung des Verweisungsbeschlusses vornehmen, BGH NJW **76**, 676. Es findet aber keine Ermittlung von Amts wegen im Sinn von Grdz 38 vor § 128 statt; vielmehr gilt Grdz 39 vor § 128; das übersieht Brschw MDR **98**, 621. § 295 ist unanwendbar. Fehlt ein eindeutiger Zustellungsnachweis, so ist die Zustellung als nicht erfolgt zu behandeln, Köln Rpfleger **76**, 102, Hamann NJW **70**, 744 (je zum alten Recht). Eine etwaige Gesetzwidrigkeit des Versäumnisurteils bleibt bis zur Feststellung der Ordnungsmäßigkeit des Einspruchs unbeachtlich; erst dann tritt eine Rückwirkung nach § 342 ein, falls nicht § 345 eingreift, dort Rn 6.

5  **5) Grundsatz: Freigestellte Verhandlung, I.** Eine mündliche Verhandlung zum Einspruch ist freigestellt, § 128 Rn 10. Sie steht im pflichtgemäßen, aber freien, nicht nachprüfbaren Ermessen des Gerichts. Ein Antrag ist unnötig. Stets muß das rechtliche Gehör gewährt werden, soweit dies nicht schon geschehen ist, Art 103 I GG, BGH VersR **75**, 899.

### 3. Titel. Versäumnisurteil §§ 341, 341a

**6) Urteil, I.** Nach einer mündlichen Verhandlung zum Einspruch gelten vier Möglichkeiten. **6**

**A. Einspruch zulässig; Gegner des Einsprechenden verhandelt.** Ist der Einspruch zulässig, so ergeht ein Zwischenurteil, § 303, oder die Zulässigkeit wird in den Gründen des Endurteils, auch eines Versäumnisurteils, angenommen und zweckmäßigerweise kurz dargelegt, § 313 Rn 33.

**B. Einspruch zulässig; Gegner des Einsprechenden säumig.** Dann ist das Versäumnisurteil aufzuheben und eine neue Entscheidung zu treffen, § 343, also auf Antrag des Einsprechenden ein (erstes) Versäumnisurteil gegen seinen Gegner zu erlassen. In ihm muß das Gericht wegen I 1, II 1 die Zulässigkeit des Einspruchs abweichend von § 313 b in Entscheidungsgründen feststellen. **7**

**C. Einspruch zulässig; Einsprechender säumig.** Soweit die Voraussetzungen des I erfüllt sind, was der Erschienene nachweisen muß, wird der Einspruch durch ein sog Zweites Versäumnisurteil verworfen, § 345, van den Hövel NJW **97**, 2864. **8**

**D. Einspruch unzulässig.** Ist der Einspruch unzulässig, so wird er durch ein Endurteil verworfen. Dieses ist bei einer Säumnis des Einsprechenden ein echtes Versäumnisurteil, Üb 11 vor § 330, van den Hövel NJW **97**, 2865, StJSchu 21, aM BGH NJW **95**, 1561, RoSGo § 107 V 4 a, VI (es erfolgte bei einer Säumnis des Einsprechenden stets ohne eine Zulässigkeitsprüfung eine Verwerfung nach § 345), ZöHe 9 (unechtes Versäumnisurteil). **9**

Es findet *keine Sachprüfung* statt. Mit dem Versäumnisurteil erledigt sich ohne weiteres eine etwa vor der Verwerfung zugelassene Verhandlung zur Hauptsache mit allen ihren Prozeßhandlungen. Einen neuen Einspruch gegen das Versäumnisurteil hindert das Verwerfungsurteil nicht, sofern der neue Einspruch den gesetzlichen Erfordernissen genügt, namentlich die Frist wahrt und eine rechtzeitige Begründung enthält, oder wenn Wiedereinsetzung gewährt wird. Eine ausdrückliche Aufrechterhaltung des mit dem Einspruch angefochtenen Versäumnisurteils ist zwar nicht notwendig, aber auch unschädlich, aM LAG Ffm BB **82**, 1925. Für die Kosten gilt § 97 I entsprechend. Die Entscheidung wird als ohne Sicherheitsleistung vorläufig vollstreckbar erklärt, § 708 Z 3.

**7) Beschluß, II.** Findet keine mündliche Verhandlung zum Einspruch statt, so wird der Einspruch, natürlich nur unter den Voraussetzungen von I und nur in einem solchen Fall, Köln RR **93**, 1408, nach einer Anhörung des Gegners des Einsprechenden, § 340 a Rn 1, BGH VersR **75**, 899, durch Beschluß gemäß II 1 als unzulässig verworfen, LAG Stgt BB **92**, 1952 (zu § 700). Dieser Beschluß muß begründet, § 329 Rn 4, und beiden Parteien zugestellt werden, § 329 Rn 36, da er anfechtbar ist. Eine Bejahung der Zulässigkeit durch Beschluß ohne mündliche Verhandlung ist unstatthaft, MüKoPr 8, aM Demharter NJW **86**, 2755, ThP § 238 Rn 9, ZöGre § 238 Rn 5 (aber II bezieht sich mit dem Wort „Entscheidung" nur auf I 2, nicht auf die einer Entscheidung voraufgehende „Prüfung" des I 1). **10**

**8) Erneute Einlegung, I, II.** Man kann den bisher unzulässigen Einspruch erneut und evtl jetzt zulässig einlegen, solange seine Frist noch läuft und eine Verwerfungsentscheidung noch nicht rechtskräftig ist. **11**

**9) Rechtsmittel, I, II.** Maßgebend sind Entscheidungsart und Instanz. **12**

**A. Gegen Urteil.** Gegen ein Endurteil, das den Einspruch als unzulässig verwirft, ist Berufung wie sonst zulässig, §§ 511 ff. Gegen ein Versäumnisurteil, das den Einspruch verwirft, ist Berufung nur im Rahmen von § 513 II zulässig. In den Fällen Rn 9 ist auch ein neuer Einspruch gegen das alte Versäumnisurteil zulässig. Ist ein Mangel behebbar, so gilt § 335 Rn 4. Das die Zulässigkeit feststellende Zwischenurteil ist nur zusammen mit dem folgenden Endurteil anfechtbar.

**B. Gegen erstinstanzlichen Beschluß.** Gegen einen Beschluß, durch den das AG oder LG den Einspruch verwirft, ist die sofortige Beschwerde zulässig, § 577, Mü NJW **89**, 234, soweit gegen ein Urteil des gleichen Inhalts die Berufung zulässig wäre, §§ 511, 511 a. Soweit das rechtliche Gehör versagt worden war, kann die sofortige Beschwerde auch ohne eine Erreichung des Beschwerdewerts zulässig sein, Köln RR **96**, 1152, ZöHe 13, aM MüKoPr 17, ThP 12. Soweit die sofortige Beschwerde unzulässig ist, kann sie als Antrag auf eine Wiedereinsetzung nach § 233 zu behandeln sein, LG Bochum MDR **85**, 239. Für die sofortige Beschwerde gegen einen Beschluß des AG besteht Anwaltszwang nur dann, wenn das FamG in einer Sache des § 78 I 2 Z 1–3 entschieden hat, § 569 II 2. Gegen die Verwerfung der sofortigen Beschwerde als unzulässig ist die weitere sofortige Beschwerde unzulässig, § 568 II 1. **13**

**C. Gegen zweitinstanzlichen Beschluß.** Gegen den Beschluß des Berufungsgerichts ist gemäß §§ 542 III, 567 IV, 2 (hat Vorrang vor § 567 III 1) ebenfalls sofortige Beschwerde zulässig, dazu BGH NJW **78**, 1437, soweit entweder gegen ein entsprechendes Urteil die zulassungsfreie Revision statthaft wäre oder soweit das OLG die sofortige Beschwerde zugelassen hat, BGH NJW **82**, 1104. Anwaltszwang, § 78 Rn 1, besteht auch dann nur, wenn das FamG in 1. Instanz gemäß § 78 I 2 Z 1–3 entschieden hatte. Man kann die sofortige Beschwerde in Bayern beim BayObLG einlegen. Die weitere sofortige Beschwerde richtet sich (jetzt) nach §§ 542 III, 567 III 3, 568 a, BGH VersR **84**, 82. **14**

## 341a *Termin zur mündlichen Verhandlung.* Wird der Einspruch nicht durch Beschluß als unzulässig verworfen, so ist der Termin zur mündlichen Verhandlung über den Einspruch und die Hauptsache zu bestimmen und den Parteien bekanntzumachen.

**1) Systematik.** Die Vorschrift stellt in Anknüpfung an die vorrangige positive Prüfung nach § 341 eine im Grunde überflüssige Klarstellung desjenigen dar, was sich aus § 342 in Verbindung mit §§ 216, 217, 272 ff ergibt. **1**

**2) Regelungszweck.** Bezweckt wird eine Überleitung in das Verfahren zur Hauptsache. **2**

**3) Geltungsbereich.** Vgl Üb 3 vor § 330. **3**

**4) Terminsbestimmung.** Mangels Verwerfung ohne mündliche Verhandlung, § 341 II, evtl also erst unverzüglich nach dem Eingang einer dem Gegner des Einsprechenden nach § 340a Rn 3 anheimgegebenen Äußerung, bestimmt das Gericht einen Termin, § 216, und macht ihn den Parteien bekannt, selbst wenn der Einspruch evtl unzulässig ist, Schlesw SchlHA **77**, 128. Die Terminsbestimmung erfolgt durch den Vorsitzenden bzw den Einzelrichter des § 348 oder den Vorsitzenden der Kammer für Handelssachen, § 349, von Amts wegen. Er bestimmt den Termin zur mündlichen Verhandlung „(nur) über den Einspruch", § 146, oder „über den Einspruch und zur Hauptsache"; letzteres ist auch im Zweifel gemeint, BGH NJW **82**, 888. Die Ladungsfrist, § 217, ist gegenüber beiden Parteien zu wahren, Mü VersR **74**, 675, da die Bekanntmachung zwar nicht förmlich, aber der Sache nach eine Ladung ist.

Im übrigen muß der Vorsitzende den Termin aber nach § 216 II unverzüglich und nach § 272 III *so früh wie möglich* ansetzen, also auf den nächsten freien Terminstag, BGH NJW **81**, 286, Celle NJW **89**, 3025, ZöGre § 296 Rn 14, aM zB BGH NJW **80**, 1105, Hamm NJW **80**, 294, ZöHe 2 (im Rahmen von § 273 dürfe und müsse das Gericht selbst bei einem verspäteten Vortrag noch den Termin so weit hinausschieben, daß eine Verzögerung abgewendet werden könne. Aber das Gericht führt durch solche Handhabung gerade erst die Verzögerung herbei!).

In einer *Familiensache* ist die Sonderregel des § 629 II 2 zu beachten.

**5) Bekanntmachung.** Der Urkundsbeamte der Geschäftsstelle führt die Bekanntgabe durch, § 274 I. Er stellt sie beiden Parteien zu, § 270 I. Spätestens gleichzeitig ist dem Einspruchsgegner die Einspruchsfrist zuzustellen, § 340a. Beim AG kann § 497 I 1 anwendbar sein, falls ein Vollstreckungsbescheid ergangen ist, und genügt auch sonst bei der einlegenden Partei eine mündliche Mitteilung, falls diese gemäß § 497 II möglich war. Die Bekanntmachung erfolgt gegenüber sämtlichen Streitgenossen, §§ 59 ff. Sie ist dem Streithelfer dann zuzustellen, wenn er als solcher aufgetreten war, § 70. Wenn er Einspruch einlegt, wird auch die Hauptpartei geladen. Bei einem Mangel der Ladung gilt § 335 I Z 2; es ist dann also keine neue Versäumnisentscheidung zulässig.

## 342 Wirkung des Einspruchs.
Ist der Einspruch zulässig, so wird der Prozeß, soweit der Einspruch reicht, in die Lage zurückversetzt, in der er sich vor Eintritt der Versäumnis befand.

**Schrifttum:** *Münzberg*, Die Wirkungen des Einspruchs im Versäumnisverfahren, 1959.

**1) Systematik.** Der zulässige Einspruch bewirkt, soweit er reicht, § 340 II 2, außer im Fall des vorrangigen § 345, dort Rn 6: Die Rechtskraft des Versäumnisurteils wird aufgehoben, § 705 S 2. Die Zwangsvollstreckung wird nicht beeinflußt. Das Gericht kann die Zwangsvollstreckung aber einstellen, § 719 I. Der Prozeß wird im übrigen in den Stand vor dem Eintritt der Säumnis zurückversetzt. Beides erfolgt kraft Gesetzes.

**2) Regelungszweck.** Die Wiederherstellung des früheren Zustands bezweckt, daß alles als nicht geschehen unterstellt wird, was nach dem Eintritt der Säumnis geschehen ist, und daß alles früher Erfolgte wieder wirksam wird, mag es sich um Handlungen des Gerichts oder der Parteien handeln, Hamm RR **86**, 1509, LG Mü NZM **99**, 308 (also auch wegen Versagung einer Räumungsfrist; daher insofern keine gesonderte sofortige Beschwerde). Das gilt auch in der Berufungsinstanz, Düss MDR **88**, 681. Es entfällt also auch eine Bindungswirkung des Versäumnisurteils, § 318, Köln VersR **92**, 901. Es tritt keine neue Instanz ein, Mü MDR **84**, 948. Da alles vor Eintritt der Säumnis Geschehene beachtlich bleibt und da die Säumnis erst *im* vorherigen Termin eintreten konnte, §§ 330, 331, 333, kommt zum Einspruch (und zur Hauptsache) nicht etwa ein zweiter früher erster Termin nach § 275 in Betracht, sondern ist nunmehr stets ein Haupttermin nach § 278 mit allen *seinen* Folgen anzuberaumen und im Zweifel auch gemeint. Eine Verweisung bleibt möglich, Zweibr RR **98**, 1606.

**3) Geltungsbereich.** Vgl Üb 3 vor § 330.

**4) Vorherige Verspätung.** Somit gilt bei § 331 III, anders als bei einer Terminssäumnis (zu ihr BGH **76**, 177 und NJW **81**, 1379) ein Vorbringen als rechtzeitig, das an sich als verspätet behandelt worden wäre, wenn die Partei es innerhalb der Frist des § 340 III nachholt, Düss NJW **81**, 2264, KG RR **87**, 1203, Zweibr MDR **80**, 585, aM Mü MDR **94**, 1244, Zweibr MDR **79**, 321.

Damit kann freilich das gesetzliche *Ziel* des Versäumnisverfahrens in höchst unerfreulicher Weise *unterlaufen* werden; Schneider NJW **80**, 947 spricht von einer „Flucht in das Versäumnisurteil", ebenso Leipold ZZP **93**, 251. Daran ändert entgegen BGH **76**, 178 auch weder das Kostenrisiko nach § 344 noch das Risiko der vorläufigen Vollstreckbarkeit des Versäumnisurteils nach § 708 Z 2 noch der nur begrenzte Umfang solcher Maßnahmen etwas, die das Gericht nach §§ 341a, 273 treffen darf und muß. In vielen Fällen kann der zunächst Säumige nämlich alle diese Risiken durchaus hinnehmen, um überhaupt nicht mit dem verspäteten Vortrag gehört zu werden, notfalls mit Hilfe von ihm selbst herbeigeschaffter (sistierter) Zeugen. Aber der Wortlaut des Gesetzes ist eindeutig. Deshalb ist auch § 34 GKG unanwendbar, Hamm RR **95**, 1406. Ebenso freilich die Anwendung von § 296 erst im Fall § 340 III 3; zum Problem Gounalakis DRiZ **97**, 294. § 342 muß selbst bei offenbaren gesetzgeberischen Unsauberheiten wie hier respektiert werden. Zur Annahme eines bloßen Redaktionsversehens besteht keine ausreichende Möglichkeit. Mag das Gesetz in diesem wesentlichen Punkt bereinigt werden; Jesse DRiZ **88**, 379 fordert eine Beschränkung des Einspruchs auf den Fall des Vorliegens eines Wiedereinsetzungsgrundes.

**5) Weitere Einzelfragen.** Ferner ergeben sich folgende Konsequenzen: Frühere Anerkenntnisse, § 307, Geständnisse, § 288, sonstige Parteierklärungen und Beweisbeschlüsse und Beweiserhebungen und -ergebnisse treten wieder in Kraft; die nach § 332 vorgenommene Unterstellung des Wegfalls fällt also ihrerseits weg. Ebenso entfällt die Wirkung der Einlassung nach § 296 III durch Beantragung des Versäumnisurteils. Wenn

### 3. Titel. Versäumnisurteil §§ 342–344

der Kläger die Klage vorher ohne eine Einwilligung des Bekl zurücknehmen konnte, § 269 Rn 14, so kann er das jetzt noch tun. In Kraft bleiben das Versäumnisurteil selbst, § 343 Rn 1, sowie alles, was die Unterstellung des § 342 unberührt ließ. So kann zB der Bekl einen einmal geheilten Mangel der Klage nicht erneut rügen. Im übrigen bindet ihn aber ein nach § 295 eingetretener Verzicht nicht mehr. Der säumig gewesene Bekl kann zB jetzt erstmalig die Rüge des Fehlens einer Kostensicherheitsleistung erheben, § 110. Wegen eines sofortigen Anerkenntnisses nach dem Einspruch § 93 Rn 102 „Versäumnisverfahren". Ein Zwischenurteil wird wieder bindend, § 318.

**343** *Neue Entscheidung.* ¹Insoweit die Entscheidung, die auf Grund der neuen Verhandlung zu erlassen ist, mit der in dem Versäumnisurteil enthaltenen Entscheidung übereinstimmt, ist auszusprechen, daß diese Entscheidung aufrechtzuerhalten sei. ²Insoweit diese Voraussetzung nicht zutrifft, wird das Versäumnisurteil in dem neuen Urteil aufgehoben.

**1) Systematik, S 1, 2.** Das Versäumnisurteil kann als Staatsakt nicht mit dem Einspruch ohne weiteres verschwinden, Üb 10 vor § 300. Es bleibt bestehen, solange es nicht aufgehoben ist, Hamm RR **86**, 1509. Auf Grund der neuen mündlichen Verhandlung ist ein neues Urteil zu erlassen. § 343 gilt, soweit der Einspruch zulässig ist (andernfalls gilt § 341) und der Einsprechende nicht säumig ist; bei seiner Säumnis gilt § 345. **1**

**2) Regelungszweck, S 1, 2.** Die Vorschrift bezweckt eine Klarstellung der in Rn 1 genannten Rechtslage und eine zwecks Rechtsübersicht, Einl III 43, notwendige Klärung der Frage, ob der ja existierende Vollstreckungstitel des Versäumnisurteils bzw Vollstreckungsbescheids, § 700 I, formell bestehenbleibt oder nicht. **2**

**3) Geltungsbereich, S 1, 2.** Vgl Üb 3 vor § 330. Wegen des SGG-Verfahrens § 182a II 2 SGG, abgedruckt Grdz 3 vor § 688. **3**

**4) Sachentscheidung, S 1, 2.** Das neue Urteil entscheidet über den Kläganspruch. **4**

**A. Aufrechterhaltung, S 1.** Das neue Urteil lautet bei einer inhaltlich im Ergebnis, wenn auch vielleicht mit anderer Begründung, gleichen Entscheidung auf Aufrechterhaltung des Versäumnisurteils, mag dieses der Klage stattgegeben oder sie abgewiesen haben. Das gilt auch bei einem Vollstreckungsbescheid, § 700, auch nach Verweisung ins WEG-Verfahren, BayObLG ZMR **86**, 321.

**B. Aufhebung usw, S 2.** Das neue Urteil lautet bei einer inhaltlich abweichenden Entscheidung auf *Aufhebung* des Versäumnisurteils (Aufhebungsverfahren) und *anderweitige Entscheidung* (Ersetzungsverfahren). Eine Aufhebung statt einer bloßen Änderung erfolgt aber nur, soweit sich sachlichrechtlich auch im Ergebnis etwas ändert, nicht bei einer bloßen Klarstellung oder Ergänzung der Urteilsformel. Denn sonst bestünde zB die Gefahr eines endgültigen Rangverlustes, § 776 Rn 3, Köln NJW **76**, 113. Stets ist auf Klarheit und Einfachheit der Urteilsformel zu achten; eine bloße „Aufrechterhaltung mit der Maßgabe" ist möglichst zu vermeiden. **5**

**C. Weitere Einzelfragen, S 1, 2.** Stets muß über die *Kosten* entschieden werden, § 344. Eine Vorabentscheidung über den Grund, § 304, darf das Versäumnisurteil nicht aufheben; diese Aufhebung ist der Entscheidung über den Betrag vorbehalten. Ein Zwischenurteil nach § 303 oder eine Verweisung nach § 281 berühren das Versäumnisurteil nicht. Wenn die Aufhebung versehentlich unterbleibt, ist das neue Urteil zu berichtigen, § 319. Soweit ein Kostenanspruch nach § 344 unterblieben ist, ist § 321 anwendbar. Wenn eine Berichtigung und Rechtsmittel versagen, bleibt die Möglichkeit einer Vollstreckungsabwehrklage zu prüfen, § 767. Bei einer Klagrücknahme, § 269, hat das versäumte Kostenurteil das Versäumnisurteil aufzuheben. Eine außergerichtliche Erledigung des Prozesses läßt ein Versäumnisurteil bestehen. Seine Aufhebung ist nur im Rahmen eines sonst nötigen Verfahrens möglich, etwa bei einem Streit über die Wirksamkeit der Erledigterklärung, § 91 a Rn 98. In einer Familiensache ist die Sonderregel des § 629 II 2 zu beachten. **6**

**5) Zwangsvollstreckung, S 1, 2.** Soweit ein Sachausspruch des Versäumnisurteils aufrechterhalten bleibt, braucht derjenige, der es erfochten hat, für die bereits vorgenommene Zwangsvollstreckung keine Sicherheit nachzuleisten. Er darf aber die Zwangsvollstreckung, auch wegen der Kosten, nur gegen Sicherheitsleistung fortsetzen, § 709 S 2, LG Itzehoe DGVZ **94**, 172, und das ist in der Urteilsformel auszusprechen. Wegen der im Versäumnisurteil noch nicht getroffenen Entscheidungen sowie wegen der weiteren Kosten ist eine vorläufige Vollstreckbarkeit wie sonst möglich, §§ 708 Z 11 Hs 2, 709 S 1, Mertins DRiZ **83**, 228, aM ThP § 709 Rn 6. Eine etwaige Einstellung der Zwangsvollstreckung erfolgt nach § 719. **7**

**344** *Versäumniskosten.* Ist das Versäumnisurteil in gesetzlicher Weise ergangen, so sind die durch die Versäumnis veranlaßten Kosten, soweit sie nicht durch einen unbegründeten Widerspruch des Gegners entstanden sind, der säumigen Partei auch dann aufzuerlegen, wenn infolge des Einspruchs eine abändernde Entscheidung erlassen wird.

**1) Systematik.** § 344 macht, ähnlich wie § 494a II 1, dort Rn 15, eine Ausnahme von § 91, indem er die Versäumniskosten von den übrigen Prozeßkosten trennt. **1**

**2) Regelungszweck.** Die Vorschrift bezweckt den Schutz des Gegners des Säumigen vor *Mehrkosten* der Säumnis, LG Bonn Rpfleger **96**, 174. **2**

*Hartmann*

**§§ 344, 345**

**3** 3) **Geltungsbereich.** Vgl Üb 3 vor § 330.

**4** 4) **„In gesetzlicher Weise ergangen."** Die Vorschrift greift nur ein, soweit das Versäumnisurteil „in gesetzlicher Weise ergangen" ist. Daher ist die Gesetzlichkeit zunächst von Amts wegen zu prüfen, Grdz 39 vor § 128. Ungesetzlich ist ein Versäumnisurteil nur dann, wenn eine seiner Voraussetzungen fehlte, unabhängig davon, ob das Gericht dies wußte, ob zB der Mangel der Ladung, BAG NJW **71**, 957, wegen einer falschen Beurkundung nicht zu ersehen war oder ob das Versäumnisurteil gegen einen Prozeßunfähigen ergangen war, § 51; wenn § 335 verletzt ist; wenn gegen § 337 verstoßen wurde; wenn das Vorbringen des Klägers nicht dem § 331 II genügte; wenn der Gegner die Säumnis verschuldet hat. Ob das Versäumnisurteil inhaltlich richtig ist oder einen Mangel hat, ist unerheblich. Wenn dem Säumigen aber ein Wiedereinsetzungsgrund zur Seite stand, § 233, dann kann § 344 nicht eingreifen; die diesbezüglichen Kosten trägt der Unterliegende. Soweit der Einspruch verworfen wird, ist § 344 unanwendbar und § 341 anzuwenden.

**5** 5) **Neue Entscheidung.** Es kommt auf den Entscheidungsinhalt an.

**A. Aufrechterhaltung.** Erhält das neue Urteil das Versäumnisurteil aufrecht, so spielt die Gesetzlichkeit keine Rolle. Der verurteilte Säumige trägt dann die weiteren Kosten, § 91. Das ist aber in der Formel auszusprechen. Fehlt der Ausspruch, so ist das Urteil zu berichtigen oder zu ergänzen, §§ 319, 321 (StJSchu 2 will die alte Kostenentscheidung ohne weiteres auf die neuen Kosten beziehen; aber damit verändert sich ihr Inhalt).

**6** **B. Aufhebung,** dazu *Habel* NJW **97**, 2357 (ausf): Bei einer Aufhebung des Versäumnisurteils ist über die gesamten Kosten anderweit zu entscheiden. Die Formel lautet etwa: „Der Beklagte trägt die Kosten seiner Säumnis, die übrigen Kosten trägt der Kläger." Bei einer teilweisen Aufhebung ist sie etwa so: „Der Beklagte trägt die Kosten seiner Säumnis, die übrigen Kosten werden gegeneinander aufgehoben." Bei einer Klagrücknahme trägt der Bekl die Kosten seiner Säumnis, § 269 Rn 34 (dort zu dieser Streitfrage). Bei einem Vergleich ist über die Kosten frei zu bestimmen, § 98, soweit die Parteien im Vergleich keine Kostenregelung getroffen haben, Mü Rpfleger **79**, 345. Bei einer Erledigung der Hauptsache, § 91 a Rn 183, 184, lautet die Entscheidung wie bei einer Aufhebung des Versäumnisurteils. Ein Verschulden des Säumigen bleibt außer Betracht.

**7** Ob infolge der Säumnis *Mehrkosten* entstanden sind und wie hoch sie sind, ist erst im Kostenfestsetzungsverfahren zu klären, § 104. Die Kostengrundentscheidung des § 344 ist grundsätzlich auch und gerade vor dieser Klärung nötig. Freilich kann beim offensichtlichen Fehlen von solchen Mehrkosten ein Ausspruch nach § 344 sinnlose Förmelei sein, Einl III 37, und deshalb unterbleiben. „Durch die Versäumnis veranlaßt" sind nicht die dem Gegner der säumigen Partei durch die Wahrnehmung des versäumten Termins entstandenen Kosten, sondern die Kosten für die Wahrnehmung eines späteren Termines, der wegen der Säumnis erforderlich wird, Stgt MDR **89**, 269.

**8** *Zu den Kosten* gehören die des Einspruchsverfahrens, nicht aber die der Zustellung des Versäumnisurteils oder der Zwangsvollstreckung oder ihrer vorläufigen Einstellung, Ffm Rpfleger **75**, 260, Mü Rpfleger **74**, 368, auch nicht zB die Prozeßgebühr des Anwalts der nicht säumigen Partei, Mü Rpfleger **81**, 495. „Durch einen unbegründeten Widerspruch" umfaßt zB Kosten einer Beweisaufnahme einschließlich eines Streits über die Rechtzeitigkeit des Einspruchs. Sind auch diese (wenn auch evtl fälschlich) dem Säumigen auferlegt worden, so findet insoweit keine Korrektur im Kostenfestsetzungsverfahren statt, KG MDR **74**, 149.

## **345** Zweites Versäumnisurteil.
Einer Partei, die den Einspruch eingelegt hat, aber in der zur mündlichen Verhandlung bestimmten Sitzung oder in derjenigen Sitzung, auf welche die Verhandlung vertagt ist, nicht erscheint oder nicht zur Hauptsache verhandelt, steht gegen das Versäumnisurteil, durch das der Einspruch verworfen wird, ein weiterer Einspruch nicht zu.

**Schrifttum:** *Hoyer,* Das technisch zweite Versäumnisurteil, 1980; *Lehmann,* Die Berufung gegen das technisch zweite Versäumnisurteil, Diss Köln 1989; *Stahlhacke,* Problem des zweiten Versäumnisurteils, Festschrift für *Schneider* (1997) 109.

**1** 1) **Systematik.** Die Vorschrift regelt vorrangig den Fall des sogleich nach Einspruch erneut Säumigen. Sie geht durch die Bestimmung, wie das Urteil zu lauten hat, auch dem § 343 vor.

**2** 2) **Regelungszweck.** Die Vorschrift dient der Prozeßwirtschaftlichkeit, Grdz 14 vor § 128: Eine nun noch gar alsbald erneute Säumnis verdient keinen weiteren Schutz, BGH MDR **99**, 1018.

**3** 3) **Geltungsbereich.** Vgl zunächst Üb 3 vor § 330. Im Arbeitsgerichtverfahren bleibt erstinstanzlich § 345 unberührt, § 59 S 4 ArbGG, und statt § 513 II nur der allein anwendbare § 64 II ArbGG zu prüfen, BAG NJW **89**, 2644, LAG Hamm DB **88**, 1124.

**4** 4) **Voraussetzungen.** Das Gesetz meint hier nur ein Zweites Versäumnisurteil im Fachsinn (zum Begriffkrit Boemke ZZP **106**, 373) im Gegensatz zu einem „weiteren" Versäumnisurteil, das nach einer vor der erneuten Säumnis ergangenen streitigen Verhandlung ergeht, BGH VersR **84**, 288, Schlesw SchlHA **87**, 172. Nach einem Vollstreckungsbescheid gilt § 345 nach § 700 VI nur eingeschränkt. Das Zweite Versäumnisurteil verlangt nach einer früheren Säumnis, die zum Versäumnisurteil oder zum Vollstreckungsbescheid führte, § 700 I, eine (sogleich erfolgende, erneute) Säumnis in dem nun auf Grund eines nach § 342 zulässigen Einspruchs nach § 341 a bestimmten Termin oder in dem gemäß §§ 227, 335, 337 anberaumten Vertagungstermin, Brdb RR **98**, 1679. Es reicht also nicht, daß die Partei erst in einem Termin säumig wird, und diesem folgt.

Ein längeres Zuwarten als die auch sonst meist üblichen *ca 15 Minuten* ist *nicht* erforderlich, aM Rostock MDR **99**, 26 (aber endgültige Rechtsfragen können auch sonst entstehen, und das Gericht ist kein Schalter-

3. Titel. Versäumnisurteil **§§ 345, 346**

beamter der auf Kundschaft wartet, die ihr nicht pünkliches Erscheinen obendrein zu vertreten hat, wie im dortigen Fall, § 85 II).

Das Zweite Versäumnisurteil verlangt *beim Erscheinen* des Säumigen in diesem Termin das Unterbleiben seiner Verhandlung zur Hauptsache, § 333, Boemke ZZP **106**, 375. Eine Verhandlung nur zum Einspruch reicht nicht aus, Münzberg ZZP **80**, 484. Ein bloßes Verlesen der Anträge ist regelmäßig keine Verhandlung zur Hauptsache, § 333 Rn 2, 3 (auch zu Ausnahmen), Ffm OLGZ **92**, 480 insofern teilweise unklar BGH **63**, 95. Ebensowenig reichen aus: Bloße Erörterungen; Erklärungen auf eine Anhörung usw, § 278 I, solange keine Anträge gestellt werden, § 39 Rn 6, § 137 I; die Rüge, über ein Ablehnungsgesuch sei noch nicht rechtskräftig entschieden, selbst wenn ihr ein „hilfsweiser" Sachantrag hinzugefügt wird, Ffm OLGZ **92**, 480; ein Verweisungsantrag, § 281, da er keine Verhandlung erfordert. Ausreichend sind eine Verhandlung zur örtlichen Unzuständigkeit oder ein Antrag auf den Erlaß eines Versäumnisurteils, LAG Bre NJW **66**, 1678. 5

§ 345 ist auch dann anwendbar, wenn das erste Versäumnisurteil *gesetzwidrig* ergangen ist, BGH MDR **99**, 1017, Düss MDR **87**, 769, Rostock MDR **99**, 1085, aM BAG JZ **95**, 524, RoSGo § 107 VI, ZöHe 4 (§ 342 zwinge zu einer neuen Schlüssigkeitsprüfung. Aber § 345 geht als Spezialvorschrift vor und soll neue Verzögerungen verhindern. Wegen der anders lautenden Regelung beim Vollstreckungsbescheid § 700 Rn 30). 6

Wenn im Einspruchstermin der *Gegner des Einsprechenden säumig* ist oder wenn nach dem ersten Versäumnisurteil eine streitige Verhandlung bzw eine Klagänderung, § 263, oder Klagerweiterung, § 261 II, oder einseitige Erledigterklärung, § 91 a Rn 168, stattgefunden hat, ist § 345 unanwendbar, BGH NJW **91**, 44, Köln RR **88**, 701 linke Spalte (das OLG hat diesen Satz ungenau gelesen). 7

Natürlich ist aber § 345 anwendbar, soweit es um den bereits *vor* der ersten *Säumnis* eingeklagten Forderungsteil geht, Köln RR **88**, 701 linke Spalte. Der ProzBev muß grundsätzlich auch gegen einen anwaltlich vertretenen Gegner zur Vermeidung einer Schadensersatzpflicht nach § 345 vorgehen, Stgt NJW **94**, 1884 (kein Verfassungsverstoß), LG Essen AnwBl **78**, 420. Das gilt im Ergebnis auch seit der neuen Berufsordnung für Anwälte. Sie verweist auf den Vorrang des Anwaltvertrags.

**5) Entscheidung.** Es sind drei Situationen zu unterscheiden. 8

**A. Versäumnis sogleich nach Einspruch.** Im Fall des § 345 wird der Einspruch durch ein echtes Versäumnisurteil verworfen. Ein weiterer Einspruch ist dann unzulässig, Hamm AnwBl **83**, 515, insofern auch Orlich NJW **80**, 1783. Legt die Partei ein, so ist er gemäß § 341 als unzulässig zu verwerfen und hemmt die Berufungsfrist nicht. War der Einspruch verspätet, so gilt § 341 Rn 8, 9. Über die weiteren Kosten entscheidet das Gericht entsprechend § 97. Das Versäumnisurteil ist gemäß § 708 Z 2 ohne Sicherheitsleistung für vorläufig vollstreckbar zu erklären. Eine Berufung ist grundsätzlich nur zulässig, wenn ein Fall der Versäumung beim Erlaß des Zweiten Versäumnisurteils fehlte, § 513 II, dort Rn 4, BGH NJW **91**, 2122, Karlsr RR **93**, 384, Naumb MDR **99**, 186, Saarbr RR **95**, 1280 (das muß in der Berufungsfrist dargelegt werden). Eine Versäumung beim Erlaß des ersten Versäumnisurteils reicht nicht aus, BAG DB **75**, 1372. Es gilt aber auch der Grundsatz der Meistbegünstigung, Grdz 28, 32 vor § 511, Karlsr RR **93**, 384. Zur entsprechenden Anwendung des § 513 II BVerfG **61**, 80, Celle FamRZ **93**, 1220, Schlesw NJW **88**, 68. Stahlhacke (vor Rn 1) 127 fordert eine gesetzliche Klärung. Bei einem Verstoß zB gegen Art 103 I GG kann eine Verfassungsbeschwerde in Betracht kommen, BVerfG NJW **88**, 2361.

**B. Spätere Säumnis.** Im Fall einer sonstigen späteren Säumnis ergeht ein Versäumnisurteil wie sonst, §§ 330, 331, Boemke ZZP **106**, 375, gegen das neben der Berufung (sog Meistbegünstigungsgrundsatz, Grdz 28 vor § 511) auch Einspruch zulässig ist, BGH VersR **84**, 288, auch wenn das Gericht irrig ein Zweites Versäumnisurteil nach § 345 gefällt hat, BGH VersR **84**, 288, Ffm NJW **92**, 1469 (in diesem Fall ist auch die Berufung statthaft und führt zur Korrektur des Tenors sowie zur Zurückverweisung nach § 539). Gegen eine Verschleppung durch planmäßige Säumnis schützt § 251 a. 9

**C. Säumnis des Gegners.** Wenn der Gegner des vorher Säumigen nicht erscheint, dann ist das erste Versäumnisurteil auf Antrag durch ein technisch ebenfalls erstes weiteres Versäumnisurteil aufzuheben und anderweit zu erkennen, §§ 343, 344. 10

**6) Verstoß.** Soweit ein in Wahrheit erstes (weiteres) Versäumnisurteil irrig als „zweites" bezeichnet wurde, ist nach dem Meistbegünstigungsgrundsatz, Grdz 28 vor § 511, Einspruch und/oder Berufung statthaft, BGH MDR **97**, 495, Brdb ZMR **99**, 103. Dasselbe gilt im umgekehrten Fall im Ergebnis, BGH NJW **97**, 1448, aM Brdb RR **98**, 1286. 11

**346** *Verzicht und Rücknahme.* Für den Verzicht auf den Einspruch und seine Zurücknahme gelten die Vorschriften über den Verzicht auf die Berufung und über ihre Zurücknahme entsprechend.

**1) Systematik, Regelungszweck.** Die Vorschrift enthält mit ihrer Verweisung auf §§ 514, 515 eine vorrangige Sonderregel. Vgl zunächst §§ 514, 515, ferner BGH NJW **74**, 1248, wegen des Anwaltszwangs ferner § 78 Rn 1, 22, § 269 Rn 25. Wegen der Protokollierung § 160 Rn 17. 1

**2) Geltungsbereich.** Vgl Üb 3 vor § 330. 2

**3) Verzicht.** Einen vor dem Erlaß des Versäumnisurteils einseitig erklärten Verzicht, vgl auch § 306, kann man ebenso wie einen auf eine Berufung vor dem Erlaß des Urteil erklärten Verzicht als prozessual wirksam ansehen. Wegen einer Vereinbarung über einen Verzicht oder eine Rücknahme § 340 Rn 4. Der Verzicht ist formlos dem Gericht oder dem Gegner gegenüber möglich, BGH NJW **74**, 1248. Das Gericht muß den Verzicht von Amts wegen dem Gegner zustellen, § 270 I. 3

**§§ 346, 347, Übers § 348**　　　　　2. Buch. 1. Abschnitt. Verfahren vor den LGen

4　4) **Rücknahme.** Die Rücknahme hat dem Gericht gegenüber zu erfolgen. Nach dem Beginn der Verhandlung über den Einspruch und zur Hauptsache, § 137 Rn 7, kann man den Einspruch ähnlich wie bei einer Klagerücknahme, § 269 Rn 17, nur mit Zustimmung des Gegners zurücknehmen, § 515 I.

5　5) **Kosten.** Die Kostenentscheidung, § 515 III, erfolgt durch einen kurz zu begründenden, § 329 Rn 4, zu verkündenden oder wegen § 329 III zuzustellenden, unanfechtbaren Beschluß.

**347** *Widerklage u. a.* <sup>I</sup>Die Vorschriften dieses Titels gelten für das Verfahren, das eine Widerklage oder die Bestimmung des Betrages eines dem Grunde nach bereits festgestellten Anspruchs zum Gegenstand hat, entsprechend.
　<sup>II</sup> ¹War ein Termin lediglich zur Verhandlung über einen Zwischenstreit bestimmt, so beschränkt sich das Versäumnisverfahren und das Versäumnisurteil auf die Erledigung dieses Zwischenstreits. ²Die Vorschriften dieses Titels gelten entsprechend.

1　1) **Systematik, I, II.** Die Vorschrift gilt für verschiedene Situationen: Einerseits für die Widerklage, Anh § 253; zum anderen für ein bloßes Betragsverfahren im Anschluß an ein Grundurteil, § 304 Rn 28.

2　2) **Regelungszweck, I, II.** Es gelten dieselben Erwägungen wie bei der Klage, Üb 1, 2 vor § 330.

3　3) **Geltungsbereich, I, II.** Vgl Üb 3 vor § 330.

4　4) **Widerklage usw, I.** Die Widerklage, Anh § 253, steht der Klage auch für das Versäumnisverfahren gleich. Solange die Verhandlung über die Widerklage nicht von der Verhandlung über die Klage getrennt ist, § 145 II, schadet die Säumnis zur Klage auch derjenigen zur Widerklage zu. Der Bekl kann also wegen beider Säumnisse eine Versäumnisentscheidung beantragen. Entsprechend kann der Kläger bei einer Säumnis des Bekl vorgehen. Wenn nur zur Klage oder nur zur Widerklage verhandelt wird, dann findet das Versäumnisverfahren statt, soweit nicht verhandelt wird. Die Erhebung der Widerklage im Termin, § 261 II, läßt wegen § 335 I Z 3 keine Versäumnisentscheidung für die Widerklage zu. Die Vorabentscheidung über den Grund, § 304, kann nicht durch Versäumnisurteil erfolgen, § 304 Rn 21. Die Verhandlung über den Betrag betrifft trotz ihrer Beschränkung in Wahrheit den ganzen Anspruch. Deshalb ist die Klage bei einer Säumnis des Klägers auch im Nachverfahren abzuweisen. Bei einer Säumnis des Bekl bindet die Vorabentscheidung das Gericht, § 318. Daher ist ein Versäumnisurteil nur über den Betrag zu erlassen.

5　5) **Zwischenstreit, II.** Die Vorschrift betrifft nur den Zwischenstreit zwischen den Parteien. Sie verlangt weiter, daß die Verhandlung ausschließlich diesem Zwischenstreit dient. Wenn gleichzeitig zur Hauptsache verhandelt wird, § 137 Rn 7, ergeht ein Versäumnisurteil in der Hauptsache. In dem kaum je praktisch vorkommenden Fall II ergeht ein Versäumniszwischenurteil. Beim Zwischenstreit mit einem Dritten ist kein Einspruch zulässig, sondern nur eine sofortige Beschwerde, § 577.

## Vierter Titel. Verfahren vor dem Einzelrichter

### Übersicht

**Schrifttum:** *Rottleuthner,* Rechtstatsächliche Untersuchung zum Einsatz des Einzelrichters usw, 1992.

**Gliederung**

| | |
|---|---|
| 1) Systematik .................... 1 | 4) Begriffe .................... 4 |
| 2) Regelungszweck ............. 2 | 5) *VwGO* .................... 5 |
| 3) Geltungsbereich ............. 3 | |

1　1) **Systematik.** Der Einzelrichter, ursprünglich Ausnahme vom Grundsatz der Notwendigkeit einer Tätigkeit und Entscheidung des Kollegiums, hat im Laufe der Zeit eine wechselnde, aber insgesamt wachsende Bedeutung gewonnen. Der bloß vorbereitende Einzelrichter findet sich wieder in § 375, in der Kammer für Handelssachen, § 349, und beim Berufungsgericht, § 524. Bei der Zivilkammer ist der alleinentscheidende Einzelrichter eingeführt worden, der ohne Zustimmung der Parteien tätig werden kann, so daß sie einen natürlich oft abgewogeneren Spruch des Kollegiums nicht mehr erzwingen können. Andererseits sind die Stellung und das Ansehen der einzelnen Richterpersönlichkeit erheblich gestärkt worden, Schneider MDR **76**, 619.

2　2) **Regelungszweck.** Der Sinn der §§ 348–350, 524 ist schon aus fiskalischen Gründen, daneben auch mit Rücksicht auf das Gebot der Prozeßwirtschaftlichkeit, Grdz 14, 15 vor § 128, und das Gebot der Verfahrensförderung, Grdz 12, 13 vor § 128, eine Entlastung des Kollegiums, aM Bull JR **75**, 450, Schumacher DRiZ **75**, 277, und eine Beschleunigung des Verfahrens, Stanicki DRiZ **79**, 343. Rechtspolitisch Holch ZRP **80**, 38.

3　3) **Geltungsbereich.** Entsprechend anwendbar sind kaum §§ 348–350, sondern allenfalls § 524 beim Beschwerdegericht, da die Beschwerdeinstanz eher der Berufungsinstanz vergleichbar ist, vgl § 573 Rn 4; auch dann geht § 524 IV dem § 523 und damit dem § 348 vor. Bei einer Rückübertragung, § 348 IV 1, gilt dessen II entsprechend. In der Revisionsinstanz sind §§ 348–350 unanwendbar, § 557 a. Unanwendbar sind die §§ 348–350 bei der Kammer für Baulandsachen, § 220 I 3 BauGB, und im FGG-Verfahren, BayObLG DB **95**, 1169, Ffm DB **92**, 672. Im arbeitsgerichtlichen Verfahren gilt § 55 ArbGG.

4. Titel. Verfahren vor dem Einzelrichter **Übers § 348, § 348**

**4) Begriffe.** Begrifflich herrscht großes Durcheinander. Die ZPO kennt jetzt als einzelnen Richter: den **4** Richter am Amtsgericht; bei der Zivilkammer den Einzelrichter, § 348. Er wird an Stelle des Kollegiums tätig, nicht in seinem Auftrag, Karlsr JB *76*, 372. Er wird umfassend tätig und entscheidet, sofern er die Sache nicht an das Kollegium zurückgibt. Ihn bestellt nicht der Vorsitzende, sondern das Kollegium nach den generell für das Geschäftsjahr gemäß § 21 g GVG vom Vorsitzenden getroffenen Anordnungen, Stanicki DRiZ *79*, 343; bei der Kammer für Handelssachen den Vorsitzenden, § 349. Er entscheidet zum Teil ohne Einverständnis der Parteien, zum Teil nur in ihrem Einverständnis, zum Teil bereitet er auch nur vor. Er heißt, anders als sein Gegenstück beim Berufungsgericht, nicht Einzelrichter. Er ist bei der Zivilkammer nicht mehr zulässig; beim Berufungsgericht den Einzelrichter, § 524. Seine Aufgaben entsprechen im wesentlichen denjenigen des Vorsitzenden der Kammer für Handelssachen, § 349. Er wird, anders als der Einzelrichter des § 348, nur ausnahmsweise und nur im Einverständnis der Parteien bis zum streitigen Endurteil tätig; den vorbereitenden Richter als Mitglied des Prozeßgerichts oder als verordneter Richter, § 375; den beauftragten Richter; den ersuchten Richter, §§ 361, 362. Zu beiden (auch verordnete Richter oder Richterkommissare genannt) Einl III 72.

**5) VwGO:** Neben der Sonderregelung für Asylsachen in § 78 AsylVfG, die verfassungsrechtlich unbedenklich ist, **5** BVerfG NJW *84*, 559 (zu dieser Regelung OVG Lüneb NVwZ *98*, 85, VGH Kassel NVwZ-RR *93*, 332 u AnwBl *86*, 412, OVG Münst NVwZ-RR *90*, 163), gilt im VerwProzeß 1. Instanz allgemein § 6 VwGO idF des Art 9 Z 2 RpflEntlG, der im wesentlichen § 348 entspricht, aber Richter auf Probe im ersten Jahr als Einzelrichter ausschließt, dazu Stelkens Sch/SchmA/P § 6 Rn 34, *Günther* NVwZ *98*, 37, *Schnellenbach* DVBl *93*, 230 (eingehend), *Martens* NVwZ *93*, 233, *Redeker* DVBl *92*, 214, vgl auch *Kävenheim* NJW *93*, 1373, *Kretzschmar* BB *93*, 545 u *Bilsdorfer* BB *93*, 554 (zur FGO). Eine Entscheidung durch den Vorsitzenden oder Berichterstatter sehen außerdem §§ 87 und 87 a VwGO vor (dazu BVerwG NVwZ-RR *97*, 259 mwN, *Klein* BayVBl *92*, 197, *Haas* VBlBW *91*, 232, *Wahrendorf* NWVBl *91*, 110, *Kopp* NJW *91*, 524, *Stelkens* NVwZ *91*, 214, *Pagenkopf* DVBl *91*, 288, für extensive Auslegung *Schmieszek* NVwZ *91*, 525), die Entscheidung durch den Vorsitzenden §§ 80 VIII u 123 II 3 VwGO sowie die Beweisaufnahme durch den beauftragten Richter § 96 II VwGO (dazu BVerwG NJW *94*, 1975 mwN) u § 4 II 2 VereinsG, ferner eine Beweisaufnahme durch den „Alleinrichter" § 180 VwGO, dazu *Kopp* NJW *76*, 1967.

## 348

**Einzelrichter.** ¹Die Zivilkammer soll in der Regel den Rechtsstreit einem ihrer Mitglieder als Einzelrichter zur Entscheidung übertragen, wenn
1. die Sache keine besondere Schwierigkeiten tatsächlicher oder rechtlicher Art aufweist und
2. die Rechtssache keine grundsätzliche Bedeutung hat.

II ¹Über die Übertragung auf den Einzelrichter kann die Kammer ohne mündliche Verhandlung entscheiden. ²Der Beschluß ist unanfechtbar.

III Der Rechtsstreit darf dem Einzelrichter nicht übertragen werden, wenn bereits im Haupttermin vor der Zivilkammer zur Hauptsache verhandelt worden ist, es sei denn, daß inzwischen ein Vorbehalts-, Teil- oder Zwischenurteil ergangen ist.

IV ¹Der Einzelrichter kann nach Anhörung der Parteien den Rechtsstreit auf die Zivilkammer zurückübertragen, wenn sich aus einer wesentlichen Änderung der Prozeßlage ergibt, daß die Entscheidung von grundsätzlicher Bedeutung ist. ²Eine erneute Übertragung auf den Einzelrichter ist ausgeschlossen.

**Schrifttum:** *Ketelaer,* Der alleinentscheidende Einzelrichter des § 348 ZPO, Diss Bonn 1985; *Rottleuthner* DRiZ *89*, 164 (Rechtstatsachen); *Rottleuthner/Böhm/Gasterstädt,* Rechtstatsächliche Untersuchung zum Einsatz des Einzelrichters usw, 1992.

**Gliederung**

| | | | |
|---|---|---|---|
| 1) Systematik, Regelungszweck, I–IV … | 1 | A. Auswahl des Einzelrichters ………… | 11 |
| 2) Geltungsbereich, I–IV ……………… | 2 | B. Auswahlzeitraum ………………… | 12, 13 |
| 3) Übertragungsumfang, I ……………… | 3–6 | C. Spaltung, Aussetzung usw ………… | 14 |
| A. Gesamtübertragung ……………… | 3, 4 | D. Anhörung ………………………… | 15 |
| B. „Soll": Mußvorschrift ……………… | 5 | E. Entscheidung ……………………… | 16, 17 |
| C. Verfassungsrechtliche Bedenken …… | 6 | 6) Rückübertragung, IV ……………… | 18–20 |
| 4) Zulässigkeit einer Übertragung, I …… | 7–10 | A. Zulässigkeit ……………………… | 18 |
| A. Keine besondere Schwierigkeit, I Z 1 | 8, 9 | B. Verfahren ………………………… | 19 |
| B. Keine Grundsätzliche Bedeutung, I Z 2 ……………………………… | 10 | C. Erneute Übertragung ……………… | 20 |
| 5) Übertragungsverfahren, II, III ……… | 11–17 | 7) VwGO ……………………………… | 21 |

**1) Systematik, Regelungszweck I–IV.** Vgl zunächst Üb 1, 2 vor § 348. Die Vorschrift, die für die **1** Berufungsinstanz von § 524 ergänzt wird, regelt die Voraussetzungen und das Verfahren der Gesamtübertragung auf den Einzelrichter, während für die bloße Beweisaufnahme durch ein Mitglied des Prozeßgerichts § 375 und durch einen verordneten Richter §§ 361, 362 gelten. Gegenüber § 348 hat für die Kammer für Handelssachen § 349 Vorrang.

**2) Geltungsbereich, I–IV.** Vgl Üb 3 vor § 348. Die Vorschrift ist im FGG-Verfahren unanwendbar, **2** Köln MDR *83*, 327.

**3) Übertragungsumfang, I.** Es sind drei Aspekte zu beachten. **3**

## § 348

**A. Gesamtübertragung.** Nur zur Entscheidung darf die erstinstanzliche Zivilkammer den Rechtsstreit dem Einzelrichter übertragen. Der vorbereitende Einzelrichter ist nach § 375 bei der Zivilkammer möglich, außerdem bei der Kammer für Handelssachen, § 349, und beim Berufungsgericht, § 524, Köln NJW **76**, 2219. Die Übertragung auf den Einzelrichter ist auch keineswegs eine bloß interne arbeitsorganisatorische Maßnahme, aM Ffm NJW **77**, 813. Deshalb ist auch keine Übertragung unter dem Vorbehalt eines Rückrufs usw zulässig, Karlsr VersR **86**, 663. Der Einzelrichter ist zur Rückübertragung vielmehr nur unter den Voraussetzungen IV befugt, Köln NJW **76**, 1102. Der Begriff „Rechtsstreit" umfaßt nach dem Entlastungszweck, Üb 1 vor § 348, auch zB das Prozeßkostenhilfeverfahren, §§ 114 ff, das Arrest-, einstweilige Verfügungsverfahren, §§ 916 ff, 935 ff, das selbständige Beweisverfahren, §§ 485 ff, Geffert NJW **95**, 506, und andere Nebenverfahren mit oder ohne eine mündliche Verhandlung.

Mit der Übertragung auf ihn geht die *gesamte Tätigkeit* des Gerichts in dieser Sache unbegrenzt auf ihn über, Karlsr VersR **86**, 663, Köln NJW **77**, 1159, Schultze NJW **77**, 2295, zB auch im Fall einer Verweisung, § 281, die also den Einzelrichter des anderen Gerichts zuständig macht, Kblz MDR **86**, 153, oder im Nachverfahren, §§ 302, 600, ferner zB die Streitwertfestsetzung, §§ 3 ff, die Einstellung der Zwangsvollstreckung nach §§ 707, 719, oder nach §§ 887 ff, Kblz MDR **78**, 851, Mü MDR **83**, 499, eine Entscheidung nach §§ 319–321, die Entscheidung über die Ablehnung, §§ 42 ff, Mü MDR **83**, 498, oder im Kostenfestsetzungsverfahren, §§ 103 ff, Hamm MDR **93**, 384, VGH Kassel AnwBl **86**, 412.

**4** Der Einzelrichter ist nunmehr das *erkennende Gericht*, Karlsr VersR **86**, 663, Schlesw SchlHA **78**, 69. Auch vor ihm besteht ein Anwaltzwang wie sonst vor dem Prozeßgericht, § 78 Rn 1. Er kann erst auf Grund einer eigenen mündlichen Verhandlung entscheiden, § 309, Köln NJW **77**, 1159. An seine Zwischenentscheidung ist das Kollegium nach einer Rückübertragung gebunden, § 318. § 140 ist im Verhältnis zwischen dem Einzelrichter und dem Kollegium unanwendbar. Sie sind auch nicht verschiedene Instanzen. Allenfalls durch eine *Zurückverweisung*, § 539, *oder Rückübertragung* nach IV bekommt die Zivilkammer oder deren Vorsitzender wieder irgendetwas mit der Sache zu tun, Karlsr VersR **86**, 663, Putzo NJW **75**, 187; schon seine Hilfe vor der Rückübertragung wäre verfassungsrechtlich bedenklich. In der Regel erfolgt die Zurückverweisung freilich an den Einzelrichter, Schlesw SchlHA **78**, 69. Die Bestellung eines beauftragten oder ersuchten Richters, §§ 361, 362, durch die Zivilkammer ist demgegenüber im Rahmen des § 375 zulässig. Wegen der Übertragung nur der Beweisaufnahme § 375 Rn 2, 3, 16.

**5** **B. „Soll": Mußvorschrift.** „Soll in der Regel" bedeutet nicht bloß eine Ermächtigung zu einer pflichtgemäßen Ermessensausübung, wie sie schon das frühere „kann" schuf, Müller DRiZ **76**, 44, Schuster BB **75**, 541, sondern eine echte Anweisung; sie bindet zumindest „in der Regel" genau wie eine Mußvorschrift, Einl III 32. Daran ändert sich auch nichts durch den Umstand, daß die Neufassung von 1993 ursprünglich noch weitergehen sollte. Der ein wenig einschränkende Zusatz „in der Regel" bedeutet: Nur ausnahmsweise darf die vollbesetzte Kammer zuständig bleiben; sie darf und muß über eine solche Ausnahme unter Berücksichtigung der von den Parteien etwa vorgetragenen Argumente entscheiden, §§ 253 III, 271 III, Baur ZZP **91**, 330, Müller DRiZ **77**, 305, Schneider JB **75**, 442. Freilich sind die einer Regelübertragung entgegenstehenden Voraussetzungen Rn 8–10 stets zu prüfen.

**6** **C. Verfassungsrechtliche Bedenken.** Bettermann ZZP **91**, 393, Kramer JZ **77**, 15 hielten schon I aF wegen eines Verstoßes gegen Art 101 I 2 GG für nichtig; krit auch Baur ZZP **91**, 330, Prüllage DRiZ **90**, 449, Sangmeister BB **95**, 2354, aM Rasehorn NJW **77**, 791. Müller DRiZ **77**, 305 hielt bereits zu I aF eine verfassungskonforme Auslegung für möglich, so wohl auch Stanicki DRiZ **79**, 342. In der Tat war schon die frühere gesetzliche Regelung verfassungsrechtlich bedenklich. Das dürfte erst recht für die *jetzige* Fassung von I gelten: Sie enthält eine schleichende Aushöhlung eines aus guten Gründen seinerzeit eingeführten Kollegialprinzips; man sollte den Mut haben, erstinstanzlich ganz auf ein Kollegium zu verzichten, statt es als faktisch fast bloßen Schein beizubehalten.

**7** **4) Zulässigkeit einer Übertragung, I.** Die Übertragung ist nur beim Zusammentreffen der beiden folgenden zusätzlichen Voraussetzungen in der Regel geboten, Rn 5. Über das Vorliegen dieser beiden weiteren Voraussetzungen entscheidet keineswegs der in Frage kommende Einzelrichter (bedenklich daher Müller NJW **75**, 860, der ihm einen Vorschlag zubilligt und von einer nur „Zustimmung" des Kollegiums spricht), sondern das Kollegium.

**8** **A. Keine besondere Schwierigkeit, I Z 1.** Der Einzelfall, die „Sache", darf keine besondere Schwierigkeit aufweisen. Nicht jede Schwierigkeit verbietet eine Übertragung auf den Einzelrichter, sondern nur eine besondere Schwierigkeit. Das ist eine Schwierigkeit, die erheblich über den Durchschnitt hinauszuwachsen droht oder schon derart entstanden ist. Ob dies der Fall ist, muß das Kollegium nach seinem pflichtgemäßen Ermessen unter Abwägung aller sachlichen und persönlichen Aspekte ohne den grundsätzlichen Vorrang des einen oder des anderen Gesichtspunkts prüfen. Das Kollegium soll und darf sich entlasten. Dies darf aber nicht zum voraussichtlich erheblichen Nachteil der Parteien geschehen. Unerheblich ist, ob die besondere Schwierigkeit tatsächlicher oder rechtlicher Art ist.

**9** Die Übertragung ist zB in folgenden Fällen durchweg *unzulässig*: Die Sache hat einen ganz außergewöhnlichen Umfang (freilich gehört die normale und auch einmal eine größere Stoffmenge zur einfachen Schwierigkeit des Richteralltags); die Parteien stehen sich höchst unversöhnlich gegenüber; es wird wahrscheinlich eine sehr komplexe Glaubwürdigkeitsprüfung notwendig werden; der Prozeß berührt ein entlegenes Sachgebiet, das der Einzelrichter nicht speziell beherrscht; es geht um eine Arzthaftung, BGH VersR **85**, 343, Karlsr VersR **89**, 810, Oldb RR **90**, 863; es geht um schwierige Versicherungsfragen, Nürnb OLGZ **93**, 198; der Einzelrichter ist ganz unerfahren.

Sein Einsatz steht gemäß *§ 21g GVG* abstrakt fest. Freilich darf nicht seinetwegen jede Übertragung unmöglich werden; die wirtschaftlichen, politischen, technischen Hintergründe sind nicht leicht zu erfassen, vgl Meyer-Ladewig NJW **78**, 858. Die Übertragung ist ferner zB dann unzulässig, wenn ausländisches Recht in großem Umfang angewendet werden muß. Dagegen braucht der Umstand, daß es sich um eine lästige Punktensache handelt, keineswegs eine besondere Schwierigkeit zu bieten, Holtgrave DB **75**, 40, und steht daher der Übertragbarkeit auf den Einzelrichter nicht grundsätzlich entgegen.

4. Titel. Verfahren vor dem Einzelrichter § 348

**B. Keine grundsätzliche Bedeutung, I Z 2.** Eine im Einzelfall auftauchende Rechtsfrage, die die **10** Sache zur „Rechtssache" macht, darf außerdem auch keine grundsätzliche Bedeutung haben. Eine grundsätzliche Bedeutung liegt evtl auch dann vor, wenn keine besondere Schwierigkeit im Sinn von I Z 1 erkennbar ist. Ob eine grundsätzliche Bedeutung gegeben ist, ist wie bei § 546 I 2 Z 1 zu beurteilen, vgl dort Rn 10; vgl ferner § 72 II Z 1 ArbGG, BAG BB **83**, 1797, ferner §§ 115 II Z 1 FGO, 162 I Z 1 SGG, 132 II Z 1 VwGO. Maßgeblich ist, ob die Entscheidung eine allgemeine Bedeutung hat, die über die Regelung der Rechtsbeziehung der Parteien hinausgeht, Holtgrave DB **75**, 40, sei es rechtlich oder wirtschaftlich, zB wenn typische Klauseln in AGB auszulegen sind. Eine höchstrichterlich entschiedene Rechtsfrage hat keine grundsätzliche Bedeutung mehr, vgl BayObLG WoM **85**, 55, soweit nicht das Gericht anders entscheiden will, BGH MDR **75**, 927, BVerwG NJW **75**, 2037.

**5) Übertragungsverfahren, II, III.** Es sind personelle, zeitliche und verfahrensmäßige Kriterien zu **11** beachten.

**A. Auswahl des Einzelrichters.** Personell kommt jedes Mitglied der Zivilkammer als Einzelrichter in Betracht, auch der Vorsitzende, Müller NJW **75**, 860. Jedoch ist das Kollegium an die vom Vorsitzenden gemäß § 21 g III in Verbindung mit II GVG vor dem Beginn des Geschäftsjahres aufgestellte Anordnung über die Grundsätze der Zuteilung gebunden. Diese Anordnung darf nur der Vorsitzende ändern, und auch er nur gemäß § 21 g II Hs 2 GVG, Schuster NJW **75**, 1495. Müller NJW **75**, 860 hält § 21 g GVG für verfassungsrechtlich bedenklich. Wenn die Übertragung auf den danach zuständigen Einzelrichter bedenklich ist, kann eine besondere Schwierigkeit im Sinn von Z 1 vorliegen und ist nicht etwa der Vertreter zu bestimmen.

**B. Auswahlzeitraum.** Zeitlich gilt: Die Übertragung ist nur bis zum Beginn der umfassend vorberei- **12** teten Verhandlung zur Hauptsache, § 137 Rn 7, Jena MDR **99**, 501, im Haupttermin zulässig, §§ 272 I, 278, mag dieser Termin ein früher erster Termin sein, Jena MDR **99**, 501, Mü RR **86**, 1512 (letztere Entscheidung möchte, nicht überzeugender, diese Übertragung mittels § 128 II 2), aM Düss MDR **80**, 943, Hamm MDR **93**, 1236, ThP 9 (aber auch ein früher erster Termin kann als der Haupttermin anzusehen sein, § 272 Rn 4; es kommt mangels seiner eindeutigen Bezeichnung auf die Vorbereitung und den Ablauf des Termins an, richtig insofern Düss RR **96**, 638, Mü MDR **85**, 679). Es mag auch der Termin nach einem schriftlichen Vorverfahren, § 276, oder nach einem im schriftlichen Verfahren, § 128 II, III, ergangenen Versäumnisurteil stattfinden, LG Ffm RR **95**, 1211. Die Übertragung ist zugleich mit einem Beweisbeschluß der Kammer gemäß § 358 a oder nach einem solchen Beweisbeschluß zulässig, Schlesw SchlHA **78**, 69. Die Übertragung ist auch im Haupttermin zulässig, solange noch die Einführung in den Sach- und Streitstand und/oder eine Erörterung im Sinn von § 278 I stattfindet. Grundsätzlich ist die Übertragung erst ab Antragstellung, § 137 Rn 7, zur Hauptsache (§ 39 Rn 6) unzulässig, Hamm MDR **93**, 576, Schlesw NJW **88**, 69; keineswegs zulässig ist die Übertragung erst nach einem vom Kollegium erlassenen Beweisbeschluß, Köln RR **95**, 512. Eine richterliche Manipulierung durch eine mißbräuchliche Nichtveranlassung einer Antragstellung kann freilich ebenfalls zur Unzulässigkeit der Übertragung führen, Oldb MDR **82**, 856. Ein Haupttermin vor dem AG bleibt im Fall der Verweisung an das LG unschädlich.

*Zulässig* ist die Übertragung auch dann noch für den Fall, daß das Kollegium nur über einzelne Angriffs- **13** oder Verteidigungsmittel, Einl III 70, oder nur über den Anspruchsgrund verhandelt hat oder daß inzwischen ein Vorbehalts-, Teil- oder Zwischenurteil ergangen ist, §§ 301, 302, 599. Nach dessen Erledigung ist die Übertragung des restlichen Prozesses auf den Einzelrichter bis zur Antragstellung zur Hauptsache in demjenigen Haupttermin zulässig, der auf den Erlaß des Vorbehalts-, Teil- oder Zwischenurteils folgt. Die Übertragung ist daher evtl noch nach mehreren Haupt- oder sonstigen Terminen zulässig, soweit dort jeweils noch nicht zur Hauptsache verhandelt worden ist. Das alles übersieht Kblz MDR **85**, 66. Ab Entscheidungsreife, § 300 Rn 6, ist eine Übertragung stets unzulässig.

**C. Spaltung, Aussetzung usw.** Eine Spaltung des Rechtsstreits durch die Übertragung nur eines, wenn **14** auch abgrenzbaren, Teils ist unzulässig. Auch eine Aussetzung, §§ 148 ff, ein Ruhenlassen usw, § 251 a, erlauben dergleichen nicht; „der" Rechtsstreit ist gemäß I alleiniger Gegenstand einer Übertragung oder Rückübertragung.

**D. Anhörung.** Die Anhörung der Parteien ist dann, wenn sie nicht gemäß §§ 253 III, 271 III erfolgt war, **15** innerhalb einer angemessenen Frist vor der Entscheidung nachzuholen. Zwar ist auch der Einzelrichter ein gesetzlicher Richter im Sinn von Art 101 I 2 GG, krit Müller NJW **75**, 860. Dennoch ist die Anhörung der Parteien vor der Entscheidung gerade wegen der Unanfechtbarkeit der Übertragung erforderlich, Art 103 I GG, Celle MDR **94**, 1146, Karlsr VersR **86**, 662.

**E. Entscheidung.** Die Entscheidung ergeht durch Beschluß ohne notwendige mündliche Verhandlung, **16** II 1. Diesen Beschluß faßt das Kollegium und nicht etwa der Einzelrichter oder der Berichterstatter, vgl Ffm NJW **77**, 301. Der Beschluß ordnet nicht nur die Übertragung schlechthin an, sondern auch die Übertragung auf einen bestimmten Einzelrichter, Müller DRiZ **76**, 43. Es liegt ja ein vom Vorsitzenden gemäß § 21 g II, III GVG aufgestellter Plan vor, den der Vorsitzende nur in den Fällen § 21 g II letzter Hs GVG ändern darf. Der Vorsitzende ist am Beschluß auch dann beteiligt, wenn er selbst zum Einzelrichter bestellt wird. Es ist ein Beschluß der gesamten Kammer notwendig. Bloße Formfehler sind heilbar, Köln NJW **76**, 680, etwa dann, wenn das Kollegium den Beschluß gefaßt hat, aber nur der Einzelrichter ihn unterschrieben hat. Eine echte bloße Selbstbestellung des Einzelrichters ist wegen greifbarer Gesetzwidrigkeit (zu diesem fragwürdigen Begriff § 127 Rn 25), Seidel ZZP **99**, 82, ein unheilbarer Mangel, § 295 Rn 25 „Einzelrichter", der zur Zurückverweisung an die gesamte Kammer führt, § 539, KG MDR **79**, 764, Köln NJW **76**, 1102, Schlesw JB **96**, 42. Dasselbe gilt nach einer mißbräuchlichen Übertragung, Einl III 54, Nürnb OLGZ **93**, 197, Oldb MDR **82**, 856.

Eine formell ordnungsgemäße Übertragung ist *grundsätzlich unanfechtbar*, II 2, Düss NJW **81**, 352, Saarbr **17** VersR **92**, 757, Seidel ZZP **99**, 78. Trotzdem ist eine ganz kurze Begründung ratsam, § 329 Rn 4, zumal bei einer völligen Verkennung der Voraussetzungen des Ermessens (nicht schon wegen der Versagung des rechtlichen Gehörs, Celle MDR **94**, 1146) Beschwerde denkbar ist, § 567 I, Schlesw NJW **88**, 69, jedenfalls bei einer Entscheidung entgegen den Anträgen einer Partei, vgl auch § 707 Rn 17. Die Entscheidung ist zu verkünden oder beiden Parteien formlos mitzuteilen, § 329 I, II 1, auch den Streithelfern usw. Ein Verstoß ist unheilbar, da ein Verstoß gegen Art 101 I 2 GG vorliegt, § 295 Rn 25 „Einzelrichter" (dort zur Streitfrage).

Von ihrer Wirksamkeit an, § 329 Rn 26, ist die Entscheidung *unabänderlich*, da der Rechtsstreit nunmehr nur noch beim Einzelrichter schwebt, § 318. Den nächsten Termin bestimmt erst dieser Einzelrichter. Die schon laufenden Beweiserhebungen, zB durch Sachverständige, nehmen ihren Fortgang. Alle diesbezüglichen Entscheidungen liegen nunmehr nur beim Einzelrichter. Er nennt sich zB „als der zur Entscheidung (oder: der gemäß § 348 ZPO) berufene Einzelrichter der Zivilkammer X". Gegen seine Entscheidung ist der gegen die Entscheidung des Prozeßgerichts zulässige Rechtsbehelf statthaft, Kblz Rpfleger **78**, 329.

**18**   **6) Rückübertragung, IV.** Man sollte drei Aspekte beachten.

**A. Zulässigkeit.** Die Rückübertragung vom Einzelrichter auf die Zivilkammer ist grundsätzlich unzulässig, Ffm NJW **77**, 301. Das gilt insbesondere dann, wenn nunmehr ein Fall des I Z 1 eingetreten ist.

Die Rückübertragung ist ausnahmsweise unter folgenden *drei Voraussetzungen* zulässig: Es muß zunächst eine Änderung der Prozeßlage vorliegen. Es muß außerdem diese Änderung wesentlich, nicht bloß geringfügig oder zwar erheblich, aber schon zur Zeit der Übertragung auf den Einzelrichter vorhersehbar gewesen sein, Karlsr VersR **86**, 663. Beispiele: Ein völlig neuer Parteivortrag; ein völlig neues Beweisergebnis nach der Übertragung; eine Rechtsänderung; eine jetzt erst erklärte Haupt- oder Hilfsaufrechnung, § 145 Rn 2 ff; eine Klagänderung, §§ 263, 264; eine Widerklage, Anh § 253. Es muß schließlich die Rechtssache und damit die Entscheidung infolge der vorgenannten beiden Voraussetzungen eine grundsätzliche Bedeutung im Sinn von I Z 2 erhalten haben. Eine Rückübertragung ist also keineswegs schon deshalb zulässig, weil sich der Einzelrichter der Sache in ihrem Umfang nicht mehr gewachsen fühlt (dies ist systemwidrig, Baur ZZP **91**, 330); er muß sich dann durchbeißen. Ebensowenig ist eine Rückübertragung schon wegen eines bloßen Irrtums der Zivilkammer darüber zulässig, es liege kein Fall von I Z 2 vor. Der Einzelrichter hat also keineswegs ein freies Ermessen, vgl (mit anderer Begründung) Kramer JZ **77**, 16, aM Köln NJW **76**, 680. Holch ZRP **80**, 41 befürwortet eine Erweiterung der Möglichkeiten einer Rückübertragung und schlägt eine entsprechende Gesetzesänderung vor.

**19**   **B. Verfahren.** Das Verfahren der Rückübertragung ist nicht ganz eindeutig geregelt. Freilich ist klar, daß der Einzelrichter und nicht etwa das Kollegium über die Rückübertragung entscheidet, IV 1, Ffm NJW **77**, 813 (vgl freilich Rn 4), Putzo NJW **75**, 187. Am besten wendet man II entsprechend an, so daß die Rückübertragung gemäß IV 1 vorgeschriebenen Anhörung der Parteien, Rn 15, Köln NJW **76**, 680, durch einen Beschluß mit kurzer Begründung erfolgt, § 329 Rn 4. Eine Verfügung wie ein Beschluß ist als Entscheidung des Einzelrichters im Sinn von §§ 350, 160 III Z 6 unanfechtbar wie bei II 2, Düss OLGZ **76**, 358, Köln NJW **76**, 680, aM Müller DRiZ **77**, 307. Einzelheiten wie Rn 16, Köln NJW **76**, 680. Eine teilweise Rückübertragung ist unzulässig, Rn 14. Die Rückübertragung verträgt keine zeitliche Begrenzung, keine „Verwirkung", ist also auch dann zulässig, wenn die wesentliche Änderung der Prozeßlage schon vor längerer Zeit eingetreten ist. Denn auch dann kann die Entscheidung des Prozesses von grundsätzlicher Bedeutung sein.

**20**   **C. Erneute Übertragung.** Eine erneute Übertragung auf den Einzelrichter ist schlechthin unzulässig, IV 2, selbst wenn für die von ihm vorgenommene Rückübertragung auf das Kollegium Gründe eindeutig fehlten oder nachträglich entfallen sind. Die durch eine Änderung des Geschäftsverteilungsplans eintretende Zuständigkeit eines anderen Kollegiums berechtigt diesen neuen Spruchkörper nicht zu einer Entscheidung über die Übertragung. Vielmehr wird der dort gemäß § 21 g GVG vorgesehene Einzelrichter ohne weiteres zuständig, Stanicki DRiZ **79**, 343. Nur nach einer Zurückverweisung durch das Rechtsmittelgericht an das Kollegium, § 539, Hamm MDR **93**, 576, beginnt das Verfahren des § 348 neu, § 350 Rn 3, Karlsr Just **79**, 15, aM ThP 6 (es erfolge eine Zurückverweisung an das LG, dessen zuvor zulässig bestellter Einzelrichter zuständig bleibe), Köln NJW **76**, 1101 (die Zurückverweisung erfolge an den Einzelrichter). Eine Übertragung auf den Einzelrichter wäre alsdann keine Übertragung im Sinn von IV 2, sondern eine (weitere) Erstübertragung im Sinn von I.

**21**   **7) VwGO:** Vgl Üb § 348 Rn 5. Wegen der Anlehnung des § 6 VwGO an § 348 sollte das Gericht bei den Beteiligten anfragen, ob einer Übertragung auf den Einzelrichter Gründe entgegenstehen, vgl § 277 I 2. Zu den *Voraussetzungen der Übertragung und deren Nachprüfung*, Rn 7 ff und 17 f, vgl OVG Lüneb NdsRpfl **97**, 82, OVG Hbg NVwZ-RR **96**, 716.

# 349   *Vorsitzender der Kammer für Handelssachen.* [I] [1]In der Kammer für Handelssachen hat der Vorsitzende die Sache so weit zu fördern, daß sie in einer mündlichen Verhandlung vor der Kammer erledigt werden kann. [2]Beweise darf er nur insoweit erheben, als anzunehmen ist, daß es für die Beweiserhebung auf die besondere Sachkunde der ehrenamtlichen Richter nicht ankommt und die Kammer das Beweisergebnis auch ohne unmittelbaren Eindruck von dem Verlauf der Beweisaufnahme sachgemäß zu würdigen vermag.

[II] Der Vorsitzende entscheidet

1. über die Verweisung des Rechtsstreits;
2. über Rügen, die die Zulässigkeit der Klage betreffen, soweit über sie abgesondert verhandelt wird;
3. über die Aussetzung des Verfahrens;

4. Titel. Verfahren vor dem Einzelrichter § 349

4. bei Zurücknahme der Klage, Verzicht auf den geltend gemachten Anspruch oder Anerkenntnis des Anspruchs;
5. bei Säumnis einer Partei oder beider Parteien;
6. über die Kosten des Rechtsstreits nach § 91 a;
7. im Verfahren über die Bewilligung der Prozeßkostenhilfe;
8. in Wechsel- und Scheckprozessen;
9. über die Art einer angeordneten Sicherheitsleistung;
10. über die einstweilige Einstellung der Zwangsvollstreckung;
11. über den Wert des Streitgegenstandes;
12. über Kosten, Gebühren und Auslagen.

III Im Einverständnis der Parteien kann der Vorsitzende auch im übrigen an Stelle der Kammer entscheiden.

IV § 348 ist nicht anzuwenden.

**Schrifttum:** *Sommermeyer,* Die Kammer für Handelssachen, o. J.; *Weil,* Der Handelsrichter und sein Amt, 3. Aufl 1981.

Gliederung

| | |
|---|---|
| 1) **Systematik, I–IV** ................... 1 | K. Streitwert, II Z 11 ................... 13 |
| 2) **Regelungszweck, I–IV** .............. 2 | L. Kosten, II Z 12 ...................... 13 |
| 3) **Geltungsbereich, I–IV** ............. 3 | 7) **Weitere Befugnisse des Vorsitzenden, II** ................................ 14–16 |
| 4) **Förderungsgrundsatz, I 1** .......... 4 | A. Arrest, einstweilige Verfügung ... 15 |
| 5) **Beweis, I 2** ........................ 5–8 | B. Selbständiges Beweisverfahren ... 15 |
|    A. Grundsatz: Keine zu enge Begrenzung der Befugnisse ........... 5 | C. Prozeßabweisung ................... 15 |
|    B. Befugnis ............................ 6 | D. Streithelfer ......................... 15 |
|    C. Fehlen einer Befugnis ............. 7 | E. Verbindung, Trennung ............ 16 |
|    D. Verstoß ............................. 8 | F. Wiedereinsetzung .................. 16 |
| 6) **Befugnisse des Vorsitzenden nach dem Gesetzestext, II** ................ 9–13 | G. Zeugnisverweigerung .............. 16 |
|    A. Verweisung, II Z 1 ................ 9 | H. Sommersache ...................... 16 |
|    B. Zulässigkeitsrüge, II Z 2 ......... 10 | I. Zwischenstreit mit Dritten ........ 16 |
|    C. Aussetzung, II Z 3 ................ 11 | J. Beansprucherstreit; Urheberbenennung ............................... 16 |
|    D. Klagerücknahme usw, II Z 4 .... 11 | 8) **Kammertermin, II** .................. 17 |
|    E. Säumnis, II Z 5 ................... 11 | 9) **Verstoß, II** ......................... 18 |
|    F. Erledigung, II Z 6 ................ 11 | 10) **Einverständnis der Parteien, III** .. 19, 20 |
|    G. Prozeßkostenhilfe, II Z 7 ......... 12 | 11) **Unanwendbarkeit des § 348, IV** .. 21 |
|    H. Wechsel- und Scheckprozeß, II Z 8 .. 12 | 12) **Rechtsmittel, I–IV** ................. 22 |
|    I. Sicherheitsleistung, II Z 9 ........ 13 | 13) *VwGO* .............................. 23 |
|    J. Einstellung der Zwangsvollstreckung, II Z 10 ...................... 13 | |

**1) Systematik, I–IV.** Während in der erstinstanzlichen Zivilkammer ein Einzelrichter nur noch dann **1** zulässig ist, falls diesem der Rechtsstreit insgesamt zur Entscheidung übertragen ist, § 348, ist gerade diese Übertragung in der erstinstanzlichen Kammer für Handelssachen (wegen der Beschwerdeinstanz Üb 3 vor § 348) unzulässig, IV, auch wegen der Stellung der Handelsrichter. Hier darf und muß der Vorsitzende, den das Gesetz zwecks immerwährender Verwechslung mit dem Einzelrichter der Zivilkammer nicht Einzelrichter nennt, grundsätzlich nur vorbereitend tätig werden, jedoch in zahlreichen Situationen allein entscheiden, II. Beim Einverständnis der Parteien darf er auch umfassend allein entscheiden, III. Er bestimmt nach pflichtgemäßem Ermessen, ob er den ersten Termin vor sich allein durchführt. Er wird jedenfalls bis zur mündlichen Verhandlung ohne eine förmliche Übertragung auf ihn tätig. Seine Stellung entspricht also keineswegs derjenigen des Einzelrichters des § 348, der unanwendbar ist, IV, wohl aber derjenigen des Einzelrichters des § 524; sie ist gegenüber der letzteren bei einer Beweiserhebung zum Teil enger, bei einer Entscheidung zum Teil weiter gefaßt. Im Rahmen des § 349 ist der Vorsitzende weder ein beauftragter Richter noch ein ersuchter Richter im Sinn von §§ 361, 362, sondern das Prozeßgericht, Bergerfurth NJW **75**, 335. Der Vorsitzende kann beauftragte oder ersuchte Richter wie die Kammer für Handelssachen bestellen. Eine Versäumung von Vorbringen vor ihm kann eine Zurückweisung durch das Kollegium rechtfertigen, Bergerfurth NJW **75**, 335.

**2) Regelungszweck, I–IV.** Vgl Üb 2 vor § 348. **2**

**3) Geltungsbereich, I–IV.** Vgl zunächst Üb 4 vor § 348. Unstatthaft ist eine vorbereitende Tätigkeit des **3** Vorsitzenden bei einem Arrest oder einer einstweiligen Verfügung, auch wenn eine solche Tätigkeit mit deren Natur unvereinbar ist (Ausnahme: Einverständnis, III, Rn 15). In der Berufungsinstanz geht § 524 vor, dort Rn 2, Putzo NJW **75**, 188, Schuster BB **75**, 541. Im FGG-Verfahren gilt § 349 nicht, BayObLG RR **87**, 1206.

**4) Förderungsgrundsatz, I 1.** Der Vorsitzende hat die Sache so weit zu fördern, daß vor der gesamten **4** Kammer für Handelssachen möglichst nur ein einziger Verhandlungstermin erforderlich ist, § 278 II. Was zulässig, ratsam, unzweckmäßig ist, muß der Vorsitzende nach seinem pflichtgemäßen Ermessen prüfen. Die Anhörung der Parteien ist, anders als bei § 348, nicht grundsätzlich vorgeschrieben, wohl aber evtl im Einzelfall zumindest ratsam.

Die Förderung umfaßt *alle denkbaren Maßnahmen,* insbesondere alle prozeßleitenden nach § 273, Fristsetzungen, zB nach §§ 275 I, III, IV, 276, und den Versuch einer gütlichen Einigung nach § 279; Ausnahmen können nur gemäß I 2 entstehen. So kann zB ein Termin vor dem Kollegium zunächst etwa wegen der Schwierigkeit und der Bedeutung der Sache ratsam sein, Bergerfurth NJW **75**, 332, dann aber wegen eines

**§ 349**  2. Buch. 1. Abschnitt. Verfahren vor den LGen

inzwischen eingegangenen Schriftsatzes nicht mehr ratsam bleiben, so daß statt dessen eine weitere Vorbereitung oder Entscheidung durch den Vorsitzenden nötig wird. Während der Vorbereitung sind ehrenamtliche Richter weder zuzuziehen noch mitverantwortlich; es ist natürlich zulässig, daß der Vorsitzende mit ihnen informatorische Rücksprache nimmt. Verhandlungsreife vor dem Kollegium liegt vor, wenn nur noch solche Maßnahmen in Betracht kommen, die von ihm zu vollziehen sind, weil ihm sonst eine Überzeugungsbildung unmöglich würde.

**5**  **5) Beweis, I 2.** Es sollte großzügig vorgegangen werden.

**A. Grundsatz: Keine zu enge Begrenzung der Befugnisse.** Eine Beweiserhebung durch den Vorsitzenden ist eine Ausnahme vom Grundsatz der Unmittelbarkeit der Beweisaufnahme, § 355 I 1. Daher darf die Vorschrift an sich nicht weit ausgelegt werden. I 2 geht als engere Spezialvorschrift dem § 358 a grundsätzlich vor. Freilich findet sich dort ein ähnlicher Grundgedanke. Daher ist § 358a zur Abgrenzung des nach I 2 Erlaubten mit heranziehbar, zumal in beiden Vorschriften eine Förderungspflicht durch den Vorsitzenden vorgeschrieben ist. Daher dürfen die Befugnisse des Vorsitzenden nicht allzu eng begrenzt werden, Bergerfurth NJW **75**, 332. Er darf zB nach §§ 360, 366, 380, 387, 391 vorgehen.

**6**  **B. Befugnis.** Der Vorsitzende darf zB derart tätig werden, wenn zZ des Beweisbeschlusses voraussichtlich sowohl eine besondere Sachkunde der Beisitzer unerheblich ist als auch deren sachgemäße Beweiswürdigung auch ohne unmittelbaren eigenen Eindruck vom Verlauf der Beweisaufnahme möglich sein wird. Beide Voraussetzungen sind praktisch kaum trennbar. Wenn schon die Auswahl der Beweismittel, die Formulierung des Beweisbeschlusses, die Sichtung der Urkunden usw nur unter der Mitwirkung der ehrenamtlichen Richter sinnvoll sind, dann ist meist auch nur mit ihrer Hilfe eine sachgemäße Beweiswürdigung möglich.

**7**  **C. Fehlen einer Befugnis.** Umgekehrt setzen evtl nötige sachkundige Zusatzfragen an einen Zeugen oft schon einen sachkundigen Beweisbeschluß voraus, so daß eine Beratung der gesamten Kammer bereits zu der Frage notwendig wird, welche der angetretenen Beweise (zunächst) zu erheben sind. Die Notwendigkeit mehrerer Termine muß zwecks sachkundiger Beweisaufnahme hingenommen werden. Zwar darf der Vorsitzende seinen persönlichen Eindruck protokollieren, § 285 Rn 6. Trotzdem müßte die Beweisaufnahme evtl wiederholt werden, § 398. Darüber entscheidet das Kollegium nach seinem pflichtgemäßen Ermessen. § 285 II ist anwendbar. Einen Eid bzw eine eidesgleiche Bekräftigung kann grundsätzlich nur die gesamte Kammer für Handelssachen abnehmen.

**8**  **D. Verstoß.** Ein Verstoß gegen I 2 ist zwar ein Verfahrensfehler, §§ 286, 355, 549; er läßt aber die Beweisaufnahme zunächst wirksam bleiben, § 355 II. § 295 ist anwendbar. Die Anfechtung ist nur zusammen mit derjenigen des Urteils möglich. Nach ihr erfolgt evtl eine Zurückverweisung, § 539. Bei einer extrem unzweckmäßigen Entscheidung des Vorsitzenden, zB einer solchen, die hohe Gutachterkosten entstehen läßt, obwohl gegen die Notwendigkeit des Gutachtens gewichtige Gründe sprechen, ist evtl eine Kostenniederschlagung notwendig.

**9**  **6) Befugnisse des Vorsitzenden nach dem Gesetzestext, II.** Z 1–12 ermächtigt nach seinem Wortlaut den Vorsitzenden zwecks rascherer Prozeßbeendigung, Grdz 14, 15 vor § 128, auch ohne das Einverständnis der Parteien zu sämtlichen Entscheidungen im Sinn von § 160 III Z 6 (Urteil, Beschluß, Verfügung) in folgenden Fällen, Bergerfurth NJW **75**, 333:

**A. Verweisung, II Z 1.** In Betracht kommt jede Verweisung gleich welcher Art; zB wegen Unzulässigkeit des ordentlichen Rechtswegs, wegen sachlicher oder örtlicher Unzuständigkeit, gemäß §§ 17, 97, 99 GVG.

**10**  **B. Zulässigkeitsrüge, II Z 2.** Hierher gehören alle Entscheidungen über eine Rüge der Unzulässigkeit, soweit abgesondert verhandelt wird, §§ 146, 280, 282 III, s auch Z 1. Der Vorsitzende kann zB ein Zwischen- oder Endurteil mit einer Klagabweisung als unzulässig fällen oder einen Verweisungsbeschluß erlassen. Vgl auch Rn 13 (I, J).

**11**  **C. Aussetzung. II Z 3.** Hierher gehört grundsätzlich jede Aussetzung, §§ 148 ff, auch ein Ruhenlassen gemäß § 251 (es gehört zum Titel „Unterbrechung und Aussetzung", §§ 239–252), auch die Entscheidung über die Ordnungsmäßigkeit der Aufnahme eines unterbrochenen oder ausgesetzten Verfahrens, §§ 155, 250. § 251 a fällt unter aber unter Z 5; die Aussetzung gemäß Art 100 I GG fällt wegen der gleichzeitigen Verweisung unter Z 1, MüKoDe 11, StJSchu 19, aM ThP 5 (diese Entscheidung sei vom Kollegium zu treffen), ZöGre 7 (es sei dann III anwendbar).

**D. Klagerücknahme usw, II Z 4.** Hierher gehören alle Entscheidungen nach einer Klagerücknahme, § 269 III 3, entsprechend nach einer Einspruchsrücknahme oder dem Verzicht auf ihn, §§ 346, 515 III 2, ferner nach einer Anspruchskenntnis, § 306, einem Anerkenntnis, § 307, einer Berufungsrücknahme, §§ 515 III 2, 524 III 2, auch eine Entbindung, § 76, Entlassung, § 75, Übernahme, § 266.

**E. Säumnis, II Z 5.** Hierher gehören alle Entscheidungen auf Grund einer Säumnis, mag sie einseitig oder zweiseitig sein. Hierher fällt auch eine Entscheidung nach § 331 II, denn auch das unechte Versäumnisurteil, Üb 13 vor § 330, ergeht „bei Säumnis". Auch bei §§ 251 a, 303, 331 a, 335, 341, 345, ferner über ein Wiedereinsetzungsgesuch gegen die Versäumung der Einspruchsfrist, §§ 233, 238 II.

**F. Erledigung, II Z 6.** Hierher gehört die Entscheidung nach beiderseitigen Erledigterklärungen, § 91 a, wegen der Kosten. Nicht bei einer einseitigen Erledigungserklärung, da dann die Entscheidung auch darüber, ob überhaupt erledigt ist, getroffen werden muß, § 91 a Rn 170.

**12**  **G. Prozeßkostenhilfe, II Z 7.** Hierher gehören alle Entscheidungen im Prozeßkostenhilfeverfahren, nach §§ 114 ff unabhängig davon, ob der Kläger oder der Bekl eine Prozeßkostenhilfe beantragt und ob die Entscheidung von den wirtschaftlichen Verhältnissen oder von der Erfolgsaussicht abhängt. Auch bei einer Entscheidung gemäß §§ 118 II, 124.

**H. Wechsel- und Scheckprozeß, II Z 8.** Hierher gehören alle Entscheidungen im Wechsel- und Scheckprozeß, §§ 602, 605 a, nicht im sonstigen Urkundenprozeß, §§ 592–595, 597–599, Bergerfurth NJW

4. Titel. Verfahren vor dem Einzelrichter § 349

**75**, 333, da eine Auslegung der Urkunde oft von der Sachkunde der ehrenamtlichen Richter abhängt und nur bei einem Wechsel oder Scheck meist allein Rechtsfragen erheblich sind. Der Vorsitzende darf jede Entscheidung fällen. Z 8 gilt nicht für das Nachverfahren, § 600, Bergerfurth NJW **75**, 334, oder nach einem Abstand, § 596.

**I. Sicherheitsleistung, II Z 9.** Hierher gehört die Entscheidung über die Art einer Sicherheitsleistung, 13 § 108, auch für deren Höhe, § 112, oder für deren Frist, § 113, oder ihre Rückgabe, §§ 109, 715, nicht dazu, ob eine Sicherheitsleistung überhaupt zu verhängen ist, denn Z 9 setzt eine erfolgte Anordnung ausdrücklich voraus. Die Zuständigkeit des Rpfl bleibt unberührt.

**J. Einstellung der Zwangsvollstreckung, II Z 10.** Hierher gehören alle Entscheidungen über eine einstweilige Einstellung der Zwangsvollstreckung, §§ 707, 719, weil diese meist eilbedürftig ist. Unerheblich ist, ob die Einstellung mit einer Sicherheitsleistung oder ohne sie erfolgt. Der Vorsitzende kann aber nur bestimmen, soweit die Anordnung durch das Prozeßgericht erfolgen darf, zB nach §§ 707, 719, 769, nicht dann, wenn das Vollstreckungsgericht zuständig wäre, zB nach § 813 a I.

**K. Streitwert, II Z 11.** Hierher gehört jede Entscheidung über den Streitwert, §§ 3ff, § 25 GKG, wegen der Zuständigkeit oder der Kosten oder der Rechtsmittel, BayObLG DB **95**, 1169 (nicht im FGG-Verfahren, Üb 4 vor § 348).

**L. Kosten, II Z 12.** Hierher gehört jede erstinstanzliche Entscheidung wegen der Kosten, Gebühren und Auslagen, §§ 91 ff, auch zB bei der öffentlichen Zustellung des Kostenfestsetzungsbeschlusses, § 104, Ffm MDR **87**, 414, oder bei einer Erinnerung gegen den Kostenfestsetzungsbeschluß, § 104 Rn 71, auch zB eine Abgabe an das Rechtsmittelgericht, § 104 Rn 74. Die Zuständigkeit des Rpfl bleibt unberührt.

**7) Weitere Befugnisse des Vorsitzenden, II.** Die Aufzählung des II ist lückenhaft, vgl auch Stgt 14 Rpfleger **74**, 118 (zum alten Recht, gilt auch jetzt noch), Bergerfurth NJW **75**, 333. Schon die frühere Auslegung war denkbar engherzig. Dadurch wurde zur Entwertung der Stellung des vorbereitenden Einzelrichters alter Fassung beigetragen. Wenn der Vorsitzende die Sache bis zur Schlußhandlung fördern soll, I 1, müssen ihm die dazu notwendigen Entscheidungen zustehen, soweit sie nicht den Streitstoff sachlich würdigen. Auch III ergibt nicht, daß die Entscheidung des Vorsitzenden außerhalb II nur im Einverständnis der Parteien zulässig wäre; III ergibt eher, daß diese Entscheidung auch im Einverständnis der Parteien erfolgen kann. Zwar hat der Gesetzgeber bei der Neufassung den Katalog der Zuständigkeiten des Vorsitzenden erweitert; dennoch fehlen regelungsbedürftige Fälle. II muß daher ergänzt werden, was freilich nur unter Beachtung der Grenzen des I zulässig ist. Der Vorsitzende darf daher auch zB folgende Entscheidungen treffen:

**A. Arrest, einstweilige Verfügung.** Hierher gehören Entscheidungen bei einem Arrest, §§ 916 ff, und 15 einer einstweiligen Verfügung, §§ 935 ff, soweit die Entscheidung dringlich ist, § 944, Bergerfurth NJW **75**, 334. Gerade hier wäre die Verdrängung durch II sinnwidrig. Allerdings darf der Vorsitzende bei diesen Verfahren nicht sonst entscheiden.

**B. Selbständiges Beweisverfahren.** Hierher gehören Entscheidungen beim selbständigen Beweisverfahren, §§ 486 I, 490. § 486 III scheidet hier ohnehin aus. Freilich ist I 2 zu beachten.

**C. Prozeßabweisung.** Der Vorsitzende entscheidet ferner bei einer Prozeßabweisung, Grdz 14 vor § 253, soweit nicht II Z 2 anwendbar ist.

**D. Streithelfer.** Der Vorsitzende entscheidet auch über die Zulassung von Streithelfern, § 71, Ffm NJW **70**, 817 (zum alten Recht).

**E. Verbindung, Trennung.** Der Vorsitzende entscheidet über eine Verbindung oder Trennung der 16 bisher vom Vorsitzenden allein bearbeiteten Prozesse, §§ 145, 147, nicht der schon vor der gesamten Kammer für Handelssachen schwebenden Verfahren, Stgt Rpfleger **74**, 118 (zum alten Recht).

**F. Wiedereinsetzung.** Der Vorsitzende entscheidet über den Antrag auf eine Wiedereinsetzung gegen eine beim Vorsitzenden versäumte Frist, vgl §§ 350, 233 ff.

**G. Zeugnisverweigerung.** Der Vorsitzende entscheidet auch über die Folgen der Verweigerung des Zeugnisses, § 387, soweit die Beweisaufnahme gemäß I 2 durch den Vorsitzenden oder einen von ihm ersuchten Richter stattgefunden hat.

**H. Sommersache.** Der Vorsitzende entscheidet vorbehaltlich der Entscheidung des Kollegiums über die Fragen im Zusammenhang mit § 227 III 2 (Terminierung vom 1. 7. bis 31. 8.), dort Rn 54, aM (zum alten Recht) Ffm OLGZ **91**, 220 (aber das Gesetz gibt dem Kollegium nur den „Vorbehalt", den es freilich jederzeit ausüben darf).

**I. Zwischenstreit mit Dritten.** Der Vorsitzende entscheidet auch dann. Vgl § 303 Rn 1.

**J. Beanspruchungsstreit; Urheberbenennung,** §§ 75, 76. Der Vorsitzende entscheidet auch in einem solchen Fall.

**8) Kammertermin, II.** II gibt keine ausschließliche Zuständigkeit. Im Kammertermin entscheidet das 17 Kollegium, Bergerfurth NJW **75**, 334; Ausnahmen gelten nach III.

**9) Verstoß, II.** Bei einem Verstoß gegen II gilt § 350. 18

**10) Einverständnis der Parteien, III.** Im Einverständnis der Parteien kann, nicht muß, der Vorsitzende 19 auch außerhalb der Fälle II und Rn 14 entscheiden, und zwar in vermögens- wie in nichtvermögensrechtlichen Sachen, Grdz 9 ff vor § 1. Das Einverständnis muß unbedingt sein. Es ist auch für ein Verfahren ohne eine notwendige mündliche Verhandlung zulässig, § 128 Rn 10. Es ist namentlich nicht auf eine bestimmte Richterperson und, anders als bei § 128 II, auch nicht auf die nächste (Zwischen-)Entscheidung beschränkbar, Köln WertpMitt **72**, 1371. Das Einverständnis erstreckt sich freilich auch nicht automatisch auf eine spätere Widerklage, Anh § 253, Nürnb MDR **78**, 323, oder auf eine sonstige spätere Erweiterung des Streitgegenstands, Nürnb MDR **78**, 323. Eine unzweideutige schlüssige Handlung reicht, Nürnb MDR **78**,

323 mwN. Das Einverständnis wirkt nur für den Erklärenden. Bei Streitgenossen, §§ 59 ff, ist unter Umständen eine Verfahrenstrennung nach § 145 notwendig. Der Streitgehilfe kann das Einverständnis wirksam erklären, soweit er sich dadurch nicht zur Partei in einen Widerspruch setzt, § 67.

**20** Das Einverständnis ist eine unwiderrufliche *Parteiprozeßhandlung*, Grdz 47 vor § 128. Der Vorsitzende erhält durch die Erklärung des Einverständnisses die unbeschränkte Stellung der Kammer für Handelssachen, auch im Rahmen der Zwangsvollstreckung, soweit dort das Prozeßgericht entscheidet, Karlsr OLGZ **73**, 373, Bergerfurth NJW **75**, 335, RoSGo § 110 IV 1. Die Kostenfestsetzung erfolgt gemäß § 104 Rn 56.

**21** 11) **Unanwendbarkeit des § 348, IV.** Diese Vorschrift ist unanwendbar. Die Stellung des Vorsitzenden der KfH ist eben mit derjenigen des Einzelrichters einer Zivilkammer nicht vergleichbar, Rn 1, 2, vgl auch § 114 GVG und BGH **42**, 172. Daher kann die Kammer für Handelssachen den Prozeß weder auf den Vorsitzenden noch gar auf einen der Handelsrichter übertragen. Ein Handelsrichter kann freilich verordneter Richter sein, § 361, 375, Rn 1.

**22** 12) **Rechtsmittel, I–IV.** Vgl § 350.

**23** 13) *VwGO:* Vgl Üb § 348 Rn 5.

**350** *Rechtsmittel.* Für die Anfechtung der Entscheidungen des Einzelrichters (§ 348) und des Vorsitzenden der Kammer für Handelssachen (§ 349) gelten dieselben Vorschriften wie für die Anfechtung entsprechender Entscheidungen der Kammer.

**1** 1) **Systematik, Regelungszweck.** Die Vorschrift stellt durch ihre Verweisung klar, daß die Entscheidungen der nach §§ 348, 349 zuständigen Richter wegen ihrer Gesamtverantwortung (im Gegensatz zu §§ 361, 362, 375) auch im Hinblick auf die Rechtsbehelfe als solche des gesamten Kollegiums anzusehen sind.

**2** 2) **Geltungsbereich.** Vgl Üb 4 vor § 348.

**3** 3) **Einhaltung der Zuständigkeit.** Trifft der Einzelrichter bzw der Vorsitzende der Kammer für Handelssachen innerhalb seiner Zuständigkeit eine Entscheidung (Urteil, Beschluß, Verfügung, § 160 III Z 6), so steht sie solchen seines Kollegiums völlig gleich und ist eine Entscheidung „des Landgerichts". In keinem Fall kann man etwa wie bei § 140 gegen sie das Kollegium anrufen. Das Kollegium kann eine Entscheidung des Einzelrichters, § 348, nur nach einer Rückübertragung ändern, § 348 IV 1, und auch dann sowie in dem Fall, daß eine Entscheidung des Vorsitzenden der Kammer für Handelssachen zu ändern ist, nur wie eine eigene behandeln, § 318. Eine Zurückverweisung erfolgt an den Einzelrichter, Köln NJW **76**, 1102, aM ZöGre 2. Ein Einverständnis nach § 349 III bleibt freilich wirksam, Bergerfurth NJW **75**, 335.

**4** 4) **Überschreitung der Zuständigkeit.** Bei einer Überschreitung der Zuständigkeit des Einzelrichters bzw des Vorsitzenden der Kammer für Handelssachen erfolgt eine Zurückverweisung an das Kollegium, §§ 539, 551 Z 1, KG Rpfleger **79**, 230, Karlsr Just **79**, 15, StJSchu 2, aM ZöGre 2 (nach einem Fehler des Einzelrichters grundsätzlich an ihn). Es kommt auch eine Nichtigkeitsklage in Betracht, § 579 I Z 1. § 295 ist ohnehin anwendbar, soweit nur ein Verstoß gegen die Geschäftsverteilung vorliegt, § 551 Rn 3 ff, aM Düss NJW **76**, 114. Bei § 349 gilt dies jetzt auch im übrigen ohne Beschränkung auf vermögensrechtliche Sachen, wie aus § 349 III ableitbar ist, wegen des Fehlens einer entsprechenden Vorschrift in § 348 aber nicht beim Einzelrichter der Zivilkammer, solange er nicht zurückübertragen hat. Bei § 524 ist wegen dessen IV wie bei § 349 zu verfahren. Hat fälschlich das Kollegium entschieden, ist seine Entscheidung unangreifbar, § 10, Schneider DRiZ **78**, 336.

**5** 5) *VwGO:* Das gleiche gilt für den Einzelrichter nach § 6 VwGO oder § 76 AsylVfG, Üb § 348 Rn 5, sowie für den Vorsitzenden oder Berichterstatter iRv § 87 a VwGO, vgl § 146 I VwGO.

**351–354** (weggefallen)

### Fünfter Titel. Allgemeine Vorschriften über die Beweisaufnahme

#### Übersicht

**Schrifttum:** *Ciyiltepe-Pilarsky,* Der Grundsatz der Verhältnismäßigkeit und seine Auswirkungen auf Beweisanwendungen, 1995; *Englisch,* Elektronisch gestützte Beweisführung im Zivilprozeß, Diss Regensb 1999; *Kofmel,* Das Recht auf Beweis im Zivilverfahren, Bern 1992; *Kollhosser,* Das Beweisantragsrecht usw, Festschrift für *Stree* und *Wessels,* 1993.

**1** 1) **Systematik.** Während §§ 285 ff die Beweiswürdigung regeln, enthält Titel 5 als Ausführungsvorschriften zu § 284 allgemeine Vorschriften über das im Hauptprozeß wie in vorläufigen Verfahren (einstweilige Anordnung, Arrest, einstweilige Verfügung, §§ 620 ff, 916 ff, 935 ff) ergehende Beweisverfahren. Demgegenüber regeln §§ 485 ff das sog selbständige Beweisverfahren, insbesondere zwecks Beweissicherung, auch soweit es parallel zum Hauptprozeß vor demselben Gericht abläuft.

### 5. Titel. Allgemeine Beweisaufnahmevorschriften   Übers § 355, § 355

**2) Regelungszweck.** §§ 355 dienen unterschiedlich scheinenden Zwecken, in Wahrheit demselben Ziel **2** der Herbeiführung sachlich-rechtlicher Gerechtigkeit, Einl III 8, in den Bahnen und Grenzen der Verfahrensgrundsätze, Grdz 18 ff vor § 128, einschließlich des Verhältnismäßigkeitsgebots, Einl III 23, vgl Ciyiltepe-Pilarsky (vor Rn 1). Das ist bei der Auslegung mitzubeachten.

**3) Geltungsbereich.** Die Vorschriften gelten in allen Verfahren nach der ZPO, auch bei §§ 485 ff, Celle **3** NZM 98, 160, auch im arbeitsgerichtlichen Verfahren. § 46 II 1 ArbGG, mit den wenigen Besonderheiten des § 58 ArbGG, und auch vor dem Beschwerdegericht nach § 73 Z 2 GWB. Im Verfahren nach dem FGG können §§ 355 ff anwendbar sein, BayObLG WoM 98, 49.

**4) Amtsbetrieb.** Die Entscheidung, ob und zu welcher Behauptung das Gericht einen Beweis erheben **4** darf und evtl muß, unterliegt grundsätzlich (mit wichtigen Ausnahmen) der Parteiherrschaft, Grdz 18 vor § 128; eine vertragliche Beschränkung der Beweismittel ist grundsätzlich zulässig, BGH DB 73, 1451, Einl III 11. Demgegenüber liegt die Durchführung des Beweisverfahrens als eines besonders gearteten Prozeßabschnitts weitgehend in der Entscheidung des Gerichts. Für dieses Verfahren gilt grundsätzlich der Amtsbetrieb; die Parteien dürfen mitwirken, aber nicht entscheidend eingreifen. Darum ist es kein „Nichtbetreiben" im Sinne des § 211 BGB, wenn sie nicht mitwirken.

Titel 5 gilt für *sämtliche Beweismittel* der ZPO. Das Geständnis, § 288, ist kein Beweismittel, fällt also nicht unter den Titel 5. Wegen der amtlichen Auskunft vgl Üb 32 vor § 373, wegen der Parteivernehmung in Ehesachen § 613 Rn 3. Das Beweisverfahren gliedert sich in die Beweisanordnung, die Beweisaufnahme und in einem weiteren Sinn auch in die Beweiswürdigung, § 286.

**5)** *VwGO:* Wegen der im VerwProzeß zulässigen Beweismittel s § 96 I VwGO (zur amtlichen Auskunft vgl Üb **5** § 373 Rn 35). Nach § 98 VwGO sind ua §§ 358–370 entsprechend anzuwenden.

**355** *Unmittelbarkeit der Beweisaufnahme.* [I] ¹Die Beweisaufnahme erfolgt vor dem Prozeßgericht. ²Sie ist nur in den durch dieses Gesetz bestimmten Fällen einem Mitglied des Prozeßgerichts oder einem anderen Gericht zu übertragen.

[II] Eine Anfechtung des Beschlusses, durch den die eine oder die andere Art der Beweisaufnahme angeordnet wird, findet nicht statt.

**Schrifttum:** *Koukouselis,* Die Unmittelbarkeit der Beweisaufnahme im Zivilprozeß usw, 1990; *Pantle,* Die Beweisunmittelbarkeit im Zivilprozeß, 1991; *Schneider,* Beweis und Beweiswürdigung, 5. Aufl 1994.

**Gliederung**

| | |
|---|---|
| 1) Systematik, I, II ............ 1 | B. Ausnahmen, I 2 ............ 6 |
| 2) Regelungszweck, I, II ............ 2 | C. Richterwechsel, I 1, 2 ............ 7 |
| 3) Geltungsbereich, I, II ............ 3 | 5) Anfechtung des Beweisbeschlusses, II . 8–10 |
| 4) Unmittelbarkeit, I ............ 4–7 | A. Grundsatz: Unanfechtbarkeit ............ 8, 9 |
| A. Grundsatz: Beweisaufnahme vor dem | B. Ausnahmen ............ 10 |
| Prozeßgericht, I 1 ............ 4, 5 | 6) VwGO ............ 11 |

**1) Systematik, I, II.** Die Vorschrift enthält einen der tragenden Grundsätze der Beweis*aufnahme,* **1** während § 286 den wichtigsten Grundsatz der Beweis*würdigung* nennt. § 357 steht neben § 355, §§ 358 ff enthalten Ausführungsvorschriften, §§ 373 ff die einzelnen Beweismittel.

**2) Regelungszweck, I, II.** Das Gesetz steht mit Recht auf dem Standpunkt, daß nur eine möglichst **2** frisch unter dem persönlichen Eindruck des erkennenden Gerichts vorgenommene Beweisaufnahme eine einigermaßen gerechte Würdigung verbürgt. Daher darf der Sachverständige nur begrenzt Ermittlungen vornehmen, § 407 a Rn 11.

**3) Geltungsbereich, I, II.** Vgl zunächst Üb 3 vor § 355. Die Vorschrift ist im FGG-Verfahren mit **3** denjenigen Abweichungen anwendbar, die sich aus der Natur dieses Verfahrens ergeben, § 15 FGG, BayObLG WoM 98, 49 (WEG), Karlsr FGPrax 98, 78, Zweibr MDR 89, 649. In Arbeitssachen gelten §§ 13, 58, 64 ArbGG.

**4) Unmittelbarkeit, I.** Es sind Grundsatz, Ausnahmen und ein Sonderfall zu unterscheiden. **4**

**A. Grundsatz: Beweisaufnahme vor dem Prozeßgericht, I 1.** Die Beweisaufnahme erfolgt grundsätzlich vor dem Prozeßgericht, §§ 278 II, 370 I, vgl auch § 411 III, also vor dem Kollegium, BGH NJW **97,** 1586, Kblz NVersZ **98,** 123. Das ist der Grundsatz der Unmittelbarkeit der Beweisaufnahme, BGH NJW **91,** 1302. Zur Erleichterung der Durchführung dient § 160 a.

Eine Verletzung des Grundsatzes der Unmittelbarkeit ist ein *Verfahrensfehler,* BGH NJW 91, 1302, vgl BayObLG FamRZ 88, 423, Pantle NJW 88, 2028. Ein solcher Verfahrensfehler liegt nicht schon vor, wenn das Gericht nicht sämtliche beantragten Beweismittel verwertet hatte, LAG Düss BB 78, 1310, oder wenn es ein anderes Beweismittel hätte benutzen müssen. Möglich sind auch: Unter den Voraussetzungen des § 375 die Übertragung der Beweisaufnahme auf ein Mitglied des Prozeßgerichts, denn sog vorbereitenden Richter, evtl auch auf einen verordneten Richter eines anderen Gerichts, § 375, Düss NJW 92, 188; unter den Voraussetzungen des § 377 III die Einholung einer (jedenfalls zunächst nur) schriftlichen Beantwortung einer Beweisfrage durch einen Zeugen; eine Verwertung der Beweisaufnahme in einer anderen Sache, § 286 Rn 64. Mithin ist dies auch in einem Berufungsverfahren über das Schlußurteil nach einem vorherigen über ein Teilurteil in derselben Sache möglich. Dies gilt aber nur, wenn die Parteien zustimmen, nicht aber dann, wenn sie eine neue Beweisaufnahme beantragen. So verhält es sich auch bei einer Augenscheinseinnahme,

§§ 355, 356　　　　　2. Buch. 1. Abschnitt. Verfahren vor den LGen

§ 371, BGH **LM** § 445 Nr 3, oder bei der Vernehmung eines Zeugen im voraufgegangenen Prozeßkostenhilfeverfahren, § 118 II 3. Die Zustimmung wirkt grundsätzlich nur für eine Instanz. Wenn eine nochmalige Vernehmung des im Prozeßkostenhilfeverfahren Gehörten in der Berufungsinstanz beantragt wird, dann müssen die Zeugen im Hinblick auf den Grundsatz der Unmittelbarkeit nochmals vernommen werden, § 398.

**5** *Unzulässig sind:* Grundsätzlich der Ersatz der Vernehmung des Zeugen durch seine eidesstattliche Versicherung nach § 294, BGH **LM** § 377 Nr 5; grundsätzlich die Anhörung des Zeugen nur durch den Sachverständigen, Üb 6 vor § 402, demgemäß auch die Würdigung einer solchen Anhörung durch das Gericht. Man kann allerdings ausnahmsweise das Einverständnis der Parteien bei einer Materialsammlung durch den Sachverständigen unterstellen, wenn die Partei beantragt, der Sachverständige möge die zugehörigen Zeugen hören, wenn die Partei ferner an der Anhörung teilgenommen hat oder teilnehmen konnte, Art 103 I GG, und wenn sie keine Einwendungen erhoben hat, selbst wenn das Verfahren des Sachverständigen bedenklich war. Richtigerweise sollte das Gericht aber die Zeugen möglichst selbst in Gegenwart des Sachverständigen vernehmen. Wegen wiederholter Vernehmung Rn 7, § 398 Rn 2 ff.

Eine *Meinungsbefragung*, Üb 7 vor § 402, etwa durch eine Industrie- und Handelskammer, verstößt nicht gegen den Unmittelbarkeitsgrundsatz, insbesondere wird der Sachverständige über die Fragen macht, die an die Auskunftspersonen gestellt werden sollen, Üb 7 vor § 402. Wenn eine gemeinsame Begutachtung durch mehrere Sachverständige angeordnet wurde, vor Gericht aber nur einer auftritt und das gemeinsame Ergebnis mitteilt, dann ist die Verwertung unzulässig.

**6**　**B. Ausnahmen, I 2.** Eine Abweichung ist nur dann erlaubt, soweit das Gesetz sie besonders vorsieht. Eine Übertragung der Beweisaufnahme ist unter den Voraussetzungen der §§ 372 II, 375, 402, 434, 451, Köln NJW **76**, 2218, auf ein Mitglied des Prozeßgerichts statthaft, den beauftragten Richter, § 361, nicht aber auf zwei Mitglieder des Gerichts, BVerwG ZMR **73**, 336. Die Übertragung ist ferner auf ein anderes Gericht statthaft, das nur ein AG sein kann, §§ 156 ff GVG. § 362 II spricht von einem ersuchten Richter. Man faßt diese beiden Fälle unter der Bezeichnung Richterkommissar („verordneter Richter") zusammen. Der Einzelrichter des § 348 und der Vorsitzende der Kammer für Handelssachen, § 349, sind während ihrer Tätigkeit das Prozeßgericht, Hamm MDR **93**, 1235. Der Richter des § 524 soll dann, wenn er nicht im Einverständnis der Parteien entscheidet, nur beschränkt Beweise erheben. Das Kollegium kann die vom Einzelrichter des § 524 vorgenommene Beweisaufnahme jederzeit wiederholen. Eine Übertragung nach I 2 ist ohne mündliche Verhandlung zulässig, weil sie insoweit die Beweisaufnahme evtl nur vorbereitet. Die Übertragung ist jederzeit ebenso widerruflich. Der Beweisbeschluß begrenzt die Befugnisse des verordneten Richters.

**7**　**C. Richterwechsel, I 1, 2.** Ein Richterwechsel nach dem Abschluß der Beweisaufnahme hindert die Beweiswürdigung grundsätzlich nicht, § 309 Rn 2. Bei der Entscheidung dürfen die Richter aber nur das berücksichtigen, was auf der eigenen Wahrnehmung aller erkennenden Richter beruht, aktenkundig ist und Verhandlungsgegenstand war, § 309. Daher ist dann, wenn der persönliche Eindruck von einer Beweisperson erheblich ist, doch eine Wiederholung der Beweisaufnahme nötig, soweit der persönliche Eindruck nicht in einem früheren Protokoll niedergelegt wurde und in die Verhandlung eingeführt worden ist, § 398, BGH **RR 97**, 506, Hamm MDR **93**, 1236, Kbl**z** NVersZ **98**, 123. Eine solche Situation stellt ja auf die Glaubwürdigkeit statt auf die sachliche Beweiskraft ab.

**8**　**5) Anfechtung des Beweisbeschlusses, II.** Auch hier stehen einem Grundsatz Ausnahmen gegenüber.

**A. Grundsatz: Unanfechtbarkeit.** Mag das Prozeßgericht den Beweis selbst erheben oder ihn vom verordneten Richter erheben lassen, §§ 361, 362, 375, eine Anfechtung des Beweisbeschlusses als solchen ist doch grundsätzlich unstatthaft, auch wenn das Verfahren unrichtig oder unsachgemäß wird, selbst wenn mit dem Beweisbeschluß eine weitere, der Beschwerde unterliegende Entscheidung verbunden ist, Köln Rpfleger **90**, 354, RoSGo § 118 IV 2 c, ZöGre 7, aM Müller DRiZ **77**, 307.

**9**　Dies gilt auch dann, wenn ein Antrag auf Übertragung der Beweisaufnahme *zurückgewiesen* wurde, oder dann, wenn das Gericht die Beweisaufnahme einem ausländischen Gericht überträgt. Vgl aber auch Einf Rn 38 vor §§ 148–155 und § 252 Rn 2, § 364 Rn 4, § 372 a Rn 24. Wegen Berufung und Revision § 375 Rn 16. Eine Verletzung ist unheilbar, § 295, soweit auch § 286 verletzt ist, § 295 Rn 53 „Unmittelbarkeit der Beweisaufnahme". Sie ist daher nur auf Rüge nachprüfbar. Diese entfällt, wenn die Partei zustimmt oder das Rügerecht verloren hat, § 375 Rn 16, BVerwG ZMR **73**, 336.

**10**　**B. Ausnahmen.** Ein Beschluß, der praktisch zum Verfahrensstillstand führt, zB evtl nach § 364, ist gemäß § 252 anfechtbar, dort Rn 3. Zur Anfechtbarkeit eines Beschlusses nach § 372 a vgl dort Rn 26. Wegen Berufung und Revision § 375 Rn 16.

**11**　**6) VwGO:** Statt **I** gilt § 96 VwGO (der in seinem II die Beweisaufnahme durch den verordneten Richter, oben Rn 6, regelt, dazu BVerwG NJW **94**, 1975), statt **II** gilt § 146 II VwGO, RedOe § 98 Anm 2. Zum Verzicht auf Rügen, § 295 ZPO, vgl BVerwG MDR **73**, 338, zur Verwertung mittelbarer Beweismittel Böhm NVwZ **96**, 427.

# 356
*Beibringungsfrist.* ¹Steht der Aufnahme des Beweises ein Hindernis von ungewisser Dauer entgegen, so ist eine Frist zu bestimmen, nach deren fruchtlosem Ablauf das Beweismittel nur benutzt werden kann, wenn nach der freien Überzeugung des Gerichts dadurch das Verfahren nicht verzögert wird. ²Die Frist kann ohne mündliche Verhandlung bestimmt werden.

## 5. Titel. Allgemeine Beweisaufnahmevorschriften § 356

### Gliederung

| | | | |
|---|---|---|---|
| 1) Systematik, S 1, 2 | 1 | 6) Weitere Einzelfragen zum Hindernis, S 1, 2 | 7 |
| 2) Regelungszweck: Schädlichkeit von Verschulden, S 1, 2 | 2 | 7) Fristsetzung, S 1, 2 | 8–11 |
| 3) Geltungsbereich, S 1, 2 | 3 | A. Grundsatz: Bei Hindernis Fristzwang; keine Notfrist | 8–10 |
| 4) Kein Hindernis beim Zeugnis N. N., S 1, 2 | 4, 5 | B. Fristverstoß | 11 |
| 5) Ungewisse Dauer, S 1, 2 | 6 | 8) Rechtsbehelfe, S 1, 2 | 12 |
| | | 9) *VwGO* | 13 |

**1) Systematik, S 1, 2.** Verspätete Beweismittel kann das Gericht nach § 296 zurückweisen. § 356 **1** handelt von den rechtzeitig vorgebrachten Beweismitteln, bei denen aber die Beweisaufnahme auf ein beliebiges Hindernis stößt, zB auf einen Umzug des Zeugen, dessen neue Anschrift der Beweisführer nicht rechtzeitig kennen konnte, BVerfG **65**, 307, aM LG Ffm RR **86**, 143.

**2) Regelungszweck: Schädlichkeit von Verschulden, S 1, 2.** Das Gesetz umschreibt den Begriff **2** Hindernis nicht näher. Immer noch wird, wie früher, von manchen ein vom Beweisführer verschuldetes Hindernis als ausreichend angesehen, um das Gericht zu einer Fristsetzung zu zwingen, BAG NJW **77**, 728 Brschw RR **92**, 124, ThP 3, unklar BVerfG **69**, 255.
Seit der Nov 1977 ist diese großzügige Auslegung *nicht mehr möglich*, BGH NJW **89**, 228. Mit ihrer Hilfe könnte der bewußt *verzögernde* Beweisführer fast alle Beschleunigungsbestrebungen des Gesetzgebers auch an dieser Stelle *glatt unterlaufen*. Das kann nicht der Sinn des neuen Rechts sein. Es soll auch hier jede Prozeßverschleppung verhindern, Nürnb MDR **83**, 942, LG Hbg RR **94**, 205. Das alles verkennt BGH NJW **81**, 1319 mit der Ansicht, sogar ein vom Beweisführer bewußt, willkürlich und (bisher) grundlos erklärter Widerruf seines Einverständnisses mit der Verwertung einer Röntgenaufnahme sei als ein „Hindernis" zu betrachten. Demgegenüber gelten in einem solchen Fall die Regeln zur arglistigen Vereitelung der Beweisführung, Anh § 286 Rn 26, § 444 Rn 4. Der Gesetzgeber hat bedauerlicherweise eine Klärung des Begriffs Hindernis unterlassen. Man darf den Begriff indes nur dahin auslegen, daß nur ein solcher Vorgang ein Hindernis ist, der zwar vielleicht im Einfluß- und Risikobereich des Beweisführers liegt, den der Beweisführer aber nicht verschuldet hat, Hamm JB **96**, 660. Angesichts der überall scharfen Anforderungen an die Prozeßförderungspflicht, § 282, sind entsprechend strenge Anforderungen auch hier zu stellen; leichte Fahrlässigkeit ist schädlich. Freilich ist § 356 im Verfahren mit Amtsbetrieb, Grdz 38 vor § 128, praktisch kaum anwendbar. Nach einer Ladung ist meist eine Nachfrist nötig (Ausnahme: § 295), Köln RR **98**, 1143.

**3) Geltungsbereich, S 1, 2.** Vgl Üb 3 vor § 355. **3**

**4) Kein Hindernis beim Zeugnis N. N., S 1, 2.** Das unter Rn 1, 2 Ausgeführte gilt insbesondere bei **4** dem beliebten „Zeugnis NN" (nihil nomen = kein Name) oder „Zeugnis XYZ", dem der Fall des „Zeugen X, dessen Anschrift nachgereicht wird", BGH NJW **93**, 1927, aM Rinsche Prozeßtaktik Rn 120, Schneider MDR **87**, 726, und auch des Zeugen (folgt Name), zu laden über die Arbeitgeber, LG Hagen MDR **84**, 1034, oder gar „an der vom Gegner mitzuteilenden Anschrift", oder der Hausbank der Partei (deren Name und Anschrift fehlt), oft gleichsteht. Dies ist grundsätzlich kein dem § 373 genügender Beweisantritt, BGH RR **89**, 1324, Düss VersR **93**, 1168, Reinecke MDR **90**, 769. Freilich mag er ausnahmsweise dann ein zunächst ausreichender Beweisantritt sein, wenn, BGH NJW **98**, 2368, der Bekl als Beweisführer trotz aller Sorgfalt bisher außerstande war, einen Zeugen exakt namhaft zu machen, dessen Existenz ihm zwar zuverlässig oder hochgradig gewiß bekannt ist, den er aber im einzelnen noch nicht präzise genug ermitteln konnte; der Kläger mag als Beweisführer freilich mit der Klage warten, bis er alles beisammen hat, oder Stufenklage erheben, § 254.
Wenn die fehlenden Angaben auf *bloßer Nachlässigkeit* der Partei, ihres gesetzlichen Vertreters, § 51 II, oder ihres Prozeßbevollmächtigten beruhen, § 85 II, so liegt in Wahrheit gar kein Hindernis vor, sondern bloße prozessuale Nachlässigkeit oder gar Verschleppungstaktik, LG Ffm RR **86**, 143 (Wechsel des Aufenthaltsorts des Zeugen), ZöGre 4 („prozessuale Unsitte"). Der Beweisführer ist ja gar nicht gehindert, sondern er hat die Klärung nur nicht rechtzeitig genug für nötig gehalten. Dies kann zB auch dann gelten, wenn er versäumt hat, sich eher nach der neuen Anschrift eines „Verzogenen" zu erkundigen. Man muß hierher unter Umständen sogar die bloße Angabe einer Anschrift des namentlich benannten Zeugen rechnen, an der eine Ersatzzustellung nach §§ 181 ff unzulässig wäre, also zB die Geschäftsanschrift, falls der Zeuge nicht zu den in §§ 183, 184 Genannten zählt und falls der Beweisführer die Privatanschrift hätte ermitteln können, LG Hagen MDR **84**, 1034.
Ob ein Hindernis vorliegt, ist also *Fallfrage*, LG Fulda VersR **80**, 1031, Rixecker NJW **84**, 2136, ZöGre 4. **5** Der Beweisführer hat die Schuldlosigkeit wegen des Fehlenden darzulegen. Wenn eine Nachlässigkeit vorliegt, darf das Gericht auch nicht etwa nach § 139 das Fehlende herbeischaffen, § 139 Rn 18, Mayer NJW **83**, 858, Schneider MDR **98**, 1115. Andernfalls würde es den § 356 aushöhlen. Vgl auch § 377 Rn 4. Zur Beweiserleichterung im Wettbewerbsprozeß wegen unzumutbarer Nachteile bei Benennung von Zeugen BGH NJW **83**, 171.

**5) Ungewisse Dauer, S 1, 2.** Nur ein Hindernis von ungewisser Dauer ist beachtlich. Steht eine **6** begrenzte Dauer bereits zeitlich fest, können §§ 148, 640 f anwendbar sein, aM Karlsr OLGZ **90**, 242 (dann könnten §§ 296, 356, 528 entsprechend anwendbar sein). Steht fest, daß seine Beseitigung unmöglich sein wird, so versagt § 356. Dies gilt zB dann, wenn sich die Partei endgültig weigert, sich einer erforderlichen Untersuchung zu unterziehen, Üb 6 vor § 371, LG Hbg RR **94**, 205, oder wenn die Partei einen nach § 379 rechtmäßig angeforderten Vorschuß verweigert. Im übrigen ist darauf abzustellen, ob und welche Erklärungen die Partei dazu abgibt, wann sie das Hindernis beseitigen will, LG Fulda VersR **80**, 1031. Zwar besteht auch insofern im Prinzip eine gewisse Fragepflicht, §§ 139, 273. Indessen darf die Partei nicht unter

Berufung auf diese Vorschriften in Wahrheit erreichen, daß sie den § 356 unterlaufen kann. Daher sollte das Gericht nur dann nachfragen, wenn der Beweisführer von sich aus wenigstens angedeutet hat, daß und warum er zumindest bisher am Fehlen der erforderlichen Angaben schuldlos sei und daß und bis wann er das Fehlende nachreichen werde und könne. Natürlich dürfen die Zumutbarkeitsanforderungen an den Beweisführer nicht überspannt werden. In jedem Fall ist eine Feststellung im Urteil (in den Grenzen der §§ 313 III, 495 a II) dazu nötig, ob und weshalb ein Hindernis von ungewisser Dauer vorliegt, BVerfG RR **94**, 700. Ewiges Zuwarten (Zeuge „auf See") ist aber nicht zumutbar.

**7** **6) Weitere Einzelfragen zum Hindernis, S 1, 2.** § 356 gilt grundsätzlich für jede Art von Beweismittel, auch für die Parteivernehmung nach §§ 445 ff. Die Vorschrift ist aber für solche Sachverständige unanwendbar, soweit sie wie meist, auswechselbar sind, § 402 Rn 1, BGH **LM** Nr 1 (er wendet § 356 allerdings im Ergebnis doch an, wenn der Beweisführer eine ärztliche Untersuchung verweigert), oder auf eine Urkunde; für sie gilt § 431. Unschädlich ist es, im Anschluß an eine gesetzmäßige Angabe des Beweisantritts bei seiner Wiederholung zB „a. a. O." oder „wie vor" zu schreiben, Celle RR **92**, 703. Unterlassung des Vorschusses, § 379, gibt kein Recht nach § 356, BGH NJW **98**, 762.

**8** **7) Fristsetzung, S 1, 2.** Sie ist nur beim Hindernis vor. Das wird oft übersehen.
**A. Grundsatz: Bei Hindernis Fristzwang; keine Notfrist.** Liegt ein Hindernis von ungewisser Dauer vor, Rn 2, oder soweit das Gericht trotz des Fehlens dieser Voraussetzung zB die Vernehmung eines Zeugen „NN" angeordnet hat, BGH NJW **89**, 228, so hat das Gericht auf Antrag oder von Amts wegen dem Beweisführer eine Frist für die Beibringung zu setzen, BGH DB **73**, 426. Sie ist auch notwendig, solange ein Beschluß nicht rechtskräftig ist, durch den das Ablehnungsgesuch zurückgewiesen wurde, das einen Sachverständigen betraf, der den Beweisführer untersuchen sollte, BGH **LM** Nr 1. Es handelt sich um eine richterliche Frist, § 224 Rn 7, BVerfG **69**, 255; sie erfordert also die volle richterliche Unterschrift usw, § 329 Rn 8, 11, BVerfG **69**, 255, und eine förmliche Zustellung, § 329 II 2, BGH NJW **89**, 228.

**9** Ihre *Berechnung* erfolgt nach § 222, ihre Abkürzung und Verlängerung richten sich nach §§ 224, 225. Es reicht zur Verlängerung nicht schon aus, daß die Zeugenanschrift jetzt nicht mehr stimmt; es kommt darauf an, ob sich der Beweisführer früher erfolgreich die neue Anschrift hätte besorgen können; im Zweifel darf erst gar keine Fristverlängerung bewilligt und daher auch kein entsprechender Antrag angeregt werden. Das Gericht muß aber zB dem Beweisführer die Möglichkeit geben, gegen den Dritten, der seine erforderliche Mitwirkung (überraschend erst jetzt) ablehnt, ein rechtskräftiges Urteil zu erwirken, § 148, Nürnb MDR **83**, 942. Es handelt sich nicht um eine Notfrist nach § 224 I 2. Deshalb ist eine Wiedereinsetzung nach § 233 nicht möglich. Die Frist steht aber wegen ihrer Ausschlußwirkung als Notfrist im Sinn von § 187 S 2 gleich, BGH NJW **89**, 228. Das Prozeßgericht, also das Kollegium, nicht der Vorsitzende, freilich auch der Einzelrichter, § 348, setzt die Frist bei einer freigestellten mündlichen Verhandlung, § 218 Rn 10, durch einen nach § 329 I, II Hs 2 zu verkündenden oder förmlich zuzustellenden Beschluß, der allenfalls ganz kurz begründet werden sollte, § 329 Rn 4. Die Frist kann auch im Beweisbeschluß gesetzt werden, zB bei einer unvollständigen Zeugenanschrift. Gegen die Ablehnung einer Fristsetzung ist Beschwerde zulässig, § 567, gegen die Bestimmung der Frist kein Rechtsbehelf.

**10** Solange der Antrag nicht eindeutig abgelehnt ist, liegt keine *Entscheidung* über ihn vor; das Gericht mag sich die Entscheidung bis zur Erledigung der übrigen Beweisaufnahme oder anderer Verfahrensereignisse vorbehalten wollen. Dies ist ihm ebenso freigestellt wie grundsätzlich die Frage, ob es sämtliche in Betracht kommenden Beweise sogleich erheben will; es muß zwar die §§ 273, 275, 278 II 1 beachten, darf aber schon wegen der auch ihm zu beachtenden Prozeßwirtschaftlichkeit, Grdz 14, 15 vor § 128, nicht gezwungen werden, seine Entscheidungen über den Umfang der etwaigen Beweisaufnahme in einem Zeitpunkt zu treffen, in dem die Notwendigkeit einer Beweisaufnahme noch nicht für alle in Betracht kommenden Beweismittel feststeht.

**11** **B. Fristverstoß.** Nach erfolglosem endgültigem Fristablauf ist das Beweismittel für den Beweisführer unabhängig vom etwaigen Verschulden, BGH NJW **89**, 228, ZöGre 7, aM Sass MDR **85**, 99, nur noch benutzbar, soweit die Benutzung das Verfahren nach der freien Überzeugung des Gerichts nicht verzögert, BVerfG RR **94**, 700, Karlsr RR **94**, 512, Köln RR **97**, 1292. Diese Folge geht noch weiter als zB bei § 296 I, BGH NJW **89**, 228. Sie tritt kraft Gesetzes ein, §§ 230, 231. Keine Verzögerung tritt ein, wenn die Partei den Zeugen im Termin gestellt, ihn „sistiert", und wenn seine Vernehmung auch nach dem Terminsfahrplan dieses Sitzungstags möglich ist, § 273 Rn 27. Mitgebrachte Zeugen dürfen den Fahrplan nicht völlig durcheinanderbringen. § 273 ist in den Grenzen Rn 6 auch hier beachtlich. Nach einem Einspruch ist die Frage der Verzögerung neu zu prüfen. Wegen etwaiger Umkehrung der Beweislast Anh § 286 Rn 27.

**12** **8) Rechtsbehelfe, S 1, 2.** Die Entscheidung ist grundsätzlich nur zusammen mit dem Endurteil anfechtbar, § 355 II, dann freilich evtl als Rüge eines Verfahrensfehlers, BGH NJW **89**, 228. In der Berufungsinstanz läßt sich das Versäumte in den Grenzen §§ 527, 528 nachholen, Karlsr RR **94**, 512. Im Fall der bloßen Nichtentscheidung ist die einfache Beschwerde nach § 567 I zulässig, falls in dieser Untätigkeit eine Aussetzung liegen sollte, § 252. Dies trifft allerdings nur selten zu. Die Beschwerde ist unzulässig, soweit das LG als Berufungs- oder Beschwerdegericht, § 567 III 1, oder das OLG entschieden hat, § 567 IV 1.

**13** **9)** *VwGO:* Unanwendbar, weil in § 98 VwGO nicht genannt (wegen des Ermittlungsgrundsatzes, § 86 I VwGO, gibt es keinen Beweisführer, Einf § 284 Rn 36), BVerwG Buchholz 310 § 186 Abs 1 Nr 147, Ey § 98 Rn 3.

# 357

*Parteiöffentlichkeit.* **I** Den Parteien ist gestattet, der Beweisaufnahme beizuwohnen.

**II** **1** Wird die Beweisaufnahme einem Mitglied des Prozeßgerichts oder einem anderen Gericht übertragen, so ist die Terminsbestimmung den Parteien ohne besondere Form mitzuteilen, sofern

### 5. Titel. Allgemeine Beweisaufnahmevorschriften §§ 357, 358

nicht das Gericht die Zustellung anordnet. ²Bei Übersendung durch die Post gilt die Mitteilung, wenn die Wohnung der Partei im Bereich des Ortsbestellverkehrs liegt, an dem folgenden, im übrigen an dem zweiten Werktage nach der Aufgabe zur Post als bewirkt, sofern nicht die Partei glaubhaft macht, daß ihr die Mitteilung nicht oder erst in einem späteren Zeitpunkt zugegangen ist.

**Schrifttum:** *Baumgärtel,* „Geheimverfahren" im Zivilprozeß zur Wahrung von Geschäftsgeheimnissen nach Schweizer Vorbild? in: Festschrift für *Habscheid* (1989); *Höffmann,* Die Grenzen der Parteiöffentlichkeit, insbesondere beim Sachverständigenbeweis, Diss Bonn 1988; *Schnapp,* Parteiöffentlichkeit bei Tatsachenfeststellungen durch den Sachverständigen?, Festschrift für *Menger* (1985) 557; *Walker,* Zur Problematik beweisrechtlicher Geheimverfahren usw, Festschrift für *Schneider* (1997) 147.

**1) Systematik, I, II.** Die Vorschrift gibt als Ergänzung zu § 355 eine der wichtigsten Regeln des **1** Beweisrechts. Sie gilt auch und gerade dann, wenn die Allgemeinöffentlichkeit nach §§ 169 ff GVG entfällt.

**2) Regelungszweck, I, II.** Die aus Art 103 I GG mitableitbare sog Parteiöffentlichkeit, Jankowski NJW **2** 97, 3347, ist eines der wichtigsten Parteirechte und der Eckpfeiler des Beweisaufnahmerechts, BSG MDR 77, 346. Nur die Anwesenheit und Vorhaltungen der Partei nach § 397 bringen regelmäßig bei einer Zeugenvernehmung brauchbare Ergebnisse. Oft versäumt das Gericht ohne sie eine Frage, und oft kann sich ein Zeuge ohne diejenigen Anhaltspunkte nicht erinnern, die der Partei seinem Gedächtnis geben kann. Darum darf man im Grundsatz anders als bei der Allgemeinöffentlichkeit, §§ 170 ff GVG, Ausnahmen nur nach § 157 II sowie kraft Sitzungsgewalt nach §§ 177 ff GVG machen, aM Ffm FamRZ 94, 1401, StJSchu 22, ZöGre 5 (sie wenden § 247 StPO entsprechend an. Aber dort herrschen Amtsermittlung, vgl Grdz 38 vor § 128, und ein besonderes Gewaltverhältnis zur „Partei").

**3) Geltungsbereich, I, II.** Vgl Üb 3 vor § 355. I gilt nur für die Beweisaufnahme und bedeutet kein **3** Terminsblockierrecht.

**4) Parteiöffentlichkeit, I.** Sie ist in zwei Richtungen zu beachten. **4**

**A. Teilnahmerecht.** Die Parteien und die Streithelfer, §§ 66 ff, dürfen an jeder Beweisaufnahme, auch an einer auswärtigen, Mü Rpfleger 83, 319, neben ihrem ProzBev teilnehmen, §§ 137 IV, 397 II. Eine Partei darf sich im Termin von ihrem Privatgutachter, Üb 21 vor § 402, beraten lassen, Mü RR 88, 1535. Es ist auch keineswegs statthaft, eine Partei schon deshalb von der Beweisaufnahme auszuschließen, weil sie dabei *Betriebsgeheimnisse* des Gegners oder eines Dritten erfahren könnte. Die oben dargelegte Bedeutung der Parteiöffentlichkeit hat den Vorrang. Deshalb kann man sich auch nicht auf den Parteiausschluß als letztes Mittel oder auf den Zutritt nur des ProzBev berufen, BGH **116**, 47, Köln RR **96**, 1277, Prütting/Weth NJW **93**, 577. Beim Vorliegen eines erheblichen Grundes ist eine Terminsänderung notwendig, § 227. Für Anträge und Fragen herrscht Anwaltszwang wie sonst, § 78 Rn 2. Keine Beweisaufnahme ist eine vorbereitende Besichtigung, die ein Sachverständiger in Abwesenheit des Gerichts vornimmt, § 407 a Rn 11 ff, Mü NJW **84**, 807; freilich haben die Parteien auch dann ein Anwesenheitsrecht, § 407 a Rn 15. Ein technischer Berater darf teilnehmen, Düss MDR **79**, 409.

**B. Zutrittsverweigerung.** Wenn ein Dritter bei einer Beweisaufnahme in seinen Räumen einer Partei **5** den Zutritt verweigert, dann kann das Gericht den Zutritt nicht erzwingen, Kblz NJW **68**, 897, Jankowski NJW **97**, 3349, und kann keine ordnungsgemäße Beweisaufnahme stattfinden. Verhält sich der Gegner des Beweisführers so, so gilt zunächst dasselbe, Jankowski NJW **97**, 3347. Das Gericht muß aber seine Weigerung in der Regel zu seinem Nachteil würdigen, § 444 Rn 4, Köln RR **96**, 1277. Ein Zeuge muß die Parteien zulassen, § 219 Rn 6.

**5) Parteinachricht, I, II.** Eine rechtzeitige Benachrichtigung der Partei von dem Termin zur Beweisauf- **6** nahme ist für sie die Voraussetzung der Möglichkeit, ihn wahrzunehmen, Art 103 I GG, BPatG GRUR **81**, 651, Kblz OLGZ **89**, 368. Die Terminsnachricht geht nur an den ProzBev, § 176, nicht notwendig an den Unterbevollmächtigten, Nürnb OLGZ **76**, 481. Ein verkündeter Beweistermin erfordert keine Ladung der Parteien über § 218, wohl aber diejenige des Beweispersonen und diejenige nach § 141. Die Ladungsfrist, § 217 (sie gilt für alle Terminsarten im Sinn von Üb vor § 214), ist einzuhalten, vgl § 361 Rn 4, Köln MDR **73**, 856, Teplitzky NJW **73**, 1675. Der ProzBev muß aber schon Vorbereitungen zur Teilnahme am Beweistermin treffen, sobald er von dem Beweisbeschluß erfährt, § 85 Rn 3. Beim beordneten Richter, §§ 229, 361, 362, ist die Mitteilung der Form erleichtert, II, Kblz OLGZ **89**, 368. Es besteht aber auch hier kein Anscheinsbeweis für den Zugang einer formlosen Terminsnachricht, vgl Anh § 286 Rn 154 „Rechtsgeschäft", Kblz OLGZ **89**, 368. Ein Verzicht auf die Terminsnachricht bedeutet in der Regel einen Verzicht auf das Recht der Anwesenheit.

**6) Verstoß, I, II.** Ein Verstoß gegen § 357 macht die Beweisaufnahme unwirksam, BPatG GRUR **81**, **7** 651. Wenn aber ausnahmsweise einwandfrei feststeht, daß die Anwesenheit der Partei am Ergebnis nichts geändert hätte, weil sie nur bestimmte belanglose Vorhaltungen gemacht hätte, dann kann das Gericht die Wiederholung der Beweisaufnahme ablehnen. Die ausgebliebene Partei braucht nicht zu beweisen, daß der Zeuge auf die Fragen anders ausgesagt hätte. Eine Anfechtung seiner Entscheidung erfolgt nur zusammen mit derjenigen des Endurteils. Der Verstoß kann nach § 295 heilen, BGH **LM** § 13 StVO Nr 7.

**7) VwGO:** Es gilt § 97 VwGO. **8**

---

**358** *Beweisbeschluß. Notwendigkeit.* Erfordert die Beweisaufnahme ein besonderes Verfahren, so ist es durch Beweisbeschluß anzuordnen.

**Schrifttum:** *Engel,* Beweisinterlokut und Beweisbeschluß im Zivilprozeß, 1992; *Zuleger,* Der Beweisbeschluß im Zivilprozeß, Diss Regensb 1989.

## §§ 358, 358a

**1** **1) Systematik.** Die Vorschrift eröffnet die Reihe der zur Durchführung von §§ 355–357 erforderlichen Einzelregelungen. Sie steht neben § 273 (prozeßleitende vorbereitende Maßnahmen) und wird durch §§ 358 a, 359 ergänzt.

**2** **2) Regelungszweck.** Die Vorschrift dient der Klarstellung desjenigen Tatsachenstoffes, den das Gericht derzeit für beweisbedürftig und entscheidungserheblich hält. Wegen § 286 hat § 358 aber auch nur diese begrenzte Bedeutung: Das Gericht mag die Beweisbedürftigkeit im Verlauf anders beurteilen, vgl § 360.

**3** **3) Geltungsbereich.** Vgl Üb 3 vor § 355.

**4** **4) Besonderes Verfahren.** Eine prozeßleitende Beweisanordnung ist immer notwendig. Sie liegt nicht schon stets in einer Anordnung nach § 273. Ein ausdrücklicher Beweisbeschluß ist stets zulässig und evtl ratsam, zB vorbeugend zur Klärung von Kostenfragen. Er ist auch in Kurzform erlaubt. Ein dem § 359 entsprechender Beschluß ist aber nur dann erforderlich, wenn die Beweisaufnahme ein besonderes Verfahren einleitet und daher eine Vertagung notwendig macht. Denn dann muß für das weitere Verfahren klarstehen, was es zum Gegenstand haben soll. Wegen der nachträglichen Änderung oder Aufhebung § 360.

Ein Beweisbeschluß ist *zB notwendig:* Bei § 358 a; bei einer Parteivernehmung, § 450; wenn das Gericht bei einer freigestellten mündlichen Verhandlung, § 128 Rn 10, eine solche anordnet; in den Fällen der §§ 128 a, 251 a, 331 a, weil er nach der Aktenlage die Grundlage für die weitere Verhandlung schafft.

Ein besonderer Beweisbeschluß ist *zB unnötig,* wenn das Gericht Beweiserhebungen nach § 118 II vornehmen will; bei bloßer Glaubhaftmachung, §§ 294 II, 920 II, 936; wenn das Gericht den Beweis sofort erheben will und kann, insofern richtig Ffm AnwBl 78, 69.

*Gebühren:* des Gerichts keine; des RA § 31 I Z 3 BRAGO, vgl wegen der Besonderheiten Hartmann Teil X E 31 BRAGO Rn 96 ff (ausf).

**5** **5) Verstoß.** Eine nicht alsbaldige Überprüfung des Beweisbeschlusses durch den ProzBev einer jeden Partei auf einen Anlaß zu einem Antrag auf eine etwa notwendige Berichtigung oder Ergänzung oder auf die Einholung weiterer Informationen kann eine grobe Nachlässigkeit im Sinne von § 296 II sein, Köln VersR 84, 1176. Das Fehlen eines an sich erforderlichen besonderen Beweisbeschlusses zwingt zwar zur Klärung, ob das Gericht überhaupt Beweis erheben wollte, hat aber bei solcher Absicht oder dann, wenn eben eine solche Klärung erfolgte, keine prozeßrechtlichen Nachteilsfolgen. § 295 ist anwendbar.

**6** **6) Rechtsbehelfe.** Die Entscheidung ist grundsätzlich zusammen mit derjenigen des Endurteils anfechtbar, § 355 II. Eine Beschwerde kommt bei zu weiter Hinausschiebung der Beweisaufnahme in Betracht, § 252 Rn 1.

**7** **7) VwGO:** Entsprechend anzuwenden, § 98 VwGO, BVerwG Buchholz 303 § 295 Nr 4 (auch zum Rügeverlust) u NJW 84, 2645, RedOe § 96 Anm 5 u § 98 Anm 2, Kopp § 98 Rn 6.

## 358a
*Beweis vor der mündlichen Verhandlung.* ¹Das Gericht kann schon vor der mündlichen Verhandlung einen Beweisbeschluß erlassen. ²Der Beschluß kann vor der mündlichen Verhandlung ausgeführt werden, soweit er anordnet
1. eine Beweisaufnahme vor dem beauftragten oder ersuchten Richter,
2. die Einholung amtlicher Auskünfte,
3. eine schriftliche Beantwortung der Beweisfrage nach § 377 Abs. 3,
4. die Begutachtung durch Sachverständige,
5. die Einnahme eines Augenscheins.

**1** **1) Systematik, S 1, 2.** Während § 273 I dem Gericht, II dem Vorsitzenden oder dem von ihm bestimmten Richter zur Vorbereitung jedes Termins Befugnisse gibt, die eine Beweisaufnahme überflüssig machen oder im Termin erleichtern sollen, ermöglicht § 358 a dem Gericht, also nicht dem Vorsitzenden, vgl BVerfG 63, 151, auch nicht dem Einzelrichter des § 348, wohl aber dem Einzelrichter des § 524 und dem Vorsitzenden der Kammer für Handelssachen, § 349, im Rahmen jener Vorschriften eine so rechtzeitige Anordnung und teilweise Durchführung einer für notwendig gehaltenen Beweisaufnahme, daß deren Ergebnisse im Termin bereits verwertbar sind. Freilich überschneiden sich die Anwendungsbereiche beider Vorschriften. Daher ergibt evtl erst die Form der Anordnung, ob eine Maßnahme gemäß § 273 oder ein Beweisbeschluß gemäß § 358 a vorliegt.

**2** **2) Regelungszweck, S 1, 2.** Die Vorschrift dient der Prozeßförderung, Grdz 12 vor § 128, und damit der Prozeßwirtschaftlichkeit, Grdz 14 vor § 128.

**3** **3) Geltungsbereich, S 1, 2.** Vgl zunächst Üb 3 vor § 355. Wegen der Unanwendbarkeit in der Berufungsinstanz BGH NJW 86, 2320. Im arbeitsgerichtlichen Verfahren gilt § 55 IV ArbGG.

**4** **4) Beweisanordnung, S 1.** Schon vor der mündlichen Verhandlung kann eine Beweisaufnahme beschlossen werden. Der Beschluß ist also ab Klageingang, also schon vor dem Eintritt der Rechtshängigkeit, § 261, zulässig. Dies gilt unabhängig davon, ob ein früher erster Termin nach § 275 oder ein schriftliches Vorverfahren geplant oder nach § 276 eingeleitet sind. Maßgeblich ist das pflichtgemäße Ermessen, Kblz NJW 79, 374. Zweckmäßig ist eine Anordnung aber erst nach der Klärung, ob und wie weit der Bekl verteidigen will, zumal bereits der Erlaß des Beschlusses unabhängig von seiner Durchführung Kosten verursachen kann, Hartmann Teil X § 31 BRAGO Rn 155 ff „Beweisanordnung", Hbg JB 79, 374. Bei einer allzu verfrühten Anordnung sind die Kosten evtl gemäß § 8 GKG niederzuschlagen. Für den Erlaß des Beweisbeschlusses gilt § 359; für seine Änderung grundsätzlich § 360; sie ist jedoch evtl schon vor der mündlichen Verhandlung und daher gerade ohne eine solche zulässig, Wenzel MDR 78, 176, denn sonst würde der Hauptzweck des § 358 a gefährdet werden, Rn 1. Der Beschluß darf jede nach der ZPO zulässige

### 5. Titel. Allgemeine Beweisaufnahmevorschriften §§ 358a, 359

Beweiserhebung anordnen. Ausgeführt werden dürfen vor der mündlichen Verhandlung nur die in Z 1–5 abschließend genannten Maßnahmen, die von denjenigen nach § 273 zum Teil abweichen. Der Einzelrichter des § 524 bzw der Vorsitzende der KfH, § 349, können Beweis nur im Rahmen jener Vorschriften erheben. *Gebühren:* Des Gerichts keine (wegen der Auslagen Rn 4); des RA § 31 I Z 3 BRAGO.

**5) Ausführung der Beweisaufnahme, S 2.** Es ist eine strikte Begrenzung ratsam. **5**
**A. Grundsatz.** Die Ausführung der Beweisaufnahme ist vor der mündlichen Verhandlung nur in den folgenden Fällen zulässig. Es ist jeweils eine stufenweise Ausführung zulässig. Die Parteien usw werden wie bei einem Beweisbeschluß auf Grund einer mündlichen Verhandlung grundsätzlich von der Entscheidung nach § 358a benachrichtigt, Ausnahme: § 218.

**B. Beauftragter Richter usw, S 2 Z 1.** Die Beweisaufnahme findet unter den Voraussetzungen der **6** §§ 375, 434 vor einem beauftragten oder ersuchten Richter statt, §§ 361, 362. Nach dem Zweck der Vorschrift muß der vorbereitende Richter (Mitglied des Prozeßgerichts) nach § 375 dem verordneten eines anderen Gerichts gleichstehen (Redaktionsversehen des Gesetzgebers?). Die Parteien haben ein Anwesenheitsrecht, § 357.

**C. Auskunft, S 2 Z 2.** Es wird eine amtliche Auskunft eingeholt, vgl § 273 II Z 2, Üb 32 vor § 373. **7**

**D. Schriftliche Beantwortung, S 2 Z 3.** Es wird eine schriftliche Zeugenantwort gemäß § 377 III **8** eingeholt. § 379 (Vorschußpflicht) ist entsprechend anwendbar, denn die Staatskasse soll keinen Schaden erleiden. Die Formulierung eines Beweisbeschlusses vor der Einholung der schriftlichen Antwort ist zwar aus prozeßwirtschaftlichen Erwägungen nicht zwingend, § 377 Rn 11, dennoch aber schon zur Vermeidung etwaiger Mißverständnisse über die Beweisfrage ratsam.

**E. Gutachten, S 2 Z 4.** Es wird ein schriftliches Sachverständigengutachten eingeholt, § 411 I. Ein **9** Beweisantritt ist entbehrlich, § 144. Die Vorschrift sieht anders, als § 273 II Z 4 keine Ladung des Sachverständigen vor und soll ja die Vorbereitung der mündlichen Verhandlung erleichtern. Deshalb bezieht sie sich nicht auf die Ladung eines Sachverständigen zur mündlichen Aussage. §§ 379, 402 (Vorschußpflicht) sind entsprechend anwendbar. Das Gutachten wird nicht angefordert, wenn ein Vorschuß nicht zu erwarten ist, vgl BGH **LM** § 286 (F) Nr 1.

**F. Augenschein, S 2 Z 5.** Es wird ein Augenschein eingenommen, §§ 371 ff. Ein Beweisantritt ist **10** entbehrlich, § 144. Die Parteien haben ein Anwesenheitsrecht, § 357. § 55 IV ArbGG nennt die Fälle Rn 7, 8 nicht. § 58 I 1 ArbGG steht der Augenscheinseinnahme entgegen, Eich DB **77**, 910.

**6) Verstoß, S 1, 2.** Bei einem Verstoß ist der Grundsatz der Unmittelbarkeit der Beweisaufnahme **11** verletzt. Dieser Verstoß ist jedoch heilbar, § 295. Ein Beschluß nur durch den Vorsitzenden statt durch das vollständige Kollegium bzw den Einzelrichter des § 348 ist ein unheilbarer Verstoß, § 295, da keine ordnungsgemäße Besetzung des Gerichts vorliegt, aM Köln NJW **76**, 2218, ZöGre 4.

**7) Rechtsbehelfe, S 1, 2.** Wegen der Rechtsbehelfe gegen eine prozeßleitende Anordnung des Vorsit- **12** zenden usw oder gegen deren Ablehnung s bei § 273; gegen einen Beschluß nach § 358a ist ein Rechtsmittel ebensowenig zulässig wie gegen einen sonstigen Beweisbeschluß; auch sind im übrigen §§ 355 ff direkt anwendbar.

**8) VwGO:** Trotz § 98 *VwGO* ist die Vorschrift unanwendbar, weil sie durch den weitergehenden § 96 II *VwGO* **13** ersetzt ist, Ey § 98 Rn 3, RedOe § 98 Anm 2.

## 359 *Beweisbeschluß. Inhalt.* Der Beweisbeschluß enthält:
1. die Bezeichnung der streitigen Tatsachen, über die der Beweis zu erheben ist;
2. die Bezeichnung der Beweismittel unter Benennung der zu vernehmenden Zeugen und Sachverständigen oder der zu vernehmenden Partei;
3. die Bezeichnung der Partei, die sich auf das Beweismittel berufen hat.

**1) Systematik, Z 1–3.** Die Vorschrift enthält die notwendige Durchführungsregel zu §§ 358, 358a. Sie **1** wird durch § 329 (Form, Mitteilung) und zB durch § 377 III (schriftliche Zeugenaussage) ergänzt.

**2) Regelungszweck, Z 1–3.** Es soll klargestellt werden, über was und in welcher Weise das Gericht **2** Beweis erheben will. Der Beweisbeschluß wendet sich ja auch an die bisher meist ahnungslosen Beweispersonen, die als Staatsbürger jetzt in ein Prozeßverhältnis, Grdz 3 vor § 128, einbezogen werden. Sie müssen zB übersehen können, ob und wie sie sich vorbereiten sollen; insofern ist § 377 III mitbeachtlich.

**3) Geltungsbereich, Z 1–3.** Vgl Üb 3 vor § 355. **3**

**4) Beweisbeschluß, Z 1–3.** Er ist eine prozeßleitende Anordnung in besonderer Form, ein (nur) für das **4** Prozeßgericht jederzeit abänderlicher Ausspruch über die Notwendigkeit einer bestimmten Beweiserhebung. Er sollte vernünftigerweise möglichst umfassend sein. Wenn sich nach der Erledigung eines Teils des Beweisbeschlusses herausstellt, daß die restlich beschlossenen Maßnahmen überflüssig sind, dann kann das Gericht diesen Teil des Beweisbeschlusses unerledigt lassen. Eine hilfsweise Beweisanordnung ist bedenklich, außerdem wegen § 360 entbehrlich. Beim Erlaß des Beschlusses muß sich das Gericht über die Erheblichkeit des Beweispunktes und über die Beweislast klar sein; zwecklose Beweiserhebungen wirken verschleppend und beweisen eine Hilflosigkeit des Gerichts. Dazu muß aber das Parteivorbringen, ein günstiges Beweisergebnis vorausgesetzt, ein lückenloses Bild des Streitstoffs ergeben. Trifft dies zu, dann ist die Sache für die Beweiserhebung unter Umständen noch nicht reif; das Gericht hat sie evtl durch eingehende Erörterungen mit den Parteien vorzubereiten, §§ 139, 278 III. Wegen der Änderung des Beweisbeschlusses vgl § 360. Der

## §§ 359, 360
2. Buch. 1. Abschnitt. Verfahren vor den LGen

Beweisbeschluß bedarf keiner Begründung, § 329 Rn 7. Er ist zu verkünden; im Fall des § 358a sowie im schriftlichen Verfahren nach § 128 II und III ist er nach § 329 II mitzuteilen.

**5**  5) **Inhalt des Beweisbeschlusses, Z 1–3.** Er wird oft zu ungenau gefaßt.

**A. Grundsatz: Wesentlichkeit jedes Erfordernisses, Z 1–3.** Die Erfordernisse des § 359 sind wesentlich. Soweit das Prozeßgericht sie nicht beachtet hat, darf der ersuchte Richter die Erledigung des Beweisersuchens ablehnen, § 158 GVG.

**6**  **B. Beweisthema, Z 1.** Der Beweisbeschluß muß eine Bezeichnung der Beweispunkte (des Beweisthemas) in so bestimmter Fassung enthalten, daß für die Parteien, aber auch zB für den Zeugen deutlich wird, welche Aufklärung das Gericht braucht und wie die Beteiligten sich demgemäß vorbereiten müssen, zB nach § 378, BAG NJW **91**, 1252, Ffm RR **95**, 637, Oldb JB **92**, 1541. Der verordnete Richter, §§ 361, 362, soll sich nicht alles erst aus der Akte zusammensuchen müssen, BAG NJW **91**, 1252, Ffm RR **95**, 637. Die Fassung kann in diesem Rahmen knapp sein. „Über den Unfallhergang vom..." kann genügen, Düss OLGZ **74**, 492, Ffm RR **95**, 637, Reinecke MDR **90**, 1063 meint, eine zu präzise Formulierung berge eine Suggestionsgefahr. Eine Verweisung auf Schriftsätze und Protokolle genügt nur ausnahmsweise und nur, wenn dort bestimmte Stellen angezogen werden. Zur Formulierung in EDV-Sachen Bergmann/Streitz NJW **92**, 1726.

**7**  **C. Beweismittel, Z 2.** Der Beweisbeschluß muß ferner die Bezeichnung der Beweismittel enthalten. Zeugen, Sachverständige, zu vernehmende Parteien sind nach Namen, Stand und vollständiger ladungsfähiger Anschrift zu bezeichnen. Es muß erkennbar sein, ob die Beweisperson als sachverständiger Zeuge oder als Sachverständiger auftreten soll. Für den Sachverständigen gelten Ausnahmen, §§ 372 II, 405.

**8**  **D. Beweisführer, Z 3.** Der Beweisbeschluß muß schließlich die Bezeichnung des Beweisführers enthalten. Wer behauptet hat oder wer beweispflichtig ist, das ist hier unerheblich, anders als bei der Prüfung der Notwendigkeit einer Beweiserhebung, Rn 1. Z 3 ist wichtig für den Fall, daß auf ein Beweismittel verzichtet wird, § 399.

**9**  **E. Weitere Einzelheiten, Z 1–3.** Anzugeben sind ferner die Art der Beweiserhebung sowie die Höhe des etwaigen Auslagenvorschusses und eine klare Angabe, ob und inwieweit zB eine Ladung von seiner Einzahlung oder von der Nachreichung einer fehlenden Anschrift abhängig ist, §§ 356, 379, 402. Wenn der verordnete Richter den Beschluß durchführen soll, dann empfiehlt sich weiter, den Grund der Übertragung auf ihn anzugeben, § 375 Rn 5. Der sonstige Inhalt, zB die Terminsbestimmung oder eine Auflage, zählt nicht zum Beweisbeschluß.

**10**  6) **Rechtsbehelf, Z 1–3.** Der Beweisbeschluß und seine Unterlassung sind grundsätzlich nur zusammen mit dem Endurteil anfechtbar, § 355 II. Ausnahmen können gelten, soweit das Gericht das Verfahren praktisch aussetzt, § 252 Rn 3, § 372a Rn 25. Soweit das ersuchte Richter die Durchführung ablehnt, kann das ersuchende Gericht Beschwerde und evtl weitere Beschwerde einlegen, § 159 GVG Rn 3, 4, BAG NJW **91**, 1252.

**11**  7) *VwGO: Entsprechend anzuwenden, § 98 VwGO,* hinsichtlich Z 1 u 2, BVerwG NJW **84**, 2645, VGH Mannh Just **98**, 89 (Sachverständiger), und zwar für jeden Beweisbeschluß (aus § 96 II VwGO folgt keine Beschränkung der Z 1 auf die Beweisaufnahme durch den ersuchten Richter, aM RedOe § 98 Anm 2); Z 1 ist genügt, wenn der Beschluß die Richtung erkennen läßt, in der eine Aufklärung für nötig gehalten wird, BVerwG LS DÖV **88**, 611 (Melullis MDR **89**, 1062). Die Beachtung von Z 3 ist nur zweckmäßig, nicht aber wesentlich, weil es nach § 86 I VwGO auf den Beweisführer nicht ankommt, Einf § 284 Rn 36 (§ 399 ZPO ist unanwendbar).

## 360  *Änderung des Beweisbeschlusses.*
¹Vor der Erledigung des Beweisbeschlusses kann keine Partei dessen Änderung auf Grund der früheren Verhandlungen verlangen. ²Das Gericht kann jedoch auf Antrag einer Partei oder von Amts wegen den Beweisbeschluß auch ohne erneute mündliche Verhandlung insoweit ändern, als der Gegner zustimmt oder es sich nur um die Berichtigung oder Ergänzung der im Beschluß angegebenen Beweistatsachen oder um die Vernehmung anderer als der im Beschluß angegebenen Zeugen oder Sachverständigen handelt. ³Die gleiche Befugnis hat der beauftragte oder ersuchte Richter. ⁴Die Parteien sind tunlichst vorher zu hören und in jedem Falle von der Änderung unverzüglich zu benachrichtigen.

**1**  1) **Systematik, S 1–4.** Die Vorschrift ergänzt §§ 358–360. Sie wird ihrerseits durch § 286 ergänzt. Das Gericht kann und muß von einer (weiteren) Durchführung seines Beweisbeschlusses auch ohne dessen förmliche Änderung absehen, soweit es keine Beweisbedürftigkeit bzw Entscheidungserheblichkeit mehr sieht. Auch im Fall des § 399 (Verzicht der Partei auf Zeugen) erübrigt sich das Verfahren nach § 360.

**2**  2) **Regelungszweck, S 1–4.** Die Vorschrift dient der Rechtssicherheit, Einl III 43, und der Wahrung des rechtlichen Gehörs, Art 103 I GG.

**3**  3) **Geltungsbereich, S 1–4.** Vgl Üb 3 vor § 355.

**4**  4) **Aufhebung, S 1–4.** Das Gericht kann seinen Beweisbeschluß als eine prozeßleitende Verfügung jederzeit von Amts wegen aufheben, etwa weil sich dessen Unerheblichkeit herausgestellt hat oder weil das Gericht auf Grund einer neuen Überlegung zB jetzt gemäß § 287 schätzen will, LG Hbg MDR **73**, 942. Letzteres ist allerdings nur dann zulässig, wenn die Schätzung ohne Kosten stattfinden kann, denn sonst läge eine Änderung vor, weil doch wieder eine Beweisaufnahme notwendig würde. Die Aufhebung kann auch stillschweigend geschehen, etwa durch eine Vertagung zum Zweck der Verkündung eines Urteils, § 311 IV. Daran ändert § 360 nichts. Das alles gilt auch im selbständigen Beweisverfahren, § 490 Rn 6. Wegen §§ 139, 278 III ist es aber evtl notwendig, den Parteien Gelegenheit zur Stellungnahme und zu weiteren Anträgen zu geben. Sonst droht Zurückverweisung, § 539, Köln MDR **72**, 520. Allerdings kann die Partei

### 5. Titel. Allgemeine Beweisaufnahmevorschriften §§ 360, 361

das Gericht nicht schon durch einen Antrag auf eine kommissarische Vernehmung, §§ 361, 362, zu einer Entscheidung nach § 360 zwingen, insofern unklar BVerfG **69**, 256. § 360 betrifft nur eine Änderung des Beweisbeschlusses, also seine Erfüllung mit einem anderen Inhalt.

**5) Änderung von Amts wegen nach neuer Verhandlung, S 1–4.** Von Amts wegen darf das Gericht **5** seinen Beweisbeschluß nach einer neuen mündlichen Verhandlung unbeschränkt ändern, etwa wegen der inzwischen eingetretenen Entscheidungsunerheblichkeit des Beweisthemas.

**6) Änderung von Amts wegen vor neuer Verhandlung, S 1–4.** In dieser Situation darf das Gericht **6** den Beweisbeschluß nur in einem der folgenden Fälle ändern.

**A. Zustimmung des Gegners.** Die Änderung ist zulässig, wenn der Gegner des Beweisführers zustimmt. Das gilt auch, soweit es um eine Einbeziehung neuer Tatsachen und um die Vernehmung weiterer Zeugen usw geht. Das Gericht muß bei einer beabsichtigten Änderung von Amts wegen die Zustimmung beider Parteien einholen. Die Zustimmung muß schriftlich erfolgen. Sie ist eine unwiderrufliche Prozeßhandlung. Sie muß den Inhalt der Änderung decken. Bei § 399 (Verzicht des Beweisführers auf seinen Zeugen) kommt es darauf an, ob der Prozeßgegner verlangt, den erschienenen Zeugen zu vernehmen usw.

**B. Berichtigung, Ergänzung.** Die Änderung ist ferner zulässig, und zwar auch ohne eine Zustimmung, **7** soweit das Gericht den bisherigen Beweisbeschluß lediglich berichtigen bzw die Beweistatsachen ergänzen will. Berichtigen bedeutet: in Einklang bringen entweder mit dem mangelhaft ausgedrückten wahren Willen des Gerichts oder mit dem mangelhaft gewürdigten Parteivortrag, § 256 Rn 24. Die Grenze zwischen bloßer Berichtigung und einer Neuentscheidung ist so zu ziehen, daß die Änderung nicht das Beweisthema gänzlich ändern darf. Denn eine bloße Berichtigung von Schreibfehlern und dergleichen wäre schon nach § 319 zulässig, § 329 Rn 19 „§ 319". Die Berichtigung kann auch die Art der Ausführung betreffen. Die Ergänzung darf neue Beweispunkte zufügen, soweit sie mit den alten im Zusammenhang stehen. Sie darf zB nicht die Beweiserhebung auf einen anderen Klagegrund ausdehnen.

**C. Ersetzung von Zeugen usw.** Die Änderung ist auch zulässig, wenn das Gericht die im Beweisbe- **8** schluß angegebenen Zeugen und Sachverständigen durch andere ersetzen oder nur noch einige der bisher angegebenen Zeugen hören will. Der Beweispunkt muß derselbe bleiben. Dagegen ist die Vernehmung eines oder mehrerer erst nachträglich benannter zusätzlicher Zeugen usw vor der Erledigung des Beweisbeschlusses nur mit Zustimmung des Gegners zulässig. Das wird oft übersehen, ergibt sich aber schon aus dem eindeutigen Wortlaut von S 2 Hs 2: Er läßt nur „andere", nicht „weitere" Zeugen zu. Freilich darf und sollte das Gericht bei Benennung weiterer Zeugen den Gegner fragen, ob er zustimmt, vor allem vor Aktenversendung an ein auswärtiges Gericht, damit es die zusätzlichen auswärtigen Zeugen evtl sogleich mitladen kann. Wegen § 399 vgl Rn 3.

**7) Änderung nach § 358 a, S 1–4.** Die Änderung ist außerdem im Falle des § 358 a zulässig, dort Rn 4. **9**

**8) Änderung auf Antrag, S 1–4.** Auf Antrag braucht das Gericht nicht zu ändern, auch nicht im **10** Einverständnis des Gegners. Vor der Erledigung des bisherigen Beweisbeschlusses ist ein Antrag auf eine Änderung nur auf Grund neuen Vorbringens statthaft. Freilich darf die Partei eine Verletzung von Verfahrensvorschriften rügen, zB über die Zulässigkeit des Beweisbeschlusses.

**9) Verfahren, S 1–4.** Es verläuft oft fast zu großzügig. **11**

**A. Zuständigkeit.** Zur Änderung ist das Prozeßgericht zuständig. Die Befugnis steht auch dem Einzelrichter, § 348, und dem verordneten Richter zu, §§ 361, 362. Aber diese müssen zurückhaltend verfahren. Denn sie dürfen das Prozeßgericht nicht binden. § 360 will Weiterungen vermeiden, die durch die starre Bindung des verordneten Richters an den Beschluß erwachsen können. Deshalb darf der ersuchte Richter statt des angegebenen Zeugen einen anderen vernehmen, wenn sich herausstellt, daß dieser und nicht der angegebene Zeuge Bescheid weiß.

**B. Anhörung.** Die Parteien sind vor der Entscheidung in jedem Fall wenn möglich mündlich oder **12** schriftlich zu hören, BGH NJW **85**, 1400. Untunlich ist ihre Anhörung zB, wenn die Zeit es nicht erlaubt, wenn etwa ein Zeuge schleunigst verreisen muß. In jedem Fall muß das Gericht die Parteien von der Änderung unverzüglich unterrichten, dh sobald es nach dem ordnungsgemäßen Geschäftsgang möglich ist. Außerdem müssen die Parteien zum Ergebnis Stellung nehmen können, § 285, BGH NJW **85**, 1400. Die Anhörung erfolgt formlos. Ein Mangel der Anhörung oder der Benachrichtigung ist heilbar, § 295.

**C. Rechtsmittel.** Der Beschluß ist grundsätzlich unanfechtbar, weil er mit dem Beweisbeschluß eine **13** Einheit bildet, § 359 Rn 4. Das gilt auch dann, wenn das Gericht einen Änderungsantrag ablehnt. Eine unzulässige Änderung ist nur zusammen mit dem Endurteil anfechtbar. Wegen ausnahmsweiser Rechtsmittel § 359 Rn 10.

**10) VwGO:** Entsprechend anzuwenden, § 98 VwGO, jedoch kommt es auf Zustimmung, S 2, nicht an, weil **14** § 96 II VwGO einen Beweisbeschluß ohne mündliche Verhandlung gestattet (aM RedOe § 96 Anm 6). Eine Änderung durch das Prozeßgericht ist daher (nach Anhörung der Beteiligten) jederzeit vAw zulässig, vgl BVerwG NJW **84**, 2647 mwN, ebenso durch den Einzelrichter, § 6 VwGO, oder den verordneten Richter, S 3, im Rahmen des § 96 II VwGO, oben Rn 11, aM Kopp § 98 Rn 1 (unanwendbar).

## 361

**Beauftragter Richter.** ¹ Soll die Beweisaufnahme durch ein Mitglied des Prozeßgerichts erfolgen, so wird bei der Verkündung des Beweisbeschlusses durch den Vorsitzenden der beauftragte Richter bezeichnet und der Termin zur Beweisaufnahme bestimmt.

II Ist die Terminsbestimmung unterblieben, so erfolgt sie durch den beauftragten Richter; wird er verhindert, den Auftrag zu vollziehen, so ernennt der Vorsitzende ein anderes Mitglied.

## §§ 361, 362

**1** **1) Systematik, I, II.** Die Vorschrift regelt die Durchführung einer Beweisaufnahme vor einem Mitglied des *Prozeß*gerichts, während § 362 diejenige vor dem Mitglied eines *anderen* Gerichts regelt. § 434 gilt ergänzend.

**2** **2) Regelungszweck, I, II.** Auch und gerade dann, wenn die Beweisaufnahme auch nur teilweise nicht vor dem vollbesetzten Prozeßgericht (zu dem auch der Einzelrichter der §§ 348, 349, 524 zählt) erfolgen soll, erfordert die Rechtssicherheit, Einl III 43, eine Klarstellung, wer nun für diesen Abschnitt vorübergehend der gesetzliche Richter im Sinn von Art 101 I 2 GG (neben dem Prozeßgericht) sein soll.

**3** **3) Geltungsbereich, I, II.** Vgl Üb 3 vor § 355.

**4** **4) Maßnahmen des Vorsitzenden, I.** Der beauftragte Richter, Begriff Einl III 72, darf nur ausnahmsweise tätig sein, § 355 Rn 6, also zB nicht zwecks Sühneversuchs nach § 279, dort Rn 4. Soll er die Beweisaufnahme vornehmen, so wählt ihn der Vorsitzende nach pflichtgemäßem Ermessen aus und bezeichnet ihn bei der Verkündung des Beweisbeschlusses namentlich. Etwas anderes würde eine gegen Art 101 I 2 GG verstoßende Auswechslung ermöglichen. Beschließt das Gericht nachträglich eine Erledigung durch ihn, so ist er beim Änderungsbeschluß, § 360, zu bezeichnen. Fällt er weg, so tritt sein Vertreter oder sein Nachfolger im Amt ohne weiteres an seine Stelle, soweit der Vorsitzende nichts anderes bestimmt. Anwaltszwang besteht nicht, § 78 III.

**5** **5) Maßnahmen des beauftragten Richters, I, II.** Den Termin bestimmt der beauftragte Richter, ThP, aM Schneider DRiZ 77, 14 (dieser bestimme ihn nur hilfsweise; man muß aber I mit einer Zäsur hinter, nicht vor den Worten „durch den Vorsitzenden" lesen). Der Termin wird entweder in der Sitzung bestimmt, dann verkündet ihn der Vorsitzende, oder später, dann ist er den Parteien von Amts wegen bekanntzugeben, und zwar immer ihren ProzBev, § 357 II. Die Ladungsfrist, § 217 (sie gilt für alle Terminsarten im Sinn von Üb 1 vor § 214) ist einzuhalten, Köln MDR **73**, 856, Teplitzky NJW **73**, 1675, ZöGre 1, aM ThP 1. Es besteht kein Anwaltszwang, § 78 III. Der beauftragte Richter hat im Rahmen des Auftrags die Befugnisse und Pflichten des Gerichts und des Vorsitzenden, § 229, und daher auch die Sitzungsgewalt, §§ 176 ff GVG. Daher darf er auch § 379 anwenden, aM ZöGre 2. Zum Güteversuch § 279 Rn 4. Wenn der beauftragte Richter im Beweistermin vertagt, dann verkündet er den neuen Termin.

**6** **6) Rechtsbehelf, I, II.** Es ist zunächst das Prozeßgericht anzurufen, § 576. Zum weiteren Verfahren dort Rn 5.

**7** **7) VwGO:** Entsprechend anzuwenden, § 98 VwGO, da eine Beweisaufnahme durch den beauftragten Richter zulässig ist, § 96 II VwGO, dazu BVerwG NJW **94**, 1975 mwN.

---

**362** *Ersuchter Richter.* ¹ Soll die Beweisaufnahme durch ein anderes Gericht erfolgen, so ist das Ersuchungsschreiben von dem Vorsitzenden zu erlassen.

II Die auf die Beweisaufnahme sich beziehenden Verhandlungen übersendet der ersuchte Richter der Geschäftsstelle des Prozeßgerichts in Urschrift; die Geschäftsstelle benachrichtigt die Parteien von dem Eingang.

**Schrifttum:** *Nagel,* Nationale und internationale Rechtshilfe im Zivilprozeß, 1971.

**1** **1) Systematik, Regelungszweck, I, II.** Es gelten die Regeln § 361 Rn 1, 2 entsprechend.

**2** **2) Geltungsbereich, I, II.** Vgl Üb 3 vor § 355.

**3** **3) Ersuchen, I.** Soll ein anderes Gericht die Beweisaufnahme vornehmen (ersuchter Richter), § 355 Rn 6, so ist zunächst ein entsprechender Beschluß des Prozeßgerichts notwendig. § 362 regelt nur die Durchführung dieses Beschlusses. Zu ihrem Zweck erläßt der Vorsitzende oder der Einzelrichter, § 348, ein Ersuchen. Das andere Gericht kann hier nur ein inländisches sein, §§ 156 ff GVG (Rechtshilfe), andernfalls ist § 363 nebst Anhang beachtlich. Das Ersuchen erfolgt durch eine prozeßleitende Verfügung; ihre Bezeichnung als Beschluß ist unschädlich. Sie ist klar und ausführlich genug zu fassen, so daß keine Weiterungen durch eine mangelhafte Erledigung zu befürchten sind. Der ersuchte Richter ist nicht darauf zu verweisen, sich die Beweisfragen aus langatmigen Parteischriftsätzen herauszuschälen, § 359 Rn 6. Der Vorsitzende entscheidet unter Beachtung dieser Grundsätze nach pflichtgemäßem Ermessen darüber, ob dem ersuchten Richter die Gerichtsakten oder nur ein Auszug zu übersenden sind.

Der ersuchte Richter bestimmt den *Termin,* § 216, und benachrichtigt die Parteien von Amts wegen gemäß § 357 II, dort Rn 6. Über die Ablehnung des Ersuchens vgl bei § 158 GVG. Es herrscht kein Anwaltszwang, § 78 III. Der ersuchte Richter ist an das Beweisthema gebunden, kann den Beweisbeschluß aber im übrigen gemäß § 360 ändern, §§ 229, 365, 400 ZPO, 180 GVG.

**4** **4) Übersendung der Beweisverhandlungen, II.** Der ersuchte Richter hat sie in Urschrift der Geschäftsstelle des Prozeßgerichts zu übersenden. Erst diese benachrichtigt unverzüglich die Parteien formlos vom Eingang. § 299 sieht keine Pflicht der Geschäftsstelle vor, den Parteien das Beweisaufnahmeprotokoll auch von Amts wegen zu übersenden; schon wegen Art 103 I GG ist diese Maßnahme aber unentbehrlich und im übrigen auch allein praktisch und im Rahmen von KV 9000 Z 2 d auslagenfrei. Wegen des Verhandlungstermins § 370 II.

**5** **5) Rechtsbehelfe, I, II.** Gegen den Übertragungsbeschluß: § 355 Rn 8. Gegen das Ersuchen des Vorsitzenden: keiner. Gegen eine Entscheidung des verordneten Richters: Beschwerde gegen die Gebührenfestsetzung unter den Voraussetzungen der §§ 401 ZPO, 16 II ZSEG, ferner Beschwerde gegen ein Ordnungsmittel nach § 181 GVG, § 576 Rn 3, im übrigen Erinnerung an das Prozeßgericht, § 576 Rn 3. Gegen dessen Entscheidung ist die einfache Beschwerde statthaft, § 576 Rn 5. Soweit das LG als Berufungs-

oder Beschwerdegericht entschieden hat, ist die Beschwerde unzulässig, § 567 III 1, ebenso, soweit das OLG entschieden hat, § 567 IV 1.

**6) VwGO:** *Entsprechend anzuwenden, § 98 VwGO, da eine Beweisaufnahme durch den ersuchten Richter zulässig ist, § 96 II VwGO.* **6**

## 363 Beweisaufnahme im Ausland. Ersuchen. [I] Soll die Beweisaufnahme im Ausland erfolgen, so hat der Vorsitzende die zuständige Behörde um Aufnahme des Beweises zu ersuchen.
[II] Kann die Beweisaufnahme durch einen Bundeskonsul erfolgen, so ist das Ersuchen an diesen zu richten.

**Schrifttum:** *Coester-Waltjen*, Internationales Beweisrecht, 1983; *Geimer*, Internationale Beweisaufnahme, 1998 (Bespr Junker NJW **99**, 2426); *Gottwald*, Grenzen zivilgerichtlicher Maßnahmen mit Auslandswirkung, Festschrift für *Habscheid* (1989) 131; *Linke*, Internationales Zivilprozeßrecht, 2. Aufl 1995, § 8; *Nagel*, Nationale und internationale Rechtshilfe im Zivilprozeß, 1971; *Schlemmer*, Internationaler Rechtshilfeverkehr, 1970, *Schlosser*, Exterritoriale Rechtsdurchsetzung im Zivilprozeß, in: Festschrift für *Lorenz*, 1991; *Schlosser*, EuGVÜ (Komm), 1996.

**1) Systematik, I, II.** Die Vorschrift leitet die Durchführung eines Beweisbeschlusses, weder durch den **1** Beauftragten noch durch den ersuchten deutschen Richter, §§ 361, 362, sondern durch eine deutsche oder ausländische Stelle, aber eben im Ausland, ein.

**2) Regelungszweck, I, II.** Die deutsche Gerichtsbarkeit macht an den Grenzen Deutschlands halt, Mü **2** RR **96**, 60. Wegen Polen Bek v 28. 8. 96, BGBl II 2494. Ein deutsches Gericht kann zwar Zeugen, Sachverständige und Parteien aus dem Ausland im Inland vorladen. Das ist aber meist zwecklos, weil das deutsche Gericht das Erscheinen aus dem Ausland nicht erzwingen kann, Hamm RR **88**, 703, Mü RR **96**, 60, Jessnitzer Rpfleger **75**, 345. Im Ausland darf ein deutsches Gericht nur mit Genehmigung der deutschen und der fremden Regierung tätig werden, BGH NJW **84**, 2039, Celle RR **94**, 830.
Eine *bloß schriftliche Anhörung* ausländischer Zeugen und Sachverständiger, § 377 III, § 411, vgl LG Aachen RR **93**, 1407, ist als solches Beweismittel nur dann statthaft, wenn das Ausland eine durch Strafe gesicherte eidesstattliche Versicherung kennt, und hat schon wegen der ausländischen Staatshoheit ihre Grenzen, vgl § 39 I ZRHO, BGH NJW **84**, 2039, Hamm RR **88**, 703 (derzeit nicht betr Polen). Regelmäßig ist ein Ersuchen notwendig. BGH NJW **80**, 1849 läßt die Zulässigkeit einer Beweisaufnahme im Ausland statt der mündlichen Verhandlung offen. Natürlich ist die Vertretung einer derartigen schriftlichen Stellungnahme als Urkunde nach §§ 415 ff, 286 statthaft; soweit die Partei auf einer Vernehmung usw besteht, muß das Gericht dann prüfen, ob es diese nun zusätzliche Beweisaufnahme entbehren kann, § 286 Rn 27.

**3) Geltungsbereich, I, II.** Vgl Üb 3 vor § 355. **3**

**4) Parteiantrag, I, II.** Der Antrag der Partei auf die Ladung der Beweisperson im Ausland erfordert *keine* **4** *genauere inhaltliche Bestimmung* der zu stellenden Fragen; es genügt die Angabe der allgemeinen Richtung der beabsichtigten Fragen, BGH MDR **81**, 1014. Beweismittel und Beweiswürdigung sind nach der ZPO zu beurteilen, Düss RR **93**, 1348. Auch wenn die Befragung des Zeugen im Ausland unmöglich oder sinnlos geworden ist, zB wegen Zeitablaufs seit dem Ersuchen, LG Aachen RR **93**, 1407, dann kann das Gericht eine etwaige schriftliche Äußerung des Zeugen oder des Sachverständigen urkundenbeweislich verwerten, BGH NJW **84**, 2039. Hat die Partei auf eine Benachrichtigung vom Auslandstermin nicht verzichtet und ist sie nicht benachrichtigt worden, so darf das Ergebnis der Beweisaufnahme nicht verwertet werden, wenn die Belange der nicht benachrichtigten Partei im Hinblick auf ihr Recht, den Beweispersonen Fragen und Vorhaltungen zu machen, nicht beeinträchtigt wurden, BGH **33**, 64. Die Gestellung von Zeugen und Sachverständigen aus dem Ausland darf das Gericht keiner Partei auferlegen. Freiwillig darf die Partei natürlich derart verfahren. Wegen des Haager Übereinkommens betr Beweisaufnahmen im Ausland vgl Anh § 363.
Soweit keine der aufgezählten Möglichkeiten in Betracht kommt, muß man die Partei als *beweisfällig* beurteilen, Hamm RR **88**, 703.

**5) Ersuchen des Vorsitzenden, I, II.** Der Vorsitzende oder der Einzelrichter erläßt ein Ersuchen um **5** eine Beweisaufnahme an die zuständige Behörde, und zwar wenn irgend möglich an den deutschen Konsul, der auch selbst Vernehmungen durchführen und Eide abnehmen kann, § 15 KonsG v 11. 9. 1974, BGBl 2317. Wegen der ZRHO Anh I § 168 GVG Grdz 2. Soweit letzteres nicht geschieht, darf das Gericht die Anwendung der deutschen Vorschriften über die Beweisaufnahme nicht verlangen. Für die Benachrichtigung vom Eingang der Beweisverhandlungen und für die Terminsbestimmung gilt § 362 Rn 4 entspr.

**6) VwGO:** Entsprechend anwendbar, § 98 VwGO, BVerwG NJW **84**, 574. Vielfach wird nur ein Ersuchen an **6** einen Bundeskonsul in Frage kommen, weil ausländische Behörden meist Rechtshilfe nur in bürgerlichen Rechtsstreitigkeiten leisten. Etwas anderes gilt ab 1. 1. 83 (Bek v 29. 11. 82, BGBl II 1052) im Geltungsbereich des EuÜbk v 15. 3. 78, BGBl 81 II 550 (mit ZustmG v 20. 7. 81, BGBl II 533, u AusfG v 20. 7. 81, BGBl 665), vgl dessen Art 19 ff u dazu Jellinek NVwZ **82**, 539 (Vertragstaaten: Belgien, Italien, Luxemburg, Portugal); im Verhältnis zu Österreich ist der am 1. 10. 90 in Kraft getretene Vertrag v 31. 5. 88, BGBl 90 II 357, maßgeblich.
Für Ersuchen ans Ausland, oben Rn 4, können ü die RechtshilfeAbk, Einl IV, und die ZRHO, Grdz Anh § 168 GVG, entsprechend angewendet werden, BVerwG NJW **84**, 574, VerwRspr **29**, 891, nicht dagegen unmittelbar das nur für Zivil- und Handelssachen geltende Haager BewAufnÜbk v 18. 3. 70, Anhang I § 363, aM Ey § 98 Rn 3.

# § 363 Anh I

2. Buch. 1. Abschnitt. Verfahren vor den LGen

## Anhang nach § 363

### I. Haager Übereinkommen über die Beweisaufnahme im Ausland in Zivil- oder Handelssachen

vom 18. 3. 1970, BGBl 77 II 1472

#### Kapitel I. Rechtshilfeersuchen

**Schrifttum:** *Blaschzok;* Das Haager Übereinkommen usw, Diss Hbg 1986; *Geimer,* Internationale Beweisaufnahme, 1998; *Heidenberger,* US-Supreme-Court wird über die Anwendung des Haager Beweisübereinkommens entscheiden, RIW **86**, 498; *Junker,* Der deutsch-amerikanische Rechtshilfeverkehr in Zivilsachen – Zustellungen und Beweisaufnahme, JZ **89**, 121; *Pfeil/Kammerer,* Deutsch-amerikanischer Rechtshilfeverkehr in Zivilsachen. Die Anwendung des Haager Übereinkommens über ... Beweisaufnahmen im Ausland, 1987; *Schlosser,* EuGVÜ usw, 1996; *Trittmann,* Anwendungsprobleme des Haager Beweisübereinkommens im Rechtshilfeverkehr zwischen der Bundesrepublik und den Vereinigten Staaten von Amerika, 1989.

**Übk Art 1.** ¹ In Zivil- oder Handelssachen kann die gerichtliche Behörde eines Vertragsstaats nach seinen innerstaatlichen Rechtsvorschriften die zuständige Behörde eines anderen Vertragsstaats ersuchen, eine Beweisaufnahme oder eine andere gerichtliche Handlung vorzunehmen.

II Um die Aufnahme von Beweisen, die nicht zur Verwendung in einem bereits anhängigen oder künftigen gerichtlichen Verfahren bestimmt sind, darf nicht ersucht werden.

III Der Ausdruck „andere gerichtliche Handlung" umfaßt weder die Zustellung gerichtlicher Schriftstücke noch Maßnahmen der Sicherung oder der Vollstreckung.

1 **Bem.** Wegen des Geltungsbereichs Einl IV 4, 15. Zur grundsätzlichen Bedeutung des Übk vgl Supreme Court of the United States JZ **87**, 984 (Anm Stürner), dazu Veltins DB **87**, 2396; wegen der Schweiz Bek v 6. 6. 95, BGBl II 532.

**Übk Art 2.** ¹ ¹Jeder Vertragsstaat bestimmt eine Zentrale Behörde, die von einer gerichtlichen Behörde eines anderen Vertragsstaats ausgehende Rechtshilfeersuchen entgegennimmt und sie der zuständigen Behörde zur Erledigung zuleitet. ²Jeder Staat richtet die Zentrale Behörde nach Maßgabe seines Rechts ein.

II Rechtshilfeersuchen werden der Zentralen Behörde des ersuchten Staates ohne Beteiligung einer weiteren Behörde dieses Staates übermittelt.

1 **Bem.** In Deutschland sind folgende Stellen als Zentrale Behörden bestimmt worden, Bek v 23. 12. 94, BGBl **95** II 77:
**Baden Württemberg:** Justizministerium Baden-Württemberg, Schillerplatz 4, 70173 Stuttgart
**Bayern:** Präsident des Oberlandesgerichts München, Prielmayerstraße 5, 80097 München
**Berlin:** Senatsverwaltung für Justiz von Berlin, Salzburger Str. 21–25, 10825 Berlin
**Brandenburg:** Ministerium der Justiz des Landes Brandenburg, Heinrich-Mann-Allee 107, 14460 Potsdam
**Bremen:** Der Präsident des Landgerichts, Domsheide 16, 28195 Bremen
**Hamburg:** Präsident des Amtsgerichts Hamburg, Sievekingplatz 1, 20355 Hamburg
**Hessen:** Hessisches Ministerium der Justiz, Luisenstraße 13, 65185 Wiesbaden
**Mecklenburg-Vorpommern:** Ministerium für Justiz, Bundes- und Europaangelegenheiten des Landes Mecklenburg-Vorpommern, Demmlerplatz 14, 19503 Schwerin
**Niedersachsen:** Niedersächsisches Justizministerium, Am Waterlooplatz 1, 30169 Hannover
**Nordrhein-Westfalen:** Präsident des Oberlandesgerichts Düsseldorf, Cecilienallee 3, 40474 Düsseldorf
**Rheinland-Pfalz:** Ministerium der Justiz, Ernst-Ludwig-Straße 3, 55116 Mainz
**Saarland:** Ministerium der Justiz, Zähringerstraße 12, 66119 Saarbrücken
**Sachsen:** Sächsisches Staatsministerium der Justiz, Archivstraße 1, 01097 Dresden
**Sachsen-Anhalt:** Ministerium der Justiz des Landes Sachsen-Anhalt, Wilhelm-Höpfner-Ring 6, 39116 Magdeburg
**Schleswig-Holstein:** Der Justizminister des Landes Schleswig-Holstein, Lorentzendamm 35, 24103 Kiel
**Thüringen:** Thüringer Justizministerium, Alfred-Hess-Str. 8, 99094 Erfurt.

2 Im übrigen vgl wegen Israel Bek v 5. 6. 81, BGBl II 374; wegen Singapur Bek v 21. 10. 81, BGBl II 962; wegen Finnland Bek v 5. 7. 82, BGBl II 682; wegen Barbados, Italien Bek v 9. 11. 82, BGBl II 998; wegen Zypern Bek v 12. 6. 84, BGBl II 567, und v 13. 9. 84, BGBl II 919; wegen Aruba, Monaco Bek v 3. 12. 86, BGBl II 1135; wegen Spanien Bek v 23. 9. 87, BGBl II 615; wegen Mexiko Bek v 26. 3. 90, BGBl II 298; wegen Nordrhein-Westfalen Bek v 25. 11. 91, BGBl II 1396; wegen Deutschland Bek v 11. 3. 93, BGBl II 739; wegen Australien Bek v 23. 9. 93, BGBl II 2398; wegen Spanien Bek v. 23. 12. 94, BGBl **95** II 77; wegen der Schweiz Bek v 6. 6. 95, BGBl II 532; wegen Lettland, Venezuela Bek v 11. 95, BGBl **96** II 16; wegen Slowakei Bek v 28. 8. 96, BGBl II 2494; wegen Polen Bek v 9. 12. 96, BGBl **97** II 161; wegen China Bek v 1. 7. 98, BGBl II 1729; wegen Spanien Bek v 11. 8. 99, BGBl II 788.

**Übk Art 3.** ¹ Ein Rechtshilfeersuchen enthält folgende Angaben:
a) die ersuchende und, soweit bekannt, die ersuchte Behörde;
b) den Namen und die Anschrift der Parteien und gegebenenfalls ihrer Vertreter;

5. Titel. Allgemeine Beweisaufnahmevorschriften  § 363 Anh I

c) die Art und den Gegenstand der Rechtssache sowie eine gedrängte Darstellung des Sachverhalts;
d) die Beweisaufnahme oder die andere gerichtliche Handlung, die vorgenommen werden soll.

Das Rechtshilfeersuchen enthält außerdem je nach Sachlage
e) den Namen und die Anschrift der zu vernehmenden Personen;
f) die Fragen, welche an die zu vernehmenden Personen gerichtet werden sollen, oder die Tatsachen, über die sie vernommen werden sollen;
g) die Urkunden oder die anderen Gegenstände, die geprüft werden sollen;
h) den Antrag, die Vernehmung unter Eid oder Bekräftigung durchzuführen, und gegebenenfalls die dabei zu verwendende Formel;
i) den Antrag, eine besondere Form nach Artikel 9 einzuhalten.

II In das Rechtshilfeersuchen werden gegebenenfalls auch die für die Anwendung des Artikels 11 erforderlichen Erläuterungen aufgenommen.

III Eine Legalisation oder eine ähnliche Förmlichkeit darf nicht verlangt werden.

*Übk Art 4.* I Das Rechtshilfeersuchen muß in der Sprache der ersuchten Behörde abgefaßt oder von einer Übersetzung in diese Sprache begleitet sein.

II Jeder Vertragsstaat muß jedoch, sofern er nicht den Vorbehalt nach Artikel 33 gemacht hat, ein Rechtshilfeersuchen entgegennehmen, das in französischer oder englischer Sprache abgefaßt oder von einer Übersetzung in eine dieser Sprachen begleitet ist.

III ¹Ein Vertragsstaat mit mehreren Amtssprachen, der aus Gründen seines innerstaatlichen Rechts Rechtshilfeersuchen nicht für sein gesamtes Hoheitsgebiet in einer dieser Sprachen entgegennehmen kann, muß durch eine Erklärung die Sprache bekanntgeben, in der ein Rechtshilfeersuchen abgefaßt oder in die es übersetzt sein muß, je nachdem, in welchem Teil seines Hoheitsgebiets es erledigt werden soll. ²Wird dieser Erklärung ohne hinreichenden Grund nicht entsprochen, so hat der ersuchende Staat die Kosten einer Übersetzung in die geforderte Sprache zu tragen.

IV Neben den in den Absätzen 1 bis 3 vorgesehenen Sprachen kann jeder Vertragsstaat durch eine Erklärung eine oder mehrere weitere Sprachen bekanntgeben, in denen ein Rechtshilfeersuchen seiner Zentralen Behörde übermittelt werden kann.

V Die einem Rechtshilfeersuchen beigefügte Übersetzung muß von einem diplomatischen oder konsularischen Vertreter, von einem beeidigten Übersetzer oder von einer anderen hierzu befugten Person in einem der beiden Staaten beglaubigt sein.

**Bem.** Vgl wegen Dänemark, Finnland, Frankreich, Luxemburg, Norwegen, Portugal, Schweden, des Vereinigten Königreichs, der Vereinigten Staaten Bek v 5. 9. 80, BGBl II 1290; wegen Finnland ferner Bek v 19. 2. 81, BGBl II 123; wegen Singapur Bek v 21. 10. 81, BGBl II 962; wegen Anguilla, Monaco Bek v 3. 12. 86, BGBl II 1135; wegen Spanien Bek v 23. 9. 87, BGBl II 615; wegen Australien Bek v 23. 9. 93, BGBl II 2398; wegen Venezuela Bek v 29. 9. 94, BGBl II 3647; wegen der Schweiz Bek v 6. 6. 95, BGBl II 532. 1

*Übk Art 5.* Ist die Zentrale Behörde der Ansicht, daß das Ersuchen nicht dem Übereinkommen entspricht, so unterrichtet sie unverzüglich die Behörde des ersuchenden Staates, die ihr das Rechtshilfeersuchen übermittelt hat, und führt dabei die Einwände gegen das Ersuchen einzeln an.

*Übk Art 6.* Ist die ersuchte Behörde nicht zuständig, so wird das Rechtshilfeersuchen von Amts wegen unverzüglich an die nach den Rechtsvorschriften ihres Staates zuständige Behörde weitergeleitet.

*Übk Art 7.* ¹Die ersuchende Behörde wird auf ihr Verlangen von dem Zeitpunkt und dem Ort der vorzunehmenden Handlung benachrichtigt, damit die beteiligten Parteien und gegebenenfalls ihre Vertreter anwesend sein können. ²Diese Mitteilung wird auf Verlangen der ersuchenden Behörde den Parteien oder ihren Vertretern unmittelbar übersandt.

*Übk Art 8.* ¹Jeder Vertragsstaat kann erklären, daß Mitglieder der ersuchenden gerichtlichen Behörde eines anderen Vertragsstaats bei der Erledigung eines Rechtshilfeersuchens anwesend sein können. ²Hierfür kann die vorherige Genehmigung durch die vom erklärenden Staat bestimmte zuständige Behörde verlangt werden.

**Bem.** Vgl wegen Dänemark, Finnland, Schweden, des Vereinigten Königreichs, der Vereinigten Staaten Bek v 5. 9. 80, BGBl II 1290, ferner wegen des Vereinigten Königreichs Bek v 12. 11. 80, BGBl II 1440, wegen Israel Bek v 5. 6. 81, BGBl II 374, wegen Italien Bek v 19. 11. 82, BGBl II 998, wegen Zypern Bek v 13. 9. 84, BGBl II 919, wegen Guernsey Bek v 20. 3. 86, BGBl II 578; wegen Anguilla Bek v 3. 12. 86, BGBl II 1135; wegen Spanien Bek v 23. 9. 87, BGBl II 615; wegen Australien Bek v 23. 9. 93, BGBl II 2398; wegen der Schweiz Bek v 6. 6. 95, BGBl II 532. 1

*Übk Art 9.* I Die gerichtliche Behörde verfährt bei der Erledigung eines Rechtshilfeersuchens nach den Formen, die ihr Recht vorsieht.

II Jedoch wird dem Antrag der ersuchenden Behörde, nach einer besonderen Form zu verfahren, entsprochen, es sei denn, daß diese Form mit dem Recht des ersuchten Staates unvereinbar oder ihre Einhaltung nach der gerichtlichen Übung im ersuchten Staat oder wegen tatsächlicher Schwierigkeiten unmöglich ist.

$^{III}$ Das Rechtshilfeersuchen muß rasch erledigt werden.

*Übk Art 10.* Bei der Erledigung des Rechtshilfeersuchens wendet die ersuchte Behörde geeignete Zwangsmaßnahmen in den Fällen und in dem Umfang an, wie sie das Recht des ersuchten Staates für die Erledigung eines Ersuchens inländischer Behörden oder eines zum gleichen Zweck gestellten Antrags einer beteiligten Partei vorsieht.

*Übk Art 11.* $^I$ Ein Rechtshilfeersuchen wird nicht erledigt, soweit die Person, die es betrifft, sich auf ein Recht zur Aussageverweigerung oder auf ein Aussageverbot beruft,
a) das nach dem Recht des ersuchten Staates vorgesehen ist oder
b) das nach dem Recht des ersuchenden Staates vorgesehen und im Rechtshilfeersuchen bezeichnet oder erforderlichenfalls auf Verlangen der ersuchten Behörde von der ersuchenden Behörde bestätigt worden ist.

$^{II}$ Jeder Vertragsstaat kann erklären, daß er außerdem Aussageverweigerungsrechte und Aussageverbote, die nach dem Recht anderer Staaten als des ersuchenden oder des ersuchten Staates bestehen, insoweit anerkennt, als dies in der Erklärung angegeben ist.

1 **Bem.** Zu I a LG Mü ZZP **95**, 363 (zustm Schlosser).

*Übk Art 12.* $^I$ Die Erledigung eines Rechtshilfeersuchens kann nur insoweit abgelehnt werden, als
a) die Erledigung des Ersuchens im ersuchten Staat nicht in den Bereich der Gerichtsgewalt fällt oder
b) der ersuchte Staat die Erledigung für geeignet hält, seine Hoheitsrechte oder seine Sicherheit zu gefährden.

$^{II}$ Die Erledigung darf nicht allein aus dem Grund abgelehnt werden, daß der ersuchte Staat nach seinem Recht die ausschließliche Zuständigkeit seiner Gerichte für die Sache in Anspruch nimmt oder ein Verfahren nicht kennt, das dem entspricht, für welches das Ersuchen gestellt wird.

*Übk Art 13.* $^I$ Die ersuchte Behörde leitet die Schriftstücke, aus denen sich die Erledigung eines Rechtshilfeersuchens ergibt, der ersuchenden Behörde auf demselben Weg zu, den diese für die Übermittlung des Ersuchens benutzt hat.

$^{II}$ Wird das Rechtshilfeersuchen ganz oder teilweise nicht erledigt, so wird dies der ersuchenden Behörde unverzüglich auf demselben Weg unter Angabe der Gründe für die Nichterledigung mitgeteilt.

*Übk Art 14.* $^I$ Für die Erledigung eines Rechtshilfeersuchens darf die Erstattung von Gebühren und Auslagen irgendwelcher Art nicht verlangt werden.

$^{II}$ Der ersuchte Staat ist jedoch berechtigt, vom ersuchenden Staat die Erstattung der an Sachverständigen und Dolmetscher gezahlten Entschädigungen sowie der Auslagen zu verlangen, die dadurch entstanden sind, daß auf Antrag des ersuchenden Staates nach Artikel 9 Absatz 2 eine besondere Form eingehalten worden ist.

$^{III}$ $^1$Eine ersuchte Behörde, nach deren Recht die Parteien für die Aufnahme der Beweise zu sorgen haben und die das Rechtshilfeersuchen nicht selbst erledigen kann, darf eine hierzu geeignete Person mit der Erledigung beauftragen, nachdem sie das Einverständnis der ersuchenden Behörde eingeholt hat. Bei der Einholung dieses Einverständnisses gibt die ersuchte Behörde den ungefähren Betrag der Kosten an, die durch diese Art der Erledigung entstehen würden. $^2$Durch ihr Einverständnis verpflichtet sich die ersuchende Behörde, die entstehenden Kosten zu erstatten. $^3$Fehlt das Einverständnis, so ist die ersuchende Behörde zur Erstattung der Kosten nicht verpflichtet.

### Kapitel II. Beweisaufnahme durch diplomatische oder konsularische Vertreter und durch Beauftragte

**Vorbem.** Vgl wegen Singapur Bek v 21. 10. 81, BGBl II 962; wegen Venezuela Bek v 29. 9. 94, BGBl II 3647.

*Übk Art 15.* $^I$ In Zivil- oder Handelssachen kann ein diplomatischer oder konsularischer Vertreter eines Vertragsstaats im Hoheitsgebiet eines anderen Vertragsstaats und in dem Bezirk, in dem er sein Amt ausübt, ohne Anwendung von Zwang Beweis für ein Verfahren aufnehmen, das vor einem Gericht eines von ihm vertretenen Staates anhängig ist, wenn nur Angehörige desselben Staates betroffen sind.

$^{II}$ Jeder Vertragsstaat kann erklären, daß in dieser Art Beweis erst nach Vorliegen einer Genehmigung aufgenommen werden darf, welche die durch den erklärenden Staat bestimmte zuständige Behörde auf einen von dem Vertreter oder in seinem Namen gestellten Antrag erteilt.

1 **Bem.** Vgl wegen Dänemark, Norwegen, Portugal, Schweden Bek v 5. 9. 80, BGBl II 1290; wegen Australien Bek v 23. 9. 93, BGBl II 2398; wegen der Schweiz Bek v 6. 6. 95, BGBl II 532.

5. Titel. Allgemeine Beweisaufnahmevorschriften **§ 363 Anh I**

*Übk Art 16.* ¹Ein diplomatischer oder konsularischer Vertreter eines Vertragsstaats kann außerdem im Hoheitsgebiet eines anderen Vertragsstaats und in dem Bezirk, in dem er sein Amt ausübt, ohne Anwendung von Zwang Beweis für ein Verfahren aufnehmen, das vor einem Gericht eines von ihm vertretenen Staates anhängig ist, sofern Angehörige des Empfangsstaats oder eines dritten Staates betroffen sind,
a) wenn eine durch den Empfangsstaat bestimmte zuständige Behörde ihre Genehmigung allgemein oder für den Einzelfall erteilt hat und
b) wenn der Vertreter die Auflagen erfüllt, welche die zuständige Behörde in der Genehmigung festgesetzt hat.
II Jeder Vertragsstaat kann erklären, daß Beweis nach dieser Bestimmung ohne seine vorherige Genehmigung aufgenommen werden darf.

**Bem.** Vgl wegen Dänemark, Finnland, Frankreich, Luxemburg, Norwegen, Tschechoslowakei, des **1** Vereinigten Königreichs, der Vereinigten Staaten Bek v 5. 9. 80, BGBl II 1290, ferner wegen des Vereinigten Königreichs Bek v 12. 11. 80, BGBl II 1440, wegen Zypern Bek v 13. 9. 84, BGBl II 919; wegen Anguilla, Monaco Bek v 3. 12. 86, BGBl II 1135; wegen Spanien Bek v 23. 9. 87, BGBl II 615; wegen Australien Bek v 23. 9. 93, BGBl II 2398; wegen der Schweiz Bek v 6. 6. 95, BGBl II 532.

*Übk Art 17.* ¹ In Zivil- oder Handelssachen kann jede Person, die zu diesem Zweck ordnungsgemäß zum Beauftragten bestellt worden ist, im Hoheitsgebiet eines Vertragsstaats ohne Anwendung von Zwang Beweis für ein Verfahren aufnehmen, das vor einem Gericht eines anderen Vertragsstaats anhängig ist,
a) wenn eine von dem Staat, in dem Beweis aufgenommen werden soll, bestimmte zuständige Behörde ihre Genehmigung allgemein oder für den Einzelfall erteilt hat und
b) wenn die Person die Auflagen erfüllt, welche die zuständige Behörde in der Genehmigung festgesetzt hat.
II Jeder Vertragsstaat kann erklären, daß Beweis nach dieser Bestimmung ohne seine vorherige Genehmigung aufgenommen werden darf.

**Bem.** Vgl wegen Dänemark, Finnland, Frankreich, Luxemburg, Norwegen, des Vereinigten Königreichs, **1** der Vereinigten Staaten Bek v 5. 9. 80, BGBl II 1290, ferner wegen des Vereinigten Königreichs Bek v 12. 11. 80, BGBl II 1440, wegen Zypern Bek v 13. 9. 84, BGBl II 919; wegen Anguilla, Monaco Bek v 3. 12. 86, BGBl II 1135; wegen Spanien Bek v 23. 9. 87, BGBl II 615; wegen Mexiko Bek v 26. 3. 90, BGBl II 298; wegen der Schweiz Bek v 6. 6. 95, BGBl II 532.

*Übk Art 18.* ¹ ¹Jeder Vertragsstaat kann erklären, daß ein diplomatischer oder konsularischer Vertreter oder ein Beauftragter, der befugt ist, nach Artikel 15, 16 oder 17 Beweis aufzunehmen, sich an eine von diesem Staat bestimmte zuständige Behörde wenden kann, um die für diese Beweisaufnahme erforderliche Unterstützung durch Zwangsmaßnahmen zu erhalten. ²In seiner Erklärung kann der Staat die Auflagen festlegen, die er für zweckmäßig hält.
II Gibt die zuständige Behörde dem Antrag statt, so wendet sie die in ihrem Recht vorgesehenen geeigneten Zwangsmaßnahmen an.

**Bem.** Vgl wegen der Tschechoslowakei, des Vereinigten Königreichs, der Vereinigten Staaten Bek v 5. 9. **1** 80, BGBl II 1290, ferner wegen des Vereinigten Königreichs Bek v 12. 11. 80, BGBl II 1440, wegen Italien Bek v 9. 11. 82, BGBl II 998, wegen Zypern Bek v 13. 9. 84, BGBl II 919; wegen Anguilla Bek v 3. 12. 86, BGBl II 1135; wegen Mexiko Bek v 26. 3. 90, BGBl II 298.

*Übk Art 19.* ¹Die zuständige Behörde kann, wenn sie die Genehmigung nach Artikel 15, 16 oder 17 erteilt oder dem Antrag nach Artikel 18 stattgibt, von ihr für zweckmäßig erachtete Auflagen festsetzen, insbesondere hinsichtlich Zeit und Ort der Beweisaufnahme. ²Sie kann auch verlangen, daß sie rechtzeitig von Zeitpunkt und Ort benachrichtigt wird; in diesem Fall ist ein Vertreter der Behörde zur Teilnahme an der Beweisaufnahme befugt.

*Übk Art 20.* Personen, die eine in diesem Kapitel vorgesehene Beweisaufnahme betrifft, können einen Rechtsberater beiziehen.

*Übk Art 21.* Ist ein diplomatischer oder konsularischer Vertreter oder ein Beauftragter nach Artikel 15, 16 oder 17 befugt, Beweis aufzunehmen,
a) so kann er alle Beweise aufnehmen, soweit dies nicht mit dem Recht des Staates, in dem Beweis aufgenommen werden soll, unvereinbar ist oder der nach den angeführten Artikeln erteilten Genehmigung widerspricht, und unter denselben Bedingungen auch einen Eid abnehmen oder eine Bekräftigung entgegennehmen;
b) so ist jede Ladung zum Erscheinen oder zur Mitwirkung an einer Beweisaufnahme in der Sprache des Ortes der Beweisaufnahme abzufassen oder eine Übersetzung in diese Sprache beizufügen, es sei denn, daß die durch die Beweisaufnahme betroffene Person dem Staat angehört, in dem das Verfahren anhängig ist;
c) so ist in der Ladung anzugeben, daß die Person einen Rechtsberater beiziehen kann, sowie in einem Staat, der nicht die Erklärung nach Artikel 18 abgegeben hat, daß sie nicht verpflichtet ist, zu erscheinen oder sonst an der Beweisaufnahme mitzuwirken;
d) so können die Beweise in einer der Formen aufgenommen werden, die das Recht des Gerichts vorsieht, vor dem das Verfahren anhängig ist, es sei denn, daß das Recht des Staates, in dem Beweis aufgenommen wird, diese Form verbietet;

## § 363 Anh I

2. Buch. 1. Abschnitt. Verfahren vor den LGen

e) so kann sich die von der Beweisaufnahme betroffene Person auf die in Artikel 11 vorgesehenen Rechte zur Aussageverweigerung oder Aussageverbote berufen.

*Übk Art 22.* Daß ein Beweis wegen der Weigerung einer Person mitzuwirken nicht nach diesem Kapitel aufgenommen werden konnte, schließt ein späteres Rechtshilfeersuchen nach Kapitel I mit demselben Gegenstand nicht aus.

### Kapitel III. Allgemeine Bestimmungen

*Übk Art 23.* Jeder Vertragsstaat kann bei der Unterzeichnung, bei der Ratifikation oder beim Beitritt erklären, daß er Rechtshilfeersuchen nicht erledigt, die ein Verfahren zum Gegenstand haben, das in den Ländern des „Common Law" unter der Bezeichnung „pre-trial discovery of documents" bekannt ist.

1 **Bem.** Vgl wegen Dänemark, Finnland, Frankreich, Luxemburg, Norwegen, Schweden, des Vereinigten Königreichs, Bek v 5. 9. 80, BGBl II 1290, ferner wegen Norwegen, Schweden und des Vereinigten Königreichs Bek v 12. 11. 80, BGBl II 1440, wegen Singapur Bek v 21. 10. 81, BGBl II 962, wegen Italien Bek v 9. 11. 82, BGBl II 998, wegen Zypern Bek v 13. 9. 84, BGBl II 919, wegen Guernsey Bek v 20. 3. 86, BGBl II 578, wegen Anguilla, Monaco Bek v 3. 12. 86, BGBl II 1135; wegen Spanien Bek v 23. 9. 87, BGBl II 615; wegen Argentinien Bek v 30. 8. 88, BGBl II 823; wegen Mexiko Bek v 26. 3. 90, BGBl II 298; wegen Australien Bek v 23. 9. 93, BGBl II 2398; wegen Venezuela Bek v 29. 9. 94, BGBl II 3647; wegen der Schweiz Bek v 6. 6. 95, BGBl II 532; wegen China Bek v 1. 7. 98, BGBl II 1729.

*Übk Art 24.* ¹Jeder Vertragsstaat kann außer der Zentralen Behörde weitere Behörden bestimmen, deren Zuständigkeit er festlegt. ²Rechtshilfeersuchen können jedoch stets der Zentralen Behörde übermittelt werden.

Bundesstaaten steht es frei, mehrere Zentrale Behörden zu bestimmen.

1 **Bem.** In Deutschland sind die in Art 2 Rn 1 genannten Stellen als Zentrale Behörden bestimmt worden. Im übrigen vgl wegen des Vereinigten Königreichs Bek v 5. 9. 80, BGBl II 1290, und v 12. 11. 80, BGBl II 1440; wegen Australien Bek v 23. 9. 93, BGBl II 2398; wegen der Schweiz Bek v 6. 6. 95, BGBl II 532.

*Übk Art 25.* Jeder Vertragsstaat, in dem mehrere Rechtssysteme bestehen, kann bestimmen, daß die Behörden eines dieser Systeme für die Erledigung von Rechtshilfeersuchen nach diesem Übereinkommen ausschließlich zuständig sind.

1 **Bem.** Vgl wegen Guernsey Bek v 20. 3. 86, BGBl II 578.

*Übk Art 26.* ¹Jeder Vertragsstaat kann, wenn sein Verfassungsrecht dies gebietet, vom ersuchenden Staat die Erstattung der Kosten verlangen, die bei der Erledigung eines Rechtshilfeersuchens durch die Zustellung der Ladung, die Entschädigung der vernommenen Person und die Anfertigung eines Protokolls über die Beweisaufnahme entstehen.

II Hat ein Staat von den Bestimmungen des Absatzes 1 Gebrauch gemacht, so kann jeder andere Vertragsstaat von diesem Staat die Erstattung der entsprechenden Kosten verlangen.

*Übk Art 27.* Dieses Übereinkommen hindert einen Vertragsstaat nicht,
a) zu erklären, daß Rechtshilfeersuchen seinen gerichtlichen Behörden auch auf anderen als den in Artikel 2 vorgesehenen Wegen übermittelt werden können;
b) nach seinem innerstaatlichen Recht oder seiner innerstaatlichen Übung zuzulassen, daß Handlungen, auf die dieses Übereinkommen anwendbar ist, unter weniger einschränkenden Bedingungen vorgenommen werden;
c) nach seinem innerstaatlichen Recht oder seiner innerstaatlichen Übung andere als die in diesem Übereinkommen vorgesehenen Verfahren der Beweisaufnahme zuzulassen.

1 **Bem.** Vgl wegen Dänemark, des Vereinigten Königreichs Bek v 5. 9. 80, BGBl II 1290, ferner wegen des Vereinigten Königreichs Bek v 12. 11. 80, BGBl II 1440; wegen Anguilla Bek v 3. 12. 86, BGBl II 1135; wegen Mexiko Bek Bek v 26. 3. 90, BGBl II 298.

*Übk Art 28.* Dieses Übereinkommen schließt nicht aus, daß Vertragsstaaten vereinbaren, von folgenden Bestimmungen abzuweichen:
a) Artikel 2 in bezug auf den Übermittlungsweg für Rechtshilfeersuchen;
b) Artikel 4 in bezug auf die Verwendung von Sprachen;
c) Artikel 8 in bezug auf die Anwesenheit von Mitgliedern der gerichtlichen Behörde bei der Erledigung von Rechtshilfeersuchen;
d) Artikel 11 in bezug auf die Aussageverweigerungsrechte und Aussageverbote;
e) Artikel 13 in bezug auf die Übermittlung von Erledigungsstücken;
f) Artikel 14 in bezug auf die Regelung der Kosten;
g) den Bestimmungen des Kapitels II.

*Übk Art 29.* Dieses Übereinkommen tritt zwischen den Staaten, die es ratifiziert haben, an die Stelle der Artikel 8 bis 16 des am 17. Juli 1905 in Den Haag unterzeichneten Abkommens über den Zivilprozeß und des am 1. März 1954 in Den Haag unterzeichneten Übereinkommens über den Zivilprozeß, soweit diese Staaten Vertragsparteien jenes Abkommens oder jenes Übereinkommens sind.

5. Titel. Allgemeine Beweisaufnahmevorschriften **§ 363 Anh I**

*Übk Art 30.* Dieses Übereinkommen berührt weder die Anwendung des Artikels 23 des Abkommens von 1905 noch die Anwendung des Artikels 24 des Übereinkommens von 1954.

*Übk Art 31.* Zusatzvereinbarungen zu dem Abkommen von 1905 und dem Übereinkommen von 1954, die Vertragsstaaten geschlossen haben, sind auch auf das vorliegende Übereinkommen anzuwenden, es sei denn, daß die beteiligten Staaten etwas anderes vereinbaren.

*Übk Art 32.* Unbeschadet der Artikel 29 und 31 berührt dieses Übereinkommen nicht die Übereinkommen, denen die Vertragsstaaten angehören oder angehören werden und die Bestimmungen über Rechtsgebiete enthalten, die durch dieses Übereinkommen geregelt sind.

**Bem.:** Wegen Mexiko Bek v 26. 3. 90, BGBl. II 298.

*Übk Art 33.* [I] [1]Jeder Staat kann bei der Unterzeichnung, bei der Ratifikation oder beim Beitritt die Anwendung des Artikels 4 Absatz 2 sowie des Kapitels II ganz oder teilweise ausschließen. [2]Ein anderer Vorbehalt ist nicht zulässig.

[II] Jeder Vertragsstaat kann einen Vorbehalt, den er gemacht hat, jederzeit zurücknehmen; der Vorbehalt wird am sechzigsten Tag nach der Notifikation der Rücknahme unwirksam.

[III] Hat ein Staat einen Vorbehalt gemacht, so kann jeder andere Staat, der davon berührt wird, die gleiche Regelung gegenüber dem Staat anwenden, der den Vorbehalt gemacht hat.

**Bem.** Vgl wegen Dänemark, Finnland, Frankreich, Norwegen, Portugal, des Vereinigten Königreichs Bek v 5. 9. 80, BGBl II 1290, ferner wegen des Vereinigten Königreichs Bek v 12. 11. 80, BGBl II 1440, wegen Zypern Bek v 13. 9. 84, BGBl II 919; wegen Anguilla Bek v 3. 12. 86, BGBl II 1135; wegen Spanien Bek v 23. 9. 87, BGBl II 615; wegen Argentinien Bek v 30. 8. 88, BGBl II 823, wegen China Bek v 1. 7. 98, BGBl 1729.

*Übk Art 34.* Jeder Staat kann eine Erklärung jederzeit zurücknehmen oder ändern.

*Übk Art 35.* [I] Jeder Vertragsstaat notifiziert dem Ministerium für Auswärtige Angelegenheiten der Niederlande bei der Hinterlegung seiner Ratifikations- oder Beitrittsurkunde oder zu einem späteren Zeitpunkt die nach den Artikeln 2, 8, 24 und 25 bestimmten Behörden.

[II] Er notifiziert gegebenenfalls auf gleiche Weise
a) die Bezeichnung der Behörden, an die sich diplomatische oder konsularische Vertreter nach Artikel 16 wenden müssen, und derjenigen, die nach den Artikeln 15, 16 und 18 Genehmigungen erteilen oder Unterstützung gewähren können;
b) die Bezeichnung der Behörden, die den Beauftragten die in Artikel 17 vorgesehene Genehmigung erteilen oder die in Artikel 18 vorgesehene Unterstützung gewähren können;
c) die Erklärungen nach den Artikeln 4, 8, 11, 15, 16, 17, 18, 23 und 27;
d) jede Rücknahme oder Änderung der vorstehend erwähnten Behördenbezeichnungen und Erklärungen;
e) jede Rücknahme eines Vorbehalts.

**Bem.** Vgl wegen des Vereinigten Königreichs Bek v 12. 11. 80, BGBl II 1440, wegen Italien Bek v 9. 11. 82, BGBl II 998.

*Übk Art 36.* Schwierigkeiten, die zwischen Vertragsstaaten bei der Anwendung dieses Übereinkommens entstehen, werden auf diplomatischem Weg beigelegt.

*Übk Art 37.* [I] Dieses Übereinkommen liegt für die auf der Elften Tagung der Haager Konferenz für Internationales Privatrecht vertretenen Staaten zur Unterzeichnung auf.

[II] Es bedarf der Ratifikation; die Ratifikationsurkunden werden beim Ministerium für Auswärtige Angelegenheiten der Niederlande hinterlegt.

*Übk Art 38.* [I] Dieses Übereinkommen tritt am sechzigsten Tag nach der gemäß Artikel 37 Absatz 2 vorgenommenen Hinterlegung der dritten Ratifikationsurkunde in Kraft.

[II] Das Übereinkommen tritt für jeden Unterzeichnerstaat, der es später ratifiziert, am sechzigsten Tag nach Hinterlegung seiner Ratifikationsurkunde in Kraft.

*Übk Art 39.* [I] Jeder auf der Elften Tagung der Haager Konferenz für Internationales Privatrecht nicht vertretene Staat, der Mitglied der Konferenz oder der Vereinten Nationen oder einer ihrer Sonderorganisationen oder Vertragspartei des Statuts des Internationalen Gerichtshofs ist, kann diesem Übereinkommen beitreten, nachdem es gemäß Artikel 38 Absatz 1 in Kraft getreten ist.

[II] Die Beitrittsurkunde wird beim Ministerium für Auswärtige Angelegenheiten der Niederlande hinterlegt.

[III] Das Übereinkommen tritt für den beitretenden Staat am sechzigsten Tag nach Hinterlegung seiner Beitrittsurkunde in Kraft.

[IV] Der Beitritt wirkt nur für die Beziehungen zwischen dem beitretenden Staat und den Vertragsstaaten, die erklären, daß sie diesen Beitritt annehmen. Diese Erklärung wird beim Ministerium für Auswärtige Angelegenheiten der Niederlande hinterlegt; dieses Ministerium übersendet jedem der Vertragsstaaten auf diplomatischem Weg eine beglaubigte Abschrift dieser Erklärung.

§ 363 Anh I, II    2. Buch. 1. Abschnitt. Verfahren vor den LGen

<sup>V</sup> Das Übereinkommen tritt zwischen dem beitretenden Staat und einem Staat, der erklärt hat, daß er den Beitritt annimmt, am sechzigsten Tag nach Hinterlegung der Annahmeerklärung in Kraft.

**1  Bem.** Vgl wegen Polen Bek v 28. 8. 96, BGBl II 2494.

*Übk Art 40.* <sup>I 1</sup>Jeder Staat kann bei der Unterzeichnung, bei der Ratifikation oder beim Beitritt erklären, daß sich dieses Übereinkommen auf alle oder auf einzelne der Hoheitsgebiete erstreckt, deren internationale Beziehungen er wahrnimmt. <sup>2</sup>Eine solche Erklärung wird wirksam, sobald das Übereinkommen für den Staat in Kraft tritt, der sie abgegeben hat.

<sup>II</sup> Jede spätere Erstreckung dieser Art wird dem Ministerium für Auswärtige Angelegenheiten der Niederlande notifiziert.

<sup>III</sup> Das Übereinkommen tritt für die Hoheitsgebiete, auf die es erstreckt wird, am sechzigsten Tag nach der in Absatz 2 erwähnten Notifikation in Kraft.

**1  Bem.** Vgl wegen des Vereinigten Königreichs und dort Guernsey Bek v 20. 3. 86, BGBl II 578; wegen Anguilla Bek v 3. 12. 86, BGBl II 1135; wegen Jersey Bek v 20. 5. 87, BGBl II 306; wegen Australien Bek v 23. 9. 93, BGBl II 2398.

*Übk Art 41.* <sup>I</sup> Dieses Übereinkommen gilt für die Dauer von fünf Jahren, vom Tag seines Inkrafttretens nach Artikel 38 Absatz 1 an gerechnet, und zwar auch für die Staaten, die es später ratifizieren oder ihm später beitreten.

<sup>II</sup> Die Geltungsdauer des Übereinkommens verlängert sich, außer im Fall der Kündigung, stillschweigend um jeweils fünf Jahre.

<sup>III</sup> Die Kündigung wird spätestens sechs Monate vor Ablauf der fünf Jahre dem Ministerium für Auswärtige Angelegenheiten der Niederlande notifiziert.

<sup>IV</sup> Sie kann sich auf bestimmte Hoheitsgebiete beschränken, für die das Übereinkommen gilt.

<sup>V 1</sup>Die Kündigung wirkt nur für den Staat, der sie notifiziert hat. <sup>2</sup>Für die anderen Vertragsstaaten bleibt das Übereinkommen in Kraft.

*Übk Art 42.* Das Ministerium für Auswärtige Angelegenheiten der Niederlande notifiziert den in Artikel 37 bezeichneten Staaten sowie den Staaten, die nach Artikel 39 beigetreten sind,
a) jede Unterzeichnung und Ratifikation nach Artikel 37;
b) den Tag, an dem dieses Übereinkommen nach Artikel 38 Absatz 1 in Kraft tritt;
c) jeden Beitritt nach Artikel 39 und den Tag, an dem er wirksam wird;
d) jede Erstreckung nach Artikel 40 und den Tag, an dem sie wirksam wird;
e) jede Behördenbezeichnung, jeden Vorbehalt und jede Erklärung nach den Artikeln 33 und 35;
f) jede Kündigung nach Artikel 41 Absatz 3.

### II. Aus dem Ausführungsgesetz
vom 22. 12. 77, BGBl 3105

*AusfG § 7.* <sup>1</sup>Die Aufgaben der Zentralen Behörde (Artikel 2, 24 Abs. 2 des Übereinkommens) nehmen die von den Landesregierungen bestimmten Stellen wahr. <sup>2</sup>Jedes Land kann nur eine Zentrale Behörde einrichten.

*AusfG § 8.* Für die Erledigung von Rechtshilfeersuchen ist das Amtsgericht zuständig, in dessen Bezirk die Amtshandlung vorzunehmen ist.

*AusfG § 9.* Rechtshilfeersuchen, die durch das Amtsgericht zu erledigen sind (Kapitel I des Übereinkommens), müssen in deutscher Sprache abgefaßt oder von einer Übersetzung in diese Sprache begleitet sein (Artikel 4 Abs. 1, 5 des Übereinkommens).

*AusfG § 10.* Mitglieder des ersuchenden ausländischen Gerichts können bei der Erledigung eines Rechtshilfeersuchens durch das Amtsgericht anwesend sein, wenn die Zentrale Behörde dies genehmigt hat.

*AusfG § 11.* <sup>1</sup>Eine Beweisaufnahme durch diplomatische oder konsularische Vertreter ist unzulässig, wenn sie deutsche Staatsangehörige betrifft. <sup>2</sup>Betrifft sie Angehörige eines dritten Staates oder Staatenlose, so ist sie nur zulässig, wenn die Zentrale Behörde sie genehmigt hat (Artikel 16 Abs. 1 des Übereinkommens). <sup>3</sup>Eine Genehmigung ist nicht erforderlich, wenn der Angehörige eines dritten Staates zugleich die Staatsangehörigkeit des Staates des ersuchenden Gerichts besitzt.

*AusfG § 12.* <sup>I 1</sup>Ein Beauftragter des ersuchenden Gerichts (Artikel 17 des Übereinkommens) darf eine Beweisaufnahme nur durchführen, wenn die Zentrale Behörde sie genehmigt hat. <sup>2</sup>Die Genehmigung kann mit Auflagen verbunden werden.

<sup>II 1</sup>Das Gericht, das für die Erledigung eines Rechtshilfeersuchens in derselben Angelegenheit nach § 8 zuständig wäre, ist befugt, die Vorbereitung und die Durchführung der Beweisaufnahme zu überwachen. <sup>2</sup>Ein Mitglied dieses Gerichts kann an der Beweisaufnahme teilnehmen (Artikel 19 Satz 2 des Übereinkommens).

5. Titel. Allgemeine Beweisaufnahmevorschriften  § 363 Anh II, III

*AusfG § 13.* Für die Erteilung der Genehmigung nach den §§ 10, 11 und 12 (Artikel 19 des Übereinkommens) ist die Zentrale Behörde des Landes zuständig, in dem die Beweisaufnahme durchgeführt werden soll.

*AusfG § 14.* ¹Rechtshilfeersuchen, die ein Verfahren nach Artikel 23 des Übereinkommens zum Gegenstand haben, werden nicht erledigt.

²Jedoch können, soweit die tragenden Grundsätze des deutschen Verfahrensrechts nicht entgegenstehen, solche Ersuchen unter Berücksichtigung der schutzwürdigen Interessen der Betroffenen erledigt werden, nachdem die Voraussetzungen der Erledigung und das anzuwendende Verfahren durch Rechtsverordnung näher geregelt sind, die der Bundesminister der Justiz mit Zustimmung des Bundesrates erlassen kann.

*AusfG § 15.* Der Bundesminister der Justiz wird ermächtigt, durch Rechtsverordnung, die der Zustimmung des Bundesrates bedarf, die nach den §§ 1 und 7 dieses Gesetzes errichteten Zentralen Behörden als die Stellen zu bestimmen, die gemäß den §§ 1 und 3 Abs. 2 des Gesetzes vom 5. April 1909 zur Ausführung des Haager Abkommens über den Zivilprozeß vom 17. Juli 1905 (RGBl. 1909 S. 430) und gemäß den §§ 1 und 9 des Gesetzes zur Ausführung des Haager Übereinkommens vom 1. März 1954 über den Zivilprozeß zur Entgegennahme von Anträgen und Ersuchen des Konsuls eines ausländischen Staates zuständig sind.

**Bem.** Vgl die Bek v 21. 6. 79, BGBl II 779, ergänzt durch Bek v 25. 11. 91, BGBl II 1396. Die dort **1** genannten Zentralen deutschen Behördens sind dieselben wie beim Haager Zustellungsübereinkommen; vgl daher Anh § 202 Rn 4.

*AusfG §§ 16, 17.* Nicht abgedruckt.

### III. Bekanntmachung
vom 21. 6. 79, BGBl II 780

**Bek.** Nach Artikel 3 Abs. 2 des Gesetzes vom 22. Dezember 1977 zu dem Haager Übereinkommen vom 15. November 1965 über die Zustellung gerichtlicher und außergerichtlicher Schriftstücke im Ausland in Zivil- oder Handelssachen und zu dem Haager Übereinkommen vom 18. März 1970 über die Beweisaufnahme im Ausland in Zivil- oder Handelssachen (BGBl. 1977 II S. 1452) wird bekanntgemacht, daß das Haager Übereinkommen vom 18. März 1970 über die Beweisaufnahme im Ausland in Zivil- oder Handelssachen nach seinem Artikel 38 Abs. 2 für die Bundesrepublik Deutschland am 26. Juni 1979 in Kraft treten wird. Die Ratifikationsurkunde der Bundesrepublik Deutschland ist am 27. April 1979 bei dem Ministerium für Auswärtige Angelegenheiten der Niederlande hinterlegt worden.

Die Bundesrepublik Deutschland hat bei Hinterlegung der Ratifikationsurkunde folgende Erklärungen abgegeben:

„A. Die Regierung der Bundesrepublik Deutschland gibt folgende Erklärungen nach Artikel 33 Abs. 1 des Übereinkommens vom 18. März 1970 ab:
Die Bundesrepublik Deutschland erklärt den in Artikel 33 Abs. 1 Satz 1 des Übereinkommens gegen die Anwendung des Artikels 4 Abs. 2 des Übereinkommens vorgesehenen Vorbehalt. Rechtshilfeersuchen, die nach Kapitel I des Übereinkommens zu erledigen sind, müssen gemäß Artikel 4 Abs. 1, 5 des Übereinkommens in deutscher Sprache abgefaßt oder von einer Übersetzung in diese Sprache begleitet sein.
Die Bundesrepublik Deutschland erklärt gemäß der in Artikel 33 Abs. 1 Satz 1 des Übereinkommens vorgesehenen Möglichkeit, einen Vorbehalt gegen die Anwendung der Bestimmungen des Kapitels II des Übereinkommens einzulegen, daß in ihrem Hoheitsgebiet eine Beweisaufnahme durch diplomatische oder konsularische Vertreter unzulässig ist, wenn sie deutsche Staatsangehörige betrifft.

B. Die Regierung der Bundesrepublik Deutschland gibt folgende Erklärungen nach Artikel 35 des Übereinkommens vom 18. März 1970 ab:
1. Für die Erledigung von Rechtshilfeersuchen ist das Amtsgericht zuständig, in dessen Bezirk die Amtshandlung vorzunehmen ist.
Rechtshilfeersuchen sind an die Zentrale Behörde des Landes zu richten, in dem das jeweilige Ersuchen erledigt werden soll. Zentrale Behörde nach Artikel 2, 24 Abs. 2 des Übereinkommens ist für
*Baden-Württemberg* das Justizministerium Baden-Württemberg, D-7000 Stuttgart; *Bayern* das Bayerische Staatsministerium der Justiz, D-8000 München; *Berlin* der Senator für Justiz, D-1000 Berlin; *Bremen* der Präsident des Landgerichts Bremen, D-2800 Bremen; *Hamburg* der Präsident des Amtsgerichts Hamburg, D-2000 Hamburg; *Hessen* der Hessische Minister der Justiz, D-6200 Wiesbaden; *Niedersachsen* der Niedersächsische Minister der Justiz, D-3000 Hannover; *Nordrhein-Westfalen* der Justizminister des Landes Nordrhein-Westfalen, D-4000 Düsseldorf; *Rheinland-Pfalz* das Ministerium der Justiz, D-6500 Mainz; *Saarland* der Minister für Rechtspflege, D-6600 Saarbrücken; *Schleswig-Holstein* der Justizminister des Landes Schleswig-Holstein, D-2300 Kiel.
2. Gemäß Artikel 8 des Übereinkommens wird erklärt, daß Mitglieder des ersuchenden Gerichts eines anderen Vertragsstaats bei der Erledigung eines Rechtshilfeersuchens durch

§ 363 Anh III, § 364       2. Buch. 1. Abschnitt. Verfahren vor den LGen

    das Amtsgericht anwesend sein können, wenn die Zentrale Behörde des Landes, in dem das Ersuchen erledigt werden soll, hierfür die vorherige Genehmigung erteilt hat.
3. Betrifft eine Beweisaufnahme durch diplomatische oder konsularische Vertreter gemäß Artikel 16 Abs. 1 des Übereinkommens Angehörige eines dritten Staates oder Staatenlose, so ist sie nur zulässig, wenn die Zentrale Behörde des Landes, in dem die Beweisaufnahme durchgeführt werden soll, sie genehmigt hat. Eine Genehmigung ist gemäß Artikel 16 Abs. 2 des Übereinkommens nicht erforderlich, wenn der Angehörige eines dritten Staates zugleich die Staatsangehörigkeit des Staates des ersuchenden Gerichts besitzt.
4. Ein Beauftragter des ersuchenden Gerichts darf eine Beweisaufnahme nach Artikel 17 des Übereinkommens nur durchführen, wenn die Zentrale Behörde des Landes, in dem die Beweisaufnahme durchgeführt werden soll, sie genehmigt hat. Die Genehmigung kann mit Auflagen verbunden werden. Das Amtsgericht, in dessen Bezirk Amtshandlungen auf Grund eines Rechtshilfeersuchens in derselben Angelegenheit vorzunehmen wären, ist befugt, die Vorbereitung und die Durchführung der Beweisaufnahme zu überwachen. Ein Mitglied dieses Gerichts kann gemäß Artikel 19 Satz 2 des Übereinkommens an der Beweisaufnahme teilnehmen.
5. Die Bundesrepublik Deutschland erklärt gemäß Artikel 23 des Übereinkommens, daß in ihrem Hoheitsgebiet Rechtshilfeersuchen nicht erledigt werden, die ein Verfahren zum Gegenstand haben, das in den Ländern des ‚Common Law' unter der Bezeichnung ‚pretrial discovery of documents' bekannt ist."

**1**   1) **Geltungsbereich, Inkrafttreten.** Vgl Einl IV 3, Hamm MDR **78**, 941. Zu den Vorbehalten verschiedener Staaten BGBl **80** II 1290, 1440, sowie bei den einzelnen Vorschriften. Zum Inhalt vgl Böckstiegel NJW **78**, 1076. Es sind folgende AusführungsVOen ergangen:
**Baden-Württemberg:**
**Bayern:** VO v 10. 5. 78, GVBl 177;
**Berlin:**
**Brandenburg:** VO v 4. 6. 91, GVBl 288;
**Bremen:**
**Hamburg:**
**Hessen:** VO v 18. 4. 78, GVBl 251;
**Mecklenburg-Vorpommern:**
**Niedersachsen:**
**Nordrhein-Westfalen:** VO v 4. 4. 78, GVBl 166;
**Rheinland-Pfalz:**
**Saarland:** VO v 14. 6. 78, GVBl 617;
**Sachsen:**
**Sachsen-Anhalt:**
**Schleswig-Holstein:** VO v 17. 3. 78, GVBl 112;
**Thüringen:**

**364** *Beweisaufnahme im Ausland. Parteimitwirkung.* ¹Wird eine ausländische Behörde ersucht, den Beweis aufzunehmen, so kann das Gericht anordnen, daß der Beweisführer das Ersuchungsschreiben zu besorgen und die Erledigung des Ersuchens zu betreiben habe.

II Das Gericht kann sich auf die Anordnung beschränken, daß der Beweisführer eine den Gesetzen des fremden Staates entsprechende öffentliche Urkunde über die Beweisaufnahme beizubringen habe.

III ¹In beiden Fällen ist in dem Beweisbeschluß eine Frist zu bestimmen, binnen der von dem Beweisführer die Urkunde auf der Geschäftsstelle niederzulegen ist. ²Nach fruchtlosem Ablauf dieser Frist kann die Urkunde nur benutzt werden, wenn dadurch das Verfahren nicht verzögert wird.

IV ¹Der Beweisführer hat den Gegner, wenn möglich, von dem Ort und der Zeit der Beweisaufnahme so zeitig in Kenntnis zu setzen, daß dieser seine Rechte in geeigneter Weise wahrzunehmen vermag. ²Ist die Benachrichtigung unterblieben, so hat das Gericht zu ermessen, ob und inwieweit der Beweisführer zur Benutzung der Beweisverhandlung berechtigt ist.

**1**   1) **Systematik, I–IV.** Vgl auch § 363 Rn 1. § 364 erlaubt es dem Gericht, die Besorgung der Beweisaufnahme im Ausland den Parteien zu überlassen.

**2**   2) **Regelungszweck, I–IV.** Die Vorschrift stellt aber nicht etwa diese Art der Erledigung und diejenige aus § 363 zur freien Wahl. Vielmehr besteht zumindest eine Anstandspflicht, wenn nicht eine Amtspflicht des Gerichts, immer dann nach § 363 zu verfahren, wenn das einfacher und sicherer zum Ziel führt, BGH RR **89**, 161, Köln NJW **75**, 2350, wenn es sich nicht um einen Beweisantritt handelt, dem gegenüber Mißtrauen angebracht ist. Freilich brauchte das Gericht nicht Jahr und Tag auf ein Ergebnis zu warten, BGH NJW **84**, 2039. Die Beweiswürdigung erfolgt grundsätzlich nach dem deutschen Prozeßrecht, Einl III 74. Das Prozeßgericht braucht nicht an der ausländischen Vernehmung teilzunehmen, Saarbr RR **98**, 1685.

**3**   3) **Geltungsbereich, I–IV.** Vgl Üb 3 vor § 355.

5. Titel. Allgemeine Beweisaufnahmevorschriften **§§ 364–366**

**4) Anordnungen, I–IV.** Das Gericht darf anordnen, daß unabhängig von der Beweislast der Beweisführer, Einf 5 vor § 284, BGH NJW **84**, 2039, entweder das Ersuchen der ausländischen Behörde selbst zu besorgen habe oder daß ihm die Erledigung eines amtlichen Ersuchens werde oder daß er eine öffentliche Urkunde über die ausländische Beweisaufnahme beizubringen habe. Über eine Frist und die Folgen ihrer Versäumung vgl § 356 Rn 8–11 und BGH NJW **84**, 2039. IV ist auch im Falle des § 383 anwendbar. Die Benachrichtigung erfolgt formlos, § 329 II 1, soweit nicht das Gericht eine Frist setzt, § 329 II 2. Ihre Möglichkeit und die Rechtzeitigkeit sind nach dem Einzelfall zu beurteilen. Inwieweit ein Mangel die Beweisaufnahme unbenutzbar macht, steht zwar nach IV 2 im Ermessen des Gerichts; es muß aber zumindest den Art 103 I GG beachten. Ein Mangel ist jedenfalls heilbar, § 295. 4

**5) Rechtsmittel, I–IV.** Bei einem Ermessensmißbrauch ist die einfache Beschwerde nach § 567 I zulässig, § 252 Rn 2, 5, Köln NJW **75**, 2349, aM LG Neubrdb MDR **96**, 1186. Sie ist unzulässig, soweit das LG als Berufungs- oder Beschwerdegericht, § 567 III 1, oder das OLG entschieden hat, § 567 IV 1. 5

**6) VwGO:** Unanwendbar trotz § 98 VwGO, da wegen des Untersuchungsgrundsatzes, § 86 I VwGO, kein Beweisführer im Sinne der ZPO vorhanden ist, Einf § 284 Rn 36 (vgl § 118 I SGG), RedOe § 98 Anm 2, SchCl 439, Kopp § 98 Rn 1. 6

**365** *Abgabe durch den verordneten Richter.* ¹Der beauftragte oder ersuchte Richter ist ermächtigt, falls sich später Gründe ergeben, welche die Beweisaufnahme durch ein anderes Gericht sachgemäß erscheinen lassen, dieses Gericht um die Aufnahme des Beweises zu ersuchen. ²Die Parteien sind von dieser Verfügung in Kenntnis zu setzen.

**1) Systematik, S 1, 2.** Die Vorschrift, eine Ergänzung zu §§ 361, 362, wird in der Praxis kaum genutzt, weil sie zwar eine Ermächtigung, nicht aber eine Verpflichtung des zunächst verordneten Richters schafft: in der Regel reicht er zB dann, wenn sich seine Unzuständigkeit ergibt, den Rechtshilfeauftrag an das ersuchende Gericht zurück, weil er dann nicht mehr zu einer auch nur indirekten Rechtshilfe nach §§ 156 ff GVG verpflichtet ist. 1

**2) Regelungszweck, S 1, 2.** Die Vorschrift dient in S 1 der Prozeßförderung, Grdz 12 vor § 128, durch Vermeidung von Aktenhin- und herlauf, in S 2 der Aufrechterhaltung der Parteiöffentlichkeit, § 357, in jedem Stadium der Beweisaufnahme. 2

**3) Geltungsbereich, S 1, 2.** Vgl Üb 3 vor § 355. 3

**4) Weiterleitung, S 1, 2.** Der verordnete Richter darf ein anderes Gericht um die Durchführung der Beweisaufnahme ersuchen, ein ihm zugegangenes Ersuchen also dorthin abgeben, falls ihm nach dem Empfang des Auftrags oder des Ersuchens Gründe bekannt werden, die eine Abgabe als sachgemäß erscheinen lassen. Dies gilt etwa dann, wenn der zu vernehmende Zeuge jetzt in einem anderen Gerichtsbezirk wohnt. Ein früheres Entstehen der Gründe hindert nicht. Bei einer Verhinderung des ersuchten Gerichts gilt nicht § 365, sondern § 36, es sei denn, das Prozeßgericht stimmt der Abgabe zu. Eine Abgabe darf nur an ein deutsches AG erfolgen. Das Ersuchen an ein ausländisches Gericht steht nur dem Vorsitzenden oder Einzelrichter zu, § 363 I. Wenn ein verordneter Richter statt des Prozeßgerichts erledigen soll, dann muß das Prozeßgericht entsprechend beschließen. Ob ausländische Behörden abgeben dürfen, richtet sich nach ihrem Recht, vgl Artt 9, 12 Haager Übk, Anh I nach § 363. Der verordnete Richter hat die Parteien von der Abgabe formlos zu benachrichtigen. 4

**5) Rechtsmittel, S 1, 2.** Die Abgabe unterliegt keinem Rechtsbehelf, sondern allenfalls einer Dienstaufsichtsbeschwerde, sofern nicht in der Abgabe eine Rechtshilfeverweigerung liegt; trifft das zu, so gilt § 159 GVG. 5

**6) VwGO:** Entsprechend anzuwenden, § 98 VwGO, vgl § 361 Rn 7 und § 362 Rn 6, und zwar auch im Falle des § 96 II VwGO. 6

**366** *Zwischenstreit.* ¹Erhebt sich bei der Beweisaufnahme vor einem beauftragten oder ersuchten Richter ein Streit, von dessen Erledigung die Fortsetzung der Beweisaufnahme abhängig und zu dessen Entscheidung der Richter nicht berechtigt ist, so erfolgt die Erledigung durch das Prozeßgericht.

II Der Termin zur mündlichen Verhandlung über den Zwischenstreit ist von Amts wegen zu bestimmen und den Parteien bekanntzumachen.

**1) Systematik, I, II.** Die Vorschrift, vergleichbar zB den §§ 280, 387 ff und dem § 389 gegenüber nachrangig, regelt ein evtl Zwischenverfahren und stellt insbesondere, abweichend von § 365, die Zuständigkeit des Prozeßgerichts klar. Sie steht neben §§ 158 ff GVG. 1

**2) Regelungszweck, I, II.** Das Prozeßgericht und nicht der verordnete Richter können am besten beurteilen, ob und inwieweit der Zwischenstreit überhaupt entscheidungsbedürftig ist oder ob zB auf den auswärtigen Zeugen verzichtet werden kann, §§ 286, 399. 2

**3) Geltungsbereich, I, II.** Vgl Üb 3 vor § 355. 3

**4) Zwischenstreit, I, II.** § 366 bezieht sich auf einen Streit, der bei der Beweisaufnahme vor dem verordneten Richter entsteht. Es kann sich handeln: Um einen Zwischenstreit zwischen den Parteien, § 303; oder um einen Zwischenstreit zwischen einer Partei und einem Zeugen oder Sachverständigen, §§ 387, 389, 4

§§ 366, 367  2. Buch. 1. Abschnitt. Verfahren vor den LGen

400, 402; oder schließlich um eine Meinungsverschiedenheit zwischen den Parteien und dem Richter. Die Fortsetzung der Beweisaufnahme muß von der Erledigung des Streits abhängen. Der Richter darf zur Erledigung des Streits nicht zuständig sein. Hierher gehören alle Entscheidungen, die die Befugnis des verordneten Richters übersteigen, sich also nicht nur auf die Art der Erledigung des Auftrags oder Ersuchens beziehen. Der verordnete Richter übt die Sitzungspolizei und die Ordnungsgewalt aus, § 180 GVG. Er ist zur Abänderung des Beweisbeschlusses im Rahmen der §§ 360, 365 befugt. Er nimmt die Aufgaben der §§ 229, 400, 402, 405, 406 IV wahr und entscheidet zB über die Art eines Augenscheins. Er setzt, soweit zB nach § 16 I ZSEG für ihn erforderlich, die Entschädigung fest, §§ 401, 402. Unter § 366 fällt zB im Streit über: Die Zulässigkeit von Fragen, § 397 III; die Verweigerung eines Zeugnisses oder Gutachtens, §§ 387, 389, 408; die Beeidigung, §§ 392, 393, 478 ff; eine Urkundenvorlegung, § 434.

**5** 5) **Verfahren, I, II.** Der verordnete Richter erledigt den Beweisbeschluß bis auf die streitigen Fragen. Sie behält er dem Prozeßgericht (dem Einzelrichter) vor. Er sendet sodann die Akten zunächst unverzüglich an das Prozeßgericht zurück und entscheidet mit diesem den Zwischenstreit verständlich mit. Das Prozeßgericht bestimmt von Amts wegen einen Verhandlungstermin, § 216, zu dem es die Parteien und die etwa sonst am Zwischenstreit Beteiligten von Amts wegen lädt, § 329 II 2. Seine Entscheidung ergeht durch ein Zwischenurteil, § 303, auch durch ein Versäumnisurteil, § 347 II.

**6** 6) **Rechtsbehelfe, I, II.** Gegen die Entscheidung des verordneten Richters: § 362 Rn 5. Gegen die Entscheidung des Prozeßgerichts die sich aus ihrer Art ergebenden.

**7** 7) **VwGO:** Entsprechend anzuwenden, § 98 VwGO, vgl § 361 Rn 7 und § 362 Rn 6.

**367** *Ausbleiben der Partei.* ¹Erscheint eine Partei oder erscheinen beide Parteien in dem Termin zur Beweisaufnahme nicht, so ist die Beweisaufnahme gleichwohl insoweit zu bewirken, als dies nach Lage der Sache geschehen kann.

II Eine nachträgliche Beweisaufnahme oder eine Vervollständigung der Beweisaufnahme ist bis zum Schluß derjenigen mündlichen Verhandlung, auf die das Urteil ergeht, auf Antrag anzuordnen, wenn das Verfahren dadurch nicht verzögert wird oder wenn die Partei glaubhaft macht, daß sie ohne ihr Verschulden außerstande gewesen sei, in dem früheren Termin zu erscheinen, und im Falle des Antrags auf Vervollständigung, daß durch ihr Nichterscheinen eine wesentliche Unvollständigkeit der Beweisaufnahme veranlaßt sei.

**1** 1) **Systematik, I, II.** Die Vorschrift stellt klar, daß im Gegensatz zu §§ 330 ff die Säumnis oder auch nur das schuldlose, freiwillige Ausbleiben einer Partei nichts am Recht und an der Pflicht des Gerichts ändert, die Beweisaufnahme möglichst durchzuführen. Das gilt vor dem Prozeßgericht (Kollegium, Einzelrichter) wie vor dem verordneten Richter. Erst bei der nach § 285 vorgeschriebenen Verhandlung über das Ergebnis der Beweisaufnahme treten die gesetzlichen Folgen einer Säumnis ein. § 368 gilt ergänzend.

**2** 2) **Regelungszweck, I, II.** Die Vorschrift dient in I der Prozeßförderung, Grdz 12 vor § 128, in II der sachlichrechtlichen Gerechtigkeit, Einl III, insgesamt der Prozeßwirtschaftlichkeit, Grdz 14 vor § 128, durch Verhinderung zusätzlicher Termine.

**3** 3) **Geltungsbereich, I, II.** Vgl Üb 3 vor § 355. § 355 erfaßt nur das freiwillige Ausbleiben, nicht den Fall, daß eine Partei zB zu einem Ortstermin vom Gegner keinen Zutritt erhält, sodaß Beweisvereitelung vorliegen kann, § 444 Rn 4.

**4** 4) **Ausbleiben, I.** Bleibt eine Partei oder bleiben beide Parteien im Beweistermin freiwillig aus, so kann man nicht von einer Säumnis sprechen. Denn die Anwesenheit der Parteien ist nur deren Recht, § 357 Rn 3, nicht aber eine Voraussetzung zur Durchführung der Beweisaufnahme, Jankowski NJW **97**, 3347. Diese ist vielmehr vorzunehmen, soweit das in Abwesenheit der Partei geschehen kann. Das gilt vor dem Prozeßgericht und vor dem verordneten Richter. Voraussetzung der Beweisaufnahme in Abwesenheit der Partei ist eine ordnungsmäßige Terminsbenachrichtigung der Partei, § 357 Rn 6. Fehlt sie, so kann die Partei eine Wiederholung der Beweisaufnahme nicht mehr fordern, falls sie ihr Rügerecht verloren hatte, BGH **LM** Nr 1. Im Fall des § 273 II ist dessen IV 1 zu beachten und darf beim Ausbleiben der Partei keine Beweisaufnahme außer einem Augenschein stattfinden. Etwas anderes gilt nur bei einem dann sofort zulässigen Beweisbeschluß nach Aktenlage, § 251a, sofern die Parteien von der Ladung benachrichtigt worden waren, weil dann ihre Säumnis vorher auf die Beweisaufnahme einschließt. Die Folgen des Ausbleibens sind: Der Ausgebliebene ist mit seinen aus der Parteiöffentlichkeit folgenden Rechten für diese Instanz ausgeschlossen. Dies gilt zB für die Fragen, die er einem Zeugen vorgelegt hätte. Wenn das Ausbleiben die Beweisaufnahme verhindert, wie den Augenschein an der Person der Partei, dann ist die Partei für diese Instanz mit dem Beweismittel ausgeschlossen, vgl § 528, soweit sie beweispflichtig ist; andernfalls würdigt das Gericht das Ausbleiben frei. Im Fall des Ausbleibens der zu vernehmenden Partei gilt § 454. Vor der Erledigung des Beweisbeschlusses darf das Gericht kein Versäumnisurteil erlassen; wohl aber nach ihr, § 370 Rn 4.

**5** 5) **Nachholung, Vervollständigung, II.** Die Beweisaufnahme ist nachzuholen oder zu vervollständigen, notfalls in der 2. Instanz: Immer, wenn die Nachholung das Verfahren nicht verzögert, dh wenn keine Vertagung notwendig wird, vgl auch § 296 Rn 40; bei einer Verzögerung aber nur dann, wenn der Gegner des Ausgebliebenen einwilligt oder wenn der Ausgebliebene an seinem Verhalten schuldlos ist, vgl § 296 Rn 52, und wenn er eine durch sein Ausbleiben verursachte wesentliche Unvollständigkeit glaubhaft macht, § 294. Eine Verhinderung des ProzBev entschuldigt hier nur ausnahmsweise, wenn die Partei selbst nicht verhindert war. Auch eine zur Beweisaufnahme nicht geladene Partei kann, wenn sie diesen Mangel im nächsten Termin nicht gerügt hatte, § 295, eine nachträgliche Beweisaufnahme nur noch wegen Unvollstän-

5. Titel. Allgemeine Beweisaufnahmevorschriften §§ 367–370

digkeit beantragen, BGH **LM** StVO § 13 Nr 7. Die Partei muß eingehend darlegen, daß die Unvollständigkeit erhebliche Punkte betrifft. Insbesondere muß sie diejenigen Fragen angeben, die sie dem Zeugen vorgelegt hätte. Wenn eine Beweisaufnahme vor dem Einzelrichter des § 524 stattfand, dann kann das Prozeßgericht sie vervollständigen. Die Vervollständigung ist nur auf Antrag des Ausgebliebenen und außer im Falle des § 400 nur beim Prozeßgericht zulässig. Ihre Anordnung erfolgt auf eine mündliche Verhandlung durch einen Beweisbeschluß des Prozeßgerichts, § 358, Nürnb OLGZ **76**, 482. Der Antrag wird durch ein Zwischenurteil nach § 303 oder im Endurteil zurückgewiesen. Unabhängig von II kann eine Wiederholung nach §§ 398, 402 notwendig sein.

6) *Rechtsmittel, I, II.* Die Anfechtung der Entscheidung des Gerichts ist immer nur zusammen mit der 6 Anfechtung des Endurteils möglich. Ein Verstoß ist Revisionsgrund, wenn das Urteil auf ihm beruht.

7) *VwGO: I* ist entsprechend anzuwenden, § 98 VwGO, dagegen ist **II** unanwendbar wegen der Amtsermittlungen, 7 § 86 I VwGO, so daß eine Beweisaufnahme bis zum Schluß der letzten Verhandlung immer nachgeholt oder ergänzt werden darf, RedOe § 98 Anm 2.

**368** *Neuer Beweistermin.* Wird ein neuer Termin zur Beweisaufnahme oder zu ihrer Fortsetzung erforderlich, so ist dieser Termin, auch wenn der Beweisführer oder beide Parteien in dem früheren Termin nicht erschienen waren, von Amts wegen zu bestimmen.

1) *Systematik.* Es handelt sich um eine Ergänzung zu § 367. Der neue Termin „zur Beweisaufnahme" 1 kann vor oder nach einer Verhandlung über das Ergebnis der (bisherigen) Beweisaufnahme nach § 285 erforderlich werden; in letzterem Fall ist solche Verhandlung im Anschluß an den weiteren Beweistermin (erneut) erforderlich.

2) *Regelungszweck.* Die Vorschrift sichert das Recht der Parteien auf Teilnahme an jedem Stadium der 2 Beweisaufnahme nach § 357 und dient insofern dem ja in jedem Verfahrensstadium zu gewährenden rechtlichen Gehör, Art 103 I GG.

3) *Geltungsbereich.* Vgl Üb 3 vor § 355. 3

4) *Von Amts wegen.* Die Durchführung der Beweisaufnahme erfolgt weitgehend im Amtsbetrieb, Üb 1 4 vor § 355. Daher sind §§ 251a, 330ff nur in der nach § 370 I bestimmten anschließenden Verhandlung anwendbar. Jeder neue Termin zur Beweisaufnahme ist bis zu deren Abschluß von Amts wegen zu bestimmen, § 216, auch wenn eine oder beide Parteien im früheren Beweistermin ausgeblieben sind. Der neue Termin wird verkündet, § 218, oder die Mitteilung von Amts wegen zugestellt, § 329 II 2; beim verordneten Richter genügt die formlose Mitteilung nach § 357 II. Eine Verkündung wirkt auch gegenüber der vom früheren Termin ordnungsgemäß benachrichtigten Partei, § 312. Die Beweispersonen sind (erneut) zu laden, §§ 377, 402.

5) *VwGO:* Entsprechend anwendbar, § 98 VwGO. 5

**369** *Ausländische Beweisaufnahme.* Entspricht die von einer ausländischen Behörde vorgenommene Beweisaufnahme den für das Prozeßgericht geltenden Gesetzen, so kann daraus, daß sie nach den ausländischen Gesetzen mangelhaft ist, kein Einwand entnommen werden.

1) *Systematik, Regelungszweck.* § 369 betrifft die Form einer ausländischen Beweisaufnahme. 1

2) *Geltungsbereich.* Vgl Üb 3 vor § 355. 2

3) *Voraussetzungen.* Es genügt, wenn eine der folgenden Voraussetzungen erfüllt ist. 3

A. *Ausländisches Recht.* Entweder muß sie den Bestimmungen des betreffenden ausländischen Rechts entsprechen. Hier gilt der Satz, daß sich die Form einer Rechtshandlung nach dem Ort der Vornahme richtet, Art 14 HZPrÜbk, Anh I § 168 GVG, Grunsky ZZP **89**, 243.

B. *Deutsches Recht.* Oder sie muß den deutschen Prozeßvorschriften genügen. 4

4) *Beweiswürdigung.* Wenn die Form der Beweisaufnahme beiden Rechten nicht genügt, dann ist sie 5 insoweit frei zu würdigen, § 286. Mängel heilen nach § 295. Die Ergebnisse Beweisaufnahme sind ausschließlich nach deutschem Recht zu würdigen.

5) *VwGO:* Entsprechend anzuwenden, § 98 VwGO, BVerwG **25**, 88 (vgl § 363 Rn 6). 6

**370** *Verhandlungstermin.* ¹Erfolgt die Beweisaufnahme vor dem Prozeßgericht, so ist der Termin, in dem die Beweisaufnahme stattfindet, zugleich zur Fortsetzung der mündlichen Verhandlung bestimmt.
II ¹In dem Beweisbeschluß, der anordnet, daß die Beweisaufnahme vor einem beauftragten oder ersuchten Richter erfolgen solle, kann zugleich der Termin zur Fortsetzung der mündlichen Verhandlung vor dem Prozeßgericht bestimmt werden. ²Ist dies nicht geschehen, so wird nach

Beendigung der Beweisaufnahme dieser Termin von Amts wegen bestimmt und den Parteien bekanntgemacht.

**1** **1) Systematik, I, II.** Die Vorschrift stellt in I klar, daß die Beweisaufnahme vor dem Prozeßgericht nicht isoliert nur für diesen Zweck bestimmt werden darf. In II erfolgen ergänzende Klarstellungen für die dort genannten Fälle. § 216 gilt mit seinem Gebot unverzüglicher Terminierung ergänzend.

**2** **2) Regelungszweck, I, II.** Die Vorschrift bezweckt eine Prozeßförderung, Grdz 12 vor § 128, und dient der Prozeßwirtschaftlichkeit, Grdz 14 vor § 128.

**3** **3) Geltungsbereich, I, II.** Vgl Üb 3 vor § 355.

**4** **4) Beweisaufnahme vor dem Prozeßgericht, I.** Soll sie vor dem vollbesetzten Prozeßgericht stattfinden, so ist der für sie bestimmte Termin kraft Gesetzes auch zur Fortsetzung der mündlichen Verhandlung bestimmt, auch über das Ergebnis der Beweisaufnahme, §§ 278 II, 285 I. Dies gilt selbst bei einem außerhalb der Gerichtsstelle stattfindenden (Lokal-)Termin, sofern dort die Öffentlichkeit gewahrt ist, § 295. Eine andere ausdrückliche Anordnung ist erlaubt, sollte aber nur ganz ausnahmsweise stattfinden, weil die Frische des Eindrucks der Beweisaufnahme sehr wichtig ist, BGH **LM** Art 103 GG Nr 21, und weil auch die Besetzung des Gerichts wechseln kann, vgl § 309. Da eine mündliche Verhandlung erst nach der Beendigung der Beweisaufnahme stattfindet, § 367 I, wird ein Antrag auf eine Versäumnisentscheidung erst dann zulässig. Ein Verzicht auf die Beweisaufnahme oder auf ein Beweismittel erledigen insoweit, beschwören aber die Gefahr der Zurückweisung bei einer Erneuerung herauf, § 296. Erledigt ist die Beweisaufnahme, wenn sie im jetzt noch erforderlichen Umfang, § 360 Rn 4, voll vorgenommen worden ist oder wenn feststeht, daß sie unausführbar ist, oder wenn diejenige Partei ausbleibt, ohne die eine Beweiserhebung unmöglich ist, § 367 Rn 4.

Kann die Beweisaufnahme nur in diesem Termin *nicht* vollständig stattfinden, etwa weil der Sachverständige oder ein Zeuge ausgeblieben sind, dann muß das Gericht vor dem Eintritt in eine mündliche Verhandlung grundsätzlich nach § 227 Rn 5 vertagen. Die sofortige anschließende Verhandlung ist aber dann zulässig und geboten, wenn das Gericht den verspätet benannten Zeugen zur „Rettung" des Beweistermins gemäß § 273 II Z 4, IV geladen hatte. Dann kommt es auch nicht auf eine Entschuldigung des Zeugen an. Bei einem Versäumnisurteil ist die Beweisaufnahme grundsätzlich nicht zu berücksichtigen, §§ 330, 331 Rn 5 (wegen der Ausnahme bei der Zuständigkeitsprüfung § 331 Rn 7; wegen eines als unwahr erkannten Geständnisses Einf 8, 9 vor § 288 und § 290 Rn 6). Etwas anderes gilt bei einer Entscheidung nach Aktenlage, § 251 a.

**5** **5) Beweisaufnahme vor dem verordneten Richter, II.** Sieht der Beweisbeschluß sie vor, so kann der Vorsitzende sogleich einen Termin zur weiteren Verhandlung nach dem Schluß der Beweisaufnahme bestimmen. Das ist dann zweckmäßig, wenn er mit einer Erledigung vor dem Termin rechnen kann. Andernfalls bestimmt der Vorsitzende den Verhandlungstermin nach der Erledigung der Beweisaufnahme. Dann sind der Termin von Amts wegen durch Zustellung bekanntzugeben, § 329 II 2, die Ladungsfrist einzuhalten, § 217, und § 285 II zu beachten.

**6** **6) VwGO:** Entsprechend anwendbar, § 98 VwGO, sind sowohl I, BVerwG DÖV 81, 536, als auch II.

## Sechster Titel. Beweis durch Augenschein

### Übersicht

**Gliederung**

| | |
|---|---|
| 1) Systematik, Regelungszweck ........... 1 | F. Sachlichrechtliche Pflicht ............ 10 |
| 2) Geltungsbereich ........................ 2 | 6) **Schutz der Intimsphäre** ............ 11–18 |
| 3) Begriff des Augenscheins ............ 3 | A. Tonaufzeichnung usw ............... 11 |
| 4) Zulässigkeit des Augenscheins ..... 4 | B. Grundsatz: Unverwertbarkeit ...... 12, 13 |
| 5) Pflicht zur Duldung des Augenscheins ........................... 5–10 | C. Ausnahme: Verwertbarkeit ........ 14 |
| | D. Mithören ............................. 15 |
| A. Grundsatz: Keine allgemeine Pflicht ... 5 | E. Sonstiges Mitlauschen ............. 16 |
| B. Prozessuale Parteipflicht ............ 6 | F. Foto, Videoüberwachung .......... 17 |
| C. Weigerung der Partei ............... 7 | G. Sonstige Fälle ....................... 18 |
| D. Abstammungsuntersuchung ....... 8 | 7) **VwGO** ................................ 19 |
| E. Weigerung eines Dritten ............ 9 | |

**1** **1) Systematik, Regelungszweck.** §§ 371–372a enthalten die erste der im Gesetz näher geregelten zulässigen Beweisarten. §§ 355 ff gelten als Allgemeiner Teil des Beweisrechts ebenso wie im Bereich der Beweiswürdigung §§ 284 ff.

**2** **2) Geltungsbereich.** Die Vorschriften gelten in allen Verfahren nach der ZPO, auch im arbeitsgerichtlichen Verfahren, § 46 II 1 ArbGG, denn §§ 55, 58 ArbGG enthalten hier keine Besonderheiten.

**3** **3) Begriff des Augenscheines.** „On ne voit bien qu'avec le cœur" (de Saint-Exupéry, Le Petit Prince, XXI). Augenschein ist eine unmittelbare Sinneswahrnehmung des Gerichts zur Beweisaufnahme, eine Kenntnisnahme von der äußeren Beschaffenheit einer Sache, eines Menschen oder eines Vorgangs. Eine Kenntnisnahme vom Inhalt eines Schriftstücks ist ein Urkundenbeweis, §§ 415 ff, eine Kenntnisnahme von der Bekundung eines Menschen ist ein Zeugenbeweis, §§ 373 ff oder ein Sachverständigenbeweis, §§ 402 ff. Der Unterschied liegt darin, daß der Augenschein im Schwerpunkt nicht einen gedanklichen Inhalt übermittelt, so wohl auch Redeker NJW **84**, 2394. Beim Augenschein kann alle Sinne beansprucht werden, das Gesicht, den Geruch, das Gefühl, den Geschmack, das Gehör (wegen Tonbandaufnahmen Rn 10), auch eines blinden Richters, Ffm FGPrax **95**, 101, Schulze MDR **95**, 670.

## 6. Titel. Beweis durch Augenschein — Übers § 371

Richtiger wäre es, von einem *Wahrnehmungsbeweis* zu sprechen. Sein Ergebnis ist die Beurteilung der vorgefundenen Tatsachen durch den Richter. Diese Beurteilung unterliegt ihrerseits der freien Würdigung des Prozeßgerichts, § 286. Das Gesetz verbietet es zumindest nicht, auch mit dem Herzen wahrzunehmen. Wenn erst durch einen Ortstermin geklärt werden soll, was überhaupt streitig ist, dann kann eine Beweisaufnahme fehlen, Hamm Rpfleger **73**, 225.

Ein *Foto* oder eine *Fotokopie* sind bei der Wiedergabe eines Gedankeninhalts Urkunde, sonst Augenscheinsobjekt, vgl Üb 3 vor § 415, BGH MDR **88**, 42, Hbg MDR **88**, 685, LG Nürnb-Fürth VersR **97**, 382, aM BGH MDR **76**, 304. Die digitale Urkunde kann Objekt des Augenscheins sein, Geis NJW **97**, 3001, und ist nach § 286 zu würdigen.

**4) Zulässigkeit des Augenscheins.** Eine Augenscheinseinnahme ist stets von Amts wegen zulässig, **4** § 144. Sie kann auch im selbständigen Beweisverfahren erfolgen, § 485 I, II. Sie steht im pflichtgemäßen Ermessen des Gerichts. § 244 StPO ist entsprechend anwendbar, § 286 Rn 27, BGH NJW **70**, 949. Sie ist auch zur Vorbereitung der mündlichen Verhandlung zulässig, § 273 II (trotz Wegfalls des früheren § 272b II Z 5) sowie § 358a Z 5, vgl aber auch Rn 5. Häufig verbindet sich der Augenschein mit einem anderen Beweis, etwa bei der Benutzung von Landkarten, Lichtbildern usw (Hilfsmittel des Augenscheinsbeweises). Das Gericht darf einen zusätzlichen Augenschein ablehnen, wenn das vom Beweisführer vorgelegte Foto ausreicht, BGH MDR **88**, 42. Ein gemischter Augenscheinsbeweis liegt vor, wenn der Augenscheinsnahme außer dem Gericht gleichzeitig eine Hilfsperson unterrichtet, meist einen Sachverständigen, BGH LM § 286 (B) Nr 28. Das Gericht kann den Augenschein selbst oder durch einen verordneten Richter, §§ 361, 362, ja selbst durch einen zuverlässigen Dritten einnehmen, der über seine Wahrnehmungen (mit)berichten soll, zB einen gerufenen Zeugen oder den Sachverständigen, § 407a Rn 11. Die Protokollierung erfolgt nach § 160 III Z 5. Ein Sachverständiger kann gemäß § 372 zugezogen werden. Wenn der Augenscheinseinnahme ein Hindernis entgegensteht, dann gilt § 356.

**5) Pflicht zur Duldung des Augenscheins** **5**

**Schrifttum:** Steeger, Die zivilprozessuale Mitwirkungspflicht der Parteien beim Urkunden- und Augenscheinsbeweis, Diss Bln 1980.

**A. Grundsatz: Keine allgemeine Pflicht.** Prozeßrechtlich besteht eine Duldungspflicht an sich nicht allgemein, sondern nur in den Fällen der §§ 372a, 654, Naumb FamRZ **93**, 1099, Nürnb WoM **90**, 143. Grundsätzlich braucht wegen Art 2 II GG keine Partei ihren Körper zur Augenscheinseinnahme bereitzustellen, Midderhoff DGVZ **82**, 83, also abgesehen vom Verfahren zum Zweck der Abstammungsfeststellung, Rn 7, eine Untersuchung auf den Geisteszustand oder eine körperliche Untersuchung zu dulden. Weigert sie sich berechtigt, so kann ein Gutachten nur auf Grund der sonst erwiesenen Tatsachen erstattet werden. Ein Dritter kann zwar auf Grund eines Rechtsverhältnisses zu einer Prozeßpartei verpflichtet sein, seine Wohnung zu einer Besichtigung zu öffnen. Jedoch gilt das nicht etwa schon wegen bloßer Nachbarschaft, auch nicht in demselben Haus, Nürnb WoM **90**, 143.

**B. Prozessuale Parteipflicht.** Für die Partei begründet jedoch das öffentlichrechtliche Prozeßrechtsver- **6** hältnis die Pflicht, an der Erledigung des Prozesses mitzuwirken, Grdz 11 vor § 128. Daraus folgt, daß keine Partei die Duldung des Augenscheins verweigern darf, wenn man sie ihr nach Treu und Glauben zumuten muß, BGH LM § 286 (B) Nr 11, Gerhardt AcP **169**, 309 (die Pflicht besteht nur bei einer sachlichrechtlichen Duldungspflicht oder bei einem Widerspruch zum bisherigen prozessualen Verhalten). Erzwingbar ist die Bereitstellung prozeßrechtlich nicht. Die Partei kann also zB eine Grundstücksbesichtigung verweigern, sie kann auch das Gericht am Betreten ihres Grundstücks hindern, Schulte NJW **88**, 1009, auch im selbständigen Beweisverfahren. Grundsätzlich hat sie keine Pflicht, eine körperliche Untersuchung an ihrer Person zu dulden BayObLG MDR **72**, 871, Schlesw SchlHA **84**, 184; wegen der Ausnahmen Rn 8.

**C. Weigerung der Partei.** Wenn der Beweisführer sich weigert, die Untersuchung zu dulden, so ist er **7** mit dem Beweismittel für diese Instanz ausgeschlossen, §§ 230, 367, unabhängig davon, ob er mit oder ohne Grund weigert, LG Hbg RR **94**, 205. Wenn der Gegner die Weigerung erklärt, obwohl er sich bereitstellen müßte und könnte, Peters ZZP **82**, 200, so vereitelt er die Beweisführung, Anh § 286 Rn 26. Dann gilt der Beweis als erbracht, § 444 Rn 5, Schulte NJW **88**, 1009. Weigert der Gegner die Bereitstellung in anderen Fällen, so ist seine Weigerung frei zu würdigen, § 286, und kann das Gericht zB ein Gutachten einholen, BGH LM § 32 EheG Nr 3. Wenn der Augenschein amtlich angeordnet worden ist, gilt Entsprechendes, soweit dies der Beweispflichtige, Anh § 286, weigert.

**D. Abstammungsuntersuchung.** Einen Sonderfall bildet der Abstammungsprozeß. In ihm müssen sich **8** Parteien und Dritte notfalls einer Blutentnahme (falls diese durch einen Medizinalassistenten erfolgt, BGH NJW **71**, 1097) oder auch einer erbkundlichen Untersuchung unterwerfen, also einem Augenschein, § 372a. Über den Beweiswert von Blutgruppenuntersuchungen usw § 372a Rn 4ff.

**E. Weigerung eines Dritten.** Wenn sonst ein Dritter die Bereitstellung verweigert, dann steht das der **9** Weigerung der Partei gleich, soweit sie für den Dritten einzustehen hat. Dies gilt zB dann, wenn ein Dritter im Einverständnis der Partei eine einzusehende Urkunde verbrennt. Im übrigen ist die Weigerung der Partei nicht zur Last zu legen. Aus der Zeugnispflicht folgt grundsätzlich keine Pflicht zur Duldung der Augenscheinseinnahme. Kein Dritter braucht seinen Körper bereitzustellen. Ein Zivilprozeß anderer Personen darf nur im Rahmen der gesetzlich Bestimmten in den Rechtskreis Dritter eingreifen (Ausnahmen Rn 8).

**F. Sachlichrechtliche Pflicht.** Häufig ergibt sich eine Pflicht zur Duldung aus dem sachlichen Recht. **10** Sie kann sich zB aus einem Gesellschaftsverhältnis ergeben oder aus §§ 495 II, 809, 811 BGB, 418 HGB. In solchen Fällen muß der Beweisführer klagen und notfalls die Zwangsvollstreckung nach §§ 883, 888, 890 betreiben; evtl wird entsprechend § 431 eine Frist gesetzt, aM Stürner/Stadler JZ **85**, 1104 (es könne eine allgemeine prozessuale Aufklärungspflicht bestehen), ThP Üb 2 vor § 371 (sie wenden § 356 an).

**11**  6) **Schutz der Intimsphäre**

**Schrifttum:** *Baumgärtel,* Die Verwertbarkeit rechtswidrig erlangter Beweismittel im Zivilprozeß, Festschrift für *Klug* (1984) 477; *Fink,* Die Verwertung rechtswidrig erlangter Beweismittel im Zivilprozeß, Diss Köln 1994; *Habscheid,* Das Persönlichkeitsrecht als Schranke der Wahrheitsfindung im Prozeßrecht, Gedächtnisschrift für *Peters* (1967) 840; *Kaissis,* Die Verwertbarkeit materiellrechtswidrig erlangter Beweismittel im Zivilprozeß, 1978; *Kodek,* Rechtswidrig erlangte Beweismittel im Zivilprozeß, Wien 1988 (rechtsvergleichend); *Konzen,* Rechtsverhältnisse zwischen Prozeßparteien (1976) 179 ff, 242 ff; *Schwab,* Unzulässigkeit von Beweismitteln bei Verletzung des Persönlichkeitsrechts, Festschrift für *Hubmann* (1985) 421.

Die *Verwertbarkeit rechtswidrig* erlangter Beweismittel ist umstritten, BGH **110**, 35 mwN.

**A. Tonaufzeichnung usw,** dazu *Englisch,* Elektronisch gestützte Beweisführung im Zivilprozeß, Diss Regensb 1999: Tonbandaufnahmen und andere technische Aufzeichnungen, zB Schallplatten, Lochstreifen, Bildbänder, Videocassetten, Computerspeicher, Computerbescheide, sind meist (vgl auch Üb 3 vor § 415) Gegenstand des Augenscheins, BGH NJW **82**, 277, LAG Bln DB **88**, 1024, und zwar nicht nur wegen ihrer äußeren Beschaffenheit, Rn 2, Baltzer Gedächtnisschrift für Bruns (1980) 73, Redeker NJW **84**, 2394, ZöGre § 371 Rn 1, aM Jöstlein DRiZ **73**, 409 (er faßt sie insofern als Urkunde auf; aber Urkunden sind nur schriftliche Verkörperungen eines Gedankens).

**12**  **B. Grundsatz: Unverwertbarkeit.** Die unbefugte Verwertung des nicht öffentlich gesprochenen bzw geschriebenen fremden Worts ist grundsätzlich unzulässig, BGH (6. ZS) NJW **88**, 1016 (betr eine Geschäftsangelegenheit), BAG NJW **83**, 1692, Köln NJW **87**, 263, aM BGH (8. ZS) NJW **82**, 1398, LG Köln WoM **95**, 122 (Aufzeichnung lautstarker Worte jenseits der Wand. Aber der Belauschte ist dann erst recht schutzbedürftig. Denn sie selbst und auch ihre Verwertung stellt eine Verletzung des durch Artt 1 und 2 GG geschützten Persönlichkeitsrechts dar, BAG NJW **83**, 1692, LAG Köln BB **97**, 476, Habscheid ZZP **96**, 332, aM BGH MDR **94**, 767 (stets Güterabwägung; zustm Olzen JR **95**, 351, krit Baumgärtel JR **95**, 767).

**13**  Das Gericht darf sich nicht zum Werkzeug einer nach § 201 I Z 2 StGB begangenen *Straftat des Beweisführers* machen lassen, BGH NJW **82**, 277, BAG NJW **83**, 1692, Zeiss ZZP **89**, 389. Daran ändert auch der Umstand nichts, daß heute vielfach Abhör- und Mithöreinrichtungen üblich sind, Köln NJW **87**, 263, aM BGH NJW **82**, 1398. Man darf auch eine Verweigerung des Betroffenen zur Verwertung einer unbefugten Aufzeichnung eine Zeugenaussage grundsätzlich weder herbeiführen noch verwerten. Nach alledem ist es auch unbefriedigend, die Verwertung formell zuzulassen und erst im Rahmen von §§ 138, 286 kritisch zu würdigen, wie es LG Heilbr WoM **92**, 10, Werner NJW **88**, 1002 vorschlagen. Zur Unverwertbarkeit einer sog „Raumgesprächs-Aufzeichnung" BGH MDR **83**, 683 (StPO).

**14**  **C. Ausnahme: Verwertbarkeit.** Die Verwendung der mit Zustimmung des Betroffenen gemachten und daher befugten Aufzeichnung ist zulässig, BGH **27**, 284. Das gilt auch bei stillschweigender (nachzuweisender) Duldung, außer wenn dadurch etwa die Zeugenaussage selbst ersetzt werden soll, da dann der Unmittelbarkeitsgrundsatz, § 355 Rn 4, verletzt wäre. Die Verwendung einer heimlich entstandenen Aufzeichnung ist allenfalls bei Notstand, Notwehr oder Nothilfe oder Wahrnehmung höherer berechtigter Interessen zulässig, BVerfG NJW **73**, 891, BGH MDR **94**, 767, LAG Bln DB **88**, 1024. Dies kann zB dann gegeben sein, wenn der Beleidiger seine Äußerungen schwerwiegender Art unter Vermeidung dritter Zuhörer wiederholt und dabei seine Absicht kundtut, weitere Beleidigungen auszusprechen. BVerfG MDR **73**, 477 (Strafverfahren) stellt darauf ab, ob der Privatsphäre überwiegende berechtigte Interessen gegenüberstehen. BGH NJW **82**, 278, Zeiss ZZP **89**, 399 erlauben die Verwertung solcher Aufnahmen, wenn die Schwere des Eingriffs in einem angemessenen Verhältnis zum erstrebten Zweck stehe. Zulässig ist es schließlich, nur die eigenen Worte bzw diejenigen der im Raum Anwesenden, Einverstandenen (nicht aber auch die Worte des Telefonpartners) aufzuzeichnen und zu verwerten.

**15**  **D. Mitabhören.** Das Mithören eines Gesprächs, das von einem Apparat im Geschäftsraum eines *Kaufmanns* zu Geschäftszwecken geführt wird ist ausnahmsweise zulässig, BGH NJW **82**, 1398, Schlund BB **76**, 1492, aM LG Dortm MDR **94**, 407, ThP § 286 Rn 4 (sie übertragen die vom BGH vertretene Erlaubnis auf den gesamten Geschäftsverkehr mit Ausnahme derjenigen, die zur Verschwiegenheit verpflichtet sind), Zeiss ZZP **89**, 398 (er wendet insofern § 446 entsprechend an), BAG NJW **83**, 1692, LG Kassel RR **90**, 62, LAG Bln ZZP **96**, 113 (sie verbieten demgegenüber mit Recht die Vernehmung des heimlichen Mithörers des vertraulichen Telefonats der Parteien an einer zweiten Ohrmuschel oder über den offen hingelegten Hörer usw. Sie wäre mit dem Recht auf informationelle Selbstbestimmung usw, Art 2 GG, Einl III 21, und mit dem Arglistverbot, Einl III 54, unvereinbar. S auch Rn 16.

**16**  **E. Sonstiges Mitlauschen.** Vgl zunächst Rn 15. Auch die Vernehmung eines heimlich in einen Raum geführten oder gelangten Zeugen, der von dort aus mit bloßen Ohren mitlauscht, ist grundsätzlich unzulässig, Art 6 I MRK, Artt 1, 2 GG, BGH NJW **70**, 1848, BAG DB **89**, 371 (Arbeitgeber – Arbeitnehmer), LG Kassel RR **90**, 62, aM Köln MDR **94**, 408 (Verwertungserlaubnis nach Belehrung über Aussageverweigerungsrecht und Inhaltsbestätigung. Aber eine Straftat ist nicht derart zu beseitigen), aM LAG Düss DB **98**, 1522. Dasselbe gilt grundsätzlich natürlich auch für die Verwertung einer solchen Aussage. In allen solchen Fällen ist eine Abwägung zwischen dem Persönlichkeitsrecht des Belauschten und dem Beweisführungsinteresse erforderlich, BGH NJW **91**, 1180 (abl Helle JZ **91**, 929).

**17**  **F. Foto, Videoüberwachung.** Fotos oder eine heimliche Videoüberwachung sind als Gegenstand des Augenscheins unzulässig, falls sie unter Verletzung des allgemeinen Persönlichkeitsrechts entstanden sind oder verwertet werden sollen, AG Düss NZM **98**, 912, LAG Köln BB **97**, 476, LAG Stgt BB **99**, 1439, aM Düss MDR **97**, 1062 (außerhalb der Intimsphäre: Interessenabwägung). Die Lichtbildaufnahme eines im Freien spielenden Kindes ist kein Eingriff in sein Persönlichkeitsrecht, KG NJW **80**, 894. Im übrigen gilt Rn 11 entsprechend. Beim geringsten Anzeichen einer möglichen elektronischen Bildverarbeitung (EBV) ist wegen ihrer Manipulationsgefahren größte Zurückhaltung bei der Auswertbarkeitsfrage geboten.

6. Titel. Beweis durch Augenschein **Übers § 371, §§ 371, 372**

**G. Sonstige Fälle.** Zur Problematik der Verwertung eines Steuergeheimnisses Bullmer BB **91**, 365. Die **18** Regeln Rn 11–17 können entsprechend anwendbar sein, wenn eine Partei einen Anspruch mit unzulässig vorgetragenen Tatsachen begründet, etwa mit anvertrautem Anwaltswissen, BGH NJW **94**, 462. Zur Problematik eines heimlichen Stimmenvergleiches BGH(St) MDR **94**, 497. Der sog Lügendetektor ist zumindest im Bereich des Strengbeweises kein zulässiges Beweismittel, LAG Mainz BB **98**, 1216.

**7) VwGO:** Augenschein ist als zulässiges Beweismittel ausdrücklich genannt, § 96 I 2 VwGO. Einnahme stets **19** vAw, § 86 I VwGO, auch vor der mündlichen Verhandlung, § 87 VwGO. §§ 371ff gelten entsprechend, § 98 VwGO, soweit der Ermittlungsgrundsatz, § 86 I VwGO, nicht entgegensteht.

## 371
*Beweisantritt.* Der Beweis durch Augenschein wird durch die Bezeichnung des Gegenstandes des Augenscheins und durch die Angabe der zu beweisenden Tatsachen angetreten.

**Schrifttum:** *Söllner,* Der Beweisantrag im Zivilprozeßrecht, Diss Erlangen 1972.

**1) Systematik.** Bei allen Beweisarten muß man zwischen dem Beweisantritt, der Beweisanordnung, der **1** Beweisaufnahme, die Beweisführung und der Beweiswürdigung unterscheiden. § 371 regelt den Beweisantritt, ohne dessen korrekte Vornahme die folgenden Schritte verfahrensfehlerhaft wären.

**2) Regelungszweck.** Der Beweisführer soll gezwungen sein, sein Beweisangebot von vornherein so **2** bestimmt zu fassen, daß das Gericht wie der Gegner die Erheblichkeit und die prozessuale Brauchbarkeit übersehen können. Damit dient die Vorschrift der Vermeidung unnötiger Kosten. § 91 Rn 28, und auch im übrigen der Prozeßwirtschaftlichkeit, Grdz 14 vor § 128. Deshalb ist die Vorschrift nicht zu großzügig auslegbar. Das wird bei der in der Praxis oft zu laxen Handhabung der Anforderungen an den Beweisantritt zu leicht übersehen. Der Gegner des Beweisführers hat einen vom unparteiischen Richter zu achtenden Anspruch auf Nichtbeachtung vermeidbar fehlerhafter Beweisantritte, vgl auch § 139 Rn 13ff.

**3) Geltungsbereich.** Vgl Üb 2 vor § 371. **3**

**4) Beweisantritt.** Er verlangt die Angabe des Gegenstandes des Augenscheins und der Beweispunkte. **4** Der Gegenstand ist möglichst genau zu bezeichnen, BGH **66**, 68; sonst, aber auch ohne jeden Antrag, sind evtl §§ 144, 358a Z 5 anwendbar. Wenn zB ein Schriftwerk stark verstümmelt sein soll, dann hat die Partei die betreffenden Stellen zu bezeichnen und darf das Gericht nicht darauf verweisen, sich selbst herauszusuchen. Bei einem Streit über die Nämlichkeit einer Person oder Sache entscheidet das Prozeßgericht gemäß §§ 286, 366. Der Beweisführer muß die Nämlichkeit beweisen, solange das Gericht von Amts wegen Augenschein erhebt. Das Gericht darf einen förmlichen Beweisantritt nur unter den Voraussetzungen § 286 Rn 27–49 ablehnen (mangels gerichtlicher Sachkunde ist § 372 anwendbar, BGH LM § 909 BGB Nr 14. Denn im Ermessen des Gerichts steht nur eine von Amts wegen erfolgende Augenscheinseinnahme. Auslagenvorschuß: § 68 GKG. Wer einen Augenschein nur zur Unterrichtung des Gerichts über eine nicht beweisbedürftige Tatsache beantragt, stellt keinen Beweisantrag.

**5) Verstoß.** Er ist ein (gemäß § 295 heilbarer) Verfahrensmangel. Dieser kann zur Zurückverweisung **5** führen, § 539. Vgl auch Rn 2.

**6) VwGO:** Nur eingeschränkt entsprechend anwendbar, § 98 VwGO, vgl § 373 Rn 8. **6**

## 372
*Beweisaufnahme.* I Das Prozeßgericht kann anordnen, daß bei der Einnahme des Augenscheins ein oder mehrere Sachverständige zuzuziehen seien.

II Es kann einem Mitglied des Prozeßgerichts oder einem anderen Gericht die Einnahme des Augenscheins übertragen, auch die Ernennung der zuzuziehenden Sachverständigen überlassen.

**1) Systematik, Regelungszweck, I, II.** Das Gericht kann und soll wegen des Grundsatzes der Un- **1** mittelbarkeit der Beweisaufnahme, § 355 Rn 4, den Augenschein in der Regel selbst, evtl außerhalb der Gerichtsstelle einnehmen, § 219, § 166 GVG, aber auch durch den ersuchten Richter, § 362, § 158 GVG, Naumb FamRZ **93**, 1099. Das Ergebnis ist zu protokollieren, § 160 III Z 5, und zwar so, daß das Protokoll auch anderen ein Bild des vorgefundenen Sachverhalts vermittelt. Eine weitergehende Würdigung im Protokoll ist unnötig und schon wegen § 42 nicht ratsam. Wenn das Prozeßgericht in derselben Besetzung wie bei der Augenscheinseinnahme entscheidet und wenn das Endurteil weder der Berufung noch der Revision unterliegt, dann ist ein Protokoll entsprechend § 161 I Z 1 entbehrlich, BGH **LM** § 161 aF Nr 2. Dann muß aber der Tatbestand ausreichende Feststellungen enthalten. Wegen eines Richterwechsels § 309 Rn 1–4.

**2) Geltungsbereich, I, II.** Vgl Üb 2 vor § 371. **2**

**3) Sachverständiger, I.** Das Prozeßgericht darf und muß evtl einen Sachverständigen zuziehen, § 286 **3** Rn 50, BGH **LM** § 909 BGB Nr 14, aM ZöGre 1 (Ermessen), wenn dem Gericht die nötige Sachkunde zur Wahrnehmung des Wesentlichen fehlt, wenn der Sachverständige das Gericht also unterstützen soll, oder wenn der Sachverständige Unterlagen für ein Gutachten gewinnen können soll. Wenn eine Augenscheinseinnahme durch den Richter unzweckmäßig ist, dann darf er sich einer Mittelsperson bedienen. Der männliche Richter hat sich zB vom körperlichen Zustand einer Frau durch eine Frau überzeugen zu lassen, deren Befund dann eine Augenscheinsinnahme ist. Das hat sich aber auf unumgängliche Ausnahmefälle zu beschränken. Zu ihnen gehört auch die Untersuchung nach § 372a, dort Rn 3, oder eine Meinungsforschung, Üb 7 vor § 402. Diese Grundsätze sind auch zwecks Auswertung technischer Aufzeichnungen zulässig, zB

## §§ 372, 372a  2. Buch. 1. Abschnitt. Verfahren vor den LGen

solcher eines Computers, Jöstlein DRiZ 73, 411. Die Mittelsperson ist als Sachverständiger zu behandeln, wenn sie sachkundig sein muß oder wenn das Gericht die nötigen Versuche nicht selbst sachgemäß vornehmen kann. Sonst wird die Mittelsperson wie, aber nicht als ein Zeuge behandelt: LG Trier NJW 87, 722 (StPO).

**4** **4) Verordneter Richter, II.** Das Gericht darf den Augenschein und die Ernennung eines Sachverständigen nach pflichtgemäßem Ermessen, BGH NJW 90, 2937, das aber auch hier den Grundsatz der Unmittelbarkeit der Beweisaufnahme beachten sollte, § 355 Rn 4, einem verordneten Richter überlassen, §§ 361, 362. Es darf ihm auch die Zuziehung überlassen. Die Regeln des § 375 sind auch nicht entsprechend anwendbar. § 160 III Z 5 ist anwendbar, BayObLG WoM 89, 346 (FGG-Verfahren). Wegen der Auswahl des Sachverständigen gilt § 405. Das Gericht kann einem Sachverständigen die Augenscheinseinnahme gestatten oder überlassen, § 407 a Rn 11.

**5** **5) Rechtsbehelfe, I, II.** Vgl § 355 Rn 8–10.

**6** **6) VwGO:** Entsprechend anwendbar, § 98 VwGO, sind sowohl I als auch II (dazu BVerwG NJW 94, 1975 mwN, auch zur Verzichtbarkeit einer entspr Verfahrensrüge). Wegen der Verwertung einer Augenscheinseinnahme des beauftragten Richters, II, wenn dieser an der Endentscheidung nicht mitwirkt, s BVerwG Buchholz 310 § 98 Nr 44.

## 372a  *Untersuchungen zur Abstammungsfeststellung.*

$^I$ Soweit es in den Fällen der §§ 1600 c und 1600 d des Bürgerlichen Gesetzbuches oder in anderen Fällen zur Feststellung der Abstammung erforderlich ist, hat jede Person Untersuchungen, insbesondere die Entnahme von Blutproben zum Zwecke der Blutgruppenuntersuchung, zu dulden, soweit die Untersuchung nach den anerkannten Grundsätzen der Wissenschaft eine Aufklärung des Sachverhalts verspricht und dem zu Untersuchenden nach der Art der Untersuchung, nach den Folgen ihres Ergebnisses für ihn oder einen der im § 383 Abs. 1 Nr. 1 bis 3 bezeichneten Angehörigen und ohne Nachteil für seine Gesundheit zugemutet werden kann.

$^{II}$ $^1$Die Vorschriften der §§ 386 bis 390 sind entsprechend anzuwenden. $^2$Bei wiederholter unberechtigter Verweigerung der Untersuchung kann auch unmittelbarer Zwang angewendet werden, insbesondere die zwangsweise Vorführung zum Zwecke der Untersuchung angeordnet werden.

**Vorbem:** I idF Art 6 Z 7 KindRG v 16. 12. 97, BGBl 2942, in Kraft sei 1. 7. 98, Art 17 § 1 KindRG.

**Schrifttum:** *Eichberger,* Aktuelle Probleme der Feststellung der Abstammung (§ 372 a ZPO), Diss Regensb 1988; *Peters,* Auf dem Wege zu einer allgemeinen Prozeßförderungspflicht der Parteien?, Festschrift für *Schwab* (1990) 399; *Schöpflin,* Die Beweiserhebung von Amts wegen im Zivilprozeß, 1992. S auch Rn 3.

### Gliederung

| | |
|---|---|
| 1) Systematik, I, II ............................ 1 | 6) Art des Beweismittels, I ............... 18 |
| 2) Regelungszweck, I, II ..................... 2 | 7) Duldungspflicht, I ...................... 19–25 |
| 3) Geltungsbereich, I, II ..................... 3 |    A. Grundsatz: Pflicht eines jeden ......... 19, 20 |
| 4) Voraussetzungen, I, II .................... 4 |    B. Erforderlichkeit ........................ 21 |
| 5) Prüfungsreihenfolge, I .................... 5–17 |    C. Aufklärbarkeit ........................ 22 |
|    A. Blutgruppengutachten .................. 6–8 |    D. Zumutbarkeit ......................... 23–25 |
|    B. Biostatistische Zusatzbegutachtung .... 9–11 | 8) Prüfung der Weigerung, II ............ 26–30 |
|    C. Tragezeitgutachten .................... 12 |    A. Grundsatz: Zwischenverfahren ........ 26 |
|    D. Erbbiologisches Gutachten ............ 13–15 |    B. Verweigerung mit Grundangabe ...... 27–29 |
|    E. Zeugungsfähigkeitsprüfung ........... 16 |    C. Verweigerung ohne Grundangabe .... 30 |
|    F. Identitätsprüfung ..................... 17 | 9) VwGO ................................... 31 |

**1** **1) Systematik, I, II.** Soweit Eingriffe gemacht werden, also bei der Entnahme einer Blutprobe, enthält die Vorschrift eine gesetzliche Einschränkung des Rechts auf körperliche Unversehrtheit, die nach Art 2 II 2 GG möglich ist und daher nicht gegen dieses verstößt, BVerfG **5**, 15, Ffm NJW **88**, 832 mwN, KG FamRZ **87**, 294. Gleichzeitig liegt ein Fall einer Pflicht zur Duldung des Augenscheins vor, Üb 5 vor § 371. Ferner liegt eine Ausnahme von der Regel vor, daß kein Dritter seinen Körper im Prozeß anderer bereitstellen muß, KG OLGZ **82**, 64. Sie kann hier sogar erzwungen werden, Üb 8 vor § 371; dazu krit Franke FamRZ **95**, 975 (ausf).

**2** **2) Regelungszweck, I, II.** Gegenüber den früheren Regelungen enthält § 372 a als Ausfluß einer allgemeinen Prozeßförderungspflicht der Parteien, Grdz 12 vor § 128, Peters (vor Rn 1) 401, ganz wesentliche Milderungen durch eine Erweiterung der Weigerungsgründe. Das ist bei der Auslegung mitzubeachten.

**3** **3) Geltungsbereich, I, II.** Die Vorschrift ist in allen Verfahren nach der ZPO anwendbar. § 372 a ist unanwendbar, wenn die Partei ein neues außergerichtliches Gutachten im Sinn von § 641 i I beschaffen will, § 641 i Rn 2, Celle FamRZ **71**, 593, LG Bln FamRZ **78**, 836, von Schlabrendorff BVerfG **35**, 62. Zum privaten Abstammungsgutachten Reichelt/Schmidt/Schmidtke Rpfleger **95**, 777.

**4** **4) Voraussetzungen, I, II.** § 372 a setzt entweder einen Rechtsstreit bzw ein Verfahren der freiwilligen Gerichtsbarkeit oder die Notwendigkeit einer Untersuchung zur Feststellung der Abstammung voraus, Oldb NJW **73**, 1419. Die Anwendbarkeit der Vorschrift ist nicht auf familienrechtliche Streitigkeiten beschränkt, sondern erstreckt sich zB auch auf einen Streit um Unterhalt, Erbrecht, Namen. Es ist auch nicht erforderlich, daß gerade über eine Abstammung gestritten wird. § 372 a ist nur hilfsweise anwendbar. Zwang ist nicht erlaubt, solange sich die Abstammung ebenso sicher anderweitig ermitteln läßt. Zunächst ist die

### 6. Titel. Beweis durch Augenschein § 372a

Ermittlung notwendig, wann und mit wem Geschlechtsverkehr stattfand, Stgt OLGZ **74**, 377. Zwang ist ferner nicht erlaubt, wenn gar die Partei eine Untersuchung ins Blaue hinein verlangt, Bbg FamRZ **75**, 51, KG FamRZ **74**, 102, Stgt NJW **72**, 2226. Das ist aber nur selten der Fall, Einf 30 vor § 284, § 286 Rn 3, aM Nürnb FamRZ **71**, 590 (es sei nie der Fall). Auch hier müssen angetretene Beweise grundsätzlich erschöpft werden, § 286 Rn 41.

Es ist also zumindest ein *Blutgruppengutachten* erforderlich, auch wenn kein Anhalt für einen Mehrverkehr besteht, KG NJW **74**, 608. Das Gericht muß im Kindschaftsprozeß einen Beweis von Amts wegen auch zu solchen Tatsachen erheben, die von keiner Partei vorgebracht wurden, die aber sich als erheblich ergeben haben, § 640 I, Grdz 38 vor § 128, Leipold FamRZ **73**, 77; vgl aber auch § 640 d. Eine Untersuchung ist nicht erforderlich, wenn sie entscheidungsunerheblich ist, § 286 Rn 29, Karlsr FER **98**, 89, etwa deshalb, weil die Anfechtungsfrist abgelaufen ist, Oldb NJW **73**, 1419.

**5) Prüfungsreihenfolge, I** 5

**Schrifttum:** *Eichberger*, Aktuelle Probleme der Feststellung der Abstammung (§ 372 a ZPO), Diss Regensb 1988; *Hummel/Gerchow* (Herausgeber): Festschrift für *Essen/Möller* (1982); *Reichelt*, Verfahren, Zulässigkeit und Auswirkungen der DNA-Technologie (genetischer Fingerabdruck) auf den Anwendungsbereich der Vateschaftsvermutung usw, 1992. Zur biostatistischen Auswertung von Blutgruppengutachten zwecks positiven Vaterschaftsnachweises *Hummel* FamRZ **97**, 326.

Im Abstammungsprozeß ist das Gericht faktisch vom *Sachverständigen* vollständig abhängig, Pieper ZZP **84**, 32. Deshalb sollte das Gericht trotz seines (theoretischen) Ermessens über die Art der Untersuchung die von den Sachverständigen meist empfohlene Prüfungsreihenfolge einhalten, BGH **61**, 170:

**A. Blutgruppengutachten.** Zunächst empfiehlt sich eine Blutgruppenuntersuchung, KG FamRZ **87**, 6 294. Sie kann heute nicht nur zum sicheren Ausschluß der Vaterschaft ohne Möglichkeit eines Gegenbeweises führen, sondern auch die Vaterschaft als (abstufbar) wahrscheinlich bis hin zum Beweise darlegen, BGH FamRZ **94**, 507, KG FamRZ **92**, 599. Zum Beweiswert der zahlreichen Blutgruppenfaktoren vgl neben Richtlinien des Bundesgesundheitsamts, (Novellierung 1996) BGesundhBl **96**, 311 = FamRZ **97**, 344. Übersicht bei Rittner NJW **74**, 590 (er schlägt für Problemfälle eine serologische Zweistufenprüfung vor) sowie Oepen/Ritter NJW **77**, 2107, Roth-Stielow NJW **77**, 2114.

Ein Blutgruppengutachten läßt sich lt Arbeitsgemeinschaft der gerichtlichen Blutgruppensachverständigen 7 in der BRep (Fassung April 1991) in ca ²/₃ aller Fälle *kostensparend* in der Form eines sog Grundgutachtens erstellen, das zB HLA und DNA nicht umfaßt. Ein Blutgruppengutachten kann bei offenkundig anderer Hautfarbe usw entbehrlich sein, Schlesw SchlHA **89**, 78; aber insofern Vorsicht!

Zum *HLA-System* BGH NJW **78**, 1684, KG FamRZ **92**, 599, Hummel NJW **81**, 609; zum HLA- und 8 Es-D-System Bre NJW **78**, 1202; zum *DNA-System* BGH NJW **92**, 2976 (das DNA-System enthält nur eine statistische Aussage, die eine Würdigung aller Beweisumstände nicht erübrigt), Hamm FamRZ **92**, 455, Sprenger/Fischer NJW **99**, 1830. Inzwischen ist beim DNA-System die sog *PCR-Analyse* möglich. Sie ist nicht allzu teuer. Daher hat die DNA-Analyse jetzt hohen Wert. Der sog genetische Fingerabdruck ist inzwischen ebenfalls gesetzlich zugelassen worden; zu beiden Methoden Rath/Brinkmann NJW **99**, 2697.

Wenn *neue Blutgruppsysteme* entwickelt wurden, muß das Gericht einem neuen Beweisantrag stattgeben, falls davon eine weitere Aufklärung zu erwarten ist, wobei rein theoretische Möglichkeiten unbeachtlich bleiben, BGH **LM** § 1591 BGB Nr 13 und § 1600 o BGB Nr 7. Es ist auch eine Wiederaufnahme möglich, § 641 i. Zum weiterführenden serologischen Gutachten Goedde/Hirth/Benkmann NJW **74**, 2296.

**B. Biostatistische Zusatzbegutachtung**, dazu *Hummel* FamRZ **97**, 326 (ausf): Es kann eine biostatisti- 9 sche (serostatistische) Zusatzberechnung (begründet von Essen/Möller) notwendig oder doch ratsam sein. Auch sie erlaubt unter Umständen eine klare Vaterschaftsfeststellung und hat schon deshalb eine erhebliche Bedeutung, BGH FamRZ **88**, 1038 betr einen Iraner, Hbg MDR **77**, 316, KG FamRZ **75**, 285 betr Türken, Maier FamRZ **73**, 126, krit BGH NJW **80**, 637, Hbg NJW **73**, 2255 betr ausländische Bevölkerungsgruppen. Vgl dazu den Anh der Richtlinien des Bundesgesundheitsamts BGesundhBl **15**, 31 und 92.

Durch die biostatistische Zusatzberechnung kann das Ergebnis eines *erbbiologischen* Gutachtens fragwürdig 10 werden, Stgt NJW **74**, 1432. Die Zusatzberechnung ist stets nötig, falls sich beim Blutgruppengutachten kein Ausschluß ermöglichen läßt. Sie hat Vorrang vor der Einholung eines erbbiologischen Gutachtens, Stgt NJW **74**, 1432. Zimmermann NJW **73**, 546 befürwortet wegen der unterschiedlichen Voraussetzungen der Methoden die Anwendung zweier von ihnen nebeneinander.

Eine *Wahrscheinlichkeit* von 99,85% kann die Möglichkeit eines Gegenbeweises ausschließen, AG Bln- 11 Schönebg FamRZ **74**, 205, und kann Maßnahmen nach Rn 10, 11–13 erübrigen, Mü NJW **84**, 1826, zumindest dann, wenn kein Verdacht auf Mehrverkehr besteht, BGH FamRZ **94**, 507 (Essen-Möller 99%), Kblz **75**, 51 (Essen/Möller: 99,6%, Hummel: 70%), Oldb FamRZ **79**, 969, Odersky FamRZ **74**, 563, aber sogar bei der Möglichkeit eines Mehrverkehrs die ausreichende Annahme einer überwiegenden Wahrscheinlichkeit der Vaterschaft des Bekl rechtfertigen, BGH FamRZ **82**, 2124. Freilich darf die Aufklärung von Umständen, die gegen die Vaterschaft sprechen, auch bei hoher biostatistischer Wahrscheinlichkeit nicht unterbleiben, BGH NJW **87**, 2296.

**C. Tragezeitgutachten.** Als Ergänzung von a) und b) empfiehlt sich evtl die Einholung eines Ferment- 12 Tragezeitgutachtens, BGH **LM** § 1600 o BGB Nr 13, KG FamRZ **73**, 270.

**D. Erbbiologisches Gutachten.** Das Gericht muß unter Umständen ein anthropologisch-erbbiologi- 13 sches Gutachten einholen, § 286 Rn 41. Ein solcher Zwang besteht freilich nur insoweit, als auch nach Rn 7–10 Zweifel bleiben, § 286 Rn 16, 50, zB weil doch noch Mehrverkehr möglich ist, BGH **LM** § 1600 o BGB Nr 4 (abl Maier NJW **74**, 1427), insbesondere wenn nach der Methode Essen/Möller eine Wahrscheinlichkeit von nur 85% entsteht, BGH **LM** § 1600 o BGB Nr 10 (abl Westphal NJW **76**, 1151), Karlsr FamRZ **77**, 342, oder eine solche von nur 79%, BGH **LM** § 1600 o BGB Nr 6 (krit Ankermann NJW **75**, 592), oder gar nur 70%, Karlsr FamRZ **74**, 266 (KG FamRZ **74**, 469: stets weniger als 99%, ähnl Hbg FamRZ **75**, 103). Auch dieses Gutachten kann bereits für sich allein die Vaterschaft ausschließen,

## § 372a

oder die Vaterschaftsfeststellung ermöglichen, Nürnb FamRZ **72**, 219. Freilich ist das erbbiologische Gutachten wegen der hohen Zuverlässigkeit heutiger Blutgruppengutachten kaum noch notwendig.

14  Zu seinem *Beweiswert* allgemein BGH **LM** § 286 (B) Nr 14 (krit Ritter FamRZ **73**, 126), Stgt NJW **74**, 1432, Oepen/Ritter NJW **77**, 2109, bei dem Kind einer Prostituierten KG MDR **70**, 765, Köln NJW **73**, 562, Stgt NJW **76**, 1158, zur Erschütterung der Glaubwürdigkeit des Zeugen oder zur Stichhaltigkeit von Blutgruppengutachten und erbbiologischen Gutachten trotz Mehrverkehrs, BGH FamRZ **74**, 644. Neuere statistische Untersuchungen zeigen übrigens, daß die Aussage der Kindesmutter über den wahren Vater jedenfalls in Zweimannfällen recht oft zutrifft. Das gilt übrigens auch in dem medizinisch und gerichtlich erwiesenen Fall, daß Zwillinge von verschiedenen Vätern abstammen können. Schon deshalb darf das Gericht der Kindesmutter entgegen KG FamRZ **74**, 468 keineswegs grundsätzlich mißtrauen.

15  Über die *Wahrscheinlichkeitsstufen* im erbbiologischen Gutachten BGH FamRZ **74**, 86, Stgt FamRZ **73**, 465, Leipold FamRZ **73**, 73. Eine bloße „Wahrscheinlichkeit" kann die Aussagekraft einer biostatistischen Zusatzberechnung kaum verstärken, BGH FamRZ **74**, 86; eine „größte Wahrscheinlichkeit" reicht zumindest in Verbindung mit 97% nach der Methode Essen/Möller aus, BGH FamRZ 74, 87. Bei Rn 4–10 sollten nur die vom BGesundhAmt anerkannten Sachverständigen zugezogen werden.

16  **E. Zeugungsfähigkeitsprüfung.** Trotz einer nach Rn 4–13 sehr hohen Wahrscheinlichkeit kann die Prüfung der Zeugungsfähigkeit nötig werden, BGH **LM** § 1600 o BGB Nr 5, vgl aber § 286 Rn 50.

17  **F. Identitätsprüfung.** Schließlich ist stets eine Identitätsprüfung notwendig. Die bloße Verweigerung der Unterschrift des zur Blutentnahme Bereiten kann ein Ordnungsmittel auslösen, Köln FamRZ **76**, 548.

18  **6) Art des Beweismittels, I.** Die Untersuchung nach § 372a ist immer eine Beweisaufnahme, ein Augenschein, BGH NJW **90**, 2937. Die Anordnung der Untersuchung erfolgt durch das Prozeßgericht, BGH NJW **90**, 2937. Sie erfolgt auf Antrag einer Partei, aber auch von Amts wegen, Grdz 38 vor § 128. Eine Anordnung nach § 273 II ist unzulässig. Im übrigen kann die Untersuchung bei jeder Beweiserhebung angeordnet werden, auch durch Beschluß nach § 358 A Z 4. Wenn das Gericht die Untersuchung bei einem Dritten anordnet, dann beschließt es damit dessen Vernehmung als Zeuge. Wegen der Blutentnahme bei einem Toten Düss FamRZ **78**, 206. Die Durchführung der Beweisaufnahme kann wie sonst einem anderen Gericht übertragen werden, § 372, BGH NJW **90**, 2937.

19  **7) Duldungspflicht, I.** Es müssen mehrere Bedingungen zusammentreffen.
**A. Grundsatz: Pflicht eines jeden.** Die Duldungspflicht besteht an sich nur in einem sehr beschränkten Rahmen, Üb 5 vor § 371. § 372a erweitert sie aber unter den in Rn 2 genannten, streng zu prüfenden Voraussetzungen. Sie kann internationalrechtlich fehlen, Köln FamRZ **83**, 826 betr Italien (zustm Grunsky). Es handelt sich um eine Augenscheinseinnahme und bei Einhaltung der Voraussetzungen 19–23 auch nicht um einen unzulässigen Ausforschungsbeweis, Einf 27 vor § 284. Daher sind die §§ 383–385 unanwendbar, wenn auch ähnliche Erwägungen bei der Beurteilung der Zumutbarkeit eine Rollen spielen können, Sautter AcP **161**, 236.

20  Ihr ist *jede Person* unterworfen. Das gilt nicht nur für die am Rechtsstreit beteiligten Personen, also auch für Streithelfer, § 66, und Streitverkündungsgegner, § 74, sondern für alle, die sachlich irgendwie in Betracht kommen, die also irgendwie für die Abstammung in Betracht kommen, zB für den angeblichen Mehrverkehrer, wenn entsprechende tatsächliche Anhaltspunkte vorhanden sind, Karlsr FamRZ **73**, 48, oder für einen vermutlichen Erzeuger, der nicht als Zeuge benannt worden ist, oder für leibliche Eltern des möglichen Vaters, Drsd RR **99**, 85 (auch zu einem Altfall), oder für den möglichen Großvater, oder auch für das Mitglied einer Wohngemeinschaft mit der Kindesmutter, KG FamRZ **87**, 294. Der Zeuge ist lediglich auf die Einwendungen Rn 19 beschränkt. Wo der zur Duldung der Untersuchung Verpflichtete im Inland wohnt, ist unerheblich. Ein Deutscher, der sich im Ausland aufhält, unterliegt der Pflicht ebenfalls, weil sie eine öffentlichrechtliche Staatsbürgerpflicht ist. Freilich ist die Untersuchung dann oft kaum durchführbar, erst recht nicht bei einem jetzt im Ausland lebenden Ausländer, Karlsr FamRZ **77**, 342. Dabei ist freilich evtl eine internationale Rechtshilfe möglich, Hausmann FamRZ **77**, 302. Der Verpflichtete muß tätig mitwirken, soweit das nötig ist, er muß also etwaige Fragen beantworten, der Vorladung des Sachverständigen zur Blutentnahme usw Folge leisten, eine längeren Beobachtung unterziehen, evtl auch eine Klinik zu diesem Zweck aufsuchen. Die Duldungspflicht besteht nur unter den folgenden Voraussetzungen:

21  **B. Erforderlichkeit.** Die Untersuchung muß notwendig sein, Rn 2.

22  **C. Aufklärbarkeit.** Die Untersuchung muß nach den anerkannten wissenschaftlichen Grundsätzen eine Aufklärung des Sachverhalts versprechen. Die Aufklärbarkeit muß feststehen. Es reicht also nicht aus, daß neue, noch unsichere Methoden erprobt werden sollen. Aber auch die Anwendung erprobter Methoden reicht nicht aus, wenn sie nicht zum Ziel führen können. Wenn sich das während der Untersuchung herausstellt, so muß sie abgebrochen werden.

23  **D. Zumutbarkeit.** Es sind die Belange des zu Untersuchenden und diejenigen der Parteien abzuwägen, Karlsr FamRZ **92**, 335, aM Nürnb RR **96**, 645. Entscheidend ist die Zumutbarkeit der Untersuchung, vgl Ffm NJW **79**, 1257, rechtsvergleichend Bosch Zeitschrift für Rechtsvergleichung (Wien) **93**, 227, aM Nürnb RR **96**, 645 (aber angesichts des Eingriffs in das in Rn 1 genannte Grundrecht ist eine Abwägung zwecks Klärung der Zumutbarkeit eine Selbstverständlichkeit, auch nach dem Verhältnismäßigkeitsgebot, Einl III 22). Die Untersuchung muß im einzelnen nach folgenden Merkmalen zumutbar sein: Die Untersuchung muß ihrer Art nach zumutbar sein. Ein rein vermögensrechtlicher Streit erfordert evtl keine Duldung einer solchen Untersuchung. Unzumutbar ist eine – obendrein riskante – Operation, § 286 Rn 32. Sie ist mehr als eine „Untersuchung". Unzumutbar ist die Untersuchung auch dann, wenn der Beweis auf andere Weise erbracht werden kann. Die Untersuchung muß nach den Ergebnisfolgen für den zu Untersuchenden oder eine der in § 383 I Z 1–3 genannten Personen zumutbar sein. Insbesondere muß geprüft werden, ob der zu Untersuchende sich selbst oder durch seine Untersuchung eine der genannten Personen der Gefahr einer strafgerichtlichen Verfolgung aussetzen würde. Ob diese Gefahr hinter den Belangen des anderen Teils zurücktreten muß, das richtet sich nach dem Einzelfall. Es ist also nicht ohne

weiteres aus solchen Motiven ein Weigerungsgrund gegeben, Hamm NJW 93, 475, Karlsr FamRZ 92, 335 (Inzestverdacht), StJSchu 13. Sieg MDR 80, 24 fordert, § 81 c III StPO bei der Auslegung des § 372a zu berücksichtigen, damit nicht § 81 c III StPO unterlaufen werden könne, aM ThP 14.

Es ist *kein Weigerungsgrund,* daß möglicherweise die Nichtehelichkeit des Kindes festgestellt wird und es damit **24** den bisherigen Unterhaltsanspruch verlieren könnte oder daß die nichteheliche Vaterschaft mit ihren vermögensrechtlichen Folgen, oder die Nichtvaterschaft festgestellt sei, aM Mü NJW 77, 341, oder daß der Ehemann der Mutter des nichtehelichen Kindes, die die Blutentnahme dulden soll, das Kind adoptieren will, richtig insofern Nürnb RR 96, 645, oder die Mutter oder Zeugen hätten einen Mehrverkehr eidlich verneint. Ein solcher Weigerungsgrund würde auf eine Vereitelung der Abstammungsfeststellung überhaupt hinauslaufen. Ebensowenig kann die Untersuchung mit der Begründung verweigert werden, der Verweigernde habe bereits in einem Unterhaltsprozeß des Kindes gegen ihn gesiegt. Noch weniger reicht ein Vermögensnachteil aus.

Die Untersuchung muß ferner nach ihren möglichen nachteiligen *Folgen für die Gesundheit* des zu Unter- **25** suchenden zumutbar sein. Ein Verweigerungsrecht besteht zB bei einer Gefahr eines wesentlichen psychischen Schadens, etwa einer sog Spritzenphobie, Kblz NJW 76, 379. Dagegen ist die Verweigerung nicht schon deshalb zulässig, weil der Verweigernde ein Zeuge Jehovas ist, Düss FamRZ 76, 52. Der Minderjährige darf über die Verweigerung ab Verstandesreife dazu selbst entscheiden, Karlsr FER 98, 89. Zur Verweigerung genügt eine schriftliche Erklärung nebst Glaubhaftmachung der Gründe, §§ 386, 294. Der Weigernde muß seine Gründe auf seine Kosten darlegen, weil er sich einer allgemeinen staatsbürgerlichen Pflicht entziehen will. Seine Unkosten werden ihm bei erfolgreicher Verweigerung entsprechend § 11 ZSEG erstattet.

**8) Prüfung der Weigerung, II.** Es sind zwei grundverschiedene Lagen zu trennen. **26**

**A. Grundsatz: Zwischenverfahren.** Im Prüfungsverfahren finden §§ 386–390 sinngemäß Anwendung, BGH NJW 90, 2937, Ffm RR 88, 714. Diese setzen eine Ladung gemäß § 377 II Z 1–3 voraus, wie auch § 386 III zeigt. Daher muß ein Ordnungsmittel angedroht worden sein, Köln FamRZ 76, 548 mwN. Für den sich weigernden Dritten (Zeugen) besteht kein Anwaltszwang. §§ 387 II, 569 II 2, wohl aber wie sonst für die Parteien des Hauptverfahrens, auch für die sich weigernde Partei. Wegen der Weigerung des Minderjährigen § 383 Rn 4. Im einzelnen sind folgende Situationen zu unterscheiden:

**B. Verweigerung mit Grundangabe.** Bei einer Verweigerung mit einer Begründung, vgl §§ 386, 387, **27** tritt ein Zwischenstreit vor dem Prozeßgericht ein, § 387, BGH NJW 90, 2937, Ffm RR 88, 714, ZöGre 13, aM Stgt FamRZ 92, 972. Auch ein Dritter kann ihn auslösen. Im Zwischenstreit wird nicht über den ja unanfechtbaren Beweisbeschluß entschieden, sondern nur darüber, ob das Beweismittel sachlich geeignet ist, ob ein solcher Beweis also überhaupt möglich ist. Das Prozeßgericht ist auch dann zuständig, wenn die Verweigerung unter Angabe von Gründen vor dem nach § 361, 362 beauftragten oder ersuchten Richter erfolgt ist, BGH NJW 90, 2937. Das gilt freilich nur für die Endentscheidung über die Rechtmäßigkeit der Weigerung: die dazu erforderlichen Grundlagen darf und muß auch der beauftragte oder ersuchte Richter schaffen, § 389 I, BGH NJW 90, 2937. Bei der Endentscheidung im Zwischenstreit ist von der Rechtsansicht des Prozeßgerichts im Hauptprozeß auszugehen, Oldb NJW 73, 1419, Ffm NJW 88, 832.

Gegen das Zwischenurteil ist *sofortige Beschwerde* zulässig, § 387 III. Das gilt auch, soweit das LG als **28** Berufungs- oder Beschwerdegericht entschieden hat, § 567 III 2. Sie steht bei einer Anordnung der Untersuchung dem zu Untersuchenden zu, bei einer Ablehnung der Untersuchung jeder Partei des Hauptprozesses. Sie hat eine aufschiebende Wirkung. Erst nach dem Eintritt der Rechtskraft des Zwischenurteils darf das Gericht denjenigen, der sich weiter weigert, in die dadurch verursachten Kosten und ein Ordnungsgeld verurteilen, ersatzweise in eine Ordnungshaft, § 390 I, Zweibr FamRZ 79, 1072. Eine Festsetzung der Ordnungsmittel ist hier ohne ein vorheriges Zwischenurteil unzulässig.

Bei einer *wiederholten* Verweigerung im Sinn von § 390 II, also erst im Anschluß an erfolglose Maßnahmen **29** nach § 390 I, Ffm RR 88, 714, darf das Gericht die zwangsweise Vorführung des zu Untersuchenden anordnen, aber auch jeden anderen geeigneten Zwang anwenden. Das Gericht darf also zB anordnen, daß notfalls Gewalt anzuwenden sei. Die Gewaltanwendung verlangt eine besondere Vorsicht. Die Vorführung wird in der Regel durch den für den Aufenthaltsort des Vorzuführenden zuständigen Gerichtsvollzieher durchgeführt, und zwar auch dann durch diesen, wenn er dazu eine größere Entfernung zurücklegen muß, LG Regensb DGVZ 80, 172. Eine bloße Terminsversäumung darf nicht durch ein Ordnungsmittel geahndet werden, da es sich um einen Augenscheinsbeweis handelt und § 380 nicht anwendbar ist, Zweibr FamRZ 86, 493. Zur Beweiswürdigung bei einer endgültigen unberechtigten Weigerung § 444 Rn 5, 6, aM Eichberger 123 (er wendet § 1600 o BGB an).

**C. Verweigerung ohne Grundangabe.** Bei einer Verweigerung ohne Angabe von Gründen findet kein **30** Zwischenverfahren statt; das Gericht ordnet sofort Maßnahmen nach § 390 an, BGH NJW 90, 2937, Düss FamRZ 86, 192, und zwar evtl gegen den Sorgeberechtigten unabhängig von einem Verfahren nach § 1666 BGB, Mü FamRZ 97, 1170. Bei einer solchen Maßnahme ist der nach § 361, 362 beauftragte oder ersuchte Richter zuständig, BGH NJW 90, 2937. Wegen der bloßen Terminsversäumung Rn 25).

**9) *VwGO:*** Entsprechend anwendbar, § 98 *VwGO,* da § 372a nicht nur *in familienrechtlichen Streitigkeiten gilt,* **31** Rn 3, aM Koehler § 98 Anm II 3 a. Die Notwendigkeit, *die Abstammung festzustellen, wird jedoch im VerwProzeß sehr selten eintreten.*

## Siebenter Titel. Zeugenbeweis

### Übersicht

**Schrifttum:** *Arntzen,* Psychologie der Zeugenaussage, 3. Aufl 1993; *Arntzen,* Vernehmungspsychologie, 2. Aufl 1989; *Bender,* Merkmalskombinationen in Aussagen usw, 1987; *Bender/Nack,* Tatsachenfeststellung

## Übers § 373
2. Buch. 1. Abschnitt. Verfahren vor den LGen

vor Gericht, Band I: Glaubwürdigkeits- und Beweislehre, 2. Aufl 1995, Band II: Vernehmungslehre, 2. Aufl 1995; *Berk,* Der psychologische Sachverständige in rechtlichen Familiensachen, 1985; *Findeisen,* Der minderjährige Zeuge im Zivilprozeß, 1992; *Heilmann,* Kindliches Zeitempfinden und Verfahrensrecht, 1998; *Koukouselis,* Die Unmittelbarkeit der Beweisaufnahme im Zivilprozeß, insbesondere bei der Zeugenvernehmung, 1990; *Kube/Leineweber,* Polizeibeamte als Zeuge und Sachverständige, 1976; *Müller,* Parteien als Zeugen usw, 1992; *Oestreich,* Der Jurist im Spannungsfeld der Psychologie, in: Festschrift für die *Deutsche Richterakademie,* 1983; *Rüßmann,* Physiologische und psychologische Streiflichter zum Zeugenbeweis, Festschrift für *Wassermann* (1985) 789; *Rüßmann,* Zur Mathematik des Zeugenbeweises, Festschrift für *Nagel* (1987) 329; *Schneider,* Nonverbale Zeugnisse gegen sich selbst usw, 1991.

**Gliederung**

| | |
|---|---|
| 1) Systematik, Regelungszweck ........ 1 | C. Verstoß ............................ 25 |
| 2) Sachlicher Geltungsbereich ........ 2 | 5) Zeugnispflicht im einzelnen ........ 26–29 |
| 3) Persönlicher Geltungsbereich ........ 3–7 | A. Inländer ........................ 26 |
|   A. Zeugenbegriff ........................ 3 | B. Ausländer ........................ 27, 28 |
|   B. Behördliches Zeugnis ................ 4 | C. Verfahren ........................ 29 |
|   C. Vernehmungsprobleme ............ 5, 6 | 6) Zeugnisform ........................ 30, 31 |
|   D. Spitzel ........................ 7 | A. Grundsatz: Uneidliche Aussage ........ 30 |
| 4) Zeugnisfähigkeit ........................ 8–25 | B. Verstoß ........................ 31 |
|   A. Grundsatz: Jeder außer Partei bzw Vertreter ........................ 8 | 7) Amtliche Auskunft ........................ 32–34 |
|   B. Beispiele zur Frage der Zeugnisfähigkeit ........................ 9–24 | 8) VwGO ........................ 35 |

**1** **1) Systematik, Regelungszweck.** §§ 373–401 enthalten die mit Abstand wichtigste Beweisart. §§ 355 ff gelten als Allgemeiner Teil des Beweisrechts ebenso wie im Bereich der Beweiswürdigung §§ 284 ff. Die Vorschriften dienen natürlich vor allem der Wahrheitsfindung und damit der Gerechtigkeit, Einl III 9, 36, aber auch in vielfacher Hinsicht den in Grdz 18 ff vor § 128 erläuterten unterschiedlichen Zielen.

**2** **2) Sachlicher Geltungsbereich.** §§ 373–401 gelten grundsätzlich in allen Verfahren nach der ZPO. Soweit der Amtsermittlungsgrundsatz herrscht, Grdz 38 vor § 128, treten einzelne Regeln des Verfahrens mit Parteiherrschaft zurück; vgl jeweils bei ihnen.

**3** **3) Persönlicher Geltungsbereich.** Es können schwierige Abgrenzungsfragen entstehen.

**A. Zeugenbegriff.** Zeuge kann nur eine natürliche Person sein, Düss MDR **88,** 593, freilich auch zB ein 7jähriges Kind, AG BergGladb WoM **94,** 193, ebenso ein Greis. Der Zeuge soll sein Wissen über bestimmte Tatsachen (Begriff Einf 17 vor § 284) bekunden. Das gilt auch beim Zeugen vom Hörensagen, Stgt NJW **72,** 67, und beim sachverständigen Zeugen, § 414 Rn 2. Der Sachverständige liefert im Gegensatz zum behördlichen Gutachten, Üb 10 vor § 402, und evtl abweichend von der amtlichen Auskunft, Üb 32 vor § 373, lediglich dem Richter auf Grund seiner Sachkunde Erfahrungssätze oder Schlußfolgerungen, mit deren Hilfe der Richter aus Tatsachen die richtigen Schlüsse zieht, BPatG GRUR **78,** 359, Mü AnwBl **74,** 355. Der Zeuge ist unvertretbar, der Sachverständige ist vertretbar, Üb 6 vor § 402. Der zum Augenschein hinzugerufene Dritte, Üb 4 vor § 371, ist Zeuge.

**4** **B. Behördliches Zeugnis.** Das Gesetz erwähnt mehrfach behördliche Zeugnisse, zB in § 202 II. Sie sind demgegenüber schriftliche Bescheinigungen einer Behörde oder Amtsperson. Sie werden als Urkunden verwertet. Mit dem Zeugenbeweis haben sie nichts gemeinsam. Über die Ersetzung des Zeugenbeweises durch den Urkundenbeweis § 286 Rn 63.

**5** **C. Vernehmungsprobleme.** Der Zeugenbeweis ist ein ungewisser, schlechter Beweis, LG Köln NZV **88,** 28, Bosch, Grundsatzfragen des Beweisrechts 14, Stimpfig MDR **95,** 451 (Prüfkriterien). Die Zeugenvernehmung ist eine nur begrenzt erlernbare Kunst, Rüßmann DRiZ **85,** 41 (ausf). Es gibt kaum je eine objektive Wahrheit, allenfalls subjektive Wahrhaftigkeit, § 138 Rn 15. Der Vernehmende muß sich über die Fehlerquellen klar sein.

Es gibt zunächst *allgemeine* Fehlerquellen. Sie sind in der Schwäche der menschlichen Natur begründet. Hierher gehören: Unzuverlässigkeit des Gedächtnisses (die Erinnerungsstärke nimmt außerordentlich schnell ab); Mangelhaftigkeit der Wahrnehmung. Bei einer Wahrnehmung aus einem gewissen Abstand kann der verschiedene Standpunkt der Zeugen für jeden ein ganz anderes Bild ergeben. Aber auch bei einer guten Wahrnehmungsfähigkeit ist noch nicht gesagt, daß der Zeuge dasjenige gut und richtig wiedergeben kann, was er wahrgenommen hat. Auch der Eid hilft in solchen Fällen oft nicht; Beeinflußbarkeit durch eigene und fremde Gedanken über den Vorgang; Zuneigung und Abneigung, besonders stark bei Schätzungen, die als solche schon wegen der geringen Möglichkeiten der Nachprüfung eine große Fehlerquelle sind; politische und religiöse Einstellung usw.

**6** Fehlerquellen sind ferner in der *Person* des Zeugen gegeben: In seinem Alter, Deekers NJW **99,** 1365 (Kind, ausf), seiner Bildung, Erziehung, Begabung, Urteilskraft, in seinen persönlichen Beziehungen zu den Parteien, seinem Gesundheitszustand. So mancher hat zB „eine natürliche Gabe, als Zeuge aufzutreten. Fest wie ein Fels" (Galsworthy). Werden Vernehmungen wiederholt, so ist vielfach die Erinnerung an die frühere Vernehmung, insbesondere an bestimmte Formulierungen stärker als die Erinnerung an den eigentlichen Vorgang. Für den Richter ist es schwierig, den Zeugen aus seiner Gedankenbahn und oft auch aus seiner Bequemlichkeit herauszubringen. Eine große Lügenquelle bei Männern wie Frauen ist die Hysterie. Sie ist sehr oft kaum erkennbar. Ist dem Richter von all dem keine Vorstellung, so fehlt ihm jeder Maßstab zur Würdigung der Aussage. Die Vernehmung erfordert Geduld und Einfühlungsvermögen. Der Richter muß den Zeugen zum Sprechen bringen und die Sprache des Zeugen verstehen. Zur

Behandlung der Prozeßbeteiligten allgemein Correll DRiZ **87**, 178. Über Beeinflussungsfragen § 396 Rn 3.

Jeder Richter sollte sich darüber klar sein, daß die Aussage auch des begabtesten und *gewissenhaftesten* Zeugen vielen solcher Fehlerquellen ausgesetzt ist, AG Marbach MDR **87**, 241, Bruns ZZP **91**, 67, Meyke NJW **89**, 2033. Wer hätte nicht schon die feste Überzeugung von der Richtigkeit einer Tatsache gehabt, die sich nachher doch als falsch herausstellte? Welcher Richter dürfte sich auf die Erinnerung eines Zeugen an weit zurückliegende Vorgänge verlassen, wenn er doch leicht wahrnehmen kann, daß er selbst sich im Tatbestandsberichtigungsverfahren nach wenigen Wochen nicht mehr gut erinnert? Die Überschätzung des Zeugenbeweises oder gar der beschworenen Aussage ist verhängnisvoll. Es ist ein Denkmal der Menschenkunde, wenn Art 1341 ff Code Civil den Zeugenbeweis bei einem Streitwert über einen bestimmten Betrag hinaus (ursprünglich 150 frs) ausschließen.

**D. Spitzel.** Unzulässig ist die Vernehmung, unverwertbar die Aussage des Spitzels, sofern sein Verhalten **7** einen Verstoß gegen das allgemeine Persönlichkeitsrecht darstellt, PalTh § 823 Rn 175 ff. Eine Ausnahme gilt nicht schon dann, wenn ein Beweis anders möglich ist, BGH **LM** § 373 Nr 6. Sonst würde nämlich ein Anreiz zur Arglist gegeben werden, aM Zeiss ZZP **89**, 396. Ein Verstoß dieser Art kann allerdings durch Rügeverzicht heilen, § 295 I. Zulässig ist die Verwertung der Aussage eines Polizisten über die Erklärung eines Beschuldigten, selbst wenn jener nicht gemäß § 136 I 2 StPO belehrt worden war. Unzulässig ist die Verwertung, wenn der Beschuldigte auch nur eventuell sein Aussageverweigerungsrecht nicht kannte oder bei dessen Kenntnis nicht ausgesagt hätte, Celle VersR **77**, 361.

**4) Zeugnisfähigkeit im einzelnen**, dazu *Bogisch*, „Nemo testis in re sua". Das Problem der Zeugnisfäl- **8** ligkeit usw, 1998. Ein einfacher Grundsatz hat Tücken.

**A. Grundsatz: Jeder außer Partei bzw Vertreter.** Eine allgemeine Zeugnisunfähigkeit kennt das Gesetz nicht. Im Einzelfall ist zeugnisfähig, wer nicht als Partei und nicht als gesetzlicher Vertreter vernommen werden darf, BFH BB **97**, 2205, Meyke NJW **89**, 2032. Dies ergibt sich aus §§ 445 ff. Das Gesetz will jede Person für das Beweisverfahren nutzbar machen. Entscheidend ist der Zeitpunkt der Vernehmung, BGH NJW **99**, 2446. Eine frühere oder spätere Parteistellung stört also nicht, BGH NJW **99**, 2446, Karlsr BB **92**, 97. Die rechtskräftig ausgeschiedene Partei sowie der frühere gesetzliche Vertreter sind mithin jetzt zeugnisfähig BGH NJW **99**, 2446, aber nicht wegen einer noch offenen Kostenfrage, aM KG MDR **81**, 765. Sie darf die Zeugenstellung aber nicht erschleichen, Karlsr BB **92**, 97, die Partei darf die erschlichene nicht ausnutzen, das Gericht diese nicht verwerten, Einl III 54. Die Bekundung eines später in den Prozeß eingetretenen Zeugen bleibt eine Zeugenaussage, Rn 24, Karlsr VersR **79**, 1033. Das Gericht würdigt sie nach § 286.

**B. Beispiele zur Frage der Zeugnisfähigkeit**, dazu *Bergerfurth* JZ **71**, 84. Es bedeutet: „*Ja*": die Person **9** ist zeugnisfähig; „*Nein*": die Person ist zeugnisunfähig.

**Beistand:** *Ja*, wenn er nicht auch Partei ist; er kann Beistand des ProzBev sein, Werner AnwBl **95**, 113.
**Beteiligter:** Im FGG-Verfahren ist ein Beteiligter nicht zeugnisfähig, BayObLG FamRZ **97**, 773.
**Dritter:** *Ja*, soweit er am Prozeß formell nicht beteiligt ist, auch wenn ihn sein Ausgang wirtschaftlich oder **10** immateriell berührt. S jeweils auch bei den weiteren Stichworten.
**Ehegatte:** Der *Mann ja*, wenn nicht die Frau in seiner Vertretung klagt. Die *Frau ja*, wenn der Mann nicht **11** in ihrer Vertretung klagt.
**Einziehungsabtretung:** Für den *Abtretenden* grundsätzlich *ja*, BGH **108**, 58, Wunderlich DB **93**, 2271, aM Rüßmann AcP **472**, 545. Wenn er in der Absicht hat, sich die Stellung eines Zeugen zu verschaffen, um als Zeuge zu lügen, § 138 BGB, Rn 8, Henckel Festschrift für Larenz (1973) 647 mwN, aber auch 651: meist handelt es sich um eine Frage der Glaubwürdigkeit; noch strenger Buß JZ **97**, 694, ähnlich Meyke NJW **89**, 2032 (Rechtsmißbrauch sei es schon, sich die Zeugenstellung zu verschaffen).
Für den *Abtretungsnehmer ja*.
**Erbe:** *Ja* im Prozeß des Testamentsvollstreckers. Ja für den am Nachlaßprozeß derzeit formell nicht beteiligten Miterben.
**Genossenschaft:** *Nein* für die Vorstandsmitglieder. **12**
**Gerichtspersonen:** *Ja*, vgl aber für Richter und Urkundsbeamte der Geschäftsstelle §§ 41 Z 5, 49.
**Gesellschaft: Generell** gilt folgendes: *nein* für den gesetzmäßigen Vertreter, BGH **LM** § 373 Nr 4; nein für **13** den satzungsmäßigen Vertreter, § 30 BGB, aM Barfuß NJW **77**, 1273, ThP 7 vor § 373, ZöGre § 373 Rn 6; *ja* soweit auch der gegnerische gesetzliche Vertreter als Zeuge zugelassen worden ist, Art 6 MRK (Waffengleichheit), Einl III 15, 21, 25, EGMR NJW **95**, 1413, Schlosser NJW **95**, 1404; ja für den Leiter einer Zweigniederlassung, Barfuß NJW **77**, 1274.
– **(AG):** *Ja* für den Aktionär im Prozeß der Gesellschaft, Barfuß NJW **77**, 1274, ja für ein Aufsichtsratsmit- **14** glied, außer wenn es ausnahmsweise zugleich gesetzlicher Vertreter der Gesellschaft ist, Kblz DB **87**, 1037, Barfuß NJW **77**, 1274, ja, soweit ein besonderer Vertreter gemäß § 147 III AktG bestellt worden ist; *nein* grundsätzlich für ein Vorstandsmitglied, Kblz DB **87**, 1037, Barfuß NJW **77**, 1274.
– **(GmbH):** *Ja* für den Gesellschafter, Barfuß NJW **77**, 1274, ja für den Aufsichtsrat, soweit ein besonderer **15** Vertreter in Fällen entsprechend § 147 III AktG bestellt worden ist, sonst *nein*, Kblz DB **87**, 1037; ja für den nur faktischen Geschäftsführer, Mü DB **99**, 522, nein für den echten, Kblz DB **87**, 1037, Barfuß NJW **77**, 1274.
– **(KG):** *Ja* für den Kommanditisten, weil er nicht selbst vertretungsberechtigt ist, BGH **LM** § 373 Nr 4, **16** Barfuß NJW **77**, 1274 mwN, und zwar auch dann, wenn ihm Prokura erteilt worden ist, BAG BB **80**, 580, ja für den persönlich haftenden Gesellschafter einer in Liquidation befindlichen KG, der nicht Liquidator ist; *nein* für den Geschäftsführer im Prozeß der KG, LG Oldb BB **75**, 983, Barfuß NJW **77**, 1274, nein grds für den Komplementär, ArbG Wiesbaden DB **78**, 2036.
– **(OHG):** *Ja* für den Gesellschafter nur dann, wenn er nicht vertretungsberechtigt ist, § 125 HGB. **17**

*Nein* für alle Gesellschafter, weil sie in ihrer Gesamtheit Partei seien. *Ja* für den früheren Gesellschafter, Rn 8.
**Gesetzlicher Vertreter:** Rn 23 „Vertreter, gesetzlicher".

18 **Insolvenz:** *Ja* für den Schuldner im Prozeß der Insolvenzmasse, BFH BB **97**, 2205, s freilich auch Rn 22 „Streithelfer". *Nein* für den Insolvenzgläubiger.

19 **„Lebensgefährte":** Er ist stets zeugnisfähig.
**Minderjähriger:** *Ja* unabhängig vom Alter und der dadurch bedingten Begrenzung der Geschäftsfähigkeit, zB AG BergGladb WoM **94**, 193 (Siebenjähriger).

20 **Öffentlichrechtliche Körperschaft:** *Ja* für ein Gemeinderatsmitglied im Prozeß der Gemeinde, BayObLG **62**, 361. *Nein* für das Vertretungsorgan, BGH **LM** § 373 Nr 1, Barfuß NJW **77**, 1274.

21 **Partei:** *Nein,* auch nicht bei der Partei kraft Amtes, Grdz 8 vor § 50. Ja für die nicht prozeßfähige Partei; ja für die an sich prozeßfähige und nur gemäß § 53 unterstellt prozeßunfähige Partei, wenn sie nicht nach § 455 II vernommen werden kann, dort Rn 2. Vgl auch Rn 8.
**Prokurist:** *Ja,* weil er nicht gesetzlicher Vertreter ist, BAG BB **80**, 580.
**Prozeßbevollmächtigter:** *Ja,* Hamm MDR **77**, 143, Werner AnwBl **95**, 113.
**Prozeßstandschaft:** Rn 11 „Einziehungsabtretung".

22 **Streitgenosse:** *Ja,* wenn er rechtskräftig oder durch einen Vergleich ausgeschieden ist; wenn er Tatsachen bekunden soll, die ausschließlich für andere Streitgenossen in Betracht kommen können, BGH RR **91**, 256, BAG BB **72**, 1455, Hamm RR **86**, 392, aM Köln VersR **73**, 285. Der Herausgabe- und der Ersatzanspruch auf Grund derselben Täuschung bilden aber denselben Sachverhalt, auch in der Rechtsmittelinstanz nach einem Teilurteil, BGH NJW **83**, 2508. Ja, wenn nur noch ein Beschluß nach § 269 III oder § 515 III fehlt, KG MDR **81**, 765.
*Nein,* wenn nur noch eine Vorabentscheidung nach § 304 erfolgt oder wenn er nur noch wegen der streitigen Kosten wenigstens formell beteiligt ist, KG MDR **81**, 765, aM Celle RR **91**, 62. Nein für den notwendigen Streitgenossen, § 62.
**Streithelfer:** *Ja* für den gewöhnlichen; nein für den streitgenössischen, § 69.
**Streitverkündungsgegner:** *Ja.*

23 **Verein:** *Ja* für das Mitglied des beklagten, nicht rechtsfähigen Vereins; für das Mitglied des rechtsfähigen Vereins in dessen Prozeß. Nein für ein Vorstandsmitglied, Barfuß NJW **77**, 1273; nein für das Mitglied eines klagenden nicht rechtsfähigen Vereins, § 50 Rn 30. S auch Rn 13 „Gesellschaft – generell".
**Vertreter, gesetzlicher:** *Ja,* soweit eine Amtspflegschaft oder -vormundschaft vorliegt, §§ 1706, 1630 BGB, Karlsr FamRZ **73**, 104. Ja, soweit die Partei nach § 455 II 1 vernehmungsfähig ist. Ja, soweit er im Einzelfall nicht Vertreter sein kann, etwa wegen der Bestellung eines Pflegers nach § 1909 BGB, oder soweit der Vertretene prozeßfähig bleibt. Ja, soweit er nicht mehr gesetzlicher Vertreter ist, Rn 8.
*Nein,* soweit er im Prozeß nicht als gesetzlicher Vertreter auftritt, weil § 455 seine Parteivernehmung auch dann zuläßt, Barfuß NJW **77**, 1274. Nein für die Mutter des nichtehelichen Kindes, soweit sie die volle elterliche Gewalt hat. Dann wird sie als Partei vernommen, §§ 613, 640; für den Vormund, den Gegenvormund, einen Pfleger, einen stellvertretenen Vorstand; bei einer Gesamtvertretung, auch wenn nicht alle auftreten; für das Mitglied einer den Fiskus vertretenen Kollegialbehörde. Zulässig ist die Verwertung einer Aussage, wenn offen geblieben ist, ob der Aussagende noch gesetzlicher Vertreter war, wenn er also entweder Partei oder Zeuge ist und wenn beide Parteien seine Zeugenvernehmung beantragt haben, BGH LM § 373 Nr 3. Wegen des satzungsmäßigen Vertreters Rn 13 „Gesellschaft – generell".

24 **Widerklage:** Die „Ausschaltung" des gegnerischen Zeugen durch Widerklage (auch) gegen ihn ist arglistig, Einl III 54, und nimmt ihm die derzeitige Zeugnisfähigkeit nicht, Rn 8, Karlsr BB **92**, 97.

25 **C. Verstoß.** Die Vernehmung einer Partei als Zeugen und umgekehrt kann regelmäßig kein unheilbarer Mangel des Verfahrens mehr sein, BGH WertpMitt **77**, 1007. Denn der Zeuge und die Partei sind eidlich und uneidlich zu vernehmen; die Aussagen beider sind frei zu würdigen, § 286, vgl Köln VersR **73**, 285, auch beim Zweifel, ob der Vernommene Zeuge oder Partei war, BGH LM § 373 Nr 3; deshalb hat ein Verstoß eine wesentliche prozessuale Bedeutung nur dann, wenn ein Zeugnisverweigerungsrecht bestand. Denn dann ist aus der Weigerung regelmäßig nichts zu folgern, während aus der Weigerung, sich als Partei vernehmen zu lassen, Schlüsse zu ziehen sind, § 446.

26 **5) Zeugnispflicht.** Es kommt auf die Staatsangehörigkeit an.
**A. Inländer.** Das Erscheinen, §§ 380 ff, grundsätzlich die Ablegung des Zeugnisses und die Eidesleistung, §§ 391 ff, §§ 383 ff, sind öffentlichrechtliche Pflichten jedes ordnungsmäßig als Zeuge Geladenen, Celle FamRZ **98**, 2534, auch des Ausländers, der der inländischen Gerichtsgewalt untersteht, §§ 18 ff GVG. Das Gericht kann sie erzwingen, §§ 380, 390, Nürnb Rpfleger **79**, 234. In gewissen Fällen gewährt das Gesetz ein Zeugnisverweigerungsrecht, das teils allein in der Person des Zeugen seine Begründung findet, teils in seinen Beziehungen zum Staat, zB VO vom 24. 4. 74, BGBl 1022, nebst Bek vom 10. 6. 74, BGBl II 933 betr der damalige frühere Ständige Vertretung der DDR, oder in seinen Beziehungen zu den Parteien. Wegen der Pflicht zur Duldung einer körperlichen Untersuchung § 372 a Rn 17.

27 **B. Ausländer,** dazu *Hecker,* Handbuch der konsularischen Praxis, 1982: Vgl zunächst § 363 Rn 1. Wegen ausländischer *Konsulatsangehöriger* Art 43–45 *Wiener Übereinkommen* v 24. 4. 63, BGBl **69** II 1587, dazu G v 26. 8. 69, BGBl II 1585, für BRep in Kraft seit 7. 10. 71, Bek v 30. 11. 71, BGBl II 1285.

28 Das Übereinkommen ist *in Geltung im Verhältnis* zu Algerien, Argentinien, Belgien, Bolivien, Brasilien, Chile, Costa Rica, Dominikanische Rep, Ecuador, Frankreich, Gabun, Ghana, Hlg Stuhl, Honduras, Bek v 30. 11. 71, BGBl II 1285, Fidschi, Kolumbien, Lesotho, Luxemburg, Portugal, Rumänien, Vereinigtem Königreich, Bek v 15. 2. 73, BGBl II 166 und v 11. 5. 82, BGBl II 542, Australien, Dänemark, Bek v 24. 5. 73, BGBl II 550, Guyana, Vietnam, Bek v 4. 12. 73, BGBl II 1755, Laos, Bek v 12. 6. 74, BGBl II 945, Oman, Ruanda, Schweden, Bek v 26. 8. 74, BGBl II 1225, Kanada, Tonga, Bek v 10. 10. 74, BGBl II 1322, Neuseeland, Bek v 16. 12. 74, BGBl **75** II 42, Libanon, Iran, Bek v 15. 7. 75, BGBl II 1121,

7. Titel. Zeugenbeweis **Übers § 373**

Griechenland, Kuwait, Nicaragua, Bek v 15. 12. 75, BGBl **76** II 35, Jamaika, Türkei, Bek v 22. 3. 76, BGBl II 450, Pakistan, Bek v 17. 5. 76, BGBl II 642 (betr FakultativProt; wg Bangladesch Bek v 3. 4. 78, BGBl II 484), Zypern, Bek v 23. 6. 76, BGBl II 1082, Zaire, Bek v 17. 9. 76, BGBl II 1697, Äquatorial-Guinea, Bek v 19. 11. 76, BGBl II 1936, Vereinigte Arabische Emirate, Bek v 2. 5. 77, BGBl II 449, Korea (Rep), Marokko, Tansania, Bek v 13. 10. 77, BGBl II 1183, Indien, Bek v 26. 1. 78, BGBl II 171, Haiti, Bek v 3. 4. 78, BGBl II 484, Peru, Bek v 8. 5. 78, BGBl II 791, Island, Bek v 20. 10. 78, BGBl II 1315, Dschibuti, Syrien, Bek v 5. 1. 79, BGBl II 50, Benin, Bek v 29. 5. 79, BGBl II 682, Seschellen, Volksrepublik China, Bek v 9. 8. 79, BGBl II 950, Kap Verde, Bek v 10. 10. 79, BGBl II 1141, Norwegen, Bek v 17. 4. 80, BGBl II 619, Malawi, Bek v 10. 8. 80, BGBl II 1167, und v 22. 5. 81, BGBl II 323 (betr das Fakultativprotokoll), Finnland, Suriname, Bek v 18. 11. 80, BGBl II 1477, Malawi, Bek v 22. 5. 81, BGBl II 323, Bhutan, Bek v 3. 11. 81, BGBl II 1020, Polen, Bek v 4. 12. 81, BGBl II 1079, St. Christoph-Nevis, Anguilla, Bermuda, Britisches Antarktis-Territorium, Britisches Territorium im Indischen Ozean, Britische Jungferninseln, Kaimaninseln, Falklandinseln und Nebengebiete, Gibraltar, Guernsey, Hongkong, Insel Man, Jersey, Montserrat, Pitcairn, Henderson, Ducieinsel und Oenoinsel, St. Helena und Nebengebiete, die britischer Staatshoheit unterstehenden Stützpunktgebiete Akrotiri und Dhekelia auf der Insel Zypern, Turks- und Caicosinseln, Bek v 11. 5. 82, BGBl II 542, Kiribati, Bek v 30. 6. 82, BGBl II 674, Indonesien, Bek v 24. 9. 82, BGBl II 945, Tuvalu, Bek v 6. 12. 82, BGBl II 1060, Mosambik, São Tomé und Principe, Bek v 5. 7. 83, BGBl II 477, Japan, Togo, Bek v 7. 11. 83, BGBl II 731, Korea, Demokratische Volksrepublik, Bek v 3. 10. 84, BGBl II 938, Liberia, Bek v 30. 10. 84, BGBl II 953, Niederlande, Bek v 3. 7. 86, BGBl II 780, St Lucia, Bek v 1. 12. 86, BGBl II 1099, Jemen, Ungarn, Bek v 4. 3. 87, BGBl II 97, BGBl II 783, Vanuatu, Bek v 8. 12. 87, BGBl **88** II 3, Vereinigte Staaten, Bek v 18. 1. 88, BGBl II 149 (wegen Jemen), DDR, Dominica, Samoa, Bek v 17. 5. 88, BGBl II 652, Guinea, Bek v 26. 9. 88, BGBl II 953, Saudi-Arabien, Bek v 30. 1. 89, BGBl II 177, Antigua und Barbuda, Bek v 2. 3. 89, BGBl II 334, Mongolei, Sowjetunion einschließlich Ukraine, Weißrußland, Bek v 5. 7. 89, BGBl II 640, Bulgarien, Südafrika, Bek v 25. 10. 89, BGBl II 859, Angola, Bek v 4. 4. 91, BGBl II 673, Albanien, Malaysia, Malediven, Marshallinseln, Föderierte Staaten von Mikronesien, Simbabwe, Bek v 24. 2. 92, BGBl II 233, Estland, Litauen, Bek v 2. 4. 92, BGBl 353, Lettland, Usbekistan, Bek v 12. 6. 92, BGBl II 458, Schweiz, Bek v 11. 11. 92, BGBl II 1177, Aserbaidschan, Bahrain, Grenada, Namibia, Bek v 28. 12. 92, BGBl **93** II 134, Kroatien, Bek v 26. 3. 93, BGBl II 767, Armenien, Barbados, Georgien, Moldau, Republik Vietnam, Tschechische Republik (als Rechtsnachfolgerin der Tschechoslowakei), Bek v 8. 12. 93, BGBl **94** II 308, Kasachstan, Bosnien-Herzegowina, Mazedonien, ehemalige Jugoslawische Republik Slowakei, Bek v 18. 5. 94, BGBl II 1189, Kirgistan, Bek v 22. 3. 95, BGBl II 326, Sudan, Bek v 12. 6. 95, BGBl II 564, Tadschikistan, Bek v 22. 7. 96, BGBl II 1454, Andorra, Bek v 26. 9. 96, BGBl II 2523, Turkmenistan, Bek v 3. 2. 96, BGBl **97** II 149, Eritrea, Myanmar, Bek v 21. 4. 97, BGBl II 1081, Malta, Niederlande (Gegenerklärung), Bek v 16. 6. 98, BGBl II 1635, Libysch-Arabische Dschamahirija, Bek v 7. 12. 98, BGBl **99** II 11, Katar, Bek v 13. 4. 99, BGBl II 394.

**C. Verfahren.** Regelmäßig wird das Zeugnis während einer gerichtlichen Vernehmung abgelegt, in **29** bestimmten Fällen auch schriftlich, § 377. Die Zeugnispflicht umfaßt die Pflicht, das Gedächtnis durch eine nicht ungewöhnliche, zeitraubende und mühevolle Vorbereitung aufzufrischen, § 278, Peters ZZP **87**, 487, vgl auch § 163 StGB. Wer das unterläßt, sagt leichtfertig aus. Wer nichts weiß und nie etwas gewußt hat, braucht sich natürlich die Kenntnis nicht zu verschaffen. Zu eigenen Feststellungen ist kein Zeuge verpflichtet, Köln NJW **73**, 1983. Ein Zeuge hat die Pflicht, sich im Abstammungsstreit Blutproben entnehmen zu lassen und sich sonstigen erbkundlichen Untersuchungen zu unterwerfen, § 372 a. Es ist unzulässig, den Zeugen durch irgendwelche Klagen gegen ihn zu beeinflussen, Mü NJW **71**, 618. Der Zeuge darf einen Anwalt als Beistand hinzuziehen, solange nicht dadurch eine wirksame Rechtspflege gefährdet ist, vgl BVerfG **38**, 112; eine solche Gefährdung liegt nicht schon dann vor, wenn das Gericht nichtöffentlich verhandelt. Der Beistand, § 90, hat kein eigenes Fragerecht.

**6) Zeugnisform.** Es herrscht eine dem Strafprozeß entgegengesetzte Regelung. **30**

**A. Grundsatz: Uneidliche Aussage.** Der Zeuge ist grundsätzlich uneidlich zu vernehmen. Er wird nur wegen der etwaigen Bedeutung seiner Aussage oder zur Herbeiführung einer wahrheitsgemäßen Aussage beeidigt, § 391. Ein auch nur versuchter Prozeßbetrug durch falsche Zeugenaussage ist Straftat, § 263 StGB. Auch abgesehen davon kann die falsche Aussage nach §§ 153 ff StGB strafbar sein. Der Zeuge darf die Eidesleistung wegen gewisser Beziehungen zu den Parteien oder wegen gewisser Beteiligung an der Sache verweigern, § 391 Rn 4.

**B. Verstoß.** Alle Verstöße gegen die Form der Vernehmung sind heilbar, § 295. Das gilt namentlich für **31** die Beeidigung, auch soweit sie auf einen Gerichtsbeschluß beruht, vgl bei § 391. Unheilbar ist ein Verstoß, wenn der Beibringungsgrundsatz, Grdz 20 vor § 128, versagt. Das gilt zB im Eheverfahren, §§ 606 ff.

**7) Amtliche Auskunft** **32**

**Schrifttum:** *Hohlfeld,* Die Einholung amtlicher Auskünfte im Zivilprozeß, 1995.

Die amtliche Auskunft ist im Gesetz erwähnt, nicht geregelt, §§ 273 II Z 2, 358 a Z 2, 437 II, BVerwG NJW **88**, 2492. Sie ist ein selbständiges Beweismittel, BVerwG InfAuslR **85**, 147, also nicht (nur) eine Urkunde, BGH BB **76**, 480, Ffm FamRZ **80**, 706, und immer zulässig, BGH NJW **79**, 268, aM Koch/Steinmetz MDR **80**, 902. Sie ersetzt besonders bei einer Behörde die Zeugen- oder Sachverständigenvernehmung, BGH **89**, 119 und LM § 402 Nr 16. Das Gericht erfordert die Auskunft auf Antrag oder von Amts wegen. Das braucht nicht gemäß § 273 III zu geschehen, BGH LM § 272b aF Nr 4 (Freibeweis, Einf 9 vor § 284). Soweit es sich nicht um einen Rechtshilfeverkehr mit dem Ausland handelt, § 199 Rn 4, vgl BGH WertpMitt **77**, 478, erfordert das Gericht die amtliche Auskunft unmittelbar, also ohne Vermittlung der obersten Landesbehörde, und zwar auch im Verkehr mit obersten Bundesbehörden.

*Entgegenstehende Erlasse* binden den Richter und sein Hilfspersonal nicht. Die Auskunft darf sich nur auf **33** Tatsachen beziehen, zu deren Wahrnehmung freilich eine besondere Sachkunde gehören kann, was Tipke NJW **76**, 2200 (betr Steuern) miterwähnen sollte. Eine amtliche Auskunft, die ein Gutachten einschließt, ist

**Übers § 373, § 373**  2. Buch. 1. Abschnitt. Verfahren vor den LGen

ein echtes Sachverständigengutachten, Üb 10 vor § 402, BGH BB 76, 480, LG Köln AnwBl 85, 329, VGH Kassel MDR 96, 418.

*Dies gilt zB für* eine Äußerung einer Behörde, zum Begriff BGH NJW 64, 299, zB einer Rundfunkanstalt, BVerfG NJW 71, 1739, einer öffentlichen Sparkasse, einer Kirchengemeinde, eines Wasserwerks, einer Industrie- und Handelskammer, oder Handwerkskammer; ferner zB des Gutachterausschusses gemäß §§ 192 ff BauGB, BGH 62, 93, LG Köln AnwBl 85, 329; einen Mietspiegel, im Ergebnis ebenso Leutner WoM 92, 661 (er spricht von einem generalisierten, vorweggenommenen Gutachten und weist auf die durchweg vorhandene Anerkennung dieses Beweismittels bei den Gerichten hin; demgegenüber mit Recht äußerst krit LG Mü WoM 93, 451: Weder Benutzerfreundlichkeit noch Einfachheit reichen aus, wenn der Mietspiegel nicht in jedem Fall zu einem zutreffenden Ergebnis führt), Müther WoM 99, 312 (ausf), Reinecke WoM 93, 102 (hält dann sogar ein Gutachten für meist unzulässig), Schopp ZMR 93, 141; die Äußerung der Anwaltskammer gemäß §§ 3, 12 BRAGO (Sondergelegung) trotz §§ 73 II Z 8, 75 BRAO); Celle NJW 73, 203, Hartmann Teil X § 12 BRAGO Rn 32 ff, aM Mü MDR 89, 923. Gerade das letzte Gutachten beschränkt sich freilich durchweg auf die Erörterung von Rechtsfragen, dient also nicht der Klärung streitiger Tatsachen, Ffm MDR 83, LG Kempten MDR 80, 412. Für die Eigenschaft solcher Auskunft als Gutachten ist unerheblich, ob §§ 402 ff vollständig oder nur teilweise anwendbar sind, aM Celle NJW 73, 203 (aber das Gericht ist an ein Gutachten ohnehin nicht gebunden); Köln Rpfleger 74, 444, Mü NJW 75, 884.

34  *Unanwendbar* sind insofern freilich alle Vorschriften, die auf die Einzelperson eines Sachverständigen zugeschnitten sind, § 406 Rn 1, § 411 Rn 9, BGH 62, 95, BVerwG InfAuslR 85, 147, Ffm MDR 83, 327. Ein solches Gutachten wird kostenlos erstattet, vgl §§ 3 III 3, 12 II 2 BRAGO. Keine Partei kann der Verwertung eines solchen Gutachtens widersprechen. Liegt aber ein Ablehnungsgrund wegen Befangenheit vor, so muß das Gericht ihn bei der Würdigung eines solchen Gutachtens berücksichtigen, § 406 Rn 1, BGH 62, 94, BVerwG NJW 88, 2491. Die Versagung einer Aussagegenehmigung nach § 376 verbietet nicht stets auch eine schriftliche Auskunft der Behörde, BGH NJW 79, 268.

35  **8) VwGO:** Zeugenbeweis wird als zulässiges Beweismittel ausdrücklich genannt, § 96 I 2 VwGO. Er wird stets *vAw* angeordnet und durchgeführt, § 86 I VwGO, auch vor der mündlichen Verhandlung, § 96 II VwGO. §§ 373 ff gelten nach § 98 VwGO entsprechend, soweit der Ermittlungsgrundsatz, § 86 I VwGO, nicht entgegensteht. Die *amtliche Auskunft*, oben Rn 32, ist als selbständiges Beweismittel ebenfalls zulässig, BVerwG 73, 1, 31, 212, NVwZ 86, 35, InfAuslR 84, 153, DÖV 83, 647, wie § 99 VwGO (Sonderregelung) u § 87 VwGO iVm § 273 II Z 2 ergeben. Um Auskunft können, da § 96 I VwGO keine abschließende Aufzählung der Beweismittel enthält, auch *sachkundige Personenvereinigungen* ersucht werden, BVerwG DÖV 58, 795. Die amtliche Auskunft unterliegt der freien Beweiswürdigung, BVerwG 73, 1; ist sie in einem anderen Rechtsstreit eingeholt worden, darf sie auch ohne Zustimmung der Beteiligten im Wege des Urkundenbeweises verwertet werden, BVerwG NJW 86, 3221. Die Beteiligten haben nicht das Recht, das Erscheinen des Verfassers zur Erläuterung der Auskunft zu verlangen, BVerwG NJW 86, 3221, NVwZ 86, 35.

**373** *Beweisantritt.* **Der Zeugenbeweis wird durch die Benennung der Zeugen und die Bezeichnung der Tatsachen, über welche die Vernehmung der Zeugen stattfinden soll, angetreten.**

**Schrifttum:** *Kollhosser,* Das Beweisantragsrecht usw, Festschrift für *Stree* und *Wessels,* 1993; *Söllner,* Der Beweisantrag im Zivilprozeß, Diss Erlangen 1972.

1  **1) Systematik.** Vgl zunächst § 371 Rn 1. Gerade beim Zeugenbeweis wird oft übersehen, was unter Rn 4 zum Beweisantritt als erforderlich dargestellt ist. Ein korrekter Beweisantritt kann erhebliche prozessuale Nachteile verhindern.

2  **2) Regelungszweck.** Vgl zunächst § 371 Rn 2. Auch § 373 dient der Prozeßförderung, Grdz 12 vor § 128, und der Prozeßwirtschaftlichkeit, Grdz 14 vor § 128. Deshalb sollte man seine Anforderungen nicht unterschätzen.

3  **3) Geltungsbereich.** Vgl Üb 2 ff vor § 373. Die Vorschrift gilt auch im FGG-Verfahren, BayObLG FamRZ 97, 773. Wegen des Zeugen im Ausland § 363 Rn 1.

4  **4) Zeugenbenennung.** Wer Zeugenbeweis antritt, hat den Zeugen zu benennen. Er muß ladungsfähige Personalien und eine ladungsfähige Anschrift angeben, BGH NJW 93, 1927 (er weist auf § 356 hin). Dazu gehören grundsätzlich auch der Vorname und der „Wohnort", § 395 II 1, also die Privatanschrift, dort Rn 4. Denn das Gericht muß imstande sein, den Zeugen ordnungsgemäß zu laden, auch nach §§ 181 ff, wonach grundsätzlich ein Zustellungsversuch in der Wohnung und nicht am Arbeitsplatz erforderlich ist, und der Prozeßgegner muß imstande sein, die Nämlichkeit des Zeugen, seine etwa jetzt schon zweifelhafte Kenntnis und Glaubwürdigkeit schon vor der Vernehmung zu überprüfen, soweit möglich und zulässig.

Das alles sollte man manches Polizeivorgesetzte mitbedenken, bevor er sich weigert, dem Beweisführer diese ohnehin vom untergebenen *Polizisten* spätestens zu Beginn seiner Vernehmung meist in öffentlicher Sitzung preiszugebenden und schon deshalb offensichtlich keinem Datenschutz unterliegenden Personalien auf Befragen mitzuteilen. Im Gegensatz zu § 68 StPO mit seinen Möglichkeiten einer sog Abschottung der privaten Zeugenanschrift usw enthält die ZPO bisher keine solche Regelung. Man kann § 68 StPO auch nicht einfach entsprechend anwenden, obwohl im Einzelfall auch im Zivilprozeß ein Interesse des Polizisten (wie übrigens auch anderer Prozeßbeteiligter) an der Geheimhaltung seiner Anschrift bestehen kann; seine Berufsstellung bringt auch ein solches Risiko mit sich.

7. Titel. Zeugenbeweis §§ 373–375

*Amtshaftung* könnte eine der Folgen einer Verweigerung ausreichender Anschriftangaben sein, zumal die **5** anderweitige Ermittlung der Privatanschrift zu schwierig sein kann, etwa beim auswärtigen Wohnsitz (wo überall soll man nachforschen?), AG Offenbach NJW **90**, 2321 (zur vergleichbaren Privatanschrift des Krankenhausarztes). Soziales Schutzbedürfnis, etwa gegen Racheakte, findet jedenfalls bei einem ohnehin in voller Öffentlichkeit stattfindenden Beruf grundsätzlich seine Grenzen, wenn es nur auf Kosten grundlegender Verfahrensregeln wie der Öffentlichkeit der Sitzung wirklich befriedigt werden könnte (und auch dann nicht gegenüber der Partei, die stets ein Anwesenheitsrecht hat). Eine Privatanschrift des Bürgers genießt ohnehin auch dann grundsätzlich keinen Datenschutz, wenn er Polizist ist. In seltenen Ausnahmefällen, etwa dann, wenn auch die Vernehmung aus Gründen der Staatssicherheit nichtöffentlich verlaufen müßte, § 68 II, III StPO (Gefahr für den Zeugen oder Dritte), bestätigt sich nur die obige Regel. Der Beruf der Polizei bringt es eben mit sich, daß ihre Mitglieder wie andere Zeugen zu benennen und zu vernehmen sind. Notfalls sollte man den Streit verkünden, § 72 I.

Deshalb *versagt* auch eine *Berufung auf Artt 1, 2 I GG* („informationelle Selbstbestimmung"), solange kein **6** zusätzliches Schutzbedürfnis vorrangig ist, BGH NJW **90**, 180 (StPO). Die beliebte Beschränkung auf „zu laden bei der Partei" oder „auf dem Polizeirevier" oder „beim Arbeitgeber" (mit nur dessen Anschrift) ist selbst dann unzureichend, wenn der Zeuge dort arbeitet, aber im Fall einer für das Gericht stets erlaubten und dringend ratsamen förmlichen Zustellung zumindest nicht nach §§ 181 ff geladen werden könnte, LG Hagen MDR **84**, 1034. Wegen der Berufung auf ein „Zeugnis NN" BGH RR **89**, 1324 (kein genügender Beweisantritt) und § 356 Rn 4. Die Wahl des Worts Zeuge ist unnötig. Es muß aber klar sein, daß ein bestimmte Person zeugenmäßig aussagen soll. Über eine urkundenbeweisliche Verwertung von Zeugenaussagen § 286 Rn 63.

**5) Tatsachenbezeichnung.** Der Beweisführer muß diejenigen Tatsachen angeben, die der Zeuge be- **7** kunden soll. Begriff der Tatsache Einf 17 vor § 284. Es genügt eine innere Tatsache oder eine Vermutungstatsache (hypothetische Tatsache), ferner eine Tatsache, deren Wahrnehmung eine besondere Sachkunde erfordert, § 414. Die Tatsache ist ausreichend bestimmt zu bezeichnen, BGH RR **94**, 378. Es sind also bestimmte Einzelheiten anzugeben. Über den Ausforschungsbeweis Einf 27 vor § 284. Wie und warum der Zeuge die Wahrnehmung machen konnte und mußte, braucht man grundsätzlich nicht anzugeben, BGH FamRZ **87**, 1020. Dasselbe gilt dazu, wie der Zeuge die Tatsache erfahren hat, es sei denn eine innere, BGH RR **88**, 1087.

*Schlüsse* aus nicht nachprüfbaren Tatsachen sind keine Zeugenaussagen. Ebensowenig kann ein Zeuge zur Abgabe einer rechtsgeschäftlichen Willenserklärung angehalten werden. Nicht ausreichend ist auch der Antrag, der Zeuge solle eine „Notwehr" beweisen, Köln MDR **76**, 407. Unzureichend ist die Bezugnahme auf einen in sich widersprüchlichen gegnerischen Vortrag ohne Klarstellung, auf welchen Teil dieses Vortrags sie sich genau bezieht, § 138 I, BGH RR **87**, 1469. Das Gericht muß seine Fragepflicht ausüben, § 139, ThP 1, aM Köln MDR **76**, 408. Zur Fristsetzung § 356 Rn 2.

**6) *VwGO:*** Entsprechend anzuwenden auf Beweisanträge in der mündlichen Verhandlung, § 86 II VwGO, sonst **8** nur Ordnungsvorschrift, § 98 VwGO, für die Anregungen zur Beweisaufnahme, §§ 82 u 85 VwGO, die ohne Bindung an Beweisanträge vAw angeordnet wird, § 86 I VwGO.

# 374 (weggefallen)

# 375 Beweisaufnahme.
I Die Aufnahme des Zeugenbeweises darf einem Mitglied des Prozeßgerichts oder einem anderen Gericht nur übertragen werden, wenn von vornherein anzunehmen ist, daß das Prozeßgericht das Beweisergebnis auch ohne unmittelbaren Eindruck von dem Verlauf der Beweisaufnahme sachgemäß zu würdigen vermag, und
1. wenn zur Ausmittlung der Wahrheit die Vernehmung des Zeugen an Ort und Stelle dienlich erscheint oder nach gesetzlicher Vorschrift der Zeuge nicht an der Gerichtsstelle, sondern an einem anderen Ort zu vernehmen ist;
2. wenn der Zeuge verhindert ist, vor dem Prozeßgericht zu erscheinen;
3. wenn dem Zeugen das Erscheinen vor dem Prozeßgericht wegen großer Entfernung unter Berücksichtigung der Bedeutung seiner Aussage nicht zugemutet werden kann.

Ia Einem Mitglied des Prozeßgerichts darf die Aufnahme des Zeugenbeweises auch dann übertragen werden, wenn dies zur Vereinfachung der Verhandlung vor dem Prozeßgericht zweckmäßig erscheint und wenn von vornherein anzunehmen ist, daß das Prozeßgericht das Beweisergebnis auch ohne unmittelbaren Eindruck von dem Verlauf der Beweisaufnahme sachgemäß zu würdigen vermag.

II Der Bundespräsident ist in seiner Wohnung zu vernehmen.

## Gliederung

| | | | |
|---|---|---|---|
| 1) Systematik, I, II | 1 | 4) Voraussetzungen, I | 5–11 |
| 2) Regelungszweck, I, II | 2, 3 | A. Entbehrlichkeit unmittelbaren Eindrucks, I Hs 1 | 6, 7 |
| 3) Geltungsbereich, I, II | 4 | | |

Hartmann 1259

§ 375

| | | | | |
|---|---|---|---|---|
| B. Zweckdienlichkeit der Übertragung, I Z 1 | 8 | B. Entbehrlichkeit unmittelbaren Eindrucks, I a Hs 2 | 14 |
| C. Pflicht zur auswärtigen Vernehmung, I Z 2 | 9 | 6) Verfahren, I, II | 15 |
| D. Verhinderung, I Z 2 | 10 | 7) Verstoß, I, II | 16–18 |
| E. Weite Entfernung, I Z 3 | 11 | 8) Vernehmung des Bundespräsidenten, II | 19 |
| 5) Voraussetzungen, I a | 12–14 | 9) *VwGO* | 20 |
| A. Zweckdienlichkeit der Übertragung, I a Hs 1 | 13 | | |

**1** **1) Systematik, I, II.** Die Vorschrift schafft Einschränkungen wie Erweiterungen der Befugnisse zur Übertragung von Aufgaben des Prozeßgerichts. Sie ergänzt den § 361, geht ihm im Zweifel aber vor. Man muß von dem in § 375 genannten Mitglied des Prozeßgerichts den ersuchten Richter eines anderen Gerichts, § 362, unterscheiden.

**2** **2) Regelungszweck, I, II.** Die Unmittelbarkeit der Beweisaufnahme, § 355 Rn 1, ist beim Zeugenbeweis besonders wichtig. Denn bei ihm kommt es sehr auf den persönlichen Eindruck an. Das Gesetz legt an sich den größten Wert darauf, daß die Ausnahmen der Z 1–3 nur zurückhaltend, auf das Notwendige beschränkt, Anwendung finden. Daher hat das Prozeßgericht, auch der Einzelrichter, § 348 Rn 1, 4, den man nicht mit dem „Mitglied des Gerichts" in I verwechseln darf, die Beweisaufnahme grundsätzlich selbst vorzunehmen, mag sie auch noch so zeitraubend und schwierig sein, § 278 II 1, Düss NJW **92**, 188, Stgt MDR **80**, 1030 (FGG). Der verordnete Richter darf nicht am Sitz des Prozeßgerichts nach § 375 amtieren.

**3** Das Kollegialgericht darf die Beweisaufnahme zwar auch nach neuem Recht unter den gesetzlichen Voraussetzungen an sich sehr wohl einem seiner Mitglieder übertragen. Eine solche Übertragung darf aber *keineswegs systematisch* erfolgen, Düss NJW **77**, 2320, Köln NJW **76**, 1101, Müller DRiZ **76**, 181, aM Dinslage NJW **76**, 1509, Nagel DRiZ **77**, 322.

**4** **3) Geltungsbereich, I, II.** Die Vorschrift ist in allen Verfahren nach der ZPO anwendbar. Sie ist im FGG-Verfahren anwendbar, BayObLG FamRZ **88**, 873, Köln MDR **83**, 327. In Arbeitssachen gelten die teilweise abweichenden §§ 13, 58, 64 VII ArbGG. Unger NJW **84**, 416 schlägt vor, durch Einfügung eines III die Vernehmung durch den Einsatz von Bildschirmtelefon oder Videogerät zuzulassen.

**5** **4) Voraussetzungen, I.** Man muß die unterschiedlichen, wenn auch teilweise übereinstimmenden, Voraussetzungen der in I geregelten Übertragung wahlweise auf ein Mitglied des Prozeßgerichts oder auf einen verordneten Richter einerseits, der in I a geregelten Übertragung nur auf ein Mitglied des Prozeßgerichts, also den „vorbereitenden" Richter, unterscheiden. Die Übertragung der Beweisaufnahme nach I ist nur dann zulässig, Düss NJW **77**, 2320, Werner/Pastor NJW **75**, 329, wenn nach einer sorgfältigen Prüfung sowohl stets die nachfolgende Voraussetzung Rn 6 als auch eine der folgenden Voraussetzungen Rn 8–10 vorliegen (dabei ist § 278 II 1 zwar beachtlich, ist aber, anders Schneider JB **77**, 145 kein absolutes Hindernis).

**6** **A. Entbehrlichkeit unmittelbaren Eindrucks, I Hs 1.** In jedem Fall muß von „vornherein anzunehmen sein", daß das Prozeßgericht (Kollegium, Einzelrichter) das Beweisergebnis „auch ohne unmittelbaren Eindruck von dem Verlauf der Beweisaufnahme sachgemäß zu würdigen vermag". Das muß nicht nur denkbar, möglich sein; es muß aber auch nicht absolut sicher sein; ein hoher Grad von Wahrscheinlichkeit genügt, muß aber eben von vornherein vorliegen und darf sich nicht erst nach der Übertragung herausstellen. Die Entbehrlichkeit des unmittelbaren Eindrucks liegt vor, je weniger es auf die Glaubwürdigkeit ankommen wird, genauer: je weniger man mit Zweifeln an ihr zu rechnen braucht. Dabei kommt es, wie stets, auf die Sicht des Gerichts und nicht auf diejenige der übrigen Prozeßbeteiligten allein an; freilich sind ihre Ansichten mitabzuwägen.

**7** Das Prozeßgericht entscheidet nach *pflichtgemäßem Ermessen*. Es berücksichtigt das Beweisthema, die Person des Zeugen, die bisher vorliegenden Beweisergebnisse und sonstigen etwa unstreitigen Hilfsmittel, etwa Fotos oder Skizzen usw. Es kann den verordneten Richter ersuchen, seinen Eindruck von der Glaubwürdigkeit so zu protokollieren oder in Form eines Aktenvermerks mitzuteilen, daß dem Prozeßgericht wenigstens anschließend die Entscheidung, ob es den Zeugen doch noch selbst hören muß, erleichtert wird. Das Prozeßgericht darf dergleichen aber nicht zum systematischen Vorwand der Arbeitsteilung und -vorgabe machen, Rn 3. Eine Glaubwürdigkeitsprüfung muß vor dem Kollegium erfolgen, Köln RR **98**, 1143.

**8** **B. Zweckdienlichkeit der Übertragung. I Z 1.** Eine Vernehmung an Ort und Stelle, wenn auch im Gerichtsbezirk, muß die Wahrheitsermittlung fördern können.
*Beispiele:* Der Zeuge ist einem anderen, behinderten Zeugen gegenüberzustellen; er macht seine Aussage zweckmäßig im Anblick des Tatorts; nur dort kann man mit einer brauchbaren oder ehrlichen Aussage rechnen.
Natürlich darf und muß grundsätzlich auch das Prozeßgericht einen *Ortstermin* wahrnehmen, § 219, sollte das aber nur dann tun, wenn Aufwand und Nutzen in einem richtigen Verhältnis stehen. Dies ist freilich recht häufig der Fall. Die örtliche Zuständigkeit liegt am Tatort usw, evtl auch dann im Ausland, wenn der Zeuge grenznah im Inland wohnt.

**9** **C. Pflicht zur auswärtigen Vernehmung, I Z 2.** Der Zeuge muß nach gesetzlichen Vorschriften an einem anderen Ort zu vernehmen sein, vgl § 382. Hier gilt das in Rn 6 Gesagte entsprechend. Für den Bundespräsidenten gilt II, für ein Parlaments- oder Regierungsmitglied § 382.

**10** **D. Verhinderung, I Z 2.** Der Zeuge muß am Erscheinen verhindert sein, und zwar für längere Zeit, etwa durch Krankheit, hohes Alter oder Gehunfähigkeit. Der in der Wohnung zu vernehmende Zeuge darf dem Gericht, den Parteien, den ProzBev und den zB für eine Gegenüberstellung erforderlichen Personen, auch dem Sachverständigen, den Zutritt grundsätzlich trotz seines Hausrechts wegen der Zeugnispflicht, Üb 26 vor § 373, nicht verweigern; andernfalls verweigert er das Zeugnis. Reisekosten sind kein Verhinderungsgrund, § 401, sondern evtl vorzuschießen, § 14 ZSEG, Hartmann Teil V Anh I, II § 17 ZSEG.

### 7. Titel. Zeugenbeweis §§ 375, 376

**E. Weite Entfernung, I Z 3.** Der Zeuge muß sich so weit vom Gerichtsort entfernt aufhalten, daß man **11** ihm seine Vernehmung vor dem Prozeßgericht auch unter Berücksichtigung der Bedeutung seiner Aussage nicht zumuten kann. Ob dies zutrifft, richtet sich nach der Lage des Falls, auch nach der Geschäftslage des Prozeßgerichts, Rn 6. Der ersuchte Richter darf die Vernehmung nur unter den Voraussetzungen § 158 GVG Rn 2–5 ablehnen. Zu würdigen sind: Die Bedeutung des Prozesses; die Bedeutung der Aussage; die Schwierigkeit der Beweisfragen; der Wert eines persönlichen Eindrucks vom Zeugen; die entstehenden Kosten; die bestehenden Verkehrsverbindungen. Ein Aufenthalt in demselben Landgerichtsbezirk bedeutet meist keine weite Entfernung, erst recht keine Entfernung von nur 4 km, Fischer MDR **93**, 838. Wegen der Reisekosten Rn 10.

**5) Voraussetzungen, I a.** Vgl zunächst Rn 5. Während I die Übertragung sowohl auf den sog vorberei- **12** tenden Richter (Mitglied des Prozeßgerichts) als auch auf einen verordneten Richter regelt, erfaßt I a nur den ersteren Richter, der wie bei I auch im Bezirk eines auswärtigen Gerichts amtieren darf, § 166 GVG.

**A. Zweckdienlichkeit der Übertragung, I a Hs 1.** Die Vorschrift dient der Prozeßwirtschaftlichkeit, **13** Grdz 14, 15 vor § 128. Die Übertragung muß „zur Vereinfachung der Verhandlung vor dem Prozeßgericht zweckmäßig erscheinen". Sie braucht also nicht gerade geboten zu sein, darf aber auch nicht nur vielleicht zweckmäßig sein. Es darf zwar durchaus auch um eine Arbeitsteilung und damit um eine Arbeitserleichterung für das Kollegium gehen; dieser Zweck reicht aber nicht aus, es muß um der Sache willen eine Zweckmäßigkeit hinzukommen. Die Verhandlung vor dem Kollegium muß gerade infolge der Übertragung anschließend einfacher und dort eben nicht in Wahrheit trotz Übertragung anschließend als genau so zeitraubend, mühsam oder streitig bevorstehen. Auch hierbei entscheidet das Prozeßgericht nach pflichtgemäßem Ermessen. Es kommt auch hier auf seine Sicht und nicht allein auf die, wenn auch mitbeachtliche, Sicht der übrigen Prozeßbeteiligen an. So betrachtet kann die Vorschrift durchaus sinnvoll genutzt werden, krit Baumgärtel DNotZ **92**, 270.

**B. Entbehrlichkeit unmittelbaren Eindrucks, I a Hs 2.** Zusätzlich zu der Voraussetzung Rn 13 **14** („und") muß dieselbe Bedingung wie bei I Hs 1 erfüllt sein. Vgl dazu Rn 6, 7.

**6) Verfahren, I, II.** Vgl § 357 Rn 6. **15**

**7) Verstoß, I, II.** Ein Verstoß ist ein erheblicher Verfahrensmangel, der evtl eine Ablehnung ermöglicht, **16** Schneider JB **77**, 1341, und der außerdem Berufung oder Revision zum Zweck einer Zurückverweisung ermöglicht, Düss NJW **76**, 1103, aM Rasehorn NJW **77**, 792, und zwar nach einer unbeschränkten Übertragung auf den Einzelrichter an ihn, Köln NJW **76**, 1101, andernfalls an das Kollegium, Dinslage NJW **76**, 1509, das an den Einzelrichter verweisen kann. § 355 II steht nicht entgegen, Düss NJW **76**, 1104, Schneider DRiZ **77**, 15, aM Köln (8. ZS) NJW **77**, 250.

Zulässig ist aber eine freibeweisliche Verwertung, soweit es nicht auf den persönlichen Eindruck ankommt, **17** Ffm FGPrax **98**, 62. Zulässig ist es ferner, auf das Rügerecht zu *verzichten*, § 295 I, BGH NJW **96**, 2735, BayObLG FamRZ **88**, 423 (auch mit Abweichungen zum FGG-Verfahren), KG VersR **80**, 654, aM Düss BB **77**, 1377.

Dem letzteren ist aber darin zuzustimmen, daß ein systematisch erwirkter Rügeverzicht als *Rechtsmißbrauch* **18** unbeachtlich ist, Einl III 54, BGH NJW **79**, 2518, Köln (15. ZS) OLGZ **77**, 493, Köln (17. ZS) RR **98**, 1143, aM Köln (4. ZS) **77**, 250. Bei einer Rüge ist im Rahmen von Z 1–3 nur zu prüfen, ob das Gericht über deren Voraussetzungen hinaus das Vorliegen von § 75 bejaht hat. Die Entscheidung des Gerichts kann nur zusammen mit seinem Endurteil angefochten werden.

**8) Vernehmung des Bundespräsidenten, II.** Sie erfolgt in seiner Wohnung, und zwar nach den **19** allgemeinen Vorschriften, da Z 1 vorliegt. Präsidenten der deutschen Länder, die die frühere Fassung erwähnte, gibt es nicht, § 219 Rn 11.

**9) VwGO: I und I a** sind nicht entsprechend anwendbar, § 98 VwGO, weil § 96 II VwGO keine Beschränkung **20** *für den Zeugenbeweis enthält*, BVerwG Buchholz 310 § 96 Nr 29 (jedoch ist § 96 II nach den Grundsätzen des § 87 III 2 VwGO anzuwenden, BVerwG NJW **94**, 1975), und die Beweiserhebung durch den Vorsitzenden bzw Berichterstatter in § 87 III VwGO abschließend geregelt ist. II gilt entsprechend, § 98 VwGO.

**376** *Genehmigung zur Vernehmung.* ⁱFür die Vernehmung von Richtern, Beamten und anderen Personen des öffentlichen Dienstes als Zeugen über Umstände, auf die sich ihre Pflicht zur Amtsverschwiegenheit bezieht, und für die Genehmigung zur Aussage gelten die besonderen beamtenrechtlichen Vorschriften.

ⁱⁱ Für die Mitglieder des Bundestages, eines Landtages, der Bundes- oder einer Landesregierung sowie für die Angestellten einer Fraktion des Bundestages oder eines Landtages gelten die für sie maßgebenden besonderen Vorschriften.

ⁱⁱⁱ Eine Genehmigung in den Fällen der Absätze 1, 2 ist durch das Prozeßgericht einzuholen und dem Zeugen bekanntzumachen.

ⁱᵛ Der Bundespräsident kann das Zeugnis verweigern, wenn die Ablegung des Zeugnisses dem Wohl des Bundes oder eines deutschen Landes Nachteile bereiten würde.

ᵛ Diese Vorschriften gelten auch, wenn die vorgenannten Personen nicht mehr im öffentlichen Dienst oder Angestellte einer Fraktion sind oder ihre Mandate beendet sind, soweit es sich um Tatsachen handelt, die sich während ihrer Dienst-, Beschäftigungs- oder Mandatszeit ereignet haben oder ihnen während ihrer Dienst-, Beschäftigungs- oder Mandatszeit zur Kenntnis gelangt sind.

**Vorbem.** Man muß zwischen Bundes- und Landesbeamten unterscheiden. **A**

## § 376

**A. Bundesbeamte.** Für sie gelten, im wesentlich mit demselben Wortlaut wie § 39 I–IV BRRG idF der Bek v 31. 3. 99, BGBl 654, die §§ 61, 62 BBG idF der Bek v 31. 3. 99, BGBl 675 (die nach § 46 DRiG, SchlAnh I A, auf Richter im Bundesdienst entsprechend anwendbar sind):

*BBG § 61.* I ¹Der Beamte hat, auch nach Beendigung des Beamtenverhältnisses, über die ihm bei seiner amtlichen Tätigkeit bekanntgewordenen Angelegenheiten Verschwiegenheit zu bewahren. ²Dies gilt nicht für Mitteilungen im dienstlichen Verkehr oder über Tatsachen, die offenkundig sind oder ihrer Bedeutung nach keiner Geheimhaltung bedürfen.

II ¹Der Beamte darf ohne Genehmigung über solche Angelegenheiten weder vor Gericht noch außergerichtlich aussagen oder Erklärungen abgeben. ²Die Genehmigung erteilt der Dienstvorgesetzte oder, wenn das Beamtenverhältnis beendet ist, der letzte Dienstvorgesetzte.

III *(Hier ohne Bedeutung)*

IV Unberührt bleibt die gesetzlich begründete Pflicht des Beamten, Straftaten anzuzeigen und bei Gefährdung der freiheitlichen demokratischen Grundordnung für deren Erhaltung einzutreten.

*BBG § 62.* I Die Genehmigung, als Zeuge auszusagen, darf nur versagt werden, wenn die Aussage dem Wohle des Bundes oder eines deutschen Landes Nachteile bereiten oder die Erfüllung öffentlicher Aufgaben ernstlich gefährden oder erheblich erschweren würde.

II Die Genehmigung, ein Gutachten zu erstatten, kann versagt werden, wenn die Erstattung den dienstlichen Interessen Nachteile bereiten würde.

III ¹Ist der Beamte Partei oder Beschuldigter in einem gerichtlichen Verfahren oder soll sein Vorbringen der Wahrnehmung seiner berechtigten Interessen dienen, so darf die Genehmigung auch dann, wenn die Voraussetzungen des Absatzes 1 erfüllt sind, nur versagt werden, wenn die dienstlichen Rücksichten dies unabweisbar erfordern. ²Wird sie versagt, so hat der Dienstvorgesetzte dem Beamten den Schutz zu gewähren, den die dienstlichen Rücksichten zulassen.

IV Über die Versagung der Genehmigung entscheidet die oberste Aufsichtsbehörde.

**B. Landesbeamte.** Für sie gilt als Rahmenvorschrift § 39 BRRG idF v 31. 3. 99, BGBl 654 (mit §§ 61, 62 BBG fast wörtlich gleich). Die entsprechenden Bestimmungen der Beamtengesetze der Länder stimmen damit im wesentlichen überein (und sind nach den Landesrichtergesetzen auf Richter im Landesdienst entsprechend anwendbar):
**Baden-Württemberg:** §§ 79, 80 LBG idF v 19. 3. 96, GBl 285, sowie § 8 LRiG v 19. 7. 72, GBl 431, geändert durch G v 8. 8. 79, GBl 397;
**Bayern:** Art 69, 70 BayBG idF v 17. 11. 78, GVBl 832, sowie Art 2 BayRiG v 11. 1. 77, GVBl 27, geändert durch G v 11. 5. 87, GVBl 149;
**Berlin:** §§ 26, 27 LBG v 1. 1. 72, GVBl 288, sowie BlnRiG v 27. 4. 70, GVBl 642, geändert durch G v 20. 2. 79, GVBl 368;
**Brandenburg:** G v 24. 12. 92, GVBl 506;
**Bremen:** §§ 61, 62 BreBG v 8. 5. 73, GBl 132, geändert durch G v 3. 3. 76, GBl 107, sowie § 4 BreRiG v 15. 12. 64, GVBl 187;
**Hamburg:** §§ 65, 66 HbgBG idF v 29. 11. 77, GVBl 367, sowie § 4 HbgRiG v 15. 6. 64, GVBl 109;
**Hessen:** §§ 75, 76 HessBG v 16. 2. 70, GVBl 110, geändert durch G v 11. 1. 89, GVBl 26, sowie § 2 HessRiG v 19. 10. 62, GVBl 455;
**Mecklenburg-Vorpommern:** G v 12. 7. 98, GVBl 708;
**Niedersachsen:** §§ 68–70 NdsBG v 11. 12. 85, GVBl 564, und v 10. 1. 94, GVBl 2, sowie NdsRiG v 14. 12. 62, GVBl 265;
**Nordrhein-Westfalen:** §§ 64, 65 NRWBG v 1. 5. 82, GVBl 234, sowie § 4 NRWRiG v 29. 3. 66, GVBl 217;
**Rheinland-Pfalz:** § 70 RhPfBG v 14. 7. 70, GVBl 242, sowie RhPfRiG v 16. 3. 75, GVBl 117;
**Saarland:** §§ 74, 75 SaarlBG v 1. 9. 71, ABl 613, zuletzt geändert durch G v 26. 1. 94, ABl 94, sowie SaarlRiG v 1. 4. 75, ABl 566;
**Sachsen:** ErnennungsAnO v 24. 10. 91, GVBl 381;
**Sachsen-Anhalt:** G v 14. 5. 91, GVBl 61;
**Schleswig-Holstein:** §§ 77, 78 LBG idF v 20. 12. 96, GVBl 97, 1, sowie § 6 LRiG v 21. 5. 71, GVBl 300;
**Thüringen:** G v 17. 7. 91, GVBl 217.

**Schrifttum:** *Brenner,* Der Einfluß von Behörden auf die Einleitung und den Ablauf von Zivilprozessen, 1989; *Jansen,* Geheimhaltungsvorschriften in Prozeßrecht, Diss Bochum 1989; *Kube/Leineweber,* Polizeibeamte als Zeugen und Sachverständige, 1980; *Ziegler,* Die Aussagegenehmigung im Beamtenrecht, 1989.

**Gliederung**

| | |
|---|---|
| 1) Systematik, Regelungszweck I–V ..... 1 | A. Allgemeines ........................... 6 |
| 2) Geltungsbereich, I–V ................ 2 | B. Verfahren .............................. 7–10 |
| 3) Notwendigkeit der Genehmigung, I, II, V ............................................. 3–5 | 5) Bundespräsident, IV ............... 11 |
| 4) Genehmigung, III ..................... 6–10 | 6) Angehöriger der Streitkräfte, I–V ... 12 |
| | 7) *VwGO* ................................... 13 |

**1) Systematik, Regelungszweck I–V.** Die Vorschrift, die durch die in Vorbem A, B genannten Bestimmungen ergänzt wird und zu der beim Sachverständigenbeweis § 408 II das Gegenstück bildet, paßt

7. Titel. Zeugenbeweis　　　　　　　　　　　　　　　　　　　　　　　　§ 376

das Verfahrensrecht dem Beamtenrecht an, nicht umgekehrt. Sie enthält Einschränkungen der Befugnis des Prozeßgerichts bei der Beweiserhebung und damit scheinbar auch eine Einschränkung des wichtigen Grundsatzes der Freiheit der Beweiswürdigung, §§ 286, 287. In Wahrheit bleibt er jedoch (eingeschränkt) bestehen, sofern der Richter die Verweigerung einer Aussagegenehmigung zurückhaltend kritisch würdigt. Wegen des Vernehmungsorts gilt § 382.

Die Genehmigung zur Vernehmung ist von dem *Zeugnisverweigerungsrecht* zu unterscheiden. Über das letztere §§ 383 ff. Die ausnahmsweise Zeugnispflicht aus § 385 macht eine etwa notwendige Genehmigung nicht entbehrlich.

Der Schutz der Ersten oder Zweiten vor der Dritten Gewalt ist *problematisch,* aber praktisch nicht immer zu vermeiden. Er findet sich daher in allen Prozeßforderungen und ist durch weder zu strenge noch zu großzügige Auslegung angemessen zu respektieren.

**2) Geltungsbereich, I–V.** Vgl Üb 2 ff vor § 373. 　　　　　　　　　　　　　　　　　　　2

**3) Notwendigkeit der Genehmigung, I, II, V.** Eine Genehmigung zur Aussage als Zeuge brauchen 3 Richter, Beamte und andere Personen des öffentlichen Dienstes, also auch solche, die nicht Beamte im staatsrechtlichen Sinne sind, aM BayObLG FamRZ **90,** 1013. Unter I fallen die Beamten usw des Bundes, die Beamten usw der Länder, der Kommunen, der einer staatlichen Aufsicht unterstellten Körperschaften, Anstalten und Stiftungen des öffentlichen Rechts, § 2 I BBG, also auch Kirchenbeamte, ferner Schiedsrichter, Mitglieder eines Ehrengerichts. Für die Vernehmung gehören hierher auch die im Vorbereitungsdienst beschäftigten Beamten.

*Notare,* Notarvertreter und Notarverweser brauchen eine Befreiung durch die Beteiligten; wenn diese verstorben sind oder wenn die Befreiung nur mit unverhältnismäßigen Schwierigkeiten zu erlangen ist, wird die Aussagegenehmigung durch den Landgerichtspräsidenten erteilt, §§ 18, 92 Z 1 BNotO, und zwar auch auf Grund des Antrags einer Prozeßpartei, Köln DNotZ **81,** 717. Eine sonstige Genehmigung brauchen sie nicht, da sie keine Beamten sind.

*Nicht hierher gehören* Ehrenbeamte wie Schöffen, ehrenamtliche Richter der Arbeitsgerichte, vgl aber auch 4 § 383 Rn 8, 9, ferner ausländische Beamte. Für die Angestellten und Arbeiter im öffentlichen Dienst ist die Schweigepflicht in den Tarifverträgen geregelt, so zB für die Angestellten des Bundes und der Länder in § 9 BAT für die Arbeiter des Bundes § 11 des Manteltarifvertrags für Arbeiter des Bundes und der Länder in § 11 des Manteltarifvertrages für Arbeiter der Länder und für Soldaten.

Bei den Mitgliedern des *Bundestages,* eines *Landtages,* den Mitgliedern der *Bundes- oder der Länderregierungen,* 5 also dem Bundeskanzler und den Bundesministern, Art 62 GG, sowie den *Angestellten einer Fraktion* des Bundestages oder eines Landtages gelten gemäß *II* die für sie maßgebenden besonderen Vorschriften, zB Art 47 GG, abgedruckt bei § 383, ferner § 382, § 383 Rn 8, und im übrigen gelten §§ 6, 7 BMinG (die Bundesregierung erteilt die Aussagegenehmigung). Nach dem Ausscheiden aus dem Amt gelten I–IV unter den Voraussetzungen V ebenfalls, also dann, wenn sich die fraglichen Tatsachen während ihrer aktiven Dienstzeit usw ereignet haben oder ihnen während dieser Zeit zur Kenntnis gekommen sind. Wegen der Vorgänge bei Beratung und Abstimmung Üb vor § 192 GVG.

**4) Genehmigung, III.** Ihre Erteilung erfolgt oft erstaunlich „großzügig". 　　　　　　　　　　6

**A. Allgemeines.** Über die Versagungsgründe vgl § 61 BBG. Die Entscheidung über die Genehmigung ist ein Verwaltungsakt und wird vom Gericht grundsätzlich (Ausnahmen: Rn 8, 9) nach vielfacher Ansicht in keiner Weise nachgeprüft, Rn 8, 9, Hamm MDR **77,** 849. Diese Regelung ist allerdings wegen Artt 97, 101 I GG problematisch, Zezschwitz NJW **72,** 796 betr StPO. Die betroffene Partei kann aber vor dem VG klagen, BVerwG NJW **71,** 160, Hamm MDR **77,** 849. Dem Gericht steht eine solche Möglichkeit nicht offen. Das Gericht muß evtl der Partei eine Frist gemäß § 356 setzen, Hamm MDR **77,** 849, und den Rechtsstreit evtl auch aussetzen, § 148, Zweibr MDR **95,** 202, EF **9** VwGO Rn 4, § 111 BNotO.

Eine Genehmigung ist in den Fällen *entbehrlich,* in denen der *Fiskus Beweisführer* ist und die vorgesetzte Dienststelle des Beamten den Fiskus im Prozeß vertritt. Wer die vorgesetzte Stelle ist, das richtet sich nach dem in Betracht kommenden Staatsrecht, vgl auch die Vorbemerkung. Dasselbe gilt für die Frage, wer bei einem Wechsel der Dienststellung die Genehmigung erteilen muß. Beim Ausgeschiedenen ist der letzte Diensther zuständig, hilfsweise beim Bundesbeamten usw der Bundesinnenminister, Art 13 G v 28. 11. 52, BGBl 749. Eine Versagung der Genehmigung ist der obersten Aufsichtsbehörde vorbehalten, § 62 IV BBG. Das Verbot einer mündlichen Aussage erstreckt sich nicht stets auf die Erteilung einer schriftlichen Auskunft, Üb 25 vor § 402, BGH NJW **79,** 268.

**B. Verfahren.** Das Prozeßgericht hat die Genehmigung einzuholen und dem Zeugen bekanntzugeben, 7 III. Der verordnete Richter, §§ 361, 362, ist dazu nicht zuständig. Die Einholung erfolgt schon vor der Zeugenladung, denn nur diese Reihenfolge ist prozeßwirtschaftlich, Grdz 14, 15 vor § 128. Bei einem Rechtshilfeersuchen eines ausländischen Gerichts holt das ersuchte Gericht die Genehmigung ein. Die Genehmigung wird zusammen mit der Ladung bekanntgegeben. Andernfalls braucht der Zeuge nicht zu erscheinen, wenn er das Zeugnis schriftlich verweigert, § 386 III. Die Genehmigung muß beantragt werden, sobald die Aussage auch nur möglicherweise unter die Amtsverschwiegenheit fällt. Dies ist grundsätzlich bei jeder Aussage über dienstliche Vorgänge zu erwarten.

Der *Beamte muß* sein Weigerungsrecht aber auch *selbst prüfen* und im Zweifel selbst eine Entscheidung 8 seiner vorgesetzten Dienstbehörde einholen. Er hat insofern zumindest eine Obliegenheit. Ein Verstoß kann Rechtsfolgen nach § 380 auslösen. Die Genehmigung kann nicht von der Beachtung des Beratungsgeheimnisses, §§ 43, 45 I 2 DRiG usw, befreien.

Das alles gilt auch bei der Vernehmung eines *Polizeibeamten,* zB zu einem Verkehrsunfall. Die etwaige „Entbindung" durch die Partei(en) befreit ihn nicht von der Schweigepflicht, die er vom Dienstherrn auferlegten und daher nur von diesem wirksam zu lösenden Dienstpflicht eingegangen ist. Man kann auch keineswegs stets von einer allgemein, noch dazu etwa vor dem Eintritt des historischen Vorgangs des Sachverhalts, erteilten stillschweigenden Genehmigung sprechen. Sie

*Hartmann* 　　　　　　　　　　　　　　　　　　　　　　　　　　　　　　　　　　　　1263

§§ 376, 377    2. Buch. 1. Abschnitt. Verfahren vor den LGen

wäre bei Erteilung „im voraus" auch überhaupt nicht mit der Fürsorgepflicht des Dienstherrn vereinbar, die zu einer Einzelfallprüfung zwingt. Die Anwendbarkeit der besonderen beamtenrechtlichen Vorschriften, I, bedeutet auch natürlich nicht, daß das Gericht an diejenige Auslegung gebunden wäre, die der Dienstherr des Beamten diesen Vorschriften gibt; auch das wäre mit Art 97 I GG unvereinbar.

9   Deshalb ist eine – selbst zB vom obersten Dienstherrn durch Erlaß – von vornherein für künftige Fälle *allgemein mitgeteilte Rechtsansicht*, eine Aussagegenehmigung sei „nicht erforderlich" oder nur unter besonderen, etwa noch dazu den untergeordneten Beamten zur Prüfung überlassenen Umständen einzuholen, mit dem vorrangigen Gesetz unvereinbar und daher für das Gericht keine bereits im Einzelfall bindende, wirksame Genehmigung. Darauf darf und muß das Gericht hinweisen und evtl gemäß Rn 6, 7, 9 verfahren.

10  Die Erteilung der *Genehmigung* gilt mangels abweichenden Inhalts für alle Rechtszüge, aber nur in diesem Prozeß, freilich auch für abgetrennte Teile usw, nicht aber in einem Parallelverfahren, auch nicht im Prozeß auf Grund einer weiteren Teilklage. Die Verweigerung der Genehmigung ohne eine ausdrückliche Beschränkung auf diese Instanz ist auch für die nächste Instanz verbindlich, so daß ein neuer Vernehmungsantrag unbeachtlich ist, sofern die nächste Instanz nun nicht doch noch mit einer Genehmigung rechnen kann, BGH **LM** Nr 1. Im Zweifel muß sich das Gericht insoweit erkundigen, § 273.

11  **5) Bundespräsident,** IV. Er darf das Zeugnis verweigern, soweit IV nach seinem nicht nachprüfbaren Ermessen zutrifft.

12  **6) Angehöriger der Streitkräfte,** I–V. Wegen der Einholung der Genehmigung in besonderen Fällen bei den Angehörigen der ausländischen Streitkräfte Art 38 ZAbkNTrSt, SchlAnh III.

13  **7) VwGO:** *Entsprechend anzuwenden,* § 98 VwGO, Ey § 98 Rn 7, RedOe § 98 Anm 5.

**377** **Ladung von Zeugen im allgemeinen.** I ¹Die Ladung der Zeugen ist von der Geschäftsstelle unter Bezugnahme auf den Beweisbeschluß auszufertigen und von Amts wegen mitzuteilen. ²Sie wird, sofern nicht das Gericht die Zustellung anordnet, formlos übersandt.

II Die Ladung muß enthalten:
1. die Bezeichnung der Parteien;
2. den Gegenstand der Vernehmung;
3. die Anweisung, zur Ablegung des Zeugnisses bei Vermeidung der durch das Gesetz angedrohten Ordnungsmittel in dem nach Zeit und Ort zu bezeichnenden Termin zu erscheinen.

III ¹Das Gericht kann eine schriftliche Beantwortung der Beweisfrage anordnen, wenn es dies im Hinblick auf den Inhalt der Beweisfrage und die Person des Zeugen für ausreichend erachtet. ²Der Zeuge ist darauf hinzuweisen, daß er zur Vernehmung geladen werden kann. ³Das Gericht ordnet die Ladung des Zeugen an, wenn es dies zur weiteren Klärung der Beweisfrage für notwendig erachtet.

Schrifttum: *Koch*, Die schriftliche Zeugenaussage gemäß § 377 Abs. III ZPO usw, Diss Köln 1996.

Gliederung

| | | | |
|---|---|---|---|
| 1) Systematik, Regelungszweck, I–III ... | 1 | B. Rechtsnatur: Zeugenaussage .......... | 9 |
| 2) Geltungsbereich, I–III ............... | 2 | C. Ausreichen einer schriftlichen Erklärung, III 1 ..................... | 10 |
| 3) Form der Ladung, I ................ | 3–6 | D. Unzulässigkeit, III 1 ................. | 11 |
| A. Wohnsitz im Inland ............. | 3 | E. Verfahren, III 2, 3 ................. | 12–15 |
| B. Wohnsitz im Ausland ............ | 4 | 6) Verstoß, I–III .................... | 16 |
| C. Einzelfragen ................... | 5, 6 | 7) Rechtsbehelfe, I–III ............... | 17 |
| 4) Inhalt der Ladung, II .............. | 7 | 8) VwGO ......................... | 18 |
| 5) Schriftliche Anhörung, III .......... | 8–15 | | |
| A. Grundsatz: Ermessen ........... | 8 | | |

1   **1) Systematik, Regelungszweck I–III.** Die Vorschrift enthält in I mehr formelle, in II, III inhaltliche Regelungen für das Stadium zwischen Beschlußfassung und Beweisaufnahme und geht allgemeinen Ladungsvorschriften im Zweifel vor. III wird durch § 378 ergänzt. Alle Prozeßbeteiligten sollen eindeutig über Art, Ort und Zeit sowie voraussichtlichen Inhalt der Beweisaufnahme informiert werden, damit diese möglichst zur *Entscheidungsreife* führt, §§ 272, 300 Rn 6. Damit dient die Vorschrift auch der Prozeßförderung, Grdz 12 vor § 128, und der Prozeßwirtschaftlichkeit, Grdz 14 vor § 128. Auch III soll die Arbeit erleichtern und ist daher aus prozeßwirtschaftlichen Erwägungen, Grdz 14, 15 vor § 128, weit auszulegen.

2   **2) Geltungsbereich, I–III.** Vgl Üb 2 ff vor § 373. Im arbeitsgerichtlichen Verfahren gilt statt I der leicht abweichende § 58 II ArbGG.

3   **3) Form der Ladung, I.** Sie kann formlos und ohne jede Frist, sollte aber besser zum Schutz des Zeugen, förmlich erfolgen.

**A. Wohnsitz im Inland.** Zeugen sind von Amts wegen zu laden. Die Parteien können einen Zeugen gestellen, dh ihn veranlassen, freiwillig zu erscheinen, ihn sistieren, ihn aber nicht laden (anders § 220 StPO). Eine öffentliche Zustellung ist unzulässig. Wegen der Ladung von Angehörigen der ausländischen Streitkräfte usw Art 37 ZAbkNTrSt, SchlAnh III. Wegen eines im Ausland wohnenden Ausländers Mü NJW 65, 57. Einige fremde Konsuln haben nach Staatsverträgen oder nach der Meistbegünstigungsklausel das Recht, in ihrer Wohnung oder schriftlich vernommen zu werden, nämlich die Konsuln von Argentinien, Belgien, Bolivien, Bulgarien, Finnland, Frankreich, Großbritannien, Griechenland, Honduras, Italien, Japan,

Luxemburg, Nicaragua, Paraguay, Salvador, Schweden, Siam, Sowjetunion, Spanien, Südafrika, Türkei, Ungarn, Vereinigte Staaten von Amerika.

**B. Wohnsitz im Ausland.** Ein im Ausland wohnender Zeuge ist im allgemeinen nicht durch eine **4** Zustellung nach §§ 199 ff zu laden, weil das meist keinen Erfolg verspricht. Es bleibt nur die Vernehmung im Ausland nach § 363, Anh § 363, möglich, Hamm RR **88**, 703, soweit sie ihrerseits überhaupt durchführbar ist, Hamm RR **88**, 703 (damals noch nicht wieder in Polen). Wegen einer schriftlichen Aussage im Ausland III sowie § 363 Rn 1.

**C. Einzelfragen.** Die Ladung geschieht von Amts wegen. Wegen eines Vorschusses § 379. Eine beson- **5** dere Form ist an sich nicht erforderlich, § 329 Rn 28. Daher genügt auch das Telefon. Eine förmliche Zustellung erfolgt aber, wenn das Prozeßgericht oder der verordnete Richter sie besonders anordnen, etwa in eiligen Fällen oder wenn Anlaß zu der Annahme besteht, der Zeuge werde sich der Vernehmung entziehen wollen. Freilich gibt in solcher Situation regelmäßig auch ein Einschreibebrief mit Rückschein eine genügende Gewähr, soweit es nicht auf den genauen Zugangszeitpunkt ankommt.

Im übrigen steht es dem Gericht frei, nach pflichtgemäßem *Ermessen,* das es nicht in der Ladungsanordnung zu begründen braucht, Zeugen auch ohne besondere Umstände förmlich laden zu lassen, zB um sie vor einem Beschluß nach § 380 zu schützen oder zu klären, ob die Anschrift stimmt.

Insgesamt ist eine förmliche Zustellung, § 270 I, bei der das Gericht ja sofort aus der Akte ersehen kann, **6** ob, wann (und ob unter einer der §§ 181 ff entsprechenden Weise) der Zeuge die Ladung erhalten hat, recht häufig *ratsam* und auch als praktischer Regelfall keineswegs unzulässig, vor allem nicht in Urlaubszeiten oder bei Überlastung des Gerichts. Dieser Weg ermöglicht beim Ausbleiben eher, wenigstens zunächst nach § 380 vorzugehen und auch dadurch zur Prozeßbeschleunigung beizutragen. Das Gericht darf sehr wohl aus den Erwägungen darauf bestehen, eine auch den §§ 181 ff, insbesondere dem § 183 entsprechende volle Zeugenanschrift zu erhalten, § 356 Rn 4, und braucht sich nicht damit abspeisen zu lassen, es dürfe ja auch gemäß I 1 und damit zB unter der Anschrift des privaten Arbeitgebers laden, LG Hagen MDR **84**, 1034. Hat das Gericht objektiv überflüssigerweise eine Zustellung angeordnet, so sind die diesbezüglichen Auslagen deshalb auch keine unrichtige Sachbehandlung im Sinn von § 8 GKG, solange die Maßnahme jedenfalls nicht schlechthin unnötig war. Den Minderjährigen oder eine juristische Person usw lädt das Gericht zu Händen des oder der gesetzlichen Vertreter (einer genügt), § 171 I, III.

**4) Inhalt der Ladung, II.** Sie hat auf den Beweisbeschluß oder zumindest im Fall des § 273 II Z 4 das **7** Beweisthema Bezug zu nehmen, Ffm AnwBl **85**, 207. Sie hat ferner die Parteien, § 253 Rn 22, und den Gegenstand der Vernehmung anzugeben und zum Erscheinen im Saal des Prozeßgerichts oder des verordneten Richters, § 375 Rn 5, oder beim Ortstermin dort, § 219 Rn 4, beim Haustermin zum Sich-Bereithalten dort, § 219 Rn 6, unter der Androhung von Ordnungsmitteln aufzufordern. Z 1–3 sind wesentlich; werden sie nicht beachtet, so dürfen keine Ordnungsmittel verhängt werden, Ffm MDR **79**, 236. Beim Gegenstand der Vernehmung genügt allerdings eine mehr ungefähre, stichwortartige Angabe. Der Zweck der Mitteilung liegt darin, dem Zeugen eine ausreichende Vorbereitung zu ermöglichen. Die Übersendung des – auch auszugsweisen – Beweisbeschlusses kann notwendig, aber auch unzweckmäßig sein.

**5) Schriftliche Anhörung, III.** Sie sollte zB beim Arzt öfter zugelassen werden. **8**

**A. Grundsatz: Ermessen.** Das Gericht darf eine schriftliche Zeugenaussage nach pflichtgemäßem Ermessen anordnen, sollte das aber nur zurückhaltend tun. Denn bei dieser Art der Beweisaufnahme, die um der Prozeßwirtschaftlichkeit willen, Grdz 14 vor § 128, eine Ausnahme vom Grundsatz der Unmittelbarkeit der Beweisaufnahme ist, § 355, darstellt, LG Gießen MDR **96**, 200, fehlen der persönliche Eindruck und der heilsame Einfluß der Parteiöffentlichkeit, § 357, BPatG GRUR **78**, 359. Die Erfahrung lehrt überdies immer wieder, wie sehr sich die Darstellung wie die Glaubwürdigkeit eines Zeugen in Rede und Gegenrede im Termin in beiden Richtungen ändern können, ohne daß damit vorher zu rechnen war. Deshalb kommt es auch nur ausnahmsweise auf die Belastung des Gerichts oder gar des Zeugen an, selbst wenn er glaubhaft zeitlich überlastet ist. Das Gericht muß prüfen, ob es mit einer einigermaßen selbständigen Abfassung der Erklärung durch den Zeugen rechnen kann. Zur Dogmatik krit Stadler ZZP **90**, 137. Wegen der Grenzen der Möglichkeiten nach III, im Fall eines Auslandsbezugs BGH NJW **84**, 2039.

Die schriftliche Zeugenaussage besteht in der schriftlichen *Beantwortung der Beweisfrage.* Eine früher notwendig gewesene eidesstattliche Versicherung ist nicht mehr notwendig, aber natürlich seitens des Zeugen erlaubt. Das Gericht sollte sie aber keineswegs auch nur anregen oder anheimgeben, um nicht den Anschein eines unzulässigen Drucks zu geben, obwohl es den Zeugen natürlich vorladen und dann grundsätzlich sogar beeidigen kann. Wenn eine eidesstattliche Versicherung fehlt oder nicht die ganze Bekundung deckt, dann fehlt nicht etwa (mehr) eine Zeugenaussage.

**B. Rechtsnatur: Zeugenaussage.** Eine ordnungsgemäße schriftliche Aussage ist Zeugenaussage, nicht **9** Urkundenbeweis, Schultze NJW **77**, 412. Eine nicht ordnungsgemäße schriftliche Aussage ist urkundenbeweislich verwertbar, falls die Partei zustimmt, nicht aber dann, wenn die Partei die Vernehmung des Zeugen beantragt, § 286 Rn 69, Hbg VersR **90**, 610, KG BB **75**, 849. Eine spätere mündliche Vernehmung im Anschluß an eine ordnungsmäßige schriftliche Aussage ist eine wiederholte Vernehmung im Sinne von § 398, BGH LM Nr 4. Das Gericht darf eine solche mündliche Vernehmung immer anordnen, wenn es dies zur weiteren Klärung der Beweisfrage für notwendig hält, III 3. Es hat dabei ebenfalls ein pflichtgemäßes, weites Ermessen, muß aber dabei das Fragerecht der Parteien nach § 397 mitbeachten; freilich zwingt die Vorschrift nicht unbedingt zur Zulassung mündlicher, sondern nur zu derjenigen schriftlicher Fragen, § 397 Rn 5. Eine etwa abgegebene eidesstattliche Versicherung der Richtigkeit der schriftlichen Aussage, vgl § 294 Rn 6, ersetzt dann nicht eine Beeidigung. Wenn das Gericht den Zeugen unbedingt zur Vernehmung lädt, dann kann es nicht auch eine schriftliche Aussage verlangen. Wohl aber kann das Gericht den Zeugen zB für den Fall laden, daß sich nicht innerhalb einer zu bestimmenden Frist die schriftliche Aussage einfindet. Die schriftliche Aussage ist noch kritischer zu würdigen als die mündliche. Die Anordnung wie die Ausführung der schriftlichen Aussage sind vor der mündlichen Verhandlung zulässig, § 358 a Z 3.

**§ 377**  2. Buch. 1. Abschnitt. Verfahren vor den LGen

**10**   **C. Ausreichen einer schriftlichen Erklärung, III 1.** Das Gericht muß im Hinblick auf die Beweisfrage und die Person des Zeugen eine schriftliche Beantwortung der Beweisfrage für ausreichend halten können. Dabei sind alle Umstände zu würdigen, zB der Bildungsgrad des Zeugen, seine persönliche Zuverlässigkeit, die Schwierigkeit der Beweisfrage. Es muß ein vollwertiger Ersatz einer mündlichen Aussage zu erwarten sein, LG Gießen MDR **96**, 200. Im Kindschaftsprozeß, §§ 640 ff, darf eine schriftliche Aussage wegen des Amtsermittlungsprinzips, Grdz 38 vor § 128, auch ohne eine solche Erwartung angeordnet werden, LG Mannh NJW **70**, 1929. Bei einem Arzt, der ja oft durch Sprechstunde usw belastet ist, empfiehlt sich III; freilich hält sich der Arzt leider manchmal nicht an dieses „Angebot" und muß dann doch noch geladen werden, Rn 15. Eine Zustimmung der Parteien ist nicht mehr erforderlich, aber natürlich meist hilfreich. Sie kann die pflichtgemäße Abwägung des Gerichts allerdings nicht ersetzen. Wenn eine Partei später die mündliche Vernehmung des Zeugen beantragt, so ist das ein Antrag auf eine wiederholte Vernehmung, Rn 6. Im schriftlichen Verfahren nach § 128 III, nicht zu verwechseln mit dem schriftlichen Vorverfahren, §§ 272 ff, und auch nicht mit dem schriftlichen Verfahren nach § 128 II, kann das Gericht gemäß § 128 III 3 wie nach § 377 III vorgehen.

**11**   **D. Unzulässigkeit, III 1.** Unzulässig ist eine schriftliche Anhörung, solange noch keine streitige Einlassung des Gegners vorliegt oder wenn der Zeuge zeugnisunfähig ist, Üb 8 vor § 373. Wenn der Zeuge vielleicht einen Zeugnis- oder Eidesverweigerungsgrund hat, §§ 383 ff, dann ist er darüber schriftlich zu belehren, soweit das ausreicht. Andernfalls muß er vorgeladen werden. Im Ehe- und Kindschaftsverfahren, §§ 606 ff, 640, besteht kein Verbot; ein Verzicht auf eine Beeidigung im Sinne des § 617 liegt nicht vor; aber in diesem Verfahren ist eine schriftliche Anhörung noch zurückhaltender vorzunehmen als sonst, in der Regel empfiehlt sie sich nicht. Eine Ausdehnung der Einschränkung auf alle Amtsverfahren, Grdz 38 vor § 128, oder auf alle von Amts wegen zu beachtenden Punkte, Grdz 39 vor § 128, ist nicht notwendig.

**12**   **E. Verfahren, III 2, 3.** Die Anordnung der schriftlichen Anhörung erfolgt durch das Prozeßgericht, nicht durch den nach §§ 361, 362 verordneten Richter. Dieser hat seinen Auftrag so zu erledigen, wie das Prozeßgericht es ihm vorschreibt. Sie darf dann auch mithilfe einer Umfrage erarbeitet werden, BGH NJW **97**, 2817. Sie darf nicht die bessere Aussage durch die schlechtere ersetzen. Die Anordnung erfolgt nur auf einen Beweisantrag oder zumindest auf Grund eines Beweisbeschlusses nach § 273, sofern nicht der Amtsermittlungsgrundsatz, Grdz 38 vor § 128, herrscht. Ein förmlicher Beweisbeschluß ist zwar an sich bei den §§ 358, 358 a notwendig; das übersieht BGH **LM** Nr 5. In den Fällen nach dem BEG herrscht ohnehin eine Erleichterung, BGH **LM** Nr 4. Indessen kommt eine „Beantwortung der Beweisfrage" an sich erst dann in Betracht, wenn die Beweisfrage in einem Beweisbeschluß formuliert ist. Eine vorher eingeholte oder eingereichte schriftliche Darstellung wäre folglich nicht (schriftliche) Zeugenaussage, sondern Urkunde. Vgl aber Rn 1. Daher kann auch eine Anordnung nach § 273 vor einem Beweisbeschluß ausreichen. Wegen der Rechtsnatur als Zeugen-, nicht als Urkundenbeweis, Rn 6, erfolgt die schriftliche Befragung nicht durch den Beweisführer, BGH MDR **70**, 135.

**13**   Der Zeuge ist nach III 2 ausdrücklich darauf *hinzuweisen,* daß er zur Vernehmung geladen werden kann, auch wenn sich noch gar nicht abschätzen läßt, ob eine Vernehmung noch erforderlich wird. Da die schriftliche Darstellung eine Zeugenaussage ist, muß das Gericht auch die Belehrungen entsprechend § 395 I über die Wahrheitspflicht, über ein Aussageverweigerungsrecht usw wie vor einer mündlichen Aussage erteilen. Das macht diesen Weg in der Praxis gefährlich, zumal wenigstens im Kern aktenkundig sein muß, daß Hinweise und Belehrungen erfolgt sind, andererseits aber die Geschäftsstelle die Ausfertigung besorgt. Im Zweifel liegt nur eine Urkunde und keine Zeugenaussage vor.

**14**   Die Anordnung kann mit einer *Terminsbestimmung* zwecks bloßer Verhandlung oder anderer Beweisaufnahme verbunden werden. Der Zeuge braucht nicht im Termin zu erscheinen, wenn er vorher eine genügende formgerechte schriftliche Äußerung einreicht und wenn er nicht ausdrücklich auch für einen solchen Fall vorgeladen wurde. Wenn er die schriftliche Äußerung später einreicht, kann das Gericht sie trotzdem gelten lassen, Kblz MDR **93**, 410. Eine Pflicht zur schriftlichen Aussage besteht nach vorheriger Ladung diese Zeugen grundsätzlich nicht, eine solche Aussage kann auch nicht durch Zwangs- oder Ordnungsmittel nach § 380 erzwungen werden. Eine Pflicht zur schriftlichen Aussage besteht aber ausnahmsweise nach vorausgegangener Ladung, soweit das Gericht zum Verfahren nach § 377 erkennbar übergegangen ist, Kblz MDR **93**, 410. Bei einer Vielzahl von Zeugen können wegen § 287 II Stichproben genügen, BGH NJW **85**, 860.

**15**   Wenn die schriftliche Aussage grundlos verzögert oder *verweigert* wird, bleibt nur eine unverzügliche Bestimmung eines möglichst baldigen Termins, § 216 Rn 16, sowie die Ladung des Zeugen übrig. Vom Eingang der Äußerung und auch von ihrem Ausbleiben sind die Parteien zu benachrichtigen, § 362 II entsprechend. Evtl ist § 283 zu beachten, BGH **LM** Art 103 GG Nr 21. Wenn der Zeuge bedingt geladen worden war, Rn 6, dann ist bei seinem Ausbleiben und seiner Äußerung nach § 380 zu verfahren. Eine nachträgliche Ladung kommt in Betracht und wird zwingend, soweit das Gericht dies zur weiteren Klärung der Beweisfrage für notwendig erachtet, III 3. Einzelheiten Rn 6. Wegen § 397 dort Rn 5.

**16**   **6) Verstoß, I–III.** Ein Verstoß des Gerichts ist ein Verfahrensfehler, der zur Zurückverweisung führen kann, § 539. Er kann nach § 295 heilen. Ein Verstoß des Zeugen ist wie die Verweigerung einer mündlichen Aussage zu beurteilen, denn die verlangte schriftliche Beantwortung hätte zumindest dann, wenn das Gericht sie verfahrensfehlerfrei angefordert hatte, einer mündlichen Aussage gleichgestanden und wäre nur noch urkundenbeweislich zu prüfen gewesen, wenn sich das Gericht nicht korrekt verhalten hätte, Rn 8. Es gelten also §§ 386 ff.

**17**   **7) Rechtsbehelfe, I–III.** Vgl § 355 Rn 8.

**18**   **8) VwGO:** *I* und *II* sind entsprechend anzuwenden, § 98 *VwGO,* ebenso *III,* BVerwG **2**, 310, **34**, 77 u VerwRspr **31**, 885, VGH Kassel bei Melullis MDR **90**, 503, RedOe § 98 Anm 6, Böhm NVwZ **96**, 427. Der im Verstoß gegen *III* liegende Verfahrensmangel ist entsprechend § 295 heilbar, BVerwG NJW **61**, 379.

7. Titel. Zeugenbeweis § 378

**378** *Zeugenunterlagen.* I ¹Soweit es die Aussage über seine Wahrnehmungen erleichtert, hat der Zeuge Aufzeichnungen und andere Unterlagen einzusehen und zu dem Termin mitzubringen, wenn ihm dies gestattet und zumutbar ist. ²§ 429 bleibt unberührt.

II Kommt der Zeuge auf eine bestimmte Anordnung des Gerichts der Verpflichtung nach Absatz 1 nicht nach, so kann das Gericht die in § 390 bezeichneten Maßnahmen treffen; hierauf ist der Zeuge vorher hinzuweisen.

**Gliederung**

| | |
|---|---|
| 1) Systematik, Regelungszweck I, II ..... 1 | 4) Verstoß des Zeugen, II ................. 8–10 |
| 2) Geltungsbereich, I, II ................. 2 | A. Verstoß gegen bestimmte Anordnung, II Hs 1 ................................. 8 |
| 3) Einsichts- und Mitbringpflicht, I ...... 3–7 | B. Hinweis des Gerichts auf Verstoßfolgen, II Hs 2 ................................. 9 |
| A. Voraussetzung: Aussageerleichterung, I 1 ................................. 3 | C. Folgen: Kostenauferlegung; Ordnungsmittel, II Hs 1, 2 ..................... 10 |
| B. Maßstab: Objektive Beurteilung der Erleichterungsfrage, I 1 ............... 4 | 5) Rechtsbehelfe, I, II ..................... 11 |
| C. „... gestattet und zumutbar", I 1 ...... 5 | 6) VwGO ................................ 12 |
| D. „... einsehen und mitzubringen", I 1 ................................. 6 | |
| E. „§ 429 bleibt unberührt": Vorlegungspflicht eines Dritten, I 2 ............... 7 | |

**1) Systematik, Regelungszweck, I, II.** Die Vorschrift macht aus einer schon bisher eigentlich selbstverständlich gewesenen Ehren-Obliegenheit des Zeugen eine echte Rechtspflicht mit Sanktionen für den Fall des Verstoßes in II. I stellt eine Erweiterung der Pflichten der Zeugen aus § 396 I schafft. **1**

Die Vorschrift *dient* vornehmlich der sachlichrechtlichen *Gerechtigkeit,* Einl III 9, aber auch der Prozeßwirtschaftlichkeit, Grdz 14 vor § 128, durch Vermeidung weiterer Vernehmungstermine letzlich auf Kosten der unterliegenden Partei. Sie ist nicht zu großzügig auszulegen.

**2) Geltungsbereich, I, II.** Vgl Üb 2 ff vor § 373. **2**

**3) Einsichts- und Mitbringpflicht, I.** Sie wird mangels Hinweises oft ärgerlich vernachlässigt. **3**

**A. Voraussetzung: Aussageerleichterung, I 1.** Die Einsichts- und Mitbringpflicht, Rn 4, besteht nur, „soweit es die Aussage über seine Wahrnehmungen erleichtert". Sie besteht also nicht stets, sondern nur nach den Gesamtumständen. Sie setzt aber auch nicht voraus, daß die Einsicht usw zur Aussage „notwendig" oder „ratsam" wäre. Daher besteht sie auch dann, wenn der Zeuge zwar ohne die Einsicht usw leidlich aussagen könnte, es aber mithilfe seiner Unterlagen vor Gericht doch eindeutig leichter hätte, rasch und präzise(r) auszusagen. Er kann sich daher nicht im Termin damit entschuldigen, er habe nicht an eine – in Wahrheit durchaus zu erwartende – Zusatzfrage gedacht, sein Gedächtnis habe ihn verlassen, er habe befürchtet, durch Einsicht und Mitnahme seiner Unterlagen eher zu verwirren usw. Er muß sich im Rahmen des Zumutbaren, Rn 3, eben Mühe geben und Zeit aufwenden, um im Termin förderlicher aussagen zu können. Das gilt für den Zeugen jeder Berufsgruppe und -belastung.

**B. Maßstab: Objektive Beurteilung der Erleichterungsfrage, I 1.** Es kommt bei der Frage, ob die **4** Aussage durch die Einsicht usw erleichtert würde, weder auf die subjektive Ansicht des Zeugen bei der Vorbereitung auf den Termin an, noch auf die Ansicht des Beweisführers oder seines Prozeßgegners, sondern auf eine bei rückschauender Betrachtung objektiv eindeutig erkennbare nicht völlig unerhebliche Erleichterungsmöglichkeit. Das Gericht hat durch eine ausreichende Formulierung der Beweisfrage, sei es im Beweisbeschluß, sei es in der prozeßleitenden Anordnung, eine Mitverantwortung dafür, daß der Zeuge objektiv zutreffend beurteilen kann, ob und wie eingehend er Einsicht nehmen und Unterlagen zum Termin mitnehmen muß. Der Zeuge mag verpflichtet sein, unverzüglich nach Erhalt der Ladung notfalls telefonisch beim Vorsitzenden anzufragen, zu welchen Einzelheiten das Gericht voraussichtlich präzise Einzelheiten brauchen wird. Betriebsgeheimnisse usw sind zwar schon iR des § 384 Z 4 vom Zeugen und vom Gericht zu achten, sind aber im Rahmen des § 378 schon deshalb kein Entschuldigungsgrund, weil der Zeuge seine Unterlagen nur persönlich einsehen und evtl mitbringen, nicht aber dem Gericht oder den Parteien im Termin oder außerhalb von diesem vorlegen muß; solches Ansinnen würde gegen I verstoßen.

**C. „... gestattet und zumutbar", I 1.** Weitere Voraussetzung der Einsichts- bzw Mitbringpflicht ist, **5** daß dem Zeugen die Einsicht usw überhaupt „gestattet" ist. Das kann zB von betrieblichen Anweisungen, von einer Behördenorganisation, von der vorherigen Erlaubnis eines Kollegen als des Miteigentümers oder strafrechtlich Gefährdeten abhängen. Der Zeuge ist nicht verpflichtet, solche Hindernisse von sich aus zu beseitigen oder gar irgendwelche rechtlichen oder auch nur moralischen Risiken einzugehen. Er braucht die Hindernisse im Verfahren nach §§ 386 ff nur so zu umreißen, daß das Gericht bei der gebotenen Rücksichtnahme ihre Erheblichkeit abschätzen kann. Auch soweit dem Zeugen die Einsicht usw gestattet ist, muß sie ihm aber außerdem auch „zumutbar" sein. Die Zumutbarkeit erwächst nicht automatisch aus der Gestattung. Es hängt von den Gesamtumständen ab, ob und inwieweit man die Zumutbarkeit bejahen muß. Auch dabei entscheidet eine objektive Beurteilung bei rückschauender Betrachtung, Rn 4.

**D. „... einzusehen und mitzubringen", I 1.** Unter den Voraussetzungen Rn 3–5 besteht eine Pflicht **6** des Zeugen nur dahin, die Aufzeichnungen usw „einzusehen und zu dem Termin mitzubringen". Er muß sich also optisch, akustisch und anderswie über Form und Inhalt orientieren zeigen und imstande sein, im Termin ohne übermäßigen Zeitverlust auch Einzelheiten aus den Unterlagen vortragen zu können. Er ist aber nicht auch zur Vorlage nicht auch nur zur Einsicht durch das Gericht, den Beweisführer, dessen Prozeßgegner oder sonstige Prozeßbeteiligte oder gar zur Niederlegung auf der Geschäftsstelle, zur Aushändigung zwecks auch nur vorübergehenden Verbleibs in den Akten, zur Anfertigung von Kopien usw verpflichtet, Schack JZ **93**, 512. Das gilt selbst dann, wenn die Aufzeichnungen keine Betriebsgeheimnisse,

Hartmann 1267

Rn 4, enthalten und wenn auch sonst kein Hindernis erkennbar ist. Der Zeuge ist ja kein Urkundenlieferant. Er ist zur Aussage und zu nichts weiter verpflichtet, Schlosser NJW 92, 3277, von §§ 420 ff, 429 abgesehen, Rn 7. Daher kann er frei entscheiden, ob er einer Bitte um Vorlage usw nachkommen will, und kann keineswegs wegen Verstoßes gegen I nach II behandelt werden, soweit er eine solche Bitte zurückweist; er braucht die Zurückweisung nicht einmal zu begründen. Ob er angesichts solcher Haltung mit Beeidigung oder doch mit lästigen Vorhalten rechnen und *diese* beantworten muß, ist eine andere Frage. §§ 131 ff sind jedenfalls auf ihn unanwendbar. Notfalls muß der Beweisführer den Zeugen auf Vorlage verklagen, soweit überhaupt ein sachlichrechtlicher Vorlageanspruch besteht, Schlosser NJW 92, 3277.

*Beispiele der Zumutbarkeit:* Ein gewisser Aufwand an Zeit zum Heraussuchen oder zum Hin- und Hertransport, denn diesen erhält der Zeuge nach dem ZSEG ersetzt; ein Verdienstausfall, denn auch dieser ist nach dem ZSEG zu ersetzen; die Notwendigkeit, Rückfragen beim Steuerberater oder im Firmenarchiv oder Nachschau in der eigenen Ablage zu halten, denn auch das sind erstattungsfähige Aufwendungen.

*Beispiele der Unzumutbarkeit:* Ein Aufwand, der überhaupt nicht mehr im Verhältnis zur Beweisfrage steht, soweit der Zeuge das bei selbstkritischer Prüfung und notfalls Rückfrage beim Gericht erkennen kann; Mitbringen von Unterlagen, über die der Zeuge ohnehin von vornherein schweigen darf und will; Einsichtskosten, die voraussichtlich nicht wenigstens zu einem erheblichen Teil nach dem ZSEG erstattet werden können.

**7** E. „§ 429 bleibt unberührt": Vorlegungspflicht eines Dritten, I 2. Die Vorschrift stellt klar, daß ein Dritter aus denselben Gründen wie der Gegner des Beweisführers zur Vorlegung einer Urkunde verpflichtet sein kann, also zu weit mehr als zur bloßen Einsicht und Mitnahme zum Termin, wie sie § 378 allein fordert.

**8** 4) Verstoß des Zeugen, II. Soweit der Zeuge einer Verpflichtung nach I nicht nachkommt, gelten die folgenden Regeln.

**A. Verstoß gegen bestimmte Anordnung, II Hs 1.** Das Gericht muß dem Zeugen eine „bestimmte Anordnung" gegeben haben. Sie fehlt, soweit sich das Gericht auf einen bloßen Hinweis auf I und auf die Wiedergabe des Gesetzeswortlauts beschränkt hatte. Es muß vielmehr von vornherein oder doch noch vor dem Termin eine so genaue Anordnung ergangen sein, daß der Zeuge das im Termin ihm Fehlende verständigerweise, Rn 4, hätte einsehen bzw mitbringen dürfen und können. Auch diese Frage ist nach den gesamten Umständen zu beurteilen. Soweit das Gericht bis zum ersten Termin eine genügend bestimmte Anordnung unterlassen hatte oder noch nicht hatte formulieren können, mag es im oder nach dem Termin dergleichen so nachgeholt haben, daß jedenfalls im nächsten Termin ein Verstoß des Zeugen vorliegt.

**9** B. Hinweis des Gerichts auf Verstoßfolgen, II Hs 2. Das Gericht muß den Zeugen rechtzeitig vor dem Termin auf die Folgen eines Verstoßes hingewiesen haben. Das ist eine gleiche Obliegenheit des Gerichts wie zB bei §§ 141 III 3, 340 III 4; vgl dort.

**10** C. Folgen: Kostenauferlegung; Ordnungsmittel, II Hs 1, 2. Unter den Voraussetzungen Rn 8, 9 ist das Gericht zu den in § 390 genannten Maßnahmen berechtigt und verpflichtet; vgl dort.

**11** 5) Rechtsbehelfe, I, II. Gegen eine Anordnung nach I ist weder dem Zeugen noch einer Partei ein Rechtsbehelf möglich, § 355 II. Gegen eine Maßnahme nach II sind die in § 390 Rn 9 geschilderten Rechtsbehelfe statthaft. Gegen die Bemessung der Entschädigung wegen der Aufwendungen des Zeugen sind die im ZSEG genannten Rechtsbehelfe gegeben, dazu Hartmann Teil V.

**12** 6) VwGO: Entsprechend anzuwenden, § 98 VwGO.

## 379 Zeugenvorschuß.

¹Das Gericht kann die Ladung des Zeugen davon abhängig machen, daß der Beweisführer einen hinreichenden Vorschuß zur Deckung der Auslagen zahlt, die der Staatskasse durch die Vernehmung des Zeugen erwachsen. ²Wird der Vorschuß nicht innerhalb der bestimmten Frist gezahlt, so unterbleibt die Ladung, wenn die Zahlung nicht so zeitig nachgeholt wird, daß die Vernehmung durchgeführt werden kann, ohne daß dadurch nach der freien Überzeugung des Gerichts das Verfahren verzögert wird.

**Gliederung**

| | |
|---|---|
| 1) Systematik, S 1, 2 .................... 1 | 5) Verfahren, S 1 ........................ 5 |
| 2) Regelungszweck, S 1, 2 ............. 2 | 6) Rechtsbehelfe, S 1 ................... 6 |
| 3) Sachlicher Geltungsbereich, S 1, 2 .... 3 | 7) Versäumnisfolgen, S 2 ............. 7, 8 |
| 4) Persönlicher Geltungsbereich, S 1, 2 ... 4 | 8) VwGO ................................ 9 |

**1** 1) Systematik, S 1, 2. § 379 hat als eine zivilprozessuale Sonderregel gegenüber dem nur allgemein geltenden § 68 I 2 GKG Vorrang, Röbke NJW 86, 238 mwN, und zwar auch als späteres Gesetz, vgl auch § 71 GKG, Röbke NJW 86, 238. Wegen des Vorschusses für einen Soldaten SchlAnh II B Z 22.

**2** 2) Regelungszweck, S 1, 2. Die Vorschrift dient der Beschleunigung, aber nicht der Bestrafung des Säumigen, BGH NJW 82, 2560. Das Gericht ist auch nicht dazu da, fiskalische Interessen höher zu bewerten als den ohnehin kaum noch durchführbaren Grundsatz der Zügigkeit des Verfahrens, Röbke NJW 86, 238. Ihm gegenüber muß auch ein Kosteninteresse einer Partei zurücktreten. Das Gericht sollte besonders bei Anordnungen nach §§ 273, 358 a mit einer Vorschußanforderung zurückhalten. Es darf aber natürlich auch nicht die Ladung als zu kostspielig ablehnen, BVerfG NJW 79, 413. Das Gericht kann nach pflichtgemäßem Ermessen die Ladung des Zeugen davon abhängig machen, daß der Beweisführer einen Vorschuß zahlt, der die voraussichtlichen Auslagen für den Zeugen deckt. Die frühere Sollvorschrift ist bewußt abgeschwächt worden; die jetzige Kannvorschrift bedeutet also nicht etwa nur eine Zuständigkeitsregelung, sondern die Einräumung eines echten Ermessensspielraums für das Gericht, aM Schmid MDR **82**, 96. Das Gericht ist kein Finanzwächter, sondern soll den Prozeß fördern.

**3) Sachlicher Geltungsbereich, S 1, 2.** Bei einer Anordnung aus § 273 II Z 4 ist § 379 entsprechend **3** anwendbar, § 273 II 2. Die Vorschrift ist unanwendbar, soweit eine Partei (also auch etwa nur der Gegner, Hamm MDR **99**, 502, was oft übersehen wird) Auslagenfreiheit hat, Hartmann Teil I § 2 GKG Rn 27, oder eine Prozeßkostenhilfe erhalten hat, § 122 I Z 1 a (Zeugengebühren sind als Auslagen Teil der Gerichtskosten, § 1 I GKG, KV 9005), II, Hamm MDR **99**, 502. Freilich muß der nicht mittellose Widerkläger, Anh § 253, evtl den Vorschuß zahlen, soweit die Kosten der Klage und der Widerklage getrennt werden können, KG OLGZ **71**, 424. § 379 ist ferner dann unanwendbar, wenn das Gericht (im Zivilprozeß freilich kaum je und nicht nach § 144 I) durch das Prozeßgericht (wegen des verordneten Richters § 405) einen Zeugen von Amts wegen vernimmt, da das Abhängigmachen der Ausführung seiner Amtspflicht widersprechen würde, KG MDR **72**, 744, Hartmann Teil I § 68 GKG Rn 27, Schmid MDR **82**, 96. Bei der Zwangsvollstreckung werden von Amts wegen nur die allgemeinen Voraussetzungen der Zwangsvollstreckung, Grdz 14 vor § 704, und die besonderen Erfordernisse der einzelnen Vollstreckungsmaßnahmen, geprüft, nicht darüber hinausgehende Erfordernisse. Insofern hat die Partei eine Beweislast und daher auch evtl die Pflicht zur Zahlung eines Auslagenvorschusses.

**4) Persönlicher Geltungsbereich, S 1, 2.** Die Vorschrift betrifft nur den Beweisführer, Einf 23 vor **4** § 284, Karlsr OLGZ **84**, 103. Sie gilt nicht für diejenige Partei, die zwar die Beweislast hat, aber keinen diesbezüglichen Beweis antritt, § 359 Z 3. Wenn beide Parteien Beweisführer sind, entscheidet die Beweislast, Anh § 286, BGH BB **99**, 1574, StJSchu 2, ZöGre 4, aM Zweibr Rpfleger **89**, 81 (Gesamtschuldner), RoSGo § 122 VII 2 a. Einzelheiten Schneider ZZP **76**, 194. Freilich besteht trotzdem eine Gesamtschuld, Düss MDR **74**, 321, aM Schmid MDR **82**, 96, ZöGre 4. Tritt ein Streithelfer, § 66, den Beweis an, so ist seine Partei die Beweisführerin. Der verordnete Richter, §§ 361, 362, darf der Anordnung des Prozeßgerichts keine Bedingungen beifügen, also nicht eigenmächtig nach § 379 verfahren.

**5) Verfahren, S 1.** Die Auflage des Vorschusses erfolgt in einer prozeßleitenden Anordnung des Prozeß- **5** gerichts, Karlsr OLGZ **84**, 103, also nicht etwa des ersuchten Gerichts; dieses darf die Durchführung eines Ersuchens gar nicht davon abhängig machen, daß der Vorschuß seiner Kasse gezahlt wird. Die Auflage erfolgt nach § 273, im Beweisbeschluß, § 358, oder später, notfalls mehrfach, aM Mü MDR **78**, 412. Eine Begründung ist grundsätzlich entbehrlich, § 329 Rn 6, Karlsr OLGZ **84**, 103; vgl freilich die in Rn 6 genannten Fälle der Anfechtbarkeit. Das Gericht kann nur die Ladung von der Zahlung abhängig machen, nicht die Vernehmung. Die Auflage ist zu verkünden oder dem Zahlungspflichtigen förmlich zuzustellen, soweit sie eine Frist setzt, die regelmäßig unentbehrlich ist, § 329 II 2. Wenn der Zeuge auf Erstattung seiner Auslagen verzichtet hat, was zulässig ist, aber ganz ihm zu überlassen ist (ein Hinweis auf die Möglichkeit des Verzichts und eine entsprechende Anheimgabe ist keine Amtspflicht), dann bestehen wegen § 15 I ZSEG keine diesbezüglichen Ladungshindernisse mehr. Eine Verzichtserklärung ist nur wegen Täuschung, Drohung, Irrtums, Fortfalls der Geschäftsgrundlage widerruflich, Düss JB **97**, 374. Der Widerruf muß unverzüglich erklärt werden, § 9 V 1 ZSEG entsprechend.

Der Vorschuß ist zu *beziffern*. Eine nachträgliche Erhöhung ist zulässig, Mü MDR **78**, 412. Das Gericht muß der Partei zur Zahlung eine Frist setzen, II. Diese ist so vornherein so zu bemessen, daß der Beweisführer sie einhalten kann. In Anwaltsprozeß können 3 Wochen reichen; 12 Tage sind grundsätzlich zu kurz, Ffm NJW **86**, 731. Zwischen dem Fristablauf und dem Beweistermin sollte so viel Zeit liegen, daß das Gericht den Zeugen trotz geringer Fristüberschreitung noch laden kann, Ffm NJW **86**, 732. Es handelt sich um eine richterliche Frist; ihre Abkürzung oder Verlängerung richtet sich nach § 224 III. Eine Androhung der Versäumnisfolgen, Rn 7, 8, ist unnötig. Ein Verstoß ist keine unrichtige Sachbehandlung im Sinn von § 8 I GKG, Düss VersR **85**, 504. BVerfG RR **96**, 1533 fordert evtl eine Rückfrage beim Kostenschuldner oder den Eingang der Zahlungsanzeige.

**6) Rechtsbehelfe, S 1.** Für denjenigen, der eine Prozeßkostenhilfe erhalten hat, und seinen Gegner ist **6** die einfache Beschwerde zulässig, § 127 II 2, weil die Vorschußanordnung der Prozeßkostenhilfe der Sache nach teilweise entzieht, KG OLGZ **71**, 424. Soweit das LG als Berufungs- oder Beschwerdegericht entschieden hat, ist die Beschwerde unzulässig, § 567 III 1, ebenso, soweit das OLG entschieden hat, § 567 IV 1. Gegen die Anordnung eines Vorschusses ist eine Gegenvorstellung möglich, Üb 3 vor § 567, jedoch keine Beschwerde zulässig, Ffm Rpfleger **73**, 63, Karlsr OLGZ **84**, 103. Diese Anordnung kann erst zusammen mit der Hauptsache angefochten werden. Eine Aufhebung einer nachträgliche Bewilligung der Prozeßkostenhilfe machen den Beschluß unwirksam. Ein Unterbleiben der Ladung trotz Fehlens der Vorschußpflicht kann zur Zurückverweisung führen, Hamm MDR **99**, 502.

**7) Versäumnisfolgen, S 2.** Hat die Partei einen ordnungsgemäß angeforderten Vorschuß nicht fristge- **7** recht gezahlt, so unterbleibt die Ladung unabhängig von einer Androhung, BVerfG **69**, 149, BGH NJW **98**, 762, Köln RR **97**, 1292, wenn der Zahlung nicht so zeitig nachgeholt wird der Zeuge sicher geladen wird, so daß die Vernehmung ohne jede Verzögerung durchführbar ist, § 296 Rn 40, 41, BVerfG **69**, 144, BGH NJW **98**, 762. Das Gericht hat auch insofern ein pflichtgemäßes, aber weites Ermessen, S 2, §§ 278 II, 356 S 1, 528 II. Zu alledem ändert auch § 342 nichts, Hamm RR **95**, 1039. Sonst wird der Beweisführer mit dem Beweismittel grundsätzlich ausgeschlossen, § 230, BGH NJW **97**, 3311, LG Kblz NJW **82**, 289, Rixecker NJW **84**, 2137, aM Hamm MDR **73**, 592 (§ 296 sei voll anwendbar).

Ein Ausschluß kommt *freilich* zB bei §§ 282 I, 296 II, 528 II in Betracht, BGH NJW **98**, 762, Hamm RR **8** **95**, 1152, Köln RR **97**, 1292 (je auch zu den Grenzen), aM BVerfG **69**, 149. Wenn der Zeuge trotz des fehlenden Vorschusses geladen wird, ebenso dann, wenn das Gericht von einem Vorschuß abgesehen hat, ist er zum Erscheinen verpflichtet; wenn er ohne Vorschußanordnung oder -anforderung erscheint, ist er zu vernehmen, soweit seine Vernehmung (noch) erforderlich ist, BGH NJW **82**, 2560, und hat auch beim Unterbleiben der Vernehmung evtl einen Entschädigungsanspruch, Hartmann Teil V § 1 ZSEG Rn 39. Der

Beweisbeschluß ist nicht aufzuheben. Wenn der verordnete Richter vernehmen sollte, §§ 361, 362, kann der Beweisführer nicht etwa die Vernehmung vor dem Kollegium verlangen. Der Verhandlungstermin bleibt durchzuführen, Düss RR **97**, 1085.

**9** 8) *VwGO:* Unanwendbar, § 98 *VwGO, wegen des Ermittlungsgrundsatzes,* § 86 I *VwGO, oben* Rn 3 *(in §§ 118 I 1 SGG und 82 FGO ist § 379 ausdrücklich ausgenommen),* VGH Mannh NVwZ-RR **90**, 592 *mwN (zu § 402),* Kopp § 98 Rn 1. *Die Vorschußregelung in § 68 III GKG (ohne die Säumnisfolge gemäß Rn 7) gilt auch für die Verwaltungsgerichte (abw Hartmann § 68 GKG Rn 1 u wohl auch VGH Mannh aaO).*

**380** *Folgen des Ausbleibens.* ¹¹Einem ordnungsgemäß geladenen Zeugen, der nicht erscheint, werden, ohne daß es eines Antrages bedarf, die durch das Ausbleiben verursachten Kosten auferlegt. ²Zugleich wird gegen ihn ein Ordnungsgeld und für den Fall, daß dieses nicht beigetrieben werden kann, Ordnungshaft festgesetzt.

II Im Falle wiederholten Ausbleibens wird das Ordnungsmittel noch einmal festgesetzt; auch kann die zwangsweise Vorführung des Zeugen angeordnet werden.

III Gegen diese Beschlüsse findet die Beschwerde statt.

**Vorbem.** Es gelten die folgenden Regeln:

A. I, II gelten in der Fassung des **Art 98 Z 5 EGStGB.**

B. Dazu bestimmt:

*EGStGB Art 6.* ¹¹Droht das Bundesgesetz Ordnungsgeld oder Zwangsgeld an, ohne dessen Mindest- oder Höchstmaß zu bestimmen, so beträgt das Mindestmaß fünf, das Höchstmaß tausend Deutsche Mark. ²Droht das Landesgesetz Ordnungsgeld an, so gilt Satz 1 entsprechend.

II ¹Droht das Gesetz Ordnungshaft an, ohne das Mindest- oder Höchstmaß zu bestimmen, so beträgt das Mindestmaß einen Tag, das Höchstmaß sechs Wochen. ²Die Ordnungshaft wird in diesem Fall nach Tagen bemessen.

*EGStGB Art 7.* ¹¹Ist dem Betroffenen nach seinen wirtschaftlichen Verhältnissen nicht zuzumuten, das Ordnungsgeld sofort zu zahlen, so wird ihm eine Zahlungsfrist bewilligt oder gestattet, das Ordnungsgeld in bestimmten Teilbeträgen zu zahlen. ²Dabei kann angeordnet werden, daß die Vergünstigung, das Ordnungsgeld in bestimmten Teilbeträgen zu zahlen, entfällt, wenn der Betroffene einen Teilbetrag nicht rechtzeitig zahlt.

II ¹Nach Festsetzung des Ordnungsgeldes entscheidet über die Bewilligung von Zahlungserleichterungen nach Abs. 1 die Stelle, der die Vollstreckung des Ordnungsgeldes obliegt. ²Sie kann eine Entscheidung über Zahlungserleichterungen nachträglich ändern oder aufheben. ³Dabei darf sie von einer vorausgegangenen Entscheidung zum Nachteil des Betroffenen nur auf Grund neuer Tatsachen oder Beweismittel abweichen.

III ¹Entfällt die Vergünstigung nach Abs. 1 Satz 2, das Ordnungsgeld in bestimmten Teilbeträgen zu zahlen, so wird dies in den Akten vermerkt. ²Dem Betroffenen kann erneut eine Zahlungserleichterung bewilligt werden.

IV Über Einwendungen gegen Anordnungen nach den Abs. 2 und 3 entscheidet die Stelle, die das Ordnungsgeld festgesetzt hat, wenn einer anderen Stelle die Vollstreckung obliegt.

*EGStGB Art 8.* ¹¹Kann das Ordnungsgeld nicht beigetrieben werden und ist die Festsetzung der für diesen Fall vorgesehenen Ordnungshaft unterblieben, so wandelt das Gericht das Ordnungsgeld nachträglich in Ordnungshaft um. ²Das Gericht entscheidet nach Anhörung der Beteiligten durch Beschluß.

II Das Gericht ordnet an, daß die Vollstreckung der Ordnungshaft, die an Stelle eines uneinbringlichen Ordnungsgeldes festgesetzt worden ist, unterbleibt, wenn die Vollstreckung für den Betroffenen eine unbillige Härte wäre.

*EGStGB Art 9.* ¹¹Die Verjährung schließt die Festsetzung von Ordnungsgeld und Ordnungshaft aus. ²Die Verjährungsfrist beträgt, soweit das Gesetz nichts anderes bestimmt, zwei Jahre. ³Die Verjährung beginnt, sobald die Handlung beendet ist. ⁴Die Verjährung ruht, solange nach dem Gesetz das Verfahren zur Festsetzung des Ordnungsgeldes nicht begonnen oder nicht fortgesetzt werden kann.

II ¹Die Verjährung schließt auch die Vollstreckung des Ordnungsgeldes und der Ordnungshaft aus. ²Die Verjährungsfrist beträgt zwei Jahre. ³Die Verjährung beginnt, sobald das Ordnungsmittel vollstreckbar ist. ⁴Die Verjährung ruht, solange
1. nach dem Gesetz die Vollstreckung nicht begonnen oder nicht fortgesetzt werden kann,
2. die Vollstreckung ausgesetzt ist oder
3. eine Zahlungserleichterung bewilligt ist.

**Schrifttum:** *Winter,* Vollzug der Zivilhaft, 1987.

7. Titel. Zeugenbeweis § 380

**Gliederung**

| | | | | |
|---|---|---|---|---|
| 1) Systematik, Regelungszweck, I–III | ... | 1 | 4) Wiederholtes Ausbleiben, II | 9–12 |
| 2) Geltungsbereich, I–III | | 2 | A. Begriff | 9 |
| 3) Ausbleiben, I | | 3–8 | B. Rechtsfolgen | 10–12 |
| A. Ordnungsgemäße Ladung | | 3 | 5) Beschwerde, III | 13, 14 |
| B. Ladungsnachweis | | 4 | A. Zulässigkeit | 13 |
| C. Pflicht zu Maßnahmen | | 5 | B. Einzelfragen | 14 |
| D. Kostenauferlegung | | 6 | 6) *VwGO* | 15 |
| E. Ordnungsmittel | | 7, 8 | | |

**1) Systematik, Regelungszweck, I–III.** Die Vorschrift nennt die Rechtsfolgen, ohne die alle vorgehenden Bestimmungen „leges imperfectae" wären. Sie erfaßt aber eben auch nur die Folgen des unentschuldigten Ausbleibens, nicht auch die ebenso notwendigen Folgen unerlaubter Aussageverweigerung (dazu gelten §§ 387 ff) oder gar falscher Aussage (dazu gelten §§ 153 ff StGB), oder einer Ungebühr des Anwesenden (dann gilt § 178 GVG), Hbg NJW 97, 3452. § 380 wird durch § 381 ergänzt. 1

Die Vorschrift *bezweckt* eine Achtung und Durchsetzbarkeit der staatsbürgerlichen Ehrenpflichten, die den Zeugen treffen können, damit das sachliche Recht siegen kann, Einl III 9. Ihre Anwendung steht daher auch nicht im Belieben, nicht einmal im Ermessen des Gerichts, sondern ist dessen Pflicht, Rn 5. Sie dient freilich nicht einer Bestrafung. Beides ist bei der Auslegung mitzubeachten.

**2) Geltungsbereich, I–III.** Vgl zunächst Üb 2 ff vor § 373. Bei § 51 II ArbGG ist III nicht entsprechend anwendbar, LAG Düss MDR 85, 435, aM Grunsky ArbGG § 51 Anm 11. Zur Problematik beim BVH DB 84, 1384 (Vertretungszwang). 2

**3) Ausbleiben, I.** Die Praxis verfährt oft reichlich nachsichtig. 3

**A. Ordnungsgemäße Ladung.** Nachteilige Folgen hat das Ausbleiben nur des vermutlich nach Form und Inhalt, Ffm MDR 79, 236, ordnungsmäßig geladenen Zeugen, § 377 Rn 3–7, auch des nur prozeßleitend nach § 273 II Z 4 geladenen, Celle OLGZ 77, 366, Ffm OLGZ 83, 459, nicht desjenige des zu einer schriftlichen Äußerung nach § 377 III aufgeforderten Zeugen. Äußert dieser sich nicht, so ist er zu laden. Nur das Ausbleiben des zum Erscheinen verpflichteten Zeugen kann nachteilige Folgen haben. Wegen Ausnahmen von dieser Pflicht §§ 375 II, 377 III, 382, 386 III. Er erscheint nicht, wenn er sich zwischen dem Aufruf, § 220 I, und seiner Entlassung entfernt, wenn er in vorwerfbar vernehmungsunfähigem Zustand, zB betrunken, auftritt, Bergerfurth JZ 71, 85, und daher/oder nach § 158 bzw nach § 177 GVG sitzungspolizeilich entfernt werden muß (im letzteren Fall gilt nur §§ 177, 178 GVG).

§ 380 ist unanwendbar, soweit die Ladung des Zeugen unstatthaft war, Üb 8 vor § 373, zB gegenüber der Mutter des nichtehelichen Kindes, soweit sie nicht Amtspflegerin ist, Karlsr FamRZ 73, 104, oder wenn der Zeuge nicht rechtzeitig geladen war (§ 217 ist unanwendbar), oder wenn der Zeuge zwar verspätet erscheint, aber vor Einleitung einer Maßnahme nach I, oder wie auf eine Ladung nach Kenntnis vom Termin verzichtet hatte (das ist aber nicht mit einer mündlichen oder telefonischen Ladung zu verwechseln), oder wenn das Gericht ihm das Beweisthema nicht mitgeteilt hatte, Celle OLGZ 77, 366, Ffm MDR 79, 236, Reinecke MDR 90, 1063. Wenn der Zeuge nach dem Erlaß einer Maßnahme nach § 380 erscheint, gilt § 381 I 2. Die bloße Tatsache des Ausbleibens reicht zunächst aus. Eine Verzögerung des Prozeßablaufs ist unerheblich. Ihr Eintritt zwingt erst recht zur Maßnahme, BFH DB 88, 1836. Das Gericht prüft eine Entschuldigung grundsätzlich nur gemäß § 381, muß aber natürlich eigene Unpünktlichkeit usw mitbeachten, Schneider MDR 98, 1205 (ausf).

Auch kann das Gericht bei inzwischen eingetretener *Entbehrlichkeit* des Zeugen und dann, wenn sein Ausbleiben auf nur geringer persönlicher (Mit-)Schuld beruht, von einer Maßnahme nach I absehen, Köln VersR 93, 718, Grüneberg MDR 92, 330. Das kann zB dann der Fall sein, wenn ein auswärtiger Zeuge um Vernehmung vor dem ersuchten Richter bat, ohne eine dem Gericht noch zeitlich zumutbare ablehnende Antwort zu erhalten, Köln 93, 718 (aber Vorsicht! Zunächst bleibt die Ladung nebst ihren Anweisungen maßgeblich), wenn im ProzBev den Zeugen zwar unbefugt, aber wohlmeinend abbestellt hatte; allerdings muß man den Einzelfall abwägen und darf sich nicht die Entscheidung über die Entbehrlichkeit von einem übereifrigen anderen Prozeßbeteiligten abnehmen lassen, der oft die wahre Prozeßlage ohnehin nicht voll erkannt hat. Vgl auch § 381 Rn 6.

**B. Ladungsnachweis.** Es genügt der Nachweis, daß die Ladung hinausgegangen ist. Nicht erforderlich ist der Nachweis, daß dem Zeugen auch zugegangen ist, § 381. Immerhin muß der Zugang wahrscheinlich und darf nicht möglicherweise ausgeschlossen sein. Für die Zeit des Zugangs darf man § 357 II entsprechend heranziehen. Eine Ladungsfrist braucht nicht eingehalten zu werden. Allerdings muß dem Zeugen genügend Zeit zum Erscheinen (nicht unbedingt zur Vorbereitung) bleiben. Die erforderliche Belehrung des Zeugen bei der Ladung muß die Art den möglichen Ordnungsmittel angeben, braucht aber nicht dessen Höhe, sondern allenfalls dessen Rahmen zu nennen, aM Kblz VersR 74, 1230. 4

**C. Pflicht zu Maßnahmen.** Das Gericht, auch der verordnete Richter, § 400, hat beim Vorliegen der Voraussetzungen Rn 3, 4 ein Wahlrecht weder zum Ob des Ordnungsmittels, Rn 7, noch zum Nebeneinander von Ordnungsmittel und Kosten, Rn 6. Das gilt unabhängig davon, ob der Beweisführer auf die Vernehmung verzichtet und ob der Gegner zustimmt, Ffm (17. ZS) OLGZ 83, 459, aM Ffm (ZS Darmst) NJW 72, 2093. 5

Das Gericht verhängt stets Kosten und Ordnungsmittel nebeneinander, „zugleich", I 2. Bei allen in der BRep geladenen Zeugen ergeht von Amts wegen ein Beschluß, § 329. Er kann auch nach dem Abschluß des Verfahrens ergehen, BFH DB 88, 1836. Das Gericht hat insofern *kein Ermessen*, weil der Zwang zum Erscheinen öffentlichrechtlich ist, Ffm NJW 72, 2093; ZöGre 3 wendet §§ 153 I StPO, 47 OWiG entsprechend an, falls das Ausbleiben keine Nachteile zur Folge hat; ähnlich, aber mit Recht eher strenger, Schmid MDR 80, 116 (betr OWiG, StPO). Die Kostenlast, Rn 6, darf aber nicht dadurch auf die Parteien über-

§ 380   2. Buch. 1. Abschnitt. Verfahren vor den LGen

gehen. Der Beschluß ist zu begründen, § 329 Rn 4, und zu verkünden oder den Parteien formlos mitzuteilen (wegen der Kosten), § 329 II 1, dem Zeugen als Vollstreckungstitel zuzustellen, § 329 III.

**6**   **D. Kostenauferlegung.** Der Zeuge hat die durch sein Ausbleiben entstandenen Kosten zu tragen. Dazu zählen zB Fahrtkosten, auch die Kosten der Parteien. Sie sind insoweit antrags- und einer Ablehnung beschwerdeberechtigt. Nicht hierher zählt der Zeitverlust des Anwalts, denn er erhält nur eine Pauschgebühr, aM Hahn AnwBl **76**, 122. Der Beschluß ist ein zur Kostenfestsetzung nach §§ 103 ff geeigneter Titel, § 794 I Z 3. Wenn diese Kosten nicht beigetrieben werden können, dann hat der im Prozeß Unterlegene sie zu erstatten, soweit die andere Partei die Erfolglosigkeit der Beitreibung nachweist, § 104.

**7**   **E. Ordnungsmittel.** Dem Zeugen werden Ordnungsmittel auferlegt. Auch diese sind Rechtsnachteile ohne Strafcharakter, wie Art 5 EGStGB klarstellt, Köln NJW **78**, 2516 (krit Schneider NJW **79**, 987). Es wird ein Ordnungsgeld verhängt. Es beträgt 5–1000 DM, Art 6 I EGStGB, Vorbem B. Soweit das Gericht den oberen Rahmen wählt, hat das zu begründen, BFH DB **88**, 1837. Zugleich muß das Gericht ohne eine Wahlrecht zwingend ersatzweise eine Ordnungshaft von einem Tag bis zu 6 Wochen verhängen, Art 6 II 1 EGStGB, Vorbem B. Art 7 des 1. StrRG v 25. 6. 69, BGBl 645, hindert nicht, Düss MDR **73**, 592, Hamm NJW **73**, 1133. Die Festsetzung erfolgt jedoch nicht nach Wochen, sondern stets nach Tagen. LG Kiel JB **76**, 114 empfiehlt schon beim ersten Mal 100 DM, Schalhorn JB **76**, 114 empfiehlt 150 DM.

**8**   Gegenüber einem *minderjährigen* Zeugen ist abweichend von § 381 eine Prüfung der Schuldfähigkeit nötig, LG Bre NJW **70**, 1430. Der gesetzliche Vertreter ist nicht als solcher, sondern nur insoweit dem § 380 unterworfen, als er selbst Zeuge ist. Die etwaige Stundung, Gewährung von Raten und deren Änderungen oder Wegfall richten sich nach Art 7 StGB, Vorbem B. Wenn das Gericht eine ersatzweise Ordnungshaft nicht festgesetzt hatte, ist Art 8 EGStGB zu beachten, Vorbem B. Eine etwaige Niederschlagung richtet sich nach Art 8 II EGStGB, die Verjährung nach Art 9 EGStGB, Hamm BB **78**, 574. Das Ordnungsmittel, auch ein nachträgliches, muß vom Richter angeordnet werden. Dasselbe gilt vor der Gewährung nachträglicher Raten, Art 7 II EGStGB. Für die Vollstreckung ist grundsätzlich der Rpfl zuständig, soweit sich nicht der Richter im Einzelfall die Vollstreckung ganz oder teilweise vorbehält, § 31 III RPflG, Anh § 153 GVG, Mümmler JB **75**, 582. Jedoch darf eine Ordnungshaft auch im Rahmen der Vollstreckung nur vom Richter angedroht oder angeordnet werden, § 4 II Z 2 a RPflG. Zuständig ist das Prozeßgericht, nicht die Staatsanwaltschaft, Mü MDR **88**, 784 (zu § 890). Die Kosten und das Ordnungsgeld werden nach § 1 I Z 3, 4 JBeitrO in Verbindung mit §§ 3, 4 EBAO beigetrieben, Hartmann Teil IX A, B, Mümmler JB **75**, 582.

**9**   **4) Wiederholtes Ausbleiben, II.** Auch hier herrscht zu viel Nachsicht.
   **A. Begriff.** Wiederholtes Ausbleiben liegt vor, wenn das Gericht schon einmal aus demselben Anlaß auf eine Maßnahme nach I gegen den Zeugen erkannt hat, mag sie damals auch nicht vollstreckt worden sein. Dies gilt jedoch nicht, wenn die erste Maßnahme nach § 381 I 2 aufgehoben wurde, BayObLG **90**, 40.

**10**   **B. Rechtsfolgen.** Es ist noch einmal Ordnungsgeld und ersatzweise Ordnungshaft festzusetzen. Das Gericht kann auch die Vorführung des Zeugen anordnen. Sie geschieht nicht durch die Polizei, sondern durch den Gerichtswachtmeister oder den Gerichtsvollzieher, § 26 GVKostG, und zwar auch bei einem Soldaten, SchlAnh II. Der für den Wohnsitz des Zeugen zuständige Gerichtsvollzieher muß auch dann tätig werden, wenn er zur Vorführung eine größere Strecke zurücklegen muß, LG Regensb DGVZ **80**, 172, ZöSte 8. Der Vorführungsbefehl wird am Tage der Ausführung der Vorführung zugestellt. In Bayern ist die Zuziehung polizeilicher Vollzugsorgane statthaft, GVBl **53**, 189. Die Kosten der Vorführung, §§ 26, 35, 37 GVKostG, sind Kosten des Ausbleibens. Vgl §§ 3 III, 4 GVKostG, 21, 27 VII KostVfg, Hartmann Teil VII A.

**11**   Das Gericht kann dem Zeugen auch die durch sein *erneutes* Ausbleiben verursachten weiteren Kosten auferlegen. Zwar nennt II jetzt nur noch „das Ordnungsmittel"; wie § 381 I 1 zeigt, unterscheidet das Gesetz zwischen diesem Ordnungsmittel und der Auferlegung von Kosten. Die Nichterwähnung der Kosten in II beruht aber darauf, daß auch bei einem wiederholten Ausbleiben I 1 anwendbar ist; sonst würden die weiteren Kosten in der Luft hängen und der hartnäckig ausbleibende Zeuge besser als vorher dastehen.

**12**   Auch eine *dritte und weitere* Auferlegung von Kosten nebst Feststellung von Ordnungsmitteln ist zulässig. Der Wortlaut steht nicht entgegen; der Ton ruht auf „noch", nicht auf „einmal". Es wäre sonderbar, wenn ein Zeuge durch dauerndes Ungehorsam seiner Zeugnispflicht entgehen könnte, ThP 7, ZöGre 8, aM Celle OLGZ **75**, 327, StJSchu 24. Das gilt auch vor der Vollstreckung des früheren Ordnungsmittels.

**13**   **5) Beschwerde, III.** Beim Rpfl gilt § 11 RPflG, § 104 Rn 41 ff. Im übrigen:
   **A. Zulässigkeit.** Der Zeuge kann sich nachträglich gemäß § 381 entschuldigen, nur insofern grundsätzlich richtig LG Bochum NJW **86**, 2890 (zum Sachverständigen). Er kann sich statt dessen oder daneben zwar nicht gegen den Beweisbeschluß, § 355 Rn 8, Köln FamRZ **86**, 708, wohl aber gegen einen Beschluß nach I oder II beschweren. Seine Eingabe ist auch wegen der Kosten einer erfolglosen Beschwerde sorgfältig nach ihrem Sinn auszulegen. Im Zweifel muß das Gericht zunächst nach § 381 prüfen (Verhältnismäßigkeitsgrundsatz). Gegen die Entscheidung des verordneten Richters ist zunächst die Anrufung des Prozeßgerichts vorgesehen, § 576. Es besteht kein Anwaltszwang, §§ 78 III, 569 II 2. Die Beschwerde hat eine aufschiebende Wirkung, § 572 I. § 567 II ist unanwendbar, es gibt also keine Notwendigkeit einer Beschwerdesumme, denn es handelt sich nicht um eine Kostenentscheidung, vgl auch § 181 GVG. Die Beschwerde ist auch zulässig, soweit das LG als Berufungs- oder Beschwerdegericht entschieden hat, § 567 III 2. Die Beschwerde gegen einen Beschluß des OLG ist unzulässig, § 567 IV 1. Eine weitere Beschwerde ist unzulässig, § 568 II 1. Die Parteien haben das Beschwerderecht nur im Fall Rn 6. Insofern ist auch eine Verfassungsbeschwerde denkbar, BVerfG **33**, 257.

**14**   **B. Einzelfragen.** BFH BStBl **86**, II 270, Hamm Rpfleger **80**, 72, LG Heilbr MDR **95**, 754 wenden bei einer erfolgreichen Beschwerde wegen der Kosten § 467 I StPO bzw § 46 OWiG entsprechend an, LG Mainz Rpfleger **74**, 75 wendet in einem solchen Fall § 467 II StPO entsprechend an. Ffm Zweibr MDR **96**,

533 hält § 467 StPO für gänzlich unanwendbar und läßt die unterliegende Partei solche Kosten tragen Brdb JB **99**, 156, Düss MDR **85**, 60 wenden mit Recht § 11 ZSEG an.

**6)** *VwGO:* Entsprechend anzuwenden, § 98 VwGO, VGH Mannh NVwZ-RR **96**, 478; die Festsetzung eines **15** Ordnungsgeldes nach Ergehen des Endurteils hält OVG Bre VerwRspr **31**, 760 für unzulässig. Für die Beschwerde, III, gelten §§ 146ff VwGO, nicht aber § 146 III, da es sich nicht um eine Kostenentscheidung handelt, oben Rn 13, VGH Mannh Just **86**, 108. Eine Beschwerde entfällt in Sachen nach AsylVfG, VermG, WehrpflG, KriegsdienstverwG, ZivildienstG u SeeUG, da der Ausschluß dieses Rechtsmittels auch für Dritte gilt, vgl BVerwG NJW **62**, 1459; dagegen ändert eine Beschränkung der Berufung nichts an der Beschwerdemöglichkeit, VGH Mannh aaO (zu Art 2 § 4 EntlG). Gegen Entscheidungen des verordneten Richters ist zunächst das Prozeßgericht anzurufen, § 151 VwGO, vgl BFH BStBl **74** II 660 (zu § 133 FGO).

## 381 Unterbleiben und Änderung der Rechtsnachteile.

I ¹Die Festsetzung eines Ordnungsmittels und die Auferlegung der Kosten sowie die Anordnung der zwangsweisen Vorführung unterbleiben, wenn der Zeuge glaubhaft macht, daß ihm die Ladung nicht rechtzeitig zugegangen ist, oder wenn sein Ausbleiben genügend entschuldigt ist. ²Erfolgt die Glaubhaftmachung oder die genügende Entschuldigung nachträglich, so werden die gegen den Zeugen getroffenen Anordnungen wieder aufgehoben.

II Die Anzeigen und Gesuche des Zeugen können schriftlich oder zum Protokoll der Geschäftsstelle oder mündlich in dem zur Vernehmung bestimmten neuen Termin angebracht werden.

**1) Systematik, Regelungszweck, I, II.** Die Vorschrift stellt eine notwendige Ergänzung zu § 380 dar, **1** dort Rn 1.

**2) Geltungsbereich, I, II.** Vgl Üb 2ff vor § 373. **2**

**3) Ahndungsfreiheit des Zeugen, I.** Die Praxis verfährt oft recht großzügig. **3**

**A. Keine rechtzeitige Ladung.** Jeder Rechtsnachteil für den ausgebliebenen Zeugen unterbleibt, wenn der Zeuge nach § 294 glaubhaft macht, daß ihm die Ladung nicht rechtzeitig zugegangen ist. Da aber ein Rechtsnachteil eine vermutlich ordnungsgemäße Ladung voraussetzt, § 380 Rn 3, hat der Zeuge das Fehlen des Zugangs erst dann glaubhaft zu machen, wenn der Zugang wirklich zu vermuten ist, nicht schon dann, wenn alles dafür spricht, daß der Zeuge die Ladung nicht oder nur verspätet erhalten hat.

**B. Entschuldigung.** Ein Rechtsnachteil unterbleibt ferner, wenn der Zeuge sein Ausbleiben genügend **4** entschuldigt. Hier ist nach dem Gesetzestext nicht stets eine Glaubhaftmachung nötig (hinter „... zugegangen ist" steht ein Komma). Im Rahmen des pflichtgemäßen Ermessens kann das Gericht aber verlangen, daß der Zeuge den Entschuldigungsgrund glaubhaft macht, § 294. Es müssen Umstände vorliegen, die das Ausbleiben nicht als pflichtwidrig erscheinen lassen. Evtl ist ein ärztliches Attest einzureichen. Dessen Kosten werden dem Zeugen nach § 11 ZSEG ersetzt, wenn seine Entschuldigung durchgreift. Was als Entschuldigung genügt, ist eine Frage des Einzelfalls. § 233 ist entsprechend, wenn auch nicht so scharf, anwendbar, aM ThP 2 (aber warum dann nicht? I spricht klar von „Entschuldigung"; vgl auch Üb 26 vor § 373). Das Gericht muß von Amts wegen prüfen.

**4) Beispiele zur Frage einer Entschuldigung, I** **5**
**Abbestellung:** Grds nicht entschuldigen kann die bloße Abbestellung durch einen ProzBev. Denn allein das Gericht darf die Ladung wirksam aufheben. Das muß sich der Zeuge auch trotz etwa abweichender Mitteilung des ProzBev sagen, § 85 II, denn es ergibt sich nicht aus der Ladung. Der Zeuge muß zumindest beim Gericht rückfragen und darf das Ausbleiben einer Antwort keineswegs stets als stillschweigende Zustimmung zu seinem Ausbleiben ansehen. Die Erwägungen zur Geringfügigkeit der (Mit-)Schuld des vom ProzBev abbestellten Zeugen in § 380 Rn 3 gelten hier entsprechend.
**Anderer Termin:** Rn 6 „Terminsüberschneidung".
**Arbeitsunfähigkeit:** Rn 5 „Erkrankung".
**Berufsbedingte Abwesenheit:** Entschuldigen kann eine berufsbedingte Abwesenheit, soweit sie bei strenger Prüfung wirklich unvermeidbar ist. Der Anwaltspflicht geht aber eine Zeugenpflicht vor, BFH NJW **75**, 1248.
S auch Rn 7 „Unaufschiebbares Geschäft".
**Ehefrau:** Bei einer Ersatzzustellung an sie ist ihre Unachtsamkeit dem Zeugen nicht stets als sein Verschulden anzurechnen, Düss MDR **95**, 1166. Man muß aber alle Fallumstände abwägen.
**Erkrankung:** Entschuldigen kann natürlich eine solche Erkrankung, die das Erscheinen unzumutbar oder unmöglich macht, nicht freilich schon jede krankheitsbedingte Arbeitsunfähigkeit.
Nicht entschuldigen kann aber eine krankheitsbedingte Arbeitsunfähigkeit, die weder zur Reise- noch zur Verhandlungs- oder Aussageunfähigkeit führt, Zweibr JB **76**, 1256.
**Irrtum:** Meist nicht entschuldigen kann ein bloßer Irrtum über den Terminstag.
**Krankheit:** Rn 5 „Erkrankung". **6**
**Parknot:** Eine Parknot in Gerichtsnähe ist heute grds einzukalkulieren und kann daher nicht entschuldigen.
**Sorgen:** Ob sie entschuldigen können, hängt von den Gesamtumständen ab, streng BFH DB **77**, 2312.
**Rufbereitschaft:** Der Zeuge braucht keineswegs stets von vornherein „auf Verdacht abrufbereit" zu sein, Schmid NJW **81**, 858.
**Terminsüberschneidung:** Entschuldigen kann ein berechtigter Wunsch, zu einem gleichzeitig anberaumten, trotz eines Verlegungsantrags nicht verlegten Gerichtstermin in einer anderen Sache teilzunehmen, selbst wenn dort keine Anwesenheitspflicht besteht, sondern „nur" Nachteile für den Fall des Ausbleibens

## §§ 381, 382
2. Buch. 1. Abschnitt. Verfahren vor den LGen

drohen, BFH DB **81**, 924. Beim Anwalt geht ein anderer gleichzeitiger Termin nicht stets vor, BAG NJW **75**, 1248.

**7 Todesfall:** Entschuldigen kann natürlich ein Todesfall im engen Familien- oder Berufskreis.
**Überflüssigkeit:** Ob der Zeuge sein Erscheinen für überflüssig oder nicht mehr notwendig hält, ist grds unerheblich, aM Ffm NJW **72**, 2093, ThP § 380 Rn 9 (dann solle eine Maßnahme nach § 380 unterbleiben).
**Umzug:** Entschuldigen kann ein Umzug, selbst wenn ein Nachsendeauftrag vergessen worden ist, solange der Zeuge nicht mit einer Ladung zu rechnen braucht.
**Unaufschiebbares Geschäft:** Entschuldigen kann ein unaufschiebbares Geschäft, aM Hamm MDR **74**, 330.
S auch Rn 5 „Berufsbedingte Abwesenheit".
**Vergessen:** Meist nicht entschuldigen kann ein bloßes Vergessen.
**Verkehrsstörung:** Entschuldigen kann eine erhebliche Verkehrsstörung, Nürnb MDR **98**, 1432, nicht aber eine übliche, einzukalkulierende, Schlesw MDR **78**, 323.

**8** 5) **Unverzügliche Mitteilung, I, II.** Der Zeuge muß die ausreichende Verhinderung unverzüglich, also ohne schuldhaftes Zögern, mitgeteilt haben, § 121 I BGB. Nur auf diese Weise hilft er unnütze Termine zu vermeiden, was eine selbstverständliche Nebenpflicht desjenigen ist, der erscheinen soll. Der Kostenbeschluß usw sind aber nach I 2 wieder aufzuheben, wenn der Zeuge die Nachricht von der Verhinderung nur vermeidbar spät abgesandt hat, Ffm MDR **99**, 824, Nürnb MDR **98**, 1432, Celle MDR **99**, 438, aM Nürnb MDR **98**, 1432 und 57. Aufl (aber I 2 ist eindeutig: es reicht auch eine „nachträgliche" genügende Entschuldigung).

**9** 6) **Entscheidung, I.** Ein Beschluß ist nur dann erforderlich, wenn die Partei wegen der Kosten eine Maßnahme beantragt, § 380 Rn 6. Kostenbeschluß und Ordnungsmittel sind aufzuheben, wenn die Entschuldigung oder deren Glaubhaftmachung, § 294, nachträglich eingehen. Statt einer Entschuldigung ist auch Beschwerde nach § 380 III zulässig, dort Rn 13. Es hebt auf, wer erlassen hat, das Prozeßgericht aber auch für den verordneten Richter, § 576 I, § 400 Rn 3. Zulässig ist auch eine Ermäßigung. Wegen Stundung und Raten Art 7 EGStGB, Vorbem B vor § 380. Der Beschluß ist zu begründen, § 329 Rn 4. Er ist dem Zeugen und, soweit Kosten in Frage kommen, den Parteien von Amts wegen zuzustellen, § 329 II 2.

**10** 7) **Anbringung, II.** Der Zeuge kann seine Gesuche schriftlich, zu Protokoll der Geschäftsstelle oder im Vernehmungstermin mündlich anbringen. Es besteht kein Anwaltszwang, § 78 III. Auf eine Terminsverlegung ist § 227 unanwendbar.

**11** 8) **Rechtsmittel, I, II.** Bei einer Zurückverweisung des Gesuchs ist grundsätzlich die einfache Beschwerde zulässig, § 567 I. Sie ist unzulässig, soweit das LG als Berufungs- oder Beschwerdegericht, § 567 III 1, oder das OLG entschieden hat, § 567 IV 1. Gegen die Aufhebung des Ordnungsmittels ist grundsätzlich kein Rechtsmittel statthaft, Hamm RR **87**, 815. Beschwerde gegen die Aufhebung des Kostenbeschlusses hat aber die Partei, soweit sie beschwert ist, § 380 Rn 6. Vgl ferner § 380 Rn 13. Beim Rpfl gilt § 11 RPflG, § 104 Rn 41 ff.

**12** 9) *VwGO: Entsprechend anzuwenden,* § 98 *VwGO, VGH Mannh NVwZ-RR* **96***, 478. Die nachträgliche Entschuldigung, Rn 9, muß innerhalb der Beschwerdefrist,* § 147 *VwGO, eingehen, vgl BFH NJW* **70***, 79.*

**382** *Vernehmung an bestimmten Orten.* ¹Die Mitglieder der Bundesregierung oder einer Landesregierung sind an ihrem Amtssitz oder, wenn sie sich außerhalb ihres Amtssitzes aufhalten, an ihrem Aufenthaltsort zu vernehmen.

II Die Mitglieder des Bundestages, des Bundesrates, eines Landtages oder einer zweiten Kammer sind während ihres Aufenthaltes am Sitz der Versammlung dort zu vernehmen.

III Zu einer Abweichung von den vorstehenden Vorschriften bedarf es:
für die Mitglieder der Bundesregierung der Genehmigung der Bundesregierung,
für die Mitglieder einer Landesregierung der Genehmigung der Landesregierung,
für die Mitglieder einer der im Absatz 2 genannten Versammlungen der Genehmigung dieser Versammlung.

**1** 1) **Systematik, I–III.** Die Vorschrift stellt für den von § 376 erfaßten Personenkreis eine Ergänzung dar. Sie hat gegenüber dem Grundsatz, daß der Zeuge dort vernommen wird, wo das Prozeßgericht, § 355, oder der verordnete Richter tagen, §§ 361, 362, den Vorrang.

**2** 2) **Regelungszweck, I–III.** Sinn der Regelung ist eine Rücksicht auf Amt und Rang des betroffenen Zeugen. Das ist keineswegs selbstverständlich: Es gibt in der übrigen Bevölkerung genug andere Menschen von vergleichbarem Rang und Amt. Auch hier läßt sich erheblich bezweifeln, ob die Bevorzugung der Ersten und Zweiten Gewalt in unserer Demokratie eigentlich noch den Ansehen seiner Dritten Gewalt dient.

**3** 3) **Geltungsbereich, I–III.** Wegen der Mitglieder der Bundesregierung und der Landesregierungen § 376 Rn 1, 2. Als Mitglieder einer 2. Kammer kommen diejenigen des Senats in Bayern in Frage, Bay Verfassung Artt 34 ff. Die Vernehmung erfolgt am Sitz des Gerichts, § 219, also nicht im Dienstsitz oder in der Wohnung (dort ist nur der Bundespräsident zu vernehmen, § 375 II). Das Prozeßgericht bestimmt im Beweisbeschluß, § 358, ob es selbst oder ob der verordnete Richter die Vernehmung durchführt, §§ 361, 362. Die Genehmigung zu einer Abweichung hat das Gericht oder der Beweisführung durch den Justizminister einzuholen, auch wenn der Zeuge mit dem Erscheinen vor dem Prozeßgericht oder sonst mit der Abweichung einverstanden ist, ZöGre 2, aM StJSchu 5 (es bestehe ein Ermessen des Gerichts).

Die Vorschrift ist *von Amts wegen* zu beachten, Grdz 39 vor § 128. Ein Verstoß beseitigt die Pflicht zum Erscheinen und macht § 380 unanwendbar, läßt aber die Vernehmung wirksam. Keine Genehmigung ist bei Abgeordneten notwendig, wenn der Vernehmungstermin außerhalb einer parlamentarischen Sitzungswoche liegt, ständige Praxis des zuständigen Bundestagsausschusses. Wann die Sitzungswochen liegen, ist bei der Verwaltung des Parlaments zu erfahren.

**4) *VwGO:*** *Entsprechend anwendbar, § 98 VwGO.* 4

### Einführung vor §§ 383–389
### Zeugnisverweigerung

**Schrifttum:** *Gebhard,* Das Zeugnisverweigerungsrecht der Presse im Zivilprozeß, 1974; *Groß,* Zum Zeugnisverweigerungsrecht der Mitarbeiter von Presse und Rundfunk, Festschrift für *Schiedermair* (1976) 223; *Walker,* Zur Problematik beweisrechtlicher Geheimverfahren usw, Festschrift für *Schneider* (1997) 147.

#### Gliederung

| | | | |
|---|---|---|---|
| 1) Systematik | 1 | 4) Verweigerungsmitteilung | 4 |
| 2) Regelungszweck | 2 | 5) Minderjähriger | 5 |
| 3) Geltungsbereich | 3 | 6) VwGO | 6 |

**1) Systematik.** Das Zeugnisverweigerungsrecht ist in den §§ 383–389 im wesentlichen abschließend **1** geregelt. § 383 regelt, wer überhaupt schweigen darf, § 384 regelt das Schweigerecht zu einzelnen Fragen, § 385 enthält Ausnahmen von §§ 383–384, §§ 386 ff regeln das Verfahren. Ganz ausnahmsweise kann das Zeugnisverweisungsrecht unmittelbar aus dem GG folgen, Art 2 GG, Hamm OLGZ **89**, 469, Art 47 GG, abgedruckt Vorb bei § 383, BVerfG **38**, 114 (jetzt § 383 I Z 5). Immerhin können äußere Umsände auf eine Bereitschaft zur Aussage viel Einfluß haben; deshalb sind §§ 169 ff GVG mitbeachtlich. Verweigerung bedeutet, anders als § 252 StPO, kein absolutes Verwertungsverbot früherer Aussagen oder der Vernehmung einer früheren Vernehmungsperson.

**2) Regelungszweck.** Eine ausdehnende Auslegung ist wegen der auf dem Rechtsstaatsprinzip und dem **2** Gerechtigkeitsgebot fußenden, jedem Staatsbürger auferlegten öffentlichrechtlichen Zeugnispflicht unstatthaft, BVerfG NJW **73**, 2196, Hamm OLGZ **89**, 469, AG Duisb KTS **92**, 135. Man darf auch nicht eine etwa weitergehende Verweigerungsmöglichkeit nach anderen Verfahrensordnungen, etwa nach der StPO, gegen die Regelung der ZPO ausspielen, Hamm OLGZ **89**, 469, AG Duisb KTS **92**, 135. Unstatthaft ist auch die Ausdehnung durch eine Vereinbarung etwa einer Schweigepflicht.

**3) Geltungsbereich.** Vgl zunächst Üb 2 ff vor § 373. §§ 383 ff gelten im Gesamtbereich der ZPO direkt, **3** im FGG-Verfahren entsprechend, § 15 I 1 FGG, Hamm FamRZ **92**, 201.

**4) Verweigerungsmitteilung.** Den Rechtsgrund der Weigerung hat der Zeuge anzugeben. Nach dem **4** Beweggrund ist er nicht zu fragen. Einem erneuten Antrag auf seine Vernehmung ist nach seiner Weigerung nur dann stattzugeben, wenn anzunehmen ist, daß der Zeuge jetzt zur Aussage bereit ist, BGH RR **87**, 445, Köln FamRZ **91**, 581. Der Weigerungsberechtigte kann seine Bereitschaft zur Aussage jederzeit zurücknehmen. Eine abgegebene Aussage bleibt bestehen und ist verwertbar, soweit sie nicht durch einen Verfahrensfehler herbeigeführt wurde; die bloße Vernehmung zu einem der Schweigepflicht unterliegenden Umstand ist kein solcher Fehler, BGH NJW **90**, 1735 (im Ergebnis auch Bork ZZP **103**, 468). Der Widerruf seiner Bereitschaft ist frei zu würdigen, § 286. Eine urkundenbeweisliche Würdigung einer früheren Aussage bleibt zulässig, § 286 Rn 64. Eine teilweise Zeugnisverweigerung ist zulässig, soweit eine weitergehende zulässig ist. Über das Eidesverweigerungsrecht § 391 Rn 4. Partei ist bei §§ 383–385 auch der streitgenössische Streithelfer, Üb 22 vor § 373 „Streithelfer".

**5) Minderjähriger.** Ein Minderjähriger entscheidet grundsätzlich selbst, ob er verweigern will, Düss **5** FamRZ **73**, 547, vgl auch zu den Grundgedanken des § 1626 II BGB. Nur bei fehlendem Verständnis für das Verweigerungsrecht ist die Zustimmung des gesetzlichen Vertreters zur Aussage, nicht jedoch stets zur Verweigerung, erforderlich, Ffm MDR **87**, 151. Ist nur *ein* Elternteil Partei, dann muß der andere zustimmen, Stgt NJW **71**, 2237. Für den Vertreter ist unter Umständen ein Ergänzungspfleger zu bestellen, Hamm OLGZ **72**, 157, Schoene NJW **87**, 931. Auch bei einer Zustimmung des gesetzlichen Vertreters oder Ergänzungspflegers kann der Minderjährige die Aussage unter den gesetzlichen Voraussetzungen verweigern und ist entsprechend zu belehren.

**6) *VwGO:*** *Entsprechend anwendbar, § 98 VwGO.* 6

## 383
*Zeugnisverweigerung wegen persönlicher Beziehungen.* ¹Zur Verweigerung des Zeugnisses sind berechtigt:
1. der Verlobte einer Partei;
2. der Ehegatte einer Partei, auch wenn die Ehe nicht mehr besteht;
3. diejenigen, die mit einer Partei in gerader Linie verwandt oder verschwägert, in der Seitenlinie bis zum dritten Grad verwandt oder bis zum zweiten Grad verschwägert sind oder waren;
4. Geistliche in Ansehung desjenigen, was ihnen bei der Ausübung der Seelsorge anvertraut ist;

5. Personen, die bei der Vorbereitung, Herstellung oder Verbreitung von periodischen Druckwerken oder Rundfunksendungen berufsmäßig mitwirken oder mitgewirkt haben, über die Person des Verfassers, Einsenders oder Gewährsmanns von Beiträgen und Unterlagen sowie über die ihnen im Hinblick auf ihre Tätigkeit gemachten Mitteilungen, soweit es sich um Beiträge, Unterlagen und Mitteilungen für den redaktionellen Teil handelt;
6. Personen, denen kraft ihres Amtes, Standes oder Gewerbes Tatsachen anvertraut sind, deren Geheimhaltung durch ihre Natur oder durch gesetzliche Vorschrift geboten ist, in betreff der Tatsachen, auf welche die Verpflichtung zur Verschwiegenheit sich bezieht.

II Die unter Nummern 1 bis 3 bezeichneten Personen sind vor der Vernehmung über ihr Recht zur Verweigerung des Zeugnisses zu belehren.

III Die Vernehmung der unter Nummern 4 bis 6 bezeichneten Personen ist, auch wenn das Zeugnis nicht verweigert wird, auf Tatsachen nicht zu richten, in Ansehung welcher erhellt, daß ohne Verletzung der Verpflichtung zur Verschwiegenheit ein Zeugnis nicht abgelegt werden kann.

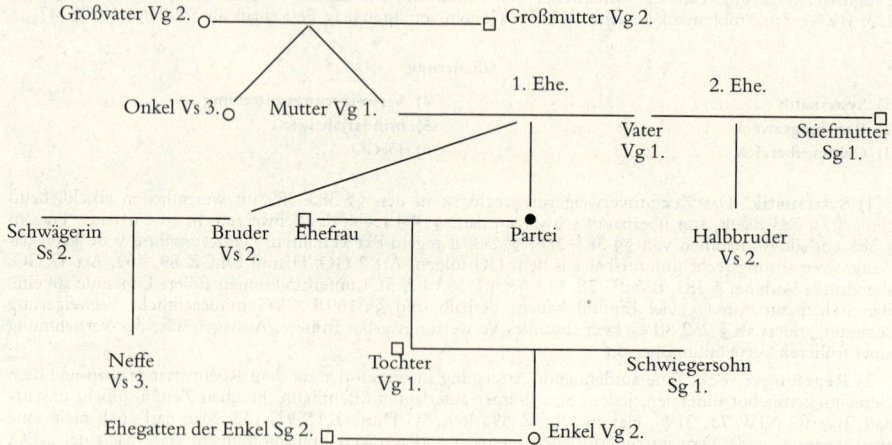

Erläuterung: V = Verwandtschaft, S = Schwägerschaft, g = in gerader Linie, s = in der Seitenlinie, 1, 2, 3 = Bezeichnung des Grades. – Anmerkung: In der geraden Linie fordert das Gesetz keine Gradnähe

**Vorbem.** I Z 5 ergänzt den Art 5 GG. I Z 6 ergänzt den Art 47 GG:

**GG Art 47.** ¹Die Abgeordneten sind berechtigt, über Personen, die ihnen in ihrer Eigenschaft als Abgeordnete oder denen sie in dieser Eigenschaft Tatsachen anvertraut haben, sowie über diese Tatsachen selbst das Zeugnis zu verweigern. ²Soweit dieses Zeugnisverweigerungsrecht reicht, ist die Beschlagnahme von Schriftstücken unzulässig.

**Schrifttum:** *Baumann,* Die Auseinanderentwicklung der Prozeßrechte usw (betr § 383 III ZPO), Festschrift für *Baur* (1981) 187; *Himmelsbach,* Der Schutz der Medieninformanten im Zivilprozeß usw, 1998; *Jansen,* Geheimhaltungsvorschriften im Prozeßrecht, Diss Bochum 1989; *Kuchinke,* Ärztliche Schweigepflicht, Zeugniszwang und Verpflichtung zur Auskunft nach dem Tod des Patienten, Gedächtnisschrift für *Küchenhoff* (1987) 371; *Schumann,* Der Name als Geheimnis. Umfaßt die anwaltliche und ärztliche Schweigepflicht auch den Namen des Mandanten und Patienten?, Festschrift für *Henckel* (1995) 773.

**Gliederung**

| | |
|---|---|
| 1) Systematik, I–III ............................ 1 | B. Ermächtigung ........................ 11 |
| 2) Regelungszweck, I–III .................... 2 | C. Pflichtenabwägung ................ 11 |
| 3) Geltungsbereich, I–III .................... 3 | D. Sondervorschriften ................ 11 |
| 4) Weigerung wegen Familienbande, I Z 1–3 ............................................ 4 | E. Tod des Begünstigten ............. 11 |
| | F. Weitere Einzelfragen .............. 11 |
| 5) Weigerung der Geistlichen, I Z 4 ..... 5 | 9) Beispiele zur Frage einer Schweigepflicht, I Z 4–6 ............................ 12–18 |
| 6) Weigerung der Mitwirkenden bei Druckwerken oder Sendungen, I Z 5 . 6, 7 | 10) Belehrung, II .............................. 19 |
| 7) Schweigepflicht kraft Amtes, I Z 6 ... 8–10 | 11) Beschränkte Vernehmung, III ........ 20 |
| 8) Wegfall der Schweigepflicht, I Z 4–6 . 11 | 12) Verstoß, I–III .............................. 21 |
| A. Öffentlichkeit ........................ 11 | 13) VwGO ..................................... 22 |

## 7. Titel. Zeugenbeweis § 383

**1) Systematik, I–III.** Das Zeugnisverweigerungsrecht nach § 383 fußt auf den persönlichen Beziehungen **1** des Zeugen zu einer Partei. Es führt im Gegensatz zu § 384 Z 1–3 zu einer generellen Befugnis, zur Sache zu schweigen, BGH NJW **94**, 197. I Z 1–3 werden durch § 385 I, Z 4 und 6 durch § 385 II eingeschränkt.

**2) Regelungszweck, I–III.** Z 1–3 gründen sich auf einen Interessenwiderstreit infolge von Familien- **2** banden. In diesen Fällen ist eine Weigerung schlechthin erlaubt; eine Ausnahme gilt nur nach § 385. Es genügt, daß die Beziehung zu einem von mehreren Streitgenossen, §§ 59 ff, oder zu einem Streitgehilfen, § 66, auch zum unselbständigen, oder zum Streitverkündeten, §§ 72 ff, nach (nicht vor) dessen Beitritt besteht, es sei denn, daß die Beweisfrage diesen gar nicht berührt. Daher ist eine Weigerung bei einer notwendigen Streitgenossenschaft, § 60, immer allgemein berechtigt. Die Beziehungen zu einer Partei kraft Amtes, Grdz 8 vor § 50, geben kein Verweigerungsrecht. Denn sie hat in dieser Eigenschaft keine der in § 383 geschützten persönlichen Beziehungen zur Partei. Bei Beziehungen zu dem eigentlich Betroffenen, für den eine Partei kraft Amts auftritt, sind §§ 383 Z 1–3, 384 Z 1 und 2 entsprechend anwendbar. Z 2–6 fußen auf einem Interessenwiderstreit infolge einer Treupflicht. Sie greifen dann ein, wenn der Anvertrauende auf die Geheimhaltung des Anvertrauten bauen darf, auch ohne daß er dem anderen eine Schweigepflicht auferlegt hätte, KG FamRZ **75**, 165. Es genügen eine berechtigte Erwartung; die Sitte; eine gesetzliche Pflicht. Die Tatsache braucht dem Zeugen nicht gerade von der Partei anvertraut worden zu sein. Sagt der Zeuge aus, so muß er, auch im Falle der Z 4 oder 5, die Wahrheit sagen. Z 5 festigt auch unabhängig von einem Anvertrauen das Berufsgeheimnis der Presse, § 385 Rn 10. S auch Einf vor § 383.

**3) Geltungsbereich, I–III.** Vgl Einf 3 vor §§ 383–389. **3**

**4) Weigerung wegen Familienbande, I Z 1–3.** Das Zeugnis verweigern dürfen zwecks Vermeidung **4** von Konflikten in der Familie, Nürnb FamRZ **92**, 1317, auch ohne derartige Begründung im Einzelfall Verlobte, Ehegatten, Verwandte und Verschwägerte der Partei nach Z 1–3. Diese Voraussetzungen richten sich nach dem bürgerlichen Recht. Sie begünstigen also auch die als Kind Angenommenen, § 1754 BGB. Bei Verlobten ist ein ernstliches, schon und noch bestehendes Eheversprechen notwendig; nicht ausreichend ist ein nichtiges Eheversprechen. Die Verlobung eines Minderjährigen ohne Genehmigung derjenigen, die die Personensorge über ihn haben, ist schwebend unwirksam, Pal/Died Einf 1 vor § 1297 BGB. Ein Ehegatte ist auch nach der Scheidung zur Aussageverweigerung berechtigt, auch bei einer nichtigen Ehe oder als Witwe(r), Nürnb MDR **75**, 937. Auch nach der Auflösung der Annahme als Kind oder nach einer Anfechtung der Ehelichkeit besteht das Verweigerungsrecht fort. Der Grund muß bei der Vernehmung vorliegen. Wegen des Minderjährigen Einf 3 vor §§ 383–389. Der rein wirtschaftliche „Lebensgefährte" hat kein Schweigerecht, BVerfG FamRZ **99**, 1053 (StPO).

**5) Weigerung der Geistlichen, I Z 4.** Sie können die Aussage über dasjenige verweigern, was ihnen als **5** Seelsorgern anvertraut ist. Die Art und Weise dieser Kenntnisnahme ist dann unerheblich. Eine lediglich erzieherische, verwaltende, fürsorgende Tätigkeit ist keine seelsorgerische. Freilich liegt oft Anscheinsbeweis für beides vor, Anh § 286 Rn 15. Hierher gehört jeder Religionsdiener einer Glaubensgemeinschaft, der als Seelsorger tätig ist, nicht nur einer staatlich anerkannten Gemeinschaft, da das Vertrauensverhältnis geschützt wird, aM ZöGre 11 (er wendet Z 6 an). Es ist unerheblich, ob er zur Geheimhaltung verpflichtet ist. Gemäß Art 9 Reichskonkordat vom 20. 7. 33, RGBl II 679, das einem innerstaatlichen Gesetz gleichzuachten ist und weitergilt, sind katholische Geistliche auch bei einer Entbindung von der Verschwiegenheitspflicht zur Zeugnisverweigerung weiterhin berechtigt. In Bayern erstreckt sich dieses Verweigerungsrecht mit Rücksicht auf die Parität der Glaubensbekenntnisse, Art 144 III BayVerf, auch auf die evangelischen Geistlichen. Das einem Dritten Mitgeteilte müssen diese Personen aber bekunden. Ein Vermögenserwerb für die Kirche fällt nicht unter Z 4.

**6) Weigerung der Mitwirkenden bei Druckwerken oder Sendungen, I Z 5.** Personen, die bei **6** periodischen Druckwerken oder Rundfunksendungen mitwirken oder mitgewirkt haben, haben infolge der Pressefreiheit, Art 5 I 2 GG, BVerfG **20**, 162, ein Zeugnisverweigerungsrecht, dazu Gross Festschrift für Schiedermair (1976) 223; vgl auch § 53 I Z 5 StPO, BVerfG **64**, 114 (die inhaltlich gleiche Regelung der StPO ist nicht abschließend). Damit ist ein uneingeschränktes Zeugnisverweigerungsrecht für Journalisten, Redakteure, Verleger, Sendeleiter, Schriftleiter, Autoren, Bearbeiter und sämtliche anderen irgendwie innerhalb des redaktionellen Teils bei der Vorbereitung, Herstellung oder Verbreitung Beteiligten geschaffen, unabhängig davon, ob sie insoweit im künstlerischen, wissenschaftlichen, technischen oder finanziellen Bereich tätig werden.

Die *Verbreitung* umfaßt eine Veröffentlichung, auch eine Äußerung in einer Pressekonferenz, Mü NJW **89**, 1226, wie eine nichtöffentliche Abgabe, zB an Mitglieder. Rundfunk umfaßt natürlich auch den Fernsehrundfunk. Die Ausstrahlungsweise, zB Kabelfernsehen, Bildschirmzeitung, ist unerheblich. Bei Druckwerken sind nur die periodischen geschützt, zB die Illustrierten, Vereinsblätter, wissenschaftlichen Zeitschriften; nicht geschützt werden die einmalig erscheinenden Werke, selbst wenn weitere Auflagen in Zukunft denkbar sind. Anders verhält es sich bei Büchern, die in einem einigermaßen regelmäßigen Zeitabstand eine Neuauflage erlebt haben und höchstwahrscheinlich weiter haben werden, Skibbe DRiZ **76**, 159. Tonbänder, Kassetten, CDs usw sind nur geschützt, im Rahmen vom Rundfunk hergestellt.

Der Schutz setzt eine *berufsmäßige Tätigkeit* voraus. Es genügt jede haupt- oder nebenberufliche Tätigkeit **7** in der Absicht, durch eine wiederholte Ausübung zu einer dauernden oder wiederkehrenden Beschäftigung zu kommen. Insoweit ist auch der freie Mitarbeiter geschützt, Löffler NJW **78**, 913. Unerheblich ist, ob die Tätigkeit entgolten wird. Das Zeugnisverweigerungsrecht umfaßt die Person des Verfassers, des Einsenders oder des sonstigen Informanten bzw Gewährsmannes, Mü NJW **89**, 1226, und zwar auch dann, wenn er auf eine Verschwiegenheit des Zeugen keinen Wert (mehr) legt, § 385 Rn 9, sowie den gesamten Inhalt der Information gleich welcher Art, zB den Wortlaut des Manuskripts, Notizen über Quellen, Hintermänner, aber auch etwaige Honorare, Spesen und dergleichen, soweit sie für das Druckwerk oder die Sendung aufgewendet oder gedacht sind.

*Hartmann* 1277

Geschützt sind auch die noch nicht veröffentlichten und nicht mehr zur Veröffentlichung geplanten *Informationen*. Die Art der Mitwirkung des Informanten wie des Zeugen ist unerheblich. Geschützt ist also zB auch derjenige, der seinen Beitrag selbst im Rundfunk spricht. Der Anzeigenteil wird nicht nach Z 5 geschützt, wohl aber evtl nach Art 5 I 2 GG, BVerfG **64**, 115 (zu § 53 I Z 5 StPO; krit Fezer). Entscheidend ist, für welchen Teil der Beitrag bestimmt ist, nicht, in welchem Teil der Beitrag tatsächlich verwendet worden ist. Zu den Einzelfragen Löffler NJW **78**, 913, Kunert MDR **75**, 885 (ausf).

**8** **7) Schweigepflicht kraft Amts usw, I Z 6.** Personen, denen kraft ihres Amtes, Standes oder Gewerbes geheimzuhaltende Tatsachen anvertraut werden, müssen über das Anvertraute schweigen, BVerfG NJW **72**, 2214. Die Vorschrift dient ausschließlich dem „Herrn des Geheimnisses", meist also dem Auftraggeber, und nicht (auch) dem eigenen Geheimhaltungsinteresse des Geheimnisträgers, BGH DB **90**, 93 (das letztere kann nach Art 12 GG geschützt sein).

**9** Über den *Umfang* der Geheimhaltungspflicht Rn 1. Das Zeugnisverweigerungsrecht bezieht sich nicht nur auf eine unmittelbar mitgeteilte Tatsache; es genügt, daß der Zeuge die Kenntnis in der seine Schweigpflicht begründenden Eigenschaft irgendwie erlangt hat, BGH DB **83**, 1921, aM Düss MDR **85**, 507. Die Geheimhaltungspflicht kann sich auch auf die Begründung erstrecken, daß nichts geschehen ist; auch auf eigene Handlungen, die mit dem Anvertrauten in engstem Zusammenhang stehen, StJSchu 7, aM Mü MDR **81**, 854. Die Schweigepflicht braucht nicht nur einer Partei gegenüber zu bestehen, aM LG Oldb AnwBl **74**, 48. Sie kann auch dann bestehen, wenn zB der Steuerberater beide beriet, BGH DB **83**, 1921.

**10** Wegen des Zeugnisverweigerungsrechts der *Abgeordneten* des Bundestags Vorbem sowie § 376 II, V und Nolte MDR **89**, 514 (teilweise überholt). Entsprechendes gilt für die Landtagsabgeordneten auf Grund der Länderverfassungen oder auf Grund von Z 6.

**11** **8) Wegfall der Schweigepflicht, I Z 4–6.** Die Schweigepflicht fällt bei Z 4, 6 in folgenden Fällen weg:

**A. Öffentlichkeit.** Die Schweigepflicht entfällt, soweit sich die Tatsache in der Öffentlichkeit abpielte.

**B. Ermächtigung.** Die Schweigepflicht entfällt, soweit die Tatsache gerade zur Weitergabe an Dritte mitgeteilt worden ist, Düss MDR **75**, 1025, oder soweit derjenige den Zeugen von der Schweigepflicht befreit, dem gegenüber die Schweigepflicht besteht, § 385 Rn 8, 9.

**C. Pflichtenabwägung.** Die Schweigepflicht entfällt, soweit eine höhere sittliche Pflicht oder ein höherwertiger öffentlicher Belang zum Reden verpflichtet. Freilich Vorsicht!

**D. Sondervorschriften.** Die Schweigepflicht entfällt schließlich kraft einer etwaigen gesetzlichen Sondervorschrift, zB § 53 b II 2, 3 FGG beim Versorgungsausgleich, Hillermeier FamRZ **76**, 581.

**E. Tod des Begünstigten.** Die Schweigepflicht erlischt grundsätzlich mit dem Tod des Begünstigten, BGH **91**, 398, aM AG Duisb KTS **92**, 136. Es kommt auch den (auch mutmaßlichen) Willen des Verstorbenen an, BGH **91**, 398, Köln FER **99**, 191. Etwas anderes gilt nur dann, wenn kein weiterer objektiver Grund zur Geheimhaltung mehr besteht, Köln OLGZ **82**, 4, AG Duisb KTS **92**, 136. Der Arzt darf trotz seiner Schweigepflicht über den Geisteszustand des Verstorbenen zur Beurteilung von dessen Testierfähigkeit aussagen, vgl auch § 385 I Z 1, aM ZöGre 1 a, 5.

**F. Weitere Einzelfragen.** Vgl im übrigen Rn 12 ff, 19 sowie § 385 Rn 8, 9. Bei Z 5 erfolgt keine Einschränkung des Zeugnisverweigerungsrechts, auch nicht durch den Wegfall einer etwaigen Schweigepflicht, vgl § 385 Rn 10. Das Gericht würdigt die Verweigerung einer Entbindung von der Schweigepflicht beim Beweispflichtigen nach § 286 frei, BGH DB **83**, 1921.

**12** **9) Beispiele zur Frage einer Schweigepflicht, I Z 4–6**
**Anwalt und Notar:** Der Anwalt und sein Sozius sind im Prozeß und außerhalb des Prozesses wegen aller Umstände schweigepflichtig, die ihm anläßlich der Beauftragung anvertraut wurden, Düss MDR **85**, 507, Köln VersR **93**, 244 (StPO), Mü AnwBl **75**, 159. Die Schweigepflicht erstreckt sich auch auf eine Tatsache, die der Anwalt bei einer Syndikustätigkeit für den Arbeitgeber erfahren hat, LG Mü AnwBl **82**, 197, zumindest insoweit, als er in solchem Rahmen eine selbständige anwaltliche Tätigkeit ausübt, Roxin NJW **92**, 1129. Nicht schweigepflichtig ist er wegen der ihm vor der Beauftragung bekanntgewordenen Umstände. Freilich sollte er darauf sofort hinweisen, BayObLG FamRZ **91**, 963, Köln Rpfleger **85**, 494 meinen, der beratende Anwalt dürfe über die Errichtungsumstände eines Testaments bzw über den Inhalt eines unauffindbaren Testaments berichten; das ist problematisch (wer weiß zB, ob dies das letzte Testament war?).

Die Schweigepflicht erstreckt sich auch auf die dem Anwalt bekannten *Auswirkungen*, Köln MDR **73**, 857; wegen des Namens Schumann (vor Rn 1); auf die von ihm selbst wahrgenommenen Tatsachen, § 18 BNotO, Düss OLGZ **79**, 466, wenn es sich um eine solche im beruflichen Verkehr handelt. Zu eng erstreckt Düss MDR **85**, 507 das Schweigerecht nur auf solche Tatsachen, die dem Anwalt gerade von seinem Auftraggeber anvertraut sind oder gerade diesen betreffen. Zum Umfang Mü AnwBl **75**, 159 (ausf). Für den Notar gilt dasselbe, auch wenn er beide Parteien beraten hat, Kanzleiter DNotZ **81**, 662, StJSchu 74, aM Mü MDR **81**, 854 (die Amtshandlung selbst unterliege im Gegensatz zu den Tatsachen keiner Schweigepflicht). Ein angestellter Anwalt hat im Honorarprozeß des Chefs grds kein Schweigerecht, Stgt MDR **99**, 192.

**Apotheker:** Er ist über berufliche Dinge schweigepflichtig.

**13** **Arzt:** Er ist grds schweigepflichtig, BGH **91**, 398. Sein Verweigerungsrecht umfaßt alles, was er als Arzt mit oder ohne Kenntnis des Patienten erfahren hat, evtl auch aus dem Anbahnungsstadium, etwa bei der Aufnahme im Krankenhaus, BGH MDR **85**, 597 (StPO); wegen des Namens Schumann (vor Rn 1). Wenn er als gerichtlicher Sachverständiger im Strafverfahren tätig war, dann ist durch die Verwertung seiner Aussage im Urteil die Sache noch nicht offenkundig geworden, so erledigt sich die Schweigepflicht nicht durch einen entsprechenden Auftrag auch für den Zivilprozeß. Über die Vorlage des Krankenblattes BGH NJW **78**, 2338, Franzki DRiZ **77**, 37. Problematisch läßt LG Hanau NJW **79**, 2357 evtl eine vermutbare Aussageerlaubnis des Patienten ausreichen. Verfehlt gibt LG Hanau NJW **79**, 2357, dem Arzt

## 7. Titel. Zeugenbeweis § 383

das Recht zu einer Güterabwägung zwischen dem Geheimhaltungsbedürfnis und einer gerechten und richtigen Entscheidung. Der Arzt ist zwar verpflichtet, dem Ehegatten von der syphilitischen Erkrankung des anderen Ehegatten eine Mitteilung zu machen, nicht aber im Ehescheidungsprozeß, in dem der andere Ehegatte durch Bezugnahme auf das Zeugnis des Arztes zusätzliche Argumente schaffen will.

Über eine Geisteskrankheit oder eine sonstige Testierunfähigkeit des inzwischen *verstorbenen* Patienten bei der Errichtung seines Testaments darf der Arzt aussagen, BayObLG FamRZ **91**, 1461. Nur der Patient kann entbinden, nicht schon der Dritte, der den Arzt hinzuzog oder beauftragte. Nach dem Tod des Patienten besteht die Schweigepflicht grds fort, BayObLG NJW **87**, 1492, LG Düss NJW **90**, 2327, und entbindet eine Erlaubnis des Erben oder der Hinterbliebenen den Arzt im übrigen nicht automatisch, LG Düss NJW **90**, 2327, LG Hanau NJW **79**, 2357. Rechtsvergleichend Nagel DRiZ **77**, 33. Vgl auch § 385 Rn 7, 8.

**Aufsichtsratsmitglied:** Es ist über berufliche Dinge schweigepflichtig, Kblz DB **87**, 1036.
**Auskunftei:** Der Geschäftsinhaber, der in der üblichen Weise eine Auskunft eingeholt hat, ist zum Schweigen verpflichtet. Der Inhaber einer Auskunftei darf die Aussage verweigern, soweit er über Auskünfte aussagen soll, die er nicht gerade dem Beweisführer mitgeteilt hat. Er darf die Auskunft nicht über eine Frage verweigern, ob ihm ein ganz bestimmtes Gerücht zugegangen sei, wohl aber darüber, von wem er diese Kenntnis habe. Der Angestellte einer Auskunftei darf das Zeugnis wie der Inhaber verweigern.
**Bankangestellter:** Er ist über seine Geschäftsbeziehung zum Kunden schweigepflichtig, Haß SchlHA **74**, 14 197. Er muß über das Konto des Erblassers gegenüber jedem Miterben aussagen.
**Beamter:** Er ist über dienstliche Dinge schweigepflichtig.
**Beistand:** Er ist über dienstliche Dinge schweigepflichtig, Werner AnwBl **95**, 113.
**Betreuer:** Er ist über dienstliche Dinge schweigepflichtig, Köln FER **99**, 191 (grds auch nach dem Tod des Betreuten, vgl aber Rn 11).
**Büropersonal:** Es ist über berufliche Dinge schweigepflichtig.
**Diplompsychologe:** Er hat ein Schweigerecht und eine Schweigepflicht, die sich auch auf seine Mitarbeiter 15 erstreckt, Kaiser NJW **71**, 492. Falls er im öffentlichen Dienst steht, gilt § 376. Psychotherapeut: Es gilt Z 5 (nicht für Gruppenpatienten, diese fallen nicht unter § 384), krit Vogel NJW **72**, 2209.
**Dolmetscher:** Er ist über berufliche Dinge schweigepflichtig.
**Drogenberater:** Er ist über berufliche Dinge schweigepflichtig, obwohl das G v 23. 7. 92, BGBl 1366, ihn nur im Strafprozeß ausdrücklich schützt.
**Eheberater:** Er ist über berufliche Dinge schweigepflichtig, BVerfG JZ **73**, 780 (StPO).
**Ehrenrichter:** Er ist über dienstliche Dinge schweigepflichtig.
**Erbe und Testamentsvollstrecker** eines Schweigepflichtigen, etwa eines Arztes: Er ist wegen der aus dem 16 Nachlaß ersichtlichen Punkte ebenso gebunden wie der Verstorbene. S auch § 385 Rn 8, 9.
**Geschäftsführer:** Er ist über berufliche Dinge schweigepflichtig.
**Gewerkschaftssekretär:** Er ist zB über Mitgliedschaftsfragen schweigepflichtig, LAG Hamm BB **95**, 51.
**Hebamme:** Sie ist über berufliche Dinge schweigepflichtig.
**Heilgehilfe:** Er ist über berufliche Dinge schweigepflichtig.
**Kaufmann:** Er ist nicht nach Z 4–6 schweigepflichtig.
**Kommissionär:** Er ist nicht nach Z 4–6 schweigepflichtig.
**Krankenpfleger, -schwester:** Sie sind über berufliche Dinge schweigepflichtig, unabhängig von der Ausbildung (maßgeblich ist die tatsächliche Tätigkeit).
**Lebensversicherung:** Nach dem Tod des Versicherungsnehmers kann ein Verweigerungsrecht des Ver- 17 sicherers entfallen sein, AG Duisb KTS **92**, 136 (Vorsicht! Fallfrage, Rn 11).
**Notar:** Er ist über berufliche Dinge schweigepflichtig.
**Patentanwalt:** Er ist über berufliche Dinge schweigepflichtig.
**Post, Telekom:** Der Mitarbeiter ist über berufliche Dinge schweigepflichtig, zumindest im Umfang von § 4 II PTSG (Art 9 PTNeuOG).
**Richter:** Er ist über dienstliche Dinge schweigepflichtig, §§ 43, 45 DRiG und die LRiGe.
**Sozialarbeiter:** Wegen seiner Situation Hamm FamRZ **92**, 202, aM ZöGre 20.
**Schriftleiter:** Er ist über berufliche Dinge schweigepflichtig, auch nach Z 5.
**Steuerberater, -bevollmächtigter:** Er ist über berufliche Dinge schweigepflichtig, BGH DB **83**, 1921, Kblz VersR **91**, 1192.
**Testamentsvollstrecker:** Rn 16 „Erbe und Testamentsvollstrecker".
**Tierarzt:** Er ist nicht nach Z 4–6 schweigepflichtig, BVerfG NJW **75**, 588.
**Übersetzer:** Er ist über berufliche Dinge schweigepflichtig.
**Vermessungsingenieur:** Er ist über berufliche Dinge schweigepflichtig.
**Vorstandsmitglied:** Er ist über berufliche Dinge schweigepflichtig.
**Wirtschaftsprüfer:** Er ist schweigepflichtig sowohl für die beratende wie auch für die prüfende Tätigkeit. 18
**Zahnarzt:** Für ihn gelten dieselben Regeln wie beim Arzt, s dort.

**10) Belehrung, II.** Verlobte, Gatten, Verwandte und Verschwägerte der Z 1–3 sind über ihr Verweige- 19 rungsrecht zu belehren, BayObLG RR **91**, 7. Wenn dem Zeugen das erforderliche Verständnis fehlt, gilt Rn 2. Bosch Grundsatzfragen 46 fordert klare Altersgrenzen und will eine Belehrung des Zeugen grundsätzlich erst ab 14 Jahren zulassen, aM Ffm MDR **87**, 152. Eine Belehrung ist bei Z 4–6 unnötig, BayObLG RR **91**, 7, ebenso und immer bei einer erneuten Vernehmung (dies ist anders als bei § 52 II StPO), sollte freilich auch dann erfolgen, § 384 Rn 1, Gottwald BB **79**, 1781. Die Belehrung muß protokolliert und so klar gefaßt werden, daß der Zeuge Grund und Umfang des Schweigerechts erkennen und abwägen kann.

**11) Beschränkte Vernehmung, III.** Die in Z 4–6 Genannten hat der Richter von Amts wegen mit 20 solchen Fragen zu verschonen, die sie nur unter Verletzung einer gesetzlichen oder vertraglichen Schweigepflicht beantworten könnten, Lachmann NJW **87**, 2207, ThP 11, aM BGH NJW **77**, 1198. Das gilt auch dann, wenn die Schweigepflicht gegenüber der Allgemeinheit und nicht nur gegenüber einem Einzelnen

**21  12) Verstoß, I–III.** Vgl Üb 31 vor § 373. Wenn ein Zeugnisverweigerungsgrund unrichtigerweise verneint wird, dann darf die anschließend vorgenommene Aussage nicht verwertet werden, vgl § 286 Rn 31 ff, ThP 10, aM ZöGre 22. Wenn die Belehrung nach II unterbleibt, ist die Aussage unbenutzbar, ähnlich wie in den Fällen Üb 11 ff vor § 371, BGH NJW **85**, 1159, aM Gottwald BB **79**, 1781. Wenn die unbenutzbare Aussage trotzdem benutzt wird, liegt ein Revisionsgrund vor, Peters ZZP **76**, 160. Ein Verstoß heilt aber nach § 295, BGH NJW **85**, 1159, auch in Ehesachen, §§ 606 ff. Bei der Einholung einer schriftlichen Aussage, § 377 III, IV, ist eine Belehrung in das Ersuchen aufzunehmen, was die Einholung oft unzweckmäßig unzweckmäßig macht. Ein Verstoß gegen III führt nicht zur Unverwertbarkeit dieses Teils der Aussage, BGH NJW **90**, 1735 (zustm Bork ZZP **103**, 468). Jedenfalls ist auch dieser Verstoß heilbar, § 295.

**22  13) VwGO:** Entsprechend anwendbar, § 98 VwGO; „Partei" iSv I Z 1–3 ist der Beteiligte, § 63 VwGO, s Rn 1. Unanwendbar auf die Vernehmung eines Beteiligten, § 98 VwGO iVm § 451, BVerwG NVwZ-RR **91**, 488.

**384** *Zeugnisverweigerung aus sachlichen Gründen.* Das Zeugnis kann verweigert werden:
1. über Fragen, deren Beantwortung dem Zeugen oder einer Person, zu der er in einem der im § 383 Nr. 1 bis 3 bezeichneten Verhältnisse steht, einen unmittelbaren vermögensrechtlichen Schaden verursachen würde;
2. über Fragen, deren Beantwortung dem Zeugen oder einem seiner im § 383 Nr. 1 bis 3 bezeichneten Angehörigen zur Unehre gereichen oder die Gefahr zuziehen würde, wegen einer Straftat oder einer Ordnungswidrigkeit verfolgt zu werden;
3. über Fragen, die der Zeuge nicht würde beantworten können, ohne ein Kunst- oder Gewerbegeheimnis zu offenbaren.

**Schrifttum:** *Baumgärtel,* „Geheimverfahren" im Zivilprozeß zur Wahrung von Geschäftsgeheimnissen nach Schweizer Vorbild?, Festschrift für *Habscheid* (1989) 1; *Jansen,* Geheimhaltungsvorschriften im Prozeßrecht, Diss Bochum 1989; *Kersting,* Der Schutz des Wirtschaftsgeheimnisses im Zivilprozeß, 1995; *Ploch-Kumpf,* Der Schutz von Unternehmensgeheimnissen in der Zivilprozeßordnung, 1996; *Stadler,* Der Schutz des Unternehmensgeheimnisses im deutschen und amerikanischen Zivilprozeß und im Rechtshilfeverfahren, 1989.

**Gliederung**

| | | | | |
|---|---|---|---|---|
| 1) Systematik, Z 1–3 | 1 | B. Geltendmachung | | 6 |
| 2) Regelungszweck, Z 1–3 | 2 | 6) Geheimnis, Z 3 | | 7–9 |
| 3) Geltungsbereich, Z 1–3 | 3 | A. Begriff des Geheimnisses | | 7 |
| 4) Drohen eines Vermögensschadens, Z 1 | 4 | B. Beispiele zur Frage einer Anwendbarkeit von Z 3 | | 8, 9 |
| 5) Unehre, Bestrafung usw, Z 2 | 5, 6 | 7) Verstoß, Z 1–3 | | 10 |
| A. Grundsatz: Schutz vor sittlicher Herabsetzung | 5 | 8) VwGO | | 11 |

**1  1) Systematik, Z 1–3.** Vgl zunächst Einf vor §§ 383–389. § 384 gibt ein Zeugnisverweigerungsrecht aus sachlichen Gründen, freilich im Gegensatz zu § 383 grundsätzlich nur für bestimmte Punkte, also nicht allgemein, BGH NJW **94**, 197. Z 1 wird durch § 385 eingeschränkt. Eine Belehrung ist hier nicht vorgeschrieben, § 383 Rn 18, Köln Rpfleger **85**, 494, Gottwald BB **79**, 1781, aber empfehlenswert, Klemp BB **76**, 914. Der Richter kann die Frage und muß sie zumindest auf Verlangen stellen, BGH NJW **94**, 197, der Zeuge braucht sie aber nicht zu beantworten, BGH NJW **94**, 197. Das gilt auch dann, wenn die Bejahung Unehre bringen würde, eine Verneinung aber möglich ist. Eine besondere Glaubhaftmachung der Tatsache, die die Weigerung begründen soll, § 294, ist nicht notwendig, falls sich das Weigerungsrecht aus dem Inhalt der Frage ergibt. Sonst gilt § 386 I. Die Meinung, der Zeuge müsse alle Weigerungsgründe gleichzeitig vorbringen, ist im Gesetz nicht begründet, § 386 I beweist für sie nichts. Ein Verweigerungsrecht nach Z 1–3 kann je nach Sachlage ausnahmsweise im Ergebnis darauf hinauslaufen, daß der Zeuge überhaupt nichts zur Sache zu sagen braucht, BGH NJW **94**, 197.

**2  2) Regelungszweck, Z 1–3.** Die Vorschrift bezweckt den Schutz des Zeugen vor Folgen seiner staatsbürgerlichen Ehrenpflicht, die den Grundsatz der Verhältnismäßigkeit verletzen würden, den der Staat stets zu beachten hat, Einl III 22 (Übermaßverbot). Damit dient die Vorschrift auch der Rechtsstaatlichkeit, Art 20 III GG, Einl III 22. Das ist bei der Auslegung mitzubeachten.

**3  3) Geltungsbereich, Z 1–3.** Vgl Einf 3 vor §§ 383–389.

**4  4) Drohen eines Vermögensschadens, Z 1.** Der Zeuge darf das Zeugnis über solche Fragen verweigern, deren Beantwortung ihm oder einem Angehörigen im Sinn von § 383 I Z 1–3 einen unmittelbaren Vermögensschaden verursachen würde. Vorsicht ist bei einer derartigen Pauschalbehauptung geboten, OVG Lüneb NJW **78**, 1494. Der Schaden muß eine unmittelbare Folge der Aussage und nicht erst eine Folge der Entscheidung im Prozeß sein; ein sog Regreßschaden kann genügen, Oldb JB **91**, 1255. Wegen eines Disziplinarverfahrens als Folge Rn 5. Die Antwort muß solche Tatsachen preisgeben, die ohne weiteres die

7. Titel. Zeugenbeweis § 384

Grundlage eines Anspruchs bilden. Es genügt aber auch, wenn die Antwort die Durchführung eines Anspruchs erleichtern würde, Karlsr NJW **90**, 2758. Es reicht aus, daß ein Erwerb preisgegeben werden müßte, der nach dem AnfG anfechtbar wäre, BGH **74**, 382.

Ein *mittelbarer* Schaden, etwa für das Geschäft eines Kaufmanns oder für einen Angestellten, genügt nicht, demgemäß auch nicht ein bloß denkbarer, noch nicht objektiv zu befürchtender, vielmehr bisher nur subjektiv befürchteter Nachteil, etwa bei der Beförderung. Auch ein schon bestehender Nachteil reicht als solcher nicht aus, ZöGre 4, aM Stgt NJW **71**, 945.

Z 1 ist auch dann anwendbar, wenn der Schaden eine *Körperschaft* betrifft, deren Vertreter der Zeuge ist, aM StJSchu 4, ZöGre 4 (der Zeuge sei als solcher kein Vertreter. Aber der Vertreter ist Zeuge und der Grund, einen Meineid zu verhüten, trifft auch bei ihm zu. § 385 I begrenzt das Schweigerecht).

**5) Unehre, Bestrafung usw, Z 2.** Man muß sehr behutsam abwägen. 5

**A. Grundsatz: Schutz vor sittlicher Herabsetzung.** Ein Weigerungsrecht besteht bei solchen Fragen, deren Beantwortung dem Zeugen oder einem Angehörigen im Sinn von § 383 I Z 1–3 zur Unehre gereichen oder die Gefahr einer Verfolgung wegen einer Straftat oder einer Ordnungswidrigkeit zuziehen oder erhöhen würde. Zur Unehre gereicht alles, was unter Würdigung aller Umstände des Falls das Ansehen des Zeugen in sittlicher Beziehung herabsetzen könnte, Stgt FamRZ **81**, 67, aM Celle RR **91**, 62, also auch eine auf Grund der wahren Aussage zu erwartende Entscheidung. Dabei ist an die Wertordnung des GG anzuknüpfen, nicht an frühere Wertvorstellungen, Stgt FamRZ **81**, 67, OVG Lüneb NJW **78**, 1494. Eine Schmälerung seiner Ehre braucht nicht vorzuliegen. Auch ein verstorbener Ehegatte und daher seine Hinterbliebenen sind geschützt, Nürnb MDR **75**, 937.

Ob eine Auskunft über einen nichtehelichen *Geschlechtsverkehr* gegeben werden muß, läßt sich nur von Fall zu Fall beantworten, ähnlich Dillenburger/Pauly MDR **95**, 341, aM Karlsr NJW **94**, 528 (meist Verweigerungsrecht, krit Bosch unter Hinweis auf § 372 a). Nach einem Ehebruch hat auch der nicht verheiratete Partner durchweg ein Aussageverweigerungsrecht, Stgt FamRZ **81**, 67. Wenn ein Widerspruch zu einer früheren Aussage vor Gericht vorliegt, ist § 153 StGB beachtlich. Es entscheidet nicht die Ansicht des Richters, sondern die Ansicht der betreffenden Gegend und der betreffenden Kreise, soweit diese Ansicht außerdem mit der allgemeinen Rechtsauffassung vereinbar ist, OVG Lüneb NJW **78**, 1494. Jede entfernte Möglichkeit einer Verfolgung genügt für das Aussageverweigerungsrecht. Beispiel: Es würde zulässig werden, ein Strafverfahren wieder aufzunehmen, aM Celle RR **91**, 62. Es genügt, daß die Gefahr aus der Aussage nur in Verbindung mit anderen Umständen folgt.

Eine *ehrengerichtliche* oder dienststrafrechtliche Verfolgung genügt unter dem Gesichtspunkt der Verfolgung wegen einer Straftat oder Ordnungswidrigkeit grundsätzlich nicht, Hbg AnwBl **84**, 104 (StPO); eine entsprechende Tatsache kann aber zur Unehre gereichen, ZöGre 6, aM StJSchu 8, und auch unter Z 1 fallen, Baumann Festschrift für Kleinknecht (1985) 21. Ein Schriftstück gehört nicht hierher, weil Z 2 den Inhalt der Aussage betrifft; anwendbar mögen aber die §§ 383 I Z 5, 384 Z 3 sein. Die bloße Befürchtung einer erheblichen Gefährdung reicht grundsätzlich nicht aus, Hamm OLGZ **89**, 469, ebensowenig ein bloßer Verstoß gegen eine Schweigeabrede, Hamm FamRZ **99**, 939.

**B. Geltendmachung.** Der Zeuge braucht sich über eine allgemein unter Z 2 fallende Handlung nicht zu 6 äußern, auch wenn er sie verneinen könnte. Denn Z 2 schützt schon gegen die Bloßstellung, die durch die Frage eintreten könnte. Der Zeuge braucht den Weigerungsgrund nicht glaubhaft zu machen. Andernfalls müßte er ja offenbaren. Eine Weigerung kann ein Beweisgrund nur im Zusammenhang mit der Lage des Falls sein, nicht für sich allein. Zu weitgehend und nicht mit § 286 vereinbar ist es, die Verwertung der Zeugnisverweigerung als prozessual unzulässig anzusehen. Ein Beweisanzeichen kann die Weigerung durchaus sein, Klemp BB **76**, 914.

**6) Geheimnis, Z 3.** Das Weigerungsrecht greift für Fragen durch, bei deren Beantwortung der Zeuge 7 ein Kunst- oder Gewerbegeheimnis offenbaren müßte.

**A. Begriff des Geheimnisses.** Geheimnis ist eine Tatsache, die nur bestimmten Personen bekannt ist und bekannt sein soll. Geschützt ist das eigene oder ein fremdes Gewerbe, zu dessen Geheimhaltung der Zeuge verpflichtet ist, Gottwald BB **79**, 1781, Schlosser ZZP **95**, 365, Stürner JZ **85**, 454, aM Düss MDR **78**, 147, Stgt WRP **77**, 127, LG Mü ZZP **95**, 364 (diese Gerichte schützen nur das eigene Geschäftsgeheimnis. Das fremde Geschäftsgeheimnis fällt aber ohnehin meist unter § 383 I Z 6, Gottwald BB **79**, 1781). Die Vorschrift ist eng auszulegen, Hbg MDR **77**, 761. Zum verfassungsrechtlichen Schutz Wolff NJW **97**, 98. Eine Entbindung durch einen anderen läßt ein Schweigerecht hier unberührt.

**B. Beispiele zur Frage einer Anwendbarkeit von Z 3** 8
**Auskunftei:** Sie kann schweigepflichtig sein, vgl auch § 383 I Z 6.
**Bankkredit:** Unter Z 3 fällt die Auskunft über einen Bankkredit.
**Darlehen:** S „Bankkredit".
**Gewerbegeheimnis:** Eine Schweigepflicht kann sich vertraglich über ein Gewerbegeheimnis ergeben, vgl auch § 383 I Z 6.
  S auch „Auskunftei".
**Kartell:** Unter Z 3 fällt die Auskunft über jede auch nur kartellähnliche Absprache, zB über Preise oder Lieferbedingungen.
**Kunstgeheimnis:** Eine Schweigepflicht kann sich vertraglich über ein Kunstgeheimnis ergeben.
**Mitarbeiter:** Die Gefolgschaft kann zur Zeugnisverweigerung berechtigt sein, Hbg MDR **77**, 761, Gott- 9 wald BB **79**, 1781. Es muß aber ein beachtliches Geheimhaltungsinteresse bestehen, Mü RR **98**, 1496.
**Politische Partei:** Z 3 schützt nicht ein Geheimnis einer politischen Partei, OVG Lüneb NJW **78**, 1494.
**Preisabrede:** Rn 8 „Kartell".
**Steuerfrage:** Unter Z 3 fällt die Auskunft über steuerliche Fragen und Verhältnisse, Düss MDR **78**, 147.
**Tatsache:** Unter Z 3 fällt die Auskunft über eine Tatsache, aus der sich auch nur ein Vorgang ergeben kann, dessentwegen ein Weigerungsrecht besteht.

## §§ 384, 385

**Unternehmer:** S „Mitarbeiter".
**Urheber:** Unter Z 3 fällt die Auskunft über den oder die Urheber etwa eines Zeitungsaufsatzes.

10 **7) Verstoß, Z 1–3.** Vgl Üb 11 vor § 371, § 383 Rn 20. Ein Verstoß kann ein Rechtsmittel begründen.

11 **8) VwGO:** *Entsprechend anwendbar, § 98 VwGO.*

**385** *Ausnahmsweise Zeugnispflicht.* ¹In den Fällen des § 383 Nr. 1 bis 3 und des § 384 Nr. 1 darf der Zeuge das Zeugnis nicht verweigern:
1. über die Errichtung und den Inhalt eines Rechtsgeschäfts, bei dessen Errichtung er als Zeuge zugezogen war;
2. über Geburten, Verheiratungen oder Sterbefälle von Familienmitgliedern;
3. über Tatsachen, welche die durch das Familienverhältnis bedingten Vermögensangelegenheiten betreffen;
4. über die auf das streitige Rechtsverhältnis sich beziehenden Handlungen, die von ihm selbst als Rechtsvorgänger oder Vertreter einer Partei vorgenommen sein sollen.

II Die im § 383 Nr. 4, 6 bezeichneten Personen dürfen das Zeugnis nicht verweigern, wenn sie von der Verpflichtung zur Verschwiegenheit entbunden sind.

**Schrifttum:** *Merkl*, Die Zeugenaussage nichtbeamteter Personen des öffentlichen Dienstes usw, Diss Regensb 1973.

### Gliederung

| | |
|---|---|
| 1) Systematik, Regelungszweck, I, II .... 1 | 4) Aussagepflicht nach II ............... 7–10 |
| 2) Geltungsbereich, I, II ............... 2 | A. Rechtsträger ..................... 7 |
| 3) Aussagepflicht nach I ............ 3–6 | B. Befreiungsbefugnis ............... 8 |
| A. Rechtsgeschäft, I Z 1 ............ 3 | C. Befreiungserklärung ............. 9 |
| B. Geburt usw, I Z 2 ............... 4 | D. Nicht betroffener Personenkreis ... 10 |
| C. Vermögensangelegenheit, I Z 3 ..... 5 | 5) Verstoß, I, II ...................... 11 |
| D. Eigene Handlung, I Z 4 ........... 6 | 6) VwGO ........................... 12 |

1 **1) Systematik, Regelungszweck, I, II.** Wer nach § 383 Z 1–3 oder wer nach § 384 I Z 1, nicht aber nach § 384 I Z 2, allgemein das Zeugnis verweigern dürfte, muß im Interesse der Rechtspflege an der Wahrheitsfindung, Nürnb FamRZ 92, 1317, trotzdem und unabhängig von einem unmittelbaren Schaden aussagen, soweit seine Aussage einen der Fälle I betrifft. Wer nach § 383 I Z 4, 6 das Zeugnis verweigern dürfte, muß trotzdem aussagen, wenn er von der Schweigepflicht befreit ist, aber nur, soweit die Befreiung sachlichrechtlich wirksam ist, II.

2 **2) Geltungsbereich, I, II.** Vgl Einf 3 vor §§ 383–389.

3 **3) Aussagepflicht nach I.** Man sollte nicht zu ängstlich werten.

**A. Rechtsgeschäft, I Z 1.** Es muß um die Zuziehung als Zeuge bei einem Rechtsgeschäft, dh bei jeder Rechtshandlung, gehen. Der Zeuge mag als Förmlichkeitszeuge aufgetreten sein, etwa bei einer Testamentserrichtung. Nicht umfaßt wird seine Zuziehung zu anderen Zwecken oder seine zufällige Anwesenheit vor der Zuziehung oder nach der etwaigen Entlassung. Wer sich auf die Zeugnispflicht beruft, muß die Art der Zuziehung beweisen.

4 **B. Geburt usw, I Z 2.** Es muß um Geburten, Heiraten, Sterbefälle von Familienmitgliedern des Zeugen gehen. Eine Verwandtschaft ist unnötig, eine häusliche Gemeinschaft reicht nicht aus. Die Ursache, etwa die Erzeugung, fällt nicht unter Z 2, LSG Darmst NJW **89**, 2711, Müller FamRZ **86**, 634 (auch zu moderner Insemination), ebensowenig der Name des Erzeugers, LSG Darmst NJW **89**, 2711.

5 **C. Vermögensangelegenheit, I Z 3.** Es muß um Vermögensangelegenheiten gehen, die durch das Familienverhältnis bedingt sind. Ob der Prozeß darauf beruht, ist unerheblich. Bestimmte Tatsachen müssen ihre Grundlage im Familienverhältnis haben, nicht nur aus einem solchen erwachsen können. Beispiele: Ein Mitgiftversprechen; ein Unterhaltsanspruch, Düss FamRZ **80**, 617 (nicht aber nach seinem Übergang kraft Gesetzes, etwa nach § 37 BAföG, der Anspruch dadurch solche Überleitung seinen Charakter ändert, insofern aM Karlsr FamRZ **89**, 765); ein Abfindungsvertrag; ein güterrechtlicher Vertrag; eine Altenteilsregelung; eine Erbausschlagung. Z 3 gilt auch für solche Personen, die jetzt außerhalb des Familienverbandes stehen, Nürnb FamRZ **92**, 1316, aM StJSchlu 4, ZöGre 4 (aber Z 3 stellt gerade nicht auf zusätzliche Zumutbarkeitserwägungen ab).

*Nicht* hierher gehören zB: Die Höhe des Pflichtteils; ein außerehelicher Geschlechtsverkehr ohne Zeugung; Angaben zur Zeugung oder zum Namen des Erzeugers, LSG Darmst NJW **89**, 2711; die Höhe des in die Ehe Eingebrachten.

6 **D. Eigene Handlung, I Z 4.** Es kann sich um die Begründung eines Rechtsverhältnisses oder um Vorgänge während seines Bestehens bis zur Beendigung handeln. Es muß um eigene Handlungen des Zeugen gehen, die sich auf den Prozeß beziehen, soweit er Rechtsvorgänger oder Vertreter einer Partei ist. Zum Begriff des Rechtsvorgängers § 265 Rn 21. Vertreter: Der gesetzliche Vertreter oder ein sonstiger Vertreter im weitesten Sinn, aber nur ein rechtlicher, nicht ein tatsächlicher, etwa als Wortführer, Ratgeber, aM ZöGre 6. Gemeint ist auch der Vertreter des Rechtsvorgängers. „Handlungen" meint: Eine wirkliche Tätigkeit, aber auch bloße Wahrnehmungen, aM ZöGre 6. Das gilt, obwohl die Partei für Handlungen oder Unterlassungen des Zeugen als eines bloßen Verrichtungsgehilfen einstehen müßte. Z 4 ist auch auf eine bloße Behauptung, es sei entsprechend gehandelt worden, anwendbar („sein sollen").

## 7. Titel. Zeugenbeweis §§ 385, 386

**4) Aussagepflicht nach II.** Auch hier ist Kleinmut unangebracht. 7
**A. Rechtsträger.** Befreien müssen alle, zu deren Gunsten die Bindung besteht, zB der Patient, nicht derjenige, der die Untersuchung veranlaßt hat oder bezahlt hat. Unzulässig ist nach dem katholischen Kirchenrecht eine Entbindung von dem Beichtgeheimnis durch die kirchlichen Vorgesetzten, § 383 Rn 4. Bei öffentlichen Beamten tritt zu II noch § 376 hinzu.
**B. Befreiungsbefugnis.** Befreien dürfen zB: Der Generalbevollmächtigte; grundsätzlich der Konkurs- 8 verwalter, Düss DB 93, 2481, Nürnb MDR 77, 145 (auch wegen der Ausnahmen); der gesetzliche Vertreter. Wer an Stelle des Verstorbenen in persönlichen Dingen, § 383 Rn 11 (E), entbinden kann. Maßgeblich ist der mutmaßliche Wille, Nürnb MDR 75, 937. Es kann zB der Arzt (vgl aber § 383 Rn 13 „Arzt"), oder der Anwalt sein, nicht ohne weiteres ein Erbe oder die Erben, Stgt MDR 83, 236, sondern vielleicht ein persönlich Näherstehender, unter Umständen auch der Steuerberater, Stgt MDR 83, 236. Ist im Testament darüber etwas gesagt, so braucht dazu die Testamentsform nicht innegehalten worden zu sein, so daß auch eine mündliche Erklärung genügen kann, Bosch 93. Zwar kann der Befreiungsinhaber die Befreiungsbefugnis übertragen, auch über den Todesfall hinaus, sogar formlos, Mü AnwBl 75, 159. Der ProzBev darf aber trotz § 81 nicht ohne weiteres befreien. Denn die Befreiung ist die Ausübung eines höchstpersönlichen Rechts, vgl Braeuer FamRZ 86, 427. Das Gericht muß also zunächst anheimgeben, eine Befreiung des Auftraggebers oder sonstigen Berechtigten nachzureichen, vgl auch § 356 Rn 2.
**C. Befreiungserklärung.** Die Befreiung erfolgt durch eine Erklärung gegenüber dem Zeugen, dem 9 Gericht oder dem Gegner. Sie liegt schon in der Benennung des Zeugen durch den Rechtsträger selbst, nicht schon durch seinen ProzBev, Rn 8. Sie muß eindeutig in Kenntnis des Weigerungsrechts erfolgt sein. Eine mutmaßliche Befreiung ist unbeachtlich. Im Prozeß ist die Befreiung als Parteiprozeßhandlung, Grdz 47 vor § 128 nur dann widerruflich, wenn sie nicht gegenüber dem Gegner erklärt worden war, sondern nur gegenüber dem Zeugen von dessen Vernehmung, vgl Grdz 58 vor § 128. Eine Versagung ist regelmäßig nicht als arglistige Vereitelung der Beweisführung anzusehen, weil hier ein Recht des Versagenden ausgeübt wird; die Versagung kann aber frei gewürdigt werden, § 286, BayObLG FamRZ 90, 207. Eine wirksame Befreiung zwingt zur Aussage; ob die Befreiung wirksam ist, muß vom Gericht entschieden werden.
**D. Nicht betroffener Personenkreis.** II nennt die in § 383 I Z 5 Genannten nicht. Sie behalten also ihr 10 Zeugnisverweigerungsrecht auch dann, wenn sie von ihrer etwaigen Schweigepflicht entbunden worden sind, Groß NJW 75, 1764, ja sogar dann, wenn ihr Informant ausdrücklich wünscht, daß sie aussagen. Das Berufsgeheimnis ist also vorrangig selbst vor dem berechtigten Interesse des Informanten an einer Preisgabe. Eine daraus folgende etwaige Haftung bleibt unberührt. Jedoch gibt es keine strafrechtlichen Garantenhaftung des leitenden Redakteurs usw mehr.
**5) Verstoß, I, II.** Vgl Üb 11 vor § 371, § 383 Rn 20. Ein Verstoß kann ein Rechtsmittel begründen. 11
**6) VwGO:** Entsprechend anwendbar, § 98 VwGO. 12

---

**386** *Zeugnisweigerung. Erklärung.* ᴵ Der Zeuge, der das Zeugnis verweigert, hat vor dem zu seiner Vernehmung bestimmten Termin schriftlich oder zum Protokoll der Geschäftsstelle oder in diesem Termin die Tatsachen, auf die er die Weigerung gründet, anzugeben und glaubhaft zu machen.
ᴵᴵ Zur Glaubhaftmachung genügt in den Fällen des § 383 Nr. 4, 6 die mit Berufung auf einen geleisteten Diensteid abgegebene Versicherung.
ᴵᴵᴵ Hat der Zeuge seine Weigerung schriftlich oder zum Protokoll der Geschäftsstelle erklärt, so ist er nicht verpflichtet, in dem zu seiner Vernehmung bestimmten Termin zu erscheinen.
ᴵⱽ Von dem Eingang einer Erklärung des Zeugen oder von der Aufnahme einer solchen zum Protokoll hat die Geschäftsstelle die Parteien zu benachrichtigen.

**1) Systematik, Regelungszweck, I–IV.** Die Vorschrift nennt die Pflichten desjenigen Zeugen, der vom 1 Zeugnisverweigerungsrecht Gebrauch macht. §§ 387 ff regeln den weiteren Zwischenstreit.
Die Vorschrift *bezweckt* einen Kompromiß im Interessenkonflikt einerseits wegen des Schutzes des Zeugen, andererseits wegen der Notwendigkeit, die Möglichkeiten der Wahrheitsfindung nun auch nicht ungebührlich einzuschränken. Das Gericht muß bei den Anforderungen an die Andeutungen, die der Zeuge immerhin machen muß, behutsam, aber auch nicht zu vorsichtig vorgehen.
**2) Geltungsbereich, I, II.** Vgl Einf 3 vor §§ 383–389. 2
**3) Erklärung, I, II.** Der zeugnisverweigernde Zeuge hat die Weigerung grundsätzlich entweder vor dem 3 Termin schriftlich oder zu Protokoll der Geschäftsstelle oder mündlich im Termin und daher stets ohne Anwaltszwang zu erklären, § 78 III. Den Weigerungsgrund hat er anzugeben, und zwar so, daß der Richter die Berechtigung der Weigerung nachprüfen kann. Dabei braucht der Zeuge aber nicht genau dasjenige preiszugeben, was er gerade verschweigen darf und will. Falsche Angaben sind nach §§ 153 ff StGB strafbar darüber ist der Zeuge zu belehren. Eine Glaubhaftmachung erfolgt nach § 294, auch durch die eidesstattliche Versicherung. Das Gericht kann sie fordern, BGH NJW 72, 1334 (Zweifelhaftigkeit eines Verlöbnisses). Eine Glaubhaftmachung ist nicht erforderlich, wenn die Beweisfrage den Weigerungsgrund glaubhaft macht, wie meist bei § 384 Z 2. Beamte, § 155 Z 3 StGB, nicht auch Geistliche privater Religionsgemeinschaften oder Anwälte, dürfen durch Versicherung auf den Diensteid glaubhaft machen.
**4) Recht zum Ausbleiben, III.** Nur derjenige Zeuge darf ausbleiben, der seine Weigerung vor dem 4 Termin schriftlich oder zu Protokoll der Geschäftsstelle erklärt und glaubhaft gemacht hat und dessen Zeugnisverweigerungsrecht die ganzen Beweisfragen deckt. Wenn die Erklärung unzureichend, offenbar

grundlos oder unglaubhaft ist, dann ist der Zeuge beim Ausbleiben nach § 380 mit einem Ordnungsmittel zu belegen, bei seinem Erscheinen nach § 390 zu behandeln. Beim ausländischen Berufsdiplomaten mag eine andere Form der Weigerung ausreichen, VGH Kassel NJW **89**, 3110. Wenn sich die Weigerung als unbegründet herausstellt, dann ist ein Ordnungsmittel nur bei schlechtem Glauben des Zeugen möglich. Bei einer Verweigerung der schriftlichen Aussage, § 377 III, IV, erfolgt kein Ordnungsmittel, weil kein Zwang zulässig ist. Dann bleibt nur übrig, den Zeugen vorzuladen. Eine erneute Ladung erfolgt allenfalls, wenn eindeutig feststeht, daß der Zeuge nun doch aussagen will, Köln NJW **75**, 2074.

5    **5) Benachrichtigung, IV.** Von der vor dem Termin erklärten Weigerung hat die Geschäftsstelle mit Rücksicht auf § 387 beide Parteien formlos zu benachrichtigen. Ein Verstoß ist prozessual belanglos.

6    6) *VwGO: Entsprechend anwendbar, § 98 VwGO.*


**387**   *Zwischenstreit über die Zeugnisverweigerung.* <sup>I</sup> Über die Rechtmäßigkeit der Weigerung wird von dem Prozeßgericht nach Anhörung der Parteien entschieden.
<sup>II</sup> Der Zeuge ist nicht verpflichtet, sich durch einen Anwalt vertreten zu lassen.
<sup>III</sup> Gegen das Zwischenurteil findet sofortige Beschwerde statt.

1    **1) Systematik, Regelungszweck, §§ 387–389.** Die Zeugnisverweigerung kann einen zur Klärung dieser Frage erforderlichen und ja auch dienlichen Zwischenstreit zwischen dem Zeugen und dem Beweisführer begründen, soweit der Zeuge sie nach § 386 ausreichend erklärt hat. Andernfalls sind §§ 380, 390 anwendbar. Wenn der Beweisführer die Weigerung anerkennt, verzichtet er auf das Zeugnis, § 399. Wenn er ohne eine Rüge zur Hauptsache verhandelt, verliert er sein Recht, in dieser Instanz über die Berechtigung zur Weigerung zu verlangen, § 295, BGH RR **87**, 445. Wenn der Gegner die Vernehmung verlangt, § 299, führt er den Zwischenstreit durch. Die Prozeßparteien sind nur dann notwendige Streitgenossen dieses Zwischenstreits, § 60, wenn beide Parteien die Weigerung bekämpfen. Zwischen dem Zeugen und derjenigen Partei, die den Zeugen in seiner Weigerung unterstützt, besteht eine notwendige Streitgenossenschaft. „Anhörung der Parteien" bedeutet, daß zunächst beide zur Weigerung zu hören sind. Erst ihre Antwort ergibt die Parteirollen. §§ 387, 388 betreffen die Weigerung vor dem Prozeßgericht, § 389 betrifft die Weigerung vor dem verordneten Richter. Der Einzelrichter, § 348, ist beim Verfahren vor ihm das Prozeßgericht.

2    **2) Geltungsbereich, §§ 387–389.** Vgl zunächst Einf 3 vor §§ 383–389. § 387 gilt auch im Konkursverfahren, AG Duisb KTS **92**, 135. Zur Anwendbarkeit im finanzgerichtlichen Verfahren BFH BB **78**, 1052. Wegen des FGG-Verfahrens BayObLG NJW **87**, 1492.

3    **3) Verfahren, I, II.** Es ist ein Amtsverfahren, weil es Teil der Beweisaufnahme ist. Das Unterlassen eines natürlich statthaften Antrags ist evtl als Verzicht auf den Zeugen zu bewerten, offen Oldb JB **91**, 1255. Es findet also möglichst sofort statt, § 278 II 1. Parteien des Zwischenstreits sind einerseits der Beweisführer, andererseits der Zeuge, auch der nach § 372 a Verpflichtete, BayObLG FamRZ **92**, 574. Der Prozeßgegner des Beweisführers ist Streitgenosse dessen, den er im Zwischenstreit unterstützt, Köln JMBlNRW **73**, 209. Die Parteien sind mündlich zu hören, soweit sie erschienen sind. Sind sie ausgeblieben, so entscheidet das Gericht auf Grund des ihm vorliegenden Stoffs. Die Versäumnisfolgen nach §§ 330 ff treten weder gegenüber einer Partei des Hauptprozesses noch gegenüber dem Zeugen ein. Vielmehr gilt dann § 388. In einer mündlichen Verhandlung im Zwischenstreit besteht für die Parteien des Hauptprozesses ein Anwaltszwang wie sonst, § 78 Rn 2, für den Zeugen nicht. Zu einem schriftlichen Zwischenstreit muß im Fall des § 128 II (nicht III) auch der Zeuge sein Einverständnis geben. Denn der Zeuge ist (nur) im Zwischenstreit Partei, BayObLG **92**, 13. Wenn der Zeuge seine Weigerung nicht begründet, kommt es gar nicht zu einem Zwischenstreit. Er ist dann vielmehr als ein grundlos Verweigernder zu behandeln, § 386 Rn 2 und § 390 Rn 2. Verfahren beim Ausbleiben des Zeugen: § 388.

4    **4) Entscheidung, I.** Die Endentscheidung über die Rechtmäßigkeit der Weigerung erfolgt durch das Prozeßgericht, BGH NJW **90**, 2937, auch durch den Vorsitzenden der Kammer für Handelssachen. Sie ergeht durch ein Zwischenurteil, BGH NJW **90**, 2937. Es lautet auf die (Feststellung der) Berechtigung oder Nichtberechtigung zur genau anzugebenden Weigerung. Es schafft Rechtskraft mit dem vorgebrachten Grund, § 322 Rn 75, Hamm FamRZ **99**, 939. Es muß auch dann ergehen, wenn das Gericht die Weigerung billigt. Ein im mündlichen oder schriftlichen Zwischenstreit ergehendes Zwischenurteil ist auch dem Zeugen zuzustellen, § 329 II 2. Wenn keine Beschwerde statthaft ist, dann genügt eine Entscheidung in den Gründen des Endurteils. Die durch das Zwischenurteil zusätzlich zum Hauptprozeß entstandenen Kosten, trägt entsprechend § 91 der Unterliegende, also evtl der Zeuge. Etwas anderes gilt, wenn der an sich zeugnisbereite Zeuge nur deshalb nicht aussagt, weil die Partei ihn nicht von der Schweigepflicht befreit.
*Gebühren:* Des Gerichts keine, des ProzBev keine, § 37 Z 3 BRAGO, Hbg MDR **87**, 947 (anders bei Beauftragung des Anwalts nur für das Zwischenverfahren, Hartmann Teil X § 37 BRAGO Rn 13).

**5) Sofortige Beschwerde, III.** Gegen das Zwischenurteil haben die sofortige Beschwerde, § 577, der Zeuge und der Prozeßgegner im Zwischenstreit, aM Ffm MDR **83**, 236 (nur der Zeuge), die andere Partei nur im Fall des § 399. Die sofortige Beschwerde ist auch insoweit zulässig, als das LG als Berufungs- oder Beschwerdegericht entschieden hat, § 567 III 2. Eine Beschwerde ist nicht gegen eine Entscheidung des OLG zulässig, § 567 IV 1, auch nicht, wenn behauptet wird, die dem Urteil des OLG zugrundeliegende Beweiswürdigung sei wegen einer Verkennung des § 383 unrichtig. Das stets erforderliche Rechtsschutzbedürfnis, Grdz 33 vor § 253, kann trotz Erledigung des Hauptverfahrens noch wegen des Kostenpunkts fortbestehen, Köln FamRZ **86**, 709.

## 7. Titel. Zeugenbeweis §§ 387–389

Wenn *fälschlich* im Endurteil entschieden worden ist, dann ist trotzdem sofortige Beschwerde gegeben, **5** außer wenn es sich um ein Urteil des OLG handelt, § 567 IV 1. Die Form richtet sich nach § 569. Die Frist des § 577 II läuft seit der Zustellung des Zwischenurteils, die von Amts wegen erfolgt, § 270 III, § 317 I. Eine aufschiebende Wirkung besteht nur für den Zeugen (§ 390 spricht von „rechtskräftig"), mittelbar damit freilich für das weitere Verfahren. Die Fortsetzung des Verfahrens findet stets im Amtsbetrieb statt, § 370 II. Eine Aussetzung des Hauptprozesses bzw eines Parallelprozesses kommt jedenfalls dann nicht in Betracht, wenn offen ist, ob und wann der Zeuge aussagen wird, Oldb JB **91**, 1255. Im Verfahren nach § 8 ZDG ist kein Rechtsmittel zulässig.

Ist die Verweigerung durch ein nach § 322 *rechtskräftiges* Zwischenurteil für unberechtigt erklärt worden, **6** so kann man eine Revision nicht darauf stützen, das Zwischenurteil sei falsch, BGH NJW **93**, 1391.

6) *VwGO*: Entsprechend anzuwenden, § 98 VwGO, VG Bre NJW **68**, 1946 mwN. Gegen das Zwischenurteil, **7** III, findet Beschwerde statt, §§ 146ff VwGO, sofern sie nicht schlechthin ausgeschlossen ist, § 252 Rn 7. Der Beschwerde darf das Gericht wegen des Grundsatzes der Bindung an Urteile, § 318, entgegen § 148 VwGO nicht abhelfen, OVG Lüneb VerwRspr **11** Nr 23 u AS **33**, 432 (nach anderen, zB RedOe § 98 Anm 7, tritt an die Stelle des Zwischenurteils der Beschluß; aber diese Ansicht entfernt sich ohne zwingenden Grund von § 387 und läßt außeracht, daß die VwGO insoweit von § 118 I SGG abweicht). Wie hier auch BFH BStBl **71** II 808 (zu § 82 FGO).

## 388 Zwischenstreit über die schriftliche Zeugnisweigerung.
Hat der Zeuge seine Weigerung schriftlich oder zum Protokoll der Geschäftsstelle erklärt und ist er in dem Termin nicht erschienen, so hat auf Grund seiner Erklärungen ein Mitglied des Prozeßgerichts Bericht zu erstatten.

1) **Geltungsbereich.** § 388 bezieht sich nur auf einen Zwischenstreit nach § 387. Er setzt voraus, daß die **1** Weigerung nach § 386 ordnungsmäßig erklärt worden ist; sonst gilt § 386 Rn 4. Ein Versäumnisverfahren nach §§ 330 ff gegen den Zeugen findet nicht statt. Denn er ist ja dann zum Erscheinen nicht verpflichtet, § 386 III. Vielmehr wird nach § 388 Bericht erstattet und ein Zwischenurteil nach § 387 gefällt.

2) *VwGO:* Entsprechend anwendbar, § 98 VwGO. **2**

## 389 Zeugnisweigerung vorm verordneten Richter.
<sup>I</sup> Erfolgt die Weigerung vor einem beauftragten oder ersuchten Richter, so sind die Erklärungen des Zeugen, wenn sie nicht schriftlich oder zum Protokoll der Geschäftsstelle abgegeben sind, nebst den Erklärungen der Parteien in das Protokoll aufzunehmen.

<sup>II</sup> Zur mündlichen Verhandlung vor dem Prozeßgericht werden der Zeuge und die Parteien von Amts wegen geladen.

<sup>III</sup> <sup>1</sup>Auf Grund der von dem Zeugen und den Parteien abgegebenen Erklärungen hat ein Mitglied des Prozeßgerichts Bericht zu erstatten. <sup>2</sup>Nach dem Vortrag des Berichterstatters können der Zeuge und die Parteien zur Begründung ihrer Anträge das Wort nehmen; neue Tatsachen oder Beweismittel dürfen nicht geltend gemacht werden.

1) **Systematik, Regelungszweck, I–III.** Die Vorschrift ist eine Ergänzung zu §§ 386–388. Sie bezweckt **1** eine Klärung der Zuständigkeitsabgrenzung im Interesse der Berufswirtschaftlichkeit, Grdz 14 vor § 128, und ist entsprechend weit auszulegen.

2) **Geltungsbereich, I–III.** Vgl Einf 3 vor §§ 383–389, § 387 Rn 2. **2**

3) **Weigerung, I.** Weigert ein Zeuge das Zeugnis vor dem verordneten Richter, §§ 361, 362, so hat **3** dieser die nicht schriftlich oder zu Protokoll der Geschäftsstelle nach § 386 I abgegebenen Erklärungen des Zeugen und der Erklärungen der Parteien zu Protokoll zu nehmen. Dieses Protokoll gibt die abschließende Unterlage für die Entscheidung des Prozeßgerichts (des Einzelrichters), BGH NJW **90**, 2937. Die etwa vor dem verordneten Richter erschienenen Parteien des Hauptprozesses können zum Protokoll auf den Zeugen verzichten, § 399. Andernfalls verfährt das Prozeßgericht nach § 387 und nach II, III. Soweit der Zeuge vor dem Einzelrichter, § 348, von vornherein die Aussage verweigert hat, ist allein § 387 anwendbar. Die Vorschrift ist im Verfahren nach § 372a entsprechend anwendbar.

4) **Verfahren, II, III.** Das Prozeßgericht, auch das Gericht der internationalen Rechtshilfe, Ffm RR **88**, **4** 714, LG Mü ZZP **95**, 363 (zustm Schlosser), lädt den Zeugen und die Parteien von Amts wegen zur mündlichen Verhandlung. Der Zeuge erhält Zeugengebühren, soweit das Gericht ihn im Termin vernimmt. Denn dann hat es ihn trotz seiner bisherigen Stellung einer Partei des Zwischenstreits nunmehr doch noch als Zeugen „herangezogen", Hartmann Teil V § 1 ZSEG Rn 29 „Zeuge statt Partei", ThP 1, aM ZöGre 2. Die Ladung des Zeugen als einer der Parteien des Zwischenstreits ist wesentlich. Der Zeuge kann die Weigerung im Termin zwar nicht auf den bisherigen Rechtsgrund, wohl aber auf einen neuen stützen und seine schon vor dem verordneten Richter vorgebrachten Tatsachen erläutern. Weder er, noch die Parteien des Hauptprozesses können im Termin neue Tatsachen zur bisherigen Aussageverweigerung vortragen, ZöGre 3, aM ThP 2. Ein Zwischenurteil ergeht wie bei § 387.

5) **Verstoß, I–III.** Wenn kein Verfahren nach § 389 eingeleitet worden ist, dann liegt in einer rügelosen **5** Verhandlung ein Verzicht auf die Rügemöglichkeit, § 295. Ein ohne Ladung des Zeugen ergangenes

Zwischenurteil ist auf Grund des zulässigen Rechtsmittels aufzuheben und führt zur Zurückverweisung, § 539.

**6** 6) *VwGO:* Entsprechend anwendbar, § 98 VwGO.

**390** *Zeugniszwang.* ¹¹Wird das Zeugnis oder die Eidesleistung ohne Angabe eines Grundes oder aus einem rechtskräftig für unerheblich erklärten Grund verweigert, so werden dem Zeugen, ohne daß es eines Antrages bedarf, die durch die Weigerung verursachten Kosten auferlegt. ²Zugleich wird gegen ihn ein Ordnungsgeld und für den Fall, daß dieses nicht beigetrieben werden kann, Ordnungshaft festgesetzt.
II ¹Im Falle wiederholter Weigerung ist auf Antrag zur Erzwingung des Zeugnisses die Haft anzuordnen, jedoch nicht über den Zeitpunkt der Beendigung des Prozesses in dem Rechtszuge hinaus. ²Die Vorschriften über die Haft im Zwangsvollstreckungsverfahren gelten entsprechend.
III Gegen die Beschlüsse findet die Beschwerde statt.

**1** 1) **Systematik, Regelungszweck, I–III.** § 380 regelt die zwecks Nachhaltigkeit der Zeugniserzwingung im Interesse der sachlichrechtlichen Gerechtigkeit, Einl III 9, wie der Prozeßwirtschaftlichkeit, Grdz 14 vor § 128, gebotenen Folgen des bloßen Ausbleibens eines Zeugen, § 390 regelt die Folgen einer unberechtigten Zeugnis- oder Eidesverweigerung. Ob in der Entfernung nach dem Beginn der Vernehmung eine Zeugnisverweigerung liegt, das hängt von der Lage des Falls ab, § 157 Rn 21, § 158 Rn 4, § 177 GVG Rn 2–4. Über eine freiwillige oder gewaltsame Entfernung vgl auch § 380 Rn 3. Eine Pflicht, sich Blut zur Blutprobe entnehmen zu lassen, hat der Zeuge im Rahmen des § 372 a; die Beweisaufnahme ist Augenschein, gehört also an sich nicht hierher, vgl aber § 372 a II. Die Zeugnisverweigerung kann einen sachlichrechtlichen Ersatzanspruch begründen. § 390 ist auf eine Weigerung vor dem Prozeßgericht und auf eine solche vor dem verordneten Richter anwendbar, § 400. Sie ist auch dann anwendbar, wenn der Zeuge trotz eines Hinweises auf die Folgen eine Aufforderung nicht (genug) beachtet hat, seine Aufzeichnungen und Unterlagen einzusehen und zum Termin mitzubringen, §§ 273 II Z 4 Hs 2, 378.

**2** 2) **Geltungsbereich, I–III.** Vgl Üb 2 ff vor § 373. § 390 gilt nach § 643 III 2 in den Fällen § 643 II Z 1, 2 entsprechend.

**3** 3) **Voraussetzungen, I.** § 390 setzt, abgesehen vom Fall als Anwendung nach §§ 273 II Z 4 Hs 2, 378, voraus, daß eine der beiden unter Rn 3, 4 genannten Situationen vorliegt und daß außerdem stets die unter Rn 5 genannte Lage eingetreten ist.
**A. Keine Grundangabe.** Der Zeuge darf keinen zulässigen, ernstzunehmenden Grund angegeben haben; andernfalls gilt § 387. Unbeachtlich ist die allgemeine Angabe, der Zeuge stehe unter Zeitnot, Bbg BayJMBl 52, 237. Bei jedem noch so unsinnigen Grund eine Entscheidung des Prozeßgerichts zu verlangen, wäre eine sture Wortauslegung. Der Zeuge ist nach dem Grund zu befragen. Eidesverweigerung: § 391 Rn 4.

**4** **B. Verwerfung.** Der etwa angegebene Grund muß durch ein rechtskräftiges Zwischenurteil nach § 388 verworfen worden sein. Die vorläufige Vollstreckung reicht also nicht aus.

**5** **C. Ladung.** Es muß eine ordnungsgemäße Ladung erfolgt sein, § 377 Rn 3, 7, Kblz FamRZ **74**, 384.

**6** 4) **Kosten, Ordnungsmittel, I.** Dem Zeugen sind von Amts wegen durch einen Beschluß des Prozeßgerichts oder des verordneten Richters, § 400, die Kosten der Weigerung aufzuerlegen. Zugleich (also kein Wahlrecht des Gerichts) muß ein Ordnungsgeld und ebenfalls zugleich hilfsweise auch eine Ordnungshaft festgesetzt werden. Einzelheiten Vorbem B vor § 380 und § 380 Rn 5, 10. Ein Antrag der Partei ist auch hier zulässig, weil der Beschluß sie betrifft. Ein nachträglicher Verzicht auf den Zeugen ändert an dem Verfahren nichts. Ordnungsmittel nach I sind neben Maßnahmen nach § 380 zulässig. Gleichzeitig ordnet das Gericht einen neuen Beweistermin an, § 368, und lädt den Zeugen neu. Zustellungen erfolgen gemäß § 329 II 2, III.

**7** 5) **Zwangshaft, II.** Wenn der Zeuge das Zeugnis wiederholt verweigert, dann ordnet das Gericht nur auf Antrag des Beweisführers, nach seinem Verzicht (§ 399) auch seines Prozeßgegners (außer bei § 653 II 2, § 680 III) die Zwangshaft an. Eine Wiederholung liegt vor, wenn der Zeuge nach der Verhängung (nicht notwendig der Vollstreckung) einer der Maßnahmen nach I wiederum grundlos oder aus dem bereits für unerheblich erklärten oder aus einem neuen, nicht ausreichenden Grund schweigt, Ffm RR **88**, 714, insofern aM ThP 3. Ein weiteres Ordnungsmittel ist dann neben oder statt der in II genannten Zwangshaft und abweichend von § 380 Rn 10 unzulässig. Das Unterlassen des Antrags ist ein Verzicht auf den Zeugen, auch seitens des Gegners des Beweisführers, der eine Vernehmung nach § 399 verlangt. Eine zweite Haftanordnung in derselben Instanz ist unzulässig.

**8** Der *Beschluß* ist zu begründen, § 329 Rn 4. Er ist zu verkünden oder dem Zeugen von Amts wegen zuzustellen, § 329 III. In ihm erfolgt keine zeitliche Begrenzung der Haft, da Art 6 II EGStGB, Vorbem B vor § 380, nur die Ordnungshaft meint, nicht die Zwangshaft. Ein Vergleich mit seinem I zusätzlich verdeutlicht, wo zwischen einem Ordnungsgeld und einem Zwangsgeld unterschieden wird. Zum Charakter der Zwangshaft BVerfG **43**, 105/6. Wegen eines Strafunmündigen LG Bre NJW **70**, 1429.

Auf die *Zwangshaft* sind §§ 904 ff anwendbar. Die erzwingende Partei erteilt dem Gerichtsvollzieher den Auftrag zur Verhaftung. Die frühere Vorschußpflicht nach § 911 aF ist entfallen. Die Haft endet mit der Ablegung des Zeugnisses, mit dem Verzicht beider Parteien auf das Zeugnis, mit dem Verzicht der erzwingenden Partei auf die Haftfortdauer, mit Ablauf von 6 Monaten, § 913, mit der Beendigung des Prozesses oder mit der Beendigung des Abschnittes der Instanz, die den Zeugen betrifft. In der 2. Instanz ist bei einer neuen Weigerung eine nochmalige Haftanordnung mit insgesamt höchstens 6 Monaten zulässig, § 913.

*Gebühren:* Des Gerichts keine, des Anwalts keine, § 37 Z 3 BRAGO.

**6) Rechtsbehelfe, III.** Gegen den Beschluß ist § 567 I grundsätzlich die einfache Beschwerde des Zeugen, Düss FamRZ **86**, 192, mit aufschiebender Wirkung zulässig, § 572. Neue Tatsachen, auch eine ausreichende Begründung der Weigerung, sind nachschiebbar. Die Partei hat bei einer Ablehnung des Kostenbeschlusses ein Beschwerderecht. Bei einer Ablehnung oder Aufhebung der Zwangshaft hat die beeinträchtigte Partei die sofortige Beschwerde aus § 793, weil die Entscheidung das Zwangsvollstreckungsverfahren betrifft. Die Beschwerde ist auch gegen eine Entscheidung des LG als Berufungs- oder Beschwerdegericht zulässig, § 567 III 2. Gegen einen Beschluß des OLG ist keine Beschwerde zulässig, § 567 IV 1. **9**

**7) VwGO:** Entsprechend anwendbar, § 98 VwGO. Bei wiederholter Weigerung ist wegen des Untersuchungsgrundsatzes, § 86 I VwGO, kein Antrag, II, erforderlich. Rechtsmittel, III, ist die Beschwerde nach §§ 146 ff VwGO, sofern sie nicht schlechthin ausgeschlossen ist, § 252 Rn 7. **10**

## 391

*Beeidigung.* Ein Zeuge ist, vorbehaltlich der sich aus § 393 ergebenden Ausnahmen, zu beeidigen, wenn das Gericht dies mit Rücksicht auf die Bedeutung der Aussage oder zur Herbeiführung einer wahrheitsgemäßen Aussage für geboten erachtet und die Parteien auf die Beeidigung nicht verzichten.

*Schrifttum: Jaekel,* Zur Zulässigkeit des Eideszwangs, Diss Gött 1972.

### Gliederung

| | | | |
|---|---|---|---|
| 1) Systematik, Regelungszweck | 1 | D. Ermessensfreiheit | 6 |
| 2) Geltungsbereich | 2 | E. Notwendigkeit der Beeidigung | 7 |
| 3) Voraussetzungen | 3–7 | 4) Anordnung der Beeidigung | 8 |
| A. Eidesunfähigkeit | 3 | 5) Rechtsmittel | 9 |
| B. Verzicht | 4 | 6) VwGO | 10 |
| C. Eidesverweigerungsrecht | 5 | | |

**1) Systematik, Regelungszweck.** Früher war der Zeuge grundsätzlich zu beeidigen. Eine Eidesinflation **1** drohte aber dem Eid jeden Wert zu nehmen. § 391 ist nun auch nicht dahin zu verstehen, daß das Gericht, wie in der Praxis so häufig, krit Bull SchlHA **76**, 38, jedem Zeugen blindlings aufs Wort glauben soll. Das wäre um so unerträglicher, als die Fehlerquellen bei Zeugenaussagen sehr groß sind, die Vernehmung oft mangelhaft ist, zu beiden Üb 5 vor § 373, und der Zeuge beim uneidlichen Lügen geringerer Gefahr läuft. Seitdem § 153 StGB die vorsätzliche falsche uneidliche Aussage bestraft, ist die Gefahr geringer, aber nicht ausgeräumt. Der Zeuge muß auf die Strafbarkeit auch einer falschen uneidlichen Aussage hingewiesen werden, § 395.

**2) Geltungsbereich.** Die Vorschrift gilt grundsätzlich in allen Verfahren nach der ZPO. Ein Verzicht ist **2** in Ehe-, Familien- und Kindschaftsverfahren unwirksam, §§ 617, 640, 641. In Arbeitssachen gelten §§ 58 II 1, 64 VII ArbGG. Im Verfahren nach § 20 ZDG steht die Beeidigung im Ermessen des Gerichts, ebenso bei § 15 I 2 FGG, BayObLG **74**, 259.

**3) Voraussetzungen.** Sämtliche Zeugen sind zunächst uneidlich zu vernehmen. Zur Beeidigung gilt: **3**
**A. Eidesunfähigkeit.** Dauernd unvereidigt bleiben die unter § 393 fallenden Personen.

**B. Verzicht.** Eine Beeidigung ist verboten, soweit beide Parteien wirksam auf sie verzichten, Schultze **4** NJW **77**, 412. Der Verzicht kann stillschweigend erfolgen und liegt meist im Nichtstellen eines Beeidigungsantrags. Eine Befragung ist ratsam, auch die Protokollierung ihres Ergebnisses, aber nicht notwendig. Der Verzicht ist eine ihrer Natur nach unwiderrufliche Parteihandlung, Grdz 47 vor § 128. Ein Verzicht nach der Vernehmung bezieht sich im Zweifel nur auf die gemachte Aussage, nicht auf spätere Aussagen. Die Aussage ist frei zu würdigen, weil die Parteien das Gericht in der Beweiswürdigung nicht binden können, § 286 Rn 2. Wenn das Gericht der unbeeidigten Aussage nicht glauben will, dann muß es darauf hinweisen, § 139. Der Verzicht wirkt nur in dieser Instanz. Daher kann das höhere Gericht eine entscheidungserhebliche Aussage von Amts wegen oder auf Antrag eines der Parteien unter Wiederholung der Vernehmung beeiden lassen.

**C. Eidesverweigerungsrecht.** Ein Recht zur Verweigerung des Eides oder der eidesgleichen Bekräfti- **5** gung sieht die ZPO auch nach der Eidesnov 74 nicht ausdrücklich vor. Im § 63 StPO äußert sich aber ein allgemeiner Rechtsgedanke: Wer kein Zeugnis abzulegen braucht, den kann man unmöglich zum Eid oder zur eidesgleichen Bekräftigung zwingen, auch wenn er schon ausgesagt hat. Die Zeugnisverweigerungsberechtigten dürfen also den Eid oder die eidesgleiche Bekräftigung ohne Angabe weiterer Gründe verweigern, ja selbst wenn keine Gründe im Sinn von §§ 481 II, III, 481 I vorliegen, auch trotz eines etwaigen entgegenstehenden Beschlusses des Gerichts. Das Gericht muß sie sogar entsprechend belehren, § 139. Es würdigt die Weigerung nach § 286. Ein Verfahren nach § 387 findet also in diesem Fall nicht statt.

**D. Ermessensfreiheit.** Bei anderen Zeugen kann das Prozeßgericht eine Beeidigung anordnen, wenn **6** die Parteien nicht auf sie verzichten, Rn 8, oder eine Beeidigung für notwendig hält, also nach seinem pflichtgemäßen Ermessen, so in Wahrheit auch BVerwG NJW **98**, 3369. Das Ermessen kann dann, wenn keine Beeidigung durchgeführt wird, auf Überschreitung oder auf Mißbrauch nachgeprüft werden.

§§ 391–393     2. Buch. 1. Abschnitt. Verfahren vor den LGen

Ein Urteil, wie sich der Zeuge verhalten wird, läßt sich im allgemeinen erst nach der Anordnung der Beeidigung gewinnen. Etwas anderes gilt dann, wenn ganz konkrete Umstände schwerwiegende Zweifel an der Glaubwürdigkeit wegen erheblich gebliebenen Zweifeln an einer erheblichen Tatsache aufkommen lassen oder wenn Tatsachen vorliegen, die den Beweiswert der Aussage erheblich mindern oder ihr den Beweiswert nehmen, etwa beeidigte Aussagen anderer Zeugen oder der Partei. Aber auch die beeidigte Aussage enthebt den Richter nicht der Notwendigkeit, die Wahrhaftigkeit zu würdigen. Andernfalls würde es sich um eine verbotene Beweisregel handeln, § 286 II.

**7**  E. **Notwendigkeit der Beeidigung.** Wenn die Entscheidung von der Aussage abhängt, so ist die Beeidigung im allgemeinen geboten, Hopt JZ **74**, 555. Das Gesetz will ja nur überflüssige Eide vermeiden, BGH NJW **72**, 574. Ein Zweifel an der Glaubwürdigkeit liegt in der Anordnung nicht. Die Beeidigung ist auch erforderlich, soweit das Gericht die Änderung einer abgegebenen Aussage erwartet oder soweit das Gericht seine Zweifel an der Wahrheit der Aussage beseitigen oder mindern will, Rn 3. Der Richter sollte sich nie zu sehr auf seinen zudem kurzen persönlichen Eindruck verlassen, auch nicht jedem Zeugen vertrauen. Man vergesse nicht, daß die hinter dem falschen Eid stehende schwere Strafandrohung eine starke Wirkung äußert, Bull SchlHA **76**, 38, insbesondere bei einem religiösen Menschen, Heimann-Trosien JZ **73**, 609. Wenn auch nur entfernt eigene Belange des Zeugen im Spiele sein können, sollte der Zeuge beeidigt werden. Niemand ist ganz sachlich, wenn er selbst betroffen ist. Wenn widersprüchende Aussagen nur durch Erinnerungsfehler erklärlich sind, ist ein Eid nicht geboten, Köln MDR **71**, 933. Das Gericht kann die Beeidigung eines Teils der Aussage anordnen (zweckmäßig nur bei teilweisem Weigerungsrecht).

**8**  4) **Anordnung der Beeidigung.** Sie erfolgt durch das Prozeßgericht, durch einen verordneten Richter nur, soweit das Prozeßgericht ihn dazu ermächtigt hat, was im Rahmen des § 375 zulässig ist und im Beweisbeschluß stehen sollte, auch ohne Ermächtigung, wenn der Richter auf Grund seines persönlichen Eindrucks der Aussage mißtraut, vgl § 360 Rn 7, StJSchu 21, aM RoSGo § 122 VI, ThP 2, ZöGre 6. Hat das Prozeßgericht oder der verordnete Richter grundlos vereidigt, so schadet das prozessual nicht, soweit nicht die Beeidigung unstatthaft war. Das Gesetz will Eide ersparen, nicht eine eidliche Aussage entwerten. War eine Beeidigung überhaupt oder in der Art der vorgenommenen Art (zB als Zeugeneid statt als Sachverständigenbehandlung) unzulässig, so ist die eidliche Aussage als eine uneidliche zu würdigen. Andernfalls liegt ein Verfahrensfehler vor, der zur Zurückverweisung führen kann, § 539. Unterbleibt die Beeidigung, weil das Gericht irrig ein Eidesverweigerungsrecht oder einen Verzicht annimmt, dann ist auch das ein Verfahrensmangel. Diese Mängel sind, außer in Ehesachen usw, §§ 617, 640, 641, und außer beim Dolmetscher, § 189 GVG Rn 1, BGH NJW **87**, 261, nach § 295 heilbar, BVerwG NJW **98**, 3369. Das Gericht muß die Nichtbeeidigung begründen, um die Nachprüfung seines Ermessens zu ermöglichen.

Das *Berufungsgericht* kann die Beeidigung einer in der 1. Instanz gemachten Aussage anordnen. Im selbständigen Beweisverfahren ist das anordnende Gericht zuständig. Die Anordnung erfolgt durch einen Beschluß, Peters NJW **90**, 1833. Er ist zu verkünden, mangels Verhandlung den Parteien und den Zeugen formlos mitzuteilen. Ein stillschweigender „Beschluß" reicht nicht, Peters NJW **90**, 1833.

**9**  5) **Rechtsmittel.** Die Entscheidung ist praktisch eine Ergänzung des Beweisbeschlusses und deshalb nur zusammen mit dem Endurteil anfechtbar, §§ 355 II, 360.

**10**  6) *VwGO:* Entsprechend anzuwenden, § 98 VwGO, da auch im VwProzeß das Gericht nicht unnötig beeidigen soll, Rn 1, und die Aussage frei würdigen kann, § 108 I VwGO; demgemäß ist die Beeidigung auch unter den Voraussetzungen des § 391 kein „Muß", steht vielmehr im richterlichen Ermessen, BVerwG NJW **98**, 3369 mwN, oben Rn 6. Ein Verzicht bindet das Gericht nicht, § 86 I VwGO, vgl § 617.

**392** *Nacheid.* ¹Die Beeidigung erfolgt nach der Vernehmung. ²Mehrere Zeugen können gleichzeitig beeidigt werden. ³Die Eidesnorm geht dahin, daß der Zeuge nach bestem Wissen die reine Wahrheit gesagt und nichts verschwiegen habe.

**1**  1) **Systematik, Regelungszweck, S 1, 2.** Die Vorschrift regelt nur das Wann einer Beeidigung. Das Ob ergibt sich einerseits aus § 393, das Wie aus §§ 478 ff und auch aus § 188 GVG. Im Fall einer Ergänzung der Aussage nach der Beeidigung gilt § 398 III.

Man kann trefflich darüber streiten, ob der Vor- oder der Nacheid *sinnvoller* sind. Beide Lösungen sind vertretbar, die letztere ist im Zivilprozeß bindend.

**2**  2) **Geltungsbereich, S 1, 2.** Vgl Üb 2 ff vor § 373.

**3**  3) **Eideszeit usw, S 1, 2.** Der Zeuge ist, wenn überhaupt, § 391, nach seiner Vernehmung zu beeidigen (Nacheid), üblicherweise zweckmäßig nach der Verlesung seiner Aussage. Ein Voreid ist unüblich, wäre aber bei einer Eidesverletzung ebenfalls eine Straftat. Über die Bedeutung der „reinen Wahrheit" vgl § 138 Rn 15; über die Bedeutung des „nichts verschwiegen" ist manchmal eine Belehrung notwendig. Daß der Zeuge nichts hinzusetzen darf, versteht sich von selbst. Trotzdem sollte er auch darüber belehrt werden.

**4**  4) *VwGO:* Entsprechend anwendbar, § 98 VwGO.

**393** *Notwendige uneidliche Vernehmung.* Personen, die zur Zeit der Vernehmung das sechzehnte Lebensjahr noch nicht vollendet oder wegen mangelnder Verstandesreife oder wegen Verstandesschwäche von dem Wesen und der Bedeutung des Eides keine genügende Vorstellung haben, sind unbeeidigt zu vernehmen.

7. Titel. Zeugenbeweis §§ 393–395

**1) Systematik, Regelungszweck.** Es handelt sich um eine Ausnahme von § 391 mit Rücksicht auf eine 1 einheitliche Lösung der Eidesreife, § 60 Z 1 StPO. § 393 betrifft nur die Beeidigung. Er ändert nichts an der grundsätzlichen Notwendigkeit einer Vernehmung, § 286 Rn 24. Die Regelung ist von Amts wegen zu beachten, Grdz 39 vor § 128.

**2) Geltungsbereich.** Vgl Üb 2 ff vor § 373. 2

**3) Kein Eid.** Uneidlich sind ausnahmslos zu vernehmen: Eidesmündige, Unreife, Verstandesschwache. 3 Die Reife ist im Einzelfall zu prüfen. Im Fall der nur vorübergehenden Eidesunfähigkeit, etwa eines Betrunkenen oder Übermüdeten, muß das Gericht die Beeidigung vertagen. Aussagen der unter § 393 fallenden Personen sind frei zu würdigen. Der Richter kann ihnen glauben, er kann ihnen auch mißtrauen.

**4) Verstoß.** Wenn eine Beeidigung zu Unrecht vorgenommen wurde oder unterblieb, gilt § 391 Rn 7. 4

**5) VwGO:** Entsprechend anwendbar, § 98 VwGO (gilt auch für partiell handlungsfähige Jüngere, § 51 Rn 27, 5 Robbers DVBl **87**, 717).

**394** *Einzelvernehmung.* ¹Jeder Zeuge ist einzeln und in Abwesenheit der später abzuhörenden Zeugen zu vernehmen.
II Zeugen, deren Aussagen sich widersprechen, können einander gegenübergestellt werden.

**1) Systematik, Regelungszweck, I, II.** Die Vorschrift leitet die Regelung der Vernehmung zu Person 1 und Sache ein. Sie enthält in I eine in Rn 4 näher dargestellte, vielfach mißverstandene und falsch gehandhabte Anweisung zur Vermeidung von Nachplappereien oder üblen Absprachen, in II eine Selbstverständlichkeit. Wegen der Ausschließung der Öffentlichkeit vgl § 172 GVG. Wegen der Ordnungs- und Zwangsmittel vgl §§ 177 ff GVG.

**2) Sachlicher Geltungsbereich, I, II.** Die Vorschrift gilt in allen Verfahren nach der ZPO. 2

**3) Persönlicher Geltungsbereich, I, II.** Die Vorschrift gilt für den Zeugen. Auf den *Sachverständigen* ist 3 § 394 nicht anzuwenden, wohl aber auf den sachverständigen Zeugen, § 414. Entfernen darf sich ein Zeuge erst nach seiner Entlassung, die im Schluß des Termins liegt, vorher aber nur mit Zustimmung der Parteien anzuordnen ist.

**4) Einzelvernehmung, I.** Die Zeugen sind einzeln zu vernehmen. I verbietet keineswegs die Anwesen- 4 heit der Zeugen vor dem Beginn der Vernehmung des ersten von ihnen; diese anfängliche Anwesenheit kann in öffentlicher Sitzung wegen des Vorrangs der Öffentlichkeit vor bloßen Befangenheitserwägungen auch nicht verboten werden, aM BAG BB **88**, 1330. Die Anwesenheit des Zeugen vor Beginn der Beweisaufnahme mag zB zur rascheren Einführung der Zeugen in den derzeitigen Sach- und Streitstand, der ja vom etwa schon vorhandenen Beweisbeschluß abweichen kann, durchaus sinnvoll sein. Ein ehrlicher Zeuge wird durch Zuhören beim Parteivortrag nicht behindert oder weniger glaubwürdig. Auch vernommene und entlassene Zeugen dürfen als Zuhörer anwesend bleiben, § 169 GVG, noch nicht entlassene müssen bleiben; andernfalls gilt § 380.

Die bloße Anheimgabe oder wirklich bloße Bitte des Vorsitzenden, ein *gestellter Zeuge* möge bei zur Entscheidung darüber, ob (auch) er zu vernehmen sei, trotz seiner derzeitigen Zuhörereigenschaft besser den Saal freiwillig verlassen, ist kein Verstoß gegen das Öffentlichkeitsgebot, solange der Vorsitzende nicht durch sein Verhalten zu erkennen gibt, daß er in Wahrheit entsprechenden Druck ausübt.

**5) Gegenüberstellung, II.** Nur bei widersprechenden Aussagen kann das Gericht, auch der verordnete 5 Richter, §§ 361, 362, Zeugen einander gegenüberstellen. Ein Recht auf eine Gegenüberstellung hat die Partei nicht. Eine Gegenüberstellung ist stets eine Vernehmung, evtl eine wiederholte Vernehmung, § 398. Natürlich bleibt es auch bei übereinstimmenden Aussagen zulässig, die eine oder andere Einzelheit nochmals mit dem zuvor Vernommenen zu erörtern; das ist keine Gegenüberstellung.

**6) Verstoß, I, II.** Bei einem Verstoß gegen § 394 entscheidet eine freie Würdigung über den Wert der 6 Aussagen unter Berücksichtigung einer möglichen Beeinflussung, § 286, Düss MDR **79**, 409. Ein Verstoß begründet keine Revision, weil § 394 eine bloße Ordnungsvorschrift ist, Köln FamRZ **96**, 311.

**7) VwGO:** Entsprechend anwendbar, § 98 VwGO. 7

**395** *Vernehmung zur Person.* ¹Vor der Vernehmung wird der Zeuge zur Wahrheit ermahnt und darauf hingewiesen, daß er in den vom Gesetz vorgesehenen Fällen unter Umständen seine Aussage zu beeidigen habe.
II ¹Die Vernehmung beginnt damit, daß der Zeuge über Vornamen und Zunamen, Alter, Stand oder Gewerbe und Wohnort befragt wird. ²Erforderlichenfalls sind ihm Fragen über solche Umstände, die seine Glaubwürdigkeit in der vorliegenden Sache betreffen, insbesondere über seine Beziehungen zu den Parteien vorzulegen.

**1) Systematik, Regelungszweck, I, II.** §§ 395 ff nennen in zeitlicher Reihenfolge den Hergang des 1 Gespräches mit dem Zeugen; §§ 383 ff enthalten die Vorschriften über ein Zeugnisverweigerungsrecht und den etwa dazu notwendigen Zwischenstreit, §§ 391–393 geben den Schlußteil des Zeugenbeweises wieder, ergänzt durch §§ 478 ff.

**§§ 395, 396**  2. Buch. 1. Abschnitt. Verfahren vor den LGen

Die Vorschrift dient teils der *Klärung notwendiger Formalien* (II 1), teils der Erzielung *wahrheitsgemäßer* Aussagen und damit der Gerechtigkeit, Einl III 9.

**2** **2) Geltungsbereich, I, II.** Vgl Üb 2 ff vor § 373.

**3** **3) Ermahnung, I.** Der Zeuge ist vor seiner Vernehmung zur Wahrheit zu ermahnen und auf die Möglichkeit einer Beeidigung und die Strafbarkeit einer eidlichen oder uneidlichen falschen Aussage hinzuweisen, § 153 StGB. Es handelt sich um eine der Vernehmung vorgeschaltete, schon nach dem Wortlaut von I, II noch nicht zur Vernehmung zählende Ordnungsmaßnahme, Hamm Rpfleger **90**, 226. Die „vom Gesetz vorgesehenen Fälle" braucht der Richter dem Zeugen nicht aufzuzählen. Dies gilt auch bei einem Zeugnisverweigerungsberechtigten. Er ist gemäß § 383 II zu belehren. Über das Eidesverweigerungsrecht ist ein Zeuge, § 391 Rn 5, erst vor der Beeidigung zu belehren. I ist bloße Ordnungsvorschrift; deren Verletzung ist prozessual belanglos.

**4** **4) Allgemeine Fragen (Generalfragen), II.** Beim Beginn der Vernehmung ist der Zeuge nach seinem Vor- und Zunamen, dem Alter, dem Stand, dem Gewerbe, dem Wohnort zu befragen. Dazu gehört auch die Privatanschrift, denn sie wird zu einer förmlichen etwaigen weiteren Ladung und zur Klärung der Nämlichkeit, ja evtl sogar wegen der Auslagenhöhe, zB beim Wohnort Großstadt, gebraucht, vgl § 373 Rn 3 (auch zu Artt 1, 2 GG). Nach Art 136 II Weimarer Verfassung, der Bestandteil des GG ist, Art 140 GG, ist niemand verpflichtet, seine religiöse Überzeugung zu offenbaren. Demgemäß darf das Gericht nur insoweit danach fragen, als davon Rechte und Pflichten abhängen, also nicht anläßlich der Generalfragen. Denn diese Fragen dienen der Feststellung der Nämlichkeit.

Nach gerichtlichem Ermessen („erforderlichenfalls") hat das Gericht auch *Glaubwürdigkeitsfragen* zu stellen. Sie können die Glaubwürdigkeit im allgemeinen oder im Einzelfall betreffen. Allgemeine Fragen sind schonend zu stellen. Nach einer Vorstrafe wegen Meineids fragt man nicht ohne Anhaltspunkt. Der Zeuge braucht über Vorstrafen evtl erst nach einer Belehrung Auskunft zu geben, § 51 II BZRG. Eine Pflicht des Zeugen, den Verlust seiner Eidesfähigkeit anzugeben, besteht nicht, § 384 Z 2. Die Glaubwürdigkeit ist im Einzelfall sorgfältig zu ermitteln. Persönliche Beziehungen und Beeinflussungen, oft ganz unbewußte, spielen beim Zeugen erfahrungsgemäß eine gewaltige Rolle, BPatG GRUR **78**, 359. Eine Beeidigung nur wegen der aus II zu stellenden Fragen ist unstatthaft.

**5** **5) VwGO:** Entsprechend anwendbar, § 98 VwGO.

**396** *Vernehmung zur Sache.* ¹ Der Zeuge ist zu veranlassen, dasjenige, was ihm von dem Gegenstand seiner Vernehmung bekannt ist, im Zusammenhang anzugeben.

II Zur Aufklärung und zur Vervollständigung der Aussage sowie zur Erforschung des Grundes, auf dem die Wissenschaft des Zeugen beruht, sind nötigenfalls weitere Fragen zu stellen.

III Der Vorsitzende hat jedem Mitglied des Gerichts auf Verlangen zu gestatten, Fragen zu stellen.

**Schrifttum:** *Arntzen*, Vernehmungspsychologie, 3. Aufl 1993; *Bender/Nack*, Tatsachenfeststellung vor Gericht, Bd II: Vernehmungslehre, 2. Aufl 1995; *Prange*, Materiell-rechtliche Sanktionen bei Verletzung der prozessualen Wahrheitspflicht durch Zeugen und Parteien, 1995. Vgl. auch die Hinweise vor Üb 1 v § 373.

**1** **1) Systematik, Regelungszweck, I–III.** Die Vorschrift enthält die Regelung des Kernstücks einer Zeugenaussage. sie wird in der Praxis keineswegs immer unter strikter Beachtung von I gehandhabt. § 397 wirkt ergänzend.

Die Vorschrift dient einerseits (I) dem *Ziel*, eine wenigstens in diesem Augenblick möglichst wenig beeinflußte Aussage mit den ganz eigenen Worten des Zeugen zu erhalten, andererseits (II, III) der Schließung erkennbarer Widersprüche, Lücken in der Darstellung und damit insgesamt der Wahrheitsfindung Einl III 9. Die Darlegungslast läßt sich nicht mit § 396 aushebeln, aM BGH MDR **98**, 1178 (aber das liegt dicht bei Rechtsmißbrauch, Einl III 54).

**2** **2) Geltungsbereich, I–III.** Vgl Üb 2 ff vor § 373.

**3** **3) Vernehmung durch den Vorsitzenden, I.** Über die Kunst der Zeugenvernehmung vgl Üb 5 vor § 373. Ein sehr verbreiteter und abträglicher Unfug sind die Beeinflussungs- (Suggestiv-) Fragen. Sie können vom Richter, von den Parteien, vom ProzB ausgehen. Sie legen dem Zeugen, meist ganz ohne Absicht, eine bestimmte Anwort in den Mund und führen damit zu einer einseitigen Bekundung auch gewissenhafter Zeugen. Sie sind grundsätzlich zu vermeiden. Sie sind Parteien und ProzB zu untersagen.

Die *Parteibefragung,* § 397, hat überhaupt erst dann einzusetzen, wenn der Zeuge bereits im Zusammenhang ausgesagt *hat.* Gerade die Aussage im Zusammenhang wird vom Gesetz vorgeschrieben, damit der Zeuge unbeeinflußt aussagt. Darum ist es nur begrenzt zulässig und oft gefährlich, ihm vornherein ganz spezielle Frage vorzulegen, die das Beweisthema nur teilweise behandeln, BAG NJW **83**, 1693. Er ist zunächst nur über den Beweissatz im allgemeinen zu befragen. Häufig empfiehlt sich eine genaue Protokollierung von Frage und Antwort, um die Beeinflussung ersichtlich zu machen. Das Zeuge darf seine Aussage schriftlich übergeben oder Notizen benutzen. Das Gericht darf und sollte ihm aber klarmachen, daß durch solche Unterlagen (zunächst) nicht gestützte Erzählung evtl wertvoller ist. Es muß schriftliche Unterlagen Punkt für Punkt erörtern. Den Parteien ist zu gestatten, den Zeugen zu jedem Punkt zu befragen, § 397. Das Schriftstück ist zu verlesen und als Anlage zum Protokoll zu nehmen.

**4** *Ersetzen* kann das Schriftstück die Vernehmung nur im Rahmen des § 377 III; entsprechend ein nachträglich eingereichtes Schriftstück benutzbar. Notfalls ist das Schriftstück zur Beifügung einer eidesstattlichen Versicherung nach § 294 zurückzugeben. Das Protokoll muß ergeben, daß der Zeuge frei ausgesagt

hat. Einwendungen gegen die Protokollierung: § 160 IV, § 164 II. Über die Verpflichtung des Zeugen zur Nachforschung vgl Üb 26 vor § 373, § 378.
Der Zeuge darf sich auch (auf eigene Kosten) eines *Rechtsbeistands* bedienen, Art 2 I GG, vgl BVerfG NJW **75**, 103, diesem freilich nicht die ganze Aussage oder die Formulierung entscheidungserheblicher Antworten überlassen; letzteres könnte einer Aussageverweigerung gleichkommen. Das Gericht muß nach den Gesamtumständen gemäß seiner Fürsorgepflicht, Einl III 27, auch insofern hilfreich steuern. Bei vorwerfbarer Verletzung der Wahrhaftigkeitspflicht kommen ähnliche Rechtsfolgen wie bei § 138 Rn 65, 66 in Betracht. Prange (vor Rn 1) unterscheidet zwischen einfacher und grober Fahrlässigkeit und empfiehlt rechtspolitisch die Abgrenzung zwischen Vorsatz oder grober Fahrlässigkeit und einfacher.

**4) Fragerecht und Fragepflicht, II, III.** II ist eine gegenüber § 139 vorrangige Sonderregel, Kblz RR **5 91**, 1471. Nachdem der Zeuge im Zusammenhang ausgesagt hat, stellt der Vorsitzende notfalls weitere Fragen. Dabei soll er feststellen, worauf die Kenntnis des Zeugen beruht, namentlich ob auf eigener zuverlässiger Wahrnehmung, auf fremder Mitteilung oder gar auf bloßer Phantasie, BPatG GRUR **78**, 359. Der Vorsitzende muß jedem Mitglied des Gerichts auf Verlangen Fragen erlauben. Beanstandet ein Richter oder eine Partei eine Frage als unzulässig, so entscheidet das Gericht, § 140. Unsachliche Fragen schneidet der Vorsitzende ab. Daß sich die Fragen im engsten Raum des Beweisbeschlusses halten müßten, ist ein verbreiteter und schädlicher juristischer Aberglaube. Prozeßwirtschaftlichkeit, Grdz 14, 15 vor § 128, und Wahrheitsermittlung, Einl III 9, verlangen weitherzige Fragestellung.

**5) Verstoß, I–III.** Ein Verstoß ist ein Verfahrensfehler, der zur Zurückverweisung führen kann, § 539, **6** § 139 Rn 100, Kblz RR **91**, 1471. Er kann nach § 295 heilen. Andernfalls kann die Aussage unverwertbar sein.

**6) *VwGO:*** Entsprechend anwendbar, § 98 VwGO. **7**

**397** *Parteibefragung des Zeugen.* ¹Die Parteien sind berechtigt, dem Zeugen diejenigen Fragen vorlegen zu lassen, die sie zur Aufklärung der Sache oder der Verhältnisse des Zeugen für dienlich erachten.
II Der Vorsitzende kann den Parteien gestatten und hat ihren Anwälten auf Verlangen zu gestatten, an den Zeugen unmittelbar Fragen zu richten.
III Zweifel über die Zulässigkeit einer Frage entscheidet das Gericht.

**Schrifttum:** Vgl vor Üb 1 vor § 373.

**1) Systematik, Regelungszweck, I–III.** Die Vorschrift enthält eine wichtige Ergänzung zu § 397, dort **1** Rn 3. Die bloße Parteiöffentlichkeit, § 357, genügt oft genug nicht: Erst die Parteibefragung wahrt das rechtliche Gehör, Art 103 I GG. Ein vernünftiges Miteinander vor Gericht und Partei bei der Befragung, auch einmal getrost in „verkehrter" Reihenfolge, kann erstaunliche Ergebnisse bei der Klärung der Wahrheit bringen. Das sollte bei der Auslegung mitbeachtet werden. Freilich darf sich der Vorsitzende nicht die Verhandlungsleitung nehmen lassen, § 136.

**2) Geltungsbereich, I–III.** Vgl Üb 2 ff vor § 373. Die Vorschrift gilt entsprechend im FGG-Verfahren, **2** Hamm FamRZ **91**, 466 mwN.

**3) Fragerecht, I, II.** Die Vorschrift sollte großzügig gehandhabt, aber vor jedem auch nur ansatzweisen **3** Mißbrauch energisch geschützt werden.
**A. Nach mündlicher Aussage.** Parteien, Grdz 3 vor § 50, Streithelfer, § 66, ProzBev, § 80, nach Schneider MDR **91**, 828 auch deren beim Prozeßgericht nicht zugelassene Vertreter, ferner Streitgenossen, §§ 59 ff, soweit sie der Beweissatz berührt, dürfen dem Zeugen durch den Vorsitzenden alle Fragen vorlegen lassen, die sie für aufklärungsfördernd halten. Das folgt auch aus § 357. Dieses Vorlagerecht hat die Partei auch im Anwaltsprozeß. Auch den Staatsanwalt muß man dieses Recht einräumen, soweit er mitwirken darf und mitwirkt, §§ 632 ff. Das Recht der unmittelbaren Befragung hat in erster Linie das Gericht. Das Ziel ist aber nicht die Vernehmung durch das Gericht, sondern die Vorlegung und unmittelbare Stellung von Fragen der Partei, BGH MDR **81**, 1014. Ein Anwalt kann als ProzBev verlangen, daß der Vorsitzende ihm die unmittelbare Stellung einer zulässigen Frage erlaubt, auch wenn der Vorsitzende selbst diese Frage nicht für sachdienlich hält. Dem Anwalt steht ein Erlaubnisträger nach § 209 BRAO gleich, § 25 EGZPO. Die Partei selbst darf dieses Recht erbitten, hat jedoch im Anwaltsprozeß, § 78 Rn 1, grundsätzlich persönlich keinen Anspruch darauf. Eine Versagung empfiehlt sich freilich nur dann, wenn Unsachlichkeit, Erregung usw der Partei kein sachliches Ergebnis erwarten lassen.
Es besteht ein Befragungsrecht immer nur wegen *bestimmter* Fragen. Das Gericht darf den Parteien und **4** ihren Anwälten also die Vernehmung nicht ganz überlassen. Es darf und muß sich notfalls einschalten, KG MDR **93**, 797, auch nach §§ 136 II, 157 II sowie nach §§ 177, 178 GVG. Im Einverständnis mit der schriftlichen Befragung nach § 377 III liegt ein Verzicht auf Fragerecht nach § 397. Notfalls ist § 398 anwendbar. Ein Kreuzverhör ist der ZPO unbekannt, aM Nagel JR **89**, 41, aber nicht erforderlich, soweit das Gericht einen der Psychologie der Zeugenaussage angepaßten Vernehmungsstil entwickelt, Baumgärtel Gedenkrede auf Bruns (1980) 15. Das Fragerecht besteht nur im Vernehmungstermin. Es ist aber statthaft, daß die Partei vorher abgefaßte Fragen überreicht und darum bittet, sie im Termin stellen zu dürfen. Über die Zulassung einer späteren Frage entscheidet das Gericht nach § 398.

**B. Nach schriftlicher Aussage.** In diesem Fall, § 377 III, gibt § 397 den Parteien zwar stets einen **5** Anspruch auf Fragen, nicht aber stets einen solchen auf mündliche Fragen. Andernfalls könnte jede Partei die vom Gesetz in das pflichtgemäße Ermessen des Gerichts gestellte Erleichterung, den Zeugen nur schrift-

**§§ 397, 398**          2. Buch. 1. Abschnitt. Verfahren vor den LGen

lich aussagen zu lassen, glatt unterlaufen, aM LG Bln RR 97, 1290 (aber die Entstehungsgeschichte ist nachrangig, Einl III 42). Es kommt vielmehr darauf an, ob schriftliche Fragen ausreichen. Das läßt sich nur nach den Gesamtumständen klären. Dabei mag freilich die Partei, sei sie Beweisführer oder Gegner, den Zeugen besser vorweg beurteilen können. Keineswegs muß das Gericht aber den Zeugen nur deshalb doch noch laden, weil der Beweisführer einfach Fragen nachschieben will, selbst wenn diese nicht unzulässig scheinen. Andernfalls könnte die Partei die Verspätungsregeln glatt unterlaufen.

**6**    **4) Zulässigkeit, III,** dazu *von Lanzenauer* DRiZ 66, 223 (ausf): Das Gericht muß das Beweismittel erschöpfen helfen, § 286 Rn 24, KG MDR 93, 797. Bei einem Zweifel über die rechtliche Zulässigkeit einer Frage entscheidet das Gericht. Unzulässig sind Fragen, die gegen §§ 376, 383 III verstoßen, solche, die offenbar nicht zum Beweissatz gehören (s dazu aber § 396 Rn 5), KG MDR 93, 797, Suggestivfragen, § 396 Rn 1, Ausforschungsversuche, Einf 27 vor § 284, bereits beantwortete Fragen und unerhebliche Punkte, Oldb RR 99, 178 (zu § 402). Auf unsachliche Fragen bezieht sich III nicht. Der Vorsitzende verhindert sie, § 136 Rn 15 ff. Die Entscheidung über die Zulässigkeit einer Frage ergeht durch das Prozeßgericht oder den Einzelrichter auch bei einer Vernehmung durch den verordneten Richter, der aber vorläufig entscheiden darf, §§ 398 II, 400. Die Entscheidung ergeht auf mündliche Verhandlung durch einen zu verkündenden Beschluß. Er ist grundsätzlich (kurz) zu begründen, § 329 Rn 4. Dem Zeugen steht eine Entscheidung über die Zulässigkeit einer Frage nicht zu.

**7**    **5) Rechtsmittel, I–III.** Die Entscheidung ist stets nur zusammen mit dem Endurteil anfechtbar, § 355 II, KG MDR 93, 797 (auch grundsätzlich kein Ablehnungsrecht nach §§ 42 ff). Bei einem Verstoß kommt eine Zurückverweisung in Betracht, vgl Hamm FamRZ 91, 466 (FGG).

**8**    **6) VwGO:** Es gilt § 97 S 2 u 3 VwGO, Kopp § 98 Rn 1. Das darin den Beteiligten gewährte Recht, Zeugen und Sachverständige unmittelbar zu befragen (dazu BVerwG NJW 86, 3221 u 84, 2646), steht auch den RAen (und sonstigen Prozeßvertretern, § 67 I VwGO) der Beteiligten zu.

---

**398** *Wiederholte und nachträgliche Vernehmung.* ¹ Das Prozeßgericht kann nach seinem Ermessen die wiederholte Vernehmung eines Zeugen anordnen.

II Hat ein beauftragter oder ersuchter Richter bei der Vernehmung die Stellung der von einer Partei angeregten Frage verweigert, so kann das Prozeßgericht die nachträgliche Vernehmung des Zeugen über diese Frage anordnen.

III Bei der wiederholten oder der nachträglichen Vernehmung kann der Richter statt der nochmaligen Beeidigung den Zeugen die Richtigkeit seiner Aussage unter Berufung auf den früher geleisteten Eid versichern lassen.

**Schrifttum:** *Bender/Nack,* Tatsachenfeststellung vor Gericht, Bd I: Glaubwürdigkeits- und Beweislehre, 2. Aufl 1995.

### Gliederung

| | | | |
|---|---|---|---|
| 1) Systematik, I–III | 1 | 5) Keine Notwendigkeit einer Wiederholung, I | 8, 9 |
| 2) Regelungszweck: Ermessen, I–III | 2 | 6) Verfahren, I | 10 |
| 3) Geltungsbereich, I–III | 3 | 7) Neue Tatsache, I | 11 |
| 4) Wiederholungspflicht, I | 4–7 | 8) Nachträgliche Vernehmung, II | 12 |
|    A. Mangelhaftigkeit der früheren Vernehmung | 4 | 9) Berufung auf den Eid, III | 13 |
|    B. Parteiabwesenheit | 5 | 10) VwGO | 14 |
|    C. Andere Glaubwürdigkeitsbeurteilung | 6 | | |
|    D. Andere Sachwürdigung des Berufungsgerichts | 7 | | |

**1**    **1) Systematik, I–III.** Die Vorschrift ergänzt die §§ 395–397. Wenn der Zeuge prozeßordnungsgemäß vernommen worden ist, so wäre es freilich ein Mißbrauch des Zeugniszwangs, ihn ohne genügenden Grund in derselben Sache erneut zu vernehmen, Hamm JB 96, 186, Nürnb OLGZ 76, 481. Dieselbe Sache ist auch die zurückverwiesene, nicht auch die Berufungsverhandlung auf ein Schlußurteil, nach dem ein Teilurteil ergangen war, BGH LM § 355 Nr 6. Ein Zeuge, der das Zeugnis ordnungsmäßig verweigert hat, ist nicht neu zu vernehmen, soweit nicht Tatsachen dafür vorliegen, daß er jetzt zur Aussage bereit ist. BGH NJW 99, 363 bezieht (systematisch betrachtet problematisch) auch die nach § 448 vernommene Partei ein.

**2**    **2) Regelungszweck: Ermessen, I–III.** Das Prozeßgericht ordnet wegen Rn 1 eine Wiederholung der vor ihm oder vor dem verordneten Richter stattgefundenen Vernehmung desselben Zeugen über denjenigen Gegenstand, zu dem er schon ausgesagt hat, Schlesw OLGZ 80, 58, und in demselben Prozeß, auch nach einem selbstständigen Beweisverfahren, §§ 485 ff, BGH NJW 70, 1920, grundsätzlich nach seinem pflichtgemäßen Ermessen nur dann an, wenn ihm die erste Aussage aus irgendwelchen Gründen nicht genügt, etwa weil es den Zeugen einem anderen Zeugen gegenüberstellen will, § 394 II, BGH RR 93, 214, BAG DB 90, 332, BSG MDR 89, 1131. Die wiederholte Vernehmung wird von Amts wegen, Grdz 39 vor § 128, Pantle NJW 87, 3160, oder auf Antrag angeordnet.

**3**    **3) Geltungsbereich, I–III.** Vgl Üb 2 ff vor § 373. I gilt auch im FGG-Verfahren nach förmlicher Beweisaufnahme, Zweibr MDR 89, 649.

**4**    **4) Wiederholungspflicht, I.** Das Gericht muß die Wiederholung der Vernehmung anordnen, BGH RR 88, 1371, Nasall ZZP 98, 324, Pantle NJW 87, 3164, soweit eine der folgenden Voraussetzungen vorliegt:

# 7. Titel. Zeugenbeweis § 398

**A. Mangelhaftigkeit der früheren Vernehmung.** Die Wiederholung ist notwendig, soweit die frühere Vernehmung verfahrensmäßig nicht ordnungsgemäß war, BGH NJW 94, 942, BSG MDR 89, 1131, etwa wegen damaliger Nichterörterung eines jedenfalls jetzt entscheidungserheblichen Punkts, BGH NJW 94, 2962, oder wegen einer Unzulänglichkeit des Protokolls des Erstgerichts, BGH VersR 85, 342, aM ThP § 161 Rn 5, zB seiner Mehrdeutigkeit, BGH FamRZ 93, 1192, oder bei einer Widersprüchlichkeit, Nasall ZZP 98, 324, oder bei Nichtvereidigung des Dolmetschers, BGH NJW 94, 942, und soweit der Mangel nicht nach § 295 heilbar und auch geheilt ist, Düss NJW 92, 188.

**B. Parteiabwesenheit.** Die Wiederholung ist im Falle des § 367 II erforderlich. 5

**C. Andere Glaubwürdigkeitsbeurteilung.** Man spricht von Glaubwürdigkeit einer Person, Glaubhaftigkeit einer Aussage, BGH NJW 98, 3284. Die Wiederholung ist grundsätzlich notwendig, soweit das höhere Gericht die Glaubwürdigkeit des Zeugen anders als der Erstrichter beurteilen will, weil dazu ein neuer unmittelbarer Eindruck notwendig ist, BGH MDR 99, 1083, BAG DB 90, 332, BayObLG FER 98, 109. Das gilt sowohl im Verhältnis zwischen dem Einzelrichter und der Kammer (dem Senat) als auch im Verhältnis zwischen der ersten Instanz und dem Berufungsgericht, BGH NJW 98, 385 mwN. Dabei muß das Berufungsgericht berücksichtigen, daß sich nicht stets alle Grundlagen der Würdigung des erstinstanzlichen Gerichts aus dem Protokoll ergeben, BGH NJW 82, 109 und 1052. 6

*Ausnahmsweise keine Wiederholung* erfolgt, soweit auch das erstinstanzliche erkennende Gericht keinen eigenen unmittelbaren Sinneseindruck haben konnte, etwa nach einer Vernehmung des Zeugen vor dem beauftragten Richter, gar im Ausland, Karlsr RR 90, 192. Freilich hat das erstinstanzliche Gericht dann, wenn das Protokoll des verordneten Richters nichts zu der entscheidungserheblichen Glaubwürdigkeit hergibt, BGH NJW 91, 1180 (abl Helle JZ 91, 929), die Pflicht, den Zeugen, auch den im Ausland vernommenen, nochmals, nun selbst, zu vernehmen, BGH NJW 90, 3090 linke Spalte; dasselbe gilt evtl bei einem Richterwechsel, § 355 Rn 7. Die Parteien müssen sich zur Glaubwürdigkeit äußern können, § 285, BGH NJW 91, 1180 (abl Helle JZ 91, 929), Kblz NVersR 98, 123.

**D. Andere Sachwürdigung des Berufungsgerichts.** Die Wiederholung ist schließlich erforderlich, soweit das Berufungsgericht die beeidete oder unbeeidete Aussage des Zeugen anders als der Erstrichter versteht bzw würdigen will, BGH MDR 99, 1083, BAG DB 87, 2050, BayObLG FER 98, 109. Das gilt jedenfalls, soweit die letztere nicht ohne einen unmittelbaren Eindruck geschehen kann, BGH NJW 82, 109 und 1052, und zwar auch dann, wenn das Berufungsgericht die protokollierte Aussage anders versteht als der Erstrichter, BGH NJW 93, 66, 668. Das gilt auch nach einer schriftlichen Beantwortung gemäß § 377 III, vgl schon (zum alten Recht) BGH LM § 377 Nr 4, oder dann, wenn sich widersprechende Aussagen von Zeugen vorliegen, die erstinstanzlich nur vom beauftragten Richter vernommen worden waren, BGH GRUR 95, 47, oder bei einer Parteivernehmung, § 445, BGH MDR 82, 297. Ein substantiierter Parteiantrag auf eine nochmalige Vernehmung kann zu ihr zwingen, Nasall ZZP 98, 324. 7

**5) Keine Notwendigkeit einer Wiederholung, I.** Eine erneute Vernehmung durch das Berufungsgericht ist entbehrlich, wenn der Erstrichter die Aussage des Zeugen abgesehen von den Fällen Rn 4–7 als unergiebig, § 286 Rn 31, BSG MDR 89, 1131, Schlesw OLGZ 80, 58, oder als unerheblich, § 286 Rn 29, BGH NJW 85, 3078, oder überhaupt nicht gewürdigt hatte, BGH LM § 391 Nr 2, abw BGH RR 91, 1102. 8

Eine erneute Vernehmung ist ferner *entbehrlich*, wenn das Berufungsgericht die Beweisbedürftigkeit verneint, § 286 Rn 29, oder wenn es die Glaubwürdigkeit ebenso wie der Vorderrichter beurteilt, und zwar selbst dann, wenn dieser über seinen persönlichen Eindruck nichts mitgeteilt hat, Mdb MDR 98, 1185, aM Pantle NJW 87, 3163. Die erneute Vernehmung ist ferner dann entbehrlich, wenn der Erstrichter die Aussage nur zusammen mit anderen Beweismitteln, Schneider NJW 74, 842, oder nur eine Aussage aus einem anderen Verfahren als Urkunde gewürdigt hatte, § 286 Rn 64, Köln MDR 72, 957; wenn der Erstrichter einen sachverständigen Zeugen gehört hatte, das Berufungsgericht nun dessen schriftliches Gutachten aus einem anderen Verfahren erstmals (als Urkunde) verwerten will, BGH LM § 283 (Ea) BGB Nr 56; wenn das Berufungsgericht einen objektiven, von der Aussage nicht erfaßten Umstand anders als der Erstrichter würdigen will, Oldb NdsRpfl 75, 88; wenn das Berufungsgericht nur eine andere Auslegung vornehmen will, BGH NJW 98, 2223. 9

**6) Verfahren, I.** Die Anordnung der erneuten Vernehmung erfolgt durch einen unanfechtbaren Beschluß ohne Begründungszwang, § 329 Rn 6, auch ohne mündliche Verhandlung, vgl § 360 S 2. Ein Antrag auf erneute Vernehmung ist abzulehnen, wenn nicht ersichtlich ist, warum die neue Aussage anders ausfallen soll als die frühere, Schlesw OLGZ 80, 59, oder wenn darin ein anderer Ausfall unglaubhaft wäre. Dies gilt auch in Ehe-, Familien-, Kindschaftssachen, §§ 606 ff, 640 ff, und in der 2. Instanz. Maßgebend ist nicht der Inhalt des Beweisbeschlusses, sondern der Inhalt der Aussage, Schlesw OLGZ 80, 58. Das Gericht muß § 139 beachten, BVerfG VersR 91, 1268, BGH NJW 85, 3079. Hält das Berufungsgericht eine Wiederholung der Beweisaufnahme nur eines Teils der erstinstanzlichen Zeugen für erforderlich, darf es das übrige Beweisergebnis nur dann unberücksichtigt lassen, wenn die Partei auf das Beweismittel verzichtet hat, BGH BB 91, 1005. Eine „informatorische Anhörung" (ein schillernder Begriff) ersetzt keine erneute Vernehmung, BGH RR 98, 1601. 10

**7) Neue Tatsache, I.** Eine Vernehmung über neue Tatsachen fällt nicht unter § 398. Das Gericht darf sie nur gemäß § 286 Rn 27 ff oder nach § 296 II ablehnen, § 367 II. Hierher zählt auch die Vernehmung über neue Erkenntnisse desselben Zeugen, BGH MDR 85, 390. In diesem Falle ist der Zeuge auch dann, wenn er früher beeidigt worden war, jetzt uneidlich zu vernehmen, sofern nicht das Gericht aus den Gründen des § 391 seine Beeidigung beschließt, was hier schon vor der Vernehmung geschehen kann. 11

**8) Nachträgliche Vernehmung, II.** Wenn ein verordneter Richter, §§ 361, 362, sich geweigert hat, eine von einer Partei angeregte Frage zu stellen, dann kann und muß evtl das Prozeßgericht auf Antrag oder von Amts wegen, Grdz 39 vor § 128, die nachträgliche Vernehmung über diese Frage anordnen. Es ergeht ein unanfechtbarer Beschluß, § 329, wie bei Rn 4–7, 10. Evtl ist dann aber eine Rüge aus § 286 möglich 12

§§ 398, 399   2. Buch. 1. Abschnitt. Verfahren vor den LGen

(die Beweisangebote seien nicht erschöpft). Er bindet den verordneten Richter, § 158 GVG. Das Prozeßgericht kann den Zeugen über die Frage natürlich auch selbst vernehmen. Wird beantragt den Zeugen im Hinblick auf seinen persönlichen Eindruck nochmals vor dem Kollegium zu vernehmen, gilt I.

13   **9) Berufung auf den Eid, III.** Die nachträgliche oder wiederholte Vernehmung geschieht nach §§ 391, 394–397. Das Gericht befindet also erneut über die Beeidigung. In beiden Fällen läßt III die Berufung auf den früher geleisteten Eid nach dem pflichtgemäßen Ermessen des Gerichts zu. Diese Versicherung deckt den Voreid und den Nacheid, § 392, weil sie dessen Inhalt auf die neue Aussage bezieht, also erneut versichert. Ein gerichtlicher Hinweis auf den Eid genügt nicht. Die Berufung auf den Eid ist nur dann zulässig, wenn eine Beeidigung noch zulässig ist. Auch bei einer Wiederholung der Vernehmung 1. Instanz in der 2. Instanz ist die Berufung auf den Eid möglich. Eine schriftliche Versicherung ist unstatthaft. Bei einer nachträglichen schriftlichen Vernehmung ist nach § 377 III zu verfahren, muß also eine eidesstattliche Versicherung vorliegen, § 294. Ein Verstoß heilt nach § 295, wie ein Verstoß gegen die Beeidigungsvorschriften grundsätzlich überhaupt, § 391 Rn 7, es sei denn, er würde der Partei erst im Urteil bekannt, Pantle NJW **88**, 2028.

14   **10) VwGO:** *Entsprechend anwendbar, § 98 VwGO, BVerwG DÖV* **59**, *396.*

**399**   *Verzicht auf Zeugen.* **Die Partei kann auf einen Zeugen, den sie vorgeschlagen hat, verzichten; der Gegner kann aber verlangen, daß der erschienene Zeuge vernommen und, wenn die Vernehmung bereits begonnen hat, daß sie fortgesetzt werde.**

1   **1) Systematik, Regelungszweck.** Die Vorschrift enthält eine grundsätzlich gegenüber §§ 374 ff vorrangige, nur in Hs 2 eingeschränkte Möglichkeit, den Umfang einer Zeugen-Beweisaufnahme bezüglich einer oder anderer Beweispersonen in jeder Lage der Beweisaufnahme ganz oder teilweise zu begrenzen. *Sinn* der Regelung ist eine möglichst weitgehende Wahrung der Parteiherrschaft, Grdz 18 vor § 128, freilich nicht dahin, daß trotz der Voraussetzungen des Hs 2 eine weitere Befragung nur wegen drohender prozessualer oder sachlichrechtlicher Nachteile willkürlich abgebrochen werden dürfte.

2   **2) Geltungsbereich.** Vgl Üb 2 ff vor § 373.

3   **3) Verzicht des Beweisführers.** Der Beweisantritt ist als eine Parteiprozeßhandlung, Grdz 47 vor § 128, grundsätzlich unwiderruflich, Grdz 58 vor § 128. Der Beweisführer, § 379 Rn 2, kann trotzdem bis zur Beendigung der Vernehmung ohne Zustimmung des Gegners auf seine Zeugen verzichten. Der Verzicht unterliegt dem Anwaltszwang wie sonst, § 78 Rn 2, wird in der mündlichen Verhandlung erklärt, auch zu Protokoll des verordneten Richters, er kann aber auch schriftlich erklärt werden. Er erfolgt ausdrücklich oder durch eine schlüssige Handlung, BGH RR **97**, 344, zB wenn die Partei einen unberücksichtigten Beweisantrag nicht aufgreift, obwohl der Zeuge anwesend ist, insbesondere wenn dies nach einer Beweisaufnahme geschieht, die erkennbar vom Gericht als erschöpfend vorgenommen angesehen wird, BGH VersR **97**, 592, oder wenn der Beweisführer dem Weggang des Zeugen nicht widerspricht, nach Karlsr RR **86**, 864 auch beim Einverständnis mit der beweismäßigen Auswertung einer Beikate zu demselben Beweisthema (aber das ist in dieser Allgemeinheit zu weitgehend). Die bloße Nichtverlesung eines Beweisantrags ist grundsätzlich kein Verzicht, BGH FamRZ **87**, 1020, ebensowenig die bloße Nichtzahlung eines erforderlichen Vorschusses, Celle RR **95**, 1407. Evtl muß das Gericht aber fragen, § 139.

Ein *Stillschweigen* bei einer noch ausstehenden Beweisaufnahme ist kein Verzicht. Während der Vernehmung ist ein Verzicht auf weitere Fragen (nur auf diese) noch zulässig. Nach der übrigen Beweisaufnahme ist die Nichtwiederholung des Beweisantrags nur dann ein Verzicht, wenn das Gericht seine Aufklärungspflicht erkennbar als erfüllt ansieht, BGH NJW **94**, 330. Soweit der Zeuge schon ausgesagt hat, ist ein Verzicht nicht mehr wirksam; das Gericht muß dann die Vernehmung nach § 286 würdigen.

4   **4) Vernehmungsantrag des Prozeßgegners.** Der Gegner kann stets die Vernehmung des erschienenen Zeugen oder die Fortsetzung der Vernehmung verlangen. Wenn er das unterläßt und sich später auf den Zeugen beruft, dann kann dieser Antrag nach § 296 zurückgewiesen werden. Im Zwischenstreit nach § 387 ist der Beweisführer Partei. Solange der Zeuge nicht erschienen ist, sei es auch unentschuldigt, hat der Gegner keinen Anspruch auf nochmalige Zeugenladung usw, es sei denn, er hätte sich selbst gegenbeweislich auf den Zeugen berufen. Soweit das Gericht nach dem Stand des Verfahrens eine Vernehmung nicht mehr für notwendig hält, hat keine Partei einen Anspruch auf Vernehmung oder Ladung. Freilich kann das Urteil dann anfechtbar sein.

5   **5) Wirkung des Verzichts.** Der Zeuge ist nach einem Verzicht des Beweisführers und beim Fehlen eines Vernehmungsantrags des Prozeßgegners nicht zu vernehmen, eine begonnene Vernehmung ist abzubrechen. Nur im Amtsverfahren, Grdz 38 vor § 128, und bei § 144 darf das Gericht ihn trotzdem vernehmen. Der Verzicht wirkt nur für die jeweilige Instanz, auch wenn der Beweisführer oder beide Parteien weitergehende Erklärungen abgeben; diese letzteren muß das höhere Gericht frei würdigen. Eine erneute Benennung des Zeugen ist in der 1. Instanz oder in der Berufungsinstanz in den Grenzen der §§ 296, 528 sowie § 67 ArbGG zulässig, BAG NJW **74**, 1350.

6   **6) Verstoß.** Soweit das Gericht die Vernehmung entgegen § 399 vorgenommen oder fortgesetzt hat, ist die Aussage wegen eines Verstoßes gegen die Parteiherrschaft, Grdz 18 vor § 128, unverwertbar. Die Würdigungsfreiheit, Grdz 35 vor § 128, setzt ja einen wirksam gebliebenen Beweisantritt voraus. Soweit das Gericht fälschlich einen Verzicht angenommen hat, kann ein Verfahrensfehler vorliegen und eine Zurückverweisung nach § 539 in Betracht kommen, Celle RR **95**, 1407.

8. Titel. Beweis durch Sachverständige  §§ 399–401, Übers § 402

**7) VwGO:** Unanwendbar trotz § 98 VwGO wegen des Ermittlungsgrundsatzes, § 86 I VwGO, Kopp § 98 Rn 1. Der Gegner (und die anderen Beteiligten) können aber einen Antrag nach § 86 II VwGO stellen, vgl RedOe § 98 Anm 8.

**400** *Befugnisse des verordneten Richters.* Der mit der Beweisaufnahme betraute Richter ist ermächtigt, im Falle des Nichterscheinens oder der Zeugnisverweigerung die gesetzlichen Verfügungen zu treffen, auch sie, soweit dies überhaupt zulässig ist, selbst nach Erledigung des Auftrages wieder aufzuheben, über die Zulässigkeit einer dem Zeugen vorgelegten Frage vorläufig zu entscheiden und die nochmalige Vernehmung eines Zeugen vorzunehmen.

**1) Systematik, Regelungszweck.** Die Aufzählung des § 400 ist unvollständig. Die Vorschrift dient der Prozeßförderung, Grdz 12 vor § 128, und der Prozeßwirtschaftlichkeit, Grdz 14 vor § 128.

**2) Geltungsbereich.** Vgl Üb 2 ff vor § 373.

**3) Ermächtigung.** Der nach §§ 361, 362 verordnete Richter darf folgende Anordnungen treffen: Der Richter darf beim Ausbleiben des Zeugen nach § 380 verfahren. Er darf bei einer Zeugnisverweigerung nach § 390 vorgehen. Er darf die Anordnungen wieder aufheben, § 381, und zwar auch nach der Erledigung seines Auftrags. Da eine solche Wiederaufhebung zugleich eine Änderung im Sinn von § 576 I darstellt, ist auch das Prozeßgericht zur Wiederaufhebung usw befugt und verpflichtet, soweit die Voraussetzungen vorliegen, § 381 Rn 8. Er darf über die Zulässigkeit einer Frage, § 397, vorläufig entscheiden. Die Ablehnung einer Frage hat er zu protokollieren, § 160 IV; eine wörtliche Aufnahme der Frage ist unnötig. Endgültig entscheidet das Prozeßgericht, § 398 II. Er darf die nochmalige Vernehmung, § 398 I, II, vornehmen. Er darf alle prozeßleitenden Verfügungen im Rahmen seines Auftrags treffen, zB laden, vertagen, §§ 216, 227. Er darf und muß die Sitzungspolizei ausüben, § 180 GVG. Er darf und muß die erforderlichen Anweisungen zur Entschädigung des Zeugen nach dem ZSEG treffen, § 401. Er darf, nie muß, schließlich den Beweisbeschluß im Rahmen des § 360 ändern.

**4) Fehlen einer Ermächtigung.** Der verordnete Richter darf nicht zB: Eine schriftliche Aussage nach § 377 anordnen, dort Rn 6 ff; einen Zwischenstreit entscheiden, namentlich über eine Zeugnisverweigerung oder eine Eidesverweigerung oder über die Beeidigung, § 383 ff.

**5) Weitere Einzelfragen.** Ein Widerspruch gegen eine Anordnung nach Rn 3, 4 begründet keinen Zwischenstreit. Das Prozeßgericht bindet der verordnete Richter nur mit sitzungspolizeilichen Maßnahmen und Gebührenfestsetzung.

**6) Verstoß.** Wenn der verordnete Richter eine Frage zu Unrecht zuläßt, dann entscheidet das Prozeßgericht im Urteil über die Würdigung der Antwort. Bei einem sonstigen Verstoß ist das Prozeßgericht anzurufen, § 576 I. Im Zwischenstreit gilt § 366. Erst gegen die Entscheidung des Prozeßgerichts ist grundsätzlich gemäß § 576 II die einfache Beschwerde zulässig. Gegen eine sitzungspolizeiliche Maßnahme ist direkt Beschwerde an das übergeordnete Gericht nach § 181 GVG zulässig. Eine Beschwerde ist unzulässig, soweit das LG als Berufungs- oder Beschwerdegericht, § 567 III 1, oder das OLG entschieden hat, § 567 IV 1.

**7) VwGO:** Entsprechend anwendbar, § 98 VwGO, vgl § 361 Rn 7 und § 362 Rn 6.

**401** *Zeugenentschädigung.* Der Zeuge wird nach dem Gesetz über die Entschädigung von Zeugen und Sachverständigen entschädigt.

**1) Systematik, Regelungszweck.** Die Vorschrift enthält eine Gesamtverweisung: Die Entschädigung des Zeugen für Auslagen und Zeitverlust richtet sich nach dem ZSEG, dazu Hartmann Teil V. Der Vorschuß aus der Staatskasse richtet sich nach § 14 ZSEG. Ein Soldat ist wie ein sonstiger Zeuge zu behandeln, Z 18 ff SchlAnh II.

**2) Geltungsbereich.** Vgl Üb 2 ff vor § 373.

**3) VwGO:** Entsprechend anwendbar, § 98 VwGO; die Geltung des ZSEG ergibt sich unmittelbar aus dessen § 1.

### Achter Titel. Beweis durch Sachverständige

#### Übersicht

**Schrifttum:** *Arens,* Der technische Sachverständige, in: *Nicklisch* (Herausgeber), Technologie und Recht 3 (1984) 29; *Bayerlein* (Herausgeber), Praxishandbuch Sachverständigenrecht, 2. Aufl 1996; *Berk,* Der psychologische Sachverständige in rechtlichen Familiensachen, 1985; *Druschke,* Das Anwesenheitsrecht der Verfahrensbeteiligten bei den tatsächlichen Ermittlungen des Sachverständigen im gerichtlichen Verfahren, Diss Münst 1989; *Eickmeier,* Die Haftung des gerichtlichen Sachverständigen für Vermögensschäden, 1993; *Goerdeler,* Die Zuziehung von Sachverständigen bei der Einsicht in Bücher, Festschrift für *Stimpel* (1985); *Gramm,* Der gerichtliche Sachverständige als Helfer des Richters im Nichtigkeitsberufungsverfahren und im Patentverletzungsprozeß, Festschrift für *Preu* (1988) 141; *Hartwig/Riemann,* Anforderungen an den öffentlich

**Übers § 402**  2. Buch. 1. Abschnitt. Verfahren vor den LGen

bestellten und vereidigten Sachverständigen usw, 1991; *Höffmann,* Die Grenzen der Parteiöffentlichkeit, insbesondere beim Sachverständigenbeweis, Diss Bonn 1988; *Jessnitzer/Frieling,* Der gerichtliche Sachverständige, 10. Aufl 1992; *Klein,* Die Rechtsstellung und die Haftung des im Zivilprozeß bestellten Sachverständigen, Diss Mainz 1994; *Klocke,* Der Sachverständige und sein Auftraggeber, 2. Aufl 1987; *Marburger,* Wissenschaftlich-technischer Sachverstand und richterliche Entscheidung im Zivilprozeß, 1986; *Mehring,* Der Sachverständige im Verwaltungsprozeß, Diss Mü 1982; *Müller,* Der Sachverständige im gerichtlichen Verfahren, 3. Aufl 1988; *Nicklisch,* Der technische Sachverständige im Prozeß, 1984; *Pieper,* Rechtsstellung des Sachverständigen und Haftung für fehlerhafte Gutachten, Gedächtnisschrift für *Bruns* (1980) 167; *Pieper/Breunung/Stahlmann,* Der Sachverständige im Zivilprozeß usw, 1981; *Rüffer,* Der Sachverständige im Zivilprozeß, Wien 1995; *Sachverständigenverzeichnis* (Deutscher Anwaltverlag), 1994; *Schnapp,* Parteiöffentlichkeit bei Tatsachenfeststellungen durch den Sachverständigen?, Festschrift für *Menger* (1985) 557; *Steinlehner-Stelzner,* Zivilrechtliche Probleme in „Sachverständigenprozessen", in: Festschrift für *Graßhoff* (1998); *Stober,* Der öffentlich bestellte Sachverständige zwischen beruflicher Bindung und Deregulierung, 1991; *Trilsch,* Die Stellung des Sachverständigen gegenüber dem Gericht im deutschen und englischen Zivilprozeßrecht, Diss Hbg 1994; *Volze,* Sachverständigenfragen usw, 2. Aufl 1996; *Wellmann/Schneider/Hüttemann/Weidhaas,* Der Sachverständige in der Praxis, 6. Aufl 1997; *Werner/Pastor,* Der Bauprozeß, 8. Aufl 1996; *Wessel,* Der Sachverständige im Konkurseröffnungsverfahren, 1994; *Zuschlag,* Das Gutachten des Sachverständigen, 1992. Vgl auch die Nachweise in Üb vor § 485.

**Gliederung**

| | |
|---|---|
| 1) **Systematik** ................................... 1 | C. Verfahren ................................... 14 |
| 2) **Regelungszweck** ............................ 2 | D. Nachprüfungspflicht ..................... 15 |
| 3) **Geltungsbereich** ............................ 3 | 6) **Rechtsstellung des Sachverständigen** . 16–19 |
| 4) **Begriff des Sachverständigen** .......... 4–11 | A. Tätigkeitspflicht .......................... 16 |
| A. Abgrenzung vom Zeugen ............. 4–6 | B. Haftung ..................................... 17–19 |
| B. Meinungsforschungsinstitut .......... 7–9 | 7) **Ermittlungen des Sachverständigen** .. 20 |
| C. Fachbehörde ............................... 10 | 8) **Privatgutachten** ............................ 21–24 |
| D. Dolmetscher ............................... 11 | 9) **Amtliche Auskunft** ........................ 25 |
| 5) **Hinzuziehungsgrundsätze** .............. 12–15 | 10) *VwGO* ........................................ 26 |
| A. Hinzuziehungsfreiheit ................. 12 | |
| B. Hinzuziehungspflicht .................. 13 | |

**1**  **1) Systematik.** §§ 402–413 regeln das neben dem Zeugenbeweis wegen der technischen Entwicklung immer wichtigere Beweismittel „Sachverständiger". Der sachverständige Zeuge, § 414, gehört infolge der dort klarstellenden Verweisung systematisch zum Zeugenabschnitt der §§ 373 ff. § 144 ergänzt, im System der Parteiherrschaft problematisch, die §§ 402 ff.

**2**  **2) Regelungszweck.** §§ 402 ff sollen dem Gericht helfen, sich für die ihm theoretisch allein vorbehaltene Beweiswürdigung, §§ 286, 287, insbesondere technisch, aber zB auch psychologisch genügend kundig zu machen. In der Praxis ist der Sachverständige vielfach längst vom Richtergehilfen zum faktisch allein entscheidenden Richter aufgestiegen, dessen vom Richter kaum mit noch wirklich kritisch überprüfbare Meinung der Richter dann nur noch rechtstechnisch umsetzt. Das ist eine kaum noch vermeidbare, gerade deshalb aber umso problematischere Entwicklung, der es durch zurückhaltende Auslegung der Rechte des Sachverständigen usw wenigstens einigermaßen entgegenzusteuern gilt.

**3**  **3) Geltungsbereich.** §§ 402–414 gelten grundsätzlich in allen Verfahren nach der ZPO, Düss RR **98**, 933, auch im Verfahren nach § 46 II 1 ArbGG. Wegen Abweichungen vgl bei den einzelnen Vorschriften.

**4**  **4) Begriff des Sachverständigen.** Die Abgrenzung ist oft haarfein.
**A. Abgrenzung vom Zeugen.** Der Zeuge bekundet sein Wissen über bestimmte Tatsachen, Begriff Einf 17 vor § 284. Wegen des sachverständigen Zeugen § 414. Der Sachverständige gibt dem Richter allgemeine Erfahrungssätze aus seinem Fachgebiet, mittels deren der Richter auf Grund des besser auf andere Weise zu klärenden Sachverhalts, Düss VersR **93**, 1168, VGH Kassel MDR **97**, 98, die nötigen Schlüsse zieht, BPatG GRUR **78**, 359, Mü AnwBl **74**, 355, oder er zieht die Schlüsse selbst, BGH NJW **93**, 1797, Düss Rpfleger **87**, 40, und läßt dem Richter nur die rechtliche Beurteilung. In jedem Fall muß der Sachverständige die Tatsachen, die seiner Überzeugung zugrunde liegen, und die von ihm benutzten Erfahrungssätze derart angeben, daß das Gericht wie die Parteien ihre Richtigkeit und Vollständigkeit sowie die Ermittlungsumstände nachprüfen können, BVerfG WoM **97**, 318, BayObLG FamRZ **86**, 727, Meyer DRiZ **92**, 125, also zB die Personalien der vom Sachverständigen befragten Personen, aM Ffm FamRZ **80**, 932, Oldb BB **73**, 19, vgl aber Rn 20. Außerdem muß das Gericht das Gutachten auf seinen Überzeugungswert nachprüfen können, BGH **LM** § 144 Nr 4.

**5**  Der Sachverständige ist also trotz einer praktisch oft streitentscheidenden Tätigkeit, zumindest einer oft erheblichen Teilnahme am Entscheidungsvorgang, insofern richtig Pieper Gedächtnisschrift für Bruns (1980) 169, nicht Richter, Bollig KTS **90**, 600, kein Angehöriger der staatlichen Rechtspflege, Kblz Rpfleger **81**, 37, LAG Hamm MDR **86**, 787, sondern *Helfer und Berater* des Richters, BGH NJW **94**, 802, Meyer DRiZ **92**, 125, aM BVerfG **75**, 327, Düss MDR **79**, 409; Lamprecht DRiZ **89**, 4 (der Richter sei bloßer Erfüllungsgehilfe des Sachverständigen!), Sendler NJW **86**, 2908 (die hier vertretene Auffassung sei ein „frommer Selbstbetrug" des Richters. Aber das wertet trotz aller offenkundigen Problematik der tatsächlichen Stellung des Sachverständigen doch zu sehr und außerdem wenig förderlich ab. Der Sachverständige ist ein Beweismittel. Das Gericht darf dem Sachverständigen ungeachtet der natürlich vorhandenen und insbesondere nach § 404 a, 407 a erforderlichen oder doch wünschenswerten gegenseitigen Kommunikation, Sternbeck/Däther FamRZ **86**, 21, nicht die Entscheidung überlassen, BVerfG WoM **97**, 318, Marburger ZZP **100**, 364).

8. Titel. Beweis durch Sachverständige  **Übers § 402**

Das Gericht darf und muß das Gutachten eingehend darauf prüfen, ob es *überzeugt*, § 286 Rn 58, BVerfG **6** WoM **97**, 318, BGH NJW **94**, 802, BayObLG FamRZ **86**, 727. Das Gericht darf aber trotz der Notwendigkeit einer freien Beweiswürdigung nicht ohne eine genügende eigene Sachkenntnis über das Gutachten hinweggehen, sondern muß notfalls ein Gegen- oder Obergutachten einholen, § 286 Rn 61, BGH NJW **78**, 752 (dies sei bei Schriftgutachten sogar in der Regel notwendig). Schon der Beweisbeschluß darf dem Sachverständigen nicht die Prüfung von Rechtsfragen übertragen, wie derjenigen, ob Fahrlässigkeit oder ein Kunstfehler vorliegc; der Sachverständige hat nur die zugehörigen Tatsachen zu liefern.

Freilich kennt das Recht den Sachverständigen auch als *Empfangs- und Besichtigungsberechtigten* gem § 810 BGB, Mü MDR **87**, 147, oder als Richter. Dahin gehören die Handelsrichter. Als Vertreter des Richters, AG Hann WoM **91**, 355, kann der Sachverständige bei einer Augenscheinseinnahme tätig werden, vgl § 372 Rn 3. Dies gilt zB bei einer Blutgruppenuntersuchung oder einer erbbiologischen Untersuchung, § 372 a Rn 3. Der Zeuge ist unvertretbar, der Sachverständige grundsätzlich vertretbar, Düss Rpfleger **87**, 40.

### B. Meinungsforschungsinstitut  7

**Schrifttum:** *Benda* JZ **72**, 497; *Heldrich* AcP **186**; 88; ferner zur technischen Seite *Noelle-Neumann/ Schramm*, Umfragepraxis in der Rechtspraxis, Weinheim 1961.

Besonders im Wettbewerbs- und Markenrechts wird *viel von der Meinungsbefragung durch anerkannte Spezialinstitute Gebrauch gemacht*, zB um den Grad der Bekanntheit einer Marke, die Kennzeichnungskraft einer Ausstattung, die Verwechslungsgefahr oder die Verkehrsauffassung bei einer angeblich irreführenden oder vergleichenden Werbung beim Verbraucher festzustellen, an den die sonst um Auskunft ersuchten Industrie- und Handelskammern nicht immer herankommen, BGH NJW **97**, 2817.

Die *Befragung* findet durch hierfür geschulte Leute auf Grund bestimmter Fragen statt, in denen vor allem nicht schon eine bestimmte Beantwortung vorweggenommen sein darf. Je nach Lage werden auch den Befragten Bildzeichen vorgelegt. Der Kreis der Befragten wird nach bestimmten Gesichtspunkten ausgewählt, damit er einen für die Frage maßgebenden Bevölkerungsdurchschnitt darstellt. Auch hier handelt es sich bei der Auskunftserteilung um ein Sachverständigengutachten, BGH RR **87**, 350, KG Rpfleger **87**, 262, aM ThP § 404 Rn 5.

Das Gutachten ist schon wegen § 407 a I, II vom *Leiter* des Unternehmens an Hand der erarbeiteten **8** Feststellungen abzugeben. In der Befragung durch das Personal des Instituts ist nicht schon eine Vernehmung zu sehen, die allerdings unzulässig wäre, da sie allein Sache des Gerichts ist; es handelt sich vielmehr um die Abfragung eines ausgewählten Bevölkerungsteils nach für alle gleichen Fragen und um die Registrierung ihrer Antworten, ebenso AG Hann WoM **91**, 355. In ähnlicher Weise beschaffen sich auch die Industrie- und Handelskammern die Unterlagen für ihre Auskünfte, § 355 Rn 5. Diese ebenso wie die Institute bleiben also Hilfspersonen des Richters.

Auf Erfordern müssen, soweit sich das nicht schon aus der Begründung des Gutachtens ergibt, bereits wegen § 407 a II 2 die *Unterlagen offengelegt*, BVerfG **91**, 180, BGH MDR **80**, 308, BayObLG DB **83**, 2029, die Art des Zustandekommens des Gutachtens dargelegt, aM LG Ffm RR **91**, 14, und bei begründeten Bedenken gegen die Ordnungsmäßigkeit des Gutachtens die Mitarbeiter des Instituts einschließlich der Befrager als Zeugen gestellt werden, § 410 Rn 3.

Zweckmäßig und nach § 404 a I, II oft notwendig ist eine *genaue Ausarbeitung* der Fragen unter **9** Heranziehung der Parteien und des Sachverständigen, die sich auch schon wegen der durch die Auslagen sehr hohen Kosten derartiger Gutachten empfiehlt, denn der Beweisführer muß das Gutachten durch einen Vorschuß bezahlen, Mü RR **94**, 1201; bei einer sogenannten Mehr-Themen-Befragung, einem „Omnibus", können schnell mehr als 100 000 DM Kosten entstehen, Heldrich AcP **186**, 89, bei einer Sonderbefragung leicht ca 300 000 DM. Ob die Institute in der Lage sind, auch schwierigere Feststellungen zu treffen, etwa diejenige, ob sich eine Marke schon in der Vergangenheit oder von einem bestimmten Zeitpunkt ab durchgesetzt hat, ist allerdings zweifelhaft. In solchen Fällen kann ein derartiges Gutachten oft nur die Auskünfte anderer Stellen unterstützen, die ohnehin wegen ihrer geringeren Kosten vorzuziehen sind.

*Bedenklich* bleibt die Anordnung eines derartigen Gutachtens oder die Verwertung eines solchen Privatgutachtens dann, wenn die Partei, gegen die es ausgefallen ist, aus geldlichen Gründen nicht in der Lage ist, ein Gegengutachten zu liefern. Dann siegt der Kapitalkräftigere, da die Voraussetzungen für eine Teil-Prozeßkostenhilfe schwerlich gegeben sein werden, der Gegner sich auch nicht wird darauf einlassen wollen. BGH **21**, 195 hat anläßlich der Aufhebung des zweitinstanzlichen Urteils und einer Zurückverweisung die Befragung eines anerkannten Meinungsforschungsinstituts anheimgegeben, ohne näher auf die obigen Fragen zum Wert des Beweismittels einzugehen.

### C. Fachbehörde  10

**Schrifttum:** *Enders*, Zur Bedeutung der Gutachten von Gutachterkommissionen und Schlichtungsstellen für den Arzthaftpflichtprozeß. Festschrift für *Schneider* (1997) 421.

Titel 8 hat es nur mit dem Sachverständigen als Beweismittel zu tun. Er kennt nur die Einzelperson des Sachverständigen, § 407 a I, II, Hamm RR **90**, 1471 (zum alten Recht), nicht, wie andere Gesetze, zB § 83 StPO, auch Fachbehörden. Das übersieht BGH NJW **98**, 3356. Daraus folgt aber nur, daß die Parteien keinen Anspruch auf die Einholung des Gutachtens einer Fachbehörde haben. Nicht kann man aus der gesetzlichen Regelung folgen, daß ein Gutachten einer Fachbehörde unbenutzbar wäre, BGH NJW **97**, 2817; vgl aber § 406 Rn 1, 3. Im Gegenteil sehen einige Gesetze solche Gutachten besonders vor, zB §§ 29 PatG, 60 I MarkenG, 192 ff BauGB, BGH **62**, 93, §§ 24, 24 c, 36 GewO, § 91 HandwO. Obwohl in derartigen Fällen eine mündliche Vernehmung nur eingeschränkt möglich ist, zB durch die Anhörung eines vom Gutachterausschuß zu benennenden Mitglieds, BGH **62**, 95, liegt ein wirklicher Sachverständigenbeweis und nicht ein Urkundenbeweis vor, Üb 32 vor § 373, BGH NJW **98**, 3356. Bei privaten Organisationen, dazu Enders (s oben), muß das Gutachten den verantwortlichen Verfasser nennen, Karlsr MDR **75**, 670. Wegen der amtlichen Auskunft Üb 32 vor § 373.

**11  D. Dolmetscher.** Vgl § 185 GVG Rn 5, Stgt Rpfleger **83**, 416.

**12  5) Hinzuziehungsgrundsätze.** Sie werden teilweise viel zu wenig beachtet.

**A. Hinzuziehungsfreiheit.** Der Richter darf sein Wissen auch anderswoher holen, soweit es Fachkenntnisse erfordert. Er darf das Fachschrifttum benutzen, sich überhaupt beliebig amtlich oder privat unterrichten. Das kann zB auch durch häufige Bearbeitung ähnlich liegender Sachen geschehen, BGH **44**, 82. Er darf auch ein früheres Gutachten, zB aus einem anderen Prozeß, grundsätzlich urkundenbeweislich verwerten, § 286 Rn 64; die Partei hat insofern weder ein Widerspruchsrecht noch ein Ablehnungsrecht. Freilich kann sie die Sachkunde rügen und dadurch die Hinzuziehung einer besseren Sachverständigen evtl nahezu erzwingen, § 286 Rn 50, BGH NJW **87**, 2301.

**13  B. Hinzuziehungspflicht.** Den Sachverständigen zieht das Gericht grundsätzlich nach seinem pflichtgemäßen Ermessen hinzu, § 286 Rn 50, und sollte das großzügig tun, Broß ZZP **102**, 438. Die Hinzuziehung ist evtl vor der Herabsetzung einer Anwaltsvergütung, § 3 III 2 Hs 1 BRAGO, ferner beim Streit um eine Rahmengebühr, § 12 II BRAGO, und ferner insoweit eine Pflicht des Gerichts, als es sich keine genügende Sachkunde zutraut, BayObLG **72**, 240. Sie kann auf Antrag, aber auch von Amts wegen geschehen, §§ 144 I, 273 II Z 4, 372 II. Das Gericht sollte sich eine eigene Sachkunde nur dann zutrauen, wenn es die Frage wirklich beherrscht, § 286 Rn 50. Wenn das Gericht der 2. Instanz der Sachkunde der ehrenamtlichen Richter der Kammer für Handelssachen traut, dann braucht es keinen Sachverständigen zuzuziehen. Das Gericht kann den Sachverständigen bei der Beweisaufnahme zuziehen, kann ihm aber auch das Ergebnis der Beweisaufnahme oder bestimmte Fragen vorlegen, § 404a. Es kann ihm weiter die Beschaffung der Unterlagen des Gutachtens überlassen, § 404a II–IV. Es kann ihn um ein Gutachten auf Grund der Gerichtsakten ersuchen.

**14  C. Verfahren.** Die Auswahl des Sachverständigen liegt grundsätzlich (Ausnahmen § 487 Rn 5) allein beim Gericht. Die Zuziehung, Auswahl und Vernehmung des Sachverständigen, bei einem schriftlichen Gutachten dessen Nachprüfung, sind keineswegs leichte Aufgaben. Die Auswahl geeigneter Kräfte (eine Befragung der Handelskammer, Handwerkskammer und dergl kann zweckmäßig sein) ist schwierig, vgl Nicklisch BB **81**, 1653, und die Fehlerquellen sind zahlreich. Oft sind wirklich tüchtige Kräfte schwer heranzuziehen; untüchtige sind schlimmer als Laien. Zur Parapsychologie Wimmer NJW **76**, 1131. Ungeschicklichkeiten des Gerichts im Umgang mit dem Sachverständigen, aber auch Voreingenommenheit des Sachverständigen, § 406, und seine persönlichen Beziehungen, wie zB eine Abneigung gegen Mitbewerber, eine Hoffnung auf Aufträge der Partei, eine Angst vor der Verstimmung eines Einflußreichen, spielen eine große, meist nicht erkennbare Rolle. Beide versuchen §§ 404a, 407 einzudämmen. Das Gericht muß dem Sachverständigen im Rahmen der zumutbaren Anleitung nach § 404a die etwa schon feststehenden oder eben noch gerade vom Sachverständigen zu ermittelnden Tatsachen, § 407 Rn 11, möglichst genau angeben oder umschreiben, § 404a III.

**15  D. Nachprüfungspflicht.** Der Richter muß das Gutachten auf wissenschaftliche Begründung nach Kräften nachprüfen, BVerfG WoM **97**, 318, BGH BB **76**, 481, Köln VersR **95**, 1082. Er darf nicht einfach nachplappern, § 286 Rn 50. Er darf und muß die vom Sachverständigen verwendeten Tatsachen nachprüfbar vorgetragen verlangen, BVerfG WoM **97**, 318, Düss MDR **95**, 1267; der Sachverständige, der sich auf seine Schweigepflicht beruft, ist unbrauchbar, mag sie noch so bestehen, § 286 Rn 58. Die Begründung des Urteils muß ergeben, warum der Richter weiteren Anregungen der Parteien nicht nachzugehen brauchte, § 313 Rn 41. Über den Beweiswert erbbiologischer Gutachten § 372a Rn 11. Rechtsgutachten sollte ein Gericht grundsätzlich nur bei einem ausländischen Recht anfordern, § 293 Rn 7.

**16  6) Rechtsstellung des Sachverständigen.** Sie ist praktisch gefährlich stark.

**A. Tätigkeitspflicht.** Die Sachverständigenpflicht ist öffentlichrechtlich, Deutsch Festschrift für Ferid (1978), 131, StJL **38** vor § 402. Sie verpflichtet den inländischen Sachverständigen (nicht den ausländischen, Deutsch Festschrift für Ferid 1978, 132) zur Vorbereitung und Erstattung des Gutachtens, soweit das Gericht ihn ordnungsgemäß ernannt hat, LSG Essen NJW **83**, 360. Sie greift aber, anders als die Zeugenpflicht, nur gegenüber bestimmten Personen durch, eben weil der Sachverständige grundsätzlich vertretbar ist, Rn 1. Der Sachverständige übt keine öffentliche Gewalt aus. Er ist nicht Vertragspartner der Parteien, Hamm BB **86**, 1397.

**17  B. Haftung,** dazu *Eickmeier*, Die Haftung des gerichtlichen Sachverständigen für Vermögensschäden, 1995: Für den gerichtlich beauftragten Sachverständigen besteht grundsätzlich keine Amtshaftung, BGH **59**, 310, Düss NJW **86**, 2891, Deutsch VersR **87**, 113. Er kann bei einfacher Fahrlässigkeit nur haften, falls das Gutachten beeidigt wurde, § 410, BGH NJW **68**, 787, Hamm BB **86**, 1397, Mü VersR **84**, 590, aM Müller (Schrifttum vor Rn 1) Rn 971. Der Sachverständige haftet bei *grober Fahrlässigkeit* evtl auch ohne Beeidigung, BVerfG NJW **79**, 305, aM Hamm BB **86**, 1397.

**18** Eine Haftung erfolgt jedenfalls bei (auch bedingtem) *Vorsatz*, BGH **62**, 56, Mü MDR **83**, 404, ZöGre § 402 Rn 10, aM Düss NJW **86**, 2892 (Haftung nur nach § 826 BGB), Speckmann MDR **75**, 461 (er erwägt einen Aufopferungsanspruch), Wasner NJW **86**, 120, strenger. Zum IPR der Arzthaftung Deutsch Festschrift für Ferid (1978) 131.

**19** Für einen für das Ergebnis des Gutachtens nicht ursächlichen Fehler bei der *Vorbereitung* kann er nach § 823 BGB haften, BGH **59**, 310. Wegen des Privatgutachtens Rn 21.

**20  7) Ermittlungen des Sachverständigen.** Vgl dazu § 407a Rn 11 ff.

**21  8) Privatgutachten,** dazu *Graf von Hardenberg* Diss Erlangen 1975: Das ist ein Gutachten, das sich eine Partei bei einem von ihr ausgewählten Sachverständigen beschafft, Mü RR **88**, 1534, etwa vorprozessual nach § 2 MHG, Deggau ZMR **84**, 74. Es ist als substantiiertes, urkundlich belegtes Parteivorbringen, BGH RR **94**, 256, frei nach § 286 zu würdigen, BGH VersR **87**, 1008, Saarbr VersR **92**, 757, Broß ZZP **102**, 433.

8. Titel. Beweis durch Sachverständige **Übers § 402, § 402**

Das gilt jedenfalls dann, wenn die Partei das Privatgutachten einreicht und zum Gegenstand der Verhandlung macht bzw im Fall § 2 MHG machen muß. Es ist dann auch ohne Einverständnis des Gegners (lediglich) *urkundenbeweislich* benutzbar, BGH NJW **87**, 2300, Köln VersR **90**, 311 (ärztliche Gutachter- oder Schlichtungsstelle), LG Aurich VersR **91**, 214, aM BPatG GRUR **76**, 609. **22**

Freilich muß das Gericht dem Prozeßgegner Gelegenheit zur *Stellungnahme* geben, Karlsr NJW **90**, 192. Das Gericht darf das Privatgutachten zu seiner Unterrichtung und als Hilfsmittel zur freien Würdigung benutzen, BPatG GRUR **76**, 609, an Stelle eines gerichtlich erforderlichen Gutachtens aber als Sachverständigenbeweis, also über den Urkundenbeweis hinaus, nur beim Einverständnis der Parteien, Rex VersR **84**, 619, oder wenn das Gericht es für ausreichend hält und halten darf, § 286, BGH RR **94**, 256, Karlsr VersR **84**, 1194, LG Brschw WoM **77**, 11, aM BGH VersR **86**, 468. **23**

Dies ist bei einem Ablehnungsrecht, § 406 Rn 4, bedenklich, Hamm VersR **73**, 416. Freilich kann ein Privatgutachten Veranlassung zu weiterem Vorgehen entsprechend § 411 III geben, BGH NJW **92**, 1459, und auch einen Anlaß zur *weiteren Aufklärung* auch nach einem Gutachten des gerichtlich bestellten Sachverständigen geben, BGH RR **88**, 764, Köln NJW **94**, 394, Mü RR **88**, 1535. Allerdings ist er keineswegs stets zur Anhörung des gerichtlichen Sachverständigen zu laden, Karlsr VersR **90**, 55 (der letztere hat den ersteren genügend mitgewürdigt). Wenn ein Privatgutachter nur zu seinen Feststellungen vernommen wird, so ist er ein sachverständiger Zeuge, BGH LM § 414 Nr 2. Auch das Privatgutachten muß nachprüfbar sein, um prozessual uneingeschränkt verwertbar zu sein, Deggau ZMR **84**, 74. Der Privatgutachter haftet nach dem Vertragsrecht, evtl auch nach §§ 823 ff BGB. **24**

**9) Amtliche Auskunft**, dazu *Hohlfeld*, Die Einholung amtlicher Auskünfte im Zivilprozeß, 1995; *Sonnemann*, Amtliche Auskunft und Behördengutachten im Zivilprozeß, 1995: Über sie Üb 32 vor § 373 (dort auch zB zum Mietspiegel). Die Auskunft einer nichtamtlichen Stelle ist entsprechend dem Privatgutachten zu behandeln. **25**

**10) VwGO**: (*Schnapp*, Parteiöffentlichkeit bei Tatsachenfeststellungen durch den Sachverständigen?, F Menger 1985, 557–571; *Skouris*, Grundlagen des Sachverständigenbeweises im VerwVerf und im VerwProzeß, AöR **107**, 216–258; *Mehring*, Der Sachverständigenbeweis im VerwProzeß, Diss Mü 1982): Sachverständigenbeweis ist als zulässiges Beweismittel ausdrücklich genannt, § 96 I 2 VwGO. Die Zuziehung erfolgt stets *vAw*, § 86 I VwGO, auch vor der mündlichen Verhandlung, § 87 VwGO, nach den Grundsätzen in Rn 12 u 13, BVerwG NVwZ **99**, 187, VGH Kassel MDR **97**, 97, VGH Mannh NVwZ-Beilage 4/95 S 28 mwN. §§ 402 ff gelten entsprechend, § 98 VwGO, soweit Unterschiede der beiden Verfahren nicht entgegenstehen. Zur Verwertbarkeit eines von der VerwBehörde veranlaßten Gutachtens vgl BVerwG **18**, 216, NJW **80**, 900 u NVwZ **82**, 309, VGH Mü BayObLG **98**, 212, zur Abgrenzung zum sachverständigen Zeugen, § 414 Rn 4, s BVerwG NJW **86**, 2268, VGH Kassel MDR **97**, 97, OVG Kblz NVwZ-RR **92**, 592. **26**

**402** *Anwendbarkeit der Vorschriften für Zeugen.* **Für den Beweis durch Sachverständige gelten die Vorschriften über den Beweis durch Zeugen entsprechend, insoweit nicht in den nachfolgenden Paragraphen abweichende Vorschriften enthalten sind.**

**1) Anwendbare Vorschriften.** Die Bestimmungen über den Zeugenbeweis sind wie folgt entsprechend anwendbar: **1**

*§§ 283, 296* (Zurückverweisung) sind dann unanwendbar, wenn eine Amtspflicht zur Zuziehung besteht, weil das Gericht eine eigene Sachkunde verneint. Über Privatgutachen Üb 21 vor § 402.

*§ 356* (Beibringungsfrist) ist unanwendbar, soweit der Sachverständige auswechselbar ist, § 356 Rn 7.

*§ 373* (Beweisantritt) ist durch § 403 ersetzt.

*§ 375* (Beweisaufnahme durch den verordneten Richter), sowie

*§ 376* (Genehmigung zur Vernehmung von Beamten) mit den einschlägigen Vorschriften, vgl bei § 376, sind anwendbar. Nach § 39 III 2 BRRG und ähnlichen Vorschriften in den Landesbeamtengesetzen, Vorbem B vor § 376, kann die Genehmigung zur Erstattung eines Gutachtens versagt werden, wenn die Erstattung den dienstlichen Interessen Nachteile bereiten würde. Die Unmittelbarkeit der Beweisaufnahme spielt aber hier sehr oft keine Rolle; dann ist eine Übertragung auf den verordneten Richter unbedenklich.

*§ 377 I, II* (Ladung), *III* (schriftliches Gutachten) ist anwendbar, § 411 Rn 2. III paßt im übrigen nur für den Zeugen und ist daher unanwendbar (statt dessen gilt § 411, aM Jessnitzer DS **91**, 38).

*§ 378* (Unterlagen des Sachverständigen) paßt nur bedingt neben dem vorrangigen § 404 a, ist aber grds anwendbar.

*§ 379* (Vorschuß) ist grundsätzlich anwendbar, Köln RR **97**, 1292. Das gilt auch dann, wenn das Gericht gemäß § 144 I diesen Sachverständigen von Amts wegen einschalten könnte, Düss MDR **74**, 321, Mü RR **94**, 1201 (Umfrage), aM BGH MDR **76**, 396, Bergerfurth FamRZ **90**, 243, ZöGre 8. Sobald es das freilich auch tut, ist § 379 unanwendbar, BGH FamRZ **69**, 477, Hbg FamRZ **86**, 196. **2**

Wenn das Gericht den Sachverhalt *von Amts wegen* klären muß, Grdz 38 vor § 128, darf es zwar einen Vorschuß anfordern, § 68 III 1 GKG, die Einholung des Gutachtens aber nicht von der Vorschußzahlung *abhängig* machen, Düss AnwBl **89**, 237. Die Vorschrift ist im übrigen nur dann anwendbar, wenn sich der Beweisführer auf den Sachverständigen beruft BGH LM § 379 Nr 1, Karlsr OLGZ **84**, 103, Mü MDR **78**, 412, bei einer Gutachtenerläuterung also derjenige, der die Vorladung und Erläuterung beantragt. Soweit beide Parteien Beweisführer sind, entscheidet die Beweislast, § 379 Rn 2, aM Bachmann DRiZ **84**, 401. Die Vorschrift gilt auch beim schriftlichen Gutachten, § 411 I, III. Eine nachträgliche Erhöhung des Vorschusses ist zulässig, falls die zunächst angeforderte Summe nicht zur Sicherstellung der Kostenzahlung ausreicht, § 407 a III 2, Mü MDR **78**, 412, Schmid MDR **82**, 96. Natürlich ist bei einer Nachforderung Zurückhaltung ratsam, KG MDR **83**, 678, Kblz DB **85**, 110, Hartmann Teil V § 3 ZSEG Rn 17. **3**

**4**   § 379 ist *bei der amtlichen Auskunft unanwendbar*, zB bei derjenigen der Rechtsanwaltskammer, Üb 32 vor § 373, Mü NJW **75**, 884, ebenso bei einer Anordnung der Vernehmung von Amts wegen, § 144 I, BGH FamRZ **79**, 477 (dann ist aber evtl § 68 III GKG zu beachten, BGH JB **76**, 469); § 379 ist ebenfalls unanwendbar, falls Akten zwecks Begutachtung dem Sachverständigen bereits übersandt worden sind, aM Mü MDR **78**, 412. Selbst beim Ausbleiben des Vorschusses ist eine Ladung des Sachverständigen von Amts wegen möglich, BGH JB **76**, 469. Der Beweisantrag wird evtl als verspätet auch dann zurückgewiesen, wenn die vom Einzelrichter, § 348, gesetzte Frist zur Zahlung des Vorschusses erfolglos verstrichen ist und die Zahlung erst im Kammer- oder Senatstermin erfolgt (ein Verschulden ist auch hier unerheblich), Hamm MDR **73**, 592.

**5**   Soweit der *Dolmetscher* als Sachverständiger tätig wird, § 185 GVG Rn 5, kommt eine Vorschußpflicht zwar grundsätzlich in Betracht. Sie entfällt freilich meist deshalb, weil ihn das Gericht von Amts wegen zuziehen muß, KG NJW **73**, 436, Schmid MDR **82**, 97.
  *§ 380* (Folgen des Ausbleibens) ist durch § 409 ersetzt.

**6**   *§§ 381–384* (Unterbleiben und Änderung von Ordnungsmitteln, Vernehmung am bestimmten Ort, Weigerung des Gutachtens) sind anwendbar. Eine nachträgliche Entschuldigung kann ausreichen, LG Bochum NJW **86**, 2890. § 383 I Z 6 gibt dem Sachverständigen zwar ein Schweigerecht betreffend konkrete Vergleichswohnungen, LG Krefeld BB **79**, 191. Dann ist sein Gutachten jedoch evtl unverwertbar, insofern zu großzügig LG Krefeld BB **79**, 191.
  *§ 385* (ausnahmsweise Zeugnispflicht) ist unanwendbar.
  *§§ 386–389* (Weigerung des Gutachtens) sind anwendbar.
  *§ 390* (Zeugniszwang) ist durch § 409 ersetzt.
  *§ 391* (Beeidigung) ist anwendbar; daneben gilt § 410, BayObLG FamRZ **91**, 620. Ein stillschweigender Vereidigungs-„Beschluß" reicht nicht, auch nicht beim allgemein vereidigten Sachverständigen, Peters NJW **90**, 1834. Die Beeidigung steht im pflichtmäßigen, nicht im freien Ermessen, BayObLG FamRZ **91**, 620, Hopt JZ **74**, 555, vgl aber § 391 Rn 4. Bei Bedenken gegen die Sachkunde des Sachverständigen ist besser ein anderer Sachverständiger zuzuziehen.
  *§§ 392, 393* (Beeidigung) sind durch § 410 ersetzt, BGH NJW **98**, 3356.
  *§§ 394–398* (Vernehmung) sind anwendbar, BGH **93**, 209 (zu § 395), Oldb RR **99**, 178 (zu § 397).

**7**   Eine *Einzelvernehmung*, § 394 Rn 1, ist aber nicht notwendig.
  Die Ermahnung, § 395 I, ist beim allgemein beeidigten Sachverständigen nur anfangs notwendig. Die Parteien haben ein Fragerecht, § 397, § 411 Rn 9, freilich nicht stets nach einer amtlichen Auskunft, Üb 32 vor § 373, BVerwG InfAuslR **85**, 148. Sie verlieren es, wenn sie es nicht in der mündlichen Verhandlung ausüben, Düss FamRZ **84**, 700. Der Antrag zur Ladung des Sachverständigen ist an sich nicht von einer inhaltlich genauen Bestimmung der zu stellenden Fragen abhängig; es genügt die Darlegung der Notwendigkeit der Fragerichtung, Plagemann NJW **92**, 402, großzügiger BGH MDR **81**, 1014, strenger Gehle DRiZ **84**, 102. Freilich darf und müssen das Gericht jetzt evtl nach § 404 den Sachverständigen einweisen und der Sachverständige nach § 407 beim Gericht rückfragen.

**8**   Die *nochmalige Vernehmung* eines Sachverständigen, § 412 Rn 3, der zuvor ein Blutgruppengutachten erstattet hat, kann bei einem Ergänzungsantrag, daß inzwischen durch weitere Blutgruppensysteme die Vaterschaft ausgeschlossen werden könne, nicht abgelehnt werden. Das Berufungsgericht muß einen Sachverständigen anhören, soweit es sein Gutachten anders als der Erstrichter würdigen will, BGH NJW **93**, 2386, bzw vom Verständnis des Vorderrichters bei dessen mündlicher Anhörung des Gutachters abweichen will, BGH NJW **93**, 804. Wegen des Beweiswerts von Blutgruppen- und erbbiologischen Gutachten § 372a Rn 3ff. Ob das Gericht den ersten Sachverständigen nach der Anhörung eines anderen wiederum vernehmen will, ist Ermessensfrage.
  *§ 399* ist anwendbar; das Gericht kann nach § 144 vorgehen.
  *§ 400* (verordneter Richter) ist anwendbar, jedoch nur unter Beachtung von §§ 408, 409.
  *§ 401* ist durch § 413 ersetzt.

**9**   2) *VwGO*: Entsprechend anwendbar, § 98 VwGO. Einzelheiten bei den genannten Vorschriften; zu § 397 vgl BVerwG NJW **86**, 3221 mwN u **84**, 2646.

## 403 Beweisantritt. Der Beweis wird durch die Bezeichnung der zu begutachtenden Punkte angetreten.

**Schrifttum:** *Söllner*, Der Beweisantrag im Zivilprozeß, Diss Erlangen 1972.

**1**   **1) Systematik, Regelungszweck.** Die den §§ 371, 373, 420, 445 I, 447 entsprechende Vorschrift leitet die Beweismöglichkeit „Sachverständiger" ein. Sie bezweckt eine Erleichterung des Gerichts bei der Auswahl, die freilich in der Praxis zu oft erheblicher Arbeitsbelastung führt.

**2**   **2) Geltungsbereich.** Vgl Üb 3 vor § 402. Im selbständigen Beweisverfahren geht § 487 vor, dort Rn 5, 6. Im FGG-Verfahren ist die Vorschrift wegen seines Amtsermittlungsgrundsatzes nur bedingt anwendbar. AG Mönchengladbach FamRZ **99**, 730.

**3**   **3) Beweisantritt.** Zu den Begriffen Beweisantritt usw § 371 Rn 1. Man tritt den Sachverständigenbeweis durch die Bezeichnung der zu begutachtende Punkte nebst dem stets zweckmäßigen, wenn auch nicht unbedingt nötigen Antrag auf „ein" Sachverständigengutachten an. Die Benennung eines bestimmten Sachverständigen ist grundsätzlich unnötig; ihn wählt das Gericht von Amts wegen aus, § 404 (Ausnahme § 487 Rn 4). Eine ganz allgemeine Angabe genügt. Denn wenn das Gericht ein Gutachten für nötig hält, muß es ein solches von Amts wegen einholen, §§ 3, 144, 287, 442, und zwar evtl schon vor der Verhandlung, § 358a. Es kann aber dringend ratsam sein, einen oder zur Vermeidung von Befangenheits-

8. Titel. Beweis durch Sachverständige §§ 403, 404

verdacht mehrere geeignete Sachverständige vorzuschlagen, um dem Gericht die Ermittlung eines brauchbaren Sachverständigen zu erleichtern oder gar erst zu ermöglichen, § 404 Rn 5, 6. Da das Gericht die Beweiserhebung immer ablehnen kann, soweit es sich für genügend sachkundig hält und halten darf, ist der Beweisantritt nur eine Anregung; im übrigen gilt § 286 Rn 50, Düss RR **99**, 794. Vgl auch Üb 11 vor § 402.

**4) VwGO:** Nur eingeschränkt entsprechend anwendbar, § 98 VwGO, vgl § 373 Rn 6.  **4**

## 404 Auswahl.

¹¹Die Auswahl der zuzuziehenden Sachverständigen und die Bestimmung ihrer Anzahl erfolgt durch das Prozeßgericht. ²Es kann sich auf die Ernennung eines einzigen Sachverständigen beschränken. ³An Stelle der zuerst ernannten Sachverständigen kann es andere ernennen.

II Sind für gewisse Arten von Gutachten Sachverständige öffentlich bestellt, so sollen andere Personen nur dann gewählt werden, wenn besondere Umstände es erfordern.

III Das Gericht kann die Parteien auffordern, Personen zu bezeichnen, die geeignet sind, als Sachverständige vernommen zu werden.

IV Einigen sich die Parteien über bestimmte Personen als Sachverständige, so hat das Gericht dieser Einigung Folge zu geben; das Gericht kann jedoch die Wahl der Parteien auf eine bestimmte Anzahl beschränken.

**1) Systematik, Regelungszweck, I–IV.** Die Vorschrift gilt zwar bei allen Arten von Sachverständigen, **1** nicht aber bei allen Arten von Beweisaufnahmen, nämlich im selbständigen Beweisverfahren nur hilfsweise, § 487 Rn 5, bei § 144 (Sachverständigenbeweis von Amts wegen) indes wegen seines II wieder voll. Die Vorschrift *dient* in IV der Parteiherrschaft, Grdz 18 vor § 128, in I–III dagegen der Prozeßförderung, Grdz 12 vor § 128, und damit auch der Prozeßwirtschaftlichkeit, Grdz 14 vor § 128, durch möglichste Vermeidung von Kosten doch nicht genug geeigneter Sachverständiger. In der Praxis sollte das Gericht auch bei I–III möglichst dem Vorschlag des Beweisführers, § 403 Rn 1, folgen.

**2) Geltungsbereich, I–IV.** Vgl Üb 3 vor § 402.  **2**

**3) Auswahl, I–III.** Vgl zunächst § 403 Rn 1.  **3**

**A. Ermessensspielraum, I.** Das Gericht wählt nach pflichtgemäßem Ermessen, vgl BayObLG **87**, 15 mwN, Sachverständige in beliebiger Zahl aus, stets aber einen bestimmten Sachverständigen, nicht zB eine Universitätsklinik als solche, Düss FamRZ **89**, 1101, Laufs NJW **76**, 1124, StJL 13, aM Kblz VHR **98**, 89. Die Partei kann das Ermessen nicht durch die Benennung eines sachverständigen Zeugen nach § 414 unterlaufen, LG Ffm VersR **93**, 1138.

**B. Vorrang des öffentlichen Sachverständigen, II.** Für gewisse Arten von Gutachten sind Sachver- **4** ständige von Bundes- oder Landesstellen öffentlich bestellt, Üb 10 vor § 402. Sie haben dann bei der Auswahl den Vorzug. Die Namen der öffentlich bestellten Sachverständigen sind in einer Liste zu vereinigen. II ist nur eine Sollvorschrift, von der das Gericht nach pflichtmäßigem Ermessen abweichen kann, BayObLG FamRZ **91**, 619, Bleutge BB **73**, 1417, wenn zB ein besonders hohes Maß von Sachkunde nötig ist oder wenn gegen die Person der Bestellten Bedenken bestehen. Trotz eines Antrags auf Ernennung eines öffentlich bestellten Sachverständigen ist ein Auftrag an den Gutachterausschuß nach §§ 192 ff BauGB zulässig, Üb 32 vor § 373, BGH **62**, 94. Ein Verstoß ist prozessual belanglos, BayObLG **87**, 15. Im selbständigen Beweisverfahren vgl § 487 Rn 4.

**C. Bezeichnung durch die Partei, III.** Das Gericht kann die Parteien zur Benennung geeigneter **5** Sachverständiger auffordern, vgl § 403 Rn 1. Wegen IV empfiehlt sich dies oft. Mangels Benennung muß das Gericht freilich im Rahmen des ihm Zumutbaren den Sachverständigen von Amts wegen ermitteln.

**4) Einigung, IV.** Einigen sich die Parteien über bestimmte Personen, so bindet diese Einigung das **6** Gericht. Das Gericht kann nur vorher oder nachher die Zahl der Sachverständigen beschränken. Wenn die Parteien die Zahl aber nicht einhalten, darf das Gericht wieder ganz frei wählen. Es darf neben den Gewählten andere Sachverständige bestimmen, für sie aber wegen der Beauftragung von Amts wegen kein Vorschuß fordern. IV hat nur die Bedeutung, daß der vereinbarte Sachverständige unbedingt zu hören ist, so jetzt auch StJL 35. Es handelt sich um eine einseitig unwiderrufliche Parteiprozeßhandlung, Grdz 47 vor § 128. Anwaltszwang besteht wie sonst, § 78 Rn 2. Die Einigung ist nur beim Eingang der Einigungsmitteilung beider Parteien bis zur Ernennung eines Sachverständigen oder bis zur Ermächtigung des verordneten Richters nach § 405 zulässig. Das Gericht kann eine Einigung anregen, aber nicht erzwingen. Eine Einigung nach IV ist kein Schiedsgutachtervortrag, dazu Grdz 18 vor § 1025.

**5) Rechtsbehelfe, I–IV.** Gegen die Auswahl ist, außer dem Rechtsmittel gegen die Sachentscheidung **7** der Instanz, BayObLG FamRZ **87**, 967, kein Rechtsbehelf gegeben, auch nicht bei einer Verletzung von II, BayObLG FamRZ **91**, 619, Mü MDR **71**, 494, § 406 Rn 38 (Ablehnung in der Revisionsinstanz). Das übersieht LG Bochum NJW **86**, 2890, das auf dem Umweg über § 381 das Ermessen überprüft.

**6) VwGO:** I bis III sind entsprechend anwendbar, § 98 VwGO, BVerwG NVwZ-RR **95**, 6 u **92**, 311. IV ist **8** unanwendbar wegen des Untersuchungsgrundsatzes, § 86 I VwGO, allgM, BVerwG VerwRspr **31**, 383 mwN.

## § 404a

**404a** *Anleitung des Sachverständigen.* ¹ Das Gericht hat die Tätigkeit des Sachverständigen zu leiten und kann ihm für Art und Umfang seiner Tätigkeit Weisungen erteilen.

II Soweit es die Besonderheit des Falles erfordert, soll das Gericht den Sachverständigen vor Abfassung der Beweisfrage hören, ihn in seine Aufgabe einweisen und ihm auf Verlangen den Auftrag erläutern.

III Bei streitigem Sachverhalt bestimmt das Gericht, welche Tatsachen der Sachverständige der Begutachtung zugrunde legen soll.

IV Soweit es erforderlich ist, bestimmt das Gericht, in welchem Umfang der Sachverständige zur Aufklärung der Beweisfrage befugt ist, inwieweit er mit den Parteien in Verbindung treten darf und wann er ihnen die Teilnahme an seinen Ermittlungen zu gestatten hat.

V Weisungen an den Sachverständigen sind den Parteien mitzuteilen. Findet ein besonderer Termin zur Einweisung des Sachverständigen statt, so ist den Parteien die Teilnahme zu gestatten.

**Schrifttum:** *Daub,* Die Tatsachenerhebung durch den Sachverständigen, 1997; *Höffmann,* Die Grenzen der Parteiöffentlichkeit, insbesondere beim Sachverständigenbeweis, Diss Bonn 1988; *Schnapp,* Parteiöffentlichkeit bei Tatsachenfeststellungen durch den Sachverständigen?, Festschrift für *Menger* (1985) 557.

1  **1) Systematik, I–V.** Die Vorschrift stellt zusammen mit § 407 a eine Reihe von Grundsätzen auf, nach denen das Gericht und der Sachverständige zusammenzuarbeiten haben. Diese Grundsätze gehen sonstigen, allgemeineren Regeln, etwa zur Parteiöffentlichkeit nach § 357, vor, Rn 7, dürfen aber nicht dazu führen, tragende Prinzipien des Zivilprozesses zu unterlaufen, etwa durch Abschneiden der Beweisfrage im Wege einer Aufklärungsbeschränkung nach IV.

2  **2) Regelungszweck, I–V.** Die Bestimmung soll, wie § 407 a, die Zusammenarbeit zwischen Gericht und Sachverständigem und damit natürlich auch diejenige zwischen allen übrigen Prozeßbeteiligten erleichtern, beschleunigen und verbilligen. Das ist bei der Auslegung zu berücksichtigen. Andererseits darf nicht durch eine zu weite Auslegung der Rechte und Pflichten des Gerichts aus einem Prozeß mit Parteiherrschaft, Grdz 18 vor § 128, ein Verfahren mit Ermittlungsgrundsatz werden, soweit dieses nicht ohnehin vorliegt, Grdz 38 vor § 128. Tragende Prinzipien dürfen nicht schon wegen des Regelungszwecks mißachtet werden.

3  **3) Geltungsbereich, I–V.** Vgl Üb 3 vor § 402.

4  **4) Anleitung, Anweisung, I.** Der Sachverständige ist nicht Richter, sondern Helfer des Richters, Üb 4 vor § 402. Das Gericht darf und muß ihn daher anleiten, Franzki DRiZ 91, 320, soweit erkennbar notwendig, etwa bei einem juristischen Fachbegriff, BGH VersR 96, 959, Köln VersR 98, 67, oder von ihm erbeten. Das gilt im Prinzip für seine gesamte Tätigkeit. Freilich darf das Gericht auf dem Fachgebiet des Sachverständigen nicht mithilfe von Anleitungen schlauer zu sein versuchen als derjenige Fachmann, dessen es ja gerade bedarf. Es darf auch nicht seine Berufsehre ohne triftigen Grund in Zweifel ziehen, hat freilich weitreichende Befugnisse, § 193 StGB. Doch muß er schädliche Folgen vermeiden, Ffm NJW 98, 2834. Unvermeidbare Schäden sind nur nach § 91 erstattbar, dort Rn 193, 277, aM Düss MDR 97, 886.

5  **5) Anhörung, Einweisung, Erläuterung, II.** Solche Maßnahmen kommen nur in Betracht, „soweit es die Besonderheit des Falles erfordert". Das kann zB dann vorliegen, wenn es um die Zusammenarbeit mehrerer Fachleute geht, wenn das Gericht weiß, daß der Sachverständige zu gewissen Eigenmächtigkeiten neigt oder auch zu übergroßer Sorgfalt neigt, wenn er evtl ihre Bausubstanz beschädigen, etwa einen Fußboden öffnen müßte usw. Die Anhörung kann auch nach Abfassung der Beweisfrage ratsam sein.

6  **6) Bestimmung der zugrunde zu legenden Tatsachen, III.** Die Vorschrift erfaßt den Fall, daß die streitigen Tatsachen schon Gegenstand anderer Ermittlungen waren und daß der Sachverständige nun nicht wissen kann, ob das Gericht die Version des Zeugen A oder diejenige des B zugrunde legen will. Davon ist der Fall Rn 7 zu unterscheiden. Natürlich kann es gerade im Fall III notwendig werden, das Gutachten ergänzen zu lassen, wenn es sich zeigt, daß das Gericht nun doch die andere Version für die überzeugende hält. Schon deshalb darf das Gericht dem Sachverständigen auch die Anweisung geben, das Gutachten alternativ zunächst auf die eine, dann auf die andere Tatsache zu stützen.

7  **7) Bestimmung des Aufklärungsumfangs usw, IV.** Derartige Maßnahmen kommen nur in Betracht, „soweit es erforderlich ist". Gerade in diesem Punkt sollte das Gericht Zurückhaltung üben. So wünschenswert helfende Anleitungen sein mögen, so sehr können sie sich insbesondere bei einem zwar fachtüchtigen, aber in Wort oder Schrift und im Umgang mit dem Verfahrensrecht ungeübten Sachverständigen nachteilig und verzögernd, verteuernd auswirken, ja zu Ablehnungsanträgen usw führen. IV schränkt grundsätzlich die Parteiöffentlichkeit, § 357, nicht ein, Kürschner NJW 92, 1805. Köln NJW 92, 1568 zieht allerdings im Arzthaftungsprozeß für das Anwesenheitsrecht selbst des beklagten Arztes bei Untersuchungen des Sachverständigen Grenzen, soweit der untersuchte Kläger nicht einverstanden ist (Intimsphäre als höherrangiges Rechtsgut), § 406 Rn 9, 10.

8  **8) Mitteilungen; Terminsteilnahme der Parteien, V.** Die Mitteilungen erfolgen unverzüglich von Amts wegen an beide Parteien, formlos, am besten abschriftlich, rechtzeitig vor der Tätigkeit des Sachverständigen. Das Gericht braucht aber nicht von vornherein Stellungnahmen (auch) der Parteien einzuholen oder gar abzuwarten; freilich kann dergleichen ratsam sein. Die Parteiöffentlichkeit entspricht § 357.

9  **9) Rechtsbehelfe, I–V.** Es gelten die Regeln § 273 Rn 17, § 355 Rn 8–10 entsprechend.

10  **10) *VwGO:* Entsprechend anzuwenden, § 98 *VwGO.*

## 8. Titel. Beweis durch Sachverständige §§ 405, 406

**405** *Auswahl durch den verordneten Richter.* ¹Das Prozeßgericht kann den mit der Beweisaufnahme betrauten Richter zur Ernennung der Sachverständigen ermächtigen. ²Er hat in diesem Falle die Befugnisse und Pflichten des Prozeßgerichts nach den §§ 404, 404 a.

**1) Systematik, Regelungszweck, S 1, 2.** Die Vorschrift ergänzt § 404 zwecks Prozeßwirtschaftlichkeit, 1 Grdz 14 vor § 128, und ist daher weit auszulegen.

**2) Geltungsbereich, S 1, 2.** Vgl Üb 3 vor § 402. 2

**3) Ermächtigung, S 1, 2.** Der verordnete Richter ist an die Auswahl des Prozeßgerichts grundsätzlich 3 gebunden, § 144 I. Es kann ihn aber, auch ohne Anhörung der Parteien, zur Ernennung des Sachverständigen ermächtigen, weil er die Verhältnisse oft besser kennt oder noch Ermittlungen nach einer geeigneten Person anstellen muß. Dies kann nur im Rahmen des § 375 geschehen, auch nachträglich. Vgl auch § 402 Rn 1 „§ 375". Das Gericht darf die Auswahl im Fall eines ausländischen Sachverständigen dem deutschen Konsul überlassen. Der Beschluß ist zu begründen, § 329 Rn 4. Er ist zu verkünden oder formlos mitzuteilen, § 329 II 1. Zulässig ist auch die Ermächtigung eines ausländischen Richters. Der verordnete Richter bestimmt auch die Zahl der Sachverständigen, § 404 I, kann nach § 360 aber auch andere wählen und entscheidet über ein Ablehnungsgesuch, § 406 IV. Eine Einigung der Parteien nach § 404 IV bindet auch ihn; sie kann auch vor ihm geschehen, ihm aber vor der Ernennung mitgeteilt werden. Er hat auch die in § 404 a genannten Rechte und Pflichten der Anleitung und Überwachung des Sachverständigen.

**4) Rechtsbehelfe, S 1, 2.** Gegen die Ermächtigung und gegen die Ernennung keiner, § 355 II. 4

**5) *VwGO*:** Entsprechend anwendbar, § 98 VwGO, ohne Beschränkung auf den Rahmen des § 375, § 96 II 5 VwGO (jedoch ist diese Vorschrift nach den Grundsätzen des § 87 III 2 VwGO anzuwenden, BVerwG NJW **94**, 1975).

**406** *Ablehnung.* ¹ ¹Ein Sachverständiger kann aus denselben Gründen, die zur Ablehnung eines Richters berechtigen, abgelehnt werden. ²Ein Ablehnungsgrund kann jedoch nicht daraus entnommen werden, daß der Sachverständige als Zeuge vernommen worden ist.

ᴵᴵ ¹Der Ablehnungsantrag ist bei dem Gericht oder Richter, von dem der Sachverständige ernannt ist, vor seiner Vernehmung zu stellen, spätestens jedoch binnen zwei Wochen nach Verkündung oder Zustellung des Beschlusses über die Ernennung. ²Zu einem späteren Zeitpunkt ist die Ablehnung nur zulässig, wenn der Antragsteller glaubhaft macht, daß er ohne sein Verschulden verhindert war, den Ablehnungsgrund früher geltend zu machen. ³Der Antrag kann vor der Geschäftsstelle zu Protokoll erklärt werden.

ᴵᴵᴵ Der Ablehnungsgrund ist glaubhaft zu machen; zur Versicherung an Eides Statt darf die Partei nicht zugelassen werden.

ᴵⱽ Die Entscheidung ergeht von dem im zweiten Absatz bezeichneten Gericht oder Richter; eine mündliche Verhandlung der Beteiligten ist nicht erforderlich.

ⱽ Gegen den Beschluß, durch den die Ablehnung für begründet erklärt wird, findet kein Rechtsmittel, gegen den Beschluß, durch den sie für unbegründet erklärt wird, findet sofortige Beschwerde statt.

### Gliederung

| | |
|---|---|
| 1) Systematik, I–V ........................ 1 | B. Nach Gutachten oder Vernehmung: nach dem Fristablauf, II 2 ............ 23–26 |
| 2) Regelungszweck, I–V ................. 2 | C. Glaubhaftmachung, III ................ 27 |
| 3) Geltungsbereich, I–V ................. 3 | 6) Weiteres Verfahren, IV ................ 28–31 |
| 4) Ablehnungsgründe, I ................. 4–20 | A. Anhörung ............................ 28 |
|    A. Grundsatz: Ablehnbarkeit bei Befangenheit ........................... 4 | B. Beschluß ............................ 29 |
|    B. Beispiele zur Frage der Begründetheit einer Ablehnung ................... 5–20 | C. Verhältnis zur Sachentscheidung ....... 30 |
| | D. Einzelfragen ........................ 31 |
| 5) Ablehnungsantrag, II, III ............ 21–27 | 7) Rechtsbehelfe, V ..................... 32–34 |
|    A. Vor Gutachten oder Vernehmung: Zweiwochenfrist, II 1 ............... 21, 22 | A. Stattgebende Entscheidung .......... 32 |
| | B. Zurückweisung des Ablehnungsantrags . 33, 34 |
| | 8) VwGO ............................... 35 |

**1) Systematik, I–V.** § 406 behandelt in Anlehnung an §§ 42 ff, aber formell vorrangig und teilweise 1 auch abweichend die Ablehnung eines Sachverständigen, die auch bei der Zuziehung von Amts möglich ist. Ein als solches beauftragtes *Institut* kann man nicht ablehnen, Düss FamRZ **89**, 1102. Anders kann es natürlich bei der Beauftragung seines Leiters oder Mitarbeiters liegen, vgl § 404 Rn 1. Einen sachverständigen Zeugen, § 414, kann man nicht ablehnen. Als solcher kommt auch der erfolgreich abgelehnte Sachverständige in Betracht, BGH MDR **74**, 382. Der Gutachterausschuß der §§ 192 ff BauGB ist eine Fachbehörde zur Ermittlung des Verkehrswerts von Grundstücken, Üb 32 vor § 373. Man kann ihn nicht ablehnen, BGH **62**, 94, BFH BB **81**, 1825, Oldb FamRZ **92**, 451. Entsprechendes gilt bei der amtlichen Auskunft, zB der Anwaltskammer, vgl Üb 32 vor § 373, BVerwG NJW **88**, 2491, KG NJW **71**, 1848. Für den Dolmetscher gilt § 406 entsprechend, § 191 GVG, BVerwG NJW **85**, 757. Bei einem Gutachten einer Privatorganisation braucht die Partei die Ablehnbarkeit erst vom Zeitpunkt der Kenntnis des verantwortlichen Verfassers an zu prüfen, Karlsr MDR **75**, 670.

## § 406
2. Buch. 1. Abschnitt. Verfahren vor den LGen

**2** **2) Regelungszweck, I–V.** Die Vorschrift dient wie §§ 42 ff beim Richter dem Schutz vor zu großer Macht des Sachverständigen, auch wenn er offiziell nur ein Gehilfe des Richters ist. Wegen seiner oft faktisch richtergleichen Stellung, Üb 2 vor § 402, und wegen der zumindest theoretischen Auswechselbarkeit des Sachverständigen, Üb 4 vor § 402, ist eine an sich strenge Anwendung des § 406 geboten. Man darf aber auch nicht mit deutscher Überperfektion jeden kleinen unbeabsichtigten Formfehler beanstanden, zB eines tüchtigen Handwerksmeisters, der nicht zur vollen juristischen Zufriedenheit vorgegangen ist.

**3** **3) Geltungsbereich, I–V.** Vgl zunächst Üb 3 vor § 402. Im Verfahren auf einen Arrest oder eine einstweilige Verfügung, §§ 916 ff, 935 ff, ist § 406 anwendbar, Nürnb NJW **78**, 954, ebenso im Prozeßkostenhilfeverfahren, §§ 114 ff, sowie im FGG-Verfahren, BayObLG **97**, 144 mwN. Im selbständigen Beweisverfahren ist keine Ablehnung möglich, § 487 Rn 6, infolgedessen auch nicht ohne weiteres im zugehörigen Hauptsacheprozeß wegen der Verwertbarkeit jenes Gutachtens, aM zB KG RR **98**, 144, vgl aber auch § 487 Rn 6. Zumindest kann ein Ablehnungsgesuch im Hauptprozeß verspätet sein, Köln VersR **93**, 1502. Der Sachverständige hat kein dem § 48 entsprechendes Selbstablehnungsrecht, vgl aber § 408 I. Eine bedingte Ablehnung ist unzulässig, Stgt NJW **71**, 1090. Den vom Sachverständigen zugezogenen, wenn auch vielleicht hochrangigen Gehilfen kann man nicht ablehnen, Zweibr MDR **86**, 417.

**4** **4) Ablehnungsgründe, I.** Es gibt ähnliche Probleme wie beim Richter.

**A. Grundsatz: Ablehnbarkeit bei Befangenheit.** Da der Sachverständige Gehilfe des Richters ist, können ihn beide Parteien aus denselben Gründen ablehnen wie einen Richter. Befangenheit liegt also nach dem sog parteiobjektiven Maßstab vor, wenn ein Grund gegeben ist, der bei verständiger Würdigung ein Mißtrauen der Partei gegenüber dem Sachverständigen von ihrem Standpunkt aus rechtfertigen kann, § 42 Rn 8, Köln VersR **97**, 596, Mü NJW **92**, 1569, Rostock VersR **96**, 124. Eine offenkundige Pflichtwidrigkeit ist nicht erforderlich, Mü NJW **70**, 1240. War der Sachverständige parteiisch, so liegt eine Besorgnis der Befangenheit vor. Der Streithelfer, § 66, kann den von der Hauptpartei gewünschten Sachverständigen nicht ablehnen. Eine Ausschließung des Sachverständigen kennt die ZPO nicht, aber die Ausschließungsgründe des § 41 berechtigen zur Ablehnung außer bei § 41 Z 5, VG Köln NJW **86**, 2207. I 2 nennt zwar nur die frühere Vernehmung als Zeugen; indessen kann eine frühere Vernehmung als Sachverständiger genausowenig oder noch weniger schaden. Eine Mitwirkung bei der Entscheidung nach § 41 Z 6 liegt in dem früheren Gutachten nicht, ThP 1, aM Kahlke ZZP **94**, 68.

**5** **B. Beispiele zur Frage der Begründetheit einer Ablehnung**

**Anfrage:** Eine Ablehnung ist unbegründet, soweit man sie nur darauf stützen kann, der Sachverständige habe eine bloß technische Anfrage bei nur einer der Parteien ohne eine Erörterung der Sache oder des Gutachtens gehalten, Ffm FamRZ **89**, 410.
S auch Rn 17, 18 „Vorbereitung".

**Angestellter:** Eine Ablehnung kann begründet sein, wenn der Sachverständige Angestellter einer Partei ist oder war, vgl auch Rn 6 „Beamter".
S auch Rn 7 „DEKRA".

**Angriff:** Eine Ablehnung ist unbegründet, soweit man sie nur darauf stützen kann, man habe das Gutachten nebst der Gebührenrechnung angegriffen, Mü Rpfleger **80**, 303, und der Sachverständige habe sich sachlich verteidigt, Celle MDR **70**, 243, wenn auch vielleicht nicht einem unberechtigten Ablehnungsantrag in scharfer Weise, Düss BB **75**, 627, sogar durch Strafantrag, Mü NJW **71**, 384.

**Anwaltsauftrag:** Rn 12 „Prozeßbevollmächtigter".

**6** **Arzt:** Eine Ablehnung kann begründet sein, wenn der Arzt einen Beteiligten als Arzt behandelt (hat), Köln NJW **92**, 762. Eine Ablehnung kann unbegründet sein, soweit man sie nur darauf stützen kann, der Sachverständige habe als Klinikdirektor vom beklagten Arzt Patienten überwiesen erhalten oder nach der Begutachtung dessen Ehefrau in seine Klinik aufgenommen, Karlsr OLGZ **84**, 105 (großzügig), oder der Sohn des ärztlichen Sachverständigen arbeite in der beklagten Klinik als Arzt in Fort- oder Weiterbildung, solange nicht das Gutachten selbst Grund zur Beanstandung gibt, Köln VersR **89**, 210, oder soweit der Arzt Behandlungsunterlagen nicht erhalten und (nur) deshalb nicht mitbegutachtet hat, Köln VersR **97**, 596.
S auch Rn 6 „Beleidigung", Rn 10 „Haftpflichtversicherung", Rn 15 „Tierarzt".

**Ausschußwahl:** Eine Ablehnung ist unbegründet, soweit man sie nur darauf stützen kann, der Sachverständige sei nach der Begutachtung in diesen Ausschuß gewählt worden, Düss BB **75**, 627.
S auch Rn 9 „Gutachterausschuß".

**7** **Beamter:** Eine Ablehnung kann begründet sein, wenn der Sachverständige bei einer Partei als Beamter tätig ist, soweit der Dienstzweig in Betracht kommt, BVerwG NJW **99**, 965 (Zugehörigkeit zur bescheiderteilenden Behörde; bloße Nämlichkeit des Rechtsträgers reicht nicht), Hbg MDR **83**, 412, aM OVG Bln NJW **70**, 1390.
S auch Rn 4 „Angestellter".

**Beleidigung:** Eine Ablehnung kann begründet sein, wenn der Sachverständige einen Beteiligten grob beleidigt, BGH NJW **81**, 2010 (Arzt gegenüber Patient).

**Berater:** Eine Ablehnung kann begründet sein, wenn der Sachverständige die Besichtigung wegen der Anwesenheit des technischen Beraters einer Partei ablehnt, solange er nicht stört, Düss MDR **79**, 409.
S auch Rn 17, 18 „Vorbereitung".

**Beratung:** § 42 Rn 19 „Beratung".

**Besichtigung:** Rn 17, 18 „Vorbereitung".

**Beweisvereitelung:** Eine Ablehnung kann begründet sein, soweit der Sachverständige auch gegenüber einer Beweisvereitelung seitens der Partei gleichgültig verhält, AG Kassel WoM **93**, 415.

**Chefarzt:** Rn 5 „Arzt", Rn 10 „Haftpflichtversicherung".

**8** **DEKRA:** Eine Ablehnung ist unbegründet, soweit man sie nur auf die Mitarbeit des Sachverständigen beim DEKRA stützen kann, Schlesw VersR **91**, 1196.

## 8. Titel. Beweis durch Sachverständige § 406

**Dritter:** Eine Ablehnung kann begründet sein, wenn der Sachverständige eine gleichartige Tätigkeit für einen Dritten ausgeübt hat, der dasselbe Interesse wie der Prozeßgegner hatte, Ffm NJW **83**, 581.
S auch Rn 14 „Schiedsrichter".

**Einseitigkeit:** Eine Ablehnung kann begründet sein, wenn der Sachverständige offensichtlich einseitig vorgeht bzw Stellung nimmt, Köln VersR **92**, 255, auch nach Erstattung des Gutachtens, Hamm FamRZ **94**, 974. Indessen Vorsicht: Jeder neigt dazu, eine ungünstige Beurteilung als einseitig zu werten.
S freilich auch Rn 8 „Früheres Gutachten", Rn 9 „Gutachterausschuß".

**Falsche Angaben:** Eine Ablehnung kann begründet sein, wenn der Sachverständige falsche Angaben über die tatsächlichen Grundlagen seines Gutachtens macht, Ffm FamRZ **80**, 932.

**Fehler:** Eine Ablehnung ist unbegründet, soweit man sie nur auf eine Unzulänglichkeit oder Fehlerhaftigkeit des Gutachtens stützen kann, selbst wenn sie natürlich das Gutachten entwerten, Mü Rpfleger **80**, 303.
S auch Rn 14 „Sachkunde".

**Feindschaft, Freundschaft:** Eine Ablehnung kann begründet sein, wenn der Sachverständige mit einer 9 Partei befreundet oder verfeindet ist, aM LSG Essen BB **98**, 376. So können auch zB heftige Angriffe einer Partei gegenüber dem Sachverständigen diesem die Unbefangenheit nehmen. Eine bewußte Reizung zu solchem Zweck ist aber selbst bei einer verständlich scharfen Reaktion des Sachverständigen *kein* Ablehnungsmittel, Düss BB **75**, 628, sondern als Rechtsmißbrauch unbeachtlich, Einl III 54.

**Früheres Gutachten:** Eine Ablehnung ist unbegründet, soweit man sie nur darauf stützen kann, daß schon ein Gegengutachten vorliege bzw daß der Sachverständige die Lage in einem anderen, gleichliegenden Prozeß oder in der Vorinstanz ungünstig beurteilt habe, BGH LM § 209 BEG 1956 Nr 37, Köln MDR **90**, 1121, Mü VersR **94**, 704 (betr ein früheres Strafverfahren).
S freilich auch Rn 7 „Einseitigkeit".

**Geldannahme:** Eine Ablehnung ist begründet, soweit der Sachverständige vor oder nach dem Gutachten von einer Partei Geld usw bezieht, Hamm FamRZ **94**, 974.

**Gelegenheitstätigkeit:** Eine Ablehnung ist unbegründet, soweit man sie nur auf eine bloß gelegentliche 10 oder nur in weitem Zeitabstand vorgenommene Tätigkeit des Sachverständigen für den Prozeßgegner stützen kann, BayObLG DB **87**, 2402.

**Gutachterausschuß:** Eine Ablehnung ist begründet, soweit man sie nur darauf stützen kann, der Sachverständige habe den bei einer Partei (Gemeinde) gebildeten Gutachterausschuß ohne Zuziehung der anderen Partei bei der Vorbereitung befragt, Düss BB **72**, 1248.
S aber auch Rn 5 „Ausschußwahl", Rn 7 „Einseitigkeit", Rn 17, 18 „Vorbereitung".

**Haftpflichtversicherung:** Eine Ablehnung kann begründet sein, wenn der Sachverständige für die Haftpflichtversicherung einer Partei tätig war oder ist, BGH LM § 356 Nr 1. Ausnahmen sind denkbar, zB: Bei einem Einverständnis mit solcher Tätigkeit (es ist als Verzicht auf das Ablehnungsrecht wertbar), Mü MDR **71**, 494; bei einer ständigen Tätigkeit für fast sämtliche Versicherungsträger, Karlsr VersR **73**, 865; bei einem vom Versicherer unabhängigen Chefarzt, Ffm RR **92**, 1470, Köln VersR **92**, 850.

**Konkurrent:** S „Mitbewerber". 11

**Lehrer, Schüler:** Eine Ablehnung ist unbegründet, soweit man sie nur darauf stützen kann, ein früherer Schüler des Sachverständigen habe schon ein Gutachten erstattet, Schlesw SchlHA **79**, 23.

**Mitbewerber:** Eine Ablehnung kann begründet sein, wenn der Sachverständige ein Mitbewerber einer Partei ist. Es kommt auf die Gesamtumstände an, ThP 3, ZöGre 8, großzügiger Mü MDR **89**, 828.

**Obermeister:** Rn 14 „Schiedsgutachter, Schiedsrichter".

**Privatgutachten:** Eine Ablehnung ist grds begründet, wenn der Sachverständige in derselben Sache bereits 12 ein Privatgutachten erstattet hatte, BGH NJW **72**, 1134, Ffm BB **87**, 26, Köln VersR **92**, 517, aM Kblz MDR **84**, 675. Freilich kann eine Partei auf ihr Ablehnungsrecht verzichtet haben, Köln VersR **93**, 1502. Die Bezeichnung eines nachträglich angekündigten Privatgutachtens, das der gerichtliche Gutachter nicht gesehen hat, als Gefälligkeitsgutachten kann zur Ablehnung führen, Zweibr NJW **98**, 913 (Vorsicht!). Eine Ablehnung ist unbegründet, soweit man sie nur darauf stützen kann, es liege eine frühere gewerbliche oder wissenschaftliche Zusammenarbeit mit dem Privatgutachter des Prozeßgegners des Beweisführers vor, Ffm VersR **81**, 557, aM Köln VersR **93**, 72 (aber ein Vorgang vor 17 Jahren ist längst Vergangenheit).

**Prozeßbevollmächtigter:** Eine Ablehnung kann begründet sein, wenn es sich um die Beauftragung des ProzBev des Prozeßgegners des Beweisführers mit einer in die Prozeßmaterie fallenden Angelegenheit handelt, BGH DB **87**, 1089.

**Prozeßgegner:** Eine Ablehnung ist begründet, wenn der Sachverständige regelmäßig für den Prozeßgegner des Ablehnenden tätig war bzw ist, BayObLG DB **87**, 2402.

**Rechtliche Würdigung:** Eine Ablehnung kann begründet sein, wenn der Sachverständige statt der Beant- 13 wortung der Beweisfrage eine Prüfung der Schlüssigkeit bzw Erheblichkeit des Parteivortrags vornimmt, Köln RR **87**, 1199. Freilich reichen bloße Rechtsausführungen meist nicht aus, Karlsr MDR **94**, 725.

**Sachkunde:** Eine Ablehnung ist unbegründet, soweit man sie nur auf einen Mangel an Sachkunde des 14 Sachverständigen stützen kann, Ffm FamRZ **80**, 932, Mü Rpfleger **80**, 303.
S auch Rn 7 „Fehler".

**Schiedsrichter:** Eine Ablehnung kann nach §§ 1036, 1049 III begründet sein, zB dann, wenn der Sachverständige eine Tätigkeit als Schiedsrichter in einer anderen Sache gegenüber einem Dritten ausgeübt hat, BGH NJW **72**, 827, aM Brschw MDR **90**, 730 (Schlichtungsstelle), oder wenn ein Obermeister ein Innungsmitglied begutachten soll, LG Mönchengl NJW **76**, 1642.

**Schüler:** Rn 11 „Lehrer, Schüler".

**Selbständiges Beweisverfahren:** § 487 Rn 6.

**Strafantrag:** Rn 4 „Angriff".

**Technischer Berater:** Rn 6 „Berater". 15

**Terminsverlegung:** Eine Ablehnung ist unbegründet, soweit der Sachverständige es ablehnt, einen Termin nochmals zu verlegen, sei es auch wegen des Urlaubs einer Partei, LG Tüb MDR **95**, 960.

§ 406    2. Buch. 1. Abschnitt. Verfahren vor den LGen

**Tierarzt:** Eine Ablehnung kann begründet sein, wenn der Sachverständige ein Tier, um das es geht, bereits als Tierarzt behandelt (hat), soweit die Zweckmäßigkeit seiner Maßnahme in Frage steht, also nicht schon auf Grund irgendeiner Behandlung, Köln VersR **92**, 518.
S auch Rn 5 „Arzt".
**Untersuchung:** Rn 17, 18 „Vorbereitung".

**16 Veröffentlichung:** Eine Ablehnung kann begründet sein, wenn der Sachverständige eine einseitige einschlägige Veröffentlichung vorgenommen hat, LG Hbg WoM **89**, 439. Freilich ist in solchem Fall Vorsicht geboten: Der Sachverständige kann seine Meinung geändert haben oder ändern wollen. Es kommt darauf an, wie starr er an seiner Ansicht festhält, § 42 Rn 23.
**Versicherung:** Rn 10 „Haftpflichtversicherung".
**Verwandtschaft:** Eine Ablehnung ist unbegründet, soweit man sie nur auf eine Verwandtschaft zwischen dem Sachverständigen und seinem Gehilfen stützen kann, solange dieser letztere keinen Einfluß auf den Inhalt des Gutachtens nimmt, Köln VersR **81**, 756.

**17 Vorbereitung:** Eine Ablehnung kann begründet sein, wenn der Sachverständige zu seiner Vorbereitung, etwa zu einer Besichtigung, entweder nur die eine der Parteien oder gar keine von ihnen zugezogen hat, BGH NJW **75**, 1363, BayObLG FamRZ **86**, 829, Mü MDR **98**, 1123, aM Köln NJW **92**, 1568 (Intimsphäre).

**18** Es sind freilich manche *Ausnahmen* denkbar, zB in folgenden Fällen: Das Gericht hat eine Anweisung nach § 404 a IV gegeben, dort Rn 7, etwa die Untersuchung des Klägers in Abwesenheit des beklagten Arztes, Köln NJW **92**, 1568, Stgt VersR **91**, 1305; es geht um eine Untersuchung im Intimbereich, Köln NJW **92**, 1568, Saarbr OLGZ **80**, 40 (Mundhöhle; wohl zu großzügig); bei einer Auskunft an einen Buchprüfer, Düss DB **86**, 1118; soweit sich der Sachverständige den zu begutachtenden Gegenstand von einer Partei in Abwesenheit der anderen hat übergeben lassen, Hbg MDR **86**, 153; soweit eine Beweisaufnahme sofort erfolgen muß, § 294 II, Nürnb MDR **77**, 849; soweit eine Partei bereits anderweitig Kenntnis vom Besichtigungstermin, Oldb MDR **78**, 1028, LG Aurich MDR **85**, 853, oder vom Augenscheinsobjekt hatte, LG Bre MDR **97**, 502; soweit der Sachverständige nur das Gericht fragt, ob er zur Lärmschutzmessung eine Partei hinzuziehen müsse, Saarbr MDR **98**, 492.
S auch Rn 4 „Anfrage", Rn 6 „Berater", Rn 7 „Falsche Angaben", Rn 9 „Gutachterausschuß".
**Werbeschreiben:** Eine Ablehnung ist unbegründet, soweit sie sich nur auf ein allgemeines Werbeschreiben des Sachverständigen stützt, LG Mönchengladb WoM **93**, 415.

**19 Wirtschaftliche Beziehungen:** Eine Ablehnung ist unbegründet, soweit man sie nur auf allgemeine wirtschaftliche Beziehungen des Sachverständigen zu einer Partei stützen kann, Mü MDR **98**, 858.

**20 Zeugenaussage:** Eine Ablehnung ist unbegründet, soweit man sie nur darauf stützen kann, der Sachverständige habe früher in derselben Sache als (noch dazu evtl sachverständiger) Zeuge ausgesagt, aM Kahlke ZZP **94**, 60.
**Zusammenarbeit:** Rn 12 „Privatgutachten".
**Zusatzvergütung:** Eine Ablehnung kann begründet sein, wenn der Sachverständige eine private Zusatzvergütung annimmt; zu ihr grds Hartmann Teil V Grdz 7 vor § 1 ZSEG.

**21 5) Ablehnungsantrag, II, III.** Die Vorschriften werden oft ungenau befolgt.
**A. Vor Gutachten oder Vernehmung: Zweiwochenfrist, II 1.** Die Partei muß einen Ablehnungsantrag bei demjenigen Richter anbringen, der den Sachverständigen ernannt hat, ThP 6, aM Köln MDR **77**, 57. Der Ablehnungsantrag ist also evtl beim Einzelrichter zu stellen, §§ 348, 524, oder beim Vorsitzenden der Kammer für Handelssachen, § 349, oder beim verordneten Richter im Fall des § 405. Es besteht kein Anwaltszwang, II 3, § 78 III. Der Antrag ist erst nach der Ernennung des Sachverständigen zulässig, Schneider MDR **75**, 353. Er ist grundsätzlich nur bis zum Beginn der Vernehmung des Sachverständigen zur Sache zulässig, §§ 396, 402. Solange diese noch nicht begonnen hat, läuft eine zweiwöchige Frist. Sie beginnt mit gesetzmäßiger Verkündung oder Zustellung des Ernennungsbeschlusses, § 329 I, II 2. Sie ist keine Notfrist, § 224 I 2. Eine Abkürzung oder Verlängerung ist nicht möglich, § 224 II Hs 2, da § 406 dies nicht bestimmt.

**22** Vielmehr kommt eine Ablehnung *nach* dem *Ablauf der Zweiwochenfrist* selbst dann, wenn die Vernehmung noch nicht begonnen hat, nur unter den Voraussetzungen nach II 2 in Betracht, Rn 28. Bei einer schriftlichen Begutachtung gemäß § 411 ist die Ablehnung ebenfalls nur innerhalb der vorgenannten Zweiwochenfrist zulässig. Soweit allerdings das Gutachten vor dem Ablauf dieser Frist beim Gericht eingeht, ist die Ablehnung dennoch bis zum Fristablauf zulässig, ohne daß man die besonderen Gründe nach II 2 darlegen muß. Das ergibt sich aus dem klaren Wortlaut in II 1; daher ist eine einengende Auslegung etwa dahin, die Ablehnung sei (wie früher) nur vor der Einreichung des Gutachtens statthaft, nicht möglich. Eine Belehrung und eine Beeidigung des Sachverständigen hindern die Zulässigkeit eines Ablehnungsgesuchs nicht. Ebensowenig hindert die Einreichung eines nur vorbereitenden Gutachtens auf Anordnung des ersuchten Richters, §§ 361, 362.

**23 B. Nach Gutachten oder Vernehmung: nach dem Fristablauf, II 2.** Nach dem Beginn der Vernehmung, §§ 396, 402, oder nach dem Ablauf der Zweiwochenfrist ist die Ablehnung nur dann zulässig, wenn die Partei nach § 294 glaubhaft macht, daß sie den Sachverständigen unverschuldet nicht früher ablehnen konnte, etwa dann, wenn das Gutachten selbst erst den Ablehnungsgrund ergibt, insofern richtig Köln VersR **89**, 210, evtl erst im höheren Rechtszug, Düss WertpMitt **70**, 1305. Der Ablehnungsantrag muß aber nunmehr unverzüglich eingereicht werden, Düss RR **98**, 933 (§§ 485 ff), Kblz RR **99**, 72, LG Mü MDR **98**, 1435, aM Kblz MDR **94**, 1147 (nach angemessener Überlegungsfrist), Schneider MDR **75**, 355 (er brauche erst nach einer ruhigen Klärung eingereicht zu werden. Aber diese ist meist immerhin nicht im Sinn von § 121 BGB schuldhaft).

**24** Erst recht darf man den Ablehnungsantrag nach der gesetzlichen Zweiwochenfrist nun auch nicht mehr nach dem Ablauf einer etwa zusätzlich *vom Gericht* gewährten Frist zur Stellungnahme zum Gutachten stellen, Kblz RR **99**, 72, Saarbr OLGZ **82**, 366, aM BayObLG **94**, 187, oder gar Wochen nach einer solchen

## 8. Titel. Beweis durch Sachverständige § 406

Stellungnahme, Ffm MDR **89**, 745. Sonst geht das Ablehnungsrecht verloren, und zwar für alle Instanzen, BayObLG FamRZ **86**, 830, aM Düss WertpMitt **70**, 1305; denn nicht erst der Schluß der mündlichen Verhandlung hat den Verlust herbeigeführt. Wenn es zweckmäßig ist, zum Gutachten eine Stellungnahme einzuholen, darf diese abgewartet werden, aM Nürnb MDR **70**, 150 (aber eine Ablehnung auf Verdacht ist unzulässig). Bei einer Einigung auf eine bestimmte Person nach § 404 IV entscheidet der Zeitpunkt der Einigung.

Die Partei verliert das Ablehnungsrecht, wenn sie nicht zeitig sorgfältige *Erkundigungen* nach der Person **25** und dem Verfahren des Sachverständigen eingezogen hat, Oldb MDR **78**, 1028, aM Schneider MDR **75**, 354 (schädlich sei nur eine positive Kenntnis des Ablehnungsgrunds); denn der Fall liegt hier anders als beim Richter: schon die Förderungspflicht der Partei, Grdz 12 vor § 128, verlangt eine Erkundigung. Auch nach dem Verlust des Ablehnungsrechts kann die Partei alle Ablehnungsgründe in der mündlichen Verhandlung vorbringen; das Gericht muß sie bei der Beweiswürdigung nach § 286 berücksichtigen, BGH NJW **81**, 2010, und notfalls einen neuen Sachverständigen hören, soweit es nicht schon über die Ablehnung sachlich entschieden hat. Eine Sachverhandlung führt zum Verlust der bis dahin bekannten Ablehnungsgründe.

Wenn das Gericht ein *zweites* Gutachten desselben Sachverständigen einfordert, § 286 Rn 53, hat es den **26** Verlust des Ablehnungsrechts erneut zu prüfen. Etwas anderes gilt, wenn der Sachverständige nur sein früheres Gutachten nach § 411 III erläutern soll; sonst könnte eine Partei ein ihr ungünstiges Gutachten leicht ausschalten. Unter den Voraussetzungen II 2 ist die Ablehnung auch nach dem Erlaß des Berufungsurteils bis zu seiner Rechtskraft zulässig, MüKoDa 7, ThP 7, aM ZöGre 10. Die Ablehnung des Ablehnungsgegners ist im nachfolgenden Hauptsacheprozeß auch dann zulässig, wenn der Ablehnende die Ablehnungsgründe schon vor der Einbringung des Gutachtens im selbständigen Beweisverfahren, § 487 Rn 6, aM Ffm MDR **85**, 853, oder im nur vorprozessualen Erhöhungsverfahren nach § 2 MHG kannte, AG Freibg WoM **87**, 266.

**C. Glaubhaftmachung, III.** Die Partei muß ihr Ablehnungsgesuch nach § 294 glaubhaft machen, darf **27** dies aber nicht durch eine eidesstattliche Versicherung tun. Ein Antrag auf eine Befragung des Sachverständigen kann genügen, § 44 II 2 entsprechend, Bbg FamRZ **93**, 1097, ZöGre 11, aM MüKoDa 10, 18. Ein Verstoß führt zur Unzulässigkeit des Antrags, LG Gött RR **88**, 695.

**6) Weiteres Verfahren, IV.** Das Gericht sollte exakt vorgehen. **28**

**A. Anhörung.** Das Verfahren erfolgt bei freigestellter mündlicher Verhandlung, § 128 Rn 5, abw Düss JMBl NRW **70**, 235, durch das Prozeßgericht, BayObLG **97**, 144, oder den Einzelrichter, § 348, außer in denjenigen Fällen, in denen der verordnete Richter den Sachverständigen ernannt hat, § 405 S 2. Das übersieht Schneider DRiZ **77**, 14 (die Entscheidung erfolge stets durch das Prozeßgericht). Wenn der Rechtsstreit in der höheren Instanz anhängig ist, erfolgt die Entscheidung durch jenes Gericht, BayObLG FamRZ **98**, 1241. Der Prozeßgegner des Ablehnenden ist nicht beteiligt und braucht daher nicht angehört zu werden, Mü AnwBl **87**, 288. Eine Anhörung des Sachverständigen ist grundsätzlich unnötig, Düss MDR **94**, 1050, Mü Rpfleger **81**, 73, Schlesw SchlHA **79**, 23, aM Kblz NJW **77**, 395, ThP 8, ZöGre 13 (aber eine dem § 44 III entsprechende Vorschrift fehlt; freilich kann Art 103 I GG eine Anhörung des Sachverständigen notwendig machen, allerdings erst vor der Entscheidung über den Entschädigungsanspruch und nur vor der hierüber entscheidenden Stelle; das übersieht Karlsr OLGZ **84**, 105), ZöV § 44 Rn 4 (aber der Sachverständige ist nicht Partei). Zu seiner etwaigen Stellungnahme ist aber die ablehnende Partei zu hören, Kblz VersR **77**, 231. Bis zur Entscheidung über den Ablehnungsantrag dürfen die Partei eine Einlassung zur Sache nicht verweigern, § 137 Rn 13, und das Gericht das Gutachten nicht verwerten, Düss JZ **77**, 565.

**B. Beschluß.** Die Entscheidung erfolgt immer durch einen Beschluß, § 329, vgl BFH BB **87**, 1593, der **29** baldmöglichst nach dem Eingang des Gesuchs zu fällen ist, BSG MDR **96**, 94, BayObLG **94**, 267, Schlesw SchlHA **82**, 30. Der Beschluß ist grundsätzlich zu begründen, § 329 Rn 4. Er wird dann, wenn dem Ablehnungsantrag stattgegeben wird, den Parteien formlos mitgeteilt, § 329 II 1, wenn er aber zurückgewiesen wird, dem Antragsteller förmlich zugestellt, § 329 III. Die Entscheidung liegt nicht schon in der Vernehmung des Sachverständigen; ein Stillschweigen ist kein Beschluß.

**C. Verhältnis zur Sachentscheidung.** Eine Entscheidung erst in den Gründen der *Sachentscheidung* ist **30** unzulässig, BSG MDR **96**, 94, auch wenn das Gericht das Gesuch zwar für unzulässig, nicht aber für rechtsmißbräuchlich hält, BayObLG FamRZ **88**, 213; sie kann einen Verstoß gegen Art 103 I GG bedeuten, BayObLG FamRZ **88**, 213, und sich auch in einen versteckten Beschluß umdeuten, aM ThP 10. Sie führt grundsätzlich bei einer Entwicklungserheblichkeit zur Aufhebung und Zurückverweisung, § 539, BFH DB **87**, 1404, BSG MDR **96**, 94, BayObLG Rpfleger **82**, 434.

**D. Einzelfragen.** Eine Zurückverweisung erfolgt freilich nur durch das Berufungsgericht, Düss JZ **77**, **31** 565, Hamm MDR **74**, 499, und nur dann, falls der Ablehnungsantrag form- und fristgemäß gestellt worden war, BayObLG Rpfleger **82**, 434. Ein Verfahrensmangel kann im Rechtsmittelzug heilen und eine Zurückverweisung erübrigen, Karlsr OLGZ **84**, 105. In der *Revisionsinstanz* erfolgt keine diesbezügliche Aufhebung, BGH NJW **79**, 720, aM BSG MDR **76**, 83.

*Gebühren:* Keine, § 37 Z 3 BRAGO.

**7) Rechtsbehelfe, V.** Es kommt auf die Entscheidungsrichtung an. **32**

**A. Stattgebende Entscheidung.** Der Beschluß, der dem Ablehnungsantrag stattgibt, ist unanfechtbar, Düss JZ **77**, 565, Mü AnwBl **87**, 288, auch wenn ihn der verordnete Richter im Rahmen seiner Zuständigkeit erlassen hat, §§ 361, 362, 405. Das gilt unabhängig davon, ob die Ablehnung unzulässig oder unbegründet war, LG Gött RR **88**, 494, und auch im selbständigen Beweisverfahren, § 487 Rn 9. Ausnahmen von der Unanfechtbarkeit können bei einem Verstoß gegen Art 103 I GG oder bei Willkür vorliegen, Einl III 54, LG Gött RR **88**, 494. Wegen der Urteilsgründe Rn 35. Der Sachverständige verliert den Entschädigungsanspruch nur nach Maßgabe der in § 413 Rn 1, 2 genannten Regeln, Kblz BB **88**, 1490.

§§ 406, 407  2. Buch. 1. Abschnitt. Verfahren vor den LGen

33 **B. Zurückweisung des Ablehnungsantrags.** Gegen den Beschluß, der den Ablehnungsantrag als unzulässig oder unbegründet zurückweist, hat der Ablehnende die sofortige Beschwerde ohne eine aufschiebende Wirkung, § 577, BayObLG **97**, 144, Düss JZ **77**, 565, Ffm MDR **84**, 323, nach § 567 III 2, auch gegen denjenigen des LG als Berufungs- oder als Beschwerdegericht, und auch im Arbeitsgerichtsverfahren, LAG Hamm MDR **86**, 787. Für sie besteht Anwaltszwang, § 78 Rn 2. Eine weitere Verhandlung oder gar ein Urteil sind wegen § 572 I zwar nicht rechtsfehlerhaft, BFH BB **79**, 412, sollten aber nur bei einer offenbar aussichtslosen Beschwerde ergehen, BGH **LM** § 356 Nr 1. Die Anfechtung zusammen mit derjenigen des Endurteils erfolgt nur dann, wenn das Gericht fälschlich, Rn 29, 30, nicht besonders entschieden hat, aber auch sie ist wegen §§ 567 IV, 548 nicht mehr in der Revisionsinstanz zulässig, Rn 31. Eine weitere Beschwerde ist unzulässig, § 568 II 1, Ffm MDR **96**, 95. Wenn der verordnete Richter, §§ 361, 362, entschieden hat, wird das Kollegium nach § 576 nur bei einer Zurückweisung des Gesuchs angerufen.

34 Gegen den erstinstanzlichen Beschluß, in dem zugleich mit der Zurückweisung des Ablehnungsantrags eine *Wertfestsetzung* nach § 74a V 1 ZVG erfolgt, ist nach § 74a V 3 Hs 1 ZVG mit der sofortigen Beschwerde anfechtbar, § 74a V 3 Hs 2 ZVG ist ausgeschlossen, § 74a V 3 Hs 2 ZVG, Kblz Rpfleger **92**, 170, aM ZöGre 14. Die Beschwerde ist grundsätzlich unzulässig, soweit das LG als Berufungs- oder Beschwerdegericht, § 567 III 1, aM BayObLG **97**, 144, oder soweit das OLG entschieden hat, § 567 IV 1. Zur weiteren Beschwerde § 577 a. In einer Familiensache, §§ 606 ff, entscheidet das OLG, Ffm FamRZ **86**, 1021 (zustm Bosch, der eine gesetzliche Klarstellung anregt).

35 **8) VwGO:** Entsprechend anwendbar, § 98 VwGO, BVerwG NVwZ **98**, 635 mwN, VGH Mannh Just **98**, 89. Die Ablehnungsgründe, I, werden durch § 54 II u III VwGO ergänzt, BVerwG aaO; „Mitwirkung" iSv § 54 II VwGO ist nicht die Vernehmung als Sachverständiger, oben Rn 3, BVerwG aaO mwN. Rechtsmittel gegen einen zurückweisenden Beschluß des VG, V, ist die Beschwerde nach §§ 146 ff VwGO, sofern sie nicht schlechthin ausgeschlossen ist, vgl § 252 Rn 7, VGH Mannh Just **98**, 87, OVG Lüneb NdsRpfl **97**, 293. Zur Ablehnung wegen der Zugehörigkeit zu einem auf Grund eines Gesetzes berufenen Gutachterausschuß vgl VGH Mannh NJW **69**, 524, zur Ablehnung eines im Dienst der Beklagten stehenden Beamten vgl OVG Lüneb NdsRpfl **85**, 285, OVG Bln NJW **70**, 1390 (keine Befangenheit schlechthin), zur Ablehnung des Leiters eines der im Deutschen Handwerks-Institut zusammengeschlossenen Institute VG Darmstadt GewArch **90**, 251 (krit Delventhal). Zur entspr Anwendung des § 47 s BVerwG Buchholz 303 § 47 Nr. 1.

**407** *Begutachtungspflicht.* [I] Der zum Sachverständigen Ernannte hat der Ernennung Folge zu leisten, wenn er zur Erstattung von Gutachten der erforderten Art öffentlich bestellt ist oder wenn er die Wissenschaft, die Kunst oder das Gewerbe, deren Kenntnis Voraussetzung der Begutachtung ist, öffentlich zum Erwerb ausübt oder wenn er zur Ausübung derselben öffentlich bestellt oder ermächtigt ist.

[II] Zur Erstattung des Gutachtens ist auch derjenige verpflichtet, der sich hierzu vor Gericht bereit erklärt hat.

1 **1) Systematik, Regelungszweck, I, II.** Der Sachverständige ist im Gegensatz zum Zeugen, auch zum sachverständigen, vertretbar, Üb 6 vor § 402. Darum besteht grundsätzlich keine Pflicht zur Begutachtung. Der Ernannte kann grundsätzlich die Tätigkeit unbedingt und ohne Angabe von Gründen ablehnen.

2 **2) Geltungsbereich, I, II.** Vgl Üb 3 vor § 402.

3 **3) Begutachtungspflicht, I, II.** Ausnahmsweise ist man in jedem der folgenden Fällen verpflichtet.

**A. Öffentliche Bestellung als Sachverständiger, I.** Zur Tätigkeit für das Gericht ist zunächst derjenige verpflichtet, der für Gutachten der betreffenden Art öffentlich bestellt ist, nur für solche Gutachten, Saarbr Rpfleger **88**, 166, § 404 Rn 4. Wegen der Pflicht des Gutachterausschusses § 193 I BauGB. OVG Münster NJW **87**, 513 stellt Anforderungen an die Fairneß, Korrektheit und persönliche Untadeligkeit, die angesichts so mancher Erscheinung auch des öffentlichen Lebens ziemlich hoch, wenn auch noch so wünschenswert, sind.

4 **B. Öffentliche Ausübung der Wissenschaft usw zum Erwerb, I.** Zur Tätigkeit für das Gericht ist ferner derjenige verpflichtet, der die zum Gutachten nötige Wissenschaft, Kunst oder Gewerbetätigkeit öffentlich ausübt, dh der Allgemeinheit gegenüber, unabhängig davon, ob dies für eigene oder fremde Rechnung, mit oder ohne Bestellung oder Ermächtigung geschieht. Gewerbe ist hier jede dauernde Erwerbstätigkeit in Handel, Industrie, Landwirtschaft, freiem Beruf, zB als Arzt, Arbeitnehmer, Schriftsteller.

5 **C. Öffentliche Bestellung als Wissenschaftler usw, I.** Zur Tätigkeit für das Gericht ist ferner derjenige verpflichtet, der zur Ausübung einer in Rn 4 genannten Tätigkeit öffentlich bestellt ist, solange er sie noch grundsätzlich ausübte (nicht mehr nach Pensionierung). Eine Bestellung liegt in einer Zulassung, zB des Anwalts und Arztes.

6 **D. Bereiterklärung, II.** Zur Tätigkeit für das Gericht ist schließlich derjenige verpflichtet, der sich vor Gericht dazu bereit erklärt hat, II, sei es allgemein für Gutachten bestimmter Art oder im Einzelfall. Die Erklärung kann auch stillschweigend durch die Entgegennahme des Auftrags bzw durch ein Erscheinen und das Unterlassen einer unverzüglichen Ablehnung der Tätigkeit erfolgt sein. Sie kann auch vor dem verordneten Richter abgegeben werden. In Betracht kommt zB ein Mitarbeiter des Leiters, Köln MDR **82**, 677.

7 **4) VwGO:** Entsprechend anwendbar, § 98 VwGO, VGH Mü NVwZ-RR **96**, 329.

## 8. Titel. Beweis durch Sachverständige § 407a

**407a** *Pflichten des Sachverständigen.* **I** ¹Der Sachverständige hat unverzüglich zu prüfen, ob der Auftrag in sein Fachgebiet fällt und ohne die Hinzuziehung weiterer Sachverständiger erledigt werden kann. ²Ist das nicht der Fall, so hat der Sachverständige das Gericht unverzüglich zu verständigen.

**II** ¹Der Sachverständige ist nicht befugt, den Auftrag auf einen anderen zu übertragen. ²Soweit er sich der Mitarbeit einer anderen Person bedient, hat er diese namhaft zu machen und den **Umfang ihrer Tätigkeit anzugeben, falls es sich nicht um Hilfsdienste von untergeordneter Bedeutung handelt.**

**III** ¹Hat der Sachverständige Zweifel an Inhalt und Umfang des Auftrages, so hat er unverzüglich eine Klärung durch das Gericht herbeizuführen. ² Erwachsen voraussichtlich Kosten, die erkennbar außer Verhältnis zum Wert des Streitgegenstandes stehen oder einen angeforderten Kostenvorschuß erheblich übersteigen, so hat der Sachverständige rechtzeitig hierauf hinzuweisen.

**IV** ¹Der Sachverständige hat auf Verlangen des Gerichts die Akten und sonstige für die Begutachtung beigezogene Unterlagen sowie Untersuchungsergebnisse unverzüglich herauszugeben oder mitzuteilen. ²Kommt er dieser Pflicht nicht nach, so ordnet das Gericht die Herausgabe an.

**V** Das Gericht soll den Sachverständigen auf seine Pflichten hinweisen.

### Gliederung

| | | | | |
|---|---|---|---|---|
| 1) Systematik, Regelungszweck, I–V .... | 1 | | C. Hinzuziehung der Parteien .......... | 15 |
| 2) Geltungsbereich, I–V ................ | 2 | | D. Zutritt Dritter ..................... | 16 |
| 3) Prüfung der Fachkundigkeit usw, I ... | 3 | | E. Keine Verhandlung usw ............. | 17 |
| 4) Keine Übertragungsbefugnis; Angabe der Hilfspersonen, II ................ | 4–9 | | F. Offenlegung der Tatsachen .......... | 18 |
| A. Begriffe ........................... | 4 | | G. Weitere Folgen ..................... | 19 |
| B. Klinikleiter usw ................... | 5–7 | | 6) Unverhältnismäßigkeit der Kosten, III ................................... | 20 |
| C. Auswahl und Anleitung der Hilfskräfte ............................... | 8 | | 7) Herausgabe der Akten usw, IV ........ | 21 |
| D. Parteianhörung .................... | 9 | | 8) Hinweispflicht des Gerichts, V ....... | 22 |
| 5) Zweifel des Sachverständigen, III .... | 10–19 | | 9) Rechtsbehelfe, I–V .................. | 23 |
| A. Ermittlungen des Sachverständigen ... | 11 | | 10) VwGO .............................. | 24 |
| B. Persönliche Pflichten ............... | 12–14 | | | |

**1) Systematik, Regelungszweck, I–V.** Vgl § 404 a Rn 1, 2.   **1**

**2) Geltungsbereich, I–V.** Vgl Üb 3 vor § 402.   **2**

**3) Prüfung der Fachkundigkeit usw, I.** Die Vorschrift besagt etwas an sich Selbstverständliches. In- **3** dessen hat die Praxis insoweit vielfache Probleme gebracht. Diese soll I und auch II eingrenzen. Hauptproblem ist die Pflicht des Sachverständigen, das Gutachten persönlich zu erarbeiten oder doch zu erstellen und jedenfalls persönlich in jeder Beziehung allein zu verantworten, wie es sich nur ergibt. Vgl dazu Rn 4 ff. Aber auch die Fachkunde kann so geartet und begrenzt sein, daß der Sachverständige nur unter Hinzuziehung solcher anderer Fachleute, die er nicht ohnehin nach II wegen untergeordneter Hilfsdienste einsetzen darf, auftragsgemäß arbeiten könnte. Im Zweifel ist der Sachverständige zur unverzüglichen Verständigung des Gerichts verpflichtet und darf es keineswegs erst bei seiner Einarbeitung in die Akten verständigen, wenn er die Grenzen seiner Möglichkeiten schon alsbald nach Beginn des Aktenstudiums erkennt. Noch weniger darf er seine Bedenken usw erst nach Erstattung des Gutachtens mitteilen.

**4) Keine Übertragungsbefugnis; Angabe der Hilfspersonen, II.** Die Vorschrift zieht dem Sach- **4** verständigen harte Grenzen. Sie sind in der Praxis oft schwer nachzuziehen. Die moderne Wissenschaft ist so arbeitsteilig, daß gerade die besten Fachleute oft überhaupt nicht ohne einen ganzen Stab von Mitarbeitern auskommen, die ihrerseits hochkarätige Fachleute sind und schon urheberrechtlich Ansprüche haben können, die sie zu mehr als bloßen „Hilfsdiensten von untergeordneter Bedeutung" machen.

**A. Begriffe.** II unterscheidet daher allzu fein zwischen der nach S 1 schlechthin unbefugten „Übertragung" und dem nach S 2 Hs 1 erlaubten „Sich-der-Mitarbeit-Bedienen" sowie dem nach S 2 Hs 2 erst recht erlaubten Einsatz der „Hilfsdienste untergeordneter Bedeutung".

**B. Klinikleiter usw.** Der Universitätsprofessor, der die erforderlichen Röntgenaufnahmen von einer **5** hochqualifizierten Schwester, deren Vor-Begutachtung vom jungen Stationsarzt und den Text des Gutachtens von seinem habilitierten langjährigen Oberarzt anfertigen läßt, um das Gutachten dann nach kurzer abschließender Erörterung im Kollegenkreis zu unterzeichnen und vom Oberarzt gegenzeichnen zu lassen, handelt nach II am Rande des Erlaubten, ja jenseits, wenn jene Personen schon die Entscheidung über die zu durchleuchtende Ebene, die zugehörige Vor- oder Nachuntersuchung, gar die Durchsicht der Literatur doch sehr auch davon mitabhingen, wieviel Zeit er selbst für diese Arbeiten zur Verfügung stellen sollte. Entsprechend liegt es überall dort, wo Teams am Werk sind, von Meinungsumfrageinstituten über den Technischen Überwachungsverein bis hin zur Arbeitsgemeinschaft eines Industrie- oder Bürgerverbandes. Man kann II nur im Zusammenhang mit III und mit § 404 a richtig auslegen. Das Gericht muß seinerseits zwar hilfreich bereitstehen, darf aber nicht allzu ängstlich oder kleinlich sein. Nur vertrauensvolle Überlassung der Aufgabe und vertrauensvolle Bereitschaft zu Rückfragen beiderseits können Klima und Offenheit schaffen, wie sie gerade der Sachverständigenbeweis für alle Prozeßbeteiligten unentbehrlich machen.

Wird ein *Klinikleiter* angeschrieben, so wünscht das Gericht im allgemeinen dessen persönliche Stellung- **6** nahme und Verantwortung, überläßt ihm aber im Zweifel, inwieweit er Hilfspersonen zuzieht. Das ist zwar oft unvermeidbar, BVerwG NJW **84**, 2646, Pieper ZZP **84**, 23, und grundsätzlich zulässig, soweit die

## § 407a

Hilfspersonen geeignet und zuverlässig sind und der Sachverständige die volle zivil- und strafrechtliche Verantwortung behält, BSG VersR **90**, 992 (unzureichend wäre der bloße Vermerk „einverstanden"), BVerwG NJW **84**, 2646, Kblz JB **95**, 151.

**7** Indessen muß das Gericht im Beweisbeschluß wenigstens *klarstellen, wem* es den (Haupt-)Auftrag in erster Linie erteilt, LSG Essen NJW **83**, 360. Im übrigen kann die Zuziehung solcher Hilfspersonen im Einzelfall bedenklich sein und zur Unverwertbarkeit des Gutachtens führen, BGH BB **90**, 2435 (freilich ist der Mangel heilbar, § 295), Ffm MDR **83**, 849, Zweibr MDR **86**, 417.

**8** **C. Auswahl und Anleitung der Hilfskräfte.** Der Sachverständige hat zumindest die Pflicht, seine Hilfskräfte sorgfältig auszuwählen, anzuleiten, zu überwachen und fortzubilden, Bleutge NJW **85**, 1191, den Umfang der Tätigkeit der Hilfspersonen im Gutachten darzulegen und ihrer Ansicht ausdrücklich zuzustimmen, BSG NJW **73**, 1438, Ffm Rpfleger **77**, 382, strenger BSG NJW **85**, 1422. Der Sachverständige muß außerdem angeben, welche Ausbildung seine Hilfskräfte erhalten haben, Ffm FamRZ **81**, 485. Das Gericht kann Teamarbeit anordnen oder vorschlagen, muß aber völlig klarstellen, wer neben oder vor dem anderen verantwortlich sein soll. Der Sachverständige darf keineswegs von sich aus die Erstellung bzw Unterzeichnung ganz einem Mitarbeiter usw überlassen, BGH NJW **85**, 1400.

**9** **D. Parteianhörung.** Die Anhörung der Partei vor der Ernennung des Sachverständigen ist nicht vorgeschrieben, aber wegen des etwaigen Ablehnungsrechts nach § 406 zu empfehlen. Die 2. Instanz kann die Sachverständigen der 1. Instanz oder andere wählen. Die Auswahl ist ein Teil des Beweisbeschlusses und steht im pflichtgemäßen Ermessen des Gerichts, BayObLG FamRZ **87**, 967. Es kann und muß evtl seine Auswahl ändern, zB wegen Ungeeignetheit oder Überlastung des bisherigen Sachverständigen. Es liegt ein Ermessensmißbrauch vor (Verstoß gegen § 286, dort Rn 27 ff, auf Revision nachprüfbar, BAG NJW **71**, 263), wenn trotz eines weitergehenden Beweisanerbietens nur ein Sachverständiger mit Kenntnissen für sein Teilgebiet vernommen wird oder wenn sein Gebiet keine nachprüfbaren Ergebnisse aufweist, Wimmer NJW **76**, 1131 (Parapsychologie). Bei einem Wechsel eines Sachverständigen, I 3, ist eine mündliche Verhandlung entbehrlich, § 360 S 2, zumindest eine Anhörung der Parteien, BGH NJW **85**, 1400. Die Partei hat einen Anspruch auf Anhörung eines neuen Gegen- oder Obergutachters bei widersprechenden Gutachten nur ausnahmsweise, zB bei groben Mängeln, bei besonders schwierigen oder umstrittenen Fragen, § 286 Rn 54.

**10** **5) Zweifel des Sachverständigen, III.** Die Vorschrift enthält Selbstverständlichkeiten, die aber in der Praxis nicht immer beachtet werden. Das gilt vor allem für den Umfang der Ermittlungstätigkeit des Sachverständigen. Dabei ist zunächst § 404 a, dort insbesondere II–IV, zu beachten.

**11** **A. Ermittlungen des Sachverständigen,** dazu *Druschke*, Das Anwesenheitsrecht der Verfahrensbeteiligten bei den tatsächlichen Ermittlungen des Sachverständigen im gerichtlichen Verfahren, Diss Münst 1988; *Tropf* DRiZ **85**, 87: Der Sachverständige darf Parteien und Zeugen über wesentliche Streitpunkte grundsätzlich nicht selbständig vernehmen. Wird eine derartige Vernehmung vom Gericht gewertet, so verstößt es gegen den Grundsatz der Unmittelbarkeit, §§ 355, 357 I. Natürlich darf er zB ein Arzt Fragen wegen derjenigen Erscheinungen stellen, die ein Geschädigter dem fraglichen Ereignis zuschreibt.

**12** **B. Persönliche Pflicht.** Dabei hat der Sachverständige grundsätzlich die Pflicht zur persönlichen Aufnahme der Anamnese, Friedrichs NJW **72**, 1116. Der Sachverständige kann auch dann eigene Ermittlungen verwenden, wenn die ermittelten Tatsachen unstreitig sind, Düss RR **94**, 283, oder wenn sie durch die Beweiserhebung bestätigt worden sind oder wenn die Parteien zustimmen oder der Sachverständige eine Behördenauskunft einholt und mitverwertet. Der Gutachtenausschuß hat weitergehende Befugnisse, § 197 BauGB. Ein Arzt darf evtl fremde Röntgenaufnahmen auswerten, Hamm VersR **97**, 1533.

**13** Keineswegs darf sich aber der Richter die Aufklärung eines wichtigen Sachverhalts aus der Hand nehmen lassen, wenn es hierbei auf das Fachwissen des Sachverständigen nicht ankommen kann. Denn es ist allein *Sache des Gerichts, den Sachverhalt festzustellen,* der rechtlich zu beurteilen ist. Demgemäß darf sich das Gericht auch nicht mit den Feststellungen des Sachverständigen über die Vorgeschichte einer Krankheit begnügen, wenn die Richtigkeit dieser Feststellungen angegriffen wird, BGH LM § 144 Nr 3. Es muß meist den Arzt als Zeugen hören, möglichst bei Anwesenheit des Patienten (ein Verstoß ist heilbar).

**14** Der Sachverständige muß das Gericht evtl um eine *Weisung* bitten, von welchem Sachverhalt er ausgehen soll, Jessnitzer DB **73**, 2497, und muß in den Grenzen seiner Schweigepflicht, die zur Unverwertbarkeit des Gutachtens führen kann, § 286 Rn 58, insbesondere die tatsächlichen Grundlagen seines Gutachtens darlegen, BVerfG **91**, 180, BGH BB **94**, 1173, BayObLG FamRZ **86**, 727, höchst eigenartig als Fallfrage eingeschränkt von BVerfG NJW **97**, 311. Der Sachverständige also alle in Betracht kommenden Varianten, Friedrichs NJW **72**, 1116, damit das Gericht, notfalls mit Hilfe eines weiteren Sachverständigen, das Gutachten nachprüfen kann, Üb 6 vor § 402, BGH BB **94**, 1173. Das Gericht darf sich keineswegs bequem darauf beschränken, im Urteil floskelhaft mitzuteilen, es halte den Sachverständigen für so zuverlässig, daß es auf seine Aufzählung der von ihm zugrunde gelegten Tatsachen verzichte. Damit verzichtet das Gericht nämlich in Wahrheit auf jede Einzelfallkontrolle seines Gehilfen, und das ist ein schwerer Verfahrensfehler. Daran ändert auch die praktische Notwendigkeit nichts, auf einen als zuverlässig erkannten Sachverständigen weitgehend zu vertrauen.

Die vom Sachverständigen *in Abwesenheit des Gerichts* ermittelten Tatsachen enthalten, streng genommen, ein (sachverständiges) Zeugnis. Der Sachverständigeneid deckt sie aber im allgemeinen, §§ 410, 414 Rn 3, Leppin GRUR **84**, 558, aM BVerfG **75**, 327 (bei der Ermittlung sei er Augenscheinsgehilfe).

**15** **C. Hinzuziehung der Parteien,** dazu *Höffmann*, Die Grenzen der Parteiöffentlichkeit, insbesondere beim Sachverständigenbeweis, Diss Bonn 1988: Der Sachverständige muß *wegen* §§ 357, 402 hes Besichtigungen, Jessnitzer 178 (Ausnahmen: ärztliche Untersuchungen, soweit Art 1 GG anwendbar, Mü RR **91**, 896), bei der Beschaffung des Untersuchungsguts, Kblz MDR **78**, 148, und bei Befragungen grundsätzlich (Ausnahmen: Meinungsforscher, Üb 7 vor § 402, und § 294 II, Nürnb MDR **77**, 849) die Parteien zuziehen, zumindest insoweit, als sie es auch nur erkennbar (wie meist) wünschen, BGH *LM* § 406a Nr 5, Düss FamRZ *89*, 889, Mü (24. ZS) NJW *84*, 807, aM Drsd RR *97*, 1356, Mü (25. ZS) Rpfleger *83*, 320 (es handle sich um eine Fallfrage), Schnapp Festschrift für Menger (1985) 571 (nicht bei Unmöglichkeit, Unzumutbarkeit, Untunlichkeit und Überflüssigkeit). Daher muß der Beweisführer binnen angemessener Frist die Genehmigung eines Wohnungsinhabers herbeiführen, dessen Wohnung der Sachverständige mitbegutachten soll, zB bei § 2 MHG.

**D. Zutritt Dritter.** Der Sachverständige muß den sachkundigen Vertretern, Mü NJW *84*, 807, oder technischen Beratern der Parteien die Anwesenheit gestatten, § 357; sonst setzt er sich der Gefahr der Ablehnung nach § 406 aus, BGH NJW *75*, 1363, Düss MDR *79*, 409, aM BGH MDR *74*, 382. **16**

**E. Keine Verhandlung usw.** Freilich darf der Sachverständige nicht anläßlich seiner Ermittlungen mit einer Partei oder beiden Parteien verhandeln, Jessnitzer DB *73*, 2498. Ein vor ihm geschlossener Vergleich ist kein Prozeßvergleich, Anh § 307, allenfalls ein sog Anwaltsvergleich, § 796b. Hat er gegen diese Grundsätze verstoßen, so ist sein Verhalten frei zu würdigen, insbesondere wenn kein Antrag nach § 411 III gestellt wird, BGH **LM** § 823 (Ea) BGB Nr 56; vgl aber auch § 406 Rn 3 ff. **17**

**F. Offenlegung der Tatsachen.** Der Sachverständige muß wegen der in Rn 14, 21 genannten Grundsätze die Tatsachen, die er zur Begutachtung herangezogen hat, offenlegen, § 286 Rn 58, zB bei § 2 MHG die Räumlichkeit der Vergleichswohnungen, BVerfG *91*, 180, LG Gött WoM *90*, 520, höchst eigenartig als Fallfrage eingeschränkt von BVerfG NJW *97*, 311, aM ferner LG Bonn WoM *93*, 133, LG Ffm RR *91*, 14. **18**

**G. Weitere Folgen.** Verhindert eine Partei die Tätigkeit des Sachverständigen, so nimmt sie ihr Beweisanerbieten zurück, Mü NJW *84*, 808. Bei einer Beweisaufnahme von Amts wegen, zB oben § 144, wird ihr Verhalten frei gewürdigt, § 286, Anh § 286 Rn 27. Wenn eine Partei den Beweis arglistig vereitelt, gilt der Beweis als erbracht, § 444 sinngemäß, dort Rn 4, 5, Mü NJW *84*, 808. Ob eine Partei dem Sachverständigen Zutritt zu ihren Räumen und eine Untersuchung ihres Körpers gestatten muß, Mü NJW *84*, 808, das hängt davon ab, ob man ihr diesen Eingriff nach Treu und Glauben zumuten darf; zum Problem BAG § 402 Nr 1, Schmidt-Futterer MDR *75*, 4 (betr Mieterhöhung). Bei § 2 MHG bleibt der Beweisführer mangels Zutrittserlaubnis eines Dritten, Rn 15, beweisfällig. Vgl Üb 7 vor § 371 und § 372a. **19**

**6) Unverhältnismäßigkeit der Kosten, III.** Solche voraussichtlichen Kosten, die entweder erkennbar außer Verhältnis zum Streitwert stehen oder einen angeforderten, nicht notwendig schon bezahlten, Vorschuß erheblich übersteigen, Kblz FamRZ *98*, 1309 (Folgen evtl miteinrechnen), muß der Sachverständige rechtzeitig dem Gericht gegenüber ankündigen, BayObLG *97*, 354, Celle RR *97*, 1295, Hartmann Teil V § 3 ZSEG Rn 17. Er muß insoweit die Akte auf Streitwert und Kostenvorschüsse durchsehen, braucht aber nur grobe Schätzungen vorzunehmen und kann notfalls anregen, den Streitwert festzusetzen. Bei einem Verstoß kann das Honorar des Sachverständigen zu kürzen sein, BayObLG *97*, 354 (Unklarheiten gehen zu Lasten des Sachverständigen), Celle RR *97*, 1295, Schlesw JB *97*, 539, aM LG Köln DWW *92*, 319. **20**

**7) Herausgabe der Akten usw, IV.** Auch diese Vorschrift ordnet eigentlich Selbstverständliches. Die Herausgabepflicht besteht aus der Natur der Sache auch ohne Anordnung des Gerichts wegen seiner Akten. Die in IV 1 erwähnten weiteren Unterlagen und Untersuchungsergebnisse müssen „für die Begutachtung beigezogen" sein. Darunter können freilich auch solche Unterlagen fallen, die nicht erst auf Grund des Auftrags, sondern längst vorher erstellt wurden, etwa bei früheren Behandlungen in einem anderen Krankenhaus oder der genauen Adressen der zum Vergleich nach § 2 MHG mitverwerteten Wohnungen, Rn 18. Insoweit muß der Sachverständige den Datenschutz, Prütting ZZP *106*, 460 (ausf), ferner die gesetzliche oder standesrechtliche Schweigepflicht usw beachten, von der IV ihn keineswegs befreien kann. Selbst der vom Gericht bestellte Gutachter mag durchaus gehindert sein und bleiben, zB ihm aus anderen Gutachten bekannte Daten preiszugeben. Wenn und soweit er sich auf solche Hinderungsgründe bezieht und sie etwa so wie ein Zeuge, der sich auf ein Aussageverweigerungsrecht beruft, §§ 383 ff, darlegt, darf das Gericht nicht einfach wegen IV gegen ihn etwa nach § 409 vorgehen. Die Herausgabeanordnung, IV 2, setzt eine Pflichtverstoß voraus, evtl also eine eingehende Klärung, ob und inwieweit überhaupt eine Herausgabe technisch und rechtlich zulässig ist, soweit es sich nicht um die Gerichtsakten mit ihren Anlagen aus der Zeit vor der Übersendung an den Sachverständigen handelt. Das Gericht sollte notfalls energisch vorgehen. **21**

**8) Hinweispflicht des Gerichts, V.** Die Hinweise „sollen" von Amts wegen, Grdz 39 vor § 128, und rechtzeitig, unverzüglich, umfassend gegeben werden, soweit erkennbar erforderlich. Es besteht in Wahrheit eine Amtspflicht des Gerichts. Sein Verstoß kann den § 409 unanwendbar sowie eine Anordnung nach IV 2 unmöglich machen und Amtshaftung auslösen. Es ist ratsam, den Hinweis aktenkundig zu machen. **22**

**9) Rechtsbehelfe, I–V.** Es gelten die Regeln § 273 Rn 16, § 355 Rn 8, 9 entsprechend. Vgl § 409 Rn 5. **23**

**10) VwGO:** *Entsprechend anzuwenden, § 98 VwGO. Zur Heranziehung von Hilfspersonen, oben Rn 3 ff, vgl BVerwG NVwZ 93, 771.* **24**

# 408

*Gutachtenverweigerungsrecht.* [I] [1]Dieselben Gründe, die einen Zeugen berechtigen, das Zeugnis zu verweigern, berechtigen einen Sachverständigen zur Verweigerung des Gutachtens. [2]Das Gericht kann auch aus anderen Gründen einen Sachverständigen von der Verpflichtung zur Erstattung des Gutachtens entbinden.

[II] [1]Für die Vernehmung eines Richters, Beamten oder einer anderen Person des öffentlichen Dienstes als Sachverständigen gelten die besonderen beamtenrechtlichen Vorschriften. [2]Für die

## §§ 408, 409

Mitglieder der Bundes- oder einer Landesregierung gelten die für sie maßgebenden besonderen Vorschriften.

III Wer bei einer richterlichen Entscheidung mitgewirkt hat, soll über Fragen, die den Gegenstand der Entscheidung gebildet haben, nicht als Sachverständiger vernommen werden.

1  1) **Systematik, Regelungszweck, I–III.** § 408 betrifft nur den Sachverständigen, den § 407 zur Begutachtung verpflichtet; andere Sachverständige können frei ablehnen, § 407 Rn 1. Zum Aussageverweigerungsrecht Müller in Der medizinische Sachverständige **75**, 52. Wegen des Regelungszwecks § 383 Rn 3.

2  2) **Geltungsbereich, I–III.** Vgl Üb 3 vor § 402.

3  3) **Verweigerungsrecht, I 1.** Jeder Sachverständige darf die Erstattung eines Gutachtens aus den Gründen der §§ 383–384 verweigern. Das Verfahren verläuft auch hier nach den §§ 386–389. Es entscheidet das Prozeßgericht; der verordnete Richter nur dann, wenn er einen Sachverständigen durch einen anderen ersetzt, §§ 360, 404ff, oder wenn er einen Sachverständigen nach I 2 entläßt.

4  4) **Entbindung, I 2.** Das Gericht kann einen Sachverständigen aus Zweckmäßigkeitsgründen von seiner Verpflichtung befreien, auch wenn er an sich kein Verweigerungsrecht hat. Zuständig ist das Prozeßgericht, auch der Einzelrichter oder der verordnete Richter, § 360 S 3. Die Entscheidung erfolgt auf Grund einer freigestellten mündlichen Verhandlung, § 128 Rn 10, auch von Amts wegen. Gründe zur Freistellung sind etwa: fehlende Sachkunde; Überlastung des Sachverständigen; Verschleppung des Gutachtens. Die Entscheidung ergeht nach dem pflichtgemäßen Ermessen, und zwar durch einen Beschluß; §§ 386ff sind hier unanwendbar. Der Beschluß ist grundsätzlich zu begründen, § 329 Rn 4.

5  5) **Vernehmungsverbot, II.** Bei Richtern, Beamten und anderen Personen des öffentlichen Dienstes, Begriff § 376 Rn 3, verweist das Gesetz wie bei der Zeugenvernehmung auf die besonderen beamtenrechtlichen Vorschriften. Entsprechendes gilt bei den Mitgliedern der Bundes- und der Landesregierungen; vgl § 376 Rn 3. Die von einem Beamten etwa zur gutachtlichen Nebentätigkeit erforderliche Genehmigung muß der Beamte selbst einholen, §§ 64ff BBG. Wegen der Entscheidungsform Rn 4.

6  6) **Befreiung, III.** Befreit werden soll, wer bei einer richterlichen Entscheidung mitgewirkt hat, und zwar bei Fragen, über die entschieden worden ist. Dies ist weit zu verstehen; eine Mitwirkung bei einem Schiedsspruch oder einer Entscheidung eines Ehrengerichts, Dienststrafgerichts, Seeamts genügt. Da es sich um eine bloße Sollvorschrift handelt, ist ein Verstoß prozessual belanglos. Aus §§ 43, 45 III DRiG ergibt sich eine Verpflichtung zur Verweigerung. §§ 386ff sind hier unanwendbar. Entscheidungsform usw Rn 4.

7  7) **Rechtsbehelfe, I–III.** Eine Entscheidung ist nur zusammen mit dem Endurteil anfechtbar.

8  8) *VwGO:* Entsprechend anwendbar, § 98 VwGO.

**409** *Folgen von Ausbleiben, Weigerung, Aktenrückbehalt.* I [1]Wenn ein Sachverständiger nicht erscheint oder sich weigert, ein Gutachten zu erstatten, obgleich er dazu verpflichtet ist, oder wenn er Akten oder sonstige Unterlagen zurückbehält, werden ihm die dadurch verursachten Kosten auferlegt. [2]Zugleich wird gegen ihn ein Ordnungsgeld festgesetzt. [3]Im Falle wiederholten Ungehorsams kann das Ordnungsgeld noch einmal festgesetzt werden.

II Gegen den Beschluß findet Beschwerde statt.

1  1) **Systematik, Regelungszweck I, II.** Die Vorschrift entspricht in etwa dem § 380. Sie ist auch dem § 95 und dem § 24 GKG ein wenig ähnlich. Wie beim Zeugen, § 380, muß auch beim Sachverständigen eine Möglichkeit bestehen, die grundsätzlich oder im Einzelfall freiwillig übernommene Tätigkeit wenigstens einigermaßen zu erzwingen, auch wenn das Gericht ihm nicht die Feder führen kann. Andernfalls könnte die Prozeßförderung, Grdz 12 vor § 128, scheitern.

2  2) **Geltungsbereich, I, II.** Vgl Üb 3 vor § 402.

3  3) **Kosten, Ordnungsmittel, I.** Das Gericht ist oft viel zu zurückhaltend.

A. **Amtspflicht bei endgültiger Verweigerung.** § 409 nötigt das Gericht („werden auferlegt", „wird festgesetzt") zu Maßnahmen gegen den zum Tätigwerden verpflichteten, nach §§ 402, 380 I ordnungsgemäß geladenen, auch nicht nach §§ 402, 381 entschuldigen, auch nicht unter §§ 375 II, 382 fallenden, nicht erschienenen, das Gutachten verweigernden oder Akten bzw sonstige Unterlagen zurückbehaltenden Sachverständigen. Wer das Gutachten verweigern darf, braucht nicht zu erscheinen, wenn er nach § 386 III verfährt; ausbleiben darf also auch derjenige, der zur Erstattung nicht verpflichtet ist, § 407, nicht aber der zur Erstattung Bereite, § 407 Rn 6, Köln MDR **82**, 677. Die Akten usw muß natürlich auch derjenige unverzüglich zurückgeben, der das Gutachten verweigern darf; seine Versandkosten mag er anschließend nach dem ZSEG erstattet fordern. Wegen einer Verweigerung erfolgen erst dann Maßnahmen, wenn die Verweigerung ohne Grundangabe erfolgt oder rechtskräftig für unbegründet erklärt worden ist, §§ 386ff.

Im Fall der *Verschleppung* eines schriftlichen Gutachtens ist § 411 anwendbar. Dem Nichterscheinen steht das Sichentfernen vor dem Aufruf, § 220 I, oder eine Entfernung nach § 158 gleich. Demgegenüber gilt bei einer bloßen Verzögerung des Gutachtens § 411 II. Freilich kann ein allzu langes Hinauszögern eine Verweigerung darstellen, § 411 Rn 7. Einem bloßen Privatgutachter gegenüber Üb 21 vor § 402, hat die beauftragte Partei natürlich keine Rechte nach § 409, Kblz VersR **88**, 702. Der Gutachter, der die zugrundegelegten Tatsachen nicht angeben darf, etwa bei § 2 MHG bei Vergleichswohnungen, ist nicht mit einem Ordnungsgeld zu belegen, LG Mönchengladb WoM **98**, 298; vielmehr ist das Gutachten dann eben unverwertbar, § 286 Rn 58, § 407a Rn 18 (wegen der Vergütung § 413 Rn 3).

### 8. Titel. Beweis durch Sachverständige §§ 409, 410

**B. Verfahren, Entscheidung, I.** Die Anordnung erfolgt durch einen Beschluß. Er ist grundsätzlich zu **4** begründen, § 329 Rn 2, zu verkünden oder den Parteien wegen der Kosten formlos mitzuteilen, § 329 II 1, dem Sachverständigen jedoch als Vollstreckungstitel zuzustellen, § 329 III, ThP § 380 Rn 8, insofern aM ZöGre 2. Der Beschluß verurteilt immer in die Kosten und zugleich (ohne Wahlrecht des Gerichts) zu einem Ordnungsgeld von 5–1000 DM, Art 6 I EGStGB, Vorb B vor § 380. Ordnungs- oder Zwangshaft und Vorführung sind unstatthaft. Bei wiederholtem Ungehorsam gilt dasselbe wie bei § 380, es ist also auch ein zweites, drittes oder weiteres Ordnungsgeld, auch in stets steigender Höhe, jedoch auch jetzt keine Haft zulässig. Einzelheiten wie § 380 Rn 5, 10.

**4) Rechtsbehelf, II.** Gegen den Beschluß ist nach § 567 I grundsätzlich die einfache Beschwerde mit **5** aufschiebender Wirkung zulässig, § 572 I. Das gleiche gilt auch, soweit das LG als Berufungs- oder Beschwerdegericht entschieden hat, § 567 III 2. Soweit das OLG entschieden hat, ist nach § 567 IV 1 hier keine Beschwerde zulässig. Näheres § 380 Rn 13.

**5) *VwGO*:** Entsprechend anwendbar, § 98 VwGO, VGH Mü NVwZ-RR *96*, 329; jedoch ist Rechtsmittel, II, **6** die Beschwerde nach §§ 146 ff VwGO, sofern sie nicht schlechthin ausgeschlossen ist, vgl § 252 Rn 7.

---

**410** **Beeidigung.** I ¹Der Sachverständige wird vor oder nach Erstattung des Gutachtens beeidigt. ²Die Eidesnorm geht dahin, daß der Sachverständige das von ihm erforderte Gutachten unparteiisch und nach bestem Wissen und Gewissen erstatten werde oder erstattet habe.

II Ist der Sachverständige für die Erstattung von Gutachten der betreffenden Art im allgemeinen beeidigt, so genügt die Berufung auf den geleisteten Eid; sie kann auch in einem schriftlichen Gutachten erklärt werden.

**1) Systematik, Regelungszweck, I, II.** Die Vorschrift entspricht formell in etwa den §§ 391–393, **1** 478 ff, weicht aber inhaltlich wegen der gegenüber dem Zeugen anderen Stellung des Sachverständigen deutlich ab und zwar zum Ob, aM BGH NJW *98*, 3356, und zum Wie. §§ 153 ff StGB sind mitbeachtlich. Wie beim Zeugen, kann auch beim Sachverständigen Anlaß bestehen, dem Gutachter erhöhtes Gewicht oder dem Gutachter Mahnung zur Selbstkritik zu geben, weil hinter einem Falschate die (erhöhte) Strafbarkeit steht. Umso sorgfältiger ist mit allen Beeidigungsvorschriften umzugehen, auch bei der Auslegung.

**2) Geltungsbereich, I, II.** Vgl Üb 3 vor § 402. **2**

**3) Einzelbeeidigung, I.** Sie spielt praktisch keine Rolle. **3**

**A. Grundsatz: Uneidliche Vernehmung.** Der Sachverständige ist grundsätzlich uneidlich zu vernehmen, §§ 391, 402, Mü VersR *84*, 590. Das verkennt BGH NJW *98*, 3356. Zu beeidigen ist er nur wegen der Bedeutung des Gutachtens oder zur Herbeiführung eines wahrheitsgemäßen Gutachtens. Dazu wird selten Anlaß sein. Das Gericht hat in Abreichung von § 392 die freie Wahl, ob einen Voreid oder einen Nacheid abnimmt, wie sich aus der Fassung „erstatten werde oder erstattet habe" in I 2 ergibt; der erstere ist vorzuziehen, weil sonst bei einem Nachtrag ein neuer Eid oder eine Versicherung nach § 398 III nötig würde. Das Gericht kann auch statt einer Beeidigung einen anderen Sachverständigen bestellen, § 412. Zur Zuständigkeit der Eidesanordnung § 391 Rn 6. Die Eidesnorm, I 2, enthält nicht auch eine Versicherung der (objektiven) Richtigkeit, LG Ffm MDR *89*, 75. Der Eid deckt ein späteres schriftliches Gutachten, ferner Aussagen über den Befund und Quellen der Wahrnehmung. Bei weiteren tatsächlichen Bekundungen ist § 391 anzuwenden, also evtl ein Zeugeneid (Nacheid). Ein Parteiverzicht, §§ 397, 402, führt zur Unzulässigkeit der Beeidigung, § 391 Rn 8. Der Eid des sachverständigen Zeugen, § 414, deckt kein Gutachten. Das Verfahren richtet sich im übrigen nach §§ 478 ff. Wegen des Dolmetschereids § 189 GVG sowie in Bayern G vom 20. 7. 64, GVBl 147. Der Sachverständige ist nicht außerhalb einer Verhandlung zum Eid usw verpflichtet, LG Ffm MDR *89*, 75.

**B. Verstoß.** Im Fall der unberechtigten Eidesverweigerung gilt § 409. Freilich ist eine Verweigerung der **4** Beeidigung usw außerhalb eines Verhandlungstermins noch nicht unberechtigt, LG Ffm MDR *89*, 75 (dann also nur ; Ladung). Ein Verstoß gegen § 410 ist nach § 295 heilbar. § 410 ist kein Schutzgesetz im Sinn von § 823 II BGB, Hamm BB *93*, 2408, Mü (20. ZS) VersR *84*, 590, Oldb VersR *89*, 109, aM Mü (5. ZS), zitiert in VersR *84*, 590, Pieper Gedächtnisschrift für Bruns (1980) 171.

**4) Allgemeinbeeidigung, II.** Ob Sachverständige allgemein vereidigt werden sollen, II, ist Landessache. **5** Eine solche Vereidigung erfolgt besonders bei häufig zuzuziehenden Sachverständigen. Es genügt dann auf Grund entsprechender Anordnung des Gerichts im Einzelfall die Berufung des Sachverständigen auf den ein für allemal geleisteten Eid, auch wenn eine Verwaltungsbehörde ihn abgenommen hat, sofern er sich auch auf Gutachten solcher Art erstreckte, bei Erstattung eines schriftlichen Gutachtens auch eine schriftliche derartige Berufung. Der Sachverständige ist dazu berechtigt, aber außerhalb eines Verhandlungstermins nicht verpflichtet, LG Ffm MDR *89*, 75. Einen solchen Sachverständigen braucht das Gericht nicht im Einzelfall nach § 395 I zu ermahnen. Die bloße Verwendung des Stempels „öffentlich bestellter und vereidigter Sachverständiger" oder ein gleichlautender maschinenschriftlicher Zusatz unter der Unterschrift stellen jedenfalls dann keine Berufung im Sinn von II dar, wenn das Gericht keine Einzelbeeidigung angeordnet hatte, Mü VersR *84*, 590, Oldb VersR *89*, 108, Peters NJW *90*, 1832. Das gilt auch dann, wenn neben dem Stempel „nach bestem Wissen und Gewissen" steht, Oldb VersR *89*, 109. Ein stillschweigender Vereidigungs-„Beschluß" im Einzelfall reicht nicht, Peters NJW *90*, 1834.
Wegen der *Gebühren* für die allgemeinen Beeidigten vgl § 2 I (Anl 6) JVKostO, Hartmann Teil VIII A.

**5) *VwGO*:** Entsprechend anwendbar, § 98 VwGO. **6**

**§ 411** *Schriftliches Gutachten.* ¹ ¹Wird schriftliche Begutachtung angeordnet, so hat der Sachverständige das von ihm unterschriebene Gutachten auf der Geschäftsstelle niederzulegen. ²Das Gericht kann ihm hierzu eine Frist bestimmen.

II ¹Versäumt ein zur Erstattung des Gutachtens verpflichteter Sachverständiger die Frist, so kann gegen ihn ein Ordnungsgeld festgesetzt werden. ²Das Ordnungsgeld muß vorher unter Setzung einer Nachfrist angedroht werden. ³Im Falle wiederholter Fristversäumnis kann das Ordnungsgeld in der gleichen Weise noch einmal festgesetzt werden. ⁴§ 409 Abs. 2 gilt entsprechend.

III Das Gericht kann das Erscheinen des Sachverständigen anordnen, damit er das schriftliche Gutachten erläutere.

IV ¹Die Parteien haben dem Gericht innerhalb eines angemessenen Zeitraums ihre Einwendungen gegen das Gutachten, die Begutachtung betreffende Anträge und Ergänzungsfragen zu dem schriftlichen Gutachten mitzuteilen. ²Das Gericht kann ihnen hierfür eine Frist setzen; § 296 Abs. 1, 4 gilt entsprechend.

### Gliederung

| | |
|---|---|
| 1) Systematik, Regelungszweck, I–IV ... 1 | 7) Einwendungen, Anträge, Fragen, IV .. 10–18 |
| 2) Geltungsbereich I–IV ................. 2 | A. Grundsatz: Notwendigkeit eines Antrags ............................... 10 |
| 3) Schriftliches Gutachten, I 1 .......... 3 | B. Rechtzeitigkeit des Antrags ......... 11–13 |
| 4) Frist, I 2 ............................. 4 | C. Antragsmißbrauch ................. 14 |
| 5) Ordnungsgeld, II ................. 5–8 | D. Auslandsbezug .................... 15 |
| A. Nachfrist ......................... 5 | E. Gelegenheit zur Stellungnahme ...... 16 |
| B. Verschulden ...................... 6 | F. Amtliche Auskunft usw ............ 17 |
| C. Weitere Einzelfragen .............. 7 | G. Weitere Einzelfragen .............. 18 |
| D. Rechtsbehelfe .................... 8 | 8) *VwGO* ............................ 19 |
| 6) Anordnung des Erscheinens, III ...... 9 | |

**1** **1) Systematik, Regelungszweck, I–IV.** Der gesetzliche Regelfall ist, abweichend von der ganz überwiegenden Praxis, die Vernehmung des Sachverständigen, LG Ffm MDR **89**, 828. Das sieht Karlsr VersR **89**, 810 nicht klar genug. Die Parteien können sie nicht durch die gemeinsame Einreichung eines schriftlichen Gutachtens ersetzen; die Auswertung eines nicht nach I angeordneten Gutachtens wäre ein Urkundenbeweis, §§ 415 ff. Dagegen kann das Gericht nach seinem pflichtgemäßen Ermessen eine schriftliche Begutachtung anordnen, LG Hagen WoM **89**, 439. Das Gericht tut das zweckmäßigerweise auch meist zunächst, um notfalls nach III, IV zu verfahren, LG Hagen WoM **89**, 439. Dann gilt § 411.

**2** **2) Geltungsbereich, I–IV.** Die Vorschrift gilt in allen Verfahren nach der ZPO. Sie gilt auch im selbständigen Beweisverfahren, § 492 Rn 3, und im FGG-Verfahren, BVerfG FamRZ **92**, 1043, Hamm FamRZ **92**, 1087. Auf Privatgutachten (Parteivortrag) ist § 411 schon wegen § 404 unanwendbar; das übersieht Zweibr VersR **98**, 1114. Auch auf ein Gutachten der Anwaltskammer im Gebührenstreit ist § 411 schon wegen § 12 II 2 BRAGO unanwendbar, Karlsr MDR **99**, 766.

**3** **3) Schriftliches Gutachten, I 1.** Das Gericht befindet über die Notwendigkeit einer Vernehmung nach seinem pflichtgemäßen Ermessen, Rn 1. In einem schwierigen Fall kann die schriftliche Erstattung notwendig sein, Karlsr VersR **89**, 810 (Arzthaftung). Die Parteien brauchen, wie bei § 377, nicht zuzustimmen. Ihre Zustimmung schließt einen Antrag nach III oder IV nicht aus, Rn 10. Sie dürfen die Ladung des Sachverständigen verlangen, um Fragen zu stellen, IV, Rn 5. Der Sachverständige darf zwar andere Sachverständige befragen oder sich auf das Schrifttum berufen und andere bloße Hilfspersonen hinzuziehen. Das Gutachten muß aber von ihm vollinhaltlich selbst verantwortet werden, § 407 a I 1, II, und schon deshalb auch eigenhändig unterschrieben sein, § 407 a Rn 5. Eine eidesstattliche Versicherung, § 294, ist nur dann notwendig, wenn das Gericht sie als Eidesersatz verlangt, vgl § 391, 402. Das ist nach wie vor zulässig. Sie ist dann entsprechend § 410 zu fassen; beim allgemein vereidigten Sachverständigen gilt § 410 II.

Die *Parteien tragen* das Gutachten nach § 285 II *vor* oder nehmen gemäß § 137 III Bezug. Bei einem Zweifel an der Echtheit der Unterschrift ist eine Vernehmung notwendig. Häufig empfiehlt sich vor der Erstattung des schriftlichen Gutachtens ein Unterrichtstermin oder andere Maßnahmen nach § 404 a. Auch der verordnete Richter, §§ 361, 362, darf eine schriftliche Begutachtung anordnen, wenn sein Auftrag ihn darin nicht beschränkt. Dem Sachverständigen sind alle beim Gericht befindlichen, seinem Gutachten möglicherweise nützlichen Gegenstände, Akten und Hilfsakten auszuhändigen, zuverlässigen Sachverständigen sogar die Gerichtsakten, falls notwendig oder – wie meist – praktisch. Wegen deren Rückgabe § 407 a IV. Schwierige Rechtsbegriffe sind dem Sachverständigen zu umschreiben, § 404 a II; notfalls muß ein ergänzendes Gutachten eingeholt werden oder die Vernehmung des Sachverständigen angeordnet werden, BAG NJW **72**, 2279. S dazu Üb 12 vor § 402 und über ein Privatgutachten Üb 21 vor § 402.

**4** **4) Frist, I 2.** Das Gericht kann dem Sachverständigen zur Erstattung des Gutachtens eine Frist setzen. Sie muß natürlich angenommen und darf nicht zu großzügig bemessen sein. Es handelt sich um eine richterliche Frist, § 224 Rn 3, und keine Notfrist, § 224 I 2. Ihre Verkürzung, eine Zustimmung des Sachverständigen vorausgesetzt, und ihre Verlängerung richten sich nach §§ 224, 225.

**5** **5) Ordnungsgeld, II.** Es wird zu zögernd verhängt. Das nützt niemandem.

**A. Nachfrist.** Ein Ordnungsgeld gegen den Sachverständigen wegen einer Fristversäumung setzt eine Nachfrist voraus, die mit der Androhung eines, nicht notwendig schon dann bestimmten, Ordnungsgelds verbunden ist. Die Frist muß so bemessen sein, daß sie in Verbindung mit der ersten Frist zur Anfertigung des Gutachtens genügt. Die Androhung ist kurz zu begründen, § 329 Rn 4, und förmlich zuzustellen, § 329

## 8. Titel. Beweis durch Sachverständige § 411

II 2. Eine Verlängerung dieser Frist erfolgt nur nach § 225 II, also nach einer Anhörung des Gegners. Denn schon die Nachfrist ist eine Verlängerung. Bei der Versäumung einer zweiten Nachfrist liegt eine wiederholte Fristversäumung vor. Dann ist ein nochmaliges Ordnungsgeld „in der gleichen Weise", nicht notwendig in der gleichen Höhe, zulässig. Es muß also eine Festsetzung, wenn auch nicht eine Vollstreckung, vorangegangen sein. Mü VersR 80, 1078 fordert schon für die Fristsetzung einen Beschluß und gibt dem Sachverständigen gegen den Beschluß die Beschwerde nach II 4 in Verbindung mit § 409 II. Auch der Fall der Schlechterfüllung innerhalb der Frist kann nach § 411 zu beurteilen sein, Oldb NJW 91, 1241 (dort wurde freilich Schlechterfüllung verneint).

**B. Verschulden.** Voraussetzung für die Verhängung eines Ordnungsgelds ist weiterhin stets, daß der **6** Sachverständige schuldhaft handelte; so ist hier der Begriff „Versäumung" in II 1 zu verstehen. Ein Verschulden liegt schon dann vor, wenn er den etwaigen Hinderungsgrund nicht rechtzeitig angezeigt hat, wenn er also zB weder unverzüglich einen Mitarbeiter vorschlägt, § 407 a I 2, noch bei einer Verzögerung wenigstens einen festen Termin nennt und ihn dann auch einhält, selbst bei einer Überlastung, Celle NJW **72**, 1524, aM Franzki DRiZ **74**, 307, ZöGre 7.

**C. Weitere Einzelfragen.** Im einzelnen zum Ordnungsgeld § 380 Rn 5, 10. Ordnungshaft ist hier **7** unzulässig. Eine hartnäckige Versäumung kann das Gericht als Weigerung des Gutachters auffassen; also darf das Gericht dann den Sachverständigen nach § 409 behandeln oder gebührenlos entlassen, Düss MDR **74**, 588. Überhaupt ist bei Schwierigkeiten mit dem ersten Sachverständigen ein Auftrag an einen anderen Sachverständigen ratsam, Franzki DRiZ **74**, 307. Eine Ahndung aus § 411 hindert Maßnahmen nach § 409 nicht und umgekehrt. Vgl. im übrigen §§ 404 a, 407 a.

**D. Rechtsbehelfe.** Wegen der Rechtsmittel, auch gegen die Androhung, Mü VersR 80, 1078, vgl § 409 **8** II. Ein Verstoß ist heilbar, § 295.

**6) Anordnung des Erscheinens, III.** Das Prozeßgericht oder der verordnete Richter, §§ 361, 362, **9** können und müssen schon zwecks Gewährung des rechtlichen Gehörs, Art 103 I GG, BVerfG NJW **98**, 2273, BGH RR **97**, 1487, Celle VersR **93**, 629, im Rahmen eines pflichtgemäßen Ermessens das Erscheinen des Sachverständigen zur Erläuterung seines Gutachtens anordnen, Hamm MDR **85**, 593, Schrader NJW **84**, 2808, aM Köln VersR **97**, 511 (kein Ermessen; Grenze bei Mißbrauch). Die Anordnung ist zB dann notwendig, wenn Zweifel oder Unklarheiten zu beseitigen sind, BGH RR **98**, 1035, Köln NJW **94**, 394. Ein Parteiantrag reicht meist (Ausnahme: Rn 14), BGH NJW **97**, 802, Zweibr FamRZ **99**, 941. Einzelheiten Pantle MDR **89**, 312 (ausf).

**7) Einwendungen, Anträge, Fragen, IV.** Es sind zahlreiche Aspekte zu beachten. **10**

**A. Grundsatz: Notwendigkeit eines Antrags.** Wollen die Parteien Einwendungen gegen das Gutachten, Anträge zum Gutachten oder Ergänzungsfragen stellen, die das Gericht nicht schon im Rahmen der bisherigen Beweiswürdigung von sich aus beachten müßte, § 286 Rn 53, BGH VersR **94**, 163, so müssen sie diese Maßnahmen beantragen, Plagemann NJW **92**, 402, bzw mitteilen, brauchen allerdings grundsätzlich jedenfalls zunächst nur die Notwendigkeit der Fragestellung und die Fragerichtung darzulegen, nicht die Fragen usw im einzelnen, BGH RR **97**, 1487, BVerwG NJW **96**, 2318, Plagemann NJW **92**, 402, großzügiger BGH RR **88**, 1430, strenger Gehle DRiZ **84**, 101.

**B. Rechtzeitigkeit des Antrags.** Ein Antrag ist im Rahmen des Zumutbaren „innerhalb eines ange- **11** messenen Zeitraumes", also spätestens so rechtzeitig vor demjenigen Termin zu stellen, in dem das Gutachten vorgetragen und damit in den Rechtsstreit eingeführt wird, § 285 II, daß die Ladung des Sachverständigen noch möglich ist. BGH MDR **98**, 58, BAG BB **81**, 54, Düss BauR **78**, 412, aM BGH RR **97**, 1487 (ohne Auseinandersetzung wenigstens mit dem vollen Wortlaut von IV 1), Kblz RR **93**, 1215 (kurz vor oder gar im Termin noch rechtzeitig. Aber es kommt auf die Einzelumstände und die Zumutbarkeit eines früheren Antrags an).

Das Gericht kann und muß daher im Rahmen seines pflichtgemäßen Ermessens eine angenommene *Frist* **12** setzen, S 2 Hs 1. Die Fristsetzung ist kurz zu begründen, § 329 Rn 4, und förmlich zuzustellen, § 329 II 2. Nach einer ordnungsgemäßen Frist gilt § 296 I, IV entsprechend, S 2 Hs 2. Ferner sind § 398, BGH MDR **68**, 133, § 528 II anwendbar, Rixecker NJW **84**, 2138. Nach einem rechtzeitigen, ausreichend begründeten Antrag muß das Gericht ihm grundsätzlich stattgeben, da es sich dann um die der Partei zustehende Befragung handelt, §§ 402, 397, BVerfG RR **96**, 186 (großzügig), BGH RR **96**, 185 (auch wenn er als sachverständiger Zeuge vernommen werden soll), Celle VersR **93**, 629.

Demgemäß reicht es jedenfalls *nicht* aus, daß die Partei nach einem schriftlichen Sachverständigengut- **13** achten den Antrag, ihn vernehmen zu können, erst *nach dem nächsten Verhandlungstermin* über die Beweisaufnahme, § 285 II, oder gar erst in der Berufungsinstanz, soweit sie ihr Fragerecht früher ausüben konnte. War der Antrag erstinstanzlich übergangen worden, muß das Berufungsgericht dem wiederholten Antrag stattgeben, BGH NJW **96**, 788.

**C. Antragsmißbrauch.** Wenn der Antrag allerdings offensichtlich mißbräuchlich, Einl III 54, zB in einer **14** Verschleppungsabsicht gestellt wird, so wird er abgelehnt, BGH MDR **98**, 58, Saarbr RR **94**, 788, Stgt VersR **89**, 974. Dies gilt zB dann, wenn gar keine Zweifel mehr bestehen, Oldb VHR **98**, 20 (auch wenn die Fragen unerheblich sind), Oldb VersR **75**, 408 (die Grenzen sind freilich fließend), Gehle DRiZ **84**, 102, oder bei einer grob fahrlässigen Verspätung des Sachverständigen, BGH VersR **72**, 928. Wenn die Anordnung der Vernehmung des Sachverständigen auf Grund eines Antrags einer Partei erfolgt, dann kann das Gericht seine Ladung davon abhängig machen, daß die Partei einen entsprechenden Vorschuß für ihn zahlt, §§ 402, 379, es sei denn, das Gericht hätte das schriftliche Gutachten von Amts wegen eingeholt. Wenn die Partei das Fragerecht nicht rechtzeitig ausübt, steht die Befragung im pflichtgemäßen Ermessen des Gerichts, BGH NJW **92**, 1459, Düss FamRZ **84**, 700. Das Berufungsgericht kann verpflichtet sein, die Anhörung nachzuholen, BGH NJW **92**, 1459.

**15**  **D. Auslandsbezug.** Wohnt der Sachverständige im Ausland, so ist das allein kein Grund, den Antrag einer Partei abzulehnen, er möge sein Gutachten mündlich erläutern; allerdings ist dann § 363 entsprechend anwendbar, **BGH DB 80**, 1794, so daß das Gericht den Sachverständigen nicht dazu zu bewegen versuchen braucht, zur Befragung vor dem Prozeßgericht zu erscheinen, **BGH MDR 80**, 931. Wenn der Sachverständige verstorben ist, muß ein neuer beauftragt werden, **BGH NJW 78**, 1633.

**16**  **E. Gelegenheit zur Stellungnahme.** Im Anschluß an eine mündliche Erläuterung, die gegenüber dem schriftlichen Gutachten neue, ausführliche Erörterungen enthält, müssen die Parteien eine Gelegenheit zu einer (weiteren) sachverständigen Stellungnahme erhalten, Art 103 I GG, § 285, **BGH NJW 84**, 1823, Zweibr **MDR 89**, 269. Es kann zB wegen neuer Einwendungen nach der ersten Erläuterung eine weitere notwendig werden, **BGH NJW 86**, 2886. Nach einem erstinstanzlichen Verstoß gegen § 160 III Z 4 kann in zweiter Instanz eine neue Vernehmung nötig sein, **BGH MDR 87**, 751.

**17**  **F. Amtliche Auskunft usw.** Nach dem Eingang eines Gutachtens als amtlicher Auskunft, Üb 32 vor § 373, wird grundsätzlich kein persönliches Erscheinen gemäß III, IV angeordnet. Dies gilt zB beim Gutachten einer Rechtsanwaltkammer nach §§ 3, 12 BRAGO, insoweit ebenso Ffm **MDR 83**, 327, Mü **NJW 75**, 884, aM ZöGre 1. Wohl aber können zB bestimmte Mitglieder eines Gutachtausschusses nach §§ 192 ff BauGB geladen werden, **BGH 62**, 95. Im übrigen können Maßnahmen nach I, III, IV von Amts wegen nötig sein, **BGH BB 76**, 481. Dabei ist das Ermessen des Berufungsgerichts in der Revisionsinstanz nur auf etwaigen rechtsfehlerhaften Gebrauch nachprüfbar, **BGH RR 89**, 954.

**18**  **G. Weitere Einzelfragen.** III, IV sind unanwendbar, soweit das Gutachten entscheidungsunerheblich geworden ist, **BGH RR 89**, 954, Hamm **MDR 85**, 593.

**19**  **8) VwGO:** *Entsprechend anwendbar, § 98 VwGO, BVerwG NJW 96, 2318, NVwZ-RR 90, 446, DÖV 88, 222, NJW 86, 3221 u 84, 2646 mwN. Wollen die Beteiligten an den Sachverständigen Fragen stellen, so muß ihrem Antrag, hat er sein Erscheinen anzuordnen, stattgegeben werden, BVerwG NJW 84, 2646 (auch wenn ein Gutachten aus einem anderen Verfahren verwertet werden soll, VGH Kassel DVBl 99, 995). Stattzugeben ist auch dann, wenn der Antrag vor der mündlichen Verhandlung gestellt wird, vgl BFH BStBl 70 II 460; er ist in der (letzten) Verhandlung über das Gutachten rechtzeitig gestellt, BVerwG NVwZ-RR 90, 446 mwN. Im Antrag müssen die für erörterungsbedürftig gehaltenen Punkte vorab hinreichend konkret bezeichnet werden, BVerwG NJW 96, 2318, NJW 86, 3221 u 84, 2646 mwN. Er darf abgelehnt werden, wenn es ausgeschlossen ist, daß die Befragung zu weiteren Ermittlungen oder zu einer anderen Beurteilung führen kann, BVerwG Buchholz 310 § 98 Nr 46, NVwZ-RR 90, 446 mwN. Zur Frage, wann die Anordnung vAw geboten ist, vgl BVerwG DVBl 60, 287. Die Parteien können nicht die Vernehmung eines Privatgutachters verlangen, BVerwG Buchholz 310 § 98 Nr 46. Die Zulässigkeit einer Sachaufklärung durch andere Beweismittel wird durch III nicht berührt, BVerwG Buchholz 303 § 411 Nr 1. Für den Fall der amtlichen Auskunft gilt III nicht entspr, Rn 17, BVerwG NJW 86, 3221, NVwZ 86, 36. Entspr anwendbar ist auch IV, BVerwG NJW 96, 2318, jedoch tritt § 87 b III VwGO an die Stelle von § 296 I u IV.*

**412** **Neues Gutachten.** ¹Das Gericht kann eine neue Begutachtung durch dieselben oder durch andere Sachverständige anordnen, wenn es das Gutachten für ungenügend erachtet.

II Das Gericht kann die Begutachtung durch einen anderen Sachverständigen anordnen, wenn ein Sachverständiger nach Erstattung des Gutachtens mit Erfolg abgelehnt ist.

**1**  **1) Systematik, Regelungszweck, I, II.** Es handelt sich um eine in etwa dem § 398 entsprechende, den § 411 ergänzende Vorschrift, die letzlich wegen des Grundsatzes der freien Beweiswürdigung, § 286, entbehrlich wäre, weil das Gericht nach ihm ohnehin evtl weitere Beweise erheben müßte, § 144.

Die Vorschrift stellt klar, daß das *Ziel* der sachlichrechtlichen *Gerechtigkeit*, Einl III 9, höher steht als Erwägungen der Prozeßwirtschaftlichkeit, Grdz 14 vor § 128, solange diese Rangfolge nicht zu allzu großen Verzerrungen führt. Auch erhebliche Mehrkosten sind im allgemeinen hinzunehmen, wenn Aussicht auf bessere Beweisergebnisse besteht; eine Grenze bildet das Verbot der Unverhältnismäßigkeit der Mittel, Einl III 21. Es muß auch im Bereich der Parteiherrschaft, Grdz 18 vor § 128, zum Schutz des Unterliegenden vor extremen Kosten mitbeachtet werden.

**2**  **2) Geltungsbereich, I, II.** Vgl Üb 3 vor § 402.

**3**  **3) Neue Begutachtung: Freie Beweiswürdigung, I.** Das Gericht würdigt das zunächst erstattete Gutachten grundsätzlich im Rahmen seines pflichtgemäßen Ermessens frei, § 286 Rn 50, Üb 1 vor § 402 und § 402 Rn 6 „§§ 394–398", **BGH VersR 88**, 801, **BayObLG FamRZ 98**, 921. Vielfach ist das Gericht aber faktisch vom Sachverständigen abhängig, § 286 Rn 50, Pieper **ZZP 84**, 29. In dem Fall, wenn das Gutachten ihm nicht zur Gewinnung einer Überzeugung reicht, muß das Gericht ein neues Gutachten desselben oder eines anderen Sachverständigen anfordern, § 286 Rn 54, **BGH NJW 97**, 803, **BayObLG FamRZ 98**, 921, Mü **VersR 92**, 1125. Das bezeichnet **BGH NJW 78**, 752 bei einem Schriftgutachten sogar als meist notwendig. Eine Entscheidung, ob ein weiterer Gutachter oder gar ein dritter (Obergutachter), Rn 4, beauftragt werden soll, ist ungeachtet der freien Beweiswürdigung in besonderer Lage notwendig, § 286 Rn 61, **BGH NJW 96**, 731, **BayObLG 98**, 921 (Unvollständigkeit des bisherigen Gutachtens), Köln **VersR 98**, 1512.

Dabei ist § 244 IV StPO rechtsähnlich anwendbar, § 286 Rn 27, **BGH 53**, 258, vgl auch (für FGG-Verfahren) **BayObLG MDR 71**, 765. Soweit nur die Partei ein weiteres Gutachten für erforderlich hält, ist § 398 anwendbar; vgl freilich § 286 Rn 61. I ist bei der Prüfung, ob die Unbrauchbarkeit eines Schiedsgutachtens, Grdz 12 vor § 1025, schlüssig vorgetragen ist, entsprechend anwendbar, **BGH MDR 84**, 224.

**4**  **4) Obergutachten, I.** Es sollte äußerst zurückhaltend angeordnet werden.

8. Titel. Beweis durch Sachverständige §§ 412, 413

**A. Begriff.** Obergutachter ist ein Sachverständiger, der auf Grund überragender Sachkunde oder besonderer Autorität die durch gegensätzliche Auffassung mehrerer Sachverständiger entstehenden Zweifel zu klären hat.

**B. Notwendigkeit.** Es besteht nur ausnahmsweise eine Pflicht zur Einholung eines sog Obergutachtens, § 286 Rn 61, BGH BB **80**, 863, so bei besonders schwierigen Fragen, BayObLG FamRZ **98**, 921; Zweifeln an der Sachkunde des Sachverständigen; überlegenen Forschungsmitteln des weiteren Gutachters, BGH BB **80**, 863, BayObLG FamRZ **98**, 921, Mü VersR **92**, 1125. 5

Ein Obergutachten ist ferner ausnahmsweise nötig bei *groben Mängeln* des erstatteten Gutachtens, § 286 Rn 61, BGH NJW **86**, 1930, BayObLG FamRZ **98**, 921.

Die Kostenfrage ist nicht allein maßgeblich, aber mitbeachtlich (Grundsatz der Verhältnismäßigkeit).

Die Einholung eines Obergutachtens erfolgt nach pflichtgemäßem *Ermessen*, BGH BB **80**, 863, BayObLG FamRZ **98**, 921. Dasselbe gilt für eine nochmalige Anhörung des Sachverständigen, nachdem ein anderer Gutachter gehört worden ist, BGH BB **80**, 863, BayObLG BB **87**, 15. Freilich sind die Grenzen des Ermessens in der Revisionsinstanz zu beachten, BGH VersR **89**, 759. Es ist kein Obergutachten notwendig, wenn das erste Gutachten ohne erkennbare Fehler und im übrigen überzeugend erstattet ist, BGH BB **80**, 863, oder schon deshalb, weil zwei Gutachter einander widersprechen, BayObLG WoM **90**, 178. Vielmehr ist dann von Amts wegen eine Aufklärung der Gründe zu versuchen, Grdz 39 vor § 128, zumindest die Lage zu erörtern, BGH MDR **93**, 797.

**5) Weitere Begutachtung, II.** Nach einer erfolgreichen Ablehnung eines Sachverständigen im Anschluß an sein Gutachten, § 406 Rn 23, ist ein weiterer Auftrag an einen anderen Sachverständigen Ermessenssache des Gerichts. Der Abgelehnte kann sachverständiger Zeuge sein, § 414. 6

**6) Verfahren, I, II.** Die Anordnung erfolgt auch ohne mündliche Verhandlung, § 360 S 2, und auch durch den verordneten Richter, § 360 S 3. Die Anordnung erfolgt durch einen Beschluß. Er gehört immer zum Beweisbeschluß. Das Gericht muß eine Abweichung vom Gutachten sorgfältig begründen, § 329 Rn 4. 7

**7) Rechtsbehelf, I, II.** Eine Beschwerde gegen den Beschluß ist weder bei der Anordnung noch bei der Ablehnung zulässig, Düss RR **98**, 933. 8

**8) *VwGO*:** Entsprechend anwendbar, § 98 VwGO, BVerfG AuslR **90**, 164, BVerwG NVwZ-RR **95**, 6 u **90**, 653 (auch dann, wenn ein Gutachten urkundenbeweislich verwendet wird, OVG Münst NWVBl **94**, 393). *Bei der Entscheidung über die Einholung eines neuen Gutachtens, Rn 1, hat das Gericht in Ausübung seines Rechts zur freien Beweiswürdigung, § 108 I 1 VwGO, nach Ermessen zu verfahren, BVerfG aaO, BVerwG NVwZ-Beil I 9/99 und aaO, NVwZ **87**, 48, NJW **86**, 2268, VGH Kassel NVwZ-Beil 6/96 S 43 mwN. Die Einholung eines neuen Gutachtens bzw Obergutachtens ist geboten, BVerwG NJW **86**, 2229 mwN: wenn die vorliegenden Gutachten sich in der Beurteilung widersprechen, BVerwG DVBl **60**, 287, oder wenn das Gericht an der Richtigkeit des vorliegenden Gutachtens zu zweifeln Anlaß hat, BVerwG VerwRspr **31**, 382 mwN, zB weil es grobe Mängel oder unlösbare Widersprüche aufweist oder weil es von falschen sachlichen Voraussetzungen ausgeht, BVerwG **35**, 50, oder weil Bedenken gegen die Sachkunde oder Unparteilichkeit des Sachverständigen bestehen, BVerwG **31**, 149. Das gleiche gilt, wenn das Gericht ohne eigene Fachkunde von dem vorliegenden Gutachten abweichen will, BVerwG **41**, 359. Zur Einholung weiterer Gutachten, wenn Erkenntnisquellen zum Beweisthema vorliegen, vgl. Stumpe VBlBW **95**, 172.* 9

**413** *Sachverständigenentschädigung.* Der Sachverständige wird nach dem Gesetz über die Entschädigung von Zeugen und Sachverständigen entschädigt.

**Schrifttum:** *Bayerlein* (Herausgeber), Praxisbuch Sachverständigenrecht, 2. Aufl 1996; *Bleutge*, ZSEG, 3. Aufl 1995; *Eickmeier*, Die Haftung des gerichtlichen Sachverständigen für Vermögensschäden usw, 1993; *Hartmann*, Kostengesetze, 29. Aufl 2000, Teil V; *Heck*, Die Entschädigung von Sachverständigen ... ZSEG für den Sachverständigen des Handwerks, 1995; *Jessnitzer/Frieling*, Der gerichtliche Sachverständige, 10. Aufl 1992; *Klein*, Die Rechtsstellung und die Haftung des im Zivilprozeß bestellten Sachverständigen, Diss Mainz 1994; *Meyer/Höver/Bach*, ZSEG, Komm, 20. Aufl 1997 (Bespr *Fischer* NJW **99**, 707); *Müller*, Der Sachverständige im gerichtlichen Verfahren, 3. Aufl 1988; *Wellmann/Schneider/Hüttemann/Weidhaas*, Der Sachverständige in der Praxis, 6. Aufl 1997.

**1) Systematik, Regelungszweck: Verweisung.** Als abschließende Regelung, BGH NJW **84**, 871, ist das ZSEG mit seiner eingehenden Regelung in §§ 3 ff ZSEG maßgebend. 1

**2) Geltungsbereich.** Vgl Üb 3 vor § 402. 2

**3) Vorsatz, grobe Fahrlässigkeit: Kein Anspruch.** Wenn der Sachverständige die voraussichtlich höheren eigenen Kosten nicht mitteilte, § 407 a Rn 20, oder die Unverwertbarkeit seines Gutachtens vorsätzlich oder grob fahrlässig verschuldet, zB wegen Ortstermins ohne Benachrichtigung beider Parteien, Mü MDR **98**, 1123, oder wegen schwerer inhaltlicher Mängel, Kblz BB **93**, 1975, AG Dortm JB **95**, 151, oder weil eine Partei ihn erfolgreich abgelehnt hat, Hbg JB **99**, 426, Kblz BB **93**, 1975 (Ausnahme: beide Parteien haben sich das Ergebnis des Gutachtens trotzdem zu eigen gemacht, LG Bayr JB **91**, 437, oder ein anderer Sachverständiger konnte das frühere Gutachten mitverwerten, Düss Rpfleger **91**, 527, Mü RR **98**, 1688), oder weil er die Beweisfrage nicht beantwortet hat bei der Beschränkung auf die Mitteilung des Untersuchungsergebnisses, Ffm MDR **77**, 762, oder wegen seiner Schweigepflicht, § 286 Rn 58, LG Mönchengladb WoM **98**, 297, dann kann er in entsprechender Anwendung von § 628 I 2 BGB seinen Anspruch verlieren, BGH LM § 1 ZSEG Nr 4, Mü FamRZ **95**, 1598. *Bedingter Vorsatz* ist bereits 3

## §§ 413, 414, Übers § 415   2. Buch. 1. Abschnitt. Verfahren vor den LGen

schädlich, ebenso *grobe Fahrlässigkeit,* Hbg MDR **97**, 103, Mü MDR **98**, 1123; LG Mönchengladb ZMR **98**, 706.

**4** **4) Leichte Fahrlässigkeit: Anspruch.** Der Entschädigungsanspruch bleibt indessen bestehen, wenn er nur leicht fahrlässig handelte, BGH NJW **84**, 871, Hbg MDR **97**, 103, aM KG MDR **93**, 289.

**5** **5) Unterlassung: Evtl kein Anspruch.** Der Entschädigungsanspruch kann auch wegen pflichtwidriger Unterlassung einer Mitteilung entfallen, daß der Vorschuß nicht ausreiche, Düss MDR **88**, 874, Hartmann Teil V § 3 ZSEG Rn 17, 18. Schlechterfüllung ist zu verneinen, soweit die Fachsprache des Sachverständigen notwendig ist, vgl Oldb NJW **91**, 1241 (zu § 411). Soldaten sind wie andere Sachverständige zu behandeln, Z 18 ff SchlAnh II. Zur Haftung des Sachverständigen Üb 17 vor § 402.

**6** **6) VwGO:** *Entsprechend anwendbar,* § 98 VwGO. Die Geltung des ZSEG für alle Gerichte ergibt sich zudem aus seinem § 1.

**414** *Sachverständige Zeugen.* Insoweit zum Beweise vergangener Tatsachen oder Zustände, zu deren Wahrnehmung eine besondere Sachkunde erforderlich war, sachkundige Personen zu vernehmen sind, kommen die Vorschriften über den Zeugenbeweis zur Anwendung.

**1** **1) Systematik, Regelungszweck.** Man muß folgende Beweismittel auseinanderhalten: den Sachverständigen, §§ 402 ff. Er bleibt das, auch wenn er sich die Kenntnis der für sein Gutachten notwendigen Tatsachen erst verschaffen muß, § 407 a Rn 11; den Zeugen und Sachverständigen. Das ist derjenige, der seine ohne einen Zusammenhang mit einem gerichtlichen Sachverständigenauftrag gemachten Wahrnehmungen bekunden und aus ihr Schlüsse ziehen soll. Er hat evtl den Zeugen- und den Sachverständigeneid zu leisten. Er kann, soweit er als Sachverständiger beansprucht worden ist, die Gebühren eines Sachverständigen fordern, selbst wenn er nur als sachverständiger oder „gewöhnlicher" Zeuge geladen worden war; den sachverständigen Zeugen, Rn 3. Für ihn verweist § 414 zweckmäßigerweise auf §§ 373 ff.

**2** **2) Geltungsbereich.** Vgl Üb 3 vor § 402.

**3** **3) Sachverständiger Zeuge.** Er ist ein Zeuge, der die zu bekundenden Tatsachen nur kraft seiner Sachkunde ohne Zusammenhang mit einem gerichtlichen Sachverständigenauftrag wahrgenommen hat, BGH MDR **74**, 382, OVG Kassel MDR **97**, 98. Maßgebend ist, ob er unersetzbar ist (dann ist er ein sachverständiger Zeuge) oder ob auswechselbar ist (dann ist er Sachverständiger), Üb 6 vor § 402, so auch Hamm MDR **88**, 418, vgl auch Üb 14 vor § 402, § 407 a Rn 6. Seine Eigenschaft kann sich gegenüber der Ladung durch die Art der tatsächlichen Heranziehung ändern, BGH **LM** Nr 2 (Privatgutachten), Hamm JB **91**, 1259 mwN. Er ist im ersteren Fall Zeuge und untersteht ausnahmslos den Vorschriften über den Zeugenbeweis, §§ 373 ff. Der Arzt ist zB sachverständiger Zeuge, wenn er über eine bestimmte Krankheit aussagt, aber Sachverständiger und Zeuge, wenn er die Ursache und die Wirkung dieser Krankheit bekundet. Der erfolgreich abgelehnte Sachverständige kann sachverständiger Zeuge sein, Jessnitzer DS **91**, 268. Der sachverständige Zeuge ist zB nicht ablehnbar; insofern erfolgt eine freie Beweiswürdigung, § 286, BGH **LM** Nr 2.

Es findet beim sachverständigen Zeugen *keine gerichtliche Auswahl* statt; von seiner Anhörung kann nicht wegen fehlender Sachkunde abgesehen werden; er leistet einen Zeugeneid, §§ 478 ff; er erhält für seine Tätigkeit in dieser Eigenschaft Zeugengebühren nach dem ZSEG, Hamm NJW **72**, 2004, und wegen einer etwa vorausgegangenen nicht gerichtlichen Tätigkeit als Sachverständiger Entschädigung nach den in § 413 Rn 1–5 dargestellten Regeln. Die von ihm bekundeten Tatsachen sind notfalls unter Hinzuziehung eines Sachverständigen nachzuprüfen. Ein Arztattest ist nicht nach § 414, sondern als Privaturkunde, § 416 Rn 1, nach § 286 zu würdigen, BGH NJW **90**, 1735.

**4** **4) VwGO:** *Entsprechend anwendbar,* § 98 VwGO. Zur Abgrenzung zum Sachverständigen s BVerwG NJW **86**, 2268, VGH Kassel MDR **97**, 97, OVG Kblz NVwZ-RR **92**, 592.

### Neunter Titel. Beweis durch Urkunden

#### Übersicht

**Schrifttum:** *Baltzer,* Elektronische Datenverarbeitung in der kaufmännischen Buchführung und Prozeßrecht, Gedächtnisschrift für *Bruns* (1980) 73; *Britz,* Urkundenbeweisrecht und Elektroniktechnologie, 1996 (Bespr *Malzer* DNotZ **98**, 157); *Hertel,* Der Urkundenprozeß unter besonderer Berücksichtigung von (rechtlichem Gehör) und Vollstreckungsschutz, 1992; *Reithmann,* Allgemeines Urkundenrecht, Begriffe und Beweisregeln, 1972; *Schippel,* Die elektronische Form usw, in: Festschrift für *Odersky* (1996); *Schreiber,* Die Urkunde im Zivilprozeß, 1982; *Teske,* Der Urkundenbeweis im französischen und deutschen Zivil- und Zivilprozeßrecht, 1990.

#### Gliederung

| | |
|---|---|
| 1) Systematik, Regelungszweck .......... 1 | A. Äußere (formelle) Beweiskraft ......... 5 |
| 2) Geltungsbereich ........................ 2 | B. Innere (materielle) Beweiskraft ........ 6 |
| 3) Begriff und Rechtsnatur .............. 3 | C. Zeugenaussage, Auskunft, Zeugnis .... 7 |
| 4) Arten ................................... 4 | D. Parteibeweis .............................. 8 |
| 5) Beweiskraft ............................. 5–9 | E. Zuverlässigkeit ............................ 9 |

9. Titel. Beweis durch Urkunden  Übers § 415

6) Ersetzung zerstörter und abhanden gekommener gerichtlicher und notarieller Urkunden ...................... 10

7) VwGO ................................. 11

**1) Systematik, Regelungszweck.** §§ 415 ff regeln diejenige Beweisart, die lange als die zuverlässigste 1 galt, bis auch sie im Zuge des technischen Fortschritts mit seinen enorm zunehmenden Manipulationsmöglichkeiten problematisch wurde. Das ändert BayObLG RR **97**, 1029 nicht. Vom Urkundenbeweis ist der Augenscheinsbeweis, §§ 371 ff, zu unterscheiden; das gelingt wegen dieser technischen Entwicklung nicht immer leicht, Üb 1 vor § 371.

Wegen der Manipulationsmöglichkeiten, Rn 1, ist der lange Zeit hierdurch so einfach erkennbare *Zweck* gerade des Urkundenbeweises, die Wahrheit am ehesten mithilfe desjenigen zu ermitteln, was der Beweisführer „schwarz auf weiß besitzt", so fragwürdig geworden, daß nur eine zurückhaltende Auslegung sowohl des Urkundenbegriffs als auch der jeweiligen Beweiskraft der verschiedenen Urkundenarten zu vertretbaren Ergebnissen führen kann.

**2) Geltungsbereich.** §§ 415 ff gelten in allen Verfahrensarten nach der ZPO, auch im arbeitsgerichtli- 2 chen Verfahren, § 46 II 1 ArbGG.

**3) Begriff und Rechtsnatur.** Urkunde im Sinne der ZPO ist die schriftliche Verkörperung eines 3 Gedankens, BGH **65**, 301, FG Bln NJW **77**, 2232. Anders als im StGB, gehören Grenzzeichen und dergleichen, zB Siegel, Fahrzeug- oder Motorziffern, die keiner Aussage, sondern einer Kennzeichnung dienen, zum Augenscheinsbeweis, § 371. Dasselbe gilt für Tonbandaufnahmen, Schallplatten und Fotos, Üb 11 ff vor § 371. Unerheblich ist, in welchen üblichen oder vereinbarten Schrift- oder Druckzeichen die Urkunde abgefaßt ist; worauf sie geschrieben oder gedruckt wurde; ob sie unterschrieben ist; welche Bedeutung sie hat und welchem Zweck sie dient. Gegenstand des Beweises ist ihr gedanklicher Inhalt.

Eine *Fotokopie* kann – auch unbeglaubigt – eine Urkunde sein, BGH MDR **76**, 304, Köln NJW **92**, 1774, Laghzaoui MDR **96**, 230 (Telefax), StJL 4 vor § 415, aM BGH NJW **92**, 829, ZöGre vor § 415. *Computerbescheide* und ähnliche technische Aufzeichnungen sind Urkunden, soweit sie – wenn auch programmierte – Gedanken verkörpern; aM Baltzer Festschrift für Bruns (1980) 80, Lampe NJW **70**, 1100 (§§ 415 ff gelten entsprechend); ein Computerspeicher ist keine Urkunde, Redeker NJW **84**, 2394. Wegen der Verwertbarkeit personenbezogener Daten ist das BDSG zu beachten. Schuppenhauer DB **94**, 2041 (ausf) wendet §§ 415 ff auf elektronische Dokumente bei ausreichender Fehler- und Fälschungssicherheit entsprechend an, aM Malzer DNotZ **98**, 107.

**4) Arten.** Die ZPO unterscheidet die öffentliche Urkunde (Begriff § 415 Rn 4, Beweiskraft §§ 417, 4 418) und die Privaturkunde, (Begriff § 416 Rn 3, Beweiskraft § 416 Rn 5–7). Maßgeblich ist nicht der Inhalt, sondern die Form, BayObLG Rpfleger **75**, 316. Beide Urkunden können räumlich verbunden sein, zB bei einer öffentlich beglaubigten Urkunde. Ferner wird zwischen der Urschrift und der Abschrift unterschieden; unter der letzteren wird wieder eine Ausfertigung und eine beglaubigte Abschrift (Begriff beider § 170 Rn 3, 6) hervorgehoben.

**5) Beweiskraft.** Nur eine echte Urkunde hat Beweiskraft. Die Echtheit ist nach den §§ 437–443 zu 5 beurteilen. Ist die Urkunde echt, so ist weiter wie folgt zu unterscheiden.

**A. Äußere (formelle) Beweiskraft.** Die äußere Beweiskraft, §§ 415 ff, bezeugt, daß der Aussteller die in der Urkunde niedergelegte Erklärung wirklich abgegeben hat. Ob eine Erklärung richtig oder falsch ist, gehört zur inneren Beweiskraft. Die äußere Beweiskraft erfordert den Nachweis der Echtheit der Urkunde. Für ihn stellt die ZPO bindende Beweisregeln auf und schließt insofern § 286 aus.

**B. Innere (materielle) Beweiskraft.** Sie hat die sachliche Bedeutung der Erklärung für den Beweis- 6 satz zum Gegenstand. Die innere Beweiskraft ist nach freier richterlicher Überzeugung zu würdigen, § 286; nach ihr entscheidet sich zB, ob die Urkunde ein Schuldanerkenntnis enthält, ob eine Mängelrüge rechtzeitig war. Wenn die in der Urkunde enthaltene Erklärung nicht als Beweispunkt in Frage kommt, sondern als Indiz, Einf 16 vor § 284, dann würdigt das Gericht frei, was die Abgabe der Erklärung für den Beweissatz besagt. Beispiele: Ob in der Mängelrüge ein außergerichtliches Geständnis des Vertragsschlusses liegt, ob von einem Arzt aufgezeichnete Krankengeschichte die Krankheit beurkundet. Hierbei kommt es auf die Glaubwürdigkeit des Ausstellers an. Nur bei öffentlichen Zeugnissen einer Behörde oder Urkundsperson stellt das Gesetz diese Glaubwürdigkeit durch gesetzliche Beweisregeln fest, zB in §§ 415, 165.

**C. Zeugenaussage, Auskunft, Zeugnis.** Über eine urkundenbewiesliche Verwertung von Zeugenaus- 7 sagen vgl § 286 Rn 69; über amtliche Auskünfte und amtliche Zeugnisse vgl Üb vor § 373.

**D. Parteibeweis.** Der Urkundenbeweis ist regelmäßig ein Parteibeweis, vgl Grdz 20 vor § 128. Eine 8 Erhebung von Amts wegen ist nur zulässig: im Amtsverfahren, §§ 616, 640; nach §§ 142, 143, 273, also wenn sich eine Partei auf die Urkunde bezogen hat, bei Akten und zur Vorbereitung der mündlichen Verhandlung. Bei § 358 a nur indirekt, nämlich im Rahmen von Z 2, 3; bei Vollkaufleuten und gewissen Streitpunkten betr die Vorlegung von Handelsbüchern und Tagebüchern der Handelsmakler, §§ 45, 47, 102 HGB. In den letzteren beiden Fällen können die Parteien die Verwertung durch deren vereinbarten Ausschluß verhindern.

**E. Zuverlässigkeit.** Die Urkunde ist das einzige zuverlässige Beweismittel, das allen anderen Beweismit- 9 teln weit vorzuziehen ist. Einen gegenüber einer Urkunde versuchten Zeugenbeweis muß man mit dem größten Mißtrauen betrachten. Meist soll er den Beweisführer aus seiner wohlüberlegten Lossagen von der niedergelegten Vereinbarung ermöglichen. Die Rechtssicherheit, Einl III 43, verlangt, daß eine Urkunde nicht ohne Not angetastet wird. Über mündliche Abreden neben Urkunden Anh § 286 Rn 93 „Form".

**6) Ersetzung zerstörter und abhanden gekommener gerichtlicher und notarieller Urkunden.** 10 Vgl hierzu §§ 46, 68 BeurkG. Sie erfolgt durch eine beglaubigte Abschrift einer noch vorhandenen Aus-

### Übers § 415, § 415      2. Buch. 1. Abschnitt. Verfahren vor den LGen

fertigung oder beglaubigten Abschrift; sonst muß der Inhalt der Urkunde durch einen Beschluß des Gerichts oder des Notars festgestellt werden.

**11**  *7) VwGO: Urkundenbeweis ist als zulässiges Beweismittel ausdrücklich genannt, § 96 I 2 VwGO. Er wird stets vAw erhoben, § 86 I VwGO, auch vor der mündlichen Verhandlung, §§ 87, 96 II VwGO; §§ 415 ff gelten entsprechend, § 98 VwGO, soweit Unterschiede der beiden Verfahrensarten nicht entgegenstehen. Urkundenbeweis ist auch die Heranziehung eines anderweit erstatteten Gutachtens, BVerfG InfAuslR 90, 164, BVerwG NVwZ-RR 90, 653. Sondervorschriften gelten für die Aktenvorlage durch Behörden, § 99 VwGO.*

---

**415** *Beweiskraft öffentlicher Urkunden über Erklärungen.* ¹ Urkunden, die von einer öffentlichen Behörde innerhalb der Grenzen ihrer Amtsbefugnisse oder von einer mit öffentlichem Glauben versehenen Person innerhalb des ihr zugewiesenen Geschäftskreises in der vorgeschriebenen Form aufgenommen sind (öffentliche Urkunden), begründen, wenn sie über eine vor der Behörde oder der Urkundsperson abgegebene Erklärung errichtet sind, vollen Beweis des durch die Behörde oder die Urkundsperson beurkundeten Vorganges.

II Der Beweis, daß der Vorgang unrichtig beurkundet sei, ist zulässig.

### Gliederung

| | |
|---|---|
| 1) Systematik, I, II ................... 1 | 5) Beweiskraft, I .................. 8–10 |
| 2) Regelungszweck, I, II .......... 2 | A. Grundsatz: Nicht für inhaltliche Richtigkeit der Erklärung ........... 8 |
| 3) Geltungsbereich, I, II .......... 3 | B. Beurkundeter Vorgang ......... 9, 10 |
| 4) Begriff der öffentlichen Urkunde, I ... 4–7 | 6) Gegenbeweis, II .................. 11–13 |
| A. Behörde ............................ 4 | A. Unrichtigkeit der ganzen Beurkundung ................. 11, 12 |
| B. Mit öffentlichem Glauben versehene Person ............. 5 | B. Unrichtigkeit eines Teils der Beurkundung ............. 13 |
| C. Sachliche Zuständigkeit ....... 6 | 7) VwGO ................................ 14 |
| D. Form ................................ 7 | |

**1**  **1) Systematik, I, II.** Die Vorschrift regelt die Beweiskraft einer öffentlichen Urkunde (im Gegensatz zur privaten, § 416), und auch bei ihr nur, soweit es sich um eine private Erklärung handelt, nicht um eine behördliche Erklärung (§ 417) oder um einen sonstigen öffentlich beurkundeten Vorgang. Ergänzend gilt § 419.

**2**  **2) Regelungszweck, I, II.** Es handelt sich um eine gesetzliche Beweisregel, Rn 8. Das ist eine Einschränkung des Grundsatzes der freien Beweiswürdigung, § 286 Rn 4, und schon deshalb nicht unproblematisch, wenn auch sicher meist prozeßwirtschaftlich, Grdz 14 vor § 128, und darum verlockend und ja eben auch bindend. Da die Gefahr von zumindest nachträglichen Manipulationen, Üb 1 vor § 415, auch bei öffentlichen Urkunden besteht, ist § 415 leider auch bei §§ 415 ff einer zurückhaltende Auslegung geboten.

**3**  **3) Geltungsbereich, I, II.** Vgl Üb 2 vor §§ 415 ff. Die Vorschrift gilt auch im FGG-Verfahren, BayObLG FamRZ **94**, 980. Urkunden, die seinen Erfordernissen genügen, genießen „öffentlichen Glauben". Fehlt ein Erfordernis, so tritt eine freie Beweiswürdigung nach § 286 ein. Öffentlich nur verwahrte oder beglaubigte Urkunden sind keine öffentlichen Urkunden, BGH MDR **80**, 299, sondern Privaturkunden mit einer öffentlichen Beglaubigung der Unterschrift oder eines Handzeichens. Deutsche Konsuln sind zur Unterschriftsbeglaubigung befugt, § 17 KonsG. Über Lichtbilder von Urkunden (Fotokopien) LAG Kiel Rpfleger **89**, 163 (die unbeglaubigte Fotokopie ist natürlich keine öffentliche oder öffentlich beglaubigte Urkunde, BGH NJW **92**, 830). Ihre strafrechtliche Beurteilung ist strenger, BGH NJW **71**, 1812, Kienapfel NJW **71**, 1781.

**4) Begriff der öffentlichen Urkunde, I.** Es herrschen strenge Voraussetzungen.

**A. Behörde.** Notwendig ist die Ausstellung durch eine öffentliche Behörde oder eine mit öffentlichem Glauben versehene Person. Öffentliche Behörde ist eine solche Behörde, die durch den erkennbar gewordenen Staatswillen als dauernder Träger staatlicher Hoheitsrechte so anerkannt und eingerichtet ist, daß sie nicht vom Dasein eines einzelnen Beamten abhängt. Ob das zutrifft, richtet sich nach dem am Ausstellungsort der Urkunde geltenden Verwaltungsrecht, Wiedenbrüg NJW **73**, 301.
*Öffentliche Behörden* sind alle Gerichte, BayObLG **97**, 59, KG MDR **82**, 330, alle Bundesbehörden, alle Landesbehörden, zB die Enteignungsbehörde, BGH **88**, 170, alle Gemeindebehörden, die Sozial- bzw Jugendämter, LG Düss FamRZ **84**, 923, LG Duisb Rpfleger **84**, 98, amtliche Berufsvertretungen, öffentlich-rechtliche Versicherungsanstalten, kirchliche Behörden, Universitäten, auch ausländische Behörden, BVerwG NJW **87**, 1159, **438**. Stgt RR **86**, 7 zählt auch zB den Präsidenten eines Gerichts hierher, der einen Testamentsvollstrecker beruft. Wegen der Deutschen Post AG vgl § 418 Rn 4 „Post".

**5**  **B. Mit öffentlichem Glauben versehene Person.** Das ist eine durch eine staatliche Ermächtigung allgemein oder beschränkt zur Beurkundung bestellte oder ermächtigte Person.
*Beispiele:* Der Notar, BGH JZ **87**, 522, Ffm MDR **90**, 641, Hamm OLGZ **91**, 25 (je:); der Urkundsbeamte der Geschäftsstelle, Mü MDR **80**, 468; der Gerichtsvollzieher, Köln MDR **91**, 260, VG Bln DGVZ **89**, 124; der Standesbeamte, der Gerichtswachtmeister bei Zustellungen; Postbedienstete nach Art 79 WG; Berufs- und Honorarkonsuln im Rahmen von §§ 10 ff KonsG, Geimer DNotZ **78**, 15. Auch ausländische Beamte können Urkundspersonen im Sinne des § 415 sein, vgl aber § 438.

9. Titel. Beweis durch Urkunden **§ 415**

Nicht hierhin gehören zB: Der Handelsmakler nach §§ 93 ff HGB; der amtlich anerkannte Sachverständige nach dem Straßenverkehrsrecht und dgl, aM LG Bonn DGVZ 89, 13; der Anwalt beim Empfangsbekenntnis, § 212a, Bbg JB 78, 243; der Stasi-Bundesbeauftragte, VG Greifswald DtZ 95, 455.

**C. Sachliche Zuständigkeit.** Notwendig ist die Einhaltung der Grenzen der Amtsbefugnisse oder des **4** zugewiesenen Geschäftskreises. Es genügt nicht, daß die Ausstellung der Amtsstelle nicht verwehrt und bei ihr gebräuchlich ist. Ihre Vollmacht wird aber vermutet. Maßgebend ist die sachliche Zuständigkeit. Diese dürfte zB dann fehlen, wenn ein Ermittlungsrichter bei einer Zeugenvernehmung Erklärungen des Zeugen protokollieren läßt, die den letzten Willen des Zeugen enthalten, vgl BayObLG 79, 237. Die örtliche Zuständigkeit berührt zwar die innere Beweiskraft insofern, als bei ihrem Fehlen die Urkunde unwirksam sein kann, nicht aber die äußere, Üb 5, 6 vor § 415. Auch privatrechtliche Urkunden einer öffentlichen Behörde über in ihren Amtsbereich fallende Privatrechtsgeschäfte sind öffentliche Urkunden, LG Kiel DNotZ 87, 48. Damit geschieht die Ausstellung noch nicht immer in Ausübung öffentlicher Gewalt, LG Kiel DNotZ 87, 49. Auch eine sog Eigenurkunde des Notars, die er errichtet, um eine zuvor beurkundete oder beglaubigte Erklärung eines Beteiligten zu berichtigen oder zu ergänzen oder sie inhaltlich zB an grundbuchrechtliche Erfordernisse anzupassen, ist eine öffentliche Urkunde, wenn der Notar sie unterzeichnet und gesiegelt hat, BGH 78, 39.

**D. Form.** Notwendig ist schließlich die Beobachtung der vorgeschriebenen Form, dh aller wesentlichen **7** Formvorschriften, §§ 159 ff, 190 ff ZPO, Art 80 ff WG, §§ 8 ff BeurkG, dazu DVO v 1. 8. 70, BayJMBl 67, zB die persönliche Entgegennahme der Erklärung, Verlesung des gesamten in der Niederschrift des Notars enthaltenen Erklärungsinhalts, zumindest soweit er beurkundungsbedürftig ist, BayObLG 73, 213, sowie die Unterschrift, auch bei handschriftlichen Zusätzen, BGH NJW 94, 2768, und Siegelung. Sie ist nur aus der Urkunde selbst oder aus Vorgängen zu entnehmen, die mit ihrer Errichtung in einem unmittelbaren Zusammenhang stehen, nicht aus außerhalb liegenden Umständen. Die Einhaltung einer Sollvorschrift ist nicht notwendig. Aus dem Erklärungsinhalt kann nichts gegen die Eigenschaft als öffentliche Urkunde hergeleitet werden. Hierfür sind lediglich die formalen Voraussetzungen des § 415 maßgeblich. Wegen eines Formmangels Rn 3 und § 416 Rn 3.

**5) Beweiskraft, I.** Es wird oft unter- wie überschätzt. **8**

**A. Grundsatz: Nicht für inhaltliche Richtigkeit der Erklärung.** § 415 gibt unter der Voraussetzung der Echtheit, Einf 1 vor § 437, und äußerlichen Mangelfreiheit der Urkunde, § 419, eine gesetzliche Beweisregel BGH NJW 80, 1000, freilich nur für die Abgabe der Erklärung, nicht für deren inhaltliche Richtigkeit, BGH JZ 87, 522, BayObLG DNotZ 87, 599, Hamm Rpfleger 83, 393. Die Beurkundung von Tatsachen fällt unter § 418. Zur Beweiskraft der notariellen Urkunde BayObLG Rpfleger 95, 410. Aber nicht jede öffentliche Urkunde hat diese Beweiskraft, sondern nur diejenige über eine vor der Behörde oder Urkundsperson abgegebene Erklärung. Das ist nur eine solche „bezeugende" Urkunde, in der die beurkundende Behörde am zu beurkundenden Vorgang nicht beteiligt ist, LG Drsd Rpfleger 95, 67, zB §§ 167 ff FGG, nicht aber eine öffentliche Urkunde, die eine von der Behörde selbst abgegebene Erklärung enthält, sog „bewirkende" Urkunde, LG Drsd Rpfleger 95, 67, die je nach ihrem Inhalt hoheitsrechtlich (Gerichtsentscheidung, Polizeiverfügung, Steuerbescheid) oder zB gewerberechtlich sein kann (Mietvertrag, Kaufvertrag, Personen- und Güterbeförderungsvertrag, Vollmacht der Treuhandanstalt usw). Insofern gelten §§ 417, 418, BayObLG Rpfleger 75, 316.

**B. Beurkundeter Vorgang.** Der beurkundete Vorgang ist voll bewiesen, LG Stralsund NJW 97, 3178. **9** Jede andere Beweiswürdigung schließt § 415 in Abweichung von § 286 aus, BGH MDR 78, 739, BayObLG RR 97, 1029. Daher besteht kein Anlaß dazu, die Aufnahmen als Zeugen zu vernehmen.

„Vorgang" begreift in sich: den Ort; die Zeit; die Anwesenheit der Urkundsperson; den Inhalt der **10** Erklärung einschließlich der Vollständigkeit der Wiedergabe des geäußerten rechtsgeschäftlichen Willens, BGH JZ 87, 523, Reithmann DNotZ 73, 154, und deren Herkunft von einer bestimmten Person, Hamm OLGZ 91, 25, aM ThP 5; nicht, daß sie „persönlich bekannt ist", BGH DNotZ 73, 156, für alles sonstige Hinweise, Informationen usw, Hamm DNotZ 86, 79. Wenn die Erklärung ein Anerkenntnis der Echtheit eines übergebenen Schriftstücks enthält, dann erstreckt sich die Beweisregel auch auf dieses Schriftstück. Einen weiteren Beweis für den Vorgang darf das Gericht nicht verlangen. Die Richtigkeit und die Wirksamkeit der abgegebenen Erklärung gehören nicht hierher. Vgl Üb 5 vor § 415.

**6) Gegenbeweis, II.** Er wird zu oft angenommen. **11**

**A. Unrichtigkeit der ganzen Beurkundung.** Ein Gegenbeweis ist dahin zulässig, daß der Vorgang unrichtig beurkundet worden sei, BayObLG 91, 227, daß also die Möglichkeit der Richtigkeit ausgeschlossen ist, § 418 Rn 7. Er muß die Beurkundung der abgegebenen Erklärung betreffen. Beispiele: Zeit, Ort, Nämlichkeit des Beurkundenden. Nicht hierher gehört, daß der Erklärende etwas beim Vorlesen überhört habe, BGH 71, 262, aM RoSGo § 121 III 2a. Auch in Genehmigen ohne Kenntnis ist ein Willensmangel, so daß allenfalls eine Anfechtung möglich ist, BGH JZ 78, 565, aM RoSGo § 121 III 2a. Folglich ist eine Anfechtung notwendig. Zulässig, aber mit Vorsicht zu behandeln ist der Nachweis, der Erklärende habe widersprochen. Ein Zweifel genügt nicht (str), Einf 12 vor § 284. Es ist also ein voller Gegenbeweis nötig, LG Stralsund NJW 97, 3178.

Eine Parteivernehmung, §§ 445 ff, ist zum Gegenbeweis unzulässig, BayObLG 78, 286, aM BGH NJW 78, **12** 1481. Über den Nachweis der Unrichtigkeit des Protokolls vgl §§ 164, 165, S 2, über den Nachweis der Unrichtigkeit des Urteilstatbestands § 314 S 2. Er gilt nicht außerhalb jenes Verfahrens. Inhaltliche Unrichtigkeiten oder Willensmängel unterliegen demgegenüber der freien Beweiswürdigung nach § 286, BGH WertpMitt 79, 1157.

**B. Unrichtigkeit eines Teils der Beurkundung.** Welche Bedeutung eine nachgewiesene Unrichtigkeit **13** eines Teils der Beurkundung für die Wirksamkeit der ganzen Erklärung hat, ist eine Frage des Einzelfalls. Evtl fehlt eine wesentliche Form. Unrichtig ist auch die unvollständige Urkunde.

**14**  7) *VwGO:* Entsprechend anwendbar, § 98 VwGO, BVerwG NJW **89**, 1233, VGH Mü NVwZ-RR **97**, 745. Die Abweichung von der Beweisregel in I ist also unzulässig, Ule VPrR § 30 II 1; aM RedOe § 98 Anm 13 (keine starre Bindung, die mit § 86 I VwGO unvereinbar wäre: aber § 415 gilt auch für ZPO-Verfahren mit Ermittlungsgrundsatz und im Verfahren der Sozialgerichte, § 118 I SGG, vgl Meyer-Ladewig Rn 13, 14). Zum Begriff der öff Urkunde, Rn 4ff, BVerwG NVwZ **97**, 490 (amtl Erklärung), Buchholz 451.90 Nr 51, 310 § 98 Nr 29 (Fotokopie), NJW **87**, 1159 (Abschrift). Vgl auch § 418 Rn 13.

**416** *Beweiskraft von Privaturkunden.* Privaturkunden begründen, sofern sie von den Ausstellern unterschrieben oder mittels notariell beglaubigten Handzeichens unterzeichnet sind, vollen Beweis dafür, daß die in ihnen enthaltenen Erklärungen von den Ausstellern abgegeben sind.

**1**  1) **Systematik, Regelungszweck.** Vgl zunächst § 415 Rn 1. Bei der Privaturkunde ist die Beweiskraft wegen der Erklärung und sonstige Umstände in derselben Vorschrift geregelt. Wegen des Regelungszwecks vgl Rn 1 vor § 415. Die Bedenken wegen der Manipulationsmöglichkeiten gelten bei der Privaturkunde erst recht.

**2**  2) **Geltungsbereich.** Vgl Rn 2 vor § 415.

**3**  3) **Privaturkunde.** § 416 betrifft nur die unterschriebene Privaturkunde, dh jede unterschriebene nichtöffentliche Urkunde einschließlich der öffentlich beglaubigten, § 415 Rn 3, Hbg MDR **99**, 375, Hamm OLGZ **91**, 25; vgl freilich § 440 II. Ihr steht die öffentliche Urkunde gleich, der ein wesentliches Erfordernis fehlt, BGH NJW **94**, 2768. Andere Privaturkunden sind nach § 286 frei zu würdigen, BGH RR **87**, 1522; so Quittungen, BGH RR **88**, 881; Handelsbücher, bei denen Eintragungen zu Lasten des Kaufmanns regelmäßig ein außergerichtliches Geständnis sind; das vom Erblasser nicht unterschriebene Nottestament, BGH **LM** Nr 1, BayObLG **79**, 238; eine Rechnung ohne Unterschrift, KG VersR **73**, 1145; ein Kontoblatt eines Prämiensparbuchs, Hamm NJW **87**, 964; die privatschriftliche Niederschrift über eine Versammlung der Wohnungseigentümer, BayObLG RR **90**, 211; eine Abholbescheinigung und Frachtbrief, Düss RR **96**, 361. Grundsätzlich ist nur das Original als Urkunde anzusehen, § 420 Rn 4, Düss RR **95**, 737.

**4**  4) **Unterschrift.** Der Aussteller, also derjenige, der die Erklärung in der Urkunde abgibt, muß die Urkunde unterschrieben haben. Die Unterschrift muß den ganzen Text decken, BGH **104**, 176, darf also nicht nur *über* ihm (sog Oberschrift), § 440 Rn 5, oder nur *neben* ihm oder im Text stehen, § 440 Rn 5. Eine Blankounterschrift genügt, sofern nicht eine abredewidrige Textausfüllung bewiesen wird, BGH **104**, 177, BayObLG FamRZ **91**, 613. Erforderlich ist eine Unterschrift mit einem Namen, der den Aussteller hinreichend kennzeichnen muß, § 129 Rn 9, Düss RR **95**, 737. Regelmäßig genügt der Familienname, je nach der Art der Urkunde, etwa bei Familienbriefen, auch der Vorname. Im Handelsverkehr genügt die kaufmännische Firma, § 17 HGB. Nach Lage des Falls genügt auch ein Deckname oder Spitzname, BayObLG Rpfleger **79**, 337. Datum und Ort sind für die Unterschrift entbehrlich.

Die Unterschrift muß nicht unbedingt *eigenhändig* oder handschriftlich sein, § 129 Rn 9. Bleistift, Handstützung genügen. Der Vertreter kann mit dem Namen des Vertretenen unterschreiben, soweit er dazu bevollmächtigt ist. Sie muß aber mit Wissen und Willen des Ausstellers vorgenommen worden sein. Eine Unterstempelung und ein Telegramm, selbst ein fernmündlich aufgegebenes oder übermitteltes, ein Fernschreiben oder Telebrief usw genügen nach Lage des Falls. Eine maschinelle Bankquittung genügt durchweg, BGH RR **88**, 881. Wegen der Handzeichen vgl §§ 126, 129 BGB, 183 FGG. Die sachlichrechtliche Gültigkeit der Unterschrift ist unabhängig von § 416 nach dem sachlichen Recht zu prüfen, zB nach § 126 BGB. Das Fehlen der Unterschrift ist gemäß § 286 zu würdigen, Köln DB **83**, 105. Das gilt auch bei einer digitalen Unterschrift, Geis NJW **97**, 3001, Ultsch NJW **97**, 3007.

**5**  5) **Beweiskraft.** Sie ist viel geringer als oft erhofft.

**A. Grundsatz: Nur für Abgabe der Erklärung.** § 416 gibt unter der Voraussetzung der Echtheit, Einf 1 vor § 437, BGH **104**, 175, und äußerlichen Mängelfreiheit der Urkunde, § 419, eine gesetzliche Beweisregel, die die freie Beweiswürdigung nach § 286 ausschließt, insoweit mißverständlich BGH RR **87**, 1522. Die Vorschrift bezieht sich nur auf die äußere Beweiskraft, Üb 5 vor § 415, BGH RR **88**, 881. Über den Unterschied zwischen § 416 und § 440 vgl § 440 Rn 1.

**6**  **B. Beweisregel.** Die in der Urkunde enthaltene Erklärung ist vom Aussteller abgegeben, BGH VersR **93**, 1911, Düss VersR **96**, 89, Hamm OLGZ **91**, 25. Die Erklärung ist also geäußert und abgesandt, nicht auch stets zugegangen. Ein Gegenbeweis gegen die äußere Beweiskraft ist begrifflich undenkbar. Dies gilt auch bei einem Mißbrauch einer Blankounterschrift. Doch läßt sich dort die Vermutung des § 440 II durch einen Gegenbeweis entkräften, BGH **104**, 177.

**7**  **C. Innere Beweiskraft.** Die Beweisregel ergreift nicht den Inhalt der Erklärung, BGH VersR **93**, 1911, Hbg MDR **99**, 375, Hamm OLGZ **91**, 25. Die Beweisregel ergreift also anders als § 415 nicht die Umstände ihrer Abgabe, wie Zeit und Ort oder ihr wirksames Zustandekommen, also auch nicht den Zugang. So beweist ein in der Urkunde enthaltenes Datum nur, daß es angegeben, nicht, daß es richtig angegeben ist, BGH **109**, 244, KG MDR **77**, 674. In allen diesen Punkten ist nach § 286 jeder Beweis und Gegenbeweis zulässig, Hbg MDR **99**, 375, zB derjenige der Erschleichung der Unterschrift oder derjenige einer verabredungswidrigen Niederschrift. Eine Parteivernehmung ist unzulässig, § 415 Rn 12. Die Parteien können einer Privaturkunde auch an sich nicht die Beweiskraft einer öffentlichen Urkunde, § 418 geben, BayObLG WoM **88**, 98. Bei einer Vertragsurkunde besteht zwischen den Vertragspartnern, BGH **109**, 245 (also nicht gegenüber einem Dritten) aber die Vermutung, daß sie den endgültigen, wohlüberlegten Willen der Parteien enthalte; sie hat die Vermutung der Vollständigkeit und Richtigkeit für sich, KG OLGZ **77**, 487.

## 9. Titel. Beweis durch Urkunden  §§ 416–418

Ein *Gegenbeweis* mündlicher Abreden ist deshalb nur dann zulässig, wenn die Partei bestimmte Tatsachen für eine unrichtige oder unvollständige Beurkundung anführt, Köln VersR **97**, 597. Wenn die mündliche Abrede nicht dem Inhalt der Urkunde widerspricht, dann genügt der Nachweis, daß die Parteien der Abrede bei und nach der Beurkundung als Vertragsbestandteil betrachtet haben, BGH NJW **80**, 1680, KG OLGZ **77**, 487.

*Unzulässig* ist der Einwand, der Aussteller habe die Urkunde nicht gelesen oder nicht verstanden, BGH NJW **73**, 282, aM Mü VersR **88**, 1136. Evtl ist aber eine Anfechtung wegen Irrtums, Drohung oder Täuschung möglich. Die Auslegung der Parteien bindet das Gericht regelmäßig nicht. Es darf aber der Erklärung keinen Sinn beilegen, den ihr die Parteien bei der Unterschrift nicht geben wollten. Der abgestempelte Frachtbrief hat ausnahmsweise eine volle Beweiskraft nach Art 8 § 3 CIM. Trotz § 416 ist eine Inhaltskontrolle von Allgemeinen Geschäftsbedingungen zulässig, Liebs AcP **174**, 31. **8**

**6) *VwGO:*** Entsprechend anwendbar, § 98 VwGO, vgl § 415 Rn 14. **9**

**417** *Beweiskraft einer öffentlichen Urkunde mit behördlicher Erklärung.* Die von einer Behörde ausgestellten, eine amtliche Anordnung, Verfügung oder Entscheidung enthaltenden öffentlichen Urkunden begründen vollen Beweis ihres Inhalts.

**1) Systematik, Regelungszweck.** Vgl zunächst Üb 1 vor § 415. § 417 betrifft diejenige öffentliche **1** Urkunde, § 415 Rn 4, die echt, Einf 1 vor § 437, und äußerlich mangelfrei ist, § 419, und die nicht etwas bezeugt, sondern etwas anordnet oder entscheidet, dh die Willenserklärung einer Behörde enthält, wie ein Urteil, einen Verwaltungsakt, eine Erbschein, die Erbausschlagung durch den Amtsvormund und deren Anfechtung, LG Bln Rpfleger **94**, 167, LG Kiel Rpfleger **90**, 420, die Festsetzung einer Vergütung, Kblz Rpfleger **85**, 443; vgl § 415 Rn 8.

**2) Geltungsbereich.** Vgl Üb 2 vor § 415. **2**

**3) Beweiskraft.** Als gesetzliche Beweisregel gilt: Der Inhalt der Urkunde ist voll bewiesen, also auch das **3** Ergehen der Anordnung usw einschließlich ihrer Begleitumstände, zB der teilnehmenden Personen, des Orts und des Zeitpunkts, Kblz Rpfleger **85**, 443. Nicht bewiesen sind die Motive der Behörde und die sachliche Richtigkeit dieses Inhalts, VG Bln DGVZ **89**, 124. Zum Beweis ist das Dienstsiegel entbehrlich, LG Bln Rpfleger **94**, 167. Gegenbeweis gegen die Echtheit ist statthaft. Er ist auch gegen die Richtigkeit der Angaben über Ort und Zeit statthaft; das Fehlen einer dem § 415 II entsprechenden Vorschrift rechtfertigt bei der Gleichartigkeit keine förmelnde Auslegung. Eine Abweichung der Urkunde vom mündlich Verhandelten betrifft ihren Inhalt. Eine Anfechtung der in der Urkunde enthaltenen Anordnung usw ist nach den allgemeinen Vorschriften zulässig, zB mit Rechtsmitteln.

**4) *VwGO:*** Entsprechend anwendbar, § 98 VwGO, vgl § 415 Rn 14. **4**

**418** *Beweiskraft öffentlicher Urkunden über Vorgänge.* I Öffentliche Urkunden, die einen anderen als den in den §§ 415, 417 bezeichneten Inhalt haben, begründen vollen Beweis der darin bezeugten Tatsachen.

II Der Beweis der Unrichtigkeit der bezeugten Tatsachen ist zulässig, sofern nicht die Landesgesetze diesen Beweis ausschließen oder beschränken.

III Beruht das Zeugnis nicht auf eigener Wahrnehmung der Behörde oder der Urkundsperson, so ist die Vorschrift des ersten Absatzes nur dann anzuwenden, wenn sich aus den Landesgesetzen ergibt, daß die Beweiskraft des Zeugnisses von der eigenen Wahrnehmung unabhängig ist.

**Schrifttum:** *Graßhof*, Sein und Schein – wie weit reicht die Beweiskraft der Zustellungsurkunde über die Niederlegung hinsichtlich der Wohnung des Zustellungsadressaten?, in: Festschrift für *Merz* (1992).

### Gliederung

| | | | |
|---|---|---|---|
| 1) Systematik, Regelungszweck, I–III … | 1 | A. Eigene Wahrnehmung der Behörde, I . | 5 |
| 2) Geltungsbereich, I–III ……………… | 2 | B. Fremde Wahrnehmung, III ………… | 6 |
| 3) Öffentliche Urkunde, I–III ………… | 3, 4 | 5) **Gegenbeweis, II** …………………… | 7–12 |
| A. Begriff …………………………… | 3 | A. Zulässigkeit ………………………… | 7–11 |
| B. Beispiele zur Frage einer öffentlichen Urkunde …………………………… | 4 | B. Unzulässigkeit …………………… | 12 |
| 4) Beweisregel für inhaltliche Richtigkeit, I, III …………………………… | 5, 6 | 6) *VwGO* …………………………… | 13 |

**1) Systematik, Regelungszweck, I–III.** Vgl zunächst § 415 Rn 1. Die Vorschrift differenziert inner- **1** halb ihres Geltungsbereichs nochmals: In den Fällen III gilt I nur eingeschränkt.

Wegen des *Regelungszwecks* vgl zunächst § 415 Rn 2. Unabhängig von der Problematik der Manipulation entsteht bei § 418 zusätzlich das Problem der Beweiskraft solcher „öffentlicher" Urkunden, die nur auf Grund einer Beleihung von Privatpersonen mit angeblich noch öffentlichen Aufgaben entstehen, die doch in Wahrheit nach dem Willen desselben Gesetzgebers *keine* öffentlichen, sondern im privaten Wirtschaftskampf stehende privatrechtlich organisierte Aufgaben geworden sind und überdies eine etwa noch vorhan-

## § 418

dene Monopolstellung nach und nach verlieren, wie bei der Briefzustellung durch andere Unternehmen als die nach § 195 II 3 zu beurteilende Deutsche Post AG. Es ist wenig realistisch, jedem Studenten, den ein solches anderes Unternehmen als Ferienaushilfskraft zu Postboten einstellt, öffentliche Beweiskraft zu verleihen; die zunehmende Zahl unbeholfener Zustellungsfehlleistungen auch außerhalb der Ferienzeit gibt zu vorsichtiger Auslegung des § 418 auf diesem Teilgebiet Anlaß. Sollte ein solches anderes Unternehmen das Zustellwesen gänzlich auf irgendwelche von ihr „unterbeliehene" Dritte übertragen, wäre die Grenze des Hinnehmbaren überschritten: Wohin käme man, wenn solche Ketten Privater sich als Obrigkeitsträger mit derart weitreichenden Rechtsfolgen wie zB einer „öffentlichen" Zustellungsurkunde erhalten dürften? Daran ändern im Grunde auch § 33 I PostG (Verpflichtung jedes Lizenznehmers zur Zustellung nach den Vorschriften der Prozeßordnungen, und zwar „mit Hoheitsbefugnissen ausgestattet (beliehener Unternehmer)", § 35 PostG (öffentlichrechtliche Haftung des Lizenznehmers) nur formell etwas.

**2) Geltungsbereich, I–III.** Vgl Üb 2 vor § 415. § 418 gilt entsprechend bei der Zustellungsurkunde der Deutschen Post AG, § 195 II 3, Rn 4 „Post"; BGH NJW **98**, 1716 (Beleihung) ist überholt.

**3) Öffentliche Urkunde, I–III.** Sie hat enorme praktische Bedeutung.

**A. Begriff.** Öffentliche Urkunden, § 415 Rn 2, mit einem anderen Inhalt als dem in §§ 415, 417 bezeichneten sind solche über eigene Wahrnehmungen oder Handlungen der Behörde oder Urkundsperson oder über fremde Wahrnehmungen (sog Zeugnisurkunde), wenn nach dem Gesetz die Beweiskraft von eigenen Wahrnehmungen unabhängig ist. Eine Urkunde kann teils nach § 418, teils nach §§ 415, 417 zu beurteilen sein. Der strafrechtliche Begriff ist meist enger.

**B. Beispiele zur Frage einer öffentlichen Urkunde**
**Auskunft:** § 418 ist anwendbar auf eine amtliche Auskunft, BVerwG NJW **87**, 1159, Hamm FamRZ **81**, 916, LG Bln DGVZ **90**, 25.
**Ausländische Urkunde:** Auch sie kann nach § 418 zu beurteilen sein, Düss FamRZ **94**, 630.
**Beglaubigung:** § 418 ist anwendbar auf die Beglaubigung einer Abschrift, Ffm RR **93**, 984, oder Fotokopie, Zweibr JB **97**, 326, oder einer Unterschrift, Hamm OLGZ **91**, 25. § 418 ist unanwendbar auf eine Erklärung oberhalb der lediglich beglaubigten Unterschrift, Hamm OLGZ **91**, 25.
**Eingangsbescheinigung:** § 418 kann anwendbar sein auf eine Eingangsbescheinigung.
**Eingangsstempel:** § 418 kann anwendbar sein auf einen Eingangsstempel, BVerfG NJW **93**, 255, BGH NJW **97**, 1312, Naumb MDR **99**, 501.
**Empfangsbekenntnis:** § 418 ist anwendbar auf ein gesetzlich zulässiges Empfangsbekenntnis, BGH FamRZ **97**, 736, BVerwG NJW **94**, 535, Köln VersR **97**, 469.
**Grundbuchamt:** § 418 ist anwendbar auf ein Zeugnis des Grundbuchamts.
**Konsulat:** § 418 ist unanwendbar auf eine Konsulatsbescheinigung über die Staatsangehörigkeit.
**Mahnverfahren:** S „Post".
**Niederlegungsvermerk:** § 418 ist anwendbar auf einen postalischen Niederlegungsvermerk, BGH NJW **96**, 2515, Ffm RR **97**, 957, LG Bln Rpfleger **97**, 120, aM BFH DB **85**, 1676.
**Notar:** § 418 ist anwendbar auf seine Urkunde, BGH RR **98**, 1470, aber unanwendbar auf seine Feststellung zur Testierfähigkeit.
**Post:** § 418 ist gemäß § 195 II 3 entsprechend anwendbar auf die Zustellungsurkunde der Deutschen Post AG, Ffm JB **98**, 209, und, insoweit problematisch genug, Rn 1, jedes anderen Lizenznehmers, da sie nach den in Rn 1 genannten Vorschriften mit dem Recht der Zustellung beliehen sind. Beim Einschreiben liegt keine Beleihung vor, Bauer/Diller NJW **98**, 2795. Beim maschinellen Mahnverfahren hat der Aktenausdruck die Beweiskraft einer öffentlichen Urkunde, § 696 Rn 5.
S auch „Zustellungsurkunde".
**Protokoll:** Wegen seiner Förmlichkeiten gilt die erhöhte Beweiskraft des § 165. Im übrigen gilt: § 418 ist *anwendbar:* Auf ein Verhandlungsprotokoll, BVerwG NJW **89**, 1233, Ffm AnwBl **88**, 119; auf ein Beweisprotokoll, BGH FamRZ **94**, 301; auf ein Vollstreckungsprotokoll, Köln MDR **91**, 260; auf das Protokoll über die Testamentseröffnung, BayObLG JB **77**, 262.
§ 418 ist *unanwendbar* auf das Protokoll einer Versammlung nach WEG, BayObLG WoM **88**, 98.
**Rechtskraftzeugnis:** § 418 ist anwendbar, BGH **LM** Nr 1, Hamm FamRZ **82**, 509.
**Standesamt:** § 418 ist anwendbar auf eine Urkunde des Standesamts.
**Testierfähigkeit:** „Notar".
**Unterschrift:** „Beglaubigung", „Postbeamter".
**Wechselprotest:** § 418 ist anwendbar auf einen Wechselprotest.
**Zustellungsurkunde:** § 418 ist auf sie nach § 195 II 3 entsprechend anwendbar, Rn 1, 4 „Post".
S auch Rn 4 „Niederlegungsvermerk", „Post", „Zustellvermerk".
**Zustellvermerk:** § 418 ist auch auf den Zustellvermerk auf einem Vollstreckungstitel, Düss OLGZ **91**, 230, Köln Rpfleger **97**, 31 (vgl aber Rn 7).
S auch „Zustellungsurkunde".

**4) Beweisregel für inhaltliche Richtigkeit, I, III.** Sie darf nicht ungenau bejaht werden.

**A. Eigene Wahrnehmung der Behörde, I.** Unter der Voraussetzung der Echtheit, Einf 1 vor § 437, und äußerlichen Mangelfreiheit, § 419, sind alle Regelungen zwecks Rechtswirkung bewiesen, BGH RR **98**, 1470. Insbesondere die in der Urkunde bezeugte Tatsache bewiesen (also wie bei § 415), BVerfG NJW **92**, 225, BGH **LM** § 341 Nr 2, und wird sie nicht etwa nur vermutet, wie BVerfG FamRZ **91**, 286 offenbar grundsätzlich (irrig und im Gegensatz zu BVerfG NJW **92**, 225) annimmt. Über die Reichweite der Beweisregel § 165 Rn 2. Zu den Tatsachen gehören: Die Echtheit der Unterschrift bei der öffentlichen Beglaubigung, AG Bergisch-Gladb Rpfleger **89**, 337; Ort und Zeit; der Familienstand des in einem Beglaubigungsvermerk Genannten; der Vermerk der Telegraphenverwaltung über einem Telegramm über die Ankunftszeit und dgl. Eingangsbescheinigungen oder -stempel bescheinigen den Eingang zu einer bestimmten Zeit, BGH VersR **73**, 187, nicht den Tag der Erteilung oder die Prüfung durch einen Beamten.

## 9. Titel. Beweis durch Urkunden § 418

Die Postzustellungsurkunde erbringt zumindest beim Fehlen eines eindeutigen Absende- und Inhaltsvermerks keinen Beweis für den Inhalt der zugestellten Sendung, FG Kassel BB **87**, 2364. Sie erbringt im Fall einer Niederlegung evtl keinen Beweis dafür, daß der Empfänger den Benachrichtigungsschein nicht nur „rechtlich", sondern auch tatsächlich erhalten hat, Hamm MDR **82**, 501, und daß er überhaupt dort tatsächlich wohnte, § 182 Rn 4, BVerfG Rpfleger **92**, 358, BGH NJW **92**, 1963, Ffm RR **97**, 957, aM BGH NJW **92**, 1240, Köln MDR **83**, 140; zum Problem Graßhoff DGVZ **93**, 183 (ausf: Es könne ein Indiz vorliegen, Ffm RR **97**, 957). Nicht ausreichend sind unbestimmte „eigene Wahrnehmungen", Hbg FamRZ **97**, 1490.

**B. Fremde Wahrnehmung, III.** Einschränkungen gelten bei solchen Urkunden, die nicht auf einer **6** eigenen Wahrnehmung beruhen, Düss FamRZ **94**, 630, zB bei einer Bescheinigung auf Grund des Akteninhalts, BGH **LM** Nr 3, s III. Hierher gehören zB die Bescheinigung des Sozialamts, daß die Stadtkasse an den Gläubiger eines Unterhaltstitels eine Sozialhilfe gezahlt habe, Hbg FamRZ **81**, 980, oder die Frage, ob der Zustellungsempfänger an der genannten Anschrift tatsächlich wohnt, § 182 Rn 4, soweit sich der Zusteller nicht erkennbar überzeugt hat, BVerfG NJW **92**, 225, BGH NJW **92**, 1963 (es liegt freilich auch dann ein Indiz vor, Einf 5 vor §§ 181–185, das nur durch eine plausible, in sich schlüssige Darstellung entkräftet werden kann, BGH NJW **92**, 1240; zum Problem Graßhof – vor Rn 1 –). Das alles gilt ohnehin nur, solange die Post im Verhältnis zum *Empfänger* noch als öffentlich-rechtlich tätig angesehen werden kann, Rn 4 „Post". Das kann wegen ihrer Teilprivatisierung bereits jetzt zweifelhaft sein.

**5) Gegenbeweis, II.** Seine Bedingungen werden oft verkannt. **7**

**A. Zulässigkeit.** Ein solcher ist bei sämtlichen derartigen Urkunden bei I und III zulässig, § 190 Rn 2, BGH NJW **98**, 461, KG MDR **86**, 1032, Naumb MDR **99**, 501 (Zustellungszeit), BVerfG FamRZ **91**, 286, BGH NJW **92**, 1963, BVerwG NJW **85**, 1180 (Zustellungsort), BFH BB **81**, 230, Düss GRUR **89**, 542, Kblz RR **87**, 510 (Zustellungsart), BGH FamRZ **97**, 736 (Empfangsbekenntnis), BPatG GRUR **86**, 807 (Inhalt).

Eine *Parteivernehmung* ist unzulässig, § 415 Rn 12. **8**

Ein etwa erforderlicher *Gegenbeweis* ist dann erbracht, wenn er das Gericht voll überzeugt, BVerfG NJW **9** **93**, 255, BGH FamRZ **97**, 736, wenn er also jede Möglichkeit der Richtigkeit der bisher beurkundeten Zustellung ausschließt, Einf 12 vor § 284 (str).

Gegenbeweis ist also grundsätzlich *nicht* schon dann erbracht, wenn jemand etwas nur *behauptet*, Köln **10** VersR **97**, 469, oder *glaubhaft* macht, § 294, BGH VersR **86**, 60, es sei denn eine Glaubhaftmachung hatte schon zum Haupt„beweis", Einf 11 vor § 284, genügt, § 294, oder es gäbe schon Anhaltspunkte für die Unrichtigkeit des Eingangsstempels, BGH FamRZ **97**, 731, Düss JB **95**, 41, Kblz RR **87**, 510, aM BGH NJW **96**, 2038, BVerwG NJW **85**, 1180.

Ein Gegenbeweis ergibt sich also nicht schon durch bloßes Bestreiten der Wohnung, § 182 Rn 4, Köln **11** MDR **96**, 851, aM BGH VersR **85**, 143. Freilich gelten auch keine besonders erschwerenden Beweisregeln, BGH VersR **77**, 721. Man sollte überhaupt an den Gegenbeweis, der ja ebenfalls ein Freibeweis ist, Naumb MDR **99**, 501, entgegen zB VersR **85**, 143 *keine allzu scharfen Anforderungen* stellen, BGH VersR **95**, 1468, Köln FamRZ **92**, 1082.

Die teilweise haarsträubende *Nachlässigkeit* gerade auch *öffentlicher Stellen* bei der Durchführung von Beurkundungen, Protokollierungen oder Zustellungen usw gebietet eine Zurückhaltung bei der Anwendung von Vorschriften, die noch von einem leider oft nur noch theoretisch erfüllbaren Maß an Sorgfalt der öffentlichen Hand ausgehen, Schlee AnwBl **92**, 323, solange die Hand überhaupt noch „öffentlich" ist, Rn 6. Daher kann bei einer Häufung solcher Mängel ein Zeugnis naher Angehöriger über das Fehlen einer Niederlegungsnachricht im Sinn von § 182 genügen, Köln FamRZ **92**, 1082. Auch kann eine eidesstattliche Versicherung zB zum Gegenbeweis der Zugangszeit bei einem ungenügend organisierten Finanzamt genügen, Wilde BB **84**, 1042. Im übrigen ist gegenüber einer öffentlichen Urkunde einer gleichsam in Parteistellung auftretenden Behörde trotz I ohnehin eine gewisse Zurückhaltung und auch daher keineswegs eine enge Auslegung von II geboten, BVerwG NJW **84**, 2962. Andererseits kann nicht schon die schlichte, noch so hartnäckig wiederholte Behauptung, der Zustellbeamte habe „schlicht und einfach falsch" beurkundet oder der Empfänger sei doch „dort noch gemeldet", als Gegenbeweis(antritt) ausreichen, ohne eine Zustellungsurkunde völlig zu entwerten oder gar das Verfahren einer öffentlichen Zustellung, §§ 203 ff, einzuleiten. Eine Bescheinigung der Einwohnermeldebehörde ist zwar ebenfalls eine öffentliche Urkunde, gibt aber inhaltlich nur Anhaltspunkte für die meist allein entscheidende Frage, ob der Betreffende tatsächlich dort (noch) wohnt.

**B. Unzulässigkeit.** Ein Bundesgesetz kann den Gegenbeweis beschränken oder ausschließen, BGH **LM** **12** Nr 3, zB §§ 165 S 2, 314 S 2. Landesgesetze können die Möglichkeit des Gegenbeweises ausschließen, soweit nicht die Bundesgesetzgebung entgegensteht oder eine Urkunde auf Grund einer bundesgesetzlichen Vorschrift errichtet worden ist.

**6) VwGO:** Entsprechend anwendbar, § 98 VwGO, vgl § 415 Rn 14, BVerwG NJW **87**, 1159 (Beglaubigung), **13** NVwZ **85**, 337 (Urteilstatbestand), BVerwG NVwZ **89**, 1058, VerwRspr **29**, 1021 und MDR **69**, 951 (gerichtlicher Eingangsstempel), BVerwG NJW **94**, 535 (Empfangsbekenntnis nach § 5 II VwZG), BVerwG NJW **86**, 2128 mwN, VGH Mü NVwZ-RR **97**, 745 u VGH Kassel NJW **96**, 1075 (Zustellungsurkunde) sowie Buchholz 406.11 § 10 BBauG Nr 10 (Vermerk auf Bebauungsplan), NVwZ **97**, 490 (Erklärung über Bekanntmachung), OVG Hbg HbgJVBl **93**, 107 mwN (Rückzahlungsschein der Post), vgl auch BFH BStBl **73** II 271 (aM BStBl **69** II 444); jedoch gilt I nicht für behördliche Meinungsäußerungen innerhalb vorprozessualer Auseinandersetzungen, BVerwG NJW **84**, 2962. § 418 gilt auch für ausländische öff Urkunden, BVerwG Buchholz 310 § 98 Nr 35 (zu III), NJW **87**, 1159. Der Beweisantritt nach II muß substantiiert sein, BVerwG Buchholz 340 § 3 Nr 16, BVerwG NJW **86**, 2128 mwN; bei der Entscheidung über ihn darf die Beweiswürdigung nicht vorweggenommen werden, BVerwG NJW **84**, 2962. Die Beweiswirkung ist nicht widerlegt, solange die Möglichkeit besteht, daß die Urkunde richtig ist, BVerwG Buchholz 310 § 98 Nr 20.

## §§ 419, 420

**419 Fehlerhafte Urkunden.** Inwiefern Durchstreichungen, Radierungen, Einschaltungen oder sonstige äußere Mängel die Beweiskraft einer Urkunde ganz oder teilweise aufheben oder mindern, entscheidet das Gericht nach freier Überzeugung.

**1) Systematik, Regelungszweck.** Die Vorschrift gibt eine Ergänzung zu §§ 415–418. Sie wiederholt in ihrem Bereich den Grundsatz freier Beweiswürdigung, § 286 Rn 4. Insofern ist sie zwar formell eine Ausnahme, inhaltlich aber eine Rückkehr zu einem tragenden Prozeßgrundsatz. Das ist bei der Auslegung mitzubeachten.

**2) Geltungsbereich.** Vgl zunächst Üb 2 vor § 415. § 419 gilt für öffentliche Urkunden und für Privaturkunden, § 416 Rn 3, die äußere Mängel aufweisen, BGH NJW 92, 512, wie unterschiedliche Schriftfarben, Fehlen des Genehmigungsvermerks, Ffm AnwBl 88, 118, Durchstreichungen, eine Überstempelung, BGH NJW 92, 512, eine Überklebung, VGH Kassel NJW 90, 467, Einschwärzungen, BPatG GRUR 91, 309, Flecke, das Fehlen von Teilen, BGH VersR 86, 488, oder von einer nach § 125 BGB in Wahrheit erforderlichen, oft übersehenen festen Verbindung aller Teile der Urkunde, ferner Risse, Radierungen, Einschaltungen, dh äußerlich erkennbare Einfügungen, BGH NJW 94, 2768, BayObLG FamRZ 90, 99, VGH Kassel NJW 96, 1075 (Änderungen im Adreßfeld einer Zustellungsurkunde), zB in freie Zeilen oder am Rand, Kblz DNotZ 77, 48, Zerknitterung oder ein sonst auffälliges Schriftbild, Zusammenkleben von Teilen, widersprüchliche Ausfüllungen (mehrere Zustellversuche an verschiedenen Anschriften), VGH Kassel NJW 90, 467. Nicht erforderlich ist, daß die unterzeichnete Urkunde nachträglich verändert wurde; es genügt, daß das nach ihrem Erscheinungsbild nur möglich ist, BGH NJW 80, 893.

*Nicht hierher gehören:* Änderungen, die auf einer gesetzlichen Vorschrift beruhen und selbst eine öffentliche Beurkundung darstellen, wie ein Randvermerk auf einer standesamtlichen Urkunde, vgl §§ 12, 22, 29, 31 PStG, Zusätze und Streichungen nach dem FGG; ein Formmangel, zB nach §§ 126 BGB, 8 ff BeurkG; die Nachholung einer (richtigen) Datierung, BGH VersR 86, 372.

Ob ein äußerer Mangel vorliegt, ist Tatfrage, § 286, BGH NJW 80, 893. Eine mangelhafte Urkunde *verliert nicht automatisch* jede Beweiskraft. Das Gericht kann aus dem Aussehen und der Anordnung der Urkunde vielmehr selbständig seine Schlüsse ziehen, § 286 Rn 63, VGH Kassel NJW 90, 467.

**3) Beweiskraft.** Für sie entfallen bei einer äußerlich fehlerhaften Urkunde die gesetzlichen Beweisregeln der §§ 415–418, auch wenn sämtliche Beteiligten den Mangel genehmigen; das Gericht würdigt die Urkunde dann insgesamt frei nach § 286 Rn 63, BGH NJW 92, 513, BPatG GRUR 91, 309, BayObLG FamRZ 90, 99. Das gilt auch gegenüber § 440 II. Danach kann es der Urkunde trotz der Mängel eine volle Beweiskraft beimessen, BGH NJW 80, 893. Es kann ein bis auf die Unterschrift durchstrichenes Indossament als Blankoindossament ansehen oder der Urkunde die Beweiskraft versagen. Wenn die Urkunde zerrissen ist, ist zu würdigen, ob das nicht die Aufhebung der beurkundeten Vereinbarung beweist. Der Notar muß handschriftliche *Änderungen* durch eine besondere Unterzeichnung beurkunden; dann besteht eine volle Beweiskraft trotz der Einschaltungen und Durchstreichungen. Sonst ist § 419 anzuwenden, Kblz DNotZ 77, 48, aM BGH NJW 74, 1083. Einfügungen am Schluß der Urkunde beeinträchtigen ihre Beweiskraft nicht. Besonders bei einem Vollstreckungstitel, zB nach § 794, sind allerdings strenge Anforderungen erforderlich; ein handschriftlicher Zusatz darf nicht geeignet sein, den Vollstreckungsschuldner zu irritieren, LG Bre DGVZ 82, 8.

**4) VwGO:** *Entsprechend anwendbar,* § 98 VwGO, VGH Kassel NJW 96, 1075.

**420 Vorlegung durch den Beweisführer.** Der Beweis wird durch die Vorlegung der Urkunde angetreten.

**Schrifttum:** *Söllner,* Der Beweisantrag im Zivilprozeßrecht, Diss Erlangen 1972; *Stadler,* Der Schutz des Unternehmensgeheimnisses im deutschen und amerikanischen Zivilprozeß und im Rechtshilfeverfahren, 1989; *Steeger,* Die zivilprozessuale Mitwirkungspflicht der Parteien beim Urkunden- und Augenscheinsbeweis, Diss Bln 1980; *Trilsch,* Die Pflicht zur Vorlage von Urkunden im deutschen und englischen Zivilprozeßrecht, Diss Hbg 1994.

**1) Systematik, §§ 420–436.** Auch beim Urkundenbeweis muß man zwischen dem Beweisantritt, der Beweisanordnung, der Beweisaufnahme, der Beweisführung und der Beweiswürdigung unterscheiden. §§ 420 ff regeln den Beweisantritt und teilweise auch die Art der Beweisanordnung, letztere in Ergänzung zu §§ 358 ff. Man muß den Urkundenbeweis bereits dadurch „antreten" (also nicht erst „erbringen"), daß man die Urkunde vorlegt, § 420. Das wird in der Praxis sehr oft übersehen; solche Nachlässigkeit kann erhebliche Folgen haben, vgl auch §§ 85 II, 296. Man kann den Urkundenbeweis auch durch folgende Anträge antreten: Dem Gegner die Vorlegung aufzugeben, §§ 421 ff; durch den Antrag zur Herbeischaffung der Urkunde zu setzen, wenn ein Dritter die Urkunde besitzt, §§ 428 ff; durch den Antrag auf eine Einforderung der Urkunde bei einer öffentlichen Behörde, §§ 432 ff. Die eigentliche Beweisführung oder -erbringung verlangt den Vortrag oder die Inbezugnahme der Urkunde, § 137 III. Eine Einreichung in der mündlichen Verhandlung ist eine Inbezugnahme. Das Vorlesen der Urkunde ist regelmäßig entbehrlich, § 137 III. Wegen des spätesten Vorlegungszeitpunkts Rn 6. Die etwaige Zurückweisung des Beweismittels erfolgt nach § 296. Bei einer öffentlichen Urkunde enthält § 435 eine vorrangige Sonderregelung.

**2) Regelungszweck, §§ 420–436.** Die Notwendigkeit, schon zwecks bloßen Beweisantritts die Urkunde vorzulegen, entspricht der Notwendigkeit, zum baldmöglichsten Zeitpunkt die Beweiserheblichkeit abzuschätzen, § 286 Rn 29. Diese folgt aus dem Gebot der Prozeßwirtschaftlichkeit, Grdz 14 vor § 128. Deshalb ist an jeden Urkunden-Beweisantritt ein strenger Maßstab anzulegen und die abweichende lasche Praxis abzulehnen.

## 9. Titel. Beweis durch Urkunden §§ 420, 421

**3) Geltungsbereich.** Vgl Üb 2 vor § 415. 3

**4) Vorlegung.** Die Praxis verstößt ständig gegen die Vorschrift. 4

**A. Vorzulegendes Exemplar.** Wer eine Urkunde in Händen hat oder sie sich ohne eine gerichtliche Hilfe beschaffen kann, tritt Beweis grundsätzlich nur dadurch an, daß er, überdies sogleich, Rn 1, das Original vorlegt, BGH VersR 93, 1911, Düss RR 95, 737, nicht bloß eine beglaubigte, BGH DB 86, 798, oder gar eine unbeglaubigte Abschrift oder Fotokopie usw, BGH NJW 92, 830, LG Mainz WoM 79, 117, Braeuer FamRZ 86, 427. Freilich mag ausnahmsweise letztere bei Übereinstimmung mit dem Original ausreichen, etwa infolge einer rügelosen Einlassung des Prozeßgegners zum Inhalt, § 295, Köln DB 83, 105. Im übrigen würdigt das Gericht die Kopie frei, § 286, BGH DB 86, 798, aber zurückhaltend, Düss RR 95, 737 (Gefahr der Manipulation); zur Problematik Zoller NJW 93, 429 (ausf).

Die Vorlegung einer *Sammlung* von Urkunden, etwa einer Behörden- oder Privatakte oder eines Brief- 5 wechsels, ist nur dann ein Beweisantritt, wenn der Vorlegende die einzelnen beweisenden Urkunden bezeichnet, etwa nach Blättern oder Stellen. Das Gericht braucht sie nicht herauszusuchen, Mü ZMR 97, 461. Gegen diese Notwendigkeit wird in der Praxis mit Duldung durch das Gericht ständig verstoßen, vor allem bei Unfallprozessen usw. In Wahrheit handelt es sich bei derart pauschalen „Beiziehungs-"Anträgen oft um einen glatten Ausforschungsbeweis, Einf 27 vor § 284. Die präzise Angabe der genauen Einzelfundstelle ist auch und gerade bei umfangreichen Urkunden notwendig, etwa bei Büchern. Das Erbieten zur Vorlegung ist nur bei § 434 ein Beweisantritt. Ein Vertagungsanspruch zwecks zur Herbeischaffung besteht nicht.

Die Vorlegung der Urkunde vor dem *verordneten Richter*, §§ 361, 362, ohne eine Aufforderung des Prozeßgerichts ist kein Beweisantritt. Eine Vorlegung setzt die Existenz der Urkunde voraus; deshalb ist ein Beweisantritt durch „Vorlegung" einer erst noch anzufertigenden Urkunde unzulässig, Düss MDR 88, 593.

**B. Verfahren.** Vorzulegen ist die Urkunde spätestens, evtl gemäß §§ 134, 356, 273 II 1 früher, Rn 1, bis 6 zum Schluß der mündlichen Verhandlung, BGH NJW 86, 429. Das Gericht fordert zur Vorlegung nach § 139 auf. Bei verspäteter Vorlegung ist § 296 anwendbar. Wenn der Beweisführer sein Beweismittel nicht genau bezeichnet oder nur einen Teil der Urkunde vorlegt, muß das Gericht ihn auf das Fehlen des restlichen Teils hinweisen und ihm Gelegenheit zur Vervollständigung geben und den Urkundenteil notfalls frei würdigen, § 286. Nur im Falle des § 142 I muß es die vollständige Vorlegung anordnen. Die Beweisaufnahme findet durch Einsicht in die Urkunde statt, Schlesw SchlHA 79, 183. Auch der Gegner darf sie einsehen. Wegen des Verbleibens bei den Gerichtsakten und über das Rechtsverhältnis zwischen dem Staat und dem Einreicher § 134 Rn 8, 12, § 142 Rn 14, 16. Für Handelsbücher geben die §§ 258–261 HGB Sondervorschriften; es ist regelmäßig keine Kenntnis vom vollen Inhalt zu nehmen.

**5) *VwGO*:** Nur eingeschränkt entsprechend anwendbar, § 98 VwGO, vgl § 373 Rn 8, aM RedOe § 98 Anm 7 13, Kopp § 98 Rn 1: unanwendbar, so daß es auf die Vorlage der Urkunde nicht ankommt.

---

**421** *Vorlegung durch den Gegner.* Befindet sich die Urkunde nach der Behauptung des Beweisführers in den Händen des Gegners, so wird der Beweis durch den Antrag angetreten, dem Gegner die Vorlegung der Urkunde aufzugeben.

**1) Systematik, Regelungszweck.** Vgl zunächst § 420 Rn 1, 2. § 421 behandelt den Fall, daß sich die 1 Urkunde nach der Behauptung des Beweisführers nachvollziehbar, KG NJW 93, 2879, im Zeitpunkt der Antragstellung „in den Händen" des Gegners befindet. Im allgemeinen wird das dahin verstanden, daß der Gegner die Urkunde im unmittelbaren Besitz hat. Man kann aber darunter auch den Fall verstehen, daß der Gegner nur mittelbarer Besitzer ist und daß der Besitzmittler ihm die Urkunde überlassen muß, StJL 5, ZöGre 1. Dann tritt man den Beweis durch den Antrag an, dem Gegner die Vorlegung der Urkunde aufzugeben, braucht also allenfalls die in eigenen Händen befindliche Kopie oder Abschrift vorzulegen, Düss DB 89, 620. Das Ausforschungsverbot, Einf 27 vor § 284, darf nicht dazu führen, den § 810 BGB, abgedruckt in § 422 Rn 4, zu unterlaufen, Schlesw RR 91, 1338.

**2) Geltungsbereich.** Vgl Üb 2 vor § 415. Im Urkundenprozeß, §§ 592 ff, ist § 421 jedoch unanwend- 2 bar, § 595 III, im Eheverfahren, §§ 606 ff, nur beschränkt wirksam.

**3) Verfahren.** Antragsberechtigt ist jeder Streitgenosse, § 59, sofern er einen Vorlegungsanspruch hat, 3 § 422. Der Streithelfer ist aus Gründen antragsberechtigt, die in seiner Person oder in derjenigen der Partei liegen, sofern die Partei nicht widerspricht, § 67. Der streitgenössische Streithelfer, § 69, ist wie ein Streitgenosse antragsberechtigt. Beweisantragsgegner ist derjenige, dem ein Beweismittel zusteht, also evtl auch jeder gegnerische Streitgenosse und streitgenössische Streithelfer. Andere Streithelfer sind immer Dritte. Der gesetzliche Vertreter muß die Urkunde dann vorlegen, wenn die Partei es tun muß, mag die Urkunde in seinem Besitz oder in demjenigen der Partei sein. Der Beweisantritt erfolgt spätestens in der mündlichen Verhandlung; vgl aber § 420 Rn 1 und 6, § 424 Rn 3. Eine Aufforderung nach § 143 ist kein Antrag. Für das schriftliche Verfahren, § 128 II, III, und das Verfahren nach Lage der Akten, § 251a, genügt ein schriftsätzlicher Antrag. Für den Inhalt des Antrags ist § 424 zu beachten. Einer Herausgabeklage fehlt meist das Rechtsschutzbedürfnis, Grdz 33 vor § 253; sie kann in einen Antrag nach § 421 umzudeuten sein, Grdz 52 vor § 128, Ffm MDR 80, 228.

**4) *VwGO*:** Nur eingeschränkt entsprechend anwendbar, § 98 VwGO, vgl § 373 Rn 8. 4

**§ 422** **422 Vorlegungspflicht nach bürgerlichem Recht.** Der Gegner ist zur Vorlegung der Urkunde verpflichtet, wenn der Beweisführer nach den Vorschriften des bürgerlichen Rechts die Herausgabe oder die Vorlegung der Urkunde verlangen kann.

1 **1) Systematik, Regelungszweck.** Vgl zunächst § 420 Rn 1, 2. Eine prozessuale Pflicht zur Vorlegung einer Urkunde besteht nur: Bei einer bürgerlichrechtlichen Vorlegungspflicht, BGH **LM** § 810 BGB Nr 6, AG Mü WoM **92**, 136, nicht auch bei öffentlichrechtlichen, zB nach §§ 299, 915 ZPO oder nach § 45 HGB; ferner § 422; bei einer Bezugnahme im Prozeß, § 423; schließlich zur Schriftvergleichung, § 441 III. Eine allgemeine Pflicht zur Vorlegung, vgl bei der Zeugnispflicht, gibt es nicht.

2 **2) Geltungsbereich.** Vgl Üb 2 vor § 415.

3 **3) Prozessuale Voraussetzungen der Vorlegungspflicht.** Notwendig sind ein Beweisinteresse, nicht unbedingt ein rechtliches Interesse im strengen Sinn; ferner ein unmittelbarer oder mittelbarer Besitz des Gegners an der Urkunde, § 421 Rn 1; ein prozessualer oder sachlichrechtlicher Vorlegungsanspruch; schließlich eine Vorlegungsanordnung. Die Verpflichtung geht nicht auf eine Vorlegung an den Beweisführer an einen bestimmten Ort, wie bei § 811 BGB; ihr Inhalt ist eine Vorlegung vor dem Prozeßgericht. Sie ist nur gegenüber einem Dritten durch eine selbständige Klage nach § 429 S 2 erzwingbar, Ffm MDR **80**, 228 mwN. Die Folgen der Unterlassung bestimmen sich im bisherigen Prozeß nach §§ 426 ff. Wenn sich der Gegner zur Vorlegung bereiterklärt, schließt er einen Vorlegungsvertrag.

4 **4) Sachlichrechtliche Voraussetzungen der Vorlegungspflicht.** Das bürgerliche Recht sieht eine Vorlegungs- oder Herausgabepflicht vor zB in §§ 371, 402, 716, 985, 1144 BGB, 118, 157, 166, 338 HGB, 111 II AktG, Art 50 WG, § 836 III ZPO; in § 809 BGB nur, wenn der Anspruch „in Ansehung der Sache" besteht, dh in Ansehung der Urkunde als solcher. Die wesentlichste Bestimmung gibt

*BGB § 810.* Wer ein rechtliches Interesse daran hat, eine in fremdem Besitze befindliche Urkunde einzusehen, kann von dem Besitzer die Gestattung der Einsicht verlangen, wenn die Urkunde in seinem Interesse errichtet oder in der Urkunde ein zwischen ihm und einem anderen bestehendes Rechtsverhältnis beurkundet ist oder wenn die Urkunde Verhandlungen über ein Rechtsgeschäft enthält, die zwischen ihm und einem anderen oder zwischen einem von beiden und einem gemeinschaftlichen Vermittler gepflogen worden sind.

Die drei Fälle des § 810 schließen einander nicht aus, sondern bisweilen treffen mehrere gleichzeitig zu. Sie sind einer sinngemäßen Anwendung fähig.

5 **5) Beispiele zur Frage einer Vorlegungspflicht**
**Abtretung:** Eine Vorlegungspflicht besteht seitens des bisherigen Gläubiges gegenüber dem neuen nach § 402 BGB.
**Arztunterlagen:** Der Patient kann die Unterlagen des Arztes einsehen, Daniels NJW **76**, 347; zum Problem Uhlenbruck NJW **80**, 1339, Wasserburg NJW **80**, 620.
**Auftrag:** Eine Vorlegungspflicht besteht seitens des Beauftragten gegenüber dem Auftraggeber nach § 667 BGB.
**Ausforschung:** Eine Vorlegungspflicht fehlt, soweit die Partei aus einer Urkunde überhaupt erst eine Unterlage für einen Anspruch zu erhalten hofft, etwa für einen Ersatzanspruch aus den Handlungen eines Anwalts oder aus der Schadensmeldung des Schädigers an seinen Haftpflichtversicherer, Düss VersR **80**, 270.
**Auskunft:** Rn 9 „Vertrauliche Auskunft".
6 **Brief, Briefwechsel:** Eine Vorlegungspflicht über einen Briefwechsel kann wegen eines Rechtsgeschäfts bestehen, an dem der Beweisführer beteiligt ist.
Eine Vorlegungspflicht *fehlt* bei einem Brief des Erblassers, der nicht zu Beweiszwecken verfaßt ist.
S auch Rn 8 „Privatgebrauch".
**Entscheidung:** Eine Vorlegungspflicht kann wegen einer Gerichtsentscheidung bestehen, die den anderen betrifft.
**Geschäftsbesorgung:** Eine Vorlegungspflicht besteht seitens des Beauftragten gegenüber dem Auftraggeber nach §§ 675. 667 BGB.
**Geschäftsführung ohne Auftrag:** Eine Vorlegungspflicht besteht seitens des Geschäftsführers gegenüber dem Geschäftsherrn nach §§ 681 S 2, 667 BGB.
**Gesellschaft:** Eine Vorlegungspflicht besteht seitens eines Gesellschafters oder des Geschäftsführers gegenüber einem anderen Gesellschafter nach § 716 BGB.
7 **Handelsbuch:** § 258 I HGB läßt die Anordnung der Vorlegung von Handelsbüchern eines Vollkaufmanns auf Antrag oder von Amts wegen zu. §§ 259–261 HGB regeln den Umfang und die Art der Einsichtnahme und Vorlegung. Im übrigen bleibt es gemäß § 258 II HGB auch insofern bei den allgemeinen Regeln. Gemeinschaftliche Urkunden sind nur insoweit Handelsbücher, als der bestimmte Eintrag eine Rechtsbeziehung zum Gegner betrifft. Um eine Handelssache braucht es sich nicht zu handeln.
**Handlungsagent:** Er kann die Bücher des Geschäftsherrn zur Ermittlung seiner Provision einsehen.
**Kauf:** Eine Vorlegungspflicht besteht seitens des Verkäufers gegenüber dem Käufer nach § 444 BGB.
**Mieterhöhung:** Eine Vorlegungspflicht fehlt für den Bekl im Prozeß nach § 2 MHG wegen des gegnerischen Zustimmungsverlangens, AG Mü WoM **92**, 136.
**Miterbe:** Ein Miterbe hat ein Einsichtsrecht in Bücher, in die ein anderer Miterbe Eintragungen über die Verwaltung der Erbschaft vorgenommen hat, §§ 2032 ff BGB.
8 **Patient:** Rn 5 „Arztunterlagen".
**Privatgebrauch:** Eine Vorlegungspflicht fehlt bei einer Aufzeichnung, die sich jemand nur zum privaten Gebrauch gemacht hat, BGH **60**, 292.
S auch Rn 6 „Brief, Briefwechsel".
**Quittung:** Eine Vorlegungspflicht kann wegen einer Quittung bestehen, § 368 BGB.

9. Titel. Beweis durch Urkunden §§ 422–424

**Rechnung:** Eine Vorlegungspflicht kann wegen einer Rechnung bestehen.
**Rechtliches Interesse:** Eine Vorlegungspflicht besteht im Fall eines rechtlichen Interesses nach § 810 BGB, abgedruckt Rn 4.
**Rechtsanwalt:** Rn 5 „Ausforschung".
**Schadensersatz:** Rn 5 „Ausforschung".
**Verbindung, Vermischung, Verarbeitung:** Eine Vorlegungspflicht kann nach § 952 BGB bestehen.
**Versicherung:** Eine Vorlegungspflicht kann wegen eines Versicherungsscheins zugunsten eines Dritten bestehen.
    Eine Vorlegungspflicht *fehlt*, soweit es um bloße Ausforschung geht, s dort.
**Vertrauliche Auskunft:** Eine Vorlegungspflicht fehlt bei einer streng vertraulichen Auskunft.
**Vormundschaft:** Eine Vorlegungspflicht besteht seitens des Vormunds gegenüber dem Gegenvormund nach § 1799 II BGB.

6) *VwGO:* Unanwendbar trotz § 98 VwGO wegen des Amtsverfahrens, § 86 I VwGO, das keinen Beweisführer 10 kennt. Das Gericht ordnet Vorlegung vAw an, näheres RedOe § 98 Anm 14. Einem entspr Antrag ist im Asylrechtsstreit grundsätzlich zu entsprechen, BVerwG NVwZ-RR 90, 653 mwN.

**423** *Vorlegungspflicht bei Bezugnahme.* Der Gegner ist auch zur Vorlegung der in seinen Händen befindlichen Urkunden verpflichtet, auf die er im Prozeß zur Beweisführung Bezug genommen hat, selbst wenn es nur in einem vorbereitenden Schriftsatz geschehen ist.

**Schrifttum:** *Peters,* Auf dem Wege zu einer allgemeinen Prozeßförderungspflicht der Parteien?, Festschrift für *Schwab* (1990) 399.

1) **Systematik, Regelungszweck.** Vgl zunächst § 420 Rn 1, 2, § 422 Rn 1. § 423 gibt als ein Ausfluß 1 der Prozeßförderungspflicht der Parteien, Grdz 12 vor § 128, Peters (vor Rn 1) 405, einen rein prozessualen Verpflichtungsgrund. Er gilt auch für den Streithelfer, § 66. Wer auf eine Urkunde zur Beweisführung und nicht nur auf den Inhalt Bezug nimmt, wenn auch nur in einem vorbereitenden Schriftsatz, ist dem Gegner zur Vorlegung verpflichtet, soweit er die Urkunde in Händen hat, Anh § 286 Rn 26. Eine Bezugnahme durch einen Zeugen genügt insoweit nicht. Ein späterer Verzicht des Gegners auf das Beweismittel beseitigt die Pflicht nicht. Über die Pflicht zur Niederlegung der Urkunde auf der Geschäftsstelle vgl §§ 134, 142 II.

2) **Geltungsbereich.** Vgl Üb 2 vor § 415. 2

3) **Verstoß.** Das Gericht kann bei einer Nichtvorlage das Gegenteil des bestrittenen Urkundeninhalts als 3 bewiesen erachten, Anh § 286 Rn 27.

4) *VwGO:* Unanwendbar trotz § 98 VwGO, vgl § 422 Rn 10. 4

**424** *Vorlegungsantrag.* ¹Der Antrag soll enthalten:
1. die Bezeichnung der Urkunde;
2. die Bezeichnung der Tatsachen, die durch die Urkunde bewiesen werden sollen;
3. die möglichst vollständige Bezeichnung des Inhalts der Urkunde;
4. die Angabe der Umstände, auf welche die Behauptung sich stützt, daß die Urkunde sich in dem Besitz des Gegners befindet;
5. die Bezeichnung des Grundes, der die Verpflichtung zur Vorlegung der Urkunde ergibt.

²Der Grund ist glaubhaft zu machen.

1) **Systematik, Regelungszweck,** Z 1–5. In Ergänzung zu §§ 421–423, die die Voraussetzungen einer 1 Vorlegungspflicht regeln, nennt die Vorschrift die Art und Weise, in der der Beweisführer anstelle einer Urkundenvorlegung (§ 420) den Antrag auf Vorlegung durch einen anderen zu stellen hat.
    Zum *Regelungszweck:* Da die Vorlegung einer Urkunde durch einen anderen als den Beweisführer trotz mancher Fälle einer Vorlegungspflicht immerhin einen Eingriff in fremde Eigentumsrechte darstellt (§ 903 BGB gibt dem Eigentümer das Recht, mit der Urkunde „nach Belieben zu verfahren", also an sich auch das Recht, sie anderen vorzuenthalten), sind strenge Anforderungen zu stellen. Sie dürfen freilich wegen Prozeßförderung und -wirtschaftlichkeit, Grdz 12, 14 vor § 128, auch nicht überspannt werden.

2) **Geltungsbereich,** Z 1–5. Vgl Üb 2 vor § 415. 2

3) **Vorlegungsantrag,** Z 1–5. Zu Rn 3 muß eine der Rn 4–8 hinzutreten. 3

**A. Mußvorschrift,** Z 1–5. § 424 ist trotz seiner Fassung eine Mußvorschrift. Die Sollfassung besagt nur, daß die Erfordernisse spätestens in der mündlichen Verhandlung vorliegen müssen.

**B. Urkundenbezeichnung,** Z 1. Man muß die Urkunde so genau bezeichnen, daß ihre Nämlichkeit 4 nach Aussteller und Datum feststeht, KG NJW 93, 2879, LG Bln WoM 86, 184. Die Bezeichnung als „Korrespondenz" oä genügt nicht. Denn ein Ausforschungsbeweis ist auch hier unzulässig, Einf 6 vor § 284, LG Bln WoM 86, 184. Freilich kann der Beweisführer zB bei § 254 nicht sofort alles angeben. Wegen Z 5 muß man zB angeben, ob eine Niederschrift (Vorlegungspflicht) oder ein einseitiger Aktenvermerk besteht, BGH 60, 292.

## §§ 424–426

**5**  C. *Tatsachen*, Z 2. Zum Tatsachenbegriff Einf 17 vor § 284. Zum Ausforschungsbeweis Einf 27 vor § 284.

**6**  D. *Urkundeninhalt*, Z 3. Diese Angabe hat Bedeutung für den Fall des § 427.

**7**  E. *Besitzumstände*, Z 4. Wenn der Gegner den Besitz der Urkunde leugnet, findet eine Vorlegungsvernehmung statt, § 426. Dasselbe gilt dann, wenn er ihr Dasein leugnet. Ist das Gericht aber vom Nichtbestehen der Urkunde überzeugt, so ist eine Vorlegungsvernehmung unstatthaft, § 445 II. Dasselbe gilt im Ergebnis, wenn der Gegner die Originalurkunde gar nicht in Händen haben kann, KG NJW **93**, 2879. Bei Z 4 ist eine Glaubhaftmachung nach § 294 unnötig.

**8**  F. *Vorlagepflicht*, Z 5. Hier ist eine Glaubhaftmachung notwendig, § 294. Wegen des Antrags auf Vorlegung der Handelsbücher § 422 Rn 7.

**9**  **4)** *Verfahren*, Z 1–5. Der Antrag ist ein Prozeßantrag, § 297 Rn 5. Deshalb ist eine Verlesung in der mündlichen Verhandlung nicht erforderlich.

**10**  **5)** *Verstoß*, Z 1–5. Fehlen die Voraussetzungen Z 1–5 am Schluß der mündlichen Verhandlung, §§ 136 IV, 296 a, so ist der Antrag zurückzuweisen. Man muß aber auch hier die allgemeine Prozeßförderungspflicht, Grdz 12 vor § 128, und die Regeln zur Zurückweisung nach § 296 beachten.

**11**  **6)** *VwGO:* Unanwendbar trotz § 98 VwGO, vgl § 422 Rn 10 (nur scheinbar abw BVerfG InfAuslR **90**, 164: gemeint ist dort § 432).

**425** *Vorlegungsanordnung.* Erachtet das Gericht die Tatsache, die durch die Urkunde bewiesen werden soll, für erheblich und den Antrag für begründet, so ordnet es, wenn der Gegner zugesteht, daß die Urkunde sich in seinen Händen befinde, oder wenn der Gegner sich über den Antrag nicht erklärt, die Vorlegung der Urkunde an.

**1**  **1)** *Systematik, Regelungszweck.* Die Vorschrift gilt, wie §§ 426, 427, im Fall der Vorlegungspflicht des Prozeßgegners, § 423. Demgegenüber erfassen §§ 428 ff die Vorlegungspflicht eines Dritten. Für die Entscheidungsform gelten die Regeln Rn 3, 4.
Zum *Regelungszweck:* Es müßte ein „Vollstreckungstitel" geschaffen werden. Freilich nennt § 427 eine elegante Form der Rechtsfolgen des Ungehorsames. Daher bleibt in Wahrheit der Zweck darauf beschränkt, eine für alle Beteiligten klare Festlegung der Art und des Umfangs der Vorlegung vorzunehmen.

**2**  **2)** *Geltungsbereich.* Vgl Üb 2 vor § 415.

**3**  **3)** *Begründetheit des Antrags.* Wenn die Beweistatsache erheblich, § 286 Rn 13, das Beweismittel geeignet, § 286 Rn 31, und der Vorlegungsantrag begründet sind, §§ 422 ff, so kann eintreten: der Gegner leugnet den Besitz. Dann verläuft das Verfahren nach § 426; oder: der Gegner leugnet die Pflicht zur Vorlegung. Es entsteht ein Zwischenstreit. Die Entscheidung ergeht durch ein Zwischenurteil nach § 303 oder im Endurteil; oder: der Gegner gibt den Besitz der Urkunde und seine Vorlegungspflicht zu, § 288, oder: er erklärt sich nicht, § 138 II, III. Dann ordnet das Gericht die Vorlegung durch Beweisbeschluß an, § 425.

**4**  **4)** *Unbegründetheit des Antrags.* Wenn der Vorlegungsantrag unbegründet ist oder wenn die Urkunde gar nicht besteht, § 424 Rn 3, dann weist das Gericht den Antrag durch einen Beschluß, bei einem Zwischenstreit durch ein Zwischenurteil nach § 303 oder im Endurteil zurück.

**5**  **5)** *Rechtsmittel.* Die Entscheidung ist nur beim Teilurteil, § 301, anfechtbar.

**6**  **6)** *VwGO: Unanwendbar trotz § 98 VwGO, vgl § 422 Rn 10.*

**426** *Vorlegungsvernehmung.* ¹Bestreitet der Gegner, daß die Urkunde sich in seinem Besitz befinde, so ist er über ihren Verbleib zu vernehmen. ²In der Ladung zum Vernehmungstermin ist ihm aufzugeben, nach dem Verbleib der Urkunde sorgfältig zu forschen. ³Im übrigen gelten die Vorschriften der §§ 449 bis 454 entsprechend. ⁴Gelangt das Gericht zu der Überzeugung, daß sich die Urkunde im Besitz des Gegners befindet, so ordnet es die Vorlegung an.

**1**  **1)** *Systematik, Regelungszweck*, S 1–4. Vgl § 425 Rn 1. Die Vorschrift regelt den etwa notwendigen Zwischenstreit in Anlehnung an §§ 387 ff.

**2**  **2)** *Geltungsbereich*, S 1–4. Vgl Üb 2 vor § 415.

**3**  **3)** *Voraussetzungen*, S 1–4. Der Gegner des Beweisführers ist über den Verbleib der Urkunde zu vernehmen, wenn die Urkunde erheblich ist, wenn er zur Vorlegung für verpflichtet erklärt worden ist, §§ 422, 423, 425, wenn er den Besitz oder das Vorhandensein der Urkunde bestreitet, wenn ein Beweisantritt nach § 421 und ein Vorlegungsantrag nach § 424 vorliegen und wenn das Gericht die Urkunde für existent hält. Eine Glaubhaftmachung des Besitzes oder auch nur des Daseins der Urkunde nach § 294 ist nicht erforderlich. Soweit eine Vorlegungsvernehmung unstatthaft ist, etwa weil feststeht, daß die Urkunde nicht besteht, lehnt das Gericht sie durch einen Beschluß und in einem etwaigen Zwischenstreit durch ein Zwischenurteil nach § 303 oder in den Gründen des Endurteils ab.

**4**  **4)** *Vernehmung*, S 1–3. Sie hat praktisch (zu) geringe Bedeutung.
**A. *Anordnung.*** Die Vernehmung ist durch einen Beweisbeschluß anzuordnen, § 450 I 1. Ein besonderer Antrag ist nicht erforderlich. Der Antrag liegt schon im Beweisantritt. Der Gegner ist persönlich mit

9. Titel. Beweis durch Urkunden §§ 426, 427

Zustellungsurkunde zu laden, § 450 I 2. In der Ladung ist ihm aufzugeben, nach dem Verbleib der Urkunde sorgfältig zu forschen. Von Streitgenossen, §§ 59 ff, ist nur der Vorlegungspflichtige zu vernehmen. Wenn sich der Antrag gegen alle richtet, gilt § 449. Für einen Prozeßunfähigen, § 51, ist der gesetzliche Vertreter zu vernehmen. Sind mehrere gesetzliche Vertreter vorhanden, so vernimmt das Gericht nach seinem Ermessen einen von ihnen oder alle, § 455 I sinngemäß; § 455 II ist nicht anwendbar. Bei einer Behörde ist derjenige Beamte zu vernehmen, der den Fiskus usw im Prozeß vertritt.

**B. Durchführung.** Sie erfolgt durch das Prozeßgericht oder durch einen verordneten Richter, §§ 451, **5** 375. Sie erstreckt sich darauf, welche Nachforschungen des Gegner hat; wohin er etwa die Urkunde verbracht hat; welche Ansprüche er auf ihren Besitz oder ihre Rückgabe oder ihre Vorlegung hat (der Anspruch ist pfändbar, Grdz 113 vor § 704 „Vorlegung"). Die Vernehmung erfolgt grundsätzlich uneidlich; eine Beeidigung, §§ 478 ff, steht gemäß § 452 im pflichtgemäßen Ermessen des Gerichts. Eine völlige oder teilweise Auskunftsverweigerung würdigt das Gericht frei, § 453 II. Bei einer Säumnis des Gegners verläuft das Verfahren nach § 454.

**5) Entscheidung nach Vernehmung, S 4.** Es entscheidet die Besitzlage. **6**

**A. Besitz.** Kommt das Gericht zu der Überzeugung, daß der Gegner die Urkunde im unmittelbaren oder mittelbaren Besitz hat, § 421 Rn 1, ordnet es durch Beschluß die Vorlegung an, ebenso bei einer Würdigung der Säumnis als Auskunftsverweigerung. Legt der Gegner dann nicht vor, ist § 427 anwendbar.

**B. Kein Besitz.** Wenn das Gericht nicht zu solcher Überzeugung kommt, so gilt folgendes: Wenn das **7** Gericht die Nachforschungspflicht für *erfüllt* hält, weist es den Vorlegungsantrag durch Beschluß, durch ein Zwischenurteil nach § 303 oder ein Endurteil zurück. Wenn der Gegner die Nachforschung *unterlassen* oder nicht sorgfältig vorgenommen hat, ist § 427 anwendbar. Wenn der Gegner eine Urkunde *arglistig beseitigt*, Einl III 54, Anh § 286 Rn 27, ist § 444 anwendbar.

**6) Rechtsmittel, S 1–4.** Eine Anfechtung ist in allen Fällen nur zusammen mit derjenigen des Endurteils **8** möglich, vgl § 355 II.

**7) VwGO:** Entsprechend anwendbar, § 98 VwGO, wenn das Gericht die Vernehmung für erforderlich hält, § 86 I **9** VwGO.

**427** *Folgen der Nichtvorlegung usw.* ¹Kommt der Gegner der Anordnung, die Urkunde vorzulegen, nicht nach oder gelangt das Gericht im Falle des § 426 zu der Überzeugung, daß er nach dem Verbleib der Urkunde nicht sorgfältig geforscht habe, so kann eine vom Beweisführer beigebrachte Abschrift der Urkunde als richtig angesehen werden. ²Ist eine Abschrift der Urkunde nicht beigebracht, so können die Behauptungen des Beweisführers über die Beschaffenheit und den Inhalt der Urkunde als bewiesen angenommen werden.

**1) Systematik, Regelungszweck S 1, 2.** Die Vorschrift regelt für die Fälle der §§ 425, 426 die **1** prozessualen Folgen des Ungehorsams des Prozeßgegners. In Anlehnung zB an §§ 446, 454 (Parteivernehmung) arbeitet das Gesetz mit einer das Gericht ermächtigenden, nicht zwingenden, Unterstellung zu Lasten des Säumigen, also der elegantesten Form einer „Vollstreckung".

Die Vorschrift *bezweckt* der Prozeßwirtschaftlichkeit, Grdz 14 vor § 128. Der Grundsatz der freien Beweiswürdigung, § 286 Rn 3, soll aber bestehen bleiben. Deshalb „kann", aber nicht muß, das Gericht die Unterstellungen vornehmen. Wie bei §§ 446, 454, sollte auch hier eine sorgfältige Gesamtabwägung aller Umstände das pflichtgemäße, weite Ermessen prägen.

**2) Geltungsbereich, S 1, 2.** Vgl Üb 2 vor § 415. **2**

**3) Voraussetzungen, S 1, 2.** Es muß eine der folgenden Voraussetzungen vorliegen. **3**

**A. Keine Vorlegung.** Entweder muß der vorlegungspflichtige Gegner des Beweisführers die Urkunde, deren Vorlegung das Gericht nach den §§ 425, 426 angeordnet hat, nicht vorgelegt haben.

**B. Keine Nachforschung.** Oder der vorlegungspflichtige Gegner muß bei seiner Vernehmung erklärt **4** haben, er habe die Urkunde nicht im unmittelbaren oder mittelbaren Besitz, § 421 Rn 1, und das Gericht muß nach freier, nicht nachprüfbarer Überzeugung annehmen, er habe nicht sorgfältig genug nach dem Verbleib der Urkunde geforscht, § 426 Rn 4,5.

**4) Folgen, S 1, 2.** Es kommt auf die Vorlegung an. **5**

**A. Abschrift vorgelegt.** Wenn der Beweisführer eine Abschrift der Urkunde vorlegt, liegt ein Fall der Beweisvereitelung vor, Anh § 286 Rn 27, BGH DB **85**, 1020, kann das Gericht diese als richtig ansehen. Es darf aber auch der Abschrift mißtrauen und die Behauptungen des Beweisführers über die Beschaffenheit und den Inhalt der Urkunde frei würdigen. Das ist meist dann ratsam, wenn der Beweisführer eine Abschrift nachträglich einreicht.

**B. Keine Abschrift vorgelegt.** Wenn der Beweisführer keine Abschrift beibringt, kann das Gericht dies **6** wie bei Rn 3 frei würdigen. Hält das Gericht die Behauptungen des Beweisführers über die Beschaffenheit und den Inhalt der Urkunde für bewiesen, würdigt die Bedeutung dieses Umstands frei.

**5) Verfahren, S 1, 2.** Das Gericht hat kein Zwangsmittel. Es muß einen Gegenbeweis, aber auch § 445 **7** II beachten. Es entscheidet nach pflichtgemäßem Ermessen, Rn 1, im Endurteil. Der Gegner kann die Vorlegung in der 2. Instanz unter den Voraussetzungen des § 533 nachholen. Das Berufungsgericht ist an die Würdigung der ersten Instanz nicht gebunden. Wenn das Gericht die Vorlegung nach §§ 142 ZPO, 45, 102 HGB usw angeordnet hat, ist die Nichtvorlegung ohne weiteres frei zu würdigen, § 286, allenfalls entsprechend § 427, BAG DB **76**, 1020.

**8** 6) *VwGO:* Entsprechend anwendbar, § 98 VwGO, jedoch ist „Beweisführer" jeder Beteiligte, der sich auf eine Urkunde beruft, Einf § 284 Rn 36; aM Kopp § 98 Rn 1: zT unanwendbar.

**428** *Vorlegung durch Dritte. Beweisantritt.* **Befindet sich die Urkunde nach der Behauptung des Beweisführers in den Händen eines Dritten, so wird der Beweis durch den Antrag angetreten, zur Herbeischaffung der Urkunde eine Frist zu bestimmen.**

**1** 1) **Systematik, §§ 428–432.** Während §§ 420–427 die Vorlegung durch den Beweisführer bzw den Prozeßgegner regeln, ordnen §§ 428 ff die Vorlegung durch einem Dritten.

**2** 2) **Regelungszweck, §§ 428–432.** Natürlich kann man nicht einen am Zivilprozeß bisher Unbeteiligten ohne jeden Grund zur Vorlage irgendeiner Urkunde nötigen. Deshalb stellt § 429 klar, daß nur unter den dort in Bezug genommenen Voraussetzungen der §§ 421 ff nun gar ein Dritter vorlegen muß. Deshalb sind die Vorschriften auch zurückhaltend auszulegen. Immerhin sind die beim Zeugenbeweis geltenden Obliegenheiten nach § 378 dem Grundgedanken nach auch auf eine Vorlegungspflicht von Urkunden anwendbar; ein Prozeßrechtsverhältnis kann auch hier einen Bürger in Aufgaben hineinziehen, die lästig sein mögen, dennoch zu erfüllen sind. Grenzen ziehen auch hier Artt 1 ff GG.

**3** 3) **Geltungsbereich.** Vgl zunächst Üb 2 vor § 415. Im Urkundenprozeß ist § 428 grundsätzlich unanwendbar, § 595 III, dort Rn 5 (auch zu Ausnahmen). Im Ehe-, Familien- und Kindschaftsverfahren ist § 428 anwendbar.

**4** 4) **Besitz eines Dritten.** Die Vorschrift gilt, soweit der Dritte nach der (ausreichenden) Behauptung des Beweisführers die Urkunde im unmittelbaren Besitz hat und der Beweisführer sie nicht von dort herbeischaffen kann oder will. Wegen mittelbaren Besitzes § 421 Rn 1. Dritter ist jeder, der weder Beweisführer noch Gegner ist, § 421 Rn 1.

**5** 5) **Beweisantritt.** Der Beweis wird durch den Antrag angetreten, zur Herbeischaffung der Urkunde eine Frist zu setzen. Ein bloßer Antrag auf Herbeischaffung genügt nicht, ist aber in einen Antrag auf Fristsetzung umdeutbar. Eine Frist wird mit oder ohne mündliche Verhandlung und auch auf ein schriftliches Gesuch gesetzt, § 431 I. Es genügt nicht, den Dritten als Zeugen zu benennen und das Gericht zu bitten, dem Zeugen aufzugeben, die Urkunde mitzubringen.

**6** 6) *VwGO:* Entsprechend anwendbar, § 98 VwGO, jedoch mit den gleichen Einschränkungen wie bei § 373 Rn 8, aM Kopp § 98 Rn 1: zT unanwendbar.

**429** *Vorlegung durch Dritte. Pflicht.* **Der Dritte ist aus denselben Gründen wie der Gegner des Beweisführers zur Vorlegung einer Urkunde verpflichtet; er kann zur Vorlegung nur im Wege der Klage genötigt werden.**

**1** 1) **Systematik, Regelungszweck.** Vgl § 428 Rn 1, 2.

**2** 2) **Geltungsbereich.** Vgl § 428 Rn 3.

**3** 3) **Vorlegungspflicht.** Für den Dritten, der die Urkunde im unmittelbaren Besitzes § 421 Rn 1), besteht die Vorlegungspflicht in demselben Umfang wie für den Gegner des Beweisführers, nur daß die Vorlegung zur Schriftvergleichung wegfällt, § 422 Rn 1. Ist der Dritte Streithelfer und nimmt er auf die Urkunde Bezug, so ist § 423 anwendbar. Der Dritte muß stets dem Prozeßgericht oder im Fall des § 434 dem verordneten Richter vorlegen und dem Gegner die Einsicht in die Urkunde gestatten. Denn seine Pflicht stützt sich zwar auf das bürgerliche Recht, ist aber prozessual beeinflußt, § 422 Rn 3. Das Gericht hat kein Zwangsmittel.

**4** 4) **Erzwingung.** Der Beweisführer muß auf die Vorlegung der Urkunde an das Gericht klagen. Der Gerichtsstand ist derjenige des Dritten. Kläger ist die Partei, nicht der Streithelfer; er kann aber auch diesem Prozeß beitreten oder selbst klagen, wenn er einen eigenen Vorlegungsanspruch hat. Zur Begründung gehört der Nachweis der Fristsetzung nach § 430. Mit dem Wegfall der Notwendigkeit einer Vorlage erledigt sich die Hauptsache. Es sind alle Beweismittel statthaft. Es findet keine Vorlegungsvernehmung statt. Die Zwangsvollstreckung richtet sich nach § 883, dort Rn 12.

**5** 5) *VwGO:* Entsprechend anwendbar, § 98 VwGO, soweit nicht § 99 VwGO eingreift, RedOe § 98 Anm 14.

**430** *Vorlegung durch Dritte. Gesuch.* **Zur Begründung des nach § 428 zu stellenden Antrages hat der Beweisführer den Erfordernissen des § 424 Nr. 1 bis 3, 5 zu genügen und außerdem glaubhaft zu machen, daß die Urkunde sich in den Händen des Dritten befinde.**

**1** 1) **Systematik, Regelungszweck.** Vgl § 428 Rn 1, 2.

**2** 2) **Geltungsbereich.** Vgl § 428 Rn 3.

**3** 3) **Antragserfordernisse.** Form und Inhalt des Antrags richten sich nach § 424 Z 1–3, 5. Außerdem muß der Beweisführer glaubhaft machen, § 294, daß sich die Urkunde im unmittelbaren Besitz des Dritten befindet; vgl aber auch § 421 Rn 1.

9. Titel. Beweis durch Urkunden                                  **§§ 430–432**

*Beispiel:* Er muß glaubhaft machen, daß sich ein herbeizuschaffender Scheck in den Händen einer Bank befindet, daß ihm die Bank zur Vorlegung verpflichtet ist, daß die Urkunde beweiserheblich ist und daß er einen Vorlegungsanspruch hat. Unstreitiger Besitz bedarf keiner Glaubhaftmachung.

**4) VwGO:** *Nur eingeschränkt entsprechend anwendbar, § 98 VwGO, vgl § 373 Rn 8.*  **4**

**431** *Vorlegung durch Dritte. Frist.* I ¹Ist die Tatsache, die durch die Urkunde bewiesen werden soll, erheblich und entspricht der Antrag den Vorschriften des vorstehenden Paragraphen, so hat das Gericht eine Frist zur Vorlegung der Urkunde zu bestimmen. ²Die Frist kann ohne mündliche Verhandlung bestimmt werden.

II Der Gegner kann die Fortsetzung des Verfahrens vor dem Ablauf der Frist beantragen, wenn die Klage gegen den Dritten erledigt ist oder wenn der Beweisführer die Erhebung der Klage oder die Betreibung des Prozesses oder der Zwangsvollstreckung verzögert.

1) **Systematik, Regelungszweck, I, II.** Vgl § 428 Rn 1, 2.  **1**
2) **Geltungsbereich, I, II.** Vgl § 428 Rn 3.  **2**
3) **Fristsetzung, I.** Es sind zwei Phasen zu unterscheiden.  **3**

A. **Verfahren.** Voraussetzung ist, wie bei § 425, daß die Beweistatsache erheblich und daß der Antrag begründet ist. Dann setzt das Gericht zur Vorlegung der Urkunde durch einen Beschluß eine Frist. Er ist kein Beweisbeschluß. Denn hier bereitet anders als beim nachrangigen § 425 die Fristsetzung den Beweis erst vor. Eine mündliche Verhandlung ist entbehrlich. Anders als beim nachrangigen § 356 kann das Gericht die Erheblichkeit auch ohne mündliche Verhandlung prüfen. Die Frist ist eine richterliche. Ihre Verkürzung und Verlängerung richten sich nach §§ 224 ff. Sie ist so zu bemessen, daß sie voraussichtlich zur Durchführung des Prozesses gegen den Dritten genügt. Sie wird durch die Einreichung der Urkunde gewahrt.

B. **Rechtsbehelfe.** Bei einer Fristsetzung grds keiner, vgl § 355 II. Bei einer zu langen Frist oder einer  **4**
Versagung des Fortsetzungsantrags nach II ist die Beschwerde statthaft, § 252 entsprechend, StJSchuL, ZöGei 1, aM ThP 2. Bei einer Zurückweisung des Antrags nach I ist die Beschwerde statthaft, § 567 I. Soweit das LG als Berufungs- oder Beschwerdegericht entschieden hat, ist die Beschwerde unzulässig, § 567 III 1, ebenso, soweit das OLG entschieden hat, § 567 IV 1. Es ist keine weitere Beschwerde statthaft, § 568 II 1. Bei einer Friständerung gilt § 225 Rn 6–8.

4) **Weiteres Verfahren, II.** Das Gericht setzt das Verfahren nur auf Grund des Terminsantrags einer Partei  **5**
fort. Der Beweisführer kann ihn jederzeit stellen. Er hat die Urkunde einzureichen, auch erst im Termin. Etwas anderes gilt nur dann, wenn er auf eine Erledigung seines Antrags verzichtet oder im Prozeß gegen den Dritten nichts erreicht hat. Der Gegner darf die Ladung beantragen, wenn dieser die Erhebung der Klage, die Fortführung des Prozesses oder die Fortführung der Zwangsvollstreckung verzögert. Dann kann der Beweisführer die Urkunde nur durch Vorlegung als Beweismittel benutzen.

5) **VwGO:** *Entsprechend anwendbar, § 98 VwGO, vgl § 429 Rn 5, aM Kopp § 98 Rn 1: z T unanwendbar.*  **6**

**432** *Vorlegung durch die Behörde.* I Befindet sich die Urkunde nach der Behauptung des Beweisführers in den Händen einer öffentlichen Behörde oder eines öffentlichen Beamten, so wird der Beweis durch den Antrag angetreten, die Behörde oder den Beamten um die Mitteilung der Urkunde zu ersuchen.

II Diese Vorschrift ist auf Urkunden, welche die Parteien nach den gesetzlichen Vorschriften ohne Mitwirkung des Gerichts zu beschaffen imstande sind, nicht anzuwenden.

III Verweigert die Behörde oder der Beamte die Mitteilung der Urkunde in Fällen, in denen eine Verpflichtung zur Vorlegung auf § 422 gestützt wird, so gelten die Vorschriften der §§ 428 bis 431.

**Schrifttum:** *Brenner,* Der Einfluß von Behörden auf die Einleitung und den Ablauf von Zivilprozessen, 1989.

1) **Systematik, Regelungszweck, I–III.** Vgl Üb 2 vor § 415.  **1**
2) **Geltungsbereich, I–III.** Vgl zunächst Üb 3 vor § 415. § 432 regelt den Fall, daß sich die vom  **2**
Beweisführer als Beweismittel angezogene öffentliche oder private Urkunde im unmittelbaren Besitz einer öffentlichen Behörde (Begriff § 415 Rn 4) oder einer anderen Person des öffentlichen Dienstes (Begriff § 376 Rn 3) in deren dienstlicher Eigenschaft befindet. Dies gilt aber nur dann, wenn nicht die durch die Behörde vertretene Stelle Partei ist (sonst gelten §§ 421–427), wenn kein Fall nach II vorliegt und wenn kein Vorlegungsanspruch nach §§ 429, 422 besteht, vgl III. Die Vorschrift ist im Urkundenprozeß unanwendbar, § 595 III.

3) **Beweisantritt, I.** Er erfolgt nur selten.  **3**

A. **Verfahren.** Der Beweis wird durch den Antrag angetreten, die Behörde oder den Beamten um eine Mitteilung der Urkunde zu ersuchen. Der Antrag braucht nicht den §§ 424, 428, 430 zu genügen. Er muß aber ausreichende Anhaltspunkte für die Beweiserheblichkeit der Tatsache, § 286 Rn 29, und für den unmittelbaren Besitz (bei mittelbarem Besitz § 421 Rn 1) der Behörde usw ergeben. Der Antrag muß ferner

§§ 432–434　　　　　　　　2. Buch. 1. Abschnitt. Verfahren vor den LGen

die Urkunde so genau bezeichnen, daß die Behörde usw das Ersuchen im ordnungsmäßigen Geschäftsgang erledigen kann. Unerlaubt ist auch hier ein bloßer Ausforschungsantrag, Einf 27 vor § 284.

4　**B. Entscheidung.** Die Urkunde wird durch einen Beweisbeschluß eingefordert, § 358. Die Zurückweisung des Antrags erfordert keinen besonderen Beschluß. Wenn die Akten den Parteien unzugänglich sind, zB evtl Ermittlungsakten oder wegen eines Datenschutzes, § 299 Rn 4, dann ist ihre Einforderung abzulehnen (aM StJL 5. Aber was die Parteien nicht einsehen dürfen, können sie nicht vortragen und ist unverwertbar). Es ist den Parteien überlassen, vorher die Genehmigung zur Einsicht zu erwirken. Das Ersuchen erfolgt von Amts wegen. Über eine amtliche Auskunft Üb 32 vor § 373.

5　**C. Rechtsmittel.** Die Entscheidung ist allenfalls zusammen mit dem Endurteil anfechtbar, § 355 II.

6　**4) Parteibeschaffung, II.** Wenn sich der Beweisführer die Urkunde nach einer gesetzlichen Vorschrift selbst beschaffen kann, dann muß er den Beweis nach § 420 antreten. Wenn dies nur dem Gegner des Beweisführers möglich ist, dann ist I anwendbar. II gilt auch dann, wenn der Beweisführer eine Ausfertigung oder eine beglaubigte Abschrift beibringen kann, wie bei Registerauszügen, Testamenten, Grundbuchabschriften, Urteilen, § 435. Etwas anderes gilt bei Patenterteilungsakten, weil bei ihnen kein Anspruch auf eine Erteilung von Abschriften besteht. Die Möglichkeit einer Einsicht steht I nicht entgegen.

7　**5) Verhalten der Behörde, III.** Es sind zwei Phasen zu unterscheiden.

**A. Verfahren.** Die Behörde oder der Beamte prüft nach dem für diese geltenden Verwaltungsrecht, ob die Urkunde übersandt werden darf oder muß, Art 35 I GG, § 168 GVG. Sie hat meist ein pflichtgemäßes Ermessen. Wegen der Herausgabe von Akten betr die Intimsphäre, zB Scheidungsakten, § 299 Rn 23 ff und BVerfG **34**, 209. Wegen des Datenschutzes § 299 Rn 4. Nicht den Parteien zugängliche Akten sind unverwertbar. Von der Ablehnung und dem Eingang der Urkunde ist die Geschäftsstelle die Parteien zu benachrichtigen, § 362 II. Wenn die Urkunde eingeht, ist sie in der mündlichen Verhandlung vorzulegen. Im schriftlichen Verfahren und im Verfahren nach Lage der Akten ist die Urkunde nach der Benachrichtigung ohne weiteres verwertbar.

8　**B. Rechtsbehelfe, III.** Bei einer unbegründeten Weigerung sind die im Verwaltungsrecht möglichen Rechtsbehelfe und eine Klage vor dem Verwaltungsgericht zulässig. Eine Beschwerde nach § 159 GVG versagt immer dann, wenn keine Rechtshilfe in Frage kommt. Wenn eine Vorlegungspflicht nach § 422 besteht, kann eine Klage gegen die vom Beamten vertretene Stelle zulässig sein.

9　**6) VwGO:** I ist eingeschränkt entsprechend anwendbar, § 98 VwGO, vgl § 373 Rn 8; dem Antrag ist im Asylrechtsstreit grundsätzlich zu entsprechen, BVerfG InfAuslR **90**, 165, BVerwG NVwZ-RR **90**, 653. Statt **II** und **III** gilt § 99 VwGO.

## 433 (weggefallen)

## 434 *Vorlegung vorm verordneten Richter.* Wenn eine Urkunde bei der mündlichen Verhandlung wegen erheblicher Hindernisse nicht vorgelegt werden kann oder wenn es bedenklich erscheint, sie wegen ihrer Wichtigkeit und der Besorgnis ihres Verlustes oder ihrer Beschädigung vorzulegen, so kann das Prozeßgericht anordnen, daß sie vor einem seiner Mitglieder oder vor einem anderen Gericht vorgelegt werde.

1　**1) Systematik, Regelungszweck.** § 434 macht in den Fällen der §§ 420–433 zum Schutz besonders wertvoller oder wichtiger Urkunden insbesondere bei Transportgefahren eine an sich nicht unproblematische, aber im Zivilprozeß ja aus manchen Gründen vorkommende und vertretbare Ausnahme von dem wichtigen Grundsatz der Unmittelbarkeit der Beweisaufnahme, § 355 I, während natürlich die Parteiöffentlichkeit, § 357, insofern gewahrt bleibt, als die Parteien Zutritt zur Beweisaufnahme vor dem in § 434 bestimmten Gericht haben, das auch ein „anderes" als das Prozeßgericht sein kann, § 362. Die Möglichkeit einer Einsicht durch das Prozeßgericht an Ort und Stelle, § 219 I, ist wahlweise neben § 434 gegeben.

2　**2) Geltungsbereich.** Vgl Üb 3 vor § 415.

3　**3) Voraussetzungen.** Erforderlich und ausreichend ist eine der folgenden Voraussetzungen.

**A. Hindernis.** Entweder kann die Vorlegung in der mündlichen Verhandlung wegen erheblicher Hindernisse nicht stattfinden. Das diesbezügliche Vorbringen wird frei gewürdigt.

4　**B. Bedenklichkeit einer Vorlegung.** Oder die Vorlegung ist wegen der Wichtigkeit der Urkunde oder der Besorgnis ihres Verlustes oder ihrer Beschädigung bedenklich. Dies gilt namentlich bei Grund-, Register- oder Nachlaßakten. Solche Akten sollte das ersuchte Gericht überhaupt nicht versenden. Regelmäßig genügt außerdem die Einreichung einer beglaubigten Abschrift, § 432 Rn 6.

5　**4) Entscheidung.** Die Anordnung nach § 434 erfolgt nach pflichtgemäßem Ermessen durch einen Beweisbeschluß, §§ 358, 360. Der verordnete Richter muß eine beglaubigte Abschrift der Urkunde zu den Akten nehmen und Bedenken der Parteien gegen die Echtheit oder deren Zugeständnis protokollieren. Vor ihm besteht kein Anwaltszwang, § 78 Rn 37. Weiteres Verfahren §§ 362 II, 367, 370.

6　**5) Rechtsmittel.** Die Entscheidung ist nur zusammen mit dem Endurteil anfechtbar, § 355 II.

7　**6) VwGO:** Entsprechend anwendbar, § 98 VwGO.

**435** **Beglaubigte Abschriften öffentlicher Urkunden.** ¹Eine öffentliche Urkunde kann in Urschrift oder in einer beglaubigten Abschrift, die hinsichtlich der Beglaubigung die Erfordernisse einer öffentlichen Urkunde an sich trägt, vorgelegt werden; das Gericht kann jedoch anordnen, daß der Beweisführer die Urschrift vorlege oder die Tatsachen angebe und glaubhaft mache, die ihn an der Vorlegung der Urschrift verhindern. ²Bleibt die Anordnung erfolglos, so entscheidet das Gericht nach freier Überzeugung, welche Beweiskraft der beglaubigten Abschrift beizulegen sei.

**1) Systematik, Regelungszweck, S 1, 2.** Privaturkunden, § 416 Rn 3, sind grundsätzlich in Urschrift **1** vorzulegen, § 420 Rn 4, weil nur so die Feststellung ihrer Echtheit, § 439, und Fehlerfreiheit, § 419, möglich ist, BGH NJW 80, 1048. Freilich kann ausnahmsweise schon dann eine beglaubigte Abschrift genügen, § 420 Rn 4. Bei öffentlichen Urkunden, § 415 Rn 4, läßt § 435 die Vorlegung einer beglaubigten Abschrift zu, weil sich die Urschrift meist in einer amtlichen Verwahrung befindet, BGH NJW 80, 1048.

**2) Geltungsbereich, S 1, 2.** Vgl Üb 3 vor § 415. **2**

**3) Öffentliche Urkunde, S 1.** Zu ihrem Begriff § 415 Rn 4. Dahin zählt zB auch eine beglaubigte **3** Fotokopie, aber nicht die Fotokopie einer beglaubigten Abschrift; dieser Weg ist aber nur dann zulässig, wenn die Beglaubigung den Erfordernissen einer öffentlichen Urkunde genügt. Damit gibt § 435 die Beweisregel, daß eine ordnungsmäßig beglaubigte Abschrift einer öffentlichen Urkunde dieselbe Beweiskraft hat wie die Urkunde selbst, mag nun die Beglaubigung von derjenigen Behörde, die die Urschrift erstellt hat, LG Duisb Rpfleger 84, 98, oder von einer anderen Behörde herrühren. Mit einer solchen Urkunde nicht zu verwechseln ist eine öffentlich beglaubigte Urkunde, § 415 Rn 3. Die Erfordernisse der Urschrift und die Zuständigkeit zur Beglaubigung richten sich nach dem maßgeblichen Bundes- oder Landesrecht. Die Ausfertigung einer öffentlichen Urkunde ist immer nur eine Abschrift. Sie läßt den Gegenbeweis zu. Ein Auszug aus einer öffentlichen Urkunde fällt nicht unter § 435; er mag selbst eine öffentliche Urkunde sein.

**4) Anordnung, S 1, 2.** Wenn das Gericht gegen die Richtigkeit der beglaubigten Abschrift einer **4** öffentlichen Urkunde Bedenken hat, dann kann es dem Beweisführer die wahlweise Vorlegung der Urschrift oder eine Glaubhaftmachung der Hinderungsgründe aufgeben. Die Anordnung erfolgt durch einen Beweisbeschluß auf Grund einer mündlichen Verhandlung oder ohne solche in Ergänzung eines Beweisbeschlusses, § 360. Wenn der Beweisführer beiden Anordnungen nicht nachkommt, dann würdigt das Gericht die beglaubigte Abschrift frei, § 286, BGH NJW 80, 1048, BVerwG NJW 87, 1159.

**5) Rechtsmittel, S 1, 2.** Die Entscheidung ist nur zusammen mit dem Endurteil anfechtbar, § 355 II. **5**

**6) VwGO:** Entsprechend anwendbar, § 98 VwGO, BVerwG NJW 87, 1159. **6**

**436** **Verzicht auf die Urkunde.** Der Beweisführer kann nach der Vorlegung einer Urkunde nur mit Zustimmung des Gegners auf dieses Beweismittel verzichten.

**1) Systematik, Regelungszweck.** Die Vorschrift entspricht formell dem beim Zeugenbeweis geltenden **1** § 399, hat aber keinen so weitgehenden Inhalt. Zwar gebietet die Parteiherrschaft, Grdz 18 vor § 128, auch beim Urkundenbeweis einen gewissen Handlungsspielraum der Parteien. Indessen ist schon wegen des ja meist klaren Inhalts usw eine Möglichkeit, auf ein nun nicht mehr so günstiges Beweismittel zu verzichten, im Interesse der Gerechtigkeit, Einl III 9, eingeschränkt. Dieser letztere Gedanke hat bei der Auslegung Vorrang.

**2) Geltungsbereich.** Vgl Üb 3 vor § 415. **2**

**3) Zustimmungsbedürftigkeit.** Bis zur Vorlegung einer Urkunde kann der Beweisführer einseitig auf **3** sie verzichten. Der Gegner kann aber die Vorlegung der einmal in Bezug genommenen Urkunde verlangen, § 423. Wenn die Urkunde erst einmal vorgelegt worden ist, gleichviel von welcher Seite, dann kann der Beweisführer nur mit Zustimmung des Gegners auf sie verzichten. Verzicht und Zustimmung sind unwiderruflich, vgl auch Grdz 58 vor § 128. Die Zustimmung kann auch durch eine schlüssige Handlung erfolgen. Dann scheidet die Urkunde für die Beweiswürdigung aus. Ob das Gericht trotzdem die Vorlegung aus §§ 142 ff von Amts wegen nach §§ 358, 358 a anordnen darf, das hängt davon ab, ob nicht eine zulässige Verfügung über die Beweisfrage vorliegt, ThP 1, aM StJL 2 (die Anordnung der Vorlegung sei unbedingt zulässig. Aber das widerspricht dem Beibringungsgrundsatz).

**4) VwGO:** Unanwendbar trotz § 98 VwGO wegen des Untersuchungsgrundsatzes, § 86 I VwGO, Kopp § 98 **4** Rn 1.

### Einführung vor §§ 437–443
### Echtheit von Urkunden

**1) Systematik.** Nur die echte Urkunde ist beweiskräftig, Üb 5 vor § 415. Die Echtheit ist also stets zu **1** prüfen. Die Urkunde ist im Sinne der ZPO dann echt, wenn sie von derjenigen Person herrührt, von der sie nach der Behauptung des Beweisführers bzw im Verfahren mit Amtsermittlung, Grdz 38 vor § 128, der durch den Urkundeninhalt begünstigten Partei herrühren soll, aM BGH MDR 88, 770 (vgl aber § 440 Rn 3); anders ist es im Strafrecht, § 267 StGB. Soweit die Urkunde dem Willen dieser Person entspricht, ist es unerheblich, ob sie selbst unterschrieben hat, BGH MDR 88, 770. Der Klärung der Echtheit dienen bei der öffentlichen Urkunde §§ 437, 438, bei der privaten §§ 439, 440, bei beiden §§ 441 ff. Beim Vorliegen eines Feststellungsinteresses kann man die Echtheit auch mit einer Feststellungsklage aus § 256 geltend machen. Das kommt allerdings praktisch nicht vor. Eine Zwischenklage nach § 280 ist unzulässig, weil es sich nicht um ein Rechtsverhältnis handelt.

Von der Echtheit ist die *Unverfälschtheit* zu unterscheiden, also das Fehlen nachträglicher Veränderungen. Es läßt sich mit allen Beweismitteln beweisen.

**2** 2) **Regelungszweck.** Die Echtheit bedarf deshalb besonders sorgfältiger Prüfung, weil die echte Urkunde ja vielfach die Freiheit des Gerichts in der Beweiswürdigung ausnahmsweise einschränkt (gesetzliche Beweisregel), zB § 415 Rn 7. Deshalb ist die Echtheit streng zu prüfen, ungeachtet § 437.

**3** 3) **Geltungsbereich.** Vgl Üb 3 vor § 415.

## 437 Echtheit inländischer öffentlicher Urkunden.

[I] Urkunden, die nach Form und Inhalt als von einer öffentlichen Behörde oder von einer mit öffentlichem Glauben versehenen Person errichtet sich darstellen, haben die Vermutung der Echtheit für sich.

[II] Das Gericht kann, wenn es die Echtheit für zweifelhaft hält, auch von Amts wegen die Behörde oder die Person, von der die Urkunde errichtet sein soll, zu einer Erklärung über die Echtheit veranlassen.

**1** 1) **Systematik, Regelungszweck, I, II.** Vgl Einf 1, 2 vor §§ 437–443. § 437 stellt eine einfache Rechtsvermutung, § 292 Rn 1, für die Echtheit inländischer öffentlicher Urkunden, Rn 4, auf, LG Kiel Rpfleger **90**, 420, während § 438 die Echtheit einer ausländischen öffentlichen Urkunde regelt. Dazu gehört auch die sog Eigenurkunde, in der ein Notar nicht seine Wahrnehmung, sondern eine Willenserklärung, eigene Verfahrenserklärungen niedergelegt, BGH DNotZ **81**, 118, Reithmann DNotZ **83**, 439.

**2** 2) **Geltungsbereich.** Vgl Üb 3 vor § 415.

**3** 3) **Vermutung der Echtheit, I.** Die Vermutung gilt nur insoweit, als die Urkunde nicht im Sinne des § 419 fehlerhaft ist. Inländische öffentliche Urkunden bedürfen nach § 1 G vom 1. 5. 1878, RGBl 89, idF des BeurkG keiner Amtsbekräftigung (Legalisation). Die Vermutung bezieht sich nur auf die Herkunft der Urkunde, nicht auf ihren Inhalt (dafür gelten §§ 415 ff) oder die Zuständigkeit der ausstellenden Behörde.

**4** 4) **Zweifel an der Echtheit, II.** Die Vermutung des § 437 ist durch einen Gegenbeweis zu entkräften, § 292. Wenn das Gericht die Echtheit nach pflichtgemäßem Ermessen für zweifelhaft hält, muß es von Amts wegen, auch ohne mündliche Verhandlung, die ausstellende Behörde usw um Auskunft über die Echtheit ersuchen; „kann" stellt nur die Zuständigkeit klar und eröffnet kein weiteres Ermessen. Der Ersuchte muß sich erklären, Art 35 I GG. Die Vermutung gilt bis zur Feststellung der Unechtheit.

**5** 5) **VwGO:** *Entsprechend anwendbar*, § 98 VwGO, vgl BVerwG NJW **87**, 1159; jedoch sind Ermittlungen, II, stets vAw zulässig, § 86 I VwGO; abw RedOe § 98 Anm 15: als zwingende Bestimmung im VerwProzeß nicht heranzuziehen.

## 438 Echtheit ausländischer öffentlicher Urkunden.

[I] Ob eine Urkunde, die als von einer ausländischen Behörde oder von einer mit öffentlichem Glauben versehenen Person des Auslandes errichtet sich darstellt, ohne näheren Nachweis als echt anzusehen sei, hat das Gericht nach den Umständen des Falles zu ermessen.

[II] Zum Beweise der Echtheit einer solchen Urkunde genügt die Legalisation durch einen Konsul oder Gesandten des Bundes.

**Schrifttum:** *Bindseil* DNotZ **92**, 275 (Üb) und DNotZ **93**, 5 (zur konsularischen Beurkundung); *Brenner*, Der Einfluß von Behörden auf die Einleitung und den Ablauf von Zivilprozessen, 1989; *Bülow/Böckstiegel/Geimer/Schütze,* Der Internationale Rechtsverkehr in Zivil- und Handelssachen, 3. Aufl 1990; Teil D; *Hecker*, Handbuch der konsularischen Praxis, 1982; *Kierdorf,* Die Legalisation von Urkunden, 1975.

*Auskunft* erteilt das Bundesverwaltungsamt, Referat III/3, Barbarastr. 1, 50 728 Köln, vgl Bindseil DNotZ **92**, 278.

### Gliederung

| | |
|---|---|
| 1) Systematik, Regelungszweck, I, II .... 1 | C. Konsularverträge ........................ 6 |
| 2) Geltungsbereich ........................ 2 | D. Europäisches Übereinkommen ........ 7 |
| 3) Echtheit, I ................................ 3 | E. Haager Übereinkommen ............ 8–10 |
| 4) Amtsbekräftigung, II .................. 4–11 | F. Übereinkommen der Europäischen Gemeinschaft ............................. 11 |
| A. Grundsatz: Herkunftsbescheinigung ... 4 | |
| B. Zweitseitige Staatsverträge ............. 5 | 5) *VwGO* ................................. 12 |

**1** 1) **Systematik, Regelungszweck, I, II.** Vgl Einf 1, 2 vor §§ 437–443. Während § 437 die inländische Urkunde behandelt, regelt § 438 die ausländische. Zur Prüfung ihrer Echtheit besteht natürlich ein besonderes Bedürfnis. Daher ist die Vorschrift grundsätzlich eng auszulegen. Das darf freilich nicht zu allzu großen Konflikten mit den zB in § 328 genannten Maßstäben führen, die oft eine aus deutscher Sicht erhebliche Großzügigkeit erfordern. Das ist bei der Auslegung mitzubeachten.

9. Titel. Beweis durch Urkunden § 438

**2) Geltungsbereich, I, II.** Vgl Üb 3 vor § 415. **2**

**3) Echtheit, I.** Öffentliche Urkunden (Begriff § 415 Rn 4), die von einer ausländischen Amtsperson, **3** wenn auch evtl im Inland, ausgestellt wurden, haben zunächst bis zum Vorliegen einer etwaigen Legalisation, Rn 4, strenger Langhein Rpfleger **96**, 53 (nicht einmal dann stets), keine Vermutung der Echtheit für sich. Das Gericht entscheidet über die Echtheit nach pflichtgemäßem Ermessen unabhängig von Parteierklärungen, etwa von Erklärungen über die Echtheit, § 286; dabei kann es zB eine Auslandsvertretung einschalten, BVerwG NJW **87**, 1159. Bindseil DNotZ **92**, 285, will § 439 I und II entsprechend anwenden. Wegen der Übersetzung fremdsprachiger Urkunden vgl RGBl **42** I 609. Soweit von der Echtheit auszugehen ist, hat die ausländische öffentliche Urkunde dieselbe Beweiskraft wie eine deutsche, BVerwG NJW **87**, 1159.

**4) Amtsbekräftigung, II.** Es hat sich eine umfangreiche Regelung entwickelt. **4**

**A. Grundsatz: Herkunftsbescheinigung.** Amtsbekräftigung (Legalisation) ist die Bescheinigung der Herkunft einer Urkunde durch dazu berufene Amtsstelle der BRep, Bindseil DNotZ **92**, 277 (ausf), Luther MDR **86**, 10 (Üb), Wagner DNotZ **75**, 581. Vgl die folgenden Ländervorschriften:
**Baden-Württemberg:** VO vom 12. 11. 80, GBl 586;
**Bayern:** VO vom 7. 3. 66, GVBl 106, geändert durch VO vom 18. 4. 78, GVBl 141;
**Brandenburg:**
**Bremen:**
**Hamburg:**
**Hessen:** AnO vom 19. 1. 81, GVBl 25;
**Mecklenburg-Vorpommern:**
**Niedersachsen:**
**Nordrhein-Westfalen:**
**Rheinland-Pfalz:** AnO vom 16. 1. 81, GVBl 18;
**Saarland:** VO vom 21. 1. 81, ABl 101;
**Sachsen:**
**Sachsen-Anhalt:**
**Schleswig-Holstein:** AV vom 29. 6. 66, SchlHA 161, und vom 7. 12. 77, SchlHA **78**, 8, geändert durch AV vom 4. 12. 80, SchlHA **81**, 6;
**Thüringen:**
Die Amtsbekräftigung durch einen *Konsul*, §§ 13, 14 KonsG vom 11. 9. 74, BGBl 2317, oder durch einen *Gesandten* der BRep genügt fast immer zum Nachweis der Echtheit einer ausländischen öffentlichen Urkunde, § 415 Rn 3, Bindseil DNotZ **92**, 284 (ausf). Die *Zuständigkeit* der ausländischen Behörde und die Formgültigkeit des Akts sind frei zu prüfen, Bindseil DNotZ **92**, 285. Meist wird freilich kein Anlaß zu Zweifeln bestehen. Nach § 2 G vom 1. 5. 1878, RGBl 89, idF des BeurkG begründet die Amtsbekräftigung nur die Annahme der Echtheit; praktisch ist diese Abweichung unerheblich. Die Partei darf die Unechtheit der Urkunde oder der Amtsbekräftigung nachweisen, § 292, §§ 18, 61 ZRHO.

**B. Zweiseitige Staatsverträge.** Zahlreiche Staatsverträge machen eine Amtsbekräftigung entbehrlich, **5** Bindseil DNotZ **92**, 281 (ausf); Urkunden, die in diesen Staaten öffentlich ausgestellt oder beglaubigt sind, stehen inländischen Urkunden gleich; vgl auch Einl IV 1.
*Das gilt für* Belgien, Abk v 13. 5. 75, BGBl **80** II 815, nebst G v 25. 6. 80, BGBl II 813, dazu VO v 15. 10. 80, BGBl 2002 und Bek v 9. 3. 81, BGBl II 142, ferner für gewisse Behörden in Dänemark, Abk v 17. 6. 1936, RGBl II 214, auf Grund Bek v 30. 6. 1953, BGBl II 186, Frankreich gemäß Abk v 13. 9. 71 nebst G v 30. 7. 74, BGBl II 1074, berichtigt durch BGBl II 1100 (betr öffentliche und gewisse private Urkunden; in Kraft seit 1. 4. 75, Bek v 6. 3. 75, BGBl II 353. Einzelheiten Arnold DNotZ **75**, 581), Griechenland infolge des deutsch-griechischen Rechtshilfeabk v 11. 5. 1938 Art 24 (bezüglich der von Gerichten aufgenommenen oder aufgestellten Urkunden, sowie notarieller Urkunden, die vom Präsidenten des Gerichtshofs 1. Instanz beglaubigt worden sind), RGBl **39** II 849, wieder in Kraft aGrd Bek v 26. 6. 1952, BGBl II 634, Großbritannien und Nordirland gemäß Art VI Abs 3 des deutsch-britischen Abk v 14. 7. 60, SchlAnh V B 5, Italien gemäß Vertrag v 7. 6. 69 nebst G v 30. 7. 74, BGBl II 1069 (betr öffentliche, einschließlich diplomatischer und konsularischer Urkunden; in Kraft seit 5. 5. 75, Bek v 22. 4. 75, BGBl II 660; dazu Bek v 30. 6. 75, BGBl II 931, betr die Zuständigkeit, ferner auch VO v 24. 9. 74, BGBl 2353, ferner zB DVO SchlH v 23. 12. 74, GVBl **75**, 4. Einzelheiten Arnold DNotZ **75**, 581), Luxemburg gemäß Abk v 7. 12. 62, BGBl **64** II 194 (in Kraft seit 7. 9. 66, BGBl II 592) und v 6. 11. 80, BGBl **83** II 698 (betr Personenstandsurkunden und Ehefähigkeitszeugnisse), Österreich (bezügl gerichtlicher und notarieller Urkunden sowie Personenstandsurkunden), Vertrag v 21. 6. 1923, RGBl **24** II 61, aGrd Bek v 13. 3. 1952, BGBl II 436, der Schweiz, Vertrag v 14. 2. 07, RGBl **07**, 411, dazu Bek v 11. 12. 97, BGBl **98** II 71 (keine Beglaubigung nötig), sowie wegen Personenstands- bzw Zivilstandsurkunden Abk v 4. 11. 85, BGBl **88** II 127, dazu G v 28. 1. 88, BGBl II 126, Portugal, Bek v 18. 5. 82, BGBl II 550 (betr Personenstandsurkunden), Marokko, Art 27 des Vertrags v 29. 10. 85, BGBl **88** II 1055.

**C. Konsularverträge.** Außerdem bestimmt eine Reihe von Konsularverträgen, daß ausländische Konsuln **6** Rechtsgeschäfte und Verträge aufnehmen, bestätigen, beglaubigen und mit einem Siegel versehen dürfen und daß solche Urkunden sowie Abschriften aus ihnen und Übersetzungen den inländischen öffentlichen Urkunden gleichstehen: Spanien v 12. 1. 72, RGBl 211; Türkei v 28. 5. 29, RGBl **30** II 748, auf Grund Bek v 29. 5. 52, BGBl II 608, USA Abk v 3. 6. 53, Bek v 20. 11. 54, BGBl II 721, 1051.

**D. Europäisches Übereinkommen.** Das Europäische Übereinkommen zur Befreiung der von diploma- **7** tischen oder konsularischen Vertretern errichteten Urkunden von der Legalisation v 7. 6. 68, BGBl **71** II 86, dazu G v 19. 2. 71, BGBl II 85, befreit solche Urkunden von der Legalisation (ohne die Notwendigkeit einer Apostille zu schaffen), die von diplomatischen oder konsularischen Vertretern in einem Mitgliedsstaat errichtet sind und entweder in einem anderen Mitgliedstaat oder vor dem diplomatischen oder konsularischen Vertreter eines anderen Mitgliedstaats in einem Nichtmitgliedstaat vorgelegt werden sollen. Das

Übereinkommen ist für die BRep *in Kraft seit* 19. 9. 71, Bek v 27. 7. 71, BGBl II 1023. Es gilt im Verhältnis zu Frankreich, den Niederlanden nebst Surinam und den niederländischen Antillen, Schweiz, Vereinigtem Königreich nebst Man, Zypern, Bek v 7. 7. 71, BGBl II 1023, Italien, Bek v 30. 11 71, BGBl II 1313, Guernsey, Jersey, Bek v 10. 1. 72, BGBl II 48, Österreich, Bek v 15. 6. 73, BGBl II 746, Liechtenstein, Bek v 7. 8. 73, BGBl II 1248, Schweden, Bek v 23. 11. 73, BGBl II 1676, Griechenland, Bek v 26. 3. 79, BGBl II 338, Luxemburg, Bek v 3. 8. 79, BGBl II 938, Norwegen, Bek v 13. 7. 81, BGBl II 561, Spanien, Bek v 28. 6. 82, BGBl II 639, Portugal, Bek v 26. 1. 83, BGBl II 116, Türkei, Bek v 22. 7. 87, BGBl II 427, Polen, Bek v 28. 2. 95, BGBl II 251, Tschechische Republik, Bek 21. 7. 98, BGBl II 2373, Irland, Bek v 3. 8. 99, BGBl II 762.

**8**    **E. Haager Übereinkommen.** Durch das Haager Übereinkommen v 5. 10. 61 zur Befreiung ausländischer öffentlicher Urkunden von der Legalisation, BGBl **65** II 876, dazu G vom 21. 6. 65, BGBl II 875, Bindseil DNotZ **92**, 280 (ausf), tritt an die Stelle der Legalisation die Apostille, also die Echtheitsbestätigung in der äußeren Form des Art 4 des vorgenannten Übk (Muster: BGBl **65** II 883, 884), die die zuständige Behörde des Errichtungsstaates auf der Urkunde oder einem damit verbundenen Blatt anbringt.

**9**    Das *Übereinkommen gilt für* Urkunden eines staatlichen Gerichts oder einer Amtsperson als Organ der Rechtspflege einschließlich derjenigen Urkunden, die von dem Staatsanwaltschaft oder einem Vertreter des öffentlichen Interesses, dem Urkundsbeamten der Geschäftsstelle oder einem Gerichtsvollzieher ausgestellt sind; für Urkunden der Verwaltungsbehörden, soweit sie sich nicht unmittelbar auf den Handelsverkehr oder das Zollverfahren beziehen; für notarielle Urkunden; für amtliche Bescheinigungen auf Privaturkunden, so auch her der Beglaubigung von Unterschriften; nicht jedoch für Urkunden von diplomatischen oder konsularischen Vertretern. Zur Ausstellung der Apostille VO v 9. 12. 97, BGBl 2872, sowie Mitt in DNotZ **89**, 721 (betr Vereinigtes Königreich und Nordirland, BayObLG Rpfleger **93**, 192 (betr die USA).

**10**    Das Übereinkommen ist für die BRep *in Kraft seit* 13. 2. 66, Bek v 12. 2. 66, BGBl II 106. In Geltung im Verhältnis zu Frankreich, Jugoslawien, Niederlanden, Vereinigtem Königreich und zahlreichen Besitzungen, Bek v 12. 2. 66, BGBl II 106, niederländische Antillen und Surinam, Bek v 17. 5. u 17. 7. 67, BGBl II 1811, 2082, Österreich, Malawi, Bek v 18. 1. 68, BGBl II 76, Malta, Bek v 19. 2. 68, BGBl II 131, Portugal, Bek v 21. 1. 69, BGBl II 120 und Bek v 25. 2. 70, BGBl II 121, Japan, Bek v 4. 7. 70, BGBl II 752, Fidschi, Bek v 12. 7. 71, BGBl II 1016, Tonga, Bek v 16. 3. 72, BGBl II 254, Liechtenstein, Lesotho, Bek v 20. 9. 72, BGBl II 1466, Ungarn, Bek v 10. 1. 73, BGBl II 65, Schweiz, Bek v 8. 3. 73, BGBl II 176, Zypern, Bek v 13. 4. 73, BGBl II 391, Belgien, Bek v 7. 1. 76, BGBl II 199, Bahamas, Bek v 5. 1. 77, BGBl II 20, Surinam auch seit seiner Unabhängigkeit, Bek v 1. 6. 77, BGBl II 593, Italien, Bek v 23. 1. 78, BGBl II 153, Israel, Bek v 23. 8. 78, BGBl II 1198, Spanien, Bek v 30. 10. 78, BGBl II 1330, Seschellen, Swasiland, Bek v 30. 4. 79, BGBl II 417, Luxemburg, Bek v 30. 5. 79, BGBl II 684, Vereinigte Staaten, Bek v 16. 9. 81, BGBl II 903, Norwegen, Bek v 8. 7. 83, BGBl II 478, Finnland, Bek v 8. 85, BGBl II 1006, Griechenland, Türkei, Bek v 22. 8. 85, BGBl II 1108, Antigua, Barbuda, Bek v 10. 3. 86, BGBl II 542, Brunei Darussalam, Bek v 25. 1. 88, BGBl II 154, Argentinien, Bek v 19. 2. 88, BGBl II 235, Panama, Bek v 7. 8. 91, BGBl II 998, Marshallinseln, Rußland, Bek v 24. 8. 92, BGBl II 948, Belize, Bek v 21. 6. 93, BGBl II 1005, Bosnien-Herzegowina, Kroatien (als Rechtsnachfolger), Bek v 16. 12. 93, BGBl **94** II 82, Mazedonien, Bek v 6. 6. 94, BGBl II 1191, Armenien, Bek v 31. 8. 94, BGBl II 2532, St. Kitts und Nevis, Bek v 14. 11. 94, BGBl II 3765, Australien, San Marino, Bek v 8. 2. 95, BGBl II 222, Südafrika, Bek v 22. 3. 95, BGBl II 326, Mexiko, Bek v 25. 7. 95, BGBl II 694, Lettland, Bek v 8. 1. 96, BGBl II 223, El Salvador, Bek v 29. 4. 96, BGBl II 934, Andorra, Bek v 29. 11. 96, BGBl II 2802, Litauen, Bek v 10. 6. 97, BGBl II 1400, Nue, Tschechische Republik, Venezuela, Irland, Bek v. 4. 2. 99, BGBl II 142, Schweden, Bek v 27. 4. 99, BGBl II 420, Samoa, Bek v 12. 8. 99, BGBl II 794.

**11**    **F. Übereinkommen der Europäischen Gemeinschaft.** Wegen des EuGVÜ SchlAnh V C 1 (Art 49).

**12**    5) *VwGO:* Entsprechend anwendbar, § 98 VwGO, BVerwG NVwZ-RR **95**, 174 u NJW **87**, 1159, aM RedOe § 98 Anm 15.

**439** *Erklärung über die Echtheit von Privaturkunden.* ¹Über die Echtheit einer Privaturkunde hat sich der Gegner des Beweisführers nach der Vorschrift des § 138 zu erklären.
 ᴵᴵ Befindet sich unter der Urkunde eine Namensunterschrift, so ist die Erklärung auf die Echtheit der Unterschrift zu richten.
 ᴵᴵᴵ Wird die Erklärung nicht abgegeben, so ist die Urkunde als anerkannt anzusehen, wenn nicht die Absicht, die Echtheit bestreiten zu wollen, aus den übrigen Erklärungen der Partei hervorgeht.

**1**    1) **Systematik, Regelungszweck, I–III.** Eine Privaturkunde, § 416 Rn 3, hat keine gesetzliche Echtheitsvermutung. Der Beweisführer hat die Urkunde grundsätzlich urschriftlich vorzulegen, § 420 Rn 1, 4. In der Vorlegung liegt die Behauptung der Echtheit, Begriff Einf 1 vor § 437–443. Daraus ergibt sich die Erklärungspflicht. Wenn der Gegner die Richtigkeit einer beigebrachten Abschrift nicht bestreitet, dann genügt deren Vorlegung, § 420 Rn 4. Das Gericht muß insofern seine Fragepflicht ausüben, § 139.

**2**    2) **Geltungsbereich, I–III.** Vgl zunächst Üb 3 vor § 415. Sondervorschriften bestehen im Verfahren vor dem AG, § 510, und in Ehe-, Familien- und Kindschaftssachen, §§ 617, 640.

**3**    3) **Erklärung, I, II.** Sie wird oft versäumt.
 **A. Grundsatz: Mangels Unverzüglichkeit Geständniswirkung, I.** Der Gegner hat sich unverzüglich, §§ 282, 296, spätestens aber am Schluß der letzten Tatsachenverhandlung über die Echtheit zu erklären. Tut er das nicht, dann greift das unterstellte Geständnis des III ein, Rn 5. Eine Erklärung mit Nichtwissen ist bei

einer eigenen oder bei einer in Gegenwart des Erklärenden von anderen unterschriebenen Urkunde unzulässig, § 138 IV. Die sog Anerkennung der Urkunde ist kein Anerkenntnis nach § 307, sondern ein gerichtliches Geständnis § 288, und darum nur nach § 290 widerruflich. Eine Anerkennung vor dem Prozeß ist ein außergerichtliches Geständnis. Soweit der Gegner die Echtheit bestreitet, gilt § 440.

**B. Unterschriebene Urkunde, II.** Wenn die Urkunde mit einem Namen unterschrieben ist, § 416 **4** Rn 2, nicht unbedingt mit dem eigenen, auch mit einem beglaubigten Handzeichen, dann ist die Erklärung über die Echtheit der Unterschrift abzugeben. Wenn eine Unterschrift fehlt oder wenn ein Handzeichen unbeglaubigt ist, dann ist die Erklärung über die Echtheit des Textes abzugeben.

**4) Unterlassung einer Erklärung, III.** Die Vorschrift ist wegen der Verweisung in I auch auf § 138 III **5** überflüssig, aber als vorhandene Sonderregel vorrangig. Wenn der Gegner des Beweisführers die Echtheit nicht ausdrücklich oder schlüssig bestreitet, dann gilt die Urkunde als anerkannt (unterstelltes Geständnis, vgl § 138 Rn 64). Das gilt nicht, soweit die Geständniswirkung versagt, also vor allem bei von Amts wegen zu beachtenden Punkten, vgl § 288 Rn 9.

**5)** *VwGO: Trotz der Verweisung in § 98 VwGO ist § 439 wegen des Ermittlungsgrundsatzes, § 86 I VwGO,* **6** *ebenso unanwendbar wie § 138 III und §§ 288–290, vgl § 617.*

**440** *Beweis der Echtheit von Privaturkunden.* ¹ Die Echtheit einer nicht anerkannten Privaturkunde ist zu beweisen.

II Steht die Echtheit der Namensunterschrift fest oder ist das unter einer Urkunde befindliche Handzeichen notariell beglaubigt, so hat die über der Unterschrift oder dem Handzeichen stehende Schrift die Vermutung der Echtheit für sich.

**1) Systematik, Regelungszweck, I, II.** Der Unterschied zwischen § 440 und § 416, dazu auch BGH **1** RR 89, 1324, ist in Wahrheit nur gering. Beide betreffen nur die äußere Beweiskraft. § 416 besagt: Wenn unterschrieben wurde, dann ist die Erklärung abgegeben. § 440 betrifft die Echtheit. Er besagt: Wenn die Unterschrift echt ist, dann ist die Erklärung echt. Wenn die Erklärung echt ist, dann ist sie auch abgegeben, es sei denn, daß das bürgerliche Recht zur Wirksamkeit eine Begebung der Urkunde verlangt. Diese Begebung beweisen weder § 440 noch § 416. Wohl aber ist die Begebung dann zu vermuten, wenn der Erklärungsempfänger im Besitz der Urkunde ist, vgl den Grundgedanken des § 1006 BGB. Dabei ist zB trotz § 416 der Nachweis zulässig, daß die Urkunde vor der Begebung gestohlen wurde. Willensmängel betreffen dagegen nur die innere Beweiskraft, § 416 Rn 7.

**2) Geltungsbereich, I, II.** Vgl Üb 3 vor § 415, § 439 Rn 2. **2**

**3) Beweis, I.** Bei einer Privaturkunde, § 416 Rn 3, ist zwischen der Echtheit der Unterschrift und der **3** Echtheit der Schrift zu unterscheiden, dh des durch die Unterschrift Gedeckten. Wenn die Echtheit der Urkunde weder anerkannt noch nach § 439 III zu unterstellen ist, dann muß sie der Beweisführer beweisen, BGH NJW 95, 1683, Köln DB 83, 105. Es sind alle Beweismittel zulässig, auch eine Schriftvergleichung, §§ 441, 442, und Parteivernehmung, §§ 445 ff. Das Gericht kann auch die Echtheit nach freier Beweiswürdigung bejahen, § 286 Rn 4, Köln DB 83, 105, wenn so erhebliche Gründe für sie sprechen, daß ein Bestreiten notwendig ist. Dies gilt etwa dann, wenn bei einem nach Form und Inhalt einwandfreien Handelsbuch jede Begründung für eine Bemängelung fehlt. Dies gilt für alle Prozeßarten. Vgl auch § 439 Rn 1.

**4) Vermutung, II.** Wird zu Recht beachtet. **4**

**A. Echtheit der Schrift.** Wenn die Echtheit der Namensunterschrift feststeht oder wenn ein Handzeichen notariell beglaubigt worden ist, dann besteht eine widerlegbare Rechtsvermutung, § 292 Rn 1, BGH RR 89, 1324, Köln WoM 96, 266, aM Rosenberg Beweislast 221 FN 1 (eine Beweisregel, § 445 II), daß die Schrift echt ist, und zwar sogar bei einer Blankounterschrift oder Blankettmißbrauch, BGH RR 89, 1324. Es ist also nur die Echtheit der Unterschrift zu beweisen. Echt ist die Urkunde auch dann, wenn andere sie mit dem Willen des Ausstellers für ihn unterschrieben haben, BGH 104, 176 mwN, wenn er die Unterschrift genehmigt oder bei einer mechanischen Unterschrift den Auftrag zum Stempeln, bei Telegrammen den Auftrag zur Absendung gegeben hat. Die Beglaubigung der Unterschrift ist nach § 418 zu behandeln. Der Aussteller kann den Gegenbeweis führen, § 292, BGH RR 89, 1324, etwa eine Ausfüllung oder Einfügung ohne oder gegen eine Vereinbarung, (Blankettmißbrauch), BGH NJW 86, 3086, Düss VersR 79, 627. Der Gegner muß dagegen beweisen, daß die nachträgliche Ausfüllung oder Einfügung mit dem Einverständnis des Ausstellers erfolgte. Eine Indossamentsunterschrift deckt den Inhalt der Hauptwechselerklärung. Vgl auch § 437 Rn 3.

**B. Willen des Ausstellers.** Die Vermutung der Echtheit der Schrift enthält die Vermutung, daß die **5** Schrift mit dem Willen des Ausstellers *über* der Unterschrift stehe, BGH BB 96, 1082, Mü VersR 88, 1136. Daher genügt zB nicht, daß die Schrift nachträglich zugefügt ist, oder daß die Schrift *unter* der „Unterschrift" steht, also im Fall einer sog Oberschrift, § 416 Rn 4, BGH 113, 51 und NJW 92, 830, Hamm NJW 89, 2138, aM BGH NJW 91, 928. Dasselbe gilt bei einer sog Nebenschrift, § 416 Rn 4, BGH NJW 92, 830, aM BGH NJW 74, 1083 (unterschriftlich gedeckte Änderung). Wer Mängel behauptet, muß beweisen, daß die Schrift nicht mit seinem Willen dort steht.

**C. Einschränkungen.** § 419 schränkt den § 440 ein. Bei fehlerhaften Urkunden ist frei zu würdigen, ob **6** infolge des Mangels die Vermutung des § 440 entfällt. Dies gilt namentlich bei Ausbesserungen oder nachträglichen Zusätzen, BayObLG DNotZ 85, 221 (im Ergebnis zustm Winkler), oder dann, wenn die Unterschrift nicht das ganze Schriftstück deckt. Wenn die Vermutung versagt, dann ist der gesamte Inhalt der Urkunde frei zu würdigen, BayObLG DNotZ 85, 221 (im Ergebnis zustm Winkler).

§§ 440–442　　　　　　　　　2. Buch. 1. Abschnitt. Verfahren vor den LGen

7　　5) *VwGO: I* ist insoweit unanwendbar, § 98 VwGO, als es danach auf die Anerkennung der Urkunde durch einen Beteiligten ankommt, da die Echtheit ggf vAw zu ermitteln ist, § 86 I VwGO. *II* ist entsprechend anwendbar, § 98 VwGO.

**441** *Schriftvergleichung. Verfahren.* ¹ Der Beweis der Echtheit oder Unechtheit einer Urkunde kann auch durch Schriftvergleichung geführt werden.

II In diesem Falle hat der Beweisführer zur Vergleichung geeignete Schriften vorzulegen oder ihre Mitteilung nach der Vorschrift des § 432 zu beantragen und erforderlichenfalls den Beweis ihrer Echtheit anzutreten.

III ¹Befinden sich zur Vergleichung geeignete Schriften in den Händen des Gegners, so ist dieser auf Antrag des Beweisführers zur Vorlegung verpflichtet. ²Die Vorschriften der §§ 421 bis 426 gelten entsprechend. ³Kommt der Gegner der Anordnung, die zur Vergleichung geeigneten Schriften vorzulegen, nicht nach oder gelangt das Gericht im Falle des § 426 zu der Überzeugung, daß der Gegner nach dem Verbleib der Schriften nicht sorgfältig geforscht habe, so kann die Urkunde als echt angesehen werden.

IV Macht der Beweisführer glaubhaft, daß in den Händen eines Dritten geeignete Vergleichungsschriften sich befinden, deren Vorlegung er im Wege der Klage zu erwirken imstande sei, so gelten die Vorschriften des § 431 entsprechend.

**Schrifttum:** *Michel,* Gerichtliche Schriftvergleichung usw, 1982; *Seibt,* Forensische Schriftgutachten, 1999; Graphologie, 1971.

1　　1) **Systematik, Regelungszweck, I–IV.** Die Vorschrift ergänzt §§ 437–440 und auch §§ 420 ff. Gerade wegen der Beweisregeln im Urkundenbeweis soll nun um der sachlichen Gerechtigkeit willen, Einl III 9, der Beweis der Echtheit nicht zu sehr erschwert werden; vielmehr gewährt das Gesetz mit der Schriftvergleichung die an sich natürlich ohnehin mitbeachtlichen Möglichkeiten der Klärung durch Augenschein, §§ 371 ff, bzw des Sachverständigenbeweises, §§ 402 ff, und krönt diese Möglichkeiten in § 442 durch den diesbezüglichen Freibeweis.

2　　2) **Geltungsbereich, I–IV.** Vgl Üb 3 vor § 415, § 439 Rn 2.

3　　3) **Schriftvergleichung, I–IV.** Das ist die Untersuchung eines handschriftlichen Erzeugnisses zur Ermittlung seiner Echtheit oder Unechtheit sowie zur Identifizierung des Schrifturhebers, BAG BB **82**, 117, Michel ZSW **81**, 262 (ausf). Sie ist bei sämtlichen Urkunden zulässig. Sie erstreckt sich auf die Schrift und auf die Unterschrift, auf eine Unechtheit und auf eine Verfälschung, Einf 2 vor §§ 437–443. Die Schriftvergleichung liefert einen Indizienbeweis. Sie geschieht durch einen Augenschein, § 371, BAG BB **82**, 117, und zwar durch den Vergleich der streitigen mit unbestrittenen echten oder als echt zu vermutenden, § 437, oder zu erweisenden Schriftstücken. Sie untersteht insofern den Vorschriften des Urkundenbeweises. §§ 144, 372 sind auch im Fall der Hinzuziehung eines Sachverständigen anwendbar. Eine Schriftvergleichung sollte nur zurückhaltend erfolgen. Denn diese Methode bringt Unsicherheiten, Michel ZSW **81**, 266.

4　　4) **Graphologie, I–IV.** Man muß von der Schriftvergleichung die Graphologie unterscheiden. Diese untersucht, ob die Handschrift eines Schreibers auch einen Rückschluß auf seinen Charakter zuläßt, BAG BB **82**, 117, Michel ZSW **82**, 262.

5　　5) **Verfahren, I–IV.** Zur Anfertigung von Urkunden darf das Gericht den Gegner des Beweisführers anhalten, Üb 6 vor § 371. Freilich hat das Gericht kein Zwangsmittel. Wenn die Partei aber die Anfertigung verweigert, vereitelt sie regelmäßig den Beweis, Anh § 286 Rn 26, BGH DB **85**, 1020. Dann gilt § 444 entsprechend, aM ZöGei 3 (§ 446). Die Vergleichsstücke müssen Gegenstand der mündlichen Verhandlung sein. Das Gericht darf nicht von Amts wegen Schriftstücke aus Akten oder Beiakten heranziehen, Grdz 39 vor § 128, kann das aber anregen. Notfalls ist eine Vorlegungsvernehmung statthaft, III.

6　　6) *VwGO: I* ist entsprechend anwendbar, § 98 VwGO, *II* und *III* mit Einschränkungen, § 373 Rn 8, weil das Gericht die Echtheit einer Urkunde vAw zu ermitteln hat. Kommt ein anderer Beteiligter einer Anordnung des Gerichts, *III*, nicht nach, so ergibt sich *III* 3 aus § 108 I 1 VwGO. Entsprechend anwendbar ist auch *IV*, vgl § 431.

**442** *Schriftvergleichung. Würdigung.* Über das Ergebnis der Schriftvergleichung hat das Gericht nach freier Überzeugung, geeignetenfalls nach Anhörung von Sachverständigen, zu entscheiden.

1　　1) **Systematik, Regelungszweck.** Vgl § 441 Rn 1. Die Vornahme einer Schriftvergleichung, § 441 Rn 3, ist eine Beweisaufnahme. Daher muß die Parteiöffentlichkeit gewahrt bleiben, § 357. § 442 stimmt mit § 286 inhaltlich überein, BGH NJW **82**, 2874.

2　　2) **Geltungsbereich.** Vgl Üb 3 vor § 415.

3　　3) **Beweiswürdigung.** Über das Ergebnis entscheidet das Gericht in Rückkehr zum Grundsatz der freien Beweiswürdigung, § 286 Rn 4, ganz frei, BGH NJW **82**, 2874. Die Hinzuziehung von Schriftsachverständigen, Mü NJW **70**, 1925, steht im pflichtgemäßen Ermessen, § 286 Rn 50. § 411 ist anwendbar. Zur Ermittlung eines Schrifturhebers reicht ein linguistisches Gutachten ohne graphologische oder maschinenschriftliche Prüfung nicht aus, LAG Köln VersR **95**, 1074.

4　　4) *VwGO: Entsprechend anwendbar, § 98 VwGO.*

9. Titel. Beweis durch Urkunden  §§ 443, 444

**443** *Verwahrung verdächtiger Urkunden.* Urkunden, deren Echtheit bestritten ist oder deren Inhalt verändert sein soll, werden bis zur Erledigung des Rechtsstreits auf der Geschäftsstelle verwahrt, sofern nicht ihre Auslieferung an eine andere Behörde im Interesse der öffentlichen Ordnung erforderlich ist.

**1) Systematik, Regelungszweck.** Die Vorschrift enthält eine vorrangige Sonderregelung zur Vermeidung des Verlusts oder der Beschädigung usw einer Urkunde, um die bereits erheblicher Streit besteht. 1

**2) Geltungsbereich.** Vgl Üb 3 vor § 415. 2

**3) Verfahren.** Die Urkunden werden nicht Bestandteil der Gerichtsakten, § 299 Rn 1. Als Ausnahme vom jederzeitigen Rückforderungsrecht, § 134 Rn 12, sind aber etwa unechte oder verfälschte Urkunden jeder Art, die dem Gericht vorliegen, bis zur Beendigung des Prozesses auf der Geschäftsstelle zurückzuhalten, sofern nicht die öffentliche Ordnung, dh irgendein Grund des öffentlichen Wohls, die Auslieferung an eine Behörde verlangt, etwa an die Staatsanwaltschaft oder an den Standesbeamten zur Berichtigung eines standesamtlichen Registers. Der Urkundsbeamte klärt vor einer Rückgabe vor dem Prozeßende die Entbehrlichkeit beim Vorsitzenden. Die Art der Verwahrung richtet sich mangels etwa notwendiger spezieller richterlicher Anordnungen, die bis zur Verwahrung in besonders geeigneten geschützten Räumen gehen kann und von der Verwaltung durchzuführen ist, nach der AktO. 3

**4) VwGO:** *Entsprechend anwendbar,* § 98 VwGO. 4

**444** *Vereitelung des Urkundenbeweises.* Ist eine Urkunde von einer Partei in der Absicht, ihre Benutzung dem Gegner zu entziehen, beseitigt oder zur Benutzung untauglich gemacht, so können die Behauptungen des Gegners über die Beschaffenheit und den Inhalt der Urkunde als bewiesen angesehen werden.

**Schrifttum:** *Baumgärtel,* Die Beweisvereitelung im Zivilprozeß, Festschrift für *Kralik* (Wien 1986) 63; *Krapoth,* Die Rechtsfolgen der Beweisvereitelung im Zivilprozeß, 1996; *Schatz,* Die Beweisvereitelung in der Zivilprozeßordnung, Diss Köln 1992.

**1) Systematik, Regelungszweck.** Die Vorschrift steht zwar nur im Abschnitt über den Urkundenbeweis; sie wird aber praktisch weit darüber hinausgehend als Ausdruck eines allgemeinen Rechtsgedankens erachtet und beachtet, Rn 4–6. Insofern gehört ihr Grundgedanke eigentlich in die Allgemeinen Vorschriften über die Beweisaufnahme, §§ 355 ff, als deren Ergänzung. 1

Die Vorschrift ist Ausdruck des Bestrebens, *Arglist* im Prozeß überall und stets *zu unterbinden,* Einl III 54. Sie ist darüber hinaus eine Folge der Förderungspflicht der Parteien, Gtzd 12 vor § 128, die ihrerseits dem Prozeßrechtsverhältnis entfließt, Grdz 3 vor § 128. Darum gilt, was in ihm für Arglist bestimmt ist, schon bei bloßer Fahrlässigkeit, Grdz 12 vor § 128, BSG NJW 73, 535.

**2) Geltungsbereich.** Vgl zunächst Üb 3 vor § 415 und sodann Rn 3–6. 2

**3) Direkte Anwendbarkeit.** Wenn eine Partei eine Urkunde beseitigt oder verdirbt, um ihre Benutzung dem Gegner unmöglich zu machen, dann kann das Gericht nach pflichtgemäßem Ermessen evtl die Behauptungen des Gegners über die Beschaffenheit und den Inhalt der Urkunde als bewiesen ansehen. Anh § 286 Rn 27. Eine Erschwerung der Benutzung genügt nicht, wohl aber ein teilweises Unmöglichmachen; dann tritt je nach der Lage des Falls eine Teilwirkung ein. Es kommt nur darauf an, ob dem Beweisführer gegenüber arglistig und rechtswidrig gehandelt wurde; ob der Gegner die Urkunde in seiner Eigenschaft als Eigentümer vernichten und beschädigen durfte, ist unerheblich. Das Gericht kann auch eine vom Beweisführer beigebrachte Abschrift für richtig ansehen. 3

**4) Erweiterte Anwendbarkeit.** Sie hat ganz erhebliche Bedeutung. 4

**A. Grundsatz: Allgemeiner Rechtsgedanke.** § 444 enthält einen allgemeinen Rechtsgedanken, Rn 1, vgl Einl III 54, Anh § 286 Rn 26, 27, BGH NJW 98, 81, Karlsr VersR 89, 375, LG Köln DB 89, 1780. Die Vorschrift hat also über ihren Wortlaut hinausgehende Bedeutung, vgl auch Rn 1: Eine arglistige oder fahrlässige Vereitelung der Beweisführung durch ein Tun oder pflichtwidriges Unterlassen, zB durch Vernichtung, Vorenthaltung oder Erschwerung der Benutzung, BGH NJW 97, 3312, BSG NJW 94, 1303, kann im Rahmen freier Beweiswürdigung für die Richtigkeit des gegnerischen Vorbringens gewertet werden, Celle RR 97, 568, aLG Köln RR 94, 1487, ThP 1, aM StJL 7, 8. Das gilt auch, wenn der Gegner des Beweisführers den Beweis vereitelt. Diese Wertung darf allerdings nicht zu einer Beweisregel erstarren. Es muß zu einer unverschuldeten Beweisnot des Beweisführers kommen, BSG NJW 94, 1303. Nach einem langen Zeitablauf und beim Hinzutreten des sog Umstandsmoments kann die Vernichtung eines Beweismittels durch den Schuldner unschädlich sein, BGH MDR 93, 786 (Verwirkung des Gläubigeranspruchs).

**B. Anwendungsfälle.** § 444 ist zB anwendbar, Anh § 286 Rn 29: Bei einem schuldhaft vereitelten Augenschein, Celle VersR 89, 640 (nicht bei Beseitigung eines Tierkadavers), Kblz RR 91, 25 (bei Vereitelung einer Tierobduktion), Mü NJW 84, 808, LG Ffm RR 91, 13 (je betr eine Besichtigung durch den Sachverständigen), LG Stade VersR 80, 100; wenn eine Probe nicht aufbewahrt worden ist; wenn ein erforderliches Originaldokument nicht vorgelegt wird, LG Köln RR 94, 1487 (Software); bei einer nicht nach dem HGB aufzubewahrenden Urkunde, Düss MDR 73, 592; wenn eine Partei einen Zeugenbeweis unmöglich macht, wenn sie das zuvor wirksam erteilte Einverständnis zur Verwertung einer Röntgenaufnahme ohne Grundangabe widerruft, aM BGH VersR 81, 533, vgl aber § 356 Rn 1, 2; wenn eine Partei ihre Aufklärungspflicht verletzt, Grdz 28 vor § 128, und den Gegner dadurch in Beweisnot bringt, Köln RR 89, 440, LG Köln DB 89, 1780; wenn es im FGG-Verfahren um eine Pflichtwidrigkeit des Gerichts geht, Düss Rpfleger 89, 202. 5

**6** Eine bloße Verweigerung der Befreiung eines Zeugen von der *Schweigepflicht*, § 385 II, ist aber nur ausnahmsweise unerlaubt, BGH RR **96**, 1534, Düss MDR **76**, 762, aM BGH FamRZ **88**, 485, Ffm NJW **80**, 2758. Niemand braucht dem Gegner ein an sich verschlossenes Beweismittel zugänglich zu machen; man verteidigt ja im Zivilprozeß eigene Belange, Düss MDR **76**, 762. Da es sich bei der Vereitelung um eine prozessuale Pflichtverletzung handelt, genügt ein Handeln von solchen Personen, für die man einstehen muß, §§ 51 II, 85 II. Jedoch kann eine unberechtigte Verweigerung der eigenen Blutentnahme (Augenscheinsbeweis, § 372 a Rn 16) wegen des ungewissen Ausgangs jedenfalls nur nach einer Belehrung und Fristsetzung zu einem für den Verweigernden ungünstigen Ergebnis führen, BGH FamRZ **86**, 664 (zustm Stürner JZ **87**, 44). Die Folgen der Beweisvereitelung treffen auch denjenigen, der nach einer ungünstig verlaufenen ersten eine zweite Kontrolluntersuchung verweigert.

**7** **5) *VwGO*:** Entsprechend anwendbar, § 98 VwGO, OVG Hbg NVwZ **83**, 564, und zwar auch in der Erweiterung auf jede schuldhafte Beweisvereitelung, Rn 4–6, da der allgemeine Rechtsgedanke nicht nur für das Zivilverfahren zutrifft und dem Grundsatz der freien Würdigung des Gesamtergebnisses der Verhandlung, § 108 I 1 VwGO, entspricht, BVerwG ZBR **98**, 203 mwN (ua **10**, 270 (eingehend), OVG Münst DVBl **87**, 1225 (bestätigt durch BVerwG DVBl **88**, 404), VG Würzburg NVwZ **83**, 240, Dawin NVwZ **95**, 733, Peschau (Anh § 286 Rn 240) 60, Kopp § 108 Rn 17 mwN.

## Zehnter Titel. Beweis durch Parteivernehmung

### Übersicht

**Schrifttum:** *Müller*, Parteien als Zeugen usw, 1992; *Münks*, Vom Parteieid zur Parteivernehmung in der Geschichte des Zivilprozesses, 1992; *Nagel*, Kann die Subsidiarität der Parteivernehmung in der deutschen ZPO noch vertreten werden?, Festschrift für *Habscheid* (1989) 195; *Peters*, Auf dem Wege zu einer allgemeinen Prozeßförderungspflicht der Parteien?, Festschrift für *Schwab* (1990) 399; *Polyzogopoulos*, Parteianhörung und Parteivernehmung usw, 1976; *Tsai*, Eine rechtsvergleichende Studie der europäischen Parteivernehmung, Festschrift für *Rammos* (1979) 907; *Wittschier*, Die Parteivernehmung in der zivilprozessualen Praxis, 1989.

### Gliederung

| | | | | |
|---|---|---|---|---|
| 1) Systematik | 1 | | B. Vernehmung nur einer Partei | 5 |
| 2) Regelungszweck | 2 | | C. Eid | 6 |
| 3) Geltungsbereich | 3 | | D. Hilfsbeweis | 7 |
| 4) Zulässigkeit | 4–7 | | 5) Sonderfälle | 8 |
| A. Unterschiedliche Voraussetzungen | 4 | | 6) *VwGO* | 9 |

**1** **1) Systematik.** Die Nov 1933 hat den althergebrachten Parteieid durch die Parteivernehmung ersetzt. Die Parteivernehmung ist ein Ausfluß der Prozeßförderungspflicht der Parteien, Grdz 12 vor § 128, Peters (vor Rn 1) 407. Sie ist immer die Beweisaufnahme, §§ 355 ff, auch wenn fälschlich kein Beweisbeschluß nach § 358 erlassen wurde, soweit sie im übrigen nach §§ 445 ff durchgeführt wird, BGH RR **88**, 395 (sonst vgl Rn 2). Jede Parteivernehmung beschränkt sich auf Tatsachen. Die Parteivernehmung ist scharf von der Anhörung der persönlich erschienenen Partei zur Aufklärung des Sachverhalts nach § 141 zu unterscheiden, BGH RR **88**, 395. Die letztere dient nicht der Beweiserhebung über streitige Tatsachen, sondern der Vervollständigung des Prozeßstoffs, § 141 Rn 2, BGH KTS **75**, 113, Stgt JZ **78**, 690, in den Grenzen des § 139. Die Parteivernehmung ist ein Beweismittel für streitige Parteibehauptungen. Das Gericht ordnet das persönliche Erscheinen einer Partei von Amts wegen durch Beschluß an, § 329, und erzwingt es notfalls; eine Parteivernehmung erfolgt grundsätzlich nur auf einen Beweisbeschluß, BGH RR **88**, 395, und zwar nur hilfsweise; das Gericht kann sie nicht erzwingen. Im Termin zur persönlichen Vernehmung kann sich die Partei vertreten lassen, § 141 Rn 45; im Beweistermin zur Parteivernehmung kann sie dies nicht tun. Die Ladung zum Beweistermin erfolgt durch eine förmliche Zustellung, § 329 II 2; die Ladung zum Aufklärungstermin kann formlos erfolgen § 141 II 2.

**2** **2) Regelungszweck.** Die Parteivernehmung dient der Verwirklichung des sachlichen Rechts, Einl III 9, durch eine Erweiterung der Beweismittel zwecks möglichst umfassender Würdigung des Prozeßstoffs, vgl § 286 Rn 3. Ihre Gefahren sind teils durch gesetzliche Zulässigkeits- oder Würdigungsregeln, zB §§ 447, 454, teils durch den ohnehin geltenden Grundsatz der freien Beweiswürdigung, § 286 Rn 3, begrenzt. Sie erfordert Fingerspitzengefühl schon bei der Zulassungsfrage bis hin zur Entscheidung, ob der Eid nach §§ 478 ff abzunehmen und das gesamte Beweisergebnis einzuordnen ist.

**3** **3) Geltungsbereich.** §§ 45 ff gelten in allen Verfahrensarten nach der ZPO, auch im arbeitsgerichtlichen Verfahren, § 46 II 1 ArbGG. Im Wiederaufnahmeverfahren gilt einschränkend § 581 II.

**4** **4) Zulässigkeit.** Sie folgt zu Recht strengen Bedingungen.

**A. Unterschiedliche Voraussetzungen.** Die Parteivernehmung ist zunächst auf Antrag zulässig, und zwar die Vernehmung des Gegners des Beweisführers, Einf 12 vor § 284, soweit der Beweisführer keine anderen Beweismittel vorbringt oder den Beweis mit solchen nur unvollkommen oder gar nicht geführt hat, § 445, und die Vernehmung des Antragstellers im Einverständnis des Gegners, § 447. Die Parteivernehmung ist ferner von Amts wegen zulässig, wenn das Gericht einigen Beweis für erbracht hält, § 448. Das Gericht kann dann eine oder beide Parteien vernehmen, § 448. Unzulässig ist eine Parteivernehmung im Verfahren

10. Titel. Beweis durch Parteivernehmung **Übers § 445, § 445**

auf die Bewilligung einer Prozeßkostenhilfe § 118, sowie über Tatsachen zur Begründung einer Restitutionsklage, § 581 II.

**B. Vernehmung nur einer Partei.** Abweichend vom österreichischen Recht sind nicht grundsätzlich **5** beide Parteien zu vernehmen. Das Gesetz will das Recht, die eigene Behauptung beweismäßig zu bestärken, grundsätzlich nicht dem Beweispflichtigen geben, § 445 Rn 5. Diesem gibt die Parteiöffentlichkeit, § 357, ein ausreichendes Mittel an die Hand, die Aussage zu überwachen.

**C. Eid.** Die Vernehmung erfolgt zunächst uneidlich. Nur dann, wenn eine uneidliche Bekundung das **6** Gericht nicht voll überzeugt, kann das Gericht entsprechend dem früheren richterlichen Eid die Partei oder dann, wenn beide Parteien über verschiedene Tatsachen vernommen wurden, beide beeidigen, §§ 452, 478 ff. Auch eine eidliche Parteiaussage wird frei gewürdigt, §§ 286, 453. Das ist ein großer Fortschritt gegenüber den früheren Vorschriften, die gerade dem Eid volle Beweiskraft beilegten. Vgl § 453 Rn 3.

**D. Hilfsbeweis.** Der Beweis durch eine Parteivernehmung ist ein Hilfsbeweis, § 445 I, BGH **LM** § 398 **7** Nr 7. Die Parteivernehmung sollte eigentlich oft eher den Vorrang haben, Bender/Röder/Nack 168, Nagel in Festschrift für Habscheid (1989). Sie ist unabhängig von diesem Problem mit großer Vorsicht zu betrachten. Vollkommen redliche Parteien sind trotz des Wahrheitszwangs schwerlich in der Mehrheit. Es ist auch nicht einmal immer möglich, in der eigenen Sache ein Sachverhalt einwandfrei wiederzugeben. Der ProzBev braucht keinen Antrag auf die Vernehmung des Prozeßgegners zu stellen, wenn nicht zu erhoffen ist, daß dieser vom bisherigen Sachvortrag abrücken werde, Köln **NJW 86**, 726. Aus dem Charakter des bloßen Hilfsbeweises folgt aber nicht, daß das Gericht den Beweis erst nach Erschöpfung der anderen Beweismittel beschließen dürfte, aM Oldb **RR 90**, 125. Zumindest ist die in der Praxis übliche Aufnahme auch der Parteivernehmung in den Beweisbeschluß verständigerweise dahin zu verstehen, daß dieser Teil des Beweisbeschlusses erst nach Erledigung des restlichen Teils ausgeführt werden soll. Das ist zulässig. Schon deshalb muß die geladene Partei bei Vermeidung der Folgen des § 454 zunächst erscheinen.

**5) Sonderfälle.** Das Gericht kann eine Partei außerdem vernehmen: in Ehesachen, § 613. Auch diese **8** Vernehmung kann Beweiszwecken dienen; ferner über einen Schaden, § 287; schließlich über einen Urkundenbesitz, § 426. Das Gericht kann die Parteien ferner nach den §§ 118a, 141, 273 II Z 3 zur Aufklärung hören. Eine Eidesleistung der Partei kennt die jetzige ZPO abgesehen von § 452 nicht mehr.

**6) *VwGO*:** An die Stelle der Parteivernehmung tritt die in § 96 I 2 VwGO genannte Vernehmung der Beteiligten, **9** § 63 VwGO, die von der Anhörung zu unterscheiden ist, BVerwG **NVwZ 89**, 1058 u **NJW 81**, 1748. Sie ist stets vAw zulässig, § 86 I VwGO. Die auf Anträge ankommt, sind nach §§ 98 VwGO und §§ 450–455 entsprechend anwendbar, Ey § 98 Rn 32–35, nicht auch § 448, BVerwG VerwRspr **21**, 370. Der Grundsatz, daß die Vernehmung eines Beteiligten nur als letztes Beweismittel in Frage kommt, § 448 Rn 1ff, gilt aber auch im VerwProzeß, § 450 Rn 8.

# 445 *Antragsvernehmung des Beweisgegners.* ¹ Eine Partei, die den ihr obliegenden Beweis mit anderen Beweismitteln nicht vollständig geführt oder andere Beweismittel nicht vorgebracht hat, kann den Beweis dadurch antreten, daß sie beantragt, den Gegner über die zu beweisenden Tatsachen zu vernehmen.

II Der Antrag ist nicht zu berücksichtigen, wenn er Tatsachen betrifft, deren Gegenteil das Gericht für erwiesen erachtet.

**Schrifttum:** *Söllner,* Der Beweisantrag im Zivilprozeßrecht, Diss Erlangen 1972.

**1) Systematik, Regelungszweck, I, II.** Anknüpfend an den früheren Rechtszustand macht § 445 die **1** Parteivernehmung zu einem hilfsweisen Beweis. Er kommt erst dann in Betracht, wenn die anderen vorgebrachten Beweismittel erschöpft sind. Daher muß derjenige, der in der 1. Instanz eine Parteivernehmung hinter anderen Beweismitteln beantragt hatte, den Antrag in der 2. Instanz bei Erledigung dieser Beweismittel wiederholen. Das Gericht hat aber insofern eine Fragepflicht, § 139, erst recht in erster Instanz, Oldb **RR 90**, 125. Es besteht kein Zwang zum Vorbringen anderer Beweismittel. § 445 unterscheidet sich also von § 448. Es braucht nicht schon eine Wahrscheinlichkeit, wie bei § 448 Rn 1, 2 zu bestehen. Der Antrag ist ein Beweisantrag wie jeder anderer. Wegen des Regelungszwecks Üb 2 vor § 445.

**2) Geltungsbereich, I, II.** Vgl Üb 3 vor § 445. **2**

**3) Antrag auf Vernehmung des Gegners, I.** Die Vorschrift unterscheidet zwei Fälle. **3**

**A. Unvollständigkeit anderen Beweises.** Die Vernehmung des Prozeßgegners kommt in Betracht, soweit der Beweispflichtige durch einigen Beweis erbracht hat, soweit er das aber dasjenige, was er zu beweisen hat, Anh § 286, zwar einigermaßen wahrscheinlich gemacht, nicht aber eine an Sicherheit grenzende Wahrscheinlichkeit dargetan hat. Wenn das Gericht dieser Meinung ist, so muß es den Beweispflichtigen befragen, § 139, ob er nicht eine Parteivernehmung beantragen will.

**B. Fehlen anderen Beweises.** Die Vernehmung des Prozeßgegners kommt ferner in Betracht, soweit **4** der Beweispflichtige freiwillig oder notgedrungen überhaupt keinen anderen Beweis antritt. Er kann sich von vornherein auf den Antrag auf Parteivernehmung beschränken. Es hindert auch nicht grundsätzlich, daß die Partei später andere Beweismittel vorbringt. Freilich wird dann kein vernünftiger Richter diese anderen Beweismittel unerledigt lassen, falls sie nur irgend Erfolg versprechen; er wird dann die Parteivernehmung aussetzen, § 450 II, denn sie ist immerhin im allgemeinen ein Beweismittel geringeren Grades. Die Parteivernehmung kann aber nicht mit der Begründung abgelehnt werden, das Gericht verspreche sich von ihr wegen des Bestreitens der Partei keinen Erfolg.

**5** **4) Zusätzliche Beweiserhebung, I.** Andererseits ist es zulässig, andere Beweise selbst nach einer eidlichen Parteivernehmung Beweissatz zu erheben. Die Verletzung der Hilfsstellung gibt kein Rechtsmittel.

**6** **5) Beweislast, I.** Der Richter hat hier die Beweislast, Anh § 286, sorgfältig zu prüfen. Es ist unmöglich, der beweispflichtigen Partei solange, wie noch nicht einiger Beweis für sie spricht, ihre Beweislast dadurch abzunehmen (dann läge also § 448 vor), daß man sie dann, wenn die eigenen Behauptungen bekundet und beschworen läßt. Auch wegen der Folgen des Widerstands, §§ 446, 453 II, ist die Beweislast wichtig. Die Partei, die prozessual zu Unrecht zu einer Aussage veranlaßt wird, kann sich ohne jeden Schaden dagegen sträuben. Wenn sie aussagt, ist ihre Aussage im Prozeß nicht zu verwerten, ebensowenig wie ein anderes unzulässiges Beweismittel, aM StJL 10. Dies gilt auch dann, wenn die Aussage beschworen worden ist. Ein Verstoß gegen die Regel begründet die Revision. Er ist freilich nach § 295 heilbar. Daß die Beweislast vielfach für sachlichrechtlich gehalten wird, ist unerheblich, da § 447 auch ohne Rücksicht auf die Beweislast eine Parteivernehmung gestattet. Eine Partei, die vorsichtshalber die Vernehmung des Gegners beantragt, übernimmt damit nicht die Beweislast. Vgl auch § 447 Rn 1.

**7** **6) Vernehmungsgegenstand, I.** Das Gericht darf eine Partei nur über Tatsachen vernehmen, aber ohne Begrenzung auf eigene Handlungen und Wahrnehmungen. Zum Begriff der Tatsache Einf 17 vor § 284. Die Vernehmung erstreckt sich also nicht auf Rechtsfragen, allgemeine Erfahrungssätze, rein juristische oder technische Urteile. Unerheblich ist, ob die Tatsache eine äußere oder innere ist; ob es sich um eine Vermutungstatsache (hypothetische) oder um eine negative Tatsache handelt; ob die zu bekundende Handlung unsittlich oder strafbar ist. Eine Einschränkung wie beim Zeugnis gibt es nicht. Es gibt aber auch keinen Aussagezwang. Es kann sich um eine eigene oder um eine fremde Tatsache handeln. Die Tatsache muß bestimmt sein. Sie ist im Beweisbeschluß anzugeben, § 359. Unzulässig ist die Ausforschung des Gegners, zB eine Fachprüfung durch einen Sachverständigen vor dem Prozeßgericht, BGH **LM** Nr 3 a.

**8** **7) Gegner, I.** Es genügt immer ein Antrag auf Vernehmung des Gegners. Wenn sie aus Streitgenossen besteht, § 59, greift § 449 ein; ist der Gegner gesetzlich vertreten, so gilt § 455. Antragsberechtigt sind die Partei, ihr gesetzlicher Vertreter, ihr Prozeßbevollmächtigter, jeder Streitgenosse für sich, der Streithelfer, soweit die Partei nicht widerspricht, § 67.

**9** **8) Unzulässigkeit, II.** Der Antrag ist unzulässig, wenn das Gericht das Gegenteil der zu bekundenden Tatsachen für erwiesen erachtet. Diese Vorschrift soll unnütze Parteivernehmungen ersparen, ein wünschenswertes Ziel. Denn die Vernehmung bringt diejenige Partei in Gewissensnot, die ihre eigene Prozeßlage womöglich eidlich gefährden soll, so auch Düss MDR **95**, 959. Darum gilt II unabhängig davon, ob eine Beweisaufnahme geschehen ist oder nicht, also auch dann, wenn die Beweistatsache unmöglich ist, oder dann, wenn eine gesetzliche Beweisregel oder eine durchgreifende Lebensregel der Behauptung unwiderleglich entgegensteht. Eine Vernehmung zur Widerlegung einer Rechtsvermutung läßt § 292 ausdrücklich zu. Im Bereich des § 292 S 2 ist II aber unanwendbar, BGH **104**, 177. Einen Indizienbeweis, Einf 16 vor § 284, oder Anscheinsbeweis, Anh § 286 Rn 15, kann man durch den Antrag auf Parteivernehmung wegen seiner Unsicherheit angreifen, nicht aber wegen II die einzelnen bewiesenen Tatsachen (Indizien, Einf 16 vor § 284). Man kann auch die innere Beweiskraft einer Urkunde nach Feststehen der Echtheit angreifen (Begriffe Üb 5, 6 vor § 415). – Es genügt nicht, daß das Gericht das Gegenteil für wahrscheinlich hält. Die Tatsache, die das Gericht mit der Vernehmungstatsache nicht vereinbaren kann, ist im Urteil festzustellen.

**446** *Widerstand des zu vernehmenden Gegners.* **Lehnt der Gegner ab, sich vernehmen zu lassen, oder gibt er auf Verlangen des Gerichts keine Erklärung ab, so hat das Gericht unter Berücksichtigung der gesamten Sachlage, insbesondere der für die Weigerung vorgebrachten Gründe, nach freier Überzeugung zu entscheiden, ob es die behauptete Tatsache als erwiesen ansehen will.**

**1** **1) Systematik.** Das System der Rechtsfolgen bei Widerstand oder sonstigen Zwischenfällen im Verlauf einer Parteivernehmung ist nicht gerade übersichtlich. Man muß eine Säumnis einerseits und einen Widerstand des zu Vernehmenden andererseits unterscheiden. Im ersteren Fall gilt § 454, im letzteren ist wiederum zu unterscheiden: Lehnt der zu Vernehmende die Vernehmung von vornherein gänzlich ab oder schweigt auf Fragen des Gerichts von vornherein ohne jede Grundangabe, so gilt § 446; verweigert er lediglich die Aussage zur Sache oder einen Eid bzw eine eidesgleiche Bekräftigung, so gilt (anders als beim Zeugen, §§ 387 ff) über § 453 II der § 446 entsprechend. §§ 380, 381 treten gegenüber diesen Spezialregeln zurück.

**2** **2) Regelungszweck.** Da die Parteivernehmung ohnehin nur hilfsweise zulässig ist, § 445 I, soll im Interesse der Prozeßwirtschaftlichkeit, Grdz 14 vor § 128, mit der Bewältigung der Probleme infolge Säumnis oder Weigerung nicht allzu viel Zeit und Aufwand vergehen. Deshalb wird mit Hilfe des Grundsatzes freier Beweiswürdigung, § 286 Rn 4, und der Unterstellung (Fiktion) versucht, prozessual zulässige „rasche" Bewertungsmöglichkeiten zu schaffen, die auch einen Druck auf den zu Vernehmenden bezwecken, ohne das Gericht von gewissenhafter Gesamtabwägung aller Umstände zu entbinden; die Vorschriften schaffen keine Prozeßstrafen und sollten nicht zu leicht zu Lasten des zu Vernehmenden ausgelegt, aber auch nicht zu ängstlich gehandhabt werden, Rn 5.

**3** **3) Geltungsbereich.** Vgl Üb 3 vor § 445.

**4** **4) Widerstand des Gegners.** Vgl zunächst Rn 1. Das Gericht kann eine förmliche Parteiaussage nicht direkt erzwingen. Das Prozeßrechtsverhältnis, Grdz 4, 5 vor § 128, zwingt aber jede Partei grundsätzlich zur Mitarbeit an der Wahrheitsfindung, § 138 Rn 13. Hier setzt § 446 ähnlich wie § 444 an. Die Vorschrift setzt einen Widerstand des Vernehmungsgegners voraus, also der nicht beweispflichtigen Partei, § 445 Rn 6. Er kann entweder ausdrücklich vorliegen, etwa dann, wenn der Gegner es ablehnt, sich vernehmen zu lassen, oder stillschweigend, etwa dann, wenn er keine Erklärung abgibt. Das Gericht braucht ihn auf ein Verweigerungsrecht nicht hinzuweisen, Celle VersR **77**, 361, vgl aber § 451 Rn 1 „§ 395". Die Erklärung ist bis zum Schluß der mündlichen Verhandlung abzugeben, § 136 Rn 28; im schriftlichen Verfahren, § 128 II, III, erfolgt sie schriftlich. Das Schweigen ist nur dann als Unterlassen anzusehen, wenn das Gericht den Gegner zur Erklärung aufgefordert hatte. Die Erklärung muß unbedingt sein. Sie ist in der 2. Instanz nach § 533 widerruflich, in der 1. Instanz entsprechend (also nicht im übrigen). Sie wird beim AG gemäß § 510a protokolliert, sonst gemäß § 160 III Z 3. Wenn die Partei erscheint und aussagt, jedoch nicht zu einem wesentlichen Punkt, dann ist sie insofern nunmehr als verweigernd anzusehen. Das gilt aber nur dann, wenn der Richter sie ausdrücklich nach dem wesentlichen Punkt befragt hat (ob, ergibt das Protokoll).

**5) Folgen.** Das Gericht würdigt die Weigerung frei, § 286. Keineswegs darf es unbedingt nachteilige Schlüsse aus ihr ziehen, Rn 2. Es kann einen vernünftigen Weigerungsgrund geben, BGH NJW **91**, 2501 (Fehlen sicheren Geleits nach § 295 StPO), Düss WertpMitt **81**, 369. Die gesamte Sachlage ist zu berücksichtigen, namentlich dasjenige, was die Partei zur Begründung ihrer Weigerung angibt, BGH MDR **91**, 689. Unsittlichkeit, Unehrenhaftigkeit, Strafbarkeit der zu bekundenden Handlung, Geschäfts- und Betriebsgeheimnisse, aM Gottwald BB **79**, 1783, Schamgefühl, die Befürchtung von Nachteilen außerhalb des Prozesses, eine organisationsbedingte generelle Unkenntnis, LG Düss DB **73**, 729, können zur Weigerung berechtigen. Eine Verweigerung nur zu einzelnen Punkten kann durchaus berechtigt und sachlich unschädlich sein. Die Weigerung ist nicht für sich allein ein Beweisgrund; immer müssen andere Umstände hinzutreten. Eine erst in zweiter Instanz erklärte Bereitschaft kann als verspätet zurückzuweisen sein, Karlsr RR **91**, 201. Bloße Widerspenstigkeit ist kein Entschuldigungsgrund und ist nachteilig zu würdigen. Das Gericht kann die behauptete Tatsache für erwiesen ansehen. Es kann auch ihre bloße Wahrscheinlichkeit annehmen und daraufhin den Beweispflichtigen nach § 448 vernehmen.

**447** *Vereinbarte Parteivernehmung.* **Das Gericht kann über eine streitige Tatsache auch die beweispflichtige Partei vernehmen, wenn eine Partei es beantragt und die andere damit einverstanden ist.**

**1) Systematik.** §§ 445, 447, 448 sind aufeinander abgestimmt: Während § 448 die Beweisanordnung ohne Antrag, aber nur unter den erschwerten dortigen Voraussetzungen zuläßt und evtl notwendig macht, hängen Beweisanordnungen in den Fällen § 445, 447 von Anträgen ab; außerdem muß bei § 447 noch das Einverständnis des Prozeßgegners hinzutreten.

**2) Regelungszweck.** Während das meist erhebliche Risiko einer dem Beweisführer ungünstigen Aussage des Gegners im Fall des § 445 keine weiteren Absicherungen vor den Gefahren einer Beweisverlagerung in den Mund einer Partei erfordern (der Beweisführer mag sich einen Antrag auf Vernehmung des Gegners gut überlegen, Grdz 18 vor § 128), muß das noch größere Risiko einer uferlosen Prozeßrederei mithilfe zum Beweismittel „aufgewerteten" eigenen Parteidarstellungen begrenzt werden. Daher ist das Erfordernis der Zustimmung des Gegners ein Gebot der Gerechtigkeit, Einl III 9. Freilich mag dieser mit Verweigerung einer Zustimmung die Beweisnot des Beweisführers ausnutzen. Das kann bis zur verbotenen Arglist führen, Einl III 54. Dies ist bei der Auslegung mitzubeachten, vgl auch den Grundgedanken etwa von § 162 BGB. Letztlich ist § 447 dabei als Ausfluß der Parteiherrschaft, Grdz 18 vor § 128, zu sehen.

**3) Geltungsbereich.** Vgl Üb 3 vor § 445.

**4) Antrag; Einverständnis des Gegners.** § 447 sieht von der Beweislast, Anh § 286, ganz ab. Wenn beide Parteien einverstanden sind, dann kann das Gericht nach pflichtgemäßen Ermessen, § 286 Rn 24, 27, eine beliebige von ihnen vernehmen, vorausgesetzt, daß eine Partei die Vernehmung beantragt. Also kann sich der Beweispflichtige zur Parteiaussage erbieten und das Gericht kann, nicht muß, ihn vernehmen, falls der Gegner zustimmt. Das Einverständnis ist eine Parteiprozeßhandlung, Grdz 47 vor § 128. Anwaltszwang besteht wie sonst, § 78 Rn 2. Im Schweigen des Gegners liegt keineswegs stets eine Zustimmung, VerfGH Bln JR **94**, 500. Das Gericht braucht den Gegner des Antragstellers nicht zum Einverständnis aufzufordern, VerfGH JR **94**, 500. Außerdem liegt im Erbieten eine Anregung zur Amtsvernehmung nach § 448. Der Antrag ist nach der Vernehmung nicht rücknehmbar, Grdz 58 vor § 128.

**5) Praktische Brauchbarkeit.** Vgl zunächst Rn 2, 4. Vorsicht beim Erbieten ist zu empfehlen. Denn wenn sich die Partei erst einmal auf ihre Aussage bezieht, dann kann das Gericht die Aussage unter den Voraussetzungen des § 454 als verweigert ansehen. Auch könnte im Fall der Rücknahme dieses Beweisantritts § 446 entsprechend anwendbar sein. Ferner birgt eine formelmäßige Bezugnahme auf die Aussage des beweispflichtigen Gegners die Gefahr, daß dieser die Bezugnahme aufgreift und sich zur Aussage bereit erklärt. Dann ist das Einverständnis unwiderruflich, Grdz 58 vor § 128, wie erst recht nach der Vernehmung StjL 2, aM ZöGre 2 (von Anfang an unwiderruflich). Die nicht beweispflichtige Partei kann dem ihr etwa drohenden Nachteil nur entgehen, wenn sie andere Beweise antritt. Denn diese sind vorher zu erledigen, §§ 450, 445 Rn 1. Nach der Erledigung ist eine neue Lage eingetreten; das vorher erklärte Einverständnis dauert nicht an.

**6) Weiteres Verfahren.** Das Gericht muß wegen dieser Gefahr die Rechtslage mit den Parteien erörtern, §§ 139, 278 III, damit Fehler möglichst vermieden und bedenkliche Erklärungen der Schriftsätze in der mündlichen Verhandlung nicht abgegeben werden. Zulässig ist die Erklärung: „Beweis: Vernehmung des Gegners, falls ich beweispflichtig bin" oder „mit der Vernehmung des Gegners bin ich einverstanden, falls ich beweispflichtig bin". Wird das Einverständnis in der Verhandlung erklärt, so wird es gemäß § 160 III Z 3 protokolliert.

**§§ 447, 448**  2. Buch. 1. Abschnitt. Verfahren vor den LGen

7   **7) Beweiswürdigung.** Die Würdigung der Aussage und der Verweigerung erfolgt wie sonst, §§ 453, 446. Vor allem die uneidliche Aussage der beweispflichtigen Partei hat geringe Bedeutung.

**448** *Vernehmung von Amts wegen.* Auch ohne Antrag einer Partei und ohne Rücksicht auf die Beweislast kann das Gericht, wenn das Ergebnis der Verhandlungen und einer etwaigen Beweisaufnahme nicht ausreicht, um seine Überzeugung von der Wahrheit oder Unwahrheit einer zu erweisenden Tatsache zu begründen, die Vernehmung einer Partei oder beider Parteien über die Tatsache anordnen.

**Schrifttum:** Peters, Richterliche Hinweispflichten und Beweisinitiativen im Zivilprozeß, 1983; *Schöpflin,* Die Beweiserhebung von Amts wegen im Zivilprozeß, 1992.

**Gliederung**

| | |
|---|---|
| 1) Systematik, Regelungszweck .......... 1 | A. Ermessen ............................ 7–9 |
| 2) Geltungsbereich ...................... 2 | B. Vernehmung einer oder beider Parteien ................................. 10, 11 |
| 3) Zulässigkeit .......................... 3–6 | C. Abwägungspflicht .................... 12 |
|   A. Schon einiger Beweis ............... 3–5 | D. Form ................................. 13 |
|   B. Bestimmte Tatsache ................ 6 | E. Verstoß .............................. 14 |
| 4) Anordnung ........................... 7–14 | |

1   **1) Systematik, Regelungszweck.** Vgl zunächst § 447 Rn 1. § 448 gibt dem Gericht ein wichtiges, aber auch gefährliches, verführerisches Machtmittel nur zur Ergänzung der Beweise, AG Nürnb NJW 87, 660, in die Hand. Ein zurückhaltender Gebrauch ist ungeachtet BGH EWiR 1/99 45 „Gehrlein" zu empfehlen, Mü RR **96**, 959. Das übersieht Hbg MDR **82**, 340. Jede Partei muß zunächst die üblichen Beweismittel angeben, Hbg MDR **70**, 58, soweit ihr das zumutbar ist, und das Gericht muß ebenfalls zunächst die üblichen Beweismittel benutzen, BGH MDR **97**, 638. Der Grundsatz der Waffengleichheit, Einl III 21, steht nicht entgegen, BGH (5. ZS) NJW **99**, 352, Mü RR **96**, 959, LAG Köln MDR **99**, 1085, aM BGH (1. ZS) NJW **99**, 363, Schöpflin NJW **96**, 2134, und fordert nicht stets zusätzlich die Vernehmung auch des Gegners, LG Mönchengladb RR **98**, 902. § 448 dient ähnlichen Zwecken wie vor der Nov 1933 der richterliche Eid. Der Wegfall der förmlichen Eidesnorm und der Beweisbindung gibt dem § 448 aber eine erhöhte Bedeutung.

*Beweisnot* darf nicht die wohlbedachten vorstehenden Regeln aushöhlen, aM BGH NJW **99**, 363 (vgl aber Rn 1; das Gericht darf nicht mithilfe von § 448 in Wahrheit zu einer Art Amtsermittlung übergehen, zu ihr Grdz 38 vor § 128).

2   **2) Geltungsbereich.** Vgl Üb 3 vor § 445. Die Vorschrift ist im FGG-Verfahren unanwendbar, Zweibr MDR **98**, 1245.

3   **3) Zulässigkeit.** Sie wird zu leicht bejaht.

**A. Schon einiger Beweis.** Voraussetzung der Parteivernehmung von Amts wegen ist, daß das Ergebnis der Verhandlung und einer im übrigen völlig durchgeführten Beweisaufnahme *noch nicht ganz ausreicht.* Es muß also ungeachtet etwaiger Beweisnot doch jedenfalls schon einiger Beweis erbracht sein: es muß eine gewisse Wahrscheinlichkeit für die Richtigkeit der Behauptung bestehen, BGH RR **89**, 1222 (er fordert hier sogar eine *hinreichende* Wahrscheinlichkeit), BGH NZM **98**, 449, Kblz MDR **98**, 712 (*gewisse* Wahrscheinlichkeit), BGH RR **94**, 636 (gewichtige Umstände), BAG KTS **88**, 356, LG Köln WoM **97**, 504 (je: *überwiegende* Wahrscheinlichkeit), Hamm VersR **92**, 49, KG OLGZ **77**, 245 (eine Ausnahme besteht, soweit eine Ermittlung von Amts wegen erfolgt, Grdz 38 vor § 128), Köln VersR **94**, 574, Oldb VersR **95**, 1304 (nicht schon stets für den Versicherungsnehmer beim Kfz-Diebstahl), AG Herborn VersR **99**, 47 (nicht schon, weil ein Zeuge nicht zur Verfügung steht), Maurer FamRZ **91**, 782.

Das besagt nicht, daß eine vorherige Beweisaufnahme stets nötig wäre, insofern abw Kblz MDR **98**, 712, AG Nürnb NJW **87**, 660; auch eine *Lebenserfahrung* oder eine formlose Parteianhörung kann einigen Beweis, „Anscheinsbeweis", liefern, Anh § 286 Rn 16, BGH RR **90**, 410, Köln VersR **94**, 574, auch die Persönlichkeit, Celle VersR **82**, 500, Oldb VHR **98**, 118 (Arzt). Ausreichen kann eine Vermutung nach §§ 416, 440 II, Mü VersR **88**, 1136. Freilich zwingt Beweisnot keineswegs stets zur Herabsetzung des Prüfungsmaßstabs, BGH **110**, 366. Auch „Beweisnot" hilft nicht stets, Rn 1.

4   Feststellungen im *Strafverfahren* erbringen keineswegs stets schon „einigen Beweis", aM Hbg MDR **82**, 340 (aber eine solche Automatik könnte Fehler des Strafrichters auch zivilrechtlich wegen der Tragweite der Parteivernehmung als des letzten Beweismittels nochmals verhängnisvoll wirken lassen. Der Zivilrichter wäre im oft entscheidenden Punkt der Beweislast entgegen § 14 II Z 1 EG ZPO, § 149 Rn 1, praktisch an den Strafrichter gebunden). Hat das Gericht zB zwei Zeugen, davon beweispflichtigen Klägers vernommen und haben im Ergebnis A zugunsten, B zu Lasten des Klägers ausgesagt, dann darf das Gericht den Beschluß nach § 448 nur fassen, falls es dem A bisher mehr als dem B glaubt, Saarbr OLGZ **84**, 123. Der Richter muß sich jedenfalls von der Parteivernehmung einen Überzeugungswert versprechen und daher abschätzen, ob die Partei glaubwürdig sein wird, ob ihre zu erwartende Aussage widerspruchsfrei zum bisherigen Vortrag sein wird, vor allem aber, wie das bisherige Beweisergebnis lautet, Hamm VersR **91**, 330.

5   Wenn *gar nichts* erbracht ist, wenn also zB nur ein widersprüchlicher Vortrag des Beweisführers vorliegt oder wenn sich nur widersprechende Behauptungen gegenüberstehen, ist eine Amtsvernehmung grundsätzlich unzulässig, BGH VersR **76**, 588, Mü RR **96**, 959, 1104, Hamm VersR **96**, 1232. Sie wäre dann nämlich Willkür. Mit ihr würde das Gericht die unnotwendigen Folgen der Beweisfälligkeit beseitigen und den Beibringungsgrundsatz verstoßen, Grdz 20 vor § 128, Theda VersR **74**, 216. Freilich darf das Gericht vor einer Ablehnung der Vernehmung nach § 448 nicht die übrigen Beweisantritte des Beweisbelasteten über-

10. Titel. Beweis durch Parteivernehmung  §§ 448, 449

gehen, BGH VersR **84**, 666. Die Zulässigkeit der Parteivernehmung von Amts wegen muß im Zeitpunkt des Beginns der Ausführung vorliegen, BGH NJW **89**, 3223.

**B. Bestimmte Tatsache.** Es muß sich um eine zu erweisende Tatsache handeln. Einf 17 vor § 284. Es **6** erfolgt keine Vernehmung nur zur Klärung, BGH VersR **77**, 1125. Die Tatsache muß behauptet und bestritten sein; § 448 beseitigt den Beibringungsgrundsatz, Grdz 20 vor § 128, nur für den Beweis.

**4) Anordnung.** Es ist nicht selten prozeßentscheidend. **7**

**A. Ermessen.** Die Formulierung „kann anordnen" stellt hier, wie oft, in die Zuständigkeit, also ins pflichtgemäße, nicht völlig freie Ermessen, BGH VersR **99**, 995, BAG KTS **88**, 356, Schmidt MDR **92**, 637 (ausf). Das Gericht muß in jedem Fall prüfen, ob nicht die Voraussetzung einer Amtsvernehmung vorliegt, bevor es eine Partei für beweisfällig erklärt, BGH NZM **98**, 449. Er muß auch die Beweisnot des Beweisführers miterwägen, BGH **110**, 366. Dabei ist, vor allem bei einem Vorgang „unter vier Augen", das Prinzip der Waffengleichheit mitzubeachten, Art 6 MRK, Einl III 15, BGH VersR **99**, 995 (anders bei mindestens einem Zeugen, Düss VersR **99**, 206); es zwingt aber nicht zu einer „Uminterpretation" des § 448, Rn 1, Wittschier DRiZ **97**, 247, aM Schlosser NJW **95**, 1405 (aber das Ermessen hilft auch hier). Das Gericht muß sogar solche Prüfung vornehmen, bevor es eine Vernehmung nach § 445 anordnet. Das Gericht kann von einer Vernehmung etwa wegen der Persönlichkeit der Partei oder der Länge der verflossenen Zeit absehen, überhaupt immer dann, wenn ihm die Vernehmung doch keine Überzeugung verschaffen würde. § 295 ist anwendbar, BGH VersR **81**, 1176.

Das *Berufungsgericht* prüft die Ausübung des Ermessens nach, BGH VersR **99**, 995, Saarbr OLGZ **84**, 123. **8** Es kann und muß evtl zurückverweisen, soweit das erstinstanzliche Verfahren mangelhaft war, Rn 14, Oldb NJW **98**, 1157, also wohl meist erst ab Erlaß des Beschlusses über die Vernehmung der Partei, Saarbr OLGZ **84**, 123, evtl sogar erst ab Beginn der Vernehmung oder gar erst ab Beginn der Würdigung dieser Vernehmung. Von der nun einmal erfolgten erstinstanzlichen Beweiswürdigung darf das Berufungsgericht nicht ohne erneute Vernehmung abweichen, BGH VersR **99**, 995.

Das *Revisionsgericht* prüft nur die rechtlichen Voraussetzungen und die Grenzen der Ermessensausübung **9** nach vgl Einl III 33, BGH RR **94**, 1144, BAG KTS **88**, 356. Es liegt ein Revisionsgrund vor, wenn sich das Berufungsgericht seiner Pflicht nicht bewußt war, BGH VersR **76**, 587. Deshalb muß der Tatrichter zumindest dann in nachprüfbarer Weise darlegen, weshalb er von der Parteivernehmung abgesehen hat, wenn sich eine Vernehmung aufdrängt, BGH NZM **98**, 449 (reichlich großzügig bejaht). Auch wenn in den Gründen des Urteils nichts dazu gesagt worden ist, muß aber davon ausgegangen werden, daß das Gericht sein Ermessen ausgeübt hat, so daß es einer besonderen Begründung zu der Frage bedarf, inwiefern das Gericht § 448 verletzt habe, BGH FamRZ **88**, 485.

**B. Vernehmung einer oder beider Parteien.** Das Gericht kann ohne Rücksicht auf die Beweislast die **10** Vernehmung einer oder beider Parteien anordnen, ohne die letztere stets ebenfalls hören zu müssen, Rn 1. Es muß sich darüber klar bleiben, daß es sich hier nicht um eine Anhörung zur Klärung handelt, wie bei § 141, sondern um ein Beweismittel. Deshalb kommt eine Vernehmung beider Parteien eigentlich nur dann in Frage, wenn das Gericht von beiden eine inhaltlich annähernd gleiche Bekundung erwartet, ZöGre 5, aM StJL 8, RoSGo § 124 II 6, ThP 4.

Der *Beweisgegner* kann zB bei einer Gegenüberstellung seine Behauptung fallenlassen, vgl auch § 452 **11** Rn 4. Eine Vernehmung des Beweispflichtigen ist unzulässig, wenn für seine Behauptung noch nichts erbracht ist. Wenn man dann etwa den Gegner dazu vernehmen wollte, so würde das darauf hinauslaufen, daß die beweispflichtige Partei den Gegenbeweis für eine völlig unbewiesene Behauptung führen sollte. Das Gericht muß schon in diesem Verfahrensabschnitt die spätere Beeidigung mitbedenken und deshalb denjenigen ausscheiden, den es für unglaubwürdig hält.

**C. Abwägungspflicht.** Das Gericht muß bei der Auswahl der Partei alle Umstände abwägen. So die **12** Vertrauenswürdigkeit, wobei die Art der Prozeßführung mitspricht. Wer unanständig, etwa entgegen § 138 I prozessiert, der verdient nicht die Vertrauensmaßnahme der Amtsvernehmung; sie soll ja Beweis liefern. Ferner muß das Gericht die Wahrscheinlichkeit der Behauptungen prüfen. Darum ist behauptete Unglaubwürdigkeit schon hier, nicht erst vor einer Beeidigung, zu prüfen und sind Hilfstatsachen, dh solche, die die Glaubwürdigkeit betreffen, schon jetzt zu klären. Hat das Gericht alle Umstände geprüft, so kann auch der Bekl zu seiner Entlastung vernommen werden, BGH LM Nr 3, oder der Verletzte über den Unfallhergang.

**D. Form.** Die Anordnung der Vernehmung erfolgt nach § 450 I 1. Er muß das Beweisthema nennen **13** und verdeutlichen, daß mehr als eine Anhörung nach § 141 geplant ist.

**E. Verstoß.** Soweit das Gericht sein Ermessen fehlerhaft gebraucht und daher eine entscheidungserheb- **14** liche Vernehmung abgelehnt hat, darf das Gericht die fehlerhaft herbeigeführte Parteiaussage der Sachentscheidung nicht zugrunde legen, BGH NJW **89**, 3223. Anschließendes erstinstanzliches Verhandeln beseitigt nicht die Rügemöglichkeiten in der Berufungsinstanz, BGH VersR **99**, 995. Das insoweit fehlerhafte Urteil ist aufzuheben und die Sache zurückzuverweisen, BGH MDR **83**, 478.

**449** *Streitgenossen.* Besteht die zu vernehmende Partei aus mehreren Streitgenossen, so bestimmt das Gericht nach Lage des Falles, ob alle oder nur einzelne Streitgenossen zu vernehmen sind.

**1) Systematik, Regelungszweck.** Die Vorschrift gilt für alle Fälle beantragter oder von Amts wegen **1** geplanter Parteivernehmung, also auch und gerade dann, wenn der Antragsteller entschieden auf der Vernehmung aller zur Partei zählenden Personen, gesetzlichen Vertreter usw besteht. Es handelt sich um eine Eingrenzung des Grundsatzes, daß die Beweismittel zu erschöpfen sind, § 286 Rn 24.

**2** Diese Eingrenzung *dient* der Prozeßwirtschaftlichkeit, Grdz 14 vor § 128. Behutsam gehandhabt verstößt sie nicht gegen die Parteiherrschaft, Grdz 18 vor § 128, und schneidet keinen Beweis ab.

**3** **2) Geltungsbereich.** Vgl Üb 3 vor § 445.

**4** **3) Streitgenossen.** Wenn das Gericht eine Partei vernehmen will, die aus mehreren Streitgenossen besteht, § 59, dann muß es prüfen, ob es alle oder nur einige von ihnen vernehmen will. Dies gilt auch bei notwendigen Streitgenossen, § 60, oder streitgenössischen Streithelfern, § 69. Eine Zeugenvernehmung findet aber statt, soweit der Beweis nur die anderen Streitgenossen betrifft, Üb 22 vor § 373 „Streitgenosse". Wegen des Beweisantritts vgl § 445 Rn 8. Das Gericht bemüht nicht diejenigen Streitgenossen umsonst, denen von vornherein jede Kenntnis abgehen muß, ebensowenig diejenigen, auf deren Bekundung von vornherein nichts zu geben wäre. Das gilt auch im Falle des § 445; es handelt sich also um eine Abweichung vom Grundsatz des § 286 Rn 24. Es sollte aber zumindest den vom Beweisführer namentlich benannten Streitgenossen vernehmen.

**5** Das Gericht prüft nach pflichtgemäßem *Ermessen* unter Würdigung aller Umstände. Bei der Ausschaltung einzelner Streitgenossen ist Vorsicht zu empfehlen. Das Gericht kann seine Anordnung ändern, § 360 S 2 entsprechend, also nachträglich noch andere Streitgenossen hören. Auch hier hat das Gericht die spätere Beeidigung im Auge zu behalten.

**450** *Beweisbeschluß. Hilfsnatur der Vernehmung.* I ¹Die Vernehmung einer Partei wird durch Beweisbeschluß angeordnet. ²Die Partei ist, wenn sie bei der Verkündung des Beschlusses nicht persönlich anwesend ist, zu der Vernehmung unter Mitteilung des Beweisbeschlusses persönlich durch Zustellung von Amts wegen zu laden.

II ¹Die Ausführung des Beschlusses kann ausgesetzt werden, wenn nach seinem Erlaß über die zu beweisende Tatsache neue Beweismittel vorgebracht werden. ²Nach Erhebung der neuen Beweise ist von der Parteivernehmung abzusehen, wenn das Gericht die Beweisfrage für geklärt erachtet.

**1** **1) Systematik, Regelungszweck, I, II.** Die Vorschrift ist eine Ergänzung zu §§ 358, 359, auf die sie in I 1 indirekt Bezug nimmt, die sie also keineswegs verdrängt, sodaß sie ergänzend zu beachten sind. I 2, II 1 geben lediglich aus der Hilfsbeweisnatur der Parteivernehmung, § 445 I, folgende Besonderheiten. II 2 stellt klar, was ohnehin bei jeder Beweisart selbstverständlich ist, § 286 Rn 28 ff.

Die Vorschrift *dient* in I vornehmlich der Rechtssicherheit, Einl III 43, in II vor allem der Prozeßwirtschaftlichkeit, Grdz 14 vor § 128.

**2** **2) Geltungsbereich, I, II.** Vgl Üb 3 vor § 445.

**3** **3) Beweisbeschluß, I.** Er folgt den sonstigen Beweismitteln.

**A. Notwendigkeit eines Beschlusses, I 1.** Jede Parteivernehmung, auch die nach § 448, ist durch einen Beweisbeschluß anzuordnen, § 358, BGH RR **88**, 395. Er muß dem § 359 genügen. Es soll klar sein, daß mehr als eine Anhörung nach § 141 und ob eine Vernehmung von Amts wegen oder auf Antrag stattfinden wird. Ein Verstoß ist nach § 295 heilbar. Der Beschluß ist ebenso frei abänderlich wie jeder andere Beweisbeschluß, § 360 S 2 entsprechend. Er ist zu verkünden. Eine anwesende Partei ist sofort zu vernehmen, § 278 II 1, Stgt JZ **78**, 690.

**4** **B. Ladung, I 2.** Wenn die zu vernehmende Partei bei der Verkündung nicht anwesend war, wird sie von Amts wegen zum Vernehmungstermin geladen, und zwar entweder unter Mitteilung des Beweisbeschlusses wenigstens seinem Inhalt nach. Andernfalls wären §§ 446, 453 II unanwendbar; oder persönlich, also nicht unter Ausschluß der Ersatzzustellung nach §§ 181 ff, sondern unter eigener Anschrift und nicht unter derjenigen des ProzBev. Es ist eine förmliche Zustellung notwendig; eine formlose Mitteilung des Termins genügt keineswegs. Auch der Gegner erhält eine formlose Mitteilung, § 329 II 2. Eine Androhung der Folgen eines Ausbleibens, §§ 446, 453 II, ist nicht erforderlich.

**5** **4) Aussetzung usw, II.** Sie erfolgt nur selten.

**A. Amtspflicht bei neuem Beweismittel, II 1.** Das Gericht kann bei den §§ 445, 447, 448 die Ausführung durch einen Beschluß oder stillschweigend aussetzen, wenn irgendeine Partei nach dem Erlaß des Beschlusses neue Beweismittel zum Beweissatz vorbringt. Das ist immer dann Amtspflicht, wenn die neuen Beweismittel Erfolg versprechen, § 445 Rn 1, aM ThP 2, ZöGre 3 (auch dann nur Sollvorschrift). Denn die Parteivernehmung ist ein Hilfsmittel, § 445 I, wie schon daraus folgt, daß sie das unsicherste Beweismittel ist. Darum ist den Parteien ein anderweiter Beweisantritt zu gestatten, wenn das Prozeßgericht die Beweisaufnahme durchführt. Wenn der verordnete Richter die Partei vernehmen soll, §§ 375, 451, hat er entsprechende Anträge aufzunehmen und sie dem Prozeßgericht zu unterbreiten. Wenn die Parteien schriftlich neue Beweise beantragen, hat das Prozeßgericht auch ohne mündliche Verhandlung, § 360, zunächst darüber zu befinden. § 296 gilt auch hier.

**6** **B. Klärung der Beweisfrage, II 2.** Wenn das Gericht die Beweisfrage für geklärt hält, dann muß es den Beweisbeschluß unerledigt lassen, besser ihn aufheben. Eine Parteivernehmung ist jetzt also unzulässig, BGH NJW **74**, 56. Das folgt schon aus § 445 II. Auch ohne eine neue Beweiserhebung kann das Gericht abweichend von seiner früheren Meinung zu dieser Überzeugung kommen. Auch dann muß es den Beweisbeschluß aufheben, § 360 Rn 4.

**7** **5) Rechtsmittel, I, II.** Die Entscheidung, auch ihr Unterbleiben, ist stets nur zusammen mit dem Endurteil anfechtbar, § 355 II.

10. Titel. Beweis durch Parteivernehmung §§ 450–452

**6) VwGO:** *I ist entsprechend anwendbar, § 98 VwGO, so daß auch im VerwProzeß stets ein formeller Beweisbe-* **8** *schluß nötig ist, BVerwG 14, 146, 17, 127 (Verstoß ist heilbar, § 295). Auch II ist entsprechend anwendbar, so daß die Vernehmung eines Beteiligten erst in Frage kommt, wenn andere Beweismittel nicht zur Verfügung stehen, und unterbleiben darf, wenn nichts für die Wahrscheinlichkeit der Behauptung spricht, BVerwG stRspr, DÖV 80, 650, OVG Münst DÖV 81, 384 mwN, RedOe § 98 Anm 16; aM Kretschmer NJW 65, 383 (Hauptbeweismittel). In Kriegsdienstverweigerungssachen ist die Vernehmung idR geboten, BVerwG NVwZ 82, 40, vgl BVerwG NVwZ 89, 650.*

**451** *Ausführung der Vernehmung.* **Für die Vernehmung einer Partei gelten die Vorschriften der §§ 375, 376, 395 Abs. 1, Abs. 2 Satz 1 und der §§ 396, 397, 398 entsprechend.**

**Schrifttum:** *Prange,* Materiell-rechtliche Sanktionen bei Verletzung der prozessualen Wahrheitspflicht durch Zeugen und Parteien, 1995.

**1) Systematik, Regelungszweck.** Die Vorschrift schafft zur Vereinfachung und Vereinheitlichung des **1** Beweisrechts eine grundsätzlich abschließende Verweisung.

**2) Geltungsbereich.** Vgl Üb 3 vor § 445. **2**

**3) Entsprechende Anwendbarkeit.** Sie bringt nur wenige Probleme. **3**
§ 375: Unmittelbarkeit der Beweisaufnahme. Das Prozeßgericht muß die Vernehmung grundsätzlich selbst durchführen. Ein verordneter Richter darf nur in den Fällen des § 375 I Z 1–3 beauftragt werden. Ein Verstoß ist heilbar, § 295. Bei der Parteivernehmung muß das noch viel mehr gelten als bei der Zeugenvernehmung. Denn bei diesem unsicheren Beweismittel kommt auf den persönlichen Eindruck so gut wie alles an; gibt er doch eine wesentliche Grundlage für die Beeidigung.
§ 376: Eine Genehmigung zur Aussage ist wie bei Zeugen notwendig.
§ 395: I ist wie folgt anwendbar: Es ist eine Ermahnung zur Wahrheit und ein Hinweis auf eine mögliche Beeidigung erforderlich, BGH RR **88**, 395. Es besteht keine Belehrungspflicht über ein Aussageverweigerungsrecht, Celle VersR **77**, 361. Freilich ist ein Hinweis auf §§ 446, 453 II ratsam. *II 1* (Vernehmung zur Person) ist anwendbar, BGH RR **88**, 395. *II 2:* Glaubwürdigkeitsfragen sind nicht vorgeschrieben. Trotzdem ist klar, daß das Gericht sie evtl stellen muß. Es sind durchaus Umstände denkbar, die eine Partei in einem Prozeß besonders unglaubwürdig oder auch vermehrt glaubwürdig machen. Man denke nur an einen Unfallprozeß, bei dem die Partei evtl kein Interesse am Ausgang hat, weil sie versichert ist, oder umgekehrt an einen Prozeß, bei dem eine große Haftung der Partei im Hintergrund steht.
§ 396: Die Partei hat ihre Aussage im Zusammenhang zu machen, erst dann stellen Gericht und Parteien Fragen. Vgl dazu und über die Kunst der Vernehmung Üb 4–7 vor § 373. Die Parteivernehmung ist noch schwieriger als diejenige eines Zeugen, weil niemand in eigener Sache objektiv sein kann und weil es für den Richter sehr schwer ist, das wahre Bild des Sachverhalts in diesem Hohlspiegel zu erkennen. Wegen der Verstoßfolgen Prange (vor Rn 1) und § 396 Rn 4 (entsprechend).
§ 397: Die Befragung durch die Gegenpartei erfolgt wie bei einem Zeugen.
§ 398: Eine wiederholte oder nachträgliche Vernehmung erfolgt wie bei einem Zeugen. Eine andere Würdigung der in der Vorinstanz beeidigten Aussage ist nur nach einer erneuten Vernehmung der Partei zulässig, BGH **LM** § 398 Nr 7.
Wegen der *Protokollierung* vgl §§ 160 III Z 4, 162. Im Fall § 161 I Z 1 ist eine Wiedergabe des wesentlichen Inhalts der Aussage im Urteil unentbehrlich.

**4) Unanwendbarkeit.** Alle nicht in § 451 genannten Vorschriften sind grundsätzlich unanwendbar, zB: **4**
§ 394: Eine Einzelvernehmung ist unzulässig, wenn beide Parteien zu vernehmen sind. Die Einzelvernehmung müßte das ganz wesentliche Fragerecht der Partei ausschalten. Gerade hier ist die Parteiöffentlichkeit, § 357, unentbehrlich.
§ 399 (Verzicht auf die Vernehmung): Es ist zulässig, daß eine Partei im Falle des § 445 ihren Antrag zurücknimmt, was einem Verzicht gleichkommt. Die Wirkung ist, daß die Partei unvernommen bleibt. Das gilt aber nicht, soweit auf einen schriftsätzlichen Beweisantrag im Termin durch Sachantrag Bezug genommen wird, § 137 Rn 25, 33, BGH RR **96**, 1460. Eine Neubenennung in der ersten Instanz oder in der Berufungsinstanz ist wie bei § 399 Rn 2 möglich (Widerruf des Verzichts), BAG NJW **74**, 1350.
§ 401 (Entschädigung für Zeitversäumnis usw): Der mittellosen Partei sind jedoch dann, wenn sie Gegenstand der Beweisaufnahme ist, die Reisekosten zum Termin aus der Staatskasse zu ersetzen und vorzuschießen, KV 9008 b. Vgl dazu die bundeseinheitlichen AV über die Bewilligung von Reiseentschädigung an mittellose Personen usw, auch in Arbeitssachen, Hartmann Teil V § 18 ZSEG Anh I, II. Wegen eines Reisekostenvorschusses bzw -ersatzes beim Soldaten SchlAnh II B Z 23, 24. Diese Kosten sind als Teil der Prozeßkosten erstattungsfähig.

**5) VwGO:** *Entsprechend anwendbar, § 98 VwGO. Einzelheiten bei den jeweiligen Vorschriften; unanwendbar ist* **5** *auch § 383, BVerwG NVwZ-RR 91, 488.*

**452** *Beeidigung der Partei.* **I** [1]Reicht das Ergebnis der unbeeidigten Aussage einer Partei nicht aus, um das Gericht von der Wahrheit oder Unwahrheit der zu erweisenden Tatsache zu überzeugen, so kann es anordnen, daß die Partei ihre Aussage zu beeidigen habe. [2]Waren beide Parteien vernommen, so kann die Beeidigung der Aussage über dieselben Tatsachen nur von einer Partei gefordert werden.

§§ 452, 453   2. Buch. 1. Abschnitt. Verfahren vor den LGen

**II** Die Eidesnorm geht dahin, daß die Partei nach bestem Wissen die reine Wahrheit gesagt und nichts verschwiegen habe.
**III** Der Gegner kann auf die Beeidigung verzichten.
**IV** Die Beeidigung einer Partei, die wegen wissentlicher Verletzung der Eidespflicht rechtskräftig verurteilt ist, ist unzulässig.

1  **1) Systematik, Regelungszweck I–IV.** In teilweiser Abweichung, die aber in der Praxis gegenüber den vergleichbaren §§ 391 ff kaum eintritt, ist die Beeidigung in § 452 einschließlich der mit § 392 S 2 übereinstimmenden Eidesnorm des II für die Parteivernehmung in §§ 452, 478 ff geregelt. Beim Minderjährigen geht § 455 II vor.
Die Vorschrift *dient* in I der Eindämmung der gerade bei einer Partei großen Gefahr, daß sie nämlich schon zur Verhinderung eines bisherigen versuchten Prozeßbetrugs (in Gestalt falscher Angaben in ihren Schriftsätzen) nun durch Eid dem Betrug den Meineid hinzufügt. Deshalb ist insbesondere im Fall I 2 sehr zurückhaltend zu verfahren.

2  **2) Geltungsbereich, I–IV.** Vgl Üb 3 vor § 445. Zur Anwendbarkeit im Insolvenzverfahren Schmitz-Herscheidt KTS **96**, 519.

3  **3) Grundsatz: Uneidlichkeit, I.** Jede Parteivernehmung geschieht zunächst uneidlich. Die vorsätzlich falsche uneidliche Aussage kann ein zumindest versuchter Prozeßbetrug sein. Sie kann darüber hinaus ersatzpflichtig machen, § 138 Rn 65, 66. Jedoch steht die uneidliche falsche Aussage der Partei sonst nicht unter Strafe, da § 153 StGB sie nicht betrifft. Ein fahrlässiger Falscheid ist eine Straftat, § 163 StGB. Wenn eine uneidliche Bekundung ausreicht, um dem Gericht die Grundlagen einer Entscheidung zu geben, dann unterbleibt die Beeidigung. Sie unterbleibt auch dann, wenn das Gericht die Aussage für unglaubwürdig hält und sich auch keine Abänderung durch eine Beeidigung verspricht; unnütze Eide sind zu vermeiden. Freilich muß das Gericht diese Erwägungen im Urteil anstellen und begründen.

4  **4) Ausnahme: Beeidigungspflicht, I.** Das Gericht muß aber eine Beeidigung des Gegners in Erwägung ziehen, wenn es von der Unwahrheit des Bestreitens durch den nicht beweispflichtigen Gegner nicht überzeugt ist, der auf Grund einer eigenen Handlung oder Wahrnehmung nur eine eindeutige Auskunft geben könnte, oder wenn das Gericht sonst Zweifel über die Richtigkeit des Bestreitens hat. Das Gericht kann auch dem Eid einer sonst vertrauensunwürdigen Person nach Lage des Falls eine ausreichende Überzeugungskraft beimessen, § 453 Rn 3. Im einzelnen gilt hier verstärkt, was bei § 448 Rn 12 ausgeführt ist. „Kann" bedeutet auch hier nur die gesetzliche Ermächtigung; das Gericht muß beeidigen, wenn es sich davon einen Erfolg verspricht, § 286 Rn 24, § 453 Rn 3. Es darf beide Parteien nur insoweit vereidigen, als sie über verschiedene Tatsachen vernommen worden sind und nicht eine Partei in Abhängigkeit von der anderen steht.

5  **5) Eid nur einer Partei I, 2.** Dieselbe Tatsache darf nur eine Partei beschwören. Wenn beide Parteien über dieselbe Tatsache vernommen worden sind, dann hat das Gericht ohne Rücksicht auf die Beweislast zu beschließen. Es kommt auch auf die Glaubwürdigkeit an. Es ist jedenfalls nicht derjenigen Partei die Eidesmöglichkeit zu geben, gegen die schon einiger Gegenbeweis vorliegt, § 448 Rn 10, 12. Wenn eine von beiden Parteien gesetzwidrig vernommen wurde, etwa die Beweispflichtige nach 448, dann ist von der Beeidigung dieser Partei abzusehen; ihr Eid wäre bedeutungslos. § 379 der österreichischen ZPO läßt eine Vertagung zu, wenn es angemessen erscheint, der Partei vor dem Eid eine Überlegungsfrist zu bewilligen; das ist auch im deutschen Zivilprozeß oft zweckmäßig. Ein übereilter Eid ist ein Unglück.

6  **6) Eidesbeschluß, I.** Für den Beschluß ist nur das Prozeßgericht zuständig, nicht der verordnete Richter. Der Vorsitzende der Kammer für Handelssachen bzw der Einzelrichter sind zwar im Rahmen ihrer Aufgabe zuständig, §§ 349 III, 524 IV, sollten aber diesen Beschluß dem Prozeßgericht überlassen, soweit sie nicht in der Sache zu entscheiden haben. Der Beschluß erfolgt nur auf eine mündliche Verhandlung. Er ist zu verkünden. Es bedarf keines Beschlusses, wenn die Beeidigung unterbleiben soll. Eidesabnahme: §§ 478 ff.

7  **7) Eidesnorm, Verzicht, II, III.** Es ist nur ein Nacheid zulässig. Ein Voreid wäre aber nicht bedeutungslos. Vgl im einzelnen die Anm zu § 391. Form der Eidesleistung: § 481.

8  **8) Eidesunfähigkeit, IV.** Eine wissentliche Verletzung der Eidespflicht ist nicht bloß der Meineid, sondern jede vorsätzliche, nicht auch eine fahrlässige, Eidesstraftat. Die Unfähigkeit tritt erst mit einer rechtskräftigen Verurteilung ein. Doch wird das Gericht dann die Beeidigung ohnedies nicht anordnen, wenn es wesentliche Bedenken hat. Wegen eines Minderjährigen und Prozeßunfähigen § 455.

9  **9) Eidesverweigerung, I–IV.** Vgl §§ 446, 453 II.

10  **10) Rechtsmittel, I–IV.** Die Entscheidung, auch ihr Unterbleiben, ist nur zusammen mit dem Endurteil anfechtbar, vgl § 391 Rn 9.

11  **11) VwGO: I, II und IV sind entsprechend anwendbar, § 98 VwGO, III ist unanwendbar wegen des Untersuchungsgrundsatzes. Beeidigung steht im Ermessen des Gerichts; ihre Ablehnung bedarf nicht der Begründung nach § 86 II VwGO, BVerwG Buchholz 310 § 98 Nr 14.

**453** *Beweiswürdigung.* **I** Das Gericht hat die Aussage der Partei nach § 286 frei zu würdigen.
**II** Verweigert die Partei die Aussage oder den Eid, so gilt § 446 entsprechend.

1  **1) Systematik, Regelungszweck, I, II.** Die Verweisung in I auf § 286 ist eigentlich überflüssig, stellt aber klar, daß der Grundsatz der freien Beweiswürdigung, § 286 Rn 2, mit allen seinen Ausprägungen auch

10. Titel. Beweis durch Parteivernehmung §§ 453, 454

bei der Parteivernehmung gilt. Die Verweisung in II ist als Teil des in § 446 Rn 1 dargestellten Systems der Rechtsfolgen zu verstehen.
Wegen des *Regelungszwecks* von I vgl § 286 Rn 2, von II vgl § 446 Rn 2.

**2) Geltungsbereich, I, II.** Vgl Üb 3 vor § 445. **2**

**3) Aussagewürdigung, I.** Sie erfordert besondere Behutsamkeit. **3**
   **A. Freie Beweiswürdigung.** Das Gesetz gibt keine Beweisregel. Das Gericht würdigt die uneidliche und die eidliche Parteiaussage nach den Umständen ihrer Angabe und nach ihrem Inhalt frei nach § 286. Es kann also der unbeeidigten Aussage glauben, der eidlichen mißtrauen. Bei der Parteiaussage entscheidet mehr als bei anderen Beweismitteln der persönliche Eindruck, § 285 Rn 6, § 349 Rn 5, § 524 Rn 8. Deshalb läßt sich ohne ihn die Unglaubwürdigkeit nicht feststellen, BGH **LM** § 398 Nr 7. Bei einem Richterwechsel muß die Vernehmung evtl wiederholt werden. Zur Geständniswirkung § 288 Rn 2, 3.
   **B. Verhältnis zur Zeugenaussage.** Einer Zeugenaussage ist die Parteibekundung regelmäßig nicht **4** gleichzustellen. Dies gilt vor allem dann, wenn die Partei zulässigerweise, § 451 Rn 2 „§ 394", an den Zeugenvernehmungen teilgenommen und die Einstellung des Gerichts kennengelernt hat. Dennoch ist der Ermessensspielraum nicht stets größer als bei der Würdigung anderer Beweismittel, BGH **LM** § 398 Nr 7.

**4) Weigerungswürdigung, II.** Eine Aussageverweigerung oder eine Eidesverweigerung, ein Fall der **5** Beweisvereitelung, Anh § 286 Rn 26, BGH DB **85**, 1020, ist nach § 446 zu behandeln. Das Gericht kann also nach Lage des Falles die behauptete Tatsache als erwiesen ansehen, kann sie aber auch anders würdigen. Das Urteil muß die angestellten Erwägungen erkennen lassen. Zwang ist unstatthaft.

**5)** *VwGO:* **I** entspricht § 108 I VwGO, **II** ist entsprechend anwendbar, obwohl in § 98 VwGO § 446 ZPO **6** nicht genannt ist: Die freie Würdigung der Weigerung folgt aus § 108 I VwGO, vgl BVerwG NVwZ-RR **91**, 488.

**454** *Säumnis der zu vernehmenden Partei.* ¹ Bleibt die Partei in dem zu ihrer Vernehmung oder Beeidigung bestimmten Termin aus, so entscheidet das Gericht unter Berücksichtigung aller Umstände, insbesondere auch etwaiger von der Partei für ihr Ausbleiben angegebener Gründe, nach freiem Ermessen, ob die Aussage als verweigert anzusehen ist.

II War der Termin zur Vernehmung oder Beeidigung der Partei vor dem Prozeßgericht bestimmt, so ist im Falle ihres Ausbleibens, wenn nicht das Gericht die Anberaumung eines neuen Vernehmungstermins für geboten erachtet, zur Hauptsache zu verhandeln.

**1) Systematik, Regelungszweck, I, II.** Vgl § 446 Rn 1, 2. **1**

**2) Geltungsbereich, I, II.** Vgl Üb 3 vor § 445. **2**

**3) Grundsatz: Kein Vertagungsanspruch, I.** Die Vorschrift regelt einen Fall der Beweisvereitelung, **3** Anh § 286 Rn 26, BGH DB **85**, 1020. I findet nur dann Anwendung, wenn der Termin zur förmlichen Vernehmung oder Beeidigung der Partei gesetzmäßig vorgesehen war, wenn also nicht nur gemäß §§ 141, 273 II Z 3, 279 II Anordnungen ergangen waren. Die Partei hat grundsätzlich kein Recht auf eine Vertagung, kann freilich entschuldigt sein. Wenn der Termin zur Parteivernehmung in Anwesenheit der Partei verkündet wird, bedarf es keiner Ladung, § 450 I. Das Gericht muß die Partei persönlich laden, § 450 I 2, und die Ladungsfrist beachten, § 217.

**4) Freie Würdigung, I.** Das Gericht würdigt das Ausbleiben frei. Es hat dabei alle Umstände zu berück- **4** sichtigen, vor allem die mitgeteilten Entschuldigungsgründe. Solche kann die Partei ohne Anwaltszwang vorbringen. Das Gericht kann die Aussage oder die Beeidigung als verweigert ansehen. Eine endgültige Entscheidung dazu bringt aber erst das Urteil. Denn die ausgebliebene Partei kann sich jederzeit zur Aussage und Beeidigung bereit erklären, auch ohne daß sie sich für ihr vorheriges Verhalten genügend entschuldigt.
§ 454 sieht *keine Ordnungs- oder Zwangsmittel* und auch keine Verurteilung in die durch das Ausbleiben entstandener Kosten vor, § 446 Rn 4. Freilich kann das Gericht § 95 anwenden, auch eine Verzögerungsgebühr festsetzen, § 34 GKG, Anh § 7, oder das Verhalten der Partei bei einer erneuten Säumnis anders würdigen. Da keine gesetzliche Folge der Versäumung ist, sondern im Ermessen des Gerichts steht, ist darüber ein besonderer Beschluß zu fassen und zu verkünden. Er ist unanfechtbar. Der verordnete Richter stellt nur das Ausbleiben zu Protokoll fest und prüft, ob er vertagen muß; die Würdigung dieses Verhaltens der Partei muß vom Prozeßgericht vorgenommen werden, aM ThP 8, ZöGre 6 (er könne nach seinem Ermessen einen neuen Termin bestimmen).

**5) Verfahren, II.** Es empfiehlt sich Behutsamkeit ohne Ängstlichkeit. **5**
   **A. Maßgeblichkeit einer Entschuldigung.** Das Gericht muß von Amts wegen vertagen, wenn es die Partei für entschuldigt hält. Dann darf es auch nicht die Aussage für verweigert ansehen. Es beraumt zweckmäßig einen Verkündungstermin an, wenn es damit rechnet, daß die Partei schuldlos säumig ist. Es ist aber auch eine Versäumnisentscheidung nach §§ 330 ff, 367 I, 370 I statthaft.
   **B. Verhandlung zur Hauptsache.** Wenn das Gericht die Aussage für verweigert erklärt, dann ist zur **6** Hauptsache zu verhandeln und zu entscheiden. Evtl wird ein Verkündungstermin angesetzt, wenn noch mit einer nachträglichen Entschuldigung gerechnet werden kann. Wenn ein Urteil ergeht, ist dagegen nur die Berufung zulässig. Wenn die Partei anwaltlich nicht vertreten ist, kann ein Versäumnisurteil beantragt werden, soweit Anwaltszwang besteht. Nach einem Einspruch kann sich die Partei wieder zur Aussage oder Beeidigung erbieten. Wenn der verordnete Richter das Ausbleiben feststellt und nicht vertagen muß, Rn 2, dann ist von Amts wegen ein Verhandlungstermin vor dem Prozeßgericht anzuberaumen. In diesem Termin

kann das Prozeßgericht die Aussage für verweigert erklären. Wenn aber die vernehmende Partei erscheint, wird sie vernommen bzw vereidigt.

7   6) *VwGO:* Entsprechend anwendbar, § 98 VwGO.

**455** *Prozeßunfähigkeit.* I ¹Ist eine Partei nicht prozeßfähig, so ist vorbehaltlich der Vorschrift im Absatz 2 ihr gesetzlicher Vertreter zu vernehmen. ²Sind mehrere gesetzliche Vertreter vorhanden, so gilt § 449 entsprechend.

II ¹Minderjährige, die das sechzehnte Lebensjahr vollendet haben, können über Tatsachen, die in ihren eigenen Handlungen bestehen oder Gegenstand ihrer Wahrnehmung gewesen sind, vernommen und auch nach § 452 beeidigt werden, wenn das Gericht dies nach den Umständen des Falles für angemessen erachtet. ²Das gleiche gilt von einer prozeßfähigen Person, die in dem Rechtsstreit durch einen Betreuer oder Pfleger vertreten wird.

1   1) Systematik, Regelungszweck, I, II. Die Vorschrift gilt für alle Fälle einer Parteivernehmung. Sie knüpft da an die in §§ 52 ff geregelte Prozeßfähigkeit an und bedient sich für den Fall des § 449 der Verweisungstechnik. In II liegt eine gegenüber § 452 vorrangige Sonderregelung vor.

Die Vorschrift *dient* in I einer an sich selbstverständlichen Klarstellung im Interesse der Rechtssicherheit, Einl III 43, in II der Verhinderung von Falscheid beim noch nicht voll dessen Tragweite übersehenden, wenn auch formell eidesmündigen Minderjährigen, aber auch der Erzielung wahrer Aussagen. Die Vorschrift sollte behutsam ausgelegt werden.

2   2) Geltungsbereich, I, II. Vgl Üb 3 vor § 445.

3   3) Regelfall, I. Für eine prozeßunfähige Person, § 52, ist regelmäßig ihr gesetzlicher Vertreter (Begriff Grdz 7 vor § 50) als Partei zu vernehmen, Köln MDR **76**, 937, Barfuß NJW **77**, 1274. Der Vertretene kann dann Zeuge sein. Es entscheidet die gesetzliche Vertretung im Zeitpunkt der Eidesleistung. Bei einem Wechsel der Vertretung nach dem Zeitpunkt der Anordnung ist deshalb der neue gesetzliche Vertreter in den Beschluß aufzunehmen; der frühere kann Zeuge sein. Bei mehreren gesetzlichen Vertretern gilt § 449 entsprechend. Bei der Offenen Handelsgesellschaft sind die nicht von der Geschäftsführung ausgeschlossenen Gesellschafter gesetzliche Vertreter, § 125 HGB. Vgl im übrigen wegen der Vernehmungsfähigkeit als Partei Üb 23 vor § 373 „Partei", „Vertreter, gesetzlicher".

4   4) Minderjährige usw, II. Sie erfordert, wie stets, große Vorsicht.

**A. Geltungsbereich.** Das Gericht darf sich mit der Vernehmung des gesetzlichen Vertreters begnügen. Es kann aber stattdessen nach pflichtgemäßem Ermessen den Prozeßunfähigen selbst vernehmen, wenn ein Minderjähriger über 16 Jahre alt ist oder einen durch einen Betreuer oder Pfleger nach §§ 1896 ff BGB in diesem Prozeß vertretenen Prozeßfähigen, also einen unterstellt Prozeßunfähigen handelt, § 53. Notwendig ist aber, daß die Beweistatsachen in Handlungen dieser Personen bestehen oder Gegenstand ihrer Wahrnehmung gewesen sind. Handlungen des Gegners, des Rechtsvorgängers oder des Vertreters der Partei scheiden aus. Auf andere Personen, zB den Gemeinschuldner, ist II unanwendbar.

5   **B. Beeidigung.** Die Beeidigung der genannten Personen setzt weiter voraus, daß das Gericht sie den Umständen des Falles nach angemessen findet. Dabei sind alle Umstände zu würdigen, vor allem auch persönliche Eigenschaften, etwa die Einsichtsfähigkeit oder Zuverlässigkeit.

6   **C. Anordnung.** Der Beweisbeschluß oder Beeidigungsbeschluß muß den Vertretenen besonders bezeichnen. Die Gründe, warum er und nicht der Vertreter vernommen wird, sind im Urteil zu erörtern. Das Gericht kann zunächst den Vertreter oder zunächst den Vertretenen vernehmen; der eine mag ja nichts wissen, der andere wohl. Es ist mangels widersprüchlicher Aussagen zulässig, beide zu beeidigen.

7   5) *VwGO:* Entsprechend anwendbar, § 98 VwGO, BVerwG NJW **86**, 1188. Partiell handlungsfähige Jüngere, § 51 Rn 27, dürfen in solchen Verf vernommen werden, Robbers DVBl **87**, 717.

**456–477** (weggefallen)

### Elfter Titel. Abnahme von Eiden und Bekräftigungen

#### Übersicht

**Schrifttum:** *Findeisen,* Der minderjährige Zeuge im Zivilprozeß, 1992; *Jaekel,* Zur Zulässigkeit des Eideszwanges, Diss Gött 1972.

1   1) Systematik. „Eure Rede aber sei: Ja, ja; nein, nein. Was darüber ist, das ist vom Übel" (Matth 5, 37). Das Ob einer Eidespflicht wird für den Zeugen in §§ 393–395, für den Sachverständigen in § 410, für die als Beweisperson vernommene Partei in §§ 452, 453, für den Dolmetscher in § 189 GVG geregelt. §§ 478–484 regeln das Wie. Die ZPO kennt die folgenden vier formell-feierlichen Beteuerungsarten:

11. Titel. Abnahme von Eiden und Bekräftigungen  Übers § 478, §§ 478, 479

**A. Eid.** Er besteht mindestens aus den Worten „Ich schwöre es". Er darf nur aus Glaubens- oder Gewissensgründen und gemäß § 391 Rn 5 verweigert werden. Nach Wahl des Schwörenden erfolgt der Eid entweder mit einem Zusatz „so wahr mir Gott helfe"; dies ist ein Eid mit religiöser Beteuerung; oder der Eid erfolgt ohne jeden Zusatz. Dies ist ein Eid ohne religiöse Beteuerung. Der Eid kann auch mit einem Zusatz einer Beteuerungsformel einer Religions- oder Bekenntnisgemeinschaft erfolgen. Dies ist auch als weiterer Zusatz im ersteren Fall denkbar.

**B. Eidesgleiche Bekräftigung.** Sie erfordert mindestens das Wort „Ja". Ihre Ableistung ist Pflicht, sofern 2 keine Eidespflicht besteht. Sie darf nicht wegen Glaubens-, Gewissens- oder anderer Bedenken irgendwelcher, zB weltanschaulicher Art verweigert werden, sondern nur gemäß § 391 Rn 4. Sie wird nach Wahl des Bekräftigenden entweder mit einem Zusatz einer Beteuerungsformel einer Religions- oder Bekenntnisgemeinschaft oder ohne jeden Zusatz abgeleistet.

**C. Eidesstattliche Versicherung.** Vgl § 294. 3

**D. Berufung auf einen Diensteid.** Diese erfolgt nach § 386 II, auf einen früheren sonstigen Eid oder 4 auf eine frühere eidesgleiche Bekräftigung.

2) **Regelungszweck.** Der Meineid ist strafbar, § 154 StGB. Dem Eid steht strafrechtlich die Bekräftigung 5 sowie die Berufung auf den früheren Eid oder auf eine frühere Bekräftigung gleich, § 155. Strafbar sind ferner der fahrlässige Falscheid, § 163 StGB, und eine falsche eidesstattliche Versicherung, § 156 StGB. Weitere Einzelheiten vgl §§ 157–163 StGB. Alle diese Druckmittel bilden den Hintergrund der Eidesanordnung und -ableistung zwecks erhöhter Wahrheitsfindung im Interesse der sachlichen Gerechtigkeit, Einl III 9. Mag auch ein außerdem natürlich geplanter und sicher vielfach vorhandener religiöser Druck heute geringer geworden sein, so dient natürlich auch er demselben Ziel. Deshalb ist sorgfältigste, würdige, aber auch nicht verkrampfte Handhabung, etwa bei der Erläuterung der sechs verschiedenen Formen von Eid und eidesgleicher Bekräftigung (je: mit oder ohne religiöse Beteuerung oder Anrufung einer anderen Instanz als „Gott") notwendig.

3) **Sachlicher Geltungsbereich.** §§ 478 ff gelten in allen Verfahrensarten nach der ZPO, im arbeitsge- 6 richtlichen Verfahren nur nach Maßgabe des § 58 II 1 ArbGG. Titel 11 gilt ferner entsprechend beim Affidavit, Bambring DNotZ 76, 728, 737.

4) **Persönlicher Geltungsbereich.** Titel 11 gilt bei: Zeugen; Sachverständigen; Dolmetschern; ver- 7 nommenen Parteien. Er gilt entsprechend bei der Abnahme von eidesstattlichen Versicherungen, soweit seine Vorschriften mit denen über die eidesstattliche Versicherung vereinbar sind.

**478** *Leistung in Person.* Der Eid muß von dem Schwurpflichtigen in Person geleistet werden.

1) **Höchstpersönlich.** Jede Vertretung bei der Eidesleistung ist unzulässig. Der gesetzliche Vertreter, 1 § 455 I, muß selbst schwören.

2) ***VwGO:*** *Entsprechend anwendbar, § 98 VwGO.* 2

**479** *Leistung beim verordneten Richter.* ¹ Das Prozeßgericht kann anordnen, daß der Eid vor einem seiner Mitglieder oder vor einem anderen Gericht geleistet werde, wenn der Schwurpflichtige am Erscheinen vor dem Prozeßgericht verhindert ist oder sich in großer Entfernung von dessen Sitz aufhält.
ᴵᴵ Der Bundespräsident leistet den Eid in seiner Wohnung vor einem Mitglied des Prozeßgerichts oder vor einem anderen Gericht.

1) **Systematik, Regelungszweck, I, II.** Vgl Üb 1–5 vor § 478. 1

2) **Geltungsbereich, I, II.** Vgl Üb 6, 7 vor § 478. 2

3) **Verhinderung usw, I.** Regelmäßig ist der Eid vor dem Prozeßgericht zu leisten. Dieses kann aber bei 3 einer Behinderung oder bei einer weiten Entfernung des Schwurpflichtigen die Leistung vor einem verordneten Richter anordnen, §§ 361, 362. Die Anordnung ergeht auch ohne mündliche Verhandlung. Sie erfolgt durch einen unanfechtbaren Beschluß, auch wenn der Eid im Ausland zu leisten ist. Über einen vor dem verordneten Richter entstehenden Zwischenstreit über die Abnahme des Eides entscheidet das Prozeßgericht, § 366. Die Parteien dürfen bei jeder Beeidigung anwesend sein, § 357.

4) **Exterritorialer usw, I.** Exterritoriale und ausländische Konsuln, die in ihrer Wohnung als Zeugen zu 4 vernehmen sind, § 377 Rn 3, sind dort zu beeidigen.

5) **Bundespräsident, II.** Der Bundespräsident ist stets in seiner Wohnung zu beeidigen. Dazu zählen 5 jeder Amtssitz wie jede Privatwohnung nach seiner Wahl. Es reicht aus, daß ein Mitglied des Prozeßgerichts oder ein anderes, vollständig besetztes Gericht den Eid abnehmen. Das Erscheinen des vollständig besetzten Prozeßgerichts zur Beeidigung kann bei geringer Entfernung als nobile officium geboten sein und beeinträchtigt die Wirksamkeit der (dann vom Vorsitzenden vorzunehmenden) Beeidigung natürlich nicht.

6) ***VwGO:*** *Entsprechend anwendbar, § 98 VwGO.* 6

## §§ 480, 481 — 2. Buch. 1. Abschnitt. Verfahren vor den LGen

**480** *Eidesbelehrung.* Vor der Leistung des Eides hat der Richter den Schwurpflichtigen in angemessener Weise über die Bedeutung des Eides sowie darüber zu belehren, daß er den Eid mit religiöser oder ohne religiöse Beteuerung leisten kann.

1  **1) Systematik, Regelungszweck.** Vgl zunächst Üb 1–7 vor § 478. Vor allem soll der Schwurpflichtige de Ernst die Augenblicks und die Tragweite des Eids erkennen, um selbstkritisch prüfen zu können, ob er bei seiner Aussage bleiben will. Daneben soll allen Beteiligten auch so zur Wahrheitsermittlung verholfen werden. Unerläßlich ist ein Hinweis auf die Strafbarkeit eines falschen Eides. Auch die Strafbarkeit des fahrlässigen Falscheides soll angesprochen werden. Wenn die Belehrung schon vor dem Beginn der Aussage erfolgt war, dann wird sie wiederholt, falls dies ratsam oder gar notwendig erscheint. Das Gericht muß belehren, nicht die Partei. Wegen eines etwaigen späteren Strafverfahrens ist der gesamte Vorgang der Beeidigung sorgfältig zu protokollieren, zumal ein Eid immer ein wesentlicher Vorgang im Sinn von § 160 II ist. Ein Verstoß kann ein Verfahrensmangel sein und zur Zurückverweisung führen, § 539. Deshalb sind auch Vorhaltungen oder Bedenken einer Partei gegen eine Beeidigung zu protokollieren, auch wenn sie dergleichen nicht beantragt hat.

2  **2) Geltungsbereich.** Vgl Üb 6, 7 vor § 478.

3  **3) Art und Umfang der Belehrung.** Die Belehrung erfolgt in angemessener Weise. Sie ist der Sprachkenntnis anzupassen, der Intelligenz, der Verständigkeit, aber auch der bisherigen Glaubwürdigkeit des Schwurpflichtigen und der Situation. Bei einem ausländischen Zeugen ist unter Umständen eine ausführliche Darlegung der Möglichkeiten des § 481 notwendig; dabei ist der Dolmetscher zu einer besonderen Sorgfalt anzuhalten. Andererseits braucht das Gericht die verschiedenen Möglichkeiten des § 481 nicht schematisch herunterzuleiern. Stets ist auf die Wahlfreiheit des Schwurpflichtigen hinzuweisen, mit oder ohne religiöse Beteuerung zu schwören. Ein Hinweis auf die Möglichkeit einer bloßen eidesgleichen Bekräftigung, § 484, erfolgt grundsätzlich nur dann, wenn der Schwurpflichtige sich gegen eine Eidesleistung unter Berufung auf Glaubens- oder Gewissensgründe wehrt. Es ist also nicht stets ein Hinweis „auf Verdacht" nötig. Die Parteiabwesenheit bei der Belehrung wie beim Eid wird nach § 367 beurteilt.

4  **4) VwGO:** Entsprechend anwendbar, § 98 VwGO.

**481** *Eidesleistung.* I Der Eid mit religiöser Beteuerung wird in der Weise geleistet, daß der Richter die Eidesnorm mit der Eingangsformel:
„Sie schwören bei Gott dem Allmächtigen und Allwissenden"
vorspricht und der Schwurpflichtige darauf die Worte spricht (Eidesformel):
„Ich schwöre es, so wahr mir Gott helfe."

II Der Eid ohne religiöse Beteuerung wird in der Weise geleistet, daß der Richter die Eidesnorm mit der Eingangsformel:
„Sie schwören" vorspricht und der Schwurpflichtige darauf die Worte spricht (Eidesformel):
„Ich schwöre es."

III Gibt der Schwurpflichtige an, daß er als Mitglied einer Religions- oder Bekenntnisgemeinschaft eine Beteuerungsformel dieser Gemeinschaft verwenden wolle, so kann er diese dem Eid anfügen.

IV Der Schwörende soll bei der Eidesleistung die rechte Hand erheben.

V Sollen mehrere Personen gleichzeitig einen Eid leisten, so wird die Eidesformel von jedem Schwurpflichtigen einzeln gesprochen.

**Schrifttum:** *Niemeier,* Ich schwöre, Teil 1–2, 1968; *Teutsch,* Die Entwicklung der Theorie einer nichtreligiösen Eidesformel usw, Diss Köln 1966.

1  **1) Eidesteile, I, II.** Der Eid besteht stets aus den folgenden drei Teilen.
**A. Eingangsformel.** Zunächst spricht der Richter die Eingangsformel.
**B. Eidesnorm.** Sodann spricht der Richter die Eidesnorm: „daß Sie nach bestem Wissen und Gewissen die reine Wahrheit gesagt und nichts verschwiegen haben".

2  **C. Eidesformel.** Schließlich antwortet der Schwurpflichtige mit der von ihm gewählten Eidesformel.
Jeder Teil kann je nach Art des Schwurpflichtigen wie des Eides unterschiedlich lauten. Ein falscher Wortlaut gefährdet hier, wo das Gesetz die Form zur höchsten Wichtigkeit erhebt, die Gültigkeit des Eides und beeinträchtigt damit oft die Verwertbarkeit des Beschworenen in nicht mehr wiedergutzumachenden Weise. Deshalb ist äußerste Sorgfalt notwendig. Ein Protokoll „X leistete den Eid" oder gar mit dem Zusatz „... vorschriftsmäßig" reicht zwar sogar im Sinn von § 165 aus; jedoch sollte das Gericht im Zweifel näher protokollieren, ob es gemäß I, II, III oder gemäß § 484 verfahren ist.
Dem Eid vorangehen muß die *Belehrung,* § 480. Natürlich ist einem Ausländer gegenüber eine wörtliche Übersetzung sämtlicher Teile des Eides unentbehrlich. Daß dies geschehen ist, sollte (nicht: muß) besonders protokolliert werden.

3  **2) Eidesarten, I–III.** Sie erfordert Ausführlichkeit, Verständlichkeit und große Ruhe.
**A. Grundsatz: Wahlrecht des Schwurpflichtigen.** Wenn das Gericht die Beeidigung beschließt, besteht grundsätzlich ein Eideszwang, von dem es Ausnahmen nur aus Glaubens- oder Gewissensgründen gibt, § 484. Dagegen hat der Schwurpflichtige die freie Wahl, ob er gemäß I, II oder III schwören will. Eine Belehrung erfolgt allerdings nur über das Wahlrecht zwischen I und II, § 480, nicht über die Möglichkeit des III; über diese wird der Schwurpflichtige nur dann belehrt, wenn er „angibt", er wolle zusätzlich eine Formel gemäß III

## 11. Titel. Abnahme von Eiden und Bekräftigungen §§ 481–484

verwenden. Mit diesen Wahlmöglichkeiten ist die Freiheit des Schwurpflichtigen erschöpft. Wenn er zB die Eidesart I wählt, so kann er nicht dessen Teile ändern oder ablehnen. Die Eidesnorm ist ohnehin zwingend.

**B. Einzelheiten.** Es sind folgende Vorschriften zu beachten: Beim Zeugen § 392; beim Sachverständigen § 410 I; bei der vernommenen Partei § 452 II; beim Dolmetscher § 189 GVG; bei der Offenbarungsversicherung §§ 807 II, 883 II, III oder die Urteilsformel. Da es nach III genügt, daß der Schwurpflichtige „angibt", die fragliche Formel verwenden zu wollen, darf das Gericht die Wahrheit seiner Behauptung über die Mitgliedschaft in der Religions- oder Bekenntnisgemeinschaft sowie die Existenz und die Üblichkeit der angeblich besonderen Beteuerungsformel jedenfalls solange nicht prüfen, wie keine begründeten Zweifel vorliegen. Überhaupt ist eine diesbezügliche Nachprüfung durchweg untunlich, da die Formel des III nur derjenigen des I oder des II angefügt werden darf und da deshalb die Wirkung des Eides jedenfalls zivilprozessual durch die Formel nicht beeinträchtigt wird, ebensowenig übrigens die Strafbarkeit. 4

Wegen *Mohammedanern* Jünemann MDR **70**, 727. Zu den *Bekenntnisgemeinschaften* im Sinn von III zählen auch weltliche; es ist also eine weite Auslegung erforderlich. Heimann-Trosien hält schon JZ **73**, 612 „bei Lenin" für zulässig, will unter Umständen sogar auf „ich schwöre es" verzichten; das letztere geht jedenfalls zu weit. Wegen der Eidesverweigerung vgl auch § 391 Rn 4.

**3) Handerheben, IV.** Es handelt sich um eine bloße Sollvorschrift. Ein Linkshänder darf entgegen dem Wortlaut von IV und soll durchaus mit der linken Hand schwören; das ist für seine psychische Verfassung, die der Richter bei jeder Eidesabnahme wegen der Bedeutung des Eides ohnehin mitbeachten sollte, nicht unwesentlich, wie Fachleute bestätigen. Der Verstoß gegen IV ist jedenfalls prozessual belanglos. Ein „Abschwören" durch Weghalten der linken Hand usw kann beachtlich sein, wenn der Schwurpflichtige dadurch zu erkennen gibt, daß er in Wahrheit nicht schwören will; dergleichen ist notfalls als Verweigerung zu beurteilen. Darüber besteht eine Belehrungspflicht, §§ 139, 278 III. 5

**4) Beeidigung mehrerer, V.** Sie ist bei Zeugen zulässig, § 392. Mehrere Offenbarungsversicherungen, §§ 807 II, 883 II, III sind getrennt aufzunehmen, zumal sie meist verschiedene Prozesse betreffen. 6

**5) VwGO:** Entsprechend anwendbar, § 98 VwGO. 7

## 482 (weggefallen)

## 483 Stumme.
<sup>I</sup> Stumme, die schreiben können, leisten den Eid mittels Abschreibens und Unterschreibens der die Eidesnorm enthaltenden Eidesformel.
<sup>II</sup> Stumme, die nicht schreiben können, leisten den Eid mit Hilfe eines Dolmetschers durch Zeichen.

**1) Geltungsbereich, I, II.** Die Vorschrift gilt für Stumme und Taubstumme. Wenn bei ihnen die Möglichkeit einer Verständigung fehlt, dann sind sie eidesunfähig. Auf Taube ist die Vorschrift anwendbar; wenn sie lesen können, leisten sie den Eid nach I, andernfalls leisten sie den Eid durch Nachsprechen der verdolmetschten Formel. Bei einem Schwerhörigen gilt § 483 notfalls entsprechend. 1

**2) VwGO:** Entsprechend anwendbar, § 98 VwGO. 2

## 484 Eidesgleiche Bekräftigung.
<sup>I 1</sup>Gibt der Schwurpflichtige an, daß er aus Glaubens- oder Gewissensgründen keinen Eid leisten wolle, so hat er eine Bekräftigung abzugeben. <sup>2</sup>Diese Bekräftigung steht dem Eid gleich; hierauf ist der Verpflichtete hinzuweisen.
<sup>II</sup> Die Bekräftigung wird in der Weise abgegeben, daß der Richter die Eidesnorm als Bekräftigungsnorm mit der Eingangsformel:
„Sie bekräftigen im Bewußtsein Ihrer Verantwortung vor Gericht"
vorspricht und der Verpflichtete darauf spricht:
„Ja".
<sup>III</sup> § 481 Abs. 3, 5, § 483 gelten entsprechend.

**1) Systematik, I–III.** Die Vorschrift gibt dem eigentlich Schwurpflichtigen nach *seiner* Wahl neben den drei in § 481 Rn 3 genannten Möglichkeiten der Ableistung des eigentlichen Eids drei weitere Möglichkeiten der Ableistung einer sog eidesgleichen Bekräftigung und damit insgesamt von sechs Möglichkeiten, auf die ihn das Gericht mit gleichbleibender Vollständigkeit zu belehren hat, und zwar so einfach, daß er sie auch wirklich versteht. 1

**2) Regelungszweck, I–III.** Die Vorschrift zieht die prozessual notwendigen Folgen aus der in Art 4 I GG verankerten Glaubens- Gewissens- und Bekenntnisfreiheit. Dem Rang dieses Grundrechts ist bei der Auslegung des § 484 Rechnung zu tragen. 2

**3) Geltungsbereich, I–III.** Vgl Üb 6, 7 vor § 478. 3

**4) Glaubens- oder Gewissensgründe, I.** „Ich aber sage euch, daß ihr überhaupt nicht schwören sollt" (Matth. 5, 34 a). Nur aus einem dieser Gründe darf der an sich Schwurpflichtige jeden Eid ablehnen. Andere 4

*Hartmann* 1355

Gründe können zwar dazu führen, daß das Gericht nur den Eid ohne religiöse Beteuerung, § 481 II, oder nur den Eid mit einer besonderen Beteuerungsformel verlangen kann, § 481 III; solche anderen Gründe ändern aber nichts an der Eidespflicht und den Folgen der Eidesverweigerung. Wegen der Hinweispflicht § 480 Rn 3, vgl aber auch I 2. „Gewissensgründe" erfassen auch nichtreligiöse Motive, also auch weltanschauliche. Durch die Fassung „gibt an" verwehrt das Gesetz dem Gericht grundsätzlich die Überprüfung der Wahrheit der Gründe, also der wirklichen Überzeugung des den Eid Verweigernden, zumindest solange keine begründeten Zweifel bestehen; auch im übrigen ist eine Überprüfung durchweg untunlich. Denn wer den Eid verweigert, muß eine eidesgleiche Bekräftigung abgeben, die ihm zivil- wie strafrechtlich gleichsteht, I 2.

Natürlich ist der Verweigernde aber zu *belehren,* daß statt § 484 die Möglichkeiten des § 481 II, III bestehen. Das Protokoll wird wie bei § 481 Rn 2 angelegt. Eine Verweigerung sowohl des Eids als auch der eidesgleichen Bekräftigung ist nur gemäß § 391 Rn 5 zulässig und andernfalls als Eidesverweigerung zu ahnden, selbst wenn sie auf Glaubens- oder Gewissensgründe gestützt wird. Das Gericht muß angemessen besonders darauf hinweisen, daß die eidesgleiche Bekräftigung dem Eid gleichsteht, § 480 Rn 3.

5   5) **Bekräftigungsarten, II, III.** Die Bekräftigung besteht wie der Eid aus drei Teilen: zunächst der vom Richter gesprochenen Eingangsformel, II; sodann der ebenso vom Richter vorgesprochenen Bekräftigungsnorm, die der sonst jeweils anwendbaren Eidesnorm wörtlich entspricht, § 481 Rn 3, 4; schließlich der vom Verpflichteten gesprochenen Bekräftigungsformel „Ja". Der Verpflichtete darf wie bei § 481 III, dort Rn 3, 4, eine zusätzliche Beteuerungsformel anfügen, III. Er ist nicht verpflichtet, die Hand zu heben, denn III verweist nicht auf § 481 IV. Wegen einer eidesgleichen Bekräftigung mehrerer, § 481 V. Wegen der Bekräftigung Stummer usw § 483. Strafbarkeit: Üb 5 vor § 478.

6   6) *VwGO:* Entsprechend anwendbar, § 98 VwGO.

## Zwölfter Titel. Selbständiges Beweisverfahren

### Übersicht

**Schrifttum** (teilweise zum alten Recht)**:** *Becker-Eberhard,* Grundlagen der Kostenerstattung bei der Verfolgung zivilrechtlicher Ansprüche, 1985; *Greim,* Probleme des neuen selbständigen Beweisverfahrens usw, Diss Potsdam 1995; *Gross,* Die Sicherung der Ansprüche aus dem Bauvertrag im Hauptsacheprozeß, 1983; *Heyers,* Wirksame Beweisführung im Bauprozeß, Festschrift für *Korbion* (1986); *Koeble,* Gewährleistung und Beweissicherung in Bausachen, 2. Aufl 1993; *Linke,* Internationales Zivilprozeßrecht, 2. Aufl 1995, § 8; *Müller,* Das selbständige Beweisverfahren, Festschrift für *Schneider* (1997) 405; *Pauly* MDR 97, 1087 (Bauschäden); *Röthner,* Beweissicherung bei der Bauschadensfeststellung usw, 2. Aufl 1992; *Rudolph,* Schiedsgutachten und Beweissicherungsgutachten als Wege zur Belegung von Baustreitigkeiten, Festschrift für *Locher* (1990) 215; *Schuschke,* Selbständiges Beweisverfahren in Kindschaftssachen, Festschrift für *Schneider* (1997) 179; *Siebert,* Die Prinzipien der Kostenerstattung und die Erstattungsfähigkeit vorgerichtlicher Kosten des Rechtsstreits, 1985; *Weise,* Praxis des selbständigen Beweisverfahrens, 1994; *Weller,* Selbständiges Beweisverfahren und Drittbeteiligung usw, Diss Bonn 1994; *Werner/Pastor,* Der Bauprozeß, 9. Aufl 1999; *Wussow,* Zur Sachverständigentätigkeit bei anhängigen (deutschen) Beweissicherungsverfahren, Festschrift für *Korbion* (1986). Vgl auch die Nachweise in Üb vor § 402.

1   1) **Systematik.** Die Sicherung des Beweises, der Beweis zum ewigen Gedächtnis, entstammt dem kanonischen Recht. Das Gericht ordnet sie und darüber hinaus auch unabhängig von einem speziellen Sicherungsbedürfnis ein selbständiges Beweisverfahren, so auch LG Mü RR 94, 355, unter den Voraussetzungen des § 485 in einem stets eigenständigen, eben „selbständigen" Verfahren, Nürnb NJW 89, 235 mwN, nach pflichtgemäßem Ermessen an, wenn noch kein Prozeß anhängig ist oder wenn in einem anhängigen das Prozeßgericht noch keine Beweisaufnahme beschlossen hat, Düss MDR 81, 324, oder keine solche durchführen kann, zB wegen einer Aussetzung des Hauptverfahrens. Soweit ein Verfahren nach §§ 485 ff in Betracht kommt, ist ein solches nach §§ 935 ff unzulässig, Köln VersR 96, 734.

2   2) **Regelungszweck.** Das selbständige Beweisverfahren bezweckt (nur) mit den Beweismitteln der ZPO, LG Ffm MDR 85, 149, die rechtzeitige Klärung von Tatsachen, Einf 17 vor § 284, Saarbr RR 89, 1216, LG Bln MDR 88, 322, vor dem drohenden Verlust, vor eine ohne Beweiswürdigung nach § 286, Müller (vor Rn 1) 411. Es gehört daher zum Prozeßrecht, Karlsr MDR 82, 1027, Schilken ZZP 92, 238, und zwar auch dann, wenn es außerhalb eines Prozesses erfolgt, Schilken ZZP 92, 239, StJL 1 vor § 485, da in der Regel das Prozeßgericht zuständig ist, § 486 I, II, auch das nach § 486 III zuständige AG als solches gemeint ist.

*Nicht maßgeblich* ist der Zweck einer Prozeßvermeidung, selbst wenn sie natürlich stets wünschenswert ist, § 485 Rn 8, Hamm MDR *99,* 184.

3   3) **Geltungsbereich.** §§ 485 ff gelten für alle nach der ZPO zu behandelnden Verfahren, zB in einer Bausache, Pauly JR 96, 269, oder in einer Kindschaftssache, Schuschke (vor Rn 1) 191. Sie kommen auch in einer WEG-Sache (wahlweise neben § 164 FGG) entsprechend in Betracht, BayObLG MDR 96, 144, Hbg WoM 99, 187, LG Bln MDR 88, 322; §§ 485 ff sind auch im Arbeitsgerichtsverfahren anwendbar, Zwanziger ZZP 109, 78, auch im streitigen FGG-Verfahren, Ffm FamRZ 97, 1022, auch vor den Finanzgerichten, BFH NJW 70, 1392. Das Verfahren auf einen Arrest oder eine einstweilige Verfügung, §§ 916 ff, 935 ff, bezweckt weit mehr als eine bloße Tatsachenklärung, nämlich die Sicherung einer Zwangsvollstreckung bzw eine vorläufige Zustandsregelung, Grdz 3, 4 vor § 916.

4   4) **Verfahrensgrundsätze.** Art und Zweck des selbständigen Beweisverfahrens bedingen die Unanwendbarkeit des § 227 III 2, sofern das selbständige Beweisverfahren nicht zu den dort genannten Verfahren

12. Titel. Selbständiges Beweisverfahren  **Übers § 485, § 485**

gehört, und der Vorschriften über eine Unterbrechung, § 249 Rn 3, eine Aussetzung, §§ 148 ff, und eine Zurückstellung sowie die Unzulässigkeit einer Ablehnung des Sachverständigen, § 487 Rn 6. Wegen einer Streitverkündung Einf 3 vor §§ 72–74. Wegen der Unterbrechung der Verjährung BGH NJW 95, 252 (nicht bei Miete), Michalski WoM 93, 439, Schleicher DWW 94, 6. §§ 485 ff sind mit Art 13 GG grundsätzlich vereinbar, Schulz BauR 87, 277. Das rechtliche Gehör ist zu gewähren, Art 103 I GG; freilich reicht eine Anhörung nach der Anordnung des selbständigen Beweisverfahrens aus, Karlsr MDR 82, 1027. Ein Rechtsschutzbedürfnis, Grdz 33 vor § 253, muß wie bei jedem Gerichtsverfahren vorhanden sein; es kann fehlen, wenn der beanstandete Zustand seit längerer Zeit besteht, AG Leutkirch ZMR 88, 68.

**5) Kosten.** Im selbständigen Beweisverfahren ist eine Prozeßkostenhilfe statthaft, § 114 Rn 38 „Selbstän- **5** diges Beweisverfahren". Wegen der Kostengrundentscheidung § 91 Rn 193 „Selbständiges Beweisverfahren: A. Kostengrundentscheidung" und § 494 a Rn 9 ff. Wegen der Erstattungsfähigkeit § 91 Rn 195 „Selbständiges Beweisverfahren: B. Kostenerstattung". Wegen des sachlichrechtlichen Ersatzanspruchs Üb 66 vor § 91 „Selbständiges Beweisverfahren". Bei mehreren Rechtsstreiten erfolgt eine Aufteilung im Verhältnis der Streitwerte, Düss NJW 76, 115, Hbg JB 83, 1257, LG Bln ZMR 88, 341. Eine Vorschußpflicht besteht gemäß § 68 GKG.

*Gebühren:* Des Gerichts: KV 2300; des Anwalts: §§ 48, 37 Z 3 BRAGO. Wert: Anh § 3 Rn 102 „Selbständiges Beweisverfahren". Nichtzahlung kann als Antragsrücknahme gelten, Ffm MDR 95, 751.

**6) *VwGO:*** Das selbständige Beweisverfahren ist auch im VerwProzeß zulässig, wie KV 2300 zeigt. §§ 485–494 **6** sind gemäß § 98 VwGO entsprechend anwendbar, VGH Mannh NVwZ-RR 96, 125, OVG Schlesw NVwZ-RR 92, 444, RedOe § 98 Anm 17, ebenso der zur Schließung einer Lücke eingefügte § 494 a.

**485** *Zulässigkeit.* **I** Während oder außerhalb eines Streitverfahrens kann auf Antrag einer Partei die Einnahme des Augenscheins, die Vernehmung von Zeugen oder die Begutachtung durch einen Sachverständigen angeordnet werden, wenn der Gegner zustimmt oder zu besorgen ist, daß das Beweismittel verlorengeht oder seine Benutzung erschwert wird.

**II** ¹Ist ein Rechtsstreit noch nicht anhängig, kann eine Partei die schriftliche Begutachtung durch einen Sachverständigen beantragen, wenn sie ein rechtliches Interesse daran hat, daß

1. der Zustand einer Person oder der Zustand oder Wert einer Sache,
2. die Ursache eines Personenschadens, Sachschadens oder Sachmangels,
3. der Aufwand für die Beseitigung eines Personenschadens, Sachschadens oder Sachmangelsfestgestellt wird.

²Ein rechtliches Interesse ist anzunehmen, wenn die Feststellung der Vermeidung eines Rechtsstreits dienen kann.

**III** Soweit eine Begutachtung bereits gerichtlich angeordnet worden ist, findet eine neue Begutachtung nur statt, wenn die Voraussetzungen des § 412 erfüllt sind.

**Gliederung**

| | |
|---|---|
| 1) Systematik, Regelungszweck, I–III ...  1 | D. Zustandsfeststellung, II 1 Z 1 .........  10, 11 |
| 2) Geltungsbereich, I–III ................  2 | E. Ursachenfeststellung, II 1 Z 2 .........  12 |
| 3) Antrag, I–III .........................  3 | F. Aufwandsfeststellung, II 1 Z 3 .........  13 |
| 4) Zulässigkeit, I, II ....................  4–13 | 5) Beispiele zur Frage einer Anwendbarkeit von II 1 Z 1–3 .................  14–20 |
| A. Zustimmung des Gegners, I .........  4 | 6) Neue Begutachtung, III .................  21 |
| B. Verlustgefahr, Erschwerungsgefahr, I ...  5 | 7) VwGO ................................  22 |
| C. Rechtliches Interesse usw, II .........  6–9 | |

**1) Systematik, Regelungszweck, I–III.** Vgl Üb 1, 2 vor § 485. Der *Zweck* der Vorschrift gebietet ihre **1** weite Auslegung. II dient der Streitbegrenzung, Müller (vor Üb 1 vor § 485) 419.

**2) Geltungsbereich. I–III.** Vgl zunächst Üb 3 vor § 485. § 485 ist nur bei einem Beweis durch Zeugen, **2** § 373, auch durch sachverständige Zeugen, § 414 Rn 3, durch Sachverständige, § 402, auch mittels eines schriftlichen Gutachtens, § 411, und durch Augenschein, § 371, auch nach § 441, anwendbar. Bei Urkunden, §§ 415 ff, und bei der Parteivernehmung, § 445, gibt es kein selbständiges Beweisverfahren, Hamm MDR 94, 307. Doch ist bei Urkunden ein Augenschein, auch eine Zeugen- und Sachverständigenvernehmung möglich, zB um das Echte festzustellen. „Außerhalb eines Streitverfahrens", I, bzw „noch nicht anhängig", II, kann sich auch auf ein bevorstehendes Verfahren nach § 578 ff beziehen, aM Köln FamRZ 95, 369 (bei § 641 I). In Entschädigungssachen bringt § 209 IV BEG eine Sondervorschrift.

**3) Antrag. I–III.** Die Anordnung erfolgt nur auf Grund eines Antrags einer Partei, auch eines Woh- **3** nungseigentümers oder Wohnungseigentumsverwalters wegen eines Mangels am Gemeinschaftseigentum, BGH DB 80, 204, BayObLG ZMR 79, 21. Sie tritt immer in pflichtgemäßem Ermessen des Gerichts. Das Gericht muß also dem Antrag stattgeben, wenn nach seiner Erkenntnis dessen Voraussetzungen vorliegen, es darf also dann nicht etwa willkürlich oder als unzweckmäßig zurückweisen, Schilken ZZP 92, 267. Das Gericht hat zwar das Rechtsschutzbedürfnis, Grdz 33 vor § 253, wie stets Hamm RR 98, 933, aber nicht stets die Erheblichkeit der Beweistatsachen zu prüfen (Kosten: evtl § 96), Köln VersR 94, 1328, Mü Rpfleger 73, 446, aM Hamm RR 98, 933 (aber diese Erheblichkeit soll sich gerade erst erweisen). Es überläßt die Beweiswürdigung dem Hauptprozeß, § 493, und darf daher zB nicht einen Zeugen als ungeeignetes Beweissicherungsmittel behandeln, nur weil evtl geistige Gebrechen vorliegen, Hamm RR 89, 1464. Das Gericht darf aber einen offenbar nutzlosen, zB im Urteilsverfahren endgültig als unerheblich beurteilten Antrag zurückweisen, weil es nicht für Leerlaufarbeit da ist, Mü OLGZ 75, 52, Schilken ZZP 92,

§ 485                                2. Buch. 1. Abschnitt. Verfahren vor den LGen

265. Der Antragsgegner kann allerdings keinen Gegenantrag auf Beweissicherung usw stellen, § 487 Rn 6. Zur Beschwerde in solchem Fall § 490 Rn 5.

**4**   **4) Zulässigkeit. I, II.** Es muß eine der folgenden Voraussetzungen vorliegen.

   **A. Zustimmung des Gegners, I.** Eine Zustimmung des Gegners genügt. Die Erklärung muß gegenüber dem Gericht erfolgen, mündlich, schriftlich oder zu Protokoll der Geschäftsstelle. Sie ist mindestens glaubhaft zu machen, § 294, StJL 6, ThP § 487 Rn 4, ZöHe 2, aM Schilken ZZP **92**, 266 (es sei ein Vollbeweis nötig).Ein Widerruf ist nur wegen Arglist zulässig, Einl III 54, Grdz 58 vor § 128. Die Rücknahme des Antrags ist nicht von der Zustimmung des Antraggegners abhängig.

**5**   **B. Verlustgefahr, Erschwerungsgefahr, I.** Statt einer Zustimmung des Gegners genügt auch, daß zu besorgen ist, daß das Beweismittel verlorengeht oder seine Benutzung erschwert wird. Ob die Besorgnis des Verlusts oder der Erschwerung der Benutzung des Beweismittels vorliegen, ist nach den Umständen zu beurteilen, die im Zeitpunkt der Anordnung vorliegen.
   *Beispiele:* Hohes Alter, KG JB **77**, 1627, Nürnb MDR **97**, 594; eine gefährliche Erkrankung des Zeugen; drohende Verjährung; eine erhebliche Verteuerung der Beweisaufnahme; der Verderb einer Sache; ihre Veränderung; eine Beweiserhebung im Ausland (nicht bei einer mißbräuchlichen Herbeiführung einer solchen Lage, Schilken ZZP **92**, 261); Arzthaftung, Rehborn MDR **98**, 18.
   Wenn die Beweisaufnahme *erschwert* ist, dann ist auch ihre Benutzung erschwert.Das Gericht hat das Beweissicherungsinteresse und die Lage des etwaigen Antragsgegners abzuwägen. Eine engherzige Auslegung schädigt die Partei, Köln MDR **94**, 94. Es reicht auch aus, daß sich der Beweisbeschluß des Prozeßgerichts nicht auf das Beweismittel erstreckt, wenn der Verlust bis zur höheren Instanz zu besorgen ist. Da die Partei nämlich gegen den Beweisbeschluß keinen Rechtsbehelf hat, § 360, ist der Schaden dann endgültig.
   *Keine Besorgnis* liegt vor, wenn die Erhaltung möglich und für den Antragsteller zumutbar ist, Köln MDR **94**, 94 (erst bei Rechtsmißbrauch), oder wenn die ortsübliche Vergleichsmiete festgestellt werden soll, LG Mannh WoM **76**, 58, oder wenn schon ein Gutachten im Hauptprozeß vorliegt und der Antragsteller nur anschließend Ausforschung betreiben will, Stgt RR **86**, 1448, oder wenn Unterlagen auf Mikrofilm noch längere Zeit aufbewahrt werden, Ffm NJW **92**, 2837, oder wenn es in Wahrheit nur um einen Auskunftsanspruch geht, Ffm NJW **92**, 2837, oder wenn es nur um Rechtsfragen oder Nachbesserungskosten geht, Schlesw SchlHA **89**, 142; die letzteren sind jetzt in II 1 Z 3 geregelt.

**6**   **C. Rechtliches Interesse usw, II.** Diese Voraussetzung ist für ein solches selbständiges Beweisverfahren, das während eines Streitverfahrens, also ab Anhängigkeit, Begriff § 261 Rn 1, bis zur formellen Rechtskraft läuft, Einf 1 vor §§ 322–327, nicht erforderlich und auch nicht ausreichend, Düss RR **96**, 510. Das ergibt der Vergleich von I und II. Mag also die Zustandsfeststellung durch eine Begutachtung im Hauptprozeß vorgenommen werden, Düss RR **96**, 510. Daher reicht auch ein rechtliches Interesse im Sinne von II 2 für ein selbständiges Beweisverfahren nicht aus, soweit ein Hauptprozeß läuft.

**7**   Vielmehr zeigt der klare Wortlaut von II 1: Ein Rechtsstreit darf noch *bei keinem Gericht* auch nur *anhängig*, geschweige denn rechtshängig sein. Ferner ergibt der Wortlaut von II 1 eindeutig: Es kommt zwecks bloßer Zustands-, Ursachen- oder Aufwandsfeststellung nach II nur eine schriftliche Begutachtung in Betracht, kein Zeugenbeweis, Cuypers NJW **94**, 1987. Natürlich darf und muß der Sachverständige Augenschein nehmen. Schließlich ist in allen Fällen von II ein rechtliches und nicht nur wirtschaftliches Interesse gerade dieses Antragstellers notwendig.

**8**   Das rechtliche Interesse ist *weit zu verstehen,* Hamm RR **98**, 68, Köln Rpfleger **95**, 304, Zweibr MDR **92**, 1178, aM MüKoSchr 13, Schreiber NJW **91**, 2601. Es muß freilich um einen der Punkte Z 1–3 gehen, LG Köln WoM **96**, 484: Das rechtliche Interesse liegt vor, wenn der Zustand der Sache oder ihr Wert die Grundlagen eines beliebigen sachlichrechtlichen Anspruchs des Antragstellers oder eines anderen gegen ihn bilden kann, Düss NJW **94**, 1312, LG Ellwangen WoM **97**, 299, Cuypers NJW **94**, 1986. Es ist insbesondere dann anzunehmen, wann die Feststellung der Vermeidung eines Rechtsstreits dienen *kann,* II 2, Ffm VersR **92**, 1152, Karls MDR **99**, 496, Köln NJW **99**, 875, aM LG Hann JB **92**, 496, 180. Es ist also nicht notwendig, daß die Feststellung solchen Zielen dienen *wird,* Karls MDR **99**, 496, Köln RR **96**, 573, Zweibr MDR **92**, 1178. Andererseits beseitigt ein endgültiges Fehlen einer Einigungsbereitschaft beim Antragsgegner das rechtliche Interesse keinesfalls, Üb 2 vor § 485, Hammbg MDR **99**, 184.

**9**   Das rechtliche Interesse ist *glaubhaft* zu machen, denn es ist eine Zulässigkeitsvoraussetzung, § 487 Z 4. Die Glaubhaftmachung erfolgt nach § 294. Das rechtliche Interesse muß ferner gerade darin bestehen, daß eine der Feststellungen nach Rn 10–13 getroffen wird, Düss JB **92**, 426. Während eines Sachverständigenverfahrens nach § 14 AKB kann das Rechtsschutzinteresse nach § 485 fehlen, Hamm NJW **98**, 689.

**10**   **D. Zustandsfeststellung, II 1 Z 1.** Es reicht aus und ist mangels Rn 12, 13 notwendig, daß das schriftliche Gutachten den gegenwärtigen Zustand, nicht den früheren, Ffm VersR **92**, 1152, aM Oldb MDR **95**, 746, und nicht den künftigen, Mü OLGZ **92**, 471, aM Müller (vor Üb 1 vor § 485), 414, einer Person oder den gegenwärtigen Zustand oder Wert einer Sache feststellen soll. Als Person kommen die Parteien, Grdz 3 vor § 50, Köln NJW **99**, 875, Streithelfer, § 66, Streitverkündete, § 72, Zeugen, § 373, oder Dritte in Betracht. Unerheblich sind: Geschlecht, Nationalität, Alter, Vernehmungsfähigkeit, Geschäftsfähigkeit, Bereitschaft; indessen müssen Gericht und Gutachter natürlich die Grundrechte der Person wie ihren Datenschutz usw wahrnehmen und achten. Als Sache kommen alle Sachen im Sinn von §§ 90 ff BGB in Betracht. Tiere zählen im Rahmen des § 103 a BGB ebenfalls hierher. Unerheblich sind: Eigentums- und Besitzverhältnisse, Aggregatzustand, Alter, Empfindlichkeit usw; indessen müssen Gericht und Gutachter natürlich die vorgenannten und sonstige Rechte von am Prozeß nicht Beteiligten wahren und achten. Die Ursachen des Zustands brauchen (anders als bei Rn 12) ebenfalls nicht dargelegt zu werden, BGH DB **92**, 1408.

**11**   Der *Wert* mag sich auf den Handels- oder Liebhaberpreis, auf die Verkäuflichkeit oder auf einen Schätzpreis beziehen, Scholl WoM **97**, 308, auch auf den Mietwert, Scholl NZM **99**, 398. Das ist entgegen Cuypers NJW **94**, 1987 gar nicht wenig an Anhaltspunkten. Wertermittlungsverfahren können helfen, abw

## 12. Titel. Selbständiges Beweisverfahren § 485

Cuypers NJW **94**, 1987 (aber gerade er beruft sich mit Recht auf die Freiheit der Meinungsbildung nach § 286).

**E. Ursachenfeststellung, II 1 Z 2.** Es reicht aus und ist mangels Rn 10, 13 notwendig, daß das schriftliche Gutachten die Ursache eines Personenschadens, Sachschadens oder Sachmangels feststellen helfen soll. Ursache kann auch eine nur teilweise, mittelbare, bloß mitwirkende sein, Düss RR **97**, 1312, Mü MDR **98**, 495. Ziel muß ihre Feststellung sein; unerheblich ist, ob der Gutachter später auch ihre Möglichkeit feststellen kann. Schaden ist im Sinn von §§ 249 ff BGB zu verstehen, aM Cuypers NJW **94**, 1986 (aber warum sollen diese Vorschriften eigentlich nicht anwendbar sein?). Mangel kann zB ein solcher nach §§ 459 ff, 537 ff, 633 ff BGB sein, aM Cuypers NJW **94**, 1986 (aber warum sollen auch diese Vorschriften nicht heranziehbar sein?). **12**

**F. Aufwandsfeststellung, II Z 3.** Es reicht aus und ist mangels Rn 10, 12 notwendig, daß das schriftliche Gutachten den Aufwand für die Beseitigung eines Personenschadens, Sachschadens oder Sachmangels im Sinne von Rn 12 feststellen soll. Damit ist natürlich noch nicht gesagt, ob der Aufwand auch nach Ansicht des Spruchrichters notwendig war, im Ergebnis ebenso Schreiber NJW **91**, 2602. Damit ist in dieser früheren Streitfrage durch Z 3 Klarheit geschaffen. Die bloße Aufwandsfeststellung kann für sich allein ein Verfahren nach §§ 485 ff rechtfertigen. Aufwand ist jede tatsächlich notwendige oder ratsame Leistung, auch Dritter. **13**

**5) Beispiele zur Frage einer Anwendbarkeit von II 1 Z 1–3** **14**
**Arzthaftung:** Düss MDR **98**, 1241, Stgt NJW **99**, 875 halten §§ 485 ff für anwendbar, aM Köln NJW **99**, 875, Rehborn MDR **98**, 18 (aber ob Einseitigkeit eintreten kann, ist im Folgeprozeß nach § 286 nachprüfbar). Nürnb MDR **97**, 501 lehnt im Arzthaftungsprozeß die Vorwegnahme des Hauptprozesses ab.
**Aufgraben usw:** Der gegenwärtige Zustand, II 1 Z 1, umfaßt auch solche Tatsachen, die man erst durch Aufgraben usw ermitteln kann.
**Ausforschung:** Für II nicht ausreichend ist der Wunsch, die Erfolgsaussichten einer Klage zu überprüfen, also eine bloße Ausforschung zu betreiben, KG MDR **99**, 565, LG Frankenth MDR **84**, 854.
**Bauwerk:** Es gelten dieselben Regeln wie Rn 16 „Kaufsache".
**Besichtigung:** Wegen der Möglichkeiten des Programmentwicklers nach § 809 BGB in Verbindung mit § 935 Bork NJW **97**, 1671.
**Bürge:** II kann auch gegenüber einem Bürgen anwendbar sein, Ffm MDR **91**, 989.
**Dritter:** Rn 18 „Rückhaftung". **15**
**Erbrecht:** Rn 19 „Testierfähigkeit".
**Fenstererneuerung:** II ist anwendbar, soweit der Vermieter Fenster erneuern (und die Miete anschließend deshalb erhöhen) will, die der Mieter repariert hatte, LG Ffm WoM **82**, 218.
**Gattungskauf:** II ist beim Gattungskauf, § 480 BGB, anwendbar.
**Gütliche Einigung:** Die Anwendbarkeit von II hängt nicht davon ab, ob der Gegner eine gütliche Einigung, vgl § 279, ablehnt oder anstrebt, LG Passau RR **92**, 767.
**Kaufsache:** II 1 Z 1 ist anwendbar, soweit es um die Feststellung des Zustands einer Kaufsache geht. Man **16** muß ihn nicht in allen Einzelheiten behaupten. Man muß aber doch zB angebliche tatsächliche Mängel so bezeichnen, daß der Sachverständige weiß, was er untersuchen soll.
**Kaufähnlicher Vertrag:** II ist bei einem Vertrag nach § 493 BGB anwendbar.
**Klagerücknahme:** Eine Klagerücknahme kann das rechtliche Interesse nach II beseitigen.
**Kommission:** II ist anwendbar, zB wegen einer Beschädigung oder eines Mangels, § 388 HGB.
**Lagergeschäft:** II ist anwendbar, zB wegen Veränderungen am Lagergut, § 417 II HGB. **17**
**Lärm:** Schallwellen sind beim Gestörten ein Teil des Sachzustands, II 1 Z 1, aM Düss OLGZ **92**, 336.
**Mieterhöhung:** Für II ist nicht ausreichend der Wunsch, die ortsübliche Vergleichsmiete festzustellen, soweit der Wohnungszustand unstreitig ist, LG Bln RR **97**, 585, LG Brschw WoM **96**, 291, aM Scholl WoM **97**, 308 (aber § 2 MHG fordert mehr als einen Schätzpreis).
**Mietminderung:** Für II nicht ausreichend ist der Wunsch festzustellen, in welchem Umfang eine Mietminderung zulässig ist, LG Bln WoM **91**, 163, Scholl NZM **97**, 308 (Streitfrage).
**Mietsache:** II 1 Z 1 ist anwendbar, soweit es um die Feststellung des Zustands einer Mietsache geht, dazu Kamphausen WoM **83**, 303 (ausf), aber nicht bei § 5 WiStG, LG Freibg WoM **97**, 337. Vgl auch wegen der Einzelheiten Rn 16 „Kaufsache".
**Rechtsfrage:** Für II reicht nicht der Wunsch, eine Rechtsfrage zu klären, Schlesw SchlHA **89**, 142. **18**
**Rechtskraft:** Für II nicht ausreichend ist der Wunsch, nur solche Tatsachen aufzuklären, die der Begründung eines schon rechtskräftig abgewiesenen Anspruchs gedient hätten, LG Bln MDR **93**, 1015.
**Rechtsverhältnis:** Für II nicht ausreichend ist der Wunsch, etwas zu klären, solange ein Rechtsverhältnis oder ein möglicher Prozeßgegner fehlen, Bbg RR **95**, 894.
**Rückhaftung:** Auch ein mittelbares Interesse genügt für II, etwa aus Haftung gegenüber einem Dritten.
**Sachmangel:** II ist anwendbar, soweit es um einen Sachmangel nach §§ 459 ff BGB geht.
S auch Rn 20 „Verjährung".
**Schenkung:** II ist bei der Schenkung anwendbar, zB wegen einer Sachmängelhaftung nach § 524 BGB. **19**
**Spedition:** II ist auf den Speditionsvertrag anwendbar, zB wegen einer Beschädigung oder eines Mangels, §§ 388, 407 II HGB.
**Tausch:** II ist beim Tausch, § 515 BGB, anwendbar.
**Testierfähigkeit:** II ist unanwendbar, soweit es um die Testierfähigkeit eines künftigen Erblassers geht, Ffm MDR **97**, 481, LG Ffm Rpfleger **97**, 165.
**Veränderungsgefahr:** Eine Veränderungsgefahr ist nicht für II erforderlich, aM LG Frankenth MDR **84**, **20** 854.
**Verjährung:** II ist anwendbar, soweit es um die Erhaltung der Mängeleinrede nach § 478 BGB geht.
**Vorkauf:** II ist beim Vorkauf anwendbar, zB bei § 510 BGB.
**Werkvertrag:** II ist beim Werkvertrag anwendbar, zB wegen einer Nachbesserung usw, §§ 633 ff BGB.

## §§ 485, 486

**21** **6) Neue Begutachtung, III.** „Soweit" ein Begutachtung nach I oder II bereits angeordnet war, ist eine neue zu demselben Thema nur unter den Voraussetzungen des § 412 statthaft, s dort. Anderenfalls wären die Möglichkeiten nach §§ 485 ff weitergehend als diejenigen nach §§ 402 ff; das würde zum Umweg über §§ 485 ff verleiten, Düss RR **97**, 1086.

**22** **7) VwGO:** Entsprechend anwendbar, § 98 VwGO, OVG Schlesw NVwZ-RR **92**, 444, wenn der VerwRweg gegeben ist. Zum rechtlichen Interesse, II, s VGH Mannh NVwZ-RR **96**, 125.

---

**486** **Antrag. Zuständigkeit.** [I] Ist ein Rechtsstreit anhängig, so ist der Antrag bei dem Prozeßgericht zu stellen.

[II] [1]Ist ein Rechtsstreit noch nicht anhängig, so ist der Antrag bei dem Gericht zu stellen, das nach dem Vortrag des Antragstellers zur Entscheidung in der Hauptsache berufen wäre. [2]In dem nachfolgenden Streitverfahren kann sich der Antragsteller auf die Unzuständigkeit des Gerichts nicht berufen.

[III] In Fällen dringender Gefahr kann der Antrag auch bei dem Amtsgericht gestellt werden, in dessen Bezirk die zu vernehmende oder zu begutachtende Person sich aufhält oder die in Augenschein zu nehmende oder zu begutachtende Sache sich befindet.

[IV] Der Antrag kann vor der Geschäftsstelle zu Protokoll erklärt werden.

### Gliederung

| | | | |
|---|---|---|---|
| 1) Systematik, Regelungszweck, I–IV ... | 1 | C. Vor Anhängigkeit, II 1 ............... | 6 |
| 2) Geltungsbereich, I–IV ................ | 2 | D. Keine Rüge der Unzuständigkeit, II 2 . | 7 |
| 3) Antrag, I, IV ......................... | 3 | E. Dringende Gefahr, III ............... | 8–10 |
| 4) Zuständigkeit, I–III .................. | 4–12 | F. Mehrheit von Amtsgerichten, I–III .... | 11 |
|   A. Rechtsweg, I–III .................. | 4 | G. Zuständigkeitsübergang, II, III ........ | 12 |
|   B. Anhängigkeit des Hauptprozesses, I .... | 5 | 5) VwGO ............................. | 13 |

**1** **1) Systematik, Regelungszweck, I–IV.** Vgl Üb 1, 2 vor § 485.

**2** **2) Geltungsbereich, I–IV.** Vgl Üb 3 vor § 485.

**3** **3) Antrag, I, IV.** Er ist in der mündlichen Verhandlung, schriftlich oder zu Protokoll jeder Geschäftsstelle zu stellen, § 129 a, Naumb JB **98**, 268, LG Ffm MDR **85**, 153. Es besteht außerhalb der Verhandlung kein Anwaltszwang, IV, § 78 III, in ihr wie sonst, § 78 Rn 2. Der Antrag läuft selbst neben dem Rechtsstreit her, BGH **59**, 326. Er begründet keine Rechtshängigkeit, § 261 Rn 11 „Selbständiges Beweisverfahren", ThP 3, ZöHe 1, aM Schilken ZZP **92**, 251, 256, und unterbricht die Verjährung, soweit das Gesetz dies bestimmt, BGH BB **98**, 816 (Ausnahme: Zurückweisung wegen Unzulässigkeit), wie bei §§ 477 II, 490, 558 BGB, BGH ZMR **95**, 115, aM Haase ZMR **96**, 62, oder bei § 639 BGB, Karlsr MDR **82**, 1027, und sofern er vom Gläubiger gestellt wird, LG Kaisersl VersR **73**, 868, statthaft ist, BGH NJW **83**, 1901, und nicht nur nach § 494 erfolgt, BGH NJW **80**, 1458.

Die *Rücknahme* des Antrags hebt die Verjährungsunterbrechung auf, BGH NJW **73**, 698. Eine durch Gerichtsverschulden veranlaßte Antragsrücknahme oder Erledigterklärung kann zur Kostenniederschlagung führen, § 8 GKG, LG Ffm MDR **85**, 153. Der Antrag erhält den Anspruch oder die Einrede nach §§ 478, 485, 639 BGB, 414 HGB. Wenn das Gericht einem formungültigen Antrag stattgibt, gilt dasselbe. Rücknahme ist möglich, § 269 Rn 3.

**4** **4) Zuständigkeit, I–III.** Die Zuständigkeit ist teilweise zur Wahl des Antragstellers gestellt, teilweise vorgeschrieben (ausschließlich), auch nach der Wahl, § 12 Rn 9 „Selbständiges Beweisverfahren".

**A. Rechtsweg, I–III.** Der ordentliche Rechtsweg muß gegeben sein, § 13 GVG. Vgl bei II, III, aber auch § 46 II ArbGG, § 164 FGG; wenn zB in einer WEG-Sache nicht der Weg nach § 164 FGG, sondern derjenige nach §§ 485 ff gewählt wird, kommt keine Abgabe in Betracht, Anh II § 281 Rn 2–4.

**5** **B. Anhängigkeit des Hauptprozesses, I.** Ab Anhängigkeit, nicht notwendig Rechtshängigkeit, (Begriffe § 261 Rn 1) des Hauptprozesses und bis zu dessen Beendigung ist stets, und zwar grundsätzlich auch nur (Ausnahme: III), das Prozeßgericht der Instanz zuständig. Evtl ist also auch das Berufungsgericht zuständig. Dies gilt sogar für die Revisionsinstanz, der zu derartigen Prozeßhandlungen nicht berufen ist, soweit es sich nicht auf Tatsachen bezieht, die das Revisionsgericht selbst festzustellen hat, BGH **17**, 117, BVerwG NJW **61**, 1228, Schilken JR **84**, 449 StJL 7, aM Cuypers NJW **94**, 1988 (aber haben BGH und BVerwG kein Gewicht?).

Die *Folge* ist allerdings, daß das Berufungsgericht wegen der Möglichkeit der Aufhebung seines Urteils eine Beweiserhebung nicht ablehnen darf, weil es diese für unnötig gehalten hat. Das Gericht kann die Beweisaufnahme auch einem nach §§ 361, 362 verordneten Richter übertragen; § 375 beschränkt das Gericht hier nicht, weil sein Grund versagt und weil außerdem der Antragsteller nach II das AG anrufen darf. Das Gericht, bei dem nur ein vorläufiges Verfahren anhängig ist, zB ein Arrest, eine einstweilige Anordnung oder Verfügung, §§ 620 ff, 916 ff, 935 ff, ist nicht allein nach I zuständig, Ffm NJW **85**, 811.

**6** **C. Vor Anhängigkeit, II 1.** Vor der Anhängigkeit, Begriff § 261 Rn 1, des Hauptprozesses ist stets, und zwar grundsätzlich auch nur (Ausnahme: III), dasjenige Gericht örtlich und sachlich zuständig, das nach dem Tatsachenvortrag (nicht etwa der ja ohnehin den Richter nicht bindenden bloßen Rechtsansicht) des Antragstellers, der § 253 II beachten soll, zur Entscheidung in der Hauptsache berufen wäre, Geffert NJW **95**, 506, also das künftige etwaige Prozeßgericht, im Ergebnis ebenso Cuypers NJW **94**, 1988. Maßgebend ist der Antragseingang, Ffm RR **98**, 1610. Spätere (gesetzliche) Änderungen sind also unbeachtlich, Mü

## 12. Titel. Selbständiges Beweisverfahren §§ 486, 487

OLGZ **94**, 230. § 348 ist anwendbar, Geffert NJW **95**, 506. Eine Schiedsgerichtsabrede hindert vor dem Zusammentritt des Schiedsgerichts wegen des Eilcharakters des selbständigen Beweisverfahrens dessen Zulässigkeit noch nicht, Kblz MDR **99**, 503.

**D. Keine Rüge der Unzuständigkeit, II 2.** Soweit einem vor der Anhängigkeit des Hauptprozesses 7 angelaufenen selbständigen Beweisverfahren ein Hauptprozeß vor demselben Gericht folgt, kann sich der frühere Antragsteller weder als Kläger noch als Bekl auf eine in Wahrheit bestehende örtliche oder sachliche Unzuständigkeit dieses Gerichts berufen; folglich darf dieses nicht verweisen oder abgeben.

**E. Dringende Gefahr, III.** Im Fall einer dringenden Gefahr sind vor wie nach einer Anhängigkeit, 8 Rn 3–5, nach der Wahl des Antragstellers das jetzige oder voraussichtliche Prozeßgericht oder das AG des Aufenthalts des zu vernehmenden oder auf seinen Zustand zu begutachten Menschen (Partei, Zeuge, Dritter) zuständig, oder das AG der zu besichtigenden bzw zu begutachtenden Sache, unabhängig davon, ob ein richterlicher Augenschein beantragt wird oder ob ein Zeuge oder ein Sachverständiger gehört werden soll, Mü ZMR **86**, 242, Schlesw MDR **74**, 762, LG Ffm MDR **89**, 828, aM Hamm ZMR **79**, 277 (zuständig sei dann nur das AG der zu besichtigenden Sache). Ob eine dringende Gefahr vorliegt, entscheidet das AG nach pflichtgemäßem *Ermessen*. Sie muß glaubhaft gemacht werden, § 294.

Grundsätzlich hat ein Kollegialgericht eine eilige Sache ebenso rasch zu bearbeiten wie ein AG. Deshalb 9 liegt eine *dringende Gefahr* zumindest dann nicht vor, wenn sich das nach I, II zuständige LG an demselben Ort wie das AG befindet. Angesichts der heutigen Verkehrs- und Kommunikationsmöglichkeiten, zB durch Telefax, ist aber auch ein am anderen Ort als das AG liegendes übergeordnetes oder nicht allzu weit entferntes LG grundsätzlich ebenso rasch einsatzbereit. Daher darf das nach III angegangene AG den Begriff der dringenden Gefahr eng auslegen. Natürlich muß es zB eine Naturkatastrophe, einen Bahnstreik usw berücksichtigen, braucht aber nicht schon wegen eines vorübergehenden Verkehrsstaus oder dergleichen tätig zu werden. Anders, wenn der in seinem Bezirk aufhältige Zeuge abreisen, das Schiff abfahren will usw. Eine dringende Gefahr kann vorliegen, wenn eine sofortige Beweiserhebung weder vor dem nach II zuständigen Gericht, BayObLG **91**, 347, noch vor einem anderen sogleich bereiten Gericht möglich wäre.

Der *Wohnsitz*, Geschäftsort oder Aufenthaltsort des Sachverständigen ist nicht mehr ausreichend. Denn III 10 spricht nur von der „zu begutachtenden" Person, nicht von der „begutachtenden". Zwar spricht III auch von der „zu vernehmenden" Person. Damit scheint auch der Sachverständige gemeint zu sein, der nach der praxisfernen Konstruktion des Regelfalls der §§ 402 ff ja grundsätzlich mündliche Gutachten erstattet, § 411 Rn 1, und ohnehin stets nach § 411 III zu laden sein kann. Indessen unterscheidet der vorrangige § 485 I klar zwischen der „Vernehmung von Zeugen" und der „Begutachtung durch einen Sachverständigen". Diese Begriffsbildung ist bei III mitzubeachten und zeigt, daß III überhaupt nicht auf den Sachverständigen abstellt. Das ist auch sinnvoll. Mag sich der Sachverständige zum zu begutachtenden Subjekt oder Objekt begeben, Schreiber NJW **91**, 2602. Außerhalb dringender Gefahr ist das AG nur unter den Voraussetzungen I oder II zuständig, also zB vor Anhängigkeit des Hauptprozesses nur nach II.

**F. Mehrheit von Amtsgerichten, I–III.** Wenn die Voraussetzungen von I oder II auf mehrere Gerichte 11 zutreffen, weil mehrere Gerichtsstände zur Verfügung stehen usw, dann hat der Antragsteller unter ihnen die Wahl, § 35. Er verbraucht das Wahlrecht mit dessen erster Ausübung. Daher darf das von ihm zutreffend gewählte Gericht nicht weiterleiten oder abgeben, selbst wenn er das beantragt. Wenn aber zB die Vernehmungen von Zeugen in verschiedenen Bezirken notwendig werden, dann fehlt ein einheitlicher Gerichtsstand; es ist dann § 36 Z 3 entsprechend anzuwenden, dort Rn 3.

**G. Zuständigkeitsübergang, II, III.** In den Fällen Rn 6, 8–10 geht die Zuständigkeit auf das Prozeßge- 12 richt über, sobald es die Beweiswertung einleitet, Mü OLGZ **82**, 200. Schon wegen der Unbeachtlichkeit eines Ablehnungsantrags, § 487 Rn 6, bleibt das nach II, III zuständig gewesene AG nach dem Ende des selbständigen Beweisverfahrens, § 492 Rn 3, für einen Ablehnungsantrag nicht zuständig, Nürnb NJW **89**, 236.

**5) VwGO:** Entsprechend anwendbar, § 98 VwGO. Zuständig, **I**, ist ebenso wie im Zivilverfahren nicht das 13 Revisionsgericht, BVerwG NJW **61**, 1228, auch nicht bei Nichtzulassungsbeschwerde, OVG Münst AS **32**, 235, wohl aber das BVerwG als erstinstanzliches Gericht, RedOe § 98 Anm 17. An die Stelle des AG, **III**, tritt das danach örtlich zuständige VG, OVG Schlesw NVwZ-RR **92**, 444. Wegen der Bestimmung des örtlich zuständigen Gerichts vgl BVerwG **12**, 363.

## 487 Antrag. Erfordernisse. Der Antrag muß enthalten:

1. die Bezeichnung des Gegners;
2. die Bezeichnung der Tatsachen, über die Beweis erhoben werden soll;
3. die Benennung der Zeugen oder die Bezeichnung der übrigen nach § 485 zulässigen Beweismittel;
4. die Glaubhaftmachung der Tatsachen, die die Zulässigkeit des selbständigen Beweisverfahrens und die Zuständigkeit des Gerichts begründen sollen.

### Gliederung

| | | | |
|---|---|---|---|
| 1) Systematik, Regelungszweck, Z 1–4 .. | 1 | B. Bezeichnung der Beweistatsachen, Z 2 . | 4 |
| 2) Geltungsbereich, Z 1–4 ............... | 2 | C. Benennung der Zeugen; Bezeichnung der übrigen zulässigen Beweismittel, | |
| 3) Mindestangaben, Z 1–4 ............... | 3–7 | Z 3 .................................. | 5, 6 |
| A. Bezeichnung des Gegners, Z 1 ...... | 3 | | |

## § 487

|  |  |
|---|---|
| D. Glaubhaftmachung der Zulässigkeit und Zuständigkeit, Z 4 ................. 7 | 5) Verstoß, Z 1–4 ........................ 9 |
| 4) Weitere Einzelfragen, Z 1–4 .......... 8 | 6) *VwGO* ................................. 10 |

**1) Systematik, Regelungszweck, Z 1–4.** Die Erfordernisse des § 487 sind ebenso wie bei jedem „normalen" Beweisantrag zwecks Klarstellung dessen, was Gericht und Gegner zur Beurteilung von Zulässigkeit und Begründetheit des Gesuchs wissen müssen, im Prinzip sämtlich wesentlich. Fehlt ein Erfordernis, so ist der Antrag zurückzuweisen. § 487 ist aber unvollständig, Rn 7, 8 sowie § 494. Ausforschung, Einf 27 vor § 284, ist auch hier unzulässig, Düss JB **92**, 426.

**2) Geltungsbereich, Z 1–4.** Vgl Üb 3 vor § 485.

**3) Mindestangaben, Z 1–4.** Der Antrag muß sämtliche folgenden Angaben enthalten.

A. **Bezeichnung des Gegners, Z 1.** Der Antragsteller muß grundsätzlich den Antragsgegner so genau wie in einer Klageschrift den Bekl bezeichnen, § 253 Rn 22. Er muß alle in Betracht kommenden Gegner benennen, Ffm MDR **94**, 1244. Evtl kann ein weiterer Gegner einbezogen werden, Düss RR **95**, 1216. Soweit dem Antragsteller eine Benennung nicht zumutbar möglich ist, ist § 494 anzuwenden; das hätte Ffm MDR **94**, 1244 mitverdeutlichen sollen.

B. **Bezeichnung der Beweistatsachen, Z 2.** Der Antragsteller muß die Beweistatsachen grundsätzlich wie bei § 371 angeben. Ihre Angabe in großen Zügen genügt allerdings, Düss MDR **81**, 324, Hbg MDR **78**, 845, KG MDR **92**, 410, aM StJL § 485 Rn 15, ThP 2. Da die Beweiserhebung auf Kosten des Antragstellers stattfindet, sind keine hohen Anforderungen zu stellen. Die Erheblichkeit ist nicht zu prüfen, § 485 Rn 3. Freilich darf das Verfahren nicht zu einem Ausforschungsbeweis ausarten, Einf 27 vor § 284, Düss MDR **81**, 324, nur scheinbar aM KG MDR **92**, 410. Deshalb muß der Antragsteller zumindest über den beweisbedürftigen Zustand einer Person oder Sache in einem ihm zumutbaren Umfang bestimmte Behauptungen aufstellen, Düss MDR **81**, 324, KG MDR **92**, 410. Auch kann die Angabe des Anspruchs zweckmäßig sein, Cuypers NJW **94**, 1989.

C. **Benennung der Zeugen; Bezeichnung der übrigen zulässigen Beweismittel, Z 3.** Der Antragsteller muß die von ihm gewünschten Zeugen gemäß § 373 benennen oder die sonstigen nach § 485 zulässigen Beweismittel bezeichnen. Er muß einen bestimmten Sachverständigen benennen, mag dieser nach § 404 II bestellt worden sein oder nicht. Das Gericht muß den benannten Sachverständigen bestellen, § 404 I ist unanwendbar, da eine Würdigung des Gutachtens erst bei seiner Verwertung in der Beweisaufnahme erfolgt. Daran hat auch die Neufassung des § 487 in der Sache nichts geändert. Auch die „Bezeichnung der ... Beweismittel" umfaßt beim Sachverständigen dessen grundsätzlich verbindliche Benennung, sofern der Beweisführer überhaupt zulässigerweise die Person des Sachverständigen und nicht nur diese Art von Beweismittel bezeichnet. Insofern ist der Unterschied zwischen Benennung und Bezeichnung nur sprachlich beachtlich, Rn 6, LG Gött RR **88**, 694, aM Düss OLGZ **94**, 85, Ffm RR **93**, 1342, ZöHe 5. Der Antragsteller kann die *Auswahl* des Sachverständigen aber schon zur Vermeidung einer späteren Befangenheit im Prozeß, s unten, auch dem Gericht überlassen, § 406 Rn 1, LG Köln NJW **78**, 1866, ThP 3, ZöHe 5, aM Mü MDR **76**, 851. Der Antragsteller kann die Auswahl des Sachverständigen auch an einen bestimmten Kreis binden, etwa an „einen von der Handelskammer zu benennenden Sachverständigen". Es muß sich nicht stets um einen öffentlich bestellten vereidigten Sachverständigen handeln, AG Neuss ZMR **95**, 212.

Der Antragsgegner hat *kein Ablehnungsrecht* und auch *kein* Recht auf einen sog *Gegenantrag*, zumal das Gericht an eine etwaige Benennung durch den Antragsteller gebunden ist; es findet lediglich eine Beurteilung der Situation im Prozeß statt, auch mit Hilfe von § 412, Mü MDR **93**, 380, LG Gött RR **98**, 694, LG Münst MDR **98**, 1501, aM Düss RR **97**, 1428, KG RR **98**, 144, Mü RR **97**, 318 (Gegenbeweisantritt schadet nicht), StJL 5 (aber Antragsgegner kann seinerseits einen Antrag auf ein selbständiges Beweisverfahren stellen, Ffm RR **90**, 1023. Dieser begründet bis zur etwaigen Verbindung ein selbständiges Verfahren, Hartmann Teil I § 49 GKG Rn 4, KV 1600 Rn 4 und Teil X § 48 BRAGO Rn 3. Der Antragsgegner kann auf diese Weise seinen Sachverständigen einführen, Oldb MDR **77**, 500, LG Gött RR **88**, 695).

§ 492 I hilft der Gegenmeinung entgegen Hamm VersR **96**, 911 ebenfalls *nicht*. Die Vorschrift scheint zwar auch auf § 404 I zu verweisen. Sie bestand aber schon vor dem RpflVereinfG, dessen Materialien nicht binden, Einl III 42, und bezieht sich nur auf die „überhaupt" geltenden Vorschriften. Demgegenüber enthält § 487 Z 3 mit dem Wort „Benennung" eine vorrangige, den Besonderheiten dieses Verfahrens angepaßte Regelung: Im „Normalprozeß" ist § 373 nicht etwa gem § 402 anwendbar, sondern durch § 403 ersetzt, § 402 Rn 1 „§ 373", und dort braucht man nur die „zu begutachtenden Punkte" zu bezeichnen, gerade nicht (auch) die Person des verlangten Sachverständigen, wie es Z 3 der Sache nach fordert oder doch wenigstens derart zuläßt, daß das Gericht an die Personenwahl gebunden ist. Im übrigen kann der Antragsgegner auf ein Ablehnungsrecht verzichtet haben, Köln VersR **93**, 1502. Von Amts wegen wird kein zusätzlicher Sachverständiger bestellt.

D. **Glaubhaftmachung der Zulässigkeit und Zuständigkeit, Z 4.** Der Antragsteller muß die Tatsachen, die die Zulässigkeit des selbständigen Beweisverfahrens und die Zuständigkeit des Gerichts begründen sollen, nach §§ 485, 486 darlegen und nach Z 4 außerdem gemäß § 294 glaubhaft machen. Dazu gehört auch die Glaubhaftmachung einer dringenden Gefahr und der ja noch in diesem Fall eintretenden Zuständigkeit des AG des Aufenthalts bzw der Belegenheit, soweit es nicht ohnehin das Prozeßgericht ist, § 486 III.

**4) Weitere Einzelfragen, Z 1–4.** Eine Glaubhaftmachung ist entgegen dem scheinbar umfassenden Zwang nach Z 4 doch ausnahmsweise entbehrlich, soweit der Antragsgegner zustimmt, im Ergebnis ebenso Cuypers NJW **94**, 1989. Wegen des Anwaltszwangs § 486 Rn 1. Eine Drittbeteiligung, insbesondere eine Streitverkündung, ist unstatthaft, Bohnen BB **95**, 2338.

**5) Verstoß, Z 1–4.** Soweit das Gericht einem Befangenheitsantrag unzulässigerweise, Rn 6, stattgegeben hat, ist die Entscheidung trotzdem wegen § 406 V unanfechtbar, es sei denn, es lägen auch ein Verstoß gegen Art 103 I GG oder Willkür vor, LG Gött RR **88**, 694, und sie ist für das Hauptverfahren bindend, § 493 Rn 2. **9**

**6) VwGO:** *Entsprechend anwendbar, § 98 VwGO.* **10**

## 488, 489 (weggefallen)

## 490 Entscheidung. ¹Über den Antrag kann ohne mündliche Verhandlung entschieden werden.

**II** ¹In dem Beschluß, durch welchen dem Antrag stattgegeben wird, sind die Tatsachen, über die der Beweis zu erheben ist, und die Beweismittel unter Benennung der zu vernehmenden Zeugen und Sachverständigen zu bezeichnen. ²Der Beschluß ist nicht anfechtbar.

**1) Systematik, Regelungszweck, I, II.** Die Vorschrift regelt das an den Antrag anschließende Verfahren in I, die Entscheidung in II. Beide Bereiche finden in §§ 491ff ergänzende Regelungen. außerdem gilt natürlich das Erste Buch ergänzend, ferner gilt ergänzend § 492.   Der Wegfall des Verhandlungszwangs *dient* der Prozeßförderung, Grdz 12 vor § 128, zumal manches selbständige Beweisverfahren wegen des drohenden Verlusts des Beweismittels unter einem ähnlichen Zeitdruck steht wie ein Verfahren auf Arrest oder einstweilige Verfügung; I geht sogar noch weiter als § 937 II (dort: Verhandlung nur ausnahmsweise entbehrlich). **1**

**2) Geltungsbereich, I, II.** Vgl Üb 3 vor § 485. **2**

**3) Verfahren, I.** Über den Antrag entscheidet das Gericht bei freigestellter mündlicher Verhandlung, § 128 Rn 10. Ein Termin ist unverzüglich zu bestimmen, § 216, und zwar auch für die Zeit vom 1. 7. bis 31. 8., § 227 Rn 31. Das selbständige Beweisverfahren ist nicht schon als solches Sommersache; es kommt für § 227 III 2 Hs 1 Z 1–6 auf den dortigen Charakter des (beabsichtigten) Hauptprozesses an. Das Gericht muß dem Antragsgegner das rechtliche Gehör gewähren, Art 103 I GG, LG Mü ZMR **85**, 417. Das kann auch nach der Anordnung der Beweisaufnahme geschehen, Karlsr MDR **82**, 1027, ThP 1. In einem besonderen Eilfall muß das Gericht daher auch vor einem rechtlichen Gehör die Beweisaufnahme anordnen, LG Ffm MDR **85**, 153. Freilich ist eine Ablehnung ebensowenig ohne rechtliches Gehör statthaft wie bei einer einstweiligen Verfügung, § 937 Rn 3ff. Eine Verweisung nach § 281 ist statthaft und erfordert einen Hilfsantrag, Ffm RR **98**, 1610. **3**

**4) Entscheidung, II.** Die Entscheidung über den Antrag ergeht durch einen *Beschluß.* Wenn er stattgibt, ist er inhaltlich ein Beweisbeschluß, § 359. Er darf wegen § 308 I und der vielfach abschließenden Wirkung der Beweisaufnahme im Verfahren nach § 485 keinesfalls über die Anträge hinausgehen, vgl § 308 I, Ffm RR **90**, 1024. Der Antrag wird zurückgewiesen, wenn das Gericht unzuständig ist (dies wird von Amts wegen geprüft, Grdz 39 vor § 128); wenn die Voraussetzungen der §§ 485, 487 fehlen; wenn eine Beweisaufnahme unzulässig ist. Wegen eines Vorschusses Üb 5 vor § 485. Das Gericht muß die Entscheidung grundsätzlich begründen § 329 Rn 4, aM ZöHe 2 (nur bei einer Abweichung vom Antrag). Sie ist zu verkünden oder bei einer Ablehnung dem Antragsteller, nach der Anhörung des Antragsgegners auch ihm, beim Stattgeben beiden Parteien, formlos mitzuteilen, § 329 II 1. Sie wird nur dann förmlich zugestellt, wenn gleichzeitig ein Termin bestimmt wird, § 329 II 2, BGH **LM** § 411 Nr 8. Die Entscheidung ist jederzeit abänderlich, Jena MDR **97**, 1161 (vgl aber § 487 Rn 6), Schilken ZZP **92**, 257. Es ist statthaft und oft angebracht, die Entscheidung zugleich auf einen etwaigen, vom Gegner angetretenen Gegenbeweis zu erstrecken. Kosten: Üb 5 vor § 485. **4**

**5) Rechtsbehelfe, I, II.** Beim Stattgeben oder bei der Ablehnung der Aufhebung eines angeordneten Beschlusses ist grundsätzlich kein Rechtsbehelf zulässig, KG MDR **99**, 564, Köln VersR **94**, 1328, LG Mainz WoM **97**, 632, aM Ffm RR **93**, 1342. **5**
Allerdings kann bei *greifbarer Gesetzwidrigkeit* (zu diesem fragwürdigen Begriff § 127 Rn 25) die einfache Beschwerde nach § 567 I zulässig sein, Düssf MDR **91**, 1193, KG MDR **98**, 564 (im dortigen Fall verneint), LG Bln RR **97**, 585. Bei einer Zurückweisung, die als eine teilweise Zurückweisung auch in der Zurückweisung eines (vor Erledigung des bisherigen Antrags gestellten) Antrags auf eine weitere Beweiserhebung, Hbg WoM **93**, 94, oder in einer Änderung des früheren Beschlusses liegen kann, ist mit Rücksicht darauf, daß das Gericht in dem das Verfahren betreffende Gesuch ablehnt, grundsätzlich die einfache Beschwerde zulässig, § 567 I, Ffm NJW **92**, 2837, Karlsr MDR **82**, 1027. Die Beschwerde ist auch dann zulässig, wenn fälschlich eine Verfügung des Vorsitzenden ergangen ist, die aber erkennen läßt, daß das Kollegium entschieden hat, Karlsr OLGZ **80**, 63; das letztere übersieht ZöHe 4. Auch gegen die Zurückweisung eines sog Gegenantrags, § 487 Rn 6, ist die einfache Beschwerde zulässig, § 567 I, aM Schilken ZZP **92**, 256. Beschwerde ist unzulässig, soweit das LG als Berufungs- oder Beschwerdegericht, § 567 III 1, oder das OLG entschieden hat, § 567 IV 1. Eine weitere Beschwerde ist unzulässig, § 568 II 1, Ffm FamRZ **97**, 1022. Zur Anschlußbeschwerde § 577 a.
Eine Anregung zu einer *Änderung* oder Aufhebung von Amts wegen ist stets zulässig, vgl § 329 Rn 16, § 360 Rn 4, 5, KG MDR **99**, 564, LG Mü ZMR **85**, 417, Mickel BB **84**, 441. Eine Beschwerde gegen einen anordnenden Beschluß ist grundsätzlich in eine solche Anregung umzudeuten, Karlsr MDR **82**, 1027, **6**

## §§ 490–492

LG Mü ZMR **85**, 417. Wegen Einwendungen gegen die Ordnungsmäßigkeit der Durchführung vgl § 492 Rn 4.

7   6) *VwGO:* Entsprechend anwendbar, § 98 VwGO. Der ablehnende Beschluß ist mit der Beschwerde, §§ 146 ff VwGO, anfechtbar, sofern sie nicht schlechthin ausgeschlossen ist, vgl § 252 Rn 7; § 146 II VwGO steht nicht entgegen, weil es sich nicht um die Ablehnung eines Beweisantrages iSv § 86 II VwGO handelt, OVG Münst NJW **69**, 1318 mwN.

**491** *Ladung des Gegners.* ¹ Der Gegner ist, sofern es nach den Umständen des Falles geschehen kann, unter Zustellung des Beschlusses und einer Abschrift des Antrags zu dem für die Beweisaufnahme bestimmten Termin so zeitig zu laden, daß er in diesem Termin seine Rechte wahrzunehmen vermag.

II Die Nichtbefolgung dieser Vorschrift steht der Beweisaufnahme nicht entgegen.

1   1) **Systematik, I, II.** Es handelt sich um eine durch die Besonderheiten des selbständigen Beweisverfahrens bedingte Abwandlung der im Hauptprozeß geltenden Ladungsvorschriften mit Vorrang zB gegenüber § 274 III (Einlassungsfrist) oder § 217 (Ladungsfrist). Die Bestimmungen zum Wie einer Ladung, zB §§ 166 ff, bleiben insofern, als überhaupt eine Ladung erfolgt, beachtlich.

2   2) **Regelungszweck, I, II.** Die Vorschrift dient zwar in I schon nach dem Wortlaut der möglichsten Wahrung des rechtlichen Gehörs, Art 103 I GG, als eines prozessualen Grundrechts, Einl III 16, Düss RR **97**, 1284. Sie stellt aber zugleich in II klar, daß (in Abweichung vom sonstigen Verstoß gegen das Gehör) eine Nichtladung usw den Fortgang des Beweisverfahrens nicht beeinträchtigt. Das hat seinen Grund in der meist erheblichen Eilbedürftigkeit, wie beim Arrest bzw bei einstweiliger Verfügung, wo nicht nur eine Verhandlung, sondern sogar die bloße Anhörung des Antragsgegners evt zu unterbleiben hat, vgl § 937 Rn 4. Freilich können die Rechtswirkungen des § 493 wegen ihrer Endgültigkeit weiter gehen als diejenigen der §§ 916, 935 ff; deshalb ist Zurückhaltung beim Absehen von einer Ladung oder gar Anhörung zu empfehlen.

3   3) **Geltungsbereich, I, II.** Vgl Üb 3 vor § 485.

4   4) **Ladungspflicht, I.** Das Gericht muß den Beweisführer und seinen Gegner zum etwaigen Beweistermin von Amts wegen laden, § 214. Soweit der Sachverständige Ermittlungen anstellt, gilt § 407 a Rn 11. Das Gericht braucht keine Ladungsfrist nach § 217 einzuhalten. Doch muß die Ladung so zeitig geschehen, daß der Gegner seine Rechte im Termin wahren kann, Art 103 I GG, §§ 357, 397, 402, Teplitzky NJW **73**, 1675. Gleichzeitig mit dem Beschluß ist der etwaige Termin zu bestimmen, § 216. Er entfällt, soweit nur ein schriftliches Gutachten ohne mündliche Erläuterung erfolgt. Die Einbeziehung eines weiteren Gegners ist jedenfalls nicht mehr zulässig, soweit das Verfahren beendet ist, § 492 Rn 5, LG Köln MDR **94**, 202.

5   5) **Verstoß, II.** Bei einem Verstoß findet die Beweisaufnahme trotzdem statt, II, auch beim bloßen Ausbleiben einer Partei, § 367. Die Unterlassung einer Ladung kann sich nach § 493 II auswirken.

6   6) *VwGO:* Entsprechend anwendbar, § 98 VwGO; die Ladung wird vAw zugestellt, § 56 VwGO.

**492** *Beweisaufnahme.* ¹ Die Beweisaufnahme erfolgt nach den für die Aufnahme des betreffenden Beweismittels überhaupt geltenden Vorschriften.

II Das Protokoll über die Beweisaufnahme ist bei dem Gericht, das sie angeordnet hat, aufzubewahren.

III Das Gericht kann die Parteien zur mündlichen Erörterung laden, wenn eine Einigung zu erwarten ist; ein Vergleich ist zu gerichtlichem Protokoll zu nehmen.

1   1) **Systematik, Regelungszweck, I–III.** Die Vorschrift enthält Ergänzungen zu § 490 I. Die Möglichkeit III, die § 118 I 3 entspricht, enthält eine Abwandlung von § 285.

Zum *Regelungszweck:* Auch wenn das selbständige Beweisverfahren oft eilbedürftig ist (drohender Verlust des Beweismittels), soll doch gerade wegen der gewissen Endgültigkeit der Beweisaufnahme, § 493, ihre Vornahme ebenso sorgfältig sein wie im Hauptprozeß. I dient also der Ermittlung der Wahrheit und damit der sachlichen Gerechtigkeit, Einl III 9. II hat rein technisch Bedeutung. III dient wie §§ 118 I 3 der Prozeßwirtschaftlichkeit, Grdz 14 vor § 128, auch im Hinblick auf die auch im selbständigen Beweisverfahren geltende Parteiherrschaft, Grdz 18 vor § 128.

2   2) **Geltungsbereich, I–III.** Vgl Üb 3 vor § 485.

3   3) **Verfahren, I.** Die Beweisaufnahme geschieht nach §§ 355 ff, §§ 371 ff, auch § 375, aM ThP 1 wegen § 486 II, III (aber das ist ein Sonderfall der Zuständigkeit). § 404 I ist nur insoweit anwendbar, als der Antragsteller oder beide Parteien die Person des Sachverständigen bindend benennen, § 487 Rn 5 (dort auch zur Ablehnungsfrage). Eine Beeidigung findet also nur unter den Voraussetzungen des § 391 statt, und zwar bei Anhängigkeit des Hauptprozesses nur infolge einer Anordnung des Prozeßgerichts. Der Sachverständige muß das BDSG beachten, soweit das mit seinem Auftrag vereinbar ist, Scholz BauR **87**, 275. Über Einwendungen gegen ihn entscheidet das Gericht im Termin durch Beschluß. Bei einer Beweisaufnahme vor dem verordneten Richter, §§ 361, 362, entscheidet als Prozeßgericht dasjenige Gericht, das die Beweisaufnahme angeordnet hat. Die Einholung einer schriftlichen Zeugen- oder Sachverständigenaussage ist wegen der Verweisung von I auch auf §§ 402 ff und damit auf § 411 zulässig, Schilken ZZP **92**, 257.

12. Titel. Selbständiges Beweisverfahren   §§ 492, 493

Wegen der *Ermittlungen* durch den Sachverständigen § 407 a Rn 11. Wenn die Partei Ermittlungen durch 4
das Gericht wünscht, ist ein Antrag auf richterlichen Augenschein (in Gegenwart auch des Sachverständigen)
ratsam, § 371. § 411 III ist anwendbar, Düss MDR **94**, 940, Köln VersR **97**, 511, Saarbr RR **94**, 788. Gegen
die Zurückweisung einer Einwendung ist kein Rechtsbehelf zulässig, § 490 II, soweit er nicht aus §§ 371–
414 folgt. Zurückgewiesene Einwendungen kann die Partei noch im Prozeß vorbringen, zB den Sachverständigen ablehnen, § 487 Rn 6. Die Unterlassung einer zumutbaren Einwendung im Beweisverfahren
kann entsprechend § 444 deren Unbeachtlichkeit im Hauptprozeß bewirken.

Das Verfahren *endet*: Mit der Zurücknahme des Antrags, BGH **60**, 212; mit der Rechtskraft des ablehnen- 5
den Beschlusses, § 322, Hbg MDR **78**, 845; mit der Durchführung der Beweisaufnahme, LG Köln MDR
**94**, 202, genauer: mit der Mitteilung ihres Ergebnisses, also zB bei einem lediglich schriftlich eingeholten
Gutachten grundsätzlich (s aber unten) mit der Mitteilung des Gutachtens an die Parteien, BGH DB **93**,
1033, Düss RR **96**, 1528, Nürnb NJW **89**, 236; bei einer mündlichen Begutachtung mit der Beendigung
einer mündlichen Erläuterung des zuvor schriftlichen Gutachtens, die auch der Antragsgegner beantragen darf,
BGH **6**, 401, Saarbr RR **94**, 788, Schilken ZZP **92**, 256, und zwar auch noch angemessene Zeit nach dem
Erhalt des schriftlichen Gutachtens, Düss RR **96**, 1528, Köln RR **98**, 210, aM LG Köln WoM **98**, 110 (krit
Scholl 78), mit der Verlesung des Protokolls oder mit der Vorlage des Protokolls, nicht erst mit seiner
Übermittlung oder mit der Festsetzung des Streitwerts, BGH **60**, 212; mit dem Abschluß eines Vergleichs
III.

**4) Protokollaufbewahrung, II.** Das Protokoll bleibt beim Gericht; vgl auch § 362 II.   6

**5) Erörterung; Vergleich, III.** Die Vorschrift stimmt mit § 118 I 3 wörtlich überein; vgl daher § 118 7
Rn 13 ff, ferner § 279 Rn 2, Lüke NJW **94**, 234.

**6) *VwGO*:** *Entsprechend anwendbar,* § 98 *VwGO.*   8


**493** *Benutzung im Prozeß.* **I** Beruft sich eine Partei im Prozeß auf Tatsachen, über die
selbständig Beweis erhoben worden ist, so steht die selbständige Beweiserhebung einer
Beweisaufnahme vor dem Prozeßgericht gleich.

**II** War der Gegner in einem Termin im selbständigen Beweisverfahren nicht erschienen, so kann
das Ergebnis nur benutzt werden, wenn der Gegner rechtzeitig geladen war.

**Schrifttum:** *Weller,* Selbständiges Beweisverfahren und Drittbeteiligung usw, Diss Bonn 1994.

**1) Systematik, I, II.** Die Vorschrift enthält im Anschluß an die Regeln zur Beweisaufnahme diejenigen 1
zur Beweiswürdigung und ergänzt damit §§ 286, 287, ohne deren Grundsatz freier Beweiswürdigung
einzuschränken; § 494 a enthält da nur Kostenfolgen.

**2) Regelungszweck: Benutzungsrecht, I, II.** Im Benutzungsrecht liegt ein Hauptsinn des selbstän- 2
digen Beweisverfahrens. Jede Partei darf sich (nur) auf die inländische selbständige Beweisaufnahme, Köln
NJW **83**, 2779 (abl Meilicke NJW **84**, 2017, im Hauptprozeß berufen: Immer, wenn der Gegner erschienen
war; ferner immer, wenn er rechtzeitig geladen war, § 491; allerdings nicht mehr auch schon dann, wenn
der Beweisführer eine schuldlose Unterlassung oder Verspätung der Ladung nach § 294 glaubhaft macht.
Wenn die Ladung ohne Schuld des Antragstellers trotz objektiv bestehender Ladungsmöglichkeit unterblieben war, dann darf der Antragsteller eine Wiederholung der Beweisaufnahme verlangen, Celle NZM **98**,
160. Die Rüge des Mangels muß sofort bei der Berufung auf das selbständige Beweisverfahren im Hauptprozeß erfolgen, sonst ist ein Verzicht anzunehmen, § 295. Wer als Gegner eine mögliche und zumutbare
Einwendung unterläßt, ist beweispflichtig dafür, daß das Ergebnis des selbständigen Beweisverfahrens nicht
zutrifft, Düss BB **88**, 721. Mangels eines Termins, zB dann, wenn das Gutachten nur schriftlich zu erstatten
war, ist II unanwendbar, BGH **LM** § 411 Nr 8. Wegen Ermittlungen durch den Sachverständigen (sie sind
kein Termin nach II) § 407 a Rn 11. Hat der Sachverständige sein Gutachten auf Grund von jetzt unstreitigen Tatsachen erstattet, die er in einem früheren selbständigen Beweisverfahren (ohne Beteiligung des
jetzigen Bekl) ermittelt hatte, so ist II unanwendbar, Düss RR **94**, 283.

**3) Geltungsbereich, I, II.** Vgl Üb 3 vor § 485.   3

**4) Verstoß, I, II.** Daher ist bei einem Verstoß, zB bei einer fehlenden „Ladung" zur Ortsbesichtigung, 4
bei Mängeln der Identität der Parteien des selbständigen Beweis- und des Hauptverfahrens, Ffm MDR **85**,
853, KG MDR **76**, 847, die auch den Fall der Abtretung umfaßt, Düss MDR **85**, 1032, KG MDR **81**, 940,
die Verwertbarkeit des schriftlichen Gutachtens frei zu würdigen, § 406 Rn 30, Cuypers NJW **94**, 1991, aM
Köln MDR **74**, 589, ThP 2 (das Gutachten sei dann unverwertbar). Wegen der Ablehnbarkeit des Sachverständigen (nach der Erstattung des Gutachtens des selbständigen Beweisverfahrens) im nachfolgenden
Hauptprozeß § 406 Rn 31.

**5) Bewertung, I.** Die selbständige Beweiserhebung steht einer vor dem Prozeßgericht geschehenen 5
gleich, BGH **LM** 411 Nr 8, Düss RR **97**, 1284, Kblz MDR **90**, 159. Eine Verhandlung über ihr Ergebnis ist
notwendig, § 285 I (nicht II), Hamm MDR **92**, 713; ein Verstoß ist heilbar, § 295. Eine Ergänzung oder
Wiederholung vor dem Prozeßgericht ist zulässig, Mickel BB **84**, 439, und erfolgt nach § 398, BGH **LM**
§ 411 Nr 8, Kblz MDR **90**, 159. Darum findet auch keine urkundenbeweisliche Benutzung statt, wenn eine
solche Benutzung im Hauptprozeß unzulässig wäre, weil sie weil sie eine Zeugenvernehmung ersetzen soll. Das
gilt auch im Urkundenprozeß, § 492. Eine Entscheidung im selbständigen Beweisverfahren über einen
Ablehnungsantrag bindet im Hauptprozeß, Ffm RR **90**, 768.

**6) *VwGO*:** *Entsprechend anwendbar,* § 98 *VwGO.*   6

**494** *Ohne Gegner.* I Wird von dem Beweisführer ein Gegner nicht bezeichnet, so ist der Antrag nur dann zulässig, wenn der Beweisführer glaubhaft macht, daß er ohne sein Verschulden außerstande sei, den Gegner zu bezeichnen.

II Wird dem Antrag stattgegeben, so kann das Gericht dem unbekannten Gegner zur Wahrnehmung seiner Rechte bei der Beweisaufnahme einen Vertreter bestellen.

1 **1) Systematik, Regelungszweck, I, II.** § 494 macht eine Ausnahme von § 487 Z 1 und damit eine Ausnahme vom grundsätzlichen Verbot eines Ausforschungsbeweises, Einf 27 vor § 284, so wohl auch Ffm MDR 94, 1244, weil die Bezeichnung des Gegners auf dieser Entwicklungsstufe bisweilen unmöglich ist; der Schädiger kann zB unbekannt sein, etwa als ein flüchtender Unfallverursacher, BGH NJW 80, 1458. Die Vorschrift enthält nur scheinbar sogar eine Ausnahme vom Prozeßgrundrecht des rechtlichen Gehörs, Einl III 16: Wen man nicht kennt, den kann man nicht anhören – *wenn* man ihn wirklich nicht kennen kann.

2 **2) Geltungsbereich, I, II.** Vgl Üb 3 vor § 485.

3 **3) Schuldlose Unmöglichkeit der Bezeichnung des Gegners, I.** Aus den in Rn 1 genannten Gründen ist ein selbständiges Beweisverfahren auch ohne eine Bezeichnung des Gegners dann zulässig, wenn der Beweisführer glaubhaft macht, daß er den Gegner ohne eigenes Verschulden nicht benennen kann, § 294. Da die Gefahr des Mißbrauchs nicht unbeträchtlich ist und die Stellung des Gegners im kommenden Prozeß erschweren kann, sind an die Zumutbarkeit der Nachforschungen strenge Anforderungen zu stellen.

4 **4) Vertreter, II.** Das Gericht kann nach seinem pflichtgemäßen Ermessen dem unbekannten Gegner einen Vertreter bestellen, der ein gesetzlicher Vertreter nach § 51 ist. Der Bestellte ist zur Übernahme des Amtes nicht verpflichtet. Der Antragsteller trägt seine Vergütung; sie ist im nachfolgenden Hauptprozeß erstattungsfähig. Der Vertreter hat keinen Anspruch gegen die Staatskasse; darum ist § 68 GKG unanwendbar. II ist entsprechend anwendbar, wenn die Partei gestorben oder ihr gesetzlicher Vertreter weggefallen ist.

5 **5) VwGO:** Entsprechend anwendbar, § 98 VwGO; „Beweisführer" ist der Antragsteller, § 485.

**494a** *Anordnung der Klageerhebung.* I Ist ein Rechtsstreit nicht anhängig, hat das Gericht nach Beendigung der Beweiserhebung auf Antrag ohne mündliche Verhandlung anzuordnen, daß der Antragsteller binnen einer zu bestimmenden Frist Klage zu erheben hat.

II Kommt der Antragsteller dieser Anordnung nicht nach, hat das Gericht auf Antrag durch Beschluß auszusprechen, daß er die dem Gegner entstandenen Kosten zu tragen hat. Die Entscheidung kann ohne mündliche Verhandlung ergehen. Sie unterliegt der sofortigen Beschwerde.

**Gliederung**

| | |
|---|---|
| 1) Systematik, Regelungszweck I, II .... 1 | B. Kostenausspruchszwang ............. 11 |
| 2) Geltungsbereich, I, II ................... 2 | C. Verfahren ........................ 12 |
| 3) Noch keine Anhängigkeit, I .......... 3 | D. Kein Kostenausspruch nach Anhängigkeit des Hauptverfahrens ...... 13 |
| 4) Antrag, I ............................ 4 | 9) Sofortige Beschwerde, II 3 ........... 14 |
| 5) Anordnungszwang, I ................ 5 | 10) Bestandskraft des Kostenausspruchs, II ..... 15, 16 |
| 6) Verfahren, I ......................... 6 | A. Grundsatz: Endgültiger Vollstreckungstitel ............. 15 |
| 7) Rechtsbehelfe, I .................. 7, 8 | |
| A. Antragsteller des Beweisverfahrens ... 7 | |
| B. Antragsteller nach I ................ 8 | B. Verstoß ........................ 16 |
| 8) Kostenausspruch, II 1, 2 ........... 9–13 | 11) VwGO ............................ 17 |
| A. Antrag ........................... 10 | |

1 **1) Systematik, Regelungszweck, I, II.** Die Vorschrift entspricht in I weitgehend dem § 926 I, zieht aber in II andere, wesentlich engere, nämlich auf die bloßen Kostenfragen beschränkte Folgerungen aus einem Verstoß als der wesentlich weitergehende § 926 II. Sie erfaßt nur ein solches selbständiges Beweisverfahren, das vor der Anhängigkeit der Hauptsache stattfindet, sei es mit oder ohne dringende Gefahr. II hat Ähnlichkeiten mit dem zumindest entsprechend anwendbaren § 269, dort Rn 3, und mit § 344 und ist eine eng auszulegende Ausnahmevorschrift, Rn 9.

Der *Zweck* der Vorschrift besteht unmittelbar nur darin, dem im isolierten Verfahren unabhängig von seinem Ausgang ohne Kostengrundentscheidung dastehenden Antragsgegner die Möglichkeit zu geben, sich den Kostentitel nach II zu verschaffen, ohne endlos auf einen etwaigen Hauptprozeß mit seiner Kostenentscheidung warten zu müssen, Celle RR 98, 1079, Kblz JB 97, 319, Nürnb OLGZ 94, 241. Mittelbar kann der Antragsgegner durch den eigenen Antrag nach I aber auch in der Sache selbst Druck auf den Antragsteller ausüben, Ende MDR 97, 123, und hat damit evtl schon vor einer Entscheidung nach § 490 I eine Hinweismöglichkeit, die den Gegner vielleicht vom ganzen weiteren Beweisverfahren abhält, das er mit einer Art Zwangsklägerrolle in einem Hauptprozeß bezahlen müßte.

2 **2) Geltungsbereich, I, II.** Vgl Üb 3 vor § 485.

3 **3) Noch keine Anhängigkeit, I.** Es darf (gemeint natürlich: noch) nicht ein Rechtsstreit anhängig sein. Das ist ebenso wie in §§ 485 II 1, 486 II 1 zu verstehen, § 486 Rn 8. Die selbständige Beweiserhebung muß vor der Anhängigkeit des Hauptprozesses bereits beendet sein, § 492 Rn 5, Düss JB 93, 622.

4 **4) Antrag, I.** Das Anordnungsverfahren nach I erfolgt nur auf Antrag des Antragsgegners des Beweisverfahrens. Auch der Antrag nach I kann vor jeder Geschäftsstelle zu Protokoll erklärt werden. Zwar verweist I

## 12. Titel. Selbständiges Beweisverfahren § 494a

nicht auf § 486 IV; es wäre aber widersinnig, alle übrigen Anträge derart zuzulassen, nur denjenigen nach I nicht. Daher besteht für den Antrag kein Anwaltszwang, § 78 III, Düss RR **99**, 509, aM Zweibr MDR **95**, 744. Ein Rechtsschutzbedürfnis, Grdz 33 vor § 253, muß, wie stets, vorliegen, Karlsr JB **96**, 375.

**5) Anordnungszwang, I.** Unter den Voraussetzungen Rn 3, 4 ist das Gericht verpflichtet, unverzüglich **5** anzuordnen, daß der Antragsteller des Beweisverfahrens (natürlich meint I nur diesen und nicht denjenigen, der den Antrag nach I stellt) Klage zu erheben habe. Es besteht also kein Ermessen. Gemeint ist nur eine Klage, die (zumindest auch) den Gegenstand des selbständigen Beweisverfahrens betrifft, abw Köln RR **97**, 1295 (nur den letzteren).

**6) Verfahren, I.** Das Gericht hat dem Antragsteller des Beweisverfahrens das rechtliche Gehör binnen **6** einer angemessenen Frist zu gewähren, Art 103 I GG. Es darf aber keine mündliche Verhandlung anberaumen; das ergibt sich aus dem klaren Wortlaut von I. Es entscheidet durch einen Beschluß, § 329. Die Formel lautet etwa: „Der Antragsteller hat bis zum ... bei dem Gericht der Hauptsache Klage zu erheben". Im Beschluß braucht das Gericht nicht mitzuteilen, welches Gericht dasjenige der Hauptsache sei. Es sollte auch dazu keine Erläuterung geben. Der Beschluß ist zu begründen, § 329 Rn 4. Die vom Gericht zu bestimmende Klagefrist muß angemessen sein. Das Gericht muß alle Umstände und Interessen abwägen. Da es „nur" um Kostenfolgen geht, II, sollte die Frist nicht allzu knapp bemessen werden, solange nicht höhere Kosten des Antragstellers nach I ersichtlich sind. Ein ablehnender Beschluß wird nur dem Antragsteller nach I formlos mitgeteilt. Der anordnende Beschluß wird diesem Beteiligten formlos mitgeteilt, § 329 II 1, und dem Antragsteller des Beweisverfahrens von Amts wegen zugestellt, § 329 II 2. Mit dieser Zustellung beginnt der Fristlauf. Die Frist wird nach § 222 berechnet. Sie kann nach § 224 II verlängert werden, Düss JB **93**, 622. Eine Klagerhebung vor einem unzuständigen Gericht wahrt die Frist deshalb, weil das unzuständige Gericht die Sache an das zuständige Gericht verweisen darf, Karlsr NJW **73**, 1509 (zu § 926).
*Gebühren:* Des Gerichts: keine; des RA: § 48 BRAGO.

**7) Rechtsbehelfe, I.** Man muß zwei Situationen unterscheiden. **7**
**A. Antragsteller des Beweisverfahrens.** Er hat gegen den stattgebenden Beschluß nach I (nicht zu verwechseln mit demjenigen nach II) noch keine Beschwerde. Denn die Voraussetzungen des § 567 I liegen deshalb nicht vollständig vor, weil nicht ein Gesuch (des Gegners) zurückgewiesen wird, § 567 Rn 3. Das gilt auch bei einer Fristverlängerung, Düss JB **93**, 622.
**B. Antragssteller nach I.** Er hat gegen den zurückweisenden Beschluß nach I (nicht zu verwechseln mit **8** demjenigen nach II) die einfache Beschwerde nach § 567 I. Ein Beschwerdewert ist hier noch nicht zu beachten, da noch keine Entscheidung im Sinn von § 567 II 1, 2 vorliegt; diese mag erst nach II folgen.
*Unzulässig* ist die Beschwerde gegen eine Entscheidung des LG im Beschwerdeverfahren, § 567 III 1, oder gegen eine Entscheidung des OLG, § 567 IV 1.

**8) Kostenausspruch, II 1, 2,** dazu *Notthoff* JB **96**, 5 (ausf): Wenn der Antragsteller des selbständigen **9** Beweisverfahrens einer ordnungsgemäßen Anordnung nach I nicht fristgerecht nachkommt, also überhaupt keine Klage erhebt, §§ 253, 261, Düss OLGZ **93**, 342 (eine Aufrechnung steht der Klagerhebung nicht gleich, Düss MDR **94**, 201 rechte Spalte), oder nur einen winzigen Teilbetrag einklagt, Einl III 54, aM Düss RR **98**, 358 (aber Mißbrauch bleibt Mißbrauch), oder wenn er nur auf Erstattung der durch das selbständige Beweisverfahren entstandenen Kosten klagt, Nürnb OLGZ **94**, 241, besteht für seinen Verfahrensgegner die Möglichkeit, eine Kostengrundentscheidung (nur) wegen des selbständigen Beweisverfahrens zu erwirken, Ffm MDR **98**, 128, Oldb RR **95**, 829 (Streithelfer), AG Bonn WoM **92**, 604.
Die Regelung ist *lückenhaft,* denn sie erfaßt als eine bloße eng auszulegende Ausnahme (das verkennen Karlsr MDR **91**, 993, Köln MDR **96**, 1522) nicht die Fälle der Abweisung des Antrags, der Erledigterklärung oder Antragsrücknahme, § 91 Rn 193 „Selbständiges Beweisverfahren: A. Kostengrundentscheidung", oder der Geltendmachung eines nicht winzigen Teilbetrags, Düss OLGZ **93**, 342, oder die Erklärung eines „Klageverzichts", aM Köln VersR **96**, 1522 (aber den gibt es gar nicht; gemeint ist wohl ein Anspruchsverzicht). Ende MDR **97**, 125 wendet dem § 91 a I entsprechend an. Allerdings wäre es sinnlos, dem Antragsgegner auch dann noch einen Kostentitel zu geben, wenn er schon erfüllt hat oder erfüllen will, Düss MDR **94**, 201, oder wenn der zugrunde liegende Streit beendet ist, LG Mainz MDR **95**, 1271.

**A. Antrag.** Auch das Verfahren nach II findet nur auf Antrag statt. Dieser kann mit demjenigen nach I **10** verbunden worden sein, aber auch gesondert nachfolgen. Es gibt keine Antragsfrist; Treu und Glauben, Einl III 54, setzen auch hier zeitliche Grenzen. Der Antrag ist ebenso formfrei und ohne Anwaltszwang zulässig wie derjenige nach I, Rn 4. Zum Antrag ist natürlich nur derjenige berechtigt, *gegen* den das selbständige Beweisverfahren lief, nicht dessen Betreiber, KG RR **96**, 847.

**B. Kostenausspruchszwang.** Unter den Voraussetzungen Rn 3–6 ist das Gericht ebenso wie bei I zu **11** einem unverzüglichen Ausspruch grundsätzlich (Ausnahme Rn 9) verpflichtet. Es hat „auszusprechen", also nicht nur festzustellen, sondern auch rechtsgestaltend tätig zu werden, Kblz RR **98**, 69. Die Entscheidung hat dahin zu ergehen, daß der Antragsteller des Beweisverfahrens die seinem Gegner in diesem selbständigen Verfahren entstandenen Kosten zu tragen hat. Es besteht also kein Ermessen des Gerichts. Das gilt unabhängig davon, welche Ergebnisse das Beweisverfahren hatte und welche der Parteien obsiegt zu haben meint. Es soll eben der Kostendruck entstehen. Es handelt sich um eine echte Kostengrundentscheidung, Begriff § 91 Rn 4. Der Umfang der Erstattungspflicht richtet sich wie sonst nach §§ 91 ff. Es ist auch eine Teil-Kostenentscheidung denkbar, Düss MDR **97**, 979, Kblz JB **97**, 319. Das Kostenfestsetzungsverfahren verläuft nach §§ 103 ff.

**C. Verfahren.** Das Gericht hat dem Antragsteller des Beweisverfahrens das rechtliche Gehör auch zu dem **12** gegnerischen Antrag nach II zu gewähren, Art 103 I GG. Soweit die Anträge nach I und II von vornherein verbunden worden waren, reicht eine einmalige Anhörung. Eine mündliche Verhandlung ist im Verfahren nach II, anders als nach I, freigestellt, § 128 Rn 10. Soweit sie stattfindet, besteht in ihr Anwaltszwang wie sonst, § 78 Rn 2, denn der hier mitbeachtliche § 486 IV, Rn 10, gilt nur für die Anträge, nicht für das gesamte Verfahren, § 128 Rn 11, 12. Das Gericht entscheidet auch nach II durch einen Beschluß, § 329. Die Formel lautet nicht etwa auf eine bloße Feststellung, Rn 11 (anders als zB bei § 269 III 3), sondern etwa: „Der Antragsteller (des Beweisverfahrens) trägt (nur) die dem Verfahrensgegner entstandenen Kosten". Über die eigenen Kosten des Antragstellers des Beweisverfahrens ergeht keine Kostengrundentscheidung nach II, selbst wenn er oder beide Parteien das beantragen; mag er sie im Hauptprozeß erstreiten, Nürnb OLGZ **94**, 242. Der Beschluß ist zu begründen, § 329 Rn 4. Der Beschluß wird stets beiden Beteiligten förmlich zugestellt. Denn die Voraussetzungen des § 329 III liegen stets vor: Der Kostenausspruch ist ein Vollstreckungstitel, II 3 in Verbindung mit § 794 I Z 3 Hs 1; er ist für beide Beteiligten nach Rn 14 anfechtbar.

*Gebühren:* Des Gerichts: Keine; des RA: § 48 BRAGO.

13 **D. Kein Kostenausspruch nach Anhängigkeit des Hauptverfahrens.** Das Gericht darf den Beschluß nach II 1 nicht mehr fassen, nicht mehr verkünden bzw nicht mehr statt Verkündung mitteilen, wenn bis zu diesem Zeitpunkt der Antragsteller des selbständigen Beweisverfahrens doch noch verspätet Klage zur Hauptsache erhoben hat, §§ 253, 261, oder wenn zwar der Kostenvorschuß verspätet gezahlt wurde, das Hauptsachegericht die Klage aber alsbald nach Vorschußeingang zugestellt hat, bevor es zur Kostenentscheidung nach II kommen konnte, Düss RR **98**, 359. Denn das gesamte Verfahren nach II setzt ja gerade voraus, daß die Klagefrist nach I erfolglos verstrichen ist. Freilich hat das Gericht im Verfahren nach II nicht etwa nach Grdz 38 vor § 128 von Amts wegen zu ermitteln, ob und bei welchem Gericht eine Klage doch noch erhoben worden ist. Daher kann es durchaus zu einem objektiv nicht mehr zulässigen Beschluß nach II kommen. Er ist als Staatshoheitsakt trotz seiner Mangelhaftigkeit wirksam, Üb 10, 19 vor § 300, und (mangels Anfechtung nach den Regeln nach Rn 14) bestandskräftig, Rn 15.

14 **9) Sofortige Beschwerde, II 3.** Gegen den Kostenausspruch hat der davon Beschwerte, Köln VersR **96**, 1522, gegen die Ablehnung des Kostenausspruchs hat der Antragsteller des Verfahrens nach II die sofortige Beschwerde, II 3. Das gilt auch im WEG-Verfahren, Üb 3 vor § 485, BayObLG MDR **96**, 144. Sie ist gegen eine Entscheidung des LG im Beschwerdeverfahren unzulässig, § 567 III 1, ebenso gegen eine Entscheidung des OLG, § 567 IV 1. Wegen einer Anschlußbeschwerde § 577 a.

15 **10) Bestandskraft des Kostenausspruchs, II.** Sie wird unterschätzt.

**A. Grundsatz: Endgültiger Vollstreckungstitel.** Der rechtskräftige Kostenausspruch nach II bildet schon wegen seiner Eigenschaft eines Vollstreckungstitels, vgl Rn 11, eine vom weiteren Verlauf des folgenden Hauptprozesses losgelöste endgültige Entscheidung. Sie ist nicht etwa stillschweigend auflösend bedingt durch eine abweichende Kostengrundentscheidung im Hauptprozeß. Das entspricht allein dem eindeutigen Sinn der Regelung, aM LG Kleve RR **97**, 1356. Sie ist etwa derjenigen des § 344 vergleichbar. Leider enthält II keine dem § 344 Hs 2 entsprechende klarstellende Formulierung; der Sache nach soll aber der nach II Unterliegende diese Haftung auch dann behalten, wenn er später in der Hauptsache obsiegt. Das muß das Gericht der Hauptsache bei seiner späteren Kostengrundentscheidung auch im Fall der Einbeziehung der Kosten des selbständigen Beweisverfahrens, § 91 Rn 195 „Selbständiges Beweisverfahren: B. Kostenerstattung", mitbeachten und am besten etwa so klarstellen: „Die Kosten des Rechtsstreits tragen . . .; jedoch bleibt es wegen der Kosten des Antragsgegners des selbständigen Beweisverfahrens (Aktenzeichen) bei dem Beschluß des . . . vom . . . (nach § 494 a Abs. 2 ZPO)".

16 **B. Verstoß.** Soweit das Gericht bei der späteren Kostengrundentscheidung im Hauptprozeß die Regeln Rn 15 verletzt hat, ist nur seine spätere Entscheidung wie sonst anfechtbar, etwa nach §§ 319 ff, 329. § 99 ist dann unanwendbar, § 99 denkbar, § 99 Rn 19 „Unzulässige Kostenentscheidung".

17 **11) *VwGO:*** Entsprechend anwendbar, vgl Üb § 485 Rn 6. Sofortige Beschwerde iSv II 3 ist die Beschwerde, § 146 VwGO, sofern die Beschwerde nicht schlechthin ausgeschlossen ist, vgl § 252 Rn 7.

## Zweiter Abschnitt. Verfahren vor den Amtsgerichten

### Grundzüge

**Schrifttum:** *Hauff,* Arbeitsplatz Gericht. Die Arbeitsweise des Zivilrichters am Amtsgericht, 1996; *Steinbach/Kniffka,* Strukturen des amtsgerichtlichen Zivilprozesses: Methoden und Ergebnisse einer rechtstatsächlichen Aktenuntersuchung, 1982.

1 **1) Entwicklung.** Grundsätzlich verfehlt regelt die ZPO das für die Rechtsuchenden wichtigste Verfahren, das amtsgerichtliche, hilfsweise hinter dem landgerichtlichen. Nach der ZPO von 1877 stimmte das landgerichtliche Verfahren mit dem amtsgerichtlichen im wesentlichen überein und war für den amtsgerichtlichen Betrieb wenig geeignet. Erhebliche Abweichungen brachte namentlich die Nov 1909 in der Richtung der Vereinfachung und Beschleunigung des Verfahrens. Die Nov 1924 unterwarf das Verfahren vor dem Landgericht starken Änderungen in derselben Richtung; die VereinhG brachte auch für das landgerichtliche Verfahren den Amtsbetrieb. Dadurch trat wieder eine Angleichung der beiden Verfahren ein, besonders nachdem das Güteverfahren durch das VereinhG in Wegfall gekommen war.

2 **2) Systematik.** Grundlegende *Abweichungen* des amtsgerichtlichen Verfahrens sind: Das grundsätzliche Fehlen des Anwaltszwangs (Ausnahme: § 78 II 1 Z 1–3); die grundsätzliche Entbehrlichkeit einer Vorbereitung durch Schriftsätze, § 129 I (Ausnahme: § 129 II sowie vor allem §§ 275–277); die Verbindung der Funktionen des Vorsitzenden und des Kollegiums in demselben Richter.

3 **3) Regelungszweck.** Das Verfahren vor dem Amtsgericht ist teilweise das Verfahren recht großer, teilweise das Verfahren der kleineren Streitwerte; klein vergleichsweise, für die Parteien oft groß, ja lebens-

wichtig. Darum bedarf gerade der Prozeß vor dem Amtsgericht der schärfsten Zusammenfassung und einer möglichsten Beschleunigung, BGH **93**, 245. Der Richter hat gerade hier oft eine erhebliche Fürsorgepflicht nach §§ 139, 278 III. Das alles ist bei der Auslegung mitzubeachten.

**4) Geltungsbereich.** §§ 495 ff gelten in allen erstinstanzlich vom Amtsrichter zu bearbeitenden Verfahren nach der ZPO; sie gelten grundsätzlich als erstinstanzliche Regel auch im arbeitsgerichtlichen Verfahren, § 46 II 1 ArbGG, freilich ohne § 495 a; das ergibt sich aus § 46 II 2 ArbGG. **4**

**5)** *VwGO:* Der 2. Abschnitt ist unanwendbar, auch § 495 a. Die sich aus der VwGO ergebenden Abweichungen vom landgerichtlichen Verf sind bei der Erläuterung der für dieses geltenden Vorschriften dargestellt. **5**

**495** *Allgemeine Vorschrift.* Für das Verfahren vor den Amtsgerichten gelten die Vorschriften über das Verfahren vor den Landgerichten, soweit nicht aus den allgemeinen Vorschriften des ersten Buches, aus den nachfolgenden besonderen Bestimmungen und aus der Verfassung der Amtsgerichte sich Abweichungen ergeben.

**1) Systematik, Regelungszweck: Verweisung.** Im allgemeinen gleichen sich das Verfahren vor dem LG und das vor dem AG. Abweichungen ergeben sich aus den Sondervorschriften des 2. Abschnitts. Sie gehen auch den allgemeinen Bestimmungen des 1. Buches vor. **1**

**2) Geltungsbereich.** Die Vorschrift gilt an sich auch im arbeitsgerichtlichen Verfahren, denn § 46 II 1 ArbGG nimmt § 495 nicht von vornherein aus. Freilich enthalten §§ 47 ff ArbGG vielfach im Ergebnis vorrangige Abweichungen. **2**

**495a** *Kleinverfahren.* I ¹Das Gericht kann sein Verfahren nach billigem Ermessen bestimmen, wenn der Streitwert eintausendzweihundert Deutsche Mark nicht übersteigt. ²Auf Antrag muß mündlich verhandelt werden.

II ¹Das Gericht entscheidet über den Rechtsstreit durch Urteil, das keines Tatbestandes bedarf. ²Entscheidungsgründe braucht das Urteil nicht zu enthalten, wenn ihr wesentlicher Inhalt in das Protokoll aufgenommen worden ist.

**Schrifttum:** *Arning,* Das Bagatellverfahren im deutschen Zivilprozeß der Neuzeit usw, Diss Bochum 1994; *Fricker,* Umfang und Grenzen des amtsgerichtlichen Verfahrens nach § 495 a ZPO, 1999; *Kunze,* Das amtsgerichtliche Bagatellverfahren nach § 495 a ZPO, 1995; *Leipold,* Wege zur Konzentration von Zivilprozessen, 1999; *Olzen,* Bagatelljustiz – eine unendliche Geschichte?, in: Festschrift für *Zeuner* (1994); *Rottleuthner,* Rechtstatsächliche Untersuchung zur Praxis von § 495 a ZPO, 1996 (mit Recht krit *anonymus* DRiZ **96**, 424); *Rottleuthner,* Entlastung und Entformalisierung, Festschrift für *Schneider* (1997) 25 (34), *Rottleuthner* Entlastung durch Entformalisierung? (Rechtstatsachen), 1997; *Städing* NJW **96**, 691 (ausf); *Struck,* Salomonisches Urteil und dogmatische Rechtswissenschaft, Festschrift für *Schneider* (1997) 1 (22).

**Gliederung**

| | | | |
|---|---|---|---|
| 1) Systematik, I, II | 1, 2 | B. Auf Antrag: Notwendige Verhandlung | 17–19 |
| 2) Regelungszweck, I, II | 3, 4 | C. Säumnisfragen | 20, 21 |
| 3) Sachlicher Geltungsbereich, I, II | 5–8 | 7) Urteil, II | 22–27 |
|   A. Streitwertgrenze 1200 DM | 5 |   A. Rubrum, Formel | 23 |
|   B. Sonstige Zuständigkeit des AG | 6 |   B. Tatbestand, II 1 | 24 |
|   C. Verfahrensziel: Endgültige Klärung ... | 7 |   C. Entscheidungsgründe, II 2 | 25, 26 |
|   D. Anspruch jeder Art | 8 |   D. Mitteilung, Ausfertigungen usw | 27 |
| 4) Persönlicher Geltungsbereich, I, II ... | 9 | 8) Kosten, I, II | 28 |
| 5) „Billiges Ermessen", I 1 | 10–15 | 9) Rechtsbehelfe, I, II | 29–31 |
|   A. Weite Freiheit der Verfahrensgestaltung | 11, 12 | 10) Dienstaufsichtsbeschwerde, I, II | 32 |
|   B. Bindung an das sachliche Recht | 13 | 11) Verfassungsbeschwerde, I, II | 33 |
|   C. Bindung an Verfahrensgrundregeln | 14, 15 | 12) Beispiele zum Verfahren nach § 495 a . | 34–103 |
| 6) Mündliche Verhandlung, I 2 | 16–21 | | |
|   A. Grundsatz: Freigestellte Verhandlung . | 16 | | |

**1) Systematik, I, II.** Die Vorschrift, eine Wiedergeburt des früheren § 510 c, den die VereinfNov 1977 gestrichen hatte, nimmt eine Sonderstellung im gesamten System des Verfahrens erster Instanz ein. Sie enthält in ihrem Geltungsbereich, Rn 5, 6, vorrangige Sonderregeln, hinter die zahlreiche Normalvorschriften zurücktreten, ohne daß das Gesetz dies ausdrücklich bestimmen kann. Denn es hängt von dem Umfang ab, in dem das Gericht von den zusätzlichen Möglichkeiten des § 495 a Gebrauch macht, ob und wieweit die sonstigen Verfahrensvorschriften im Einzelfall anwendbar bleiben. Freilich hat das Ermessen des Gerichts Grenzen. Sie kommen in § 495 a nur indirekt und nur teilweise zum Ausdruck. Sie finden sich aber im GG und in allgemeinen Verfahrensgrundsätzen wie Treu und Glauben, Einl III 54. Sie verbieten jede Willkür, jede Hektik und jede Parteilichkeit wie sonst. Insoweit ergibt die gebotene verfassungskonforme Auslegung die Zulässigkeit von I 1, 2, Fischer MDR **94**, 978, Stollmann NJW **91**, 1720, aber auch von II, VerfGH Brdb MDR **97**, 591, Hennrichs NJW **91**, 2815, aM Stollmann NJW **91**, 1720. **1**

## § 495a
### 2. Buch. 2. Abschnitt. Verfahren vor den AGen

**2** Das hat seine ganz konkreten *Auswirkungen* auf die Möglichkeiten nach § 495a in jedem Einzelfall. Dem Gericht wird eine noch höhere Verantwortung als sonst auferlegt. Es läßt sich nur von Fall zu Fall und selbst während eines Prozesses nur von Lage zu Lage sagen, ob und in welchem Umfang das Gericht die scheinbar fast unbegrenzten Möglichkeiten des § 495a schon und noch ausschöpfen darf. Die Grenzen stehen nur im Groben abstrakt fest und müssen im Einzelnen vorsichtig ausgelotet werden. Andererseits ist das Gericht innerhalb der so skizzierten Grenzen nicht einmal an so grundsätzliche gesetzliche Vorgaben wie die Entscheidung zwischen einem schriftlichen Vorverfahren oder einem frühen ersten Termin oder den Kreis gesetzlicher Beweismittel gebunden. Die Freiheit des Richters ist viel größer, als man traditionell vermuten möchte. Sie ist hier die größte, die die ZPO dem Richter überhaupt irgendwo gibt. Er befindet sich im Ermessensraum des § 495a, ob er will oder nicht.

**3** 2) **Regelungszweck, I, II.** Der Zweck der Vorschrift ist eindeutig. Sie dient der Vereinfachung und Beschleunigung des Verfahrens, Pasker ZRP **91**, 417, und insoweit auch seiner Verbilligung. Sie stärkt die Autorität des Gerichts, wenn alle Beteiligten, vor allem das LG und die Dienstaufsicht, sich ihr beugen. Sie ebnet den Weg zum eleganten, lebensnahen, moderne Verständigungstechniken nutzenden Verfahren und ermöglicht eine Sozialautonomie, Arbeitsgemeinschaft und Absprache im besten Sinn. Das bestätigten wohl viele Praktiker, und diese Erkenntnis ist entgegen Lüke NJW **96**, 3265 sehr wohl sinnvoll, wie die inzwischen angelaufene Diskussion (vor Rn 1) zeigt, Rn 4. Unverkennbar und bei den Beratungen ausdrücklich hat der Gesetzgeber die unvermeidbaren Gefahren weitgehend hingenommen. Natürlich ist die Vorschrift verführerisch auch im schlechten Sinn, Rottleuthner NJW **96**, 2473. Das richterliche Ermessen ist so weit, daß Mißbrauch nur schwer nachzuweisen ist. Überdies steht zwischen dem Richter des § 495a und dem blauen Himmel grundsätzlich nur noch das BVerfG (Ausnahmen Rn 29). Trotzdem hat das Gesetz mit der Wiedereinführung des Kleinverfahrens seinen erhofften Vorzügen den eindeutigen Vorrang vor den natürlich mitbedachten Bedenken gegeben.

**4** Diese Zwecke gilt es bei der *Auslegung* zu beachten. Eine ängstliche, den Rechtsstaatsgedanken vorschiebende Einengung des Ermessens würde verhängnisvoll sein; das verkennt Rottleuthner NJW **96**, 2473. Daran ändert auch die leider ebenfalls zu beobachtende Gefahr des Mißbrauchs durch faule Richter wenig. Im internationalen Rechtsverkehr erlebt man auch in Staaten mit ebenso hochstehender Rechtskultur wie bei uns sehr wohl Abweichungen im Gesetz und seiner Anwendung, die aus unserer Sicht zunächst kaum vertretbar scheinen. Trotzdem sind sie hinzunehmen, solange nicht die wirklich unverzichtbar tragenden heimischen Grundlagen angetastet werden, zB § 328 Rn 31. Dann darf und sollte man auch zum heimischen Richter Vertrauen haben, wenn er ungewohnte Wege geht, solange sich das sachlich noch irgendwie rechtfertigen läßt.

Auf solcher Basis *funktioniert* das Verfahren nach § 495a in der Praxis *ausgezeichnet*. Das verkennen MüKoDeu 2, Zeuner NJW **93**, 845. Es stellt hohe Anforderungen an alle Beteiligten und belohnt diese. Es kann auch den deutschen Überperfektionismus eindämmen helfen. Die großzügige, vertrauensvolle Gesinnung sollte dem Richter zunächst einmal zugutegehalten werden und bei allen Beteiligten ebenfalls dasjenige Element bilden, in dem allein diese wiederentdeckte Verfahrensart leben kann. Ob es allerdings sinnvoll ist, daß nun jeder zweite Amtsrichter sich eine mehr oder minder ausführliche Verfahrensordnung zu § 495a erstellt und austeilt, wie man gelegentlich hier und da hört, ist ebenso zweifelhaft wie der Versuch, im Schrifttum durch Formularvorschläge vorzugehen. Natürlich ist jeder Erfahrungsbericht wertvoll, Kuschel/Kunze DRiZ **96**, 193. Im übrigen eröffnet § 495a dem Richter keineswegs einen Vorwand zu Faulheit oder Schlamperei.

**5** 3) **Sachlicher Geltungsbereich, I, II.** Vgl zunächst Grdz 4 vor § 495.

**A. Streitwertgrenze 1200 DM.** Der Streitwert „darf eintausendzweihundert Deutsche Mark nicht übersteigen". Der Wert ist wie sonst zu ermitteln. Es kommt, anders als bei § 510c aF, nicht auf den Wert bei Klageeinreichung an, sondern auf den auch sonst maßgebenden Zeitpunkt. Eine spätere Wertsteigerung bleibt unerheblich, solange sich der Streitgegenstand, § 2 Rn 3, nicht ändert. Wenn sich aber der Streitwert zB infolge einer Klagänderung bzw Klagerweiterung ändert, fällt die Sache kraft Gesetzes aus dem Schiedsverfahren heraus und ist im ordentlichen Verfahren unter Beibehaltung der Wirksamkeit der bisherigen Verfahrensergebnisse weiterzubehandeln. Dagegen ändert eine Widerklage nichts am Kleinverfahren, sofern ihr Streitwert 1200 DM nicht überschreitet, da für die Zuständigkeit nicht zusammenzurechnen ist, § 5 Hs 2.

*Mindert* sich der Streitwert bei gleichem Streitgegenstand nach dem für den Zuständigkeitswert maßgebenden Zeitpunkt auf 1200 DM oder weniger, so geht die Sache nicht in das Kleinverfahren über, ebensowenig wie zB, leider immer wieder übersehen, ein Verfahren nicht vom LG an das AG verwiesen werden dürfte, nur weil irgendwann der Wert dort unter denjenigen des § 23 Z 1 GVG gesunken ist. Dagegen entspricht es dem Gesetzeszweck, beim Absinken des Streitgegenstands auf 1200 DM, etwa nach einer teilweisen wirksamen Klagerücknahme, den § 495a ab jetzt anzuwenden, Bergerfurth NJW **91**, 962.

**6** **B. Sonstige Zuständigkeit des AG.** Das AG muß auch im übrigen örtlich und sachlich zuständig sein; es darf zB nicht eine, noch gar ausschließliche, Zuständigkeit des LG bestehen, Bergerfurth NJW **91**, 961; Paske ZRP **91**, 417 fordert de lege ferenda die Anwendbarkeit auch auf das Verfahren vor dem LG (gemeint wohl: seinem Einzelrichter). In vorbehaltloser Einlassung liegt ein Rügeverzicht; er ist wegen seiner Wirksamkeit wie bei Zuständigkeitsfragen zu beurteilen, § 295. Der Rechtsweg muß zulässig sein, § 13 GVG.

**7** **C. Verfahrensziel: Endgültige Klärung.** Das Verfahren muß die endgültige Klärung des Streitfalls erstreben, Schopp ZMR **92**, 161. Es darf sich also eigentlich weder um ein nur vorläufiges Verfahren wie den Arrest oder eine einstweilige Verfügung, §§ 916 ff, 935 ff, noch um einen bloßen Urkunden- oder Wechselprozeß, §§ 592 ff (anders beim Nachverfahren, Bergerfurth NJW **91**, 962), noch um ein bloßes Vollstreckungsverfahren usw handeln; ein Mahnverfahren muß bereits in das streitige Verfahren übergegangen sein, § 696 Rn 5. Denn § 495a steht nicht im Ersten Buch mit seinen allgemeinen Vorschriften für jede Verfahrensart, sondern in demjenigen Abschnitt des Zweiten Buches, der das eigentliche Streitverfahren erster Instanz, noch dazu „nur" vor dem AG, behandelt. Zwar scheint § 495 a auch und gerade zB für das Arrestverfahren zu passen; jenes enthält aber doch vom Aufbau her grundsätzliche Abwandlungen vom Normalprozeß, Grdz 5, 12 vor § 916. Vgl im übrigen Rn 36.

**D. Anspruch jeder Art.** Dagegen ist das Verfahren keineswegs (mehr, wie bei § 510 c aF) auf Streitig- **8** keiten über vermögensrechtliche Ansprüche begrenzt, so auch Ecker AnwBl **92**, 440. Es ist also für jeden nichtvermögensrechtlichen Anspruch, Grdz 11 vor § 1, ebenso offen, solange eben nicht dessen Streitwert mehr als 1200 DM beträgt, Rn 5, Bergerfurth NJW **91**, 961. Daher ist auch die Verbindung beider Anspruchsarten, § 147, innerhalb des Gesamtwerts von 1200 DM zulässig. Andererseits wird das Verfahren nach § 495 a nicht schon deshalb statthaft, weil das AG ohne Rücksicht auf den Streitwert zuständig ist, etwa in Mietsachen. Daher kann zB bei einer Klage nach § 2 MHG je nach der Differenz zwischen gezahltem und verlangtem höheren Mietzins und je nachdem, welcher der Streitmeinungen zur Maßgeblichkeit des Zeitraums sich der Richter anschließt, vgl Anh § 3 Rn 79, das Kleinverfahren zulässig oder unzulässig sein.

**4) Persönlicher Geltungsbereich, I, II.** Soweit das Verfahren nach § 495 a überhaupt zulässig ist, Rn 5, **9** sind ihm alle Prozeßbeteiligten wie sonst dem Normalprozeß uneingeschränkt unterworfen. Das gilt also zB für: Die Parteien, Grdz 3 vor § 50; ihre ProzBev, § 80; den Verkehrsanwalt, § 91 Rn 220; den Terminsanwalt, § 53 BRAGO; den Beweisanwalt, § 54 BRAGO; den Streitverkündeten, § 72; den Streithelfer, § 66; den Beistand, § 90; den gesetzlichen Vertreter, § 51; den Zeugen, § 373; den Sachverständige, § 402; irgendwie beteiligte Behörden; auch für den Dienstvorgesetzten; natürlich ohnehin für den Urkundsbeamten und Protokollführer, Wachtmeister usw. Das kann ganz erhebliche, ungewohnte Auswirkungen haben. Eine normalerweise der Art, dem Ort oder dem Zeitpunkt nach so nicht einwandfreie Verfahrens- oder Verhaltensweise des Richters kann wegen seiner besonderen Ermessensfreiheit, Rn 10, hier sehr wohl völlig korrekt und wirksam, infolgedessen durchaus und allseitig unverzüglich zu respektieren oder zu befolgen sein. Nur das ist mit dem Zweck der Regelung, Rn 3, vereinbar.

**5) „Billiges Ermessen", I 1.** Das Gericht (und nicht die Parteien, Bergerfurth NJW **91**, 962) „kann sein **10** Verfahren nach billigem Ermessen bestimmen". Das ist ein weites, freilich stets pflichtgemäßes Ermessen, dessen Mißbrauchsgrenzen erst dort liegen, wo bei der gebotenen weiten Auslegung, Rn 4, eindeutig überhaupt kein Bezug zur pflichtgemäßen Bemühung um Streitbeilegung oder -entscheidung mehr erkennbar ist, wo Willkür beginnt, Einl III 21, 54.

**A. Weite Freiheit der Verfahrensgestaltung.** Da das gesamte „Verfahren" dem billigen Ermessen des **11** Gerichts unterliegt, beginnt dessen Freiheit mit dem Klageingang und endet mit der letzten Amtshandlung der Instanz. Dazwischen ist fast keine Maßnahme einer Einschränkung des Ermessens unterworfen.

Daher lassen sich *kaum Regeln* für das Verfahren aufstellen. Nahezu jede gesetzliche oder gewohnheits- **12** rechtliche Regel des Normalprozesses kann nach § 495 a abgewandelt, aufgeschoben, vorweggenommen oder aufgehoben werden. Das gilt gegenüber den Prozeßbeteiligten wie gegenüber den Akten. Zwar darf der Richter von jeder Erleichterung oder Vereinfachung nach § 495 a absehen. Je konsequenter der Richter seine Erleichterungs- und Beschleunigungsmöglichkeiten nutzt, desto gesetzestreuer arbeitet er.

*Beispiele:* Abkürzung oder Verlängerung von Fristen, solange nicht das rechtliche Gehör leidet; intensiver Gebrauch des Telefons, auch wenn der Prozeßgegner nicht zugeschaltet ist; formlose, nicht protokollierte Gespräche statt Verhandlungen, solange nicht nach I 2 mündlich zu verhandeln ist; selbst im letzteren Fall Verzicht auf ein vollständiges Protokoll, soweit nicht zB ein Prozeßvergleich zustandekommt.

**B. Bindung an das sachliche Recht.** I 1 betrifft nur das „Verfahren", nicht die Anwendung des **13** sachlichen Rechts. Das ist selbstverständlich. Der Richter des Kleinverfahrens hat das sachliche Recht in jeder Verfahrenslage genau so sorgfältig zu erforschen und anzuwenden wie im Normalprozeß, Einl III 9, LG BadBad RR **94**, 1088. Nur bei der Abfassung des Urteils usw ist er im Rahmen von II wieder freier gestellt. Daher sind natürlich auch die Regeln etwa zur Beweislast, zur Verwirkung oder Verjährung zu beachten, soweit man sie zum sachlichen Recht oder doch zumindest auch zu ihm zählen muß. Freilich entscheidet über diese letztere, oft ja umstrittene, Frage wiederum zunächst nur der Richter des § 495 a.

**C. Bindung an Verfahrensgrundregeln.** Trotz der weiten Ermessensfreiheit, Rn 11, 12, und der **14** gebotenen weiten Auslegung, Rn 4, bleiben unverzichtbare Bindungen an tragende Verfahrensgrundsätze des Normalprozesses, also auch alle diejenigen, deren Mängel nach § 295 II nicht heilbar sind, § 295 Rn 23 ff, auch im Verfahren nach § 495 a bestehen. Zwar ist die mündliche Verhandlung dem Gericht zunächst freigestellt, I 1, zum Begriff § 128 Rn 10; der Richter kann sie anordnen, ist dazu aber zunächst nicht verpflichtet. Sie wird indessen notwendig, sobald auch nur eine der Parteien sie beantragt, I 2. Auch im übrigen bleiben Normalregeln beachtlich, vor allem das Gebot rechtlichen Gehörs, Art 103 I GG, BVerfG NJW **91**, 1301 (zum alten Recht), LG Essen RR **93**, 576 (zum neuen Recht), und die weiteren in Einl III 14 erläuterten Leitgedanken des Prozeßrechts, etwa die Fürsorgepflicht, das Gebot der Fairneß, der Waffengleichheit, das Verhältnismäßigkeitsgebot, das Willkürverbot, das Gebot der Unparteilichkeit, § 139 Rn 13, usw.

Auch die Prinzipien der *Parteiherrschaft* und des *Beibringungsgrundsatzes* gehören zu den Leitgedanken, Grdz **15** 18, 20 vor § 128. Daher ist der Richter auch im Rahmen des § 495 a keineswegs zur Amtsermittlung, Grdz 38 vor § 128, verpflichtet oder auch nur berechtigt, aM Bergerfurth NJW **91**, 963. Natürlich bleiben auch die Parteien und sämtliche übrigen Prozeßbeteiligten ungeachtet aller ihnen etwa vom Gericht eingeräumten Freiheiten dazu verpflichtet, die sie betreffenden Grundregeln zu beachten, etwa die Wahrheitspflicht, § 138 Rn 13, die Erklärungspflicht, § 138 Rn 27–62, oder die Pflicht zu rechtzeitigem, redlichen Vorbringen, § 282. Das Kleinverfahren darf nicht, noch dazu etwa unter Ausnutzung der Arglosigkeit eines großzügigen Richters, zu betrügerischem oder auch nur fahrlässigen Mißbrauch der Justiz oder des Gegners oder auch nur zur Spiegelfechterei führen. Keiner der Beteiligten darf etwas gesetzlich schlechthin Verbotenes oder Sittenwidriges oder auch nur Widersinniges tun. Verboten ist zB: Die bösartige Benachteiligung einer Partei gegenüber der anderen; die Preisgabe tragender öffentlicher Belange; eine bewußte Einengung des Rechts-

§ 495a    2. Buch. 2. Abschnitt. Verfahren vor den AGen

schutzes durch eine im Grunde überhaupt nicht tragbare Aussetzung des Verfahrens; faule Untätigkeit; Mißachtung eines Aussageverweigerungsrechts.

**16  6) Mündliche Verhandlung**

**Schrifttum:** *Westerwelle,* Der Mündlichkeitsgrundsatz in der deutschen Zivilprozeßordnung, Diss Bochum 1998.

**A. Grundsatz: Freigestellte Verhandlung.** Schon aus dem Antragserfordernis des I 2 ist erkennbar, daß bis zu einem Antrag eine mündliche Verhandlung jedenfalls nicht notwendig ist. Da aber das Gericht im Rahmen seines billigen Ermessens nach I 1 natürlich zum klassischen Mittel moderner Justiz, der mündlichen Verhandlung, greifen darf, gilt insoweit der Grundsatz der freigestellten Verhandlung, § 128 Rn 10. Vor einem Antrag kann der Richter allerdings seine Entscheidung ändern und innerhalb seines Ermessens, Rn 10, zB vom schriftlichen Verfahren zu einem mündlichen wechseln und umgekehrt.

**17  B. Auf Antrag: Notwendige Verhandlung.** „Auf Antrag muß mündlich verhandelt werden". In diesem Punkt gilt jetzt eine Regelung, die gegenüber derjenigen nach § 510 c aF eingeschränkt ist. Wenigstens das Kernstück der Errungenschaften des modernen Prozesses soll auch im Kleinverfahren zumindest auf Wunsch einer Partei erhalten bleiben. Es ist, anders als bei § 128 II, ein Antrag erforderlich, LG Stgt MDR 93, 86. Zu ihm ist jede der Parteien nebst ihrem gesetzlichen Vertreter oder ProzBev oder Beistand berechtigt. Der Antrag nur einer der Parteien genügt; das Gesetz spricht nicht vom Antrag „der Parteien". Ein Antrag eines sonstigen Prozeßbeteiligten genügt, soweit er kraft Gesetzes die Rechte einer Partei ausüben kann, zB nach § 67 Hs 1. Ein Antrag eines Zeugen oder Sachverständigen ist unbeachtlich.

**18**  Der Antrag ist als eine *Parteiprozeßhandlung,* Grdz 47 vor § 128, zu behandeln. Er ist stillschweigend möglich. Anwaltszwang besteht nie sonst, etwa nach § 78 II 1 vor dem FamG; freilich liegt dort der Streitwert ohnehin kaum im Bereich bis 1200 DM. Der Antrag ist weder hilfsweise wirksam noch wirksam verzichtbar, wohl aber jederzeit einseitig rücknehmbar. Eine antragsgemäß anberaumte Verhandlung bleibt bis zur wirksamen allseitigen Rücknahme notwendig und kann anschließend oder mangels solcher Rücknahme(n) als freigestellte vom Gericht bestehen gelassen werden. Ein unwirksamer Antrag ist als Anregung zur freigestellten Verhandlung umzudeuten. Man kann eine beantragte und nur deshalb begonnene Verhandlung nicht durch einen formell wirksamen Verzicht zum Abbruch bringen. Andererseits hindern auch streitige Sachanträge, § 137 Rn 7, § 297 Rn 1, weder das Gericht noch die Parteien, die weitere Verhandlung abzubrechen und in einem Verfahren ohne sie fortzufahren.

**19**  Das Gericht braucht *nicht anzufragen,* ob die Parteien einen Antrag auf einen Verhandlungstermin stellen. Das müssen die Parteien mitbedenken, § 282. Das Gericht darf sie zwar nicht vor „vollendete Tatsachen" stellen und den Prozeß derart fördern, daß ein Terminsantrag zu spät käme. Es kann sich aber zB (ratsam!) darauf beschränken, den Parteien sogleich beim Eintritt in das Kleinverfahren kurz mitzuteilen, es werde ab jetzt zB „im Verfahren nach § 495 a" vorgehen, Bergerfurth NJW **91**, 963. Das gilt und reicht grundsätzlich auch bei einer nicht anwaltlich vertretenen Partei, solange diese nicht erkennbar mit einem Termin rechnet. Es ist eine Hinweisfassung ratsam, die nicht zu Folgen wie in §§ 139, 278 III führt, Vorschriften, die im Kern auch im Verfahren nach § 495 a mitbeachtlich sind. Ab Wirksamkeit eines Antrags gelten die Regeln zur notwendigen Verhandlung, § 128 Rn 4, jedoch wiederum nicht in ihren Grundzügen. Das Gericht hat auch im Termin einen weiten Ermessensspielraum. Auch die Verhandlung ändert ja nach Wortlaut und Sinn nichts am Kleinverfahren. Es soll eben nur das rechtliche Gehör in einem Termin in Rede und Gegenrede statt schriftlich oder fernmündlich erteilt werden.

**20  C. Säumnisfragen.** Innerhalb der Beachtung des rechtlichen Gehörs nach I 2 steht das Gericht wegen des Fortbestandes des Kleinverfahrens, Rn 17, auch im Fall der Säumnis einer oder beider Parteien freier da als sonst. Bleiben beide Parteien aus, so kann das Gericht die Sache ruhen lassen, vertagen oder auch ohne frühere streitige Verhandlung nach Lage der Akten entscheiden, sofern es das Gehör gewährt hatte. Es genügt, daß beide Parteien das Vorbringen des Gegners kennen oder schuldhaft nicht kennen und daß sie nachweislich zum Termin aufgefordert worden waren; § 497 bleibt anwendbar. Bleibt nur eine Partei aus, so kann das Gericht mit oder ohne Antrag der erschienenen vertagen, wenn ihm das trotz des Beschleunigungszwecks des § 495 a sinnvoll scheint; es darf nach § 141 auf ein Erscheinen des Säumigen durch ein Ordnungsmittel dringen, da ihm ja das gesamte Rüstzeug der ZPO zur Verfügung steht.

**21**  *Es darf* ein die Instanz beendendes Urteil erlassen, Rn 69 „Rechtliches Gehör", Rn 75 „Säumnis". Es darf auch ein Versäumnisurteil erlassen oder nach Aktenlage entscheiden, und zwar eben auch und gerade nach dem ersten Verhandlungstermin, sofern der Säumige damit rechnen mußte, ebenso Bergerfurth NJW **91**, 963. Dabei ist der gesamte, beiden Parteien zugänglich gewordene Akteninhalt und das Ergebnis aller bisherigen mündlichen Verhandlungen zu berücksichtigen. Das Gericht darf auch einen nicht aktenkundigen, ihm erinnerlichen Vorgang mitverwerten. Gegen ein Versäumnisurteil ist Einspruch innerhalb der vom Gericht frei setzbaren Frist, im Zweifel innerhalb derjenigen des Gesetzes, zulässig. Eine richterliche Frist darf natürlich nicht uneinhaltbar kurz sein. Sie bedarf der förmlichen Mitteilung, § 329 II 2.

**22  7) Urteil, II.** Die Vorschrift stellt zunächst klar, daß auch nach § 495 a ein Urteil ergeht, soweit es im Normalprozeß notwendig würde. Eine Bezeichnung als „Schiedsurteil" ist nicht verboten.

**23  A. Rubrum, Formel.** Die Bezeichnung der Parteien usw und der Urteilsformel sollten so wie sonst erfolgen, § 313 I. Das ist schon wegen der Abgrenzung der Nämlichkeit, zwecks Vollstreckbarkeit und wegen des Umfangs der Rechtskraft unentbehrlich. Der Rechtsstreit kann, muß aber nicht als „Verfahren nach § 495 a ZPO" oder „Kleinverfahren" bezeichnet werden. Dieser Hinweis ist ohnehin nur feststellend, nicht rechtsbegründend.

**24  B. Tatbestand, II 1.** Das Urteil beliebiger Art im Verfahren nach § 495 a „bedarf keines Tatbestandes", II 1, und zwar auch dann nicht, wenn das Gericht von § 495 a bis zum Urteil keinen Gebrauch gemacht hat. Er ist also weder verboten noch notwendig, sondern freigestellt. Das gilt auch dann, wenn das Protokoll tatbestandsartige Elemente enthält. Die Partei kann einen Tatbestand auch nicht durch Widerspruch gegen

## 2. Buch. 2. Abschnitt. Verfahren vor den AGen § 495a

seine Weglassung erzwingen, auch nicht nachträglich. Soweit ein Tatbestand hergestellt wird, braucht er natürlich keineswegs ausführlicher zu sein als nach § 313 II im Normalprozeß. In den Fällen des § 313a II sollte ein Tatbestand stets normal angefertigt werden; zum Verhältnis beider Vorschriften Städing MDR **95**, 1102. In den Fällen § 313 b I empfiehlt sich ein stichwortartig geraffter Tatbestand, soweit er zum Verständnis der Entscheidung für Dritte ratsam ist. Keineswegs ist § 320 mit der Begründung anwendbar, es fehle ein ratsamer Tatbestand oder der vorhandene sei zu kurz usw; etwas anderes mag bei eindeutig sinnentstellenden Fehlern und dergleichen gelten. § 319 bleibt anwendbar. Soweit die höhere Instanz den Streitwert höher bewerten könnte, etwa bei § 2 MHG wegen der Streitfrage Anh § 3 Rn 79, ist es ratsam, einen kurzen Tatbestand zu fertigen, um eine Zurückverweisung zu verhindern.

**C. Entscheidungsgründe, II 2.** Das Urteil bedarf grundsätzlich der Entscheidungsgründe wie sonst, **25** § 313 III. Sie brauchen natürlich nicht ausführlicher zu sein als im Normalprozeß. Daher genügt eine kurze Zusammenfassung derjenigen Erwägungen, auf denen die Entscheidung in tatsächlicher und rechtlicher Hinsicht beruht, wenn es sich um ein streitiges Endurteil handelt; wenn es sich um ein Anerkenntnis- oder Versäumnisurteil handelt, §§ 307, 330 ff, sind Entscheidungsgründe schon grundsätzlich ebenso wenig überhaupt erforderlich wie sonst, § 313 b I 1, allenfalls zur Kostenfrage ratsam, § 99 II. Die Parteien können wie sonst auf Entscheidungsgründe verzichten, § 313 a. Der Verzicht ist allerdings nur unter den Voraussetzungen dieser Vorschrift wirksam. Denn sonst könnte man durch einen weitergehenden Verzicht die Bedingung des II 2 unterlaufen; das ist nicht der Sinn des Gesetzes.

Das Gericht kann aber nach II 2 den „wesentlichen Inhalt" der Entscheidungsgründe „in das *Protokoll* **26** aufnehmen" und braucht dann keine gesondert formulierten Entscheidungsgründe in das Urteil aufzunehmen. Ein diesbezüglicher Widerspruch der Partei ist unbeachtlich. Die Vorschrift dient der besonderen Entlastung des Gerichts, soll freilich nicht den Richter von der Notwendigkeit befreien, methodisch geordnete, sachgerechte Erwägungen anzustellen und in einer solchen Form mitzuteilen, daß die Nämlichkeit des Streitgegenstands, der Umfang der Rechtskraft, die Möglichkeit einer Anfechtung usw erkennbar werden. Daher darf die Wahl von Protokoll-Kurzgründen keineswegs die volle Gedankenarbeit ersetzen. Die Kurzgründe im Protokoll erfordern ein erhebliches Formulierungs- und Konzentrierungsvermögen. Sie dürfen natürlich noch kürzer sein als ohnehin nach § 313 III, müssen aber den Kern der Erwägungen und Resultate enthalten.

Sie müssen vor allem erkennen lassen, daß das Gericht überhaupt den *Gesamtinhalt* des Parteivortrags und der etwaigen Verhandlungen zur Kenntnis genommen und erwogen hat, insbesondere nach irgendeiner Art von Beweisaufnahme, § 286 Rn 13. Im übrigen hat der Vorsitzende natürlich die inhaltliche Alleinverantwortung auch für solche Entscheidungsgründe, die er in das Protokoll aufgenommen hat, das ja bekanntlich formell insgesamt von einem besonderen Protokollführer mitzuunterzeichnen ist: § 308 I ist stets zu beachten. Dasselbe gilt für die Nebenentscheidungen, §§ 91 ff, 708 ff, und für die Unterschrift, § 315 I, III. Soweit die höhere Instanz den Streitwert höher bewerten könnte, etwa bei § 2 MHG wegen der Streitfrage Anh § 3 Rn 79, ist es ratsam, keine bloßen Protokollgründe anzufertigen, um eine Zurückverweisung zu verhindern.

**D. Mitteilung, Ausfertigungen usw.** Das Urteil ist nach einer mündlichen Verhandlung zwar formell **27** nicht zwingend, aber doch tunlichst nach den sonst üblichen Regeln zu verkünden, § 311, und gleichfalls wie sonst zuzustellen, § 317. Es steht einem im Normalprozeß ergangenen Urteil gleich. Seine äußere und innere Rechtskraft tritt gemäß § 322 ein. §§ 319 ff sind anwendbar (Ausnahme wegen § 320: Rn 24).

**8) Kosten, I, II.** Es entstehen dieselben Gebühren und Auslagen wie sonst. Freilich ist es oft nicht einfach **28** zu klären, ob zB eine Beweisaufnahme im Sinn von § 31 I Z 3 BRAGO oder eine Erörterung im Sinn von § 31 I Z 4 BRAGO stattgefunden hat; jedenfalls kann die letztere im Verfahren ohne mündliche Verhandlung nicht etwa davon abhängig sein, daß beide Parteien im Dienstzimmer des Richters gleichzeitig anwesend waren, wenn er eine oft ausgiebige Erörterung in einer nach § 495a ja gerade erlaubten Weise am Telefon in Gesprächen nacheinander vorgenommen hatte. Wegen der Notwendigkeit der Einholung eines Gutachtens der Anwaltskammer, § 12 II 1 Hs 2 BRAGO, Rn 49 „Gebührenrechtsstreit".

**9) Rechtsbehelfe, I, II.** Das Urteil ist unabhängig davon, ob es einen Tatbestand enthält und ob **29** Entscheidungsgründe im Protokoll, im Urteil oder gar nicht vorhanden sind, wie ein im Normalprozeß ergangenes Urteil wegen etwaiger Anfechtbarkeit zu beurteilen, §§ 511 ff; die Regelung des § 510c IV aF, wonach es einem rechtskräftigen Urteil des Normalprozesses „gleichstand", ist nicht in § 495a aufgenommen worden. Ein Einspruch ist wie sonst statthaft, Rn 20. Die Berufung ist in einer vermögensrechtlichen Sache wie sonst grundsätzlich vom Übersteigen der Wertgrenze des § 511 a I 1 (1500 DM) mitabhängig; bei einem Rechtsstreit über Ansprüche aus einem Mietverhältnis über Wohnraum oder über den Bestand eines solchen Mietverhältnisses ist die Berufung auch dann statthaft, wenn das AG in einer Rechtsfrage von einer Entscheidung eines OLG oder des BGH abgewichen ist und die Entscheidung auf der Abweichung beruht, § 511 a II.

Trotz Nichterreichens der Beschwerdesumme kommt ausnahmsweise die (wegen der Subsidiarität einer **30** Verfassungsbeschwerde, Einl III 17, zunächst notwendige) Berufung in Betracht, soweit die Entscheidung *greifbar gesetzwidrig* ist, ähnlich wie zB bei § 127 Rn 24, § 707 Rn 17, § 769 Rn 12, BVerfG NJW **97**, 1301, LG Bochum RR **95**, 1342 (zu § 296), etwa wenn das Urteil widersinnig oder kein zur Zwangsvollstreckung geeigneter Titel ist, wenn die Voraussetzungen des § 495a überhaupt fehlten, wenn das Gericht gegen elementare Regeln verstoßen, etwa das rechtliche Gehör versagt hatte, BVerfG NJW **97**, 1301, LG Hann RR **94**, 1088, LG Heilbr MDR **95**, 701, aM LG Duisb RR **97**, 317, LG Memmingen RR **98**, 1075. Ob allerdings das rechtliche Gehör verletzt ist, das läßt sich nicht schon aus dem Umstand allein bejahen, daß der Gegner nicht in einem Termin erschienen war; eine Säumnis würde ihm schädlich sein, Rn 69 „Rechtliches Gehör", LG Mü RR **95**, 1022. Dagegen ist ein Verfahren ohne notwendig gewordene Verhandlung, also unter Verstoß gegen I 2, nicht schon deshalb so greifbar gesetzwidrig, daß es trotz Nichterreichens der Beschwerdesumme berufungsfähig wäre, vgl auch § 128 Rn 9.

Ob die Voraussetzungen eines Rechtsmittels vorliegen, entscheidet, wie stets, das *Rechtsmittelgericht*. § 717 **31** ist anwendbar. Denn die vollstreckende Partei durfte sich, anders als nach § 510c aF, nicht schon formell auf

## § 495a

die Unanfechtbarkeit mehr als im Normalprozeß verlassen. Eine Wiederaufnahme ist wie sonst statthaft, §§ 578 ff. Sie ist im Schiedsverfahren durchzuführen, weil dieses von Amts wegen anzuwenden ist.

**32** **10) Dienstaufsichtsbeschwerde, I, II.** Sie kommt an sich nur dann in Betracht, wenn der Richter bei der Sachbearbeitung Formen wählt oder Töne anschlägt, die nicht irgendwie, wenigstens mittelbar, vgl BGH MDR **91**, 150, durch die Bemühung um Verfahrensförderung mitbedingt sind. Indessen steht zu befürchten, daß mancher Vorgesetzte irgendwelche Beschwerden von Prozeßbeteiligten, die dergleichen behaupten, wegen des etwaigen Fehlens eines Protokolls, einer Verhandlung, eines in den Akten befindlichen förmlichen Beschlusses usw zum Anlaß nimmt, zur Befriedung des Beschwerdeführers auf dem Rücken des Richters offen oder versteckt eine Schelte zu üben, die ihm keineswegs zusteht. § 26 DRiG darf auch hier von keiner Seite überstrapaziert werden. Jedenfalls ist eine unberechtigte Dienstaufsichtsbeschwerde meist eine falsche Anschuldigung, § 164 StGB, und eine zu lasche, zu späte, zu wenig entschiedene Antwort unter Umständen eine Begünstigung zu jenem Delikt und überdies ein Verstoß gegen die Fürsorgepflicht des Vorgesetzten. Das sollten alle Beteiligten gerade dort beachten, wo das Gesetz dem Richter eine besonders große Verfahrensfreiheit gegeben hat.

**33** **11) Verfassungsbeschwerde, I, II.** Sie kommt wie sonst in Betracht, meist freilich erst nach der Durchführung eines Nichtigkeitsverfahrens nach §§ 579 ff, BVerfG **34**, 204.

**34** **12) Beispiele zum Verfahren nach § 495 a**
**Ablehnung:** Trotz des weiten Ermessens des Gerichts gelten doch die Regeln zur Ablehnbarkeit sowohl des Richters als auch des Rechtspflegers, Urkundsbeamten oder des Sachverständigen wie sonst. Es wäre eine fatale Ermessensüberschreitung, diese Regeln weniger zu beachten als im „Normalprozeß". Freilich darf die Partei nicht jede Abweichung von jener „Norm" zum Anlaß nehmen, den Richter für befangen zu erklären. § 495 a eröffnet dem Richter durchaus verfahrensgestaltende Wege, die „normalerweise" nicht zulässig wären, LG BadBad RR **94**, 1088. Das muß unbedingt auch von dem nach § 45 II 1 zuständigen Gericht mitbeachtet werden, erst recht von der Dienstaufsicht. Die Regeln zum Querulantentum, Einl III 66, gelten wie sonst. Gerade im Kleinverfahren mag der Richter nach früherer sachlicher Bescheidung befugt sein, neue, querulatorische Eingaben unbeachtet zu den Akten zu nehmen; § 495 a soll ihm die Arbeit erleichtern.
**Absinken des Streitwerts:** Rn 5, Rn 59 „Mahnverfahren", Rn 82 „Streitwert".
**Akteneinsicht:** § 299 gilt auch im Verfahren nach § 495 a grds voll. Gerade insoweit, als keine Verhandlung stattfindet, haben die Parteien ein verständliches Einsichtsbedürfnis. Es darf aber keineswegs zur Verzögerung mißbraucht werden. Ab Entscheidungsreife, vgl auch §§ 128 II 2, 296 a, ist ein solcher Mißbrauch eher möglich und entschieden zu bekämpfen, auch durch alle übrigen Gerichtspersonen, die faktisch die Akten aushändigen können.

**35** **Aktenlage:** § 251 a darf angewendet werden, auch in Verbindung mit § 331 a, Rn 20. Indessen ist das Gericht gerade im Fall der einseitigen oder beiderseitigen Säumnis nicht an sämtliche Voraussetzungen der §§ 251 a, 331 a gebunden. Es kann insbesondere auch nach der ersten Verhandlung bereits auf Grund der Aktenlage entscheiden. Darüber hinaus darf das Gericht gerade bei einer Säumnis auch eine Entscheidung, insbesondere das Urteil, einfach „im Verfahren nach § 495 a" erlassen, ohne überhaupt einen besonderen Verkündungstermin nebst Nachricht darüber ansetzen zu müssen. Das stets erforderliche rechtliche Gehör konnte ja bis zum Ablauf der gesetzten Äußerungsfrist wahrgenommen werden. Dann liegt keine Entscheidung nach Aktenlage im Sinn von §§ 251 a, 331 a vor. So läßt sich der Sinn des § 495 a, ein rasches und einfaches Verfahren zu ermöglichen, am folgerichtigsten erfüllen.
S auch Rn 72 „Ruhen des Verfahrens".
**Amtsprüfung:** Vgl zunächst Rn 62 „Parteiherrschaft". Soweit es sich nach dem Gesetz freilich ohnehin um ein Verfahren mit Ermittlungsgrundsatz handelt, Grdz 38, 39 vor § 128, bleiben die daraus erwachsenden Rechte und Pflichten des Richters grds voll bestehen. Allerdings liegt der Streitwert dann in der Regel ohnehin weit über der Grenze von I 1.
**Anerkenntnis:** § 307 gilt auch im Verfahren nach § 495 a grds voll. Wegen des Zwecks der Vorschrift, dem Gericht die Arbeit zu erleichtern, und den entsprechend höheren Anforderungen an den Parteivortrag ist ein Anerkenntnis im Kleinverfahren eher anzunehmen als sonst.
S auch Rn 95 „Verzicht auf den Klageanspruch".

**36** **Arrest, einstweilige Verfügung:** Vgl zunächst Rn 7. Da das Gebot des rechtlichen Gehörs bei §§ 916 ff zunächst wegen der ja nur vorläufigen Entscheidungsmöglichkeiten des Gerichts nur sehr eingeschränkt gilt, ist auch beim kleinen Streitwert eine Anhörung des Antragsgegners vor dem Erlaß bzw des Antragstellers vor der Zurückweisung des Antrags nicht unbedingt geboten. Der Richter darf und soll gerade im kleinwertigen Eilverfahren rasch, unkompliziert und prozeßwirtschaftlich arbeiten. Er mag auch zB die Glaubhaftmachung, s dort, anders als sonst beurteilen.
S auch Rn 75 „Sachliches Recht".
**Aufklärung:** Rn 46 „Entscheidungsreife".
**Ausfertigung:** Rn 87 „Umfang der Entscheidungsgründe", Rn 92 „Urteilskopf".
**Auslagenvorschuß:** Rn 57 „Kostenvorschuß".

**37** **Aussetzung:** Sie kommt wie sonst in Betracht, darf aber natürlich gerade in dem ja auch der Straffung und Beschleunigung dienenden Verfahren nach § 495 a keineswegs vom faulen Richter zum Vorwand genommen werden, Entscheidungen vor sich herzuschieben. Sein formell auch hier weiter Spielraum schrumpft wegen des Gesetzeszwecks hier in Wahrheit eher zusammen. Das gibt der Dienstaufsicht usw aber keineswegs ein erweitertes Kontrollrecht. Mag der Betroffene die Aussetzung oder deren Ablehnung anfechten, soweit zulässig. Der vernünftige Richter versucht in einer die Aussetzung erwägbar machenden Situation eine Lösung, die die Partei auch im Kleinverfahren nicht um ihr sachliches Recht bringt, aber ihm die Mehrarbeit schafft, die ein anderes Gericht oder eine Behörde ihm mit ohnehin größerer Pflicht zur Aufklärung usw abnehmen kann.

**38** **Beibringungsgrundsatz:** Rn 62 „Parteiherrschaft".

**Belehrung:** Soweit das Gericht eine Belehrung erteilt hat, etwa dahin, daß nach Fristablauf nur (anders: auch!) ein Versäumnisurteil ergehen könne, würde eine wesentliche Abweichung vom angekündigten Vorgehen als Überraschungsentscheidung, auch wegen §§ 139, 278 III, einen Verstoß gegen Art 103 I GG darstellen können. Daher kann das Gericht nicht zB nach dem derartigen Fristablauf statt eines ja mit Einspruch anfechtbaren Versäumnisurteils einfach durch ein unanfechtbares „streitiges" Urteil entscheiden. Es ist ratsam, zumindest auch auf § 495a hinzuweisen, um sich nicht dessen Möglichkeiten zu verbauen. Belehrungen sollten auch im Verfahren nach § 495 a nicht über das gesetzlich gebotene Maß hinausgehen.

**Beratungshilfe:** Im Gegensatz zur Prozeßkostenhilfe sind die Voraussetzungen einer Beratungshilfe in einem eigenen Gesetz geregelt, Anh § 127. Andererseits ist das Verfahren weitgehend dem Rpfl und im übrigen dem Richter übertragen und hat inhaltlich im hier interessierenden Bereich Bezug auf das zivilprozessuale Erkenntnisverfahren. Daher sind die verfahrensmäßigen Vorgänge zumindest indirekt von § 495 a mitbeeinflußbar. Indessen sollte das Gericht nur zurückhaltend von dem BerHG abweichen.
S auch Rn 70 „Rechtsbehelf".

**Berichtigung:** § 319 ist auch im Verfahren nach § 495 a grds voll anwendbar. Da das Gesetz dem Richter **39** gestattet, die Entscheidungsgründe über das in § 313 III ohnehin knapp bemessene Maß hinaus kurzzufassen, soweit er sie nach II 2 nur in das Protokoll aufnimmt, sind die letzteren formell nur nach § 165, der Sache nach zwar auch unter Mitbeachtung von § 319 zu berichtigen, jedoch großzügiger zugunsten des Gerichts (bloßer Irrtum) als sonst. Freilich darf man diese Erwägungen nicht dazu benutzen, ein unanfechtbares Fehlurteil als verfassungsgerichtlich ebenfalls unangreifbar zu trimmen.
S auch Rn 93 „Tatbestandsberichtigung".

**Berufung:** Sie bleibt grds nur dann statthaft, wenn der Wert des Beschwerdegegenstands die in § 511 a I 1 **40** genannte Summe übersteigt oder wenn die Voraussetzungen des § 511 a II vorliegen. Ob das der Fall ist, entscheidet nicht der Amtsrichter, sondern das LG, evtl nach Beschwerde gegen die Festsetzung des Zuständigkeitswerts. Soweit eine Berufung auch nur ernsthaft in Betracht kommt, sollte der Amtsrichter den nach § 495 a II 1 ja keineswegs verbotenen Tatbestand und die Entscheidungsgründe auch nach mündlicher Verhandlung nicht nur im Protokoll, § 495 a II 2, sondern wie im Normalprozeß im gesonderten Urteilsexemplar fertigen, um eine Zurückverweisung wegen Verfahrensverstoßes zu vermeiden. Eine Berufung ist ausnahmsweise unabhängig vom Fehlen der Berufungssumme auch wegen Verstoßes gegen das rechtliche Gehör statthaft, Rn 30, BVerfG NJW **97**, 1301. Das Berufungsgericht ist aber grds nicht dazu da, einen etwaigen Verfassungsverstoß anstelle des BVerfG zu korrigieren, LG Mü RR **95**, 1022, aM LG Duisb RR **97**, 1490.

**Beschlußverfahren:** Auch nach § 495 a muß das Gericht durch Urteil entscheiden, soweit das im Normal- **41** verfahren notwendig wäre, und darf nicht etwa statt eines Urteils einen Beschluß oder statt eines Versäumnisurteils einen Versäumnisbeschluß erlassen. Soweit die Bezeichnung zwar falsch ist, die Gründe aber wenigstens der Sache nach denjenigen eines Urteils nach § 495 a II entsprechen, mag eine Berichtigung nach § 319 zulässig sein; andernfalls leidet die Entscheidung an einem gegen die Grundlagen des Verfahrens verstoßenden Mangel. Soweit auch im Normalprozeß ein Beschluß statthaft wäre, ist er es natürlich auch im Verfahren nach § 495 a.

**Beschwerde:** Rn 70 „Rechtsbehelf".

**Beweis:** Die Fragen, ob er notwendig ist, welchen Umfang er haben muß und in welchem Zeitpunkt des **42** Verfahrens er erforderlich wird, sind grds wie sonst zu beantworten. Der Richter darf sich auch im Verfahren nach § 495 a nicht etwa um der noch so erwünschten Arbeitserleichterung willen um eine Beweisaufnahme drücken, die sonst notwendig wäre. Das sachliche Recht bleibt unangetastet. Freilich mögen die reinen Verfahrensfragen abweichend von den sonst geltenden Regeln zu beurteilen sein, LG BadBad RR **94**, 1088. Das gilt zB für die Frage, ob eine Zeugenbefragung in einem Termin oder am Telefon (mit nachfolgender Gelegenheit der Parteien zur Stellungnahme) erfolgt.
S auch Rn 42 „Beweisbeschluß", Rn 43 „Beweislast", Rn 44 „Beweiswürdigung".

**Beweisbeschluß:** Ein besonderer Beweisbeschluß ist stets zulässig. Seine Notwendigkeit ergibt sich in Abweichung von § 358 nicht schon aus dem etwaigen Erfordernis eines „besonderen Verfahrens", denn gerade in der Verfahrensgestaltung stellt ja I 1 den Richter im Prinzip freier als sonst; die Notwendigkeit eines Beweisbeschlusses kann sich aber im Einzelfall aus dem auch bei I 1 beachtlich bleibenden Art 103 I GG ergeben. Freilich mag dem rechtlichen Gehör auch dann genug Beachtung gegeben werden, wenn der Richter die Parteien auf andere Weise über Art, Ort und Zeit der geplanten Beweisaufnahme so informiert, daß sie sich auf diese einrichten können; solange keine mündliche Beweisaufnahme stattfindet oder stattfinden muß, I 2, entfällt ja auch das Anwesenheitsrecht des § 357.
Jedenfalls hat zB der Zeuge *keinen Anspruch auf* die *Mitteilung* des Beweisthemas gerade in Beschlußform, auch nicht nach § 377 II 2 und erst recht nicht bei schriftlicher Aussage nach § 377 III. Ob ein Ordnungsmittel nach § 380 zu verhängen ist, hängt nicht von der Existenz eines Beweisbeschlusses und dessen Mitteilung ab, ebensowenig wie ein Aussageverweigerungsrecht.

**Beweislast:** Unabhängig davon, wie man die umstrittene Rechtsnatur der Beweislast beurteilt, dazu Anh **43** § 286 Rn 2, 237, kann der Richter sie nicht schon wegen § 495 a anders verteilen, als sonst; soweit sie dem Verfahrensrecht angehört, stößt das richterliche Ermessen schon wegen der stets engen Nähe der Beweislast zum sachlichen Recht auch im Kleinverfahren an die Grenzen. Da die Verkennung der Beweislast ein Verfahrensfehler sein kann, wenn man der in Anh § 286 Rn 237 genannten Auffassung nicht folgt, empfiehlt sich eine ganz knappe Begründung der Beurteilung, wer beweispflichtig sei, soweit andernfalls auch Art 103 I GG verletzt sein könnte.

**Beweissicherung:** Rn 90 „Selbständiges Beweisverfahren".

**Beweiswürdigung:** § 286 gilt auch im Verfahren nach § 495 a grds voll. Das Gericht darf sich zB nicht **44** dort, wo es auf den Beweis ankommt, mit einer bloß überwiegenden Wahrscheinlichkeit (wie bei § 294) begnügen. Der Umfang der Beweisaufnahme bleibt im Prinzip unverändert; nur die Art und Weise ihrer Durchführung ist dem Richter erheblich erleichtert. Freilich muß er den Parteien stets Gelegenheit zur

Äußerung geben, soweit sie durch die Beweisaufnahme Nachteile erleiden könnten, § 285. Im übrigen darf der Richter Nachlässigkeiten zwar nicht eines Zeugen, wohl aber des Beweisführers, etwa bei Ergänzungsfragen, im Kleinverfahren innerhalb seines Zwecks der Arbeitserleichterung und Beschleunigung eher zu Lasten des Beweisbelasteten würdigen.

S auch Rn 102 „Wiederholte Beweisaufnahme".

**45 Bindung an Parteianträge:** § 308 I, II gelten auch im Verfahren nach § 495 a grds voll. Gerade wegen des Zwecks der Arbeitserleichterung des Gerichts und der Verfahrensbeschleunigung und der entsprechend höheren Anforderung an den Parteivortrag entscheidet das Gericht nur im Rahmen der Parteianträge, von den Kostenfolgen abgesehen.

S auch Rn 53 „Hilfsvortrag".

**Dienstaufsichtsbeschwerde:** Rn 32.

**46 Einlassungsfrist:** Die Fristen des § 274 III gelten als gesetzliche Mindestfristen mit Ausnahme der in § 224 II genannten Lagen auch im Verfahren nach § 495 a zwingend. Sie setzen das Gebot des rechtlichen Gehörs in seiner Mindestform zeitlich um und binden daher den Richter auch im Kleinverfahren. Er kann aber auch von Amts wegen ihre Verlängerung anordnen oder sie von vornherein angemessen länger bemessen, ohne dazu verpflichtet zu sein.

S auch Rn 58 „Ladungsfrist".

**Einspruch:** Rn 70 „Rechtsbehelf", Rn 73 „Säumnis", Rn 101 „Wiedereinsetzung".

**Entscheidung nach Aktenlage:** Rn 35 „Aktenlage".

**Entscheidungsgründe:** Rn 87 „Umfang der Entscheidungsgründe".

**Entscheidungsreife:** Sie muß natürlich wie stets vorliegen, bevor das Urteil ergehen darf, und ist wie sonst auf Grund von § 286 zu prüfen, Schopp ZMR **92**, 161; es darf nichts Entscheidungserhebliches ungeklärt bleiben, Schopp ZmR **92**, 161.

**Erinnerung:** Rn 70 „Rechtsbehelf".

**47 Feststellungsklage:** § 256 ist auch im Kleinverfahren anwendbar. Die Voraussetzungen des rechtlichen Interesses, insbesondere das Feststellungsinteresse, sind grds keineswegs eher zu bejahen als sonst. Aus der auch hier wie sonst zu beurteilenden Streitwerthöhe mag sich ergeben, daß die bloße Feststellung eines Anspruchs, der im Fall der Leistungsklage nicht mehr in das Verfahren nach § 495 a fallen würde, im Kleinverfahren behandelt werden kann.

**Fremdes Recht:** § 293 gilt auch im Verfahren nach § 495 a grds voll. Das gilt sowohl für fremdes sachliches Recht als auch für prozessuales. Der Richter darf keineswegs vor der notwendigen Ermittlung zurückschrecken. Ob im Einzelfall der Grundsatz der Unverhältnismäßigkeit eine Grenze setzt, ist eine andere Frage. Jedenfalls sind die Parteien mindestens wie sonst bei § 293 zur Mitarbeit angehalten. Staudinger/Sturm Einl 176 IPR stellen auf die lex fori ab.

**48 Frist:** Soweit das Gesetz eine Frist und ihre Dauer für das „Normalverfahren" zwingend festsetzt, ist sie grds auch bei § 495 a zu beachten. Der Richter kann auch eine Notfrist, § 224 I 2, wegen ihrer grundlegenden Verfahrensbedeutung nicht in eine einfache Frist umwandeln. Im übrigen kann er in Abweichung von den „Normalregeln" Fristen kürzer oder länger bemessen, abkürzen oder verlängern. Er darf nur nicht derart kurze Fristen entstehen lassen, daß der Betroffene das rechtliche Gehör verliert, Art 103 I GG. Die Einlassungsfrist ist auch außerhalb des schriftlichen Vorverfahrens bereits im Inland in Anlehnung an § 276 I 1 keineswegs kürzer als mit 2 Wochen zu bemessen, braucht aber nur ausnahmsweise länger zu sein. Abkürzungs- oder Verlängerungsmöglichkeiten bestehen wie sonst, §§ 224 ff, jedoch mit erweiterten Gestaltungsrechten des Richters, soweit er nicht das rechtliche Gehör abschneidet.

**49 Früher erster Termin:** Zu der weiten Ermessensfreiheit nach § 495 a gehört natürlich auch die Befugnis, einen frühen ersten Termin oder auch anschließend an die Anberaumung vor der Durchführung in das schriftliche Vorverfahren oder schriftliche Verfahren überzuwechseln. Soweit der Richter das rechtliche Gehör gewährt, ist er noch weniger als im „Normalprozeß" zu Fristsetzungen nach § 275 verpflichtet.

S auch Rn 84 „Terminsanberaumung", Rn 85 „Terminsantrag", Rn 97 „Vorbereitende Maßnahme".

**Gebührenrechtsstreit:** Ein Gutachten der Anwaltskammer nach § 12 II BRAGO ist auch im Kleinverfahren einzuholen. Das stellt § 12 II 1 Hs 2 BRAGO klar.

**Gehör:** Rn 69 „Rechtliches Gehör".

**50 Gerichtsstand:** Obwohl I 1 dem Richter ein weites Ermessen bei der Verfahrensgestaltung einräumt, kann er doch nichts an den Regeln zur örtlichen Zuständigkeit ändern, die zu den Grundlagen eines geordneten Verfahrens zählen. Die Parteien haben Gestaltungsmöglichkeiten nach §§ 38 ff usw wie sonst. Ein Rügeverzicht ist wie sonst möglich, § 295. Er ist grds weder eher als sonst zu bejahen noch eher zu verneinen. Nach einer Verweisung, zB gem § 281, ist die Bindungswirkung auch hier die örtliche Zuständigkeit wie sonst zu beurteilen. Eine Gerichtsstandserschleichung ist wie sonst und unwirksam, Einl III 56.

**51 Geständnis:** § 288 gilt auch im Verfahren nach § 495 a grds wie sonst. Die dort genannten Alternativen „bei einer mündlichen Verhandlung" oder „zum Protokoll . . ." müssen allerdings erweitert werden, soweit der Richter keine mündliche Verhandlung durchführen muß und auch nicht einen beauftragten oder ersuchten Richter einschaltet. Andernfalls könnte die Partei zB im schriftlich durchgeführten Kleinverfahren überhaupt kein wirksames prozessuales Geständnis abgeben; das würde dem Zweck des § 495 a direkt widersprechen. Ob ein Geständnis gewollt und erklärt ist, muß wie sonst im Wege der Auslegung ermittelt werden.

**52 Glaubhaftmachung:** § 294 gilt, auch im Eilverfahren, §§ 920 II, 936, grds auch im Kleinverfahren nach § 495 a. Indessen mag der Richter die Glaubhaftmachung zumindest wegen einer verfahrensmäßigen Frage, etwa wegen des Arrestgrundes, anders als sonst beurteilen, sei es strenger, sei es großzügiger. Es ist eher als sonst Sache der Partei, in dem gestrafften und der Arbeitserleichterung des Gerichts dienenden Verfahren nach § 495 a rechtzeitig und ausreichend glaubhaft zu machen oder die gegnerische Glaubhaftmachung zu erschüttern.

S auch Rn 62 „Parteiherrschaft".

**Grundurteil:** § 304 ist auch im Verfahren nach § 495a grds voll anwendbar. Freilich wird das Gericht ähnlich wie beim Teilurteil, s dort, sein ohnehin geltendes, nach § 495a ja erheblich erweitertes Ermessen oft dahin ausüben, von einem Grundurteil abzusehen, durch das der Prozeß nicht beschleunigt und die Arbeit nicht erleichtert werden würden.

**Hilfsvortrag:** Er ist auch im Verfahren nach § 495a grds wie sonst zulässig und vom Gericht zu beachten. **53** Es darf keineswegs den Hilfsvortrag, der rechtzeitig, nachvollziehbar und schlüssig erfolgte, als im Kleinverfahren unbeachtlich zurückweisen. Ob Hilfsvortrag vorliegt, ist wie sonst durch Auslegung zu ermitteln. Wegen der dem Zweck der Arbeitserleichterung des Gerichts entsprechenden erhöhten Anforderungen an den Parteivortrag wird die Frage eher zu verneinen sein. Das Gericht braucht jedenfalls eher weniger als sonst nachzufragen, ob und welcher Vortrag als Hilfsvorbringen zu verstehen ist.

**Klagänderung:** Sie ist wie sonst zu beurteilen, auch streitwertmäßig. Ein Verfahren kann infolge der **54** Klagänderung in das Kleinverfahren nach § 495a oder aus ihm heraus geraten. Im übrigen mag die Sachdienlichkeit, § 263, im Kleinverfahren durchaus auch unter dem Gesichtspunkt der Arbeitserleichterung des Gerichts und der Beschleunigung des bisherigen Prozesses zu beurteilen und daher eher zu verneinen sein als sonst, aber auch umgekehrt.

**Klagerücknahme:** Ebenso wie die Klageeinreichung ist auch die Klagerücknahme Sache der Partei und nicht Teil der Verfahrensgestaltung des Gerichts. Sie ist daher auch im Kleinverfahren wie sonst zulässig und wirksam. Auch die etwa notwendige Zustimmung des Bekl hängt bei § 495a ebensowenig von dem Gericht ab wie sonst. Die Auslegung der Parteiprozeßhandlungen erfolgt wie sonst; der ohnehin ja nur feststellende Kostenfolgebeschluß nach § 269 III 4 erfolgt wie sonst. Soweit überhaupt keine Verhandlung stattfindet, gelten die Regeln § 269 Rn 5–16.

**Klageschrift:** Für sie gelten dieselben Anforderungen wie sonst, denn nur das Gericht bestimmt sein **55** Verfahren frei, nicht aber hat auch der Kläger schon von sich aus Erleichterungen. Es steht ihm lediglich frei, einen Antrag auf mündliche Verhandlung nach I 2 schon in der Klageschrift oder erst später oder gar nicht zu stellen. Im Zweifel liegt kein solcher Antrag, sondern allenfalls eine für den Richter unverbindliche Anregung vor; er ist auch nicht stets zu einer diesbezüglichen Rückfrage oder gar zu einer Belehrung verpflichtet. Eine Aufforderung des Klägers, das Gericht möge sich äußern, wenn es nicht von Amts wegen eine Verhandlung wünsche, braucht vom Richter nicht befolgt zu werden; mag der Kläger einen bindenden Antrag nach I 2 stellen.

S auch Rn 67 „Prozeßvoraussetzungen", Rn 84 „Terminsanberaumung", Rn 90 „Unterschrift".

**Kostenentscheidung:** Der Richter entscheidet nur über sein Verfahren nach billigem Ermessen, nicht über **56** die Sachentscheidung und daher auch nicht über die aus ihr folgende Kostengrundentscheidung frei; insoweit sind §§ 91 ff usw wie sonst anzuwenden. Freilich kann er die Begründung der Kostenentscheidung im Fall II 1 und erst recht natürlich im Fall II 2 auf eine stichwortartige Erwähnung der angewandten Vorschriften beschränken und bei II 2 auch ganz entfallen lassen, solange nicht besondere Umstände eine etwas nähere Darlegung zwecks Nachvollziehbarkeit erfordern, § 286 Rn 20, 21.

S auch „Umfang der Entscheidungsgründe".

**Kostenfestsetzung:** § 495a gilt auch zugunsten des Rpfl, denn auch er ist „Gericht" im Sinn von I 1. **57** Daher kann auch er sein Verfahren nach billigem Ermessen freier als sonst gestalten. Dabei kommt es auf den Streitwert und infolgedessen nur dann auf den Kostenwert an, wenn dieser zum Streitwert geworden ist. Auch der Rpfl muß die seinem Verfahren zugrundeliegenden Hauptregeln beachten, zB das rechtliche Gehör wie sonst gewähren, seine Entscheidung wie sonst wenigstens nachvollziehbar begründen usw. Er darf etwa bei einer Nichtabhilfe nicht jegliche Begründung verweigern, darf nicht in weiterem Umfang als sonst sachlichrechtliche Einwendungen beachten oder zurückweisen. Mit einer großzügigeren Bejahung der Glaubhaftmachung iS § 104 II 1 sollte er zurückhaltend verfahren. Insgesamt kann aber auch er sich sein Vorgehen erleichtern; auch das ist der Sinn des § 495a.

**Kostenvorschuß:** § 65 GKG ist voll und zwingend anwendbar wie sonst. Denn der Richter bestimmt bei § 495a nur „sein" Verfahren frei; unter „Gericht" ist hier nicht auch der Kostenbeamte zu verstehen, Hartmann Teil I § 65 GKG Rn 10 (anders der Rpfl, s „Kostenfestsetzung"). Freilich ist die richterliche Anordnung eines Auslagenvorschusses im Interesse einer zügigen und einfachen Verfahrensdurchführung noch eher ratsam als sonst, § 379 Rn 1.

**Ladungsart:** § 497 Rn 1.

**Ladungsfrist:** Die Fristen von 3 Tagen bzw 24 Stunden nach § 217 gelten als gesetzliche Mindestfristen mit **58** Ausnahme der in § 224 II genannten Lagen auch im Verfahren nach § 495a zwingend. Sie setzen das Gebot des rechtlichen Gehörs in seiner Mindestform zeitlich um und binden daher den Richter auch im Kleinverfahren. Er kann aber auch von Amts wegen ihre Verlängerung anordnen oder sie von vornherein angemessen länger bemessen, ohne dazu verpflichtet zu sein.

S auch Rn 46 „Einlassungsfrist".

**Mahnverfahren:** Seine Regeln werden von § 495a nicht berührt. Denn es ist nicht im Zweiten Abschnitt **59** des 2. Buches geregelt, sondern im 7. Buch. Vom Übergang in das streitige Verfahren an, dazu § 696 Rn 1, ist § 495a dagegen voll anwendbar. Natürlich behalten die Vorgänge des vorangegangenen Mahnverfahrens ihre Wirksamkeit. Das gilt insbesondere für einen Vollstreckungsbescheid. Bei Nichteinreichung der Anspruchsbegründung trotz Aufforderung nach § 697 I oder § 700 III 2 ist mangels Terminsnotwendigkeit Endurteil statthaft. Ein Absinken des Streitwerts des Mahnverfahrens auf einen Betrag von höchstens 1200 DM ab Beginn des streitigen Verfahrens läßt nur ein (streitiges) Kleinverfahren entstehen.

**Mündliche Verhandlung:** Rn 16.

**Nachfrist:** § 283 S 2 Hs 2 ist anwendbar, BVerfG NJW 93, 2794.

**Öffentliche Zustellung:** Rn 103 „Zustellung". **60**

**Ordnungsmittel:** Rn 42 „Beweisbeschluß".

**Örtliche Zuständigkeit:** Rn 50 „Gerichtsstand".

**Partei:** Der Parteibegriff, Grdz 3 vor § 50, und die sich aus ihm ergebenden Regelungen zB zur Prozeß- **61** standschaft, zur Vertretung des Minderjährigen, der juristischen Person, der Partei kraft Amts usw können

## § 495a

vom Richter auch im Verfahren nach § 495 a nicht anders als sonst beurteilt werden. Er verfügt ja nur über das Verfahren frei, nicht über die an ihm Beteiligten. Daher gelten auch zur Prozeßfähigkeit, zur vorläufigen Zulassung nach § 56 usw dieselben Regeln wie sonst.

**62 Parteiherrschaft:** Sie zählt zu den Grundlagen des Zivilprozesses. In sie wie in den Beibringungsgrundsatz und in die Verhandlungsmaxime, Grdz 18 vor § 128, kann der Richter auch nicht nach § 495 a eingreifen. Es ist nicht seine Aufgabe, der Partei die aus ihrer Parteiherrschaft erwachsenden Pflichten und Obliegenheiten abzunehmen, selbst wenn er sich dadurch Beschleunigung und Arbeitserleichterung verspricht. Er darf das Verfahren nicht zum solchen von Amts wegen umgestalten, sofern es sich nicht gerade um ein letzteres handelt, Grdz 25–40 vor § 128. Freilich sind die Ermessensgrenzen fließend, und zwar sowohl in Richtung auf Stärkung als auch auf Schwächung der Parteiherrschaft. Der Richter kann der Partei grds durchaus mehr überlassen oder auferlegen als sonst und andererseits auch sehr wohl die eine oder andere Maßnahme, zB eine Anfrage an eine Behörde oder gar bei einem Zeugen, selbst treffen, statt dies der Partei aufzubürden. Im Zweifel bleibt er innerhalb seiner weiten Gestaltungsfreiheit.

**Parteiöffentlichkeit:** § 357 gilt auch im Verfahren nach § 495 a grds voll. Freilich hat der Richter wegen des zur Beschleunigung und Arbeitserleichterung geltenden weiten Ermessens der Art der Durchführung auch einer Beweisaufnahme sehr wohl die Möglichkeit, zB einen Zeugen oder Sachverständigen auch außerhalb einer Verhandlung, etwa telefonisch, zu befragen oder doch in einer Verhandlung einen erst jetzt benannten oder doch nicht erschienenen Zeugen oder Sachverständigen am Telefon zu hören. Er muß dann jeweils das Ergebnis aktenkundig machen und den Parteien Gelegenheit zur Stellungnahme geben. Es kann bei begründeten Bedenken der Partei notwendig werden, von der telefonischen Befragung oder der bloßen schriftlichen Äußerung des Zeugen zur Vernehmung in Anwesenheit der Parteien überzugehen. Solche Abwägungen erfordern Fingerspitzengefühl und gegenseitiges Verständnis.

**63 Persönliches Erscheinen:** Das Gericht kann im Verfahren nach § 495 a das persönliche Erscheinen der Partei auch außerhalb der sonst geltenden Voraussetzungen anordnen, also zB auch, wenn es die Partei außerhalb einer mündlichen Verhandlung anhören möchte, um sich von einer unstreitigen Tatsache ein besseres Bild zu machen. Die Folgen unentschuldigten Ausbleibens können auch in freier Beweiswürdigung bestehen, ähnlich wie bei § 454 I. Das ist eine typische Auswirkung der Ermessensfreiheit des Gerichts nach § 495 a und kein Ermessensmißbrauch.

**64 Protokoll:** Es ist nach § 159 I, II keineswegs bei jeder Amtshandlung in Gegenwart eines Prozeßbeteiligten erforderlich, also erst recht nicht im Verfahren nach § 495 a. Soweit freilich zB die fernmündliche Befragung eines Zeugen nach I 1 stattfindet, ist sie Beweisaufnahme und scheint nach § 159 I 1 ein Protokoll zu erfordern. Gemeint ist dort aber die Beweisaufnahme in einer Verhandlung, nicht außerhalb einer solchen; das ergibt sich schon daraus, daß dem Gericht freistehende besonderer Protokollführer ja schon technisch bestenfalls am Zweithörer verfolgen könnte, was er in eigener Verantwortung protokollieren soll. Soweit ein Protokoll aufgenommen wird, darf es bis auf die nach § 160 III unverzichtbaren Bestandteile „lückenhafter" als sonst sein. Freilich ist es ratsam, die nach § 160 I, II genannten Angaben ebenfalls wenigstens im Kern zu machen.

Das Gericht sollte die *Möglichkeit nach II 2,* statt eines Urteils mit Entscheidungsgründen nur deren wesentlichen Inhalt zu formulieren und das im Protokoll zu tun, durchaus nutzen, da das Protokoll oft schneller erstellt wird und da das Gericht dann eben noch knapper formulieren kann. Natürlich übernimmt für diesen Teil des Protokolls nur der Vorsitzende in solcher Eigenschaft die inhaltliche Verantwortung. Die Kurzgründe im Protokoll brauchen natürlich nicht mitvorgelesen zu werden. Wegen der Unanfechtbarkeit des Urteils einerseits, der Möglichkeit einer Verfassungsbeschwerde andererseits und des Fehlens eines Tatbestands und evtl nach II 2 auch gesonderter Entscheidungsgründe sollte das Protokoll nicht allzu dürftig sein. Seine Berichtigung erfolgt nach § 319.

**65 Prozeßbevollmächtigter:** Seine Stellung mit ihren Rechten und Pflichten ist auch im Verfahren nach § 495 a grds ebenso wie sonst zu beurteilen. Der Richter verfügt zwar über das Verfahren, nicht aber über die an diesem Beteiligten und deren Bevollmächtigte. Insbesondere bleibt es grds beim Fehlen eines Anwaltszwangs, zumal der Streitwert bei einem Anwaltszwang nach § 78 II unterliegenden Verfahrens ohnehin in aller Regel die 1200-DM-Grenze des § 495 a I übersteigt. Die Formerfordernisse, etwa des § 80 I, bleiben auch im Verfahren nach § 495 a bestehen und unterliegen grds nicht der Verfügungsbefugnis des Richters. Eine einstweilige Zulassung nach § 89 I sollte keineswegs grds eher als sonst erfolgen und behält die in § 89 I 2, 3, II genannten Folgen.

S auch Rn 55 „Klageschrift", Rn 84 „Terminsanberaumung".

**Prozeßhandlung:** Ihre Notwendigkeit, Form und Wirksamkeit sind grds wie sonst zu beurteilen. Soweit nicht andere gesetzliche Vorschriften zwingend entgegenstehen, kann aber der Richter zB in der Formfrage großzügiger als sonst vorgehen. Die Auslegung einer Parteiprozeßhandlung kann ebenfalls großzügiger als sonst vornehmbar sein. Sachlichrechtliche Wirkungen unterfallen nicht der Gestaltungsfreiheit des Gerichts. Die Anfechtbarkeit ist wie sonst zu beurteilen.

S auch Rn 80 „Schriftsatz", Rn 90 „Unterschrift".

**66 Prozeßkostenhilfe:** Zwar ist sie eine Form der Sozialhilfe, Üb 2 vor § 114. Sie ist aber in die gerichtliche Verfahren eingebettet und der Zuständigkeit des Richters unterstellt, also Bestandteil des Verfahrens vor ihm. Daher gilt § 495 a in dem erstinstanzlichen Erkenntnisverfahren auch für das Prozeßkostenhilfeverfahren in allen seinen Verästelungen, Lüke NJW **96**, 3265. Freilich muß der Richter auch hier die Verfahrensgrundlagen einhalten. Er kann zB nicht auf das Erfordernis der hinreichenden Erfolgsaussicht verzichten und, soweit diese von sachlichrechtlichen Fragen abhängt, wird er diese letzteren eher grds bejahen oder verneinen als sonst. Soweit aber zB verfahrensrechtliche Vorausschätzungen vorzunehmen sind, kann er sich die Arbeit sehr wohl auch im Prozeßkostenhilfeverfahren grds erleichtern. Er ist ohnehin auf diesem, wenn auch wirtschaftlich gewichtigen, Nebenschauplatz nicht der Hüter der Staatskasse. Das bedeutet freilich keineswegs eine Pflicht zur großzügigeren Gewährung als sonst.

**67 Prozeßrechtsverhältnis:** Es gehört zu den Grundlagen des Verfahrens, Grdz 3 vor § 128, und ist daher auch im Verfahren nach § 495 a wie sonst zu beachten und zu beurteilen. Freilich kann in einem

## 2. Buch. 2. Abschnitt. Verfahren vor den AGen § 495a

Verfahren, in dem der Richter zwecks Beschleunigung und Arbeitserleichterung eleganter und unkonventioneller als sonst arbeiten darf und soll, sowohl im Verhältnis der Parteien untereinander als auch im Verhältnis jeder Partei zum Gericht ein erhöhtes Maß von Pflichten und Obliegenheiten durchaus zu bejahen sein. § 495a dient zunächst dem Gericht und gerade nicht den Parteien; die redliche Partei hat dessen ungeachtet eher Vorteile als die nachlässige, unredliche.

**Prozeßvergleich:** Rn 92 „Vergleich".
**Prozeßvoraussetzungen:** Sie sind grds auch hier wie § 495a wie sonst zu beachten und zu beurteilen. Sie sind ja durchweg auch nicht nach § 295 wiederherzustellen. Insbesondere ist zunächst die Zulässigkeit und dann erst die Begründetheit der Klage zu prüfen; bei Unzulässigkeit ist eine hilfsweise Erörterung dahin, daß die Klage jedenfalls auch unbegründet sei, wie sonst erlaubt, Grdz 17 vor § 253. Das Gericht sollte durchaus mindestens dieselben Anforderungen wie sonst stellen. Das Kleinverfahren dient nicht der Nachlässigkeit der Parteien, sondern der Arbeitserleichterung, wenn auch nicht Laxheit, des Richters.
S auch Rn 71 „Rechtsschutzbedürfnis".
**Prozeßwirtschaftlichkeit:** Dieser ohnehin zu wenig beachtete Verfahrensgrundsatz, Grdz 14 vor § 128, **68** darf und soll vom Gericht gerade auch im Verfahren nach § 495a voll beachtet und ausgenutzt werden. Das Rechtsschutzbedürfnis ist daher strenger als sonst zu prüfen. Die Lauterkeitspflicht ist verstärkt. Das Verfahren ist erst recht möglichst billig und zweckmäßig zu gestalten und möglichst rasch zu beenden. Alles das darf Maßstab für die Zulässigkeit so mancher sonst zweifelhaften Richtermethode sein.
S auch Rn 71 „Rechtsschutzbedürfnis".
**Rechtliches Gehör:** Die Notwendigkeit, dem Betroffenen (Partei oder sonstiger Prozeßbeteiligter) vor **69** einer ihm nachteiligen Entscheidung das rechtliche Gehör zu gewähren, also (bloße) *Gelegenheit* zur Äußerung, die schon bei Einhaltung der Einlassungs- bzw Ladungsfrist und Säumnis besteht, bleibt als eine der wichtigsten Pflichten des Gerichts schon wegen Art 103 I GG auch im Verfahren nach § 495a voll bestehen, BVerfG NJW **97**, 1301, LG Essen RR **93**, Kunze NJW **97**, 2154. Das gilt auch und gerade dann, wenn es nicht zu einer mündlichen Verhandlung kommt, auf die auch insoweit kein Anspruch besteht, BVerfG NJW **93**, 2864 (zu § 128 III), BayVerfGH RR **94**, 255, Lüke NJW **96**, 3265. Wegen der regelmäßigen Unanfechtbarkeit der Entscheidung kommt der Gewährung des Gehörs eine besondere Bedeutung zu.

Ein *einfaches Versehen* des Richters eröffnet *keine* Verfassungsbeschwerde, BVerfG NJW **99**, 1177 (eine harte, problematische Notmaßnahme des überlasteten Gerichts).

Das bedeutet, daß man zunächst *Berufung* nach § 513 II einlegen muß, BVerfG NJW **99**, 1177, LG Duisb RR **97**, 1490. Es bedeutet aber nicht, daß der Richter übermäßig lange Äußerungsfristen setzen, bei Säumnis nie ein Versäumnisurteil statt eines solchen nach Lage der Akten oder eines „streitigen" Urteils fällen, einen Zeugen erst nach vorheriger Rücksprache mit der Partei telefonisch anhören dürfte usw, etwa erst nach zwei Zustellungen ein die Instanz beendendes Urteil fällen dürfte, aM Fischer MDR **94**, 981 (aber die Ordnungsmäßigkeit einer Ladung ist ohnehin zu prüfen, und dann reicht auch diese *eine* Gewährung des Gehörs).

Gerade im Verfahren nach § 495a darf man die Notwendigkeit des Gehörs freilich auch *nicht überspannen* und zum Vorwand nehmen, das BVerfG wegen jeder Abweichung des Richters vom „Normalprozeß" in Anspruch zu nehmen. BVerfG NJW **97**, 1301 und NJW **99**, 1177 hätte nun aber auch nicht unter Berufung auf das von ihm sonst nicht so strapazierte Subsidiaritätsprinzips, Einl III 17, das man auch überspannen kann, bei praktisch einer bloßen Behauptung eines Verstoßes gegen Art 103 I GG eine (notwendigerweise doch dann prompt erfolglose!) Berufung schon zur Zulässigkeitsbedingung einer Verfassungsbeschwerde machen sollen, statt ohne Verhandlung durch eine seiner Kammern notfalls zurückzuverweisen um so der Gefahren landgerichtlicher Rechtszersplitterung zu verhindern; krit auch Kunze NJW **97**, 2154 („Ersatzgesetzgeber").

Ein *einmaliges* rechtliches Gehör liegt auch dann vor, wenn der Säumige es nicht wahrnimmt; ein *zweimaliges* ist nicht schon vom GG stets vorgeschrieben, BVerfG NJW **93**, 2864 aE (zum vergleichbaren § 128 III).

**Rechtsbehelf:** Vgl zunächst Rn 29. Im übrigen gilt: Das gesamte System der Rechtsbehelfe und Rechts- **70** mittel bleibt wie sonst bestehen, vgl LG BadBad RR **94**, 1088 (evtl keine Bindung an § 511a I bei reinen Verfahrensfragen). Es zählt zu den Grundlagen des Verfahrens und im übrigen jedenfalls insoweit, als eine Anfallwirkung entsteht, daß nicht mehr zu derjenigen Instanz, für die § 495a schon nach seiner Stellung im 2. Buch allein gilt. Das gilt auch für die Anfechtbarkeit von Nebenentscheidungen. Natürlich hängt die Anfechtbarkeit wie sonst generell zunächst von der Art der Entscheidung ab, die das Gericht getroffen hat; hat der Richter zB bei der Säumnis des Bekl statt eines Versäumnisurteils ein Vollurteil gewählt, so ist nicht etwa schon deshalb gleichwohl ein Einspruch zulässig.

**Rechtshängigkeit:** Sie ist wie sonst zu beurteilen. Das gilt auch dann, wenn der Richter die Klage nicht förmlich zustellen, sondern auf andere Weise dem Bekl zukommen läßt, etwa durch Aushändigung oder durch Boten. Die Besonderheiten im Eilverfahren, § 920 Rn 3, 4, gelten auch in demjenigen nach § 495a.

**Rechtspfleger:** Rn 34 „Ablehnung", Rn 57 „Kostenfestsetzung".

**Rechtsschutzbedürfnis:** Es zählt als eine der wichtigsten prozessualen Voraussetzungen eines Erkenntnis- **71** verfahrens, Grdz 33 vor § 253, zu den grds auch im Verfahren nach § 495a voll zu beachtenden Regeln. Wegen des gesteigerten Gebots der Prozeßwirtschaftlichkeit, s dort, ist auch das Rechtsschutzbedürfnis strenger als sonst zu prüfen. Es bleibt eine Zulässigkeitsvoraussetzung, und deshalb kann seine Verneinung nur zur Abweisung bzw Verwerfung als unzulässig führen. Hilfsweise bleibt auch im Verfahren nach § 495a eine Abweisung als unbegründet möglich, Grdz 17 vor § 253.
S auch Rn 67 „Prozeßvoraussetzungen".

**Rechtzeitigkeit des Vorbringens.** § 282 gilt auch im Verfahren nach § 495a. Das gilt auch für den Fall, **72** daß der Richter überhaupt keine mündliche Verhandlung ansetzt, für die Pflichten nach § 282 II. Da § 495a der Arbeitserleichterung des Gerichts dient, hat die Partei auch erhöhte Pflichten und Obliegen-

**§ 495a**  2. Buch. 2. Abschnitt. Verfahren vor den AGen

heiten nach § 282. Die in § 283 genannten Regeln sind ebenfalls voll anwendbar und bedeuten im Verfahren nach § 495 a für die Partei erhöhte Pflichten und Obliegenheiten.

**Rubrum:** Rn 64 „Protokoll", Rn 92 „Urteilskopf".

**Ruhen des Verfahrens:** Voraussetzungen, Herbeiführung und Beendigung des Verfahrens nach § 251 sind auch im Fall des § 495 a grds wie sonst zu beurteilen. Das gilt bei I 1 wie bei I 2, auch nach einem Mahnverfahren. Darüber hinaus ist der Richter zwar wegen seines weiten Ermessens theoretisch zur Anordnung des Ruhens eher berechtigt als sonst; indessen führt dergleichen evtl zur Versagung oder Verlangsamung des Rechtsschutzes und damit zur Verletzung einer der Grundlagen des Verfahrensrechts, die auch von § 495 a nicht gedeckt würde. Allerdings kann die in § 251 I genannte Zweckmäßigkeit weit öfter zu bejahen sein. Das sollte kurz aktenkundig gemacht werden. Eine solche Arbeitsweise ist der Dienstaufsicht eindeutig entzogen; mag der Betroffene nach § 567 I Beschwerde einlegen.

S auch Rn 35 „Aktenlage".

**Sachaufklärung:** Rn 46 „Entscheidungsreife".

73 **Sachliche Zuständigkeit:** Trotz des weiten Ermessens in der Verfahrensgestaltung ist der Richter hinsichtlich der sachlichen Zuständigkeit ähnlich wie bei der örtlichen, vgl „Gerichtsstand", an die gesetzlichen Regeln und an eine etwaigen Rügeverzicht wie sonst gebunden. Ein Rügeverzicht ist wie sonst zu beurteilen, § 295. Er ist grds weder eher als sonst zu bejahen noch eher zu verneinen. Nach einer Verweisung, zB gem § 281, ist die Bindungswirkung auch betr die sachliche Zuständigkeit wie sonst zu beurteilen. Eine Erschleichung der sachlichen Zuständigkeit ist wie sonst unzulässig und unwirksam, vgl auch zB Einl III 56 zur Gerichtsstandserschleichung.

74 **Sachliches Recht:** Da § 495 a dem Gericht nur wegen seines Verfahrens, nicht auch im übrigen, erweiterte Möglichkeiten einräumt, bleibt das sachliche Recht in seinen Voraussetzungen, Formen und Wirkungen grds völlig unberührt. Der Richter hat die sachlichrechtlichen Fragen der Zulässigkeit und Begründetheit genau wie sonst zu prüfen und zu entscheiden. Er darf keinesfalls zB bei § 823 BGB vom Schulderfordernis nur deshalb absehen, weil der Streitwert 1200 DM nicht überschreitet. Freilich haben die prozessualen Erleichterungen naturgemäß Auswirkungen auf die sachlichrechtlichen Fragen. Der Richter darf und soll durchaus nicht aus Gerechtigkeitsbemühungen ein nach § 495 a schon einer Entscheidung zugängliches Verfahren nun doch wieder notgedrungen in die Länge ziehen, verteuern und komplizieren. Die Vorschrift dient der Zweckmäßigkeit betonter als der Gerechtigkeit. Im übrigen ist es auch gerecht, denjenigen, der zB seine prozessualen Obliegenheiten nicht genug erfüllt, im Prozeß (nicht nur mit kleinem Streitwert) eher unterliegen zu lassen.

75 **Säumnis:** Rn 20, 21; Rn 35 „Aktenlage". Wenn der Erschienene nur ein Versäumnisurteil beantragt, keine Entscheidung nach Aktenlage, so ist das Gericht nicht etwa wegen § 308 I gehindert, eine Entscheidung nach Aktenlage oder gar eine solche „im Verfahren nach § 495 a", also ohne besonderen Verkündungstermin im Sinn von §§ 251 a, 331 a, zu fällen, § 331 Rn 24. Nur durch ein Versäumnisurteil eröffnet das Gericht die Möglichkeit eines Einspruchs, §§ 338 ff. Notfalls ist nach § 319 zu verfahren. Das Gericht ist nach Gewährung rechtlichen Gehörs, auch schriftlichen, keineswegs zu solcher Großzügigkeit verpflichtet; es darf und sollte durchaus folgerichtig ein die Instanz beendendes Urteil fällen (auch etwa ein unechtes Versäumnisurteil, § 331 Rn 24), gegen das also kein Einspruch zulässig ist, BVerfG NJW 93, 2864 (zum vergleichbaren § 128 III), LG Essen RR 93, 576, AG Ahrensbg NJW 96, 2516, aM Peglau NJW 97, 2224 (vgl aber Rn 3, 4).

S auch Rn 40 „Berufung", Rn 69 „Rechtliches Gehör".

**Schadensermittlung usw:** Schadensschätzungen können im Verfahren nach § 495 a in noch weiterem Umfang als sonst nach den nicht selten verkannten Möglichkeiten des § 287 erfolgen.

**Scheckprozeß:** Rn 91 „Urkundenverfahren".

76 **Schlußfrist:** Zwar ist das Gericht auch nach § 495 a keineswegs gezwungen, stets einen Schlußzeitpunkt zu bestimmen, der demjenigen nach § 128 III 2 entspricht, solange es nicht das (voll)schriftliche Verfahren nach § 128 II gewählt hat. Indessen ist es nach einem Schriftsatzwechsel schon wegen Art 103 I GG praktisch kaum vermeidbar, zumindest derjenigen Partei eine abschließende Frist zu setzen, die den möglicherweise überraschenden gegnerischen Vortrag bisher nicht beantwortet hat. Jedenfalls sollte der dem Verhandlungsschluß nach § 296 a entsprechende Zeitpunkt den Parteien bekannt sein.

77 **Schriftliches Verfahren:** Das Verfahren nach § 128 II oder III ist sorgfältig von demjenigen nach § 495 a zu unterscheiden. Das Gericht kann im Bereich bis 1200 DM Streitwert natürlich auch nach § 128 II oder III verfahren und jene Verfahrensart auch wieder verlassen oder erst im Laufe des Prozesses erstmals oder erneut zu ihr übergehen. Es ist dringend ratsam, die jeweilige Wahl zumindest aktenkundig zu machen; auch die Parteien haben aber zwar keinen Anspruch auf Belehrung, wohl aber ein Informationsrecht über die jeweils vom Gericht eingeschlagene Verfahrensart. Das Verfahren nach § 495 a ist gegenüber demjenigen nach § 128 II oder III wesentlich elastischer und einfacher.

78 **Schriftliches Vorverfahren:** I 1 läßt dem Richter die Möglichkeit, ein schriftliches Vorverfahren wie sonst einzuleiten, durchzuführen oder in eine andere Verfahrensart überzuleiten. Innerhalb des Vorverfahrens gelten dessen Regeln, soweit der Richter sie nicht zulässigerweise abändert. Besonders dann, wenn er nicht von Amts wegen einen Haupttermin ansetzen will, sollte er unmißverständlich verdeutlichen, daß er auch ohne Verhandlung entscheiden könnte; andernfalls könnte seine schriftliche Entscheidung wegen eines Überraschungseffekts gegen Art 103 I GG verstoßen.

S auch Rn 77 „Schriftliches Verfahren".

79 **Schriftliche Zeugendarstellung:** Das Gericht kann nach § 495 a zum einen den § 377 III anwenden und zum anderen auch darüber hinaus statt einer Vernehmung eine schriftliche Stellungnahme des Zeugen entweder von sich aus oder über die beweispflichtige Partei herbeiführen, auch über den Bereich des § 364 (Auslandsbezug) hinaus. Freilich hängt die Brauchbarkeit solcher von der Partei beschafften Darstellung unter anderem davon ab, ob das Gericht präzise Fragen hat stellen lassen können. Ob der Gegner eine Vernehmung erzwingen kann, ist Fallfrage. Ein bloßer Terminsantrag ist kaum ausreichend. Der Gegner sollte darlegen, welche Tatsachen die Vernehmung erforderlich machen, § 285.

**Schriftsatz:** Zwar herrscht im Parteiprozeß kein grundsätzlicher Schriftsatzzwang. Indessen ist die schrift- **80** sätzliche Prozeßführung nicht nur dann, wenn der Richter sie (zulässigerweise) anordnet, sondern auch in den restlichen Fällen beim Streitwert bis 1200 DM dringend anzuraten, zumindest solange noch kein zulässiger Terminsantrag nach I 2 von einer der Parteien gestellt worden ist. An den Inhalt und die Form sind keineswegs geringere Anforderungen als sonst zu stellen, eher höhere. Denn die Partei muß damit rechnen, daß das Gericht auf Grund ihres, evtl einzigen bisherigen, Schriftsatzes bereits endgültig und unanfechtbar entscheidet; sie hat ja das Gehör gehabt, indem sie den Schriftsatz einreichte.
S auch Rn 59 „Nachfrist", Rn 65 „Prozeßhandlung", Rn 90 „Unterschrift".

**Selbständiges Beweisverfahren:** §§ 485 ff gelten auch im Verfahren nach § 495 a. Freilich hat das Gericht wegen § 495 a I 1 bei der Art der Durchführung des Beweisverfahrens einen erweiterten Ermessensraum. Es ist aber keineswegs schon deshalb berechtigt, zB seine Zuständigkeit auch über die Grenzen des § 486 III hinaus zu bejahen.

**Sicherheitsleistung:** Das ohnehin schon nach § 108 I 1 „freie Ermessen" bei Art und Höhe der prozessualen Sicherheitsleistung ist nach § 495 a noch weiter. Das Ob der Notwendigkeit einer Sicherheitsleistung ist der Verfügungsbefugnis des Richters wie sonst entzogen. Entscheidungen nach §§ 708 ff zählen nicht zum erstinstanzlichen Erkenntnisverfahren und schon deshalb nicht zu § 495 a. Internationale Regeln, Anh § 110, können von einer innerstaatlichen Vorschrift ohnehin nicht verändert werden.

**Sofortige Beschwerde:** Rn 70 „Rechtsbehelf".
**Sofortige Erinnerung:** Rn 70 „Rechtsbehelf".

**Sommersache:** § 227 III gilt auch im Verfahren nach § 495 a. Die Frage, ob ein besonderes Beschleunigungsbedürfnis nach § 227 III 3 vorliegt, ist grds ebenso wie § 227 Rn 50–53 zu prüfen. Freilich gilt auch hier ein weiteres Ermessen als sonst.

**Streitgenossenschaft:** Es gelten dieselben Erwägungen wie zur Partei, Rn 61 „Partei".

**Streithilfe:** Wegen der zur Streithilfe Berechtigten gelten dieselben Erwägungen wie zur Partei, vgl „Partei". **81** Auch die sachlichen Voraussetzungen und Wirkungen einer Streithilfe sind der Verfügungsbefugnis des Richters auch im Verfahren nach § 495 a nicht unterworfen; es handelt sich vielmehr um grundlegende gesetzliche Regelungen, auf deren Einhaltung allenfalls die Partei nach § 295, nicht aber der Richter von sich aus verzichten kann.

**Streitverkündung:** Es gelten dieselben Erwägungen wie bei der Streithilfe, Rn 81 „Streithilfe".

**Streitwert:** Der Wert ist wie sonst zu ermitteln. Es kann ratsam sein, ihn festzusetzen, um zu verdeutlichen, **82** daß das Gericht diese Basis eines Verfahrens nach § 495 a erkannt hat. Manchmal kann der Wert umstritten sein, etwa bei § 2 MHG, Anh § 3 Rn 79. Um zu verhindern, daß das Berufungsgericht auf Grund eigener, höherer Wertfestsetzung zu einer Zurückverweisung wegen verfahrensfehlerhafter Anwendung des § 495 a kommt, kann es ratsam sein, zumindest ein Urteil nebst Tatbestand usw zu formulieren. Beim Absinken des Streitwerts gelten die Regeln Rn 5.
S auch Rn 100 „Widerklage".

**Stufenklage:** Sie ist wie sonst statthaft. Ihr Wert ist wie sonst zu bestimmen; beim Übersteigen von 1200 DM ist § 495 a unanwendbar. Die Streitfrage, ob es zulässig ist, gleichzeitig über sämtliche Ansprüche abschließend zu entscheiden, § 254 Rn 12, mag im Kleinverfahren mit seinem Ziel rascher Beendigung und Arbeitserleichterung für das Gericht eher zu bejahen sein als sonst.
S auch Rn 82 „Streitwert".

**Tatbestandsberichtigung:** § 320 ist auch im Verfahren nach § 495 a grds anwendbar, soweit das Urteil **83** überhaupt einen (ja stets freigestellten) Tatbestand enthält. Wegen des Zwecks des § 495 a, dem Richter die Arbeit zu erleichtern, sind die Voraussetzungen einer Berichtigung strenger zu fassen.
S auch Rn 39 „Berichtigung".

**Teilurteil:** § 301 ist auch im Verfahren nach § 495 a grds voll anwendbar. Freilich wird das Gericht sein ohnehin nach § 301 II geltendes Ermessen, das im Kleinverfahren deutlich erweitert ist, oft dahin nutzen, die mit dem Teilurteil ja meist verbundene Mehrarbeit zu unterlassen.

**Terminsanberaumung:** Soweit nicht ein zulässiger, also auch rechtzeitiger, Antrag nach I 2 vorliegt, ist **84** der Richter nach I 1 stets berechtigt, aber nicht verpflichtet, überhaupt einen Termin anzuberaumen. Er sollte von den Möglichkeiten der Entlastung des Terminsplans voll Gebrauch machen, sofern er nicht eine entsprechende Mehrbelastung am Schreibtisch befürchten muß. Auch das Risiko ungenügender Aufklärung ändert an dieser vom Gesetz bewußt ermöglichten Abwägung nichts. §§ 139, 278 III enthalten zwar Grundgedanken; diese lassen sich aber auch außerhalb einer Verhandlung beachten; mag die Partei eine solche beantragen. Insbesondere bei ihrer Säumnis besteht nur wenig Veranlassung, schon wegen kleiner Unklarheiten gerade das zu tun, was § 495 a gezielt zu beschränken helfen soll. Die Terminanberaumung sollte zweckmäßigerweise für die Parteien den Zusatz „im Verfahren nach § 495 a ZPO" enthalten, um sie auf ihr erhöhtes Risiko, etwa bei einer Säumnis, Rn 75 „Säumnis", aufmerksam zu machen. Indessen ist ein solcher Zusatz nicht notwendig, denn bei einem Streitwert im Rahmen des § 495 a findet das Verfahren ohnehin zwingend nach dieser Vorschrift statt; Unkenntnis schützt nicht vor dem Gesetz, krit Rottleuthner (vor Rn 1) 36 (aber sind uralte Rechtssprichwörter zynisch oder weise?).
S auch Rn 55 „Klageschrift".

**Terminsantrag:** „... muß mündlich verhandelt werden" in I 2 meint nur, daß überhaupt eine Verhandlung **85** irgendeiner Art stattfinden soll. Daher kann die Partei den Richter durch einen Antrag nach I 2 weder zu einem frühen ersten Termin noch zu einem Haupttermin zwingen. Er ist in seiner Wahl der Verfahrensart unverändert frei, soweit er nur eben auch verhandeln läßt.
Ein Antrag auf mündliche Verhandlung ist im übrigen nach Rn 17–21 zu beurteilen.
S auch Rn 84 „Terminsanberaumung", Rn 97 „Vorbereitende Maßnahme".

**Terminsart:** Das Gericht sollte die Terminsart auch im Verfahren nach § 495 a in der Terminsladung **86** kennzeichnen lassen, also zB „frühen ersten Termin" oder „Haupttermin" oder dann, wenn es weder die eine noch die andere Verfahrensart wählt, einfach „Verhandlungstermin nach § 495 a ZPO" schreiben

## § 495a
2. Buch. 2. Abschnitt. Verfahren vor den AGen

lassen. Beim Wechsel von der einen in die andere Verfahrensart ist eine Klarstellung besonders ratsam. Ein Verstoß kann, muß aber nicht stets zur Verletzung des Art 103 I GG führen.
S auch Rn 86 „Terminsmehrheit".

**Terminsmehrheit:** Soweit eine Partei zulässigerweise, I 2, einen Verhandlungstermin beantragt hatte, gilt dieser Antrag im Zweifel auch für jeden weiteren im Normalprozeß notwendigen Termin. Daher ist es ratsam im ersten Termin zu klären, ob die Partei im weiteren Prozeßverlauf den Terminsantrag etwa fallen läßt. Der Gegner, der keinen eigenen Terminsantrag gestellt hat, hat zwar theoretisch keinen Anspruch auf einen weiteren Termin, könnte sich aber dann, wenn das Gericht nun ohne solchen entscheidet, auf einen Verstoß gegen Art 103 I GG berufen, falls ihm nicht eine abschließende Äußerungsfrist gesetzt wurde. Es ist daher ratsam, beiden Parteien die Absicht, ohne weiteren Termin zu entscheiden, unter Anberaumung einer etwaigen Schlußfrist mitzuteilen. S auch Rn 86 „Terminsart".

**Terminsvorbereitung:** Rn 97 „Vorbereitende Maßnahme".

**Trennung, Verbindung:** §§ 145 ff gelten auch im Verfahren nach § 495 a. Das ohnehin vorhandene Ermessen ist im Kleinverfahren noch freier und sollte auch unter dem Gesichtspunkt der Arbeitserleichterung des Gerichts und der Beschleunigung des bzw der bisherigen Verfahren(s) beurteilt werden.

**87 Umfang der Entscheidungsgründe:** Soweit das Gericht die Begründung seiner Entscheidung in das Urteils-Originalexemplar aufnimmt, gelten die Regeln des § 313 III, dort Rn 31. Es ist also erforderlich, aber auch ausreichend, daß das Urteil „eine kurze Zusammenfassung der Erwägungen, auf denen die Entscheidung in tatsächlicher und rechtlicher Hinsicht beruht", enthält. Sie kann mit Rücksicht auf das erklärte Ziel des § 495 a, die Arbeit des Gerichts zu erleichtern, nun wirklich kurz und knapp sein; freilich sind grds die in § 286 Rn 20 genannten Anforderungen der Nachvollziehbarkeit einzuhalten.

Soweit der Richter die Begründung seiner Entscheidung in das *Protokoll* aufnimmt, II 2, braucht das Urteils-Originalexemplar nach dem klaren Wortlaut von II 2 überhaupt keine Entscheidungsgründe zu enthalten, endet also mit Rücksicht darauf, daß auch kein Tatbestand erforderlich ist, II 1, nach Wahl des Richters mit dem Tenor, wie beim Versäumnisurteil; freilich sind Entscheidungsgründe auch im Urteilsexemplar erlaubt, soweit sie nicht von dem in das Protokoll aufgenommenen Begründungstext abweichen; liegt dennoch eine solche Abweichung vor und scheidet auch die Berichtigung nach §§ 164 bzw 319 aus, so hat das Protokoll nicht schon wegen § 165 Vorrang, denn die Begründung zählt nicht zu den für die mündliche Verhandlung vorgeschriebenen Förmlichkeiten.

Die Worte „ihr wesentlicher Inhalt" in II 2 zeigen, daß der Richter die Protokollgründe noch wesentlich *knapper als* diejenigen nach *§ 313 III* fassen darf. Von dieser Möglichkeit sollte er konsequent Gebrauch machen, zumal das BVerfG zwar auf eine gewisse Überprüfbarkeit angewiesen ist, aber auch den übrigen Akteninhalt mitberücksichtigen darf. Es sollte nicht durch seine Anforderungen den Grundgedanken des II 2 verwässern, obwohl auch diese Vorschrift natürlich am GG zu messen ist. Das wird in seinem Beschluß NJW **92**, 2217 (zu einem Altfall) noch nicht deutlich. Das LG darf jedenfalls nicht aus der zulässig knappen Fassung von Gründen im Urteil oder Protokoll des AG allzu bequem auf Verfahrensfehler schließen, um die Sache zurückzuweisen oder gar den Amtsrichter wegen angeblicher Willkür als befangen bezeichnen zu können; solches Vorgehen des LG wäre seinerseits evtl Willkür usw.

**Unechtes Versäumnisurteil:** Rn 75 „Säumnis".

**88 Unmittelbarkeit der Beweisaufnahme:** § 355 gilt auch im Verfahren nach § 495 a grds voll. Eine Übertragung auf den auswärtigen Richter kann freilich wegen des betonten Ziels, die Arbeit des entscheidenden Richters zu erleichtern, eher als sonst erfolgen.
S auch Rn 62 „Parteiöffentlichkeit".

**89 Unschlüssigkeit:** Im Verfahren nach § 495 a scheint das Gericht berechtigt zu sein, mangels eines Klägerantrags auf einen Verhandlungstermin eine unschlüssige Klage ohne Anhörung des Bekl mit innerer Rechtskraftwirkung sogleich nach dem Eingang durch Urteil abzuweisen. Der Bekl wäre ja vom Verstoß gegen Art 103 I GG scheinbar nicht benachteiligt. Indessen mag er Gründe haben, zB ein Anerkenntnis abzugeben oder einen Vergleich unter Einbeziehung weiterer Punkte herbeizuführen. Der Normalprozeß verlangt vor dem Endurteil ein Prozeßrechtsverhältnis, das in dieser Verfahrensart (anders als evtl im vorläufigen Eilverfahren) grds erst infolge Klagezustellung entstehen kann. Dies gehört zu den wichtigsten Prinzipien und ist eine Folge der auch im Kleinverfahren zu achtenden Parteiherrschaft, Grdz 18 vor § 128. Das Gericht darf daher auch ohne Verhandlung über eine unschlüssige Klage erst nach Anhörung des Bekl entscheiden.

**Unterbrechung:** §§ 239 ff sind auch im Verfahren nach § 495 a grds anwendbar. Der Richter sollte in dieses System nicht ohne schwerwiegenden Anlaß eingreifen, auch wenn er dazu formell berechtigt sein mag, weil es sich nicht um unverzichtbare Grundbestandteile des Prozesses handelt und weil die Unterbrechung ja gerade das Gegenteil dessen bewirkt, was § 495 a bewirken soll. Jedenfalls ist bei abweichender Anordnung klarzustellen, inwiefern andere Folgen als nach §§ 239 ff gelten sollen.

**90 Unterschrift:** Die Regeln § 129 Rn 9 ff gelten auch im Verfahren nach § 495 a. An die Unterschrift sind gerade mit Rücksicht auf den klaren Zweck der Vorschrift, dem Richter die Arbeit zu erleichtern, eher noch höhere Anforderungen zu stellen. Es ist dem Richter keineswegs zuzumuten, hinter einer noch fehlenden, ungenügenden, gar zunächst verweigerten Unterschrift herzulaufen, statt den Prozeß dann eben auf der jetzigen Basis zu beenden. Eine fernmündliche Ermahnung mit Anheimgabe, das Fehlende binnen einer telefonisch gesetzten „Frist" nachzuholen, kann durchaus genügen. Die unzulängliche oder fehlende Unterschrift unter dem verfahrenseinleitenden Schriftsatz zwingt auch nach I 1 (natürlich erst recht nach I 2) keineswegs auch nur zur Zustellung an den Gegner; ihn würde das Gericht vielmehr auch im Kleinverfahren zu unrecht in ein Prozeßrechtsverhältnis hineinzwingen. Das sollte auch die Dienstaufsicht bedenken, bevor sie auch nur mit Erwägungen zu Lasten des angeblich pflichtwidrig untätigen Richters gegenüber dem Beschwerdeführer andeutet.
S auch Rn 65 „Prozeßhandlung", Rn 80 „Schriftsatz".

**Unzulässigkeit:** Die Erwägungen zur Unschlüssigkeit, Rn 89, gelten auch bei der unzulässigen Klage. Insbesondere bei bloßer Unzuständigkeit kommt im übrigen evtl nur eine Verweisung in Betracht. Der

Richter darf dem Kläger nicht die Chance nehmen, daß das zuständige Gericht der dort zulässigen Klage auch in der Sache rechtgeben wird.

**Unzuständigkeit:** S „Unzulässigkeit".

**Urkundenverfahren:** Auch im Urkunden- und Wechselprozeß gibt § 495a dem Richter erheblich mehr Freiheit. Freilich darf keines der gesetzlichen Grundprinzipien dieser besonderen Verfahrensarten angetastet werden. Insbesondere darf dem widersprechenden Bekl nicht die nach § 599 I vorzubehaltende Ausfertigung seiner Rechte in einem Nachverfahren genommen werden; freilich mag das letztere sich an das erstere (nach gerichtlicher Ankündigung) direkt anschließen lassen. Das gilt auch im Scheckprozeß. **91**

**Urteilskopf:** Sowohl dann, wenn das Gericht die Entscheidungsgründe nach II 2 nur in das Protokoll aufnimmt, als auch beim Urteil nebst eigenen Entscheidungsgründen nach I gehört in die Urschrift und natürlich in die Ausfertigungen eine vollständiger Urteilskopf nach § 313 I Z 1, 2 und evtl Z 3, um für Außenstehende, spätere Folgeverfahren, die Zwangsvollstreckung usw die Nämlichkeit der Beteiligten klarstellen zu können. Es ist ratsam, die Worte „im Verfahren nach § 495 a" aufzunehmen. Hat eine Verhandlung stattgefunden, wird sie erwähnt, falls das Verfahren im Sinn von § 296 a endete. **92**

S auch Rn 64 „Protokoll".

**Verbindung:** Rn 86 „Trennung, Verbindung".

**Verfahrensordnung:** Eine eigene Verfahrensordnung eines Amtsrichters kann im Grundsatz zulässig sein, Bartels DRiZ 92, 106, selbst wenn es dann von Abteilung zu Abteilung schon desselben Gerichts je eine, etwa noch unterschiedlich gestaltete, derartige Lokal-ZPO geben würde. Indessen muß der Richter ungeachtet ihrer Bekanntgabe an die Verfahrensbeteiligten den Verdacht vermeiden, daß nicht mehr die bundesgesetzliche ZPO, sondern seine eigene den alleinigen Maßstab gebe; andernfalls setzt er sich trotz seiner besonderen Gestaltungsfreiheit des Kleinverfahrens allzu leicht dem Vorwurf aus, wegen Starrheit befangen zu sein, § 42 Rn 23 „Festhalten an einer Ansicht".

**Verfahrensrüge:** Rn 96 „Verzicht auf Verfahrensrüge".

**Vergleich:** Die Regeln zum außergerichtlichen Vergleich wie zum Prozeßvergleich, Anh § 307, gelten auch im Verfahren nach § 495 a grds voll. Wegen des Zwecks der Vorschrift, dem Gericht die Arbeit zu erleichtern, und den entsprechend höheren Anforderungen an den Parteivortrag wird das Zustandekommen eines Vergleichs im Kleinverfahren eher zu bejahen sein als sonst. An die Form des Vergleichs darf man aber auch im Verfahren nach § 495 a keine geringen Anforderungen stellen als sonst. Die Anfechtbarkeit ist wie sonst zu beurteilen.

**Verhandlungsmaxime:** Rn 62 „Parteiherrschaft".

**Verkündung:** Im Verfahren nach § 495 a braucht das Gericht seine Entscheidung, auch ein Urteil, grds nicht zu verkünden; sie kann durch Zustellung mitgeteilt werden, evtl sogar formlos. Das gilt sowohl dann, wenn überhaupt kein Verhandlungstermin stattfand, als auch nach einem solchen. Auch im „Normalprozeß" ist ja die Verkündung keineswegs die einzig zulässige Form der Mitteilung. Ausnahmsweise ist zu verkünden, wenn eine Verkündung angekündigt wurde; zumindest darf dann eine abschließende Entscheidung nicht vor dem angekündigten Verkündungszeitpunkt auch nur schriftlich hinausgehen, solange das Gericht nicht den Verkündungstermin aufgehoben hat. **93**

**Versäumnisurteil:** Rn 75 „Säumnis".

**Verspätetes Vorbringen:** § 296 ist auch im Verfahren nach § 495 a grds voll anwendbar, insofern richtig BVerfG NJW 93, 1319. Dem Zweck des § 495 a, den Richter zu entlasten und den Prozeß zu beschleunigen, entspricht eine erhöhte Anforderung an den Parteivortrag auch zum Stichwort Rechtzeitigkeit. Das darf und sollte der Richter sehr wohl bei der Entscheidung über die Zurückweisung wegen Verspätung mitberücksichtigen. Zwar setzt eine solche Maßnahme unter anderem voraus, daß das Gericht auch seinerseits die Förderungspflicht und seine übrigen Aufgaben erfüllt hat. Wegen seines Ermessensspielraums ist eine Verletzung solcher Pflichten aber bei § 495 a durchaus evtl seltener anzunehmen als sonst. Das bedenkt BVerfG NJW 93, 1319 nicht ausreichend mit. **94**

**Vertagung:** Eine Maßnahme nach § 227 kommt auch im Verfahren nach § 495 a in Betracht. Darüber hinaus ist eine Vertagung wegen des weiten Ermessens sehr wohl zulässig und ratsam, wenn zB sonst ein Verstoß gegen Art 103 I GG zu befürchten wäre. Der Richter ist aber keineswegs verpflichtet, statt anderer Maßnahmen eine Vertagung anzuordnen, solange eben nicht eine Gehörsverletzung droht. Auch ein zulässiger Antrag nach I 2 gibt keinen Vertagungsanspruch etwa schon deshalb, weil der ProzBev (anders die nicht vertretene Partei!) in Urlaub fahren will oder andere Termine hat, noch weniger als in den Fällen § 227 Rn 13, 14. Zweck des § 495 a ist auch, das Verfahren zu beschleunigen, den Aktenumlauf und die sonstige Arbeitsbelastung des Gerichts zu verringern. Deshalb darf der Richter einen „erheblichen Grund" im Sinn von § 227 durchaus hier noch zurückhaltender bejahen als sonst. **95**

S auch Rn 80 „Sommersache".

**Verweisung:** Es gelten die „normalen" Regeln, auch zur Form und zur Kostenfolge.

S auch Rn 50 „Gerichtsstand", Rn 74 „Sachliche Zuständigkeit".

**Verzicht auf Klageanspruch:** § 306 gilt auch im Verfahren nach § 495 a grds voll. Wegen des Zwecks der Vorschrift, dem Gericht die Arbeit zu erleichtern, und den entsprechend höheren Anforderungen an den Parteivortrag ist ein solcher Verzicht im Kleinverfahren eher anzunehmen als sonst.

S auch Rn 35 „Anerkenntnis".

**Verzicht auf Verfahrensrüge:** § 295 und seine Grenzen sind auch im Verfahren nach § 495 a grds wie sonst zu beachten. Freilich ist die Verzichtbarkeit wegen des Zwecks, den Richter im Kleinverfahren zu entlasten, großzügiger zu bejahen als sonst. Das darf aber nicht dazu führen, zwecks Arbeitserleichterung des Gerichts einen stillschweigenden Rügeverzicht eher als sonst einfach zu unterstellen, solange nicht doch insgesamt deutliche Anzeichen für einen solchen Verzicht sprechen. **96**

**Vollmacht:** Es gelten dieselben Regeln wie im Normalprozeß. Fehlt die erforderliche Vollmacht, so kann Säumnis vorliegen. Da diese nicht nur zum Versäumnisurteil, sondern auch (nach rechtlichem Gehör) zum „streitigen" Endurteil führen kann, kann das Fehlen der Vollmacht zum endgültigen Rechtsnachteil führen, soweit das Gericht nicht eine vorläufige Zulassung nach § 89 I 1 vorgenommen hat; im letzteren

**§ 495a**  2. Buch. 2. Abschnitt. Verfahren vor den AGen

Fall müßte es auch im Verfahren nach § 495 a zunächst die Nachfrist nach § 89 I 2 setzen und abwarten. Freilich ist das Gericht zumindest im Kleinverfahren wegen seiner Zielsetzung der Beschleunigung und Arbeitserleichterung zur vorläufigen Zulassung nach § 89 I 1 keineswegs verpflichtet; „kann" stellt zumindest hier in sein pflichtgemäßes Ermessen.

**Vorbehaltsurteil:** §§ 302, 599, 605 a gelten auch im Verfahren nach § 495 a grds voll. Freilich wird das Gericht ähnlich wie beim Teilurteil, s dort, sein ohnehin bei § 302 geltendes Ermessen oft dahin ausüben, von einem Vorbehaltsurteil abzusehen, durch das der Prozeß nicht beschleunigt und die Arbeit nicht erleichtert werden würden.

**97 Vorbereitende Maßnahmen:** § 273 ist auch im Verfahren nach § 495 a anwendbar. Das Gericht hat ein erweitertes Ermessen; es darf und sollte alles veranlassen, was den Prozeß beschleunigt, die eigene Arbeit erleichtert und gleichzeitig einer Aufklärung und sachgerechten Beurteilung dienen kann. Die in § 273 II genannten Möglichkeiten sind dort ohnehin nur als „insbesondere" zulässig bezeichnet. Anordnungen können im Kleinverfahren abweichend von § 273 III auch schon dann ergehen, wenn der Bekl dem Anspruch zwar noch nicht prozessual widersprochen hat, wenn seine vermutliche Einlassung aber aus den vom Kläger glaubwürdig vorgetragenen vorprozessualen Vorgängen abschätzbar ist. Freilich ist das Gericht keineswegs zur umfassenden Vorbereitung nach Art eines Amtsverfahrens verpflichtet.

S auch Rn 62 „Parteiherrschaft".

**98 Vorläufige Vollstreckbarkeit:** §§ 708 ff gelten auch im Verfahren nach § 495 a. Auch das streitige Endurteil ist für vorläufig vollstreckbar zu erklären, selbst wenn nach dem Dafürhalten des Amtsrichters weder die Berufung noch ein anderes Rechtsmittel oder ein Einspruch statthaft sind. Denn das Rechtsmittelgericht könnte zB die Frage, ob der Streitwert 1200 DM überstieg, sogar dahin beantworten, daß er die jeweils geltende Berufungsgrenze in Wahrheit überstieg und daß auch eine entsprechende Beschwer vorliegt. Soweit § 708 die vorläufige Vollstreckbarkeit vom Wert unabhängig vorsieht, gelten die für den Normalprozeß genannten Regeln erst recht auch im Kleinverfahren.

**Vorverfahren:** Rn 78 „Schriftliches Vorverfahren".

**99 Wahl des Verfahrensgangs:** § 272 ist auch im Verfahren nach § 495 a anwendbar; nach einem Mahnverfahren in Verbindung mit § 697 II 1 gilt dasselbe. Statt der dortigen Möglichkeiten kann der Richter aber auch nach § 128 II, III oder überhaupt in einem schriftlichen Verfahren (auch ohne die Voraussetzungen des § 128 II, III) vorgehen, solange kein wirksamer Terminsantrag nach I 2 vorliegt. Im Urkundenprozeß usw bleiben dessen Besonderheiten grds bestehen. Ein Wechsel von der einen in die andere Verfahrensart ist wie sonst und wegen der Ermessensfreiheit nach I 1 auch darüber hinaus möglich, muß aber den Beteiligten gegenüber klargestellt werden und darf nicht zu Überraschungsentscheidungen und nicht zur Versagung des rechtlichen Gehörs führen. Es ist ratsam, die getroffene Wahl aktenkundig zu machen.

**Wechselprozeß:** Rn 91 „Urkundenverfahren".

**Wesentlicher Inhalt:** Rn 87 „Umfang der Entscheidungsgründe".

**100 Widerklage:** Sie ist grds wie sonst zulässig. Für sie gelten dieselben Anforderungen wie sonst. Nach § 5 Hs 2 werden für die Zuständigkeit (anders als für die Kosten) die Gegenstände von Klage und Widerklage nicht zusammengerechnet. Andererseits ist die Widerklage ihrerseits eine richtige Klage, Anh § 253 Rn 5. Folglich bewirkt sie bei einem eigenen Wert von mehr als 1200 DM, daß der Rechtsstreit schon deshalb nicht mehr als Verfahren nach § 495 a behandelt werden darf, MüKoLa 44, ZöHe 5. Im übrigen bleibt § 506 beachtlich. Die Parteien können zwar auf die Rüge der sachlichen Unzuständigkeit wirksam verzichten, nicht aber kann der Richter von sich aus oder mit Ermächtigung der Parteien vollständig beim Wert von mehr als 1200 DM das Verfahren einfach dennoch nach § 495 a betreiben. Freilich bleibt seine etwa dennoch auf solchem Wege erfolgte Entscheidung wirksam und unanfechtbar, soweit nicht das Gesetz an besonderer Stelle ihre Anfechtbarkeit vorsieht.

S auch Rn 82 „Streitwert".

**Widerspruchsbegründung:** Da schon im Normalprozeß nach dem Eingang eines Widerspruchs gegen den Mahnbescheid und der Abgabe an das Gericht des streitigen Verfahrens ab Eingang einer Anspruchsbegründung „wie nach Eingang einer Klage weiter zu verfahren ist", § 697 II 1, kommt es im folgenden schriftlichen Vorverfahren zunächst nur auf eine (in Wahrheit ja nochmalige) Verteidigungsanzeige und erst danach auf eine etwaige Klägerwiderung an. Geht keine Verteidigungsanzeige ein, so darf und muß das Gericht schon im Normalprozeß ohne Beachtung der etwa nach dem Widerspruch erfolgten Begründung vorgehen; der Bekl ist dann auf Klägerantrag durch Versäumnisurteil nach § 331 III zu verurteilen. Alles das gilt erst recht im Verfahren nach § 495 a. Hier kann die Säumnis ja sogar zum streitigen Urteil ohne Verhandlung führen.

**101 Wiedereinsetzung:** Ihre Statthaftigkeit hängt unter anderem von der Versäumung einer Notfrist ab, § 233. Es hängt auch im Verfahren nach § 495 a davon ab, ob das Gesetz eine Frist als Notfrist bezeichnet, § 224 I 2. Die Frist zur Erwiderung auf eine Klageschrift ist weder im Verfahren mit frühem ersten Termin noch im schriftlichen Vorverfahren als Notfrist gekennzeichnet, §§ 275 I 1, 276 I 2. Soweit der Richter nach § 495 a überhaupt keinen Termin ansetzt, ist überhaupt eine von ihm bestimmte Erwiderungsfrist eine richterliche und keine gesetzliche und daher ebenfalls keine Notfrist. Auch die Einlassungsfrist nach § 274 III ist keine Notfrist. Dasselbe gilt für die nach § 128 II, III gesetzten Fristen und für die Erwiderungsfrist nach einem Mahnverfahren, § 697 II. Es bleibt daher praktisch nur die Versäumung der Einspruchsfrist nach § 339 I, evtl in Verbindung mit § 700, als Ausgangspunkt eines Wiedereinsetzungsantrags bestehen. Freilich muß der Richter auf eine Säumnis keineswegs stets nur mit einem Versäumnisurteil reagieren, Rn 20.

**102 Wiederholte Beweisaufnahme:** § 398 ist auch im Verfahren nach § 495 a grds voll anwendbar. Es geht ja meist um Fragen des sachlichen Rechts, wenn auch vordergründig „nur" eine prozessuale Frage vorliegt, etwa die Glaubwürdigkeit eines Zeugen. Der Richter darf auch bei § 495 a nicht um der Arbeitserleichterung willen eine notwendige zusätzliche Beweisaufnahme unterlassen. Das sachliche Recht bleibt unangetastet. Freilich mag die Form der nochmaligen Anhörung im Verfahren nach § 495 a anders als sonst verlaufen, zB durch telefonische (erneute) Befragung nebst anschließender Gelegenheit zur Stellungnahme nach § 285. Nach einem wirksamen Terminsantrag muß allerdings auch die wiederholte

2. Buch. 2. Abschnitt. Verfahren vor den AGen §§ 495a–497

Beweisaufnahme in einem Termin stattfinden; andernfalls könnte das Gericht den vielleicht gerade wegen der Beweisfragen gestellten Terminsantrag unterlaufen.

**Zustellung:** Ihre Notwendigkeit ist grds auch im Verfahren nach § 495 a wie sonst zu beurteilen. Das gilt **103** insbesondere, soweit von ihr der Beginn einer Frist abhängt, die erst das rechtliche Gehör nachweist, § 329 Rn 32, 33, unklar BVerfG RR **94**, 255. Das Verhalten der Zustellungsbeamten unterfällt dem § 495 a schon insoweit nicht, als sie nicht „Gericht" sind. Insbesondere die öffentliche Zustellung darf auch im Kleinverfahren wegen ihrer für den Betroffenen endgültigen Wirkungen keineswegs lascher als sonst gehandhabt werden. Freilich kann der Richter oft einen anderen Weg als denjenigen der Zustellung wählen, etwa eine mündlich oder fernmündlich gesetzte, durch Vermerk aktenkundig gemachte, Frist oder eine nach § 180 ohnehin wirksame Übermittlung an einem normalerweise nicht vorgesehenen Ort, etwa mittels Boten. Eine Ersatzzustellung, §§ 181 ff, ist wie sonst durchzuführen und zu beurteilen.

**496** *Klage usw.* **Die Klage, die Klageerwiderung sowie sonstige Anträge und Erklärungen einer Partei, die zugestellt werden sollen, sind bei dem Gericht schriftlich einzureichen oder mündlich zum Protokoll der Geschäftsstelle anzubringen.**

**1) Systematik.** Die Vorschrift enthält eine Abwandlung von § 253 V: Statt der beim LG (unter Anwalts- **1** zwang, § 78 Rn 1) notwendigen schriftlichen Einreichung nebst Abschriften, § 131, genügt die mündliche Erklärung ohne Anwaltszwang. § 129 a gilt für dieses Verfahren ergänzend. Im Mahnverfahren gilt § 702.

**2) Regelungszweck.** Die Vorschrift dient der Vereinfachung für den rechtsunkundigen Bürger, sei es als **2** Kläger, Bekl oder sonstigen Prozeßbeteiligten. Für einen brauchbaren Text der Klage ist der Urkundsbeamte der Geschäftsstelle (meist ein Rpfl in der sog Rechtsantragsstelle jedes AG) nämlich mitverantwortlich. Damit dient § 496 auch der Rechtssicherheit, Einl III 43, wie der Kostendämpfung.

**3) Geltungsbereich.** Vgl zunächst Grdz 4 vor § 495. Erfaßt sind: Die Klage, die Klageerwiderung, **3** unerheblich ob sie auf eine Aufforderung nach §§ 275, 276 oder ohne eine solche erfolgt, ferner die Klagrücknahme, § 269, außerdem Sachanträge, §§ 137 Rn 7, 297 Rn 4, und Parteierklärungen, für die die Zustellung besonders angeordnet ist. Alle diese Anträge usw sind nach Wahl der Partei entweder schriftlich einzureichen, § 133 Rn 5, oder zu Protokoll der Geschäftsstelle jedes AG zu erklären, § 129 a, sofern das Gericht keinen Schriftsatz nach § 129 II anordnet. Das gilt auch für alle anderen Eingaben an das Amtsgericht.

**4) Verfahren.** Bei der schriftlichen Einreichung soll die Partei die für die Zustellung nötige Zahl von **4** *Abschriften* beifügen, § 133 I. Wenn sie das unterläßt, fertigt die Geschäftsstelle von Amts wegen auch ohne eine Anweisung des Richters die Abschriften auf Kosten der Partei an, KV 9000 II b. Die Urschrift des Protokolls bleibt bei den Akten oder wird gemäß § 129 a unverzüglich weitergesandt. Der Urkundsbeamte der Geschäftsstelle bzw bei der Klage, Klageerwiderung oder in schwierigen Fällen der Rpfl, § 24 II Z 2, 3 RPflG, Anh § 153 GVG, hat dann, wenn er ein Protokoll aufnimmt, die Pflicht, die Partei sachgemäß zu belehren. Er muß insbesondere darauf achten, daß die Klage dem § 253 genügt. Er darf auch wegen §§ 129 a, 270 III die Aufnahme eines an das Amtsgericht gerichteten Antrags usw keineswegs ablehnen; eine Ausnahme gilt nur bei offenbar sinnlosen Erklärungen, Schimpfereien und dgl, Einl III 66, vgl freilich auch Einl III 67.

**5) Einzelfragen.** Die Einreichung ist bewirkt mit der Empfangnahme durch einen zuständigen, zur **5** Vornahme des Eingangsvermerks befugten Beamten, BGH NJW **74**, 1326. Das ist regelmäßig der Urkundsbeamte der Geschäftsstelle bzw der Rpfl, Rn 2, und zwar bei jedem AG, § 129 a, auch der Urkundsbeamte der Briefannahmestelle. Es kann aber auch der zuständige Amtsrichter oder der Vorsitzende oder ein Mitglied eines Zivilkollegiums oder der Präsident des zuständigen Gerichts sein. Nicht zuständig ist ein Unterbeamter. Auch ein Einwurf in den Briefkasten genügt für eine etwaige Wiedereinsetzung, § 233 Rn 19, 20 „Gericht". Wenn das Gericht die Posteingänge nach einer Vereinbarung mit der Post abholt, dann genügt der Eingang beim Postamt. Wegen der gleichzeitigen Einreichung des Antrags auf die Bewilligung einer Prozeßkostenhilfe und der Klageschrift § 117 Rn 8, § 253 Rn 11. Eine telegrafische Einlegung kann genügen, § 129 Rn 45. Der *Nachweis* der Einreichung erfolgt durch den dienstlichen Eingangsvermerk. Er ist eine öffentliche Urkunde mit der Beweiskraft des § 418 und läßt einen Gegenbeweis zu, Rn 418 Rn 7. Die Abgabe bei der Gerichtskasse genügt zur Einreichung zwecks Wahrung einer Klagefrist selbst bei einer entsprechenden Übung nicht, AG Köln WoM **81**, 113.

**497** *Ladungen.* [I] [1]**Die Ladung des Klägers zu dem auf die Klage bestimmten Termin ist, sofern nicht das Gericht die Zustellung anordnet, ohne besondere Form mitzuteilen.** [2]**§ 270 Abs. 2 Satz 2 gilt entsprechend.**

[II] [1]**Die Ladung einer Partei ist nicht erforderlich, wenn der Termin der Partei bei Einreichung oder Anbringung der Klage oder des Antrages, auf Grund dessen die Terminsbestimmung stattfindet, mitgeteilt worden ist.** [2]**Die Mitteilung ist zu den Akten zu vermerken.**

**1) Systematik, Regelungszweck, I, II.** Die Ladung zum Termin erfolgt auch im landgerichtlichen **1** Verfahren von Amts wegen, §§ 214, 274. Von der Regel des § 329 II 2 (Zustellung der Terminsladung) enthält § 497 I eine Abweichung: Den Kläger darf und muß der Urkundsbeamte der Geschäftsstelle zum ersten Verhandlungstermin (nur zu diesem) mangels einer abweichenden Anweisung des Richters formlos

## §§ 497, 498
2. Buch. 2. Abschnitt. Verfahren vor den AGen

laden (ein Verstoß kann eine Kostenniederschlagung nach § 8 GKG nötig machen), vgl auch Zweibr FamRZ **82**, 1097. Es gilt dann die Zugangsvermutung des § 270 II 2; sie ist (nur) nach seinem Hs 2 widerlegbar. Das ist eine in der Praxis viel zu wenig bekannte Regelung, die zu einer ja gerade im Massenbetrieb vor dem AG – und dort insbesondere im Kleinverfahren nach § 495 a – erheblichen Verbilligung, Vereinfachung und Beschleunigung führen kann, Grdz 14 vor § 128. Zur Verfassungsmäßigkeit § 270 Rn 6.

2  **2) Geltungsbereich, I, II.** Vgl zunächst Üb 4 vor § 495. § 47 I ArbGG enthält eine Sonderregel nur für die Frist.

3  **3) Ladung des Klägers zum ersten Termin, I.** „Auf die Klage bestimmt" ist der frühe erste Termin, § 275 I, und zwar auch dann, wenn der Bekl eine Frist zur Klageerwiderung erhalten hat, selbst wenn der Kläger eine Frist zur Stellungnahme auf die Klageerwiderung nach § 275 IV bekommen hat, denn alles dies dient nach § 275 I 1 zur Vorbereitung des bereits auf Grund des Klageeingangs anberaumten Termins. Auch ein im Kleinverfahren nach § 495 a alsbald nach dem Klageeingang anberaumter Verhandlungstermin mit oder ohne Fristsetzungen ist „auf die Klage bestimmt", ebenso der erste Termin nach einem Mahnverfahren. Der Wortlaut und Sinn von I spricht aber auch nicht dagegen, überhaupt jeden der Reihenfolge nach ersten Verhandlungstermin hierher zu zählen, also auch den (ersten) Haupttermin nach vorangegangenem schriftlichen Vorverfahren, § 276. Sogar der zB auf Grund einer sich ergebenden Unbekanntheit des wahren Aufenthaltsorts des Bekl notwendig gewordene neue Termin (nach Aufhebung des früheren) kann noch hierher gehören, ebenso ein neuer Termin nach Verlegung nach § 227.

4  **4) Andere Ladungen, II.** Alle anderen Ladungen, auch diejenige des *Bekl* zum ersten Termin, geschehen durch eine förmliche Zustellung, § 329 II 2, soweit nicht § 497 II eingreift. Bei einer freigestellten mündlichen Verhandlung, § 128 Rn 10, und in den Fällen der §§ 238, 251 a, 341 a, 366 II, 370 II tritt an die Stelle der Ladung die Bekanntmachung des Termins. Die Ladungsfrist richtet sich nach § 217, die Einlassungsfrist nach § 274 III, eine Abkürzung nach § 226.

5  **5) Mitteilung statt Ladung, II.** Sie kann sehr prozeßfördernd wirken.

**A. Voraussetzungen.** Es bedarf keiner Ladung, wenn der Termin bei der Einreichung oder Anbringung einer Erklärung, auch zB des Einspruchs, der beantragenden Partei mündlich oder schriftlich mitgeteilt wird. Die Anwendung auf fast gleichliegende Fälle ist an sich zulässig; das gilt zB dann, wenn die Mitteilung der Partei bei einem späteren Erscheinen gemacht wird. Besser vermeidet man dergleichen. Der Gegner ist immer förmlich zu laden, § 329 II 2. Einen weiteren Fall der Entbehrlichkeit der Ladung enthält § 218.

6  **B. Vermerk.** Die Mitteilung ist mit der Unterschrift des Urkundsbeamten der Geschäftsstelle zu den Gerichtsakten zu vermerken. Der ordnungsmäßige Vermerk ist eine öffentliche Urkunde, § 418, und weist die Ladung nach, auch für ein Versäumnisurteil oder ein die Instanz beendendes Urteil nach Säumnis, § 495 a Rn 21. Briefe gehen äußerst selten verloren, vgl freilich Anh § 286 Rn 154. Dem Verurteilten entsteht insoweit kein wirklicher Schaden, als er Einspruch einlegen kann. Die Gerichtskosten sind ihm dann, wenn er die Ladung glaubhaft, § 294, nicht erhalten hat, nicht aufzuerlegen, vielmehr nach § 8 GKG niederzuschlagen, BVerfG NJW **74**, 133; die Zwangsvollstreckung ist ohne Sicherheitsleistung einzustellen. § 344 greift nicht ein, weil das Versäumnisurteil nicht „in gesetzlicher Weise ergangen" ist. Eine Entscheidung nach Aktenlage, § 251 a, ist ohne einen Ladungsnachweis nicht möglich. Der Beweis der Unrichtigkeit des Vermerks ist statthaft.

7  **C. Weitere Einzelheiten.** Eine Mitteilung an den ProzBev oder den gesetzlichen Vertreter genügt. Eine Mitteilung an Verwandte, Boten und dgl reicht nicht aus. Bei einer Anordnung des persönlichen Erscheinens nach § 141 ist eine Mitteilung nur an den ProzBev unzulässig. II gilt auch für Streithelfer, § 66, nicht aber für sonstige Dritte. Die Bereitschaft zur Entgegennahme der Mitteilung oder deren Quittierung sind unnötig. Der Urkundsbeamte der Geschäftsstelle muß sich aber vergewissern, daß die Partei die Bedeutung einer mündlichen Mitteilung verstanden hat. Bei ihr ist eine Belehrung über die Folgen des Ausbleibens sowie die Übergabe einer Terminnotiz und ein entsprechender Vermerk ratsam. Die Mitteilung einer Abkürzung der Einlassungs- oder Ladungsfrist ist besonders zu den Akten zu vermerken.

## 498 *Protokollzustellung.* Ist die Klage zum Protokoll der Geschäftsstelle angebracht worden, so wird an Stelle der Klageschrift das Protokoll zugestellt.

1  **1) Systematik.** Die Vorschrift zieht die prozessuale Folge aus § 496. Sie ändert für das Verfahren vor dem AG den § 253 I (Zustellung der Klageschrift) für den Fall ab, daß der Kläger von der Möglichkeit Gebrauch macht, die Klage zum Protokoll zu erklären.

2  **2) Regelungszweck.** Er muß zwecks Klarstellung, wann das Prozeßrechtsverhältnis mit seinen weitreichenden Folgen beginnt, Grdz 2 vor § 128, und zur entsprechenden Klärung der Rechtshängigkeit, § 261 Rn 1 ff, eine Regelung erfolgen, die dem Bekl erkenntlich macht, daß und was der Kläger von ihm begehrt. Davon hängt auch die Einlassungsfrist ab, § 274 III.

3  **3) Geltungsbereich.** Vgl Üb 4 vor § 495.

4  **4) Protokollzustellung.** Bei einer Klage zu Protokoll der Geschäftsstelle wird das Protokoll dem Bekl von Amts wegen zugestellt, § 270 I. Das löst die Wirkung der Klagerhebung aus, §§ 253 I, 261 I, sofern das Protokoll den Anforderungen des § 253 II–IV entspricht, von denen § 498 natürlich nicht entbindet. § 270 II, III ist dabei anwendbar (der frühere § 496 III–IV ist entfallen). Eine Einreichung im Sinn von § 270 III liegt erst mit dem Eingang beim zuständigen AG vor, § 129 a II 2. Erst dieses geht nach § 498 vor.

**499** *Anerkenntnisfolgen.* **Mit der Aufforderung nach § 276 ist der Beklagte auch über die Folgen eines schriftlich abgegebenen Anerkenntnisses zu belehren.**

**1) Systematik, Regelungszweck.** Die Vorschrift erweitert § 276. Das dient der Vermeidung ungewollter Folgen eines ja nicht dem Anwaltszwang unterliegenden schriftlichen Anerkenntnisses und damit zumindest der Rechtssicherheit, Einl III 43. Deshalb ist die Vorschrift durchaus strikt zu beachten. 1

**2) Geltungsbereich.** Vgl Üb 4 vor § 495. 2

**3) Belehrungspflicht.** Im schriftlichen Vorverfahren, das auch beim AG zulässig ist, ergeht wie sonst gemäß § 276 I 1, II eine Aufforderung zu einer etwaigen Verteidigungsanzeige; ein Hinweis auf einen Anwaltszwang ergeht nur, sofern dieser nach §§ 495, 78 gegeben ist. Zugleich entsteht eine Belehrungspflicht dahin, daß ein etwaiges schriftliches teilweises oder unbeschränktes Anerkenntnis gemäß § 307 II auf Antrag des Klägers zu einem Anerkenntnisurteil auch ohne eine mündliche Verhandlung führt. Eine Belehrung erfolgt auch dann, wenn der Bekl *durch einen Anwalt vertreten* ist, ferner dann, wenn der Antrag des Klägers noch nicht gemäß § 307 II 2 in der Klageschrift erfolgt ist, denn der Kläger darf den Antrag nachschieben, auch nach Eingang des Anerkenntnisses des Bekl. Eine Belehrung über die Kostenfolgen des sofortigen Anerkenntnisses ist nicht notwendig und wegen der nicht ganz einfachen Voraussetzungen des § 93 nur insofern ratsam, als sein Wortlaut mitgeteilt werden sollte. Eine Belehrung über den Inhalt der Anerkenntniserklärung ist weder notwendig noch ratsam. Keine Belehrung erfolgt über eine Anerkennungsfrist; ein Hinweis auf ein mögliches Versäumnisurteil ohne Verhandlung erfolgt gemäß § 276 II. 3

**4) Verstoß.** Ein Verstoß gegen die Belehrungspflicht, der auch bei einer falschen, unvollständigen, verspäteten Belehrung vorliegen kann, hindert ein Anerkenntnisurteil nach § 307 II nicht, sofern wenigstens eine ordnungsgemäße Belehrung nach § 276 I 1, II erfolgt ist, Bischof NJW **77**, 1899, aM ZöHe 2. Natürlich braucht auch hier ein Hinweis auf einen Anwaltszwang nur in den Fällen § 78 II 1 Z 1–3 zu erfolgen. Erst recht bleibt ein Anerkenntnisurteil nach § 307 I zulässig. 4

**499a–503** (weggefallen)

**504** *Unzuständigkeit.* **Ist das Amtsgericht sachlich oder örtlich unzuständig, so hat es den Beklagten vor der Verhandlung zur Hauptsache darauf und auf die Folgen einer rügelosen Einlassung zur Hauptsache hinzuweisen.**

**Schrifttum:** *Laumen,* Das Rechtsgespräch im Zivilprozeß, 1984.

**1) Systematik.** Die Vorschrift stellt eine gegenüber § 39 S 1 vorrangige Sonderregel für den Amtsrichter dar; das stellt § 39 S 2 klar. § 504 tritt neben § 506. 1

**2) Regelungszweck.** Die Vorschrift soll eine auch nur objektive Erschleichung der sachlichen oder örtlichen Zuständigkeit des AG oder gar des ordentlichen Rechtswegs zugewiesenen Sache verhindern, Einl III 56, § 2 Rn 7, Üb 22 vor § 12, Ffm VersR **78**, 878, KG FamRZ **89**, 1105. 2

**3) Geltungsbereich.** Vgl Üb 4 vor § 495. 3

**4) Hinweispflicht.** Das AG hat den Bekl vor dessen Verhandlung zur Hauptsache, § 39 Rn 6, 7, von Amts wegen auf eine ursprüngliche sachliche bzw funktionelle und/oder örtliche Unzuständigkeit, auch nicht die internationale, § 39 Rn 4, und auf die Folgen seiner rügelosen Einlassung, §§ 39, 282 III, 296 III, von Amts wegen hinzuweisen, LG Hbg MDR **78**, 940, Zeiss § 15 VI 1, aM Müller MDR **81**, 11, ThP 1, ZöHe 2, ZöV § 39 Rn 8 (es erübrige sich – nur – die Rechtsfolgenbelehrung; aber der Gesetzeswortlaut fordert auch diese uneingeschränkt). 4

Auch das *Familiengericht* hat diese Pflicht, Stgt FamRZ **80**, 385. Es handelt sich um eine Erweiterung der Pflichten des § 139. Sie besteht auch, soweit der Bekl anwaltlich vertreten ist oder sein muß. Keine Hinweispflicht besteht bei einer internationalen Unzuständigkeit, Ffm NJW **79**, 1787 (abl Prütting MDR **80**, 368, Schröder NJW **80**, 479). Nach einem Mahnverfahren ist § 696 zu beachten; § 39 ist erst im Streitverfahren anwendbar. Im arbeitsgerichtlichen Verfahren gilt § 504 jetzt nicht mehr (entsprechend), § 39 Rn 5, ArbG Passau BB **92**, 359.

Soweit freilich eine Erschleichung als Verstoß gegen Treu und Glauben, als prozessuale *Arglist* anzusehen ist, würde auch eine rügelose Einlassung des Bekl zur Hauptsache nichts nützen, da ein derart schwerwiegender Verstoß des Klägers in jeder Verfahrenslage von Amts wegen zu beachten ist, Einl III 54. Deshalb ist auch ein dann ja sogar irreführender Hinweis auf die in Wahrheit dann gar nicht möglichen „Folgen" im Sinne von § 504 sinnlos. Ferner ist ein Hinweis nach I entbehrlich, wenn die Frage der etwaigen Unzuständigkeit mindestens bis zum Verhandlungsabschluß, §§ 136 IV, 296 a, für alle Prozeßbeteiligten erkennbar schriftsätzlich oder mündlich angesprochen worden war. 5

**5) Verstoß.** Solange eine danach notwendige Belehrung unterbleibt, für die meist mehr als ein bloßer Hinweis auf den Gesetzestext notwendig ist, Bischof NJW **77**, 1900, oder soweit das Gericht sogar mit oder ohne rechtliche Erörterung ausdrücklich von seiner in Wahrheit nicht vorhandenen Zuständigkeit ausgeht, entsteht die fehlende Zuständigkeit trotz einer rügelosen Verhandlung des Bekl zur Hauptsache nicht, § 39 S 2, BGH RR **92**, 1091. Deshalb ist ein Protokoll über die Belehrung dringend ratsam, § 160 II, auch wenn es sich nur um eine Förmlichkeit im Sinn von § 159 handelt. Die Rüge des Bekl ist bis zu derjenigen Verhandlung zur Hauptsache zulässig, die auf eine ordnungsgemäße Belehrung folgt. Die übrigen Prozeß- 6

§§ 504–506   2. Buch. 2. Abschnitt. Verfahren vor den AGen

handlungen beider Parteien bleiben freilich wirksam. Die Mehrkosten infolge einer verspäteten Belehrung sind evtl niederzuschlagen. § 8 GKG; § 281 III 2 ist nur bei einer korrekten Belehrung anwendbar.

**505** (weggefallen)

**506** *Nachträgliche sachliche Unzuständigkeit.* I Wird durch Widerklage oder durch Erweiterung des Klageantrages (§ 264 Nr. 2, 3) ein Anspruch erhoben, der zur Zuständigkeit der Landgerichte gehört, oder wird nach § 256 Abs. 2 die Feststellung eines Rechtsverhältnisses beantragt, für das die Landgerichte zuständig sind, so hat das Amtsgericht, sofern eine Partei vor weiterer Verhandlung zur Hauptsache darauf anträgt, durch Beschluß sich für unzuständig zu erklären und den Rechtsstreit an das zuständige Landgericht zu verweisen.
II Die Vorschriften des § 281 Abs. 2, Abs. 3 Satz 1 gelten entsprechend.

1   **1) Systematik, Regelungszweck, I, II.** Die Vorschrift ist eine Ausnahme von § 261 III 2. Auch sie soll eine Zuständigkeitserschleichung verhindern, § 504 Rn 3. § 506 bezieht sich auf das Streitverfahren und nur auf die nachträglich eintretende sachliche Unzuständigkeit, nicht auf die ursprüngliche. Bei der letzteren gilt § 281. § 506 ist zusammen mit § 281 anwendbar, wenn das AG für die Klage weder örtlich noch sachlich zuständig ist. Dann kann das AG die Sache an das übergeordnete oder an ein anderes LG verweisen, sobald beide Anträge vorliegen.

2   **2) Geltungsbereich, I, II.** Vgl Üb 4 vor § 495.

3   **3) Zuständigkeitsverlust, I, II.** Die ursprüngliche sachliche Zuständigkeit kann verloren gehen: Durch eine Widerklage, § 33, Anh § 253; durch eine Klagerweiterung, § 264 Z 2, 3; durch eine Klagänderung, § 263; durch eine Zwischenklage, § 256 II. Nicht: durch einen Anspruch nach § 510 b; durch einen Ersatz- oder Bereicherungsanspruch, zB aus §§ 302 IV 4, 600 II 2, 717 II. Eine Widerklage auf eine verneinende Feststellung gegenüber einer Teilleistungsklage wegen des überschießenden Teils ist voll statthaft, Anh § 253 Rn 5, 6. Wenn die Widerklage die Zuständigkeit des AG übersteigt, ist zu verweisen. Eine Prozeßverbindung nach § 147 macht das LG nicht zuständig. Ausnahmen gelten dann, wenn der Kläger einen einheitlichen Anspruch zur Erschleichung der Zuständigkeit zerlegt hatte, § 2 Rn 7, oder im Falle des § 112 II GenG (dabei ist sofortige Beschwerde zulässig).

4   **4) Verweisung, I, II.** Sie wird oft unrichtig gehandhabt.
   **A. Antrag.** Die Verweisung erfolgt nicht von Amts wegen, sondern immer nur auf Antrag. Antragsberechtigt ist abweichend von § 281 jede Partei, aber nur bevor sie selbst zur Hauptsache weiter verhandelt. Der Gegner muß die Verweisung vor seiner Einlassung auf den neuen Anspruch beantragen, vgl freilich §§ 39 S 2, 40 II, LG Hbg MDR **78**, 940. Die Verweisung ist auch bei einer Säumnis des Gegners zulässig. Dann muß das LG, an das die Verweisung erfolgt, die Zulässigkeit des Einspruchs prüfen, ThP 6. Mangels Antrags ist § 39 anwendbar; zum Fehlen einer Belehrungspflicht in diesem Fall. § 504 Rn 1. Auf Grund einer Zulässigkeitsrüge erfolgt notfalls eine Prozeßabweisung, Grdz 14 vor § 253, durch Urteil des AG.

5   **B. Stattgabe.** Die Verweisung erfolgt nur an das zuständige LG, und zwar durch einen zu verkündenden Beschluß, in der höheren Instanz im Urteil. Sondergerichte kommen hier nicht in Frage. Der Beschluß ist unanfechtbar und bindet das LG unbedingt. Vgl auch im übrigen die Anm zu § 281; wegen der Verweisung an die Kammer für Handelssachen § 96 GVG Rn 4. Das LG darf die sachliche Zuständigkeit bzw die Zulässigkeit des ordentlichen Rechtswegs weder gegenüber einem verweisenden AG noch gegenüber einem verweisenden ArbG nachprüfen, §§ 281 II 2 ZPO, 48 I ArbGG, kann aber evtl an das letztere weiterverweisen, § 281 Rn 33, 34. Die Prüfung der sachlichen Zuständigkeit schließt diejenige der örtlichen ein, § 281 Rn 33. Daher kann das LG nicht örtlich weiterverweisen. Wenn die Sache von einem anderen AG wegen örtlicher Unzuständigkeit an dasjenige AG gekommen ist, das dann aus Gründen der sachlichen Unzuständigkeit an das LG verwiesen hat, dann kann das LG nicht aus Gründen der örtlichen Unzuständigkeit eine Verweisung an das erste AG vorgenommen, Mü OLGZ **65**, 187. Eine Verweisung wegen örtlicher Unzuständigkeit durch das AG bindet auch das LG, § 281 II 2. § 281 III 1 ist anwendbar, § 281 III 2 ist unanwendbar, Kblz MDR **87**, 681.

6   Eine Verweisung vom LG als *Berufungsgericht* an die erstinstanzliche Zivilkammer ist *unzulässig*, da § 506 nur im Verfahren vor dem AG gilt und die funktionelle Zuständigkeit betrifft, Düss MDR **94**, 620, KG MDR **99**, 563, Schneider MDR **97**, 221, aM BAG BB **75**, 1209, LG Aachen RR **99**, 143, LG Kassel RR **96**, 1340.

7   Das gilt erst recht, soweit *§ 528 II umgangen* würde, LG Düss MDR **89**, 74. Es bleibt jedesmal zu prüfen, ob diejenigen Mehrkosten, die dem Anspruchsinhaber durch die Verweisung erwachsen, ihm oder dem Gegner aufzuerlegen sind. Den ersteren treffen sie, wenn er sie hätte vermeiden können, zB bei einer Beauftragung mehrerer Anwälte. Vgl aber auch Üb 22 vor § 12 (Erschleichung des Gerichtsstands). Erst recht unzulässig ist eine Verweisung vom LG als Berufungsgericht an das OLG als Berufungsgericht, BGH BB **96**, 1408.

8   Wenn die Unzuständigkeit von Amts wegen zu beachten ist oder wenn der Gegner sie rechtzeitig rügt und wenn trotz Ausübung der richterlichen *Fragepflicht*, § 139, keine Partei einen Verweisungsantrag stellt, dann ist die Klage als unzulässig abzuweisen, Üb 5 vor § 300. Der erforderliche Hinweis kann nach dem Schluß der mündlichen Verhandlung, § 296 a, nur durch eine Wiedereröffnung, § 156, gegeben werden;

2. Buch. 2. Abschnitt. Verfahren vor den AGen §§ 506–510b

andernfalls liegt ein Verfahrensfehler vor, der zur Zurückverweisung nach § 539 führen kann, LG Hann MDR **85**, 772.

**C. Zurückweisung.** Die Zurückweisung des Verweisungsantrags geschieht dann, wenn es sich um einen **9** Antrag des Gegners derjenigen Partei handelt, die den neuen Anspruch erhoben hat, durch Zwischenurteil, § 280 II, andernfalls durch ein Zwischenurteil nach § 303 oder im Endurteil.

## 507–509 (weggefallen)

## 510 *Erklärung über Urkunden.* Wegen unterbliebener Erklärung ist eine Urkunde nur dann als anerkannt anzusehen, wenn die Partei durch das Gericht zur Erklärung über die Echtheit der Urkunde aufgefordert ist.

**1) Systematik, Regelungszweck.** § 510 erweitert die Aufklärungspflicht des § 139 bei Privaturkunden **1** in Abweichung von § 439 III zwecks Vermeidung unbedachter Anerkenntniswirkungen. Das Protokoll braucht die Aufforderung zur Erklärung nicht zu enthalten; der Tatbestand des Urteils muß sie aber ergeben.

**2) Geltungsbereich.** Vgl Üb 4 vor § 495. **2**

## 510a *Protokoll.* Andere Erklärungen einer Partei als Geständnisse und Erklärungen über einen Antrag auf Parteivernehmung sind im Protokoll festzustellen, soweit das Gericht es für erforderlich hält.

**1) Systematik, Regelungszweck.** Ins Protokoll gehören alle Einzelheiten gemäß § 160, den § 510a **1** nicht etwa verdrängt, sondern überflüssigerweise ergänzt: „Andere Erklärungen", deren Feststellungen vorgeschrieben sind, fallen ohnehin unter § 160 III Z 3, auch wenn das Gericht sie nicht für erforderlich halten sollte, und was „erforderlich" ist, fällt ohnehin unter § 160 II, was nicht, kann nach derselben Vorschrift ohnehin wegbleiben. § 160 IV gilt auch beim AG.

**2) Geltungsbereich.** Vgl Üb 4 vor § 495. **2**

## 510b *Urteil auf Vornahme einer Handlung.* Erfolgt die Verurteilung zur Vornahme einer Handlung, so kann der Beklagte zugleich auf Antrag des Klägers für den Fall, daß die Handlung nicht binnen einer zu bestimmenden Frist vorgenommen ist, zur Zahlung einer Entschädigung verurteilt werden; das Gericht hat die Entschädigung nach freiem Ermessen festzusetzen.

**1) Systematik.** Die Vorschrift schafft keinen eigenen Anspruch, sondern setzt das Bestehen einer im **1** sachlichen Recht vorgesehenen Vergütung für den Fall der Nichterfüllung der Handlungspflicht voraus, Rn 3, vgl § 283 BGB (das „Interesse" des § 893), Birmanns DGVZ **81**, 148. Daher ist mit ihrer rechtskräftigen Zubilligung jeder Ersatzanspruch verbraucht. Eine „Verurteilung zur Vornahme einer Handlung" ist eine solche, die nach §§ 887–889 zu vollstrecken wäre, wenn auch die Zwangsvollstreckung in Einzelfall unzulässig sein mag. Die Vorschrift ist auf eine Duldung oder auf die Herausgabe von Sachen nicht anwendbar, Köln OLGZ **76**, 478; zum Problem Rüter VersR **89**, 1241.

**2) Regelungszweck.** § 510b soll eine Vereinfachung und Beschleunigung dadurch erreichen, daß er **2** über § 259 hinausgehend dem Kläger ermöglicht, von vornherein dreierlei zu beantragen: die Verurteilung zur Vornahme einer Handlung; eine Fristsetzung für diese Vornahme; eine Verurteilung zur Entschädigung für den Fall eines fruchtlosen Fristablaufs.

**3) Geltungsbereich.** Vgl zunächst Üb 4 vor § 495. Im arbeitsgerichtlichen Verfahren gilt § 61 II ArbGG. **3**

**4) Voraussetzungen.** Es sind drei Aspekte zu beachten. **4**

**A. Antrag.** Erforderlich ist ein Antrag des Klägers. Das Gericht entscheidet also nicht von Amts wegen. Der Antrag ist mündlich oder schriftlich bis zum Schluß der letzten mündlichen Verhandlung zulässig, §§ 137 IV, 296 a. Eine Begründung ist nicht erforderlich. Der Antrag macht den Anspruch auf den Ersatzbetrag rechtshängig, § 261. Da ihn aber § 510b als Zwischenantrag behandelt, bewirkt er keine Anspruchshäufung nach § 260 und begründet deshalb keine Zusammenrechnung der Streitwerte nach § 5. Wenn er die sachliche Zuständigkeit des AG übersteigt, ist das unerheblich; insofern kommt keine Verweisung an das LG in Betracht. Eine Belehrung über die Beschränkungen der Zwangsvollstreckung durch § 888 a ist geboten, § 139. Nach einer Verweisung aus § 506 ist der Antrag nicht mehr zulässig.

**B. Prüfungspflicht.** Das Gericht darf keineswegs davon absehen, sich mit dem Antrag näher zu befassen, **5** und zwar auch dann nicht, wenn die Beschaffung der Unterlagen schwierig ist. Das Wort „kann" in Hs 2 stellt, wie so oft, nicht ins Ermessen (das tut erst Hs 2), sondern nur in die Zuständigkeit, aM ThP **6**, ZöHe **4** (aber der Kläger hat ein Rechtsschutzinteresse am Verfahren nach § 510b).

*Hartmann* 1389

## § 510b  2. Buch. 2. Abschnitt. Verfahren vor den AGen

**6**   **C. Entschädigungsanspruch.** Das Gericht muß prüfen, ob dem Kläger ein Entschädigungsanspruch nach sachlichem Recht zusteht und in welcher Höhe er in Betracht kommt, § 287. § 510b gibt nicht selbst einen sachlichrechtlichen Anspruch, sondern erleichtert nur die Durchführung eines solchen. Der Bekl muß alle sachlichrechtlichen Einwendungen gegen den Anspruch vorbringen. Eine Aufrechnung ist unzulässig, weil der Anspruch noch nicht aufrechnungsfähig ist, § 387 BGB.

**7**   **5) Entscheidung.** Es sind folgende Entscheidungen möglich:

   **A. Keinerlei Anspruch.** Im Fall einer Verneinung des Anspruchs auf die Vornahme der Handlung wird der Entschädigungsanspruch abgewiesen.

**8**   **B. Vornahmeanspruch, aber kein Entschädigungsanspruch.** Wenn der Anspruch auf die Vornahme der Handlung bejaht wird, ein Entschädigungsanspruch aber verneint wird, wird der Bekl zur Vornahme der Handlung verurteilt und die Klage im übrigen abgewiesen.

**9**   **C. Vornahmeanspruch und Entschädigungsanspruch.** Wenn beide Ansprüche bejaht werden, wird der Bekl zur Vornahme der Handlung verurteilt; ihm wird zugleich eine Frist gesetzt, er wird zugleich für den Fall des fruchtlosen Ablaufes zur Entschädigung verurteilt. Evtl wird die Zuvielforderung abgewiesen. Zu entscheiden ist auch über die Höhe der Entschädigung. Ein Urteil auf eine Fristsetzung und eine Zahlung allein ist nur im Fall des § 255 statthaft. Auf die Bemessung der Entschädigung ist § 287 anwendbar. Die Höhe der Entschädigung ist frei abzuschätzen; das besagt auch § 510b Hs 2. Das ganze Urteil ist für vorläufig vollstreckbar zu erklären, obwohl § 888 die Zwangsvollstreckung begrenzt. Eine Vollstreckungsklausel, § 724, ist ohne den Nachweis der Nichtvornahme der Handlung zu erteilen, § 751 Rn 1, Birmanns DGVZ **81**, 148. Die Vornahme der Handlung oder der Fall, daß der Bekl nach dem Urteilserlaß nicht mehr imstande ist, sie vorzunehmen, eröffnen den Weg der Vollstreckungsabwehrklage, § 767.

# Drittes Buch
# Rechtsmittel

Bearbeiter: Dr. Albers

## Grundzüge

### Gliederung

| | | | |
|---|---|---|---|
| 1) **Begriff und Wesen des Rechtsmittels** | 1–4 | B. Einzelheiten | 23, 24 |
| A. Rechtsbehelf | 1 | C. Rechtsschutzbedürfnis | 25 |
| B. Suspensiveffekt | 2 | 4) **Rechtsmittel bei mangelhafter Entscheidung** | 26–33 |
| C. Devolutiveffekt | 3 | | |
| D. Bedingte Rechtsmittel | 4 | A. Scheinurteile | 26 |
| 2) **Zulässigkeit und Begründetheit** | 5–12 | B. Inkorrekte Entscheidungen | 27, 28 |
| A. Allgemeines | 5 | C. Verfahren | 29 |
| B. Zulässigkeit | 6, 7 | D. Beispiele | 30–33 |
| C. Voraussetzungen | 8–12 | 5) **Verfassungsbeschwerde** | 34 |
| 3) **Beschwer** | 13–25 | 6) **Rechtsmittelbelehrung** | 35 |
| A. Allgemeines | 13 | 7) *VwGO* | 36 |
| a) Beschwer des Klägers | 14–18 | | |
| b) Beschwer des Beklagten | 19–22 | | |

### 1) Begriff und Wesen des Rechtsmittels

(Neueres **Schrifttum:** *Feiber,* Anstöße zu einer Verbesserung des Rechtsmittelverfahrens, NJW 96, 2057; *Gilles,* Ziviljustiz u Rechtsmittelproblematik, 1992; *ders,* Rechtsmittel im ZivProzeß, 1972, dazu Bettermann ZZP 88, 365; *Gift/Baur,* Das Verfahren vor den Gerichten für Arbeitssachen, 1993; *Weitzel,* Grundzüge des Rechts der Rechtsmittel, JuS 92, 625); *Gottwald,* Verh 61. DJT, Bd 1 S A 1 ff, 1996; *Grunsky,* Der Anwalt in Berufungssachen, 1987; *Prütting,* Grundsatzfragen des deutschen Rechtsmittelrechts, F Nakamura, 1996; *Schumann,* Die Berufung in Zivilsachen, 4. Aufl 1990).

**A. Rechtsbehelf** ist jedes prozessuale Mittel zur Verwirklichung eines Rechts. Es kann das erste Mittel sein, wie die Klage, oder ein späteres, wie Einspruch, Widerspruch, Erinnerung und Wiederaufnahmeklage. **Rechtsmittel sind nach ZPO** (anders nach § 839 III BGB) **nur Berufung, Revision und Beschwerde**, also die Rechtsbehelfe, die eine Entscheidung vor ihrer Rechtskraft der Nachprüfung einer höheren Instanz unterbreiten. Zum Antrag nach § 629 c, Deneke FamRZ **87,** 1214, s dort.

**B. Zum Wesen der Rechtsmittel gehört die Hemmungswirkung (Suspensiveffekt):** das Rechtsmittel hemmt den Eintritt der Rechtskraft, § 705 Rn 5. Diese Wirkung kommt einem nicht statthaften Rechtsmittel iSv § 705 Rn 7 nicht zu, StJMü § 705 Rn 4, ThP vor § 511 Rn 2 (vgl die Fälle in § 705 Rn 4). Dagegen hemmt das statthafte, aber im Einzelfall unzulässige Rechtsmittel bis zu seiner Verwerfung die Rechtskraft, § 519 b Rn 5 u § 705 Rn 5, GmS NJW **84,** 1027, LSG Essen FamRZ **82,** 1037 (zustm Rüffer FamRZ **82,** 1039 mwN).

Die Hemmung erfaßt bei Berufung auch den nicht angefochtenen Teil der Entscheidung, solange eine Partei auch diesen Rest durch Erweiterung des Rechtsmittels oder Anschließung der Nachprüfung des höheren Gerichts unterwerfen kann, BGH WM **94,** 550 u NJW **92,** 2296 mwN, so zB bei der Berufung nur wegen einer Folgesache im Verbund, § 623. Der mit der Berufung nicht angefochtene Teil wird somit erst mit Schluß der mündlichen Verhandlung des Berufungsinstanz rechtskräftig, JW **30,** 2494, in der Revisionsinstanz, sobald der Revisionsbeschluß die Ausschließungsmöglichkeit verloren hat, § 556 I, BGH WM **94,** 551; dagegen kann auch nicht mit Teilurteil des Berufungsgerichts über den nicht angefochtenen Rest angegangen werden, Mü NJW **66,** 1082. Er wird weiter rechtskräftig bei Verzicht auf Rechtsmittel, wo für den Gegner jede Beschwer fehlt, BGH **7,** 143. Werden bei Berufungseinlegung lediglich beschränkte Anträge angekündigt, so ist das idR noch keine Rechtsmittelbegrenzung, BGH NJW **58,** 343; infolgedessen kann auch nach Zurückverweisung durch das Revisionsgericht die Berufung um den zunächst nicht in die Berufungsinstanz gezogenen Rest erweitert werden, BGH LM § 536 Nr 9. Die Vollstreckbarkeit wird durch ein Rechtsmittel nur gehemmt, wo das Gesetz das besonders bestimmt.

**C. Zum Wesen der Rechtsmittel gehört weiter die Anfallwirkung (Devolutiveffekt):** die Zuständigkeit zur weiteren Behandlung fällt der höheren Instanz an. Dies gilt auch bei der Beschwerde, §§ 567, 577; der untere Richter kann freilich der einfachen (nicht der sofortigen) Beschwerde durch Abhilfe den Boden entziehen, § 571. Aus dieser Wirkung folgt der Grundsatz, daß kein unteres Gericht eine Entscheidung des höheren nachprüfen darf (Ausnahme s § 924 Rn 6).

**D. Bedingte Rechtsmittel** (Kornblum GedSchr Arens, 1993, S 211). Das Rechtsmittel als Ganzes darf grundsätzlich nicht von einer (außerprozessualen) Bedingung abhängig gemacht werden, RoSGo § 65 IV 3, vgl für die Klage § 253 Rn 1. Davon zu unterscheiden sind eventuell gestellte Rechtsmittelanträge und auch die in einem anhängigen Rechtsmittelverfahren eingelegten Rechtsmittel, die von einem künftigen innerprozessualen Ereignis abhängig gemacht werden, zB für die Wiederholung eines Rechtsmittels für den Fall, daß sich die Unwirksamkeit der ersten Einlegung ergibt, § 518 Rn 18, oder des Anschlußrechtsmittels für den Fall, daß das eigene Hauptrechtsmittel unzulässig, vgl BGH WertpMitt **86,** 60, oder das des Gegners erfolgreich sein sollte, BGH NJW **84,** 1240, vgl § 521 Rn 4, dazu Kornblum NJW **97,** 922 (abl zu BAG

NJW **96**, 2533). Insofern gilt entsprechendes wie bei einer Eventual-Widerklage, BGH NJW **96**, 2166 mwN (Anm Wax **LM** § 33 Nr 23).

5   **2) Zulässigkeit und Begründetheit**
   **A. Allgemeines.** Bei jedem Rechtsbehelf, also auch jedem Rechtsmittel, ist zu unterscheiden zwischen seiner Zulässigkeit und seiner sachlichen Berechtigung (Begründetheit).

6   **B. Zulässigkeit.** Sie ist eine besondere Prozeßvoraussetzung für die zur Entscheidung berufene Instanz, s Grdz § 253 Rn 13 ff. Fehlt sie, so ist das Rechtsmittel ohne Sachprüfung durch Prozeßurteil, Üb § 300 Rn 5, als unzulässig zu verwerfen, Jauernig Festschr Schiedermair S 289, RoSGo § 136 I; die Rechtskraftwirkung der Verwerfung ergreift die Sache selbst nicht. Fehlt die sachliche Berechtigung, so ist das Rechtsmittel als unbegründet zurückzuweisen; dieses Sachurteil äußert Rechtskraftwirkung in der Sache. Die Zulässigkeit darf bei Berufung und Revision auch dann nicht offen bleiben, wenn das Rechtsmittel unbegründet ist; das folgt ua daraus, daß vom Inhalt des Urteiles die Wiederholbarkeit des Rechtsmittels und das Schicksal der unselbständigen Anschließung abhängen, RoSGo § 136 I, Jauernig Festschr Schiedermair S 289 ff, ebenso die Zuständigkeit nach § 584, § 584 Rn 2 (wegen der Beschwerde s Üb § 567 Rn 11).

7   Die **Zulässigkeit im weiteren Sinne** kann man spalten in **a)** die **Statthaftigkeit**, dh Zulässigkeit nach der Art der Entscheidung oder nach der Person; sie richtet sich nach den jeweiligen gesetzlichen Bestimmungen, außerhalb derer auch ein Verstoß gegen Grundrechte oder (abgesehen von der Beschwerde, § 567 Rn 6) sog greifbare Gesetzwidrigkeit kein Rechtsmittel eröffnen, § 511a Rn 8, § 545 Rn 3 aE. Beim Fehlen abweichender Bestimmungen führt eine nachträgliche gesetzliche Beschränkung nicht zum Wegfall der Statthaftigkeit bereits eingelegter Rechtsmittel, BVerfG NJW **93**, 1124 mwN. Legt ein Unberechtigter ein Rechtsmittel ein, so gibt es keine Anfechtung wegen Irrtums, Grdz § 128 Rn 56, vielmehr ist das Rechtsmittel auf Kosten des Unberechtigten zu verwerfen, RG HRR **30**, 825, **b)** die **Zulässigkeit** im engeren Sinne, dh im Einzelfall. So ist eine statthafte Berufung unzulässig im engeren Sinne, wenn die Beschwer fehlt.

8   **C. Die Zulässigkeit eines Rechtsmittels setzt voraus: a) Erlaß** (Verkündung oder Zustellung, ausnahmsweise Bekanntmachung, § 567 Rn 9) einer mit diesem Rechtsmittel angreifbaren Entscheidung (oder Eintritt von Scheinwirkungen, s u Rn 26). Dabei bleibt gleich, ob die Entscheidung richtig und mängelfrei ist. Einen Rechtssatz, daß erhebliche Verfahrensmängel die Anrufung der höheren Instanz gegen eine sonst unanfechtbare Entscheidung ermöglichen, gibt es nicht, BGH **LM** § 511 Nr 8, s § 511a Rn 8, § 547 Rn 2.

9   **b)** Einlegung des Rechtsmittels durch eine **anfechtungsberechtigte Person**, vgl dazu § 511 Rn 4 ff. Anfechtungsberechtigt ist auch eine an sich nicht parteifähige Partei, gegen die ein Urteil ergangen ist, BGH NJW **93**, 2944, ebenso ein Prozeßunfähiger im Streit über die Frage, ob er prozeßfähig ist (dazu eingehend Hager ZZP **97**, 174), also insoweit, als er geltend macht, zu Unrecht sei seine Prozeßfähigkeit verneint worden, BGH RR **86**, 157 (dazu K. Schmidt JuS **86**, 568), NJW **83**, 996, Hbg RR **89**, 1022, Hamm AnwBl **82**, 70, alle mwN (ganz hM), ferner auch dann, wenn er geltend macht, es habe kein Sachurteil gegen ihn ergehen dürfen, BGH NJW **90**, 1735 (Anm Bork ZZP **103**, 468), RR **86**, 1119, VGH Kassel NJW **90**, 403 mwN (abw OVG Münst NVwZ-RR **96**, 620), aber auch dann, wenn die in erster Instanz als prozeßfähig angesehene Partei eine Sachänderung der Entscheidung erstrebt, Düss RR **97**, 1350, Hamm MDR **92**, 412, und immer dann, wenn sich das Rechtsmittel gegen Maßnahmen richtet, die wegen seines Geisteszustandes zu treffen sind und tief in seine persönliche Rechtssphäre eingreifen, BVerfG NJW **84**, 1025 u **60**, 811, BayObLG FamRZ **89**, 316 (dazu Bienwald FamRZ **90**, 232) u NJW **88**, 2384, Stgt RR **91**, 832, vgl §§ 66 u 70a FGG. Anfechtungsberechtigt ist auch der als gesetzlicher Vertreter Auftretende, um dessen Berechtigung der Streit geht (anders bei gewillkürter Vertretung), BGH NJW **90**, 3152 mwN.

10   **c) Wahrung von Form und Frist**, falls das Rechtsmittel befristet ist.
11   **d) Beschwer des Rechtsmittelklägers**, unten Rn 13 ff, zu der nur ausnahmsweise noch ein Rechtsschutzbedürfnis, Grdz § 253 Rn 33 ff, hinzutreten muß, unten Rn 25, vgl BGH **LM** § 511 Nr 11.
12   **e)** Zusätzlich vielfach einen **Mindestbetrag** (Beschwerdesumme), s § 511a Rn 11 ff.
   **f)** Bei Berufung und Revision (ausnahmsweise auch bei Beschwerde) eine formelle **Begründung**.

13   **3) Beschwer**

(**Schrifttum:** *RoSGo* § 136 II 3; *Jauernig* § 72 V; *Baur*, Festschrift für *Lent*, 1957, S 1 ff; *Ohndorf*, Die Beschwer und die Geltendmachung der Beschwer als Rechtsmittelvoraussetzungen im dt ZPR, 1972; *Kahlke* ZZP **94**, 423).

**A. Allgemeines.** Ein Rechtsmittel ist nur zulässig, wenn die angefochtene Entscheidung eine **Beschwer** des Rechtsmittelführers enthält und wenn mit dem Rechtsmittel gerade die **Beseitigung dieser Beschwer** (oder eines Teiles von ihr) erstrebt wird, stRspr, BGH NJW **99**, 1339 u 1408, RR **96**, 1276, 1211 u 765, NJW **96**, 527, BAG NZA **93**, 381, Köln ZIP **92**, 513 (in diesem Fall wird dem Rechtsmittelführer die Möglichkeit eröffnet, das Rechtsmittel auch zur Erweiterung der Anträge zu benutzen, BGH FamRZ **82**, 1198, § 523 Rn 2, nicht aber zur Auswechselung des Begehrens, BGH in stRspr, NJW **96**, 1069 mwN (Anm Altmeppen), NJW **96**, 527, ZIP **93**, 65 (Anm Altmeppen), RR **91**, 1279, VersR **90**, 1134, RR **89**, 254, Köln RR **90**, 1086, es sei denn, es liegt ein Fall des § 264 vor, BGH NJW **94**, 2897, **88**, 827, Schneider MDR **87**, 811, offen gelassen BGH RR **88**, 959, krit Spickhoff JZ **98**, 227, Altmeppen ZIP **99**, 1071, **92**, 449 u **93**, 65. Es genügt nicht, daß der bisherige Antrag als Hilfsantrag weiterverfolgt wird, BGH RR **96**, 765 u **94**, 1404 (BGH NJW **96**, 320 ist aufgegeben, BGH ZIP **99**, 106). Ob im Zeitpunkt der Berufungseinlegung eine Beschwer vorliegt, ist grundsätzlich nach dem UrtTenor zu beurteilen, jedoch sind bei Zweifeln über seinen Inhalt die Tatbestand, die Gründe und das zugrunde liegende Parteivorbringen heranzuziehen, BGH MDR **86**, 574 mwN. Die Beschwer kann für beide Parteien verschieden hoch sein, BGH RR **96**, 460. Streit besteht aber darüber, wie die Beschwer beschaffen sein muß. *RoSGo* § 136 II 3 sowie *Baur* aaO und JZ **65**, 186 bejahen eine solche nur bei Abweichung der Entscheidung vom gestellten Antrag (formelle Beschwer), *Brox* ZZP **81**, 379 fordert eine materielle Beschwer, dh die Nachprüfung, ob die ergangene

3. Buch. Rechtsmittel **Grundz § 511**

Entscheidung dem Rechtsmittelkläger einen rechtlichen Nachteil bringt, die Urteilswirkungen oder eine von ihnen ihn belasten, wobei, auch von Grunsky ZZP **76**, 165, die Entscheidungsgründe in weiterem Maße, als durch die Rspr anerkannt, herangezogen werden. Bettermann ZZP **82**, 44 hält eine formelle oder eine materielle Beschwer für erforderlich und genügend.

**a) Beschwer für den Kläger.** Für ihn fordert die Rspr im allgemeinen die **formelle Beschwer**, BGH 14 NJW **94**, 2697 u **91**, 704 mwN, Bbg RR **94**, 459. Sie bejaht also eine Beschwer, wenn die Entscheidung der Vorinstanz dem Rechtsmittelkläger etwas versagt, was er beantragt hat, BGH NJW **84**, 371, stRspr. Bei unklarer Urteilsformel ist dies durch Heranziehung der Gründe zu ermitteln, BGH LM § 546 Nr 14. Beschwer ist auch dann gegeben, wenn über einen Punkt entschieden worden ist, der nicht (mehr) Gegenstand des Rechtsstreits war, BGH NJW **91**, 703. Der Anschein einer Beschwer, zB durch eine ins Leere gehende Teilabweisung, genügt, BGH NJW **93**, 2052, vgl auch BVerwG NVwZ-RR **93**, 368.

**Beispiele:** Verurteilung des Beklagten zu einer Zug-um-Zug-Leistung statt ohne eine Einschränkung 15 (auch dann, wenn der unstreitige Tatbestand das Erbringen der Gegenleistung ergibt, BGH NJW **82**, 1048) oder Verurteilung nach dem Hilfsantrag, wo der Hauptantrag weiter ging, auch bei gleicher Höhe beider Anträge, wenn es sich um verschiedene Ansprüche handelt und der Hauptanspruch verneint wird: es entscheidet bei verschiedenen Ansprüchen die Rechtskraftwirkung, worüber rechtskräftig entschieden werden sollte und worüber tatsächlich entschieden ist, BGH **26**, 296; Verurteilung im Grundurteil aus einer Anspruchsgrundlage, die mit einer gewissen Wahrscheinlichkeit (anders als die vorgebrachte) den Anspruch nicht in voller Höhe rechtfertigt, Ffm RR **87**, 191, zB Verurteilung nur aus StraßenverkehrsG, wenn gleichzeitig der Anspruch auch mit unerlaubter Handlung begründet wird, selbst bei summenmäßig voller Verurteilung im Nachverfahren (anders, wenn die Tragweite beider Gründe gleich ist, § 521 Rn 11), BGH **LM** § 66 Nr 1; Erlaß eines Vorbehaltsurteils nach § 302, wenn darin über die Zulässigkeit der Aufrechnung entschieden worden ist, BGH NJW **79**, 1046; Einschränkung der Verurteilung in der Formel einer Vorabentscheidung nach § 304 (anders, wo dies nur in den Gründen geschieht), RG NJW **97**, 29; vollständige Abweisung eines unbestimmten Klagebegehrens, BGH VersR **75**, 856, bei Teilabweisung in deren Umfang; Abweisung des auf Schmerzensgeldrente gerichteten Hauptantrages und Zusprechen des Hilfsantrages auf 16 Schmerzensgeldkapital (auch bei gleichem Wert), BGH MDR **85**, 40, zustm Lindacher JR **84**, 503; Zusprechen eines Weniger, wo der Kläger einen in das richterliche Ermessen gestellten Betrag fordert (zB Schmerzensgeld), der zugesprochene aber hinter dem von ihm (auch außerhalb des Klagantrags, BGH NJW **92**, 312, aber ausweislich des Tatbestands bzw Protokolls) als Mindestbetrag bezeichneten zurückbleibt, BGH NJW **99**, 1339 mwN (Anm Wax **LM** § 253 Nr 129), Fenn ZZP **89**, 128 mwN, oder nicht der vom Kläger im Klagantrag zum Ausdruck gebrachten Größenordnung entspricht, BGH VersR **83**, 1160 (dazu Dunz NJW **84**, 1736), oder hinter dem nach seinem Vortrag zuzubilligenden Betrag zurückbleibt, BayObLG AnwBl **89**, 164, bei wesentlicher Unterschreitung auch dann, wenn keine Teilabweisung ausgesprochen ist, BGH VersR **79**, 472: der Kläger muß also verbindlich zu erkennen geben, welche Vorstellungen er hat, BGH NJW **82**, 340, MDR **78**, 44; Verschweigen führt zur Verneinung der Beschwer, BGH NJW **82**, 340, Oldb VersR **79**, 657 mwN, insbesondere bei Zugrundelegung der Klägerhöhe seines Begehrens voll dem Ermessen des Gerichts unterstellt, BGH **45**, 91, was dann nicht der Fall ist, wenn er sich eine Streitwertfestsetzung zu eigen macht, BGH MDR **85**, 40 mwN, oder wenn der Streitwert als bestimmender Faktor höher als das Zugesprochene angegeben wird, BGH **45**, 91, KG VersR **72**, 279 (zur Beschwer bei unbestimmtem Klagantrag: Schumann Rn 270–274; Butzer MDR **92**, 539; Husmann NJW **89**, 3129; Gerstenberg NJW **88**, 1354; Dunz NJW **84**, 1737; Röhl ZZP **85**, 66; Zeuner, Festschrift Baur, 1981; Lindacher AcP **182**, 270; vgl auch § 253 Rn 49 ff).

Beschwer für den Kläger liegt auch im Unterbleiben einer verfahrensrechtlich nötigen Kostenentschei- 17 dung, RG HRR **33**, 1619, deshalb auch dann, wenn die Kosten einem Dritten auferlegt sind, weil dann zwischen den Parteien überhaupt noch keine Kostenentscheidung ergangen ist, BGH NJW **59**, 291; ferner, wenn statt der vom Kläger beantragten Erledigung der Hauptsache auf Klageabweisung erkannt ist, auch wenn es dem Kläger nur oder überwiegend um eine Änderung der Kostenentscheidung geht, BGH NJW **72**, 112, dazu Zeiss JR **72**, 68; bei Aufhebung und Zurückverweisung in 2. Instanz, wenn der Kläger Zurückweisung der Berufung beantragt hatte, BGH NJW **97**, 1710 u **91**, 704, RR **90**, 481 mwN, und auch dann, wenn der in 1. Instanz abgewiesene Kläger so beantragt hat, tatsächlich aber sein Sachbegehren weiterverfolgt, BGH NJW **65**, 441 (aM Baur JZ **65**, 186), da der Antrag nur ein Prozeßantrag und die Sache selbst dem Berufungsgericht angefallen ist. Beschwert ist der Kläger auch dann, wenn das Urt seinem Antrag zwar nach dem Wortlaut entspricht, nicht aber dem damit verfolgten materiellen Begehren, Karlsr RR **86**, 582.

**Keine Beschwer** für den Kläger, wenn sich das Rechtsmittel allein gegen die Urteilsbegründung richtet 18 und dieselbe Entscheidung mit einer anderen Begründung erstrebt, BGH NJW **82**, 579 mwN, stRspr (anders also, wenn die Begründung eine ihm nachteilige Bedeutung des Tenors ergibt, vgl BGH **24**, 284). Beschwer fehlt auch, wenn der durch einen Unfall geschädigte Kläger nach Abweisung seiner Direktklage gegen den Kfz-Haftpflichtversicherer die Berufung allein auf dessen Einstandspflicht für einen anderen Beteiligten stützt, BGH NJW **88**, 2540. Der Kläger ist ferner nicht beschwert, wenn statt einer Abweisung als unzulässig auf seinen Hilfsantrag an das zuständige Gericht verwiesen wird, Hamm WertpMitt **88**, 391. Ebenso fehlt die Beschwer beim Verzichtsurteil, § 306, Jauernig § 72 V, und beim (wenn auch zu Unrecht ergangenen) Anerkenntnisurteil, § 307, BGH NJW **94**, 2697.

**b) Beschwer für den Beklagten.** Er wird auch bei Fehlen oder Fortfall eines vollstreckungsfähigen 19 Inhalts durch eine Verurteilung beschwert, weil er durch Abweisung mangels Rechtsschutzbedürfnisses des Klägers erreichen kann, vgl Blomeyer ZPR § 97 II 1, Habscheid NJW **64**, 234, aM Bre NJW **64**, 259. Überhaupt wird man mit den Genannten und BGH NJW **55**, 545 für den Beklagten immer dann eine Beschwer als gegeben ansehen, wenn er eine zu seinen Gunsten abweichende Entscheidung erlangen kann **(materielle Beschwer)**, Kblz RR **93**, 462, Zweibr FamRZ **92**, 972, Karlsr RR **86**, 582 u MDR **82**, 417 mwN, aM MüKoRi vor § 511 Rn 14–16, RoSGo § 136 II 3 c, Jauernig § 72 V, Baur Festschrift für Lent S 1. Maßgeblich dafür ist der rechtskraftfähige Inhalt der angefochtenen Entscheidung, BGH RR **96**, 829 mwN.

Albers

**20 Beispiele:** Verurteilung des Beklagten zum Ersatz jeden Schadens statt zu angemessener Entschädigung (Aufopferungsanspruch), BGH **22**, 46; Zurückverweisung statt Sachabweisung, BGH NJW **97**, 1710 u **91**, 704, RR **95**, 124 mwN; Prozeß- statt Sachabweisung, BGH **28**, 349, BAG NZA **98**, 189 mwN; Verweisung statt Klagabweisung, BGH NJW **63**, 587 u **59**, 436; Verurteilung trotz Aufrechnung, BGH RR **96**, 829; Abweisung wegen Eventualaufrechnung statt ohne Berücksichtigung einer solchen, BGH **26**, 297 (ebenso bei Abweisung wegen Prinzipalaufrechnung, Bettermann NJW **72**, 2286, abw BGH **57**, 301); Abweisung als zZt unbegründet, wenn der Beklagte die endgültige Abweisung erstrebt, BGH **24**, 284, Hamm WertpMitt **81**, 62; Feststellung der Erledigung statt Klagabweisung; Verurteilung trotz Tilgung der Forderung zwischen den Instanzen, wenn sie nach Meinung des Beklagten erst nach der Verurteilung fällig wurde, BGH NJW **75**, 539; Zwischenurteil, das den vom Kläger beantragten Parteiwechsel auf der Beklagtenseite gegen den Willen des alten und neuen Beklagten für zulässig erklärt, BGH NJW **81**, 989 (Beschwer für beide); Anerkenntnisurteil, Kblz RR **93**, 462, Karlsr MDR **82**, 417, GMP § 64 Rn 27 mwN, weil der Beklagte die Unwirksamkeit des Anerkenntnisses einwenden können muß (zum Einwand aus § 323 vgl Karlsr RR **89**, 1468 mwN).

**21 Keine Beschwer** für den Beklagten, wenn sich das Rechtsmittel allein gegen die Urteilsbegründung richtet, oben Rn 18 (dagegen ist der Beklagte durch ein Urteil beschwert, wenn sich die nachteilige Bedeutung des Tenors aus den Gründen ergibt, zB Abweisung nur als zur Zeit unbegründet, BGH **24**, 284); deshalb ist der Beklagte nicht beschwert bei Klagabweisung wegen zulässiger und begründeter Erfüllung statt als von Anfang an unbegründet und auch nicht bei Abweisung als unzulässig wegen mangelnden Rechtsschutzinteresses statt Abweisung wegen Unzulässigkeit des Rechtsweges, BGH **LM** § 511 Nr 6; Beschwer fehlt für ihn ferner bei Klagabweisung als unbegründet statt als unzulässig, da die materielle Abweisung weitergehende Folgen hat, BVerwG MDR **77**, 867, ebenso bei Verwerfung als unzulässig trotz Rechtsmittelrücknahme, RG JW **35**, 2635; ferner dann, wenn eine Haftungsbeschränkung nicht im Tenor ausgesprochen ist, die Gründe aber zweifelsfrei eine Beschränkung ergeben, BGH NJW **82**, 447 (§ 12 StVG), NJW **86**, 2704 (§ 3 Z 1 PflVG); ebenso bei Verurteilung auf Hilfsanspruch zur Leistung an einen Dritten statt auf Hauptanspruch zur Leistung an den Kläger, RG **152**, 297, ferner idR bei Anerkenntnisurteil, Rn 20, und bei erfolgloser Geltendmachung eines Zurückbehaltungsrechts, BGH RR **96**, 829 mwN.

Die Beschwer fehlt bei vorbehaltloser, freien Stücken erfolgender Erfüllung vor Berufungseinlegung, BGH NJW **94**, 942 u Stgt RR **95**, 892 mwN, auch durch den mitverurteilten Versicherer, BGH MDR **76**, 473 (abw Ffm MDR **85**, 60). Keine Beschwer ist auch bei Erledigung der Hauptsache zwischen Urteil und Rechtsmittel gegeben, sehr str, vgl § 91a Rn 101, Düss RR **98**, 776 mwN (Beschwer fehlt nicht, wenn nach klageabweisendem Urteil eine Gesetzesänderung die Klage begründet sein läßt und der Kläger trotz Bereitschaft des Beklagten zu außergerichtlicher Anerkennung ein schutzwürdiges Interesse an der Erlangung eines Titels hat, BGH **LM** § 546 Nr 6).

**22 c) Sonderfälle:** In **Ehesachen** ist die Rechtslage teilweise eine andere, Grdz § 606 Rn 5; zur Beschwer in **Kindschaftssachen** s § 640 Rn 12. Beschwer ist unnötig für Rechtsmittel der Behörden in **Baulandverfahren**, BGH MDR **93**, 48 mwN: hier genügt das Anstreben einer abweichenden Entscheidungsformel (in der Regel nicht aber der Angriff gegen die Begründung, vgl BVerwG MDR **77**, 867; anders kann es bei Aufhebungs- und Bescheidungsurteilen, zB nach § 226 BauGB, liegen, Maetzel in Festschrift für den BayVGH, 1979, S 29–38). Beschwer im **Kostenpunkt** allein genügt nicht, § 99, vgl oben.

**23 B. Beschwer muß bei Rechtsmitteleinlegung vorliegen.** Deshalb ist die Berufung des bisherigen Klägers unzulässig, wenn nach dem Ergehen des erstinstanzlichen Urteils seine Prozeßführungsbefugnis entfällt, Zweibr FamRZ **89**, 194 mwN (zu § 1629 III BGB). Ein späterer Wegfall der Beschwer schadet regelmäßig nicht, BGH **1**, 29, also auch nicht, wenn die Klagforderung nach Abweisung und Rechtsmitteleinlegung erfüllt wird, BGH NJW **94**, 943 mwN, § 511a Rn 21 bei „§ 4", auch nicht Wegfall des Rechtsschutzinteresses, BAG DB **61**, 1428; doch muß der Rechtsmittelkläger da die Hauptsache für erledigt erklären (es gilt dann § 91a), widrigenfalls ist als unbegründet zurückzuweisen.

**24 Das Rechtsmittel kann nicht erst eine Beschwer schaffen**, oben Rn 13. Ohne Weiterverfolgung jedenfalls eines Teiles der in erster Instanz erfolglos gebliebenen Klaganspruchs ist die Berufung unzulässig, BGH NJW **99**, 2119 mwN, stRspr (krit Bub MDR **95**, 1191); ob diese Voraussetzung gegeben ist, muß unter Auslegung des erstinstanzlichen Klagantrags durch Vergleich der Sachanträge ermittelt werden, BGH RR **89**, 254 mwN, wobei die Partei an ihr erstinstanzliches Begehren gebunden ist, BGH RR **95**, 839. Daß der abgewiesene prozessuale Anspruch mit einer anderen Begründung weiterverfolgt wird, ist unschädlich, BGH RR **94**, 61 mwN; die Berufung ist aber unzulässig, wenn neben dem neuen Antrag der bisherige Antrag zumindest teilweise als Hilfsantrag weiterverfolgt wird, BGH NJW **99**, 2113 unter Aufgabe von NJW **96**, 320. Die Berufung darf also nicht mit dem alleinigen Zweck der Klagänderung, BGH in stRspr, NJW **99**, 2119 u MDR **99**, 954 mwN, oder der Klagerweiterung, BGH NJW **88**, 828 mwN, oder der Widerklage eingelegt werden, RoSGo § 136 II 3a, um der vorhandener Beschwer sich nicht dagegen wenden, sondern nur die Möglichkeit schaffen, eine neue, der Sache nach in die 1. Instanz gehörige Angelegenheit in der Berufungsinstanz zu verfolgen, oben Rn 13, BGH in stRspr, RR **91**, 1279, aM Altmeppen ZIP **92**, 449 für den Fall der Klagänderung, §§ 263, 264 u 267. Beschwer ist aber jedenfalls zu bejahen, wenn der Kläger mit der Auskunftsklage abgewiesen wird und Berufung mit Antrag auf Zahlung einlegt, BGH **52**, 169, desgleichen bei Abweisung der Feststellungsklage und Berufung mit Leistungsantrag, BGH NJW **94**, 2099 mwN, aM Köln RR **90**, 1086. Das Rechtsmittel darf auch nicht allein einen noch in der 1. Instanz anhängigen, dort nicht beschiedenen Anspruch betreffen, BGH FamRZ **83**, 459, BGH **30**, 216. Ebensowenig darf ein in 1. Instanz beschiedener, aber nicht in die 2. Instanz gelangter Anspruch zum Gegenstand eines Rechtsmittels in der 3. Instanz gemacht werden, BGH FamRZ **83**, 684. Aus demselben Grunde kann der obsiegende Streithelfer des Klägers nicht nach Seitenwechsel auf Seiten des Beklagten Berufung einlegen, KG JR **49**, 349.

**25 C. Rechtsschutzbedürfnis.** Trotz Beschwer kann für das Rechtsmittel ausnahmsweise das Rechtsschutzbedürfnis fehlen, RG **160**, 208, BGH WertpMitt **74**, 665, Köln RR **86**, 1509, vgl Schumann Rn 322–329. Das ist zB der Fall, wenn der Urteilsausspruch und der mit der Berufung verfolgte Antrag gleichwertig sind,

3. Buch. Rechtsmittel **Grundz § 511**

BGH NJW **79**, 428, oder wenn die 1. Instanz dem Antrag mit einer anderen rechtlichen Begründung stattgegeben hat, BGH MDR **59**, 486, oder wenn der Rechtsmittelkläger keine Beseitigung seiner Beschwer erstrebt, Karlsr FamRZ **80**, 682. In aller Regel ist mit der Beschwer aber auch das Rechtsschutzbedürfnis gegeben, BGH NJW **97**, 1445 mwN. Es entfällt für die Berufung gegen eine einstw Vfg nicht im Hinblick auf das Aufhebungsverfahren nach §§ 927, 936, ganz hM, Düss RR **88**, 188 mwN.

**4) Rechtsmittel bei mangelhafter Entscheidung.** Siehe über solche Üb § 300 Rn 11 ff. **Schrifttum:** 26 *RoSGo* § 135 II; *Jauernig*, Das fehlerhafte Zivilurteil, 1958.

**A. Scheinurteile** (Braun JuS **86**, 365, vgl Üb § 300 Rn 11 ff). Sie sind keine Urteile und daher keinem Rechtsmittel unterworfen, das aber statthaft ist, wenn Scheinwirkungen (zB Mitteilung des Urteils oder Erteilung einer vollstreckbaren Ausfertigung) eingetreten sind, BGH NJW **96**, 1970 mwN, Ffm MDR **91**, 63, VGH Mü BayVBl **86**, 656 mwN (dazu BVerwG NJW **87**, 2247). Solche Scheinurteile sind selten; hierhin gehören die Entscheidung durch ein Nichtgericht und Entscheidungen mit schwersten und offenkundigen Mängeln, Düss NStZ **89**, 44 (zustm Feiber), ferner nicht verkündete Urteile, BGH NJW **99**, 1192 mwN u **95**, 404, Ffm MDR **91**, 63, und unter Umständen auch ein nicht wirksam verkündetes Urteil, BGH VersR **84**, 1193, Bra MDR **99**, 564, so daß eine statthafte Berufung stets zulässig ist und zur Aufhebung und idR zur Zurückverweisung führt, BGH NJW **96**, 1970 mwN (Anm Braun JZ **96**, 979), u a NJW **95**, 404 (vgl Grunsky LM § 511 Nr 53), dagegen keine Sachentscheidung ermöglicht, bei Verkündungsmängeln aM Ffm RR **88**, 128 mwN. Nicht hierhin gehören Urteile, die gegen § 249 verstoßen, BGH NJW **95**, 2563 mwN, Köln RR **95**, 891, oder in einem fehlerhaft bestimmten Verkündungstermin verkündet worden sind, BGH (GrS) **14**, 39, oder statt einer Verkündung zugestellt worden sind, BGH **17**, 286, Ffm MDR **80**, 320, aM Ffm FamRZ **78**, 430, und ebensowenig unter Verstoß gegen § 310 II verkündete Urteile, BGH MDR **88**, 567, sowie Fehler bei der Unterzeichnung des Urteils. Gegen Scheinurteile ist sonst ggf Klage auf Feststellung zulässig, daß der Gegner aus ihnen keine Rechte herleiten kann. Alle anderen Entscheidungen sind als Staatshoheitsakt nun einmal da; sie wirken bis zu ihrer Beseitigung durch ein Rechtsmittel, auch wenn es sich um einen wegen besonders schwerer, offenkundiger Fehler nichtigen Beschluß handelt, BGH ZZP **107**, 98 (Anm Walker).

**B. Formfehlerhafte (inkorrekte) Entscheidungen.** Bei ihnen handelt es sich um der Art nach falsche 27 oder zweifelhafte Entscheidungen (vgl Üb § 300 Rn 19 ff). Bei ihnen ist das statthafte Rechtsmittel oft ungewiß, worin eine große Gefahr für die Parteien liegt. Dazu gibt es unterschiedliche Lehrmeinungen: **a)** die subjektive: maßgebend ist, wie tatsächlich entschieden ist, also die prozessuale Form der Entscheidung; der Wille des Gerichts ist zur Auslegung heranzuziehen; **b)** die objektive: maßgebend ist, welche Entscheidung bei richtiger Behandlung hätte erlassen werden müssen; **c)** die vermittelnde: wahlweise ist 28 das Rechtsmittel zulässig, das der getroffenen Entscheidung, oder das, das der richtigen Entscheidung entspricht, sog **Grundsatz der Meistbegünstigung**, hM, MüKoRi vor § 511 Rn 49, RoSGo § 135 II 2, Jauernig § 72 IX, Blomeyer ZRP § 96 II, BGH NJW **99**, 584 u **97**, 1448 mwN (zustm Rimmelspacher JR **87**, 194), ZZP **92**, 362 (zustm Gottwald), BAG NJW **86**, 2784 mwN, BVerwG NVwZ-RR **92**, 665 mwN, BayObLG NJW **78**, 903, Köln RR **97**, 956 mwN. An sich gewährleistet nur die subjektive Theorie die erforderliche Sicherheit, weil bei ihr jede Partei weiß, woran sie ist; zudem läßt sich folgerichtig nur auf dem weiterbauen, was geschehen ist, und nicht auf dem, was hätte geschehen sollen. Gleichwohl hat sich der Grundsatz der Meistbegünstigung durchgesetzt. Danach ist sowohl das richtige als auch das der Entscheidungsform entsprechende Rechtsmittel gegeben, BGH **40**, 265, es sei denn, daß einer Partei durch den Fehler des Gerichts ein Vorteil erwachsen würde, den sie sonst nicht gehabt hätte, also nur durch diesen Fehler eine sonst unanfechtbare Entscheidung anfechtbar würde, BGH RR **93**, 957 mwN, Köln RR **99**, 1084, LG Bielefeld MDR **87**, 941, vgl auch Düss RR **92**, 904, Karlsr NJW **87**, 509. Fehler des Gerichts dürfen nicht zu Lasten der Partei gehen, BGH **LM** § 511 Nr 13, so daß dieser Grundsatz bei einer ihrer Art nach zweifelhaften Entscheidung gilt, BGH DtZ **94**, 72, Ffm RR **93**, 958. Bei der Unsicherheit der Rspr ist den Parteien anzuraten, im Zweifel das nach der prozessualen Form der Entscheidung in Betracht kommende Rechtsmittel einzulegen und hilfsweise Verweisung an das „richtige" Rechtsmittelgericht zu beantragen, Rimmelspacher JR **87**, 194; gegebenenfalls hat dann das zu Unrecht angegangene Gericht die Sache entsprechend § 281 zu verweisen, BGH NJW **79**, 43 u **80**, 1282. Freilich entstehen der Partei uU dadurch besondere Kosten.

**C. Verfahren.** Das Rechtsmittelgericht hat das Verfahren in der Verfahrensart weiterzubetreiben, die der 29 wahren Natur seines Prozeßgegenstandes entspricht, und in der Form zu entscheiden, die bei korrekter Entscheidung der Vorinstanz und dem daraus gegebenen Rechtsmittel allein zulässig wäre, BGH MDR **66**, 232, BVerwG NJW **82**, 2460, Köln RR **99**, 1084, Zweibr RR **98**, 508, Schlesw RR **88**, 1413, VGH Mannh VBlBW **82**, 292 mwN, str, aM BVerwG **18**, 195, Köln RR **97**, 956, OVG Münst NJW **74**, 1102 (Wahlrecht des Rechtsmittelgerichts).

**D. Beispiele für die Anfechtung formfehlerhafter Entscheidungen:** 30
**Beschluß und Urteil.** Beschluß statt Urteil gibt wahlweise Berufung (bzw Revision, BGH RR **93**, 956) oder Beschwerde, BGH **51**, 147, Zweibr RR **98**, 508, Köln RR **97**, 956, Hamm FamRZ **89**, 877, GMP § 64 Rn 12; jedoch gilt auch für die Beschwerde die Berufungssumme, vgl oben Rn 28, LG Bielefeld MDR **87**, 941, bzw die für die Revision getroffene Regelung in § 546 I, BGH RR **93**, 956. Urteil statt Beschluß gibt Berufung, Schlesw RR **88**, 1413, so namentlich im Arrest- u einstw VfgVerfahren, ebenso bei unzulässigem Kostenurteil statt Entscheidung durch Beschluß über die Kosten, BGH MDR **59**, 554, MDR **66**, 232. Ggf ist die Berufung im weiteren Verfahren als Beschwerde zu behandeln, LG Itzehoe RR **94**, 1216. Anders bei bloßer Erörterung in den Gründen, zB über Ablehnung eines Sachverständigen, RG **60**, 110, oder eines Aussetzungsantrages, Hamm MDR **48**, 182.
**Streitmäßiges oder Versäumnisurteil.** Es kommt auf Form und Inhalt der Entscheidung an, BGH NJW 31 **99**, 584 u **94**, 666 (dazu K. Schmidt JuS **94**, 437). Bei Zweifel fragt sich, ob das Gericht eine Folge der Versäumnis (nach der völligen, s Üb § 330 Rn 3 ff) aussprechen wollte. Wenn nein, liegt ein

streitmäßiges Urteil vor, selbst wo ein Versäumnisurteil richtig war, und umgekehrt, BGH aaO, Mü FamRZ **89**, 1205 mwN; vgl MüKoPr § 338 Rn 8 ff. Bei fehlender Eindeutigkeit gilt der Grundsatz der Meistbegünstigung, Zweibr RR **97**, 1087, Köln RR **96**, 581.

**32 Versäumnisurteil.** Fehlt die Bezeichnung als Versäumnisurteil und enthält das Urteil weder Tatbestand noch Gründe, so ist dagegen sowohl Einspruch als auch Berufung gegeben, Hamm RR **95**, 186. Das gleiche gilt für die fehlerhafte Bezeichnung als zweites VersUrt, BGH NJW **97**, 1448 mwN, und auch für den umgekehrten Fall, daß ein weiteres/erstes VersUrt statt eines zweiten VersUrt erlassen wird, offen BGH aaO, § 513 Rn 3.

**Verweisung.** Hat das Gericht, an das verwiesen ist, in 1. Instanz erkannt statt in zweiter, ist Berufung zulässig, RG **119**, 380.

**33 Zwischenurteil.** Nennt sich ein unzulässiges Zwischenurteil Teilurteil, so ist Berufung zulässig, vgl BGH ZZP **92**, 362 m zustm Anm Gottwald. Nennt sich ein Zwischenurteil über den Grund, § 304, Zwischenurteil aus § 303 oder ist ein solches Urteil bei sachlicher Prüfung ein Grundurteil: Berufung, stRspr. Gegen ein Zwischenurteil aus § 280 ist Berufung gegeben, auch wenn es unzulässig war, RG HRR **30**, 444. Bei unzulässigem Urteil aus § 256 II, das in Wahrheit ein Zwischenurteil aus § 303 ist, ist Berufung zulässig, RG HRR **35**, 380. Ein unzulässig erlassenes Zwischenurteil bindet nicht, BGH **8**, 383.

**34** 5) **Verfassungsbeschwerde.** Sie ist kein zusätzliches Rechtsmittel, BVerfG NJW **87**, 1191 mwN, Hamm RR **99**, 651; s Zuck, Das Recht der VerfBeschw, 2. Aufl 1988, Rn 8 ff; Dörr, Die VerfBeschw in der Prozeßpraxis, 2. Aufl Rn 372; Rupp ZZP **82**, 1. Vielmehr gewährt sie Rechtsschutz zur prozessualen Durchsetzung der Grund- und diesen gleichgestellten Rechte. Im Ergebnis führt die Verfassungsbeschwerde aber zunehmend zur Überprüfung und Korrektur unanfechtbarer Entscheidungen, namentlich wegen Verstößen gegen Art 103 I GG, vgl dazu Zuck JZ **85**, 921 u Schumann NJW **85**, 1134, Wimmer DVBl **85**, 773. Zu den Möglichkeiten der Abhilfe durch das Gericht selbst vgl § 511 a Rn 9.

**35** 6) **Rechtsmittelbelehrung.** Anders als im Verfahren der Arbeitsgerichte, § 9 V ArbGG, sieht das Gesetz im Streitverfahren der Zivilgerichte (abgesehen von Einzelgesetzen, zB LwVG u BauGB, dazu BGH NJW **99**, 1113) keine Rechtsmittelbelehrung vor; sie wird auch von der Verfassung (noch) nicht gefordert, BVerfG NJW **95**, 3173, und ist auch nach EG-Recht nicht geboten, EuGH EuZW **99**, 446. Die Übernahme von § 9 V ArbGG (und entspr Bestimmungen für die Verw-, Finanz- und Sozialgerichtsbarkeit) würde aber zumindest in Verfahren ohne Anwaltszwang dem Verständnis des Rechtsstaates entsprechen, vgl Gottwald Verh. 61. DJT I A 31, Geisler StAZ **96**, 79, Kühling (abwM zum BVerfG) NJW **95**, 3176, Demharter FGPrax **95**, 217, Büttner DRiZ **95**, 61 mwN.

**36** 7) *VwGO: Die allgemeinen Grundsätze, Rn 1 ff, gelten auch hier; zur Beschwer des Klägers bei einem stattgebenden Bescheidungsurteil, § 113 V 2 VwGO, s BVerwG LS DÖV **82**, 785, zur nötigen Beschwer des Beigeladenen vgl BFH BStBl **84** II 348. Zur formfehlerhaften Entscheidung, Rn 27 ff, im VerwProzeß vgl Maetzel MDR **69**, 345, BVerwG DVBl **92**, 776 mwN, VGH Mannh NJW **82**, 2460.*

## Erster Abschnitt. Berufung

### Übersicht

**Schrifttum:** *Doukoff*, Die Berufung in Zivilsachen, 1998; *Schumann*, Die Berufung in Zivilsachen, 5. Aufl, 1997; *Gottwald* Verh. 61. DJT I A 52; *E. Schmidt* ZZP **108**, 147; *Rimmelspacher* ZZP **107**, 421; *Brehm* ZZP **107**, 463; *Lindemann*, F Nirk, 1992, S 595.

**1** 1) **Allgemeines.** Die Berufung findet statt gegen Endurteile 1. Instanz. Sie eröffnet eine neue Instanz; der gesamte, von ihr betroffene Prozeßstoff ist grundsätzlich neu zu prüfen und zu würdigen. Neue Tatsachen und Beweismittel (nova) dürfen nach Maßgabe der §§ 527, 528 in den Prozeß eingeführt werden. Wegen der Frage, ob sich das Berufungsverfahren erledigen kann, s § 91 a Rn 195 ff, BGH WM **98**, 1747 mwN.

**2** 2) **Zuständigkeit.** Über die Berufung gegen Urteile des AG entscheidet das LG, teils die ZivK, teils die KfH, §§ 72, 100 GVG, in FamSachen das OLG, § 119 Z 1 GVG; wegen der Berufung gegen Urteile der Schiffahrtsgerichte s § 14 GVG Rn 3. Über die Berufung gegen Urteile des LG entscheidet das OLG, § 119 Z 3 GVG. In den **neuen Bundesländern** gilt das 3. Buch nach Maßgabe der §§ 14 ff RpflAnpG; zum Übergangsrecht Bra OLG-NL **95**, 261. Die Berufung gegen ein Urteil des **ArbG** geht ans LArbG: das arbeitsgerichtliche Berufungsverfahren ist das landgerichtliche mit erheblichen Abweichungen, §§ 64 ff ArbGG; vgl dazu Münchener Handbuch zum Arbeitsrecht, 1993, § 380 und im einzelnen die Vorbem der folgenden §§.

**3** 3) *VwGO: Gegen Endurteile (einschließlich der Teilurteile) und gegen Zwischenurteile, §§ 109 u 111 VwGO, sowie gegen GerBescheide, § 84 VwGO, des VG findet die der Zulassung durch das OVG (VGH) bedürftige Berufung statt, §§ 124 u 124 a VwGO (dazu Kuhla/Hüttenbrink DVBl **99**, 903, Bader NJW **98**, 409, Fliegauf/Blüm AnwBl **98**, 134, Wilke NordÖR **98**, 3, Seibert DVBl **97**, 932), soweit sie nicht ausgeschlossen ist, zB nach § 78 I AsylVfG, dazu BVerfG NJW **83**, 2929, Huber NJW **87**, 3057, oder nach § 37 II VermG (keine Umdeutung einer unzulässigen Berufung in einen Zulassungsantrag, BVerwG NVwZ **99**, 641, **98**, 405 u 1297). Für das Berufungsverfahren gelten die erstinstanzlichen Vorschriften mit gewissen Abweichungen, § 125 I VwGO. Die Vorschriften der ZPO sind nach § 173 VwGO entsprechend anzuwenden, sofern die VwGO schweigt und die grundsätzlichen Unterschiede der beiden Verfahrensarten nicht entgegenstehen; vgl die Schlußanmerkungen zu den folgenden §§.*

1. Abschnitt. Berufung § 511

**511** *Statthaftigkeit.* Die Berufung findet gegen die im ersten Rechtszuge erlassenen Endurteile statt.

**Vorbem.** In **arbeitsgerichtlichen Streitigkeiten** gilt § 64 ArbGG; zur Zulassung der Berufung § 64 II **1** ArbGG, s BAG NZA **99**, 333 u **98**, 1076. Kein Endurteil ist hier das Grundurteil iSv § 304, § 61 III ArbGG.

**1) Statthaftigkeit** **2**

**A. Grundsatz.** Berufung ist statthaft gegen erstinstanzliche Endurteile, auch gegen Scheinurteile, Grdz § 511 Rn 26. Sie ist zulässig, wenn und soweit die allgemeinen Voraussetzungen ihrer Zulässigkeit vorliegen, Grdz § 511 Rn 6 ff. Ob Statthaftigkeit eines andern Rechtsbehelfs die Berufung ausschließt, ist nur nach Lage des Falls zu beantworten. Wegen formfehlerhaften Entscheidungen s Grdz § 511 Rn 27 ff.

**Nicht berufungsfähig** sind von Endurteilen regelmäßig das Versäumnisurteil, § 513 (Ausnahme: § 513 II), das Ausschlußurteil beim Aufgebot, § 957, eine Kostenentscheidung, wenn nicht gleichzeitig Berufung in der Sache eingelegt wird, § 99 (unschädlich, wenn es dem Kläger bei Klagabweisung entgegen Erledigungsantrag vorwiegend oder nur auf eine Änderung der Kostenentscheidung ankommt, solange er den Sachantrag weiter verfolgt, BGH NJW **72**, 112); zur Anfechtung der Kostenentscheidung des Schlußurteils nach Teilurteil s § 99 Rn 46 ff, zur Anfechtung der im Endurteil enthaltenen Kostenentscheidung über einen erledigten Teil, Hamm RR **87**, 426, KG MDR **86**, 241, s § 91 a Rn 153. Die Entscheidung über die vorläufige Vollstreckbarkeit kann alleiniger Gegenstand der Berufung sein, Mü FamRZ **90**, 84, Nürnb NJW **89**, 842, Einf §§ 708–720 Rn 6.

Nur **im ersten Rechtszug erlassene Endurteile** sind berufungsfähig. Deshalb kommt eine Berufung gegen Berufungsurteile des LG nie in Betracht. Dies gilt auch dann, wenn das LG dabei über einen erstmals bei ihm anhängig gemachten Streitgegenstand entschieden hat, BGH NJW **99**, 62 mwN, RR **94**, 61.

**B. Endurteil.** Ein Endurteil ist ein Urteil, das den Prozeß für die Instanz endgültig entscheidet, § 300 **3** Rn 1. Gleich bleibt, ob das Kollegium oder der Einzelrichter erkannt hat. Ein Urteil ist es erst, wenn es verkündet oder nach § 310 III zugestellt ist; vgl § 516 Rn 2. Endurteile sind auch Teilurteile, § 301, und ein Ergänzungsurteil, § 321, weiter das Prozeßurteil, Üb § 300 Rn 5, die Ablehnung der Aufnahme des Verfahrens wegen fehlender Sachlegitimation des Nachfolgers nach Unterbrechung, § 239, ua.

Den Endurteilen stehen für selbständige Rechtsmittel gleich das Vorbehaltsurteil, §§ 302, 599, die Vorabentscheidung über den Grund, § 304, das die Zulässigkeit der Klage feststellende Zwischenurteil nach § 280 II 1, BGH NJW **88**, 1733, sowie ein Zwischenurteil, das die WiedEins ablehnt, BGH NJW **82**, 184 mwN, oder den vom Kläger beantragten Parteiwechsel auf der Beklagtenseite gegen den Willen des alten und des neuen Beklagten für zulässig erklärt, BGH NJW **81**, 989, nicht aber andere Zwischenurteile, zB ein solches über die Anordnung der Ausländersicherheit, § 110, BGH NJW **88**, 1733.

**2) Berufungsberechtigung.** Zur Berufung berechtigt ist derjenige, gegen den sich das Urteil richtet, **4** BGH **4**, 328, aber auch derjenige, der durch eine unrichtige Bezeichnung im Urteil betroffen ist, BGH MDR **78**, 307, Ffm RR **96**, 1169 mwN. Zur Berechtigung eines Partei- oder Prozeßunfähigen und eines als gesetzlicher Vertreter Auftretenden vgl Grdz § 511 Rn 9.

**A. Berufungskläger.** Als solche kommen idR in Betracht:
  **a)** eine Partei 1. Instanz, bei beendeter Prozeßstandschaft der selbst sachlich Berechtigte, Zweibr FamRZ **5** **89**, 194 mwN, als Rechtsnachfolger der Partei, § 6 KO, der Konkursverwalter, BGH MDR **97**, 494, nicht dagegen ein Rechtsnachfolger, wenn die Voraussetzungen des § 265 II 2 nicht erfüllt sind, BGH NJW **96**, 2799;
  **b)** eine Person, deren Eintritt als Partei die 1. Instanz abgelehnt hat, §§ 239, 265, 266, wenn sie ihren **6** Eintritt weiter betreiben will, BGH NJW **88**, 3209 (Parteiwechsel auf Klägerseite), ebenso wie eine Person, die gegen ihren Willen vom Gericht in das Verfahren einbezogen worden ist, BGH RR **95**, 764, Ffm RR **96**, 1169 mwN (Scheinpartei), BGH NJW **81**, 989 (Parteiwechsel auf der Beklagtenseite);
  **c)** ein streitgenössischer Streithelfer, BGH RR **97**, 865; ferner ein sonstiger Streithelfer, auch in Verbin- **7** dung mit seinem Beitritt, § 67 Rn 11 ff: für ihn kommt nur die Beschwer der Partei in Betracht, BGH NJW **97**, 2386 mwN, Gorski NJW **76**, 811 gg Köln NJW **75**, 2108 (zur Frage, ob ein Dritter, der im Anfechtungsprozeß des Vaters dem Kinde beigetreten ist, ein selbständiges Recht hat, Berufung einzulegen, vgl § 640 h Rn 1); legen die Hauptpartei und der Streithelfer Berufung ein, so handelt es sich um ein einheitliches Rechtsmittel, das der Streithelfer nicht fortführen kann, wenn die Hauptpartei mit der Rücknahme ihres Rechtsmittels zweifelsfrei der Fortführung des Prozesses widerspricht, BGH NJW **89**, 1357 mwN, u a NJW **88**, 712 (die Rücknahme genügt für sich allein nicht, BGH NJW **93**, 2944 mwN, ebensowenig das Nichtbetreiben des Rechtsmittels, BGH NJW **85**, 2480, oder der Verzicht, § 514, Hbg NJW **89**, 1362), vgl dazu Pantle MDR **88**, 924; der Streithelfer kann einen höheren Berufungsantrag als die Partei stellen, wenn diese damit einverstanden ist, Hamm RR **97**, 1156;
  **d)** der Staatsanwalt im Ehenichtigkeitsprozeß nach § 634; **8**
  **e)** jeder Gläubiger bei der Hinterlegungsklage aus § 856 II. **9**

**B. Berufungsbeklagter.** Berufungsgegner kann nur eine Partei 1. Instanz sein, Karlsr OLGZ **86**, 197, nie Dritte wie der Streithelfer oder der eigene Streitgenosse. Streitgenossen stehen behauptend und leugnend selbständig da. Bei notwendiger Streitgenossenschaft, § 62, wirkt die Berufung eines Streitgenossen für den untätigen. Über Streithelfer s auch §§ 67 Rn 11 ff, 69 Rn 5.

**3) VwGO:** *Es gelten §§ 124, 124 a; Ausschluß der Berufung in Einzelgesetzen, zB AsylVfG, WehrpflG, ZDG,* **10** *WehrdienstverwG, VermG, LAG, SeeUG, KgfEG, vgl Ey § 124 Rn 18.*

## § 511a

**511a** *Berufungssumme.* [I] ¹Die Berufung ist unzulässig, wenn der Wert des Beschwerdegegenstandes eintausendfünfhundert Deutsche Mark nicht übersteigt. ²Der Berufungskläger hat diesen Wert glaubhaft zu machen; zur Versicherung an Eides Statt darf er nicht zugelassen werden.

II In Streitigkeiten über Ansprüche aus einem Mietverhältnis über Wohnraum oder über den Bestand eines solchen Mietverhältnisses findet die Berufung auch statt, wenn das Amtsgericht in einer Rechtsfrage von einer Entscheidung eines Oberlandesgerichts oder des Bundesgerichtshofes abgewichen ist und die Entscheidung auf der Abweichung beruht.

**1** **Vorbem. A. Neufassung** durch Art 1 Z 7 RpflEntlG, in Kraft seit 1. 3. 93 (Mat: BR-Entw BT-Drs 12/1217, BerRAussch BT-Drs 12/3832). **Übergangsvorschrift** (für das Verfahren s Art 14 II RpflEntlG, abgedruckt Vorbem § 9):

> *Art 14 I RpflEntlG.* ¹Für die Zulässigkeit der Berufungen gelten die bisherigen Vorschriften, wenn vor dem Inkrafttreten dieses Gesetzes die mündliche Verhandlung, auf die das anzufechtende Urteil ergeht, geschlossen worden ist. ²Im schriftlichen Verfahren tritt an die Stelle des Schlusses der mündlichen Verhandlung in den Fällen des § 128 Abs. 2 der Zivilprozeßordnung der Zeitpunkt, bis zu dem Schriftsätze eingereicht werden können, im übrigen der Zeitpunkt, zu dem die Geschäftsstelle zum Zwecke der Zustellung die anzufechtende Entscheidung an die Parteien hinausgegeben hat.

Gegen diese Regelung bestehen keine verfassungsrechtlichen Bedenken, vgl BVerfG NVwZ **92**, 1183 (allgemein) u RR **93**, 253 (zu der Übergangsvorschrift des Art 10 III RpflVereinfG, s 51. Aufl).

**2** **B. In arbeitsgerichtlichen Streitigkeiten** ist (anders als nach § 511a I) die Berufung in nichtvermögensrechtlichen Streitigkeiten unbeschränkt zulässig, § 64 I ArbGG, dagegen in vermögensrechtlichen Streitigkeiten davon abhängig, daß der Wert des Beschwerdegegenstandes, unten Rn 11 ff, 800 DM übersteigt oder das ArbGer die Berufung aus den in § 64 III ArbGG genannten Gründen (grundsätzliche Bedeutung, bestimmte Tarifvertragssachen, Divergenz) mit Bindungswirkung (§ 64 IV ArbGG, zugelassen hat, § 64 II u III ArbGG, vgl GMP § 64 Rn 29–46. Zur Bindung des LArbG an die Streitwertfestsetzung des ArbGer GMP § 64 Rn 20, BAG NZA **88**, 705 mwN, **KR** § 61 ArbGG Nr 19 (krit Schneider), MDR **84**, 84 mwN (krit Schneider), zur Nichtzulässigkeit der Mitverkündung der Zulassung, BAG in stRspr, GMP § 64 Rn 31, vgl BVerfG NZA **90**, 579 (wegen Einzelheiten s LAG Bln DB **90**, 1244).

**Schrifttum:** *Rimmelspacher,* MüKo-Sonderheft S 24; *Schumann* Rn 293–321; *Hansens,* NJW **93**, 493; *Kissel,* NJW **93**, 489; *Markwardt,* MDR **93**, 190; *Rieß,* AnwBl **93**, 52; *Thomas,* DRiZ **93**, 217 (krit *Günter/Mattik/Voß,* DRiZ **93**, 223).

### Gliederung

| | | | |
|---|---|---|---|
| 1) Regelungszweck | 3 | B. Herstellung des Beschwerdewerts | 12 |
| 2) Berufungssumme, I | 4–10 | C. Einzelheiten | 13–16 |
| A. Allgemeines | 4–6 | 4) Berechnung (§§ 3–9) | 17–25 |
| B. Fehlen der Berufungssumme | 7–9 | 5) Glaubhaftmachung, I 2 | 26 |
| C. Revisionsinstanz | 10 | 6) Streitigkeiten über Wohnraummietverhältnisse, II | 27 |
| 3) Wert des Beschwerdegegenstandes, I 1 | 11–16 | 7) Berufung ohne Berufungssumme | 28–34 |
| A. Übersteigen von 1500 DM | 11 | 8) VwGO | 35 |

**3** **1) Regelungszweck.** Nicht jedes erstinstanzliche Endurteil kann mit der Berufung angefochten werden. Eine Einschränkung enthält § 511 a I, der die Zulässigkeit der Berufung grundsätzlich an das **Erreichen der Berufungssumme** knüpft, die sich aus dem Wert des Beschwerdegegenstandes ergibt, unten Rn 11 ff. Diese Regelung gilt seit der Neufassung durch das RpflEntlG, oben Rn 1, sowohl für vermögensrechtliche als auch für nichtvermögensrechtliche Streitigkeiten, unten Rn 4; sie ist verfassungsrechtlich unbedenklich, hM, Kissel Einl Rn 155, krit Gottwald Verh 61. DJT I A 10 mwN. Eine Sonderregelung besteht für **Streitigkeiten über Wohnraummietverhältnisse**, II, unten Rn. 27. Keine Berufungssumme ist in bestimmten **Einzelfällen** nötig, unten Rn 28ff. Soweit es danach auf das Erreichen der Berufungssumme ankommt, handelt es sich um eine Voraussetzung für die **Zulässigkeit** der Berufung, Köln RR **95**, 1535, nicht ihrer sachlichen Berechtigung. Erweist sich die Berufung als in geringerer Höhe begründet, so ist in der Sache zu entscheiden, der Mehranspruch also als unbegründet abzuweisen.

**4** **2) Berufungssumme** (Rechtsmittelsumme), **I 1.** Sie ergibt sich aus dem Wert des Beschwerdegegenstandes, der von der Beschwer, Grdz § 511 Rn 13 ff, zu unterscheiden ist, unten Rn 11 ff.

**A. Allgemeines.** Während die Berufungssumme bisher nur für vermögensrechtliche Streitigkeiten galt, s 51. Aufl, muß sie seit dem 1. 3. 93 **auch in nichtvermögensrechtlichen Streitigkeiten** erreicht sein, sofern nicht die Übergangsvorschrift, oben Rn 1, eingreift. Der Gesetzgeber geht davon aus, daß davon nur Streitigkeiten erfaßt werden, die beeinträchtigende Äußerungen in kleinem Kreise oder sonstige kleinere Störungen betreffen, da nichtvermögensrechtliche Streitigkeiten mit einiger Bedeutung schon im Hinblick auf § 12 II GKG einen Wert von mehr als 1500 DM haben (abgesehen von Scheidungsfolgesachen, deren Regelwert 1500 DM beträgt), BT-Drs 12/1217 S 25, krit Lappe NJW **94**, 1190 u **93**, 2786. Der Wertfestsetzung und der Glaubhaftmachung des Wertes, I 2, kommt deshalb eine erhöhte Bedeutung zu, unten Rn 17 ff.

**5** Werden **mehrere Urteile** angefochten, so muß für jedes die Berufungssumme erreicht sein, RG **163**, 252. Ist ein Verfahren ohne sachlichen Grund in mehrere Verfahren aufgespalten worden, ist der Wert des ursprünglichen Streitgegenstandes maßgeblich, BVerfG ZIP **96**, 1527, BGH NJW **95**, 3120.

## 1. Abschnitt. Berufung § 511a

**Festsetzung des Beschwerdewertes**: Den für das Erreichen der Berufungssumme maßgeblichen Wert **6** des Beschwerdegegenstandes, Rn 11 ff, setzt das Berufungsgericht ohne Bindung an die Streitwertfestsetzung 1. Instanz, BGH RR **88**, 837, durch besonderen Beschluß oder in den Gründen der Entscheidung über das Rechtsmittel fest. Die Festsetzung durch das OLG kann nur zusammen mit dem Urteil angefochten werden, so daß ein vorab ergehender Beschluß unanfechtbar ist, KG MDR **87**, 852. Beruht die Festsetzung auf § 3, darf der BGH sie nur auf Ermessensfehler iSv Rn 18 prüfen, BGH in stRspr, vgl NJW **93**, 2875 u **92**, 2020, RR **91**, 324, 325, 509 u 1467 mwN; die Festsetzung ist deshalb idR zu begründen, BGH RR **91**, 326, und das Fehlen einer Begründung ein Verfahrensmangel, wenn nicht die relevanten Umstände nach Art und Umfang außer Zweifel stehen, BGH FamRZ **91**, 317. Führt die Nachprüfung zu einer die Berufungssumme erreichenden Festsetzung, ist die Verwerfung der Berufung aufzuheben und die Sache zurückzuverweisen. Wegen der Bedeutung der Festsetzung für den Kostenstreitwert s § 24 GKG, Einf § 3 Rn 3.

**B. Fehlende Berufungssumme.** Erreicht der Wert des Beschwerdegegenstandes nicht die erforderliche **7** Berufungssumme und liegt keiner der Ausnahmefälle, unten Rn 27 ff, vor, so ist das Urteil des LG unanfechtbar (krit dazu Voßkuhle NJW **95**, 1378, Kahlke ZRP **81**, 268 mit Vorschlägen de lege ferenda). Amtsgerichtliche Urteile sind gleichwohl nach allgemeinen Grundsätzen für vorläufig vollstreckbar zu erklären und werden erst mit dem Ablauf der Berufungsfrist rechtskräftig, auch wenn feststeht, daß die Berufungssumme nicht erreicht wird, vgl § 705 Rn 3.

Abgesehen von den Ausnahmefällen, unten Rn 27 ff, tritt Unanfechtbarkeit auch bei schwersten Fehlern **8** des Gerichts, zB der **Verletzung des Rechts auf rechtliches Gehör**, ein (vgl dazu BVerfG NJW **91**, 2622 u NJW **82**, 1454 mwN), BGH NJW **99**, 290, **98**, 459, MDR **96**, 195, DtZ **93**, 120 u NJW **90**, 1795 mwN, BAG NZA **89**, 694, BayVerfGH BayVBl **83**, 367, BayObLG NJW **88**, 72, Mü MDR **98**, 239, RR **95**, 1024, Düss JMBlNRW **88**, 80, Ffm MDR **88**, 503, KG AnwBl **88**, 293, LG Bln RR **97**, 1022, LG Flensburg SchlHA **89**, 66, LG Köln MDR **87**, 63, LG Freiburg RR **86**, 616: einen zweiten Rechtszug braucht der Gesetzgeber auch bei Grundrechtsverletzungen nicht bereitzustellen, BVerfG **28**, 96, **42**, 248, NVwZ **83**, 405 (abw Proske NJW **97**, 352, LG Ffm MDR **87**, 942, noch anders Kahlke NJW **85**, 2231, der eine auf diese Frage beschränkte Berufung zulassen will). Das gleiche gilt bei anderen schweren Fehlern, Waldner NJW **80**, 217 gegen Lüke NJW **79**, 2049.

Dieser Meinung ist zuzustimmen: ein Rechtsmittel oder eine Gegenvorstellung wegen Verletzung des **9** rechtlichen Gehörs, Üb § 567 Rn 5, auch gegen unanfechtbare Urteile zuzulassen, ist ohne Gesetzesänderung nicht möglich, Gottwald Verh § 61. DJT I A 28: eine analoge Anwendung von § 33a StPO oder § 513 II, unten Rn 29, würde (anders als in den Fällen der §§ 128 u 283) die §§ 318 u 511a wegen des Fehlens konkreter Anknüpfungspunkte aus den Angeln heben, Mü RR **95**, 1024, BVerwG NJW **95**, 2053, **aM** MüKoRi 8 u 9, Schneider MDR **99**, 697, beide mwN, BGH NJW **99**, 290 u **94**, 2363, BFH NJW **96**, 1496 m red Anm, Schlesw NJW **88**, 67, KG RR **87**, 1203, LG Bln RR **97**, 842, LG Essen RR **93**, 576, LG Münst RR **89**, 381, LG Ffm NJW **87**, 2591, AG Wiesbaden RR **95**, 702 (offen gelassen für Urteile vom BVerfG NJW **87**, 486 u 1319, vom BSG MDR **92**, 386, und vom BVerwG NJW **95**, 2053, aber bejaht für Beschlüsse nach § 33 AsylVfG aF, BVerwG DVBl **84**, 568); ebenso scheidet eine Ausnahmeberufung wegen „greifbarer Gesetzwidrigkeit", § 567 Rn 6, aus, BGH NJW **99**, 290 (dazu Schütt u Schneider MDR **99**, 248 bzw 697), aM LG Stgt RR **98**, 934 (sof Beschwerde), LG Bochum RR **99**, 1342, vgl Schneider MDR **96**, 866. Zu befürworten ist dagegen in solchen Fällen, solange der Gesetzgeber nicht Abhilfe schafft (dazu Zuck JZ **85**, 926), die Zulassung einer Wiederaufnahmeklage entspr § 579 I Z 4, BAG NZA **94**, 958 mwN, Wimmer DVBl **85**, 774,§ 579 Rn 13. Überhaupt sollten, um bei Grundrechtsverletzungen Abhilfe zu schaffen, die gegebenen Rechtsbehelfe großzügig angewendet werden, Schumann NJW **85**, 1139, vgl unten Rn 30 zur entspr Anwendung von § 513 II auch bei völliger Versagung des rechtlichen Gehörs. Wegen der Gegenvorstellung bei **unanfechtbaren Beschlüssen** s Üb § 567 Rn 5.

Selbst bei schweren Fehlern versagt auch die **Verfassungsbeschwerde**, vgl BVerfG EuGRZ **80**, 93, sofern nicht der Anspruch auf rechtliches Gehör verletzt ist, dazu Schumann NJW **85**, 1134 mwN, Wimmer DVBl **85**, 773, oder Willkür vorliegt, BVerfG NJW **82**, 983, **80**, 1737, dazu Zuck JZ **85**, 921; auch in diesen Fällen wird die Verfassungsbeschwerde häufig nicht zur Entscheidung angenommen werden, § 93c S 2 BVerfGG, wenn es sich um einen Betrag unterhalb der Berufungssumme handelt, Berkemann EuGRZ **84**, 451, Kahlke NJW **85**, 2231, beide mwN.

**C. Revisionsinstanz.** Wegen der Überprüfung des Wertes der Berufung durch das Revisionsgericht s **10** Rn 6 u 18.

**3) Wert des Beschwerdegegenstandes, I 1** **11**

**A. Der Wert des Beschwerdegegenstandes muß 1500 DM übersteigen.** Dieser sog Beschwerdewert ist vom Streitwert zu unterscheiden. Der Beschwerdegegenstand wird durch die Beschwer, Grdz § 511 Rn 13, und durch die Anträge des Berufungsklägers bestimmt, die für den Umfang der Nachprüfung maßgeblich sind, BVerwG NVwZ **87**, 219, OVG Kblz NVwZ **91**, 277; er kann nie höher sein als die Beschwer, die ihrerseits durch den Streitgegenstand bestimmt wird. Ist das Gericht dem Antrag auf Erledigterklärung nicht gefolgt, sondern hat die Klage abgewiesen, verfolgt der Kläger jenen Antrag aber weiter, so bemißt sich der Beschwerdewert nach dem Wert der Hauptsache, ebenso idR bei einem Rechtsmittel des Beklagten gegen ein die Erledigung aussprechendes Urteil, str, vgl Anh § 3 Rn 45 ff. Wegen des maßgebenden Zeitpunkts für die Berechnung s unten Rn 21. Zu berücksichtigen sind nur Anträge, die auch sachlich begründet sind, BGH BB **76**, 815 mwN. Bei Zweifeln, ob der Beschwerdewert erreicht ist, empfiehlt sich Berufungseinlegung ohne Rücksicht auf den Ausgang einer Streitwertbeschwerde, vgl Mü NJW **78**, 1489, Schlee AnwBl **85**, 582.

**B. Der Beschwerdewert läßt sich nicht nachträglich oder künstlich herstellen**, BGH NJW **73**, 370 **12** mwN. So nicht durch Erstrecken der Klage auf einen Anspruch, der im Widerspruch mit der Sach- und Rechtslage nur zwecks Erreichung der Summe aufrechterhalten wird, BGH LM § 91a Nr 11, LG Bonn RR **95**, 959; nicht durch Klagerweiterung, BGH VersR **83**, 1160; nicht durch Erhebung einer unzulässigen

**§ 511a**  3. Buch. Rechtsmittel

Feststellungs- oder Zwischenfeststellungsklage, BGH NJW **73**, 370, einer unzulässigen Widerklage oder Nichtbeachtung eines Verzichts, RG **139**, 222, durch nachträgliche Verrechnung von Gegenleistungen statt wie bisher auf Haupt- nun auf Nebenansprüche (Zinsen, Kosten). Den Beschwerdewert begrenzt nach oben, nicht nach unten, der Streitwert; dies gilt jedoch nicht, wenn der Wert nach § 3 zu bemessen ist, BGH NJW **94**, 735 (Aufgabe der bisherigen Rspr, RR **86**, 737), wohl aber in den Fällen der §§ 4ff, zB § 8, BGH RR **94**, 286, und § 9, Zweibr FamRZ **93**, 1336, s § 546 Rn 6. Der Berufungsbeklagte kann die Berufung nicht durch Verzicht auf einen Teil seines Anspruchs unzulässig machen, RG **165**, 87.

Hat die erste Instanz durch sachwidrige, den Gleichheitssatz verletzende **Trennung** von Verfahren, BVerfG NJW **97**, 649, bewirkt, daß der Beschwerdewert nicht mehr erreicht ist, § 145 Rn 6, so ist die Berufung als zulässig zu behandeln, BGH **LM** § 147 Nr 1, um den Umweg über die Verfassungsbeschwerde zu vermeiden. Wegen der Anwendung von § 8 GKG in einem solchen Fall s BGH RR **97**, 832, OVG Münst NJW **78**, 720.

**13**  C. **Einzelheiten:** Bei Erlaß eines Teilurteils ist allein die mit diesem Teilurteil verbundene Beschwer maßgeblich, BGH NJW **98**, 686 u **89**, 2757, allgM (s aber oben Rn 5); entsprechendes gilt auch für das über den restlichen Streitstoff ergehende Schlußurteil, BGH NJW **89**, 2757 mwN. Bei Vorabentscheidung nach § 304 entscheidet allein der bisher verlangte Betrag. Bei gleichzeitiger Berufung gegen Vorabentscheidung und Schlußurteil ist Beschwerdewert für beide nötig, RG DR **40**, 1147. Bei Urteilen über Rügen der Zulässigkeit der Klage ist der Streitwert Beschwerdewert; so auch bei Einrede mangelnder Kostensicherheit. Beim Ergänzungsurteil sind die Beschwerdewerte dieses Urteils und des Haupturteils zusammenzurechnen (aM RG HRR **27**, 1151, sogar für den Fall, daß das Gericht den Anspruch übersehen hatte: Siehe aber § 517, den die Zusammengehörigkeit klarstellt; man sollte kein Entlastung durch Förmelei versuchen). Ein im Prozeß erhobener Entschädigungsanspruch aus §§ 302 IV, 717 II, III bleibt außer Betracht, wenn er nicht über die vollstreckte Klagforderung hinausgeht; sonst ist er wie bei einer Widerklage hinzuzurechnen. Bei Streit um die Zug-um-Zug zu erbringende Gegenleistung ist diese maßgeblich, BGH NJW **73**, 654; ihr Wert ist ggf mit dem Wert einer Teilabweisung zusammenzurechnen, BGH RR **86**, 1062.

**14**  Stellt der Berufungskläger einen Haupt- und einen Hilfsantrag, genügt es, wenn einer von ihnen die Berufungssumme übersteigt, KG OLGZ **79**, 348, Schumann NJW **82**, 2802. Sind in erster Instanz Haupt- und Hilfsantrag abgewiesen, sind die Werte aller wirtschaftlich selbständigen Anträge zusammenzurechnen, BGH RR **94**, 701 u 827; verfolgen mehrere dieser Anträge wirtschaftlich das gleiche Ziel, so ist der höhere Wert maßgeblich, Schumann NJW **82**, 2802 mwN. Ist der Hauptantrag abgewiesen, aber der Hilfsantrag zugesprochen, so entscheidet für die Höhe der Beschwer die des Hauptantrages, nicht des Unterschiedes zum Hilfsantrag, BGH **26**, 295. Ist Leistung beantragt, aber nur dem hilfsweise geltend genannten Feststellungsanspruch entsprochen, so ist unter Anwendung der wirtschaftlichen Betrachtungsweise nicht die Höhe des Anspruchs, sondern das Interesse des Klägers an dem Zusprechen der Leistungsklage die Beschwer, BGH NJW **61**, 1466.

**15**  Bei Streitgenossen sind die Beschwerdegegenstände aller Streitgenossen, soweit es sich nicht um wirtschaftlich identische Streitgegenstände handelt, zusammenzurechnen, unten Rn 23; legt nur einer von ihnen das Rechtsmittel ein, ist sein Teil maßgebend, und zwar auch bei notwendiger Streitgenossenschaft (anders bei § 546, weil es dort nicht auf den Beschwerdewert, sondern auf die Beschwer ankommt, BGH NJW **81**, 578). Sinkt durch Zurücknahme des Rechtsmittels durch einen Streitgenossen der Wert unter die erforderliche Summe, so ist das Rechtsmittel der übrigen unzulässig, BGH NJW **65**, 761. Bei unteilbarer Leistung oder Gesamthaftung kommt der ganze Streitwert in Frage, vgl § 3 Rn 45, 345.

**16**  Erklärt das Urteil die Hauptsache für erledigt, so gilt das im Anh § 3 Rn 45 ff Gesagte, BGH RR **93**, 765, vgl Lappe NJW **88**, 3130. Bei Teilerledigung erfolgt keine Hinzurechnung dieser Kosten, vielmehr muß der Rest der Hauptsache die Berufungssumme erreichen, BGH NJW **62**, 2252.

**17**  4) **Berechnung.** Der Beschwerdewert ist in Anwendung der §§ 3–9 zu bestimmen. Vgl die Erläuterungen zu diesen Vorschriften, insbes Anh § 3; Sondervorschriften wie zB §§ 23a u 23b UWG sind hier nicht zu berücksichtigen, KG WRP **87**, 469. **Einzelheiten:**

**18**  § 3. Über den **Streitwert der Berufungsinstanz** entscheidet das Berufungsgericht nach eigenem Ermessen ohne Bindung an die Festsetzung 1. Instanz, BGH RR **88**, 837; eine Nachprüfung erfolgt in der Revisionsinstanz nur auf Ermessensfehler, oben Rn 6, soweit es um die Berufungssumme geht, dagegen uneingeschränkt hinsichtlich der Revisionssumme, § 546 II, § 546 Rn 26. Dabei handelt es sich in der Sache nicht um Ermessen iSv § 40 VwVfG und § 114 VwGO, sondern um kognitives Ermessen, also um eine Beurteilungsermächtigung, wie sie das öff Recht kennt (vgl Kopp, VwGO, § 114 Rn 23 ff), Lappe NJW **93**, 2786 u **86**, 2558; die Beurteilung durch die Vorinstanz ist daher nur beschränkt nachzuprüfen, nämlich im wesentlichen darauf, ob ein richtiger und vollständiger Sachverhalt zugrundegelegt ist und allgemeine Wertmaßstäbe eingehalten sind, vgl Kopp, VwGO, § 114 Rn 30, BGH RR **98**, 573, FamRZ **96**, 1543 u 1332 (bei Verfahrensfehlern sind in diesem Rahmen auch neue Tatsachen zu berücksichtigen).

Der **Wert im Einzelfall** richtet sich ganz nach dem Interesse des Rechtsmittelklägers an der Abänderung des Urteils ohne Rücksicht auf die Belastung der Gegenpartei, BGH NJW **92**, 1514 mwN (Ausnahme: § 247 I AktG, BGH WM **81**, 1344), wird aber nach oben durch den Streitwert begrenzt, sofern er nach §§ 4ff zu bemessen ist, oben Rn 12. Die Wertfestsetzung gehört zur Prüfung der Zulässigkeit des Rechtsmittels, Parteierklärungen über die Höhe binden nicht.

**19**  **Gegenleistungen** bleiben unberücksichtigt, auch wo sie von vornherein angeboten sind, s Anh § 3 Rn 58. Ist die Klageforderung zuerkannt, erhöht sich die Beschwer nicht dadurch, daß ein hilfsweise geltend gemachtes Zurückbehaltungsrecht erfolglos geblieben ist, BGH RR **96**, 829 mwN. Ist eine Zug-um-Zug zu erbringende Gegenleistung oder ein Zurückbehaltungsrecht allein Gegenstand des Rechtsmittels, so ist deren Wert maßgeblich, nach oben begrenzt durch den Wert des Klaganspruchs, BGH in stRspr, NJW **99**, 723 mwN, JZ **96**, 636 u 95, 1340 mwN, vgl BGH RR **86**, 1062 u **KR** Nr 743 (zustm Lappe NJW **86**, 2550), Düss MDR **99**, 627. Bei **Unterlassungsklagen** wegen Eigentumsstörung kommt es auf das Abwehrinteresse

1. Abschnitt. Berufung **§ 511a**

an der behaupteten Störung an, BGH NJW **98**, 2368 mwN. Für die **Auskunftsklage** ist das Interesse des Klägers maßgeblich, KG FamRZ **96**, 500, Düss FamRZ **88**, 1188, das idR mit einem Bruchteil des nach § 9 zu bewertenden Leistungsanspruchs anzusetzen ist, BGH NJW **97**, 1016, FamRZ **93**, 1189 mwN, dagegen bei Vollabweisung der Stufenklage deren Wert entspricht, BGH RR **92**, 1021 und bei Bekämpfung eines Zug-um-Zug-Vorbehalts mit dem Klagewert gleichzusetzen ist, BGH NJW **93**, 3207; legt aber der zur Auskunftserteilung verurteilte Beklagte Berufung ein, so bemißt sich der Beschwerdewert nach seinem Interesse, die Auskunft nicht erteilen zu müssen, wobei auf die sonst für ihn eintretenden Belastungen (dazu BGH FamRZ **98**, 365, NJW-FER **99**, 65 u **97**, 232, 64 u 41) in erster Linie abzustellen ist, BGH in stRspr, NJW **97**, 2528 mwN, BGH – GrZS – NJW **95**, 664 (Vorlagebeschluß BGH RR **94**, 1145 u NJW **94**, 1222 mwN), dazu Lappe NJW **96**, 1185, Roth JZ **95**, 683, krit Gehrlein EuGRZ **95**, 54 (VerfBeschw wurde nicht angenommen, NJW **97**, 2229), BAG NZA **94**, 1055, Karlsr NJW-FER **97**, 41; vgl dazu Graba FamRZ **94**, 482, Kalthoener/Büttner NJW **93**, 1833, Graba FamRZ **93**, 391; entspr gilt für die Berufung gegen die Abgabe der eidesstattlichen Versicherung, BGH WM **96**, 466, NJW **92**, 2020, RR **92**, 450, **91**, 956 u 1467, Düss FamRZ **87**, 172, und für die Berufung wegen der Abweisung eines Vollstreckungsabwehrklage gegen einen Auskunftstitel, Hbg FamRZ **89**, 770.

Ergeht eine den Beklagten nur formal belastende Entscheidung, die eine ihn belastende Kostenentscheidung nach sich zieht, ist für den Beschwerdegegenstand mindestens das **Kosteninteresse** maßgeblich, BGH NJW **92**, 1514. Übersteigt bei Erledigung der Hauptsache das Kosteninteresse den Wert der Hauptsache, ist dieses für die Beschwer maßgebend, Hamm VersR **92**, 514.

Wegen weiterer **Einzelheiten s Anh § 3**. Handelt es sich um eine **nichtvermögensrechtliche Streitig-** 20 **keit**, ist als Ermessensrichtlinie iRv § 3 die an sich für den Gebührenwert geltende Regelung des § 12 II GKG heranzuziehen, BT-Drs 12/1217 S 25, krit Lappe NJW **94**, 1190 u **93**, 2786; dabei sind die Vermögens- und Einkommensverhältnisse auch in Ehe-, Folge- und Kindschaftssachen stets, sonst aber nur ausnahmsweise zu berücksichtigen, MüKoRi Sonderheft S 25. Wegen der Einzelheiten vgl i ü Hartmann § 12 GKG Rn 3 ff.

**§ 4. Maßgebender Zeitpunkt** für die Berechnung ist die Einlegung des Rechtsmittels, BGH RR **88**, 21 837, Mü RR **90**, 1022. Eine bis dahin eingetretene Erhöhung oder Minderung nach Umfang oder Wert ist zu berücksichtigen, allgM. Spätere Veränderungen kommen nur in Betracht, soweit sie auf willkürlicher Beschränkung des Rechtsmittelklägers beruhen, Kblz FamRZ **96**, 557, Ffm FamRZ **88**, 520 mwN, so sich erst nach dem in der mündlichen Verhandlung gestellten Berufungsantrag beurteilt, BGH NJW **83**, 1063 mwN (stRspr); wegen möglicher Berufungserweiterung s auch § 519 Rn 19. Ermäßigt der Berufungskläger die Anträge aus freien Stücken ohne einen sich aus dem Verlauf des Rechtsstreits ergebenden Grund, zB agrd einer PKH-Entscheidung, unter die Rechtsmittelgrenze, so wird das Rechtsmittel unzulässig, BGH NJW **51**, 274, Hbg RR **98**, 356 mwN, allgM; so liegt es, wenn die Zahlung zur endgültigen Erfüllung und nicht nur zur Abwendung der Zwangsvollstreckung erfolgt (was idR nicht anzunehmen sein wird), BGH NJW **94**, 943, anders aber dann, wenn der Abweisungsantrag aufrecht erhalten bleibt und die Erledigungserklärung nur hilfsweise erfolgt, BGH NJW **67**, 564.

**Zinsen** sind nicht einzurechnen, soweit die zugrunde liegende Hauptforderung in derselben Instanz 22 anhängig ist; zum Begriff „Zinsen" BGH NJW **98**, 2060 mwN, vgl i ü § 4 Rn 9 ff. Sind sie allein Gegenstand des Rechtsmittelantrages, ist ihr Wert entscheidend, BGH NJW **91**, 639, **90**, 2754 mwN; dabei sind auch die bis zur Erfüllung der Hauptschuld voraussichtlich auflaufenden Zinsen zu berücksichtigen, Köln RR **93**, 1215. Das gleiche gilt, wenn die Zinsen durch rechtskräftige Entscheidung über die Hauptsache zur Hauptsache geworden sind, Celle MDR **71**, 404, wobei das Interesse an ihrer Beseitigung sich nach wirtschaftlichen Gesichtspunkten bemißt, Ffm FamRZ **82**, 806. Das gilt auch, wenn noch ein anderer Teil des Hauptanspruchs in derselben Instanz anhängig ist, BGH NJW **94**, 1869 mwN, oder wenn der Hauptanspruch durch Teilurteil erledigt wird und das Schlußurteil nur wegen der Zinsen erkennt, auch wenn gegen beide Rechtsmittel eingelegt werden, BGH **29**, 126. Zinsen sind auch einzurechnen, wenn Gegenstand des Verf ein Sparkonto ist, BGH ZIP **94**, 1977. Dagegen bleiben Zinsen Nebenforderungen, wenn Gegenstand des Rechtsmittels der einen Partei die Hauptforderung und Gegenstand des Rechtsmittels der anderen Partei die dazu gehörige Zinsforderung ist, BGH MDR **85**, 52, obwohl die Nichtberücksichtigung der Zinsen in diesem Fall unbillig ist, vgl BFH BStBl **77** II 36 (zu § 140 FGO).

Die **Kosten** des jeweiligen Rechtsstreits bleiben außer Betracht, BGH RR **95**, 707, solange noch ein geringer Teil der Hauptsache im Streit ist, BGH NJW **95**, 664 mwN, dazu Schneider **LM** § 3 Nr 88, Roth JZ **95**, 681.

**§ 5** (Frank, Anspruchsmehrheiten im Streitwertrecht, 1986). **Zusammenzurechnen** ist bei Streitgenos- 23 sen, auch gewöhnlichen, soweit es sich nicht um wirtschaftlich identische Streitgegenstände handelt, § 5 Rn 3 ff, BGH RR **91**, 186 (Gesamtschuld), RR **87**, 1148 mwN (Klage von Miteigentümern, dazu Lappe NJW **88**, 3130), LG Köln VersR **89**, 1160 (zustm Haarmann); bei einem Rechtsmittel gegen Streitgenossen erfolgt Zusammenrechnung, soweit die Beschwer sich nicht deckt, BGH **23**, 339, BAG NJW **70**, 1812 mwN (vgl oben Rn 15). **Klage und Widerklage** sind mehrere Ansprüche auch für das Rechtsmittel derselben Partei, also abweichend vom Wortlaut des § 5 für die Beschwer zusammenzurechnen, soweit sie nicht wirtschaftlich identisch sind, hM, BGH NJW **93**, 3292 mwN, Schneider NJW **92**, 2680 (eingehend), Oehlers NJW **92**, 1667 mwN, Oldb RR **93**, 827, LG Gießen NJW **92**, 2709 (Aufgabe von NJW **85**, 870 u **75**, 2206), aM Glaremin NJW **92**, 1146 mwN, Düss NJW **92**, 3246, ebenso Klage u Hilfswiderklage, wenn der Eventualfall eintritt, BGH NJW **73**, 98; etwas anderes gilt für Rechtsmittel verschiedener Beteiligter. Zusammenrechnen gilt auch für Teilabweisung und Zug-um-Zug-Leistung, BGH MDR **85**, 1022, und ebenso unbeschränkt berufungsfähige Ansprüche mit anderen, RG **164**, 326. Zusammenzurechnen sind die einzelnen Ansprüche bei Stufenklage, krit Lappe NJW **86**, 2550, und auch die Streitwerte mehrerer zu gemeinsamer Entscheidung verbundener Sachen, BFH BStBl **86** II 569 mwN, Schneider **KR** Nr 84. Bei einer Klage gegen Gesamtschuldner erfolgt keine Zusammenrechnung, so daß bei Teilabweisung für jeden Beklagten der jeweilige Betrag maßgeblich ist, BGH RR **91**, 186. Wegen Haupt- und Hilfsantrag s oben Rn 14.

## § 511a

**24** Beschwerdewert bei **Aufrechnung**, § 322 II (wegen Streitwert s Anh § 3 Rn 15 ff), Schneider MDR **85**, 266 mwN, Pfennig NJW **76**, 1075: Zuerkannte Klagforderung und aus materiellen Gründen (zB wegen Unschlüssigkeit) aberkannte Gegenforderung sind zusammenzurechnen, BGH NJW **94**, 1538 u **92**, 317, RR **94**, 827 (vgl § 19 III GKG, dazu Hartmann Rn 40 ff), und zwar letztere bis zur Höhe des Aufrechnungsbetrages, Düss RR **94**, 1279 (auch zu einer Mehrheit von Gegenforderungen). Dies gilt ebenso bei für unbegründet gehaltener Prinzipalaufrechnung gegen eine unbestrittene Klagforderung, Bettermann NJW **72**, 2285, aM RoSGo § 136 II 4 a, BGH **57**, 301 u Mattern NJW **69**, 1088, nicht aber bei Verurteilung des Bürgen, der erfolglos mit einer Forderung des Hauptschuldners aufgerechnet hat, BGH NJW **73**, 146; dagegen Zusammenrechnung, wenn eine vorsorglich auch auf Aufrechnung gestützte Vollstreckungsabwehrklage abgewiesen wird, BGH **48**, 356, nicht aber, wenn die Zulässigkeit der Aufrechnung offen geblieben ist, BGH NJW **88**, 3210. Keine Zusammenrechnung bei Verurteilung des Beklagten wegen unzulässiger oder nicht zugelassener Aufrechnung, BGH RR **91**, 127 mwN, ebensowenig bei Klagabweisung aufgrund prinzipaler oder eventueller Aufrechnung, BGH KR § 19 GKG Nr 33: hier wird der Beschwerdewert für jede Partei durch die Höhe der verrechneten Forderung bestimmt, Bettermann NJW **72**, 2285. – Zum Baulandverfahren vgl BGH NJW **89**, 1039, **68**, 890.

**25** § 6. Die Vorschrift gilt auch für Rechtsmittel in Verf der einstw Vfg, Lappe NJW **86**, 2550, str. Sie greift ein bei der Klage des Mieters auf Duldung der Wegnahme eingebauter Sachen, BGH NJW **91**, 3222. Dagegen ist sie nicht anwendbar auf die Beschwer des zur Herausgabe des Wechsels verurteilten Wechselnehmers, BGH NJW **88**, 2804 (hier gilt § 3), ebenso bei dem Streit um die Herausgabe eines Urteils, BGH FamRZ **92**, 169. S i ü Anh § 3 Rn 68 ff.

§ 7. Der Rechtsmittelkläger kann sich nicht auf das höhere Interesse des Gegners an einer Grunddienstbarkeit berufen, wohl aber auf sein eigenes höheres Interesse, BGH **23**, 205.

§ 8. In den Rechtsmittelzügen ist die gesamte streitige Zeit allein nach § 8 zu berechnen, da § 4 I gegenüber dieser Sondernorm zur Anwendung kommt, BGH RR **92**, 190 (betr VollstrAbwehrklage), **LM** § 4 Nr 12. Die „streitige Zeit" bestimmt sich aus der Sicht der in der Vorinstanz unterlegenen Partei, BGH WertpMitt **92**, 1049, RR **92**, 698. Vgl i ü Erl zu § 8.

§ 9 (Übergangsrecht: BGH RR **95**, 443). Zwischen Klagerhebung und Rechtsmitteleinlegung fällig werdende wiederkehrende Leistungen sind nicht hinzuzurechnen. Wegen der Berufungssumme bei Mieterhöhungsklagen, BVerfG NJW **85**, 2249, s Anh § 3 Rn 79, wegen der Beschwer bei Abberufung als Organ einer Körperschaft BGH RR **90**, 1123, und wegen der Bewertung eines unterhaltsrechtlichen Auskunftsanspruchs BGH NJW **97**, 1016 mwN. Zur Bewertung eines Nießbrauchs vgl Lappe NJW **87**, 1860.

Entsprechend anwendbar ist auch § 148 KO, allgM.

**26** 5) **Glaubhaftmachung**, I 2. Den Beschwerdewert hat der Rechtsmittelkläger bis zum Ablauf der Berufungsfrist nach § 294 glaubhaft zu machen, wobei seine eigene eidesstattliche Versicherung ausgeschlossen ist. Mangels Glaubhaftmachung, die bis zur Verwerfung nach § 519b nachgeholt werden darf, ist gegebenenfalls nach § 3 zu schätzen, BGH RR **98**, 573 (keine Einholung eines Sachverständigengutachtens).

**27** 6) **Berufung in Streitigkeiten über Wohnraummietverhältnisse**, II. Im Zusammenhang mit der Erhöhung der Berufungssumme durch das RpflVereinfG v 17. 12. 90 ist für Streitigkeiten über Wohnraummietverhältnisse eine Sonderregelung geschaffen worden (Übergangsvorschrift s 51. Aufl Vorbem A zu § 511a). In diesen Fällen ist eine Berufung, bei der die Berufungssumme, I 1, nicht erreicht wird, gleichwohl **zulässig, wenn das Amtsgericht in einer Rechtsfrage von einer Entscheidung eines Oberlandesgerichts oder des Bundesgerichtshofes abgewichen ist und die Entscheidung auf der Abweichung beruht**, LG Offenb NZM **99**, 171; auch eine Abweichung von einer Entscheidung des **BVerfG** gehört hierhin, s § 546 Rn 12, ebenso die Abweichung von einer Entscheidung des **GmS**, arg § 18 G v 19. 6. 68, Anh § 546. Durch diese Bestimmung soll die Möglichkeit eröffnet werden, jedenfalls in Divergenzfällen eine Korrektur der angefochtenen Entscheidung oder die Einholung einer Rechtsentscheides, § 541, durch das LG herbeizuführen, BT-Drs 11/8283 S 57. Eine Ausdehnung dieser Ausnahmevorschrift auf den in § 541 I weiter genannten Fall der Rechtsgrundsätzlichkeit kommt angesichts des Wortlauts nicht in Betracht. Wegen des darin zum Ausdruck kommenden engen Zusammenhangs mit § 541 ist umgekehrt eine **einschränkende Auslegung** dahin geboten, daß die Abweichung in einer beliebigen Rechtsfrage nicht genügt, vielmehr die Abweichung bei der Entscheidung einer dem materiellen Recht angehörenden Rechtsfrage vorliegen muß, die sich aus einem Mietvertragsverhältnis über Wohnraum ergibt oder den Bestand eines solchen Mietvertragsverhältnisses betrifft, LG Zweibr MDR **93**, 685, vgl § 541 Rn 3: andernfalls, zB bei abweichender Beantwortung einer Frage des allgemeinen Prozeßrechts, wäre die Privilegierung der Mietstreitigkeiten im Hinblick auf Art 3 GG schwerlich zu rechtfertigen.

Die Abweichung muß spätestens in der **Berufungsbegründung** dargelegt werden, § 519 Rn 25 aE, LG Bln ZMR **93**, 169, LG Nürnb-Fürth RR **93**, 1487 mwN (keine Nachholungsmöglichkeit). Für die Zulässigkeit genügt die Nichtbeachtung einer abweichenden Entscheidung, LG Bre WuM **95**, 43. Die Berufung ist unzulässig, wenn die abweichende Entscheidung erst nach Erlaß des Urteils ergeht, LG Köln WuM **95**, 122. Das LG prüft, ob die behauptete Abweichung vorliegt und ob das Urteil iSv § 549 I auf ihr beruht, LG Köln RR **94**, 1424; fehlt es daran, ist die Berufung unzulässig, StJGr 37. Andernfalls hat das LG den Rechtsstreit im Rahmen der Anträge voll zu verhandeln und zu entscheiden.

**28** 7) **Berufung ohne Berufungssumme**, vgl oben Rn 8 u 9. Keiner Berufungssumme bedarf es:
**29** a) für die **Berufung gegen Versäumnisurteile, § 513 II 2;**
**30** b) in entsprechender Anwendung dieser Bestimmung als Mittel der sog Pannenhilfe, Schumann NJW **85**, 1139, in folgenden Fällen (Voßkuhle NJW **95**, 1379): für die Berufung bei schuldloser oder nur scheinbarer **Versäumung der Frist des § 128 II bzw III** für die Einreichung von Schriftsätzen, MüKoRi 7, Schlee AnwBl **85**, 582, Kramer JZ **85**, 1416, ZöSte § 128 Rn 19, Hartmann § 128 Rn 35, weil eine solche Analogie unter dem Gesichtspunkt des wirksamen Grundrechtsschutzes verfassungsrechtlich geboten ist, BVerfG NJW **99**, 1176, **85**, 2250, **64**, 206 = NJW **83**, 2492, **61**, 120 u 80 = NJW **82**, 2368, **60**, 98 = NJW

82, 1454, zustm LG Heilbronn MDR 99, 701, LG Aachen MDR 92, 899, LG Zweibr JZ 89, 50 mwN, LG Freiburg RR 86, 616, LG Ffm NJW 85, 1171, LG Kiel AnwBl 84, 502, ZöSchn § 513 Rdz 5, Kahlke NJW 85, 2231, Schumann NJW 85, 1139, Seetzen NJW 82, 2337 (zweifelnd ThP § 128 Rn 48, aM Zimmermann 11, LG Duisb RR 97, 517, LG Flensburg RR 90, 127, LG Köln MDR 87, 63, LG Bonn NJW 85, 1170, offen gelassen BGH NJW 90, 839), aus den gleichen Gründen auch bei unverschuldeter oder scheinbarer **Versäumung einer Frist nach** § 283, RoSGo § 137 I 3 c, LG Hann RR 89, 382, LG Dortm NJW 86, 2959, und ebenso bei Versagung des rechtlichen Gehörs im schriftlichen **Verfahren nach** § 495 a, s dort Rn 30, BVerfG NJW 99, 1176 u 97, 1301 (dazu Kunze NJW 97, 2154 mwN), LG Duisb RR 97, 1490 mwN, LG Hann RR 94, 1088, LG Köln MDR 93, 906 mwN, LG Essen RR 93, 576, aM LG Memmingen RR 98, 1075, LG Duisb RR 97, 517, schließlich auch (und erst recht), wenn die Partei wegen Nichtbeachtung von Verfahrensvorschriften **von der Klage** (oder Widerklage) **keine Kenntnis** erhalten hatte, LG Mainz RR 93, 128 (nicht aber bei sonstigen Verletzungen des Rechts auf Gehör, oben Rn 9). Der Rechtsweg vor Anrufung des BVerfG wegen Verletzung des Art 103 I GG ist nicht erschöpft, § 90 II 1 BVerfGG, solange nicht feststeht, daß das zuständige Gericht die Berufung für unzulässig hält, BVerfG NJW 97, 1301 u 1228 mwN, dazu Kunze NJW 97, 2154, NJW 93, 255 u 85, 2250 unter Hinweis auf BVerfG NJW 85, 2249, dazu Zuck JZ 85, 921;

c) für die (unselbständige) **Anschlußberufung**, § 521 Rn 8; **31**

d) für die Anfechtung der **Kostenentscheidung des Schlußurteils**, wenn das ohne Kostenentscheidung ergangene TeilUrt angefochten ist, Schlee AnwBl 85, 582, § 99 Rn 48; **32**

e) im Verfahren vor den **Schiffahrtsgerichten**, § 9 G v 27. 9. 52, BGBl 641, idF des G v 3. 12. 76, BGBl 3281; **33**

f) für die Anfechtung von **Scheinurteilen**, Grdz § 511 Rn 26, BGH NJW 95, 404. **34**

8) *VwGO: Die Zulässigkeit der Berufung hängt nicht von einer Berufungssumme ab, vgl § 2 Rn 9. Auch bei objektiver Klagenhäufung ist allein die Beschwer maßgeblich, VGH Mannh NVwZ-RR 96, 619.* **35**

## § 512

*Vorentscheidungen der 1. Instanz.* **Der Beurteilung des Berufungsgerichts unterliegen auch diejenigen Entscheidungen, die dem Endurteil vorausgegangen sind, sofern sie nicht nach den Vorschriften dieses Gesetzes unanfechtbar oder mit der Beschwerde anfechtbar sind.**

**Vorbem.** Entsprechend anwendbar ist § 512 im **Verfahren der Arbeitsgerichte**, Grunsky ArbGG § 64 Rn 30. Zu den erst mit dem Endurteil anfechtbaren Entscheidungen gehört hier auch das Grundurteil nach § 304, § 61 III ArbGG, GMP § 61 Rn 41–43. **1**

**1) Grundsatz.** Der Nachprüfung des Berufungsgerichts unterliegen auch die **dem Endurteil vorausgegangenen Entscheidungen**, zB alle Zwischenurteile nach § 303, Beweisbeschlüsse, Beschlüsse über Trennung und Verbindung, Mü NJW 84, 2227, und andere prozeßleitende Anordnungen des Gerichts. Einer Rüge bedarf es dazu nicht, BGH **4**, 7. **2**

**2) Ausnahmen.** Nicht nachzuprüfen hat das Berufungsgericht die vorausgegangenen **Entscheidungen des Erstgerichts, die 3**

a) **selbständig anfechtbar sind**, und zwar entweder mit der Beschwerde (zB Ablehnung eines Sachverständigen, BGH **28**, 305, Zwischenurteile im Streit zwischen der Partei und einem Dritten), oder (über den Wortlaut hinaus) mit der Berufung (Zwischenurteil nach § 280, Grundurteil nach § 304), ZöSchn 2;

b) **schlechthin unanfechtbar sind**, weil das Gesetz ein Rechtsmittel ausdrücklich ausschließt (zB §§ 268, 281 II, 348 II 2), was auch für die verfahrenswidrige Zulassung neuen Vorbringens entgegen § 296 gilt, Köln NJW 80, 2361.

An die unter a) oder b) fallenden Entscheidungen der Vorinstanz ist das Berufungsgericht gebunden; jedoch ist es befugt, unanfechtbare Beschlüsse auf ihre Verfassungsmäßigkeit zu überprüfen und ggf ohne Bindung an den Beschluß zu entscheiden, Köln FamRZ 95, 943 (krit Gottwald), Schlesw NJW 88, 69. Gleich bleibt, ob eine solche Entscheidung in das Endurteil aufgenommen worden ist, BGH **46**, 116 zu § 548; ebenso kommt es nicht darauf an, ob die selbständige Entscheidung im Falle a) angefochten worden ist und ob über die Anfechtung schon befunden war, StJGr 5. Die Bindung erstreckt sich aber nur auf die Entscheidung selbst, nicht auch auf ihre Begründung oder die aus ihr zu ziehenden Folgerungen, BGH MDR **75**, 569.

**3)** *VwGO: Entsprechend anwendbar, § 173, zur Ergänzung von § 128 VwGO, Kopp § 128 Rn 3 und 4,* Günther NVwZ 98, 36, VGH Mü NVwZ-RR 91, 221. **4**

## § 512a

*Örtliche Zuständigkeit.* **Die Berufung kann in Streitigkeiten über vermögensrechtliche Ansprüche nicht darauf gestützt werden, daß das Gericht des ersten Rechtszuges seine örtliche Zuständigkeit mit Unrecht angenommen hat.**

**Vorbem.** Im **Verfahren der Arbeitsgerichte** gelten § 48 I Z 1 u § 65 ArbGG (weitergehend), dazu GMP § 65 Rn 6. **1**

**1) Regelungszweck.** § 512 a will vermeiden, daß die Sacharbeit der Vorinstanz nur deshalb hinfällig wird, weil das an sich „richtige" Gericht lediglich örtlich nicht zuständig war. Der Ausschluß dieser Rüge bezieht sich nur auf **Streitigkeiten über vermögensrechtliche Ansprüche**, Begriff Grdz § 1 Rn 10 ff. **2**

## §§ 512a, 513

Sind solche mit anderen verbunden, so gilt das entsprechend, was in § 546 Rn 5 gesagt ist. Die Vorschrift verstößt nicht gegen Art 3 oder 101 GG, BGH **24**, 50 (abw StJGr 1, MüKoRi 11, Wolf § 14 IV 2 b aE, Oldb RR **99**, 865, KG RR **87**, 1203, die im Hinblick auf Art 101 GG im Fall der willkürlichen Annahme der Zuständigkeit bzw der Versagung des rechtlichen Gehörs die Berufung zulassen wollen). Weiter geht für die Revisionsinstanz § 549 II, s dortige Erläuterungen. Nach § 17a V GVG ist dem Rechtsmittelgericht mWv 1. 1. 91 in der Hauptsache die **Prüfung des Rechtsweges**, § 13 GVG, verwehrt, s Erl zu § 17a GVG.

**3   2) Örtliche Zuständigkeit**
**A. Allgemeines.** Hat die 1. Instanz ihre örtliche Zuständigkeit, §§ 12–35, ausdrücklich oder stillschweigend bejaht, so läßt sich keine Anfechtung auf örtliche Unzuständigkeit stützen, BGH NJW **53**, 222, auch nicht für den Rechtsmittelbeklagten, Hbg DR **41**, 1499 (bei Versagung des rechtlichen Gehörs macht das KG, RR **87**, 1203, eine Ausnahme von diesem Grundsatz, s dazu § 511a Rn 8). Dies gilt auch bei ausschließlicher Zuständigkeit, RG JW **32**, 1893, im Verfahren nach §§ 899 ff, JW **32**, 182, oder bei begründeter gleichzeitiger Bemängelung der sachlichen Zuständigkeit. Die Vorschrift greift auch nicht, wenn über die örtliche Zuständigkeit abgesondert verhandelt und entschieden worden ist, § 280, Schlesw FamRZ **78**, 429. Die Gründe der Bejahung der örtlichen Zuständigkeit bleiben gleich, BGH NJW **53**, 222, mag der Grund unrichtige Rechtsauffassung sein, etwa darüber, welche Behörde vertritt, § 18, oder ein Irrtum über Tatsachen; eine Erschleichung der Zuständigkeit eröffnet keine Prüfung, Düss FamRZ **87**, 281. Hat aber das im Gerichtsstand der unerlaubten Handlung angerufene erstinstanzliche Gericht die allein auf Delikt gestützte Klage unter Prüfung und Verneinung anderer Ansprüche abgewiesen und stützt der Kläger nunmehr seine Klage auch auf diese Ansprüche, so darf der Beklagte im Berufungsrechtszug die örtliche Unzuständigkeit des Erstgerichts rügen, BGH NJW **86**, 2436, vgl Köln RR **87**, 942. § 512a hindert auch nicht die Prüfung des Rechtsschutzinteresses iVm der Wahl des Gerichtsstandes, Hamm OLGZ **87**, 336.

**4**   Die entgegen § 512a eingelegte Berufung ist unbegründet, weil der geltend gemachte Angriff, nicht das Rechtsmittel versagt, Waldner ZZP **93**, 333 mwN, StJGr 5, ThP 5, aM BGH in stRspr, NJW **98**, 1230 mwN, MüKoRi 15, ZöGu 1 u 11. Etwas anderes gilt dann, wenn das Urteil ausschließlich über die örtliche Zuständigkeit ergeht und sie bejaht; hier ist die Berufung unzulässig, Waldner ZZP **93**, 333, § 280 Rn 8, vgl dazu BGH aaO.

Hat das untere Gericht seine Zuständigkeit verneint, so gilt keine Einschränkung, BAG NJW **83**, 839 mwN. Erledigt die Zuständigkeit bejahende Entscheidung auch andere Fragen, so ist sie insoweit nach allgemeinen Vorschriften anfechtbar, BGH NJW **53**, 222.

**5   B. Nicht zur örtlichen Zuständigkeit** iSv § 512a gehört die Frage, ob das Gericht aus anderen Gründen nicht zur Entscheidung berufen war. Zu prüfen ist deshalb die **Exterritorialität**, §§ 18–20 GVG, RG **157**, 93. Auch die Bejahung der **internationalen Zuständigkeit**, Üb § 12 Rn 5 ff, fällt nicht unter § 512a, BGH (GSZ) **44**, 46 = NJW **65**, 1665 (mit Bespr Neuhaus JZ **66**, 239, vgl BGH NJW **97**, 2245, BAG NJW **71**, 2143 m Anm Geimer NJW **72**, 407) und stRspr, BGH NJW **91**, 1396 mwN, weil es sich um etwas begrifflich anderes handelt, nämlich um die Frage, ob überhaupt ein deutsches oder ein ausländisches Gericht in der vermögensrechtlichen Sache zuständig sei, vgl Schack 385; diese Frage ist in jeder Lage des Verf vAw zu prüfen, BGH NJW **87**, 593, stRspr, vgl Geimer WertpMitt **86**, 117, Mü RR **89**, 664 (eingeschränkt für den Bereich des EuGÜbk Köln NJW **88**, 2182), es sei denn, daß die internationale Zuständigkeit durch rügelose Einlassung begründet werden kann, Geimer IPrax **91**, 35 mwN. Wegen der Prüfung des **Rechtsweges** s oben Rn 2.

**6   3) Entsprechende Anwendung.** § 512a ist entsprechend anwendbar auf die **Beschwerde**, MüKoRi 5, BGH ZIP **92**, 66 mwN, Köln RIW **93**, 499 mwN, und zwar auf jede, da der Grundgedanke, oben Rn 2, auch hier zutrifft (§ 88 ArbGG idF des Art 6 4. VwGOÄndG v 17. 12. 90 verweist für die Beschwerdeverfahren ausdrücklich auf die entspr Regelung für das Berufungsverfahren in § 65 ArbGG). Dies gilt nicht, wenn der Beschwerdeführer vor Erlaß der angefochtenen Entscheidung nicht gehört worden ist, MüKoRi 6 u 11, StJGr 9, BGH RR **86**, 2436, Ffm WRP **96**, 27 mwN, KG RR **87**, 1203, Köln OLGZ **94**, 371 mwN, offen Köln RR **90**, 895.

**7   4) VwGO:** Daß die vom VG bejahte örtliche (ebenso wie die sachliche) Zuständigkeit im Berufungsverfahren nicht zu prüfen ist, ergibt sich aus § 83 VwGO iVm § 17a V GVG, BVerwG NVwZ-RR **95**, 300 mwN.

## 513

**Versäumnisurteile.** <sup>I</sup> Ein Versäumnisurteil kann von der Partei, gegen die es erlassen ist, mit der Berufung nicht angefochten werden.

<sup>II</sup> ¹Ein Versäumnisurteil, gegen das der Einspruch an sich nicht statthaft ist, unterliegt der Berufung insoweit, als sie darauf gestützt wird, daß der Fall der Versäumung nicht vorgelegen habe. ²§ 511a ist nicht anzuwenden.

**1   Vorbem.** Im **Verfahren der Arbeitsgerichte** ist § 513 entsprechend anwendbar, Grunsky ArbGG § 64 Rn 3, jedoch nicht II 2, BAG NJW **89**, 2644 (zu LAG Hamm NZA **89**, 154) mwN, str, abl GMP § 64 Rn 28, Rimmelspacher/Abel NZA **90**, 511, Grunsky ArbGG § 59 Rn 7, alle mwN.

**Schrifttum:** *Schumann* Rn 245–254; *Hoyer,* Das technisch zweite Versäumnisurteil, 1980.

**2   1) Grundsatz, I.** Ein gegen die säumige Partei ergangenes sog **echtes Versäumnisurteil**, Üb § 330 Rn 11, kann von der Partei, gegen die es erlassen ist, **mit der Berufung nicht angefochten werden;** es unterliegt nur dem Einspruch. Unechte VersUrt und Aktenlageentscheidungen, §§ 331a, 251a, sind berufungsfähig, darum bleibt immer zu prüfen, ob nicht eine Aktenlageentscheidung vorliegt, vgl RG **159**, 360. Für die Entscheidung, ob ein (echtes) VersUrt vorliegt, ist nicht die Bezeichnung, sondern der Inhalt des Urteils maßgeblich, BGH NJW **94**, 665 (dazu K. Schmidt JuS **94**, 437), Zweibr RR **97**, 1087, Mü MDR

1. Abschnitt. Berufung § 513

**88**, 973. Ob ein Fall der Säumnis vorlag, ist nur beim zweiten VersUrt im Fachsinn, § 345, von Bedeutung, vgl § 335 Rn 1 u § 345 Rn 3 u 5. Erläßt das Gericht ein VersUrt aus § 345 auf Verwerfung statt eines gewöhnlichen VersUrt, so ist Einspruch gegeben. Siehe wegen eines formfehlerhaften VersUrt sonst Grdz § 511 Rn 27 u 28. Beschwert ein VersUrt den Kläger, so steht ihm die Berufung zu. Da der Beklagte Einspruch einlegen darf, ist bei beiderseitiger Anfechtung zweckmäßigerweise zunächst über den Einspruch zu entscheiden; den Rest berührt diese Entscheidung nicht.
**Unanwendbar** sind die Beschränkungen des § 513 auf die nach § 227 BauGB erlassenen Urteile der Baulandgerichte, § 227 III 2 BauGB, sowie auf Urteile in EheS, § 612 IV.

**2) Berufung, II** (Schrifttum: Schneider MDR **98**, 577 u **85**, 375; Vollkommer ZZP **94**, 91; Braun ZZP **3** **93**, 443; Schneider MDR **85**, 375).

**A. Allgemeines.** Die Berufung kommt nur in Betracht, wo der **Einspruch an sich nicht statthaft** ist, was nur zutrifft bei einem zweiten VersUrt im Fachsinn, § 345, und dort, wo ein VersUrt die WiedEins ablehnt, § 238 II (dieser Fall ist kaum praktisch). Auch gegen ein fälschlich als zweites VersUrt bezeichnetes Urt ist die Berufung statthaft, BGH NJW **97**, 1448 mwN, vgl Grdz § 511 Rn. 32. Das Erreichen der **Berufungssumme**, § 511a, **ist nicht erforderlich**, II 2, damit das rechtliche Gehör, Art 103 I GG, gesichert wird, Kramer NJW **78**, 1416; zur gleichen Problematik bei § 341 vgl dort Rn 12. Wegen der **entsprechenden Anwendung** von II im Rahmen des § 128 II u III und im Falle des § 283 sowie in anderen Fällen vgl § 511a Rn 30.

**B. Voraussetzungen** (Schumann **AP** Nr 5). Ein Fall der Versäumung iSv § 345 darf nicht vorgelegen **4** haben, d h das Gericht ist zu Unrecht davon ausgegangen, daß die Partei, die Einspruch eingelegt hat, in der mdl Verh nicht erschienen ist (oder nicht zur Hauptsache verhandelt hat, dazu Ffm RR **92**, 1468), § 345 Rn 3. Ein Fall der Versäumung liegt nicht vor bei **fehlender Säumnis** (Beispiele: fehlende oder verspätete Ladung; unwirksame Zustellung; fehlender Aufruf, LG Hbg NJW **77**, 1459; mangelnder Antrag auf VersUrt; Unterbrechung des Verfahrens), **oder unverschuldeter Säumnis im Einspruchstermin**, dh einer nicht verschuldeten Verhinderung am Erscheinen iSv § 337 S 1, § 337 Rn 4, BGH NJW **99**, 2121 mwN, Bra RR **98**, 1679, so daß bei Kenntnis des Grundes zu vertagen gewesen wäre (auf Säumnis in der Verhandlung vor Erlaß des 1. VersUrt kommt es nach hM nicht an, s u). Die Verschuldensfrage ist nach denselben Grundsätzen zu beurteilen wie die Wiedereinsetzung, BGH aaO.
**Beispiele** (s auch § 337 Rn 4 ff): Hierin gehören nicht nur Entschuldigung mit Krankheit unter Ankündigung eines Attests, LG Düss MDR **88**, 326, oder Verspätung wegen Verkehrsstaus, BGH NJW **99**, 724 u Schneider MDR **99**, 1034 u 180 sowie MDR **98**, 577 u 673 (zu Köln MDR **98**, 617), Rostock MDR **99**, 626, und ähnliche Gründe, sondern auch die verspätete Bewilligung der rechtzeitig beantragten Prozeßkostenhilfe, LG Münst MDR **91**, 160 mwN, oder die fehlerhafte Versagung der Prozeßkostenhilfe bzw das Nichtabwarten der Beschwerdeentscheidung, Schneider MDR **85**, 377, und die Nichtgewährung der beantragten Übernahme der Fahrtkosten, LAG Ffm NZA **95**, 239, uU auch das Nichtabwarten des erheblich verspäteten Aufrufs, LArbG Hamm MDR **73**, 618, oder der überraschende Aufruf einer Sache trotz Rückstands in anderen, Peters NJW **76**, 675, ferner der Bruch der anwaltlichen Vereinbarung, kein VersUrt zu nehmen, BGH NJW **76**, 196, oder der Verstoß gegen die Zusage des gegnerischen RA, er werde für die andere Partei einen RA in Untervollmacht auftreten lassen, Karlsr NJW **74**, 1096, oder die Beantragung des VersUrt durch die Partei selbst entgegen der Vereinbarung der RAe, später zum Termin zu erscheinen, LAG Köln AnwBl **84**, 159, oder wenn sonst, wie der RA im Einzelfall darauf vertrauen durfte, es werde kein VersUrt beantragt werden, Köln RR **95**, 1150, LG Mönchengl RR **98**, 1287.
Keine verschuldete Säumnis liegt idR vor, wenn das VersUrt unter Verstoß gegen **§ 13 BerufsO** (zur Wirksamkeit der BO vgl Anh I § 155 GVG Rn 2) beantragt worden ist: danach darf der RA bei anwaltlicher Vertretung der Gegenseite kein VersUrt erwirken, wenn er dies nicht vorher dem Gegenanwalt angekündigt hat, es sei denn, vorrangige Mandanteninteressen befreien ihn von der Ankündigungspflicht, dazu Hartung MDR **98**, 1060, Schneider MDR **98**, 581, Kleine-Cosack NJW **97**, 1260; auch in diesem Fall handelt der RA nicht schuldhaft, wenn er darauf vertrauen durfte, daß eine Ankündigung erforderlich sei. Vor Inkrafttreten des § 13 BerufsO (11. 3. 97) kam es auf einen Verstoß gegen örtliche Übung kollegialer Rücksichtnahme auf die Umstände des Einzelfalles an, Foerste NJW **93**, 1309 mwN, BGH NJW **91**, 43, Bra RR **98**, 1680 mwN, (zum Vorrang der Interessen des Mandanten vgl BGH aaO, Stgt NJW **94**, 1884, Köln JMBlNRW **94**, 22, Nürnb AnwBl **83**, 28).
Eine (unverschuldete) Verhinderung am Erscheinen ist nur dann beachtlich, wenn die säumige Partei bzw. ihr Vertreter im Rahmen des Möglichen und Zumutbaren alles versucht hat, dem Gericht die Verhinderung rechtzeitig mitzuteilen, ZöGu 7 a, BAG MDR **72**, 360, KG MDR **99**, 185, Bra RR **98**, 1679 mwN. Im übrigen ist das Gericht bei Nichterscheinen gehalten, idR 15 Minuten zu warten, vgl BGH NJW **99**, 724 (Anm Schneider MDR **99**, 1034 u 180), Rostock MDR **99**, 626. Einzelheiten s § 337 Rn 4 ff.
**Nicht hierher gehören** die Nichtabholung einer nach § 182 zugestellten Ladung, abw LAG Mannh JZ **5** **83**, 620 (krit Braun), eine im Rahmen des Gesetzes liegende, aber zu kurz bemessene Ladungsfrist, die Ablehnung der vorher beantragten Terminsverlegung, BGH VersR **82**, 268 mwN, und auch nicht die unzulässige Erlaß des 1. VersUrt, § 345 Rn 5, MüKoRi 18, § 345 Rn 7, Ffm WertpMitt **92**, 1089, Düss MDR **85**, 1034, etwa bei fehlender Säumnis, BGH AnwBl **86**, 536 u NJW **86**, 2113 (m Übers üb den Streitstand), BAG NZA **94**, 1103, zustm Peters JZ **86**, 860 u Schreiber JR **86**, 512, str, aM ua ZöGu 6, BAG **AP** Nr 6 m Anm Vollkommer, Schneider MDR **85**, 377, Vollkommer ZZP **94**, 93 mwN, LAG Nürnb LS NZA **93**, 816.
Daß das **aus anderen Gründen gesetzwidrige Ergehen** des 2. VersUrt die Berufung eröffnet, wird von **6** der hM abgelehnt, § 345 Rn 3, MüKoRi 18 mwN, BGH NJW **99**, 2599 u Rostock MDR **99**, 1084 mwN (fehlende Schlüssigkeit), BAG NZA **94**, 1103 (offen gelassen BGH NJW **91**, 45, RR **86**, 1253), aM u a ZöGu 6a, ThP 4, Orlich NJW **80**, 1782 u Vollkommer ZZP **94**, 91 (beide mwN), für den Fall der Unzulässigkeit der Klage oder ihrer Unschlüssigkeit auch Peters JZ **86**, 860, Schneider MDR **85**, 377, Schumann ZZP **96**, 210 mwN, Braun ZZP **93**, 443, LAG Hamm NJW **81**, 887, dagegen Hamm NJW **91**, 1067, Düss MDR **87**, 769 mwN, Marcelli NJW **81**, 2558; vgl dazu Vollkommer JZ **91**, 828 (eingehend).

**§§ 513, 514**     3. Buch. Rechtsmittel

7    Verwirft das 2. VersUrt den (zulässigen) Einspruch gegen einen **Vollstreckungsbescheid**, so kann im Hinblick auf § 700 III die Berufung auf die verfahrensrechtliche Unzulässigkeit des Vollstreckungsbescheides gestützt werden, BGH NJW **82**, 888 u **79**, 658 (zustm Vollkommer ZZP **94**, 91, Peetz **LM** Nr 3), ebenso auf die Unzulässigkeit des Begehrens oder seine Unschlüssigkeit im Zeitpunkt der Entscheidung über den Einspruch, BGH NJW **91**, 45 mwN (dazu BAG NZA **94**, 1103, Schreiber ZZP **105**, 79, Vollkommer JZ **91**, 828, Borgmann AnwBl **91**, 260, Kreft EWiR § 513 1/91, 99), aM Hamm NJW **91**, 1067 (dazu Deubner JuS **91**, 763).

8    **C. Verfahren.** Der Berufungskläger muß das Fehlen oder die Unabwendbarkeit der Säumnis vollständig nach allen Richtungen in der **Begründungsschrift** schlüssig vortragen, BGH NJW **99**, 2121 u 724 mwN, BAG NJW **72**, 790, Naumb MDR **99**, 186 mwN, Bra RR **98**, 1679, Saarbr RR **95**, 1279 mwN, LG Karlsr MDR **88**, 871 (krit Schneider MDR **85**, 375 im Hinblick auf BGH NJW **84**, 178); die Bezugnahme auf eine Urkunde genügt nicht, BGH NJW **67**, 728. Anderenfalls ist die Berufung als unzulässig zu verwerfen, Düss JMBlNRW **87**, 162 mwN, in der Revisionsinstanz ist eine Ergänzung des Vortrags ausgeschlossen, BGH NJW **99**, 2121 u **91**, 43 mwN. Bleibt die Behauptung beweislos oder ist sie widerlegt, wird die Berufung als unbegründet zurückgewiesen. Eine Anschlußberufung ist nicht zulässig, da nur darüber entschieden wird, ob ein Fall der Säumnis vorgelegen hat oder nicht, Bonn (LG) NJW **66**, 602. – Einer dahingehenden Rüge bedarf es auch in den Fällen der Rn 7, LG Duisb RR **91**, 1022.

Sind die Voraussetzungen, oben 3 u 4, gegeben, so ist das VersUrt aufzuheben und zurückzuverweisen, § 538 I Z 5. Handelt es sich der Sache nach nicht um ein 2. VersUrt, ist es entspr zu ändern und zurückzuverweisen, Nürnb OLGZ **82**, 448.

9    3) *VwGO:* Unanwendbar, vgl Üb § 330 Rn 18.

---

**514**    *Verzicht auf Berufung.* **Die Wirksamkeit eines nach Erlaß des Urteils erklärten Verzichts auf das Recht der Berufung ist nicht davon abhängig, daß der Gegner die Verzichtleistung angenommen hat.**

1    **Vorbem.** Im **Verfahren der Arbeitsgerichte** ist § 514 anwendbar, § 64 VI ArbGG, GMP § 64 Rn 81–83, Grunsky ArbGG § 64 Rn 20. Entsprechend § 514 ist der Verzicht auf andere Rechtsmittel und auf den Einspruch zu behandeln; wegen des Verzichts auf die Anschließung s § 521 Rn 13.

**Schrifttum:** *Rimmelspacher* JuS **88**, 953.

Gliederung

| | | | | |
|---|---|---|---|---|
| 1) Verzicht vor Urteilserlaß | 2–4 | C. Teilverzicht | 11 |
| 2) Verzicht nach Urteilserlaß | 5–11 | 3) Wirkung des Verzichts | 12, 13 |
|    A. Allgemeines | 5, 6 |    A. Grundsatz | 12 |
|    B. Erklärung | 7–10 |    B. Ehesachen | 13 |
|      a) Gegenüber dem Gericht | 7 | 4) *VwGO* | 14 |
|      b) Gegenüber dem Gegner | 8 | | |
|      c) Gemeinsames | 9, 10 | | |

2    **1) Verzicht vor Urteilserlaß**
**A. Allgemeines.** § 514 behandelt den Verzicht auf die Berufung nach Urteilserlaß. Eine vorher gegenüber dem Gericht oder dem Gegner abgegebene einseitige Verzichtserklärung ist nach hM wirkungslos, BGH **28**, 48, aM Habscheid NJW **65**, 2369. Zulässig ist aber ein vor Urteilserlaß (auch schon vor Klagerhebung) vereinbarter Verzicht, BGH NJW **86**, 198 mwN, Hamm MDR **89**, 919: er folgt aus der Möglichkeit, den Rechtsweg vertraglich auszuschließen, vgl Habscheid NJW **65**, 2369, Zeiss NJW **69**, 166. Für diesen Verzicht besteht kein Anwaltszwang, BGH WertpMitt **89**, 869, NJW **86**, 198 u **84**, 805; die Erklärung ist aber unwirksam, wenn der Vertreter einer jur Person den Verzicht unter offensichtlichem Mißbrauch seiner Vertretungsmacht erklärt, BGH MDR **62**, 374. Die Vereinbarung kann auch durch vor Gericht abgegebene Erklärungen getroffen werden, Rimmelspacher JuS **88**, 956.

3    **B. Rechtsnatur.** Der vorherige Verzicht ist ein sachlich-rechtliches Rechtsgeschäft, BGH **2**, 114, **28**, 48, Teubner/Künzel MDR **88**, 720 mwN, str, aM ua StJGr 3, Baumgärtel Prozeßhandlungen 206, Orfanides, Die Berücksichtigung von Willensmängeln im ZivProzeß, 1982, S 193: rein prozessual. Er ist nie einseitig und untersteht ganz dem bürgerlichen Recht, kann infolgedessen auch zugunsten eines Dritten wirken, Nürnb BayJMBl **51**, 229. Auch stillschweigender Verzicht ist möglich; ein solcher Wille muß dann aber aus den Umständen eindeutig hervorgehen, BGH MDR **64**, 883, Schlesw RR **98**, 1371 u Hamm RR **94**, 1407 (zum Verzicht auf Begründung der Entscheidung nach § 91 a). Nach bürgerlichem Recht richtet sich beim Verzicht auch die Bedeutung und Behandlung eines Willensmangels, RG HRR **27**, 651, sowie einer etwa notwendigen Genehmigung des Vormundschaftsgerichts.

4    **C. Wirkung.** Ein solcher Verzicht beendet den Rechtsstreit nicht, macht aber die Berufung unzulässig, BGH NJW **86**, 198, WertpMitt **73**, 144. Zu beachten ist er nur auf Einrede: da ein vorheriger außergerichtlicher Verzicht nicht bewirkt, daß das Urteil mit Verkündung rechtskräftig wird, unten Rn 12, kommt es auf die Beachtung der Rechtskraft nicht an; außerdem können die Parteien, da es sich um einen außergerichtlichen Vertrag handelt, diesen auch wieder aufheben, falls nicht schon Rechtskraft eingetreten ist; ferner ist die Gegeneinrede der Arglist möglich, BGH WertpMitt **89**, 869, NJW **86**, 198 mwN; vgl § 515 Rn 7. Dasselbe gilt für die Ausschließung der Berufung durch außergerichtlichen Vergleich, vgl RG HRR **34**, 969.

5    **2) Verzicht nach Urteilserlaß**
**A. Allgemeines.** Der Verzicht auf die Berufung (oder andere Rechtsmittel sowie den Einspruch) nach Urteilserlaß ist eine einseitige Prozeßhandlung, und zwar auch dann, wenn er gegenüber dem Gegner erklärt

## 1. Abschnitt. Berufung §514

wird, unten Rn 8, BGH NJW **68**, 795. Er bedarf also keiner Annahme, untersteht auch nicht bürgerlich-rechtlichen Vorschriften, Grdz § 128 Rn 56, bedarf zB nicht der Genehmigung des Vormundschaftsgerichts, Blomeyer ZPR § 98 I 1. Nur der außergerichtliche Verzicht, unten Rn 8, kann mit Zustimmung des Gegners bis zum Eintritt der Rechtskraft der Entscheidung widerrufen werden, BGH NJW **90**, 1118 mwN, str, aM Orfanides ZZP **100**, 72. Sonst ist jeder Verzicht unwiderruflich, außer wo für den Widerrufenden ein Restitutionsgrund vorliegt, BGH RR **94**, 387 u FamRZ **93**, 649 mwN, und auch nicht nichtig oder anfechtbar nach den Grundsätzen des bürgerlichen Rechts, BGH aaO u NJW **90**, 1118 mwN, dazu Zeiss JR **94**, 22 u Orfanides ZZP **100**, 63. Deshalb gibt ein Verstoß gegen § 138 II BGB kein Recht zum Widerruf. Der Geltendmachung des Verzichts kann aber der Einwand der Arglist entgegengesetzt werden, BGH NJW **85**, 2335 u **LM** Nr 3.

**Zulässig** ist der Verzicht auch nach Berufungseinlegung ohne Einhaltung der Form der Rücknahme, BGH **27**, 61. Bei einseitiger Erklärung nach Beginn der mündlichen Verhandlung über die Berufung ist jedoch entspr § 515 I die **Zustimmung des Gegners** erforderlich, hM, BGH NJW **94**, 738 mwN (auch der Gegenmeinung), zustm Kohler ZZP **107**, 241, Mü RR **94**, 446. **6**

Auf etwaige **Mängel** der Verkündung oder Zustellung des Urteils kommt es nicht an, vgl Hamm FamRZ **95**, 943.

**B. Erklärung.** Der Verzicht kann sowohl dem Gericht wie dem Gegner gegenüber erklärt werden, BGH NJW **74**, 1248. **7**

**a) Gegenüber dem Gericht.** Der Verzicht kann gegenüber dem Gericht in mündlicher Verhandlung (zur Wirksamkeit ist die ordnungsgemäße Protokollierung nicht erforderlich, so daß der Verzicht auch auf andere Weise bewiesen werden kann, BGH NJW **84**, 1465 mwN, str) oder schriftlich, auch vorm verordneten Richter, erklärt werden. Dafür besteht dort, wo er vorgeschrieben ist, **Anwaltszwang**, dh der Verzicht muß durch einen prozeßbevollmächtigten RA erklärt werden, nicht durch die Partei selbst, BGH RR **94**, 386 mwN, oder durch einen Referendar, da dies keine ordnungsmäßige Vertretung ist, BGH **2**, 112; die Erklärung durch einen nur für diesen Zweck bevollmächtigten, uU nicht weiter informierten RA genügt, da die Wirksamkeit der vom RA vorgenommenen Prozeßhandlung nicht von der ordnungsgemäßen Wahrnehmung seiner Pflichten abhängen kann, Zeiß NJW **69**, 170, Mü OLGZ **67**, 23, str, aM ua Bergerfurth AnwZwang 249 (jedenfalls für EheS). Prozeßunfähigkeit des Verzichtenden macht im Anwaltsprozeß bei gültiger Vollmacht den Verzicht nicht unwirksam, sondern berechtigt nur zur Nichtigkeitsklage, § 579 Z 4, RG **110**, 230. Ein solcher Verzicht ist vAw zu berücksichtigen, RoSGo § 136 II 5 a.

**b) Gegenüber dem Gegner.** Der Verzicht kann auch dem Gegner gegenüber durch einseitige Erklärung oder Vertrag erklärt werden, und zwar schriftlich oder mündlich, BGH RR **91**, 1213 mwN, NJW **85**, 2335 u RR **89**, 1344, Hamm FamRZ **98**, 381, dagegen Zeiss NJW **69**, 166 (bei Erklärung vor Gericht ist dies aber idR nicht gewollt, sondern die Erklärung nur an das Gericht gerichtet). Der Verzicht unterliegt dann nicht dem Anwaltszwang, BGH RR **97**, 1288 u NJW **85**, 2335, Hamm WRP **92**, 337, str, aM RoSGo § 136 II 5 a. Wegen eines stillschweigenden Verzichts s unten Rn 9 aE. **8**

**c) Gemeinsames.** In allen Fällen ist das Wort „Verzicht" nicht erforderlich, aber immer nötig, daß der klare, eindeutige Wille der Partei zum Ausdruck kommt, sie wolle ernsthaft und endgültig sich mit dem Urteil zufrieden geben und es nicht anfechten, BGH NJW **85**, 2335 mwN. Es können zB genügen: einseitige schriftliche Anzeige, die Parteien hätten sich verglichen, RG **105**, 353; mündlicher außergerichtlicher Verzicht gegenüber dem Gegner, RG **59**, 346; Beschränkung der Berufung auf einen von mehreren Klaganträgen oder auf einen Teilbetrag, wo Verzichtsabsicht eindeutig erhellt, BGH NJW **90**, 1118 mwN; Erklärung, man gebe sich mit dem ergangenen Urteil zufrieden, RG JW **35**, 120, Kläger lege keine Berufung ein, BGH **LM** Nr 6, bzw werde sie nicht einlegen, BGH RR **91**, 1213 u NJW **85**, 2335, bzw werde sie nur hinsichtlich der Widerklage durchführen, BGH RR **89**, 1344; die Berufung habe sich erledigt, RG **161**, 355. Ein Verzicht ist auch stillschweigend möglich, zB durch Erfüllung, Hbg NJW **89**, 1362 mwN, nicht jedoch, wenn diese unter dem erkennbaren Vorbehalt der Richtigkeit des Urteils, etwa nur zur Abwendung der Zwangsvollstreckung erfolgt, BGH NJW **94**, 943 mwN. **9**

**Keinen Verzicht** enthält zB die Erklärung, es werde nicht beabsichtigt, ein Rechtsmittel einzulegen, mit gleichzeitiger Bitte, Kostenrechnung zu übersenden, BGH NJW **58**, 831, oder der Verzicht auf Begründung der Entscheidung, Schlesw MDR **97**, 1154 mwN, Hamm RR **96**, 63 u **95**, 1213, str (aM Bra RR **95**, 1212, Hamm RR **96**, 509, beide mwN), oder der Antrag auf Kostenerstattung. Kein (Teil-)Verzicht liegt darin, daß der in der Begründung gestellte Antrag hinter der Beschwer zurückbleibt, BGH RR **98**, 572 mwN, und demgemäß auch nicht in der Stellung eines eingeschränkten Antrags nach Berufungseinlegung ohne Antrag, vgl BGH NJW **83**, 1562 mwN; erst recht nicht in der Erklärung, daß der Berufungskläger die Beschränkung als vorläufig ansehe, BGH **LM** § 318 Nr 2. **10**

Im Einzelfall ist die Bedeutung eine Frage der **Auslegung** unter Würdigung aller Umstände, BGH NJW **89**, 2821 u **85**, 2335, Hamm FamRZ **79**, 944; dabei ist Vorsicht geboten, Grunsky Anm NJW **75**, 935. Inhalt und Tragweite eines dem Gericht erklärten Verzichts sind danach zu beurteilen, wie die Erklärung bei objektiver Betrachtung zu verstehen ist, BGH FamRZ **86**, 1089, so daß es auf die Auffassungen der Verfahrensbeteiligten und des protokollierenden Richters auch dann, wenn sie übereinstimmen, nicht ankommt, BGH NJW **81**, 2816. Da auch der gegenüber dem Gegner erklärte Verzicht Prozeßhandlung ist, unterliegt die Verzichtserklärung in jedem Falle der eigenen Auslegung durch das Revisionsgericht, BGH NJW **85**, 2335 mwN.

**C. Teilverzicht.** Ein Verzicht auf einen von mehreren Ansprüchen oder auf den abtrennbaren Teil eines Anspruchs ist statthaft, ThP 2, Schlesw SchlHA **85**, 104, zB bei Verbundurteilen, § 629, ein Verzicht nur hinsichtlich des Scheidungsausspruchs, vgl BGH NJW **81**, 2816. Von Streitgenossen verzichtet jeder für sich. Bei notwendiger Streitgenossenschaft, § 62, wirkt der Verzicht eines Streitgenossen **a)** außerhalb der Verhandlung nur gegen ihn (wenn aber ein anderer Streitgenosse ein Rechtsmittel einlegt, ist der Verzichtende trotzdem Partei, RG **157**, 38, § 62 Rn 20), **b)** in der mündlichen Verhandlung gegen alle unter den Voraussetzungen des § 62 oder bei unterlassenem Widerspruch. **11**

*Albers*

## §§ 514, 515

**12  3) Wirkung des nachträglichen Verzichts**

**A. Grundsatz** (Rimmelspacher JuS 88, 953). Der allseitig dem Gericht gegenüber erklärte Verzicht führt dazu, daß die Entscheidung mit dem Wirksamwerden der letzten Verzichtserklärung rechtskräftig wird; das gilt für den einseitig erklärten Verzicht selbst dann nicht, wenn der Gegner nicht beschwert oder seine Rechtsmittelfrist abgelaufen ist, § 705 Rn 4, str, Rimmelspacher JuS 88, 954 mwN. Der außergerichtlich erklärte beiderseitige Verzicht ist auf die Rechtskraft ohne Einfluß, Rimmelspacher JuS 88, 955 mwN, ua BGH ZZP **66**, 149 u **LM** Nr 12, Düss FamRZ **80**, 709, Zeiss NJW **69**, 167, str. Auch ein solcher Verzicht hat aber Bedeutung für ein trotzdem eingelegtes Rechtsmittel.

Dieses ist bei wirksamem Verzicht als unzulässig zu verwerfen, und zwar, falls der Verzicht der anderen Partei gegenüber erklärt wird, auf Einrede, BGH RR **97**, 1288 u **91**, 1213, NJW **85**, 2334 mwN, hM, Schlesw SchlHA **85**, 104. Auf die Einrede kann nachträglich verzichtet werden; ebenso ist die vertragliche Rückgängigmachung des Verzichts vor Rechtskraft zulässig, BGH MDR **85**, 831, nach Rechtskraft unzulässig, RG JW **37**, 1438. Ist der Verzicht dem Gericht gegenüber wirksam erklärt, so erfolgt die Prüfung vAw und führt zur Verwerfung des Rechtsmittels durch Beschluß als unzulässig, BGH **27**, 60. Er ist nur bei Vorliegen eines Restitutionsgrundes widerruflich, oben Rn 5, BGH MDR **85**, 831.

Der wirksame Verzicht auf die Berufung, Rn 6, führt dazu, daß eine unselbständige Ausschlußberufung der Gegenseite, § 521 Rn 1, ihre Wirkung verliert, BGH NJW **94**, 738 mwN; eine Anschlußberufung bleibt für den Verzichtenden möglich, § 521 Rn 13. Wegen der Wirkung des Verzichts auf ein Rechtsmittel des Streithelfers vgl § 67 Rn 9 und § 511 Rn 7.

**13  B. Ehesachen.** Mit Rücksicht auf den Grundsatz der Einheitlichkeit der Entscheidung und der Möglichkeit, daß in Ehesachen auch der nicht beschwerte Ehegatte Rechtsmittel zum Zwecke der Klagerücknahme und Eheaufrechterhaltung einlegen kann, müssen beide Ehegatten auf Rechtsmittel verzichten, um ein Scheidungsurteil rechtskräftig zu machen, BGH **4**, 321, Oske MDR **72**, 14 mwN, bei Verbundurteilen, § 629, außerdem alle anderen Beteiligten, § 629a Rn 2. Auch hier ist eine vorherige Vereinbarung, Rn 2, möglich, ebenso für die Ehegatten ein Verzicht auf die Anschließung vor Einlegung des Rechtsmittels, § 629a IV. Vgl im Einzelnen § 617 Rn 1.

**14  4) VwGO:** *Entsprechend anzuwenden,* § 173 *VwGO, Kopp* § 126 *Rn 6, VGH Mannh NVwZ-RR* **89**, *111: Der Verzicht auf die Berufung wird in* § 127 *VwGO, der* § 521 *nachgebildet ist, als zulässig vorausgesetzt. Seine Wirkungen sind die oben Rn 12 dargestellten.*

**515** *Zurücknahme der Berufung.* **¹** Die Zurücknahme der Berufung ist ohne Einwilligung des Berufungsbeklagten nur bis zum Beginn der mündlichen Verhandlung des Berufungsbeklagten zulässig.

**II** ¹Die Zurücknahme ist dem Gericht gegenüber zu erklären. ²Sie erfolgt, wenn sie nicht bei der mündlichen Verhandlung erklärt wird, durch Einreichung eines Schriftsatzes.

**III** ¹Die Zurücknahme hat den Verlust des eingelegten Rechtsmittels und die Verpflichtung zur Folge, die durch das Rechtsmittel entstandenen Kosten zu tragen. ²Auf Antrag des Gegners sind diese Wirkungen durch Beschluß auszusprechen; hat der Gegner für die Berufungsinstanz keinen Prozeßbevollmächtigten bestellt, so kann der Antrag von einem bei dem Berufungsgericht nicht zugelassenen Rechtsanwalt gestellt werden. ³Der Beschluß bedarf keiner mündlichen Verhandlung und ist nicht anfechtbar.

**1  Vorbem.** Im **Verfahren der Arbeitsgerichte** ist § 515 entsprechend anwendbar, § 64 VI ArbGG, GMP § 64 Rn 73–80 a.

**Gliederung**

| | |
|---|---|
| 1) Allgemeines ............................ 2 | A. Verlust des Rechtsmittels .............. 17 |
| 2) Zulässigkeit der Rücknahme, I ....... 3–7 | B. Wirkungslosigkeit vorangegangener |
|   A. Grundsätze ....................... 3–5 |   Entscheidungen ..................... 18 |
|   B. Einzelheiten ....................... 6, 7 | C. Kostentragung .................... 19–24 |
| 3) Rücknahmeerklärung, II .............. 8–16 |   a) Regel ............................ 19 |
|   A. Grundsatz ........................ 8, 9 |   b) Anschlußberufung ............... 20 |
|   B. Erklärung ....................... 10, 11 | D. Entscheidung .................... 22–24 |
|   C. Streitgenossen ..................... 12 | 5) Streit über die Wirksamkeit ........... 25 |
|   D. Beschränkung des Antrags ....... 13–16 | 6) VwGO ............................... 26 |
| 4) Wirkungen, III ..................... 17–24 | |

**2  1) Allgemeines.** In der Berufungsinstanz sind zu unterscheiden a) Berufungsrücknahme: sie erledigt nur die eingelegte Berufung, unten Rn 17; b) Verzicht auf Berufung: er gibt jeden Anspruch auf Nachprüfung und Abänderung der Entscheidung auf, § 514; c) Klagerücknahme: sie erledigt die Klage, § 269; d) Verzicht auf den Anspruch, § 306. Was die Partei erklären will, ist notfalls durch Auslegung und Ausübung des Fragerechts, § 139, zu ermitteln, unten Rn 10.

**3  2) Zulässigkeit der Berufungsrücknahme, I**

**A. Grundsätze.** Die Berufungsrücknahme ist ähnlich der Klagerücknahme geregelt:

**a) Bis zum Beginn der mündlichen Verhandlung des Berufungsbeklagten**, aber noch nach der eigenen, darf der Berufungskläger **unbeschränkt und einseitig** zurücknehmen. Ein Verhandeln zu Prozeßvoraussetzungen der Berufungsinstanz schadet nicht, BGH NJW **87**, 3264, Münzberg ZZP **94**, 332; der Berufungsbeklagte handelte arglistig, wenn er den Berufungskläger an der Rücknahme der als unzulässig

## 1. Abschnitt. Berufung § 515

bekämpften Berufung hindern wollte, hM, Stgt FamRZ **84**, 404 mwN. Auch Äußerungen während des Güteversuchs, § 279, oder bei der Erörterung von Sach- und Rechtsfragen sind unschädlich, BGH NJW **87**, 3264 mwN. Dagegen schadet Verhandeln zu allgemeinen Prozeßvoraussetzungen. Bloßes Verlesen des Berufungsantrags ist keine Verhandlung, wohl aber das Verlesen des Gegenantrags auf Zurückweisung, wenn sich aus dem Sachvortrag ergibt, daß die Berufung als unbegründet angesehen wird, BGH RR **87**, 1534, Kblz FamRZ **90**, 894, und ebenso das Verlesen eines Anschließungsantrags, weil Anschließung eine zulässige Berufung voraussetzt, hM, Stgt FamRZ **84**, 404 mwN. Eine einseitige Verhandlung des Berufungsbeklagten schließt die freie Rücknehmbarkeit jedenfalls dann aus, wenn beide Parteien erschienen waren, BGH MDR **67**, 32, Münzberg ZZP **94**, 330. Sie steht aber der Rücknahme nicht entgegen, wenn das in diesem Termin gegen den Berufungskläger beantragte Versäumnisurteil nicht erlassen werden darf oder zwar erlassen wird, von ihm aber mit dem zulässigen Einspruch angefochten wird, § 342 iVm § 542 III, BGH (stRspr) NJW **93**, 862 mwN, str, aM ua MüKoRi 19 u MüKoPr § 342 Rn 4.

**b) Nach Beginn der mündlichen Verhandlung des Berufungsbeklagten** (und nach Eintreten der **4** Voraussetzungen für eine schriftliche Entscheidung, § 128 II, BGH DB **66**, 1728) ist die Rücknahme nur **mit Einwilligung des Berufungsbeklagten** möglich; entscheidend ist die Stellung des Antrages durch den Berufungsbeklagten, so daß bloße Erörterungen unerheblich sind, BGH NJW **93**, 862 mwN, NJW **87**, 3263, Nürnb RR **94**, 1343, Mü RR **89**, 575. Die Rücknahmemöglichkeit besteht bis zur Beendigung der Berufungsinstanz. Sie ist beendet mit Rechtskraft oder Revisionseinlegung, nicht vorher: weder Urteilsverkündung noch Zurückverweisung noch ein Nachverfahren hindert die Rücknahme.

**Einwilligung.** Sie ist entsprechend dem in § 269 Rn 17 Gesagten zu erklären, auch durch schlüssige **5** Handlungen, zB durch Stellen des Antrags nach III 2, Düss MDR **88**, 681; die Erklärung kann auch von der nicht vertretenen Partei selbst oder von ihrem Anwalt 1. Instanz abgegeben werden, vgl § 78 Rn 24. Bei Weigerung bleibt die Berufung wirksam. Die Einwilligung kann schon vor der Rücknahme erklärt werden, ThP 7, Karlsr FamRZ **90**, 83 (vgl § 269 Rn 12), und ist in diesem Fall bis zur Erklärung der Rücknahme frei widerrufbar, vgl RG **159**, 296. Die nach Rücknahme erklärte Einwilligung ist unwiderruflich, Grdz § 128 Rn 58, ihre Versagung ebenfalls, doch hindert sie eine neue Rücknahme mit Einwilligung nicht, RG **159**, 298.

**c) Verfügungsbefugnis des Rechtsmittelklägers** ist in beiden Fällen nötig; sie fehlt ihm, wenn nach Einlegung des Rechtsmittels der Konkurs eröffnet worden ist, BGH WertpMitt **78**, 523. Jedoch kann der Prozeß- oder Postulationsunfähige eine von ihm selbst eingelegte Berufung stets wirksam zurücknehmen, Grdz § 511 Rn 9.

**B. Einzelheiten.** Zulässigkeit der Berufung ist nicht Voraussetzung ihrer Rücknahme, BGH FamRZ **88**, **6** 496. Rücknahme ist im ganzen möglich oder für einen abtrennbaren Teil, RG **134**, 132. Teilrücknahme liegt vor, wo nach voller Anfechtung (die in der Berufung ohne Antrag nicht liegt, BGH NJW **88**, 2106 u Blomeyer NJW **69**, 50) ein beschränkter Antrag gestellt ist, RG JW **37**, 811 (vgl aber zur Stufenklage BGH NJW **85**, 862). Eine Erweiterung auf diesen Teil ist dann nicht mehr statthaft, RG JW **30**, 2955, Hamm NJW **67**, 2216, auch nicht bei späterer Bewilligung der Prozeßkostenhilfe, RG **142**, 65.

Die **vertragliche Verpflichtung zur Berufungsrücknahme** ist statthaft und entsprechend der außergerichtlichen Verpflichtung zur Klagrücknahme, etwa durch Vergleich, zu behandeln, s § 269 Rn 10, Teubner/Künzel MDR **88**, 720 mwN. Sie ist auch bei formlos zustande gekommenem Vertrag wirksam, BGH VersR **93**, 714, NJW **85**, 189 mwN, und bedarf nicht der Mitwirkung eines RA, BGH RR **89**, 802. Hält sich der Berufungskläger nicht an die wirksam eingegangene Verpflichtung und betreibt die Berufung weiter, so ist die Verpflichtung durch Einrede geltend zu machen, BGH RR **89**, 802 mwN, die ggf zur Verwerfung der Berufung als unzulässig führt, stRspr, BGH RR **92**, 568 u **89**, 802 mwN, einer Klage auf Rücknahme würde das Rechtsschutzbedürfnis fehlen, ZöGu 12. Hing die Verpflichtung von einer Bedingung ab und vereitelte eine Partei treuwidrig deren Eintritt, so darf die andere Partei die Verpflichtung im Prozeß geltend machen, BGH WertpMitt **89**, 869.

Die Mitteilung, man habe Auftrag zur Rücknahme gegeben, ist weder eine Rücknahme noch auch nur ein Vertragsantrag, RG ZZP **55**, 425. Späterer Streit über den sachlichen Inhalt des Vertrags macht die erklärte Rücknahme nicht hinfällig, RG **152**, 324. Eine Anfechtung wegen Willensmangels ist ausgeschlossen, schon weil der Schwebezustand sich mit einem geordneten Prozeßgang nicht verträgt, RG **152**, 324.

**3) Rücknahmeerklärung, II** **8**

**A. Grundsatz.** Die Erklärung der Berufungsrücknahme ist entsprechend der Erklärung der Klagrücknahme geregelt, s § 269 Rn 22 ff. Sie ist Prozeßhandlung und als solche bedingungsfeindlich; sie kann auch nicht von einem innerprozessualen Vorgang abhängig gemacht werden, da die Beendigung eines Verfahrens keinen Schwebezustand verträgt, BGH VersR **90**, 327.

Die Rücknahmeerklärung ist, sowie sie wirksam, in vollem Umfang, siehe Rn 10, **unwiderruflich**, BGH NJW **91**, 2839, KG NJW **98**, 3357 (auch keine Beseitigung durch Parteivereinbarung, RG **150**, 394) und den Grundsätzen des bürgerlichen Rechts nicht unterworfen, s Grdz § 128 Rn 56 u 58 f. Deshalb ist jede Anfechtung und jeder Widerruf wegen Irrtums ausgeschlossen, BGH NJW **91**, 2839, FamRZ **88**, 496, auch dann, wenn die Gegenpartei einverstanden wäre, abw GMP § 64 Rn 75, ZöGu 9, Orfanides, Die Berücksichtigung von Willensmängeln im Zivilprozeß, 1982. Jedoch ist die Rücknahme nach Treu und Glauben als unwirksam anzusehen, wenn der Irrtum für das Gericht und den Gegner ganz offensichtlich war, BGH FamRZ **88**, 496, vgl BGH VersR **90**, 328, oder wenn der Rechtsmittelgegner den Irrtum verursacht hat, ZöGu 9, Kblz RR **97**, 515. Eine Erneuerung der Berufung scheitert idR an § 516, BGH RR **88**, 1446.

**Ausnahmsweise** ist ein Widerruf ferner statthaft, wo das Berufungsurteil der Restitutionsklage aus § 580 **9** unterläge, weil da ein vorheriges Urteil ein sinnloser Umweg wäre, BGH NJW **91**, 2839 mwN. Abweichend von dieser Entscheidung ist in den Fällen einer Eides- oder Wahrheitspflichtverletzung entspr § 581 ein Widerruf nur dann möglich, wenn das Strafverfahren durchgeführt ist, sofern ein solches nicht etwa unmöglich ist, BGH **33**, 75, **12**, 286; ist es unmöglich, so ist ein Widerruf später als 5 Jahre ausgeschlossen, BGH MDR **58**, 670. Auch wenn die Voraussetzungen des § 581 noch nicht erfüllt sind, ist Widerruf aber

## § 515

nur innerhalb eines Monats nach Kenntnis der dazu berechtigenden Tatsachen möglich, BGH **33**, 73. Abweichend von dieser Rspr hält Gaul ZZP **74**, 49 u **75**, 267 zur Geltendmachung des Widerrufs stets die Wiederaufnahmeklage für notwendig, will also der Wiedereröffnung die Prüfung der Zulässigkeit und des Grundes der Wiederaufnahme vorschalten.

Als Prozeßhandlung ist der Widerruf auch in der Revisionsinstanz **nachprüfbar**, RG **134**, 132. Eine unwirksame Rücknahme kann, wenn sie vom Gegner angenommen worden ist, vertraglich zur Rücknahme verpflichten, oben Rn 7.

10 **B. Erklärung.** Sie ist abzugeben **a)** mündlich in mündlicher Verhandlung zu Protokoll, § 160 III Z 8, wobei die Protokollgenehmigung, § 162, keine Voraussetzung der Wirksamkeit ist, Stgt FamRZ **84**, 404; **b)** sonst durch Einreichung eines Schriftsatzes auf der Geschäftsstelle des Berufungsgerichts, mag auch die Berufung bei einem anderen Gericht wirksam eingelegt sein, zB nach § 13 BinnSchVerfG, BGH VersR **77**, 574; die erforderliche Zahl von Abschriften ist beizufügen, § 253 V; die Geschäftsstelle stellt zu, § 270. Immer besteht für die Abgabe der Erklärung Anwaltszwang, § 78, jedoch kann die vom vorinstanzlichen RA eingelegte Berufung in gleicher Weise zurückgenommen werden, BGH RR **94**, 759 mwN, vgl BVerwG **14**, 19, LG Bre NJW **79**, 987; entsprechendes gilt für die von der Partei selbst eingelegte Berufung, weitergehend BFH BStBl **81** II 395: stets ist Rücknahme auch durch die Partei selbst zulässig (für Klagrücknahme § 269 Rn 25 u 26).

Die Erklärung braucht nicht notwendig ausdrücklich, muß aber eindeutig und bedingungslos sein; was erklärt worden ist, muß ggf durch Ausübung des Fragerechts, § 139, geklärt werden. Ob die Rücknahme erklärt worden ist, ist letzten Endes durch Auslegung zu ermitteln (Stillschweigen auf eine gerichtliche Anfrage genügt auch dann nicht, wenn das Gericht erklärt hat, es werde die Nichtbeantwortung als Rücknahme werten). Auch die Erledigungserklärung des Berufungsklägers kann ausnahmsweise in der Rechtsmittelzurücknahme sein, GMP § 64 Rn 80 a, so wenn er ohne weiteres Interesse an der Klagedurchführung die Hauptsache für erledigt erklärt; das ist aber dann nicht der Fall, wenn er entgegen III die Kosten dem Gegner auferlegt wissen will, BGH **34**, 200.

11 Jede Rücknahme muß einwandfrei ergeben, auf welche Berufung sie sich bezieht, RG HRR **30**, 352. Wegen der Einlegung mehrerer Berufungen gegen dasselbe Urteil, § 518 Rn 18, vgl unten Rn 17. Eine Rücknahme unter offensichtlichem Mißbrauch der Vertretungsmacht durch den Vertreter einer jur Person ist unwirksam, BGH MDR **62**, 374, ebenso eine Rücknahme agrd eines offensichtlichen Irrtums des RA, BGH FamRZ **88**, 496, VersR **77**, 574. Dagegen ist die Erklärung auch dann wirksam, wenn dem RA das Mandat entzogen war, § 87, BGH VersR **90**, 328, oder wenn er weisungswidrig gehandelt hat, § 83, BGH FamRZ **88**, 496.

12 **C. Streitgenossen.** Von ihnen handelt jeder selbständig. Bei notwendiger Streitgenossenschaft, § 62, verliert jeder Streitgenosse durch seine Rücknahme die eigene Rechtsmittel, bleibt aber trotzdem wegen der Rücknahme der anderen Streitgenossen Berufungskläger, BGH RR **91**, 187; hat nur ein Streitgenosse Berufung eingelegt, nachdem die Frist für die anderen abgelaufen ist, verlieren diese mit der Rücknahme ihre Stellung als Partei, BGH RR **99**, 286. Hatte der Zurücknehmende allein Berufung eingelegt, so können die anderen die Berufung aufrechterhalten. Der Streithelfer darf die Berufung der eigentlichen Partei nicht zurücknehmen, § 67 Rn 8; umgekehrt kann auch die Partei die Berufung des gewöhnlichen Streithelfers wirksam zurücknehmen, Hamm FamRZ **84**, 810, str, Pantle MDR **88**, 925 mwN (wohl aber kann die Partei sie durch Widerspruch unzulässig oder gegenstandslos machen, BGH NJW **93**, 2944 mwN).

13 **D. Beschränkung des Berufungsantrags.** Sie kann sein
14 **a)** Verzicht auf den Restanspruch,
    **b)** teilweise Klagrücknahme,
15 **c)** teilweise Berufungsrücknahme (a–c nur dann, wenn ein weitergehender Antrag gestellt war, BGH RR **89**, 962 mwN),
16 **d)** Erklärung, das Verfahren insoweit einstweilen nicht zu betreiben, BGH aaO.

Die Erklärung zu d steht einer späteren Erweiterung der Berufung nicht entgegen, RG **152**, 44, während durch die Erklärungen zu a–c ein endgültiger Zustand geschaffen würde, vgl aber auch unten Rn 17. Für Berufungsrücknahme spricht keine Vermutung, vielmehr ist durch Auslegung zu ermitteln, was gemeint ist, oben Rn 10.

17 **4) Wirkungen, III**
**A. Verlust des Rechtsmittels.** Der Berufungskläger verliert das eingelegte Rechtsmittel, also nur diese Berufung, nicht das Recht zur Berufung überhaupt, wie die Fassung klarstellt. Das entspricht dem Bedürfnis und der Regelung der Klagrücknahme. Hat der Berufungskläger mehrmals Berufung wegen desselben Anspruchs eingelegt, so erledigt eine Rücknahme regelmäßig sämtliche Berufungen, BSG NJW **98**, 2078 mwN, Mü MDR **79**, 409. Anders liegt es, wenn er etwa nur eine der Berufungen als überflüssig zurücknehmen will, BGH **45**, 380, **24**, 179. Was er will, ist durch Auslegung zu ermitteln, oben Rn 10. Handelte es sich um Berufungsschriften sowohl der Hauptpartei als auch ihres Streithelfers, wird die Rücknahme durch die Hauptpartei idR nur ihre Berufung betreffen, BGH NJW **89**, 1358, vgl Pantle MDR **88**, 925, § 511 Rn 7; iü vgl Rn 12. Da die Rücknahme nur die eingelegte Berufung betrifft, kann der Berufungskläger sie in der Notfrist erneuern. Rechtskräftig wird das angefochtene Urteil mit Verlust der eingelegten Berufung nicht. Die Rechtskraft tritt, wenn die Berufungsfrist abgelaufen ist, mit Rücknahme ein, ohne daß eine Rückdatierung entsprechend § 269 eintritt, Oldb MDR **54**, 367, KG JZ **52**, 424, Blomeyer ZPR § 88 I 2 b, aM RoSGo § 137 III 4, Bötticher JZ **52**, 424; vgl auch § 519 b Rn 5.

18 **B. Wirkungslosigkeit vorangegangener Entscheidungen.** Der Verlust des Rechtsmittels führt dazu, daß eine in dieser Instanz ergangene, noch nicht rechtskräftige Entscheidung wirkungslos wird. Dies gilt zB für ein VersUrt, StJGr 12, auch ein solches gegen den Berufungsbeklagten, Düss MDR **88**, 681.

19 **C. Kostentragung. a) Regel.** Der Berufungskläger muß die Kosten der Berufung tragen, soweit nicht durch Vergleich (auch außergerichtlichen), BGH NJW **61**, 460, KG MDR **85**, 678 mwN, oder rechts-

1. Abschnitt. Berufung **§ 515**

kräftiges Urteil bereits über sie befunden ist. Nehmen von mehreren Berufungsklägern nur einige das Rechtsmittel zurück, kann wegen des Grundsatzes der einheitlichen Kostenentscheidung gegen sie keine gesonderte Entscheidung ergehen, BGH RR **91**, 187, vgl § 100 Rn 54. III greift auch dann ein, wenn die Berufung lediglich zur Wahrung der Frist eingelegt worden ist (zur abzulehnenden Kostenerstattung in diesem Fall Köln AnwBl **93**, 137); dagegen hat eine lediglich zur Fristsicherung eingelegte zweite und dann „zurückgenommene" Berufung nicht die Kostenfolge des § 515, da ihr keine selbständige Bedeutung zukommt, BGH MDR **58**, 508. Neben § 515 III sind §§ 95–97 unanwendbar; der Berufungskläger ist ohne jede Prüfung in diese Kosten zu verurteilen (jedoch ist der RA, der ohne Prozeßvollmacht Berufung eingelegt hat, in die Kosten zu verurteilen, Schneider Rpfleger **76**, 229, Köln NJW **72**, 1330). Die Kosten seiner Säumnis hat entspr § 344 der Rechtsmittelgegner zu tragen, vgl § 269 Rn 34, str, wie hier Köln MDR **90**, 256 mwN. Auch § 98 ist unanwendbar, wenn die Berufung in Erfüllung eines außergerichtlichen Vergleichs ohne Kostenregelung zurückgenommen wird, BGH NJW **89**, 39 (für den Fall, daß der Vergleich im wesentlichen die Anerkennung des angefochtenen Urteils enthält), aM LAG Mü VersR **88**, 280. Bei Rücknahme in FamS, die im Verbund FolgeS sind, § 623, richtet sich die Kostenentscheidung einheitlich nach III und nicht teilweise nach § 13 a FGG, Karlsr MDR **84**, 59 mwN, str, vgl § 629 a Rn 14.

Die Verfahrensgebühr, KVerz 1220, ermäßigt sich bei Rücknahme vor Beweisbeschluß oder Terminsbestimmung, KVerz 1221.

**b) Anschlußberufung** (Maurer NJW **91**, 72; Finger MDR **86**, 881). Die Entscheidung über die Kosten **20** der selbständigen Anschlußberufung folgt den allgemeinen Regeln. Im Falle unselbständiger Anschlußberufung gilt das gleiche, wenn über die Anschließung entschieden wird, § 522 Rn 2. Für den Fall der Rücknahme gilt folgendes: Bei Zurücknahme der Hauptberufung vor Beginn der mündlichen Verhandlung oder bei ihrer Verwerfung als unzulässig wegen mangelnder Begründung trägt der **Berufungskläger** die Kosten auch der Anschlußberufung, sofern diese zulässig war, BGH – GS – NJW **81**, 1790, Ffm FamRZ **98**, 302 u Mü RR **89**, 575 mwN (aM Maurer NJW **91**, 75, Ffm FamRZ **95**, 945 u RR **93**, 768 mwN, Brschw VersR **75**, 2302: § 91 a entsprechend), einschließlich der durch eine etwaige Säumnis des Anschlußberufungsklägers entstandenen Mehrkosten, Düss MDR **83**, 64 mwN (aM Köln MDR **90**, 256), desgleichen die Kosten der mit der Anschlußberufung erhobenen Widerklage, Karlsr OLGZ **66**, 42 (nicht aber Mehrkosten wegen Erweiterung der Widerklage auf neue Streitgegenstände, KG FamRZ **88**, 1301, oder einen Dritten, Köln VersR **77**, 62). Hingegen trägt die Kosten der unselbständigen Anschlußberufung der **Anschlußberufungs- 21 kläger**, wenn die Anschlußberufung unzulässig war, BGH NJW **83**, 578 mwN, oder nur die Durchführung einer als selbständiges Rechtsmittel unzulässigen Berufung ermöglichen sollte, ZöGu 32, ThP 11, Ffm RR **87**, 1087, aM Mü RR **96**, 1280; das gleiche gilt, wenn die zurückgenommene Berufung von vornherein unzulässig, vgl BGH JZ **77**, 105 mwN, BFH BStBl **77** II 430, Bbg MDR **89**, 648, Hamm **KR** Nr 38, im Zeitpunkt der Anschließung unzulässig geworden war, Nürnb MDR **89**, 648, oder wenn sie vor Einlegung der Anschlußberufung zurückgenommen wurde, mag dem Anschlußberufungskläger das auch unbekannt sein, BGH **17**, 399 u **67**, 307, desgleichen, wenn er in die Zurücknahme der Hauptberufung eingewilligt hat, sofern die Einwilligung erforderlich war, BGH – GS – NJW **81**, 1790 (wenn sie nicht erforderlich war, aber erteilt wurde, belastet Mü MDR **85**, 943 den Berufungskläger mit den Kosten, während BGH **4**, 242 und BVerwG **26**, 301 dies dahinstellen), abw Karlsr Just **79**, 61 (Kostenteilung). Wird nur die Anschlußberufung zurückgenommen, treffen die Kosten den Anschlußberufungskläger; das gleiche gilt bei Verwerfung der nach § 522 I wirkungslos gewordenen, aber trotzdem weiterverfolgten Anschlußberufung, BGH NJW **95**, 2363 u **87**, 3264 mwN.

**D. Entscheidung.** Alle diese Wirkungen (auch die Wirkungslosigkeit einer vorher ergangenen Entschei- **22** dung) sind endgültig und durch keine Vereinbarung zu beseitigen (wegen einer gegen Treu und Glauben verstoßenden und deshalb unbeachtlichen Berufungsrücknahme s aber Einl III vor § 1 Rn 53 ff). Sie sind **auf Antrag des Berufungsbeklagten durch unanfechtbaren Beschluß auszusprechen, III 2 u 3**, der **23** auf freigestellte mündliche Verhandlung ergeht (kein Beschluß bei Teilrücknahme, Düss MDR **93**, 802); der Bezirksrevisor hat kein Antragsrecht, BGH RR **98**, 1534. Der Antrag unterliegt dem Anwaltszwang; hat der Berufungsbeklagte für die 2. Instanz keinen Prozeßbevollmächtigten bestellt, so kann der Antrag von einem bei dem Berufungsgericht nicht zugelassenen RA gestellt werden, III 2 aE (mit dieser Regelung hat der Gesetzgeber für die Zeit ab 1. 4. 91 eine alte Streitfrage entschieden, Gehrlein NJW **94**, 2274); notfalls ist für die Stellung des Antrags Prozeßkostenhilfe zu bewilligen, Schlesw SchlHA **76**, 112, wenn dafür ein Bedürfnis besteht, BGH JB **81**, 1169, Karlsr RR **89**, 1152. Der Berufungsbeklagte kann sich auf die Erwirkung eines Beschlusses über die Kostentragung oder die Verlustfolge beschränken, allgM.

Die Formel lautet etwa: „Der Berufungskläger ist der am ... eingelegten Berufung verlustig. Er trägt die Kosten dieser Berufung." Auf einen solchen Beschluß hat der Berufungsbeklagte ein gesetzliches Recht, BGH MDR **72**, 945. Das Rechtsschutzbedürfnis ist regelmäßig dadurch gegeben, daß dieser Beschluß die Rücknahme jedem Zweifel entzieht und die Erteilung des Rechtskraftzeugnisses erleichtert. Aber an einem Kostenausspruch besteht kein schutzwürdiges Interesse, wenn darüber ein Vergleich geschlossen ist und der Gegner die übernommenen Kosten unstreitig bezahlt hat, BGH NJW **72**, 1716 mwN m Anm Pietzcker GRUR **72**, 726, oder wenn keine eindeutig keine erstattungsfähigen Kosten entstanden sind, BGH JB **81**, 1169, MüKoRi 32, Kblz MDR **96**, 211, Schlesw SchlHA **82**, 142, LAG Hamm NZA **99**, 335, Dresd MDR **98**, 1309 u Köln FamRZ **98**, 1382 mwN (zur str Frage der Kostenerstattung bei „nur zur Fristwahrung" eingelegter Berufung), aM BayObLG MDR **94**, 1153, Mü MDR **99**, 568, ZöGu 29, offen Düss RR **99**, 142 mwN.

Der Beschluß ergeht gebührenfrei. Zuständig für den Beschluß ist auch der Einzelrichter, § 524 III Z 2. **24** Er ist unanfechtbar, BGH NJW **90**, 841, auch bei Ablehnung des Antrags, Zweibr JB **79**, 1717; das gilt auch dann, wenn das OLG irrig durch Urteil entschieden hat, BGH **46**, 114. Im Kostenfestsetzungsverfahren darf die Zulässigkeit des Beschlusses nicht in Zweifel gezogen werden, Schlesw SchlHA **89**, 130. Streitwert: Die gerichtlichen und außergerichtlichen Kosten bis zum Antrag auf Verlusterklärung und auf Kostenentscheidung, BGH **15**, 394 gegen RG **155**, 382, aM ZöGu Rn 33. Zur Erstattungsfähigkeit von Kosten, wenn die Berufung nur zur Fristwahrung eingelegt worden war, s § 91 Rn 158 u 159 mwN.

**25**  **5) Streit über die Wirksamkeit.** Entsteht Streit darüber, ob die Rücknahme wirksam erklärt oder mit Erfolg angefochten oder widerrufen ist, ist der Verlust des Rechtsmittels gleichwohl durch (unanfechtbaren) Beschluß festzustellen, BGH NJW **95**, 2229 mwN (stRspr), aM MüKoRi u Gaul ZZP **81**, 273; wird der Verlust des Rechtsmittels durch Urteil festgestellt, so ist dagegen keine Revision zulässig, BGH **46**, 113 (grundsätzlich abw RoSGo § 137 III 5, Gaul ZZP **81**, 273, BSG NJW **90**, 600: Entscheidung stets durch Urteil). Verneint das Gericht die Wirksamkeit der Rücknahme, so entscheidet es durch Zwischenurteil, § 303, oder in den Gründen des Endurteils, das auf die fortgesetzte Verhandlung ergeht, ThP § 269 Rn 20.

**26**  **6) VwGO:** Es gelten § 126 VwGO (idF des 6. ÄndG) und wegen der Kosten § 155 II VwGO (bei Anschlußberufung gilt das in Rn 21 Gesagte, VGH Mü BayVBl **94**, 60 mwN); zu § 126 V VwGO s VGH Kassel NVwZ-RR **98**, 688. § 126 III 2 VwGO sieht einen Beschluß nur über die Kostenfolge vor und weicht insofern von der Regelung bei Klagerücknahme, § 92 II VwGO, ab; trotzdem ist III (ebenso wie § 269 III) ergänzend anwendbar, § 173 VwGO, so daß im Einstellungsbeschluß auch der Verlust des Rechtsmittels festzustellen ist, wenn der Gegner dies beantragt, RedOe § 126 Anm 6. Anwendbar ist § 87 a iVm § 125 I VwGO, VGH Mü BayVBl **94**, 60, VGH Kassel NVwZ **91**, 594. Die Zurücknahme einer wirksam eingelegten Berufung ist nicht anfechtbar und nur ausnahmsweise widerruflich, BVerwG NVwZ-RR **99**, 407 u NJW **97**, 2897, beide mwN.

## 516 *Berufungsfrist.* Die Berufungsfrist beträgt einen Monat; sie ist eine Notfrist und beginnt mit der Zustellung des in vollständiger Form abgefaßten Urteils, spätestens aber nach Ablauf von fünf Monaten nach der Verkündung.

**1**  **Vorbem.** Im **Verfahren der Arbeitsgerichte** beträgt die Berufungsfrist ebenfalls 1 Monat, § 66 I 1 ArbGG; Halbsatz 2 gilt entsprechend, § 64 VI ArbGG, mit den sich aus § 9 V ArbGG ergebenden Maßgaben, Dütz RdA **80**, 84; danach wird bei fehlender Rechtsmittelbelehrung mit Ablauf der Fünfmonatsfrist die Jahresfrist des § 9 V 2 ArbGG in Lauf gesetzt, BAG NJW **98**, 774 mwN, so daß nach Ablauf von 17 Monaten die Berufung unzulässig wird, wenn nicht die in dieser Frist erteilte Rechtsmittelbelehrung einen späteren Zeitpunkt ergibt, BAG aaO, vgl Vogg MDR **93**, 295 (aM GMP § 9 Rn 58: Eintritt der Rechtskraft nach 12 Monaten, noch anders Schlee AnwBl **84**, 606: nach 17 Monaten beginnt die Monatsfrist zu laufen).

**2**  **1) Berufungsfrist.** Sie beträgt **einen Monat** und ist **eine** nach § 222 zu berechnende **Notfrist**, § 223, wurde also durch die Gerichtsferien nicht berührt. Die Frist darf nicht verlängert oder abgekürzt werden, § 224. Gegen ihre Versäumung ist WiedEins zulässig, § 233. **Die Frist beginnt** mit der (wirksamen) Zustellung des vollständigen Urteils, unten Rn 5 ff, spätestens aber nach Ablauf von 5 Monaten nach der Verkündung, unten Rn 10 ff; ob in Baulandsachen der Lauf der Frist von einer richtigen Rechtsmittelbelehrung, § 211 BauGB, abhängt, ist str, Mü NVwZ **88**, 1070. Das **Ende der Frist** errechnet sich nach § 222, s die dortigen Erläuterungen; wird ein Urteil am 31. 1. zugestellt, läuft sie mit dem 28. 2. (in Schaltjahren 29. 2.) ab, bei Zustellung am 28. 2. mit dem 28. 3., BGH MDR **85**, 471 u NJW **84**, 1358 mwN (wenn nicht § 222 II eingreift); das Ende der Frist wird wegen eines Feiertages nur dann hinausgeschoben, § 222 I, wenn der betreffende Tag an dem Ort, wo das Rechtsmittel einzulegen ist, gesetzlicher Feiertag ist, BAG NJW **89**, 1181 mwN. Wegen der Wirkung einer Unterbrechung des Verfahrens auf den Fristenlauf s BGH NJW **90**, 1855, § 249 Rn 2; eine während der Unterbrechung eingelegte Berufung ist wirksam, BGH **50**, 400 u VersR **82**, 1054. Eine **Berichtigung**, §§ 319, 320 hat grundsätzlich keinen Einfluß auf Beginn und Lauf der Berufungsfrist, BGH in stRspr, NJW **99**, 647 u **95**, 1033 mwN (Anm Grunsky **LM** Nr 36), stRspr, § 319 Rn 29, wohl aber dann, wenn erst die Berichtigung eine Beschwer schafft oder klar erkennen läßt, BGH NJW **99**, 621 mwN, Celle MDR **99**, 499, und ebenfalls dann, wenn erst die Berichtigung zweifelsfrei ergibt, gegen wen die Berufung zu richten ist, BGH NJW **91**, 1834 mwN, vgl auch BGH NJW **86**, 936, ZöGu 6; diese Wirkung hat aber nur eine wirksame Berichtigung, so daß etwa eine auf diesem Wege vorgenommene Parteiauswechslung für die neue Partei keine Berufungsfrist in Lauf setzt, Vollkommer MDR **92**, 642 mwN (zu Düss MDR **90**, 930). Über den Fall des Ergänzungsurteils s § 517.

**3**  **Die Frist wird gewahrt durch rechtzeitige Einreichung der Berufungsschrift**, § 518 Rn 3 ff. Der Berufungskläger hat einen Anspruch auf volle Ausnutzung der Frist, BVerfG NJW **86**, 244 mwN; deshalb ist es Amtspflicht der Justizverwaltung, die Einreichung nach Dienstschluß zu ermöglichen, zB durch die Einrichtung eines Nachtbriefkastens und das Festhalten des Eingangs auf Fernschreiben, BVerfG NJW **76**, 747, dazu Vollkommer Rpfleger **76**, 240. Die Verweigerung der Annahme einer rechtzeitig eingegangenen Berufungsschrift wegen nicht ausreichender Frankierung ändert nichts an der Einhaltung der Frist, VGH Mannh BWVPr **89**, 39.

**4**  Zum Umfang der **Nachprüfung** bei Zweifeln über den rechtzeitigen Eingang vgl BGH VersR **84**, 442, VersR **91**, 192. Nötig ist voller Beweis; für die Beweiserhebung gilt der sog Freibeweis, Einf § 284 Rn 9, BGH NJW **96**, 2038 (betr eidesstattliche Versicherung), NJW **87**, 2875 mwN, str, vgl Peters ZZP **101**, 297. Die Beweislast für die Wahrung der Frist liegt beim Berufungskläger; zum Nachweis des rechtzeitigen Eingangs Schlee AnwBl **86**, 339 u Wolf NJW **89**, 2594 (für Telex und Telefax).

Ergeht vor dem Ablauf der Berufungsfrist (ausnahmsweise) bereits ein **Urteil der Berufungsinstanz**, so steht einer erneuten Berufungseinlegung entweder die Rechtskraft oder ein der Rechtshängigkeit entsprechendes Prozeßhindernis entgegen, das vAw zu beachten ist. Dagegen hindert die Verwerfung durch Beschluß idR nicht die erneute Einlegung innerhalb der Frist, § 519 b Rn 10.

**5**  **2) Beginn der Frist** (Schlee AnwBl **93**, 237). Die Berufungsfrist **beginnt mit der Amtszustellung des in vollständiger Form abgefaßten** Urteils durch das Gericht, § 317 I; eine etwaige Zustellung durch eine Partei ist ohne Bedeutung, Bischof NJW **80**, 2235. Die Wiederholung einer (wirksamen) Zustellung läßt keine neue Frist beginnen, BGH VersR **87**, 680, BVerwG **58**, 106. Wegen des Fristbeginns im Fall der Berichtigung, § 319, s oben Rn 2.

## 1. Abschnitt. Berufung § 516

Notwendig für den Fristbeginn ist eine **wirksame Zustellung**, BGH in stRspr, zB NJW **94**, 526 u 2297, **6** RR **93**, 1213 mwN; die Zustellung an einen Prozeßunfähigen setzt die Frist in Gang, BGH NJW **88**, 2049 mwN, str, im Ergebnis zustm Orfanides ZZP **102**, 371. Die Frist wird nicht in Lauf gesetzt, wenn das zugestellte Urteil nicht ordnungsgemäß verkündet war, unten Rn 11, BGH VersR **84**, 1192, oder formell fehlerhaft ist, BGH VersR **84**, 586 (zB ein nicht vollständig unterschriebenes Urteil zugestellt wird, BGH NJW **98**, 611 mwN), oder das Verf unterbrochen war, § 249, BGH ZIP **90**, 1631. Die Zustellung eines nach § 313 a oder § 313 b abgefaßten Urteils setzt die Frist nicht in Lauf, wenn die Voraussetzungen nicht vorlagen, BGH RR **91**, 255. Das gleiche gilt, wenn die zugestellte Ausfertigung den Anforderungen an eine wortgetreue und richtige Wiedergabe der Urschrift, BGH NJW **81**, 2346, nicht genügt, BGH RR **87**, 377, FamRZ **82**, 482, VersR **81**, 576, Ffm NJW **83**, 2396, OVG Münst NJW **92**, 1187, wofür Unleserlichkeit einzelner Seiten nicht ausreicht, BGH VersR **80**, 772, auch nicht Ausfertigung durch einen unzuständigen UrkB, BAG LS NJW **86**, 1008, wohl aber das Fehlen mindestens einer Seite, BGH NJW **98**, 1960, oder die nicht ordnungsgemäße Wiedergabe der Unterschriften der beteiligten Richter, dazu BGH FamRZ **90**, 1227 mwN, oder das Fehlen der Unterschrift unter dem Ausfertigungsvermerk, BGH NJW **91**, 1116 mwN (ist die Ausfertigung unterzeichnet, so genügt, daß die Identität der unterzeichnenden Person ohne weiteres festgestellt werden kann, BGH DtZ **93**, 55), oder ein Ausfertigungsvermerk vor der Verkündung, BGH RR **93**, 956. Abweichungen von der Urschrift schaden nur dann, wenn sie wesentlich sind, allgM, BGH VersR **85**, 551 mwN, so daß das Auslassen der Kostenentscheidung, BGH VersR **82**, 70, oder des Ausspruchs der Abweisung im übrigen, BGH **67**, 284, die Wirksamkeit der Zustellung nicht berührt. Auch offenbare Unrichtigkeiten machen grundsätzlich die Zustellung nicht unwirksam, BGH **67**, 284, Stgt FamRZ **84**, 402, etwa Unterzeichnung durch einen an der Entscheidung nicht beteiligten Richter, BGH MDR **98**, 336, NJW **89**, 1157, aM BFH FamRZ **89**, 735, oder die ersichtlich falsche Bezeichnung eines Urteils als Beschluß, Bra MDR **97**, 1064; vgl wegen des Fristbeginns bei Berichtigung i ü oben Rn 2. Durch die Beifügung einer falschen, dem Recht der früheren DDR entspr Rechtsmittelbelehrung wird die Ordnungsmäßigkeit der Zustellung nicht beeinträchtigt, BGH DtZ **91**, 409.

**Immer kommt es darauf an**, ob die zugestellte Ausfertigung formell und inhaltlich geeignet war, der **7** Partei die Entscheidung über das Einlegen eines Rechtsmittels zu ermöglichen, BGH VersR **82**, 70. Nimmt das Urteil auf ein gleichzeitig (oder früher) verkündetes Urteil zwischen denselben Parteien Bezug, so beginnt die Frist entsprechend § 517 von dem Zeitpunkt, in dem beide Urteile zugestellt sind, BGH NJW **71**, 39, krit BFH BStBl **84** II 666; bei Bezugnahme auf ein Urteil, an dem eine Partei nicht beteiligt ist, beginnt demgemäß die Frist für diese Partei überhaupt nicht zu laufen, BGH RR **91**, 831. Wird die zugestellte Ausfertigung von der Geschäftsstelle als „falsch" zurückgefordert, wird die Berufungsfrist nicht in Lauf gesetzt, Köln FamRZ **93**, 718.

Die Berufungsfrist beginnt **für jede Partei getrennt** mit der Zustellung an sie, BGH FamRZ **88**, 1159. **8** Dies gilt auch bei notwendiger Streitgenossenschaft, § 62 Rn 19; ein Rechtsmittel muß fristgerecht gegen alle notwendigen Streitgenossen eingelegt sein, BGH **23**, 73. Für Streithelfer gibt es keine gesonderte Rechtsmittelfrist, sie dürfen Rechtsmittel nur so lange einlegen, wie die Frist für die Hauptpartei läuft, BGH RR **97**, 919 mwN, stRspr, vgl § 67 Rn 12; beim streitgenössischen Streithelfer, vgl § 69 Rn 4, kommt es auf die Zustellung an ihn an, BGH aaO, RR **97**, 865. Hat ein Beteiligter mehrere ProzBev, so genügt die Zustellung an einen von ihnen und ist ggf die zeitlich erste Zustellung maßgeblich, BVerwG NJW **84**, 2114 mwN.

Der **Nachweis der Zustellung** wird an Hand der Gerichtsakten geführt. Ebenso wie die Zustellungsur- **9** kunde, § 198, erbringt das anwaltliche Empfangsbekenntnis, § 212 a (das auch in der Berufungsschrift abgegeben werden kann, BGH NJW **87**, 2679), vollen Beweis, BGH NJW **91**, 42; über die Anforderungen an seine Entkräftung vgl BGH NJW **92**, 512, RR **93**, 1151, NJW **87**, 325, Schlee AnwBl **86**, 339. Eine etwaige Unklarbarkeit geht grundsätzlich zu Lasten des Berufungsklägers, BGH NJW **81**, 1674 mwN, BVerwG Rpfleger **82**, 385, doch gilt dies dann nicht, wenn die ungeklärten Umstände in den Verantwortungsbereich des Gerichts fallen, BGH aaO, und auch nicht bei Unleserlichkeit des Datums des anwaltlichen Empfangsbekenntnisses, wenn der RA das spätere Datum als richtig bestätigt, BGH VersR **81**, 354. Das Rechtsmittelgericht ist bei gegebenem Anlaß vA verpflichtet, zur Aufklärung vAw beizutragen, BGH VersR **80**, 90. Mängel der Zustellung sind nicht durch Parteivereinbarung heilbar, RG **103**, 339, auch nicht nach § 187. Eine Vereinbarung kann auch nicht eine geschehene Zustellung beseitigen, weil sich die Berufungsfrist nicht verlängern läßt, RG Recht **31**, 663. Die Parteien haben aber die Möglichkeit, die Zustellung hinauszuschieben zu lassen, § 317 I 3.

**Vor der Zustellung** eines Urteils ist die Berufung statthaft, allgM, Vogg MDR **93**, 293 mwN (aber wegen der mit der Einlegung beginnenden Begründungsfrist zu widerraten). Keine Berufung ist dagegen vor der Verkündung oder sonstigen Bekanntgabe statthaft, unten Rn 14.

**3) Fünfmonatsfrist.** Spätestens beginnt die Berufungsfrist **nach Ablauf von 5 Monaten nach der 10 Verkündung des Urteils**. Die Vorschrift soll verhindern, daß die Rechtskraft eines Urteils allzu lange in der Schwebe bleibt, nämlich dann, wenn die Zustellung an einen Beteiligten unterblieben oder unwirksam ist. Auf die Kenntnis von dem Urteil kommt es nicht an, so daß die Frist auch gegenüber einem Prozeßunfähigen läuft. Notfalls muß WiedEins helfen, s unten. Die Vorschrift gilt für alle Berufungsverfahren (auch im Fall des § 612 IV, ZöGu 20, aM Rolff FamRZ **71**, 624) und auch für die sofortige Beschwerde, § 577 Rn 4; zu ihrer entspr Anwendung iRv § 320 u § 339 Rimmelspacher F Schwab (1990) S 422, nicht jedoch im Verfahren nach FGG, BayObLG RR **99**, 957 mwN. Wegen der Besonderheiten in **FamS** s § 621 e Rn 20.

**A. Die Fünfmonatsfrist beginnt** mit der wirksamen Verkündung des Urteils, § 310, die auch im **11** schriftlichen Verfahren, § 128 II u III, und bei einer Entscheidung nach Aktenlage zu erfolgen hat (bzw mit der Zustellung in den Fällen des § 310 III), BGH NJW **99**, 144 mwN, **85**, 1783 (dazu Jauernig NJW **86**, 117). Daß die Zustellung hinausgeschoben wird, § 317 I 3, ändert daran nichts. Darauf, ob das Urteil bei Verkündung vollständig schriftlich abgefaßt war, § 310 II, kommt es nur dann an, wenn die Urteilsformel bei Verkündung durch Bezugnahme noch nicht schriftlich fixiert war, BGH NJW **99**, 794 u 144, **94**, 3358 u **85**,

## §§ 516, 517　　　　　　　　　　　　　　　　　　　　　　　3. Buch. Rechtsmittel

1783, nicht aber sonst, Jauernig NJW 86, 117, BGH NJW 88, 2046, allgM. Überhaupt setzt § 516 nicht eine mängelfreie, sondern eine wirksame Verkündung voraus, BGH NJW 94, 3358 u RR 94, 127 mwN, an der es nur bei einem Verstoß gegen Elementaranforderungen fehlt (verneint bei Verletzung des § 310 I 2 u des § 315 I), BGH NJW 89, 1157 mwN. Die Verkündung muß ordnungsgemäß protokolliert sein, BGH RR 91, 1084, wobei es auf geringfügige Mängel oder verspätete Absetzung des Protokolls nicht ankommt, Rostock OLG-NL 94, 68. Sie kann nur aus dem Protokoll bewiesen werden, § 165, BGH aaO u NJW 85, 1783; zu den Anforderungen an den Nachweis des Verkündungsdatums bei unvorschriftsmäßiger späterer Ergänzung des Protokolls BGH VersR 86, 488. Wenn die Partei den Sitzungssaal in der irrigen Annahme, die Verhandlung sei beendet, vorzeitig verläßt, ändert das nichts am Beginn der Frist, BGH RR 97, 770.

Die Frist beginnt mit der Verkündung **nicht** zu laufen, wenn der Betroffene am Verf bislang nicht beteiligt war oder im Verhandlungstermin nicht vertreten und zu ihm nicht ordnungsgemäß geladen war, BGH FamRZ 95, 800 u 88, 827, vgl Celle FamRZ 97, 761, Mü FamRZ 96, 740, Ffm FamRZ 85, 613, wobei eine wirksame Ladung nach §§ 174, 175 genügt, BGH NJW 89, 1433 (zT abw Rimmelspacher F Schwab, 1990, S 426, der für den Beklagten auf die Zustellung der Klage abstellt, insoweit offen BGH RR 94, 1022). Wird nach der Verkündung das Urteil **berichtigt** und dadurch eine Partei erstmals beschwert, beginnt die Fünfmonatsfrist für diese Partei erst mit der Berichtigung, oben Rn 2, Düss MDR 90, 930.

12　　Es handelt sich um eine **uneigentliche Frist**, Üb § 214 Rn 11, so daß eine Abkürzung oder Verlängerung nicht in Betracht kommt. Auf die Frist ist § 187 S 1 nicht anwendbar, BGH 32, 373. Konkurseröffnung u dgl unterbricht sie nicht, wohl aber hindert eine Unterbrechung den Beginn der anschließenden einmonatigen Berufungsfrist, BGH NJW 90, 1855. Die Frist endet mit dem Ablauf von 6 Monaten seit der Verlautbarung des Urteils; die Zustellung des ordnungsgemäß verkündeten Urteils nach Ablauf von 5 Monaten läßt die Frist unberührt, Köln RR 98, 1447. Nur der 6. Monat ist eine Notfrist, und nur für diese Monatsfrist gilt § 222 II, Ffm NJW 72, 2313; sie wird durch Konkurseröffnung u dgl unterbrochen, Celle Rpfleger 57, 63. WiedEins nach Ablauf dieser Notfrist zulässig, ZöGu 18, abw möglicherweise BGH NJW 89, 1432, offen gelassen Stgt FamRZ 91, 344 mwN.

13　　**B. Die Fünfmonatsfrist endet** nach Maßgabe des § 222 I u II, s dortige Erläuterungen. Daß innerhalb der 5 Monate das vollständige Urteil nicht zu den Akten gelangt, sollte angesichts des § 310 II nicht vorkommen. Notfalls muß die Partei durch Dienstaufsichtsbeschwerde darauf hinwirken, daß die Justizverwaltung Maßnahmen nach § 26 II DRiG trifft. Geht das Urteil dennoch der Partei zu spät zu, so kann das ein Wiedereinsetzungsgrund sein; es liegt dann außerdem ein wesentlicher Verfahrensmangel iSv § 539, Stgt VersR 89, 863, bzw der absolute Revisionsgrund des § 551 Z 7 vor, § 551 Rn 17. Nach Ablauf der Fünfmonatsfrist genügt zur Begründung der Berufung, § 519 III Z 2, der Vortrag, das Urteil sei noch nicht abgesetzt, BAG LS MDR 97, 579, NJW 96, 1431.

14　　**C. Fehlt die Verkündung** (oder Zustellung in den Fällen des § 310 III), läuft keine Frist, BGH NJW 85, 1783 mwN. Bevor das Urteil auf diese rechtlich existent geworden ist, § 310 Rn 1, ist auch kein Rechtsmittel statthaft, weil dies ein bedingtes und darum unmögliches Rechtsmittel wäre; daran ändert auch eine fernmündliche Durchsage des Tenors durch das Gericht nichts, vgl VGH Mannh DVBl 75, 381 m Anm Grunsky (anders bei Beschlüssen, § 567 Rn 9). Tritt jedoch das Urteil den Parteien gegenüber als bestehend in Erscheinung, etwa durch Erteilung einer Ausfertigung durch die Geschäftsstelle, ist die Berufung statthaft, Ffm FamRZ 78, 430.

15　　**4) Fristversäumnis.** Sie führt zur Verwerfung der Berufung, § 519 b. Die Frist ist auch dann einzuhalten, wenn die Nichtigkeit des angefochtenen Urteils geltend gemacht wird, vgl § 579 II, VGH Mü BayVBl 83, 502. Zum Nachweis des rechtzeitigen Eingangs ist voller Beweis nötig, vgl dazu Schlee AnwBl 86, 339; für die Beweiserhebung gilt der sog Freibeweis, Vorbem § 284 Rn 9, BGH in stRspr, NJW 87, 2876 mwN, str, aM Peters ZZP 101, 296.

16　　**5) VwGO:** Es gilt § 124 a VwGO (betr Antrag auf Zulassung). Bei mehreren ProzBev genügt die Zustellung an einen von ihnen, bei Zustellung an jeden ist die zeitlich erste Zustellung maßgebend, BVerwG BayVBl 99, 287 mwN.

---

**517** *Berufungsfrist bei Ergänzungsurteil.* ¹Wird innerhalb der Berufungsfrist ein Urteil durch eine nachträgliche Entscheidung ergänzt (§ 321), so beginnt mit der Zustellung der nachträglichen Entscheidung auch für die Berufung gegen das zuerst ergangene Urteil von neuem. ²Wird gegen beide Urteile von derselben Partei Berufung eingelegt, so sind beide Berufungen miteinander zu verbinden.

1　　**Vorbem.** Im **Verfahren der Arbeitsgerichte** ist § 517 entsprechend anwendbar, § 64 VI ArbGG, GMP § 66 Rn 4, Grunsky ArbGG § 66 Rn 2.

2　　**1) Grundsatz.** § 517 regelt die Fälle des § 321 und seiner sinngemäßen Anwendbarkeit, s § 321 Rn 12 ff, nämlich die Urteilsergänzung. Das ergänzte und das ergänzende Urteil sind selbständige Teilurteile, gegen die getrennte Berufungsfristen laufen. Das Ergänzungsurteil kann mangels wirksamer Zustellung des ergänzten Urteils vor diesem rechtskräftig werden, RArbG JW 37, 2863.

3　　**2) Sonderregelungen.** Besonderes gilt nach § 517 für den Fall, daß das ergänzte Urteil noch nicht rechtskräftig ist, wenn die Ergänzungsentscheidung ergeht.

**A. Fristbeginn bei Ergänzungsurteil, Satz 1.** Die Zustellung des Ergänzungsurteils setzt die Berufungsfrist für das ergänzte Urteil neu in Lauf, BGH VersR 81, 57, und zwar auch dann, wenn das Ergänzungsurteil für sich nicht anfechtbar ist, RG 151, 308, oder nicht angefochten wird. Voraussetzung für den Neubeginn der Frist ist, daß sie bei Ergehen des Ergänzungsurteils noch nicht abgelaufen war, BGH **LM** Nr 2. Äußerster Termin ist in diesem Fall der Ablauf von 6 Monaten seit Verkündung des Ergänzungsurteils.

## 1. Abschnitt. Berufung §§ 517, 518

Die Rücknahme oder Verwerfung der Berufung gegen das ergänzte Urteil als unzulässig ändert nichts an dem Neubeginn der Berufungsfrist auch für dieses Urteil. Wegen der Möglichkeit einer Urteilsergänzung nach Fristablauf ist in jedem Fall rechtzeitige Berufung gegen ein unvollständiges Urteil zu empfehlen. Über ergänzende Kostenurteile s § 321 Rn 10.

Berichtigungen des Urteils aus §§ 319, 320 ändern nichts an der Berufungsfrist, § 319 Rn 29, es sei denn, das später berichtigte Urteil war nicht klar genug, um die Grundlage für das weitere Handeln der Partei zu bilden, § 319 Rn 30. Ebensowenig berührt ein Zusatzurteil nach § 239 IV gegen den Rechtsnachfolger eines Verstorbenen die Frist, RG 140, 353.

**B. Berufung gegen beide Urteile, Satz 2.** Legt dieselbe Partei gegen beide Urteile Berufung ein, so muß das Gericht in Abweichung von § 147 die Berufungen verbinden. 4

**3) *VwGO*:** Entsprechend anzuwenden, § 173 VwGO, für den Fall des § 120 VwGO, BVerwG NVwZ-RR 89, 5
519.

**518** *Berufungseinlegung.* ᴵ Die Berufung wird durch Einreichung der Berufungsschrift bei dem Berufungsgericht eingelegt.

ᴵᴵ Die Berufungsschrift muß enthalten:
1. die Bezeichnung des Urteils, gegen das die Berufung gerichtet wird;
2. die Erklärung, daß gegen dieses Urteil Berufung eingelegt werde.

ᴵᴵᴵ Mit der Berufungsschrift soll eine Ausfertigung oder beglaubigte Abschrift des angefochtenen Urteils vorgelegt werden.

ᴵⱽ Die allgemeinen Vorschriften über die vorbereitenden Schriftsätze sind auch auf die Berufungsschrift anzuwenden.

**Vorbem.** Im **Verfahren der Arbeitsgerichte** ist § 518 entsprechend anwendbar, § 64 VI ArbGG, GMP 1
§ 64 Rn 48–53, Grunsky ArbGG § 64 Rn 23–26; zur Wahrung der Schriftform Düwell NZA 99, 291. Zur Einstellung der ZwVollstr, §§ 707 I u 719 I, vgl Groeger NZA 94, 253.

### Gliederung

| | | | |
|---|---|---|---|
| 1) Berufungseinlegung, I–IV .............. | 2–18 | b) Erklärung der Berufungseinlegung . | 22, 23 |
| A. Einreichung ......................... | 3–8 | c) Einlegungsberechtigter ............. | 24 |
| B. Form der Berufungsschrift ........... | 9–17 | d) Angabe des Berufungsgegners ...... | 25–27 |
| C. Mehrere Berufungsschriften .......... | 18 | 3) Anlagen der Berufungsschrift, III ..... | 28 |
| 2) Inhalt der Berufungsschrift, II ......... | 19–27 | 4) Allgemeine Bestimmungen, IV ....... | 29 |
| A. Mängel ............................ | 19 | 5) *VwGO* ............................. | 30 |
| B. Wesentlicher Inhalt ................. | 20–27 | | |
| a) Bezeichnung des Urteils .......... | 20, 21 | | |

**1) Berufungseinlegung, I–IV.** Die Einlegung der Berufung geschieht **durch Einreichung der Beru-** 2
**fungsschrift bei dem** zZt der Einreichung zuständigen **Berufungsgericht;** mit der Einreichung wird das Berufungsverfahren anhängig, allgM, BGH DtZ 95, 444 mwN, § 176 Rn 17. Nötig ist danach stets eine schriftliche Erklärung, unten Rn 9 ff, so daß eine mündliche oder fernmündliche Einlegung ausscheidet, vgl Friedrichs NJW 81, 1422 mwN. Für die Einlegung besteht grds Anwaltszwang, § 78, auch in Baulandsachen, Hamm NJW 96, 601 mwN.

**A. Einreichung, I.** „Eingereicht" ist die Berufungsschrift, wenn sie (auch nach dem Ende der Dienstzeit) 3 in die Verfügungsgewalt des Berufungsgerichts gelangt, BGH VersR 93, 459 mwN, nicht erst dann, wenn sie von der zu ihrer Entgegennahme zuständigen Bediensteten der Geschäftsstelle amtlich in Empfang genommen wird, BVerfG NJW 91, 2076 mwN, oder zu den Akten gelangt, BGH NJW 87, 2876. Diese Einschränkung wäre mit dem GG nicht vereinbar, BVerfG NJW 91, 2076 mwN, so daß die entgegenstehende Rspr des BGH überholt ist, BGH NJW 90, 2822 mwN, vgl auch BAG NJW 86, 1373. „Eingereicht" ist die Berufungsschrift auch dann, wenn das Schriftstück dem Gericht übergeben wird, damit es unmittelbar an den Gegner weitergeleitet oder als Belegexemplar dem Einreicher zurückgegeben wird, BGH VersR 93, 459.

Demgemäß wird die **Berufungsfrist gewahrt** durch die Abgabe auf der Annahmestelle oder den Einwurf 4 in den Briefkasten des Gerichts (nicht nur den Nachtbriefkasten), BGH NJW 81, 1216 (zustm Grundmann JR 81, 331), oder die Einlegung in sein Postfach, BGH NJW 86, 2646 mwN (vgl auch BAG NJW 86, 1373), oder in ein Fach des zuständigen Gerichts bei einem anderen Gericht, BGH RR 89, 1215, BAG LS NJW 86, 2728 (dazu s unten), oder auf der Annahmestelle, BVerfG NJW 81, 1951, oder in das im Anwaltszimmer eingerichtete und regelmäßig geleerte Fach des Gerichts, Köln NJW 86, 859, dies alles auch dann, wenn mit der Leerung noch am selben Tag nicht zu rechnen ist, BGH NJW 86, 2646 u NJW 84, 1237 mwN (in Fortführung von BGH NJW 81, 1789). Das gleiche gilt für den Eingang des Fernschreibens nach Dienstschluß in der nicht besetzten Fernschreibstelle, BGH NJW 87, 2587 (BGH 65, 10 ist durch BVerfG NJW 80, 580 überholt), BVerwG NJW 74, 73, BFH BStBl 76 II 570, und ebenso für den Eingang der Telefax-Kopie: maßgeblich ist in beiden Fällen der Ausdruck im Empfängerapparat, Wolf NJW 89, 2594 (mit Hinweisen für den Nachweis des fristgerechten Zugangs), BGH NJW 94, 1882 u 2097 mwN; bei Angabe der Nummer einer anderen Stelle auf gerichtlichen Schreiben genügt der Eingang bei jener Stelle, unten Rn 8. Wegen Fehlern im Empfängergerät oder in der Übermittlungsleitung s unten Rn 9 u 10; zum unvollständigen Ausdruck s BGH NJW 94, 1881.

§ 518

**5** Grundsätzlich muß die Berufungsschrift rechtzeitig in den **Gewahrsam des zuständigen Berufungsgerichts** gelangen, §§ 72 u 119 GVG, mag dies auch erst nach Weiterleitung geschehen; zu den Anforderungen an den Nachweis BGH VersR **84**, 442. Dies gilt auch dann, wenn die Zuständigkeit auf einer Spezialvorschrift beruht, aM Köln RR **97**, 1351 (betr BauGB). Der Einwurf einer an das LG adressierten Sendung in den Briefkasten des zuständigen OLG wahrt die Frist nicht, BGH NJW **94**, 1354; ebensowenig der Einwurf einer unrichtig adressierten Berufungsschrift in den gemeinsamen Briefkasten, BGH RR **96**, 443, oder ihr Eingang bei der gemeinsamen Annahmestelle, näheres unten Rn 6. Beim Einlegen in ein Behältnis muß es sich um ein solches handeln, das unter Ausschluß eines fortbestehenden Zugriffs des Absenders oder eines Beförderers nur von einer vom Gericht beauftragten Person geleert werden kann, BGH NJW **86**, 2646, BAG LS NJW **86**, 2728 (abw wohl BVerfG NJW **81**, 1951). Deshalb reicht das Einlegen der Berufungsschrift in ein beim LG eingerichtetes besonderes Fach für das OLG nicht aus, BGH JB **84**, 52 (zur WiedEins bei rechtzeitiger Abgabe der Schrift), LAG Bre MDR **96**, 417, erst recht nicht das Ablegen der Berufungsschrift in einem offenstehenden, unbesetzten Raum eines anderen Gerichts, BGH VersR **85**, 87.

Dagegen genügt das Einlegen in ein als **Empfangseinrichtung** auch für das LG geschaffenes, nur von Gerichtsbediensteten zu leerendes Fach beim AG, BVerfG NJW **91**, 2076, ebenso in ein sog Behördenaustauschfach, das von Bediensteten des Gerichts geleert wird, Friese AnwBl **86**, 403 gg LG Stgt AnwBl **86**, 250, ebenso wie der Einwurf in einen von der Justizverwaltung eingerichteten, auch für dieses Gericht bestimmten Briefkasten oder die Abgabe bei einer gemeinsamen Annahmestelle, BGH VersR **81**, 1182, stRspr,Hbg MDR **99**, 627, Ffm VersR **82**, 449 (auch zur Organisation u Funktion der gemeinsamen Annahmestellen), wenn die Schrift erkennbar an das richtige Gericht gerichtet ist, dazu LAG Düss NZA-RR **99**, 265. Dabei ist aber auf den Gesamtinhalt abzustellen, so daß ein Vergreifen im Ausdruck unschädlich sein kann, BGH NJW **89**, 591. Wird die Berufung zB ausdrücklich gegen ein Urteil des LG eingelegt, ohne einen Empfänger der Schrift zu bezeichnen, so genügt der Eingang bei der gemeinsamen Annahmestelle auch dann, wenn die Schrift erst nach Ablauf der Frist an das OLG gelangt, BGH NJW **92**, 1047. Daß sie mit dem Eingangsstempel eines der anderen Gerichte versehen wird, schadet nicht, Stgt NJW **92**, 53 (betr Abgabe bei der Annahmestelle, die die Post aus dem gemeinsamen Briefkasten zu bearbeiten hat).

**6** Die **Frist** wird **nicht gewahrt**, wenn die unrichtig adressierte Berufungsschrift zwar rechtzeitig in den gemeinsamen Briefkasten oder die gemeinsame Annahmestelle gelangt, jedoch erst verspätet das richtige Berufungsgericht erreicht, BGH in stRspr, RR **97**, 892, FamRZ **97**, 172, RR **96**, 443 u **93**, 254 (Abgrenzung zu BGH NJW **92**, 1047), NJW **90**, 2822, FamRZ **90**, 866, NJW **90**, 990, VersR **88**, 251 mwN (Klarstellung zu BGH AnwBl **81**, 499, wo besondere Umstände vorlagen), BAG NJW **88**, 3229 mwN, BayObLG NJW **84**, 1050, Mü NJW **89**, 1166 u Ffm NJW **88**, 2812 mwN (die frühere Rspr, BGH NJW **75**, 2294 mwN, BAG NJW **75**, 184, wird danach insoweit aufrechterhalten, ohne daß dies im Hinblick auf die Rspr des BVerfG Bedenken begegnet, vgl BVerfG bei Schlee AnwBl **85**, 254). Ein unzuständiges Gericht hat einen bei ihm eingegangenen Schriftsatz lediglich im Rahmen des ordentlichen Geschäftsganges weiterzuleiten, BVerfG NJW **95**, 3173, BGH NJW **98**, 908 u RR **98**, 354, NJW **98**, 923, BVerwG NJW **98**, 697, OVG Hbg HbgJVBl **98**, 5, OVG Münst NJW **96**, 334. Ist ein **auswärtiger Spruchkörper** eines Gerichts zuständig, genügt auch die fristgerechte Einreichung beim Stammgericht, BGH NJW **67**, 107 mwN, oder bei einem anderen auswärtigen Spruchkörper dieses Gerichts, BAG LS NJW **82**, 1119, BFH BB **81**, 1759; ebenso wahrt der Eingang der an das Stammgericht gerichteten Schrift bei einem auswärtigen Spruchkörper die Frist, Karlsr NJW **84**, 744, das dies mit Recht aus § 116 II GVG folgert, VGH Kassel AS **34**, 214.

**7** In **Kartellsachen** kann die Berufung gegen das Urteil des LG stets wirksam bei dem diesem LG allgemein vorgeordneten OLG eingelegt werden, mag das LG auch ausdrücklich als Kartellgericht entschieden haben; das OLG hat die Berufung dann ggf auf Antrag entsprechend § 281 an das für Kartellsachen bestimmte OLG zu verweisen, BGH **71**, 367 m Anm K. Schmidt BB **78**, 1538. In **Patentsachen**, Anh I § 78 b GVG, ist die Berufung gegen das Urteil eines nach § 143 II PatG zuständigen LG bei dem ihm übergeordneten OLG auch dann einzulegen, wenn es sachlich nicht um eine PatS handelt, BGH NJW **72**, 1.

**8** Hat das **Gericht selbst** den rechtzeitigen Zugang verzögert, zB durch eine falsche Auskunft, BGH NJW **89**, 589, oder durch Angabe eines unrichtigen Fernschreibanschlusses auf seinen Briefbögen, BVerfG NJW **86**, 244 (s dazu BGH NJW **87**, 2587), oder ihn durch organisatorische Maßnahmen verhindert, zB durch zu frühe Abholung beim Postamt oder durch eine Absprache mit der Post über die Telegrammzustellung, so geht das nicht zu Lasten des Bürgers, BVerfG aaO, BAG NJW **86**, 1373, VGH Kassel NJW **87**, 2765. Die Frist gilt dann als gewahrt; zB genügt bei Angabe der Telex- oder Telefax-Nr einer anderen Stelle auf gerichtlichen Schreiben der Eingang bei jener Stelle, Wolf NJW **89**, 2594, BVerfG NJW **86**, 244, BGH NJW **87**, 2587, FamRZ **92**, 684 (nicht aber sonst, BGH RR **88**, 893), s unten Rn 10. Jedenfalls ist in solchen Fällen immer WiedEins zu gewähren, BVerfG NJW **83**, 560, BGH NJW **89**, 589.

Wegen des **Nachweises** des Eingangs s § 516 Rn 4.

**9** **B. Form der Berufungsschrift, I.**
 **a) Sonderformen** (§ 129 Rn 13 ff unter dem jeweiligen Stichwort; Übers üb die Rspr: BVerfG NJW **87**, 2067, BAG NJW **89**, 1822, BVerwG NJW **89**, 1179; Ebnet NJW **92**, 2985; Hohmann CoR **89**, 28; krit Melullis MDR **94**, 109, Kunz-Schmidt NJW **87**, 1296). Die Berufung darf nach zu Gewohnheitsrecht erstarktem, auf den jeweiligen Stand der Nachrichtentechnik Rücksicht nehmendem Gerichtsgebrauch, von dem nach dem Grundsatz des gleichen Zugangs zu den Gerichten nicht abgewichen werden darf, BVerfG NJW **96**, 2857 u **87**, 2067, abw BayVerfGH BayVBl **87**, 314, auf folgenden technischen Wegen eingelegt werden:

**aa) durch Telegramm** (auch bei fernmündlicher Aufgabe), BVerfG aaO, BGH NJW **86**, 2646, Köln RR **90**, 895, alle mwN, wobei es zur Fristwahrung genügt, daß der zuständige Beamte des Gerichts die dem Zugang des Ankunftstelegramms vorausgehende fernmündliche Durchsage des Textes in Form einer Aktennotiz aufnimmt, BGH NJW **60**, 1311, BVerwG NJW **56**, 605;

1. Abschnitt. Berufung § 518

bb) **durch Fernschreiben** (Telex), BVerfG NJW **87**, 2067, BGH NJW **87**, 2587 mwN u NJW **86**, 1759 zu § 519, Borgmann AnwBl **85**, 197;

cc) **durch Telekopie** entweder unmittelbar an das Rechtsmittelgericht (Telefax-Dienst) oder bei fehlendem Anschluß des Gerichts an die nächstgelegene Postanstalt und von dieser an das Gericht (Telebrief), Töpperwien DRiZ **99**, 241, Henneke NJW **98**, 2194 u 2958, Borgmann BRAK-Mitt **98**, 171, Müller NJW **98**, 509, Elzer/Jacoby ZIP **97**, 1821, Pape/Notthoff NJW **96**, 417, Laghzaoui MDR **96**, 230, Ebnet JZ **96**, 507, Daumke ZIP **95**, 722 (alle mwN), BVerfG NJW **96**, 2857 mwN, BGH NJW **94**, 1879 u **93**, 3141 mwN, Hbg NJW **89**, 1822 mwN, BVerwG NJW **87**, 2098, BFH NJW **91**, 2927 mwN, BSG NJW **98**, 1814, BayVerfGH NJW **93**, 1125, allgM; dabei darf kein privater Empfänger als Bote zwischengeschaltet werden, BGH NJW **98**, 763 u **94**, 1879 mwN, BAG NJW **90**, 3165 (krit Vollkommer EWiR 1/91, 307), Hbg NJW **89**, 3167 mwN (abw mit guten Gründen Ebnet NJW **92**, 2986, Wolf NJW **89**, 2593 f u Bukkenberger NJW **83**, 1475), während es unschädlich ist, daß der Absender das Gerät eines Dritten zur Übermittlung benutzt, BAG NJW **89**, 1822 gegen LAG Hamm NJW **88**, 3286, BFH NJW **91**, 2927 (vgl zu alledem Borgmann AnwBl **89**, 666). Dafür, daß der Schriftsatz vollständig vom Sendegerät eingelesen wird, trägt der Absender die alleinige Verantwortung, Naumb DB **93**, 2588, OVG Kblz NJW **94**, 1815. Zum Nachweis des Zugangs bei Gericht reicht der Sendebericht des Sendegeräts nicht aus, BGH NJW **95**, 667, BayObLG FamRZ **98**, 634 mwN, Köln NJW **95**, 1228 mwN, Dresden RR **94**, 1485; er dürfte aber eine tatsächliche Vermutung begründen, Ffm FF **97**, 118, Mü MDR **99**, 286 mwN, NJW **94**, 527, LG Hbg RR **94**, 1486, str, vgl Töpperwien DRiZ **99**, 244, Schneider MDR **99**, 197, BGH NJW **95**, 665 mwN (Anm Marly **LM** § 144 Nr 12), BayObLG u Mü aaO.

dd) **durch Btx-Mitteilung**, BVerwG NJW **95**, 2121, oder mittels **PC-Modem** als Datei an das Telefax- **10** Gerät des Gerichts, BSG NJW **97**, 1254, BVerwG NJW **95**, 2121, aM NJW **98**, 3649 (Vorlagebeschluß zu Karlsr NJW **98**, 1651 mwN), dazu Schwachheim NJW **99**, 621, Schmidt u Volmer BB **99**, 1125 bzw 1449, Töpperwien DRiZ **99**, 242, Düwell NZA **99**, 291, Schneider MDR **98**, 1255, Henneke NJW **98**, 2195 u 2958, Mellusis MDR **94**,112.

ee) **Gemeinsames:** Erforderlich ist, daß das Ankunftstelegramm bzw ein anderer Mitteilungsträger den **Anforderungen an eine Rechtsmittelschrift** genügt, also insbesondere den Namen des verantwortlichen Rechtsanwalts erkennen läßt (BAG DB **84**, 1688 läßt die pauschale Kennzeichnung der Sozietät nicht genügen), dieser postulationsfähig ist (unten Rn 15) und die Telekopie überdies seine eigenhändige Unterschrift wiedergibt, Rn 11 ff, BGH NJW **98**, 762 u **93**, 3141, BAG NJW **96**, 3164 (gg BFH NJW **96**, 1432), beide mwN, BayObLG NJW **95**, 668, BVerwG NJW **91**, 1193, BSG MDR **85**, 1053, OVG Münst NJW **91**, 1197 mwN (aM LAG MecklVorp MDR **98**, 367), ferner, daß die Schriftstück dem Berufungskläger bezeichnet, BGH NJW **94**, 1879 mwN, usw, vgl unten Rn 25. **Fehler im Empfangsgerät** des Gerichts oder in der Übermittlungsleitung, die eine Übermittlung unmöglich machen, verzögern oder zur Verstümmelung des Textes führen, gehen nicht zulasten des Rechtsmittelführers, wenn der Fehler für den Absender nicht erkennbar war, BGH RR **97**, 250, NJW **94**, 1882 mwN, BVerwG NJW **91**, 1193; die Frist gilt als gewahrt, wenn der Inhalt des Schriftstücks anderweit einwandfrei ermittelt werden kann, BGH NJW **94**, 1882. Jedenfalls ist WiedEins zu gewähren, oben Rn 8, BVerfG NJW **96**, 2857, BGH RR **97**, 250, OVG Bautzen NJW **96**, 2251 mwN, bei erkennbarem Defekt dann, wenn andere mögliche und zumutbare Maßnahmen nicht zum Ziel führen, wobei von einem RA nicht verlangt werden darf, daß er innerhalb kürzester Zeit eine andere Zugangsart sicherstellt, BVerfG NJW **96**, 2857, BGH RR **97**, 250 (die strengere Auffassung, zB BGH NJW **95**, 1432 u **92**, 244, Mü VersR **91**, 831, ist damit überholt). **Fehler im Sendegerät** gehen an sich zulasten des Rechtsmittelführers; bei der Gewährung von WiedEins gilt das zuvor Gesagte, wenn der Fehler „in letzter Minute" auftritt, abw BGH RR **96**, 1275. Zur **Fristwahrung** (Zeitpunkt des Eingangs bei Gericht) s oben Rn 4 ff; nötig ist **Eingang** bei dem richtigen Gericht bzw auf dessen eigenem Gerät, BGH RR **95**, 442, LG Ffm NJW **92**, 3043, bei nur teilweise rechtzeitigem Ausdruck darf nur dieser Teil berücksichtigt werden, BGH NJW **94**, 2097, Pape/Notthoff NJW **96**, 419. Zur Rechtslage bei fristgerechter Nachreichung des **Originals der Berufungsschrift** s unten Rn 18 u § 519 Rn 4.

b) **Schriftform**, § 129 Rn 8 ff. In anderen als oben zu a) genannten Fällen muß die Berufungsschrift als **11** bestimmender Schriftsatz **von einem beim Berufungsgericht zugelassenen RA handschriftlich eigenhändig unterschrieben sein**, allgM, BGH NJW **97**, 3381 mwN, BFH BStBl **86** II 856 (Rspr ist nach wie vor streng, daher Sorgfalt geboten! Krit: Schneider NJW **1**, 1844 u MDR **88**, 747, Vollkommer, Formenstrenge u proz Billigk, 1973). Wegen der Unterschriftserfordernisses vgl § 129 Rn 13 ff (auch zu den Anforderungen an den Namenszug, BGH NJW **94**, 55 mwN; bei Doppelnamen genügt die Unterzeichnung mit einem Namen jedenfalls dann, wenn die Unterschrift dem Unterzeichnenden zugeordnet werden kann, BGH NJW **96**, 997 mwN, jedenfalls aber die Abkürzung des zweiten Namensteiles mit den beiden Anfangsbuchstaben, BAG NZA **89**, 227). Bei fehlender Unterschrift ist die Berufung unzulässig, BGH VersR **83**, 555. Eine nachträgliche Unterzeichnung nach Fristablauf hat keine rückwirkende Kraft, BGH (Anm Späth) VersR **80**, 331, abl List DB **83**, 1672; das Gericht hat insofern keine Hinweispflicht, BGH NJW **82**, 1467 (aber es ist ein nobile officium, die fristgemäße Nachholung zu ermöglichen). Mündliche oder telefonische Ergänzungen dürfen nicht berücksichtigt werden, BGH NJW **97**, 3383 u **85**, 2650. Zur WiedEins bei fehlender Unterschrift BGH NJW **85**, 1226.

Danach **genügt nicht** (Faksimile-)Stempel, BGH NJW **76**, 966, ebensowenig bloßes Handzeichen **12** (Paraphe), BGH NJW **75**, 1704 mwN, krit BFH NJW **96**, 1432 (zum Unterschied zwischen Paraphe und Unterschrift BGH NJW **82**, 1467, BVerwG NJW VerwRspr **30**, 880), auch nicht die Unterschrift in Schreibmaschinenschrift, Kblz LS VersR **82**, 275, oder eine vervielfältigte Unterschrift, aM BVerwG NJW **71**, 1054, oder die Einreichung einer Fotokopie oder Lichtpause von einer handschriftlich unterzeichneten Berufungsschrift, BGH NJW **62**, 1505; ob an dieser strengen Rspr angesichts der abweichenden Behandlung von Telegrammen, Fernschreiben und Btx-Mitteilungen, oben Rn 10, festgehalten werden kann, ist zweifelhaft, vgl BFH NJW **96**, 1432. Dagegen ist sicher, daß die fehlende Unterschrift nicht dadurch ersetzt werden kann, daß der RA den Schriftsatz persönlich dem Gericht übergibt, BGH VersR **83**, 271 u NJW **80**, 291 (zustm Zeiss JR **80**, 207), Mü NJW **79**, 2570 mwN (es sei denn, der RA läßt sich die Einlegung vom

§ 518   3. Buch. Rechtsmittel

Gericht bescheinigen, Ffm NJW **77**, 1246), oder dadurch, daß der RA die Berufungsschrift als Einschreiben mit Rückschein versendet, BVerwG NJW **91**, 120. Überhaupt kann jedenfalls im Anwaltsprozeß die fehlende Unterschrift nicht durch andere Umstände ersetzt werden, offen gelassen BVerwG NJW **89**, 1177.

13   Auch nach der bisherigen Rspr **genügt** Blankounterschrift (Fertigung der eigentlichen Schrift durch einen Beauftragten), BGH NJW **66**, 351 (wobei die Rspr eine auf den Einzelfall bezogene Überwachung durch den RA verlangt, BAG NJW **83**, 1447, Mü NJW **89**, 1166), ferner die Unterzeichnung eines Begleitschreibens, BFH (GrS) NJW **74**, 1582, jedenfalls dann, wenn es mit der Begründungsschrift fest verbunden ist, BGH RR **99**, 855 mwN, ebenso wie die Unterzeichnung eines sonstigen fristgerecht eingehenden Schriftsatzes, in dem eindeutig gesagt wird, die Berufung sei mit dem nicht ordnungsmäßig unterzeichneten Schriftsatz eingelegt, zB Unterzeichnung eines Beglaubigungsvermerks auf der Abschrift eines vom Unterzeichner stammenden Schriftstücks, BGH NJW **93**, 3141, **LM** § 519 Nr 14, BAG NJW **79**, 183, oder einer sog zweiten Urschrift, mag ein solches Schriftstück nach der Einreichung auch an den RA zurückgegeben worden sein, Schlesw VersR **83**, 65.

14   **Der unterzeichnende RA** muß die volle Verantwortung für den Inhalt der Rechtsmittelschrift übernehmen, die auch von einem anderen verfaßt werden darf. Davon ist bei der Unterzeichnung durch einen postulationsfähigen RA grundsätzlich auszugehen, BGH in stRspr, RR **99**, 855 u mwN, BAG NJW **90**, 2706, alle mwN, es sei denn, das Gegenteil ergibt sich aus einer Erklärung des RA (die Unterzeichnung „i. A." ist nur ausnahmsweise unschädlich, BGH NJW **93**, 2056 u **88**, 210, die Unterzeichnung „i. V." kann genügen, BAG NJW **87**, 3279 mwN, ebenso die Unterzeichnung „für" einen anderen RA, BAG NJW **90**, 2706) oder aus Form und Inhalt des Schriftsatzes, BGH aaO. Außerdem muß der RA wirksam bevollmächtigt sein, wobei Untervollmacht des Prozeßbevollmächtigten genügt, BAG NJW **90**, 2706. Daß die Bevollmächtigung schon in 1. Instanz Gegenstand des Streits war, begründet nicht die Befugnis des RA, Rechtsmittel einzulegen, BGH NJW **90**, 3152 mwN (anders bei Streit um die gesetzliche Vertretung). Der Mangel der Vollmacht kann geheilt werden, § 89 Rn 11, und zwar rückwirkend, so daß die Berufung zulässig wird, wenn die Partei nach Ablauf der Rechtsmittelfrist eine Prozeßvollmacht erteilt, Ffm MDR **84**, 499. Dagegen scheidet eine Heilung in der Revisionsinstanz aus, wenn die vollmachtlos eingelegte Berufung nach ergebnisloser Fristsetzung durch Prozeßurteil verworfen worden ist, GmS NJW **84**, 2149.

15   Der RA muß ferner **beim Berufungsgericht zugelassen** sein; bei Konzentration der Zuständigkeit bei einem Gericht genügt idR die Zulassung bei dem sonst zuständigen Gericht, zB nach §§ 229 III BauGB, 143 III 2 PatG, 27 III 2 UWG u 105 IV 2 UrhG, § 14 III AGBG, vgl Anh § 78 b GVG. Die Unterschrift eines Vertreters genügt, wenn sowohl der Hauptbevollmächtigte als auch sein Vertreter beim Berufungsgericht zugelassen sind, BGH NJW **55**, 546, BAG NJW **90**, 2706, Karlsr VersR **88**, 587, oder wenn der Vertreter amtlich bestellt ist, BGH AnwBl **82**, 246, es sei denn, daß er für seine eigene Praxis tätig wird, BGH NJW **91**, 1176 mwN (es genügt, daß die Vertreterstellung in der Berufungsschrift hinreichend deutlich zum Ausdruck kommt, BGH FamRZ **95**, 134, NJW **93**, 1925); der nicht beim Berufungsgericht zugelassene Abwickler der Praxis eines Simultananwalts kann auch nach 6 Monaten seiner Tätigkeit, § 55 BRAO, wirksam Berufung einlegen, wenn dem Simultananwalt unbeschränkt Auftrag zur Prozeßvertretung erteilt war, Hbg AnwBl **72**, 187 gegen Nürnb AnwBl **71**, 103 u Hbg MDR **66**, 684. Ungenügend ist aber die Einreichung durch einen nicht beim Berufungsgericht zugelassenen RA, auch wenn der zugelassene RA ihn beauftragt hat, mit seinem Namen zu zeichnen, BGH NJW **76**, 1268. Genehmigung innerhalb der Frist ist zulässig, BGH NJW **90**, 3086, § 78 Rn 33. Wird einem RA, der durch Urteil aus der Anwaltschaft ausgeschlossen worden ist, wegen der Berufung gegen dieses Urteil WiedEins gewährt, so sind zwischenzeitlich vorgenommene Prozeßhandlungen wirksam, BGH WertpMitt **87**, 154.

16   Die **Zulassung des RA** (maßgeblich ist die Aushändigung der Zulassungsurkunde, BGH NJW **92**, 2706, Eintragung in die Liste der zugelassenen RAe ist ebenso wie die Vereidigung unerheblich, BVerfG **34**, 325) bzw seine Vertretungsbefugnis muß in dem **Zeitpunkt** bestehen, in dem der RA sich der Berufungsschrift entäußert hat, nicht notwendig bei ihrem Eingang, BGH NJW **90**, 1305 mwN, ua Ffm NJW **84**, 2896 (zustm Münzberg NJW **84**, 2871), aM Ffm Rpfleger **71**, 229 m krit Anm Vollkommer. Das gleiche gilt für das Bestehen der Prozeßvollmacht, beiläufig abw BGH NJW **90**, 3152. Über den Beitritt eines Streitgehilfen bei Einlegung s § 66 Rn 17, über die Verbindung mit Aufnahme des Prozesses s § 250 Rn 2. Zum Nachweis der **Vollmacht** s § 80 Rn 11.

Wegen der Vertretung durch einen **RA in den neuen Bundesländern** s EV Anl I Kap III Sachgeb A Z 5 b, u nach Errichtung von LG u OLG §§ 22 u 26 RpflAnpG, Vorbem § 78, dazu BVerfG NJW **95**, 247, BGH NJW **93**, 2538; wegen der Vertretung durch einen **ausländischen Anwalt** vgl Anh I § 155 GVG u Schlußanh VII.

17   c) Eine **beglaubigte Abschrift der Berufungsschrift** ist dem Gegner ohne Terminsbestimmung vAw zuzustellen, § 519 a.

18   **C. Die Einreichung mehrerer Berufungsschriften desselben Inhalts** durch dieselbe Partei (oder ihren Streithelfer) kann sich bei Befürchtung eines Formfehlers empfehlen und ist bei Versäumung der Begründungsfrist (und Verwerfung der Berufung) das einzige Mittel, den Eintritt der Rechtskraft zu verhindern, solange die Berufungsfrist läuft, dazu Pantle NJW **88**, 2773 mwN. In einer solchen Wiederholung des Rechtsmittels liegen keine selbständigen Berufungen, so daß die Verlängerung der Begründungsfrist für alle gilt, BGH NJW **93**, 269, und nicht etwa eine als unzulässig zu verwerfen ist, BGH NJW **96**, 2659 mwN, und bei Rücknahme des einen Einlegungsaktes die Kostenfolge des § 515 III nicht eintritt, BGH **24**, 180; vielmehr hängt die Bedeutung des zweiten (und jeder weiteren) Einlegungsaktes von der Wirksamkeit und dem Wirksambleiben des vorangegangenen Einlegungsaktes ab, BGH NJW **93**, 3141 u 269, BAG NZA **99**, 895 mwN. Gegen ein Urteil gibt es nur ein Rechtsmittel, über das einheitlich zu entscheiden ist, BGH NJW **96**, 2659, **85**, 2480 u 2834 mwN, BAG MDR **73**, 83 mwN, NJW **88**, 77, 500, BFH BStBl **84** II 833, Ffm FamRZ **84**, 406: erfüllt eine der Berufungsschriften die Zulässigkeitsvoraussetzungen, so ist in der Sache zu entscheiden, BGH stRspr, zB NJW **93**, 3141, BayObLG BayVBl **81**, 153 mwN; sind alle Berufungsschriften unzulässig, so ist einheitlich zu verwerfen; erweist sich infolge einer Entscheidung des Revisionsgerichts

## 1. Abschnitt. Berufung § 518

dann ein Rechtsmittel als zulässig, so ist das in anderer Form eingelegte gegenstandslos, BGH NJW **89**, 1357 u **85**, 2480, Düss OLGZ **79**, 454. Das gilt auch für den Fall, daß dieselbe Partei sowohl Berufung als auch Anschlußberufung eingelegt hat, Karlsr Just **84**, 394, und für die Berufungseinlegung durch die Partei und einen Streithelfer, BGH NJW **85**, 2480, § 511 Rn 7.

Ob er eine oder mehrere Berufungen einlegen will, kann der Rechtsmittelführer bestimmen; fehlt es an einer ausdrücklichen Bestimmung, entscheidet sein prozessuales Verhalten, BGH NJW **93**, 1341, BAG NJW **96**, 1366. Mehrkosten sind nicht erstattungsfähig.

**2) Inhalt der Berufungsschrift, II**  19

**A. Sämtliche in II aufgeführten Erfordernisse sind wesentlich: ein Mangel macht die Berufung unzulässig.** Eine Heilung ist bis zum Ablauf der Berufungsfrist möglich, ganz hM. Dies gilt auch für die fehlende Unterschrift, BGH VersR **80**, 331, **LM** § 519 Nr 63, BFH BStBl **84** II 670 mwN. Es genügt, wenn innerhalb der Frist mehrere Schriftsätze vorliegen, die insgesamt eine formgerechte Berufung ergeben, BAG MDR **82**, 965.

**B. Wesentlich sind** (Schlee AnwBl **85**, 252 mwN):  20
**a) Bezeichnung des angefochtenen Urteils, Z 1.** Wie dies geschieht, bleibt gleich; nur darf kein Zweifel an der Nämlichkeit bestehen, BFH NJW **73**, 2048, so daß bei Gericht und Gegner innerhalb der Berufungsfrist Gewißheit darüber herrschen muß, welches Urteil angefochten ist: grundsätzlich nötig ist die genaue Bezeichnung der Parteien und des Gerichts, des Verkündungstermins und des Aktenzeichens, BGH NJW **93**, 1720 u **91**, 2081 mwN, vgl BGH VersR **92**, 761 u BGH **89**, 959, BAG NZA **97**, 456 (falsches bzw fehlendes Aktenzeichens), BGH NJW **89**, 2395 u FamRZ **88**, 830 (falsche Bezeichnung des Gerichts), RR **87**, 319 (irrtümliche Nennung des LG Mü I anstelle des LG Mü II, dazu Borgmann AnwBl **87**, 39), VersR **84**, 870, **83**, 250 mwN. Es genügt, daß für beide diese Gewißheit innerhalb der Frist des § 516 besteht, BGH MDR **78**, 308, wobei für das Gericht die Kenntnis der Geschäftsstelle ausreicht, BGH NJW **79**, 2000 (BGH VersR **83**, 250 läßt dies offen). Die Gewißheit kann sich aus der Auslegung der Berufungsschrift und anderer Unterlagen, aus sonstigen Angaben oder aus den Begleitumständen ergeben, BGH NJW **96**, 320 mwN, zB **aus dem nach III beigefügten Urteil**, BGH NJW **93**, 1720 u **91**, 2081 mwN; dann schadet das Fehlen oder die Unrichtigkeit von Angaben in der Berufungsschrift nicht, zB eine unrichtige Angabe des Aktenzeichens, BVerfG NJW **93**, 1720 u **91**, 3140 (krit Obert NJW **92**, 2139), BGH RR **89**, 959, BAG NZA **97**, 456, und/oder des Verkündungsdatums, BGH **LM** Nr 10, oder die unterlassene oder falsche Angabe des Gerichts 1. Instanz, BGH MDR **89**, 730 mwN, wenn auch für das Berufungsgericht Klarheit besteht, BGH VersR **84**, 870, Schlesw SchlHAnz **90**, 88, die auch durch Ermittlungen der Geschäftsstelle herbeigeführt werden kann, BGH VersR **93**, 1549, BAG NZA **97**, 456. Demgemäß ist bei versehentlich falscher Bezeichnung die Richtigstellung oder Ergänzung innerhalb der Frist jederzeit möglich, was auch durch Einreichung des richtigen Urteils geschehen kann, wenn Gericht und Gegner über das Urteil, das angefochten werden soll, nicht im Zweifel sein können, BGH **LM** § 554 a Nr 5; eine Berichtigung nach Ablauf der Berufungsfrist ist ausgeschlossen, BGH MDR **78**, 308. Die ausdrückliche Verweisung auf das beigefügte Urteil genügt, BGH RR **89**, 959 mwN; fehlt es, muß das Gericht den Berufungskläger darauf hinweisen, BGH NJW **91**, 2081. Ist das Urteil eindeutig bezeichnet, so kann der Berufungskläger die Berufung nicht nachträglich auf ein anderes Urteil beziehen, RG Warn **29**, 107. Liegt der Berufungsschrift ein anderes Urteil bei als das in ihr genannte, so kommt es auf die Umstände des Einzelfalls an, BGH NJW **91**, 2081.

Besteht innerhalb der Frist des § 516 bei Gericht und Gegner nicht die erforderliche Gewißheit, so ist die  21
Berufung ohne Rücksicht darauf unzulässig, ob die Bearbeitung des Rechtsstreits durch das Fehlen der nötigen Angaben verzögert wird, BGH VersR **83**, 250 mwN. Das Gericht und seine Geschäftsstelle haben keine Prüfungs- und Nachforschungspflichten, BAG NJW **73**, 1391 u **79**, 2000.

**b) Die Erklärung, daß der Berufungskläger gegen dieses Urteil Berufung einlege, Z 2.** Der  22
Gebrauch des Wortes „Berufung" ist unnötig, wenn der Wille, das Urteil einer Nachprüfung durch das höhere Gericht zu unterstellen, klar erhellt, BGH RR **98**, 507 mwN, BVerwG BayVBl **89**, 31; es reicht aber nicht aus, wenn erst der Inhalt der Schrift ausgelegt werden muß, BGH **LM** § 518 II Z 2 Nr 3. Unter Umständen ist eine Umdeutung möglich, BGH **LM** ZPO Allg Nr 5 („Revision" statt Berufung), BGH NJW **87**, 1204 („sofortige Beschwerde" statt Berufung), aber mit Rücksicht auf die Belange der Gegenseite mit Zurückhaltung, und jedenfalls dann nicht, wenn eindeutig ein anderes Ziel verfolgt wird, BVerwG NVwZ **98**, 1297; zur Umdeutung einer unzulässigen Berufung in eine zulässige Anschlußberufung s BGH NJW **87**, 3263 (dazu Rimmelspacher JR **88**, 93).

Eine als Ganzes **bedingt oder hilfsweise eingelegte Berufung ist unzulässig**, allgM, BVerfG **40**, 272  23
(einschränkend für den im ZivProzeß nur nach BEG möglichen Fall der Einlegung von Revision und Nichtzulassungsbeschwerde), BAG MDR **86**, 83 mwN, Grdz § 511 Rn 4. Ob eine Berufung in diesem Sinne bedingt eingelegt worden ist, muß ggf durch Auslegung ermittelt werden, BVerfG aaO, BGH NJW **95**, 2564, BFH NJW **76**, 141 u NVwZ **83**, 439. Beispiel: Berufungseinlegung in Verbindung mit einem PKH-Gesuch, BGH NJW **95**, 2564 mwN, BAG **AP** Nr 5 (zustm Baumgärtel), BVerwG **59**, 305. Ist dem Gesuch eine den §§ 518, 519 genügende Schrift beigefügt, so ist dies eine unbedingte Berufung, es sei denn, das Gegenteil ergibt sich eindeutig aus den Umständen, BGH NJW **95**, 2564 mwN, u a FamRZ **90**, 995, etwa dann, wenn in dem Antrag selbst diese Schrift als Entwurf bezeichnet und erklärt wird, die Einlegung des Rechtsmittels erfolge nach Bewilligung der Prozeßkostenhilfe, BGH VersR **86**, 40, MDR **61**, 398. Hingegen ist zulässig eine Berufung mit der Bitte, den Schriftsatz zunächst zu den Akten zu nehmen und erst über ein gleichzeitig gestelltes Prozeßkostenhilfegesuch zu entscheiden, BGH NJW **88**, 2047, oder die Berufungsschrift erst nach Bewilligung der Prozeßkostenhilfe in den Geschäftsgang zu nehmen, BGH **LM** § 518 Nr 2.

Die Angabe, **in welchem Umfang** Berufung eingelegt wird, ist in der Berufungsschrift entbehrlich. Erfolgt sie dennoch, so steht das, wenn nicht ein ausdrücklicher (teilweiser) Berufungsverzicht ausgesprochen ist, einem weitergehenden Antrag innerhalb der Begründungsfrist nicht entgegen, BGH NJW **83**, 1562 mwN, BAG NZA **94**, 272; vgl auch Grdz § 511 Rn 4.

24   c) **Einlegung durch einen beim Berufungsgericht zugelassenen RA** (nach § 11 II ArbGG durch jeden RA und im dort bezeichneten Rahmen ggf auch durch einen Verbandsvertreter), mag er auch noch nicht vereidigt, BVerfG 34, 325, oder in die Liste der zugelassenen RAe eingetragen sein, BGH NJW 92, 2706, vgl oben Rn 16. Der Name des verantwortlich Zeichnenden muß sich aus der Berufungsschrift zweifelsfrei ergeben.

25   d) **Die klare Angabe, für wen und gegen wen der RA Berufung einlegt**, BGH NJW 99, 1554 u 292 mwN, was innerhalb der Rechtsmittelfrist im Wege der Auslegung aus der Berufungsschrift oder doch aus den Umständen mit ausreichender Deutlichkeit zu erkennen sein muß, stRspr, BGH aaO mwN; wegen der nötigen Schriftform genügt dafür eine von der Geschäftsstelle in einem Aktenvermerk festgehaltene fernmündliche Erklärung nicht, BGH NJW 97, 3383 mwN, krit Westerhoff JR 86, 269. Grundsätzlich müssen Berufungskläger und Berufungsbeklagter unter Angabe der Parteirolle mit ihren Namen (und zweckmäßigerweise auch mit ihrer Anschrift) bezeichnet werden, so daß die Berufung nicht ordnungsmäßig eingelegt ist, wenn statt des richtigen Berufungsbeklagten ein mit ihm nicht identisches Unternehmen genannt wird, in dessen Firma sein Name erscheint, BGH NJW 85, 2651. Jedoch macht das Fehlen der Anschrift des Berufungsbeklagten und seines RA die Berufung nicht unzulässig, BGH 65, 114, VersR 85, 571 mwN (trotz der Besonderheiten des Verfahrens der Arbeitsgerichte gilt hier das gleiche, BAG – GS – NJW 87, 1356 auf Vorlagebeschluß BAG NJW 86, 1194, unter Aufgabe der bisherigen abw Rspr); das gleiche gilt für das Fehlen der ladungsfähigen Anschrift des Berufungsklägers, BGH NJW 88, 2114.

26   Richtet sich die Berufung gegen mehrere **Streitgenossen**, genügt idR die Nennung des an erster Stelle stehenden, BGH NJW 94, 514 mwN; anders liegt es aber, wenn von 3 Streitgenossen nur 2 genannt werden, BGH NJW 61, 2347. Da die uneingeschränkt eingelegte Berufung sich im Zweifel gegen alle erfolgreichen Streitgenossen richtet, Bre RR 95, 1023, kann bei ausnahmsloser Aufführung der Rechtsmittelgegner deren unterschiedliche Bezeichnung als „Beklagte" und als „Beklagte und Berufungsbeklagte" unschädlich sein, BGH NJW 84, 58. Bei einer Vielzahl von Rechtsmittelklägern genügt die Sammelbezeichnung jedenfalls dann, wenn sich die Einzelheiten aus der beigefügten Urteilsabschrift ergeben, BGH VersR 89, 276. Sind mehrere einfache Streitgenossen dagegen Berufungskläger, müssen alle genannt werden, BGH NJW 93, 2944 mwN, Bra OLG-NL 98, 261. Die fehlende Bezeichnung eines Streithelfers ist unschädlich, BAG NJW 78, 392.

27   Eine **fehlende oder falsche Bezeichnung der Parteien** schadet nur, wenn die richtige dem Berufungsgericht und dem unbefangenen Leser nicht deutlich erkennbar ist, BGH NJW 99, 1554 u 292 mwN, wobei auch das der Rechtsmittelschrift beigefügte Urteil herangezogen werden kann, BGH aaO, stRspr. Da es üblich ist, den Kläger stets dann an erster Stelle zu nennen, wenn er auch Berufungskläger ist, so werden schon durch die Reihenfolge die Parteien idR hinreichend deutlich bezeichnet, BVerfG NJW 86, 2101, BGH 65, 115, VersR 83, 778; enthält die Berufungsschrift bereits Anträge, so kann sich mangels anderer Hinweise aus ihnen ergeben, gegen welchen von mehreren Prozeßgegnern sich die Berufung richtet, BGH NJW 91, 2775. Ist der Name des Rechtsmittelklägers überhaupt nicht genannt, so schadet das dann nicht, wenn er aus sonstigen innerhalb der Notfrist eingereichten Unterlagen hervorgeht, BAG NJW 73, 2318, Celle NdsRpfl 90, 152 mwN, zweifelnd BAG NJW 73, 1949 (vgl auch Grunsky zu AP § 553 Nr 1 u 2); deshalb reicht es nicht aus, wenn der Name nur aus den Gerichtsakten zu ermitteln ist und diese dem Rechtsmittelgericht innerhalb der Notfrist vorliegen, BGH 21, 168. Wenn das Verf nicht von allen in der Berufungsschrift genannten Rechtsmittelklägern durchgeführt wird, genügt eine Klarstellung bis zum Ablauf der Begründungsfrist, Celle NdsRpfl 90, 153 (keine teilweise Verwerfung der Berufung).

28   3) **Anlagen der Berufungsschrift, III.** Der Berufungskläger soll ihr eine Ausfertigung oder beglaubigte Abschrift des angefochtenen Urteils beifügen. Es handelt sich um eine bloße Ordnungsvorschrift, deren Beachtung aber wichtig ist, weil sich aus dem Urteil Umstände ergeben können, die für die Auslegung der Berufungsschrift wesentlich sind, BGH RR 89, 959, oben Rn 20 u 27, vgl Schlee AnwBl 90, 35.

29   4) **Allgemeine Bestimmungen über vorbereitende Schriftsätze, IV.** Ihre Beachtung, §§ 130 ff, ist durch Ordnungsvorschrift vorgeschrieben. Der Berufungskläger darf, nicht muß, die Berufungsbegründung in die Berufungsschrift aufnehmen.

30   5) **VwGO**: Es gelten §§ 124 u 124a (idF des 6. ÄndG); zum Vertretungszwang, § 67 VwGO s BVerwG NJW 98, 2991 (ausländischer RA); zur Weiterleitung einer fehlgeleiteten Berufungsschrift, Rn 10, OVG Greifsw NVwZ 99, 201.

# 519

*Berufungsbegründung.* I Der Berufungskläger muß die Berufung begründen.

II ¹Die Berufungsbegründung ist, sofern sie nicht bereits in der Berufungsschrift enthalten ist, in einem Schriftsatz bei dem Berufungsgericht einzureichen. ²Die Frist für die Berufungsbegründung beträgt einen Monat; sie beginnt mit der Einlegung der Berufung. ³Die Frist kann auf Antrag von dem Vorsitzenden verlängert werden, wenn nach seiner freien Überzeugung der Rechtsstreit durch die Verlängerung nicht verzögert wird oder wenn der Berufungskläger erhebliche Gründe darlegt.

III Die Berufungsbegründung muß enthalten:

1. die Erklärung, inwieweit das Urteil angefochten wird und welche Abänderungen des Urteils beantragt werden (Berufungsanträge);
2. die bestimmte Bezeichnung der im einzelnen anzuführenden Gründe der Anfechtung (Berufungsgründe) sowie der neuen Tatsachen, Beweismittel und Beweiseinreden, die die Partei zur Rechtfertigung ihrer Berufung anzuführen hat.

## 1. Abschnitt. Berufung § 519

**IV** In der Berufungsbegründung soll ferner der Wert des nicht in einer bestimmten Geldsumme bestehenden Beschwerdegegenstandes angegeben werden, wenn von ihm die Zulässigkeit der Berufung abhängt.

**V** Die allgemeinen Vorschriften über die vorbereitenden Schriftsätze sind auch auf die Berufungsbegründung anzuwenden.

**Vorbem.** Im **Verfahren der Arbeitsgerichte** (Urteilsverfahren) ist § 519 entsprechend anwendbar, § 64 **1** VI ArbGG, Philippsen pp NJW **77**, 1136, jedoch mit der Maßgabe, daß die ebenfalls einmonatige Begründungsfrist in § 66 I 1 ArbGG (dazu LAG Hamm MDR **91**, 991) und ihre ausnahmslos nur einmal zulässige Verlängerung in § 66 I 4 ArbGG (dazu BAG NJW **96**, 1430 u **95**, 1446; die Verlängerung agrd eines rechtzeitig gestellten Antrags muß innerhalb eines Monats nach Ablauf der ursprünglichen Frist verfügt werden, BAG – GS – NJW **80**, 309). Das Vorbringen neuer Angriffs- und Verteidigungsmittel durch den Berufungskläger (und den Berufungsbeklagten) in § 67 II 1 ArbGG geregelt.

**Schrifttum:** *Sell*, Probleme der Rechtsmittelbegründung im ZivProzeß, 1974; *Grunsky*, Zum Umfang der Dispositionsbefugnis des Rechtsmittelklägers bei der Bestimmung des Verfahrensgegenstandes, ZZP **88**, 49; *Gilles*, Rechtsmitteleinlegung, Rechtsmittelbegründung und nachträgliche Parteidispositionen über das Rechtsmittel, AcP **177**, 191.

### Gliederung

| | | | |
|---|---|---|---|
| 1) Begründungszwang, I u II | 2, 3 | A. Allgemeines | 16 |
| 2) Begründungsfrist, II | 4–15 | B. Anträge, Z 1 | 17–21 |
| A. Beginn und Ende | 4–7 | C. Berufungsgründe und neues Vorbringen, Z 2 | 22–32 |
| B. Verlängerung | 8–14 | | |
| C. Versäumung | 15 | D. Folgen von Verstößen | 33 |
| 3) Inhalt der Begründungsschrift, III u IV | 16–38 | 4) Sonstiger Inhalt, IV, V | 34 |
| | | 5) VwGO | 35 |

**1) Begründungszwang, I, II.** § 519 ist dem § 554 nachgebildet, weist aber mehrere durch die Ver- **2** schiedenheit der Rechtsmittel begründete Abweichungen auf. Der **Berufungskläger muß seine Berufung begründen; den Umfang bestimmt III abschließend.** Dieser Begründungszwang ist mit dem GG vereinbar, vgl BVerfG NJW **74**, 133 u BayVerfGH BayVBl **87**, 314. Er gilt auch in Arrest- und Verfügungssachen, deren Eiligkeit einer ordnungsmäßigen Begründung nicht im Wege steht, str. Die Partei darf die Berufung der Streitgehilfen begründen und umgekehrt. Jeder Streitgenosse begründet nur für sich; bei notwendiger Streitgenossenschaft s § 62 Rn 18 ff, 26.

Die Berufungsbegründung kann bereits in der Berufungsschrift enthalten sein, II 1. Sie darf auch, wie es **3** der Regel entspricht, in einem besonderen, bei dem Berufungsgericht einzureichenden **Schriftsatz** erfolgen, auch in mehreren rechtzeitig eingereichten Schriftsätzen (Einreichung: § 518 Rn 3 ff). Ein inhaltlich den Anforderungen des § 519 genügender, fristgerechter Schriftsatz reicht idR als Begründung aus, zB ein PKH-Gesuch oder ein Antrag auf Einstellung der Zwangsvollstreckung, BGH FamRZ **89**, 850 mwN, sofern nicht ein anderer Wille des Berufungsklägers im Zeitpunkt der Einreichung erkennbar ist, BGH in stRspr, RR **99**, 212, u **98**, 1262, VersR **95**, 1463 mwN u **86**, 91 (enger BGH RR **93**, 1092: der Schriftsatz muß zur Begründung bestimmt sein).

Die Begründung muß in einem Schriftsatz enthalten sein; mündliche (auch zu Protokoll abgegebene) Erklärungen genügen nicht. Für die **Formerfordernisse** gilt das in § 518 Rn 9 ff Gesagte; ebenso wie die Berufung darf auch die Begründung telegrafisch, fernschriftlich oder im Telekopieverfahren eingereicht werden, BGH NJW **90**, 188 u **86**, 1759 mwN (dazu Zeiss JR **86**, 417), BAG NJW **87**, 341, wobei eine Abweichung von dieser Rspr gegen den Grundsatz des gleichen Zugangs zum Gericht verstoßen würde, BVerfG NJW **87**, 2067, abw BayVerfGH BayVBl **87**, 314. Grundsätzlich muß ein beim Berufungsgericht zugelassener RA unterschreiben, BGH RR **98**, 574, § 518 Rn 15. Wegen der Verweisung auf ein anderes Schriftstück vgl unten Rn 28 u 29.

**2) Begründungsfrist, II** **4**
**A. Beginn und Ende, II 1.** Die Frist beträgt 1 Monat seit Einreichung der Berufungsschrift, § 518, und zwar sowohl dann, wenn die Berufung vor der Zustellung des Urteils eingelegt wird, § 516 Rn 9 u 14 (zu der sich daraus ergebenden Problematik Vogg MDR **93**, 293), als auch dann, wenn die Einreichung verspätet geschieht, BGH NJW **71**, 1217, s unten. Wird Berufung zunächst durch Telefax und dann innerhalb der Berufungsfrist schriftlich eingelegt, beginnt die Begründungsfrist mit dem Eingang der Original-Berufungsschrift, BGH NJW **93**, 3141, BAG RR **99**, 895. Die Frist wird nicht durch einen Antrag auf Prozeßkostenhilfe gehemmt, BGH **7**, 280, ebensowenig durch einen Antrag auf WiedEins (und gleichzeitige Erneuerung der Berufung), BGH NJW **98**, 1155 mwN (vgl BAG NZA **89**, 150), oder durch Verwerfung der Berufung und ein nachfolgendes Beschwerdeverfahren, BGH NJW **98**, 1155, stRspr, BVerfG NJW **91**, 1191; so daß die Berufung trotzdem innerhalb der Frist vorsorglich begründet werden muß; vgl dazu Wagner NJW **89**, 1156 mwN, krit Clausnitzer AnwBl **88**, 136. Wird aber ein innerhalb der Begründungsfrist ergangener Verwerfungsbeschluß des LG auf Verfassungsbeschwerde hin aufgehoben, muß dem Berufungskläger die Möglichkeit eingeräumt werden, die Berufung binnen sachangemessener Frist zu begründen, BVerfG NJW **87**, 1191; die (volle) Begründungsfrist beginnt mit der Zustellung der Entscheidung des BVerfG entspr § 249 I erneut zu laufen, ThP **4**, ZöGu 14, vgl Wagner NJW **89**, 1156, zT abw Clausnitzer aaO (der auch die Möglichkeit der WiedEins erwägt) und Wagner NJW **87**, 1184 (der mit der Zustellung die Berufungseinlegungsfrist neu beginnen läßt).

Die Frist ist gewahrt, wenn es zu dem in der ordnungsmäßigen Begründung beantragten Parteiwechsel auf **5** der Beklagtenseite nicht kommt, BGH NJW **98**, 1497 mwN. Wird eine 2. Berufungsschrift sicherheitshalber eingereicht, weil die erste Berufung vielleicht unwirksam ist, so ist die 2. Berufung, falls die erste doch formrichtig ist, so lange wirkungslos, als nicht etwa diese unwirksam (zB durch Rücknahme) wird; erst dann richtet sich die Begründungsfrist nach der Einlegung der 2. Berufung, BGH NJW **85**, 2480 (dazu Pantle NJW **88**, 2774), § 518 Rn 18. Ist die Begründungsfrist, aber noch nicht die Berufungsfrist (infolge Nichtzustellung des Urteils) abgelaufen oder die Rechtsmitteleinlegung unwirksam, BGH **36**, 259, so ist die eingegangene Berufungsbegründung als zulässige Wiederholung der Berufung anzusehen, so daß die Versäumung der Begründungsfrist keine Bedeutung hat, BGH NJW **87**, 2680, vgl BAG **AP** § 518 Nr 2. Auch bei Versäumung der Berufungsfrist beginnt die Begründungsfrist mit der Berufungseinlegung, BGH NJW **71**, 1217, selbst wenn statt der Bezugnahme auf die verspätet eingereichte Berufungsschrift, § 236 Z 3, eine neue eingereicht wird, BGH VersR **77**, 137; auf die Entscheidung über die WiedEins darf also nicht gewartet werden, da sie die Frist nicht beeinflußt, BGH VersR **77**, 573 mwN.

**6** Für die **Berechnung** gilt § 222, § 516 Rn 2; wegen der Berechnung der verlängerten Frist s § 224 Rn 7. Die Frist wird durch Einreichung der Begründungsschrift beim Berufungsgericht **gewahrt**, vgl § 518 Rn 3 ff. Ist die Begründungsschrift mit falscher Adresse in den gemeinsamen Briefkasten mehrerer Gerichte gelangt, so genügt die Angabe des richtigen Aktenzeichens des Berufungsgerichts, BGH NJW **89**, 591. Umgekehrt ist bei zutreffender Adressierung die Angabe eines falschen Aktenzeichens unschädlich: auf die Einordnung in die Akte kommt es nicht an, BGH NJW **82**, 673.

**7** Die Begründungsfrist ist keine Notfrist. Trotzdem ist **WiedEins** nach § 233 I statthaft. Die Frist für den WiedEinsAntrag beginnt nicht erst mit der gerichtlichen Mitteilung, daß die Begründungsfrist versäumt ist, sondern schon mit der Erlangung sicherer Kenntnis davon, daß mit der Einhaltung dieser Frist nicht zu rechnen ist, BGH RR **90**, 380 mwN. Wird WiedEins beantragt, ist die Berufungsbegründung innerhalb der WiedEinsFrist, § 236 II, nachzuholen (ein Verlängerungsantrag reicht nicht aus), BGH in stRspr, NJW **95**, 60 mwN, Ganter NJW **94**, 165. Über die WiedEins entscheidet das Berufungsgericht, das Revisionsgericht nur dann, wenn der Antrag übergangen worden ist, BGH NJW **82**, 887 gegen FamRZ **80**, 347. Zur Ergänzung einer fristgerechten, aber inhaltlich (teilweise) unzureichenden Begründung kann WiedEins nicht gewährt werden, BGH NJW **97**, 1310 mwN, § 233 Rn 3.

**8** **B. Verlängerung, II 2** (Rimmelspacher F Gaul, 1997). Zuständig ist der Vorsitzende, nicht das Gericht, BGH NJW **88**, 211 mwN. Eine Verkürzung der Frist durch den Vorsitzenden ist unzulässig, weil § 519 die §§ 224 II, 226 I ausschließt, Schlesw SchlHA **76**, 28. Die Frist kann aber durch Parteivereinbarung abgekürzt werden, § 224 I, ZöGu 24.

**9** **a)** Erforderlich ist ein wirksamer **Antrag** (dazu Müller NJW **93**, 686). Er muß bis zum Ablauf der Begründungsfrist gestellt werden, unten Rn 10, unterliegt dem Anwaltszwang, § 78 I, (allgM) und bedarf der Schriftform, BGH NJW **85**, 1559 u RR **90**, 67, oder einer anerkannten Ersatzform, § 518 Rn 9, zB durch Telefax, BGH FamRZ **91**, 548. In ihm ist der Grund anzugeben, LAG RhPf NZA **96**, 1118; ihn glaubhaft zu machen, § 224 II, ist nicht erforderlich, aber ratsam. Wegen des Antrags bei mehrfacher Berufungseinlegung, § 518 Rn 18, s BGH NJW **93**, 269. Ob ein Schriftsatz einen Verlängerungsantrag enthält, ist ggf im Wege der Auslegung zu ermitteln, BGH RR **94**, 568 u NJW **90**, 2628. Mängel des Antrags sind jedoch ohne Einfluß auf die Wirksamkeit der Verlängerung, BGH NJW **85**, 1559 u RR **90**, 67. Die Frist darf **auch nach Fristablauf** verlängert werden, sofern dies bis zum Ablauf des letzten Tages der Frist beantragt worden ist (so auch die neueren VerfOrdnungen, §§ 139 VwGO, 164 SGG, 120 FGO), ebenso BGH – GrZS – NJW **82**, 1651 mwN (unter Aufgabe der früheren abw Rspr) auf die Vorlage BGH NJW **82**, 51, und zuvor schon für das Verfahren der Arbeitsgerichte BAG (GrS) NJW **80**, 309.

**10** Wird der **Antrag verspätet** angebracht, so ist die Berufung als unzulässig zu verwerfen, BGH VersR **83**, 248; daran ändert auch die (dann unwirksame) Verlängerung der Frist durch den Vorsitzenden nichts, unten Rn 13. Eine WiedEins in die Antragsfrist ist nicht möglich, BGH VersR **87**, 308; hat jedoch der ProzBev rechtzeitig und ordnungsgemäß die Verlängerung beantragt, deren Bewilligung er mit großer Wahrscheinlichkeit erwarten durfte (zB nach vielfach geübter Praxis beim ersten, ausreichend begründeten Antrag), geht aber der Antrag wegen Verzögerung des Postlaufs erst nach Ablauf der Frist beim Gericht ein, so kann WiedEins in die versäumte Begründungsfrist gewährt werden, BGH NJW **84**, 894, NJW **83**, 1741, BAG NJW **86**, 603 (das bloße Vertrauen darauf, daß dem Antrag stattgegeben werde, genügt dafür nicht, BGH **83**, 222, VersR **87**, 261 mwN). Zur Frage, ob bei Vorliegen eines solchen WiedEinsGrundes die fristgerechte Nachholung des Verlängerungsantrags genügt, §§ 234 I u 236 II 2, s Ganter NJW **94**, 164 (diff). Es stellt kein die Wiedereinsetzung ausschließendes Verschulden dar, daß der ProzBev sich nicht vor Ablauf der Frist wegen der Verlängerung erkundigt hat, BGH NJW **83**, 1741.

**11** **b) Verlängern darf der Vorsitzende, wenn** nach seiner freien (nicht nachprüfbaren) Überzeugung der Rechtsstreit durch die Verlängerung **nicht verzögert wird** (zB wenn über die Berufung ohnehin erst nach geraumer Zeit entschieden werden kann) **oder wenn der Berufungskläger erhebliche Gründe darlegt, II 3**; fehlt diese Darlegung, muß der Antragsteller damit rechnen, daß in einer grundlosen Verlängerung eine ungerechtfertigte Verzögerung des Rechtsstreits gesehen wird, BGH NJW **92**, 2426. Eine Glaubhaftmachung ist nicht unbedingt erforderlich, BGH NJW **91**, 1359 u RR **89**, 1280, BAG NJW **95**, 150 mwN; das Einverständnis des Gegners allein genügt nicht, Franzki DRiZ **77**, 168. Erhebliche Gründe sind zB Vergleichsgespräche, BGH NJW **99**, 430, oder Abwarten einer bevorstehenden Grundsatzentscheidung (offen BGH RR **98**, 574), aber auch Arbeitsüberlastung, BGH NJW **91**, 2081 u RR **89**, 1280, BAG NJW **95**, 150, oder Urlaub des RA, BGH NJW **91**, 2080, ferner Personalschwierigkeiten in seiner Kanzlei, BGH RR **89**, 1280, E. Schneider MDR **77**, 1074, ausnahmsweise auch die Notwendigkeit eines Informationsgesprächs mit dem Mandanten, BGH NJW **91**, 1359. Bei Vorliegen der Voraussetzungen ist einem ersten Antrag idR zu entsprechen, BGH in stRspr, NJW **99**, 430 mwN, MDR **97**, 191, NJW **94**, 2958 mwN; eine gegenüber dem Gesetz strengere Praxis verstößt gegen das Gebot rechtsstaatlicher Verfahrensgestaltung, BVerfG NJW **98**, 3703 u **89**, 1147, BGH NJW **91**, 1359, RR **89**, 1280 mwN, BAG NJW **95**, 1446 u 150, BayVerfGH MDR **76**, 1074. Jedoch kann der RA auch bei einem ersten Antrag grds nicht erwarten, daß ihm entsprochen wird, wenn keiner der Gründe des II 3 vorgebracht ist, BGH NJW **93**, 135. Ebensowenig wie schematische Verlängerung ist engherzige Ablehnung angebracht, zumal die Verlängerung oft eine sorgfältigere Begründung bewirkt, Baumgärtel-Hohmann S 181. Zulässig ist die Verlängerung unter einer Rechtsbedingung, zB für den Fall, daß es sich um eine FerienS handelt, BGH NJW **88**, 3266.

Auch die **Ablehnung** des Antrags auf Verlängerung steht dem Vorsitzenden zu, BGH NJW **88**, 211 u RR **88**, 581, Demharter MDR **86**, 797, str. Sie braucht nicht begründet zu werden, BGH RR **89**, 1279. Wegen der Mitteilung siehe unten Rn 12. Gewährung einer kürzeren Frist ist idR zugleich Ablehnung des weitergehenden Antrags, BGH RR **89**, 1279. Die Ablehnung ist unanfechtbar, § 225 III, BGH VersR **80**, 772.

**c) Entscheidung.** Über das Gesuch entscheidet der Vorsitzende durch Verfügung, die nicht gesondert **12** angefochten werden kann; sie ist jedoch wirkungslos, wenn der Antrag verspätet gestellt worden ist, BGH RR **96**, 514 mwN, was auf Revision (bzw sofortige Beschwerde gegen den Verwerfungsbeschluß) geprüft werden darf, BGH NJW **92**, 842 (BGH **102**, 37 = NJW **88**, 268 ist insoweit aufgegeben worden). Für die Entscheidung gibt es keine zeitliche Schranke, BGH **102**, 37 = NJW **88**, 268 (anders nach § 66 I ArbGG, BAG NJW **80**, 311). Die Fristverlängerung sollte stets schriftlich verfügt werden, jedoch ist auch eine vom Vorsitzenden telefonisch ausgesprochene Verlängerung wirksam, BGH NJW **98**, 1156 mwN, str; „stillschweigend" kann die Frist nicht verlängert werden, BGH RR **90**, 67. Auch die schriftliche Verfügung bedarf zu ihrem Wirksamwerden, da hier keine (neue) Frist in Lauf gesetzt wird, sondern nur die alte erstreckt wird, nicht der Zustellung, hM, Müller NJW **90**, 1778, BGH NJW **94**, 2365 mwN (die abwM, BGH RR **89**, 1404, ist aufgegeben worden); es genügt die formlose Übermittlung an den RA des Berufungsklägers (und ggf auch den RA des Anschlußberufungsklägers, § 522 a II), gleichgültig, ob dies auf Veranlassung des Gerichts oder des RA geschieht, BGH LM § 329 Nr 2 (zur notwendigen Zustellung bei gleichzeitiger Erklärung zur Feriensache s § 200 GVG Rn 14). Ein entsprechender Aktenvermerk ist zwar zweckmäßig, für die Rechtswirksamkeit aber nicht erforderlich, BGH RR **89**, 1279. Die Mitteilung an den Berufungsbeklagten geschieht ebenfalls formlos, ist für die Wirksamkeit der Verlängerung auch belanglos.

Über wiederholte Verlängerung, die im Verfahren der Arbeitsgerichte nach § 66 I 4 ArbGG nicht zulässig **13** ist (oben Rn 1), s § 225 Rn 7. Mängel des Antrags oder sein Fehlen machen die Verlängerung nicht unwirksam, BGH RR **99**, 286 mwN, NJW **98**, 1156 (Anm Gummer **LM** Nr 132). Eine irrtümliche Verlängerung durch einen nach der Geschäftsverteilung nicht zuständigen Vorsitzenden ist unschädlich, BGH **37**, 125. Die Bewilligung einer kürzeren Frist bedeutet idR Ablehnung des weitergehenden Antrags, BGH RR **89**, 1279; eine solche Verfügung wird auch dann wirksam, wenn die Mitteilung darüber dem Antragsteller erst nach dem neuen Fristende zugeht, BFH BStBl **91** II 640 (der auch WiedEins ablehnt: bedenklich). Die Verlängerung wirkt nur zugunsten der antragstellenden Partei, wenn sich aus der Verfügung nichts anderes ergibt, BGH NJW **87**, 3263 mwN, allgM (wegen der Anschlußberufung s § 522 a Rn 5). Die Verlängerung auf Antrag des Streithelfers wirkt aber auch zugunsten der Hauptpartei, BGH NJW **82**, 2069. Im Streit über die Frage, ob die Frist verlängert worden ist (zB telefonisch), trifft den Berufungskläger die objektive Beweislast, BGH RR **89**, 1279.

**d) Wirkungen.** Wegen der Wirkung der Verlängerung einer Begründungsfrist bei mehrfacher Beru- **14** fungseinlegung durch dieselbe Partei, § 518 Rn 18, s BGH NJW **93**, 269. Eine Frist, die über den Antrag hinaus verlängert ist, darf voll ausgenutzt werden, BAG NJW **62**, 1413. Das gleiche gilt für den Fall, daß die Mitteilung an die Partei eine über die Verfügung des Vorsitzenden hinausgehende Verlängerung enthält, BGH NJW **99**, 1036 u RR **94**, 445 mwN, BAG BB **79**, 1772, vgl § 170 Rn 14: der Empfänger kann (und darf) seine Entscheidung nur nach der Mitteilung richten (einer WiedEins bedarf es nicht). Wird das vom Vorsitzenden festgesetzte neue Fristende versehentlich nicht mitgeteilt, so ist die Bindung an das bisherige Fristende aufgehoben, eine Bindung an das neue Fristende aber nicht begründet, BGH RR **87**, 1277. Zur Berechnung der Frist bei Verlängerung vor Unterbrechung wegen Konkurses vgl BGH **64**, 1.

**C. Versäumung der Frist.** Sie führt dazu, daß die spätere Begründung unbeachtlich ist, BGH NJW **57**, **15** 424, und die Berufung verworfen wird, § 519 b. Eine Verwerfung kommt aber nicht in Betracht, wenn die verspätete Begründung als zulässige Wiederholung der Berufung mit gleichzeitiger Begründung angesehen werden kann, BAG NJW **96**, 1431, oder wenn eine andere selbständige Berufung derselben Partei, § 518 Rn 18, ordnungsgemäß begründet ist oder die Partei eine zulässige Anschlußberufung eingelegt hat oder die Berufung als unselbständige Anschließung aufrechterhält, BGH NJW **96**, 2659 u **87**, 3263 (dazu Rimmelspacher JR **88**, 93). Das gleiche gilt, wenn der Streithelfer die Berufung der Partei rechtzeitig begründet; hier ist einheitlich zu entscheiden, BGH MDR **85**, 751, Karlsr Just **84**, 394, § 511 Rn 7. Zum Zeitpunkt der Verwerfung, insbesondere bei Anträgen auf PKH, Fristverlängerung oder WiedEins, vgl § 519 b Rn 7.

**3) Inhalt der Begründungsschrift, III–IV** **16**

**A. Allgemeines.** Die Berufungsbegründung ist ein wirksames Mittel, den Berufungskläger im Interesse der sorgfältigen Vorbereitung und Beschleunigung des Berufungsverfahrens dazu zu zwingen, sein Vorbringen aus dem 1. Rechtszug straff zusammenzufassen und darauf zu prüfen, inwieweit es angesichts der abweichenden Auffassung des Erstrichters noch aufrechterhalten oder ergänzt und dem Berufungsrichter unterbreitet werden soll, BGH WertpMitt **77**, 941. Allein aus der Begründung sollen Gericht und Gegner erkennen können, welche Gesichtspunkte der Berufungskläger seinem Vorgehen zugrunde legen will; jedoch ist die Berufung insgesamt nicht schon unzulässig, wenn die lediglich zu dem behaupteten Verfahrensfehler, BGH NJW **87**, 3265, oder zu einem den Klageanspruch betreffenden Einzelpunkt vorgetragenen Gründe den Erfordernissen des § 519 genügen, BGH NJW **84**, 177 mwN, insoweit zustm Lepp NJW **84**, 1944, krit Schneider MDR **85**, 22 (für nachgeschobene Angriffs- und Verteidigungsmittel gelten §§ 527, 528, oben Rn 24 u unten Rn 31, 32).

**B. Berufungsanträge, Z 1** (Schumann Rn 204–213). Die Begründung muß die Anfechtungserklärung **17** und die Berufungsanträge enthalten. **Aus der Begründung muß klar ersichtlich sein, inwieweit der Berufungskläger das Urteil anficht und welche Abänderungen er beantragt.** Dazu bedarf es nicht unbedingt bestimmt gefaßter Anträge, wenn nur die innerhalb der Frist eingegangenen oder zulässigerweise in Bezug genommenen Schriftsätze ein bestimmtes Begehren eindeutig erkennen lassen, BGH RR **89**, NJW **87**, 3265, FamRZ **87**, 59, VersR **87**, 101 mwN, FamRZ **85**, 631. Der bloße Antrag auf Aufhebung und Zurückverweisung genügt, wenn die Wiederherstellung des Verbundes, § 623, erstrebt wird, Ffm FamRZ

**§ 519**  3. Buch. Rechtsmittel

**88**, 966, jedoch idR nicht, wenn deutlich ist, daß der Berufungsführer das Urt sachlich für richtig hält, BGH RR **95**, 1154, Hbg NJW **87**, 783 mwN, (abw für die Anfechtung eines 2. VersUrt LG Wuppertal NJW **85**, 2653); sonst wird ein solcher Antrag immer dahin ausgelegt werden können und müssen, daß damit das bisherige Sachbegehren weiterverfolgt wird, BGH RR **95**, 1154 mwN, ua NJW **87**, 3265, BAG NJW **66**, 269. Überhaupt sind die Erklärungen stets **vernünftig auszulegen.** So genügt die Angabe, man fechte das Urteil voll an; es reicht auch aus, wenn sich dieses Ziel zwangsläufig aus dem Inhalt der Berufungsbegründung, BGH VersR **82**, 974, oder aus in der Begründungsfrist eingegangenen sonstigen Schriftsätzen ergibt, BGH NJW **92**, 698. Ist das Ziel der Berufung die Herabsetzung der Urteilssumme auf einen vom Berufungsgericht als angemessen erachteten Betrag, so muß die Begründung klar erkennen lassen, in welchem Umfang Klagabweisung erstrebt wird, BGH NJW **87**, 1335. Es genügt nicht, daß sich der Umfang der Anfechtung aus einem anderen, nicht bei den Akten befindlichen oder nicht von einem beim Berufungsgericht zugelassenen RA oder einem diesem Gleichstehenden, § 78 Rn 27 ff, § 518 Rn 25 u 26, unterzeichneten Schriftstück ergibt, vgl unten Rn 28 u 29. Es genügt nicht die Angabe des Streitwerts im Kopf der Berufungsschrift, RG **115**, 191. Eine Berufungsschrift, die nichts enthält als die Berufungseinlegung, kann genügen, wo der ganze Sachverhalt eindeutig ergibt, welcher Antrag gestellt wird, RG JW **32**, 2873, nie, wo der Antrag vorbehalten ist, RG HRR **29**, 1166, oder auch nur vorbehalten sein kann, vgl RG HRR **30**, 448. Ergeben sich Anhaltspunkte dafür, daß der Antrag versehentlich zu eng gefaßt worden ist, hat das Gericht darauf hinzuweisen, §§ 139, 278 III, Schneider MDR **91**, 1082 (zu Nürnb MDR **91**, 1081).

18  Darauf, ob der **Antrag inhaltlich zulässig** ist, kommt es nicht an. Deshalb ist die Berufung nicht schon wegen Verstoßes gegen § 519 unzulässig, wenn nähere Angaben über die Aufteilung eines bestimmten Teilbetrages auf einzelne selbständige Ansprüche fehlen, BGH VersR **87**, 101, **20**, 220, oder der Antrag ein unbestimmtes Zahlungsbegehren zum Gegenstand hat, Karlsr FamRZ **87**, 607, oder eine Bedingung enthält, vgl Karlsr OLGZ **86**, 197, oder ein Alternativantrag ist, BGH WertpMitt **89**, 1873. Selbstverständlich kann die Berufung in solchen Fällen aus anderen Gründen, zB mangels Beschwer oder wegen Unzulässigkeit des Antrags, unzulässig sein.

19  **Spätere Erweiterungen und Beschränkungen** einer zulässigen Berufung sind bis zum Schluß der mündlichen Verhandlung zulässig, §§ 263, 264, 530 I, BGH RR **88**, 66 mwN, allgM, auch im Patentnichtigkeitsstreit, BGH **17**, 305. Änderungen und Erweiterungen der Klage sowie die Erhebung einer Widerklage setzen die Zulässigkeit der Berufung voraus, sind also keine Anfechtung des erstinstanzlichen Urteils, BGH NJW **92**, 3244 mwN, so daß § 519 III Z 2 nicht anzuwenden ist, BGH RR **88**, 1465 mwN; zulässig ist eine Berufung, wenn der Kläger mit ihr agrd desselben Sachverhalts nach § 264 Z 2 von der Feststellungs- zur Leistungsklage übergeht, BGH NJW **94**, 2897, ebenso dann, wenn der Kläger mit der Berufung einen neuen Antrag stellt, aber den bisherigen als Hilfsantrag zumindest teilweise weiterverfolgt, BGH RR **95**, 1154. Dagegen sind Erweiterungen einer Teilanfechtung der erstinstanzlichen Entscheidung (auch auf andere Teile des Anspruchs) nur im Rahmen der fristgerecht vorgebrachten Anfechtungsgründe möglich, stRspr, BGH NJW **90**, 1173, RR **88**, 66, FamRZ **87**, 295 (Verbundurteil), RR **87**, 124 u 249, WertpMitt **85**, 1373, NJW **84**, 438, BGH **91**, 159 (alle mwN), Kblz FamRZ **90**, 770, Düss FamRZ **87**, 285; Erweiterungen der Anträge und neue Anfechtungsgründe dürfen i ü nach Ablauf der Frist nicht mehr vorgebracht werden, BGH in stRspr, NJW **83**, 1063 mwN, FamRZ **82**, 1197, Kblz WRP **81**, 115 mwN, es sei denn, sie stützen sich auf später eingetretene Tatsachen, BGH NJW **87**, 1024 (betr Erstreckung auf Sorgerechtsregelung), Kblz RR **89**, 1024 u 88, 1478, Hbg FamRZ **84**, 706 (betr Erweiterung auf Unterhaltsänderung), BGH NJW **85**, 2029 (betr Sonderfall), § 629 a Rn 4, zweifelnd ThP 19. Beschränkt der Rechtsmittelkläger die Berufung, so liegt darin im Falle des Klägers idR keine teilweise Klagrücknahme, BGH NJW **89**, 1277, str. Durch eine solche Beschränkung wird der Berufungsführer bis zum Ende der mdl Verh nicht an einer Erstreckung auf andere Teile des Urteils gehindert, wenn dies von der Begründung gedeckt wird und kein wirksamer, eindeutig erklärter Rechtsmittelverzicht vorliegt, BGH RR **88**, 66 (für die Revision), NJW **85**, 3079, alle mwN (dies gilt auch für eine Erweiterung nach teilweiser Berufungsrücknahme, wenn diese wirksam widerrufen ist, § 515 Rn 8 u 9, Kblz RR **97**, 514); geht die Erweiterung über die Begründung hinaus, kann sie auch nicht im Wege der Anschließung als unselbständige Anschlußberufung vorgenommen werden, BGH NJW **84**, 436 (vgl § 521 Rn 4). Zur Nichtberücksichtigung eines eingeschränkten Berufungsantrages bei der Festsetzung des Kostenwerts s BGH (GrZS) NJW **78**, 1263, dazu abl Hartmann § 14 GKG Rn 4 mwN, ua Baumgärtel/Klingmüller VersR **80**, 420.

20  Durch willkürliche Beschränkung auf einen die Berufungssumme nicht erreichenden Betrag wird die Berufung unzulässig, BGH NJW **83**, 1063 mwN, § 511 a Rn 24. Eine Erweiterung nach Ablauf der Begründungsfrist kann nie eine anfänglich unzulässige Berufung, § 511 a, zulässig machen, vgl BGH **LM** § 546 Nr 14, Grdz § 511 Rn 23; dabei ist aber zu berücksichtigen, daß eine unbeschränkt eingelegte Berufung, mag auch der Antrag niedriger sein, doch den Rest mangels eines ausdrücklichen Verzichts auf diesen nicht rechtskräftig werden läßt, so daß eine Erweiterung der Berufungsanträge im Rahmen der fristgerecht eingereichten Begründung (nicht darüber hinaus) bis zur letzten mündlichen Verhandlung erfolgen kann, BGH RR **98**, 572 mwN, zB auf die Widerklage, wenn sie das Gegenstück zu der vom ersten Antrag erfaßten Klage ist, BGH WertpMitt **85**, 144. Auch nach Zurückverweisung ist eine Erweiterung möglich, BGH MDR **68**, 135.

21  Darüber hinausgehende neue Anträge werden durch Art 6 Z 2 UÄndG nicht ermöglicht, BGH MDR **87**, 479.

22  **C. Berufungsgründe und neues Vorbringen, Z 2** (Schumann Rn 214–231, krit Oehlers MDR **96**, 447). Die Berufungsbegründung muß die Berufungsgründe und etwaiges neues Vorbringen enthalten (Lang AnwBl **82**, 241). Formelhafte, nichtssagende Redewendungen sind keine zulässige Berufungsbegründung, BGH RzW **73**, 116. Angaben wie „das frühere Vorbringen wird wiederholt, neues wird vorbehalten" führen zur Verwerfung wegen Unzulässigkeit, auch wenn derselbe RA wie in der 1. Instanz vertritt, BGH **LM** Nr 31. Andererseits kann der Vorschrift auch schon durch kurze, auf die wesentlichen Gesichtspunkte beschränkte Ausführungen in der Berufungsschrift genügt werden, BGH VersR **80**, 580. Die Berufung

1. Abschnitt. Berufung § 519

bedarf neben dem Antrag keiner weiteren Begründung, wenn der Berufungskläger nur den Vorbehalt seiner Rechte im Nachverfahren, § 599, erreichen will, Hamm MDR **82**, 415. Auf eine Erweiterung der Klage und die Erhebung einer Widerklage ist Z 2 nicht anzuwenden, BGH RR **88**, 1465 mwN.

**a) Berufungsgründe.** Die Begründung muß **die bestimmte Bezeichnung der im einzelnen anzu-** 23 **führenden Gründe der Anfechtung** enthalten: der Berufungskläger muß die Begründungsfrist dazu verwenden, eine auf den zur Entscheidung stehenden Fall zugeschnittene Begründung zu liefern, die erkennen läßt, in welchen Punkten tatsächlicher oder rechtlicher Art und warum das angefochtene Urteil nach Ansicht des Berufungsklägers unrichtig ist und welche Gründe er dem entgegensetzt, BGH RR **97**, 866, NJW **97**, 1309, **95**, 1559 u 1560 mwN, so daß formelhafte Wendungen ebensowenig genügen wie die bloße Wiederholung des erstinstanzlichen Vortrags BGH in stRspr, MDR **99**, 953 mwN, erst recht nicht die bloße Bezugnahme auf den Vortrag erster Instanz, BGH NJW **98**, 3126 mwN (stRspr), Hamm RR **92**, 631 (eine auch stillschweigende Bezugnahme auf erstinstanzliche Beweisanträge kann ausnahmsweise genügen, BGH NJW **98**, 155 mwN), und auch nicht die bloße Zitierung einer angeblich außerachtgelassenen Norm, BGH NJW **95**, 1559 (unerheblich ist es, ob die Begründung schlüssig oder rechtlich haltbar ist, BGH NJW **95**, 1559 mwN). Auch in einfach liegenden Sachen muß erkennbar sein, weshalb die Beurteilung durch die Vorinstanz unrichtig ist, BGH MDR **81**, 656. Beanstandet der Berufungskläger tatsächliche Feststellungen, so muß er sie bezeichnen und den Grund angeben, weshalb er sie für fehlerhaft hält, bekämpft er die Rechtsauffassung des Vorderrichters, muß er seine eigene Ansicht darlegen, BGH JB **84**, 539 mwN. Stützt sich dagegen die Berufung ausschließlich auf neue Tatsachen und Beweismittel, so entfällt die Auseinandersetzung mit den Gründen des angefochtenen Urteils, BGH MDR **67**, 755.

Bei einem aus teilurteilsfähigen Posten bestehenden Anspruch muß sich die Begründung mit allen für 24 fehlerhaft gehaltenen Punkten befassen, BGH NJW **98**, 1082, ebenso bei mehreren selbständigen Ansprüchen, BGH NJW **93**, 3074 mwN, BAG NZA **95**, 445, Müller-Rabe NJW **90**, 284 mwN, und bei Hilfsansprüchen, BGH **22**, 278. Hängt der Anspruch unmittelbar von dem Bestehen eines anderen Anspruchs ab, so genügen Ausführungen zu diesem Anspruch, BAG NJW **90**, 599, NZA **88**, 37 u **87**, 808 gegen NZA **86**, 600, vgl zur Stufenklage BGH RR **87**, 1030. Nicht anders ist es, wenn die Vorinstanz mehrere Ansprüche aus einem einzigen, allen gemeinsamen Grund abgewiesen hat: dann genügt die Auseinandersetzung mit diesem Grund, BGH NJW **98**, 1400 u 602, **94**, 2290. Wenn mehrere selbständige Klaggründe für denselben Anspruch verneint sind, muß eine Auseinandersetzung mit allen Ausführungen in dem angegriffenen Urteil erfolgen, soweit die Anspruchsgrundlagen aufrechterhalten werden, BGH NJW **98**, 3126 mwN, BAG NZA **98**, 959, abl Schwab ZZP **84**, 445, zweifelnd BGH NJW **84**, 178. Wird dagegen ein einziger Klaganspruch auf einen einheitlichen Rechtsgrund gestützt und hat die Vorinstanz ihn nur aus einem Gesichtspunkt zurückgewiesen, so genügt die ausreichende Begründung zu diesem, zB der Verjährung, BGH NJW **92**, 1898, **84**, 178 (krit Lepp NJW **84**, 1944 u Schneider MDR **85**, 22); für die nachgeschobenen Gründe gelten die §§ 527, 528, 523. Die Versagung eines hilfsweise geltend gemachten Zurückbehaltungsrechts braucht bei uneingeschränkter Verurteilung nicht gerügt zu werden, BGH RR **86**, 991, abw Müller-Rabe NJW **90**, 286. Wenn eine Aufrechnungsforderung aberkannt wird und nun mit weiteren Ansprüchen aufgerechnet wird, ist eine Auseinandersetzung mit dem angefochtenen Urteil nur entbehrlich, wenn die neuen Ansprüche weder mit der Klagforderung noch mit der aberkannten Gegenforderung in rechtlichem oder tatsächlichem Zusammenhang stehen, BGH NJW **97**, 3449.

Soll die Nichterhebung von Beweisen gerügt werden, so muß das angegeben werden; das geschieht nicht 25 schon durch eine allgemeine Bezugnahme auf die erstinstanzliche Schriftsätze (idR ist dann die Rüge aus § 286 in der Revisionsinstanz ausgeschlossen, wenn nicht das Berufungsgericht einen Teil der Beweisangebote berücksichtigt hat), BGH NJW **94**, 1481 u **87**, 502 mwN (ausnahmsweise kann die Nichtberücksichtigung von global in Bezug genommenem Vorbringen Art 103 GG verletzen, BVerfG NJW RR **95**, 828, **87**, 485, **82**, 1636 u **74**, 133). Dem Berufungsgericht ist es aber verwehrt, pauschal in Bezug genommenes Vorbringen nur teilweise unberücksichtigt zu lassen, BGH RR **90**, 831. Wird die Berufung nur auf Verfahrensfehler gestützt, ist zur Begründung nicht mehr erforderlich als in der Revisionsinstanz, so daß eine ordnungsgemäße Rüge, § 554 Rn 10 ff, genügt, BGH NJW **87**, 3265 mwN, BAG NZA **97**, 507, NJW **96**, 1431. Begründet werden muß auch der Antrag hinsichtlich der Zinsen, BGH FamRZ **95**, 1138 mwN, Müller-Rabe NJW **90**, 284, wenn nicht die Entscheidung über die Hauptforderung substantiiert angegriffen wird, BGH NJW **94**, 1657 mwN. Zu den darzulegenden Gründen der Anfechtung gehören auch die besonderen Gründe, die die Berufung regelwidrig zulässig machen, wie etwa im Fall des § 511 a II eine Abweichung gegeben ist, LG Nürnb-Fürth RR **93**, 1487 mwN, oder im Fall des § 513 (dort Rn 4 ff) keine Versäumnis vorlag, BGH NJW **67**, 728, LG Münst MDR **88**, 681. Der maßgebliche rechtliche Gesichtspunkt kann uU in einem einzigen Satz dargelegt werden, BGH RzW **73**, 116.

**Einzelheiten aus der Rspr.** Der Berufungskläger muß auf die einzelnen Vorgänge hinweisen, die er 26 anders gewürdigt sehen will; es ist aber keine ausreichende Begründung, wenn er sich bei einem Punkt erschöpft, durch den der Berufungskläger nicht beschwert ist, BAG **AP** Nr 6. Formularmäßige Sätze oder Redewendungen genügen nicht, BGH NJW **95**, 1559 mwN, auch nicht bloße Richtpunkte, BGH VersR **76**, 588, so nicht die Behauptung, das Gericht habe einige von mehreren Posten unrichtig oder unzureichend gewürdigt, RG JW **35**, 3101, es habe trotz Antrags bestimmte Akten nicht herangezogen, aus denen sich ein vollständiges Bild ergebe, BGH **LM** Nr 24. Die bloße Berufung auf Zeugen und Sachverständige ist keine bestimmte Bezeichnung der Berufungsgründe, RG JW **34**, 3199. Entbehrlich ist eine Begründung zu vom Vorderrichter nicht behandelten, aber formalen Gründen abgewiesen Klaganträgen, RG **149**, 203. Bei einem Mischurteil genügt, auch im Hinblick auf § 538, die Erörterung hierzu, Düss OLGZ **66**, 431; anders liegt es, wenn das Erstgericht hilfsweise auch sachlichrechtliche Gründe anführt, die für andere Teile des Urteils bedeutsam sind, Ffm RR **97**, 1427. Wegen der Begründung in EheS s Üb § 606 Rn 5–7. Eine Begründung der Berufung ist nicht nötig, soweit sie sich auch gegen die in einem Mischurteil enthaltene Kostenentscheidung richtet, aM Stgt WRP **97**, 357, abl Schneider MDR **97**, 704 mwN.

**Der unterzeichnende RA** muß eine **selbständige Arbeit** leisten und die Verantwortung für die 27 Berufungsbegründung durch seine Unterschrift übernehmen. Deshalb ist die Einreichung einer fremden

Begründung mit Vorbehalt unzureichend, BFH NJW **82**, 2896 (zustm Offerhaus), ebenso die rein formale Unterschrift unter der erkennbar von einem Dritten verfaßten Schrift, BGH JR **54**, 463. Hat ein Prozeßbevollmächtigter in Vertretung des Verfassers unterzeichnet, so genügt das, wenn der Verfasser ebenfalls Prozeßbevollmächtigter ist und der Unterzeichner nicht zu erkennen gibt, daß er die Verantwortung nicht übernehmen will oder den Inhalt nicht gekannt haben kann, BAG NJW **90**, 2706 u **87**, 3279, beide mwN. Grundsätzlich muß davon ausgegangen werden, daß der Berufungsanwalt die mit der Begründung zusammenhängenden Pflichten kennt, also wirklich das Urteil geprüft hat und das Ergebnis auch dann vorträgt, wenn er den Schriftsatz des Korrespondenzanwalts übernimmt, BGH VersR **62**, 1204.

28 **Bezugnahmen auf andere Schriftstücke** reichen idR nicht aus, außer wenn sich dieses Schriftstück bei den Akten befindet, als Berufungsbegründung inhaltlich ausreicht, der Gegenpartei bekannt ist und von einem beim Berufungsgericht zugelassenen RA unterzeichnet ist, BGH NJW **98**, 1647 mwN, dazu Lange NJW **89**, 438 mwN. Deshalb **genügt** die Bezugnahme auf eine Begründung in einer anderen Sache, wenn diese Begründung vom Berufungsanwalt in jenem Verfahren unterzeichnet ist und in diesem Verfahren eine beglaubigte Abschrift eingereicht wird, BGH **13**, 248, VersR **85**, 67 mwN, ebenso die Begründung für zwei Sachen in einem einzigen Schriftsatz, falls dies genügend erkennbar ist (unzweckmäßig und gefährlich!), BGH MDR **63**, 483, auch die eigenverantwortliche Bezugnahme auf ein eigenes oder von einem anderen Berufungsanwalt unterzeichnetes PKH- oder Einstellungsgesuch, BGH NJW **95**, 2113 mwN (die Bezugnahme braucht nicht ausdrücklich zu geschehen, vielmehr ist davon auszugehen, daß ein inhaltlich § 519 III genügendes Gesuch des Berufungsanwalts auch als Begründung dienen soll, sofern nicht ein entgegenstehender Wille erkennbar ist, was Auslegungsfrage ist, BGH VersR **95**, 1463 mwN, Bbg FamRZ **96**, 300), oder die Verweisung auf eine den Anforderungen genügende Anlage, wenn der RA sich ihren Inhalt klar zu eigen macht, BGH bei Lang AnwBl **82**, 242, zB einen begründeten Beschluß, durch den PKH bewilligt worden ist, BGH NJW **93**, 3334, oder eine Berufungsbegründung im Parallelprozeß vor demselben Spruchkörper, BGH NJW **93**, 3334, BAG NJW **66**, 565, oder die Verweisung auf übersichtlich geordnete und die Forderung schlüssig belegende Urkunden, BGH NJW **93**, 1866.

29 **Unzureichend** ist dagegen die Bezugnahme auf das Gesuch eines nicht beim Berufungsgericht zugelassenen RA, BGH RR **94**, 569 u NJW **90**, 2628 mwN, Ffm FamRZ **92**, 1086, oder der Partei selbst, RG JW **34**, 2975, ferner die Verweisung zB auf Parallelakten, RG HRR **34**, 1560, auf erstinstanzliches Vorbringen, BGH NJW **95**, 1559 u 1560 mwN, auch wenn es sich nur um eine einzige Rechtsfrage handelt, BGH NJW **59**, 885, und die Rechtsauffassung des Berufungsklägers in dem angefochtenen Urteil wiedergegeben ist, BGH NJW **81**, 1620 (zu eng), ebenso die Verweisung auf eine Stellungnahme des Berufungsanwalts zum Prozeßkostenhilfeantrag der Gegenpartei, BGH MDR **58**, 763, auf ein der Begründung beigefügtes ausführliches Rechtsgutachten, auch wenn es alles Nötige enthält, BFH BStBl **85** II 470 mwN, ua BGH VersR **63**, 565 (zu eng), auf ein anliegendes Sachverständigengutachten, BGH MDR **63**, 483, oder eine sonstige Stellungnahme, BGH NJW **94**, 1481, auf eine Anlage zum Gesuch um Prozeßkostenhilfe, die der Berufungsanwalt aber nicht unterschrieben hat, BGH LM Nr 37 (sehr eng). Es reicht auch nicht aus, daß in einem innerhalb der Frist eingegangenen unterzeichneten Schriftsatz erklärt wird, die Berufung sei in einem anderen, nicht unterzeichneten Schriftsatz begründet worden, BGH **37**, 156 (sehr eng). Ebensowenig genügt es, daß in einem unterzeichneten Streitverkündungsschriftsatz erwähnt wird, daß die Berufung begründet worden sei, aber nur ein ununterschriebener Schriftsatz beiliegt, BGH NJW **62**, 1724.

30 Eine **Beschränkung der Berufungsgründe** auf ein einzelnes Urteilselement, zB Verschulden, mit Bindungswirkung für das Rechtsmittelgericht, Grunsky ZZP **84**, 148, wird überwiegend für nicht zulässig gehalten, weil die Rechtsanwendung grundsätzlich nicht zur Disposition der Parteien steht, vgl § 559 II 1, BAG NZA **97**, 282, ThP 26. Eine solche Beschränkung dient aber der Konzentration des Streitstoffs und der beschleunigten Herstellung des Rechtsfriedens. Sie wird deshalb in den Fällen, in denen der Verzicht auf eine volle Nachprüfung nicht notwendig zu einer auf unrichtigen Prämissen beruhenden Entscheidung führt, zuzulassen sein, wenn ihr weder öffentliche Interessen (zB daran, daß eine gegen ein gesetzliches Verbot oder die guten Sitten verstoßende Entscheidung nicht hingenommen werden darf) noch Interessen des Rechtsmittelbeklagten entgegenstehen; letzteres ist nicht der Fall, wenn der Rechtsmittelkläger bereit ist, sich mit einem ihm ungünstigen Teil der Gründe abzufinden, oder wenn auch der Rechtsmittelbeklagte ein für ihn ungünstiges Urteilselement nicht mehr in Zweifel zieht, vgl Bamberg NJW **79**, 2316. Jedoch muß die Begründung des angefochtenen Urteils in diesem Punkt jedenfalls vertretbar sein, KG NJW **83**, 291 (wertende Ausfüllung des unbestimmten Rechtsbegriffs der Sittenwidrigkeit).

31 **b) Neues Vorbringen.** Der Berufungskläger muß die Begründungsfrist weiter dazu benutzen, sein beabsichtigtes neues Vorbringen, dh **neue Tatsachen, Beweismittel und Beweiseinreden**, anzugeben. „Neu" ist ein Vorbringen, das nicht bereits in erster Instanz erfolgt ist. Die Aufrechterhaltung „alten" Vorbringens gehört in die Berufungsgründe, oben Rn 24. Für nachgeschobene Angriffs- und Verteidigungsmittel gelten §§ 527, 528.

32 **c) Ergänzung der Begründung.** Genügt die Berufungsbegründung den formalen Anforderungen, reicht zB die Begründung zu einem einzelnen Verteidigungsmittel (zB zur Einrede der Verjährung) aus, so darf der Berufungskläger auch nach Ablauf der Frist sein **Vorbringen** im Rahmen seiner Anträge **ergänzen**, BGH NJW **84**, 178 mwN, krit Schneider MDR **85**, 22, Lepp NJW **84**, 1944, zB innerhalb eines einheitlichen Anspruchs die Begründung in anderen Punkten nachschieben, BGH aaO; es ist ihm aber verwehrt, die ausgesparte Begründung zu einem abtrennbaren Anspruch nachzuholen (und diesen Teil im Wege der Berufungserweiterung einzuführen), BGH NJW **84**, 438. Der Berufungsführer unterliegt dabei, namentlich bei dem Vortrag neuer Tatsachen, aber den Beschränkungen der §§ 527, 528 u 523 iVm §§ 282, 296, Schneider aaO. Wiedereinsetzung, § 233, zur Ergänzung einer wirksam eingereichten, jedoch inhaltlich (teilweise) unzureichenden Begründung kann nicht gewährt werden, BGH NJW **97**, 1310 mwN, § 233 Rn 3. Es ist also **größte Sorgfalt und Vorsicht geboten**.

33 **D. Folgen von Verstößen**, vgl oben Rn 15: Fehlt jede Begründung oder bezeichnet die eingereichte die Berufungsgründe nicht ausreichend: Verwerfung als unzulässig, § 519 b; eine neue Berufung innerhalb der

1. Abschnitt. Berufung **§§ 519–519b**

Frist ist zulässig, BGH **45**, 382, vgl § 519 b Rn 10. Ist nur einer von mehreren Posten zureichend begründet, so ist die Berufung nur insoweit zulässig, BGH NJW **91**, 1684 mwN. Wird Berufung nur hinsichtlich eines Teilbetrages einer Gesamtforderung eingelegt, so macht dies die unterlassene Aufteilung auf die einzelnen selbständigen Ansprüche, § 253 Rn 43, die Berufung noch nicht unzulässig, da der Mangel noch behoben werden kann, BGH **20**, 219. Ob die Begründung rechtlich haltbar und tatsächlich richtig ist, hat für die Zulässigkeit keine Bedeutung, BGH VersR **77**, 152. Die Zulässigkeit der Berufung wird nicht dadurch berührt, daß die Begründung später nicht aufrechterhalten wird, BGH NJW **85**, 2828, zustm Kuchinke JZ **86**, 90.

4) **Sonstiger Inhalt, IV u V.** Die Berufungsbegründungsschrift soll weiter den **Wert des Beschwerde-** 34 **gegenstandes**, § 511 a Rn 11 ff, angeben, wenn von ihm die Zulässigkeit der Berufung abhängt und er nicht in einer bestimmten Summe besteht, **IV**. Es handelt sich um eine Sollvorschrift, deren Verletzung die Zulässigkeit der Berufung nicht gefährdet; eine Nachholung ist bis zum Beschluß aus § 519 b zulässig, ebenso die durch § 511 II vorgeschriebene Glaubhaftmachung, vgl § 511 a Rn 26. Schließlich sind die **allgemeinen Vorschriften über vorbereitende Schriftsätze** anwendbar, s §§ 129 ff, **V**. Über Abschriften und Zustellungen s § 519 a.

5) *VwGO:* Unanwendbar, da für den Antrag auf Zulassung § 124 a I und für die zugelassene Berufung 35 § 124 a III VwGO gelten. Verspätetes Vorbringen zur Berufung kann bei Verschleppungsabsicht rechtsmißbräuchlich und damit unbeachtlich sein, OVG Münst NVVBl **95**, 75. Zur Beschränkung der Anfechtung bei einem VerwAkt mit teilbarem Inhalt vgl OVG Lüneb NJW **68**, 125.

**519a** *Zustellung.* ¹Die Berufungsschrift und die Berufungsbegründung sind der Gegenpartei zuzustellen. ²Mit der Zustellung der Berufungsschrift ist der Zeitpunkt mitzuteilen, in dem die Berufung eingelegt ist. ³Die erforderliche Zahl von beglaubigten Abschriften soll der Beschwerdeführer mit der Berufungsschrift oder der Berufungsbegründung einreichen.

**Vorbem.** Im **Verfahren der Arbeitsgerichte** ist § 519 a entsprechend anwendbar, § 64 VI ArbGG, 1 GMP § 66 Rn 4; mit der Zustellung ist der Berufungsbeklagte auf die Berufungsbeantwortungsfrist hinzuweisen, § 66 I 2–4 ArbGG, dazu GMP § 66 Rn 19–24.

1) **Zustellung.** § 519 a ist den §§ 553 a II, 554 V nachgebildet. Berufungsschrift und Berufungsbegrün- 2 dung bleiben bei den Gerichtsakten. Dem Gegner des Berufungsklägers ist eine beglaubigte Abschrift von Amts wegen zuzustellen, §§ 523, 270, und zwar dem Prozeßbevollmächtigten 2. Instanz, in dessen Ermangelung nach § 210 a, **S** 1. Der Berufungskläger soll die nötige Zahl von beglaubigten Abschriften einreichen, **S** 3. Ein Verstoß gegen die Einreichungspflicht zieht keine prozessualen Folgen nach sich, RG **145**, 237, vielmehr stellt die GeschStelle die Abschriften auf Kosten des Berufungsklägers her, § 210. Verfahren bei Streitgenossen: **a)** ein Streitgenosse ist Berufungskläger: Zustellung an die übrigen Streitgenossen, die das Urteil betrifft, § 63; **b)** ein Streitgenosse ist Berufungsbeklagter: Zustellung an die Streitgenossen, gegen die sich die Berufung ausdrücklich richtet, bei fehlender Beschränkung an alle, zu deren Gunsten das Urteil lautet. Aufgetretenen Streithelfern ist immer zuzustellen, § 67. Nachträge zur Berufungsbegründung sind zuzustellen, soweit sie in der Begründungsfrist eingehen, ZöGu 1. Die Zustellung ist möglichst zu beschleunigen, aber an eine Frist nicht gebunden. Wie S 2 u 3 zeigen, scheidet eine Zustellung nach § 198 aus.

Die Zulässigkeit der Berufung hängt nicht von der Zustellung ab, BGH **50**, 400, RR **91**, 511; ihre Unterlassung ist nach § 295 heilbar, BGH **65**, 116 mwN. Vor der Zustellung ist keine Terminsbestimmung zulässig. Ist die Berufung an offensichtlich unheilbarer Unzulässigkeit, kann die Zustellung an den Gegner unterbleiben und sogleich ein Verwerfungsbeschluß ergehen, Schumann Rn 330.

2) **Mitteilung.** Mit der Zustellung der Berufungsschrift hat die GeschStelle dem Berufungsbeklagten den 3 Zeitpunkt der Berufungseinlegung mitzuteilen, **S** 2; wenn er sich aus dem Eingangsstempel auf der beglaubigten Abschrift ergibt, so genügt das. Zweck der Vorschrift ist es, dem Gegner eine Prüfung zu ermöglichen, ob die Berufungsfrist gewahrt ist und wann die Begründungsfrist, § 519 II, abläuft, vgl § 522 a. Der RA darf auf die Richtigkeit der gerichtlichen Mitteilung vertrauen, KG VersR **91**, 201 (zu 233). Dem Berufungskläger ist wegen § 519 II 2 der Zeitpunkt der Einlegung der Berufung auf Antrag mitzuteilen, StJGr Rn 6, vgl § 213 a.

3) *VwGO:* Es gelten §§ 125 I, 81 II, 85 VwGO. S 2 ist entsprechend anzuwenden, § 173 VwGO, damit der 4 Berufungsgegner die Wahrung der Frist, § 124 a III VwGO, prüfen kann, vgl oben Rn 3.

**519b** *Prüfung der Zulässigkeit.* ¹ ¹Das Berufungsgericht hat von Amts wegen zu prüfen, ob die Berufung an sich statthaft und ob sie in der gesetzlichen Form und Frist eingelegt und begründet ist. ²Mangelt es an einem dieser Erfordernisse, so ist die Berufung als unzulässig zu verwerfen.

**II** Die Entscheidung kann ohne mündliche Verhandlung durch Beschluß ergehen; sie unterliegt in diesem Falle der sofortigen Beschwerde, sofern gegen ein Urteil gleichen Inhalts die Revision zulässig wäre.

**Vorbem.** Im **Verfahren der Arbeitsgerichte** ist § 519 b nach § 64 VI ArbGG entsprechend anwendbar, 1 wie auch § 66 II 2 ArbGG zeigt, vgl Oetker NZA **89**, 201 mwN. Die Verwerfung der Berufung ohne mündliche Verhandlung ergeht durch Beschluß der Kammer des LAG, § 66 II 2; hingegen ist die sofortige

## § 519b

Beschwerde nach II nur zulässig, wenn das LAG sie im Beschluß wegen der Bedeutung der Rechtssache zugelassen hat, § 77 ArbGG, GMP § 77 Rn 5–10 (keine Nichtzulassungsbeschwerde). Sie kann auch in einem nachfolgenden Beschluß über die Versagung der WiedEins zugelassen werden, BAG NJW 89, 2708. Ist bei der Beschlußverwerfung kein rechtliches Gehör gewährt worden, läßt das BAG (NZA 90, 537) WiedEins zu, unten Rn 16.

### Gliederung

| | |
|---|---|
| 1) Prüfung von Amts wegen, I 1 ......... 2 | 3) Rechtsmittel, II 2 .................... 11–16 |
| 2) Entscheidung, I 2 u II 1 ............... 3–10 |   A. Endurteil ............................ 11 |
|   A. Verwerfung ........................ 3–5 |   B. Beschluß .......................... 12–15 |
|   B. Zulässigkeit ........................ 6 |   C. Sonstiges ............................ 16 |
|   C. Zeitpunkt .......................... 7 | 4) VwGO .................................. 17 |
|   D. Bindende Kraft .................... 8–10 | |

**2** **1) Prüfung von Amts wegen, I 1.** Das Berufungsgericht (auch durch den Einzelrichter) hat vAw zu prüfen, **ob die Berufung an sich statthaft und ob sie in der gesetzlichen Form und Frist eingelegt und begründet** worden ist. Diese Prüfung muß jeder Sachentscheidung vorausgehen. Zu prüfen sind: **a)** die funktionelle Zuständigkeit; **b)** die Statthaftigkeit der Berufung, also Berufungsfähigkeit, Beschwer, Berufungsberechtigung, § 511; **c)** die erforderliche Berufungssumme, § 511a; **d)** Form und Frist der Einlegung, §§ 516–518, auch WiedEins; **e)** Form und Frist der Berufungsbegründung, § 519; **f)** die ausnahmsweisen Erfordernisse des § 513; **g)** das Fehlen von Prozeßhindernissen 2. Instanz wie zB ein Verzicht auf die Berufung; **h)** das Fehlen von Hindernissen jeder Entscheidung, wie Unterbrechung, bis zum 31. 12. 96 Gerichtsferien u dgl. Dies geschieht, soweit es möglich ist, ohne mündliche Verhandlung. Erledigt eine Urteilsberichtigung aus § 319 die Berufung, so ist sie nicht unzulässig, sondern unbegründet, RG JW 25, 2006, vgl Grdz § 511 Rn 23.

Das Berufungsgericht hat dabei nicht unter Ausschöpfung aller Möglichkeiten den Sachverhalt selbst aufzuklären, RG 160, 338. Die Prüfung von Amts wegen beschränkt sich vielmehr auf das dem Gericht vorliegenden oder offenkundigen Prozeßstoff, BGH VersR 82, 492, NJW 76, 149. Das Revisionsgericht hat die Zulässigkeit ebenfalls von Amts wegen zu prüfen, BGH NJW 82, 1873, ohne an die Feststellungen des Berufungsgerichts gebunden zu sein, BGH RR 92, 1339 mwN.

Auch die Zustellung des Urteils ist vAw zu prüfen. Ob sich das Kollegium mit einer vom Einzelrichter vorgenommenen Prüfung begnügen will, steht bei ihm. Die Berufungssumme ist bis zur Beschlußfassung, frühestens bis zum Ablauf der Frist, glaubhaft zu machen, § 511 a II.

Die Tatsachen, aus denen sich die Zulässigkeit ergibt, müssen voll **bewiesen** werden, BGH FamRZ 93, 313. Von der Erhebung zulässiger und rechtzeitig angetretener Beweise darf das Gericht nur dann absehen, wenn das Beweismittel völlig ungeeignet ist oder die Richtigkeit der unter Beweis gestellten Tatsache bereits erwiesen ist oder unterstellt werden kann, BVerfG NJW 93, 254. Lediglich für die Gewinnung der Beweismittel und im Beweisverfahren gelten die Regeln des sog Freibeweises, das das Gericht im Rahmen pflichtgemäßen Ermessens freier stellen, BGH NJW 97, 3319, RR 92, 1339, NJW 87, 2876 mwN.

**3** **2) Entscheidung, I 2 und II 1**

**A. Verwerfung.** Mangelt es an einem der in I genannten Erfordernisse, lautet die Entscheidung auf Verwerfung der Berufung als unzulässig, auch hinsichtlich nur einer Berufung, wenn zweimal Berufung eingelegt ist, RG DR 40, 1786, vgl auch § 515 Rn 17. Sie ergeht **a) durch Urteil, wenn die Entscheidung auf mündliche Verhandlung ergeht**, und zwar durch Endurteil. Ob eine mündliche Verhandlung stattfinden soll, steht im freien Ermessen des Gerichts; am Platz ist sie überall, wo eine Klärung durch Aussprache zu erwarten steht. Bei Ausbleiben des Berufungsklägers darf ein Urteil nach Aktenlage auch ohne frühere mündliche Verhandlung ergehen, weil eine solche für die Entscheidung belanglos wäre, RG 159, 360; **b) wenn die Entscheidung nicht auf mündliche Verhandlung ergeht, durch Beschluß**; es bleibt also gleich, ob früher einmal zur Sache, aber nicht zur Zulässigkeit, verhandelt ist, BGH NJW 79, 1891 mwN. Darum hindert auch eine Verhandlung vor dem Einzelrichter den Beschluß des Kollegiums **4** nicht, RG HRR 30, 1264. Beschluß ist auch zulässig über die WiedEins gegen Versäumung der Berufungsfrist, RG 125, 70. Zu einer beabsichtigten Beschlußverwerfung sind die **Parteien zu hören**, Art 103 GG, BGH NJW 94, 392 u 91, 2081, BAG NJW 71, 1823, vgl auch §§ 125 II 3 VwGO u 158 II 2 SGG; die Verletzung des Rechts auf Gehör ist vAw zu beachten, BGH NJW 94, 392. Der Beschluß ist zu begründen, BGH NJW 83, 123.

**5** Zu verwerfen ist nur die eingelegte Berufung: ein Verlust des Rechtsmittels tritt regelmäßig nicht ein (s dazu § 515 Rn 17), so daß eine Neueinlegung innerhalb der Berufungsfrist statthaft ist, unten Rn 10. Legt die Partei eine 2. Berufung ein, bevor über die erste entschieden ist, so ist einheitlich zu entscheiden; ist eine Berufung ordnungsmäßig, so ergeht eine Entscheidung in der Sache, § 518 Rn 18, die andere Berufung hat dann keine selbständige Bedeutung.

Urteil und Beschluß beseitigen die Hemmungswirkung ex nunc, so daß das Urteil mit der Rechtskraft der Verwerfungsentscheidung rechtskräftig wird, wenn die an sich statthafte und rechtzeitig eingelegte Berufung nach Ablauf der Rechtsmittelfrist verworfen wird, GmS NJW 84, 1027; vgl § 705 Rn 5. Sowohl das Urteil als auch der Beschluß stellen mit Rechtskraftwirkung klar, daß die Berufung wegen eines bestimmten Mangels unzulässig ist, BGH NJW 81, 1962; wegen der Erneuerung der Berufung s unten Rn 10. Die rechtskräftige Verwerfung macht deshalb das angefochtene Urteil nur nach den Umständen des Falls rechtskräftig, nämlich dann nicht, wenn die Verwerfung vor Ablauf der Berufungsfrist ausgesprochen worden ist.

Der Beschluß ist wegen der Kosten Vollstreckungstitel, § 794 Rn 15, macht aber das angefochtene Urteil nicht entspr § 708 Z 10 vorläufig vollstreckbar, LG Stgt NJW 73, 1050.

**B. Zulässigkeit der Berufung.** Die Entscheidung kann auch lauten auf Zulässigkeit der Berufung. Sie **6** ergeht auf mündliche Verhandlung durch Zwischenurteil nach § 303, sonst durch Beschluß. Ein solcher Beschluß ist nicht üblich. Regelmäßig beraumt der Vorsitzende Termin an, wenn er keine Bedenken hat. Wenn das Kollegium die Berufung ausdrücklich durch Beschluß für zulässig befunden hat, ist das Berufungsgericht daran gebunden, BGH NJW **54**, 880, hM, MüKoRi 13, ThP 3, aM 51. Aufl. Die Gewährung der WiedEins darf auch auf Gegenvorstellung nicht geändert werden, BGH FamRZ **93**, 1191 mwN.

**C. Zeitpunkt der Entscheidung.** Darüber bestimmt das Gesetz nichts. Sobald die Unzulässigkeit fest- **7** steht, ist zu verwerfen. Dabei ist für die Beurteilung der Zeitpunkt der Entscheidung maßgebend, RG JW **35**, 2632, wobei für die Wertberechnung § 4 heranzuziehen ist, s § 511 a Rn 21. Namentlich wenn das Urteil nicht berufungsfähig ist, kann die Berufung sofort wegen Unzulässigkeit verworfen werden. Förmliche Mängel der Berufungsschrift lassen sich jedoch in der Berufungsfrist heilen, § 518 Rn 18, eine unzulängliche Berufungsbegründung in der Begründungsfrist ergänzen; darum ist die Berufung in diesen Fällen zweckmäßigerweise nicht vor Ablauf der Berufungs- bzw Begründungsfrist zu verwerfen, also nicht wegen Versäumung der Begründungsfrist, solange die Berufungsfrist noch läuft, Pantle NJW **88**, 2773. Wegen Fristversäumung darf die Berufung nicht als unzulässig verworfen werden, bevor über einen wirksam gestellten Verlängerungsantrag nach § 519 entschieden worden ist, BGH NJW **88**, 211 u RR **88**, 581, es sei denn, es handelt sich um einen rechtsmißbräuchlich wiederholten Verlängerungsantrag, BGH VersR **86**, 166. Eine Verwerfung ist auch dann fehlerhaft, wenn nicht zuvor über einen Antrag auf WiedEins entschieden worden ist, BGH LS VersR **85**, 1143. Ebenso scheidet eine Verwerfung bei Fristablauf aus, wenn eine bedürftige Partei bei Fehlen weiterer anwaltlicher Vertretung am letzten Tag ein Gesuch um Prozeßkostenhilfe einreicht, BGH VersR **77**, 721, Brschw NdsRpfl **89**, 76. Eine Verwerfung kommt ferner nicht in Betracht, solange es möglich ist, die unzulässige Berufung als unselbständige Anschließung zu behandeln oder eine solche noch zu erklären, BGH NJW **96**, 2659 mwN, NJW **87**, 3263 (dazu Rimmelspacher JR **88**, 93); vgl § 519 Rn 15.

**D. Bindende Kraft der Entscheidung.** Jedes **Urteil** bindet, § 318. Doch entscheidet das zulassende **8** Zwischenurteil nur über die derzeitige Sach- und Rechtslage, hindert also eine andere Entscheidung bei Veränderung nicht. Der **zulassende Beschluß** ist frei abänderlich, § 329 Rn 16 (es sei denn, er gewährt zugleich WiedEins, BVerfG **8**, 253, dazu krit Baur JZ **59**, 60, aM auch für diesen Fall bei Verfassungsverstoß BGH NJW **95**, 2497), enger StJGr 35 mwN: wollte man das Berufungsgericht auch an einen solchen (im Grunde deklaratorischen) Beschluß binden, so könnte der Fall eintreten, daß es sich nachträglich von der Unzulässigkeit der Berufung überzeugt, dann aber gezwungen wäre, trotzdem in der Sache tätig und dann in der Revisionsinstanz wegen Unzulässigkeit der Berufung aufgehoben zu werden. Der **verwerfende Beschluß** ist unabänderlich, weil er an Stelle eines Urteils steht, so daß auf ihn § 318 entsprechend anzuwenden ist BGH RR **95**, 765 mwN, Jauernig RR **82**, 286 zu BGH NJW **81**, 1962 mwN, BAG AP Nr 10 u NJW **71**, 1823 mwN; deshalb ist auch bei Mißgriffen des Gerichts eine Abänderung ausgeschlossen, abw ZöGu Rn 10 u § 567 Rn 27. Daß Verwerfungsbeschlüsse des OLG nicht geändert werden dürfen, ergibt sich überdies daraus, daß gegen sie sofortige Beschwerde gegeben ist (§ 577 III), BGH RR **95**, 765 mwN, aM Ffm NJW **70**, 715. Etwas anderes muß jedoch gelten, wenn der Beschluß auf einer Verletzung von Grundrechten beruht, zB auf einem Verstoß gegen Art 103 GG (rechtliches Gehör) oder gegen Art 101 GG (gesetzlicher Richter), BVerfG NJW **87**, 1319 u 486, EuGRZ **85**, 237 mwN, NJW **83**, 1900: in diesem Fall ist der Beschluß auf **Gegenvorstellung** zu ändern, BGH NJW **95**, 2497 mwN, BVerwG NJW **94**, 674, BayObLG MDR **94**, 607, Bauer NJW **91**, 1711, vgl unten Rn 16 und Üb § 567 Rn 5.

Neben der sofortigen Beschwerde muß der Berufungskläger ggf auch **WiedEins** beim OLG beantragen, **9** BGH NJW **68**, 107, auch wenn die Frist in Wahrheit nicht versäumt war, BAG NJW **71**, 1823, Köln OLGZ **73**, 41, vgl LG Bochum MDR **85**, 239; hat das Landgericht die Berufung verworfen, so steht dem Berufungskläger nur dieser Weg offen. Einzelheiten s § 233 Rn 18 ff. Zum Beginn der WiedEinsFrist, § 234, und zur Nachholung der Berufungsbegründung, § 236, s § 519 Rn 4–7. Die WiedEins, die nach § 238 III unanfechtbar ist und keiner Nachprüfung in höherer Instanz unterliegt, BGH NJW **82**, 887, macht den Verwerfungsbeschluß gegenstandslos, BGH VersR **82**, 95, NJW **68**, 107, ohne daß es einer ausdrücklichen Aufhebung bedarf (die aber zweckmäßig ist); gegen die Versagung der WiedEins durch des OLG ist sofortige Beschwerde zulässig, BGHZ **21**, 147, BAG NJW **89**, 2708, deren Erfolg die auf Fristversäumung gestützte Verwerfung gegenstandslos macht, BGH NJW **68**, 107.

Eine **Erneuerung der Berufung** in der Berufungsfrist ist zulässig, ohne daß es darauf ankommt, ob die **10** verworfene erste Berufung von Anfang an unzulässig war oder durch Versäumung der Begründungsfrist unzulässig geworden ist, BGH RR **99**, 287, Dtz **93**, 54 u NJW **91**, 1116 mwN. Jedoch steht die verwerfende Entscheidung einer Erneuerung entgegen, wenn wegen ihrer Bindungswirkung entsprechend § 318 der Erlaß einer sachlich widersprechenden neuen Entscheidung ausgeschlossen ist, Jauernig MDR **82**, 286; das ist der Fall, wenn die neue Berufung dem Berufungsgericht denselben prozessualen Sachverhalt unterbreitet, BGH NJW **81**, 1962, so daß auch Verwerfung wegen Versäumung der Berufungsfrist mit der erneuten Berufung nicht geltend gemacht werden darf, dieselbe Frist habe nicht zu laufen begonnen, Ffm NJW **83**, 2395. Dagegen ist nach Verwerfung wegen Versäumung der Begründungsfrist eine erneute Berufung zulässig, wenn mit ihr geltend gemacht wird, die Berufungsfrist habe nicht zu laufen begonnen, BGH DtZ **93**, 54 u NJW **91**, 1116, dazu Borgmann AnwBl **91**, 153.

3) **Rechtsmittel, II 2.** Die Vorschrift galt in den **neuen Bundesländern** mit der Maßgabe, daß bis zur **11** Errichtung von LG u OLG, §§ 14 ff RpflAnpG, Berufungsgericht allein das Bezirksgericht war, Üb § 511 Rn 2, § 567 Rn 1.

**A. Revision.** Gegen die Entscheidung durch **Endurteil** findet die Revision nach allgemeinen Grundsätzen statt, also nach § 547 (nur) gegen Urteile des OLG, es sei denn, daß die Revision ausgeschlossen ist, zB nach § 545 II oder § 629. Endurteile des LG als Berufungsgericht sind unanfechtbar.

Die Entscheidung durch Zwischenurteil, § 303, ist nur zusammen mit dem Endurteil anfechtbar, BGH NJW **87**, 3265.

**§§ 519b, 520**

12  **B. Beschwerde.** Gegen die Entscheidung durch **Beschluß** ist die **sofortige Beschwerde**, § 577, gegeben, wenn ein Urteil desselben Inhalts revisibel wäre, also unter den vorstehend genannten Voraussetzungen nur gegen Beschlüsse des OLG, niemals dagegen gegen Beschlüsse des LG, BayObLG MDR **93**, 799, und zwar auch dann nicht, wenn die Beschwerde auf die Verletzung des rechtlichen Gehörs gestützt wird, Ffm MDR **88**, 503 (zur Gegenvorstellung oben Rn 8); dies gilt auch in FamS, weil § 621 d II sich nur auf Endurteile bezieht, BGH VersR **85**, 1183. Die sofortige Beschwerde ist im Hinblick auf § 547 zulassungsfrei. Sie ist nach dem Meistbegünstigungsgrundsatz, Grdz § 511 Rn 28, auch dann gegeben, wenn das OLG ein als Beschwerde anzusehendes Rechtsmittel als Berufung verworfen hat, BGH FamRZ **91**, 549, oder wenn es richtigerweise durch Urteil hätte entscheiden müssen, oben Rn 3, BGH NJW **94**, 2098 mwN; eine (unstatthafte) Gegenvorstellung ist uUmst als Beschwerde zu behandeln, BGH NJW **92**, 243. Immer ist nötig, daß gegen ein Urteil gleichen Inhalts die Revision zulässig wäre; das ist nicht der Fall, wenn das OLG die Berufung gegen ein Kostenschlußurteil verwirft, BGH RR **97**, 61, NJW **91**, 220. Unanfechtbar ist der Beschluß, durch den vorab über den Wert des Beschwerdegegenstandes entschieden worden ist, KG MDR **87**, 852. Wird die Berufung durch Beschluß zugelassen, so steht dieser an Stelle eines Zwischenurteils, RG JW **31**, 1759, ist also nicht anfechtbar, § 303 Rn 5; seine Nachprüfung erfolgt zugleich mit der Entscheidung in der Sache in der Revisionsinstanz.

Eine **Beschwer** in der Hauptsache ist stets nötig; sie fehlt zB, wo die Berufung zurückgenommen ist. Eine Beschwer im Kostenpunkt genügt nicht, RG JW **31**, 2022. Dadurch, daß das Berufungsgericht auf erneute Berufung derselben Partei WiedEins bewilligt, wird die Beschwerde nicht unzulässig, BGH BB **78**, 925.

13  Die Beschwerde muß ein beim BGH bzw beim OLG zugelassener **RA unterzeichnen**, je nachdem, bei welchem Gericht sie eingelegt wird, § 577 Rn 8; dies gilt auch in Baulandsachen, BGH NVwZ **95**, 412 u RR **94**, 1021, und galt auch für beim BGH eingelegte Beschwerden gegen die Entscheidungen der Bezirksgerichte in den neuen Bundesländern (obwohl das Verfahren bei den Kreisgerichten nicht als AnwProzeß zu führen war), BGH NJW **91**, 2492, abl Bergerfurth DtZ **92**, 15. In FamS gilt § 78 II, BGH FamRZ **88**, 1159 u NJW **84**, 2413, soweit sich aus § 78 III nichts anderes ergibt, BGH FamRZ **88**, 1159, Bergerfurth AnwZwang Rn 359 u FamRZ **88**, 601. Die **Einlegung** der Beschwerde vor Beginn der Notfrist ist zulässig, RG JW **30**, 3550. Die Frist, § 577 II, beginnt mit ordnungsgemäßer, also vAw zu bewirkender Zustellung, BGH **LM** § 577 Nr 2. Für die Einlegung gilt § 577 II 2, s dort Rn 8; wegen der Rechtslage in Bayern s § 7 EGZPO Rn 4. Ein Recht zur Änderung des angefochtenen Beschlusses steht dem Berufungsgericht nur in Ausnahmefällen zu, oben Rn 8.

14  **Verfahren.** Das Beschwerdegericht hat nicht nur **zu prüfen**, ob die den angefochtenen Beschluß tragenden Gründe zutreffen, sondern ob der Beschluß selbst zu Recht besteht, BGH WertpMitt **87**, 155 mwN. Die sofortige Beschwerde, die sich zutreffend gegen die vom OLG ausgesprochene Verwerfung der Berufung richtet, weil irrtümlich die Überschreitung der Berufungsfrist angenommen wurde, ist gleichwohl zurückzuweisen, wenn die Berufung nicht fristgemäß begründet wurde, BGH aaO, VersR **82**, 240, NJW **59**, 724; ebenso ist die sofortige Beschwerde zurückzuweisen, wenn der Rechtsmittelkläger die nach einem wirksamen Verlängerungsantrages verworfene Berufung nicht innerhalb der von ihm beantragten Frist begründet, BGH FamRZ **91**, 548. **Neue Tatsachen und Beweise** können zum Nachweis, daß die Berufung rechtzeitig eingelegt oder begründet wurde, gemäß § 570 vorgebracht werden, BGH NJW **89**, 838, RR **87**, 377, VersR **86**, 470 mwN, **LM** § 570 Nr 1 (für den Vortrag weiterer Tatsachen zur Ablehnung der WiedEins s BGH NJW **97**, 2121); das gleiche gilt, wenn die Berufungssumme verfahrensfehlerhaft ermittelt worden ist, § 511 a Rn 18, BGH FamRZ **96**, 1332. Eine **Zurückverweisung**, § 575, ist zulässig, BGH NJW **91**, 2081.

15  Auf **WiedEinsGründe** kann die sofortige Beschwerde nur dann gestützt werden, wenn das OLG in dem Beschluß zugleich die WiedEins abgelehnt oder eine Entscheidung darüber fehlerhaft unterlassen hat, nicht aber sonst, BGH RR **94**, 127, VersR **93**, 501 u NJW **82**, 887 mwN, abw BGH FamRZ **80**, 347. Die WiedEins ist bei dem nach § 237 dafür zuständigen Gericht zu betreiben, ggf mit den dafür vorgesehenen Rechtsmitteln, oben Rn 9. Allerdings kann das Übergehen der WiedEins im Verwerfungsbeschluß ein Verfahrensfehler sein, der zur Zurückverweisung führt, BGH NJW **82**, 887, wenn nicht die WiedEins nach dem Akteninhalt ohne weiteres zu gewähren ist, wozu das Revisionsgericht aus Gründen der Prozeßwirtschaftlichkeit befugt ist, BGH VersR **93**, 501 mwN, RR **89**, 963, NJW **82**, 1873.

16  **C. Sonstiges.** Im übrigen gibt es keinen Rechtsbehelf. So sind namentlich Entscheidungen des LG über die Zulässigkeit einer Berufung gegen das Urteil eines AG unanfechtbar, Mü MDR **71**, 588 mwN, und nur ganz ausnahmsweise abänderbar, s u; idR kann ggf nur nachträglich WiedEins gewährt werden, die den Verwerfungsbeschluß gegenstandslos macht, oben Rn 9. Daher ist größte Vorsicht und Anhörung der Parteien bei jedem Zweifel geboten, ehe eine Berufung verworfen wird. Zulässig ist (auch gegen Beschlüsse) die Wiederaufnahme, BGH **62**, 18, NJW **83**, 883 mwN, BAG NJW **55**, 926, StJGr Rn 29 vor § 578.

Nur ausnahmsweise können (und müssen) verwerfende Beschlüsse auf **Gegenvorstellung** geändert werden, nämlich dann, wenn durch sie Art 103 oder Art 101 GG verletzt worden ist, oben Rn 8, Üb § 567 Rn 5; demselben Ziel dient die Zulassung der WiedEins für diesen Fall, BAG DB **90**, 996. Dies gilt nicht für Urteile, vgl § 511 a Rn 1, offen gelassen BVerwG NJW **84**, 625.

17  4) *VwGO:* Es gilt § 125 II *VwGO*, dazu Rudisile NVwZ **98**, 148, VGH Kassel NVwZ-RR **96**, 544. Eine (Sach-)Entscheidung durch Beschluß sieht § 130 a *VwGO* (jetzt idF des 6. ÄndG) vor, dazu BVerwG NVwZ **92**, 890 (Anm Huber).

**520** *Mündliche Verhandlung; Vorverfahren.* ¹Wird die Berufung nicht durch Beschluß als unzulässig verworfen, so ist der Termin zur mündlichen Verhandlung zu bestimmen und den Parteien bekanntzumachen. ²Von der Bestimmung eines Termins zur mündlichen Ver-

1. Abschnitt. Berufung § 520

handlung kann zunächst abgesehen werden, wenn zur abschließenden Vorbereitung eines Haupttermins ein schriftliches Vorverfahren erforderlich erscheint.

II ¹Der Vorsitzende oder das Berufungsgericht kann dem Berufungsbeklagten eine Frist zur schriftlichen Berufungserwiderung und dem Berufungskläger eine Frist zur schriftlichen Stellungnahme auf die Berufungserwiderung setzen. ²Im Falle des Absatzes 1 Satz 2 wird dem Berufungsbeklagten eine Frist von mindestens einem Monat zur schriftlichen Berufungserwiderung gesetzt. ³§ 277 Abs. 1 Satz 1, Abs. 2, 4 gilt entsprechend.

III ¹Mit der Bekanntmachung nach Absatz 1 Satz 1 oder der Fristsetzung zur Berufungserwiderung nach Absatz 2 Satz 2 ist der Berufungsbeklagte darauf hinzuweisen, daß er sich vor dem Berufungsgericht durch einen bei diesem Gericht zugelassenen Rechtsanwalt vertreten lassen muß. ²Auf die Frist, die zwischen dem Zeitpunkt der Bekanntmachung des Termins und der mündlichen Verhandlung liegen muß, sind die Vorschriften des § 274 Abs. 3 entsprechend anzuwenden.

**Vorbem. A.** Art 3 Z 6 G v 2. 9. 94, BGBl 2278, bestimmt: 1

In § 520 Abs. 3 Satz 1 werden die Worte, „daß er sich vor dem Berufungsgericht durch einen bei diesem Gericht zugelassenen Rechtsanwalt vertreten lassen muß" durch die Worte „daß er sich vor dem Berufungsgericht durch einen Rechtsanwalt, vor dem Oberlandesgericht durch einen bei diesem Gericht zugelassenen Rechtsanwalt vertreten lassen muß" ersetzt.

Die Änderung von III 1 tritt für die alten Bundesländer u Berlin am **1. 1. 2000**, für die neuen Bundesländer am **1. 1. 2005** in Kraft, Art 22 des Ges, dazu § 78 Vorbem u Rn 2 ff. Zur Fassung des Hinweises, III 1, in den neuen Bundesländern s § 22 S 3 RPflAnpG, vgl Kleine-Cosack NJW **94**, 2250.

**B.** Im **Verfahren der Arbeitsgerichte** gilt § 520 nicht, GMP § 66 Rn 4. Vielmehr muß die Berufung 2 innerhalb eines Monats nach Zustellung der Berufungsbegründung (einmalige Verlängerung durch den Vorsitzenden ist möglich) beantwortet werden, § 66 I 2–4 ArbGG; die Bestimmung des Termins muß nach Eingang der Berufungsbegründung unverzüglich erfolgen, § 66 II 1 ArbGG, setzt aber den Eingang der Berufungsbeantwortung nicht voraus, GMP § 66 Rn 39. Ein schriftliches Vorverfahren, I 2, darf nicht angeordnet werden, Grunsky ArbGG § 66 Rn 9.

**1) Regelungszweck.** Die Maßnahmen zur Konzentration des Verfahrens im 1. Rechtszug, namentlich 3 diejenigen nach § 296, sind auch im Berufungsverfahren anzuwenden, § 523. Zusätzliche Regelungen enthält § 520.

**2) Terminbestimmung** 4

**A. Grundsatz, I.** Im Berufungsverfahren darf der Termin zur mündlichen Verhandlung erst nach Eingang der Berufungsbegründung bestimmt werden, wenn nicht die Berufung unheilbar unzulässig ist, vgl Celle NdsRpfl **92**, 90 mwN. Wird die Berufung nicht durch Beschluß verworfen, § 519 IV, hat das Berufungsgericht die Wahl zwischen Terminierung, I 1, und Vorbereitung durch ein schriftliches Vorverfahren, I 2. Die Entscheidung trifft der Vorsitzende nach freiem Ermessen; zuständig ist auch der Einzelrichter, § 524.

**B. Einzelheiten, II 1 u 3.** Der Vorsitzende (Einzelrichter) kann entweder einen **frühen ersten Ver-** 5 **handlungstermin** iSv §§ 272 II, 275 ansetzen oder (nur der Vorsitzende) einen **Haupttermin** iSv § 278, letzteres dann, wenn ein besonderes Vorverfahren nach § 276 entbehrlich erscheint, RoSGo § 139 II 1, E. Schneider MDR **78**, 91, aM Franzki DRiZ **77**, 168 (nur Haupttermin). Der Vorsitzende (in der mündlichen Verhandlung das Berufungsgericht) kann in diesem Fall **Fristen setzen**, nämlich dem Berufungsbeklagten zur Berufungserwiderung und dem Berufungskläger zur Replik, II 1. Für diese Fristen ist keine Mindestdauer vorgeschrieben, doch wird eine kürzere Frist als 2 Wochen, § 277 III, nur ausnahmsweise in Frage kommen (Eilverfahren, offensichtlich unbegründete Berufung). Die Frist wird durch die Gerichtsferien gehemmt, § 223. Eine Fristverlängerung ist unter den Voraussetzungen des § 224 II möglich, dazu Düss MDR **87**, 768. Für den **Inhalt** der schriftlichen Erklärung und die dafür erforderlichen **Belehrungen gilt § 277 I 1, II u IV** entsprechend, II 3; s die dortigen Erläuterungen sowie wegen der insoweit im Berufungsverfahren geltenden Anforderungen § 527 Rn 4 sowie wegen des Hinweises auf den Anwaltszwang unten Rn 8. Maßnahmen nach § 273 zwischen Terminierung und Termin sind zulässig und vielfach geboten.

**C. Einlassungsfrist, III 2.** Sie ist nur dem Berufungsbeklagten gegenüber zu wahren; gegenüber dem 6 Berufungskläger genügt die Einhaltung der Ladungsfrist. Sind die Fristen nicht gewahrt, kann kein Versäumnisurteil, § 542, ergehen. Die Dauer der Einlassungsfrist bestimmt sich entsprechend § 274 III, diejenige der Ladungsfrist nach § 217 (im Wechsel- und Scheckprozeß nach § 604). Wegen der Möglichkeit der Abkürzung s § 226.

**3) Schriftliches Vorverfahren, I 2, II.** Hält der Vorsitzende (Einzelrichter) ein schriftliches Vorverfah- 7 ren iSv § 276 für erforderlich, so **muß** er (in der mündlichen Verhandlung das Berufungsgericht) **dem Berufungsbeklagten eine Frist** von mindestens 1 Monat zur schriftlichen Berufungserwiderung setzen, II 2; eine Fristsetzung für die Replik ist in sein Ermessen gestellt, II 1. Es handelt sich um richterliche Fristen, die durch die Gerichtsferien gehemmt werden, § 223, und für die §§ 221, 222, 224 und 225 gelten, vgl die dortigen Erläuterungen. Eine Verlängerung, § 224 II, setzt einen innerhalb der Frist gestellten Antrag voraus, Kblz NJW **89**, 987 (Abhilfe im Rahmen der Verspätungsregelung); die verspätete Beauftragung eines beim OLG zugelassenen RA ist kein erheblicher Grund für die Verlängerung der Erwiderungsfrist, Schlesw SchlHA **78**, 117. In der Berufungserwiderung ist zu der Berufungsbegründung Stellung zu nehmen und ggf neues Vorbringen in den Rechtsstreit einzuführen, BGH NJW **81**, 1378; aufrechterhaltene Beweisantritte brauchen nicht wiederholt zu werden, KG NJW **90**, 844. Wegen der **entsprechenden Anwendung** von § 277 I, II u IV s oben Rn 5. Ein Verstoß gegen die Belehrungspflicht, § 277 II, ist ein Verfahrensmangel und schließt eine Versäumnisentscheidung aus. Spätestens nach Eingang der Replik sollte in jedem Fall terminiert werden.

Albers 1431

## §§ 520, 521

**8** **4) Hinweise an den Berufungsbeklagten, III 1.** Stets, nämlich entweder mit der Bekanntmachung eines Termins, I 1, oder mit der Fristsetzung zur Berufungserwiderung, II 2, muß der Berufungsbeklagte darauf hingewiesen werden, daß er vor dem Berufungsgericht durch einen bei diesem zugelassenen RA vertreten lassen muß. Ein Verstoß hiergegen schließt eine Versäumnisentscheidung aus. Zur Rechtslage in den **neuen Bundesländern** und zur Fassung des Hinweises, § 22 RpflAnpG, s Vorbem § 78, zur **Änderung von III 1** ab 1. 1. 2000 bzw 1. 1. 2005 s Vorbem A.

**9** **5) VwGO:** Wegen eigener Regelung, § 125 iVm 85, 87, 96 II u 102 sowie § 130 a VwGO (vgl BVerwG DVBl **99**, 987), ist § 520 unanwendbar; zur Terminierung s BVerwG NJW **90**, 1616.

**521** *Anschließung; Zulässigkeit.* ¹Der Berufungsbeklagte kann sich der Berufung anschließen, selbst wenn er auf die Berufung verzichtet hat oder wenn die Berufungsfrist verstrichen ist.
II Die Vorschriften über die Anfechtung des Versäumnisurteils durch Berufung sind auch auf seine Anfechtung durch Anschließung anzuwenden.

**1** **Vorbem.** Im **Verfahren der Arbeitsgerichte** ist § 521 entsprechend anwendbar, § 64 VI ArbGG, GMP § 64 Rn 70–72.
**Schrifttum:** *Baur,* Ist die Anschlußberufung ein Rechtsmittel?, Festschrift für Fragistas (1966) S 359 ff; *Klamaris,* Das Rechtsmittel der Anschlußberufung, 1975 (dazu Fenn FamRZ **76**, 259 und Gilles ZZP **91**, 128 sowie **92**, 152); *Rimmelspacher,* Teilurteile über unselbständige Anschlußberufungen, F. Odersky (1996).

### Gliederung

| | | | |
|---|---|---|---|
| 1) **Anschließung, I** ............... | | C. Verzicht auf die Berufung ............ | 13 |
| A. Allgemeines ...................... | 2–6 | D. Sonderregelung ..................... | 14 |
| B. Voraussetzungen ................. | 7–12 | 2) **Anschließung bei Versäumnisurteil, II.** | 15 |
| a) Selbständige Anschließung ..... | 7 | 3) *VwGO* ............................... | 16 |
| b) Unselbständige Anschließung .. | 8–12 | | |

**2** **1) Anschließung, I**
**A. Allgemeines.** Jede durch ein Urteil beschwerte Partei darf Berufung einlegen; uU dürfen es also beide Parteien. Richten sich die Berufungen gegen dasselbe Urteil, so ist über sie einheitlich zu verhandeln und zu entscheiden; eine Prozeßverbindung kommt nicht in Frage, weil keine getrennten Prozesse vorliegen, Schopp ZMR **88**, 324 mwN. Anders liegt es bei Berufungen gegen verschiedene Urteile, wenn auch in derselben Streitsache. Vgl auch § 517. Aus der Hemmungswirkung der Berufung, Grdz § 511 Rn 2, fließt das Recht des Berufungsbeklagten, **statt der selbständigen Berufung die Anschließung** an die Berufung des Berufungsklägers zu wählen. Wendet er sich gegen einen ihm ungünstigen Teil des Urteils, hat er die Wahl zwischen beiden Möglichkeiten; dagegen muß er sich anschließen, wenn er bei vollem Erfolg in 1. Instanz mehr erreichen will als die Zurückweisung der Berufung, namentlich wenn er in 2. Instanz die Klage erweitern, BGH RR **91**, 510, oder Widerklage erheben, BGH **LM** Nr 4, oder die Scheidung erreichen will, Ffm FamRZ **80**, 710. Jedoch ist eine Anschlußberufung nicht nötig, wenn die Zurückweisung der Berufung mit der Maßgabe begehrt wird, daß nunmehr an einen Zessionar zu zahlen sei, BGH MDR **78**, 398, abl Grunsky ZZP **91**, 316. Eine Anschließung ist auch nicht nur wegen der Kosten nötig, weil das Gericht über sie vAw entscheidet und auch nachteilig abändern darf, und wegen der Zwischenanträge aus §§ 302 IV, 717 II, III usw; zulässig ist Berufung oder Anschließung auch da. Wegen des Verhältnisses zwischen der Abänderungsklage, § 323, und der unselbständigen Anschließung s BGH NJW **88**, 1735 mwN, ua Eckert MDR **86**, 542.

**3** **Die Anschließung ist entweder unselbständig, dh von der Berufung abhängig: gewöhnliche Anschließung.** Das ist kein Rechtsmittel, sondern eine bloße Auswirkung des Rechts des Berufungsbeklagten, im Rahmen der fremden Berufung auch einen angriffsweise wirkenden Antrag zu stellen und die Grenzen der neuen Verhandlung mitzubestimmen, BGH in stRspr, NJW **94**, 803 mwN, **91**, 2569, aM ua StJGr 6, Baur Festschr Fragistas S 359. Dieses Recht ist die notwendige Folge der Ausgestaltung der Berufungsinstanz als zweite Tatsacheninstanz: die Anschließung beugt überflüssigen oder nur vorsorglich eingelegten Rechtsmitteln vor und sichert dem Gegner des Hauptrechtsmittels Waffengleichheit her, BGH NJW **84**, 1240 (die Zulässigkeit der Anschließung ist nicht nach diesen Merkmalen, sondern den unten Rn 8 genannten Kriterien zu beurteilen, abw KG MDR **90**, 160). Das Recht zur Anschließung kann aber grundsätzlich nicht so weit gehen, daß noch beim Gericht 1. Instanz anhängige Teilansprüche durch Anschließung in die Berufungsinstanz gezogen werden, BGH FamRZ **83**, 459, BGH **30**, 213 unter Aufgabe von BGH NJW **54**, 640, vgl auch § 537 Rn 3 u 4, § 301 Rn 1; das verbietet sich schon deshalb, weil die Partei die Sache nicht willkürlich dem Gericht, bei dem sie anhängig ist, entziehen kann. Oder die Anschließung ist **selbständig, von der Berufung unabhängig.** Das ist sie, wenn sie in der Berufungsfrist eingelegt wird, § 522 II, und der Wille zur Anschließung erkennbar ist, vgl BGH NJW **87**, 3263, Schopp ZMR **88**, 324. Selbständig, eine gewöhnliche Berufung, wird sie aber erst mit der Rücknahme oder Verwerfung der Berufung, § 522; bis dahin ist sie eine echte Anschließung, s § 522 Rn 5, RoSGo § 138 II 2. Eine dritte Art, die gleichzeitig unselbständig und selbständig wäre, gibt es nicht, Walsmann Anschlußberufung S 213.

**4** Für die **Prozeßkostenhilfe** ist jede Anschließung als selbständige Berufung zu behandeln; vgl wegen der Kosten § 515 Rn 20 u 21. **Hilfsanschließung** (Eventualanschließung) ist nicht nur für den Fall des Erfolgs der Berufung, BGH RR **91**, 510, **LM** § 556 Nr 3, Saarbr OLGZ **88**, 234, sondern auch dann, wenn sie von

## 1. Abschnitt. Berufung §521

einem anderen innerprozessualen Vorgang abhängig gemacht wird, als unselbständige Anschließung statthaft, BGH NJW **84**, 1240 (die bestimmte Beurteilung einer Rechtsfrage ist jedenfalls dann eine zulässige Bedingung, wenn auf ihr eine Sachentscheidung unmittelbar beruht); eine Hilfsanschließung des Klägers für den Fall, daß der Kläganspruch eines nicht notwendigen Streitgenossen abgewiesen wird, ist unzulässig, BGH RR **89**, 1099. Unstatthaft ist jede Hilfsanschließung als selbständige Berufung, weil insofern eine bedingte Berufung oder Klage vorliegen würde. Eine **Anschließung des Berufungsklägers** an die unselbständige Anschlußberufung des Gegners (Gegenanschließung) ist idR nur als Erweiterung oder Änderung der Berufung zulässig und unterliegt den für sie geltenden Beschränkungen namentlich aus § 519, BGH NJW **86**, 1494 u **84**, 437 mwN (abl Fenn JZ **84**, 478, Grunsky ZZP **97**, 478), Celle NdsRpfl **82**, 64; jedoch ist die Anschließung des Berufungsklägers an eine unselbständige Anschlußberufung zuzulassen, wenn diese sich gegen einen anderen, auch als selbständiges Urt denkbaren Teil des angefochtenen Urt wendet und der Berufungskläger nunmehr eine Änderung dieses Teiles zu seinen Gunsten erreichen möchte, weil auch hier die eine Anschließung rechtfertigenden Gründe (s oben) eingreifen, § 577 a Rn 3, offen gelassen von BGH NJW **86**, 1494. Eine solche Gegenanschließung ist immer unselbständig, dh von der zugrunde liegenden Anschließung abhängig.

Der sich Anschließende muß, falls für ihn eine selbständige Berufung möglich ist, erklären, ob er diesen **5** Weg oder die Anschließung wählt, § 522 a Rn 2. Die **Umdeutung** (§ 140 BGB) einer mangels Beschwer oder aus sonstigen Gründen unzulässigen Berufung in eine Anschließung ist möglich, wenn sie als abhängige Berufung aufrechterhalten wird, BGH NJW **95**, 1560 mwN, ua **100**, 387 = NJW **83**, 3263 (dazu Rimmelspacher JR **88**, 93) u FamRZ **87**, 154 mwN, Stgt FamRZ **84**, 404, Fenn ZZP **89**, 130 mwN; die Aufrechterhaltung entspricht idR dem mutmaßlichen Parteiwillen, BGH NJW **95**, 2363. Als Zeitpunkt des Anschlusses, § 522 II, ist in diesem Fall der Zeitpunkt anzusehen, in dem die Aufrechterhaltung erklärt wird, BGH NJW **87**, 3263 (abw Rimmelspacher aaO, der die Anschlußberufung als im Zeitpunkt der ursprünglichen Berufung eingelegt ansieht).

Die zur Begründung einer (zulässigen) Anschließung **erstmals vorgebrachten Tatsachen** können ggf als **6** verspätet zurückgewiesen werden, BGH NJW **82**, 1708 (Anm Deubner). Für die Geltendmachung selbständiger Angriffs- und Verteidigungsmittel, die sich allein gegen die erstinstanzliche Verurteilung richten und keine neuen Ansprüche einführen, gelten die §§ 523, 282 u 296 II sowie § 528 uneingeschränkt; die Begründung selbständiger Angriffe unterliegt keiner Beschränkung, wenn § 530 nicht entgegensteht, BGH aaO, dazu Olzen JR **82**, 414, Bliesener LM Nr 13. Die Beschränkungen des § 527 gelten auch für die Anschlußberufung.

**B. Voraussetzungen.** Sie sind auch in der Revisionsinstanz vAw zu prüfen. **b) Selbständige Anschlie- 7 ßung**, oben Rn 3. Ihre Voraussetzungen sind die der Berufung, § 522 II. Sie wird aber, solange die Hauptberufung nicht zurückgenommen oder über sie entschieden ist, ebenso wie die unselbständige Anschließung behandelt, RG **156**, 242, aM Wieczorek B I e. Erst dann ist zu prüfen, ob die Voraussetzungen für eine selbständige Berufung vorliegen, § 522 Rn 5; solange hatte sie jedenfalls die Wirkung der unselbständigen Anschlußberufung. Da die selbständige Anschließung eine Berufung ist, kann sich der Berufungskläger ihr seinerseits anschließen.

**b) Unselbständige Anschließung**, oben Rn 3. Sie setzt eine zulässige Berufung voraus, § 521, also **8** entweder eine Hauptberufung oder eine selbständige Anschlußberufung (nicht aber genügt idR eine unselbständige Anschlußberufung, oben Rn 4). Ist die Berufung vor Einlegung der Anschlußberufung zurückgenommen, so ist die unselbständige Anschlußberufung selbst dann unzulässig, wenn die Zurücknahme nicht bekannt war, BGH **17**, 399. Entsprechendes gilt für die Verwerfung der Berufung nach § 519 b.

Die unselbständige Anschließung, für die eine Berufungssumme nicht erforderlich ist (allgM), muß gegen das mit der Berufung angefochtene Urteil richten, BGH NJW **83**, 1318 mwN, allgM (nicht notwendig gegen denselben Anspruch, s u). Greift der Beklagte ein Teilurteil und später die Kostenentscheidung des Schlußurteils an, eröffnet diese Berufung dem Kläger die Anschließung hinsichtlich des ihm ungünstigen Teils des Schlußurteils, aM KG MDR **90**, 160. Ist ein Teilanspruch abgewiesen worden, kann er durch Anschließung in dem wegen des Restanspruchs anhängigen Nachverfahren, § 302, geltend gemacht werden, BGH NJW **62**, 1249 (ebenso im UrkProzeß). Die Anschließung muß immer gegen den Rechtsmittelführer oder dessen notwendigen Streitgenossen gerichtet sein, allgM, BGH NJW **91**, 2569, ZZP **70**, 82, BAG NZA **91**, 902 mwN, also nicht gegen einen bisher am Verfahren nicht beteiligten Dritten, der neben eine der Parteien treten soll, BGH NJW **95**, 198 mwN; etwas anderes gilt im Fall der Auswechslung einer Partei (zB Übergang des Klägers vom Gesellschafts- zum Gesellschafterprozeß), BGH RR **89**, 441 mwN, oder bei Erstreckung der Klage auf Dritte, die zustimmen oder ihre Zustimmung rechtsmißbräuchlich verweigern, BGH NJW **84**, 2104.

Bei gewöhnlichen Streitgenossen ist zu unterscheiden: Legt einer von ihnen Berufung ein, kann sich die **9** Anschließung der Gegenpartei nur gegen ihn richten, BGH ZZP **70**, 82, BAG NZA **97**, 902; legt die gegnerische Hauptpartei Berufung ein, ist zur Anschließung nur derjenige Streitgenosse berechtigt, gegen den Berufung eingelegt ist, BGH NJW **91**, 2569 mwN, Mü FamRZ **87**, 169 m krit Anm Philippi, und zwar auch im Verbundverf, § 629 a Rn 6 (zur Lage nach § 1629 III BGB, dazu krit Wosgien FamRZ **87**, 1103). Immer muß der Anschlußberufungskläger ein dem Ziel des Berufungsklägers entgegengesetztes Ziel verfolgen; deshalb ist die Anschließung eines Streitgenossen mit demselben Antrag wie demjenigen des Berufungsklägers unzulässig, KG VersR **75**, 452. Gleich bleibt, ob die Partei oder ein Streitgehilfe Berufungskläger ist, OLG **20**, 299.

Gegenstand der Anschließung können auch andere Ansprüche als die mit der Berufung verfolgten sein, wenn über sie in demselben Urteil entschieden worden ist und der Berufungskläger sie nicht fallen gelassen hat (durch Klagrücknahme oder Verzicht auf den Anspruch), StJGr, Wiecz § 522 Anm A III b 1, ThP 2 b, Mü FamRZ **87**, 1032, OVG Hbg HbgJVBl **85**, 183; der Verzicht auf die Berufung hindert nicht, s unten. Die Anschließung darf aber nicht noch in der 1. Instanz anhängige Teilansprüche betreffen, oben Rn 3.

Albers 1433

**§ 521**

**10** **aa) Keine Beschwer.** Die unselbständige Anschlußberufung verlangt keine Beschwer (Begriff Grdz § 511 Rn 13 ff), BGH NJW **80**, 702 mwN, BAG NJW **76**, 2143 mwN, BVerwG **29**, 264, Fenn ZZP **89**, 121 mwN, Jauernig § 72 VIII, ThP 3, aM StJGr 6, Baur Festschr Fragista S 368 ff, Gilles ZZP **92**, 159 ff (dieselben Grenzen wie bei selbständiger Berufung). Sie ist zulässig selbst bei völligem Sieg, um durch Geltendmachung neuer Ansprüche, Saarbr OLGZ **88**, 235, oder auch nur wegen der Kosten, BGH **17**, 397, VersR **81**, 1033 mwN (str, aM mit beachtlichen Gründen Gilles ZZP **92**, 159), oder wegen der Vollstreckbarkeit, nicht bloß für die Begründung, etwas über das Zugesprochene hinaus zu erreichen; so etwa durch Klageerweiterung (aber nicht hinsichtlich eines bereits rechtskräftig abgewiesenen Teilanspruchs, BGH **LM** Nr 10), Umwandlung oder Widerklage, §§ 264 Z 2, 3, 530 I, BGH NJW **82**, 1708, oder um statt Prozeßabweisung eine Sachabweisung zu erreichen, abzulehnen Düss MDR **87**, 1032, oder um den günstigeren Hilfsanspruch statt des zugesprochenen Hauptanspruchs durchzusetzen, RG **87**, 240, oder um für den Fall der verfahrensrechtlich begründeten Aufhebung des eine einstwVfg enthaltenden Urteils ein inhaltlich gleiches Urteil zu erreichen, Karlsr NJW **65**, 47. Zulässig ist eine Anschließung auch, um einen abgewiesenen Teil des Anspruchs im Nachverfahren wegen des Restanspruchs geltend zu machen, BGH **37**, 133.

**11** Die unselbständige Anschließung ist aber **nur dann zulässig**, wenn mit ihr mehr erreicht werden soll als die Zurückweisung der Berufung. Sie ist deshalb unzulässig, wenn mit ihr ein bereits in 1. Instanz zuerkanntes Begehren verfolgt wird, BGH RR **88**, 185, oder wenn mit ihr noch in unterer Instanz anhängige und nicht beschiedene Ansprüche geltend gemacht werden, BGH NJW **83**, 1313. Sie ist ferner nicht statthaft, um eine Verurteilung auch aus einem anderen in der 1. Instanz verneinten Klagegrund zu erreichen, wenn der Anspruch in seinem vollen Umfange zugesprochen worden ist, BGH NJW **58**, 868 (s aber Grdz § 511 Rn 13), ebenso, wenn der einheitliche prozessuale Anspruch auf verschiedene sich ausschließende Klagegründe gestützt ist, von denen jeder den Anspruch in voller Höhe rechtfertigt, BGH aaO, da die eine Anschlußberufung nur zur Abänderung der Gründe wäre, die unzulässig ist, BGH NJW **86**, 2707. Letzteres ist zu verneinen, also eine Anschlußberufung zulässig, wenn die Klage in den Entscheidungsgründen nur als zZ unbegründet abgewiesen ist und völlige Abweisung verlangt wird, BGH **24**, 279. Zulässig ist in Mietsachen auch eine Anschlußberufung, die sich allein gegen die Gewährung einer Räumungsfrist richtet, LG Nürnb-Fürth RR **92**, 1231.

**12** **bb) Ablauf der Berufungsfrist.** Sie steht der Anschließung nicht entgegen. Solange der Berufungsbeklagte neuen Streitstoff in den Prozeß einführen darf, solange steht ihm die unselbständige Anschließung offen, also bis zum Schluß der letzten mündlichen Verhandlung, BGH NJW **84**, 2951 u **82**, 1708, mangels einer solchen bis zum Verwerfungsbeschluß aus § 519 b und auch noch bei Zurückverweisung, so daß der siegreiche Berufungsbeklagte sich mit seinem in 1. Instanz abgewiesenen Hauptantrag der Berufung anschließen darf, BGH NJW **94**, 588, RR **89**, 1404, str (im Verbund, § 623, gilt die Sondervorschrift des § 629a III). Die Rücknahme oder Verwerfung einer Berufung des Anschließenden, gleichviel aus welchem Grund, läßt ihm das Recht, sich wegen desselben Anspruchs der gegnerischen Berufung anzuschließen, RG **110**, 232. Über die Einwirkung von Rücknahme und Verwerfung der gegnerischen Berufung s § 522. Die bloße Beschränkung der Anträge des Berufungsklägers beeinträchtigt das Anschließungsrecht nicht. So kann sich der Berufungsbeklagte bei einer Berufung hinsichtlich der Klage nur wegen der Widerklage anschließen, RG **46**, 373. Die Bindung des Gerichts an seine Entscheidung, § 318, kann die Anschließung beeinträchtigen. Daher ist keine Anschließung statthaft, soweit die des Anschließenden wegen desselben Anspruchs zurückgewiesen worden ist, wohl aber, wenn eine frühere unselbständige Anschließung verworfen ist.

**13** **C. Der Verzicht auf die Berufung hindert nicht.** Das gleiche gilt für die Anschließung nach Rücknahme der eigenen Berufung. Anders liegt es beim Verzicht auf die Anschließung, der entsprechend § 514 vor Einlegung eines Rechtsmittels, an das die Anschließung erfolgen könnte, zulässig ist, ThP 10, Stgt FamRZ **83**, 1152, Hamm FamRZ **83**, 823 mwN, sehr str, abw u a MüKoRi 32, ZöGu 19, Köln FamRZ **83**, 1153, Rüffer, Die formelle Rechtskraft des Scheidungsausspruchs, 1982, S 139, Übers in BGH NJW **84**, 2829 (daß im Verbundverfahren, § 623, bei beiderseitigem Verzicht auf Rechtsmittel gegen den Scheidungsausspruch der Verzicht auf die Anschließung wegen des Scheidungsausspruchs auch schon vor Einlegung eines Rechtsmittels in einer FolgeS zulässig ist, ist in § 629a IV geregelt). Ein Verzicht ist noch nicht in der vorbehaltlosen Zahlung der Urteilssumme zu sehen, Schlesw SchlHA **55**, 362, kann aber ausnahmsweise im Verzicht auf die Berufung liegen, Hamm FamRZ **79**, 944, zB im Verbund bei Verzicht des Ehegatten auch auf Tatbestand und Entscheidungsgründe, Köln FamRZ **86**, 482. Der Verzicht auf den Anspruch und das Anerkenntnis des Berufungsklägers, §§ 306, 307, stehen der Anschließung entgegen, weil sie endgültig über den prozessualen Anspruch verfügt haben (aM StJ I 3, Wieczorek B II b 1, Ffm NJW **57**, 1641).

**14** **D. Sonderregelung.** Wegen der **Anschlußberufung bei Entscheidung im Verbund**, § 629, s § 629 a Rn 5 ff.

**15** **2) Anschließung bei Versäumnisurteil, II.** Gegen ein solches Urteil darf sich der in 1. Instanz Säumige der Berufung nur anschließen, wenn der Einspruch unstatthaft ist und sich die Anschließung auf Fehlen einer Versäumung stützt, § 513. Ein Urteil, das teils streitmäßiges, teils Versäumnisentscheidung ist, ist eine Verbindung zweier Urteile, die für die Anfechtung selbständig zu behandeln sind.

**16** **3) VwGO:** Für die Anschließung des Berufungsbeklagten und anderer Beteiligter gilt statt **I** die entsprechende Vorschrift des § 127 S 1 *VwGO*, dazu VGH Mannh NVwZ **98**, 1320 mwN, DVBl **99**, 106. **II** ist unanwendbar, weil der *VerwProzeß* kein Versäumnisurteil kennt, Üb § 330 Rn 18.

**522** *Anschließung: Unwirksamwerden; selbständige Anschließung.* ¹ Die Anschließung verliert ihre Wirkung, wenn die Berufung zurückgenommen oder als unzulässig verworfen wird.

II Hat der Berufungsbeklagte innerhalb der Berufungsfrist sich der erhobenen Berufung angeschlossen, so wird es so angesehen, als habe er die Berufung selbständig eingelegt.

**Vorbem.** Im **Verfahren der Arbeitsgerichte** ist § 522 entsprechend anwendbar, § 64 VI ArbGG, GMP **1**
§ 64 Rn 70–72.

**1) Unselbständige Anschließung, I** (wegen des Begriffs s § 521 Rn 3) **2**
a) **Sie wird unwirksam mit wirksamer Berufungsrücknahme,** § 515. Ist über einen Teil der Berufung durch Teilurteil entschieden worden, bleibt die Anschließung bei Rücknahme der restlichen Berufung wirksam, Celle RR **86,** 357. Stimmt der Berufungsbeklagte der Rücknahme zu, so verzichtet er damit, auch für die Zukunft, auf eine Anschließung und kann daher keine Kostenerstattung verlangen, § 515 Rn 21. Weigert er die notwendige Zustimmung, so ist die Rücknahme unwirksam und berührt seine Anschließung nicht, RG **85,** 84. Die Rücknahme der eigenen Berufung steht einer späteren Anschließung nicht im Weg, § 521 Rn 13. Unwirksam wird die unselbständige Anschlußberufung auch durch den (wirksamen) **Verzicht** auf die Berufung, § 514 Rn 12 aE, BGH NJW **94,** 738 mwN. Erklären die Parteien den Klageanspruch in der **Hauptsache für erledigt,** so wird die Anschließung dadurch nicht wirkungslos, BGH NJW **86,** 852 (aM Habscheid/Lindacher NJW **64,** 2395, Mü MDR **84,** 320 mwN), es sei denn, daß die Erklärung als Berufungsrücknahme gemeint ist, BGH NJW **64,** 108. Ein **Vergleich** über den mit der Hauptberufung verfolgten Anspruch macht die Anschließung unwirksam, BAG NJW **76,** 2143.

b) **Die Anschließung wird ferner unwirksam mit Verwerfung der Berufung als unzulässig,** **3**
§ 519b. Die Zurückweisung als unbegründet durch streitiges Urteil oder durch Versäumnisurteil, RG **103,** 125, stört nicht, Düss FamRZ **82,** 922 mwN (die Anschließung bleibt dann wirksam, auch wenn über die Hauptberufung entschieden worden ist, bevor der Anschließungsantrag in mündlicher Verhandlung gestellt worden ist, aM BGH **37,** 131).

c) **Folgerungen.** Solange die Möglichkeiten zu a u b bestehen, kann über eine unselbständige Anschlußberufung **nicht vorweg durch Teilurteil** entschieden werden, BGH in stRspr, NJW **94,** 2236 mwN, BAG NJW **75,** 1248; dies gilt auch, wenn die Anschlußberufung unheilbar unzulässig ist, hM, BGH aaO, MüKoRi § 521 Rn 40 mwN u 52. Aufl. Ein Teilurteil über die Anschließung ist unter den Voraussetzungen des § 301 auch in der Sache möglich, wenn über einen Teil der Berufung vorab durch Teilurteil entschieden worden ist (was auch bei Anschließung zulässig bleibt, StJGr 7 mwN), Celle RR **86,** 357; dies gilt jedoch nicht, wenn es sich bei der Entscheidung über den anderen Teil um ein Versäumnisurteil handelt, Kblz RR **89,** 960.

Die **Wirkungslosigkeit** ist vom Gericht in dem Urteil oder Beschluß über die Verwerfung der Hauptberufung auszusprechen; der deklaratorische Anspruch ist nicht anfechtbar, BGH JR **99,** 160. Wenn die Anschlußberufung trotzdem weiterverfolgt wird, ist sie zu verwerfen, BGH NJW **87,** 3264 mwN; die Anfechtung richtet sich in diesem Fall nach § 519b, § 522a Rn 8, BGH JR **99,** 160.

**Kosten** der unselbständigen Anschließung (Maurer NJW **91,** 72): Wird über die Anschließung entschieden, gelten die allgemeinen Vorschriften, §§ 91 ff, ebenso bei Unwirksamwerden der Anschließung wegen anfänglicher Unzulässigkeit des Hauptrechtsmittels; wegen der Kosten bei dessen Rücknahme s § 515 Rn 21, wegen der Kosten bei Nichtannahme der Revision s § 554b Rn 8.

Zur „**Vorwirkung**" einer Änderungsklage, § 323 III, auf den Zeitpunkt einer später wirkungslos gewordenen Anschließung im Vorprozeß s BGH NJW **88,** 1735 mwN, § 323 Rn 61.

**2) Selbständige Anschließung, II** (wegen des Begriffs s § 521 Rn 3). Ist die Anschlußberufung in der **5**
Berufungsfrist eingelegt, so verliert sie durch Berufungsrücknahme oder -verwerfung ihre Wirksamkeit nicht, wird damit vielmehr selbständig. Ihre Stellung im übrigen regelt das Gesetz nicht ausdrücklich. Nach § 522a III muß die Anschließungsschrift im wesentlichen den Anforderungen an eine Berufungsschrift genügen. Daraus folgt, daß die selbständige Anschließung als eine bei Anschließung eingelegte selbständige Berufung zu behandeln ist. Darum müssen Berufungssumme und Beschwer vorliegen; ebenso bedarf die selbständige Anschließung der Begründung innerhalb der für die Hauptberufung laufenden Frist, § 522a II, BGH NJW **87,** 3263, RG **156,** 242, Schopp ZMR **88,** 325, abw Rimmelspacher JR **88,** 96. Alles dies ist aber erst zu prüfen, wenn die Hauptberufung wegfällt, RG **137,** 233. Siehe auch § 521 Rn 7. Hatte sich die Partei nur wegen der Kosten oder nur zur Klageerweiterung angeschlossen, so ist ihre Anschlußberufung als unzulässig zu verwerfen, Walsmann Anschlußberufung S 220, HRR **30,** 1971, str. Hatte die Partei auf Berufung verzichtet, so hat sie damit auch auf selbständige Anschließung verzichtet; § 521 Rn 13 steht nicht entgegen, denn er betrifft nur die unselbständige Anschließung, Wiecz § 521 B 1, StJ II 2. Die Rücknahme der selbständigen Anschlußberufung schließt das Recht zur unselbständigen Anschließung nicht aus.

**3) VwGO:** Es gilt § 127 S 2 VwGO. Für die Kostenentscheidung bei Zurücknahme der Hauptberufung gilt das in **6**
§ 515 Rn 21 Gesagte, VGH Mü BayVBl **94,** 60 mwN. Keine „Anschlußzulassung" im Zulassungsverfahren, § 124 VwGO, VGH Mü **99,** 993.

**522a** *Form und Begründung der Anschließung.* ¹ Die Anschließung erfolgt durch Einreichung der Berufungsanschlußschrift bei dem Berufungsgericht.

II Die Anschlußberufung muß vor Ablauf der Berufungsbegründungsfrist (§ 519 Abs. 2) und, sofern sie nach deren Ablauf eingelegt wird, in der Anschlußschrift begründet werden.

III Die Vorschriften des § 518 Abs. 2, 4, des § 519 Abs. 3, 5 und der §§ 519a, 519b gelten entsprechend.

## § 522a

**1 Vorbem.** Im **Verfahren der Arbeitsgerichte** ist § 522a uneingeschränkt entsprechend anwendbar, § 64 VI ArbGG, GMP § 64 Rn 70–72, BAG NZA **99**, 612, so daß die Einlegung zu Protokoll nicht formgerecht ist, BAG NJW **82**, 1175.

**2 1) Einlegung, I.** Die Anschließung geschieht allein durch **Einreichung** (Begriff § 518 Rn 3) der Anschlußschrift, nie durch Vortrag in der mündlichen Verhandlung (mag er auch protokolliert werden) oder auf andere Weise, allgM, BGH NJW **93**, 270 mwN, BAG NJW **82**, 1175 mwN, abw MüKoRi 5. Die Einreichung im Termin genügt; aber nach Schluß der mündlichen Verhandlung, auf die ein Urteil ergeht, ist vorbehaltlich der Wiedereinsetzung keine Anschließung mehr zulässig, BGH RR **89**, 441, NJW **84**, 2952 mwN. Der Form genügt auch die Einreichung der vorbehaltenen Anschließung, die dann durch mündliche Erklärung vorbehaltlos gemacht wird, BGH **33**, 173, NJW **83**, 1313. Parteizustellung der Anschließungsschrift ist keine Einreichung, sondern Ankündigung des Vortrags und enthält darum keine Erhebung. Der sich Anschließende **muß erkennen lassen**, daß er diesen Weg wählt (und nicht denjenigen der selbständigen Berufung), BAG NZA **99**, 612 mwN, § 521 Rn 5 (auch zur Umdeutung). Der Gebrauch des Wortes „Anschließung" oder einer ähnlichen Wendung ist unnötig, BGH FamRZ **84**, 659, Hbg WRP **82**, 343: es genügt jede Erklärung, die ihrem Sinn nach eine dem Erklärenden vorteilhafte, über die Abwehr der Berufung hinausgehende Entscheidung des Berufungsgerichts erstrebt (und nicht als selbständige Berufung gekennzeichnet ist), BGH RR **91**, 510 u NJW **90**, 449, BVerwG NVwZ-RR **95**, 58. Stillschweigende Anschließung liegt zB schon im Verlesen eines Antrags auf Abänderung, RG HRR **32**, 1790, ebenso im Stellen eines erweiterten Antrages nach schriftsätzlicher Ankündigung, BGH NJW **54**, 266; s auch unten Rn 8. Dagegen reicht eine Erklärung, die nur die Abwehr des gegnerischen Begehrens zum Ziel hat, nicht aus, BGH FamRZ **84**, 659. Wie die Erklärung auszulegen ist, unterliegt ggf der freien Prüfung durch das Revisionsgericht, BGH RR **91**, 510, NJW **87**, 3264.

**3 Nach Rücknahme der Berufung** des Gegners kann die unselbständige Anschließung nicht mehr erklärt werden (wohl aber kann ein Formmangel noch nach Rücknahme der Berufung geheilt werden, Ffm FamRZ **80**, 710). Ist die unselbständige Anschließung vor Schluß der mündlichen Verhandlung wirksam erklärt worden, so bleibt sie wirksam, wenn danach über die Hauptberufung sachlich entschieden wird, bevor der Anschließungsantrag in mündlicher Verhandlung gestellt worden ist, Düss FamRZ **82**, 922 gegen BGH **37**, 131.

Möglich ist die **Umdeutung** einer an sich als unzulässig zu verwerfenden Berufung in eine zulässige Anschließung, § 521 Rn 5 (auch zum Zeitpunkt der Einlegung).

**4 2) Begründung, II.** Der Anschließende muß die Anschließung begründen. Er muß entsprechend § 519 III, s § 522a III, **eine der Berufungsbegründung entsprechende schriftliche Erklärung** abgeben, BGH FamRZ **95**, 1138, NJW **93**, 270, Bbg RR **95**, 581 mwN. Sie muß enthalten: die Erklärung, inwieweit er das Urteil anficht und welche Abänderungen er beantragt (Anschließungsanträge), sowie die Anschließungsgründe und das neue Vorbringen. Über den Inhalt im einzelnen s § 519 Rn 23 ff, wegen der Ausnahmen s unten Rn 6.

Eine nachträgliche **Erweiterung oder Änderung der Anträge** ist im selben Umfang gestattet wie bei der Berufung; sie muß sich also im Rahmen der Anschließungsgründe halten, § 519 Rn 19, kann dann aber auch zu Protokoll erklärt werden, BGH NJW **93**, 270 (dazu Schnauder JuS **93**, 365). Die Erweiterung der unselbständigen Anschließung ist zulässig, solange noch eine erstmalige Anschließung möglich ist, also nicht mehr nach abschließender Verhandlung über die Berufung, BGH NJW **84**, 2951 zu Düss FamRZ **82**, 923. Enthält die Anschließung neue Ansprüche, so werden diese gemäß § 261 rechtshängig. Fußt die Anschließung nur auf neuen Anträgen, macht sie zB eine Klageerweiterung geltend, dann entfallen die Anschließungsgründe, vgl BGH **LM** § 826 (ge) BGB Nr 2.

**5** Die **Begründung ist zu geben a)** bei Einlegung vor Ablauf der Berufungsbegründungsfrist des § 519 II bis zu deren Ablauf. Die Verlängerung der Berufungsbegründungsfrist verlängert zwangsläufig die Anschließungsbegründungsfrist, BGH NJW **87**, 3263 mwN, allgM; ist ein Begehren sowohl als Hauptberufung wie als Anschließung an die Berufung der Gegenseite zulässig, gilt dies nur dann, wenn sich mindestens durch Auslegung feststellen läßt, daß eine Anschließung gewollt ist, BGH NJW **87**, 3263 (dazu Rimmelspacher JR **88**, 93). Stets ist der Verlängerungsbeschluß auch dem Anschließenden mitzuteilen; vgl § 519 Rn 12. Eine Verlängerung der Anschließungsbegründungsfrist allein kann der Anschließende nicht verlangen, BAG NZA **99**, 613 mwN (aM StJGr 16, Rimmelspacher JR **88**, 93); dafür besteht auch kein Bedürfnis, weil er warten darf, bis er begründen kann. **b)** Bei späterer Einlegung ist die Anschlußberufung in der Anschließungsschrift zu begründen; zur Frage, wann eine durch Umdeutung entstandene Anschließung eingelegt worden ist, s § 521 Rn 5.

**6 Zulässig ist die Anschließung** aber auch trotz II durch Überreichung eines Schriftsatzes in der mündlichen Verhandlung ohne Beifügung einer schriftlichen Begründung, wenn sie sich auf einen den Parteien nach Umfang und Bedeutung bereits bekannten Punkt bezieht, BGH FamRZ **95**, 1139 mwN, u a FamRZ **65**, 556 u NJW **54**, 600, Bbg RR **95**, 281 (bedenklich wegen der möglichen Unklarheiten, dagegen auch Gilles ZZP **92**, 159, zweifelnd BGH NJW **95**, 1561), ferner überhaupt solange, als Anschlußberufung noch würde eingelegt werden können, dh grundsätzlich bis zur letzten mündlichen Verhandlung, da in der verspäteten Einreichung der Begründung die Wiederholung der Anschlußberufung zu sehen ist, BGH NJW **95**, 1561 mwN, ebenso BAG **AP** Nr 4 (Anm Baumgärtel). „Muß" bedeutet auch in II keine echte Mußvorschrift, weil durch die unselbständige Anschlußberufung kein neuer Rechtsgang eröffnet wird, sie vielmehr nur der besseren Ausnutzung des schon laufenden dient. § 519b soll nach III nur entsprechend angewendet werden; eine „gesetzliche Frist" kommt für die Anschlußberufung aber nicht in Betracht, RG **170**, 18, RoS § 139 VI.

**7** Die **Folgen der Versäumung** sind dieselben wie bei § 519 III: Unterlassene Begründung, wo nötig (s oben), macht die Anschließung mit Kostenfolge für den Anschlußberufungskläger, BGH (GrS) **4**, 230, unzulässig; unterlassene Ankündigung neuen Vorbringens wirkt nach §§ 527, 529 I. Eine als unselbständige Anschlußberufung umzudeutende Berufung darf als unzulässig erst nach abschließender Verhandlung über die Berufung des Gegners verworfen werden, BGH FamRZ **87**, 154 mwN, allgM.

Wegen der **Zurückweisung** sonst verspäteten Vorbringens s § 521 Rn 6.

**3) Entsprechende Anwendung, III.** Entsprechend anwendbar sind: § 518 II, IV. Zur Bezeichnung des **8** angefochtenen Urteils genügt der notwendige Hinweis auf die Berufung des Gegners, RG HRR **32**, 1790. Ferner ist die Erklärung der Anschließung erforderlich, oben Rn 2. Bei der Entscheidung über die Zulässigkeit der Berufung ist immer zu prüfen, ob sich die Berufung nicht als Anschließung halten läßt, § 521 Rn 5. – **§ 519 III, V.** Vgl oben Rn 4 und bei § 519. Bei Klagerweiterung, neuem Anspruch, Widerklage wird die entsprechende Gebühr fällig, § 61 GKG; die Anschließung ist aber nicht von der Zahlung abhängig. – **§ 519 a.** Anschließungsschrift und -begründung sind dem Gegner vAw zuzustellen. Bei Einreichung in der mündlichen Verhandlung genügt die Übergabe einer beglaubigten Abschrift, Düss FamRZ **82**, 922 mwN. Die Zeit der Einreichung hat die GeschStelle dem Gegner mitzuteilen, was wegen § 522 wichtig ist. – **§ 519 b.** Die Prüfung der Zulässigkeit der Anschließung hat vAw vor jeder Sachprüfung zu geschehen, BAG NJW **82**, 1176; daß die Anschließung dem Gegner nicht zugestellt worden ist, hindert ihre Verwerfung nicht, BGH RR **91**, 511. Die Entscheidung ergeht durch Urteil oder Beschluß, s § 519 b Rn 3ff. Nötig ist die gleichzeitige Verhandlung über die Berufung und die Anschließung, oben Rn 6; der Lauf der Anschließungsfrist hindert die Entscheidung über die Berufung nicht. Der Verwerfung steht nicht entgegen, daß der sich Anschließende in der mündlichen Verhandlung keinen Antrag zur unselbständigen Anschließung gestellt hat, BGH aaO. Gegen den Verwerfungsbeschluß des OLG ist die sofortige Beschwerde zulässig, §§ 519 b II, 547; das gilt auch für den Beschluß, durch den das OLG eine prozessuale Entscheidung trifft, die einer Verwerfung der Anschließung gleichkommt, zB bei Streit über die Wirksamkeit der Rücknahme des Hauptrechtsmittels, BGH NJW **67**, 109, oder dann, wenn das OLG die Anschließung entspr § 522 für wirkungslos erklärt, BGH NJW **86**, 852 (anders bei der bloß deklaratorischen Feststellung der sich aus dem Gesetz ergebenden Wirkungslosigkeit, zB im Fall der Berufungsrücknahme, § 515 III 2, BGH NJW **90**, 841 mwN, ua FamRZ **81**, 658 m Anm Borgmann). Eine unwirksam gewordene Anschließung, § 522 I, läßt sich nicht wiederholen; über ihre Wiederholung nach Verwerfung s § 519 b Rn 10.

**4) VwGO.** Statt **I** gilt § 127 S 1 VwGO, der die Anschließung in den Formen des § 124 a VwGO, BVerwG **9** NVwZ-RR **90**, 380, und in der mündlichen Verhandlung zu Protokoll zuläßt (nicht aber sonst zu UrkB, Ey § 127 Rn 9); zur Bezeichnung einer unselbständigen Anschließung s § 127 S 2 VwGO, s BVerwG NVwZ-RR **95**, 58 mwN. **II** ist entspr anwendbar, § 173 VwGO (Berufungsbegründungsfrist: § 124 a III VwGO). Zu **III** vgl bei den einzelnen Vorschriften.

## 523

**Verfahren im allgemeinen.** Auf das weitere Verfahren sind die im ersten Rechtszuge für das Verfahren vor den Landgerichten geltenden Vorschriften entsprechend anzuwenden, soweit sich nicht Abweichungen aus den Vorschriften dieses Abschnitts ergeben.

**Vorbem.** Im **Verfahren der Arbeitsgerichte** ist § 523 entsprechend anwendbar, § 64 VI ArbGG, so **1** daß im Berufungsverfahren vor dem LAG §§ 46ff ArbGG nur insoweit gelten, als sie in § 64 VII ArbGG ausdrücklich genannt werden, Grunsky ArbGG § 64 Rn 18, 36–44.

**1) Erläuterung.** Grundsätzlich richtet sich das Berufungsverfahren nach den für das landgerichtliche **2** Verfahren gegebenen Vorschriften, mögen diese im 2. Buch stehen, in anderen Büchern oder in anderen Gesetzen. Wegen Widerklage und Aufrechnung s § 530, wegen des Versäumnisverfahrens s § 542. **Anwendbar** sind danach namentlich die Bestimmungen über die Zwischenfeststellungsklage, **§ 256 II**, Schlesw RR **91**, 190, über die Rechtshängigkeit, **§ 261**, Ffm FamRZ **80**, 710, über die Klageänderung, **§§ 263 u. 264**, § 528 Rn 5ff, auch über die Erweiterung der Klage, BGH FamRZ **88**, 603, RR **87**, 250 mwN (nicht für einen auf neues Vorbringen gestützten Angriff auf den insoweit nicht angefochtenen klagabweisenden Teil des erstinstanzlichen Urteils), über die Rücknahme der Klage, **§ 269**, über die Fristsetzung, **§§ 273 II Z 1, 275 I 1, III, IV, 276 I 2, III u 277**, BGH MDR **90**, 1102, über die Hinweispflicht, **§ 278 III**, BGH RR **94**, 567, über die Verweisung, **§ 281** (auch im Verhältnis verschiedener Berufungsgerichte bei wahlweise zulässiger Einlegung, BGH **71**, 367 betr KartellS, nicht aber bei Erhöhung des Streitwertes auf über 6000 DM, § 506 Rn 4), über die Konzentration des Verfahrens, s § 520 Rn 4ff u § 527 Rn 8, also insbesondere die **§§ 282 II, 296 II**, BGH NJW **99**, 2446, NJW **89**, 717 u **87**, 502 mwN, RR **86**, 1317 u NJW **82**, 1708 (zur Zurückweisung von Angriffs- und Verteidigungsmitteln, die erstmals mit der Anschlußberufung vorgebracht werden, krit Deubner, zustm Olzen JR **82**, 417; Celle RR **98**, 69, Karlsr FamRZ **95**, 738, Ffm RR **93**, 170, Oldb NJW **87**, 1339, über nachgelassene Schriftsätze, **§ 283**, Landsberg MDR **76**, 726, über die Beweiswürdigung, **§ 286**, BGH NJW **82**, 2874, über den Rügeverlust, **§ 295**, § 531 Rn 1, über die Zurückweisung neuen Vorbringens, **§ 296**, BGH MDR **90**, 1102, Hamm RR **93**, 1150, über das Teilurteil, **§ 301** (unzulässig bei Berufung beider Seiten, die denselben Sachverhalt betreffen, Kblz RR **89**, 960), über die Entbehrlichkeit von Tatbestand und Gründen im Urteil, **§ 313 a**, s § 543 Rn 3, über die abgekürzte Urteilsform, **§ 313 b**, und über die Berichtigung, **§ 319**, Düss MDR **91**, 789, und Ergänzung des Urteils, **§ 321**, über die Wiederholung der Beweisaufnahme, **§§ 398 u 402**, § 526 Rn 5 u 6.

Die **Vorschriften des 1. Buchs** sind nicht entsprechend, sondern unmittelbar anwendbar; dies gilt zB für **3** die richterliche Fragepflicht, § 139, und für die Wiedereröffnung der mündl Verh, § 156. Von den **Vorschriften des amtsgerichtlichen Verfahrens** kommen im Berufungsverfahren vor dem LG in entspr Anwendung in Betracht: § 506, Verweisung wegen nachträglicher sachlicher Unzuständigkeit, und § 510 b, Verurteilung zu Handlung und Entschädigung. Einzelnes s §§ 506 Rn 2ff, 510 b Rn 2ff. Eine Verweisung vom LG als Berufungsgericht an die erstinstanzliche Zivilkammer ist grundsätzlich unzulässig, § 506 Rn 5, KG MDR **99**, 563 mwN, str; erst recht kommt eine Verweisung an das OLG als Berufungsgericht entspr § 506 nicht in Betracht, BGH RR **96**, 891 mwN, aM Rimmelspacher JZ **97**, 976.

**2) VwGO:** Es gilt § 125 I (inhaltsgleich). **4**

## § 524

**524** *Einzelrichter.* ¹ ¹Zur Vorbereitung der Entscheidung kann der Vorsitzende oder in der mündlichen Verhandlung das Berufungsgericht die Sache dem Einzelrichter zuweisen. ²Einzelrichter ist der Vorsitzende oder ein von ihm zu bestimmendes Mitglied des Berufungsgerichts, in Sachen der Kammern für Handelssachen der Vorsitzende.

II ¹Der Einzelrichter hat die Sache so weit zu fördern, daß sie in einer mündlichen Verhandlung vor dem Berufungsgericht erledigt werden kann. ²Er kann zu diesem Zweck einzelne Beweise erheben; dies darf nur insoweit geschehen, als es zur Vereinfachung der Verhandlung vor dem Berufungsgericht wünschenswert und von vornherein anzunehmen ist, daß das Berufungsgericht das Beweisergebnis auch ohne unmittelbaren Eindruck von dem Verlauf der Beweisaufnahme sachgemäß zu würdigen vermag.

III Der Einzelrichter entscheidet
1. über die Verweisung nach § 100 in Verbindung mit den §§ 97 bis 99 des Gerichtsverfassungsgesetzes;
2. bei Zurücknahme der Klage oder der Berufung, Verzicht auf den geltend gemachten Anspruch oder Anerkenntnis des Anspruchs;
3. bei Säumnis einer Partei oder beider Parteien;
4. über die Kosten des Rechtsstreits nach § 91 a;
5. über den Wert des Streitgegenstandes;
6. über Kosten, Gebühren und Auslagen.

IV Im Einverständnis der Parteien kann der Einzelrichter auch im übrigen entscheiden.

**1** **Vorbem.** Im *Verfahren der Arbeitsgerichte* ist § 524 unanwendbar, § 64 VI 2 ArbGG, jedoch darf der Vorsitzende in bestimmten Fällen allein entscheiden, § 64 VII iVm § 55 I, II u IV ArbGG, GMP § 64 Rn 91 u 92..

**Schrifttum:** E. *Schneider* DRiZ 78, 335; *Putzo* NJW 75, 188.

**2** **1) Regelungszweck.** Anstelle der §§ 348–350 gilt für das Berufungsverfahren § 524. Danach hat der Einzelrichter im wesentlichen die Aufgabe, die Entscheidung vorzubereiten. Zur Entscheidung ist er nur ausnahmsweise berufen, III und IV (vgl § 524a III für das landgerichtliche Verfahren). Die gegen § 348 bestehenden verfassungsrechtlichen Bedenken, dort Rn 6 (vgl auch Schultze NJW 77, 2294 u Schumann ZZP 96, 197, beide mwN), greifen deshalb gegenüber § 524 nicht durch.

**3** **2) Zuweisung an den Einzelrichter, I 1**

**A. Grundsatz.** Sie ist statthaft in allen Berufungsverfahren, auch in Arrest- und einstwVfgSachen, nicht aber in Baulandsachen, §§ 220 I 3, 229 I 2 BauGB, BGH **86**, 112 (bei Verstoß gilt § 295 I). Die Entscheidung über die Zuweisung erfolgt nach Ermessen, wobei die Zweckmäßigkeit den Ausschlag gibt. Deshalb ist dort, wo es nur um Rechtsfragen geht, eine Zuweisung idR dann auszusprechen, wenn ein Vergleich möglich erscheint. Dagegen ist die Zuweisung regelmäßig geboten, wenn der Streitstoff aufbereitet werden muß, namentlich in tatsächlich schwierigen oder umfangreichen Sachen (Bauprozesse).

**4** **B. Form.** Die Zuweisung außerhalb der mündlichen Verhandlung erfolgt durch den Vorsitzenden, in der mündlichen Verhandlung durch das Berufungsgericht. Letzteres ist ausschließlich zuständig, wenn einmal mündlich verhandelt worden ist; denn dann hat allein das Gericht über den Fortgang des Verfahrens zu bestimmen, vgl BGH NJW **93**, 601. Der Vorsitzende weist durch ausdrückliche schriftliche Verfügung zu, MüKoRi 3, str (offen gelassen BGH NJW **93**, 601 mwN), das Gericht durch Beschluß. Wegen der Bekanntgabe an die Parteien vgl § 329 I u III. Eine Anfechtung ist ausgeschlossen. Fehlt es an einer ordnungsmäßigen Zuweisung, unterliegt die Entscheidung des Einzelrichters der Revision nach § 551 Z 1, BGH NJW **93**, 600.

**5** **C. Bestimmung des Einzelrichters, I 2.** Bei der KfH wird durch die Zuweisung der Vorsitzende Einzelrichter, bei der ZivK und dem OLG ist seine Bestimmung Sache des Vorsitzenden auch dann, wenn das Berufungsgericht die Zuweisung ausgesprochen hat. Der Vorsitzende bestimmt entweder sich selbst oder ein Mitglied des Gerichts, das nach dem Mitwirkungsplan, § 21 g II GVG, zur Mitwirkung berufen ist, idR den Berichterstatter (§ 21 g III GVG gilt nur für den zur Entscheidung berufenen Einzelrichter iSv § 524a). Eine Bekanntgabe an die Parteien ist nicht nötig, die Anfechtung der Bestimmung ausgeschlossen.

**6** **D. Aufhebung der Zuweisung an den Einzelrichter.** Sie ist nicht vorgesehen, aber zulässig, wenn dies zur sachgemäßen Erledigung erforderlich ist; die Entscheidung trifft das Kollegium. Der Vorsitzende kann die Bestimmung der Person des Einzelrichters jederzeit ändern.

**7** **3) Förderung der Sache durch den Einzelrichter, II**

**A. Grundsatz.** Er hat die Sache so weit zu fördern, daß nach Möglichkeit eine einzige Verhandlung vor dem Berufungsgericht zur Erledigung genügt, vgl § 349 Rn 4. Auch im Berufungsverfahren hat der Einzelrichter, wenn kein Vergleich zustandekommt, den ganzen Streitstoff erschöpfend mit den Parteien zu erörtern und festzulegen.

**8** **B. Beweiserhebung** (Pantle NJW **91**, 1279). Zu dem genannten Zweck kann der Einzelrichter einzelne Beweise erheben. In Punktsachen u dgl wird er häufig mit Nutzen alle Beweise erheben; der Wortlaut („einzelne") steht nicht entgegen, weil er den Grundsatz enthält, aber nicht ausschließt, daß dem Kollegium eine Beweisaufnahme erspart bleibt, bei der es auf einen persönlichen Eindruck nicht ankommt. Entscheidend ist stets, ob die Beweisaufnahme durch den Einzelrichter **zur Vereinfachung der Verhandlung vor dem Berufungsgericht wünschenswert und** (kumulativ) **von vornherein anzunehmen ist, daß das Berufungsgericht das Beweisergebnis auch ohne unmittelbaren Eindruck von dem Verlauf der Beweisaufnahme sachgemäß zu würdigen vermag,** was in Arzthaftungsprozessen idR zu verneinen ist,

BGH NJW **94**, 802 mwN (Anm Grunsky **LM** § 286 B Nr 98). Diese zwingende, von § 349 I 2 abweichende Regelung schränkt den dem Einzelrichter nach der Gesetzesfassung eingeräumten Beurteilungsspielraum im Interesse der Unmittelbarkeit der Beweisaufnahme ein, die im 2. Rechtszug besondere Bedeutung hat, § 355. Bei der Nachprüfung im Revisionsverfahren kommt es demgemäß darauf an, ob die Beweiserhebung durch den Einzelrichter vertretbar war oder nicht. Nur im letzten Fall kann ein Verfahrensfehler bejaht werden, zB dann, wenn nur ein Zeuge zu vernehmen war (keine Vereinfachung der Verhandlung vor dem Berufungsgericht) oder wenn von Anfang an klar war, daß das Kollegium den persönlichen Eindruck brauchte. Ein **Verstoß** ist aber nach § 295 heilbar, BGH NJW **94**, 802 u **86**, 113 mwN, aM Werner u Pastor NJW **75**, 331 (zu §§ 348, 349). Stellt sich heraus, daß ein persönlicher Eindruck nötig ist, so ist der Antrag auf nochmalige Vernehmung durch das Berufungsgericht zu stellen, § 398 I. Von ihr darf nur dann (ausnahmsweise) abgesehen werden, wenn der Einzelrichter seinen Eindruck zu Protokoll genommen hat, BGH NJW **92**, 1966 mwN (vgl Pantle NJW **91**, 1279). Eidlich sollte der Einzelrichter weder Zeugen noch Parteien vernehmen, Parteien möglichst überhaupt nicht, weil solche Vernehmungen wegen ihrer Bedeutung idR dem Kollegium vorbehalten bleiben sollten. Immer darf der Einzelrichter einen umfassenden Beweisbeschluß erlassen und dessen Erledigung oder Aufhebung dem Kollegium anheimstellen. Bei extremer Unzweckmäßigkeit, zB hohen Kosten eines Gutachtens, gegen dessen Erforderlichkeit gewichtige Gründe sprechen, kann eine Niederschlagung der Kosten nötig werden, Ffm NJW **71**, 1757; das ändert nichts an der Wirksamkeit des Beweisbeschlusses.

**C. Vorlage an das Kollegium.** Hält der Einzelrichter die Sache für reif zur Schlußverhandlung, so legt 9 er sie dem Vorsitzenden zur Terminsbestimmung vor. Zur Endentscheidung ist er nur nach IV befugt; eine Endentscheidung ist aber auch die Bestrafung wegen einer Zuwiderhandlung gegen einen Duldungs- oder Unterlassungstitel, Hbg MDR **64**, 1014. Die Parteien haben auf den Abschluß des Verfahrens vor dem Einzelrichter keinen Einfluß. Bei Meinungsverschiedenheiten zwischen dem Einzelrichter und dem Kollegium über die weitere Behandlung der Sache entscheidet dieses; es kann die Zuweisung an den Einzelrichter aus diesem Grunde widerrufen.

**4) Entscheidung durch den Einzelrichter, III** 10
**A. Benannte Fälle.** Die Aufzählung der Fälle, in denen der Einzelrichter im Berufungsverfahren ohne Einverständnis der Parteien entscheiden darf, ist vorbehaltlich des unten bei Rn 11 Gesagten abschließend. Sie entspricht mit einigen Abweichungen dem Katalog in § 349 II. Der Einzelrichter entscheidet danach stets über **a) Z 1**: Verweisung nach § 100 iVm §§ 97–99 GVG, also von der ZivK an die KfH oder umgekehrt, nicht dagegen in anderen Fällen (abw ZöGu 41: auch bei „Verweisungen" zwischen anderen Spruchkörpern desselben Gerichts, zB in FamS, § 119 GVG Rn 6), ferner **b) Z 2**: Über Folgen der Klagrücknahme, § 269, der Berufungsrücknahme, § 515, und bei Verzicht oder Anerkenntnis, § 349 Rn 11, **c) Z 3**: bei Säumnis einer oder beider Parteien, § 349 Rn 11, auch in Statussachen, § 612 Rn 5 ff, weiter über **d) Z 4**: Kosten des Verfahrens nach § 91 a, § 349 Rn 11, **e) Z 5**: Wert des Streitgegenstandes für das Berufungsverfahren, wenn er es beendet hat, § 349 Rn 13, und über **f) Z 6**: Kosten, Gebühren und Auslagen, soweit sie in dem durch den Einzelrichter beendeten Berufungsverfahren entstanden sind, § 349 Rn 13.

**B. Weitere Fälle.** Ferner steht dem Einzelrichter die Entscheidung zu kraft der Zuweisung dann, 11 wenn sie unlösbar zu seiner Tätigkeit gehört, nämlich über **a)** Verbindung und Trennung bei ihm schwebender Verfahren, Stgt Rpfleger **74**, 118, **b)** WiedEins in versäumte Fristen, **c)** Zulassung oder Zurückweisung eines Streithelfers, Ffm NJW **70**, 817, **d)** Folgen einer Zeugnisverweigerung oder Zwangsmaßnahmen in der Beweisaufnahme, solange die Sache nicht an das Kollegium zurückgegeben ist, Köln MDR **74**, 238, **e)** Bezeichnung als Feriensache, § 200 IV GVG, Karlsr Just **84**, 16, **f)** Entscheidung nach § 534, **g)** Entscheidung nach § 718, str, aM Ffm MDR **90**, 931 mwN, **h)** Vorlage an das BVerfG bzw den EuGH, wenn der Einzelrichter die Sachentscheidung zu treffen hat, § 1 GVG Rn 8 ff u 19 ff.

**C. Ausschlüsse.** Nicht dagegen darf der Einzelrichter im Berufungsverfahren ohne Einverständnis der 12 Parteien entscheiden über die Aussetzung des Verfahrens, im Verfahren der Prozeßkostenhilfe, in Wechsel- und Scheckprozessen, über die Art einer angeordneten Sicherheit und über die einstweilige Einstellung der Zwangsvollstreckung, wobei diese Entscheidungen in § 524 III abweichend von § 349 II fehlen, teilw aM ZöGu 62 ff. Ein einleuchtender Grund für diese Unterscheidung ist freilich kaum zu finden. Außerdem entfällt die Entscheidungsbefugnis des Einzelrichters schlechthin in Beschwerdesachen auch dann, wenn sie in einer ihm zugewiesenen Sache entstehen.

**5) Entscheidung im Einverständnis der Parteien, IV.** Abweichend vom früheren Recht darf der 13 Einzelrichter auch im Berufungsverfahren anstelle des Kollegiums entscheiden, wenn die Parteien sich ausdrücklich damit einverstanden erklären. Dies gilt auch in nichtvermögensrechtlichen Streitigkeiten. Der Einzelrichter braucht von der Befugnis keinen Gebrauch zu machen, BGH NJW **89**, 229; daß in 1. Instanz eine Kammer des LG entschieden hat, ist kein Hinderungsgrund, krit ThP 9. Vgl im Einzelnen § 349 Rn 19, 20. Das Einverständnis muß in dem dafür maßgeblichen Zeitpunkt, idR bei der Schlußverhandlung, wirksam erklärt sein; es ist entspr § 128 II 1 bei einer wesentlichen Änderung der Prozeßlage widerruflich, hM, wobei die Prozeßlage bei Abgabe der Zustimmungserklärung mit derjenigen im Zeitpunkt des Widerrufs nach objektiven Maßstäben zu vergleichen ist, BGH NJW **89**, 229. Ein Verstoß gegen IV kann mit dem gegen die Entscheidung gegebenen Rechtsmittel gerügt werden, unten Rn 14, ggf mit der Nichtigkeitsklage nach § 579 I Z 1, BayVerfGH NJW **86**, 372 mwN.

**6) Verstöße.** Entscheidet der Einzelrichter unbefugt allein, liegt der absolute Revisionsgrund des § 551 14 Z 1 vor, BGH NJW **93**, 600 mwN (keine Heilung durch Rügeverzicht, § 295 II); vgl auch § 551 Rn 8 u Deubner JuS **93**, 496. Eine insofern allein mit dem Hauptrechtsmittel erhobene Verfahrensrüge kommt einem Anschlußrechtsmittel nur ausnahmsweise zugute, BGH NJW **94**, 803.

15   7) **VwGO:** Da § 6 VwGO nur für das VG gilt, Üb § 348 Rn 5, ist § 524 unanwendbar; das gleiche gilt nach § 76 AsylVfG, weil eine Übertragung in den Sachen, die nach § 78 II AsylVfG an das OVG gelangen, ausscheidet. Wegen der Vorbereitung (und ggf Entscheidung) durch den Vorsitzenden oder Berichterstatter s §§ 87 und 87 a iVm § 125 I VwGO, vgl BVerwG NVwZ-RR **97**, 259, NJW **94**, 1975, Kopp NJW **91**, 524 u 1264, Stelkens NVwZ **91**, 214, Schmieszek NVwZ **91**, 525, Pagenkopf DVBl **91**, 288.

## 525 Mündliche Verhandlung und Anfallwirkung. Vor dem Berufungsgericht wird der Rechtsstreit in den durch die Anträge bestimmten Grenzen von neuem verhandelt.

1   **Vorbem.** Im **Verfahren der Arbeitsgerichte** ist § 525 entsprechend anwendbar, § 64 VI ArbGG, Grunsky ArbGG § 64 Rn 33.
   **Schrifttum:** *Rimmelspacher* ZZP **107**, 421.

2   **1) Verhandlung.** In der Berufungsinstanz ist der gesamte Streitstoff, soweit die Entscheidung der Berufungsinstanz angefallen ist, Grdz § 511 Rn 3, neu zu erörtern und zu würdigen. Das bedeutet indessen nicht, daß zu verhandeln und zu würdigen ist, als habe keine erste Instanz stattgefunden; vielmehr ist auf die Grundlage des angefochtenen Urteils und der früheren Verhandlung zu verfahren, vgl Schneider AnwBl **88**, 259. Neues Vorbringen ist bis zum Schluß der mündlichen Verhandlung statthaft, soweit es §§ 527 ff erlauben, darüber hinaus nicht; die Nichtbeachtung tatsächlichen Vorbringens kann den Anspruch auf rechtliches Gehör verletzen, BVerfG NJW **80**, 278. Unabänderliche Prozeßhandlungen behalten ihre Wirkung für die Berufungsinstanz. Abänderliche sind, wenn die Voraussetzungen ihrer Änderung vorliegen, in der Berufungsinstanz abänderlich. Beweisaufnahmen bleiben voll wirksam, vgl § 526 Rn 4. Berufungsanträge sind zu verlesen, § 297. Das Gericht hat auf sachdienliche Anträge hinzuwirken, § 139.

3   **2) Begrenzung durch Anträge.** Die Anträge ziehen, entsprechend § 308, dem Gericht die Grenzen. Eine Beschränkung der Anträge ist keine teilweise Berufungsrücknahme, wenn die Berufungsschrift keinen Antrag enthielt (wohl aber sonst), ihre Erweiterung ist kein neuer Anspruch, weil entscheidend ist, welche Anträge die Parteien in der mündlichen Verhandlung stellen (anders liegt es für die Frage der Zulässigkeit der Berufung), vgl BGH RR **89**, 962 mwN. Hat der abgewiesene Kläger nur wegen eines Teils Berufung eingelegt, ist das ergehende Urteil kein Teilurteil, sondern ein abschließendes Endurteil, weil eine Erweiterung der Anträge nur bis zum Schluß der letzten mündlichen Verhandlung zulässig ist. Die äußerste Grenze des zulässigen Berufungsantrags ist der Klagantrag, soweit nicht eine Klagerweiterung stattfinden darf. Über Hilfsanträge s § 537 Rn 2 ff. Zurückverweisen darf das Berufungsgericht nur nach §§ 538 f. Über eine Entscheidung ohne mündliche Verhandlung s § 128 II.

4   **3) VwGO:** Es gilt § 128 S 1 VwGO.

## 526 Vortrag des Akteninhalts 1. Instanz. <sup>I</sup> Bei der mündlichen Verhandlung haben die Parteien das durch die Berufung angefochtene Urteil sowie die dem Urteil vorausgegangenen Entscheidungen nebst den Entscheidungsgründen und den Beweisverhandlungen insoweit vorzutragen, als dies zum Verständnis der Berufungsanträge und zur Prüfung der Richtigkeit der angefochtenen Entscheidung erforderlich ist.

<sup>II</sup> Im Falle der Unrichtigkeit oder Unvollständigkeit des Vortrags hat der Vorsitzende dessen Berichtigung oder Vervollständigung, nötigenfalls unter Wiedereröffnung der Verhandlung, zu veranlassen.

1   **Vorbem.** Im **Verfahren der Arbeitsgerichte** entsprechend anwendbar, § 64 VI ArbGG, zur Ergänzung von § 57 ArbGG, § 64 VII ArbGG.

2   **1) Mündliche Verhandlung, I.** § 526 bezieht sich auf sie. Im schriftlichen Verfahren, § 128 II, und im Aktenlageverfahren ist der Akteninhalt Grundlage der Entscheidung. Wegen der Terminsbestimmung und des Vorverfahrens s § 520.

3   **A. Gang der Verhandlung.** Für die Verhandlung vor dem Berufungsgericht gelten die §§ 136 ff, § 523 Rn 2. Abweichend von § 137 I beginnt sie jedoch mit der Prüfung der Formalien der Berufung, soweit dies nicht bereits vorher geschehen ist, etwa in einem Termin vor dem Einzelrichter oder beauftragten Richter. Der weitere Gang der Verhandlung entspricht demjenigen des Haupttermins in 1. Instanz, vgl die Erläuterungen zu § 278. Demgemäß hat der Vorsitzende zunächst in die Sach- und Streitstand einzuführen, §§ 278 I, 523. Nach § 526 haben die Parteien, dh in aller Regel der Berufungskläger, den gesamten erstinstanzlichen Prozeßstoff vorzutragen. In der Praxis wird dieser Vortrag durch Bezugnahme, § 137 III, ersetzt, was durchaus genügt, ist allen Anwesenden der Prozeßstoff aus den Akten kennen, vgl Schumann Rn 545. Der Vorsitzende hat hier wie auch sonst darauf hinzuwirken, daß etwaige Widersprüche im tatsächlichen Vortrag oder Unklarheiten in prozessualer Hinsicht ausgeräumt werden, s unten Rn 7.

4   **B. Erstinstanzlichen Beweishandlungen.** Sie bleiben wirksam. Zeugenaussagen bleiben also Zeugen- und werden nicht etwa Urkundenbeweis, BAG DB **67**, 868. Die Parteien können sie nicht beseitigen. Sie können aber im Rahmen des Beibringungsgrundsatzes ihre Verwertung unterbinden, indem sie die unter Beweis gestellte Tatsache nicht vortragen oder über sie verfügen. Zeugenaussagen 1. Instanz über die Höhe des Anspruchs sind im Berufungsverfahren über den Grund, § 304, urkundenbeweislich benutzbar; jede Partei kann jedoch Vernehmung des Zeugen beantragen, RG **105**, 220.

1. Abschnitt. Berufung §§ 526, 527

Eine **Wiederholung der Beweisaufnahme** kann das Gericht jederzeit auch vAw anordnen (unter **5** Beachtung von § 139, BGH NJW **85**, 3079), und zwar grundsätzlich nach Ermessen, Nassall ZZP **98**, 313 mwN, BGH NJW **82**, 108, **72**, 585, BAG NZA **90**, 74. Das Ermessen kann aber „auf Null schrumpfen" mit der Wirkung, daß die Beweisaufnahme wiederholt werden muß, § 398 Rn 3 ff (Übers über die Rspr bei Pantle NJW **87**, 3160, vgl auch Behn SGb **89**, 144). **Beispiele** (Wax NJW **94**, 3210): Die Beweisaufnahme muß wiederholt werden, wenn sie an einem VerfMangel leidet, BGH NJW **94**, 942, es sei denn, der Mangel ist nach § 295 I geheilt worden, BGH NJW **96**, 2735 mwN. Eine Pflicht zur erneuten Vernehmung von Zeugen oder Parteien besteht, wenn das Berufungsgericht sich von der Würdigung der persönlichen Glaubwürdigkeit lösen will, die das Erstgericht aufgrund seines persönlichen Eindrucks gewonnen hat, BGH NJW **97**, 466 mwN, NJW **95**, 1292, RR **95**, 1210 mwN, stRspr, BGH NJW **87**, 3205 (Bespr Pantle NJW **88**, 2027), BAG NZA **90**, 74 (für den Sonderfall der Vernehmung im Ausland abw Karlsr RR **90**, 191); wird die Vernehmung durch den Einzelrichter vorgenommen, darf das Gericht dessen Beurteilung der Glaubwürdigkeit nur dann zugrunde legen, wenn der Einzelrichter den von ihm gewonnenen Eindruck im Protokoll festgehalten hat, BGH NJW **91**, 3284 und 1302, dazu Pantle NJW **91**, 1279; hat das Erstgericht die Glaubwürdigkeit eines in anderer Besetzung vernommenen Zeugen allein agrd des Protokolls verneint, so muß der Zeuge vom Berufungsgericht erneut gehört werden, BGH NJW **95**, 1293. Auch andere Umstände können die erneute Vernehmung gebieten, zB dann, wenn die Entscheidung von der Glaubwürdigkeit eines Zeugen abhängt, die der erstinstanzliche Richter nicht gewürdigt hatte, BGH NJW **86**, 2885, RR **86**, 285, oder für deren Beurteilung keine genügende Grundlage bestand (Vernehmung im Ausland), BGH WertpMitt **90**, 2096, ferner wenn das Berufungsgericht die protokollierten Angaben für zu vage hält, BGH RR **89**, 380, NJW **82**, 1052, oder sie anders verstehen will als die Vorinstanz, BGH MDR **99**, 1083, NJW **98**, 386, **96**, 664 mwN, oder der Aussage eine andere Tragweite beimessen, BGH NJW **98**, 2223 mwN, oder eine vom Wortsinn abweichende Auslegung geben will, zu der das Erstgericht nicht Stellung genommen hat, BGH NJW **91**, 1183, ferner wenn es der Aussage bei der Würdigung der Bekundung eines anderen Zeugen ein ihr von der vorigen Instanz nicht beigemessenes Gewicht geben will, BGH NJW **85**, 3078, ebenso wenn Parteien und Zeugen über einen für die Entscheidung erheblichen Punkt irrige Vorstellungen hatten, BGH RR **94**, 511, oder wenn Anhaltspunkte dafür vorliegen, daß der Zeuge neue Erkenntnisse gewonnen hat, die für die Entscheidung ausschlaggebend sein können, BGH RR **86**, 284, NJW **82**, 108, oder wenn das vom Zeugen Gemeinte nur durch einen Vorhalt geklärt werden kann, BGH NJW **94**, 2962.

Die erneute Vernehmung ist idR auch dann geboten, wenn das Berufungsgericht agrd objektiver Um- **6** stände meint, daß ein Zeuge die Unwahrheit gesagt habe, BGH RR **95**, 1021 mwN, oder wenn das Erstgericht von zwei sich widersprechenden Zeugenaussagen keiner geglaubt hat oder wenn das Berufungsgericht einen der Zeugen aufgrund des Prozeßstoffs für unglaubwürdig hält, BGH NJW **91**, 3285. Dagegen ist eine abweichende Auslegung oder sonstige objektive Würdigung des Inhalts der protokollierten Aussage ohne neue Vernehmung zulässig, BGH NJW **98**, 384, RR **86**, 285 mwN, Pantle NJW **87**, 3163, E. Schneider NJW **74**, 841, wenn nicht Zweifel daran bestehen, ob die Aussage vollständig und präzise genug protokolliert worden ist, BGH aaO. Zur Pflicht des Berufungsgerichts, bei Abweichung von einem erstinstanzlichen Gutachten erneut Sachverständigenrat einzuholen, s BGH RR **88**, 1235, und zur Pflicht, den in 1. Instanz tätig gewordenen Sachverständigen erstmals oder auch erneut zu hören, s BGH NJW **96**, 788, **94**, 803, **93**, 2380, RR **89**, 1275, RR **87**, 1197 u NJW **86**, 1540.

Hält das Berufungsgericht nur eine teilweise Wiederholung der Beweisaufnahme für nötig, darf es das Ergebnis der übrigen Beweisaufnahme nur dann unberücksichtigt lassen, wenn die Partei auf das Beweismittel verzichtet hat, BGH NJW **91**, 2082. In einem Rechtsstreit gegen mehrere Beklagte darf die Wiederholung nicht auf eines dieser Prozeßverhältnisse beschränkt werden, wenn das Beweisthema für alle erheblich ist, BGH RR **92**, 253.

Die danach gebotene erneute Vernehmung eines Zeugen kann durch dessen „informatorische Anhörung" nicht ersetzt werden, BGH RR **98**, 1601.

**2) Aufklärungspflicht, II.** II bezieht sich seinem Wortlaut nach allein auf den Vortrag des Akteninhalts **7** durch die Parteien, I, hat also seine praktische Bedeutung weitgehend verloren, oben Rn 3. Für das Gericht gilt iü § 139. Der Vorsitzende muß besonders klären, ob die Parteien ein Vorbringen 1. Instanz etwa nicht mehr aufrechterhalten und welche neuen Angriffs- oder Verteidigungsmittel sie im Rahmen des Novenrechts, §§ 527 ff, vorbringen wollen, vgl Schumann Rn 547. Der Tatbestand des Urteils muß sich darüber auslassen. Für rechtliche Hinweise gilt § 278 III, § 523. Wegen der **Wiedereröffnung der mündlichen Verhandlung** s § 156.

**3) VwGO:** *Unanwendbar; der Vortrag des wesentlichen Inhalts der Akten ist Sache des Gerichts, §§ 125 I, 103 II* **8** *VwGO.*

**527** *Verspätetes Vorbringen.* Werden Angriffs- oder Verteidigungsmittel entgegen § 519 oder § 520 Abs. 2 nicht rechtzeitig vorgebracht, so gilt § 296 Abs. 1, 4 entsprechend.

**Vorbem.** Im **Verfahren der Arbeitsgerichte** ist § 527 nicht entsprechend anwendbar; an seiner Stelle **1** gilt § 67 II 2 ArbGG (mit im Wesentlichen gleichem Inhalt), vgl LAG Bln NZA **98**, 168 mwN, Grunsky ArbGG § 66 Rn 7 sowie BB Beilage 2/90. Unberührt bleibt § 523 iVm §§ 282, 296 II.

**Schrifttum:** *Weth,* Die Zurückweisung verspäteten Vorbringens im Zivilprozeß, 1988; *Fuhrmann,* Die Zurückweisung schuldhaft verspäteter und verzögernder Angriffs- und Verteidigungsmittel im Zivilprozeß, 1987; *Kallweit,* Die Prozeßförderungspflicht der Parteien und die Präklusion verspäteten Vorbringens im Zivilprozeß nach der VereinfNov, 1983.

## § 527

**2**  **1) Regelungszweck.** Die Vorschrift dient der Beschleunigung und Konzentration des Berufungsverfahrens, indem sie bestimmt, daß verspätetes Vorbringen nicht berücksichtigt werden darf, wenn es nicht besonders zugelassen wird. In dieser Beschränkung liegt kein Verstoß gegen das GG, jedoch wird ihre Anwendung durch den strengen Ausnahmecharakter aller Präklusionsvorschriften geprägt, BVerfG NJW **84**, 2203 mwN. **Nicht** anwendbar ist § 527 in **Ehe- und Kindschaftssachen**, §§ 615 II, 640 I.

**3**  **2) Verspätetes Vorbringen**
   **A. Grundsatz.** Beide Parteien dürfen **Angriffs- und Verteidigungsmittel**, s § 282 II, nicht zeitlich unbeschränkt in das Berufungsverfahren einführen, § 523 iVm §§ 282, 296, BGH NJW **99**, 2446. Das gilt sowohl für die Wiederholung von Vorbringen der 1. Instanz, hM (abw Kallweit S 149), auch wenn es dort zurückgewiesen worden ist (vgl § 528 III), als auch für neues Vorbringen (dieses unterliegt außerdem den Beschränkungen des § 528); darauf, ob es sich um Tatsachen handelt, die in 1. Instanz vorgebracht werden konnten, oder um andere, kommt es bei § 527 nicht an, M. Wolf ZZP **94**, 314. Neue Anträge gehören nicht hierher, ebensowenig Anregungen zu Punkten, die vAw zu beachten sind, zB zur internationalen Zuständigkeit, aM BayVerfGH **88**, 30, oder Ausführungen zum materiellen Recht. Für die Erweiterung und Änderung der Klage gelten §§ 263 u 264 iVm § 523, vgl § 528 Rn 5 ff. Das sie begründende Vorbringen unterliegt dem § 527, Schneider MDR **82**, 627.

**4**  Die Angriffs- und Verteidigungsmittel (zB neue Beweisangebote, in 1. Instanz entschuldbar unterbliebenes Bestreiten der Zinsforderung, BGH WertpMitt **77**, 172) **müssen vorgebracht werden a) vom Berufungskläger** in der Berufungsbegründung, § 519 III, § 519 Rn 22 ff, vgl dazu Müller-Rabe NJW **90**, 290, **b) wenn Fristen** gesetzt sind, § 520 II, vom **Berufungsbeklagten** (und ggf vom **Berufungskläger**, falls er erst durch die Berufungserwiderung zu weiterem Vorbringen veranlaßt wird) **innerhalb dieser Fristen**. Der Berufungsbeklagte hat dabei seine Verteidigungsmittel insoweit vorzubringen, als es nach der Prozeßlage einer sorgfältigen und auf Förderung des Verfahrens bedachten Prozeßführung entspricht, §§ 520 II u 277 I, BGH RR **86**, 1317; in erster Instanz unberücksichtigt gebliebene Angriffsmittel müssen nur dann ausdrücklich erneut geltend gemacht werden, wenn konkrete Anhaltspunkte für eine abweichende Beurteilung durch das Berufungsgericht gegeben sind, so daß ohne solchen Anhalt zunächst eine pauschale Verweisung genügt und es Aufgabe des Gerichts ist, auf seine abweichende Ansicht hinzuweisen, §§ 526 II u 139, BGH NJW **82**, 582, vgl auch BVerfG NJW **74**, 133, **78**, 413 m Anm Jekewitz. Nach dem maßgeblichen Zeitpunkt entstandene oder als wesentlich erkennbar gewordene Angriffs- und Verteidigungsmittel dürfen zeitlich unbegrenzt vorgebracht werden, soweit dadurch nicht die Prozeßförderungspflicht verletzt wird, unten Rn 8, vgl BVerfG NJW **91**, 2276.

Für den Streithelfer gelten diese Beschränkungen nicht unmittelbar. Sein Vortrag ist aber unbeachtlich, wenn er als Vortrag der Hauptpartei zurückzuweisen wäre, wobei das Verschulden, unten Rn 5, aus der Person der Hauptpartei zu beurteilen ist, vgl Fuhrmann NJW **82**, 978.

**5**  **B. Zulassung.** Ist danach ein **Vorbringen verspätet, gilt § 296 I und IV entsprechend:** Das Vorbringen ist nur zuzulassen, wenn nach der freien Überzeugung des Gerichts die Zulassung die Erledigung des Rechtsstreits nicht verzögern würde oder wenn die Partei die Verspätung genügend entschuldigt. Für beide Alternativen trägt die vom Ausschluß bedrohte Partei die Darlegungs- und Beweislast, Schneider MDR **87**, 900 mwN. **a) Verzögerung.** Ob das zutrifft, bestimmt sich allein nach der Prozeßlage zZt des Vorbringens, vgl im Einzelnen § 296 Rn 39 ff u § 528 Rn 15 ff. Das Berufungsgericht muß bei Nichtzulassung die Verzögerung in den Gründen nachprüfbar feststellen und die Möglichkeit ihrer Vermeidung erörtern, falls die Verzögerung nicht offensichtlich wäre, BGH NJW **71**, 1565. **b) Genügende Entschuldigung.** Die Partei muß auf Verlangen des Gerichts die Entschuldigungsgründe glaubhaft machen, § 296 IV. Hat das Gericht Zweifel, darf es nicht zulassen. Eine hinreichende Entschuldigung liegt zB vor, wenn die Tatsachen erst später bekannt werden oder wenn die Partei nicht erkennen konnte, daß es auf ein bestimmtes Vorbringen ankam, oder wenn sie aus berechtigter Furcht vor unzumutbaren Unannehmlichkeiten zurückhielt. Vgl § 296 Rn 52 ff.

**6**  **C. Entscheidung über Zulassung.** Sie erfolgt im Urteil, wobei das Gericht bei der Feststellung einer Verzögerung (und des Verschuldens) zumindest die Erkenntnismittel ausschöpfen muß, die ohnehin herangezogen werden müßten und deren Heranziehung ihrerseits zu keiner Verzögerung führt, BVerfG NJW **89**, 705. Hierzu gehört in jedem Fall die Anhörung der Parteien zur Frage der Präklusion, Hermisson NJW **85**, 2558, Weth S 35; eine Belehrung über die Folgen der Versäumung ist jedenfalls bei anwaltlicher Vertretung nicht erforderlich, BVerfG NJW **87**, 2733. Liegen die oben Rn 5 genannten Voraussetzungen für eine Zulassung nicht vor, muß das Berufungsgericht das verspätete Vorbringen zurückweisen, Stgt NJW **81**, 2581 mwN. Es muß die Nichtzulassung unter Angabe von Tatsachen so begründen, daß die Revisionsinstanz ihre gesetzlichen Voraussetzungen nachprüfen kann; anders liegt es nur, wenn der Prozeßverlauf das Nötige klar ergibt. Eine Zurückweisung verspäteten Vorbringens durch Teilurteil ist ausgeschlossen, BGH **77**, 306, **81**, 1217, ZIP **93**, 623, krit Deubner NJW **80**, 2355 u Mertins DRiZ **85**, 345 mwN.

**7**  Hat das Berufungsgericht bei der Zurückweisung die Begriffe der Verzögerung oder des Verschuldens verkannt oder jede Prüfung verabsäumt, so liegt ein Verfahrensmangel vor. Eine offenkundig unrichtige Zurückweisung, BVerfG NJW **91**, 2276, oder die Zurückweisung eines Vorbringens, dessen Verspätung klar erkennbar nicht kausal für eine Verzögerung ist, verletzt zudem den Anspruch der Partei auf rechtliches Gehör, BVerfG NJW **87**, 2735 m Anm Deubner; dies gilt jedoch dann nicht, wenn die Partei in 1. Instanz von der Möglichkeit der Äußerung aus von ihr zu vertretenden Gründen keinen Gebrauch gemacht hat, BayVerfGH NJW **80**, 278. Die Revisionsinstanz darf eine Zurückweisung nicht mit anderer Begründung aufrechterhalten, BGH NJW **82**, 1708 (offen gelassen BGH NJW **87**, 261).

Hat das Berufungsgericht ein Vorbringen zu Unrecht zugelassen, ist das (anders als in den Fällen des § 529 I) mit der Revision nicht angreifbar, Putzo NJW **77**, 8, RoSGo § 140 IV 2 f, BVerfG NJW **95**, 2980, BGH NJW **81**, 928, BAG MDR **83**, 1053, vgl auch BGH NJW **85**, 743; denn das Geschehene zu beseitigen, dient weder der Beschleunigung noch der Wahrheitsfindung, BGH NJW **60**, 100, Deubner NJW **82**, 1710 u NJW **81**, 930.

Wegen der Kosten im Fall der Zurückverweisung s § 538 Rn 2.

**1. Abschnitt. Berufung** §§ 527, 528

**3) Verletzung der Prozeßförderungspflicht.** Auch in der Berufungsinstanz haben die Parteien die vor **8** allem durch § 282 konkretisierte Prozeßförderungspflicht, § 523. Soweit nicht § 527 (oder § 528) eingreift, können bei Verletzung dieser Pflicht Angriffs- und Verteidigungsmittel in Ausübung pflichtgemäßen Ermessens zurückgewiesen werden, BGH NJW **87**, 501 mwN, RR **86**, 1317, Oldb NJW **87**, 1339, Stgt NJW **81**, 2581, wenn ihre Zulassung nach der freien Überzeugung des Gerichts die Erledigung des Rechtsstreits verzögern würde, oben Rn 5, oder die Verspätung auf grober Nachlässigkeit beruht (insoweit enger als nach § 520), §§ 296 II, 523, BVerfG NJW **91**, 2276, BGH RR **86**, 1317, Putzo NJW **77**, 7, Grunsky JZ **77**, 206; dazu § 296 Rn 61 ff. Für neues Vorbringen gilt insoweit § 528 II; s dort Rn 12 ff (auch zu den Grenzen der Prozeßförderungspflicht des Siegers erster Instanz). Wegen der Folgen einer verfahrensfehlerhaften Zurückweisung s oben Rn 7.

**4)** *VwGO:* Es gilt § 87 b iVm § 125 I VwGO, dazu Kopp NJW **91**, 524, Stelkens NVwZ **91**, 213. Vgl iü **9** § 519 Rn 35.

**528** *Neues und zurückgewiesenes Vorbringen.* **I** ¹Neue Angriffs- und Verteidigungsmittel, die im ersten Rechtszug entgegen einer hierfür gesetzten Frist (§ 273 Abs. 2 Nr. 1, § 275 Abs. 1 Satz 1, Abs. 3, 4, § 276 Abs. 1 Satz 2, Abs. 3, § 277) nicht vorgebracht worden sind, sind nur zuzulassen, wenn nach der freien Überzeugung des Gerichts ihre Zulassung die Erledigung des Rechtsstreits nicht verzögern würde oder wenn die Partei die Verspätung genügend entschuldigt. ²Der Entschuldigungsgrund ist auf Verlangen des Gerichts glaubhaft zu machen.

**II** Neue Angriffs- und Verteidigungsmittel, die im ersten Rechtszug entgegen § 282 Abs. 1 nicht rechtzeitig vorgebracht oder entgegen § 282 Abs. 2 nicht rechtzeitig mitgeteilt worden sind, sind nur zuzulassen, wenn ihre Zulassung nach der freien Überzeugung des Gerichts die Erledigung des Rechtsstreits nicht verzögern würde oder wenn die Partei das Vorbringen im ersten Rechtszug nicht aus grober Nachlässigkeit unterlassen hatte.

**III** Angriffs- und Verteidigungsmittel, die im ersten Rechtszug zu Recht zurückgewiesen worden sind, bleiben ausgeschlossen.

**Vorbem.** Im **Verfahren der Arbeitsgerichte** gilt § 67 ArbGG. Danach ist § 528 II und III entspre- **1** chend anwendbar, jedoch mit der Maßgabe, daß die im 1. Rechtszug nicht innerhalb einer Frist vorgebrachten neuen Angriffs- und Verteidigungsmittel nur zuzulassen sind, wenn ihre Zulassung nach freier Überzeugung des LAG die Erledigung des Rechtsstreits nicht verzögern würde oder die Partei die Verspätung genügend entschuldigt, § 67 I ArbGG. Solche Angriffs- und Verteidigungsmittel, soweit danach zulässig sind, vom Berufungskläger in der Berufungsbegründung, vom Berufungsbeklagten in der Berufungsbeantwortung vorzubringen, § 67 II 1 ArbGG; bei späterem Vorbringen sind sie nur zuzulassen, wenn sie nach diesen Zeitpunkten entstanden sind oder das verspätete Vorbringen nach freier Überzeugung des LAG nicht auf Verschulden der Partei beruht, § 67 II 2 ArbGG, BAG NJW **89**, 1237 mwN (Anm Deubner). Vgl dazu im einzelnen GMP u Grunsky ArbGG zu 67, ferner Grunsky BB Beilage 2/90. Die Zulassung verspäteten Vorbringens kann mit der Revision nicht gerügt werden, BAG MDR **83**, 1053.

**Schrifttum:** *RoSGo* § 140 IV 2; *Rimmelspacher,* F Henckel, 1995, S 691; *Weth,* Die Zurückweisung verspäteten Vorbringens im Zivilprozeß, 1988; *Fuhrmann,* Die Zurückweisung schuldhaft verspäteter und verzögernder Angriffs- u Verteidigungsmittel im Zivilprozeß, 1987; *Kallweit,* Die Prozeßförderungspflicht der Parteien und die Präklusion verspäteten Vorbringens im Zivilprozeß nach der VereinfNov, 1983; *Franke* NJW **86**, 3049 (zur Rspr des BVerfG); M. *Wolf* ZZP **94**, 310.

### Gliederung

| | | | | |
|---|---|---|---|---|
| 1) Regelungszweck | 2, 3 | a) Verstoß | | 14 |
| 2) Angriffs- und Verteidigungsmittel, I–III | 4–9 | b) Verzögerung | | 15–20 |
| A. Klagänderung | 5–8 | c) Verschulden | | 21–23 |
| B. Widerklage und Aufrechnung | 9 | d) Entscheidung | | 24 |
| 3) Zulassung neuen Vorbringens, I, II | 10–24 | 4) Ausschluß von Vorbringen, III | | 25–32 |
| A. nach Abs. 1 | 11 | A. Geltungsbereich | | 26, 27 |
| B. nach Abs. 2 | 12 | B. Voraussetzungen | | 28–30 |
| C. Entscheidung | 13–24 | C. Entscheidung | | 31, 32 |
| | | 5) VwGO | | 33 |

**1) Regelungszweck.** In der Berufungsinstanz ist neues Vorbringen grundsätzlich zulässig, § 525, muß **2** aber nach §§ 519 und 520 rechtzeitig erfolgen, § 527. Damit aber die in 1. Instanz geltende Prozeßförderungspflicht nicht durch Nachholung von Vorbringen in 2. Instanz entwertet wird, schränkt § 528 einen neuen Sachvortrag im Berufungsverfahren ein, und zwar weitgehend wie früher § 529. Die verfassungsrechtlich unbedenklichen Vorschriften in I u II (BVerfG NJW **83**, 1307 u **82**, 1453, BVerfG **36**, 92, dazu Deubner NJW **76**, 2113, BayVerfGH BayVBl **79**, 301) sollen Verzögerungen und unnötige Belastungen der Parteien vermeiden. Im Spannungsverhältnis zwischen dem Streben nach Beschleunigung und der Suche nach der richtigen (gerechten) Entscheidung müssen die Gerichte aber darauf bedacht sein, die sachgerechte Entscheidung nicht engherzig an Fristversäumnissen scheitern zu lassen, BGH NJW **83**, 822 mwN, da die Präklusionsvorschriften im Hinblick auf ihre einschneidenden Folgen strengen Ausnahmecharakter haben, BVerfG NJW **84**, 2203 mwN.

## § 528

**3** **Nicht anzuwenden** ist § 528 in Ehe- und Kindschaftssachen, §§ 615 II, 640 I, wegen des Untersuchungsgrundsatzes auch nicht in Verfahren nach BEG, Weiß RzW **78**, 41, und in Verfahren nach §§ 217 ff BauGB, § 221 II BauGB.

**4** **2) Angriffs- und Verteidigungsmittel, I–III. Hierher gehören** Behauptungen, Bestreiten (Köln ZIP **85**, 436), Einwendungen wie die Geltendmachung der Aufrechnung, BGH **91**, 303, dazu Weth S 71 ff, Fuhrmann s 70 ff (zur Zulassung einer neuen Aufrechnung des Beklagten s § 530 II), Einreden, Beweisanträge und Beweiseinreden, § 282 I, **nicht** aber der Angriff selbst, nämlich Klage und Widerklage (BGH NJW **85**, 3080 mwN), Berufungsanträge (auch dann, wenn sie die notwendige Aufgliederung des Klagantrags nachholen, BGH NJW **97**, 870 mwN), Klagerweiterung und Klagänderung, Ffm RR **88**, 1536, auch im Fall der Widerklage (BGH NJW **86**, 2257 mwN), mit der Folge, daß die zu ihrer Rechtfertigung vorgetragenen Angriffs- und Verteidigungsmittel nicht zurückgewiesen werden dürfen, zum Fall einer „Flucht in die Widerklage" krit Gounalakis MDR **97**, 216. Rechtsausführungen sind keine Angriffs- oder Verteidigungsmittel, Weth S 90 ff. Die Erfüllung von Mitwirkungsobliegenheiten, zB die Gestattung des Zutritts des Vertreters der Gegenpartei bei einer Ortsbesichtigung, Mü NJW **84**, 807, oder die Entbindung von der Verschwiegenheitspflicht, § 385 II, BayVerfGH AS **37**, 176, unterliegt § 528 I u II.

**5** **A. Klagänderung** (Spickhoff JZ **98**, 227; Altmeppen ZIP **92**, 449 u **93**, 65). Für sie gilt dasselbe wie in der 1. Instanz, §§ 523, 263, 264, allgM, BGH MDR **99**, 954, 505, FamRZ **88**, 603, **87**, 249, NJW **86**, 2257, **85**, 1784, 1840 u 1841, Ffm RR **88**, 1536 mwN; s die Erläuterungen zu den §§ 263, 264. Die Klagänderung setzt aber ein zulässiges Rechtsmittel voraus, BGH in stRspr, Grdz § 511 Rn 24, namentlich ist erforderlich, daß mindestens ein Teil der durch das angefochtene Urteil gesetzten Beschwer, Grdz § 511 Rn 13, Gegenstand der Berufung ist, BGH RR **95**, 1470 mwN, Oldb NdsRpfl **83**, 142 mwN, offen gelassen BGH RR **88**, 959 mwN. Soweit in erster Instanz eine Feststellungsklage als unbegründet abgewiesen worden ist, kann der Kl nur dann zur Leistungsklage übergehen, wenn er diesen Teil der Entscheidung durch eine zulässige Berufung oder Anschließung anficht, BGH RR **87**, 249; hat er mit einem Feststellungsantrag obgesiegt, kann er agrd einer Berufung gegen andere Teile insoweit zur Leistungsklage übergehen, BGH NJW **92**, 2296. Auf die Klagerweiterung durch den Berufungskläger ist § 519 III Z 2 nicht anzuwenden, weil sie keine Anfechtung des erstinstanzlichen Urteils ist, BGH RR **88**, 1465 mwN.

**6** Klagänderung sind auch der Wechsel der Kläger, BGH NJW **94**, 3358 mwN, und der Beitritt weiterer Kläger in 2. Instanz, BGH in stRspr ZZP, **102**, 471, dazu Roth NJW **88**, 2977 (aM Baumgärtel JZ **75**, 668: Beitritt ist hier unzulässig). Dagegen ist ein Wechsel auf der Beklagtenseite, BGH NJW **74**, 750, ebenso wie die Erstreckung der Klage auf weitere Beklagte, BGH **21**, 287 und NJW **62**, 635, in der 2. Instanz nur zulässig, wenn der ausscheidende alte Beklagte, BGH NJW **81**, 989, und der neue Beklagte zustimmen oder dessen Weigerung rechtsmißbräuchlich wäre, BGH NJW **87**, 1946 mwN, RR **86**, 356 (dazu Roth NJW **88**, 2977, der die Zustimmung des Eintretenden für entbehrlich hält, wenn die Auswechslung sachdienlich ist); dies gilt zB dann, wenn anstelle einer GmbH eine Kommanditgesellschaft in Anspruch genommen wird, deren einziger Komplementär die GmbH ist, LG Kblz MDR **80**, 407. Rechtsmißbräuchlich ist die Weigerung immer dann, wenn ein schutzwürdiges Interesse des neuen Beklagten nicht anzuerkennen und ihm nach der gesamten Sachlage der Eintritt in den Rechtsstreit zuzumuten ist, BGH NJW **87**, 1946.

**7** Die weitherzige Zulassung der Klagänderung auch in 2. Instanz dient der Prozeßwirtschaftlichkeit, vgl § 263 Rn 24 ff, krit Spickhoff JZ **98**, 227; dieser Gesichtspunkt ist der entscheidende, dh es kommt maßgeblich darauf an, ob und inwieweit die Zulassung den Streitstoff im Rahmen des anhängigen Rechtsstreits ausräumt und einem weiteren Rechtsstreit vorbeugt, BGH NJW **85**, 1842 mwN, ua NJW **75**, 1228. Schuldhaftes Nichtvorbringen in der 1. Instanz steht der Zulassung ebensowenig entgegen wie der Verlust einer Instanz und eine etwaige Verzögerung des Rechtsstreits, BGH aaO mwN. Aber die Klagänderung ist nicht zuzulassen, wenn mit der geänderten Klage ein völlig neuer Streitstoff zur Entscheidung gestellt wird, so daß (nur) deshalb eine Beweisaufnahme nötig ist, Düss VersR **76**, 151. Immer muß das Berufungsgericht prüfen, ob es verfahrensrechtlich in der Lage sein wird, über das neue Begehren zu entscheiden; ist das nicht der Fall, fehlt die Sachdienlichkeit in der neueren, BGH RR **94**, 456 mwN.

**8** Die Entscheidung des Berufungsgerichts, daß keine Klagänderung vorliege oder sie zuzulassen sei, ist unanfechtbar, § 268, BGH JZ **53**, 607. Die Nichtzulassung ist nur auf Ermessensfehler nachzuprüfen, BGH NJW **75**, 1228 mwN. Hat das OLG die Sachdienlichkeit nicht geprüft, kann der BGH dies nachholen, wenn es dazu keiner weiteren tatsächlichen Feststellungen bedarf, BGH ZZP **102**, 471, FamRZ **79**, 573, ZöGu § 561 Rn 10.

Ändert der Berufungskläger zulässigerweise die Klage, so gelten für die Verspätung des sie stützenden Vorbringens § 296 u **527**, § 523. Eine Zurückweisung nach § 528 ist ausgeschlossen, BGH NJW **86**, 2257 mwN (Klagerweiterung). Jedoch muß etwas anderes gelten, wenn die Klagänderung rechtsmißbräuchlich wäre, BGH aaO, was schon dann anzunehmen ist, wenn die neuen oder geänderten Klage auf Vorbringen gestützt werden, mit dem der Kläger zu dem zuvor rechtshängig gewesenen Teil der Streitsache ausgeschlossen wäre, ZöGu 8 u 9, Schneider MDR **89**, 75 u **82**, 628, abw BGH aaO (der in diesem Fall auch eine Zurückweisung hinsichtlich der ursprünglichen Anträge ausschließt), offen gelassen in BGH NJW **82**, 1534.

**9** **B.** Wegen der **Widerklage** und der **Aufrechnung** im Berufungsrechtszug vgl § 530 und die dortigen Erläuterungen. § 530 geht als Sonderbestimmung dem § 528 vor, allgM, BGH WertpMitt **87**, 1086 mwN.

**10** **3) Zulassung neuen Vorbringens, I u II** (Weth S 95 ff; Fuhrmann s 83 ff). **Angriffs- und Verteidigungsmittel**, oben Rn 4, **sind neu**, wenn sie in der 1. Instanz bis zum Schluß der mündlichen Verhandlung (oder dem ihr gleichstehenden Zeitpunkt) nicht vorgebracht worden sind, BGH NJW **89**, 718, zB Bestreiten eines in erster Instanz nicht bestrittenen Vorbringens, Köln ZIP **85**, 436, ferner dann, wenn sie vorgebracht, aber später fallengelassen worden sind, BGH NJW **98**, 2977, Michalski NJW **91**, 2070 mwN, und auch dann, wenn sie im erster Instanz verspätet vorgebracht sind, BGH NJW **82**, 2559. Neu ist auch die bisher fehlende Substantiierung einer vorher erklärten Aufrechnung, BGH **91**, 303. Dagegen ist die Konkretisierung eines schon in erster Instanz eingeführten Vorbringens nicht „neu" iSv I u II, BGH RR **91**, 1215.

**Zulassung:** Sofern das neue Vorbringen nicht schon nach § 527 zurückzuweisen ist, bedarf es der Zulassung unter den Voraussetzungen von I und II. Da diese Beschränkung einen Verstoß gegen die Prozeßförderungspflicht voraussetzt, BVerfG NJW **84**, 2203, gilt sie nicht für Tatsachen, die erst nach Schluß der letzten mündlichen Verhandlung erster Instanz entstanden sind, und auch nicht für Vorbringen, das erst durch das angefochtene Urteil, BGH NJW **83**, 999 (zustm Deubner), oder durch einen neuen Vortrag der Gegenpartei bzw einen (zulässigen) eigenen neuen Angriff, oben Rn 4, veranlaßt worden ist, BGH NJW **86**, 2257 u **82**, 1709 mwN, M. Wolf ZZP **94**, 317: die Präklusion greift immer dann nicht ein, wenn die Partei nach den Grundsätzen einer sorgfältigen und auf Förderung des Verfahrens bedachten Prozeßführung keine Veranlassung hatte, schon früher von der prozessualen Bedeutung des späteren Vorbringens auszugehen, BVerfG NJW **84**, 2203 u **83**, 1308, BGH NJW **86**, 2320. Wegen neuen Vorbringens des Streithelfers s § 527 Rn 4 aE.

**A.** Ist das Vorbringen **in 1. Instanz entgegen einer hierfür gesetzten Frist**, §§ 273 II Z 1, 275 I 1, III **11** u IV, 276 I 2 u III, 277, **unterblieben**, so darf es **nur zugelassen werden, I**, wenn nach der freien Überzeugung des Gerichts seine Zulassung die Erledigung des Rechtsstreits nicht verzögern würde oder wenn die Partei im Fall der Verzögerung die Verspätung genügend entschuldigt (und den Grund dafür glaubhaft macht, I 2); vgl für die 1. Instanz § 296 I. Nicht hierher gehört die Versäumung der Frist des § 128, Kramer NJW **78**, 1411: insoweit ist eine Zurückweisung nur nach II möglich.

Auf Vorbringen in der ersten Instanz, das dort wegen Verspätung hätte zurückgewiesen werden können, ist I nicht entsprechend anzuwenden, BGH NJW **81**, 1217.

**B.** Ist dagegen das Vorbringen **in 1. Instanz entgegen der Prozeßförderungspflicht**, § 282 I, unter- **12** blieben, BGH NJW **86**, 2320, oder entgegen § 282 II nicht rechtzeitig mitgeteilt worden, BVerfG NJW **84**, 2203, so darf es **nur zugelassen werden, II**, wenn nach der freien Überzeugung des Gerichts die Zulassung die Erledigung des Rechtsstreits nicht verzögern würde oder wenn die Partei im Fall der Verzögerung das Vorbringen in 1. Instanz nicht aus grober Nachlässigkeit (Begriff: § 296 Rn 61) unterlassen hat, zB aufgrund einer irrigen, vom Gericht erkennbar nicht geteilten Rechtsansicht, KG NJW **77**, 395. Trotz Verzögerung ist also hier, anders als in den Fällen des I, bei einfacher Nachlässigkeit zuzulassen, BGH NJW **81**, 287.

**C. Entscheidung über die Zulassung.** Das Gericht hat ein neues Vorbringen darauf **zu prüfen**, ob die **13** Partei damit gegen prozessuale Pflichten, oben Rn 11 u 12, verstoßen hat, ob die Erledigung durch das verspätete Vorbringen verzögert werden würde und ob die Partei ggf eine solche Verzögerung verschuldet hat: Das Vorbringen darf nur dann zurückgewiesen werden, wenn alle diese Voraussetzungen kumulativ gegeben sind, BVerfG NJW **87**, 1621, BGH RR **91**, 768 u 701 mwN, Schlesw NJW **86**, 856, unten Rn 24.

**a)** Der **Verstoß gegen prozessuale Pflichten**, I u II, ist vorweg nach objektiven Maßstäben zu prüfen. **14** Ein solcher Verstoß scheidet zB aus, wenn die Frist, I, nicht wirksam gesetzt worden war, BGH stRspr, NJW **91**, 2773 u **90**, 2389 mwN, § 296 Rn 33 u 34, oder wenn das Gericht für ihre Überschreitung mitverantwortlich war, BVerfG NJW **87**, 2003, BGH NJW **89**, 718 (Verstoß gegen § 139), NJW **83**, 2030 (unwirksame Fristverlängerung durch den Vorsitzenden), Schneider MDR **82**, 902, Schlesw NJW **86**, 856 mwN (dazu Deubner NJW **86**, 858). Dieser Grundsatz gilt auch für die Entscheidung, ob die Partei ihre Prozeßförderungspflicht verletzt hat, II. An einer Verletzung fehlt es zB in allen oben Rn 10 genannten Fällen.

Hinsichtlich eines objektiven Verstoßes bestehende Zweifel schließen eine Zurückweisung des Vorbringens nach I oder II aus, Deubner NJW **83**, 1000, da feststehen muß, daß die säumige Partei gegen ihre Pflichten verstoßen hat, BVerfG NJW **83**, 1308.

**b)** Sind die Voraussetzungen gegeben, kommt es darauf an, ob **die Erledigung verzögert würde** (dazu **15** § 296 Rn 39 ff). Dies bestimmt sich nach der Prozeßlage zZt des verspäteten Vorbringens, BGH **75**, 138 u **76**, 135, NJW **82**, 1536. So liegt keine Verzögerung vor, wenn nach an sich verspätetem Beweisantritt die Parteien ins Verfahren nach § 128 II übergehen, ihnen danach Ergänzung ihres Vorbringens und Beweisführung aufgegeben wird und erst nach einiger Zeit das Urteil ergeht, BGH **31**, 214, ebenso nicht, wenn der Gegner sofort erklären kann und nicht zur Verweigerung der Einlassung berechtigt ist, BVerfG EuGRZ **79**, 366. Ein verspätetes Angriffs- oder Verteidigungsmittel darf nicht durch Teilurteil zurückgewiesen werden, wenn es ohne Verzögerung des Schlußurteils noch berücksichtigt werden kann, BGH **77**, 306 m abl Anm Deubner NJW **80**, 2356.

Eine **Verzögerung ist nur dann beachtlich**, wenn der Verstoß der Partei gegen prozessuale Pflichten, **16** oben Rn 14, für die Verzögerung ursächlich war, BVerfG NJW **87**, 2733, BGH WertpMitt **86**, 869 u 871, Prütting/Weth ZZP **98**, 136. Daran fehlt es, wenn die Verspätung des Vorbringens durch Maßnahmen des Gerichts, zB nach § 273, aufgefangen werden kann, diese Maßnahmen aber aufgrund anderer Umstände, zB des Nichterscheinens eines ordnungsgemäß und rechtzeitig geladenen Zeugen, ohne Zutun der Partei nicht zum Ziel führt, BGH in stRspr, NJW **87**, 502 u 1949, RR **86**, 1317, NJW **86**, 2319 mwN, zustm Weth S 265, Prütting/Weth ZZP **98**, 136, abl ua Köln MDR **84**, 675, Schneider MDR **86**, 1019, **85**, 729 u **84**, 276, Deubner NJW **82**, 2561, krit auch Düss MDR **88**, 975 (das mit Recht darauf hinweist, daß das Ausbleiben eines erst wenige Tage vor dem Termin benannten Zeugen die Verspätungsfolgen nicht ausschließt). Zur Annahme einer Verzögerung durch das Ausbleiben eines nicht rechtzeitig geladenen Zeugen, der sich der Partei gegenüber zum Erscheinen bereit erklärt hatte, s BGH NJW **89**, 719.

Eine Verzögerung ist dann anzunehmen, wenn das **Berufungsrechtszug durch das Verhalten der** **17** **Partei verzögert** wird, gleichgültig, ob das rechtzeitige Vorbringen die gleiche Verzögerung bedeutet hätte, BGH NJW **82**, 1536 (stRspr), Schlesw NJW **86**, 857, beide mwN, § 296 Rn 39 ff, es sei denn, daß die fehlende Kausalität offenkundig ist, BVerfG NJW **87**, 2733 m Anm Deubner. Dabei ist zwischen Sachvortrag und Beweisangeboten zu unterscheiden: bedarf der verspätete Sachvortrag keines Beweises (oder kann der Beweis sofort erhoben werden), scheidet eine Verzögerung aus, Deubner NJW **89**, 717. Grundsätzlich scheidet eine Verzögerung aus, wenn der Rechtsstreit ohnehin im Ganzen nicht entscheidungsreif ist, BGH RR **91**, 1215 mwN.

**§ 528**

18   Mit dieser Maßgabe ist eine **Verzögerung** bei einem erstmaligen Vorbringen in der mündlichen Verhandlung idR gegeben, Nürnb LS NJW 81, 1680, wenn es sich bei dem Termin nicht um einen Durchlaufertermin handelt, BVerfG NJW 85, 1149, BGH NJW 87, 500 u 83, 575, Ffm NJW 89, 723, dazu Lange NJW 88, 1644 mwN. Bei vorherigem Vortrag muß eine Verzögerung ggf durch Ausnutzung der Möglichkeiten des § 273 oder des § 358 a vermieden werden, BVerfG RR 95, 378 mwN, NJW 90, 2373 (zustm Deubner JuS 90, 1006), BGH in stRspr, NJW 99, 585 u 96, 529 mwN, BayVerfGH RR 92, 895, Schlesw NJW 86, 857 mwN, Schneider MDR 88, 20 u 85, 729, § 296 Rn 16 ff. Dazu besteht besonders dann Anlaß, wenn das Gericht den Verhandlungstermin langfristig anberaumt, BVerfG NJW 90, 2773, BGH NJW 91, 1181 u 2759, krit Celle NJW 89, 3023, Würfel NJW 92, 543 (dagegen Schmidt NJW 92, 2005). Auch in anderen Fällen sind die **Möglichkeiten der Prozeßförderung nach § 273** im Rahmen des Zumutbaren auszuschöpfen, wenn es um die Klärung bestimmter Punkte durch Vernehmung einzelner Zeugen oder der Parteien geht (das Gericht muß entsprechend terminieren und Ladungshindernisse zu beseitigen versuchen, BGH NJW 74, 1512), zB Klärung nur einer Tatfrage von begrenztem Umfang, wenn auch durch bis zu 6 Zeugen, BVerfG NJW 90, 2373 mwN, BGH in stRspr, NJW 91, 1182 u 2760 mwN, krit Würfel NJW 92, 543 (dagegen Schmidt NJW 92, 2005). Die Auslastung des Termins durch die beabsichtigte Vernehmung einer Partei rechtfertigt die Ablehnung einer Zeugenvernehmung nicht, BGH NJW 91, 1182. Anlaß für ein Tätigwerden des Gerichts nach § 273 kann schon die Berufungsbegründung geben, wenn der Gegner den darin enthaltenen Sachvortrag bereits im ersten Rechtszug vorweggenommen bestritten hatte, BGH NJW 96, 529 u 91, 2759. Bei späterem Vortrag versagen dagegen die Möglichkeiten der §§ 273 und 358 a häufig im Falle der Notwendigkeit einer umfangreichen Beweisaufnahme, BGH NJW 71, 1564, zB bei der nötigen Vernehmung von mehr als 7 Zeugen, Kblz AnwBl 90, 218 u NJW 79, 374, oder von mehreren Zeugen sowie der zusätzlichen Einholung eines Sachverständigengutachtens, BayVerfGH RR 93, 638, Köln ZIP 85, 436 (uU auch bei der Einholung eines Sachverständigengutachtens und der Vernehmung eines Zeugen, Köln VersR 90, 674), oder dann, wenn die sofort mögliche Beweisaufnahme die Erhebung nicht sofort zu erhebender Folgebeweise erforderlich machen würde, BVerfG NJW 90, 2373 mwN, BGH NJW 86, 2257, 83, 1495 u NJW 82, 1536 (BGH MDR 77, 221 ist überholt), Schlesw NJW 86, 857 (krit Deubner NJW 86, 858), Schneider MDR 86, 896 u 85, 729. Kann das Gericht die erforderlichen Maßnahmen wegen Überlastung nicht rechtzeitig treffen, so geht das nicht zu Lasten der säumigen Partei, BVerfG RR 99, 1079 mwN.

19   Immer wird es darauf ankommen, ob die Beweisaufnahme sich bis zum Schluß der mündlichen Verhandlung abschließen läßt, BGH MDR 69, 643, ob insbesondere ein geeigneter Termin für die etwa nötigen Erhebungen zur Verfügung steht; ein Hinausschieben des Termins zu diesem Zweck würde eine Verzögerung bedeuten und ist deshalb unzulässig, Deubner NJW 86, 858. Eilanordnungen, um ein verspätetes Vorbringen durch vorbereitende Maßnahmen auszugleichen, muß das Gericht nur dann treffen, wenn sie zumutbar sind, BGH RR 91, 730, so daß es keinen gesonderten Verhandlungstag anzuberaumen oder am vorgesehenen Tag weniger Sachen anzusetzen braucht, Celle NJW 89, 3023; es hat aber ggf die Sistierung ausländischer Zeugen anheimzugeben, BGH NJW 80, 1848. Jedoch kann ungeachtet der Maßnahmen nach den §§ 273 und 358 a eine Verzögerung iSv § 528 eintreten, nämlich dann, wenn der im Termin gestellte Zeuge nicht abschließend vernommen werden kann, weil die Gegenpartei Erkundigungen über ihn einziehen muß, BGH NJW 86, 2257 zu Hamm MDR 86, 766, oder wenn über den entspr Vortrag in der Berufungsinstanz noch nicht verhandelt worden war, BGH WertpMitt 86, 868, oder wenn die Vernehmung des auf das verspätete Vorbringen hin benannten Gegenzeugen eine Vertagung erfordert, LG Ffm NJW 81, 2266. Immer kommt es dabei auf die Ursächlichkeit des verspäteten Vorbringens an; das Nichterscheinen des geladenen Zeugen ohne Zutun der Partei hebt sie auf, s oben Rn 16.

20   Das Berufungsgericht muß ggf die **Verzögerung in den Gründen nachprüfbar feststellen** und die Möglichkeit ihrer Vermeidung erörtern, falls die Verzögerung nicht offensichtlich ist, BGH NJW 71, 1565. Die materielle Beweislast dafür, daß keine Verzögerung eintreten würde, trägt die die Zulassung begehrende Partei, so daß das Vorbringen nicht zuzulassen ist, wenn das Gericht nicht die nötige freie Überzeugung gewinnt, Schneider MDR 87, 900, str, aM Weth S 281.

21   c) Steht eine Verzögerung fest, ist festzustellen, ob die **Partei die Verspätung** (nicht die Verzögerung) **verschuldet** hat, wobei der Maßstab in den **Fällen von I** strenger ist, oben Rn 11, s § 527 Rn 5: hier schadet schon einfache Nachlässigkeit, so daß es darauf ankommt, ob das Vorbringen so zeitig gebracht worden ist, wie es nach der Prozeßlage einer sorgfältigen und auf Förderung des Verf bedachten ProzFührung entspricht, BGH WertpMitt 86, 868; dagegen ist in den **Fällen von II** dagegen Nachlässigkeit erforderlich, dh eine Unterlassung in besonders gravierender Weise, BVerfG NJW 85, 1144, dh ein ausnehmend sorgloses Verhalten und eine Vernachlässigung der Prozeßführungspflicht in besonders hohem Maße, wenn die Partei also dasjenige unterläßt, was nach dem Stand des Verfahrens jeder Partei hätte als notwendig einleuchten müssen, BGH NJW 91, 2760 mwN, NJW 91, 494, 89, 718, 87, 502.

22   **In allen Fällen** gilt der Grundsatz, daß idR von einem Verschulden der Partei, die obgesiegt hat, nicht gesprochen werden kann, wenn sie die Rechtslage ebenso wie letztlich ein Kollegialgericht der ersten Instanz beurteilt und ihr Vorbringen entsprechend beschränkt hat, BGH NJW 83, 931 mwN. Den Vorwurf der Nachlässigkeit kann man der 1. Instanz nur ausnahmsweise machen, nämlich dann, wenn es zweifelsfrei erkennbar war, daß es auf das zurückgehaltene Vorbringen ankam, BVerfG NJW 92, 678, BGH NJW 81, 1378 mwN (zu einer vom Berufungsgericht für erforderlich gehaltenen Ergänzung seines Vorbringens muß es ihm idR durch einen entsprechenden Hinweis Zeit und Gelegenheit geben). **Grobe Nachlässigkeit**, II, ist gegeben, wenn die Partei dasjenige unterläßt, was nach Partei nach dem Stand des Verf als notwendig hätte einleuchten müssen, BGH NJW 97, 2245 mwN, zB dann, wenn ein nach Ansicht des Gerichts nötiger Beweisantrag bewußt unterlassen worden ist, BGH NJW 91, 494 (betr Ausnahme im Einzelfall), wenn in 2. Instanz das Gegenteil des Vortrags 1. Instanz behauptet wird, Celle MDR 62, 222, oder wenn der Entlastungsbeweis gegenüber einer auf § 831 gestützten Klage erst in 2. Instanz angetreten wird, RG JW 31, 3312, oder wenn die Partei trotz behördlicher Entschuldigung für die Nichteinhaltung der Klageerwiderungsfrist nicht noch bis zur mdl Verh vorträgt, LG Kblz NJW 82, 289 m zustm Anm Deubner (zur Verspätung im Rahmen eines „Anwaltskartells" Düss NJW 82, 1888). Grobe Nachlässigkeit kann auch vorliegen, wenn

1. Abschnitt. Berufung **§ 528**

die Partei bei knapper Zeit für die Auseinandersetzung mit einem Gutachten es versäumt hat, um Vertagung zu bitten, Hbg MDR **82**, 60. Stets entscheiden die Gegebenheiten des Einzelfalles, wobei dessen besondere **23** Umstände zu berücksichtigen sind, BGH NJW **91**, 494, RR **91**, 701. **Überhaupt keine Nachlässigkeit** liegt vor, wenn das Verteidigungsmittel für den damaligen Streitgegenstand ohne Bedeutung war, BGH **12**, 52, oder dafür in 1. Instanz kein geeignetes Beweismittel zur Verfügung stand, BGH NJW **71**, 1040, oder die Tatsachen erst nach Schluß der ersten Instanz bekannt geworden sind, oben Rn 10.

Sache der Partei ist es, das für die Zulassung Erforderliche **vorzutragen** (und im Fall von I glaubhaft zu machen), also darzulegen, daß kein Verschulden, I, bzw keine grobe Nachlässigkeit, II, vorliege, BGH WertpMitt **85**, 267 u **84**, 1622, NJW **82**, 2559, Kblz AnwBl **90**, 217, Weth S 279 mwN. Das Gericht hat ggf die Partei auf die beabsichtige Präklusion **hinzuweisen** und sie aufzufordern, den verspäteten Vortrag zu entschuldigen, BGH NJW **89**, 718. Es hat nach freier Überzeugung, also idR ohne Beweisaufnahme, **zu entscheiden**. Die materielle Beweislast trägt die Partei, so daß das Gericht nicht zulassen darf, wenn (trotz Glaubhaftmachung nach I 2) Zweifel bleiben, Schneider MDR **87**, 900, aM Weth S 27 ff (aus verfassungsrechtl Gründen), abw auch Waldner NJW **84**, 2925 (der hohe Wahrscheinlichkeit genügen läßt).

d) Wegen der **Entscheidung** s § 527 Rn 6; dort auch Näheres zu der Hinweispflicht des Gerichts und zu **24** den Folgen einer verfahrensfehlerhaften Zurückweisung. Die **Nichtzulassung** setzt außer der Verletzung prozessualer Pflichten stets sowohl Verzögerung als auch Verschulden, oben Rn 11 u 12, voraus, BVerfG NJW **92**, 2557 u **87**, 1621, BGH RR **91**, 767 u 701 mwN, Schlesw NJW **86**, 856 mwN; sie ist ausgeschlossen, wenn die Verzögerung oder das Verschulden auch auf einer Verletzung der richterlichen Fürsorgepflicht beruht, BVerfG NJW **87**, 2003. Die drohende Verzögerung und das Verschulden, im Falle von II also die grobe Nachlässigkeit, müssen in den Gründen nachprüfbar festgestellt werden, BVerfG NJW **87**, 1621 (dazu Schneider MDR **87**, 901), BGH RR **91**, 768 u 701, NJW **89**, 718 u **83**, 1496, BayVerfGH LS FamRZ **92**, 460. Hat sich das Berufungsgericht nicht auf II gestützt, darf der BGH die Zurückweisung nicht mit dieser Begründung aufrechterhalten, BGH NJW **90**, 1304 mwN, ua NJW **82**, 1710, abl Deubner (offengelassen BGH NJW **87**, 261). Ist Vorbringen entgegen I oder II **zugelassen** worden, so kann die Revision hierauf nicht gestützt werden, allgM, BGH NJW **91**, 1896 mwN.

**4) Zu Recht zurückgewiesene Angriffs- und Verteidigungsmittel bleiben in der 2. Instanz aus- 25 geschlossen**, III (Fuhrmann S 130 ff). Auf eine Verzögerung im Berufungsrechtszug kommt es abweichend von I und II hier nicht an, BGH NJW **79**, 2109 und **80**, 945. Darin liegt kein Verstoß gegen Art 3 oder Art 103 GG, weil diese Abweichung von dem sachgerechten Streben des Gesetzgebers getragen wird, die Maßnahmen zur Konzentration und Beschleunigung des Verfahrens in der 1. Instanz wirksam zu machen, und eine verfassungskonforme Handhabung möglich ist, BVerfG **69**, 145 = NJW **85**, 1150 mwN, ua **55**, 85 = NJW **81**, 271 zu Düss NJW **79**, 1719 (m abl Anm Dengler NJW **80**, 163), BGH NJW **80**, 945 und 1102. Allerdings erreicht III den mit ihm verfolgten Zweck nicht immer; seine scharfe Sanktion fordert dazu, ein in der 1. Instanz von der Zurückweisung bedrohtes Vorbringen dadurch zu retten, daß Auswege gesucht werden, zB durch Flucht in die Säumnis, die Berufung oder die Widerklage, Prütting ZZP **98**, 131 mwN, Mertins DRiZ **85**, 344, Hermisson NJW **83**, 2233. Diese Auswirkung muß jedoch bis zu der wünschenswerten Berichtigung durch den Gesetzgeber, Hartmann NJW **78**, 1463, hingenommen werden, zumal das Aufsparen von Vorbringen für die Berufung im Hinblick auf I u II mit beträchtlichem Risiko verbunden sein kann, vgl Hermisson NJW **83**, 2234, Deubner JuS **82**, 174.

**A. Geltungsbereich.** Der Ausschluß nach III gilt auch für Fälle aus dem EuGVÜ, aM Köln NJW **88**, **26** 2182, aber überall nur für solches Vorbringen, das in erster Instanz zu Recht nach § 296 II zurückgewiesen oder nach § 296 I oder III nicht zugelassen worden ist, unten Rn 28 ff, nicht aber für andere Fälle der Nichtberücksichtigung eines Vortrags, also zB nicht für die Nichtzulassung nach § 296 a, BGH NJW **79**, 2109, für das Unterbleiben einer Zeugenvernehmung wegen der Nichtzahlung des Auslagenvorschusses, BVerfG NJW **85**, 1150, BGH NJW **80**, 343 u **82**, 2559, für die Nichtberücksichtigung wegen Unschlüssigkeit, BGH NJW **85**, 1543, oder für die Versäumung der Frist des § 128, Kramer NJW **78**, 1411. Hat die erste Instanz einzelne Beweisangebote zurückgewiesen, so gilt III nur für diese, während in der Berufungsinstanz angebotene weitere Beweise nach I zu beurteilen sind, BGH NJW **89**, 716 (zustm Deubner). Unanwendbar ist III, wenn das verspätete Vorbringen in erster Instanz zugelassen worden ist, GMP § 67 Rn 25, mag dies auch zu Unrecht geschehen sein, BGH NJW **81**, 928, oder mag es mangels Substantiierung erfolglos geblieben sein, Köln NJW **80**, 2361. Eine entsprechende Anwendung auf neues Vorbringen, das in erster Instanz wegen Verspätung zurückgewiesen werden müssen, ist selbst dann ausgeschlossen, wenn die Partei dieses Vorbringen bewußt zurückgehalten hat, BGH NJW **81**, 1218 gg Ffm MDR **80**, 943, abw unter dem Gesichtspunkt des Rechtsmißbrauchs M. Wolf ZZP **94**, 318 ff.

Nicht jedes Angriffs- und Verteidigungsmittel, das nach § 296 mit Recht zurückgewiesen oder nicht zugelassen worden ist, bleibt in der 2. Instanz ausgeschlossen. Überhaupt nicht unter diese Bestimmung fällt Vorbringen zu Umständen, die vom Berufungsgericht vAw zu prüfen sind, vgl § 561 Rn 7. Darüber hinaus ist III **einschränkend auszulegen**, M. Wolf ZZP **94**, 325: Der Ausschluß gilt nicht für solches Vorbringen, das in der 2. Instanz (offenkundig oder) unstreitig wird, GMP § 67 Rn 22, Weth S 81 ff mwN, ua BVerfG **55**, 84 u BGH NJW **80**, 945, oder das hier durch präsente Urkunden bewiesen wird, vgl § 561 Rn 11, Dengler NJW **80**, 163 (differenzierend Weth S 42 ff), ferner nicht für Vorbringen, wenn Wiederaufnahmegründe vorliegen, und auch nicht für Vorbringen, dessen Wiederholung durch einen neuen Sach- und Streitstand bedingt ist, M. Wolf ZZP **94**, 326, so daß zurückgewiesenes Vorbringen gegenüber einem erstmals verfolgten Hilfsanspruch wiederholt werden darf, Ffm MDR **83**, 235. Die von Bender/Belz/Wax Rn 179 vertretene Auffassung, wonach der Gegner die Einlassung auf ein wiederholtes Vorbringen nicht verweigern dürfe und das Gericht bei wahrheitswidrigem Bestreiten Beweis erheben müsse, ist dagegen mit III schwerlich vereinbar; das gleiche dürfte für den Vorschlag gelten, seine Auswirkungen dadurch zu mildern, daß in 1. Instanz Vorbringen auf Probe oder unter Vorbehalt der Zulassung durch das Gericht möglich sei, Deubner NJW **78**, 355, abl Lüke JuS **81**, 506.

Da die Grundsätze der Konzentration und der Beschleunigung nicht Selbstzweck sind, sondern den **27** Interessen der Parteien dienen, dürfte ein an sich zu Recht zurückgewiesenes Vorbringen auf übereinstimmende **Bitten beider Parteien** in der 2. Instanz dennoch zuzulassen sein, ZöGu 35, Bettermann ZZP **91**, 383, Schneider MDR **89**, 676 u NJW **79**, 2506, str, abw § 296 Rn 4, Kühnemund KTS **99**, 47, Weth S 286, Fuhrmann S 140, StJGr § 527 Rn 21, Lange DRiZ **80**, 413.

**28**   **B. Voraussetzungen. Zu Recht ist ein Vorbringen zurückgewiesen worden**, wenn in der 1. Instanz das Gericht § 296 aus der Sicht des Berufungsgerichts zutreffend angewendet hat, Mü RR **97**, 944. Das Berufungsgericht hat die Entscheidung darüber vollen Umfangs von seinem Standpunkt und Blickwinkel aus nachzuprüfen, zB ob die Frist des § 276 wirksam gesetzt worden ist, BGH NJW **81**, 2255, ob mit Recht eine Verzögerung angenommen worden ist, BGH NJW **85**, 1543 u BAG NJW **89**, 2214, LG Münst MDR **90**, 1021 (zu § 283), Deubner NJW **90**, 1372, ob die Verzögerung durch vorbereitende Maßnahmen des Gerichts abgewendet werden konnte und mußte, BGH NJW **87**, 499 (zu § 273), ob das Vorbringen im frühen ersten Termin zurückgewiesen werden durfte, BGH NJW **87**, 500, dazu Deubner NJW **87**, 465, Düss NJW **95**, 2173, Hamm RR **95**, 958 (zu § 275), ob für den Haupttermin zu wenig Zeit zur Verfügung stand, BVerfG NJW **92**, 299, oder ob der Vorwurf der groben Nachlässigkeit, § 296 II, mit Recht bejaht worden ist, BGH NJW **97**, 2245, etwa weil er sich nach dem sich in zweiter Instanz ergebenden Sachverhalt als gerechtfertigt erweist, BGH NJW **86**, 134. Unterläßt es die Prüfung, weil es die Frage für unerheblich hält, so prüft das Revisionsgericht die Rechtmäßigkeit der Zurückweisung, BGH NJW **85**, 1558.

**29**   **Nicht zu beachten** ist die Zurückweisung durch die 1. Instanz im Hinblick auf Art 103 I GG, wenn nicht ausgeschlossen werden kann, daß der Eintritt der Voraussetzungen des § 296 I auf einem gerichtlichen Fehlverhalten, etwa auf einer Vernachlässigung der richterlichen Fürsorgepflicht beruht, BVerfG NJW **87**, 2003, vgl Deubner NJW **87**, 1585; dies gilt auch dann, wenn in 2. Instanz feststeht, daß es bei Vermeidung des Fehlers nach § 296 I kommen mußte, Hensen NJW **84**, 1672, LG Münst MDR **90**, 1021, aM KG NJW **83**, 580. Ist die Zurückweisung zu Unrecht auf eine Vorschrift gestützt worden, so darf das Berufungsgericht sie nicht auf eine andere stützen, stRspr, BGH NJW **92**, 1965, **90**, 1302 mwN.

**30**   **Maßgeblich für die Nachprüfung** ist die objektive Lage zur Zeit der erstinstanzlichen Entscheidung, Hensen NJW **84**, 1672, so daß ein danach rechtmäßig zurückgewiesenes Vorbringen ausgeschlossen ist, Grunsky JZ **77**, 206 (wegen der Einschränkungen siehe oben Rn 26). Auf die Kenntnis des Gerichts 1. Instanz kommt es demgemäß ebensowenig an, Weil JR **78**, 493 gegen LG Paderborn NJW **78**, 381, wie darauf, ob in der 2. Instanz die ausreichende Entschuldigung nachgeholt wird, Ffm NJW **79**, 375, offen gelassen von BGH NJW **86**, 135 mwN. Jedoch muß III im Hinblick auf Art 103 I GG verfassungskonform dahin ausgelegt werden, daß eine in 1. Instanz schuldlos unterlassene Entschuldigung in der Berufungsinstanz zu berücksichtigen ist, wenn sie dort erfolgt, BVerfG NJW **87**, 2003, krit zur verfassungsrechtl Seite Schmidt-Aßmann DÖV **87**, 1037.

Die rechtmäßige Zurückweisung eines Vorbringens der Hauptpartei schließt auch den **Streithelfer** mit diesem Vorbringen in zweiter Instanz aus, Fuhrmann NJW **82**, 979.

Zur **Insolvenzanfechtung** der Präklusion, § 129 InsO, vgl Kühnemund KTS **99**, 45.

**31**   **C. Entscheidung.** Je nach dem Ergebnis dieser Nachprüfung gilt hinsichtlich des zurückgewiesenen oder nicht zugelassenen Vorbringens: Ist es zu Recht zurückgewiesen worden (und liegt keiner der Ausnahmefälle vor, oben Rn 26 u 27), bleibt es für die 2. Instanz ausgeschlossen; dann ist hierzu ein Zeuge in der Berufungsinstanz auch dann nicht zu vernehmen, wenn er zu neuem Vorbringen zu hören ist, BGH NJW **80**, 1102 gegen Hamm MDR **79**, 148, dazu E. Schneider MDR **80**, 488. Der Ausschluß gilt ferner (mit Wirkung für das Revisionsverfahren), wenn das Berufungsgericht die Rechtmäßigkeit der Zurückweisung nicht geprüft hat, weil es die Frage für unerheblich hielt, BGH NJW **85**, 1558. Hat die 1. Instanz das Vorbringen zu Unrecht nicht berücksichtigt, so ist es zuzulassen, gleichviel, ob das zu einer Verzögerung in 2. Instanz führt oder nicht; ist das Vorbringen nach § 296 I zu Unrecht zurückgewiesen worden, darf das Berufungsgericht die Zurückweisung nicht auf § 296 II gestützt nachholen, BGH NJW **80**, 343, NJW **81**, 2255 m insoweit zustm Anm Deubner. Läßt sich nicht klären, ob das Vorbringen zu Recht zurückgewiesen worden ist, so ist es zuzulassen (keine Beweislast der Partei, Schneider MDR **87**, 901). Ist das Vorbringen in 1. Instanz zu Unrecht zugelassen worden, so bleibt es zulässig, weil die Zulassung unanfechtbar ist, BGH NJW **81**, 928 m Anm Deubner, LG Freiburg NJW **80**, 295, Putzo NJW **77**, 8.

Die Entscheidung über die Zulassung ist im Urteil zu treffen; sie unterliegt der Nachprüfung des Revisionsgerichts. Ein darauf beschränktes Teilurteil ist unzulässig, BGH ZIP **93**, 623, NJW **81**, 1217, BGH **77**, 306, krit Deubner NJW **80**, 2355 u Mertins DRiZ **85**, 345 mwN. Wegen der Kosten im Fall der Zurückverweisung s § 538 Rn 2.

**32**   **D. Verstoß.** Die unrichtige Nichtzulassung kann mit dem gegebenen Rechtsmittel gerügt werden, bei Offenkundigkeit nach Erschöpfung des Rechtsweges mit der Verfassungsbeschwerde wegen Verletzung von Art 103 I GG, BVerfG NJW **87**, 2733 u **85**, 1150. Dagegen kann eine Zulassung entgegen III nicht mit der Revision angegriffen werden, BGH NJW **91**, 1897 mwN, StJGr 16, ThP 26, aM BGH NJW **85**, 744, ZöGu 47, Schneider MDR **85**, 289, Deubner NJW **81**, 930 (offen BGH NJW **97**, 397 m Üb über den Streitstand).

**33**   **5) VwGO:** Es gilt (inhaltlich weitgehend übereinstimmend) § 128a VwGO, dazu Kopp NJW **91**, 524, Stelkens NVwZ **91**, 213, Pagenkopf DVBl **91**, 292.

## 529

*Rügen der Unzulässigkeit der Klage.* [1]Verzichtbare Rügen, die die Zulässigkeit der Klage betreffen und die entgegen §§ 519 oder 520 Abs. 2 nicht rechtzeitig vorgebracht werden, sind nur zuzulassen, wenn die Partei die Verspätung genügend entschuldigt. [2]Dasselbe gilt für verzichtbare neue Rügen, die die Zulässigkeit der Klage betreffen, wenn die Partei sie im ersten Rechtszug hätte vorbringen können.

1. Abschnitt. Berufung § 529

**II** In Streitigkeiten über vermögensrechtliche Ansprüche prüft das Berufungsgericht die ausschließliche Zuständigkeit oder die Zuständigkeit des Arbeitsgerichts nicht von Amts wegen; eine Rüge des Beklagten ist ausgeschlossen, wenn er im ersten Rechtszug ohne die Rüge zur Hauptsache verhandelt hat und dies nicht genügend entschuldigt.

**III** ¹Das Berufungsgericht prüft nicht von Amts wegen, ob eine Familiensache vorliegt. ²Die Rüge ist ausgeschlossen, wenn sie nicht bereits im ersten Rechtszug erhoben worden ist und dies nicht genügend entschuldigt wird.

**IV** § 528 Abs. 1 Satz 2 gilt entsprechend.

**Vorbem.** Im **Verfahren der Arbeitsgerichte** sind I u IV entsprechend anzuwenden, § 64 VI ArbGG; **1, 2** statt II gilt seit 1. 1. 91 § 65 ArbGG idF des Art 6 4. VwGOÄndG v 17. 12. 90, BGBl 2809 (weitergehend), vgl Mayerhofer NJW **92**, 1602 mwN.

**Schrifttum:** *Rimmelspacher*, F Henckel, 1995, S 691.

**1) Verzichtbare Rügen der Unzulässigkeit der Klage, I.** Bei diesen Rügen, § 296 III, handelt es sich **3** um Vorbringen (Tatsachenbehauptungen und Beweismittel) des Beklagten gegen die Zulässigkeit der Klage, vgl § 282 Rn 17 ff (auch zu den Einzelfällen); die Einrede der nicht eingehaltenen Schlichtungsabrede fällt nicht darunter, § 282 Rn 21, ZöGu 2, aM Oldb MDR **87**, 414, ebensowenig die Rüge der fehlenden Prozeßvollmacht, § 88 Rn 6 u 7, wohl aber die Einrede der mangelnden Prozeßkostensicherheit, § 110, BGH RR **93**, 1021. Vorbringen des Klägers zur Rechtfertigung der Zulässigkeit fällt unter § 528 II, wie hier Weth (bei § 528) S 80 (aM Schröder ZZP **91**, 310: aber die scharfe Sanktion in I zielt darauf ab, eine Prüfung der Zulässigkeit abzuschneiden, wenn bereits sachlich entschieden worden ist). Soweit es sich um unverzichtbare, dh vAw zu beachtende Zulässigkeitsvoraussetzungen handelt, gibt es keine Zurückweisung wegen Verspätung.

Die Rügen hat der Beklagte als Berufungskläger in der **Berufungsbegründung, § 519 III**, im übrigen **4** **innerhalb der ihm gesetzten Fristen, § 520 II**, schriftsätzlich geltend zu machen. Geschieht dies nicht, sind sie nur zuzulassen, wenn die Partei die Verspätung genügend entschuldigt, I 1; vgl dazu § 527 Rn 5.

Dasselbe gilt für verzichtbare **neue Rügen**, I 2, dh solche, die erstmals in der Berufungsinstanz geltend **5** gemacht werden, obwohl sie schon in 1. Instanz hätten vorgebracht werden können, § 282 III, und solche, die zwar vorgebracht, aber wieder fallengelassen worden sind, Weth (bei § 528) S 117. Dann sind sie nur bei genügender Entschuldigung zuzulassen, BGH RR **90**, 378, NJW **81**, 2646, Ffm MDR **92**, 189, gleichviel, ob §§ 519 III, 520 beachtet worden sind. Das Verschulden wird nicht dadurch ausgeschlossen, daß der Beklagte in erster Instanz mit beachtlichen Gründen in der Sache selbst verteidigt hat: § 282 III zwingt ihn, Zulässigkeitsrügen sogleich zu erheben, Ffm MDR **82**, 329. Dagegen fallen Rügen, die erst nach Schluß der mündl Verh 1. Instanz entstanden oder der Partei bekanntgeworden sind, nicht unter I 2, StJGr 5.

Bei I schadet jeder Sorgfaltsverstoß, BGH NJW **85**, 744 mwN. Der Entschuldigungsgrund ist entsprechend § 528 I 2 **glaubhaft zu machen, IV**. Auf eine Verzögerung der Erledigung durch die Rüge kommt es nicht an.

Die durch (rechtmäßige) Zurückweisung eintretende Ausschließung dauert im Revisionsverfahren fort, BGH RR **93**, 1021 mwN.

Die unter Verstoß gegen I erfolgte Zulassung einer Rüge kann Gegenstand der Revision sein, BGH NJW **85**, 743 (anders als in den Fällen des § 528 I u II), Weth (bei § 528) S 285.

**2) Sachliche Zuständigkeit, II.** Wegen § 512a bezieht sich die Regelung in II nur auf die sachliche **6** Zuständigkeit. Sie gilt allein für **vermögensrechtliche Streitigkeiten**, Begriff Grdz § 1 Rn 10 ff. II greift **nicht** ein, wenn die 1. Instanz die Klage mangels sachlicher Zuständigkeit abgewiesen hat, Ffm RR **90**, 1408 mwN.

**A. Prüfung nur auf Rüge, II 1. Halbs.** Das Berufungsgericht prüft die ausschließliche Zuständigkeit **7** der Vorinstanz nicht vAw, sondern nur auf Rüge. Dies gilt auch dann, wenn die 1. Instanz mit einer entsprechenden Rüge befaßt war. Damit verliert die ausschließliche Zuständigkeit weiter an Bedeutung, vgl § 549 II für die Revisionsinstanz.

**B. Ausschluß der Zuständigkeitsrüge, II 2. Halbs.** Hat der Beklagte in 1. Instanz zur Hauptsache **8** verhandelt (auch im Verfahren nach § 128 II) und den Mangel der Zuständigkeit nicht gerügt, so ist auch eine Rüge in der Berufungsinstanz ausgeschlossen, wenn der Beklagte die Unterlassung nicht genügend entschuldigt. Der Entschuldigungsgrund ist entsprechend § 528 I 2 **glaubhaft zu machen, IV**. Bei zulässiger Klageänderung in der Berufungsinstanz darf der Beklagte die Unzuständigkeit rügen, BAG AP § 61 ArbGG Nr 3.

**C. Geltungsbereich.** Die Regelung in II gilt auch bei der Entscheidung einer Baulandsache durch die **9** ZivK, KG OLGZ **72**, 292, bei der Entscheidung einer Landwirtschaftssache durch die ZivK, BGH NJW **91**, 3281, bei der Verhandlung einer Patentsache vor einem dafür nicht zuständigen LG, Anh § 78 GVG, BGH **8**, 21, ZZP **82**, 297, oder einer Kartellsache vor einem nicht zuständigen Spruchkörper, BGH **36**, 108, wenn nicht zur Entscheidung der kartellrechtlichen Vorfrage durch den Kartellsenat der Rechtsstreit ausgesetzt, § 96 II GWB, worden ist, BGH **37**, 194, ebenso, wenn die Sache nach Ergehen eines Grundurteils des Betragsverfahrens in die 1. Instanz zurückverwiesen worden ist, BGH NJW **60**, 1951. **Nicht** unter II fallen die Zuständigkeit in nichtvermögensrechtlichen Sachen, die funktionale Zuständigkeit, Grdz § 1 Rn 4, und die internationale Zuständigkeit, Üb § 12 Rn 5 ff. II gilt auch nicht für die Geschäftsverteilung innerhalb des Gerichts, also nicht im Verhältnis ZivK/KfH, Gaul JZ **84**, 564; für FamS s III. Die Unzuständigkeit des AG nach § 942 II fällt nicht unter II, vgl § 942 Rn 9, aM Karlsr NJW **80**, 1759.

Über II hinaus geht § 17 a V GVG idF des 4. VwGOÄndG: danach ist die **Zulässigkeit des Rechts-** **10** **weges**, § 13 GVG, vom Rechtsmittelgericht der Hauptsache grundsätzlich zu prüfen, s die dortigen Erläuterungen. Deshalb ist II insoweit überholt, als es sich um die **Zuständigkeit des Arbeitsgerichts** im Verhältnis zu den Zivilgerichten handelt, vgl § 14 GVG Rn 6; dementsprechend ist § 67a ArbGG durch

## §§ 529, 530

den der neuen Rechtslage Rechnung tragenden § 65 ArbGG (idF des Art 6 4. VwGOÄndG) ersetzt worden. Die Anpassung von II ist übersehen worden, vgl ZöGu 13, Mayerhofer NJW **92**, 1602 mwN, Lüke F Kissel, 1993, S 716, abw Vollkommer ebd S 1190, StJGr 10.

Entsprechend gilt II im **Beschwerdeverfahren**, BGH ZIP **92**, 66.

**11** **3) Vorliegen einer FamS, III**

**A. Grundsatz.** Da § 23 b GVG nicht die sachliche Zuständigkeit, sondern die Geschäftsverteilung innerhalb des AG regelt, griff II bis zum 1. 4. 86 hinsichtlich der Frage, ob es sich um eine FamS handele, nicht ein, BGH FamRZ **78**, 878, vgl 44. Aufl. Die unbeschränkte Prüfungs- und Rügemöglichkeit aufrechtzuerhalten, schien dem Gesetzgeber angesichts der in der Rspr bereits vollzogenen und weiter fortschreitenden Präzisierung des Kreises der FamS nicht mehr erforderlich, BT-Drs 10/2888 S 24, krit Jaeger FamRZ **85**, 868, Diederichsen NJW **86**, 1462. Demgemäß schloß er 1986 die Nachprüfung vAw aus und beschränkte die Rügemöglichkeit.

**12** **B. Einzelheiten.** III gilt für zivilprozessuale FamS, § 621 a Rn 1, ohne Rücksicht darauf, ob sie vermögensrechtlich oder nichtvermögensrechtlich sind. Eine entspr Vorschrift enthält § 621 e IV 1 für die Beschwerde in FGG-FamS, § 621 a Rn 4 ff. **a) Prüfung auf Rüge, III 1.** Ebenso wie die Zuständigkeit nach II 1 wird auch das Vorliegen oder Nichtvorliegen einer FamS in der Berufungsinstanz nicht vAw geprüft, sondern nur auf Rüge; einer Rüge bedarf es **nicht**, wenn es sich um einen in der Berufungsinstanz neu erhobenen Anspruch handelt, BGH NJW **93**, 3328. Für die Revisionsinstanz schließt § 549 II jede Nachprüfung aus. **b) Ausschluß der Rüge, III 2.** Die Rüge ist ausgeschlossen, wenn sie nicht bereits im ersten Rechtszug erhoben worden ist und dies nicht genügend entschuldigt wird. Wird ein Rechtsstreit vom AG ans LG verwiesen, genügt die Rüge vor dem AG, BGH MDR **94**, 1237; ist eine Rüge in dem Verfahren 1. Instanz rechtlich nicht möglich, muß die Zuständigkeit vAw geprüft werden, BGH FamRZ **94**, 27 (zu § 724 II). Anders als nach II 2 (2. Halbs) wird nicht verlangt, daß die Rüge vor der Verhandlung zur Hauptsache geltend gemacht wird; sie kann also bis zum Schluß der mündlVerh (oder dem ihm gleichgestellten Zeitpunkt) erhoben werden. Ist dies geschehen, muß das Berufungsgericht bei Aufrechterhaltung der Rüge (nur dann, BGH RR **88**, 1221, Zweibr NJW **89**, 1614) prüfen, ob eine FamS vorliegt, vgl § 621 Rn 1, und das angefochtene Urteil ggf aufheben und die Sache an das zur Entscheidung berufene erstinstanzliche Gericht verweisen, § 119 GVG Rn 6, vgl Düss FamRZ **86**, 1009. War die Rüge unterblieben, hat das Berufungsgericht diese Prüfung nur vorzunehmen, wenn die Rüge wiederholt und die Unterlassung genügend entschuldigt wird, vgl oben Rn 8. Dieselben Grundsätze gelten für einen Zuständigkeitsstreit iSv § 36 Z 6, BGH RR **93**, 1282. Der Entschuldigungsgrund ist entspr § 528 I 2 **glaubhaft zu machen, IV**.

**13** **C.** III gilt entspr im **Beschwerdeverfahren**, Düss FamRZ **86**, 1009.

**14** **4) VwGO:** Neben § 87 b iVm § 125 I VwGO ist § 529 unanwendbar; dies gilt auch für II, § 83 VwGO iVm § 17 a V GVG.

**530** *Widerklage und Aufrechnung.* ¹Die Erhebung einer Widerklage ist nur zuzulassen, wenn der Gegner einwilligt oder das Gericht die Geltendmachung des mit ihr verfolgten Anspruchs in dem anhängigen Verfahren für sachdienlich hält.

ᴵᴵMacht der Beklagte die Aufrechnung einer Gegenforderung geltend, so ist die hierauf gegründete Einwendung nur zuzulassen, wenn der Kläger einwilligt oder das Gericht die Geltendmachung in dem anhängigen Verfahren für sachdienlich hält.

**1** **Vorbem.** Im **Verfahren der Arbeitsgerichte** entsprechend anwendbar, § 64 VI ArbGG, Grunsky ArbGG § 67 Rn 4.

**2** **1) Widerklage, I.** Für ihre Zulassung (nicht aber für die Zwischenfeststellungswiderklage iSv § 256 II, BGH **53**, 92) gilt das gleiche wie für die Klagänderung, § 528 Rn 5 ff: auch sie hat das Gericht nur **zuzulassen**, wenn der Gegner **einwilligt** (dafür genügt die rügelose Einlassung, worauf nach § 139 hinzuweisen ist, E. Schneider MDR **77**, 973) oder das Gericht die Geltendmachung in 2. Instanz für **sachdienlich** hält. Freilich belastet die Widerklage idR den Gegner mehr als eine Klagänderung und verlangt darum eine schärfere Prüfung der Sachdienlichkeit: sachdienlich wird regelmäßig die Gesamtbereinigung desselben Komplexes sein, zB des Unterhalts oder der Folgen eines Unfalls; zulässig und idR sachdienlich ist eine Abänderungswiderklage: das gilt gegen ein rechtskräftiges Teilurteil richtet, BGH NJW **93**, 1795 mwN, § 537 Rn 4. Die Sachdienlichkeit wird weder durch den Verlust einer Instanz noch dadurch in Frage gestellt, daß die Zulassung die Revision eröffnet, Mü FamRZ **84**, 492. Sie kann auch bejaht werden, wenn der Geschäftsführer der verklagten (und widerklagenden) GmbH in der Berufungsinstanz Widerklage erhebt, Schlesw MDR **92**, 406. Nicht zuzulassen ist eine Widerklage, wenn der Beklagte deswegen bereits anderweit Klage erhoben hat, Ffm MDR **80**, 235.

**3** Liegen die Voraussetzungen für die Zulassung nicht vor, so ist die Widerklage durch Prozeßurteil abzuweisen, BGH **33**, 401; das gleiche gilt, wenn ihre Erhebung an sich unzulässig ist, Düss FamRZ **82**, 511. Wegen unrichtiger Ablehnung der Zulassung s § 565 Rn 11. An die Zulassung ist das Revisionsgericht gebunden, BGH WertpMitt **85**, 145, MDR **76**, 395.

Eine etwaige Präklusion, § 528, mit Vorbringen der Parteien zur Klage erstreckt sich nicht auf den Gegenstand der Widerklage, BGH in stRspr, NJW **95**, 1224, **85**, 3079, **81**, 1217 (vgl auch BGH NJW **82**, 1534), krit Gounalakis MDR **97**, 216 mwN, Schneider MDR **82**, 628.

Der in 1. Instanz verurteilte Berufungskläger darf in 2. Instanz seine Widerklage mit der Berufung ändern, wenn die Voraussetzungen einer zulässigen Klagänderung, §§ 523 u 263 ff, vorliegen, BGH NJW **98**, 2059 mwN.

## 1. Abschnitt. Berufung §§ 530, 531

**2) Aufrechnung durch den Beklagten, II** (E. Schneider MDR 75, 979). **4**

**A. Allgemeines.** Die Vorschrift will die Prozeßverschleppung durch eine unbegründete Aufrechnung verhüten. Sie ist auch anwendbar auf die Abrechnung (Verrechnung von Gegenforderungen) und auf das Zurückbehaltungsrecht bei beiderseits fälligen Geldforderungen, BGH 37, 344, Kblz RR 92, 761 (nicht auch in anderen Fällen), dagegen nicht auf die Minderung u dgl. II trifft nur die Aufrechnung durch den Beklagten, nicht die durch einen Dritten (für sie gilt § 528), BGH NJW 92, 2576; dabei genügt die hilfsweise Aufrechnung, Ffm MDR 80, 235, aM E. Schneider MDR 75, 982. Gleich bleibt, ob der Beklagte Berufungskläger oder Berufungsbeklagter ist, ob er die Aufrechnung innerhalb oder außerhalb des Prozesses erklärt, BGH NJW 92, 2576, und ob seine Forderung mit der Klagforderung in rechtlichem Zusammenhang steht (wenn nicht, gelten §§ 145 III, 302), BGH NJW 66, 1029. Der Kläger darf im Rahmen der §§ 282, 296, 523, 527 u 528 unbeschränkt aufrechnen, BGH RR 90, 1470 mwN (dazu Deubner JuS 90, 1007); das gilt auch für den Vollstreckungsabwehrkläger, § 767, RG HRR 34, 914 (zur Gegenaufrechnung des Klägers Braun ZZP 89, 93). Dazu, daß andererseits eine nicht zugelassene Aufrechnung auch nicht mit dieser Klage, bei welcher der Beklagte dann Kläger wäre, geltend gemacht werden darf, vgl § 767 Rn 53.

**B. Zulassung.** Die Aufrechnung des Beklagten im Berufungsrechtszug bedarf der Zulassung, **wenn die** **5** **Aufrechnung neu ist.** Das ist der Fall bei ihrer erstmaligen Erklärung in der Berufungsinstanz, aber auch dann, wenn sie in einem zu anderen Punkten nachgelassenen Schriftsatz, § 283, enthalten ist, Kblz RR 93, 1408, oder wenn sie in 1. Instanz erklärt, aber fallen gelassen, als unzulässig oder nach § 296 zurückgewiesen worden ist, BGH MDR 75, 1008; sie ist dagegen nicht neu, wenn die Aufrechnung in 1. Instanz mangels Substantiierung unberücksichtigt geblieben ist, StJGr 18, ZöGu 18, Schneider MDR 90, 1123, Düss RR 98, 1288 mwN, aM BGH MDR 75, 1008, Kblz RR 93, 1408, Düss MDR 90, 833 (offen gelassen BGH NJW 83, 931). Nicht anwendbar ist II, wenn das Gericht des ersten Rechtszuges sich mit einer Hilfsaufrechnung nicht befaßt, sondern die Klage schon aus anderen Gründen abgewiesen hat, BGH NJW 83, 931 mwN. Für den zu einer nicht neuen Aufrechnung vortragenden Tatsachenstoff gilt § 528, BGH aaO, Saarbr MDR 81, 679, für das Vorbringen zu einer zugelassenen neuen Aufrechnung insgesamt, BGH RR 87, 1196.

**a) Voraussetzungen.** Zuzulassen ist die Aufrechnung, wenn **a) der Kläger einwilligt**, wozu entspr **6** § 267 seine rügelose Einlassung genügt, BGH WertpMitt 90, 1940, worauf nach § 139 hinzuweisen ist, E. Schneider MDR 77, 973, oder **b)** das Gericht die Geltendmachung in 2. Instanz nach seinem Ermessen (bei dessen Ausübung Verschulden und Verzögerung mitgewürdigt werden dürfen, BGH RR 87, 1196) für **sachdienlich** hält, dazu eingehend BGH NJW 77, 49 mwN: maßgeblich ist einerseits die Prozeßwirtschaftlichkeit, andererseits die Frage, ob das Gericht zur Beurteilung neuen Streitstoffs genötigt wird; dabei ist zu berücksichtigen, ob der Prozeß sonst entschieden werden könnte, zumal, wenn die Aufrechnung in der letzten mündlichen Verhandlung erklärt wird. Bei Entscheidungsreife ohne Berücksichtigung der Aufrechnung ist die Sachdienlichkeit zu verneinen, BGH RR 87, 1196. Die Aufrechnung ist nicht zuzulassen, wenn der Beklagte wegen seiner Gegenforderung bereits anderweit Klage erhoben hat, BGH FamRZ 90, 979.

Der Zulassung steht nicht entgegen, daß die Aufrechnung in 1. Instanz erklärt werden konnte oder daß eine Instanz verloren geht. Daß die Forderungen in rechtlichem Zusammenhang stehen, nötigt nicht zur Zulassung, E. Schneider MDR 75, 982. Auch wenn die Gegenforderung erst nach Schluß der 1. Instanz entstanden ist oder aufrechenbar wird oder einem neuen Anspruch entgegentritt, braucht die Aufrechnung nicht zugelassen zu werden, BGH 17, 125; ebensowenig, wenn der Beklagte sich die Forderung erst zu diesem Zeitpunkt zwecks Aufrechnung hat abtreten lassen, BGH 5, 373. In solchen Fällen muß das Berufungsgericht aber näher begründen, warum es die Sachdienlichkeit verneint, BGH 55, 34. Hingegen kommt bei Abstandnahme vom Urkundenprozeß in 2. Instanz die Nichtzulassung der Aufrechnung nur ganz ausnahmsweise in Betracht, da sonst der Kläger durch Abstandnahme den Beklagten der Aufrechnungsmöglichkeit im Nachverfahren berauben könnte, BGH 29, 342.

**b) Entscheidung.** Über die Zulassung ist im Endurteil zu entscheiden. Die Zulassung ist unangreifbar, **7** BGH JZ 73, 607, NJW 53, 607, die Verneinung der Sachdienlichkeit nur darauf nachprüfbar, ob dieser Rechtsbegriff verkannt und damit die Grenzen des Ermessens überschritten sind, BGH NJW 77, 49 mwN. Die Nichtzulassung mangels Sachdienlichkeit nach II hindert die erneute Geltendmachung der Gegenforderung nicht, BGH RR 87, 1196 mwN; eine Vollstreckungsabwehrklage darf auf sie nicht gestützt werden, BGH NJW 94, 2770 mwN, vgl § 767 Rn 53.

**3) VwGO:** *Entsprechend anzuwenden,* § 173, Ule VPrR § 41 III, *und zwar* I *in Ergänzung von* § 89 VwGO **8** *(aM BSG 17, 139 zu § 100 SGG),* II *auch dann, wenn der Anfechtungskläger die Aufrechnung erklärt, BVerwG ZBR 74, 158, vgl Pietzner VerwArch 74, 75 mwN.*

**531** *Verlust des Rügerechts.* **Die Verletzung einer das Verfahren des ersten Rechtszuges betreffenden Vorschrift kann in der Berufungsinstanz nicht mehr gerügt werden, wenn die Partei das Rügerecht bereits im ersten Rechtszuge nach der Vorschrift des § 295 verloren hat.**

**Vorbem.** Im **Verfahren der Arbeitsgerichte** entsprechend anwendbar, § 64 VI ArbGG. **1**

**1) Erläuterung.** Alle in 1. Instanz vor Schluß der letzten mündlichen Verhandlung eingetretenen Aus- **2** schließungen dauern in 2. Instanz fort. Dahin gehört der Rügeverlust aus § 295. Spätere Mängel, zB bei der Zustellung des Urteils, lassen sich noch rügen. In der 2. Instanz ist § 295 selbständig anwendbar. Daher wird zB eine erneute unzulässige Zeugenvernehmung durch den Rügeverlust in 1. Instanz nicht gedeckt.

**2)** *VwGO: Entsprechend anzuwenden,* § 173 *VwGO, VGH Mü NVwZ-RR* **91**, *221, vgl § 295 Rn 63.* **3**

**532** *Gerichtliches Geständnis.* Das im ersten Rechtszuge abgelegte gerichtliche Geständnis behält seine Wirksamkeit auch für die Berufungsinstanz.

**1** **Vorbem.** Im **Verfahren der Arbeitsgerichte** entsprechend anwendbar, § 64 VI ArbGG.

**2** **1) Erläuterung.** Das gerichtliche Geständnis iSv §§ 288, 289 wirkt für die 2. Instanz fort, auch wenn es mit einer entsprechenden (unwirksamen) Einschränkung nur für die erste erklärt ist, dazu Schneider MDR **91**, 298. Sein Widerruf ist nur entsprechend § 290 zulässig, Celle WM **85**, 1114. Dagegen ist die Rüge zulässig, die 1. Instanz habe irrig ein Geständnis angenommen; dabei kommt es nicht auf den Wortlaut an, sondern darauf, ob die Umstände auf ein Geständnis hindeuten, § 288 Rn 3 u 4. Ein außergerichtliches Geständnis 1. Instanz und sein Widerruf sind frei zu würdigen. Für das Nichtbestreiten, § 138 III, gilt § 532 nicht, vgl BGH NJW **87**, 1948, ZöGu 1, aM ThP 1, Mü MDR **84**, 321; das Bestreiten im Berufungsrechtszug unterliegt den Beschränkungen des § 528, vgl Köln ZIP **85**, 437.

**3** **2) VwGO:** Unanwendbar, weil das gerichtliche Geständnis wegen § 86 I VwGO nicht die Wirkungen der §§ 288–290 hat.

**533** *Parteivernehmung.* ¹Das Berufungsgericht darf die Vernehmung oder Beeidigung einer Partei, die im ersten Rechtszuge die Vernehmung abgelehnt oder die Aussage oder den Eid verweigert hatte, nur anordnen, wenn es der Überzeugung ist, daß die Partei zu der Ablehnung oder Weigerung genügende Gründe hatte und diese Gründe seitdem weggefallen sind.

II War eine Partei im ersten Rechtszuge vernommen und auf ihre Aussage beeidigt, so darf das Berufungsgericht die eidliche Vernehmung des Gegners nur anordnen, wenn die Vernehmung oder Beeidigung im ersten Rechtszuge unzulässig war.

**1** **Vorbem.** Im **Verfahren der Arbeitsgerichte** entsprechend anwendbar, § 64 VI ArbGG.

**2** **1) Regelungszweck.** Die Partei hat sich auf den Antrag auf Parteivernehmung zu erklären, wenn es das Gericht verlangt, § 446. Sie kann ablehnen; dann ist damit der Beweisantritt erledigt und das Gericht zieht seine Schlüsse. Sie kann sich auch bereit erklären; dann ist geeignetenfalls ihre Vernehmung zu beschließen. Die Partei kann dann aber immer noch die Aussage verweigern. Sie kann auch, wo ihre Beeidigung beschlossen war, noch den Eid weigern. Die Verweigerung der Aussage oder des Eids ist statthaft sowohl bei der vereinbarten Vernehmung, § 447, als auch bei der Amtsvernehmung, § 448. In allen diesen Fällen ist die Weigerung in der 1. Instanz nicht unbedingt endgültig.

**3** **2) Nicht vernommene Partei, I.** In allen Punkten der Rn 1 kann die Partei die unterlassene Erklärung nachholen oder die Weigerung in Bereiterklärung verwandeln. Dann stellt sie das Gericht vor eine neue Entscheidung. Es hat nunmehr zu prüfen: **a)** ob die Vernehmung oder Beeidigung noch nötig ist; **b)** ob die Partei in 1. Instanz grundlos verweigert hat (dann ist die Vernehmung abzulehnen) oder ob sie damals einen genügenden Grund hatte, der jetzt fortgefallen ist. Das zweite muß die Partei glaubhaft machen. Nur wo das Gericht dies nach seiner freien Überzeugung bejaht, darf es die Vernehmung oder Beeidigung anordnen. Es kann auch genügen, wenn rein persönliche Gründe fortgefallen sind, wenn etwa die Partei aus begreiflichem Schamgefühl nicht aussagen wollte, die Hemmung aber jetzt überwindet. Hatte das untere Gericht aus der Säumigkeit der Partei gemäß § 454 ihre Weigerung gefolgert, so hat das Berufungsgericht erneut darüber zu befinden, ob dieser Schluß berechtigt war, StJGr 6.

**4** **3) Beeidigte Partei, II**

**A. Grundsatz.** Hat eine Partei in 1. Instanz ihre Aussage beeidet, so verbietet II grundsätzlich die eidliche, nicht die uneidliche, Vernehmung ihres Gegners. Dies gilt auch dann, wenn das Gericht 1. Instanz der eidlichen Aussage nicht geglaubt hat und wenn ihr auch das Berufungsgericht nicht glaubt, § 453. Das Gericht soll nun einmal Eid gegen Eid stellen. Darum gilt II auch dort, wo das Berufungsgericht selbst eidlich vernommen hat, RG **145**, 273. Nur, wo die Vernehmung unzulässig war, ist anders zu verfahren. Der unzulässige Eid, etwa der dem Beweisführer entgegen § 445 I und ohne Vorliegen der Voraussetzungen der §§ 447, 448 abgenommene, hat keine Beweiskraft.

**5** **B. Verstoß.** Er macht den zweiten Eid bedeutungslos; denn es handelt sich um zwingendes Recht und das Gericht handelt außerhalb seiner Befugnisse.

**6** **4) VwGO: I** ist unanwendbar, weil das Gericht nach § 86 I VwGO die Vernehmung eines Beteiligten stets vAw anordnen kann und ggf muß. **II** ist entsprechend anzuwenden, § 173 VwGO, da der Grundgedanke, oben Rn 4, auch für den VerwProzeß zutrifft; ein solcher Fall wird aber kaum jemals praktisch werden.

**534** *Vorläufige Vollstreckbarkeit.* ¹Ein nicht oder nicht unbedingt für vorläufig vollstreckbar erklärtes Urteil des ersten Rechtszuges ist, soweit es durch die Berufungsanträge nicht angefochten wird, auf Antrag von dem Berufungsgericht durch Beschluß für vorläufig vollstreckbar zu erklären. ²Die Entscheidung kann ohne mündliche Verhandlung ergehen; sie ist erst nach Ablauf der Berufungsbegründungsfrist zulässig.

II Eine Anfechtung der Entscheidung findet nicht statt.

**1** **Vorbem.** Im **Verfahren der Arbeitsgerichte** entsprechend anwendbar, § 64 VI iVm § 64 VII, in den Fällen des § 62 I 2 ArbGG.

1. Abschnitt. Berufung §§ 534–536

**Schrifttum:** *Groeger* NJW **94**, 431; *Waltermann* NJW **92**, 159; *E. Schneider* DRiZ **79**, 44.

**1) Regelungszweck.** § 534 bezweckt den Schutz des aus einem Urteil Berechtigten vor den Nachteilen 2 der Hemmungswirkung, Grdz § 511 Rn 2, indem er ihm ermöglicht, alsbald aus einem Urteil ohne Sicherheitsleistung zu vollstrecken, soweit es durch die Berufungsanträge nicht angefochten wird (Berufungsanträge sind insofern auch Anschließungsanträge, hM, Hamm MDR **95**, 311 mwN). Das gilt auch für den Berufungskläger hinsichtlich einer nicht angefochtenen, ihm günstigen Teilentscheidung, MüKoRi 9, StJGr 4, ZöGu 2, Waltermann NJW **92**, 159 mwN, Hamm RR **90**, 1470 u KG MDR **88**, 240 mwN, aM Hamm RR **87**, 832. Auf die Kostenentscheidung eines teilweise angefochtenen Urteils ist § 534 nicht (auch nicht entspr) anwendbar, Schlesw MDR **85**, 679 u SchlHA **83**, 168, str, aM StJGr 2, Wiecz III b, ZöGu 6 (diff). Unanwendbar ist die Bestimmung in EheS, § 704 II, einschließlich der FolgeS, § 623, sowie auf Urteile, die ohne dahingehenden Ausspruch vorläufig vollstreckbar sind, vgl § 922 Rn 7.

**2) Vollstreckbarbeschluß, I** 3

**A. Voraussetzungen.** § 534 setzt voraus: **a)** daß das Urteil 1. Instanz gar nicht oder nur bedingt, dh gegen Sicherheit, § 709, für vorläufig vollstreckbar erklärt ist oder dem Schuldner die Abwendung der Zwangsvollstreckung erlaubt (nicht hierher gehört ein Urteil, das ohne Vollstreckungserklärung vollstreckbar ist); **b)** daß das Urteil nur zu einem quantitativ abgrenzbaren Teil angegriffen ist, Schlesw SchlHA **88**, 158; **c)** den Antrag einer Partei, das Urteil hinsichtlich des nicht angefochtenen Teiles vorweg für vorläufig vollstreckbar zu erklären. Er kann vor der mündlichen Verhandlung gestellt werden, und zwar im Anwaltszwang, also stets durch den zweitinstanzlichen RA, aM Ffm FamRZ **79**, 538; die Prozeßkostenhilfe für die Berufungsinstanz umfaßt auch dieses Nebenverfahren.

**B. Entscheidung.** Sie ergeht stets durch Beschluß (mündliche Verhandlung nicht vorgeschrieben, aber 4 statthaft) erst nach Ablauf der Begründungsfrist und ohne sachliche Nachprüfung. Der Beschluß muß unbedingt sein und darf keine Abwendung der Zwangsvollstreckung gestatten; eine etwaige Beschränkung der Vollstreckbarkeit durch das angefochtene Urteil wird dadurch hinfällig, ZöGu 3. Der Einzelrichter ist zuständig. Der Erfüllungseinwand ist nur beachtlich, wenn die Erfüllung feststeht, Schlesw SchlHA **87**, 172. Ein Antrag des Klägers erledigt sich, wenn der Beklagte Anschlußberufung einlegt, Hamm MDR **95**, 311, StJGr 3.

Der Beschluß macht den nicht angefochtenen Teil des Urteils nicht rechtskräftig, erhält vielmehr die Hemmungswirkung, Grdz § 511 Rn 2; eine Feststellung durch Teilurteil, daß ein Urteil nicht angefochten ist, ist unzulässig, Mü NJW **66**, 1082. Wenn die Berufungsanträge nachträglich erweitert werden, wird dadurch der Beschluß nicht berührt, aM wohl ZöGu 15. Über die Kosten des Verfahrens ist im Beschluß nach §§ 91 ff zu entscheiden, Hamm NJW **72**, 2314, notfalls im Ergänzungswege nach § 321; bei Ablehnung einer Kostenentscheidung ist sie in der Endentscheidung ggf unter Anwendung der §§ 92 u 97 nachzuholen, vgl Bierbach Rpfleger **55**, 166 (zu Düss Rpfleger **55**, 165). **Gebühren:** Gericht keine, RA §§ 49 II, 37 Z 7 BRAGO.

**C. Anfechtung, II.** Der stattgebende und der zurückweisende Beschluß sind jeder Anfechtung entzogen. 5 Den zurückweisenden darf das Gericht auf neuen Antrag jederzeit ändern. Eine Änderung des stattgebenden ist wegen der Folgen für die Zwangsvollstreckung unzulässig, es sei denn, der Beschluß verletzte Art 103 GG, Köln RR **95**, 894, vgl Üb § 567 Rn 5.

**3) VwGO:** Entsprechend anzuwenden, § 173 VwGO, auf Leistungsurteile. Bei Anfechtungs- und Verpflichtungs- 6 klagen kommt § 534 nicht in Betracht, da in diesen Fällen nach § 167 II VwGO nur der Kostenausspruch vorläufig vollstreckbar sein kann, oben Rn 2, vgl OVG Lüneb MDR **75**, 174.

# 535 (aufgehoben)

# 536 *Beschränkung der Abänderung.* Das Urteil des ersten Rechtszuges darf nur insoweit abgeändert werden, als eine Abänderung beantragt ist.

**Vorbem.** Im **Verfahren** der **Arbeitsgerichte** entsprechend anwendbar, § 64 VI ArbGG, Grunsky 1 ArbGG § 64 Rn 34.

**Schrifttum:** *Kapsa*, Das Verbot der reformatio in peius im Zivilprozeß, 1976 (Bespr von Klamaris ZZP **91**, 222).

**1) Abänderungsbegrenzung.** §§ 536, 525 ziehen die Grenzen der Anfallwirkung der Berufung, s § 537 2 u Grdz § 511 Rn 3.

**A. Grundsatz.** Das Berufungsgericht darf das Urteil nur im Rahmen der in der Berufungsinstanz gestellten Anträge abändern. Darin stecken zwei Verbote: **a)** das der Änderung zum Vorteil des Berufungsklägers, dh über seine Anträge hinaus (reformatio in melius), **b)** das der Änderung zu seinem Nachteil (reformatio in peius). Es entscheiden die Anträge bei Schluß der mündlichen Verhandlung, BGH NJW **63**, 444 u **83**, 1063; was die Anträge nicht angreifen, ist für das Gericht unantastbar, mag es noch so falsch sein. In der Berufungsbegründung können Anträge nicht mehr wirksam gestellt werden, wenn die Berufung schon vorher, zB wegen Ablaufs der Begründungsfrist, unzulässig geworden ist, BGH MDR **77**, 649. Die Bindung an die Anträge gilt auch bei Zurückverweisung, Jessen NJW **78**, 1616.

## §§ 536, 537

Das Verbot der weitergehenden Änderung entspricht der erstinstanzlichen Bindung des Gerichts an die Anträge, § 308. Eine andere Begründung für das Zugesprochene oder die Verurteilung zu einem Weniger sind statthaft. Siehe auch bei § 308.

**3  B. Einzelheiten.** Der Berufungskläger hat (außer bei Anschließen des Berufungsbeklagten) eine Abänderung zu seinem Nachteil nie zu befürchten; das Gericht darf die Verurteilung unter keinen Umständen erweitern, RG JW **36**, 2544; wegen der Ausnahmen s unten Rn 6 ff. Den Maßstab zur Beantwortung der Frage, ob ein Nachteil entsteht, gibt die innere Rechtskraftwirkung, s Einf § 322 Rn 5 ff. Werden mehrere Ansprüche geltend gemacht, gilt das Verbot für jeden von ihnen, auch dann, wenn sie auf einem einheitlichen Klaggrund beruhen, RoSGo § 140 II 2 a gegen Karlsr NJW **56**, 1245.

**4** Beispiele für eine unzulässige nachteilige Änderung: Bei der Abweisung der Klage wegen Aufrechnung darf auf die Berufung des Klägers nicht das ursprüngliche Bestehen der Hauptforderung geprüft und die Klage aus diesem Grunde abgewiesen werden (entspr gilt für die Entscheidung über die Revision des Beklagten), hM, BGH RR **95**, 241 mwN (BGH **16**, 394 ist aufgegeben), aM v. Gerkan ZZP **75**, 218, und umgekehrt auf die Berufung des Beklagten diesem die Gegenforderung nicht abgesprochen werden, BGH **36**, 319; bei Verurteilung Zug um Zug darf auf die Berufung des Klägers die Klage nicht abgewiesen, auf die Berufung des Beklagten das Recht auf die Gegenleistung nicht verneint werden, RoSGo § 140 II 2 c; wurde die Klage als zZt unbegründet abgewiesen, so darf sie auf die Berufung des Klägers nicht als schlechthin unbegründet abgewiesen werden, StJGr 7, str, abw hM, BGH NJW **88**, 1982 mwN, Nürnb RR **98**, 1713, ZöGu 5, RoSGo § 140 II 2 e, ThP 8: aber die Rechtskraftwirkung geht in diesem Fall über die des angefochtenen Urteils hinaus, und dem Kläger kann schwerlich ein schutzwürdiges Interesse an der Aufrechterhaltung dieser Position abgesprochen werden, aM BGH aaO, zustm Walchshöfer F Schwab (1990) S 531.

**5** Dagegen liegt keine nachteilige Änderung vor, wenn im Berufungsurteil Vorsatz an Stelle der vom Erstrichter angenommenen Fahrlässigkeit angenommen wird, da die Gründe nicht in Rechtskraft erwachsen, BGH **LM** § 322 Nr 2, ebenso nicht, wenn nur Rechnungsposten geändert werden, ohne daß der Berufungskläger im Ergebnis weniger erhält, BGH **36**, 321 (wohl aber greift das Verbot der Schlechterstellung ein, wenn die Posten verschiedenen Ansprüchen entstammen, BGH **LM** Nr 4). S auch § 559 Rn 3.

**6  2) Ausnahmen vom Grundsatz.** § 536 hängt eng mit der Parteiherrschaft und dem Beibringungsgrundsatz, Grdz § 128 Rn 18 ff. zusammen. Darum muß das Verbot der Schlechterstellung versagen, wo diese Prinzipien nicht gelten. Das ergibt folgende Ausnahmen:

**7  a) Ehesachen.** Hier herrscht der Grundsatz der Einheitlichkeit der Entscheidung, Einf § 610 Rn 3; das Verschlechterungsverbot gilt auch für den Bereich des öff-rechtlichen Versorgungsausgleichs, BGH NJW **83**, 173 mwN, jedoch besteht hier keine Bindung an die Sachanträge des Rechtsmittelführers, BGH NJW **84**, 2880, § 621 Rn 24.

**8  b) Kosten.** Bei der Entscheidung über die Prozeßkosten kommt es auf die Anträge nicht an, § 308 II, so daß insoweit eine Schlechterstellung möglich ist, BGH WertpMitt **81**, 46, § 308 Rn 15; dies gilt auch dann, wenn die Entscheidung einen Streitgenossen betrifft, der rechtskräftig aus dem Prozeß ausgeschieden ist, BGH NJW **81**, 2360.

**9  c) Klagabweisung als unzulässig.** Sie darf das Rechtsmittelgericht auf die Berufung des Klägers in eine Abweisung als unbegründet ändern, hM, BGH NJW **88**, 1983 mwN, RoSGo § 140 II 2 d, ZöGu 14. Voraussetzung für eine derartige Änderung, die aus Gründen der Prozeßwirtschaftlichkeit zuzulassen ist, muß aber in der Revisionsinstanz sein, daß ein Schlüssigmachen des Anspruchs nicht mehr zu erwarten ist, § 563 Rn 4, und in der Berufungsinstanz, daß das Fragerecht dahingehend ausgeübt worden ist. Das gleiche gilt umgekehrt für den Fall, daß der Beklagte gegen ein Prozeßurteil Berufung einlegt und Sachabweisung beantragt; die Zurückverweisung kann nunmehr dazu führen, daß die Klage aufgrund der vom Beklagten begehrten sachlichen Prüfung als begründet angesehen wird, BGH **LM** Nr 8.

**10  d) Fehlende Prozeßvoraussetzungen.** In Fällen, in denen zwingende, vAw zu beachtende Verfahrensvorschriften verletzt worden sind, ist zweifelhaft, ob das Berufungsgericht auf die Berufung des Klägers auch den zu seinen Gunsten lautenden, von ihm nicht angefochtenen Teil des Urteils frei ändern darf, zB bei Fehlen von Prozeßvoraussetzungen, Übersehen der Rechtskraft oder unzulässigem Teilurteil, bejahend BGH **6**, 369 u **18**, 98, Düss RR **97**, 659, Köln VersR **74**, 64, ThP 8, sehr str, zweifelnd BGH NJW **70**, 1683 m krit Anm Berg JR **71**, 159, RoSGo § 140 II 2 d, ZöGu 13, verneinend VGH Kassel NJW **80**, 358 mwN, StJGr 7, MüKoRi 23, Wiecz D II, Blomeyer ZPR § 99 II, vermittelnd BGH NJW **86**, 1494 mwN: danach gilt das Verschlechterungsverbot stets bei behebbaren VerfMängeln, während bei unheilbaren VerfMängeln das Verschlechterungsverbot zurücktreten muß, wenn die verletzte VerfNorm größeres Gewicht als dieses Verbot hat, was insbesondere bei WiedAufnGründen in Betracht kommt, dazu Jauernig § 72 VIII.

**11  3) VwGO:** Es gilt (inhaltsgleich) § 129 VwGO, dazu BVerwG DVBl **97**, 905.

## § 537 Nachprüfung von Streitpunkten.

Gegenstand der Verhandlung und Entscheidung des Berufungsgerichts sind alle einen zuerkannten oder aberkannten Anspruch betreffenden Streitpunkte, über die nach den Anträgen eine Verhandlung und Entscheidung erforderlich ist, selbst wenn über diese Streitpunkte im ersten Rechtszuge nicht verhandelt oder nicht entschieden ist.

**1  Vorbem.** Im **Verfahren der Arbeitsgerichte** entsprechend anwendbar, § 64 VI ArbGG.

**2  1) Anfallwirkung**
**A. Allgemeines.** § 537 regelt den Umfang der Anfallwirkung, Grdz § 511 Rn 3, im Rahmen von § 536 dahin, daß Gegenstand der Verhandlung und Entscheidung nach Maßgabe der Anträge alle zuerkannten oder

aberkannten Streitpunkte sind, selbst wenn über sie im ersten Rechtszug nicht verhandelt worden ist, BGH MDR **91**, 1047 mwN. § 537 ist insofern ungenau, als Gegenstand der Entscheidung des Berufungsgerichts auch die zulässigen Ansprüche 2. Instanz sind.

**B. Einzelheiten. Ansprüche**, über die das angefochtene Urteil überhaupt nicht entschieden hat, wofür 3 die Urteilsformel maßgebend ist, fallen der Berufungsinstanz nicht an, BGH NJW **91**, 1684, so zB die vorbehaltenen Ansprüche eines Vorbehaltsurteil oder die bei der Entscheidung über prozessuale Einreden, zB derjenigen des Schiedsvertrages, § 1027 a, BGH WertpMitt **86**, 402, oder über andere Einreden aufgrund abgesonderter Verh, § 280, BGH RR **86**, 61. Ausnahmen gelten für neue Ansprüche, für Hilfsansprüche (unten Rn 6) und aus dem gleichen Grund bei objektiver Klagehäufung für Ansprüche, über die das Erstgericht nicht entschieden hat, weil es dies nicht brauchte, BGH NJW **92**, 117, ferner in den Fällen, in denen eine Abänderung des Urteils in eine Klagabweisung den Restanspruch bedeutungslos macht, BGH VersR **77**, 430, Köln RR **96**, 699 mwN. Dann hat die höhere Instanz geeignetenfalls ganz abzuweisen, wofür kein besonderer Antrag erforderlich ist, RG **171**, 131; für den Streitwert bleibt dabei das Mitabgewiesene außer Betracht, BGH NJW **59**, 1827 (bei dann uneingeschränkter Revision gilt für diese aber der volle Streitwert, BGH **LM** § 559 Nr 14), zustimmend Blomeyer ZPR § 99 IV. Das Berufungsgericht kann zB im Fall der Stufenklage den Hauptanspruch bei Verneinung des in die 2. Instanz gelangten Rechnungslegungs- oder Auskunftsanspruchs abweisen, BGH RR **95**, 1021 mwN (auch dann, wenn der Kläger beim Gericht 1. Instanz Verh über den Hauptanspruch beantragt), Celle NdsRpfl **95**, 15 mwN, und ebenso den Auskunfts- und Schadensersatzanspruch bei Abweisung des Unterlassungsanspruchs, BGH **LM** § 16 UWG Nr 14, BGH **42**, 358.

Möglich ist auch die **Heranziehung** des noch in 1. Instanz anhängigen Teils dadurch, daß beide Parteien 4 einverstanden sind, BGH NJW **86**, 2112 mwN, Düss VersR **89**, 507, StJGr 2, ZöGu 8, ThP 2, zB wenn sich der Berufungsbeklagte insoweit rügelos auf den das Ganze betreffenden Abweisungsantrag einläßt, BGH aaO im Anschluß an BGH **8**, 386, BGH **LM** § 303 Nr 4 (BGH VersR **83**, 735 ist überholt, str. Das muß aber Ausnahme bleiben, so daß die Berufungsinstanz grundsätzlich nicht über den noch in 1. Instanz anhängigen Teil mitentscheiden kann, mögen auch die abweisenden Gründe des Berufungsgerichts ebenso für den Rest zutreffen, BGH VersR **77**, 430, noch weniger über die dort noch anhängige Widerklage, BGH **30**, 213 m Anm Schwab NJW **59**, 1824 (unter Aufgabe von BGH NJW **54**, 640 und unter Berufung auf Lent ebda; s auch Johannsen **LM** zu Nr 9), und zwar auch nicht hinsichtlich der Widerklage in einer EheS, Düss OLGZ **65**, 186. Hat das LG **unzulässigerweise ein Teilurteil** erlassen, § 301 Rn 4ff, so kann das Berufungsgericht auch über den danach noch in 1. Instanz verbliebenen Teil mitentscheiden, falls es das für zweckmäßig hält, § 540, da nur einheitlich entschieden werden kann, BGH NJW **83**, 1311, Düss RR **97**, 660 mwN, Köln FamRZ **92**, 833, VGH Mannh NVwZ **89**, 883. Ist ein **Teilurteil rechtskräftig** geworden, so kann die unterlegene Partei im Rahmen des Berufungsverfahrens eine Abänderungswiderklage erheben, wenn sich Umstände ergeben, die eine Änderung des Teilurteils rechtfertigen würden, BGH NJW **91**, 1795. Hat das 1. Instanz im **Grundurteil** einen Punkt ausgeklammert und dem Betragsverfahren überlassen, so darf das Berufungsgericht diesen Punkt dann an sich ziehen und darüber entscheiden, wenn die Parteien ihn zum Gegenstand des Rechtsmittelverfahrens gemacht haben und die Entscheidung darüber sachdienlich ist, BGH NJW **93**, 1793 u **83**, 1014.

**Verfahrensfragen:** Ist durch Prozeßurteil abgewiesen, so darf das Berufungsgericht trotzdem im Fall des 5 § 540 sachlich entscheiden; vgl § 536 Rn 9. Einen übergangenen Anspruch darf das Berufungsgericht nicht erledigen; seinetwegen findet Ergänzung nach § 321 statt, RG **75**, 293. Beantragt der Berufungskläger die Aufhebung des seinen Anspruch abweisenden Urteils und Zurückverweisung, so muß das Berufungsgericht in der Sache selbst entscheiden, wenn die Sache entscheidungsreif ist, der Kläger sie mit der Berufung weiterverfolgt, sie also dem Rechtsmittelgericht angefallen ist, vgl BGH NJW **65**, 441, Grdz § 511 Rn 17.

**Beruhen ein Haupt- und ein Hilfsanspruch auf demselben Klaggrund**, so erledigt die Entscheidung 6 über den einen auch den andern. Bei wirklich hilfsweiser Anspruchshäufung, § 260 Rn 8ff, ist zu unterscheiden: **a)** Der Hauptanspruch ist zugesprochen. Dann fällt durch die Berufung des Beklagten der Hilfsanspruch ohne weiteres, also ohne daß Anschlußberufung erforderlich ist, der Berufungsinstanz an, BGH NJW **92**, 117, RR **90**, 519 mwN, stRspr; weist das Berufungsgericht den Hauptanspruch ab, so muß es über den Hilfsanspruch erkennen, ohne daß ein besonderer Antrag erforderlich ist, BGH **LM** § 525 Nr 1 u 41, 39; aM Brox, Festschrift Heymann S 135: Anschlußberufung des Klägers, da über den Hilfsanspruch in 1. Instanz überhaupt nicht entschieden, auch bei Ungleichheit der Streitgegenstände eine Schlechterstellung des Beklagten nicht ausgeschlossen ist, die Entscheidung nicht seinem Antrag entspricht; ebenso StJGr 10. **b)** Der Hilfsanspruch ist zugesprochen. Legt der Beklagte Berufung ein, so ist nur diese im Streit, kann also über den abgewiesenen Hauptantrag nicht entschieden werden, falls nicht der Kläger Anschlußberufung einlegt, BGH **41**, 38. Gibt das Berufungsgericht ihm statt, so ist auch eine rechtskräftige Entscheidung über den Hilfsanspruch aufgehoben, BVerwG DVBl **80**, 597. **c)** Ist der Hauptanspruch aberkannt, über den Hilfsantrag nicht entschieden, so gilt § 321; ist die Frist verstrichen, so ist die Berufung des Klägers zulässig, mit der er auch den Hilfsantrag geltend machen kann.

**C. Streitpunkte.** Der Begriff umfaßt den gesamten Streitstoff, also Behauptungen, Beweisantritte, Hilfs- 7 anträge (im Gegensatz zu Hilfsansprüchen), Klaggründe, auch hilfsweise Klaggründe bei einheitlichem Antrag, überhaupt alles, was zu einem einheitlichen prozessualen Anspruch gehört, zB die Einrede der Verjährung, BGH NJW **90**, 327. Alle solchen Streitpunkte sind Gegenstand der Verhandlung und Entscheidung des Berufungsgerichts, auch wenn in 1. Instanz nicht über sie verhandelt und entschieden ist. Einer besonderen Anfechtung oder Rüge bedarf es nicht. Die Nachprüfung ist nicht auf die in der Berufungsbegründung angeführten oder auf die in der mdlVerh vorgebrachten Gründe beschränkt, BGH RR **86**, 991, so daß es ohne Bedeutung ist, wenn ein solcher Grund fallengelassen wurde, BGH NJW **85**, 2828; soweit eine Berufung mangels notwendiger Begründung einzelner Posten unzulässig ist, § 519 Rn 23ff, ist das Berufungsgericht an einer Nachprüfung gehindert, vgl Müller-Rabe NJW **90**, 288 mwN.

**§§ 537, 538**

Hat die 1. Instanz nur einen von mehreren Klaggründen desselben Anspruchs geprüft, so muß die Berufungsinstanz sämtliche Klaggründe erledigen. Hat die 1. Instanz unter Zurückweisung der Einwendungen des Beklagten nur wegen seiner Aufrechnung abgewiesen, so kann der Beklagte bei Berufung des Klägers ohne Einlegung eines eigenen Rechtsmittels wiederum auf die anderen Einwendungen zurückgreifen, BGH **16**, 394, Hamm MDR **92**, 998. Hat der verurteilte Beklagte in 1. Instanz hilfsweise ein Zurückbehaltungsrecht geltend gemacht, so ist darüber in 2. Instanz auch ohne Rüge zu entscheiden, BGH RR **86**, 991. Ist bei gegenseitigem Abrechnungsverhältnis die Klage abgewiesen und der Widerklage stattgegeben worden, weil hierfür die Forderungen ein Guthaben ergeben, so kann der Kläger, der die Widerklage mit seiner Berufung abgewiesen haben will, auch dann, wenn er die Abweisung seiner Klage nicht angreift, den Forderungen des Widerklägers die Forderungen, die er in 1. Instanz geltend gemacht hat, entgegenstellen, da die Rechtskraft sich nur darauf erstreckt, daß der Kläger aus dem Abrechnungsverhältnis nichts zu fordern hat, Mü OLGZ **66**, 180. Hat die 1. Instanz wegen Rechtskraft abgewiesen und verneint die 2. Instanz diesen Grund, so gelten §§ 538 I Nr 2 u 540, BGH NJW **84**, 128, § 536 Rn 9. Wegen der Entscheidung über die Aufrechnung bei fälschlicherweise ergangenem Vorbehaltsurteil vgl § 302 Rn 10.

Wegen der Beschränkung der Berufung auf einzelne Urteilselemente s § 519 Rn 30.

**8** **2) Entscheidung des Berufungsgerichts**
**A. Ungünstige.** Sie lautet entweder **a)** auf Verwerfung der Berufung als unzulässig, s bei § 519 b, oder **b)** auf Zurückweisung der Berufung als unbegründet, wenn das Berufungsgericht zu derselben Urteilsformel gelangt wie das 1. Gericht, sei es auch aus ganz anderen Gründen.

**9** **B. Günstige.** Sie lautet auf Änderung des Urteils. Gibt das Berufungsgericht der Berufung statt, so zerfällt seine Entscheidung in 2 Teile: **a)** die ändernde (kassatorische) Entscheidung (im Fall des § 539 bleibt es dabei), **b)** die ersetzende (reformatorische) Entscheidung, dh die Ersetzung des aufgehobenen Urteils durch ein anderes. Das gilt auch dort, wo sich die Sach- oder Rechtslage nach dem Urteil 1. Instanz geändert hat.

**10** **C.** Hat die 1. Instanz unzulässigerweise zugleich sowohl eine Prozeß- als auch eine Sachabweisung ausgesprochen, so hat das Berufungsgericht zunächst die Prozeßabweisung zu überprüfen; nur wenn es die zu ihr führenden Gründe verneint, hat es sachlich zu erkennen (anders die Revisionsinstanz, Üb § 300 Rn 5), RG **158**, 155.

**11** **3) VwGO:** Entsprechend anwendbar, § 173 VwGO, in Ergänzung von § 128 VwGO, BVerwG NJW **86**, 862. Zum „Heraufholen von Prozeßresten" bei unzulässigem Teilurteil, oben Rn 4 aE, VGH Mannh NVwZ **89**, 883.

## 538 Notwendige Zurückverweisung.

¹Das Berufungsgericht hat die Sache, insofern ihre weitere Verhandlung erforderlich ist, an das Gericht des ersten Rechtszuges zurückzuverweisen:
1. wenn durch das angefochtene Urteil ein Einspruch als unzulässig verworfen ist;
2. wenn durch das angefochtene Urteil nur über die Zulässigkeit der Klage entschieden ist;
3. wenn im Falle eines nach Grund und Betrag streitigen Anspruchs durch das angefochtene Urteil über den Grund des Anspruchs vorab entschieden oder die Klage abgewiesen ist, es sei denn, daß der Streit über den Betrag des Anspruchs zur Entscheidung reif ist;
4. wenn das angefochtene Urteil im Urkunden- oder Wechselprozeß unter Vorbehalt der Rechte erlassen ist;
5. wenn das angefochtene Urteil ein Versäumnisurteil ist.

II Im Falle der Nummer 2 hat das Berufungsgericht die sämtlichen Rügen zu erledigen.

**1** **Vorbem.** Im **Verfahren der Arbeitsgerichte** ist § 538 (außer I Z 4) entsprechend anwendbar, § 64 VI, allgM, GMP § 68 Rn 8–20, Grunsky ArbGG § 68 Rn 2–5, BAG NJW **96**, 3430 mwN, LAG Köln LS NZA **93**, 864.

**Schrifttum:** *RoSGo* § 140 IV 1; *E. Schneider* MDR **74**, 624 u **77**, 709; *Bettermann* ZZP **88**, 386 ff.

### Gliederung

| | | | |
|---|---|---|---|
| 1) Allgemeines zu §§ 538, 539 | 2, 3 | D. Versäumnisurteil, Z 5 | 10 |
| 2) Notwendige Zurückverweisung | 4 | E. Vorabentscheidung, Z 3 | 11–13 |
| 3) Fälle | 5–15 | F. Spruchreife der Entscheidung über den Betrag, Z 3 | 14 |
| A. Verwerfung des Einspruchs, Z 1 | 5 | G. Scheidungsverfahren | 15 |
| B. Entscheidung über Zulässigkeit der Klage, Z 2, II | 6–8 | 4) VwGO | 16 |
| C. Vorbehaltsurteil, Z 4 | 9 | | |

**2** **1) Allgemeines zur Zurückverweisung, §§ 538, 539.** In aller Regel hat das Berufungsgericht in der Sache selbst zu entscheiden, s § 537 Rn 2 u 8 ff. Eine Zurückverweisung, dh die Beschränkung auf die aufhebende (kassatorische) Entscheidung, ist nur im Rahmen der §§ 538–540 zulässig, nie aus Zweckmäßigkeitsgründen, RG HRR **31**, 1255. § 538 zwingt zur Zurückverweisung, § 539 stellt sie dem Gericht anheim; jedoch wird der Zwang des § 538 durch die Kannvorschrift des § 540 gelockert. Auf den Mangel der nicht erfolgten Zurückverweisung kann die Partei gemäß § 295 verzichten, BGH **LM** Nr 11. Das Urteil des Berufungsgerichts ist ein Endurteil, das den Prozeß für die Instanz erledigt, RG **102**, 218, stRspr. Die Kostenentscheidung ist dem Schlußurteil vorzubehalten, § 97 Rn 33; die Gerichtskosten der Berufungsinstanz und diejenigen des aufgehobenen Urteils sind bei offensichtlichen schweren Verfahrensfehlern nach

1. Abschnitt. Berufung § 538

§ 8 GKG niederzuschlagen, Düss RR **95**, 1024, und zwar vom Berufungsgericht, BGH **27**, 171, **KR** § 8 GKG Nr 103 (Anm Schneider), Schneider MDR **90**, 348 mwN, **KR** § 8 Nr 95 u AnwBl **87**, 563, aM Mü MDR **90**, 348, vgl Hartmann § 8 GKG Rn 40 mwN (eine erstinstanzliche Urteilsgebühr wird seit 1994 nicht mehr erhoben, Karlsr FamRZ **98**, 1310).

Das wegen eines Verfahrensmangels zurückverweisende Urteil bedarf schon wegen seiner Bindungswir- 3 kung, s u, stets der Begründung, Keller MDR **92**, 435. Die Zurückverweisung begründet einen tatsächlichen Stillstand des Verfahrens, Üb § 239 Rn 2, bis zur Terminsbestimmung, die vAw erfolgt. Die Zurückverweisung überläßt die ersetzende Entscheidung, § 537 Rn 9, ganz dem unteren Gericht. Das neue Verfahren setzt das frühere erstinstanzliche Verfahren fort, sofern es nicht nach § 539 aufgehoben ist. Die Richter, die an der aufgehobenen Entscheidung mitgewirkt haben, sind im neuen Verfahren nicht ausgeschlossen, § 565 Rn 3. Das untere Gericht ist bei seiner Entscheidung **an die Rechtsauffassung des höheren Gerichts gebunden**, soweit nicht neuer Streitstoff zu beurteilen ist, vgl § 565 II, BGH **LM** § 512 Nr 4, Hamm RR **87**, 188 mwN, und zwar auch dann, wenn die Zurückverweisung rechtsfehlerhaft war, vgl LG Ffm NJW **88**, 77 u Schneider MDR **88**, 108 u 151. Diese interprozessuale Bindung gilt aber nur, soweit das obere Gericht erkannt hat, nicht für sonst von ihm angestellte Erwägungen, BGH **31**, 363. An die eigene Entscheidung bleibt das untere Gericht gebunden, § 318, soweit diese Entscheidung nicht aufgehoben ist. Abgesehen von diesen Bindungen ist das untere Gericht in seiner Entscheidung frei, hat neues Vorbringen zu berücksichtigen und darf eine dem Berufungskläger ungünstigere Entscheidung treffen.

Bei Berufung gegen das neue Urteil der unteren Instanz ist das Berufungsgericht entspr § 565 II an sein früheres Urteil gebunden, § 318, BGH NJW **92**, 2832 mwN (krit Tiedtke ZIP **93**, 252), ebenso das Revisionsgericht, an das das neue Urteil gelangt, BGH aaO (Verstoß ist vAw zu beachten); diese Bindung an die Rechtsauffassung des Berufungsgerichts gilt für das Revisionsgericht auch im Fall der Sprungrevision gegen das neue Urteil der 1. Instanz, BVerwG MDR **78**, 342. Die Bindung erfaßt auch die Zuständigkeit, zB FamSenat, BGH FamRZ **82**, 789.

Die Bindung besteht immer nur in derselben Sache, in einem neuen Rechtsstreit auch dann nicht, wenn er dieselben Rechtsfragen betrifft und von denselben Parteien geführt wird, BVerwG NVwZ **82**, 120.

**2) Die notwendige Zurückverweisung, § 538.** Sie steht **unter dem Vorbehalt des § 540**, s die 4 dortigen Anm. Die Hervorhebung bestimmter Fälle beruht auf der rechtlichen Notwendigkeit einer weiteren Sachverhaltsaufklärung. Ist eine solche unnötig, so entfällt ohnehin eine Zurückverweisung, zB dort, wo das Berufungsgericht durch Prozeßurteil abweist, Üb § 300 Rn 5, oder wo seine Entscheidung den ihm unterbreiteten Prozeßstoff endgültig erledigt, RG JW **31**, 2569, stRspr. Wegen einer weiteren Ausnahme s Z 3 aE. Ist der vom Grund der Zurückverweisung betroffene Prozeßteil abtrennbar, so ist allein seinetwegen zurückzuverweisen, andernfalls wegen des ganzen Prozesses. Die Zurückverweisung geschieht immer vAw. Ergibt das Urteil, daß der Prozeß in 1. Instanz fortzusetzen ist, so ist ein ausdrücklicher Ausspruch entbehrlich, so etwa bei Z 4. Die Zurückverweisung an eine andere Kammer oder Abteilung ist unstatthaft und unbeachtlich. § 538 gilt auch im Verfahren des Arrests und der einstw Vfg, vgl Zweibr FamRZ **93**, 718 gg Karlsr GRUR **78**, 116. Die Nachholung der unterbliebenen Zurückverweisung durch Ergänzung des Urteils nach § 321 ist nach dessen Wortlaut unmöglich; nach seinem Sinn und aus Gründen der Prozeßwirtschaftlichkeit muß man sie zulassen. Anwendbar ist jedenfalls § 319, Wiecz B III a.

**3) Fälle notwendiger Zurückverweisung** 5

**A.** Wenn das Urteil einen **Einspruch nach § 341 als unzulässig verworfen** hat, **I Z 1**; denn nur die Entscheidung über die Zulässigkeit ist dem Berufungsgericht angefallen. Dies gilt aber nur, wenn das Berufungsgericht die Berufung für begründet befindet, weil sonst keine weitere Verhandlung nötig ist, Rn 4. Die Vorschrift ist sinngemäß anwendbar, wenn das Berufungsgericht einen verworfenen Wiedereinsetzungsgrund gegen die Versäumung der Einspruchsfrist durchgreifen läßt, § 233.

**B.** Wenn das Urteil **nur über die Zulässigkeit der Klage entschieden** hat, **I Z 2, II**, gleichviel, ob 6 abgesondert verhandelt ist, § 280, ob der Mangel durch Rüge geltend gemacht war, § 282 III, ob vAw wegen mangelnder Vertretung abgewiesen war, Nürnb OLGZ **67**, 426. Über die Bedeutung hilfsweiser sachlicher Erörterungen s Üb § 300 Rn 5, dazu E. Schneider MDR **83**, 105 gg KG OLGZ **71**, 176. Ist die Rüge als unbegründet verworfen, so muß das Berufungsgericht über sämtliche anderen Rügen, die die Zulässigkeit der Klage betreffen, entscheiden, II, und je nachdem abweisen oder auf die Berufung zurückverweisen. Aus dem Grund der Vorschrift, dem unvollständigen Anfall, ergibt sich aus den §§ 280, 282 III folgt, daß Z 2 sich auf alle Prozeßhindernisse und sämtliche Prozeßvoraussetzungen bezieht, auch auf solche, die vAw zu beachten sind, Zweibr NJW **77**, 1928; vgl aber auch §§ 536 Rn 9 u 10, 563 Rn 4.

**Über den Wortlaut hinaus** greift Z 2 immer dann ein, wenn über einen sachlichen Anspruch zu 7 Unrecht aus prozessualen Gründen nicht entschieden worden ist, BGH NJW **84**, 924, Düss RR **90**, 1040. Deshalb darf zurückverwiesen werden, wenn eine Klage zu Unrecht wegen der entgegenstehenden Rechtskraft des in einem Vorprozeß ergangenen Urteils abgewiesen wird, BGH **35**, 341, NJW **84**, 128. Das gleiche gilt, wenn nach Klagabweisung wegen Prozeßunfähigkeit der gesetzliche Vertreter die Prozeßführung genehmigt, Nürnb OLGZ **67**, 426, oder wenn in einem Anerkenntnisurteil ohne wirksames Anerkenntnis ergangen ist, LG Fürth NJW **76**, 633. Z 2 ist auch dann anwendbar, wenn das Berufungsgericht im Gegensatz zur 1. Instanz einen Nichtigkeitsgrund, § 579, bejaht, KG FamRZ **89**, 647. Ebenso ist Zurückverweisung möglich, wenn der für begründet gehaltene Einwand der Entscheidung durch Schiedsgutachter, Grdz § 1025 Rn 17, in der Berufungsinstanz wegfällt, Walchshöfer F Schwab (1990) S 530, Ffm MDR **85**, 150, weil die Sache dem Berufungsgericht nur in diesem Umfang angefallen ist, BGH MDR **86**, 130.

**Dagegen ist Z 2 unanwendbar** bei einer Abweisung aus Gründen des materiellen Rechts. Daher darf 8 nicht zurückverwiesen werden, wenn das Berufungsgericht außerhalb eines Grundurteils, Z 3, entgegen der 1. Instanz die Einhaltung einer Ausschlußfrist (zB nach § 651 g BGB) bejaht, aM LG Ffm NJW **87**, 784 u **88**, 78 (zustm Schneider MDR **88**, 109), oder den Eintritt der Verjährung verneint, BGH in stRspr, LS MDR **99**, 1016, NJW **89**, 3149 mwN, Prütting DRiZ **77**, 78, RoSGo § 140 IV 1, StJGr 10, ThP 10, aM ZöGu 14, Hamm MDR **77**, 585 mwN, Brschw MDR **75**, 671 m Anm Schneider MDR **76**, 52, offen Kblz

§ 538  3. Buch. Rechtsmittel

OLGZ **94**, 223 mwN, und ebensowenig bei Verneinung der Sachbefugnis durch die 1. Instanz, BGH NJW **75**, 1785 (eingehend), NJW **78**, 1430.

**9**   C. Wenn ein Urteil im **Urkunden- oder Wechselprozeß**, auch im Scheckprozeß, § 605 a, **dem Beklagten seine Rechte vorbehält, I Z 4.** Eine Zurückverweisung ist dort nur bei Bestätigung möglich, da aber wieder bedeutungslos, weil nur das Vorverfahren angefallen ist, das Nachverfahren somit nur in der 1. Instanz stattfinden kann. Erläßt das Berufungsgericht erstmals das Vorbehaltsurteil, hat es entspr Z 4 an die 1. Instanz zurückzuverweisen (das gilt ggf auch für das Revisionsgericht), BGH RR **88**, 63 mwN (krit Schneider JR **88**, 466), str, vgl § 600 Rn 3. Nicht zurückzuverweisen ist, wenn erst in der Berufungsinstanz vom Urkundenprozeß Abstand genommen wird, E. Schneider MDR **74**, 628, aM Kblz NJW **56**, 427. Dagegen ist entsprechend Z 4 zurückzuverweisen, wenn die Klage im Urkunden- oder Wechselprozeß abgewiesen ist und das Berufungsgericht ein Vorbehaltsurteil erläßt, Mü RR **87**, 1024 mwN. Z 4 gilt auch für den Vorbehalt der Aufrechnung, § 302, durch das Berufungsgericht, Düss MDR **73**, 856, Bettermann ZZP **88**, 396.

**10**   D. Wenn sich die **Berufung gegen ein Versäumnisurteil** richtet, **I Z 5.** Über ihre Zulässigkeit s § 513. Auf ein unechtes Versäumnisurteil, Üb § 330 Rn 13 ff, ist Z 5 nicht anwendbar; bei ihm muß das Berufungsgericht den Prozeß voll erledigen. Dagegen ist Z 5 entspr anwendbar auf ein Anerkenntnisurteil ohne Anerkenntnis, Mü MDR **91**, 795.

**11**   E. **Bei Vorabentscheidung über den Grund oder bei Klagabweisung zum Grund, § 304, außer bei F, I Z 3.** Die Vorschrift fällt mit dieser Abgrenzung aus dem Rahmen. Voraussetzung der Zurückverweisung ist, daß das Erstgericht bei einem nach Grund und Betrag streitigen Anspruch die Fragen der Höhe ungeprüft gelassen hat, BGH NJW **98**, 614 mwN. Zurückverweisung ist auch zulässig, wenn der Kläger im Berufungsverfahren von der Feststellungsklage zur Leistungsklage übergeht, Ffm **88**, 1536 mwN, (str, aM ua StJGr 19), oder wenn das Erstgericht die Klage mangels Bestehens eines Anspruchs abgewiesen hat, das Berufungsgericht aber den Zahlungsanspruch dem Grunde nach bejaht, BGH aaO, Düss MDR **85**, 61, ZöGu 20, str. Bei Abweisung im 1. Urteil bleibt gleich, ob die 1. Instanz das Verfahren auf den Grund beschränkt hatte, RG **73**, 65, ferner ob der Betrag erst in 2. Instanz beziffert ist, RG **77**, 397. Voraussetzung ist immer, daß die 1. Instanz den Grund verneint hat. Darunter fällt auch die Klagabweisung wegen fehlenden Schadens, RG **59**, 427 (aM StJ V 2). Die Aufrechnung gehört, soweit sie die Klagforderung ausräumt, zum Grund; deshalb muß die Berufungsinstanz sie erledigen, RG **61**, 412. Ist die Widerklage auf einen Mehrbetrag des Eingeklagten abgewiesen, so ist über den Betrag erkannt und nicht zurückzuverweisen. Stellt aber die 2. Instanz bei Abweisung wegen Aufrechnung einen Mehrbetrag der Gegenforderung fest, so ist bei Widerklage zurückzuverweisen, RG **101**, 43. Stehen Klage und Widerklage in unlöslichem Zusammenhang, so ist auch wegen der Widerklage zurückzuverweisen, wo an sich nur die Klage betroffen wäre, RG **101**, 42, Düss RR **93**, 976. War in 1. Instanz nur der Betrag streitig und ist in 2. Instanz auch der Grund bestritten, so muß die Berufungsinstanz selbst entscheiden, RG **77**, 398; war in 1. Instanz der Grund bestritten, jedoch der Betrag unstreitig, so gilt das unten zu F Gesagte.

**12**   **Voraussetzung der Zurückverweisung** ist, daß das Berufungsgericht den Grund voll erledigt hat, also über jeden, erforderlichenfalls auch den hilfsweise geltend gemachten Grund, entschieden ist (auch wenn der Grund erst in der Berufungsinstanz geltend gemacht worden ist) und außerdem über die gegen den Grund gerichteten Einreden. Der 1. Instanz darf nur die Entscheidung über den Betrag bleiben. Deshalb hat das Berufungsgericht den Streit über den Mitverursachungsanteil selbst zu erledigen, BGH MDR **97**, 774. Findet das Berufungsgericht die Klage unbegründet, so hat es abzuweisen; hält es entgegen der 1. Instanz die Klage dem Grunde nach für gerechtfertigt, so genügt nicht Aufhebung und Zurückverweisung, vielmehr hat das Berufungsgericht den Grund selbst zu erledigen und ein Grundurteil zu erlassen, wenn es wegen des Betrages nach Z 3 zurückverweist, BGH NJW **78**, 1430 mwN. Hatte die 1. Instanz vorabentschieden, so bedarf es nicht unbedingt des Ausspruchs der Zurückverweisung; er ist aber immer zu empfehlen, damit keine Zweifel entstehen. Hat die 1. Instanz wegen fehlender Prozeßvoraussetzungen abgewiesen, so ist nach Z 2 zu verfahren.

**13**   **Entsprechend anzuwenden** ist Z 3 auf die Stufenklage, § 254 Rn 20, StJGr 20, GMP § 68 Rn 18. Demgemäß ist eine Aufhebung und Zurückverweisung zulässig, wenn die 1. Instanz die Klage insgesamt abgewiesen hat und das Berufungsgericht zur Auskunft oder Rechnungslegung verurteilt, BGH NJW **91**, 1893, RR **87**, 1030, Zweibr FamRZ **99**, 1140, auch wenn der Kläger trotz uneingeschränkt eingelegter Berufung nur den Antrag auf Auskunft gestellt hat, BGH NJW **85**, 862 mwN (doch kommt nach Erledigungserklärung der Auskunftsstufe eine Zurückverweisung nur in Betracht, wenn das OLG über den Grund des Zahlungsanspruchs vorab selbst entscheidet, BGH NJW **91**, 1898 mwN). Das gleiche gilt für den Fall des zweitinstanzlichen Übergangs zur Stufenklage nach Verurteilung zur Rechnungslegung, BGH NJW **79**, 925 mwN, und bei zweitinstanzlicher Stellung eines Hilfsantrages auf Zahlung, Hamm OLGZ **88**, 468. Ebenso ist die Anwendung der Z 3 geboten, wenn durch Teilurteil zu Unrecht ein Teil der Ansprüche abgewiesen worden ist und die erforderliche Sachaufklärung für alle Ansprüche identisch ist, Ffm VersR **86**, 1195. Ob in den oben genannten Fällen der Feststellungsklage Z 3 unmittelbar oder entspr angewendet wird, ist ohne praktische Bedeutung. Einer Zurückverweisung wegen der Zahlungsklage bedarf es nicht, wenn sie (teilweise) noch in der Vorinstanz anhängig ist, BGH NJW **95**, 2230.

**14**   F. **Ist der Streit über den Betrag spruchreif, so entscheidet das Berufungsgericht über ihn ohne Zurückverweisung, I Z 3,** eine der Prozeßbeschleunigung dienende regelwidrige Vorschrift, BGH MDR **83**, 1014, Kblz MDR **92**, 805 mwN. Nach ihrem Zweck ist sie anwendbar auch, wo die 1. Instanz den Grund voll bejaht hat und Anschließung fehlt, RG **132**, 104, Ffm MDR **86**, 945. Spruchreif ist die Entscheidung über den Betrag, wo kein weiteres Verfahren mehr nötig ist; es darf also auch keine Beweisaufnahme außer durch Urkundenbeweis erforderlich sein. Ist nur ein Teil spruchreif, so ergeht ein Teilurteil und ist nur wegen des Rests zurückzuverweisen.

1. Abschnitt. Berufung §§ 538, 539

G. Notwendig ist die Zurückverweisung auch bei **Aufhebung eines den Scheidungsantrag abweisen-** 15
**den Urteils**, wenn über eine FolgeS zu entscheiden ist, § **629 b** (§ 540 gilt insoweit nicht).

4) *VwGO:* An Stelle der §§ *538–540* gilt § *130 VwGO*, dazu Bettermann DVBl *61*, 65. Ergänzend 16
anzuwenden, § *173 VwGO*, ist § *538 I Z 3* im Hinblick auf § *111 VwGO*, OVG Lüneb DVBl *61*, 91.

## 539

*Zurückverweisung wegen Verfahrensmangels.* **Leidet das Verfahren des ersten Rechtszuges an einem wesentlichen Mangel, so kann das Berufungsgericht unter Aufhebung des Urteils und des Verfahrens, soweit das letztere durch den Mangel betroffen wird, die Sache an das Gericht des ersten Rechtszuges zurückverweisen.**

**Vorbem.** Im **Verfahren der Arbeitsgerichte** ist § 539 unanwendbar, § 68 ArbGG, auch bei schwersten 1
Verstößen, GMP § 68 Rn 4, Grunsky ArbGG § 68 Rn 6, BAG NJW *96*, 3430, MDR *82*, 694, LAG Nrnb NZA *94*, 1152; jedoch muß zurückverwiesen werden, wenn ein VerfMangel vorliegt, der in der Berufungsinstanz nicht mehr korrigiert werden kann, allgM, GMP § 68 Rn 5 mwN, zB bei unzulässigem Teilurteil, LAG RhPf NZA *98*, 903.

**Schrifttum:** *RoSGo* § 140 IV 2; *Schumann* Rn 505–511; *Brehm* ZZP *107*, 463; *Bettermann* ZZP *88*, 386 ff; *Bochmann* AnwBl *90*, 13 (de lege ferenda).

### Gliederung

| | | | |
|---|---|---|---|
| 1) Zurückverweisung | 2–9 | 2) Aufhebung des Verfahrens | 10 |
| A. Allgemeines | 2 | 3) *VwGO* | 11 |
| B. Voraussetzungen | 3–7 | | |
| C. Entscheidung | 8, 9 | | |

**1) Zurückverweisung** 2

**A. Allgemeines.** § 539 behandelt die freigestellte Zurückverweisung; siehe dazu § 538 Rn 1. Sie steht immer im Ermessen des Berufungsgerichts; nur Voraussetzungen und Grenzen des Ermessens sind in der Revisionsinstanz nachprüfbar; beschwert ist die Partei, die eine Sachentscheidung gebeten hatte, BGH RR *95*, 124 mwN. Hat das Berufungsgericht die Zurückverweisung auch sachlichrechtlich begründet, prüft das Revisionsgericht auch das, nicht nur, ob der vom Berufungsgericht gerügte Verfahrensmangel vorgelegen hat, BGH *31*, 358, ohne daß freilich diese sachlichrechtlichen Überlegungen dann für die unteren Instanzen Bindungswirkung, § 565 II, haben. Das Berufungsgericht darf aber immer bei Mangel selbst sachlich und außer in den Fällen des § 538, da aber auch bei Vorliegen des § 540, selbst sachlich entscheiden, sogar in den Fällen des § 551, Mü NJW *53*, 187, bei unzulässigem Teilurteil, BGH NJW *83*, 1313 mwN, und bei unzulässigem Vorbehaltsurteil, Karlsr RR *87*, 254 mwN, ebenso bei Verletzung des rechtlichen Gehörs, BGH RR *91*, 473, LG Ffm NJW *87*, 2591. § 540 unterstreicht nochmals den Gesichtspunkt der Sachdienlichkeit. Zurückverweisung bedeutet für die Parteien eine Verzögerung und Verteuerung. Sie darf nie in schulmeisterlicher Belehrung oder aus Bequemlichkeit geschehen, sondern nur in besonders schwerwiegenden und dazu geeigneten Fällen, namentlich dann, wenn das Berufungsgericht eine zeitraubende Sachaufklärung auf sich nehmen müßte, vgl § 540 Rn 4.

**B. Voraussetzung der Zurückverweisung.** Nach § 539 ist sie nur zulässig, wenn der erste Rechtszug 3
an einem wesentlichen Mangel im Verfahren leidet, nicht in der Rechtsfindung (in procedendo, nicht in iudicando), § 554 Rn 11, § 568 Rn 9–11. Die Grenzen sind nicht selten fließend, etwa bei Beweislast und Beweiswürdigung, vgl Schneider MDR *89*, 138 mwN (der deshalb eine erweiternde Auslegung dahin vorschlägt, daß jede sog greifbare Gesetzwidrigkeit, § 567 Rn 6, die Zurückverweisung ermöglicht). An die Voraussetzungen ist ein strenger Maßstab anzulegen, BGH NJW *97*, 388 u RR *95*, 124 mwN. Eine Zurückverweisung ist nur wegen eines **„wesentlichen Verfahrensmangels"** zulässig. Wesentlich ist der Mangel, wenn er seiner Natur nach so erheblich ist, daß das erstinstanzliche Verfahren keine ordnungsmäßige Grundlage für die Entscheidung abgibt, BGH NJW *57*, 714, stRspr. Deshalb kommt es nicht auf die Größe und Schwere des Mangels an, sondern nur auf seine Bedeutung für die Richtigkeit der Entscheidung, Bettermann DVBl *61*, 67: es muß auf den Verfahrensfehler für das Ergebnis rechtlich ankommen, BGH DtZ *97*, 290, NJW *93*, 539 mwN, Köln FamRZ *98*, 696, wobei genügt, daß der Fehler für die Entscheidung ursächlich gewesen sein kann oder sie auch nur beeinflußt haben kann. Maßgeblich für die Beurteilung der Frage, ob ein wesentlicher Verfahrensfehler vorliegt, ist der materiellrechtliche Standpunkt des erkennenden Richters ohne Rücksicht darauf, ob er zutrifft oder nicht, BGH RR *95*, 124 mwN, NJW *94*, 587, stRspr, Düss RR *96*, 1021 mwN, krit Rimmelspacher MüKo 6 u ZZP *106*, 251; deshalb ist eine Zurückverweisung nicht zulässig, wenn das Berufungsgericht Parteivorbringen materiellrechtlich anders beurteilt und deshalb eine Beweisaufnahme für erforderlich hält, BGH NJW *92*, 2100, oder auf andere Weise eine materiellrechtliche Frage falsch beurteilt, Schneider MDR *98*, 679 (zu Köln MDR *98*, 678).

**Beispiele für wesentliche Verfahrensmängel:** Hierhin gehören alle **Verstöße iSv § 551**, zB gegen die 4
Vorschriften über die Öffentlichkeit, § 170 GVG, oder über die Beratung, § 193 GVG, VGH Kassel AS *30*, 163, ebenso wie falsche Besetzung des Gerichts, BGH NJW *58*, 1398, BayObLG DRiZ *80*, 72 (betr § 105 UGO), Ffm FamRZ *78*, 520 (betr § 23 b GVG), Schlesw NJW *88*, 69 (betr § 348 III ZPO), oder mangelnde Vertretung der Partei, BGH NJW *92*, 2100, ferner (auch nur teilweise) fehlende Entscheidungsgründe, BGH VersR *88*, 943, Hamm NJW *79*, 434, sowie alle sonstigen **vAw zu beachtenden Revisionsgründe**, § 554 Rn 13. „Wesentlich" iSv § 539 sind weiter **Verstöße gegen die Grundprinzipien des Zivilverfahrens**, zB gegen das Recht auf rechtliches Gehör, BVerfG NJW *91*, 2824, BGH NJW *93*, 538, Jena OLG-NL *98*, 88, Düss RR *96*, 1021 mwN, Ffm RR *92*, 62, oder durch Verletzung des Rechts auf Parteiöffentlichkeit,

1459

## § 539

ebenso Verstöße gegen den Beibringungsgrundsatz, etwa Stattgabe aus einem nicht geltendgemachten Anfechtungsgrund, Saarbr OLGZ **84**, 79, ferner Verkennen des Kernes eines Vorbringens, BGH NJW **93**, 538 mwN, oder Übergehen eines wesentlichen Teils des Streitstoffs, BGH NJW **93**, 539 mwN, zB eines von mehreren Ansprüchen, Köln MDR **84**, 151, eines unstreitigen erheblichen Vorbringens, Köln ZIP **83**, 869, oder eines unter Beweis gestellten schlüssigen Einwands, Köln JMBlNRW **75**, 113, oder des Inhalts des Vertrages, aus dem der Kläger Rechte herleitet, Oldb MDR **87**, 413. Hierhin gehört auch die (nicht behebbare) Unklarheit, über welche Ansprüche entschieden worden ist, Hamm RR **92**, 1279.

5 **Weitere Beispiele:** Entscheidung durch ein funktionell unzuständiges Gericht, Hamm OLGZ **89**, 338; Übersehen der (heilbaren) fehlenden Prozeßfähigkeit, § **51**, BGH RR **86**, 158; Verstoß gegen § **128**, Bbg FamRZ **96**, 496; Verletzung der Verfahrensvorschriften bei Ablehnung eines Richters, §§ **46 ff**, Ffm **76**, 1545; Verstoß gegen § **136**, Bbg FamRZ **94**, 1045; grobe Verstöße gegen § **139**, allgM, Schneider NJW **86**, 971, Mayer NJW **83**, 859, BGH RR **91**, 256 u **88**, 477, Kblz RR **86**, 1, Köln RR **91**, 1471, Ffm NJW **89**, 722 mwN, Schlesw NJW **86**, 3146 (dazu K. Schmidt JuS **87**, 498), Hamm AnwBl **84**, 93; unterlassene Anhörung einer Partei, § **141**, Zweibr NJW **98**, 167; Verletzung der Pflicht zur Wiedereröffnung der mündlichen Verhandlung, § **156**, Köln RR **90**, 1342, Zweibr MDR **89**, 268; Verstoß gegen § **227**, Hamm RR **92**, 121; Berichtigung des Rubrums, die in Wahrheit ein unzulässiger Parteiwechsel, § **263**, ist, Ffm RR **90**, 1471; Verstöße gegen § **278 III** (Überraschungsentscheidung), BGH WertpMitt **88**, 434, Hamm FamRZ **97**, 87 u RR **93**, 894, Schlesw RR **96**, 1069, Düss NJW **89**, 1489, Köln ZIP **89**, 604 mwN; Unterlassen einer notwendigen Beweiserhebung, § **284**, aus irrigen Erwägungen, BGH NJW **95**, 3125, Hamm RR **95**, 518, Kblz VRS **85**, 27, Düss FamRZ **83**, 394 (nicht aber Verkennung der Beweislastregeln, BGH MDR **88**, 648, dazu Schneider MDR **89**, 138, Ffm RR **96**, 575); falsche Beweiswürdigung, § **286**, BGH RR **87**, 1018;

6 Verkennung der Beweiserleichterung nach § **287**, Zweibr MDR **89**, 268; fehlerhafte Anwendung von § **296**, BGH NJW **83**, 832, Bra RR **98**, 498, Celle RR **95**, 1407, Hamm RR **95**, 1152 mwN, Düss RR **92**, 959, Stgt RR **86**, 1062, Hermisson NJW **83**, 2234; nach § **301** unzulässiges Teilurteil, BGH NJW **99**, 1036, RR **94**, 381 u NJW **92**, 1770, Düss RR **97**, 659 (s aber auch § 536 Rn 10); unzulässiges Vorbehaltsurteil nach § **302**, BGH NJW **58**, 20, BAG NZA **94**, 133, Karlsr RR **87**, 254; Vorabentscheidung nach § **304** ohne deren Voraussetzungen, BGH in stRspr, NJW **96**, 850 mwN, aM MüKoRi 24; Verstoß gegen § **309**, Bra OLG-NL **97**, 58; gesetzwidrige Verkündung, § **310**, BGH (GrZS) **14**, 39, Schlesw SchlHA **79**, 21; Tatbestand und Entscheidungsgründe fehlen ganz, Schlesw SchlHG **96**, 104, oder einem von beiden genügt nicht den Mindestanforderungen, § **313** Rn 15 u 50, Naumb NJ **97**, 91, Düss NVwZ-RR **94**, 7; Behandlung der Klage nach § **323** nach den Grundsätzen der Erstklage, Zweibr FamRZ **81**, 415; Verstoß gegen § **333**, Bbg FamRZ **96**, 496; Entscheidung durch den Einzelrichter, § **348**, bei fehlender oder fehlerhafter Bestellung, Seidel ZZP **99**, 88, Nürnb RR **93**, 574 mwN, Schlesw NJW **88**, 69 u SchlHA **82**, 198 (zurückzuverweisen ist an die Kammer), oder nach Verhandlung im Haupttermin, wobei aber idR nach § 540 zu verfahren ist, BGH RR **91**, 473 (keine Zurückverweisung auch bei Entscheidung durch die Kammer ohne Zurückübertragung, Ffm NJW **77**, 813), enger Hamm RR **93**, 1235 (Zurückverweisung nur bei willkürlichem und offensichtlich fehlerhaftem Verfahren); Verstoß gegen den Grundsatz der Unmittelbarkeit der Beweisaufnahme, §§ **355 u 398**, Düss NJW **92**, 187; Unterlassen der gebotenen Wiederholung einer Zeugenvernehmung, Köln VersR **93**, 1366; Nichtanwendung von § **356**, Brschw RR **92**, 124; Verstoß gegen § **375 I a**, Köln RR **98**, 1143, oder gegen § **379**, Hamm FamRZ **99**, 453; fehlerhafte Entscheidung über die Ablehnung eines Sachverständigen, § **406**, im Urteil, Schlesw SchlHA **82**, 30, Düss JZ **77**, 565, wenn das Gesuch zulässig war, Karlsr BB **77**, 1424; fehlerhafte Ermessensausübung iRv § **411 III**, Zweibr RR **99**, 1156; unterlassene Parteivernehmung, § **448**, Kblz MDR **98**, 712; verspätete Urteilsabsetzung, § **551**, Ffm MDR **95**, 311 (idR wird aber nach § 540 nicht zurückzuverweisen sein); Verkennen der Bindung durch ein Zurückverweisungsurteil nach oder gegen § **565 II**, Schneider MDR **88**, 151; unterlassene Anhörung in FamS, **621 a**, u a nach § 50 b FGG, Zweibr FamRZ **98**, 721; Verstoß gegen § **623**, Schlesw FamRZ **88**, 1301, Hamm NJW **89**, 2204, bzw § **628**, dort Rn 10, Kblz RR **91**, 5.

7 **Grenzfälle:** Ob im Falle der Überschreitung der Grenzen der Parteianträge, § 308, ein wesentlicher Verfahrensmangel liegt, ist Frage des Falles, Köln RR **96**, 581, Zweibr FamRZ **92**, 973; es kann sich auch um einen Irrtum in der Urteilsfindung handeln, str, vgl BSG NJW **73**, 2079: denkbar ist auch, daß ein Beweislastfehler, der nach hM zur sachlichrechtlichen Beurteilung zählt, s o, in einen Verfahrensfehler umschlagen kann, Schneider MDR **89**, 138. Ungenügend ist die bloße Nichtvernehmung eines einzelnen Zeugen, BGH **31**, 362; wohl aber genügt das Übergehen der zulässigerweise angebotenen und erheblichen Beweise, BGH NJW **51**, 481, Hamm RR **95**, 518, Düss MDR **82**, 502, Mü NJW **72**, 2049. Kein Verfahrensmangel liegt vor, wenn die 1. Instanz unzutreffend wegen fehlender Prozeßvoraussetzungen abgewiesen hat (dann § 538 Z 2). Die Auslegung vertraglicher Vereinbarungen ist idR Anwendung des sachlichen Rechts, BGH RR **95**, 125 mwN, dazu Rimmelspacher ZZP **106**, 246, so daß auch das Übersehen der gebotenen ergänzenden Auslegung kein Verfahrensmangel ist, aM Oldenb RR **94**, 843. Die unrichtige Beurteilung tatsächlicher Umstände gehört idR ebenfalls zum materiellen Recht, zB bei der Ermittlung der Verjährung, aM Kblz MDR **94**, 99. Auch eine rechtlich falsche Beurteilung verfahrensrechtlicher Vorgänge kann einen inhaltlichen Mangel (in iudicando) begründen. Maßgebend für die Beurteilung ist immer die materielle Rechtsanschauung des ersten Richters, BGH RR **95**, 124 mwN, NJW **93**, 539 (Anm Rimmelspacher ZZP **106**, 246), so daß eine Zurückverweisung nicht in Betracht kommt, wenn die Vorinstanz von ihrem Standpunkt folgerichtig über einen Streitpunkt nicht entschieden hat, BGH MDR **91**, 1047 (betr hilfsweise erhobene Widerklage), oben Rn 3 aE.

8 **C. Entscheidung.** Die Zurückverweisung nach den oben Rn 2 dargestellten Grundsätzen geschieht vAw, und zwar immer durch Endurteil, § 538 Rn 2 u 3. Gegen sie kann mit der Revision nur geltend gemacht werden, daß das Gesetz in bezug auf das Verfahren verletzt sei, was nach § 554 III Z 3 gerügt werden muß, BGH NJW **97**, 1710 mwN (dann dürfen auch die zugrunde liegenden sachlich-rechtlichen Ausführungen überprüft werden, BGH **31**, 363, MDR **83**, 749). Zurückzuverweisen ist an das Erstgericht, nicht an eine andere Abteilung oder Kammer, s § 538 Rn 4, wohl aber an den Einzelrichter, wenn ihm ein

## 1. Abschnitt. Berufung §§ 539, 540

Verfahrensfehler unterlaufen ist, Köln NJW **76**, 1101. Die Kostenentscheidung ist dem neuen Urteil vorzubehalten, eine Entscheidung über die vorläufige Vollstreckbarkeit erübrigt sich, Köln LS RR **87**, 1152. Die Gerichtskosten sind nach § 8 I GKG jedenfalls dann niederzuschlagen, wenn das Gericht gegen eine eindeutige Norm verstoßen hat und dieser Verstoß offen zutage liegt oder ein offensichtliches Versehen unterlaufen ist, BGH NJW **62**, 2107, Hartmann § 8 Rn 40, weitergehend ua Düss MDR **95**, 212, offen Saarbr MDR **96**, 1191 mwN.

Wegen des weiteren Verfahrens der 1. Instanz vgl § 538 Rn 3. Das neue Urteil kann dem Berufungskläger **9** günstiger oder ungünstiger sein.

**2) Aufhebung des Verfahrens.** Das Berufungsgericht muß bei Zurückverweisung das Verfahren 1. In- **10** stanz aufheben, soweit es von dem Mangel betroffen ist. Aufzuheben ist nur der betroffene Teil, falls er abtrennbar ist. Die Abtrennung kann sachlich geschehen, aber auch zeitlich, etwa bis zu einem bestimmten Zwischenurteil.

**3)** *VwGO:* Vgl *§ 538 Rn 16. Die Zurückverweisung an die VerwBehörde regelt § 113 III iVm § 125 I VwGO;* **11** *eine § 575 ähnnliche Sonderregelung enthält § 113 II 2 VwGO, dazu Hamann DVBl* **92**, *738.*

**540** *Abstandnahme von Zurückverweisung.* **In den Fällen der §§ 538, 539 kann das Berufungsgericht von einer Zurückverweisung absehen und selbst entscheiden, wenn es dies für sachdienlich hält.**

**Vorbem.** Im **Verfahren der Arbeitsgerichte** entsprechend anwendbar, § 64 VI, in den Fällen des **1** § 538, GMP § 68 Rn 21–23, Grunsky ArbGG § 68 Rn 5.

**Schrifttum:** *RoSGo* § 140 IV 5; *Bettermann* ZZP **88**, 386 ff.

**1) Regelungszweck.** § 540 mildert den Zwang zur Zurückverweisung, den § 538 an sich ausspricht; er **2** weist ferner den Richter bei Zurückverweisung wegen Verfahrensmangels, § 539, nochmals auf den Gesichtspunkt der Sachdienlichkeit hin, ist also, da das schon nach § 539 zu prüfen ist, insofern überflüssig. Anwendbar ist § 540 sowohl bei einem klagabweisenden Endurteil wie bei einem Zwischenurteil nach §§ 280, 304. Möglich ist auch ein Teilurteil und Zurückverweisung im übrigen sowie bei fehlerhaftem Teilurteil Urteil über das Ganze, § 537 Rn 4. **Nicht anwendbar** ist § 540 im Fall des § 629 b, § 538 Rn 15.

**2) Sachdienlichkeit.** Das Gericht muß die eigene Entscheidung für sachdienlich halten. Bei der Er- **3** messensausübung ist die Prozeßwirtschaftlichkeit (namentlich die Eilbedürftigkeit) einschließlich der durch die Zurückverweisung eintretenden Verteuerung gegen das Interesse an der Einhaltung der Verfahrensvorschriften abzuwägen: je näher die Sache der Entscheidungsreife ist, um so weniger sachdienlich ist eine Zurückverweisung, die die Parteien Zeit und Geld kostet, vgl Schumann Rn 510 ff, Mayer NJW **83**, 859, BGH RR **91**, 473 (keine Zurückverweisung, wenn der Verfahrensfehler im Verstoß gegen eine Vorschrift besteht, die eine Verzögerung ausschließen soll). Die Sachdienlichkeit muß dargetan sein, auch damit das Revisionsgericht prüft auf Rüge die Einhaltung der Ermessensgrenzen, BGH NJW **93**, 2319 mwN; deshalb besteht für das Berufungsgericht Begründungszwang, BGH **23**, 36. Eine Überraschung der Parteien ist unzulässig, vgl § 139 Rn 86.

Sachdienlich ist die eigene Entscheidung des Berufungsgerichts insbesondere dann, wenn eine weitere **4** Sachaufklärung in der 1. Instanz nicht notwendig, die Sache also schon völlig geklärt ist, BGH NJW **86**, 2437 mwN, vgl auch § 538 Rn 4; daran ändert dann eine unvorschriftsmäßige Besetzung im 1. Rechtszuge nichts, BGH NJW **58**, 1398, BVerwG ZfSH/SGB **85**, 372. Jedoch wird die Partei auch sonst vielfach das Absehen von der Zurückverweisung in Kauf nehmen müssen, zB wenn die Betragsfrage zwar nicht ohne Beweisaufnahme, aber ziemlich einfach zu entscheiden ist (§ 540 führt also zur Erweiterung des § 538 I Z 3), und auch sonst, wenn die Spruchreife unschwer herbeigeführt werden kann, zB durch Vernehmung weniger Zeugen, BGH NJW **93**, 2319. Möglich ist auch die Bejahung der Sachdienlichkeit, wenn nach Abweisung aus Prozeßgründen nunmehr sachlich abgeurteilt werden soll, § 536 Rn 9, vor allem, wenn die 1. Instanz nur einen Hilfsbegründung beigefügt hatte, Ffm NJW **62**, 1920. Das Absehen von der Zurückverweisung ist auch möglich, wenn ein unzulässiges Teilurteil ergangen ist, BGH NJW **83**, 1313, Düss RR **97**, 660 mwN, § 537 Rn 4, oder wenn der Vorbehalt nach § 302 unzulässig war, BGH **LM** § 302 Nr 4, Karlsr RR **87**, 254. Dagegen fehlt die Sachdienlichkeit, wenn neues Vorbringen nicht berücksichtigt werden darf, zB nach §§ 527, 528, oder wenn ein Teilurteil unzulässig war, weil dann über den gesamten Streitstoff einheitlich verhandelt und entschieden werden muß, Düss FamRZ **96**, 446, Ffm MDR **83**, 498 (vgl aber § 536 Rn 10). Das gleiche gilt, wenn der Verbund, § 623, wiederhergestellt werden muß, § 628 Rn 10.

Vereinbaren können die Parteien eine Entscheidung über die ganze Sache seitens des Berufungsgerichts **5** nicht, da sie den Instanzenzug nicht abändern können. Immerhin kann bei übereinstimmender Anregung der Parteien die Sachdienlichkeit in einem anderen Lichte erscheinen, vgl BGH MDR **67**, 757, StJGr 12, MüKoRi 7, ThP 3, Bettermann DVBl **61**, 72. Trotzdem ist eine Zurückverweisung aber dann geboten, wenn die Erledigung der Sache durch das Berufungsgericht einen erheblichen Zeitaufwand fordern würde, Schumann Rn 505.

**3)** *VwGO:* Vgl *§ 538 Rn 16.* **6**

## § 541

**541** *Rechtsentscheid in Wohnraummietsachen.* I ¹Will das Landgericht als Berufungsgericht bei der Entscheidung einer Rechtsfrage, die sich aus einem Mietvertragsverhältnis über Wohnraum ergibt oder der Bestand eines solchen Mietvertragsverhältnisses betrifft, von einer Entscheidung des Bundesgerichtshofs oder eines Oberlandesgerichts abweichen, so hat es vorab eine Entscheidung des im Rechtszug übergeordneten Oberlandesgerichts über die Rechtsfrage (Rechtsentscheid) herbeizuführen; das gleiche gilt, wenn eine solche Rechtsfrage von grundsätzlicher Bedeutung ist und sie durch Rechtsentscheid noch nicht entschieden ist. ²Dem Vorlagebeschluß sind die Stellungnahmen der Parteien beizufügen. ³Will das Oberlandesgericht von einer Entscheidung des Bundesgerichtshofs oder eines anderen Oberlandesgerichts abweichen, so hat es die Rechtsfrage dem Bundesgerichtshof zur Entscheidung vorzulegen. ⁴Über die Vorlage ist ohne mündliche Verhandlung zu entscheiden. ⁵Die Entscheidung ist für das Landgericht bindend.

II ¹Sind in einem Land mehrere Oberlandesgerichte errichtet, so können die Rechtssachen, für die nach Absatz 1 die Oberlandesgerichte zuständig sind, von den Landesregierungen durch Rechtsverordnung einem der Oberlandesgerichte oder dem Obersten Landesgericht zugewiesen werden, sofern die Zusammenfassung der Rechtspflege in Mietsachen, insbesondere der Sicherung einer einheitlichen Rechtsprechung dienlich ist. ²Die Landesregierungen können die Ermächtigung auf die Landesjustizverwaltungen übertragen.

**1** **Vorbem. Fassung:** Der frühere Art III des 3. MietRÄndG ist mWv 1. 4. 91 durch Art 1 Z 39 RpflVereinfG v 17. 12. 90 an dieser Stelle eingefügt worden.

**Schrifttum** (außer den Kommentaren zum MietR und zum MietRÄndG): *Dröge,* Rechtsentscheide Mietrecht, 1996; *Bub/Treier/Fischer,* Hdb der Geschäfts- u Wohnraummiete VIII; *Köhler,* Die Rechtsentscheide zur Wohnraummiete, 1982; *Weber/Marx,* Rechtsentscheidsammlung zum Wohnraummietrecht, Bd I–XI; *Schläger* ZMR **94**, 297 u **93**, 305.

### Gliederung

| | | | | |
|---|---|---|---|---|
| 1) Allgemeines | 2 | A. Voraussetzungen | | 9 |
| 2) Die Vorlage, I | 3–8 | B. Zulässigkeit | | 10 |
| A. Voraussetzungen | 3–5 | C. Vorlage an den BGH | | 11 |
| B. Verfahren | 6, 7 | D. Entscheidung | | 12 |
| C. Verstöße | 8 | 4) Kosten | | 13 |
| 3) Der Rechtsentscheid | 9–12 | | | |

**2** **1) Allgemeines.** Da das LG, das als Berufungsgericht abweichen will, vor seiner Entscheidung mit dem **Rechtsentscheid** (RE) über eine bestimmte Rechtsfrage vAw einen **Vorbescheid des vorgeordneten Gerichts** herbeizuführen hat, handelt es sich nicht um ein Rechtsmittel der Parteien (diese haben auch kein Antragsrecht, Hamm RR **88**, 1481) und damit auch nicht um eine Verlängerung des Instanzenzuges. Infolgedessen entstehen auch keine zusätzlichen Kosten, unten Rn 13. Einer Ausdehnung der Vorschrift auf die erste Instanz, Stellwaag ZRP **91**, 204, bedarf es im Hinblick auf § 511a II nicht, Börsting ZRP **92**, 191. In den **neuen Bundesländern** trat bis zur Errichtung von LG u OLG, §§ 14ff RpflAnpG, an die Stelle des LG das Bezirksgericht und an die Stelle des OLG der Besondere Senat beim Bezirksgericht, EV Anl I Kap III Sachgeb A Abschn III Z 1 b I, 1 k I 2 u 1 l III 4 (im folgenden wird auf diese Zuständigkeit nicht besonders hingewiesen). Im Beitrittsgebiet ist I mW v 1. 1. 95 **entspr anzuwenden** auf Rechtsfragen, die sich auf Vertragsverhältnisse nach § 1 I SchuldRÄndG v 21. 9. 94, BGBl 2538, beziehen, § 56 I des Ges; eine II entspr Vorschrift enthält § 56 II des Ges; vgl Messerschmidt NJW **94**, 2650.

**3** **2) Die Vorlage, I**

**A. Voraussetzungen: a) Das LG als Berufungsgericht** – uU auch als Beschwerdegericht, str, BayObLG RR **87**, 1301 mwN – in einer Sache, für die das AG seine Zuständigkeit nach § 29 a angenommen hat (nicht in anderen Berufungsfällen, BayObLG RR **92**, 1040), will bei einer Rechtsfrage, die sich aus einem Wohnraummietverhältnis (dazu BayObLG WM **85**, 51, Schlesw SchlHA **93**, 19, Stgt ZMR **85**, 14) ergibt oder den Bestand eines solchen Mietverhältnisses betrifft, von den tragenden Gründen einer (dieselbe Fallgestaltung betreffenden, KG DWW **87**, 156, und die Rechtsfrage der Sache nach beantwortenden, BayObLG RR **91**, 462) **Entscheidung eines OLG oder des BGH** – Urteil oder Beschluß – (nicht bei einer anderen Entsch, BVerfG NJW **88**, 2233) **abweichen,** mag diese Entscheidung auch in einer Wohnraummietsache oder nicht in einem Rechtsentscheid ergangen sein, BGH NJW **97**, 3439 mwN, Hamm WuM **91**, 248, str, vgl Karlsr Just **87**, 145 mwN, Landfermann NJW **85**, 2614. Beim BGH entscheidet die zuletzt vertretene Ansicht, § 132 GVG Rn 5. Ein Abweichen liegt nur dann vor, wenn die Rechtsfrage mit der bereits entschiedenen im wesentlichen deckungsgleich ist, BGH WuM **84**, 4, dh der andere Entscheidung den Fall denknotwendig mit umfaßt oder sich nach dem Zusammenhang der Gründe auch auf ihn erstreckt, BGH NJW **86**, 2102, Ffm RR **92**, 145. Divergenz ist auch gegeben, wenn die Rechtsfrage von mehreren OLG verschieden beurteilt ist. Hat ein OLG die Frage abweichend beurteilt, so ist Vorlage nötig, wenn es nicht etwa seine Ansicht ausdrücklich aufgegeben hat. Eine Vorlage ist nicht nötig, wenn das LG der Rechtsansicht des BGH folgen, aber von der eines OLG abweichen will, Hamm RR **88**, 145, StJGr 13, ThP 11, aM Stgt RR **95**, 1355 für den Fall, daß der BGH nicht durch RE entschieden hat. Es muß sich um eine Abweichung in der Hauptsache handeln, nicht in einem Beschwerdeverfahren über Nebenpunkte, Köhler S 12, offen gelassen Hamm NJW **81**, 2585. Liegt eine Abweichung nicht vor, darf kein RE ergehen, Stgt WuM **91**, 332, wenn über die maßgebliche Frage noch nicht durch RE entschieden worden ist, KG RR **92**, 1362, Ffm RR **92**, 146.

1. Abschnitt. Berufung § 541

**b)** Ferner ist vorzulegen, wenn die Rechtsfrage (zB die Auslegung einer Norm, Karlsr RR **94**, 1034) in 4 diesem Bereich von **grundsätzlicher Bedeutung** (iSv § 546 I Z 2, BayObLG RR **96**, 73 mwN, Karlsr WM **87**, 7, Ffm ZMR **86**, 89 mwN) ist, vgl § 546 I Rn 10, was das LG entscheidet; es genügt, daß zu erwarten ist, die Frage werde auch künftig auftreten und in der Rspr unterschiedlich beantwortet werden, hM BayObLG FamRZ **98**, 1580; Düss RR **98**, 12, Hbg NJW **93**, 2323, RR **92**, 11 u ZMR **88**, 92 mwN; ist das nicht der Fall, darf kein RE ergehen, Hamm RR **94**, 1496. Die Rechtsfrage darf noch nicht vom BVerfG, BayObLG WM **85**, 53, vom BGH, Karlsr RR **93**, 1231 mwN, oder von einem OLG durch RE, Ffm RR **88**, 1038, Hamm ZMR **88**, 1038, KG ZMR **86**, 117 (dabei sind auch die Gründe des RE heranzuziehen, BayObLG WM **84**, 279), oder durch eine gefestigte obergerichtliche Rspr, BayObLG FamRZ **98**, 1580 u RR **92**, 1029, Kblz ZMR **89**, 217, beantwortet sein (eine einhellige Meinung im Schrifttum steht einem RE nicht entgegen, BayObLG RR **88**, 1293, Karlsr RR **94**, 1034). Die Rechtsfrage darf idR auch nicht ausgelaufenes Recht betreffen, Karlsr ZMR **84**, 68 mwN, KG WM **84**, 279 u **83**, 128, es sei denn, sie hat weiterhin Bedeutung, BayObLG RR **95**, 1035. Ist die Frage schon entschieden, kommt die Umdeutung in eine Vorlage nach a) nicht in Betracht, Stgt WuM **95**, 306, es sei denn, daß das LG abweichen will, Ffm RR **88**, 1038, Stgt MDR **89**, 547, was aber klar erkennbar sein muß, Karlsr RR **93**, 1230 mwN.

**c) In beiden Fällen** ist eine Vorlage unzulässig, wenn das LG in derselben Sache durch die Entscheidung 5 eines übergeordneten Gerichts oder nach § 31 BVerfGG an eine Entscheidung des BVerfG gebunden ist, BayObLG RR **94**, 848, Ffm NJW **88**, 2248. Stets muß es sich um eine **Rechtsfrage des materiellen Mietrechts** handeln, die für die konkrete Sachentscheidung erheblich ist, BayObLG RR **86**, 1145, Hamm ZMR **94**, 153 (daß eine Rechtsfrage zB aus dem allgemeinen Schuldrecht auch in einem Mietverhältnis erheblich sein kann, genügt nicht, BayObLG RR **92**, 341, Hamm RR **98**, 1311 mwN); diese Rechtsfrage braucht sich nicht nur im Wohnraummietrecht zu stellen, BayObLG RR **89**, 1293 u **87**, 1303, Karlsr ZMR **89**, 90 u NJW **85**, 142, abl Landfermann NJW **85**, 2613; ein enger innerer Sachzusammenhang mit dem materiellen Wohnraummietrecht genügt, BGH NJW **97**, 3438 mwN, BayObLG RR **99**, 112 mwN, Schlesw SchlHA **93**, 19, KG RR **92**, 147, Ffm ZMR **91**, 63, offen gelassen Hbg RR **91**, 401, so daß auch Fragen aus dem öff Wohnungsrecht einem RE zugänglich sein können, BayObLGZ **96**, 269. Rechtsfrage ist namentlich die Auslegung des Gesetzes, Karlsr RR **94**, 1034 mwN. Eine **verfahrensrechtliche Frage** in einem Mietprozeß darf nicht vorgelegt werden, BayObLG ZMR **84**, 356, Hamm ZMR **84**, 354 mwN, es sei denn, sie steht in einem engen inneren Sachzusammenhang mit einer materiellen Rechtsfrage, allgM, BGH **89**, 280 = NJW **84**, 1615, Schlesw ZMR **88**, 334 (Anm Schläger), KG ZMR **86**, 117 (zur Vorlage bei einer Kostenentscheidung nach § 91 a s BayObLG RR **87**, 1301 mwN); auch eine Vorlage wegen Fragen des RE-Verf ist nicht zulässig, BayObLG WM **82**, 154, vgl Landfermann NJW **85**, 2614. Ebenso kann über die Frage der Vereinbarkeit eines RE mit einer Entscheidung des BVerfG kein RE eingeholt werden, Karlsr ZMR **89**, 145. **Tatfragen** sind einem RE nicht zugänglich, BVerfG ZMR **89**, 212, BayObLG RR **87**, 1303 mwN, KG RR **98**, 153. Die Vertragsauslegung ist grundsätzlich Sache des Tatrichters und kann deshalb nicht Gegenstand einer Vorlage sein, BVerfG aaO, es sei denn, es handelt sich um häufig wiederkehrende, typische Klauseln, BGH NJW **82**, 2186 mwN, BayObLG RR **99**, 1100, Hamm WuM **70**, 248, Hbg WuM **83**, 329, Karlsr RR **92**, 969, Stgt ZMR **94**, 402, aM Ffm OLGZ **81**, 219. Auch die Frage der Verwirkung gehört zur tatrichterlichen Würdigung, Hamm DWW **83**, 100, Karlsr ZMR **82**, 184.

**B. Verfahren.** Das LG erläßt in den Fällen, die einem RE zugänglich sind, einen unanfechtbaren 6 **Vorlagebeschluß**, I 1, der eine präzise Formulierung der Rechtsfrage, Kblz RR **95**, 1356 (das aber die Ermittlung der Rechtsfrage aus Beschluß und Akteninhalt genügen läßt), Schlesw WM **83**, 75, und die beabsichtigte Entscheidung, Ffm ZMR **86**, 89, sowie die Darlegung der Voraussetzungen, Karlsr ZMR **83**, 134, enthalten muß (insbesondere auch deutlich machen muß, worin das LG die grundsätzliche Bedeutung sieht, Ffm ZMR **91**, 104), und aufgrund welcher Tatsachen und welcher rechtlichen Würdigung es die Frage als entscheidungserheblich ansieht, Hamm RR **88**, 145 u **91**, 1090 (Ausnahmefall), Celle NdsRpfl **84**, 233 u **85**, 121 mwN, Ffm ZMR **88**, 59 u **84**, 95, Kblz ZMR **87**, 268, **84**, 96 u 208; fehlt es daran, so ist dies unschädlich, wenn die Entscheidungserheblichkeit für das OLG zweifelsfrei ersichtlich ist, BayObLGZ **97**, 156, RR **93**, 1097 mwN, Karlsr Just **85**, 202. Unschädlich ist die falsche Bezeichnung des maßgeblichen Gesetzes, Bre RR **89**, 266. Etwaige Vorfragen dürfen nicht ungeklärt bleiben, Kblz RR **87**, 1043, jedoch braucht das LG darüber nicht Beweis zu erheben, Zweibr ZMR **87**, 803 mwN. Es genügt, wenn die Berufung nur aufgrund einer der möglichen Antworten auf die Vorlage entscheidungsreif ist, BGH NJW **94**, 2542 mwN, Karlsr RR **88**, 1036; vorzulegen ist in diesem Fall auch dann, wenn eine Beweisaufnahme ergeben könnte, daß die Rechtsfrage nicht mehr entscheidungserheblich ist, BGH NJW **87**, 2372, BayObLG RR **87**, 1950, Ffm WuM **91**, 252, Saarbr NJW **90**, 581, Hamm RR **88**, 1037. Nur in ganz klar liegenden Fällen braucht die Vorlage ausnahmsweise nicht begründet zu werden, BayObLG NJW **81**, 580, Sonnenschein NJW **82**, 1250 mwN.

Dem Beschluß sind die **Stellungnahmen der Parteien**, die in jedem Fall einzuholen sind, beizufügen, 7 I 2; ein etwaiger Mangel wird durch Anhörung durch das OLG geheilt, Karlsr Just **94**, 84 mwN. Eine mündliche Verhandlung braucht nicht stattzufinden, I 4, auch über eine beabsichtigte Vorlage, aM Maetzel NJW **68**, 1461.

Mit Beendigung der Instanz durch Rücknahme oder Vergleich wird die **Vorlage hinfällig**. Das gleiche gilt im Fall der beiderseits erklärten Erledigung des Vorlagebeschlusses erklärten Erledigung der Hauptsache, Hamm RR **92**, 146, Oldb ZMR **89**, 299, jetzt auch BayObLG RR **92**, 341 (Aufgabe von BayObLG NJW **81**, 580). Wird die Vorlagefrage inzwischen anderweitig durch RE entschieden, so wird die Vorlage unzulässig, BGH NJW **94**, 1075 mwN; eine Weiterführung als Divergenzvorlage kommt ohne erkennbaren Willen des LG zur Abweichung nicht in Betracht, BayObLG RR **96**, 334, ZMR **95**, 311, Hbg NJWE-MietR **96**, 4.

**C. Verstöße.** Entscheidet das LG ohne Vorlage, obwohl sie erforderlich gewesen wäre, so wird dadurch 8 die Wirksamkeit des Urteils nicht beeinflußt. Darin liegt aber jedenfalls dann, wenn dem LG die Notwendigkeit der Vorlage aufdrängen mußte oder das Gericht sonst willkürlich gehandelt hat, ein Verstoß gegen Art 101 I 2 GG, BVerfG RR **99**, 519, NJW **95**, 582 u **93**, 381 mwN, VerfGH Bln NJWE-MietR **96**,

## § 541

3. Buch. Rechtsmittel

64, bei Übergehen eines entspr Parteivortrags ggf ein Verstoß gegen Art 103 GG, BVerfG NJWE-MietR **97**, 1; ein solcher Verstoß kann aufgrund einer entspr Rüge im Verfahren der VerfBeschw zur Aufhebung der Entscheidung führen, BVerfG RR **99**, 519, NJW **95**, 582 u **93**, 381 mwN, u a NJW **90**, 1595 (dazu Bosch FamRZ **91**, 5). Die Vorlage ist ebenso wie die Ablehnung des Antrags auf Vorlage unanfechtbar, Hamm RR **88**, 1481 mwN.

**9**   **3) Der Rechtsentscheid, I 1**

**A. Voraussetzungen.** Zuständig ist das **OLG** (Zuweisungen nach II: in **Bay** ObLG, VO v 9. u 18. 1. 68, GVBl 4, 17, BayObLG RR **93**, 979 mwN; in **NRW** OLG Hamm, VO v 9. 7. u 7. 8. 68, GVBl 240, 252); wegen der früheren Rechtslage in den neuen Bundesländern s Rn 2. Das OLG **prüft**, ob es sich um eine Rechtsfrage oder um eine Frage auf tatsächlichem Gebiet handelt, BayObLG NJW **84**, 496, ob die Rechtsfrage in den Bereich der Vorschrift fällt und die Stellungnahme des LG von der Entscheidung eines OLG oder des BGH abweicht oder ob es sich um eine noch nicht entschiedene Rechtsfrage von grundsätzlicher Bedeutung handelt, BayObLG NJW **81**, 580 mwN, Hamm NJW **85**, 1847, Karlsr OLGZ **82**, 87 u NJW **82**, 889; dabei ist an die Vorlagefrage nicht gebunden, da es auf deren rechtlichen Kern ankommt, allgM, BGH **105**, 76, Hbg NJW **93**, 2323 mwN, so daß eine Berichtigung oder Ergänzung der Frage möglich ist, wenn ihr rechtlicher Kern nicht verändert wird, allgM, BayObLG in stRspr, BayObLGZ **89**, 406, Karlsr RR **97**, 711 mwN. Ferner hat das OLG zu prüfen, ob die Frage in diesem Fall **entscheidungserheblich** ist, BayObLG RR **89**, 1291 mwN. Dabei hat es aber von der dem Vorlagebeschluß zugrunde liegenden Rechtsauffassung des LG auszugehen, sofern sie nachvollziehbar dargelegt, BayObLG NJW **93**, 2121 (stRspr), und nicht offensichtlich unhaltbar ist, MüKoRi 32, BGH NJW **97**, 3438 mwN, BayObLG in stRspr, NJW **98**, 1325, RR **94**, 78 u **91**, 462 mwN, Celle NdsRpfl **84**, 44, Ffm ZMR **95**, 68, Hamm RR **98**, 1090, Hbg ZMR **94**, 971, Karlsr in stRspr, RR **93**, 79 u Just **90**, 88 u 90, Kblz WM **83**, 73, KG in stRspr RR **96**, 1226, Oldb NdsRpfl **81**, 39, Saarbr RR **93**, 20 u WuM **91**, 252, Schlesw ZMR **93**, 71, Stgt RR **93**, 1102, weitergehend Sonnenschein NJW **82**, 1250 mwN, abw, wenn auch grundsätzlich übereinstimmend, Hbg NJW **93**, 2322 mwN, Kblz ZMR **87**, 268: aber für den RE kann schwerlich etwas anderes gelten als für sonstige Vorlagen, zB an das BVerfG, § 1 GVG Rn 14, oder an oberste Gerichte, zB nach § 28 II FGG, BGH MDR **82**, 126, oder § 29 II 2 EGGVG, BGH **77**, 211, bei denen von der Rechtsauffassung des vorlegenden Gerichts auszugehen ist; ebensowenig wie diese Gerichte darf hier das für die Hauptsache nicht zuständige OLG dem LG die Entscheidung vorschreiben, Köhler S 13, § 567 III. Ein RE kommt aber nicht in Betracht, wenn der Vorlagebeschluß eine sich aufdrängende Auseinandersetzung mit einem Teil des Sachverhalts vermissen läßt, dessen Berücksichtigung die angenommene Divergenz (oder Rechtsgrundsätzlichkeit) beseitigt, BGH NJW **90**, 3143, BayObLG ZMR **91**, 174, Celle NdsRpfl **96**, 10.

**10**   **B. Zulässigkeit.** Kommt das OLG zu dem Ergebnis, daß die **Vorlage unzulässig** ist, weil es sich zB nicht um eine unter die Vorschrift fallende Rechtsfrage handelt oder die Rechtsfrage bereits durch einen RE beantwortet worden ist, BayObLG RR **96**, 73, so lehnt es den Erlaß eines RE als unzulässig ab und gibt die Akten zurück. Das gleiche gilt, wenn die Vorlegungsvoraussetzungen zwischenzeitlich entfallen sind, BayObLG RR **96**, 334, Hamm ZMR **84**, 413, Karlsr NJW **82**, 344, zB bei Vorlage wegen grundsätzlicher Bedeutung anderweit ein klärender RE ergangen ist, oben Rn 7, BGH NJW **94**, 1075 mwN, BayObLG RR **96**, 334, Hbg NJWE-MietR **96**, 4. Das gleiche gilt dann, wenn das Verfahren vor dem LG inzwischen beendet worden ist, oben Rn 7. Denn für die Zulässigkeit der Vorlage kommt es auf den Zeitpunkt der Entscheidung an, BGH NJW **94**, 1075, Hamm RR **92**, 146 mwN. Bei **Zulässigkeit** entscheidet das OLG die Rechtsfrage, nicht aber den Fall.

**11**   **C. Vorlage an den BGH.** Liegt eine Entscheidung des BGH oder eines anderen OLG zu derselben Frage vor, so muß das OLG, wenn es die Frage nicht im Sinne dieser Entscheidung beantworten will, seinerseits **dem BGH vorlegen, I 3**; das gleiche gilt bei der beabsichtigten Abweichung von einer Entscheidung des GmS, § 18 II G v 19. 6. 68, BGBl 661, abgedr Anh § 546. Hat das LG nicht wegen dieser Divergenz, sondern wegen grundsätzlicher Bedeutung vorgelegt, ist sie unzulässig, oben Rn 3 aE, Karlsr RR **93**, 1230 mwN; jedoch dürfte Rückgabe an das LG zwecks Klärung geboten sein, vgl BGH NJW **86**, 2102. Die Abweichung von einer einen RE ablehnenden Entscheidung zwingt nicht zur Vorlage, offen gelassen BGH NJW **84**, 236. Dagegen kommt es nicht darauf an, ob die Entscheidung, von der abgewichen werden soll, ein RE ist: auch Abweichungen von einer sonstigen Entscheidung des BGH oder eines anderen OLG erfordern die Vorlage, BGH NJW **87**, 2372 u **84**, 1615 (krit Landfermann NJW **85**, 2614), so daß die Abweichung von der Entscheidung eines Strafsenats genügt, aM Karlsr NJW **82**, 344, Stgt NJW **81**, 2356. Es genügt, daß das OLG gleichgültig, wie es entscheiden würde, abweichen will; in diesem Fall darf es sich einer eigenen Stellungnahme enthalten, BGH ZMR **86**, 131. Das OLG darf dem BGH keine andere Rechtsfrage als die ihm vom LG gestellte vorlegen (auch keine Vorfrage), BGH NJW **89**, 29 mwN, BayObLG NJW **88**, 1797; ist der wegen grundsätzlicher Bedeutung ergangene Vorlagebeschluß des LG durch Ergehen eines anderweitigen RE nachträglich unzulässig geworden, oben Rn 7, kommt eine Divergenzvorlage des OLG nicht in Betracht, BGH NJW **94**, 1074. Die Vorlage setzt voraus, daß eine Abweichung von den tragenden Gründen der anderen Entscheidung beabsichtigt ist, BGH ZMR **86**, 192, NJW **84**, 236; sie ist unzulässig, wenn eine Divergenz in Wahrheit nicht besteht, BGH NJW **86**, 2102. Ob eine Abweichung in diesem Sinne vorliegt, hat der BGH zu prüfen, BGH RR **89**, 74 (zu § 28 II FGG).

**12**   **D. Entscheidung.** Die Entscheidung des OLG bzw des BGH ergeht **ohne mündliche Verhandlung, I 4**, durch Beschluß. Auch gegen die Entscheidung des OLG gibt es kein Rechtsmittel. Das LG hat dann seiner Sachentscheidung die Ansicht des OLG bzw des BGH über die Rechtsfrage zugrunde zu legen, weil **die Entscheidung bindend ist, I 5**; diese Wirkung kommt dabei nur dem (ggf aus den Gründen auszulegenden) Tenor des RE zu, Ffm MDR **85**, 939, vgl § 565 Rn 4 ff. Das AG ist an den RE nur im Fall der Zurückverweisung gebunden, Dänzer-Vanotti NJW **80**, 1779. Eine Bindung des OLG an seinen RE besteht nicht: auf Vorlage eines LG (auch desjenigen, das den RE herbeigeführt hat) ist im Fall der beabsichtigten Abweichung erneut zu entscheiden.

1. Abschnitt. Berufung §§ 541, 542

**4) Kosten.** Durch das Vorlageverfahren und die Entscheidung des OLG bzw BGH entstehen keine 13
zusätzlichen gerichtlichen oder außergerichtlichen Kosten, da es sich um einen gerichtsinternen Vorgang
handelt, Schmidt-Futterer/Blank G 32, Landfermann/Heerde Bd III S 20.

**542** *Versäumnisverfahren.* ¹Erscheint der Berufungskläger im Termin zur mündlichen Verhandlung nicht, so ist seine Berufung auf Antrag durch Versäumnisurteil zurückzuweisen.

II ¹Erscheint der Berufungsbeklagte nicht und beantragt der Berufungskläger gegen ihn das Versäumnisurteil, so ist das tatsächliche mündliche Vorbringen des Berufungsklägers als zugestanden anzunehmen. ²Soweit es den Berufungsantrag rechtfertigt, ist nach dem Antrag zu erkennen; soweit dies nicht der Fall ist, ist die Berufung zurückzuweisen.

III Im übrigen gelten die Vorschriften über das Versäumnisverfahren im ersten Rechtszug sinngemäß.

**Vorbem.** Im **Verfahren der Arbeitsgerichte** entsprechend anwendbar, § 64 VI u VII iVm § 59 1
ArbGG, BAG NJW **89**, 62 u 734, LAG Bln NZA **98**, 167 (Alleinentscheidung durch den Vorsitzenden).

**1) Allgemeines.** Das Versäumnisverfahren im Berufungsrechtszug ist grundsätzlich dasselbe wie in 1. In- 2
stanz, III. Deshalb sind auch hier die Grundlagen des ganzen Verfahrens vorweg zu prüfen. **a) Zulässigkeit
der Berufung**, § 519b I 1: ergibt sich, daß die Berufung unzulässig ist, muß sie auch im Versäumnisverfahren verworfen werden, gleichgültig, welche Partei säumig ist; das Urteil ist ein streitmäßiges Urteil
(unechtes Versäumnisurteil), RoSGo § 140 I, BGH NJW **99**, 291 mwN, Bra RR **98**, 1679 mwN, Düss
FamRZ **94**, 1535 (aM MüKoRi 7), wenn nicht die Verwerfung mindestens teilweise auf zwangsläufigen
Folgen der Säumnis beruht, BGH NJW **57**, 1840 (zu § 239 IV). **b) Zulässigkeit des Verfahrens 1. In-** 3
**stanz:** Fehlt eine Prozeßvoraussetzung oder leidet die angefochtene Urteil an einem Mangel, der ihm die
Eignung als Grundlage des weiteren Verfahrens nimmt (zB der Einspruch gegen ein Versäumnisurteil ist zu
Unrecht als zulässig angesehen worden, das angefochtene Urteil ist ein unzulässiges Teilurteil oder während
der Unterbrechung des Verfahrens ergangen), so ist ohne Rücksicht darauf, welche Partei säumig ist, das
angefochtene Urteil aufzuheben und die Klage abzuweisen oder an die 1. Instanz zurückzuverweisen,
RoSGo § 142 II, ZöGu 7, Hamm FamRZ **98**, 303, Köln ZIP **94**, 958, Ffm OLGZ **94**, 78 mwN, str, aM
MüKoRi 7. Auch hier ist das Urteil des Berufungsgerichts stets ein streitmäßiges Urteil, kein Versäumnisurteil, BGH JR **87**, 26 mwN (krit Dunz JR **87**, 27), Köln aaO.

**2) Versäumnisurteil gegen den Berufungskläger, I.** Liegt keiner der Fälle der Rn 3 vor, ergeht bei 4
Säumnis, Üb § 330 Rn 3 ff, auf Antrag des Berufungsbeklagten, § 330 Rn 1, gegen den Berufungskläger
ohne weitere Prüfung Versäumnisurteil auf Zurückweisung der Berufung, Hamm FamRZ **98**, 382.

**3) Versäumnisurteil gegen den Berufungsbeklagten** 5
**A. Voraussetzung, II 1.** Ist nicht die Berufung zu verwerfen oder über die Klage durch streitmäßiges
Urteil (unechtes Versäumnisurteil) zu entscheiden, Rn 3, so ist bei Säumnis, Üb § 330 Rn 3 ff, des
Berufungsbeklagten das **tatsächliche mündliche Vorbringen** des Berufungsklägers als zugestanden anzunehmen (dies gilt nur für Tatsachen, nicht aber für Rechtsfragen, Schack 626, irrig Mü NJW **76**, 489 m abl
Anm Küppers). Darauf, ob der Berufungsbeklagte das Vorbringen früher bestritten hat, kommt es nicht an;
auch die Feststellungen im angefochtenen Urteil und etwaige Beweisergebnisse bleiben außer Betracht
(abweichend die bis 1977 geltende Fassung), ebenso sonstige Umstände, die für die Unrichtigkeit des
Vorbringens sprechen können, BGH MDR **79**, 930. Im Hinblick auf § 532 ist jedoch ein in 1. Instanz
abgelegtes Geständnis zu berücksichtigen, ThP 10, offen gelassen von BGH aaO. Als zugestanden ist
auch neues Vorbringen anzunehmen, selbst dann, wenn es nach §§ 527–529 nicht zuzulassen wäre (die abweichende Regelung im RegEntw der VereinfNov ist nicht Gesetz geworden); jedoch bleibt es beim
Ausschluß nach § 528 III. Voraussetzung für den Erlaß des Versäumnisurteils ist in jedem Fall die rechtzeitige
Mitteilung, § 335 I Z 3. Wegen der Rechtslage in **EheS** s § 612 Rn 8.

**B. Erlaß des Versäumnisurteils, II 2.** Rechtfertigt das als zugestanden fingierte tatsächliche Vorbringen 6
des Berufungsklägers seinen Berufungsantrag, so ist auf seinen Antrag, § 331 Rn 3, durch Versäumnisurteil
zu erkennen: hat der Kläger Berufung eingelegt, muß sich daraus die Schlüssigkeit der Klage ergeben, ist der
Beklagte Berufungskläger, muß sein Vorbringen zur (auch teilweisen) Unbegründetheit der Klage führen,
Putzo NJW **77**, 8. Andernfalls ist die Berufung durch (unechtes) Versäumnisurteil, Üb § 330 Rn 13 ff,
zurückzuweisen. Ist dies zu Unrecht geschehen, so kann auch dann, wenn der Beklagte in Revisionsinstanz säumig ist, das Revisionsgericht nicht anstelle des Berufungsgerichts der Klage durch (echtes)
Versäumnisurteil stattgeben, sondern muß aufheben und zurückverweisen, BGH NJW **86**, 3085, BAG NJW
**89**, 62 u 734. PKH nur zur Stellung des Antrags, § 331, kommt nicht in Betracht, Köln OLGZ **89**, 70. Bei
wechselseitiger Berufungen und Säumnis einer Partei wird ggf einheitlich zu entscheiden, auch durch (Teil-)
Sachurteil und Versäumnisurteil, Kblz FamRZ **98**, 304.

**4) Sonstige Vorschriften, III.** Im übrigen gelten bei Säumnis die Vorschriften über das Versäumnisver- 7
fahren 1. Instanz sinngemäß, so daß §§ 330, 331 a–347 anzuwenden sind, also auch § 340 III 4 (Hinweis auf
die Folgen der Fristversäumung bei Zustellung des Versäumnisurteils, § 340 Rn 16). Bei zweiseitiger
Säumnis gilt § 251 a, § 523. Für Anträge des Berufungsgegners gilt § 335 I Z 3 nicht, Celle MDR **93**, 686.
Die zur Aktenlageentscheidung nötige mündliche Verhandlung muß in 2. Instanz stattgefunden haben
(ebenso nach § 331 a). Zur Zuständigkeit des Einzelrichters vgl § 524 Rn 10.
Rechtsmittel gegen die Verwerfung des Einspruchs durch Beschluß des Berufungsgerichts, § 341 II, dort
Rn 13: der Beschluß des LG ist unanfechtbar, § 567 III 1 u 2 (überdies würde § 341 II nicht entspr
anzuwenden sein, weil gegen ein Urteil gleichen Inhalts keine Revision stattfinden würde); hat das OLG den

Einspruch durch Beschluß verworfen, so ist dagegen sofortige Beschwerde an den BGH gegeben, § 567 IV 2, sofern gegen ein Urteil gleichen Inhalts Revision stattfinden würde, § 341 II, wofür §§ 546, 621 d I u 629 a I maßgebend sind, jedoch ohne die Möglichkeit der Nichtannahme nach § 554 b (anders als nach § 568 a), BGH NJW **78**, 1437, **82**, 1104.

**8** **5) Sonderfälle.** Wegen der Versäumnisentscheidung in Ehe- und KindschS s §§ 612 IV, 640 I.
**9** **6) *VwGO:*** Unanwendbar, Üb § 330 Rn 18.

**543** *Abfassung des Urteils.* ¹Im Urteil kann von der Darstellung des Tatbestandes und, soweit das Berufungsgericht den Gründen der angefochtenen Entscheidung folgt und dies in seinem Urteil feststellt, auch von der Darstellung der Entscheidungsgründe abgesehen werden.

II ¹Findet gegen das Urteil die Revision statt, so soll der Tatbestand eine gedrängte Darstellung des Sach- und Streitstandes auf der Grundlage der mündlichen Vorträge der Parteien enthalten. ²Eine Bezugnahme auf das angefochtene Urteil sowie auf Schriftsätze, Protokolle und andere Unterlagen ist zulässig, soweit hierdurch die Beurteilung des Parteivorbringens durch das Revisionsgericht nicht wesentlich erschwert wird.

**1** **Vorbem.** Im **Verfahren der Arbeitsgerichte** ist (neben §§ 313 a und 313 b iVm § 523) § 543 für Urteile entsprechend anwendbar, § 64 VI ArbGG, GMP § 69 Rn 10, Grunsky ArbGG § 69 Rn 3 mwN. Bei möglicher Nichtzulassungsbeschwerde, § 72 a ArbGG, gilt II, BAG NZA **85**, 35 gg Dütz RdA **80**, 94 mwN: das BAG braucht im Fall der Zulassung eine Grundlage, unten Rn 4. Wegen der zulässigen Bezugnahme auf den Tatbestand des Urteils 1. Instanz s BAG NZA **98**, 279 u NJW **88**, 843, wegen des Absehens von der Darstellung der Entscheidungsgründe s BAG NZA **98**, 1079, wegen der Aufhebung des Urteils bei fehlendem oder unzureichendem Tatbestand, unten Rn 5, wenn erst das BAG die Revision zugelassen hat, s BAG NZA **85**, 35 u 436. Auch im Berufungsverfahren gilt die Abfassungsfrist, § 69 I 2 ArbGG.

**Schrifttum:** *Balzer* NJW **95**, 2449; *Fischer* JuS **95**, 535; *E. Schneider* MDR **84**, 17.

**2** **1) Regelungszweck.** Auch im Berufungsverfahren gelten **§§ 313 a und 313 b**, § 523, s die dortigen Erl; ein **zurückverweisendes Urteil** muß schon wegen der Bindungswirkung, § 538 Rn 3, Tatbestand und Gründe enthalten, Keller MDR **92**, 435. Abgesehen davon sind in § 543 für Berufungsurteile zur Vereinfachung und Beschleunigung des Verfahrens weitere Abweichungen von § 313 zugelassen.

**3** **2) Tatbestand**, § 313 I Z 5 (Fischer JuS **95**, 535; Huber JuS **87**, 216, m Beisp).

**A. Grundsatz, I.** Von der Darstellung des Tatbestandes **kann abgesehen werden**, und zwar auch in den Fällen des § 313 a II, sofern es sich um ein irrevisibles Urteil handelt und sich gegenüber der 1. Instanz keine Änderungen ergeben; neues Vorbringen und neue Feststellungen müssen in den Fällen des § 313 a II, ZöGu 7 (aber auch sonst, wenn die Entscheidung auf ihnen beruht), gebracht werden, wobei eine Bezugnahme nach § 523 iVm § 313 II 2 zulässig ist, aM Huber JuS **87**, 216. Weicht der Tatbestand von der 1. Instanz nicht ab, ist eine förmliche Bezugnahme überflüssig, vgl die Beispiele E. Schneider JuS **78**, 334. Danach kann auch bei Urteilen des OLG, die nicht der Revision unterliegen, in diesen Fällen von der Darstellung des Tatbestandes abgesehen werden. Davon ist aber nur Gebrauch zu machen, wenn an der Unzulässigkeit der Revision nicht der geringste Zweifel besteht, also niemals bei Unsicherheit über die Höhe der Beschwer, BGH RR **91**, 1410, NJW **79**, 927, E. Schneider MDR **84**, 17: die Folgen eines Verstoßes, unten Rn 5, treffen die Parteien schwer, wenn der BGH die Beschwer anders beurteilt. Handelt es sich um ein Berufungsurteil in Unterhaltssachen, ist I insoweit nicht anzuwenden, als es sich um die Darstellung der für § 323 maßgeblichen Verhältnisse handelt; dabei kann eine (erschöpfende) Bezugnahme auf das angefochtene Urteil genügen, Riegner FamRZ **94**, 610 (eine entsprechende Gestaltung der Entscheidungsgründe empfiehlt sich nicht). Verfährt das Gericht nach I, ist ein Berichtigungsantrag, § 320, unzulässig, Köln OLGZ **89**, 78.

**4** **B. Sondervorschrift, II** (Schneider MDR **81**, 969). Für Urteile, die nach §§ 546, 547 der Revision unterliegen, gilt eine Sondervorschrift, um dem Revisionsgericht eine Nachprüfung zu ermöglichen, § 561: der Tatbestand soll eine **gedrängte Darstellung des Sach- und Streitstandes** auf der Grundlage der mündlichen Vorträge der Parteien enthalten, **II 1**; vgl § 313 II (für andere Urteile, zB mit der Sprungrevision anfechtbare Urteile des LG, § 566 a, gilt die Sonderregelung nicht, Jauernig § 58 II 4). Dabei ist die **Bezugnahme** auf das angefochtene Urteil, Schriftsätze, Protokolle und andere Unterlagen (auch ein in derselben Sache ergangenes Revisionsurteil, BAG NJW **89**, 1627) zulässig, wenn hierdurch die Beurteilung des Parteivorbringens durch das Revisionsgericht nicht wesentlich erschwert wird, **II 2**; vgl hierzu § 313 Rn 16 ff, Hbg NJW **88**, 2678 einerseits, Oldb MDR **89**, 551 andererseits, dazu Schwöbbermeyer NJW **90**, 1451 (keine Pauschalverweisung auf sämtliche Schriftsätze). Voraussetzung dafür, daß der Tatbestand vollständig, in sich klar und richtig ist, BAG NJW **82**, 1832, und daß sich die Unterlagen bei den Akten befinden. Die in Bezug genommenen Originalurkunden dürfen also nicht nach Abschluß der Instanz an die Partei zurückgegeben worden sein, BGH NJW **81**, 1621 (mit Recht krit E. Schneider MDR **84**, 18), es sei denn, die Vollständigkeit und Identität der wieder eingereichten Unterlagen ist unbestritten, BGH NJW **82**, 2071. Zulässig ist auch die Bezugnahme auf ein in derselben Instanz zwischen den Parteien ergangenes früheres Urteil, BGH NJW **81**, 1046. Die Bezugnahme auf den Tatbestand der 1. Instanz genügt, wenn der Sachverhalt unstreitig ist, in der 2. Instanz nichts neues vorgetragen wird und lediglich um eine Rechtsfrage gestritten wird, BAG NJW **81**, 2078 (offen gelassen von BGH NJW **85**, 1785). In allen diesen Fällen ist die förmliche Bezugnahme nach II 2 unerläßlich, BGH WertpMitt **80**, 253; zu den Anforderungen an die Bezugnahme BAG NJW **88**, 843.

**5** **C. Verstoß.** Wird I oder II verletzt, so ist das kein absoluter Revisionsgrund; Mängel des Tatbestands sind jedoch vAw zu beachten und führen ggf zur **Zurückverweisung**, BGH NJW **95**, 1842, § 551 Rn 18.

Enthält das Urteil eines OLG **keinen Tatbestand**, so verfällt es aufgrund einer zulässigen Revision grundsätzlich der Aufhebung, stRspr, BGH NJW **99**, 1720 mwN, BAG NJW **89**, 1628 mwN, u a NJW **88**, 843 (dies gilt auch dann, wenn das OLG das Urteil für sich nicht revisibel hielt, etwa mangels Erreichens der Revisionssumme, BGH aaO, BAG NZA **85**, 35; in diesem Fall sind die Kosten nach § 8 GKG niederzuschlagen, BGH **KR** Nr 27). Das gleiche gilt, wenn der Tatbestand unzureichend ist, BGH RR **94**, 1341 mwN. Das Fehlen eines gesonderten Tatbestandes oder seine Unzulänglichkeit nötigt aber **nicht** zur Aufhebung und Zurückverweisung, wenn nur über eine Rechtsfrage entschieden wird, deren Beantwortung die Feststellung eines konkreten Sachverhalts nicht voraussetzt, BGH NJW **81**, 1848, BAG NZA **80**, 35, oder wenn der Sach- und Streitstand sich aus den Entscheidungsgründen in einem für die Beurteilung der aufgeworfenen Rechtsfrage ausreichenden Umfang ergibt, BGH **99**, 1720 u NJW **97**, 1931 (auch zum Antrag nach § 320), RR **97**, 1486, NJW **91**, 3039, NJW **85**, 1785 mwN.

3) **Entscheidungsgründe**, § 313 I Z 6, **I** (Schneider MDR **81**, 970; Huber JuS **87**, 216, m Beisp).     **6**

**A. Grundsatz.** Soweit das Berufungsgericht den Entscheidungsgründen der 1. Instanz folgt, genügt es, dies im Berufungsurteil festzustellen (und zwar auch dann, wenn gegen das Urteil Revision gegeben ist, BGH NJW **85**, 1785), vgl EGMR NJW **99**, 2429 (zu Art 6 I EMRK). Diese Voraussetzung kann auch bei einzelnen Teilen der Begründung erfüllt sein; dann sind die Gründe, denen das Berufungsgericht folgt, im Urteil genau zu bezeichnen, vgl BVerwG BayVBl **92**, 538, und die abweichende Beurteilung in anderen Punkten vom Berufungsgericht zu begründen, zB tatsächliche Feststellungen. Wenn ein Gericht von dem eindeutigen Wortlaut oder von der höchstrichterlichen Auslegung einer Norm abweicht, ist eine Begründung verfassungsrechtlich geboten, BVerfG NJW **95**, 2911. Eine eigene Beweiswürdigung muß im Berufungsurteil dargestellt werden, § 286 I 2, E. Schneider MDR **78**, 2; erst recht müssen neu vorgebrachte Angriffs- und Verteidigungsmittel in den Gründen beschieden werden, BGH NJW **80**, 2418. Von den Möglichkeiten des I ist stets mit Fingerspitzengefühl und Takt Gebrauch zu machen, Hartmann NJW **78**, 1464: auf neue Argumente einer Partei sollte das Berufungsgericht immer eingehen, wenn sie nicht ganz abwegig sind; so zutreffend BSG MDR **97**, 373, Bender/Belz/Wax Rn 187. In dem irrevisiblen Berufungsurteil eines LG die Entscheidungsgründe (und den Tatbestand) ganz wegzulassen, dürfte nur bei offensichtlich unbegründeten Rechtsmitteln in Frage kommen, Huber JuS **87**, 216.

**B. Verstoß.** Ein Verstoß fällt unter § 551 Z 7, s dort Rn 14–16, und kann Art 103 I GG verletzen,    **7** BVerfG NJW **96**, 3203, BayVerfGH RR **91**, 895 mwN. Ein Berufungsurteil, das lediglich auf den Tatbestand des angefochtenen Urteils und auf die Schriftsätze sowie auf die Entscheidungsgründe dieses Urteils Bezug nimmt, verstößt gegen II und ist aufzuheben, BGH NJW **85**, 1784.

4) *VwGO:* Für den Tatbestand und die Entscheidungsgründe gilt § 130 b VwGO (idF des 6. ÄndG), der I   **8** entspricht und von einer II entspr Regelung absieht. Auch vor dem 1. 1. 97 war § 543 nicht entsprechend anwendbar, BVerwG NJW **84**, 2429, BSG in stRspr, DRiZ **79**, 316 m zustm Anm Heinze SGb **80**, 543, abw im Ergebnis OVG Hbg LS HbgJVBl **83**, 179 (für den Fall, daß die Beteiligten auf den Tatbestand verzichten, ein Rechtsmittel unzweifelhaft nicht eingelegt werden kann und das Gericht eine Darstellung der Entscheidungsgrundlage nicht für notwendig hält); wegen der Zurückweisung der Berufung durch einstimmigen Beschluß s § 130 a VwGO.

**544** *Prozeßakten.* **I** Die Geschäftsstelle des Berufungsgerichts hat innerhalb vierundzwanzig Stunden, nachdem die Berufungsschrift eingereicht ist, von der Geschäftsstelle des Gerichts des ersten Rechtszuges die Prozeßakten einzufordern.

**II** Nach Erledigung der Berufung sind die Akten der Geschäftsstelle des Gerichts des ersten Rechtszuges nebst einer beglaubigten Abschrift des in der Berufungsinstanz erlassenen Urteils zurückzusenden.

**Vorbem.** Entsprechend anwendbar im **Verfahren der Arbeitsgerichte**, § 64 VI ArbGG.     **1**

**1) Erläuterung.** Auf die Einforderung der Akten, I, sind diese unter allen Umständen sofort einzusenden,   **2** auch wenn ein Teil des Prozesses noch in 1. Instanz schwebt. Nach Erledigung der Berufung, dh nach Erlaß des Endurteils, sind die Akten 1. Instanz zurückzusenden. Ob die Akten 2. Instanz beizufügen sind, bestimmt die AktenO, Üb § 153 GVG Rn 2; wenn danach die Urschrift der Entscheidung des Berufungsgerichts nicht zu den Prozeßakten gelangt, sondern beim Berufungsgericht verbleibt, so ist dies rechtlich unbedenklich, BVerwG Buchholz 310 § 117 Nr 20 mwN. Die Übersendung einer beglaubigten Abschrift des Urteils mit allem, was zum Urteil gehört, wie Verkündigungsvermerk, Berichtigungsbeschluß u dgl, ist zwingenden Rechts. Das gleiche gilt für andere Endentscheidungen des Berufungsgerichts, zB Beschlüsse nach § 515 III.

2) *VwGO:* Entsprechend anzuwenden, § 173 VwGO, BVerwG Buchholz 310 § 117 Nr 20.     **3**

## Zweiter Abschnitt. Revision

### Übersicht

**Schrifttum:** *May,* Die Revision, 2. Aufl 1997; *Gottwald,* Die Revisionsinstanz als Tatsacheninstanz, 1975.

**1) Die Revision ist „ein wie die Berufung frei gestaltetes, jedoch auf die rechtliche Würdigung**   **1** **des Rechtsstreits beschränktes Rechtsmittel"**, Mat 362. Als wahres Rechtsmittel unterscheidet sie sich wesentlich von der französisch-rechtlichen cassation: **a)** sie dient zwar in erster Linie der Erhaltung der Rechtseinheit und der Fortentwicklung des Rechts, gibt aber in beschränktem Umfang auch den Parteien eine weitere Instanz für ihre Belange, **b)** das Revisionsgericht hebt nicht ausschließlich auf, sondern ersetzt uU auch die angefochtene Entscheidung durch eine andere, **c)** das Revisionsgericht prüft das Urteil auf Gesetzesverletzung und ist auf die Nachprüfung der gerügten Punkte nur bei Verfahrensrügen beschränkt. Vgl im übrigen Grdz § 511.

2  2) **A. Allgemeines.** Die **Revision findet statt a)** gegen Berufungsurteile des OLG, außer im Verfahren des Arrests und der einstwVfg, **b)** gegen erstinstanzliche Urteile des LG, sofern die Parteien die Übergehung des OLG vereinbaren (Sprungrevision). In den **neuen Bundesländern** trat bis zur Errichtung von LG u OLG, §§ 14 ff RpflAnpG, das Bezirksgericht an die Stelle des OLG, hinsichtlich der Sprungrevision das Kreisgericht, sofern es innerhalb der Zuständigkeit des LG entscheidet, EV Anl I Kap III Sachgebiet A Abschn III Z 1 h und 1 e (Übergangsrecht: Anh § 577a). Abgesehen von drei Ausnahmen, §§ 547 und 566a sowie Revision gegen ein 2. Versäumnisurteil, § 546 Rn 3, findet die Revision gegen Berufungsurteile nur bei Zulassung durch das OLG, bei vermögensrechtlichen Ansprüchen außerdem bei einer Beschwer von mehr als 60 000 DM statt. **Revisionsgericht ist der BGH.** Wegen des BayObLG als Revisionsgericht s § 7 EGZPO.

3  **B. Im Verfahren der Arbeitsgerichte** gelten die Vorschriften der ZPO mit Abänderungen, Münchener Handbuch des Arbeitsrecht § 380, vgl dazu die Vorbem zu den folgenden §§ und § 546 Rn 28–31; ausgenommen ist § 566a, da die Sprungrevision besonders geregelt ist, §§ 72 V, 76 ArbGG.

4  3) **VwGO:** Revision, Rn 1, ist statthaft **a)** gegen Urteile des OVG (VGH), § 132 VwGO, **b)** gegen Urteile des VG, wenn es sich um eine Sprungrevision handelt, § 134 VwGO, oder die Berufung bundesgesetzlich ausgeschlossen ist wie zB durch § 78 AsylVfG, § 135 VwGO. In allen Fällen bedarf die Revision der Zulassung. Über die Revision und die Nichtzulassungsbeschwerde, § 133 VwGO, entscheidet das BVerwG. Die Vorschriften der ZPO sind nach Maßgabe des § 173 VwGO entsprechend anwendbar.


## 545

**Statthaftigkeit.** [I] Die Revision findet gegen die in der Berufungsinstanz von den Oberlandesgerichten erlassenen Endurteile nach Maßgabe der folgenden Vorschriften statt.

[II] [1]Gegen Urteile, durch die über die Anordnung, Abänderung oder Aufhebung eines Arrestes oder einer einstweiligen Verfügung entschieden wird, ist die Revision nicht zulässig. [2]Dasselbe gilt für Urteile über die vorzeitige Besitzeinweisung im Enteignungsverfahren oder im Umlegungsverfahren.

1  **Vorbem A.** In den **neuen Bundesländern** trat das Bezirksgericht an die Stelle des OLG, Üb § 545 Rn 2.

**B.** In **arbeitsrechtlichen Streitigkeiten** findet die Revision gegen Endurteile der LAG statt, wenn sie vom LAG zugelassen wird, § 72 I ArbGG; gegen Urteile, die über die AnO, Änderung oder Aufhebung eines Arrests oder einer einstwVfg entschieden haben, ist die Revision unzulässig, § 72 IV ArbGG. Auch die irrtümliche Zulassung der Revision macht diese nicht zulässig, BAG NJW **84**, 255. Wegen der Einzelheiten vgl § 546 Rn 28–31.

2  **1) Statthaftigkeit**

**A. Grundsatz, I.** Die Revision findet statt gegen **Endurteile des OLG**, die in der Berufungsinstanz erlassen worden sind, nach Maßgabe der §§ 546 ff. Daraus ergeben sich Beschränkungen der Revisibilität auf Urteile eines OLG, BayObLGZ **96**, 186 u MDR **93**, 799 ebenso wie die Erweiterung auf erstinstanzliche Endurteile des LG im Fall der Sprungrevision, § 566a. Im übrigen entspricht I dem § 511; s dort Rn 3 wegen des Begriffs des Endurteils. Auch zurückverweisende Urteile unterliegen der Revision, BGH NJW **86**, 1995 mwN. Revisionsfähig sind von den Zwischenurteilen nur die selbständig anfechtbaren, zB nach § 280 II, BGH JR **81**, 147 (Parteiwechsel auf der Beklagtenseite); ein Zwischenurteil, durch das ohne gleichzeitige Verwerfung der Berufung die WiedEins abgelehnt wird, ist wie ein Endurteil zu behandeln, BGH **47**, 289 und VersR **79**, 960. Zulässig wird die Revision auch nicht dadurch, daß das OLG unrichtigerweise auf ein nichtberufungsfähiges Zwischenurteil sachlich entschieden hat, BGH NJW **88**, 1733 mwN, wohl aber dann, wenn es sich nur der Fassung nach um ein Zwischenurteil, in Wirklichkeit aber um ein Endurteil handelt, BGH **38**, 335. Wegen der Anfechtung formfehlerhafter Urteile s im übrigen Grdz § 511 Rn 26 ff; sie sind nur dann anfechtbar, wenn ein ordnungsmäßig erlassenes Urteil revisionsfähig wäre, OGH **1**, 1.

3  Über die **notwendige Beschwer** vgl Grdz § 511 Rn 13 ff. Zurückverweisende Berufungsurteile beschweren denjenigen, der die Erledigung anstrebt, BGH **31**, 358. Eine nachteilige Änderung, § 536 Rn 3 u 4, beschwert nur die benachteiligte Partei. Zulässig ist die Revision auch mit dem Antrag, die eigene Berufung für unzulässig zu erklären, wenn auf diese sachlich (auf unselbständige Anschließung des Gegners) zuungunsten des Berufungsklägers entschieden worden ist, BGH FamRZ **56**, 19.

Eine „**greifbare Gesetzwidrigkeit**", § 567 Rn 6, eröffnet die Revision **nicht**, BGH NJW **89**, 2758.

4  **B. Abweichungen: a)** Urteile in **Arrest- und Verfügungssachen**, §§ 922, 925, 926 f, 936, sind ohne Rücksicht auf ihren Inhalt nicht revisibel, **II 1**; dies gilt auch dann, wenn die Berufung als unzulässig verwerfen, BGH NJW **84**, 2368 mwN, Jauernig § 74 II. Gleich bleibt, ob das Urteil dem Gesuch stattgibt oder es zurückweist. Dagegen ist die Revision gegeben, wenn über einen Ersatzanspruch aus § 945 entschieden worden ist; das gleiche gilt sonst, wenn es sich nicht um die Anordnung eines Arrests handelt, zB bei der Zulassung eines ausländischen Arrestbefehls zur Vollstreckung, BGH **74**, 278 (zu Art 24 u 25 EuGVÜ, §§ 14 u 17 AusfG, Schlußanh V C 1 u 2). Nicht revisibel sind Urteile über die Aufhebung

oder Bestätigung einer gemäß § 11 ba-wü PresseG getroffenen Anordnung, auf die die Vorschriften über die einstwVfg für entsprechend anwendbar erklärt sind, BGH NJW 65, 1230. In allen diesen Fällen ist auch kein außerordentliches Rechtsmittel gegeben, § 511a Rn 9, abw BGH NJW **94**, 2363. **b) Urteile über die** 5 **Anordnung, Änderung oder Aufhebung einer vorzeitigen Besitzeinweisung** im Enteignungs- oder Umlegungsverfahren, §§ 77, 116 BauGB, **II 2**, sind ebenfalls der Anfechtung entzogen, weil hier die gleiche Sach- und Interessenlage besteht, vgl zum früheren Recht BGH **43**, 168, Vogel NJW **75**, 1302. **c) Isolierte** 6 **Kostenentscheidungen**, § 99 Rn 6, sind nicht revisibel; bei einem Teilanerkenntnis endet der Rechtszug hinsichtlich der diesen Teil betreffenden Kosten auch bei einheitlicher Kostenentscheidung beim OLG, BGH **58**, 341 (VersR **70**, 573 und **71**, 126 sind überholt), ebenso bei einer Teilerledigung, BGH NJW **91**, 2021 mwN. **d) Versäumnisurteile** sind grundsätzlich der Revision entzogen, §§ 566, 513 II. 7

**C. Sonderregelungen.** Sie sind enthalten in § 621 d für FamS des § 621 I Z 4, 5 u 8 sowie in § 629 a I 8 für FolgeS nach § 621 I Z 7 u 9, ferner in den §§ 219 ff BEG für Entschädigungssachen sowie im Gesetz zur Überleitung der Zuständigkeit der Obersten Rückerstattungsgerichte auf den Bundesgerichtshof, Art 9 RpflVereinfG.

**2) VwGO:** Statt **I** gilt § 132 I VwGO; **II** ist gegenstandslos, weil im Verfahren des einstw Rechtsschutzes, § 123 9 VwGO, durch Beschluß entschieden wird.

**546** **Zulassung der Revision; Revisionssumme.** **I** ¹In Rechtsstreitigkeiten über vermögensrechtliche Ansprüche, bei denen der Wert der Beschwer sechzigtausend Deutsche Mark nicht übersteigt, und über nichtvermögensrechtliche Ansprüche findet die Revision nur statt, wenn das Oberlandesgericht sie in dem Urteil zugelassen hat. ²Das Oberlandesgericht läßt die Revision zu, wenn

1. die Rechtssache grundsätzliche Bedeutung hat oder
2. das Urteil von einer Entscheidung des Bundesgerichtshofes oder des Gemeinsamen Senats der obersten Gerichtshöfe des Bundes abweicht und auf dieser Abweichung beruht.

³Das Revisionsgericht ist an die Zulassung gebunden.

**II** ¹In Rechtsstreitigkeiten über vermögensrechtliche Ansprüche setzt das Oberlandesgericht den Wert der Beschwer in seinem Urteil fest. ²Das Revisionsgericht ist an die Wertfestsetzung gebunden, wenn der festgesetzte Wert der Beschwer sechzigtausend Deutsche Mark übersteigt.

**Vorbem.** 1
A. In den **neuen Bundesländern** trat früher das Bezirksgericht an die Stelle des OLG, Üb § 545 Rn 2.
B. Wegen des **Verfahrens der Arbeitsgerichte** s Rn 28–31. 2
**Schrifttum:** *Schumann*, Rn 595–611; *Linnenbaum*, Probleme der Revisionszulassung wegen grundsätzlicher Bedeutung der Rechtssache, 1986; *Schlosser*, Neues Revisionsrecht in der Bewährung, 1983; *Prütting*, Die Zulassung der Revision, 1977; *Weyreuther*, Revisionszulassung usw, 1971; *Kaempfe* Diss Marburg 1979.

### Gliederung

| | |
|---|---|
| 1) **Allgemeines** 3, 4 | 3) **Zulassungsfreie Revision** 24–27 |
|   A. Anwendungsbereich 3 |   A. Anwendungsbereich 24 |
|   B. Sonderregelungen 4 |   B. Festsetzung der Beschwer 25, 26 |
| 2) **Zulassungsgebundene Revision** 5–23 |   C. Nichtannahme 27 |
|   A. Anwendungsbereich 5–9 | 4) **Arbeitsgerichtsverfahren** 28–31 |
|   B. Voraussetzungen der Zulassung 10–14 | 5) **VwGO** 32 |
|   C. Entscheidung 15–21 | |
|   D. Wirkung 22, 23 | |

**1) Allgemeines** 3
**A. Anwendungsbereich.** § 546 schränkt den Grundsatz des § 545 I ein, indem die Revision in bestimmten Fällen an eine Zulassung durch das Berufungsgericht gebunden wird (anwendbar auch in Baulandsachen, § 221 I BauGB, BGH NJW **89**, 1039). Zulassungsfrei sind danach die Wertrevision, unten Rn 24 ff, die Revision in den Fällen des § 547 und die Sprungrevision, 566 a; das Revisionsgericht hat jedoch die Möglichkeit, die Annahme einer Wert- oder Sprungrevision abzulehnen, §§ 554 b, 566 a III. Zulassungsfrei ist auch die Revision gegen ein 2. Versäumnisurteil, BGH NJW **79**, 166 m Anm Grunsky ZZP **92**, 371 u Kniesch JA **79**, 326 (anders nach § 72 ArbGG, BAG MDR **87**, 523).
**B. Sonderregelungen.** a) **Familiensachen**, §§ 621 d, 629 a. Danach ist in vermögensrechtlichen Strei- 4 tigkeiten die zulassungsfreie Wertrevision, unten Rn 24 ff, ausgeschlossen, wenn es sich um eine Entscheidung durch den FamSenat handelt, § 119 IVm § 23 b I GVG (idF der UÄndG). Deshalb hängt in diesem Fall die Statthaftigkeit der Revision immer von ihrer Zulassung ab, wenn nicht § 547 eingreift, § 621 II, oder die Revision ausgeschlossen ist, § 629 a I. Darauf, ob der FamSenat zu Recht seine Zuständigkeit angenommen hat, kommt es nicht an; das Vorliegen einer FamS, § 621, ist in der RevInstanz nicht zu prüfen, § 549 II. b) **Entschädigungssachen**, §§ 219 ff BEG. Hier gibt es die Nichtzulassungsbeschwerde, § 220 BEG. c) **Arbeitssachen**. S unten Rn 28–31.
**2) Zulassungsgebundene Revision, I** 5
**A. Anwendungsbereich.** Mit Ausnahme der in Rn 3 genannten Fälle der zulassungsfreien Revision bedarf die Revision der Zulassung in folgenden Fällen:

*Albers* 1469

## § 546

**a) Rechtsstreitigkeiten über nichtvermögensrechtliche Ansprüche** (im prozessualen Sinn), Grdz § 1 Rn 9 ff, namentlich also in Ehe- und Kindschaftssachen, ohne daß es auf den Wert des Beschwer ankommt, BGH RR **91**, 1215 (anders bei der Berufung, § 511 a I 1 nF). Zur Unterscheidung zwischen vermögensrechtlichen und nichtvermögensrechtlichen Streitigkeiten s Grdz § 1 Rn 9 ff, Hartmann § 12 GKG Rn 3 ff. Die Natur des Anspruchs entscheidet, auch wenn die Revision nur eine Prozeßvoraussetzung betrifft, BGH in stRspr, NJW **83**, 2572, **81**, 2062, BayObLG OLGZ **94**, 99 mwN. Demgemäß ist der Auskunftsanspruch aus den §§ 1605 u 1361 IV BGB vermögensrechtlich, BGH NJW **82**, 1651. Vermögensrechtlich sind auch Ansprüche aus nichtvermögensrechtlichen Verhältnissen, wenn das Rechtsschutzbegehren in wesentlicher Weise auch der Wahrung wirtschaftlicher Belange dienen soll, unten Rn 5 a. Wegen der Einzelheiten s Grdz § 1 Rn 10 ff. Eine nichtvermögensrechtliche Streitigkeit wird nicht dadurch zu einer vermögensrechtlichen, daß der Kläger (einseitig) die Hauptsache für erledigt erklärt, BGH NJW **82**, 767. Betrifft die Revision einen nichtvermögensrechtlichen Anspruch, der mit einem vermögensrechtlichen verbunden ist, so gilt folgendes: Zulassung ist nötig, wenn der vermögensrechtliche Anspruch nur ein Ausfluß des andern ist, BGH **35**, 305 (Beispiel: Anspruch auf Widerruf, verbunden mit Schadensersatzanspruch, BGH VersR **69**, 63); sind die Ansprüche voneinander rechtlich unabhängig, so kommt es für den vermögensrechtlichen auf die Revisionssumme an. Einredeweises Vorbringen bleibt außer Betracht.

**5 a**   **b) Rechtsstreitigkeiten über vermögensrechtliche Ansprüche, bei denen der Wert der Beschwer 60 000 DM nicht übersteigt;** diese Regelung ist verfassungsrechtlich unbedenklich, BVerfG NJW **66**, 339. Begriff der vermögensrechtlichen Streitigkeit: Grdz § 1 Rn 10, § 511 a Rn 4 u 5; maßgeblich für die Abgrenzung sind das Rechtsverhältnis, aus dem der Anspruch hergeleitet wird, und der Inhalt, mit dem er prozessual zur Wirkung gebracht wird, BGH NJW **81**, 2062 mwN. Widerrufs- und Unterlassungsansprüche, welche den sozialen Geltungsanspruch in der Öffentlichkeit schützen sollen, sind grundsätzlich nichtvermögensrechtlicher Natur, sofern sich nicht aus dem Klagevorbringen oder offenkundigen Umständen ergibt, daß das Rechtsschutzbegehren in wesentlicher Weise auch der Wahrung wirtschaftlicher Belange dienen soll, wobei vermögensrechtliche Reflexwirkungen außer Betracht bleiben, stRspr, BGH NJW **96**, 1000 mwN, BAG NZA **90**, 202; zur Abgrenzung BGH RR **91**, 935 (Zufluß von Spenden), NJW **94**, 2614, **91**, 847 u RR **90**, 1276 (Wahrung der Berufsehre), NJW **85**, 809 (Unterlassung von Telefonanrufen). Zu dieser Rspr (und zur „stiefmütterlichen" Behandlung der nichtvermögensrechtlichen Streitigkeiten) krit Schack MDR **84**, 456. Für Streitigkeiten über **vermögensrechtliche Ansprüche** gilt folgendes:

**6**   **aa) Der Wert der Beschwer** ist vom Wert des Beschwerdegegenstandes, § 511 a Rn 11 ff, zu unterscheiden: ob die Revision der Zulassung bedarf, hängt nicht davon ab, inwieweit der Revisionskläger die Sache weiterverfolgt, sondern allein davon, inwieweit das Berufungsurteil eine Partei beschwert, sie also durch eine auf Wertdifferenz zwischen ihrem in der Berufungsinstanz zuletzt gestellten Antrag und dem Urteilstenor belastet wird, Grdz § 511 Rn 13 ff, BGH NJW **89**, 1039 mwN; danach kommt es auf die materielle Belastung an, BGH RR **88**, 444, die durch das in wirtschaftlicher Betrachtungsweise zu bewertende Interesse bestimmt wird, BGH RR **86**, 1062, **72**, 257 mwN. Der Wert der Beschwer bestimmt sich **gemäß § 2 nach den § 3 ff**, s § 511 Rn 17 ff u Anh § 3. Er kann für Rechtsmitteln des Beklagten, jedenfalls dann höher sein als der Streitwert der Klage, wenn die Beschwer sich nach § 3 bemißt, BGH NJW **94**, 735 (Aufgabe der bisherigen Rspr, RR **86**, 737); anders steht es in den Fällen der §§ 4 ff, weil es sich um Sondertatbestände handelt, BGH RR **94**, 256 u **92**, 1359, offen BGH NJW **94**, 736 mwN. Maßgeblich für die Beschwer ist der Wert im Zeitpunkt der letzten mündlichen Verhandlung vor dem Berufungsgericht, BGH NJW **89**, 2755 mwN (Aktienkurs), Kblz IPrax **89**, 232 (Valutaschuld); später eintretende Wertverringerungen, zB durch Zahlung, berühren also die Zulässigkeit der Revision nicht, BGH aaO u MDR **78**, 210, während Erhöhungen im Zeitpunkt der Revisionseinlegung, zB durch Kurssteigerungen, nach § 4 zu einer Heraufsetzung der Beschwer durch den BGH, unten Rn 26, führen, Lappe NJW **90**, 2363.

**7**   **Einzelfälle:** Bei Streitgenossen erfolgt eine Zusammenrechnung der Beschwer, soweit es sich nicht um wirtschaftlich identische Streitgegenstände handelt, BGH NJW **84**, 928, so daß ein Urteil von jedem Streitgenossen ohne Zulassung angefochten werden kann, wenn die Summe aller Einzelbelastungen 60 000 DM übersteigt, mag auch die Belastung des einzelnen diese Summe nicht übersteigen, BGH NJW **89**, 578, zustm Lappe NJW **84**, 1212, Schneider **KR** § 5 ZPO Nr 53 (zum Baulandverfahren vgl BGH NJW **89**, 1039). Bei Abweisung mit dem Hauptantrag und mehreren Hilfsanträgen sind die Werte aller wirtschaftlich selbständigen Anträge zu addieren, BGH RR **94**, 701 u NJW **84**, 371, zustm Schneider MDR **84**, 196 u **KR** § 5 ZPO Nr 54; zusammenzurechnen sind bei der Revision des Klägers auch die Werte einer Teilabweisung und einer Zug-um-Zug-Leistung, BGH MDR **85**, 1022. Das OLG ist bei einer Schmerzensgeldklage mit Mindestbetrag nicht verpflichtet, die Beschwer auf einen höheren Betrag festzusetzen, BGH NZV **96**, 194. Die Beschwer des verurteilten Beklagten erhöht sich um hilfsweise geltendgemachte Gegenforderungen, über die iSv § 322 II entschieden wird, BGH NJW **92**, 318 mwN; vgl dazu § 511 Rn 24. Zur Bewertung des Auskunftsanspruchs s § 511 a Rn 19. Nicht zusammenrechenbar ist die Beschwer beider Parteien, BGH NJW **92**, 318. Übersteigt aber bei unterschiedlicher Beschwer nur diejenige einer Partei die Wertgrenze, dürfte auch für die Revision der anderen Partei eine Zulassung entbehrlich sein, Arnold JR **75**, 489 (aber das OLG ist nicht gehindert, vorsorglich zuzulassen und dadurch den BGH zu binden); jedenfalls muß dies insoweit gelten, als eine Anschlußrevision statthaft ist, § 556 Rn 2. Bei einer Entscheidung durch Teil- und Schlußurteil (oder mehrere Teilurteile) kommt es auf die Beschwer durch die jeweilige Entscheidung an, so daß keine Zusammenrechnung stattfindet, BGH NJW **98**, 687; anders liegt es bei einer willkürlichen Aufspaltung in mehrere Verfahren, BVerfG NJW **97**, 649, BGH NJW **95**, 3120, vgl BGH NJW **98**, 687. Bei der Anfechtung von Kostenentscheidungen ist die Beschwer durch die getrennt ergangene Sachentscheidung maßgebend, wenn beide ein einheitliches Ganzes bilden; das ist der Fall bei der Kostenentscheidung im Schlußurteil hinsichtlich des Teilurteils, BGH **29**, 126, und bei einem Urteil, das der Kostenausspruch in einem vorausgegangenen „Versäumnisurteil und Urteil" vollständig ersetzt, BGH NJW **84**, 495.

**8**   **bb) Der Wert muß vom OLG im Urteil festgesetzt** werden, **II 1**, wenn nicht das Urteil eindeutig unanfechtbar ist, Ffm RR **90**, 1408. Bei einseitiger Erklärung der teilweisen Erledigung der Hauptsache

2. Abschnitt. Revision § 546

durch den Kläger bestimmt sich die Beschwer der unterlegenen Beklagten nach dem restlichen Betrag der Hauptsache unter Hinzurechnung der auf den für erledigt erklärten Teil entfallenden Kosten, BGH RR **88**, 1465. In Nichtigkeits- und Anfechtungsprozessen ist nach § 247 I AktG auch hier die Bedeutung der Sache für die Gesellschaft mit zu berücksichtigen, BGH ZIP **81**, 1335. Beschwert das Urteil beide Parteien, muß das OLG die Beschwer für jede Partei gesondert festsetzen, BGH NJW **94**, 2900, RR **96**, 316 mwN; das gleiche gilt für mehrere Anträge eines Beteiligten, um die Revisibilität klarzustellen, vgl BAG BB **77**, 500. Unterbleibt eine Aufschlüsselung, hat das Revisionsgericht die Einzelbeschwer eigenständig festzustellen, BGH NJW **94**, 2900 u **91**, 847, RR **96**, 316 mwN; vgl unten Rn 9. Überhaupt sollte die Festsetzung der Beschwer (wegen der sich daraus uUmst ergebenden Revisibilität) nicht als nebensächlich behandelt werden, weil Fehler, zB bei irriger Anwendung des § 543 I, schwerwiegende Konsequenzen haben können, vgl Schneider MDR **84**, 17. Der im Berufungsverfahren tätige RA hat die Richtigkeit der Festsetzung zu überprüfen, BGH RR **89**, 1109.

**Unterbleibt die Festsetzung** (überhaupt oder für einen beschwerten Beteiligten), muß das Revisionsgericht die Beschwer für die Partei, die Revision eingelegt hat, eigenständig bewerten, BGH NJW **91**, 847, RR **96**, 316, vgl unten Rn 26. Wegen der Folgen einer die Revisionssumme von 60 000 DM nicht erreichenden Festsetzung durch das Revisionsgericht s unten Rn 23. **9**

**Eine Bindung des Revisionsgerichts, II 2**, besteht nur bei einer wirksamen Festsetzung auf mehr als 60 000 DM, BGH NJW **94**, 2900 u RR **96**, 316 mwN, nicht dagegen bei einer Festsetzung auf einen geringeren Betrag, BGH NJW **84**, 371, so daß in diesem Fall das Berufungsurteil nicht schon deshalb rechtskräftig wird (und für seinen Tatbestand § 543 II gilt), BGH NJW **79**, 927, VersR **79**, 865. Vgl ü Rn 26.

**B. Voraussetzungen der Zulassung, I 2. a) Grundsätzliche Bedeutung der Rechtssache, Z 1** **10** (Linnenbaum Diss Bochum 1986; Prütting S 101 ff; Weyreuther Rn 52–90). Nötig ist Vorliegen einer klärungsbedürftigen (BVerwG DVBl **70**, 901) Rechtsfrage von allgemeiner Bedeutung (BGH **2**, 396, BVerwG **13**, 90), die höchstrichterlich noch nicht entschieden sein darf (enge Ausnahmen sind denkbar, BAG **2**, 26, BSG NJW **71**, 78). Die Auswirkungen der Entscheidung dieser Rechtsfrage dürfen sich nicht in der Regelung der Beziehungen zwischen den Prozeßbeteiligten oder der Regelung einer von vornherein überschaubaren Anzahl gleichgelagerter Fälle erschöpfen, sondern müssen eine unbestimmte Vielzahl von Fällen betreffen, BFH **89**, 117, BVerwG Buchholz 310 § 132 Nr 6, weitergehend BAG **AP** § 69 ArbGG Nr 6, GMP § 72 Rn 16. Die Auswirkungen dürfen nicht auf tatsächlichem Gebiet liegen, so daß es nicht genügt, wenn vom Ausgang des Prozesses ein größerer Personenkreis betroffen ist, BGH NJW **70**, 1549, BVerwG **13**, 90, Hamm aaO. Rechtliche Auswirkungen dürfen nicht ausgelaufenes oder auslaufendes Recht betreffen, BVerwG in stRspr, NVwZ-RR **96**, 712 mwN. Sonstige Auswirkungen, zB die wirtschaftliche Tragweite (BGH **2**, 396, BAG **2**, 26, BSG **2**, 129), können nach Lage des Falles ausreichen, die grundsätzliche Bedeutung zu begründen, jedoch genügen dafür die Vermögensinteressen des jeweiligen Klägers oder Beklagten für sich allein nicht, BVerfG NJW **99**, 208 mwN. Der typische Fall ist die fehlende höchstrichterliche Klärung einer schwierigen Rechtsfrage, Prütting MDR **80**, 369 gegen Ffm NJW **79**, 1787. Die Revision wird immer zuzulassen sein, wenn es um die Auslegung von Gemeinschaftsrecht geht und im Revisionsverfahren voraussichtlich eine Vorabentscheidung des EuGH nach Art 177 EGV (Anh § 1 GVG) einzuholen sein wird, Ehlers in Sch/SchmA/P Anh II § 40 VwGO Rn 38 mwN, Petzold NJW **98**, 124 mwN, BVerfG NVwZ **97**, 178 u **93**, 884 mwN, BVerwG NJW **88**, 664. Wegen der Zulassung bei Abweichung von einer Entscheidung des BVerfG s Rn 12.

**Zuzulassen ist die Revision nur dann, wenn es für die Entscheidung auf die Rechtsfrage 11 ankommt**, BVerwG Buchholz 310 § 132 VwGO Nr 213, bei mehreren gleichwertigen Begründungen also nicht schon wegen grundsätzlicher Bedeutung nur einer dieser Begründungen, BVerwG NVwZ **91**, 376 mwN, **und wenn die Rechtsfrage zum revisiblen Recht gehört**, § 549, also nicht wegen der Frage der örtlichen Zuständigkeit, vgl BGH MDR **80**, 203, **und nicht der Nachprüfung entzogen ist**, § 548, Günther NJW **86**, 290 mwN. Danach ist die Zulassung möglich (und idR geboten), wenn die vom Berufungsgericht bejahte Verfassungsmäßigkeit eines Bundes- oder Landesgesetzes fraglich ist, unzutreffend Celle FamRZ **78**, 518; das gleiche gilt für die Vereinbarkeit des Landesrechts mit Bundesrecht, § 549 Rn 11.

**b) Rechtsprechungsdivergenz, Z 2** (Prütting S 210 ff, Weyreuther Rdz 91–131). Nur die **Abwei- 12 chung von einer Entscheidung** (nicht notwendig Urteil) **des BGH** oder des **GmS**, Anh § 140 GVG, rechtfertigt die Zulassung, nicht die Abweichung von einem anderen obersten Bundesgericht, was verfassungsrechtlich unbedenklich ist, BVerfG NVwZ **85**, 647, und auch nicht die Abweichung von einem anderen OLG; jedoch wird die Rechtssache jedenfalls bei der Abweichung von einem anderen obersten Bundesgericht idR grundsätzliche Bedeutung haben, vgl BVerfG NVwZ **93**, 465, MüKoWa 42, Kopp § 132 Rn 10, Tiedemann MDR **77**, 813. Eine Abweichung vom **BVerfG** ist in Z 2 nicht genannt, vgl BVerwG NVwZ **91**, 376; nachdem die Parallelvorschriften, namentlich auch § 72 II Z 2 ArbGG idF der Art 2–6 G v 2. 8. 93, BGBl 1442, die Zulassung der Revision für diesen Fall vorschreiben, Ziekow NVwZ **95**, 247, muß sie iRv § 546 wegen grundsätzlicher Bedeutung, Z 1, zugelassen werden, und zwar nicht nur dann, wenn die Bindungswirkung seiner Entscheidung im Streit ist, dazu BVerwG NVwZ **90**, 1163 mwN, oder eine neue Vorlage nach Art 100 GG in Frage kommt, vgl Güssregen DÖD **81**, 154. Gleichgültig ist, ob die Abweichung das sachliche oder das Verfahrensrecht betrifft; ebenso ist es ohne Bedeutung, ob das OLG die Entsch für richtig hält, zweifelnd Köln OLGZ **87**, 366. Nicht erforderlich ist es, daß es sich bei der Entscheidung des Berufungsgerichts einerseits und des BGH bzw GmS andererseits um dieselbe Vorschrift handelt; es genügt, daß den verschiedenen Bestimmungen derselbe Rechtsgrundsatz zugrunde liegt, BGH **9**, 180, BAG NJW **55**, 480. Keine Divergenz liegt vor, wenn das Urteil mit einer älteren Entscheidung übereinstimmt, aber von einer neueren Entscheidung abweicht, wenn diese ihrerseits für sich in Anspruch nimmt, nicht von der früheren Rspr abzuweichen, vgl E. Schneider MDR **83**, 21.

**Die Zulassung wegen Abweichung ist nur dann gerechtfertigt**, wenn die Entscheidung des BGH **13** oder des GmS von der abweichenden Beantwortung der Rechtsfrage getragen wird, BGH **2**, 396 (das BAG verlangt, daß das Berufungsgericht mit einem tragenden abstrakten Rechtssatz von einem abstrakten Rechts-

## § 546

satz der anderen Entscheidung abweicht und läßt demgemäß die Nichtanwendung eines Rechtssatzes nicht genügen, BAG MDR 83, 524). Danach reicht nicht aus die Abweichung von einer Hilfsbegründung, einer von mehreren gleichwertigen Begründungen, einem Hinweis auf die weitere Behandlung der Sache nach Zurückverweisung oder einem ausdrücklichen obiter dictum (abw für das Abweichen von einer von mehreren tragenden Begründungen BAG NJW 81, 366 zu den §§ 72 u 72a ArbGG). Jedoch ist die Zulassung bei beachtlichen Bedenken gegen die Vereinbarkeit beider Entscheidungen geboten, weil dies der Wahrung der Rechtseinheit dient und zudem die Nichtzulassung unanfechtbar ist.

**14** Zuzulassen ist die Revision nur dann, wenn auch **das Berufungsurteil auf der abweichenden Beantwortung der Rechtsfrage beruht und diese zum revisiblen Recht, § 549, gehört und nicht der Nachprüfung entzogen ist, § 548**, also nicht bei Abweichung in einer Hilfsbegründung oder in einer von mehreren gleichwertigen Begründungen, BAG NJW 81, 1687, und auch nicht wegen einer Abweichung bei einer Zwischenentscheidung, zB dem Beschluß über ein Ablehnungsgesuch u dgl, Günther NJW 86, 290. Ob das Urteil auf der Abweichung beruht, ist grds vom materiellrechtlichen Standpunkt des OLG aus zu beurteilen, BGH MDR 96, 847 (zu einem Ausnahmefall).

**15** **C. Entscheidung über die Zulassung, I 1. a)** Das Berufungsgericht **muß zulassen**, wenn die gesetzlichen Voraussetzungen, I 2, erfüllt sind, ohne daß es eines Antrages bedarf. Die Zulassung kann auch beschränkt werden, dazu Tiedtke WertpMitt 77, 666 (eingehend und krit). Geschieht das nicht, so wirkt die Zulassung zugunsten aller Beteiligten, so daß der Revisionsbeklagte ohne besondere Zulassung Anschlußrevision einlegen darf, BVerwG NVwZ 82, 372. Für den Umfang der Zulassung ist in erster Linie der Tenor maßgebend, BGH NJW 79, 978; im Einzelfall kann sich eine Beschränkung auch aus den Gründen ergeben, BGH NJW 90, 328, 84, 2353.

**16** Eine **Beschränkung der Zulassung** auf einzelne Rechtsfragen oder Anspruchsgrundlagen ist nach hM nicht zulässig, BGH NJW 87, 2586 mwN, BAG NZA 97, 282 u 96, 335 mwN (auch dann, wenn darüber fehlerhaft durch Teilurteil entschieden wird, BAG DB 88, 2212), vgl § 519 Rn 30. Dagegen ist es rechtlich möglich, die Revision hinsichtlich abgrenzbarer Teile des Streitgegenstandes zuzulassen, stRspr, BGH NJW 99, 2116, RR 98, 505, FamRZ 95, 1405, BAG NZA 96, 335, alle mwN, so daß eine entsprechende Umdeutung der auf eine Rechtsfrage beschränkten Zulassung zu prüfen ist. Eine Beschränkung ist nur dann anzunehmen, wenn sie ausdrücklich und unzweideutig ausgesprochen worden ist, sie sich auch aus den Entscheidungsgründen ergeben kann, stRspr, BGH NJW 99, 2116, 98, 1138, 95, 1756 u 93, 1799 mwN, BAG NZA 98, 3222 mwN, zB bei Zulassung wegen einer Rechtsfrage, die nur für einen von mehreren Ansprüchen erheblich ist, BGH aaO; daß in den Gründen die Rechtsfrage aufgezeigt wird, die Anlaß für die Zulassung war, reicht nicht aus, BGH RR 91, 197. Bei fehlender Eindeutigkeit ist die Revision unbeschränkt zugelassen, BGH NJW 82, 1940, 84, 614, 615 u 2353. Der BGH prüft die Wirksamkeit einer Beschränkung. Bei Unwirksamkeit ist die Revision voll zugelassen, hM, BGH NJW 84, 615 mwN, GMP § 72 Rn 42, zB bei einer Beschränkung auf einzelne rechtliche Gesichtspunkte, BGH NJW 82, 1535 mwN, oder auf einzelne von mehreren konkurrierenden Anspruchsgrundlagen, BGH NJW 84, 615, zustm Linnenbaum JR 85, 114, oder auf die Zulässigkeit der Berufung, BGH NJW 87, 3264. Dies gilt aber nicht für vermögensrechtliche Angelegenheiten mit einer Gesamtbeschwer von mehr als 60 000 DM: hier führt die (unzulässige) Zulassung für einzelne Ansprüche zur Prüfung nach § 554 b, BGH NJW 77, 1639, vgl unten Rn 22.

**17** **Beispiele** für wirksame Beschränkung bei einer Gesamtbeschwer bis zu 60 000 DM, vgl BGH NJW 82, 1873 mwN: Beschränkung auf eine Prozeßpartei, unten Rn 18, oder auf die Zulässigkeit der Klage, BGH NJW 93, 1799; Zulassung nur für einen von mehreren Streitgenossen, soweit es sich nicht um notwendige handelt, BGH **LM** Nr 9, so daß die von den anderen eingelegte Revision unzulässig ist; wirksam ist auch die Zulassung für einen von mehreren selbständigen Ansprüchen, über die das OLG entschieden hat, wenn sich die Beschränkung des Zulassungsgrundes auf diesen Anspruch aus dem Urteil (ggf aus den Gründen) ergibt, BGH NJW 99, 2116 u 95, 1956 mwN, ebenso für eines von mehreren Verteidigungsmitteln, wenn es sich um einen selbständigen und abtrennbaren Teil handelt, bejaht für Aufrechnungseinwand, BGH 53, 152, NJW 96, 527 mwN (betr Hilfsaufrechnung); ebenso für Klage oder Widerklage, Weyreuther Rn 47; ferner für den rechtlich und tatsächlich selbständigen Teil eines einheitlichen Anspruchs, über den ein Teilurteil ergehen könnte, BGH FamRZ 95, 1405, NJW 88, 1734 mwN, stRspr, und der Teil sich anhand des Urteils betragsmäßig feststellen läßt, BGH FamRZ 82, 684; ebenso für den Grund des Anspruchs, wenn nicht mehrere Anspruchsgründe mit sich daraus ergebenden unterschiedlichen Forderungsbeträgen in Betracht kommen, BGH FamRZ 95, 1405, NJW 82, 2380, und auch für den Betrag des Klageanspruchs, wenn der Rechtsstreit in ein Grund- und ein Höheverfahren zerlegt werden kann, BGH NJW 99, 500 mwN; ferner für den Einwand des Mitverschuldens, § 254 BGB, wenn er dem Betragsverfahren hätte vorbehalten werden können, BGH 76, 397 mwN, dazu Weber **LM** Nr 105 a, uU auch für einzelne Mitverschuldenseinwendungen, wenn es sich nicht um einheitlich zu würdigendes Verhalten handelt, BGH NJW 81, 287, oder für einen Posten der Unterhaltsbemessung, BGH NJW 79, 767; für Teile des Streitstoffs, über die durch Zwischenurteil hätte entschieden werden dürfen, BGH NJW 83, 2084, AnwBl 90, 322 mwN (Zulässigkeit der Klage). Die Zulassung darf auch auf einen Streitteil beschränkt werden, dessen Wert die Berufungssumme, § 511a, nicht erreicht.

**18** Ist die Zulassung beschränkt, so gilt sie für jeden Beteiligten, der durch diesen Teil der Entscheidung betroffen ist, BGH JR 81, 147 (Parteiwechsel auf der Beklagtenseite). Im übrigen darf die Zulassung der Revision auf diejenige Partei beschränkt werden, zu deren Nachteil die Rechtsfrage entschieden worden ist, BGH NJW 95, 2036 mwN, aM Tiedtke WertpMitt 77, 673, Prütting S 231. Wegen der Anschließung s § 556 Rn 2.

Die Verbindung eines nichtvermögensrechtlichen, zur Revision nicht zugelassenen Anspruchs mit einem revisiblen vermögensrechtlichen Anspruch macht den ersteren nur dann revisibel, wenn die Entscheidung über den revisiblen Anspruch für ihn vorgreiflich ist, BGH 35, 304. Die Zulassung ist auch erforderlich, wenn das OLG die Wiederaufnahmeklage in einer nichtvermögensrechtlichen Sache als unzulässig verworfen hat, BGH NJW 64, 2303 (zustm Anm v Bötticher), vgl auch BGH 47, 21.

**b) Entscheidung im Urteil.** Die Zulassung muß sich aus dem Urteil eindeutig ergeben; in ihr ist das **19** zuständige Revisionsgericht zu bezeichnen, ggf also das BayObLG, § 7 EGZPO. Es empfiehlt sich, die Zulassung (und in Zweifelsfällen auch die Nichtzulassung) immer in die Urteilsformel aufzunehmen: zwar ist dies nicht vorgeschrieben, aber eine Selbstkontrolle des Gerichts nützliche Übung, wie sie seit langem in der Verwaltungsgerichtsbarkeit herrscht. Die eindeutige Zulassung in den Gründen genügt, BGH in stRspr, NJW **95**, 1956 mwN; sie ist unwiderleglicher Beweis dafür, daß die Zulassung zZt der Urteilsverkündung beschlossen war, BGH NJW **56**, 831, BSG **8**, 148 (wegen der Rspr des BAG s unten Rn 29). Schweigen im Urteil bedeutet Nichtzulassung, Zweibr FamRZ **80**, 614: ein Grund mehr für das Gericht, sich deutlich im Urteil zu erklären.

Ist die Zulassung beschlossen, aber versehentlich nicht in das Urteil aufgenommen, so ist die **Berichti-** **20** **gung,** § 319, zulässig; ausreichend und erforderlich ist, daß sich das Versehen zweifelsfrei aus dem Zusammenhang des Urteils selbst oder doch aus anderen für den Außenstehenden offenbaren Umständen ergibt, BGH **78**, 22 mwN (zur Rspr des BAG s Rn 29). Gegen den ablehnenden Beschluß des OLG gibt es kein Rechtsmittel, BGH WertpMitt **82**, 491.

Ist über die Zulassung nicht beschlossen worden, so kann dies durch **Ergänzung entsprechend § 321** **21** nachgeholt werden, ebenso StJGr 13 u StJL § 321 Rn 11, ZöVo § 321 Rn 5, Jauernig § 74 II 3, STr § 621 d Rn 2, Walter S 147 (ferner ZZP **97**, 484, JZ **83**, 348 u FamRZ **79**, 673), Bosch FamRZ **82**, 243. **Abw die hM**, BGH NJW **83**, 929 u **81**, 2755 mwN, BGH WertpMitt **82**, 491, MDR **85**, 43, BAG BB **81**, 616, Saarbr RR **99**, 214 mwN, MüKoWa 50, MusBu 23, ZöGu 55, ThP 24, GMP § 72 Rn 28, krit RoSGo § 142 I 1 d; da aber die Zulassung auf andere Weise nicht nachgeholt werden kann, unten Rn 23, sollte der betroffenen Partei jedenfalls diese (ohnehin begrenzte) Möglichkeit eröffnet werden, weil nicht einzusehen ist, warum für diese wichtige Entscheidung etwas anderes gelten muß als für die Kosten und sonstige übergangene Nebenentscheidungen, § 321 Rn 4 u 5, zumal jedes Berufungsurteil eines OLG eine Entscheidung über die Zulassung oder die Festsetzung der Beschwer enthalten muß; überdies kann die (willkürlich) unterbliebene Zulassung Art 101 I 2 GG verletzen, BVerfG NJW **84**, 2147, FamRZ **91**, 295 (offen NJW **99**, 1390), so daß die Ergänzung in diesen Fällen verfassungsrechtlich geboten ist, Walter ZZP **97**, 484 JZ **83**, 348 mwN, Krämer FamRZ **80**, 971, dagegen BGH NJW **81**, 2755 mit (nicht überzeugendem) Hinweis auf BVerfG **54**, 277 (zu § 554 b).

**D. Wirkung der Entscheidung. a) Zulassung der Revision.** Das Revisionsgericht ist an die Zulas- **22** sung **gebunden, I 3**, und zwar ausnahmslos und unabhängig vom Wert der Beschwer und vom Beschwertwert, BGH DtZ **93**, 180 u NJW **90**, 836. Die Bindung besteht auch bei Zulassung aufgrund irriger Annahme einer nichtvermögensrechtlichen Streitigkeit, aM E. Schneider MDR **81**, 971, und auch dann, wenn es nach Meinung des BGH auf die vom Berufungsgericht als grundsätzlich angesehene Rechtsfrage nicht ankommt, BGH DB **68**, 351, ThP 29. Daher darf der BGH die Wirksamkeit der Zulassung bei formeller Ordnungsmäßigkeit, Prütting S 264, nicht prüfen, aM ua StJGr 14, Lässig NJW **76**, 271, wohl auch BAG NJW **86**, 2784 u **87**, 1204, dazu Grunsky ArbGG § 72 Rn 19 u 20. Die frühere Streitfrage, ob auch bei offensichtlich gesetzwidriger Zulassung eine Bindung eintritt, ist mit dieser Bestimmung bejahend beantwortet worden, Vogel NJW **75**, 1301 (abw bei offensichtlicher Gesetzwidrigkeit der Zulassung, BFH in stRspr, NVwZ **99**, 696 mwN; Gräber § 115 Rn 45). Liegt aber die Beschwer über 60 000 DM und hat das OLG gleichwohl (zB wegen irriger Annahme einer geringeren Beschwer) die Revision zugelassen, ist der BGH daran nicht gebunden; er muß vielmehr trotzdem über die Annahme nach § 554 b entscheiden, BGH **69**, 95, NJW **82**, 1525 u **84**, 927 (anders nach § 621 d, BGH DtZ **93**, 180).

Mit der Zulassung ist aber nicht über die **Zulässigkeit der Revision** entschieden: sie kann aus anderen Gründen unzulässig sein, zB nach § 545 II, BAG NJW **84**, 255 mwN, oder als Revision gegen ein Berufungsurteil über ein Zwischenurteil, § 303, weil insofern keine Anfechtbarkeit gegeben ist, BGH NJW **52**, 25, oder bei Revision gegen die Kostenbelastung einer Nichtpartei (nur sofortige Beschwerde), BGH NJW **88**, 50, oder wenn der RevKläger nicht beschwert ist, BGH NJW **93**, 2052, oder ihm das Rechtsschutzbedürfnis fehlt, BGH **LM** Nr 21, oder wenn in einem neuen Bundesland das BezG als Landgericht entschieden und die Revision irrtümlich zugelassen hat, BGH NJW **92**, 216 u **91**, 344, jeweils mwN. Die Zulassung der Revision wegen einer nach § 549 I oder II irrevisiblen Rechtsfrage macht das Rechtsmittel nicht unzulässig, sondern unbegründet, BGH MDR **80**, 203 m im Ergebnis zustm Anm Waldner ZZP **93**, 332, § 549 Rn 21.

**b) Nichtzulassung der Revision** (Krämer FamRZ **80**, 971). Gegen sie gibt es kein Rechtsmittel, **23** abgesehen von § 220 BEG (Nichtzulassungsbeschwerde). Sie ist grundsätzlich unabänderlich (was nicht gegen das GG verstößt, BVerfG NJW **66**, 339) und ebenfalls für den BGH bindend, BGH NJW **99**, 290 mwN (auch dann, wenn die Zulassung zwingend geboten war, BGH FamRZ **92**, 1063). Die unterlassene Zulassung darf weder das OLG (wegen der Anwendung des § 321 s oben Rn 21) noch der BGH nachholen, BGH NJW **85**, 978 mwN. Auch im Fall der Nichtzulassung wegen Übersehens einer Divergenz ist trotz des darin liegenden Verstoßes gegen Art 101 I 2 GG kein Rechtsmittel (und keine Gegenvorstellung) statthaft, vgl § 511a Rn 8 u 9; zur außerordentlichen Beschwerde § 567 Rn 6 u 7, vgl BGH RR **98**, 1445, (abw Schneider MDR **99**, 697 u Proske NJW **97**, 352, die eine Gegenvorstellung bzw eine außerordentliche Nichtzulassungsbeschwerde befürworten).

Ohne die erforderliche Zulassung ist die Revision statthaft, wenn das OLG keine Veranlassung hatte, die Frage der Zulassung zu prüfen, weil es irrtümlich von einer zulassungsfreien Revision ausgegangen ist, BGH RR **96**, 316 mwN. Das ist zB der Fall, wenn es die Beschwer in einer vermögensrechtlichen Sache unwirksam, oben Rn 8, auf mehr als 60 000 DM festgesetzt hat, BGH aaO, oder wenn es bei der Festsetzung verkannt hat, daß es sich um eine nichtvermögensrechtliche Streitigkeit handelte, BGH NJW **86**, 3143 unter Aufgabe von NJW **85**, 978, Sieveking NJW **85**, 2629: dann ist § 554 b mit der Einschränkung anzuwenden, daß nur die grundsätzliche Bedeutung und das Vorliegen einer Abweichung geprüft werden, BGH RR **96**, 316 mwN, ua NJW **86**, 3143 (krit Jauernig § 74 II 3, der in diesen Fällen die Revision als zugelassen ansehen will).

§ 546

Nach der Rspr des BGH gibt es also bei nichtvermögensrechtlichen Streitigkeiten fast niemals eine Abhilfemöglichkeit, während in vermögensrechtlichen Sachen uU (aber auch nicht immer, oben Rn 4) die zulassungsfreie Revision gegeben ist, unten Rn 24. Im Zweifel sollte das Berufungsgericht sich stets für die Zulassung entscheiden und, wenn auch nur die Möglichkeit besteht, daß die zulassungsfreie Revision ausgeschlossen ist, vorsorglich die Revision zulassen, vgl BGH NJW **81**, 346.

**24  3) Zulassungsfreie Revision**
**A. Anwendungsbereich.** Keiner Zulassung bedarf die Revision in den in Rn 3 genannten Fällen, namentlich in **vermögensrechtlichen Streitigkeiten, in denen der Wert der Beschwer 60 000 DM übersteigt** (dies gilt nicht für Entscheidungen eines FamSenats, Rn 4). Wegen des Begriffs der vermögensrechtlichen Streitigkeit und der Beschwer ist auf das in Rn 5–7 Gesagte zu verweisen. Darauf, in welchem Umfang Revision eingelegt wird, kommt es nicht an: eine Wertgrenze sieht das Gesetz, anders als nach § 511a für die Berufung, nicht vor, BGH NJW **81**, 1564 mwN. Allerdings wird der sich aus den Revisionsanträgen ergebende Beschwerdewert die Berufungssumme von 1500 DM übersteigen müssen, StJGr 32, aM MüKoWa 6, ZöGu 12a, Schneider MDR **90**, 790 mwN, vgl BGH NJW **91**, 703 u **81**, 1564 (dort offen gelassen).
Zur Revisibilität von sachwidrigen, den Gleichheitssatz verletzenden Urteile, BVerfG NJW **97**, 649, s § 511a Rn 12 aE.

**25  B. Festsetzung der Beschwer.** Den Wert der Beschwer, Rn 6 u 7, muß das Berufungsgericht im Urteil festsetzen, dazu Schumann Rn 652 ff; notfalls ist das Urteil zu ergänzen, § 321, weil für die zwingend vorgeschriebene Festsetzung nichts anderes als für die Kostenentscheidung gelten kann, oben Rn 21. Von der Festsetzung kann abgesehen werden, wenn das Urteil eindeutig unanfechtbar ist, zB nach § 281 II, Ffm RR **90**, 1408. Vgl im Einzelnen Rn 8.

**26** Das **Revisionsgericht ist gebunden**, wenn der Wert wirksam, oben Rn 9, auf mehr als 60 000 DM festgesetzt ist, **II 2**, mag die Festsetzung auch offensichtlich unrichtig sein, vgl BGH NJW **97**, 1241 mwN (die Bindung besteht auch dann, wenn die richtige berechnete Beschwer nicht einmal die Berufungssumme, § 511a, erreicht, Schneider MDR **88**, 197, vgl BGH NJW **81**, 1564); bei bezifferter Festsetzung gilt die Bindung nur insoweit, als das Revisionsgericht nicht von weniger als 60 000,01 DM ausgehen darf, Schneider JB **77**, 619. Durch die Festsetzung auf einen geringeren Betrag tritt **keine Bindung** ein, BGH NJW **97**, 1241 mwN. Wenn das Berufungsgericht die Revision nicht zugelassen hat, kann deshalb im vermögensrechtlichen Streitigkeiten, oben Rn 5, Revision mit der Begründung eingelegt werden, die Revisionssumme sei erreicht, § 554 IV. Der BGH muß dann die Wertfestsetzung prüfen und ggf vAw berichtigen, BGH **97**, 1241.
Der Antrag auf Heraufsetzung der Beschwer muß von einem postulationsfähigen RA gestellt werden, BGH NJW **89**, 3226 (dazu Grunsky ZZP **102**, 473) und kann auf neue Tatsachen gestützt werden; diese sind glaubhaft zu machen, BGH NJW **81**, 579, VersR **82**, 269. Ergeben sich neue werterhöhende Tatsachen, die weder dem Berufungs- noch dem Revisionsgericht bekannt waren, so müssen diese zu einer Änderung der Bewertung der Beschwer führen und rechtfertigen eine Gegenvorstellung (anders bei absichtlichen Falschangaben), BGH JB **83**, 1504. Die Heraufsetzung der Beschwer bewirkt, daß die Revision „annahmefähig" wird. An einen Beschluß, durch den der BGH die Beschwer festsetzt, ist er nicht gebunden, BGH WertpMitt **92**, 628. Erst recht tritt durch einen solchen Beschluß für die Festsetzung des Kostenwerts, § 25 GKG, keine Bindung ein, BGH MDR **82**, 737 (zustm Lappe NJW **83**, 1472).

**27  C. Nichtannahme.** Das Revisionsgericht kann die Annahme der Revision ablehnen, § 554b; Einzelheiten siehe dort. Dies gilt für die Revision in vermögensrechtlichen Streitigkeiten, in denen die Revisionssumme erreicht ist, und für die Sprungrevision, § 566a III, nicht jedoch für die Revision nach § 547 und für die Revision gegen ein 2. Versäumnisurteil, BGH NJW **79**, 166 m Anm Grunsky ZZP **92**, 371 u Kniesch JA **79**, 326. Bis zur Ablehnung ist die Sache im Revisionsrechtszug anhängig, so daß eine Aussetzung nach § 148 zulässig ist, BGH NJW **82**, 830.

**28  4) Arbeitsgerichtliche Streitigkeiten.** Hier gilt folgende abschließende Regelung (§§ 547, 554b und 513 II iVm § 566 sind nicht entspr anwendbar, GMP § 72 Rn 4):

**29  A.** Die Revision bedarf stets der **Zulassung**, § 72 I ArbGG; sie muß zugelassen werden, wenn die Rechtssache grundsätzliche Bedeutung hat oder das Urteil des LAG von einer Entscheidung des GmS, des BAG (dazu BAG NZA **87**, 68 betr Vorlagebeschluß) oder, solange eine einschlägige Entscheidung des BAG nicht ergangen ist (dazu BAG MDR **83**, 522), von der Entscheidung einer anderen Kammer desselben LAG oder eines anderen LAG abweicht und das Urteil auf dieser Abweichung beruht, § 72 II ArbGG. Zur Beschränkung der Zulassung s BAG NJW **86**, 2271, GMP § 72 Rn 29–34. Die Revision ist auch dann zugelassen, wenn das LAG irrig die „Revisionsbeschwerde" zuläßt, BAG NJW **86**, 2784. Die Zulassung in den Entscheidungsgründen genügt stets, GMP § 72 Rn 27, Grunsky ArbGG § 72 Rn 23, BAG NJW **99**, 1420 u **96**, 2389 (Aufgabe der bisherigen Rspr), aM BAG NJW **96**, 674 u NZA **95**, 889 mwN, das grds eine Verkündung der Zulassung fordert und eine Beurkundung in den Gründen ausnahmsweise nur dann für wirksam hält, wenn das Gericht sie beschlossen, aber versehentlich nicht verkündet hat und dies in den Gründen zum Ausdruck gebracht wird (Aufgabe der bisherigen noch engeren stRspr, s 53. Aufl; wie bisher soll eine Berichtigung, § 319, nur möglich sein, wenn das Versehen nach außen hervorgetreten ist), krit Zimmer NJW **96**, 499. An die Zulassung ist das BAG gebunden, § 72 III ArbGG, es sei denn, das Urteil ist nicht revisibel, GMP § 72 Rn 38–41 (wohl weitergehend BAG NJW **86**, 2784). **Keine Revision** ist zulässig gegen ein Urteil in Sachen des Arrests oder einer einstw Vfg, § 72 IV ArbGG, ebenso (mit Ausnahmen) gegen ein Grundurteil, GMP § 72 Rn 10, ferner wegen Verfahrensmängeln § 72 II ArbGG, dazu BVerfG NJW **96**, 245 mwN.

**30  B.** Hat das LAG die Revision nicht zugelassen, so steht der beschwerten Partei dagegen die **Nichtzulassungsbeschwerde** offen, Hauck NZA **98**, 925 mwN, und zwar unbeschränkt bei einer verkannten Divergenz, BAG NZA **99**, 222, und beschränkt auf bestimmte Tarifstreitigkeiten, BAG NZA **99**, 896 mwN,

**94**, 381 u NJW **91**, 2439, wenn eine grundsätzliche Bedeutung der Sache geltend gemacht wird, § 72 a I ArbGG (gilt nicht im Beschlußverfahren, BAG DB **85**, 136); bei einer Nichtzulassungsbeschwerde kommt es für die Frage, ob eine Divergenz vorliegt, auch auf den Zeitpunkt der Entscheidung über die Beschwerde an, BAG MDR **83**, 522 (vgl auch BAG NZA **86**, 843), so daß eine vom BAG aufgehobene LAG-Entscheidung nicht mehr divergenzfähig ist, BAG NJW **96**, 1493. Weder auf Verfahrensverstöße, BAG NZA **99**, 503, NJW **96**, 2533 u **94**, 751 (zu § 551 Z 7), noch auf falsche Gesetzesauslegung kann die Beschwerde gestützt werden, BAG NZA **92**, 425 mwN, ebensowenig genügt eine Divergenz bei der Kostenentscheidung, BAG NZA **96**, 1231. Beweisbeschlüsse scheiden als Grundlage der Beschwerde aus, BAG LS NZA **89**, 281; zur Beschwerde wegen der „Auslegung" eines Tarifvertrages vgl BAG NJW **81**, 1975. Die Nichtzulassungsbeschwerde kann nicht hilfsweise für den Fall eingelegt werden, daß die eingelegte Revision mangels Zulassung unzulässig ist, BAG NJW **96**, 2533 (krit Kornblum NJW **97**, 922, vgl Grdz § 511 Rn 4). Einzelheiten bei GMP u Grunsky zu § 72 a, Schäfer NZA **86**, 249.

Die **Beschwerde** ist beim BAG innerhalb einer Notfrist von 1 Monat nach Zustellung des vollständigen **31** Urteils schriftlich einzulegen, § 72 a II 1 ArbGG (die Einlegung beim LAG wahrt die Frist nicht, BAG NJW **81**, 1007, zu ihrer Hemmung durch einen PKH-Antrag BAG NJW **97**, 2002); innerhalb einer Notfrist von 2 Monaten ab jener Zustellung ist die Beschwerde unter Darlegung der Zulassungsgründe zu begründen, § 72 a III ArbGG, und zwar auch dann, wenn die Beschwerdefrist versäumt und über die WiedEins noch nicht entschieden ist, BAG LS NJW **89**, 317 (in beiden Fällen ist WiedEins statthaft, BAG NZA **95**, 95, aber keine Verlängerung der Frist); die grundsätzliche Bedeutung muß mit substantiiertem Vorbringen dargelegt, BAG LS NZA **88**, 259, bzw die Abweichung deutlich belegt werden, BAG MDR **95**, 847 u NZA **90**, 536 (wird das Beschwerdevorbringen auch unter dem Gesichtspunkt der Grundsätzlichkeit zu würdigen sein). Förmliche Belehrung, § 9 V ArbGG, über den Inhalt der Begründung ist nicht erforderlich, BAG NJW **80**, 2599, GMP § 72 a Rn 19 (str, aM Grunsky § 72 a Rn 2, Frohner BB **81**, 1164). Zu den Anforderungen an eine solche Beschwerde vgl BAG NZA **99**, 726, NJW **99**, 1419, **95**, 1693 u 1593, NZA **95**, 447 u 286, MDR **83**, 523, NJW **82**, 595 u 846 sowie NJW **80**, 1814 u **81**, 1687 (Divergenz) und MDR **80**, 437 (Tarifauslegung). Die Beschwerde hat aufschiebende Wirkung, § 72 a IV 1 ArbGG. Wird ihr stattgegeben, beginnt mit der Zustellung des Beschlusses des BAG die Revisionsfrist, § 72 a V 7 ArbGG; die Revision kann vom BAG auch hinsichtlich nur eines von mehreren Klagebegehren zugelassen werden, BAG NJW **82**, 351. Sowohl die Zulassung der Revision, BAG LS NZA **84**, 173, als auch die Zurückweisung der Beschwerde, BAG BB **80**, 891, sind (unanfechtbar und) unabänderlich, Grunsky ArbGG § 72 a Rn 30, unterliegen aber der Wiederaufnahmeklage, BAG NJW **95**, 2125 mwN.

5) *VwGO*: Eigene Regelung in §§ 132, 133 VwGO, ergänzt durch § 18 I G v 19. 4. 68, Anh § 546. Zur **32** entsprechenden Anwendung von § 546 I 3 vgl BVerwG NJW **88**, 507, NVwZ **89**, 248.

### Anhang nach § 546
### Erweiterung der Revisions- und Vorlegungsgründe durch G v 19. 6. 68, BGBl 661.

**§ 18** I ¹Hat ein Gericht die Revision oder die Rechtsbeschwerde zuzulassen, wenn es von einer Entscheidung eines obersten Gerichtshofs abweicht, so ist die Revision oder die Rechtsbeschwerde auch zuzulassen, wenn das Gericht von einer Entscheidung des Gemeinsamen Senats abweicht. ²Findet die Revision oder die Rechtsbeschwerde an einen obersten Gerichtshof bei einer Abweichung von dessen Entscheidung ohne Zulassung statt, so ist die Revision oder Rechtsbeschwerde auch bei einer Abweichung von einer Entscheidung des Gemeinsamen Senats zulässig.

II Hat ein Gericht eine Sache dem obersten Gerichtshof vorzulegen, wenn es von dessen Entscheidung abweichen will, so hat das Gericht dem obersten Gerichtshof auch vorzulegen, wenn es von einer Entscheidung des Gemeinsamen Senats abweichen will.

Erläuterung. § 18 I des Gesetzes (vgl Anh § 140 GVG) ist für das Zivilverfahren gegenstandslos, weil I **1** in § 546 I 2 Z 2 übernommen ist und I 2 nicht in Betracht kommt (anders nach FGG), ebenso für das Arbeitsgerichtsverfahren, nachdem die dafür geltenden Vorschriften angepaßt worden sind, vgl § 72 II Z 2 ArbGG. § 18 II gilt im Zivilverfahren ua beim Rechtsentscheid, § 541, und im Verfahren nach § 29 EGGVG, s die dortigen Erl.

## 547 *Revision ohne Zulassung und ohne Revisionssumme.* Die Revision findet stets statt, soweit das Berufungsgericht die Berufung als unzulässig verworfen hat.

Vorbem. A. In den **neuen Bundesländern** war Berufungsgericht iSv § 547 das Bezirksgericht, Üb **1** § 545 Rn 2.

B. § 547 gilt nicht im **Verfahren der Arbeitsgerichte**, BAG MDR **87**, 523 mwN, weil es auch insofern der Zulassung der Revision bedarf, § 72 ArbGG (vgl § 77 ArbGG für die sofortige Beschwerde nach § 519 b), GMP § 72 Rn 4.

1) **Grundsatz.** Über §§ 545–547, 621 d hinaus gibt es keine Möglichkeit der Revision, s Erläuterungen **2** zu § 545; lediglich im Entschädigungsverfahren ist § 547 dahin erweitert, daß über den Streit über die Zulässigkeit des Rechtswegs statthaft ist, § 221 BEG. Insbesondere ist dem Zivilprozeßrecht im Grundsatz, daß erhebliche Verfahrensmängel die Anrufung der höheren Instanzen eröffnen, fremd, BGH LM § 511 Nr 8; das gilt auch für Fälle „greifbare Gesetzwidrigkeit", § 567 Rn 6, BGH NJW **89**, 2758.

2) **Anwendungsbereich** **3**

## §§ 547, 548

**A. Grundsatz.** Die Vorschrift gilt für die Entscheidung des OLG durch Endurteil und mittelbar für Beschlüsse nach § 519 b, dort Rn 12. Die Revision ist nur bei Verwerfung der Berufung unbeschränkt zulässig, nicht auch dann, wenn das Berufungsgericht sie nach Meinung des Berufungsklägers zu Unrecht als zulässig behandelt hat, Vogel NJW **75**, 1301. Auf den Wortlaut des Tenors kommt es nicht an; eine Verwerfung als unzulässig, liegt auch dann vor, wenn der das Urteil tragende Grund die Berufung richtigerweise unzulässig sein läßt, BGH NJW **93**, 3074, nicht aber dann, wenn das Berufungsgericht die mit der Berufung geltend gemachten neuen Klagansprüche zurückweist, BGH NJW **94**, 945. Bei Verwerfung der Berufung (nicht einzelner Sachanträge, BGH NJW **89**, 3225) durch Urteil ist Zulassung der Revision, 546 I, unnötig und Nichtannahme, § 554 b, ausgeschlossen. Bei teilweiser Verwerfung und teilweiser Zurückweisung ist die Revisionsfähigkeit für die zugrundeliegenden Ansprüche (nach § 547 oder § 546) getrennt zu beurteilen, BGH NJW **97**, 3030 mwN.

Die Revision ist auch dann zulässig, wenn das Berufungsgericht die Berufung der Hauptpartei verworfen und gleichzeitig (rechtsirrig) die Berufung des Streithelfers als unbegründet zurückgewiesen hat, weil es in diesem Fall nur eine Berufung gibt, BGH NJW **82**, 2069. Auch die Verwerfung einer Anschlußberufung eröffnet die Revision, BGH NJW **98**, 2225 u FamRZ **95**, 1138 mwN, wenn sie aus formellen Gründen in der Art des § 519 b erfolgt ist, BGH WertpMitt **83**, 1090; die bloße Feststellung, die Anschließung sei wirkungslos, ist keine Verwerfung, BGH NJW **98**, 2225. Ferner ist die Revision gegen ein Zwischenurteil des OLG zulässig, das die WiedEins in die Berufungs- oder Begründungsfrist ablehnt, BGH **47**, 289, VersR **79**, 619 u 960. Gegen ein die Berufung als unzulässig verwerfendes Versäumnisurteil ist die Revision jedenfalls dann gegeben, wenn nicht formell, sondern aus sachlich-rechtlichen Erwägungen entschieden worden ist, BGH JR **58**, 102.

4 Die Revision steht nur derjenigen Partei zu, deren Berufung als unzulässig verworfen worden ist, BGH NJW **98**, 2225. Voraussetzung ist, daß der Revisionskläger am Rechtsstreit noch beteiligt ist, BGH NJW **82**, 2070 (zurückgewiesener Streithelfer). Auf den Beschwerdewert kommt es nicht an; die Revision ist auch dann zulässig, wenn der Revisionsantrag die Berufungssumme, § 511 a I, nicht erreicht, BGH NJW **91**, 703. Eine § 547 entspr Regelung enthält § 621 d II, s dort Rn 2.

5 **B. Ausnahmen.** § 547 gilt nicht bei Verwerfung der Berufung in den Fällen des § 545 II (Arrest, einstw Vfg, Besitzeinweisung), BGH NJW **91**, 2021 mwN. Unanwendbar ist § 547 ferner in den Fällen des § 629 a I, dort Rn 12, sowie im Fall der Berufung gegen die in einer gemischten Kostenentscheidung enthaltene Entscheidung nach § 91 a, BGH RR **97**, 61, NJW **91**, 2021. Auch ein Urteil, das eine gegen ein Berufungsurteil gerichtete Restitutionsklage als unzulässig abweist, ist nicht nach § 547, sondern nur unter den Voraussetzungen des § 546 revisibel, BGH NJW **82**, 2071. Das gleiche gilt, wenn das Berufungsgericht den neuen Sachantrag einer am Berufungsverfahren nicht (mehr) beteiligten Partei als unzulässig zurückweist, BGH ZZP **102**, 469 (zustm Grunsky).

6 **3) VwGO:** Eigene Regelung in § 133.

## 548

**Vorentscheidung der Vorinstanz.** Der Beurteilung des Revisionsgerichts unterliegen auch diejenigen Entscheidungen, die dem Endurteil vorausgegangen sind, sofern sie nicht nach den Vorschriften dieses Gesetzes unanfechtbar sind.

1 **Vorbem.** Im **Verfahren der Arbeitsgerichte** entsprechend anwendbar, § 72 V ArbGG.

2 **1) Erläuterung**

**A. Überprüfbarkeit von Vorentscheidungen.** § 548 entspricht dem § 512; s die dortigen Erläuterungen. Enthält eine Vorentscheidung, auf der das Urteil beruht, einen Revisionsgrund, so ist das Urteil selbst revisibel; vgl aber auch § 551 Rn 2. Vorausgegangen und nachprüfbar sind auch Zwischenurteile und Beschlüsse, durch die WiedEins gewährt wurde, nicht aber ein Zwischenurteil des OLG nach § 387, BGH MDR **66**, 915.

3 **B. Ausnahmen.** Nicht alle Vorentscheidungen sind vom Revisionsgericht zusammen mit dem Endurteil zu überprüfen. Ausgenommen sind: **a)** alle nach § 567 unanfechtbaren Entscheidungen (zB der Beschluß über die Zulassung der Nebenintervention, BAG NZA **88**, 801, oder die Abtrennung einer Widerklage, § 145 Rn 5, oder der eine Protokollberichtigung ablehnende Beschluß, § 164 Rn 13, BVerwG DÖV **81**, 180), mag die Entscheidung auch mit dem Endurteil verbunden sein, BGH NJW **82**, 2070, oder fälschlich in den Gründen des Urteils stecken, weil das die Partei nicht beschwert, RG **106**, 57, insbesondere die nach § 567 III 1 unanfechtbaren Entscheidungen des OLG, zB die Verlängerung der Frist des § 519, BGH NJW **88**, 268 (krit Teubner JR **88**, 281), der Beschluß über die Ablehnung eines Richters, BayVerfGH BayVBl **83**, 367 mwN, oder Berichtigungsbeschlüsse, § 319, es sei denn, es sei in Wahrheit keine Berichtigung zum Gegenstand, BGH NJW **85**, 742 mwN; **b)** die nach ausdrücklicher gesetzlicher Vorschrift unanfechtbaren Entscheidungen; **c)** alle besonders anzufechtenden Entscheidungen, zB selbständig angreifbare Zwischenurteile, etwa nach § 387, BGH NJW **93**, 1392 mwN, oder derartige Beschlüsse, zB diejenigen über die Versagung der WiederEins iRv § 519.

4 Die vom Berufungsgericht aus der Entscheidung gezogenen Folgerungen binden das Revisionsgericht nicht, BGH LM Nr 2 u 6. So ist die Ablehnung eines Vertagungsantrags stets unanfechtbar, RG **81**, 321, und ebenso die Zurückweisung eines darauf gestützten Ablehnungsgesuchs; liegt darin aber die Versagung rechtlichen Gehörs, so kann dies die Revision begründen, RG **160**, 157, Günther NJW **86**, 290. Auch in der Zurückweisung des Vertreters eines Prozeßbevollmächtigten kann eine Versagung des rechtlichen Gehörs liegen, RG **83**, 2. Wegen der einer WiedEins stattgebenden Entscheidung vgl § 238 Rn 11.

**2)** *VwGO:* Entsprechend anzuwenden, § 173 VwGO, in Ergänzung von § 137 VwGO, May NVwZ 97, 251 **5** (betr Beiladung), BVerwG NJW **98**, 2301 mwN (Ablehnung der Aussetzung), NJW **97**, 2898 (Zwischenurteil nach § 109 VwGO), NJW **90**, 2080 (betr Ablehnung der Vertagung), NVwZ **88**, 531 (betr Gewährung der WiedEins), Ey § 141 Rn 9. Nachprüfbar ist der Beschluß des OVG über die Ablehnung der WiedEins, BVerwG **13**, 141, vgl § 238 Rn 16, aber auch der nicht anfechtbare Beschluß des VG über eine Richterablehnung in LAG-Sachen, BVerwG NJW **64**, 1870 (dazu Bach NJW **65**, 1263) und WehrpflS, BVerwG RiA **72**, 153 mwN, weil ein solcher Beschluß nach ZPO anfechtbar wäre, BVerwG **50**, 36 mwN (nicht nachprüfbar ist aber der entsprechende Beschluß eines OVG, BVerwG NVwZ **99**, 184 u **91**, 261, Buchholz 303 § 548 Nr 1 u 310 § 54 Nr 35, Günther NJW **86**, 290). Auch bei unanfechtbarer Entscheidung hat das Revisionsgericht die daraus vom Berufungsgericht gezogenen Folgerungen nachzuprüfen, oben Rn 4, BVerwG NVwZ **99**, 185 mwN.

## 549

*Gesetzesverletzung als Revisionsgrund.* I Die Revision kann nur darauf gestützt werden, daß die Entscheidung auf der Verletzung des Bundesrechts oder einer Vorschrift beruht, deren Geltungsbereich sich über den Bezirk eines Oberlandesgerichts hinaus erstreckt.

II Das Revisionsgericht prüft nicht, ob das Gericht des ersten Rechtszuges sachlich oder örtlich zuständig war, ob die Zuständigkeit des Arbeitsgerichts begründet war oder ob eine Familiensache vorliegt.

**Vorbem.** Im **Verfahren der Arbeitsgerichte** gilt § 73 ArbGG: I stellt auf die Verletzung jeder Rechts- **1–3** norm ab, II schließt durch Verweisung auf § 65 ArbGG die Prüfung des Rechtsweges, der Verfahrensart und der Zuständigkeit für alle nach dem 1. 1. 91 abgeschlossenen Verf aus, BAG NZA **93**, 863 mwN, und zwar mit der Folge, daß die Revision nach Meinung des BAG, MDR **83**, 874, insofern unzulässig ist, aM zu Recht GMP § 74 Rn 44, Grunsky ArbGG § 73 Rn 22.

### Gliederung

| | | | | |
|---|---|---|---|---|
| 1) Allgemeines | 4 | | A. Anwendungsbereich | 13, 14 |
| 2) Gesetzesverletzung, I | 5–8 | | B. Voraussetzungen | 15–18 |
|    A. Grundsatz | 5 | | 5) Folgen der Nichtrevisibilität | 19 |
|    B. Ausländisches Recht | 6–8 | | 6) Beschränkung der Prüfung, II | 20–23 |
| 3) Bundesrecht, I | 9–12 | |    A. Grundsatz | 20–22 |
|    A. Abgrenzung zum Landesrecht | 9 | |    B. Geltungsbereich | 23 |
|    B. Bundesrecht | 10, 11 | | 7) VwGO | 24 |
|    C. Europarecht | 12 | | | |
| 4) Sonstige Vorschriften, I | 13–18 | | | |

**1) Allgemeines.** § 549 enthält keine Prozeßvoraussetzung der Revision, sondern ein Erfordernis ihrer **4** sachlichen Berechtigung, stRspr, der Text sollte daher statt „die Revision kann nur darauf gestützt werden" besser „die Revision ist nur dann begründet" sagen. Unzulässig ist die Revision, wenn die Revisionsbegründung gar keine Gesetzesverletzung ordnungsmäßig rügt, §§ 554, 554 a. Dann ist die Revision als unzulässig zu verwerfen; bei Verkennung der Schranken des § 549 ist sie als unbegründet zurückzuweisen.

Für den Erfolg der Revision ist die Verletzung eines Gesetzes nötig. Eine Verletzung rechtsphilosophischer Grundsätze, allgemeiner Auslegungsregeln u dgl begründet die Revision nur, wenn diese Regeln dem revisiblen Recht entfließen, RG **104**, 30; s auch § 550 Rn 3 ff. Die Revision läßt sich auf die Verletzung revisibler Normen durch Anwendung nicht revisibler stützen, RG **102**, 271, zB bei Annahme einer Bindung durch Bundesrecht bei der Auslegung einer nicht revisiblen Norm, BVerwG VerwRspr **27**, 787, nicht aber auf die Verletzung nicht revisibler Normen, auf die eine revisible verweist. Revisibel ist die Entscheidung aber, wenn das nicht revisible Landesrecht von der Anwendung von solchem absieht und Bundesrecht gelten läßt. Regelmäßig wird aber durch die Verweisung auf Bundesrecht (zu ihren Grenzen vgl BVerfG NJW **78**, 1475 und dazu Baden NJW **79**, 623 mwN) dieses nur als Landesrecht übernommen, BGH **10**, 371, BVerwG NVwZ **85**, 652, aM Wiecz B III b 2 (vgl auch Rn 15).

**Entsprechend anwendbar** ist § 549 im Verfahren nach § 17 a IV GVG, BGH NJW **96**, 3012.

**2) Gesetzesverletzung, I** **5**

**A. Grundsatz.** Die Revision ist nur dann sachlich begründet, Rn 4, wenn ein Gesetz iSv I verletzt und diese Verletzung für die Entscheidung ursächlich ist (**„auf der Verletzung . . . beruht"**). Dazu genügt bei Verfahrensfehlern, daß ohne die Verletzung möglicherweise anders erkannt wäre, BGH NJW **90**, 122, StJGr 48; jedoch kann die Revision auf einen in 1. Instanz begangenen Verstoß nur gestützt werden, wenn auch das Berufungsurteil mit dem Verfahrensmangel behaftet ist, BGH NJW **58**, 1398, **LM** Nr 45; auf die Ursächlichkeit kommt es nicht an bei den sog unbedingten Revisionsgründen, § 551. Fehler des materiellen Rechts müssen die falsche Entscheidung verursacht haben, § 563.

In Betracht kommen alle Gesetze iSv I, die auf die Entscheidung anzuwenden sind. Das sind die bei Verkündung des Revisionsurteils geltenden, BGH NJW **95**, 2171, § 300 Rn 7, sofern sie das Berufungsgericht berücksichtigen müßte, wenn es in diesem Zeitpunkt zu entscheiden hätte, BVerwG MDR **73**, 785; darauf, ob das Berufungsgericht sie bei seinem Urteil berücksichtigen konnte, kommt es nicht an, BGH WertpMitt **82**, 299. Anzuwenden sind daher alle Gesetze, die unmittelbar in das streitige Rechtsverhältnis eingreifen, so daß auch zu beachten ist, wenn sich das Gesetz Rückwirkung beilegt, BGH **36**, 351; denn das Revisionsgericht hat die Aufgabe, richtig nach dem in der Revisionsinstanz geltenden Recht zu entscheiden.

## § 549

### 3. Buch. Rechtsmittel

BGH in stRspr, BGH DtZ **96**, 376 mwN. Dies gilt auch für nicht angewendetes ausländisches Recht, BGH **36**, 351, § 562 Rn 2.

Hat das Berufungsgericht nichtrevisibles Landesrecht, das auf den Fall anzuwenden wäre, außer Betracht gelassen, so ist es vom Revisionsgericht seiner Entscheidung zugrundezulegen, BGH NJW **96**, 3151 mwN; vgl § 562 Rn 2.

**6**   **B. Ausländisches Recht** (Schack 645–649; Gruber ZRP **92**, 6; Gottwald IPrax **88**, 210; Kerameus ZZP **99**, 166). Es ist nicht revisibel, stRspr, sofern nicht zumindest auch deutsches Recht verletzt ist, BGH WertpMitt **81**, 190 mwN (das gleiche gilt für die Auslegung ausländischer Allgemeiner Geschäftsbedingungen, stRspr, BGH NJW **94**, 1409 mwN), vgl Kerameus ZZP **99**, 171. Irrevisibel ist ausländisches Recht auch dann, wenn es tatsächlich übereinstimmt mit revisiblem deutschem Recht oder mit allgemeinen Rechtsanschauungen, BGH NJW **63**, 252; denn auch dann bildet dieses Recht mit der gesamten ausländischen Rechtsordnung eine Einheit, kann also nicht vom deutschen Gesichtspunkt aus ausgelegt werden, BGH NJW **59**, 1873 (österr HGB). Das gilt auch dann, wenn zB aufgrund des Abkommens zur Vereinheitlichung des Wechselrechts das ausländische Wechselgesetz den gleichen Inhalt wie das deutsche hat, BGH **LM** Art 92 WG Nr 1; vgl auch § 562. Nicht revisibel ist auch das nach dem 3. 10. 90 nicht mehr geltende Recht der DDR, vgl BGH **LM** Nr 23. Wohl aber ist in der Revisionsinstanz stets zu prüfen, ob das fremde Recht dem ordre public widerspricht, OGHZ NJW **51**, 73.

**7**   Mit Rücksicht auf die Nichtrevisibilität des ausländischen Rechts darf der Tatrichter **nicht unentschieden** lassen, ob ausländisches oder deutsches Recht anwendbar ist, BGH WM **91**, 838 mwN, NJW **88**, 3097 (dazu Roth IPrax **89**, 213); der Unterlegene ist aber nicht beschwert, wenn das Berufungsgericht die Sache nach allen in Betracht kommenden Rechten geprüft und deshalb offen gelassen hat, welches Recht anzuwenden sei, BGH NJW **63**, 253 (dazu Steindorff JZ **63**, 201). Die Verletzung deutschen zwischenstaatlichen Privatrechts durch Anwendung oder Nichtanwendung einer Norm begründet die Revision, BGH NJW **82**, 2733. Die Verbürgung der Gegenseitigkeit betrifft auch das deutsche Recht, § 328 Z 5, RG **115**, 105; insofern ist also auch nicht revisibles ausländisches Recht nachzuprüfen, BGH **42**, 198, **49**, 52, da es um die Vorfrage für die Anwendbarkeit deutschen Rechts geht, ebenso hinsichtlich der Verbürgung der Gegenseitigkeit iSv § 110, BGH **37**, 264, WertpMitt **82**, 194. Das gleiche gilt bei Prüfung der internationalen Zuständigkeit in EheS für die Frage der Anerkennung nach § 606 a I 1 Z 4, dort Rn 12, str, sowie für die Prüfung der internationalen Zuständigkeit in vermögensrechtlichen Sachen, § 512 a Rn 5. Die Anwendung ausländischen Rechts ist auch nachprüfbar, soweit das nachprüfbare IPR anwendbare ausländisches Recht auf deutsches Recht zurückverweist, BGH IPRspr **81** Nr 2, **45**, 354, NJW **58**, 750, nicht aber, wenn das ausländische Recht weiterverweist, BGH **45**, 351. BGH **3**, 342 entnimmt die Beweislastverteilung dem sachlichen ausländischen Recht und hält sie deshalb für irrevisibel, Anh § 286 Rn 4; nachprüfbar ist aber, ob das Berufungsgericht ein Vorbringen, das es entsprechend der ausländischen Regelung für wesentlich gehalten hat, unbeachtet gelassen hat.

**8**   Die Verletzung ausländischen Rechts kann auch dann nicht mit der Revision gerügt werden, wenn die Ausführungen des Berufungsgerichts nicht erschöpfend sind, BGH RIW **90**, 581, NJW **88**, 648 mwN. Nachprüfbar ist aber, ob der Richter das ausländische Recht **verfahrensfehlerfrei ermittelt** hat, also kein Verstoß gegen § 293 vorliegt, Sommerlad/Schrey NJW **91**, 1378, Gottwald IPrax **88**, 210, Fastrich ZZP **97**, 423 mwN, BGH NJW **95**, 1032, **92**, 3106 u 2029 (eingehend), NJW **91**, 1419 mwN. Grundsätzlich hat der BGH nicht die im pflichtgemäßen Ermessen des Tatrichters liegende Art und Weise nachzuprüfen, wie dieser sich die Kenntnis des fremden Rechts verschafft hat, BGH NJW **63**, 252. Der Tatrichter hat jedoch von allen ihm zugänglichen Erkenntnisquellen Gebrauch zu machen (er wird idR einen Sachverständigen heranziehen), muß aber ggf von weiteren Möglichkeiten Gebrauch machen, BGH RR **91**, 1212 u NJW **91**, 1419) und dies darzulegen, BGH RR **95**, 767 mwN. Nachprüfbar ist dabei, ob bei einer von ihm erforderlich gehaltenen Beweisaufnahme das Verfahrensrecht verletzt worden ist, BGH NJW **75**, 2143. Einzelheiten: § 293 Rn 1.

Zum Verfahren des Revisionsgerichts bei Nichtanwendung später erlassenen oder vom Berufungsgericht übersehenen ausländischen Rechts siehe oben Rn 5 und § 562 Rn 2.

**9**   **3) Bundesrecht, I**

**A. Die Abgrenzung von Bundes- und Landesrecht** enthalten Art 70 ff GG, die Gebiete der ausschließlichen Bundesgesetzgebung zählt Art 73 auf. Das bürgerliche Recht, die Gerichtsverfassung, das gerichtliche Verfahren, die Gesetzgebung über die Rechtsanwaltschaft gehören zur konkurrierenden Gesetzgebung, Art. 74, nicht aber die Materien, für die der Bund Rahmenvorschriften erlassen kann, Art 75 sind. Für Gesetze aus der Zeit vor dem 23. 5. 49 sind zu beachten:

*Art. 124 GG.* **Recht, das Gegenstände der ausschließlichen Gesetzgebung des Bundes betrifft, wird innerhalb seines Geltungsbereiches Bundesrecht.**

*Art. 125 GG.* **Recht, das Gegenstände der konkurrierenden Gesetzgebung des Bundes betrifft, wird innerhalb seines Geltungsbereiches Bundesrecht,**
**1. soweit es innerhalb einer oder mehrerer Besatzungszonen einheitlich gilt,**
**2. soweit es sich um Recht handelt, durch das nach dem 8. Mai 1945 früheres Reichsrecht abgeändert worden ist.**

Durch G v 27. 10. 94, BGBl 3146, sind Art 72, 74 und 75 GG mWv 15. 11. 94 geändert worden; die zuvor agrd dieser Artikel als Bundesrecht ergangenen Vorschriften gelten einstweilen also solches fort, **Art 125 a GG** idF des Ges, dazu Sannwald NJW **95**, 3319, Rybak/Hofmann NVwZ **95**, 230.

**10**   **B. Bundesrecht.** Es ist auch dann revisibel, wenn es nicht über einen OLG-Bezirk hinaus gilt. Dazu gehören alle Normen, die im BGBl veröffentlicht sind (einschließlich völkerrechtlicher Abk). Immer ist nötig, daß die Norm kraft eines Gesetzesbefehls des Bundesgesetzgebers gilt. Deshalb reicht es nicht aus, daß in anderen Normen ergänzend auf Bundesrecht verwiesen wird, vgl BVerwG DVBl **86**, 1200, NVwZ **84**,

101 mwN; doch wird sich die Revisibilität oft aus der Geltung der Norm über einen OLG-Bezirk hinaus ergeben.

Bundesrecht sind auch folgende Rechtsvorschriften: **a)** das **frühere Reichsrecht**, sofern es sich um **11** Gegenstände der ausschließlichen Gesetzgebung des Bundes (Art 73 GG) handelt, **Art 124 GG**, oder bei Gegenständen der konkurrierenden Gesetzgebung, wenn es wenigstens in einer Besatzungszone einheitlich galt, **Art 125 Z 1**. Zum früheren Reichsrecht gehören alle durch die Reichsgesetzgebung für das ganze Reich erlassenen Rechtsnormen, auch die zu Reichsgesetzen gemachten Gesetze des Norddeutschen Bundes (§ 2 G v 16. 4. 1871). Zwischenstaatliche Verträge wurden durch die Veröffentlichung ihrer Ratifikation im RGBl Reichsrecht, RG MuW **30**, 411. Dem Reichsrecht gleichzuachten sind im Sinne des § 549 nicht Ländergesetze, die aufgrund des Gesetzes über den Neuaufbau des Reichs seit 1934 durch die Landesregierungen erlassen wurden, BGH **18**, 134. **b)** Sonstiges Recht, das einheitlich in einer oder mehreren Besatzungszonen gilt oder galt, **Art 125 Z 1**, sofern es von deutschen Gesetzgebungsorganen gesetzt worden ist. **c)** Nach dem 8. 5. 1945 erfolgte Abänderungen des früheren Reichsrechts, **Art 125 Z 2**, also insbesondere die jedes Landes, da zonale oder mehrzonale Änderungen auch unter Z 1 fallen; Reichsrecht, das zwischen dem 8. 5. 45 und dem Inkrafttreten des GG nicht geändert worden ist und nur in einem einzigen Bundesland galt, ist nicht Bundesrecht geworden, BVerwG NVwZ **92**, 977. Abänderung auch nicht die Ersetzung, aber eine Neuregelung mit völliger Umgestaltung. – Bei Streit über das Fortgelten von Recht als Bundesrecht ist auszusetzen und das BVerfG anzurufen, Art 126 GG. Revisibel ist auch **Besatzungsrecht**, das nach Art 124, 125 GG Bundesrecht geworden wäre, wenn es von einer deutschen Stelle erlassen worden wäre, StJGr 6, MüKoWa 3, BVerwG NJW **89**, 3168, **41**, 3.

Wegen des Rechts der **ehem DDR** s Rn 13.

**C. Europarecht.** Hinsichtlich der Revisibilität steht das Recht der EG dem Bundesrecht gleich, BVerwG **12** **34**, 277, EuZW **93**, 263, dazu Petzold NVwZ **99**, 151 mwN. Wegen der Vorlagepflicht nach Art 177 EGV s Anh § 1 GVG.

**4) Sonstige Vorschriften, I** **13**

**A. Anwendungsbereich.** Revisibel sind unter bestimmten Voraussetzungen, unten Rn 15–17, außer dem Bundesrecht auch alle nach den Grundsätzen des öffentlichen Rechts des Bundes, des Reiches und der Länder über die Rechtsetzung gültig geschaffenen Normen des objektiven Rechts. Hierhin gehören: Sachlich-rechtliche und prozessuale Rechtsnormen eines früheren oder jetzigen inländischen Normgebers (auch Rechtsverordnungen) oder einer zur Normsetzung befugten supranationalen Einrichtung (wegen des Rechts der EG s Rn 12); das von den früheren Inhabern der obersten Regierungsgewalt ausgehende Besatzungsrecht, soweit es nicht wie Bundesrecht zu behandeln ist, Rn 11 (zum Berliner Besatzungsrecht vgl BVerwG NJW **89**, 3168); das vor dem 3. 10. 90 geltende Recht der ehem DDR, BGH NJW **93**, 260, Oetker JZ **92**, 613, einschließlich der von der DDR abgeschlossenen zwischenstaatlichen Verträge, BGH DtZ **97**, 56 (zu § 1 VIII b VermG); ebenso das fortgeltende Recht der DDR, soweit es Landesrecht geworden ist, Art 9 I EV, BVerwG DtZ **96**, 284, Dresden DtZ **94**, 113; Gewohnheitsrecht (revisibel ist die Verkennung des Begriffs des Gewohnheitsrechts, auch wo es irrevisibles Landesrecht betrifft, RG DR **40**, 587; Beweiserhebung über das Bestehen von Bundesgewohnheitsrecht durch den BGH: NJW **65**, 1862); allgemeine Grundsätze des Völkerrechts und des bundesgesetzlichen Völkervertragsrechts, ThP 3, zB Art 177 EGV, vgl RG Rn 19 ff, Mutke DVBl **87**, 403; Ortssatzungen mit dem Charakter objektiven Rechts; VerwVorschriften, die nicht nur interne Anweisungen an die Behörden sind, sondern objektives Recht enthalten (zB Zuständigkeitsvorschriften), nicht aber sonstige Verwaltungsvorschriften, die idR nur unter dem Gesichtspunkt der Gleichbehandlung Außenwirkung erlangen, BVerfG WertpMitt **89**, 464 mwN, BVerwG NJW **88**, 2907 (zu den sog normkonkretisierenden Verwaltungsvorschriften, BVerwG NVwZ **86**, 213, vgl Gerhardt NJW **89**, 2233, Hill NVwZ **89**, 401, Erbguth DVBl **89**, 473, Wallerath NWVBl **89**, 153); Richtlinien über die Gewährung von Ministerialzulagen, BGH **LM** Nr 46 **14** (ggf sind sie aber irrevisibles Landesrecht); die Bestimmungen über die Ausgestaltung der zwischen öffentlich-rechtlichen Versicherungsanstalten und ihren Versicherungsnehmern bestehenden Versicherungsverhältnissen, gleichgültig, ob in Form von allgemeinen Versicherungsbedingungen oder in der eines Gesetzes, BGH **6**, 376, ferner zwischen Versicherungsträgern abgeschlossene Schadensteilungsabkommen typischer Art, BGH **20**, 389, Pfennig VersR **52**, 417; Satzungen öffentlich-rechtlicher Körperschaften, die auf Gesetz beruhen, BGH **LM** § 242 (Cd) Nr 2 BGB, wie die der Sozialversicherungsträger, BGH RR **88**, 1021 u NJW **85**, 2194, Knappschaftsvereine, RG **76**, 207, oder der Landschaften, RG **64**, 214; die normativen Teile eines Tarifvertrages, GMP § 73 Rn 11. Revisibel ist das Deutsche Arzneibuch, weil es zwar landesgesetzlich eingeführt ist, aber eine bewußte Vereinheitlichung bedeutet, RG **154**, 137, aus den gleichen Erwägungen allgemeine Versicherungsbedingungen, die durch Landesgesetz eingeführt, BGH **4**, 220, **6**, 375. Vgl auch § 550 Rn 3 ff u 10. – **Nicht** hierher gehören Handels- und Börsengebräuche, Verwaltungsvorschriften für den inneren Dienst (zB die VOB/A, BGH NJW **92**, 827), Genossenschaftssatzungen.

**B. Voraussetzungen.** Revisibel ist die sonstige Vorschrift grundsätzlich nur, wenn sich ihr **Geltungsbe- 15 reich über den Bezirk eines OLG hinaus** erstreckt (in den neuen Bundesländern trat zunächst an die Stelle des OLG das Bezirksgericht, EV Anl I Kap III Sachgeb A Abschnitt III Z 1 b und 1 h). Anders als nach der bis zum 15. 9. 75 geltenden Fassung braucht die Norm nicht (auch) im Bezirk des Berufungsgerichts zu gelten. Die Vorschrift muß somit **a)** durch das Berufungsurteil verletzt sein; nicht notwendig ist, daß sie noch heute wirksam ist, vielmehr entscheidet, ob die Norm im konkreten Fall angewendet wurde oder anzuwenden war, BGH **24**, 255, **b)** über den Bezirk eines OLG hinaus (gleich für welches Gebiet, zB Anwendung einer für Teile von SchlH und Nds geltenden Norm durch ein hbg Gericht) aufgrund desselben Gesetzgebungsaktes als Rechtsnorm iSv Rn 4 gelten, mag die Vorschrift auch Bestandteil des jeweiligen Landesrechts geworden sein, BGH NJW **89**, 108. Das gilt zB für den französischen Code Civil in den Gebieten seines früheren Geltungsbereichs, BGH NJW **85**, 1289, für das in mehreren Ländern als Landesrecht fortgeltende frühere preußische Recht, BGH NJW **89**, 108, für die Hausgesetze des hohen Adels, RG

## § 549

JW 37, 2788, und für das über einen OLG-Bezirk hinausgehende Besatzungsrecht, OGH NJW 49, 147 (soweit es nicht sogar dem Bundesrecht gleichsteht, oben Rn 11).

Erforderlich ist, daß die Vorschrift in OLG-Bezirken gilt, von denen der Rechtszug zum BGH führt, so daß die Geltung in der DDR seit 1990 die Revisibilität begründet, BGH NJW 96, 3013 u 93, 260. Die Voraussetzung ist auch nicht gegeben, wenn Senate des OLG an andere Orte detachiert sind (Darmstadt und Kassel von Ffm), BGH **LM** Nr 44. Als Bezirk kommt nur die Einteilung zZt der Revisionsverhandlung in Frage, nicht etwa eine frühere andere, BGH **10**, 367. Die Revisionsfähigkeit kann also durch Aufteilung oder Zusammenlegung der Bezirke wechseln, da entscheidend ist, daß die Rspr einheitlich ist, RG HRR **37**, 1034, gleichgültig, ob das Landesgesetz noch gilt, BGH **LM** Nr 39; daß ein anderes Gericht die Vorschrift als interlokales Recht anwenden muß, genügt nicht, BGH **24**, 256, ebensowenig die tatsächliche Übereinstimmung der Vorschriften in mehreren Bezirken, BGH **7**, 299.

**16** **Inhaltsgleiche Regelungen** im Bereich des Landesrechts genügen an sich nicht für die Revisibilität, BGH NJW **92**, 2769 mwN. Sie sind aber revisibel, wenn sie auf derselben Rechtsquelle beruhen, BGH NJW **89**, 108, etwa auf einem Rahmengesetz des Bundes, zB dem BRRG, BGH DVBl **83**, 1241 mwN (§ 103 Hess BeamtG), BGH **34**, 378 (§ 122 II Hess BeamtG), oder, falls dies nicht der Fall ist, wenn die Übereinstimmung nicht nur zufällig, BGH **7**, 299, sondern gewollt aufrechterhalten oder herbeigeführt wird, BGH NJW **92**, 2769 mwN, zB zum Zweck der Vereinheitlichung, BGH WM **97**, 1657 (Anm Goetze DStR **97**, 1587). Mit Rücksicht auf die damalige besondere Gesetzgebungslage hat der OGH, NJW **49**, 546, bei gleichlautenden VOen der OLGPräs die Revision zugelassen. Revisibilität ist auch dann gegeben, wenn eine an sich nicht revisible PolizeiVO aus dem ihr zugrunde liegenden revisiblen Landesrecht einen Rechtsbegriff übernimmt (hinsichtlich der Anwendung dieses Begriffs), BGH **46**, 17. In AGBG-Sachen ist Revisionsgrund die Anwendung dieses Gesetzes, so daß es auf den Geltungsbereich der AGB nicht ankommt, Sieg VersR **77**, 493.

**17** Daß die Auslegung einer Vorschrift, auch einer rein örtlichen, von der Auslegung eines Bundesrecht gewordenen Reichsgesetzes oder eines Bundesgesetzes abhängt, macht sie nicht revisibel. **Allgemeine Rechtsgrundsätze** sind Teil der Vorschrift, die sie ergänzen, RG **109**, 10, auch solche des BGB, RG **136**, 222, können also insofern der Revision entzogen sein. Nicht das Gesetz als Ganzes kommt in Betracht, sondern die fragliche Bestimmung. Eine Vorschrift wird nicht dadurch revisibel, daß bei ihrer Auslegung Begriffe und Grundsätze anzuwenden sind, die das RG (BGH) entwickelt hat, RG HRR **29**, 1780.

**18** **Immer revisibel** ist die Entscheidung über die **Vereinbarkeit einer Vorschrift** mit übergeordnetem revisiblem Recht, zB des Landesrechts mit Bundesrecht. Das gleiche gilt für die Entscheidung über einen auf Landesrecht gestützten Anspruch, wenn die Auslegung und Anwendung des Landesrechts durch eine **Verletzung von Bundesrecht** beeinflußt wird, BGH MDR **92**, 1082, BVerwG DVBl **95**, 430 (Verstoß gegen Art 20 III GG).

**19** 5) **Folgen der Nichtrevisibilität.** Die allein auf eine irrevisible Norm gestützte Revision ist unbegründet, oben Rn 4, nicht unzulässig. Für die Nachprüfung unbeachtlich sind Rügen aus §§ 139, 286, RG **159**, 51, außer wenn das Berufungsgericht Beweise für Tatsachen, die nach seiner Auslegung des irrevisiblen Rechts erheblich sind, übergangen hat, BGH NJW **52**, 142. Zur Bindung des Revisionsgerichts an die Entscheidung des Berufungsgerichts über das Bestehen und den Inhalt irrevisiblen Rechts s Erl zu § 562.

**20** 6) **Beschränkung der Prüfung, II**

**A. Grundsatz.** Über §§ 10 u 512a hinaus ist jede Prüfung der **örtlichen und sachlichen Zuständigkeit** des ersten Rechtszuges in der Revisionsinstanz ausgeschlossen, BGH MDR **80**, 203, und zwar ohne Rücksicht darauf, ob das erstinstanzliche Gericht seine Zuständigkeit bejaht oder verneint hat und auch dann, wenn das Berufungsgericht darüber entschieden hat, und auch dann, wenn es die Revision wegen der Frage der Verneinung der örtlichen Zuständigkeit zugelassen hat, BGH NJW **88**, 3267, BAG NJW **83**, 839 mwN, ZöGu 16. Das gilt auch für die Überprüfung der örtlichen Zuständigkeit kraft Sachzusammenhangs, BGH ZZP **99**, 99 (krit Anm Vollkommer). Da die Parteien in den Vorinstanzen Gelegenheit haben, diese Fragen zu klären, ist die Beschränkung im Interesse der Beschleunigung und der Prozeßwirtschaftlichkeit gerechtfertigt; sie ist verfassungsrechtlich unbedenklich, BGH aaO. Jedoch ist II in Bezug auf die örtliche Zuständigkeit nicht anzuwenden, soweit daneben die internationale Zuständigkeit im Streit ist und beide Zuständigkeiten von denselben Voraussetzungen abhängen, BGH NJW **92**, 397 (Anm Geimer **LM** § 38 Nr 32).

II gilt auch in **FamS und Kindschaftssachen** sowie für Urteile, die ausschließlich über die Zuständigkeit entscheiden. Soweit die Vorschrift dem RevGericht die Prüfung der Zuständigkeit der **Arbeitsgerichte** verwehrt, ist sie gegenstandslos, weil es sich seit dem 1. 1. 91 insoweit um die Zulässigkeit des Rechtsweges handelt; § 17a V GVG gilt, vgl § 529 Rn 2 u 10 und die Erl zu § 17a GVG, Mayerhofer NJW **92**, 1602 mwN, Lüke F Kissel 1993, S 715, Vollkommer ebd S 1191.

**21** Eine statthafte Revision, der es aber nur um eine der in II genannten irrevisiblen Fragen geht, ist unbegründet, nicht unzulässig, BGH MDR **80**, 203, im Erg zustm Waldner ZZP **93**, 332 (der die Revision aber dann für unzulässig hält, wenn sie das Berufungsgericht zurückverwiesen hat, weil es die örtliche Zuständigkeit im Gegensatz zur ersten Instanz bejaht hat; zu § 73 II ArbGG s oben Rn 3. Geht es nun um die örtliche Zuständigkeit und ist die Revision deswegen (fehlerhaft) zugelassen, so sind die Kosten nach § 8 GKG niederzuschlagen, BGH aaO.

**22** Der **Ausschluß der Prüfung** erstreckt sich auf die nicht zur Zuständigkeit, sondern zur Geschäftsverteilung gehörende Frage, **ob eine FamS vorliegt oder nicht**, vgl § 529 Rn 11 u 12, so daß das Revisionsgericht ausnahmslos daran gebunden ist, wie das OLG die Sache qualifiziert hat, BGH RR **95**, 197, FamRZ **94**, 27, Diederichsen NJW **86**, 1462; hat ein FamSenat dies offengelassen, so hat der BGH im Hinblick auf § 621d selbst zu prüfen, ob eine FamS vorliegt, NJW **88**, 2380, abl Jauernig FamRZ **88**, 1258. Die Vorschrift betrifft nicht die Frage, ob die Vorinstanz das richtige Verfahren befolgt hat, aM STr 1, offen BGH NJW **93**, 3328. Sie gilt für alle zivilprozessualen FamS, § 621a Rn 2, auch für die am 1. 4. 86 anhängigen, BGH RR **86**, 1258; eine entspr Vorschrift für FGG-FamS,

§ 621 a Rn 3, enthält § 621 e IV 1. Wegen der Folgerungen für die Statthaftigkeit der Revision vgl § 621 d Rn 3, § 119 GVG Rn 7.
   Die **Prüfung des Rechtsweges**, § 13 GVG, ist dem Rechtsmittelgericht der Hauptsache nur nach Maßgabe des § 17 a V GVG gestattet, s dort Rn 15 u 16, BGH NJW **95**, 2852.
   **B. Geltungsbereich.** Unberührt von II bleibt die Prüfung der funktionellen Zuständigkeit, Grdz § 1 **23** Rn 4, zB des OLG in Landwirtschaftssachen, BGH RR **92**, 1152 mwN, oder des Kartellsenats in Sachen nach dem GWB, BGH RR **96**, 765, oder der gesetzlichen Geschäftsverteilung in anderen als FamS (zB wenn es um das Verhältnis ZivK/KfH geht, Gaul JZ **84**, 565), ebenso die Prüfung der internationalen Zuständigkeit, Üb § 12 Rn 5 ff, BGH NJW **99**, 1396 mwN (dazu Schack JZ **92**, 54, Geimer NJW **91**, 3074), Geimer WertpMitt **86**, 117 (zur Prüfung vAw), s § 559 Rn 7. Auf Rechtsfehler bei der Beantwortung dieser Fragen kann eine Revision also gestützt werden. Das Revisionsgericht ist insofern, als es dabei auf ausländisches Recht ankommt, nicht an das Berufungsurteil gebunden; das ausländische Recht ist in diesem Rahmen revisibel, oben Rn 7.
   **7) VwGO:** Statt **I** gilt § 137 I *VwGO*, B*VerwG* Buchholz 310 § 40 *VwGO* Nr 202, der eine abweichende **24** Regelung der Revisibilität enthält, dazu Bertrams DÖV **92**, 97 (voll revisibel ist ferner Landesbeamtenrecht, § 127 BRRG). **II** *ist für die Verwaltungsgerichtsbarkeit gegenstandslos,* § 17 a GVG iVm §§ 83 u 173 *VwGO*.

## 550 Begriff der Gesetzesverletzung. Das Gesetz ist verletzt, wenn eine Rechtsnorm nicht oder nicht richtig angewendet worden ist.

   **Vorbem.** Im **Verfahren der Arbeitsgerichte** entsprechend anwendbar, § 72 V ArbGG, GMP § 73 **1** Rn 3, Grunsky ArbGG § 73 Rn 1.
   **Schrifttum:** *Nierwetberg*, Die Unterscheidung von Tatfrage und Rechtsfrage, JZ **83**, 237; *Henke*, Die Tatfrage, 1966, und ZZP **81**, 196, 321; *Kuchinke*, Grenzen der Nachprüfbarkeit tatrichterlicher Würdigungen und Feststellungen in der Revisionsinstanz, 1964.
   **1) Regel.** Das Gesetz (Begriff § 12 EGZPO, vgl § 549) ist verletzt, wenn es entweder gar nicht oder **2** unrichtig angewandt ist. Seine unrichtige Anwendung kann beruhen **a)** auf einer Verkennung der Merkmale der richtigen Norm; **b)** auf einer Einordnung der richtig erkannten Merkmale unter eine falsche Norm (unrichtige Subsumtion); dahin gehört auch ein Verstoß gegen die Denkgesetze; **c)** auf einem Widerspruch zwischen den tatsächlichen Annahmen und dem im Tatbestand festgehaltenen Verhandlungsergebnis; dagegen kennt die ZPO nicht den Revisionsgrund der Aktenwidrigkeit, BGH MDR **81**, 654. Die Abgrenzung von Rechts- und Tatfragen ist oft schwierig, ihre Handhabung ist bisweilen unberechenbar, vgl auch Üb § 545 Rn 1.
   **2) Einzelfälle:**
   **Auslegung** (Bürck, F Krasney, 1997). **A. Gerichtliche und behördliche Entscheidungen und Willens- 3 akten.** Ihre Auslegung ist stets voll nachprüfbar, BGH NJW **83**, 2774 mwN (Pfändungsbeschluß), BGH LM § 549 Nr 59 (Eintragung im Grundbuch), BGH **86**, 110 mwN (Verwaltungsakte), also auch, ob ein VerwAkt oder ein bürgerlich-rechtlicher Vertrag vorliegt, BGH **28**, 34, und welche Anforderungen an einen VerwAkt zu stellen sind, BVerwG MDR **73**, 526, ferner die Art einer zwischen der BRep und einem fremden Staat getroffenen Vereinbarung, BGH **32**, 84.
   **B. Willenserklärungen.** Ihre Auslegung ist nur eingeschränkt nachprüfbar, dazu Messer F Odersky **4** 1996, E. Schneider MDR **81**, 885, krit May NJW **83**, 980 unter Hinweis auf die Rspr des BSG. Tatfrage ist, welche Erklärung abgegeben, Rechtsfrage, ob die Auslegung mit den Denkgesetzen oder dem Wortlaut vereinbar ist und ob allgemein anerkannte Auslegungsgrundsätze, etwa §§ 133, 157 BGB, verletzt sind, BGH in stRspr, NJW **95**, 46 u RR **93**, 562 mwN, oder wesentlicher Auslegungsstoff außer acht gelassen ist, BGH NJW **95**, 46, BAG NJW **56**, 1732. Nur insoweit ist dem Revisionsgericht eine Überprüfung gestattet, BGH MDR **96**, 70, NJW **92**, 1968 u RIW **90**, 581 mwN, BVerwG NVwZ **82**, 196 mwN, Köln MDR **82**, 1030. Bei AGB und immer wiederkehrenden, gleichlautenden Klauseln, zB in Schiedsverträgen, obliegt es dem Revisionsgericht, eine Auslegungsregel zu finden, die dem Richter angibt, was „im Zweifel" gewollt ist, BGH **53**, 320, s unten Rn 10; nicht nachprüfbar ist die Auslegung ausländischer AGB, BGH MDR **91**, 144 mwN, aM Teske EuZW **91**, 149 mwN. Ist im Wege der ergänzenden Vertragsauslegung als Schwerpunkt eines Vertrages über nach Deutschland einzuführende Ware ein einheitliches Recht festgestellt, so ist diese Würdigung, wenn die Feststellungen des Berufungsgerichts alle hierfür maßgebenden Umstände herangezogen haben, für das Revisionsgericht maßgebend, BGH NJW **61**, 25 (von BGH **44**, 186 dahingestellt gelassen). Nicht notwendig ist es, daß gesetzliche Auslegungsregeln verletzt sind. Willensmängel betreffen das Bestehen, nicht die Auslegung.
   Das Revisionsgericht kann eine notwendige, vom Berufungsgericht unterlassene Auslegung selbständig vornehmen, wenn das Berufungsgericht alle erforderlichen Feststellungen getroffen hat und weitere Feststellungen nicht zu erwarten sind, BGH NJW **98**, 1219 mwN (zur ergänzenden Vertragsauslegung), und zwar auch dann, wenn mehrere Auslegungsmöglichkeiten bestehen, BGH NJW **91**, 1181 mwN, u a 65, 107 (WertpMitt **75**, 470 ist aufgegeben); das gleiche gilt bei in sich widersprüchlicher oder sonst fehlerhafter Auslegung durch das Berufungsgericht, BGH RR **93**, 563 mwN, E. Schneider MDR **81**, 886.
   **C. Prozeßhandlungen.** Sie darf das Revisionsgericht in freier Würdigung selbst auslegen, BGH in **5** stRspr, RR **96**, 1211 mwN; im Zweifel dasjenige gewollt, was nach den Maßstäben der Rechtsordnung vernünftig ist und der recht verstandenen Interessenlage entspricht, stRspr, BGH RR **96**, 1211 mwN, ua NJW **93**, 1925 u **92**, 566. Das gilt überhaupt für das Verhalten der Parteien im Prozeß, RG 68, 57, ihre verfahrensrechtlichen Erklärungen, BGH RR **96**, 834, auch in einem anderen Verfahren, solange dort

nicht eine rechtskräftige Entscheidung über die Erklärung getroffen ist, BGH NJW **59**, 2119. Frei auslegbar und überprüfbar sind die Anträge, BGH RR **89**, 254, ein Prozeßvergleich, BAG MDR **83**, 1053 mwN (str), der Verzicht auf Rechtsmittel nach § 514 auch dann, wenn er gegenüber dem Gegner erklärt worden ist, BGH NJW **85**, 2335 mwN.

**D. Urkunden.** Nachzuprüfen ist ihre Einordnung als behördlicher Akt oder bürgerlich-rechtliche Erklärung, BGH **28**, 39. Ihre inhaltliche Auslegung ist nur nachprüfbar, soweit sie gegen Auslegungsregeln verstößt, wobei auch Umstände außerhalb der Urkunde von Bedeutung sein können, BGH **LM** § 133 BGB Nr B 1 (Testament). Das zu B Gesagte gilt auch hier. Nachprüfbar ist es auch, wenn ein eindeutiger Inhalt angenommen und damit die Auslegungsfähigkeit verneint wird, BGH **32**, 63.

**E. Satzungen der Kapitalgesellschaften.** Ihre Auslegung ist nachprüfbar, BGH **9**, 281, soweit es sich um die satzungsmäßige Regelung körperschaftlicher Fragen handelt, BGH **14**, 25, also um eine solche, die von vornherein für einen unbestimmten Personenkreis bestimmt ist, BGH NJW **92**, 893 mwN; deshalb gilt das Entsprechende für Stiftungsurkunden, BGH NJW **57**, 708. Maßgebend sind objektive Auslegungsgrundsätze. Eine Satzung (Gesellschaftsvertrag) ist grundsätzlich nur aus sich heraus auslegbar, so daß eine einheitliche Auslegung der Satzung gewährleistet ist, RG JW **39**, 354; für die Allgemeinheit unerkennbare Erwägungen und Absichten der Gesellschafter sind also unverwertbar, RG **159**, 326. Die Auslegung von individualrechtlichen Bestimmungen eines solchen Gesellschaftsvertrages ist hingegen Tatfrage; also ist die Nachprüfung beschränkt auf gesetzliche Auslegungsregeln oder die Verletzung von Denk- und Erfahrungssätzen, BGH **LM** § 549 Nr 25, vgl auch Nr 24 a. Vgl auch unten Rn 10.

**F. Satzungen von Vereinen.** Ihre Auslegung ist nachprüfbar, falls Mitglieder über einen OLG-Bezirk hinaus Wohnsitz haben, Warn **37**, 127, desgleichen solche des nicht rechtsfähigen Vereins, BGH **21**, 374, GMP § 73 Rn 13.

**G. Stiftungssatzungen.** Ihre Auslegung ist stets nachprüfbar, BGH **LM** § 85 BGB Nr 1.

**6 Beweiswürdigung.** Sie liegt auf tatsächlichem Gebiet, ist aber nachprüfbar, wenn sie das Gesetz, insbesondere § 286 ZPO verletzt, § 561 Rn 12. Das ist der Fall, wenn das Urteil nicht den gesamten Inhalt der Verhandlung und des Beweisergebnisses berücksichtigt, RG LZ **32**, 1250, oder wenn die tatsächlichen Feststellungen in sich widersprüchlich sind, oder wenn durch die Beweiswürdigung Verfahrensvorschriften verletzt sind, BGH NJW **74**, 56, oder wenn die Beweiswürdigung auf rechtlich unzutreffenden Voraussetzungen beruht, Köln MDR **82**, 678. Dazu gehört auch die Mitteilung an die Parteien, wenn ein Zeuge erklärt hat, er könne nur nach Einsicht seiner Unterlagen eine vollständige Aussage machen, das Gericht aber die Einsicht nicht für erforderlich gehalten hat, BGH NJW **61**, 363. Nur beschränkt nachprüfbar sind auch Feststellungen über den Beweiswert von Erfahrungssätzen auf naturwissenschaftlichem Gebiet, BGH NJW **73**, 1411.

**7 Einordnung unter die Norm** (Subsumtion). In der Revisionsinstanz ist eine Nachprüfung zulässig zB daraufhin: ob das Verhalten einer Partei gegen Treu und Glauben verstößt, RG **100**, 135; ob ein Verstoß gegen die guten Sitten vorliegt, BGH **LM** § 138 BGB (C d) Nr 2, stRspr; ob Arglist, Irrtum, Fahrlässigkeit, Vorsatz, mitwirkendes Verschulden gegeben ist, vgl RG **105**, 119, stRspr (hingegen ist die Verteilung der Verantwortlichkeit Sache des Tatrichters, BGH **LM** § 561 Nr 8–10); nachprüfbar ist auch, ob der Unterschied von einfacher und grober Fahrlässigkeit erkannt ist, hingegen ist die Entscheidung, ob im Einzelfall grobe Fahrlässigkeit vorliegt, Tatfrage, BGH **10**, 17 (aM BAG **AP** § 23 BetrVG Nr 1, das in der Frage, ob ein Verhalten im gegebenen Fall als grobe Pflichtverletzung anzusehen ist, ebenfalls eine Rechtsfrage sieht, wenn auch besonderer Art, da der Tatbestand unter einen sog unbestimmten Rechtsbegriff einzureihen ist); stets ist nachzuprüfen, ob gegen Rechtsvorschriften, anerkannte Bewertungsmaßstäbe, Denkgesetze, allgemeine Erfahrungssätze verstoßen, insbesondere eine etwaige Notwendigkeit beiderseitiger Interessenabwägung nicht erkannt oder sonstige Gesichtspunkte unzureichend berücksichtigt sind. Revisibel ist ferner: ob eine Nachfrist aus § 326 BGB angemessen war; ob ein Vertrag zustandegekommen ist; ob ein Mangel erheblich ist, BGH **10**, 242; ob ein Rat schuldhaft erteilt ist; ob Verschulden in der Auswahl vorliegt, § 831 BGB; ob ein Verzicht wirksam erklärt ist; ob rechnerische Erwägungen zutreffen. Ein Irrtum ist dabei Gesetzesverletzung, RG JW **27**, 2135. Das Revisionsgericht kann seine eigene Lebenserfahrung verwerten. Die Verletzung allgemeiner Auslegungsgrundsätze bei der Auslegung irrevisiblen Rechts ist nicht nachprüfbar, BVerwG JZ **73**, 26.

**8 Erfahrungssätze, allgemeine** (Begriff: Einf § 284 Rn 22). Sie sind nicht etwa beweisbedürftige Tatsachen, sondern haben die Natur von Normen, die als Maßstab zur Beurteilung von Tatsachen dienen, und daher nachprüfbar, stRspr, BGH RR **93**, 653 mwN; dies gilt auch für Erfahrungssätze in Unterhaltstabellen, Christl NJW **84**, 267. Darum muß der angewandte Erfahrungssatz den Urteilsgründen klar zu entnehmen sein, RG HRR **30**, 653. Abweichungen von Erfahrungssätzen bedürfen besonderer Begründung, RG JW **27**, 377. Gleich bleibt, wie das Gericht den Satz ermittelt hat. Etwas anderes sind wissenschaftliche Grundsätze, BayObLG **20**, 195. Der allgemeine Sprachgebrauch beruht auf einem allgemeinen Erfahrungssatz, RG **105**, 419.

**8 a Ermessensvorschriften.** Über sie s Einl III Rn 33. Die unsachgemäße Handhabung des Ermessens kann auch eine Versagung des rechtlichen Gehörs enthalten, s § 548 Rn 4.

**9 Kündigung.** Ob Tatsachen im Einzelfall ein wichtiger Grund sind, ist Tatfrage, BAG **2**, 208. Ob aber der Rechtsbegriff des wichtigen Grundes richtig erkannt worden ist und ob bei der Subsumtion der Tatsachen Denkgesetze und allgemein gültige Erfahrungssätze beachtet worden sind, ist ebenso revisibel wie die Frage, ob alle wesentlichen Umstände berücksichtigt sind und das Ergebnis in sich widerspruchsfrei ist, BAG in stRspr, GMP § 73 Rn 7.

**10 Mustermäßige (typische) Vertragsbedingungen** (vgl GMP § 73 Rn 15). Sie liegen vor, wo sich beide Vertragsteile gewissen Vertragsbedingungen unterwerfen, die als allgemeine Norm gleicherweise für eine Vielheit von Vertragsverhältnissen in weiteren Gebieten bestimmt sind, RG **150**, 116, RArbG JW **38**, 2061. So liegt es namentlich im Speditions-, Versicherungs-, Bankgewerbe, bei Lieferung elektrischer Energie und ähnlichen vordruckartigen Abschlüssen. Gleich bleibt, ob die Bestimmungen äußerlich solche des Einzelfalls scheinen, wenn nur derselbe Wortlaut überregional gebraucht wird, BGH NJW **84**, 669, BGH **6**, 376. Solche AGB sind revisibel, wenn sie über den Bezirk des Berufungsgerichts hinaus Anwendung finden und ihre Auslegung verschiedenen OLGen obliegen kann, weil die Rechtseinheit eine verschiedene Auslegung verbietet, vgl BGH MDR **74**, 293 mwN; infolgedessen sind sie nicht revisibel, wenn ein einziger örtlicher Gerichtsstand vereinbart ist, so daß für den Normalfall nur ein OLG zuständig ist, BGH **LM** § 549 Nr 66, und auch nicht, wenn es sich um ausländische AGB handelt, BGH MDR **91**, 144 mwN. Nicht dahin gehören zB allgemeine Verfügungen, durch die der Vorstand einer privaten Versicherungsgesellschaft die Ansprüche der Angestellten regelt; sie sind Bestandteil des Dienstvertrags und enthalten reines Privatrecht, RG Recht **27**, 2277. Das gleiche gilt für die Wertbewerbsklausel im Einzelarbeitsvertrag, BAG **AP** Nr 7.

**Sollvorschriften.** Ihre Verletzung begründet nie die Revision. **11**

**Tatbestand.** Ein ganz fehlender Tatbestand ist immer ein Revisionsgrund, § 543 Rn 5, § 551 Rn 18, ein **12** unzulänglicher dann, wenn er keine Grundlage für die rechtliche Überprüfung schafft, Schumann NJW **93**, 2787, BGH NJW **79**, 927, BAG NJW **81**, 2078, alle mwN. So liegt es auch, wenn der Tatbestand auf Schriftsätze Bezug nimmt, die wechselnde Angaben enthalten, RG JW **33**, 2393, oder auf Unterlagen, die nach Abschluß der Instanz der Partei zurückgegeben worden sind, BGH NJW **81**, 1621. Ist das Urteil trotz § 310 II nicht innerhalb von 3 Monaten nach Verkündung zu den Akten gebracht, so daß eine Tatbestandsberichtigung nicht mehr beantragt werden konnte, § 320 II 3, so ist die Fehlerhaftigkeit des Tatbestands nur dann Revisionsgrund, wenn sie entscheidungserheblich ist, BGH **32**, 23.

**Vaterschaftsfeststellung.** Bei der Anwendung des § 1600 o II BGB erstreckt sich die Prüfung nur darauf, **13** ob das Berufungsgericht bei der Bewertung der an der Vaterschaft bestehenden Zweifel ein extrem hohes oder extrem niedriges Irrtumsrisiko in Kauf genommen hat, BGH in Rspr, FamRZ **75**, 645 (gegen die Zubilligung eines solchen Beurteilungsspielraums Büdenbender FamRZ **75**, 194).

**Verkehrsauffassung.** Soweit sie nicht entsprechend den Erfahrungssätzen zu behandeln ist, gehört sie dem **14** Gebiet der tatrichterlichen Feststellung an, BGH **LM** § 561 Nr 15.

**Vertragsverletzung.** Positive Vertragsverletzung, ernstliche und endgültige Erfüllungsweigerung sind **15** Rechtsbegriffe. Ihre Verkennung begründet die Revision. Sie sind aber vom Revisionsgericht regelmäßig nicht abschließend zu beurteilen, da die tatsächlichen Unterlagen wesentlich sind; solche Beurteilung bände auch gegenüber zulässigem neuem Vorbringen nicht, RG HRR **35**, 1130.

3) **VwGO:** § 550 ist entsprechend anzuwenden, § 173 VwGO, in Ergänzung zu § 137 I VwGO, BVerwG **16** NVwZ **82**, 196 mwN.

## 551

**Unbedingte Revisionsgründe.** Eine Entscheidung ist stets als auf einer Verletzung des Gesetzes beruhend anzusehen:
1. wenn das erkennende Gericht nicht vorschriftsmäßig besetzt war;
2. wenn bei der Entscheidung ein Richter mitgewirkt hat, der von der Ausübung des Richteramts kraft Gesetzes ausgeschlossen war, sofern nicht dieses Hindernis mittels eines Ablehnungsgesuchs ohne Erfolg geltend gemacht ist;
3. wenn bei der Entscheidung ein Richter mitgewirkt hat, obgleich er wegen Besorgnis der Befangenheit abgelehnt und das Ablehnungsgesuch für begründet erklärt war;
4. wenn das Gericht seine Zuständigkeit oder Unzuständigkeit mit Unrecht angenommen hat;
5. wenn eine Partei in dem Verfahren nicht nach Vorschrift der Gesetze vertreten war, sofern sie nicht die Prozeßführung ausdrücklich oder stillschweigend genehmigt hat;
6. wenn die Entscheidung auf Grund einer mündlichen Verhandlung ergangen ist, bei der die Vorschriften über die Öffentlichkeit des Verfahrens verletzt sind;
7. wenn die Entscheidung nicht mit Gründen versehen ist.

**Vorbem.** Im **Verfahren der Arbeitsgerichte** entsprechend anwendbar, GMP § 73 Rn 27–37; hier **1** gelten dieselben unbedingten Revisionsgründe, § 72 V ArbGG, falls die Revision zugelassen worden ist, § 72 I ArbGG. Zur fehlerhaften Mitwirkung ehrenamtlicher Richter, Z 1, s § 65 ArbGG, näheres bei GMP § 73 Rn 25.

### Gliederung

| | |
|---|---|
| 1) Allgemeines ................ 2 | 7) Verstoß gegen die Vorschriften über die Öffentlichkeit, Z 6 ............... 13 |
| 2) Unvorschriftsmäßige Besetzung des Gerichts, Z 1 ............... 3–8 | 8) Fehlende Begründung, Z 7 ......... 14–18 |
| 3) Ausschließung vom Richteramt, Z 2 . 9 | A. Fehlende Begründung ......... 14–16 |
| 4) Erfolgreiche Ablehnung, Z 3 ....... 10 | B. Verspätete Begründung ......... 17 |
| 5) Verkannte Zuständigkeit, Z 4 ...... 11 | C. Mängel des Tatbestandes ......... 18 |
| 6) Mangelnde Vertretung im Prozeß, Z 5 ............... 12 | 9) Abschließende Regelung ......... 19 |
| | 10) *VwGO* ............... 20 |

1) **Allgemeines.** § 551 enthält die Revisionsgründe, deren Vorliegen eine unwiderlegliche Vermutung **2** für die Ursächlichkeit der Gesetzesverletzung begründet, sog unbedingte (absolute) Revisionsgründe. Auch bei fehlender Ursächlichkeit ist die Entscheidung aufzuheben, mag sie auch materiell richtig sein, aM BSG MDR **95**, 1046, BFH ZIP **94**, 229 (abl Sangmeister); § 563 ist insoweit unanwendbar (s aber Rn 16 u 17). Die unbedingten Revisionsgründe sind nicht zu verwechseln mit den vAw zu beachtenden Punkten, s hierzu § 559 Rn 7. Unheilbar nichtig machen die unbedingten Revisionsgründe das Urteil nicht, wie § 586

## § 551

beweist, RG **121**, 198. Ihre Nachprüfung ist auch nur möglich, wenn die Revision zulässig ist, BGH **2**, 278. Auch die unbedingten Revisionsgründe müssen nach § 554 III 3 b gerügt werden. Die Revision kann auf sie nur gestützt werden, wenn sie in der letzten Tatsacheninstanz vorgelegen haben, so daß wir Vorliegen beim LG im allgemeinen, s aber § 566a Rn 6, die Revision nicht begründet, vgl BGH **LM** § 549 Nr 45; es fehlt dann die Ursächlichkeit. Anders liegt es, wenn der Verfahrensverstoß auch für die Berufungsentscheidung dadurch ursächlich geworden ist, daß das landgerichtliche Ergebnis, das auf dem Fehler beruhte, vom Berufungsgericht als solches übernommen wurde. Bei Z 5 muß die Genehmigung auch des erstinstanzlichen Verfahrens vorliegen.

**3**  **2) Unvorschriftsmäßige Besetzung des Gerichts, Z 1.** Hierher gehören §§ 10, 21 e ff, 59 ff, 75, 105–110, 115–120, 122, 192 GVG, 16 ff, 35 ff, 41 ff ArbGG und die ergänzenden oder ändernden Vorschriften, 309 ZPO. Zu beachten sind auch die Vorschriften des DRiG (Schlußanh I A), vor §§ 8 Rn 1, 18 Rn 4, 21 Rn 5, 28 Rn 4, bei der Beantwortung der Frage, ob die entscheidende Person die Eigenschaft als Richter hatte, § 18 DRiG, und ob Richter der richtigen Art die Richterbank bildeten, § 28 DRiG (zur Mitwirkung der ehrenamtlichen Richter, § 45 DRiG, in der Arbeitsgerichtsbarkeit s § 65 ArbGG u allgemein Berger-Delhey RdA **88**, 22).

Die vorschriftsmäßige Besetzung bezieht sich allein auf das erkennende Gericht, dh auf die letzte mdl Verh, so daß vorbereitende Maßnahmen, zB die Tätigkeit des Berichterstatters, nicht darunter fallen, ThP 3, BGH NJW **86**, 2115, BSG MDR **92**, 593. Sie ist nur aufgrund einer ordnungsgemäßen Rüge zu prüfen (s u Rn 8), nicht vAw, BGH RR **93**, 1339, BAG **AP** Nr 3, BSG NZA **86**, 38, MüKoWa 3, ganz hM. Sie ist nach der Geschäftsverteilung zu beurteilen, die im maßgeblichen Zeitpunkt galt, BVerwG DVBl **85**, 574. Abzustellen ist auf den Zeitpunkt der Mitwirkung, BGH NJW **86**, 2115, also idR auf die letzte mdl Verh, im schriftlichen Verf auf die dem Urteil zugrunde liegende letzte Beratung, BGH MDR **68**, 314. Es gibt keine Regel des Inhalts, die einmal an der mündlichen Verhandlung und Beweisaufnahme beteiligten Richter müßten bis zur Entscheidung mit der Sache befaßt bleiben, BGH NJW **79**, 2518, BVerwG NJW **86**, 3154; jedoch begründet ein Richterwechsel während der letzten Verh, etwa nach ihrer Unterbrechung, die Rüge der unvorschriftsmäßigen Besetzung, vgl VGH Mannh JZ **85**, 852.

**4**  Unter Z 1 fällt die Mitwirkung eines Nichtrichters, Jauernig DtZ **93**, 173, zB eines nicht vereidigten ehrenamtlichen Richters, BVerwG **73**, 79 mwN, ebenso wie die unzulässige Mitwirkung eines abgeordneten Richters, BGH NJW **85**, 2336 mwN, die nicht nur vorübergehende Vertretung des Vorsitzenden, BFH BStBl **89** II 424, oder die langfristige Nichtbesetzung einer Vorsitzendenstelle, BGH NJW **85**, 2337 (vgl dazu BayVerfGH DÖV **86**, 106). Zu den Anforderungen an diese Rüge vgl BGH NJW **86**, 2115. Hierhin gehört auch die Rüge, daß die Geschäftsverteilung, § 21e GVG, gesetzwidrig zustande gekommen sei, BVerwG NJW **88**, 1339 u LS NJW **85**, 822, ferner, daß nicht die nach der Geschäftsverteilung berufenen Richter mitgewirkt hätten (aber eine unvorschriftsmäßige Besetzung liegt nur dann vor, wenn der Verstoß gegen den Geschäftsverteilungsplan auf objektiver Willkür beruht und deshalb Art 101 I 2 GG verletzt, BVerwG LS NVwZ **88**, 725 u NJW **88**, 1339 mwN, BFH DRiZ **89**, 380, also nicht in dem Fall, daß die Mitwirkung der „falschen" Richter auf bloßem Irrtum über die Geschäftsverteilung beruht, BGH NJW **76**, 1688 mwN, und natürlich auch dann nicht, wenn an einen bestimmten, nach der Geschäftsverteilung unzuständigen Senat zurückverwiesen worden ist, BGH NJW **86**, 2886). Auf Mängel des Verfahrens bei der Berufung ehrenamtlicher Richter kann die Revision nur dann gestützt werden, wenn der Fehler so gewichtig ist, daß er zur Nichtigkeit der Bestellung führt, BVerwG NJW **88**, 219 u NVwZ **88**, 724 mwN, OVG Hbg NJW **85**, 2354; nach den §§ 65 u 73 ArbGG ist diese Rüge überhaupt ausgeschlossen.

**5**  Gesetzwidrig ist es, wenn eine Justizverwaltungsstelle irgendeinen bestimmenden Einfluß auf die Zuteilung einer Sache in den einzelnen Fall nimmt (Beispiel: Bestimmung des zeitlichen Eingangs der Reihenfolge durch einen Geschäftsstellenbeamten, der dementsprechend dann die Sachen den Kammern zuteilt), BGH **40**, 91, vgl auch BGHSt **15**, 116.

**6**  Die Rüge ist ferner begründet, wenn der Einzelrichter zu Unrecht an Stelle des Kollegiums entschieden, BGH NJW **93**, 600 mwN (keine Heilung nach § 295, s u Rn 8), nicht aber im umgekehrten Fall. Eine Überlastung des Vorsitzenden dadurch, daß er den Vorsitz in 2 Senaten führe, was an sich zulässig ist, kann nicht eingewendet werden, wenn der Vorsitzende den Vorsitz gehabt hat, BGH NJW **67**, 1567. Geisteskrankheit eines Richters steht dem Fehlen der staatsrechtlichen Voraussetzungen des Richteramts gleich. Die Mitwirkung eines blinden Richters als Vorsitzender in der Verhandlung schadet im Strafverfahren immer, BGH NJW **88**, 1333 (dazu Fezer NStZ **88**, 968, Schulze MDR **88**, 738, Wolf ZRP **92**, 15), aM Zweibr NJW **92**, 2437 (dazu BVerfG NJW **92**, 2075), sonst nur dann, wenn es in der Sache auf das Gewinnen optischer Eindrücke ankommt, BGH **38**, 348, BGH (St) NJW **87**, 1210, BVerwG **65**, 240, BSG NJW **71**, 1382, BFH BStBl **84** II 532, Ffm OLGZ-FG **95**, 36 mwN (Notwendigkeit, sich einen auf persönlicher Wahrnehmung beruhenden Eindruck zu verschaffen), dazu Schulze MDR **95**, 670 u **88**, 736; Taubheit schadet hingegen immer, da die Mitwirkung eines tauben Richters mit dem Grundsatz der Unmittelbarkeit und Mündlichkeit unvereinbar ist, BGHSt **4**, 193. Die auch nur kurzfristige körperliche Abwesenheit eines Richters während der letzten mündlichen Verhandlung macht das Gericht zu einem nicht vorschriftsmäßig besetzten, BAG NJW **58**, 924, ebenso die nicht nur ganz kurze Beeinträchtigung der Wahrnehmungsfähigkeit eines Richters zB durch Gebrechen, Schwäche, Schlaf oder geistige Abwesenheit, BVerwG NJW **86**, 2721 mwN, BFH BStBl **86** II 908, dazu Günther MDR **90**, 875 mwN. Das gleiche gilt bei einem Verstoß gegen § 193 GVG (Teilnahme einer gerichtsfremden Person an der Beratung und Abstimmung), VGH Kassel NJW **81**, 599. Dagegen greift die Rüge nicht durch, wenn der Vorsitzende die Verhandlung nicht sicher und sachgerecht geführt hat, BVerwG VerwRspr **32**, 504.

**7**  Ein Schreibfehler im Urteilskopf beweist noch keine falsche Besetzung. Hat ein Richter, der nicht mitgewirkt hat, unterschrieben, so kann das auch nach Einlegung der Revision berichtigt werden, BGH **18**, 353.

Der Urkundsbeamte gehört nicht dem „erkennenden" Gericht an; seinetwegen kann nur § 549 in Frage kommen.

Die Rüge aus Z 1 ist unverzichtbar, § 295 II, BGH NJW **93**, 601 (zustm Deubner JuS **93**, 496), so daß **8** selbst das Einverständnis aller Beteiligten mit der Besetzung der Richterbank nichts am Erfolg der Rüge ändert, § 295 Rn 24 mwN; das kann aber nur insoweit gelten, als die Vereinbarung der Zuständigkeit eines unzuständigen Gerichts iSv §§ 38–39 ausgeschlossen ist, § 40. Die Rüge ist nur dann ordnungsgemäß erhoben, § 554 III Z 3 b, wenn in der Revisionsbegründung die erforderlichen Tatsachen angegeben werden, BGH NJW **57**, 1244, **LM** § 554 Nr 16; der Rügende muß über ihm nicht bekannte geschäftsinterne Vorgänge, die für die Besetzungsfrage maßgeblich gewesen sein können, zweckentsprechende Aufklärung gesucht haben, BGH NJW **92**, 512, **86**, 2115 mwN, BVerwG LS NJW **82**, 2394 (keine Rüge „auf Verdacht"). Stützt bei beiderseitiger Revision sich nur eine Partei auf unrichtige Besetzung, so wird bei Bejahung dieser Rüge der Rechtsstreit in vollem Umfang an das Vordergericht zurückverwiesen, BGH NJW **89**, 229. Eine ersetzende Entscheidung, § 563, scheidet auch sonst aus, BGH DtZ **93**, 248.

**3) Ausschließung vom Richteramt, außer wenn ein dieserhalb gestelltes Ablehnungsgesuch** **9** **endgültig zurückgewiesen ist, Z 2.** Die Ausschließungsgründe ergeben sich aus § 41, s die dortigen Erläuterungen. Im Wiederaufnahmeverfahren ist ein Richter nicht deshalb ausgeschlossen, weil er an dem ersten Urteil beteiligt war, ganz hM, BGH NJW **81**, 1273 mwN. Eine Mitwirkung bei der Beweisaufnahme oder Verkündung schadet nicht. Für den Urkundsbeamten gilt Z 2 nicht.

**4) Erfolgreiche Ablehnung eines Richters, Z 3.** S §§ 42 bis 48. Auch die Selbstablehnung gehört **10** hierhin. In jedem Fall muß die Ablehnung rechtskräftig für begründet erklärt worden sein, § 47 Rn 2, str, offen gelassen BGH NJW **93**, 400 mwN. Die erfolglose Ablehnung oder das Fehlen einer Entscheidung über die Ablehnung genügt nicht, erst recht nicht eine erst aus den Urteilsgründen ersichtliche Befangenheit, BGH NJW **93**, 400. Auf den Urkundsbeamten ist Z 3 nicht anwendbar.

**5) Verkannte Zuständigkeit, Z 4.** Nach § 549 II in seiner jetzigen Fassung gilt Z 4 (nur) für die **11** funktionale oder internationale aber interlokale Zuständigkeit, § 549 Rn 20. Nicht hierher gehört die Entscheidung über die Zulässigkeit des Rechtswegs, § 17 a GVG, auch nicht die Entscheidung der ZivK statt der KfH und umgekehrt, Gaul JZ **84**, 565. Auch ein Verstoß gegen das Aussetzungsverbot des § 96 II GWB fällt nicht unter Z 4, BGH WuW **83**, 135.

**6) Mangelnde Vertretung im Prozeß, sofern nicht die Partei die Prozeßführung ausdrücklich** **12** **oder stillschweigend genehmigt hat, Z 5.** Dabei handelt es sich um einen Extremfall der Versagung des rechtlichen Gehörs. Hierher gehören sowohl die Fälle, in denen eine Partei zum Verfahren überhaupt nicht hinzugezogen worden ist, BGH NJW **92**, 2637 u **84**, 494 mwN, BayObLG NJWE-FER **97**, 19, als auch alle Fälle fehlender ordnungsmäßiger Vertretung einer Partei im Verfahren, mag sie auf sachlichem Recht oder Prozeßrecht beruhen, BGH RR **91**, 926. Wichtig ist neben der nicht fehlenden Vertretungsmacht vor allem der Fall der unerkannten Prozeßunfähigkeit. Unter Z 5 fällt auch das Ergehen eines Urteils während der Unterbrechung des Verf durch Konkurs, BGH ZIP **88**, 446, oder aus anderen Gründen, BVerwG Buchholz 310 § 133 VwGO Nr 79, ferner die fehlende (ordnungsgemäße) Ladung, wenn der Beteiligte deshalb weder selbst noch durch einen Bevollmächtigten an der mündlichen Verhandlung teilnehmen konnte, BVerwG **66**, 311, BFH **125**, 28, stRspr, auch das Fernbleiben in einem Termin, den der Vorsitzende aufgehoben hatte, BVerwG NJW **91**, 583. Revision kann im Interesse der Partei auch derjenige einlegen, den das Urteil zu Unrecht als gesetzlichen Vertreter behandelt. Beschwert ist nur die betroffene Partei, nicht auch der Gegner, BGH **63**, 78 gegen RG **126**, 263. Über die Genehmigung der Prozeßführung s § 56 Rn 9 u § 89 Rn 11 ff. Liegt der Fall der Z 5 vor, ist das Urteil ohne Rücksicht darauf aufzuheben, ob es im Ergebnis richtig ist, Henckel ZZP **77**, 350. Nicht hierher gehört der Erlaß eines Urteils ohne mündliche Verhandlung trotz fehlenden Einverständnisses, BSG MDR **82**, 700 mwN, offen BAG NJW **96**, 2749.

**7) Verletzung der Vorschriften über die Öffentlichkeit, Z 6.** Siehe §§ 169 ff GVG, außer § 169 S 2, **13** BGH (St) NJW **89**, 1743, § 171 I Halbsatz 2, der ins Ermessen stellt, und § 171 b, dessen Verletzung nicht revisibel ist, dort Rn 5. Z 6 greift ein bei einer Entscheidung aufgrund der nichtöff Verh einer Sache, die öff zu verhandeln gewesen wäre, BayObLG MDR **89**, 456, und ebenso bei einer Entscheidung aufgrund der öff Verh einer Sache, für die nichtöff Verh vorgeschrieben ist, zB in Ehe- u KindschS, Köln JMBlNRW **86**, 21, § 170 GVG Rn 4. Maßgeblich ist das Protokoll, § 165, das bei der Ausschließung, §§ 174 u 172 GVG, einen entspr Beschluß enthalten muß, BGH **26**, 340. Ist die Ausschließung zu Unrecht unterblieben, so steht das überall dc gleich, wo die Unterlassung das Ergebnis beeinflussen konnte (nicht aber im Fall des § 171 b, s o). Ein Protokollvermerk, es sei kein Unbeteiligter zugegen gewesen, ersetzt den Ausschluß nicht. Maßgebend ist die Schlußverhandlung; eine frühere kommt nur dann in Frage, wenn der damalige Verstoß für die Entscheidung ursächlich gewesen sein kann. Ein Verstoß lediglich bei der Urteilsverkündung ist (jedenfalls in isolierten VerkTermin, § 310 II) unschädlich, BVerwG BayVBl **90**, 351 u DÖV **81**, 969, aM BGH(St) **4**, 281. Wegen der **Unverzichtbarkeit** s Üb § 169 GVG Rn 2.

**8) Fehlende Begründung der Entscheidung, Z 7.** Die hier geltenden Auslegungsgrundsätze werden **14** auch bei § 73 IV Nr 6 GWB und § 100 III Z 5 PatG, BGH **39**, 333 mwN, die gleichlautend sind, verwendet.

**A. Fehlende Begründung.** Eine Begründung fehlt, wenn (zB wegen fehlender und nicht ersetzbarer Unterschrift eines Richters, BGH NJW **77**, 765 m Anm E. Schneider MDR **77**, 748, nicht aber bei Unterzeichnung durch einen an der Entscheidung nicht beteiligten Richter, aM BFH FamRZ **89**, 735) kein ordnungsmäßiges Urteil vorliegt oder ein grober Verstoß gegen die Begründungspflicht, § 313 I Z 6 u II, begangen ist: das Urteil muß entweder zu Unrecht gar keine oder die Gründe müssen für alle oder einzelne geltend gemachten Ansprüche oder Angriffs- oder Verteidigungsmittel fehlen, BGH FamRZ **83**, 354, BAG NZA **98**, 1079, BSG NJW **89**, 1758, vorausgesetzt, daß diese Mittel geeignet waren, den mit der Revision erstrebten Erfolg herbeizuführen, BGH WertpMitt **90**, 1129 mwN, u a NJW **83**, 2320. Hierin gehören zB das Fehlen der Begründung für die Zurückweisung des Einwands der Sittenwidrigkeit, RG DR **43**, 453, oder der Einwendung aus § 1579 I Z 4 BGB, BGH NJW **83**, 2320, ebenso nicht nachprüfbare Darlegungen zur Höhe des Schmerzensgeldes, BGH NJW **89**, 773, und bei Auslandsfällen das Fehlen einer

**15** Gründe sind durch nichtssagende Redensarten nicht zu ersetzen. „Die Einrede der Verjährung ist begründet", oder „der Einwand ist unbeachtlich" sind keine Begründung. Gründe fehlen auch, wenn sie objektiv unverständlich sind (auf subjektives Verständnis kommt es nicht an) oder wenn sie verworren sind, wenn zB unklar bleibt, ob das Gericht sachlich oder prozessual abweist, oder wenn jede Beweiswürdigung fehlt, BGH **39**, 333. Dagegen kommt es auf die Richtigkeit der Gründe nicht an, BGH NJW **81**, 1046, BVerwG NVwZ- RR **89**, 334 u Buchholz 310 § 133 VwGO Nr 83: den Anforderungen iSv Z 7 genügen die oberflächlichsten, falschesten und unzulänglichsten Gründe, auch in Versform abgefaßte Gründe (Karlsr NJW **90**, 2010, vgl Sendler NJW **95**, 849, Beaumont NJW **90**, 1969 mwN). Es genügt auch, falls ein selbständiger Rechtsbehelf nicht ausdrücklich erledigt ist, wenn sich die Gründe für seine Ablehnung aus der gesamten Würdigung ergeben, RG JW **34**, 2140. Die Gesetzesauslegung bedarf keiner bis ins einzelne gehenden Begründung, auch nicht ein vAw zu beachtender unstreitiger Punkt; zur Begründung einer Rechtsansicht reicht die (nachprüfbare) Verweisung auf Rspr und Schrifttum aus, BGH NJW **91**, 2762. Die bloße Bezugnahme auf die Gründe des angefochtenen Urteils genügt nur im Rahmen des § 543, BAG NJW **81**, 2078.

**16** Die Bezugnahme auf das Urteil in einer anderen Sache reicht nur dann aus, wenn es zwischen denselben Parteien ergangen oder im Prozeß vorgetragen bzw sonst den Parteien vor Beginn der Rechtsmittelfrist bekannt geworden ist, BGH RR **91**, 830 mwN, BFH BStBl **90** II 1071, Köln OLGZ **80**, 1, VGH Kassel AS **30**, 165; zulässig ist auch die Bezugnahme auf eine gleichzeitig verkündete Entscheidung zwischen denselben Parteien, BGH NJW **71**, 39, BFH BStBl **84** II 666 (wegen des Beginns der Rechtsmittelfrist vgl § 516 Rn 5 ff). Abweichend von der Regel, Rn 2, ist hier die Ursächlichkeit des Mangels nötig, weil es andernfalls doch wieder zur gleichen Entscheidung käme, so namentlich bei Übergehung eines Beweismittels, RG **156**, 119. Deshalb bleibt ein Verstoß gegen Z 7 außer Betracht, wenn das im Urteil nicht erörterte Verteidigungsmittel zur Abwehr der Klage ungeeignet ist, BGH **39**, 339, FamRZ **91**, 323. Das gleiche gilt, wenn auf der Hand liegt, daß die auf eine andere Prozeßpartei bezogene Begründung auch für den Revisionskläger gilt, BSG NJW **96**, 1620.

**17** **B. Verspätete Begründung.** Z 7 ist anwendbar, wenn das mit Gründen versehene, vollständige und von den Richtern unterzeichnete Berufungsurteil erst nach Ablauf von fünf Monaten seit der Verkündung zur Geschäftsstelle gelangt ist, GmS NJW **93**, 2603 (dazu Grunsky EWiR **93**, 1131), ohne Rücksicht darauf, ob die Revision vor oder nach Zustellung des Berufungsurteils eingelegt worden ist, BGH NJW **87**, 2446 u **86**, 2958. Dies gilt auch in Sachen nach WEG, KG RR **94**, 599.

Die Überschreitung der Fünfmonatsfrist (ab Verkündung bzw Übergabe an die Geschäftsstelle zur Zustellung an Verkündungsstatt) muß auch in allen anderen Gerichtsbarkeiten als Fall der fehlenden Begründung angesehen werden, GmS NJW **93**, 2603 (ergangen auf Vorlagebeschluß des BVerwG – GrSen – NVwZ **92**, 1085 mwN), BGH (AnwSenat) RR **98**, 267, BAG NJW **96**, 1431 und 870 mwN (vgl Keil NZA **94**, 817, Grunsky NZA **94**, 305, Willemsen/Hohenstadt DB **94**, 374), BVerwG NJW **94**, 273, BSG NJW **95**, 1983, BFH NJW **96**, 1920, BStBl **94** II 859 u 187. Unzulässig ist in diesem Fall die Wiedereröffnung der Verh, BFH NJW **97**, 416 mwN.

Die verspätete Absetzung muß gerügt werden, § 554 III Z 3 b, s § 554 Rn 12. Erforderlich ist die Angabe des konkreten Datums der Niederlegung des Urteils auf der Geschäftsstelle, ggf sind die Tatsachen, aus denen sich dieses Datum ergibt, anzugeben, BSG NJW **95**, 1983. Auf begründete Rüge nur einer Partei ist idR das gesamte Urteil aufzuheben, BAG NJW **96**, 870. Eine Zurückverweisung kommt nicht in Betracht, wenn die Klage unter keinem denkbaren Gesichtspunkt begründet ist, BSG NVwZ-RR **96**, 61, BFH LS NJW **95**, 1048, ZIP **94**, 229, § 565 Rn 11 (überhaupt keine Zurückverweisung nach § 68 ArbGG, BAG NZA **97**, 176).

In der verspäteten Absetzung des Urteils liegt kein Verstoß gegen Art 103 I GG, BVerfG NJW **96**, 3203.

**18** **C. Mangel des Tatbestandes.** Er fällt unter § 549, § 550 Rn 12. Fehlt er ganz oder läßt das Urteil sonst nicht erkennen, welchen Streitstoff das Berufungsgericht seiner Entscheidung zugrunde gelegt hat, so ist dieser Mangel vAw zu berücksichtigen; er führt zur Aufhebung und Zurückverweisung, § 543 Rn 5, BGH RR **94**, 1341 mwN, BAG NJW **81**, 2078 mwN.

**19** **9) Abschließende Regelung.** § 551 ist keiner Ergänzung oder sinngemäßen Anwendung zugänglich, so daß abgesehen von Z 5 die Verletzung des Anspruchs auf rechtliches Gehör kein absoluter Revisionsgrund ist (anders § 138 Z 3 VwGO, Rn 11 § 3 FGO). Jedoch ist im Hinblick auf Z 5 insoweit eine **Erweiterung** geboten, als fehlende Parteifähigkeit stets ursächlich und darum ein unbedingter Revisionsgrund ist.

**20** **10) VwGO:** Es gilt § 138 VwGO, der § 551 nachgebildet ist, aber die Versagung des rechtlichen Gehörs ausdrücklich aufführt (dazu Kopp/Sch § 138 Rn 10), dagegen Z 4 (mangelnde Zuständigkeit) nicht nennt. Zu Z 1 vgl die Hinweise in Rn 3 ff, ferner BVerwG NJW **88**, 219, NVwZ **88**, 724 u OVG Hbg NJW **85**, 2354 sowie BFH DRiZ **89**, 380 mwN (betr ehrenamtliche Richter), zu Z 5 vgl oben Rn 12. Für die fehlende Begründung, Z 7, gelten die in Rn 14 ff dargestellten Regeln, vgl BVerwG DVBl **98**, 1085 u MDR **96**, 633; wegen der verspäteten Begründung s oben Rn 17 aE.

## 552

*Revisionsfrist.* Die Revisionsfrist beträgt einen Monat; sie ist eine Notfrist und beginnt mit der Zustellung des in vollständiger Form abgefaßten Urteils, spätestens aber mit dem Ablauf von fünf Monaten nach der Verkündung.

2. Abschnitt. Revision §§ 552–554

**Vorbem.** Im **Verfahren der Arbeitsgerichte** beträgt die Frist ebenfalls einen Monat, § 74 I ArbGG; 1
Halbs 2 ist entsprechend anwendbar, § 72 V ArbGG, nach Maßgabe des § 9 V ArbGG (vgl Vorbem § 516),
BAG NZA 96, 1175, GMP § 74 Rn 5.

**1) Erläuterung.** § 552 entspricht dem § 516; s die dortigen Erläuterungen. § 517 (Frist bei Ergänzungs- 2
urteil) ist sinngemäß anwendbar, BGH **LM** § 517 Nr 1.

**2) *VwGO*:** *Es gilt § 139 I 1 VwGO.* 3

## 553 *Revisionseinlegung.*

I ¹Die Revision wird durch Einreichung der Revisionsschrift bei dem Revisionsgericht eingelegt. ²Die Revisionsschrift muß enthalten:
1. die Bezeichnung des Urteils, gegen das die Revision gerichtet wird;
2. die Erklärung, daß gegen dieses Urteil die Revision eingelegt werde.

II Die allgemeinen Vorschriften über die vorbereitenden Schriftsätze sind auch auf die Revisionsschrift anzuwenden.

**Vorbem.** Im **Verfahren der Arbeitsgerichte** entsprechend anwendbar, § 72 V ArbGG. 1

**1) Erläuterung.** § 553 entspricht § 518 I, II, IV; s deshalb die dortigen Erläuterungen, auch zu den 2
Erfordernissen der Einreichung. Wegen der bay Revisionen vgl § 7 EGZPO, dazu BGH WRP **94**, 310 mwN.

**2) *VwGO*:** *Es gilt § 139 I 1 und II VwGO.* 3

## 553a *Zustellung der Revisionsschrift.*

I Mit der Revisionsschrift soll eine Ausfertigung oder beglaubigte Abschrift des angefochtenen Urteils vorgelegt werden.

II ¹ Die Revisionsschrift ist der Gegenpartei zuzustellen. ²Hierbei ist der Zeitpunkt mitzuteilen, in dem die Revision eingelegt ist. ³Die erforderliche Zahl von beglaubigten Abschriften soll der Beschwerdeführer mit der Revisionsschrift einreichen.

**Vorbem.** Im **Verfahren der Arbeitsgerichte** entsprechend anwendbar, § 72 V ArbGG. 1

**1) Erläuterung.** § 553 a entspricht den §§ 518 III, 519 a; s die Erläuterungen dazu. 2

**2) *VwGO*:** *I ist unanwendbar, weil die Revision beim iudex a quo einzulegen ist, § 139 I 1 VwGO. II 2 ist* 3
*entsprechend anzuwenden, § 173, vgl § 519 a Rn 3 (§ 141 VwGO verweist auf die Vorschriften für die Berufung).*

## 554 *Revisionsbegründung.*

I Der Revisionskläger muß die Revision begründen.

II ¹Die Revisionsbegründung ist, sofern sie nicht bereits in der Revisionsschrift enthalten ist, in einem Schriftsatz bei dem Revisionsgericht einzureichen. ²Die Frist für die Revisionsbegründung beträgt einen Monat; sie beginnt mit der Einlegung der Revision und kann auf Antrag von dem Vorsitzenden verlängert werden.

III Die Revisionsbegründung muß enthalten:
1. die Erklärung, inwieweit das Urteil angefochten und dessen Aufhebung beantragt werde (Revisionsanträge);
2. in den Fällen des § 554 b eine Darlegung darüber, ob die Rechtssache grundsätzliche Bedeutung hat;
3. die Angabe der Revisionsgründe, und zwar:
   a) die Bezeichnung der verletzten Rechtsnorm;
   b) insoweit die Revision darauf gestützt wird, daß das Gesetz in bezug auf das Verfahren verletzt sei, die Bezeichnung der Tatsachen, die den Mangel ergeben.

IV Wenn in Rechtsstreitigkeiten über vermögensrechtliche Ansprüche der von dem Oberlandesgericht festgesetzte Wert der Beschwer sechzigtausend Deutsche Mark nicht übersteigt und das Oberlandesgericht die Revision nicht zugelassen hat, soll in der Revisionsbegründung ferner der Wert der nicht in einer bestimmten Geldsumme bestehenden Beschwer angegeben werden.

V Die Vorschriften des § 553 Abs. 2 und des § 553 a Abs. 2 Satz 1, 3 sind auf die Revisionsbegründung entsprechend anzuwenden.

**Vorbem.** Im **Verfahren der Arbeitsgerichte** entsprechend anwendbar, § 72 V ArbGG, BAG NJW **98**, 1
2470 mwN; jedoch kann die einmonatige Begründungsfrist, § 74 I 1 ArbGG, nur einmal bis zu einem weiteren Monat verlängert werden, § 74 I 2 ArbGG, vgl § 519 Rn 1.

### Gliederung

| | | | |
|---|---|---|---|
| 1) Regelungsinhalt | 1 | 3) Begründungsfrist, II | 4, 5 |
| 2) Begründungszwang, I | 3 | A. Allgemeines | 4 |
| | | B. Verlängerung | 5 |

*Albers*

## § 554

| | | | |
|---|---|---|---|
| 4) Revisionsbegründung, II–IV | 6–15 | E. Verfahrensverstoß, III Z 3 b | 10–12 |
| A. Revisionsanträge, III Z 1 | 6 | F. Ausnahmen von E | 13 |
| B. Darlegung der grundsätzlichen Bedeutung, III Z 2 | 7 | G. Feststellung der Tatsachen | 14 |
| C. Revisionsgründe, III Z 3 | 8 | 5) *VwGO* | 16 |
| D. Bezeichnung der Rechtsnorm, III Z 3 a | 9 | | |

**2  1) Regelungsinhalt.** § 554 entspricht größtenteils dem § 519; s darum die Erläuterungen zu dieser Vorschrift. Abweichungen enthalten namentlich III Z 2 u 3, IV.

**3  2) Begründungszwang, I.** Der Revisionskläger muß seine Revision zu jedem einzelnen Beschwerdepunkt mit selbständigem Streitstoff begründen, RG **113**, 168. Daher ist die Revision mangels Begründung unzulässig, wenn nur der Angriff gegen einen nicht revisiblen Teil mit Gründen versehen ist (hingegen ist sie unbegründet, wenn sie nur auf irrevisible Normen gestützt wird, BGH MDR **80**, 203). Die Bezugnahme auf lange Schriftsätze ist keine Begründung, ebenso nicht eine solche auf die Revisionsbegründung in anderen Akten, gleichviel, ob sie dem Revisionsgericht vorliegen, RG **145**, 267; vgl i ü § 519 Rn 22 ff. Zulässig ist die Verweisung auf eine andere Revisionsbegründung in derselben Sache, etwa für einen Streitgenossen. Auf Nachforschungen des Gerichts in den Akten darf sich der Revisionskläger nicht verlassen, RG **136**, 249.

Den wesentlichen Inhalt der Begründung schreibt III vor. IV und V sind Ordnungsvorschriften. Doch ist weiter zu beachten, daß die Revisionsschrift ein bestimmender Schriftsatz ist, § 129 Rn 5 u 6. Sie muß daher die eigenhändige, handschriftliche Unterschrift eines beim Revisionsgericht zugelassenen RA oder eines diesem Gleichstehenden, § 518 Rn 14 ff, tragen.

**4  3) Begründungsfrist, II**

**A. Allgemeines.** Die Begründungsfrist beträgt 1 Monat seit Einreichung der Revisionsschrift (Berechnung nach § 222). Obwohl es sich nicht um eine Notfrist handelt, ist WiedEins nach § 233 I statthaft. Bei WiedEins wegen Versäumung der Revisionsfrist beginnt die Begründungsfrist mit der verspäteten Revisionseinlegung, RG JW **37**, 1666. Der Fristablauf hindert nicht die Berichtigung offenbarer Unrichtigkeiten in Antrag oder Begründung, JW **34**, 176.

**5  B. Verlängerung.** Eine Verkürzung der Frist durch den Vorsitzenden ist unzulässig, weil § 554 gegenüber § 224 II eine Sondervorschrift gibt. Verlängern darf der Vorsitzende auf im Anwaltszwang zu stellenden schriftlichen Antrag ohne jede Glaubhaftmachung eines wichtigen Grundes, auch dann, wenn dadurch eine Verzögerung eintritt (anders bei der Berufung, § 519 II 3). Wegen der Verlängerung nach Fristablauf s § 519 Rn 9. Der Vorsitzende entscheidet über den Antrag nach freiem Ermessen, das nicht der Prüfung des Revisionsgerichts unterliegt. Die beiderseitigen Belange sind abzuwägen. Dem Revisionskläger muß genügend Zeit zur Sammlung und Sichtung des Streitstoffs bleiben. Eine automatische Verlängerung widerspricht dem Sinn des Prozeßrechts. Die förmliche Zustellung der Verfügung ist entbehrlich, s §§ 225 Rn 4, 519 Rn 12. Ihre Mitteilung an den Gegner geschieht formlos, ist für die Wirksamkeit der Verlängerung auch belanglos. Die Verfügung des Vorsitzenden bleibt auch bei fehlerhaftem Antrag (nicht unterschrieben) wirksam, BGH **LM** Nr 3, § 519 Rn 9. Über wiederholte Verlängerung s § 225 Rn 6. Stellt der Prozeßbevollmächtigte in dem Glauben, die Begründungsfrist sei noch nicht abgelaufen, einen Verlängerungsantrag, so ist darin nicht der Antrag auf WiedEins zu sehen, BGH **LM** § 234 (A) Nr 13.

**6  4) Revisionsbegründung, II–IV**

**A. Revisionsanträge, III Z 1:** Es gilt dasselbe wie für die Berufungsanträge, § 519 Rn 17, also sind förmliche Anträge nicht unbedingt nötig, BGH **LM** § 546 Nr 14. Es muß aber klar ersichtlich sein, ob das ganze Urteil oder welcher abtrennbare Teil aufgehoben werden soll. Ein allein auf Aufhebung und Zurückverweisung gerichteter Antrag genügt immer dann, wenn ein anderes Ergebnis nicht in Frage kommt, und stets für die Revision des Beklagten, BGH FamRZ **88**, 37, VersR **76**, 727, sowie wohl auch für diejenige des Klägers, § 519 Rn 17, StJGr 5, MüKoWa 16, str, vgl BGH RR **95**, 1154, Hbg NJW **87**, 783. Eine Erweiterung noch nach Ablauf der Begründungsfrist bis zum Ende der mündlichen Verhandlung ist zulässig, sofern sich die Partei im Rahmen der geltend gemachten Revisionsgründe hält, nicht darüber hinaus, BGH **91**, 159 mwN, zB auf die Widerklage, BGH MDR **85**, 667 mwN; dies gilt auch dann, wenn vor Beginn der mündlichen Verhandlung ein engerer Antrag gestellt worden ist, BGH RR **88**, 66. Umgekehrt ist eine Beschränkung des Klagebegehrens zulässig, soweit damit nicht eine Änderung der tatsächlichen Grundlage des Klagebegehrens verbunden ist, BGH RR **91**, 1136 mwN. Unzulässig ist eine Revision, wenn sie vom Erblasser eingelegt (aber nicht begründet) worden ist und der Erbe nur den Antrag auf Vorbehalt der beschränkten Erbenhaftung stellt, BGH **54**, 204. Vgttellt, BGH **54**, 204. Vgl iü auch §§ 559 Rn 3 und wegen der Zulässigkeit der Revision bei Streitwertänderung § 511 a Rn 21 u § 519 Rn 20. Wegen der Hemmungswirkung, Grdz § 511 Rn 2, wird der nicht angefochtene Teil des Berufungsurteils vor der Revisionsentscheidung nicht ohne weiteres rechtskräftig, BGH **7**, 143. Wird der zuerkannte Teil des Anspruchs zwangsläufig durch den in der Revisionsinstanz geltend gemachten Antrag ausgeschlossen, so ist Gegenstand des Revisionsantrags auch der zuerkannte Teil, BGH MDR **59**, 482.

**7  B. Darlegung der grundsätzlichen Bedeutung, III Z 2:** Im Hinblick darauf, daß der BGH die Annahme einer nach § 546 I zulässigen Revision mit einer Beschwer von mehr als 60 000 DM ablehnen darf, wenn die Rechtssache keine grundsätzliche Bedeutung hat, § 554 b I, muß die Revisionsbegründung eine Darlegung darüber enthalten, ob diese Voraussetzung zutrifft; dazu genügt, daß sich die grundsätzliche Bedeutung aus dem Zusammenhang der Revisionsbegründung eindeutig ergibt, BGH **66**, 273 m Anm Prütting ZZP **90**, 77. Fehlt diese Darlegung, so ist die Revision nicht unzulässig, BGH NJW **99**, 2372 mwN. Das Revisionsgericht darf (und muß ggf) die Revision trotzdem annehmen, und zwar nicht aus einem anderen Annahmegrund, § 554 b Rn 3, sondern auch wegen grundsätzlicher Bedeutung, wenn die Annahme nur wegen Erfolgsaussicht begehrt wird. Dies entspricht der Rspr in den vergleichbaren Fällen einer nur auf

2. Abschnitt. Revision § 554

einen Grund gestützten Nichtzulassungsbeschwerde, Redeker-v Oertzen § 132 VwGO Anm 24. Es handelt sich bei III 2 danach im Ergebnis nur um eine Ordnungsvorschrift, Prütting ZZP **92**, 372, StJGr 15.

**C. Revisionsgründe, III Z 3:** Der Revisionskläger muß sich mit allen tragenden Gründen des Berufungsurteils auseinandersetzen, also zu jedem einzelnen Streitpunkt mit selbständigem Streitstoff eine sorgfältige, über Umfang und Zweck keinen Zweifel lassende Begründung geben, und zwar nicht nur für verfahrens-, sondern auch für sachlich-rechtliche Revisionsangriffe, BGH LM Nr 22, MDR **74**, 1015 (die Wiedergabe der Gründe des die Revision nach BEG zulassenden Beschlusses reicht idR nicht aus); vgl BFH BStBl **77** II 217 (ungenügend ist die pauschale Bezeichnung der Rechtsansicht der Vorinstanz als „unhaltbar" unter Angabe einer Literaturstelle), dazu krit Hermstädt BB **77**, 885 unter Hinweis auf RG **123**, 38, BSG MDR **85**, 700 (bei Verwerfung der Berufung reichen materiell-rechtliche Rügen nicht aus). Sind mehrere Ansprüche Gegenstand des Urteils, müssen die Revisionsgründe für jeden von ihnen dargelegt werden, es sei denn, das Bestehen eines Anspruchs hängt unmittelbar von dem Bestehen des anderen Anspruchs ab, BAG NJW **90**, 599 mwN. Ist das Berufungsurteil auf mehrere, voneinander unabhängige, selbständig tragende Erwägungen gestützt, muß der Revisionskläger für jede dieser Erwägungen darlegen, warum sie die Entscheidung nicht tragen; andernfalls ist die Revision insgesamt unzulässig, BVerwG NJW **80**, 2268 mwN. Praktisch genügt freilich die sorgfältige Rüge eines Verfahrensverstoßes; denn das Revisionsgericht muß, sofern es überhaupt sachlich nachprüft, sachlich-rechtliche Mängel vAw beachten. Darum kann der Revisionskläger sachlich-rechtliche Rügen bis zuletzt, sogar mündlich, nachschieben, wie durch die Aufhebung des früheren VI klargestellt ist. Zur Begründung der Revision, wenn sie ausschließlich auf neue Tatsachen gestützt wird, § 561 Rn 6 ff, s BAG NJW **90**, 2641. Darauf, ob die Begründung den Revisionsangriff trägt, kommt es im Rahmen der Prüfung der Zulässigkeit der Revision nicht an, BGH NJW **81**, 1453. Wegen Verfahrensverstößen s 559.

**D. Bezeichnung der verletzten Rechtsnorm, III Z 3 a:** Sie ist ausnahmslos nötig. Bezeichnet werden muß die in Betracht kommende sachlich-rechtliche oder prozeßrechtliche Norm. Unzulänglich ist die Angabe, das sachliche Recht sei verletzt, stRspr. Die angeblich verletzten Rechtsnormen sind möglichst genau zu bezeichnen. Der Gesetzesparagraph ist nicht unbedingt anzugeben, BGH RR **90**, 481, BAG NZA **97**, 790, falsche Anführung schadet nicht, BAG NJW **57**, 1492. Das einzelne hängt von der Lage des Falls ab. Es genügt zB die Rüge der Verletzung der Vorschriften über den Handelskauf oder der Auslegungsregeln. Die Umdeutung einer sachlich-rechtlichen Rüge in eine Verfahrensrüge läßt RG HRR **26**, 1429 nicht zu. In der rechtlich falschen Beurteilung einer verfahrensrechtlichen Vorschrift findet RG **132**, 335 uUmst einen Mangel des Inhalts; so dort, wo das Berufungsgericht die Voraussetzungen einer Aktenlageentscheidung des Erstrichters verkannt hat. Nicht genügt die ernstgemeinte Anführung irgendeines Rechtssatzes, der für die Entscheidung überhaupt nicht in Betracht kommen kann, StJGr 8. Wegen der Zulässigkeit der Verweisung auf ein anderes Schriftstück s Rn 3.

**E. Verfahrensverstoß, III Z 3 b:** Wird ein solcher behauptet, so ist die Angabe der verletzten Rechtsnorm und der die Verletzung begründenden Tatsachen nötig; eines von beiden genügt nicht. Daß statt der richtigen Rechtsnorm eine andere angegeben wird, schadet nicht, wenn die Richtung des Revisionsangriffs erkennbar ist, BGH NJW **92**, 1769, RR **90**, 481. Ergibt sich ohne weiteres, daß das Urteil auf der gerügten Gesetzesverletzung beruhen kann, § 549 I, so genügt das, BGH MDR **61**, 142, sonst sind die Tatsachen anzugeben, die eine andere Entscheidung als möglich erscheinen lassen, BGH LM Nr 23. Sind die Parteien gemäß § 613 zu Beweiszwecken vom OLG vernommen und ist der Inhalt ihrer Aussagen weder in der Sitzungsniederschrift noch im Urteil niedergelegt, so ist das Urteil grundsätzlich auch ohne eine dahingehende Revisionsrüge aufzuheben, der Mangel also, obwohl in § 551 nicht erwähnt, vAw zu beachten, da das Revisionsgericht dann seiner Aufgabe der Nachprüfung des Urteils überhaupt nicht nachkommen kann, BGH **40**, 84; vgl § 551 Rn 18.

Verfahrensmängel können auf falschen Maßnahmen des Gerichts beruhen oder auf unrichtiger Beurteilung von Tatsachen. Beispiele (s auch § 539 Rn 3 ff): gesetzwidrige Besetzung des Gerichts; Verstoß gegen § 48, BGH NJW **95**, 1679; Verletzung des Grundsatzes der Mündlichkeit; Verstoß gegen die Pflicht, rechtliches Gehör zu gewähren; Verletzung der Aufklärungspflicht: wird der Verstoß in einer unterbliebenen Beweiserhebung gesehen, so muß dargelegt werden, daß die Revisionsanordnung zu einem anderen ProzErgebnis hätte führen können, zB daß die sich weigernde Partei an der Beweisaufnahme mitgewirkt hätte, BGH FamRZ **86**, 665 mwN; war ein Beweismittel trotz Beweisbeschluß nicht beschafft, so muß überdies die Partei auf Beweiserhebung bestanden haben, RG JW **38**, 539. Hierhin gehören ferner: die Rüge, daß sich das Gericht zu Unrecht an die tatsächlichen Feststellungen des Schiedsgerichts gebunden gehalten habe, BGH **27**, 252 gegen RG **132**, 335; Überschreitung der Ermessensgrenzen bei Entscheidungen über das Verfahren; Nichtzulassung neuen Vorbringens entgegen § 528; Verkündungsmängel; mangelhafter Tatbestand (gänzlich fehlender Tatbestand ist vAw zu beachten, BGH NJW **79**, 927); fehlende Begründung; unrichtige Beweiswürdigung; Unzulässigkeit eines Teilurteils, BGH **16**, 74, oder einer Vorabentscheidung nach § 304, RG **75**, 19 (sachlich-rechtlich sind die Frage nach der Tragweite der Streithilfewirkung, BGH **16**, 228, und das Hinausgehen über die Anträge, BSG NJW **73**, 2079 mwN); Erlaß eines Prozeßurteils statt Sachprüfung, RG **145**, 46; Unzulässigkeit der Zurückverweisung, § 539, BGH NJW **97**, 1710 mwN.

Alle Verfahrensverstöße, auch die unbedingten Revisionsgründe, § 551, sind zu rügen, dort Rn 2. Die Tatsachen, die den Mangel ergeben sollen, sind bestimmt zu bezeichnen, BAG **AP** Nr 3; allgemeine Rügen, Verweisungen auf Schriftsätze oder auf die vom Vorderrichter getroffenen einschlägigen Feststellungen genügen nicht, BGH **14**, 209, also zB nicht, daß ein Gutachten nicht dem neuesten Stand der medizinischen Wissenschaft entspreche; vielmehr ist anzugeben, welche in der Fachliteratur oder sonst erörterten Erkenntnisse die Sachverständigen hätten verwerten müssen und inwiefern dann ein anderes Ergebnis zu erwarten gewesen wäre, BGH **44**, 81; ebenso genügt für die Rüge der nicht ordnungsmäßigen Besetzung nicht die Angabe, daß ein Beisitzer in mehreren Sitzungen den Vorsitz geführt habe, BGH LM § 551 Z 1 Nr 10. BGH LM Nr 16 läßt die Angabe, daß der Hilfsrichter nicht zur Beseitigung eines nur vorübergehenden, auf andere Weise nicht zu behebenden Mangels herangezogen worden sei, nicht genügen, sondern verlangt

Einzelheiten (Anlaß der Abordnung der einzelnen Hilfsrichter und deren Zeitpunkte), womit die Anforderungen überspannt werden, vgl § 551 Rn 3 ff. Unzureichend ist die allgemeine Bezugnahme auf umfangreiche Strafakten statt der Angabe der Aktenstellen, wegen deren Nichtberücksichtigung das Urteil mangelhaft sein soll, BGH **LM** § 280 Nr 6. Beim nicht vernommenen Zeugen ist die Entscheidungserheblichkeit der in sein Wissen gestellten Tatsachen anzugeben. Wird die Nichterhebung von Beweisen wegen Beweisvereitelung gerügt, muß dargelegt werden, daß die Partei an der Beweisaufnahme mitgewirkt haben würde, BGH NJW **86**, 2372 (dazu Stürner JZ **87**, 44 u 607, Schröder JZ **87**, 605).

13 **Ausnahmen von E: a)** keiner Rüge bedürfen die vAw zu beachtenden Punkte, zB die Prozeßvoraussetzungen und Prozeßfortsetzungsvoraussetzungen wie Zulässigkeit des Rechtswegs, ordnungsmäßige Klagerhebung, Prozeßfähigkeit, Rechtsschutzbedürfnis, Zulässigkeit des Rechtsmittels usw, § 561 Rn 7 (vorschriftsmäßige Besetzung des Gerichts, § 551 Z 1, gehört nicht hierher, § 551 Rn 2), Fehlen des Tatbestands im Urteil, BGH NJW **79**, 927, bei Revision gegen ein Grundurteil dessen Voraussetzungen, BGH NJW **75**, 1968; einer Rüge bedarf es ferner nicht, wenn über einen Antrag nicht entschieden ist, da § 308 das sachliche Prozeßrecht, § 308 Rn 13, betrifft, BGH **LM** § 308 Nr 7; **b)** wenn in Ehesachen die Revision ohne Beschwer zulässig ist, Üb § 606 Rn 5 ff, genügt die Angabe des Grundes der Revision, zB die beabsichtigte Klagrücknahme, vgl Ffm MDR **57**, 46 (betrifft Berufung); zu § 613 s oben Rn 10 aE. Ein Verstoß gegen IV hat keine prozessualen Folgen.

14 Wegen der **Feststellung der Tatsachen** zu E u F vgl § 561 Rn 8 u 9.

15 **F. Angaben zum Wert der Beschwer**, wenn sie nicht in einer bestimmten Geldsumme besteht, **IV,** sind nur in Rechtsstreitigkeiten über vermögensrechtliche Ansprüche nötig, in denen der vom OLG festgesetzte Wert 60 000 DM nicht übersteigt und das OLG die Revision nicht zugelassen hat, § 546 I. Dann nämlich muß der BGH bei trotzdem eingelegter Revision die Wertfestsetzung prüfen und ggf ändern, § 546 Rn 26. Ein Verstoß gegen IV hat keine prozessualen Folgen.

16 **5) VwGO:** Es gilt § 139 III VwGO, dazu BVerwG Buchholz 310 § 139 Nr 5.

**554a** *Prüfung der Zulässigkeit.* ¹ ¹Das Revisionsgericht hat von Amts wegen zu prüfen, ob die Revision an sich statthaft und ob sie in der gesetzlichen Form und Frist eingelegt und begründet ist. ²Mangelt es an einem dieser Erfordernisse, so ist die Revision als unzulässig zu verwerfen.

II Die Entscheidung kann ohne mündliche Verhandlung durch Beschluß ergehen.

1 **Vorbem.** Im **Verfahren der Arbeitsgerichte** entsprechend anwendbar, §§ 72 V u 74 II 2 ArbGG, Oetker NZA **89**, 201 mwN.

2 **1) Erläuterung.** § 554 a entspricht dem § 519 b; s die dortigen Erläuterungen. Voraussetzung der sachlichen Revisionsprüfung ist, daß die Berufung zulässig war; daher hat das Revisionsgericht auch deren Zulässigkeit vAw zu prüfen, BGH NJW **82**, 1873 mwN. Hat das OLG die Notwendigkeit der WiedEins übersehen, so ist zurückzuverweisen, BGH NJW **82**, 887, wenn nicht ohne weiteres WiedEins zu gewähren ist, BGH NJW **82**, 1873. Über die WiedEins wegen Versäumung der Frist für die Revision kann durch Beschluß entschieden werden, der dann das Revisionsgericht bindet, also unabänderlich ist, da er einem Urteil gleichsteht, BGH NJW **54**, 880 (anders in der Berufungsinstanz, § 519 b Rn 8); die Bindung gilt aber nicht für andere Zulässigkeitsvoraussetzungen, zB Erreichen der Revisionssumme, BGH **LM** § 21 VAG Nr 2. Die Mitteilung des Berichterstatters, daß der Senat der Ansicht sei, die Frist sei gewahrt, ist kein Beschluß, der Senat ist bei der endgültigen Prüfung an diese Meinungsäußerung also nicht gebunden, BGH **9**, 22. Der verwerfende Beschluß ist in jedem Fall unabänderlich, BGH NJW **81**, 1962 mwN, BFH BStBl **79** II 574, wenn er nicht auf einer Verletzung von Grundrechten beruht, § 519 b Rn 8, vgl Üb § 567 Rn 5; jedoch ist Wiederaufnahme zulässig, BGH NJW **83**, 883 mwN. Ein die Zulässigkeit der Revision bejahender Beschluß bindet das Revisionsgericht, BAG **AP** Nr 2.

3 **2) VwGO:** Es gelten §§ 143, 144 I VwGO.

**554b** *Ablehnung der Annahme.* ¹ In Rechtsstreitigkeiten über vermögensrechtliche Ansprüche, bei denen der Wert der Beschwer sechzigtausend Deutsche Mark übersteigt, kann das Revisionsgericht die Annahme der Revision ablehnen, wenn die Rechtssache keine grundsätzliche Bedeutung hat.

II Für die Ablehnung der Annahme ist eine Mehrheit von zwei Dritteln der Stimmen erforderlich.

III Die Entscheidung kann ohne mündliche Verhandlung durch Beschluß ergehen.

1 **Vorbem.** § 554 b gilt nicht im **Verfahren der Arbeitsgerichte**, § 546 Rn 28.

**Schrifttum:** *Haß* NJW **98**, 1204 (zur Reform); *Dutt/Escher* JuS **97**, 839; *Krämer* F. Brandner, 1996, S 701 ff; *Prütting*, Die Zulassung der Revision, 1977, S 271 ff; *Kaempfe*, Diss Marburg 1979; *Nirk* DRiZ **85**, 277.

2 **1) Regelungsinhalt.** In Rechtsstreitigkeiten über vermögensrechtliche Ansprüche, bei denen der Wert der Beschwer 60 000 DM übersteigt, ist die Revision ohne Zulassung statthaft, § 546 Rn 24; auf den Beschwerdegegenstand kommt es nicht an, so daß die Revisionsanträge die Beschwer nicht auszuschöpfen brauchen, Arnold JR **75**, 489. Über den Fall, daß nur die Beschwer einer Partei die Wertgrenze übersteigt, s

2. Abschnitt. Revision § 554b

§ 546 Rn 7. Das Revisionsgericht kann jedoch die Annahme der Revision ablehnen, wenn die Rechtssache keine grundsätzliche Bedeutung und keine Aussicht auf Erfolg hat. Das gilt auch dann, wenn das OLG die Beschwer auf über 60 000 DM festgesetzt und zugleich die Revision zugelassen hat, BGH NJW 80, 786. Die Vorschrift ist in der gebotenen verfassungskonformen Auslegung mit dem GG vereinbar, BVerfG NJW 81, 39 (Plenarentscheidung), NJW 98, 369, unten Rn 4.

**A. Grundsätzliche Bedeutung.** Das Revisionsgericht darf die Annahme nicht ablehnen, wenn die 3 Rechtssache grundsätzliche Bedeutung hat, § 546 Rn 10 u 11. Das gleiche wird bei Divergenz, § 546 Rn 12–14, gelten müssen, weil die Abweichung von einer Entscheidung des BGH, des GmS (und auch des BVerfG) idR die grundsätzliche Bedeutung der Sache begründet, § 546 Rn 12, H. Schneider NJW 75, 1540, aM Schroeder JB 75, 1019: Annahme nach pflichtgemäßem Ermessen. Grundsätzliche Bedeutung ist auch anzunehmen, wenn die Vorinstanzen eine nach Art 177 EGV gebotene Vorlage an den EuGH, Anh § 1 GVG, unterlassen haben, BVerfG NJW 94, 2017, Petzold NJW 98, 124 mwN, vgl § 546 Rn 10 aE. Maßgeblicher Zeitpunkt für die Prüfung der grundsätzlichen Bedeutung ist die Einlegung der Revision. Ob die Annahme wegen grundsätzlicher Bedeutung geboten ist, hat das Revisionsgericht auch dann zu prüfen, wenn die Revisionsbegründung nur einen anderen Annahmegrund, Rn 4, ergibt, vgl § 554 Rn 7.

**B. Mangelnde Erfolgsaussicht.** Bei verfassungskonformer Auslegung des § 554 b darf das Revisionsge- 4 richt die Annahme einer zulässigen Revision ohne grundsätzliche Bedeutung nur dann ablehnen, wenn die Revision im Endergebnis keine Aussicht auf Erfolg hat, BVerfG NJW 81, 39 (Plenarentscheidung), dazu Prütting ZZP 95, 76, Berkemann JR 81, 190, Krämer NJW 81, 799, E. Schneider MDR 81, 462; darauf, ob der Rechtsfehler im Berufungsurteil minder schwerer oder vertretbarer Art ist, kommt es ebensowenig an wie darauf, ob das Urteil den Revisionsführer in unerträglicher Weise beschwert, krit zur Rspr des BGH Krämer, F Brandner (1996) S 701. Danach kann der BGH die Frage, ob die Rechtssache grundsätzliche Bedeutung hat, oben Rn 3, offen lassen, wenn die Revision keine Aussicht auf Erfolg hat. Bleiben Zweifel an den Erfolgsaussichten, ist die Revision stets anzunehmen, weil für die Ablehnung besondere Gründe vorliegen müssen, BVerfG 54, 277 (zur Annahme der Revision bei Vorlagepflicht nach Art 177 III EGV, § 1 GVG Rn 19, s BVerfG NJW 94, 2017). Verfassungsrechtlich unbedenklich ist es jedoch, die Annahme abzulehnen, wenn die Revision nur in unbedeutenden Nebenpunkten aussichtsreich ist, BVerfG NJW 79, 533. Insoweit darf der BGH pflichtgemäßes Ermessen ausüben; denn § 554 b bezweckt die Entlastung des Revisionsgerichts. Nach Ermessen darf die Revision auch angenommen werden, wenn weder grundsätzliche Bedeutung noch Erfolgsaussicht vorliegt, zB dann, wenn der BGH einer ständigen Rspr des Berufungsgerichts entgegentreten will.

**C. Teilweise Nichtannahme.** Im Rahmen des in Rn 3 u 4 Gesagten ist auch die teilweise Annahme 5 zulässig, wenn dafür ein Grund nur bei einem Teil des Klaganspruchs (oder bei einem von mehreren selbständigen Klagansprüchen) besteht, BGH RR 91, 576 mwN, mag sein Wert die Revisionsgrenze auch nicht übersteigen, BGH 69, 93, dazu Lässig NJW 77, 2212 u Bruchhausen **LM** Nr 5, und BGH NJW 79, 550, zustm Büttner F Merz, 1992, S 19. Die Annahme kann nach Grund und Höhe streitiger Ansprüch auf die Höhe beschränkt werden, BGH LS NJW 79, 551 m Anm Musielak ZZP 92, 462. Eine Teilannahme scheidet aus, wenn die Ansprüche (eines oder mehrerer Revisionskläger) materiellrechtlich voneinander abhängen, Grunsky ZZP 102, 474, Büttner aaO S 25.

Die Annahme einer unselbständigen **Anschlußrevision**, § 556 Rn 6, darf auch dann abgelehnt werden, wenn die (Haupt-)Revision angenommen wird, BGH RR 91, 576. Dies gilt nicht, wenn der Gegenstand beider Rechtsmittel ein nicht abtrennbarer Teil des Gesamtstreitstoffes ist, Büttner (Rn 5) S 24. In diesem Fall darf umgekehrt dann, wenn die Voraussetzungen, Rn 3 u 4, bei der Anschlußrevision vorliegen, im Hinblick auf § 556 II 4 die Annahme der Hauptrevision nicht abgelehnt werden, Büttner aaO.

**D. Geltungsbereich.** Dies alles gilt auch für die Sprungrevision, § 566a III, nicht dagegen für die 6 ebenfalls zulassungsfreie Revision nach § 547 und für die Revision gegen ein 2. Versäumnisurteil, BGH NJW 79, 166: Ihre Annahme darf nicht abgelehnt werden.

Hat das OLG eine Sache irrtümlich als vermögensrechtlich angesehen und bei einer festgesetzten Beschwer von über 60 000 DM einen Fall der zulassungsfreien Revision angenommen, so ist für die Revision § 554 b mit der Einschränkung anzuwenden, daß nur die grundsätzliche Bedeutung und das Vorliegen einer Abweichung geprüft werden, BGH NJW 86, 3143 unter Aufgabe von NJW 85, 2629, vgl BVerfG NJW 84, 2346. Für die Revision in einer FamS gilt § 554 b nicht, § 546 Rn 4.

**2) Verfahren.** Da über die Annahme oft im Frühstadium des Revisionsverfahrens entschieden wird, 7 müssen schon in der Revisionsbegründung Ausführungen zur grundsätzlichen Bedeutung gemacht werden, § 554 III Z 2 (vor dem Eingang der Begründung darf nicht entschieden werden). Unterrichtung und Anhörung der Beteiligten vor der Entscheidung ist nicht vorgeschrieben, gleichwohl muß rechtliches Gehör gewährt werden (eine besondere Anhörung ist nicht nötig, wenn die Revisionsbegründung die grundsätzliche Bedeutung ergibt, Mü MDR 77, 673); auch für den Revisionsbeklagten besteht Vertretungszwang. Für die Ablehnung der Annahme ist eine **Mehrheit von** 2/3 der Stimmen erforderlich, II. Die **Entscheidung** kann ohne mündliche Verhandlung durch **Beschluß ergehen**, III (eine etwa nötige Anpassung des Urteilstenors an den übrigen Urteilsinhalt kann dabei nicht vorgenommen werden, BGH RR 95, 572). Die Annahme der Revision ist stets durch Beschluß auszusprechen, wie § 556 I ergibt, Büttner aaO (Rn 5) S 28; er braucht nicht begründet zu werden, ist den Parteien zuzustellen, ist § 556 i iVm § 329 II 2, und bindet das Revisionsgericht. Dies gilt auch für den ablehnenden Beschluß, der jedoch der Begründung bedarf, Jauernig § 74 II 2 (m Beispiel). Die Entscheidung muß einen Hinweis auf den für die Nichtannahme maßgeblichen rechtlichen Gesichtspunkt enthalten, BVerfG FamRZ 89, 145 mwN, wobei verfassungsrechtlich die Bezugnahme auf § 554 b „in der Auslegung des BVerfG" genügt, BVerfG NJW 99, 207, 98, 3484 u 81, 446, was wenig befriedigt, Kroitzsch NJW 94, 1034, abw MüKoWa 23, Schimansky NJW 94, 1774. Deshalb wird eine knappe weitergehende Begründung wenn nicht die Regel, H. Schneider NJW 75, 1541, so doch jedenfalls dann erforderlich sein,

## §§ 554b–556   3. Buch. Rechtsmittel

wenn gewichtige Fragen namentlich auch aus dem Verfassungsrecht zu prüfen sind, da der Revisionskläger andernfalls außerstande ist, eine Verfassungsbeschwerde substantiiert zu begründen, Krämer NJW **81**, 799 u FamRZ **80**, 971. Kommt eine Vorlage nach Art 177 III EGV in Betracht, muß die Entscheidung erkennen lassen, daß diese Frage geprüft worden ist, BVerfG NJW **88**, 1458.

**8** Ein **Kostenausspruch** ist im Fall der Ablehnung erforderlich, §§ 97, 308 II. Der BGH kann im Nichtannahmebeschluß die Kostenentscheidung des OLG korrigieren, wenn sie durch Änderung der Streitwertfestsetzung unrichtig geworden ist, BGH RR **95**, 1211; jedoch kommt bei nur teilweiser Annahme eine Überprüfung der den rechtskräftig gewordenen Teil betreffenden Kostenentscheidung nicht in Betracht, BGH RR **86**, 548. Bei Nichtannahme des Hauptrechtsmittels trägt der Anschlußrevisionskläger die Kosten der unselbständigen Anschließung, BGH (GZS) **80**, 150 = NJW **81**, 1791, krit Maurer NJW **91**, 76; zum Streitwert bei Hilfsanschließung s BGH RR **89**, 1276. Bei vorheriger Teilerledigung ergeht keine Entscheidung nach § 91 a im Fall der Nichtannahme, BGH MDR **77**, 912. Zur Erstattungsfähigkeit der Gebühren eines postulationsunfähigen RA vgl KG MDR **81**, 324 gg Mü MDR **79**, 66.

**9** Die Nichtannahme steht in ihren **Auswirkungen** einem Beschluß nach § 554a gleich; bis dahin ist die Sache im Revisionsrechtszug anhängig, so daß das Verfahren nach § 148 ausgesetzt werden darf, BGH NJW **82**, 830. Die Nichtannahme erstreckt sich auch auf eine hilfsweise eingelegte, mit der Revision identische Anschlußrevision, BGH WertpMitt **86**, 60; wegen der Anschlußrevision vgl i ü § 556 Rn 7. Die mit der Nichtannahme verbundene Bewilligung von Prozeßkostenhilfe wirkt auf den Zeitpunkt des Antrags zurück, BGH ZIP **85**, 375. Die Entscheidung über die Nichtannahme darf nicht geändert werden, BGH NJW **81**, 55. Sie unterliegt, auch wenn sie durch Beschluß ergeht, den §§ 578 ff, BVerfG NJW **93**, 3257. Zur Verfassungsbeschwerde gegen das Berufungsurteil bei Nichtannahme der Revision vgl BayVerfGH LS NJW **85**, 1019.

**10** 3) *VwGO:* Die Vorschrift ist unanwendbar, weil sie auf das Zivilverfahren zugeschnitten ist.

**555** *Verhandlungstermin.* ¹Wird nicht durch Beschluß die Revision als unzulässig verworfen oder die Annahme der Revision abgelehnt, so ist der Termin zur mündlichen Verhandlung von Amts wegen zu bestimmen und den Parteien bekanntzumachen.

II Auf die Frist, die zwischen dem Zeitpunkt der Bekanntmachung des Termins und der mündlichen Verhandlung liegen muß, sind die Vorschriften des § 274 Abs. 3 entsprechend anzuwenden.

**1** **Vorbem.** Im **Verfahren der Arbeitsgerichte** entspr anwendbar nach Maßgabe des § 74 II 1 ArbGG.

**2** 1) **Erläuterung.** Zur mündlichen Verhandlung kommt es, wenn **a)** die Revision nicht gemäß § 554a verworfen wird oder **b)** in den Fällen des § 554b ihre Annahme nicht abgelehnt wird. Ihre Verwerfung oder Nichtannahme (durch Urteil) ist auch dann noch zulässig. Vgl im übrigen zu § 520.

**3** 2) *VwGO:* **I** ist entsprechend anwendbar bei Nichtverwerfung der Revision, § 173 VwGO, **II** wird durch § 102 I VwGO (Ladungsfrist) ersetzt.

**556** *Anschließung.* ¹Der Revisionsbeklagte kann sich der Revision bis zum Ablauf eines Monats nach der Zustellung der Revisionsbegründung oder des Beschlusses über die Annahme der Revision (§ 554b) anschließen, selbst wenn er auf die Revision verzichtet hat.

II ¹Die Anschließung erfolgt durch Einreichung der Revisionsanschlußschrift bei dem Revisionsgericht. ²Die Anschlußrevision muß in der Anschlußschrift begründet werden. ³Die Vorschriften des § 521 Abs. 2, der §§ 522, 553, des § 553a Abs. 2 Satz 1, 3, des § 554 Abs. 3 und des § 554a gelten entsprechend. ⁴Die Anschließung verliert auch dann ihre Wirkung, wenn die Annahme der Revision nach § 554b abgelehnt wird.

**1** **Vorbem.** Im **Verfahren der Arbeitsgerichte** entsprechend anwendbar, § 72 V ArbGG, GMP § 74 Rn 59–61.

**Schrifttum:** *Büttner* F Merz, 1992, S 17–29; *H. Schneider* F Baur, 1981, S 615–625.

**2** 1) **Grundsatz.** § 556 entspricht im allgemeinen den §§ 521, 521a; siehe darum die Erläuterungen zu diesen. Die Revisionsanschließung kann, wie die Berufungsanschließung, selbständig oder unselbständig sein. Nur die selbständige verlangt die Statthaftigkeit und die anderen Voraussetzungen der Revision, jedoch kann mit der unselbständigen Anschlußrevision nur ein Antrag innerhalb der Hauptrevision gestellt werden, BGH NJW **96**, 322 u **62**, 797. Wenn sich die Hauptrevision auf einen Anspruch beschränkt, für den die Revision nach §§ 546, 547 zulässig ist, kann Anschlußrevision nicht wegen eines anderen Anspruchs eingelegt werden, für den die Revision nicht zulässig ist, BGH RR **98**, 505 u NJW **96**, 322 mwN, ferner NJW **95**, 1956 u 2036 mwN (Zulassung) und NJW **62**, 797 (Revisionssumme) sowie BAG MDR **83**, 348 (Zulassung), es sei denn, die Teilentscheidung hängt rechtlich von dem mit der Revision anfechtbaren Teil ab, BGH **35**, 302. Demgemäß ist eine Anschlußrevision unzulässig, die sich auf einen Anspruch bezieht, der Gegenstand der abgelehnten Hauptrevision war, BGH NJW **96**, 1340. Denkbar ist, wenn der Gegner Revision eingelegt hat, die Umdeutung der unzulässigen Revision in eine unselbständige Anschlußrevision, wenn dahingehende Erklärungen abgegeben werden, wobei es dann auf die Revisionssumme nicht ankommt, BGH JZ **55**, 218; vgl § 521 Rn 5. Zulässig ist eine Hilfsanschlußrevision für den Fall des Erfolges der Revision, BGH NJW **92**, 1898 mwN.

**2) Einzelheiten** 3

**A. Beschwer.** Auch wenn die unselbständige Anschließung kein Rechtsmittel ist, § 521 Rn 3, BGH – GS – NJW **81**, 1790 mwN, setzt sie in der Revisionsinstanz Beschwer durch das Berufungsurteil voraus, BGH in stRspr, NJW **95**, 2564 mwN, BSG VersR **74**, 855 (vgl BVerwG MDR **77**, 867), weil sie nach § 561 I 1 nicht dazu dienen kann, Widerklage zu erheben, BGH **24**, 284, oder neue Ansprüche einzuführen, RoSGo § 144 II 4; zur Beschwer s Grdz § 511 Rn 13 ff. Erst recht kann ein in 1. Instanz beschiedener, aber nicht in die 2. Instanz gelangter Anspruch nicht zum Gegenstand einer Anschließung in 3. Instanz gemacht werden, BGH NJW **83**, 1858. Eine Gegenanschließung des in 2. Instanz teilweise unterlegenen Revisionsklägers an die unselbständige Anschließung ist (ebenso wie im Fall der Berufung) nach hM unzulässig, BGH NJW **84**, 437, MüKoWa 16, Wiecz II B C, aM ZöGu 8; wegen ihrer Zulässigkeit zumindest in einem Sonderfall s § 521 Rn 4 aE, vgl § 577 a Rn 3 u § 629 a Rn 8.

**B. Frist für die Anschließung, I.** Sie läuft nicht bis zum Schluß der mündlichen Verhandlung, § 521, 4 sondern bis zum Ablauf eines Monats nach Zustellung der Revisionsbegründung oder (im Fall der Streitwertrevision) des Beschlusses über die Annahme der Revision, § 554 b. Es handelt sich nicht um eine Notfrist, § 223, Büttner F Merz, 1992, S 25 mwN. Eine Fristverlängerung für die Revisionsbegründung auf Antrag des Revisionsbeklagten kommt nicht in Betracht, da § 554 II nicht genannt wird, BGH VersR **77**, 152 mwN; aber bei Versäumung der Frist zur Einlegung der Anschlußrevision ist Wiedereinsetzung möglich, BGH **LM** 233 Nr 15. Für die selbständige Anschließung läuft eine eigene Begründungsfrist nach § 554 II. Im Verbund, § 623, gilt die Beschränkung nach § 629 a III, s dort.

**C. Begründung, II 1 u 2.** Die unselbständige Anschließung ist in der Anschlußschrift zu begründen. 5 Wiedereinsetzung gegen Fristversäumung nach § 233 ist auch insoweit zulässig. Im Einklang mit BGH NJW **61**, 1816 ist S 2 nicht wörtlich aufzufassen; vielmehr genügt es, wenn die Begründung innerhalb der Frist des Abs I nachgebracht wird, RoSGo § 144 II 2.

**D. Sonstige Vorschriften, II 3.** Entsprechend anwendbar sind § 521 II: Anschließung bei Versäumnis- 6 urteil, siehe dazu § 521 Rn 15. – § 522: Die in der Revisionsfrist eingelegte Anschließung gilt als selbständige Revision, wenn ihre Voraussetzungen vorliegen. Rücknahme der Revision oder Verzicht machen sie also nicht hinfällig. – § 553: Einlegung. – § 553 a II S 1, 3: Zustellung der Anschlußschrift – § 554 III: Anschlußbegründung, Begründungsnachträge sind zulässig. Im Einklang mit StJ III. – § 554 a: Prüfung der Zulässigkeit. – § 554 b: Obwohl die Vorschrift nicht ausdrücklich genannt ist, kann die Annahme einer unselbständigen Anschließung abgelehnt werden, wenn sie inhaltlich der von derselben Partei eingelegten (nicht angenommenen) Hauptrevision entspricht, BGH NJW **88**, 67; die Annahme einer unselbständigen Anschlußrevision darf auch dann abgelehnt werden, wenn die Revision des Gegners angenommen wird, BGH RR **91**, 576. Dies gilt nicht, wenn der Gegenstand beider Rechtsmittel ein nicht abtrennbarer Teil des Gesamtstreitstoffes ist, Büttner (Rn 4) S 24.

**E. Wirkungslosigkeit, II 4.** Über § 522 I hinaus verliert die unselbständige Anschließung auch dann 7 ihre Wirkung, wenn die **Annahme der Revision gemäß § 554 b abgelehnt wird;** dies gilt auch für eine Hilfsanschließung, die mit der Revision identisch ist, BGH WertpMitt **86**, 20. Der Fall wird nach der geltenden Fassung von I selten praktisch werden. Die Kosten des Revisionsverfahrens fallen dann beiden Parteien im Verhältnis des Wertes von Revision und Anschlußrevision zur Last, BGH – GS – NJW **81**, 1790, überwiegend zustm Prütting ZZP **95**, 505 (allerdings seien dem Revisionsbeklagten allein die Mehrkosten seiner Anschlußbegründung aufzuerlegen), abl Waldner JZ **82**, 634; dabei sind die Werte von Revision und Anschlußrevision zusammenzurechnen, BGH – GS – NJW **79**, 878, krit Waldner JZ **82**, 635, MDR **89**, 806 (Hilfsanschließung). Hat die Anschlußrevision keinen besonderen Streitwert, § 4, so trägt der Revisionskläger alle Kosten, BGH NJW **84**, 2952.

**3) *VwGO*:** Für die Anschlußrevision gelten die §§ 127 u § 141 VwGO, BVerwG **36**, 224. Die Anschlußrevision 8 *bedarf keiner eigenen Revisionszulassung, BVerwG NVwZ **82**, 372. Wegen der Form vgl Ey § 141 Rn 1 u § 127 Rn 9 (Einlegung auch beim Revisionsgericht, BVerwG **15**, 316). Zulässig ist auch die Anschlußrechtsbeschwerde im Personalvertretungsrecht, BVerwG **72**, 94.*

**557** **Verfahren im allgemeinen.** Auf das weitere Verfahren sind die im ersten Rechtszuge für das Verfahren vor den Landgerichten geltenden Vorschriften entsprechend anzuwenden, soweit sich nicht Abweichungen aus den Vorschriften dieses Abschnitts ergeben.

**Vorbemerkung.** Im **Verfahren der Arbeitsgerichte** entsprechend anwendbar, § 72 V ArbGG, GMP 1 § 75 Rn 54–57, Grunsky ArbGG § 72 Rn 41.

**1) Grundsatz.** § 557 entspricht dem § 523; siehe die Erläuterungen zu diesem. Anwendbar sind nur die 2 Vorschriften über das landgerichtliche Verfahren 1. Instanz, nicht die über das Berufungsverfahren, außer nach § 566. Die Vorschriften des 1. Buches gelten unmittelbar auch für das Revisionsverfahren, BAG NJW **90**, 2642.

**2) Versäumnisverfahren.** Vorschriften fehlen. § 542 ist unanwendbar, jedoch gelten die Grundsätze der 3 dortigen Rn 2–4 auch hier, nicht aber Rn 5 u 6. Entsprechend anzuwenden sind die erstinstanzlichen Vorschriften. Auch Versäumnisurteile des Revisionsgerichts sind für vorläufig vollstreckbar zu erklären, soweit sie einen vollstreckungsfähigen Inhalt haben, § 708 Z 2.

Zu unterscheiden sind folgende Fälle: **a)** Revision ist unzulässig: stets Verwerfung; ein unterstelltes Geständnis kommt nicht in Betracht, § 554a. Ein Urteil ist stets streitmäßig (unechtes Versäumnisurteil), BGH **LM** § 554a Nr 9, § 542 Rn 2 u 3. **b)** Revision ist zulässig: Bei Säumnis des Revisionsklägers Versäumnisurteil auf Zurückweisung, § 330, § 542 Rn 4. Bei Säumnis des Revisionsbeklagten ist auf Grund einseitiger Verhandlung zu entscheiden, da die Voraussetzungen einer Aktenlageentscheidung, § 331 a, nicht gegeben sind, § 331 nicht zutrifft, BGH NJW **88**, 210. Erweist sich die Revision auf Grund des festgestellten Sachverhalts, § 561, und etwaigen neuen zulässigen und rechtzeitig mitgeteilten Vorbringens, das nach § 331 I als zugestanden gilt, BGH RR **89**, 175, als begründet, ist gegen den Revisionsbeklagten durch echtes Versäumnisurteil zu erkennen, BGH NJW **88**, 210 u **37**, 79, andernfalls ist sie durch streitmäßiges Urteil zurückzuweisen, BGH NJW **67**, 2162 m Anm Baumgärtel JR **68**, 303. Wegen des Falles, daß das Berufungsgericht zu Unrecht durch (unechtes) Versäumnisurteil gegen den Kl entschieden hatte und der Bekl in der Revisionsinstanz säumig ist, s § 542 Rn 7. Gegen ein (echtes) Versäumnisurteil des RevGerichts ist der Einspruch gegeben, § 566 iVm §§ 523 u 339 ff, dazu BGH RR **92**, 957.

Wegen Ehe- und Kindschaftssachen s §§ 612 IV, 640 I.

**4**   3) *VwGO:* Es gilt § 141 VwGO.

## 557a *Einzelrichter.* Die Vorschriften der §§ 348 bis 350 sind nicht anzuwenden.

**1**   **Vorbem.** Im **Verfahren der Arbeitsgerichte** entspr anwendbar, § 72 V ArbGG (vgl § 524 Rn 1).

**2**   1) **Erläuterung.** Der Einzelrichter, §§ 348–350, scheidet aus, weil die Revisionsinstanz keine Tatsacheninstanz ist (§ 524 ist schon nach § 557 unanwendbar). Das gleiche gilt für das Verfahren der Arbeitsgerichte; auch eine Alleinentscheidung durch den Vorsitzenden, § 55 ArbGG, ist im Revisionsverfahren nicht statthaft, § 72 VI ArbGG.

**3**   2) *VwGO:* Gegenstandslos, Üb § 348 Rn 5.

## 558 *Verfahrensmängel.* Die Verletzung einer das Verfahren der Berufungsinstanz betreffenden Vorschrift kann in der Revisionsinstanz nicht mehr gerügt werden, wenn die Partei das Rügerecht bereits in der Berufungsinstanz nach der Vorschrift des § 295 verloren hat.

**1**   **Vorbem.** Im **Verfahren der Arbeitsgerichte** entsprechend anwendbar, § 72 V ArbGG.

**2**   1) **Erläuterung.** § 558 entspricht dem § 530; s die dortigen Erläuterungen. Verfahrensverstöße der Revisionsinstanz fallen unter § 295. Wurde in 1. Instanz erfolglos gerügt, so kann die Partei die Rüge wiederholen, soweit das Urteil des OLG auf dem Verstoß beruht.

**3**   2) *VwGO:* Entsprechend anzuwenden, § 173 VwGO, BVerwG Buchholz 310 § 113 Nr 297, NVwZ **98**, 99, NJW **98**, 3369, alle mwN.

## 559 *Umfang der Revisionsprüfung.* [I] Der Prüfung des Revisionsgerichts unterliegen nur die von den Parteien gestellten Anträge.

[II] [1] Das Revisionsgericht ist an die geltend gemachten Revisionsgründe nicht gebunden. [2] Auf Verfahrensmängel, die nicht von Amts wegen zu berücksichtigen sind, darf das angefochtene Urteil nur geprüft werden, wenn die Mängel nach den §§ 554, 556 gerügt worden sind.

**1**   **Vorbem.** Im **Verfahren der Arbeitsgerichte** entsprechend anwendbar, GMP § 75 Rn 2–14.

**Schrifttum:** *Rimmelspacher,* Zur Systematik der Revisionsgründe im Zivilprozeß, ZZP **84**, 41; *Martin,* Prozeßvoraussetzungen und Revision, 1974.

**2**   1) **Parteianträge, I**

**A. Allgemeines.** Nicht anders als in der Berufungsinstanz ziehen in der Revisionsinstanz die Parteianträge die Grenzen der Anfallwirkung, Grundzüge § 511 Rn 3, BGH RR **90**, 519. Siehe darum die Erläuterungen zu §§ 536 u 537, auch wegen Mitabweisung noch in den Vorinstanzen anhängiger Ansprüche und des maßgebenden Streitwertes. Maßgebend sind nicht die Anträge der Revisionsschrift od Revisionsbegründung, sondern die nach § 297 in mündlicher Verhandlung verlesenen; wegen der Zulässigkeit der Revision bei Streitwertänderungen s § 511 a Rn 21; siehe auch § 554 Rn 6.

**3**   Über Abänderung des Urteils zum Vorteil oder Nachteil siehe § 536 Rn 2 ff. Keine nachteilige Abänderung ist die Verwerfung der Berufung mangels Beschwer statt der ausgesprochenen Zurückweisung, RG **151**, 46, oder wenn das OLG die Klage als unzulässig abgewiesen hat und dieses Urteil auf Revision des Beklagten, der eine Sachabweisung erzielen möchte, aufgehoben, damit aber die Möglichkeit eröffnet wird, daß nunmehr dem sachlich-rechtlichen Antrag stattgegeben wird, BGH MDR **62**, 976; denn mit der Aufhebung des OLGUrteils und Zurückverweisung sind die Anträge der Berufungsinstanz wieder maßgebend. Hatte das Berufungsgericht den Hauptanspruch abgewiesen und den Hilfsanspruch zuerkannt und erkennt das Revisionsgericht auf Revision des Klägers den Hauptanspruch zu, so muß es zur Klarstellung

2. Abschnitt. Revision **§ 559**

den Ausspruch des Berufungsgerichts über den Hilfsanspruch aufheben. Erfolgt, da weitere Feststellungen erforderlich sind, Zurückverweisung, so ist auch über eine Revision wegen des Hilfsanspruchs zu entscheiden, BGH NJW **93**, 1005 (Anm Hohloch **LM** § 2306 BGB Nr 11). Ist die Entscheidung über den Hilfsanspruch nicht angefochten worden, bleibt sie zunächst bestehen, BGH NJW **89**, 1486 (zustm Orfanides JR **89**, 329). Dabei bleibt es, wenn das Berufungsgericht den Hauptanspruch wiederum abweist; spricht es ihn aber dem Kläger zu, so muß es zugleich seine frühere Entscheidung über den Hilfsanspruch aufheben, da § 318 nicht entgegensteht, BGH NJW **93**, 1005 u **91**, 169.

**B. Gegenrügen** (Rudisile DVBl **88**, 1136). Der Revisionsbeklagte kann sich, auch ohne ein Rechtsmittel **4** einzulegen, darauf berufen, daß, wenn die Klage nur auf Grund seiner eventuellen Aufrechnung abgewiesen ist, seine übrigen Einwendungen rechtsirrtümlich zurückgewiesen worden seien. Er kann bis zum Schluß der mündlichen Verhandlung bestimmte, seinem Vortrag in der Vorinstanz zuwiderlaufende Feststellungen des Berufungsgerichts ebenso wie das Unterbleiben von Feststellungen für den Fall bemängeln, daß das Revisionsgericht die Entscheidung des Berufungsgerichts mit der von ihm gegebenen Begründung für unrichtig hält, BGH MDR **76**, 138, BAG NJW **65**, 2268, BVerwG LS NJW **84**, 2235, BFH NJW **71**, 168, BayObLG NJW **67**, 57. Diese Gegenrügen darf es nicht ohne weiteres der Entscheidung zum Nachteil des Revisionsklägers zugrundelegen, BGH **LM** § 561 Nr 12. Sie sind bis zum Schluß der mündlichen Verhandlung zulässig, BAG aaO. Bemängelt der Revisionsbeklagte die Feststellungen des Berufungsgerichts nicht, muß das Revisionsgericht sie hinnehmen, § 561 Rn 12 u 13.

**2) Verfahrensmängel, II 2** **5**

**A. Grundsatz.** Soweit sich die Revision auf Verfahrensmängel stützt, sind nur die nach §§ 554, 556 vorgebrachten Revisionsgründe zu prüfen, wenn sie nicht in der Revisionsinstanz vAw zu berücksichtigen sind, unten Rn 7. Ob ein Verfahrensmangel vorliegt, ist nach rechtlichen Gesichtspunkten zu beurteilen, nicht nach Äußerlichkeiten, wie Aufnahme der verletzten Vorschrift in die ZPO oder ins BGB. Verstöße gegen die Verteilung der Beweislast gehören nicht zu den der Rüge bedürfenden Verfahrensmängeln, Anh § 286 Rn 2 ff. Vgl im übrigen § 554 Rn 10 ff und zur Feststellung von Tatsachen § 561 Rn 8 ff.

**B. Rügepflicht.** Ein Verfahrensmangel muß in der Revisionsbegründung oder in rechtzeitigen Nachträ- **6** gen gerügt sein; vgl aber auch § 554 Rn 9. Dahin gehört auch, daß eine tatsächliche Feststellung ohne zureichende Unterlage getroffen ist, vgl RG MuW **32**, 239. Die mündliche Nachholung einer in der Begründung nicht enthaltenen Verfahrensrüge ist unstatthaft. Die Unzuständigkeit eines nicht zum Gericht für Patentsachen bestellten LG kann nur gerügt werden, wenn sie schon in den Tatsacheninstanzen eingewendet ist und in der schriftlichen Revisionsbegründung vorgebracht ist, BGH **49**, 99. Jede Rüge eines Verfahrensmangels ist rücknehmbar.

**C. Ausnahmen.** Keiner Rüge bedarf es, wenn der Verfahrensmangel in der Revisionsinstanz vAw zu **7** beachten ist. Dahin gehören die Verfahrensverstöße der Revisionsinstanz selbst, ferner die früherer Instanzen, soweit sie das Revisionsverfahren berühren, wie Verstöße bei unverzichtbaren Prozeßvoraussetzungen und sonstigen unverrückbaren Grundlagen des Verfahrens, etwa § 565 II. Beispiele: fehlende Jurisdiktion (Immunität), BGH NJW **61**, 1116, mangelnde internationale Zuständigkeit, BGH NJW **93**, 3135 mwN, vgl Geimer WertpMitt **86**, 117, fehlende Klagbarkeit agrd völkerrechtlichen Vertrages, BGH NJW **71**, 983 u **70**, 1507, Umfang der inneren Rechtskraft eines Vorprozeßurteils, entgegenstehende anderweitige Rechtshängigkeit, BGH RR **90**, 47 mwN, Rechtsschutzbedürfnis, BGH WertpMitt **89**, 928, Fehlen der bestimmten Angabe des Gegenstandes und Grundes des erhobenen Anspruchs, BGH **11**, 184, 195 (Nachholungsmöglichkeit in der Revisionsinstanz), bei Verurteilung Zug um Zug die nicht hinreichende Bestimmtheit der Gegenleistung, so daß die Vollstreckung gehindert wird, BGH **45**, 287, Zulässigkeit des Einspruchs gegen ein Versäumnisurteil, BGH NJW **76**, 1940, Zulässigkeit der Berufung, BGH **7**, 284, also auch Rechtzeitigkeit und begründete Wiedereinsetzung, Unterbrechung des Verfahrens, fehlerhafte Behandlung eines Nichtbeteiligten als Partei, BGH NJW **93**, 3067, Prozeßfähigkeit einer Partei, BGH RR **86**, 157 mwN (dazu K. Schmidt JuS **86**, 568), unzulässige sachliche Prüfung durch das Berufungsgericht, RG **161**, 219, unzureichender Tatbestand, § 313 I Z 5, BGH **40**, 84, NJW **79**, 927. Hierher gehört weiter das Fehlen des rechtlichen Interesses bei der Feststellungsklage, weil es das in die Gesetzesmerkmale aufgenommene Rechtsschutzbedürfnis ist.

**D. Gemeinsames.** Der Verfahrensmangel kann auch mit beachtlichen sachlich-rechtlichen Verstößen **8** unlöslich zusammenhängen, vgl RG **64**, 280. So sind auch die sachlich-rechtlichen Ausführungen nachzuprüfen, die Grundlage für eine Zurückverweisung sind, BGH **31**, 364.

**3) Sonstige Gesetzesverletzungen, II 1.** Sie sind vom Revisionsgericht zu berücksichtigen, gleichviel, **9** ob die Partei gerügt hat oder nicht, vgl BGH NJW **91**, 1822. Rügt also die Revision auch nur einen Verfahrensverstoß, so muß das Revisionsgericht das ganze Urteil auf die Gesetzmäßigkeit seiner Begründetheit nachprüfen, stRspr. Fehlt irgendeine ausreichende Rüge, so darf das Revisionsgericht keinerlei sachlich-rechtlichen Verstoß beachten, denn die Unzulässigkeit der Revision jegliche Sachprüfung abschneidet. II 1 gilt aber nur für die Revision und Anschlußrevision, nicht für die Partei, die das Rechtsmittel nicht eingelegt hat. Eine ungünstigere Beurteilung auf Grund von deren Vorbringen wäre reformatio in peius zum Nachteil des Gegners, BayObLG **50/51**, 57. Maßgebendes Recht ist das im Zeitpunkt der Revisionsverhandlung geltende, s dazu 549 Rn 5.

**4) VwGO:** Die Bindung an die Anträge ergibt sich aus §§ 141, 129 VwGO, im übrigen gilt § 137 III VwGO. **10** Entsprechend anzuwenden, § 173 VwGO, ist § 559 insoweit, als Verfahrensrügen grundsätzlich bis zum Ablauf der Revisionsbegründungsfrist geltend gemacht werden müssen, BVerwG DÖD **67**, 230. Zur Zulässigkeit von Gegenrügen, Rn 4, BVerwG LS NJW **84**, 2235, Rudisile DVBl **88**, 1136 mwN.

## §§ 560, 561

**560** *Vorläufige Vollstreckbarkeit.* ¹Ein nicht oder nicht unbedingt für vorläufig vollstreckbar erklärtes Urteil des Berufungsgerichts ist, soweit es durch die Revisionsanträge nicht angefochten wird, auf Antrag von dem Revisionsgericht durch Beschluß für vorläufig vollstreckbar zu erklären. ²Die Entscheidung kann ohne mündliche Verhandlung ergehen; sie ist erst nach Ablauf der Revisionsbegründungsfrist zulässig.

1 **Vorbem.** Im **Verfahren der Arbeitsgerichte** entsprechend anwendbar, § 72 V ArbGG.

**Schrifttum:** *Schneider* DRiZ **79**, 44.

2 **1) Erläuterung.** § 560 entspricht § 534 I; siehe daher die Erläuterungen zu dieser Vorschrift.
3 **2)** *VwGO: Entsprechend anzuwenden, § 173 VwGO, vgl § 534 Rn 6.*

**561** *Tatsächliche Grundlagen der Nachprüfung.* ¹ ¹Der Beurteilung des Revisionsgerichts unterliegt nur dasjenige Parteivorbringen, das aus dem Tatbestand des Berufungsurteils oder dem Sitzungsprotokoll ersichtlich ist. ²Außerdem können nur die im § 554 Abs. 3 Nr. 3 Buchstabe b erwähnten Tatsachen berücksichtigt werden.

II Hat das Berufungsgericht festgestellt, daß eine tatsächliche Behauptung wahr oder nicht wahr sei, so ist diese Feststellung für das Revisionsgericht bindend, es sei denn, daß in bezug auf die Feststellung ein zulässiger und begründeter Revisionsangriff erhoben ist.

1 **Vorbem.** Im **Verfahren der Arbeitsgerichte** ist § 561 entsprechend anwendbar, § 72 V ArbGG, GMP § 75 Rn 15–27.

### Gliederung

| | |
|---|---|
| 1) Allgemeines ... 2 | C. Zum Verfahren nach Erlaß des Berufungsurteils ... 8, 9 |
| 2) Berücksichtigung von Parteivorbringen, I ... 3–5 | D. Zu Wiederaufnahmegründen ... 10 |
| A. Grundsatz ... 3 | E. Sonstige Tatsachen ... 11 |
| B. Endzeitpunkt ... 4 | 4) Tatsächliche Feststellungen, II ... 12, 13 |
| C. Einzelfälle ... 5 | A. Bindungswirkung ... 12 |
| 3) Beachtung neuer Tatsachen ... 6–11 | B. Ausnahmen ... 13 |
| A. Zu Verfahrensrügen ... 6 | 5) VwGO ... 14 |
| B. Zu von Amts wegen zu prüfenden Punkten ... 7 | |

2 **1) Allgemeines** (Gottwald, Das Revisionsgericht als Tatsacheninstanz, 1975). § 561, der den § 549 für die Revisionsinstanz ergänzt, bezieht sich nicht auf Rechtsausführungen, sondern nur auf tatsächliches Vorbringen. Eine Abweichung von I 1 enthält Art 6 Z 2 UÄndG, BGH MDR **87**, 479.

3 **2) Berücksichtigung von Parteivorbringen, I**
**A. Grundsatz.** Grundsätzlich prüft das Revisionsgericht nur auf Gesetzesverletzung; irgendwelche tatsächliche Feststellungen liegen ihm allgemeinen nicht ob. Es hat das Parteivorbringen zugrunde zu legen, wie es der Tatbestand des Berufungsurteils oder der nach § 548 in Betracht kommenden Entscheidung und die Sitzungsprotokolle ergeben, BGH NJW **88**, 3094. Dazu gehören die in ihnen in Bezug genommenen Schriftstücke, BGH NJW **90**, 2755 u **83**, 886, die das Revisionsgericht auch selbständig auslegen kann, BGH **LM** § 133 HGB (A) 2. Das Protokoll geht dem Tatbestand vor, § 314. Wenn Tatbestand oder Protokoll nichts anderes ergeben, kann das Revisionsgericht davon ausgehen, daß durch die Stellung der Anträge und anschließendes Verhandeln der gesamte, bis zum Termin angefallene Akteninhalt zum Gegenstand der mündlichen Verhandlung gemacht worden ist und demgemäß seiner Beurteilung unterliegen, BGH NJW **92**, 2148, zustm Oehlers NJW **94**, 712, krit Schumann NJW **93**, 2786, Fischer DRiZ **94**, 461. Daneben sind Erfahrungstatsachen zu berücksichtigen, soweit sie das Revisionsgericht kennt, nicht solche, die erst aus einem neu eingereichten Gutachten erhellen, RG **145**, 396. Ist der Tatbestand widersprüchlich oder lückenhaft (oder fehlt er), muß das Urteil schon deshalb aufgehoben werden, stRspr, BGH MDR **91**, 36 mwN. Schweigt der Tatbestand, so kann ein Parteivorbringen nicht auf andere Weise dargetan werden, BGH NJW **83**, 885.

4 **B. Endzeitpunkt.** Letzter denkbarer Zeitpunkt für tatsächliches Vorbringen ist der Schluß der letzten mündlichen Verhandlung der letzten Tatsacheninstanz, NJW **88**, 3094. Weder offenkundige noch zugestandene neue Tatsachen sind zu beachten. Die nach dem Berufungsurteil eingetretene Fälligkeit des Klaganspruchs ist keine neue Tatsache, wenn sie das Berufungsgericht in seiner Bedeutung für den Anspruch bereits gewürdigt hat, also zu berücksichtigen, BGH **LM** § 240 BGB Nr 1. Nicht zu beachten ist die Veräußerung des Streitgegenstandes, überhaupt grundsätzlich alles, was nach dem oben genannten Zeitpunkt liegt, so auch die Fortdauer des Getrenntlebens der Ehegatten, BGH NJW **79**, 105 (anders uU, wenn das Berufungsgericht Feststellungen zum Scheitern der Ehe getroffen hat, siehe oben); wegen der Ausnahmen siehe Rn 6 ff. Der Kläger darf auch noch in der Revisionsinstanz zur Konkurstabelle statt Zahlung begehren, ebenso BGH **LM** Nr 14; abgesonderte Befriedigung kann er nicht fordern, RG JW **32**, 168, vgl aber auch BGH **LM** § 146 KO Nr 4. War auf Rechnungslegung geklagt und nur zur Auskunftserteilung verurteilt, kann der Kläger mit Anschlußrevision Vorlage der Abrechnungen, § 259 I BGB, fordern und damit den ursprünglichen Antrag teilweise aufrechterhalten. Unzulässig sind auch die Berichtigung von Tatsachen, hM, ein Zurückgreifen auf abgewiesene erstinstanzliche Anträge, über die vor dem Berufungsgericht nicht mehr verhandelt wurde, BGH MDR **87**,

479, neue Hilfsanträge, mögen auch alle zu ihrer Beurteilung dienlichen Tatsachen vorgetragen, ihre rechtliche Würdigung durch das Berufungsgericht aber nicht erforderlich gewesen sein, BGH NJW **61**, 1468.

**C. Einzelfälle. Unbeachtet bleiben:** Klageänderung, BGH **28**, 131 (falls es sich nicht nur um Beschränkung handelt, s unten), vgl Altmeppen ZIP **92**, 458, also namentlich Erhebung neuer Ansprüche, BGH NJW **89**, 171; Klagerweiterung, OGHZ MDR **49**, 679, BGH **LM** § 146 KO Nr 5, demgemäß auch die Erhebung einer Widerklage, BGH **24**, 285; gewillkürter Parteiwechsel, BGH WertpMitt **82**, 1170; erstmalige Erhebung einer Zwischenfeststellungsklage, § 256 II, jedenfalls dann, wenn sie schon in der Berufungsinstanz möglich gewesen wäre und dort der zugrunde liegende Sachverhalt ungeklärt geblieben ist, BAG LS NJW **82**, 790; Umwandlung des Hilfsantrags zum Hauptantrag, BGH **28**, 131, siehe auch Fischer zu **LM** Nr 20 (zu beachten aber Umwandlung des Haupt- zum Hilfsantrag, BGH WertpMitt **89**, 1875); Übergang von einer auf Forderung gestützten Zahlungsklage auf eine Wertersatzklage nach AnfG, BGH KTS **77**, 105; eine neu betätigte Zurückbehaltung, BGH Warn **17**, 201; Abtretungen, RG Warn **30**, 145, wohl aber, wenn die Abtretung schon vom Berufungsurteil festgestellt und es sich nur um eine Richtigstellung, § 265 Rn 17, handelt, BGH **26**, 37 (Antrag auf Zahlung an Abtretungsempfänger); Beweissicherungsergebnisse, soweit sie nach dem Berufungsurteil eingetreten sind, RG JW **12**, 802; Einwand aus § 60 KO, BAG NZA **89**, 143. **Zu beachten sind dagegen:** ein neuer Antrag, den das OLG entgegen § 308 I abgewiesen hat, ohne daß er dort schon gestellt war, BGH WertpMitt **91**, 600; Einrede der beschränkten Erbenhaftung, wenn ihre frühere Erhebung nicht möglich oder nicht geboten war, BGH **17**, 73; Klagrücknahme in der Revisionsinstanz, RG Warn **23**, 26; Verzicht auf den Anspruch, RG JW **24**, 965; bloße Beschränkung des Klagantrags ohne Änderung der tatsächlichen Klaggrundlage, BGH **26**, 37, RR **91**, 1136; einseitige Erledigungserklärung jedenfalls dann, wenn das erledigende Ereignis außer Streit ist, BGH WertpMitt **82**, 620 mwN.

**3) Beachtung neuer Tatsachen.** Ausnahmsweise zu beachten sind neue Tatsachen in folgenden Fällen:

**A. Soweit sie zur Begründung einer Verfahrensrüge rechtzeitig in der Revisionsbegründung vorgebracht sind, § 554 III Z 3 b.** Nachholung ist nicht erlaubt.

**B. Soweit sie in der Revisionsinstanz von Amts wegen zu prüfende Punkte betreffen** (dagegen Rimmelspacher, Prüfung von Amts wegen im Zivilprozeß 1966, S 41, 194: Bindung auch insoweit an die im Berufungsurteil enthaltene Tatsachenfeststellung. Also ist ein neuer Vortrag auch ohne ausdrückliche Verfahrensrüge, § 559 II 2, namentlich dann zu berücksichtigen, wenn er die Fragen betrifft, ob die Prozeßvoraussetzungen und die Prozeßfortsetzungsbedingungen erfüllt sind, BGH **85**, 290 mwN, MDR **83**, 574, BAG NJW **82**, 788 mwN.

**Beispiele:** Prozeßfähigkeit, BGH RR **86**, 157 (dazu K. Schmidt JuS **86**, 568) mwN, ua BGH **86**, 188 u NJW **85**, 2479; ordnungsmäßige Klagerhebung, BGH NJW **92**, 2099; Prozeßführungsbefugnis, BGH **31**, 282, namentlich auch bei Konkurseröffnung oder -einstellung, BGH **28**, 13, NJW **75**, 442 mwN, oder bei Rechtsnachfolge, vgl BGH MDR **87**, 130 (grundsätzlich anders bei gesetzlichen oder gewillkürten Prozeßstandschaft, BGH NJW **88**, 1587); Prozeßvollmacht, GmS NJW **84**, 2149, BGH NJW **92**, 627 mwN; Rechtsschutzbedürfnis, RG **160**, 212, BGH **LM** § 546 Nr 21; Wegfall des Feststellungsinteresses (Folge ist Prozeßabweisung durch das Revisionsgericht), BGH **18**, 106, und umgekehrt Eintritt der Prozeßvoraussetzungen für die Feststellungsklage, BGH MDR **83**, 836; die Erledigung durch gerichtlichen Vergleich, BAG NJW **82**, 788 (nicht durch außergerichtlichen Vergleich, offen gelassen von BGH **22**, 370, einschränkend BAG NJW **82**, 788: nur dann, wenn die Vereinbarung unstreitig ist oder die Parteien ihren Abschluß übereinstimmend angezeigt haben); die Beendigung der Rechtshängigkeit durch übereinstimmende Erledigungserklärungen im Berufungsverfahren, BVerwG NVwZ-RR **92**, 276; Unterbrechung des Verfahrens; Zulässigkeit des Einspruchs gegen ein Versäumnisurteil, BGH NJW **76**, 1940; im Aufhebungsprozeß Zustellung und Niederlegung des Schiedsspruchs, BGH **85**, 290 u MDR **80**, 210; im Anfechtungsprozeß außerhalb des Konkurses Abweisung der Klage gegen den Schuldner, BGH MDR **83**, 574; die Zulässigkeit der Berufung, BGH NJW **82**, 1873, BVerwG NJW **86**, 862, zB die Wahrung der Berufungs- und Berufungsbegründungsfrist, BGH **7**, 284; für das sich um Voraussetzungen für das Berufungsverfahren handelt, BGH **7**, 284; die Zulässigkeit der Restitutionsklage, zB nach § 641 i, BGH RR **89**, 1029.

Neue Tatsachen sind auch beachtlich bei der Prüfung, ob Wiedereinsetzung gerechtfertigt ist, als Vorfrage für die Zulässigkeit der Berufung, BGH **LM** § 234 Nr 1 b.

**C. Soweit sie das Verfahren nach Erlaß des Berufungsurteils betreffen**, RG JW **35**, 2132, wie Aufnahme eines unterbrochenen Verfahrens oder erklärter, nicht nur versprochener Revisionsverzicht, RG **161**, 352.

**Unter A–C fallende Tatsachen bedürfen der Feststellung.** Bestreitet sie der Revisionsbeklagte nicht, dürfen sie als unstreitig berücksichtigt werden, BGH DRiZ **73**, 131. Handelt es sich um Prozeß- oder Rechtsmittelvoraussetzungen, zB richtige Besetzung des Berufungsgerichts, kann auch eine Beweisaufnahme stattfinden, BGH NJW **76**, 1940 mwN (möglich ist aber auch Zurückverweisung). Kein sog Freibeweis, Einf § 284 Rn 9, dazu Werp DRiZ **75**, 278, abw BGH NJW **92**, 628.

**D. Vorbringen, das im Wiederaufnahmeverfahren berücksichtigt werden müßte** (in den Fällen § 580 Z 1–5 aber nur nach ergangenem Strafurteil, BGH **5**, 299), also auch das Auffinden einer neuen Urkunde, § 580 Z 7 b, kann ausnahmsweise zugelassen werden, BGH NJW **88**, 3094 mwN. Maßgebend ist die Verfahrenslage, so wenn ohne deren Berücksichtigung die Entscheidung des Revisionsgerichts zu einem früher ergangenen, rechtskräftigen Urteil in Widerspruch stehen würde oder im anhängigen Verfahren noch weitere unrichtige Urteile ergehen würden; nicht zu berücksichtigen sind sie, also auf Restitutionsklage zu verweisen, wenn das Verfahren dann beendet wird, BGH **18**, 59. Über die Anwendung späterer Gesetze siehe § 549 Rn 5.

**E. Sonstige Tatsachen**, die nach der letzten mündlichen Verhandlung vor dem Berufungsgericht entstanden sind, sind zu berücksichtigen, wenn es sich um eine auch das RevGericht bindende Entscheidung handelt, und können zumindest dann berücksichtigt werden, wenn sie unstreitig oder aus anderen Gründen nicht beweisbedürftig sind und keine schützenswerten Interessen der anderen Partei entgegenstehen, stRspr, BGH NJW RR **98**, 1284 mwN NJW **98**, 2974 u **90**, 2754 (Eintritt der Verjährung) u **88**, 3094 mwN, BAG NJW **90**, 2641 mwN (weitergehend RoSGo § 145 II 3 h, Mattern JZ **63**, 652), BVerwG NVwZ **93**, 275 (offenkundiger Wegfall entscheidungserheblicher Umstände).

**Beispiele:** Patenterteilung oder -beseitigung, BGH NJW **88**, 210, stRspr, also Vernichtung des Patents, BGH NJW **82**, 830 (stRspr), ebenso Teilvernichtung oder Klarstellung, BGH **LM** § 6 PatG Nr 9, Erlöschen des Patents, RG JW **36**, 190, aber nicht eine in der Revisionsinstanz erstmalig entgegengehaltene Vorveröffentlichung, BGH **40**, 332, in der Regel auch nicht Ansprüche aus einer erst nach der letzten Tatsachenverhandlung bekanntgemachten Patentanmeldung, BGH NJW **64**, 590 (BGH **3**, 365 betraf die Ausnahmelage nach dem Kriege); materielle Folgen der Konkurseröffnung und der Konkursaufhebung, BGH **75**, 442 (Kläger) u MDR **81**, 1013 (Beklagter), und der Rechtsnachfolge, BGH MDR **87**, 130 mwN; nach § 638 RVO bindende Entscheidungen über die Anerkennung eines Arbeitsunfalls, BGH MDR **80**, 925 (zustm Gitter SGb **81**, 452); bindende Entscheidungen eines anderen Gerichts, zB des EuGH, BGH WertpMitt **85**, 241; Klärung einer Vorfrage durch rechtskräftiges Urteil, BGH RR **89**, 175 mwN, ua WM **85**, 264; Feststellung des Generalstaatsanwalts nach § 16 RHG (Strafurteil in der DDR), BGH NJW **85**, 2647; Erteilung einer behördlichen Genehmigung, BGH RR **98**, 1284 mwN; Nichtigerklärung eines Bebauungsplanes nach § 47 VwGO, BGH WertpMitt **82**, 299; Enteignungs- u/od Besitzeinweisungsbeschluß, BGH RR **92**, 1149 mwN; Erwerb der deutschen Staatsangehörigkeit in Ehe- und Kindschaftssachen, BGH **53**, 131 m Anm v Johannsen **LM** Nr 38, StAZ **75**, 338, FamRZ **75**, 795; Übergang zur einverständlichen Scheidung, § 630; überlange Dauer eines ausländischen Scheidungsverfahrens, § 606 a Rn 13, BGH NJW **83**, 1270; Eintritt der Volljährigkeit, vgl BGH **53**, 131; Änderungen im Personenstand, BGH **54**, 135 (Anerkennung der Vaterschaft) u NJW **83**, 451 mwN (Eintragung als eheliches Kind).

Sofern es sich um Entscheidungen von Gerichten und Behörden handelt, kann das Revisionsverfahren bis zum Eintritt der Unanfechtbarkeit nach § 148 ausgesetzt werden, BGH RR **92**, 1149. Wegen des vom Berufungsgericht festgestellten Fälligkeitstermins s Rn 4.

**12**  4) **Tatsächliche Feststellungen, II**

**A. Bindungswirkung.** Feststellungen des Berufungsgerichts über eine tatsächliche Behauptung einer Partei binden das Revisionsgericht grundsätzlich, mögen sie im Tatbestand oder in den Urteilsgründen stehen. Die Grundlage der Feststellung bleibt gleich; sie mag Beweiswürdigung, gerichtliches Geständnis, Offenkundigkeit, gesetzliche Vermutung oder Auslegung, auch eines Schiedsvertrages, BGH **24**, 15, sein; handelt es sich um die Auslegung einer Rechtsnorm (Tarifvertrag, § 549 Rn 14), so sind dazu vom Berufungsgericht getroffene Feststellungen unbeachtlich, BAG NJW **63**, 76. Revisionsrechtlich zu prüfen sind aber Verfahrensfehler, zB Verkennung des Begriffs der Offenkundigkeit, § 291, oder der Anforderungen an den Beweis einer Tatsache, § 286, sowie allgemein die Frage, ob der Tatrichter sich mit dem Prozeßstoff und den Beweisergebnissen umfassend und widerspruchsfrei auseinandergesetzt hat, seine Würdigung also vollständig und rechtlich möglich ist und nicht gegen Denkgesetze oder Erfahrungssätze verstößt, BGH NJW **93**, 937 mwN. Tatrichterliche Würdigung ist, inwieweit sich das Berufungsgericht einem Gutachten anschließt, vgl Schneider MDR **85**, 199; daß der Sachverständige Verhandlungsstoff übersehen hat, ist erheblich nur, falls das Gutachten nicht mehr schlüssig ist, RG DR **40**, 1148. Ob ein Vertrag öff-rechtlich oder privatrechtlich ist, ist keine tatbestandliche Feststellung, sondern rechtliche Würdigung, also besteht keine Bindung an die Beurteilung des Berufungsgerichts, BGH **35**, 70. Auf entbehrliches Hilfsvorbringen braucht das Berufungsgericht nicht einzugehen, diesbezügliche tatsächliche Feststellungen sind aber prozessual nicht fehlerhaft, RG **166**, 267.

**13**  **B. Ausnahmen.** Beachtlich ist immer, daß eine tatsächliche Feststellung unter Verletzung einer Verfahrensvorschrift getroffen, daß etwa die Aufklärungspflicht, § 139, verletzt ist, Rn 12. Bei Auslegung von Willenserklärungen ist nur zu prüfen, ob die Auslegung möglich ist und keine Auslegungsgrundsätze verletzt sind, RG **104**, 219. Richtige Anwendung der Denkgesetze und allgemeine Erfahrungssätze sind nachprüfbar. Dazu und wegen mustermäßiger Vertragsbedingungen (AGB) s § 550 Rn 10.

Keine Bindung besteht, wenn eine Feststellung mit dem im Tatbestand wiedergegebenen unstreitigen Parteivorbringen nicht zu vereinbaren ist, BGH NJW **96**, 2236 mwN. Das gleiche gilt, wenn der Revisionsbeklagte die ihm zustehende Möglichkeit nutzt, bis zum Schluß der Revisionsverhandlung Rügen gegen solche tatsächlichen Feststellungen zu erheben, die ihm ungünstig sind, aber in der Vorinstanz nicht entscheidungserheblich waren, BGH MDR **76**, 138, BAG NJW **65**, 2268, BVerwG LS NJW **84**, 2235, vgl § 559 Rn 4.

**14**  5) *VwGO:* Es gilt § 137 II VwGO, der II entspricht. Da neue Tatsachen grds nicht vorgebracht werden dürfen, Rn 3 ff, ist **I 1** entsprechend anzuwenden, § 173 VwGO, BVerwG DÖD **66**, 177. In Ergänzung von § 139 II 2 VwGO ist auch **I 2** entsprechend anzuwenden. Vgl im übrigen Rn 7 u 8 sowie Rn 10 u 11. Vorbringen, das zu einer Wiederaufnahme führen müßte, und sonstige Tatsachen iSv Rn 11 dürfen auch im Verwaltungsprozeß noch im Revisionsverfahren berücksichtigt werden, BVerwG NVwZ **93**, 275 mwN. Zur Möglichkeit tatsächlicher Feststellungen durch das Revisionsgericht vgl BVerwG NJW **68**, 2308.

**562** *Nichtrevisibles Recht.* Die Entscheidung des Berufungsgerichts über das Bestehen und den Inhalt von Gesetzen, auf deren Verletzung die Revision nach § 549 nicht gestützt werden kann, ist für die auf die Revision ergehende Entscheidung maßgebend.

## 2. Abschnitt. Revision §§ 562, 563

**Vorbem.** Im **Verfahren der Arbeitsgerichte** gegenstandslos, weil die Revision auf die Verletzung jeder 1
Rechtsnorm gestützt werden kann, § 73 I ArbGG.

**1) Erläuterung.** Die Entscheidung des Berufungsgerichts über Bestehen und Inhalt nichtrevisiblen 2
Rechts bindet das Revisionsgericht wie eine tatsächliche Feststellung, § 561. Deshalb darf das Berufungsgericht nicht dahingestellt sein lassen, ob es auf Grund revisiblen oder nichtrevisiblen Rechtes geurteilt hat, auch bei Gleichheit beider Rechte, vgl § 549 Rn 7; wohl aber darf das das Revisionsgericht, weil dadurch keine Partei beschwert wird, BGH NJW **91**, 2214 mwN. Eine andere Auslegung des nichtrevisiblen Rechts als die des Berufungsgerichts ist dem Revisionsgericht verwehrt, stRspr. Voraussetzung ist freilich, daß nicht laut revisiblen Recht die nichtrevisible Norm unanwendbar ist; das ist nachzuprüfen, RG **127**, 96. Ebenso bleibt zu prüfen, ob das Gericht nicht bei Anwendung des nichtrevisiblen Rechts revisibles verletzt hat, zB ob nicht älteres nichtrevisibles Recht durch jüngeres revisibles ersetzt ist, oder ob bei Anwendung irrevisiblen Rechts irrig Bindung durch revisibles Recht angenommen wurde, BVerwG VerwRspr **27**, 787. Das Revisionsgericht kann auch irrevisibles Landesrecht auf einen Tatbestand anwenden, den das Berufungsgericht übersehen und gewürdigt hat, falls dessen Entscheidung nicht etwa die Unanwendbarkeit ergibt, BGH **24**, 159; das gleiche gilt auch für vom Berufungsgericht nicht angewendetes irrevisibles Recht, das erst nach dessen Urteil ergangen (oder geändert) ist und deshalb nicht angewendet werden konnte, BGH **36**, 353, BVerwG JZ **91**, 472 mwN (krit, soweit es sich um die Feststellung des neuen Rechts erforderlichen Sachverhalts und die authentische Auslegung des neuen Rechts handelt, Paeffgen JZ **91**, 437), oder das vom Berufungsgericht nicht berücksichtigt worden ist, da es sich nicht um die Nachprüfung der Auslegung eines irrevisiblen Gesetzes durch das Berufungsgericht, sondern um dessen Anwendung überhaupt handelt, BGH NJW **97**, 2115 u 96, 3151 mwN; vgl auch § 565 IV und dort Rn 11. Prozessuale Mängel sind Revisionsgrund nur, wo das Verfahren vom Standpunkt der Auslegung des nichtrevisiblen Rechts durch das Berufungsgericht zu beanstanden ist, RG JW **33**, 2582.

Eine beiläufige Bemerkung, nach ausländischem Recht gelte dasselbe wie nach BGB, ist keine maßgebliche Feststellung nichtrevisiblen Rechts, RG **61**, 348. Keine Nachprüfung, wenn eine nicht erschöpfende Anwendung ausländischen Rechts gerügt wird, wobei dann unerheblich ist, ob die Vorschrift zu Unrecht angewendet oder nicht angewendet wurde, BGH NJW **63**, 252; dagegen begründet Nichtermittlung des ausländischen Rechts die Revision, BGH MDR **57**, 33, vgl dazu Fastrich ZZP **97**, 423 (eingehend). Zur Nachprüfung des ausländischen Rechts wegen einer Vorfrage s § 549 Rn 7.

**2) VwGO:** Entsprechend anzuwenden, § 173 VwGO, BVerwG in stRspr, NJW **97**, 1171, JZ **91**, 472 mwN, 3
Buchholz 130 § 3 Nr 2, NJW **88**, 1746, ZMR **79**, 71. Keine Beschränkung gilt für das Revisionsgericht, wenn die Vorinstanz kein Landesrecht zugrunde gelegt hat, BVerwG Buchholz 415.1 AllgKommR Nr 32 mwN, ua BVerwG **12**, 296.

## 563

*Revisionszurückweisung.* Ergeben die Entscheidungsgründe zwar eine Gesetzesverletzung, stellt die Entscheidung selbst aber aus anderen Gründen sich als richtig dar, so ist die Revision zurückzuweisen.

**Vorbem.** Im **Verfahren der Arbeitsgerichte** entsprechend anwendbar, § 72 V ArbGG, GMP § 75 1
Rn 28 u 29.

**Schrifttum:** *Bettermann* ZZP **88**, 372 ff.

**1) Revisionszurückweisung:** 2
**A. Die Revision ist zurückzuweisen, wenn sie unbegründet ist.** Äußerliche Änderungen am Berufungsurteil sind zulässig, zB klarere Fassung der Urteilsformel oder Berichtigung des Urteilskopfes. Eine Zurückverweisung ist in solchen Fällen immer unnötig.

**B.** Die Revision ist ferner zurückzuweisen, wenn sie zwar begründet ist, **das Revisionsgericht aber aus** 3
**anderen Gründen zu demselben Ergebnis kommt.** Hier zeigt sich die Natur der Revision als eines wahren Rechtsmittels, weil hier nicht nur aufzuheben, sondern auch in der Sache zu erkennen ist, Üb § 545 Rn 1: eine Zurückverweisung ist überflüssig, wenn das Revisionsgericht durchentscheiden kann, wozu es nach § 565 III Z 1 ausdrücklich ermächtigt ist, Bettermann ZZP **88**, 377. Darum muß das Revisionsgericht prüfen, ob das Urteil nicht aus anderen als den angegebenen sachlich-rechtlichen oder prozessualen Gründen zutrifft; dabei muß es auch nichtrevisible Vorschriften beachten, BGH **10**, 350, und ggf von seinem Befugnis zur Selbstauslegung, § 550 Rn 3 ff, Gebrauch machen, E. Schneider MDR **81**, 885. Deshalb kommt es nicht zur Aufhebung, wenn eine Feststellung unter Versagung rechtlichen Gehörs getroffen worden ist, es auf sie aber nach Auffassung des Revisionsgerichts nicht ankommt, BVerwG DVBl **94**, 1191. Die Revision ist auch zurückzuweisen, wenn das Berufungsurteil auf Grund des nach seinem Erlaß ergangenen neuen Rechts aufrechtzuerhalten ist, BGH NJW **51**, 922. Die eigene Entscheidung des Revisionsgerichts setzt volle Entscheidungsreife voraus.

**C.** Die Revision ist schließlich dann zurückzuweisen, wenn sie zwar begründet, **der Verfahrensmangel** 4
**aber in der Revisionsinstanz zu beseitigen ist, oder wenn das Urteil den Revisionskläger als noch**
**zu günstig nicht beschwert,** Beispiel: es stellt sich die „Abweisung als unzulässig" durch das Berufungsgericht als unrichtig heraus; dann kann das Revisionsgericht, wenn der Klagevortrag völlig unschlüssig und nicht damit zu rechnen ist, daß er schlüssig gemacht werden könnte, aufgrund eigener Sachprüfung die Klage als unbegründet abweisen, ohne daß hierin eine Abänderung zum Nachteil liegt, da die Revision Aufhebung und Zurückverweisung erstrebt und damit die Möglichkeit einer sachlich-rechtlichen Abweisung eröffnet, BGH **33**, 398, **46**, 281, BVerwG ZBR **81**, 339, Bettermann ZZP **88**, 405, Bötticher ZZP **65**, 464, Blomeyer ZPR § 99 II, Fischer bei **LM** § 563 Nr 5, § 536 Rn 10 (aM RoSGo § 147 II 2b, GMP § 75 Rn 29, vgl auch

Johannsen bei **LM** § 563 Nr 4). Hat das Berufungsgericht die Zulässigkeit der Klage aus Rechtsirrtum verneint, so muß allerdings grundsätzlich zurückverwiesen werden, auch wenn das Berufungsgericht Feststellungen getroffen und Ausführungen gemacht hat, daß das Rechtsmittel auch sachlich unbegründet wäre. Diese gelten für das Revisionsgericht als ungeschrieben, da die Rechtskraftwirkungen der Prozeß- und Sachabweisung ganz verschieden sind, BGH stRspr, MDR **76**, 138 mit weiteren Nachweisen (gilt auch in Verfahren nach BEG, BGH RzW **77**, 79). Es liegt aber dann anders, wenn die sachlichen Feststellungen für einen Teil des Verfahrens zulässig waren und sich zwangsläufig die sachliche Entscheidung auch für den Prozeßteil ergeben hätte, der vom Berufungsgericht für unzulässig gehalten wurde, BGH **46**, 281 (das Berufungsgericht hielt den Hauptantrag entgegen der Ansicht des Revisionsgerichts für unzulässig, entschied aber sachlich über den Hilfsantrag; die dortigen sachlich-rechtlich erschöpfenden Feststellungen ergaben zwangsläufig die Entscheidung für den bisher nur prozeßrechtlich entschiedenen Hauptantrag). Vgl auch BGH **4**, 58, ferner § 565 Rn 11 fff. Möglich ist auch die sachliche Abweisung der Feststellungsklage, die das Berufungsgericht wegen Fehlens rechtlichen Interesses als unzulässig abgewiesen hat, BGH WertpMitt **78**, 471, vgl auch § 564 Rn 3. Über den Wegfall der Beschwer s Grdz § 511 Rn 23 u 24.

**Unanwendbar** ist § 563 in den Fällen des § 551 (für § 551 Z 4 u 7 differenzierend Bettermann ZZP **88**, 378 ff), offen gelassen BGH NJW **81**, 1046 (zu § 551 Z 7), vgl § 551 Rn 16 u 17.

5  2) *VwGO:* Es gilt § 144 IV VwGO (gleichlautend).

## 564 *Aufhebung des Urteils.* ¹Insoweit die Revision für begründet erachtet wird, ist das angefochtene Urteil aufzuheben.

II Wird das Urteil wegen eines Mangels des Verfahrens aufgehoben, so ist zugleich das Verfahren insoweit aufzuheben, als es durch den Mangel betroffen wird.

1  **Vorbem.** Die Vorschrift ist im **Verfahren der Arbeitsgerichte** entsprechend anwendbar, § 72 V ArbGG, GMP § 75 Rn 30 u 31.

**Schrifttum:** *Grunsky,* Beschränkungen bei der Einlegung eines Rechtsmittels und bei der Aufhebung des angefochtenen Urteils, ZZP **84**, 129.

2  1) **Erläuterung**

**A. Aufhebung.** Regelmäßig ist die anderweite Entscheidung des Revisionsgerichts nur aufhebend (iudicium rescindens). Das Revisionsgericht hebt auf, soweit es die Revision begründet findet. Es kann aber nur insoweit aufheben, als das Urteil einen Mangel enthält, zB nicht genügend klare ziffernmäßige Angaben der Gegenleistung bei Zug-um-Zug-Urteil, BGH **45**, 287, aM Reinicke NJW **67**, 515; möglich ist dann aber auch die volle Aufhebung, BGH NJW **66**, 2356.

3  **B. Ersetzende Entscheidung** (iudicium rescissorium). Sie steht dem Revisionsgericht nur offen a) in den Fällen des § 565 III ZPO, b) in den Fällen § 563 Rn 3 u 4, bei denen der Ersetzung freilich äußerlich unsichtbar bleibt. Hat das Berufungsgericht eine Feststellungsklage mangels rechtlichen Interesses abgewiesen ohne sachliche Hilfsbegründung, läßt das Urteil aber eine solche zu, so kann das Revisionsgericht sachlich abweisen, BGH NJW **54**, 150. Wird das Berufungsurteil, das als unbegründet abgewiesen hat, nur wegen eines Hilfsantrags aufgehoben und die Sache zurückverwiesen, so ist die Revision hinsichtlich des Hauptspruchs zurückzuweisen, BGH NJW **56**, 1154; zur Entsch bei Revision des Beklagten gegen Stattgabe der Klage und Abweisung der (Hilfs-)Widerklage s BGH NJW **96**, 2167. § 538 gilt nicht im Verhältnis von Revisionsgericht zu Berufungsgericht; das Revisionsgericht kann abschließend sachlich entscheiden, wo das Berufungsgericht sachlich abgewiesen, das LG aber sachlich erkannt hat, § 563 Rn 4. Aufzuheben ist regelmäßig nur das Berufungsurteil, bei ersetzender Entscheidung auch das Urteil 1. Instanz. § 564 II entspricht dem § 539; siehe die dortigen Erläuterungen. Das Verfahren 1. Instanz ist nur im Rahmen der §§ 565 III oder 566 a aufzuheben.

4  2) *VwGO:* I liegt auch § 144 III VwGO zugrunde. II ist entsprechend anwendbar, § 173 VwGO, Koehler § 144 Anm IV 1.

## 565 *Zurückverweisung; ersetzende Entscheidung.* ¹ ¹Im Falle der Aufhebung des Urteils ist die Sache zur anderweiten Verhandlung und Entscheidung an das Berufungsgericht zurückzuverweisen. ²Die Zurückverweisung kann an einen anderen Senat des Berufungsgerichts erfolgen.

II Das Berufungsgericht hat die rechtliche Beurteilung, die der Aufhebung zugrunde gelegt ist, auch seiner Entscheidung zugrunde zu legen.

III Das Revisionsgericht hat jedoch in der Sache selbst zu entscheiden:
1. wenn die Aufhebung des Urteils nur wegen Gesetzesverletzung bei Anwendung des Gesetzes auf das festgestellte Sachverhältnis erfolgt und nach letzterem die Sache zur Endentscheidung reif ist;
2. wenn die Aufhebung des Urteils wegen Unzuständigkeit des Gerichts oder wegen Unzulässigkeit des Rechtswegs erfolgt.

IV Kommt in den Fällen der Nummern 1 und 2 für die in der Sache selbst zu erlassende Entscheidung die Anwendbarkeit von Gesetzen, auf deren Verletzung die Revision nach § 549

## § 565

nicht gestützt werden kann, in Frage, so kann die Sache zur anderweiten Verhandlung und Entscheidung an das Berufungsgericht zurückverwiesen werden.

**Vorbem.** Im **Verfahren der Arbeitsgerichte** sind I–III entsprechend anwendbar, § 72 V ArbGG, GMP § 75 Rn 32–44, Grunsky ArbGG § 72 Rn 42 u 43. **1**

**Schrifttum zu II:** *Tiedtke,* Die innerprozessuale Bindungswirkung von Urteilen der obersten Bundesgerichte, 1976; *ders.* ZIP 93, 252; *Bötticher* MDR 61, 805; *Götz* JZ 59, 681.

**Gliederung**

| | | | |
|---|---|---|---|
| 1) **Zurückverweisung, I** | | D. Entscheidung | 9 |
| | 2, 3 | E. Verstoß | 10 |
| A. Allgemeines, I 1 | 2 | | |
| B. Sondervorschrift, I 2 | 3 | 3) **Ersetzende Entscheidung, III u IV** | 11–14 |
| 2) **Anderweite Verhandlung und Entscheidung, II** | | A. Allgemeines | 11, 12 |
| | 4–10 | B. Sonderfall | 13 |
| A. Bindung | 4, 5 | C. Ausnahme | 14 |
| B. Einzelheiten | 6 | 4) **VwGO** | 15 |
| C. Verfahrensfragen | 7, 8 | | |

**1) Zurückverweisung, I** **2**

**A. Allgemeines.** Hebt das Revisionsgericht das Urteil auf, so muß es zurückverweisen, weil es eigene Tatsachenfeststellungen regelmäßig nicht treffen kann, darum aber auch nur, wo solche Feststellungen nötig sind, III Z 1. Ist das nicht der Fall, so ist in der Sache, BGH NJW 96, 2167, und dabei ggf auch über Ansprüche zu entscheiden, die wegen § 549 nicht revisibel sind, BGH 10, 357. Zurückzuverweisen ist regelmäßig ans Berufungsgericht. Dessen Geschäftsverteilung entscheidet darüber, welchem Senat die weitere Bearbeitung obliegt. Hat das Berufungsgericht nur über Rügen der Unzulässigkeit der Klage entschieden, so ist, wenn das Revisionsgericht sie verwirft, zurückzuverweisen, BGH **11**, 222 (siehe aber auch § 563 Rn 4), dabei ist eine Zurückverweisung an das LG möglich, BGH **LM** § 50 Nr 2; ebenso, wenn das LG ein unzulässiges Teil- oder Grundurteil erlassen hat und nach Sachlage das Berufungsgericht hätte zurückverweisen müssen, BGH in stRspr, NJW **96**, 850, RR **94**, 379 u RR **92**, 1054, NJW **92**, 1770 u RR **91**, 1468. Andererseits kann auch das Revisionsgericht von einer Zurückverweisung an das LG trotz § 538 I Z 3 absehen, wenn es die Entscheidung durch das Berufungsgericht gemäß § 540 für sachdienlich hält, BGH **LM** § 1 UWG Nr 24, **LM** § 540 Nr 5, oder das Berufungsgericht selbst entscheiden kann (Aufrechnung), BGH **25**, 368. Wegen der Zurückverweisung nach Sprungrevision s § 566a V, wegen der Zurückverweisung in Scheidungs- und Folgesachen §§ 629b u c. Zur Nichterhebung der Gerichtskosten, § 8 GKG, s Hartmann § 8 Rn 3 ff.

Die Unterlassung einer gebotenen Zurückverweisung zwecks weiterer Aufklärung kann Art 101 I GG verletzen, BVerfG NJW **91**, 2893, **54**, 115 mwN.

**B. Das Revisionsgericht darf auch an einen anderen, bestimmt zu bezeichnenden Senat zurückverweisen, I 2.** So auch bei Teilurteil; der neue Senat hat dann auch den Rest zu erledigen, weil die Trennung untunlich ist, BGH **LM** § 765 BGB Nr 1. Der neue Senat muß die Sache bearbeiten, außer wenn er nicht mehr besteht, mag er auch nach der Geschäftsverteilung unzuständig sein, BGH NJW **86**, 2886; Bearbeitung durch einen anderen Senat ist unverzichtbarer Revisionsgrund, stRspr. Die früheren Richter sind als solche nicht ausgeschlossen, BVerwG BayVBl **73**, 26, NJW **75**, 1241; ob sie wegen ihrer Mitwirkung abgelehnt werden können, hängt von den Umständen des Einzelfalls ab, Schmid NJW **74**, 729, ebenso für Wiederaufnahme Zweibrücken MDR **74**, 406 (abzulehnen Stemmler NJW **74**, 1545: abstraktes Recht zur Ablehnung). **3**

**2) Anderweite Verhandlung und Entscheidung, II** **4**

**A. Bindung.** In der neuen Verhandlung vor dem Berufungsgericht ist das Revisionsurteil zum Gegenstand der Verhandlung zu machen. Maßgebend ist die unter Heranziehung der Gründe auszulegende Urteilsformel. Das Gericht der Zurückverweisung ist an die Punkte des Revisionsurteils gebunden, die für die Aufhebung ursächlich (tragend) gewesen sind, nicht nur an die dem Revisionsurteil „unmittelbar" zugrunde liegende rechtliche Würdigung, BGH **22**, 373, BAG **10**, 359, BVerwG **42**, 243, abweichend MüKoWa 9, Tiedtke (Rn 1) S 87 ff u ders ZIP **93**, 255 mwN. Die Bindung bezieht sich deshalb auf alle Rechtsgründe, die eine Bestätigung des Berufungsurteils ausschlossen, BVerwG **42**, 243 (für Prozeßvoraussetzungen). Handelte es sich dabei um einen Rechtsbegriff, der Teil eines allgemeinen Rechtsgrundsatzes ist, so ergreift die Bindung auch letzteren, BGH **6**, 76. Ebenso ist das Berufungsgericht an die rechtliche Beurteilung der Revisionsvoraussetzungen gebunden, wenn sich an ihren tatsächlichen Grundlagen nichts geändert hat, BGH **22**, 370, ferner an (ausnahmsweise vom Revisionsgericht selbst getroffene) tatsächliche Feststellungen, BGH NJW **95**, 3116. Es darf bei der Auslegung eines entscheidungserheblichen Tatbestandsmerkmals auch nicht von dessen Auslegung durch das Revisionsgericht abweichen, BVerfG NJW **96**, 1336. Im übrigen entscheidet die Lage bei Schluß der neuen letzten Tatsachenverhandlung, RG JW **31**, 2024. Die Bindung ergreift die Würdigung eines Einwands, auch eines das Verfahren betreffenden, RG HRR **33**, 1539. Fingerzeige, die das Revisionsgericht für die weitere Behandlung gibt, binden nicht; das Berufungsgericht muß allseitig prüfen, vgl Bosch FamRZ **89**, 1276 mwN. Hat das Revisionsgericht wegen verfahrensrechtlicher Mängel aufgehoben, ist das Berufungsgericht also hinsichtlich der sachlich-rechtlichen Beurteilung ganz frei, auch nicht an seine eigene frühere Beurteilung gebunden, BGH **3**, 321. Ob das Revisionsurteil falsch ist, etwa ein Gewohnheitsrecht übersehen hat, bleibt gleich. Technische Regeln oder Erfahrungssätze, die das Revisionsgericht seiner Entscheidung zugrunde gelegt hat, binden weder den Tatrichter noch die Parteien, BGH NJW **82**, 1049. Außerdem ist das Berufungsgericht nach **§ 318** an seine eigenen Vorentscheidungen in derselben Sache gebunden, sofern sie nicht aufgehoben worden sind, § 538 Rn 3, BGH NJW **92**, 2831.

## § 565

**5** **Die Bindung des Berufungsgerichts entfällt**, Tiedtke (Rn 1) S 158 ff, wenn es nach neuer Verhandlung einen anderen Sachverhalt zugrunde legen muß, BGH NJW **85**, 2030 mwN, unten Rn 6, wenn eine nachträgliche Rechtsänderung die Auffassung des Revisionsgerichts gegenstandslos macht oder wenn die Rechtsansicht, auf der die Aufhebung beruht, vom Revisionsgericht inzwischen in anderer Sache selbst aufgegeben worden ist oder ihr eine Entscheidung des BVerfG, des EuGH oder des GmS entgegensteht, vgl Rn 9.

**Nur in derselben** Sache besteht die Bindung. In einem neuen Rechtsstreit ist die Bindungswirkung auch dann nicht zu beachten, wenn er dieselben Rechtsfragen betrifft und von denselben Parteien geführt wird, BVerwG NVwZ **82**, 120.

**6** **B. Einzelheiten.** Hier bestehen viele Zweifel. Bindend sind zB die Auslegung von Prozeßhandlungen, etwa von Erklärungen in vorbereitenden Schriftsätzen, RG **136**, 207, und die Auslegung des Klageantrags, BGH NJW **63**, 956. Hat das Revisionsgericht einen Einwand übergangen, hindert das die Bindung nicht, RG HRR **25**, 1168; denn es lag der ganze Prozeßstoff dem Revisionsgericht vor. Parteifähigkeit ist auch ohne Änderung des Sachverhalts erneut zu prüfen, wenn sie nicht ausdrücklich und abschließend erörtert worden ist, BGH LM Abs 2 Nr 9. Die Meinung, Bindung bestehe, wo das Revisionsgericht eine bestimmte Frage im Gegensatz zum Berufungsgericht abschließend beantwortet habe, RG **90**, 23, ist zu mißbilligen. Jedes Urteil gründet sich auf Tatsachen, die dem Gericht vorlagen; nur Rechtskraft kann Geltendmachung neuer Tatsachen ausschließen; so auch RG HRR **42**, 498: Bindung nur für solche rechtsirrtümlich befundene Rechtssätze und Subsumtionen, die zur Aufhebung geführt haben; ebenso BGH **3**, 321, so daß eine andere Auslegung als im ersten (aufgehobenen) Urteil möglich bleibt, BGH NJW **69**, 661. Weitergehend BAG MDR **61**, 885 mit Anm v Bötticher, das auch eine Bindung an die Gründe annimmt, die die notwendige Voraussetzung für die unmittelbaren Aufhebungsgründe sind, so auch KG NJW **62**, 1114; noch weiter Wieczorek Anm C III b 5: auch solche Billigung des Berufungsurteils, die nicht anläßlich eines Revisionsangriffs erfolgte. Hat das Revisionsgericht ein Schiedsgutachten als offenbar unbillig beurteilt und dem Berufungsgericht die Bestimmung der Leistung durch Urteil aufgegeben, so darf es jedenfalls ohne Änderung der maßgeblichen Tatsachengrundlage das Schiedsgutachten im neuen Urteil nicht anerkennen, BGH WertpMitt **82**, 102. Erklärt das Revisionsgericht eine Annahme des Berufungsgerichts für rechtlich bedenkenfrei, so bindet das nur, wenn es ausnahmsweise der Aufhebung zugrunde liegt, Schönke § 88 IV 3 a, vgl BGH **6**, 76; weitergehend Bötticher MDR **61**, 807, der unter Zurückweisung der Ansicht von Wieczorek für das Revisionsurteil Zwischenurteilscharakter annimmt, so daß gemäß § 318 auch die Zurückweisung von Revisionsangriffen an der Bindung teilnehme. Nichtrevisibles Recht kann das Berufungsgericht anders als zuvor würdigen oder aufgrund solchen Rechts eine von der Rechtsauffassung des Revisionsgerichts unabhängige Entscheidung treffen, etwa Prozeßabweisung aussprechen, wo das Revisionsgericht sachlich geprüft hat. Nach EuGH nimmt die Bindung dem nachgeordneten Gericht nicht das Recht zur Vorlage nach Art 177 EGV (§ 1 GVG Rn 19 ff), NJW **74**, 440.

**7** **C. Verfahrensfragen.** Abgesehen von der Bindung, Rn 6, befindet sich die zurückverwiesene Sache in derselben prozessualen Lage wie bei Erlaß des Berufungsurteils (zur Frage der vorläufigen Vollstreckbarkeit des erstinstanzlichen Urteils s § 704 Rn 5). Es findet eine ganz neue Verhandlung statt, in der neue Anträge, Ansprüche, Einreden, Beweise, Anschließung zulässig sind, soweit sie überhaupt das Verfahren erlaubt, BGH NJW **85**, 2030 mwN. Ist also mit der Berufung das ungünstige Urteil nur zT angefochten worden, ohne daß im übrigen ein Rechtsmittelverzicht vorlag, so kann nach Zurückverweisung auch der übrige Teil nun in die Berufung hereingezogen werden, BGH NJW **63**, 444, Mü FamRZ **84**, 492, vgl auch Grdz § 511 Rn 2; eine Berufungserweiterung ist aber nur im Rahmen der fristgerecht eingereichten Berufungsbegründung zulässig, § 519 Rn 19. Ebenso darf der Berufungsbeklagte, auf dessen Revision die Sache zurückverwiesen worden ist, sich mit seinem in erster Instanz abgewiesenen Hauptantrag der Berufung des Gegners gegen die Stattgabe eines Hilfsantrages anschließen, BGH NJW **94**, 588, RR **89**, 1404. Zulässig ist auch die erstmalige Erhebung einer Widerklage, § 530, zB im Rahmen des § 323, BGH FamRZ **85**, 491 zu Mü FamRZ **84**, 492.

**8** Früher für das Gericht maßgebende Vorgänge wie Geständnisse behalten ihre Wirksamkeit, ebenso frühere Beweisaufnahmen und tatsächliche Feststellungen, soweit nicht der Parteivortrag etwas anderes ergibt. Das Berufungsgericht darf aber sein neues Urteil auf ganz neuen tatsächlichen und rechtlichen Grundlagen aufbauen, BGH FamRZ **85**, 691 mwN. Beispiel: Das Revisionsgericht hat die Kündigung eines Dienstvertrages von der Zustimmung einer anderen Stelle abhängig gemacht; das Berufungsgericht darf aussprechen, es bedürfe gar keiner Kündigung, weil der Vertrag auf bestimmte Zeit geschlossen sei. Vom Revisionsgericht für erheblich erklärten Tatsachen muß das Berufungsgericht feststellen und nach der Rechtsauffassung des Revisionsgerichts würdigen.

Zu der Frage, aus welchen Gründen die Bindung entfällt, vgl Rn 5.

**9** **D. Entscheidung.** Das neue Urteil darf dem Revisionskläger über das Maß der aufgehobenen Entscheidung hinaus nicht ungünstiger sein als das alte, weil das untere Gericht keine größere Entscheidungsfreiheit hat als das zurückverweisende Gericht, überwM, BGH RR **89**, 1404 mwN; vgl auch § 559 Rn 3. Nur an seine nicht aufgehobenen früheren Urteile ist das Berufungsgericht nach § 318 gebunden. Das neue Urteil des Berufungsgerichts unterliegt der Revision nach allgemeinen Grundsätzen, nur tritt als revisible Gesetzesverletzung die des § 565 I, II hinzu. **Bei erneuter Revision** ist das Revisionsgericht nach § 318 an sein früheres Urteil gebunden, GmS NJW **73**, 1273, soweit es sich um die unmittelbaren Grundlagen der Aufhebung handelt, BGH NJW **92**, 2832 mwN, RoSGo § 140 IV 4, § 318 Rn 6, aM Tiedtke (Rn 1) S 246 ff u JZ **95**, 275, krit Sommerlad NJW **74**, 123 (mit GG vereinbar, BVerfG **4**, 1). Keine Bindung besteht bei Änderung der tatsächlichen Verhältnisse oder bei einer den Prozeß ergreifenden Rechtsänderung, BGH **9**, 101, BVerwG NVwZ **84**, 432 mwN, oder bei Ergehen einer entgegenstehenden Entscheidung des BVerfG, BFH BStBl **63** III 541, oder des EuGH, BVerwG MDR **91**, 685 mwN, oder bei Aufgabe der dem ersten Revisionsurteil zugrundeliegenden Rechtsmeinung durch das Revisionsgericht, GmS NJW **73**, 1273,

## 2. Abschnitt. Revision §§ 565, 565a

BAG LS NJW **97**, 2343, BFH BStBl **95** II 130, Hamm RR **97**, 999 mwN. Das Revisionsgericht ist auch an die Ansicht des Berufungsgerichts über die Zulässigkeit des Rechtswegs gebunden, wenn dieses darüber entschieden und dann unangefochten zurückgewiesen hatte, dann aber gegen das 2. Berufungsurteil Revision eingelegt ist, BGH **25**, 203. Soweit das Berufungsgericht neu würdigen darf, entfällt auch die Bindung des Revisionsgerichts, RG JW **29**, 509.

**E. Verstoß.** Ein Verstoß gegen II ist von Amts wegen zu beachten, Wiecz C III d mwN. 10

**3) Ersetzende Entscheidung III, IV** 11

**A. Allgemeines.** Das Revisionsgerichts entscheidet ausnahmsweise abschließend, ersetzt also die Entscheidung des Berufungsgerichts durch eine andere, wenn es ausschließlich wegen falscher Einordnung (Subsumtion) aufhebt und die Sache spruchreif ist, **III Z 1**. Es dürfen keinerlei sachlich-rechtliche oder prozessuale Voraussetzungen mehr der Klärung bedürfen; ein Verfahrensverstoß darf den maßgeblichen Streitstoff nicht in Frage stellen, BGH NJW **90**, 2814. Das Revisionsgericht muß bei Klageabweisung demnach der Überzeugung sein, daß weitere klagebegründende Tatsachen nicht vorgetragen werden können, Johannsen zu LM Nr 5. Bejaht das Revisionsgericht die Zulässigkeit einer vom OLG als unzulässig verworfenen Berufung, ist grundsätzlich zurückzuverweisen, BGH **4**, 59. Durcherkennen ist jedoch hier, ebenso wie bei erstmaliger Bejahung der Zulässigkeit der Klage, möglich, wenn ausnahmsweise Entscheidungsreife besteht; das ist der Fall, wenn das Berufungsurteil einen Sachverhalt ergibt, der für die rechtliche Beurteilung eine verwertbare tatsächliche Grundlage bietet, und weitere tatsächliche Feststellungen weder erforderlich noch zu erwarten sind, BGH DtZ **97**, 288, RR **96**, 754 u NJW **93**, 2685 mwN, etwa weil die Klage in jeder Hinsicht unschlüssig ist oder auch nicht schlüssig gemacht werden kann, BGH NJW **92**, 438 mwN, ua BGH **33**, 401, **46**, 284, BSG MDR **95**, 1046 (zum Durcherkennen im Fall der Stufenklage, § 254, s BGH NJW **99**, 1709). Um die erforderliche Entscheidungsreife herbeizuführen, darf das Revisionsgericht auch private Erklärungen selbst auslegen, wenn hierzu weitere tatsächliche Feststellungen nicht zu erwarten sind, § 550 Rn 4, BGH NJW **91**, 1181 mwN. Vgl auch § 563 Rn 4. Ein Durcherkennen scheidet aus, wenn das OLG zu Unrecht die Berufung als unzulässig verworfen hat, anstatt das Rechtsmittel durch VersUrt, § 542 I, zurückzuweisen, BGH NJW **95**, 2564 mwN.

Endentscheidungen des Revisionsgerichts sind hier auch die Vorabentscheidung nach § 304, die Zurückverweisung an die 1. Instanz (zB wenn diese ein unzulässiges Teilurteil erlassen hat), BGH RR **94**, 381 mwN, u NJW **92**, 2100, u die Verwerfung als unzulässig. Überhaupt spricht das Revisionsgericht eine Prozeßabweisung bei Entscheidungsreife selbst aus, auch dann, wenn der zur Prozeßabweisung führende Umstand (Fortfall des Feststellungsinteresses) erst in der Revisionsinstanz eingetreten ist, BGH **18**, 98. Es kann auch Wiedereinsetzung gegen Versäumung der Berufungsfrist erteilen, wenn sie nach Aktenstand zu gewähren ist, d.h. die Entscheidung aufheben und zurückverweisen, BGH NJW **85**, 2650 u **82**, 1874. Leidet das Verf 1. Instanz an einem Mangel, so darf das Revisionsgericht die Aufhebung des erstinstanzlichen Urteils und eine nach Sachlage gebotene **Zurückverweisung an die 1. Instanz** nachholen, BGH NJW **96**, 850, RR **94**, 381 u NJW **92**, 2100, jeweils mwN. 12

**B. Sonderfall.** Abschließend zu entscheiden ist auch, wenn das Revisionsgericht nur wegen Unzuständigkeit des Gerichts oder Unzulässigkeit des Rechtswegs aufhebt, **III Z 2**. Dies gilt im Hinblick auf § 549 II und § 17 a V GVG jetzt nur noch für die fehlende funktionale oder internationale Zuständigkeit. In diesen Fällen ist Zurückverweisung verboten; ggf ist an das zuständige Gericht zu verweisen, BGH **16**, 345, bzw die Klage abzuweisen. 13

**C. Ausnahme.** Eine Zurückverweisung in den Fällen A und B steht im Ermessen des Revisionsgerichts, wenn bei der nach III vom Revisionsgericht zu erlassenden Entscheidung nichtrevisibles Recht in Frage kommt, **IV**, BGH NJW **92**, 2030 mwN. Entscheidet es auch da selbst, so beurteilt es das nichtrevisible Recht frei, soweit es nach § 562 möglich ist. Wird das Urteil wegen Nichtanwendung irrevisiblen Rechts aufgehoben, entscheidet die Prozeßwirtschaftlichkeit, ob Revisions- oder Berufungsgericht entscheidet, BGH **36**, 356, 49, 387, vgl auch § 562 Rn 2. 14

**4) VwGO:** Statt **I 1** u **III** gilt § 144 III, statt **II** § 144 VI VwGO, der ebenso wie § 565 II ausgelegt wird, vgl BVerwG NJW **97**, 3456 (Zurückverweisung an das VG ist zulässig, vgl BVerwG **28**, 317, dazu Bettermann NJW **69**, 170). Entsprechend anzuwenden, § 173 VwGO, ist **I 2**, BVerwG NJW **64**, 1736. Zur Ergänzung von § 144 III Nr 2 VwGO ist auch **IV** entsprechend anzuwenden, BVerwG NJW **85**, 1093 mwN, stRspr. 15

## 565a

**Begründung bei Verfahrensrügen.** ¹Die Entscheidung braucht nicht begründet zu werden, soweit das Revisionsgericht Rügen von Verfahrensmängeln nicht für durchgreifend erachtet. ²Dies gilt nicht für Rügen nach § 551.

**Vorbem.** Im **Verfahren der Arbeitsgerichte** entsprechend anwendbar, weil der frühere § 75 III ArbGG ersatzlos gestrichen worden ist, Grunsky ArbGG § 75 Rn 1, GMP § 75 Rn 48. 1

**1) Erläuterung.** Es handelt sich um eine Vereinfachung für die Entscheidung über Verfahrensrügen, auch wenn sie neben Sachrügen geltend gemacht werden. Sieht der BGH sie als nicht gerechtfertigt an, so bedarf es dafür keiner Begründung; eine Ausnahme gilt für die Verfahrensrügen des § 551. 2

**2) VwGO:** Für die Entscheidung über die Revision gilt entsprechendes nach § 144 VII VwGO. Diese Vorschrift dürfte auch im Verf über eine Nichtzulassungsbeschwerde anzuwenden sein, vgl BVerwG NVwZ-RR **89**, 109, BGH NJW **86**, 2706 (für das dienstgerichtl Verf). 3

## §§ 566, 566a

**566** *Anwendbare Vorschriften des Berufungsverfahrens.* Die für die Berufung geltenden Vorschriften über die Anfechtbarkeit der Versäumnisurteile, über die Verzichtleistung auf das Rechtsmittel und seine Zurücknahme, über die Vertagung der mündlichen Verhandlung, über die Rügen der Unzulässigkeit der Klage, über den Vortrag der Parteien bei der mündlichen Verhandlung und über die Einforderung und Zurücksendung der Prozeßakten sind auf die Revision entsprechend anzuwenden.

1 **Vorbem.** Im **Verfahren der Arbeitsgerichte** entsprechend anwendbar, § 72 V ArbGG, vgl Grunsky ArbGG § 72 Rn 41, jedoch bedarf die Revision gegen ein 2. VersUrt, § 546 Rn 3, der Zulassung nach § 72 I ArbGG, BAG MDR **87**, 523, GMP § 72 Rn 4, aM Grunsky ArbGG § 72 Rn 9.

2 **1) Erläuterung.** Im Revisionsverfahren gelten unmittelbar die Vorschriften des 1. Buches, BAG NJW **90**, 2642, und nach Maßgabe des § 557 diejenigen des 2. Buches. **Entsprechend anwendbar** von den Vorschriften für das Berufungsverfahren sind auf das Revisionsverfahren **die Vorschriften über a) die Anfechtbarkeit eines Versäumnisurteils**, und zwar sowohl über die Anfechtung eigener VersUrteile des RevGerichts, § 557 iVm §§ 523 u 339 ff, als auch über die Anfechtung der VersUrteile des Berufungsgerichts, §§ 513, 521 II, wobei die Revision ohne Beschränkung (Revisionssumme bzw Zulassung) statthaft ist, BGH NJW **79**, 166, s § 546 Rn 3. Die Revision kann aber nur dann Erfolg haben, wenn das Berufungsgericht durch irrige Annahme einer Versäumung das Gesetz verletzt hat. Weder Einspruch noch Revision ist gegeben, wo das Versäumnisurteil die Berufung unter Versagung der Wiedereinsetzung wegen 3 Fristversäumung als unzulässig verwirft, § 238 II S 2, Üb § 330 Rn 11, BGH NJW **69**, 845; **b) Verzicht auf die Revision, § 514.** Ein außergerichtlicher Vergleich, daß Revision ausgeschlossen sein soll, ist zwar eine rein sachlich-rechtliche Verpflichtung zum Verzicht, aber entgegen RG HRR **34**, 969 gleichwohl in der Revisionsinstanz beachtlich (ebenso wie Verpflichtung zur Rücknahme); **c) Rücknahme der Revision, §§ 515, 522.** Die Rücknahmeerklärung unterliegt der Anwaltszwang (aM BFH BStBl **81** II 395: zur Vermeidung einer unbilligen Förmelei), ebenso der Antrag auf Ausspruch der Folgen nach Maßgabe des § 515 III 2 (BGH NJW **87**, 1333 ist überholt; zur Rücknahme einer beim BayObLG eingelegten Revision beim BGH durch den bay RA, §§ 7 u 8 EGZPO, vgl BGH (GS) NJW **85**, 1157 mwN. Die Stellung eines eingeschränkten Antrags in der Revisionsbegründung gegenüber uneingeschränkter Einlegung ist keine teilweise Rücknahme, BVerwG NJW **92**, 703, s § 515 Rn 15. Die Berufung auf eine wirksame Verpflichtung zur Rücknahme führt zur Verwerfung der Revision, BGH NJW **84**, 805. **d) Vertagung der mündlichen Verhandlung.** Diese Bezugnahme ist versehentlich stehengeblieben, obwohl für das Berufungsverfahren eine Vorschrift fehlt (früher § 524 aF), und deshalb inhaltslos; **e) Rügen der Unzulässigkeit der Klage, § 529.** Die Revisionsinstanz läßt nur unverzichtbare oder rechtzeitig vorgebrachte Rügen zu, weil eine in den Vorinstanzen eingetretene Ausschließung fortdauert. Die Rüge mangelnder Kostensicherheit ist nur zulässig, wenn ihre Voraussetzungen in der Revisionsinstanz entstanden sind, BGH NJW **81**, 2646, oder wenn sie ohne Verschulden in der Revisionsinstanz nicht vorgebracht wurde, BGH RR **90**, 378, **37**, 266; **f) den Vortrag der Parteien, § 526; g) Einforderung und Rücksendung der Akten, § 544.** Über das Versäumnisverfahren in der Revisionsinstanz siehe § 557 Rn 3.

4 **2) VwGO:** *Es gilt die allgemeine Verweisung auf die Vorschriften über die Berufung, § 141 VwGO.*

**566a** *Sprungrevision.* **I** Gegen die im ersten Rechtszug erlassenen Endurteile der Landgerichte kann mit den folgenden Maßgaben unter Übergehung der Berufungsinstanz unmittelbar die Revision eingelegt werden.

**II** ¹Die Übergehung der Berufungsinstanz bedarf der Einwilligung des Gegners. ²Die schriftliche Erklärung der Einwilligung ist der Revisionsschrift beizufügen; sie kann auch von dem Prozeßbevollmächtigten des ersten Rechtszuges abgegeben werden.

**III** ¹Das Revisionsgericht kann die Annahme der Revision ablehnen, wenn die Rechtssache keine grundsätzliche Bedeutung hat; § 554 b Abs. 2, 3 ist anzuwenden. ²Die Revision kann nicht auf Mängel des Verfahrens gestützt werden.

**IV** Die Einlegung der Revision und die Erklärung der Einwilligung (Absatz 2) gelten als Verzicht auf das Rechtsmittel der Berufung.

**V** ¹Verweist das Revisionsgericht die Sache zur anderweitigen Verhandlung und Entscheidung zurück, so kann die Zurückverweisung nach seinem Ermessen auch an dasjenige Oberlandesgericht erfolgen, das für die Berufung zuständig gewesen wäre. ²In diesem Falle gelten für das Verfahren vor dem Oberlandesgericht die gleichen Grundsätze, wie wenn der Rechtsstreit auf eine ordnungsmäßig eingelegte Berufung beim Oberlandesgericht anhängig geworden wäre.

**VI** Die Vorschrift des § 565 Abs. 2 ist in allen Fällen der Zurückverweisung entsprechend anzuwenden.

**VII** Von der Einlegung der Revision nach Absatz 1 hat die Geschäftsstelle des Revisionsgerichts innerhalb vierundzwanzig Stunden der Geschäftsstelle des Landgerichts Nachricht zu geben.

1 **Vorbem.** Im **arbeitsgerichtlichen Verfahren** ist § 566 a unanwendbar, § 72 V ArbGG, Bepler NJW **89**, 686. Hier gelten die besonderen Bestimmungen des § 76 ArbGG, die in den Fällen des § 76 II Z 1–3 ArbGG eine Zulassung der Sprungrevision vorsehen (dazu BAG NZA **97**, 231, NJW **85**, 2974) und entsprechende Regelungen wie in II (dazu BAG NZA **86**, 171), III 2 u IV enthalten sowie auf V–VII

## 2. Abschnitt. Revision § 566a

verweisen, § 76 VI ArbGG. Zustimmung zur Zulassung bedeutet nicht auch Zustimmung zur Einlegung der Sprungrevision nach § 76 I ArbGG, BAG LS BB **87**, 2028. Zur Sprungrechtsbeschwerde, § 96a ArbGG, s BAG NZA **97**, 566.

**Schrifttum:** *Bepler* NJW **89**, 686 mwN.

**1) Statthaftigkeit, I, II** 2

**A. Allgemeines.** Die Sprungrevision soll es ermöglichen, daß die Parteien Rechtsfragen grundsätzlicher Art, die sicher bis in die letzte Instanz gehen, unter Ausschaltung des OLG unmittelbar dem Revisionsgericht unterbreiten. Die Revisionsfrist beginnt mit der Zustellung des vollständigen Urteils, spätestens aber nach Ablauf von 5 Monaten nach der Verkündung, § 516. Wegen III muß die Revisionsbegründung entsprechend § 554 III Z 2 Darlegungen über die grundsätzliche Bedeutung enthalten, Vogel NJW **75**, 1302; wegen der Folgen eines Verstoßes hiergegen s § 554 Rn 7.

**B. Voraussetzungen, I.** Sprungrevision findet statt gegen erstinstanzliche Endurteile der LGe (nicht der 3 AGe, auch wenn die Berufung ans OLG geht, § 119 GVG) und alles, was ihnen an Anfechtbarkeit gleichsteht, soweit sie berufungsfähig sind, §§ 511, 511a, auch dann, wenn die Revision gegen ein vergleichbares Urteil des OLG von einer Zulassung abhängt, § 546 I, also ohne Rücksicht auf der Wert der Beschwer und auch in nichtvermögensrechtlichen Streitigkeiten, BGH **69**, 354 mwN, aM Jaeger DRiZ **77**, 65. Das Revisionsgericht kann die Annahme ablehnen, wenn die Rechtssache keine grundsätzliche Bedeutung hat, unten Rn 8. Daß bereits Berufung eingelegt ist, hindert nicht; die Worte „unter Übergehung der Berufungsinstanz" nötigen zu solch sachlich grundloser Auslegung nicht, sondern besagen nur „unter Übergehung einer Entscheidung 2. Instanz". Aber **Sprungrevision ist ausgeschlossen**, wenn eine Revision entfällt, wie gegen Urteile in Arrest- und Verfügungssachen, § 545 II.

**C. Einwilligung, II.** Nötig ist schriftliche Einwilligung des Gegners in die Sprungrevision. Eine außer- 4 gerichtliche Vereinbarung der Parteien ist formfrei möglich, macht aber die Sprungrevision nicht zulässig, vgl BGH NJW **86**, 198 und Rn 7. Wenn sie nicht telegrafisch (oder mit ähnlichen technischen Mitteln, § 518 Rn 9) erteilt wird, BGH **LM** Nr 2, ist handschriftliche Unterzeichnung nötig, BGH **92**, 76 (Beglaubigungsvermerk reicht nicht aus), krit Schreiber JR **85**, 157, offen gelassen BAG LS BB **87**, 2028. Für die Einwilligung besteht Anwaltszwang, BGH NJW **75**, 830 (krit Bepler NJW **89**, 687), aM BAG NJW **87**, 732; berechtigt zur Erklärung ist der RA 1. Instanz oder der Revisionsinstanz, in Baulandsachen jeder RA, BGH NJW **75**, 830. Erklärung durch die Partei selbst ist unbeachtlich, RG **118**, 294. Die Einwilligung ist der Revisionsschrift beizufügen; Nachbringung genügt bis zum Ende der Revisionsfrist, BGH **92**, 77 mwN, ohne daß die Rechtsmitteleinlegung dann nochmals wiederholt werden müßte, BGH **16**, 195. Genügt die Einwilligung nicht diesen Erfordernissen, ist die Sprungrevision unzulässig, BGH **92**, 77 mwN, allgM; eine WiedEins kommt nicht in Betracht, MüKoWa 8, aM StJGr 4, diff Bepler NJW **89**, 689.

Ist die Sprungrevision unzulässig, so macht das ebensowenig wie die Rücknahme der Sprungrevision die 5 Berufung wieder zulässig, RG **146**, 210. Bei Streitgenossen ist die Zulässigkeit für jeden gesondert zu beurteilen; Verschiedenheit in der Handhabung kann zur Prozeßtrennung, § 145, nötigen. Bei notwendiger Streitgenossenschaft gilt das gleiche wie bei Rechtsmittelverzicht, § 514 Rn 11.

**2) Mängel des Verfahrens, III 2.** Auf sie läßt sich eine Sprungrevision nicht stützen, BGH NJW **89**, 6 1805, außer wo sie von Amts wegen zu beachten sind, BGH RR **96**, 1150, s § 554 Rn 13, § 554 Rn 7 und § 561 Rn 7. Das Fehlen eines ordnungsmäßigen Tatbestands ist von Amts wegen zu beachten, weil es eine zuverlässige rechtliche Nachprüfung unmöglich macht, § 559 Rn 7. Ferner ist im Verfahrensmangel zu beachten, wo er die Grundlage eines sachlich-rechtlichen Irrtums ist, wie bei ordnungswidriger Klage und Unterbrechung der Verjährung, RG JW **32**, 1016. III ist aber nach RG **158**, 319 keine Prozeßvoraussetzung, sondern wie § 549 ein sachliches Erfordernis; ist darum ein Verfahrensmangel prozeßgerecht vorgebracht, so ist sachlich zu prüfen und geeignetenfalls sachlich zurückzuweisen.

**3) Verzicht auf Berufung, IV.** Einlegung der Sprungrevision und Einwilligung dazu sind ein unwider- 7 leglich vermuteter Verzicht auf die Berufung, die eingelegte und die nicht eingelegte. Sie ist also auch zulässig, wo Berufung eingelegt und zurückgenommen ist, RG **154**, 146. Der Verzicht auf die Berufung gilt bei Nichtannahme der Sprungrevision, III 1, fort, ZöGU 4 (Jauernig § 74 II 5 will nach Ablehnung der Annahme abweichend von IV die Berufung wieder zulässig sein lassen und Wiedereinsetzung gegen Ablauf der Berufungsfrist gewähren; für diese Ansicht sprechen die vergleichbaren Regelungen für den Fall der Nichtzulassung der Sprungrevision in § 76 III ArbGG und § 134 II VwGO). Auch in einer mündlichen Vereinbarung kann ein Verzicht liegen; verweigert der Gegner die vereinbarte schriftliche Einwilligung, kann er sich nicht auf den Berufungsverzicht der anderen Partei berufen, BGH NJW **86**, 198. Dagegen enthält die bloße Abgabe der Einwilligungserklärung seitens einer Partei eine bedingte Bindung nur für den Fall der Einlegung der Sprungrevision; legt also der Gegner Berufung ein, so kann es auch derjenige, der die Erklärung seinerseits abgegeben hat, BGH MDR **97**, 776. Das bloße Nachsuchen der Einwilligung ist belanglos.

**4) Verfahren des Revisionsgerichts** 8

**A. Ablehnung der Annahme, III 1.** Da Sprungrevision ohne Zulassung und ohne Rücksicht auf den Wert der Beschwer zulässig ist, I, kann das Revisionsgericht die Annahme ablehnen, wenn die Rechtssache keine grundsätzliche Bedeutung hat, vgl § 554b Rn 2, III 1. Dabei gelten § 554b II u III. Entsprechend anzuwenden sind auch §§ 554 III Z 2, 556 II 4, Vogel NJW **75**, 1302.

**B. Verfahrensvorschriften.** Es gelten die allgemeinen Verfahrensvorschriften für die Revision. Der 9 Revisionsbeklagte kann sich der Sprungrevision anschließen; dazu bedarf er weder der Zustimmung des Gegners noch einer gesonderten Revisionszulassung, wo diese erforderlich ist, BAG NZA **97**, 566 mwN, es sei denn, die Anschließung betrifft einen anderen selbständigen Anspruch, § 556 Rn 2. Das Revisionsgericht kann **zurückverweisen, V u VI, a) ans LG, auch an eine andere Kammer.** Dieses ist ebenso gebunden wie das Berufungsgericht. Gegen das neue Urteil des LG ist Berufung statthaft; auch das Berufungsgericht ist dann an das Urteil des Revisionsgerichts gebunden. Aber auch erneute Sprungrevision ist statthaft, auch bei Verstoß gegen VI, weil der Weg übers OLG ein sinnloser Umweg wäre; – **b) ans OLG, das an sich für die Berufung zuständig war.** Diese Zurückverweisung ist die regelrechte. In diesem Fall darf das OLG nicht seinerseits wegen eines Verfahrensmangels nach § 539 ans LG zurückverweisen, weil das Revisionsgericht die Sache dem LG ausdrücklich entzogen hat. Das Verfahren vor dem OLG ist genauso, wie wenn das OLG früher mit der Sache befaßt gewesen wäre. Die Zulässigkeit der Berufung ist nicht mehr zu prüfen.

10   **5) Nachricht, VII.** Die Geschäftsstelle muß von der Einlegung der Sprungrevision die Geschäftsstelle des LG binnen 24 Stunden benachrichtigen. Das ist wegen der Erteilung des Rechtskraftzeugnisses, § 706 II, wichtig. Ein Notfristzeugnis der Geschäftsstelle des OLG beweist nicht unbedingt den Eintritt der Rechtskraft. Da indessen die Einlegung der Sprungrevision die Einwilligung des Gegners voraussetzt, kann kaum ein Schaden entstehen.

11   **6) VwGO:** Es gilt § 134 VwGO statt I–IV, BVerwG NVwZ *96*, 174, ferner § 144 V und VI statt V u VI; dazu Pagenkopf DVBl *91*, 293 *(zum früheren Recht Bepler NJW 89, 686).* VII ist unanwendbar, weil die Sprungrevision beim VG einzulegen ist, § 139 I VwGO.

## Dritter Abschnitt. Beschwerde

### Übersicht

1   **1) Allgemeines**

**A. Beschwerde.** Sie ist ein Rechtsmittel zur selbständigen Anfechtung weniger wichtiger Entscheidungen. Andere derartige Entscheidungen sind nur zusammen mit dem Endurteil oder gar nicht anfechtbar. Die Beschwerde findet statt nach der allgemeinen Vorschrift des § 567 und dort, wo sie das Gesetz besonders zuläßt. Sie ist vielgestaltig geregelt; Abschnitt 3 gibt nur einige allgemeine Vorschriften. Gegner ist bei der Beschwerde niemals das Gericht oder der Richter. Diese können auch nicht Beschwerdeführer sein. Anders liegt es nur bei der Rechtshilfe, § 159 GVG, bei der es sich aber im Grund um gerichtliche Verwaltung handelt. Die Beschwerde steht meist nur einer Partei zu, bisweilen beiden, manchmal auch Dritten; eine Anschlußbeschwerde ist zulässig, § 577 a. Die befristete Beschwerde heißt sofortige, § 577. Eine Beschwerde gegen eine Beschwerdeentscheidung, die sog weitere Beschwerde, ist nur beschränkt zugelassen, § 568.

Von diesen Beschwerden ist die Rechtsbeschwerde zu unterscheiden, die in § 621 e und in Sondergesetzen, zB dem PatG und der InsO, vorgesehen ist und ihre Hauptbedeutung im Verf der freiwilligen Gerichtsbarkeit hat, § 27 FGG. Sie ist ähnlich wie die Revision ausgestaltet.

Eine besondere Beschwerde ist die Nichtzulassungsbeschwerde bei Ablehnung der Zulassung der Revision im Verfahren der Entschädigungsgerichte, § 220 BEG, und im Verfahren der Arbeitsgerichte, § 72 a ArbGG.

2   **B. Dienstaufsichtsbeschwerde.** Sie gehört dem Justizverwaltungsrecht an, ist kein ordentlicher Rechtsbehelf und gibt der Gerichtsverwaltung nur eine Anregung zum Einschreiten im Rahmen ihrer Möglichkeiten (s § 26 DRiG), unterliegt der ZPO also nicht.

3   **C. Gegenvorstellung** (Kummer, Die Gegenvorstellung, F Krasney, 1997; Schumann F Baumgärtel, 1990, S 491; Bauer, Die Gegenvorstellung im Zivilprozeß, 1990; Ratte, Wiederholung der Beschwerde und Gegenvorstellung, 1975, Bespr Fenn ZZP *90*, 111; H. Schmidt, Bonner Diss, 1971; MüKoBr vor § 567 Rn 5 ff; StJGr § 567 Rn 26–30; RoSGo § 147 IV 2; ZöGu § 567 Rn 22–28; Kopp Vorbem 9–13 § 124 VwGO; Bowitz BayVBl *77*, 663). Bei ihr handelt es sich um einen im Prozeß nicht vorgesehenen Antrag, der das Gericht veranlassen soll, seine Entscheidung zu ändern. Sie ist von der prozessualen Beschwerde zu unterscheiden, weil sie auf Änderung einer Entscheidung ohne Anrufung der übergeordneten Instanz gerichtet ist. Da eine gesetzliche Regelung dieses Rechtsbehelfs fehlt, ist vieles streitig. Er ist nur beschränkt zuzulassen, um zu vermeiden, daß die Vorschriften über die prozessuale Beschwerde unterlaufen werden.

4   **a) Unstatthaft** ist die Gegenvorstellung gegen Urteile, § 511 a Rn 9, und auch sonst, wenn die Entscheidung kraft Gesetzes unabänderlich ist, VGH Kassel NJW *87*, 1854 mwN, zB der Beschluß über die Verwerfung der Revision, BFH BStBl *79* II 574 (abw ZöGu § 567 Rn 27), oder wenn es sich um eine der sofortigen Beschwerde unterliegende Entscheidung handelt, § 577 III, Köln FamRZ *96*, 301, oder wenn die Entscheidung mit einem förmlichen Rechtsmittel angefochten werden kann oder konnte, ferner dann, wenn sie die Hauptsache oder ein selbständiges Nebenverfahren beendet hat (zB auf einfache oder sofortige Beschwerde), Stgt JB *83*, 1890, KG FamRZ *75*, 103 (weitergehend Düss MDR *77*, 235), oder wenn sie unabhängig davon in materielle Rechtskraft erwachsen ist oder diese herbeigeführt hat (zB Verwerfung der Berufung durch das LG, insoweit abw ZöGu § 567 Rn 27), vgl dazu Köln RR *97*, 316. In diesen Fällen ist die Gegenvorstellung auch dann nicht zulässig, wenn die Entscheidung in offensichtlichem Widerspruch zum Gesetz steht, aM Ffm AnwBl *80*, 70 (bei offenbar unrichtiger Würdigung der Zulässigkeitsvoraussetzungen), Schlesw NJW *78*, 1016 mwN (bei Annahme unrichtiger tatsächlicher Voraussetzungen), zweifelnd BVerfG NJW *80*, 2698, Kblz NJW *86*, 1706 mwN.

5   **Ausnahmsweise** ist die Gegenvorstellung gegen Beschlüsse (nicht auch gegen Urteile, § 511 a Rn 9) als **statthaft** anzusehen, vgl BVerfG NJW *87*, 1319 (dazu Bauer NJW *91*, 1711, Berkemann EuGRZ *87*, 296, Weis NJW *87*, 1314 mwN) u *83*, 2492, wenn mit ihr die Verletzung des Anspruchs auf **rechtliches Gehör** (Art 103 GG) gerügt wird, BVerfG NJW *87*, 1319 u *85*, 2187, BGH NJW *95*, 403 u 2497 mwN (krit Hoeren JR *96*, 199), BVerwG NJW *94*, 674 u DVBl *84*, 568, Karlsr MDR *93*, 289, Köln RR *95*, 894 u FamRZ *95*, 378, oder wenn ein Verstoß gegen das Verfahrensgrundrecht auf Entscheidung durch den **gesetzlichen Richter** (Art 101 GG) geltend gemacht wird, BVerfG NJW *83*, 1900 mwN, Düss DRiZ *80*,

3. Abschnitt. Beschwerde **Übers § 567**

110, weil sonst der Umweg über die Verfassungsbeschwerde eingeschlagen werden müßte, BSG NJW 98, 3518 (stRspr), Kummer F Krasney, 1997, S 277, Schumann NJW 85, 1139 u ZZP 96, 209, alle mwN. Abgesehen davon ist eine Gegenvorstellung auch dann zuzulassen, wenn WiedAufnGründe vorgebracht werden, Köln FamRZ 96, 809 (weitergehend: auch bei WiedEinsGründen).

Abgesehen davon bleiben im wesentlichen als **Gegenstand** der Gegenvorstellung übrig: Zwischenent- **6** scheidungen über Verfahrensfragen, zB prozeßleitende Anordnungen des Vorsitzenden, etwa die Terminsverfügung, BAG NZA 93, 382, und die Festsetzung der Beschwer durch Beschluß, § 546 (dazu BGH JB 83, 1504), oder des Beschwerdewertes, § 2, ferner Entscheidungen in unselbständigen Nebenverfahren, zB über die Erteilung der Vollstreckungsklausel, vgl BGH NJW 84, 806, oder über die Ablehnung der Prozeßkostenhilfe für das Berufungsverfahren, § 567 III 1, schließlich diejenigen Fälle, in denen das Gericht oder der Vorsitzenden gesetzlich ermächtigt ist, seine Entscheidung auch ohne Antrag eines Beteiligten zu ändern, zB nach § 227, BAG MDR 93, 547, nach § 25 GKG (zulässig innerhalb der Frist des § 25 II 3 GKG, BGH RR 86, 737, OVG Münst NVwZ-RR 99, 479 mwN, VGH Mü GewArch 93, 496) oder nach § 10 BRAGO, Hartmann Rn 33, BPatG GRUR 80, 331 (nur innerhalb der Frist des § 10 II 3 BRAGO).

b) Erforderlich ist auch für die Gegenvorstellung ein **Rechtsschutzbedürfnis** im Einzelfall, E. Schneider **7** MDR 72, 567. Daran fehlt es, wenn die Partei durch die Entscheidung nicht beschwert ist oder die Möglichkeit hat, den Antrag oder die Beschwerde zu erneuern, Bbg NJW 65, 2408 mwN. Nicht schutzwürdig wäre auch das Bestreben, eine vollständig abgeschlossene Angelegenheit, zB die Kostenabrechnung, durch eine nachträglich gegen den Streitwertbeschluß gerichtete Gegenvorstellung wieder aufzurollen. **Nicht nötig** ist die Berufung auf neue Tatsachen, aM Düss FamRZ 78, 125; mit der Gegenvorstellung dürfen auch Rechtsfehler gerügt werden, ZöGu § 567 Rn 23.

c) Die **Einlegung** der Gegenvorstellung ist nicht befristet, es sei denn, dies ergibt sich aus Sondervor- **8** schriften, zB § 25 GKG oder § 10 BRAGO, oben Rn 6 aE. Sie unterliegt nicht dem Anwaltszwang, Bergerfurth AnwZwang Rdz 271 a, muß aber schriftlich oder zu Protokoll erklärt werden. Zuständig ist das Gericht, das den angegriffenen Beschluß erlassen hat. Bei zulässiger Gegenvorstellung richtet sich das weitere **Verfahren** nach den für die prozessuale Beschwerde geltenden Grundsätzen, wobei die nur für die förmliche Beschwerde geltenden Vorschriften unanwendbar sind, zB die über die Richterablehnung, Hamm MDR 93, 789, Düss NStZ 89, 86 (rechtliches Gehör ist der Gegenseite bei möglicher nachteiliger Änderung zu gewähren, BVerfG 55, 5). Entsprechend § 570 darf die Gegenvorstellung auf neue Tatsachen gestützt werden. Ein förmlicher Beschluß ist nur bei Erfolg nötig, sonst genügt die formlose Mitteilung, daß es bei der Entscheidung bleibt. Soweit überhaupt eine Kostenentscheidung ergehen darf, ist entsprechend §§ 91 ff zu entscheiden. Es entstehen keine Gerichtsgebühren, idR auch keine RAGebühren, § 37 BRAGO.

d) In keinem Fall ist gegen die Entscheidung über eine Gegenvorstellung ein Rechtsmittel gegeben, BGH **9** VersR 82, 598. Auch der Gegner hat **kein Rechtsmittel**, es sei denn, daß er es gegen eine ihm ungünstige Erstentscheidung gehabt hätte. Wegen der Bedeutung für die Einlegung der Verfassungsbeschwerde vgl BVerfG NJW 95, 3248.

**2) Beschwerdegericht.** Über die Beschwerde gegen eine Entscheidung des AG entscheidet das LG **10** (anders in Fam- und KindschS, § 119 Z 2 GVG, und in den Fällen der §§ 159, 181 GVG: OLG), über die Beschwerde gegen Entscheidungen des LG das OLG, des ArbG das LArbG. Entscheidungen des OLG sind grundsätzlich nicht mit Beschwerde anfechtbar, § 567 IV, mit Ausnahme der dort genannten Fälle (§§ 519 b, 542 III u 568 a) sowie mit der weiteren Ausnahme der Nichtzulassung der Revision in Entschädigungssachen, § 220 BEG. Bei ihnen geht die Beschwerde an den BGH. Im Verfahren der Arbeitsgerichte heißt das Rechtsmittel Revisionsbeschwerde, § 77 ArbGG, bzw ebenfalls Nichtzulassungsbeschwerde, § 72 a ArbGG, und geht an das Bundesarbeitsgericht, § 77 ArbGG. Wegen der Beschwerde nach dem RPflG vgl Anh § 153 GVG, wegen der Beschwerde in FolgeS vgl § 629 a IV.

In den **neuen Bundesländern** ging die Beschwerde gegen Entscheidungen des Kreisgerichts an das Bezirksgericht, EV Anl I Kap III Sachgeb A Abschn III Z 1 h. Wegen der Beschwerde gegen Entscheidungen des Bezirksgerichts s § 567 Rn 1. Übergangsrecht: Anh § 577 a. Nach Errichtung von AG, LG u OLG gelten §§ 14 ff RpflAnpG.

**3) Zulässigkeit und Begründetheit.** Auch bei der Beschwerde ist zu unterscheiden zwischen Zulässig- **11** keit und Begründetheit, s Grdz § 511 Rn 5 ff. Demgemäß darf das Gericht in eine Sachprüfung idR erst nach Bejahung der Zulässigkeit eintreten, § 574. Eine schwierige Prüfung der Zulässigkeit (etwa durch eine Beweisaufnahme) darf aber unterbleiben, wenn die Beschwerde ohnedies als unbegründet zurückgewiesen werden muß und dem Beschwerdeführer keine weiteren Nachteile (zB wegen der Rechtskraft) entstehen, BFH BStBl 77 II 313, Hamm MDR 79, 943, KG NJW 76, 2353, Köln NJW 74, 1515 (zustm Gottwald NJW 74, 2241), vgl BVerfG 6, 7 (anders die hM, RoSGo § 137 I); wegen der weiteren Beschwerde in diesem Fall s § 568 Rn 3. Im Beschwerdeverfahren ist § 512 a entsprechend anwendbar. Die Beschwerde wegen fehlender örtlicher Zuständigkeit also ausgeschlossen; denn der Grund der Vorschrift trifft auf die Beschwerde als das geringere Rechtsmittel zu, Mü ZZP 52, 326. Deshalb ist im Beschwerdeverfahren beim BGH auch § 549 II entsprechend anzuwenden. Jede Beschwerde setzt ein Rechtsschutzbedürfnis voraus; fehlt es, zB im Fall ihrer prozessualen Überholung, RoSGo § 147 III 8 b, oder eines sonstigen Zuspätkommens, VGH Mü NJW 89, 733, so ist sie als unzulässig zu verwerfen, Ffm AnwBl 85, 642 mwN, KG FamRZ 77, 562.

**4) Beschwerdeentscheidung.** Sie ergeht regelmäßig ohne mündliche Verhandlung; eine solche ist aber **12** freigestellt. **Gebühren** des Gerichts § 11 I GKG und KVerz 1220 ff, 1520 ff, 1530 ff u 1900 ff, des RA 5/10 der Gebühren des § 31, § 61 BRAGO.

**5) VwGO:** Das Beschwerdeverfahren ist in den §§ 146 ff VwGO besonders geregelt. Die Beschwerde ist danach **13** immer fristgebunden, § 147 VwGO; das Gericht kann (und muß ihr ggf) abhelfen, § 148 I VwGO (ausgeschlossen bei Zulassungsbedürftigkeit, § 146 VI 2 VerGO). Neben den Vorschriften der VwGO sind nur einige Bestimmungen des 3. Abschnitts entsprechend anzuwenden, § 173 VwGO. Eine im VerwProzeß (und im Verfahren der Arbeits-, Sozial- und Finanzgerichte) entwickelte Besonderheit ist die an das Revisionsgericht gehende Nichtzulassungsbeschwerde,

## Übers § 567, § 567

§ 133 I VwGO. In Einzelgesetzen ist die Beschwerde ausgeschlossen, zB nach § 80 AsylVfG, § 37 II VermG, vgl § 567 Rn 26. In bestimmten Fällen bedarf sie der Zulassung durch das OVG, § 146 IV–VI VwGO (idF des 6. ÄndG), dazu Bader NJW 98, 409 u Mampel NVwZ 98, 261 mwN, s auch Üb § 511 Rn 3.

**567** *Zulässigkeit.* ¹Das Rechtsmittel der Beschwerde findet in den in diesem Gesetz besonders hervorgehobenen Fällen und gegen solche eine mündliche Verhandlung nicht erfordernde Entscheidungen statt, durch die ein das Verfahren betreffendes Gesuch zurückgewiesen ist.

II ¹Gegen Entscheidungen über die Verpflichtung, die Prozeßkosten zu tragen, ist die Beschwerde nur zulässig, wenn der Wert des Beschwerdegegenstandes zweihundert Deutsche Mark übersteigt. ²Gegen andere Entscheidungen über Kosten ist die Beschwerde nur zulässig, wenn der Wert des Beschwerdegegenstandes einhundert Deutsche Mark übersteigt.

III ¹Gegen Entscheidungen der Landgerichte im Berufungsverfahren und im Beschwerdeverfahren ist eine Beschwerde nicht zulässig. ²Ausgenommen sind die Entscheidungen nach §§ 46, 71, 89 Abs. 1 Satz 3, §§ 135, 141 Abs. 3, §§ 372 a, 380, 387, 390, 406, 409 und 411 Abs. 2. ³Die Vorschriften über die weitere Beschwerde bleiben unberührt.

IV ¹Gegen die Entscheidungen der Oberlandesgerichte ist eine Beschwerde nicht zulässig. ²§ 519 b, § 542 Abs. 3 in Verbindung mit § 341 Abs. 2, § 568 a sowie § 17 a Abs. 4 des Gerichtsverfassungsgesetzes bleiben unberührt.

**1** **Vorbem. A. Neue Bundesländer:** Es gelten §§ 14 ff RpflAnpG.

**B.** Im **Verfahren der Arbeitsgerichte** gelten die Vorschriften der ZPO für die Beschwerde gegen Entscheidungen der AGe entsprechend, § 78 I 1 ArbGG; eine III entsprechende Regelung für Entscheidungen des LAG enthalten §§ 70 u 77 ArbGG, dazu Philippsen pp NJW 77, 1137. Unselbständige Anschlußbeschwerde, § 577 a, ist statthaft, GMP § 89 Rn 32–43. Wegen der Beschwerde gegen die Nichtzulassung der Revision, § 72 a ArbGG, s § 546 Rn 31, wegen der Beschwerde im sog Beschlußverfahren vgl §§ 87 ff ArbGG.

### Gliederung

| | |
|---|---|
| 1) Statthaftigkeit, I ................ 2–8 | A. Allgemeines .................... 17–18 |
| A. Ausdrückliche Zulassung ......... 2 | B. Durchgriffserinnerung ........... 19 |
| B. Zurückweisung eines Gesuchs .... 3–5 | 4) Entscheidungen des OLG, IV ... 20–21 |
| C. Greifbare Gesetzwidrigkeit ...... 6–7 | A. Grundsatz, IV 1 ............... 20 |
| D. Ausschluß der Beschwerde ...... 8 | B. Ausnahmen, IV 2 .............. 21 |
| 2) Weitere Voraussetzungen der Zulässigkeit ............................ 9–15 | 5) Beschränkung des Beschwerderechtszuges, III ..................... 22–25 |
| A. Beschwer .................... 10–11 | A. Grundsatz, III 1 ............... 23 |
| B. Keine Frist ................... 12–13 | B. Ausnahmen, III 2 .............. 24 |
| C. Beschwerdeberechtigung ........ 14 | C. Weitere Beschwerde, III 3 ...... 25 |
| D. Verzicht auf Beschwerde ....... 15 | 6) VwGO ........................ 26 |
| 3) Beschwerdesumme, II ........... 16–19 | |

**2** **1) Statthaftigkeit, I**

**A. Ausdrückliche Zulassung.** Die Beschwerde ist statthaft, wo sie das Gesetz ausdrücklich zuläßt. Das trifft für die ZPO zu für die einfache Beschwerde in § 78 a II, 78 c III, 127, 141 III, 380, 390, 402, 409, 621 e, 640, 641 d, für die sofortige in §§ 46, 49, 71, 91 a, 99 II, 104, 107, 109, 135, 252, 269 III 5, 319, 336, 372 a II, 387, 406, 519 b, 620 c, 641 p III, 642 a–d, 642 f, 643 II, 643 a IV 2, 644, 721 VI, 793, 794 a IV, 934 IV, 936, 952, 1022, 1023, 1042 c, 1044 a III, 1045.

**3** **B. Zurückweisung eines Gesuchs.** Die Beschwerde ist weiter statthaft, wo das Gericht ein das Verfahren betreffendes Gesuch durch eine keine mündliche Verhandlung erfordernde Entscheidung zurückgewiesen hat. Dies gilt auch, wo mündliche Verhandlung freigestellt ist, § 128 Rn 10 ff. Es kann sich um einen Beschluß handeln, eine Verfügung des Vorsitzenden oder des verordneten Richters oder auch um ein zwischen Parteien und Dritten ergehendes Zwischenurteil. Über die Behandlung formfehlerhafter Entscheidungen s Grdz § 511 Rn 27 ff.

**4** **Verfahren** ist im Sinn des § 567 der Prozeß schlechthin, RG **47**, 365. **Zurückgewiesen** ist ein „Gesuch" nur dann, wenn ein in einschlägigen Vorschriften vorgesehener Antrag abgelehnt wird, Hbg FamRZ **90**, 423 mwN (Teilablehnung genügt, Hbg FamRZ **90**, 1379), weitergehend Hartmann § 216 Rn 27. Deshalb ist eine Beschwerde ausgeschlossen, auch für den Gegner, wo dem Gesuch stattgegeben ist, und ebenso dort, wo die Partei nur die Amtstätigkeit des Gerichts angeregt hat, Hbg FamRZ **90**, 423 mwN, oder das Gericht nur eine Vorentscheidung getroffen hat, Oldb RR **92**, 829. Bloßer Widerspruch gegen einen Antrag des Gegners ist kein das Verfahren betreffendes Gesuch iSv § 567, StJGr 15, ZöGu 34, Karlsr MDR **83**, 943 (aM Hamm RR **90**, 1278 für das Klauselerteilungsverfahren, abl Münzberg Rpfleger **91**, 210), und zwar auch dann nicht, wenn es die Form eines Antrags auf Aufhebung einer Entscheidung u dgl hat, Bbg FamRZ **83**, 519 mwN. Dagegen ist Beschwerde auch dort statthaft, wo die Handlung im freien Ermessen des Gerichts steht, StJGR 16, sofern nur über sie ausdrücklich entschieden worden ist, vgl Merle NJW **69**, 1859. Ein Gesuch iSv § 567 ist ua dann zurückgewiesen und deshalb Beschwerde zulässig, wenn ein Gericht ausdrücklich ablehnt, eine Entscheidung zu treffen, ZöGu 35. Dagegen ist keine Beschwerde gegeben, wenn ein Gericht durch Abgabe der Sache die Entscheidung in einem bestimmten Rechtsweg oder in einem bestimmten

### 3. Abschnitt. Beschwerde                                                                       § 567

Verfahren ablehnt, BGH MDR **86**, 830, Hamm FamRZ **89**, 526, str, aM ua Köln OLGZ **79**, 19 mwN, Celle NdsRpfl **78**, 33 (wegen Abgabe nach § 46 WEG vgl i ü Anh II § 281 Rn 9). Ebenso gibt es keine Beschwerde gegen die AnO der mündlichen Verhandlung bei einstw Vfg, RG **54**, 348, oder gegen Prozeßtrennung, § 145. Wo mündliche Verhandlung geboten war, scheidet Beschwerde aus, mag die Verhandlung auch zu Unrecht unterblieben sein. Hat sie überflüssigerweise stattgefunden, so wird die Beschwerde nicht unstatthaft.

Immer ist eine **Entscheidung des Gerichts** Voraussetzung für die Beschwerde. Deshalb ist sie unstatthaft  5
gegen künftige Entscheidungen, unten Rn 9, oder Unterlassungen des Gerichts, etwa wenn es die Entscheidung über ein das Verfahren betreffendes Gesuch unangemessen verzögert, Karlsr FamRZ **89**, 769 mwN, str, oder sonst untätig bleibt (Beschwerde aber bei Rechtsverweigerung, s u). Hier ist auch die außerordentliche Beschwerde, unten Rn 6, ausgeschlossen, aM Karlsr NJW **84**, 985: aber das Beschwerdegericht ist keine Dienstaufsichtsinstanz; vielmehr steht in diesem Fall (nur) der Weg nach § 26 II DRiG offen. Etwas anderes gilt, wenn durch eine Maßnahme des Gerichts die Entscheidung in einer Weise verzögert wird, daß dies der Ablehnung des das Verfahren betreffenden Gesuchs gleichkommt (Rechtsschutzverweigerung); hier ist die sog **Untätigkeitsbeschwerde** gegeben, Schneider MDR **98**, 254 u 180 (weitergehend), Köln RR **99**, 290, Ffm MDR **98**, 1368 (Anm Schneider), Hamm FamRZ **98**, 1606, Saarbr RR **98**, 1532 mwN, Hbg RR **89**, 1022, Karlsr FamRZ **89**, 769, beide mwN, Celle MDR **85**, 592, ZöGu 35.

C. „**Greifbare Gesetzwidrigkeit**" (Tappeiner, Die außerordentl Beschwerde im Zivilprozeß, 1998;  6
Pawlowski F Schneider, 1997, S 39; Wax F Lüke, 1997, S 941; Braun ZZP **106**, 239; Schneider MDR **97**, 991; Lotz NJW **96**, 2130; Voßkuhle NJW **95**, 1380; Ebbele Diss Münst 1994). Die Beschwerde gegen eine nach den gesetzlichen Vorschriften unanfechtbare Entscheidung ist nach zu Gewohnheitsrecht erstarktem Gerichtsgebrauch ausnahmsweise statthaft wegen sog greifbarer Gesetzwidrigkeit, nämlich dann, wenn eine Entscheidung dieser Art, dieses Inhalts oder von diesem Gericht jeder gesetzlichen Grundlage entbehrt und inhaltlich dem Gesetz fremd ist, sie also mit der Rechtsordnung schlechthin unvereinbar ist, hM, RoSGo § 147 III 3, BGH in stRspr, NJW **99**, 1404, **98**, 1715 u **97**, 3318, NJW **94**, 2363 (Anm Deubner JuS **94**, 1052 u Wax **LM** § 91a Nr 64), RR **94**, 1213, NJW **93**, 1865 (krit Schlosser ZZP **106**, 536, Kempter NJW **93**, 2158, Pape **LM** § 51 Nr 26) u **93**, 136 (Wax **LM** Nr 28, s u), BAG **LM** § 72a Nr 26, BAG NJW **98**, 1528 (Anm Schneider MDR **98**, 984), BayObLG RR **98**, 1048 mwN (Anm Schneider MDR **98**, 1246), BFH NJW **98**, 335, BayObLGZ **95**, 93, Stgt NJW **97**, 64 mwN (sog **außerordentliche Beschwerde**), vgl dazu § 127 Rn 25, **krit** MüKoBr 9 u 10, ZöGu 19, StJGr 9 u 10, Lotz NJW **96**, 2130 mwN, Hoeren JR **96**, 199, Chlosta NJW **93**, 2160, Braun ZZP **106**, 236, Büttner FamRZ **89**, 129: in diesen engen Grenzen ist die außerordentliche Beschwerde statthaft, weil dem Gesetzgeber nicht unterstellt werden kann, daß er auch solche Entscheidungen für unanfechtbar erklären wollte, die nach seinem Willen nicht ergehen dürfen, OVG Münst NVwZ-Beilage 12/96 S 92, VGH Mü DVBl **94**, 62.

Die von der Rspr entwickelten Voraussetzungen für die Zulassung einer außerordentlichen Beschwerde decken sich insoweit mit der Rspr des BVerfG zur **richterlichen Willkür**, vgl Sangmeister NJW **96**, 829 mwN, als das BVerfG einen solchen Fall annimmt, wenn die Rechtsanwendung oder das Verfahren unter keinem denkbaren Aspekt mehr rechtlich vertretbar ist, BVerfG NJW **89**, 1917, **96**, 1531. Die außerordentliche Beschwerde ist dagegen nicht von der bisherigen Rspr gegeben, wenn eine offensichtlich einschlägige Norm nicht berücksichtigt oder der Inhalt einer Norm in krasser Weise mißdeutet wird, oder wenn die Rechtsanwendung bei verständiger Würdigung der das GG beherrschenden Gedanken nicht mehr verständlich ist, was nach der Rspr des BVerfG, NJW **93**, 996 u **95**, 124, in Einzelfällen ebenfalls als richterliche Willkür angesehen worden ist, BVerfG NJW **96**, 1531. Da eine solche Einstufung die richterliche Unabhängigkeit berührt, § 26 DRiG Rn 8, und außerdem eine vom Gesetzgeber angeordnete Unanfechtbarkeit allenfalls bei unerträglich erscheinenden Entscheidungen von den Instanzgerichten durchbrochen werden darf, muß eine außerordentliche Beschwerde auf Fälle krassen Unrechts beschränkt bleiben und demgemäß hier ausscheiden, LAG Thür NZA **98**, 1358 mwN, abw Schlesw RR **96**, 125 mwN.

Danach ist die außerordentliche Beschwerde z. B. **statthaft**, wenn ein AG nach § 281 ans OLG verweist, § 281 Rn 46, wenn eine Terminierung den Rechtsschutz einer Partei schmälert und für sie jede verständige Rechtsgrundlage fehlt, Köln NJW **81**, 2263, oder wenn sonst handgreifliche Fehler des genannten Schweregrades vorliegen, zB eine Gesetzesauslegung, die offensichtlich dem Wortlaut und dem Zweck des Gesetzes widerspricht und eine Gesetzesanwendung zur Folge hat, die durch das Gesetz ersichtlich ausgeschlossen werden sollte, BGH NJW **93**, 136 (zum Einzelfall krit Chlosta NJW **93**, 2160, Gottwald/Semmelmayer JZ **93**, 413, Wax **LM** Nr 28), KG RR **96**, 58 (für den Einzelfall zweifelhaft). Dagegen **versagt** die außerordentliche Beschwerde bei allen anderen, auch schweren Verfahrensfehlern, zB bei Fehlen der notwendigen Begründung, Karlsr FamRZ **89**, 634 (aM BFH NJW **83**, 335 mwN, Bbg RR **98**, 364, Köln MDR **98**, 920), bei bloßer (auch eindeutig) fehlerhafter Rechtsanwendung, BGH RR **98**, 63, Köln RR **98**, 365, Bra FamRZ **97**, 1162, Stgt NJW **97**, 64 mwN, zB Zugrundelegung einer unhaltbaren Rechtsansicht, BGH NJW **90**, 1795 (abw Köln MDR **90**, 920), etwa einer aus dem Blickwinkel einer herrschend gewordenen Meinung als unvertretbar erscheinenden Auffassung, BGH NJW **98**, 1715 u **94**, 2363, RR **97**, 1155 und ebenso bei unterhalb des Ermessensmißbrauchs liegenden Ermessensfehlern (zB Verkennung der Befugnis, Ermessen auszuüben, oder der Grenzen des Ermessens), Ffm RR **89**, 62, vgl E. Schneider MDR **85**, 548, abzulehnen Kblz FamRZ **98**, 967, Köln MDR **96**, 716.

Die Beschwerde wird nicht dadurch eröffnet, daß der **Anspruch auf rechtliches Gehör** oder auf den **gesetzlichen Richter** verletzt wird, BGH NJW **98**, 459 u **95**, 2497 mwN (offengelassen BGH NJW **90**, 841), BAG NJW **99**, 84 u NZA **98**, 1357 (Anm Schneider MDR **98**, 984), BFH BStBl 77 II 628, BayObLG NJW **88**, 72, Köln FamRZ **92**, 971, KG MDR **88**, 417, Mü NJW **84**, 2228, aM E. Schneider MDR **97**, 991 u 1148 mwN, Zweibr FamRZ **97**, 1164, Kblz RR **97**, 957, Schlesw RR **96**, 125 mwN, Zweibr ZfJ **95**, 282, Köln RR **95**, 814, Mü RR **95**, 957 mwN, Oldb RR **95**, 829 u 830, Ffm NJW **88**, 79 u MDR **79**, 940, Düss RR **87**, 1200 u NJW **84**, 41, LAG Sachsen LS NZA **97**, 848. Die Grundrechte können nämlich auf einem anderen Weg einfacher, schneller und billiger gewahrt werden, ohne daß Grundsätze des

Albers

## § 567

Beschwerderechts angetastet werden: in Anlehnung an § 33a StPO ist in solchen Fällen eine **Gegenvorstellung** zuzulassen, Üb § 567 Rn 5 mwN (auch bei Verletzung von Grundrechten braucht von Verfassungs wegen kein Instanzenzug eröffnet zu werden, BVerfG **28**, 96, **42**, 248).

**7** **Verfahren:** Für die außerordentliche Beschwerde gelten die Zulässigkeitsvoraussetzungen, an die sich der Beschwerdeführer bei einem statthaften Rechtsmittel halten müßte, Bbg RR **92**, 1467 mwN, abw Köln FamRZ **95**, 379 (zu § 567 II); denkbar ist auch eine weitere außerordentliche Beschwerde, BGH NJW **93**, 136, BayObLG FamRZ **96**, 1159, Mü RR **95**, 957, abl Chlosta NJW **93**, 2160, zweifelnd Wax **LM** Nr 28, die aber nur dann zum OLG bzw BGH führt, wenn die Beschwerdeentscheidung wegen „greifbarer Gesetzwidrigkeit" angegriffen wird, BGH NJW **97**, 744 mwN (Anm Tappeiner **LM** Nr. 32). Die außerordentliche Beschwerde setzt wie jedes Rechtsmittel Beschwer voraus; sie kann also nur von einem Betroffenen erhoben werden, der durch die angefochtene Entscheidung in seinen Rechten beeinträchtigt worden ist. Nötig ist ein Rechtsschutzbedürfnis, das zB fehlt, wenn eine Gegenvorstellung möglich ist, oben Rn 6 aE, KG MDR **99**, 564 mwN. Die Beschwerde richtet sich nach § 577, wenn ohne den gesetzlichen Ausschluß die sofortige Beschwerde gegeben wäre, Bbg RR **92**, 1467. Sie ist bei Berichtigungsbeschlüssen, § 319, ausgeschlossen, wenn das Urteil auch in der berichtigten Fassung unanfechtbar ist, BGH NJW **89**, 2625. Die außerordentliche Beschwerde ist als unzulässig zu verwerfen, wenn die greifbare Gesetzwidrigkeit in dem genannten Sinne nicht schlüssig dargelegt wird, Mü RR **88**, 1532, Hamm FamRZ **87**, 1234, E. Schneider MDR **85**, 549. Das Beschwerdegericht ist auch hier nicht auf Rechtskontrolle beschränkt, § 570. Es darf aber keine ersetzende Entscheidung treffen, sondern muß ggf zurückverweisen, E. Schneider MDR **85**, 548, Ffm MDR **84**, 323.

Gegen **Urteile** gibt es keine außerordentliche Beschwerde, § 511a Rn 7 ff, BGH NJW **99**, 290 mwN (Anm Schütt u Schneider MDR **99**, 248 bzw 697), Mü RR **95**, 1024, abw BGH NJW **94**, 2363, LG Stgt RR **98**, 934, Proske NJW **97**, 352.

Zur Einlegung der außerordentlichen Beschwerde als Voraussetzung für eine **Verfassungsbeschwerde**, § 90 II 1 BVerfGG, s BVerfG NJW **97**, 47 mwN.

**8** **D. Ausschluß der Beschwerde.** Das Gesetz schließt die Beschwerde in manchen Fällen aus, wo sie an sich statthaft wäre, so in den §§ 227 II 3 und 567 III 1; in anderen Fällen beschränkt es die Beschwerde durch einen Mindestbeschwerdewert, zB in § 567 II.

**9** **2) Weitere Voraussetzungen der Zulässigkeit.** Es sind dieselben wie bei anderen Rechtsmitteln, s Grdz § 511 Rn 6 ff. Die Beschwerde ist erst nach der Entstehung, § 329 Rn 23 ff, des anzufechtenden Beschlusses statthaft, Kblz AnwBl **86**, 401 mwN; jedoch tritt bei vorheriger Beschwerde mit der späteren Bekanntgabe die Heilung des Mangels ein (auch ohne Erneuerung der Beschwerde), aM Kblz VersR **82**, 1058, enger BGH OLGZ **77**, 129 (zum FGG). Überhaupt ist wegen Art 19 IV GG die Beschwerde in Sachen größter Eilbedürftigkeit schon vorher zuzulassen, sobald das Gericht den Inhalt der schriftlich niedergelegten Entscheidung formlos (auch telefonisch) mitteilt, Schoch S 1711, Grunsky DVBl **75**, 382 mwN, VGH Mannh NVwZ **86**, 488 u **84**, 528, VGH Mü NJW **78**, 2469 mwN, Ffm NJW **74**, 1389, aM VGH Mannh DVBl **75**, 381 (abl Grunsky), zweifelnd Korber NVwZ **83**, 85; vgl auch § 329 Rn 28 ff.

**10** **A. Beschwer**, Grdz § 511 Rn 13 ff. Sie muß grundsätzlich bei Einlegung der Beschwerde vorliegen, und zwar für jeden von mehreren Beschwerdeführern, E. Schneider MDR **73**, 979. Sie fehlt zB, wo die Aufhebung der angefochtenen Entscheidung für den Beschwerdeführer bedeutungslos ist: für eine rein theoretische Entscheidung ist Beschwerde nicht gegeben, auch nicht zur bloßen Erlangung einer obergerichtlichen Entscheidung für gleichliegende Fälle. Trotz Erledigung der Hauptsache ist die Beschwer aber zu bejahen, wenn die aufgehobene Entscheidung noch Auswirkungen hat, vgl § 28 I 4 EGGVG, dazu BVerfG NJW **97**, 2163, Köln NJW **98**, 462 u Hamm NJW **98**, 463 (diff). Eine Teilabhilfe, § 571, berührt die Beschwer nicht, KG NJW **58**, 2023.

**11** Nötig ist ferner ein Rechtsschutzbedürfnis, das bei einer nur in Kostenpunkt bestehenden, unter 100 DM liegenden Beschwer zu verneinen ist, § 567 II 2, vgl Köln RR **86**, 1509. Eine zulässige Beschwerde wird wegen Wegfalls des Rechtsschutzbedürfnisses unzulässig, wenn die Entscheidung für die Partei keine rechtliche Bedeutung mehr haben kann, Üb § 567 Rn 11, KG FamRZ **77**, 562. Dies kann zB für die Beschwerde nach § 46 II gelten, wenn die Instanz endgültig beendet ist, Ffm AnwBl **85**, 642 mwN, § 46 Rn 14, str.

**12** **B. Keine Frist.** Eine Frist läuft für die einfache Beschwerde nicht. Man kann Beschwerde jederzeit einlegen, solange eine Beschwer vorliegt.

Eine **wiederholte Beschwerde** (Ratte, Wiederholung der Beschwerde und Gegenvorstellung, 1975) ist nur dann statthaft, wenn nicht zur Sache selbst entschieden, sondern wegen Nichtbeachtung von Ordnungsvorschriften die Beschwerde verworfen worden ist und der Fehler behoben wird, BayObLG MDR **81**, 942 mwN, nicht dagegen in anderen Fällen, also namentlich nicht bei Erschöpfung des Beschwerderechtszuges durch eine Sachentscheidung, Mü MDR **83**, 585 mwN. Ob eine Wiederholung auch dann zulässig ist, wenn sich nach der Beschwerdeentscheidung ein neuer Sachverhalt ergeben hat, Schneider DRiZ **65**, 288, ist str (offen gelassen von BayObLG MDR **81**, 942); mit Recht weist StJGr 23 darauf hin, daß es bei Änderung des Sachverhalts ohne große praktische Bedeutung ist, ob man eine wiederholte Beschwerde zuläßt oder den Betroffenen auf einen neuen Antrag verweist (so Bamberg NJW **65**, 2407), weil in beiden Fällen zunächst das Erstgericht zu entscheiden hat. Deshalb besteht für eine wiederholte Beschwerde kein Bedürfnis; vielmehr ist grundsätzlich ein neuer Antrag beim Gericht 1. Instanz zu stellen (sofern dies zulässig ist).

**13** Dem Recht, eine (erste) Beschwerde einzulegen, kann aber der vAw zu berücksichtigende **Einwand der Verwirkung** entgegenstehen, BayObLG NJWE-FER **98**, 269 u RR **97**, 390, Kblz MDR **97**, 498, Ffm FamRZ **80**, 475 und MDR **78**, 593 mwN, Hamm FamRZ **80**, 193, LG Aachen JB **84**, 458: wer allzulange einen sein Recht verletzenden Zustand duldet, mißbraucht sein Recht, wenn er eine Änderung des Zustands verlangt, auf den sich der Gegner einrichten durfte und eingerichtet hat, BGH RR **89**, 768, NJW **65**, 1532 mwN, vgl auch BFH BStBl **76** II 194 mwN, ua BVerfG **32**, 305, BSG NJW **72**, 2103.

3. Abschnitt. Beschwerde § 567

**C. Beschwerdeberechtigt** sind **a)** die in § 511 Rn 4 ff Genannten, **b)** Dritte, über deren Rechte oder  14
Pflichten entschieden ist.
**D. Verzicht** auf die Beschwerde macht sie unzulässig; das zu § 514 Gesagte gilt auch hier. Wegen  15
**Anschlußbeschwerde** s Erl zu § 577 a.
**3) Beschwerdesumme, II.** Die Zulässigkeit der Beschwerde hängt nur in den im Gesetz genannten  16
Fällen vom Erreichen einer Beschwerdesumme ab. Sonst kommt es auf den Wert des Beschwerdegegenstandes nicht an; das gilt auch für die Beschwerde gegen einen ablehnenden Beschluß nach § 922, dort Rn 13, aM LG Konstanz RR **95**, 1102 mwN.
**A. Allgemeines.** Wertabhängig ist die Beschwerde gegen Entscheidungen über Kosten, Gebühren und  17
Auslagen. Handelt es sich um **Entscheidungen über die Verpflichtung, die Prozeßkosten zu tragen**, zB nach den §§ 91 a, 99 II, 269 III, 515 III, muß der Wert des Beschwerdegegenstandes **200 DM** übersteigen, **S 1.** Hierin gehören auch Kostenentscheidungen nach §§ 380 u 409. Keine Beschwerde ist statthaft zur Herbeiführung einer unterlassenen Kostenentscheidung, § 99 I, Essen (LG) NJW **70**, 1688, aM bei Ordnungsbeschlüssen gegen Zeugen Hbg HbgJVBl **75**, 106. Bei **anderen Entscheidungen über Kosten**, nämlich über Gebühren und Auslagen des Staates, der Parteien und der Anwälte im gerichtlichen Verfahren (zB nach §§ 104 III, 107 III) muß der Beschwerdewert **100 DM** übersteigen, **S 2.** Diese Wertbegrenzung gilt auch für die Streitwertbeschwerde, § 25 II 1 GKG, die die Grundlage für eine Kostenberechnung bilden soll, und für die Anfechtung von Entscheidungen nach § 34 II GKG und nach § 19 BRAGO. Darauf, ob die Beschwerde von einem am Rechtsstreit unbeteiligten Dritten erhoben wird, kommt es nicht an, aM OVG Münst NJW **72**, 118 (zu § 146 VwGO). **Nicht** unter II fallen Beschlüsse über Ordnungsmittel nach den §§ 177, 178, 180 u § 181 GVG, oder nach den §§ 380, 409, weil Ordnungsgelder keine Kosten sind, § 380 Rn 13.
Der **Beschwerdewert** (Begriff § 511 a Rn 11 ff) ist der Unterschiedsbetrag zwischen dem sich aus der  18
angefochtenen Entscheidung ergebenden und dem in der Beschwerdeinstanz begehrten Betrag, dh die Differenz, um die sich der Beschwerdeführer verbessern will, bei Kostenteilung also höchstens auf den Beschwerdeführer entfallende Quote, LAG Hamm **KR** Nr 11 m zust Anm E. Schneider. Maßgeblich ist der Wert bei Einlegung der Beschwerde, Hamm MDR **71**, 1019 mwN, so daß spätere Verminderungen außer Betracht bleiben, soweit sie nicht auf willkürlicher Beschränkung des Beschwerdeantrags beruhen, Düss **KR** Nr 26, KG Rpfleger **91**, 409 (Anm Meyer-Stolte), § 511 a Rn 21. Bei Teilabhilfe, § 571, kommt es darauf an, welche Beschwerdesumme verblieben ist, BayObLGZ **94**, 374 mwN, Nürnb FamRZ **88**, 1080 mwN, Koblenz JB **86**, 893, Hamm JB **82**, 582 m Anm Mümmler, ZöGu 52, aM StJGr 31, KG NJW **58**, 2023. Umsatzsteuer ist zu berücksichtigen, Kblz MDR **92**, 196 mwN, E. Schneider JB **74**, 966. Der Wert ist glaubhaft zu machen.
Eine weitere Beschwerde in diesen Fällen ist unzulässig, § 568 III. Die Wertbegrenzung gilt nicht bei Absetzung von Kosten im Mahnverfahren, LG Hbg AnwBl **79**, 274 mwN.
**B. Durchgriffserinnerung,** §§ 11 und 21 RPflG aF, s Anh § 153 GVG. Wegen der Besonderheiten  19
der früheren Regelung s die Erl in der 56. Aufl.
**4) Entscheidungen des OLG, IV**  20
**A. Grundsatz, IV 1.** Entscheidungen des OLG sind auch als Entscheidung des Einzelrichters jeder Beschwerde entzogen, BGH NJW **89**, 44. Dies gilt auch (abgesehen von den Fällen des § 621 I Z 1–3 u 6, § 621 e II) in FamS, BGH MDR **86**, 302, ebenso für Entscheidungen nach § 46 II, BGH NJW **95**, 403 mwN, ferner im PKH-Verfahren, BGH VersR **90**, 217, sowie dort, wo sie erstinstanzlich ergehen oder einen Beteiligten betreffen, der nicht Partei oder Streithelfer ist, BGH NJW **88**, 50 mwN. Anfechtbar sind Entscheidungen des OLG nur im Wege der sog außerordentlichen Beschwerde, oben Rn 6, BGH ZIP **93**, 621, NJW **93**, 136 (dazu Gottwald/Semmelmayer JZ **93**, 415), BGH RR **89**, 702 u NJW **88**, 51 (krit Smid NJW **89**, 1578), BayObLG Rpfleger **88**, 328, alle mwN. Jedoch eröffnet die Versagung des rechtlichen Gehörs diese Beschwerde nicht, BGH NJW **95**, 403, FamRZ **89**, 266, oben Rn 6. Doch ist eine Beschwerde immer dort als Antrag auf Nachprüfung aufzufassen, wo das OLG seinen Beschluß ändern darf; zur Gegenvorstellung bei Verletzung des rechtlichen Gehörs, BGH NJW **95**, 403 mwN, Üb § 567 Rn 6. Aus IV 1 folgt, daß bei Teilerledigung oder Teilanerkenntnis der Instanzenzug hinsichtlich der diesen Teil betreffenden Kosten immer beim OLG endet; bei einheitlicher Kostenentscheidung ist insoweit also auch keine Revision zulässig, BGH RR **97**, 61, **40**, 265 und **58**, 342. Verletzt eine dem Endurteil vorangegangene Entscheidung einen obersten Prozeßgrundsatz, so ist sie auf Revision trotz IV nachzuprüfen, RG **83**, 3; Beschwerde ist aber auch da unstatthaft, RG **144**, 87. Anders liegt es zB bei § 707 II S 2, s dort Rn 17.
**B. Ausnahmen, IV 2.** Ausnahmsweise unterliegen der (sofortigen) Beschwerde Beschlüsse des OLG  21
(nicht des LG), die **a)** eine Berufung als unzulässig verwerfen, **§ 519 b**, es sei denn, die Berufung richtete sich gegen ein Kostenschlußurteil, BGH RR **97**, 61, oben Rn 20; **b)** den Einspruch gegen ein Versäumnisurteil verwerfen, **§ 542 III iVm § 341 II**, wenn gegen ein Urteil gleichen Inhalts die Revision zulässig wäre, BGH NJW **82**, 1104. **c)** über die Beschwerde gegen eine solche Beschlußverwerfung entscheiden, **§ 568 a**, **d)** gemäß § 17 a II u III GVG über den Rechtsweg entscheiden, **§ 17 a IV GVG, e)** im Verf nach § 1062 idF des SchiedsVfG ergehen, **§ 1065 nF.** Vgl im einzelnen die Erläuterungen zu diesen Vorschriften. Auch im Fall b) ist der BGH nicht befugt, die Annahme entsprechend § 554 b abzulehnen, BGH NJW **78**, 1437.
**5) Beschränkung des Beschwerderechtszuges, III** Ein allgemeiner Rechtssatz, daß der Beschwerde-  22
rechtszug nicht länger als der Rechtszug in der Hauptsache sein dürfe, bestand bis zum 31. 3. 1991 nicht, s 48. Aufl. Das Schweigen des Gesetzgebers war aber verfehlt, weil es danach möglich war, im Umweg über eine Beschwerde die Hauptsache (als solche oder doch als Vorfrage) an ein insoweit nicht zur Entscheidung berufenes Gericht zu bringen, was dazu führen konnte, daß die Beschwerdeentscheidung über eine prozessuale Vorfrage die bereits ergangene Entscheidung zur Hauptsache in ihrem Bestand berührte, vgl dazu

§ 567, Anh § 567    3. Buch. Rechtsmittel

Jost NJW **90**, 214, Kahlke ZZP **95**, 288 und Stüben ZZP **83**, 9 mwN. Aus den Bemühungen der Rspr, diesen Folgen vorzubeugen, indem Ausnahmen von der Regel zugelassen wurden, ergaben sich Streitfragen, die die Rechtssicherheit beeinträchtigten, vgl 48. Aufl. Um klare Verhältnisse zu schaffen und die Gerichte zu entlasten, hat sich der Gesetzgeber entschlossen, den Beschwerderechtszug im Verhältnis LG/OLG grundsätzlich zu beschränken, soweit nicht ausdrücklich abweichendes bestimmt ist.

**23**   **A. Grundsatz, III 1. Gegen Entscheidungen der Landgerichte im Berufungsverfahren und im Beschwerdeverfahren ist eine Beschwerde nicht zulässig**, zB gegen Beschlüsse nach § 519b II, BayObLG MDR **93**, 799, oder gegen Beschlüsse über die Versagung von PKH für die Beschwerde, Hamm FamRZ **97**, 1561. Dabei kommt es nur darauf an, in welcher Funktion das LG tätig geworden ist, so daß auch Beschlüsse, die das LG als Berufungsgericht nach § 584 I Hs 2 oder § 919 erlassen hat, nicht anfechtbar sind. Der Ausschluß gilt, wie II 3 zeigt, nur für Beschwerden gegen Erstentscheidungen des LG, Kblz RR **92**, 1279. Eine danach unzulässige Beschwerde ist dort, wo diese Rechtsbehelfe möglich sind, als Antrag auf Änderung, zB nach § 620b, oder als Gegenvorstellung, Üb § 567 Rn 3ff, anzusehen. **Bestimmungen außerhalb der ZPO**, zB § 5 GKG, bleiben unberührt, Celle NdsRpfl **92**, 90.

Über eine Beschränkung der Beschwerde im **Verhältnis AG/LG** auf den Rechtszug in der Hauptsache, Rn 22, besagt III 1 nichts, RoSGo § 147 III 2. Vgl dazu § 91a Rn 156, § 99 Rn 43 u § 127 Rn 36–38.

**24**   **B. Ausnahmen, III 2.** Wegen ihrer Bedeutung für die Beteiligten und/oder einen am Verf der Hauptsache nicht beteiligten Dritten sind **ausgenommen die Entscheidungen nach §§ 46, 71, 89 I 3, 135, 141 III, 372a, 380, 387, 390, 406, 409 und 411 II**. In diesen Fällen können auch die vom LG als Berufungs- oder Beschwerdegericht getroffenen Erstentscheidungen mit der Beschwerde angefochten werden, wenn die Voraussetzungen der Beschwerde vorliegen; näheres bei den einzelnen Vorschriften. Die Aufzählung ist abschließend, so daß eine ausdehnende Auslegung oder entspr Anwendung nicht in Betracht kommt, ZöGu 38.

**25**   **C. Weitere Beschwerde, III 3.** Da III 1 sich nur auf die Erstbeschwerde bezieht, stellt III 3 klar, daß **die Vorschriften über die weitere Beschwerde unberührt bleiben.** Für die weitere Beschwerde gilt demgemäß allein II § 568 II, s dort.

**26**   6) **VwGO:** Eigene Regelung in *§ 146 VwGO* sowie *§ 152 I VwGO* (Beschwerde gegen Entscheidungen des OVG); ob der Rspr des BGH zur sog außerordentlichen Beschwerde, oben Rn 6 u 7, trotz der von der ZPO abweichenden Beschwerdevorschriften zu folgen ist, läßt das BVerwG offen, NVwZ-RR **96**, 422, dagegen *Günther* NVwZ **98**, 37. Ausschluß der Beschwerde in Einzelgesetzen, zB WehrpflG, ZDG, WehrdienstvwG, LAG, SeeUG, sowie in Sonderbestimmungen, zB § 80 AsylVfG, dazu VGH Mannh VBlBW **99**, 106 u 109, OVG Münst NWVBl **93**, 113, § 37 II VermG, OVG Greifsw MDR **95**, 425, vgl § 252 Rn 7; Beschränkung der Beschwerde in § 146 IV–VI VwGO (idF der 6. ÄndG). Zur formlosen Vorwegmitteilung eiliger Entscheidungen, Rn 9, vgl *Korber* NVwZ **83**, 85.

### Anhang nach § 567
### Sonderregelung für das Insolvenzverfahren
#### Übersicht

Die **Insolvenzordnung** v 5. 10. 94, BGBl 2866, und das **Einführungsgesetz** v 5. 10. 94, BGBl 2911, haben das Insolvenzrecht neu geregelt (Gesetzesmaterialien: RegEntw BT-Drs 12/2443, AusschBer BT-Drs 12/7302 bzw 12/7303). **Insolvenzgericht** ist danach das Amtsgericht, § 2 InsO, dessen örtliche Zuständigkeit sich aus § 3 InsO ergibt. Für das Verfahren gelten, soweit die InsO nichts anderes bestimmt, die Vorschriften der **Zivilprozeßordnung** entsprechend, § 4 InsO; das Verfahren ist weitgehend dem Rpfl übertragen, §§ 3 Z 2e und 18 RpflG. Eigene Verfahrensbestimmungen enthalten die §§ 5–10 InsO, ua Regelungen für die sofortige Beschwerde gegen Entscheidungen des Insolvenzgerichts in § 6 InsO und die weitere Beschwerde in § 7 InsO. Die Regelung ist am **1. 1. 99** in Kraft getreten, § 335 InsO iVm Art 110 I EGInsO; Übergangsrecht: Art 103 u 104 EGInsO.

**InsO § 6. Sofortige Beschwerde.** [I] Die Entscheidungen des Insolvenzgerichts unterliegen nur in den Fällen einem Rechtsmittel, in denen dieses Gesetz die sofortige Beschwerde vorsieht.

[II] [1] Die Beschwerdefrist beginnt mit der Verkündung der Entscheidung oder, wenn diese nicht verkündet wird, mit deren Zustellung. [2] Das Insolvenzgericht kann der Beschwerde abhelfen.

[III] [1] Die Entscheidung des Landgerichts über die Beschwerde wird erst mit der Rechtskraft wirksam. [2] Das Landgericht kann jedoch die sofortige Wirksamkeit der Entscheidung anordnen.

**1**   1) **Allgemeines, I.** Gegen Entscheidungen des Amtsgerichts als Insolvenzgericht, dazu BayObLG **99**, 203, gibt es nur in den Fällen ein Rechtsmittel, in denen die InsO die sofortige Beschwerde vorsieht, (s zB §§ 34, 58 II, 59 II, 64 III, 70, 75 II, 78 II, 98 III, 99 III, 194 II, 197, 204, 216, 231 III, 253, 272 II, 289 II, 303 III, 309 II). Alle anderen Entscheidungen des Insolvenzgerichts sind unanfechtbar, LG Kassel RR **99**, 1137, abw die hM (Anwendung der §§ 567ff für Entscheidungen aus Anlaß des Insolvenzverfahrens, zB PKH) Heidelb-Komm Rn 4, Uhlenbruck NZI **99**, 175, Vallendar VIZ **99**, 127, Köln RR **99**, 997 (Anm Ahrens DZWIR **99**, 211), LGe Baden-Baden RR **95**, 993, Göttingen u Lüneb NJW **99**, 2286 f (m red Anm); sofern in diesen Fällen der Rpfl entschieden hat, gilt § 11 II u IV RPflG, Anh § 153 GVG **(Erinnerung)**.

**2**   2) **Sofortige Beschwerde, II u III.**

**A. Verfahren, II.** In den in Rn 1 genannten Fällen ist (einziges) Rechtsmittel die **sofortige Beschwerde an das LG**. Sofern der Rpfl entschieden hat, gilt für das Verfahren § 11 RPflG iVm den §§ 567ff insbesondere § 577, bei Entscheidungen des Richters, § 11 RPflG, letztere allein, § 4 InsO. Sonderbestimmungen enthalten II u III. Danach beginnt die zweiwöchige **Beschwerdefrist**, § 577 II, mit der Verkündung der Entscheidung oder, wenn diese nicht verkündet wird, mit deren Zustellung, II 1. Für die **Einlegung** der sofortigen Beschwerde gelten § 569 u § 577 II 2; für sie besteht kein Anwaltszwang, § 569 II 2

3. Abschnitt. Beschwerde §§ 567, 568

iVm § 78 III. Das Insolvenzgericht kann der Beschwerde nach § 571 **abhelfen, II 2**, so daß § 577 III nicht gilt.

**B. Entscheidung, III.** Die Entscheidung des LG über die Beschwerde wird erst mit ihrer Rechtskraft **3** wirksam, **III 1**, also mit dem Verstreichen der Frist für die sofortige weitere Beschwerde, § 7 InsO, oder mit dem Ergehen der Entscheidung über dieses Rechtsmittel. Das LG kann jedoch die sofortige Wirksamkeit seiner Entscheidung **anordnen, III 2**; wenn eine solche Anordnung gesondert ergeht, ist sie ebenfalls nach § 7 I InsO anfechtbar.

**InsO § 7. Weitere Beschwerde.** ¹Gegen die Entscheidung des Landgerichts läßt das Oberlandesgericht auf Antrag die sofortige weitere Beschwerde zu, wenn diese darauf gestützt wird, daß die Entscheidung auf einer Verletzung des Gesetzes beruht, und die Nachprüfung der Entscheidung zur Sicherung einer einheitlichen Rechtsprechung geboten ist. ²Für den Zulassungsantrag gelten die Vorschriften über die Einlegung der sofortigen weiteren Beschwerde entsprechend, für die Prüfung der Verletzung des Gesetzes die §§ 550, 551, 561 und 563 der Zivilprozeßordnung.

II ¹Will das Oberlandesgericht bei der Entscheidung über die weitere Beschwerde in einer Frage aus dem Insolvenzrecht von der auf weitere Beschwerde ergangenen Entscheidung eines anderen Oberlandesgerichts abweichen, so hat es die weitere Beschwerde dem Bundesgerichtshof zur Entscheidung vorzulegen. ²Ist über die Rechtsfrage bereits eine Entscheidung des Bundesgerichtshofs ergangen, so gilt das gleiche, wenn das Oberlandesgericht von dieser Entscheidung abweichen will. ³Der Vorlagebeschluß ist zu begründen; ihm ist die Stellungnahme des Beschwerdeführers beizufügen.

III ¹Sind in einem Land mehrere Oberlandesgerichte errichtet, so kann die Entscheidung über die weitere Beschwerde in Insolvenzsachen von den Landesregierung durch Rechtsverordnung einem der Oberlandesgerichte oder dem Obersten Landesgericht zugewiesen werden, sofern die Zusammenfassung der Rechtspflege in Insolvenzsachen, insbesondere der Sicherung einer einheitlichen Rechtsprechung, dienlich ist. ²Die Landesregierungen können die Ermächtigung auf die Landesjustizverwaltungen übertragen. ³Absatz 2 bleibt unberührt.

**1) Allgemeines.** Einziges Rechtsmittel gegen die Beschwerdeentscheidungen nach § 6 InsO ist die von **1** einer Zulassung abhängige **sofortige weitere Beschwerde** nach § 7 InsO, die nur für Beschwerdeentscheidungen nach § 6 InsO gilt, BayObLG **99**, 202, also nicht für Entscheidungen im PKH-Verfahren, Köln RR **99**, 996 (Anm Ahrens DZWIR **99**, 211), vgl § 114 Rn 28. Sie geht an das übergeordnete **OLG** (bzw an das nach III zuständige Gericht). Wegen der **Vorlage an den BGH** s II.

**2) Sofortige weitere Beschwerde, I** **2**

**A. Zulassung, I 1.** Die sofortige weitere Beschwerde bedarf der **Zulassung durch das OLG.** Den erforderlichen Antrag hat der Beschwerdeführer zu stellen; für den **Antrag** gelten die Vorschriften über die Einlegung der sofortigen weiteren Beschwerde, **I 2**, dh § 577 iVm § 6 InsO (Einlegungsfrist § 577 II iVm § 6 II InsO; kein Anwaltszwang, § 569 iVm § 78 III). Dem Antrag hat das OLG **stattzugeben**, wenn er darauf gestützt wird, daß die Entscheidung auf einer Verletzung des Gesetzes iSv § 549 beruht, und die Nachprüfung der Entscheidung zur Sicherung einer einheitlichen Rechtsprechung geboten ist. Für die **Prüfung**, ob das Vorbringen eine Gesetzesverletzung ergibt, gelten die **§§ 550, 551, 561 und 563 entspr, I 2**; ob die Nachprüfung der Entscheidung geboten ist, entscheidet das OLG nach seinem Beurteilungsermessen.

**B. Verfahren.** Über die Zulassung entscheidet das OLG durch **unanfechtbaren Beschluß**. Wird die **3** sofortige weitere Beschwerde zugelassen, bedarf es nicht der förmlichen Einlegung der weiteren Beschwerde, weil schon der Zulassungsantrag fristgebunden ist, I 2 (vgl § 146 VI 2 iVm § 124 a IV 4 VwGO). Das weitere Verfahren richtet sich nach den Vorschriften über die sofortige Beschwerde, §§ 577 und 577 a iVm §§ 569 ff. Das Rechtsmittel darf abw von § 570 nicht auf neue Tatsachen gestützt werden, weil es sich um eine **Rechtsbeschwerde** handelt, für die die §§ 550, 551, 561 und 563 gelten, **I 2**.

**C. Entscheidung, I u II.** Die Entscheidung ergeht durch Beschluß, für den § 329 gilt. Will das OLG in **4** einer Frage des Insolvenzrechts von der auf weitere Beschwerde ergangenen Entscheidung eines anderen OLG (oder des BGH) abweichen, so hat es die weitere Beschwerde **dem BGH zur Entscheidung** vorzulegen, **II 1 u 2**; der Vorlagebeschluß ist zu begründen; ihm ist die Stellungnahme des Beschwerdeführers beizufügen, **II 3**. Vgl iü die §§ 28 II u III FGG und 29 I EGGVG, s die dortigen Erl.

**D. Entscheidungskonzentration, III.** Sie dient der Vereinheitlichung der Rspr und der Beschleunigung des Verfahrens. Die Vorlagepflicht, II, bleibt unberührt, III 3. **5**

**568** *Beschwerdegericht; weitere Beschwerde.* ¹Über die Beschwerde entscheidet das im Rechtszuge zunächst höhere Gericht.

II ¹Gegen die Entscheidung des Beschwerdegerichts findet eine weitere Beschwerde statt, wenn dies im Gesetz besonders bestimmt ist. ²Sie ist nur zulässig, soweit in der Entscheidung eine neuer selbständiger Beschwerdegrund enthalten ist.

III Entscheidungen der Landgerichte über Prozeßkosten unterliegen nicht der weiteren Beschwerde.

**Vorbem. Verfahren der Arbeitsgerichte**, § 567 Rn 1, entscheidet über die Beschwerde das LAG, § 78 **1** I 2 ArbGG. Eine weitere Beschwerde findet außer im Fall des § 568 a nicht statt, § 78 II ArbGG.

**Schrifttum:** *Bettermann* ZZP **77**, 3.

## § 568

**Gliederung**

| | | | | |
|---|---|---|---|---|
| 1) Beschwerdegericht, I | ........ | 2 | 3) Ausschluß der weiteren Beschwerde, III ........ | 13, 14 |
| 2) Weitere Beschwerde, II | ........ | 3–12 | 4) VwGO ........ | 15 |
| A. Allgemeines, S 1 | | 3, 4 | | |
| B. Neuer selbständiger Beschwerdegrund, S 2 | ........ | 6–12 | | |

**2**   **1) Beschwerdegericht, I.** Über die Beschwerde entscheidet das im Instanzenzug nächsthöhere Gericht. Ist ans LG verwiesen, so sind die bisherigen Entsch des AG solche des LG, so daß nicht dieses über eine Beschwerde gegen jene, sondern nur das OLG entscheiden kann, Köln JMBlNRW 67, 149. Gegen eine Entscheidung des verordneten Richters oder des Urkundsbeamten geht zunächst die Erinnerung ans Gericht des Richters, § 576; bei Entscheidungen des Rechtspflegers gilt die Sonderregelung in §§ 11, 21 RPflG, Anh § 153 GVG. Wegen der Zuständigkeit der KfH s §§ 94 ff GVG.

**3**   **2) Weitere Beschwerde, II**
**A. Allgemeines, S 1.** Eine weitere Beschwerde ist abgesehen von § 568 a nur denkbar, wo in 1. Instanz das AG entschieden hat, § 567 III; zur Frage, ob es sich um eine weitere Beschwerde handelt, wenn sie sich gegen die Entscheidung des LG richtet, mit der dieses über eine Beschwerde gegen einen Verwerfungsbeschluß des AG nach § 46 II befunden hat, s § 46 Rn 13. Eine weitere Beschwerde findet nur dann statt, **wenn dies im Gesetz besonders bestimmt ist**, S 1, zB in § 568 a, § 621 e II und § 793 II (dazu 793 Rn 13, str), ferner u a in § 73 III KO und § 3 II 3 SeerechtlVerteilungsO sowie in § 45 WEG, §§ 284 VIII 2 und 334 II 4 AO. Sonst ist die weitere Beschwerde unstatthaft, und zwar ohne Rücksicht darauf, ob die Hauptsache vor das OLG kommen kann oder nicht; eine weitere Beschwerde ist in allen anderen Fällen allenfalls ausnahmsweise als außerordentliche Beschwerde, § 567 Rn 6 ff, statthaft, BGH NJW 93, 136 (dazu Gottwald/Semmelmayer JZ 93, 415). Diese Möglichkeit wird aber nicht dadurch eröffnet, daß das Beschwerdegericht bei seiner Entscheidung den Grundsatz des rechtlichen Gehörs verletzt hat, unten Rn 14.

**4**   Beschwerdeberechtigt sind bei der weiteren Beschwerde beide Parteien, ZöGu 5. Für den Beschwerdeführer müssen aber die Voraussetzungen des § 567 vorliegen; denn die weitere Beschwerde ist keine Oberbeschwerde, sondern eine erste Beschwerde gegen eine Beschwerdeentscheidung, KG KTS 63, 111. Darum ist zB keine weitere Beschwerde statthaft, wenn das Beschwerdegericht einem Gesuch stattgibt oder wenn das Beschwerdegericht die Ablehnung eines Sachverständigen für begründet erklärt hat, § 406 V. Nötig ist auch hier eine Beschwer, Köln OLGZ 87, 68. Ob die weitere Beschwerde die einfache oder die sofortige ist, hängt bei Stattgeben von der Natur der Beschwerdeentscheidung ab, bei Zurückweisung oder Verwerfung von der Natur der ersten Entscheidung. Die weitere Beschwerde eröffnet die volle Nachprüfung, sofern sie nicht als Rechtsbeschwerde ausgestaltet ist, Üb § 567 Rn 1. Wegen der Möglichkeit der Abänderung der Beschwerdeentscheidung bei Unzulässigkeit der weiteren Beschwerde vgl Üb § 567 Rn 4 u 5.

**5**   **B. Neuer selbständiger Beschwerdegrund, S 2.** Jede im Gesetz vorgesehene weitere Beschwerde setzt voraus, daß die Beschwerdeentscheidung einen neuen selbständigen Beschwerdegrund gibt, Köln Rpfleger 96, 79 (dazu eingehend E. Schneider AnwBl 78, 338 und MDR 79, 881), sofern nicht Sonderregelungen wie zB in § 568 a und § 621 e II bestehen. Er muß selbständig die Beschwerde tragen und darf nicht schon in einer Entscheidung der vorausgegangenen Rechtszüge enthalten sein, allgM BayObLG RR 96, 780. Er fehlt also immer, wenn Beschwerdeentscheidung und erste Entscheidung übereinstimmen, wobei es auf die inhaltliche Übereinstimmung ankommt; deshalb liegt zB Übereinstimmung vor, wenn das AG eine Entschuldigung des Zeugen, § 381, nicht als glaubhaft angesehen und das LG dessen Beschwerde, § 380 III, aus dem gleichen Grund zurückgewiesen hat, Köln MDR 86, 594. Bei Entscheidungen des Rpflegers, § 11 RPflG, genügt bei Nichtabhilfe Übereinstimmung des RPflegers mit dem Beschwerdegericht, Stgt Rpfleger 94, 204 mwN, str, aM u a ZöGu 11, während es bei Abhilfe auf die Übereinstimmung der Abhilfeentscheidung mit des Beschwerdegerichts ankommt, Köln Rpfleger 89, 210, KG NJW 75, 224.

**6**   **a) Verworfene Beschwerde.** Die weitere Beschwerde ist somit statthaft, wenn die Beschwerdeentscheidung die Beschwerde als unzulässig verwirft und im Gegensatz zur ersten Instanz keine Sachentscheidung trifft, KG AnwBl 86, 402 mwN (das die weitere Beschwerde für unzulässig hält, wenn bereits die Beschwerde unzulässig war). Ob das der Fall ist, richtet sich nach dem Inhalt, nicht nach dem Wortlaut der Beschwerdeentscheidung, Ffm RR 90, 1024, Köln JMBlNRW 83, 64, Hamm KTS 78, 46. Es genügt, daß das Beschwerdegericht die Sachprüfung aus irgendwelchen Gründen ablehnt, sofern sie nicht schon die 1. Instanz aus denselben Gründen abgelehnt hat, s Hamm Rpfleger 56, 197; der Beschwerdeführer muß also irgendwie zusätzlich beschwert sein, was nicht der Fall ist, wenn die Beschwerde aus dem richtigen Grunde irrig als unzulässig statt als unbegründet zurückgewiesen worden ist, Hamm KTS 78, 46. Der Verwerfung als unzulässig steht es gleich, wenn das Beschwerdegericht die Zulässigkeit offen gelassen und das Rechtsmittel als unbegründet zurückgewiesen hat, Üb § 567 Rn 11, E. Schneider MDR 83, 104.

Auch bei Verwerfung der Beschwerde als unzulässig bedarf es für die weitere Beschwerde eines Rechtsschutzbedürfnisses. Es fehlt zB, wenn die Beschwer mit der Wirkung entfällt, daß die Beschwerdeentscheidung bedeutungslos wäre, Köln RR 89, 1406 mwN.

**7**   **b) Nachteile durch die Beschwerdeentscheidung.** Die weitere Beschwerde ist ferner statthaft, wenn die Beschwerdeentscheidung die Beschwerde als unbegründet zurückweist, sofern die Beschwerdeentscheidung dem Beschwerdeführer irgendwie nachteiliger ist als die erste. Auch hier entscheidet nur der Inhalt der Entscheidung. Daß sich die Beschwerdeentscheidung auf neue Tatsachen oder andere Rechtserwägungen stützt, ist kein neuer Grund, Köln RR 90, 512 mwN, allgM. Beispiele für Zulässigkeit: Zugrundelegung eines neuen, von der Erstentscheidung nicht erfaßten Verfahrensgegenstandes, BayObLGZ 95, 277, Köln MDR 75, 498, StJgR 8; Zurückweisung aus förmlichen Gründen statt aus förmlichen, falls das den Beschwerdeführer beschwert, etwa ihm die weitere Rechtsverfolgung abschneidet, Hamm NJW 76, 758; Abweisung eines vom Erstgericht als unzulässig angesehenen Antrags als unbegründet und umgekehrt, KG OLGZ 80, 332; Aufrechterhaltung der sachlich ablehnenden Entscheidung aus förmlichen Gründen, etwa wegen

3. Abschnitt. Beschwerde § 568

Unzuständigkeit, RG **35**, 375. Beispiele für Unzulässigkeit: Zurückweisung der Beschwerde als unbegründet unter Offenlassung der Zulässigkeitsfrage, Ffm MDR **95**, 1164, aM ZöGu 14 u 16; Zurückweisung eines Arrestgesuchs als rechtlich statt aus tatsächlichen Gründen, RG JW **01**, 59; nur tatsächliche, nicht rechtliche Verschlechterung der Lage des Beschwerdeführers, RG SeuffArch **60**, 66; Abweichung in der Begründung, Köln RR **90**, 512.

Weitere Beschwerde ist ferner statthaft, wenn das Beschwerdegericht ganz oder teilweise dem Antrag des **8** Beschwerdeführers entsprochen hat. Dann steht die weitere Beschwerde zu: dem Gegner, soweit die Entscheidung abweicht und die übrigen Voraussetzungen erfüllt sind, Köln KTS **89**, 466, dem Beschwerdeführer, wenn ihn die Beschwerdeentscheidung selbständig beschwert, also nicht, weil dem Begehren zT (übereinstimmend in beiden Instanzen) nicht entsprochen ist, Kblz MDR **78**, 412 mwN. Erforderlich ist hier, wie auch sonst, ein Rechtsschutzbedürfnis, das aber bei erstmaliger nur im Kostenpunkt bestehenden, unter 100 DM liegenden Beschwer zu verneinen ist, Köln RR **86**, 1509.

c) **Verfahrensverstöße.** Die weitere Beschwerde ist auch dann statthaft, wenn beide Entscheidungen **9** inhaltlich übereinstimmen, jedoch die Beschwerdeentscheidung auf einer Verletzung wesentlicher Vorschriften des Beschwerdeverfahrens beruht (so die überwiegende Ansicht in der Rspr, vgl BVerfG NJW **79**, 538 u NJW **88**, 1773, BGH NJW **90**, 838, Ffm WM **93**, 179, Nürnb WertpMitt **85**, 954, alle mwN, die zwar, wie Bettermann ZZP **77**, 45 ff u **90**, 419 ff darlegt, Bedenken begegnet – vgl MüKoBr 15, StJGr 11, Demharter Rpfleger **97**, 228 –, aber inzwischen zu prozessualem Gewohnheitsrecht erstarkt ist, Hamm NJW **79**, 170). Diese Erweiterung der Zulässigkeitsvoraussetzung ist bei erstmaliger Verletzung eines verfahrensrechtlichen Grundrechts, zB des Anspruchs auf rechtliches Gehör, durch das Beschwerdegericht verfassungsrechtlich geboten, BVerfG NJW **88**, 1773 u NJW **78**, 538 (mit Bindungswirkung gemäß § 31 I BVerfGG); sie entspricht im übrigen den Bedürfnissen eines wirksamen Rechtsschutzes, Köln DB **75**, 1266, E. Schneider MDR **72**, 914. Es muß sich um eine wesentliche Vorschrift handeln, dh um fundamentale Grundsätze des Verfahrensrechts, Karlsr ZIP **82**, 193 (zustm Schneider); Fehler in der Sachbegründung eröffnen die weitere Beschwerde auch dann nicht, wenn gerügt wird, das Beschwerdegericht habe verfassungswidriges materielles Recht angewendet, Mü MDR **83**, 413, oder gegen ein materielles Grundrecht verstoßen, Zweibr NJW **87**, 2590. Neu ist der Verstoß, wenn er nicht schon von Erstgericht begangen worden ist, BayObLG RR **96**, 780, Ffm MDR **81**, 411 mwN, aber auch dann, wenn beide Vorinstanzen die Auseinandersetzung mit einer Tat- oder Rechtsfrage fehlerhaft, etwa auf Grund der Verletzung der Aufklärungspflicht oder des Anspruchs auf rechtliches Gehör unterlassen haben, Saarbr RR **98**, 208, Hamm JMBlNRW **90**, 31 mwN, Celle MDR **86**, 154, Hamm MDR **84**, 947, Köln MDR **81**, 591 u NJW **79**, 1834, Schneider MDR **79**, 883. Außerdem muß die angefochtene Entscheidung auf dem Verstoß beruhen, Ffm WM **93**, 179, Hamm aaO u RR **87**, 1016, Köln JMBlNRW **86**, 198, Nürnb WertpMitt **85**, 954.

Unter diesen Voraussetzungen sind Beispiele für **Zulässigkeit:** unvorschriftsmäßige Besetzung des Be- **10** schwerdegerichts, Kblz JB **89**, 696, sowie alle sonstigen Gründe des § 551, falls keine Zustimmung des Beschwerdeführers vorliegt, Kblz aaO; Übersehen eines (unheilbaren) Formfehlers der Erstentscheidung, Köln NJW **88**, 2805; Zugrundelegung einer nicht mit diesem Inhalt ergangenen Entscheidung, Köln RR **88**, 697; sachliche Bescheidung bei irriger Bejahung der Zulässigkeit, Hamm MDR **95**, 1264; völliges Übergehen von erheblichem Vorbringen, Hamm JMBlNRW **90**, 31, Köln ZIP **89**, 131, KG RR **88**, 446, Celle MDR **86**, 154, Kblz MDR **79**, 765; Nichtbeachtung unstreitiger Tatsachen und Beweismittel, Ffm MDR **81**, 411, Mü RPfleger **72**, 459, auch von nach Beschlußfassung, aber vor Hinausgabe, § 329 Rn 23 ff, eingegangenem neuem Vorbringen, BayObLG MDR **81**, 409 (enger Köln JMBlNRW **81**, 101), vorausgesetzt, daß sich durch dessen Berücksichtigung eine günstigere Entscheidung ergäbe, Hbg MDR **64**, 423; überhaupt der Versagung rechtlichen Gehörs, Köln KTS **89**, 448 (zu § 570), KG RR **87**, 446 mwN, etwa durch Nichtabwarten einer Beschwerdebegründung, Celle NdsRpfl **92**, 53, Köln MDR **90**, 556, oder durch Versäumung der Anhörung einer Partei zum Beweisergebnis, BVerfG NJW **79**, 538 mwN, oder unterlassene Anhörung des Schuldners, Köln Rpfleger **80**, 196, oder Nichtberücksichtigung eines Schriftsatzes, Nürnb WertpMitt **85**, 954 (vgl dazu Schneider MDR **86**, 642), oder Übergehen eines wesentlichen Punktes in der Begründung des Beschwerdebeschlusses, Köln ZIP **89**, 131, RR **87**, 1152; Überraschungsentscheidung unter Verletzung von § 139, Köln MDR **83**, 325, und/oder Verstoß gegen § 278 III, Köln NJW **80**, 1531; Verstoß gegen das Gebot, divergierende Entscheidungen in derselben Sache zu vermeiden, Köln ZIP **81**, 433.

Beispiele für **Unzulässigkeit:** Verstoß gegen § 47, wenn der Ablehnungsantrag später zurückgewiesen **11** worden ist, KG MDR **77**, 673; Hineinnahme der Berichtigung einer früheren Entsch in den Beschluß, Köln RR **86**, 1190; idR Fehlen einer Begründung, KG RR **87**, 446, und stets ein bloßes Abweichen in der Begründung, Saarbr DGVZ **90**, 43; bei Verletzung der Ermittlungspflicht durch das Beschwerdegericht ist zu unterscheiden, Hamm MDR **72**, 521: kein neuer selbständiger Beschwerdegrund, wenn der Verstoß auf unrichtigen sachrechtlichen Erwägungen beruht, wohl aber, wenn das Beschwerdegericht auf Grund einer unzutreffenden Bewertung verfahrensrechtlicher Vorschriften Ermittlungen unterlassen hat.

d) Eine **Anschlußbeschwerde,** § 577 a, ist in allen diesen Fällen unstatthaft, wenn es hinsichtlich des **12** damit angegriffenen Teils der Beschwerdeentscheidung an einem neuen selbständigen Beschwerdegrund fehlt, KG RR **87**, 134.

**3) Ausschluß der weiteren Beschwerde, III.** Vgl auch § 567 Rn 25. Die weitere Beschwerde ist **13** grundsätzlich nur dort zulässig, wo sie das Gesetz ausdrücklich vorsieht, II. Zur Klarstellung wird im Gesetz für den Bereich der Prozeßkosten die weitere Beschwerde auch in diesen Fällen schlechthin ausgeschlossen, III. Die weitere Beschwerde ist danach unzulässig, mag durch Urteil oder Beschluß entschieden sein **gegen Entscheidungen der LG über Prozeßkosten, III und § 567 II,** gleich welcher Art, Kblz **KR** Nr 24. Beispiele: Entscheidungen über Wertfestsetzung und über Kostentragung (auch nach § 91 a nach Erledigung des Beschwerdeverfahrens, Düss RR **98**, 1536 mwN), über deren Betrag und Beitreibung, § 567 Rn 17 (auch dann, wenn die Durchgriffserinnerung, §§ 11 u 21 RPflG, vom LG als unzulässig verworfen worden ist), über die Festsetzung der Vergütung des Zwangsverwalters, Ffm Rpfleger **83**, 36, oder des Konkursverwalters, KG MDR **80**, 322 mwN, oder eines Sequesters, Schlesw JB **79**, 610, oder eines Mitglieds des Gläubigerausschusses, HRR **25**, 618, 619, über die Entschädigung von Zeugen und Sachverständigen, Düss RR **98**, 1529 mwN, über die Erteilung der Vollstreckungsklausel zu einem Kostenfestsetzungsbeschluß, RG **49**, 387, über Zwangsvollstreckungskosten und deren Beitreibung, Stgt Just **90**, 22, Mü MDR **89**, 1005 mwN, über die Kosten der Vollziehung einer einstw Vfg, Hamm **KR** Nr 8. Dies gilt jedoch **nicht** für Ablehnung entsprechender Anträge, überwM, § 99 Rn 5, ZöGu 36, Zweibr MDR **90**, 253 mwN u red Anm, Ffm AnwBl **89**, 347. Die Verurteilung des vorläufigen Vertreters nach § 89 gehört nicht hierher, da sie gegen einen Dritten ergeht, § 89 Rn 9; III gilt auch nicht für die Vollstreckbarerklärung ausländischer Kostenentscheidungen, Wolff 381. – Auch im Kostenfestsetzungsverfahren der **freiwilligen Gerichtsbarkeit**, FGG § 13 a (Bezugnahme auf §§ 103–107 ZPO), ist die weitere Beschwerde in gleichem Umfang unzulässig, BGH **33**, 205.

**14** B. **Wirkung.** In diesen Fällen ist die weitere Beschwerde schlechthin ausgeschlossen. Sie wird zumindest im Regelfall auch nicht dadurch eröffnet, daß das Beschwerdegericht bei seiner Entscheidung den Grundsatz des rechtlichen Gehörs verletzt hat, hM, BVerfG NJW **79**, 538, Köln JB **86**, 1103, Ffm Rpfleger **84**, 475, KG MDR **80**, 322 mwN, ZöGu 37, Wiecz B III b 2, aM Kblz JB **88**, 920, Düss MDR **82**, 681, Stgt ZZP **79**, 305 m abl Anm Fenn; vgl auch § 567 Rn 6 und wegen der Gegenvorstellung Üb § 567 Rn 5. Das gleiche gilt bei anderen schweren Verfahrensmängeln.

**15** 4) *VwGO*: *Beschwerdegericht, I*, ist das OVG, ausnahmsweise das BVerwG, § 152 I VwGO. Eine weitere Beschwerde, *II und III*, ist dem VerwProzeß unbekannt, auch im Fall des § 99 II VwGO, BVerwG NJW **61**, 1836.

## 568a *Weitere Beschwerde im Versäumnisverfahren.* Beschlüsse des Oberlandesgerichts, durch die über eine sofortige Beschwerde gegen die Verwerfung des Einspruchs gegen ein Versäumnisurteil entschieden wird, unterliegen der weiteren sofortigen Beschwerde, sofern gegen ein Urteil gleichen Inhalts die Revision stattfinden würde; §§ 546, 554 b gelten entsprechend.

**1** **Vorbem.** Gilt entsprechend im **Verfahren der Arbeitsgerichte** für Beschwerdeentscheidungen des LAG nach § 70 ArbGG, § 78 II ArbGG, GMP § 78 Rn 14 (Zulassung nötig, keine Nichtzulassungsbeschwerde).

**2** 1) **Erläuterung.** Die Vorschrift eröffnet die sofortige weitere Beschwerde gegen Beschlüsse des OLG, durch die über eine Beschwerde gegen die Verwerfung des Einspruchs gegen ein Versäumnisurteil, § 341 II 2, entschieden ist, und zwar auch dann, wenn das OLG die sofortige Beschwerde als unzulässig verworfen hat, BGH NJW **96**, 2581, BayObLG LS NJW **82**, 2453, und ohne Rücksicht darauf, ob die Entscheidung des OLG einen neuen selbständigen Beschwerdegrund enthält (§ 568 II gilt hier nicht), BGH NJW **92**, 1701. Hierhin gehört auch die Verwerfung des Einspruchs gegen einen Vollstreckungsbescheid, § 700 I, BGH VersR **82**, 1168.

**3** A. **Voraussetzung.** Die sofortige weitere Beschwerde setzt voraus, daß gegen ein Urteil gleichen Inhalts die Revision stattfinden würde. Entsprechend §§ 546, 554b ist also die weitere sofortige Beschwerde statthaft, **a)** in nichtvermögensrechtlichen Streitigkeiten und in vermögensrechtlichen bei Beschwer bis 60 000 DM nur aufgrund einer Zulassung durch das OLG (ebenso nach § 621 d I), **b)** bei höherer Beschwer stets, jedoch mit der Möglichkeit der Nichtannahme durch den BGH, vgl die Erläuterungen zu beiden Vorschriften, ferner **c)** in den Fällen des § 547 ohne jede Einschränkung (ebenso nach § 621 d II), BGH NJW **96**, 2581 (zur Entscheidung in der Sache durch den BGH).

**4** B. **Verfahren:** Sofortige Beschwerde nach § 577, s dort Anm. Zuständig ist der BGH, § 133 Z 2 GVG, BayObLG LS NJW **82**, 2453; für die Einlegung gilt § 569, BGH NJW **97**, 1448. Eine Einstellung des ZwVollstr kommt idR nur dann in Betracht, wenn der Schuldner schon in der Vorinstanz von der Möglichkeit, VollstrSchutz zu erlangen, Gebrauch gemacht hat, BGH MDR **92**, 711.

**5** 2) *VwGO: Unanwendbar, Üb § 330 Rn 18.*

## 569 *Einlegung.* ¹Die Beschwerde wird bei dem Gericht eingelegt, von dem oder von dessen Vorsitzenden die angefochtene Entscheidung erlassen ist; sie kann in dringenden Fällen auch bei dem Beschwerdegericht eingelegt werden.

II ¹Die Beschwerde wird durch Einreichung einer Beschwerdeschrift eingelegt. ²Sie kann auch durch Erklärung zu Protokoll der Geschäftsstelle eingelegt werden, wenn der Rechtsstreit im ersten Rechtszug nicht als Anwaltsprozeß zu führen ist oder war, wenn die Beschwerde die Prozeßkostenhilfe betrifft oder wenn sie von einem Zeugen oder Sachverständigen erhoben wird.

**1** **Vorbem.** Im **Verfahren der Arbeitsgerichte** ist § 569 entsprechend anwendbar, § 78 I 1 ArbGG, GMP § 78 Rn 5–9.

**2** 1) **Stelle der Einlegung, I.** Regelmäßig ist die Beschwerde einzulegen beim Gericht der angefochtenen Entscheidung (iudex a quo), damit dieses ggf von seiner Befugnis zur Abhilfe, § 571, Gebrauch machen kann. Eine Beschwerde „an das Revisionsgericht durch das Berufungsgericht" ist beim Berufungsgericht eingelegt, RG DR **39**, 1189. Die Beschwerde darf nur in dringenden Fällen auch beim Beschwerdegericht (iudex ad quem) eingelegt werden. Ob der Fall dringend ist, darüber entscheidet das Beschwerdegericht nach freiem Ermessen. Bejaht es die Dringlichkeit, entscheidet es, ohne vorher eine Entscheidung über die

3. Abschnitt. Beschwerde § 569

Nichtabhilfe herbeizuführen, § 571 Rn 6. Verneint es die Dringlichkeit, so darf es nicht verwerfen, sondern hat dem unteren Gericht Gelegenheit zum Befinden über die Abhilfe zu geben, § 571 Rn 6. Ein dringender Fall liegt bei Gefahr im Verzug vor. Es muß nach dem Zweck der Vorschrift aber auch genügen, daß Abhilfe durch das Gericht der Entscheidung ersichtlich nicht zu erwarten ist, Ffm FamRZ **81**, 579. Wegen einer Beschwerde vor Verkündung oder Zustellung s § 567 Rn 9.

**2) Beschwerdeschrift, II 1** 3

**A. Allgemeines.** Soweit nicht II 2 eingreift, legt man Beschwerde ein durch Einreichung (Begriff § 518 Rn 3 ff), die auch telegrafisch, fernschriftlich oder durch Telebrief erfolgen kann, vgl Köln RR **90**, 895 u § 518 Rn 9, einer Beschwerdeschrift (Begriff § 518 Rn 9 ff); eine ausreichende Beschwerdeschrift kann auch eine auf das Zustellungsbekenntnis gesetzte Erklärung sein, aM Hbg NJW **86**, 3090, dagegen Schneider MDR **87**, 372. Außer beim AG und den sonst in § 569 II S 2 genannten Fällen besteht Anwaltszwang: ein beim Gericht der Einreichung zugelassener RA muß unterzeichnen, BGH NJW **97**, 1448 mwN, Bre FamRZ **77**, 399, allg Praxis; vgl auch § 577 Rn 8. Dies gilt nicht bei Einreichung beim Obergericht in dringenden Fällen: hier genügt die Unterzeichnung durch einen beim unteren Gericht zugelassenen RA, Ffm RR **87**, 1257 u FamRZ **81**, 580, Celle FamRZ **82**, 321, aM Bergerfurth AnwZwang Rn 252. Bei der sog Durchgriffserinnerung gegen Entscheidungen des Rechtspflegers, §§ 11 und 21 RPflG, besteht für die Einlegung des Rechtsmittels (und bis zur Vorlage beim Beschwerdegericht) kein Anwaltszwang, Bre NJW **72**, 1241, Zweibr NJW **73**, 908, str, aM Stgt NJW **71**, 1707, vgl Göppinger JR **71**, 451. Legt die Staatsanwaltschaft Beschwerde ein, § 634, so muß die beim Gericht der Einreichung oder beim OLG bestehende Staatsanwaltschaft unterzeichnen. Die erforderliche Schriftform ist dort, wo kein Anwaltszwang besteht, auch gewahrt, wenn die Beschwerdeschrift einer Körperschaft oder Anstalt des öff Rechts oder einer Behörde neben den maschinenschriftlich wiedergegebenen Namen des Verfassers einen Beglaubigungsvermerk (auch ohne Dienstsiegel) trägt, GmS NJW **80**, 172. Überhaupt genügt bei Eingaben der Partei selbst die Gewißheit, daß ihr der Schriftsatz zuzurechnen ist, Schneider MDR **87**, 372, BGH NJW **85**, 329.

**B. Inhalt.** Auf die Beschwerdeschrift ist § 518 anzuwenden. Sie muß deshalb enthalten: a) die **Bezeich-** 4 **nung der angefochtenen Entscheidung,** b) die **Erklärung, daß man Beschwerde einlege.** Der Gebrauch des Wortes Beschwerde ist unnötig; eine ausdrücklich als solche bezeichnete Gegenvorstellung ist aber jedenfalls dann keine Beschwerde, wenn der Schriftsatz von einem RA stammt, BGH VersR **82**, 598. Ob mit der Bitte um Überprüfung eine Beschwerde gemeint ist, muß durch Rückfrage geklärt werden, Neustadt MDR **59**, 309. Es muß aber, wo auch ein anderer Rechtsbehelf denkbar ist, etwa Berufung, die Absicht, Beschwerde einzulegen, eindeutig erhellen; c) die **klare Bezeichnung dessen, für den ein Vertreter Beschwerde einlegt.** Die Beschwerdeschrift ist ein bestimmender Schriftsatz, § 129 Rn 5 u 6, er muß darum die eigenhändige handschriftliche Unterschrift des Beschwerdeführers oder seines Bevollmächtigten tragen, BFH NJW **73**, 1016 (Ausnahmen: Fernschreiben und Telegramm), § 129 Rn 8 ff. d) Die Beschwerde muß ferner **unbedingt** sein, § 518 Rn 23 (zur Nichtzulassungsbeschwerde nach BEG BVerfG **40**, 272, vgl auch BFH NVwZ **83**, 439). Sie ist darum erst nach Erlaß der Entscheidung zulässig, vgl aber § 567 Rn 9. Eine Hilfsbeschwerde (Eventualbeschwerde) gegen eine erst bevorstehende Entscheidung gibt es nicht mit Ausnahme des § 577 IV. Unschädlich ist die Bedingung, daß das Gericht nicht abhilft, weil das Gesetz ein Abhilferecht gibt.

**C. Beschwerdeantrag.** Er ist nicht vorgeschrieben, BGH **91**, 160, aber dringend anzuraten, u wegen 5 § 567 II, vgl Schneider MDR **87**, 372. Ergibt die Beschwerdeschrift in Verbindung mit dem Akteninhalt nicht eindeutig, welche Abänderung der Beschwerdeführer erstrebt, so hat das Gericht das durch Rückfrage zu klären, § 139. Der Beschwerdeführer darf seinen Antrag bis zur Entscheidung ändern, erweitern und beschränken, sofern er nicht darauf verzichtet hat, BGH **91**, 160 mwN; dies darf aber nicht zu einer Änderung des Verfahrensgegenstandes führen, § 570 Rn 3.

**D. Begründung.** Sie ist nur nach den §§ 620 d und 621 e III 2 sowie nach § 18 II 1 AVAG, Schlußanh 6 V E, erforderlich. Sonst ist eine Begründung nicht vorgeschrieben, BAG NJW **91**, 1252, Düss AnwBl **91**, 272, aber ebenfalls dringend zu empfehlen. Eine Begründung ist grundsätzlich sofort einzureichen. Das Gericht braucht sie nicht zu fordern, hat aber idR eine Begründung abzuwarten, vgl § 573 Rn 5.

**E. Verstoß.** Bei einem Verstoß gegen die zwingenden Formvorschriften, Rn 3 u 4, ist die Beschwerde 7 unzulässig. Sie ist zu verwerfen, § 574.

**3) Erklärung zu Protokoll, II 2** 8

**A. Grundsatz.** Der Beschwerdeführer darf seine Beschwerde zu Protokoll der GeschStelle erklären: **a) wenn der Prozeß im 1. Rechtszug nicht als Anwaltsprozeß zu führen ist**, § 78 I, gleichviel, wer Beschwerde einlegt und wie die Zuständigkeit des AG begründet ist (diese Erleichterung gilt also für FamS nur nach Maßgabe des § 78 II); wegen der Beschwerde gegen die Zurückweisung eines Arrest- oder Verfügungsgesuchs vgl § 922 Rn 24, wegen der Rechtslage in den neuen Bundesländern s Vorbem § 78 Rn 13; **b) wenn der Prozeß im 1. Rechtszug nicht als Anwaltsprozeß zu führen war**, wo er also beendet ist oder in höherer Instanz schwebt; auch die Beschwerde gegen eine Entscheidung der höheren Instanz fällt dann also unter II 2, hM, zB bei Ablehnung eines Richters des LG als Berufungsgericht, KG MDR **83**, 60, soweit sich aus § 78 II nichts anderes ergibt, § 519 b Rn 13, nicht aber bei Anfechtung eines vom LG als 1. Instanz erlassenen Beschlusses nach § 890, Stgt WRP **82**, 604, Nürnb MDR **84**, 58 mwN, vgl § 922, Hamm RR **79**, 763, str, aM Hartmann § 78 Rn 24, beide mwN. Bei einer Verweisung oder Abgabe ans LG besteht von da ab Anwaltszwang, BGH VersR **83**, 785 (§§ 281, 506), BGH JZ **79**, 535 (§§ 696, 700), beide mwN; wegen der Rechtslage in den neuen Bundesländern s Vorbem § 78; **c) wenn die Beschwerde die Prozeßkostenhilfe betrifft**, § 127, zB wenn es um die Ablehnung eines Richters beim LG geht, Schlesw SchlHA **96**, 222; **d) wenn sich ein Zeuge oder Sachverständiger beschwert**, §§ 380, 390, 409, 411. Dasselbe gilt für die Beschwerde der aus §§ 141 III, 273 IV, 613 II beschwerten Partei, ebenso für den zur Blutentnahme bestellten Dritten, der wegen Nichterscheinens, vgl aber § 372 a Rn 24, gemaßregelt ist (Augenscheinsobjekt), Düss JMBlNRW **64**, 30.

**§§ 569–571**

**9** **B. Einzelheiten.** Gleich bleibt, ob die Partei das Gesuch zu Protokoll erklären durfte, auf das die angefochtene Entscheidung ergangen ist. „Rechtsstreit" bedeutet in II jedes Verfahren nach ZPO, Hbg MDR **81**, 939, nicht aber ein Nebenverfahren des Prozesses, zB über eine Richterablehnung, Hamm u Köln MDR **96**, 1182, aM Mü NJW **94**, 60 (dazu Vollkommer MDR **96**, 1299). In den in Rn 8 genannten Fällen genügt auch eine Einlegung zum Sitzungsprotokoll; es kann unmöglich schaden, daß der Richter mitbeurkundet, Einf §§ 159 ff Rn 3, oder auch allein beurkundet, BGH Rpfleger **82**, 411 mwN (für das Strafverfahren), RoSGo § 148 I 2, ThP 9, ZöGu 11, str, aM LG Oldb NdsRpfl **82**, 85, LG Bln Rpfleger **74**, 407 mwN. In anderen Fällen bleibt nur die Einlegung nach II 1, Nürnb MDR **63**, 508: schriftliche Einlegung durch die Partei selbst oder einen Bevollmächtigten.

**10** Zuständig für die Protokollierung ist nicht nur die GeschStelle des Gerichts, bei dem die Beschwerde einzulegen ist, I, sondern die GeschStelle eines jeden AG, § 129 a. Eine fernmündliche Einlegung ist auch dann unzulässig, wenn der UrkBeamte darüber einen Vermerk aufnimmt, hM, BGH NJW **81**, 1627 mwN, OVG Bln AS **17**, 240, vgl Friedrichs NJW **81**, 1422 mwN.

Der Anwaltszwang entfällt in diesem Umfang für die Einlegung der Beschwerde, § 78 II. Für das weitere Verfahren bleibt er nach Maßgabe des § 573 II bestehen, also namentlich für eine etwaige mündliche Verhandlung, § 573 Rn 5, vgl Bergerfurth AnwZwang Rdz 262 f.

**11** 4) *VwGO:* Es gilt § 147; zum Vertretungszwang s § 67 I 1 VwGO, der für zulassungsfreie Beschwerden nicht gilt, vgl OVG Münst NVwZ **99**, 474, str (die Anwendung von II 2 in PKH-Sachen ist str, vgl OVG Bautzen NVwZ **99**, 784 mwN, § 127 Rn 105). Antrag auf Zulassung der Beschwerde: § 146 IV–VI VwGO, dazu Fliegauf/Blüm AnwBl **98**, 134, Wilke Nordör **98**, 3 mwN.

## 570 *Neues Vorbringen.* Die Beschwerde kann auf neue Tatsachen und Beweise gestützt werden.

**1** **Vorbem.** Im **Verfahren der Arbeitsgerichte** entsprechend anwendbar, § 78 I 1 ArbGG.

**2** **1) Erläuterung.** § 570 gilt auch für die sofortige und jede weitere Beschwerde, nicht aber für die Rechtsbeschwerde, Üb § 567 Rn 1. Die Beschwerde kann sich auf vor oder nach der ersten Entscheidung eingetretene neue Tatsachen und Beweise stützen, BVerfG NJW **82**, 1635, allgM; dies gilt auch im PKH-Verfahren, LAG Köln MDR **93**, 798, Schneider MDR **89**, 513, 870 u 965, jedoch nur mit Einschränkungen für Beschwerden im WiedEinsVerf, BGH NJW **97**, 2121. §§ 528, 530 vertragen sich nicht mit der freien Natur der Beschwerde und sind darum unanwendbar, BVerfG NJW **82**, 1635 mwN. Unanwendbar ist auch § 296; das folgt aus der Bindungswirkung, BVerfG **40**, 88, der Entscheidung BVerfG NJW **82**, 1635, obwohl diese Entscheidung nicht gebilligt werden kann, Jauernig § 75 IV, Waldner NJW **84**, 2927 mwN, Schumann NJW **82**, 1612, abw Weth (bei § 528) S 36, Hermisson NJW **83**, 2230, vgl Franke NJW **86**, 3051. Dagegen gilt § 282 entsprechend, so daß das Beschwerdegericht Fristen setzen und ggf nach § 283 S 2 verfahren darf, Köln ZIP **81**, 92. Sonst ist jedes Vorbringen zu berücksichtigen, das bis zur Hinausgabe der Beschwerdeentscheidung durch die Geschäftsstelle eingeht, BVerfG **62**, 353, vgl Schneider MDR **90**, 597.

**3** Besonderes gilt für die sofortige Beschwerde gegen eine Kostenentscheidung nach § 91 a, da diese unter Berücksichtigung des bisherigen Sach- und Streitstandes ergeht, die Anführung neuer Tatsachen und Beweise diesem summarischen Verfahren also widersprechen würde, vgl dazu § 91 a Rn 160. Entsprechendes gilt dann, wenn die Beschwerde auf die Ermessensprüfung beschränkt ist, Köln VersR **95**, 1379, LAG Hessen MDR **98**, 926.

Da neues Vorbringen zulässig ist, darf der Beschwerdeführer zB vorbringen, daß er mit einer Gegenforderung aufrechne, OLG **37**, 125. Neue Ansprüche sind ausgeschlossen, weil der Gegenstand der Beschwerde derjenige der Vorinstanz ist. Deshalb ist zB die Einführung neuer Ablehnungsgründe, § 42, nicht zulässig, BayObLG MDR **86**, 60 mwN, § 46 Rn 12. Eine Antragsänderung ist zulässig, BGH **91**, 160; sie darf jedoch nicht zu einer Änderung des Verfahrensgegenstandes führen.

Bei Obsiegen aufgrund neuen Vorbringens gilt für die Kosten § 97 II. Die Nichtberücksichtigung neuen Vorbringens ist ein schwerer VerfMangel iSv § 568 II, Schneider MDR **89**, 870.

**4** **2)** *VwGO:* Entsprechend anzuwenden, § 173 VwGO, weil die Regelung dem Untersuchungsgrundsatz entspricht, Ey § 146 Rn 2, *und für das Berufungsverfahren das gleiche gilt,* § 128 S 2 VwGO, RedOe § 146 Anm 12.

## 571 *Verfahren des unteren Gerichts.* Erachtet das Gericht oder der Vorsitzende, dessen Entscheidung angefochten wird, die Beschwerde für begründet, so haben sie ihr abzuhelfen; andernfalls ist die Beschwerde vor Ablauf einer Woche dem Beschwerdegericht vorzulegen.

**1** **Vorbem.** Im **Verfahren der Arbeitsgerichte** entsprechend anwendbar, § 78 I 1 ArbGG, GMP § 78 Rn 10.

**2** **1) Abhilfe** (Peters, F Gaul, 1997)

**A. Verfahren des Gerichts.** Das untere Gericht hat (sofern es sich nicht um eine sofortige Beschwerde, § 577, handelt) die Amtspflicht, zunächst zu prüfen, ob die Beschwerde begründet ist. Dabei muß es vorgebrachte neue Tatsachen beachten und in seine Prüfung einbeziehen, Hamm MDR **88**, 871 u Rpfleger **86**, 484, Köln FamRZ **86**, 487; wenn die Anhörung des Gegners geboten ist, braucht die Wochenfrist nicht eingehalten zu werden, Hamm aaO (eine etwa erforderliche Beweisaufnahme ist innerhalb der Wochenfrist

### 3. Abschnitt. Beschwerde § 571

anzuordnen, Ffm OLGZ **68**, 44, wenn dies möglich ist und die Parteien mit einer dadurch verzögerten Abgabe einverstanden sind). Bis zur Vorlegung kann das Erstgericht Maßnahmen nach § 572 II treffen.

Hält es die Beschwerde für begründet, so muß er ihr abhelfen, also seine Entscheidung abändern, und zwar durch eine Entscheidung derselben Art. Diese ist zu verkünden oder in derselben Weise bekanntzugeben, § 329 III, wie die angefochtene Entscheidung. Geeignetenfalls ist teilweise abzuhelfen. Zuständig für die Abhilfeentscheidung ist der Einzelrichter, soweit die Beschwerde sich gegen seine Entscheidung richtet, § 350 (aM zum früheren Recht Hamm Rpfleger **74**, 202).

Abgeholfen werden kann auch einer unzulässigen Beschwerde, hM, Bettermann ZZP **88**, 410, Nürnb **3** MDR **61**, 509; die Beschwerde muß aber statthaft sein, § 567 Rn 2–4. Vorheriges Gehör des Gegners ist vor jeder, auch der teilweisen, Abhilfe erforderlich. Das untere Gericht darf dazu eine mündliche Verhandlung anordnen; zweckmäßig wird sie wegen des Zeitverlusts selten sein. Das untere Gericht muß, wo es voll abhilft, über die Kosten der Beschwerde befinden, soweit eine Kostenentscheidung zu treffen ist, § 573 Rn 13, vgl Gubelt MDR **70**, 895 mwN insbesondere auch zur Rechtslage bei teilweiser Abhilfe (hier entscheidet das untere Gericht, soweit nötig, über die erstinstanzlichen Kosten, während über die Beschwerdekosten nach Vorlegung, auch bei Rücknahme der restlichen Beschwerde, einheitlich das obere Gericht befindet, KG DR **40**, 2190).

Hält das untere Gericht die Beschwerde für gerechtfertigt, aber seine Entscheidung aus einem anderen **4** Rechtsgrund für richtig, legt es die Beschwerde mit neuer Begründung im Nichtabhilfebeschluß dem Beschwerdegericht vor, MüKoBr 6, StJGr 8, Köln FamRZ **86**, 487 mwN, str, ZöGu 10 (enger), abw RoSgo § 148 IV 1, ThP **86**, 507, BFH BayVBl **76** II 595 mwN: Abhilfe durch Erlaß eines neuen Beschlusses mit Gründen. Da dann erneut Beschwerde eingelegt werden muß, ist dies ein unnötiger Umweg, zumal auch nach dieser Meinung eine unwesentliche Ergänzung der Gründe zulässig ist, BFH BStBl **77** II 164, und im Falle der Nichtabhilfe eine Zurückverweisung nur bei schwerwiegenden Mängeln des angefochtenen Beschlusses, zB Versagung des rechtlichen Gehörs, in Frage kommt, BFH BStBl **77** II 331; überzeugen die neuen Gründe des Nichtabhilfebeschlusses den Beschwerdeführer, so kann und wird er die Beschwerde zurücknehmen oder für erledigt erklären, um Kosten zu sparen. In solchen Fällen ist der Nichtabhilfebeschluß den Beteiligten stets bekanntzugeben, vgl Rn 8.

Um das Nichtabhilfeverfahren durchführen zu lassen, hat das übergeordnete Gericht eine bei ihm eingelegte Beschwerde, § 569 I Hs 2, dem Erstgericht zuzuleiten (Ausnahme: unten Rn 6).

**B. Wirkung.** Volle Abhilfe erledigt die Beschwerde. Die Beschwerde des nunmehr beschwerten Gegners **5** gegen die Abhilfeentscheidung ist eine erste Beschwerde und demgemäß unter den in § 567 Rn 1–4 sowie 6 u 7 genannten Voraussetzungen statthaft. Wird nicht voll abgeholfen, muß wegen der insofern nicht verbrauchten Beschwerde vorgelegt werden; für die Erreichung der Beschwerdesumme gilt dann die alte Beschwer, KG NJW **58**, 2023, aM Hamm JB **70**, 47, vgl § 567 Rn 18.

**C. Entbehrlich** ist das Nichtabhilfeverfahren, wenn es dazu führen würde, daß wegen der Eilbedürftigkeit **6** die Entscheidung des Beschwerdegerichts zu spät kommen würde. In solchen Fällen ist die Beschwerde sofort vorzulegen oder, wenn sie gemäß § 569 I (dringender Fall) unmittelbar beim Beschwerdegericht eingelegt worden ist, von diesem ohne Rückgabe an das Erstgericht zu bearbeiten, Karlsr RR **87**, 1206, VGH Mannh DVBl **90**, 1358.

**2) Vorlegung.** Hilft das untere Gericht nicht ab und ist eine Beschwerde überhaupt statthaft oder ist **7** wenigstens ihre Statthaftigkeit zweifelhaft, so legt das untere Gericht die Sache binnen 1 Woche mit seinem Beschluß dem Beschwerdegericht vor (wegen der Sonderregelung der sog Durchgriffserinnerung, §§ 11 und 21 RPflG, s Anh § 153 GVG). Unterläßt er die Vorlegung, so darf der Beschwerdeführer seine Beschwerde nochmals unmittelbar beim Beschwerdegericht einreichen (dringender Fall, § 569 I). Die Frist ist eine uneigentliche, Üb § 214 Rn 11; ihre Versäumung ist prozessual ohne Bedeutung.

Über die Nichtabhilfe und Vorlage wird stets durch Beschluß entschieden, auch im Fall des § 11 II 3 **8** RPflG, Kblz Rpfleger **74**, 260 (Verfügung genügt nicht). Im Beschluß, so muß ihn das Beschwerdegericht anfordern, falls nicht ein dringender Fall vorliegt, oben Rn 6, oder die Beschwerde unstatthaft ist, BFH BStBl **84** II 562. Eine Begründung des Beschlusses ist nur dann nötig, wenn in der Beschwerde neue Tatsachen oder Gesichtspunkte vorgetragen werden, die das Erstgericht für widerlegt oder unerheblich hält, Celle NdsRpfl **88**, 9, Köln FamRZ **86**, 487, Hbg OLGZ **82**, 391 (zum Fehlen der Begründung s Rn 10). Wenn aber dem angefochtenen Beschluß eine erforderliche Begründung fehlt, § 329 Rn 2, muß sie im Nichtabhilfebeschluß nachgeholt werden, Ffm Rpfleger **84**, 477 mwN, Schlesw SchlHA **82**, 43, Schlesw SchlHA **77**, 14, KG NJW **74**, 2010 mwN, E. Schneider NJW **66**, 1367 (dann ist sie den Beteiligten mitzuteilen, damit sie sich darauf einstellen, zB die Beschwerde zurücknehmen können). In allen solchen Fällen ist die Bekanntgabe der Nichtabhilfe und der Vorlegung an die Beteiligten nicht erforderlich (Ausnahme: Rn 4), aber schon aus praktischen Gründen ratsam (andere Verfahrensordnungen enthalten eine entspr Vorschrift, §§ 148 II VwGO, 174 SGG, 130 II FGO).

Die Vorlegung läßt die Entscheidung dem oberen Gericht anfallen, Grdz § 511 Rn 3; wird die Be- **9** schwerde vorher zurückgenommen, ist die Kostenentscheidung Sache der unteren Instanz, Celle MDR **60**, 507. Nach der Vorlegung ist keine Abhilfe durch das untere Gericht mehr möglich. Schriftsätze, die nach der Vorlegung beim Ausgangsgericht eingehen, sind unverzüglich an das Beschwerdegericht weiterzuleiten, BVerfG NJW **83**, 2187, ZöGu 6.

Dem Beschwerdegericht ist eine offensichtlich unstatthafte Beschwerde nicht vorzulegen, Zweibr FamRZ **84**, 1031, es sei denn, daß der Beschwerdeführer ausdrücklich darauf besteht, Köln Rpfleger **75**, 67; eine solche Beschwerde darf das Erstgericht selbst verwerfen, Zweibr JB **80**, 304, nachdem es den Beschwerdeführer gehört hat. Eine Vorlage nach Rücknahme nur wegen der Kostenentscheidung ist ebenfalls nicht nötig; ist Sache des Erstgerichts, BGH **LM** § 567 Nr 2.

**3) Nachprüfung.** Gegenstand der Prüfung durch das Beschwerdegericht ist die angefochtene Entschei- **10** dung (ggf in der Gestalt, die sie im Abhilfeverf erhalten hat), nicht dagegen der Nichtabhilfebeschluß. Fehlt die Entscheidung über die Nichtabhilfe ganz, darf (nicht: muß) das Beschwerdegericht entspr §§ 539, 540

§§ 571, 572                                                                                  3. Buch. Rechtsmittel

die Sache zurückverweisen, Hamm RR **94**, 389. Sonst aber kommt es auf Verfahrensfehler bei der Nichtabhilfe nicht an, BayObLG FamRZ **96**, 1023; zB ist nicht zu prüfen, ob das Gericht dabei vorschriftsmäßig besetzt war oder ob der Beschluß hätte begründet werden müssen, Rn 8, insofern aM Hamm MDR **88**, 871, Celle NdsRpfl **88**, 9, vermittelnd Karlsr FamRZ **91**, 350. Eine erneute Abhilfeentscheidung käme nach der Vorlegung nicht in Betracht, Rn 9, und wäre überdies ein unnötiger Umweg, da das Beschwerdegericht selbst in der Sache entscheiden kann.

**11**  4) *VwGO: Es gilt § 148 (Sondervorschriften in § 146 IV–VI 2 VwGO).*

**572** *Aufschiebende Wirkung.* ¹Die Beschwerde hat nur dann aufschiebende Wirkung, wenn sie gegen eine der in den §§ 380, 390, 409, 613 erwähnten Entscheidungen gerichtet ist.

II Das Gericht oder der Vorsitzende, dessen Entscheidung angefochten wird, kann anordnen, daß ihre Vollziehung auszusetzen sei.

III Das Beschwerdegericht kann vor der Entscheidung eine einstweilige Anordnung erlassen; es kann insbesondere anordnen, daß die Vollziehung der angefochtenen Entscheidung auszusetzen sei.

**1**   **Vorbem.** Im Verfahren der Arbeitsgerichte ist § 572 entsprechend anwendbar, § 78 I 1 ArbGG.

**2**   **1) Aufschiebende Wirkung, I**
**A. Grundsatz.** Regelmäßig hindert die Beschwerde weder den Fortgang des Verfahrens noch die Vollstreckung der angefochtenen Entscheidung. Alleinige Ausnahmen: **a)** §§ 380, 390, 409, 411: Ordnungsmittel gegen Zeugen und Sachverständige, **b)** Ordnungsmittel gegen Beteiligte in EheS (und KindschaftsS, § 640), § 613. Dazu treten: **c)** §§ 141 III, 273 III: Ordnungsmittel gegen eine Partei, deren persönliches Erscheinen angeordnet war, **d)** § 411 II: Versäumung der Frist zur Erstattung eines Gutachtens, **e)** § 387 III: Zwischenurteil wegen Zeugnisverweigerung, **f)** § 900 V: Beschluß über die Pflicht zur Abgabe der eidesstattlichen Versicherung, **g)** § 181 II GVG: Vollstreckung der Ordnungsmittel, **h)** § 74 KO: Entscheidung im Konkursverfahren, **i)** § 80 III VerglO: Versagung der Vergleichsbestätigung, **k)** §§ 80 II, 112 III GenG, **l)** § 63 I GWB, **m)** §§ 75 I, 103 PatG.

**3**   **B. Beginn.** Die aufschiebende Wirkung beginnt in den Ausnahmefällen mit der Einlegung der Beschwerde. Bis dahin ist die Zwangsvollstreckung statthaft. Deren Einstellung erfolgt nach § 732 II; eine Ausfertigung ist dem Gerichtsvollzieher nach § 775 Z 2 vorzulegen.

**4**   **2) Vorläufige Maßnahmen, II, III**
**A. Gericht der angefochtenen Entscheidung, II.** Das Gericht oder der Vorsitzende (wenn er die Entscheidung erlassen hat) kann anordnen, daß die Vollziehung auszusetzen sei. Die Anordnung wirkt wie eine Einstellung der Zwangsvollstreckung ohne Sicherheit. Sie kann bis zur Vorlegung, § 571, getroffen werden. Die Befugnis des Erstgerichts besteht auch im Fall der sofortigen Beschwerde, § 577, LG Ffm MDR **90**, 256. Gegen eine Entscheidung nach II gibt es keine Beschwerde, unten Rn 7.

**5**   **B. Beschwerdegericht, III.** Die gleiche Befugnis steht dem Beschwerdegericht zu, sobald die Beschwerde wegen Dringlichkeit bei ihm eingelegt ist, § 569 I, oder ihm vorgelegt ist, § 571; die Aussetzung der Vollziehung setzt voraus, daß der angefochtene Beschluß voraussichtlich keinen Bestand haben wird, Ffm OLGZ **89**, 106. Das Beschwerdegericht ist aber nicht auf diese Möglichkeit beschränkt. Vielmehr kann es im Wege der einstw AnO auch andere Maßnahmen treffen, die es für geboten hält; es kann zB die Rechtswirkungen eines Aufhebungsbeschlusses hinausschieben, Schlesw SchlHA **93**, 91.

**6**   **C. Gemeinsames.** Alle Anordnungen, die auch vAw ergehen dürfen, trifft das Gericht bzw der Vorsitzende hinsichtlich des Ob und des Wie nach pflichtgemäßem Ermessen. Sie sind den Beteiligten bekanntzugeben, § 329 III, und dürfen jederzeit vAw geändert oder aufgehoben werden. Von selbst treten sie außer Kraft, wenn über die Beschwerde entschieden worden ist, BGH FamRZ **87**, 155 (ein klarstellender Hinweis in der Entscheidung empfiehlt sich).

**7**   Gegen die AnO oder ihre Ablehnung gibt es keinen Rechtsbehelf, Köln ZMR **90**, 419, Hbg FamRZ **90**, 423 mwN, auch wenn die Beschwerde in der Zwangsvollstreckung erhoben worden ist; denn § 793 liegt nicht vor, da es sich um keine Entscheidung in der Zwangsvollstreckung handelt. Das Gericht darf aber seine einstw AnO (das Beschwerdegericht auch eine AnO des Erstrichters, Wiecz B IV) ändern oder wieder aufheben; auch dagegen gibt es keinen Rechtsbehelf, KG JW **38**, 1841, ebenso nicht gegen die Ablehnung eines auf Aufhebung gerichteten Antrages. Ausnahmsweise ist Beschwerde gegeben, wenn die AnO wegen funktioneller Unzuständigkeit überhaupt nicht erlassen werden durfte, Stgt MDR **76**, 852, vgl § 567 Rn 6 u 7.

**8**   **3) *VwGO:*** *Statt I und II gilt § 149 I VwGO (gegen die Aussetzung der Vollziehung, ebenso wie im Fall des II, oben Rn 7, keine Beschwerde, VGH Mannh NVwZ **86**, 934, aM VGH Kassel NVwZ **90**, 976 mwN); jedoch gilt § 149 I VwGO nicht iRv § 146 IV–VI, OVG Hbg NVwZ **97**, 691 (betr § 146 IV VwGO), VGH Bln NVwZ **97**, 514. Entsprechend anzuwenden, § 173 VwGO, ist III in allen Beschwerdefällen, Kopp/Sch § 149 Rn 2, RedOe § 149 Anm 4, hM, OVG Jena NVwZ **99**, 892 mwN, OVG Lüneb NVwZ **99**, 209, OVG Hbg aaO, VGH Mü NJW **93**, 3090 mwN, aM für den Geltungsbereich der FGO BFH BStBl **82** II 264 mwN: aber der iudex ad quem darf nicht stärker eingreifen sein als im Zivilprozeß, zumal im Berufungsverfahren § 719 entsprechend gilt, § 167 I VwGO. Durch einstwAnO des Beschwerdegerichts, oben Rn 5, kann auch die Vollziehung des VerwAktes einstweilen ausgesetzt werden, wenn das Erstgericht eine Maßnahme nach § 80 V VwGO abgelehnt hat, OVG Jena aaO mwN, OVG Bln zu VG Bln NVwZ **99**, 920, aM OVG Bln DÖV **86**, 615 mwN, VGH Mü NVwZ **82**, 685 (u BFH*

3. Abschnitt. Beschwerde  **§§ 572, 573**

aaO); eine solche Maßnahme ist zulässig und bei zweifelhaftem Ausgang des Beschwerdeverfahrens geboten, wenn sonst vollendete Tatsachen geschaffen werden würden, ebenso Trzaskalik JZ 83, 422.

**573** *Verfahren des Beschwerdegerichts; mündliche Verhandlung.* ¹Die Entscheidung über die Beschwerde kann ohne mündliche Verhandlung ergehen.

II ¹Ordnet das Gericht eine schriftliche Erklärung an, so kann sie durch einen Anwalt abgegeben werden, der bei dem Gericht zugelassen ist, von dem oder von dessen Vorsitzenden die angefochtene Entscheidung erlassen ist. ²In den Fällen, in denen die Beschwerde zum Protokoll der Geschäftsstelle eingelegt werden darf, kann auch die Erklärung zum Protokoll der Geschäftsstelle abgegeben werden.

**Vorbem. A.** Art 3 Z 7 G v 2. 9. 94, BGBl 2278, bestimmt: 1

In § 573 Abs. 2 Satz 1 werden die Worte „so kann sie durch einen Anwalt abgegeben werden, der bei dem Gericht zugelassen ist, von dem oder dessen Vorsitzenden die angefochtene Entscheidung erlassen ist" durch die Worte „so ist sie durch einen Rechtsanwalt abzugeben" ersetzt.

Die Änderung von II 1, dazu Kleine-Cosack NJW 94, 2550, tritt für die alten Bundesländer u Berlin am **1. 1. 2000,** für die neuen Bundesländer am **1. 1. 2005** in Kraft, Art 22 II des Ges, vgl dazu § 78 Vorbem zu Rn 2 ff.

**B.** Im **Verfahren der Arbeitsgerichte** ist § 573 entsprechend anwendbar, § 78 I 1 ArbGG, GMP § 78 Rn 13.

**Gliederung**

| | |
|---|---|
| 1) Grundsatz ............................ 2 | 3) Entscheidung ......................... 9–13 |
| 2) Verfahren bis zur Entscheidung ....... 3–8 | A. Ungünstige Entscheidung ............. 9 |
|    A. Allgemeines ...................... 3 | B. Günstige Entscheidung .............. 10 |
|    B. Anwendbare Vorschriften .......... 4 | C. Gemeinsames ....................... 11 |
|    C. Mündliche Verhandlung, I, und Anhörung, II ........................ 5 | D. Rechtskraftwirkung ................. 12 |
|    D. Anwaltszwang .................... 6 | E. Kosten der Beschwerde ............. 13 |
|    E. Rücknahme der Beschwerde ....... 7 | 4) *VwGO* ............................... 14 |
|    F. Erledigung der Hauptsache ........ 8 | |

**1) Grundsatz.** Die ZPO regelt das Beschwerdeverfahren lückenhaft. Darum fehlt es nicht an Zweifels- 2 fragen. Da die Beschwerde ein der Berufung angenähertes, wenn auch geringeres Rechtsmittel ist, sind die Vorschriften über das Berufungsverfahren sinngemäß anwendbar, soweit es die Natur der Beschwerde zuläßt. Vgl Grdz § 511. Das Beschwerdegericht ist, sofern es sich nicht um eine Rechtsbeschwerde, Üb § 567 Rn 1, handelt, stets Tatsachengericht, § 570 Rn 2. Es hat die Sache voll nachzuprüfen. Bei Ermessensentscheidungen darf es sich nicht auf Fehlerkontrolle beschränken, sondern muß selbst Ermessen ausüben, unten Rn 9.

**2) Verfahren bis zur Entscheidung** 3

**A. Allgemeines.** Beschwerdepartei können auch Dritte sein, namentlich Zeugen. Die Parteistellung ergibt sich aus der Lage des Einzelfalls. Bisweilen fehlt ein Gegner. Wegen der Einlegung der Beschwerde s § 569. Eine Frist besteht nur für die sofortige Beschwerde, § 577; s aber § 567 Rn 13.

**B. Anwendbare Vorschriften: a)** Das **1. Buch** der ZPO ist namentlich anwendbar für die Vorschriften 4 über Verbindung und Trennung, Aussetzung und Unterbrechung, Ausschließung und Ablehnung, Prozeßvollmacht, Streitwertfestsetzung und Kosten. **b) Buch 2** ist nur nach Lage des Falls gemäß der Natur der Sache und nur entsprechend anwendbar. Immer anwendbar sind die Vorschriften über das Beweisverfahren (dann ist also mindestens über die Aufnahme des Beweisergebnisses in den Beschluß erforderlich) und die Vorschriften über die Entscheidung durch Beschluß, § 329. Eine Zurückweisung verspäteten Vorbringens ist hier unstatthaft und unnötig, s § 570 Rn 1; notfalls ist zur Äußerung eine Frist zu setzen, § 282, vgl § 570 Rn 1 (keine Anwendung von § 296, wohl aber von § 283 S 2). Eine Verweisung entsprechend § 281 ist zulässig. **c)** Das **3. Buch** sind die Vorschriften des Berufungsverfahrens sinngemäß anzuwenden, oben Rn 2. Dies gilt nicht für die Präklusionsvorschriften, §§ 527–530, § 570 Rn 1, wohl aber für **§ 512 a:** die gesetzwidrige Annahme der örtlichen Zuständigkeit kann der Beschwerdeführer in vermögensrechtlichen Sachen (Begriff Üb § 1 Rn 9) nicht bemängeln, § 512 a Rn 6; entsprechendes gilt für **§ 514, 529 II,** BGH ZIP 92, 66, und **§ 529 III,** Düss FamRZ 86, 1009, hierner ist der Verf der Rechtsbeschwerde für § 549 II. Bei Rücknahme ist **§ 515 III** anzuwenden, vgl unten Rn 7. Wegen des Anschließens s § 577 a.

**C. Mündliche Verhandlung, I, und Anhörung, II.** Eine mündliche Verhandlung ist stets freigestellt, 5 § 128 Rn 3, aber nicht nötig; wird sie angeordnet, gilt für sie das zu § 128 Gesagte. Die (schriftliche) Anhörung des Gegners ist immer nützlich und wegen Art 103 I GG erforderlich, ehe eine ihm nachteilige Entscheidung ergeht, BVerfG stRspr, NJW 74, 133 mwN, BGH NJW 94, 392; insbes wenn eine Beschwerde oder Anschlußbeschwerde des Gegners in Betracht, wird dessen Anhörung immer geboten sein. Gegner in diesem Sinne sind auch sonstige Betroffene, zB die Partei selbst bei Beschwerde ihres RA gegen den Streitwert, vgl E. Schneider DRiZ 78, 204. Die vorsorgliche Anhörung durch das Beschwerdegericht ist idR geboten, wenn der Beschwerdeführer von der Nichtabhilfe, § 571, unterrichtet wird, Celle NdsRpfl 91, 452. Vom Gericht gesetzte und etwa (auch stillschweigend) verlängerte angemessene **Äußerungsfristen** sind zu beachten, so daß vorher nicht entschieden werden darf, BVerfG NJW 88, 1774 mwN, BVerwG NJW 92, 327, Schneider MDR 86, 642; nicht aber ist das Gericht gehalten,

## § 573

für die Einreichung einer angekündigten Begründung eine Frist zu setzen und erst nach ihrem Ablauf zu entscheiden, Celle NdsRpfl **92**, 54, Oldb MDR **90**, 1125 mwN, Köln RR **86**, 862. Das Gericht muß aber eine angemessene Zeit warten, BayObLG RR **86**, 1446, idR höchstens drei Wochen, Celle NdsRpfl **92**, 54, Köln FamRZ **96**, 301, MDR **90**, 556, Zweibr RR **87**, 576, alle mwN. Stets ist alles **Vorbringen**, daß bis zur Hinausgabe der Entscheidung eingeht, vom Beschwerdegericht zu beachten, BVerfG NJW **93**, 51, BayObLG MDR **81**, 409. Die Anhörung des Beschwerdeführers zur Äußerung des Gegners ist nur nötig, wenn diese neues entscheidungserhebliches tatsächliches Vorbringen enthält oder neue rechtliche Gesichtspunkte aufzeigt, Köln FamRZ **96**, 301. Das Beschwerdegericht muß prüfen, ob rechtliches Gehör gewährt ist; im schriftlichen Verfahren verlangt das BVerfG den Nachweis des Zugangs, NJW **74**, 133 (dagegen Scheld Rpfleger **74**, 212 m zutreffendem Hinweis auf § 270 II 2).

**6**   **D. Anwaltszwang, II.** Außer beim AG (und auch dort in den Fällen des § 78 II) besteht Anwaltszwang für die schriftliche Erklärung auch dort, wo die Einlegung der Beschwerde außerhalb des Anwaltszwangs statthaft ist, § 569 II (§ 387 II gilt nur für die 1. Instanz), hM, Ffm MDR **99**, 705 (RpflG), aA für Beschwerden Dritter Bergerfurth AnwZwang Rn 261. Indessen darf auf beiden Seiten auch ein beim unteren Gericht zugelassener RA eine angeordnete schriftliche Erklärung abgeben, BGH NJW **84**, 2413. Er wird damit nicht Prozeßbevollmächtigter der Beschwerdeinstanz, RG HRR **33**, 536. Das Beschwerdegericht kann im Wege der Prozeßkostenhilfe auch einen bei der Vorinstanz zugelassenen RA beiordnen, wenn die Vertretung durch diesen genügt, BGH NJW **84**, 2413. Nur wo das Gesetz die Erklärung der Beschwerde zu Protokoll der Geschäftsstelle zuläßt, § 569 II, genügt eine ebensolche Erklärung im Verfahren. Dann reicht somit auch eine gewöhnliche schriftliche Erklärung aus, § 569 Rn 8. In einer etwaigen mündlichen Verhandlung ist auch dann die Vertretung durch einen beim Beschwerdegericht zugelassenen RA nötig, vgl Bergerfurth AnwZwang Rn 263 f. **Wegen der Rechtslage ab 1. 1. 2000 s Vorbem A.**

In den **neuen Bundesländern** wurde II dadurch modifiziert, daß vor dem Bezirksgericht die Vertretung durch einen RA ausreichend war, der in diesem Gebiet seine Kanzlei unterhält, EV Anl I Kap III Sachgeb A Abschn III Z 5 b, dazu Gottwald FamRZ **90**, 1179, Bergerfurth DtZ **90**, 351. Nach der Errichtung von LG u OLG ist diese Maßgabe nicht mehr anzuwenden, § 17 Z 1 d RpflAnpG. Zur Fortgeltung von § 22 RpflAnpG s Vorbem § 78.

**7**   **E. Rücknahme der Beschwerde.** Sie ist zulässig (nur) bis zur Hinausgabe der Beschwerdeentscheidung, Rn 11 aE, Ffm FamRZ **96**, 420 mwN, und danach noch im Verfahren einer etwaigen weiteren Beschwerde bis zu dessen Beendigung, vgl BGH MDR **82**, 989. Einer Einwilligung des Gegners bedarf es nicht. Wird die Beschwerde trotz bindender Vereinbarung nicht zurückgenommen, ist sie als unzulässig zu verwerfen, Ffm aaO, § 515 Rn 7. Über die Folgen der Rücknahme ist entspr § 515 III zu entscheiden, allgM, Zweibr FamRZ **97**, 506 (zu § 336). Wegen der Wiederholung der zurückgenommenen Beschwerde s § 567 Rn 12. Ist die Rücknahme vereinbart, so ist eine Wiederholung unzulässig, weil dann auf das Beschwerderecht verzichtet ist, Naumburg JW **30**, 3866 (anders begründet).

**8**   **F. Erledigung der Hauptsache.** Sie ist auch hier möglich. Ob allein die Beschwerde für erledigt erklärt werden kann, ist str, § 91 a Rn 195 ff, vgl Ffm FamRZ **89**, 63 u KG FamRZ **87**, 766 mwN, Schulz JZ **83**, 331. Durch eine Entscheidung zur Hauptsache erledigt sich die Beschwerde nicht immer, Kahlke ZZP **95**, 288, vgl § 46 Rn 15.

**9**   **3) Entscheidung.** Sie erfolgt durch Beschluß. Teilentscheidungen, § 301, sind möglich, Köln OLGZ **87**, 67. **A. Ungünstige Entscheidung.** Sie kann lauten: **a) auf Verwerfung als unzulässig, § 574;** bei Wegfall der Beschwer nach Einlegung der Beschwerde gilt dagegen das in Grdz § 511 Rn 23 Gesagte; **b) auf Zurückweisung als unbegründet.** Das Beschwerdegericht hat die angefochtene Entscheidung in tatsächlicher und rechtlicher Hinsicht voll zu überprüfen. Bei **Ermessensentscheidungen** darf es sich nicht auf eine bloße Ermessenskontrolle iSv § 114 VwGO beschränken, sondern muß eigenes Ermessen ausüben, wie § 570 zeigt, LAG Rhld-Pf LS NZA **92**, 427, ZöGu § 568 Rn 26, E. Schneider MDR **87**, 64, abw Karlsr MDR **86**, 1033, Hamm RR **87**, 896; das gilt auch dann, wenn der Sachverhalt unverändert geblieben ist, aM Walter JR **83**, 158 (unter Hinweis auf Behrens, Die Nachprüfbarkeit zivilrechtlicher Ermessensentscheidungen, 1979, S 78). Etwas anderes gilt für die Rechtsbeschwerde, etwa nach § 621 c, Üb § 567 Rn 1.

**10**   **B. Günstige Entscheidung.** Sie lautet auf Stattgeben und zerfällt wie die entsprechende Entscheidung bei der Berufung und der Revision in zwei Teile, die aufhebende und die ersetzende (wegen der sog außerordentlichen Beschwerde s § 567 Rn 6). Die ersetzende Entscheidung kann das Beschwerdegericht dem unteren Gericht übertragen; s dazu § 575 Rn 5. Das Verbot der nachteiligen Abänderung, § 536, gilt hier in demselben Umfang wie bei der Berufung, weil das Beschwerdegericht an die Anträge gebunden ist, vgl Erl zu § 536, Köln KTS **89**, 466 (zulässig ist die Ersetzung der Zurückverweisung durch eine Sachabweisung), KG RR **87**, 5.

**11**   **C. Gemeinsames.** Die Entscheidung ergeht immer durch Beschluß, auch wenn ein End- oder Zwischenurteil angefochten wurden. Maßgeblicher Zeitpunkt ist bei mündlicher Verhandlung deren Schluß, sonst der Augenblick der Hinausgabe, denn erst diese entspricht dem Schluß der Verhandlung, § 329 Rn 23. Sofern nicht zulässigerweise Schriftsatzfristen angeordnet worden waren, § 570 Rn 2, ist Vorbringen, das zwischen Beschlußfassung und Hinausgabe eingeht, zu berücksichtigen, BVerfG NJW **83**, 2187; deshalb ist in diesen Fällen grundsätzlich neu zu beraten und zu beschließen.

Eine Begründung der Entscheidung schreibt das Gesetz nicht vor, noch weniger einen Tatbestand. Eine Begründung ist aber nötig, wenn die weitere Beschwerde statthaft ist, BVerfG **58**, 357 (stRspr), Hamm MDR **91**, 452 mwN, und auch sonst geboten, wenn es sich um eine ablehnende Entscheidung oder eine stattgebende, die den Gegner beschwert, handelt. Besteht volle Übereinstimmung mit der Vorinstanz und ist weder neues Vorbringen noch ein neuer rechtlicher Gesichtspunkt zu berücksichtigen, ist eine Begründung entbehrlich (Zurückweisung „aus den zutreffenden Gründen der angefochtenen Entscheidung"), Hamm MDR **91**, 452, Köln JMBlNRW **83**, 64.

Der Beschluß nach mündlicher Verhandlung ist zu verkünden; sonst ist der Beschluß vAw nach § 329 III bekanntzugeben, und zwar immer dem Beschwerdeführer und dort, wo ein Gegner vorhanden ist, auch diesem, wenn er auch nicht gehört ist. Urschriftlich oder abschriftlich ist er dem unteren Gericht mitzuteilen.

Der Beschluß wird mit der Hinausgabe existent, dh in dem Zeitpunkt, in dem er den inneren Geschäftsbetrieb verläßt, § 329 Rn 24; er darf dann auch nicht mehr geändert werden.

**D. Rechtskraftwirkung.** Sie kann nur in Frage kommen, wo eine äußerlich rechtskräftig werdende **12** Entscheidung vorliegt; ihr Umfang richtet sich nach § 322. Dies gilt zB für den Kostenfestsetzungsbeschluß. Daher tritt mit Beschwerdeeinlegung auch die Hemmungswirkung, Grdz § 511 Rn 2, ein. Wegen einer Wiederholung der Beschwerde vgl § 567 Rn 12. Die Beschwerdeentscheidung ist im Rahmen ihres Inhalts Vollstreckungstitel, § 794 Rn 15 u 16.

**E. Kosten der Beschwerde** (Gubelt MDR **70**, 896 mwN). Für die Entscheidung gelten die §§ 91 ff, **13** BGH RR **89**, 125. Bei Verwerfung und Zurückweisung trägt sie der Beschwerdeführer, § 97 I, ebenso bei Rücknahme, § 515 III sinngemäß, BGH **LM** § 515 Nr 1; wird die Hauptsache für erledigt erklärt, so gilt § 91 a. Bei Erfolg oder Teilerfolg sind für die außergerichtlichen Kosten §§ 91 ff maßgeblich. Die außergerichtlichen Kosten sind dem Beschwerdegegner nur aufzuerlegen, wo er vorhanden ist, mag er auch nicht gehört sein, und wo es sich um eine selbständige Entscheidung handelt, etwa bei Beschwerde eines Dritten und bei Beschwerde in der Zwangsvollstreckung, also überall, wo das Beschwerdeverfahren nicht ein wesentliches Stück des Hauptprozesses ist. Zur Kostenentscheidung bei mehreren Beschwerden vgl E. Schneider MDR **73**, 979 (eingehend).

**4) VwGO:** Das gleiche wie I bestimmen §§ 150, 101 III VwGO. II ist entspr anzuwenden, § 173 VwGO, mit **14** der Maßgabe, daß die Erklärung durch jeden RA bzw einen für die Sache zugelassenen Vertreter iSv § 67 I VwGO abgegeben werden darf. Auch die VwGO regelt das Verfahren des Beschwerdegerichts lückenhaft; ergänzend heranzuziehen sind, soweit nicht ZPO nach § 173 VwGO entsprechend anzuwenden ist, die Allgemeinen Verfahrensvorschriften, §§ 54–67, und die Bestimmungen über die Berufung, §§ 125–130. Anschlußbeschwerde ist statthaft, OVG Münst MDR **59**, 605. Wegen der Rücknahme s oben Rn 7, OVG Bre NVwZ **87**, 518, zur Entscheidung vgl oben Rn 9ff, zur Zustellung OVG Hbg NJW **96**, 1225 u 1226.

**574** *Prüfung der Zulässigkeit.* ¹**Das Beschwerdegericht hat von Amts wegen zu prüfen, ob die Beschwerde an sich statthaft und ob sie in der gesetzlichen Form und Frist eingelegt ist.** ²**Mangelt es an einem dieser Erfordernisse, so ist die Beschwerde als unzulässig zu verwerfen.**

**Vorbem.** Im **Verfahren der Arbeitsgerichte** entsprechend anwendbar, § 78 I 1 ArbGG, GMP § 78 **1** Rn 11.

**1) Erläuterung.** § 574 entspricht dem § 519b; s daher die dortigen Erläuterungen. Die Verwerfung **2** erfolgt nur durch Beschluß, § 573 Rn 11. Über den für die Zulässigkeit der Beschwerde maßgebenden Zeitpunkt s § 573 Rn 11. Die Prüfung der Zulässigkeit muß idR jeder Sachentscheidung vorausgehen; wegen der Ausnahme s Üb § 567 Rn 11. Dort auch näheres über die Voraussetzungen der Zulässigkeit. Trotz Unzulässigkeit der Beschwerde eines vollmachtlosen Vertreters hat das Beschwerdegericht die vorinstanzliche Sachentscheidung in eine Verwerfungsentscheidung zu ändern, wenn der Mangel der Vollmacht bereits damals bestanden hat, Köln MDR **82**, 239. Eine Beschwerde, die sich in Beleidigungen und Beschimpfungen erschöpft und nicht die Wahrnehmung von Verfahrensrechten bezweckt, ist unzulässig, Kblz LS MDR **87**, 433. Unentwegt eingelegte unzulässige Beschwerden in derselben Sache bei unverändertem Sachstand darf das Gericht unbeachtet lassen, Köln Rpfleger **80**, 233.

**2) VwGO:** *Entsprechend anzuwenden, § 173 VwGO, weil für die Berufung das gleiche gilt, § 125 II VwGO,* **3** *VGH Mü BayVBl* **85**, *22, Ey § 146 Rn 2, RedOe § 146 Anm 12.*

**575** *Zurückverweisung.* **Erachtet das Beschwerdegericht die Beschwerde für begründet, so kann es dem Gericht oder Vorsitzenden, von dem die beschwerende Entscheidung erlassen war, die erforderliche Anordnung übertragen.**

**Vorbem.** Im **Verfahren der Arbeitsgerichte** entsprechend anwendbar, § 78 I 1 ArbGG, GMP § 78 **1** Rn 12, LAG Sachsen NZA **98**, 224.

**1) Regelungszweck.** Grundsätzlich muß das Beschwerdegericht, wenn es der Beschwerde ganz oder **2** teilweise stattgibt, sowohl die angefochtene Entscheidung aufheben bzw ändern als auch eine ersetzende Entscheidung treffen, § 573 Rn 10. Ebenso wie bei der Berufung gilt das letztere nicht für den Fall der Zurückverweisung wegen eines Verfahrensfehlers, §§ 538–540. Eine weitere, dem Beschwerdeverfahren eigentümliche Ausnahme schafft § 575: auch unter diese Voraussetzungen der Zurückverweisung ermöglicht die Vorschrift dem Beschwerdegericht, die ersetzende Entscheidung dem Erstgericht bzw dessen Vorsitzenden zu übertragen, BGH NJW **69**, 1253, KG FamRZ **86**, 284 gg KG NJW **82**, 2326.

**2) Zurückverweisung.** Wegen der Fälle, die eine uneingeschränkte Zurückverweisung rechtfertigen, vgl **3** § 539 Rn 3ff. Immer muß es sich um einen Fehler im Verfahren handeln, Bbg NJWE-FER **99**, 99, Zweibr ebd **99**, 93; dazu gehört uU das Fehlen der notwendigen Begründung, Köln RR **91**, 1280, etwa in einem Beschluß des Gerichts nach § 11 RPflG, Mü Rpfleger **81**, 157, Ffm MDR **80**, 234. Dagegen ist ein Zurückverweisungsgrund nicht gegeben, wenn das untere Gericht ohne Verfahrensfehler sachlich entschieden hat, von der abweichenden Rechtsauffassung des Beschwerdegerichts aus aber noch andere Punkte der Aufklärung bedürfen, KG NJW **82**, 2327 mwN. Kein Verfahrensfehler liegt auch dann vor, wenn das Gericht die Ankündigung der Überschreitung einer Schriftsatzfrist nicht beachtet, falls die bereits verstrichene Frist bereits sehr großzügig bemessen war, Köln JMBlNRW **83**, 64.

**4** Über die Zurückverweisung ist stets nach Ermessen zu entscheiden, vgl § 540, BGH DRiZ **85**, 439. Sie scheidet bei Entscheidungsreife aus, BGH aaO, und sollte überhaupt nur dann geschehen, wenn umfangreichere Ermittlungen nötig sind oder wenn das Erstgericht sich mit dem maßgeblichen materiellen Vorbringen überhaupt nicht befaßt hat, Karlsr FamRZ **91**, 350 (PKH); das Beschwerdegericht darf nicht insgesamt aufheben und zurückverweisen, wenn die Beschwerde gegen Pfändungsmaßnahmen teilweise unbegründet ist, E. Schneider MDR **80**, 727. Eine unzulässige Zurückverweisung durch das Erstbeschwerdegericht rechtfertigt die Zurückverweisung an das Beschwerdegericht durch das Gericht der weiteren Beschwerde, ohne daß es einer Rüge durch den Beschwerdeführer bedarf, KG NJW **82**, 2327. Das Gericht der weiteren Beschwerde kann auch an das Erstgericht zurückverweisen; dagegen ist keine Zurückverweisung an eine andere Abteilung oder Kammer zulässig (§ 565 I 2 ist nicht entsprechend anwendbar). Die Zurückverweisung an die 1. Instanz macht die Rücknahme der Beschwerde unmöglich; die Rücknahme des Antrags bleibt erlaubt.

Wegen des Verfahrens s § 538 Rn 2 u 3.

Die Zurückverweisung bindet das untere Gericht an die Rechtsauffassung des oberen in derselben Weise wie die Zurückverweisung aus der Revisions- oder Berufungsinstanz, vgl § 538 Rn 3 u § 565 Rn 4 ff, Schneider MDR **91**, 936, BGH NJW **94**, 2956 u **69**, 1253 mwN, Hamm RR **87**, 188 mwN. Im Fall der weiteren Beschwerde darf das Beschwerdegericht die Sache nicht seinerseits an das Erstgericht zurückverweisen, vgl BayObLG RR **92**, 191. In diesem Rahmen darf das untere Gericht auch eine dem Beschwerdeführer ungünstigere Entscheidung treffen.

**5** **3) Übertragung der ersetzenden Entscheidung.** Auch wenn eine Zurückverweisung ausscheidet, darf das Beschwerdegericht die angefochtene Entscheidung aufheben und zur Ausführung erforderliche Anordnung dem unteren Gericht oder, wenn der Vorsitzende entschieden hat, diesem übertragen, KG FamRZ **86**, 284. Das Beschwerdegericht befindet darüber nach Ermessen, BGH RR **97**, 770 (Beweisaufnahme durch das ortsnähere Erstgericht). Es kann Weisungen für die neue Entscheidung erteilen oder anordnen, eine bestimmte Maßnahme zu treffen, BGH RR **51**, 134. Dabei stehen Zweckmäßigkeitsgründe im Vordergrund (Beispiele: Übertragung der gesamten Berechnung im Kostenfestsetzungsverfahren, wenn einzelne Faktoren anders beurteilt werden; Anordnung, den Pfändungsbeschluß zu erlassen, wenn die Ablehnung aufgehoben wird). In allen diesen Fällen ergibt sich der Umfang der Bindung aus der vom Beschwerdegericht gewollten Bedeutung der Maßnahme, dazu BGH **51**, 136. Eine neue Beschwerde gegen die dann ergehende Entscheidung ist nach allgemeinen Grundsätzen statthaft; das Beschwerdegericht ist an seine frühere Entscheidung gebunden, Hamm OLGZ **67**, 56.

**6** **4) VwGO:** *Entsprechend anzuwenden,* § 173 VwGO (auch im Verf des vorläufigen Rechtsschutzes, OVG Münst, OVG Greifsw u OVG Jena NVwZ-RR **99**, 541/542, VGH Kassel NVwZ **99**, 891), weil für die Berufung, § 130 VwGO, und die Revision, § 144 III VwGO, entsprechendes gilt, hM, OVG Saarl NVwZ-RR **97**, 391, VGH Mannh NVwZ **92**, 799, VGH Kassel NVwZ-RR **90**, 672 mwN; vgl auch BFH BStBl **75** II 465 mwN u **80** II 657 (zur FGO), LSG Essen FamRZ **89**, 1316 u Behn DRiZ **88** 331 (zum SGG). Das untere Gericht ist entsprechend § 130 II VwGO gebunden, kann also seine Zuständigkeit nicht mehr in Zweifel ziehen, BVerwG LS DÖV **89**, 40.

## § 576 Verordneter Richter und Urkundsbeamter.
[I] Wird die Änderung einer Entscheidung des beauftragten oder ersuchten Richters oder des Urkundsbeamten der Geschäftsstelle verlangt, so ist die Entscheidung des Prozeßgerichts nachzusuchen.

[II] Die Beschwerde findet gegen die Entscheidung des Prozeßgerichts statt.

[III] Die Vorschrift des ersten Absatzes gilt auch für den Bundesgerichtshof und die Oberlandesgerichte.

**1** **Vorbem.** Im **Verfahren der Arbeitsgerichte** entsprechend anwendbar, § 78 I 1 ArbGG, GMP § 78 Rn 2, Grunsky ArbGG § 78 Rn 5.

**Schrifttum:** *Kunz,* Erinnerung und Beschwerde, 1980 (Bespr Mohrbutter KTS **81**, 276).

**2** **1) Allgemeines.** § 576 betrifft die sog Erinnerung, die kein Rechtsmittel und unbeschränkt gegeben ist. Für den Rechtspfleger trifft die entsprechende Regelung § 11 RpflG, abgedruckt Anh § 153 GVG.

**3** **2) Erinnerung, I**

**A. Fälle.** Die Beschwerde ist versagt und nur die Anrufung des Prozeßgerichts gestattet gegen **a) eine Entscheidung des verordneten Richters**, weil er bis auf kleine Ausnahmen an den Auftrag dieses Gerichts gebunden ist, so daß auch gegen Entscheidungen des ersuchten Richters die Erinnerung gegeben ist, nicht die Beschwerde an das ihm übergeordnete Gericht, hM, zweifelnd Hbg HbgJVBl **75**, 106; etwas anderes gilt nach §§ 180, 181 GVG; **b) eine Entscheidung des Urkundsbeamten;** dieselbe Regelung enthält § 4 II Z 3 RpflG, s Anh § 153 GVG. Besonders geregelt ist die Anrufung des Gerichts beim Kostenfestsetzungsbeschluß durch befristete Erinnerung, ferner beim Mahnbescheid durch Widerspruch, beim Vollstreckungsbescheid durch Einspruch, ferner in §§ 159, 181 GVG und in Kostenvorschriften. Nach dem Text ist das „Prozeßgericht" zuständig. Das trifft nur für den verordneten Richter zu; beim Urkundsbeamten entscheidet das Gericht, dem dieser angehört, gegebenenfalls das Vollstreckungsgericht. Der Einzelrichter ist Prozeßgericht. Die Erinnerung ist schlechthin immer zulässig, auch wo eine Beschwerde versagen müßte, beim verordneten Richter auch dort, wo er selbständig entschieden hat, zB nach § 380, hM.

3. Abschnitt. Beschwerde §§ 576, 577

**B. Einlegung.** Die Erinnerung wird schriftlich oder zu Protokoll der Geschäftsstelle eingelegt; sie ist zu **4** richten beim verordneten Richter an ihn oder das Prozeßgericht, beim Urkundsbeamten an dessen Gericht. Es besteht kein Anwaltszwang, weil gleich bleibt, an wen sich die Erinnerung richtet, und der Anwaltszwang somit immer nach § 78 II entfällt. Verordneter Richter und Urkundsbeamter haben (wenn nicht gegen eine Entscheidung des Gerichts sofortige Beschwerde zulässig wäre, vgl § 11 II 1 RPflG) entsprechend § 571 ihre Entscheidung nachzuprüfen und geeignetenfalls abzuhelfen. Über das Verfahren bei sofortiger Beschwerde s § 577 IV.

**3) Weiteres Verfahren.** Eine mündliche Verhandlung über die Erinnerung ist nur nötig, wo das Gericht **5** ohne sie nicht unmittelbar hätte entscheiden dürfen. Die Entscheidung ergeht durch Beschluß, der zu verkünden oder nach § 329 III bekanntzugeben ist. Gegen den Beschluß ist diejenige Beschwerde gegeben, II, die bei einer originären Entscheidung des Prozeßgerichts zulässig wäre, Hamm FamRZ 93, 82. Insbesondere gibt es gegen die Entscheidung eines OLG und eines LG als Berufungs- oder Beschwerdegericht nur ausnahmsweise einen Rechtsbehelf, §§ 567 IV, 568 II. Eine hilfsweise Einlegung ist nur bei sofortiger Beschwerde statthaft, s § 569 Rn 4.

**4) VwGO:** Es gelten §§ 151, 152 II VwGO (eigenständige, aber ähnliche Regelung). **6**

**577** *Sofortige Beschwerde.* ¹ Für die Fälle der sofortigen Beschwerde gelten die nachfolgenden besonderen Vorschriften.

II ¹Die Beschwerde ist binnen einer Notfrist von zwei Wochen, die mit der Zustellung, in den Fällen der §§ 336 und 952 Abs. 4 mit der Verkündung der Entscheidung beginnt, einzulegen. ²Die Einlegung bei dem Beschwerdegericht genügt zur Wahrung der Notfrist, auch wenn der Fall für dringlich erachtet wird. ³Liegen die Erfordernisse der Nichtigkeits- oder der Restitutionsklage vor, so kann die Beschwerde auch nach Ablauf der Notfrist innerhalb der für diese Klagen geltenden Notfristen erhoben werden.

III Das Gericht ist zu einer Änderung seiner der Beschwerde unterliegenden Entscheidung nicht befugt.

IV ¹In den Fällen des § 576 muß auf dem für die Einlegung der Beschwerde vorgeschriebenen Wege die Entscheidung des Prozeßgerichts binnen der Notfrist nachgesucht werden. ²Das Prozeßgericht hat das Gesuch, wenn es ihm nicht entsprechen will, dem Beschwerdegericht vorzulegen.

**Vorbem.** Im **Verfahren der Arbeitsgerichte** entsprechend anzuwenden, § 78 I 1 ArbGG, GMP § 78 **1** Rn 8. Zum Fristablauf bei verspäteter Zustellung, Rn 4, s BAG NZA **96**, 1176 mwN.

**Schrifttum:** *Werner*, Rechtskraft u Innenbindung zivilprozessualer Beschlüsse, 1983; *Lüke* JuS **79**, 863.

**1) Sofortige Beschwerde, I.** Die sofortige Beschwerde ist eine Unterart der einfachen Beschwerde, steht **2** nie neben dieser zur Wahl und findet nur in den vom Gesetz besonders bezeichneten Fällen statt; vgl § 567 Rn 2. Von der einfachen Beschwerde unterscheidet sie sich namentlich durch die Befristung. Soweit sich aus II–IV nichts anderes ergibt, gelten die allgemeinen Beschwerdevorschriften, §§ 567–576, auch für die sofortige Beschwerde. Wegen der Anschlußbeschwerde s § 577 a.

**2) Beschwerdefrist** **3**

**A. Grundsatz, II 1 u 2. a) Allgemeines.** Für die sofortige Beschwerde läuft eine **Notfrist von 2 Wochen.** Berechnung: § 222. Hat der Rechtspfleger entschieden, so ist zunächst innerhalb der 2-Wochen-Frist Erinnerung an den Richter einzulegen, § 11 I 2 RpflG, abgedruckt Anh § 153 GVG.

**b) Beginn.** Die Frist beginnt regelmäßig **mit Zustellung des Beschlusses**, die in der Regel vAw zu **4** geschehen hat, §§ 270 I, 329 III. Die Frist beginnt aber erst, wenn der mit Gründen versehene Beschluß zugestellt wird, da hier das gleiche gilt wie für Berufung und Revision, §§ 516, 552, BAG NZA **92**, 1047 mwN. Ist die Zustellung unterblieben oder unwirksam, so beginnt die Frist entsprechend diesen Vorschriften **5 Monate nach Bekanntgabe,** BAG NZA **96**, 1176, NJW **94**, 605 u NZA **92**, 1047 mwN (mit Besonderheiten für das Verf der ArbG), BayObLG RR **92**, 597 mwN, Hamm Rpfleger **91**, 73, Kblz FamRZ **91**, 101, Zweibr FamRZ **86**, 377 (zu § 16, Hbg MDR **83**, 410, Hamm NJW **92** (zu § 21 II RPflG), hM, MüKoBr 4, StJGr 7, ZöGu 10, ThP 5. Wird die Entscheidung verkündet, zB in den Fällen der §§ 336 (Ablehnung eines Versäumnisurteils) und 952 IV (Ablehnung eines Ausschlußurteils), so beginnt die Frist mit der **Verkündung,** BAG NZA **92**, 1047 mwN; dies gilt auch dann, wenn der Beschluß in einem besonderen Termin verkündet wird, in dem der Antragsteller nicht erscheint, Brschw MDR **92**, 292 (zu § 336) gg LG Köln MDR **85**, 593. Fehlt es an jeder Bekanntgabe an die Partei, so beginnt die Frist nicht zu laufen, Hamm JB **92**, 394.

**Sondervorschriften,** zB § 76 III KO, gehen vor, Hamm MDR **93**, 684.

**c) Einzelheiten:** Eine Abkürzung oder Verlängerung der Frist ist nicht zulässig; auf eine Rechtsmittelbe- **5** lehrung kommt es nicht an, LG Heilbronn DGVZ **92**, 12. WiedEins ist statthaft, §§ 233 ff, Schlesw SchlHA **93**, 172 (betr PKH-Gesuch). Die Einlegung der Berufung wahrt die Notfrist nicht; es ist aber zu prüfen, ob nicht nur ein falscher Ausdruck gewählt ist. Mit Fristablauf wird der Beschluß formell rechtskräftig. Daher ist von da ab keine Abänderung mehr zulässig (über den Kostenfestsetzungsbeschluß s § 107); vgl aber auch Rn 9.

Die Beweislast für die Einhaltung der Frist trägt grundsätzlich der Beschwerdeführer, BVerwG Rpfleger **82**, 385. Jedoch gilt dies nicht für Vorgänge im Bereich des Gerichts, s § 516 Rn 9.

**6** **B. Sonderfall, II 3.** Liegen die Voraussetzungen einer Wiederaufnahmeklage vor, so ist die sofortige Beschwerde noch in der Frist des § 586 zulässig. Die sofortige Beschwerde verdrängt insoweit die Wiederaufnahme, s Grdz § 578 Rn 13. Die Vorschrift schafft aber kein selbständiges Rechtsmittel, sondern verlängert nur die Notfrist für eine an sich statthafte sofortige Beschwerde, so daß sie versagt, wenn der Beschluß unanfechtbar oder kein WiedAufnGrund gegeben ist, Düss NJW **86**, 1763. Die Voraussetzungen der §§ 579–582 müssen erfüllt (und nicht nur behauptet) sein, KG OLGZ **76**, 365.

**7** **C. Verwirkung.** Das Beschwerderecht kann während des Fristlaufs verwirkt werden, zB bei unwirksamer oder unterbliebener Zustellung, wenn die Einlegung des Rechtsmittels hinausgezögert wird und die Beteiligten den durch die angefochtene Entscheidung geschaffenen Zustand als endgültig angesehen haben und ansehen durften, BGH RR **89**, 768, NJW **65**, 1532 mwN, vgl § 567 Rn 13.

**8** **3) Einlegung, II 2.** Die Einlegung vor Zustellung ist nach Hinausgabe des Beschlusses statthaft, vgl § 567 Rn 9. Eingelegt wird die sofortige Beschwerde durch Einreichung (Begriff § 518 Rn 3) der Beschwerdeschrift, in den Fällen des § 569 II auch zu Protokoll der Geschäftsstelle. Sie darf nach freier Wahl beim Beschwerdegericht oder beim unteren Gericht eingelegt werden; die Einlegung bei diesem ist oft vorteilhafter, weil es gleich die Akten beifügen kann. Die Vertretungsmöglichkeit durch den nur beim unteren Gericht zugelassenen RA endet mit der Einlegung der Beschwerde bei diesem Gericht (Ausnahme: § 573 II). Die Einlegung beim Beschwerdegericht durch einen dort nicht zugelassenen RA wahrt die Frist nicht, es sei denn, die Beschwerdeschrift gelangt noch innerhalb der Frist an das untere Gericht, § 569 Rn 2.
Für die Anforderungen, die an die Beschwerdeschrift zu stellen sind, gilt das in § 518 Rn 9 ff Gesagte entsprechend, § 569 Rn 3 u 4. Danach genügt die innerhalb der Frist erfolgende Bezugnahme auf einen vorher eingereichten Schriftsatz, der keine Rechtsmittelerklärung enthält, Ffm Rpfleger **83**, 117 (betr Erinnerung).
Wegen der Einlegung der sofortigen Beschwerde gegen die richterliche Abhilfe nach § 11 III RPflG aF s Mü RR **98**, 936.

**9** **4) Keine Abhilfe, III.** Abhilfe, § 571, ist bei einer der sofortigen Beschwerde unterliegenden Entscheidung schlechthin verboten; davon unberührt bleibt die Befugnis nach § 572 II, LG Ffm MDR **90**, 256. Für die Zeit ab formeller Rechtskraft versteht sich das Verbot der Abhilfe von selbst; dann ist nur die Wiederaufnahme zulässig, Grdz § 578 Rn 12, so auch Baumgärtel MDR **68**, 972. Für die Zeit zwischen der Hinausgabe des Beschlusses durch die GeschSt, Köln JMBlNRW **81**, 101, und dem Eintritt der Rechtskraft ist das Verbot trotz der sich daraus uU ergebenden Folgen zu beachten. Also ist auch in Fällen, in denen die Entscheidung unanfechtbar ist, keine Änderung statthaft, str, ebenso E. Schneider DRiZ **65**, 291.
Die entsprechende Anwendung der §§ 319, 321 ist zulässig und geboten. Da bei fehlendem oder mangelhaftem rechtlichem Gehör eine Gegenvorstellung statthaft ist, Üb § 567 Rn 5, ist insoweit auch eine **Abhilfe** zuzulassen, vgl Kunz, Erinnerung und Beschwerde, 1980, S 223 ff, StJGr 12. Ebenso darf der angefochtene Beschluß geändert werden, wenn die Beschwerde als (zulässiger) Änderungsantrag anzusehen ist, Köln MDR **89**, 920 mwN, ua Hamm MDR **88**, 241, Celle MDR **86**, 63.
Zur Zulässigkeit der Abhilfe durch den Rpfl iRv § 11 RpflG, Anh § 153 GVG, s § 104 Rn 57–59.

**10** **5) Fälle des § 577 IV**
**A. Allgemeines.** Entscheidungen des verordneten Richters und des Urkundsbeamten unterliegen einer da ausnahmsweise zulässigen Hilfsbeschwerde (Eventualbeschwerde). Es ist wie sonst sofortige Beschwerde einzulegen, die aber nur als befristete Erinnerung gilt, vgl § 329 III; erst wenn das Gericht ihr nicht stattgibt, ist der Rechtsbehelf als sofortige Beschwerde zu behandeln. Der Beschwerte legt somit zwei Rechtsbehelfe gleichzeitig ein: unbedingte Erinnerung und bedingte Beschwerde. Die Notfrist läuft ab Zustellung der Entscheidung des verordneten Richters oder des Urkundsbeamten; der Rechtsbehelf muß den Vorschriften für die sofortige Beschwerde genügen. Siehe aber auch § 766 Rn 6. Eine entsprechende Regelung bei Entscheidungen des **Rechtspflegers** enthält § 11 RpflG, abgedruckt Anh § 153 GVG.

**11** **B. Verfahren.** Eingelegt wird die Hilfsbeschwerde durch Einreichung einer Schrift beim Prozeßgericht oder dort, wo Erklärung zu Protokoll genügt, auch zu Protokoll der Geschäftsstelle des Prozeßgerichts. Einreichung beim verordneten Richter oder beim Beschwerdegericht genügt hier nicht, StJGr 15, Augsburg (LG) NJW **71**, 2317. Anwaltszwang besteht wie bei § 569 II. Hält das Prozeßgericht den Antrag für begründet, so hilft es durch Abänderung der Entscheidung ab. Andernfalls legt es die Sache dem Beschwerdegericht vor wie bei § 571. Eine Mitteilung des Vorlegungsbeschlusses ist hier unnötig. Die „sofortige" Erinnerung gegen Entscheidungen des **Rechtspflegers** ist stets bei dem Gericht einzulegen, dem er angehört, Hamm RR **95**, 704 mwN.

**12** **6) VwGO:** Die VwGO kennt nur die selbständig geregelte, stets befristete Beschwerde mit Abhilfemöglichkeit, Üb § 567 Rn 13; § 577 ist deshalb im VerwProzeß unanwendbar (wegen §§ 25 GKG, 10, 19 BRAGO s Hartmann, KostG, zu diesen Bestimmungen). Unselbständige Anschlußbeschwerde, § 577a, ist auch hier zulässig, § 577a Rn 10, jedoch nicht bei der Nichtzulassungsbeschwerde, BVerwG **34**, 351.

## 577a
**Anschlußbeschwerde.** ¹Der Beschwerdegegner kann sich der Beschwerde anschließen, selbst wenn er auf die Beschwerde verzichtet hat oder die Beschwerdefrist verstrichen ist. ²Die Anschließung verliert ihre Wirkung, wenn die Beschwerde zurückgenommen oder als unzulässig verworfen wird. ³Hat sich der Gegner einer befristeten Beschwerde vor Ablauf der Beschwerdefrist angeschlossen und auf die Beschwerde nicht verzichtet, gilt die Anschließung als selbständige Beschwerde.

**1** **Vorbem.** Im **Verf der Arbeitsgerichte** entsprechend anzuwenden, § 78 I 1 ArbGG, BAG NZA **97**, 566 (Sprungrechtsbeschwerde), Grunsky § 78 Rn 2, GMP § 89 Rn 32–43.

**Schrifttum:** *Fenn,* Die Anschlußbeschwerde im ZivProzeß..., 1961.

## 3. Abschnitt. Beschwerde § 577a, Anh § 577a

**1) Regelungszweck.** Die Zulässigkeit der Anschlußbeschwerde wurde bis zum 31. 3. 91 von der hM **2** bejaht (vgl 48. Aufl § 577 Anm 1 B), war aber nicht unumstritten. Durch die Einfügung des § 577a hat der Gesetzgeber diesen Streit entschieden und klargestellt, daß ebenso wie in Berufungsverfahren die Anschlußberufung, §§ 521 ff, in Beschwerdeverfahren die Anschlußbeschwerde zulässig. Ihre gesetzliche Regelung lehnt sich an diejenige der Anschlußberufung an.

**2) Anschließung** **3**
**A. Grundsatz, S 1.** Der **Beschwerdegegner kann sich der Beschwerde anschließen**, selbst wenn er auf die Beschwerde verzichtet hat oder die Beschwerdefrist verstrichen ist, vgl § 521 I. Die Anschließung ist nicht auf bestimmte Arten dieses Rechtsmittels beschränkt, so daß sich der Beschwerdegegner (wenn die Voraussetzungen im Einzelfall erfüllt sind) sowohl der einfachen als auch der befristeten Beschwerde, dazu S 2 und 3, der ersten und der weiteren Beschwerde sowie einer Rechtsbeschwerde anschließen darf (zu den Begriffen Üb § 567 Rn 1), s zum bisherigen Recht Kirchner NJW **76**, 610 mwN. Auch die **Anschließung an eine Anschlußbeschwerde** (Gegenanschließung) ist zulässig, StR 12, Maurer 800, Bergerfurth FamRZ **86**, 940 mwN, Diederichsen NJW **86**, 1468, Karlsr FamRZ **88**, 412, str, aM BGH NJW **86**, 1494 mwN, offen gelassen Saarbr FamRZ **88**, 414; jedenfalls ist die Gegenanschließung zuzulassen, wenn die Anschließung sich gegen einen anderen Teil der Entscheidung als die Hauptbeschwerde richtet und der Hauptrechtsmittelführer nunmehr eine Änderung von der Anschließung angegriffenen Teils zu seinen Gunsten erreichen will, § 521 Rn 4, 629 Rn 8. Zur Anschlußbeschwerde in FamS s § 621e Rn 23, in Patentsachen BGH **88**, 194, in Landwirtschaftssachen BGH NJW **65**, 1532. Zur Zulässigkeit der **Hilfsanschließung** s § 521 Rn 4.

**B. Voraussetzungen.** Sie sind grundsätzlich die gleichen wie diejenigen der Anschlußberufung, § 521 **4** Rn 2ff. Zur Anschließung befugt ist nur der Beschwerdegegner, dh der von der Hauptbeschwerde potentiell betroffene Beteiligte, § 629 Rn 6 u 7. Handelt es sich bei der Hauptbeschwerde um eine weitere Beschwerde, gilt die Beschränkung in § 568 II 2, KG RR **87**, 134, handelt es sich um eine Rechtsbeschwerde, zB nach § 621e II, kann auch die Anschließung nur auf eine Gesetzesverletzung gestützt werden. Dagegen gelten für die Anschlußbeschwerde nur dann, wenn sie nach S 3 als selbständige Beschwerde gilt, die Zulässigkeitsvoraussetzungen der Rechtsmittelfrist, der Beschwer und der etwaigen Beschwerdesumme, zB nach § 567 II, Köln RR **94**, 767, KG RR **87**, 134, beide mwN. Die Anschließung ermöglicht also die Einführung neuer Ansprüche, Köln NJW **70**, 336, und die Anfechtung der Kostenentscheidung, Köln RR **94**, 767 mwN, vgl § 521 Rn 2.

Bei der Beurteilung der Voraussetzungen ist **zwischen selbständiger und unselbständiger Anschluß-** **5** **beschwerde zu unterscheiden**, vgl unten Rn 8 und § 521 Rn 7ff. Bis zur Rücknahme oder Verwerfung der Hauptbeschwerde wirkt sich der Unterschied nicht aus. Erst danach gilt die Anschließung, wenn sie vor Ablauf der Beschwerdefrist eingelegt worden ist, als selbständige Beschwerde, S 3, muß also alle Zulässigkeitsvoraussetzungen einer solchen (zB Beschwer und etwaige Beschwerdesumme) erfüllen. Deshalb hat der sich Anschließende bei der Einlegung klar zu erkennen zu geben, ob er eine Anschließung oder von vornherein eine selbständige Beschwerde will, BGH NJW **87**, 3263; die Umdeutung (§ 140 BGB) einer mangels Beschwer oder aus sonstigen Gründen unzulässigen Beschwerde in eine Anschließung ist möglich, wenn sie als abhängiges Rechtsmittel aufrechterhalten wird, vgl BGH NJW **87**, 3263, s § 521 Rn 5.

**C. Einlegung.** Einzulegen ist die Anschlußbeschwerde beim Erstgericht oder beim Beschwerdegericht, **6** §§ 569 u 577 II 2, nach Vorlage der einfachen Beschwerde nur beim Beschwerdegericht. Möglich ist die Einlegung bis zum Schluß der mündlichen Verhandlung, die zur Entscheidung über die Beschwerde angeordnet ist, oder ohne eine solche bis zur Hinausgabe der Beschwerdeentscheidung, § 573 Rn 11, weil hier das gleiche wie für die Anschlußberufung gelten muß, § 521 Rn 12. Handelt es sich um eine beim BGH anhängige Rechtsbeschwerde, gilt § 556 I entspr, BGH **86**, 51. Nach Rücknahme oder Verwerfung der Hauptbeschwerde ist eine Anschließung unzulässig, S 2, Bre FamRZ **89**, 649; dies gilt auch dann, wenn der sich Anschließende davon keine Kenntnis hatte, VGH Kassel MDR **83**, 872.

**D. Verfahren.** Die Vorschriften über das Beschwerdeverfahren gelten auch für die Anschließung. Handelt **7** es sich bei der Hauptbeschwerde um eine sofortige Beschwerde, gilt § 577 III auch für die Anschlußbeschwerde (keine Abhilfe).

**3) Wirkungslosigkeit der Anschließung** **8**
**A. Grundsatz, S 2.** Die unselbständige Anschließung verliert ihre Wirkung, **wenn die Beschwerde zurückgenommen oder als unzulässig verworfen wird.** Hier gilt das gleiche wie nach § 522 I, s dort Rn 2. Wegen der Kosten vgl § 515 Rn 20 u 21.

**B. Ausnahme, S 3.** Hat sich **der Gegner einer befristeten Beschwerde vor Ablauf der Beschwer-** **9** **defrist angeschlossen** und auf die Beschwerde nicht verzichtet, gilt die Anschließung als selbständige Beschwerde, vgl § 522 II. Eine solche sog **selbständige Anschließung**, § 521 Rn 3 u 7, muß bei Wegfall der Hauptbeschwerde darauf geprüft werden, ob sie den an die Hauptbeschwerde zu stellenden Anforderungen genügt, zB hinsichtlich der Beschwer und einer etwaigen Beschwerdesumme, oben Rn 4. Ist das nicht der Fall, hatte sich zB die Partei nur wegen der Kosten oder zur Erweiterung ihrer Anträge angeschlossen, ist die Anschlußbeschwerde als unzulässig zu verwerfen, § 522 Rn 5.

**4) VwGO:** Entsprechendes gilt auch hier, § 173 VwGO, VGH Mannh LS NVwZ-RR **99**, 279 u NVwZ **98**, 1320 **10** mwN, OVG Hbg NordÖR **98**, 303, wie schon vor der Einfügung des § 577a anerkannt war, Ey § 147 Rn 3, mwN.

## Anhang nach § 577a
### Übergangsvorschriften des Einigungsvertrages für Rechtsmittel
(Schrifttum: Rieß/Hilger, Das Rechtspflegerecht des EV, 1991)

Die Vorschriften sind an dieser Stelle in der 55. Auflage abgedruckt und erläutert. Hierauf wird verwiesen.

# Viertes Buch
# Wiederaufnahme des Verfahrens

Bearbeiter: Dr. Dr. Hartmann

### Grundzüge

**Schrifttum:** *Brandt-Janczyk,* Richterliche Befangenheit durch Vorbefassung im Wiederaufnahmeverfahren, 1978; *Braun,* Rechtskraft und Restitution, 1. Teil 1979, 2. Teil 1985; *Gaul,* Möglichkeiten und Grenzen der Rechtskraftdurchbrechung, Thrazische juristische Abhandlungen (Athen 1986) Bd 12; *Heil,* Die Bindung der Gerichte an Entscheidungen anderer Gerichte, Diss Bochum 1983; *Hüttemann,* Rechtsmittel und Wiederaufnahme im österreichischen Verfahren, 1996; *Keitel,* Rechtskräftiges Urteil und neue Tatsachen im Zivilprozeß, Diss Marbg 1971; *Lenenbach,* Die Behandlung von Unvereinbarkeiten zwischen rechtskräftigen Zivilurteilen nach deutschem und europäischem Zivilprozeßrecht, 1997; *Prütting/Weth,* Rechtskraftdurchbrechung bei unrichtigen Titeln, 2. Aufl 1994; *Schlosser,* Schiedsgerichtsbarkeit und Wiederaufnahme, Festschrift für *Gaul* (1997) 679.

### Gliederung

| | |
|---|---|
| 1) **Systematik** ............................................. 1 | D. Beschluß .............................................. 12–14 |
| 2) **Regelungszweck** ................................. 2 | 5) **Verfahren** .......................................... 15, 16 |
| 3) **Geltungsbereich** ............................ 3–7 | A. Zulässigkeitsprüfung ....................... 15 |
|    A. Im Zivilprozeß .............................. 3–5 | B. Aufhebendes Verfahren ................. 15 |
|    B. Außerhalb des Zivilprozesses ...... 6, 7 | C. Ersetzendes Verfahren ................... 15 |
| 4) **Statthaftigkeit** ................................ 8–14 | D. Gemeinsame Einzelheiten ............. 16 |
|    A. Endurteil ...................................... 8, 9 | 6) **Verzicht auf die Wiederaufnahme** ..... 17 |
|    B. Vollstreckungsbescheid ................. 10 | 7) *VwGO* ................................................... 18 |
|    C. Konkurstabelle .............................. 11 | |

**1**   **1) Systematik**, dazu *Gilles* ZZP **78**, 466 und **80**, 391: Über die Wirksamkeit eines fehlerhaften Urteils Üb 10 ff vor § 300. Regelmäßig sind solche Urteile durch Einspruch oder durch Rechtsmittel zu bekämpfen. Die äußere Rechtskraft, Einf 1 vor §§ 322–327, macht sie unanfechtbar, wenn man von dem seltenen Fall eines Scheinurteils absieht, Üb 11 vor § 300. In der Unanfechtbarkeit kann für den Benachteiligten eine schwere Ungerechtigkeit liegen. Der Mangel mag ihm erst nach dem Ablauf der Anfechtungsfrist bekannt geworden sein. In solchem Fall mag die Wiederaufnahme in Betracht kommen. Sie wirkt zwar wie ein Rechtsmittel, ist aber ein außerordentlicher Rechtsbehelf zur Beseitigung der Rechtskraftwirkung, BGH **84**, 27. Die ZPO gestaltet sie als ein besonderes, durch eine Klage einzuleitendes Verfahren. Wegen der Möglichkeit einer Verfassungsbeschwerde Grdz 34 vor § 511 und BayVerfGH NJW **98**, 1136. Eine Einzelbeschwerde nach der MRK kann nicht zur Aufhebung der Entscheidung führen.

**2**   **2) Regelungszweck.** Im Widerstreit zwischen zwei Komponenten der Rechtsidee vgl § 296 Rn 1, nämlich der Rechtssicherheit, Einl III 43, und der sachlichen Gerechtigkeit, Einl III 9, sollen §§ 578 ff der letzteren in bestimmten Grenzen (also keineswegs stets) zum Sieg verhelfen. Beide Klagen bezwecken die rückwirkende Aufhebung des Urteils, § 590 Rn 1. Sie leiten einen neuen Prozeß ein. Das Gesetz behandelt ihn aber in bestimmten Beziehungen als die Fortsetzung des alten Verfahrens. Der Grundsatz der *Prozeßwirtschaftlichkeit,* Grdz 14 vor § 128, verlangt nach einer *Hilfsnatur* der Wiederaufnahme: Die Erledigung von Wiederaufnahmegründen soll zunächst nach Möglichkeit noch im anhängigen Prozeß erfolgen, vgl auch LG Konst MDR **89**, 827. Darum läßt sich das Wiederauffinden einer Urkunde, § 580 Z 7 b, nicht in der Revisionsinstanz vorbringen, § 561 Rn 8, 9. Darum kann die Partei beim Vorliegen eines Wiederaufnahmegrunds ihre Prozeßhandlungen widerrufen, zB ein Anerkenntnis, § 307, einen Rechtsmittelverzicht, §§ 514, 566, BGH FamRZ **88**, 1159 mwN, oder eine Rechtsmittelrücknahme, §§ 515, 566.

**3**   **3) Geltungsbereich.** Er geht weit über die ZPO hinaus.

**A. Im Zivilprozeß.** Wiederaufnahmeklagen sind: Zum einen die Nichtigkeitsklage, § 579; sie wird durch einige schwere prozessuale Mängel unabhängig von deren Ursächlichkeit für das Urteil begründet; zum anderen die Restitutionsklage, § 580. Sie beruht auf einer Unrichtigkeit der Urteilsunterlage.

**4**   Das Anwendungsgebiet der Wiederaufnahme beschränkt sich auf die im Gesetz bezeichneten Fälle. Die außerordentliche Natur des eng begrenzten Rechtsbehelfs *verbietet* grundsätzlich eine *ausdehnende Auslegung.* Es darf auch nicht schon wegen des fehlenden rechtlichen Gehörs eine Rechtsfortbildung im Sinne einer ausdehnenden Auslegung stattfinden, BVerfG DtZ **93**, 85, BGH DB **89**, 420, VGH Mannh VBlBW **90**, 135, aM VGH Kassel NJW **86**, 210, Hasselbach GRUR **97**, 43. Vgl aber auch § 579 Rn 1, 8.

**5**   Es ist eine *Verkennung* der Einrichtung der Wiederaufnahme, wenn Gerichte gelegentlich versuchen, mit Hilfe der Wiederaufnahme jedes ihnen *unrichtig* scheinende Urteil zu *beseitigen,* BFH DB **91**, 91. Unzulässig ist auch der Versuch, das Anwendungsgebiet der Wiederaufnahme unter einer Umgehung der Prozeßvorschriften mit Hilfe des sachlichen Rechts zu erweitern. Solche Versuche beeinträchtigen nur die Rechtssicherheit, Einl III 43, und bringen auf diese Weise mehr Schaden als ein vereinzeltes unrichtiges Urteil. Eine Ausnahme bildet nur die Urteilsschleichung, Einl III 56, Einf 25 ff vor §§ 322–327. Zum Schiedsspruch gilt § 1059. Die Wiederaufnahme hat keine Hemmungswirkung, Grdz 2 vor § 511.

**6**   **B. Außerhalb des Zivilprozesses.** Über die Wiederaufnahme gegen eine Entscheidung auf Zahlung einer Entschädigung (Buße) im Strafverfahren s § 406 c StPO. §§ 578 ff sind im patentamtlichen Erteilungsverfahren, BPatG GRUR **86**, 310, sowie in einer sog echten Streitsache der freiwilligen Gerichtsbarkeit entsprechend anwendbar, BGH FamRZ **125**, 290 (BRAO), Ffm FamRZ **87**, 394, Mü FamRZ **82**, 314.

Der Grundsatz der entsprechenden Anwendbarkeit gilt *ferner* zB: Beim Verfahren nach §§ 30 ff AKG. Düss **7** RR **93**, 447; beim Versorgungsausgleichsverfahren, BGH RR **89**, 130 (weist auf die zusätzliche Abänderungsmöglichkeit mit Hilfe von § 10a VAHRG hin), Mü FamRZ **82**, 314, oder in einer WEG-Sache, BayObLG WoM **95**, 453, KG WoM **96**, 179, nicht aber in einer FGG-Sorgerechtssache, Ffm FamRZ **87**, 394. Über die Wiederaufnahme in LAG-Sachen BVerwG MDR **74**, 780. Über die Wiederaufnahme gegen einen die Nichtzulassungsbeschwerde verwerfenden Beschluß BAG DB **95**, 1920.

**4) Statthaftigkeit.** Die Wiederaufnahme ist in einem jeden der folgenden Fällen statthaft. **8**

**A. Endurteil.** Es geht um ein formell rechtskräftiges Endurteil, § 578 Rn 3, sei es ein Prozeßurteil, Grdz 14 vor § 253, Üb 5 vor § 300, ein Sachurteil, Üb 6 vor § 300, ein Versäumnisurteil, §§ 330ff, oder Anerkenntnisurteil, § 307. Es kann sich auch um ein Urteil in einem Verfahren auf einen Arrest oder um eine einstweilige Verfügung handeln, §§ 916ff, 935ff, ferner um ein Urteil in einer Ehesache, §§ 606ff, aM Ffm FamRZ **78**, 923, auch nach der Wiederverheiratung eines Ehegatten, BGH LM § 578 Nr 1 und 2, ThP 6 vor § 578, ZöGre § 578 Rn 8. Allerdings ist auch hier Rechtsmißbrauch verboten, Einl III 54, Ffm FamRZ **78**, 922.

Die Wiederaufnahme *ergreift Folgesachen*, § 624, sofern sie nicht beschränkt wird. In einer Ehesache ist die **9** Wiederaufnahme nach dem Tod der Partei unzulässig, auch wenn es nur um die Kosten geht. Der Grundsatz der Einheit der Entscheidung in Ehesachen, § 623, besteht insofern hier nicht. Es ist also möglich, daß eine Wiederaufnahme nur wegen eines von mehreren Anträgen, § 610, oder eines Gegenantrages (Widerklage) oder nur wegen des damaligen Schuldausspruchs erfolgt, Hbg FamRZ **81**, 962. Wegen Kindschaftssachen § 641i, Hamm FamRZ **72**, 215. Die Wiederaufnahme ist auch gegen ein in einem Wiederaufnahmeverfahren ergangenes rechtskräftiges Urteil zulässig, BFH BB **79**, 1705. Die Wiederaufnahme nur wegen der Kosten ist entsprechend § 99 I unzulässig. Ein nichtiges Urteil, Grdz 11–18 vor § 300, bedarf keiner Wiederaufnahme.

**B. Vollstreckungsbescheid.** Es geht um einen unanfechtbaren Vollstreckungsbescheid, vgl § 584 II. **10**

**C. Insolvenztabelle.** Es geht um eine Eintragung in die Tabelle, weil sie einem rechtskräftigen Urteil **11** gleichsteht, § 178 InsO. Vgl auch Rn 12–14.

**D. Beschluß.** Es geht um einen rechtskräftigen oder unanfechtbaren Beschluß, soweit er auf einer Sach- **12** prüfung beruht, etwa bei §§ 91a, 519b II, 554a, 554b, BVerfG NJW **93**, 3257, BGH **89**, 116, Hamm OLGZ **84**, 455, aM Schneider MDR **87**, 288. Rechtsmißbrauch ist aber auch hier verboten, Einl III 54, BGH VersR **74**, 168. Dies gilt aber auch außerhalb des Erkenntnisverfahrens, namentlich in der Zwangsvollstreckung, Hamm OLGZ **84**, 455, und in der Zwangsversteigerung, Hamm Rpfleger **78**, 423, Köln Rpfleger **97**, 35 (grundsätzlich sei die Wiederaufnahme statthaft, jedoch unstatthaft gegen einen Zuschlagsbeschluß – ähnlich Stgt NJW **76**, 1324 –, dagegen Oldb Rpfleger **90**, 179; BayVGH Rpfleger **76**, 350: Die Wiederaufnahme sei zumindest dann statthaft, wenn das rechtliche Gehör verletzt worden sei).

Es mag sich auch um einen Beschluß im *Insolvenzverfahren* handeln, der nicht zu Rn 11 zählt. Freilich **13** kann das Wiederaufnahmeverfahren keine zusätzliche Instanz eröffnen, BGH ZIP **81**, 209. Der Beschluß hat denselben Wirkungsbereich wie das Urteil. In manchen Fällen regelt das Gesetz willkürlich, was zu wählen ist. Die Zulassung der Wiederaufnahme ist darum ein Bedürfnis, BAG NJW **55**, 926, ArbG Marbg BB **76**, 1132. Kein Bedürfnis besteht für die Wiederaufnahme, und deshalb ist sie unstatthaft, wenn die sofortige Beschwerde nach § 577 II ausreicht.

Bei der Wiederaufnahme gegenüber einem Beschluß leitet der *Antrag* das Verfahren ein, und es findet ein **14** Beschlußverfahren mit einer freigestellten mündlichen Verhandlung statt, § 128 Rn 10, BGH NJW **83**, 883, Brschw OLGZ **74**, 52, BFH BB **79**, 1705 rechte Spalte. Wenn der Urkundsbeamte der Geschäftsstelle den Beschluß erlassen hat, findet auch das Wiederaufnahmeverfahren vor ihm statt.

**5) Verfahrenseinteilung.** Das Wiederaufnahmeverfahren zerfällt in die folgenden *drei Teile*, BGH NJW **15** **93**, 3140, Hamm FamRZ **97**, 502, ThP 2 vor § 578.

**A. Zulässigkeitsprüfung.** Zunächst erfolgt die Prüfung der Zulässigkeit der Klage, § 589 I. Die Unzulässigkeit der Klage führt zu ihrer Verwerfung durch ein Prozeßurteil, Üb 5 vor § 300.

**B. Aufhebendes Verfahren.** Sodann erfolgt die Prüfung des Wiederaufnahmegrundes im sog aufhebenden Verfahren (iudicium rescindens), §§ 579, 580, 582. Sie führt zur Sachabweisung oder zur Aufhebung des Urteils. Diese Aufhebung ist rechtsgestaltend und rückwirkend. Das Gericht kann sie entweder in einem besonderen Zwischenurteil, Hbg FamRZ **81**, 961, oder im Endurteil aussprechen.

**C. Ersetzendes Verfahren.** Schließlich erfolgt die neue Verhandlung und die ersetzende Entscheidung (iudicium rescissorium), § 590. Bei einem ungünstigen Ergebnis ist nicht die Klage abzuweisen, sondern die frühere Entscheidung zu bestätigen.

**D. Gemeinsame Einzelheiten.** In die Prüfung des jeweils späteren Verfahrensabschnitts darf das Gericht **16** immer erst dann eintreten, wenn die Prüfung des vorhergehenden Verfahrensabschnitts abgeschlossen ist. Das ergibt sich schon aus den verschiedenartigen Entscheidungen mit den ihnen eigenen Wirkungen sowie daraus, daß nicht sachlich entschieden werden kann, ehe die Zulässigkeit feststeht, BGH LM § 580 Nr 4. Die Prüfungsergebnisse lassen sich aber in einer einheitlichen Entscheidung zusammenfassen, BGH LM § 580 Z 7b Nr 4. Die allgemeinen Prozeßvoraussetzungen, Grdz 1ff vor § 253, müssen in jedem Verfahrensabschnitt vorliegen. Zur Zuständigkeit enthält § 584 eine Sonderregelung. Es muß eine Beschwer durch das angefochtene Urteil vorliegen, § 578 Rn 2. Es ist eine Klagefrist zu beachten, § 586. Die Parteiherrschaft, Grdz 18 vor § 128, findet bei der Prüfung des Wiederaufnahmegrundes nicht statt. Die Frage der Wirksamkeit eines Staatsaktes der Willkür der Parteien zu überantworten, wäre mit dem Ansehen der Behörden unvereinbar. Daher sind die Wiederaufnahmetatsachen von Amts wegen zu prüfen, Grdz 39 vor § 128.

**17**   **6) Verzicht auf die Wiederaufnahme.** Ein Verzicht auf das Recht, ein Wiederaufnahmeverfahren zu fordern, ist zulässig und entsprechend dem Rechtsmittelverzicht, §§ 514, 566, zu behandeln. Die Partei kann den Verzicht erst nach dem Erlaß des fehlerhaften Urteils und in Kenntnis des Mangels erklären. Ein vorheriger Verzicht wäre wirkungslos, weil er zwingende Vorschriften verletzen würde. Die Folge eines wirksamen Verzichts ist die Verwerfung der Klage als unzulässig.

**18**   **7) VwGO:** Die Vorschriften der ZPO über die Wiederaufnahme gelten kraft Verweisung, § 153 I VwGO (nicht aber, auch nicht entsprechend, im Verfahren der Verwaltungsbehörden, OVG Münst NJW **63**, 732, RedOe § 153 Anm 1; hier gelten §§ 51 VwVfG, 44 ff SGB X). Daher sind die vorstehend dargelegten Grundsätze auch in der Verwaltungsgerichtsbarkeit anwendbar, auch diejenigen des Verfahrens, oben Rn 15 ff, BVerwG NVwZ **87**, 218; zur Wiederaufnahme bei Beschlüssen und wegen des Ausschlusses im NormenkontrollVerf vgl § 578 Rn 10.

## 578   Allgemeines.
**I** Die Wiederaufnahme eines durch rechtskräftiges Endurteil geschlossenen Verfahrens kann durch Nichtigkeitsklage und durch Restitutionsklage erfolgen.

**II** Werden beide Klagen von derselben Partei oder von verschiedenen Parteien erhoben, so ist die Verhandlung und Entscheidung über die Restitutionsklage bis zur rechtskräftigen Entscheidung über die Nichtigkeitsklage auszusetzen.

### Gliederung

| | |
|---|---|
| 1) Systematik, I, II ................ 1 | 5) Aussetzung, II .................... 7 |
| 2) Regelungszweck: Beseitigung einer Beschwer, I, II ............... 2 | 6) Klagewiederholung, I, II ......... 8, 9 |
| 3) Sachlicher Geltungsbereich, I, II ...... 3, 4 |    A. Nach Verwerfung .............. 8 |
| 4) Persönlicher Geltungsbereich, I, II .... 5, 6 |    B. Zurückweisung ................ 9 |
| | 7) VwGO ............................ 10 |

**1**   **1) Systematik, I, II.** Die Vorschrift gibt die beiden Wege an, durch die man ein Wiederaufnahmeverfahren einleiten kann. §§ 579–582 erläutern die jeweiligen Voraussetzungen, §§ 583 ff das weitere Verfahren.

**2**   **2) Regelungszweck: Beseitigung einer Beschwer, I, II.** Jede Wiederaufnahmeklage setzt eine Beschwer voraus. In Ehesachen ist eine Beschwer auch dann möglich, wenn das Gericht den Anträgen voll entsprochen hat, § 641 i II 1. Zur Beschwer Grdz 13 vor § 511. Die Wiederaufnahme ist zwar kein Rechtsmittel, aber sie steht an Stelle eines Rechtsmittels, Grdz 1 vor § 578, und kann darum nicht in einem weiteren Umfang als ein Rechtsmittel statthaft sein. Eine Beschwerdesumme, vgl §§ 511 a, 546 II, fehlt hier. Sie betrifft, wie auch die Berufungsbegründung usw, nicht die Statthaftigkeit, sondern die Zulässigkeit im engeren Sinne. Wenn im Kostenpunkt kein Rechtsmittel statthaft ist, dann ist auch keine Wiederaufnahme statthaft.

**3**   **3) Sachlicher Geltungsbereich, I, II.** Jede Wiederaufnahmeklage setzt den Abschluß des vorangegangenen Verfahrens durch ein rechtskräftiges Endurteil beliebiger Art und beliebigen Inhalts voraus, Grdz 8 vor § 578, Köln VersR **97**, 341. Es ist unerheblich, in welcher Instanz es ergangen ist, also auch grundsätzlich in der Revisionsinstanz. Erforderlich ist seine äußere Rechtskraft, § 705. Es genügen auch: ein Vollstreckungsbescheid, § 584 II, Grdz 10 vor § 578; ein Anerkenntnisurteil, § 307; ein Versäumnisurteil, §§ 330 ff, ein Prozeßurteil, Grdz 14 vor § 253, weil das Bedürfnis zur Entscheidung auch dann besteht; eine Eintragung in der Insolvenztabelle, Grdz 11 vor § 78.

**4**   *Es genügen nicht:* Ein Vorbehaltsurteil, §§ 302, 599; ein Zwischenurteil, §§ 280, 303, auch nicht ein selbständig anfechtbares, wie die Vorabentscheidung aus § 304. Denn ein Bedürfnis besteht dann wegen § 583 nicht, Gilles ZZP **78**, 483. Wenn ein Betragsverfahren anhängig ist, § 304 Rn 28, sind die Wiederaufnahmegründe dort geltend zu machen. Wenn das Verfahren durch einen Vergleich beendet worden ist, Anh § 307, steht dieser der Wiederaufnahme nicht entgegen, wenn er ein vorausgegangenes Urteil bestehen läßt, wie zB bei der Rücknahme einer Berufung, § 515. Über andere Titel Grdz 10–14 vor § 578.

**5**   **4) Persönlicher Geltungsbereich, I, II.** Parteien sind grundsätzlich nur diejenigen des Vorprozesses, Grdz 3 vor § 50, Köln VersR **97**, 341, nicht ein Sonderrechtsnachfolger, BGH **59**, 373. Das gilt jedenfalls dann, wenn der Schuldner eine Wiederaufnahme gegen den Gläubiger betreibt, falls dieser die Forderung abgetreten hat und falls der Titel nach § 727 auf den Rechtsnachfolger umgeschrieben worden ist. Dies muß aber auch dann gelten, wenn der frühere Gläubiger die Forderung abgetreten hat und nun der neue Gläubiger eine Wiederaufnahmeklage erhebt, falls der Schuldner nicht einer Klagerhebung durch den Rechtsnachfolger zustimmt, § 265 II 2. Denn der Schuldner ist gemäß § 265 geschützt, und der bisherige Gläubiger soll als Zeuge ausgeschaltet werden, Johannsen zu LM Nr 3, aM RoSGo § 161 II 2.

**6**   Ein *Streithelfer* § 66, kann klagen, wenn er beitreten konnte oder beigetreten ist, § 66 Rn 13. Er hat aber nur die Stellung des Streithelfers. Der nach § 89 betroffene Vertreter ohne Vertretungsmacht kann klagen, BGH MDR **83**, 292. Wenn der Klaganspruch während der Rechtshängigkeit, § 261, abgetreten worden war, dann ist der ursprüngliche Kläger zu verklagen, nicht der neue Gläubiger. Denn die Abtretung ist dem Schuldner oft nicht genau bekannt. Im Eheverfahren kann der Rechtsnachfolger wegen § 619 nur wegen der Kosten Partei sein. Die Natur der Wiederaufnahmeklage verbietet eine Verbindung mit anderen Klagen nach § 147. § 260 ist unanwendbar. Notwendige Streitgenossen des Prozesses, § 60, sind in jedem Wiederaufnahmeverfahren hinzuzuziehen. Eine Prozeßvollmacht des Vorprozesses, § 80, gilt grundsätzlich auch im Wiederaufnahmeverfahren, § 81 Rn 8.

**7**   **5) Aussetzung, II.** Die Verbindung der Nichtigkeitsklage, § 579, und der Restitutionsklage ist unstatthaft. Wenn beide Klagen eingereicht werden, muß das Gericht von Amts wegen die Klagen trennen, § 145,

4. Buch. Wiederaufnahme des Verfahrens §§ 578, 579

und die Verhandlung über die Restitutionsklage bis zur Entscheidung über die Nichtigkeitsklage aussetzen. Denn die Nichtigkeitsklage wirkt stärker als die Restitutionsklage. Eine Entscheidung über die Trennung und Aussetzung erfolgt durch einen Beschluß, § 329. Er ist als prozeßleitende Anordnung auch ohne eine mündliche Verhandlung zulässig. Er ist zu begründen, § 329 Rn 4. Das Verfahren wird nach der rechtskräftigen Erledigung der Nichtigkeitsklage auf Betreiben einer Partei fortgesetzt. Beim Erfolg der Nichtigkeitsklage wird die ausgesetzte Restitutionsklage in der Hauptsache gegenstandslos. Wenn die Partei gegen das rechtskräftige Urteil eine Wiederaufnahmeklage erheben könnte, dann darf sie schon im rechtshängigen Prozeß bindende Erklärungen widerrufen, zB die Berufungsrücknahme. Sie muß das sogar wegen § 582 tun. Eine vorherige Bestrafung, § 581, ist in diesem Fall nicht Voraussetzung.

**6) Klagewiederholung.** Eine Wiederholung der Wiederaufnahmeklage ist in folgenden Fällen zulässig: **8**

**A. Nach Verwerfung.** Nach einer Verwerfung der früheren Wiederaufnahmeklage als unzulässig kommt die Wiederholung in Betracht, sofern die Monatsfrist des § 586 I noch nicht abgelaufen ist oder soweit ein neuer Wiederaufnahmegrund behauptet wird.

**B. Zurückweisung.** Nach einer Zurückweisung der früheren Wiederaufnahmeklage als unbegründet **9** kommt die Wiederholung nur in Betracht, soweit sich die wiederholte Klage auf neue Gründe stützt. Denn die Rechtskraftwirkung ergreift nur einen vorgebrachten Grund.

**7) *VwGO:*** Nach § 153 I anzuwenden, dazu BVerwG NVwZ 89, 68, 87, 218. Die Klage kann auch von einem **10** Beigeladenen, § 65 VwGO, erhoben werden, dessen rechtliche Interessen durch ein rechtskräftiges Urteil berührt werden, OVG Lüneb DÖV 60, 239. Klagebefugt sind ferner die in § 153 II VwGO genannten Beteiligten. Dem Endurteil stehen gleich: rechtskräftiger Vorbescheid, § 84 VwGO aF, GerBescheid, Art 2 § 1 EntlG bzw § 84 VwGO nF, und ein das Verfahren rechtskräftig beendender Beschluß, zB Zurückweisung der Nichtzulassungsbeschwerde, BVerwG DVBl 60, 641 (gegen einen Beschluß ist statt der Klage ein Antrag gegeben, VGH Kassel DÖV 69, 647, über den durch Beschluß zu entscheiden ist, § 590 Rn 13). Keine Wiederaufnahmeklage gibt es gegen Beschlüsse nach § 80 V (wegen § 80 VII) oder § 123 VwGO, BVerwG 76, 127, VGH Mü NJW 85, 879, Ey § 153 Rn 6, RedOe § 153 Anm 1, str (aM Finkelburg/Jank Rn 543, Drettmann DVBl 85, 884 mwN, VGH Kassel NJW 84, 378), und gegen Prozeßvergleiche, BVerwG 28, 332, wohl aber in Verf nach der WehrbeschwO, sofern in vergleichbaren Fällen für Beamte der VerwRechtsweg gegeben wäre, BVerwG NJW 77, 642. Im NormenkontrollVerf, § 47 VwGO, ist eine Wiederaufnahme ausgeschlossen, RedOe § 47 Anm 48 mwN, aM für den Fall der Abweisung VGH Mannh NJW 95, 210, Kopp § 153 Rn 3.

# 579

***Nichtigkeitsklage.*** I Die Nichtigkeitsklage findet statt:
1. wenn das erkennende Gericht nicht vorschriftsmäßig besetzt war;
2. wenn ein Richter bei der Entscheidung mitgewirkt hat, der von der Ausübung des Richteramts kraft Gesetzes ausgeschlossen war, sofern nicht dieses Hindernis mittels eines Ablehnungsgesuchs oder eines Rechtsmittels ohne Erfolg geltend gemacht ist;
3. wenn bei der Entscheidung ein Richter mitgewirkt hat, obgleich er wegen Besorgnis der Befangenheit abgelehnt und das Ablehnungsgesuch für begründet erklärt war;
4. wenn eine Partei in dem Verfahren nicht nach Vorschrift der Gesetze vertreten war, sofern sie nicht die Prozeßführung ausdrücklich oder stillschweigend genehmigt hat.

II In den Fällen der Nummern 1, 3 findet die Klage nicht statt, wenn die Nichtigkeit mittels eines Rechtsmittels geltend gemacht werden konnte.

**Vorbem.** Wegen der *neuen Bundesländer* vgl § 323 Vorbem.

**Schrifttum:** *Abel,* Zur Nichtigkeitsklage wegen Mängeln der Vertretung im Zivilprozeß, 1995; *Gaul,* Zur Struktur und Funktion der Nichtigkeitsklage gemäß § 579 (deutscher) ZPO, Festschrift für *Kralik* (Wien 1986) 157.

### Gliederung

| | | | |
|---|---|---|---|
| 1) Systematik, I, II | 1 | A. Beispiele zur Frage der Zulässigkeit nach I Z 4 | 6–19 |
| 2) Regelungszweck, I, II | 2 | B. Weitere Einzelheiten | 20 |
| 3) Ungesetzlichkeit der Richterbank, I Z 1 | 3 | 7) Mangel der Parteifähigkeit; Nichtexistenz der Partei, I Z 4 | 21 |
| 4) Ausschließung, I Z 2 | 4 | 8) Hilfsnatur, II | 22 |
| 5) Ablehnung, I Z 3 | 5 | 9) *VwGO* | 23 |
| 6) Mangel der Vertretung, I Z 4 | 6–20 | | |

**1) Systematik, I, II.** Die Vorschrift erfaßt Fälle, in denen Fehler in der Person des Richters oder einer **1** Partei vorliegen. Dasselbe tut allerdings auch § 580 teilweise. Der Schwerpunkt der letzteren Vorschrift liegt bei Vorgängen im Verlauf des Vorprozesses; aber auch insofern ist die Abgrenzung zu § 579 nicht ganz folgerichtig. Die vier Fälle der Nichtigkeitsklage sind diejenigen des § 551 Z 1–3, 5 (es handelt sich um unbedingte Revisionsgründe. Bei Z 2 findet sich in § 579 der Zusatz: „oder eines Rechtsmittels"), BGH NJW 93, 1597 (Vorlage bei den Vereinigten Großen Senaten). Vgl daher auch die Erläuterungen zu § 551. Eine ausdehnende Auslegung ist grundsätzlich unstatthaft, Grdz 2 vor § 578; s aber Rn 6 ff, 11 sowie § 79 II 2 BVerfGG für den Fall, daß das BVerfG eine entscheidungserhebliche Vorschrift in einem anderen Verfahren für nichtig erklärt hat. Die Nichtigkeitsgründe sind wegen des öffentlichen Interesses am grundsätzlichen Fortbestand der Rechtskraft von Amts wegen zu prüfen, Grdz 39 vor § 128.

## § 579

Der Kläger muß als *Zulässigkeitsvoraussetzung* Tatsachen behaupten, die einen der in § 579 genannten Verstöße bedeuten *können*, BGH NJW 93, 1596, BFH BB 92, 343, aM BFH BB 92, 342. Auch II ist von Amts wegen zu beachten, Grdz 39 vor § 128. Das Gericht prüft auch von Amts wegen, ob der behauptete Grund *wirklich* besteht (Begründetheitsprüfung). Der Kläger trägt aber die Beweislast, Anh § 286. Denn Amtsprüfung bedeutet keine Amtsermittlung, Grdz 39 vor § 128. Ein Geständnis, § 288, und ein Anerkenntnis, § 307, sind frei zu würdigen, § 286 Rn 4, Grdz 15 vor § 578. Der Parteiherrschaft, Grdz 18 vor § 128, unterliegt ganz allgemein die Genehmigung einer unzureichenden Prozeßvertretung. Denn die Partei könnte die Genehmigung auch im Prozeß erteilen.

**2** 2) **Regelungszweck: Beseitigung einer Beschwer, I, II.** Vgl Grdz 2 vor § 578. In der Praxis ist es sehr schwer, mit einer Nichtigkeitsklage Erfolg zu haben, freilich wegen ihrer mehr formellen Voraussetzungen immer noch leichter als bei § 580. Wegen des zwar nicht alleinigen, aber doch besonderen Rangs der Gerechtigkeit liegt eine großzügige Auslegung nahe; in der Praxis bleibt aber die Rechtskraft mächtig.

**3** 3) **Ungesetzlichkeit der Richterbank, I Z 1.** Wegen der Hilfsnatur vgl Rn 8. Z 1 betrifft die unvorschriftsmäßige Besetzung eines gerichtsverfassungsmäßig bestehenden Gerichts, vgl § 551 Rn 3, zB einen Verstoß gegen § 309. Gegen ein Scheinurteil, Üb 11 vor § 300, ist notfalls eine Feststellungsklage nach § 256 I zulässig, nicht aber eine Nichtigkeitsklage. Gegenüber einem arbeitsgerichtlichen Urteil kann die Nichtigkeitsklage nicht auf einen Mangel des Verfahrens bei der Berufung der ehrenamtlichen Richter, § 6 I ArbGG, oder auf solche Umstände gestützt werden, die den Berufung eines ehrenamtlichen Richters zu seinem Amt ausschließen, § 79 ArbGG. Ein Mangel des Geschäftsverteilungsplans, § 21 e GVG, kann bereits zu einem Verstoß gegen Art 101 I 2 GG und damit zu einem Verstoß gegen I Z 1 führen, BVerfG NJW 93, 3257, BGH NJW 93, 1597 (Vorlage bei den Vereinigten Großen Senaten), aM BFH BB 92, 343 (aber man muß eine klare Grenze ziehen).

Eine Anordnung nach § 21 f II GVG (Nichtmitwirkung bei allen bestimmten Endziffern) ist kein Verstoß im Sinn von I Z 1, BGH MDR 95, 197. Ein schwerwiegender Fehler bei *Mitwirkungsgrundsätzen* nach § 21 g II GVG stellt einen Verstoß im Sinn von I Z 1 dar, BGH NJW 95, 333.

**4** 4) **Ausschließung, I Z 2.** Z 2 betrifft den Fall der Ausschließung eines Richters, der bei der Entscheidung mitgewirkt hat, § 41. Es ist unerheblich, ob der Kläger den Ausschließungsgrund vorher geltend machen konnte. Wenn er aber die Ausschließung mittels eines Ablehnungsgesuchs oder Rechtsmittels erfolglos geltend gemacht hatte, dann ist die Wiederaufnahme gemäß Hs 2 unzulässig. Als Richter gelten auch der Rpfl, soweit er rechtmäßig eine richterliche Entscheidung erlassen hat, etwa einen Vollstreckungsbescheid, § 699, und der Urkundsbeamte, § 49.

**5** 5) **Ablehnung, I Z 3.** Wegen der Hilfsnatur vgl Rn 8. Z 3 betrifft den Fall der erfolgreichen Ablehnung eines Richters, der bei der Entscheidung mitgewirkt hat, § 42. Der Erfolg kann auch hier nach der Urteilsverkündung, § 311, aber vor einer Entscheidung nach §§ 320, 321 eingetreten sein. Die bloße damalige Ablehnbarkeit reicht nicht aus, BGH NJW 81, 1274. Wenn die Partei den Richter erfolglos abgelehnt hatte, sei es auch nur in einer Instanz oder durch ein Rechtsmittel, dann ist die Nichtigkeitsklage gemäß II unstatthaft, aM Bre OLGZ 92, 487. Als Richter gelten auch der Rpfl, soweit er rechtmäßig eine richterliche Entscheidung erlassen hat, etwa einen Vollstreckungsbescheid, § 699, und der Urkundsbeamte, § 49.

**6** 6) **Mangel der Vertretung, I Z 4.** Der Zweck der Vorschrift besteht darin, die Partei zu schützen, die ihre Angelegenheiten nur mit Hilfe eines Dritten regeln kann, BAG NJW 91, 1253.

**A. Beispiele zur Frage der Zulässigkeit nach I Z 4**
**Abstimmungsverfahren:** Eine Nichtigkeitsklage ist nicht schon deshalb statthaft, weil das Gericht gegen § 640 e verstoßen hatte; jedenfalls ist insoweit Z 4 unanwendbar, BGH NJW 84, 353. **Abwesenheitspfleger:** Zu seinen Aufgaben gehört nicht die Vertretung im Unterhaltsprozeß, AG Groß Gerau FamRZ 97, 305.
**Arglist:** Rn 10 „Öffentliche Zustellung".
**7 Geisteskrankheit:** Wenn der Kläger behauptet, eine Partei sei geisteskrank gewesen, muß er beweisen, daß sie bei der Erteilung der Vollmacht bereits krank war und daß die Krankheit bis zum Ende des Vorprozesses fortbestand, Hbg FamRZ 81, 962, Stgt FamRZ 80, 379.
S auch „Geschäftsunfähigkeit", Rn 12 „Prozeßunfähigkeit", Rn 17 „Verfassungsbeschwerde".
**8 Geschäftsunfähigkeit:** Eine Nichtigkeitsklage kommt in Betracht, wenn das Urteil einem Geschäfsunfähigen zugestellt wurde und rechtskräftig ist, § 56 Rn 9.
S auch Rn 12 „Prozeßunfähigkeit".
**Gesetzlicher Vertreter:** Eine Nichtigkeitsklage ist nicht schon deshalb statthaft, weil ein gesetzlicher Vertreter fehlerhaft bestellt war.
S auch Rn 12 „Prozeßvertretung".
**Ladung:** Eine Nichtigkeitsklage kommt in Betraht, wenn ein Versäumnisurteil gegen einen fälschlich Geladenen ergangen ist, Nürnb OLGZ 87, 485, zumindest solange keine Wiedereinsetzung gewährt worden ist, Oldb MDR 89, 168.
S auch Rn 11 „Prozeßkenntnis".
**9 Nichtbestehen der Partei:** Eine Nichtigkeitsklage kommt in Betracht, wenn ein Urteil für oder gegen eine in Wahrheit gar nicht bestehende Partei ergangen ist, Lindacher JZ 89, 378.
**10 Öffentliche Zustellung:** Eine Nichtigkeitsklage kommt zwar nicht schon grds wegen einer objektiv unrichtigen öffentlichen Zustellung in Betracht, auch nicht bei schuldloser Unkenntnis von einer korrekten öffentlichen Zustellung, aM Hamm MDR 79, 766, KG RR 87, 1215, ThP 2, wohl aber bei deren Erschleichung, Grdz 4 vor § 578, BGH 57, 108 (zu § 878).
S auch Rn 19 „Zustellung".
**Postulationsfähigkeit:** Eine Nichtigkeitsklage ist nicht schon deshalb statthaft, weil der ProzBev nicht postulationsfähig war, BAG NJW 91, 1253.

**Prozeßkenntnis:** Eine Nichtigkeitsklage kommt in Betracht, wenn der wahre Bekl vom Prozeß nichts 11
erfahren hat, Nürnb OLGZ 485.
    S auch Rn 8 „Ladung".
**Prozeßunfähigkeit:** Eine Nichtigkeitsklage kommt in Betracht, wenn die Partei im Vorprozeß prozeß- 12
unfähig war, Hbg MDR **98**, 985 (keine Überspannung), AG Hbg-Harbg RR **98**, 791, selbst wenn das
Gericht sie für prozeßfähig gehalten hatte, BGH **84**, 27, aM Gaul Festschrift für Kralik (Wien 1986) 159
und Thrazische juristische Abhandlungen Bd 12 (Athen 1986) 26, Lindacher JZ **89**, 378, StJGr 2. Ferner
kommt die Nichtigkeitsklage in Betracht, wenn eine in Wahrheit prozeßunfähige Partei ohne gesetzlichen
Vertreter ein Rechtsmittel zurückgenommen hat. Freilich kommt binnen der Notfrist des § 586 ein
Widerruf der Rücknahme in Betracht, BSG NJW **79**, 1224.
    S auch Rn 8 „Geschäftsunfähigkeit".
**Prozeßvertretung:** Eine Nichtigkeitsklage ist statthaft, falls der Prozeßvertreter von vornherein keine Vollmacht hatte, BVerfG NJW **98**, 745. Sie ist nicht schon deshalb statthaft, weil der Gegner im Prozeß nicht
ordnungsgemäß vertreten war, BGH FamRZ **88**, 1159.
    S auch Rn 8 „Gesetzlicher Vertreter".
**Rechtliches Gehör:** Eine Nichtigkeitsklage nach Z 4 kommt in Betracht, wenn das rechtliche Gehör 13
verletzt worden ist, BVerfG NJW **98**, 745, KG RR **87**, 1216, VGH Kassel NJW **86**, 210, aM BAG MDR
**94**, 1044, VGH Kassel NJW **84**, 378, ZöGre 7. Das gilt ungeachtet der Tendenz des BVerfG, auf
Gehörverletzung gestützte Verfassungsbeschwerden bei niedrigem Beschwerdewert abzulehnen. Zumindest bis zu einer Grundsatzentscheidung des jeweils in Betracht kommenden Obergerichts ist vorsorglich
der Weg über Z 4 zu versuchen, BVerfG NJW **98**, 745, abw BayVerfGH NJW **94**, 2280. Dieses Problem
läßt sich nur durch den Gesetzgeber lösen, so auch Schneider NJW **81**, 1196.
**Rechtshängigkeit:** Eine Nichtigkeitsklage kommt in Beracht, wenn trotz des Fehlens einer Rechtshängig- 14
keit ein Versäumnisurteil ergangen ist.
**Rechtsvorgänger:** Eine Nichtigkeitsklage kommt nicht schon deshalb in Betracht, weil der Rechtsvorgänger der Partei im Todeszeitpunkt anwaltlich vertreten war, falls zB der Gegner später ein Rechtsmittel
einlegt.
**Sittenwidrigkeit:** Eine Nichtigkeitsklage ist nicht schon deshalb statthaft, weil der Prozeßauftrag sitten- 15
widrig war.
**Testamentsvollstreckung:** Rn 17 „Versteigerung".
**Unterbrechung:** Eine Nichtigkeitsklage kommt in Betracht, wenn trotz einer Unterbrechung vor dem 16
Schluß der mündlichen Verhandlung ein Urteil auf Grund dieser Verhandlung ergangen ist. Freilich kann
eine Mängelheilung durch eine wirksame Genehmigung eingetreten sein. Diese liegt allerdings nicht
schon in einer bloßen Untätigkeit des gesetzlichen Vertreters, LG Hbg MDR **71**, 850.
**Verfassungsbeschwerde:** Zum Problem ihrer Subsidiarität BVerfG NJW **98**, 745.     17
    S auch Rn 7 „Geisteskrankheit", Rn 13 „Rechtliches Gehör".
**Versteigerung:** Eine Nichtigkeitsklage kommt nicht schon deshalb in Betracht, weil ein Miterbe die
Teilungsversteigerung beantragt hat, obwohl eine Testamentsvollstreckung besteht, und weil dann ein
rechtskräftiger Zuschlagsbeschluß ergangen ist, Schneider Rpfleger **76**, 386.
**Vollmachtloser Vertreter:** Eine Nichtigkeitsklage ist zulässig, wenn das Versäumnisurteil einem vollmacht-
losen Vertreter zugestellt wurde und rechtskräftig geworden ist.
    S auch Rn 7 „Geisteskrankheit", Rn 13 „Rechtliches Gehör".
**Wohnungseigentum:** Eine Nichtigkeitsklage kommt nicht schon deshalb in Betracht, weil es sich nur um 18
einen Beschluß der Wohnungseigentümer handelt, Stgt OLGZ **85**, 262.
**Zustellung:** Eine Nichtigkeitsklage kommt grds nicht schon bei irgendeinem Zustellungsmangel in Be- 19
tracht.
    S auch Rn 10 „Öffentliche Zustellung", Rn 17 „Vollmachtloser Vertreter".

**B. Weitere Einzelheiten.** Eine Prozeßführung setzt die Kenntnis der Sachlage voraus, mindestens einen 20
Zweifel an der Vertretungsbefugnis. Der Bekl kann die Vertretungsbefugnis noch im Wiederaufnahmever-
fahren erteilen. Dann trägt der Kläger unter Umständen die Kosten. Die Klage steht dem Gegner des
ordnungsgemäß vertretenen nicht zu, BGH **63**, 79, BFH **96**, 387, OVG Münst NJW **95**, 613. Neben der
Nichtigkeitsklage kann eine Regreßklage gegen den angeblich ohne eine Vollmacht aufgetretenen Anwalt in
Betracht kommen, Kblz VersR **85**, 672.

    **7) Mangel der Parteifähigkeit; Nichtexistenz der Partei, I Z 4.** Ausnahmsweise ist Z 4 auf diesen 21
Fall auszudehnen, wie auch § 551 diesen Fall betrifft, BAG NJW **91**, 1253, Kblz NJW **77**, 57. Etwas
anderes gilt nur dann, wenn das Gericht oder der Nichtigkeitskläger die Parteifähigkeit, § 50, ausdrücklich
bejaht haben. Z 4 ist ferner anwendbar, wenn die Partei gar nicht existiert, BAG NJW **91**, 1253. Die
Vorschrift ist unanwendbar, soweit sich die Klage nur gegen *eine* der Parteien des Hauptprozesses richtet,
Hamm FamRZ **96**, 558.

    **8) Hilfsnatur, II.** Die Vorschrift ist als eine Zulässigkeitsvoraussetzung von Amts wegen zu beachten, 22
Grdz 39 vor § 128. Bei Z 1 und 3 ist die Klage unmittelbar unstatthaft, wenn der Partei ein Rechtsbehelf
zustand und wenn sie bei der ihr zuzumutenden prozessualen Sorgfalt von dem Rechtsmittel hätte Gebrauch
machen können (der Text ist zu eng), Sangmeister DStZ **88**, 41, § 582. Ebensowenig fällt unter II eine
Erinnerung nach § 104 III, §§ 11 I 2, 21 Z 11 RPflG, Anh § 153 GVG. Die Möglichkeit des Einspruchs
nach §§ 338, 700 bleibt allerdings außer Betracht. Denn er würde an denselben Richter gehen, dessen
Mitwirkung gerügt wird, LG Konst MDR **89**, 827, aM RoSGo § 160 I 2, StJGr 9, ZöGr 11. Bei Z 2 und 4
darf die Partei zwischen der Möglichkeit des Rechtsmittels und (nach Rechtskraft) der Klage wählen, aber
nicht beide Wege nacheinander beschreiten, BGH **84**, 27, BAG MDR **84**, 1044, BFH NJW **99**, 2391.

    **9)** *VwGO:* Nach § 153 I anzuwenden. *Keine Anwendung von I Z 4, wenn damit mangelnde Vertretung des* 23
*Gegners gerügt wird,* OVG Münst NVwZ **95**, 95; zur entspr Anwendung von I Z 4 bei Verletzung des rechtlichen
Gehörs, Rn 13, vgl BVerfG NJW **92**, 496 (Üb über den Streitstand). Wegen der Klagebefugnis, Rn 20, s BVerwG

§§ 579, 580

Buchholz 303 § 579 Nr 1, wegen der Wiederholung einer zurückgenommenen Nichtigkeitsklage s BVerwG NVwZ **94**, 1206, wegen des fehlenden Rechtsschutzbedürfnisses bei Sachentscheidung über den Nichtigkeitsgrund des I Z 4 im vorangegangenen Rechtsmittelverfahren s VGH Mannh NVwZ-RR **96**, 539.

**580** *Restitutionsklage.* Die Restitutionsklage findet statt:
1. wenn der Gegner durch Beeidigung einer Aussage, auf die das Urteil gegründet ist, sich einer vorsätzlichen oder fahrlässigen Verletzung der Eidespflicht schuldig gemacht hat;
2. wenn eine Urkunde, auf die das Urteil gegründet ist, fälschlich angefertigt oder verfälscht war;
3. wenn bei einem Zeugnis oder Gutachten, auf welches das Urteil gegründet ist, der Zeuge oder Sachverständige sich einer strafbaren Verletzung der Wahrheitspflicht schuldig gemacht hat;
4. wenn das Urteil von dem Vertreter der Partei oder von dem Gegner oder dessen Vertreter durch eine in Beziehung auf den Rechtsstreit verübte Straftat erwirkt ist;
5. wenn ein Richter bei dem Urteil mitgewirkt hat, der sich in Beziehung auf den Rechtsstreit einer strafbaren Verletzung seiner Amtspflichten gegen die Partei schuldig gemacht hat;
6. wenn das Urteil eines ordentlichen Gerichts, eines früheren Sondergerichts oder eines Verwaltungsgerichts, auf welches das Urteil gegründet ist, durch ein anderes rechtskräftiges Urteil aufgehoben ist;
7. wenn die Partei
   a) ein in derselben Sache erlassenes, früher rechtskräftig gewordenes Urteil oder
   b) eine andere Urkunde auffindet oder zu benutzen in den Stand gesetzt wird, die eine ihr günstigere Entscheidung herbeigeführt haben würde.

**Vorbem.** Wegen der *neuen Bundesländer* vgl § 323 Vorbem.

**Schrifttum:** *Braun*, Rechtskraft und Restitution ..., Zweiter Teil: Die Grundlagen des geltenden Restitutionsrechts, 1985; *Keitel*, Rechtskräftiges Urteil und neue Tatsachen im Zivilprozeß, Diss Marbg 1971; *Lenenbach*, Die Behandlung von Unvereinbarkeiten zwischen rechtskräftigen Zivilurteilen nach deutschem und europäischem Zivilprozeßrecht, 1997 (Bespr *Hager* ZZP **112**, 117); *Prütting/Weth*, Rechtskraftdurchbrechung bei unrichtigen Titeln, 2. Aufl 1994.

**Gliederung**

| | | | |
|---|---|---|---|
| 1) Systematik, Z 1–7 | 1 | C. Andere Urkunde, Z 7 b | 13, 14 |
| 2) Regelungszweck, Z 1–7 | 2 | D. Errichtungszeitpunkt bei einer allgemeinen Urkunde, Z 7 b | 15 |
| 3) Geltungsbereich, Z 1–5 | 3–8 | E. Errichtungszeitpunkt bei einer Geburtsurkunde, Z 7 b | 16 |
| A. Falsche eidliche Parteiaussage, Z 1 | 3 | F. Errichtungszeitpunkt bei weiteren Sonderfällen, Z 7 b | 17 |
| B. Urkundenfälschung, Z 2 | 4 | G. Beweiseignung: Gegenstand, Z 7 b | 18 |
| C. Falsches Zeugnis oder Gutachten, Z 3 | 5 | H. Grenzen neuer Beweismittel, Z 7 a, b | 19–21 |
| D. Erschleichung des Urteils, Z 4 | 6 | I. Zulässigkeit und Begründetheit, Z 7 a, b | 22 |
| E. Amtspflichtverletzung des Richters, Z 5 | 7 | J. Beweismittel, Z 7 a, b | 23 |
| F. Ursächlichkeit, Z 1–5 | 8 | K. Auffinden usw, Z 7 a, b | 24–26 |
| 4) Aufhebung eines Urteils, Z 6 | 9, 10 | 6) VwGO | 27 |
| 5) Auffinden einer Urkunde, Z 7 | 11–26 | | |
| A. Praktische Bedeutung, Z 7 a, b | 11 | | |
| B. Früheres Urteil, Z 7 a | 12 | | |

1 **1) Systematik, Z 1–7.** Die Restitutionsklage ist ein außerordentlicher Rechtsbehelf. Die Rechtssicherheit, Einl III 43, verbietet grundsätzlich seine Anwendung in anderen als den besonders angeordneten Fällen, vgl auch Grdz 2 vor § 578, BVerfG DtZ **93**, 85, BGH NJW **89**, 1286, Foerste NJW **96**, 352 (Rechtsfortbildung bei neuer naturwissenschaftlicher Erkenntnis. – „Und sie bewegt sich *doch!*"), aM StJGr 2. Deshalb ist auch eine bloße Änderung der Rechtsansichten kein Restitutionsgrund, BAG AP Nr 1. Die Restitutionsklage ist gegen Urteile aller Instanzen statthaft, auch gegen ein Prozeßurteil, Üb 5 vor § 300. In den Fällen Z 1–5 gilt einschränkend § 581, in allen Fällen einschränkend § 582.

Die Klage ist *nicht* statthaft: Gegen ein Vorbehaltsurteil §§ 302, 599 (soweit man dort eine Wiederaufnahme zuläßt), wenn der Restitutionsgrund im Nachverfahren vorgebracht werden kann; gegen einen Arrest oder eine einstweilige Verfügung, §§ 916 ff, 935 ff, wegen deren vorläufiger Natur und der anderen gegen sie gegebenen Rechtsbehelfe.

Über andere Titel vgl Grdz 11–14 vor § 578. Grundsätzlich besteht keine Ausnahme, soweit das *Revisionsgericht* selbst tatsächliche Feststellungen zu treffen hat, § 561 Rn 9, aM BGH LM § 341 Nr 2. Insoweit ist aber das Revisionsgericht und nicht das Berufungsgericht zur Wiederaufnahmegericht tätig. Zur Restitutionsklage im Wettbewerbsrecht von Falck GRUR **77**, 308. Wegen der Vaterschaft § 641 c, BGH MDR **94**, 205, Niklas JR **88**, 441; allgemein zu neuartigen Beweisverfahren ZöGre 5 (Z 7 b kann entsprechend anwendbar sein).

Der Restitutionsgrund muß immer ein wirklicher sein, nicht nur ein vorgestellter. Wenn einmal die Frist des § 586 gewahrt ist, dann darf der Kläger neue Restitutionsgründe *nachschieben*, § 588 Rn 2. Man kann keine Restitutionsklage erheben, um einen neuen Klagegrund nachzuschieben, denn auf neue Klagegründe erstreckt sich die Rechtskraftwirkung nicht. Etwas anderes gilt wegen der Einheitlichkeit der

4. Buch. Wiederaufnahme des Verfahrens § 580

Entscheidung in Ehesachen. Durch den Restitutionsgrund muß dem Urteil eine seiner Grundlagen entzogen werden.

**2) Regelungszweck, Z 1–7.** Vgl zunächst Grdz 2 vor § 578. Die Restitutionsklage soll verhindern, daß 2 das Ansehen der Gerichte und das Vertrauen in die Rechtsprechung durch ein Urteil beeinträchtigt werden, dessen Grundlagen für jedermann erkennbar unerträglich erschüttert sind, BGH **57**, 214.

**3) Geltungsbereich, Z 1–5.** Jede der folgenden Fallgruppen reicht aus. 3
**A. Falsche eidliche Parteiaussage, Z 1.** Gemeint ist eine von der Partei nach § 426 S 3 oder nach § 452 beschworene Aussage. Es genügt jede vorsätzliche oder fahrlässige Verletzung der Eidspflicht, §§ 154, 163 StGB. Es reicht auch eine eidesgleiche Bekräftigung, § 484 I 2, § 155 Z 1 StGB, oder eine Berufung auf einen früheren Eid aus, § 155 Z 2 StGB. Eine eidesstattliche Versicherung, §§ 294, 807, fällt unter Z 4. Das Urteil beruht auch dann auf der Aussage, wenn sie nur teilweise falsch war. Denn bereits dieser Umstand nimmt ihr jede Glaubwürdigkeit. Es reicht auch aus, daß die Aussage nur in einem Nebenpunkt falsch war. Es genügt auch, daß der Eid in einem Vorprozeß geleistet worden ist, auf dessen Urteil das jetzige Urteil beruht. Es ist nicht erforderlich, daß das frühere Urteil beim Fehlen der Falschaussage für den jetzigen Kläger günstiger ausgefallen wäre.

**B. Urkundenfälschung, Z 2.** Sie ist nach den §§ 267 ff StGB zu beurteilen. Eine versehentlich falsche 4 Beurkundung reicht nicht aus. Unerheblich ist, wer Täter war und ob die Partei von der Tat eine Kenntnis hatte. Das Urteil beruht auch dann auf der Urkunde, wenn es die Urkunde als bloßes Anzeichen benutzt hat.

**C. Falsches Zeugnis oder Gutachten, Z 3.** Wegen der Fassung dieser Vorschrift vgl die Vorbemer- 5 kung. Eine Erklärung nach § 377 III zählt hierher. Maßgeblich sind §§ 153–156, 163 StGB. Sachverständiger ist auch der Dolmetscher, §§ 189, 191 GVG, Fleischer MDR **99**, 75. Das Urteil muß sich auf die Aussage mindestens in Verbindung mit einem anderen Beweismittel stützen, Saarbr RR **97**, 252. Das ist auch dann beim OLG der Fall, wenn nur das LG die Aussage zu würdigen hatte, Hamm RR **99**, 1298. Es ist nicht erforderlich, daß die Aussage oder das Gutachten in demselben Prozeß gemacht wurden. Es genügt, daß die Aussage in irgendeinem Punkt falsch war. Denn damit wird die ganze Aussage unglaubhaft, Rn 3. Die falsche Aussage eines anderen als eines in Z 3 Genannten reicht nicht, OVG Kblz RdL **97**, 333.

**D. Erschleichung des Urteils, Z 4.** Das Urteil muß durch eine beliebige Straftat erschlichen worden 6 sein, Einf 35 vor §§ 322–327, etwa durch einen Betrug, § 263 StGB, oder durch eine Untreue, § 266 StGB. Dies gilt auch bei einem Anerkenntnisurteil, § 307, KG OLGZ **78**, 116. Ausschlaggebend ist die Erschleichung der Rechtskraft. Deshalb kann die Straftat auch nach der Verkündung des Urteils, § 311, begangen worden sein. Wenn das Rechtsmittel auf Grund einer Straftat zurückgenommen wird, dann kann die Rücknahme widerrufen werden. Der Widerruf darf aber erst nach der Durchführung des Strafverfahrens geltend gemacht werden. Hierher gehört auch eine Erschleichung durch eine falsche eidesstattliche Versicherung. Täter kann jede Partei, Grdz 3 vor § 50, oder ihr Vertreter sein, KG OLGZ **78**, 116, auch ein ProzBev. Unter Z 4 fällt die wissentlich unwahre Parteibekundung, aber auch schon die wissentlich unwahre Parteibehauptung; auch sie stellt einen zumindest versuchten Prozeßbetrug dar, § 138 Rn 66. Regelmäßig fällt auch eine Erschleichung der öffentlichen Zustellung unter § 263 StGB und ist dann ein Restitutionsgrund. Über die Unzulässigkeit der Ausdehnung der Z 4 mittels sachlichrechtlicher Vorschriften Einf 25 ff vor §§ 322–327.

**E. Amtspflichtverletzung des Richters, Z 5.** S §§ 331 ff StGB. Ein bloßes Disziplinarvergehen reicht 7 nicht aus. Der Richter muß bei dem Urteil mitgewirkt haben, § 309; eine Mitwirkung bloß bei den vorangegangenen Verhandlungen, etwa einem Beweisbeschluß, reicht nicht aus. Dem Richter steht beim Vollstreckungsbescheid, § 699, der Rpfl gleich.

**F. Ursächlichkeit, Z 1–5.** Ein ursächlicher Zusammenhang zwischen einer Straftat und dem Urteil muß 8 in allen Fällen Rn 3–7 bestehen, Riezler AcP **139**, 187. Die Ursächlichkeit für einen Teil des Teilurteils, § 301, fähigen Teil der angefochtenen Entscheidung reicht aus, KG NJW **76**, 1356. Dieser Zusammenhang fehlt dann, wenn das Beweismittel im Urteil gar nicht benutzt worden ist. Die bloße Erwähnung reicht nicht; das Beweismittel muß für die Entscheidung (mit)tragend gewesen sein; vgl freilich Rn 3. Dies ist in den Fällen Rn 3–5 möglich.

Ein *Vollstreckungsbescheid*, § 699, stützt sich lediglich auf das unwidersprochene Vorbringen des Antragstellers. Deshalb kann bei ihm Z 2 nicht eingreifen. Dasselbe gilt bei einem rechtskräftigen Versäumnisurteil, aM StJGr 1, nicht aber in einer Ehesache, in der der Antragsgegner bzw der Bekl nicht vertreten war, BGH **LM** Z 7 b Nr 2. Im zweiten Verfahrensabschnitt, Grdz 15 vor § 578, ist noch nicht zu prüfen, ob die Entscheidung etwa auch einem anderen Beweismittel und die in Rn 6, 7 genannten Tatsachen ebenso gelautet hätte.

**4) Aufhebung eines Urteils, Z 6.** Die Restitutionsklage kann sich stützen auf die Aufhebung: eines 9 beliebigen Urteils eines ordentlichen Gerichts, früheren Sondergerichts oder Verwaltungsgerichts, zu denen hier auch ein Arbeits-, Finanz- oder Sozialgericht zählt, BGH **89**, 116; einer sonstigen abschließenden Entscheidung, die einem Urteil ungefähr gleichkommt, BGH **103**, 125, Hamm OLGZ **78**, 116, Düss GRUR **87**, 629, zB eines feststellenden Verwaltungsakts, etwa über den Vertriebenenstatus, BPatG GRUR **79**, 435, oder über die Unwirksamkeit eines Gebrauchsmusters, BPatG GRUR **80**, 852, oder über die Nichtigkeit eines Patents, LG Düss GRUR **87**, 629, oder über die Zustimmung der Hauptfürsorgestelle zur Kündigung eines Schwerbehinderten, BAG NJW **81**, 2024, oder einer Baugenehmigung, vgl BGH **89**, 125; einer Entscheidung des EuGH; eines Schiedsspruchs, § 1040; einer Entscheidung im streitigen FGG-Verfahren, Grdz 6 vor § 578, (die Auskunft eines gesetzlichen Rentenversicherers über eine Anwartschaft ist kein derartiger Verwaltungsakt, Düss NJW **86**, 1763).

Das angegriffene Urteil usw muß *irgendwie auf dem aufgehobenen Urteil beruhen*, BGH **103**, 125, BPatG 10 GRUR **80**, 853, Karlsr OLGZ **94**, 356, also mindestens eine tatsächliche Feststellung aus ihm benutzen, BFH NJW **78**, 511 (das angegriffene Urteil müsse unmittelbar auf dem aufgehobenen beruhen). Die Miteinbeziehung des aufgehobenen Urteils in die Beweiswürdigung der angefochtenen Entscheidung genügt, BGH

§ 580                                    4. Buch. Wiederaufnahme des Verfahrens

VersR **84**, 455. Die bloße Erwähnung der aufgehobenen Entscheidung im Tatbestand der angefochtenen genügt nicht, BGH VersR **84**, 455. Eine Bindungswirkung ist aber unnötig, vgl KG OLGZ **69**, 121. Eine Aufhebung im Wiederaufnahmeverfahren genügt. Im übrigen gilt Rn 8 entsprechend.

**11**  **5) Auffinden einer Urkunde, Z 7**, dazu *Lenenbach* (vor Rn 1): Es sind zahlreiche Aspekte zu beachten.
**A. Praktische Bedeutung, Z 7 a, b.** Dieser Fall ist praktisch bei weitem der wichtigste. Restitutionsgrund ist, daß die Partei eine Urkunde der in Z 7 a und b bezeichneten Art auffindet.

**12**  **B. Früheres Urteil, Z 7 a.** Ein solches Urteil, dessen Rechtskraft den Streitfall erfaßte, also „in derselben Sache" erging, braucht nicht zwischen denselben Parteien ergangen zu sein; es genügt, wenn sich die Rechtskraftwirkung auf die Parteien erstreckt, § 325. Das frühere Urteil muß vor dem angefochtenen nach § 322 rechtskräftig geworden, darf aber erst nach dem Schluß des Vorprozesses aufgefunden worden sein. Auch ein nach § 328 anzuerkennendes ausländisches Urteil oder ein inländischer oder ausländischer Schiedsspruch, § 1061, reichen aus. Zum Problem der konkursmäßigen Zweittitulierung Gaul Festschrift für Weber (1975) 155.

**13**  **C. Andere Urkunde, Z 7 b.** Hierher zählt eine solche Urkunde im Sinne der ZPO (nicht notwendig mit formeller Beweiskraft nach §§ 415 ff, BGH RR **91**, 381), die geeignet wäre, das Ergebnis des früheren Verfahrens für den Kläger günstig zu beeinflussen. In Betracht kommt nur eine schriftliche Urkunde, Üb 3 vor § 415, BGH **65**, 301. Ausreichend ist auch ein Zettel in einer Zahlenschrift und dergleichen, evtl auch eine Fotokopie, FG Bln NJW **77**, 2232, ZöGre 16, aM KG RR **97**, 124 (vgl aber § 420 Rn 3 bei Unstreitigkeit der Nämlichkeit). Keine Urkunden sind Gegenstände der Augenscheinsinnahme, Üb 1 vor § 371, BGH MDR **76**, 304, wie Fotos, BGH **65**, 302. Wegen neuer Gutachten generell OVG Bre NJW **90**, 2337 (sie sind kaum geeignet), wegen solcher über die Vaterschaft vgl § 641 i, BGH NJW **73**, 1927, Celle FamRZ **74**, 382, Niklas JR **88**, 441. Die Urkunde braucht keine Unterschrift zu tragen.
Z 7 b ist *nicht* anwendbar, wenn zB eine amtliche Auskunft erstmals, BGH NJW **84**, 1544, 573, oder nunmehr anders begründet neu auf Grund desselben Sachverhalts ergangen ist, Üb 32 vor § 373, BGH **89**, 120, oder wenn erst nach der Rechtskraft des den Vorprozeß abschließenden Urteils eine Urkunde in Gestalt eines Behördenbescheids errichtet wird, aM BAG NJW **85**, 1485 oder eine Wertfestsetzung erfolgt, Bay ObLG WoM **95**, 453. Die Vorschrift ist ferner dann nicht anwendbar, wenn Niederschriften von Zeugen oder Sachverständigen aufgefunden werden, BGH **80**, 305, Kblz RR **95**, 1278. Denn diesen kommt nicht eine Urkundenbedeutung im vorstehenden Sinne zu. Die Vernehmung jener Personen kann ja jederzeit beantragt werden, BGH NJW **84**, 1544. Dadurch würden die Niederschriften ihren Wert verlieren. Es würde also ein Zeugen- oder Sachverständigenbeweis benutzt werden, ein in § 580 nicht genanntes Beweismittel.

**14**  *Urkunde* im Sinne von Z 7 ist daher nur eine solche, die durch ihren eigenen Beweiswert einen Mangel des früheren Verfahrens offenbaren kann, BGH RR **91**, 381, Ffm FamRZ **80**, 706, OVG Bre NJW **90**, 2337. Die Urkunde muß einen solchen Beweiswert, BGH **57**, 212, BFH NJW **78**, 511, auch im damaligen Verfahren gehabt haben können. Es reicht nicht aus, daß die Urkunde offenbaren kann, daß der im Vorprozeß nicht gehörte Aussteller eine solche Äußerung getan hat, daß er also mit Hilfe der Urkunde in das Verfahren eingeführt werden soll, BGH VersR **74**, 168. Ebensowenig reicht es aus, daß sich der zu erweisende Vorgang nach dem Inhalt der Urkunde so zugetragen hat, daß die Urkunde also höchstens einen Zeugenwert hat. Denn ein neuer Zeuge ist kein Wiederaufnahmegrund, BGH VersR **74**, 123, Saarbr DAVorm **75**, 32. Noch weniger reicht es aus, daß die Urkunde ein Urteil ist, das von der angefochtenen Entscheidung rechtlich (in anderer Sache) abweicht, BFH DB **91**, 2224.

**15**  **D. Errichtungszeitpunkt bei einer allgemeinen Urkunde, Z 7 b.** Die Urkunde muß grundsätzlich errichtet worden sein, solange ihre Benutzung im Vorprozeß noch möglich war, Kblz RR **95**, 1278, wenn auch erst im Wege eines zulässigen Rechtsmittels, BGH VersR **75**, 260. Die Urkunde muß also beim nicht berufungsfähigen Urteil vor den durch §§ 282, 296 gesetzten Endpunkten, spätestens aber vor dem Ende der letzten mündlichen Verhandlung errichtet worden sein, §§ 136 IV, 296 a, BAG NJW **99**, 82, Fleischer MDR **99**, 75, beim berufungsfähigen vor dem Ablauf der Berufungsfrist nach § 516, beim Versäumnisurteil vor dem Ablauf der Einspruchsfrist nach §§ 338, 700. Eine nach diesen Zeitpunkten, aber vor der Verkündung des unanfechtbaren Urteils nach § 311 errichtete Urkunde genügt grundsätzlich nicht. Noch weniger genügt eine erst nach der Rechtskraft des den Vorprozeß abschließenden Urteils errichtete Urkunde, BGH RR **89**, 130 (Widerruf einer Auskunft des Versorgungsträgers), Kblz RR **95**, 1278 (Gutachten), aM BAG NJW **85**, 1485. Eine Wiedereröffnung liegt im allgemeinen im Ermessen des Gerichts, § 156, BGH NJW **80**, 1000, Köln NJW **73**, 2031. Ungeeignet sind also ein späteres Vaterschaftsanerkenntnis, oder ein später erlassener Strafbefehl, BGH NJW **80**, 1000.

**16**  **E. Errichtungszeitpunkt bei einer Geburtsurkunde, Z 7 b.** Ausnahmsweise darf die Geburtsurkunde, die die Empfängniszeit beweisen soll, später errichtet worden sein, wenn der Beginn der Empfängniszeit vor dem Ablauf der letzten mündlichen Verhandlung im Vorprozeß oder vor dem Ablauf der Berufungsfrist lag, Nürnb NJW **75**, 2024, und nach dem im Urteil festgestellten Zeitpunkt des letzten ehelichen Verkehrs, wenn das Ende der Empfängniszeit aber noch vor dem Ende der Ehe lag (die Möglichkeit des ehelichen Verkehrs nach der letzten mündlichen Verhandlung ist dann für § 580 unerheblich), BGH LM Z 7 b Nr 19, Köln NJW **73**, 2031. Denn die Geburtsurkunde kann wegen der Empfängniszeit nur zurückliegende Tatsachen beweisen, KG NJW **76**, 245.

**17**  **F. Errichtungszeitpunkt bei weiteren Sonderfällen, Z 7 b.** Ausreichend ist ferner ein Beschreibungsvermerk des Standesbeamten, KG NJW **76**, 245. Das gilt auch für einen solchen Beschreibungsvermerk über die Legitimation durch eine nachfolgende Eheschließung. Ferner gehört hierher eine Einbürgerungsurkunde, BGH MDR **77**, 212, Hamm DAVorm **76**, 139. Zum Tragezeitgutachten § 641 i und BGH RR **89**, 258.

**18**  **G. Beweiseignung: Gegenstand, Z 7 a, b.** Die Urkunde muß diejenigen Tatsachen beweisen, die bei ihrer Errichtung vorlagen. Dafür kann auch eine Urkunde genügen, die keine formelle Beweiskraft nach

4. Buch. Wiederaufnahme des Verfahrens § 580

§§ 415 ff hat, sondern nach § 286 frei zu würdigen ist, zB ein Strafbefehl, BGH RR **91**, 381. Indessen ist ein Erbschein untauglich. Denn er ist nur ein Ausweis über erbrechtliche Verhältnisse. Ferner ist es ausnahmsweise ausreichend, wenn ein Patentmuster oder ein Gebrauchsmuster erst nach der letzten Tatsachenverhandlung des Verletzungsprozesses im Nichtigkeitsverfahren rückwirkend vernichtet wurde, von Falck GRUR **77**, 312. Eine „günstigere Entscheidung" wäre auch dann „herbeigeführt", wenn den Anträgen voll entsprochen worden war, wenn aber eine günstigere Entscheidung wegen der Unkenntnis der Urkunde nicht möglich war. Dies setzt voraus, daß der Restitutionskläger mit dem damals erzielten Ergebnis nicht in jedem Fall zufrieden war, BSG NJW **75**, 752. Das Vorbringen ist aus Gründen der ProBbringen ist aus Gründen der Prozeßwirtschaftlichkeit, Grdz 14, 15 vor § 128, noch in der Revisionsinstanz möglich, § 561 Rn 8. Das in Rn 8 Gesagte gilt auch hier.

**H. Grenzen neuer Beweismittel, Z 7 a, b.** Es genügt, daß die Urkunde selbst und die neuen Tat- **19** sachen, die durch die Urkunde bewiesen werden sollen, BGH LM § 578 Nr 1, in Verbindung mit dem Prozeßstoff des Vorprozesses ein günstigeres Ergebnis bewirkt hätten, BGH NJW **80**, 1000, Kblz OLGZ **89**, 94, OVG Bre NJW **90**, 2337. Freilich kommt es eben auch nur auf den Prozeßstoff gerade dieses Vorprozesses an, BGH RR **91**, 381, Ffm VersR **74**, 62. Es muß gewiß sein, daß das günstigere Ergebnis eingetreten *wäre* und nicht nur evtl hätte eintreten *können* (bloße Möglichkeit).

Ein solches günstigeres Ergebnis wäre zB gewesen: Ein vor der letzten mündlichen Verhandlung erklärtes **20** Geständnis, § 306; ein *Vaterschaftsanerkenntnis* für den seinerzeit behaupteten Ehebruch, BGH FamRZ **63**, 350. Freilich genügt es nicht, daß die Urkunde ein günstigeres Ergebnis etwa nur zusammen mit dem jetzt Vorgetragenen bewirkt hätte, oder zusammen mit den auf Grund der Urkunde zu vernehmenden Zeugen, oder einem nachträglichen Geständnis, Rn 16, BGH NJW **80**, 1001. Also sind auch neu vorgetragene andere Beweismittel für die Zulässigkeitsprüfung bedeutungslos, aM ZöGre 25 ff. Ebenso bedeutungslos ist, ob dahingehende Beweise im Vorprozeß erhoben worden sind; vielleicht sind sie gerade nur in Verbindung mit der Urkunde bedeutungsvoll. Die Urkunde hätte keine „günstigere Entscheidung herbeigeführt", wenn das Urteil des Vorprozesses sie ausdrücklich als unerheblich würdigte, Ffm MDR **82**, 61. Die fragliche Tatsache kann, Gaul ZZP **73**, 423, braucht aber im Vorprozeß nicht vorgetragen worden zu sein. Sie kann sogar absichtlich verschwiegen worden sein.

Es ist also der gesamte *Prozeßstoff neu zu würdigen,* so wie er in der letzten Tatsachenverhandlung des **21** Vorprozesses vorlag, also vom Standpunkt der damals entscheidenden Gerichts aus. Zu berücksichtigen sind also der gesamte Vortrag, die damals erhobenen Beweise, auch die nur angetretenen Beweise, in Verbindung mit der Urkunde auf Grund der Rechtsansicht des Restitutionsgerichts, BVerwG **34**, 113. Dies geschieht durch eine tatrichterliche Feststellung und Würdigung, BAG AP Nr 2, 3 und 7 (krit Baumgärtel). Auf die Einlassung des Restitutionsbekl kommt es nicht an, also auch nicht auf sein Zugeben, BGH VersR **75**, 260.

**I. Zulässigkeit und Begründetheit, Z 7 a, b.** Für die Zulässigkeit der Restitutionsklage ist es aus- **22** reichend, daß mit der Urkunde etwas bewiesen werden *soll.* Ob es auch bewiesen werden *kann* und ob es auch bewiesen worden *wäre,* das ist eine Frage der Begründetheit, BGH NJW **80**, 1000, Kblz OLGZ **89**, 94. Unzureichend ist es allerdings im Ergebnis, daß die Urkunde nur möglicherweise eine günstigere Entscheidung herbeigeführt hätte, Kblz OLGZ **89**, 94. Einen neuen Klagegrund kann man mit Hilfe von Z 7 b nur nachschieben, soweit einer neuen Klage die Rechtskraft entgegensteht, § 322.

**J. Beweismittel, Z 7 a, b.** Die Ausstellungszeit und die Echtheit der Urkunde, §§ 437 ff, lassen sich mit **23** allen Beweismitteln, außer dem Antrag auf eine Parteivernehmung, § 581 II, beweisen, § 581 Rn 5. Die Urkunde muß urkundenbeweislich verwendbar sein, §§ 415 ff, außer wenn Einigkeit über ihren Inhalt besteht. Ein mittelbarer Beweis, Einf 16 vor § 284, genügt nicht. Ebenso wie zB eine Urkunde nicht, wenn zu ihrer Bestätigung ein Zeugen notwendig ist oder wenn sie aus einem erst nach der letzten Verhandlung errichteten Gutachten besteht, Ffm VersR **74**, 62. Es steht der Wiederaufnahme nicht unbedingt entgegen, daß die Urkunde im Sinne von § 419 mangelhaft ist. Die Urkunde braucht der Klage nicht beizuliegen. Der Restitutionskläger kann noch in der mündlichen Verhandlung ihr Vorhandensein und ihren Inhalt urkundenbeweislich dartun.

**K. Auffinden usw, Z 7 a, b.** Für beide Fälle der Z 7 gilt: Aufgefunden ist die Urkunde nur dann, wenn **24** ihre Existenz oder ihr Verbleib der Partei schuldlos, also trotz aller zumutbaren Sorgfalt, § 282, bisher unbekannt waren, Ffm MDR **82**, 61, BSG NJW **75**, 752, wenn sie also für jede Art des Urkundenbeweises unzugänglich war, oder wenn die Erheblichkeit der Urkunde für den Prozeß ganz fern lag. Es genügt nicht, daß die Partei bzw ihr gesetzlicher Vertreter oder ProzBev schuldhaft, §§ 51 II, 85 II, keine Kenntnis vom Inhalt hatte, § 582, LG Hamm NJW **79**, 222, VGH Mannh NJW **95**, 210 (vorher veröffentlichter Flächennutzungsplan).

Deshalb findet *keine* Wiederaufnahme zB in *folgenden Fällen* statt: Man findet nachträglich eine Patent- **25** schrift oder eine Gebrauchsmusteranmeldung auf, denn diese waren, ebenso wie die Patenterteilungsakten, zugänglich; es ergeht später ein abweichendes Urteil in einer anderen Sache, BFH NJW **78**, 511; eine gleichwertige andere Urkunde wird benutzbar; der Kläger wußte, daß eine Urkunde über das streitige Rechtsverhältnis bei einer bestimmten Behörde lag, Ffm MDR **82**, 61; es war überhaupt eine Urkunde bereits veröffentlicht, BVerwG ZMR **74**, 184 (Bebauungsplan), bekannt und unstreitig; das Gericht hat die Urkunde im Vorprozeß (mit)verwertet, selbst wenn die Partei von ihr erst im Urteil erfuhr; vgl aber Art 103 I GG, Grdz 1 vor § 578.

Die Möglichkeit der Benutzung der Urkunde darf erst *nach* dem Abschluß der letzten Tatsachenver- **26** handlung des Vorprozesses entstanden sein, §§ 136 IV, 296 a, so daß die Partei den Urkundenbeweis im Vorprozeß nicht mehr hätte antreten können, BGH LM § 582 Nr 3, Ffm VersR **74**, 63, auch nicht auf dem Weg über einen begründeten Antrag nach § 156. Die Zulässigkeit eines Urkundenbeweisantritts führte zur Möglichkeit der Benutzung der Urkunde. Es schadet aber nicht, daß die Partei denselben Beweis mit anderen Mitteln führen konnte. Gegenüber einem früheren gerichtlichen Geständnis, § 288, kann sie aufgefundene Urkunde nur dann als Beweis benutzen, wenn die Partei das Geständnis gleichzeitig widerruft, § 290. Eine neue Auskunft eines Versicherungsträgers reicht nicht zur Wiederaufnahme aus, wenn er eine im früheren Prozeß

## §§ 580, 581   4. Buch. Wiederaufnahme des Verfahrens

erteilte Auskunft ausdrücklich unter einen Vorbehalt gestellt hatte, Kblz FamRZ **80**, 813. Ebensowenig reicht es zur Wiederaufnahme aus, daß die Partei es unterlassen hatte, eine versicherungsrechtlich erhebliche Tatsache vorzubringen, die in der Entscheidung zugrunde gelegten Auskunft des Versicherers noch nicht berücksichtigt worden war, Bre FamRZ **80**, 1136.

27   6) *VwGO:* Anzuwenden nach § 153 I; die Aufzählung der Wiederaufnahmegründe ist abschließend (keine Erweiterung im Wege der Analogie), BVerwG Buchholz 303 § 580 Nr 4. Wiederaufnahme wegen falschen Zeugnisses oder Gutachtens, *Z 3*, setzt auch einen subjektiven Verstoß gegen die Wahrheitspflicht voraus, BVerwG **11**, 124; zum Verfahren in diesem Falle BVerwG NVwZ **87**, 218, VGH Mannh NJW **97**, 145. *Z 6* ist auch dann erfüllt, wenn ein die Anfechtungsklage abweisendes Urteil auf Bescheiden beruht, die später durch dem Kläger günstigere Bescheide ersetzt worden sind, BVerwG LS NVwZ-RR **94**, 60. Zum Begriff der Urkunde iSv *Z 7 b*, oben Rn 19, VGH Mannh NVwZ **95**, 1006; ein nachträglich erstattetes Gutachten ist keine neue Urkunde, BVerwG aaO, VGH Mannh NJW **97**, 146, OVG Bre NJW **90**, 2337, auch nicht ein nachträglich erfolgter Erbschein, BVerwG **20**, 344, und ebensowenig ein neuer Bebauungsplan, BVerwG DÖV **74**, 211, je öff bekanntgemachter Flächennutzungsplan, VGH Mannh NJW **95**, 210, oder die ausgelegte Begründung zum Entwurf eines Bauleitplanes, BVerwG DVBl **73**, 370, auch nicht eine Nichtigkeitserklärung nach § 47 VwGO, RedOe § 153 Anm 8, oder ein späteres Urteil des BVerfG zu derselben Rechtsfrage, VGH Mü NVwZ **93**, 92 (keine entspr Anwendung von Z 7); vgl auch BVerwG Buchholz 310 § 580 Nr 3 u § 153 VwGO Nr 14 u Nr 18, NVwZ **89**, 68. Keine WiedAufn, wenn die Urkunde Bestandteil der dem Gericht vorliegenden Behördenakten war, VGH Mannh NJW **91**, 1845. Siehe iü RedOe § 153 Anm 7.

**581** *Strafurteil als Voraussetzung. Beweis.* ¹ In den Fällen des vorhergehenden Paragraphen Nummern 1 bis 5 findet die Restitutionsklage nur statt, wenn wegen der Straftat eine rechtskräftige Verurteilung ergangen ist oder wenn die Einleitung oder Durchführung eines Strafverfahrens aus anderen Gründen als wegen Mangels an Beweis nicht erfolgen kann.

II Der Beweis der Tatsachen, welche die Restitutionsklage begründen, kann durch den Antrag auf Parteivernehmung nicht geführt werden.

1   **1) Systematik, I, II.** I setzt für Restitutionsklagen aus § 580 Z 1–5 als zusätzliche Einschränkung, neben der außerdem noch § 582 gilt, voraus, daß wegen der Straftat die eine oder die andere der beiden Voraussetzungen Rn 3, 4 eingetreten sind. II schränkt den Grundsatz freier Wahl der Beweismittel ein.

2   **2) Regelungszweck, I, II.** Um der Rechtssicherheit willen, Einl III 43, soll der Kreis der Wiederaufnahmemöglichkeiten eng gefaßt bleiben. Diesem Ziel dient § 581, ohne die Wiederaufnahme praktisch unmöglich machen zu dürfen; das ist bei der Auslegung mitzubeachten.

3   **3) Verurteilung, I.** Es muß entweder eine rechtskräftige Verurteilung erfolgt sein, Karlsr FamRZ **89**, 646. Ob sie vorliegt, das ergeben die Formel und die Begründung des Strafurteils. Sie liegt nicht vor, wenn der Täter freigesprochen wurde, ein Freispruch steht der Unmöglichkeit der Durchführung des Strafverfahrens nicht gleich. Ein ausländisches Strafurteil reicht aus. Es reicht nicht aus, daß ein Strafverfahren noch möglich wäre.

4   **4) Unmöglichkeit der Strafverfolgung, I.** Oder es muß eine Strafverfolgung aus anderen Gründen als dem Mangel an Beweisen unmöglich sein. Diese Unmöglichkeit mag sich aus den verschiedensten Gründen ergeben, etwa: Wegen einer Amnestie; wegen Verjährung; wegen der Geringfügigkeit der Tat; wegen des Todes des Beschuldigten (mit ihm endet das Strafverfahren von Amts wegen, es erfolgt also keine Einstellung); wegen Abwesenheit des Beschuldigten, zB wegen eines Auslandsaufenthalts; infolge einer Niederschlagung des Verfahrens.

5   Nicht ausreichend ist ein Mangel an Beweisen für die Merkmale der Straftat oder die Merkmale der strafrechtlichen Schuld. Es findet insofern keine selbständige strafrechtliche Prüfung durch den Zivilrichter statt. Zum Nachweis des Vorliegens nicht durchführen könne.

Unter Umständen, zB bei einer nachträglichen Geisteskrankheit des Täters (anders liegt es bei einer Geisteskrankheit während der Tat, aM ZöGre 9), genügt sogar eine *einstweilige Einstellung* des Verfahrens. Es kommt auch eine Einstellung nach § 154 StPO in Betracht, Hbg MDR **78**, 851, Hamm (6. ZS) RR **99**, 1298, aM Hamm MDR **86**, 679. Eine bloß unterstellte Aussage reicht nach § 153 StPO nicht aus, Kblz MDR **79**, 410. Eine vorläufige Einstellung gegen Auflagen nach § 153 a StPO reicht nicht aus, Köln MDR **91**, 452.

6   **5) Einzelfragen, I.** Die Entscheidungen im Strafverfahren usw binden das Gericht bei der Entscheidung über die Zulässigkeit der Wiederaufnahme BGH **50**, 122. Eine Aussetzung nach § 149 kommt nicht in Betracht, BGH **50**, 122, Köln MDR **91**, 452. Im übrigen ist das Gericht *frei,* also schon im Aufhebungsverfahren, BGH **85**, 32 (zustm Grunsky JZ **83**, 114, krit Braun ZZP **97**, 71, Gaul Festschrift für Fasching [Wien 1988] 169, Schubert JR **83**, 115), aM Arens, Willensmängel bei Parteihandlungen im Zivilprozeß (1968) 69. Das Gericht ist auch zu der Frage nicht mehr gebunden, ob die Tat begangen worden ist, BGH **50**, 123, während die Verurteilung Voraussetzung für die Zulässigkeit der Restitutionsklage ist, Grdz 15, 16 vor § 578, § 14 Z 1 EG ZPO. Für die Geltendmachung im rechtshängigen Prozeß durch den Widerruf einer bindenden Erklärung gilt I nicht. Bei der Aufhebung eines Schiedsspruchs gilt § 1059.

7   **6) Beweis durch Restitutionstatsachen, II.** Bei sämtlichen Restitutionsgründen, nicht nur bei § 580 Z 1–5, ist wegen der Notwendigkeit der Amtsprüfung, Grdz 15 vor § 578, ein Beweis der klagebegründenden Tatsachen durch den auf §§ 445, 447 gestützten Antrag auf Parteivernehmung grds unzulässig. Der Grund der Vorschrift nötigt zu einer Ausdehnung auf die bindende Wirkung eines Geständnisses und eines Anerkenntnisses. Beide sind frei zu würdigen. Eine Vernehmung der Partei von Amts wegen ist beim Vorliegen der Voraussetzungen des § 448 zulässig. Diese Voraussetzungen liegen aber nicht vor, wenn nichts für die Behauptung der beweispflichtigen Partei spricht, sondern wenn die Richtigkeit der Behauptung des

Gegners wahrscheinlich ist. Wenn der Beweis für den die Restitution bildenden Grund erbracht ist, zB für das Auffinden der Urkunde, dann ist der Beweis für den Errichtungszeitpunkt, § 580 Rn 15, ausnahmsweise mit allen Mitteln möglich, § 580 Rn 23.

**7) *VwGO*:** *Anzuwenden nach § 153 I, BVerwG NVwZ* **87***, 218. Doch ist II gegenstandslos, da §§ 445–449* **8** *im VerwProzeß nicht gelten, § 98 VwGO, also Amtsvernehmung stets zulässig ist.*

## 582  Hilfsnatur der Restitutionsklage.
**Die Restitutionsklage ist nur zulässig, wenn die Partei ohne ihr Verschulden außerstande war, den Restitutionsgrund in dem früheren Verfahren, insbesondere durch Einspruch oder Berufung oder mittels Anschließung an eine Berufung, geltend zu machen.**

**1) Systematik.** Die Vorschrift legt die Hilfsnatur der Restitutionsklage fest, Kblz OLGZ **89**, 93. Damit **1** erfolgt eine auf Grund des Hauptziels der Gerechtigkeit, Einl III 9, Grdz 2 vor § 578, nur notgedrungene Einschränkung der Wiederaufnahmemöglichkeiten.

**2) Regelungszweck.** Das Ziel der Vorschrift, die Wahrung der Rechtssicherheit, Einl III 43, rechtfertigt **2** angesichts der Rangordnung, Grdz 2 vor § 578, keine allzu strenge Auslegung. Die Vorschrift meint allerdings über den Wortlaut hinaus, daß jedes Angriffs- oder Verteidigungsmittel im Sinn von Einl III 70 ausgeschlossen ist, das man bei gehöriger Sorgfalt im Vorprozeß hätte geltend machen, zB hätte herbeiführen können, Bre FamRZ **80**, 1135, Mü FamRZ **82**, 314. Sie nennt nur den Fall, daß die Partei den Restitutionsgrund nicht im Vorprozeß mit Aussicht auf Erfolg geltend machen konnte, auch nicht gemäß § 528.
Naturgemäß steht aber der Fall gleich, daß die Partei den Grund dort nur *ohne Verschulden erfolglos* geltend gemacht hat, Schlosser ZZP **79**, 191, ZöGre 1, aM StJGr 1. Dasselbe gilt für den Fall, daß der Partei kein anderes Mittel zur Geltendmachung des Restitutionsgrundes offen steht, § 580 Rn 1. Freilich gilt das alles nur in den Grenzen der Rechtskraft, Einf 2 vor §§ 322–327, BGH NJW **89**, 1286, insbesondere der persönlichen, BGH DB **89**, 420. Die Voraussetzung des § 582 ist von Amts wegen zu prüfen, Grdz 39 vor § 128. Der Restitutionskläger muß ihr Vorliegen beweisen, BGH **LM** Nr 3. Die Prüfung gehört trotz des Wortlauts „ist nur zulässig" zum zweiten Verfahrensabschnitt, Grdz 15 vor § 578, ZöGre 2, aM BGH NJW **80**, 1000, RoSGo § 161 IV 1, ThP 1.

**3) Verschulden.** Ob ein prozessuales Verschulden, Einl III 68, der Partei, ihres Vertreters oder ihres **3** Prozeßbevollmächtigten vorlag, §§ 51 II, 85 II, Gaul ZZP **73**, 418, ist nach einem strengen Maßstab zu prüfen, BGH **LM** Nr 3. Denn es handelt sich um den Bestand eines rechtskräftigen Urteils. Der Kläger muß zB bei § 580 Z 7 beweisen, daß er die Urkunde sorgfältig aufbewahrt und nach ihrem Verlust eifrig geforscht hat, BGH **LM** Nr 3.
Ein Verschulden liegt *zB in folgenden Fällen* vor: Der Kläger konnte ein außergerichtliches Gutachten als Beweismittel in den Prozeß einführen, OVG Bre NJW **90**, 2337; er konnte im früheren Verfahren in die Urkunde Einsicht nehmen, Fleischer MDR **99**, 76, etwa in eine Patenterteilungsakte oder in ein Register; er hat die Möglichkeit unterlassen, eine erfolgversprechende Auskunft einzuholen; er hat es versäumt, sich im Vorprozeß zur Beschaffung der Urkunde eine Frist nach § 428 setzen zu lassen; der Kläger hat nicht versucht, ihre durch einen Prozeßbetrug veranlaßte Rechtsmittelrücknahme, BGH **LM** § 515 Nr 10, oder ihren Rechtsmittelverzicht zu widerrufen. Überhaupt genügt jedes leichte Verschulden, BGH **LM** Nr 3.
Wenn die Partei von dem Restitutionsgrund keine Kenntnis hatte, *fehlt* ein Verschulden. Es kann auch bei einem Rechtsirrtum fehlen. Freilich muß ein Anwalt Rechtsprechung und Schrifttum sorgfältig prüfen, § 233 Rn 114ff. Insbesondere hat man keine Kenntnis von dem, was man vergessen hat, und Vergessen ist nicht immer schuldhaft, AG Bln-Tempelhof/Kreuzberg FamRZ **97**, 568. Das kann auch bei einem Irrtum über die Erheblichkeit gelten.

**4) Restitutionsgrund.** Er ist bei § 580 Z 1–5 die Straftat, nicht die Bestrafung; die letztere ist nur eine **4** Voraussetzung der Zulässigkeit der Wiederaufnahme des Verfahrens. Bei § 580 Z 7 b sind das Vorhandensein der Urkunde und die Möglichkeit ihrer Benutzung der Restitutionsgrund.

**5) Maßgebender Zeitpunkt für die Geltendmachung im Vorprozeß.** Das ist bei einem Urteil erster **5** Instanz der Ablauf der Berufungsfrist, § 516; bei einem Berufungsurteil der Schluß der zweitinstanzlichen mündlichen Verhandlung, §§ 136 IV, 296 a, weil Restitutionstatsachen später meist nicht mehr vorgebracht werden können, §§ 156, 561; bei einem Revisionsurteil der Schluß der mündlichen Verhandlung der Berufungsinstanz wie oben, bei einem Versäumnisurteil 1. und 2. Instanz der Ablauf der Einspruchsfrist, § 339; im Fall der Zulässigkeit eines Nachverfahrens oder Betragsverfahrens der Schluß der dortigen mündlichen Verhandlung. Eine Restitutionsklage ist unzulässig, wenn gegen den Ablauf einer Notfrist eine Wiedereinsetzung in den vorigen Stand nach § 233 möglich war. Die Zeit zwischen dem Schluß der mündlichen Verhandlung und der Verkündung der Entscheidung bleibt außer Betracht, § 296 a. Denn das Gericht braucht dann keinen Schriftsatz mehr entgegenzunehmen, § 133 Rn 3, und die Verhandlung keineswegs stets wieder zu eröffnen, § 156 Rn 3.

**6) *VwGO*:** *Anzuwenden nach § 153 I, VGH Mannh NJW* **91***, 1845; zur Frage des Verschuldens bei unter-* **6** *lassener Akteneinsicht BVerwG Buchholz 310 § 153 Nr 14, vgl auch BVerwG aaO Nr 25 (leichte Fahrlässigkeit genügt).*

§§ 583, 584                                    4. Buch. Wiederaufnahme des Verfahrens

**583** *Vorentscheidungen.* Mit den Klagen können Anfechtungsgründe, durch die eine dem angefochtenen Urteil vorausgegangene Entscheidung derselben oder einer unteren Instanz betroffen wird, geltend gemacht werden, sofern das angefochtene Urteil auf dieser Entscheidung beruht.

1   1) **Systematik, Regelungszweck.** § 583 entspricht den §§ 512, 548. Es gelten folgende Abweichungen: § 583 erfaßt auch eine unanfechtbare Vorentscheidung oder eine solche, die mit Beschwerde nach § 567 anfechtbar ist, und zwar auch eine Vorentscheidung der unteren Instanz, auch einen Beschluß oder eine Verfügung. Wenn eine höhere Instanz die Vorentscheidung erlassen hat, zB nach §§ 538, 565 III, dann geht die Restitutionsklage immer an die höhere Instanz. Denn keine untere Instanz darf die Entscheidung einer höheren nachprüfen. Mit der Aufhebung des Urteils der höheren Instanz entfällt die Entscheidung der unteren. Die Vorentscheidung ist mit dem Endurteil aufzuheben. Zu den Vorentscheidungen gehören das Vorbehaltsurteil, §§ 302, 599, und das selbständig anfechtbare Zwischenurteil, wie die Vorabentscheidung nach § 304. Gegen beide ist keine selbständige Restitutionsklage möglich, § 578 Rn 1. Das Urteil muß auf der Vorentscheidung beruhen, wenn auch der Mangel für das Urteil keine Bedeutung haben mag, zB bei § 579 I Z 1. Wegen §§ 579 I 2, II, 582 kann zunächst ein Rechtsmittel gegen die Vorentscheidung oder die Geltendmachung des Anfechtungsgrundes im etwaigen Nachverfahren nötig sein. Jedes Teilurteil, § 301, ist selbständig anfechtbar und anzufechten, schon wegen der Kostenfolgen, BGH NJW **80**, 1000.

2   2) *VwGO:* Anzuwenden nach § 153 I, bei Beschlüssen des OVG unter der Voraussetzung, daß auch ein Urteil des OVG in der Sache ergangen ist, RedOe § 153 Anm 5.

**584** *Zuständigkeit.* ¹Für die Klagen ist ausschließlich zuständig: das Gericht, das im ersten Rechtszug erkannt hat; wenn das angefochtene Urteil oder auch nur eines von mehreren angefochtenen Urteilen von dem Berufungsgericht erlassen wurde oder wenn ein in der Revisionsinstanz erlassenes Urteil auf Grund des § 580 Nr. 1 bis 3, 6, 7 angefochten wird, das Berufungsgericht; wenn ein in der Revisionsinstanz erlassenes Urteil auf Grund der §§ 579, 580 Nr. 4, 5 angefochten wird, das Revisionsgericht.

II Sind die Klagen gegen einen Vollstreckungsbescheid gerichtet, so gehören sie ausschließlich vor das Gericht, das für eine Entscheidung im Streitverfahren zuständig gewesen wäre.

1   1) **Systematik, Regelungszweck, I, II.** § 584 begründet für alle Wiederaufnahmeklagen eine im Interesse der Prozeßwirtschaftlichkeit, Grdz 14 vor § 128, örtliche und sachliche ausschließliche Zuständigkeit, BayObLG WoM **91**, 133, auch eine internationale, BGH LM § 632 Nr 1. § 40 II ist also unanwendbar. § 281 (Verweisung) ist anwendbar, BayObLG WoM **91**, 134, Zeihe NJW **71**, 2292. Die Frist ist bei einer Verweisung bereits durch die Anrufung des unzuständigen Gerichts stets gewahrt, § 586 Rn 4. Dem in § 584 genannten Urteil steht der Beschluß gleich, Grdz 12 vor § 578, zB auch ein Beschluß nach §§ 554 a, 519 b. Wegen einer Kindschaftssache § 641 i III und Hamm FamRZ **86**, 1026.

2   2) **Erstinstanzliches Gericht, I.** Grundsätzlich ist das Gericht der 1. Instanz des Vorprozesses ausschließlich zuständig, auch der Einzelrichter, § 348, evtl auch das Familiengericht, § 261 Rn 28 ff, BGH **84**, 25, Stgt FamRZ **80**, 379, Parche NJW **79**, 142, aM KG FamRZ **79**, 526 (es läßt das Prozeßgericht an das Familiengericht verweisen). Karlsr FamRZ **96**, 301 (keine Ehesache nach Scheidung). Wenn das Urteil in einem Nachverfahren, §§ 302, 599, oder in dem Verfahren über den Betrag, § 304, vom Berufungsgericht erlassen wurde, dann ist das Berufungsgericht zuständig. Wenn ein Wiederaufnahmeverfahren vorangegangen ist, dann ist für die Wiederaufnahmeklage das Gericht jenes Verfahrens zuständig, BGH BB **79**, 1705. Wegen der Ausschließung eines Richters § 41 Rn 14, wegen der Ablehnung eines Richters § 42 Rn 24, 25.

3   3) **Berufungsgericht, I.** Das Berufungsgericht ist in den folgenden beiden Fällen zuständig:

A. **Frühere eigene Entscheidung.** Das Berufungsgericht ist zuständig, wenn es das Urteil oder eines von mehreren angegriffenen Urteilen erlassen hat, selbst wenn es die Berufung zurückgewiesen hat. Dies gilt aber nur insoweit, als das Berufungsgericht sachlich entschieden hat. Soweit das erstinstanzliche Urteil nicht mit Berufung angefochten worden war, bleibt das erstinstanzliche Gericht zuständig. Hat das Berufungsgericht die Klage insgesamt abgewiesen, dann bleibt es zuständig, selbst wenn die erste Instanz nur einen von mehreren Klagegründen bejaht hatte. Hat es die Berufung nach § 519 b als unzulässig verworfen, so geht die Klage gegen das Urteil der 1. Instanz an diese, Mü FamRZ **82**, 314 (wegen der Verwerfung einer Beschwerde in FGG-Sachen als unzulässig), es sei denn, der Wiederaufnahmegrund läge in der Verwerfung. Hat das Berufungsgericht, nach § 539 zurückverwiesen, so ist dasjenige Gericht zuständig, das mit der Wiederaufnahmeklage angegriffene Urteil erlassen hat; das Berufungsgericht ist auch dann zuständig, wenn beide Urteile angegriffen sind, vgl auch BGH LM § 304 Nr 12. Die Kostenfestsetzung für das Wiederaufnahmeverfahren erfolgt stets beim Rpfl des erstinstanzlichen Gerichts, § 104 Rn 1, Mü Rpfleger **73**, 318.

4   B. **Restitutionsklage gegen Revisionsurteil.** Das Berufungsgericht ist ferner zuständig, wenn das Revisionsgericht erkannt hat und wenn es sich um eine Restitutionsklage nach § 580 Z 1–3, 6, 7 (wegen Z 4 vgl Rn 5) handelt. Denn hier stehen Tatsachenergänzungen in Frage. Dies gilt aber nur bei einem Sachurteil. Wenn das Revisionsgericht nicht auf Grund eigener tatsächlicher Feststellungen erkannt hat, § 580 Rn 1, dann ist das Revisionsgericht selbst zuständig.

5   4) **Revisionsgericht, I.** Das Revisionsgericht ist zuständig, wenn es sachlich erkannt hat und wenn keiner der Fälle des § 580 Z 1–3, 6, 7 vorliegt, BGH WertpMitt **80**, 1350. Daher ist es bei der Nichtigkeitsklage zuständig, auch wenn zB die Besetzung des Berufungsgerichts gerügt wird, BVerwG NJW **74**, 2328,

4. Buch. Wiederaufnahme des Verfahrens　　　　　　　　　　　　　　§§ 584–586

und bei der Restitutionsklage aus § 580 Z 4, 5. Es ist ferner zuständig, sofern es selbst tatsächliche Feststellungen getroffen hatte, BGH **62**, 18. Das Berufungsgericht ist aber dann zuständig, wenn die Sache an die Vorinstanz zurückverwiesen worden ist oder wenn die Revision als unzulässig verworfen worden ist, BVerwG BayVBl **76**, 213, Hamm Rpfleger **78**, 424. Denn in diesen Fällen hat das Revisionsgericht nicht die Sache entschieden. Wenn die Revision als unbegründet zurückgewiesen wurde, auch durch einen Beschluß nach dem BGHEntlG, BGH **61**, 96, dann hat das Revisionsgericht sachlich erkannt. Daher ist es auch zuständig, soweit sein Verfahren unmittelbar von dem Nichtigkeitsgrund betroffen ist, vgl BVerwG NJW **74**, 2329, etwa wegen einer dauernden Prozeßunfähigkeit, § 51 Rn 1, BGH **61**, 100. Wenn dagegen mit einer Klage aus § 580 Z 4 auch und in erster Linie das Berufungsurteil angegriffen wird, dann ist das Berufungsgericht zuständig, BGH **61**, 98. Das LG ist dann zuständig, wenn die Sache an dieses Gericht zurückverwiesen worden ist oder wenn sein Urteil bestätigt worden ist, § 566 a.

**5) Streitgericht nach Vollstreckungsbescheid, II.** Für eine Wiederaufnahmeklage gegen einen Vollstreckungsbescheid, § 699, die statthaft ist, Geißler DGVZ **89**, 129, ist dasjenige Gericht zuständig, das für das Streitverfahren örtlich wie sachlich objektiv zuständig gewesen wäre, II, also dasjenige Gericht, an das die Sache etwa gemäß § 696 V hätte verwiesen werden müssen. In der Regel ist das Wohnsitzgericht zuständig, und zwar je nach der Höhe des Streitwerts das AG oder das LG. Wegen der Ausschließlichkeit des Gerichtsstands nach II, Rn 1, ist eine Gerichtsstandsvereinbarung auch insoweit unbeachtlich. 6

**6)** *VwGO:* **I** ist anzuwenden nach § 153 I *VwGO*, VGH Mannh NVwZ-RR **96**, 539, VGH Mü NVwZ **93**, 7 92; die Vorschrift gilt entsprechend, wenn das OVG erstinstanzlich entschieden hat, BVerwG DÖD **64**, 130. Zur Abgrenzung der Zuständigkeit von BVerwG und OVG (VGH) s VGH Mannh aaO u NVwZ **95**, 1006. **II** ist unanwendbar, weil der *VerwProzeß* kein Mahnverfahren kennt, Grdz § 688 Rn 7.

**585** *Verfahren im Allgemeinen.* **Für die Erhebung der Klagen und das weitere Verfahren gelten die allgemeinen Vorschriften entsprechend, sofern nicht aus den Vorschriften dieses Gesetzes sich eine Abweichung ergibt.**

**1) Systematik, Regelungszweck.** Die Vorschrift stellt einerseits den Vorrang der Sonderregeln der 1 §§ 578–591 klar, verdeutlicht andererseits für den verbleibenden Verfahrensbereich die Anwendbarkeit jedenfalls der Bücher 1 und 2 der ZPO. Die Verweisung auf das 1. Buch ist überflüssig, diejenige auf das 2. Buch im Grunde ebenfalls, denn andernfalls würde man ja ohnehin die Hauptregeln des 2. Buches zumindest entsprechend anwenden müssen. Immerhin dient § 585 mit solchen Klarstellungen der Rechtssicherheit, Einl III 43.

**2) Verfahren.** Das Verfahren richtet sich grundsätzlich nach den für die Instanz geltenden allgemeinen 2 Vorschriften. Die Klage ist nach § 253 zu erheben, auch vor einer höheren Instanz. Freilich geben §§ 587, 588 für den Klaginhalt vorrangige Sonderregeln. Man kann den Wiederaufnahmeantrag beschränken, soweit eine Teilaufhebung in Betracht kommt, § 590 Rn 4. Anwaltszwang herrscht wie sonst, § 78 Rn 2. Die Klage ist dem ProzBev des Vorprozesses zuzustellen, §§ 176, 178, auch in einer Ehesache, §§ 606 ff. Hat die Partei bei einer Wiederaufnahmeklage in der Rechtsmittelinstanz dort noch keinen ProzBev bestellt gehabt oder war er gelöscht worden, so muß man an den erstinstanzlichen ProzBev zustellen.

Die *Prozeßvollmacht* gilt auch für das Wiederaufnahmeverfahren, § 81. Etwas anderes gilt nur in einer 3 Ehesache, § 609. Die Verbindung mit einer anderen Klage, § 147, ist wegen der verschiedenen rechtlichen Natur der Klagen unstatthaft, aM BGH LM § 209 BEG 1956 Nr 13, RoSgo § 161 III 2 b, StJSchu § 260 Rn 33. Eine Ablehnung des Richters ist möglich, § 42 Rn 24, 25, Düss NJW **71**, 1221. In Ehesachen besteht auch nach der Scheidung eine Pflicht des Klägers zur Zahlung eines Prozeßkostenvorschusses entsprechend §§ 1360 a IV und 1361 a IV BGB, Hamm MDR **72**, 240. Der Kläger kann die Erstattung des auf das Vorprozeßurteil Geleisteten mit einem Zwischenantrag nach § 256 II verlangen.

Die *Klagerücknahme* erfolgt nach § 269. Hauptsache, § 39 Rn 6, ist schon diejenige der Aufhebungsver- 4 handlung. Die Klage hat keine Hemmungswirkung, Grdz 2 vor § 511. Das Gericht kann die Verhandlung über die drei Abschnitte des Verfahrens, Grdz 15 vor § 578, trennen, braucht das aber nicht zu tun. Über die Möglichkeit einer Klagänderung s § 588 Rn 2. Das Versäumnisverfahren, §§ 330 ff, verläuft wie sonst. Vgl auch § 590. Wenn das OLG die Wiederaufnahmeklage in einer nichtvermögensrechtlichen Sache, Grdz 10 vor § 1, durch ein Urteil als unzulässig verworfen hat, ist die Revision nur auf Grund einer besonderen Zulassung möglich.

**3) Neuer Anspruch.** Er ist im ersetzenden Verfahren nach § 590 zulässig, soweit ihn der Stand des 5 Verfahrens im Vorprozeß zuließ. Dies gilt namentlich für eine Widerklage, Anh § 253. Im aufhebenden Verfahren ist ein neuer Anspruch unzulässig.

**4)** *VwGO:* Anzuwenden nach § 153 I, Ey § 153 Rn 14 ff. 6

**586** *Klagefrist.* ¹**Die Klagen sind vor Ablauf der Notfrist eines Monats zu erheben.**

II ¹**Die Frist beginnt mit dem Tage, an dem die Partei von dem Anfechtungsgrund Kenntnis erhalten hat, jedoch nicht vor eingetretener Rechtskraft des Urteils.** ²**Nach Ablauf von fünf Jahren, von dem Tage der Rechtskraft des Urteils an gerechnet, sind die Klagen unstatthaft.**

§ 586　　　　　　　　　　　　　　　　　　　　4. Buch. Wiederaufnahme des Verfahrens

**III** Die Vorschriften des vorstehenden Absatzes sind auf die Nichtigkeitsklage wegen mangelnder Vertretung nicht anzuwenden; die Frist für die Erhebung der Klage läuft von dem Tage, an dem der Partei und bei mangelnder Prozeßfähigkeit ihrem gesetzlichen Vertreter das Urteil zugestellt ist.

**Gliederung**

| | | | |
|---|---|---|---|
| 1) Systematik, I–III ................ | 1 | 7) Glaubhaftmachung, I, II ............. | 7 |
| 2) Regelungszweck, I–III .............. | 2 | 8) Fünfjahresfrist, II 2 .................. | 8 |
| 3) Notfrist, I, II ....................... | 3 | 9) Mangel der Vertretung, III ........... | 9 |
| 4) Einzelfragen, I ...................... | 4 | 10) Einzelfragen, III ...................... | 10 |
| 5) Fristbeginn: Ab Rechtskraft, II 1 ..... | 5 | 11) VwGO ................................ | 11 |
| 6) Einzelfragen, II 1 .................... | 6 | | |

**1**　**1) Systematik, I–III.** Die Figur einer Klagefrist findet sich verschiedentlich, Grdz 26 ff vor § 253. Es handelt sich um eine Zulässigkeitsvoraussetzung, Rn 3, und um eine vorrangige „Abweichung" im Sinn von § 585.

**2**　**2) Regelungszweck, I–III.** Die Vorschrift dient, vor allem in ihrer Ausschlußfrist nach II 2, der Begrenzung der Klagemöglichkeiten und damit der mit der Rechtskraft einsetzenden Rechtssicherheit, Einl III 43, die hier scheinbar den ausnahmsweisen Vorrang vor dem Grundgedanken der §§ 578 ff, der Herstellung sachlicher Gerechtigkeit, erhält. In Wahrheit ist der ganze Gedanke einer Wiederaufnahme eben von vornherein weder in der Sache noch formell, vor allem zeitlich, von solchen notwendigen Eingrenzungen unabhängig durchführbar. Deshalb darf und muß man § 586 durchaus streng auslegen.

**3**　**3) Notfrist, I, II.** Für die Klagen läuft eine Notfrist, § 224 I 2, BVerfG NJW 93, 3257, von grundsätzlich 1 Monat. Ausnahmsweise ist die Frist länger, falls nämlich die Rechtsmittelfrist länger als 1 Monat war, BGH **57**, 213. Die Einhaltung der Frist ist eine Zulässigkeitsvoraussetzung, Grdz 16 vor § 578. Sie ist von Amts wegen zu prüfen, Grdz 39 vor § 128. Die Frist wird nach §§ 222, 223 berechnet. Wegen Abkürzung oder Verlängerung § 224 II. Ein Prozeßkostenhilfegesuch, § 114, reicht nicht. § 270 III ist anwendbar. Unanwendbar ist § 586 in einer Kindschaftssache, § 641 IV, MüKoPr § 641 i Rn 19, aM BGH NJW **94**, 591 (aber § 641 IV ist schon nach seinem Wortlaut eindeutig allgemein gültig; das wird dadurch verstärkt, daß der besondere Restitutionsgrund des § 641 I nach dessen klarem Wortlaut „außer in den Fällen des § 580" eingreift. Am klaren Wortlaut enden Auslegungsbefugnisse, Einl III 39). Unanwendbar ist § 586 ferner einem Verfahren gemäß § 181 SGG, BSG NJW **73**, 1343.

**4**　**4) Einzelfragen, I.** Eine Wiedereinsetzung, § 233, ist zulässig, BVerfG NJW **93**, 3257, auch nach einem Wiedereinsetzungsgesuch. Eine Klagerhebung vor dem unzuständigen Gericht wahrt die Frist mangels einer den §§ 518, 553 entsprechenden Bestimmung stets, BGH **97**, 161, BayObLG WoM **91**, 134. Die Fristwahrung erfolgt nicht etwa nur dann, wenn das Gericht nach § 506 verweist, aM ThP 1. Denn dann wäre § 281 II die oft notwendige Rückwirkung nicht möglich. Eine Klage ist schon vor dem Beginn der Frist statthaft, selbst vor der Zustellung des Urteils nach § 317. Wenn die Klage vor dem Eintritt der Rechtskraft des Urteils erhoben wird, dann heilt deren Eintritt. S auch § 588 Rn 2. Der Kläger kann neben dem einen Klagegrund einen anderen, für den die Frist verstrichen ist, nicht mehr geltend machen. Grundsätzlich kann man einen von vornherein vorhandenen Restitutionsgrund nur innerhalb der Monatsfrist nachschieben, unklar BAG DB **99**, 644. Wenn freilich nacheinander mehrere Urkunden aufgefunden oder benutzbar werden, dann entsteht jeweils eine neue Frist, solange noch keine Restitutionsklage erhoben worden ist, auch wenn die erste Frist ungenutzt blieb und eine weitere Urkunde dasselbe beweisen soll, BGH **57**, 214, ThP 2, unklar BAG DB **99**, 644.

**5**　**5) Fristbeginn: Ab Rechtskraft, II 1.** Zum Fristbeginn notwendig sind die Rechtskraft des Urteils, §§ 322, 705, BGH NJW **93**, 1596, Hamm FamRZ **97**, 759, KG WoM **96**, 179 (WEG), und eine Kenntnis der Partei oder ihres gesetzlichen Vertreters oder ProzBev, §§ 51 II, 85 II, BGH NJW **93**, 1596, Gaul ZZP **73**, 418, oder Generalbevollmächtigten, § 80 Rn 13, oder des sachbearbeitenden Terminsvertreters der Behörde, von allen den Wiederaufnahmegrund bildenden Tatsachen (eine Ausnahme besteht nach III), BGH NJW **93**, 1596. Diese Kenntnis muß alle Voraussetzungen der Statthaftigkeit der Klage umfassen. Daher ist zB im Fall des § 581 ein rechtskräftiges Strafurteil notwendig. Eine zutreffende rechtliche Einordnung ist zum Fristbeginn natürlich nicht erforderlich, BGH NJW **93**, 1596.

**6**　**6) Einzelfragen, II 1.** Bei § 580 Z 1–5 ist die Kenntnis einer rechtskräftigen Bestrafung oder der Unmöglichkeit eines Strafverfahrens notwendig, Hamm FamRZ **97**, 759 (Kenntnis einer vorläufigen Einstellung reicht nicht). Bei einer Amnestie ist die Zurückweisung der Beschwerde gegen eine Einstellung notwendig. Beim Tod eines Zeugen, *§ 580 Z 3*, ist die Kenntnis davon ausreichend. Bei *§ 580 Z 7 b* muß der Kläger die Urkunde aufgefunden haben und imstande sein, sie zu benutzen. Nicht erforderlich ist, daß er auch ihre Benutzbarkeit erkannt hat, BPatG GRUR **86**, 310, sofern objektiv mit der Benutzbarkeit zu rechnen war. Bei einer nachträglich errichteten Geburtsurkunde ist grds die Kenntnis der Geburt maßgeblich. Wenn eine Geburtsurkunde erst nach der Rechtskraft des früheren Urteils bekannt geworden ist, dann entscheidet wegen § 1593 BGB die Rechtskraft desjenigen Urteils, das die Nichtehelichkeit feststellt, Nürnb NJW **75**, 2024.

Wenn die Urkunde *im Besitz eines Dritten* ist, muß er zur Vorlegung verpflichtet sein, vgl §§ 429 ff. Über die Auffindung von Urkunden § 580 Rn 24 ff. Es kommt nicht darauf an, ob der Kläger Kenntnis von der rechtlichen Bedeutung des Grundes, auch der Urkunde erlangt hat. Eine Kenntnis des ProzBev ist nur dann der Partei zuzurechnen, § 85 II, wenn der Auftrag des Bevollmächtigten zur Vertretung noch in demjenigen Zeitpunkt bestand, in dem er die Kenntnis erhielt, oder wenn die Partei den ProzBev mit einer Strafanzeige beauftragt hatte und wenn diese Anzeige gerade der Vorbereitung des Restitutionsverfahrens diente, BGH

MDR **78**, 1016. Eine Kenntnis erhält man nur durch ein sicheres Wissen, nicht schon durch ein bloßes Gerücht.

**7) Glaubhaftmachung, I, II.** Die Glaubhaftmachung erfolgt nach § 589 II. **7**

**8) Fünfjahresfrist, II 2.** Die Vorschrift gilt entsprechend im Verfahren nach §§ 30 ff AKG, Düss RR **93**, **8** 447. Der Ablauf von 5 Jahren seit dem Eintritt der Rechtskraft, Rn 3, macht jede Anfechtung unstatthaft, auch eine auf § 826 BGB gestützte, BVerwG Buchholz § 153 VwGO Nr 23. Es handelt sich um eine uneigentliche Frist, Üb 11 vor § 214, KG Rpfleger **76**, 368, und keine Notfrist, § 224 I 2. Die Fristhemmungsgründe des § 203 BGB sind nicht anwendbar. Eine Abkürzung oder Verlängerung der Frist nach § 224 ist unzulässig. Die Frist hemmt die Verjährung gemäß § 203 BGB nicht, BGH DtZ **94**, 215 (zu § 958 II). Eine Wiedereinsetzung nach § 233 ist nicht möglich, VGH Mü NVwZ **93**, 92. Die Frist beginnt grundsätzlich mit dem Eintritt der Rechtskraft, KG Rpfleger **76**, 368 (betr Beschlüsse), Schmahl NJW **77**, 27, aM Braun NJW **77**, 28, und zwar auch ohne eine Kenntnis des Anfechtungsgrundes, vgl BGH **50**, 120, und unabhängig von I, abgesehen von den Fällen III. Die Frist wird durch die Klageerhebung nach §§ 253, 261 gewahrt, evtl auch durch die Klageinreichung, § 270 III, nicht aber schon durch die Einreichung eines Prozeßkostenhilfegesuchs nach § 117 I. Der Fristablauf heilt alle Fehler des Urteils. Das beweist, daß der Mangel keine unheilbare Nichtigkeit bewirkt. Die Regelung ist im Zusammenhang mit § 339 unanwendbar, dort Rn 3.

**9) Mangel der Vertretung, III.** Der Zweck von III ist, dem durch den Mangel der Vertretung Benach- **9** teiligten durch die Nichtigkeitsklage eine Möglichkeit der Wiederaufnahme zu geben, weil das Urteil trotz des Mangels rechtskräftig werden konnte, § 56 Rn 11.

**10) Einzelfragen, III.** Im Falle des § 579 I Z 4 beginnt die Frist abweichend von der Fünfjahresfrist des **10** II 2 frühestens mit der wirksamen Zustellung des vollständigen Urteils, § 317, an die Partei selbst, bei mangelnder Prozeßfähigkeit also mit der Zustellung an ihren gesetzlichen Vertreter, § 171, Ffm FamRZ **85**, 613, KG FamRZ **89**, 647. Daher ist mangels einer wirksamen Urteilszustellung eine Nichtigkeitsklage ohne Rücksicht auf die Länge der Zeit möglich, KG FamRZ **89**, 648. Eine Zustellung an die Partei persönlich kommt freilich dann nicht in Betracht, wenn sie prozeßunfähig ist, § 171 Rn 1, Hbg FamRZ **81**, 961, KG FamRZ **89**, 647.

Eine Zustellung an den *ProzBev* ist unerheblich, weil es auf ihn für den Fristablauf nicht ankommt. Wenn aus dem Urteil die mangelnde Vertretung nicht zu ersehen ist, gilt II, KG NJW **70**, 817. Dasselbe gilt, wenn der Gegner klagt, BGH **63**, 80. Andererseits beginnt die Frist auch dann erst mit der Zustellung an den gesetzlichen Vertreter, wenn der Vertretungsmangel der Partei schon vorher bekannt war, KG FamRZ **79**, 526. Aus § 578 folgt, daß das Urteil rechtskräftig sein muß; III besagt nichts dagegen. Eine Ersatzzustellung oder eine öffentliche Zustellung genügt. Sie kann ebenso wie eine sonst unverschuldete Unkenntnis eine Wiedereinsetzung rechtfertigen. Die wirksame Zustellung ist für den Fristbeginn unerläßlich. *Rechtsmißbrauch*, Einl III 54, wird auch hier nicht geschützt. Eine Zustellung vor dem Eintritt der Rechtskraft des Urteils, Rn 3, setzt die Notfrist nach I, III nicht in Lauf, weil zu jenem Zeitpunkt noch gar keine Klage statthaft ist. Deshalb ist dann eine erneute Zustellung nach dem Eintritt der Rechtskraft notwendig, StJGr 14, aM Köln OLGZ **77**, 120, ThP 6 (die Frist beginne dann mit dem Zeitpunkt der nachfolgenden Rechtskraft).

**11) VwGO:** Anzuwenden nach § 153 I, BVerwG Buchholz 310 § 153 Nr 23. Für die Frist gilt § 58 VwGO **11** nicht, Ey § 58 Rn 3. Zur Feststellung des Fristbeginns nach II 2 s BVerwG NVwZ **94**, 1206. Keine Verlängerung und auch keine WiedEins, Rn 7, VGH Mü NVwZ **93**, 92 mwN. Die Erhebung einer erneuten, mit der ersten identischen Nichtigkeitsklage ist mangels Rechtsschutzinteresses unzulässig, BVerwG NVwZ **94**, 1206, krit Jauernig NVwZ **96**, 31.

**587 Wesentliche Erfordernisse der Klagschrift.** In der Klage muß die Bezeichnung des Urteils, gegen das die Nichtigkeits- oder Restitutionsklage gerichtet wird, und die Erklärung, welche dieser Klagen erhoben wird, enthalten sein.

**1) Systematik, Regelungszweck.** Die Vorschrift enthält eine zusätzliche, im Sinn von § 585 gegenüber **1** § 253 vorrangige Zulässigkeitsvoraussetzung, § 589 I. Diese entspricht den §§ 518 II Z 1, 553 I Z 1. Sinn ist im Interesse der Rechtssicherheit, Einl III 43, die Klarstellung, inwiefern das rechtskräftige Urteil überhaupt angegriffen wird.

**2) Urteilsbezeichnung.** Notwendig ist die Bezeichnung des angegriffenen Urteils. Dazu reicht es aus, **2** die Nämlichkeit des Urteils zu klären, zB durch das Aktenzeichen und das Verkündungsdatum. Die irrige Angabe des erstinstanzlichen statt des ersetzenden Berufungsurteils reicht aus, wenn das Klageziel erkennbar ist, BAG **AP** § 580 Nr 4.

**3) Klagebezeichnung.** Notwendig ist ferner die Erklärung, daß der Kläger eine Nichtigkeitsklage oder **3** Restitutionsklage erhebt. Der Gebrauch dieser Worte ist aber nicht wesentlich. Der Klaginhalt muß nur die Natur der Klage klar ergeben.

**4) Anwaltsbezeichnung.** Notwendig ist ferner die Einlegung durch einen beim Gericht zur Klageerhe- **4** bung zugelassenen Rechtsanwalt, falls Anwaltszwang besteht, § 78 Rn 2.

**5) Parteien- und Gerichtsbezeichnung.** Notwendig ist schließlich eine eindeutige Bezeichnung des **5** Klägers und des Bekl sowie des Gerichts, § 253 II Z 1. Bei einer Zustellung an den früheren prozeßbevollmächtigten Anwalt nach § 176 ist bei der Ladung eine Aufforderung zur Bestellung eines Anwalts nicht erforderlich.

§§ 587–589    4. Buch. Wiederaufnahme des Verfahrens

6  **6) Weitere Einzelfragen.** Ein bestimmter Antrag, wie bei § 253 II Z 2, sowie eine Bezeichnung des Wiederaufnahmegrundes sind nicht zwingend vorgeschrieben, § 588 I Z 1. Die ganze Regelung ist recht willkürlich; ein Begründungszwang wäre folgerichtig und notwendig. Vgl im übrigen die Erläuterungen zu § 518 II Z 1. Der Wechsel von der Restitutions- zur Nichtigkeitsklage und umgekehrt ist eine Klagänderung, § 263.

7  **7) Verstoß.** Ein Verstoß führt zur Verwerfung der Klage als unzulässig, § 589 I.

8  **8) VwGO:** Anzuwenden nach § 153 I, Ey § 153 Rn 14, ggf nach Maßgabe der §§ 81 II, 82, 86 III u 88 VwGO.

**588** *Unwesentliche Erfordernisse der Klagschrift.* ¹Als vorbereitender Schriftsatz soll die Klage enthalten:
1. die Bezeichnung des Anfechtungsgrundes;
2. die Angabe der Beweismittel für die Tatsachen, die den Grund und die Einhaltung der Notfrist ergeben;
3. die Erklärung, inwieweit die Beseitigung des angefochtenen Urteils und welche andere Entscheidung in der Hauptsache beantragt werde.

II ¹Dem Schriftsatz, durch den eine Restitutionsklage erhoben wird, sind die Urkunden, auf die sie gestützt wird, in Urschrift oder in Abschrift beizufügen. ²Befinden sich die Urkunden nicht in den Händen des Klägers, so hat er zu erklären, welchen Antrag er wegen ihrer Herbeischaffung zu stellen beabsichtigt.

1  **1) Systematik, Regelungszweck, I, II.** § 588 ist eine den §§ 130, 253 II, 273 teilweise ähnliche, im Sinn von § 585 vorrangige bloße Sollvorschrift zwecks einer genügenden § 587 weiteren Klarstellung, was weshalb und wie angegriffen wird. Ihre Befolgung ist aber geeignetenfalls nach § 273 zu betreiben. Die Angaben der Klagschrift sind rein vorbereitend; das Nähere bleibt einem weiteren Schriftsatz oder der mündlichen Verhandlung vorbehalten.

2  **2) Sollinhalt, I.** Die Klageschrift soll alle folgenden Angaben enthalten.

**A. Grundbezeichnung, I Z 1.** Man soll eine Bezeichnung des Anfechtungsgrundes beifügen. Die Klagefrist des § 586 ist aber nur dann gewahrt, wenn der Anfechtungsgrund nicht genannt wird. Daher darf der Kläger neue Gründe beliebig nachschieben, sofern sie nicht bei der Klagerhebung durch Fristablauf vernichtet waren. Er darf auch solche Gründe nachschieben, die nach der Klagerhebung erwachsen; auch für solche Gründe läuft keine Frist, auch nicht die Fünfjahresfrist, § 586 II. Das Nachschieben eines Nichtigkeitsgrundes bei der Nichtigkeitsklage oder eines Restitutionsgrundes bei der Restitutionsklage ist keine Klagänderung; wohl aber ist das Nachschieben eines Nichtigkeitsgrundes bei der Restitutionsklage und umgekehrt eine Klagänderung.

3  **B. Beweismittelbezeichnung, I Z 2.** Man soll ferner die Beweismittel für den Grund und die Einhaltung der Notfrist angeben. In Frage kommen nur gesetzliche Beweismittel und ein gesetzlicher Beweisantritt. Ein Antrag auf Parteivernehmung nach §§ 445 ff ist unzulässig, § 581 II. Eine Glaubhaftmachung erfolgt gemäß § 294.

4  **C. Antrag, I Z 3.** Man soll schließlich einen Antrag zur Wiederaufnahme (Urteilsaufhebung) und zur Hauptsache beifügen. Der zweite Antrag ist in der mündlichen Verhandlung unentbehrlich, § 308 I, der erste kann sich aus dem zweiten ergeben. Wegen der Einheit der mündlichen Verhandlung, Üb 3 vor § 253, des ersetzenden Verfahrens, Grdz 15 vor § 578, kann sich der Antrag zur Hauptsache auch aus dem im Vorprozeß gestellten ergeben, Gilles ZZP 78, 472. Eine Klagerweiterung ist möglich, BGH LM § 304 Nr 12.

5  **3) Urkundenbeifügung, II.** Die erforderlichen Urkunden sind beizufügen. Auch dies ist eine Sollvorschrift. Denn wenn die Angabe des Anfechtungsgrundes nicht wesentlich ist, I Z 1, dann kann es auch nicht die Urkundenbeifügung zum Nachweis des Grundes sein.

6  **4) Verstoß, I, II.** Ein Verstoß (nur) gegen § 588 bleibt grundsätzlich ohne prozessuale Folgen; jedoch sind §§ 282, 296 zu beachten.

7  **5) VwGO:** Anzuwenden nach § 153 I.

**589** *Prüfung der Zulässigkeit.* ¹ ¹Das Gericht hat von Amts wegen zu prüfen, ob die Klage an sich statthaft und ob sie in der gesetzlichen Form und Frist erhoben sei. ²Mangelt es an einem dieser Erfordernisse, so ist die Klage als unzulässig zu verwerfen.

II Die Tatsachen, die ergeben, daß die Klage vor Ablauf der Notfrist erhoben ist, sind glaubhaft zu machen.

1  **1) Systematik, I, II.** § 589 entspricht den §§ 519 b I, 554 a; s dort. Eine wesentliche Abweichung ist, daß § 589 die Prüfung, abgesehen von § 128 II, Braun NJW 84, 349, und vom WEG-Verfahren, BayObLG WoM 92, 285, nur in der mündlichen Verhandlung geschehen darf, Seetzen NJW 84, 347.

2  **2) Regelungszweck, I, II.** Sinn der Vorschrift ist eine weitere Eingrenzung, diesmal auch im Interesse der Prozeßwirtschaftlichkeit, Grdz 14 vor § 128, vor einer nochmaligen Erörterung des bisher ja noch rechtskräftig ausgeurteilten Streitstoffs.

4. Buch. Wiederaufnahme des Verfahrens §§ 589, 590

**3) Geltungsbereich, I 1.** Die Prüfung erstreckt sich auf die allgemeinen Prozeßvoraussetzungen wie bei 3
jeder Klage, Grdz 12 vor § 253, und auf die besonderen Voraussetzungen der betreffenden Wiederaufnahmeklage, und zwar: die Statthaftigkeit, §§ 578, 583; die Wahrung der Form, §§ 253, 587; die Wahrung der
Frist, § 586, in diesem Verfahrensabschnitt, Grdz 15 vor § 578. Die Prüfung erstreckt sich dagegen nicht auf
die Voraussetzungen des § 582.
  Es findet eine *Amtsprüfung* statt, Grdz 39 vor § 128, und zwar noch in der Revisionsinstanz, BGH **LM**
§ 580 Z 7 b Nr 7, aber keine Amtsermittlung im Sinn von Grdz 38 vor § 128. Das Gericht prüft auch, ob eine
Wiedereinsetzung gewährt worden ist. Der Kläger hat diejenigen Tatsachen glaubhaft zu machen, § 294, die
eine Fristwahrung ergeben. Er hat also das für die Glaubhaftmachung nach Rn 3 Erforderliche bereitzuhalten.
Der Restitutionsbekl hat dasselbe für seine Entgegnungen zu tun und darf sich auf eine bloße Glaubhaftmachung beschränken. Ein Geständnis, § 288, und ein Anerkenntnis, § 307, sind frei zu würdigen, § 286.
  **4) Entscheidung, I 2.** Wenn ein wesentliches Erfordernis der Zulässigkeit fehlt, etwa die Behauptung 4
eines Nichtigkeitsgrundes, Brschw OLGZ **74**, 52, dann ist die Klage auf Grund einer mündlichen Verhandlung, § 128 Rn 4, auch einer nach § 590 II abgesonderten, ohne Aussetzung durch ein Prozeßurteil,
Üb 5 vor § 300, als unzulässig zu verwerfen, § 590 Rn 10, Köln MDR **91**, 452. Das Gericht kann die
Zulässigkeit durch ein Zwischenurteil nach § 303 oder im Endurteil bejahen. Es kam in der Verwaltungsgerichtsbarkeit auch eine Verwerfung durch Beschluß in Betracht, Art 2 § 5 EntlG, OVG Bre NJW **90**,
2337. Die als unzulässig verworfene Klage läßt sich innerhalb der Frist des § 586 mit besserer Begründung
wiederholen, BGH **LM** § 580 Z 7 b Nr 4.
  **5) Glaubhaftmachung, II.** Die Glaubhaftmachung der Fristeinhaltung erfolgt nach § 294. Sie genügt 5
für das ganze Verfahren. Eine Würdigung der in der Hauptsache angetretenen Beweise hat hier zu unterbleiben.
  **6) *VwGO:*** Anzuwenden nach § 153 I, BVerwG NVwZ **87**, 219; zur Verwerfung, Rn 2, durch Beschluß 6
§§ 125 II VwGO, s VGH Mannh NJW **97**, 145, OVG Münst NVwZ **95**, 95, OVG Bre NJW **90**, 2337.

**590** *Neue Verhandlung.* ¹Die Hauptsache wird, insoweit sie von dem Anfechtungsgrunde
betroffen ist, von neuem verhandelt.
  II ¹Das Gericht kann anordnen, daß die Verhandlung und Entscheidung über Grund und Zulässigkeit der Wiederaufnahme des Verfahrens vor der Verhandlung über die Hauptsache erfolge. ²In
diesem Falle ist die Verhandlung über die Hauptsache als Fortsetzung der Verhandlung über
Grund und Zulässigkeit der Wiederaufnahme des Verfahrens anzusehen.
  III Das für die Klagen zuständige Revisionsgericht hat die Verhandlung über Grund und Zulässigkeit der Wiederaufnahme des Verfahrens zu erledigen, auch wenn diese Erledigung von der
Feststellung und Würdigung bestrittener Tatsachen abhängig ist.

  **Schrifttum:** *Gilles,* Der Umfang von Aufhebung und Neuverhandlung im zivilprozessualen Wiederaufnahmeverfahren, Diss Ffm 1965; *Oberndörfer,* Die Rückwirkung und ihre Begrenzung bei der Aufhebung
eines Gestaltungsurteils im zivilprozessualen Wiederaufnahmeverfahren, Diss Erlangen 1962.

**Gliederung**

| | | | |
|---|---|---|---|
| 1) Systematik, Regelungszweck, I–III ... | 1, 2 | A. Urteilsarten ................... | 5–8 |
| A. Dreiteilung des Verfahrens ............ | 1 | B. Erstattungsanspruch ............. | 9 |
| B. Abgesonderte Verhandlung ........... | 2 | 4) Versäumnisverfahren, I–III ........... | 10–12 |
| 2) Verhandlungsumfang, I–III ........... | 3, 4 | A. Säumnis des Klägers ............. | 10 |
| A. Grundsatz: Begrenzung auf Anfech- | | B. Säumnis des Beklagten ........... | 11 |
| tungsgrund ........................ | 3 | C. Weitere Einzelheiten ............. | 12 |
| B. Einzelfragen ........................ | 4 | 5) *VwGO* ............................. | 13 |
| 3) Ersetzende Entscheidung, I–III ....... | 5–9 | | |

  **1) Systematik, Regelungszweck, I–III.** Die Vorschrift enthält einen auch in § 238 anzutreffenden 1
Gedanken. Er dient mit seinen Möglichkeiten einer stufenweisen Abschichtung nicht nur der Prozeßwirtschaftlichkeit, Grdz 14 vor § 128, sondern natürlich wiederum einer Eingrenzung der Notwendigkeit des
erneuten Eindringens in einen bisher rechtskräftig ausgeurteilten Streitstoff und damit der Rechtssicherheit,
Einl III 43.
  **A. Dreiteilung des Verfahrens.** Vgl zunächst Grdz 15 vor § 578. Das Gericht kann alle drei Verfahrensabschnitte in einem einheitlichen Verfahren zusammenfassen, BGH NJW **93**, 3140, aM Hamm FamRZ **96**,
558 (Zwang zur einheitlichen Entscheidung). Nachdem das Gericht über die Zulässigkeit der Klage
befunden hat, § 589, hat es über den Grund der Wiederaufnahme zu verhandeln, §§ 579, 580, BGH **LM**
§ 580 Nr 4. Wenn das Gericht ihn verneint, und zwar nach der erforderlichen Prüfung von Amts wegen,
Grdz 39 vor § 128, BGH WertpMitt **72**, 27, auch durch das Revisionsgericht (es muß die erforderlichen
tatsächlichen Feststellungen ausnahmsweise selbst treffen), dann weist er die Klage durch ein Sachurteil als
unbegründet ab, BGH **57**, 216. Wenn das Gericht den Grund bejaht, dann kann es das in einem Zwischenurteil nach § 303 oder im Endurteil tun, BGH NJW **82**, 2449. Das Gericht hebt dann die angefochtene
Entscheidung auf (aufhebende Entscheidung, iudicium rescindens). Darauf ist neu zur Hauptsache zu
verhandeln und eine neue Entscheidung an die Stelle der alten zu setzen (ersetzende Entscheidung, iudicium
rescissorium). Sie kann sachlich die alte bestätigen, Rn 6. Die drei Entscheidungen lassen sich in einem
Endurteil verbinden.

## § 590

**2  B. Abgesonderte Verhandlung.** Das Gericht kann auch statt eines einheitlichen Verfahrens, Rn 1, eine abgesonderte Verhandlung über die Zulässigkeit und/oder den Grund anordnen, § 280, BGH NJW **79**, 428. Es muß dies tun, wenn verschiedene Verfahrensarten in Frage kommen, also im Urkundenprozeß, §§ 592 ff, soweit die Wiederaufnahmeklage gegen das Vorbehaltsurteil für zulässig erachtet wird, § 578 Rn 6, § 580 Rn 1. Dagegen sind der Grund und die Zulässigkeit der Wiederaufnahme im Eheverfahren, Familienverfahren und Kindschaftsverfahren nach §§ 606 ff, 640 zu behandeln. Das Revisionsgericht darf ersetzend nur dann entscheiden, wenn nur sein Verfahren betroffen ist. Davon abgesehen muß das Revisionsgericht durch ein Zwischenurteil über die Zulässigkeit und den Grund erkennen und die Sache zurückverweisen, § 539, soweit Feststellungen des Berufungsgerichts betroffen sind, BGH NJW **79**, 428.

**3  2) Verhandlungsumfang, I–III.** Er ist strikt einzuhalten.

**A. Grundsatz: Begrenzung auf Anfechtungsgrund.** Die neue Verhandlung zur Hauptsache erstreckt sich nur auf den vom Anfechtungsgrund betroffenen Teil des Verfahrens. In diesen Grenzen ist sie eine neue, unabhängige Verhandlung. Wegen des nicht betroffenen Rests wird das alte Verfahren fortgesetzt. Inwieweit das Verfahren betroffen ist, das ist nach der Lage des Falles zu entscheiden. Bei § 580 Z 5 erfolgt stets eine neue Verhandlung über die gesamte Sache, KG NJW **76**, 1356.

**4  B. Einzelfragen.** Eine Abtrennung, § 145, ist für einen abtrennbaren Teil möglich, sei es sachlich oder zeitlich (bis zu einem bestimmten Zwischenurteil oder Teilurteil, wegen der Einheitlichkeit der Verhandlung aber nicht bis zu einem Termin), StJGr 4, aM Gilles ZZP **80**, 398 (es sei eine tatsächliche Abtrennung erforderlich). Die andere Partei kann früher nicht vorgebrachte Scheidungsgründe vortragen. Denn der Prozeß ist insoweit in die Lage vor dem Erlaß des Urteils zurückversetzt. Alle Tatsachen, Beweismittel, Ansprüche, Prozeßhandlungen, die damals zulässig waren, sind es auch jetzt, soweit die Instanz dies zuläßt. Frühere Bindungen, etwa durch ein Anerkenntnis oder Geständnis oder infolge einer Mängelheilung, § 295, wirken weiter, soweit sie nicht von der Anfechtung betroffen sind. Soweit das alte Verfahren bleibt, sind neue Angriffs- und Verteidigungsmittel ausgeschlossen, weil insofern der Schluß der alten mündlichen Verhandlung weiterwirkt. Davon abgesehen entscheidet der Schluß der jetzigen Verhandlung, §§ 136 IV, 296 a.

**5  3) Ersetzende Entscheidung, I–III.** Sie erfolgt beim Stattgeben in zweierlei Richtungen.

**A. Urteilsarten.** Die Entscheidung ergeht auf Grund einer neuen Würdigung des Streitstoffs, § 286, soweit das Gericht nicht gebunden ist, Rn 3. Soweit die Bindung reicht, bleibt auch die alte Urteilsbegründung wirksam. Die Entscheidung lautet:

**6**  *Ablehnung.* Soweit das Gericht die Wiederaufnahmeklage als unbegründet abweist, lautet das Urteil auf eine Bestätigung des alten Urteils, nicht auf eine Klagabweisung, aM Gilles ZZP **80**, 419. In Wahrheit ist das eine Aufhebung und eine Ersetzung; es wäre aber nutzlos, beides auszusprechen.

**7**  *Stattgeben.* Soweit das Gericht der Wiederaufnahmeklage stattgibt, lautet das Urteil auf eine Aufhebung des alten Urteils und eine neue Entscheidung. Das gilt auch dann, wenn das neue Urteil zu demselben Ergebnis kommt, RoSGo § 161 IV 3, aM StJGr Rn 10, ThP 5 (man könne auch nach § 343 vorgehen). Die neue Entscheidung kann auch ein Prozeßurteil, Üb 5 vor § 300, sein. Das neue Urteil ist rechtsgestaltend und rückwirkend. Das alte Urteil gilt bei seiner Aufhebung als von Anfang an nicht vorhanden.

**8**  *Kosten.* Für die Prozeßkosten, §§ 91 ff, gilt das neue Verfahren als die Fortsetzung des früheren. Deshalb erfolgt eine einheitliche Kostenentscheidung, Hbg FamRZ **81**, 963, StJGr 18. Streitwert: § 3 Anh Rn 85 „Nichtigkeitsklage". Zinsen und Kosten sind nicht hinzuzurechnen, § 4.

**9  B. Erstattungsanspruch.** Das abgeänderte Urteil gibt dem Sieger einen Anspruch auf Erstattung des auf das alte Urteil Geleisteten, aber ohne Zinsen. § 717 ist unanwendbar, aM ThP 5, ZöGre 15. Eine Schadensersatzklage läßt sich mit der Wiederaufnahmeklage verbinden. Der Zinsanspruch ist nur als ein sachlichrechtlicher Ersatzanspruch zu begründen. Durch die Aufhebung des Scheidungsurteils wird aber eine stattgefundene Auseinandersetzung nicht hinfällig, wenn die Ehe wieder geschieden wird, Grdz 8 vor § 578.

**10  4) Versäumnisverfahren, I–III.** §§ 330 ff sind stets mitzubeachten.

**A. Säumnis des Klägers.** In diesem Fall sind die Zulässigkeit und der Anfechtungsgrund von Amts wegen zu prüfen, Grdz 39 vor § 128. Fehlt eines dieser Erfordernisse, so wird die Klage durch ein echtes Versäumnisurteil verworfen, §§ 330, 542 Rn 4, aM ThP 6 (unechtes Versäumnisurteil), ZöGre § 589 Rn 4. Wenn die Voraussetzungen bejaht werden, erfolgt eine Sachabweisung durch ein echtes Versäumnisurteil entsprechend § 330.

**11  B. Säumnis des Beklagten.** In diesem Fall erfolgt eine Prüfung wie bei Rn 10. Beim Fehlen der Voraussetzungen wird die Klage durch ein unechtes Versäumnisurteil verworfen, § 331 Rn 10. Werden Zulässigkeit und Anfechtungsgrund bejaht, so verläuft das Verfahren wie sonst in der betreffenden Instanz. Wenn der Anfechtungsgrund das Verfahren nur teilweise betrifft, dann ist mit dieser Einschränkung zu erkennen. § 542 II ist anwendbar.

**12  C. Weitere Einzelheiten.** Eine Entscheidung nach Aktenlage erfolgt nach allgemeinen Grundsätzen, § 251 a. Ein Urteil zur Hauptsache setzt eine Verhandlung über die Hauptsache im Wiederaufnahmeverfahren voraus.

**13  5) VwGO:** *Anzuwenden nach § 153 I, BVerwG NVwZ **89**, 68. Über die Wiederaufnahme des Verfahrens gegen Beschlüsse, durch die die Beschwerde gegen die Nichtzulassung eines Rechtsmittels zurückgewiesen worden ist, ist durch Beschluß zu entscheiden, BVerwG DVBl **60**, 641; allgemein entspr anzuwenden sind §§ 125 III, 130 a VwGO, VGH Mannh NJW **97**, 145 u NVwZ-RR **96**, 539 mwN. Die Kostenentscheidung ergeht nach allgemeinen Regeln mit Sondervorschrift für die erfolgreiche Wiederaufnahme in § 154 IV VwGO, Ey § 153 Rn 19, RedOe § 153 Anm 13.*

**591** *Rechtsmittel.* **Rechtsmittel sind insoweit zulässig, als sie gegen die Entscheidungen der mit den Klagen befaßten Gerichte überhaupt stattfinden.**

**1) Systematik.** Es handelt sich um keine bloße Klarstellung, Rn 2, sondern um eine rechtsbegründende Vorschrift mit einer indirekten, wohl im Zusammenhang mit § 585 zu sehenden Verweisung auf das 3. Buch des ZPO. Das ersetzende Urteil, § 590 Rn 5, ist immer ein Urteil derjenigen Instanz, die es erlassen hat. Deshalb ist der gegen ein derartiges Urteil gegebene Rechtsbehelf statthaft. **1**

**2) Regelungszweck.** Es ist nicht selbstverständlich, ein im Wiederaufnahmeverfahren ergehendes Urteil gleich welcher Art und Stufe nun seinerseits nochmals anfechtbar zu machen; schließlich war es vom Gesetz schon großzügig genug, die Wiederaufnahme überhaupt trotz Rechtskraft zu gewähren. Indessen soll die sachliche Gerechtigkeit, Einl III 9, den Vorrang behalten, gerade wenn es überhaupt zu einer Entscheidung im Wiederaufnahmeverfahren gekommen ist. Das ist kein Luxus, sondern eine Folge der Rechtsstaatlichkeit, Einl III 15, die das Gesetz möglichst lückenlos gewähren soll. **2**

**3) Rechtsmittelmöglichkeiten.** Es entscheidet der gegenwärtige Rechtszustand. Daher ist es unerheblich, ob das Rechtsmittel der Revision auch gegen das frühere Urteil zur Zeit seines Erlasses möglich gewesen wäre. Gegen ein landgerichtliches Berufungsurteil ist kein Rechtsmittel zulässig. Demgemäß ist auch keine Beschwerde gegen einen die Prozeßkostenhilfe versagenden Beschluß zulässig, wenn das LG als Berufungsinstanz entscheidet, § 127 II 2, ebensowenig gegen einen Beschluß, durch den das OLG die Wiederaufnahme eines Zwangsversteigerungsverfahrens abgelehnt hat, BGH ZIP **81**, 809. **3**

*Revision* ist nur unter den Voraussetzungen der §§ 546 ff gegeben. Freilich ist § 547 unanwendbar, BGH MDR **82**, 838. § 554 b ist anwendbar. Das Gericht muß die Revision, soweit erforderlich, im Urteil in der Wiederaufnahmesache selbst zugelassen haben. Das Urteil beseitigt auch die rechtlichen Wirkungen eines Scheidungsurteils. Gegen ein die Wiederaufnahme bewilligendes Zwischenurteil ist gemäß § 280 II 1 das gegen ein Endurteil statthafte Rechtsmittel gegeben, BGH MDR **79**, 297. Gegen die Versagung einer Prozeßkostenhilfe durch das LG wegen der Nichtigkeitsklage gegen ein Berufungsurteil ist keine Beschwerde zulässig. **4**

Die *Rechtskraftwirkung* des neuen Urteils nach § 322 erstreckt sich immer nur auf den jeweiligen Anfechtungsgrund. Sie hindert daher eine neue Klage aus einem anderen Grund nicht. Dabei ist natürlich auch § 586 zu beachten. Die neue Klage muß sich evtl gegen die beiden Urteile richten. Eine Wiederaufnahmeklage gegen das neue Urteil ist nach allgemeinen Grundsätzen zulässig. BFH BB **79**, 1705, Gaul ZZP **73**, 421. **5**

**4)** *VwGO: Anzuwenden nach § 153 I.* **6**

# Fünftes Buch
# Urkunden- und Wechselprozeß

Bearbeiter: Dr. Dr. Hartmann
## Grundzüge

**Schrifttum:** *Hertel,* Der Urkundenprozeß unter besonderer Berücksichtigung von Verfassung (rechtliches Gehör) und Vollstreckungsschutz, 1992; *Peters,* Rechtsnatur und Beschleunigungsfunktion des Urkundenprozesses usw, 1996; *Schlosser,* Die Durchsetzung von Schiedssprüchen und ausländischen Urteilen im Urkundenprozeß usw, Festschrift für *Schwab* (1990) 435.

1   **1) Systematik, Regelungszweck.** Der Urkundenprozeß, von dem der Wechselprozeß nach §§ 602 ff und der Scheckprozeß nach § 605 a nur eine Abart sind, hat seine Eigentümlichkeit weniger in der Beschleunigung des Verfahrens als vielmehr in der Gewährung eines vorläufigen gerichtlichen Beistands aufgrund einer unvollständigen, aber zur Erreichung des Zwecks regelmäßig ausreichenden Sachprüfung, Hamm NJW **76**, 247, zumal er eine direkte Zwangsvollstreckung nach §§ 704 ff zur Folge haben kann, Wolf DB **99**, 1103. Insofern ähnelt er dem Arrestverfahren, Grdz 1, 5 vor § 916. Wegen des Eilcharakters ist auch eine Aussetzung des Urkundenprozesses unzulässig, Einf 1 vor §§ 148–155, Hamm NJW **76**, 246, Karlsr GRUR **95**, 263, und zwar wegen der Einheit zwischen Urkunden- und Nachverfahren, § 600 Rn 1, auch im letzteren, § 600 Rn 4.

2   Der Urkundenprozeß hat keine sehr große praktische Bedeutung; anders ist es beim Wechselprozeß. Im Urkundenprozeß findet nur eine *beschränkte Sachprüfung* statt. Beachtlich sind nur der Anspruchsgrund sowie die durch Urkunden sofort beweisbaren Einwendungen des Beklagten, §§ 595 II, 598. Eine Widerklage ist unstatthaft, § 595 I. Zu einem endgültigen Ergebnis, und zwar einem Urteil mit innerer Rechtskraft, Einf 2 vor §§ 322–327, führt der Urkundenprozeß nur, wenn die Sache selbst nicht streitig wird. Andernfalls endet er mit einem Vorbehaltsurteil, §§ 597 II, 599; erst das Nachverfahren nach § 600 bringt die endgültige Entscheidung. Da der im Nachverfahren unterliegende Kläger dem Beklagten für eine vorgenommene Zwangsvollstreckung Ersatz leisten muß, §§ 600 II, 302 IV, bietet der Urkundenprozeß, abgesehen vom Wechsel- und Scheckprozeß, bei dem die Verhältnisse meist klar liegen, unter Umständen mehr Gefahren als Vorteile.

3   **2) Geltungsbereich.** Beim AG gibt es ein Urkunden-, Wechsel- oder Scheckmahnverfahren in besonderer Ausgestaltung, § 703 a II. Im arbeitsgerichtlichen Verfahren sind die Vorschriften des 5. Buches unanwendbar, § 46 II 2 ArbGG, aM Hamm NJW **80**, 1399 (zur Zuständigkeitsfrage).

4   **3) VwGO:** §§ 592 ff sind unanwendbar, weil der Verwaltungsprozeß ein Urteil auf Grund unvollständiger Sachprüfung, Rn 1, nicht kennt, der Anwendung also die grundsätzlichen Unterschiede der beiden Verfahrensarten entgegenstehen, § 173 VwGO.

## 592 Zulässigkeit.
¹Ein Anspruch, welcher die Zahlung einer bestimmten Geldsumme oder die Leistung einer bestimmten Menge anderer vertretbarer Sachen oder Wertpapiere zum Gegenstand hat, kann im Urkundenprozeß geltend gemacht werden, wenn die sämtlichen zur Begründung des Anspruchs erforderlichen Tatsachen durch Urkunden bewiesen werden können. ²Als ein Anspruch, welcher die Zahlung einer Geldsumme zum Gegenstand hat, gilt auch der Anspruch aus einer Hypothek, einer Grundschuld, einer Rentenschuld oder einer Schiffshypothek.

### Gliederung

| | |
|---|---|
| 1) Systematik, Regelungszweck, S 1, 2 .. 1, 2 | 3) Urkundenbeweis, S 1, 2 ............... 7–13 |
|   A. Prozeßvoraussetzungen ............. 1 |   A. Grundsatz: Urkundenbeweisbarkeit der |
|   B. Verfahrenswahl ..................... 2 |      klagebegründenden Tatsachen ......... 7, 8 |
| 2) Geltungsbereich, S 1, 2 .............. 3–6 |   B. Ausnahmen .......................... 9, 10 |
|   A. Nur Leistungsklage ................. 3, 4 |   C. Urkunde ............................ 11–13 |
|   B. Anspruchsarten ..................... 5 | 4) Verstoß, S 1, 2 ....................... 14 |
|   C. Anspruchsgrund .................... 6 | |

1   **1) Systematik, Regelungszweck, S 1, 2.** Vgl Grdz 1, 2 vor § 592.

**A. Prozeßvoraussetzungen.** § 592 enthält die besonderen Prozeßvoraussetzungen des Urkundenprozesses. Sie sind von Amts wegen zu prüfen, Grdz 39 vor § 128, und unterliegen nicht der Parteiherrschaft im Sinn von Grdz 18 vor § 128. Es muß eine Leistungsklage auf eine bestimmte Geldsumme oder eine Menge anderer vertretbarer Sachen vorliegen, § 253 Rn 49. Weitere Prozeßvoraussetzung ist die Beweisbarkeit sämtlicher klagebegründenden Tatsachen durch Urkunden.

Daneben müssen die allgemeinen *Prozeßvoraussetzungen* vorliegen, Grdz 12 vor § 253, zB das Rechtsschutzbedürfnis, Grdz 33 vor § 253, Hamm NJW **76**, 247. Die Verbindung des Urkundenprozesses mit einem ordentlichen Prozeß oder mit einem Scheck- oder Wechselprozeß ist unstatthaft, § 147 Rn 5. Die Rechtshängigkeit, § 261, greift im Verhältnis vom ordentlichen Prozeß zum Urkundenprozeß und umgekehrt durch, Hamm NJW **78**, 58. Eine Vereinbarung über einen Erfüllungsort bzw Gerichtsstand ist von Amts wegen zu prüfen, Grdz 39 vor § 128, Ffm WertpMitt **74**, 1082. Eine Ausländersicherheitsleistung des ursprünglichen Klägers, auf ihn kommt es auch im Rechtsmittelzug an, BGH **37**, 266, wegen der Kosten ist gemäß § 110 II Z 2 nicht erforderlich, unabhängig von der Staatsangehörigkeit des Bekl, Düss NJW **73**, 2165.

**B. Verfahrenswahl.** Die Wahl des Urkundenprozesses statt des ordentlichen Prozesses steht immer im Ermessen des Klägers. Er muß die Wahl des Urkundenprozesses eindeutig erklären, § 593 Rn 3. Er braucht nicht etwa diejenigen etwaigen Mehrkosten, die sich im ordentlichen Prozeß ergeben, schon wegen dieser Verfahrenswahl zu tragen. Er kann diese Wahl noch während des Urkundenprozesses ändern, § 596. Ein vertragsmäßiger Ausschluß des Urkundenprozesses ist als ein privatrechtlicher Vertrag über prozessuale Beziehungen, Grdz 48 vor § 128, wirksam, BGH DB **73**, 1451, freilich nur auf Grund einer Rüge des Bekl zu beachten, § 597 Rn 7. Ein Urkunden-, Wechsel- oder Scheckmahnbescheid, § 688, leitet ohne weiteres in den entsprechenden Prozeß über. Ein Übergang aus Mahnverfahren oder Prozeß in einen Urkunden-, Wechsel- oder Scheckprozeß ist (nur) unter den Voraussetzungen des § 263 möglich, § 593 Rn 1. 2

**2) Geltungsbereich, S 1, 2.** Es sind drei Aspekte zu beachten. 3

**A. Nur Leistungsklage.** Der Urkundenprozeß läßt nur eine Leistungsklage zu, Grdz 8 vor § 253.

*Zulässig sind:* Eine Klage vor dem Eintritt der Fälligkeit nach §§ 257 ff, also auch eine Klage auf künftige Leistung, oder eine Klage auf eine Leistung Zug um Zug; etwas anderes gilt im Mahnverfahren, § 688 II Z 2. Eine Klagerhebung gilt als Kündigung. Die beschränkte Erbenhaftung hindert eine Klagerhebung nicht, weil sie nur die Zwangsvollstreckung betrifft. Zulässig ist eine Klage auf Zahlung an einen Dritten; eine Haftungsklage; eine Klage auf die Hinterlegung einer Geldsumme, aM ZöGre 1; ein Honoraranspruch des Anwalts; wegen des Wechselprozesses § 602 Rn 2.

*Unstatthaft sind:* Die Klage auf eine nicht vertretbare Leistung; eine Feststellungsklage, § 256, BGH **16**, 213 und WertpMitt **79**, 614, Mü BB **85**, 698, auch nach § 256 II, oder eine Klage auf Vornahme einer Handlung, zB einer Willenserklärung, oder Unterlassung, s aber Rn 5; eine Gestaltungsklage, Grdz 10 vor § 253; eine Klage auf die Befreiung von einer Geldschuld; eine Klage auf Feststellung zur Insolvenztabelle, § 179 I InsO, Mü BB **85**, 698, aM ZöGre 3. Wenn daher die Eröffnung des Insolvenzverfahrens einen Urkundenprozeß unterbricht, § 240, dann geht er kraft Gesetzes in das ordentliche Verfahren über, Mü NJW **85**, 983, ThP 4, aM MüKoBr 6, StJSchl Rn 2a, ZöGre 3 (er hält auch den Urkundenprozeß für eine derartige Feststellungsklage für geeignet). 4

**B. Anspruchsarten.** Der Anspruch muß auf eines der folgenden Ziele gehen. Er muß sich entweder auf eine bestimmte Geldsumme richten. Sie genügt unabhängig von der Klagebegründung, BGH NZM **99**, 401. Es genügt, daß sie sich aus einer einfachen und klaren Berechnung ergibt, § 253 Rn 49, BayObLG DNotZ **76**, 367. Der Anspruch kann aus den vorgenannten Gründen auch auf eine Mietforderung lauten, BGH NJW **99**, 1408, Oldb WoM **99**, 226 (zumindest bei Gewerberaum), Eisenhardt MDR **99**, 903 einschränkend bei §§ 537, 552 a BGB, Heim ZMR **99**, 372, aM KG ZMR **99**, 394, LG Bln NZM **99**, 909 (aber es geht ja zunächst nur um die grundsätzliche Zulässigkeit). Natürlich müssen im Einzelfall die Besonderheiten der Klagebegründung sehr beachtet werden). 5

Der Anspruch kann auch auf eine bestimmte Menge anderer *vertretbarer* Sachen, § 91 BGB, oder von Wertpapieren (Begriff § 821 Rn 2) gehen, auch solchen, die auf den Inhaber lauten. Nicht ausreichend ist ein Anspruch auf Wertpapiere aus dem Nummernverzeichnis einer Bank, weil sie abgesondert sind. Ansprüche anderer Art auf ein Tun oder Unterlassen sind im Urkundenprozeß nicht statthaft. Davon sind folgende Fälle ausgenommen: Ein Anspruch aus einer Hypothek, Grundschuld, Rentenschuld, Schiffshypothek und, da § 592 sinngemäß anwendbar ist, § 99 I LuftfzRG, ein Anspruch aus einem Registerpfandrecht an einem Luftfahrzeug; ein Anspruch aus einer Reallast, § 1107 BGB. Der Grund dieser Ausnahmen besteht darin, daß es sich dabei der Sache nach nur um Ansprüche auf Duldung der Zwangsvollstreckung handelt. Darum gelten diese Ausnahmen auch für andere derartige Duldungsansprüche, zB gegen den Testamentsvollstrecker.

**C. Anspruchsgrund.** Er ist unter den Voraussetzungen Rn 1–5 für die Statthaftigkeit unerheblich. 6

**3) Urkundenbeweis, S 1, 2.** Einem Grundsatz stehen Ausnahmen gegenüber. 7

**A. Grundsatz: Urkundenbeweisbarkeit der klagebegründenden Tatsachen.** Sämtliche klagebegründenden, also zur Schlüssigkeit notwendigen Tatsachen müssen im Umfang der Beweisbedürftigkeit durch Urkunden zu beweisen sein, §§ 420 ff, BGH **62**, 286, ThP 6, ZöGre 10. Diese Tatsachen müssen durch nach §§ 593 II, 595 III vorlegbare Urkunden zu beweisen sein, aM BGH NJW **85**, 2953 (Indiztatsachen reichten aus). Zu diesen Tatsachen gehören die Sachbefugnis, Grdz 23 vor § 50, und die Vertretungsmacht, Karlsr BB **71**, 1384. Urkundlich zu beweisen ist also zB die Abtretung oder die Vollmacht desjenigen, der eine Urkunde als Vertreter unterschrieben hat. Hat der Unterzeichner den Kläger vertreten und genehmigt dieser durch Klagerhebung, §§ 253, 261, so ist ein Urkundenbeweis für die Vertretungsmacht entbehrlich. Zum Klagegrund gehört ferner die Fälligkeit des Anspruchs. Ist die Klage ist aber als Kündigung auslegbar und macht sie deshalb die Urkunde über die Kündigung entbehrlich. Urkundlich zu beweisen ist ferner eine Genehmigung des Vormundschaftsgerichts oder eine Vorleistungspflicht des Bekl.

Hat der Kläger bei einem gegenseitigen Vertrag nach § 320 BGB *vorgeleistet* und macht er dies durch seine Erwiderung auf die Einrede des Bekl geltend, so gehört dies nicht zum Klagegrund. Etwas anderes gilt dann, wenn der Kläger nach einer ausdrücklichen Abmachung oder kraft Gesetzes vorzuleisten hatte und vorgeleistet hat. Beim Bürgschaftsanspruch ist die Begründung der Hauptschuld urkundlich darzutun. Bei einer Klage auf Dienstlohn ist die Leistung der Dienste urkundlich darzulegen. Zur Werkabnahme genügt die Darlegung des Ablaufs der etwaigen Frist des 12 Z 5 I VOB/B, Stgt RR **86**, 898. Des Urkundenbeweises bedürfen ferner: nachgeschobene Klagegründe; eine Klageergänzung auf eine Einwendung; ein Nebenanspruch, außer im Wechselprozeß, § 605 II, und außer den Kosten. 8

**§§ 592, 593**  5. Buch. Urkunden- und Wechselprozeß

9   **B. Ausnahmen.** Keines Urkundenbeweises bedürfen: Das Prozeßführungsrecht, Grdz 22 vor § 50, StJSchl **8** (etwas anderes ist die Sachbefugnis, Rn 7); Prozeßvoraussetzungen, Grdz 12 vor § 253, BAG NJW **73**, 1216; Zulässigkeitsrügen, § 282 III, BGH NJW **86**, 2763 (Schiedsvereinbarung); die Prozeßfähigkeit, § 51; die Rechtshängigkeit in einem anderen Verfahren, § 261; Gerichtsstandsvereinbarungen, § 38; zugestandene, § 288, oder offenkundige Tatsachen, § 291, LG Hbg MDR **74**, 49 (betr eine Prolongationsvereinbarung bei Insolvenzreife), Gloede MDR **74**, 897; dasjenige, was sonst keines Beweises bedarf, wie: unstreitige oder als zugestanden geltende Tatsachen, § 138 III, IV, § 597 Rn 5, BGH **62**, 286, Jena MDR **97**, 975, StJSchl § 597 Rn 4, aM MüKoBr 14, ZöGre 11.

10  *Weitere Beispiele:* Erfahrungssätze, Einf 22 vor § 284; das ausländische Recht, § 293; die Nämlichkeit der Partei, Grdz 3 vor § 50, zB die Inhaberschaft des Einzelkaufmanns, oder in dem Fall eines Inhaberwechsels nach der Begründung des Anspruchs die Berechtigung des derzeitigen Inhabers. Das Gericht kann aus dem Parteiverhalten Schlüsse ziehen, die umstrittene Tatsache also auch ohne jede Beweisaufnahme für wahr halten, § 286 Rn 4, Köln DB **83**, 105. Es kann bei Nebenforderungen und dgl von der Möglichkeit einer freien Beweiswürdigung einen weitgehenden Gebrauch machen, da ja das Verfahren nur einen vorläufigen Charakter hat. Jedenfalls genügt aber eine bloße Glaubhaftmachung nach § 294 nicht.

11  **C. Urkunde.** Der Urkundenbeweis ist durch Urkunden im Sinne der §§ 415 ff zu führen, also durch schriftliche Urkunden, Üb 3 vor § 415. Ausreichend ist auch eine gedruckte Urkunde oder ein Telegramm, weil die Unterschrift weder begrifflich noch für die Beweiskraft ein wesentlicher Teil der Urkunde ist. Es genügt eine Urkunde jeder Art, Hbg DB **83**, 105, Köln NJW **92**, 1774 (Telefax), auch ein in- oder ausländischer Schiedsspruchstenor, Schlosser Festschrift für Schwab (1990) 448, oder ein schriftliches Sachverständigengutachten, § 411. Die Urkunde braucht nicht Trägerin des Rechts selbst zu sein. Ausreichend ist auch eine fremdsprachige Urkunde ohne Übersetzung; vgl freilich § 142 III. Ausreichend ist auch ein Beweisprotokoll, § 160 III Z 4, 5. Doch sind die Grenzen zwischen dem Zeugenbeweis und dem Urkundenbeweis nicht zu verwischen.

12  Ein Protokoll im selbständigen Beweisverfahren, § 492 II, ist als ein *mittelbarer Zeugenbeweis* unzulässig, aM Schlosser (vor Grdz 1 vor § 592) 438, ebenso eine privatschriftliche Zeugenbekundung, auch eine eidesstattliche, wenn sie die persönliche Vernehmung ersetzen soll, Ffm WertpMitt **75**, 87, RoSGo § 163 II 2 d, aM StJSchl 17, ZöGre 15.

13  Eine Erklärung in einer *amtlich beglaubigten* Urkunde, § 418 Rn 2 „Beglaubigung", ist verwendbar. Ausreichend ist auch eine eigene Urkunde der Partei, etwa ein Handelsbuch oder ein Schlußschein; es kann mindestens dem Anzeichenbeweis dienen. Der Schuldner braucht aber an der Urkundenerrichtung nicht mitgewirkt zu haben. Ob die Vorlegung der Urkunde notwendig ist, das richtet sich nach dem sachlichen Recht und nach dem Prozeßrecht, § 595 III. Ein Antrag auf Aktenbeiziehung reicht nicht aus, § 420. Bei einem Orderpapier oder einem Inhaberpapier weist der Besitz aus. Der Beweis der Echtheit richtet sich nach § 595. Ein Prozeßvergleich, Anh § 307, kann reichen, wenn zB wegen irgendeiner Unklarheit über ihn ein Rechtsschutzbedürfnis trotz dieses ja schon vorliegenden Vollstreckungstitels besteht, Grdz 33 vor § 253, Hamm NJW **76**, 246. Ist das Beweismittel im Urkundenprozeß zulässig, so darf und muß das Gericht es wie sonst auslegen, § 286 Rn 63, BGH NJW **95**, 1683, und auf seinen Beweiswert frei prüfen, § 286, Karlsr BB **71**, 1384, und darf dann, wenn die eigene Sachkunde ausreicht, auf eine Urkunde verzichten, aM Karlsr GRUR **95**, 263 (aber dann gibt es nicht mehr zu beweisen). Die Echtheit einer Urkunde ist gemäß §§ 437 ff zu prüfen. Nur insoweit ist ein Antrag auf eine Parteivernehmung nach §§ 445 ff zulässig, § 595 II.

14  **4) Verstoß, S 1, 2.** Soweit auch nur eine der besonderen Voraussetzungen, Rn 1, fehlt, muß das Gericht die Klage als in der gewählten Prozeßart unstatthaft abweisen, § 597 II. Soweit eine allgemeine Prozeßvoraussetzung, Rn 1, fehlt, ist die Klage als (überhaupt) unzulässig abzuweisen, Grdz 14 vor § 253, selbst wenn außerdem eine der besonderen Voraussetzungen fehlt. Soweit das Gericht einen im Urkundenprozeß unzulässigen Beweis im Urteil verwertet, liegt ein Verfahrensfehler vor, Karlsr BB **71**, 1384. Er kann zur Zurückverweisung nach § 539 führen. Das höhere Gericht darf ein solches Beweismittel (auch eine unzulässig geschaffene Urkunde) nicht verwerten.

**593** *Klageschrift.* [I] Die Klage muß die Erklärung enthalten, daß im Urkundenprozeß geklagt werde.

[II] [1] Die Urkunden müssen in Urschrift oder in Abschrift der Klage oder einem vorbereitenden Schriftsatz beigefügt werden. [2] Im letzteren Falle muß zwischen der Zustellung des Schriftsatzes und dem Termin zur mündlichen Verhandlung ein der Einlassungsfrist gleicher Zeitraum liegen.

1   **1) Systematik, I, II.** Die Vorschrift nennt über den im übrigen anwendbaren § 253 hinaus besondere Prozeßvoraussetzungen, Grdz 12 vor § 253.

2   **2) Regelungszweck, I, II.** Die Vorschrift dient in I der Klarstellung der Verfahrensart in ihrer Abweichung vom Normalprozeß, dient also der Rechtssicherheit, Einl III 43. In II wird zwecks Prozeßwirtschaftlichkeit, Grdz 14 vor § 128, in Anlehnung an den oft verkannten § 420 die Einreichung der Urkunden schon mit der Klageschrift zur Obliegenheit des Klägers gemacht, Rn 8.

3   **3) Geltungsbereich: Erklärung, I.** Die Klageschrift ist zunächst wie im Normalprozeß zu erheben, § 253. Sie muß aber außerdem die Erklärung enthalten, daß der Kläger im Urkundenprozeß klagt. Das bedeutet die Unterwerfung des Klägers unter dieses besondere Verfahren und den Hinweis an den Bekl darauf. Darum genügt es, daß der Wille des Klägers eindeutig ersichtlich ist, BGH BB **77**, 1176. Wenn die Erklärung fehlt, wird die Klage im ordentlichen Verfahren anhängig und eine Überleitung in den Urkundenprozeß nur entsprechend § 263 möglich, BGH **69**, 68 (er bejaht die Sachdienlichkeit nur ganz ausnahmsweise); es erfolgt also keine Heilung nach § 295. Der Kläger kann sich im Urkundenprozeß auf den

mit zulässigen Urkunden beweisbaren Teil eines Anspruchs beschränken. Wegen des Mahnverfahrens vgl § 703 a.

**4) Urkundenbeifügung, II.** Es sind Notwendigkeit und Frist zu beachten. **4**

**A. Grundsatz: Ausreichen einfacher Abschrift, II 1.** Es handelt sich um eine Vorschrift zum Schutz des Bekl. Sämtliche Urkunden, die die klagebegründenden Tatsachen beweisen, § 592 Rn 7, sind der Klage oder einem vorbereitenden Schriftsatz, § 129 Rn 5, urschriftlich oder abschriftlich beizufügen. II verlangt nicht eine Beglaubigung der Abschrift; das übersieht Düss JZ **88**, 572. Erklärungen, die in der Klage enthalten sind, wie die Kündigung, bedürfen keines weiteren Belegs. Ein Auszug genügt, wenn er dem Bekl das Nötige mitteilt. Die Beifügung einer Übersetzung aus einer fremden Sprache ist nicht vorgeschrieben; sie ist aber auf Anordnung des Gerichts beizufügen, § 142 III. Eine formlose Mitteilung des Schriftsatzes genügt, § 270 II. Die bloße Urkundenniederlegung auf der Geschäftsstelle nach § 133 II reicht nicht aus. Die Beiziehung von Akten, die dem Prozeßgericht nicht vorliegen, ist unzulässig, BGH VersR **94**, 1233.

**B. Frist, II 2.** Liegen die Urkunden der Klage nicht bei, so muß zwischen der Zustellung der Klage und **5** dem Termin zur maßgebenden mündlichen Verhandlung, dh der letzten Tatsachenverhandlung, die Einlassungsfrist der fraglichen Instanz und der fraglichen Prozeßart liegen, § 274 Rn 6 ff. Eine Verletzung dieser Vorschrift begründet regelmäßig die Revision nicht, weil das Urteil im allgemeinen nicht auf ihr beruhen kann. Die Frist muß auch bei einer Vorlegung der Urkunden in der mündlichen Verhandlung gewahrt werden, es sei denn, daß Fristwahrung sinnlos wäre, etwa weil sich auf die Urkunden der Bekl schon auf die Urkunden erklärt hat. Andernfalls muß das Gericht dem Kläger vernünftigerweise eine Frist zur Behebung des Mangels bewilligen und deshalb vertagen, § 227 I. Bei einer Vertagung ist die Einlassungsfrist zu wahren, die von der Urkundenvorlegung an berechnet wird.

**C. Berufungsverfahren, II 1, 2.** Für die Berufungsinstanz gilt dasselbe. Die Urkundenvorlegung ist **6** noch dort statthaft, sofern die Einlassungsfrist bis zur Berufungsverhandlung gewahrt ist.

**D. Versäumnisverfahren, II 1, 2.** Über das Versäumnisverfahren vgl § 597 Rn 8. **7**

**E. Verzichtbarkeit, II, 1, 2.** II ist eine zwingende Vorschrift. Der Bekl kann aber auch auf ihre **8** Einhaltung verzichten, § 295, StJSchl 5, ThP 4, ZöGre 12, aM RoSGo § 163 III 1.

# 594 (weggefallen)

# 595 *Widerklage, Beweismittel.* <sup>I</sup> Widerklagen sind nicht statthaft.

<sup>II</sup> Als Beweismittel sind bezüglich der Echtheit oder Unechtheit einer Urkunde sowie bezüglich anderer als der im § 592 erwähnten Tatsachen nur Urkunden und Antrag auf Parteivernehmung zulässig.

<sup>III</sup> Der Urkundenbeweis kann nur durch Vorlegung der Urkunden angetreten werden.

**1) Systematik, Regelungszweck, I–III.** Die Vorschrift enthält mehrere unterschiedlich geartete Ein- **1** schränkungen gegenüber dem ordentlichen Prozeß. Sinn ist eine Beschleunigung und Vereinfachung, Grdz 12, 14 vor § 128.

**2) Geltungsbereich, I.** Eine Widerklage, Anh § 253, ist unstatthaft, auch wenn sie nach § 592 zum **2** Urkundenprozeß geeignet wäre, MüKoBr 1, ThP 1, ZöGre 2, aM StJSchl 1. Eine trotzdem erhobene Widerklage ist durch ein Prozeßurteil als im Urkundenprozeß unstatthaft abzuweisen, Grdz 14 vor § 253, Üb 5 vor § 300. Freilich ist eine Trennung entsprechend § 145 denkbar. Im Nachverfahren nach § 600 ist die Widerklage zulässig. Ein Gegenantrag aus §§ 600 II, 304 II oder § 717 II 2 ist keine Widerklage und deshalb zulässig, sofern er sich nur zum Urkundenprozeß eignet, § 592. Eine Streitverkündung, § 72, und Streithilfe sind zulässig, § 66.

**3) Beweismittel, II.** Ein Grundsatz hat einige Ausnahmen. **3**

**A. Grundsatz: Nur Urkundenbeweis bei klagebegründenden Tatsachen.** Klagebegründende Tatsachen lassen nur den Beweis durch Urkunden zu, § 592, nicht den Beweis durch eine Parteivernehmung nach §§ 445 ff. Alle anderen Tatsachen erlauben nur den Beweis durch Urkunden oder den Antrag auf Parteivernehmung. Die Zulässigkeit ist von der Notwendigkeit einer Vertagung unabhängig, vgl freilich §§ 282, 296, 528, 529. Eine Privaturkunde scheidet als Zeugenersatz grundsätzlich aus, Mü MDR **98**, 1180; vgl freilich § 377 III.

*Dies gilt namentlich für:* Einreden; Erwiderungen auf Einreden; die Echtheit oder Unechtheit einer Urkunde, § 437 ff. Die Beschränkung der Beweismöglichkeit gilt auch für: die Beseitigung der Geständniswirkung, aM StJSchl 5; die Begründung des Vertragshilfeantrags. Eine Schriftvergleichung, § 441, ist ein Augenscheinsbeweis, § 441 Rn 3, aM Becht NJW **91**, 1996, und deshalb unzulässig. § 446 ist anwendbar. Die Vernehmung einer Partei von Amts wegen nach § 448 ist unzulässig, selbst wenn die Partei sofort aussagen kann.

**B. Ausnahmen.** Für alle Prozeßvoraussetzungen, Grdz 12 vor § 253, und andere Fragen die von Amts **4** wegen zu beachten sind, § 592 Rn 1, zB für die Kosten, Karlsr OLGZ **86**, 125, und für Prozeßhindernisse, über die der Bekl verfügen darf, kann keine von beiden Einschränkungen gelten, BAG NJW **72**, 1216. Für sie und überhaupt für alle prozeßrechtlich erheblichen Tatsachen, wie die Unterbrechung oder eine Aussetzung, sind sämtliche Beweismittel zulässig.

5  **4) Beweisantritt, III.** Er erfolgt nur durch die Vorlegung der Urkunde, nicht schon durch einen Antrag nach §§ 421, 428, 431. Eine Bezugnahme auf Akten des Gerichts, nicht nur der Abteilung oder der Kammer, ist zulässig, BGH NJW **98**, 2280, auch auf eine Akte eines anderen Gerichts, die dem Prozeßgericht vorliegt. Unzulässig ist aber eine Bezugnahme auf solche Akten, die erst herbeigeschafft werden müssen. Von Amts wegen findet keine Beiziehung statt, Grdz 39 vor § 128, auch nicht nach § 273 II Z 2. Es ist nicht erforderlich, die Urkunde zu übergeben. Es ist unerheblich, ob die Urkunde schon vorher nach § 593 mitgeteilt worden war. In einem späteren Termin ist die Vorlegung der Urkunde nur dann notwendig, wenn sie einer neuen Beweisaufnahme dient.

## 596 Abstand vom Urkundenprozeß.

Der Kläger kann, ohne daß es der Einwilligung des Beklagten bedarf, bis zum Schluß der mündlichen Verhandlung von dem Urkundenprozeß in der Weise abstehen, daß der Rechtsstreit im ordentlichen Verfahren anhängig bleibt.

1  **1) Systematik.** Der Kläger kann den Urkundenprozeß anwählen, § 592 Rn 2, und abwählen, § 596, solange noch keine Entscheidungsreife, § 300 Rn 5, durch den Verhandlungsschluß eingetreten ist, §§ 136 IV, 296 a. Hs 2 stellt den Unterschied zu einer Klagerücknahme nach § 269 klar.

2  **2) Regelungszweck.** Die Vorschrift dient einerseits der Parteiherrschaft, Grdz 18 vor § 128, andererseits der Prozeßwirtschaftlichkeit, Grdz 14 vor § 128. Da keine (natürlich außerdem mögliche) Klagerücknahme vorliegt, bedarf es auch nicht der Zustimmung des Bekl.

3  **3) Geltungsbereich: Zulässigkeit einer Abstandnahme.** Jede Instanz hat Eigenregeln.
   **A. Erste Instanz.** Der Kläger darf bis zum Schluß der mündlichen Verhandlung erster Instanz, §§ 136 IV, 296 a, einseitig von dem Urkundenprozeß Abstand nehmen. Damit nimmt er seinen Antrag auf eine Verhandlung im Urkundenprozeß, § 593 I, zurück. In dieser Erklärung liegt aber keine Klagerücknahme nach § 269, sondern eine Klageänderung, § 263 Rn 28 „Urkundenprozeß". Der Kläger kann auch dann Abstand nehmen, wenn der Urkundenprozeß unstatthaft ist. Er vermeidet damit eine Prozeßabweisung nach Grdz 14 vor § 253, BGH **80**, 100 (abl Zeiss JR **81**, 333). Das Gericht muß auf sachdienliche Antragstellung hinwirken, §§ 139, 278 III. Der Bekl kann natürlich nicht Abstand nehmen. Ein Abstand für einen zum Teilurteil nach § 301 geeigneten Teil des Anspruchs ist zulässig und kann eine Trennung nach § 145 herbeiführen. Statthaft ist auch ein Übergang vom Wechsel- oder Scheck- zum Urkundenprozeß (und umgekehrt), keine Abstandnahme im Sinn von § 596 ist; unstatthaft ist ein wechselrechtlich begründeter Antrag im Wechselprozeß, hilfsweise im Urkundenprozeß, BGH NJW **82**, 524 mwN. Möglich ist auch ein Übergang vom Urkunden-, Wechsel- oder Scheckanspruch zum Grundgeschäft in das ordentliche Verfahren, § 263, vgl § 264 Rn 14, 15.

4  **B. Berufung.** In zweiter Instanz ist § 263 entsprechend anwendbar, BGH **69**, 69 mwN. Das gilt auch dann, wenn die erste Instanz abgewiesen hat, Ffm MDR **88**, 326, aM RoSgo § 163 II 4, StJSchl 5. Es steht nicht entgegen, daß damit das in der ersten Instanz schwebende Nachverfahren gegenstandslos wird. Die zulassende Entscheidung ist unanfechtbar. Wenn das Berufungsgericht die Sachdienlichkeit im Sinn von § 540 verneint, bleibt der Prozeß in derselben Berufungsinstanz im Urkundenprozeß anhängig, Ffm MDR **88**, 327.

5  **C. Revision.** In der Revisionsinstanz ist ein Abstand nicht mehr möglich.

6  **D. Abstandserklärung.** Die Erklärung des Klägers erfolgt entweder in der mündlichen Verhandlung bis zu deren Schluß, §§ 136 IV, 296 a, VerfGH Sachsen MDR **98**, 1365, Köln VersR **93**, 902, und noch nach einer Erledigung der Hauptsache, § 91 a, oder schriftlich im schriftlichen Verfahren nach § 128 II, III oder im Aktenlageverfahren, § 251 a (das übersieht Köln VersR **93**, 902). Der Kläger kann seine Erklärung auch bei einer Säumnis des Bekl abgeben, § 331. Die Erklärung muß eindeutig, BGH VersR **88**, 942, unbedingt und vorbehaltlos sein und dahin gehen, daß das Grundgeschäft als zusätzliche oder alleinige Anspruchsgrundlage eingeführt wird, BGH VersR **88**, 942. Die Erklärung kann auch durch eine schlüssige Handlung erfolgen, zB durch eine ausdrückliche Zustimmung zur Erhebung eines vom Bekl angetretenen, im Urkundenprozeß eigentlich unzulässigen Beweises. Die bloße Bezugnahme auf ein im Urkundenprozeß unzulässiges Beweismittel bedeutet aber keine Abstandserklärung, BGH WertpMitt **79**, 803.

7  Ein Abstand unter der *Bedingung*, daß das Gericht den Urkundenprozeß für unstatthaft halte, hindert eine Prozeßabweisung nach Grdz 14 vor § 253 nicht, ebensowenig ein bloßer Antritt des Zeugenbeweises oder eine bloße Erwiderung auf die im Urkundenprozeß aus dem Grundgeschäft erhobenen Einwendungen, BGH VersR **88**, 942. Das Gericht muß aber §§ 139, 278 III beachten. Eine Teilabstandnahme ist unbeachtlich. Freilich mag das Gericht nach § 145 vorgehen. Die Erklärung des Abstands ist in erster Instanz nicht von einer Einwilligung des Bekl abhängig, wohl aber in der Berufungsinstanz (Klageänderung, auch bei Sachdienlichkeit), LG Bln NZM **98**, 909. Sie kann vor oder nach der Beweisaufnahme und auch nach dem Erlaß eines Versäumnisurteils erfolgen. Die Erklärung des Abstands ist eine unwiderrufliche Parteiprozeßhandlung, Grdz 47 vor § 128. Sie ist unanfechtbar, Grdz 56, 58 vor § 128. Die Erklärung bewirkt einen tatsächlichen Stillstand des Verfahrens, vgl Üb 1 vor § 239, bis zu einer neuen Ladung. Wenn der Bekl bei der Erklärung anwesend ist, kann der Kläger eine sofortige Verhandlung im ordentlichen Verfahren verlangen. Der Bekl hat grundsätzlich keinen Vertagungsanspruch nach § 227 I. Er muß nämlich verständigerweise nach § 282 stets mit einer Abstandserklärung des Klägers rechnen.

8  Die *Beweisbeschränkungen entfallen*. Neue Beweisangebote sind grundsätzlich zulässig, VerfGH Sachsen MDR **98**, 1365. Wenn der Kläger aber neue Tatsachen oder Beweismittel geltend macht oder wenn der Bekl

Zeit braucht, um seine erst jetzt erheblichen Einwendungen oder Beweismittel vorzutragen, dann sind §§ 227 oder 283 zu beachten, Hamm NJW **74**, 1515. Mit einer Aufrechnung, § 145 Rn 8, darf der Bekl dann, wenn die Abstandnahme in zweiter Instanz erfolgt, nur ausnahmsweise ausgeschlossen werden. Entsprechendes gilt für eine Widerklage, Anh § 253.

Bei einer *Säumnis* des Bekl ergeht keine Versäumnisentscheidung nach § 331 ohne eine rechtzeitige schriftsätzliche Ankündigung des Abstands, weil sie auf einer anderen Tatsachenwürdigung beruht, § 335 I Z 3. Auch beim AG ist die Abstandnahme als Sachantrag vorher durch Zustellung dem Gegner mitzuteilen, §§ 495, 270 II. Zum neuen Termin lädt das Gericht die Parteien, § 214, unter Einhaltung der Ladungsfrist, § 217. Die Einlassungsfrist des § 274 III muß dann beachtet werden, wenn diejenige des Urkundenprozesses nicht eingehalten wurde, aM ZöGre 9. **9**

**4) Rechtshängigkeit.** Die Abstandnahme läßt die Rechtshängigkeit, § 261, mit ihren prozessualen und **10** sachlichrechtlichen Wirkungen fortdauern. Alle bisherigen Prozeßhandlungen, Grdz 46 vor § 128, bleiben voll wirksam. Dies gilt zB für ein Geständnis, § 288, und für Beweisverhandlungen. Ebenso bleiben wirksam: Bisherige Entscheidungen; die Zuständigkeit; die Befreiung von einer Sicherheitsleistung; ein eingetretener Ausschluß. Ist der Ausschluß aber durch den Schluß der mündlichen Verhandlung eingetreten, §§ 136 IV, 296 a, so ist eine Nachholung zulässig. Denn die Verhandlung gilt als Einheit. Die Kosten sind einheitlich zu behandeln. Die Mehrkosten des ordentlichen Verfahrens treffen den Unterliegenden, § 91.

**597** *Klagabweisung.* ¹ Insoweit der in der Klage geltend gemachte Anspruch an sich oder infolge einer Einrede des Beklagten als unbegründet sich darstellt, ist der Kläger mit dem Anspruch abzuweisen.

II Ist der Urkundenprozeß unstatthaft, ist insbesondere ein dem Kläger obliegender Beweis nicht mit den im Urkundenprozeß zulässigen Beweismitteln angetreten oder mit solchen Beweismitteln nicht vollständig geführt, so wird die Klage als in der gewählten Prozeßart unstatthaft abgewiesen, selbst wenn in dem Termin zur mündlichen Verhandlung der Beklagte nicht erschienen ist oder der Klage nur auf Grund von Einwendungen widersprochen hat, die rechtlich unbegründet oder im Urkundenprozeß unstatthaft sind.

**Gliederung**

| | | | |
|---|---|---|---|
| 1) Systematik, I, II | 1 | A. Grundsatz: Prozeßabweisung | 6 |
| 2) Regelungszweck, I, II | 2 | B. Ausnahmen | 7, 8 |
| 3) Gewöhnliche Prozeßabweisung, I | 3 | 6) Rechtskraft, II | 9 |
| 4) Sachabweisung, I | 4, 5 | 7) Versäumnisverfahren, I, II | 10, 11 |
| 5) Unstatthaftigkeit der Prozeßart, II | 6–8 | | |

**1) Systematik, I, II.** §§ 597–599 enthalten die Regelung der im Urkundenprozeß möglichen Entscheidungen. Dazu treten die §§ 330 ff für die Fälle der Säumnis. § 597 behandelt die Erfolglosigkeit, §§ 598, 599 behandeln den Erfolg der Klage in dieser Prozeßart. **1**

**2) Regelungszweck, I, II.** Es bedarf einer Klarstellung der Tragweite der Klagabweisung in einer Prozeßart, die der Kläger zwar nach dem Verhandlungsschluß nicht mehr verlassen darf, § 596, die aber wegen ihrer eigentümlichen Beschränkung von Angriffsmitteln, § 592, auch keine stets endgültige Abweisung erlaubt. **2**

**3) Gewöhnliche Prozeßabweisung, I.** Die Abweisung kann eine gewöhnliche Prozeßabweisung der Klage als „unzulässig" sein, Grdz 14 vor § 253, Üb 5 vor § 300. Sie muß dann erfolgen, wenn allgemeine Prozeßvoraussetzungen fehlen, § 592 Rn 1. Denn diese sind auch im Urkundenprozeß von Amts wegen zu prüfen. Grdz 39 vor § 128. Die Rechtskraftwirkung ergreift, wie stets, nur den betreffenden Mangel. **3**

**4) Sachabweisung, I.** Der Urkundenprozeß führt zu einer Schlüssigkeitsprüfung des Klageanspruchs, BGH MDR **91**, 423. Sie führt entweder zu einer Verurteilung des Bekl unter einem Vorbehalt, § 599, oder zur Klagabweisung. Diese ist eine Sachabweisung, wenn die Klage nach dem eigenen sachlichen Vorbringen des Klägers, BGH MDR **91**, 423 (der Kläger beruft sich auf eine in Wahrheit verbotene AGB-Klausel), oder auf Grund von Einwendungen des Bekl sachlich unbegründet ist, BGH **70**, 267, oder wenn der Kläger auf den Anspruch verzichtet, § 306. Dies gilt auch bei einer mangelhaften Einzelbegründung. Es ist also eine Teilabweisung zulässig, § 301 I. **4**

Bei einer *Säumnis des Klägers* ist zunächst die Statthaftigkeit des Urkundenprozesses zu prüfen. Wenn das Gericht sie bejaht, dann ist eine sachabweisende Versäumnisentscheidung zulässig, § 330. Andernfalls erfolgt nur eine Prozeßabweisung, Grdz 14 vor § 253. Denn der Beklagte kann im Säumnisverfahren nicht mehr erreichen als im ordentlichen Verfahren, vgl § 330 Rn 5, ThP 5, ZöGre 6, aM MüKoBr 10, StJSchl 2 (aber auch im ordentlichen Prozeß die Statthaftigkeit zu prüfen, worauf es hier aber nur darauf kommt nicht ankommen an). Die Rechtskraftwirkung der Sachabweisung nach § 322 ergreift den Anspruch selbst, BGH MDR **91**, 423. Man kann ihn daher insoweit auch nicht mehr im Nachverfahren nach § 600, BGH MDR **91**, 423, oder im ordentlichen Prozeß geltend machen. **5**

**5) Unstatthaftigkeit der Prozeßart, II.** Dem Grundsatz stehen wichtige Ausnahmen gegenüber. **6**

**A. Grundsatz: Prozeßabweisung.** Ist die Klage in der gewählten Prozeßart unstatthaft, so erfolgt grds ebenfalls eine Prozeßabweisung eben als zB „im Urkundenprozeß unstatthaft", sofern nicht Rn 5, 6 vorliegt, Grdz 14 vor § 253. Dies gilt zB beim Fehlen der besonderen Prozeßvoraussetzungen des Urkunden- oder Wechselprozesses, § 592 Rn 1, 2, dh wenn der Urkundenprozeß nicht statthaft ist oder wenn der Kläger einen ihm obliegenden Beweis nicht mit den im Urkundenprozeß statthaften Beweismitteln geführt hat, LG Augsb WoM **93**, 417. Das erstere kann bei entgegenstehender Schiedsvereinbarung gelten, Wolf DB **99**, 1107, aM Düss WertpMitt **95**, 1488, vgl aber auch § 602 Rn 2. Das letztere trifft zu, wenn für die klagebegründenden Tatsachen der Urkundenbeweis, im übrigen der Beweis durch Urkunden oder durch Parteivernehmung versagen, § 595 Rn 2.

Die Voraussetzungen des Urkundenprozesses sind auch bei einer *Säumnis des Bekl* von Amts wegen zu prüfen, Grdz 39 vor § 128, BGH **62**, 290, Ffm MDR **75**, 232. Unerheblich dabei, wie stets bei der Prüfung der Prozeßvoraussetzungen, etwaige Einwendungen des Bekl. Denn ohne eine vorherige Prüfung der Prozeßvoraussetzungen darf keine Sachprüfung stattfinden, Grdz 14 vor § 253, Ffm MDR **82**, 153, ThP 7, aM BGH **LM** Nr 3 (s aber Grdz 14 vor § 253). Diese Voraussetzungen sind der Parteivereinbarung nach Grdz 18 vor § 128 verschlossen. Die Beifügung der Urkunden, § 593 II, gehört nicht zu ihnen, eine Prozeßvoraussetzung ist nur die Beweisbarkeit durch Urkunden. Ein wirksamer Prozeßvertrag, Einl III 11, den Anspruch nicht im Urkundenprozeß geltend zu machen, § 592 Rn 2, führt zur Unstatthaftigkeit dieser Verfahrensart, BGH WertpMitt **73**, 144. Der Bekl muß die Einrede des Schiedsvertrags, § 1025 Rn 15, schon im Vorbehaltsverfahren erheben, Düss NJW **83**, 2149.

**7** **B. Ausnahmen.** Darum genügt es, daß der Bekl die klagebegründenden Tatsachen nicht ernstlich bestreitet oder zugesteht, § 288 Rn 4, 5, oder daß sie offenkundig sind, um den Urkundenprozeß statthaft zu machen, BGH **70**, 267, StJSchl 4, aM Ffm MDR **82**, 153 (die Beweisbarkeit sei stets eine Zulässigkeitsvoraussetzung), Bull NJW **74**, 1514 (die Urkundenvorlage sei die „Eintrittskarte" in den Urkundenprozeß), Köln VersR **93**, 902. Auch § 138 III gilt hier, BGH NJW **76**, 561, aM Stürner NJW **72**, 1258.

**8** Bei einem *Anerkenntnis* ergeht ein Anerkenntnisurteil nach § 307 ohne eine vorherige Prüfung der Statthaftigkeit des Urkundenprozesses und ohne einen Vorbehalt, § 599 I. Die Prüfung der allgemeinen Prozeßvoraussetzungen, Grdz 12 vor § 253, wie diejenige der Zuständigkeit, geht der Prüfung der besonderen Voraussetzungen vor. BGH **80**, 99 (abl Zeiss JR **81**, 333) weist auch dann nach II ab, wenn der Bekl zwar nicht seine in erster Linie erhobenen Einwendungen, wohl aber eine Hilfsaufrechnung, § 145 Rn 13, mit den im Urkundenprozeß nach § 592 zulässigen Beweismitteln bewiesen hat. BGH NJW **86**, 2767 verlangt gegenüber einer unstreitigen, anderweitig hilfsweise erhobenen, noch anhängigen Aufrechnungsforderung den Beweis ihres Verbrauchs mit den Mitteln des Urkundenprozesses durch den Kläger.

**9** **6) Rechtskraft, II.** Die Rechtskraftwirkung einer Abweisung nach Rn 6, § 322, berührt nur das Urkundenverfahren. Sie steht einem neuen Urkundenprozeß entgegen, nicht einem solchen im ordentlichen Verfahren, BGH NJW **89**, 429. Ein Nachverfahren findet bei einer Abweisung nach II nicht statt, weil ja keine Verurteilung des Bekl erfolgt, § 599 I, BGH NJW **89**, 429. Ein Schriftsatz „im Nachverfahren" ist aber evtl in eine Klage für ein ordentliches Verfahren umzudeuten, Grdz 52 vor § 128, BGH MDR **89**, 429. Wenn die Klage wegen eines Beweismangels abgewiesen wurde, dann hindert die Rechtskraft nur einen neuen Urkundenprozeß mit denselben Beweismitteln.

**10** **7) Versäumnisverfahren, I, II.** Bei einer *Säumnis des Bekl* gelten nur die Echtheit einer ordnungsmäßig mitgeteilten Urkunde und die Übereinstimmung der Abschrift mit der Urschrift als zugestanden, § 331 I 1. Deshalb ist eine Vorlegung der Urkunde nicht notwendig. Nur Wechsel und sonstige Orderpapiere und Inhaberpapiere sind zum Nachweis der Inhaberschaft vorzulegen. Für den Sachvortrag gilt die Unterstellung des Geständnisses nicht, II, insbesondere auch nicht für die Behauptung einer Gerichtsstandsvereinbarung, §§ 38 II, 331 I 2. Das folgt aus der Beschränkung des Beweises auf Urkunden. Darum ist die Klage entweder durch ein Prozeßurteil nach Rn 6 abzuweisen oder, wenn die vorgelegten Urkunden den Klagantrag rechtfertigen, ein vorbehaltloses Versäumnisurteil zu erlassen.

**11** Die *Vertretungsmacht* desjenigen, der die Urkunde für einen anderen unterzeichnet hat, wird sich meist ausreichend aus den Umständen ergeben. Notfalls ist die Vertretungsmacht durch einen Auszug aus dem Handelsregister usw nachzuweisen. Wenn dieser Nachweis zu erwarten ist, dann ist nach § 335 I Z 3 zu vertagen.

## 598 Zurückweisung von Einwänden.
Einwendungen des Beklagten sind, wenn der dem Beklagten obliegende Beweis nicht mit den im Urkundenprozeß zulässigen Beweismitteln angetreten oder mit solchen Beweismitteln nicht vollständig geführt ist, als im Urkundenprozeß unstatthaft zurückzuweisen.

**1** **1) Systematik, Regelungszweck.** Vgl zunächst § 597 Rn 1, 2. Was dort für Angriffsmittel erläutert ist, muß entsprechend für die ja nur begrenzt möglichen Verteidigungsmittel in dieser Prozeßart gelten, natürlich erst recht bei § 599. § 598 betrifft nur sachlichrechtlich begründete, also schlüssige, aber nicht mit zulässigen Beweismitteln bewiesene Einwendungen (Begriff Üb 62 vor § 253) des Bekl. Sachlichrechtlich unbegründete, also unschlüssige Einwendungen sind schon in den Gründen des Vorbehaltsurteils endgültig als unbegründet abzuweisen, also mit Wirkung für das Nachverfahren, BGH WertpMitt **79**, 272, aM ThP 3 (im Nachverfahren sei der Vortrag neuer Tatsachen für die Schlüssigkeit der Einwendung sowie neuer Tatsachen und Beweismittel für deren Begründetheit zulässig).

**2** *Sachlichrechtlich* begründete *Einwendungen* bleiben dem Nachverfahren aufgespart. Dies gilt auch für die Hauptaufrechnung, selbst wenn die Tatsache ihrer Erklärung aus einer Urkunde des Klägers ersichtlich ist, BGH **LM** Nr 1; §§ 145 III, 302 sind gegenüber der Sondervorschrift des § 598 unanwendbar, Joch NJW **74**, 1956, MüKoBr 3, RoSGo § 163 III 4 c, aM Celle NJW **74**, 1474, StJSchl 3, ThP 2.

**3** Bei einer *Hilfsaufrechnung*, § 145 Rn 13, kommt es darauf an, ob die in erster Linie erhobenen Einwendungen mit zulässigen Beweismitteln bewiesen sind; ist das nicht der Fall, so muß das Gericht die Einwendungen nach § 598 selbst dann als unstatthaft zurückweisen, wenn die Hilfsaufrechnungstatsachen zulässig beweisbar oder bewiesen sind, BGH **80**, 97, aM ZöGre 10 (er wendet § 597 II an). Wenn der Bekl erklärt, er trete gar keinen Beweis an, dann gilt § 598. Denn vorbehaltlich einer Zurückweisung wegen Verspätung ist ein Beweis bis zum Schluß der letzten Tatsachenverhandlung, §§ 136 IV, 296 a, zulässig. Man kann nicht mit einer Forderung aufrechnen, die nach § 1025 unter einen Schiedsvertrag fällt, Düss NJW **83**, 2149. Der Kläger kann mit einer im Urkundenprozeß rechtshängigen Forderung in einem anderen Prozeß aufrechnen, § 145 Rn 15 ff, BGH **57**, 242. Dasselbe gilt mit einer im Wechselprozeß rechtshängigen Forderung, BGH MDR **77**, 1013.

**2) Zurückweisung.** Das Gericht hat alle nicht zulässig bewiesenen, entscheidungserheblichen, also schlüssigen Einwände in den Entscheidungsgründen des Vorbehaltsurteils als im Urkundenprozeß unstatthaft zurückzuweisen, vorausgesetzt, daß den Bekl die Beweislast nach Anh § 286 trifft, was also zu prüfen ist. Diese Einwendungen darf die Partei im, dann gemäß § 599 I zuzulassenden Nachverfahren mit allen Beweismitteln der ZPO weiterverfechten, BGH **70**, 267. **4**

## 599 Vorbehaltsurteil.
I Dem Beklagten, welcher dem geltend gemachten Anspruch widersprochen hat, ist in allen Fällen, in denen er verurteilt wird, die Ausführung seiner Rechte vorzubehalten.

II Enthält das Urteil keinen Vorbehalt, so kann die Ergänzung des Urteils nach der Vorschrift des § 321 beantragt werden.

III Das Urteil, das unter Vorbehalt der Rechte ergeht, ist für die Rechtsmittel und die Zwangsvollstreckung als Endurteil anzusehen.

**Schrifttum:** *Hall,* Vorbehaltserkenntnis und Anerkenntnisvorbehaltsurteil im Urkundenprozeß, 1992.

### Gliederung

| | | | |
|---|---|---|---|
| 1) Systematik, I–III | 1 | 5) Vorbehaltsurteil, I, II | 7, 8 |
| 2) Regelungszweck, I–III | 2 | A. Vorbehaltsausspruch | 7 |
| 3) Geltungsbereich: Vorbehaltlose Verurteilung, I–III | 3 | B. Verstoß | 8 |
| A. Allgemeine Prozeßvoraussetzungen | 3 | 6) Wirkung des Vorbehaltsurteils, III | 9–11 |
| B. Besondere Prozeßvoraussetzungen | 3 | A. Grundsatz: Auflösend bedingte Bindung | 9 |
| 4) Widerspruch, I, II | 4–6 | B. Einstellung der Zwangsvollstreckung | 10 |
| A. Erklärung | 4 | C. Weitere Einzelfragen | 11 |
| B. Säumnis | 5 | 7) Rechtsmittel, I–III | 12 |
| C. Unanwendbarkeit | 6 | | |

**1) Systematik, I–III.** Vgl zunächst § 597 Rn 1. § 599 stellt einen der Fälle eines Vorbehaltsurteils dar, **1** §§ 302, 602, 605 a.

**2) Regelungszweck, I–III.** Die Vorschrift dient, wegen der Eigenart des Urkundenprozesses folgerich- **2** tig, der Rechtswahrung des ja nur mit beschränkten Verteidigungsmöglichkeiten behandelten Bekl und damit der sachlichen Gerechtigkeit, Einl III 9; das Bedürfnis nach Prozeßwirtschaftlichkeit ist mit dem stattgebenden Vorbehaltsurteil zugunsten des Klägers befriedigt: jetzt soll der Bekl mit allen sonst zulässigen Mitteln zum „Gegenangriff" berechtigt sein, wie ihn § 600 im einzelnen ermöglicht.

**3) Geltungsbereich: Vorbehaltlose Verurteilung, I–III.** Es steht dem Bekl frei, ob er im Urkunden- **3** prozeß der Klageforderung ohne eine Begründung widerspricht, oder nur einzelne Einwendungen erhebt oder ob er sich umfassend verteidigt, BGH NJW **93**, 668. Der Bekl ist vorbehaltlos zu verurteilen, wenn folgende Voraussetzungen vorliegen:

**A. Allgemeine Prozeßvoraussetzungen.** Zunächst müssen die allgemeinen Prozeßvoraussetzungen vorliegen, Grdz 12 vor § 253. Außerdem müssen folgende Bedingungen erfüllt sein: Entweder muß der Bekl den Klageanspruch vorbehaltlos anerkannt haben, § 307, LG Hann RR **87**, 384, aM ZöGre 8. Im Fall eines insofern widersprüchlichen oder unklaren Vortrags kann das Gericht den Erlaß eines Anerkenntnisurteils ablehnen. Das Anerkenntnisurteil wird in der Praxis im Kostenpunkt oft als Vorbehaltsurteil behandelt. Das ist irreführend, Schriever MDR **79**, 24, LG Aachen RR **86**, 360, aM Häsemeyer ZZP **85**, 226, RoSGo § 163 III 5 d. Oder der Bekl muß säumig sein oder nicht verhandeln, §§ 331, 333.

**B. Besondere Prozeßvoraussetzungen.** Es müssen außerdem stets die besonderen Prozeßvoraussetzungen vorliegen, § 592 Rn 1, 2, § 597 Rn 8. Dies gilt auch dann, wenn er in einer früheren Verhandlung dem Anspruch widersprochen hatte.

**4) Widerspruch, I–III.** Es sind drei Aspekte zu beachten. **4**

**A. Erklärung.** Widerspricht der Beklagte dem Anspruch in der mündlichen Verhandlung, so kann das nur dazu führen, daß entweder die Klage abgewiesen wird oder daß das Gericht dem Bekl bei einer Verurteilung die Ausführung seiner Rechte vorbehalten muß. Das gilt selbst dann, wenn der Widerspruch zulässigerweise keine Begründung enthält, BGH NJW **88**, 1468 (zustm Bilda JR **88**, 332), oder wenn sich die gegebene Begründung als (sogar von vornherein offensichtlich) objektiv nicht ausreichend herausstellt. Ein schriftlicher Widerspruch ist im schriftlichen Verfahren, §§ 128 II, III, oder im Aktenlageverfahren nach § 251 a zulässig, Naumb MDR **94**, 1246.

Der Widerspruch *muß* deutlich sein. Er kann aber in einer schlüssigen Handlung liegen, Grdz 52 vor § 128. Er liegt in jeder Verteidigung gegen eine unbedingte Verurteilung, zB im Klagabweisungsantrag, Hamm

§ 599                                                      5. Buch. Urkunden- und Wechselprozeß

MDR **82**, 415, oder in der Behauptung, der Bekl hafte nur Zug um Zug, ThP 4, oder nur beschränkt als Erbe, aM ThP 4. Der Bekl kann den Widerspruch zurücknehmen. Eine Aussetzung des Verfahrens widerspricht meist der Natur des Urkundenprozesses, § 148 Rn 35, BGH ZZP **87**, 86, Hamm NJW **76**, 247. Eine bloße Kostenverwaltung ist wegen § 308 II kein Widerspruch, Schwarz/ZZP **110**, 187.

**5**    **B. Säumnis.** Im Fall der anfänglichen oder späteren Säumnis des Bekl liegt kein Widerspruch vor. Daher darf das Gericht in das Versäumnisurteil keinen Vorbehalt aufnehmen, § 331 Rn 8, ThP 2, ZöGre 6, aM Naumb MDR **94**, 1246, MüKoBr 3. Das Gericht darf auch nicht auf Grund eines Klägerantrags einen Vorbehalt aufnehmen.

**6**    **C. Unanwendbarkeit.** Die Vorschrift findet bei einer Vorlage gemäß Art 100 I GG oder beim Anerkenntnis „unter Vorbehalt", § 307 Rn 4, keine Anwendung, § 302 Rn 1, ebensowenig natürlich beim Versäumnisurteil gegen den Bekl, § 331 Rn 8, oder bei einem mit einem Anerkenntnis auf die Kostenfrage beschränkten Widerspruch, § 308 II, BGH RR **92**, 254, Karlsr OLGZ **86**, 124, RoSGo § 163 III 5 d, aM MüKoBr 4, StJSchl 2, ZöGre 7.

**7**    **5) Vorbehaltsurteil, I, II.** Es ergeht keineswegs stets fehlerfrei.

     **A. Vorbehaltsausspruch.** Der Vorbehalt ist von Amts wegen zu machen und in die Urteilsformel aufzunehmen, BGH NJW **81**, 394. Ein Vorbehalt bloß in den Gründen wäre unbeachtlich. Freilich ist die Urteilsformel unter Heranziehung von Tatbestand und Entscheidungsgründen auszulegen, § 322 Rn 6. Das Gericht bezeichnet den Vorbehalt nur als denjenigen der „Ausführung der Rechte (im Nachverfahren)". Der Vorbehalt ist im Fall einer Abweisung der Klage unzulässig, BGH WertpMitt **81**, 386, ZöGre 4, aM Grunsky ZZP **77**, 468.

     Die *Kostenentscheidung* ist nach §§ 91 ff zu treffen. Natürlich ist auch die zur Sachentscheidung getroffene Kostenentscheidung, anders als die unzulässige isolierte Kostenentscheidung „unter Vorbehalt", Rn 6, vom Vorbehalt mitbetroffen. Eine Kostenübernahme meint im Zweifel auch die Kosten des Nachverfahrens, Hamm Rpfleger **75**, 322. Im Fall beiderseitiger Erledigtklärungen entscheidet das Gericht durch einen Vorbehaltsbeschluß nach § 91 a unter Berücksichtigung des wahrscheinlichen Ausgangs eines (sonst erfolgenden) Nachverfahrens, Kastendiek MDR **74**, 980, aM ZöGre § 596 Rn 12 (er will durch einen erst im Nachverfahren anfechtbaren Vorbehaltsbeschluß entscheiden). Zur Problematik Göppinger ZZP **70**, 221. Wegen der vorläufigen Vollstreckbarkeit Rn 9. Auch die höhere Instanz muß von Amts wegen den Vorbehalt machen, wenn sie eine Klagabweisung in eine Verurteilung ändert, Mü RR **87**, 1024, oder eine vorbehaltlose Verurteilung in eine solche nach I ändert. Der zweitinstanzliche Vorbehalt führt in diesem Umfang zur Zurückverweisung, Mü RR **87**, 1024. Eine Wiederholung des erstinstanzlichen Vorbehalts ist bei einer Zurückweisung des Rechtsmittels nicht erforderlich.

**8**    **B. Verstoß.** Ist der Vorbehalt unterlassen worden, dann darf der Bekl eine Ergänzung nach II in Verbindung mit § 321 beantragen, Hamm BB **92**, 236. Da das Urteil falsch ist, darf er auch ein Rechtsmittel einlegen und braucht die Berufung nicht weiter zu begründen, wenn er nur das Fehlen des Vorbehalts rügt, Hamm BB **92**, 236. Nur das Rechtsmittel bleibt ihm offen, wenn die Frist des § 321 II bereits abgelaufen ist, Hamm BB **92**, 236. Wenn der Kläger den Vorbehalt für falsch hält, dann muß er im Urkundenprozeß Rechtsmittel einlegen. Im Nachverfahren ist der Vorbehalt nicht mehr zu beseitigen. Wird ein vorbehaltloses Urteil nach § 322 rechtskräftig, so gibt es keine Abhilfe mehr. Es bindet dann die rechtliche Beurteilung der Schlüssigkeit und der Einwendungen im Nachverfahren, § 600 Rn 6, Karlsr RR **91**, 1151. Das Urteil braucht nicht bestimmte Einwendungen aufzuführen. Denn im Nachverfahren sind nicht nur die nach § 598 vorbehaltenen Einwendungen zulässig.

**9**    **6) Wirkung des Vorbehaltsurteils, III.** Sie entsteht in zwei Hauptrichtungen.

     **A. Grundsatz: Auflösend bedingte Bindung.** Das Vorbehaltsurteil ist in allen Teilen des Tenors, auch wegen der Kosten, Kblz VersR **85**, 1149, einen durch seine Aufhebung im Nachverfahren auflösend bedingtes Urteil, Üb 9 vor § 300. Es gilt für die Rechtsmittel und die Zwangsvollstreckung als ein Endurteil. Es ist daher der äußeren Rechtskraft fähig, Einf 1 vor §§ 322–327, § 767 Rn 17 ff, BGH MDR **91**, 423, Michalski ZMR **96**, 639. Sie tritt mit dem Ablauf der Rechtsmittelfrist ein, § 705. Der Eintritt der Rechtskraft macht das Vorbehaltsurteil für das Nachverfahren bindend, BGH MDR **91**, 423, und im übrigen endgültig vollstreckbar, aM LG Lüb Rpfleger **86**, 315. Schon vorher ist das Vorbehaltsurteil gemäß § 708 Z 4 für vorläufig vollstreckbar zu erklären, BGH **69**, 272.

**10**    **B. Einstellung der Zwangsvollstreckung.** Eine Einstellung der Zwangsvollstreckung erfolgt gemäß § 707. Mit Rücksicht auf die Strenge des Wechselverfahrens ist aber eine scharfe Prüfung erforderlich. Die Einstellung der Zwangsvollstreckung ergeht also nicht ohne weiteres bis zum rechtskräftigen Abschluß des Nachverfahrens. Denn sonst würde der Wechselprozeß seinen Sinn verlieren. Vielmehr muß das Vorbringen des Schuldners voraussichtlich im Nachverfahren zu einer Aufhebung des Urteils führen, LG Hbg MDR **74**, 676. Eine einstweilige Verfügung auf Einstellung der Zwangsvollstreckung ist unstatthaft. Denn die Einstellung nach § 707 ist prozessual einfacher.

**11**    **C. Weitere Einzelfragen.** Bei einer Aufhebung des Vorbehaltsurteils im Nachverfahren endet die Vollstreckbarkeit des Vorbehaltsurteils, vgl auch § 775 Z 1, und wird der Kläger nach § 600 II ersatzpflichtig. Eine Vollstreckungsabwehrklage nach § 767 wegen versäumter Einwendungen, ist nicht zulässig. Alle dorthin gehörenden Einwendungen, § 767 Rn 17 ff, sind vielmehr im Nachverfahren vorzubringen. Der inneren Rechtskraft, Einf 2 vor §§ 322–327, ist das Vorbehaltsurteil nicht fähig, BGH LM Nr 4, Ffm Rpfleger **85**, 510, LG Lüb Rpfleger **86**, 315. Es bindet aber in den entschiedenen Teilen dieses und jedes andere Gericht, in jeder Instanz, § 318, besonders für die Prozeßvoraussetzungen, Grdz 12 vor § 253, und die sachlichen Voraussetzungen, ohne deren Beurteilung die Entscheidung nicht möglich war, § 600 Rn 4 ff. Für den Verzicht auf den Vorbehalt gilt, was über den Verzicht auf den Einspruch bei § 346 Rn 1 gesagt ist.

**7) Rechtsmittel, I–III.** Vgl zunächst Rn 8. Es sind die normalen Rechtsmittel gegen ein Endurteil **12** statthaft, §§ 511 ff.

**600** *Nachverfahren.* ¹Wird dem Beklagten die Ausführung seiner Rechte vorbehalten, so bleibt der Rechtsstreit im ordentlichen Verfahren anhängig.

II Soweit sich in diesem Verfahren ergibt, daß der Anspruch des Klägers unbegründet war, gelten die Vorschriften des § 302 Abs. 4 Satz 2 bis 4.

III Erscheint in diesem Verfahren eine Partei nicht, so sind die Vorschriften über das Versäumnisurteil entsprechend anzuwenden.

**Schrifttum:** *Beckmann,* Die Bindungswirkung des Vorbehaltsurteils im Urkunden-, Wechsel- und Scheckprozeß, Diss Hbg 1989; *Rabback,* Die entsprechende Anwendbarkeit des den §§ ...600 Abs. 2 usw zugrunde liegenden Rechtsgedankens auf die einstweiligen Anordnungen des ZPO, 1999.

**Gliederung**

| | | | |
|---|---|---|---|
| 1) Systematik, I–III | 1 | E. Sonstiges | 12 |
| 2) Regelungszweck, I–III | 2 | 6) Urteil im Nachverfahren, II | 13, 14 |
| 3) Zuständigkeit, I | 3 | A. Bestätigung | 13 |
| 4) Wirkung des Vorverfahrens, I | 4–7 | B. Abweisung | 14 |
| 5) Neue Prüfung, I | 8–12 | 7) Rechtsmittel, II | 15 |
| A. Neue Tatsachen | 8 | 8) Versäumnisverfahren im Nachfahren, III | 16–18 |
| B. Verzögerte Verteidigungs- oder Beweismittel | 9 | A. Säumnis des Klägers | 16 |
| C. Neue Angriffe oder Verteidigungsmittel | 10 | B. Säumnis des Beklagten | 17 |
| D. Zurückgewiesene Einwendungen | 11 | C. Aktenlageentscheidung | 18 |

**1) Systematik, I–III.** Das Vorbehaltsurteil läßt die Sache im ordentlichen Verfahren rechtshängig, BGH **1** 86, 270, Hbg NJW **83**, 526. Das Nachverfahren setzt das Vorverfahren fort. Das Nachverfahren bildet mit dem Vorverfahren einen einheitlichen Prozeß, Düss MDR **83**, 496, Hamm JB **76**, 1644, Nürnb NJW **82**, 392. Das gilt auch nach einem Urkundenmahnverfahren, § 703 a II Z 4 S 2.
Es bleiben namentlich der Streitgegenstand, § 2 Rn 3, die Parteirollen, Grdz 15 vor § 50, die Zuständigkeit, alle sachlichrechtlichen und prozessualen *Folgen der Rechtshängigkeit* bestehen, § 261 Rn 24, vgl Hamm NJW **78**, 58. Das Nachverfahren ist grundsätzlich Sommersache, § 227 Rn 43 (dort auch zu Ausnahmen). Ein Anerkenntnis, § 307, im Nachverfahren kann nie ein solches im Sinne des § 93 sein. Da es sich nicht um eine Nachprüfung des Vorverfahrens handelt, ist der Richter des Vorverfahrens im Nachverfahren nicht ausgeschlossen, § 41 Rn 18 „Urkundenprozeß", auch nicht in der höheren Instanz. Das Nachverfahren beginnt mit der Verkündung des Vorbehaltsurteils, § 311, nicht erst mit dessen Rechtskraft, BGH **LM** Nr 4. Das Nachverfahren ist nicht von einem entsprechenden Antrag abhängig, Celle RR **93**, 559, MüKoBr 1, ZöGre 8, aM Ffm MDR **90**, 256 (evtl Verwirkung eines Antragsrechts), RoSgo § 59 V 5 a, StjSchl 9.
Das Gericht kann einen *besonderen Verhandlungstermin* bestimmen und lädt dann die Parteien, § 214. Das Gericht kann aber auch sofort nach einer Abstandserklärung, § 596 Rn 4 (dort auch zur Wahrung etwaiger Zwischenfristen) oder nach der Verkündung des Vorbehaltsurteils im Nachverfahren mündlich verhandeln lassen, VerfGH Sachsen NJW **98**, 3266, und die Akten oder deren Doppel anschließend an das etwaige Rechtsmittelgericht leiten. Der Kläger beantragt, das Urteil für vorbehaltlos zu erklären. Der Bekl beantragt, das Vorbehaltsurteil aufzuheben und die Klage abzuweisen. Das Nachverfahren kann rechtsmißbräuchlich sein, Einl III 54, Ffm MDR **90**, 256 (Zeitablauf von über 5 Jahren). Das ist von Amts wegen zu beachten, Grdz 39 vor § 128.

**2) Regelungszweck, I–III.** Das Nachverfahren dient dazu, die im Vorverfahren unvollständige Klärung **2** zu vervollständigen und an die Stelle der vorläufigen Vorbehaltsentscheidung eine endgültige Entscheidung zu setzen, BGH **69**, 273.

**3) Zuständigkeit, I.** Zuständig ist stets das Gericht der ersten Instanz, Ffm MDR **77**, 236. Wenn das **3** Berufungsgericht oder das Revisionsgericht den Vorbehalt gelassen hat, dann hat es entsprechend §§ 304, 538 I Z 4 in die erste Instanz zurückzuverweisen. Denn der Bekl würde sonst diejenige Instanz verlieren, die ihm allein die volle Bewegungsfreiheit gibt, BGH RR **88**, 63 (krit Schneider JR **88**, 466). Das Revisionsgericht kann dabei die Entscheidung, die sonst dem Berufungsgericht nach § 540 obläge, selbst treffen, BGH RR **88**, 63 (krit Schneider JR **88**, 466). Nach einer Abstandsnahme erst in der Berufungsinstanz ist freilich eine Zurückverweisung nicht mehr zulässig, Schneider JR **88**, 466 mwN. Eine Parteivereinbarung über die Zuständigkeit ist unzulässig, weil die Zuständigkeit hier eine geschäftliche ist. Eine Aussetzung des Nachverfahrens, §§ 148 ff, bis zur Rechtskraft einer Entscheidung im Vorverfahren verstößt gegen den Sinn und Zweck der Verfahrensart, BGH **LM** Nr 4, und ist unzulässig.

**4) Wirkung des Vorverfahrens, I.** Im Nachverfahren sind die im Vorverfahren nicht rein förmlich **4** erledigten Punkte nicht mehr zu prüfen. Das Vorverfahren behält grundsätzlich volle Geltung, soweit nicht seine eigentümliche Bindung an die Beweismittel im Urkundenprozeß etwas anderes bewirkt, § 318, BGH NJW **93**, 668, Karlsr RR **91**, 1151, RoSgo § 163 III 6, aM Bilda NJW **83**, 143, Stürner ZZP **87**, 87 (eine Bindung erfolge nur, soweit die vorläufige Vollstreckbarkeit reiche).

## § 600

**5** Namentlich bleiben die *früheren Prozeßhandlungen wirksam,* soweit sie die Parteien binden, wie ein Geständnis, § 288, und die Anerkennung der Echtheit von Urkunden, § 439. Ebenso wirksam bleiben die Prozeßvoraussetzungen, Grdz 12 vor § 253, zB: Die Zulässigkeit des Urkundenprozesses, § 592 Rn 1, BGH ZZP **87**, 86; der ordentliche Rechtsweg, § 13 GVG, BGH MDR **76**, 206, BAG NJW **72**, 1216; die Statthaftigkeit des Vorverfahrens, Stürner ZZP **85**, 436; die Rechtsfähigkeit und die Parteifähigkeit, Köln MDR **72**, 957; die Prozeßführungsbefugnis, Mü BayJMBl **56**, 35; eine Prozeßkostenhilfe, § 114. Eine Aussetzung, Grdz 1 vor § 592, bleibt unzulässig. Es ist unerheblich, ob das Vorliegen der Prozeßvoraussetzungen ausdrücklich festgestellt wurde oder ob das frühere Verfahren stillschweigend von ihrem Vorliegen ausging. Eine Ausschließung durch eine Versäumung im Urkundenprozeß wirkt, soweit sie vor dem Schluß der mündlichen Verhandlung im Vorverfahren eingetreten ist, §§ 136 IV, 296 a. Sie wirkt nicht, soweit sie durch diesen Schluß eintrat, weil die Einheit der Verhandlung eine Nachholung des Versäumten gestattet.

**6** Die *rechtliche* Behandlung im Vorverfahren bindet für das Nachverfahren, auch soweit sie nur mittelbar ausgesprochen worden ist, BGH LM § 599 Nr 3, soweit eben ohne diese Feststellung ein Urteil im Wechselverfahren nicht hätte ergehen können, BGH MDR **88**, 207. So bindet zB: Die Beurteilung der Fälligkeit; der Formgültigkeit des Wechsels; die Wirksamkeit des Begebungsvertrags, BGH WertpMitt **79**, 272; ein stattgebendes Wechselurteil stets hinsichtlich der Rechtswirksamkeit des Wechselprotests.

**7** Eine im Vorverfahren sachlich abgeurteilte *Einwendung* läßt sich im Nachverfahren nicht wiederholen; dann ist nur das Rechtsmittel gegen das Urteil im Urkundenverfahren zulässig, BGH MDR **91**, 423, aM Stürner ZZP **87**, 87. Etwas anderes gilt für eine nach § 598 zurückgewiesene Einwendung. Nur wenn die Einwendung im Wechselverfahren einschließlich seines Rechtsmittelverfahrens mit den dort zur Verfügung stehenden Mitteln nicht hinreichend begründet werden konnte, dann kann sie im Nachverfahren wiederum erhoben werden, BGH MDR **91**, 423. Eine Verjährung (nebst etwaiger Verwirkung dieser Einrede) können beachtlich sein, Celle RR **93**, 559. Eine im Vorverfahren verwirkte Vertragsrüge, § 295, ist im Nachverfahren unstatthaft. Der Einwand des Rechtsmißbrauchs ist auch im Nachverfahren statthaft, Einl III 54, LG Hamm RR **93**, 558. Wegen der gleichzeitigen Verhandlung über die Berufung gegen das Vorbehaltsurteil und gegen das Urteil des Nachverfahrens BGH **69**, 271. Bei einer „Bürgschaft auf erstes Anfordern" (ein schillernder Begriff) gestattet BGH NJW **94**, 382 (zustm Schütze JZ **94**, 371) dem Bekl nicht einmal im Nachverfahren eine Einwendung, sondern verweist ihn nach dem ausdrücklichen Motto „erst zahlen, dann prozessieren" auf einen künftigen Rückforderungsprozeß.

**8** **5) Neue Prüfung, I.** Im Nachverfahren neu zu prüfen bleiben folgende Umstände:

**A. Neue Tatsachen.** Zu prüfen sind neue Tatsachen, Einf 17 vor § 284.

**9** **B. Verzögerte Verteidigungs- oder Beweismittel.** Zu prüfen sind solche Verteidigungs- und Beweismittel, die wegen Verzögerung zurückgewiesen worden sind, § 296. Denn was den Urkundenprozeß verzögerte, das braucht das ordentliche Verfahren nicht zu verzögern, LG Bln MDR **83**, 235.

**10** **C. Neue Angriffs- oder Verteidigungsmittel.** Zu prüfen sind neue Angriffs- und Verteidigungsmittel, Einl III 70, BGH NJW **93**, 668, unabhängig davon, wann sie entstanden sind und ob sie auch durch einen Urkundenbeweis erweisbar sind oder waren, BGH RR **92**, 256. Nach sofortigem Übergang in das Nachverfahren darf ein sofortiger Beweisantritt nicht als verspätet behandelt werden, VerfGH Sachsen NJW **98**, 3266.

**11** **D. Zurückgewiesene Einwendungen.** Zu prüfen sind solche Einwendungen, die nach § 598 zurückgewiesen worden sind, sowie solche Einwendungen, die als ungenügend begründet oder nicht voll bewiesen, nicht aber als widerlegt zurückgewiesen worden sind. Der Bekl kann die Echtheit einer Parteiurkunde auch noch dann bestreiten, § 439, wenn er sich dazu im Urkundenprozeß nicht erklärt hatte, BGH **82**, 119. Ein Gegenbeweis, Einf 12 vor § 284, gegen den im Urkundenprozeß geführten Beweis ist nach den allgemeinen Grundsätzen zulässig, also auch ein Zeugenbeweis, obwohl im Urkundenverfahren die Partei eidlich vernommen wurde.

**12** **E. Sonstiges.** Die unterlassene Erklärung auf einen Antrag auf Parteivernehmung, § 446, ist nachholbar. Eine Klagänderung ist wie sonst zulässig, BGH **17**, 31 (er fordert prozeßwirtschaftliche Gründe). Eine Widerklage, Anh § 253, ist grundsätzlich zulässig; freilich kann man im ordentlichen Nachverfahren keine Urkunden- oder Wechselwiderklage erheben, Anh § 253 Rn 8, aM StJSchl 19. Wegen der Geltendmachung der Verjährung BGH RR **92**, 256.

**13** **6) Urteil im Nachverfahren, II.** Es kommt auf seine Richtung an.

**A. Bestätigung.** Das Urteil kann auf einen Wegfall des Vorbehalts lauten, insbesondere auch beim Rechtsmißbrauch des Bekl, Rn 1. Die Formel lautet etwa: „Das Urteil ... wird bestätigt; der Vorbehalt fällt weg." Mit der Rechtskraft dieses Urteils entfällt nach § 322 die dem Vorbehaltsurteil innewohnende auflösende Bedingung, § 599 Rn 9. Dem Bekl sind die weiteren Kosten aufzuerlegen. Die Kosten des Vorverfahrens trägt er wegen des Wegfalls des Vorbehalts schon nach dem früheren Urteil, Ffm OLGZ **94**, 471 (StJSchl 31 erstreckt fälschlich die frühere Kostenentscheidung auf spätere Kosten). Das Urteil im Nachverfahren ist ohne eine Sicherheitsleistung für vorläufig vollstreckbar zu erklären, § 708 Z 5.

**14** **B. Abweisung.** Das Urteil kann auf eine Aufhebung des Vorbehaltsurteils und eine Abweisung der Klage lauten. Mit der Rechtskraft dieses Urteils ist die auflösende Bedingung eingetreten und der Vorbehalt gegenstandslos geworden, BGH LM Nr 4. Der Kläger muß dann entsprechend § 302 IV 2–4 dem Bekl denjenigen Schaden voll ersetzen, der dem Bekl durch eine Vollstreckung des Vorbehaltsurteils oder zur Abwendung seiner Vollstreckung erwachsen ist. S darüber § 302 Rn 17. Über die gesamten Kosten ist neu nach §§ 91 ff zu erkennen. Zu den Prozeßkosten gehören die Kosten des Urkundenprozesses. Der siegende Bekl ist evtl an den Kosten zu beteiligen, § 97 II. Das Urteil ist ohne eine Sicherheitsleistung für vorläufig vollstreckbar zu erklären, § 708 Z 11.

**15** **7) Rechtsmittel, II.** Ein Rechtsmittel gegen das Urteil im Nachverfahren ist wie sonst gegeben, §§ 511 ff. Ein Rechtsmittel des Bekl gegen das Vorbehaltsurteil verliert die Beschwer, Grdz 13 vor § 511, sobald das Gericht die Klage im Nachverfahren abweist. Die Bindungswirkung, Rn 4, gilt auch im Rechtsmittelverfahren, Köln MDR 72, 957.

**8) Versäumnisverfahren im Nachverfahren, III.** Es sind folgende Fälle zu unterscheiden: **16**

**A. Säumnis des Klägers.** Bei einer Säumnis des Klägers wird das Vorbehaltsurteil aufgehoben und die Klage durch ein echtes Versäumnisurteil abgewiesen, § 330.

**B. Säumnis des Beklagten.** Bei einer Säumnis des Bekl wird der Vorbehalt in Wegfall gebracht; alles **17** Bestreiten bleibt außer Betracht, § 331. Ein unechtes Versäumnisurteil gegen den Kläger, Üb 13 vor § 330, ist grundsätzlich nicht möglich, weil die Prozeßvoraussetzungen und die Schlüssigkeit der Klage durch das Vorbehaltsurteil bindend feststehen. Eine Ausnahme kann gelten, wenn die Klage nachträglich unzulässig wird, ThP 8.

**C. Aktenlageentscheidung.** Eine Entscheidung nach Aktenlage, §§ 331 a, 251 a, ist wie sonst zulässig. **18**

# 601 (weggefallen)

# 602 *Wechselprozeß. Zulässigkeit.* Werden im Urkundenprozeß Ansprüche aus Wechseln im Sinne des Wechselgesetzes geltend gemacht (Wechselprozeß), so sind die nachfolgenden besonderen Vorschriften anzuwenden.

**1) Systematik, Regelungszweck.** Wie der Wortlaut der Vorschrift besagt, ist der Wechselprozeß eine **1** Unterart des Urkundenprozesses. Darum gelten für den Wechselprozeß dieselben Erwägungen und Vorschriften wie im Urkundenprozeß mit einigen vorrangigen Abweichungen, die sich aus §§ 603–605, aus dem WG und aus § 13 EG ZPO ergeben. § 605 a enthält eine für den Scheckprozeß formell nochmals vorrangige Sonderregelung, die freilich inhaltlich gegenüber dem Wechselprozeß keine Besonderheiten bringt.

**2) Geltungsbereich.** Welche Ansprüche dem Wechselprozeß unterliegen, ist umstritten. Manche mei- **2** nen, es seien nur die unter § 592 fallenden Ansprüche. Es besteht aber auch kein äußerer und innerer Grund, zB einen Bereicherungsanspruch nach Art 89 WG dem Wechselprozeß zu entziehen. In Wahrheit gehören hierher sämtliche Ansprüche aus einem Wechsel im Sinne des WG, RoSGo § 163 IV 1, auch der Anspruch auf die Herausgabe eines abhanden gekommenen Wechsels, Art 16 II WG, aM StJSchl 4, ThP 4, ZöGre 5 (aber das Gesetz verlangt nicht eine enge Auslegung). Der Ersatzanspruch wegen einer unterlassenen Benachrichtigung nach Art 45 VI WG ist kein Anspruch auf einen Wechsel.

**3) Verfahrenswahl.** Ob der Kläger den Wechselprozeß wählt, steht ihm frei. Der Kläger kann im **3** Wechselprozeß und daneben (nur, BGH **53**, 17) aus dem Grundgeschäft im ordentlichen Prozeß klagen. Er kann auch vom Wechsel- zum Urkundenprozeß übergehen, BGH NJW 93, 3135 (auch im Berufungsverfahren); er kann aber nicht hilfsweise im Wechselprozeß, BGH **53**, 17, und auch nicht im ordentlichen und zusätzlich im Wechselprozeß, schließlich nicht im Wechselprozeß, hilfsweise im Urkundenprozeß klagen; vielmehr ist dann eine unbedingte Abstandnahme vom Wechselprozeß notwendig, BGH NJW **82**, 523.

Der Wechselprozeß steht auch bei einem Anspruch aus einem *ausländischen* Wechsel oder aus einem **4** gemischtsprachigen Wechsel, BGH NJW **82**, 523, oder aus einem ungültigen Wechsel offen. Er ist aber nicht für die Feststellung im Insolvenzverfahren zulässig, § 592 Rn 4. Es reicht aus, daß er aus dem Wechsel berechtigt ist. Hierher gehört zB der Anspruch des Pfändungspfandgläubigers und des Abtretungsnehmers. Unerheblich ist auch, ob der Bekl kraft seiner Unterschrift oder kraft Gesetzes haftet. Eine Wechselklage ist zB zulässig: Gegen den Erben; gegen den Gesellschafter der OHG, BGH **LM** Nr 1 oder einer KG; gegen den Erwerber des Handelsgeschäfts nach § 25 HGB; gegen den Vermögensübernehmer nach § 419 BGB (anders bei § 414 BGB). Unzulässig ist eine Wechselklage gegen den Bürgen nach dem BGB. Denn dieser haftet nicht aus dem Wechsel, anders als der Wechselbürge, Art 30 ff WG. Die Einrede der Schiedsvereinbarung greift grundsätzlich nicht durch, selbst wenn sie auch wechselrechtlichen Anspruch erfassen sollte, BGH NJW **94**, 136, Wolf DB **99**, 1104. Der Kläger darf einen Anspruch aus einem anderen Rechtsgrund auch nicht hilfsweise stellen, BGH NJW **82**, 2258, auch nicht hilfsweise im gerichtlichen Urkundenprozeß, BGH NJW **82**, 2258.

**4) Verfahren.** Das Verfahren verläuft wie im Urkundenprozeß. Daher sind sämtliche klagebegründenden **5** Tatsachen durch Urkunden zu beweisen, § 592, zB die Protesterhebung bei einem Rückgriff und die Berechtigung desjenigen, der hat protestieren lassen, soweit sie sich nicht aus dem Wechsel oder nach einer freien Würdigung der Umstände ergibt. Über die Vorlegung des Wechsels beim Gericht vgl §§ 593 Rn 2, 597 Rn 8. Über die Vorlegung an den Verpflichteten und über Nebenforderungen vgl § 605. Sachlich zuständig ist auf Grund eines Antrags, § 96 GVG, die Kammer für Handelssachen, auch bei einer Klage im ordentlichen Verfahren, § 95 I Z 2 GVG. Ihr Vorsitzender kann im Wechselprozeß allein entscheiden, § 349 II Z 8, freilich nicht im Nachverfahren. Wegen des ausländischen Rechts § 592 Rn 11. Für einen Wechsel- oder Scheckanspruch auf Grund eines Arbeitsverhältnisses ist das ordentliche Gericht zuständig, nicht das ArbG, § 603 Rn 2, Hamm NJW **80**, 1399. Das Wechselverfahren, auch das Nachverfahren, ist wie beim Scheckprozeß Sommersache, § 227 III 2 Z 4, dort Rn 43.

§§ 602–604   5. Buch. Urkunden- und Wechselprozeß

**6**  **5) Urteil.** Das Urteil braucht trotz Art 39 I WG nicht auf eine Zahlung Zug um Zug gegen eine Aushändigung des Wechsels zu lauten. Denn die Hingabe des Wechsels ist eine Art Quittung. Der Wechsel ist aber bei einer Zwangsvollstreckung oder bei einer freiwilligen Zahlung zu übergeben, § 726 Rn 10.

**7**  **6) Nachverfahren.** Im Nachverfahren sind nur solche Einreden zulässig, die dem Schuldner nach dem sachlichen Wechselrecht, Art 17 WG, gegen den jeweiligen Kläger zustehen. Dazu kann bei einer Nämlichkeit des Wechselgläubigers und des Partners des Grundgeschäfts der Einwand einer unzulässigen Rechtsausübung zählen, BGH 57, 300. Zur Sommersache Rn 5.

**603** *Gerichtsstand.* ¹Wechselklagen können sowohl bei dem Gericht des Zahlungsortes als bei dem Gericht angestellt werden, bei dem der Beklagte seinen allgemeinen Gerichtsstand hat.

II Wenn mehrere Wechselverpflichtete gemeinschaftlich verklagt werden, so ist außer dem Gericht des Zahlungsortes jedes Gericht zuständig, bei dem einer der Beklagten seinen allgemeinen Gerichtsstand hat.

**1**  **1) Systematik, Regelungszweck, I, II.** § 603 enthält eine gegenüber §§ 12, 35 vorrangige Sondervorschrift. Sie soll das Vorgehen des Wechselgläubigers dadurch erleichtern, daß er den bestehenden allgemeinen und besonderen Gerichtsständen einen nicht ausschließlichen neuen hinzufügt, den des Zahlungsorts.

**2**  **2) Geltungsbereich, I, II.** Eine Vereinbarung des Gerichtsstands ist nur gemäß §§ 38 ff zulässig; man kann auch einen ausschließlichen Gerichtsstand vereinbaren. Der Gerichtsstand gilt auch internationalrechtlich, Üb 5 vor § 12, selbst wenn zB der Schweizer Staatsbürger nach schweizerischem Recht wegen eines persönlichen Anspruchs ausschließlich vor dem Gericht seines Wohnorts verklagt werden soll. Für eine Klage im Urkundenprozeß oder für das gewöhnliche Mahnverfahren gilt § 603 nicht, wohl aber für ein Wechselmahnverfahren des § 703 a II.

§ 603 betrifft *nicht die sachliche Zuständigkeit.* Auf Antrag ist am LG die Kammer für Handelssachen unter den Voraussetzungen des § 95 I Z 2, 3 GVG zuständig. Zuständig ist das *ordentliche Gericht*, nicht das Arbeitsgericht, BGH NJW 76, 330, Großelanghorst/Kahler WertpMitt 85, 1025, StJSchl 6 vor § 592, ZöGre 8, aM MüKoBr 3. Die durch ein Vorbehaltsurteil festgestellte Zuständigkeit des ordentlichen Gerichts bleibt im Nachverfahren bestehen, BAG NJW 72, 1216. Die Vorschrift gilt nicht, soweit der Kläger einen Anspruch aus einem Wechsel im ordentlichen Prozeß geltend macht. Beim Übergang ins ordentliche Verfahren gilt aber § 261 III Z 2.

**3**  **3) Zahlungsort, I.** Den Zahlungsort ergibt der Wechseltext, Art 1 Z 5, Art 2 III, Art 75 Z 4 WG. Es kann nur ein einziger Zahlungsort gelten. Über die im Sinne des Art 88 WG benachbarten Orte s VOen v 26. 2. 34, RGBl 161, und v 7. 12. 35, RGBl 1432. Zerfällt eine politische Gemeinde in mehrere Gerichtsbezirke, so ist bei der Bezeichnung nach der Straße und der Hausnummer dasjenige Gericht zuständig, zu dem das Haus gehört; andernfalls ist jedes der Gerichte zuständig. Ein inländischer Zahlungsort begründet auch die internationale Zuständigkeit. Vgl Art 2 ff EuGVÜ, SchlAnh V C 1.

**4**  **4) Mehrere Beklagte, II.** Wenn der Kläger mehrere Wechselverpflichtete als Streitgenossen verklagt, § 59, dann ist außer den in Rn 2 bezeichneten Gerichten auch noch jedes Gericht zuständig, bei dem ein Streitgenosse seinen allgemeinen Gerichtsstand hat. Hier bestimmt also der Kläger den Gerichtsstand, abweichend von § 36 I Z 3. Das Urteil gegen diejenigen Bekl, denen die Klage zugestellt worden ist, ist auch dann zulässig, wenn die Klage den anderen Bekl nicht zugestellt ist. Wenn jedoch die Zuständigkeit nur damit zu begründen ist, daß ein Bekl seinen allgemeinen Gerichtsstand im Gerichtsbezirk hat, dann muß die Klage bis zum Schluß der mündlichen Verhandlung diesem Bekl zugestellt worden sein. Die Reihenfolge ist unerheblich. Belanglos ist auch, ob die Klage statthaft und begründet ist. Eine Erschleichung des Gerichtsstands gibt auch hier die Rüge der prozessualen Arglist, Üb 4 vor § 12. Spätere Vorgänge beeinflussen die Zuständigkeit so wenig wie sonst, § 261 III Z 2. Dies gilt zB für eine Klagrücknahme betr einen Bekl nach § 269. II ist unanwendbar, soweit der Kläger eine Gerichtsstandsvereinbarung nach § 38 geltend macht, die er nicht mit allen Wechselschuldnern getroffen hat.

**604** *Klage, Ladungsfrist.* ¹Die Klage muß die Erklärung enthalten, daß im Wechselprozeß geklagt werde.

II ¹Die Ladungsfrist beträgt mindestens vierundzwanzig Stunden, wenn die Ladung an dem Ort, der Sitz des Prozeßgerichts ist, zugestellt wird. ²In Anwaltsprozessen beträgt sie mindestens drei Tage, wenn die Ladung an einem anderen Ort zugestellt wird, der im Bezirk des Prozeßgerichts liegt oder von dem ein Teil zu dessen Bezirk gehört.

III In den höheren Instanzen beträgt die Ladungsfrist mindestens vierundzwanzig Stunden, wenn die Zustellung der Berufungs- oder Revisionsschrift oder der Ladung an dem Ort erfolgt, der Sitz des höheren Gerichts ist; mindestens drei Tage, wenn die Zustellung an einem anderen Ort erfolgt, der ganz oder zum Teil in dem Landgerichtsbezirk liegt, in dem das höhere Gericht seinen Sitz hat; mindestens eine Woche, wenn die Zustellung sonst im Inland erfolgt.

**1**  **1) Systematik, Regelungszweck, I–III.** Die Vorschrift enthält zwei unterschiedlich geartete vorrangige Sonderregelungen. Dabei ist der *Begriff* der Ladungsfrist ebenso wie in § 217 zu verstehen; nur ihre *Dauer* ist in § 604 abweichend geregelt. Der Sinn ist eine Beschleunigungsmöglichkeit, Grdz 12 vor § 128, bei dieser ihrer Natur nach oft eilbedürftigen Prozeßart unter Anspannung des Grundsatzes des rechtlichen Gehörs, Art 103 I GG, bis aufs äußerste. Freilich ist eine minimale Anhörungsfrist immer noch besser als gar keine, wie es zB bei §§ 935 ff geschehen kann.

**2) Klage, I.** I entspricht dem nachrangigen § 593 I, dort Rn 3. Der Wille, im Wechselprozeß zu klagen, **2** muß schon in der Klageschrift (oder im Antrag auf den Wechselmahnbescheid) eindeutig zum Ausdruck kommen. Eine Bezeichnung als „Klage im Urkundenprozeß" leitet einen gewöhnlichen Urkundenprozeß ein. Eine Bezeichnung als „Wechselklage" genügt. Denn niemand nennt eine Klage aus einem Wechsel im ordentlichen Verfahren eine Wechselklage. Die Erklärung ist nicht nachholbar.

**3) Ladungsfrist, II, III.** Jede Instanz hat eigene Regeln. **3**

**A. Erste Instanz, I, II.** Die Ladungsfrist beträgt abweichend von § 217 in der ersten Instanz: stets 24 Stunden, wenn die Klage am Ort des Prozeßgerichts zuzustellen ist. Der Gerichtsbezirk entscheidet nicht. Im Anwaltsprozeß, § 78 Rn 1, beträgt die Ladungsfrist 3 Tage, wenn die Klage an einem anderen Ort im Bezirk des Prozeßgerichts zuzustellen ist. Dabei ist der wirkliche Sitz des Gerichts unerheblich. Es genügt, daß ein Teil des Zustellungsorts zum Bezirk des Prozeßgerichts gehört. Im Fall des § 239 III ist die vom Vorsitzenden bestimmte Frist einzuhalten. Ort ist die politische Gemeinde. Nach Art 88 WG kann der Justizminister bestimmen, daß Nachbarorte als ein Ort gelten, § 603 Rn 3. Die Einlassungsfrist richtet sich nach § 274 III.

**B. Höhere Instanz, III.** In der höheren Instanz beträgt die Frist: 24 Stunden, wenn die Zustellung am **4** Gerichtssitz stattzufinden hat; 3 Tage, wenn die Zustellung in dem Landgerichtsbezirk des Gerichtssitzes stattzufinden hat; 1 Woche, wenn die Zustellung in einem anderen deutschen Landgerichtsbezirk stattzufinden hat oder wenn eine öffentliche Zustellung erforderlich ist; die vom Vorsitzenden bestimmte Frist im Falle des § 239 III.

**C. Fristkürzung, II, III.** Eine Abkürzung aller dieser Fristen kann nach § 226 erfolgen. **5**
**D. Öffentliche Zustellung, I–III.** Sie ist auch zulässig, wenn eine Auslandszustellung unverhältnismäßig **6** viel Zeit benötigen würde, § 203 II, Hbg MDR 70, 426.

**605** *Beweisvorschriften.* ¹ Soweit es zur Erhaltung des wechselmäßigen Anspruchs der rechtzeitigen Protesterhebung nicht bedarf, ist als Beweismittel bezüglich der Vorlegung des Wechsels der Antrag auf Parteivernehmung zulässig.

**II** Zur Berücksichtigung einer Nebenforderung genügt, daß sie glaubhaft gemacht ist.

**1) Systematik, Regelungszweck, I, II.** Die Vorschrift enthält eine aus der Eigenart des Wechselrechts **1** folgende Besonderheit bei der im Urkundenprozeß ja ohnehin vorhandenen Beschränkung der Beweismittel. Sie ist gegenüber § 592 vorrangig.

**2) Vorlegung, I.** Die Vorlegung des Wechsels ist nur dann ein Teil des Klagegrundes, wenn zur Erhaltung **2** des Wechselanspruchs ein Protest notwendig ist, wenn also der Kläger einen Rückgriff nimmt, Art 43 ff WG. Dann muß der Kläger die Vorlegung urkundlich beweisen, § 592. Wenn die Vorlegung des Wechsels nur die Bedeutung hat, den Klageanlaß festzulegen, dann kann der Kläger sie in Abweichung von § 592 durch einen Antrag auf Parteivernehmung nach §§ 445 ff unter Beweis stellen, zB im Fall eines Rückgriffs nach Art 46 WG oder eines Anspruchs gegen den Annehmer nach Art 53 I letzter Hs WG. Die praktische Tragweite der Erleichterung besteht also darin, daß sich mit ihrer Hilfe der Anspruch auf Verzugszinsen ab Vorlegung oder Verfalltag bis zur Klagerhebung begründen läßt. Bei einer Säumnis des Bekl gilt die behauptete Vorlegung als zugestanden, § 331.

**3) Nebenforderungen, II.** Sie sind dann zu berücksichtigen, wenn sie nach § 294 glaubhaft gemacht **3** worden sind. Dahin gehören Provision, Protestkosten, Porto usw, Art 48, 49, 52 WG. Bei solchen Nebenforderungen sind die Sätze üblich und feststehend. Eine Glaubhaftmachung genügt auch für Einwendungen gegenüber solchen Nebenforderungen. Wenn der Kläger bei einem Anspruch auf Verzugszinsen die Vorlegung des Wechsels nach II glaubhaft machen müßte, dann kann er den Anspruch auch durch einen Antrag auf eine Parteivernehmung glaubhaft machen. Denn er kann statt der Glaubhaftmachung auch den vollen Beweis mit den im Urkundenprozeß zulässigen Beweismitteln antreten. Das empfiehlt sich bei einer Versäumnis des Bekl zu tun. Denn dann darf der Kläger nicht glaubhaft machen.

**605a** *Scheckprozeß.* Werden im Urkundenprozeß Ansprüche aus Schecks im Sinne des Scheckgesetzes geltend gemacht (Scheckprozeß), so sind die §§ 602 bis 605 entsprechend anzuwenden.

**1) Systematik, Regelungszweck.** Der Scheckprozeß ist eine neben dem Wechselprozeß weitere Abart **1** des Urkundenprozesses. Er entspricht ohne jede Abweichung dem Wechselprozeß. Die Vorschrift hat daher nur eine klarstellende, formelle Bedeutung. BGH 136, 254 (str) hält eine BGB-Gesellschaft für scheckfähig (?).

**2) Geltungsbereich.** Die Vorschrift übernimmt das Wechselprozeßrecht weitgehend. **2**
§ 602: die §§ 603 bis 605 sind anwendbar.
§ 603: Gerichtsstand. Das ordentliche Gericht, das seine sachliche Zuständigkeit im Scheckprozeß bejaht hat, bleibt zuständig, wenn sich im Nachverfahren ergibt, daß der Scheck im Rahmen eines Arbeitsver-

## § 605a

hältnisses begeben worden war, BGH **LM** § 36 Z 6 Nr 8, BAG NJW **72**, 1216, AG Essen MDR **88**, 327. Vgl § 603 Rn 2. Der Zahlungsort ergibt sich aus Art 1 Z 4 ScheckG.

§ 604: Die Klagschrift muß der Sache nach eindeutig ergeben, daß der Kläger im Scheckprozeß klagt. Bei der völligen Gleichheit des Verfahrens mit dem Wechselprozeß genügt aber auch die Angabe, die Klage werde „im Wechselprozeß" erhoben. Eine „Klage im Urkundenprozeß" leitet lediglich einen Urkundenprozeß ein, weder einen Wechselprozeß noch einen Scheckprozeß. Die Ladungsfrist ist verkürzt. Über Nachbarorte im Sinne von Art 55 III ScheckG, Art 4 EGScheckG, § 603 Rn 3.Auch der Scheckprozeß ist wie ein Wechselprozeß eine Sommersache, § 227 III 2 Z 4, auch im Nachverfahren, § 227 Rn 43.

§ 605: Der Beweis erfolgt durch die Vorlegung, Art 29 ScheckG. Für die Nebenforderungen genügt die Glaubhaftmachung nach § 294.

3   **3) Mahnverfahren.** Wegen des Mahnverfahrens vgl § 703 a.

# Sechstes Buch
# Verfahren in Familiensachen

Bearbeiter: Dr. Albers

### Einführung

**1) Das 6. Buch** enthält Sondervorschriften für FamS, in denen die gewöhnlichen Bestimmungen über 1 den Prozeß (vor allem wegen des hier oft eingreifenden öffentlichen Interesses) nicht passen. Es gilt seit dem 3. 10. 90 auch in den **neuen Bundesländern** und Ost-Berlin, Art 8 EV, mit den überwiegend gegenstandslos gewordenen Maßgaben der Anl I Kap III Sachgeb A Abschn III Z 1 u 5.

**A. Der erste Abschnitt** bringt allgemeine Vorschriften für das Verfahren in **EheS**, § 606 I. Für sie ist in 2 erster Instanz das FamGer zuständig. Der Rechtszug geht an OLG und BGH, §§ 119, 133 GVG. Wegen der Rechtslage in den neuen Bundesländern s Grdz § 606 Rn 7.

**B.** Im zweiten Abschnitt sind die allgemeinen Vorschriften für **andere FamilienS** zusammengefaßt. 3 Zuständig ist in erster Instanz das FamGer. Der Rechtszug geht an OLG und BGH, §§ 119, 133 GVG. Wegen der Rechtslage in den neuen Bundesländern s Grdz § 640 Rn 2.

**C. Der dritte Abschnitt** regelt das Verfahren **in Scheidungs- u FolgeS** im einzelnen, §§ 622–630. 4

**D. Der vierte Abschnitt** enthält Sondervorschriften für die Verfahren auf **Aufhebung** einer Ehe und auf 5 **Feststellung** des Bestehens oder Nichtbestehens einer Ehe, §§ 631 u 632.

**E. Der fünfte Abschnitt** regelt das Verfahren in **Kindschaftssachen**, §§ 640–641 h. Auch hier geht der 6 Rechtszug vom FamGer zum OLG u BGH.

**F.** Das gleiche gilt für den **sechsten Abschnitt**, der das Verfahren über den **Unterhalt** regelt, §§ 642– 7 660, wobei (abgesehen von den §§ 643 u 644) die Vorschriften den Unterhalt Minderjähriger betreffen.

**2) Gesetzesgeschichte. A. 1. EheRG.** Durch dieses Gesetz ist der 1. Abschnitt zT tiefgreifend umge- 8 staltet worden (Material: RegEntw BTDr 7/650, 2. Ber des RAussch BTDr 7/4361). Die Änderungen sind seit dem 1. 7. 77 in Kraft, ebenso die darauf bezüglichen Bestimmungen der VereinfNov.

**B. UÄndG.** Nachdem das BVerfG einzelne Bestimmungen des materiellen EheR als verfassungswidrig beanstandet hatte, sind durch das Ges zur Änderung unterhaltsrechtlicher, verfahrensrechtlicher und anderer Vorschriften (UÄndG) v 20. 2. 86, BGBl 301, nicht nur die bundesrechten Vorschriften, sondern auch eine Reihe von VerfBestimmungen im 1. Abschnitt des 6. Buches sowie die Rechtsmittelregelung, §§ 72 und 119 GVG, mWv 1. 4. 86 geändert worden (Materialien: RegEntw BT-Drs 10/2888; Beschlußempfehlung und Bericht des Rechtsausschusses BT-Drs 10/4514; Verabschiedung StenBer 10/14043 ff).

**C. IPRG.** Die Neuregelung des IPR durch das G v 25. 7. 86, BGBl 1142, erfaßt auch das Verf, nämlich 9 die Anerkennung ausländischer Entsch und die internationale Zuständigkeit in FamS und KindschS, vgl §§ 606 a, 621, 606 a (Materialien: RegEntw BT-Drs 10/504; Beschlußempfehlung und Bericht des Rechtsausschusses BT-Drs 10/5632).

**D. Einigungsvertrag** (Schrifttum zum VerfR: Gottwald FamRZ **90**, 1177; Brachmann DtZ **90**, 298). In 10 den neuen Bundesländern und in Ost-Berlin gelten **GVG, ZPO und FGG**, Art 8 EV, in den ersteren mit den aus Anl I Kap III Sachgeb A Abschn III Z 1 und 5 folgenden Maßgaben, sowie das **RpflAnpG** v 26. 6. 92, BGBl 1147, das verschiedene Änderungen des Gerichtsverfassungsrechts enthält. Die früher geltenden Abweichungen sind zuletzt in der 56. Auflage wiedergegeben. Wegen des **AnwZwanges**, namentlich nach §§ 22 u 26 RpflAnpG, s Vorbem § 78. **Einzelheiten** sind, soweit dies erforderlich ist, bei den jeweiligen Vorschriften erläutert.

**3) Reformgesetze 1997/98.** 11

(**Schrifttum:** *Bäumel* u a, Familienrechtsreformkommentar, 1998; *Johannsen/Henrich*, Eherecht, 3. Aufl. 1998; *Rahm/Künkel* I 111 ff; *Scholz/Stein*, Praxishandbuch Familienrecht, 1998; *Schwab/Wagenitz*, Familienrechtliche Gesetze, 2. Aufl 1998; *Weber*, NJW **98**, 3087 mwN; s ferner Rn 11–13).

**A. Kindschaftsrechtsreformgesetz (KindRG)** v 16. 12. 97, BGBl 2942 u 98, 946 (Materialien: RegEntw BT-Drs 13/4899, Bericht des RAusschusses BT-Drs 13/8511). Das Ges ist am 1. 7. 98 in Kraft getreten, Art 17 § 1. **Übergangsrecht** (Motzer FamRZ **99**, 1105; Künkel FamRZ **98**, 878):

**§ 1. KindRG Art 15.**
[I] [1]In einem Verfahren nach § 621 Abs. 1 Nr. 1 bis 4, 10 und 11 der Zivilprozeßordnung, das am 1. Juli 1998 in erster Instanz anhängig ist, bleibt das bisher befaßte Gericht zuständig.[2] § 23 b Abs. 3 Satz 2 des Gerichtsverfassungsgesetzes ist nicht anzuwenden.

[II] [1]Ist die erstinstanzliche Entscheidung in einem Verfahren nach § 621 Abs. 1 Nr. 1 bis 4, 10 und 11 der Zivilprozeßordnung vor dem 1. Juli 1998 verkündet oder statt einer Verkündung zugestellt worden, sind für die Zulässigkeit von Rechtsmitteln und die Zuständigkeit für die Verhandlung und Entscheidung über die Rechtsmittel die bis zum 1. Juli 1998 maßgeblichen Vorschriften weiterhin anzuwenden. [2]In Verfahren nach § 621 Abs. 1 Nr. 1 bis 3 der Zivilprozeßordnung sowie § 621 Abs. 1 Nr. 10 der Zivilprozeßordnung in den Fällen des § 1600 e Abs. 2 des Bürgerlichen Gesetzbuchs tritt an die Stelle der Verkündung oder der Zustellung die Bekanntmachung. Im übrigen richtet sich die Zuständigkeit für die Verhandlung und Entscheidung über die

Rechtsmittel nach den Vorschriften, die für die von den Familiengerichten entschiedenen Sachen gelten.

III In den Fällen der Absätze 1 und 2 Satz 1 ist, wenn es sich um Verfahren nach § 621 Abs. 1 Nr. 1 bis 3 der Zivilprozeßordnung sowie § 621 Abs. 1 Nr. 10 der Zivilprozeßordnung in den Fällen des § 1600 e Abs. 2 des Bürgerlichen Gesetzbuchs handelt, § 621 a der Zivilprozeßordnung nicht anzuwenden; § 49 a des Gesetzes über die Angelegenheiten der freiwilligen Gerichtsbarkeit ist entsprechend anzuwenden.

**Bem.** Zu II 1 s BayObLG NJWE-FER **99**, 233, Hamm NJW **99**, 432, Schlesw SchlHA **98**, 215 u **99**, 125, LG Hbg FamRZ **99**, 1151, zu II 2 s Köln FamRZ **99**, 316, Bbg NJWE-FER **99**, 99, zu II 3 s Dresden RR **99**, 84.

**§ 2.** I Ein am 1. Juli 1998 anhängiges Verfahren, welches die Anfechtung der Ehelichkeit oder die Anfechtung der Anerkennung der Vaterschaft zum Gegenstand hat, wird als Verfahren auf Anfechtung der Vaterschaft fortgeführt.

II Ein am 1. Juli 1998 anhängiges Verfahren, welches die Anfechtung der Ehelichkeit oder die Anfechtung der Anerkennung der Vaterschaft durch die Eltern des Mannes nach den §§ 1595 a, 1600 g Abs. 2, § 1600 l Abs. 2 des Bürgerlichen Gesetzbuchs in der bis zum 1. Juli 1998 geltenden Fassung zum Gegenstand hat, ist als in der Hauptsache erledigt anzusehen.

III Ein am 1. Juli 1998 anhängiges Verfahren, dessen Gegenstand eine Genehmigung des Vormundschaftsgerichts nach § 1597 Abs. 1, 3, § 1600 k Abs. 1 Satz 2, Abs. 2 Satz 1 des Bürgerlichen Gesetzbuchs in der bis zum 1. Juli 1998 geltenden Fassung ist, ist als in der Hauptsache erledigt anzusehen.

IV Eine am 1. Juli 1998 anhängige Folgesache, die die Regelung der elterlichen Sorge nach § 1671 des Bürgerlichen Gesetzbuchs in der vor dem 1. Juli 1998 geltenden Fassung zum Gegenstand hat, ist als in der Hauptsache erledigt anzusehen, wenn nicht bis zum Ablauf von drei Monaten nach dem 1. Juli 1998 ein Elternteil beantragt hat, daß ihm das Familiengericht die elterliche Sorge oder einen Teil der elterlichen Sorge allein überträgt.

V Ein am 1. Juli 1998 anhängiges Verfahren, welches die Ehelicherklärung eines Kindes betrifft, ist als in der Hauptsache erledigt anzusehen.

VI In einem Verfahren, das nach den vorstehenden Vorschriften als in der Hauptsache erledigt anzusehen ist, werden keine Gerichtsgebühren erhoben.

**Bem.** Zu I s BGH NJW **99**, 1632 u 1862, zu IV s Zweibr MDR **99**, 940 (Anm Ewers), Brschw FamRZ **99**, 1006, Hamm FamRZ **99**, 803 u NJW **99**, 68 (dazu red Anm FamRZ **98**, 1313 u krit Affeldt FamRZ **98**, 1609), Nürnb RR **99**, 658, Ffm FamRZ **99**, 612, Köln FamRZ **99**, 613, Düss FamRZ **99**, 615, AG Solingen FamRZ **99**, 183. Weitere Übergangsvorschriften zum Kindschaftsrecht enthält **Art 224 EGBGB** idF des Art 12 Z 4 KindRG.

Das **KindRG** verfolgt im wesentlichen folgende **Ziele:** Verbesserung der Rechte des Kindes und Stärkung der Autonomie der Eltern zur Vermeidung unnötiger staatlicher Eingriffe; Abbau der rechtlichen Unterschiede zwischen ehelichen und nichtehelichen Kindern; Neuregelung des Abstammungsrechts; Konzentration familienrechtlicher Verfahren beim Familiengericht. Diese Ziele werden durch zT tiefgreifende Änderungen im 6. Buch erreicht.

**Schrifttum:** *Greßmann,* Neues Kindschaftsrecht, 1998; *von Luxburg,* Das neue Kindschaftsrecht, 1998; *Mühlens/Kirchmeier/Greßmann,* Das neue Kindschaftsrecht, 1998; *Haibach/Haibach,* Das neue Kindschaftsrecht, 1998; *Schwab/Wagenitz,* Familienrechtliche Gesetze, 2. Aufl 1998; *Henrich* FamRZ **98**, 1; *Diederichsen* NJW **98**, 1977; *Wieser* NJW **98**, 2023 u FamRZ **98**, 1004; *Klüsener* Rpfleger **98**, 221; *Mühlens* FF **98**, 42; *Arnold-Schuster/Hansen-Tilker* AnwBl **98**, 71; *Niepmann* MDR **98**, 565; *Schwab/Wagenitz* FamRZ **97**, 1377; *Deinert* DAVorm **98**, 197; *Knittel* DAVorm **97**, 649; *BRAK* Mitt **97**, 150; *FamGerTag* FamRZ **97**, 337; *DAV* FamRZ **96**, 1401; *Büttner* FamRZ **98**, 585 (Verfahrensrecht); *Schwab* FamRZ **98**, 457 (elterliche Sorge); *Bergmann/Gutdeutsch* FamRZ **96**, 1187 (Verfahrensrecht); *Rauscher* FamRZ **98**, 329 (Umgangsrecht); *Büdenbender* FamRZ **98**, 129 u ZZP **98**, 33 (Unterhaltsrecht); *Lipp* FamRZ **98**, 66 (Sorgerecht); *Gaul* FamRZ **97**, 1441 (Abstammungsrecht); *Helms* FamRZ **97**, 913 (Vaterschaftsanfechtung); *Bentert* FamRZ **96**, 1386 u *Mutschler* FamRZ **96**, 1381 (Abstammungsrecht). Vgl i ü 56. Aufl Rn 10.

**B. Kindesunterhaltsgesetz (KindUG)** v 6. 4. 98, BGBl 666 (Materialien: RegEntw BT-Drs 13/7338, Bericht des Rechtsausschusses BT-Drs 13/9596). Das Ges ist am 1. 7. 98 in Kraft getreten, die (neuen) §§ 659 u 660 jedoch schon am 15. 4. 98, Art 6 I. Soweit eine Vorschrift auch durch das KindRG und/oder das EheschlRG geändert worden ist, gilt trotz des gleichzeitigen Inkrafttretens das später verkündete Gesetz als jüngeres Gesetz, vgl BT-Drs 13/9416 S 30. **Übergangsrecht** (Schumacher/Grün FamRZ **98**, 796, Künkel FamRZ **98**, 878):

**KindUG Art 5.**

**§ 1.** I In dem in Artikel 3 des Einigungsvertrages genannten Gebiet gilt § 1612 a Abs. 4 des Bürgerlichen Gesetzbuchs bis zu dem Zeitpunkt, in dem die neuen Regelbeträge die für das Gebiet der Bundesrepublik Deutschland nach dem Stand bis zum 3. Oktober 1990 festgestellten Regelbeträge übersteigen würden, mit der Maßgabe, daß von den Vomhundertsätzen nach § 255 a Abs. 2 des Sechsten Buches Sozialgesetzbuch ausgegangen wird. II Ab diesem Zeitpunkt gelten die Regelbeträge nach § 1 der Regelbetrag-Verordnung auch in dem in Artikel 3 des Einigungsvertrages genannten Gebiet.

**§ 2.** I Für anhängige Verfahren, die die gesetzliche Unterhaltspflicht eines Elternteils oder beider Elternteile gegenüber einem minderjährigen Kind betreffen, gilt folgendes:

6. Buch. Verfahren in Familiensachen **Einf § 606**

1. Das vor dem 1. Juli 1998 geltende Verfahrensrecht bleibt maßgebend, soweit die Nummern 2 und 3 nichts Abweichendes bestimmen.
2. Eine vor dem 1. Juli 1998 geschlossene mündliche Verhandlung ist auf Antrag wieder zu eröffnen.
3. In einem Vereinfachten Verfahren zur Abänderung von Unterhaltstiteln und in einem Verfahren zur Festsetzung oder Neufestsetzung von Regelunterhalt (§§ 641l bis 641 t, 642 a, 642 b der Zivilprozeßordnung in der vor dem 1. Juli 1998 geltenden Fassung) kann ein Antrag nach § 3 gestellt werden, über den gleichzeitig oder im Anschluß an die Entscheidung über den das Verfahren einleitenden Antrag entschieden wird.

II Verfahren im Sinne des Absatzes 1 stehen die folgenden ab dem 1. Juli 1998 anhängig werdenden Verfahren gleich:
1. Abänderungsklagen nach den §§ 641 q und 643 a der Zivilprozeßordnung in der vor dem 1. Juli 1998 geltenden Fassung, die nach diesem Zeitpunkt, aber vor Ablauf der nach diesen Vorschriften maßgebenden Fristen anhängig werden;
2. Vereinfachte Verfahren zur Abänderung von Unterhaltstiteln und Verfahren zur Festsetzung oder Neufestsetzung von Regelunterhalt (§§ 641l bis 641 t, 642 a, 642 b der Zivilprozeßordnung in der vor dem 1. Juli 1998 geltenden Fassung), in denen eine Anpassung, Festsetzung oder Neufestsetzung auf Grund einer Rechtsverordnung nach den §§ 1612 a und 1615 f des Bürgerlichen Gesetzbuchs oder Artikel 234 §§ 8 und 9 des Einführungsgesetzes zum Bürgerlichen Gesetzbuche in der vor dem 1. Juli 1998 geltenden Fassung begehrt wird.

**Bem.** Zu I s BayObLG FamRZ 99, 659.

**§ 3.** I [1]Urteile, Beschlüsse und andere Schuldtitel im Sinne des § 794 der Zivilprozeßordnung, in denen Unterhaltsleistungen für ein minderjähriges Kind nach dem vor dem 1. Juli 1998 geltenden Recht zuerkannt, festgesetzt oder übernommen sind, können auf Antrag für die Zeit nach der Antragstellung in einem vereinfachten Verfahren durch Beschluß dahin abgeändert werden, daß die Unterhaltsrente in Vomhundertsätzen der in den §§ 1 und 2 der Regelbetrag-Verordnung in der Fassung des Artikels 2 dieses Gesetzes am 1. Juli 1998 geltenden Regelbeträge der einzelnen Altersstufen festgesetzt wird. [2]§ 1612 a des Bürgerlichen Gesetzbuchs gilt entsprechend. [3]Für die Festsetzung ist die bisherige Unterhaltsrente um angerechnete Leistungen im Sinne der §§ 1612 b, 1612 c des Bürgerlichen Gesetzbuchs in der Fassung des Artikels 1 Nr. 11 dieses Gesetzes zu erhöhen. [4]Der Betrag der anzurechnenden Leistungen ist in dem Beschluß festzulegen. [5]Seine Hinzurechnung und Festlegung unterbleiben, wenn sich aus dem abzuändernden Titel nicht ergibt, in welcher Höhe die Leistungen bei der Bemessung des Unterhalts angerechnet worden sind.

II Auf das Verfahren sind die §§ 642 und 645 Abs. 1, die §§ 646 bis 648 Abs. 1 und 3, die §§ 649, 652, 654, 657 bis 660 und 794 Abs. 1 Nr. 2 a und die §§ 798 und 798 a der Zivilprozeßordnung in der Fassung des Artikels 3 dieses Gesetzes entsprechend anzuwenden mit der Maßgabe, daß

1. in dem Antrag zu erklären ist, ob ein Verfahren der in § 2 dieses Artikels bezeichneten Art anhängig ist;
2. das Gericht, wenn ein solches Verfahren gleichzeitig anhängig ist, bis zu dessen Erledigung das Verfahren über den Antrag nach Absatz 1 aussetzen kann.

**Bem.** Vgl Stgt FamRZ 99, 659, Karlsr ZBlJugR 99, 231.
**Ziele:** Das Gesetz verwirklicht die verfassungsrechtlich gebotene, BVerfG NJW 92, 1747, Vereinheitlichung des Unterhaltsrechts für eheliche und nichteheliche Kinder, schafft die Möglichkeit der Dynamisierung von Unterhaltsansprüchen minderjähriger Kinder aufgrund von Regelbeträgen und vereinfacht und verbessert das Verfahren. Es enthält demgemäß ua Änderungen der §§ 620 b, 640, 640 c und 641 e sowie eine Neufassung der §§ 642–660 (vereinf Verf).

**Schrifttum:** *Rühl/Greßmann,* Kindesunterhaltsgesetz, 1998; *Becker* FamRZ 99, 65; *Gerhardt* FuR 98, 145; *Reeckmann-Fiedler* BRAK-Mitt 98, 190; *Schumacher/Grün* FamRZ 98, 778; *Weber* NJW 98, 1992; *Kleinle* ZBlJR 98, 225; *Klüsener* Rpfleger 98, 227; *Strauß* FamRZ 98, 993; *Knittel* DAVorm 98, 183 u FF 98, 35; *BRAK* FamRZ 98, 144; *Wagner* FamRZ 97, 1513; vgl iü 56. Aufl Rn 11.

**C. Eheschließungsrechtsgesetz (EheschlRG)** v 4. 5. 98, BGBl 98, 833 (Materialien: RegEntw BT- **13** Drs 13/4898; Bericht des RAusschusses BT-Drs 13/9416). Das Ges ist (mit Ausnahme der früher in Kraft tretenden Ermächtigungsnormen am 1. 7. 98 in Kraft getreten, Art 18 III. Sofern eine Vorschrift auch durch das KindRG und/oder das KindUG geändert worden ist, gilt das EheschlRG trotz gleichzeitigen Inkrafttretens als das jüngere Gesetz, was durch die einleitenden Worte des Art 3 klargestellt wird, BT-Drs 13/9416 S 30. **Übergangsvorschriften** enthält der durch Art 15 KindUG in das EGBGB eingefügte Art 226:

**EGBGB Artikel 226. Überleitungsvorschrift zum Gesetz vom 4. Mai 1998 zur Neuordnung des Eheschließungsrechts.** I Die Aufhebung einer vor dem 1. Juli 1998 geschlossenen Ehe ist ausgeschlossen, wenn die Ehe nach dem bis dahin geltenden Recht nicht hätte aufgehoben oder für nichtig erklärt werden können.

II Ist vor dem 1. Juli 1998 die Nichtigkeits- oder Aufhebungsklage erhoben worden, so bleibt für die Voraussetzungen und Folgen der Nichtigkeit oder Aufhebung sowie für das Verfahren das bis dahin geltende Recht maßgebend.

**III** Im übrigen finden auf die vor dem 1. Juli 1998 geschlossenen Ehen die Vorschriften in ihrer ab dem 1. Juli 1998 geltenden Fassung Anwendung.

**Inhalt:** Das Gesetz sieht ua den Ersatz der grundsätzlich zurückwirkenden Nichtigkeitserklärung durch die nur für die Zukunft wirkende Aufhebung der Ehe vor. Es enthält demgemäß Änderungen der §§ 606, 607, 620 ff und 631 ff.

**Schrifttum:** *Bosch* NJW **98**, 2004; *Hepting* FamRZ **98**, 713; *Mutschler* JZ **97**, 1140; *Bosch* FamRZ **97**, 66 u 138; *Barth/Wagenitz* FamRZ **96**, 833.

## Erster Abschnitt. Allgemeine Vorschriften für Verfahren in Ehesachen

### Grundzüge

**Schrifttum** zum neuen Recht (Auswahl): *Bergerfurth*, Ehescheidungsprozeß, 11. Aufl 1998; *Johannsen/Henrich*, Eherecht, 3. Aufl 1998; *Henrich*, Internationales Scheidungsrecht, 1998; *Hohloch* u.a., Internationales Scheidungs- und Scheidungsfolgenrecht, 1998; *Firsching/Graba*, Familienrecht, 6. Aufl 1998; *Finke/Garbe*, Familienrecht in der anwaltlichen Praxis, 2. Aufl 1997; *Garbe*, Antrags- u Klagerwiderungen in Ehe- u FamS, 1997; *Groß*, Anwaltsgebühren in Ehe- und FamS, 1997; s i ü Einf § 606 Rn 11–13.

**1** **1) Begriff der Ehesache. EheS sind nach § 606:** Verfahren auf **a)** Scheidung, § 622, **b)** Aufhebung oder Nichtigerklärung, **c)** Feststellung des Bestehens oder Nichtbestehens einer Ehe, § 632, **d)** Herstellung des ehelichen Lebens. Näheres dazu s § 606 Rn 2 ff.

Verbietet das nach IPR anzuwendende **ausländische Recht** eine Scheidung iS des BGB, so darf darauf nicht erkannt werden, wohl aber bei Ausländern auf **Trennung von Tisch und Bett** entsprechend ihrem Heimatrecht, falls nach deutschem Recht auf Scheidung erkannt werden könnte, BGH **47**, 324, und die Zuständigkeit im Inland nach § 606 a gegeben ist, Dopffel FamRZ **87**, 1210, BGH NJW **88**, 637, Saarbr LS FamRZ **97**, 1353, Stgt Just **88**, 131; entsprechendes gilt für die Bestätigung einverständlicher Ehetrennungen nach italienischem Recht, Stgt FamRZ **97**, 879, Karlsr FamRZ **91**, 1308, und den Ausspruch der bürgerlichen Wirkungen einer religiös geschlossenen italienischen Ehe, Ffm FamRZ **78**, 510. Auch insofern handelt es sich um EheS, so daß das FamGer zuständig ist und für das Verfahren die Scheidungsvorschriften, §§ 622 ff, gelten, Karlsr FamRZ **91**, 1309 mwN, Hamm RR **89**, 1346, Zweibr NJW **86**, 3033, Ffm FamRZ **83**, 618. Dabei sind im Verf die Erfordernisse des fremden Rechts ggf zu beachten, Köln FamRZ **83**, 922 mwN; zum Ausspruch der Verantwortlichkeit in Ehetrennungsverfahren nach italienischem Recht BGH NJW **88**, 636, Stgt Just **88**, 131 (auch zur Sorgerechtsregelung), zur gebotenen Beteiligung der Staatsanwaltschaft nach demselben Recht Maurer 1124. Nicht hierher gehört die Regelung des Namensrechts während der Trennung, Ffm FamRZ **88**, 421. Wegen der **Privatscheidung** nach ausländischem Recht s § 629 Rn 3.

**Keine EheS** sind: andere FamS, § 621, auch wenn sie FolgeS, § 623, sind; Klagen Dritter oder gegen Dritte, die den Bestand der Ehe betreffen; Klagen der Ehefrau aus § 12 BGB; näheres dazu s § 606 Rn 2 ff.

**2** **2) Verfahren in Ehesachen.** Im 1. Rechtszug gelten die Vorschriften für das Verfahren vor den LG entsprechend, § 608, soweit in den §§ 606 ff und 622 ff nichts anderes bestimmt ist (für FolgeS gilt je nach ihrem Gegenstand ZPO oder FGG mit Sonderbestimmungen, §§ 621 a ff).

**3** **3) Wesentliche Bestimmungen für Ehesachen** (wegen des Verbundes mit FolgeS s Üb § 622):
**a)** Der Gerichtsstand ist besonders geregelt und ausschließlich, § 606; wegen der internationalen Zuständigkeit s § 606 a, **b)** die Prozeßfähigkeit ist erweitert, § 607, **c)** Klagenhäufung und Widerklage sind beschränkt, § 610, **d)** Klagänderung und neues Vorbringen werden erleichtert, §§ 611, 615, Parteiherrschaft und Beibringungsgrundsatz sind weitgehend ausgeschaltet, §§ 612, 616 und 617, **e)** Aussetzung, § 614, Parteivernehmung, § 613, und Versäumnisurteil, § 612, sind zT abweichend geregelt, **f)** es gilt der Grundsatz der Einheitlichkeit der Entscheidung, Einf § 610, **g)** Nichtigkeits- und Feststellungsurteile wirken auch nach Abweisung für und gegen alle, §§ 636 a, 638, andere Urteile in Ehesachen, zB Scheidungsurteile, dagegen nur bei Ausspruch der Eheauflösung (Gestaltungswirkung).

**4** **4) Wesentliche Besonderheiten für die höheren Instanzen.**
**A. Überblick. a)** Der Grundsatz der Einheitlichkeit der Entscheidung, Einf 3 §§ 610–617 Rn 3, läßt eine Beschränkung der Revision auf einen Anspruch oder ein selbständiges Verteidigungsmittel zu, BGH FamRZ **73**, 286, befreit aber die Rechtsmittelinstanz in gewissem Umfang von der Bindung an die Anträge dieser Instanz. So ist trotz fehlender Berufung eine auf Klage ergangene Verurteilung aufzuheben, wenn bei der Verhandlung auf die Berufung des Widerklägers sich das Fehlen einer Prozeßvoraussetzung, zB der Zuständigkeit nach § 606, erweist, RG **143**, 134. Die Einschränkung der Parteiherrschaft und des Beibringungsgrundsatzes führt dazu, daß sachlich-rechtliche und verfahrensrechtliche Verstöße vAw zu beachten sind. **b)** Wo keine Beschwer nötig ist, s B, genügt zur Begründung, daß die Aufrechterhaltung der Ehe erstrebt wird. **c)** In der Berufungsinstanz ist verspätetes Vorbringen nur beschränkt zurückweisbar, § 615 II. Über den Verzicht auf Rechtsmittel s § 617 Rn 5. Eine Beschwerdesumme kommt nicht in Betracht.

**5** **B. Beschwer** (Grdz § 511 Rn 13 ff, auch wegen des Schrifttums).
Sie ist grundsätzlich erforderlich, fehlt aber zB, wenn mit der Anfechtung des Scheidungsausspruchs lediglich der Verbund, § 623, in zweiter Instanz erhalten bleiben soll, Hbg FamRZ **99**, 99. Ein Beschwer ist da entbehrlich, wo der Sieger die Urteilsfolgen durch Antragsrücknahme oder Verzicht beseitigen will, stRspr, zB wenn der Antragsteller, der die Scheidung erreicht hatte, den Scheidungsanspruch fallen lassen

1. Abschnitt. Allgemeine Vorschriften für Verfahren in Ehesachen **Grundz § 606, § 606**

will, hM, BGH RR **87**, 387 mwN (abw für Antragsrücknahme Jauernig § 91 II 17, weil der Antrag ohnehin zwischen den Instanzen zurückgenommen werden kann). Das gleiche gilt dort, wo die in 1. Instanz erklärte Zustimmung zur Scheidung aus eheerhaltenden Gründen widerrufen werden soll, BGH NJW **84**, 1302 mwN. Auch kann eine Partei, die mit dem Scheidungsantrag durchgedrungen ist, mit der Berufung nunmehr Herstellung der Ehe verlangen, Kiel HRR **39**, 1422, oder unter Verzicht auf ihr Scheidungsrecht auf Feststellung klagen, daß sie nicht verpflichtet sei, die eheliche Gemeinschaft wiederherzustellen, BGH NJW **64**, 298. Auch ist in diesen Fällen für die Zulässigkeit des Rechtsmittels kein besonderes Rechtsschutzbedürfnis nötig, Habscheid NJW **57**, 1365, Düss FamRZ **77**, 130. Voraussetzung ist aber immer, daß der Berufungsführer in der Begründung die zur Aufrechterhaltung der Ehe erforderlichen Erklärungen (Verzicht auf die Scheidung, § 306, oder Rücknahme des Antrags, § 269) abgibt, BGH RR **87**, 387. Auch dann ist das Rechtsmittel mangels Rechtsschutzbedürfnisses unzulässig, wenn die Rücknahme nur der Vorbereitung eines neuen Scheidungsantrags dienen soll, BGH MDR **60**, 386.

Wenn dem Antrag voll entsprochen worden ist, ist das Rechtsmittel trotz fehlender Beschwer ferner **6** zulässig, wenn der siegreiche Ehegatte geltend macht, der inzwischen verstorbene andere Ehegatte sei während des Rechtsstreits prozeßunfähig gewesen, vgl BGH FamRZ **88**, 1159 mwN. Zulässig ist das Rechtsmittel auch dann, wenn der Rechtsmittelkläger sich auf ihm günstige, in der Vergangenheit liegende Tatsachen beruft, die er ohne Verschulden vorher nicht habe geltend machen können, BGH **39**, 182, NJW **72**, 1710; so kann ein nachträglich bekannt gewordener Aufhebungsgrund statt zugesprochener Scheidung geltend gemacht werden, Hamm FamRZ **63**, 255. Eine Beschwer liegt auch darin, daß einem ausländischen Ehegatten die Anwendung seines ihm günstigeren Heimatrechts vorenthalten worden ist, BGH NJW **82**, 1940, Düss FamRZ **95**, 932.

Handelt es sich um den Beklagten, so richtet sich die Beschwer nicht nach dessen Antrag, sondern nach **7** dem sachlichen Inhalt des Urteils, BGH NJW **55**, 545. Eine Beschwer liegt auch dann vor, wenn auf einen Gegenantrag, der nur für den Fall der Scheidung gestellt worden war, geschieden worden ist, der Scheidungsantrag des Gegners aber abgewiesen wurde, Bre NJW **63**, 1157. Ferner ist der Beklagte dann beschwert, wenn dem Scheidungsantrag vor der Entscheidung über eine FolgeS stattgegeben worden ist, § 628, BGH NJW **79**, 1603; er kann dann Berufung mit dem Ziel der Wiederherstellung des Verbundes einlegen, § 628 Rn 10. Trotz formeller Beschwer kann aber das Rechtsschutzbedürfnis fehlen, zB dann, wenn der Urteilsausspruch und der mit dem Rechtsmittel verfolgte Antrag gleichwertig sind, BGH NJW **79**, 428 mwN. Auch genügt nicht das Anstreben einer anderen Begründung, Karlsr FamRZ **80**, 682.

Für Rechtsmittel der Verwaltungsbehörde in Aufhebungssachen, § 631, kommt es auf Beschwer nicht an. Er braucht nur eine anderslautende Entscheidung anzustreben, vgl BVerwG **67**, 64 und MDR **77**, 868 (hinsichtlich des Bundesbeauftragten für Asylangelegenheiten bzw der Vertreters des öffentlichen Interesses im Verwaltungsprozeß, die eine dem Staatsanwalt entsprechende Stellung haben).

**5) Prozeßkostenvorschuß:** § 1360 a IV BGB; s auch § 620 S 1 Z 9. **8**

**6) Gebühren:** Für das Gericht entstehen die gewöhnlichen Gebühren, § 11 GKG und KVerz 1510 ff, für **9** den RA die gewöhnlichen Gebühren, § 31 BRAGO, jedoch die Verhandlungsgebühr auch für die nichtstreitige Verhandlung, § 33 I Z 3 BRAGO. Wert: §§ 19 a, 12 II GKG. In den neuen Bundesländern tritt die Ermäßigung der Gebühren nach EV Anl I Kap III Sachgeb A Abschn III Z 19 a ein, vgl Hartmann Vorbem § 11 GKG u § 11 BRAGO.

## 606 *Gerichtsstand.*

I ¹Für Verfahren auf Scheidung oder Aufhebung einer Ehe, auf Feststellung des Bestehens oder Nichtbestehens einer Ehe zwischen den Parteien oder auf Herstellung des ehelichen Lebens (Ehesachen) ist das Familiengericht ausschließlich zuständig, in dessen Bezirk die Ehegatten ihren gemeinsamen gewöhnlichen Aufenthalt haben. ²Fehlt es bei Eintritt der Rechtshängigkeit an einem solchen Aufenthalt im Inland, so ist das Familiengericht ausschließlich zuständig, in dessen Bezirk einer der Ehegatten mit den gemeinsamen minderjährigen Kindern den gewöhnlichen Aufenthalt hat.

II ¹Ist eine Zuständigkeit nach Absatz 1 nicht gegeben, so ist das Familiengericht ausschließlich zuständig, in dessen Bezirk die Ehegatten ihren gemeinsamen gewöhnlichen Aufenthalt zuletzt gehabt haben, wenn einer der Ehegatten bei Eintritt der Rechtshängigkeit im Bezirk dieses Gerichts seinen gewöhnlichen Aufenthalt hat. ²Fehlt ein solcher Gerichtsstand, so ist das Familiengericht ausschließlich zuständig, in dessen Bezirk der gewöhnliche Aufenthaltsort des Beklagten oder, falls ein solcher im Inland fehlt, der gewöhnliche Aufenthaltsort des Klägers gelegen ist. ³Haben beide Ehegatten das Verfahren rechtshängig gemacht, so ist von den Gerichten, die nach Satz 2 zuständig wären, das Gericht ausschließlich zuständig, bei dem das Verfahren zuerst rechtshängig geworden ist; dies gilt auch, wenn die Verfahren nicht miteinander verbunden werden können. ⁴Sind die Verfahren am selben Tage rechtshängig geworden, so ist § 36 entsprechend anzuwenden.

III Ist die Zuständigkeit eines Gerichts nach diesen Vorschriften nicht begründet, so ist das Familiengericht beim Amtsgericht Schöneberg in Berlin ausschließlich zuständig.

**Vorbem.** I 1 mWv 1. 7. 98 geänd durch Art 3 Z 5 EheschlRG, Einf § 606 Rn 13.

### Gliederung

| | | | |
|---|---|---|---|
| 1) Allgemeines | 1 | A. Verfahren auf Scheidung | 3 |
| 2) Begriff der Ehesache | 2–9 | B. Verfahren auf Aufhebung | 4–5 |
| | | C. Verfahren auf Feststellung | 6 |

## § 606    6. Buch. Verfahren in Familiensachen

| | | | | |
|---|---|---|---|---|
| D. Verfahren auf Herstellung | 7–9 | 4) Hilfszuständigkeiten | 17, 18 |
| 3) Örtliche Zuständigkeit | 10–16 | 5) Ausschließliche Zuständigkeit | 19 |
| A. Regelgerichtsstand | 10–14 | 6) Rechtshängigkeit und Zuständigkeit | 20 |
| B. Ersatzgerichtsstand | 15, 16 | | |

**1** **1) Allgemeines.** § 606 regelt die örtliche Zuständigkeit in Ehesachen. Er geht auch § 15 vor, Düss FamRZ **68**, 467 m zustm Anm Beitzke. Ausgangspunkt ist der gewöhnliche Aufenthalt. Wegen dieses Begriffs s Rn 10 ff, wegen der ausschließlichen Zuständigkeit s Rn 19 und wegen der internationalen Zuständigkeit s § 606 a.

Sachlich zuständig ist ausschließlich das AG als FamGer, §§ 23 a Z 4, 23 b I Z 1 GVG, s die Erläuterungen dort. Wegen der Rechtslage in den neuen Bundesländern s Grdz § 606 Rn 7.

In allen Ehesachen ist die Zuständigkeit des Gerichts in allen Instanzen vAw zu prüfen, BGH **53**, 130, Ffm FamRZ **91**, 1073, jedoch in der Revisionsinstanz mit den sich aus § 549 II ergebenden Einschränkungen.

Die Zuständigkeit gilt auch für die Widerklage bzw den Gegenantrag. Der besondere Gerichtsstand des § 33 versagt, § 33 II. Wegen der Zuständigkeit des Gerichts der EheS für sonstige FamS s § 621 II, III, wegen des sog Entscheidungsverbundes bei Scheidungs- und FolgeS s § 623.

Ein bei Rechtshängigkeit bestehender Mangel der Zuständigkeit wird durch Eintritt der sie begründenden Tatsachen geheilt; ihr Wegfall ändert nichts an der einmal gegebenen Zuständigkeit, § 261 III Z 2, STr 15.

**2** **2) Begriff der Ehesache, I.** Gegenstand eines Verfahrens in EheS kann nur eine Ehe sein, dh eine nach dem maßgeblichen Recht anerkannte und mit besonderen Wirkungen ausgestattete Lebensgemeinschaft von Mann und Frau, BVerfG **53**, 245, also zB nicht eine nach dänischem Recht registrierte homosexuelle Partnerschaft, Bruns/Beck MDR **91**, 832 mwN, offen gelassen von Nordhues DRiZ **91**, 137. EheS sind nur (einschließlich der Wiederaufnahmeverfahren, BGH FamRZ **82**, 789, STr 14):

**3** **A. Verfahren auf Scheidung**, §§ 1564–1568 BGB, §§ 622 ff (nicht aber die FolgeS iSv § 623 I); wegen der Trennung von Tisch und Bett nach ausländischem Recht s Üb § 606 Rn 1.

**4** **B. Verfahren auf Aufhebung einer Ehe**, §§ 1313–1318 BGB, § 631. Das der Klage stattgebende Urteil löst die Ehe für die Zukunft auf, § 1313 BGB. Bei Anwendung ausländischen Rechts ist auch eine rückwirkende Auflösung möglich, RG **151**, 227. Nach rechtskräftiger Scheidung ist eine Aufhebungsklage unzulässig, BGH FamRZ **96**, 1210 mwN, str.

**5** Wegen des Verfahrens auf Nichtigerklärung einer Ehe, das mWv 1. 7. 98 weggefallen ist (Einf § 606 Rn 13), s 56. Aufl.

**6** **C. Verfahren auf Feststellung des Bestehens oder Nichtbestehens einer Ehe zwischen den Parteien**, § 632. Die Feststellung fällt unter § 256 I, verlangt also dessen besondere Voraussetzungen und kann nur eingreifen, wo nicht die Ehe durch Aufhebungsurteil, B, zu lösen ist. Möglich ist die Klage auf Feststellung, daß die Ehe auf Grund eines nach ausländischem Recht wirksamen Akts aufgelöst, AG Hbg StAZ **80**, 311 (Privatscheidung), oder getrennt ist, AG Hbg StAZ **81**, 83. Eine Klage auf Feststellung der Wirksamkeit eines ausländischen Eheurteils entbehrt wegen Art 7 § 1 FamÄndG, § 328 Rn 51 ff, des Rechtsschutzbedürfnisses, es sei denn, daß ein Antrag auf Anerkennung nach dieser Vorschrift nicht gestellt werden kann oder soll (zB bei vorrangiger Rechtshängigkeit einem inländischen Scheidungsverfahrens). Wohl aber ist eine Klage auf Feststellung des Bestehens der Ehe trotz eines in der früheren DDR ergangenen Scheidungsurteils möglich, § 328 Rn 2–5 (aM STr 7), ebenso die Klage auf Feststellung des Verschuldens, wenn in jenem Urteil ohne Schuldfeststellung geschieden worden ist, BGH MDR **77**, 126 mwN, sofern dies weiterhin Bedeutung haben kann, vgl Engelhardt JZ **76**, 576. Bei einem ausländischen Urteil ist eine solche Klage jedenfalls dann unzulässig, wenn die Parteien auf die Feststellung der Schuld verzichtet haben, BGH MDR **77**, 126. Ausnahmsweise können auch andere Feststellungsklagen zulässig sein, zB darauf, daß ein Gatte getrennt leben darf, vgl D. Die Klage ist aber nicht als allgemeine Feststellungsklage zulässig, so daß ein Dritter eine solche Klage nicht erheben darf, Hamm FamRZ **80**, 706.

**7** **D. Verfahren auf Herstellung des ehelichen Lebens** (MüKoWalter 7–14, STr 8–11). Die Klage verneint nicht nur das Scheidungsbegehren, RG **160**, 251, sondern umfaßt alles, was § 1353 BGB „eheliche Lebensgemeinschaft" nennt, wobei die personenrechtliche Seite stark im Vordergrund steht. Zulässig ist danach eine Klage auf Erfüllung einzelner Pflichten, wenn hierdurch die Gemeinschaft wieder hergestellt wird, BGH FamRZ **71**, 633, vgl die Übersichten bei Bergerfurth Rn 502 u Rahm VII 14. Nicht hierher gehören eine Klage auf Gewährung von Unterhalt schlechthin, Mü NJW **63**, 49, und die Geltendmachung anderer vermögensrechtlicher Ansprüche, STr 10, so daß eine Klage auf Mitwirkung bei der Zusammenveranlagung zur Steuer, Stgt FamRZ **92**, 1447 mwN, oder auf Schadensersatz aus diesem Bereich, Hamm FamRZ **91**, 1070, oder auf Zahlung eines Anteils am Lohnsteuerjahresausgleich, vgl Hamm FamRZ **82**, 507, keine EheS sind. Der Kläger muß selbst zur Herstellung bereit sein, RG **151**, 163. Eine Klage auf Herstellung der ehelichen Gemeinschaft meint meist zugleich die häusliche Gemeinschaft, RG **137**, 104. Für einen eingeschränkten Anwendungsbereich dieser Klagemöglichkeit spricht sich Wacke FamRZ **77**, 507 aus.

**8** **Klagen auf Feststellung des Rechts zum Getrenntleben.** Dieses Gegenstück zur Herstellungsklage ist ebenfalls EheS, Bergerfurth Rn 504 ff, Karlsr FamRZ **91**, 1456 u **89**, 79, Zweibr FamRZ **81**, 186, Schlesw FamRZ **76**, 276, wenn die Klage nicht in Wirklichkeit auf ein Belästigungsverbot gerichtet ist, Karlsr FamRZ **89**, 77. Das Feststellungsinteresse, § 256 I, kann auch nach jetzigem Eherecht gegeben sein, Bbg FamRZ **79**, 804, aG Merzig FamRZ **80**, 244, aM AG Groß-Gerau FamRZ **79**, 504. Es bedarf aber besonders eingehender Prüfung im Hinblick auf die Bedeutung eines Rechts zum Getrenntleben für die Rechtsstellung des Klägers, KG FamRZ **88**, 81 mwN, und besteht namentlich dann nicht, wenn beide Eheleute mit dem Getrenntleben eindeutig einverstanden sind, Karlsr RR **89**, 1415, KG FamRZ **82**, 272, Düss FamRZ **72**, 208. Die bloße Eröffnung der Möglichkeit, eine einstwAnO über das Getrenntleben oder über die Zuweisung der Ehewohnung zu erreichen, vgl § 620 I Z 5 u 7 (vgl auch § 620 Rn 19 ff), begründet noch kein Rechtsschutzbedürfnis für diese Klage, Brudermüller NJW **84**, 2561, Karlsr RR **89**, 1415, Bbg FamRZ **79**, 804, aM Bre NJW **78**, 2102. Soweit das Vormundschaftsgericht zuständig ist, § 1357 II BGB, ist

## 1. Abschnitt. Allgemeine Vorschriften für Verfahren in Ehesachen § 606

die Klage durch Prozeßurteil abzuweisen. Eine Zwangsvollstreckung aus dem stattgebenden Urteil in der Sache selbst ist ausgeschlossen, § 888 II, vgl § 888 Rn 21.

**Ehestörungsklagen** (MüKoWalter 15, STr 12). Sie sind keine Ehesachen iSv § 606, ohne daß es darauf **9** ankommt, ob sich eine solche Klage gegen den Ehegatten oder den Dritten richtet, Riegel NJW **89**, 2799 mwN, STr 12, Zweibr NJW **89**, 1614, KG FamZR **83**, 616 mwN, aM Walter S 9 u JZ **83**, 476, Celle NJW **80**, 711. Solche Begehren sind deshalb auch dann, wenn ein Scheidungsverfahren eingeleitet ist oder die Eheleute getrennt leben, im Wege des allgemeinen Zivilprozesses zu verfolgen. Unzulässig sind Klagen auf Unterlassung des Ehebruchs, auch aus unerlaubter Handlung, weil jeder unmittelbare mittelbare Zwang mit dem Wesen der Ehe unvereinbar ist, BGH **37**, 41.

### 3) Örtliche Zuständigkeit nach dem Familienmittelpunkt    10

**A. Regelgerichtsstand ist** für In- und Ausländer **das FamGer des gemeinsamen gewöhnlichen Aufenthalts der Gatten, I 1.**

a) „Gewöhnlicher Aufenthalt" (Spickhoff IPrax 95, 185). Er ist stets nach deutschem Recht zu bestimmen, BGH NJW **76**, 1590, BayObLG NJW **90**, 3099 mwN. Gemeint ist der tatsächliche Mittelpunkt des Lebens, der Ort, an dem sich die Person hauptsächlich (nicht unbedingt ständig) aufzuhalten pflegt, insbesondere der Ort, an dem nicht nur vorübergehend gewohnt und geschlafen wird, BGH NJW **75**, 1068 mwN, BayObLG FamRZ **97**, 424, Köln FamRZ **95**, 172, Hbg IPrax **92**, 38 mwN, KG NJW **88**, 650 (zustm Geimer), Spellenberg IPrax **88**, 4, Pal-Diederichsen § 7 BGB Rn 3, Pal-Heldrich Art 5 EGBGB Rn 10, STr 18. Dieser Gesichtspunkt ist auch bei einem ausländischen Diplomaten maßgeblich, LG Köln MDR **62**, 903, ohne Rücksicht auf seine jederzeitige Verwendbarkeit an einem anderen Ort; ebenso behält ein Mitglied ausländischer Streitkräfte den in der BRep begründeten gewöhnlichen Aufenthalt auch dann, wenn der Termin seiner Versetzung bereits bekannt ist, AG Heidelberg (zustm Jayme) IPrax **88**, 113. Zur Begründung eines gewöhnlichen Aufenthalts nicht erforderlich (und umgekehrt auch nicht ausreichend) ist die Absicht, für einige Zeit den Ort zum Daseinsmittelpunkt zu machen, BayObLG FamRZ **97**, 424, auch nicht die polizeiliche Meldung für sich allein, BGH RR **95**, 507 mwN. Vielmehr handelt es sich um einen rein tatsächlichen Vorgang, ohne daß wie bei der Wohnsitzbegründung ein rechtsgeschäftlicher Wille hinzukommen müßte, MüKoWalter 23, BVerfG NJW **99**, 633 (zum gewöhnlichen Aufenthalt des Kindes); KG NJW **88**, 650 mwN; ein gewöhnlicher Aufenthalt kann in besonderen Fällen auch an mehreren Orten gleichzeitig bestehen, KG aaO, Spickhoff IPrax **95**, 189 mwN, str, aM Pal-Heldrich Art 5 EGBGB Rn 10 mwN. Er erfordert eine gewisse Eingliederung in die soziale Umwelt, die durch die Dauer indiziert wird (Faustregel: 6 Monate), PalHeldr aaO, Hamm NJW **90**, 651. Das längere Verweilen an einem Ort darf nicht von vornherein nur als vorübergehend geplant sein, BayObLG FamRZ **93**, 89 (Klinikaufenthalt), aM KG NJW **88**, 650 (Studium im Ausland); es darf auch nicht von Entscheidungen anderer abhängen, so daß ein zwangsweiser Aufenthalt (zB in Strafhaft) idR ausscheidet, Kblz NJW-FER **98**, 207, Köln FamRZ **96**, 146, OVG Hbg HJVBl **90**, 83. Jedoch wird bei eindeutiger und endgültiger Aufgabe des früheren gemeinsamen Aufenthalts etwas anderes gelten, Schlesw SchlHA **80**, 73, ZöPh 5, str, vgl Pal-Diederichsen aaO. Zum gewöhnlichen Aufenthalt von Grenzpendlern, pendelnden Gastarbeitern und Saisonarbeitern s Spickhoff IPrax **95**, 187.

**Ausländer** haben im Inland ihren gewöhnlichen Aufenthalt, wenn sie längere Zeit hier leben, ihr Aufent- **11** halt auf Dauer angelegt ist und ihr Verbleib gesichert ist, Karlsr FamRZ **92**, 1352, Pal-Heldr Art 5 EGBGB Rdz 10, krit Rauscher IPrax **92**, 15; auch ein ausländischer Armeeangehöriger kann einen gewöhnlichen Aufenthalt im Inland begründen, Zweibr RR **99**, 948 mwN. Asylbewerber haben idR keinen gewöhnlichen Aufenthalt in der BRep, Staud-Spellenberg 168, Bre FamRZ **92**, 962, es sei denn, es steht fest, daß sie asylberechtigt sind, BSG InfAuslR **93**, 99, oder daß sie unabhängig vom Ausgang des Asylverf nicht abgeschoben werden, Kblz NJW-FER **98**, 207, Köln FamRZ **96**, 316, BSG MDR **90**, 780 u **88**, 700 (zu § 30 III 2 SGB I), oder daß ihr Aufenthalt mehrere Jahre lang behördlich geduldet wird, Dörr NJW **90**, 78, Hamm NJW **90**, 651, Kblz FamRZ **90**, 536, weitherziger Gottwald F Nakamura, 1996, S 190; ein längerer Aufenthalt allein reicht nicht aus, aM Nürnb FamRZ **89**, 1304, auch dann nicht, wenn er vom Ausländer auf längere Zeit angelegt ist, krit Kilian IPrax **95**, 11 (anders, wenn das AsylVerf kurz vor dem Abschluß steht), Schnappka ZBlJugR **94**, 27 (betr Jugendliche); vgl dazu Pal-Heldr aaO, Spickhoff IPrax **90**, 225, Wollenschläger/Kreßel SGb **89**, 440. Abgelehnte Asylbewerber haben im Inland keinen gewöhnlichen Aufenthalt, Bre FamRZ **92**, 962, es sei denn, ihr Aufenthalt wird von der Behörde längere Zeit geduldet, s o. Wegen der als asylberechtigt Anerkannten s § 606 A Anh I D.

„**Gemeinsam**" ist der Aufenthalt nur, wenn die Ehegatten zusammen leben, nicht dagegen bei Getrenntle- **12** ben. Führt jedoch der Zwang der Verhältnisse zum Getrenntleben, so haben die Ehegatten bei Rückkehrwillen trotzdem einen gemeinsamen Aufenthalt, Hamm MDR **57**, 171, also auch dann, wenn ein Ehegatte wegen seiner Arbeit an einem anderen Ort ein Zimmer bewohnt, aber an den Wochenenden oder im Urlaub mit seiner Ehefrau regelmäßig zusammenlebt, Schlesw SchlHA **63**, 125. Auch eine vorübergehende Abwesenheit wie Wehrdienst oder Tätigkeit für eine deutsche Firma im Ausland ändert nichts am bisherigen Aufenthalt. Anders liegt es dagegen bei zwangsweiser Verbringung eines Ehegatten an einen anderen Ort, Soergel-Kegel Art 29 EGBGB Rdz 22, jedenfalls dann, wenn der Zwangsaufenthalt (Strafhaft) länger dauert.

b) **Der gemeinsame gewöhnliche Aufenthalt muß im Inland** liegen, vgl I 2, also in der Bundes- **13** republik. Haben die Ehegatten ausnahmsweise einen weiteren gemeinsamen gewöhnlichen Aufenthaltsort dort oder im Ausland, BayObLG FamRZ **80**, 883, so bleibt dieser für die inländische Zuständigkeit außer Betracht, str, vgl BayObLG aaO.

c) Der gemeinsame gewöhnliche Aufenthalt im Inland muß **bei Eintritt der Rechtshängigkeit** be- **14** stehen, sonst greift I 2 ein. Rechtshängig wird eine EheS mit Zustellung der Klage bzw des Scheidungsantrags, § 622, s §§ 261 I, 253, sofern die Zustellung zu dem Zweck erfolgt, die Rechtshängigkeit herbeizuführen. Eine Zustellung allein im Verfahren der Prozeßkostenhilfe ist deshalb für die Zuständigkeit ohne Bedeutung, BGH FamRZ **80**, 131, Karlsr FamRZ **88**, 92. Wird das angerufene Gericht im Lauf des Rechtsstreits zuständig, so genügt das, Rn 2.

## § 606

**15** **B. Ersatzgerichtsstand:** Fehlt es bei Eintritt der Rechtshängigkeit an einem gemeinsamen gewöhnlichen Aufenthalt der Ehegatten im Inland, so ist das **FamGer zuständig, in dessen Bezirk einer der Ehegatten** (nicht notwendig der Kläger bzw Antragsteller) **mit den gemeinsamen minderjährigen Kindern** (dh allen Kindern, siehe unten) **den gewöhnlichen Aufenthalt hat, I 2**. Die Zuständigkeit knüpft hier an den räumlichen Mittelpunkt der Restfamilie an und trägt der Regelung des § 621 II 1 Rechnung, nach der das Gericht der EheS auch für die die Kinder betreffenden Verfahren des § 621 I Z 1–4 zuständig ist. Der gemeinsame gewöhnliche Aufenthalt, Rn 10, setzt grundsätzlich eine einheitliche Wohngemeinschaft voraus; er kann auch in einem sog Frauenhaus sein, Saarbr FamRZ 90, 1119 mwN, Hbg FamRZ 83, 612 u 82, 85, und zwar auch dann, wenn das Frauenhaus fernab vom ehelichen Wohnsitz liegt, aM Burgard FamRZ 90, 1119. Unter dörflichen Verhältnissen reicht auch eine dauernde Bindung auf Grund des engen räumlichen Bereichs aus, Ffm FamRZ 84, 806 (Kind lebt bei einem Bruder der Ehefrau), zweifelnd MüKoWalter 26. Wegen mehrerer gewöhnlicher Aufenthalte s Rn 13.

**16** **Einzelheiten:** Darauf, ob der Aufenthaltsort dem Antragsteller bekannt ist, kommt es nicht an, Karlsr FamRZ 99, 1086 (Kenntnis des Gerichts und Mitteilung des zuständigen FamGer genügen). Erforderlich ist, daß alle minderjährigen Kinder mit einem der getrenntlebenden Gatten einen gemeinsamen gewöhnlichen Aufenthalt haben, BGH RR 92, 903 u 87, 1349 mwN, zweifelnd Hamm RR 89, 1486; eine vorübergehende Abwesenheit, zB in einem Internat oder wegen Wehrdienstes, bleibt außer Betracht, Diederichsen NJW 77, 650, AG Rottweil FamRZ 97, 1408. Auch hier kommt es nur auf den tatsächlichen Vorgang des Zusammenlebens an, dh auf den faktischen Daseinsmittelpunkt der Kinder, vgl Düss FamRZ 99, 112, Bre FamRZ 92, 963. Der Eintritt der Volljährigkeit während des Verfahrens berührt die Zuständigkeit nicht, § 261 III Z 2, StJSchl 13. Sind dagegen die Kinder bei Klagerhebung volljährig oder leben sie verteilt bei beiden Gatten oder Dritten, zB den Großeltern, so gilt II, BGH NJWE-FER 97, 65 u RR 87, 1348 mwN. Jedoch ist I 2 jedenfalls entsprechend anzuwenden, wenn ein Teil der Kinder bei einem Ehegatten und ein Teil bei einem Dritten lebt, BGH FamRZ 84, 370 (anders BGH RR 92, 903), Hamm FamRZ 80, 1135, Ffm FamRZ 80, 376 und Mü FamRZ 79, 152 (abzulehnen AG Hersbruck FamRZ 79, 717, das § 36 I 2 FGG entsprechend anwendet); die entsprechende Anwendung von I 2 auch auf den Fall, daß das einzige Kind bei einem Dritten lebt (bzw alle Kinder einen gemeinsamen Aufenthaltsort haben), Hamm RR 89, 1486, wird durch § 606 schwerlich gedeckt, Schlesw SchlHA 97, 41.

**17** **4) Hilfszuständigkeiten, II, III**
**A. Versagt I**, hat also bei Eintritt der Rechtshängigkeit weder das Ehepaar noch der mit allen minderjährigen Kindern zusammenlebende Ehegatte seinen gewöhnlichen Aufenthalt im Inland, so gilt folgendes (wegen der neuen Bundesländer s Grdz § 606 Rn 7):
a) Zuständig ist das **FamGer, in dessen Bezirk die Gatten ihren gemeinsamen gewöhnlichen Aufenthalt zuletzt gehabt haben**, wenn dieser Ort im Inland liegt und **wenn einer der Gatten** (nicht notwendig der Kläger) **bei Eintritt der Rechtshängigkeit**, Rn 14, dort noch **seinen Aufenthalt hat, II 1**;
b) fehlt es an einem solchen letzten gemeinsamen gewöhnlichen Aufenthaltsort, ist das **FamGer des gewöhnlichen Aufenthaltsorts des Beklagten im Inland zuständig, II 2**;
c) hilfsweise, also wenn der Beklagte seinen gewöhnlichen Aufenthalt nicht im Inland hat, ist das **FamGer des gewöhnlichen Aufenthaltsorts des Klägers im Inland zuständig, II 2**; das gilt auch dann, wenn der Aufenthalt des Beklagten unbekannt ist, hM, BGH NJW 83, 285 mwN, BayObLG LS FamRZ 97, 297; Zweibr FamRZ 85, 81.
d) wenn alle diese Gerichtsstände versagen, ist **ganz hilfsweise das FamGer beim AG Schöneberg in Berlin zuständig, III**.
**Zu a) bis c):** Der Aufenthaltsort darf nicht tatsächlich und allgemein unbekannt sein, BGH FamRZ 82, 1199, Karlsr FamRZ 99, 1086 mwN. Wegen des gewöhnlichen Aufenthalts s oben Rn 10 u 11. Die Verbüßung einer mehrjährigen Freiheitsstrafe begründet seinen gewöhnlichen Aufenthalt in der Strafanstalt, BGH NJWE-FER 97, 89.

**18** **B. Wenn beide Ehegatten das Verfahren rechtshängig machen**, ist von den nach II 2 zuständigen Gerichten dasjenige zuständig, bei dem das Verfahren **zuerst rechtshängig geworden ist, II 3 Halbs 1** (zum Begriff s Rn 14). Dies gilt auch dann, wenn die beiden Verfahren nicht miteinander verbunden werden können, II 3 Halbs 2, vgl §§ 610, 633. Der Zeitpunkt der Rechtshängigkeit des einen Verfahrens legt für alle inländischen Ehesachen zwischen denselben Gatten den Gerichtsstand fest, so daß, wenn zuerst ein Antrag auf Scheidung rechtshängig geworden ist, die von dem anderen Gatten beabsichtigte Nichtigkeitsklage bei demselben FamGer anhängig gemacht werden muß, obwohl die nicht durch Widerklage geschehen kann, § 610; diese Notwendigkeit besteht nur dann nicht, wenn der Scheidungsantrag vorher zurückgenommen oder rechtskräftig abgewiesen worden ist. **Sind die Verfahren am selben Tag rechtshängig geworden, so gilt § 36 entsprechend, II 4**, so daß das zuständige Gericht durch das im Rechtszuge zunächst höhere Gericht bestimmt wird, § 36 Rn 10 ff. Das beim unzuständigen Gericht anhängige Verfahren ist auf Antrag des Klägers (Antragstellers im Fall der Scheidung) zu verweisen, § 281; geschieht dies nicht, ist die Klage (Scheidungsantrag) als unzulässig abzuweisen.
Ist das eine Verf im Ausland rechtshängig, so gelten die allgemeinen Regeln, Schlosser IPrax 85, 16, BGH NJW 87, 3083, zustm Hauser JR 88, 22; vgl dazu im einzelnen § 606 a Rn 13.

**19** **5) Ausschließliche Zuständigkeit.** Die Gerichtsstände des § 606 sind als ausschließliche bezeichnet. Das sind sie aber nicht in dem Sinne, daß Deutsche in Ehesachen nur vor einem deutschen Gericht Recht nehmen könnten, vgl § 606 a. Deutsche Ehegatten, die sich im Ausland aufhalten, können sich vielmehr auch dort scheiden lassen; ebenso kann der Deutsche, dessen Ehegatte sich im Ausland aufhält, statt im eigenen Gerichtsstand, Rn 17, auch im Ausland Klage erheben, dies sogar dann, wenn beide Ehegatten nach Deutschland zurückgekehrt sind.

**20** **6) Rechtshängigkeit und Zuständigkeit.** War das angerufene Gericht zZt der Klageerhebung zuständig, so bleibt dieses Gericht auch weiter zuständig, § 261 III (s auch Rn 18 wegen der Klage des anderen

1. Abschnitt. Allgemeine Vorschriften für Verfahren in Ehesachen  §§ 606, 606a

Ehegatten). Das gilt sowohl für eine Änderung der tatsächlichen Verhältnisse, also iRv § 606a (dort Rn 11), zB bei Auswanderung der Parteien während des Verfahrens, Hbg NJW **50**, 509, als auch für eine gesetzliche Änderung der Zuständigkeitsregelung, zB nach dem EV, Anh § 577a, dazu Gottwald FamRZ **91**, 1072. Ist die Sache bei einem unzuständigen Gericht rechtshängig geworden und ändern sich danach die Zuständigkeitsvoraussetzungen, muß die Sache auf Antrag an das nunmehr zuständige FamGer verwiesen werden, nicht etwa an das bei Eintritt der Rechtshängigkeit zuständige Gericht, Hbg FamRZ **83**, 612.

## 606a *Internationale Zuständigkeit.* ¹¹Für Ehesachen sind die deutschen Gerichte zuständig,
1. wenn ein Ehegatte Deutscher ist oder bei der Eheschließung war,
2. wenn beide Ehegatten ihren gewöhnlichen Aufenthalt im Inland haben,
3. wenn ein Ehegatte Staatenloser mit gewöhnlichem Aufenthalt im Inland ist oder
4. wenn ein Ehegatte seinen gewöhnlichen Aufenthalt im Inland hat, es sei denn, daß die zu fällende Entscheidung offensichtlich nach dem Recht keines der Staaten anerkannt würde, denen einer der Ehegatten angehört.²Diese Zuständigkeit ist nicht ausschließlich.

II ¹Der Anerkennung einer ausländischen Entscheidung steht Absatz 1 Satz 1 Nr. 4 nicht entgegen, wenn ein Ehegatte seinen gewöhnlichen Aufenthalt in dem Staat hatte, dessen Gerichte entschieden haben. ²Wird eine ausländische Entscheidung von den Staaten anerkannt, denen die Ehegatten angehören, so steht Absatz 1 der Anerkennung der Entscheidung nicht entgegen.

### Gliederung

| | |
|---|---|
| 1) Allgemeines .................... 2 | 3) Anerkennung ausländischer Entscheidungen, II ............... 14–17 |
| 2) Internationale Zuständigkeit, I ..... 3–13 | A. Allgemeines ............... 14 |
| A. Fälle ...................... 4–9 | B. Anerkennungserleichterungen ... 15–17 |
| B. Gemeinsames .............. 10–13 | |

**Vorbem.** II idF des Art 3 G v 21. 5. 99, BGBl 1026, in Kraft 1. 6. 99, Art 6 des Ges (Materialien: BTDrs 14/343 idF BTDrs 14/654), vgl Wagner IPrax **98**, 513 u **99**, 210).

**Schrifttum zu I:** S Anh II zu § 606a.  1

**1) Allgemeines.** In den früheren §§ 606a u 606b waren die internationale Zuständigkeit in EheS und 2 Teilfragen der Anerkennung ausländischer EheUrteile in komplizierter und sachlich wenig befriedigender Weise geregelt, vgl 4. Aufl. Hinzukam, daß es hinsichtlich der für die Zuständigkeit erforderlichen Anerkennung des deutschen Urteils allein auf das Heimatrecht des Ehemannes ankam, was mit dem GG unvereinbar war, BVerfG NJW **86**, 658 m Anm Geimer, dazu Rausch JZ **86**, 319, Winkler v. Mohrenfels NJW **86**, 639. Die Neuregelung durch das IPRG erweitert die deutsche internationale Zuständigkeit und verzichtet weitgehend auf das Erfordernis der Anerkennung auch durch den Heimatstaat. Die dadurch bedingte Zunahme sog hinkender Scheidungen nimmt der Gesetzgeber in Kauf.

**2) Internationale Zuständigkeit, I** (Üb § 12 Rn 4ff). Für EheS, § 606 Rn 2ff, sind die deutschen 3 Gerichte in den I 1 genannten Fällen zuständig; das gilt sowohl für Klagen (Scheidungsanträge) als auch für Widerklagen (Gegenanträge), bei denen die gleichen Voraussetzungen vorliegen müssen, str, aM ZöGei **88**, vgl Henrich IPrax **86**, 247. Für die Trennung von Tisch und Bett nach ausländischem Recht, § 606 Rn 1, gelten die gleichen Erfordernisse, Ffm FamRZ **85**, 619, str, aM AG Hbg FamRZ **80**, 578 m krit Anm Neuhaus. Die internationale Zuständigkeit für die EheS begründet regelmäßig auch diejenige für die FolgeS iSv § 623, BGH **75**, 243; auf zwischenstaatlichen Abk beruhende Regelungen, zB das Haager Abk über den Schutz Minderjähriger v 5. 10. 61, haben jedoch im Zweifel Vorrang, BGH NJW **84**, 1304.

Sind die deutschen Gerichte zuständig, richtet sich das Verfahren nach deutschem Recht als der lex fori, BGH in stRspr, RR **94**, 386 mwN.

**A. Fälle, I 1** (Spellenberg IPrax **88**, 2). Deutsche Gerichte sind international zuständig, Üb § 12 Rn 5ff, 4
**a) wenn ein Ehegatte Deutscher ist oder bei der Eheschließung war, I 1 Z 1** (ohne daß es auf den Wohnsitz oder Aufenthalt der Ehegatten ankommt, Dörr NJW **89**, 494, KG IPrax **88**, 235). Das gilt auch dann, wenn der Staatsanwalt neben dem Gatte der früheren Ehe die Nichtigkeitsklage, § 632 II, erhebt, BGH NJW **76**, 1590. Die deutsche Staatsangehörigkeit muß vAw ermittelt werden; wenn keine Zweifel bestehen, wird sich das Gericht mit der Vorlage des deutschen Reisepasses oder einer Staatsangehörigkeitsbescheinigung begnügen dürfen. Der Erwerb der Staatsangehörigkeit während des EheVerf genügt, BGH NJW **82**, 1940. Eine andere Staatsangehörigkeit neben der deutschen bleibt außer Betracht, Stgt FamRZ **89**, 760 mwN, Otto FamRZ **74**, 655 mwN, ohne daß es auf die Effektivität der deutschen Staatsangehörigkeit ankommt, Dörr NJW **89**, 494, ZöGei 37: hier sollte nichts anderes gelten als im materiellen Recht, Art 5 I 2 EGBGB, krit Spellenberg IPrax **88**, 4 mwN. Wer unter Art 116 I GG fällt, ohne die deutsche Staatsangehörigkeit zu besitzen, steht verfahrensrechtlich dem deutschen Staatsangehörigen gleich, Art 9 II Z 5 FamRÄndG. Die Bewohner der DDR waren stets im Bereich des GG wie Bürger der BRep zu behandeln, BVerfG NJW **73**, 1544, KG NJW **83**, 2325; für die Zuständigkeit der Gerichte der BRep genügte es, wenn der klagende Ehegatte seinen gewöhnlichen Aufenthalt im Geltungsbereich der ZPO hatte, § 606, BGH NJW **56**, 1031. Wegen der Deutschen durch besondere Gesetze **gleichgestellten Personen s Anh I § 606a;** da die Zuständigkeitsregelung gleich ist, kann dahingestellt bleiben, welche der in Frage kommenden Regelungen in anderer Hinsicht vorgeht, Spellenberg IPrax **88**, 4, BGH FamRZ **85**, 280;

## § 606a
### 6. Buch. Verfahren in Familiensachen

**5** b) **wenn beide Ehegatten ihren gewöhnlichen Aufenthalt im Inland** haben, **I 1 Z 2**, und zwar im Zeitpunkt der Klagerhebung (Antragstellung), Rn 11. Der Begriff des gewöhnlichen Aufenthalts ist nach deutschem Recht zu beurteilen, KG NJW **88**, 650, Spellenberg IPrax **88**, 4 mwN; hierzu und zu dem Begriff Inland vgl § 606 Rn 10 ff. Der gewöhnliche Aufenthalt braucht kein gemeinsamer zu sein; steht die Beendigung eines kurzfristigen Aufenthalts durch staatliche Maßnahmen bevor, ist I 1 Z 2 nicht gegeben, Kblz FamRZ **98**, 756 (Anm Gottwald). Auf die Staatsangehörigkeit kommt es in diesem Fall nicht an, so daß sich eine Prüfung nach I 1 Z 1 im Fall des I 1 Z 2 erübrigt; auch die Anerkennung im Heimatstaat ist hier für die Zuständigkeit ohne Bedeutung, Stgt RR **89**, 261 (anders im Fall der Z 4), jedoch darf eine Scheidung nicht ausgesprochen werden, wenn das nach EGBGB anwendbare Recht eine Scheidung durch deutsches Urteil nicht zuläßt, KG FamRZ **94**, 839 mwN;

**6** c) wenn **ein Ehegatte Staatsloser mit gewöhnlichem Aufenthalt im Inland** ist, **I 1 Z 3** (hierin liegt eine Einschränkung gegenüber dem früheren § 606 b, Böhmer RabelsZ **86**, 656); zu diesen Begriffen vgl § 606 Rn 10 ff.

**7** d) wenn (nur) **ein Ehegatte seinen gewöhnlichen Aufenthalt im Inland hat, es sei denn, daß die zu fällende Entscheidung offensichtlich nach dem Recht keines der Staaten anerkannt würde, denen einer der Ehegatten angehört, I 1 Z 4**. Die Vorschrift (gegen deren Vereinbarkeit mit Art 3 I GG Bedenken erhoben worden sind, Geimer IZPR Rn 1954 u ZöGei 53, 57 ff) greift ein, wenn **beide Ehegatten Ausländer** sind und nur einer von ihnen seinen gewöhnlichen Aufenthalt im Inland hat (dazu § 606 Rn 10 ff), Zweibr RR **99**, 948, ohne daß es auf den letzten gemeinsamen Aufenthalt ankommt, BGH NJW **90**, 636. In diesem Fall wird auf das Erfordernis der Anerkennung der deutschen Entsch nicht vollständig verzichtet, um einer sog hinkenden Scheidung und damit auch einer sog hinkenden Ehe vorzubeugen (krit Spellenberg IPrax **88**, 3). Die Zuständigkeit der deutschen Gerichte ist ausgeschlossen, wenn die Entsch nach dem Heimatrecht keines der Ehegatten anerkannt würde, wobei es bei Mehrstaatern entgegen dem Wortlaut nicht auf alle Rechtsordnungen ankommt, sondern auf diejenige der sog effektiveren Staatsangehörigkeit iSv Art 5 I 1 EGBGB, Kilian IPrax **95**, 11 mwN, Henrich FamRZ **86**, 849, str, aM MüKoWa 30, ZöGei 64, Rahm VIII 147.

**8** Der Ausschluß gilt aber nur dann, wenn überdies das **Fehlen der Anerkennung offensichtlich** ist, dh wenn schon ohne intensive Nachforschungen von ihr auszugehen ist, BT-Drs 10/5632 S 47 (zum Begriff „offensichtlich" vgl Art 6 EGBGB und das AsylVfG, BVerfG **67**, 56 u **65**, 95, BVerwG NJW **82**, 1244). Was hier darunter zu verstehen ist, ist schwierig zu entscheiden, vgl Schack 373, Staud-Spellenberg 233–248, Henrich 29–35, Maurer 1082, ZöGei 60. Nach einer Meinung müssen für den Einzelfall alle objektiven Quellen ausgeschöpft werden, MüKoWalter 36; bleiben Zweifel, ist die Anerkennung zu bejahen, Spellenberg IPrax **88**, 7, Basedow NJW **86**, 2979, Mansel StAZ **86**, 317, Maurer aaO (m Unterschieden im Einzelnen). Nach der anderen Meinung ist die Anerkennung immer dann zu bejahen, wenn nicht jedem Sachkundigen klar ist, daß der Heimatstaat bei der gegebenen Fallgestaltung generell die Anerkennung verweigert, zB weil er die Unauflöslichkeit der Ehe zum ordre public rechnet (ein innerstaatliches Scheidungsverbot besagt dazu für sich allein nichts, Basedow aaO) oder die Auflösung stets oder doch in einer bestimmten Situation (Wohnsitz des Bekl im Heimatstaat) seinen eigenen Gerichten vorbehält, Jayme IPrax **86**, 267, Lüderitz IPrax **87**, 81, Dopffel FamRZ **87**, 1210. Da der Gesetzgeber davon ausgegangen ist, daß die Nichtanerkennung nur in verhältnismäßig wenigen Fällen festzustellen sein wird (BT-Drs aaO), wird der zweiten Meinung zu folgen sein, vgl (mit Unterschieden im einzelnen) Schack 373, Henrich 31–35, Kilian IPrax **95**, 12, Dörr NJW **89**, 494, Jayme IPrax **87**, 187. Jedenfalls ist immer nach dem Satz zu verfahren „im Zweifel für die Zuständigkeit des deutschen Gerichts", so daß es genügt, wenn die Prognose der Anerkennung vertretbar ist, Spellenberg IPrax **88**, 7, oder als möglich erscheint, AG Heidelberg (zustm Jayme) IPrax **88**, 113. Wegen der typischen Fälle der offensichtlichen Nichtanerkennung vgl im einzelnen **Anh II § 606 a**. Ausnahmsweise kann in krassen Fällen gegenüber der Nichtanerkennung Art 6 EGBGB eingreifen, dazu Spellenberg IPrax **88**, 5. Die Nichtanerkennung nur der Entscheidung in einer FolgeS, § 623, schadet nicht, Jayme IPrax **84**, 122.

**9** **Auf die Anerkennung kommt es nicht an**, wenn nach den beiden Heimatrechten eine Ehe überhaupt nicht besteht, Stgt FamRZ **80**, 783, oder bereits (zB durch Verstoßung nach islamischem Recht) als aufgelöst gilt, BGH NJW **82**, 517, BayObLG FamRZ **85**, 75, oder wenn die Kl auf die Feststellung gerichtet ist, daß eine nach beiden Heimatrechten gültige Privatscheidung, AG Hbg FamRZ **80**, 453, oder eine Ehetrennung durch ein kirchliches Gericht der gemeinsamen Heimatstaates im Inland wirksam ist (bzw in diesem Fall die Trennung durch Urt begehrt wird), AG Hbg StAZ **81**, 83 (alle Entsch zu § 606 b aF); ob nach der Zwecksetzung der Z 4 in diesen Fällen das Erfordernis der Anerkennung (auch) dann entfällt, wenn nur einer der Heimatstaaten die Ehe als nicht (mehr) bestehend ansieht, ZöGei 69, ist zweifelhaft, bejahend Hamm StAZ **94**, 222. Dagegen ist die Anerkennung in mindestens einem Heimatstaat auch dann erforderlich, wenn der Sache nach deutsches Recht anzuwenden ist, ZöGei 29 u 90, oder wenn das nach deutschem Recht für die Sache maßgebliche ausländische Recht, zB das Scheidungsstatut, die deutsche Entscheidung anerkennt, Jayme IPrax **87**, 187, aM ZöGei 30 u 71, der ein Redaktionsversehen annimmt.

**10** **B. Gemeinsames.**
a) **Keine Ausschließlichkeit, I 2**. Keine der durch I 1 begründeten Zuständigkeiten ist ausschließlich. Deutsche mit Aufenthalt im Ausland können sich auch dort scheiden lassen; ebenso kann der deutsche Partner, dessen Ehegatte sich im Ausland aufhält, dort Klage erheben. Wegen der Anerkennung der ausländischen Entsch s § 328 Rn 49 ff.

**11** b) **Maßgeblicher Zeitpunkt**. Über die Zuständigkeit entscheiden die Verhältnisse im Zeitpunkt der Entscheidung. Ist sie jedoch einmal gegeben, so dauert sie nach § 261 III Z 2 auch bei einer Änderung der tatsächlichen Umstände fort, BGH NJW **84**, 1305 mwN, Mü IPrax **88**, 355 (zustm Winkler-v. Mohrenfels IPrax **88**, 341 mwN; aM Damrau, F Bosch S 103 ff; das gleiche sollte bei einer Änderung des deutschen Rechts gelten, RG **150**, 293, Spellenberg IPrax **88**, 2. Hinsichtlich des Anerkennungserfordernisses, I 1 Z 4,

1. Abschnitt. Allgemeine Vorschriften für Verfahren in Ehesachen **§ 606a**

scheidet eine solche Fortdauer jedoch aus, so daß es insoweit auf die Verhältnisse im Zeitpunkt der tatrichterlichen Entscheidung ankommt, BGH NJW **84**, 1306 mwN, aM für einen Sonderfall (Flüchtling) Celle FamRZ **74**, 314 mwN (beide zu § 606 b aF). Entfällt das Anerkennungserfordernis durch Veränderung der tatsächlichen Verhältnisse, zB durch Erwerb der deutschen Staatsangehörigkeit, so ist dies in der Rev-Instanz zu berücksichtigen, BGH **53**, 128, StAZ **75**, 328 (zu § 606 b aF).

**c) Prüfung der Zuständigkeit.** Die internationale Zuständigkeit nach I 1 ist in jeder Instanz vAw zu **12** prüfen, weil weder § 529 noch § 549 II hierfür gilt, BGH NJW **84**, 1305 mwN. Bei Verkennung der Voraussetzungen schafft das deutsche Urteil gleichwohl Rechtskraft und entfaltet Gestaltungswirkung, vgl Art 13 II Z 3 EGBGB. Im Fall von I 1 Z 4 ist auch die Frage der Anerkennung nach fremdem Recht revisibel, um eine einheitliche Beurteilung sicherzustellen, StJSchl § 606 Rn 4, ZöGei 67, Hanisch NJW **67**, 1210, aM BGH **27**, 47 u IPrax **84**, 208, dazu Dessauer IPrax **85**, 332.

**d) Rechtshängigkeit im Ausland** (Schack 746–759, Dörr NJW **89**, 494; Habscheid F Zweigert, 1981, **13** S 109 ff). Für sie gelten die allgemeinen Regeln. Es kommt also darauf an, welches Verf eher rechtshängig geworden ist, § 261 III Z 1. Ein Verf vor einem Rabbinatsgericht begründet nicht den Einwand der Rechtshängigkeit, BGH RR **94**, 662, dazu Henrich IPrax **95**, 86, Dörr/Hansen NJW **92**, 2458. Die Frage, ob und wann Rechtshängigkeit eintritt, ist nach lex fori des ausländischen Gerichts, dh nach dem für dieses Gericht maßgeblichen innerstaatlichen und staatsvertraglichen Recht zu beurteilen, BGH RR **92**, 642 mwN (teilw krit Linke IPrax **94**, 17), NJW **87**, 3083 (zustm Siehr IPrax **89**, 94, Hauser JR **88**, 22, grds auch Gottwald FamRZ **87**, 582, krit Schack 756–758, Geimer NJW **87**, 3085), Celle FamRZ **93**, 439, Hbg IPrax **92**, 39 mwN, krit Linke IPrax **82**, 229 mwN, ferner Hamm NJW **88**, 3103 (zustm Geimer), das für den Prioritätstest auf einen vergleichbaren Entwicklungsstand beider Verfahren abstellen will, ebenso Linke IPrax **94**, 17 mwN, u a Geimer NJW **87**, 3085 u **88**, 3104. Voraussetzung für ihre Beachtlichkeit, § 261 III Z 1, ist die **Identität** der Parteien und des Streitgegenstandes, BGH NJW **87**, 3083 (zustm Geimer), Karlsr IPrax **92**, 171 (dazu Sonnenberger IPrax **92**, 154), so daß eine im Ausland anhängige Trennungsklage einer Scheidungsklage im Inland ebensowenig entgegensteht, KG FamRZ **83**, 2326 mwN, wie eine ausländische Scheidungsklage einer inländischen Aufhebungsklage, Karlsr IPrax **85**, 36 (zustm Schlosser IPrax **85**, 17). Das gleiche gilt im Verhältnis einer ausländischen Nichtigkeitsklage iSv § 633 zu einer inländischen Scheidungsklage, Karlsr FamRZ **94**, 47 mwN (auch zur Aussetzung nach § 148). Bei Identität ist die Rechtshängigkeit im Ausland nur zu beachten, wenn das fremde **Urteil hier anzuerkennen ist** oder sein wird, § 261 Rn 9–11, BGH in stRspr, RR **92**, 642 u NJW **87**, 3083 mwN, dazu Siehr IPrax **89**, 95, Schumann IPrax **86**, 14 (zu Düss IPRax **86**, 29), Celle RR **93**, 1413 (Anm Rauscher IPrax **94**, 188); dazu oben Rn 7–9. Die Rechtshängigkeit steht jedoch dem Scheidungsbegehren des deutschen Ehegatten im Inland nicht **entgegen**, wenn eine Sachentscheidung in dem ausländischen Verf nicht zu erwarten ist, BGH FamRZ **82**, 917, oder der deutsche Ehegatte nach Lage des Falles durch die Sperrwirkung des ausländischen Verfahrens, § 261 III Z 1, eine unzumutbare Beeinträchtigung des Rechtsschutzes erleiden würde, BGH NJW **83**, 1269 (überlange Dauer des ausländischen Verf), KG FamRZ **95**, 1074, zustm Geimer NJW **84**, 527, krit Schumann IPrax **86**, 15, Luther IPrax **84**, 141.

**3) Anerkennung ausländischer Entscheidungen, II** (*Wagner* IPrax **98**, 429 u **99**, 210). **14**

**A. Allgemeines.** Die Anerkennung ausländischer Entscheidungen in Ehesachen richtet sich nach Art 7 FamRÄndG, vgl dazu § 328 Rn 49 ff. Danach ist die Anerkennung ua zu versagen, wenn die Gerichte des betreffenden Staates bei Anwendung deutschen Rechts unzuständig sind, § 328 Rn 16 ff. Für EheS besteht keine ausschließliche Zuständigkeit deutscher Gerichte, I 2, vgl § 606 Rn 19. Die Folgerungen für die Anerkennung ausländischer Entscheidungen in EheS zieht II, MüKoWalter 130, Henrich **39**; auf die Zuständigkeit nach § 606 kommt es nicht an, Lüderitz IPrax **87**, 81, Richter JR **87**, 101. Die Vorschrift gilt für die seit dem 1. 9. 86 ergangenen Entscheidungen; für ältere Entscheidungen ist § 606 aF anzuwenden, MüKoWalter 129, BayObLG NJW **88**, 2178, KG NJW **88**, 649. Wegen der Anerkennung von Eheurteilen der früheren DDR s Art 18 I EV, dazu Einf § 328 Rn 2 ff.

**B. Anerkennungserleichterungen** (Wagner IPrax **98**, 429, Basedow StAZ **83**, 238, Gottwald IPrax **84**, **15** 60, Mansel StAZ **86**, 317, Richter JR **87**, 101, Geimer NJW **88**, 2180). **a) Voraussetzungen.** Sie müssen im Zeitpunkt der ausländischen Entscheidung vorliegen, § 328 Rn 52, so daß die internationale Zuständigkeit des ausländischen Gerichts nach den in jenem Zeitpunkt maßgeblichen Normen zu beurteilen ist, hM, ua BayObLG NJW **88**, 2178 mwN; dies gilt auch dann, wenn neue Bestimmungen die Anerkennung erleichtern, PalHeldr Art 17 EGBGB Anm 7 b, KG NJW **88**, 649 mwN (zustm Geimer), aM BayObLG aaO mwN (abl Geimer), offen gelassen BGH NJW **90**, 2196. Wegen des Begriffs der von einer ausländischen Behörde in Ehesachen getroffenen Entscheidung vgl § 328 Rn 17 ff.

**b) Fälle. aa) II 1:** Im Rahmen der Anerkennung, oben Rn 14, ist I 1 Z 4 nicht spiegelbildlich her- **16** anzuziehen, weil nach Scheidung der Ehe ihr sog Hinken im Sinne einer unterschiedlichen Beurteilung ihrer Wirksamkeit in verschiedenen Rechtsordnungen nicht mehr verhindert werden kann, BT-Drs 10/504 S 90. Es entfällt also das Anerkennungserfordernis nicht, aber – was die Neufassung lediglich klarstellt – das Erfordernis des gewöhnlichen Aufenthalts eines Ehegatten im Urteilstaat, es sei denn, es handelt sich um Ausländerehen, bei denen der Fall bb gegeben ist, ThP 14, Henrich 41, Mansel StAZ **86**, 317, vgl BTDrs 14/343 u dazu Wagner IPrax **98**, 429; dieser Begriff ist nach deutschem Recht zu beurteilen, BayObLG RR **92**, 514, NJW **90**, 3099 mwN.

**bb) II 2:** Darüber hinaus ist bei der inländischen Anerkennung der Entscheidung eines Drittstaates die **17** internationale Zuständigkeit dieses Staates nicht spiegelbildlich nach I 1 Z 1–3 zu prüfen, wenn die für eine solche Prüfung in erster Linie zuständigen Heimatstaaten der Ehegatten die Zuständigkeit hinnehmen, indem sie die Entsch anerkennen, BT-Drs 10/504 S 90. Bei Doppelstaatern und bei Staaten mit mehreren Rechtsordnungen, zB den USA, sollte die Anerkennung durch einen der jetzt oder auch früher beteiligten Staaten bzw Wohnsitz-Einzelstaaten genügen, Basedow StAZ **83**, 238.

## Anhang

### I. Gleichstellung mit Deutschen (§ 606 a I 1 Z 1)

#### A. AHKG 23 über die Rechtsverhältnisse verschleppter Personen und Flüchtlinge

v 17. 3. 1950, ABlAHK 140

**Schrifttum:** *Pal-Heldrich* Anh II 2 Art 5 EGBGB mwN; *Staud-Spellenberg* 150–156.

**1** **1) Allgemeines.** Um verschleppten Personen und Flüchtlingen (wegen des Begriffs s Art 10) die Möglichkeit zu geben, vor ihrer Auswanderung insbesondere ihre Familienverhältnisse zu ordnen, werden sie nach Art 1 AHKG, auch wenn sie eine fremde Staatsangehörigkeit haben, entsprechend der Regelung im deutschen IPR wie Staatenlose behandelt. Wegen der Rechtsstellung der heimatlosen Ausländer iS des Gesetzes v 25. 4. 51, s unten B.

**2** **2) Prozeßrecht.** Art 3 AHKG 23 bestimmt, daß diese Personen bei allen bürgerlichen Rechtsstreitigkeiten, die im 6. Buch der ZPO geregelt sind, also in Ehe-, Kindschafts- und Entmündigungssachen wie deutsche Staatsangehörige zu behandeln sind. Danach sind deutsche Gerichte international zuständig, BGH NJW **85**, 1283. Für die Streitigkeiten des 6. Buches besteht auch keine Verpflichtung zur Sicherheitsleistung, § 110.

**3** **3) Einzelheiten.** Vgl 44. Aufl. Das AHKG 23 hat seine praktische Bedeutung fast ganz verloren, s unten C.

#### B. Rechtsstellung heimatloser Ausländer im Bundesgebiet

G v 25. 4. 51, BGBl I 269 (geändert durch Art 4 G v 9. 7. 90, BGBl 1354)

**Schrifttum:** *Pal-Heldrich* Anh II 3 Art 5 EGBGB; *Staud-Spellenberg* 150–156.

**1** Der Begriff des heimatlosen Ausländers deckt sich etwa mit dem des AHKG, §§ 1 und 2 des Gesetzes. Voraussetzung ist also, daß er **a)** nicht Deutscher iSv Art 116 GG ist, vgl dazu § 606 a Rn 5, **b)** am 30. 6. 50 seinen Aufenthalt im Geltungsbereich des GG oder in Berlin hatte oder die Rechtsstellung eines heimatlosen Ausländers erwirbt. Nicht geregelt (wohl aber durch die Flüchtlingskonvention, unten C) sind also die Rechtsbeziehungen der Flüchtlinge im dritten Lande. Nach § 11 sind die heimatlosen Ausländer iS des Gesetzes im Verfahren vor allen deutschen Gerichten (auch hinsichtlich der Sicherheitsleistung) den deutschen Staatsangehörigen gleichgestellt, so daß § 606 a I 1 Z 1 auch für sie gilt, BGH NJW **85**, 1283. Die heutige Bedeutung des Gesetzes ist gering.

#### C. Genfer Flüchtlingskonvention

v 28. 7. 51, BGBl 53 II 559

**Schrifttum:** *Pal-Heldrich* Anh II 4 Art 5 EGBGB mwN; *Lass,* Der Flüchtling im deutschen IPR, 1995; *Staud-Spellenberg* 150–156; *Hailbronner* ZAR **93**, 3; *Hirschberg* IPrax **84**, 19 u NJW **72**, 361; *Marx* ZRP **80**, 192.

**1** Das Abk über die Rechtsstellung der Flüchtlinge (teilweise abgedruckt und erläutert bei Pal-Heldrich Anh II 4 Art 5 EGBGB, dort auch Näheres über den Geltungsbereich) ist in der Bundesrepublik seit dem 24. 12. 1953 in Kraft, G v 1. 9. 53, BGBl II 559. Es wird ergänzt durch das Protokoll v 31. 1. 69, BGBl 69 II 1294, in Kraft seit dem 5. 11. 69, BGBl 70 II 194. Das Abk enthält im wesentlichen fremdenrechtliche Bestimmungen. Der Begriff des Flüchtlings wird in Art 1 definiert; eine wichtige Erweiterung enthält Art 1 des Protokolls v 31. 1. 67, BGBl 69 II 1293. Dem AHKG 23 geht das Abkommen als spätere Regelung seit seinem Inkrafttreten vor, str, vgl BGH NJW **85**, 1283 mwN.

**2** Nach Art 12 I bestimmt sich das Personalstatut jedes Flüchtlings iSv Art 1 u Art I des Protokolls, dh seine Rechtsstellung, nach dem Recht des Landes seines Wohnsitzes oder, in Ermangelung eines Wohnsitzes, nach dem Recht seines Aufenthaltslandes, BayObLG **99**, 30, Karlsr RR **91**, 966, Bbg FamRZ **82**, 506; die aus dem Flüchtlingsstatus abgeleiteten Rechtsfolgen gelten auch für die minderjährigen Kinder, BayObLG aaO, aM Düss StAZ **89**, 281. Die unter Art 12 I fallenden Flüchtlinge, die ihren Wohnsitz bzw Aufenthalt in der BRep haben, genießen hinsichtlich des Zugangs zu den Gerichten nach Art 16 II dieselbe Behandlung wie Deutsche, so daß sie auch hinsichtlich der internationalen Zuständigkeit wie Deutsche zu behandeln sind, BGH NJW **85**, 1283 u **82**, 2732 mwN, Celle FamRZ **91**, 440 (Anm Henrich) u **89**, 623 (Anm Henrich), Spellenberg IPrax **88**, 3, Rahm VIII 142, in der Begründung abw (im Ergebnis einem Staatenlosen gleichgestellt) Mü IPrax **89**, 239 mwN, Kilian IPrax **95**, 10 mwN, Henrich in Johannsen/Henrich, EheR, § 606 a Rn 26 mwN, offen gelassen BGH NJW **90**, 636 u KG RR **94**, 199 mwN. Flüchtling im Sinne des Abk (und damit des Protokolls) ist derjenige Ausländer, dessen Gefährdung iSv § 51 I AuslG vom Bundesamt oder einem Gericht unanfechtbar festgestellt worden ist, § 3 AsylVfG idF v 26. 6. 92, BGBl 1126 (ersetzt § 51 III AuslG aF); maßgeblich hierfür ist der Flüchtlingsbegriff des Art 1 a Z 2 des Abk, BVerwG NVwZ **92**, 676 (zum Zeitpunkt des Erwerbs des Flüchtlingsstatus bei nachträglicher Anerkennung als Asylberechtigter, unten D, s Hamm RR **93**, 266, Anm Henrich IPrax **92**, 390). Der Status als Flüchtling schließt die Anerkennung einer von dem Gericht des Heimatstaats erlassenen Entscheidung nicht aus, BGH FamRZ **79**, 577.

#### D. Asylberechtigte

**Schrifttum:** *Pal-Heldrich* Anh II 5 Art 5 EGBGB; *Staud-Spellenberg* 150–156; *Jayme* IPrax **84**, 114; *Marx* ZRP **80**, 192 (zu § 44 AuslG aF); Materialien: JZ-Gesetzgebungsdienst **82**, 118.

Für Asylberechtigte gilt § 2 AsylVfG idF v 26. 6. 92, BGBl 1126 (vorher § 3 AsylVfG v 16. 7. 82, BGBl 1 946), der bestimmt, daß Asylberechtigte die Rechtsstellung nach der Flüchtlingskonvention, oben C, genießen, wobei eine günstigere Rechtsstellung nach anderen Vorschriften unberührt bleibt.

Die Vorschrift gilt für Ausländer, die als Asylberechtigte iSv Art 16 II 2 GG vom Bundesamt für die **2** Anerkennung ausländischer Flüchtlinge anerkannt sind, §§ 1, 4 u 12ff AsylVfG; erfolgt die Anerkennung später, so kann uU die Genfer Flüchtlingskonvention unmittelbar gelten, oben C, Hamm RR 93, 266 (Anm Henrich IPrax 92, 390). Wegen der internationalen Zuständigkeit ist auf die zur Genfer Flüchtlingskonvention Gesagte, oben C, zu verweisen, vgl BGH NJW 90, 636 mwN, Stgt FamRZ 98, 1322, Celle FamRZ 91, 440 u 89, 623, KG RR 94, 199, Mü IPrax 89, 239. Erlischt die Asylberechtigung nach Klagerhebung, § 72 AsylVfG, so berührt das die internationale Zuständigkeit deutscher Gerichte nicht, § 261 III 1, MüKoWalter § 606 a Rn 15, Celle FamRZ 74, 314; das gleiche gilt für den Widerruf und die Rücknahme der Anerkennung, § 73 AsylVfG.

### E. Gesetz über Maßnahmen für im Rahmen humanitärer Hilfsaktionen aufgenommene Flüchtlinge
v. 22. 7. 1980, BGBl I 1057 (geändert durch Art 5 G v 9. 7. 90, BGBl 1354)

**Schrifttum:** *Pal-Heldrich* Anh II 6 Art 5 EGBGB; *Lass,* Der Flüchtling im deutschen IPR, 1995; *Staud-Spellenberg* 150–156; *Jayme* IPRax 81, 73.

Der Anwendungsbereich der Genfer Flüchtlingskonvention, oben C, wird durch § 1 des Gesetzes auf **1** Ausländer ausgedehnt, die im Rahmen humanitärer Hilfsaktionen der Bundesrepublik Deutschland auf Grund der Erteilung einer Aufenthaltserlaubnis vor der Einreise in der Form des Sichtvermerks oder auf Grund einer Übernahmeerklärung nach § 22 AuslG im Geltungsbereich dieses Gesetzes aufgenommen worden sind. Diese Flüchtlinge genießen danach die Rechtsstellung nach den Art 2–34 der Genfer Flüchtlingskonvention, ohne daß sie als Asylberechtigte anerkannt zu werden brauchen. Wegen der internationalen Zuständigkeit in EheS ist demgemäß auf das oben unter C Gesagte zu verweisen, vgl Jayme IPRax 81, 75. Wegen des Erlöschens der Rechtsstellung s § 2 a des Gesetzes.

### II. Anerkennung deutscher Urteile (§ 606 a I 1 Z 4)

Eine deutsche Entscheidung in EheS dürfte offensichtlich nicht oder nur unter bestimmten Voraus- **1** setzungen anerkannt werden, wenn es sich um Staatsangehörige folgender Staaten handelt („nein"), vgl *Bergmann/Ferid*, Internationales Ehe- und Kindschaftsrecht, 1983 ff; *Henrich* § 606 a Rn 36 (zT abw), *Bergerfurth* Rn 241, *MüKoWalter* § 606 a Rn 39–123, *StJSchl* § 606 a Rn 20, *Staud-Spellenberg* § 606 a Rn 321, *Rahm/Künkel* VIII 154 (Bearbeiter: *Breuer*):

**Ägypten:** nein, wenn der Antragsgegner Ägypter ist, weil Ägypten dann die ausschließliche Zuständigkeit in Anspruch nimmt, Bergerfurth Rn 241, Brschw FamRZ 85, 1145 mwN, Celle NdsRpfl 85, 42 u 74, 314

**Afghanistan:** nein bei Nichtanwendung des afghanischen Rechts, MüKoWalter § 606 a Rn 41, Krüger IPrax 85, 151, AG Bonn IPrax 85, 165, Rahm VIII 154

**Albanien:** nein, Henrich § 606 a Rn 36, Rahm VIII 154

**Algerien:** nein bei Scheidung außerhalb des ehelichen Wohnsitzes oder Nichtanwendung des Heimatrechts, Henrich § 606 a Rn 36, Rahm VIII 154

**Andorra:** nein, Dopffel FamRZ 87, 1205, Brühl FamRZ 84, 541

**Argentinien:** nein, wenn der Wohnsitz des Klägers oder der letzte gemeinsame Wohnsitz in Argentinien liegt bzw lag, vgl Jayme IPrax 96, 279 (red Anm zu Kblz IPrax 96, 278), AG Freiburg u AG Bonn IPrax NJW 80, 108, KG NJW 89, 535, Rahm VIII 154; zum EheG v 3. 6. 87 Jayme IPrax 96, 279, Piltz IPrax 88, 320, Dopffel FamRZ 87, 1205

**Belgien:** nein bei Nichteingreifen des Art 4 des deutsch-belgischen Abk, Schlußanh V B 4, Celle RR 93, **2** 1414 (Anm Rauscher IPrax 94, 188)

**Bolivien:** nein nur wenn der Antragsteller seinen gewöhnlichen Aufenthalt in der BRep hat (es sei denn, der letzte Ehewohnsitz lag hier), MüKoWalter § 606 a Rn 47, Henrich § 606 a Rn 36, abw Bergerfurth Rn 241, Rahm VIII 154 (stets Anerkennung)

**Bosnien-Herzegowina:** unklar, vgl Henrich § 606 a Rn 36 (nein, s Jugoslawien), Stgt FamRZ 97, 1161 (nein wie Jugoslawien, wenn der Beklagte widerspricht), vgl auch Köln RR 99, 81

**Bulgarien:** nein nur wenn der Antragsteller seinen Wohnsitz in der BRep hat, Henrich § 606 a Rn 36, Rahm VIII 154, Henrich § 606 a Rn 36

**Chile:** zweifelhaft (nein Jayme IPrax 86, 267, ja Rahm VIII 154) **3**

**Dänemark:** zweifelhaft (nein, wenn nur der Antragsteller in der BRep seinen Wohnsitz hat und der **4** Antragsgegner sich deshalb der Scheidung widersetzt, es sei denn, er lebte während der beiden letzten Jahre hier oder hatte früher hier seinen Wohnsitz, MüKoWalter § 606 a Rn 52, dagegen für Anerkennung Rahm VIII 154, Henrich § 606 a Rn 36)

**Ecuador:** nein, wenn die Ehe dort geschlossen worden ist und einer der Eheschließenden Ecuadorianer war, Rahm VIII 154

**Finnland:** nein, wenn keiner der Ehegatten durch Staatsangehörigkeit oder Wohnsitz Beziehungen zum **5** Urteilsstaat hat, Rahm VIII 154

**Frankreich:** nein, wenn der französische Ehegatte nicht durch Antragstellung oder rügelose Einlassung) und wenn nicht außerdem beide Ehegatten oder derjenige, bei dem die minderjährigen Kinder wohnen, oder der Antragsgegner Aufenthalt in der BRep haben, Henrich § 606 a Rn 36, MüKoWalter § 606 a Rn 57

**Anh II § 606 a**  6. Buch. Verfahren in Familiensachen

 6 **Griechenland:** im Hinblick auf Art 2 u 4 des dt-griech Abk, Schlußanh V B 6, und das innergriechische Recht, Art 22 des Vertrages, nein, wenn nur der Antragsteller seinen gewöhnlichen Aufenthalt in der BRep hat, es sei denn, der letzte gemeinsame Aufenthalt lag hier, BGH NJW 84, 1306, Ffm FamRZ 97, 97 mwN, Celle RR 93, 1414, Pouliadis IPrax 85, 363, Filios/Henrich IPrax 85, 150, MüKoWalter § 606 a Rn 59
  **GUS:** s UdSSR
  **Indien:** nein, wenn der Ehemann sein Domizil (nicht nur Wohnsitz oder gewöhnlichen Aufenthalt) in Indien hat, MüKoWalter § 606 a Rn 65, Henrich § 606 a Rn 36
 7 **Irak:** wohl nein, MüKoWalter § 606 a Rn 67, Hamm FamRZ 74, 65, zweifelnd Rahm VIII 154
  **Iran:** nein, wenn ein Ehegatte dort seinen Wohnsitz hat, MüKoWalter § 606 a Rn 68, Henrich § 606 a Rn 36, Hamm FamRZ 92, 823 mwN (dazu Elwan IPrax 94, 282 mwN), offen Hamm StAZ 94, 222 mwN, abw AG Heidelberg IPrax 88, 367 (zustm Jayme), zweifelnd Rahm VIII 154 (wohl stets nein)
  **Irland:** nein, wenn keine der Parteien ihr Domizil (nicht nur Wohnsitz oder gewöhnlichen Aufenthalt) im Urteilsstaat hat (inländisches Domizil der Ehefrau genügt also), Köln IPrax 89, 297, zustm Coester-Waltjen IPrax 89, 282, Jayme IPrax 92, 108
  **Israel:** nein, wenn beide Eheleute einer religiösen Gerichtsbarkeit unterliegen, KG FamRZ 94, 839, es sei denn, die Ehe ist als Zivilehe im Ausland geschlossen, MüKoWalter § 606 a Rn 71, Rahm VIII 154
  **Italien:** im Hinblick auf Art 3 und Art 4 des dt-ital Abk, Schlußanh V B 2 (s die dortigen Erläuterungen) nein, wenn beide Eheleute Italiener sind und der Antragsgegner bei Klagerhebung seinen Wohnsitz in Italien hatte, Celle FamRZ 93, 1216 mwN (dazu Dörr/Hansen NJW 94, 2459), MüKoWalter § 606 a Rn 72, Jayme JuS 89, 389 mwN, IPrax 88, 250 (zu Ffm) u 87, 250 (zu Hamm u AG Mü), Bergerfurth 241 mwN, Dörner StAZ 88, 345; weitergehend Karlsr FamRZ 91, 839 (m red Anm), abl Dörr NJW 92, 531; das italienische Recht, Pocar IPrax 97, 145, ermöglicht in diesen Fällen die Anerkennung des deutschen Urteils, wenn der Antragsteller in Deutschland wohnt, MusBro § 606 a Rn 19, Stgt NJWE-FER 99, 215, Ffm FamRZ 98, 917 (zust Jayme IPrax 98, 373), aM Staud-Spellenberg Rn 321, diff Johannsen/Henrich 36, Rahm/Künkel VIII 154.
 8 **Jordanien:** nein bei nach islamischem Ritus geschlossener Ehe oder bei gewöhnlichem Aufenthalt beider Parteien außerhalb der BRep, IPG 78, 226, Hbg IPrax 81, 181, Rahm VIII 154, sonst oft zweifelhaft, Elwan/Ost FamRZ 96, 389
  **Jugoslawien:** nach dem in Restjugoslawien (Serbien und Montenegro) fortgeltenden gesamtjugoslawischen Recht nein, wenn der Antragsgegner Jugoslawe ist und dort seinen Wohnsitz hat, Varady IPrax 84, 249 (was bei Gastarbeitern grds der Fall ist, Hbg ZBlJugR 85, 303, Stgt FamRZ 82, 817); vorrangig ist aber das Recht der Teilrepublik maßgebend, in der der jugoslawische Staatsangehörige seinen Wohnsitz hat, vgl Povh FamRZ 91, 132, so daß die Anerkennung uUmst erleichtert ist, Rauscher IPrax 92, 15 zu Hbg IPrax 92, 39, Jayme IPrax 85, 48; ob ein Anerkennungshindernis entfällt, wenn der Antragsgegner der Scheidung nicht widerspricht, Karlsr IPrax 84, 270, ist str, vgl Dörr NJW 89, 494, Rahm VIII 154, beide mwN. Entsprechendes dürfte für die Nachfolgestaaten Bosnien-Herzegowina, Kroatien, Mazedonien und Slowenien gelten, solange sie keine abweichende Regelung treffen; vgl zur Problematik der Staatennachfolge Kondring IPrax 96, 161 mwN, Schweisfurth/Blöcker IPrax 96, 9 zu Kblz IPrax 96, 28
 9 **Kanada:** nein, wenn die Ehegatten nicht einen mindestens einjährigen Aufenthalt in der BRep gehabt haben, MüKoWalter § 606 a Rn 79, Reinhard IPrax 87, 260
  **Kolumbien:** wohl nein, wenn es sich um eine kanonische Ehe handelt, Samtleben IPrax 93, 59, ebenso, wenn nur der Antragsteller in der BRep wohnt, Henrich § 606 a Rn 36, abw Rahm VIII 154: Anerkennung, wenn bei der Scheidung einer in Kolumbien geschlossenen Ehe der Scheidungsgrund dem kolumbianischen Recht entspricht
  **Kroatien:** unklar, vgl Jugoslawien, Rahm VIII 154
10 **Libanon:** zweifelhaft (nein, wenn beide Ehegatten derselben Religionsgemeinschaft angehören, die Ehe in religiöser Form geschlossen haben und das Gericht nicht das Recht dieser Glaubensgemeinschaft anwendet, Brschwg FamRZ 85, 1145, MüKoWalter § 606 a Rn 84; für Anerkennung bei Wahrung der Verfahrensrechte des Antragsgegners Staud-Spellenberg Rn 249, Rahm VIII 154); auf die Anerkennung kommt es im Fall der wirksamen Verstoßung nach islamischem Recht nicht an, Beitzke IPrax 93, 232
  **Libyen:** wohl nein, wenn die Scheidung nicht mit islamischen Rechtsgrundsätzen übereinstimmt, Rahm VIII 154
  **Luxemburg:** nein, wenn beide Ehegatten luxemburgische Staatsangehörige sind, es sei denn daß sich der Antragsgegner auf das deutsche Verfahren einläßt, MüKoWalter § 606 a Rn 86 (abw Henrich § 606 a Rn 36: nein, wenn nur der Antragsteller seinen gewöhnlichen Aufenthalt in der BRep hat)
11 **Marokko:** wohl nein, wenn die Ehe nach marokkanischem Recht geschlossen worden ist (auf die Anerkennung kommt es nicht an, wenn der Ehemann eine wirksame Verstoßung ausgesprochen hat, MüKoWalter § 606 a Rn 87)
  **Mazedonien:** unklar, vgl Jugoslawien, Rahm VIII 154
12 **Österreich:** nein, wenn nur der Antragsteller seinen gewöhnlichen Aufenthalt in der BRep hat, es sei denn, der letzte gemeinsame gewöhnliche Aufenthalt lag hier, Henrich § 606 a Rn 36
13 **Pakistan:** nein, wenn der Ehemann sein Domizil nicht in der BRep hat und auch der Domizilstaat das deutsche Urteil nicht anerkennt, vgl Rahm VIII 154, Hamm FamRZ 85, 1145 (bei wirksamer Verstoßung der Ehefrau kommt es auf die Anerkennung nicht an, BayObLG FamRZ 85, 76)
  **Paraguay:** nein, wenn der eheliche Wohnsitz nicht im Urteilsstaat liegt, Rahm VIII 154
  **Peru:** nein, wenn der Antragsteller seinen gewöhnlichen Aufenthalt dort hat, es sei denn, der letzte gemeinsame Aufenthalt lag in der BRep, AG Hbg RR 86, 374, zustm Samtleben IPrax 87, 96, vgl auch Rahm VIII 154
  **Philippinen:** wohl nein, wenn der Kläger philippinischer Staatsangehöriger ist, Burmester-Behr StAZ 89, 256, Rahm VIII 154, AG Landstuhl NJW 86, 669 (dazu Jayme IPrax 86, 179)
14 **Saudi-Arabien:** nein, Bergerfurth Rn 241 (bei wirksamer Verstoßung der Ehefrau kommt es auf die Anerkennung nicht an, MüKoWalter § 606 a Rn 104)

1. Abschn. Allgem. Vorschr. für Verfahren in Ehesachen **Anh II § 606a, §§ 606b, 607**

**Schweiz:** nach Art 3 des dt-schweiz Abk, Schlußanh V B 1, nein, wenn der Antragsgegner Schweizer ist und dort wohnt, MüKoWalter § 606 a Rn 106, Ffm FamRZ 82, 316
**Slowenien:** unklar, vgl Jugoslawien, Rahm VIII 154
**Syrien:** nein wegen ausschließlicher Zuständigkeit der religiösen Gerichte für Angehörige von Religionsgemeinschaften, MüKoWalter § 606 a Rn 110 (bei islamischen Eheleuten kommt es im Fall wirksamer Verstoßung auf die Anerkennung nicht an)
**Taiwan:** nein, Bergerfurth Rn 241, MüKoWalter § 606 a Rn 111 (bei Vorlage einer Urkunde über die Privatscheidung kommt es auf die Anerkennung nicht an) **15**
**Türkei:** zweifelhaft, Rumpf FamRZ 96, 1492
**Tunesien:** nein bei fehlender Zuständigkeit iSv Art 32 des dt-tunes Vertrages v 19. 7. 66, Schlußanh V B 8, vgl Henrich § 606 a Rn 36, Rahm VIII 154
**UdSSR:** früher nein, wenn beide Ehegatten Sowjetbürger waren und einer von ihnen in der UdSSR lebte, Henrich § 606 a Rn 36, Rahm VIII 154 (die heutige Rechtslage ist unübersichtlich) **16**
**Ukraine:** nein, wenn beide Ehegatten Ukrainer sind und einer von ihnen in der Ukraine lebt, Rahm VIII 154
**Ungarn:** nein, wenn keiner der Ehegatten seinen Wohnsitz in der BRep hat, MüKoWalter § 606 aRn 118, abw Henrich § 606 a Rn 36 (nein, wenn ein Ehegatte Ungar ist und seinen Wohnsitz dort hat), offen gelassen Bergerfurth Rn 241
**Weißrußland:** vgl Ukraine, Rahm VIII 154
**Zypern:** nein bei religiös geschlossener Ehe von Angehörigen bestimmter Kirchen, MüKoWalter § 606 a **17** Rn 123, Henrich § 606 a Rn 36.

**606b** (aufgehoben durch Art 4 Z 3 IPRG mWv 1. 9. 86)

**607** *Prozeßfähigkeit.* ¹In Ehesachen ist ein in der Geschäftsfähigkeit beschränkter Ehegatte prozeßfähig.
II ¹Für einen geschäftsunfähigen Ehegatten wird das Verfahren durch den gesetzlichen Vertreter geführt. ²Der gesetzliche Vertreter ist jedoch zur Erhebung der Klage auf Herstellung des ehelichen Lebens nicht befugt; für den Antrag auf Scheidung oder Aufhebung der Ehe bedarf er der Genehmigung des Vormundschaftsgerichts.

Vorbem. I u II 2 mWv 1. 7. 98 idF des Art 3 Z 6 EheschlRG, Einf § 606 Rn 13.

**1) Beschränkt Geschäftsfähige, I** **1**
**A. Prozeßfähigkeit.** I macht eine Ausnahme von § 52 wegen des höchstpersönlichen Charakters der Ehe. In Ehesachen ist ein **in der Geschäftsfähigkeit beschränkter Ehegatte**, § 106 BGB, für jede Parteirolle voll prozeßfähig, und zwar auch für die Parteivernehmung, weil § 607 dem § 455 I vorgeht. Die Prozeßfähigkeit besteht nicht, wenn der Betreffende wegen Bestellung eines Betreuers oder Pflegers nach § 53 von der Prozeßführung ausgeschlossen ist, hM, BGH **41**, 307, StJ 2, aM Hbg MDR **63**, 762. Geisteskranke fallen unter II; ein Ehegatte kann wegen der besonderen Natur seiner geistigen Störungen für einen bestimmten Kreis seiner Angelegenheiten, die mit seinem Eheprozeß zusammenhängen, geschäfts- und damit prozeßunfähig sein, BGH MDR **71**, 465.
**B. Aufhebungsantrag.** Der minderjährige Ehegatte kann (und muß) den Antrag selbst stellen; er bedarf **2** dazu nicht der Zustimmung seines gesetzlichen Vertreters, § 1316 II 2 BGB. Für den Gegner gilt die Regel, er ist also unter den in I 1 genannten Voraussetzungen prozeßfähig.
**C. Geltungsbereich.** Diese Sonderregelung der Prozeßfähigkeit gilt nur für Ehesachen, § 606 Rn 2ff, **3** also nicht auch für die mit einer Scheidungssache verbundenen FolgeS, RegEntwBegr. In EheS umfaßt sie alle Abschnitte des Streitverfahrens, zB die Erteilung der Prozeßvollmacht und den Abschluß des Anwaltsvertrages, die Richterablehnung, das AnO-Verf nach §§ 620 ff und die Kostenfestsetzung, StJ 3. Die Prozeßfähigkeit gilt nicht für die Zwangsvollstreckung, StJSchl Rn 4, und auch nicht für das Verfahren wegen des Gebührenanspruchs des Prozeßbevollmächtigten aus der Ehesache, Hamm FamRZ **60**, 161. Auch materiell-rechtliche Vereinbarungen fallen nicht unter I, StJ 4.

**2) Geschäftsunfähige, II** **4**
**A. Prozeßunfähigkeit.** Geisteskranke sind auch in Ehesachen prozeßunfähig. Für sie führt den Prozeß **ihr gesetzlicher Vertreter, II 1**, der notfalls nach § 1896 BGB oder § 57 ZPO zu bestellen ist; dies gilt auch für den Aufhebungsantrag, § 1316 II 1 BGB. Über den Eintritt der Geschäftsunfähigkeit im Prozeß s §§ 241, 246; der gesetzliche Vertreter (Betreuer oder Pfleger) kann ohne vormundschaftsgerichtliche Genehmigung das Verfahren aufnehmen, Hamm FamRZ **90**, 167 mwN. Der prozeßfähig gewordene Gatte tritt ohne weiteres selbst in den Prozeß ein.
Die **Herstellungsklage**, § 606 Rn 7, **darf der gesetzliche Vertreter nicht erheben, II 2**, der Geschäftsunfähige kann sie nicht erheben. Sie ist dem Geschäftsunfähigen also ganz verschlossen.
**B. Genehmigungserfordernis.** Den **Scheidungs- oder Aufhebungsantrag**, § 606 Rn 3 u 4, darf der **5** gesetzliche Vertreter **nur mit Genehmigung des Vormundschaftsgerichts** erheben, II 2, weil der Wille der Partei selbst zu prüfen ist. Die Genehmigung läßt sich nachholen und heilt dann auch noch in der Revisionsinstanz den Mangel der Vertretungsbefugnis, Hamm FamRZ **90**, 167 mwN. Der Rechtspfleger ist für diese Genehmigung nicht zuständig, § 14 Z 14 RPflG.

**6   C. Wirkung.** Bleibt die Prozeßunfähigkeit unerkannt oder fehlt die erforderliche Genehmigung, wird dadurch die Rechtskraft einer Entscheidung nicht berührt; Verfahrenshandlungen des Prozeßunfähigen bleiben unwirksam, Zweibr FamRZ **99**, 28. In solchen Fällen hilft § 579 I Z 4.

## 608
*Allgemeine Verfahrensvorschriften.* **Für Ehesachen gelten im ersten Rechtszug die Vorschriften über das Verfahren vor den Landgerichten entsprechend.**

1   **1) Allgemeines.** Da das für alle EheS ausschließlich zuständige FamGer bei dem AG gebildet wird, § 23 b GVG, bedarf es für den 1. Rechtszug einer Bestimmung, daß in EheS, § 606 Rn 2, nicht die dafür nicht geeigneten §§ 495 ff, sondern die Vorschriften über das Verfahren vor den LG entsprechend gelten; unberührt bleiben Abweichungen, die sich aus der Verfassung des AG (Entscheidung durch den Alleinrichter) ergeben, StR 1, StJ § 495 III 3. Für das Verfahren in den höheren Instanzen (OLG, BGH) gelten die Vorschriften über die Berufung und die Revision unmittelbar, soweit nicht das 6. Buch etwas anderes bestimmt, zB für Scheidungs- und FolgeS.
§ 608 gilt nur für EheS, dagegen für andere FamS, § 621, grundsätzlich nicht. Dies gilt auch dann, wenn sie als FolgeS eines Scheidungsverfahrens anhängig sind, § 623. Hier greift § 624 III ein, Rn 5.
Die Vorschriften des 1. Buches gelten unmittelbar. Wegen des **Anwaltszwanges** s. **§ 78 II** u die dortigen Erl, wegen der Rechtslage in den neuen Bundesländern s. Vorbem § 78. Zu § 128 s Zweibr FamRZ **99**, 456.

2   **2) Entsprechende Geltung der landgerichtlichen Verfahrensvorschriften**
**A. Grundsatz.** Den Bestimmungen des 1. Abschnitts des 2. Buches (und den unmittelbar geltenden Vorschriften des 1. Buches) gehen die besonderen Vorschriften des 6. Buches vor. Wegen der Einzelheiten ist auf die Erläuterungen zu den §§ 609 ff, 631 ff und für Scheidungs- und FolgeS auf die Erläuterungen zu den §§ 622 ff zu verweisen.

3   **B. Einzelheiten.** In EheS, Rn 1, gelten die Vorschriften über das Verfahren vor den LG entsprechend, soweit sie nicht ausdrücklich von der Anwendung ausgeschlossen oder wegen der Besonderheiten des Eheverfahrens nicht anwendbar sind.
**a) Entsprechend anzuwenden** aus dem 1. Abschnitt des 2. Buches sind ua: § 216 (dazu § 612 Rn 1 u § 624 Rn 5. § 251 (Karlsr NJW **78**, 1388), § 253 (im Scheidungsverfahren mit Änderung durch § 622), § 256 I, § 261, § 269 (vgl § 626), § 270 (mit Ergänzung durch § 612 II, III), §§ 271–277 (ohne § 272 III, § 612 I, und eingeschränkt durch § 611), §§ 278, 279 (mit Erweiterung durch § 614), 280, 281 (BayObLG FamRZ **93**, 346), 282 u 283, §§ 284–286 (mit Änderung durch § 616), §§ 291–295, 299, 299 a, §§ 300, 301, 303, 308–322, 328 (mit Einschränkung durch § 606 a), § 329, § 330, § 331 a ff (auf Versäumnisurteile gegen den Kläger, § 612 IV), §§ 355–444, §§ 445 ff (Ergänzung durch § 613), §§ 485 ff.

4   **b) Nicht entsprechend** gelten ua: § 260 (ersetzt durch § 610), §§ 263, 264, 267–268, § 272 III (§ 612 I), §§ 275 I I, III u IV, 276 (§ 611 II), §§ 288–290 (§ 617), §§ 296 (§ 615 I), § 301 (§ 610), §§ 306, 307 (§ 617), §§ 330 ff (für Versäumnisurteile gegen den Beklagten, § 612 IV), §§ 348–350.

## 609
*Prozeßvollmacht.* **Der Bevollmächtigte bedarf einer besonderen, auf das Verfahren gerichteten Vollmacht.**

1   **1) Vollmacht.** Wegen ihrer höchstpersönlichen Natur muß in allen **EheS**, § 606 Rn 2, der Prozeßbevollmächtigte einer jeden Partei, nicht nur des Klägers, eine besondere, von der Partei selbst erteilte Vollmacht nachweisen, § 80. Sie muß auf die jeweilige Verfahrensart gerichtet sein, dh zur Vertretung in einem Verfahren der betreffenden Art, zB in einem Scheidungsverfahren, ermächtigen. Stellt eine Partei einen Antrag in einer anderen Verfahrensart, geht etwa der Kläger von der Scheidungs- zur Aufhebungsklage über, so erfordert dieser Antrag eine neue Vollmacht. Auf einzelne Klaggründe ist innerhalb derselben Sache nicht abzustellen.
Die Vollmacht für die Scheidungssache umfaßt nach § 82 jedes Verfahren über eine einstwAnO, § 620, Bergerfurth AnwZwang Rn 340, und erstreckt sich auf die FolgeS, § 624 I; sie darf nur von einem beteiligten Dritten, § 623 Rn 10, auf eine im Verbund stehende FolgeS beschränkt werden, § 83 I, StJSchl 34, aM StR § 624 Rn 1, ThP § 624 Rn 1, Bergerfurth AnwZwang Rn 340. Umgekehrt reicht eine Vollmacht für eine selbständig geltend zu machende Ehewirkungssache, § 621, für das Scheidungsverfahren nicht aus, Diederichsen NJW **77**, 606.
Für die Vollmacht gelten iü die Vorschriften der §§ 78 ff. Auch § 81 (Umfang und Bestellung durch den Prozeßbevollmächtigten 1. Instanz), § 83 (Beschränkung) und § 85 II (Vertreterverschulden) sind anwendbar, vgl dazu § 85 Rn 6 ff.

2   **2) Mangel der Vollmacht.** Auch insoweit sind die allgemeinen Vorschriften anzuwenden. Der Mangel ist demnach vAw zu berücksichtigen, wenn nicht als Bevollmächtigter ein RA auftritt, § 88 II, also idR nur auf Rüge, § 88 I, Ffm FamRZ **79**, 323 mwN, StR 4, ZöPh 4, aM StJSchl Rn 5, Bergerfurth Rn 42 mwN. Wegen der Heilung des Mangels durch nachträgliche Genehmigung vgl § 89.

### Einführung zu §§ 610–617: Klaggruppen des Eheprozesses

1   **1) Allgemeines.** Die §§ 610–617 enthalten die besondere Gestaltung der Parteiherrschaft, Grdz § 128 Rn 18 ff, und des Zusammenfassungsgrundsatzes, Üb § 253 Rn 61, in EheS. Sie führen zu erheblichen Abweichungen vom ordentlichen Verfahren.

1. Abschnitt. Allg. Vorschriften für Verfahren in Ehesachen **Einf §§ 610–617, § 610**

**2) Klaggruppen.** Es sind zwei Gruppen von Eheverfahren zu unterscheiden: a) Scheidungs-, Aufhebungs- und Herstellungsverfahren, b) Nichtigkeits- und Feststellungsverfahren. In Gruppe a) erfaßt die Klage bzw der Antrag das gesamte eheliche Verhältnis und macht es zum Gegenstand des Streits (mit Ausnahme der Herstellungsklage). Darum gilt dort: Klagänderung ist innerhalb der Gruppe unbeschränkt zulässig, § 611; Anspruchshäufung ist erleichtert, § 615; in Scheidungs- und Aufhebungssachen ist nur eine einheitliche Entscheidung möglich. S auch Üb § 606 Rn 3. **2**

**3) Einheitlichkeit der Entscheidung** (dazu krit StJSchl § 610 Rn 5 ff und zum Streitgegenstand in EheS insbes, z T abw STr § 610 Rn 9 u § 611 Rn 8–14). **3**

**A. Allgemeines.** Scheidungs- und Aufhebungsantrag unterwerfen den Bestand der Ehe der richterlichen Entscheidung, Hamm FamRZ **81**, 61, die Herstellungsklage nicht. Darum macht die Erhebung eines Scheidungs- oder Aufhebungsbegehrens den Bestand der Ehe in vollem Umfang rechtshängig, BGH FamRZ **89**, 155 mwN, aM StJSchl § 610 Rn 9, Karlsr IPrax **85**, 36. Es können also nicht mehrere derartige Verfahren nebeneinander herlaufen, vgl BGH FamRZ **67**, 460 (zu diesem Ergebnis kommen auch die Vertreter der Auffassung, daß wegen fehlender Identität des Streitgegenstandes keine Rechtshängigkeit bestehe: sie verneinen idR das Rechtsschutzbedürfnis für eine weitere Klage, vgl ZöPh § 610 Rn 9). Auch der Gegner muß seine Begehren in diesem Prozeß durch Gegenanträge geltend machen und kann nicht selbständig vorgehen; stellt er einen Scheidungsantrag, so wird dieser idR als Gegenantrag aufzufassen und darauf hinzuwirken sein, daß er seinen Antrag als Gegenantrag stellt, BGH FamRZ **83**, 39 mwN. Die Rechtshängigkeit ist darum stets vAw zu beachten. Der spätere Antrag ist mit dem früheren zu verbinden; notfalls ist er durch Prozeßurteil abzuweisen, BGH aaO. Vgl auch § 606 Rn 18.

**B. Einzelheiten.** Die Einheitlichkeit der Beurteilung verbietet auch Teilurteile, § 301, über Antrag oder Gegenantrag, weil damit eine endgültige Entscheidung getroffen wäre oder der Bestand der Ehe vielleicht gleichzeitig der Beurteilung verschiedener Instanzen unterläge, wie namentlich bei streitmäßigem Urteil über den Antrag und Versäumnisurteil über den Gegenantrag, Jauernig § 91 II 13, aM StJSchl § 610 Rn 11. Unzulässig ist deshalb die Aufhebung der Ehe auf Antrag ohne gleichzeitige Entscheidung über einen Scheidungsgegenantrag, dazu Bosch FamRZ **87**, 817 mwN. Wird ein angekündigter Gegenantrag nicht gestellt und ist der Antrag entscheidungsreif, so ist durch Befragung zu klären, ob der Gegenantrag aufrechterhalten wird. Ist genügende Auskunft nicht zu erlangen, sind die möglichen Beweise aber erschöpft, auch die für eine Scheidung sprechenden, § 616 I, so ist ggf der Gegenantrag in dem Urteil über den Antrag abzuweisen; jedenfalls muß eine einheitliche Entscheidung ergehen. Im Verhältnis der Herstellungsklage zum Scheidungs- oder Aufhebungsantrag ist ein Teilurteil zwar denkbar, weil es der Auflösung der Ehe nicht entgegensteht, BGH FamRZ **65**, 498, aber durchaus zu widerraten, vgl STr § 610 Rn 11. Abtrennung und Aussetzung sind ebenso zu behandeln, weil sie widersprechende Entscheidungen ermöglichen, STr § 610 Rn 10. **4**

**C. Für Hilfsanträge gelten die allgemeinen Grundsätze.** Sofern nicht die Anträge ausdrücklich gleichgeordnet sind, was das Gericht notfalls nach § 139 zu klären hat, darf die Entscheidung über den Hilfsantrag, wenn die rechtlichen Wirkungen verschieden, nicht vorweggenommen werden, vgl § 610 Rn 3. Auch Anträge auf Aufhebung und Scheidung darf eine Partei nicht in beliebiger Reihenfolge stellen, aM STr § 610 Rn 8 a, Maurer 283, weil die Folgen bei einem stattgebenden Urteil nicht stets die gleichen sind. Begehrt der Antragsteller die Scheidung, der Gegner die Aufhebung, so ist bei begründetem Antrag einheitlich nur auf Aufhebung zu erkennen, § 631 II 3. Ein Verstoß hiergegen ist prozessual belanglos. **5**

**D. In der Rechtsmittelinstanz** geht der Grundsatz der Einheitlichkeit der Entscheidung dem Verbot nachteiliger Abänderung (§§ 536, 539) vor, weil es sich beim Bestand der Ehe um eine öffentlich-rechtliche Frage größter Tragweite handelt. Die Bindung des Berufungsgerichts an die Anträge bleibt grundsätzlich bestehen, aber nur insoweit, als es die Einheitlichkeit der Entscheidung erlaubt. Ist der Scheidungsantrag abgewiesen und der Herstellungswiderklage stattgegeben worden, so erledigt sich dieser Ausspruch, wenn der Antragsteller in der nächsten Instanz die Scheidung erreicht, BGH JZ **65**, 580. Ist unter Verletzung des Grundsatzes der Einheitlichkeit der Entscheidung teils durch Versäumnisurteil entschieden worden, teils durch streitmäßiges Urteil, so ist dagegen Berufung oder Revision bzw Einspruch mit der Folge gegeben, daß auch in der Rechtsmittelinstanz einheitlich zu entscheiden ist, RoSGo § 166 III 6 (idR ist Zurückverweisung geboten), aM StJSchl § 610 Rn 11. Da ein unzulässiges Teilurteil eine unmögliche prozeßrechtliche Lage schafft, oben Rn 4, hat es die höhere Instanz vAw zu beseitigen, RG **107**, 351. Die Partei darf ein teilweise zurückgenommenes oder durch Teilverzicht beschränktes Rechtsmittel durch Klagerweiterung, neuen Anspruch oder Widerklage ausdehnen, auch bei Teilrücknahme (nicht dagegen bei Teilverzicht) erneut auf den abgeschlossenen Teil erstrecken, vgl § 515 Rn 13 ff. **6**

**E. Für das Wiederaufnahmeverfahren** gelten diese Grundsätze nicht, weil die Rechtsgestaltung schon mit Rechtskraft des Urteils eingetreten war. Daher ist die Wiederaufnahme mit dem Antrag, auch auf Gegenantrag (Widerklage) zu scheiden, zulässig, OGH NJW **50**, 65, str, vgl auch Celle MDR **53**, 304. **7**

## 610 Klagenhäufung, Widerklage.

¹Die Verfahren auf Herstellung des ehelichen Lebens, auf Scheidung und auf Aufhebung können miteinander verbunden werden.

II ¹Die Verbindung eines anderen Verfahrens mit den erwähnten Verfahren, insbesondere durch die Erhebung einer Widerklage anderer Art, ist unstatthaft. ²§ 623 bleibt unberührt.

**1) Klagenhäufung, I, II** **1**

**A. Allgemeines.** Die Vorschrift, die durch § 631 ergänzt wird, regelt die Anspruchshäufung abweichend von § 260: Innerhalb der in Einf 2 § 610 genannten zwei Klaggruppen ist eine Klagverbindung statthaft, I; die Verbindung der Klage aus einer Gruppe mit der Klage aus einer anderen Gruppe ist verboten, II 1, also zB die (auch hilfsweise) Verbindung des Scheidungsantrags mit dem Antrag auf Feststellung des Nichtbestehens der Ehe, Düss FamRZ **89**, 649.

Verbunden werden die Verfahren entweder durch den Kläger (Antragsteller), § 260, oder nachträglich durch das Gericht, § 147. Scheidungsantrag und Aufhebungsklage einerseits, Herstellungsklage andererseits laufen einander zuwider, so daß ihre Verbindung immer nur eine hilfsweise ist. Die Aufhebungsklage geht dem Scheidungsantrag vor; sind beide Ansprüche in demselben Verfahren erhoben, so ist ggf die Ehe aufzuheben, § 631 II 3, es sei denn, der Kläger (Antragsteller) räumt dem Scheidungsbegehren ausdrücklich den Vorrang ein, BGH NJW **96**, 2728 mwN. Verboten ist die Verbindung einer beliebigen Eheklage mit einer Klage, die nicht Eheklage ist, etwa mit einer solchen wegen vermögensrechtlicher, durch die Ehe begründeter Ansprüche oder wegen Fragen der Kindererziehung.

**Unberührt bleibt § 623, II 2**, dh zwischen einer Scheidungssache und einer FamS, § 621 I, als FolgeS besteht grundsätzlich Verhandlungs- und Entscheidungsverbund, s Erläuterungen zu § 623. Das Verfahren über eine einstwAnO nach den §§ 620 ff ist stets Teil des Eheverfahrens, ohne daß es einer Verbindung bedarf. Eine Verbindung von FamS und NichtFamS ist unzulässig, BGH NJW **81**, 2418 mwN.

2   **B. Widerklage (Gegenantrag), II.** Sie ist nur im Rahmen der zulässigen Klagenverbindungen, Rn 1, statthaft, und zwar auch als bedingte Widerklage, etwa auf Herstellung des ehelichen Lebens für den Fall der Abweisung des Scheidungsantrags. Wer mit der Herstellungsklage abgewiesen ist, kann nachträglich gegenüber dem Scheidungsgegenantrag seinerseits Scheidung beantragen, RG **122**, 43. Die Scheidungsgründe seiner Klage, die er zurückgenommen hat, im Wege des Gegenantrages gegen den noch schwebenden Gegenantrag der anderen Partei wieder geltend machen, BGH **LM** § 166 Nr 9. Gegen eine Feststellungsklage iSv § 632 ist nur eine ebensolche Klage als Widerklage zulässig, § 632 II.

Die in diesem Rahmen zulässige Widerklage richtet sich nach den allgemeinen Vorschriften, vgl STr § 610 Rn 4 u 5. Für die Widerklage in der Berufungsinstanz gilt § 530 I nicht, § 611 Rn 1. In der Revisionsinstanz ist keine Widerklage zulässig.

3   **2) Wirkungen.** Das Verbot des § 610 II ist zwingenden Rechts, so daß die Einwilligung des Gegners belanglos ist. Es ist vAw zu beachten; unzulässig gehäufte Ansprüche sind nach § 145 abzutrennen, BGH FamRZ **97**, 812 mwN, u a Hamm FamRZ **94**, 773. Ist eine Abtrennung nicht möglich, zB wenn in erster Linie Klage auf Feststellung des Nichtbestehens der Ehe und hilfsweise Scheidungsantrag erhoben ist, so ist die Prozeßabweisung, Üb § 300 Rn 5, des Hilfsanspruchs geboten. Das kann in einem einheitlichen Urteil geschehen; möglich ist aber auch die Abweisung des Hauptanspruchs durch Teilurteil, Düss FamRZ **89**, 649, vgl BGH NJW **81**, 2418. Zulässig ist der Übergang vom Scheidungsantrag zur Nichtigkeitsklage, Bre NJW **56**, 515.

4   **3) Einheitlichkeit der Entscheidung.** Siehe darüber Einf § 610 Rn 3 ff.

**611** *Neues Vorbringen.* ¹Bis zum Schluß der mündlichen Verhandlung, auf die das Urteil ergeht, können andere Gründe, als in dem das Verfahren einleitenden Schriftsatz vorgebracht worden sind, geltend gemacht werden.

II **Die Vorschriften des § 275 Abs. 1 Satz 1, Abs. 3, 4 und des § 276 sind nicht anzuwenden.**

1   **1) Neue Klaggründe, I**

**A. Allgemeines.** In Abweichung von den §§ 263, 264 u 269 läßt I innerhalb der beiden Klaggruppen, Einf § 610 Rn 2, bis zum Schluß der mündlichen Verhandlung neue Klaggründe und Klagtatsachen für den alten Anspruch zu, aber auch ganz neue Ansprüche und sogar die (auch bedingte) Widerklage, § 610 Rn 2 ff. Demgemäß liegt im Übergang von der Härtescheidung, § 1565 II BGB, zur Scheidung wegen Zerrüttung, § 1565 I BGB, oder zur Fristenscheidung, § 1566 II BGB, oder zur einverständlichen Scheidung, § 1566 I BGB, keine Verfahrensänderung, weil Scheidungstatbestand in allen diesen Fällen das Scheitern der Ehe ist, Hbg FamRZ **79**, 702, Jauernig § 91 II 12. Auch der Übergang vom Aufhebungsantrag zum Scheidungsantrag (oder umgekehrt) ist ebenso wie ein Austausch der Rangfolge beider Begehren bis zum Schluß der letzten Tatsachenverhandlung ohne Einschränkung zulässig, BGH FamRZ **89**, 155. Dagegen ist der Übergang von einer Gruppe zur anderen, also zB von der Feststellungsklage zum Scheidungs- oder zur Herstellungs- oder Aufhebungsklage (bzw umgekehrt), nur nach den für die Klagänderung geltenden Grundsätzen zulässig, also nur bei Einwilligung des Gegners oder Sachdienlichkeit, StJSchl 7, KG ZZP **56**, 194, str, aM Jauernig aaO, STr 3, ZöPh 4 (stets zulässig). In der Revisionsinstanz freilich läßt die Natur dieses Rechtsmittelverfahrens keine Klagänderung und auch keine neuen Tatsachen und Ansprüche zu.

Die Abweisung einer früheren Scheidungs- oder Aufhebungsklage hat keine Ausschlußwirkung; es gilt vielmehr insoweit nur die allgemeine Rechtskraftwirkung, § 322. Der Kläger (Antragsteller) darf also auch Umstände vorbringen, die ihm vor der Entscheidung des Vorprozesses bekanntgeworden waren, die er aber nicht vorgebracht hat, abw Bergerfurth Rn 270.

2   **B. Berufungsverfahren.** Die Einlegung der Berufung nur zu dem Zweck, Neues geltend zu machen, ist in EheS in gewissem Rahmen statthaft, Üb § 606 Rn 5 ff. Sie ist aber nicht zulässig, wenn die Partei alles erhalten hat, was sie beantragt hatte, StJSchl 9, mag auch die Begründung sie beschweren, Karlsr FamRZ **80**, 682. Für die Erhebung der Widerklage gilt § 530 I nicht, so daß es auf Einwilligung des Gegners oder Sachdienlichkeit nicht ankommt, hM, Karlsr FamRZ **99**, 454 mwN; die Widerklage (Gegenantrag) verlangt die Einlegung der Anschlußberufung, Ffm FamRZ **80**, 710. Der Übergang vom Scheidungsgegenantrag zum Aufhebungsgegenantrag ist möglich, Mü HRR **39**, 414, nicht dagegen der zweitinstanzliche Übergang vom Trennungsantrag (nach ausl Recht) zum Scheidungsantrag; Rn 1, Karlsr aaO.

**2) Zurückweisung verspäteten Vorbringens, II.** Wegen des Grundsatzes, I, daß neues Vorbringen nicht eingeschränkt wird, darf das Gericht den Parteien keine Fristen mit Ausschlußwirkung setzen, § 275 I 1, III u IV, und kein schriftliches Vorverfahren veranlassen, § 276. Unanwendbar sind auch alle Vorschriften, die ihrerseits diese Bestimmungen voraussetzen, ThP 3, zB § 277. Dagegen gelten § 273 II Z 1, StJSchl 13, die allgemeine Prozeßförderungspflicht, § 282 I u II, sowie die Sondervorschrift für Rügen der Unzulässigkeit der Klage, § 282 III, auch in EheS. Nicht rechtzeitiges Vorbringen darf nur nach § 615 I zurückgewiesen werden, s die dortigen Erläuterungen. Dies alles gilt auch für die Berufungsinstanz.

**612** *Mündliche Verhandlung, Versäumnisverfahren.* **I Die Vorschrift des § 272 Abs. 3 ist nicht anzuwenden.**

**II Der Beklagte ist zu jedem Termin, der nicht in seiner Gegenwart anberaumt wurde, zu laden.**

**III Die Vorschrift des Absatzes 2 ist nicht anzuwenden, wenn der Beklagte durch öffentliche Zustellung geladen, aber nicht erschienen ist.**

**IV Ein Versäumnisurteil gegen den Beklagten ist unzulässig.**

**V Die Vorschriften der Absätze 2 bis 4 sind auf den Widerbeklagten entsprechend anzuwenden.**

**1) Terminbestimmung, I.** § 272 III ist unanwendbar, da das Gesetz Ehesachen nicht als eilbedürftig anerkennt: Die Bestimmung, daß die mündliche Verhandlung so früh wie möglich stattfinden soll, paßt vor allem nicht ins Verbundverfahren, § 623, weil die Verhandlung über FolgeS vielfach Vorbereitungen nach Einschaltung Beteiligter voraussetzt, Ffm FamRZ **86**, 79, KG FamRZ **83**, 821 (abl Braeuer, vgl Burgard FamRZ **83**, 1044 u Jakobs FamRZ **83**, 1045). Nach § 216 II iVm § 624 III ist immer dann, wenn der Scheidungsantrag abweisungsreif ist (also FolgeS keine Bedeutung erlangen) oder eine Aussetzung zwecks Erhaltung der Ehe, § 614, in Betracht kommt, kurzfristig zu terminieren, Ditzen FamRZ **88**, 1010 (zum verfrühten Scheidungsantrag), Ffm aaO, KG FamRZ **85**, 1066. In keinem Fall darf darauf gewartet werden, daß FolgeS anhängig gemacht werden, Ffm aaO, Düss FamRZ **86**, 80. Die Pflicht zur Vorwegleistung der Prozeßgebühr, § 65 I GKG, gilt auch hier; s Anh § 271.

**2) Ladung des Beklagten, II u III**

**A. Ladung, II.** Abweichend von § 218 ist **der Beklagte (Antragsgegner) zu jedem Verhandlungstermin**, auch einem verkündeten, zu laden; dies gilt nicht für Verkündungstermine, in denen der Beklagte nichts ausführen kann. Die Ladung entfällt, wenn der Termin in Gegenwart des Beklagten (Antragsgegners) anberaumt worden ist. Nach allgemeinen Regeln genügt die Gegenwart des Prozeßbevollmächtigten, STr 3, str, aM wohl ZöPh 2. Unnötig ist die Ladung überall dort, wo die Bekanntmachung des Termins genügt, zB bei § 370.

**B. Nichterscheinen, III.** War die Ladung zum Termin öffentlich zugestellt, §§ 203 ff, und ist der Beklagte (Antragsgegner) **nicht erschienen**, so ist II unanwendbar. Er braucht in diesem Fall also nicht erneut (durch öffentliche Zustellung) geladen zu werden. Wird aber seine Anschrift nachträglich bekannt, so ist er neu zu laden, BayObLG HEZ **2**, 141.

**C. Widerbeklagter, V.** Das für die Ladung des Beklagten (Antragsgegners) Bestimmte, II u III, gilt entsprechend für den Widerbeklagten.

**D. Unterbleibt die Ladung des Beklagten** zur mündlichen Verhandlung, wie sie nötig ist, und ist der Beklagte im Termin nicht vertreten, so beginnt bei fehlender Zustellung des Urteils die Berufungsfrist nicht mit dem Ablauf von 5 Monaten nach der Verkündung, § 516 aE, vgl die dortigen Rn 10 ff, dazu Rimmelspacher F Schwab 1990 S 428 (der die Zustellung der Klagschrift oder die Einlassung auf das Verfahren genügen läßt).

**3) Versäumnisverfahren, IV u V** (Prütting ZZP **91**, 201).

**A. Allgemeines.** § 612 ordnet das Versäumnisverfahren in Ehesachen nicht abschließend, so daß auf die allgemeinen Vorschriften ergänzend zurückzugreifen ist, § 608 Rn 3. Nichtverhandeln steht auch hier dem Ausbleiben gleich. Über die Behandlung formfehlerhafter Urteile s Grdz § 511 Rn 26 ff.

**B. Säumnis des Klägers** (Antragstellers): Bei Feststellungsklagen iSv § 632 lautet das Versäumnisurteil auf Klagrücknahme, § 632 IV, sonst, also auch in Scheidungs- und Aufhebungssachen, nach §§ 330 ff wie gewöhnlich auf Zurückweisung, Hamm NJW **86**, 2061. Auch eine Aktenlageentscheidung ist möglich.

**C. Säumnis des Beklagten** (Antragsgegners): Ein Versäumnisurteil gegen den Beklagten in der EheS ist unzulässig, **IV**; die Vorschrift geht § 542 I vor (in ZPO-FolgeS, § 621 a Rn 1, ist dagegen eine Versäumnisentscheidung nicht ausgeschlossen, § 624 III, Schlesw FamRZ **92**, 839). Wohl aber kann das Gericht alle in seiner Macht stehenden Aufklärungsmaßnahmen treffen, also mit dem Kläger einseitig streitmäßig verhandeln, vorausgesetzt, daß die ordnungsmäßige Ladung des Beklagten, II u III, und die rechtzeitige Zustellung der Sachanträge, § 335 Z 3, feststehen. Der Beklagte (Antragsgegner) ist zu späteren Terminen zu laden. Zulässig ist auch eine Aktenlageentscheidung auf Grund des schriftlichen Vorbringens, aber kein Urteil, vgl § 331 a iVm IV, Levis ZZP **56**, 199.

**D. Säumnis beider Parteien:** Möglich, aber kaum zu empfehlen, ist eine Aktenlageentscheidung; sonst kommt das Ruhen des Verfahrens oder eine Vertagung in Betracht, § 251 a. Gegen ein streitmäßiges Urteil gibt es auch bei Säumnis einer oder beiden Parteien nur die Berufung.

**E. Versäumnisverfahren in höherer Instanz** (wegen der Zuständigkeit des Einzelrichters s § 524 III Z 3). Beklagter iSv II u IV ist stets der Beklagte 1. Instanz in der EheS, niemals der Rechtsmittelbeklagte als solcher.

**§§ 612, 613**  6. Buch. Verfahren in Familiensachen

Berufungsinstanz (Furtner JuS 62, 255): **a)** Säumnis des **Berufungsklägers:** Das Versäumnisurteil lautet auf Zurückweisung der Berufung, auch dort, wo er in 1. Instanz Beklagter war, § 542 I, BGH **46**, 304, Mü FamRZ **95**, 379, Prütting ZZP **91**, 201, beide mwN, und auch insoweit, als sich die Berufung auch gegen ein Verbundurteil über FGG-FolgeS, § 621 a, richtet, Mü FamRZ **95**, 379, Hamm RR **87**, 521, aM Stgt RR **97**, 1228 (TeilVersUrt); der Berufungsbeklagte kann nicht statt eines VersUrt ein Sachurteil zu seinen Gunsten erwirken, sofern schon einmal verhandelt worden ist, §§ 542 III, 331 a u 251 a II, weil IV diesen Fall nicht erfaßt, Hamm RR **87**, 521 mwN, RoSGo § 166 V 10 b, ZöPh 8 a, str, aM Kblz FamRZ **83**, 759, Hamm FamRZ **82**, 295; gegen den Berufungskläger (Beklagten) darf kein Versäumnisurteil ergehen, wenn der Kläger in der Berufungsinstanz die Klage geändert hat, da der Beklagte hier nicht durch seine Säumnis den neuen Klaggrund zugestehen kann, Saarbr OLGZ **66**, 554. **b)** Säumnis des **Berufungsbeklagten aa)** als Kläger (Antragsteller): Gegen ihn ist ein Versäumnisurteil nur zulässig, wenn es auf Grund des in 1. Instanz festgestellten Sachverhalts, bei dem § 617 beachtet wurde, ergeht, StJSchl 13, str, ZöPh 9, STr 8, Prütting ZZP **91**, 207, Schlesw SchlHA **91**, 81 mwN (kein Versäumnisurteil), Stgt NJW **76**, 2305 (§ 635 anzuwenden); bei einer Feststellungsklage gilt das in Rn 5 Gesagte. Sonst kann kein Versäumnisurteil gemäß § 542 II ergehen, und zwar wegen § 617; vielmehr ist einseitig streitig zu verhandeln; **bb)** als Beklagter: Hier kann wegen § 617 kein Versäumnisurteil ergehen, sondern nur eine einseitige Streitverhandlung stattfinden, vgl Hamm FamRZ **89**, 1102. – **In allen Fällen** ist eine Aktenlageentscheidung wie sonst zulässig, § 331 a, die aber nicht als Urteil gegen den Beklagten ergehen darf, Prütting ZZP **91**, 201.

**9**  **Revisionsinstanz: a)** Säumnis des Revisionsklägers: Das Versäumnisurteil lautet auf Zurückweisung der Revision; **b)** Säumnis des Revisionsbeklagten (Klägers 1. Instanz): § 331 ist anzuwenden, falls, vgl § 617, der Tatbestand des Berufungsurteils den Antrag rechtfertigt, StJSchl 15, aM Prütting ZZP **91**, 208 (kein Versäumnisurteil, sondern streitmäßiges Urteil auf Grund von § 561).

**10**  **4) Widerklage, V.** Das Versäumnisverfahren bei der Widerklage ist dasselbe wie bei der Klage: **a) In 1. Instanz** ist nach dem in Rn 5–7 Gesagten zu verfahren; ist die Klage oder die Widerklage entscheidungsreif, die andere Partei aber säumig, so kann, obwohl ein Teil entscheidungsreif ist, erst entschieden werden, wenn es auch der andere Teil ist, Einf § 610 Rn 4. **b) In 2. Instanz: aa)** Ist nur wegen der Klage oder nur wegen der Widerklage Berufung eingelegt, so ist ein Versäumnisurteil gegen den Kläger zulässig. Über die Notwendigkeit der einheitlichen Entscheidung s Einf § 610 Rn 3 ff; die erstinstanzliche Entscheidung ist notfalls in die Formel aufzunehmen. **bb)** Ist wegen Klage und Widerklage Berufung eingelegt, so kann ein Versäumnisurteil nur gegen den Berufungskläger ergehen, wenn er als Kläger und Widerbeklagter oder als Beklagter und Widerkläger unterlegen ist, nicht aber gegen den Berufungsbeklagten, Jena HRR **29**, 441. Bei Berufung beider Parteien ist kein Versäumnisurteil möglich, weil es niemals gegen den Berufungsbeklagten als Beklagten ergehen darf, Bre NJW **56**, 108, und auch ein Teilversäumnisurteil wegen des Grundsatzes der einheitlichen Entscheidung unzulässig ist.

**613** *Anhörung und Vernehmung der Parteien.* **I** ¹Das Gericht soll das persönliche Erscheinen der Ehegatten anordnen und sie anhören; es kann sie als Parteien vernehmen. ²Sind gemeinschaftliche minderjährige Kinder vorhanden, hört das Gericht die Ehegatten auch zur elterlichen Sorge an und weist auf bestehende Möglichkeiten der Beratung durch die Beratungsstellen und Dienste der Träger der Jugendhilfe hin. ³Ist ein Ehegatte am Erscheinen vor dem Prozeßgericht verhindert oder hält er sich in so großer Entfernung von dessen Sitz auf, daß ihm das Erscheinen nicht zugemutet werden kann, so kann er durch einen ersuchten Richter angehört oder vernommen werden.

**II** Gegen einen zur Anhörung oder zur Vernehmung nicht erschienenen Ehegatten ist wie gegen einen im Vernehmungstermin nicht erschienenen Zeugen zu verfahren; auf Ordnungshaft darf nicht erkannt werden.

**Vorbem.** I 2 mWv 1. 7. 98 eingefügt durch Art 6 Z 11 KindRG, vgl Einf § 606 Rn 11. (Schrifttum: Büttner FamRZ **98**, 591).

**1**  **1) Allgemeines, I u II** (Göppinger JB **76**, 1429). Die Vorschrift ergänzt § 141 für das Verfahren in EheS in beiden Tatsacheninstanzen (FamGer u OLG). Hier soll das Gericht **das persönliche Erscheinen der Ehegatten anordnen und sie anhören, I**, um den Sachverhalt aufzuklären, § 141 I, oder auch aus anderen Gründen, namentlich um sie über die Tragweite der Scheidung und ihre Folgen zu unterrichten, vgl § 625 I 2, und ggf auch auf eine gütliche Erledigung hinzuwirken, § 279, vor allem aber auch zu dem Zweck, über die besonders wichtigen Ehe- und FolgeS nicht zu entscheiden, ohne aus der persönlichen Äußerungen der Parteien einen unmittelbaren Eindruck gewonnen zu haben, KG AnwBl **89**, 680. Deshalb kommt es auf die anwaltliche Vertretung oder die Einlassung der Partei für ihre Anhörung nicht an, MüKo-Walter 5, StJSchl 5, Ambrock 1 b, Rolland 4. Die Vernehmung stellt keine mdl Verh iSv § 269 I dar, Zweibr RR **97**, 833 mwN.

**2**  Das Gericht kann einen oder beide Gatten auch förmlich **als Partei vernehmen**, §§ 450 ff, **I 1.** Die Vernehmung gibt ihm Gelegenheit, vAw Ermittlungen anzustellen, § 616. Eine Beweisaufnahme ist nicht die Vernehmung; für sie gelten § 616 II u III, vgl AG Landstuhl FamRZ **95**, 931. Welche Art der Aufklärung bezweckt wird, ist durch das Protokoll klarzustellen, vgl BGH FamRZ **69**, 82. Angehört und vernommen werden kann auch ein Prozeßunfähiger, BGH **LM** § 619 Nr 4.

Die Anhörung berührt die prozessuale Stellung der Beteiligten nicht; insbesondere führt sie nicht dazu, daß die Rücknahme der Klage (des Scheidungsantrags) danach der Einwilligung der Gegenpartei bedürfte, § 626 Rn 1.

1. Abschnitt. Allgemeine Vorschriften für Verfahren in Ehesachen **§ 613**

Für FolgeS, § 623, gilt § 613 nicht. Insbesondere scheidet eine zwangsweise Vorführung von Beteiligten hier aus, Hbg FamRZ **83**, 409.

**2) Anhörung und Vernehmung, I** 3

**A. Allgemeines.** Das Gericht hat **persönliches Erscheinen der Parteien idR anzuordnen und sie anzuhören**, Hamm FamRZ **96**, 1156, ist aber dazu nicht in jedem Fall verpflichtet, vgl BGH RR **94**, 644 (Sollvorschrift), **I** 1; wird ohne triftigen Grund davon abgesehen, hat das keine prozessualen Folgen (Art 103 GG wird in diesem Fall nicht verletzt, weil die Ehegatten andere Möglichkeiten haben, sich Gehör zu verschaffen), aM Hamm aaO. Die Anordnung muß unterbleiben, wenn die Partei ernsthaft und endgültig erklärt hat, daß sie zur Aussage nicht bereit ist, Hbg MDR **97**, 596, str (zustm Schneider MDR **97**, 781), oder wenn dies als sicher vorauszusehen ist, Hamm RR **98**, 1459; etwas anderes gilt, wann das Gericht Grund zu der Annahme hat, sie umstimmen zu können. Ist die Trennungszeit, § 1566 II BGB, zweifelsfrei verstrichen, ist die Anordnung entbehrlich, wenn nicht streitige FolgeS anhängig sind, Köln FF **98**, 59 (Anm Rausch), vgl ZöPh 4 mwN. Entsprechendes gilt im Fall der einverständlichen Scheidung, § 630. Die Anhörung darf jedenfalls dann unterbleiben, wenn der Ehegatte sie durch mehrfaches unendschuldigtes Fernbleiben verhindert hat, Hamm FamRZ **99**, 1091.

Wenn **gemeinschaftliche minderjährige Kinder** vorhanden sind, hört das Gericht die Ehegatten auch zur elterlichen Sorge an und weist sie auf die nach § 17 SGB VIII bestehenden Beratungsmöglichkeiten hin, **I** 2. Diese Neuerung gegenüber dem bis zum 30. 6. 98 geltenden Recht beruht darauf, daß seit dem 1. 7. 98 das Gericht über die elterliche Sorge (abgesehen von dem Fall des § 1666 BGB) nur auf Antrag einer Partei zu entscheiden hat, § 623, vgl BT-Drs 13/8511 S 78; es ist gehalten, die Parteien über die rechtlichen Folgen ihrer Entscheidung aufzuklären, einen solchen Antrag nach §§ 1671, 1672 BGB zu stellen oder zu unterlassen (Fortbestand der gemeinsamen Sorge). Daraus folgt, daß die Anhörung zur elterlichen Sorge auch und gerade dann geboten ist, wenn ein diese Frage betreffender Antrag nicht gestellt ist, es sei denn, beide Parteien sind anwaltlich vertreten und lehnen eine Äußerung strikt ab, s o. Die Hinweise auf § 17 SGB VIII sind dann schriftlich zu geben, vgl Büttner FamRZ **98**, 591. Nur wenn eine FolgeS nach § 621 I Z 1 anhängig ist, muß ggf das **Kind** angehört werden, § 621 a I iVm § 50 b FGG, dazu Bergmann/Gutdeutsch FamRZ **99**, 422.

Dagegen richtet sich die Anordnung der **Parteivernehmung** nach den dafür geltenden Vorschriften. „Kann" stellt nicht in das Ermessen des Gerichts; vielmehr muß es die Parteivernehmung beschließen, § 450, wenn es sich Gewißheit über einen erheblichen, entweder bestrittenen oder nach § 616 vAw zu ermittelnden Umstand verschaffen will. Auf die Voraussetzungen der §§ 445–448 kommt es dabei nicht an, vgl § 617. Vielmehr darf das Gericht eine oder beide Parteien nach seinem Ermessen vernehmen.

**B. Verfahren: a)** Die Anordnung wird, soweit nicht § 273 II Z 3 eingreift, durch **Beschluß** des Gerichts 4 getroffen (§ 450 II gilt nicht). Die **Ladung** zum Erscheinen ist vAw stets der Partei mitzuteilen, § 141 II sinngem; in ihr muß auf die Folgen des Ausbleibens, II, hingewiesen werden, § 141 III 3 sinngem. Auch sollte der Partei mitgeteilt werden, warum sie geladen wird, Rn 3, Schneider MDR **97**, 781. Eine Vertretung, § 141 III 2, ist hier ausgeschlossen. Die Ladung zur Parteivernehmung ist vAw zuzustellen, § 450 I 2.

**b)** Die Anhörung erfolgt ebenso wie die Vernehmung **in der mündlichen Verhandlung** auch ohne 5 anwaltliche Vertretung der Partei, oben Rn 1. Sie darf beim OLG idR nicht durch den Einzelrichter erfolgen, § 524 II. Die andere Partei hat das Recht, bei der Anhörung anwesend zu sein, wenn nicht besondere Gründe ihre Ausschließung fordern, vgl Ffm FamRZ **94**, 1401. Für die Vernehmung gelten die §§ 451–453 (ohne § 452 III, § 617). Wegen des Protokolls s §§ 160 III Z 4 u 161: bei einem Verstoß gegen diese Vorschriften ist das Urteil auch ohne Revisionsrüge aufzuheben, BGH **40**, 84. Eine fehlerhafte Anhörung durch das FamGer kann in der Berufungsinstanz geheilt werden, Schlesw FamRZ **91**, 97.

**c)** Eine **Übertragung auf den ersuchten Richter**, I 2, ist nur zulässig, wenn die Partei am Erscheinen 6 vor dem Prozeßgericht überhaupt verhindert ist, zB wegen Krankheit, oder wenn ihr das Erscheinen wegen großer Entfernung nicht zugemutet werden kann (abweichend von § 141 I entbindet ein sonstiger wichtiger Grund nicht von der Pflicht zum Erscheinen). Mittellosigkeit gehört nicht hierher, BGH NJW **75**, 1125; Reisekosten sind ggf von der Staatskasse zu tragen, Hartmann Anh I § 18 ZSEG. „Kann" ist auch hier nicht als Ermessen zu verstehen, sondern als Ermächtigung; von ihr ist idR Gebrauch zu machen, es sei denn, daß es auf den unmittelbaren persönlichen Eindruck für die Entscheidung nicht ankommt, vgl Maurer 241. Im Ersuchen des Prozeßgerichts muß der Gegenstand der Anhörung hinreichend deutlich formuliert werden, ohne daß es der genauen Bezeichnung von aufzuklärenden Tatsachen bedarf, KG RR **90**, 586 mwN; bei Ersuchen um Parteivernehmung ist dagegen ein Beweisbeschluß erforderlich, vgl KG aaO. Zu der Frage, ob im Hinblick auf § 23 b III GVG ein Richter auf Probe das Ersuchen erledigen darf, vgl Bergerfurth FamRZ **82**, 564, verneinend STr 5. Die Beiordnung eines RA durch das Gericht entspr § 121 III kommt in Betracht, wenn besondere Umstände sie rechtfertigen, Köln FamRZ **91**, 349.

Dies alles gilt für das Inland. Bei einer im Ausland wohnenden Partei kann die Anhörung im Wege der Rechtshilfe nach I 1 geboten sein, Köln FF **98**, 58 (Anm Rausch), Hamm NJW **89**, 2204, zustm Geimer.

**d) Gebühren:** Bei Gericht entstehen keine Gebühren; der RA erhält eine $^{1}/_{1}$-Gebühr, § 31 I Z 3 7 BRAGO, mit Anordnung der Anhörung oder Vernehmung.

**3) Ordnungsmittel, II.** Gegen einen zur Anhörung oder Vernehmung nicht erschienenen Ehegatten ist 8 wie gegen einen ausgebliebenen Zeugen zu verfahren, jedoch darf auf Ordnungshaft nicht erkannt werden, auch nicht ersatzweise. Ordnungsmittel zur Erzwingung einer Erklärung oder Aussage sind ausgeschlossen, Hbg MDR **97**, 596. Bei Ausbleiben sind der Partei die Kosten aufzuerlegen und ist gegen sie ein Ordnungsgeld zu verhängen, das, wie auch wiederholt geschehen kann, § 380. Die Verhängung ist auch dann zulässig, wenn die Partei sich nicht eingelassen hat, Düss FamRZ **81**, 1096, KG NJW **70**, 287, aM Celle NJW **70**, 1698, setzt aber stets die ordnungsgemäße Ladung und damit die Einhaltung der Ladungsfrist voraus, Zweibr FamRZ **82**, 1097. Bei wiederholtem Ausbleiben ist auch die zwangsweise Vorführung zulässig, § 380 II.

Die Entscheidung ergeht durch Beschluß, § 380. Gegen ihn ist **Beschwerde** zulässig, die aufschiebende Wirkung hat, § 572. Wegen des Unterbleibens und der Aufhebung von Ordnungsmitteln s § 381 (dazu Karlsr LS FamRZ **93**, 1470, Bbg MDR **82**, 585), wegen der Befugnisse des ersuchten Richters s § 400.

## § 614

**614** *Aussetzung.* ¹Das Gericht soll das Verfahren auf Herstellung des ehelichen Lebens von Amts wegen aussetzen, wenn es zur gütlichen Beilegung des Verfahrens zweckmäßig ist.

II ¹Das Verfahren auf Scheidung soll das Gericht von Amts wegen aussetzen, wenn nach seiner freien Überzeugung Aussicht auf Fortsetzung der Ehe besteht. ²Leben die Ehegatten länger als ein Jahr getrennt, so darf das Verfahren nicht gegen den Widerspruch beider Ehegatten ausgesetzt werden.

III Hat der Kläger die Aussetzung des Verfahrens beantragt, so darf das Gericht über die Herstellungsklage nicht entscheiden oder auf Scheidung nicht erkennen, bevor das Verfahren ausgesetzt war.

IV ¹Die Aussetzung darf nur einmal wiederholt werden. ²Sie darf insgesamt die Dauer von einem Jahr, bei einer mehr als dreijährigen Trennung die Dauer von sechs Monaten nicht überschreiten.

V Mit der Aussetzung soll das Gericht in der Regel den Ehegatten nahelegen, eine Eheberatungsstelle in Anspruch zu nehmen.

1  1) **Allgemeines** (Heintzmann FamRZ 75, 377, Theile DRiZ 78, 81). Die allgemeinen Vorschriften über die Aussetzung, §§ 148 ff, 246 ff, gelten auch in EheS, ebenso diejenigen über das Ruhen des Verf, § 251, Karlsr NJW **78**, 1388, Schlosser IPrax **83**, 286. Ihnen fügt § 614 weitere Aussetzungsgründe für Herstellungs- und Scheidungsverfahren, § 606 Rn 2 ff, hinzu, dh für die Fälle, in denen eine Aufrechterhaltung der Ehe im öffentlichen Interesse liegt. Daher gilt § 614 nicht für Feststellungsverfahren (mit Ausnahme der Klage, nicht zur Herstellung verpflichtet zu sein, Hamm FamRZ **57**, 53), auch nicht für das Aufhebungsverfahren und demgemäß nicht für ein dort hilfsweise erhobenes Scheidungsbegehren.

Eine Aussetzung nach § 614 ist in allen Instanzen zulässig, nicht nur beim FamGer, solange die Höchstdauer, IV, nicht ausgeschöpft ist. Die AnO des Ruhens des Verfahrens, § 251, wird durch § 614 nicht ausgeschlossen, Karlsr NJW **78**, 1388, darf aber im Hinblick auf § 623 nicht auf den verfrüht erhobenen Scheidungsantrag beschränkt werden, KG FamRZ **78**, 34 (gegen das Ruhen des Verfahrens bei voreiligem Scheidungsantrag Bergerfurth Rn 71).

2  2) **Aussetzung von Amts wegen, I, II.** Ohne Antrag des Klägers (Antragstellers) soll das Gericht ein Herstellungsverfahren aussetzen, wenn es zur gütlichen Beilegung des Verfahrens zweckmäßig ist, **I**, ein Scheidungsverfahren, wenn nach seiner freien Überzeugung Aussicht auf Fortsetzung der Ehe besteht, **II**. Die Entscheidung ist nicht in das Ermessen des Gerichts gestellt: Die Sollvorschrift bedeutet, daß es aussetzen muß, wenn es die Voraussetzungen nach seiner freien Überzeugung für gegeben hält (Beurteilungsermächtigung), wozu es keiner Feststellung nach allgemeinen Beweisgrundsätzen bedarf; dafür, daß die Ehe noch zu retten ist, müssen aber konkrete Anhaltspunkte vorliegen, Düss FamRZ **78**, 609.

**Nicht ausgesetzt** werden darf ein Scheidungsverfahren, wenn die Gatten länger als ein Jahr getrennt leben, § 1567 BGB, und beide der Aussetzung widersprechen, **II 2**, weil dann vom Scheitern der Ehe auszugehen ist, § 1566 I BGB. Eine Aussetzung vAw ist trotz der Vermutung des § 1565 II BGB auch bei mehr als dreijähriger Trennung zulässig, aber dann, wenn der Antragsteller ihr widerspricht, nur ausnahmsweise sinnvoll, Brüggemann FamRZ **77**, 11.

3  3) **Aussetzung auf Antrag des Klägers (Antragstellers), III.** Ein Herstellungs- oder Scheidungsverfahren muß das Gericht auf Antrag des Klägers aussetzen, mag es das für zweckmäßig halten oder nicht; es darf auch nicht statt dessen das Ruhen des Verfahrens nach § 251 a anordnen, KG FamRZ **81**, 582. Kläger ist auch der Antragsteller im Scheidungsverfahren, § 622. Auf einen Widerspruch des Gegners kommt es nicht an, und zwar auch dann nicht, wenn die Gatten länger als 3 Jahre getrennt leben, krit Heintzmann FamRZ **75**, 378. Der Antrag unterliegt dem Anwaltszwang, § 78 II Z 1.

**Nicht auszusetzen** ist aber, wenn das Ansuchen mißbräuchlich ist, zB die Erlangung wirtschaftlicher Vorteile bezweckt, oder wenn der Antragsteller selbst unter keinen Umständen zur Fortsetzung der Ehe bereit ist, Bre FamRZ **77**, 399, Düss FamRZ **74**, 311, oder wenn der einseitige Scheidungsantrag abweisungsreif ist, weil etwa das Begehren verfrüht erhoben worden ist, Schlesw SchlHA **91**, 82, Bbg FamRZ **84**, 897, StJSchl 12. Das gleiche gilt, wenn auch der Gegner die Scheidung begehrt (bei bloßer Zustimmung, § 630 I Z 1, genügt der Antrag des Antragstellers, StJSchl 10), es sei denn, hinsichtlich des Scheidungsbegehrens des Antragsgegners liegen die Voraussetzungen von II 1 vor, LG Bonn NJW **72**, 1056 mwN.

4  4) **Dauer und Wiederholung der Aussetzung, IV.** Die Aussetzung darf insgesamt die Dauer von 1 Jahr nicht überschreiten, gleichgültig, wie lange die Ehe besteht und ob die Gatten getrennt leben; lediglich bei einer mehr als dreijährigen Trennung beträgt die Höchstdauer der Aussetzung 6 Monate, **IV 2**. Innerhalb der Höchstdauer bestimmt das Gericht den Zeitraum der Aussetzung nach pflichtgemäßem Ermessen. Eine Abkürzung ist nicht zulässig, wohl aber die Aufhebung der Antragsaussetzung, III, auf Antrag des Klägers, und der Amtsaussetzung, I u II, vAw (ggf auf Anregung einer Partei), jedoch beides nur wegen veränderter Umstände.

Die einmalige Wiederholung der Aussetzung ist zulässig, **IV 1**, aber nur bis zur Gesamthöchstdauer. Ihre AnO erfolgt vAw, I u II, oder auf Antrag des Klägers, III.

5  5) **Verfahren, I–IV, V**
**A. Aussetzung.** Durch konkret zu begründenden Beschluß, Düss FamRZ **78**, 609, auf Grund mündlicher Verhandlung oder im Verfahren nach § 128 II darf wegen der notwendigen Einheitlichkeit der Entscheidung, Einf § 610 Rn 3 ff, nur das ganze Verfahren ausgesetzt werden, und zwar für einen festzusetzenden Zeitraum, oben Rn 4; bei einer Häufung von Scheidungs- und Aufhebungsbegehren ist sie also ausgeschlossen, nicht dagegen bei wechselseitigen Scheidungsbegehren, STr 8, und auch nicht bei einer Häufung von Scheidungs- und Herstellungsverfahren, oben Rn 1. Zuständig ist das Gericht der Instanz, also das FamGer, solange keine Berufung eingelegt ist. Mit der Aussetzung soll das Gericht den Parteien nahelegen, eine **Eheberatungsstelle** in Anspruch zu nehmen, **V**, dazu Theil DRiZ **78**, 81; trotz der

# 1. Abschnitt. Allgemeine Vorschriften für Verfahren in Ehesachen §§ 614–616

Bedeutung einer solchen Beratung für die Aufrechterhaltung der Ehe hat der Gesetzgeber es bei einer bloßen Empfehlung ohne Sanktionen bewenden lassen.

**B. Rechtsbehelfe.** Sie richten sich nach § 252: gegen die Aussetzung des Verfahrens ist die einfache **6** Beschwerde gegeben, gegen die Ablehnung des Antrags des Klägers, III, die sofortige Beschwerde; bei einer Aussetzung nach II ist ein Ehegatte, der selbst keinen Scheidungsantrag stellt, mangels Beschwer nicht beschwerdeberechtigt, Karlsr FamRZ **98**, 1606. Hat das FamG durch Endurteil über die Aussetzung entschieden, kann dagegen Berufung eingelegt werden, Köln RR **96**, 582 mwN. Die Ablehnung einer Anregung des Beklagten, das Verfahren vAw auszusetzen, I u II, ist unanfechtbar, Düss NJW **73**, 232.

**6) Wirkungen der Aussetzung.** Sie ergeben sich aus § 249, BGH NJW **77**, 717 zu § 620 aF (eine **7** während der Aussetzung eingelegte Berufung ist wirksam, § 249 II). Dies gilt auch in den Fällen von III. Daß hier lediglich kein Urteil ergehen dürfe, Oldb NJW **69**, 102, ist mit dem Zweck der Aussetzung schwerlich vereinbar, da gerade die Vertiefung der Gegensätze durch weitere Schriftsätze und/oder eine Beweisaufnahme verhindert werden soll, vgl Bergerfurth Rn 71, Rolland Rn 15. Deshalb darf auch in FolgeS keine Verhandlung stattfinden, § 623, solange der Verbund besteht; auch eine Vorwegentscheidung über die elterliche Sorge nach § 627 ist ausgeschlossen. In dringenden Fällen hilft eine einstwAnO, § 620, die auch während der Aussetzung zulässig ist, Celle NdsRpfl **75**, 71.

Eine förmliche Aufnahme des Verfahrens, § 250, nach Ablauf der Aussetzung ist nicht nötig, etwaige Fristen beginnen ohne weiteres wieder zu laufen, BGH **LM** § 249 Nr 2. Aber das Betreiben des Verfahrens nach Aussetzung ist Sache der Parteien, weil ein Tätigwerden des Gerichts vAw dem Sinn des § 614 widersprechen würde, Düss FamRZ **78**, 920, STr 13, Bergerfurth Rn 77. Eine neue Klage ist unzulässig, mag auch das Verfahren jahrelang nicht betrieben worden sein, BGH FamRZ **67**, 460.

**615** *Zurückweisung verspäteten Vorbringens.* **I** Angriffs- und Verteidigungsmittel, die nicht rechtzeitig vorgebracht werden, können zurückgewiesen werden, wenn ihre Zulassung nach der freien Überzeugung des Gerichts die Erledigung des Rechtsstreits verzögern würde und die Verspätung auf grober Nachlässigkeit beruht.

**II** §§ 527, 528 sind nicht anzuwenden.

**1) Allgemeines.** In Ergänzung von § 611 regelt § 615 die Zurückweisung verspäteten Vorbringens. Er **1** tritt in allen EheS, § 606 Rn 2 ff, an die Stelle von § 296, Prütting ZZP **98**, 155. Diese Abweichung rechtfertigt sich aus der Erwägung heraus, daß Beschränkungen des Vorbringens ohnehin nicht eingreifen können, soweit nach § 616 der Ermittlungsgrundsatz gilt und nach § 617 hinsichtlich anderer Tatsachen eine Geständniswirkung ausgeschlossen ist. Hinzu kommt, daß ein Eheverfahren grundsätzlich keiner Beschleunigung unterliegt, § 612 Rn 1, und daß in diesem Verfahren, vor allem in Scheidungssachen, die Parteien mit Rücksicht auf ihre enge Bindung Prozeßmaterial aus guten Gründen zurückhalten können. Daher wird ein Vorbringen nur insoweit ausgeschlossen, als es nötig ist, um grob nachlässige Verzögerungen des Verfahrens zu verhindern.

**2) Zurückweisung in 1. Instanz, I.** Im Eheverfahren können neue Klaggründe bis zum Schluß der **2** mündlichen Verhandlung vorgebracht werden, ebenso neue Begehren und Widerklagen (Gegenanträge), § 611. Demgemäß erstreckt sich I nur auf solche Angriffs- und Verteidigungsmittel, § 282 Rn 5 ff, die sich nicht auf neue Klaggründe beziehen, es sei denn, sie werden nach deren Einführung zurückgehalten, StJSchl 4. Sie sind nicht rechtzeitig vorgebracht, wenn die Partei ihrer Prozeßförderungspflicht nach § 282 I u II nicht nachkommt. Ihre Zurückweisung regelt I übereinstimmend mit § 296 II, vgl die dortigen Erläuterungen Rn 61 ff. Ausgeschlossen ist eine Zurückweisung von Angriffs- und Verteidigungsmitteln, hinsichtlich derer das Gericht an den Beibringungsgrundsatz gebunden ist, oben Rn 1. Überhaupt ist in EheS die Möglichkeit der Zurückweisung zurückhaltend zu nutzen.

**3) Zurückweisung in 2. Instanz, II.** Für das Verfahren vor dem OLG gelten §§ 527 u 528 nicht, so daß **3** insofern eine Zurückweisung nur nach I in Frage kommt (auch iRv § 519). Anwendbar ist dagegen § 529 I (verspätetes Vorbringen von verzichtbaren Rügen der Unzulässigkeit der Klage). Unanwendbar aber ist § 530 I, obwohl in I nicht genannt: Wegen des Grundsatzes der Einheitlichkeit der Entscheidung ist eine Widerklage (Gegenantrag) in 2. Instanz unbeschränkt zulässig, § 611 Rn 3, STr 4.

**4) Zurückweisung verspäteten Vorbringens in FolgeS.** Ist eine Scheidungssache mit FolgeS ver- **4** bunden, § 623, gilt § 615 nur für die Scheidungssache. Soweit auf FolgeS die Vorschriften der ZPO anzuwenden sind, § 621a Rn 1, also in den Fällen des § 621 I Z 4, 5 u 8, gelten die allgemeinen Vorschriften, insbesondere § 296. Verspätetes Vorbringen kann allerdings die Erledigung nur dann verzögern, wenn dadurch der Abschluß aller im Verbund stehenden Verfahren hinausgeschoben wird, weil über sie grundsätzlich zusammen mit der Scheidungssache einheitlich durch Urteil entschieden werden muß, § 629 I.

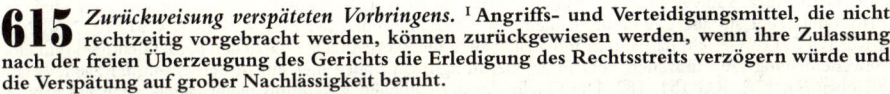

**616** *Amtsermittlungen.* **I** Das Gericht kann auch von Amts wegen die Aufnahme von Beweisen anordnen und nach Anhörung der Ehegatten auch solche Tatsachen berücksichtigen, die von ihnen nicht vorgebracht sind.

**II** Im Verfahren auf Scheidung oder Aufhebung der Ehe oder auf Herstellung des ehelichen Lebens kann das Gericht gegen den Widerspruch des die Auflösung der Ehe begehrenden oder

§ 616

ihre Herstellung verweigernden Ehegatten Tatsachen, die nicht vorgebracht sind, nur insoweit berücksichtigen, als sie geeignet sind, der Aufrechterhaltung der Ehe zu dienen.

III Im Verfahren auf Scheidung kann das Gericht außergewöhnliche Umstände nach § 1568 des Bürgerlichen Gesetzbuchs nur berücksichtigen, wenn sie von dem Ehegatten, der die Scheidung ablehnt, vorgebracht sind.

**1) Allgemeines**

**A. Regelungszweck.** § 616 ergänzt den § 617. In demselben Umfang, in dem § 617 die Parteiherrschaft und den Beibringungsgrundsatz einschränkt, greift der Ermittlungsgrundsatz ein. Dabei sind die in Einf § 610 Rn 2 genannten Gruppen von Ehesachen zu unterscheiden, unten Rn 3 u 4. Das in I verwendete Wort „kann" bezeichnet die Befugnis des Gerichts und zugleich seine Verpflichtung: es hat im Rahmen des Verfahrensgegenstandes (und in Scheidungssachen unter Bindung an den vorgetragenen Tatbestand, StR 12, str) alle Ermittlungen anzustellen, die Erfolg versprechen, und eine Unterlassung ist revisibel, soweit durch die Ermittlung ein anderes Ergebnis erzielt werden könnte (Eheerhaltung). In der Berufungsinstanz zieht die Anfallwirkung, § 525, Grdz § 511 Rn 1 ff, dem § 616 Grenzen; war zB auf Antrag und Gegenantrag geschieden und legt nur der Gegner Berufung ein, so sind neue Tatsachen zum Gegenantrag nicht zu prüfen, RG **126**, 302, Einf § 610 Rn 6. Das Revisionsgericht darf überhaupt nicht ermitteln, soweit es um die Sache selbst geht, weil es insofern keine neuen Tatsachen berücksichtigen darf.

**B. Gehör der Parteien.** Zu allen Punkten, bei denen das Gericht ermittelt, sind vor oder nach der Beweisaufnahme die Parteien zu hören, soweit sie durch einen RA vertreten sind, weil sonst ein rechtliches Gehör unmöglich wäre. Dabei genügt die Gelegenheit zur Äußerung. Ein Verstoß ist Revisionsgrund. Die Aufklärungs- und Hinweispflichten, §§ 139 u 278 III ZPO, gelten auch und gerade in EheS, Ffm FamRZ **85**, 823.

**2) Grundsatz,** ISoweit nicht die Einschränkung durch II u III eingreift, erstreckt sich in allen EheS das Ermittlungsrecht auf alle Umstände, namentlich auf das Bestehen der Ehe, Zweibr RR **97**, 1227 mwN, s § 622 Rn 5. Das Gericht darf also grundsätzlich auch nichtvorgebrachte Tatsachen berücksichtigen und eine Beweiserhebung vAw anordnen, aber in der Berufungsinstanz auch hier nur, soweit es mit der Sache befaßt ist, oben Rn 1, 2, RG **151**, 182. Die Quelle der gerichtlichen Erkenntnis bleibt gleich, auch ein privates Wissen des Gerichts (nicht nur eines einzelnen Richters) genügt. Über die Parteivernehmung vgl § 613 Rn 3 ff, wegen der Ausübung der Fragepflicht vgl § 139. Dies gilt uneingeschränkt für Ehefeststellungsklagen, § 632; ihnen sind Aufhebungsklagen, § 631, wegen Doppelehe gleichzustellen, unten Rn 4 aE.

**3) Scheidungs-, Aufhebungs- und Herstellungsklagen, II und III**

**A. Allgemeines, II.** Bei diesen Klagen tritt die Unterscheidung zwischen ehefeindlichen und ehefreundlichen Tatsachen zutage. Freilich erstreckt sich das Ermittlungsrecht grundsätzlich auch auf ehefeindliche Tatsachen, dies aber nur dort, wo die Eheauflösung erstrebende oder die Herstellung verweigernde Partei nicht widerspricht, vgl auch § 617 Rn 1. Ein Widerspruch der Partei liegt schon dann vor, wenn sie ihrerseits Tatsachen behauptet, die mit den ehefeindlichen Tatsachen unvereinbar sind, vgl BGH NJW **80**, 1335, § 640 d Rn 1. Widerspricht sie, so darf das Gericht ausschließlich ehefreundliche Tatsachen berücksichtigen. Dahin gehören zB das Bestehen der häuslichen Gemeinschaft, § 1567 BGB, die Erwartung einer Wiederherstellung der Lebensgemeinschaft, § 1565 BGB, und das Interesse der Kinder, § 1568 BGB. Insbesondere sind alle tatsächlichen Voraussetzungen für die Einhaltung der Trennungsfristen, § 1566 BGB, unter Ausschöpfung des Ermittlungsgrundsatzes festzustellen, so daß das Gericht sich auch insoweit nicht mit übereinstimmenden Angaben der Parteien begnügen darf, Theile DRiZ **77**, 275, StR 5. Eine Erleichterung der sog verdeckten Konventionalscheidung würde dem mit § 630 verfolgten Schutzzweck zuwiderlaufen, StJSchl 8. Stets, auch bei Widerspruch nach II, darf das Gericht aus allen Tatsachen ehefreundliche rechtliche Entscheidungsfolgerungen ziehen. Parteivereinbarungen über das Verfahren, etwa die Ausschaltung eines Beweismittels, binden das Gericht nur, soweit sie sich auf ehefeindliche Tatsachen beziehen, StJSchl 13. Dies alles gilt grundsätzlich auch für Entscheidungen, die im Verbund, § 623, ergehen; jedoch lassen sich die Grenzen der Verwertbarkeit dann oft nur schwer ziehen, vgl § 624 Rn 1.

Besonderes gilt für die Aufhebungsklage wegen **Doppelehe**, § 631 iVm §§ 1314 I BGB und § 1303 BGB, vgl Jauernig § 91 II 9. Wenn die erste Ehe noch besteht, muß § 616 verfassungskonform dahin ausgelegt werden, daß II nicht gilt: Art 6 gebietet nicht die Aufrechterhaltung der Doppelehe, sondern den Schutz der früher geschlossenen Ehe, BGH FamRZ **86**, 880. Deshalb muß es hier bei der Regel, I, bleiben (die bis zum 30. 6. 98 für die Nichtigkeitsklage wegen Bigamie galt).

**B. Härteklausel in Scheidungssachen, III.** Abweichend von II darf das Gericht außergewöhnliche Umstände, auf Grund derer die Scheidung für den sie ablehnenden Gatten eine schwere Härte darstellen würde, nach § 1568 BGB nur berücksichtigen, wenn dieser Gatte sie vorgebracht hat. Also gibt es insofern keine Ermittlung vAw, weil es Sache des Gatten ist, die Scheidung seiner an sich gescheiterten Ehe zu verhindern. Über die Möglichkeit der Berufung auf die Härteklausel ist er aber vom Gericht zu belehren, wenn er keinen Prozeßbevollmächtigten oder Beistand, § 625, hat. Die Einschränkung nach III gilt nicht für die Aufrechterhaltung der Ehe im Interesse gemeinsamer Kinder, § 1568 BGB, so daß hier vollen Umfangs vAw zu ermitteln ist, StJSchl 7, oben Rn 4 u 7.

**C. Anwaltszwang.** Alle ehefreundlichen Tatsachen kann die Partei selbst vorbringen, ebenso kann sie Beweisanträge, soweit sie der Aufrechterhaltung der Ehe dienen, ohne anwaltliche Vertretung stellen, StR 5. Auch die Berufung auf die Härteklausel untersteht als eine der Aufrechterhaltung der Ehe dienende Prozeßhandlung nicht dem Anwaltszwang, StR 6, Maurer 295, ZöPh 6, str, vgl Bergerfurth AnwZwang Rn 331 mwN.

1586           *Albers*

**617** *Einschränkung der Parteiherrschaft.* **Die Vorschriften über die Wirkung eines Anerkenntnisses, über die Folgen der unterbliebenen oder verweigerten Erklärung über Tatsachen oder über die Echtheit von Urkunden, die Vorschriften über den Verzicht der Partei auf die Beeidigung der Gegenpartei oder von Zeugen und Sachverständigen und die Vorschriften über die Wirkung eines gerichtlichen Geständnisses sind nicht anzuwenden.**

**1) Allgemeines.** § 617 regelt die Beschränkung der Parteiherrschaft. Den Beibringungsgrundsatz, Grdz § 128 Rn 20 u 21, läßt er im allgemeinen unberührt; insofern können die Parteien über den Streitstoff verfügen, mithin auch auf Klaggründe verzichten. Sonst aber besteht eine Einschränkung mit Rücksicht auf den auch öffentlich-rechtlichen Charakter der Ehe. Über Vergleiche s unten Rn 4, über Rechtsmittelverzichte s unten Rn 5.  **1**

**2) Anerkenntnis, Verzicht.** Ein in Ehesachen abgegebenes Anerkenntnis wirkt niemals nach § 307, sondern ist immer frei zu würdigen, § 286. Ein Anerkenntnisurteil ist undenkbar, BGH NJW **94**, 2697; auch § 93 ist unanwendbar.  **2**

Der Verzicht auf den Klaganspruch, § 306, ist zulässig, eine Zustimmung des Gegners dafür nicht erforderlich; in der Rücknahme des Scheidungsantrags, § 626 Rn 1, liegt kein Verzicht, aM AG Holzminden FamRZ **97**, 1214 (abl Henrich). Bei der Feststellungsklage kann der Verzicht nur die Wirkung äußern, daß die Klage als zurückgenommen gilt, vgl § 632 IV, RoSGo § 165 VI 8 b. Der Verzicht auf den Scheidungsanspruch schließt die erneute Geltendmachung des Scheidungsbegehrens auf Grund neuer Tatsachen nicht aus, BGH NJW **86**, 2046, zustm Richter JR **87**, 17. Der Verzicht, nachdem gegen die Abweisung des Antrags ein Rechtsmittel eingelegt worden ist, bedeutet regelmäßig die Rücknahme dieses Rechtsmittels; er ist auch dann möglich, wenn nur die andere Partei Berufung eingelegt hat, Oldb JZ **52**, 566. Ein Verzichtsurteil setzt den Antrag des Beklagten voraus. In diesem Fall erfolgt auch keine Erledigungserklärung durch Urteil auf Antrag des Klägers.

**3) Andere Fälle.** Weiter ist die Parteiherrschaft ausgeschlossen für **a)** die Folgen des Unterbleibens oder der Verweigerung einer Erklärung über Tatsachen oder über die Echtheit einer Urkunde, §§ 138, 439; das Unterlassen und die Weigerung sind frei zu würdigen; **b)** den Verzicht auf die Beeidigung der Gegenpartei, § 452 III, weil damit die Parteiaussage den Wert einer eidlichen Aussage erhielte; **c)** den Verzicht auf die Beeidigung von Zeugen und Sachverständigen, §§ 391 und 410, aus demselben Grunde wie zu b). Ein Verstoß gegen die Belehrungspflicht des § 383 II ist auch hier heilbar. Wegen schriftlicher Zeugenbekundungen s § 377 Rn 8. Ein schriftliches Gutachten, wie nach § 411, ist zulässig, RG HRR **33**, 1255. Schließlich ist die Parteiherrschaft auch ausgeschlossen für **d)** das gerichtliche Geständnis, § 288; es ist frei zu würdigen. Aus § 617 ergibt sich, daß eine urkundenbeweisliche Verwertung von Erklärungen aus dem Verfahren der Prozeßkostenhilfe, § 118 II, nur beschränkt statthaft ist, vgl Ffm JW **36**, 2163.  **3**

**4) Vergleich und Rechtsmittelverzicht**  **4**

**A. Vergleich** (Göppinger/Börger, Vereinbarungen anläßlich der Ehescheidung, 7. Aufl 1998). Er ist bei Scheidungs- und Aufhebungsklagen zulässig: **a)** zur Beendigung des Verfahrens, also zB über die Rücknahme der Klage bzw des Antrags oder eines Rechtsmittels oder eine Erledigungserklärung bei Aussöhnung, StJSchl 6; **b)** über das weitere Verfahren, zB über die Rücknahme der Widerklage bzw des Gegenantrags oder die Beschränkung des Vortrags auf bestimmte Gründe, oben Rn 1, § 616 II, vgl BGH **41**, 166; **c)** im übrigen, namentlich hinsichtlich der Folgen der Scheidung, in einem (schon durch den Antrag auf Protokollierung des Vergleichs eingeleiteten) Verfahren § 620, StJSchl 8–10.

Hinsichtlich der Kosten des Eheverfahrens ist ein Vergleich Vollstreckungstitel, § 794 I Z 1, in den zu a) genannten Fällen, nicht dagegen bei einem Teilvergleich über einzelne FolgeS, StJSchl 16, und auch nicht bei Beschränkung auf den Kostenpunkt, BGH **5**, 251, LG Hannover NdsRPfl **70**, 174, ebensowenig bei einer Protokollierung nach Rechtskraft, BGH **15**, 190; dagegen ist der Vergleich Vollstreckungstitel hinsichtlich der Kosten bei seiner Protokollierung nach einem Urteil, sofern er einen Rechtsmittelverzicht enthält, Bbg JB **75**, 630, oder auch bei Rechtsmittelverzicht unmittelbar nach seiner Protokollierung, Mü MDR **76**, 406. In allen anderen Fällen ergeht eine Kostenentscheidung nach § 93 a, StJSchl 16. Wegen der Gebühren des RA vgl § 36 I BRAGO.

**B. Rechtsmittelverzicht**, § 514. Er fällt nicht unter § 617, sondern ist auch in Ehesachen grundsätzlich unbeschränkt zulässig, BGH NJW **74**, 1248, Zweibr FamRZ **94**, 1045, vgl § 629a Rn 9 u 25. Aus Erwägungen, die mit dem Wesen der Ehe zusammenhängen, bestehen aber mehrfache Einschränkungen: **a)** Ein vorheriger Verzicht untersteht ganz dem bürgerlichen Recht, § 514 Rn 1, STr § 618 Rn 5. Er muß mit Rücksicht auf die Einheitlichkeit der Entscheidung und die Möglichkeit, daß in Ehesachen auch der nichtbeschwerte Ehegatte ein Rechtsmittel zum Zwecke der Aufrechterhaltung der Ehe einlegen kann, beiderseitig sein, vgl BGH **4**, 314, Zweibr FamRZ **94**, 1045. **b)** Der Verzicht nach Ergehen eines Urteils macht das trotzdem eingelegte Rechtsmittel unzulässig, s unten, STr § 618 Rn 6. Ist der Verzicht gegenüber dem Gericht erklärt, so ist er vAw zu berücksichtigen, BGH **27**, 61; es handelt sich um eine unwiderrufliche Prozeßhandlung, Hamm FamRZ **95**, 944 mwN. Der Verzicht ist nicht schon dann unwirksam, wenn er, wie auch eine Rechtsmittelrücknahme, zu einer dem Gesetz widersprechenden Lösung der Ehe führt, BGH NJW **68**, 794. Der nachherige Verzicht kann auch dem Gegner gegenüber erklärt werden, gibt aber lediglich eine Einrede, macht also das Urteil nicht schon vor Ablauf der Rechtsmittelfrist rechtskräftig, BGH ZZP **66**, 148, Hbg MDR **67**, 766, aM Düss NJW **65**, 403, das auch solche Urteile (schwerlich zu Recht, Wüstenberg NJW **65**, 699) den vermögensrechtlichen Gestaltungsurteilen gleichstellt, vgl auch Habscheid NJW **65**, 2339.  **5**

Die Prozeßvollmacht ermächtigt auch hier zum Verzicht. Wegen der Form s § 514 Rn 5 ff (zum AnwZwang in den neuen Bundesländern s Vorbem § 78 u Grdz § 606 Rn 7). Die Gegeneinrede, daß eine außergerichtliche Erklärung ohne Zuziehung eines RA auf einer schwerwiegenden Beeinträchtigung der freien Entschließung beruhe, ist zulässig, BGH NJW **68**, 794.

§§ 618, 619     6. Buch. Verfahren in Familiensachen

**618** *Zustellung und Beginn der Rechtsmittelfrist.* § 317 Abs. 1 Satz 3 gilt nicht für Urteile in Ehesachen.

1  **1) Grundsatz.** Für die Zustellung aller Urteile in EheS, gleich welcher Art, gelten die allgemeinen Vorschriften: sie sind beiden Parteien vAw zuzustellen, § 270 I, jedoch verkündete Versäumnisurteile gegen den Kläger, § 612 IV, nur ihm, § 317 I 1. Für Urteile in EheS gilt § 317 I 3 nicht. Der Vorsitzende darf die Zustellung eines verkündeten Urteils nicht auf Antrag der Parteien hinausschieben, weil die dem Vorschrift zugrundeliegende Erwägung, den Parteien vor Einlegung eines Rechtsmittels Gelegenheit zu Vergleichsverhandlungen zugeben, für EheS nicht zutrifft. Wegen anderer FamS s § 621 c, wegen der Entscheidungen im Verbund s § 629 Rn 2–4.

2  **2) Zustellung.** Zuzustellen, oben Rn 1, ist ggf den Prozeßbevollmächtigten, § 176, der Verwaltungsbehörde in den Fällen der §§ 631 u 632, nicht aber dem gewöhnlichen Streithelfer, soweit er in EheS vorhanden ist. Wegen der Zustellung von Verbundurteilen an weitere Beteiligte s § 629 Rn 2. Die Zustellung setzt für jeden Beteiligten die Rechtsmittelfrist besonders in Lauf. Eine Parteizustellung ist hier, wie auch sonst, wirkungslos. Zu benachrichtigen ist das Standesamt, MiZi VII Z 4, ggf auch das Vormundschaftsgericht bzw andere FamGer.

**619** *Tod einer Partei.* Stirbt einer der Ehegatten, bevor das Urteil rechtskräftig ist, so ist das Verfahren in der Hauptsache als erledigt anzusehen.

1  **1) Erledigung durch Tod.** Der Tod eines Gatten vor Rechtskraft des Scheidungsurteils erledigt jeden Eheprozeß in der Hauptsache, wobei die Rechtskraft nach § 629a zu beurteilen ist, so daß § 629a III beachtet werden muß, Zweibr RR 98, 147. Die mit einem statthaften, aber unzulässigen Rechtsmittel angefochtene Entscheidung wird erst mit der Rücknahme des Rechtsmittels oder der Rechtskraft der das Rechtsmittel verwerfenden Entscheidung rechtskräftig, GmS NJW 84, 1027. Sofern die Scheidungsurteil eines OLG mit Verkündung rechtskräftig wird, § 705 Rn 8, kann nach seinem Erlaß keine Erledigung eintreten, Hamm NJW 78, 382; das gleiche gilt, wenn der Tod eintritt, nachdem der Scheidungsausspruch durch Rechtsmittelverzicht, § 629a Rn 9, rechtskräftig geworden ist, BGH NJW 84, 2829.
Die Erledigung **hat zur Folge**, daß das verkündete, aber noch nicht rechtskräftige Urteil ohne weiteres in der Hauptsache wirkungslos wird, BGH NJW 81, 686 mwN. Die Erledigung erstreckt sich auch auf die Entscheidung über die FolgeS Versorgungsausgleich, BGH NJW 81, 686 (offengelassen, ob dies auch für andere FolgeS gilt oder eine solche FolgeS entsprechend § 626 II als selbständige FolgeS fortgeführt werden kann, dafür STr 5 mwN, vgl § 626 Rn 6); tritt der Tod nach Rechtskraft des Scheidungsausspruchs ein, kann (und muß) das Versorgungsausgleichsverfahren gegen den Erben fortgesetzt werden, BGH FamRZ 85, 1241, NJW 84, 2830. Eine einstwAnO aus § 620 tritt mit dem Tod eines Gatten außer Kraft, § 620 f.

2  Eines besonderen **Beschlusses über die Wirkungslosigkeit** bedarf es nicht, Saarbr FamRZ 85, 89, Ffm FamRZ 81, 192. Jedoch kann bei Zweifeln über die Voraussetzung das Rechtsschutzbedürfnis für einen solchen Beschluß gegeben sein, zB wenn das Scheidungsurteil verkündet und zugestellt ist, Hamm FamRZ 95, 101, und idR hinsichtlich der FolgeS Versorgungsausgleich (auf Antrag ist hier die Erledigung des Versorgungsausgleichsverfahrens durch Beschluß festzustellen, Karlsr RR 96, 773, Zweibr FamRZ 95, 619 mwN, aM Saarbr FamRZ 85, 89); zuständig dafür ist das Gericht, das das Urteil erlassen hat, aM Ffm FamRZ 90, 296 (für eine isolierte FamS: das Gericht, bei dem die Sache anhängig ist. Bei Abweisung des Scheidungsantrags ist ein Rechtsschutzbedürfnis für einen solchen Beschluß nicht gegeben, Bbg FamRZ 84, 302. Nach einhelliger Meinung ist gegen ein wirkungslos gewordenes Urteil ein Rechtsmittel nicht zulässig, und zwar auch dann nicht, wenn damit nur die Wirkungslosigkeit festgestellt werden soll, BGH NJW 81, 686, Zweibr FamRZ 80, 716.
Die Wirkungslosigkeit erstreckt sich nicht auf die Entscheidung über die **Kosten**, so daß insofern eine Fortsetzung des Verfahrens zulässig ist, BGH FamRZ 82, 156 mwN. Über die Kosten ist nicht nach § 91 a, sondern auch bei FolgeS nach § 93 a zu entscheiden, und zwar auch dann, wenn die Erledigung in der Rechtsmittelinstanz eintritt, BGH FamRZ 83, 683 u 86, 253, hM, aM Nürnb NJWE-FER 97, 117, Karlsr RR 96, 773, Bbg FamRZ 95, 1074, ZöPh 6 u 7, ferner abw Bbg FamRZ 84, 302 für den Fall, daß der Scheidungsantrag durch Prozeßurteil abgewiesen worden ist.

3  **Zulässig** nach dem Tod eines Gatten ist eine Prozeßabweisung, vgl BGH FamRZ 88, 1159 mwN, ebenso die Verwerfung eines Rechtsmittels als unzulässig nach dem Tod des Gegners, BGH NJW 74, 368, desgleichen die Zurücknahme der Klage nach dem Tode des Beklagten vor der 1. mündlichen Verhandlung, Mü NJW 70, 1799, weil es in allen diesen Fällen beim Fortbestehen der Ehe bleibt, STr 3. Demgemäß kann umgekehrt die Berufung gegen ein die Scheidung aussprechendes Urteil nach dem Tod eines Ehegatten nicht mehr wirksam zurückgenommen werden, Kblz FamRZ 80, 717. Soweit die Ehe vermögensrechtliche, namentlich erbrechtliche oder familienrechtliche Wirkungen auch im Bestehen streitig ist, kann auch nach dem Tod eines Gatten in einem neuen Prozeß festgestellt werden, ggf auf Zwischenantrag. Eine Fortsetzung des Eheverfahrens ist auch insofern unzulässig.

4  **§ 619 ist vAw zu beachten**, so daß der Tod eines Gatten vom Gericht ohne Bindung an das Parteivorbringen zu prüfen ist, RG HRR 32, 1611. Das Verfahren wird nach § 239 unterbrochen, wenn nicht der Fall des § 246 I vorliegt, BGH NJW 81, 686; eine Aussetzung nach dieser Vorschrift kommt nicht in Betracht, Schlesw SchlHA 74, 103.
In **KindschS** gilt § 619 nach Maßgabe der §§ 640 I, 640 g, s dortige Erl. Auf **andere FamS** ist § 619 nicht anzuwenden, auch nicht auf eine nach Rechtskraft des Scheidungsausspruchs fortgeführte FolgeS. Hier kommt ein Ausspruch über die Erledigung des Verf durch Erlöschen des materiellen Anspruchs in Betracht, Ffm FamRZ 90, 296 (betr VersAusgl).

**2) Wiederaufnahme.** Für eine Wiederaufnahme, §§ 578 ff, gegen ein Scheidungs- oder Aufhebungs- 5
urteil ist nach dem Tod eines Ehegatten kein Raum, weil eine neue Sachentscheidung nicht ergehen kann,
BGH **43**, 239, MüKoWalter 10, STr 6, RoSGo § 165 V 14 b, str, aM Blomeyer § 120 VII 3 unter Hinweis
darauf, daß bei einem im Wiederaufnahmeverfahren ergangenen abweichenden Scheidungsurteil die Ehe
erst durch den Tod aufgelöst wäre, was Bedeutung für die die Wiederaufnahme betreibenden Erben hätte;
dagegen Jauernig FamRZ **61**, 101, der die Erben nicht für die richtige Partei in einem solchen Wieder-
aufnahmestreit hält. Auch eine Wiederaufnahme wegen der Kosten ist nicht zulässig, da § 99 I entsprechend
anzuwenden ist, BGH **43**, 244. Das gleiche gilt für die Wiederaufnahme einer Feststellungsklage auf
Bestehen oder Nichtbestehen der Ehe, MüKoWalter 10, str. Dagegen ist bei einer Nichtigkeitsklage die
Wiederaufnahme durch oder gegen den Staatsanwalt hinsichtlich des überlebenden Gatten statthaft, § 636,
MüKoWalter aaO.

### Einführung zu §§ 620–620 g
### Einstweilige Anordnungen

**1) Allgemeines** (Gießler, Vorläufiger Rechtsschutz in Ehe-, Familien- und Kindschaftssachen, 2. Aufl 1
1993; Wendl/Staudigl, Das Unterhaltsrecht in der familienrichterlichen Praxis, 4. Aufl 1997, S 1016;
Bergerfurth, Der Ehescheidungsprozeß und die anderen Eheverfahren, 11. Aufl 1998, Rn 93 ff; Rahm VI;
Bernreuther FamRZ **99**, 69).

§§ 620–620 g geben die Möglichkeit zum Erlaß einstweiliger Anordnungen in jedem Eheprozeß, soweit
die deutschen Gerichte zur Entscheidung zuständig sind. Sie schützen insoweit auch Ausländer (s auch
Art 14 EGBGB). Zweck der einstwAnO ist es, für die Dauer des Verf in einer EheS eine beide Seiten
befriedigende, jederzeit abänderbare Regelung zu treffen, um zusätzliche gerichtliche Auseinandersetzungen
und damit verbundene weitere Belastungen der Verfahrensbeteiligten nach Möglichkeit zu vermeiden,
BVerfG FamRZ **80**, 872.

Entspr anwendbar sind die §§ 620 a–620 g in Verfahren nach § 621 I Z 4, 5 oder 11, § 644; s dortige Erl.

**A. Verhältnis zu anderen Verfahren** (Bernreuther FamRZ **99**, 69; Gießler FPR **98**, 111; Hampel FPR 2
**98**, 114; vgl auch § 940 Rn 3 ff, Stichwort „Ehe, Familie"). Grundsätzlich kommt es darauf an, ob sich das
Verf nach den §§ 620 ff und das andere Verf nach Einfachheit, Schnelligkeit und Kostenaufwand eindeutig
unterscheiden, zugleich aber die Verfahrensergebnisse im wesentlichen gleichwertig sind, BGH NJW **82**,
2562, Bre FamRZ **82**, 1034 mwN. Daraus ergibt sich:

Eine **einstwVfg** aus den §§ 935, 940 ist in FGG-FamS überhaupt nicht und in ZPO-FamS nicht 3
zulässig, sobald und solange eine Ehesache anhängig ist, in der nach § 620 eine inhaltlich gleiche einstw-
AnO ergehen darf, allgM, Gießler 376, Hassold FamRZ **81**, 1036, BGH FamRZ **84**, 767 u **79**, 473, Kblz
FamRZ **97**, 1412, Karlsr FamRZ **89**, 523, vgl § 620 a Rn 5, § 621 f Rn 1 sowie § 940 Rn 3, 4 u 20 ff
(einschränkend Kblz RR **89**, 904 u Düss FamRZ **86**, 75 bei nachträglichem Anhängigwerden einer EheS,
ferner AG Witten FamRZ **85**, 820). Ein Antrag auf einstwVfg ist ggf umzudeuten, Bra FamRZ **96**, 1223.
Eine zuvor ergangene einstwVfg ist auf Widerspruch jedenfalls bei entsprechendem Willen der Parteien
in ein Verfahren nach § 620 überzuleiten und der Widerspruch als Antrag nach § 620 b zu behandeln,
solange das FamGer nicht eine die Instanz beendende Entscheidung erlassen hat, Karlsr FamRZ **95**, 1424
u **89**, 523, Düss FamRZ **85**, 298 u **82**, 408, aM (ua aus kostenrechtlichen Gründen) Hbg FamRZ **82**,
409 mwN, Hamm FamRZ **80**, 160; ein etwaiges Berufungsverfahren ist fortzusetzen (keine Überleitung),
Karlsr NJW **95**, 1908 mwN, hM. Fehlt es in 1. Instanz an der Zustimmung der Parteien zur Überleitung,
ist das Verfahren der einstwVfg fortzusetzen und der Antrag ggf als unzulässig zu verwerfen, Düss FamRZ
**87**, 497. Zur Ablehnung einer einstwVfg wegen Versäumung der Möglichkeiten aus § 620 vgl Hamm
FamRZ **85**, 411. Für **Unterhaltsansprüche** gilt das gleiche, Hampel FPR **98**, 114; vgl Erl zu §§ 641 d
u 644. Unberührt bleibt die Zulässigkeit einer einstwVfg nach § **1615 o** BGB, Büdenbender ZZP **110**, 36.

Hinsichtlich des Unterhalts und des Kostenvorschusses hat eine Partei grundsätzlich die **Wahl zwischen** 4
**Klage und einstwAnO** und darf beide Verfahren nebeneinander betreiben, hM, BGH NJW **79**, 1508, KG
FamRZ **87**, 841, beide mwN, Hbg FamRZ **89**, 198, MüKoKl 12 (weitergehend). Jedoch fehlt der Klage
idR das Rechtsschutzbedürfnis nicht nur dann, wenn im Verfahren über eine einstwAnO ein abschließender
Vergleich geschlossen, Schlesw SchlHA **81**, 112, sondern auch dann, wenn die AnO erlassen worden ist, bis
zur Höhe des darin festgesetzten Betrages, KG FamRZ **83**, 620, aM Ffm FamRZ **81**, 65, Zweibr FamRZ
**80**, 1041, offengelassen von Saarbr FamRZ **79**, 537; zumindest darf in einem solchen Fall für die Klage
Prozeßkostenhilfe idR nicht bewilligt werden, § 114 Rn 113 („EinstwAnO, Vfg"). Wegen der Vollstrek-
kungsabwehrklage und der leugnenden Feststellungsklage bzw Leistungsklage vgl § 620 b Rn 4. Die Sicherung künftiger Unterhaltsansprüche durch Arrest steht dem FamGer zu, wenn es Gericht der Hauptsache ist,
§ 621 Rn 5 aE, aber in jedem Fall dem Erlaß einer einstwAnO aus § 620 nicht entgegen. Wegen des
Verhältnisses zur einstwVfg s oben Rn 2, 3.

Soweit die einstwAnO reicht, ist dem sonst zuständigen **FamGer** die nach materiellem Recht von ihm zu 5
treffende Entscheidung entzogen, Brüggemann FamRZ **77**, 12. Der Einleitung oder Fortführung eines
isolierten FGG-Verfahrens steht nicht entgegen, daß in einem Scheidungsverfahren anhängig ist (oder wird) und
in ihm die Möglichkeit besteht, die elterliche Sorge oder den Umgang mit dem Kind nach § 620 zu regeln,
BGH NJW **82**, 2561 mwN, Zweibr RR **96**, 1158, Saarbr FamRZ **89**, 530, Hbg FamRZ **90**, 642, **88**, 523 u
**82**, 722 mwN, Karlsr FamRZ **88**, 1187 mwN, Hamm FamRZ **88**, 1186, str, aM Karlsr FamRZ **79**, 1044,
Düss FamRZ **78**, 806, vgl Schlüter/König FamRZ **82**, 1164. Auch die Anhängigkeit eines Verfahrens nach
§ 620 steht einer entsprechenden vorläufigen FGG-Verfahren nicht entgegen, BGH FamRZ **82**, 788, KG
FamRZ **95**, 629, Ffm FamRZ **94**, 178 mwN, str. Ebenso bleibt die Einleitung eines selbständigen Verf nach
der HausratsVO möglich, Finger NJW **87**, 1003, Düss FamRZ **95**, 561, Zweibr FamRZ **88**, 86, Köln

FamRZ **86**, 703. Eine im isolierten FGG-Verf getroffene endgültige Regelung kann nicht nach § 620 geändert werden, Hbg FamRZ **88**, 635, Hamm LS FamRZ **88**, 411 mwN, KG FamRZ **85**, 722; eine dort erlassene erstinstanzliche Eilregelung bleibt unberührt: das Verf wird nicht etwa in das Verf nach § 620 übergeleitet, so daß über ein Rechtsmittel im bisherigen Verf zu entscheiden ist, Bre FamRZ **82**, 1033, Bbg FamRZ **90**, 645 (das aber § 620 c entspr anwenden will).

**6** In **isolierten Verfahren nach FGG** sind Eilmaßnahmen nach den jeweils maßgeblichen Vorschriften zulässig, vgl Göppinger AcP **169**, 513 mwN, BGH FamRZ **78**, 886. Dies gilt auch dann, wenn daneben wahlweise das Verf nach § 620 zur Verfügung steht, Gießler 317 a, STr Rn 9 vor § 620, also zB in Sorgerechtssachen, Zweibr RR **96**, 1158, Ffm FamRZ **94**, 178 u **83**, 91 (zustm Luthin).

**7** **B. Prozeßkostenhilfe** (Schrifttum: Wax FamRZ **85**, 10). Die Bewilligung für den Eheprozeß umfaßt den Antrag aus § 620 nicht, Karlsr FamRZ **87**, 1166 u **85**, 1274, Bbg FamRZ **86**, 701 mwN, MüKoKl § 620 a Rn 36, Bergerfurth AnwZwang Rn 343, ZöPh § 624 Rn 9, str, aM StJSchl § 620 g Rn 4, Maurer 225 (Erstreckung entspr § 624 II auf einstwAnO wegen elterlicher Sorge). Die gesonderte Bewilligung unter Beiordnung eines RA ist aber grundsätzlich geboten, v. Stosch-Diebitsch NJW **75**, 152, Bbg FamRZ **79**, 527, Düss NJW **75**, 936, da für die EheS Anwaltszwang besteht, § 78 II Z 1, und in Scheidungssachen das Gericht notfalls einen Beistand beiordnen muß, also ohnehin idR ein RA tätig wird; vgl auch § 624 Rn 3–4. Die gesonderte Bewilligung darf ggf auch nicht an § 115 III scheitern, so daß nach Gewährung von PKH für die Scheidungssache idR nur die Erfolgsaussichten des Antrags auf einstwAnO zu prüfen sind, Wax FamRZ **85**, 11, Düss FamRZ **82**, 1096, es sei denn, die Partei ist im Zeitpunkt der Entscheidung über den Antrag nicht mehr mittellos, Karlsr FamRZ **85**, 1274, abw Schneider MDR **81**, 799. Die Bewilligung für das Verf nach § 620 umfaßt ohne weiteres auch ein etwaiges späteres Änderungsverf nach § 620 b, Hamm MDR **83**, 847.

**8** **2) Anspruch auf Anordnung.** Wenn § 620 sagt: „das Gericht kann regeln", so stellt er damit die Entscheidung nicht in das freie Ermessen: falls eine einstwAnO zulässig und notwendig ist, muß das Gericht sie erlassen; es hat aber hinsichtlich ihrer Notwendigkeit, § 620 Rn 6, einen Beurteilungsspielraum, MüKoKl § 620 Rn 8, Maurer 892, StJSchl § 620 Rn 14 (unter der Bezeichnung „pflichtmäßiges Ermessen") und hinsichtlich der Ausgestaltung im einzelnen einen Handlungsspielraum, zB bei der Bestimmung eines Anfangs- und Endzeitpunktes, vgl van Els FamRZ **90**, 581 mwN. Im Verfahren richtet sich die Prozeßfähigkeit nach § 607; der beschränkt Geschäftsfähige darf aber Zahlung nur an seinen gesetzlichen Vertreter verlangen.

## 620 Einstweilige Anordnungen. Das Gericht kann im Wege der einstweiligen Anordnung auf Antrag regeln:

1. die elterliche Sorge für ein gemeinschaftliches Kind;
2. den Umgang eines Elternteils mit dem Kinde;
3. die Herausgabe des Kindes an den anderen Elternteil;
4. die Unterhaltspflicht gegenüber einem minderjährigen Kinde;
5. das Getrenntleben der Ehegatten;
6. den Unterhalt eines Ehegatten;
7. die Benutzung der Ehewohnung und des Hausrats;
8. die Herausgabe oder Benutzung der zum persönlichen Gebrauch eines Ehegatten oder eines Kindes bestimmten Sachen;
9. die Verpflichtung zur Leistung eines Kostenvorschusses für die Ehesache und Folgesachen.

**Vorbem.** S 2 mWv 1. 7. 98 aufgehoben durch Art 6 Z 12 KindRG, vgl Einf § 606 Rn 11.

**Schrifttum:** *Gießler*, Vorläufiger Rechtsschutz in Ehe-, Familien- und Kindschaftssachen, 2. Aufl 1993; *ders* FPR **98**, 103; *Eckebrecht* MDR **95**, 9 u 114; *van Els*, Die Schutzschrift in Verfahren vor dem FamGer, FamRZ **96**, 651.

### Gliederung

| | |
|---|---|
| 1) Allgemeines ............................. 1–5 | A. Allgemeines ........................... 15, 16 |
| 2) Voraussetzungen ...................... 6 | B. Einzelheiten ........................... 17 |
| 3) Elterliche Sorge ........................ 7–9 | C. Unterhaltsklage ..................... 18 |
|    A. Allgemeines ........................... 7 | 9) Benutzung der Ehewohnung und des Hausrats |
|    B. Einzelheiten ........................... 8, 9 |    A. Allgemeines ............................. 19 |
| 4) Regelung des Umgangs ............. 10 |    B. Einzelheiten ............................. 20–23 |
| 5) Herausgabe des Kindes ............. 11 |    C. Verhältnis zu anderen Rechtsbehelfen. 24 |
| 6) Unterhaltspflicht gegenüber einem Kinde ......... 12, 13 | 10) Herausgabe persönlicher Sachen ..... 25 |
|    A. Allgemeines ........................... 12 | 11) Leistung eines Prozeßkostenvorschusses ........ 26–30 |
|    B. Einzelheiten ........................... 13 |    A. Allgemeines ............................. 26 |
| 7) Getrenntleben ........................... 14 |    B. Einzelheiten ............................. 27–29 |
| 8) Unterhalt eines Ehegatten ......... 15–18 |    C. Vorschußklage ......................... 30 |

**1** **1) Allgemeines**

**A. Regelungsgegenstand.** § 620 regelt den Gegenstand einer einstwAnO abschließend, jedoch ohne Einengung auf den Wortlaut: eine einstwAnO darf auch in solchen Angelegenheiten erlassen werden, die in

1. Abschnitt. Allgemeine Vorschriften für Verfahren in Ehesachen  **§ 620**

untrennbarem Zusammenhang mit einem der Tatbestände des § 620 stehen. Dazu gehören wegen des Zusammenhangs mit Z 5 und 7 etwa Anträge auf Untersagung von Belästigungen, Bedrohungen und Mißhandlungen, str, wie hier MüKoKl 68 u 74, StJSchl 7, Brudermüller FamRZ **87**, 114 mwN, Karlsr FamRZ **84**, 184 mwN, aM Düss FamRZ **95**, 184 (aber nach Schaffung des FamGer gehören auch diese Verfahren in seine Hand), ferner wegen des Zusammenhangs mit Z 5 und 7 auch Anträge auf ein Verbot des Wegschaffens von Hausrat oder ein Gebot auf dessen Rückschaffung, MüKoKl 76, Brudermüller aaO, aM Bülow/Stössel MDR **78**, 465, sowie Anträge auf ein Veräußerungsverbot, Gießler 855, abw AG Bensheim FamRZ **97**, 185.

**§ 620 enthält eine prozessuale Regelung**, begründet dagegen keine materiellrechtlichen Ansprüche, **2** MüKoKl 10, str, differenzierend STr 2. Demgemäß entscheidet immer dann, wenn durch einstwAnO Ansprüche geregelt werden sollen, das jeweils anzuwendende materielle Recht, ob und ggf mit welchem Inhalt die AnO erlassen werden darf, so daß insofern nach IPR ausländisches Recht anzuwenden sein kann, Hamm NJW **77**, 1597, vgl Goerke FamRZ **74**, 75; näheres bei den einzelnen Bestimmungen (zu der abweichenden Lage bei Z 8 vgl unten Rn 25). Deutsches Recht ist in diesen Fällen nur dann anwendbar, wenn Art 6 EGBGB eingreift oder die Ermittlung des ausländischen Rechts so zeitraubend ist, daß die einstw AnO nicht in angemessener Zeit erlassen werden könnte, MüKoKl 11, Mankowski/Kerfack IPrax **90**, 374 mwN (abw StJSchl 2, Hamm aaO: in diesem Fall freie Interessenabwägung), differenzierend Kreuzer NJW **83**, 1943; vgl § 293 Rn 9. **Neben die einstwAnO nach § 620** treten die einstwAnOen nach § 621 f, s dort, und nach § 3 a IX 3 VAHRG über die Zahlung der Ausgleichsrente im Verfahren über den sog verlängerten schuldrechtlichen Versorgungsausgleich, für die nach § 3 a IX 1 VAHRG das FamGer zuständig ist. Nach § 3 a IX 4 VAHRG ist die Entscheidung unanfechtbar; i ü gelten §§ 620 a bis 620 g entspr, dazu Hahne Rn 38 (in Johannsen/Henrich, EheR).

**B. Einstweilige Maßnahmen über § 620 hinaus** dürfen nur durch einstwVfg bzw einstwAnO nach **3** FGG oder HausratsVO von dem für die Hauptsache zuständigen Gericht getroffen werden, vgl Einf Rn 2 ff. Beispiele: Wenn die EheS noch nicht anhängig isV § 620 a II 1 ist, Zweibr FamRZ **83**, 1254 (vgl auch unten Rn 24), oder wenn eine Regelung nicht zwischen Ehegatten getroffen werden soll, aber auch dann, wenn es sich um andere als die in Z 7 u 8 genannten Gegenstände handelt, Düss NJW **67**, 453, oder um die Sicherung des Eigentums im Hinblick auf eine künftige Auseinandersetzung, Schlesw SchlHA **49**, 132, um die Wiedereinräumung des Mitbesitzes, Hamm MDR **77**, 58, um das Verbot der Veräußerung eines Grundstücks, Mü FamRZ **69**, 151, um die Zuteilung eines Sparkassenguthabens, Kiel SchlHA **84**, 79, um die Betätigung im Betrieb des anderen Gatten, Brschw NdsRpfl **57**, 152 u ä. Umgekehrt ist im Bereich des § 620 kein Raum für eine einstwVfg, Einf Rn 3, jedoch können in FGG-Hauptverfahren Eilmaßnahmen auch dort getroffen werden, Einf Rn 5, zB kann bei Anhängigkeit der EheS eine einstwAnO nach § 13 IV HausratsVO ergehen, unten Rn 24. Vgl i ü § 644 Rn 1, § 940 Rn 3 u 4 sowie Rn 20 ff.

**C. Anwendbar ist § 620 in jeder Ehesache**, § 606 Rn 2. Notwendig ist die Anhängigkeit einer EheS **4** bzw eines PKH-Verfahrens im Inland, Karlsr IPrax **85**, 106, zustm Henrich IPrax **85**, 89. Die EheS kann eine solche zwischen Ausländern sein, also auch eine Trennungsklage, Üb § 606 Rn 1, Karlsr FamRZ **84**, 184; die Zuständigkeit nach § 606 a braucht dabei noch nicht festzustehen, Hbg DAVorm **83**, 151. Voraussetzung ist aber auch hier das Bestehen der deutschen Gerichtsbarkeit, so daß gegen Exterritoriale z § 18 GVG, keine einstwAnO ergehen darf, Mü FamRZ **72**, 210. Nötig ist ferner die Zuständigkeit des Gerichts nach § 606, s Erl § 620 a. Vor dem in § 620 a II 1 bezeichneten Zeitpunkt ist keine einstwAnO nach § 620 zulässig, oben Rn 3, wohl aber während der Aussetzung des Verfahrens nach § 614, Celle NdsRpfl **75**, 71, § 614 Rn 7.

**D. Die Entscheidung** ergeht stets durch Beschluß, § 620 a; Verfahren nach §§ 620 ff sind keine FolgeS **5** iSv §§ 623 ff, Köln FamRZ **99**, 853. Rechtsmittel: § 620 c. Wegen Aufhebung und Änderung der einstwAnO s § 620 b, wegen ihres Außerkrafttretens s § 620 f. Eine einstwAnO ist Vollstreckungstitel; sie wird nach den Vorschriften der ZPO vollstreckt, wenn es sich um Verfahren nach Z 4–9 handelt, § 794 I Z 3 a, dagegen nach den Bestimmungen des FGG, wenn es sich um Verfahren nach Z 1, 2 oder 3 handelt, § 794 a I Z 3 u 3 a, vgl Rn 7–11.

**2) Voraussetzungen.** Das Gericht wird grundsätzlich nur **auf Antrag** tätig, § 620 a Rn 5, seit dem 1. 7. **6** 98 auch hinsichtlich der Regelung der elterlichen Sorge für ein gemeinschaftliches Kind, Z 1, es sei denn, es handelt sich um eine Maßnahme nach § 1666 BGB. Die einstwAnO darf nur ergehen, wenn **a)** das materielle Recht eine solche zuläßt, oben Rn 2, **b)** ein Regelungsbedürfnis besteht (auf Eilbedürftigkeit kommt es nicht an, Zweibr FamRZ **86**, 1229), so daß der Antrag abzulehnen ist, wenn die Klage bzw der Scheidungsantrag offensichtlich unzulässig oder unbegründet ist, Karlsr RR **90**, 840 u **89**, 1414, Bbg FamRZ **83**, 83, ZöPh 2, oder wenn die Parteien sich geeinigt haben oder wenn keine VollstrMöglichkeit erkennbar ist, Hamm FamRZ **86**, 919. Hat ein anderes Gericht eine Regelung getroffen, so bleibt es dabei, bis sie geändert worden ist, und ist kein Raum für eine einstwAnO (vgl Einf § 620 Rn 2 ff), Köln FamRZ **83**, 517, abw Schlüter/König FamRZ **82**, 1164 mwN. Wenn das FamGer der EheS zuständig geworden ist, § 621 I u III, kann es diese Regelung selbst ändern, aber nur im Hauptverf, KG FamRZ **85**, 722. Liegen die Voraussetzungen vor, so muß das Gericht die Anordnung treffen; denn es ist dazu da, den Parteien zweckvoll zu helfen. „Kann" stellt nicht in sein Ermessen, sondern bedeutet Ermächtigung, Einf § 620 Rn 9.

Im einzelnen gilt für die in § 620 genannten Fälle das Folgende:

**3) Elterliche Sorge für ein gemeinschaftliches Kind, Z 1** (*Oelkers* FamRZ **95**, 1105) **7**
**A. Allgemeines.** Wenn deutsches Recht anzuwenden ist, gelten die §§ 1666, 1671 ff BGB entspr als Grundlage für die einstwAnO, AG Hbg FamRZ **83**, 1043, insoweit bestimmen sie Inhalt und Grenzen der AnO nach den §§ 1626 ff BGB. Maßgeblich ist das **Haager Abkommen über den Schutz Minderjähriger** vom 5. 10. 61, Pal-Heldrich Anh 1 Art 24 EGBGB, das dem innerstaatlichen Recht vorgeht, vgl BGH IPrax **87**, 317 (dazu Mansel IPrax **87**, 298) u NJW **84**, 1304, Bbg FamRZ **96**, 1224, Ffm NJW **98**, 3206, Hbg

## § 620

IPrax **87**, 324 (dazu Siehr IPrax **87**, 302) u **86**, 386 (Henrich IPrax **86**, 364), AG Marburg IPrax **96**, 123 (Anm Hüßtege ebd 104); Schrifttum: Keidel/Kuntze/Engelhardt § 35 b FGG Rn 19–49, Staud-Kropholler Vorbem A Art 19 EGBGB, Dörr/Hansen NJW **96**, 2703; Siehr FamRZ **96**, 1047; Rausch NJW **94**, 2124; Dörr NJW **89**, 694; Oberloskamp, Haager MinderjSchutzAbk, 1983, u FamRZ **96**, 918.

Ggf ist das nach Art 19 II iVm Art 14 I EGBGB maßgebliche ausländische Recht anzuwenden, MüKoKl 11 u 14; jedoch können nach Art 19 III EGBGB zum Wohl des Kindes Schutzmaßnahmen auch nach dem Recht des Staates ergriffen werden, in dem das Kind seinen gewöhnlichen Aufenthalt hat, dazu PalHeldr Art 19 Rn 10. – Dagegen findet das Übk über die Rechte des Kindes, v 20. 11. 89, BGBl 92 II 121, innerstaatlich keine Anwendung, Teil I der Bek v 10. 7. 92, BGBl II 990; zum Übk vgl Wolf ZRP **91**, 374, Ullmann FamRZ **91**, 898 u **92**, 892, Stöcker FamRZ **92**, 245 u 895, Schwenzer 59. DJT 1992 Gutachten A 16 f, Baer NJW **93**, 2209 mwN, Strempel ZRP **96**, 81, Jayme IPrax **96**, 238, Zimmermann IPrax **96**, 167 mwN.

**8** **B. Einzelheiten.** Zulässig sind in diesem Rahmen Maßnahmen aller Art, die die elterliche Sorge für Personen und Vermögen des Kindes (einschließlich seiner Vertretung) ganz oder teilweise regeln, zB den Aufenthalt des Kindes, StR 10, Walter S 136, Köln FamRZ **79**, 320, aM Hamm DAVorm **84**, 509, seine Erziehung und Pflege oder die Verwaltung seines Vermögens. Auf Teilbereiche ist die AnO aber nur zu beschränken, wenn ein Bedürfnis dafür besteht, daß die Eltern andere Teile weiter gemeinsam ausüben, Hbg RR **86**, 1329. Unzulässig ist die Übertragung der elterlichen Sorge auf einen in der Geschäftsfähigkeit beschränkten Gatten, § 1673 II BGB, Mü OLGZ **66**, 308, zulässig dagegen die Übertragung auf einen Vormund oder Pfleger (der vom FamGer auszuwählen und zu bestellen ist, § 1697 BGB). Wegen der Beachtung von bereits getroffenen Entscheidungen des Vormundschaftsgerichts oder Familiengerichts s oben Rn 6; für Änderungen gilt § 1696 BGB (eine im isolierten Sorgerechtsverfahren nach § 1696 BGB ergangene Entscheidung darf nicht nach § 620 geändert werden, Bbg RR **99**, 657, Hbg FamRZ **88**, 635).

**9** Die Notwendigkeit der einstwAnO ist hier besonders sorgfältig zu prüfen, Düss FamRZ **78**, 535 u 604, und zwar namentlich dann, wenn ein selbständiges Verf beim Vormundschaftsgericht anhängig ist, Zweibr FamRZ **84**, 405 (nur wegen besonderer Umstände des Einzelfalles ist dann die Regelung durch einstwAnO geboten); eine im selbständigen Verf ergangene Endentscheidung schließt eine einstwAnO aus, Hbg FamRZ **88**, 635. Jede Entscheidung hat sich ausschließlich am Wohl des Kindes zu orientieren, § 1697 a BGB, Jena FamRZ **97**, 573; wird das Wohl des Kindes gar nicht oder nur unwesentlich berührt, hat eine AnO zu unterbleiben, Karlsr FamRZ **87**, 78. Eine einstw AnO ist auch dann zulässig, wenn die Eltern noch nicht getrennt leben, aber bereits getroffene Maßnahmen zur Trennung lediglich im Hinblick auf das Kind noch nicht vollzogen haben, KG DAVorm **80**, 415.

Wegen der Anhörung des Kindes s § 620 a Rn 9. Die Vollstreckung richtet sich nach FGG, so daß dessen § 33 anzuwenden ist, § 794 I Z 3 u 3 a, dazu Rahm/Künkel III 519 ff. Wegen der Vollstreckung im Ausland s das EuÜbk v 20. 5. 80, Schlußanh V A 3.

**10** **4) Regelung des Umgangs mit dem Kinde, Z 2** (*Oelkers* FamRZ **95**, 449 u 1339). Gemeint sind die Fälle des § 1684 BGB. Bei Anwendung deutschen Rechts ist Richtschnur § 1684 IV BGB, Lipp FamRZ **98**, 74. Zulässig ist auch hier jede Maßnahme, die zum Wohl des Kindes geboten ist, ggf auch die Ablehnung einer Regelung, Stgt FamRZ **98**, 1321; wegen des Haager Abkommens über den Schutz Minderjähriger vom 5. 10. 61 und das ggf anzuwendende Recht s oben Rn 7. Zur Anhörung des Kindes s § 620 a Rn 9. Die Vollstreckung richtet sich nach FGG (auch für einen gerichtlichen Vergleich, soweit er wirksam ist), so daß § 33 FGG anzuwenden ist (keine Gewaltanwendung gegen das Kind im Fall des § 33 II 2 FGG), § 794 I Z 3 u 3a, dazu Rahm III 519 ff, Dörr/Hansen NJW **94**, 2463, Dickmeis NJW **92**, 537, Stgt FamRZ **99**, 1095, Köln FamRZ **98**, 961 u **99**, 172. Wegen der Vollstreckung im Ausland s das EuÜbk v 20. 5. 80, Schlußanh V A 3.

**11** **5) Herausgabe des Kindes an den anderen Elternteil, Z 3,** (*Christian* DAVorm **83**, 417). Maßgeblich ist auch insofern allein das Kindeswohl, vgl § 1632 BGB. Wegen des Haager Abkommens über den Schutz Minderjähriger vom 5. 10. 61 und des ggf anzuwendenden Rechts s oben Rn 7, wegen der einstwAnO nach § 6 II SorgeRÜbkAG s Schlußanh V A 3. Zur Anhörung des Kindes s § 620 a Rn 9. Die Vollstreckung aus einer einstwAnO nach Z 3 erfolgt nach FGG, so daß dessen § 33 anzuwenden ist (keine Gewaltanwendung gegen das Kind im Fall des § 33 II 2 FGG), § 794 I Z 3 u 3a, dazu Rahm III 519 ff, Diercks FamRZ **94**, 1226, Nies MDR **94**, 877, Dickmeis NJW **92**, 537. Wegen der Vollstreckung im Ausland s das EuÜbk v 20. 5. 80, Schlußanh V A 3.

Wegen der Herausgabe der persönlichen Sachen nach Z 8 s unten Rn 25. Außerhalb einer EheS gilt dafür § 50 d FGG.

**12** **6) Unterhaltspflicht gegenüber einem minderjährigen Kinde, Z 4**

**A. Allgemeines.** Die Vorschrift gilt für den Unterhalt aller minderjährigen Kinder; der Gesetzgeber überläßt es volljährigen Kindern, vorläufigen Rechtsschutz selbst nach § 644 zu suchen. Z 4 ermöglicht es dem Elternteil, der nach § 1629 III 1 BGB Unterhaltsansprüche des Kindes gegen den anderen Elternteil im eigenen Namen geltend machen darf, nach Anhängigwerden einer EheS eine entsprechende einstwAnO zu erwirken. Diese Entscheidung wirkt nach § 1629 III 2 BGB auch für und gegen das Kind, BGH FamRZ **86**, 879, so daß es dadurch selbst einen Titel erhält, Walter JZ **86**, 366. Bei Eintritt der Volljährigkeit tritt das Kind hinsichtlich des vorher geschuldeten Unterhalts in das Verf ein, vgl Rogner NJW **94**, 3325, während sich das Verfahren hinsichtlich des künftigen Unterhalts erledigt; zu der Vollstreckung s Rn 13 aE. Die Prozeßführungsbefugnis nach § 1629 III besteht nicht, wenn ein Unterhaltsbeistand bestellt ist, § 53 a, Bra FamRZ **98**, 1121.

Liegt ein rechtskräftiger Titel zugunsten des Kindes vor, fehlt idR das Rechtsschutzbedürfnis für eine einstwAnO nach Z 4, Oldb MDR **64**, 764, es sei denn, der Vollstreckung stehen Hindernisse entgegen. Zur Herabsetzung des in einem anderen Verfahren festgesetzten Unterhalts bietet § 620 keine Grundlage, AG Mönchen-Gladbach FamRZ **81**, 187, AG Dachau FamRZ **79**, 841; vgl auch unten Rn 16. Ein Auskunftsanspruch aus § 1605 BGB kann nicht durch einstwAnO geregelt werden, Düss FamRZ **83**, 514, Stgt

1. Abschnitt. Allgemeine Vorschriften für Verfahren in Ehesachen § 620

FamRZ **80**, 1138, offen gelassen von Hamm FamRZ **83**, 515 (das mit Recht bei Erlaß einer solchen einstwAnO ein Beschwerderecht wegen greifbarer Gesetzwidrigkeit verneint, aM Düss aaO).
Wegen der Bedeutung der Gewährung von Unterhaltsvorschüssen, § 7 UVG, Sozialhilfe, § 91 BSHG, oder Jugendhilfe, § 94 III KJHG, s unten Rn 15 aE.
Im isolierten Unterhaltsverfahren gilt § 644, s dortige Erl.

**B. Einzelheiten.** Die Unterhaltspflicht gegenüber dem Kind bestimmt sich nach materiellem Recht 13 (§§ 1360, 1360 a bzw §§ 1601 ff BGB), zwischen Ausländern bei gewöhnlichem Aufenthalt in Deutschland idR nach deutschem Recht, Art 18 EGBGB, sonst uU nach ausländischem Recht, soweit nicht internationales Vertragsrecht vorgeht (nach dem vorrangig anzuwendenden Haager Unterhaltsübereinkommen v. 2. 10. 73, BGBl 86 II 837, bzw seinem Vorgänger v. 24. 10. 56, BGBl 61 II 1013, vgl Pal-Heldrich Anh Art 18 EGBGB, ist ohne Rücksicht darauf, ob der Heimatstaat des Kindes zu den Vertragsstaaten gehört, stets deutsches Recht maßgeblich, wenn das Kind seinen gewöhnlichen Aufenthalt in der Bundesrepublik hat, falls nicht ein bilaterales Abk vorgeht, vgl BGH RR **86**, 1005 mwN). Für die Bemessung der Zahlung sind die im OLG-Bezirk angewandten Tabellen maßgeblich, vgl unten Rn 17. Die einstwAnO kann den Unterhalt grds erst für die Zeit ab Eingang des Antrags regeln, ZöPh 57. Der Antrag darf nicht willkürlich unter einer aufschiebenden Bedingung gestellt werden, etwa der Übertragung der elterlichen Sorge und ihrer Wirksamkeit, Zweibr FamRZ **82**, 1094.
Vollstreckt wird die AnO nach ZPO, § 794 I Z 3 a u § 850 d, dazu Büttner FamRZ **94**, 1434. Anwendbar sind auch das Haager Übk über Unterhaltsentscheidungen, Schlußanh V A 2, und das EuGVÜ, Schlußanh V C 1, vgl dessen Art 5 Z 2 (dazu Jayme FamRZ **88**, 793, Sonnenberger IPrax **85**, 238).
Vollstreckungsgläubiger ist der in der einstwAnO genannte Elternteil, wenn er sie als Prozeßstandschafter erwirkt hat, ganz hM, Brehm FamRZ **91**, 357 mwN (zu AG Maulbronn FamRZ **91**, 356). Dies gilt auch nach dem Erlöschen der Prozeßstandschaft, § 1629 III BGB, durch Abschluß des Scheidungsverfahrens oder durch Eintritt der Volljährigkeit des Kindes (insoweit str), Maurer 651, Nürnb FamRZ **87**, 1172, Köln FamRZ **85**, 626, Hbg FamRZ **84**, 927, § 727 Rn 13, aM Ffm FamRZ **91**, 1210, Hbg FamRZ **85**, 625, AG Viersen FamRZ **88**, 1306 mwN. Das Kind kann bei Volljährigkeit die Umschreibung des Titels beantragen, Maurer 652, Ffm aaO, Köln aaO.

**7) Getrenntleben der Ehegatten, Z 5.** Nach heutigem Scheidungsrecht spielt ein Recht zum Ge- 14 trenntleben kaum eine Rolle. Leben die Gatten ohnehin endgültig getrennt, so fehlt idR das Rechtsschutzbedürfnis für eine einstwAnO, Ffm FamRZ **72**, 208. Es ist aber für die Regelungen zu bejahen, die die Art und Weise des Getrenntlebens betreffen, zB wenn einem Gatten der Bezug einer neuen Wohnung ermöglicht werden soll, die aus rechtlichen oder tatsächlichen Gründen nur ihm allein zur Verfügung gestellt werden kann, RegEntwBegr. Wegen der Einzelmaßnahmen hinsichtlich der Ehewohnung, des Hausrats und der Gebrauchsgegenstände s 7 u 8. Zulässig sind also auch Belästigungsverbote, s unten Rn 1 u unten Rn 21, MüKoKl 68, StJSchl 7, STr 18, ZöPh 55, Karlsr FamRZ **84**, 184 mwN, str, aM u a Düss FamRZ **95**, 184. Unzulässig sind über das Getrenntleben hinausgehende einstwAnOen wie Verbote des Zusammenlebens mit einem Dritten, Köln FamRZ **95**, 1424 mwN. Rechtsgrundlage ist § 1353 II BGB, aM STr 19. Vollstreckt wird die AnO nach ZPO, § 794 I Z 3 a.

**8) Unterhalt eines Ehegatten, Z 6** 15
**A. Allgemeines.** Maßgeblich ist das materielle Recht, also §§ 1360 bis 1361 BGB bzw das ggf nach dem Haager UnterhaltsÜbk v. 2. 10. 73, BGBl 86 II 837, PalHeldr Anh Art 18 EGBGB, bzw nach Art 18 EGBGB anzuwendende ausländische Recht, StJSchl 8, Stgt FamRZ **72**, 372, Düss FamRZ **74**, 132 (nur notfalls Rückgriff auf das BGB, wenn Eile geboten ist, mit evtl späterer Änderung nach § 620 b), aM Karlsr StAZ **76**, 19 (zum früheren Recht). Da es sowohl nach dem Haager Übk als auch nach Art 18 EGBGB im wesentlichen auf den gewöhnlichen Aufenthalt des Berechtigten ankommt, wird häufig deutsches Recht anzuwenden sein (so schon nach bisherigem Recht für bestimmte Fälle BGH IPrax **81**, 59, zustm Henrich IPrax **81**, 48).
Bei freiwilliger Zahlung eines Teils ist das Rechtsschutzbedürfnis für eine einstwAnO über den ganzen Betrag anzuerkennen, Köln MDR **72**, 421, vgl Düss FamRZ **91**, 1207; dagegen ist eine AnO – anders als eine Verurteilung, BGH NJW **98**, 3116 mwN – bei bislang pünktlicher und ordnungsmäßiger Zahlung abzulehnen, wenn nicht ausnahmsweise ein Regelungsbedürfnis, oben Rn 6, besteht, vgl dazu Bittmann FamRZ **86**, 420 mwN, ebenso umgekehrt, wenn feststeht, daß der Ehegatte nicht zahlen wird und eine Vollstreckung aussichtslos erscheint, KG FamRZ **87**, 840. Der Bezug von Sozialhilfe durch den Berechtigten steht einer AnO nicht entgegen, Künkel FamRZ **91**, 18, weil der Anspruch auf Hilfe zum Lebensunterhalt kein Daueranspruch ist, sondern von Monat zu Monat neu entsteht, BGH FamRZ **89**, 584, also entfallen oder geringer werden kann, Thran FamRZ **93**, 1401 mwN, MüKoKl 37 (zur einstw Vfg str, § 940 Rn 25); abzulehnen ist der Erlaß der AnO schon wegen § 91 BSHG, s ja, jedoch dann, wenn der Berechtigte ständig seit längerer Zeit Sozialhilfe erhält und der Unterhaltsanspruch nicht höher ist, vgl Köln FamRZ **96**, 1430, Ffm FamRZ **96**, 1090, Nürnb FamRZ **95**, 264 u Bbg FamRZ **95**, 623 mwN (zur einstwVfg).
Bei Bezug öff Leistungen, die den Lebensunterhalt zumindest teilweise abdecken, ist jedoch ein gesetzlich angeordneter Übergang von entspr Unterhaltsansprüchen auf den Träger der Hilfe, zB nach § 91 BSHG, § 37 BAföG u § 7 UVG, zu beachten; vgl zu § 91 BSHG Künkel FamRZ **96**, 1509, Waltermann NJW **96**, 1649, Derleder/Bartels FamRZ **95**, 1111, Becker FamRZ **95**, 1256, Brudermüller FamRZ **95**, 1033, Ott FamRZ **95**, 456, Wohlgemuth FamRZ **95**, 333, Seetzen NJW **94**, 2505, Künkel FamRZ **94**, 540, Rahm VII 296 ff, alle mwN. Da Leistungen für die Vergangenheit nach § 620 nicht verlangt werden dürfen und die Ansprüche erst mit der Hilfeleistung übergehen, hindern solche Bestimmungen nicht die Geltendmachung von Unterhaltsansprüchen, § 265 II, BGH RR **95**, 1217, Schlesw FamRZ **96**, 40, abzulehnen AG Bergheim FamRZ **95**, 1499; der Antrag muß jedoch dahin gestellt werden, daß für die Zeit von der Antragstellung bis zur Entscheidung in Höhe der übergeleiteten Ansprüche (dazu Hampel FamRZ **96**, 517, Fröhlich FamRZ **95**, 773, Treptow DAVorm **94**, 451, Karlsr RR **95**, 1285) die Leistung an den Träger der Hilfe beantragt wird, vgl Köln RR **96**, 258, Karlsr RR **95**, 1286 mwN, Nürnb RR **95**, 263,

§ 620

Karlsr NJW **94**, 2903, AG Eschwede FamRZ **98**, 1194. Ob eine Rückabtretung der übergegangenen Ansprüche oder eine Einziehungsermächtigung wirksam ist, war seit der Einführung des gesetzlichen Übergangs der Unterhaltsansprüche nach § 91 BSHG sehr str, vgl Kalthoener/Büttner NJW **96**, 1861, BGH MDR **96**, 1150 mwN. Der Gesetzgeber hat durch Art 1 G v 23. 7. 96, BGBl 1090, mWv 1. 8. 96 klargestellt, daß im Einvernehmen mit dem Hilfeempfänger erfolgende Rückübertragungen und Abtretungen wirksam sind, § 91 IV 1 u 2 BSHG nF; die Regelung dürfte auch für Einziehungsermächtigungen gelten, Künkel FamRZ **96**, 1513, offen Düss NJW **97**, 138. Da die Gesetzesergänzung die bisherige abw Rspr korrigieren soll, AusschußBer BT-Drs 13/3904 S 16, erfaßt sie auch vor dem 1. 8. 96 erfolgte Maßnahmen, sehr str, aM BGH RR **97**, 641 mwN: die nur für Altfälle wichtige Frage hat für § 620 keine praktische Bedeutung mehr. Eine § 91 IV 1 u 2 BSHG entspr Klarstellung für das UVG hat mWv 1. 7. 98 die Neufassung des § 7 IV UVG durch Art 4 I Z 4c KindUG, Einf § 606 Rn 11, gebracht (zur früheren Rechtslage s Hamm RR **98**, 1083), ebenso die Neufassung des § 94 IV SGB VIII, vgl Weber NJW **98**, 2004. Das Klagerecht des Sozialhilfeträgers im Fall des § 91 III 2 BSHG berührt die Befugnisse des Unterhaltsberechtigten nicht.

**16** Liegt ein rechtskräftiger Unterhaltstitel vor, kann durch einstwAnO nur eine weitere Leistung zugesprochen werden, Klauser MDR **81**, 714 mwN, und zwar auch ohne Anhängigkeit einer Klage aus § 323, str, aM StR 24, ZöPh 20, AG Mönchengladbach FamRZ **81**, 187; das gleiche gilt für einen Vergleich, sofern dadurch der Unterhalt nicht endgültig geregelt ist, Hbg FamRZ **81**, 904, Rolland 37. In allen anderen Fällen, also bei abschließenden Regelungen in einem Vergleich und für die Ermäßigung titulierter Forderungen, bleibt nur der Weg über § 323, Hamm FamRZ **80**, 608, AG Besigheim FamRZ **81**, 555, STr 19.

Auch der Auskunftsanspruch aus § 1361 IV 4 BGB kann durch einstwAnO geregelt werden, van Els FamRZ **95**, 651 mwN, MüKoKl 39, Maurer 877, sehr str, aM Gießler 589, Düss FamRZ **83**, 514, ebenso 53. Aufl, offen gelassen von Hamm FamRZ **83**, 515 das mit Recht bei Erlaß einer solchen AnO ein Beschwerderecht wegen greifbarer Gesetzwidrigkeit § 567 Rn 6) verneint, aM Düss aaO. Dagegen kann die Feststellung, daß kein Unterhalt geschuldet werde, nicht Gegenstand einer einstwAnO sein, Zweibr FamRZ **83**, 940.

**17 B. Einzelheiten.** Unterhalt ist nur in Geld zuzusprechen, nie in Natur, und idR auch nur vom Eingang des Antrags ab, nicht für die Vergangenheit, van Els FamRZ **90**, 581 mwN. Eine Regelung kann ausnahmsweise auch bei Zusammenleben der Gatten, KG FamRZ **73**, 262, getroffen werden. IdR ist die Verpflichtung zur Leistung einer monatlichen vorauszuzahlenden Rente auszusprechen, bei außerordentlichen Bedürfnissen auch die Verpflichtung zu einer einmaligen Zahlung, Ffm FamRZ **61**, 531 (Verteidigung im Strafprozeß). Die Bemessung erfolgt nach den üblichen Maßstäben, also idR nach den im OLG-Bezirk angewendeten Tabellen; wegen der Einzelheiten Gießler 661–665 mwN: Unzulässig ist die Festsetzung eines an den Sozialversicherungsträger zu zahlenden Beitrages, Saarbr FamRZ **78**, 501. Zulässig ist eine Befristung der Geltungsdauer, § 620 f Rn 1, van Els FamRZ **90**, 582 mwN; regelmäßig empfiehlt sich eine Begrenzung bis zur Rechtskraft des Scheidungsausspruchs, ZöPh 62.

Vollstreckt wird die AnO nach ZPO, § 794 I Z 3 a u § 850 d, dazu Büttner FamRZ **94**, 1434. Anwendbar ist auch das EuGVÜ, Schlußanh V C 1, BGH FamRZ **80**, 672, ebenso das LuganoÜbk, Schlußanh V D.

**18 C. Unterhaltsklage.** Wegen des Verhältnisses zwischen einstwAnO und Unterhaltsklage vgl Einf § 620 Rn 4. Im isolierten Unterhaltsverfahren gilt § 644, s dortige Erl.

**19 9) Benutzung der Ehewohnung und des Hausrats, Z 7** (Brudermüller FamRZ **99**, 129 u 193 [200]; Kobusch FamRZ **94**, 935; Maurer FamRZ **91**, 886).

**A. Allgemeines.** Die Regelung ist unabhängig vom materiellen Recht an der Wohnung bzw dem Hausrat, also ohne Rücksicht auf dingliche oder obligatorische Rechte zu treffen, Schlesw SchlHA **74**, 111. Niemals darf eine endgültige Entscheidung ergehen, weil nur die Benutzung geregelt werden darf, Hamm FamRZ **85**, 706 (betr Mietrechtsregelung), Hbg FamRZ **83**, 621 (betr Auflösung des Mietverhältnisses). Darüber ist aufgrund einer Interessenabwägung nach Billigkeit und Zweckmäßigkeit in Anlehnung an § 1361a BGB (Hausrat) und § 1361 b BGB (Ehewohnung) sowie an §§ 2–6 HausratsVO, vgl Brudermüller FamRZ **87**, 109, Pal-Diederichsen Anh II EheG, zu entscheiden; dies gilt auch dann, wenn die Ehegatten nicht Deutsche sind, Stgt FamRZ **78**, 686 (keine Anwendung fremden Rechts), str, aM Dörr/Hansen NJW **94**, 2465 mwN, STr 30, Henrich F Ferid 1988 S 147 ff, Hamm FamRZ **89**, 621, dazu Weber IPrax **90**, 95 (Rückgriff auf das nach IPR anzuwendende Recht, dazu MüKoKl 72, Dörr NJW **92**, 534). Maßgeblich sind allein die schutzwürdigen Interessen der Eheleute und ihrer Kinder, Köln FamRZ **85**, 498. Dritte wie zB der Vermieter sind am Verf nicht beteiligt, STr 26, aM Thalmann FamRZ **84**, 15, s § 620a Rn 10. Wegen des Geltungsbereichs von Z 7 vgl auch § 621 Rn 20.

**20 B. Einzelheiten: a) Ehewohnung.** Richtschnur für die Entscheidung ist § 1361 b BGB, STr 30, Karlsr RR **99**, 731, Bra FamRZ **96**, 744, oben Rn 19. Der Erlaß einer einstwAnO setzt voraus, daß die Wohnung noch Ehewohnung ist, dh daß die Beteiligten sich über die Wohnung nicht eindeutig und endgültig geeinigt haben, Karlsr aaO, und daß der Antragsteller die Wohnung (auch) für sich selbst weiter benötigt, Hbg FamRZ **83**, 621 mwN. Zulässig ist sie für Erst- und Zweitwohnungen, in EheS deutscher Staatsangehöriger auch für eine ausländische Ferienwohnung, KG FamRZ **74**, 198, dagegen nur nach Lage des Falles auch für Wochenendhäuser, Lauben u dgl, BGH RR **90**, 1026, Ffm FamRZ **82**, 398, str, vgl KG FamRZ **86**, 1010 mwN. Möglich ist auch die Zuweisung der ganzen Wohnung an einen Gatten, und zwar nicht nur dann, wenn auf andere Weise eine Gefahr für Leib, Leben oder Gesundheit des Gatten und/oder der Kinder nicht beseitigt werden kann, Bergerfurth Rn 110, Karlsr FamRZ **82**, 1220, Hbg FamRZ **81**, 64 mwN, enger aber Köln FamRZ **82**, 403 mwN, Ffm FamRZ **82**, 484; eine solche Zuweisung muß aber nötig sein, um eine **schwere Härte** zu vermeiden, § 1361 b BGB, Brudermüller FamRZ **99**, 131 mwN, Bbg RR **95**, 514, Hbg FamRZ **93**, 190 (red Anm mwN), Karlsr RR **99**, 731 FamRZ **91**, 1441, Schlesw NJW **90**, 2826, die sich auch aus dem Verhalten des anderen Ehegatten gegenüber in der Wohnung lebenden Kindern ergeben kann, AG Essen FamRZ **93**, 1442, Schlesw FamRZ **91**, 1301. Wie die Entstehungsgeschichte des § 1361 b BGB zeigt, Walter JZ **86**, 363, genügt eine unbillige Härte nicht, Brudermüller FamRZ **87**, 113. Die Zuweisung

1. Abschnitt. Allgemeine Vorschriften für Verfahren in Ehesachen **§ 620**

der ganzen Wohnung ist zur Vermeidung einer schweren Härte nur dann notwendig, wenn ein Zusammenleben unerträglich geworden ist, Bra FamRZ **96**, 744 mwN, Brschw RR **96**, 578, Mü FamRZ **96**, 730, Bbg FamRZ **95**, 560, Karlsr FamRZ **91**, 1441 (jeweils mit Beispielen), und ein Getrenntleben innerhalb der Wohnung unmöglich, Schlesw SchlHA **78**, 20, oder nicht zumutbar ist, Hamm FamRZ **93**, 1442, Karlsr FamRZ **82**, 1220, sowie dem anderen Ehegatten die Aufgabe der Wohnung zuzumuten ist, Hbg FamRZ **81**, 64, wobei das Wohl der gemeinsamen Kinder den Ausschlag geben kann, Bbg RR **95**, 514. Nur aus ganz besonderen Gründen kann eine Zuweisung der ganzen Wohnung auch sonst geboten sein, zB dann, wenn der andere Gatte nach langem Getrenntleben unter Berufung auf sein Recht in die Wohnung eingedrungen ist, Ffm MDR **77**, 145. Wenn Räume sowohl Wohnzwecken als auch gewerblichen Zwecken dienen, ist auf die Fortführung des Gewerbes Rücksicht zu nehmen, Bra FamRZ **96**, 744 mwN. Darauf, ob die Wohnung später dem anderen Ehegatten mit Wahrscheinlichkeit zugewiesen werden wird, ist idR nicht abzustellen, aM Hbg FamRZ **81**, 64.

**Zulässig** ist das Verbot, die Wohnung zu betreten, Hamm NJW **82**, 1108, und umgekehrt das Gebot, das **21** Betreten zu gestatten, KG FamRZ **73**, 202, ferner auch die Regelung der Telefonbenutzung, KG OLGZ **72**, 60 (idR Alleinbenutzung durch den darauf angewiesenen Gatten, Karlsr FamRZ **67**, 45), uU auch ein Rauchverbot für bestimmte Räume, Celle FamRZ **77**, 203, ebenso das Verbot von Belästigungen u dgl, oben Rn 1 u 14, Hamm NJW **82**, 1108. Zulässig ist ferner ein Kündigungsverbot gegen den Ehegatten, der alleiniger Mieter der Wohnung ist, nach Auszug des anderen Ehegatten, Drsd FamRZ **97**, 183 (Anm Drescher). Durch einstwAnO kann auch die Zahlung einer Benutzungsvergütung entspr § 1361 II BGB geregelt werden (nicht aber dann, wenn eine Regelung nach der HausratsVO nicht erfolgt, vgl BGH FamRZ **86**, 1339), Brschw RR **96**, 1153 mwN, Brudermüller FamRZ **99**, 134 u **89**, 10 (kein Anspruch für die Vergangenheit).

Ggf hat das AG entspr § 15 HausrVO **Anordnungen** zu treffen, die zur Durchführung der einstwAnO nötig sind, MüKoKl 74, zB eine Frist zur Räumung zu setzen, Karlsr FamRZ **94**, 1185. Hierhin gehört auch die Präzisierung der Räumungsverpflichtung im Hinblick auf ihre Vollstr, unten Rn 23, Karlsr aaO.

**b) Hausrat.** Auch ohne gleichzeitige Regelung der Wohnungsbenutzung, zB bei einverständlichem **22** Getrenntleben, ist die Zuweisung des nötigen Hausrats zulässig, ggf verbunden mit einer einstwAnO auf Herausgabe (daß Z 7 abweichend von § 8 die Herausgabe nicht erwähnt, besagt nichts, vgl unten Rn 25). Die getrennte Lebensführung muß aber die Herausgabe gerade der geforderten Gegenstände nötig machen, Düss NJW **67**, 453. Zu entscheiden ist in Anlehnung an § 1361 a BGB nach Zweckmäßigkeit und Billigkeit, oben Rn 19, Mü FamRZ **98**, 1230.

Zum Hausrat gehören alle beweglichen Sachen, die nach den Vermögens- und Einkommensverhältnissen der Ehegatten für die Wohnung, die Hauswirtschaft und das Zusammenleben der Familie bestimmt sind, BGH FamRZ **84**, 146 mwN. Auch Gegenstände von hohem Wert einschließlich kostbarer Kunstgegenstände können zum Hausrat gehören, BGH NJW **84**, 1758, zustm Schubert JR **84**, 380, ebenso Haustiere, Zweibr FamRZ **98**, 1432, Schlesw NJW **91**, 3127 (keine Regelung des Umgangs mit dem Tier, abw KG Bad Mergenth NJW **97**, 3033, dazu Büttner FamRZ **99**, 761). Nicht zum Hausrat gehören Gegenstände, die den individuellen Bedürfnissen oder Interessen eines Ehegatten dienen, zB Sammlungen, Düss RR **86**, 1136 mwN, oder ausschließlich zur Kapitalanlage angeschafft worden sind, Bbg RR **96**, 1413 mwN. Zum Hausrat ist der gemeinsame Pkw nur dann zu rechnen, wenn er von den Ehegatten dazu bestimmt ist, ganz oder überwiegend für das eheliche und familiäre Zusammenleben benutzt zu werden, BGH NJW **91**, 1552, BayObLG FamRZ **85**, 1058 u **82**, 399 mwN, Ffm NJWE-FER **98**, 234, Mü FamRZ **98**, 1230, Stgt FamRZ **95**, 1275 („geleaster" Pkw), Düss RR **93**, 453, Hbg FamRZ **90**, 1118, Hamm RR **90**, 1031, Zweibr FamRZ **83**, 616 (dazu BGH FamRZ **83**, 794), AG Freiburg FamRZ **98**, 1231, str, entsprechendes gilt für einen Wohnwagen, Kblz RR **94**, 517, Köln FamRZ **92**, 696; unter Z 8 fallen nur Sachen, die zum Gebrauch eines Gatten bestimmt sind. Auf Vorräte (zB Weinkeller) dürfte Z 7 entspr anzuwenden sein, vgl Quambusch FamRZ **89**, 691.

**Zulässig** ist auch ein Verbot des Wegschaffens von Hausrat, oder ein Verbot, Hausrat zu veräußern, oben Rn 1. Bei der Zuweisung von Hausrat kann auch entsprechend § 1361 a III 2 BGB eine Vergütung festgesetzt werden, Mü FamRZ **98**, 1230, str.

**c) Vollstreckung.** Sie richtet sich nach ZPO, § 794 I Z 3 a. Bei Zuweisung der ganzen Wohnung gilt **23** § 885 I (nicht aber II–IV), hM, Karlsr FamRZ **94**, 1185 mwN, aM Köln FamRZ **83**, 1231, AG Gladbeck FamRZ **92**, 589 (§§ 887, 888). Dem Verpflichteten kann (auch wiederholt) eine Räumungsfrist bewilligt werden, Hbg FamRZ **83**, 1151. Die Herausgabe von beweglichen Sachen wird nach §§ 883–886 vollstreckt, Nies MDR **94**, 877.

**C. Verhältnis zu anderen Rechtsbehelfen.** Während des Eheprozesses ist eine auf § 985 BGB gestützte **24** Herausgabeklage in beiden Fällen der Z 7 unzulässig, BGH **67**, 217. Das gleiche gilt für eine entsprechende einstwVfg, BGH FamRZ **82**, 1200, Brudermüller FamRZ **87**, 119 mwN. Dagegen bleibt eine einstwAnO nach § 13 IV HausratsVO zulässig, Einf Rn 5, KG RR **90**, 1032 mwN, Brudermüller FamRZ **99**, 200, ZöPh 35, aM Karlsr FamRZ **82**, 274, Bergerfurth FamRZ **85**, 549, noch weitergehend (Vorrang des § 13 IV HausrVO) MüKoKl 78, Maurer FamRZ **91**, 888.

Vor Anhängigkeit, § 620 a II 1, einer EheS kann eine Regelung nach § 1361 b BGB, §§ 18 a, 13 IV HausratsVO in einem isolierten FGG-Verfahren getroffen werden, wenn die Ehegatten getrennt leben oder einer von ihnen dies beabsichtigt; damit ist die frühere Streitfrage, 44. Aufl, so wie der Gesetzgeber entschieden worden, vgl Finger NJW **87**, 1003, Brudermüller FamRZ **87**, 109 (eingehend), Hamm FamRZ **85**, 707. Zuständig ist das FamGer. Das Verf kann weitergeführt werden, wenn nach Anhängigwerden eines EheS ein Antrag nach § 620 Z 7 gestellt wird, KG RR **90**, 1032 mwN; es kann danach aber nicht mehr eingeleitet werden, AG Montabaur FamRZ **90**, 893, aM MüKoKl 78, Maurer FamRZ **91**, 888, Gießler 316, 317, Köln RR **94**, 1160. Wegen der Anfechtung vgl § 621 e Rn 28. Denkbar ist i ü auch, wenn die EheS nicht anhängig ist und die Voraussetzungen des § 1361 b BGB nicht erfüllt sind, der Erlaß einer einstw Vfg nach § 940, Zweibr FamRZ **83**, 1254.

**25**  **10) Herausgabe oder Benutzung persönlicher Sachen, Z 8.** Die Regelung ist zulässig, wenn es sich um Sachen handelt, die zum persönlichen Gebrauch eines Ehegatten oder eines Kindes bestimmt sind, zB Schmuck, Kleidung, Akten, Urkunden (insbesondere Ausweise), Fahrzeuge (zB Zweitwagen) sowie Haustiere; zur Herausgabe der für ein Kind bestimmten Sachen Peschel-Gutzeit MDR **84**, 890 (eingehend). Die verfahrensrechtliche Regelung bildet in diesem Fall zugleich die (sonst fehlende) materielle Grundlage, ZöPh 8 (anders MüKoKl 85, STr 33: Rechtsgrundlage entweder § 985 oder § 1361 a BGB in entspr Anwendung, ggf ausländisches Recht). Die Abgrenzung zum Hausrat wird fließend; nur einer bestimmten Person dienende Sachen, zB ein Kinderbett, fallen auch unter Z 8, nicht dagegen Sparbücher und Geld, Hamm FamRZ **80**, 708. Wegen der Regelung im Einzelnen s oben Rn 22. Vollstreckt wird die AnO nach ZPO, § 794 I Z 3 a.

**26**  **11) Leistung eines Kostenvorschusses, Z 9** (Knops NJW **93**, 1237)
  **A. Allgemeines.** Voraussetzung ist eine Verpflichtung nach materiellem Recht, ggf also nach ausländischem Recht, Mü FamRZ **80**, 448, hM, MüKoKl 91, Rahm VIII 3, aM Karlsr MDR **86**, 242 mwN: stets deutsches Recht anzuwenden (abl Henrich IPrax **87**, 38). Anzuwenden ist also § 1360 a IV BGB bzw bei Ausländerbeteiligung Art 18 EGBGB bzw das ihm vorgehende Vertragsrecht, zB das Haager Übk v. 2. 10. 73 (BGBl **86** II 825), KG FamRZ **88**, 168 (Italien), zustm Jayme FamRZ **88**, 793, v. Bar IPrax **88**, 220; dazu allgemein Kallenborn, Prozeßkostenvorschußpflicht unter Ehegatten usw, 1968 (vgl für Großbritannien Hamm NJW **71**, 2137, Italien KG FamRZ **88**, 168 u Düss OLGZ **69**, 457, Jugoslawien Wuppermann NJW **70**, 2144, Niederlande Düss FamRZ **75**, 44, USA Düss FamRZ **75**, 43). Ist die Ermittlung des ausländischen Rechts mit großen Schwierigkeiten verbunden, muß deutsches Recht aushelfen, Düss FamRZ **74**, 456 mwN. Für Sonderfallgestaltungen, die den Gerichten des Ursprungslandes nicht vorgelegt werden, darf der deutsche Richter das ausländische Recht auch weiterentwickeln, AG Charlottenb IPrax **83**, 128.

**27**  **B. Einzelheiten.** Die AnO ist zulässig für jede Instanz und jede EheS, auch für das Verfahren nach § 620, und ebenso für jede FamS, § 621, die FolgeS einer Scheidungssache ist, wie durch die Neufassung der Z 9 durch das UÄndG klargestellt worden ist (dies gilt auch dann, wenn der Scheidungsausspruch vorher rechtskräftig wird, MüKoKl 92, Nürnb FamRZ **90**, 421). Z 9 gilt aber nicht für andere Verfahren, Düss NJW **76**, 1851 (hier greifen §§ 127 a, 621 f ein). Nach Beendigung der Instanz besteht kein Rechtsschutzbedürfnis mehr für diese Instanz, KG FamRZ **87**, 956 mwN; jedoch ist über einen vorher gestellten Antrag noch zu entscheiden, KG aaO.

**28**  a) Nach § 1360 a IV BGB, dazu Pal-Diederichsen Rn 9 ff u Knops NJW **93**, 1238, entscheidet die Billigkeit. Deshalb darf keine AnO für ein offensichtlich aussichtsloses oder mutwilliges Begehren ergehen. Abzulehnen ist sie auch bei völliger Mittellosigkeit des verpflichteten Gatten, weil dann kein schutzwürdiges Interesse an einer AnO besteht. Dem mittellosen Beklagten wird der Vorschuß in aller Regel zu bewilligen sein. Nach Beendigung der Instanz besteht keine Vorschußpflicht, wenn nicht der Schuldner vorher wirksam in Verzug gesetzt worden ist, Köln FamRZ **91**, 842, Bbg FamRZ **86**, 484, str, aM Knops FamRZ **91**, 843 u NJW **93**, 1242 mwN, ua Hamm RR **90**, 1286, offen gelassen BGH NJW **85**, 2265, Köln FamRZ **90**, 768.

**29**  b) Die AnO kann auf den Vorschuß für einen bestimmten Kostenteil beschränkt werden, STr 34. Die Höhe richtet sich einerseits nach dem wirklichen Bedarf zZt der Bewilligung, andererseits nach der eigenen Leistungsfähigkeit des Antragstellers. Zweckmäßig ist hinsichtlich der Gerichtskosten und der Kosten des RA für die jeweilige Instanz eine AnO auf unmittelbare Zahlung an das Gericht bzw den RA. Für die Zwangsvollstreckung aus der AnO, § 794 I Z 3 a, gilt § 850 d, die Vollstreckung kann auch nach Beendigung des Verfahrens und ungeachtet der dort ergangenen Kostenentscheidung betrieben werden, BGH NJW **85**, 2263. Der Vorschuß ist ggf nach der Scheidung zurückzuzahlen, vgl Kuch DAVorm **81**, 7.

**30**  **C. Andere Rechtsbehelfe.** Wegen des Verhältnisses zwischen einstwAnO und Klage auf Vorschuß bzw negativer Feststellungsklage vgl Einf § 620 Rn 4, wegen der Zulässigkeit der einstw Vfg, wenn die Voraussetzungen einer einstw AnO nicht vorliegen, Einf § 620 Rn 3, vgl Knops NJW **93**, 1242.

## 620a   Verfahren bei einstweiliger Anordnung. [1]Der Beschluß kann ohne mündliche Verhandlung ergehen.

II [1]Der Antrag ist zulässig, sobald die Ehesache anhängig oder ein Antrag auf Bewilligung der Prozeßkostenhilfe eingereicht ist. [2]Der Antrag kann zu Protokoll der Geschäftsstelle erklärt werden. [3]Der Antragsteller soll die Voraussetzungen für die Anordnung glaubhaft machen.

III [1]Vor einer Anordnung nach § 620 Satz 1 Nr. 1, 2 oder 3 sollen das Kind und das Jugendamt angehört werden. [2]Ist dies wegen der besonderen Eilbedürftigkeit nicht möglich, so soll die Anhörung unverzüglich nachgeholt werden.

IV [1]Zuständig ist das Gericht des ersten Rechtszuges, wenn die Ehesache in der Berufungsinstanz anhängig ist, das Berufungsgericht. [2]Ist eine Folgesache im zweiten oder dritten Rechtszug anhängig, deren Gegenstand dem des Anordnungsverfahrens entspricht, so ist das Berufungs- oder Beschwerdegericht der Folgesache zuständig. [3]Satz 2 gilt entsprechend, wenn ein Kostenvorschuß für eine Ehesache oder Folgesache begehrt wird, die im zweiten oder dritten Rechtszug anhängig ist oder dort anhängig gemacht werden soll.

### Gliederung

| | |
|---|---|
| 1) Zuständigkeit, IV ................... 1–4 | C. Internationale Zuständigkeit ......... 4 |
|    A. Allgemeines ...................... 1, 2 | 2) Zulässigkeit, II ......................... 5–8 |
|    B. Prüfung von Amts wegen ............ 3 |    A. Antragsverfahren ..................... 5–7 |

1. Abschnitt. Allgemeine Vorschriften für Verfahren in Ehesachen **§ 620a**

| | | | |
|---|---|---|---|
| B. Amtsverfahren | 8 | B. Allgemeine Vorschriften, I | 10–12 |
| **3) Verfahren, I, III** | 9–12 | **4) Sinngemäße Anwendung** | 13 |
| A. Anhörung, III | 9 | | |

**1) Zuständigkeit, IV**  1

**A. Allgemeines. a) Grundsatz, S 1.** Die ausschließliche Zuständigkeit für den Erlaß einstwAnOen bestimmt sich in erster Linie nach der Anhängigkeit der EheS. Danach ist grundsätzlich das Gericht des 1. Rechtszuges der EheS, § 620 Rn 4, zuständig, also nach §§ 606, 606a zuständige FamGer; seine Zuständigkeit endet mit der Rechtskraft des Urteils oder mit der Einlegung der Berufung in der EheS. Das OLG, § 119 GVG, ist zuständig nach Einlegung der Berufung in der EheS. Seine Zuständigkeit dauert bis zur Rechtskraft des Berufungsurteils bzw bis zur Einlegung der Revision in der EheS fort; nach ihrer Einlegung ist wieder das erstinstanzliche Gericht zuständig, nicht etwa der BGH, BGH NJW **80**, 1392 mwN, hM. **b) Ausnahmen, S 2 u 3.** Diese Regelung wird in zwei Fällen zugunsten der Zuständigkeit des sachnäheren OLG durchbrochen: **aa) Zusammenhang mit einer FolgeS.** Das OLG ist anstelle des FamGer zuständig für den Erlaß einer einstwAnO, wenn aufgrund eines Rechtsmittels (Berufung oder Beschwerde, § 621e) eine FolgeS, § 623 Rn 1, im 2. oder 3. Rechtszug anhängig ist, deren Gegenstand demjenigen des AnOVerf entspricht, **S 2**. Notwendig ist ein unmittelbarer Bezug beider Verfahrensgegenstände, STr 7; er ist gegeben, wenn sich das AnOVerf als Regelung im zeitlichen Vorfeld darstellt, die bei isolierter Durchführung der FolgeS als Maßnahme des vorläufigen Rechtsschutzes in diesem Verf ergehen würde, BT-Drs 10/2888 S 26, also zB dann, wenn es in beiden Verf um die Regelung der elterlichen Sorge oder des Kindesunterhalts geht, nicht aber dann, wenn die einstwAnO den Umgang mit dem Kinde betrifft, während die FolgeS die elterliche Sorge zum Gegenstand hat, Köln FamRZ **92**, 580. In entspr Anwendung des Grundsatzes der Sachnähe ist das FamGer zuständig, wenn nur die EheS in eine höhere Instanz gelangt, aber die entspr FolgeS beim FamGer anhängig bleibt, § 628, MüKoKl 17, Karlsr FamRZ **98**, 1380 mwN. **bb) Kostenvorschuß.** Das OLG ist auch zuständig, wenn im Wege der einstwAnO nach den §§ 620 S 1 2 Z 9, 127a oder 621f ein Kostenvorschuß für eine EheS oder FolgeS begehrt wird, die im 2. oder 3. Rechtszug anhängig ist oder anhängig gemacht werden soll, **S 3**, Köln FamRZ **90**, 768. **cc) Gemeinsames.** Die Zuständigkeit des OLG dauert in diesen Ausnahmefällen so lange fort, bis die endgültige Entscheidung, S 1, bzw der FolgeS, S 2 u 3, beim OLG oder BGH endet. In diesem Zeitpunkt wird das FamGer zuständig, S 1. Im Fall der Zurückverweisung an das erstinstanzliche Gericht lebt dessen Zuständigkeit, S 1, wieder auf.

**B. Prüfung von Amts wegen.** Die Zuständigkeit ist vAw zu prüfen. Maßgeblich ist die Zuständigkeit 3 bei Einreichung des Antrags, AG Charlottenb DAVorm **82**, 383 mwN; sie wird durch spätere Ereignisse nicht berührt, § 261 III Z 2, BGH FamRZ **80**, 670, BayObLG FamRZ **79**, 941, so daß das erstinstanzliche Gericht zuständig bleibt, wenn die Hauptsache iSv S 1 oder S 2 bzw S 3 vor der Entscheidung über die einstwAnO an das Berufungsgericht gelangt, BT-Drs 10/2888 S 27. Das Berufungsgericht darf an das zuständige erstinstanzliche Gericht verweisen, Köln FamRZ **92**, 580 u **79**, 529 (und umgekehrt). Bei Verweisung der Scheidungssache an das (jetzt) zuständige FamGer, § 606 Rn 20, ist ein noch unbeschiedener Antrag an dieses Gericht zu verweisen, Hbg FamRZ **83**, 614. Die Zuständigkeit entfällt im Hinblick auf § 620f mit dem rechtskräftigen Abschluß der EheS, so daß danach keine einstwAnO ergehen darf, Ffm FamRZ **90**, 539 mwN, s auch unten Rn 5; das gleiche gilt, wenn nur ein Verfahren nach §§ 114ff anhängig ist und die Prozeßkostenhilfe unanfechtbar abgelehnt wird, Hamm FamRZ **82**, 721. Wegen der Abänderung s § 620b Rn 1. Das Berufungsgericht wird durch eine unanfechtbare einstwAnO des FamGer nicht gehindert, im Rahmen seiner Zuständigkeit seinerseits eine abweichende einstwAnO zu erlassen, § 620b, KG FamRZ **82**, 1031.

**C. Internationale Zuständigkeit.** Sie ist mit derjenigen für die EheS, § 606a, gegeben, vgl Karlsr 4 FamRZ **84**, 184 (zu § 606b aF); eine einstwAnO darf ergehen, auch wenn noch ungeklärt ist, ob das Eheurteil iSv § 606a I 1 Z 4 anerkannt wird, vgl Hamm NJW **77**, 1597 (zu § 606b aF). Für die Zuständigkeit geltende Sondervorschriften, zB das Haager Abkommen über den Schutz Minderjähriger v 5. 10. 61, § 620 Rn 7, 10 u 11, gehen in den Fällen des § 620 Z 1–3 vor, STr 10, dazu Dörr NJW **91**, 81, Siehr IPrax **82**, 85, BGH NJW **84**, 1304, Hbg IPrax **86**, 386 u Henrich IPrax **86**, 364 (zur Frage der Fortdauer der Zuständigkeit bei Verlegung des gewöhnlichen Aufenthalts); das gleiche gilt hinsichtlich des Unterhalts von Art 5 Z 2 EuGVÜ, Schlußanh V C, Jayme FamRZ **88**, 793 zu KG FamRZ **88**, 167. Vgl dazu § 621 Rn 31.

**2) Zulässigkeit, II**  5

**A. Antragsverfahren. a)** Grundsätzlich ist der Antrag einer Partei der EheS erforderlich (Ausnahme: unten Rn 8). Antragsberechtigt ist jeder Ehegatte, soweit er prozeßfähig ist, § 607; ein beschränkt Geschäftsfähiger darf aber Zahlung nur an seinen gesetzlichen Vertreter verlangen. Dritte, zB das Jugendamt, sind nicht antragsberechtigt (anders im isolierten Sorgerechtsverfahren), Ffm FamRZ **94**, 178.

**Der Antrag ist zulässig**, sobald die EheS anhängig ist, dh die Klage bzw der Antrag nach § 622 beim Gericht eingegangen ist, AG Pinneberg FamRZ **82**, 407, oder ein Antrag auf Bewilligung der Prozeßkostenhilfe (für die EheS) eingereicht ist, II 1 (auf die Erfolgsaussichten des Scheidungsantrags kommt es idR nicht an, es sei denn, er ist offensichtlich unzulässig oder unbegründet, ZöPh § 620 Rn 2, aM MüKoKl 3). Vor diesem Zeitpunkt ist eine Regelung nur durch einstwVfg zulässig, Einf § 620 Rn 3, so namentlich für den Prozeßkostenvorschuß, Knops NJW **93**, 1242 mwN, oder durch eine AnO im FGG-Verf, so insbesondere hinsichtlich der Ehewohnung, § 620 Rn 24. Ist der Antrag auf Bewilligung der Prozeßkostenhilfe vor Anhängigkeit der EheS unanfechtbar abgelehnt worden, so kann eine einstwAnO nicht mehr begehrt werden, Hamm FamRZ **82**, 721. Wird nach Anhängigkeit der EheS eine einstwVfg beantragt, ist eine Umdeutung zulässig und häufig geboten, Bra FamRZ **96**, 1223. Endet die Anhängigkeit der EheS vor der Entscheidung über den Antrag, so wird dieser in den Fällen des § 620f S 1 gegenstandslos, Hamm FamRZ **82**, 721; in allen anderen Fällen, also namentlich bis zum Eintritt der Rechtskraft eines in der EheS ergehenden stattgebenden Urteils, § 629a Rn 24, ist über einen vorher gestellten Antrag noch zu entscheiden, ZöPh 3 u 4, Gießler FamRZ **86**, 959, Kemnade FamRZ **86**, 626, beide mwN, Ffm FamRZ **87**, 496,

## § 620a    6. Buch. Verfahren in Familiensachen

weitergehend STr 16 u 17: Entscheidung auch nach Rechtskraft der EheS, solange eine zuständigkeitsbegründende FolgeS nicht rechtskräftig abgeschlossen ist. Nach Rechtskraft des Scheidungsausspruchs darf ein Antrag nicht mehr gestellt werden, Karlsr FamRZ **92**, 1454 u Ffm FamRZ **90**, 539, beide mwN; dies gilt auch dann, wenn der Scheidungsausspruch vor der Entsch in einer FolgeS, zB über den Unterhalt, rechtskräftig wird, Gießler FamRZ **86**, 958, Luthin FamRZ **86**, 1060, Maurer 902, Karlsr u Ffm aaO, aM Kalthoener/Büttner NJW **93**, 1834 mwN, STr aaO, Rahm VII 22 mwN, Hamm FamRZ **87**, 1278, zweifelnd Mörsch FamRZ **86**, 629, Jank AnwBl **86**, 499.

6    **b)** Der Antrag kann **schriftlich oder zu Protokoll der Geschäftsstelle erklärt werden**, II 2. Also besteht kein Anwaltszwang für den Antrag, § 78 III, auch wenn er beim Berufungsgericht gestellt wird, oben Rn 1. Das gleiche gilt für das sich anschließende schriftliche Verfahren sowie für Änderungsanträge nach § 620 b, STr 11, MüKoKl 9, hM, abw StJSchl 7, Bergerfurth AnwZwang Rn 341 mwN. Da das Verfahren Teil der EheS ist, ZöPh 9, StJSchl § 78 Rn 3, besteht dagegen nach hM Anwaltszwang für die mündliche Verhandlung, Ffm FamRZ **77**, 799, insbesondere auch für einen gerichtlichen Vergleich über die Scheidungsfolgen, Bergerfurth AnwZwang 353, Hamm NJW **75**, 1709 mwN, aM MüKoKl 11, Hamm FamRZ **85**, 1146, Ffm aaO. AnwZwang besteht auch im Gütetermin, § 279 I 1 iVm § 608, Jost NJW **80**, 329, Jedoch gilt § 279 I 2 iVm § 608, so daß der AnwZwang im Gütetermin vor dem ersuchten oder beauftragten Richter (des Berufungsgerichts) entfällt, vgl Anh § 307 Rn 29. Wegen der Rechtslage in den **neuen Bundesländern** s Grdz § 606 Rn 7.
Die **Vollmacht** für die Ehesache umfaßt jedes AnO-Verfahren, StJSchl § 609 Rn 1, vgl § 609 Rn 1.
**Prozeßkostenhilfe** für das AnO-Verf muß gesondert beantragt und bewilligt werden, Einf §§ 620 ff Rn 7, STr 12, Düss FamRZ **82**, 1096. Die Beiordnung eines RA im Wege der Prozeßkostenhilfe wird idR jedenfalls dann geboten sein, wenn er gemäß § 624 II die entsprechende FolgeS betreibt, Bbg FamRZ **79**, 527. Die Bewilligung der Prozeßkostenhilfe für das Verf nach § 620 umfaßt auch ein späteres Änderungsverfahren nach § 620 b, Hamm MDR **83**, 847.

7    **c)** Im Antrag ist eine bestimmte Maßnahme zu begehren, ohne daß bei Zahlungsanträgen eine Bezifferung nötig ist, STr 3 (über sie darf das Gericht aber nicht hinausgehen). Ferner sollen die **Voraussetzungen für die beantragte einstwAnO glaubhaft gemacht** werden, II 3, vgl § 294; das gilt auch in Verfahren, die der Sache nach FGG-Verfahren sind, jedenfalls für das Regelungsbedürfnis, MüKoKl 27, van Els FPR **98**, 123 mwN, str. Zu den Voraussetzungen gehören die Aussichten der Rechtsverfolgung oder -verteidigung in der Hauptsache nicht; bei offenbarer Aussichtslosigkeit ist der Antrag aber zurückzuweisen, sofern nicht sofort eingegriffen werden muß, etwa im Interesse eines Kindes. Ein zurückgewiesener Antrag kann mit besserer Begründung wiederholt werden, § 620 b I.

8    **B. Amtsverfahren.** Nur im Fall der § 620 S 1 Z 1, also hinsichtlich der Regelung der elterlichen Sorge, ist ein Antrag nicht erforderlich, § 620 S 2. Das zuständige Gericht kann von dem in II 1 bezeichneten Zeitpunkt ab auch vAw tätig werden. Wegen des Anwaltszwanges s oben Rn 1. Das Amtsverfahren greift auch bei einer einstwAnO nach § 628 II ein, § 628 Rn 14.

9    **3) Verfahren, I, III**
**A. Anhörung, III.** Die Parteien der EheS sind, da sie Beteiligte sind, stets zu hören, unten Rn 10. In Fällen nach § 620 S 1 Z 1 (Sorgerecht) empfiehlt sich ihre persönliche Anhörung entspr § 50 a 1 Z 2 FGG (Zweibr FamRZ **82**, 945 hält sie für notwendig). Darüber hinaus ordnet III das **rechtliche Gehör Nichtbeteiligter** an: In den Fällen des § 620 S 1 Z 1, 2 u 3 sollen das **Kind** und das nach § 85 SGB VIII zuständige **Jugendamt** vor dem Erlaß einer AnO (nicht auch vor ihrer Ablehnung) oder, wenn dies wegen der besonderen Eilbedürftigkeit nicht möglich ist, unverzüglich nach dem Erlaß der AnO gehört werden.
Nach § 49 a iVm § 49 IV FGG ist die Anhörung des Jugendamtes in diesem Rahmen vorgeschrieben, um dessen Mitwirkung, § 50 SGB VIII, sicherzustellen, dazu Pal-Diederichsen vor § 1626 Rn 12, s § 621 a Rn 8. Ein Verstoß hat keine prozessualen Folgen. Auf Grund einer nachträglichen Anhörung, III 2, kann das Gericht die AnO vAw aufheben oder ändern, vgl § 620 b I 2.
Das Verfahren zur **Anhörung des Kindes** richtet sich nach § 50 b FGG, vgl Mü AnwBl **85**, 208, KG FamRZ **83**, 1159, Luthin FamRZ **79**, 989 u **81**, 112, Fehmel DAVorm **81**, 170 (die Vorschrift steht mit dem GG im Einklang, BVerfG **55**, 171). Danach ist das mindestens 14jährige, nicht geschäftsunfähige Kind hinsichtlich der Personensorge stets zu hören, § 50 b II 1 FGG, das jüngere Kind unter den Voraussetzungen des § 50 b I FGG, und zwar idR persönlich und mündlich; das Gericht darf in diesen Fällen von der Anhörung nur aus schwerwiegenden Gründen absehen, § 50 b III FGG. Vgl hierzu Pal-Diederichsen vor § 1626 Rn 9 ff.

10    **B. Allgemeine Vorschriften, I.** Abgesehen von diesen Bestimmungen gelten die allgemeinen Vorschriften der ZPO für das Beschlußverfahren auch in Verfahren, die der Sache nach FGG-Verfahren sind, § 608, str, aM ZöPh 29, STr 14, Maurer 919–921. Die Bewilligung von Prozeßkostenhilfe setzt in allen Verfahren nach § 620 einen gesonderten Antrag, § 114, voraus, oben Rn 6.
**a) Verfahren:** Förmlich **beteiligt am Verfahren** sind nur die Parteien der EheS, also anders als in einer entspr isolierten FamS, § 621 Rn 1, nicht Dritte (Karlsr FamRZ **91**, 969 mwN betr Jugendamt), weil es sonst der besonderen Anhörungsregelung in III nicht bedurft hätte; dies gilt auch für die Fälle des § 620 I Z 7 (Wohnung und Hausrat), so daß die in § 7 HausrVO Genannten am Verfahren über die einstwAnO nicht förmlich beteiligt sind, Finger NJW **87**, 1003, Brudermüller FamRZ **87**, 120, Bergerfurth FamRZ **85**, 549, Lempp FamRZ **84**, 14, Hamm FamRZ **87**, 1277 mwN, str, aM Maurer S 1190, Diederichsen NJW **86**, 1284, Thalmann FamRZ **84**, 15 u **83**, 548, Kblz NJW **87**, 1559.
Das **Gehör des Gegners** ist vor Erlaß einer einstwAnO immer erforderlich, Art 103 I GG; in Eilfällen ist es unverzüglich nachzuholen, vgl III 1. Außerhalb der in oben Rn 9 genannten Fälle kann sich die Anhörung der Kinder empfehlen, zB im Verfahren nach § 620 S 1 Z 8, ebenso der in § 7 HausratsVO genannten Personen im Fall des § 620 S 1 Z 7.
Die **mündliche Verhandlung** ist freigestellt, I, aber oft zweckmäßig, um ohne erneute Verhandlung, § 620 b II, den Sachverhalt aufzuklären und ggf ein Rechtsmittel, § 620 c, zu eröffnen, Düss MDR **93**,

## 1. Abschnitt. Allgemeine Vorschriften für Verfahren in Ehesachen §§ 620a, 620b

1132. Das Gericht kann Beweise jeder Art erheben, bestimmt aber den Umfang der Beweisaufnahme nach pflichtgemäßem Ermessen, Düss FamRZ **95**, 183, und kann sich auch mit der Glaubhaftmachung, § 294, begnügen, Mü AnwBl **85**, 208. An das Vorbringen der Parteien ist es nicht gebunden; vielmehr gilt überall der Untersuchungsgrundsatz, § 616 I, also nicht nur in den Verfahren, die der Sache nach FGG-Verfahren sind, StJSchl 7, zu eng Mü AnwBl **85**, 208 mwN, abw ZöPh 27, differenzierend MüKoKl 27 ff, STr 14.

Ein **Vergleich** ist grundsätzlich zulässig, aber nicht über die Regelung der elterlichen Sorge, über die Umgangsregelung und die Herausgabe eines Kindes, weil hier das Kindeswohl entscheidet, STr 14 mwN.

**b) Entscheidung:** Sie ergeht durch Beschluß, I, der den Beteiligten zu verkünden oder zuzustellen ist, **11** § 329 (in FamS des § 621 I Z 1, 2 u 3 ist außerdem die Entscheidung dem Jugendamt und dem Landesjugendamt bekannt zu machen, § 49 a iVm § 49 III FGG); in der Berufungsinstanz ist der Einzelrichter nur im Einverständnis mit den Parteien zuständig, § 524 IV, weil § 627 III 5 aF nicht übernommen worden ist. Eine Kostenentscheidung ergeht nur ausnahmsweise, § 620 g. Eine Begründung ist bei Entscheidungen auf Grund mündlicher Verhandlung in den Fällen des § 620 c S 1 nötig, s § 329 Rn 2, ebenso in den Fällen des § 620 d sowie entspr § 922 I 2, wenn sie im Ausland vollstreckt werden soll; in allen anderen Fällen ist sie zweckmäßig, aber nicht geboten, Gießler FamRZ **99**, 695 mwN. Rechtsbehelfe: §§ 620 b u c.

Eine einstwAnO erwächst hinsichtlich des geltend gemachten Ansprüche nicht in materielle Rechtskraft, KG FamRZ **91**, 1328, Grunsky JuS **76**, 278 mwN; die Ablehnung der einstwAnO steht einem gleichlautenden neuen Antrag jedenfalls dann entgegen, wenn sie nach mündl Verh erfolgt ist, Braeuer FamRZ **87**, 300 gg Zweibr FamRZ **86**, 1229. Die AnO ist Vollstreckungstitel; wegen der Einzelheiten des Vollstr s § 620 Rn 7 ff.

**c) Gebühren:** Für Entscheidungen nach § 620 S 1 Z 4 u 6–9 entsteht für das Gericht ½ Gebühr, KV **12** 1701 (mehrere Entscheidung in einem Rechtszug gelten als eine Entscheidung), für den RA in allen Fällen die gewöhnlichen Gebühren, § 31 BRAGO, jedoch in jedem Rechtszug für Verfahren gleicher Art nur einmal, § 41 BRAGO (deshalb ist Kostenfestsetzung für das einzelne Verfahren vor Abschluß der Ehesache möglich, KG MDR **82**, 328); zur Entstehung der Beweisgebühr Mü AnwBl **85**, 207 mwN. Wert: Für Verfahren nach § 620 S 1 Z 4, 6 u 7 gilt § 20 II GKG, sonst § 12 GKG; für den RA besteht für Verfahren nach § 620 S 1 Z 1–3 eine Sonderregelung in § 8 II 3 BRAGO.

**4) Sinngemäße Anwendung.** Vgl § 6 II SorgeRÜbkAG, Schlußanhang V A 3. **13**

**620b** *Aufhebung und Änderung, Antrag auf mündliche Verhandlung.* ¹ ¹Das Gericht kann auf Antrag den Beschluß aufheben oder ändern. ²Das Gericht kann von Amts wegen entscheiden, wenn die Anordnung die elterliche Sorge für ein gemeinschaftliches Kind betrifft oder wenn eine Anordnung nach § 620 Nr. 2 oder 3 ohne vorherige Anhörung des Jugendamts erlassen worden ist.

II Ist der Beschluß oder die Entscheidung nach Absatz 1 ohne mündliche Verhandlung ergangen, so ist auf Antrag auf Grund mündlicher Verhandlung erneut zu beschließen.

III ¹Für die Zuständigkeit gilt § 620 a Abs. 4 entsprechend. ²Das Rechtsmittelgericht ist auch zuständig, wenn das Gericht des ersten Rechtszuges die Anordnung oder die Entscheidung nach Absatz 1 erlassen hat.

**Vorbem.** I 2 mWv 1. 7. 98 geänd durch Art 3 Z 4 KindUG, vgl Einf § 606 Rn 12.

**1) Aufhebung und Änderung, I, III** **1**

**A. Allgemeines.** Da es sich bei § 620 nur um eine einstweilige Regelung handelt, ist die Entscheidung nicht unabänderlich. Das Gericht kann vielmehr den Beschluß aufheben oder ändern, I, und zwar sowohl den einstwAnO erlassenden als auch den der ablehnenden Entscheidung, Zweibr MDR **97**, 649 u FamRZ **86**, 1229, aM Braeuer FamRZ **87**, 301. Auch eine nach § 620 c anfechtbare, aber nicht angefochtene und daher formell rechtskräftig gewordene einstwAnO kann geändert werden, aber nur aufgrund neuer oder neu bekanntgewordener Tatsachen bzw aufgrund neuer Mittel der Glaubhaftmachung oder bei Vorliegen von Wiederaufnahmegründen, Gießler 163, ZöPh 2, Kblz FamRZ **85**, 957, str, aM STr 8, Klauser MDR **81**, 717. Bei einer nicht anfechtbaren einstwAnO ist eine Änderung der Rechts- oder Tatsachenlage nicht erforderlich, aM Braeuer FamRZ **87**, 301: die abweichende Beurteilung desselben Sachverhalts reicht aus, Köln FamRZ **87**, 957, weil die Änderungsmöglichkeit das fehlende Rechtsmittel, § 620 c, ersetzt, Klauser MDR **81**, 717, aM Rolland 2. § 620 b I 1 gilt auch dann, wenn das Gericht Parteivorbringen übersehen hat, Ffm NJW **86**, 1052 (vgl § 620 Rn 5 zur Beschwerdemöglichkeit). Eine Änderung ist ebenfalls statthaft, wenn die einstwAnO nach Beantragung der Prozeßkostenhilfe erlassen worden ist und diese dann abgelehnt wird, Schlesw SchlHA **81**, 81.

Ein im Verfahren nach § 620 geschlossener **Vergleich** darf nicht nach § 620 b geändert werden; wohl aber hat das Gericht in Verfahren nach § 620 Z 4 u 6 die Möglichkeit, bei wesentlicher Änderung der für den Vergleich maßgeblichen Verhältnisse durch einstwAnO eine abweichende Regelung zu treffen, ZöPh 5, STr 8, Flieger MDR **80**, 803, Köln FamRZ **83**, 622, Hamm FamRZ **82**, 409 mwN, Hbg FamRZ **82**, 412. Auch insoweit darf die Vollziehung entspr § 620 e ausgesetzt werden; die Entscheidung darüber ist unanfechtbar, § 620 e Rn 2, Köln FamRZ **83**, 622.

Wegen des Verhältnisses des § 620 b zu anderen Verfahren unten Rn 4.

**a) Zuständigkeit** (wegen der Rechtslage in den neuen Bundesländern s Grdz § 606 Rn 7). Für die **2** Zuständigkeit des Gerichts, I, **gilt § 620 a IV entsprechend, III 1**, s dort Rn 1. Danach ist das FamGer zuständig, wenn das OLG die einstwAnO als Beschwerdegericht nach § 620 c erlassen hat, sofern die EheS bzw die AnO entsprechende FolgeS beim FamGer anhängig ist. Das gleiche gilt, wenn das OLG als Berufungs- oder Beschwerdegericht nach § 621 e die einstwAnO erlassen hat, aber die EheS bzw die der

## § 620b   6. Buch. Verfahren in Familiensachen

AnO entsprechende FolgeS wieder, zB nach Zurückverweisung, § 629b I, Köln FamRZ **79**, 529, beim FamGer anhängig ist. Das OLG ist zuständig, solange die der einstwAnO entsprechende FolgeS bei ihm oder beim BGH anhängig ist; ist nur die EheS beim BGH anhängig, steht die Änderung dem FamGer auch dann zu, wenn das OLG die einstwAnO erlassen hat, ZöPh 10, aM MüKoKl 18, STr 2, StJSchl 4, Hamm FamRZ **78**, 909: Zuständigkeit des OLG wegen seiner Sachnähe. **Das OLG darf**, sobald es nach § 620a IV zuständig geworden ist, auch eine **vom FamGer erlassene einstwAnO oder Entscheidung nach I aufheben oder ändern**, III 2.

**3**   **b) Zeitliche Grenzen. aa) Grundsatz.** Eine Änderung oder Aufhebung ist möglich bis zum Außerkrafttreten der einstwAnO, § 620f, StJSchl 14 u ThP 1d, so daß § 620b anwendbar bleibt, wenn die einstwAnO den Rechtsstreit überdauert, was namentlich bei Scheidung, Aufhebung oder Nichtigerklärung der Ehe der Fall ist, § 620f Rn 1. Nach bisher überwM ist allerdings eine Änderung nach Rechtskraft eines Urteils auf Scheidung usw ausgeschlossen, BGH NJW **83**, 1331, wenn nicht der Änderungsantrag vorher gestellt worden ist, Ffm FamRZ **87**, 1279, Mü FamRZ **87**, 610, Stgt RR **86**, 558, § 620a Rdz 2, van Els FamRZ **85**, 618 mwN, oder ausnahmsweise Billigkeitsgründe eine Änderung gebieten, Rolland 6a. Ähnlich STr 7, die eine Änderung nur solange für zulässig hält, wie die EheS oder die der einstwAnO entsprechende

**4**   FolgeS anhängig ist. **bb) Verhältnis zu anderen Verfahren.** Solange danach die Möglichkeit einer Änderung oder Aufhebung nach § 620b besteht, ist der Umweg über ein neues selbständiges Verfahren nicht nötig, Mü MDR **80**, 148, Hamm FamRZ **80**, 277, vgl STr 18. Anders aber die hM, die bei den dort genannten Einwendungen die Klage aus § 767 zuläßt, MüKoKl 13, Flieger MDR **80**, 803, BGH NJW **83**, 1330, Mü FamRZ **81**, 912 mwN, Heinze MDR **80**, 895 mwN (§ 767 jedenfalls bei Erfüllung), enger STr 20; dagegen scheidet § 323 hier wie auch sonst bei einstwAnOen aus, § 323 IV, BGH NJW **83**, 1331, u FamRZ **83**, 892, es sei denn, es kommt ihm eine weitergehende Wirkung als der erstrebten einstwAnO zu, BGH NJW **83**, 2201. Jedenfalls kann im Hinblick auf § 620f der beschwerten Partei auch bei Anhängigkeit des Scheidungsverfahrens die Erhebung einer leugnenden Feststellungsklage bzw einer Leistungsklage hinsichtlich des Unterhalts oder des Prozeßkostenvorschusses nicht verwehrt werden, und zwar auch dann nicht, wenn noch die Möglichkeit einer Änderung nach § 620b gegeben ist, hM, Gießler FamRZ **82**, 129, Hassold FamRZ **81**, 1036, Griesche FamRZ **81**, 1034, alle mwN, BGH FamRZ **87**, 682 u NJW **83**, 1330 (krit Braeuer FamRZ **84**, 10), KG IPrax **88**, 234 u FamRZ **87**, 956, Kblz FamRZ **83**, 1148 mwN, enger im Hinblick auf das nötige Rechtsschutzinteresse STr 18, vgl zum Feststellungsinteresse KG FamRZ **85**, 951. Auf Grund dieser Klage darf aber angesichts der §§ 620b und 620e vor Rechtskraft des Scheidungsurteils, s dazu § 620f Rn 2ff, die Zwangsvollstreckung aus der einstwAnO nicht entspr § 769 oder § 707 eingestellt werden, Hamm RR **98**, 1381 mwN (bei FamRZ **81**, 981, da dafür zumindest das Rechtsschutzbedürfnis fehlt, Köln FamRZ **81**, 379, sehr str, aM Luthin FamRZ **86**, 1060, Gießler FamRZ **82**, 129 u FamRZ **83**, 518, ZöPh 15b, Stgt FamRZ **92**, 203 mwN, Schlesw FamRZ **86**, 184, Kblz FamRZ **85**, 1272 mwN, ua Ffm NJW **84**, 1630 mwN, KG FamRZ **85**, 951, Hbg FamRZ **85**, 1273 (bei Erfolgsaussicht der Klage), § 707 Rn 22. Aus dem gleichen Grunde kommt die Bewilligung von Prozeßkostenhilfe für ein Klageverfahren nicht in Betracht, Hamm FamRZ **87**, 961, Schlesw SchlHA **84**, 164.

**5**   **B. Verfahren. a)** Die Aufhebung oder Änderung einer einstwAnO setzt mit einer Ausnahme, I 2, den **Antrag einer Partei der EheS voraus, I 1.** Eine Beschwer durch den ersten Beschluß ist nicht nötig, aM Gießler 165, ZöPh 7. Der Antrag ist an keine Frist gebunden, muß aber begründet werden, § 620d. Für ihn besteht kein Anwaltszwang, § 620a II 2, s § 620a Rn 5.

Eine **Aufhebung oder Änderung vAw** ist möglich, wenn die einstwAnO die elterliche Sorge, § 620 S 1 Z 1, betrifft oder wenn eine AnO nach § 620 S 1 Z 2 oder 3 ohne vorherige Anhörung des Jugendamtes ergangen ist, s § 620a III, **I 2**. Hier rechtfertigt das öffentliche Interesse eine Richtigstellung auch gegen den Willen der Partei; ist dagegen die AnO in diesen Fällen abgelehnt worden, so ist für eine neue Entscheidung ein Antrag erforderlich.

**6**   **b)** Das **weitere Verfahren** richtet sich nach § 620a, s dortige Erläuterungen, die Aussetzung der Vollziehung nach § 620e. Die Entscheidung ergeht durch begründeten Beschluß, § 620d. Eine Aufhebung oder Änderung kann auch mit Rückwirkung erfolgen, wenn es im Interesse eines Gatten oder eines Kindes geboten ist, zB idR bei Rückwirkung des Unterhalts mit Rückwirkung auf den Zeitpunkt des Antrags jedenfalls dann, wenn der Änderungsantrag alsbald nach Erlaß der einstwAnO gestellt wird, Stgt LS NJW **81**, 2476, enger STr 9 (nur dann, wenn das Begehren bereits Gegenstand des bisherigen Verfahrens war), abw AG Solingen FamRZ **89**, 522 mwN (idR kein Rechtsschutzbedürfnis). Der neue Beschluß kann ebenfalls nach I aufgehoben oder geändert werden. Wegen des Rechtsmittels vgl § 620c. Gebühren: Für das Gericht entstehen keine Gebühren; der RA erhält zusätzlich zu den bereits entstandenen Gebühren die gewöhnlichen Gebühren, § 31 BRAGO, aber in jedem Rechtszug nur einmal, § 41 BRAGO (volle Prozeßgebühr nur bei Stellung eines Antrags).

**7**   **C. Folgen.** Bei der Vollstreckung aus dem geänderten oder aufgehobenen Beschluß gelten §§ 775, 776 entsprechend, LG Darmstadt MDR **58**, 694. Für einen Schadensersatzanspruch entsprechend § 945 ist kein Raum, BGH FamRZ **84**, 768 mwN, Kblz FamRZ **81**, 1094, wohl aber ggf für einen Ausgleich nach Bereicherungsrecht, § 620f Rn 7. Kostenvorschüsse sind nur zu erstatten, wenn sich die wirtschaftliche Lage des Empfängers wesentlich gebessert hat oder die Rückforderung aus anderen Gründen der Billigkeit entspricht, BGH NJW **71**, 1261. Alle Ausgleichsansprüche sind durch Klage im allgemeinen Verfahren geltend zu machen.

**8**   **2) Antrag auf mündliche Verhandlung, II, III.** Ist der Beschluß über Erlaß oder Ablehnung einer einstwAnO, § 620a I, oder die Entscheidung über eine Aufhebung oder Änderung dieses Beschlusses, § 620b I, ohne mündliche Verhandlung ergangen, so ist **auf Antrag auf Grund mündlicher Verhandlung erneut zu beschließen, II.** Das gilt auch dann, wenn eine einstwAnO (auf Unterhaltszahlung) aufgrund mündlicher Verhandlung ergangen ist und das Gericht einen erneuten Antrag nach I ohne mündliche Verhandlung abgelehnt hat, aM Karlsr FamRZ **89**, 642. Der Antrag nach II ist der einzige Rechtsbehelf, solange das Gericht ohne mündliche Verhandlung entschieden hat, abw STr 11: wahlweise auch Antrag nach

1. Abschnitt. Allgemeine Vorschriften für Verfahren in Ehesachen  **§§ 620b, 620c**

I. Ist der Beschluß nach § 620a I oder die Entscheidung nach § 620b I dagegen aufgrund mündlicher Verhandlung ergangen (wozu eine einseitige Verhandlung genügt, Düss FamRZ 92, 1199), so ist immer ein Antrag auf Aufhebung oder Änderung nach I möglich, jedoch nur in den Fällen des § 620c statt dessen gleich die sofortige Beschwerde.

Der Antrag auf mündliche Verhandlung setzt keine Änderung der Rechts- oder Tatsachenlage voraus, KG FamRZ 91, 1328, s oben Rn 1. Er ist an keine Frist gebunden; vgl iü oben Rn 5. Für ihn besteht kein Anwaltszwang, § 620a Rn 5, abw Str 11, Brüggemann FamRZ 77, 289, Düss FamRZ 78, 710, wie hier wohl Bergerfurth AnwZwang 342. Für seine Begründung gilt § 620d. Für die Zuständigkeit gilt § 620a IV entspr, **III 1**, s oben Rn 2; die mündliche Verhandlung wegen einer vom FamGer erlassenen Entscheidung hat vor dem OLG stattzufinden, sobald es zuständig geworden ist, **III 2**. Wegen des Verfahrens s Rn 5–7. Die Vollziehung kann auf Grund des Antrages nach § 620e ausgesetzt werden.

**3) Entscheidung.** Das Gericht entscheidet durch begründeten Beschluß, § 620d. Gegen ihn ist die **9** sofortige Beschwerde nur nach Maßgabe des § 620c statthaft, dies gilt auch dann, wenn der Antrag nach II stillschweigend abgelehnt worden ist, aM Kblz FamRZ 93, 1100. Gebühren: Für das Gericht keine, KV 1701; für den RA die in § 620a Rn 12 genannten, § 41 BRAGO.

**4) Sinngemäße Anwendung.** Vgl § 6 II SorgeRÜbkAG, Schlußanhang V A 3.  **10**

**620c** **Rechtsmittel.** ¹Hat das Gericht des ersten Rechtszuges auf Grund mündlicher Verhandlung die elterliche Sorge für ein gemeinschaftliches Kind geregelt, die Herausgabe des Kindes an den anderen Elternteil angeordnet oder die Ehewohnung einem Ehegatten ganz zugewiesen, so findet die sofortige Beschwerde statt. ²Im übrigen sind die Entscheidungen nach den §§ 620, 620b unanfechtbar.

**1) Sofortige Beschwerde, S 1**  **1**

**A. Allgemeines.** Entscheidungen in Eilverfahren sollen im Interesse zügiger Erledigung und baldiger Klarheit nur ausnahmsweise anfechtbar sein, was nicht gegen die Verfassung verstößt (BVerfG NJW 80, 386). Deshalb ist die Beschwerde nur ausnahmsweise statthaft, nämlich dann, wenn das Gericht **a)** des 1. Rechtszuges (FamGer) **auf Grund mündlicher Verhandlung** durch Beschluß nach § 620a I oder durch Entscheidung nach § 620b I a die **elterliche Sorge** für ein gemeinschaftliches Kind geregelt hat, was dann der Fall ist, wenn durch die Aufhebung einer einstwAnO zugunsten eines Elternteils der Sache nach eine Regelung zugunsten des anderen getroffen worden ist, Karlsr FamRZ 79, 840, nicht aber sonst, Köln FamRZ 83, 732 (die Ablehnung der Änderung einer einstwAnO ist dagegen nicht beschwerdefähig, Hbg FamRZ 93, 1337 mwN, s unten); eine Teilregelung, zB hinsichtlich des Rechts zur Aufenthaltsbestimmung oder der Vermögenssorge genügt, Bbg FamRZ 83, 82 u Karlsr FamRZ 98, 501, nicht dagegen eine solche hinsichtlich des Umgangsrechts, § 620 Z 2, Hbg FamRZ 87, 497, Saarbr FamRZ 86, 182, zur Abgrenzung s KG RR 96, 455. Ferner ist die sofortige Beschwerde statthaft, wenn das FamGer **auf Grund mündlicher Verhandlung b)** die **Herausgabe des Kindes** an den anderen Elternteil angeordnet hat, mag dies auch im Zusammenhang mit der Ablehnung einer Änderung geschehen sein, Hbg FamRZ 93, 1337, oder wenn es **auf Grund mündlicher Verhandlung c)** die **Ehewohnung** einem Ehegatten ganz zugewiesen oder eine dem gleichstehende Entscheidung getroffen hat, KG FamRZ 86, 1010 (dies gilt entspr auch für eine mit diesem Inhalt nach § 1361b BGB iVm § 13 IV HausrVO ergangene einstwAnO, Ffm FamRZ 87, 241 gg Stgt FamRZ 86, 1235, vgl Brudermüller FamRZ 87, 121). – Hat das FamGer nach einer mündlichen Verhandlung **weitere Ermittlungen** veranlaßt, so ist die alsdann im schriftlichen Verfahren erlassene Entscheidung gleichwohl „auf Grund" der mündlichen Verhandlung ergangen, so daß die sofortige Beschwerde gegeben ist, MüKoKl 7, ZöPh 8, Hbg FamRZ 86, 182, aM Gießler 176, Karlsr FamRZ 94, 1186, Zweibr FamRZ 84, 916, Bbg FamRZ 81, 294 u Karlsr FamRZ 89, 522 für den Fall, daß die mündliche Verhandlung mehrere Monate zurückliegt und seitdem eingetretene neue Umstände zu würdigen sind.

In den genannten drei Fällen ist eine Überprüfung der Entscheidung wegen ihrer Bedeutung für die Betroffenen gerechtfertigt. Bei **Ablehnung einer einstwAnO** gilt dies nicht, so daß die Beschwerde in diesem Fall auch dann, wenn die Entscheidung auf Grund mündlicher Verhandlung ergangen ist, nicht statthaft ist, unten Rn 4. Ebenso ist die in dieser Weise erfolgte **Ablehnung der Änderung** einer bestehenden einstw AnO nicht beschwerdefähig, Hbg FamRZ 93, 1337 mwN, es sei denn, mit der Ablehnung ist eine Anordnung iSv Satz 1 verbunden worden, Hbg aaO, ZöPh 8.

Über die sofortige Beschwerde entscheidet das **OLG**, § 119 GVG.

**B. Verfahren.** Die sofortige Beschwerde steht den Parteien der EheS zu, sofern sie durch die Entscheidung **2** beschwert sind. Für die Anfechtung einer einstwAnO auf Herausgabe des Kindes fehlt die Beschwer, wenn das Kind entsprechend einer AnO nach § 1632 II BGB aF herausgegeben worden ist, Oldb FamRZ 78, 437, aM BayObLG Rpfleger 77, 125, offengelassen Düss FamRZ 81, 85. Der Vollzug der AnO berührt i ü nicht die Zulässigkeit der Beschwerde, Karlsr RR 99, 731. Dritte sind nicht beschwerdeberechtigt, auch nicht das Kind und das Jugendamt, Karlsr FamRZ 91, 969 mwN, MüKoKl 18, Gießler 185, str, aM Maurer 960.

Einzulegen ist die sofortige Beschwerde innerhalb der Frist des § 577 II beim FamGer oder beim OLG durch Einreichung einer Beschwerdeschrift, § 569 Rn 3 u § 577 Rn 8; die Rechtskraft des Eheurteils steht nicht entgegen, Zweibr FamRZ 77, 261. Anwaltszwang, § 78 II 1 Z 1, besteht sowohl für die sofortige Beschwerde, hM, Kblz RR 99, 575 mwN, aM MüKoKl 20, Hamm FamRZ 85, 1146 mwN, als auch für die Gegenäußerung, § 573 II 1, Brüggemann FamRZ 77, 289; gegenüber dem FamGer genügt die Zulassung beim FamGer oder dem übergeordneten LG, § 78 II 2, Celle FamRZ 90, 656 mwN; vor dem OLG ist die Zulassung dort erforderlich, § 78 I, Kblz RR 99, 575, Ffm FamRZ 83, 516 (wegen des AnwZwangs in den neuen Bundesländern s Vorbem § 78). Die Beschwerde muß mit der Einlegung, spätestens jedoch

## §§ 620c, 620d

innerhalb der Einlegungsfrist begründet werden, § 620 d S 1. Mehrere Beschwerdeschriftsätze einer Partei in derselben Sache sind hier (wie auch sonst) idR nur ein Rechtsmittel, Kblz FamRZ **80**, 905.

Das Familiengericht darf nicht abhelfen, § 577 III. Nur das OLG kann die Vollziehung aussetzen, § 620 e. Für das Verfahren gelten die §§ 570 ff, ZöPh 22, BayObLG MDR **94**, 1153. Über die Beschwerde ist durch begründeten Beschluß zu entscheiden, § 620 d; für die Kosten gelten §§ 91 ff (auch in FGG-Sachen). Eine weitere Beschwerde ist ausgeschlossen.

Gebühren: Für das Gericht gilt KV 1900, für den RA § 61 BRAGO.

**3** **2) Unanfechtbare Entscheidungen, S 2.** Abgesehen von den in oben Rn 1 genannten drei Fällen sind alle übrigen Entscheidungen nach den §§ 620, 620 b unanfechtbar, dh nicht mit der sofortigen Beschwerde angreifbar, was verfassungsrechtlich nicht zu beanstanden ist, BVerfG NJW **80**, 386, vgl auch Mü NJW **78**, 1635. Der Ausschluß gilt in anderen als den in Rn 1 genannten Fällen auch für alle **Zwischen- und Nebenentscheidungen**, zB Berichtigungsbeschlüsse und Beschlüsse über Vollzugsmaßnahmen, Karlsr OLG-Report **98**, 414 mwN, str, aM Stgt FamRZ **99**, 1095 mwN, ua MüKoKl 15, ZöPh 14, diff MusBo 10, alle mwN, vgl auch unten Rn 4 aE.

**4** **Unanfechtbar** sind danach alle Entscheidungen des Berufungsgerichts (OLG) sowie diejenigen Entscheidungen des FamGer, die **a) ohne mündliche Verhandlung** ergangen sind (deshalb muß auch in den Fällen der Rn 1 ggf zunächst ein Antrag nach § 620 b II gestellt werden, wenn es sich um die Hauptsache handelt), oder **b)** zwar auf Grund einer solchen Verhandlung ergangen sind, aber **aa) andere Fälle** als die der Rn 1 betreffen, zB eine von § 620 g abweichende Kostenentscheidung, Düss FamRZ **94**, 1187 mwN, aM Bre FamRZ **91**, 1080, oder keine Endentscheidungen sind, vgl Ffm FamRZ **89**, 766 mwN, zB eine solche über die Gewährung einer Räumungsfrist, Bbg FamRZ **93**, 1338 mwN, oder über die Aussetzung der Vollziehung, § 620 e Rn 2, oder über die Aussetzung des Verf nach § 148 ZPO, aM Ffm FamRZ **85**, 409, oder eine Zwangsgeldandrohung, Karlsr FamRZ **96**, 1226 u RR **99**, 7 mwN (aM ua MüKoKl 15, ZöPh 14), oder die Kostenfestsetzung, Hbg FamRZ **80**, 906, aM STr 7, oder die Wertfestsetzung nach § 25 GKG bzw § 10 BRAGO betreffen, Köln FamRZ **86**, 695 mwN, str, aM STr 7, Schneider MDR **87**, 107 mwN, Lappe NJW **87**, 1867, oder **bb)** zwar aufgrund einer mündl Verh ergangen sind, jedoch die **einstwAnO abgelehnt** haben, KG FamRZ **93**, 720 mwN (aM für die Ablehnung der Zuweisung der Wohnung an den ausgezogenen Ehegatten MüKoKl 6), oder solche Beschlüsse, welche die **Änderung** einer einstwAnO abgelehnt haben, STr 2, Hbg FamRZ **93**, 1337 mwN, Hamm FamRZ **88**, 1194 mwN, oben Rn 1 aE. Deshalb ist keine Beschwerde gegen die Versagung der **Prozeßkostenhilfe** wegen Aussichtslosigkeit gegeben, hM, Ffm FamRZ **96**, 747 mwN, Düss FamRZ **91**, 1326, MüKoKl 14, ZöPh § 127 Rn 22, Zimmermann, PKH in FamS Rn 738, alle mwN, weitergehend Kblz FamRZ **89**, 200, Zweibr FamRZ **85**, 301 (niemals Beschwerde), aM Hamm FamRZ **86**, 926 mwN, Schlesw SchlHA **82**, 71.

**5** **Ausnahmen** von der Unanfechtbarkeit sind bei **greifbarer, grober Gesetzwidrigkeit** zuzulassen, Gießler 180, ZöPh 12, MüKoKl 10–13, Zweibr MDR **97**, 649, Hamm FamRZ **93**, 719, Düss FamRZ **92**, 1198, Karlsr FamRZ **91**, 969, Zweibr FamRZ **86**, 1229, Düss FamRZ **83**, 514 mwN, vgl dazu § 567 Rn 6 mwN (weitergehend STr 8 u 9). Die sofortige Beschwerde entsprechend S 1 ist danach nur statthaft, wenn eine Entscheidung dieser Art oder dieses Inhalts überhaupt nicht oder nicht in dieser Form ergehen durfte, sie also mit der Rechtsordnung schlechthin unvereinbar ist, vgl Weychardt/Gießler DAVorm **84**, 383 mwN, BGH RR **86**, 738, Bra OLG-NL **94**, 159, Karlsr FamRZ **90**, 766, Ffm NJW **86**, 1052, Hamm FamRZ **85**, 85 (krit van Els FamRZ **85**, 617), zB die einstwAnO die Übereignung von Hausrat oder den Kostenvorschuß für eine NichtFamS regelt. **Unzulässig** ist die Beschwerde, wenn eine Sachentscheidung abgelehnt worden ist, obwohl die gesetzlichen Voraussetzungen vorlagen, ZöPh 13, Ffm AnwBl **89**, 102, aM Ffm FamRZ **85**, 193 mwN; vgl i ü §§ 567 Rn 6, 707 Rn 16. Ebenso dürfte bei **Verletzung von Grundrechten**, etwa des Rechts auf Gehör (Art 103 GG) oder des Rechts auf den gesetzlichen Richter (Art 101 GG), die Beschwerde unstatthaft sein, ZöPh 13, BGH FamRZ **89**, 265 u **86**, 850, BayObLG FamRZ **89**, 528, Ffm NJW **86**, 1052 unter Hinweis auf § 620 b I 1; in diesem Fall wird eine Gegenvorstellung zuzulassen sein, § 567 Rn 6. Dieser Ausweg gilt aber **nicht** für sonstige, auch schwere, Rechtsanwendungsfehler, zB die irrige Bejahung der internationalen Zuständigkeit, Bbg RR **97**, 1090, oder die Verkennung der Bedeutung des § 620 b, aM Zweibr FamRZ **97**, 1167, oder eine Entscheidung ohne den erforderlichen Antrag nach § 620 b II 1, Zweibr FamRZ **80**, 386, oder fehlende bzw mangelhafte Begründung, Zweibr NJW-FER **98**, 185 = FamRZ **98**, 1370 (dazu Gießler FamRZ **99**, 695), aM Düss FamRZ **98**, 764, Hamm FamRZ **93**, 719, und auch nicht für die (unzulässige) Regelung eines Auskunftsanspruchs durch einstwAnO, ZöPh 13, Hamm FamRZ **83**, 515, aM Düss FamRZ **83**, 514, oder für die (irrige) Anwendung des § 769, aM Zweibr FamRZ **97**, 1227.

Die Unanfechtbarkeit der Entscheidung steht einer abweichenden einstwAnO in der Berufungsinstanz nicht entgegen, § 620 b, KG FamRZ **82**, 1031. Überhaupt ist eine unzulässige Beschwerde in einen Antrag nach § 620 b umzudeuten, soweit ein solcher zulässig ist, Hamm FamRZ **80**, 67, Stgt NJW **78**, 279. Soweit es sich um eine einstwAnO auf Unterhaltsgewährung handelt, steht den Parteien der Weg der negativen Feststellungsklage bzw § 620 b Rn 4, bzw der Leistungsklage offen.

**6** **3) VAHRG.** Die Entscheidung über eine einstwAnO nach § 3 a IX des Ges ist unanfechtbar, § 620 Rn 4.

## 620d *Begründungszwang.* ¹In den Fällen der §§ 620 b, 620 c sind die Anträge und die Beschwerde zu begründen; die Beschwerde muß innerhalb der Beschwerdefrist begründet werden. ²Das Gericht entscheidet durch begründeten Beschluß.

**1** **1) Begründung, S 1.** In den Fällen der §§ 620 b u 620 c sind die Anträge, dh auf Aufhebung oder Änderung, § 620 b I, und auf mündliche Verhandlung, § 620 b II, und ebenso die sofortige Beschwerde, § 620 c, zu begründen. Im letzten Fall muß die Beschwerde innerhalb der Beschwerdefrist begründet

# 1. Abschnitt. Allgemeine Vorschriften für Verfahren in Ehesachen §§ 620d–620f

werden, S 1 Halbs 2; das ist im Einklang mit der hM, vgl 44. Aufl, durch das UÄndG klargestellt worden. Wegen der Einzelheiten s Erläuterungen zu den §§ 620 b u 620 c.

**2) Entscheidung, S 2.** Über die vorgenannten Anträge und die sofortige Beschwerde entscheidet das **2** Gericht (FamGer bzw OLG) durch begründeten Beschluß. Das Gesetz sieht eine Ausnahme von der Begründungspflicht, § 329 Rn 1, nicht vor. Selbstverständlich kann die Begründung kurz sein. Das Beschwerdegericht darf auch entsprechend § 543 I auf die Gründe der angefochtenen Entscheidung verweisen, § 573 Rn 11.

Eine Begründung der einstwAnO bei (erstmaliger) Entscheidung ist nicht ausdrücklich vorgeschrieben. Abgesehen von Ausnahmefällen besteht aber schon deshalb die Rechtspflicht zur Begründung, § 329 Rn 1, weil die Parteien nur dann die Anträge nach § 620 b bzw die sofortige Beschwerde nach § 620 c begründen können, ebenso MüKoKl 5, STr 3, Maurer 924, ZöPh 4, str, aM ua KG FamRZ 82, 1031, diff Gießler FamRZ 99, 695 mwN, s auch 620 c Rn 5 aE. Auch hier darf die Begründung kurz sein; ggf kann sie aus einem Hinweis auf das Vorbringen des Antragstellers bestehen. Das Fehlen der Begründung kann zur Zurückverweisung führen, muß aber nicht diese Folge haben, vgl §§ 575, 540.

Gegen die Entscheidung des OLG gibt es kein Rechtsmittel, §§ 567 IV u 568 II.

**3) Sinngemäße Anwendung.** Vgl § 6 II SorgeRÜbkAG, Schlußanhang V A 3. **3**

## 620e
*Aussetzung der Vollziehung.* Das Gericht kann in den Fällen der §§ 620 b, 620 c vor seiner Entscheidung die Vollziehung einer einstweiligen Anordnung aussetzen.

**1) Allgemeines.** Gegen eine einstwAnO stehen den Parteien folgende Rechtsbehelfe offen: immer der **1** Antrag auf Aufhebung oder Änderung nach § 620 b I, bei einer Entscheidung ohne mündliche Verhandlung der Antrag auf erneute Entscheidung nach § 620 b II, in bestimmten Fällen die sofortige Beschwerde nach § 620 c. § 620 e gibt dem Gericht die Möglichkeit, vor seiner Entscheidung über einen dieser Rechtsbehelfe die Vollziehung der einstwAnO auszusetzen. Für das allgemeine Beschwerdeverfahren enthält § 572 II eine entsprechende Regelung; die Befugnis nach § 572 III steht dem Gericht nach § 620 e nicht zu, STr 3.

**2) Aussetzung der Vollziehung.** Voraussetzung ist die Einlegung eines der in oben Rn 1 genannten **2** Rechtsbehelfe. Aussetzen darf das Gericht, das über diesen Rechtsbehelf zu entscheiden hat, also das FamGer bzw KrGer in den Fällen des § 620 b und allein das OLG (nicht auch das FamGer) im Falle der sofortigen Beschwerde, § 620 c. Die Entscheidung ergeht durch Beschluß auf Antrag oder vAw, sobald der Rechtsbehelf eingelegt ist, im Fall des § 620 b I 2 auch schon vorher vAw. Die Aussetzung steht im pflichtgemäßen Ermessen des Gerichts. Sie hat die Wirkungen des § 775 Z 2.

Der Beschluß des FamGer über die Aussetzung oder ihre Ablehnung ist unanfechtbar, hM, MüKoKl 4, Hbg FamRZ 90, 423 mwN, § 620 c Rn 3 ff; dies gilt unabhängig davon, ob gegen die einstwAnO selbst ein Rechtsmittel gegeben ist, insoweit einschränkend Zweibr FamRZ 81, 189. Gegen einen Beschluß des OLG gibt es ohnehin kein Rechtsmittel, § 567 IV. Der Aussetzungsbeschluß tritt mit der Entscheidung über den Rechtsbehelf außer Kraft.

Im Verfahren über die Aussetzung der Vollziehung entstehen weder für das Gericht noch für den RA Gebühren.

**3) Sinngemäße Anwendung.** Vgl § 6 II SorgeRÜbkAG, Schlußanhang V A 3. **3**

## 620f
*Geltungsdauer der Anordnung.* I ¹Die einstweilige Anordnung tritt beim Wirksamwerden einer anderweitigen Regelung sowie dann außer Kraft, wenn der Antrag auf Scheidung oder Aufhebung zurückgenommen wird oder rechtskräftig abgewiesen ist oder wenn das Eheverfahren nach § 619 in der Hauptsache als erledigt anzusehen ist. ²Auf Antrag ist dies durch Beschluß auszusprechen. ³Gegen die Entscheidung findet die sofortige Beschwerde statt.

II Zuständig für die Entscheidung nach Absatz 1 Satz 2 ist das Gericht, das die einstweilige Anordnung erlassen hat.

**Vorbem.** I 1 mWv 1. 7. 98 geänd durch Art 3 Z 7 EheschlRG, Einf § 606 Rn 13.

**1) Allgemeines.** Um nach Möglichkeit einen Zustand ohne Regelung zu verhüten, bleibt eine nach **1** § 620 getroffene einstwAnO grundsätzlich bis zum Wirksamwerden einer anderen Regelung in Kraft, wenn nicht das Gericht ihre Geltung befristet hat, etwa bis zur Rechtskraft des Scheidungsurteils, was zulässig ist und sich oft empfiehlt, str, vgl Köln FamRZ 97, 1094, van Els FamRZ 90, 582, beide mwN (in diesem Fall greift 620 f nicht ein). Sie erlischt nicht stets mit dem rechtskräftigen Abschluß der EheS, sondern nur in bestimmten Fällen, überdauert also namentlich bei Scheidung oder Aufhebung der Ehe den Rechtsstreit, und zwar auch dann, wenn sie vor dem 1. 7. 77 ergangen ist, Ffm FamRZ 87, 1279. Dies gilt auch für eine einstwAnO über den Unterhalt, wenn ihr Gegenstand insoweit inhaltlich den nachehelichen Unterhalt betrifft, BGH NJW 81, 978 u 83, 1330, Köln RR 98, 365 mwN; auch eine solche einstwAnO tritt (wenn sie nicht entspr befristet worden ist) nicht mit der Rechtskraft des Scheidungsausspruchs außer Kraft, so daß weiterhin aus ihr vollstreckt werden darf, BGH NJW 83, 1330, Köln aaO.

Entsprechend anwendbar ist § 620 f auf Vergleiche, die eine einstwAnO ersetzen und keine abw Regelung ihrer Geltungsdauer enthalten, Ffm FamRZ 83, 202, ZöPh 10.

**2) Außerkrafttreten bei anderweitiger Regelung, I 1** (Maurer FamRZ 91, 888; Dörr FamRZ 88, **2** 557).

Albers 1603

## § 620f

Die einstwAnO tritt beim Wirksamwerden einer anderweitigen Regelung außer Kraft, soweit sich die Regelungsbereiche decken, Karlsr FamRZ **88**, 855 mwN. Bei dieser Regelung kann es sich um einen Vergleich, Köln FamRZ **78**, 912, insbesondere auch um einen Scheidungsfolgenvergleich, Hbg FamRZ **85**, 624, Maurer aaO mwN, oder eine gerichtliche Entscheidung handeln, zB um ein Urteil in einer FolgeS, § 629 I, oder um einen Beschluß in einer FamS, § 621, oder um einen Beschluß nach § 620 b, Mü FamRZ **87**, 610 (auch um einen solchen nach § 13 IV HausratsVO, Maurer aaO). Immer muß es sich um eine Entscheidung oder Vereinbarung inter partes handeln, Köln FamRZ **87**, 957 (insoweit zustm Gießler FamRZ **87**, 1276), die entweder den einstwAnO unmittelbar erfaßt oder eine Aussage über den jeweiligen materiellen Anspruch enthält, so daß zB die Prozeßabweisung der Unterhaltsklage nicht genügt, Mü aaO. Auch die Kostenentscheidung des Scheidungsurteils ist keine anderweitige Regelung in Bezug auf die Pflicht zur Zahlung des Prozeßkostenvorschusses, BGH FamRZ **85**, 2263 mwN; ebenso berührt die Abweisung der Unterhaltsklage nicht den Bestand einer den Vorschuß für diese Klage betreffenden einstwAnO, Nürnb MDR **80**, 236, aM Köln FamRZ **78**, 912. Auch die Versagung von Prozeßkostenhilfe führt nicht zum Außerkrafttreten der einstwAnO, Schlesw SchlHA **81**, 81.

3 **Fälle einer anderweitigen Regelung:** Nach rechtskräftigem Abschluß des Scheidungsverfahrens kann eine einstwAnO über den Unterhalt nicht im Wege der Änderungsklage gemäß § 323 geändert werden, § 323 IV, BGH NJW **83**, 1331. Dagegen dürfen nachträglich entstandene rechtshemmende und rechtsvernichtende Einwendungen mit der **Vollstreckungsabwehrklage**, § 767, geltend gemacht werden, BGH NJW **83**, 1330, also namentlich die Erfüllung des Anspruchs, Klauser MDR **81**, 718 mwN, Bbg FamRZ **83**, 84; die Klage kann jedoch nicht allein auf die Rechtskraft der Scheidung gestützt werden, BGH aaO, Köln FamRZ **97**, 1094 mwN, und für sie besteht im Hinblick auf § 620 f idR kein Rechtsschutzbedürfnis, wenn sie auf das Ergehen einer anderweitigen Regelung gestützt wird, Köln FamRZ **99**, 1000 mwN. Die Entscheidung über diese Klage berührt den Bestand der einstwAnO aber nicht, Ffm FamRZ **82**, 719. Sie tritt vielmehr bei Wirksamwerden eines **Urteils** außer Kraft, das auf eine **Zahlungsklage bzw eine negative Feststellungsklage** ergeht, hM, Hassold FamRZ **81**, 1036, Klauser MDR **81**, 717 mwN, BGH FamRZ **87**, 682, NJW **83**, 1330 (krit Luthin FamRZ **86**, 1060 im Anschluß an Braeuer FamRZ **84**, 10, der statt dessen eine entsprechende Anwendung des § 926 vorschlägt), Köln FamRZ **98**, 1427, Zweibr FamRZ **97**, 1227, KG IPrax **88**, 234 u FamRZ **85**, 952, vgl auch § 620 b Rn 4. Die negative Feststellungsklage unterliegt keiner Einschränkung dahin, daß die Feststellung erst ab Rechtshängigkeit der Klage oder Verzug des Gläubigers mit einem Verzicht auf die Rechte aus der einstwAnO verlangt werden kann, BGH RR **89**, 709 mwN; sie ist aber unzulässig, soweit auf Rückzahlung überzahlten Unterhalts geklagt werden kann, Hbg FamRZ **98**, 294. Zum Feststellungsinteresse s Düss RR **94**, 519, diff Bra NJWE-FER **99**, 251. Für die negative Feststellungsklage genügt es nicht, daß das Urteil das Erlöschen des Anspruchs auf ehelichen Unterhalt bei Rechtskraft der Scheidung feststellt; vielmehr muß es auch darüber befinden, inwieweit ein Anspruch auf nachehelichen Unterhalt besteht, Hbg FamRZ **81**, 982. Bei Verneinung dieses Anspruchs tritt die einstwAnO außer Kraft, BGH FamRZ **83**, 356, Köln FamRZ **87**, 609 (auch vor der Scheidung, KG FamRZ **85**, 752), aM Ffm RR **91**, 265. Zur Frage der Rückwirkung der negativen Feststellung s AG Hbg FamRZ **91**, 208, Bbg FamRZ **88**, 525 mwN. Bei Erhebung der negativen Feststellungsklage kann die Zwangsvollstreckung aus der einstwAnO nach Rechtskraft des Scheidungsurteils einstweilen eingestellt werden, BGH NJW **83**, 1331 mwN, ganz hM, Düss RR **94**, 519 = FamRZ **93**, 816 mwN, Klauser MDR **81**, 717 (s § 620 b Rn 4 für die Zeit davor).

Dies alles gilt auch für Vergleiche, die im AnOVerf, Bbg FamRZ **84**, 1119, oder im HauptsacheVerf geschlossen worden sind, Zweibr FamRZ **85**, 1150, ebenso wie für außergerichtliche Vereinbarungen, Dörr FamRZ **88**, 557. Eine „anderweitige Regelung" iSv I 1 ist auch das auf eine Bereicherungsklage, unten Rn 6, ergehende Urteil, BGH FamRZ **84**, 767, Hbg FamRZ **88**, 951.

4 **Eine gerichtliche Entscheidung** braucht nicht rechtskräftig zu sein (RegEntwBegr), so daß ihre Wirksamkeit, § 16 I FGG, bzw ihre vorläufige Vollstreckbarkeit, §§ 708 ff, genügt, STr 7, Luthin FamRZ **86**, 1059, Hamm FamRZ **99**, 29 mwN, Kblz FamRZ **81**, 1093, aM Gießler 607, Hbg FamRZ **96**, 745 (unter Hinweis auf § 641 e I), Ffm RR **91**, 265, diff Düss FamRZ **90**, 746 mwN, offen BGH NJW **91**, 705. Ausnahmen gelten für Entscheidungen, die keinen vollstreckungsfähigen Inhalt haben, zB Feststellungsurteile oder einen Leistungsantrag abweisende Urteile: sie werden erst mit ihrer Rechtskraft wirksam, BGH NJW **91**, 705, MüKoKl 16, STr 7 mwN. Bei anderen Entscheidungen genügt, daß die vorläufige Vollstreckbarkeit uneingeschränkt besteht, also oder eine Sicherheitsleistung vorzusetzen noch von Pflichten nach § 711 abgewendet werden kann, Gießler 607 mwN, Ffm FamRZ **82**, 410 mwN, str, offen gelassen BGH NJW **91**, 705, aM Dörr FamRZ **88**, 557 mwN, Hamm FamRZ **84**, 718 mwN (differenzierend Maurer 972, Luthin FamRZ **86**, 1059, Hbg FamRZ **84**, 719 mwN: agrd eines nur eingeschränkt vorläufig vollstreckbaren Urteils tritt die einstwAnO außer Kraft, soweit das Urteil weniger oder keinen Unterhalt zuerkennt; abw Karlsr FamRZ **87**, 608: bei einer solchen Entscheidung bedarf es der vorläufigen Vollstreckbarkeit nicht; noch anders, Philippi FamRZ **96**, 998 mwN, u MüKoKl 17, StJSchl 2a: eine solche Entscheidung muß rechtskräftig sein). Bei ausländischen Entsch bedarf es einer inländischen Vollstreckbarerklärung, KG FamRZ **86**, 822.

5 **3) Außerkrafttreten in anderen Fällen, I 1.** Kommt es nicht zu einer anderweitigen Entscheidung oder sonstigen Regelung, so tritt die einstwAnO außer Kraft, wenn **a)** der Scheidungs- oder Aufhebungsantrag bzw die Klage in einem anderen EheS zurückgenommen wird (auch dann, wenn § 626 II eingreift, Karlsr FamRZ **86**, 1120), oder **b)** der Antrag bzw die Klage in der Ehesache rechtskräftig abgewiesen wird, oder **c)** das Eheverfahren nach § 619 infolge des Todes eines Ehegatten in der Hauptsache als erledigt anzusehen ist. Ist nur ein Verfahren auf Bewilligung der Prozeßkostenhilfe anhängig, so tritt dementsprechend die einstwAnO nur bei Rücknahme des Gesuchs (Fall a) bzw im Fall des § 619 (Fall c) außer Kraft; bei Zurückweisung des Gesuchs bleibt die einstwAnO in Kraft, aM Stgt FamRZ **84**, 720, ist aber nach § 620 b aufzuheben, wenn die Zurückweisung endgültig ist, vgl Düss FamRZ **85**, 1271 (das ein Außerkrafttreten auch im Fall der Rücknahme des Gesuchs verneint).

1. Abschnitt. Allgemeine Vorschriften für Verfahren in Ehesachen  **§§ 620f, 620g**

**4) Entscheidung, I 2 u 3, II.** Das Außerkrafttreten ist in allen Fällen des I 1 auf Antrag, nicht vAw, **6** durch Beschluß auszusprechen, I 2, vgl § 269 III; der Beschluß muß auch aussprechen, inwieweit und wann die einstwAnO außer Kraft getreten ist, weil dies namentlich bei Unterhaltsregelungen wichtig ist, Hbg FamRZ **85**, 624, während über das Fortbestehen von VollstrMaßnahmen das VollstrGericht zu befinden hat, Ffm FamRZ **89**, 766. Das Verf nach § 620 f greift auch dann ein, wenn die Parteien streiten, ob eine anderweitige Regelung iSv I 1 vorliegt, Zweibr FamRZ **85**, 1150; es geht in diesem Fall dem KlageVerf, Rn 2, vor, Zweibr aaO, ZöPh 29. **Zuständig ist das Gericht, das die einstwAnO erlassen hat, II** (zur Zuständigkeit bei einer vor dem 1. 7. 77 ergangenen einstwAnO Ffm FamRZ **87**, 1279). Gegen die Entscheidung des FamGer ist stets, also nicht nur in den Fällen des § 620 c S 1, **die sofortige Beschwerde statthaft, I 3**, auch dann, wenn der Antrag abgelehnt worden ist, ZöPh 32, str, vgl Karlsruhe FamRZ **86**, 1120 (unanfechtbar sind jedoch vorbereitende Entscheidungen, auf § 620c, Zweibr FamRZ **98**, 1378). Über sie entscheidet das OLG endgültig, § 119 GVG, vgl Erläuterungen zu § 620 c; ist das OLG nach II zuständig, gibt es gegen seine Entscheidung kein Rechtsmittel, vgl § 567 IV 1. Die Regelung des § 620 b gilt im Verf nach § 620 f nicht.

**5) Wirkungen des Außerkrafttretens.** Die Zwangsvollstreckung aus der einstwAnO ist einzustellen, **7** § 775 Z 1. Einwendungen sind nach § 766 bei dem nach § 802 zuständigen Vollstreckungsgericht geltend zu machen, Düss FamRZ **78**, 913; dies gilt auch bei Erlöschen der einstwAnO infolge einer Befristung, oben Rn 1, Bbg FamRZ **82**, 86. Ein Antragsverfahren, § 620 b, und ein Beschwerdeverfahren, § 620 c, erledigen sich, das Antragsverfahren jedoch insoweit nicht, als es sich um eine Änderung des Unterhalts für die Zeit vor dem Erlöschen der einstwAnO handelt, vgl Karlsr OLGZ **75**, 55, str, enger Düss FamRZ **72**, 369.

Das Außerkrafttreten der einstwAnO führt nicht zur Anwendung der §§ 717 II, 945, StR 11, Zölle § 717 Rn 5, BGH NJW **85**, 1075, **84**, 2095 mwN, zweifelnd Kohler FamRZ **88**, 1005 mwN, aM ZöPh 25, Ditzen FamRZ **88**, 349 u Olzen FamRZ **86**, 1169. Jedoch sind Bereicherungs- und Schadensersatzansprüche nach allgemeinen Vorschriften nicht ausgeschlossen, allgM BGH NJW **84**, 2095 mwN, Hamm FamRZ **97**, 431, Köln FamRZ **87**, 964, Kblz FamRZ **87**, 481, Luthin FamRZ **86**, 1060, Klauser MDR **81**, 718 mwN, wobei allerdings eine verschärfte Bereicherungshaftung (§§ 818 IV, 820 BGB) erst ab Kenntnis vom Außerkrafttreten oder ab Erhebung der auf Erstattung oder Änderung gerichteten Leistungsklage in Betracht kommt, BGH NJW **85**, 1075, **84**, 2095, Köln FamRZ **87**, 964, abw Schwab FamRZ **94**, 1567 mwN (eingehend): verschärfte Haftung nach § 818 IV BGB auch ab Erhebung der negativen Feststellungsklage, nach § 820 I 2 BGB ohne zeitliche Beschränkung. Diese Ansprüche sind im Klageverfahren geltend zu machen, ohne daß es einer Aufhebung der einstw AnO bedarf, BGH aaO.

**6) Sinngemäße Anwendung.** Vgl § 6 II SorgeRÜbkAG, Schlußanhang V A 3. **8**

**620g** *Kosten des Anordnungsverfahrens.* **Die im Verfahren der einstweiligen Anordnung entstehenden Kosten gelten für die Kostenentscheidung als Teil der Kosten der Hauptsache; § 96 gilt entsprechend.**

**1) Grundsatz.** Die in der Hauptsache ergehende Kostenentscheidung, § 93 a, ergreift ohne weiteres **1** sämtliche (auch die in 2. Instanz anhängig gewordenen) Anordnungsverfahren dieser EheS; maßgeblich ist die rechtskräftige Kostenentscheidung in der Hauptsache, so daß eine Entscheidung über die Kosten der Berufung nach § 97 II außer Betracht bleibt, Mü MDR **89**, 462. Diese Regelung gilt auch für unzulässige Anträge nach § 620, aM Schellberg NJW **71**, 1345 (Anwendung von § 91 I). Nach § 96 darf das Gericht auch dem Sieger die Kosten eines erfolglosen AnO-Verfahrens auferlegen; das wird idR geschehen, wenn der Antrag unzulässig oder unbegründet war, Karlsr FamRZ **90**, 766, nicht aber im Fall der Erledigung des Verf, Ffm FamRZ **84**, 720.

Als Teil der Kosten der Hauptsache gelten die Kosten nicht nur bei einer Entscheidung durch Urteil oder Beschluß, sondern auch im Falle eines das AnO-Verfahren beendenden Vergleichs, über die Kosten dieses Verfahrens keine Bestimmung enthält, Stgt RR **87**, 253 mwN, KG MDR **75**, 763; denn § 620 g ist gegenüber § 98 die spezielle Norm, Bergerfurth NJW **72**, 1840, str, aM Karlsr MDR **82**, 1025 mwN, differenzierend nach dem Inhalt der Vereinbarung Mü AnwBl **89**, 233. Bei einem Vergleich in FolgeS, § 623, gilt § 93 a, Bergerfurth FamRZ **76**, 583.

**2) Ausnahmen.** In einigen Fällen gilt § 620 g nicht, so daß eine besondere Kostenentscheidung zu **2** erlassen ist:

a) ob bei Rücknahme des Antrags § 620 g gilt oder ob § 269 III entspr anzuwenden ist, ist str; für die erstere Lösung tritt die ganz überw Meinung ein, Karlsr NJWE-FER **96**, 21 mwN (ua MüKoKl 8, ZöPh 6, Düss FamRZ **94**, 1187), offen KG MDR **82**, 328. Die hM verdient den Vorzug, abw 55. Aufl, Zweibr JB **85**, 1888, str, aM MüKoKl 7, STr 5, Düss FamRZ **94**, 1187 (Aufgabe von FamRZ **78**, 910), Saarbr JB **85**, 1888, Ffm FamRZ **84**, 720 u **80**, 387 mwN, Köln **KR** Nr 7, offen gelassen von KG MDR **82**, 328;

b) wenn das AnO-Verfahren in der Hauptsache für erledigt erklärt wird (dann §§ 93 a, 91 a), MüKoKl 10, Ffm FamRZ **84**, 720, Köln JMBlNRW **73**, 185, E. Schneider JB **74**, 843, str, aM ZöPh 9, STr 5, Schellberg NJW **71**, 1345, Jena RR **74**, 1412, Ffm FamRZ **84**, 720, differenzierend Karlsr Just **81**, 480, Düss FamRZ **80**, 1047, Bre FamRZ **78**, 133;

c) wenn die einstwAnO nach Erlaß des Urteils ergeht (dann § 93 a), Gießler 234, Hbg MDR **76**, 586 mwN;

d) im Beschwerdeverfahren, wenn die Beschwerde (auch teilweise) zurückgewiesen (dann § 97) oder zurückgenommen wird (dann § 515 III entspr), BayObLG FamRZ **95**, 184, Bbg FamRZ **97**, 1228, Karlsr FamRZ **89**, 522, Ffm FamRZ **84**, 720; erledigt sich die Hauptsache in der Beschwerdeinstanz, so gilt

§ 620g nur für die Kosten der ersten Instanz, für diejenigen der Beschwerdeinstanz hingegen § 91 a, Bbg RR **96**, 771 m RsprÜb, sehr str, aM u a ZöPh 8 u 9, Gießler 236, Jena FamRZ **96**, 880, Ffm FamRZ **84**, 720 u 1243 (§ 620 g für beide Instanzen), diff MüKoKl 10, Bergerfurth 248, Düss FamRZ **80**, 1047.

e) wenn die einstwAnO nach Stellen eines Antrags im Prozeßkostenhilfeverfahren ergangen ist, aber das Scheidungsverfahren nicht anhängig wird (dann § 93 a), Gießler 235, Hamm FamRZ **81**, 189, AG Schwandorf FamRZ **92**, 336.

**3** 3) **Kostenentscheidung.** Sie ist für sich allein in jedem Fall unanfechtbar. Das gilt auch dann, wenn über die Kosten eine selbständige Entscheidung nach den in Anm 2 genannten Vorschriften ergeht, Kblz **KR** Nr 6, und auch dann, wenn das FamGer irrtümlich eine erforderliche Kostenentscheidung unterlassen hat, § 620 c Rn 4, aM STr 6, Hamm FamRZ **81**, 189. Im letztgenannten Fall kommt eine Beschlußergänzung entspr § 321 II in Betracht, Gießler 237.

**4** 4) **Sinngemäße Anwendung.** Vgl § 6 II SorgeRÜbkAG, Schlußanhang V A 3.

## Zweiter Abschnitt. Allgemeine Vorschriften für Verfahren in anderen Familiensachen

### Grundzüge

**1** 1) Der 2. Abschnitt enthält die Verfahrensvorschriften für die in § 621 I genannten FamS, die keine EheS sind. Auch für sie ist das FamGer ausschließlich zuständig, § 23 b GVG, bei Anhängigkeit einer EheS grundsätzlich das dafür zuständige Gericht (Entscheidungskonzentration). Der Rechtszug geht einheitlich an das OLG, § 119 GVG, und den BGH, § 133 GVG.

**2** 2) Das Verfahren in FamS richtet sich danach, ob es sich um zivilprozessuale Streitigkeiten handelt (§ 621 I Z 4, 5 u 8) oder um Verfahren der Freiwilligen Gerichtsbarkeit (§ 621 I Z 1–3, 7 u 9). Für erstere gilt die ZPO mit den Sonderbestimmungen des 2. Abschnitts, für letztere das durch diese Sonderbestimmungen modifizierte FGG. Einzelheiten s § 621 a Rn 2 ff.

**3** 3) Für FolgeS, dh mit einer Scheidungssache verbundene FamS, gelten die Bestimmungen des 3. Abschnitts. Sie bleiben aber gleichwohl FamS, unterliegen also auch dann nicht den Verfahrensvorschriften für EheS.

**4** 4) Wegen der Rechtslage in den neuen Bundesländern s Grdz § 606 Rn 7 (Übergangsrecht für Verbundverfahren: Anh § 639).

## 621 *Zuständigkeit für andere Familiensachen.* ¹ Für Familiensachen, die

1. die elterliche Sorge für ein Kind, soweit nach den Vorschriften des Bürgerlichen Gesetzbuchs hierfür das Familiengericht zuständig ist,
2. die Regelung des Umgangs mit einem Kind, soweit nach den Vorschriften des Bürgerlichen Gesetzbuchs hierfür das Familiengericht zuständig ist.
3. die Herausgabe eine Kindes, für das die elterliche Sorge besteht,
4. die durch Verwandtschaft begründete gesetzliche Unterhaltspflicht,
5. die durch Ehe begründete gesetzliche Unterhaltspflicht,
6. den Versorgungsausgleich,
7. die Regelung der Rechtsverhältnisse an der Ehewohnung und am Hausrat (Verordnung über die Behandlung der Ehewohnung und des Hausrats – Sechste Durchführungsverordnung zum Ehegesetz – vom 21. Oktober 1944, Reichsgesetzbl. I S. 256),
8. Ansprüche aus dem ehelichen Güterrecht, auch wenn Dritte am Verfahren beteiligt sind,
9. Verfahren nach den §§ 1382 und 1383 des Bürgerlichen Gesetzbuchs,
10. Kindschaftssachen,
11. Ansprüche nach den §§ 1615 l, 1615 m des Bürgerlichen Gesetzbuchs,
12. Verfahren nach § 1303 Abs. 2 bis 4, § 1308 Abs. 2 und § 1315 Abs. 1 Satz 1 Nr. 1, Satz 3 des Bürgerlichen Gesetzbuchs

betreffen, ist das Familiengericht ausschließlich zuständig.

II ¹Während der Anhängigkeit einer Ehesache ist unter den deutschen Gerichten das Gericht, bei dem die Ehesache im ersten Rechtszug anhängig ist oder war, ausschließlich zuständig für Familiensachen nach Absatz 1 Nr. 5 bis 9; für Familiensachen nach Absatz 1 Nr. 1 bis 4 gilt dies nur, soweit sie betreffen

1. in den Fällen der Nummer 1 die elterliche Sorge für ein gemeinschaftliches Kind einschließlich der Übertragung der elterlichen Sorge oder eines Teils der elterlichen Sorge wegen Gefährdung des Kindeswohls auf einen Elternteil, Vormund oder Pfleger,
2. in den Fällen der Nummer 2 die Regelung des Umgangs mit einem gemeinschaftlichen Kind der Ehegatten nach den §§ 1684 und 1685 des Bürgerlichen Gesetzbuchs oder des Umgangs eines Ehegatten mit einem Kind des anderen Ehegatten nach § 1685 Abs. 2 des Bürgerlichen Gesetzbuchs,
3. in den Fällen der Nummer 3 die Herausgabe eines Kindes an den anderen Elternteil,

## 2. Abschnitt. Allgemeine Vorschriften für Verfahren in anderen Familiensachen § 621

4. in den Fällen der Nummer 4 die Unterhaltspflicht gegenüber einem gemeinschaftlichen Kind mit Ausnahme von Vereinfachten Verfahren zur Abänderung von Unterhaltstiteln.
²Ist eine Ehesache nicht anhängig, so richtet sich die örtliche Zuständigkeit nach den allgemeinen Vorschriften.

III ¹Wird eine Ehesache rechtshängig, während eine Familiensache der in Absatz 2 Satz 1 genannten Art bei einem anderen Gericht im ersten Rechtszug anhängig ist, so ist diese von Amts wegen an das Gericht der Ehesache zu verweisen oder abzugeben. ²§ 281 Abs. 2, 3 Satz 1 gilt entsprechend.

**FGG § 64.** II ¹Wird eine Ehesache rechtshängig, so gibt das Familiengericht im ersten Rechtszug bei ihm anhängige Verfahren der in § 621 Abs. 1 Nr. 9, Abs. 2 Nr. 1 bis 3 der Zivilprozeßordnung bezeichneten Art von Amts wegen an das Gericht der Ehesache ab. ²§ 281 Abs. 2, 3 Satz 1 der Zivilprozeßordnung gilt entsprechend.

**Schrifttum:** Dörr, Die Entwicklung des Familienrechts seit 1991, NJW 93, 2406 mwN; iü s Vorbem Grdz § 606.

**Vorbem.** I u II 1 mWv 1. 7. 98 neu gefaßt u III 1 geänd durch Art 6 Z 14 KindRG und Art 3 Z 5 KindUG, vgl Einf § 606 Rn 11 u 12, ferner I geänd 1 b BtÄndG v 25. 6. 98, BGBl 1580.

### Gliederung

| | | | |
|---|---|---|---|
| 1) **Familiensachen, I, Begriff** | 1–8 | I. Verfahren nach §§ 1382, 1383 BGB | 27 |
| A. Elterliche Sorge | 9, 10 | K. Kindschaftssachen | 28 |
| B. Regelung des Umgangs mit dem Kind | 11 | L. Ansprüche nach den §§ 1615 l, 1615 m BGB | 28 a |
| C. Herausgabe des Kindes | 12 | M. Verfahren nach §§ 1303 ff BGB | 28 a |
| D. Gesetzliche Unterhaltspflicht zwischen Verwandten | 13–15 | N. Verfahren nach §§ 5–8 SorgeRÜbkAG | 28 b |
| E. Gesetzliche Unterhaltspflicht zwischen den Ehegatten | 16–18 | 2) **Sachliche Zuständigkeit, I** | 29 |
| F. Versorgungsausgleich | 19 | 3) **Allgemeine örtliche Zuständigkeit, II** | 30 |
| G. Rechtsverhältnisse an der Ehewohnung und am Hausrat | 20–22 | 4) **Besondere örtliche Zuständigkeit, III** | 31–36 |
| H. Eheliches Güterrecht | 23–26 | A. Allgemeines | 31–34 |
| | | B. Verweisung und Abgabe | 35, 36 |

**1) Familiensachen.** Den Begriff der FamS definiert § 23 b GVG, und zwar abschließend, Köln FamRZ **1** 92, 833, Bbg FamRZ 84, 1117. Für die dort genannten Angelegenheiten (mit Ausnahme der EheS und der Sachen nach dem SorgeRÜbkAG) gilt der 2. Titel, §§ 621–621 f. Bei diesen „anderen FamS" handelt es sich um Ehewirkungssachen, Diederichsen NJW 77, 604; ihnen ist gemeinsam, daß sie einen ehelichen Familienverband (Eltern und Kinder) und nur einen solchen betreffen, so daß Streitigkeiten über Ansprüche aus nichtehelichen Lebensgemeinschaften, Schlesw SchlHA 83, 141 (aM Hamm FamRZ 83, 273), und über Angelegenheiten zwischen anderen Verwandten ausscheiden, vgl auch § 606 Rn 2 ff. Im Rahmen der Ehewirkungssachen gilt § 621 in weitestem Umfang, also ua für Unterhaltsklagen erwachsener Kinder gegen ihre Eltern, ZöPh 85, Ffm FamRZ 88, 184, aM AG Holzminden FamRZ 96, 180.

Ob ein Rechtsstreit eine FamS ist, bestimmt sich grundsätzlich **nach deutschem** Recht, BGH NJW 81, 127 u 78, 1531, Karlsr FamRZ 97, 33 mwN (m red Anm), Düss FamRZ 95, 1280, Hamm RR 93, 1349 mwN, aber Köln FamRZ 94, 1417; soweit der Verfahrensgegenstand dem deutschen Recht nicht geläufig ist, bedarf es einer Anpassung, Hamm aaO, § 623 Rn 3. Die Entscheidung darüber, ob eine FamS vorliegt, richtet sich **nach der tatsächlichen Begründung des geltend gemachten Anspruchs,** BGH in stRspr seit NJW 80, 2476, Bbg FamRZ 89, 409, BayObLG FamRZ 85, 1058, beide mwN. Die rechtliche Einordnung durch den Antragsteller ist dagegen ohne Bedeutung, Walter JZ 83, 54, BayObLG FamRZ 83, 1249. Danach ändert der Übergang des Anspruchs, zB durch Pfändung oder agrd eines Gesetzes (zB § 91 BSHG), nichts an dem Charakter als FamS, Hamm FamRZ 85, 407. Daß für die Entscheidung aufgrund des **Verteidigungsvorbringens** familienrechtliche Fragen eine Rolle spielen, macht das Verfahren nicht zur FamS, stRspr, BGH NJW 80, 2476, Bbg FamRZ 89, 409 mwN, auch nicht die Aufrechnung mit einer vor das FamGer gehörenden Gegenforderung, BGH RR 89, 174 mwN, BayObLG RR 86, 6 mwN. Umgekehrt darf das FamGer auch über die Aufrechnung mit einer Gegenforderung entscheiden, die vor dem allgemeinen Zivilgericht einzuklagen wäre, Köln FamRZ 92, 450, § 145 Rn 19.

**Bei mehrfacher Klagbegründung** für denselben Anspruch genügt es, daß ein Klaggrund unter § 621 **2** fällt, BGH NJW 83, 1913, zustm Walter FamRZ 83, 363, krit (aber im Erg zustm) Waldner MDR 84, 190. Der Vorrang der Zuständigkeit des FamGer kann aber ausnahmsweise zurücktreten, wenn der familienrechtliche Anspruch offensichtlich unbegründet oder nicht im Streit ist, BGH aaO, STr § 23 b GVG Rn 89, Bbg FamRZ 89, 409 (weitergehend), str, aM ua Rahm IV 504. Wegen Haupt- und Hilfsansprüchen und wegen der Aufrechnung vgl unten Rn 29.

**Die Vorschrift erfaßt auch jedes Umkehr- oder Spiegelbildverfahren,** zB die Rückabwicklung bei **3** Unterhaltsleistungen, BGH NJW 78, 1531, Düss FamRZ 88, 299, sowie bei Kostenvorschüssen nach § 1360 a IV BGB, Zweibr FamRZ 81, 1090, und den Erstattungsanspruch beim sog begrenzten Realsplitting, vgl BGH NJW 86, 254. FamS sind auch Befreiungs-, Schadensersatz- und Bereicherungsansprüche, die ihre Wurzel in einem familienrechtlichen Verhältnis haben, BGH NJW 94, 1417. Unter § 621 fällt auch ein **Änderungsverfahren,** zB Klagen aus § 323 in einer FamS, BGH NJW 78, 1811, oder Klagen aus § 826 BGB gegen das Urteil in einer FamS, Karlsr FamRZ 82, 400, und Wiederaufnahmeklagen in FamS, BGH FamRZ 82, 789; auch hier kommt es, wie schon unter FamS BGH NJW 80, 2476, so es nicht darauf ankommt, ob der zugrunde liegende Titel von einem FamGericht errichtet worden ist, Hamm MDR 87, 855. Hierhin gehören auch **selbständige Beweisverfahren** für eine FamS, aM LG Lüneb FamRZ 84, 69.

## § 621

**4** § 621 gilt auch für **Zwangsvollstreckungsverfahren** in FamS, die dem Prozeßgericht übertragen sind, Köln RR **95**, 644, jedenfalls dann, wenn der Titel eine FamS zum Gegenstand hat, BGH NJW **81**, 346 u **80**, 1393, BayObLG RR **92**, 264 (Klage aus § 767), Düss FamRZ **88**, 298 (zu § 839) u **87**, 166 (Klage aus § 767), Hbg FamRZ **84**, 68 (Klage aus § 797 a III, 797 V); auf den Rechtscharakter der Einwendungen gegen die Vollstr kommt es nicht an, aM Hamm RR **89**, 1415 mwN. Die Geltendmachung der dadurch verursachten Kosten gehört ebenfalls hierher, Hamm FamRZ **88**, 1291. Auch eine Klage aus § 771 ist FamS, wenn das der Vollstreckung entgegengehaltene Recht materiell im Familienrecht, zB im ehelichen Güterrecht, wurzelt, BGH NJW **85**, 3066 mwN (betr Teilungsversteigerung), Hamm FamRZ **95**, 1072 mwN, str, nicht aber eine Klage aus § 774, wenn die Einwendungen aus vollstreckungsrechtlichen Gesichtspunkten hergeleitet werden, BGH NJW **79**, 929. Dagegen genügt nicht, daß in einem solchen Fall Schadensersatz, zB nach § 893 ZPO, verlangt wird, Düss FamRZ **85**, 406, Kblz FamRZ **82**, 507. Darauf, ob das FamGer seine Zuständigkeit für das Erkenntnisverfahren zu Recht bejaht hat, kommt es nicht an, vgl Hamm MDR **87**, 855, aM Düss FamRZ **81**, 577. Außer Betracht bleibt, ob der Titel vor dem 1. 7. 77 geschaffen worden ist, BGH FamRZ **79**, 573, Köln FamRZ **84**, 1089, Hbg FamRZ **82**, 524.

**5** FamS sind auch Verfahren wegen der **Vollstreckung aus ausländischen Titeln**, wenn dem Titel ein nach deutschem Recht als FamS einzuordnender Anspruch zugrunde liegt, vgl § 10 III AUG (Anh III § 168 GVG), BGH IPrax **87**, 318 (Sorgerecht), NJW **86**, 1440 (zum dt-schweiz Abk, Schlußanh V B 1), MDR **86**, 302, NJW **83**, 2775 mwN, Hamm FamRZ **89**, 1199, **87**, 506 u IPrax **86**, 234 m Anm Böhmer IPrax **86**, 216, Ffm IPrax **81**, 213 m Anm Rauch IPrax **81**, 199; dies gilt auch dann, wenn der Titel nach § 33 FGG zu vollstrecken ist, BGH NJW **83**, 2775 (Herausgabe eines Kindes). Keine FamS liegt vor, wenn nach der maßgeblichen Vorschrift die Zuständigkeit des LG gegeben ist, Düss IPrax **84**, 217 (zu Art 32 EuGVÜ), zB nach § 2 AVAG, Schlußanh V D.

FamS sind auch **Arrestverfahren** zur Sicherung eines in I genannten Anspruchs, BGH NJW **80**, 191 mwN, Hamm NJW **82**, 1711, differenzierend Ffm RR **88**, 1350 (jedenfalls dann, wenn der Antragsteller die Zuständigkeit des Gerichts der Hauptsache für sich in Anspruch nimmt).

**6** Ebenso sind FamS das **Prozeßkostenhilfeverfahren**, § 117 I, sowie die **Kostenverfahren**, die zu einer FamS gehören, zB nach § 104, BGH NJW-FER **98**, 63 u FamRZ **81**, 21, oder § 19 BRAGO, BGH NJW **86**, 1178, KG FamRZ **78**, 428, oder iVm § 767, Hamm FamRZ **88**, 1291. Hierher gehören aber Honorarklagen des RA aus einer FamS nicht, BGH NJW **86**, 1178 (m Üb des Streitstandes), zustm Bosch FamRZ **86**, 349, Walter JZ **86**, 588, Sojka ZZP **99**, 471. Ebenfalls keine FamS ist die Klage gegen einen RA aus der Führung einer FamS, Ffm FamRZ **81**, 978, oder der Streit über einen Anspruch aus der Kostenregelung eines Vertrages, Schlesw SchlHA **82**, 75; ebenso ist der Streit über die Vergütung des RA, wenn ein AG Beratungshilfe für eine FamS gewährt hat, keine FamS, BGH NJW **85**, 2537, aM Schlesw LS SchlHA **83**, 55, Brschw AnwBl **84**, 514. Hat die Hauptsache sowohl eine FamS als auch eine Nicht-FamS zum Gegenstand, ist das Verfahren über die Kosten insgesamt FamS, wenn die Kosten einheitlich die gesamte Hauptsache betreffen und eine Zuordnung bestimmter Teile der im Streit befindlichen Kosten zu dem Teil der Hauptsache, der nicht FamS ist, nicht möglich ist, BGH NJW **81**, 346.

**7** **Andererseits** ist nicht jeder Streit zwischen Ehegatten oder innerhalb der Familie eine FamS, zB nicht erbrechtliche oder gesellschaftsrechtliche Auseinandersetzungen, Hamm FamRZ **78**, 346, oder der Streit über den Ausgleichsanspruch nach § 426 BGB aus gemeinschaftlich eingegangenen Verpflichtungen (wenn dieser Streit nicht für die Hausratsregelung von Bedeutung ist oder die güterrechtlichen Verhältnisse berührt), Kleinle FamRZ **97**, 14, BayObLG RR **86**, 6 mwN, oder die Schadensersatzklage wegen Verletzung der Pflicht zur ehelichen Lebensgemeinschaft oder Ehestörungsklagen, § 606 Rn 9, auch nicht die Klage der Ehefrau auf Ablegung des vom Ehemann bei der Heirat erschlichenen Namens der Frau, Brschw FamRZ **79**, 913, oder die Klage auf Mitwirkung bei der gemeinschaftlichen Steuererklärung, wohl aber die Klage auf Zustimmung zum sog begrenzten Realsplitting, s unten Rn 16. Keine FamS sind Verfahren, die durch eine FamS nur veranlaßt werden, Ffm MDR **78**, 315, und auch nicht die Zwangsvollstreckung als solche, Celle FamRZ **79**, 57, sowie Verfahren, die im 8. Buch dem Vollstreckungsgericht zugewiesen sind (einschließlich der dazugehörigen Prozeßkostenhilfe), BGH NJW **79**, 1048.

**8** **Bei Streitigkeiten aus Vereinbarungen**, die etwa für den Fall der Scheidung getroffen worden sind, kommt es auf den Gegenstand an: Werden in einer Vereinbarung sowohl FamS als auch Nicht-FamS geregelt und ist eine Zuordnung bestimmter Ansprüche nur zu einem der beiden Regelungsbereiche nicht möglich, so ist der Rechtsstreit über die Vereinbarung hinsichtlich sämtlicher Ansprüche FamS, BGH NJW **80**, 2529, KG FamRZ **81**, 193. Betrifft dagegen die vertragliche Regelung keine FamS, so wird der Streit darüber nicht allein dadurch zur FamS, daß in ihr auch Angelegenheiten iSv § 621 I geregelt sind, BGH NJW **80**, 1636. Im Zweifel ist die Zuständigkeit des FamGer anzunehmen, BGH FamRZ **83**, 155, BayObLG MDR **83**, 583.

Die **Abgrenzung**, wann eine FamS die in I aufgeführten Angelegenheiten „betrifft", ist im Einzelfall oft schwierig. Angesichts der weiten Fassung des § 621 und des § 23 b GVG sind FamS alle Ansprüche, deren Zuweisung an das FamGer nach Sinn und Zweck dieser Normen als geboten erscheint, BGH NJW **94**, 1417 mwN: es genügt, daß sie ihre Wurzel in einem familienrechtlichen Verhältnis haben. **Einzelheiten:**

**9** **A. Die Regelung der elterlichen Sorge für ein Kind, soweit nach den Vorschriften des BGB hierfür das FamGer zuständig ist, I Z 1** (Büttner FamRZ **98**, 588). Seit dem 1. 7. 98 gilt I Z 1 für Kinder ohne Rücksicht darauf, ob die Eltern miteinander verheiratet sind, §§ 1626 ff BGB. Das FamGer ist in folgenden Fällen zuständig: § 1666 u § 1666 a (mißbräuchliche Ausübung), § 1671 BGB u § 1672 BGB (elterliche Sorge bei Trennung), §§ 1673, 1674 u § 1678 BGB (Ruhen der elterlichen Sorge), § 1680 BGB u § 1681 BGB (elterliche Sorge nach Tod oder Todeserklärung eines Elternteils), sowie nach §§ 1687, 1687 a, 1688, 1696, 1697 u 1697 a (besondere Maßnahmen); Richtschnur für die Entscheidung ist das Kindeswohl, § 1697 a BGB.

**10** FamS ist auch eine sog Herstellungsklage aus § 1618 a BGB, zweifelnd Zettel DRiZ **81**, 212, ebenso der Streit der Eltern um die Bestattung eines Kindes, LG Paderborn FamRZ **81**, 700. Bei Übertragung des

## 2. Abschnitt. Allgemeine Vorschriften für Verfahren in anderen Familiensachen § 621

Sorgerechts auf einen Vormund oder Pfleger, § 1671 V BGB, fällt nur die Anordnung dieser Übertragung in die Zuständigkeit des FamGer; die Auswahl und Bestellung des Vormunds oder Pflegers sowie alle weiteren Maßnahmen (außer der Aufhebung) sind dagegen Sache des Vormundschaftsgerichts, BGH NJW **81**, 2460 mwN, hM, StR § 23 b GVG Rdz 36, Schlüter/König FamRZ **82**, 1163 mwN. Das FamGer darf Maßnahmen auch hinsichtlich ausländischer Kinder treffen, sofern es international zuständig ist, unten Rn 33; in unaufschiebbaren Fällen darf dies auch dann geschehen, wenn im Aufenthaltsstaat keine Regelung getroffen worden ist, Karlsr NJW **79**, 500. Zu einer (Teil-)Änderung der vom FamGer getroffenen Regelung ist nur das FamGer befugt, LG Bln FamRZ **85**, 965.

Das Verfahren richtet sich nach FGG, § 621 a. Anhörung des Jugendamtes: § 49 a FGG; Bestellung eines Verfahrenspflegers: § 50 FGG.

Wegen der Verf nach dem SorgeRÜbkAG s Schlußanh V A 3.

**B. Die Regelung des Umgangs mit dem Kinde, I Z 2** (Büttner FamRZ **98**, 588; Rauscher FamRZ **11 98**, 329). § 1684 BGB (Eltern), § 1685 I BGB (Großeltern und Geschwister), § 1685 II (Dritte) und § 1686 (Auskunftsrecht); ob die Eltern miteinander verheiratet sind, ist seit dem 1. 7. 98 ohne Bedeutung. Richtschnur für die Entscheidung sind die §§ 1684 IV u 1697 a BGB. Unter I Z 2 fallen auch Verfahren, die lediglich Maßnahmen nach § 33 FGG zur Durchsetzung der von einem anderen Gericht getroffenen Entscheidung betreffen, BGH NJW **78**, 1112. Auch der Streit über ein im Rahmen einer Umgangsvereinbarung getroffenen Kostenregelung ist FamS, Zweibr NJWE-FER **97**, 17 = FamRZ **97**, 32.

Das Verfahren richtet sich nach FGG, § 621 a. Anhörung des Jugendamtes: § 49 a FGG; Bestellung eines Verfahrenspflegers: § 50 FGG; Mediation: § 52 a FGG.

Isolierte Verf können durch eine Vereinbarung der Eltern nicht unmittelbar beendet werden, BGH RR **89**, 195 mwN (Beendigung durch vereinbarte Rechtsmittelrücknahme). Über widersprechende Anträge der Beteiligten darf nicht getrennt entschieden werden, Hbg FamRZ **96**, 676; das FamGer ist an die Anträge nicht gebunden, Hbg aaO.

**C. Die Herausgabe des Kindes an den anderen Elternteil, I Z 3**, nach § 1632 BGB (Schüler **12** ZBlJugR **82**, 173; Christian DAVorm **83**, 417). Keine FamS ist das Verfahren über die Herausgabe an einen Vormund oder Pfleger, so daß dafür allein das Vormundschaftsgericht zuständig ist, ThP 2 c, Schlüter/König FamRZ **82**, 1161 mwN, str, aM bei vorausgegangener Maßnahme des FamGer nach Z 1 StR § 23 b GVG Rn 48 mwN. Dies gilt auch dann, wenn die Bestellung eine Scheidungsfolgemaßnahme nach § 1671 V BGB ist, vgl BGH NJW **81**, 2460, aM KG NJW **78**, 894.

Das Verfahren richtet sich nach FGG, § 621 a, BayObLG NJWE-FER **99**, 233. Wegen der Verf nach dem SorgeRÜbkAG s Schlußanh V A 3.

**D. Die durch Verwandtschaft begründete gesetzliche Unterhaltspflicht, I Z 4.** Während bis zum **13** 30. 6. 98 nur die gesetzliche Unterhaltspflicht der Eltern gegenüber einem ehelichen Kinde FamS war, Z 4 aF, hat das KindRG die Zuständigkeit des FamGer für alle Streitigkeiten über die durch Verwandtschaft begründete gesetzliche Unterhaltspflicht begründet (wegen des Übergangsrechts s Einf § 606 Rn 11). Hierzu gehören die Unterhaltssachen zwischen Eltern und Abkömmlingen ohne Rücksicht darauf, ob das Kind ehelich oder nichtehelich ist und ob der Abkömmling gegen die Eltern oder diese gegen ihn klagen, ferner die Unterhaltssachen zwischen Großeltern und Enkeln. In diesem Rahmen fallen unter Z 4 auch Verfahren wegen der Bestimmung nach § 1612 II BGB, den Auskunft nach § 1605 BGB, BGH NJW **82**, 1651, und des Prozeßkostenvorschusses nach § 1610 II BGB, Kblz FamRZ **82**, 402. Hierhin gehören auch Änderungsklagen, § 323, BGH FamRZ **79**, 789, und Klagen aus § 641 g im VereinfVerf, Hamm FamRZ **80**, 190 mwN, sowie Vollstreckungsabwehrklagen, § 767. FamS iSv Z 4 sind ferner Klagen aus kraft Gesetzes übergeleiteten oder durch VerwAkt übergeleiteter Ansprüchen, §§ 90 ff BSHG, 94 KJHG bzw 82 JWG, §§ 7 UVG u 37 BAföG, BGH VersR **79**, 375 u FamRZ **81**, 657. Unter Z 4 fällt ferner die Klage des Kindes gegen den Vermögensübernehmer, § 419 BGB, Mü RR **89**, 1355 mwN, str, oder gegen den Erben des Verpflichteten, StR § 23 b GVG Rn 54, wenn nicht die Unterhaltspflicht als solche schon tituliert ist, Hamm FamRZ **89**, 526, AG Westerstede FamRZ **95**, 1280 mwN. FamS ist auch die Klage des Unterhaltsgläubigers gegen den Unterhaltsschuldner auf Auskunft, Zweibr FamRZ **96**, 1288 mwN, aM Nürnb FamRZ **87**, 524, ebenso die Klage auf Rückgewähr des Unterhalts, BGH NJW **78**, 1531. Das gleiche gilt für den Streit aus einer Vereinbarung der Eltern zur Regelung ihrer Unterhaltspflicht, BGH NJW **78**, 1811, und zwar für Klagen sowohl auf Befreiung von der Unterhaltspflicht, BGH NJW **79**, 552, als auch auf Erstattung bereits erbrachter Leistungen, BGH NJW **79**, 659, ebenso wie für Klagen aus einer Vereinbarung, die die Sicherung gesetzlicher oder vertraglich ausgestalteter gesetzlicher Unterhaltsansprüche des Kindes zum Gegenstand hat, BayObLG MDR **83**, 583; keine FamS ist der Streit über Schadensersatz wegen Verletzung der Freihaltungsverpflichtung, Schlesw SchlHA **82**, 76. FamS ist auch der Streit um den Ausgleich des Kindergeldes, BGH **71**, 264, Hbg FamRZ **80**, 345 mwN, nicht aber die Bestimmung des Bezugsberechtigten, Schlesw SchlHA **83**, 55 mwN, BayObLG Rpfleger **81**, 357. Unter Z 4 fällt auch die Klage auf Vollstreckbarerklärung eines ausländischen Titels, BGH LS NJW **80**, 2025, Bbg FamRZ **80**, 66, ebenso Entscheidungen nach dem Haager VollstrÜbk, Schlußanh V A 2, Hamm FamRZ **89**, 1199 (dazu Gottwald FamRZ **90**, 179), aM Celle DAVorm **79**, 533.

**Andere Unterhaltsstreitigkeiten** sind keine FamS und gehören in das Verfahren vor dem AG, § 23 a **14** Z 2 GVG. Keine FamS ist demgemäß die Klage eines Dritten auf Erstattung von Unterhaltsleistungen, BGH NJW **79**, 660 (krit StR § 23b GVG Rn 54), zB des Scheinvaters nach erfolgreicher Anfechtung der Ehelichkeit, BayObLG NJW **79**, 1050, aM Kblz FamRZ **95**, 658 (für die Zeit nach dem 1. 7. 98). Nicht unter Z 4 fällt auch die Klage, die aus der Gewährung von Kost und Wohnung für ein volljähriges, nicht unterhaltsberechtigtes Kind herrührt, Oldb FamRZ **81**, 185. Ebensowenig gehört der Streit der Eltern über die Kosten der Beisetzung eines Kindes hierhin, Schlesw SchlHA **81**, 67, AG Neustadt FamRZ **95**, 731.

Die **Prozeßstandschaft** eines Elternteils für das minderjährige Kind während des Getrenntlebens oder **15** der Anhängigkeit eines EheS, § 1629 III BGB, gilt sowohl im Verbundverfahren, § 623, als auch im isolierten Unterhaltsprozeß, BGH NJW **83**, 2084 mwN; sie entfällt durch Übertragung auf einen Beistand,

§ 621                                                                6. Buch. Verfahren in Familiensachen

§ 1690 I BGB, KG NJW **98**, 2062. Wegen der Einzelheiten vgl Pal-Diederichsen § 1629 Rn 22 ff, Maurer 640–656, Hochgräber FamRZ **96**, 272, Gießler FamRZ **94**, 800 (zum Erlöschen der Prozeßstandschaft). Die Prozeßstandschaft im Verbundverfahren wird entspr § 265 III 1 durch die Rechtskraft des Scheidungsanspruchs nicht berührt, BGH RR **90**, 324 mwN, 706. Bei ihrer Beendigung durch Eintritt der Volljährigkeit des Kindes tritt dieses selbst als Partei in den Rechtsstreit ein, BGH FamRZ **85**, 471, NJW **83**, 2085; der Elternteil ist dann nicht mehr zur Vollstr im eigenen Namen befugt, Ffm FamRZ **94**, 453, Oldb FamRZ **92**, 844 mwN, dazu Hochgräber aaO.

**16**  **E. Die durch Ehe begründete gesetzliche Unterhaltspflicht, I Z 5**, nach den §§ 1360–1361, 1569–1586 b BGB (Wendl/Staudigl, Das Unterhaltsrecht in der familienrichterlichen Praxis, 4. Aufl 1997), einschließlich der Änderungsklage, § 323, BGH FamRZ **79**, 907 mwN, und der Vollstreckungsabwehrklage, § 767, BGH NJW **79**, 2046, sowie der Klage aus § 826 BGB wegen eines Unterhaltsurteils, Düss FamRZ **85**, 599, und der Klage auf Schadensersatz wegen Schlechterfüllung der Unterhaltspflicht, AG Charlottenb FamRZ **93**, 714 mwN, ua Schlesw FamRZ **83**, 394 (Aufgabe von SchlHA **80**, 45). Was zum Unterhaltsbedarf gehört, richtet sich nach materiellem Recht; laufende Kosten einer Hundehaltung können dazugehören, Düss NJW **98**, 616.

Hierhin gehören auch Prozesse wegen der Auskunftspflicht des Unterhaltsschuldners, BGH NJW **82**, 1651, und solche aus einer gepfändeten, Hamm FamRZ **78**, 602, oder einer kraft Gesetzes übergegangenen bzw übergeleiteten Unterhaltsforderung, § 620 Rn 15, sowie Prozesse gegen den Erben oder den Vermögensübernehmer, Mü RR **89**, 1355, oben Rn 13, ebenso die Klage auf Freigabe eines hinterlegten Betrages, Düss FamRZ **88**, 298, und Klagen auf Schadensersatz wegen Verschweigens von Einkünften im Unterhaltsprozeß, Hamm RR **91**, 1349. FamS ist auch die Klage auf Zustimmung zum sog begrenzten Realsplitting, weil sie eine Nebenpflicht aus dem Unterhaltsrecht betrifft, Liebelt FamRZ **93**, 641 mwN, BayObLG FamRZ **85**, 947, Düss RR **90**, 1027, Hamm FamRZ **87**, 489, und ebenso für die Erstattung der sich daraus ergebenden Steuern sowie die damit zusammenhängenden Ersatzansprüche, Zweibr RR **93**, 518 u FamRZ **87**, 1275 mwN; das gleiche gilt für daraus erwachsende Schadensersatzansprüche, Zweibr FamRZ **92**, 830, und für den Anspruch des Zustimmenden gegen den anderen Ehegatten auf Erstattung der ihm dadurch erwachsenen Steuern, vgl BGH NJW **86**, 254. Unter Z 5 fällt auch der Streit über die Gewährung von Versicherungsschutz aus einer Rechtsschutzversicherung, LG Aachen FamRZ **94**, 310. Ebenso ist der Anspruch eines Ehegatten auf Beteiligung an den Leistungen der Beihilfestelle und der Krankenversicherung FamS, BGH NJW **94**, 1416 (Befreiung von Krankheitskosten), Rassow FamRZ **86**, 74 (gg Mü ebd). Auch ein Anspruch auf Erstattung von Umzugskosten kann unter Z 5 fallen, BGH FamRZ **80**, 45. Das gleiche gilt für die Klage auf Vorlage von Bescheinigungen, um damit einen Antrag auf Arbeitslosenhilfe zu belegen, BayObLG FamRZ **85**, 945. Die Streitigkeit aus einer Unterhaltsvereinbarung ist nur dann FamS, wenn sie eine gesetzliche Unterhaltspflicht dem Grunde nach festlegt u/od dem Grunde nach modifiziert, BGH NJW **79**, 2517 u 789, Düss FamRZ **86**, 1009, Hbg FamRZ **85**, 407 (Kinderbetreuungskosten).

FamS ist auch der Streit um die Zahlung einer Morgengabe nach ausländischem Recht, vgl Gottwald, F Nakamura 1996, S 196, BGH FamRZ **87**, 463 mwN, KG FamRZ **88**, 296 (betr Iran) u **80**, 470 (betr Jordanien), Hamm FamRZ **91**, 1320, Köln IPrax **83**, 73, Hbg FamRZ **76** u AG Hbg IPrax **83**, 74 betr Iran (dazu Heldrich IPrax **83**, 64; Bre FamRZ **80**, 606 wendet I Z 8 an), Düss FamRZ **98**, 623 (Anm Öztan) betr Türkei, Celle FamRZ **98**, 374 betr Deutsche. Das gleiche gilt für den Streit um die Entschädigungspflicht des Ehemannes nach einseitiger Scheidung gemäß tunesischem Recht, Mü IPrax **81**, 22, zustm Jayme IPrax **81**, 9.

**17** Nicht unter Z 5 fällt eine Klage auf Mitwirkung bei der Zusammenveranlagung zur Einkommensteuer, BayObLG FamRZ **85**, 945 mwN, Düss RR **90**, 1027, Hamm MDR **87**, 855 (zur Befreiung von der Mitwirkungspflicht), Düss FamRZ **84**, 805, Hamm FamRZ **83**, 937, Mü FamRZ **83**, 614, Kblz FamRZ **82**, 942, Tiedtke FamRZ **78**, 387 zu LG Mü FamRZ **78**, 126 (aM auch LG Hannover FamRZ **85**, 405), oder wegen Schadensersatzes in diesem Bereich, Hamm FamRZ **91**, 1070, oder wegen der Geltendmachung von Sonderausgaben, aM Kblz FamRZ **80**, 685 u 791: anders als bei Streitigkeiten wegen der Zustimmung zum sog Realsplitting, s o, handelt es sich hier nicht um eine Nebenpflicht aus dem Unterhaltsrecht, hM, Liebelt NJW **93**, 1744 u FamRZ **93**, 641 mwN, krit Walter JZ **83**, 476. Keine FamS ist auch der Streit um die Bestimmung des Anspruchsberechtigten nach § 3 IV BKKG, Hamm MDR **80**, 765 gegen Ffm FamRZ **79**, 1038, oder um den Kindergeldausgleich zwischen Eltern, Schlesw SchlHA **84**, 117. Ebensowenig gehören der Streit über die Aufteilung einer Steuerrückerstattung, Düss FamRZ **85**, 82, oder der Streit aus einer Vereinbarung über die Verteilung des Lohnsteuerjahresausgleichs hierhin, Schlesw SchlHA **81**, 68, AG Lehrte FamRZ **84**, 915. Das gleiche gilt für die Klage auf Zustimmung zur Änderung der Steuerklasse, LG Bonn NJWE-FER **99**, 220, oder einen Antrag auf Lohnsteuerermäßigung oder Zustimmung eines solchen Antrages, BayObLG FamRZ **85**, 947. Keine FamS ist auch der Streit um Auskehrung von Versicherungsleistungen, die ein Ehegatte im Zusammenhang mit einem Krankheitsfall des anderen Ehegatten erhalten hat, Hamm FamRZ **91**, 206. Zur Frage, ob eine Klage auf Zahlung einer für den Fall der Scheidung vereinbarten Abfindung eine FamS ist, vgl Hamm FamRZ **91**, 443.

**18** Ansprüche aus einer nichtehelichen Lebensgemeinschaft sind keine FamS, weil es sich nach dem tatsächlichen Vorbringen nicht um eine Ehewirkungssache handelt, aM Hamm FamRZ **83**, 273 für den Fall, daß der Kläger sich auf eine entsprechende Anwendung von § 1361 BGB beruft: darauf kommt es aber für die Qualifikation als FamS nicht an, Walter JZ **83**, 54.

**19** **F. Der Versorgungsausgleich, I Z 6**, nach §§ 1587–1587 o BGB (Dörr/Hansen NJW **98**, 3248) einschließlich des Auskunftsanspruchs, §§ 1587 a I, 1587 k I BGB, BGH NJW **81**, 1508, und des nachträglichen Versorgungsausgleichsverfahrens, AG Charlottenburg FamRZ **89**, 514 mwN; dazu gehört aber nicht ein nach rechtskräftiger Entscheidung über den Versorgungsausgleich erhobener Auskunftsanspruch, BGH FamRZ **84**, 465 zu Karlsr FamRZ **82**, 1028 (Übersicht bei v. Maydell FamRZ **81**, 509 u 623). FamS kann auch der Streit über den Versorgungsausgleich aGrd eines vor dem 1. EheRG geschlossenen Vergleichs sein, BGH MDR **85**, 478. Die Vorschrift ist mit dem GG vereinbar, BVerfG **64**, 175. In Fällen mit Auslandsberührung, dazu eingehend Rahm VIII 512 ff, entscheidet das Scheidungsfolgenstatut, wobei Art 17 III

## 2. Abschnitt. Allgemeine Vorschriften für Verfahren in anderen Familiensachen § 621

EGBGB anzuwenden ist, BGH **75**, 247, FamRZ **82**, 152 u 797. Unter I Z 6 fällt auch das Änderungsverfahren nach §§ 10 a u 11 VAHRG, dazu Ruland NJW **87**, 349, Hahne FamRZ **87**, 228.

Das Verfahren richtet sich nach FGG, § 621 a.

**G. Die Regelung der Rechtsverhältnisse an der Ehewohnung und am Hausrat, I Z 7**, nach der **20** HausratsVO (6. DVO z EheG) v 21. 10. 44 (abgedruckt und erläutert bei Pal-Diederichsen Anh II EheG u von Voelskow in Johannsen/Henrich, EheR; Darstellung von Brudermüller FamRZ **99**, 129 u 193). Das gilt auch für alle Verfahren nach § 18 a HausratsVO, wie durch die Änderung jener Vorschrift durch Art 5 Z 4 UÄndG klargestellt worden ist. Also ist der Streit um die Verteilung des Hausrats bei getrennt lebenden Ehegatten, § 1361 a BGB, eine FamS, BGH NJW **83**, 47 mwN, und ebenso der Streit um die Benutzung der Ehewohnung im Falle des § 1361 b BGB, Finger NJW **87**, 1003, Brudermüller FamRZ **87**, 109, Kblz NJW **87**, 1559, Köln FamRZ **87**, 77. Zu den **Begriffen der Ehewohnung und des Hausrats** vgl § 620 Rn 20–22.

Es muß sich um eine Streitigkeit im Verhältnis der Ehegatten untereinander handeln. Unter Z 7 fällt auch **21** der Streit getrennt lebender Ehegatten über die Herausgabe eigenmächtig einbehaltenen bzw die Rückschaffung eigenmächtig entfernten Hausrats, mag der Anspruch auch auf Alleineigentum gestützt werden, BGH NJW **84**, 1759, zustm Kobusch FamRZ **94**, 935 mwN, Bbg RR **96**, 1413, Oldenb RR **94**, 581 mwN, Ffm RR **89**, 7, aM Hambitzer FamRZ **89**, 238 mwN, Bbg FamRZ **93**, 336, Düss FamRZ **83**, 164, Ffm FamRZ **81**, 184; dies gilt auch bei Beteiligung Dritter, Ffm FamRZ **84**, 1118, aM ZöPh 53 (wegen des Besitzstreits wegen der Wohnung s u). Hierhin gehört ferner der Streit darüber, ob ein Ehegatte den anderen in die Wohnung aufnehmen muß, aM Düss FamRZ **80**, 1138, oder ihm den Zutritt zu gestatten hat, Düss FamRZ **85**, 497, oder dem anderen eine Nutzungsentschädigung zu zahlen hat, Brudermüller FamRZ **89**, 9 mwN, Brschw RR **96**, 1153, Düss FamRZ **85**, 949, LG Waldshut-Tiengen FamRZ **99**, 1089 mwN. Das gleiche gilt für die Entscheidung über einen Feststellungsantrag, wenn zwischen geschiedenen Ehegatten streitig ist, ob eine Vereinbarung über die Verteilung des Hausrats wirksam getroffen ist, Knütel FamRZ **81**, 548, Hamm FamRZ **80**, 609. FamS ist auch das Arrestverfahren bei dem Gericht der Hauptsache, wenn ein Ausgleichsanspruch nach § 8 III S 2 HausratsVO gesichert werden soll, Karlsr LS FamRZ **81**, 63.

Nicht unter Z 7 fallen Streitigkeiten agrd anderer Vorschriften, zB nach ausländischem Recht, das eine **22** der HausratsVO entspr Regelung nicht kennt, Stgt FamRZ **97**, 1085 (gg Düss FamRZ **95**, 1280), Karlsr NJW **97**, 202 mwN = FamRZ **97**, 33 (m red Anm), AG Hanau FamRZ **95**, 887, Rahm VIII 5, oder über zivilrechtliche Ansprüche aus einem Auseinandersetzungsvertrag, BGH FamRZ **79**, 789, Karlsr RR **95**, 1474 mwN, oder über Schadensersatzansprüche bzw Auszahlung des Erlöses wegen der Veräußerung oder des sonstigen Verlusts von Hausratgegenständen, BGH RR **89**, 195 mwN, vgl Hamm RR **91**, 1349 mwN. Keine FamS ist auch der Streit über Besitzansprüche hinsichtlich der Ehewohnung, AG Darmstadt FamRZ **94**, 109 (dazu Kobusch FamRZ **94**, 935), sehr str, wie Menter FamRZ **97**, 79 (m Üb über den Streitstand), zB das Verlangen auf Wiedereinräumung früheren Mitbesitzes, Hamm FamRZ **86**, 584. Nicht hierher gehört ferner der Streit über die anteilige Erstattung einer Mietkaution, Hamm FamRZ **80**, 469, oder über die Zahlung einer Nutzungsentschädigung für die Vergangenheit, Brudermüller FamRZ **87**, 117, BGH NJW **86**, 1339, Ffm FamRZ **88**, 133 (betr Pkw), oder nach endgültiger Aufgabe der Wohnung, BGH FamRZ **82**, 355, Zweibr FamRZ **98**, 171, Bbg FamRZ **90**, 180 (wohl aber für die Zeit einer gerichtlichen Regelung nach der HausratsVO, Düss FamRZ **85**, 949). Das gleiche gilt für die Herausgabe nicht zum Hausrat gehörenden persönlichen Eigentums, abw § 620 S 1 Z 8, so daß insofern Klage vor dem dafür zuständigen Gericht erhoben werden muß, Bbg FamRZ **93**, 336, Hamm RR **92**, 1221 mwN, Ffm RR **89**, 7, krit Wacke FamRZ **77**, 528.

Das Verfahren richtet sich nach FGG, § 621 a.

**H. Ansprüche aus dem ehelichen Güterrecht, auch wenn Dritte am Verfahren beteiligt sind, I** **23** **Z 8**, nach den §§ 1363–1563 BGB (Dörr/Hansen NJW **98**, 3243; Ensslen FamRZ **98**, 1077). Voraussetzung ist, daß sie im Zivilprozeß zu verfolgen sind, BGH NJW **82**, 2556 (deshalb gehört das FGG-Verf über die Ersetzung der Zustimmung, § 1365 II BGB, nicht hierher). Darunter fällt der Anspruch auf Zustimmung zu einer bestimmten Art der Auseinandersetzung, BGH **84**, 337, wie jeder Streit über die Auseinandersetzung des Gesamtgutes, §§ 1471 ff BGB, Köln RR **93**, 904, Karlsr FamRZ **82**, 286, zustm Bölling, oder über das Rückgriffsrecht aus § 1481 BGB, Schlesw SchlHA **79**, 143, ebenso wie Ansprüche aus § 1365 BGB, BGH FamRZ **81**, 1045, Köln FamRZ **90**, 644, sowie Ansprüche auf Zugewinnausgleich, § 1378 BGB, Kleinle FamRZ **97**, 14 (betr Ehegattengesamtschuld) Köln MDR **94**, 1124, oder auf Ausgleich für Zahlungen vor Zustellung des Scheidungsantrages, Mü FamRZ **87**, 1161, nicht dagegen der Streit über die Zulässigkeit der Teilungsversteigerung eines gemeinschaftlichen Grundstücks, Stgt FamRZ **82**, 401, Zweibr FamRZ **79**, 839, aM Hamm FamRZ **95**, 1072, Mü FamRZ **78**, 603. FamS ist auch die Inanspruchnahme eines Ehegatten auf Haftung nach den Vorschriften über die Gütergemeinschaft, BGH FamRZ **80**, 551 u NJW **80**, 1626; das gleiche gilt für die Klage des anderen Ehegatten aus § 1368 BGB gegen den Dritten, BGH FamRZ **81**, 1045, abl Spall und zustm Bosch. Hierin gehören auch die Klage auf Auskunft nach § 1379 BGB, BGH FamRZ **82**, 27, Köln RR **95**, 644 mwN, und andere Auskunftsbegehren, Düss FamRZ **85**, 721. FamS ist auch eine Klage aus § 767 gegen einen titulierten Güterrechtsanspruch, Schlesw SchlHA **91**, 80.

Unter Z 8 fällt ferner der Streit darüber, ob die Geschäftsgrundlage einer während der Ehe getroffenen **24** güterrechtlichen Auseinandersetzungsvereinbarung infolge der Scheidung weggefallen ist, BGH NJW **80**, 2477. Auch Ansprüche, die in einer Vereinbarung zumindest auch zur Regelung sämtlicher oder einzelner güterrechtlicher Beziehungen begründet werden, sind dem ehelichen Güterrecht iSv § 8 zuzurechnen, BGH in stRspr, FamRZ **84**, 35, 83, 365 u 156, NJW **82**, 941, BayObLG FamRZ **83**, 1248 (Regelung der Ausgleichsansprüche im Innenverhältnis); eine Beschränkung auf gesetzliche Ansprüche enthält Z 8 nicht, BGH FamRZ **83**, 365 mwN. Wenn in einer solchen Vereinbarung auch Ansprüche zur Auseinandersetzung der allgemeinen vermögensrechtlichen Beziehungen der Ehegatten begründet werden, so ist der Rechtsstreit hinsichtlich sämtlicher Ansprüche FamS, wenn eine Zuordnung bestimmter Ansprüche nur zu einem der beiden Regelungsbereiche nicht möglich ist, BGH NJW **80**, 2529. Regeln die Ehegatten

## § 621

6. Buch. Verfahren in Familiensachen

in einem Vertrag güterrechtliche Ansprüche zugunsten eines Dritten, so ist auch dieser Anspruch familienrechtlicher Natur, BGH NJW **83**, 928, insoweit zustm Walter JZ **83**, 348.

FamS iSv Z 8 sind auch Streitigkeiten über Ansprüche aus den durch Art 234 § 4 V EGBGB (idF des EV) aufrechterhaltenen §§ **39–41 DDR-FGB** (dazu Pal-Diederichsen Art 234 Rn 4), BGH DtZ **93**, 180 u **92**, 120, FamRZ **91**, 794 u 1174, KG FamRZ **92**, 566, Dörr NJW **92**, 952.

Bei einem Rechtsstreit zwischen **Ausländern** kommt es darauf an, ob der Klageanspruch nach dem nach IPR anzuwendenden Recht güterrechtlich ist, Ffm IPrax **86**, 240, zB den Anspruch auf Herausgabe einer Aussteuer, Köln FamRZ **94**, 1476 (verneinend), oder einen Anspruch auf Herausgabe einer Mitgift, Hamm FamRZ **92**, 965 (bejahend), oder den Anspruch auf Herausgabe von Schmuck, Hamm RR **95**, 133 u **92**, 1220 (bejahend), Köln RR **95**, 135 mwN (verneinend). Wegen des Streits um die Morgengabe nach ausländischem Recht s oben Rn 16.

25 **Keine FamS iSv Z 8** ist der Streit aus Vereinbarungen, die nicht als Regelung der güterrechtlichen Verhältnisse iSv § 1408 BGB angesehen werden können, BGH NJW **78**, 1923, BayObLG FamRZ **83**, 198 mwN, Ffm FamRZ **96**, 949 (Vereinbarung über Vermögensausgleich trotz Gütertrennung), auch nicht die Klage auf Schadensersatz oder Herausgabe der ungerechtfertigten Bereicherung wegen Verfügungen des einen Ehegatten über Vermögenswerte des anderen, Zweibr FamRZ **87**, 1138 mwN (auch dann nicht, wenn die Forderung möglicherweise zum Endvermögen gehört und sich dadurch auf die Höhe des Zugewinns auswirkt, Bbg FamRZ **86**, 477, wohl aber dann, wenn die Regelung in die Berechnung des Unterhalts eingegangen ist, Köln RR **96**, 1348). Keine FamS iSv Z 8 ist auch der Streit über Ansprüche, die sich auf ein während der Ehe erworbenes, inzwischen versteigertes Grundstück beziehen, Mü FamRZ **82**, 942, BayObLG NJW **80**, 194. Keine FamS ist ferner der Streit über die Herausgabe von Hochzeitsgeschenken, LG Tübingen RR **92**, 1095, oder von persönlichem Schmuck, Hamm FamRZ **93**, 211, Ffm FamRZ **89**, 76 (aM Hamm RR **92**, 1220), oder der Streit über Ansprüche, die auf Schenkungswiderruf gestützt werden, LG Bonn FamRZ **80**, 359, ebensowenig der Streit geschiedener Ehegatten, die in Zugewinngemeinschaft gelebt haben, aus einer Miteigentumsgemeinschaft, BayObLG FamRZ **81**, 376, Düss FamRZ **99**, 856, oder aus einer ärztlichen Praxisgemeinschaft, Stgt FamRZ **85**, 83; ebensowenig ist die selbständige Klage auf Innenausgleich während der Ehe eingegangener Schulden eine FamS, Kleinle FamRZ **97**, 14, BayObLG RR **86**, 6, Oldb FamRZ **91**, 1070, Hbg FamRZ **88**, 299 mwN. Nicht hierher gehören ferner Klagen auf Herausgabe von gewerblichen Räumen, § 985 BGB, Düss FamRZ **88**, 1415. Auch das Verfahren über die Ersetzung der Zustimmung nach § 1365 II BGB ist keine FamS, BGH NJW **82**, 2556 mwN.

26 **Dritte** sind am Verfahren beteiligt nicht nur dann, wenn sie Hauptintervenient oder Streithelfer sind, sondern auch dann, wenn sie in einem Rechtsstreit zwischen den Ehegatten Streitgenossen sind oder auch allein in einen Streit mit einem Ehegatten verwickelt sind, Hamm FamRZ **80**, 551 mwN. Deshalb gehört hierher die Inanspruchnahme eines Ehegatten auf Grund güterrechtlicher Vorschriften durch einen Gläubiger des anderen Ehegatten, BGH NJW **80**, 1626, ebenso wie die Klage des anderen Ehegatten aus § 1368 BGB gegen einen Dritten, BGH FamRZ **81**, 1045.

27 **I. Verfahren nach den §§ 1382 und 1383 BGB, I Z 9**, dh wegen Stundung der Ausgleichsforderung (§ 1378 BGB) und der Übertragung bestimmter Vermögensgegenstände auf den Gläubiger dieser Forderung, §§ 1382 V bzw 1383 III BGB. Das Verfahren richtet sich nach FGG, § 621 a.

28 **K. Kindschaftssachen, I Z 10**, iSv § 640 II (Wieser FamRZ **98**, 1004). Sie sind seit dem 1. 7. 98 FamS (Übergangsrecht s Einf § 606 Rn 11). Wegen der Einzelheiten vgl Erl zu § 640. Hierhin gehören auch Verfahren nach § 1615 o I BGB (einstwVfg). Das Verfahren nach § 1600 e II BGB richtet sich nach FGG, § 621 a.

**L. Ansprüche nach den §§ 1615 l und 1615 m BGB, I Z 11** (Graf v. Luxburg/Mühling BRAK-Mitt **98**, 162; Puls FamRZ **98**, 866). FamS sind seit dem 1. 7. 98 die im Fall der Geburt eines Kindes zwischen den nicht miteinander verheirateten Eltern bestehenden Ansprüche der Mutter auf Erstattung der Entbindungskosten, und auf Unterhalt, § 1615 l, sowie die Verpflichtung des Vaters zur Tragung der Beerdigungskosten für die Mutter, § 1615 m BGB, ferner die Unterhaltsansprüche des Vaters, § 1615 l V, einschließlich der Ansprüche aus § 1615 n; hierhin gehören auch Verfahren nach § 1615 o II BGB. Wegen des Übergangsrechts s Einf § 606 Rn 11.

**M. Verfahren nach §§ 1303 ff BGB, I Z 12.** Es handelt sich um Befreiungen von Ehevorschriften durch das FamGer, nämlich vom Erfordernis des Alters, § 1303 II–IV BGB, vom Eheverbot der Verwandtschaft durch Adoption, § 1308 II BGB, und den Ersatz der Zustimmung des gesetzlichen Vertreters, § 1315 I 3. Die Entscheidungen der FamGer ergehen im FGG-Verfahren.

28a **N. Verfahren nach den §§ 5–8 SorgeRÜbkAG.** Sie sind ebenfalls FamS, wie sich aus § 23 b I 2 Z 11 GVG ergibt (auch dann, wenn es um ein nichteheliches Kind geht, § 6 I 1 AusfG, BayObLG FamRZ **97**, 1354, RR **95**, 522); für sie gelten II u III nicht, vgl Rahm/Schneider III 589 ff. Näheres s Schlußanh V A 3.

29 **2) Sachliche Zuständigkeit, I.** In allen FamS ist das AG sachlich zuständig, § 23 a Z 2, 4 u 5 GVG, § 64 I FGG, § 11 I u II HausratsVO; daß diese Angelegenheiten vor das beim AG gebildete FamGer gehören, ergibt sich aus § 23 b GVG. Aus I folgt, daß die Zuständigkeit ausschließlich und die Entscheidungsbefugnis des FamGer zwingend ist, dh der Verfügung des Präsidiums nach § 21 e GVG entzogen ist, BGH NJW **78**, 1531. Zur Verweisung oder Abgabe, wenn eine Sache nicht vor das FamGer gehört, s § 23 b GVG Rn 7; verweist ein Gericht an das AG (FamGer) wegen sachlicher Unzuständigkeit, darf dieses an das örtlich zuständige AG (FamGer) weiterverweisen, BGH FamRZ **88**, 491. Der Streit zwischen dem FamGer und einer anderen Spruchabteilung desselben AG ist entsprechend § 36 Nr 6 zu erledigen, § 281 ist unanwendbar, BGH **71**, 16; das gleiche gilt für einen Zuständigkeitsstreit zwischen dem FamGer und dem Vormundschaftsgericht, BGH **78**, 108 mwN; vgl § 36 Rn 32. Der Rpfl ist für FamS nicht zuständig, § 14 Z 2, 2 a 7, 8, 9, 15 u 16 RpflG, Bbg Rpfleger **82**, 25 (zu § 1587 d BGB).

Eine **Verbindung** von FamS mit anderen Sachen in einer Klage ist unzulässig, BGH NJW **81**, 2418 mwN, so daß die Ansprüche ggf zu trennen und dann teilweise zu verweisen bzw abzugeben sind, soweit dies zulässig ist, KG FamRZ **83**, 616. Werden eine Nichtfamiliensache und eine FamS als Haupt- und Hilfsan-

## 2. Abschnitt. Allgemeine Vorschriften für Verfahren in anderen Familiensachen § 621

spruch geltend gemacht, so ist zunächst das Gericht zuständig, das über den Hauptanspruch zu entscheiden hat; eine Verweisung (Abgabe) wegen des Hilfsanspruchs kann erst nach der Entscheidung über den Hauptanspruch erfolgen, BGH NJW **80**, 1283. Gegenüber dem Antrag in einer FamS ist ein Gegenantrag (Widerklage), der keine FamS ist, unzulässig, Düss FamRZ **82**, 511. Dagegen kann mit Ansprüchen, die als FamS geltend zu machen wären, im Zivilprozeß über eine Klagforderung, die keine FamS ist, aufgerechnet werden, Mü FamRZ **85**, 84; eine solche Aufrechnung macht nicht das FamGer zuständig, BayObLG FamRZ **85**, 1057 mwN.

Über Rechtsmittel, § 621 e, entscheiden das OLG und der BGH, §§ 119, 133 GVG.

**3) Allgemeine örtliche Zuständigkeit, II 2.** Wenn in der Bundesrepublik keine EheS anhängig ist, **30** unten Rn 31, richtet sich die örtliche Zuständigkeit nach den allgemeinen Vorschriften. In FamS nach I Z 4, 5, 8 u 9 ergibt sich das zuständige Gericht aus den §§ 12 ff, bzw aus Sondervorschriften (zB § 642 für Verfahren über die Unterhaltspflicht der Eltern gegenüber einem minderjährigen Kind), und aus § 919 für den Arrest, Ffm RR **89**, 1350. In den übrigen FamS entscheiden über die örtliche Zuständigkeit bei I Z 1–3 die §§ 35b u 43 iVm § 64 III FGG, BGH RR **94**, 322, FamRZ **94**, 299 u **92**, 795, Düss FamRZ **99**, 669, bei I Z 6 § 45 FGG, BGH RR **94**, 323, und bei I Z 7 § 11 HausratsVO, abgedruckt Anh I § 281. Demgemäß laufen vor Anhängigkeit der EheS andere FamS aus derselben Familie uU vor verschiedenen Gerichten, Hagena FamRZ **75**, 381, Brüggemann FamRZ **77**, 16, ebenso nach Abschluß der EheS etwaige selbständige FamS, zB ein Änderungsverfahren nach § 1696 BGB, BGH FamRZ **90**, 1102 mwN.

Die **internationale Zuständigkeit**, Üb § 12 Rn 5 ff, wird **in isolierten FamS** idR durch die örtliche Zuständigkeit des deutschen Gerichts begründet, sofern nicht internationale Verträge eingreifen, BGH NJW **89**, 1356 mwN (dazu Coester-Waltjen IPrax **90**, 26), Ffm FamRZ **98**, 1314, Hamm FamRZ **94**, 774, unten Rn 33. Für den isolierten Versorgungsausgleich wird aber an § 606 a anzuknüpfen sein, BGH NJW **92**, 3294, **91**, 3088 u **90**, 638 mwN (krit Henrich IPrax **93**, 189), StR 23, ZöGei § 606 a Rn 22. Die sich daraus ergebende Zuständigkeit ist nicht ausschließlich, Mü FamRZ **92**, 74.

Für die **Verweisung** wegen örtlicher Unzuständigkeit gilt § 281; wegen der Bindungswirkung, BGH RR **94**, 322 u **90**, 1282, s § 281 Rn 30 ff. Bei der Verweisung von FamGer zu FamGer wegen örtlicher Unzuständigkeit ist die (bindende) Weiterverweisung einer Nicht-FamS an ein anderes AG bzw an das LG ebenso zulässig wie ihre (nicht bindende) Abgabe an die Prozeßabteilung desselben AG, BGH FamRZ **88**, 155; vgl dazu Jaurnig FamRZ **89**, 5.

Der **Zuständigkeitsstreit** zwischen verschiedenen Gerichten ist nach § 36 Z 5 u 6 zu lösen, § 36 Rn 30 ff. Dies gilt auch in FGG-Verfahren, § 621 a Rn 4.

**4) Örtliche Zuständigkeit bei Anhängigkeit einer EheS, II 1 u III** **31**

**A. Allgemeines.** Während der Anhängigkeit einer EheS, § 606 Rn 2 ff, ist für FamS unter den deutschen Gerichten das FamGer ausschließlich zuständig, bei dem die EheS im 1. Rechtszug anhängig ist oder war, **II 1**. Dies gilt uneingeschränkt für **FamS nach I Z 5–9**, für **FamS nach I Z 1–4** dagegen nur dann, wenn sie die in **II 1 2. Halbs** genannten Fälle betreffen, die also in einem Sachzusammenhang mit der EheS besteht, es also um eheliche Kinder geht, BT-Drs 13/4899 S 120, Weber NJW **98**, 1999). Die Vereinbarung eines anderen Gerichtsstandes ist auch für eine ZPO-FamS unzulässig, wenn I 1 eingreift, BGH NJWE-FER **97**, 88. Damit wird die Entscheidung bei dem Gericht der EheS konzentriert und zugleich die Grundlage für den Verbund im Scheidungsverfahren, § 623, geschaffen, wenn auch die ScheidungsS noch im 1. Rechtszug schwebt. II 1 gilt ausnahmsweise dann nicht, wenn der Gerichtsstand für die EheS erschlichen worden ist, KG FamRZ **89**, 1105.

**Anhängig** wird die EheS mit der Einreichung der Klagschrift bzw des Scheidungs- oder Aufhebungsan- **32** trags, §§ 253, 622 I, 631 II. Wird eine FamS anhängig, wenn die EheS bereits in die höhere Instanz gelangt ist, so ist für diese FamS das FamGer nach II 1 zuständig, aM Düss FamRZ **78**, 258. Kommt es zur Zurückverweisung einer (isolierten) FamS an die 1. Instanz, greift II 1 mit der Folge ein, daß die FamS sogleich dem FamGer der EheS zuzuleiten ist, BGH NJW **80**, 1392, StJSchl 17. Die Zuständigkeit endet mit dem (rechtskräftigen) Abschluß der EheS, BGH MDR **88**, 1042. Sie dauert nach Beendigung der EheS für die vorher anhängig gewesenen FamS fort, § 261 III Z 2, BGH NJW **81**, 126, aM Schlesw SchlHA **80**, 43. Für FamS iSv I Z, 4, 5 und 8 erlischt die Zuständigkeit nach II 1, wenn die Anhängigkeit der EheS endet, bevor die Klage in der anderen Sache dem Beklagten zugestellt worden ist, BGH NJW **81**, 126, Köln NJWE-FER **99**, 44 mwN; in FamS iSv I Z 1–3, 6, 7 u 9 wird die bei Eingang des Antrags gegebene Zuständigkeit nicht dadurch berührt, daß die Anhängigkeit der EheS endet, BGH NJW **86**, 3141. Wenn nach rechtskräftigem Abschluß der EheS eine FolgeS anhängig bleibt, wird dadurch keine Zuständigkeit für weitere FamS begründet, BGH FamRZ **90**, 1102, NJW **82**, 1000.

**Internationale Zuständigkeit**, Üb § 12 Rn 5 ff (krit Rausch NJW **94**, 2124; Jayme, FS Keller, 1989, S 451– **33** 457; Graf, Die internationale Verbundzuständigkeit, 1984). Sie ergibt sich für das nach II 1 zuständige Gericht aus § 606 a, so daß sich die Zuständigkeit für die Scheidungssache auch insofern auf die damit im Verbund stehenden FolgeS erstreckt, vgl Schack 376–378, Jayme IPrax **85**, 46 u **84**, 121 (eingehend), BGH NJW **90**, 636 mwN, Hamm FamRZ **94**, 773 mwN; und zwar auch dann, wenn die Klage über die FolgeS isoliert durchgeführt wird, BGH NJW **93**, 2047 mwN. **Zwischenstaatliche Abkommen haben jedoch im Zweifel Vorrang**, BGH RR **94**, 834; dies gilt zB in den Fällen von I Z 1–3 für das **Haager Abk zum Schutz Minderjähriger (MSA)**, § 620 Rn 7, vgl Jaspersen FamRZ **96**, 393, Rausch NJW **94**, 2124, Dörr NJW **91**, 81 u **89**, 694 mwN, MüKoKl 144–146, StR 19–21, ZöPh 78–81, Henrich IPrax **86**, 364, BGH NJW **91**, 3025 u FamRZ **97**, 1070, KG NJW **98**, 1565, Düss FamRZ **93**, 1109, Hamm RR **97**, 5 u FamRZ **92**, 208, Celle FamRZ **90**, 1131, Ffm IPrax **83**, 294 (zur Verweisung der Beteiligten an die Behörden ihres Heimatstaates bei fehlender Förderung des inländischen Verf, dazu krit Schlosser IPrax **83**, 285), AG St. Wendel FamRZ **89**, 1317 (zur Zuständigkeit in dringenden Fällen Karlsr NJW **79**, 500), und in den Fällen von I Z 4 u 5 für das **Haager UnterhVollstrÜbk**, Schlußanh V A 2, und das **EuGVÜ**, Art 5 Z 2, Schlußanh V C, MüKoKl 147, StR 22, Jayme FamRZ **88**, 793, BGH RR **93**, 899, KG RR **98**, 580; sowie das **LuganoÜbk**, Schlußanh V D. Greift kein Vertrag ein und hält sich das Kind im Ausland auf, kann es sinnvoll sein, die Entscheidung über die elterliche Sorge oder den Umgang mit dem Kinde nach der Lehre vom forum non conveniens dem Gericht des Aufenthaltsortes zu überlassen, Passauer FamRZ **90**, 15 mwN, ZöPh 82, Rahm VIII 18. Ist die **EheS im Ausland anhängig**, wird die internationale Zuständigkeit deutscher Gerichte, soweit sie nach II 2 örtlich zuständig sind, durch II 1 nicht ausgeschlossen: die internationale Zuständigkeit des deutschen Gerichts ist, wie durch den Einschub „unter den deutschen Gerichten" klargestellt wird, nicht ausschließlich; eine ausländische Rechtshängigkeit ist zu berücksichtigen und eine ausländische Entscheidung ggf anzuerkennen, § 328 I Z 1, dazu Gottwald IPrax **84**, 58, Mü FamRZ **92**, 74, Ffm RR **90**, 647, Karlsr FamRZ **86**, 1227, ZöPh 76.

Die **Zuständigkeit des Gerichts der EheS** nach II 1 tritt an die Stelle der örtlichen Zuständigkeit, die nach II 2 gegeben wäre. Die ausschließliche Zuständigkeit des Prozeßgerichts für die Vollstreckungsabwehrklage, §§ 767 I u 802, wird dagegen nicht durch die Zuständigkeit des Gerichts der EheS ersetzt, es sei denn, daß mit dieser Klage eine Regelung für den Fall der Scheidung begehrt wird, § 919, durch II 1 nicht berührt, Ffm RR **88**, 1350. Die Zuständigkeit des Gerichts der EheS greift auch nicht ein, wenn für die FolgeS deutsche Gerichte nicht international zuständig sind, oben Rn 31, zB nach dem EuGVÜ, KG FamRZ **98**, 564, oder nach dem MSA, vgl KG FamRZ **98**, 1565.

**34**  B. **Verweisung und Abgabe, III.**
a) Ist die EheS anhängig, oben Rn 32, und wird später eine FamS bei einem anderen Gericht anhängig, so gelten für die Verweisung in den ZPO-Verfahren § 281, in FGG-Verfahren die Bestimmungen über die Abgabe wegen Unzuständigkeit (wegen der jeweils maßgeblichen Verfahrensvorschriften s § 621a Rn 1). Ist umgekehrt eine FamS im 1. Rechtszug anderweitig anhängig und wird nun die EheS rechtshängig, § 261, so ist die FamS vAw **an das Gericht der EheS zu verweisen oder abzugeben, III 1**. Dies gilt auch dann, wenn die FamS zuvor mit bindender Wirkung, § 281 II 5, an das damals zuständige Gericht verwiesen worden war. Die Verweisung ist zulässig in zivilprozessualen FamS bis zum Ergehen einer abschließenden Entscheidung im ersten Rechtszug, BGH NJW **86**, 2058 mwN, die Abgabe in FamS nach FGG bis zur Einlegung eines Rechtsmittels, Hagena FamRZ **75**, 382, str (aM KG FamRZ **79**, 1062 mwN: auch hier nur bis zum Erlaß einer Entscheidung; offen gelassen BGH aaO mwN; nicht mehr danach, Brüggemann FamRZ **77**, 17. Im Fall der Zurückverweisung ist die FamS sogleich dem Gericht der EheS zuzuleiten, und zwar auch dann, wenn die EheS dort in 1. Instanz abgeschlossen ist, BGH NJW **80**, 1392, Hbg RR **93**, 1287 mwN.

**35**  b) Für die Überleitung gilt **§ 281 II u III 1 entsprechend, III 2**. Nach diesen Vorschriften ist sie unanfechtbar und für das Gericht der EheS hinsichtlich der FamS bindend, es sei denn, daß das abgebende Gericht irrig meinte, die EheS sei rechtshängig, BGH RR **96**, 897; eine Weiterverweisung ist zulässig, wenn die EheS verwiesen werden muß. Die Verweisung (Abgabe) einer FamS an das AG – FamGer – ist nur für das AG als Ganzes bindend, nicht dagegen auch für das FamGer dieses AG, so daß es nicht gehindert ist, die Sache ggf an die allgemeine Prozeßabteilung zu verweisen oder abzugeben, oben Rn 30; einen etwa entstehenden Streit zwischen beiden Abteilungen hat entsprechend § 36 das zunächst höhere Gericht zu entscheiden, BGH FamRZ **88**, 156, BayObLG FamRZ **81**, 62. Die Kosten des übergeleiteten Verfahrens gelten als Kosten des Verfahrens bei dem Gericht der EheS; da § 281 III 2 nicht entsprechend anwendbar ist, dürfen dem obsiegenden Kläger bzw Antragsteller etwaige Mehrkosten nicht auferlegt werden.

Entsprechendes gilt nach **§ 64 II FGG** für Verfahren nach I Z 1–3 u 9 (und entsprechend für Verfahren nach I Z 6) sowie § 11 III HausratsVO (abgedruckt Anh § 281) für Verfahren nach I Z 7, so daß die Überleitung auf das Gericht der EheS in allen Fällen gesichert ist.

**36**  c) Wegen der **Abgabe** von einer Abteilung an die andere innerhalb desselben FamGer s **§ 23b II 2 GVG**, Ffm FamRZ **96**, 949.

## 621a  *Verfahren in anderen Familiensachen.*

I  ¹Für die Familiensachen des § 621 Abs. 1 Nr. 1 bis 3, 6, 7, 9, 10 in Verfahren nach § 1600e Abs. 2 des Bürgerlichen Gesetzbuchs sowie 12 bestimmt sich, soweit sich aus diesem Gesetz oder dem Gerichtsverfassungsgesetz nichts Besonderes ergibt, das Verfahren nach den Vorschriften des Gesetzes über die Angelegenheiten der freiwilligen Gerichtsbarkeit und nach den Vorschriften der Verordnung über die Behandlung der Ehewohnung und des Hausrats. ²An die Stelle der §§ 2 bis 6, 8 bis 11, 13, 16 Abs. 2, 3 und des § 17 des Gesetzes über die Angelegenheiten der freiwilligen Gerichtsbarkeit treten die für das zivilprozessuale Verfahren maßgeblichen Vorschriften.

II  ¹Wird in einem Rechtsstreit über eine güterrechtliche Ausgleichsforderung ein Antrag nach § 1382 Abs. 5 oder nach § 1383 Abs. 3 des Bürgerlichen Gesetzbuchs gestellt, so ergeht die Entscheidung einheitlich durch Urteil. ²§ 629a Abs. 2 gilt entsprechend.

*FGG § 64.* III  ¹In Angelegenheiten, die vor das Familiengericht gehören, gelten die Vorschriften des Zweiten und des Dritten Abschnitts im Sechsten Buch der Zivilprozeßordnung sowie § 119 Abs. 1 Nr. 1, 2, § 133 Nr. 2 des Gerichtsverfassungsgesetzes. ²Soweit § 621a der Zivilprozeßordnung vorsieht, daß Vorschriften des Gesetzes über die Angelegenheiten der Freiwilligen Gerichtsbarkeit anzuwenden sind, tritt an die Stelle des Vormundschaftsgerichts das Familiengericht. ...

**Vorbem.** § 621a 1 mWv 1. 7. 98 geänd durch Art 6 Z 15 KindRG, vgl Einf § 606 Rn 11, und durch Art 1 b Z 3 BtÄndG v 25. 6. 98, BGBl 1580. § 64 I FGG geänd durch Art 8 KindRG.

**Schrifttum:** *Künkel* FamRZ **98**, 877 (Übersicht).

## 2. Abschnitt. Allgemeine Vorschriften für Verfahren in anderen Familiensachen § 621a

**1) Allgemeines.** Die den FamGer zugewiesenen FamS, § 621 I, sind teils Zivilprozesse, § 621 I Z 4, 5, 8, 10 (überwiegend) u 11, teils Angelegenheiten der Freiwilligen Gerichtsbarkeit, § 621 I Z 1–3, 6, 7, 9 u 10 (im Fall des § 1600 e II BGB). Daher kann über sie nicht nach einheitlichem Verfahrensrecht entschieden werden. Vielmehr gelten, soweit nicht Sondervorschriften eingreifen, für sie entweder ZPO oder FGG (letzteres trotz § 64 III 1 wegen der in § 621a I enthaltenen Rückverweisung, J. Blomeyer FamRZ **72**, 434), aber mit der Anpassung durch I 2. Diese Aufspaltung der Verfahrensvorschriften in anderen FamS gilt auch insoweit, als über sie als FolgeS, § 623, im Verbund mit der Scheidungssache entschieden wird, § 624 Rn 5. Ohne Scheidungsantrag führt die gleichzeitige Anhängigkeit mehrerer anderer FamS nicht zu einem Verbund; möglich ist nur ihre Verbindung, soweit dafür die gesetzlichen Voraussetzungen gegeben sind. Wird eine FamS in der falschen Verfahrensart anhängig gemacht, kommt eine Verweisung oder Abgabe nur in Betracht, wenn eine andere Abteilung des Gerichts zuständig ist, § 23 b GVG Rn 7; innerhalb dieser Abteilung ist das Verfahren nach Gewährung rechtlichen Gehörs in die richtige Verfahrensart überzuleiten, Kissel § 23 b Rn 27. Gerichtskosten für isolierte FamS dieser Gruppe werden nach der KostO erhoben (auch für das PKH-Verfahren), Mü MDR **87**, 856. 1

**2) FamS nach § 621 I Z 4, 5, 8, 10 u 11.** Bei ihnen handelt es sich der Sache nach um Zivilprozesse, bei Z 10 jedoch mit Ausnahme der Verfahren nach § 1600 e II BGB, unten Rn 3. Abgesehen von dieser Ausnahme gelten für sie daher die Vorschriften der ZPO über die streitige Verfahren, und zwar grundsätzlich die das Verfahren vor den AG betreffenden, § 621 I Z 4 u 5 iVm § 23 a GVG, in Verfahren nach § 621 I Z 8 nach Maßgabe des § 621b III. Danach ist zB eine Stufenklage, § 254, zulässig, BGH NJW **82**, 1645 u **79**, 1603; unzulässig ist dagegen die Verbindung von FamS mit anderen Sachen, BGH NJW **79**, 429 u 659, ebenso wie eine Widerklage, die keine FamS ist, Düss FamRZ **82**, 511, vgl § 621 Rn 29. Wegen des Anwaltszwanges s § 78 II; danach kann der Anwaltszwang, abgesehen von Verfahren nach § 621 I Z 8, für selbständige Prozesse nicht eingreifen, Diederichsen NJW **77**, 605. **Sondervorschriften** enthalten die §§ 621b–d, ferner die §§ 623 ff für die Verfahren in diesen Angelegenheiten, soweit sie als FolgeS betrieben werden, vgl § 624 Rn 5. Gerichtskosten werden nach GKG erhoben. 2

**3) FamS nach § 621 I Z 1–3, 6, 7, 9 u 10 (in Verfahren nach § 1600 e II BGB) und 12, I** 3
**A. Allgemeines.** Grundsätzlich bestimmt sich das Verfahren in diesen Angelegenheiten nach FGG bzw HausratsVO, soweit sich aus ZPO oder GVG nichts Besonderes ergibt, I 1. Deshalb unterliegt zB auch der Auskunftsanspruch nach § 1587 e I BGB, § 621 I Z 6, den Verfahrensregeln des FGG, BGH NJW **81**, 1508 mwN, Zweibr FamRZ **85**, 1270, kann aber auch hier entsprechend § 254 in Gestalt eines Stufenverfahrens geltend gemacht werden, Hamm FamRZ **80**, 64. Aus dem GVG ergibt sich, daß der Instanzenzug vom FamGer zum OLG und BGH geht, §§ 119 u 133, und daß für die Öffentlichkeit der Verhandlung eine Sondervorschrift besteht, § 170. Aus der ZPO ergeben sich **Abweichungen** vom gewöhnlichen FGG-Verfahren nach § 621a I 2 u II sowie aus § 621 e und den §§ 623 ff (FolgeS). Eine entsprechende Modifikation enthält § 64 III 1 u II FGG, so daß die Verfahrensvorschriften für alle FamS ineinander übergreifen.

**B. Anwendung des FGG: a)** Anstelle der in I 2 genannten Bestimmungen treten die für den Zivilpro- 4
zeß maßgeblichen Vorschriften. **Es werden demgemäß für das Verfahren in isolierten FamS nach I 1 Z 1–3, 6, 7, 9, 10 u 12 ersetzt, I 2:**
§ 2 FGG durch die §§ 156 ff GVG, Maurer 240/241 (einschränkend für Sorgerechtsverfahren);
§§ 3 u 5 FGG durch die §§ 15, 36 u 37 ZPO (s dortige Erl, namentlich § 36 Rn 30 ff), BGH in stRspr, FamRZ **98**, 610, RR **94**, 323, **93**, 130 u **91**, 1346, FamRZ **88**, 1260 (im Erg zustm Roth IPrax **89**, 279), BayObLG FamRZ **94**, 1597, aber auch durch § 281, so daß eine bindende Verweisung von FamGer zu FamGer wegen örtlicher Unzuständigkeit in einer isolierten FamS zulässig ist, BGH RR **94**, 322 u **90**, 1282 mwN (vgl Ewers FamRZ **99**, 74);
§ 4 FGG wird nicht durch § 35 ersetzt, Kblz FamRZ **83**, 201, sondern wegen der vAw einzuleitenden Verfahren durch § 261, StR 3, StJSchl 3, ZöPh 10 (aM Bumiller/Winkler § 4 Anm 1 aE);
§ 6 FGG durch die §§ 41 ff ZPO;
§§ 8 u 9 FGG durch die §§ 176–197 GVG (§ 10 FGG ist durch Art 3 IX G v 28. 10. 96, BGBl 1546, aufgehoben worden);
§ 11 FGG durch die Bestimmungen der ZPO über die Erklärung zur Protokoll, namentlich auch § 129 a;
§ 13 FGG durch die §§ 78 ff ZPO;
§ 16 II u III FGG durch die Vorschriften der ZPO über die Bekanntmachung und Zustellung gerichtlicher Verfügungen, §§ 310 ff und 329, Bbg RR **99**, 659, Stgt FamRZ **82**, 429, sowie §§ 166 ff, so daß auch § 171, Saarbr NJW **79**, 2620, und §§ 174 II, 175, Bbg aaO, gelten (für die Bekanntmachung auch an das Kind gilt aber § 59 II FGG);
§ 17 FGG durch die §§ 222 ff ZPO;
§ 22 II FGG (Wiedereinsetzung), obwohl die Vorschrift in I nicht genannt wird, durch die §§ 233 ff ZPO, BGH NJW **79**, 109 u **82**, 225, FamRZ **81**, 657 m Anm Borgmann;
**Ergänzend gelten** im FGG-Verfahren: 5
§§ 66 ff ZPO (Streitverkündung) in echten Streitverfahren, Hamm RR **91**, 1092 (betr Versorgungsausgleich);
§§ 239 ff ZPO (Unterbrechung und Aussetzung), BGH NJW **84**, 2830 (betr Versorgungsausgleich);
§ 254 ZPO (Stufenverfahren), § 623 Rn 13, Hbg FamRZ **81**, 1095, Hamm FamRZ **80**, 64 (betr Versorgungsausgleich);
§ 256 ZPO (Feststellung), BGH NJW **82**, 387 (für das Versorgungsausgleichsverfahren), § 621 I Z 6), dazu Liermann NJW **82**, 2229 (auch für Verf nach der HausratsVO u nach §§ 1382, 1383 BGB, § 621 a I Z 7 u 9), zum Feststellungsinteresse BGH NJW **84**, 612;
§ 301 ZPO (Teilentscheidung), BGH NJW **82**, 120 u 1543, FamRZ **83**, 38 (betr Versorgungsausgleich); auf ein Rechtsmittel gegen eine unzulässige Teilentscheidung darf das Obergericht über den noch in der unteren Instanz anhängigen Teil mitentscheiden, nicht aber sonst, BGH NJW **83**, 1311 u **84**, 120 (betr Versorgungsausgleich). Eine Teilanfechtung ist nur für Regelungen zulässig, die als Teilentscheidung hätten

## § 621a

ergehen können, andernfalls fällt die gesamte Entscheidung dem Rechtsmittelgericht an, BGH RR **88**, 131, NJW **84**, 2879.

**6**   **b) Anzuwenden bleiben** von den allgemeinen Vorschriften des FGG:

**§ 7 FGG** (Handlungen eines unzuständigen oder ausgeschlossenen Richters);

**§ 12 FGG** (Amtsermittlung), BGH FamRZ **86**, 896 u **83**, 263; zur Auskunftspflicht der Ehegatten im Verf über den Versorgungsausgleich vgl Friederici NJW **83**, 790;

**§ 13 a FGG** (Kosten in isolierten FamS) Hamm FamRZ **83**, 1264 u LS FamRZ **82**, 1093, Oldb FamRZ **80**, 1135, Hbg FamRZ **79**, 326, aM Mü FamRZ **79**, 734, Düss JB **80**, 1735, Ffm LS FamRZ **82**, 1093, vgl § 621 e Rn 25;

**§ 14 FGG** (Prozeßkostenhilfe entsprechend den §§ 114ff ZPO), vgl § 624 Rn 4 (zu § 121 II 1), aber trotzdem Geltung der KostO für die Gerichtskosten des PKH-Verfahrens, Mü MDR **87**, 856;

**§ 15 FGG** (Beweiserhebung und Glaubhaftmachung);

**§ 16 I FGG** (Wirksamwerden gerichtlicher Verfügungen), BGH NJW **80**, 1688 (anders aber in FolgeS, § 629 d Rn 3); § 534 kann auch nicht entspr angewendet werden, Karlsr FamRZ **83**, 731;

**§ 16 a FGG** (Anerkennung und Vollstreckbarkeit ausländischer Entscheidungen), Hamm FamRZ **87**, 506;

**§ 18 FGG** (Änderung gerichtlicher Verfügungen), jedoch wegen § 621 e III iVm § 18 II FGG nicht bei Endentscheidungen, BGH NJW **84**, 1543, **82**, 1646 mwN, Köln FamRZ **97**, 569, so daß bei einer dem Gericht nicht bewußten Teilentscheidung eine Ergänzung ausscheidet, BGH RR **88**, 71; eine rechtskräftige Entscheidung über den Versorgungsausgleich kann grundsätzlich nur im WiedAufnVerf korrigiert werden, BGH **89**, 116 mwN, AG Tempelhof-Kreuzberg FamRZ **97**, 568. Jedoch ermöglicht § 10 a VAHRG unter den dort genannten Voraussetzungen eine Änderung, dazu Ruland NJW **87**, 349, Hahne FamRZ **87**, 228;

**§ 31 FGG** (Rechtskraftzeugnis);

**§ 32 FGG** (wirksam bleibende Rechtsgeschäfte);

**§ 33 FGG** (Ordnungsmittel), namentlich bei Herausgabe eines Kindes, Schüler ZBlJugR **81**, 173, auch auf Grund einer vorläufigen AnO oder einer einstwAnO nach § 50 d FGG, Zettel DRiZ **81**, 216, Bre FamRZ **82**, 92, oder nach § 620, BGH NJW **83**, 2776, ferner zur Erzwingung von Auskünften zum Versorgungsausgleich, § 11 G v 21. 2. 83, BGBl 105, Friederici NJW **83**, 791, nicht aber zur Erzwingung des persönlichen Erscheinens, Hbg FamRZ **83**, 409 mwN, vgl Zweibr FamRZ **87**, 392;

**§ 34 FGG** (Akteneinsicht);

**§ 46 FGG** (Abgabe aus wichtigem Grund), BGH NJW **87**, 261 gg Düss FamRZ **84**, 914.

**7**   **Die Bestimmungen über Rechtsmittel, §§ 19 ff FGG**, gelten nur mit den sich aus § 621 e ergebenden Beschränkungen. Danach gilt folgendes: **§ 19** ist anwendbar, Köln NJW **99**, 224, Bra RR **98**, 148, aber nicht auf Endentscheidungen, vgl § 621 e Rn 10; anzuwenden ist **§ 20**, § 621 e Rn 8 ff; **§ 20 a II** ist anwendbar, BGH RR **90**, 1218; **§ 21** wird durch § 621 e III ersetzt, dort Rn 18 ff; **§ 22** wird durch § 621 e III 2 modifiziert, dort Rn 18 ff; anwendbar sind dagegen **§ 23**, BGH FamRZ **90**, 606 u **83**, 263, und **§ 24 I u III**, Bre NJW **79**, 1051, sowie **§ 26** auf Beschwerden nach § 621 e in den FamS des § 621 I Z 1–3, STr 3; **§§ 27 bis 30** sind (abgesehen von § 27 II) gegenstandslos, s § 621 e, BGH FamRZ **89**, 1066 (zu § 27).

Ergänzend gilt ferner **§ 621 f** (einstwAnO über Kostenvorschuß).

**8**   **c) Grundsätzlich unberührt** bleiben die besonderen Vorschriften des FGG und etwaiger Sondergesetze über einzelne Angelegenheiten, wobei an die Stelle des Vormundschaftsgerichts das FamGer tritt, § 64 III 2 FGG. In den FamS des § 621 I Z 1–3 sind deshalb anzuwenden:

**§§ 35 ff FGG** (Anhörungsrecht des Jugendamtes: § 49 a iVm § 49 III u IV, Mitwirkung des Jugendamtes: § 50 SGB VIII, dazu Pal-Diederichsen vor § 1626 Rn 12, Rahm III 349–350, Coester FamRZ **92**, 617 u **91**, 263; Rauscher NJW **91**, 1088);

**§ 50 FGG** (Verfahrenspfleger für das minderjährige Kind);

**§§ 50 a ff FGG** (Anhörung der Eltern und Kinder), Pal-Diederichsen vor § 1626 Rn 9 ff, dazu BGH NJW **85**, 1705, Düss FamRZ **93**, 1108, Stgt RR **89**, 1355 u Zweibr RR **86**, 1330 (Beschwerdeinstanz), Mü AnwBl **85**, 208, KG FamRZ **83**, 1159, ferner Dörr NJW **91**, 81 u **89**, 693 mwN, Luthin FamRZ **84**, 114, Rotax DRiZ **82**, 466, Freund FamRZ **82**, 268, auch § 50 d (einstwAnO in isolierten FamS);

**§ 52 FGG** (Hinwirken auf das Einvernehmen der Beteiligten) und **§ 52 a FGG** (Vermittlung zwischen den Eltern) in FamS nach § 621 I Z 1–3 bzw § 621 I Z 2;

**§§ 53 b–g FGG** in den Fällen des § 621 I Z 6 (Versorgungsausgleich), dazu Diederichsen NJW **77**, 656, v. Maydell FamRZ **81**, 509 u 623; § 53 b gilt dabei nicht nur im ersten Rechtszug, sondern auch in der Beschwerdeinstanz, BGH NJW **83**, 824; zu 53 b II (Beteiligte) im Hinblick auf das G v 21. 2. 83, BGBl 105, vgl Friederici NJW **83**, 791 u Hahne/Glockner FamRZ **83**, 226; zu § 53 d (Vereinbarung) Ffm FamRZ **85**, 613; die Änderung von Entscheidungen über den Versorgungsausgleich regelt § 10 a VAHRG, oben Rn 6.

**§§ 57 ff FGG** nach Maßgabe des § 64 FGG, s § 621 e Rn 5 u 6.

Unberührt bleiben ferner in Verfahren nach § 621 I Z 7 die Vorschriften der **HausratsVO**, dazu Pal-Diederichsen Anh II EheG.

**d)** In den in **§ 5 SorgeRÜbkAG** genannten Angelegenheiten gilt I entsprechend, § 6 I des Gesetzes, Schlußanh V A 3.

**9**   **C. Gerichtskosten** werden nach KostO bzw § 21 HausratsVO erhoben, Hartmann § 1 GKG Rn 19. Bei einer Entscheidung über eine FGG-FamS als FolgeS gilt dagegen GKG, § 1 II GKG, Hartmann Rn 12–18.

**10**   **4) Sondervorschriften für FamS nach § 621 I Z 9, II.** Grundsätzlich gilt auch hier FGG, oben Rn 3 ff. Ist jedoch in den Fällen der §§ 1382 V, 1383 III BGB ein Rechtsstreit über die Ausgleichsforderung, § 1378 BGB, anhängig, so ergeht die Entscheidung einheitlich durch Urteil in diesem Rechtsstreit. Über einen solchen Entscheidungsverbund s § 629 I. Die Anfechtung regelt sich entsprechend § 629a II, s dort.

In diesen Fällen ist die Anrufung des FamGer unzulässig, auch nach rechtskräftiger Beendigung des Rechtsstreits. Unberührt bleibt jedoch § 1382 VI BGB, Pal-Diederichsen § 1382 Anm 4 u 5.

**621b** *Verfahren über Ansprüche aus dem ehelichen Güterrecht.* In Familiensachen des § 621 Abs. 1 Nr. 8 gelten die Vorschriften über das Verfahren vor den Landgerichten entsprechend.

**1) Allgemeines.** In FamS, die Ansprüche aus dem ehelichen Güterrecht betreffen, § 621 I Z 8, gelten die Vorschriften der ZPO, § 621 a Rn 2. Wenn sie nicht als FolgeS, § 623, anhängig sind, besteht nach § 78 II 1 Z 2 für die Parteien und die am Verf etwa beteiligten Dritten auch in selbständig (isoliert) geführten FamS iSv § 621 I Z 8 in allen Rechtszügen Anwaltszwang, vgl Bergerfurth FamRZ **85**, 545. Dadurch sind die früheren besonderen Vorschriften in § 621 b I u II gegenstandslos geworden. 1

**2) Verfahren im Anwaltsprozeß.** Obwohl das Verf in FamS iSv § 621 I Z 8 vor dem AG (FamGer) stattfindet, gelten hier die Vorschriften über das Verf vor den LG entsprechend, also nach §§ 495–510 b. Sonderbestimmungen enthalten §§ 621 c u 621 d. Da es sich um ein Verf handelt, für das die ZPO gilt, § 621 a Rn 2, ergibt sich grundsätzlich das gleiche für das Berufungs- und das Revisionsverf, §§ 523 u 557. § 621 b entspricht also § 608 für EheS. 2

**621c** *Zustellung und Beginn der Rechtsmittelfrist.* § 317 Abs. 1 Satz 3 ist auf Endentscheidungen in Familiensachen nicht anzuwenden.

**1) Erläuterung.** Für alle FamS gelten die §§ 310ff, 329, vgl § 621 a Rn 4. Jedoch darf das Gericht die Zustellung des Urteils nicht hinausschieben, weil § 317 I 3 unanwendbar ist. Hier gilt das gleiche wie in EheS. Wegen der Einzelheiten s also Erläuterungen zu § 618. Auf Beschlüsse in isolierten FamS ist § 621 c nicht anzuwenden, STr 1. Entsprechendes gilt in den in § 5 SorgeRÜbkAG genannten Angelegenheiten, § 6 I des Gesetzes, Schlußanh V A 3. 1

**621d** *Revision.* I Gegen die in der Berufungsinstanz erlassenen Endurteile über Familiensachen des § 621 Abs. 1 Nr. 4, 5, 8 mit Ausnahme der Verfahren nach § 1600 e Abs. 2 des Bürgerlichen Gesetzbuchs sowie 11 findet die Revision nur statt, wenn das Oberlandesgericht sie in dem Urteil zugelassen hat; § 546 Abs. 1 Satz 2, 3 gilt entsprechend.

II Die Revision findet ferner statt, soweit das Berufungsgericht die Berufung als unzulässig verworfen hat.

**Vorbem.** I mWv 1. 7. 98 geänd durch Art 6 Z 16 KindRG, vgl Einf § 606 Rn 11.

**1) Rechtsmittel.** Die Vorschrift bezieht sich nur auf Entscheidungen in **FamS** des § 621 I Z 4, 5, 8 u 10 mit Ausnahme der Verfahren nach § 1600 e II BGB (Vaterschaftsstreit nach dem Tod der Person, gegen die die Klage nach § 1600 e I BGB zu richten wäre) **sowie** 11, nicht dagegen auf Urteile in EheS, Bosch FamRZ **87**, 265. Welche Rechtsmittel in den genannten FamS statthaft sind, bestimmt sich nach der ZPO, § 621 a Rn 2. Für die Beschwerde und die Berufung, die an das OLG gehen, § 119 GVG, gelten keine Besonderheiten, wohl aber für die Revision, I u II. Anzuwenden auf die Berufung sind daher die §§ 511 ff, auch § 511 a, BGH NJW **82**, 1651. Die Beschwerde richtet sich nach den §§ 567 ff, so daß auch § 567 IV anwendbar ist, BayObLG RR **88**, 702. Für die Wiederaufnahme, §§ 578 ff, gelten keine Besonderheiten. Wegen der Rechtsmittel in FamS, für die das FGG maßgeblich ist, § 621 a Rn 3, s § 621 e, wegen der Rechtsmittel gegen Entscheidungen im Verbund, § 623, s § 629 a. 1

**2) Revision, I u II** 2

**A. Zulässigkeit.** Gegen die in der Berufungsinstanz erlassenen Endurteile über die in Rn 1 genannten FamS ist Revision nur statthaft, **a)** wenn das OLG sie in dem Urteil **zugelassen** hat, wobei § 546 I 2 u 3 entsprechend gilt, **I**, s § 546 Rn 5 ff, BGH FamRZ **92**, 1063. Eine Zulassung ist auch erforderlich, wenn das OLG den Einspruch gegen ein Versäumnisurteil als unzulässig verworfen hat, BGH NJW **82**, 1104; sie kann auf eine von mehreren FamS (oder abtrennbare Teile einer FamS, § 546 Rn 15) beschränkt werden, BGH RR **98**, 506. Die Zulassung ist für den BGH bindend (auch bei gleichzeitiger Festsetzung des Beschwerdewerts auf mehr als 60 000 DM), BGH DtZ **93**, 180. Die Nichtzulassung kann weder angefochten noch vom BGH nachgeprüft werden, BGH FamRZ **92**, 1063. – Die Revision ist ferner statthaft, **b)** soweit das OLG die **Berufung als unzulässig verworfen** hat, **II**, und zwar durch Endurteil, weil bei einer Beschlußverwerfung § 519 b II gilt, BGH VersR **85**, 1183; Einzelheiten s Erläuterungen zu § 547 (zum Anwaltszwang bei der sofortigen Beschwerde, § 78 II 1, vgl Bergerfurth FamRZ **88**, 601 zu BGH FamRZ **87**, 57, und § 519 b Rn 12 ff). Diese Regelung ist mit dem Grundgesetz vereinbar, BVerfG FamRZ **82**, 243. Sie gilt sinngemäß auch bei der Verwerfung einer Anschlußberufung, BGH FamRZ **95**, 1138 mwN, stRspr. Verwirft das Berufungsgericht den Einspruch gegen ein VersUrt als unzulässig, so gilt nicht II, sondern I, BGH VersR **82**, 272.

## §§ 621d, 621e

**3** **B. Einzelheiten.** Sonst ist in den genannten FamS die **Revision ausgeschlossen**, insbesondere gibt es bei Beschwer von mehr als 60 000 DM in vermögensrechtlichen FamS keine zulassungsfreie Annahmerevision, §§ 545, 546 I 1, 554 b, BGH FamRZ **80**, 551. Maßgeblich für diese mit Art 3 GG vereinbare Beschränkung, BGH NJW **79**, 2046, war nach der stRspr des BGH zum früheren Recht nicht die Entscheidung durch einen FamSenat des OLG, sondern die materielle Rechtsnatur der Streitigkeit als FamS, BGH FamRZ **84**, 35, 83, 156 u 364, vgl § 119 GVG Rn 4 ff. Diese sog materielle Anknüpfung kann nicht mehr aufrechterhalten werden, nachdem durch das UÄndG § 119 GVG im Sinne der sog formellen Anknüpfung geändert worden ist und überdies § 549 II idF des UÄndG eine Prüfung des Revisionsgerichts, ob eine FamS vorliegt, ausschließt (vgl Jaeger FamRZ **85**, 868, Walter JZ **86**, 363, Diederichsen NJW **86**, 1463). Danach gilt die **Beschränkung durch I** für die von einem FamSenat des OLG erlassenen Endurteile, in denen das Vorliegen einer FamS des § 621 I Z 4, 5 u 8 bejaht worden ist; hat das OLG eine solche FamS angenommen und die Revision nicht zugelassen, so ist der BGH daran ohne Korrekturmöglichkeit gebunden, BGH FamRZ **94**, 693. Hat dagegen das OLG den Rechtsstreit nicht als FamS angesehen und die Revision nicht zugelassen, so gelten keine Besonderheiten, BGH RR **95**, 197; vielmehr hat der BGH bei einer Beschwer von mehr als 60 000 DM die Revision als statthaft anzusehen und über ihre Annahme nach § 554 b zu entscheiden. Fehlt eine Qualifikation durch das OLG, muß der BGH ungeachtet des § 549 II prüfen, ob eine FamS vorliegt und deshalb I eingreift, BGH DtZ **93**, 180, NJW **88**, 2380 (abl Jauernig FamRZ **88**, 1258). Macht der Kläger nebeneinander eine FamS und eine anderweitige vermögensrechtliche Sache anhängig, so sind für die letztere die §§ 545, 546 ohne Einschränkung maßgeblich, BGH NJW **80**, 1636.

Das Revisionsverfahren richtet sich iü nach den allgemeinen Vorschriften.

**4** **3) Endentscheidungen durch Beschluß.** Sie sind in den Fällen des § 567 IV 2 und des § 568 a anfechtbar, jedoch nur auf Grund einer Zulassung, die hier ebenfalls nicht nachgeholt werden kann, BGH FamRZ **81**, 445. Gegen Zwischenentscheidungen kann der BGH weder mit Beschwerde, BGH NJW **79**, 766, noch mit weiterer Beschwerde angerufen werden, §§ 567 IV 1 und 568 III 1, BGH **72**, 170. Das gleiche gilt für eine Beschwerdeentscheidung des OLG, die die Vollstreckbarerklärung nach dem Haager UnterhÜbk v 15. 4. 58 betrifft, BGH MDR **86**, 302.

Wegen der Rechtsmittel gegen Endentscheidungen in FamS, für die das FGG maßgeblich ist, § 621 a Rn 3, s § 621 e.

---

**621e** *Rechtsmittel gegen Endentscheidungen in FGG-Sachen.* [1]Gegen die im ersten Rechtszug ergangenen Endentscheidungen über Familiensachen des § 621 Abs. 1 Nr. 1 bis 3, 6, 7, 9 und 10 in Verfahren nach § 1600 e Abs. 2 des Bürgerlichen Gesetzbuchs sowie 12 findet die Beschwerde statt.

II [1]In den Familiensachen des § 621 Abs. 1 Nr. 1 bis 3, 6 und 10 in Verfahren nach § 1600 e Abs. 2 des Bürgerlichen Gesetzbuchs sowie 12 findet die weitere Beschwerde statt, wenn das Oberlandesgericht sie in dem Beschluß zugelassen hat; § 546 Abs. 1 Satz 2, 3 gilt entsprechend. [2]Die weitere Beschwerde findet ferner statt, soweit das Oberlandesgericht die Beschwerde als unzulässig verworfen hat. [3]Die weitere Beschwerde kann nur darauf gestützt werden, daß die Entscheidung auf einer Verletzung des Gesetzes beruht.

III [1]Die Beschwerde wird durch Einreichung der Beschwerdeschrift bei dem Beschwerdegericht eingelegt. [2]Die §§ 516, 517, 519 Abs. 1, 2, §§ 519a, 552, 554 Abs. 1, 2, 5, § 577 Abs. 3 gelten entsprechend.

IV [1]Für das Beschwerdegericht gilt § 529 Abs. 3, 4 entsprechend. [2]Das Gericht der weiteren Beschwerde prüft nicht, ob eine Familiensache vorliegt.

FGG § 64 III ... [3]§ 57 Abs. 2 dieses Gesetzes gilt entsprechend für die Beschwerde nach den §§ 621 e, 629 a Abs. 2 der Zivilprozeßordnung, steht jedoch der Beschwerdeberechtigung des Jugendamtes nicht entgegen. [4]In den Fällen des § 57 Abs. 1 Nr. 1 und 3 steht die Beschwerde nur dem Ehegatten des Mündels oder Pflegebefohlenen zu.

### Gliederung

| | |
|---|---|
| 1) Allgemeines ............................... 1–7 | A. Grundsatz ........................... 12–14 |
|   A. Rechtsmittel in FamS ............... 1 | B. Ausschluß ........................... 15 |
|   B. Beschwerdeberechtigung ............ 2–7 | C. Rechtsnatur ......................... 16 |
| 2) Befristete Beschwerde ................. 8–11 | D. Verfahren ........................... 17 |
|   A. Endentscheidung ..................... 8, 9 | 4) Besonderheiten des Verfahrens ...... 18–27 |
|   B. Beschränkungen nach FGG bzw HausratsVO ............................. 10 |   A. Einlegung und Begründung ........ 18–21 |
|   C. Verfahren ............................. 11 |   B. Weiteres Verfahren ................ 22–27 |
| 3) **Weitere Beschwerde gegen Endentscheidungen** ......................... 12–17 | 5) Anfechtung von vorläufigen Maßnahmen nach FGG bzw HausratsVO ...... 28 |

**Vorbem.** I u II mWv 1. 7. 98 geänd durch Art 6 Z 17 KindRG, vgl Einf § 606 Rn 11, sowie erneut (ebenfalls mWv 1. 7. 98) durch Art 1 b Z 4 BtÄndG v 25. 6. 98, BGBl 1580; Übergangsrecht s Einf § 606 Rn 11.

## 1. Abschnitt. Allgemeine Vorschriften für Verfahren in Ehesachen § 621e

**1) Allgemeines** 1

**A. Welche Rechtsmittel** in den in I genannten isolierten FamS statthaft sind, bestimmt sich nach FGG bzw HausratsVO, § 621 a Rn 3, iVm der jeweils maßgeblichen Einzelvorschrift. Daran ändert § 621 e nichts; er gestaltet lediglich die Beschwerde gegen Endentscheidungen in der Weise aus, daß sie der in zivilprozessualen FamS statthaften Berufung bzw Revision angeglichen wird, II–IV (befristete Beschwerde). Hinsichtlich der Anfechtung aller anderen Entscheidungen (Verfügungen) bleibt es also bei FGG bzw HausratsVO, jetzt ganz hM, BGH NJW **79**, 39 mwN, zustm Baumgärtel JZ **79**, 274, BGH NJW **79**, 820, Walter FamRZ **79**, 667 mwN. Danach gibt es eine Wiederaufnahme, §§ 578 ff, nur für sog echte Streitsachen, zu denen die Regelung der Personensorge oder des Umgangsrechts nicht gehört, Ffm FamRZ **87**, 394.

Für die Anfechtung von Entscheidungen in FolgeS, § 623, gilt nicht § 621 e, sondern § 629 a. Wegen der Anfechtung von vorläufigen Maßnahmen (einstwAnOen) s unten Rn 28.

**B. Die Beschwerde bzw weitere Beschwerde** gegen Endentscheidungen in den FamS des I richtet 2 sich demgemäß nach den §§ 19 ff FGG bzw den §§ 13 u 14 HausratsVO iVm FGG, soweit § 621 e nichts Abweichendes bestimmt. Für die **Beschwerdeberechtigung** gilt § 20 FGG:

I Die Beschwerde steht jedem zu, dessen Recht durch die Verfügung beeinträchtigt ist.

II Soweit eine Verfügung nur auf Antrag erlassen werden kann und der Antrag zurückgewiesen worden ist, steht die Beschwerde nur dem Antragsteller zu.

Aus I ergibt sich das Beschwerderecht nicht nur der Ehegatten, sondern auch **sonstiger Beteiligter**, zB in den Fällen des § 621 I Z 7 des Vermieters usw nach § 7 HausratsVO oder bei Entscheidungen nach § 621 I Z 6 aller Versorgungsträger, Hahne/Glockner FamRZ **83**, 226. Im Verfahren über den Versorgungsausgleich kann auch die Witwe des ausgleichspflichtigen Ehegatten in ihren Rechten beeinträchtigt worden sein, Köln FamRZ **98**, 169.

Die Beschwerdeberechtigung der **Versorgungsträger** bestimmt sich danach, inwieweit sie durch die 3 Entscheidung in ihrer Rechtsstellung oder ihren Rechten beeinträchtigt sind, dh schon dann, wenn die Entscheidung über den Versorgungsausgleich mit einem im Gesetz nicht vorgesehenen unmittelbaren Eingriff in ihre Rechtsstellung verbunden ist, ohne daß es auf eine finanzielle Mehrbelastung ankommt, Borth FamRZ **97**, 1050, BGH in stRspr, RR **96**, 451 mwN, RR **95**, 321 u 90, 1156, Karlsr FamRZ **96**, 560, Bbg FamRZ **98**, 305 u 93, 1099, Bre FamRZ **89**, 650 u 84, 497, Düss FamRZ **93**, 813, enger Mü FamRZ **88**, 72, weiter Karlsr FamRZ **89**, 984 mwN (rechtliches Interesse an einer dem Gesetz entspr Regelung genügt, offen insofern BGH RR **90**, 1157); vgl dazu auch Dörr NJW **92**, 955. Beschwert ist zB ein Versorgungsträger, wenn er eine andere Ausgleichsform erstrebt, BGH RR **91**, 258. Nicht beschwert wird dagegen der Träger durch eine falsche Entscheidung zum Rentensplitting, die nur einen anderen Träger finanziell berührt, Zweibr FamRZ **85**, 614, oder durch den Ausschluß des Versorgungsausgleichs nach § 1587 c BGB, Dresden DtZ **96**, 187 mwN, ebensowenig durch die Genehmigung einer Vereinbarung der Parteien über den Versorgungsausgleich, nach § 1587 o BGB, Köln FamRZ **88**, 182 mwN (zur Beschwer durch die Entscheidung, daß ein Versorgungsausgleich ganz oder teilweise nicht stattfinde, vgl KG FamRZ **89**, 994 mwN), oder ein privatrechtlicher Träger der betrieblichen Altersversorgung durch eine Entscheidung über den öff-rechtlichen Versorgungsausgleich iRv § 3 b VAHRG oder Art 4 § 1 VAWMG, BGH RR **91**, 962 u 771 mwN, RR **91**, 259 = FamRZ **91**, 176, NJW **89**, 1858 u 1859 mwN. Ist ein Versorgungsträger in einem dreistufigen Verfahren entgegen § 53 b II 1 FGG **nicht beteiligt** worden, so läuft für ihn keine Rechtsmittelfrist, Mü FamRZ **96**, 740, § 516 Rn 11 mwN. Ist ihm die Entscheidung zugestellt worden, so kann er den Verfahrensmangel nur mit dem gesetzlich vorgesehenen Rechtsbehelf, in erster Linie also mit der fristgebundenen Beschwerde nach § 621 e geltend machen, nicht dagegen durch einen Antrag auf Feststellung der Nichtigkeit, BGH NJW **80**, 2418, Nürnb NJW **80**, 290.

Die genannten Personen und Stellen haben ebenso wie die sonstigen Beteiligten ein **eigenes Beschwer-** 4 **derecht**, soweit sie in dem dargelegten Sinne beschwert sind. Immer muß mit dem Rechtsmittel die Beschwer geltend gemacht und bekämpft werden, BGH FamRZ **99**, 576, RR **90**, 1156, NJW **83**, 179. Die Einlegung der Beschwerde durch einen Ehegatten gegen die Entscheidung über den Versorgungsausgleich hat keine Wirkung zugunsten des Versorgungsträgers usw (keine notwendige Streitgenossenschaft), BGH FamRZ **81**, 657, krit Borgmann. Dieser kann, falls er nicht selbst Beschwerde eingelegt hat, auch keine weitere Beschwerde einlegen, wenn die Beschwerdeentscheidung keine Änderung zu seinen Ungunsten enthält, BGH NJW **90**, 328 mwN. Hat der Verfahrensbeteiligte die Anfechtung unterlassen, kann er gegen die die Beschwerde eines anderen Beteiligten zurückweisende Entscheidung auch dann keine weitere Beschwerde einlegen, wenn die Entscheidung einer im Lauf des Beschwerdeverfahrens eingetretenen Gesetzesänderung nicht entspricht, BGH LS NJW **84**, 2414.

Nach Maßgabe des § 59 FGG ist auch das **minderjährige Kind** zur Beschwerde berechtigt, vgl § 624 IV 2 5 für FolgeS; die Entscheidung ist ihm deshalb auch selbst bekanntzumachen, § 59 II FGG, und es darf dann auch selbst einen RA bestellen und nach § 621 f einen Vorschuß verlangen, Brüggemann FamRZ **77**, 20, vgl Lappe Rpfleger **82**, 10. Die Beschwerdeberechtigung nach § 57 I Z 8 u 9 FGG ist dagegen durch § 57 II FGG iVm § 64 III 3 FGG ausgeschlossen, BGH RR **88**, 109, was aber nach dieser Vorschrift der Beschwerdeberechtigung des Jugendamtes nicht entgegensteht, Düss FamRZ **83**, 421, vgl Rüffer FamRZ **81**, 420. Pflegeeltern können zB gegen Entscheidungen über das Umgangsrecht ein Beschwerderecht nach § 20 FGG haben, Ffm FamRZ **80**, 826, es sei denn, die elterliche Sorge ist einem Vormund übertragen, Bbg FamRZ **85**, 524.

Das **besondere Beschwerderecht** des § 57 I Z 1 u 3 FGG steht in FamS der freiwilligen Gerichtsbarkeit 6 nur dem Ehegatten des Mündels oder Betreuten zu, § 64 III 4 FGG. Durch diese Bestimmung hat das UÄndG die insoweit bestehenden Zweifel (Weber FamRZ **81**, 940; Rüffer FamRZ **81**, 420) ausgeräumt. Ein erweitertes Beschwerderecht nach § 57 I Z 8 u 9 FGG steht nur dem nach § 85 KJHG zuständigen **Jugendamt** zu, § 64 III 3 FGG iVm § 57 II FGG, nicht sonstigen Personen, Stellen oder Vereinigungen, BGH RR **88**, 194; die Entscheidung ist diesem Jugendamt (und dem Landesjugendamt) stets bekannt zu machen, §§ 49 a, 49 III FGG. Es darf mit der Beschwerde geltendmachen, daß die Entscheidung dem Kindeswohl nicht gerecht wird, KG FamRZ **82**, 954, STr § 612 Rn 42.

**§ 621e**

**7** Für die **weitere Beschwerde** ist derjenige, dessen Erstbeschwerde wegen fehlender Beschwerdebefugnis verworfen worden ist, in jedem Fall beschwerdeberechtigt, sofern die weitere Beschwerde statthaft ist, BGH RR **88**, 194.

**8** **2) Befristete Beschwerde gegen Endentscheidungen, I**
    A. **Endentscheidung.** Gegen Endentscheidungen des FamGer in den FGG-Verfahren, § 621 a I, über **FamS nach § 621 I Z 1–3, 6, 7, 9 und 10 in Verfahren nach § 1600 e II BGB** (Vaterschaftsstreit nach dem Tod der Person, gegen die die Klage nach § 1600 e I BGB zu richten wäre) **sowie nach § 621 I Z 12** findet die **Beschwerde nach den besonderen Bestimmungen des III**, unten Rn 18 ff, statt. Die Beschwerde unterliegt iü den Beschränkungen nach FGG bzw HausratsVO, unten Rn 10. Sie kann auf abtrennbare Teile der Entscheidung beschränkt werden, Oldb JB **81**, 589; Voraussetzung ist, daß der Teil von der Entscheidung über den Rest unabhängig ist, BGH NJW **84**, 2879 u RR **88**, 131, Ffm FamRZ **83**, 405 (zum Versorgungsausgleich).
    Endentscheidung ist jede Endentscheidung des Richters (und des Rpfl nach §§ 1382 u 1587 d BGB, MüKoKl 7), die das Verfahren abschließt; dazu gehören auch eine Zwischenentscheidung über die Zuständigkeit, vgl § 280 II, Stgt FamRZ **78**, 442, und jede Teilentscheidung, Stgt FamRZ **78**, 443, ebenso wie die Entscheidung über einen Auskunftsanspruch zum Versorgungsausgleich, BGH NJW **81**, 1508, die Anordnung nach § 1587 d BGB, Düss FamRZ **82**, 81, die Genehmigung einer Vereinbarung nach § 1587 o BGB, Stgt FamRZ **82**, 1079 mwN, hM, offen gelassen von Ffm FamRZ **83**, 610 (abw Philippi FamRZ **82**, 1057), sowie die Entscheidung über einen nach Abschluß des Verfahrens erneut gestellten Antrag auf Durchführung des Versorgungsausgleichs, Nürnb NJW **80**, 790. Endentscheidung ist auch der nach einseitiger Erledigungserklärung ergehende Beschluß, Köln FamRZ **83**, 1262, ebenso die Entscheidung über eine nachträgliche Räumungsfrist nach HausratsVO, Brudermüller FamRZ **87**, 123 mwN, aM ZöPh 9, zweifelnd Stgt FamRZ **80**, 467.

**9** **Nicht** hierhin gehört die Verweisung nach § 281, BayObLG RR **88**, 703, die Aussetzung des Verfahrens, Bra FamRZ **96**, 497, die Entscheidung über die Ablehnung eines Sachverständigen, BayObLG FamRZ **93**, 1478, die isolierte Kostenentscheidung, § 20 a II FGG, BGH RR **90**, 1218 mwN, str, und nicht jede Entscheidung über Vollstreckungsmaßnahmen nach § 33 FGG, BGH RR **88**, 194, NJW **84**, 2727 u **81**, 177 mwN, ebensowenig die förmliche Zwischenentscheidung über die Ehezeit nach § 1587 II BGB, Düss FamRZ **94**, 176, aM Hamm FamRZ **80**, 897. Auch einstwAnOen in FGG-FamS sind keine Endentscheidungen, BGH FamRZ **89**, 1066, Hamm RR **94**, 389 mwN. Soweit eine Beeinträchtigung iSv § 20 I FGG vorliegt, bleibt es in solchen Fällen also ggf bei der **unbefristeten Beschwerde nach § 19 I FGG**, BGH RR **88**, 194 mwN, Hamm aaO; vgl dazu unten Rn 28.
    Keine Endentscheidung iSv § 621 e sind die Entscheidungen nach dem SorgeRÜbkAusfG, Schlußanh V A 3 aE, vgl dessen § 8, MüKoKl 6.
    Die Beschwerde nach § 621 e setzt nicht nur eine Beschwer, oben Rn 4, voraus. Erforderlich ist zusätzlich, ebenso wie bei der Berufung und Revision, daß mit dem Rechtsmittel die Beseitigung dieser Beschwer erstrebt wird, BGH NJW **83**, 179, vgl Grdz § 511 Rn 24.

**10** B. **Beschränkungen nach FGG bzw HausratsVO.** Die dort vorgesehenen Beschränkungen der Beschwerde gelten auch für die Beschwerde gegen Endentscheidungen. **a) Ausgeschlossen** ist die Beschwerde, soweit dies gesetzlich bestimmt ist, zB die Beschwerde über Kosten, wenn nicht gegen die Entscheidung in der Hauptsache ein Rechtsmittel eingelegt wird, § 20 a I FGG. **b) Beschränkt** ist die Beschwerde gegen eine isolierte Kostenentscheidung durch § 20 a II FGG (Beschwerdewert muß 200 DM übersteigen). Ferner gilt in einer FamS nach § 621 I Z **§ 14 HausratsVO** (Brudermüller FamRZ **99**, 202):

> Eine Beschwerde nach § 621 e der Zivilprozeßordnung, die sich lediglich gegen die Entscheidung über den Hausrat richtet, ist nur zulässig, wenn der Wert des Beschwerdegegenstandes eintausendzweihundert Deutsche Mark übersteigt.

Der Beschwerdewert bemißt sich nach den allgemeinen Regeln. Er ist bei Benutzungsregelungen iSv § 1360a IV BGB geringer als der Sachwert, Köln FamRZ **89**, 417. Ist über eine nicht vor das FamGer gehörende Sache entschieden worden, läßt Ffm NJW **63**, 554 die Beschwerde unbeschränkt zu, zustm Pal-Died aaO.

**11** C. **Verfahren.** Über die Beschwerde entscheidet das OLG, § 119 GVG. Wegen der Beschwerdeberechtigung s oben Rn 2, 3. Grundsätzlich sind die Vorschriften des FGG anwendbar, § 621 a I, zB auch § 53 b I, BGH NJW **83**, 824; dies gilt nicht, soweit diese Vorschriften durch § 621 e modifiziert werden, so hinsichtlich der Einlegung und des weiteren Verfahrens, **unten Rn 18 ff**.

**12** **3) Weitere Beschwerde gegen Endentscheidungen, II**
    A. **Grundsatz.** In FamS des § 621 I Z 1–3, 6 u 10 in Verfahren nach § 1600 e II BGB sowie 12 (nicht auch in anderen FamS, zB nach § 621 I Z 7, BGH FamRZ **92**, 538) findet in den Fällen der Beschwerde, oben Rn 8, gegen Entscheidungen die weitere Beschwerde statt, **a)** wenn das **OLG sie in dem Beschluß zugelassen hat**, wobei § 546 I 2 u 3 entsprechend gilt, II 1, vgl § 621 d Rn 2 ff u § 546 Rn 15 ff; die Zulassung kann danach (auch in den Gründen) auf Teile der Entscheidung beschränkt werden, BGH NJW **90**, 328. Eine Berichtigung ist zulässig, wenn die Zulassung gewollt war, Schlesw SchlHA **78**, 102, während eine Ergänzung der unterbliebenen Zulassung nach § 321 nach der Rspr des BGH unzulässig und wirkungslos ist, BGH NJW **81**, 2755, vgl dazu § 546 Rn 19 ff. Die Nichtzulassung kann weder angefochten noch vom BGH nachgeprüft werden, BGH FamRZ **92**, 1063 mwN. – Die weitere Beschwerde ist ferner statthaft, **b) ohne Zulassung,** soweit das **OLG die Beschwerde als unzulässig verworfen hat,** II 2, vgl § 621 d Rn 2 ff. Dabei kommt es nicht auf die Formulierung, sondern auf den Inhalt der Entscheidung an, BGH FamRZ **93**, 1310 mwN. Derjenige, dessen Erstbeschwerde mangels Beschwerdebefugnis verworfen worden ist, ist für die weitere Beschwerde beschwerdeberechtigt, BGH RR **88**, 194. – Diese Regelung gilt für Beschwerdeentscheidungen des FamSenats, § 119 GVG; an die Qualifikation als FamS ist der BGH gebunden, vgl § 621 d Rn 3.

## 1. Abschnitt. Allgemeine Vorschriften für Verfahren in Ehesachen § 621e

**Gegen andere als Beschwerdeendentscheidungen** des OLG gibt es keine Beschwerde an den BGH, **13** zB nicht gegen Entscheidungen über eine Beschwerde gegen Zwischenentscheidungen, BGH NJW **79**, 820 u 39, oder gegen Zwangsvollstreckungsmaßnahmen, BGH NJW **83**, 2776, und erst recht nicht bei Versagung der Prozeßkostenhilfe für die Beschwerde, BGH NJW **79**, 766. Die irrige Zulassung der weiteren Beschwerde durch das OLG ändert hieran nichts, BGH FamRZ **79**, 696 mwN.

Die weitere Beschwerde setzt eine **Benachteiligung durch die Beschwerdeentscheidung** voraus, **14** BGH RR **94**, 194. Demgemäß hat der Verlust des Beschwerderechts für den Betroffenen auch den Verlust der weiteren Beschwerde gegen die auf Betreiben eines anderen Beteiligten ergangene Beschwerdeentscheidung zur Folge, soweit diese die erstinstanzliche Entscheidung nicht zu seinen Ungunsten ändert, stRspr, BGH RR **94**, 194, NJW **90**, 328 mwN. Zu der Frage, wann eine solche Benachteiligung durch eine Entscheidung über den Versorgungsausgleich für Träger der gesetzlichen Versicherung vorliegt, vgl oben Rn 3ff.

**B. Ausschluß.** In FGG-FamS ist die weitere Beschwerde ausgeschlossen: **a) in FamS des § 621 I Z 7 u** **15** **9 schlechthin**, Zweibr FamRZ **84**, 1031, also auch dann, wenn die Erstbeschwerde als unzulässig verworfen worden ist, weil II 2 sich nicht auf diese FamS bezieht, BGH NJW **80**, 402 mwN, und auch bei Verstoß gegen Art 103 GG, BVerfG NJW **87**, 1319 (Anm Reich); **b) in FamS des § 621 I Z 6**, wenn es sich um die in § 53 g II FGG genannten Entscheidungen nach den §§ 1587 d, 1587 g III, 1587 i III, 1587 l III 3 BGB oder nach § 53 e II u III FGG handelt, wobei es nicht darauf ankommt, ob es sich um eine stattgebende oder eine zurückweisende Beschwerdeentscheidung handelt, BGH MDR **84**, 922; **c)** wenn die weitere Beschwerde durch die maßgebliche **Einzelvorschrift**, zB § 19 II 3 BRAGO, ausgeschlossen ist, bleibt es dabei, BayObLG LS **KR** § 19 BRAGO Nr 39. **d) Die irrige Zulassung** der weiteren Beschwerde durch das OLG ändert hieran nichts, BGH FamRZ **79**, 696 mwN.

**C. Rechtsnatur.** Die weitere Beschwerde ist Rechtsbeschwerde: sie kann nur darauf gestützt **16** werden, daß die Entscheidung auf einer Verletzung des Gesetzes beruht, II 3, vgl § 27 FGG iVm §§ 550, 551, 561 u 563, s die dortigen Erläuterungen, Schneider MDR **81**, 885 (über die Befugnis zur Selbstauslegung), BGH NJW **95**, 3251 (zur Auslegung rechtsgeschäftlicher Willenserklärungen), BayObLG NJW **77**, 1733. Demgemäß können Tatsachen, die nach dem für die Entscheidung des OLG maßgeblichen Zeitpunkt eingetreten sind, nicht berücksichtigt werden, § 561, BGH NJW **83**, 1908 (Ausnahmen s § 561 Rn 6 ff). Jedoch kann die weitere Beschwerde in den Fällen des II 2 (Verwerfung der Beschwerde als unzulässig) auf neue Tatsachen gestützt werden, BGH NJW **79**, 876.

**D. Verfahren.** Über die weitere Beschwerde entscheidet der BGH, § 133 GVG. Wegen der Beschwerde- **17** berechtigung s oben Rn 2 ff, wegen der Einlegung und des weiteren Verfahrens s unten Rn 18 ff. Die grundsätzlich anwendbaren Vorschriften des FGG, § 621 a Rn 4–8, werden durch § 621 e modifiziert.

**4) Besonderheiten des Verfahrens, III, IV** **18**

**A. Einlegung und Begründung**
**a) Beschwerdeschrift.** Eine Rechtsmittelbelehrung ist nicht nötig, BGH FamRZ **80**, 555. Die Beschwerde und die weitere Beschwerde werden durch **Einreichung einer Beschwerdeschrift bei dem Beschwerdegericht** (iudex ad quem) **eingelegt**, III 1, nach § 7 II u VI EGZPO ggf beim BayObLG, BGH Rpfleger **79**, 257 m zustm Anm Keidel, BayObLG FamRZ **80**, 908 mwN (IV begründet nicht die alleinige Zuständigkeit des BGH); wegen des Anwaltszwangs s unten Rn 21. Die Bestimmung des Schriftsatzes als Beschwerde muß sich aus ihm oder doch aus dem Zusammenhang mit dem Schreiben und den Begleitumständen mit hinreichender Deutlichkeit ergeben, BGH FamRZ **89**, 729. III schließt § 21 II FGG aus, so daß die Beschwerdeschrift **unterzeichnet** sein muß, vgl § 518 Rn 11, MüKoKl 24, STr 14, Karlsr RR **96**, 1411 mwN, str, aM u a StJSchl 3, ZöPh 18 a, Maurer 821, und auch eine Einlegung zu Protokoll ausscheidet, str, v. Hornhardt FamRZ **78**, 170 mwN, ebenso die Einlegung beim Vorderrichter, BGH RR **98**, 1218, Köln FamRZ **98**, 1239 (zur WiedEins). Aber es genügt, daß ein Protokoll (auch) vom Beschwerdeführer unterzeichnet wird, Rolfs FamRZ **78**, 477, und daß die Schrift innerhalb der Frist beim Beschwerdegericht eingeht, BGH NJW **78**, 1165, Rolfs FamRZ **78**, 477 (auch zu Fragen der Wiedereinsetzung). Für die Beschwerdeschrift gilt § 184 GVG gemäß § 621 a I 3, Kblz FamRZ **78**, 714.

**b) Nötig ist eine Begründung der Rechtsmittel**, III 2 iVm §§ 519 I u 554 I. Da auf § 519 III nicht **19** verwiesen wird, braucht die Begründung **keinen bestimmten Antrag** zu enthalten, BGH NJW **94**, 313, und auch nicht den an eine Berufungsbegründung zu stellenden Anforderungen zu genügen. Nötig ist aber, daß das Ziel des Rechtsmittels erkennbar ist und daß eine mit der Beschwerde bekämpfte Beschwer geltend gemacht wird, BGH RR **90**, 1156, NJW **83**, 179, Köln FamRZ **98**, 763. Dafür ist eine kurze Darstellung ausreichend (aber auch erforderlich), warum der Beschwerdeführer sich durch die Entscheidung beschwert fühlt, dh was er an ihr mißbilligt, BGH NJW **94**, 313 mwN. Bei Angriffen auf die Entscheidung über den Versorgungsausgleich brauchen Berechnungen der Anwartschaften nicht dargelegt zu werden, BGH VersR **81**, 277. Wenn darauf nicht eindeutig verzichtet ist, kann das Begehren auch nach Ablauf der Frist erweitert werden, Oldb JB **81**, 589.

Im Verbund, § 623, kann die Beschwerde in der Begründungsschrift – ggf als Berufung – auf andere Teile des Verbundurteils, § 629 a, erstreckt werden, BGH NJW **81**, 2360, und nur im Rahmen der Begründung später erweitert werden, Zweibr FamRZ **82**, 621, im Erg zustm Liermann FamRZ **82**, 987. Hier (nicht auch in isolierter FamS) ist wegen § 629 a die Zustellung der Begründungsschrift nötig, deren Zeitpunkt nach § 213 a iVm § 624 III zu bescheinigen ist.

**c) Hinsichtlich der Fristen** für die Beschwerde und ihre Begründung gelten die **Vorschriften für die** **20** **Berufung bzw Revision entsprechend, III 2**. Die Beschwerde ist also innerhalb eines Monats nach der von Amts wegen veranlaßten förmlichen Zustellung, Schlesw FamRZ **87**, 958, oder spätestens innerhalb von 6 Monaten seit Verkündung oder sonstiger (wirksamer) Bekanntmachung einzulegen, §§ 516, 517 u 552, und innerhalb eines weiteren Monats, § 519 II u 554 II (mit Verlängerungsmöglichkeit), zu begründen, vgl die dortigen Erläuterungen. Demgemäß beträgt die Frist, innerhalb deren eine Entscheidung des Rpfl nach

§ 1382 oder § 1587 d BGB gem § 11 I RpflG mit der Erinnerung anfechtbar ist, ebenfalls einen Monat und nicht zwei Wochen gemäß § 22 I FGG, KG FamRZ **81**, 374. Die Fünf-Monats-Frist, § 516 Halbs 2, läuft gegen einen Versorgungsträger dann nicht, wenn er am Verfahren nicht beteiligt war, so daß die Frist für ihn erst mit der Zustellung beginnt, Celle FamRZ **97**, 761 mwN, Mü FamRZ **91**, 1460, aM Ffm FamRZ **85**, 613 (in diesem Fall greife ggf die Nichtigkeitsklage ein, § 579 I 2–4); hatte der Träger von dem Verf Kenntnis, so läuft gegen ihn die Fünf-Monats-Frist auch bei fehlender Ladung zur letzten mündlichen Verhandlung, Celle aaO.

Die Fristen gelten auch dann, wenn das Nichtvorliegen einer FamS gerügt werden soll, BGH RR **90**, 67. Dagegen ist die unbefristete Beschwerde (ebenso die weitere Beschwerde) zulässig, wenn umgekehrt das VormGer (und das LG) materiell in einer FamS entschieden haben, BGH FamRZ **83**, 1104.

Die Versäumung der Frist hat die Unzulässigkeit des Rechtsmittels zur Folge, BGH NJW **79**, 1989; wird kein Rechtsmittel eingelegt, tritt formelle und materielle Rechtskraft ein, Köln FamRZ **97**, 892 (HausratsVO). Da im FGG eine § 62 entsprechende Bestimmung fehlt, kommt die Wahrung der Frist durch einen Beteiligten einem anderen nicht zugute, BGH FamRZ **81**, 657, krit Borgmann. Wiedereinsetzung ist nach § 621a iVm § 233 zulässig, BGH NJW **79**, 876 u 109. Über einen erstmalig im Verfahren der weiteren Beschwerde vor dem BGH gestellten Antrag auf Wiedereinsetzung wegen Versäumung der Frist zur Einlegung der Beschwerde beim OLG entscheidet der BGH, BGH FamRZ **80**, 347 mwN.

**21** d) **Anwaltszwang** in FGG-FamS: Während sich die Ehegatten in FolgeS immer durch einen RA vertreten lassen müssen, § 78 II 1 Z 1, besteht in selbständigen FamS nach § 621 I Z 1–3, 6, 7 u 9 für alle Beteiligten kein Anwaltszwang für die Einlegung und Begründung der Beschwerde, I, wie § 78 II 1 Z 3 klarstellt, BGH FamRZ **89**, 729, Bergerfurth FamRZ **85**, 546. Dagegen müssen sich in isolierten Verf nach § 621 I Z 1–3 u 6 die Beteiligten für die dort zulässige weitere Beschwerde, II, durch einen beim BGH zugelassenen RA (im Fall des § 7 EGZPO in bayer Sachen nach Maßgabe des § 8 EGZPO) vertreten lassen, § 78 II 1 Z 1 u 3; dies gilt jedoch **nicht** für das Jugendamt, die Träger der gesetzlichen Rentenversicherungen sowie sonstige Körperschaften, Anstalten oder Stiftungen des öff Rechts und deren Verbände, § 78 II 3, dazu BGH NJW **93**, 1208 u **95**, 2135, vgl § 78 Rn 36. Demgemäß unterliegen in FolgeS und isolierten FamS nach § 621 I Z 1–3 u 6 für die weitere Beschwerde außer den Ehegatten nur der Minderjährige, der von seinem Beschwerderecht nach § 59 FGG Gebrauch macht, sowie die am Verf über den Versorgungsausgleich nach dem G v 21. 2. 83, BGBl 105, Beteiligten dem Anwaltszwang, BT-Drs 10/2888 S 23.

**22** **B. Weiteres Verfahren.** Die Begründung der Beschwerde und der weiteren Beschwerde ist den anderen Beteiligten **förmlich zuzustellen**, III 2 iVm §§ 519a u 554 V, weil dies im Hinblick auf § 629a III erforderlich ist, BT-Drs 10/2888 S 28. Allerdings geht die Verweisung auf § 554 V darüber hinaus, weil das darin in Bezug genommene § 553 II nichts mit diesem Zweck zu tun hat und sich iü von selbst versteht; umgekehrt hätte in III 2 die Verweisung auf § 519a auf die Zustellung der Begründungsschrift beschränkt werden sollen.

**23** Das FamGer bzw das OLG darf dem Rechtsmittel **nicht abhelfen**, III 2 iVm § 577 III. Da die befristete Beschwerde an die Stelle der sofortigen Beschwerde tritt, ist eine Änderung auch nach § 18 FGG ausgeschlossen, Saarbr NJW-FER **98**, 113 mwN, Köln FamRZ **97**, 569, § 621a Rn 6.

Eine unselbständige **Anschlußbeschwerde**, § 577a, ist in isolierten FamS statthaft (obwohl § 521 in III nicht erwänt wird) soweit es sich um echte Streitsachen handelt, in denen das Verbot der reformatio in peius gilt, BGH NJW **83**, 176, also in Verf über den Versorgungsausgleich, nach der HausratsVO und in den güterrechtlichen NebenVerf nach §§ 1382, 1383 BGB, § 621 I Z 6, 7 u 9, STr 29, BGH NJW **83**, 176 u **82**, 224 mwN, vgl Erl zu § 577a und § 629a Rn 7 für FolgeS; statthaft ist insoweit auch die Gegenanschließung, MüKoKl 47. Bei Teilanfechtung einer isolierten FamS, die bei teilbarem Gegenstand zulässig ist, erwachsen die nicht angefochtenen Teile also erst in Rechtskraft, wenn sie nicht mehr anfechtbar sind, zB wegen Rechtsmittelverzichts, K.H. Schwab FamRZ **76**, 661, Oldb JB **81**, 589; vgl auch § 629a Rn 5.

Das **weitere Verfahren** richtet sich nach FGG, § 621a I, nicht nach den §§ 567ff ZPO; die praktischen Unterschiede sind allerdings gering. Auch in der Beschwerdeinstanz gilt demgemäß § 53b I FGG (nicht § 128 ZPO), BGH NJW **83**, 824. Dagegen sind § 529 III und IV auch hier anzuwenden, IV.

**24** a) **Beschwerde.** Neue Tatsachen und Beweismittel dürfen vorgebracht werden, § 23 FGG, so daß die Begründung auch nach Ablauf der Frist, oben Rn 18, 19, gewechselt werden kann, Köln FamRZ **79**, 935; ebenso ist die Erweiterung, Änderung oder Ersetzung der Anträge zulässig, oben Rn 18ff. Die Beschwerde hat keine aufschiebende Wirkung, § 24 I FGG, jedoch ist die Aussetzung der Vollziehung, § 24 III FGG, möglich, Bre NJW **79**, 1051.

Nur nach Maßgabe des § 529 III prüft das Beschwerdegericht, **ob eine FamS vorliegt oder nicht**, IV 1. S dazu § 529 Rn 11ff.

Gegenstand der Entscheidung ist im Rahmen der Anträge idR der Gegenstand des erstinstanzlichen Verf, in dem die angefochtene Entscheidung ergangen ist. Deshalb darf in ein Sorgerechtsverfahren nicht die Regelung des Umgangsrechts eingeführt werden, im Sonderfall Karlsr RR **94**, 1355 mwN.

Ein im Fall des § 621 I Z 6 eingelegtes **Rechtsmittel** führt zur Nachprüfung der Entscheidung über den öff-rechtlichen Versorgungsausgleich ohne Bindung an die gestellten Anträge, so daß auch Berechnungen nicht nur in deren Rahmen geändert werden dürfen, hM, BGH NJW **84**, 2879 mwN, Ffm FamRZ **83**, 1041 (für Abweichungen von den Anträgen zugunsten des Beschwerdeführers); jedoch ist eine in den Anträgen liegende Beschränkung der Beschwerde zu beachten, die zulässig ist, soweit der Verfahrensgegenstand teilbar ist, BGH aaO u RR **88**, 131. Demgemäß dürfen die Ehegatten in dem Verf über das Rechtsmittel des Versorgungsträgers geltend machen, daß der Versorgungsausgleich nach § 1587c BGB auszuschließen sei oder zu kürzen sei, BGH FamRZ **85**, 267. Die Frage, inwieweit in diesen Fällen das Verbot der Schlechterstellung (reformatio in peius) gilt, war in der Rspr str, vgl BGH NJW **83**, 174 mwN. Der BGH hat die Geltung des Verbots zunächst für den Streit der Ehegatten um die Herabsetzung des Ausgleichsanspruchs unter Billigkeitsgesichtspunkten, BGH NJW **83**, 176, und dann allgemein bejaht, BGH NJW **83**, 173 (eingehend). Das Verbot besagt insbesondere, daß die Entscheidung weder in der Höhe des Ausgleichs-

2. Abschnitt. Allgem. Vorschriften für Verfahren in and. Familiensachen **§§ 621e, 621f**

betrages noch in der Form des Versorgungsausgleichs zum Nachteil des Rechtsmittelführers geändert werden darf, BGH NJW **83**, 1378; es wirkt sich aber idR nicht aus, wenn das Rechtsmittel vom Versorgungsträger eingelegt worden ist, BGH NJW **84**, 2880, es sei denn, die Änderung bringt für ihn nur Nachteile, BGH FamRZ **85**, 1240 (zu Kblz FamRZ **84**, 803).
Eine Teilentscheidung ist bei teilbarem Beschwerdegegenstand zulässig, oben Rn 23.
Das Beschwerdegericht darf die Sache zurückverweisen, MüKoKl 64, und zwar entsprechend § 538 I Z 3 auch dann, wenn sie im 1. Rechtszug völlig unzureichend aufgeklärt worden ist, BGH NJW **82**, 520, Hamm NJW **92**, 638, beide mwN.
Die Kostenentscheidung ergeht (anders als im Verbundverfahren, § 629a Rn 14) stets nach § 13a FGG, **25** ZöPh § 629a Rn 13, Köln FamRZ **97**, 221 mwN (für den Fall der Rücknahme), sehr str, aM ua BGH FamRZ **83**, 154, Ffm FamRZ **91**, 586, STr § 93a I Z 14 (§ 515 III), Ffm FamRZ **82**, 1093 (§ 93a bei Rücknahme der Beschwerde eines Versorgungsträgers, offen Köln aaO). Das Kostenfestsetzungsverfahren richtet sich nach §§ 103–107, dazu Köln MDR **88**, 154 (über § 104 auch Geltung der §§ 567ff anstelle der §§ 21ff FGG). Wegen der Begründung der Beschwerdeentscheidung s § 25 FGG, wegen ihres Wirksamwerdens s § 26 FGG.
**b) Weitere Beschwerde.** Die Beschwerdevorschriften (ohne § 23 FGG) gelten entsprechend, § 29 IV **26** FGG. Es handelt sich um eine Rechtsbeschwerde, oben Rn 16, jedoch kann sie im Fall des II 2 (Verwerfung der Beschwerde als unzulässig) auf neue Tatsachen gestützt werden, BGH NJW **79**, 876. Eine Anschlußbeschwerde, § 629a Rn 5ff, ist hier entspr § 556 I nur bis zum Ablauf eines Monats nach der Zustellung der Begründung des Hauptrechtsmittels zulässig, BGH NJW **83**, 578. Wegen der FolgeS s § 629a Rn 13ff.
**Ob eine FamS vorliegt oder nicht**, wird im Verf der weiteren Beschwerde nicht mehr geprüft, IV 2. Dies entspricht der Regelung für zivilprozessuale FamS, § 549 II, Rn 21. Die internationale Zuständigkeit ist dagegen auch im Verfahren der weiteren Beschwerde zu prüfen, BGH RR **90**, 322, NJW **82**, 2732.
**c) Gebühren:** Für das Gericht gelten KV 1520ff u 1530ff, für den RA § 63 I Z 1 u III (HausratsVO), i ü **27** § 118 BRAGO, BGH DAVorm **81**, 654 (in isolierten FamS nicht § 61a BRAGO).

**5) Anfechtung von vorläufigen Maßnahmen nach FGG bzw HausratsVO** **28**

**A. EinstwAnO in Hausratssachen.** Ob im selbständigen Verfahren nach § 621 I Z 7 eine einstwAnO nach § 13 IV HausratsVO anfechtbar ist, ist sehr str, Dörr NJW **89**, 812 mwN: dagegen u a Düss FamRZ **88**, 1305, Hamm FamRZ **88**, 645 m red Anm, Zweibr FamRZ **83**, 518 mwN (weitere Nachw bei Brudermüller FamRZ **87**, 120), dafür u a Schlesw RR **90**, 329 u NJW **86**, 1128, Hamm FamRZ **88**, 1303 mwN, Düss FamRZ **88**, 313, KG FamRZ **87**, 1171, Kblz FamRZ **85**, 500 mwN, Köln FamRZ **83**, 732; der Meinung, daß jedenfalls bei Überschreiten der Wertgrenze des § 14 HausrVO, oben Rn 10, die unbefristete Beschwerde nach § 19 I FGG gegeben ist, dürfte im Hinblick auf § 620c zuzustimmen sein, Pal-Diederichsen § 14 HausrVO Rn 2, Maurer VIII 118, Brudermüller FamRZ **87**, 121, Hamm FamRZ **88**, 1303.

**B. EinstwAnO über Kostenvorschuß.** Unanfechtbar ist eine einstwAnO über den Kostenvorschuß in den FamS des § 621 I Z 1–3, 6–9, § 621f II.

**C. EinstwAnO in Verfahren nach § 621 I Z 9.** In Verfahren nach § 621 I Z 9 darf eine einstwAnO nur zusammen mit der Endentscheidung angefochten werden, § 53 a III 2 FGG.

**D. Sonstige Fälle.** Sonst sind vorläufige Maßnahmen nach Maßgabe des FGG unbeschränkt mit der Beschwerde anfechtbar, insbesondere ist die Beschwerde gemäß § 19 FGG nicht entsprechend § 620c eingeschränkt, BGH NJW **79**, 39 mwN.

**621f** *Einstweilige Anordnung über Kostenvorschuß.* [I] In einer Familiensache des § 621 Abs. 1 Nr. 1 bis 3, 6 bis 9 kann das Gericht auf Antrag durch einstweilige Anordnung die Verpflichtung zur Leistung eines Kostenvorschusses für dieses Verfahren regeln.
[II] [1]Die Entscheidung nach Absatz 1 ist unanfechtbar. [2]Im übrigen gelten die §§ 620a bis 620g entsprechend.

**1) Allgemeines.** Aus der Vorschußpflicht der Ehegatten, § 1360a IV, folgt die Notwendigkeit, für die **1** Durchsetzung dieses Anspruchs ein schnell zum Ziel führendes Verfahren zu schaffen. Das ist in § 620 S 1 Z 9 für EheS und FolgeS sowie in § 127a für Unterhaltssachen, § 621 I Z 4 u 5, geschehen. Die entsprechende Regelung für die übrigen FamS des § 621 enthält § 621f. Zwischen geschiedenen Ehegatten besteht keine Vorschußpflicht, BGH NJW **84**, 291 mwN, vgl Walter NJW **84**, 265, krit Herpers FamRZ **84**, 465. Die Regelung beschränkt sich nicht auf den Vorschuß für einen Ehegatten, sondern gilt auch im Verhältnis zu einem Kind, sofern darauf ein Anspruch besteht, dazu Duderstadt FamRZ **95**, 1305. Der Erlaß einer einstwVfg ist in diesem Umfang unzulässig, Einf § 620 Rn 3; ob dies auch dann gilt, wenn noch kein entspr Hauptsache- oder PKH-Verfahren anhängig ist, ist str, für Zulässigkeit Knops NJW **93**, 1242 mwN, dagegen ua Schlesw SchlHA **91**, 65 mwN.

**2) Einstweilige Anordnung.** In Verfahren nach § 621 I Z 1–3, 6–9 kann das Gericht die Verpflichtung **2** zur Leistung eines Kostenvorschusses durch einstwAnO regeln; erforderlich ist der Antrag eines Beteiligten, I. §§ 620a–620g gelten entsprechend, II 2, s die dortigen Erläuterungen. Demgemäß besteht kein Anwaltszwang, § 620a II 2. Zuständig ist das FamGer; die entsprechende Anwendung des § 620a IV führt dazu, daß das OLG (nur und stets dann) zuständig ist, wenn die FamS, für die der Vorschuß begehrt wird, in der Beschwerde- oder Berufungsinstanz bei ihm schwebt, zB als (allein angefochtene) FolgeS iSv § 623 I, BGH FamRZ **81**, 759, BayObLG MDR **80**, 584.

**§ 621f, Grundz § 622, § 622**  6. Buch. Verfahren in Familiensachen

**3** Die **Entscheidung** ergeht durch Beschluß aufgrund des maßgeblichen materiellen Rechts, STr 2, str, vgl § 620 Rn 24 ff, also idR nach § 1360 IV BGB, Knops NJW 93, 1237. Sie **ist unanfechtbar, II 1**, vgl §§ 127 a II, 620 c S 2. Die einstwAnO ist Vollstreckungstitel, § 794 I Z 3 a; aus ihr kann auch nach Beendigung des Verfahrens und ungeachtet der dort ergangenen Kostenentscheidung vollstreckt werden, vgl BGH NJW 85, 2263. Gebühren: Für das Gericht ½ Gebühr für die Entscheidung (in einem Verfahren nur einmal auch für mehrere) nach Maßgabe des § 1 II GKG, KV 1702; für den RA die gewöhnlichen Gebühren, § 31, in jedem Rechtszug nur einmal, § 41 BRAGO (Ermäßigung der Prozeßgebühr bei Einigung). Der Wert entspricht dem begehrten Vorschuß, § 8 BRAGO.

## Dritter Abschnitt. Verfahren in Scheidungs- und Folgesachen

### Grundzüge

Für Scheidungssachen gelten die allgemeinen Vorschriften über EheS, §§ 606–620 g; Sondervorschriften enthält der 3. Abschnitt. Das FamGer, § 23 b GVG, ist jedoch auch für andere FamS, § 621, zuständig. Wird in ihnen eine Entscheidung für den Fall der Scheidung begehrt und sind sie bei demselben Gericht anhängig, hat es über sie als FolgeS im sog Verbund zu verhandeln und zu entscheiden, §§ 623 ff. Dadurch wird erreicht, daß den Ehegatten schon bei der Scheidung vor Augen geführt wird, welche Folgen die Auflösung der Ehe für sie und die Kinder hat, und daß derjenige Gatte, der sich der Scheidung nicht mit Erfolg widersetzen kann, seine Rechte gegenüber dem anderen Gatten schon im Zeitpunkt der Scheidung durchsetzen kann. Besonderes gilt für die einverständliche Scheidung nach § 1565 iVm § 1566 I BGB, § 630.

**622** *Scheidungsverfahren als Antragsverfahren.* [I] Das Verfahren auf Scheidung wird durch Einreichung einer Antragsschrift anhängig.

[II] Die Antragsschrift muß vorbehaltlich des § 630 Angaben darüber enthalten, ob
1. gemeinschaftliche minderjährige Kinder vorhanden sind,
2. Familiensachen der in § 621 Abs. 2 Satz 1 bezeichneten Art anderweitig anhängig sind.
Im übrigen gelten die Vorschriften über die Klageschrift entsprechend.

[III] Bei der Anwendung der allgemeinen Vorschriften treten an die Stelle der Bezeichnungen Kläger und Beklagter die Bezeichnungen Antragsteller und Antragsgegner.

**Vorbem.** II mWv 1. 7. 98 geänd durch Art 6 Z 19 KindRG, vgl Einf § 606 Rn 11.

**Schrifttum:** *Bergerfurth* Rn 86 ff; *Garbe*, Antrags- und Klageerwiderungen in Ehe- und FamS, 2. Aufl 1999; *Kersten*, Praxis der Familiengerichtsbarkeit, 1983; *Stollenwerk*, Antragsschrift in Scheidungs- und Folgesachen, 3. Auflage 1979; *Vespermann*, FamS, Bd 1 (Scheidungs- und Scheidungsverbundverfahren), 5. Aufl 1993; *Vogel*, Die Scheidungsantragsschrift, AnwBl **82**, 457 (eingehend).

**1**  1) **Allgemeines.** Nach § 1564 BGB wird das Scheidungsbegehren durch Antrag geltend gemacht, nicht durch Klage. Darin kommt zum Ausdruck, daß das Scheidungsverfahren sich sowohl sachlich-rechtlich, §§ 1565 ff BGB, als auch prozessual, vgl §§ 612 u 617, vom gewöhnlichen Streitverfahren unterscheidet. Die Folgerungen daraus zieht § 622. I ü gelten die §§ 606 ff. Die Vorwegleistungspflicht nach § 65 GKG, Anh § 271, besteht auch hier; wegen der FolgeS vgl unten Rn 6.

**2**  2) **Antragsverfahren, I, III**
A. **Allgemeines.** Das Verfahren auf Scheidung wird **durch Einreichung einer Antragsschrift anhängig, I** (nicht schon mit dem PKH-Gesuch, wohl aber bei gleichzeitiger Einreichung eines Scheidungsantrags, es sei denn, daß dieser eindeutig unter den Vorbehalt der Bewilligung von PKH gestellt wird, BGH FamRZ **96**, 1142); sie muß von einem im Zeitpunkt der Zustellung bei dem FamGer zugelassenen RA unterzeichnet sein, § 78 II 1 Z 1, Celle RR **95**, 518, Zweibr FamRZ **89**, 191, Schlesw FamRZ **88**, 736 (wegen der neuen Bundesländer s Grdz § 606 Rn 7 u Vorbem § 78). Diese Antragsschrift tritt bei Anwendung der Vorschriften des 1., 2. u 6. Buches (§§ 606–620 g) an die Stelle der Klage; sie ist demgemäß dem anderen Ehegatten zuzustellen, s unten. Ebenso wird eine Widerklage durch Einreichung einer Antragsschrift (Gegenantrag) anhängig (nicht auch durch Erklärung zu Protokoll, aM Ffm FamRZ **82**, 809); sie kann ein eigenes Scheidungsbegehren zum Gegenstand haben, hM Bergerfurth FamRZ **82**, 564 mwN, und ist bei Rücknahme des gegnerischen Scheidungsantrags als Scheidungserstantrag zu behandeln, Zweibr FamRZ **99**, 942, vgl § 610 Rn 2 u 3. Die Frist des § 1408 II 2 BGH wird nicht schon durch Einreichung, sondern erst durch Zustellung der Antragsschrift gewahrt, BGH NJW **85**, 315. Die Antragsschrift ist der Gegenseite zuzustellen, § 271, Schlesw FamRZ **88**, 736; dadurch tritt Rechtshängigkeit ein, § 261, BGH RR **90**, 708, KG RR **90**, 8. Das Ende der Ehezeit iSv § 1587 II BGB bestimmt nur eine wirksame Antragsschrift, Celle RR **15**, 519 mwN.

Entspricht die Antragsschrift nicht den formalen Anforderungen, ist der Antrag als unzulässig abzuweisen, Zweibr FamRZ **89**, 192 mwN; eine Heilung des Mangels ist nach § 295 II ausgeschlossen, Schlesw FamRZ **88**, 736, jedoch genügt die Genehmigung der Prozeßführung durch einen zugelassenen RA, Zweibr aaO, § 78 Rn 33.

**3**  B. **Parteibezeichnung.** Bei Anwendung der allgemeinen Vorschriften treten an die Stelle der Bezeichnungen Kläger und Beklagte die **Bezeichnungen Antragsteller und Antragsgegner, III**. Sachlich ändert sich dadurch nichts. Im Falle des Gegenantrags sind beide Gatten sowohl Antragsteller als auch Antrags-

3. Abschnitt. Verfahren in Scheidungs- und Folgesachen  §§ 622, 623

gegner, bei beiderseitigem Antrag, § 630, sind sie nur Antragsteller. In einer Rechtsmittelinstanz werden die Parteien als Berufungsführer und Berufungsgegner usw zu bezeichnen sein, um die Verwendung der Bezeichnung Kläger bzw Beklagter auch hier zu vermeiden, aM Brüggemann FamRZ 77, 7. Das gilt auch in **Aufhebungssachen**, § 631 II 2.

**3) Inhalt der Antragsschrift, II** 4

**A. Notwendige Angaben.** Wegen der Besonderheiten des Scheidungsverfahrens muß die Antragsschrift bestimmte Angaben enthalten, nämlich darüber, a) ob gemeinschaftliche minderjährige Kinder (ggf welche) vorhanden sind, **II 1 Z 1**, damit das FamGer seiner Hinweis- und Beratungspflicht, zB nach § 613 I 2, nachkommen kann (einen sog Sorgeplan brauchen die Parteien nicht vorzulegen), ferner b) darüber, ob FamS der in § 621 II 1 bezeichneten Art anderweitig anhängig sind, **II 1 Z 2**, damit das Scheidungsgericht darauf hinwirken kann, daß diese Verfahren auf das Scheidungsgericht übergeleitet werden, §§ 621 III, 64 II FGG. Wegen zusätzlicher Angaben im Verfahren auf Scheidung nach § 1565 iVm § 1566 I BGB s § 630 I. Die Verwendung von Formularen ist nicht schlechthin unzulässig, Friederici MDR **78**, 726 gg Celle FamRZ **78**, 257, und für das Prozeßkostenhilfe-Verf ausreichend, Karlsr FamRZ **84**, 1232 mwN.

Ein Verstoß gegen II 1 kann durch Einreichung eines ergänzenden Schriftsatzes geheilt werden. Notfalls ist der Antrag durch Prozeßurteil zurückzuweisen, oben Rn 2 aE.

**B. Sonstiger Inhalt.** Im übrigen gelten die **Vorschriften über die Klagschrift entsprechend, II 2.** 5
Anzuwenden ist § 253 I, II, IV u V iVm §§ 130–133, § 608, nicht dagegen § 253 III; vgl dazu die Erläuterungen zu § 253 u Vogel AnwBl **82**, 461. Nötig sind danach Angaben über Ort und Zeit der Eheschließung (zweckmäßigerweise unter Vorlage der Heiratsurkunde, die aber kein zwingendes Antragserfordernis ist, Zweibr RR **97**, 1227, Düss FamRZ **92**, 1078, Karlsr RR **91**, 966), außerdem Angaben über den die Zuständigkeit nach § 606 ergebenden Umstand sowie ggf auch über die Staatsangehörigkeit wegen § 606 a. Ferner sind die Umstände mitzuteilen, aus denen sich nach §§ 1565 I, 1566–1567 BGB das Scheitern der Ehe (ggf die unzumutbare Härte iSv § 1565 II BGB) ergibt, Maurer 262. Die Angabe des Zeitpunkts des letzten Verkehrs ist nicht notwendig, aber ratsam, Bergerfurth FamRZ **77**, 529, wenn es darauf ankommt, 1565 II BGB.

**C. Entspr Anwendung.** II gilt entspr in **Aufhebungssachen**, § 631 II 2. 6

**4) Anträge in FolgeS, § 623.** Sie können in die Antragsschrift, I, aufgenommen werden. Jedoch 7
empfiehlt sich eine schriftsatzmäßige Trennung ebenso wie die Anlegung besonderer Unterakten bei Gericht schon wegen der §§ 624 IV, 627–629, Bergerfurth FamRZ **76**, 582. Für FolgeS besteht keine Vorwegleistungspflicht, § 65 II GKG, Anh § 271.

**623** *Verhandlungs- und Entscheidungsverbund.* ¹Soweit in Familiensachen des § 621 Abs. 1 Nr. 5 bis 9 und Abs. 2 Satz 1 Nr. 4 eine Entscheidung für den Fall der Scheidung zu treffen ist und von einem Ehegatten rechtzeitig begehrt wird, ist hierüber gleichzeitig und zusammen mit der Scheidungssache zu verhandeln und, sofern dem Scheidungsantrag stattgegeben wird, zu entscheiden (Folgesachen). ²Wird bei einer Familiensache des § 621 Abs. 1 Nr. 5 und 8 und Abs. 2 Satz 1 Nr. 4 ein Dritter Verfahrensbeteiligter, so wird diese Familiensache abgetrennt. ³Für die Durchführung des Versorgungsausgleichs in den Fällen des § 1587 b des Bürgerlichen Gesetzbuchs bedarf es keines Antrags.

II ¹Folgesachen sind auch rechtzeitig von einem Ehegatten anhängig gemachte Familiensachen nach
1. § 621 Abs. 2 Satz 1 Nr. 1 im Fall eines Antrags nach § 1671 Abs. 1 des Bürgerlichen Gesetzbuchs,
2. § 621 Abs. 2 Satz 1 Nr. 2, soweit deren Gegenstand der Umgang eines Ehegatten mit einem gemeinschaftlichen Kind oder einem Kind des anderen Ehegatten ist, und
3. § 621 Abs. 2 Satz 1 Nr. 3.

²Auf Antrag eines Ehegatten trennt das Gericht eine Folgesache nach den Nummern 1 bis 3 von der Scheidungssache ab. ³Ein Antrag auf Abtrennung einer Folgesache nach Nummer 1 kann mit einem Antrag auf Abtrennung einer Folgesache nach § 621 Abs. 1 Nr. 5 und Abs. 2 Satz 1 Nr. 4 verbunden werden. ⁴Im Fall der Abtrennung wird die Folgesache als selbständige Familiensache fortgeführt; § 626 Abs. 2 Satz 3 gilt entsprechend.

III ¹Folgesachen sind auch rechtzeitig eingeleitete Verfahren betreffend die Übertragung der elterlichen Sorge oder eines Teils der elterlichen Sorge wegen Gefährdung des Kindeswohls auf einen Elternteil, einen Vormund oder einen Pfleger. ²Das Gericht kann anordnen, daß ein Verfahren nach Satz 1 von der Scheidungssache abgetrennt wird. ³Absatz 2 Satz 3 gilt entsprechend.

IV ¹Das Verfahren muß bis zum Schluß der mündlichen Verhandlung erster Instanz in der Scheidungssache anhängig gemacht oder eingeleitet sein. ²Satz 1 gilt entsprechend, wenn die Scheidungssache nach § 629 b an das Gericht des ersten Rechtszuges zurückverwiesen ist.

V ¹Die vorstehenden Vorschriften gelten auch für Verfahren in den Absätzen 1 bis 3 genannten Art, die nach § 621 Abs. 3 an das Gericht der Ehesache übergeleitet worden sind.² In den Fällen des Absatzes 1 gilt dies nur, soweit eine Entscheidung für den Fall der Scheidung zu treffen ist.

*Albers* 1625

## § 623

**Vorbem.** § 623 mWv 1. 7. 98 neu gefaßt durch Art 6 Z 20 KindRG, vgl Einf § 606 Rn 11. Zum Übergangsrecht Ffm NJW **98**, 3206.

**Schrifttum:** *Büttner* FamRZ **98**, 591.

**Gliederung**

| | | | |
|---|---|---|---|
| 1) **Regelungszweck** | 1, 2 | B. Antragsverfahren | 9, 10 |
| A. Allgemeines | 1 | 6) **Verhandlung und Entscheidung im Verbund, I** | 11–17 |
| B. Anwendbares Recht | 2 | A. Allgemeines | 11, 12 |
| 2) **Antragsabhängige Folgesachen, I u II** | 3, 4 | B. Verhandlung | 13 |
| A. Grundsatz | 3 | C. Entscheidung | 14–16 |
| B. Sonderfälle | 4 | D. Anfechtung | 17 |
| C. Antragserfordernis | 4 | 7) **Auflösung des Verbundes** | 18–21 |
| 3) **Antragsunabhängige FolgeS, I 3 u III** | 5 | A. Abtrennung | 18 |
| A. Verfahren nach § 1587 d BGB | 5 | B. Rücknahme des Antrags oder sonstige Erledigung | 19 |
| B. Verfahren über die elterliche Sorge | 5 | C. Rücknahme des Scheidungsantrags | 20 |
| 4) **Verhandlungs- und Entscheidungsverbund, I–V** | 6, 7 | D. Entscheidung über den Scheidungsanspruch | 21 |
| A. Allgemeines | 6 | 8) **Übergeleitete Verfahren, V** | 22 |
| B. Voraussetzungen | 7 | | |
| 5) **Eintritt des Verbundes, I–IV** | 8–10 | | |
| A. Amtsverfahren | 8 | | |

**1) Regelungszweck**

**1  A. Allgemeines.** § 623 schafft einen Verhandlungs- und **Entscheidungsverbund** zwischen Scheidungssachen und bestimmten FamS des § 621, soweit in ihnen eine Entscheidung für den Fall der Scheidung zu treffen ist, und von einem Ehegatten rechtzeitig begehrt wird, I 1, dh eine **Regelung der Scheidungsfolgen (FolgeS)**; für die einverständliche Scheidung gilt die Sonderbestimmung des § 630, s dort. **Der Verbund gilt nicht** in Aufhebungssachen, Zweibr FamRZ **82**, 375, Bosch FamRZ **87**, 816 mwN (zT krit), aM LG Darmstadt FamRZ **78**, 44, sowie in Feststellungssachen, BGH NJW **82**, 2386 mwN, so daß hier kein Versorgungsausgleich vAw durchzuführen ist, Mü FamRZ **80**, 565. Trifft ein Aufhebungsbegehren mit einem Scheidungsantrag zusammen, § 610 Rn 1–2, so gilt für FolgeS ein vorläufiger Verhandlungsverbund, Bergerfurth FamRZ **76**, 582, aM Stgt FamRZ **81**, 579.

**2  B. Anwendbares Recht. a) Verfahrensrecht.** Die FolgeS sind **FamS** und bleiben es auch nach ihrer Abtrennung, II 4. Das Verfahren richtet sich nach § 621 a, dh für die FolgeS gilt entweder ZPO oder FGG, s § 621 a Rn 1–3.

**b) Materielles Recht.** Darauf, ob auf die Scheidungssache **materiell deutsches Recht anzuwenden** ist, kommt es nicht an, Jayme IPrax **85**, 46 mwN. Ein Verbund zwischen der Scheidungssache und FolgeS besteht auch insofern, als über Ansprüche aus dem maßgeblichen ausländischen Recht zu entscheiden ist, die den FamS des § 621 I entsprechen, hM, Roth ZZP **103**, 18, Maurer 1106, STr 25, Ffm FamRZ **83**, 728, vgl § 621 Rn 1. Im Verbund zu entscheiden ist deshalb über die dem Versorgungsausgleich entsprechenden Ansprüche nach ausländischem Recht, Ffm aaO, Piltz IPrax **84**, 193, ferner auch über den Streit um die Morgengabe nach jordanischem Recht, KG FamRZ **80**, 471, oder nach iranischem Recht, AG Hbg IPrax **83**, 74, oder bei Streit über eine Entschädigung für die einseitige Scheidung nach tunesischem Recht, Mü IPrax **81**, 33, zustm Jayme IPrax **81**, 9. Folgerichtig ist auch der Verbund zwischen einer **Ehetrennungsklage** nach ausländischem Recht, Üb 1 § 606, und den nach diesem Recht damit zusammenhängenden, § 621 I entsprechenden FolgeS zu bejahen, MüKoKl 6, Maurer 1108, Gottwald F Nakamura, 1996, S 191 mwN, Henrich IPrax **86**, 366, Jayme IPrax **86**, 115 mwN (zu AG Rüsselsheim), Saarbr LS FamRZ **97**, 1353, Ffm RR **95**, 139 mwN (unter Aufgabe von FamRZ **85**, 619), Stgt IPrax **85**, 46, zustm Jayme, aM Ffm RR **95**, 140, Mü FamRZ **93**, 459, Bre IPrax **85**, 46. Ob in diesem Fall eine FolgeS vAw oder auf Antrag im Verbund zu treffen ist, bestimmt sich nach dem maßgeblichen ausländischen Recht, Maurer 1109 mwN (Bsp nach italienischem, spanischem und türkischem Recht); eine zwingende Sorgerechtsentscheidung im Verbund ist nicht erforderlich, Rahm VIII 156, wenn nicht das maßgebende ausländische Recht sie vorsieht. Für die Verwertung von Tatsachenfeststellungen gilt das in unten Rn 12 Gesagte, es sei denn, das maßgebliche ausländische Recht läßt die Berücksichtigung im Verbund nicht zu, Roth ZZP **103**, 20.

**3  2) Antragsabhängige Folgesachen, I u II**

**A. Grundsatz, I 1–3.** Folgende FamS sind, sofern in ihnen eine Entscheidung für den Fall der Scheidung zu treffen ist und von einem Ehegatten rechtzeitig begehrt wird, FolgeS iSv § 623, I 1:
§ 621 I Z 5–9 (s § 621 Rn 16–18), § 621 II 1 Z 4 (s § 621 Rn 13–15).
Wird bei einer FamS nach § 621 I Z 5 u 8 und § 621 II 1 Z 4 ein **Dritter** Verfahrensbeteiligter, § 621 Rn 23–26, so wird diese FolgeS **abgetrennt**, I 2, und zwar vAw, weil die Beteiligung am Unterhaltsprozeß, Walter JZ **83**, 477, oder am Güterrechtsstreit nicht seine Einbeziehung in das höchstpersönliche Scheidungsverfahren rechtfertigt und überdies die Grundlage der einheitlichen Kostenentscheidung, § 93 a, sonst entfallen würde; I 2 greift namentlich für Unterhaltssachen ein, wenn das Kind volljährig wird und damit die Prozeßstandschaft des sorgeberechtigten Elternteiles nach § 1629 III BGB endet. § 621 Rn 15, oder wenn die elterliche Sorge dem prozeßführenden Elternteil entzogen wird. Die abgetrennte Sache bleibt FamS. Keines Antrags bedarf es für die Durchführung des Versorgungsausgleichs, § 621 I Z 6, in den Fällen des § 1587 b BGB, unten Rn 5.

**4  B. Sonderfälle, II. FolgeS** sind auch folgende, **II 1**, rechtzeitig von einem Ehegatten anhängig gemachte FamS nach

### 3. Abschnitt. Verfahren in Scheidungs- und Folgesachen § 623

§ 621 II 1 Z 1 im Fall eines Antrags nach § 1671 I BGB (der wirksam nur von einem RA gestellt werden dürfte, § 78 II 1 Z 1, dazu Schüller FamRZ 98, 1287),
§ 621 II 1 Z 2, soweit deren Gegenstand der Umgang eines Ehegatten mit einem gemeinschaftlichen Kind oder einem Kind des anderen Ehegatten ist, und
§ 621 II 1 Z 3.

Ob diese Sachen Gegenstand des Verbundes bleiben, hängt von den Ehegatten ab: jeder von ihnen kann ihre **Abtrennung** von der Scheidungssache beantragen, **II 2**. Im Fall eines Antrags nach § 1671 BGB, § 621 I Z 1, kann der Antrag mit einem Antrag auf Abtrennung einer FolgeS nach § 621 I Z 5 und II 1 Z 4 verbunden werden. Das Gericht ist verpflichtet, dem Antrag stattzugeben, AG Rastatt FamRZ 99, 519; das Rechtsschutzbedürfnis für die Abtrennung ist nicht zu prüfen, abw Bbg NJW 99, 958. Der andere Ehegatte hat kein Widerspruchsrecht; das Gericht wird jedoch einen rechtsmißbräuchlich gestellten Antrag zurückweisen dürfen, Bergerfurth 23 a–c, Büttner FamRZ 98, 592.

Eine abgetrennte FolgeS wird als **selbständige FamS** fortgeführt. Entspr § 626 II 3 wird in ihr über die **Kosten** besonders entschieden, II 4, s § 626 Rn 6.

**C. Antragserfordernis.** Näheres unten Rn 9.

**3) Antragsunabhängige FolgeS, I 3 u III.** Auch ohne Antrag eines Ehegatten werden folgende FamS **5** zu FolgeS iSv I:

**A.** Verfahren über die Durchführung des Versorgungsausgleichs in den Fällen des § 1587 b BGB, § 621 I Z 6, **I 3**, einschließlich des Verfahrens nach § 1587 o BGB, BGH NJW 87, 1770 (nicht aber sonst, ZöPh 20 a, aM AG Bln-Charlottenb FamRZ 89, 514 mwN).

**B. Verfahren betreffend die Übertragung der elterlichen Sorge oder eines Teils von ihr wegen Gefährdung des Kindeswohls auf einen Elternteil, einen Vormund oder einen Pfleger,** § 621 Z 1, **III** (Büttner FamRZ 98, 592). Zum Schutz des Kindes kann das FamGer für die Zeit nach der Scheidung vAw Regelungen nach § 1671 III u V BGB iVm §§ 1666 u 1666 a BGB treffen. Leitet es ein solches Verfahren ein, wird es **bei rechtzeitiger Einleitung**, IV, zur FolgeS iSv I, **III 1**. Das Gericht kann vAw die **Abtrennung** eines solchen Verfahrens von der Scheidungssache anordnen, III 2, um eine Entscheidung über das Sorgerecht vor der Entscheidung zu ermöglichen, AG Rastatt FamRZ 99, 519 (dazu Büttner FamRZ 99, 2326). Die Sache bleibt auch dann FamS, für die Kosten gilt § 626 II 3 entspr, **III 3 iVm II 4** (die Verweisung auf II 3 dürfte ein Redaktionsversehen sein, weil nach der Begründung II 4 gemeint ist, BT-Drs 13/4899 S 122).

**4) Verhandlungs- und Entscheidungsverbund, I–V** **6**

**A. Allgemeines.** Über alle FolgeS ist gleichzeitig und zusammen mit der Scheidungssache zu verhandeln und, sofern dem Scheidungsantrag stattgegeben wird, zu entscheiden. Das gilt in erster Linie für streitige Scheidungssachen (auch für eine Härtefallklausel nach § 1560 II BGB, Karlsr FamRZ 94, 1399), für einverständliche Scheidungssachen insofern, als ein Gatte in anderen als den von § 630 III erfaßten FolgeS eine gerichtliche Regelung begehrt. FolgeS stehen nicht nur im Verhältnis zur Scheidungssache, sondern auch untereinander im Verbund. Soweit die Scheidungssache und (alle oder einzelne) FolgeS in die Rechtsmittelinstanz gelangen, besteht auch dort der Verbund, § 629, Oldb FamRZ 80, 71, ebenso dann, wenn nur mehrere FolgeS in die Rechtsmittelinstanz gelangen, § 629 a II 3.

Die Vorschrift ist zwingend, vgl auch § 628 Rn 7, so daß ein Rügeverlust, § 295, nicht in Betracht kommt, Düss FamRZ 88, 965, aM Kersten FamRZ 86, 754 mwN, Hamm FamRZ 86, 823, vgl auch Schmitz FamRZ 89, 1262. Der bestehende Verbund kann nur unter den in unten Rn 16 ff genannten Voraussetzungen aufgelöst werden.

**B. Voraussetzungen. a)** Scheidungs- und FolgeS müssen bei demselben FamGer anhängig sein; die **7** Abgabe von einer Abteilung an die andere sichert § 23 b II 2 GVG. Anderweitig anhängige FamS sind nach Maßgabe des § 621 III vAw an das Scheidungsgericht zu verweisen oder abzugeben, also nicht, wenn sie in höherer Instanz schweben, Hagena FamRZ 75, 388. Auf die Überleitung hat das Scheidungsgericht durch Unterrichtung des anderen Gerichts hinzuwirken. Solange eine FamS nicht an das Scheidungsgericht gelangt, kann der Verbund nicht wirksam werden.

**b)** Der Verbund kann auch eintreten, unten Rn 6, wenn zunächst ein Rechtsmittel in einer Scheidungssache und dann ein Rechtsmittel in einer nicht verbundenen FamS an das dasselbe Rechtsmittelgericht gelangt, Hagena FamRZ 75, 394 iVm § 629 a II ist entsprechend anzuwenden).

**c)** Bei Zurückverweisung, § 629 b, kann der Verbund nachträglich eintreten, nämlich durch Verweisung oder Abgabe, § 621 III, oder durch entsprechenden Antrag der Parteien, unten Rn 7 ff, Diederichsen NJW 77, 653.

**5) Eintritt des Verbundes, I–IV** **8**

**A. Amtsverfahren.** In den Fällen von I 3 u III, oben Rn 5, wird die FolgeS nicht kraft Gesetzes mit Eingang des Scheidungsantrags anhängig, sondern erst nach der Einleitung des Verfahrens, dh jeder von außen erkennbaren Initiative des Gerichts, die auf Aufnahme des Verfahrens gerichtet ist, BGB NJW 92, 3294 (dafür reichen gerichtsinterne Vorbereitungsmaßnahmen nicht aus). Für die Rechtzeitigkeit der Einleitung gilt IV, unten Rn 9.

**B. Antragsverfahren.** In allen anderen Fällen tritt der Verbund nur dann ein, wenn die Entscheidung in **9** einer FamS des § 621 I für den Fall der Scheidung **rechtzeitig von einem der Ehegatten begehrt wird, I 1**. Dies gilt namentlich für die Verfahren über den schuldrechtlichen Versorgungsausgleich nach § 1587 f BGB, Schlesw SchlHA 79, 163 (das mit Recht darauf hinweist, daß an den erforderlichen Antrag uU keine hohen Anforderungen zu stellen sind), und für Verfahren nach § 17 III 2 EGBGB, Hamm RR 91, 266, Mü FamRZ 90, 186, ferner für die FamS des **§ 621 I Z 7–9** (auch hier bedarf es zur Einleitung des Verfahrens im Verbund nicht der Stellung eines bestimmten Sachantrags, str, offen gelassen BGH NJW 87, 3266 mwN). Wegen der Geltendmachung von Ansprüchen im Stufenverfahren entsprechend § 254 vgl unten Rn 13.

Die FamS darf und muß in allen diesen Fällen **bis zum Schluß der mündlichen Verhandlung 1. Instanz in der Scheidungssache anhängig gemacht werden, IV 1**, Düss FamRZ 87, 1280 u 958, dh

## § 623

ein entsprechender Antrag auf Entscheidung muß spätestens bis zu diesem Zeitpunkt beim Scheidungsgericht gestellt werden, Schlesw SchlHA **97**, 72 u 73, und zwar entweder durch einen Antragsschriftsatz oder in der mündlichen Verhandlung in der Form des § 297, BGH NJW **87**, 3265; in beiden Fällen besteht Anwaltszwang, § 78 II Z 1 (zur Obliegenheit des RA, iRv PKH einen solchen Antrag zu stellen, vgl Ffm RR **90**, 5, Düss RR **89**, 1485). Ein PKH-Gesuch reicht als Antrag aus, Karlsr FamRZ **94**, 972 mwN, § 261 Rn 1. Der Zeitpunkt verschiebt sich durch die Gewährung eines Schriftsatznachlasses nach § 283, Köln FamRZ **83**, 289. In der Berufungsinstanz können neue FolgeS auch nicht hilfsweise anhängig gemacht werden, Hamm FamRZ **89**, 1191. Anhängig wird die FolgeS mit der Einreichung des Schriftsatzes, § 518 Rn 3 ff, bzw mit der Geltendmachung in der mündlichen Verhandlung entspr § 261 II, BGH NJW **87**, 3265, Schlesw aaO. Eine bloße Erörterung mit dem Ziel der Einbeziehung einer FamS genügt nicht, Hbg FamRZ **88**, 638 mwN. Eine Begründung des Antrags ist nötig, § 253 II Z 2; das Gericht muß der Partei dazu Gelegenheit geben, BGH aaO. Entsprechendes gilt, wenn die Scheidungssache nach Aufhebung eines die Scheidung ablehnenden Urteils **gemäß § 629 b an das FamGer zurückverwiesen ist, IV 2**, so daß der Antrag dann bis zum Schluß der erneuten mündlichen Verhandlung erster Instanz gestellt werden darf und muß. Das FamGer muß einen danach rechtzeitig anhängig gemachte FolgeS in den Verbund einbeziehen, Düss FamRZ **87**, 958, und zwar auch dann, wenn mit dem spät gestellten Antrag eine Verzögerung des Verf bezweckt wird: nur unter den besonderen Voraussetzungen des § 628 I Z 4 dürfen getrennte Entscheidungen ergehen, Bbg FamRZ **88**, 741. Bei einem Verstoß gegen II kommt ein Rügeverlust nach § 295 nicht in Betracht, str, oben Rn 4.

**10** Ist der **Antrag** verspätet, so ist das Begehren als selbständige FamS zu behandeln, für die ausschließlich die §§ 621 ff gelten. Wird er während des Berufungsverfahrens gestellt, ist die Zurückverweisung der Scheidungssache an das FamGer nur dann zulässig, wenn dem Erstgericht Verfahrensfehler unterlaufen sind, Hamm NJW **89**, 2204 (Anm Geimer), nicht aber sonst, Hamm RR **91**, 266. Eine Rücknahme des Sachantrags ist jederzeit zulässig; für zivilprozessuale FolgeS gilt dann § 269, Diederichsen NJW **77**, 653, für FGG-FolgeS gilt § 13 a FGG, § 621 a Rn 6–7. Eine Rücknahme kann auch im Verzicht auf eine Verbundentscheidung liegen.

Gegen die **Ablehnung des Antrags**, über eine FolgeS im Verbund zu entscheiden, gibt es keine Beschwerde, vgl StJSchl 14, offengelassen Schlesw SchlHA **78**, 41.

**11** **6) Verhandlung und Entscheidung im Verbund, I**

**A. Allgemeines.** Die örtliche Zuständigkeit, § 621 II, begründet die internationale Zuständigkeit auch für die im Verbund stehenden FolgeS, wenn nicht Staatsverträge vorgehen, § 621 Rn 33, zB das Haager MinderjSchutzAbk, AG St. Wendel FamRZ **89**, 1317. Über alle FolgeS, oben Rn 1, ist gleichzeitig und zusammen mit der Scheidungssache zu verhandeln, also auch dann, wenn für sie das FGG gilt, § 621 a. Beteiligt sind immer die Ehegatten, niemals ein gemeinschaftliches minderjähriges Kind. Daher kann im Fall des § 621 I Z 4 ein Elternteil, solange die Scheidungssache anhängig ist, Unterhaltsansprüche eines Kindes gegen den anderen Elternteil im eigenen Namen geltend machen, § 1629 III BGB, vgl dazu im einzelnen Bergerfurth FamRZ **82**, 563 mwN; die Prozeßstandschaft endet aber mit der Volljährigkeit des Kindes, das damit selbst als Partei in das Verfahren eintritt, BGH FamRZ **85**, 471. Allgemein sind beteiligt ein volljähriges Kind wegen des Unterhalts, StJSchl § 624 Rn 36, und Dritte in FGG-Verfahren, § 621 a Rn 3 ff, zB nach § 7 HausratsVO (Vermieter), § 53 b FGG (Träger der Rentenversicherung oder der Versorgungslast) oder § 49 a FGG bzw § 48 a JWG (Jugendamt). Für alle Beteiligten gilt Anwaltszwang, § 78 II, KG NJW **79**, 2251 mwN, Ffm FamRZ **79**, 1049, str, vgl § 629 a Rn 14. Wegen der oft wechselnden Parteistellung in den einzelnen Sachen empfiehlt es sich, in den Entscheidungen die Gatten als „Ehemann" und „Ehefrau", andere Beteiligte mit ihren Namen zu bezeichnen, Diederichsen NJW **77**, 652.

**12** Für die Anberaumung des Termins gilt § 608 iVm § 216. Die Terminierung hat unverzüglich zu erfolgen, § 216 II; das bedeutet, daß sofort zu terminieren ist, wenn der Scheidungsantrag abweisungsreif ist, sonst erst dann, wenn auch über die FolgeS sinnvoll verhandelt werden kann, § 612 Rn 1.

Einstweilige Regelungen ergehen durch einstwAnO im Scheidungsverfahren, §§ 620 ff. I ü richtet sich das Verfahren nach den für die FolgeS jeweils maßgeblichen Vorschriften, § 621 a Rn 2 ff, so daß auch im Verbund ZPO oder FGG mit den aus § 621 a ergebenden Modifikationen anzuwenden ist, § 624 Rn 1. Die Aussetzung des Verfahrens wegen einer FolgeS, zB nach § 153, erfaßt das ganze Verfahren, so daß über andere im Verbund stehende FamS nicht verhandelt und entschieden werden darf, es sei denn, die auszusetzenden FolgeS werden abgetrennt, MüKoKl 47, MüFamRZ **96**, 951 mwN, Kemnade FamRZ **80**, 73. Zur Streitwertfestsetzung in den Amtsverfahren, oben Rn 5 u 8, vgl Schneider MDR **83**, 355 mwN.

**13** **B. Verhandlung.** Die vorgeschriebene gemeinsame Verhandlung dient der Erörterung aller verbundenen Angelegenheiten und der Aufklärung des Sachverhalts nach den dafür maßgeblichen Bestimmungen, § 624 Rn 1; daneben kann der Richter alle anderen, durch ZPO bzw FGG eröffneten Möglichkeiten nutzen, freilich unter Beschränkung auf die danach zu behandelnde Angelegenheit, StJSch 16. Die Beteiligung Dritter legt schon vor der Abtrennung, I 2 eine getrennte Vorbereitung nahe, vgl § 624 III. Notwendig ist nur eine gemeinsame Schlußverhandlung, in der alle Ergebnisse des bisherigen Verfahrens verwertet werden dürfen, StJSchl 2, soweit § 616 II nicht entgegensteht; immer darf und muß das Vorbringen in der EheS oder einer FGG-FolgeS auch in zivilprozessualen FolgeS berücksichtigt werden (und umgekehrt), Roth ZZP **103**, 5, Bergerfurth 165, Diederichsen ZZP **91**, 420, ThP 5, KG FamRZ **78**, 609 (str, aM ZöPh 37, STr 20, Maurer 418), was für ein in zivilprozessualen FolgeS zulässiges Versäumnisurteil, § 629 II, Bedeutung erlangen kann.

**14** **C. Entscheidung.** Soweit eine Entscheidung für den Fall der Scheidung zu treffen ist, dh die Gatten eine Regelung von Scheidungsfolgen begehren oder darüber vAw zu entscheiden ist, oben Rn 5, und keine verbindliche Einigung der Gatten vorliegt, ist über den Scheidungsantrag gleichzeitig und zusammen mit der FolgeS zu entscheiden, wenn dem Scheidungsantrag stattgegeben wird (bei seiner Abweisung erübrigt sich eine Regelung der Scheidungsfolgen, § 629 III) und Raum für eine Entsch in der FolgeS ist, Hamm FamRZ **86**, 922 (betr Sorgerecht). Die Entscheidung ergeht dann einheitlich durch Urteil, auch wenn in der FolgeS

## 3. Abschnitt. Verfahren in Scheidungs- und Folgesachen §§ 623, 624

sonst durch Beschluß zu entscheiden wäre, § 629; wegen der Ausnahmen s §§ 627 u 628. Das sog Verbundurteil muß hinsichtlich der FolgeS, auch wenn für sie sonst das FGG gilt, § 624 Rn 5, Tatbestand und Entscheidungsgründe enthalten, § 313 a II 1, vgl § 313 a Rn 13, Hamm FamRZ **79**, 168, offen gelassen BGH NJW **81**, 2816, Stgt FamRZ **83**, 81 (das aber einen Verzicht aller Beteiligten für zulässig hält), aM hinsichtlich der zivilprozessualen FolgeS STr § 629 Rn 2, Maurer 739, diff ZöPh § 629 Rn 2. Wegen des Eintritts der Rechtskraft s § 629 a Rn 9.

Betrifft die FolgeS den nachehelichen Unterhalt, § 621 I Z 5, oder den Ausgleich des Zugewinns, § 621 I **15** Z 8, so kann der Auskunftsanspruch nur mit einer Stufenklage iSv § 254 im Verbundverfahren geltend gemacht werden, MüKoKl 28, BGH NJW **97**, 2176 mwN, hM Hamm FamRZ **93**, 984, KG RR **92**, 450, aM Zweibr RR **97**, 2 (für die Widerklage), Ffm FamRZ **87**, 300, ZöPh 21 b, STr 59, Vogel FamRZ **94**, 49 mwN; über diesen Anspruch darf vor der Entscheidung erkannt werden, und zwar durch Teilurteil, so daß in das Verbundurteil erst die Entscheidung über die letzte Stufe eingeht, BGH aaO, Schlesw SchlHA **97**, 73. Entsprechendes gilt für den im Rahmen einer FolgeS über den Versorgungsausgleich, § 621 I Z 6, geltend gemachten Auskunftsanspruch nach § 1587 e I BGB, Bergerfurth FamRZ **82**, 565, Hbg FamRZ **81**, 1095, aM Bre FamRZ **79**, 834, wobei es ohne Bedeutung ist, daß dieser Anspruch im FGG-Verfahren geltend zu machen ist, Hamm FamRZ **80**, 64.

Im übrigen ist (auch über den Versorgungsausgleich) eine Teilentscheidung, § 301, zulässig, wenn sie von **16** dem weiteren Verfahrensgang nicht mehr berührt werden kann, BGH NJW **84**, 120, FamRZ **83**, 38, Köln FamRZ **81**, 903, zustm Schmeiduch, offen gelassen KG NJW **82**, 1543 mwN, aM (Teilentscheidung über den Versorgungsausgleich unzulässig) Kblz FamRZ **81**, 901, KG FamRZ **81**, 289, Mü FamRZ **79**, 1025.

Über die Kosten ist einheitlich zu entscheiden, § 93 a; die (Gesamt-)Entscheidung darf vom Rechtsmittelgericht iRv § 93 a auch dann geändert werden, § 308, wenn nur eine FolgeS angefochten ist, KG FamRZ **88**, 1075, aM Mü FamRZ **80**, 473. Erledigt sich im Rechtsmittelzug eine FolgeS, gilt für die Entscheidung über die Rechtsmittelkosten nicht § 91 a, sondern § 93 a (ggf iVm § 97 III), BGH AnwBl **84**, 502 u FamRZ **83**, 683.

Die im Verbund stehenden Sachen bilden gebührenrechtlich eine Angelegenheit, § 7 III BRAGO, dazu Düss AnwBl **83**, 556, zustm H. Schmidt AnwBl **83**, 552.

**D. Anfechtung.** Trotz des einheitlichen Urteils können der Scheidungsausspruch und jede FolgeS **17** getrennt angefochten werden, s § 629 a. Ein Verstoß gegen § 623 schafft eine selbständige Beschwer, BGH RR **96**, 834, FamRZ **84**, 255 mwN, und führt zur Zurückverweisung an die 1. Instanz, BGH RR **96**, 835 mwN.

**7) Auflösung des Verbundes.** Er tritt ein durch **18**

**A. Abtrennung:** FolgeS können grundsätzlich nicht abgetrennt werden, § 145 gilt für sie nicht. Abgetrennt wird eine FolgeS nur **a)** wenn bei einer FamS des § 621 I Z 5 u 8 sowie II 1 Z 4 **ein Dritter Verfahrensbeteiligter wird**, I 2, oben Rn 3; **b)** durch **Abtrennung nach II 2 oder III 2**, oben Rn 4 u 5, **c)** durch **Vorwegentscheidung nach § 627**, s dort; **d)** durch **Abtrennung nach § 628**.

In allen diesen Fällen endet der Verbund, die abgetrennte Sache **bleibt jedoch FolgeS**, vgl § 93 a II, MüKoKl § 627 Rn 3, Maurer 164, aM Bergerfurth AnwZwang Rn 350, STr 24, Rahm VII 47, diff ZöPh 9.

**B. Rücknahme des Antrags oder sonstige Erledigung der FolgeS:** Diese Umstände führen zur **19** Auflösung des Verbundes; dies gilt auch für einen Streit über die Erledigung, Zweibr FamRZ **97**, 505 (auch zur Kostenentscheidung). Dies gilt nicht, soweit die Gatten nicht verfügungsberechtigt sind, also zB bei einer Regelung der elterlichen Sorge, §§ 623 III, 627; hier endet das vAw eingeleitete Verfahren mit der Volljährigkeit des Kindes, Stgt NJW **80**, 129. Daß im letzten Termin in der FolgeS kein Antrag gestellt worden ist, führt nicht zur Auflösung des Verbundes, Hamm FamRZ **99**, 520.

**C. Rücknahme des Scheidungsantrags,** § 626, **oder seine sonstige Erledigung,** zB durch Tod, **20** § 619. Wird eine FolgeS als selbständige FamS fortgeführt, § 626 II, so bleibt das Gericht der Scheidungssache zuständig, § 261 III Z 2, Brüggemann FamRZ **77**, 22; das Verfahren richtet sich nach den §§ 621 a ff. Eine Beistandschaft, § 625, erlischt, die Prozeßvollmacht, § 624 I, gilt jedoch fort, ebenso die Bewilligung der Prozeßkostenhilfe, § 624 II.

**D. Entscheidung über den Scheidungsanspruch:** Der Verbund wird aufgelöst **a)** für alle FolgeS mit **21** **Abweisung des Scheidungsantrags**, § 629 III, **b)** für bestimmte FolgeS mit **Stattgabe des Scheidungsantrags**, § 628. Wegen der Fortführung als selbständige FamS, § 629 III 2 u 3, s oben Rn 18.

**8) Übergeleitete Verfahren, V.** Das oben Gesagte gilt auch für Verfahren, die nach § 621 III auf das **22** Scheidungsgericht übergeleitet (verwiesen oder abgegeben) worden sind, § 621 Rn 34 u 35. Soweit ein Antrag erforderlich ist, oben Rn 3 u 4, muß in der Ehegatte bis zum Schluß der mündlichen Verhandlung 1. Instanz, II, erklären, daß er das vor der Scheidung eingeleitete Verfahren auf eine Regelung der Scheidungsfolgen umstellt. Sonst wird das Verfahren vom jetzt zuständigen Scheidungsgericht als selbständige FamS weitergeführt, §§ 621 a ff, ohne daß eine Verbindung mit der Scheidungssache zulässig ist, § 610 II.

**624** *Sondervorschriften für das Verfahren in Folgesachen.* **I** Die Vollmacht für die Scheidungssache erstreckt sich auf die Folgesachen.

**II** Die Bewilligung der Prozeßkostenhilfe für die Scheidungssache erstreckt sich auf Folgesachen nach § 621 Abs. 1 Nr. 6, soweit sie nicht ausdrücklich ausgenommen werden.

**III** Die Vorschriften über das Verfahren vor den Landgerichten gelten entsprechend, soweit in diesem Titel nichts Besonderes bestimmt ist.

## § 624

**IV** ¹Vorbereitende Schriftsätze, Ausfertigungen oder Abschriften werden am Verfahren beteiligten Dritten nur insoweit mitgeteilt oder zugestellt, als das mitzuteilende oder zuzustellende Schriftstück sie betrifft. ²Dasselbe gilt für die Zustellung von Entscheidungen an Dritte, die zur Einlegung von Rechtsmitteln berechtigt sind.

**Vorbem.** II mWv 1. 7. 98 geänd durch Art 6 Z 21 KindRG, vgl Einf § 606 Rn 11.

**Schrifttum:** *Zimmermann*, PKH in FamS, 1997; *Thalmann*, PKH in FamS 1992 (Nachtrag 1995).

**1** **1) Allgemeines.** Grundsätzlich bleiben für FolgeS die Verfahrensvorschriften maßgeblich, die für diese FamS gelten. Trotz des Verbundes ist also ZPO oder FGG mit den sich aus § 621 a ergebenden Modifikationen anzuwenden, MüKoKl 1, vgl § 621 a Rn 2 u 3. Soweit sie FolgeS sind, bringen die §§ 624 ff Sondervorschriften. Von ihnen abgesehen, ist ggf unterschiedlich zu verfahren, sofern dies nach ZPO bzw FGG geboten ist; so gilt auch dann, wenn es sich um eine FolgeS handelt, im Versorgungsausgleichsverf nicht § 128, sondern § 53 b FGG, und zwar auch im Beschwerdeverf, BGH NJW **83**, 824. Freilich läßt sich eine solche Trennung nicht immer durchführen; außerdem würde eine kleinliche Aufspaltung dem Sinn des Verhandlungs- und Entscheidungsverbundes widersprechen. Ist zB in einer Kindessache der Untersuchungsgrundsatz nach FGG voll angewendet worden, so dürfen die Ergebnisse auch für die EheS (mit der sich aus § 616 VI ergebenden Beschränkung) und für alle FolgeS (in zivilprozessualen FolgeS trotz des Verhandlungsgrundsatzes) verwertet werden, weitergehend StJSchl 2, aM Maurer 418.

**2** **2) Vollmacht, I.** Für das Verfahren in einer FolgeS gilt ebenso wie für die Scheidungssache Anwaltszwang, § 78 II 1 Z 1. Die Vorschriften über die Vollmacht sind einheitlich in allen FolgeS anzuwenden, s § 621 Rn 30. Die Vollmacht für die Scheidungssache, § 609, erstreckt sich auch auf die FolgeS, I, nicht aber umgekehrt. Damit wird sichergestellt, daß die Parteien von vornherein auch in FolgeS anwaltlich vertreten sind; vgl iü § 625. Bei Abtrennung dauert die Vollmacht fort, § 623 Rn 16. Sie darf nur von einem beteiligten Dritten, § 623 Rn 10, auf eine im Verbund stehende FolgeS beschränkt werden, § 83 I, str, vgl § 609 Rn 1.

**3** **3) Prozeßkostenhilfe, II.** Für die Prozeßkostenhilfe gelten einheitlich die §§ 114 ff ZPO, auf die auch § 14 FGG verweist, s § 621 a Rn 6 (Schrifttum: Zimmermann, Prozeßkostenhilfe in FamS, 1997; Thalmann, Prozeßkostenhilfe in FamS, 1992).

**A. Erstreckung.** Vor dem Inkrafttreten des UÄndG war streitig, ob sich die für die Scheidungssache bewilligte Prozeßkostenhilfe nur auf bereits anhängige oder doch angekündigte FolgeS erstreckte oder auch später anhängig werdende FolgeS umfaßte, vgl 44. Aufl, Diederichsen NJW **86**, 1467. Nach der Neufassung von II erstreckt sich die Bewilligung nur auf **FolgeS nach § 621 I Z 6**, soweit sie nicht ausdrücklich ausgenommen werden. Danach umfaßt die Bewilligung ohne weiteres die Verf über den Versorgungsausgleich in jeder Form, nicht nur in den Fällen des § 1587 b BGB, MüKoKl 5, ZöPh 8, abw Maurer 218 (keine Erstreckung auf den schuldrechtlichen Versorgungsausgleich): aber schon der Wortlaut geht über den Zweck der Änderung hinaus, die „Automatik" nach II nur für diejenigen FolgeS eintreten zu lassen, die das FamGer vAw einzuleiten hat, § 623 III 1, BT-Drs 10/2888 S 28. Für alle anderen FolgeS ist die Prozeßkostenhilfe gesondert zu beantragen und zu bewilligen; wird einem auch auf eine FolgeS bezogenen Antrag ohne Einschränkung stattgegeben, ist damit PHK für diese FolgeS bewilligt (keine stillschweigende Einschränkung), Mü FamRZ **95**, 822. Auch die in II genannten FolgeS kann das Gericht von der Prozeßkostenhilfe ausnehmen. Dies wird idR bei der Bewilligung für die Scheidungssache geschehen können und müssen; eine nachträgliche Beschränkung ist aber zB bei erkennbar werdender Mutwilligkeit nicht ausgeschlossen, aM Bergerfurth FamRZ **85**, 547, und immer möglich, wenn erst später erkennbar wird, daß eine Regelung über den Versorgungsausgleich nach § 1587 b BGB zu treffen ist (der durch § 124 festgelegte Bestandsschutz steht dem nicht entgegen, weil angesichts der „Automatik" kein Vertrauenstatbestand geschaffen wird, abw Schneider MDR **81**, 795 zu § 624 aF).

Aus II läßt sich für die entsprechenden AnO-Verf, §§ 620 ff, nichts herleiten: auf sie erstreckt sich die für die Scheidungssache bewilligte Prozeßkostenhilfe nicht, vgl Einf § 620 Rn 7.

Die Erstreckung nach II ändert nichts daran, daß es auch in diesen FolgeS für Vergleiche einer ausdrücklichen Bewilligung der Prozeßkostenhilfe bedarf, soweit hier Vergleiche zulässig sind, vgl KG MDR **98**, 1484. Ein abweichender Vorschlag im RegEntw, dazu Bergerfurth FamRZ **85**, 547, ist nicht Gesetz geworden, vgl Diederichsen NJW **86**, 1467. Für die Anwaltsgebühren gilt § 122 III BRAGO, Sedemund-Treiber FamRZ **86**, 209.

**4** **B. Bewilligung.** Eines Antrages bedarf es für die Scheidungssache und die nicht von II erfaßten FolgeS. Die Voraussetzungen ergeben sich aus §§ 114 ff, auf die auch § 14 FGG verweist, § 621 a Rn 3, § 114 Rn 101 und Rn 124.

**Grundsätze:** Für einen aussichtslosen Scheidungsantrag oder Gegenantrag (ohne FolgeS) ist Prozeßkostenhilfe nicht zu bewilligen, Düss FamRZ **86**, 697. Iü kommt es allein auf das zweckentsprechende Verhalten im gesamten Verbundverfahren an, Maurer 209, Nolting FamRZ **86**, 697, Bergerfurth FamRZ **85**, 723, alle mwN, so daß Prozeßkostenhilfe dem Antragsgegner auch dann für das ganze Verfahren bewilligt werden darf, wenn eine Verteidigung gegen den Scheidungsantrag als solchen überhaupt nicht beabsichtigt ist, Bbg RR **95**, 6 mwN, Ffm DAVorm **84**, 707, Celle MDR **83**, 323, oder keinen Erfolg verspricht, Jena FamRZ **98**, 1179, Stgt NJW **85**, 207 mwN, KG FamRZ **85**, 621, Bre und Hamm FamRZ **85**, 622, Köln FamRZ **82**, 1224 mwN, str, aM KG FamRZ **80**, 714 mwN, Düss FamRZ **79**, 158 u 159, Zweibr FamRZ **79**, 847 (Bewilligung ggf nur für einzelne FolgeS), Karlsr FamRZ **79**, 847 (jedenfalls ist ein RA nur bei Erfolgsaussicht beizuordnen). Die Bewilligung für den Antragsgegner setzt aber voraus, daß er ein bestimmtes Verfahrensziel verfolgt, sich also nicht völlig passiv verhält, Maurer, aaO, Bre FamRZ **85**, 622, Karlsr FamRZ **85**, 724. Prozeßkostenhilfe für eine FolgeS ist abzulehnen oder nach II zu beschränken, wenn die Rechtsverfolgung aussichtslos, Bbg FamRZ **87**, 500, Hbg FamRZ **81**, 581, oder mutwillig ist, zB wegen isolierter Erhebung der Klage statt Geltendmachung im Verbundverfahren, Köln NJWE-FER **99**, 132 mwN, oder

3. Abschnitt. Verfahren in Scheidungs- und Folgesachen §§ 624, 625

wegen Verweigerung der Mitwirkung beim Versorgungsausgleich, Hamm FamRZ 80, 180; soweit es um das Sorgerecht geht, wird eine Ablehnung nur ausnahmsweise in Betracht kommen, vgl Hbg aaO.
Für die **Beiordnung eines RA** gilt auch in isolierten FGG-FolgeS § 121 II 1 (2. Alternative), § 121 Rn 56, Zweibr FamRZ **87**, 963, Köln FamRZ **97**, 377 mwN, Hamm FamRZ **86**, 488 u **85**, 623 mwN, Kblz FamRZ **85**, 624, sehr str, aM Beyer JB **89**, 444, Nürnb RR **95**, 389 u FamRZ **87**, 731 mwN, ua Hamm FamRZ **86**, 82 u **84**, 1245. Die Vergütung des RA ergibt sich aus §§ 120 ff BRAGO. Wegen des Umfangs der Beiordnung s § 122 III BRAGO, wegen der Obliegenheit des RA, keine vermeidbaren Kosten zu verursachen, vgl Karlsr FamRZ **94**, 973, Ffm RR **90**, 5, Düss RR **89**, 1485.

**4) Anwendung der landgerichtlichen Verfahrensvorschriften, III.** Nach § 608 gelten für die Schei- **5** dungssache die Vorschriften über das landgerichtliche Verfahren entsprechend, s dortige Erläuterungen. Diese Regelung wird durch III auf FolgeS erstreckt, für die ZPO maßgeblich ist, § 621 a Rn 2. In FolgeS nach § 621 I Z 4 u 5 sind daher ohne Rücksicht darauf, ob für sie als selbständige FamS die §§ 495 ff gelten, die landgerichtlichen Verfahrensvorschriften anzuwenden, soweit der 3. Titel nichts besonderes bestimmt (für FolgeS nach § 621 I Z 8 gilt § 621 b). Solche Bestimmungen enthalten § 624 IV und die §§ 625–630; zu terminieren ist auch hier unverzüglich, § 216, dh bei Entscheidungsreife aller nach § 623 zu verhandelnden Sachen, also auch der bereits anhängigen FolgeS, Ffm NJW **86**, 389 mwN, wenn nicht die Scheidungssache abweisungsreif ist, § 612 Rn 1.
Hinsichtlich der FolgeS nach § 621 I Z 1–3, 6, 7 u 9 bleibt es dagegen bei der Anwendung des FGG (nach Maßgabe des § 621 a I), KG FamRZ **84**, 495, wie die §§ 624 IV 2 und 629 a II zeigen, ZöPh 13. Deshalb gelten insoweit auch nicht § 128 I und § 313 a, sondern FGG, für den Versorgungsausgleich also § 53 b I FGG, KG FamRZ **84**, 495, bzw § 53 b III FGG, Stgt FamRZ **83**, 82 mwN.

**5) Beteiligung Dritter, IV.** Infolge des Verbundes, § 623, können am Verfahren auch Dritte beteiligt **6** sein, § 623 Rn 11. Wegen der höchstpersönlichen Natur des Scheidungsverfahrens dürfen Schriftsätze, Ausfertigungen und Abschriften (aller Art) solchen Dritten **nur insoweit mitgeteilt oder zugestellt werden, als das Schriftstück sie betrifft, IV 1; dasselbe gilt für die Zustellung von Entscheidungen** an Dritte, die zwar nicht am Verfahren der 1. Instanz beteiligt sind, aber zur Einlegung von Rechtsmitteln berechtigt sind, **IV 2**, zB ein gemeinschaftliches Kind nach § 59 FGG in einer Rechtsstellung berührenden FolgeS. Der Urheber des Schriftstücks, dh das Gericht oder der RA, hat dafür zu sorgen, daß die Vorschrift eingehalten wird, also etwa Auszüge aus der Entscheidung herzustellen bzw getrennte Schriftsätze einzureichen. Wegen der Beteiligung Dritter an einer mündlichen Verhandlung s § 623 Rn 13.
**Zustellung** (Philippi FamRZ **89**, 1260, ZöPh 17–21, Rahm VII 171–174): Jede Entscheidung, die (auch) **7** über eine FolgeS des § 621 I Z 1–3 ergeht, muß nicht nur dem gesetzlichen Vertreter zugestellt werden, § 171, Saarbr NJW **79**, 2620, sondern auch dem mindestens 14 Jahre alten minderjährigen Kind, das nicht geschäftsunfähig ist, bekanntgemacht werden, jedoch ohne Begründung, weil deswegen Nachteile für das Kind zu befürchten sind, § 59 II FGG; ebenso ist die Entscheidung nach § 85 KJHG zuständigen Jugendamt wegen § 57 I Z 9 FGG, § 64k III FGG zuzustellen, bei Änderung der nach § 85 KJHG maßgeblichen Umstände bis auf weiteres dem zuletzt angehörten Jugendamt, § 86 III KJHG (nach §§ 49 a II, 49 III FGG sind alle Entscheidungen in FolgeS des § 621 I Z 1 u 2 sowohl dem Jugendamt als auch dem Landesjugendamt bekannt zu machen). Entsprechendes gilt für die Zustellung von Entscheidungen, die in FolgeS des § 621 I Z 4–8 ergehen, zB an den am Versorgungsausgleich Beteiligten, § 53 b FGG, sowie an andere Beteiligte, zB den Vermieter nach § 7 HausratsVO. Zustellungen an nicht betroffene Drittbeteiligte sind nicht erforderlich, auch nicht im Hinblick auf § 629 a III, Rn 19 ff.

## 625 *Beiordnung eines Rechtsanwalts.*

¹Hat in einer Scheidungssache der Antragsgegner keinen Rechtsanwalt als Bevollmächtigten bestellt, so ordnet das Prozeßgericht ihm von Amts wegen zur Wahrnehmung seiner Rechte im ersten Rechtszug hinsichtlich des Scheidungsantrags und eines Antrags nach § 1671 Abs. 1 des Bürgerlichen Gesetzbuchs einen Rechtsanwalt bei, wenn diese Maßnahme nach der freien Überzeugung des Gerichts zum Schutz des Antragsgegners unabweisbar erscheint; § 78 c Abs. 1, 3 gilt sinngemäß. ²Vor einer Beiordnung soll der Antragsgegner persönlich gehört und dabei besonders darauf hingewiesen werden, daß die Familiensachen des § 621 Abs. 1 gleichzeitig mit der Scheidungssache verhandelt und entschieden werden können.

**II** Der beigeordnete Rechtsanwalt hat die Stellung eines Beistandes.

**Vorbem.** I mWv 1. 7. 98 geänd durch Art 6 Z 22 KindRG, vgl Einf § 606 Rn 11.

**1) Allgemeines.** In Scheidungs- und FolgeS besteht für beide Parteien Anwaltszwang, § 78 II 1 Z 1. **1** Trotzdem braucht der Antragsgegner keinen RA zum Prozeßbevollmächtigten zu bestellen, wenn er keinen Sachantrag stellen will, zB bei einverständlicher Scheidung, § 1565 iVm § 1566 BGB. In der Regel benötigt aber eine Partei im Scheidungsverfahren anwaltliche Beratung, vor allem auch wegen der Scheidungsfolgen. Diese Beratung über die Scheidung und die Regelung der elterlichen Sorge stellt § 625 sicher. Unberührt bleiben die Vorschriften über die Prozeßkostenhilfe, dazu Kblz MDR **77**, 233, AG Syke RR **93**, 1479; den dafür erforderlichen Antrag darf der nach § 625 beigeordnete RA als Beistand für die Partei stellen, Brüggemann FamRZ **77**, 8.

**2) Beiordnung eines RA, I.** Hat in einer Scheidungssache der Antragsgegner keinen RA als Bevoll- **2** mächtigten bestellt, so hat das FamGer wie folgt zu verfahren:

**§§ 625, 626**

**A. Vorbereitung.** Zunächst soll es, dh muß es abgesehen von besonderen Ausnahmefällen, den Antragsgegner **persönlich hören,** § 613, und zwar mündlich, Hamm RR **87**, 952; dabei hat es ihn über die Tragweite der Scheidung und seine Rechte aufzuklären **sowie besonders darauf hinzuweisen,** daß etwaige FolgeS im Verbund mit der Scheidungssache verhandelt und entschieden werden können, I 2. Das Gericht wird, soweit es erforderlich ist, dem Antragsgegner auch nahelegen, einen RA zum Prozeßbevollmächtigten zu bestellen.

3   **B. Beiordnung.** Geschieht dies nicht, so ordnet das Prozeßgericht (FamGer) dem Antragsgegner (auch wenn er nicht bedürftig iSv § 114 I ist) vAw einen RA bei, **wenn diese Maßnahme nach seiner freien Überzeugung zum Schutz des Antragsgegners unabweisbar erscheint,** I 1. Das ist der Fall, wenn das Gericht nach Sachlage zu dem Ergebnis kommt, daß der Schutz des Antragsgegners auf andere Weise nicht sichergestellt werden kann, weil er aus Unkenntnis, mangelnder Übersicht über seine Lage und die Folgen der Scheidung, Uneinsichtigkeit oder auch unter dem Einfluß des anderen Ehegatten seine Rechte in unvertretbarer Weise nicht hinreichend wahrnimmt, Hamm RR **98**, 1459. Danach kommt eine Beiordnung nicht in Betracht, wenn der Antragsgegner in voller Kenntnis aller Umstände keinen Prozeßbevollmächtigten bestellt, Hamm aaO, und auch dann nicht, wenn der Scheidungsantrag eindeutig unschlüssig ist, Hamm FamRZ **82**, 86. Fordert der Schutz eines Kindes die sachgemäße Beratung des Antragsgegners, wird diesem immer ein RA beizuordnen sein, vgl Jost NJW **80**, 332.

4   **a) Die Beiordnung erstreckt sich** auf die Scheidungssache und, wenn gemeinschaftliche Kinder vorhanden sind, auf einen Antrag nach § 1671 I BGB (Regelung der elterlichen Sorge), I 1 1. **Halbs.** Für andere FolgeS ist eine Beiordnung nach § 625 nicht zulässig, StJSchl 3, Kblz FamRZ **85**, 619 mwN, auch nicht für die Regelung des Umgangs mit einem Kinde, MüKoKl 6, aM ZöPh 6, Diederichsen Mü RR **77**, 606, Mü AnwBl **79**, 440. Auf eine einstwAnO, auch eine solche über die elterliche Sorge, erstreckt sich die Beiordnung nicht, MüKoKl 6, Kblz FamRZ **85**, 619, Einf § 620 Rn 7.

Der **RA ist zur Annahme verpflichtet,** § 48 I Z 3 BRAO, kann aber die Aufhebung der AnO aus wichtigem Grunde verlangen, § 48 II BRAO, Anh § 155 GVG. Hierhin gehören namentlich die Fälle des § 45 BRAO, aber auch eine Störung des notwendigen Vertrauensverhältnisses. Nach der Aufhebung hat das Gericht einen anderen RA beizuordnen.

5   **b)** Für die **Auswahl** des RA durch das Gericht gilt § 78 c I, für die **Beschwerde** gegen die Verfügung des Gerichts **§ 78 c III, I 1 2. Halbs**; über die Beschwerde entscheidet das OLG, § 119 GVG. Abgesehen davon ist keine Beschwerde gegen die Ablehnung eines Antrags auf Beiordnung, Maurer 194, aM Ambrock 2, sowie gegen die Beiordnung als solche zulässig, StJSchl 3, sehr str, aM MüKoKl 7, StR 5, Maurer 195, ZöPh 4, ThP 6, Bergerfurth Rn 47 u AnwZwang Rn 337, Walter S 180, Hamm RR **87**, 952, FamRZ **82**, 86 mwN, Düss FamRZ **78**, 918, KG FamRZ **78**, 607, ebensowenig dann, wenn das Gericht den Antrag der Partei auf Aufhebung ablehnt (aM Brüggemann, FamRZ **77**, 8) oder wenn sich die Partei schon vorher gegen die Beiordnung ausgesprochen hatte (aM Oldb FamRZ **80**, 179): die Voraussetzungen des § 567 I sind in keinem dieser Fälle erfüllt, vgl dort Rn 4.

6   **c)** Durch die Beiordnung entstehen dem Gericht **keine Gebühren.**

7   **3) Stellung des beigeordneten RA, II.** Solange der Antragsgegner dem RA keine Prozeßvollmacht erteilt hat, hat dieser **die Stellung eines Beistands,** § 90. Er ist daher darauf beschränkt, den Antragsgegner über die Tragweite der Scheidung und ihre Folgen aufzuklären, ihn zu beraten und (nur neben ihm) schriftlich und mündlich vorzutragen, § 90 II. Ihm sind deshalb alle Entscheidungen und Schriftsätze in Abschrift zuzuleiten, während Zustellungen an die Partei selbst zu erfolgen haben, BGH NJW **95**, 1225 mwN. Der beigeordnete RA hat gegen den Antragsgegner Anspruch auf die Vergütung wie ein zum Prozeßbevollmächtigten bestellten RA, § 36 a I BRAGO, also auf Gebühren nach § 31 BRAGO (Wert: § 12 GKG iVm § 9 BRAGO); er kann jedoch keinen Vorschuß fordern. Ist der Antragsgegner mit der Zahlung im Verzug, kann der RA in entsprechender Anwendung der §§ 121 ff BRAGO eine Vergütung aus der Landeskasse verlangen, § 36 a II BRAGO. Vgl dazu Hartmann Erl zu § 36 a BRAGO.

**626** *Rücknahme des Scheidungsantrages.* [I] [1]Wird ein Scheidungsantrag zurückgenommen, so gilt § 269 Abs. 3 auch für die Folgesachen, soweit sie nicht die Übertragung der elterlichen Sorge oder eines Teils der elterlichen Sorge wegen Gefährdung des Kindeswohls auf einen Elternteil, einen Vormund oder einen Pfleger betreffen; in diesem Fall wird die Folgesache als selbständige Familiensache fortgeführt. [2]Erscheint die Anwendung des § 269 Abs. 3 Satz 2 im Hinblick auf den bisherigen Sach- und Streitstand in den Folgesachen der in § 621 Abs. 1 Nr. 4, 5, 8 bezeichneten Art als unbillig, so kann das Gericht die Kosten anderweitig verteilen. [3]Das Gericht spricht die Wirkungen der Zurücknahme auf Antrag eines Ehegatten aus.

[II] [1]Auf Antrag einer Partei ist ihr durch Beschluß vorzubehalten, eine Folgesache als selbständige Familiensache fortzuführen. [2]Der Beschluß bedarf keiner mündlichen Verhandlung. [3]In der selbständigen Familiensache wird über die Kosten besonders entschieden.

**Vorbem.** I 1 mWv 1. 7. 98 geänd durch Art 6 Z 23 KindRG, vgl Einf § 606 Rn 11.

1   **1) Allgemeines.** Für die **Rücknahme des Scheidungsantrags,** § 622, gilt § 269, § 608, s die Erl zu § 269 (zur konkludenten Rücknahme BGH FamRZ **96**, 1143, zur Auswirkung auf materielle Rechtsfolgen BGH NJW **86**, 2318). Die Rücknahme ist in jeder Verfahrenslage möglich, wenn der Antragsgegner anwaltlich nicht vertreten war, also nicht zur Hauptsache verhandeln konnte, mag er auch geladen und erschienen sein, § 269 Rn 14; dies gilt auch dann, wenn er nach § 613 zur Sache gehört worden ist, Zweibr RR **97**, 833 mwN, aM Mü RR **94**, 201. Hat er sich auf den in mündlicher Verhandlung gestellten Scheidungsantrag zur Sache eingelassen (auch dadurch, daß er ihm zugestimmt hat, Mü RR **94**, 201 mwN),

bedarf die Rücknahme seiner Zustimmung, § 269 III. Entspr § 630 II 1 bedarf es für die Rücknahme nicht der Zustimmung des anderen Ehegatten, wenn beide eigene Scheidungsanträge gestellt haben, AG Bln-Charlottenb FamRZ **86**, 704 mwN. Ein Widerruf der Rücknahme ist auch mit Zustimmung des Gegners nicht zulässig, Mü FamRZ **82**, 510. Die Auswirkungen der Rücknahme auf die im Verbund stehenden FolgeS regelt § 626.

**2) Wirkung der Rücknahme für FolgeS, I.** Da in ihnen nur eine Regelung für den Fall der Scheidung erstrebt wird, § 623 I, werden alle FolgeS mit der Rücknahme des Scheidungsantrags **gegenstandslos, soweit es sich nicht um die Übertragung des Sorgerechts nach §§ 1666, 1666 a BGB handelt, I 1** iVm § 269 III 1, **bzw keine Partei einen Antrag nach II stellt.** In diesem Fall ist die FolgeS als nicht anhängig gewesen anzusehen; eine in ihr ergangene Entscheidung (Urteil, § 629, oder Beschluß bei Vorwegentscheidung, § 627) wird wirkungslos, ohne daß es ihrer ausdrücklichen Aufhebung bedarf.

**Die Kosten trägt der Antragsteller** der Scheidungssache, soweit über sie noch nicht rechtskräftig erkannt ist, I 1 iVm § 269 III 2, ohne Rücksicht darauf, welcher Ehegatte Antragsteller der FolgeS war; die abweichende Regelung in einem Vergleich geht vor, aM Hamm FamRZ **91**, 839. Eine **andere Verteilung** der Kosten kann das Gericht in den ZPO-Sachen des § 621 I Z 4, 5 u 8 vornehmen, wenn die Kostenbelastung des Antragstellers der Scheidungssache im Hinblick auf den bisherigen Sach- und Streitstand in der FolgeS als unbillig erscheint, I 2, etwa weil der die FolgeS betreibende Antragsgegner der Scheidungssache in der FolgeS übersteigerte Ansprüche erhoben hat; vgl § 93 a II.

Auf Antrag eines Ehegatten spricht **das Gericht diese Wirkungen aus**, I 3, also nicht vAw, aber auch auf Antrag des Rücknehmenden. Dies gilt auch für die abweichende Kostenregelung nach I 2. Die Entscheidung ergeht nach freigestellter mündlicher Verhandlung durch Beschluß; Gebühren für das Gericht entstehen dadurch nicht. Gegen die Entscheidung des FamGer ist die **sofortige Beschwerde**, I 1 iVm § 269 III 5, an das OLG, § 119 GVG, gegeben, Hamm FamRZ **91**, 839. Wegen der Einzelheiten s § 577.

**3) Fortführung von FolgeS, II**

**A. Fortführung von Amts wegen, I 1.** Eine FolgeS, die wegen Gefährdung des Kindeswohls die Übertragung des Sorgerechts betrifft, §§ 1666 u 1666 a BGB, ist vAw als selbständige FolgeS fortzuführen.

**B. Fortführung auf Antrag, II.** Sind andere FolgeS anhängig, so hat im Fall der Rücknahme des Scheidungsantrags das Gericht einer Partei auf ihren Antrag **vorzubehalten, eine FolgeS als selbständige FamS fortzuführen, II 1**; § 623 Rn 10, hat kein Antragsrecht, ein sonst Beteiligter. Antragsberechtigt ist der Ehegatte, der die FolgeS fortführen will, in den vAw eingeleiteten Verf beide Ehegatten; der noch im Verbund zu stellende Antrag unterliegt dem Anwaltszwang, § 78 II 1 Z 1, STr 6, Bergerfurth AnwZwang Rn 352. Die Wirkungen der Rücknahme, oben Rn 2, treten dann hinsichtlich dieser FolgeS nicht ein. Der Antrag kann nur solange gestellt werden, wie das Verfahren nicht abgeschlossen ist, ist also bis zur Rechtskraft des Beschlusses nach § 269 III zulässig, Celle FamRZ **84**, 301 mwN.

Die Entscheidung über die Fortführung ergeht durch **Beschluß, der keiner mündlichen Verhandlung bedarf, II 2,** und unanfechtbar ist, soweit er dem Antrag stattgibt. Die Fortführung kommt nur in Frage, wenn die bisherige FolgeS unabhängig von einem Scheidungsverfahren anhängig gemacht werden kann, zB Unterhaltssachen und Hausratssachen, § 18 a HausratsVO, Diederichsen NJW **77**, 657 (eine Wohnungssache kann als Verf nach § 1361 b BGB fortgeführt werden, Finger NJW **87**, 1003); ein Verfahren wegen des Versorgungsausgleichs kann deshalb nicht fortgeführt werden, es sei denn, die Rücknahme des Scheidungsantrags wird nach der Anerkennung einer ausländischen Scheidung erklärt, KG NJW **79**, 1107, AG Charlottenburg RR **90**, 4 (das auch ohne Antrag nach II die Einleitung eines nachträglichen VersAusgl-Verfahrens für zulässig hält). Der Antrag kann aber nur bis zum Ergehen einer Entscheidung gestellt werden, die das Ende der Rechtshängigkeit bestätigt. Ob für eine Fortführung ein Bedürfnis besteht, ist dagegen nicht zu prüfen, aM Oldb FamRZ **83**, 95; diese Frage ist im weiteren Verf über die FolgeS zu entscheiden. Soweit der Antrag abgelehnt wird, ist dagegen **Beschwerde** nach den §§ 567 ff zulässig, § 624 III, STr 7; sie geht an das OLG, § 119 GVG. Im Verfahren des FamGer entstehen für das Gericht keine Gebühren.

**C. Gemeinsames, II 3.** Die selbständige FamS bleibt beim FamGer der Scheidungssache anhängig, Brüggemann FamRZ **77**, 22. Das weitere Verfahren richtet sich nach den §§ 621 a ff, nicht nach den §§ 623 ff, Maurer 459; wegen § 624 I u II s aber § 623 Rn 16. Soweit der Antrag auf Regelung einer Scheidungsfolge gerichtet war, muß er umgestellt werden, zB auf Unterhalt bei bestehender Ehe, StJSchl 3. Die Prozeßruhe nach § 1629 III BGB endet, so daß das Kind in den Unterhaltsprozeß eintritt, Bergerfurth FamRZ **82**, 564, § 621 Rn 17. **Über die Kosten wird in der selbständigen FamS besonders entschieden, II 3**, und zwar nach den allgemeinen Vorschriften, nicht nach § 93 a; wird die vorbehaltene FamS nicht betrieben, gilt § 91 bzw § 13 a FGG, Maurer 461. Zur Kostenerstattung s Jena FamRZ **99**, 175.

**D. Entsprechende Anwendung.** II ist entsprechend anzuwenden auf andere Fälle, in denen der Scheidungsantrag gegenstandslos wird, namentlich beim Tod eines Ehegatten, STr § 619 Rn 5 mwN, aM Rolland § 619 Rn 10 ff: Fortführung des Verfahrens ohne Vorbehalt, noch anders KG NJW **78**, 1812: Erledigung der FolgeS nach § 619. Eine Fortführung kommt in diesen Fällen nur dann in Betracht, wenn der Streit gegen den überlebenden Gatten oder die Erben des verstorbenen Gatten fortgesetzt werden kann, zB wegen des Unterhalts eines volljährigen Kindes. Das ist bei dem Streit um den Versorgungsausgleich nicht der Fall, so daß sich diese FolgeS im Falle des § 619 erledigt, ohne daß eine Fortführung nach II möglich ist, BGH FamRZ **81**, 245 (für andere FolgeS offen gelassen). Bei Gegenstandslosigkeit des Scheidungsantrags wegen Anerkennung einer ausländischen Scheidung gilt das oben Rn 4 ff gesagte, MüKoKl 14, STr 9, BGH NJW **84**, 2042, offen Oldb FamRZ **83**, 95.

## § 627

**Vorwegentscheidung über die elterliche Sorge.** ¹Beabsichtigt das Gericht, von dem Antrag eines Ehegatten nach § 1671 Abs. 1 des Bürgerlichen Gesetzbuchs, dem der andere Ehegatte zustimmt, abzuweichen, so ist die Entscheidung vorweg zu treffen.

²Über andere Folgesachen und die Scheidungssache wird erst nach Rechtskraft des Beschlusses entschieden.

**Vorbem.** I mWv 1. 7. 98 geänd durch Art 6 Z 24 KindRG, vgl Einf § 606 Rn 11.

1   **1) Vorwegentscheidung über die elterliche Sorge, I.** Über eine FamS des § 621 I Z 1, die FolgeS geworden ist, § 623 II 1 Z 1, ist im Verbund mit der Scheidungssache zu entscheiden, § 623 I, dh einheitlich durch Urteil, § 629. Eine Ausnahme macht § 627: Beabsichtigt das Gericht, von einem übereinstimmenden Vorschlag der Ehegatten abzuweichen, weil dies zum Wohle des Kindes erforderlich ist, § 1671 III BGB, so ist die Entscheidung über die Regelung der elterlichen Sorge für den Fall der Scheidung nicht im Verbund, sondern vorweg zu treffen, und zwar ausnahmslos (Mußvorschrift); das gilt auch für die Berufungsinstanz, Mü FamRZ **84**, 407. Dadurch wird den Ehegatten ermöglicht, sich darauf einzustellen, daß ihre gemeinsamen Vorstellungen über den besonders bedeutsamen Punkt der elterlichen Sorge sich nicht verwirklichen lassen.

Die Entscheidung ergeht durch Beschluß nach Anhörung der Parteien, § 613. Gegen ihn ist Beschwerde und, wenn das FamGer entschieden hat, ggf weitere Beschwerde gegeben, § 621 e. Jedoch ist der Beschluß des OLG, das erstmals vom Vorschlag der Eltern abweichen will, unanfechtbar, § 133 GVG. Wirksam wird der Beschluß in jedem Fall erst mit der Rechtskraft des Scheidungsausspruchs, § 629 d. Wegen der Kosten s § 93 a I.

2   **2) Entscheidung über die Scheidungssache und andere FolgeS, II.** Über sie wird erst nach Rechtskraft des Beschlusses nach I entschieden. Damit erhalten die Parteien Gelegenheit, ihre Anträge hinsichtlich der Scheidung und ihrer Folgen danach einzurichten, daß über die elterliche Sorge in einem bestimmten Sinne endgültig entschieden worden ist. Daher muß das Rechtsmittelgericht, oben Rn 1, wenn es die Vorwegentscheidung aufhebt, weil es dem gemeinsamen Vorschlag der Eltern folgen will, in der Sache selbst entscheiden und eine entsprechende Regelung treffen; eine Zurückverweisung entsprechend § 629 b kommt nicht in Betracht, aM Maurer 468.

## § 628

**Vorwegentscheidung über den Scheidungsantrag.** ¹Das Gericht kann dem Scheidungsantrag vor der Entscheidung über eine Folgesache stattgeben, soweit

1. in einer Folgesache nach § 621 Abs. 1 Nr. 6 oder 8 vor der Auflösung der Ehe eine Entscheidung nicht möglich ist,
2. in einer Folgesache nach § 621 Abs. 1 Nr. 6 das Verfahren ausgesetzt ist, weil ein Rechtsstreit über den Bestand oder die Höhe einer auszugleichenden Versorgung vor einem anderen Gericht anhängig ist,
3. in einer Folgesache nach § 623 Abs. 2 Satz 1 Nr. 1 und 2 das Verfahren ausgesetzt ist, oder
4. die gleichzeitige Entscheidung über die Folgesache den Scheidungsausspruch so außergewöhnlich verzögern würde, daß der Aufschub auch unter Berücksichtigung der Bedeutung der Folgesache eine unzumutbare Härte darstellen würde.

²Hinsichtlich der übrigen Folgesachen bleibt § 623 anzuwenden.

**Vorbem.** I geänd und bisheriger II aufgehoben mWv 1. 7. 98 durch Art 6 Z 25 KindRG, vgl Einf § 606 Rn 11 (Schrifttum: *Bergerfurth* FF **98**, 3).

**Gliederung**

| | | | |
|---|---|---|---|
| 1) Regelungszweck | 1 | B. Verfahren | 8–13 |
| 2) Abkoppelung von FolgeS, I | 2–13 | 3) Einstweilige Anordnung | 14 |
| A. Voraussetzungen | 2–7 | | |

1   **1) Regelungszweck.** Neben § 627, der eine Vorwegentscheidung über die elterliche Sorge ermöglicht, sieht § 628 eine weitere Ausnahme vom Entscheidungsverbund vor, indem unter bestimmten Voraussetzungen eine anhängige FolgeS „abgekoppelt" werden darf, um eine Vorwegentscheidung über den Scheidungsantrag (und etwaige weitere FolgeS) zu ermöglichen. Die Wirkung unterscheidet sich von derjenigen der Trennung, § 145, unten Rn 11.

2   **2) Abkoppelung von FolgeS, I.** Die FolgeS brauchen nicht rechtshängig zu sein; Anhängigkeit genügt, § 623 II 1, Zweibr FamRZ **98**, 1525.

**A. Voraussetzungen der Vorwegentscheidung. a)** Das Gericht kann ausnahmsweise dem Scheidungsantrag vor der Entscheidung über die FolgeS stattgeben und über etwaige andere FolgeS entscheiden, wenn in einer FolgeS nach § 621 I Z 6 oder 8 **vor der Auflösung der Ehe eine Entscheidung nicht möglich ist**, Z 1, etwa weil die Regelung des Versorgungsausgleichs oder einer güterrechtlichen Frage eine weitere Entwicklung der rechtlichen oder tatsächlichen Verhältnisse voraussetzt, die erst mit oder nach Eheauflösung eintreten kann, zB die durch Scheidung bewirkte Auflösung einer Gesellschaft, Hagena FamRZ **75**, 395 (aM Maurer 479), oder Vermögensbewegungen bis zur Scheidung in der Gütergemeinschaft, Dörr NJW **89**, 1963, BGH FamRZ **84**, 254 (anders aber bei bevorstehenden Änderungen in der Zugewinngemeinschaft, abw Oldb FamRZ **88**, 89 m abl Anm Schwackenberg). Dabei sind immer die Umstände des Einzelfalles maßgeblich, BGH aaO. Die bloße Unzweckmäßigkeit einer Entscheidung im Verbund genügt nicht, also nicht der Umstand, daß sich die künftigen Verhältnisse noch nicht übersehen lassen, vgl J. Blomeyer ZRP **74**, 121.

## 3. Abschnitt. Verfahren in Scheidungs- und Folgesachen § 628

**b)** Eine Vorwegentscheidung in der Scheidungssache und etwaigen anderen FolgeS ist ferner zulässig, **3** wenn **in einer FolgeS nach § 621 I Z 6 das Verfahren ausgesetzt ist**, § 53 c FGG, weil ein Rechtsstreit über den Bestand oder die Höhe einer auszugleichenden Versorgung vor einem anderen Gericht anhängig ist, **Z 2**; die gleichzeitige Entscheidung über die FolgeS würde in diesem Fall die Erledigung der Scheidung unzumutbar verzögern, weil das Verfahren vor dem anderen Gericht (Verwaltungsgericht, Sozialgericht) idR langwierig sein wird.

Die **Aussetzung** in Fällen, in denen beim VersAusgl **in der früheren DDR** erworbene Rentenversicherungsanrechte zu berücksichtigen sind, regelt EV Anl I Kap III Sachgeb B Abschn II Z 2 § 1 I dahin, daß das VersAusglVerf entspr I Z 2 auszusetzen ist, ohne daß es auf die in I 1 genannten Voraussetzungen ankommt, vgl Pal-Died Anh III Art 234 § 6 EGBGB, dazu Celle FamRZ **92**, 714, AG Bln-Charl DtZ **91**, 61; das gleiche gilt bei einer Aussetzung nach § 2 VAÜG (Art 31 G v 25. 7. 91, BGBl 1702), MüKoKl 29. Vgl dazu allgemein Ruland NJW **92**, 85.

**c)** Desgleichen ist eine Vorwegentscheidung zulässig, **wenn in einer FolgeS nach § 623 II 1 Z 1 u 2 4 das Verfahren nach § 52 II FGG ausgesetzt ist, Z 3.** Vgl dazu § 623 Rn 4.

**d)** Eine Vorwegentscheidung über die Scheidung und etwaige andere FolgeS ist schließlich auch dann **4 a** zulässig, wenn die gleichzeitige Entscheidung über eine FolgeS den Scheidungsausspruch so **außergewöhnlich verzögern würde, daß der Aufschub auch unter Berücksichtigung der Bedeutung der FolgeS eine unzumutbare Härte darstellen würde**, **Z 4** (dazu eingehend Walter JZ **82**, 835). Danach müssen (was für jede einzelne FolgeS gesondert zu prüfen ist, Ffm RR **88**, 774) beide Merkmale, Verzögerung und Härte, vorliegen. Ob das der Fall ist, hängt einerseits von der Dauer der Verzögerung, andererseits von der Bedeutung der FolgeS namentlich für die Kinder ab, Übersicht bei v. Maydell FamRZ **81**, 628, zur Berücksichtigung des Kindeswohls van Els FamRZ **83**, 438. Deshalb ist eine Abkoppelung von FolgeS iSv § 621 I Z 1 (vgl dazu II) und § 621 I Z 4 u 5, wenn es um den notwendigen Bedarf geht, nur ganz ausnahmsweise gerechtfertigt, vgl Düss FamRZ **85**, 412. Eine Abtrennung kommt auch dann in Betracht, wenn agrd einer Entscheidung des BVerfG die gesetzliche Neuregelung einer entscheidungserheblichen Frage erfolgen muß, AG Kelheim FamRZ **97**, 565.

„**Außergewöhnlich**" ist eine Verzögerung nur, wenn die normale Dauer eines Verbundverfahrens **5** gleicher Art bei dem zuständigen FamGer, Maurer 484, überschritten wird, Celle FamRZ **96**, 1485, Bbg FamRZ **86**, 1012, Düss FamRZ **85**, 413, Ffm FamRZ **81**, 579, Schlesw SchlHA **81**, 67 (dazu Walter JZ **82**, 835), wobei die Zeit ab Rechtshängigkeit des Scheidungsantrags zu berücksichtigen ist, BGH FamRZ **91**, 689, Celle aaO, Hamm FamRZ **92**, 1086; bei beiderseitigem Scheidungswillen kommt es auf die Verfahrensdauer des Scheidungsantrags desjenigen Gatten an, der sich auf § 628 beruft, Stgt MDR **98**, 290. Einzelheiten: der Grund der Verzögerung ist ohne Bedeutung, BGH NJW **87**, 1773, Düss FamRZ **85**, 413 mwN. Ebensowenig sind übereinstimmende Interessen der Parteien, Ffm FamRZ **80**, 177, Hbg FamRZ **78**, 42, oder ihr Einverständnis von Bedeutung, Schlesw SchlHA **80**, 18. Deshalb rechtfertigt die gewöhnliche Dauer der Entscheidung über eine FolgeS, etwa den Versorgungsausgleich, für sich allein nicht die Abkoppelung dieser FolgeS, Schlesw FamRZ **89**, 1106, Zweibr FamRZ **83**, 623; als Richtpunkt für die gewöhnliche Dauer sind 2 Jahre anzunehmen, BGH RR **91**, 737; Drsd FamRZ **98**, 1527, Stgt MDR **98**, 290, Bbg FamRZ **88**, 531, Düss FamRZ **88**, 312, krit Kleinwegener FamRZ **93**, 985, wobei es sich aber nicht um einen Mindestzeitraum handelt, Celle FamRZ **96**, 1485. In Fällen mit Auslandsberührung kommt es auf den Einzelfall an, Hamm NJWE-FER **97**, 234. In aller Regel ist eine Abtrennung nicht gerechtfertigt, wenn der Prozeßstoff einfach und übersichtlich ist und die Entscheidung in kurzer Zeit fallen kann, Stgt FamRZ **92**, 321. Immer kommt es auf die Verzögerung in der Instanz an, so daß eine Abtrennung nicht auf die Dauer eines etwaigen Rechtsmittelverfahrens und den Versorgungsausgleich gestützt werden darf, aM BGH NJW **87**, 1773 (beiläufig), AG Augsb LS FamRZ **81**, 1192.

Die „außergewöhnliche Verzögerung" für sich allein genügt nicht, sie muß vielmehr eine „**unzumutbare 6 Härte**" darstellen, Drsd FamRZ **98**, 1527, Zweibr FamRZ **98**, 1526. Unter diesem Gesichtspunkt kommt es auf eine Abwägung der Interessen beider Ehegatten an, BGH RR **96**, 1025, Schlesw FamRZ **92**, 1200: je gewichtiger die Bedeutung der FolgeS für die aktuelle Lebenssituation ist, um so strenger müssen die Anforderungen sein, Köln RR **97**, 1366, Hamm FamRZ **92**, 1086, Bbg FamRZ **88**, 532. Deshalb sollte die Entscheidung über den nachehelichen Unterhalt nur ausnahmsweise abgetrennt werden, vgl BGH FamRZ **86**, 899, nämlich dann, wenn der Unterhalt keine existentielle Bedeutung für den Berechtigten hat, oder wenn ein anderes, bereits anhängiges Verfahren für die Entscheidung vorgreiflich ist, Schlesw SchlHA **97**, 135. Dagegen kann eine Abkoppelung in Betracht kommen, wenn eine Partei die Klärung des Versorgungsausgleichs behindert, indem sie Auskünfte verweigert und dadurch die Entscheidung außergewöhnlich verzögert, Köln RR **97**, 1366, Oldb RR **92**, 712, Hamm FamRZ **80**, 1049, Celle FamRZ **79**, 523, enger Köln FamRZ **83**, 290 mwN. Überhaupt wird eine Verzögerung, die auf einer Verletzung der Prozeßförderungspflicht beruht, idR die Unzumutbarkeit eines weiteren Zuwartens der Gegenpartei begründen, vgl BGH RR **96**, 1025 mwN, Bra FamRZ **96**, 751; Hamm FamRZ **92**, 1087, Ffm FamRZ **86**, 922, es sei denn, auch sie ist für die Verzögerung verantwortlich, Hamm FamRZ **97**, 826, Schlesw SchlHA **97**, 73. Die Abkoppelung kann auch gerechtfertigt sein, wenn eine der Getrenntleben erheblichen Unterhalt zu zahlen ist, während die Entscheidung über den Scheidungsantrag die Unterhaltspflicht verringern, BGH NJW **91**, 2492 mwN, oder wegfallen lassen würde, Ffm FamRZ **81**, 579 (zum umgekehrten Fall vgl Kblz FamRZ **90**, 771), oder wenn die FolgeS erst kurz vor der Entscheidungsreife der anderen Verbundsachen anhängig gemacht wird, Karlsr FamRZ **79**, 947 (dazu Walter JZ **82**, 837), oder wenn aus einer neuen Verbindung ein Kind hervorgeht, BGH NJW **87**, 1773 mwN, wobei aber der Dauer der Ehe besonderes Gewicht hat, Köln RR **97**, 1366. Eine unzumutbare Härte durch die Aufrechterhaltung des Verbundes wird durch eine mehrjährige Trennung für sich allein nicht begründet, jedoch kann es bei jahrzehntelanger Trennung anders liegen, Oldb FamRZ **79**, 619. Minder hohe Anforderungen sind zu stellen, wenn die Parteien mit einer Abkoppelung einverstanden sind, Walter JZ **82**, 837, Ffm FamRZ **79**, 62, AG Landstuhl RR **93**, 519, falls nicht die Belange anderer entgegenstehen; das Einverständnis steht dabei unter dem Vorbehalt, daß die gesetzlichen Voraussetzungen vorliegen, Schlesw FamRZ **89**, 1106.

## § 628

**7**  e) Die Regelung des § 628 ist abschließend, Düss FamRZ **88**, 965. **Eine Erweiterung der Voraussetzungen** durch Berücksichtigung anderer Umstände, zB die Ungeklärtheit einer Rechtsfrage, **ist unzulässig**, Zweibr FamRZ **82**, 946. Vielmehr sind Z 1–3 eng auszulegen, um den Zweck des Verbundes, Üb § 622, nicht zu vereiteln, Bbg FamRZ **88**, 531, Düss FamRZ **88**, 312. Dieser Zweck besteht bei kinderloser Ehe allerdings nicht darin, zusätzlich zu den Scheidungssperren des materiellen Rechts den Bestand der Ehe zu schützen, Ffm FamRZ **79**, 1013, vgl Bbg aaO. Die Abtrennung und ihre Voraussetzungen sind auch außerhalb des Zwangsverbundes **jeder Parteidisposition entzogen**, BGH NJW **91**, 1616 m Anm Philippi FamRZ **91**, 1426, Düss FamRZ **88**, 965, so daß ihr Einverständnis das Gericht nicht von der selbständigen Prüfung und Entscheidung entbindet, BGH NJW **91**, 1617 mwN, abw für Antrags-FolgeS Schlesw FamRZ **91**, 96 (dazu Schulze FamRZ **91**, 98 mwN), Hamm FamRZ **86**, 823 mwN, Kersten FamRZ **86**, 754, ZöPh § 623 Rn 34, offen gelassen von Stgt FamRZ **89**, 995. Deshalb kann bei einem Verstoß des Gerichts gegen § 628 auch keine Heilung nach § 295 eintreten, BGH NJW **91**, 1617, Düss FamRZ **88**, 965. Jedoch schließt dies nicht aus, daß bei Einverständnis der Ehegatten mit der Abtrennung eine unzumutbare Härte eher anzunehmen ist, oben Rn 6 aE.

Hinsichtlich der Prüfung der Voraussetzungen hat das Gericht einen **Beurteilungsspielraum**, BGH NJW **87**, 1773, aM STr 11 mwN. Zur Überprüfung s unten Rn 10.

**8**  **B. Verfahren. a) Zuständigkeit:** Eine Vorwegentscheidung über den Scheidungsantrag und etwaige andere FolgeS ist auch in 2. Instanz möglich, wenn die oben Rn 2 ff genannten Voraussetzungen erst dann vorliegen, Düss FamRZ **78**, 527; maßgeblich ist die Tatsachenlage im Zeitpunkt der Berufungsverhandlung, Schlesw SchlHA **80**, 18. Dagegen kann I in der Rechtsmittelinstanz nicht angewendet werden, wenn das FamGer im Verbund über die Scheidung und die FolgeS entschieden hat, aber das Urteil nur hinsichtlich der letzteren angefochten worden ist: eine Herausnahme der FolgeS, durch die der Scheidungsausspruch wirksam werden würde, ist in diesem Fall auch im Hinblick auf § 629 a II 3 nicht statthaft, ZöPh § 629 a Rn 6, BGH NJW **81**, 55 mwN (krit Anm Oehlers FamRZ **81**, 248), Stgt FamRZ **84**, 806, str, aM ua Walter FamRZ **79**, 676, Saarbr FamRZ **82**, 947.

**9**  Ob das Gericht bei Vorliegen der Voraussetzungen von der Möglichkeit der Auflösung des Verbundes Gebrauch macht, hat es **nach pflichtgemäßem Ermessen zu entscheiden** („kann"), Rahm VII 141, Rolland 14, BGH NJW **91**, 2492, Karls FamRZ **99**, 99 mwN (auch zur greifbaren Gesetzwidrigkeit, § 567 Rn 6), Düss FamRZ **94**, 1121 (aM für I Z 3 MüKoKl 3, STr 11, Maurer 475, Stgt FamRZ **78**, 810: gebundene Entscheidung); dabei hat es die mit der Abkoppelung eintretenden Folgen zu bedenken, die sich auch auf das materielle Recht auswirken können, vgl Hamm FamRZ **84**, 53 (zu § 1365 BGB), zustm Bosch, jedoch wird im Fall von I Z 3 stets eine Abkoppelung geboten sein. Den Parteien ist rechtliches Gehör zu gewähren, BGH NJW **87**, 1773. Abgetrennt werden darf nur eine FolgeS als solche; danach dürfen nicht einzelne Unterhaltsansprüche voneinander getrennt werden, Karlsr FamRZ **82**, 318, ebenso ist eine Vorabentscheidung über einzelne Elemente des Versorgungsausgleichs unzulässig, Oldb RR **92**, 712. Ein besonderer **Beschluß** über die Auflösung ist nicht nötig, aber zulässig, Bbg FamRZ **86**, 1012 mwN. Gegen ihn ist keine Beschwerde zulässig, vgl § 145 Rn 5, BGH NJW **79**, 1603 u 821, Bbg aaO mwN (das eine Ausnahme bei greifbarer Gesetzwidrigkeit macht, § 567 Rn 6), STr 14; das gleiche gilt für die durch Beschluß ausgesprochene Ablehnung einer Vorwegentscheidung, Karlsr FamRZ **99**, 98 mwN, Dresden FamRZ **97**, 1230 mwN, Hamm NJWE-FER **97**, 234, Düss FamRZ **94**, 1121, str, aM MüKoKl 19, ZöPh 11, Hamm RR **87**, 896, diff Ffm FamRZ **97**, 1167, Maurer 492: aber die Voraussetzungen des § 567 I liegen auch hier nicht vor, Kblz FamRZ **91**, 209 (anders nur dann, wenn die Nichtabtrennung einer Aussetzung des Verfahrens gleichkommt, Ffm FamRZ **97**, 1167 mwN). Iü ergeht die Entscheidung durch das **Urteil**, in dem die Scheidung ausgesprochen und ggf über andere FolgeS entschieden wird, § 629. In der Entscheidung sind die Voraussetzungen, auch die mangelnde Entscheidungsreife, darzulegen, BGH RR **96**, 1025 (ein Verstoß ist ein wesentlicher Verfahrensmangel iSv § 539, Kblz RR **91**, 5).

**10**  Der Nachprüfung unterliegt die Abtrennung nur agrd der **Berufung** gegen das Scheidungsurteil, BGH NJW **79**, 1603, Hamm FamRZ **97**, 1228 (hat jedoch das FamGer vorweg durch Beschluß in einer FolgeS entschieden, ist dagegen die befristete Beschwerde, § 621 c, gegeben, Saarbr NJW-FER **98**, 113). Ob die Voraussetzungen der Vorwegentscheidung vorlagen und das Ermessen richtig ausgeübt wurde, ist **vom OLG voll nachzuprüfen**, BGH RR **96**, 1025, bei einem vorangegangenen Beschluß auch dieser, BGH NJW **79**, 1603, und zwar vAw, BGH NJW **91**, 1617, vgl Rn 7. Berufung kann auch mit dem Ziel eingelegt werden, lediglich die Vorwegentscheidung zu beseitigen und dadurch den Verbund wiederherzustellen, BGH RR **96**, 834, FamRZ **84**, 255 mwN, Düss FamRZ **85**, 412, Ffm FamRZ **88**, 966 u 83, 1258, Karlsr FamRZ **82**, 318 mwN, Schlesw FamRZ **89**, 1106 u SchlHA **80**, 18; die Rüge, die Auflösung des Verbundes sei zu Unrecht erfolgt, ist im Wege der Anfechtung des Scheidungsausspruchs zu erheben, BGH FamRZ **96**, 1333 mwN. Bei einem Verstoß gegen § 628 I ist dann aGrd eines zulässigen Rechtsmittels das Scheidungsurteil aufzuheben und (ggf durch **Zurückverweisung**, § 539) der Verbund wiederherzustellen, BGH RR **96**, 835, **94**, 379, Düss FamRZ **97**, 1230; dies gilt nicht, wenn die Entscheidung über die abgetrennte FolgeS inzwischen rechtskräftig geworden ist, Schlesw FamRZ **92**, 198, oder wenn feststeht, daß der mit der abgetrennten FolgeS geltend gemachte Anspruch nicht besteht, Köln FamRZ **98**, 301. Sind die FolgeS im ersten Rechtszug anhängig, zwingt der Verstoß idR zur Zurückverweisung, damit im Verbund entschieden werden kann, BGH RR **96**, 835 mwN, Ffm RR **88**, 774, FamRZ **86**, 922 u 83, 1258, Schlesw FamRZ **89**, 1106. In der Revisionsinstanz ist die **Prüfung durch den BGH** eingeschränkt, und zwar hinsichtlich sowohl der Beurteilung der Voraussetzungen, oben Rn 2–7, BGH NJW **91**, 2492 u **87**, 1773, als auch der Ausübung des Ermessens, oben Rn 9 (der BGH spricht in beiden Fällen von Ermessen): er hat nur zu prüfen, ob das OLG von richtigen Tatsachen ausgegangen ist, alle wesentlichen Gesichtspunkte berücksichtigt und ohne sachfremde Erwägungen entschieden hat, vgl BGH RR **96**, 1025.

Wegen der Rechtsmittel s iü die Erläuterungen zu § 629 a.

**11**  **b) Wirkungen der Abkoppelung.** Hinsichtlich der nicht abgetrennten FolgeS **bleibt § 623 anzuwenden**, I 2. Über sie ist also im Verbund mit der Scheidungssache zu entscheiden, und zwar idR durch Urteil,

§ 629; für die Abtrennung einer oder mehrerer FolgeS aus dem Restverbund gilt § 628, Zweibr FamRZ **97**, 1231 mwN. Das gleiche gilt in der Rechtsmittelinstanz, § 629 a II 3.

Das **Verfahren über abgetrennte FolgeS** ist auch dann fortzusetzen, wenn der Scheidungsantrag in einer höheren Instanz anhängig ist, BGH NJW **79**, 1605, KG FamRZ **82**, 320. Für dieses Verfahren gelten weiterhin die Vorschriften über FolgeS, BGH NJW **81**, 55 u **79**, 821, und zwar auch dann, wenn das vorab ergangene Scheidungsurteil rechtskräftig wird, BGH NJW **81**, 233, KG FamRZ **84**, 495; demgemäß besteht weiterhin Anwaltszwang, § 78 II 1 Z 1, hM, BGH FamRZ **98**, 1505 = NJWE-FER **98**, 91 mwN, Drsd FamRZ **97**, 825. Ist das Verfahren über den Versorgungsausgleich von dem Verbund abgetrennt worden, so ist nach Rechtskraft des Scheidungsurteils auch dann noch über diese FolgeS zu entscheiden, wenn die geschiedenen Ehegatten einander inzwischen wieder geheiratet haben, Kblz FamRZ **81**, 60. Mehrere abgetrennte FolgeS stehen untereinander weiter im Verbund, § 623, allgM, MüKoKl 23, Maurer 496, STr 13, Zweibr FamRZ **97**, 505 mwN; das folgt aus § 629 a II 3, weil danach der Verbund für mehrere FolgeS, die in die Rechtsmittelinstanz gelangen, bestehen bleibt. Die Aufhebung dieses Teilverbundes richtet sich wiederum nach § 628, Zweibr aaO mwN.

Für **das weitere Verfahren** gilt das für die jeweilige FolgeS maßgebliche Recht, also ZPO bzw FGG mit **12** den sich aus den §§ 621 a und 624 ff ergebenden Modifikationen, § 624 Rn 1. Demgemäß ergeht die Entscheidung in diesem Restverfahren entsprechend § 629 I einheitlich durch Urteil, § 629 Rn 2, wenn auch über eine FolgeS nach § 621 I Z 4, 5 oder 8 zu entscheiden ist, sonst durch Beschluß auf Grund des FGG, Hamm FamRZ **80**, 702 mwN, str. In beiden Fällen ist ggf eine Gesamtkostenentscheidung, § 93 a I u II, zu treffen, Karlsr RR **96**, 1477 mwN; auch gebührenrechtlich bleiben die abgekoppelten Verfahren FolgeS, Mü MDR **84**, 320 mwN, Düss AnwBl **83**, 556. Im erstinstanzlichen Verf über eine abgetrennte FGG-FolgeS richtet sich das Verf allein nach FGG, so daß zB für sie nicht § 128, sondern § 53 b FGG gilt, Kblz RR **86**, 306 mwN, KG FamRZ **84**, 495, str, offen gelassen von BGH NJW **83**, 824 mwN.

Wegen der **Rechtsmittel** s die Erläuterungen zu § 629 a.

c) **Gebühren.** Auch bei Vorabentscheidung bilden alle zum Verbund gehörenden Sachen eine Angele- **13** genheit, § 7 III BRAGO, Düss AnwBl **83**, 556, zustm v. Eicken NJW **89**, 1138, H. Schmidt AnwBl **83**, 552.

3) **Einstweilige Anordnung, II.** Will das Gericht nach I Z 3 (ausnahmsweise) dem Scheidungsantrag **14** vor der Regelung der elterlichen Sorge, § 621 I Z 1, stattgeben, so trifft es hierüber vAw gleichzeitig mit dem Scheidungsurteil eine vorläufige Regelung durch einstwAnO, es sei denn, daß schon eine wirksame Entscheidung nach § 1672 BGB getroffen worden ist, Hbg FamRZ **88**, 635, aM Karlsr FamRZ **90**, 436, oder eine entsprechende einstwAnO nach § 620 vorliegt. Es handelt sich um eine Mußvorschrift, so daß richterliches Ermessen ausscheidet. Das Verfahren und die Rechtsbehelfe richten sich nach den §§ 620 a ff, str, aM Bergerfurth Rn 19, Karlsr aaO, Ffm FamRZ **79**, 1040. In anderen FolgeS bleibt es den Parteien überlassen, eine einstwAnO zu beantragen, solange die Scheidungssache noch im Verbund anhängig ist.

## 629 Entscheidung im Verbund.
¹Ist dem Scheidungsantrag stattzugeben und gleichzeitig über Folgesachen zu entscheiden, so ergeht die Entscheidung einheitlich durch Urteil.

II ¹Absatz 1 gilt auch, soweit es sich um ein Versäumnisurteil handelt. ²Wird hiergegen Einspruch und auch gegen das Urteil im übrigen ein Rechtsmittel eingelegt, so ist zunächst über den Einspruch und das Versäumnisurteil zu verhandeln und zu entscheiden.

III ¹Wird ein Scheidungsantrag abgewiesen, so werden die Folgesachen gegenstandslos, soweit sie nicht die Übertragung der elterlichen Sorge oder eines Teils der elterlichen Sorge wegen Gefährdung des Kindeswohls auf einen Elternteil, einen Pfleger oder einen Vormund betreffen; in diesem Fall wird die Folgesache als selbständige Familiensache fortgeführt. ²Im übrigen ist einer Partei auf ihren Antrag in dem Urteil vorzubehalten, eine Folgesache als selbständige Familiensache fortzusetzen. ³§ 626 Abs. 2 Satz 3 gilt entsprechend.

**Vorbem.** I mWv 1. 7. 98 geänd durch Art 6 Z 26 KindRG, vgl Einf § 606 Rn 11.

1) **Allgemeines.** Nach § 623 ist, soweit nicht die Ausnahmen (§§ 627 u 628) eingreifen, über FolgeS **1** grundsätzlich gleichzeitig und zusammen mit der Scheidungssache zu entscheiden, sofern dem Scheidungsantrag stattgegeben wird (Entscheidungsverbund). § 629 enthält die Ausgestaltung dieses Grundsatzes.

2) **Stattgebendes Scheidungsurteil, I u II** **2**

A. **Streitiges Urteil, I.** Ist dem Scheidungsantrag stattzugeben und gleichzeitig über im Verbund stehende, also nicht nach § 627 oder § 628 abgetrennte FolgeS zu entscheiden, § 623 Rn 12, so ergeht die Entscheidung **einheitlich durch Urteil** (wegen der Entscheidung über den Auskunftsanspruch im Rahmen einer Stufenklage und wegen der sonstigen Zulässigkeit einer Teilentscheidung s § 623 Rn 14). Ob für die FolgeS die Vorschriften des FGG maßgeblich sind, § 621 a Rn 3, ist ohne Bedeutung. Für das Urteil gelten die §§ 308 ff; es ist gemäß § 310 allen Beteiligten zuzustellen, also ggf auch nach Maßgabe des § 624 IV 2 dem Kind und dem Jugendamt, § 624 Rn 7, und den am Versorgungsausgleich Beteiligten, dazu Heintzmann FamRZ **80**, 115 (eingehend). Wegen der Rechtskraft der vor dem 22. 6. 80 erlassenen, nicht allen Beteiligten zugestellten Urteile vgl Art 5 Z 3 u 4 G v 13. 6. 80, BGBl 677.

**Einzelheiten:** Ist der Versorgungsausgleich nach § 1408 II oder § 1587 o BGB ausgeschlossen, so ist dies **3** in der Formel des Scheidungsurteils anzusprechen, Philippi FamRZ **82**, 1057, abw Ffm FamRZ **83**, 610. Eine einverständliche Scheidung, § 630, dürfte nicht als solche im Tenor zu kennzeichnen sein, aM Diederichsen NJW **77**, 658, ThP § 630 Rn 9. – Bei Anwendung ausländischen Rechts, Art 17 EGBGB, gilt folgendes: Bei Scheidung oder Trennung von Ausländern ist die Verantwortlichkeit eines Ehegatten festzu-

## §§ 629, 629a    6. Buch. Verfahren in Familiensachen

stellen, wenn das maßgebliche Recht dies vorsieht, BGH NJW 88, 638, NJW 82, 1940 mwN, zustm Henrich IPrax 83, 163, Hamm FamRZ 89, 625, Ffm FamRZ 81, 783 u 79, 814, ggf auch die Mitschuld des anderen Ehegatten, mag es sich auch um die deutsche Ehefrau handeln, Ffm FamRZ 79, 587. Der Ausspruch der Verantwortlichkeit gehört in den Tenor, wenn er nach materiellem Recht Bedeutung hat, BGH NJW 90, 778 u 88, 638 unter Aufgabe von NJW 82, 1940, Henrich IPrax 83, 163, Zweibr FamRZ 97, 431, Celle u Hamm FamRZ 89, 625. Kennt das maßgebliche ausländische Recht nur eine Privatscheidung, so hat das nach § 606a zuständige deutsche Gericht gleichwohl auf Scheidung zu erkennen, um die Ehe mit Wirkung für das Inland aufzulösen; es sollte aber, um die Anerkennung im Ausland sicherzustellen, dafür sorgen, daß außerdem die Voraussetzungen des ausländischen Rechts erfüllt werden, Gottwald F Nakamura, 1996, S 192 mwN; das kann in der mdlVerh, Mü IPrax 89, 241 (zustm Jayme ebd 223), oder außerhalb der mdlVerh geschehen, AG Eßlingen IPrax 93, 250, Beitzke IPrax 93, 234, Boltz NJW 90, 620, aM KG FamRZ 94, 839, AG Ffm IPrax 89, 237, dazu Gottwald aaO.

Zur **vorläufigen Vollstreckbarkeit** nach Rechtskraft des Scheidungsausspruchs s Kemnade FamRZ 86, 627, § 704 Rn 2.

Über die **Kosten** ist nach § 93a zu entscheiden. Wegen der Rechtsmittel s § 629a. Gebühren: Für die Gerichtskosten gelten Scheidungssache und FolgeS als ein Verfahren, dessen Gebühren, KV 1510 ff, nach dem zusammengerechneten Wert erhoben werden, § 19a GKG iVm § 12 II u ggf § 17a GKG. Für den RA sind die Verfahren eine Angelegenheit, § 7 III BRAGO, für die die gewöhnlichen Gebühren, § 31 BRAGO, anfallen.

4   **B. Versäumnisurteil, II** (Konzen JR 78, 366). **a)** Eine **Entscheidung durch einheitliches Urteil, I,** ergibt auch insoweit, als es sich um ein **Versäumnisurteil handelt, II 1**. Das kann nur in FolgeS eintreten, für die ZPO gilt, also in Sachen nach § 621 I Z 4, 5 u 8, § 621a Rn 2, Zweibr NJW 86, 3033; wegen der Berücksichtigung des Vorbringens in anderen FolgeS s § 623 Rn 10. Auch wenn die Säumnis vor der Schlußverhandlung eintritt, ist ein beantragtes Versäumnisurteil nach den §§ 330, 331 I u II also erst zusammen mit dem Scheidungsausspruch und etwaigen Entscheidungen über weitere FolgeS als Teilversäumnisurteil zu erlassen, vgl Schlesw FamRZ 92, 839. Das setzt voraus, daß die Partei auch in der Schlußverhandlung säumig ist, Diederichsen NJW 77, 658, Bender-Belz-Wax Rn 312, und gilt auch in der Rechtsmittelinstanz, Zweibr NJW 86, 3033. Ein Versäumnisurteil nach § 331 III ist im Verbund nicht möglich. Auch das Versäumnisurteil darf nicht für vorläufig vollstreckbar erklärt werden, § 629 d, StJSchl 2.

5   **b)** Lagen die Voraussetzungen, Rn 4, vor, darf über die FolgeS innerhalb des einheitlichen Verbundurteils nur durch Versäumnisurteil entschieden werden, Zweibr RR 97, 2. Soweit dies eindeutig geschehen ist, kann hiergegen nur Einspruch, §§ 338 ff, eingelegt werden (die Umdeutung einer Berufung ist möglich), BGH FamRZ 94, 1521; für die Qualifizierung kommt es nicht auf die Bezeichnung, sondern auch auf den Inhalt an, BGH FamRZ 88, 1484. Gegen andere Teile des Verbundurteils muß das insoweit zulässige Rechtsmittel, § 629a, eingelegt werden. Geschieht beides, so ist **zunächst über den Einspruch und das Versäumnisurteil zu verhandeln und zu entscheiden, II 2**, um dem Verurteilten die volle Tatsacheninstanz zu erhalten. Hinsichtlich dieses Teils fällt die Sache dem Rechtsmittelgericht also erst dann an, wenn gegen die Entscheidung über den Einspruch und das Versäumnisurteil nach allgemeinen Vorschriften ein Rechtsmittel eingelegt ist, §§ 343, 345, 511, 513, 566. In diesem Fall ist darüber vom Rechtsmittelgericht im Verbund mit den anderen Teilen des angefochtenen Urteils einheitlich durch Urteil zu erkennen, §§ 623 I, 629 I. Andernfalls beschränkt sich der Verbund auf die dem Rechtsmittelgericht sogleich angefallenen Entscheidungen. Der Einspruch gegen den Versäumnisurteil entschiedenen Teil hat keinen Einfluß auf den Lauf der Rechtsmittelfrist wegen der anderen Teile, BGH RR 86, 1326.

6   **3) Abweisung des Scheidungsantrags, III**

**A. Urteil.** Da in FolgeS nur für den Fall der Scheidung zu entscheiden ist, § 623 I, hat sich das Urteil im Fall der Abweisung auf den Scheidungsantrag zu beschränken; **die FolgeS wird damit gegenstandslos, III 1,** soweit sie nicht fortzuführen sind, unten Rn 7. Nötig ist die Rechtskraft der Abweisung, vgl § 629b. Wegen der Kostenfolge s § 93a II, wegen der Rechtsmittel s § 629a. Gebühren entstehen wie im Fall der Stattgabe des Scheidungsantrags, oben Rn 2. Über den Fall, daß das abweisende Urteil vom Rechtsmittelgericht aufgehoben wird, s § 629b.

7   **B. Fortführung einer FolgeS. a) Fortführung von Amts wegen, III 1.** Eine FolgeS, die die **Übertragung des Sorgerechts wegen Gefährdung des Kindeswohls** betrifft, § 1666 BGB, ist vAw als selbständige FolgeS fortzuführen, vgl § 626 Rn 4.

**b) Fortführung auf Antrag, III 2.** Sind andere FolgeS anhängig, so ist einer Partei **im Urteil vorzubehalten, eine FolgeS als selbständige FamS fortzusetzen**; dies gilt auch dann, wenn der Scheidungsantrag abgewiesen wird, weil die Ehe bereits in einem anderen Verf (idR im Ausland) rechtskräftig geschieden worden ist, BGH NJW 84, 2041; vgl dazu § 626 Rn 7. Wegen der Rechtsmittel s § 629a.

**c) Gemeinsames.** Fortgesetzte Sachen, die nicht mehr auf Regelung der Scheidungsfolgen gerichtet sein können, werden nach den Vorschriften für FamS, § 621a ff, verhandelt und entschieden, also nicht im Verbund; sie bleiben beim Gericht der Scheidung anhängig. Die Prozeßstandschaft nach § 1629 III BGB endet, so daß das Kind automatisch in den Unterhaltsprozeß eintritt, Bergerfurth FamRZ 82, 564. In der selbständigen FamS wird **über die Kosten besonders entschieden, III 3** iVm § 626 II 3, und zwar nach den allgemeinen Vorschriften, nicht nach § 93a.

## 629a

**Rechtsmittel im Entscheidungsverbund.** [1] Gegen Urteile des Berufungsgerichts ist die Revision nicht zulässig, soweit darin über Folgesachen der in § 621 Abs. 1 Nr. 7 oder 9 bezeichneten Art erkannt ist.

3. Abschnitt. Verfahren in Scheidungs- und Folgesachen **§ 629a**

II [1]Soll ein Urteil nur angefochten werden, soweit darin über Folgesachen der in § 621 Abs. 1 Nr. 1 bis 3, 6, 7, 9 bezeichneten Art erkannt ist, so ist § 621 e entsprechend anzuwenden. [2]Wird nach Einlegung der Beschwerde auch Berufung oder Revision eingelegt, so ist über das Rechtsmittel einheitlich als Berufung oder Revision zu entscheiden. [3]Im Verfahren vor dem Rechtsmittelgericht gelten für Folgesachen § 623 Abs. 1 und die §§ 627 bis 629 entsprechend.

III [1]Ist eine nach § 629 Abs. 1 einheitlich ergangene Entscheidung teilweise durch Berufung, Beschwerde, Revision oder weitere Beschwerde angefochten worden, so kann eine Änderung von Teilen der einheitlichen Entscheidung, die eine andere Familiensache betreffen, nur noch bis zum Ablauf eines Monats nach Zustellung der Rechtsmittelbegründung, bei mehreren Zustellungen bis zum Ablauf eines Monats nach der letzten Zustellung beantragt werden. [2]Wird in dieser Frist eine Abänderung beantragt, so verlängert sich die Frist um einen weiteren Monat. [3]Satz 2 gilt entsprechend, wenn in der verlängerten Frist erneut eine Abänderung beantragt wird. [4]Die §§ 516, 552 und 621 e Abs. 3 Satz 2 in Verbindung mit den §§ 516, 552 bleiben unberührt.

IV Haben die Ehegatten auf Rechtsmittel gegen den Scheidungsausspruch verzichtet, so können sie auf dessen Anfechtung im Wege der Anschließung an ein Rechtsmittel in einer Folgesache verzichten, bevor ein solches Rechtsmittel eingelegt ist.

**Schrifttum:** *Schweizer,* Der Eintritt der Rechtskraft des Scheidungsausspruchs bei Teilanfechtung im Verbundverfahren, 1991; *Jaeger* FamRZ **85,** 865; *Bergerfurth* FamRZ **86,** 910; *Sedemund-Treiber* FamRZ **86,** 209; *Walter* JZ **86,** 364; *Diederichsen* NJW **86,** 1467; *Schmitz* FamRZ **87,** 1101; *Wosgien* FamRZ **87,** 1102; *Philippi* FamRZ **89,** 1257.

Gliederung

| | | | |
|---|---|---|---|
| 1) Allgemeines | 1–11 | B. Mehrere Rechtsmittel | 15 |
| A. Grundsatz | 1, 2 | C. Anfechtung mehrerer Folgesachen | 16 |
| B. Teilanfechtung | 3–10 | 4) **Nachträgliche Anfechtung, III** | 17–24 |
| a) Allgemeines | 3, 4 | A. Allgemeines | 17 |
| b) Anschlußrechtsmittel | 5–8 | B. Beschränkung des nachträglichen Angriffs, III | 18–24 |
| c) Rechtskraft | 9, 10 | a) Voraussetzungen, III 1 | 18 |
| C. Entscheidung | 11 | b) Befristung des Angriffs auf andere Teile, III 1-4 | 19–24 |
| 2) **Beschränkung der Revision in Folgesachen, I** | 12 | 5) **Anschließung, IV** | 25 |
| 3) **Selbständige Anfechtung der Entscheidung in Folgesachen, II** | 13–16 | 6) **Wiederaufnahme** | 26 |
| A. Beschwerde | 13, 14 | | |

**1) Allgemeines** 1
**A. Grundsatz.** Hat das Gericht nur über den Scheidungsantrag entschieden, nämlich im Fall seiner Abweisung, § 629 III, oder beim Fehlen von im Verbund stehenden FolgeS, so **gelten für die Rechtsmittel die allgemeinen Vorschriften**, §§ 511 ff u 545 ff (die Revision ist unter den Voraussetzungen der §§ 546 u 547 statthaft). Ergeht ein Urteil im Entscheidungsverbund, § 629, über den Scheidungsantrag und eine FolgeS, so gilt grundsätzlich das gleiche: es kann mit Berufung bzw Revision angefochten werden (wegen der Versäumnisurteile s § 629 Rn 5), und zwar sowohl voll vollen Umfangs als auch teilweise, BGH RR **94,** 835 mwN; jedoch ist in der Revisionsinstanz die Entscheidung über FolgeS iSv § 621 I Z 7 u 9 der Nachprüfung entzogen, unten Rn 12. Für das Rechtsmittel in einer FolgeS ist **Beschwer** erforderlich, Hamm FamRZ **94,** 48, s § 621 e Rn 3 u 4.

Werden gegen ein Verbundurteil zunächst Beschwerde und dann vollen Umfangs Berufung eingelegt, so handelt es sich um ein einheitliches Rechtsmittel, Ffm FamRZ **84,** 406, unten Rn 15. Die Beschwerde wegen eines FolgeS, II, kann in der Begründungsschrift auf andere Teile des Urteils erstreckt werden, BGH NJW **81,** 2360, FamRZ **84,** 351, vgl unten Rn 13. Umgekehrt kann eine zunächst uneingeschränkt eingelegte Berufung in der Begründung auf FGG-FolgeS beschränkt werden; sie wird damit zur Beschwerde, II, BGH NJW **81,** 2360. Bei späterer Beschränkung dieser Art bleibt das Rechtsmittel eine Berufung, Bbg FamRZ **82,** 506. Wegen der Teilanfechtung s ü unten 3 ff.

**Der Verbund setzt sich in der Rechtsmittelinstanz fort,** § 623 Rn 6; dies gilt auch dann, wenn nur 2 FolgeS in diese Instanz gelangten, I 3. Das Verfahren richtet sich nach den §§ 511 ff bzw §§ 545 ff auch in allen FolgeS, soweit nicht II eingreift. Wegen III ist immer die Zustellung der Begründungsschrift an die von der angefochtenen Entscheidung unmittelbar betroffenen Beteiligten nötig; ihr Zeitpunkt ist gemäß § 213 a jedem Beteiligten zu bescheinigen.

Die **Rechtsmittelfrist** läuft für jeden Beteiligten getrennt, vgl Stgt Just **88,** 159. Sie beginnt für alle mit der Zustellung der Entscheidung, § 516, dazu § 624 Rn 6, spätestens mit dem Ablauf von 5 Monaten nach der Verkündung, §§ 516, 552 idF des Art 1 Z 6 G v 13. 6. 80, BGBl 677. Ist die Beteiligung zu Unrecht unterblieben, wird für den Betroffenen keine Frist in Gang gesetzt. Für die isolierte Anfechtung von FGG-FolgeS enthält II Sonderbestimmungen. Es empfiehlt sich, zunächst schlechthin Berufung einzulegen und das Rechtsmittel ggf in der Begründung auf einen bestimmten Teil zu beschränken, zB die Sorgerechtsentscheidung (damit wird das Rechtsmittel zur Beschwerde, II, siehe oben). Wegen der Bezeichnung der Parteien im Rechtsmittelverfahren s § 622 Rn 3.

Eine Rechtsmittelbelehrung ist nicht vorgeschrieben.

**B. Teilanfechtung. a) Allgemeines.** Für die Teilanfechtung gelten grds die **allgemeinen Regeln;** 3 Voraussetzung ist die Teilbarkeit des Gegenstandes, über den entschieden worden ist. Das ist im Verbund im Verhältnis der EheS zu FolgeS und im Verhältnis des FolgeS untereinander der Fall. Teilbar kann auch der Gegenstand der Entscheidung in der FolgeS Versorgungsausgleich sein, Ffm FamRZ **87,** 954 mwN.

## § 629a

6. Buch. Verfahren in Familiensachen

Wenn ein Urteil zT angefochten wird, also etwa nur hinsichtlich des Scheidungsantrags oder (von einem Ehegatten oder einem Drittbeteiligten, zB dem Jugendamt) nur wegen einer FolgeS, so richtet sich die Statthaftigkeit des Rechtsmittels für FolgeS nach den dafür geltenden besonderen Vorschriften. Danach ist die Revision in FolgeS iSv § 621 I Z 4, 5 u 8 (auch bei einer Beschwer von mehr als 60 000 DM) von ihrer Zulassung abhängig, soweit die Berufung nicht als unzulässig verworfen worden ist, § 621 d; ferner ist die **Revision für FolgeS iSv § 621 I Z 7 u 9 ausgeschlossen, I**, unten Rn 12. Die Prozeßstandschaft nach § 1629 III BGB wirkt auch in der Berufungsinstanz fort, wenn lediglich eine den Unterhalt des Kindes betreffende FolgeS dorthin gelangt, Celle FamRZ **79**, 629.

4 Wird gegen ein Verbundurteil wegen der Entscheidung in nur einer FolgeS ein Rechtsmittel eingelegt, so wird dadurch die Möglichkeit eröffnet, andere in demselben Urteil enthaltene FolgeS-Entscheidungen, auch wenn sie antragsgemäß ergangen sind, mit dem dafür gegebenen Rechtsmittel im Wege der **Erweiterung des Antrages** zur Prüfung des höheren Gerichts zu stellen, BGH FamRZ **86**, 895 mwN, Celle FamRZ **81**, 379. Jedoch ist nach Ablauf der Begründungsfrist eine Erweiterung des Rechtsmittels abgesehen vom Fall der Anschließung (unten Rn 5 ff) nur zulässig, wenn sie nach III fristgemäß erfolgt und sich im Rahmen der ursprünglichen Begründung bewegt und von dieser mitgedeckt wird, § 519 Rn 19, Schweizer S 89–95, BGH FamRZ **86**, 895 u NJW **85**, 2267, Kblz FamRZ **90**, 769, Saarbr FamRZ **88**, 414, Ffm FamRZ **87**, 959, Düss FamRZ **87**, 295, Hamm FamRZ **84**, 498 mwN, str; aufgrund neuer Tatsachen kann die Berufung auch nach Ablauf der Begründungsfrist erweitert und dabei auf andere FolgeS erstreckt werden, wenn dadurch Abänderungsgründe (zB nach § 323 oder § 1696 BGB) entstehen, Philippi FamRZ **89**, 1258, Schweizer aaO, BGH NJW **87**, 1024 u **85**, 2030, Kblz RR **89**, 1024 in FamRZ **88**, 302, Hbg FamRZ **87**, 706, zweifelnd BGH NJW **85**, 2267. Innerhalb derselben FolgeS ist eine Teilanfechtung statthaft, soweit der Verfahrensgegenstand teilbar ist, BGH MDR **85**, 306, NJW **84**, 2879 (beide zum Versorgungsausgleich).

5 **b) Anschlußrechtsmittel.** Im Fall einer Teilanfechtung erwachsen die anderen Teile nicht in Rechtskraft, solange von einem Beteiligten ein Anschlußrechtsmittel eingelegt werden kann, BGH NJW **89**, 2821. Für die Anschließung gelten die **allgemeinen Vorschriften**, vgl §§ 521 u 556, Zweibr RR **98**, 148, **mit den sich aus III u IV ergebenden Sonderbestimmungen**, Ffm FamRZ **87**, 496. Eine unselbständige Anschließung ist deshalb unzulässig, wenn das Hauptrechtsmittel im Zeitpunkt der Anschließung zurückgenommen oder als unzulässig verworfen war, § 521 Rn 8, Bre FamRZ **89**, 649. Sie wird in den Fällen des § 522 unzulässig, Hamm FamRZ **89**, 415.

6 Immer muß sich die **Anschließung** gegen dieselbe Entscheidung wie das Hauptrechtsmittel richten, so daß die Anschließung wegen einer zusammen mit dem Scheidungsausspruch entschiedenen FolgeS unzulässig ist, wenn sich das Hauptrechtsmittel auf die später entschiedene nach § 628 abgetrennte FolgeS bezieht, BGH NJW **83**, 1318, Mü FamRZ **83**, 1258 mwN. Ist über Ehegatten- und Kindesunterhalt entschieden, darf sich bei Anfechtung nur hinsichtlich des ersteren der andere Ehegatte wegen des Kindesunterhalts anschließen, wenn dieser nach § 1629 III BGB geltend gemacht wird, Wosgien FamRZ **87**, 1102, Hamm FamRZ **88**, 187, aM Mü FamRZ **87**, 169 (abl Philippi FamRZ **87**, 607), nicht aber bei Volljährigkeit der Kinder, Ffm FamRZ **88**, 520. Immer müssen der Hauptrechtsmittelführer und der sich Anschließende gegenläufige Ziele verfolgen: Unzulässig und deshalb zu verwerfen ist eine Anschließung, mit der das gleiche Ziel wie mit dem Hauptrechtsmittel verfolgt wird, Hbg FamRZ **88**, 639 mwN. Eine unselbständige Anschließung, § 521 Rn 8, ist nur statthaft, wenn der sich Anschließende zugleich Gegner, dh potentiell Betroffener des Angriffs des Hauptrechtsmittels ist, Philippi FamRZ **89**, 1258 (m Beisp), Jaeger FamRZ **85**, 870, BGH FamRZ **85**, 59 u **84**, 680, NJW **84**, 1240; hieran hat III nichts geändert, weil die Vorschrift nicht die Zulässigkeit einer Anschließung regelt, sondern lediglich eine (zulässige) Anschließung befristet, Schmitz FamRZ **87**, 1101, Köln FamRZ **88**, 411.

7 Daraus folgt: Ist nur die Entscheidung in einer FolgeS angefochten, so kann ein **Drittbeteiligter** in einer anderen FolgeS nur dann Anschlußrechtsmittel einlegen, wenn er in der angefochtenen Sache potentiell betroffen ist, BGH NJW **82**, 226 u **83**, 177, Zweibr RR **98**, 147. Unzulässig ist auch die unselbständige Anschließung eines Versorgungsträgers an die Beschwerde eines anderen Versorgungsträgers, Kblz FamRZ **87**, 955, Ffm FamRZ **86**, 178 (es sei denn, die Anschließung richtet sich gegen einen anderen Teil der Entscheidung über den Versorgungsausgleich, Ffm FamRZ **87**, 954, das eine materielle Gegenstellung genügen läßt). Wohl aber steht das Recht zur Anschließung dem **Ehegatten** zu, der von dem Rechtsmittel betroffen ist, zB wenn das Rechtsmittel eines Drittbeteiligten auf die Besserstellung des anderen Ehegatten hinausläuft, Hamm FamRZ **83**, 1241 (kein Rechtsschutzinteresse besteht für eine Anschließung, wenn damit dasselbe Ziel wie mit dem Rechtsmittel des Drittbeteiligten verfolgt wird, BGH NJW **82**, 224). Dabei ist die Anschlußberufung zB wegen des Scheidungsausspruchs auch dann zulässig, wenn für die Entscheidung über die angefochtene FolgeS das FGG maßgeblich ist, also wenn das erste Rechtsmittel eine Beschwerde nach II ist, BGH NJW **80**, 702 mwN, Heintzmann FamRZ **81**, 330 (unter Hinweis auf Art 5 Z 4 V g 13. 6. 80). Ebenso ist die Anschlußbeschwerde eines Ehegatten wegen einer FGG-FolgeS zulässig, wenn das Hauptrechtsmittel dieselbe (oder eine andere) FGG-FolgeS betrifft, BGH NJW **82**, 225, und zwar auch im Verf über den Versorgungsausgleich, wenn die Ehegatten über dessen Höhe streiten, BGH NJW **83**, 578 mwN, Hamm FamRZ **83**, 1241, weil dort das Verbot der Schlechterstellung des Rechtsmittelführers ebenfalls gilt, BGH NJW **83**, 173; unzulässig ist dagegen die unselbständige Anschlußbeschwerde eines Ehegatten, wenn das Hauptrechtsmittel vom Träger der Versorgungslast oder der gesetzlichen Rentenversicherung eingelegt worden ist, BGH NJW **85**, 968, Kblz FamRZ **87**, 955, Ffm FamRZ **86**, 178, es sei denn, es handelt sich um eine für einen Ehegatten nachteilige Teilanfechtung, Celle FamRZ **85**, 939.

8 Zulässig ist unter diesen Voraussetzungen auch eine **Hilfsanschließung**, BGH NJW **84**, 1240, ebenso wie die **Anschließung an ein unselbständiges Anschlußrechtsmittel** (sog Gegenanschließung), vgl § 577 a Rn 3, Schweizer S 96 ff, MüKoKl 16, STr 12, Maurer 800, Bergerfurth FamRZ **86**, 940 mwN, Diederichsen FamRZ **86**, 1468, Karlsr FamRZ **88**, 412, Ffm FamRZ **87**, 959, str, aM für die vor dem 1. 4. 86 geltende Recht BGH NJW **86**, 1494 mwN, ua BGH NJW **84**, 437, offen gelassen Saarbr FamRZ **86**, 414. Jedenfalls ist die Anschließung des Hauptrechtsmittelführers an eine unselbständige Anschließung zuzulassen, wenn diese sich gegen einen anderen Teil der Verbundentscheidung wendet und der Hauptrechtsmittelführer

**3. Abschnitt.** Verfahren in Scheidungs- und Folgesachen     **§ 629a**

nunmehr seinerseits eine Änderung des durch die Anschließung angegriffenen Teiles zu seinen Gunsten erreichen möchte, § 521 Rn 4, Philippi FamRZ **89**, 1258, Sedemund-Treiber FamRZ **86**, 212 mwN, Jaeger FamRZ **85**, 869, Rahm VII 158, offen gelassen von BGH NJW **86**, 1494. Die unselbständige Gegenanschließung ist iSv § 522 I von der sie auslösenden Anschließung abhängig, Schweizer S 118, Maurer 812.

**c) Rechtskraft.** Rechtskräftig werden deshalb die nicht angefochtenen Teile einer Verbundentscheidung **9** ohne Rücksicht auf ihre isolierte Anfechtbarkeit nicht schon mit der Verkündung des Urteils, Hamm NJW **80**, 713 u KG FamRZ **80**, 472 mwN, dazu eingehend STr § 618 Rn 9 mwN. (Teil-)Rechtskraft namentlich des Scheidungsausspruchs tritt vielmehr erst dann ein, wenn die **Rechtsmittelfrist und** überdies die **Fristen des III abgelaufen** sind, Hbg FamRZ **90**, 185, Schlesw RR **88**, 1479 (der Einspruch gegen ein über einen Teil ergangenes VersUrt ändert nichts am Ablauf der Fristen, BGH FamRZ **86**, 897, aM KG FamRZ **89**, 1206, abl Freekmann FamRZ **90**, 185 u Rahm VII 162) oder wenn alle Beteiligten wirksam auf Rechtsmittel, Anschlußrechtsmittel und hinsichtlich einer OLG-Entscheidung auch auf einen Antrag nach § 629 c (dazu Deneke FamRZ **87**, 1218 u Hamm FamRZ **95**, 944 nwN) **verzichtet** haben, Zweibr FamRZ **88**, 856, Düss FamRZ **85**, 300, Mü FamRZ **85**, 502; dazu eingehend Walter FamRZ **83**, 1153, Henrich StAZ **81**, 69, alle mwN. Für den Verzicht gelten die Vorschriften der ZPO, § 514 u § 521 Rn 13, § 517 Rn 5, STr § 618 Rn 5 u 6; ein ohne Einschränkung von einem RA nach Verkündung eines Verbundurteils erklärter Verzicht umfaßt idR alle eigenständigen Rechtsmittel, BGH FamRZ **86**, 1089, ein Verzicht auf die Anschließung kann in der Erklärung des allgemeinen Rechtsmittelverzichts und des Verzichts auf Tatbestand und Gründe liegen, Köln FamRZ **86**, 482. Auch vor Einlegung eines Rechtsmittels kann im Fall der IV auf die Anschließung verzichtet werden, unten Rn 25, vgl BGH NJW **84**, 2829 mwN, aber auch sonst, unten Rn 25, Deneke FamRZ **87**, 1221, Kblz FamRZ **85**, 822, Stgt FamRZ **83**, 1152 (krit Walter), Hamm FamRZ **83**, 823, str, aM STr 19 u § 618 Rn 7 mwN, Köln FamRZ **83**, 824. Die Rechtskraft tritt mit dem allseitigen Verzicht ein; eine deklaratorische Entscheidung des Gerichts über die Wirksamkeit des Verzichts ist im Gesetz nicht vorgesehen (für die entspr Anwendung des §§ 269 III 3, 515 III 2 Rimmelspacher JuS **88**, 954).

Auch **Berufungsurteile**, in denen nur über den Scheidungsantrag (in der Sache) entschieden worden ist, **10** ohne daß die Revision zugelassen wäre, werden nicht mit ihrer Verkündung rechtskräftig, sondern erst dann, wenn die Parteien auf die Revision wirksam verzichten, s o, oder wenn die Revisionsfrist verstreicht oder der BGH über eine fristgemäß eingelegte Revision entscheidet, BGH RR **90**, 326 = FamRZ **90**, 283 (eingehend m Übersicht üb den bisherigen Streitstand).

**C. Entscheidung.** Die Entscheidung über Berufung oder Revision ergeht im allgemeinen Verfahren **11** nach der ZPO. Jedoch ist, wenn nur FolgeS in die Rechtsmittelinstanz gelangt sind, eine (dann zulässige) Teilentscheidung über eine der in II genannten FolgeS durch Beschluß zu treffen, Hbg FamRZ **84**, 398. Wegen der Einbeziehung nicht angefochtener Teile der Verbundscheidung s § 629 c.

Für die Kosten gilt § 93 a auch dann, wenn nur einzelne FolgeS angefochten werden; in diesem Fall ist bei erfolgreicher Anfechtung nur über die Kosten der 2. Instanz zu befinden, Mü FamRZ **80**, 473. Die Kostenentscheidung richtet sich auch bei Rücknahme des Rechtsmittels stets nach der ZPO, unten Rn 14.

Für das Gericht entstehen Gebühren nach KV 1120 ff, 1130 ff, für den RA die gewöhnlichen Gebühren für die Rechtsmittelinstanz.

Im Fall der Zurückverweisung gelten die allgemeinen Regeln, § 538 Rn 2, § 565 Rn 4 ff, und die Sonderbestimmungen der §§ 629 c und 629 d. Im fortgesetzten Berufungsverf ist eine neue Anschließung, zB wegen des Scheidungsausspruchs, zulässig, BGH FamRZ **80**, 233, Mü FamRZ **85**, 1259, soweit ihre Voraussetzungen vorliegen, unten Rn 15, und ebenso die Erweiterung des Berufungsantrages im Rahmen der Berufungsbegründung, § 519 Rn 19. Im fortgesetzten Verf erster Instanz ist über die noch nicht rechtskräftig erledigten Teile des Verbunds neu zu verhandeln und zu entscheiden, Mü aaO.

**2) Beschränkung der Revision in FolgeS, I.** Für die Revision in FamS des § 621 I Z 4, 5 u 8 gilt **12** § 621 d. Im Hinblick darauf, daß wegen der geringeren Bedeutung der **FamS des § 621 I Z 7 u 9** durch § 621 e die Revision in Verfahren außerhalb einer Scheidungssache ausgeschlossen wird, ist die Revision nicht zulässig, soweit über diese FolgeS im Verbund durch Urteil erkannt ist. Das gilt ohne Rücksicht darauf, welchen Inhalt das Urteil hat, also auch dann, wenn die Berufung als unzulässig verworfen worden ist, BGH FamRZ **80**, 670. Die trotzdem eingelegte Revision ist in diesem Umfang zu verwerfen, § 554 a.

**3) Selbständige Anfechtung der Entscheidung in FolgeS, II**       **13**

**A. Beschwerde.** Ein nach § 629 ergangenes einheitliches Urteil kann auch wegen eines Teils angefochten werden, und zwar die Berufung bzw der Revision, soweit dieses Rechtsmittel nach allgemeinen Vorschriften statthaft ist, oben Rn 1 ff. Davon macht II für **FolgeS nach § 621 I Z 1–3, 6, 7 u 9** eine Ausnahme: Da es sich um Sachen handelt, für die das FGG maßgeblich ist, § 621 a Rn 3 ff, ist für die isolierte Anfechtung der im Urteil getroffenen Entscheidung insoweit nicht Berufung oder Revision gegeben, sondern die **Beschwerde** entsprechend **§ 621 e, II 1**. Über die Einzelheiten vgl die Erläuterungen zu § 621 e, zur Beschwerdeberechtigung dort Rn 3–7; eine unselbständige Anschlußbeschwerde ist zulässig, § 621 e Rn 26. Die angefochtene FolgeS bleibt FolgeS, BGH FamRZ **79**, 908. Ist Beschwerde eingelegt, so kann das Rechtsmittel in der Begründungsschrift – nunmehr als Berufung – auf andere Teile des Urteils erstreckt werden, gegen die die Berufung gegeben ist, wenn hierauf nicht verzichtet worden ist, BGH NJW **81**, 2360.

Für die **Einlegung** der Beschwerde besteht Anwaltszwang, soweit sie von einem Ehegatten eingelegt **14** wird, § 78 II Z 1, nicht also für die an der FolgeS beteiligten Dritten. Wegen des AnwZwanges in den neuen Bundesländern s Vorbem § 78 u Grdz § 606 Rn 7.

Über die Beschwerde **entscheidet** das OLG durch Beschluß; die Regeln über den Verbund gelten auch hier, § 629 a Rn 3. Für die weitere Beschwerde besteht allgemein Anwaltszwang, also auch für Drittbeteiligte, § 78 II Z 1, mit Ausnahme der in § 78 II 3 genannten. Dagegen ist die weitere Beschwerde nur in den Fällen des § 621 I Z 1–3 u 6 unter den Voraussetzungen des § 621 e II zulässig: sie ist also in FolgeS nach

§ 621 I Z 7 u 9 ausgeschlossen, und zwar auch dann, wenn die Erstbeschwerde als unzulässig verworfen worden ist, BGH NJW **80**, 402.

Wegen der **Kosten** vgl oben Rn 11. § 97 I u II gelten auch hier, § 97 III, dazu Tietze FamRZ **83**, 291. Bei Rücknahme der Beschwerde gilt in allen Fällen § 515 III entsprechend, nicht etwa (ganz oder teilweise) § 13 a FGG, MüKoKl § 621 c Rn 74, StJSchl 7, Karlsr RR **98**, 72 (abw im Einzelfall), Drsd FamRZ **97**, 1019 (eingehend mwN), Ffm FamRZ **91**, 586, Karlsr MDR **83**, 454 u **84**, 59 mwN, Bre **KR** § 515 Nr 31, Hamm **KR** § 515 Nr 33 m abl Anm v. Eicken und zustm Anm Lappe, sehr str, aM ZöPh 13, Karlsr RR **98**, 72 (für den Einzelfall), Hamm FamRZ **92**, 1457, Ffm FamRZ **86**, 368 mwN, ua Stgt FamRZ **83**, 936. Für das Gericht entstehen Gebühren in allen Fällen, § 1 II GKG, nach KV 1520 ff, 1530 ff, für den RA die vollen Gebühren des § 31 nach § 11 I 2 u 3 BRAGO, s § 61 a BRAGO.

**15** **B. Mehrere Rechtsmittel.** Wird in diesen Fällen nach Einlegung der Beschwerde auch Berufung (oder nach Einlegung der weiteren Beschwerde Revision) eingelegt, gleichgültig, ob vom Beschwerdeführer oder vom Beschwerdegegner, so ist über das Rechtsmittel **einheitlich als Berufung oder Revision zu entscheiden, II 2.** Wird die Entsch in einer FolgeS angefochten und ist beim Rechtsmittelgericht auch die Scheidungssache anhängig, so gelten die Vorschriften über den Verbund, §§ 623 ff. Grundsätzlich ist also einheitlich durch Urt zu entsch. Gegen das Urt des OLG ist die Revision nach allgem Vorschriften zulässig, §§ 546 u 547, soweit es sich nicht um FolgeS des § 621 I Z 7 u 9 handelt, oben Rn 12. Gebühren für das Gericht: KV 1220 ff u 1230 ff.

**16** **C. Anfechtung mehrerer FolgeS.** Gelangen nur mehrere FolgeS in die Rechtsmittelinstanz, so stehen sie **entspr § 623 untereinander im Verbund**, gleichgültig, ob auch der Scheidungsausspruch angefochten wird, **II 3.** Diese Bestimmung ermöglicht es, aufeinander abgestimmte Regelungen in den FolgeS zu treffen, und zwar auch bei Eintritt der Rechtskraft des Scheidungsausspruchs, Diederichsen NJW **86**, 1467. Deshalb ist über ein oder mehrere Rechtsmittel, soweit nur FolgeS Gegenstand sind, einheitlich zu verhandeln und zu entscheiden, § 629 I, und zwar durch Beschluß bzw durch Urt, wenn eines der Rechtsmittel eine FolgeS nach § 621 I Z 4 oder 5 betrifft, oben Rn 15. Teilentscheidungen sind ausgeschlossen; wenn in einer der FolgeS eine vorgezogene Regelung erforderlich wird, kann **entspr §§ 627, 628 I 1 verfahren werden, II 3.**

**17** **4) Nachträgliche Anfechtung, III** (Bergerfurth FamRZ **86**, 940; Sedemund-Treiber FamRZ **86**, 210). **A. Allgemeines.** Der Zwang, im Verbund über EheS u FolgeS einheitlich zu entscheiden, § 629 I, hat vor dem 1. 4. 86 dazu geführt, daß bei einer auf FolgeS beschränkten Anfechtung ohne umfassenden Rechtsmittelverzicht der Beteiligten die Rechtskraft des Scheidungsausspruchs in der Schwebe blieb, solange dieser durch Erweiterung des Rechtsmittels oder Anschließung in das RechtsmittelVerf einbezogen werden konnte, oben Rn 5 ff. Da hier nicht entspr Anwendung des § 628 I 2 geholfen werden konnte, BGH FamRZ **80**, 1108, hat das UÄndG den Mißstand, daß in diesen Fällen die Rechtskraft des Scheidungsausspruchs uU erst nach Jahren eintrat, dadurch behoben, daß die nachträgliche Anfechtung durch Rechtsmittelerweiterung oder Anschließung in Anlehnung an § 556 I befristet worden ist, vgl BGH NJW **98**, 2679. Die Befristung der Rechtsmittel gilt für die 2. und die 3. Instanz (hier ist die Regelung des § 629 c zu beachten).

**18** **B. Beschränkung des nachträglichen Angriffs, III.** a) **Voraussetzungen, III 1.** Die Regelung gilt nur für eine **VerbundEntsch über die EheS und eine oder mehrere FolgeS, § 629 I.** Dagegen ist III nicht auf sonstige Entscheidungen anzuwenden, zB in isolierten FamS, oder im Verbund ergehende gesonderte Entscheidungen wie die Zurückweisung des Scheidungsantrags oder die Entsch über FolgeS, die abgetrennt worden sind oder allein den Gegenstand des RechtsmittelVerf bilden, Sedemund-Treiber FamRZ **86**, 210. Die VerbundEntsch, § 629 I, muß teilweise durch Berufung, Beschwerde, Revision oder weitere Beschwerde angefochten worden sein, oben Rn 3 ff. Richtet sich das Rechtsmittel gegen die gesamte Entsch, so bleibt es bei den allgem Vorschriften über die Erweiterung des Rechtsmittels und die Anschließung, oben Rn 4 ff; wird die Berufung gegen den Scheidungsausspruch nachträglich unzulässig, bleibt die Zulässigkeit des Rechtsmittels gegen die FolgeS hiervon unberührt (keine Anwendung von III), BGH RR **94**, 834.

**19** b) **Befristung des Angriffs auf andere Teile, III 1–4** (Schweizer S 21 ff). **– aa) Grundsatz.** Im Fall der teilweisen Anfechtung einer VerbundEntsch durch ein Hauptrechtsmittel kann die **Änderung von Teilen der Entsch, die eine andere FamS betreffen, nur innerhalb bestimmter Fristen** beantragt werden; dies gilt sowohl für die Erweiterung des Antrags, BGH RR **93**, 260 mwN, als auch für die Anschließung, oben Rn 4 (ein etwaiger Wille des Gesetzgebers, durch die Befristung die nach allgemeinen Grundsätzen mögliche Erweiterung der Teilanfechtung auf andere Teile für den Hauptrechtsmittelführer auszuschließen, hat im Gesetz keinen Ausdruck gefunden). Keine Beschränkung besteht hinsichtlich des Hauptrechtsmittels: Haben ein Ehegatte wegen des Unterhalts, der andere wegen des Sorgerechts und ein Drittbeteiligter wegen des Versorgungsausgleichs Rechtsmittel eingelegt, so bleibt es hinsichtlich dieser drei FamS bei den allgemeinen Vorschriften. Dagegen greift die Beschränkung für alle anderen Teile der VerbundEntsch ein, also auch und gerade für die Anfechtung des Scheidungsausspruchs, die nur den Ehegatten zusteht, BGH NJW **98**, 2976 mwN.

**20** bb) **Befristung, III 1 u 2.** Diejenigen Teile der VerbundEntsch, die nicht Gegenstand eines Hauptrechtsmittels sind, können nach Ablauf der für ein Hauptrechtsmittel geltenden Frist grundsätzlich nur innerhalb Monatsfrist angegriffen werden. Dadurch wird nicht etwa die Möglichkeit eröffnet, ein Hauptrechtsmittel einzulegen; insoweit bleibt es bei den dafür geltenden **Fristen der §§ 516, 552 und 621 e III, III 4**, Ffm FamRZ **86**, 1123. Die Befristung greift bei Antragserweiterung und Anschließung ein, deren sonstige Zulässigkeit, oben Rn 3–5 u 9, sich nach den allgemeinen Vorschriften beurteilt; für den Antrag auf Einbeziehung von Entscheidungsteilen in den Rahmen des BGH gilt § 629 c, s dort.

**21** Die **Monatsfrist für diese Angriffe beginnt** grundsätzlich mit der Zustellung der Begründung des Hauptrechtsmittels, bei mehreren Zustellungen mit der letzten Zustellung, III 1; dies gilt auch

### 3. Abschnitt. Verfahren in Scheidungs- und Folgesachen § 629a

und gerade bei mehreren Zustellungen agrd mehrerer Hauptrechtsmittel, Schweizer S 31–33, Ffm FamRZ **87**, 960, und für alle nachträglichen Angriffe, abw für die Anschließung Schweizer S 27 f. Dabei kommt es auf die zeitlich letzte Zustellung an, so daß zB eine solche Zustellung an den vom Hauptrechtsmittel betroffenen Drittbeteiligten die Monatsfrist einheitlich für alle Beteiligten in Lauf setzt, BT-Drs 10/2888 S 44 u 10/4514 S 24. Nötig ist eine ordnungsgemäße Zustellung der Begründung (ohne Heilungsmöglichkeit nach § 187 S 1 oder § 295, Schweizer S 54–58), an alle vom Hauptrechtsmittel betroffenen Beteiligten, Kemnade FamRZ **86**, 626, BGH NJW **98**, 2679 (also eine VersAusglBeschwerde idR allen VersTrägern); anderen Drittbeteiligten wird die Begründung nicht zugestellt, § 624 IV, Schmitz FamRZ **87**, 1101. Das Unterbleiben auch nur einer notwendigen Zustellung hindert den Fristbeginn, BGH aaO; das gleiche gilt für den Fall, daß ein zu beteiligender Dritter nicht in das Verfahren einbezogen worden ist, Rahm VII 116. Das Ende der Monatsfrist errechnet sich nach § 222, vgl § 519 Rn 6.

Da die Frist Rechtsmittel und andere Angriffe gegen ein Urteil begrenzt und dadurch dessen Rechtskraft **22** hinsichtlich der nicht angefochtenen Teile bewirkt, fordert es die notwendige leichte Berechenbarkeit durch den UrkB, sie trotz fehlender Bezeichnung als Notfrist doch wie eine **Notfrist iSv § 223** zu behandeln, Bergerfurth Rn 269 u FamRZ **87**, 177, Maurer 806, ThP 22, Karlsr FamRZ **88**, 412, Köln FamRZ **87**, 1060, Nürnb FamRZ **86**, 924, aM im Anschluß an § 556 II MüKoKl 31, Philippi FamRZ **89**, 1259, ZöPh 34, Rahm VII 75, Hbg FamRZ **90**, 771, Celle FamRZ **90**, 647, Ffm FamRZ **86**, 1123. Deshalb ist die Frist unabänderlich, § 224, Schweizer S 59–61; sie wurde auch durch die Gerichtsferien nicht gehemmt, § 223 aF, insofern aM Maurer u ThP aaO, Karlsr u Ffm aaO sowie die Vertreter der grundsätzlichen Gegenmeinung, vgl Schweizer S 51–54. Gegen ihre Versäumung kommt WiedEins in Betracht, vgl § 556 Rn 4, Schweizer S 61–64, Maurer aaO, STr 15 mwN, Bergerfurth FamRZ **87**, 177, Köln aaO, ebenso von den Vertretern der Gegenmeinung MüKoKl 31, Philippi FamRZ **89**, 1259, ZöPh 34.

**Wird in der Frist eine Änderung der Teile, die eine andere FamS betreffen, beantragt, so** **23** verlängert sich die ursprüngliche Frist um einen weiteren Monat, III 2. Auch ein vor Ablauf der Begründungsfrist gestellter Änderungsantrag, zB eine Anschließung, löst die Fristverlängerung aus, weil die Begrenzung auf die nach Ablauf der Begründungsfrist gestellten Änderungsanträge nicht Gesetz geworden ist, BT-Drs 10/2888 S 45 u 10/4514 S 24; ebenso wird die Nachfrist in Lauf gesetzt, wenn die Änderung vor Zustellung der Begründungsschrift beantragt wird, Bergerfurth FamRZ **86**, 941, aM Kemnade FamRZ **86**, 625. Die Erstreckung der Frist tritt ein, wenn innerhalb der ursprünglichen Frist ein Änderungsantrag bei Gericht eingeht (Hilfsanschließung genügt), Schweizer S 36; auf die Zustellung des Antrags kommt es nicht an, Philippi FamRZ **89**, 1260. Für die Berechnung der verlängerten Frist gilt § 224 III iVm § 222 II entspr, Schweizer S 37 ff, Bergerfurth FamRZ **87**, 177. Sie endet nach denselben Regeln wie die erste Frist; WiedEins ist auch insoweit möglich, s o.

Innerhalb der Nachfrist können **alle Beteiligten** (auch derjenige, der die erste nachträgliche Anfechtung erklärt hat) die Änderung der Teile der VerbundEntsch, die nicht Gegenstand eines Hauptrechtsmittels sind, beantragen, wie die Entstehungsgeschichte (aaO) ergibt. Erfolg kann ein solcher Antrag nur haben, wenn die prozessualen Voraussetzungen, oben Rn 4 ff, dafür gegeben sind. Jedoch kommt es für die Auslösung der Fristverlängerung hierauf nicht an, Sedemund-Treiber FamRZ **86**, 212.

Derselbe Mechanismus läuft ab, wenn **innerhalb der verlängerten Frist erneut eine Änderung iSv III 1 beantragt wird, III 3**. Das wird selten der Fall sein, weil diese Möglichkeit abstrakt durch die Zahl der FolgeS und konkret durch die Zulässigkeitsvoraussetzungen, oben Rn 4 ff, begrenzt wird.

**cc) Wirkungen.** Wird bis zum Ablauf der (ersten oder verlängerten) Frist von keinem Beteiligten ein **24** Änderungsantrag iSv III 1 gestellt, so werden **die bis dahin nicht angegriffenen Teile der Verbund-Entsch rechtskräftig** (bei Rücknahme des Hauptrechtsmittels schon zu diesem Zeitpunkt, BGH NJW **98**, 2679). Das wirkt sich in der Praxis vor allem für den Scheidungsausspruch aus, der selten angefochten wird; wird er rechtskräftig, so ist die im Verbundurteil enthaltene Verurteilung zur Zahlung nachehelichen Unterhalts nach § 718 für vorläufig vollstreckbar zu erklären, falls dies nicht schon im Urteil geschehen war, Karlsr FamRZ **87**, 496 mwN. Freilich kann der Schwebezustand bis zum Eintritt der (Teil-)Rechtskraft bei mehrfacher Fristverlängerung länger dauern. Der Beginn der Frist setzt die ordnungsmäßige Zustellung an die Beteiligten voraus, oben Rn 20 ff. Das endgültige Ende der Frist wird sich nicht immer einwandfrei feststellen lassen, da die Möglichkeit der WiedEins besteht, oben bb. Daher ist bei der Erteilung eines (Teil-)Rechtskraftzeugnisses, § 706, in den Fällen des III große Vorsicht geboten, Kemnade FamRZ **86**, 626.

Da die nicht rechtzeitig angegriffenen Teile der VerbundEntsch mit Fristablauf rechtskräftig werden, ist danach eine Erweiterung der Berufung nicht mehr möglich, Ffm FamRZ **86**, 924. Die Anfechtungsmöglichkeit lebt nicht wieder auf, wenn die Entscheidung iü aufgehoben und die Sache zurückverwiesen wird, BT-Drs 10/2888 S 31 (BGH NJW **80**, 785 ist durch § 629 a III überholt).

Ist der Antrag iSv III 1 verspätet gestellt u kommt keine WiedEins, oben Rn 22, in Frage, ist er als unzulässig zu verwerfen, Ffm FamRZ **86**, 924. Ist der Antrag rechtzeitig gestellt, kann er gleichwohl aus anderen Gründen als unzulässig zu verwerfen sein, oben Rn 6 ff u 20, zB eine Anschließung wegen Fehlens eines zulässigen Hauptrechtsmittels, BGH FamRZ **98**, 1026, Bre FamRZ **89**, 649, Hamm FamRZ **89**, 415.

**5) Anschließung, IV** (Sedemund-Treiber FamRZ **86**, 212). Die Beteiligten haben das Recht der **25** Anschließung, dazu oben Rn 5–8. Auf dieses Recht kann verzichtet werden. **Ehegatten, die auf Rechtsmittel gegen den Scheidungsausspruch verzichtet haben, können auf dessen Anfechtung im Wege der Anschließung an ein Rechtsmittel in einer FolgeS**, oben Rn 5–7, **verzichten, bevor dieses Rechtsmittel eingelegt ist, IV**. Diese Sonderregelung soll den Ehegatten ermöglichen, durch einen solchen Verzicht die Rechtskraft des im Verbund ergangenen Scheidungsausspruchs vor Abschluß des ganzen Verf herbeizuführen; für den isolierten Scheidungsausspruch bedarf es keiner besonderen Bestimmung, weil er ohnehin mit dem Verzicht auf das Hauptrechtsmittel rechtskräftig wird. Die Möglichkeit, im Verbund Anschlußrechtsmittel in FolgeS einzulegen, bleibt unberührt; insofern gilt für alle Beteiligten das allgemeine Rechtsmittelrecht mit den sich aus III ergebenden Besonderheiten, oben Rn 3 ff u 17. Für den Verzicht auf einen Antrag nach § 629 c gilt Entsprechendes, dort Rn 4.

**26** 6) **Wiederaufnahme.** §§ 578 ff. Sie ist auch hinsichtlich einzelner FolgeS zulässig, soweit die Entscheidung nicht ohnehin später geändert werden darf wie im Fall der Regelung des Sorgerechts oder des Umgangs mit Kindern, Ffm FamRZ **87**, 394, und berührt dann die Rechtskraft des Scheidungsausspruchs nicht; dementsprechend läßt auch die Fortsetzung des Verfahrens nach einem für unwirksam gehaltenen Prozeßvergleich in einer FolgeS den Scheidungsausspruch unberührt, Bergerfurth FamRZ **82**, 565. Die Wiederaufnahme der Scheidungssache ergreift auch die im Verbund entschiedene FolgeS, Bergerfurth FamRZ **76**, 583.

**629b** *Zurückverweisung nach Abweisung des Scheidungsantrags.* I ¹Wird ein Urteil aufgehoben, durch das der Scheidungsantrag abgewiesen ist, so ist die Sache an das Gericht zurückzuverweisen, das die Abweisung ausgesprochen hat, wenn bei diesem Gericht eine Folgesache zur Entscheidung ansteht. ²Dieses Gericht hat die rechtliche Beurteilung, die der Aufhebung zugrunde gelegt ist, auch seiner Entscheidung zugrunde zu legen.

II Das Gericht, an das die Sache zurückverwiesen ist, kann, wenn gegen das Aufhebungsurteil Revision eingelegt wird, auf Antrag anordnen, daß über die Folgesachen verhandelt wird.

**1** 1) **Zurückverweisung nach Abweisung des Scheidungsantrags, I.** Mit der Abweisung des Scheidungsantrags werden alle FolgeS gegenstandslos, § 629 III. Sie fallen bei Anfechtung des Urteils dem Rechtsmittelgericht nicht an, weil über sie nicht entschieden worden ist. **Wird das abweisende Urteil aufgehoben, muß die Sache an das Gericht zurückverwiesen werden, das die Abweisung ausgesprochen hat, wenn bei diesem Gericht eine FolgeS zur Entscheidung ansteht, I 1**, BGH NJW **97**, 1007, Hamm FamRZ **96**, 1078. Das ist stets dann der Fall, wenn dort eine FolgeS im Zeitpunkt des abweisenden Urteils anhängig war und diese FolgeS sich nicht inzwischen erledigt hat, also nicht nur dann, wenn das Urteil einen Vorbehalt nach § 629 III 2 enthält. Eine FolgeS braucht aber nicht unbedingt anhängig zu sein. Es genügt, daß die Sorgerechtsregelung oder ein Versorgungsausgleich gemäß § 623 III vAw durchgeführt werden muß, Karlsr FamRZ **81**, 191 mwN, Celle FamRZ **79**, 234, aM Ffm FamRZ **80**, 283: keine Zurückverweisung, wenn beim FamGer bislang keine FolgeS anhängig geworden ist.

**2** Die Zurückverweisung ist zwingend vorgeschrieben, so daß Zweckmäßigkeitserwägungen ausscheiden müssen, BGH NJW **97**, 1007; zurückzuverweisen ist also auch dann, wenn die Voraussetzungen der Scheidung gegeben sind und sich die Beteiligten über alle notwendigen und anhängigen FolgeS geeinigt bzw der vorgesehenen Lösung zugestimmt haben und ebenfalls in dem Fall, daß bei einverständlicher Scheidung nur eine einzige, in Grunde entscheidungsreife FolgeS zu befinden ist, ZöPh 1, ThP 4, str, aM MüKoKl 9, Oldb FamRZ **98**, 1528 mwN. Zurückzuverweisen ist an das Gericht, bei dem die FolgeS ansteht; das ist das OLG, wenn es erstmals den Scheidungsantrag abgewiesen hat und die FolgeS in die Berufungsinstanz gelangt war, vgl §§ 627 u 628, sonst das FamGer, aM Diederichsen NJW **77**, 660 (stets das FamGer), ThP Rn 3 u 4 (differenzierend). Dieses Gericht hat die rechtliche Beurteilung, die der Aufhebung zugrundeliegt, auch **seiner Entscheidung zugrundezulegen, I 2**, vgl § 565 II; das gleiche gilt für die Selbstbindung des zurückverweisenden Gerichts, Düss FamRZ **81**, 808.

Mit der Zurückverweisung wird der Verbund, § 623 I, wiederhergestellt, so daß etwa selbständig fortgeführte FamS, § 629 III 2, wieder FolgeS werden (abw ZöPh 6) und neue FolgeS vAw, § 623 III, oder durch Überleitung, § 621 III, oder auf Antrag einer Partei entstehen können, Diederichsen NJW **77**, 653. Die erneute Entscheidung ergeht einheitlich durch Urteil. Über die Kosten der Berufung kann vorweg im zurückverweisenden Urteil entschieden werden, wobei im Fall einer verfrüht erhobenen Klage, § 1565 BGB, § 97 II entspr anzuwenden ist, BGH NJW **97**, 1008 mwN, Nürnb RR **97**, 388, es sei denn, die Parteien haben beide die Scheidung verfrüht angestrebt oder hat die Gegenpartei trotz Ablaufs der Wartezeit einer Scheidung widersetzt, oder wenn offen bleiben kann, ob das AG die Anwendung des § 1565 II BGB zu Rechts abgelehnt hat, BGH aaO.

**3** § 629 b ist entspr anzuwenden, wenn das FamGer den Antrag auf Aufhebung der Ehe abgewiesen hat und in 2. Instanz (hilfsweise) Antrag auf Scheidung gestellt wird, Hbg FamRZ **82**, 1211, ferner dann, wenn in die Erledigung des Scheidungsverfahrens aussprechendes Urteil aufgehoben wird, Karlsr IPrax **90**, 53. Für andere Fälle gilt § 629 b nicht, zB bei Aufhebung eines Scheidungsurteils im Wiederaufnahmeverfahren, KG RR **90**, 8.

War das Gericht, das die Abweisung ausgesprochen hat, örtlich unzuständig und wird die Scheidungssache deshalb vom Berufungsgericht an das (jetzt) zuständige Gericht verwiesen, § 606 Rn 20, so entfällt eine Zurückverweisung, Zweibr FamRZ **85**, 81, Hbg FamRZ **83**, 612; die beim unzuständigen Gericht wieder aufgelebten FolgeS sind entspr § 621 II an das (jetzt) zuständige FamGer zu verweisen bzw abzugeben, Zweibr aaO.

**4** 2) **Verfahren bei Anfechtung der Zurückverweisung, II.** Mit Einlegung der Revision gegen das Urteil des OLG tritt die Hemmungswirkung ein, Grdz § 511 Rn 2. In diesem Fall kann **das Gericht, an das zurückverwiesen ist, auf Antrag anordnen, daß über die bei ihm zur Entscheidung anstehende FolgeS**, oben Rn 1, **verhandelt wird.** Den dazu erforderlichen Antrag darf jede Partei stellen. Die Entscheidung darüber ergeht nach Ermessen unter Abwägung der Eilbedürftigkeit der FolgeS und der voraussichtlichen Dauer des Revisionsverfahrens. Die Ablehnung des Antrags unterliegt der Beschwerde, § 567 I. Gegen den die Verhandlung anordnenden Beschluß gibt es kein Rechtsmittel. Erst nach Rechtskraft des zurückverweisenden Urteils darf über die FolgeS (im Verbund) entschieden werden, § 629 I. Eine Vorwegentscheidung nach § 627 ist auch hier zulässig.

**629c** *Erweiterte Aufhebung in dritter Instanz.* ¹Wird eine Entscheidung auf Revision oder weitere Beschwerde teilweise aufgehoben, so kann das Gericht auf Antrag einer Partei die Entscheidung auch insoweit aufheben und die Sache zur anderweitigen Verhandlung und Entscheidung an das Berufungs- oder Beschwerdegericht zurückverweisen, als dies wegen des Zusammenhangs mit der aufgehobenen Entscheidung geboten erscheint. ²Eine Aufhebung des Scheidungsausspruchs kann nur innerhalb eines Monats nach Zustellung der Rechtsmittelbegründung, bei mehreren Zustellungen bis zum Ablauf eines Monats nach der letzten Zustellung beantragt werden.

**Schrifttum:** *Deneke* FamRZ **87**, 1214.

**1) Allgemeines.** Durch Revision oder weitere Beschwerde, § 629 a II, fällt trotz des Verbundes die Sache 1 dem BGH nur insoweit an, als die Entscheidung angefochten ist.

**A. Revision nur in der Scheidungssache.** Beschränkt sich die (nur kraft Zulassung statthafte) Revision auf die Scheidungssache, so entscheidet der BGH nur hierüber: Weist er den Scheidungsantrag ab, wird die Entscheidung in FolgeS gegenstandslos, § 629 III; hebt er ein abweisendes Urteil auf, muß die Sache zurückverwiesen werden, § 629 b I. § 629 c gilt für diese Fälle nicht, *Deneke* FamRZ **87**, 1216.

**B. Rechtsmittel (auch) in einer FolgeS.** Wird auch oder nur gegen die Entscheidung in einer FolgeS 2 Revision eingelegt oder weitere Beschwerde erhoben, so hängt die Statthaftigkeit des Rechtsmittels zwar grundsätzlich von seiner Zulassung ab, §§ 546, 621 d, 629 a II iVm § 621 e II. Bei Zulassung des Rechtsmittels nur wegen eines Teiles der Entscheidung ist aber hinsichtlich der übrigen Teile Revision oder weitere Beschwerde statthaft, soweit diese Teile rechtlich von der anfechtbaren Teilentscheidung abhängen, BGH **35**, 302. Unter den Angelegenheiten, die in die 3. Instanz gelangen können, besteht jedoch nicht oder doch nicht immer nur rechtliche, sondern oft nur rein tatsächliche Abhängigkeit. Wegen der gebotenen Einheitlichkeit der Entscheidung eröffnet § 629 c den Parteien die Möglichkeit, eine Nachprüfung auch solcher Teile der Entscheidung herbeizuführen, die der 3. Instanz nicht angefallen sind, *Sedemund-Treiber* DRiZ **76**, 337. Diese Möglichkeit schiebt die Rechtskraft der gesamten Berufungsentscheidung hinaus, vgl § 629 a Rn 9, *Deneke* FamRZ **87**, 1218 mwN, hM. Dadurch soll auch in 3. Instanz eine ausgewogene Gesamtlösung gewährleistet werden, *Deneke* FamRZ **87**, 1215.

**2) Erweiterte Nachprüfung** 3

**A. Voraussetzungen, Satz 1.** Wird eine Entscheidung auf Revision oder weitere Beschwerde (auch auf eine unselbständige Anschließung, *Maurer* 821) vom BGH teilweise aufgehoben, so kann er auf Antrag einer Partei diese Entscheidung auch hinsichtlich solcher anderer Teile nachprüfen, die mit Revision oder weiterer Beschwerde angefochten worden sind, **soweit dies wegen des tatsächlichen Zusammenhangs mit der aufgehobenen Entscheidung geboten erscheint**, BGH FamRZ **86**, 895, zB im Falle der Anfechtung der Regelung der elterlichen Sorge hinsichtlich der nicht angefochtenen Regelung des nachehelichen Unterhalts, BGH NJW **87**, 1026, vgl dazu *Deneke* FamRZ **87**, 1216. Das gilt grundsätzlich auch hinsichtlich der Ehesache, wenn dem BGH nur eine FolgeS angefallen ist; jedoch wird der Fortbestand der Ehe von der FolgeS nur ausnahmsweise abhängen, zB die einverständliche Scheidung, § 630, von der Befolgung des gemeinsamen Vorschlags für die Regelung des Sorgerechts, StJSchl 2, oder die streitige Scheidung von der Sorgerechtsregelung, dazu *Deneke* FamRZ **87**, 1217. Die erweiterte Nachprüfung (und Aufhebung) in der dritten Instanz bezieht sich aber nur auf solche Entscheidungsteile, die Gegenstand des Berufungsurteils waren, also nicht auf nicht angegriffene Entscheidungen des FamGer, *Deneke* FamRZ **87**, 1215 mwN, Ffm FamRZ **85**, 821 mwN, hM. Die Befugnis nach § 629 c besteht nicht, wenn das Rechtsmittel ohne Erfolg bleibt.

**B. Antrag, Satz 1 u 2.** Die Einbeziehung nicht angefochtener Teile erfolgt nur auf **Antrag einer** 4 **Partei, Satz 1**, nicht notwendigerweise des Rechtsmittelführers, im Anwaltszwang, § 78 II 1 Z 1 (andere Beteiligte sind nicht antragsberechtigt, MüKoKl 6, aM *Deneke* FamRZ **87**, 1220). Richtet sich der Antrag auf die **Aufhebung des (nicht angefochtenen) Scheidungsausspruchs**, muß er entsprechend der in § 629 a III 1 getroffenen Regelung innerhalb einer bestimmten Frist gestellt werden (ohne Fristverlängerung entspr § 629 a III 2 u 3, *Deneke* FamRZ **87**, 1220), **Satz 2.** Begehrt der Ehegatte die Aufhebung der Entscheidung in einer anderen FolgeS, muß er dies bis zum Schluß der mündlichen Verhandlung tun, *Deneke* FamRZ **87**, 1220; ggf hat das Gericht darauf hinzuweisen, StJSchl 4. Der Antrag ist auch insoweit zulässig, als eine Rechtsmittelerweiterung oder Anschließung, § 629 a Rn 5 ff, möglich ist: die Partei hat ein Wahlrecht, *Deneke* FamRZ **87**, 1217. Immer handelt es sich dabei um einen Hilfsantrag, der mit der Bestätigung der angefochtenen Entscheidung gegenstandslos wird. Bei verspäteter Stellung wird der Antrag als unzulässig verworfen, bei Fehlen des Zusammenhangs, oben Rn 3, als unbegründet zurückgewiesen.

Ein Verzicht auf das Antragsrecht ist jedenfalls bei beiderseitigem Verzicht auf Rechtsmittel gegen den Scheidungsausspruch, BGH FamRZ **84**, 468, aber auch sonst schon vor Einlegung des Rechtsmittels zum BGH zulässig, *Deneke* FamRZ **87**, 1221 mwN, hM, MüKoKl 13, aM STr 5, vgl § 629 a Rn 9. Keines Verzichts bedarf es hinsichtlich der Entscheidungsteile, die nicht Gegenstand des Berufungsurteils waren, oben Rn 3. Die Einbeziehung vAw ist nicht vorgesehen, auch nicht hinsichtlich der Fälle des § 623 III.

**3) Entscheidung.** Unter den Voraussetzungen der Rn 3 ff kann der BGH die Entscheidung auch hin- 5 sichtlich nicht angefochtener Teile aufheben und die Sache zur anderweitigen Verhandlung und Entscheidung an das OLG zurückverweisen, soweit dies wegen des Zusammenhangs, geboten erscheint. Die Fassung der Vorschrift ergibt, daß der BGH nach seinem pflichtgemäßen Ermessen zu entscheiden hat, *Deneke* FamRZ **87**, 1215. Wegen des Verbundes, §§ 623 I u 629 I, darf er dann über diese Teile nicht in der Sache selbst entscheiden, sondern muß nach OLG überlassen BGH NJW **87**, 1026.

**4) Beschränkung auf Verfahren in 3. Instanz.** Da der Umfang der Anfechtung in 2. Instanz allein von 6 der Entschließung der Parteien abhängt, besteht hier kein Bedürfnis, in die Entscheidung nicht angefochtene Teile einzubeziehen, *Deneke* FamRZ **87**, 1215. Den Parteien steht es frei, solche Teile ggf im Wege der

## §§ 629c–630   6. Buch. Verfahren in Familiensachen

Anschließung, § 629a Rn 5 ff, zur Entscheidung des OLG zu stellen. Abw läßt Stgt FamRZ **84**, 806 bei Erfolg des auf eine FolgeS beschränkten Rechtsmittels im Hinblick auf den Verbund auch die Aufhebung und Zurückverweisung der nicht angefochtenen Urteilsteile zu.

**629d** *Wirksamwerden der Entscheidung in Folgesachen.* **Vor der Rechtskraft des Scheidungsausspruchs werden die Entscheidungen in Folgesachen nicht wirksam.**

1   **1) Allgemeines.** In FolgeS wird eine Entscheidung nur für den Fall der Scheidung getroffen, § 623 I, und zwar grundsätzlich im Verbund mit der Entscheidung über den Scheidungsantrag, § 629 I. Mit der Abweisung dieses Antrags werden die FolgeS gegenstandslos, § 629 III. Wegen dieser Abhängigkeit von der Scheidungssache bestimmt § 629 d, daß **Entscheidungen in FolgeS vor der Rechtskraft des Scheidungsausspruchs nicht wirksam** werden. Wegen des Eintritts der Rechtskraft s § 629a Rn 9, wegen der Wiederaufnahme s § 629a Rn 26.

2   **2) Zivilprozessuale FolgeS, § 621 I Z 4, 5 u 8.** Urteile in EheS dürfen nicht für vorläufig vollstreckbar erklärt werden, § 704 II; dies gilt nicht für FolgeS, § 704 Rn 4. Auch wenn die Entscheidung in einer zivilprozessualen FolgeS, § 621a Rn 2, nicht angefochten wird, darf aus ihr vor Rechtskraft des Scheidungsausspruchs aber nicht vollstreckt werden; deshalb ist die vorläufige Vollstreckbarkeit einer solchen Entscheidung unter der Bedingung der Rechtskraft des Scheidungsausspruchs, dazu § 629a Rn 9 ff u 24, anzuordnen, MüKoKl 8, Maurer 721 u 722 mwN, Kemnade FamRZ **86**, 627 (m Beisp), Gießler FamRZ **86**, 958 mwN, str, aM Bergerfurth Rn 369 (uneingeschränkte vorläufige Vollstreckbarkeit), Ffm FamRZ **87**, 174 (§ 718). § 534 ist in allen diesen Fällen unanwendbar. Fehlt es an einer solchen Anordnung und wird die Entscheidung in der FolgeS angefochten, ist nach § 718 zu verfahren, MüKoKl 9, Bbg FamRZ **90**, 184, § 718 Rn 4. Soweit erforderlich, kann das Gericht in der Schwebezeit eine einstwAnO, § 620, erlassen, die bis zum Wirksamwerden der Entscheidung über die FolgeS gilt, § 620 f, K. H. Schwab FamRZ **76**, 659; nach Rechtskraft des Scheidungsausspruchs steht der Weg der einstwVfg durch das Berufungsgericht offen, Kemnade FamRZ **86**, 627, Mörsch FamRZ **86**, 629.

3   **3) FGG-FolgeS, § 621 I Z 1–3, 6, 7, 9, 10 u 12.** Für diese Sachen, § 621a Rn 3, schließt § 629 d die Anwendung von § 16 FGG aus. Es gilt entsprechendes wie bei Rn 2. Die Wirksamkeit (und damit die Vollstreckbarkeit) tritt erst mit Rechtskraft ein. Dies gilt auch im Fall des § 627.

**630** *Sonderbestimmungen für die einverständliche Scheidung.* ¹Für das Verfahren auf Scheidung nach § 1565 in Verbindung mit § 1566 Abs. 1 des Bürgerlichen Gesetzbuchs muß die Antragsschrift eines Ehegatten auch enthalten:
1. die Mitteilung, daß der andere Ehegatte der Scheidung zustimmen oder in gleicher Weise die Scheidung beantragen wird;
2. entweder übereinstimmende Erklärungen der Ehegatten, daß Anträge zur Übertragung der elterlichen Sorge oder eines Teils der elterlichen Sorge für die Kinder auf einen Elternteil und zur Regelung des Umgangs der Eltern mit den Kindern nicht gestellt werden, weil sich die Ehegatten über das Fortbestehen der Sorge und über den Umgang einig sind, oder, soweit eine gerichtliche Regelung erfolgen soll, die entsprechenden Anträge und jeweils die Zustimmung des anderen Ehegatten hierzu;
3. die Einigung der Ehegatten über die Regelung der Unterhaltspflicht gegenüber einem Kinde, die durch die Ehe begründete gesetzliche Unterhaltspflicht sowie die Rechtsverhältnisse an der Ehewohnung und am Hausrat.

II ¹Die Zustimmung zur Scheidung kann bis zum Schluß der mündlichen Verhandlung, auf die das Urteil ergeht, widerrufen werden. ²Die Zustimmung und der Widerruf können zu Protokoll der Geschäftsstelle oder in der mündlichen Verhandlung zur Niederschrift des Gerichts erklärt werden.

III Das Gericht soll dem Scheidungsantrag erst stattgeben, wenn die Ehegatten über die in Absatz 1 Nr. 3 bezeichneten Gegenstände einen vollstreckbaren Schuldtitel herbeigeführt haben.

**Vorbem.** I Z 2 mWv 1. 7. 98 neu gefaßt durch Art 6 Z 27 KindRG, vgl Einf § 606 Rn 11.

**Schrifttum:** *Bergschneider,* Verträge in Familiensachen, 1998; *Göppinger/Börger/Merkle/Miesen/Wenz,* Vereinbarungen anläßlich der Ehescheidung, 7. Aufl 1998; *Langenfeld,* Handbuch der Eheverträge und Scheidungsvereinbarungen, 3. Aufl 1996.

### Gliederung

| | |
|---|---|
| 1) Allgemeines ............................. 1 | 4) Vollstreckbarer Titel, III ............. 6, 7 |
| 2) Antragsschrift, I ....................... 2–4 | 5) Sonstiges Verfahren bei einverständlicher Scheidung ............ 8, 9 |
|   A. Erfordernisse ....................... 2, 3 |   A. Einzelheiten ......................... 8 |
|   B. Mängel der Antragsschrift ........ 4 |   B. Rechtsmittel ......................... 9 |
| 3) Zustimmung zur Scheidung, II .... 5 | |

## 3. Abschnitt. Verfahren in Scheidungs- und Folgesachen § 630

**1) Allgemeines.** Nach § 1565 I 1 iVm § 1566 I BGB ist eine Ehe zu scheiden, wenn die Gatten seit **1** 1 Jahr getrennt leben und beide die Scheidung beantragen oder der Antragsgegner ihr zustimmt, sog **offene Konventionalscheidung.** Nur für sie, nicht auch für andere Fälle der einverständlichen Scheidung vor Ablauf eines Jahres (verdeckte Konventionalscheidung), gilt § 630, hM, MüKoKl 3; ein Ausweichen der Partei in die Form einer nur scheinbar streitigen Scheidung läßt sich nicht durch Ausdehnung des § 630, sondern nur durch Ausschöpfung des Untersuchungsgrundsatzes, § 616 Rn 4–5, verhindern, vgl Maurer 357, Bergerfurth Rn 121. Nach § 630 ist die offene Konventionalscheidung von der Regelung der wichtigsten Scheidungsfolgen abhängig. Das soll den Parteien Anlaß geben, ihren Schritt gründlich zu bedenken, und damit übereilten und später bereuten Scheidungen vorbeugen, RegEntwBegr. Aus demselben Grund ist es gerade hier Aufgabe des Gerichts, die Parteien über die Bedeutung der Scheidung zu belehren und dem Antragsgegner ggf einen Beistand beizuordnen, § 625, sowie die Voraussetzungen der Scheidung, vor allem das Getrenntleben, sorgfältig zu prüfen, § 616, vgl Bergerfurth Rn 118. Den Gatten bleibt es unbenommen, beiderseitige Scheidungsanträge auch dann, wenn sie mindestens 1 Jahr getrennt leben, auf den Generaltatbestand des § 1565 I BGB zu stützen, Köln FamRZ **79**, 236. Wenn nach Art 17 EGBGB ausländisches Recht anzuwenden ist, greift § 630 nicht ein, StJSchl 21, STr 21, Gottwald F Nakamura, 1996, S 191 mwN, AG Hbg IPrax **83**, 74, aM Bergerfurth Rn 225. Etwas anderes gilt nur dann, wenn dieses Recht mit den §§ 1565 I 1 u 1566 I BGB übereinstimmende Voraussetzungen kennt, Jayme NJW **77**, 1381.

Für ein Gesuch um Bewilligung von Prozeßkostenhilfe braucht der Antragsteller nicht eine dem § 630 genügende Antragsschrift einzureichen. Er muß jedoch darlegen und ggf glaubhaft machen, daß die Voraussetzungen des § 630 erfüllt sein werden, Zweibr FamRZ **83**, 1132.

Zur Frage des Parteiverrats, § 356 StGB, durch den RA, der iRv § 630 auch dem anderen Ehegatten dient, vgl BGH FamRZ **85**, 593.

**2) Antragsschrift, I** **2**

**A. Erfordernisse.** Das Verfahren zur einverständlichen Scheidung wird durch Einreichung einer Antragsschrift anhängig, § 622 I; beantragen beide Gatten die Scheidung, was nicht gleichzeitig zu geschehen braucht, muß jeder von ihnen eine solche Schrift einreichen, die den Anforderungen des § 622 II genügt.

Zusätzlich muß die Antragsschrift enthalten:

**a)** die Mitteilung, daß der andere Gatte der Scheidung zustimmen oder in gleicher Weise die Scheidung beantragen wird, I Z 1; die Beifügung einer entsprechenden Erklärung ist nicht erforderlich, Diederichsen NJW **77**, 654, aber ratsam; für die Erklärung genügt Schriftform, unten Rn 5. Die Mitteilung entfällt, wenn dem Gericht die Zustimmung oder der Scheidungsantrag des anderen Gatten schon vorliegt, StJSchl 2; wegen des Widerrufs s unten Rn 5;

**b)** entweder **übereinstimmende Erklärungen der Ehegatten, daß Anträge zur** (völligen oder teilweisen) **Übertragung der elterlichen Sorge auf einen Elternteil, § 621 I Z 1, und zur Regelung des Umgangs mit den Kindern, § 621 I Z 2, nicht gestellt werden,** weil sich die Ehegatten über das Fortbestehen der gemeinschaftlichen Sorge und über den Umgang einig sind, **oder, soweit eine gerichtliche Regelung erfolgen soll, die entsprechenden Anträge und jeweils die Zustimmung des anderen Ehegatten hierzu, I Z 2** (Büttner FamRZ **98**, 591). Die Vorlage eines entspr Sorgeplans ist nicht erforderlich. Durch die Erklärung soll für das Gericht Klarheit geschaffen werden, inwieweit es Regelungen der elterlichen Sorge und des Umgangs in seine Entscheidung aufnehmen muß, § 623. Hinsichtlich des Umgangs genügt die Erklärung des Einigseins; wollen die Ehegatten eine vollziehbare Umgangsregelung erreichen, müssen sie einen entsprechenden Antrag stellen, dem das Gericht idR folgen wird, BT-Drs 13/4899 S 124;

**c)** die **Einigung der Ehegatten über die Regelung der Unterhaltspflicht gegenüber einem Kinde, § 621 I Z 4, über die durch die Ehe begründete gesetzliche Unterhaltspflicht, § 621 I Z 5, sowie über die Rechtsverhältnisse an der Ehewohnung und am Hausrat, § 621 I Z 7, I Z 3;** diese Einigung muß idR tituliert sein, III. Sie ist auch dann erforderlich, wenn die Parteien beabsichtigen, das Sorgerecht gemeinsam auszuüben, KG FamRZ **94**, 514, vgl dazu Maurer FamRZ **93**, 263.

**Einzelheiten:** Zu c) genügt die Mitteilung über einen Vorschlag oder eine Einigung nicht und noch viel **3** weniger die bloße Behauptung einer Einigung. Vielmehr ist die Vorlage eines Einigungspapiers, D. Schwab FamRZ **76**, 503, nötig, für das kein Anwaltszwang besteht, Brüggemann FamRZ **77**, 587. Nur so kann das Einverständnis von vornherein klargestellt werden, Maurer 341, Rolland 5, Brüggemann FamRZ **77**, 9, Diederichsen NJW **77**, 654, Damrau NJW **77**, 1171, aM MüKoKl 13 mwN, STr 8 u DRiZ **76**, 337, Bergerfurth FamRZ **76**, 583. Enthalten die Anträge beider Gatten sich widersprechende Angaben, so genügt keiner von ihnen dem § 630. Auf die Erklärungen zu b) und c) ist § 607 entsprechend anwendbar, Brüggemann FamRZ **77**, 9, so daß sie auch ein beschränkt prozeßfähiger Gatte wirksam abgeben kann. Wegen des zu c) erforderlichen Titels s unten Rn 7.

Die Einigungen nach I Z 2 u 3 sind frei widerruflich, wenn sie (wie meist) nur für den Fall der einverständlichen Scheidung gelten sollen, ZöPh 11, diff Maurer 343–349. Im Fall des Widerrufs der Zustimmung zur Scheidung, II 2, werden solche Erklärungen gegenstandslos, AG Bln-Charlottenb FamRZ **81**, 787.

**B. Mängel der Antragsschrift.** Alle danach nötigen Erklärungen, Z 1–3, sind ebenso wie die Angaben **4** nach § 622 II notwendiger Inhalt der Antragsschrift. Eine inhaltliche Nachprüfung findet nicht statt, weil das Gericht an den übereinstimmenden Vorschlag für seine Entscheidung, Z 2 (2. Alt), nicht gebunden ist, und die Einigung, Z 3, bis zur Entscheidung tituliert sein muß, III. Auf eine fehlende Erklärung oder sonstige Mängel hat das Gericht hinzuweisen. Sie können nachträglich behoben werden, und zwar durch Nachreichung im Anwaltszwang oder durch Erklärung zu Protokoll ohne Anwaltszwang. Kommt es zu keiner Nachbesserung, kann der Antragsteller seinen Antrag auf eine streitige Scheidung nach § 1565 I BGB umstellen, vgl KG FamRZ **94**, 514, worauf er hinzuweisen ist. Andernfalls muß der Scheidungsantrag bei Fehlen auch nur einer notwendigen Erklärung durch Prozeßurteil als unzulässig abgewiesen werden, MüKoKl 5, Bergerfurth Rn 87, Brüggemann FamRZ **77**, 10, Damrau NJW **77**, 1169, Diederichsen NJW

## § 630

77, 654, aM STr 3 u 12 mwN, StJSchl 1, Maurer 335–338, ZöPh 3, Rolland 2, Schlosser FamRZ **78**, 319, Brehm JZ **77**, 596, D. Schwab FamRZ **76**, 503, Ffm FamRZ **82**, 811. Entspricht die Antragsschrift den Anforderungen, fehlt es aber in der Sache an einer der Voraussetzungen, ist dagegen der Antrag als unbegründet abzuweisen, MüKoKl 5.

**5**  3) **Zustimmung zur Scheidung, II.** Die nach § 1566 I BGB nötige Zustimmung muß bei Erlaß des Urteils vorliegen. **Widerrufen werden kann sie bis zum Schluß der mündlichen Verhandlung, auf die das Urteil ergeht, II 1**, später nicht; der Widerruf ist auch in einer Rechtsmittelinstanz zulässig, hM, BGH NJW **84**, 1303 mwN. Der wirksame Widerruf oder das Fehlen der Zustimmung führt zur Abweisung des Scheidungsantrags als unbegründet, Damrau NJW **77**, 1170, falls der Antragsteller nicht zur streitigen Scheidung übergeht, § 611, Diederichsen NJW **77**, 654. Die erneute Erklärung der Zustimmung ist zulässig.

Zustimmung und Widerruf können **zu Protokoll der Geschäftsstelle oder in der mündlichen Verhandlung zur Niederschrift des Gerichts erklärt werden, II 2**, ohne daß ein Verstoß gegen § 162 I 3 schadet, Saarbr FamRZ **92**, 110. Jedoch können beide Erklärungen auch in anderer Form abgegeben werden, nämlich nicht nur in notarieller Urkunde, sondern auch durch Schriftsatz des bevollmächtigten RA, BayObLG FamRZ **83**, 97, Zweibr NJW **95**, 602 mwN, oder der Partei selbst, Saarbr FamRZ **92**, 111, weil II die Befreiung vom Anwaltszwang bedeutet, § 78 III, Stgt Just **92**, 193 mwN. Zustimmung und Widerruf sind materielle Willenserklärungen und zugleich Prozeßhandlungen, BGH NJW **90**, 2382, BayObLG RR **96**, 651 mwN; ihre Auslegung, die auch das Revisions- bzw Rechtsbeschwerdegericht vornehmen darf, § 550 Rn 5, richtet sich nach den für privatrechtliche Erklärungen entwickelten Rechtsgrundsätzen, BayObLG aaO. Zustimmung und Widerruf kann entsprechend § 607 auch ein beschränkt prozeßfähiger Gatte wirksam erklären, StJSchl 2.

Zu den Folgen des Widerrufs für die Erklärungen nach I Z 2 u 3 s oben Rn 2 ff.

**6**  4) **Vollstreckbarer Titel, III.** Für den Scheidungsausspruch genügt die Einigung über die in I Z 3 genannten Folgen noch nicht (wohl aber für die Bewilligung der Prozeßkostenhilfe, KG FamRZ **80**, 580 mwN). Vielmehr **soll das Gericht dem Antrag erst stattgeben, wenn die Parteien über die in I Z 3 bezeichneten Gegenstände einen vollstreckbaren Schuldtitel herbeigeführt haben**, also ein (auch nur vorläufig vollstreckbares) Urteil oder einen sonstigen Titel, § 794, zB einen vor dem Gericht oder einer Gütestelle geschlossenen Vergleich, s u, aber auch eine notarielle Urkunde, Zweibr FamRZ **94**, 1400, vgl dazu Jost NJW **80**, 329, oder einen Anwaltsvergleich, § 1044b, Schnitzler FamRZ **93**, 1150 m Beisp. Sind im Scheidungsverfahren nicht beide Parteien anwaltlich vertreten, so genügt eine nach § 127 a BGB zu Protokoll genommene Privatvereinbarung den Anforderungen von III nicht, Bergerfurth AnwZwang Rn 355, aM Tiarks NJW **77**, 2303. Stets ist erforderlich, daß in dem Titel eine Regelung für den Fall der Scheidung getroffen worden ist, vgl §§ 623 u 621 I, so daß zB ein Unterhaltsurteil nach § 1361 BGB nicht genügt, Damrau NJW **77**, 1173. Nachgeprüft werden darf der Titel im Scheidungsverfahren nur auf seine Wirksamkeit, StJSchl 4 u 9, also auf ordnungsmäßige Vertretung der Parteien bei der Vereinbarung, auf Geltung gegenüber den in § 7 HausratsVO genannten Personen oder auf Nichtigkeit zB nach § 1614 I BGB, nicht aber darüber hinaus auf seine Richtigkeit oder Angemessenheit.

**7**  Die Titulierung ist Sachurteilsvoraussetzung, so daß sie im Scheidungsverfahren durch **gerichtlichen Vergleich** geschaffen werden kann. Soweit AnwZwang besteht, ist der Vergleich aber nur dann ein wirksamer Vollstreckungstitel, wenn er entweder im PKH-Verfahren iRv § 118 I 3 Halbs 2, Zweibr FamRZ **94**, 1400 mwN, oder vor dem verordneten Richter geschlossen wird oder wenn beide Parteien durch RAe vertreten sind, Anh § 307 Rn 26 ff, str, wie hier MüKoKl 22, Bergerfurth 51, Zweibr FamRZ **85**, 1071 mwN, Ffm FamRZ **84**, 302, AG Hofgeismar FamRZ **84**, 1027 (zustm Bosch), wohl auch ZöPh 15 unter Hinweis auf das frühere Recht, vgl BGH NJW **85**, 1963, aM im Hinblick auf I Z 3 u II 2 sowie darauf, daß im isolierten Verfahren kein Anwaltszwang besteht, Maurer 165–170, Philippi FamRZ **82**, 1083, AG Groß-Gerau FamRZ **95**, 1004 u **88**, 187 mwN.

Die **Einhaltung der Form** eines Titels ist nicht nötig, wenn die Vereinbarung keinen vollstreckbaren Inhalt hat, etwa weil keine Ansprüche bestehen, oder wenn die Parteien übereinstimmende Erklärungen vorlegen, daß die Auseinandersetzung über Wohnung und Hausrat bereits stattgefunden hat, ZöPh 12, StJSchl 9, Tiarks NJW **77**, 2303. Fehlt der Titel, ist der Scheidungsantrag durch Prozeßurteil abzuweisen: „Soll" stellt hier nicht in das Ermessen, sondern bedeutet „darf" mit der Maßgabe, daß bei einem Verstoß gegen III die Verfahrensrüge nicht durchgreift, BegrRAusschBT, Ambrock III, Diederichsen NJW **77**, 655, aM K. H. Schwab FamRZ **76**, 662, Rolland 10: eine Abweichung von II sei in besonderen Fällen gestattet. Abzuweisen ist der Scheidungsantrag auch dann, wenn der Titel zwar geschaffen, aber dann wieder beseitigt worden ist, zB ein Vergleich durch eine neue Vereinbarung. Diese Folge kann der Antragsteller durch Umstellung seines Begehrens auf eine streitige Scheidung, § 611, vermeiden.

**8**  5) **Sonstiges Verfahren bei einverständlicher Scheidung**

**A. Einzelheiten.** Das Verfahren des FamGer weicht nicht vom sonstigen Scheidungsverfahren ab. Über nicht in I Z 3 genannte und deshalb nicht von III erfaßte Gegenstände hat das Gericht als FolgeS zu entscheiden, und zwar grundsätzlich im Verbund mit der Scheidungssache, §§ 623 ff, über die elterliche Sorge im Fall des § 627 vorweg, umgekehrt nach § 628 uU nachträglich, Rolland 13. Über die FolgeS des § 623 III wird vAw entschieden, also auch über den in § 630 nicht genannten Versorgungsausgleich nach § 1587 b BGB, Diederichsen NJW **77**, 6555, wenn nicht eine Einigung nach § 1587 o BGB zu genehmigen ist, Brüggemann FamRZ **77**, 10.

Ein Versäumnisurteil auf Abweisung des Antrags, § 612, kommt nur in Frage, wenn der nichtsäumige Gatte seine Zustimmung widerrufen bzw seinen Antrag zurückgenommen hat und der andere Gatte in Kenntnis davon säumig ist, StJSchl § 612 Rn 7. Im Tenor des Urteils dürfte die Scheidung nicht als einverständliche zu kennzeichnen sein, § 629 Rn 3. Die Begründung braucht nur die Voraussetzungen der §§ 1565 I 1 u 1566 BGB sowie diejenigen des § 630 zu ergeben, ThP 14.

**B. Rechtsmittel.** Gegen das Urteil, § 629 I, sind die gewöhnlichen Rechtsmittel statthaft, vgl Erläuterungen zu § 629 a. Eine Anfechtung des Scheidungsausspruchs zwecks Aufrechterhaltung der Ehe (durch Rücknahme des eigenen Antrags oder Widerruf der Zustimmung) ist zulässig, BGH NJW 84, 1302; sie führt zur Fortführung des Verfahrens als Verfahren auf streitige Scheidung, wenn der Gegner nunmehr Scheidung aus anderen Gründen begehrt, § 611. **9**

## Vierter Abschnitt. Verfahren auf Aufhebung und auf Feststellung des Bestehens oder Nichtbestehens einer Ehe

### Grundzüge

**Schrifttum:** *Bosch* NJW **98**, 2004; *Wolff* FamRZ **98**, 1486.

**1) Regelungszweck.** Für alle EheS gelten die allgemeinen Vorschriften der §§ 606–620 g. Besondere Bestimmungen für das Scheidungsverfahren enthalten die §§ 622–630. Für das Verfahren auf Aufhebung einer Ehe, § 606 Rn 4, und für das Verfahren auf Feststellung des Bestehens oder Nichtbestehens einer Ehe, § 606 Rn 6, sind Sondervorschriften in § 631 bzw § 632 enthalten.

**2) Sondervorschriften.** Außer einzelnen Sonderbestimmungen sieht der 4. Abschnitt, §§ 631 II u 632 II u IV, für beide Verfahren die Mitwirkung der zuständigen Verwaltungsbehörde vor, §§ 631 III–V, 632 III. Zuständig ist das FamGer § 23 b GVG u § 606; der Rechtszug geht an das OLG und an den BGH, §§ 119 u 133 GVG.

**3) Nichtigkeitsklage.** Das EheschlRG, Einf § 606 Rn 13, hat mWv 1. 7. 98 die Nichtigkeitsklage durch den Aufhebungsantrag ersetzt. Wegen des bisherigen Rechts s die Erl zu den §§ 631–637 aF in der 56. Aufl. Übergangsrecht: § 606 Rn 13.

## 631 *Aufhebungsverfahren.* ¹Für das Verfahren auf Aufhebung einer Ehe gelten die nachfolgenden besonderen Vorschriften.

II ¹Das Verfahren wird durch Einreichung einer Antragsschrift anhängig. ²§ 622 Abs. 2 Satz 2, Abs. 3 gilt entsprechend. ³Wird in demselben Verfahren Aufhebung und Scheidung beantragt, und sind beide Anträge begründet, so ist nur auf Aufhebung der Ehe zu erkennen.

III Beantragt die zuständige Verwaltungsbehörde oder bei Verstoß gegen § 1306 des Bürgerlichen Gesetzbuchs der Dritte die Aufhebung der Ehe, so ist der Antrag gegen beide Ehegatten zu richten.

IV ¹Hat in den Fällen des § 1316 Abs. 1 Nr. 1 des Bürgerlichen Gesetzbuchs ein Ehegatte oder die dritte Person den Antrag gestellt, so ist die zuständige Verwaltungsbehörde über den Antrag zu unterrichten. ²Die zuständige Verwaltungsbehörde kann in diesen Fällen, auch wenn sie den Antrag nicht gestellt hat, das Verfahren betreiben, insbesondere selbständig Anträge stellen oder Rechtsmittel einlegen.

V In den Fällen, in denen die als Partei auftretende zuständige Verwaltungsbehörde unterliegt, ist die Staatskasse zur Erstattung der dem obsiegenden Gegner erwachsenen Kosten nach den Vorschriften der §§ 91 bis 107 zu verurteilen.

**Vorbem.** Neu gefaßt mWv 1. 7. 98 durch Art 3 Z 8 EheschlRG, Einf § 606 Rn 13.

### Gliederung

| | | | | |
|---|---|---|---|---|
| 1) Aufhebung der Ehe | 1, 2 | 4) Beteiligung der Verwaltungsbehörde, III–V | | 9–11 |
| A. Begriff | 1 | A. Antragsbefugnis, II u III | | 10 |
| B. Allgemeine Verfahrensvorschriften | 2 | B. Sonstige Beteiligung, IV | | 11 |
| 2) Antragserfordernis, II u III | 3–7 | 5) Entscheidung in Aufhebungssachen, II 3 | | 12–15 |
| A. Antragsschrift, I | 3 | A. Prozeßurteil | | 12 |
| B. Antragsberechtigung | 4 | B. Sachurteil | | 13 |
| C. Antragsbeschränkung | 5, 6 | C. Versäumnisverfahren | | 14 |
| D. Antragsgegner, III | 7 | D. Kosten | | 15 |
| 3) Weiteres Verfahren | 8 | | | |

### 1) Aufhebung der Ehe, I **1**

**A. Begriff.** Die Aufhebung ist mWv 1. 7. 98 durch die §§ 1313–1318 BGB idF des Art 1 Z 2 EheschlRG geregelt, Einf § 606 Rn 13. Sie umfaßt auch die früheren Nichtigkeitsgründe, § 1314 I BGB, vgl dazu die Erl zu den §§ 631–637 aF in der 56. Aufl.

**B. Allgemeine Verfahrensvorschriften.** Das Verfahren auf Aufhebung der Ehe ist **EheS**, § 606 I. Es **2** gelten für dieses Verfahren die allgemeinen Vorschriften der §§ 606, 606a, 607–609, 611–613, 615–618, 619, 620–620 g und § 621 II u III sowie die besonderen Vorschriften in II–V. Unanwendbar (mit Ausnahme des § 622, unten Rn 3) sind danach die Bestimmungen über das Scheidungsverfahren, namentlich diejenigen über FolgeS. Dies Entscheidung des Gesetzgebers leuchtet (auch angesichts der Zuständigkeitskonzentration, §§ 621 II u III, 642 II Z 1) wenig ein, weil die Aufhebung weitgehend der Scheidung entspricht, § 1318 BGB.

**3**  **2) Antragserfordernis, II u III**
**A. Antragsschrift, II.** Das Verfahren wird durch Einreichung einer Antragsschrift anhängig, **II 1**, die an das nach § 606 zuständige FamGer zu richten ist. Für sie gilt § 622 II 2 u III entsprechend, **II 2**, dh sie muß den für die Klagschrift geltenden Vorschriften genügen. In ihr sowie im ganzen Verfahren treten an die Stelle der Bezeichnungen Kläger und Beklagter die Bezeichnungen Antragsteller und Antragsgegner: Vgl die Erl zu § 622, insbesondere wegen der Folgen eines formell fehlerhaften Antrags. Für die Ehegatten gilt Anwaltszwang, § 78 II Z 1, nicht aber für die Verwaltungsbehörde, unten Rn 4 u 10.

**4**  **B. Antragsberechtigung.** Sie ist für die in § 1314 BGB (Anhang) aufgeführten Fälle in § 1316 BGB geregelt. Danach steht das Antragsrecht einem Ehegatten zu, ferner in den Fällen des § 1314 I u II u 5 BGB beiden Ehegatten und der zuständigen Verwaltungsbehörde (unten Rn 9) sowie im Fall des § 1306 BGB (Bigamie) auch dem Ehepartner der früher geschlossenen Ehe, § 1316 I BGB, und im Fall der irrig erfolgten Todeserklärung, § 1319 BGB, auch der frühere Ehegatte des für tot Erklärten, § 1320 BGB. Sind mehrere klagberechtigt, so ist jeder selbständig; das Gericht kann mehrere Klagen verbinden, § 147. Der Ehegatte der früheren Ehe kann im Fall der Doppelehe als streitgenössischer Streithelfer, § 69, der Verwaltungsbehörde oder dem klagenden Ehegatten beitreten.

**5**  **C. Antragsbeschränkung**
**a) Geschäftsunfähigkeit.** Für einen geschäftsunfähigen Ehegatten kann der Antrag nur von seinem gesetzlichen Vertreter gestellt werden, § 1316 II 1 BGB. Er bedarf dazu der Genehmigung des Vormundschaftsgerichts, § 607 II. Der minderjährige Ehegatte kann ihn nur selbst stellen; er bedarf dazu nicht der Zustimmung seines gesetzlichen Vertreters, § 1316 II 2 BGB, s § 607 I.

**6**  **b) Zeitablauf, § 1317 BGB.** Fristen gelten in den Fällen der §§ 1314 II Z 2–4, 1317 I BGB, und im Fall der §§ 1318, 1317 II BGB (Anhang); ferner im Fall des Sonderfall des § 1320 BGB, § 1320 I 2–4 BGB. Wegen des Fristbeginns s § 1317 I u II, § 1320 I 2–4 BGB; auf den Lauf der Frist sind in allen Fällen die §§ 203, 206 I 1 BGB entspr anzuwenden, § 1317 I 2 u § 132 I 4 BGB, ebenso § 222 I u II, § 608. Ist die Ehe bereits aufgelöst, so kann der Antrag nicht mehr gestellt werden, § 1317 III BGB.

**7**  **D. Antragsgegner, III.** Der Antrag eines Ehegatten richtet sich gegen den anderen Ehegatten. Gegen beide Ehegatten zu richten sind a) der Antrag der zuständigen **Verwaltungsbehörde**, unten Rn 9, u b) im Fall des § 1306 BGB (Bigamie) der **Antrag des Dritten**, dh des Ehepartners der früher geschlossenen Ehe. Die Antragsgegner sind in diesem Fall notwendige Streitgenossen, § 62, ohne daß sie denselben Standpunkt einnehmen müßten.

**8**  **3) Weiteres Verfahren.** Abgesehen von der Beteiligung der zuständigen Verwaltungsbehörde, unten Rn 9, richtet sich das Verfahren nach den allgemeinen Vorschriften für EheS, §§ 606–619 u 620–620 g sowie § 621 II u III, oben Rn 2; s die dortigen Erläuterungen. Entsprechendes gilt für die anwendbaren Vorschriften des landgerichtlichen Verfahrens, § 608. Wegen der Anwendbarkeit von **§ 616** s dort Rn 4 aE.

**9**  **4) Beteiligung der zuständigen Verwaltungsbehörde am Verfahren, III–V.** Ebenso wie in den §§ 632–637 aF sieht das Gesetz die Beteiligung der Verwaltung an den Verfahren vor, an denen ein öff Interesse besteht, § 1316 BGB (Anhang). Welche Behörde dafür zuständig ist, bestimmt das Landesrecht, § 1316 I Z 1 S 2 u 3 (Anhang).

**10**  **A. Antragsbefugnis der Verwaltungsbehörde, II u III.** Sie ergibt sich aus § 1316 I Z 1 BGB. Näheres regelt **§ 1316 III BGB** (Anhang).

Danach soll die zuständige Verwaltungsbehörde bei Verstoß gegen die §§ 1304, 1306 u 1307 BGB sowie in den Fällen des § 1314 II Z 1 u 5 BGB, also in den Fällen der früheren Nichtigkeit der Ehe, den Antrag stellen, wenn kein Ausschlußgrund iSv § 1315 BGB besteht, es sei denn, daß die Aufhebung der Ehe für die beiden Ehegatten oder für die aus der Ehe hervorgegangenen Kinder eine so schwere Härte darstellen würde, daß die Aufrechterhaltung der Ehe ausnahmsweise geboten erscheint, § 1316 III BGB. Das Vorliegen der Voraussetzungen beurteilt die Verwaltungsbehörde (krit Bosch NJW 98, 2007, Jauernig § 91 II 3); ihr Beurteilungsspielraum ist bei gewichtigen Aufhebungsgründen enger als in anderen Fällen und schrumpft bei der Doppelehe, § 1306 BGB, jedenfalls bei Bestehen beider Ehen im Hinblick auf Art 6 GG auf Null, so daß hier der Antrag in aller Regel gestellt werden muß (weitergehend Jauernig aaO: insoweit Verfassungswidrigkeit von § 1316 III BGB), vgl Nürnb FamRZ 98, 1109 mwN. In den in § 1316 III nicht genannten Fällen der §§ 1303 u 1311 BGB entscheidet die Verwaltungsbehörde nach pflichtgemäßem Ermessen, ob sie den Antrag stellt, dazu PalDied § 1316 Rn 12.

Die Verwaltungsbehörde kann nicht nach § 23 EGGVG veranlaßt werden, den Antrag zu stellen, Düss FamRZ 96, 109 mwN. Ihre Maßnahmen iRv § 631 sind auch sonst der Anfechtung entzogen, ZöGu § 23 EGGVG Rn 28. Wegen der Anforderungen an den Antrag s oben Rn 3, 6 u 7.

**11**  **B. Sonstige Beteiligung der Verwaltungsbehörde, IV.** Die Verwaltungsbehörde ist in den Fällen des § 1316 I Z 1 BGB über den Antrag eines Ehegatten zu unterrichten, damit sie sich über ihre Beteiligung am Verfahren schlüssig werden kann, **IV 1**, vgl Teil II 1. Abschnitt Nr VII 1 MiZi idF v 1. 6. 98. Sie kann in diesen Fällen das Verfahren betreiben, insbesondere selbständig Anträge (zur Sache und zum Verfahren) stellen oder Rechtsmittel einlegen, auch wenn sie den Antrag nicht gestellt hat, **IV 2**.

Zeigt die Verwaltungsbehörde an, daß sie sich am Verfahren beteiligt, ist sie (wie ein Dritter zB im Versorgungsausgleichsverf) zu beteiligen; ihre Stellung ist mit derjenigen des Vertreters des öff Interesses zu vergleichen, §§ 35–37 VwGO. Tritt die Behörde als Partei auf, so gilt folgendes: Sie kann für und gegen die Ehe tätig werden, Karlsr FamRZ 91, 93. Schließt sie sich einer Partei an, so wird sie deren notwendiger Streitgenosse, § 62, nie Streithelfer. Aus ihrer öff-rechtlichen Stellung folgt, daß sie Rechtsmittel ohne Beschwer einlegen kann, also auch dort, wo nach ihren Anträgen erkannt ist, Ub § 606 Rn 5.

Für die Verwaltungsbehörde gilt der Anwaltszwang nicht, § 78 II 1 Z 1.

4. Abschnitt. Verfahren auf Aufhebung usw.　　　　　　　　**§ 631, Anh § 631**

**5) Entscheidung in Aufhebungssachen, II 3.** Für sie gelten die allgemeinen Bestimmungen in EheS, **12** namentlich §§ 608 u 618.

**A. Prozeßurteil.** Für den Aufhebungsantrag gelten die allgemeinen Prozeßvorauszsetzungen. Er setzt ein Rechtsschutzbedürfnis voraus, das ausnahmsweise fehlen kann, zB für das Aufhebungsbegehren eines Ehegatten im Fall des § 1306 BGB, wenn die erste Ehe nach Schließung der zweiten Ehe aufgelöst worden ist und er sich von dieser Ehe aus sittlich zu mißbilligenden Beweggründen lösen will, BGH **30**, 142 (einschränkend BGH **37**, 56), NJW **64**, 1853. Dagegen kann mit Rücksicht auf § 1316 III BGB kein Rechtsmißbrauch angenommen werden, wenn die Verwaltungsbehörde eine besonders schwere Härte verkannt hat, oben Rn 10 (abw für die frühere Nichtigkeitsklage BGH FamRZ **94**, 499 u **86**, 881, Hamm FamRZ **86**, 1205, Karls IPrax **86**, 167).

**B. Sachurteil.** Hat der Antrag Erfolg, spricht das Gericht die Aufhebung der Ehe aus; wird in demselben **13** Verfahren auch Scheidung beantragt und sind beide Anträge begründet, so ist nur auf Aufhebung zu erkennen, II 3. Mit der Rechtskraft des Urteils ist die Ehe aufgelöst, § 1313 S 2 BGB; es handelt sich um ein Gestaltungsurteil, § 322 Rn 43, das für und gegen alle wirkt. Iü gelten keine Besonderheiten (§ 636 a aF ist ersatzlos weggefallen). Die materiellrechtlichen Folgen der Aufhebung regelt § 1318 BGB mit einzelnen Veweisungen auf die Vorschriften über die Scheidung.

**C. Versäumnisverfahren.** Es gilt § 612, s dortige Erl. **14**

**D. Kosten, V.** Im Verhältnis der Parteien gilt § 93 a III, s dort Rn 28–30 (Ausnahme: § 93 a IV, dort **15** Rn 31). Tritt die Verwaltungsbehörde als Partei auf, dh stellt sie Sachanträge, so ist zu unterscheiden: Unterliegt sie, ist die Staatskasse zur Erstattung der dem obsiegenden Gegner erwachsenen Kosten nach den §§ 91–107 zu verurteilen, V (vgl § 93 a IV); obsiegt die Behörde, hat sie keinen Anspruch auf Erstattung ihrer Kosten.

### Anhang zu § 631
### Vorschriften des Bürgerlichen Gesetzbuchs
### über das Verfahren zur Aufhebung einer Ehe

(Auszug)

**§ 1313 BGB. Aufhebung der Ehe.** ¹Eine Ehe kann nur durch gerichtliches Urteil auf Antrag aufgehoben werden. Die Ehe ist mit der Rechtskraft des Urteils aufgelöst. ²Die Voraussetzungen unter denen die Aufhebung begehrt werden kann, ergeben sich aus den folgenden Vorschriften.

**§ 1314. Aufhebunggründe.** I Eine Ehe kann aufgehoben werden, wenn sie entgegen den Vorschriften der §§ 1303, 1304, 1306, 1307, 1311 geschlossen worden ist.

II Eine Ehe kann ferner aufgehoben werden, wenn

1. ein Ehegatte sich bei der Eheschließung im Zustande der Bewußtlosigkeit oder vorübergehender Störung der Geistestätigkeit befand;
2. ein Ehegatte bei der Eheschließung nicht gewußt hat, daß es sich um eine Eheschließung handelt;
3. ein Ehegatte zur Eingehung der Ehe durch arglistige Täuschung über solche Umstände bestimmt worden ist, die ihn bei Kenntnis der Sachlage und bei richtiger Würdigung des Wesens der Ehe von der Eingehung der Ehe abgehalten hätten; dies gilt nicht, wenn die Täuschung Vermögensverhältnisse betrifft oder von einem Dritten ohne Wissen des anderen Ehegatten verübt worden ist;
4. ein Ehegatte zur Eingehung der Ehe widerrechtlich durch Drohung bestimmt worden ist;
5. beide Ehegatten sich bei der Eheschließung darüber einig waren, daß sie keine Verpflichtung gemäß § 1353 Abs. 1 begründen wollen.

**§ 1315. Ausschluß der Aufhebung.** (nicht abgedruckt)

**§ 1316. Antragsberechtigung.** I Antragsberechtigt

1. sind bei Verstoß gegen die §§ 1303, 1304, 1306, 1307, 1311 sowie in den Fällen des § 1314 Abs. 2 Nr. 1 und 5 jeder Ehegatte, die zuständige Verwaltungsbehörde und in den Fällen des § 1306 auch die dritte Person. Die zuständige Verwaltungsbehörde wird durch Rechtsverordnung der Landesregierungen bestimmt. Die Landesregierungen können die Ermächtigung nach Satz 2 durch Rechtsverordnung auf die zuständigen obersten Landesbehörden übertragen.
2. ist in den Fällen des § 1314 Abs. 2 Nr. 2 bis 4 der dort genannte Ehegatte.

II ¹Der Antrag kann für einen geschäftsunfähigen Ehegatten nur von seinem gesetzlichen Vertreter gestellt werden. ²In den übrigen Fällen kann ein minderjähriger Ehegatte den Antrag nur selbst stellen; er bedarf dazu nicht der Zustimmung seines gesetzlichen Vertreters.

III Bei Verstoß gegen die §§ 1304, 1306, 1307 sowie in den Fällen des § 1314 Abs. 2 Nr. 1 und 5 soll die zuständige Verwaltungsbehörde den Antrag stellen, wenn nicht die Aufhebung der Ehe für einen Ehegatten oder für die aus der Ehe hervorgegangenen Kinder eine so schwere Härte darstellen würde, daß die Aufrechterhaltung der Ehe ausnahmsweise geboten erscheint.

**Bem.** Zuständige Verwaltungsbehörden, I Z 1 S 2 u 3, sind:
Baden-Württemberg:
Bayern:
Berlin:
Brandenburg:

Bremen:
Hamburg: Bezirksämter, AnO v 1. 8. 98, AA 2450
Hessen:
Mecklenburg-Vorpommern:
Niedersachsen: Bezirksregierungen, NdsMBl **98**, 1334
Nordrhein-Westfalen: BezReg Köln bzw Arnsberg, VO v 26. 5. 98, GVBl 391
Rheinland-Pfalz: Bezirksregierung Trier, VO v 3. 7. 98, GVBl 197
Saarland: Landkreise, Stadtverband u Stadt Saarbr, G v 24. 6. 98, ABl 518
Sachsen: RegPräsidien, VO v 26. 6. 98, GVBl 265
Sachsen-Anhalt: Landkreise u kreisfreie Städte, § 1 I Z 14 VO v 7. 5. 94 (GVBl 568) idF v 9. 12. 98, GVBl 476
Schleswig-Holstein: Landräte u Bürgermeister kreisfreier Städte, VO v 26. 5. 98, GVBl 199
Thüringen: Landesverwaltungsamt, VO v 1. 1. 99, GVBl 52

**§ 1317. Antragsfrist.** ¹¹Der Antrag kann in den Fällen des § 1314 Abs. 2 Nr. 2 bis 4 nur binnen eines Jahres gestellt werden. ²Die Frist beginnt mit der Entdeckung des Irrtums oder der Täuschung oder mit dem Aufhören der Zwangslage; für den gesetzlichen Vertreter eines geschäftsunfähigen Ehegatten beginnt die Frist jedoch nicht vor dem Zeitpunkt, in welchem ihm die den Fristbeginn begründenden Umstände bekannt werden, für einen minderjährigen Ehegatten nicht vor dem Eintritt der Volljährigkeit. ³Auf den Lauf der Frist sind die §§ 203, 206 Abs. 1 Satz 1 entsprechend anzuwenden.

II Hat der gesetzliche Vertreter eines geschäftsunfähigen Ehegatten den Antrag nicht rechtzeitig gestellt, so kann der Ehegatte selbst innerhalb von sechs Monaten nach dem Wegfall der Geschäftsunfähigkeit den Antrag stellen.

III Ist die Ehe bereits aufgelöst, so kann der Antrag nicht mehr gestellt werden.

**§ 1318. Folgen der Aufhebung.** (nicht abgedruckt)

## 632 *Feststellungsklage.* ¹Für eine Klage, welche die Feststellung des Bestehens oder Nichtbestehens einer Ehe zwischen den Parteien zum Gegenstand hat, gelten die nachfolgenden besonderen Vorschriften.

II Eine Widerklage ist nur statthaft, wenn sie eine Feststellungsklage der in Absatz 1 bezeichneten Art ist.

III § 631 Abs. 4 gilt entsprechend.

IV Das Versäumnisurteil gegen den im Termin zur mündlichen Verhandlung nicht erschienenen Kläger ist dahin zu erlassen, daß die Klage als zurückgenommen gilt.

**Vorbem.** Neu gefaßt mWv 1. 7. 98 durch Art 3 Z 8 EheschlRG, Einf § 606 Rn 13.

**Schrifttum:** *Habscheid/Habscheid* FamRZ **99**, 480.

1 **1) Feststellungsklage, I.** Die Klage, welche die Feststellung des Bestehens oder Nichtbestehens einer Ehe zum Gegenstand hat, ist EheS, § 606 I, dort Rn 61 (auch zu den Voraussetzungen der Klage). Für sie gelten die allgemeinen Vorschriften der §§ 606, 606a, 607–609, 611–613, 615–618, 619, 620–620g. Besondere Vorschriften enthalten II–IV. Da die Klage eine Feststellungsklage iSv § 256 ist, setzt sie ein schutzwürdiges Interesse voraus, das sich für Anträge des Ehegatten aus der Sache selbst ergibt, für Anträge der Verwaltungsbehörde, Rn 3, aber fehlen kann.

2 **2) Besondere Verfahrensvorschriften, II–IV**
**A. Formelles.** Wegen des Anwaltszwanges s § 78 II Z 1. Wird das Bestehen der Ehe geltend gemacht, muß idR eine Urkunde über die Eheschließung vorgelegt werden, Bre FamRZ **92**, 1084 (andere Beweismittel sind nicht ausgeschlossen).

3 **B. Beteiligte, III.** Beteiligte sind stets die Ehegatten (nicht aber Dritte, § 606 Rn 6 aE), ggf auch die zuständige **Verwaltungsbehörde:** wegen des öff Interesses an einer richtigen Entscheidung gilt **§ 631 IV entspr**, III, s § 631 Rn 11. Der Behörde ist nicht nur eine Drittbeteiligung gestattet, sie kann (und wird idR) Antragstellerin sein, aM ThP 4.

4 **C. Widerklage, II.** Sie ist nur zulässig, wenn sie eine Feststellungsklage iSv I ist, also nicht eine andere EheS betrifft. Vgl dazu § 610 Rn 2 und Habscheid/Habscheid FamRZ **99**, 482.

5 **D. Versäumnisverfahren, IV.** Das Urteil gegen den nicht erschienenen Kläger ist dahin zu erlassen, daß die Klage als zurückgenommen gilt. I ü gilt § 612, s dort Rn 5–9.

6 **3) Entscheidung.** Das Sachurteil lautet auf Feststellung des Bestehens oder Nichtbestehens der Ehe, § 256, und entfaltet Rechtskraftwirkung zwischen den Beteiligten, also auch gegenüber der Verwaltungsbehörde, oben Rn 3, wenn sie sich beteiligt. Da § 638 S 2 aF ersatzlos weggefallen ist, kann für die Außenwirkung des Feststellungsurteils nichts anderes gelten, StR 6, dh Dritte, zB die am Verfahren nicht beteiligten, aber unmittelbar betroffenen Kinder, können das Gegenteil des Festgestellten geltend machen, Habscheid/Habscheid FamRZ **99**, 482. Diese Konsequenz ließe sich vermeiden, wenn die Kinder die Stellung von Beteiligten hätten, dh zum Verfahren beizuladen wären, vgl § 640 e. Aber das ist ohne Gesetzesänderung nicht möglich, so daß dem Betroffenen – außer der Verfassungsbeschwerde – nur die Möglichkeit der Nebenintervention bleibt.

7 Das Familienbuch darf nur agrd eines rechtskräftigen Feststellungsurteils berichtigt werden, also nicht mehr, wenn ein Ehegatte vorher stirbt, LG Bochum StAZ **83**, 31.

**4) Kosten.** Hier gilt das gleiche wie im Fall des Aufhebungsantrags, § 631 Rn 14. Obwohl § 631 V in II **8** nicht genannt wird, ist diese Sonderregelung entspr anzuwenden, STr Rn 6 aE.

# 633–638 (aufgehoben mWv 1. 7. 98 durch Art 3 Z 8 EheschlRG, Einf § 606 Rn 13)

# 639 (aufgehoben durch § 43 I 1. DVO zum EheG v 27. 7. 38, RGBl 923)

**Anhang nach § 639**
**Übergangsbestimmungen des Einigungsvertrages für Ehestreitigkeiten**

Die einschlägigen Bestimmungen sind an dieser Stelle in der 55. Auflage abgedruckt und erläutert worden. Hierauf wird verwiesen.

**Fünfter Abschnitt**
**Verfahren in Kindschaftssachen**

**Schrifttum:** *Wieser* FamRZ **98**, 1004; *Büttner* FamRZ **98**, 593; *Quantius* FamRZ **98**, 1145; *Gaul* FamRZ **97**, 1441; s Einf § 606 Rn 11 u 12.

### Grundzüge

**1) Allgemeines.** Den Verfahrensvorschriften des Abschnitts für Familienstands-, Kindschafts- und Status- **1** sachen fügte das **NEhelG** die für das Verf auf Vaterschaftsfeststellung und auf Anfechtung der Anerkennung der Vaterschaft ein, und zwar alle zusammenfassend als Kindschaftssachen. Demgemäß enthalten §§ 640 bis 640 h die allgemeinen Vorschriften, §§ 641–641 k Sondervorschriften für das Verf zur Feststellung der nichtehelichen Vaterschaft. Das staatliche Interesse fordert ebenso wie in Ehesachen die Inquisitionsmaxime. Die Parteiherrschaft wird dementsprechend zurückgedrängt. Hängt die Entscheidung von einer anderen Sache von einer Vorfrage aus dem Kindschaftsrecht ab, so hat das Gericht auszusetzen, damit zunächst diese in dem für sie vorgesehenen Verf entschieden werden kann.

Wesentliche Änderungen mWv 1. 7. 98 enthalten das **KindRG** u das **KindUG**, vgl Einf § 606 Rn 11 u **2** 12. Neben Vereinfachungen brachten beide Gesetze vor allem die Beseitigung der rechtlichen Unterschiede zwischen ehelichen und unehelichen Kindern. Ferner wurden die Kindschaftssachen dem FamGer als FamS zugewiesen, § 23 b I 2 Z 12 GVG. Der Rechtszug geht, wie bisher, an das OLG u den BGH, §§ 119 u 133 GVG. Wegen des Übergangsrechts s Einf § 606 Rn 11 u 12, dazu Diederichsen NJW **98**, 1989, Büttner FamRZ **98**, 594, Weber NJW **98**, 2004. Die Verhandlung in Kindschaftssachen ist ebenso wie die in Ehesachen nicht öffentlich, § 170 GVG.

**2) Einigungsvertrag.** Für die Zeit ab Errichtung von AG u OLG gelten §§ 14 ff RpflAnpG. **Statusur- 3 teile** der DDR-Gerichte in Kindschaftssachen gelten nach EV und nach Art 234/7 EGBGB grundsätzlich weiter, Bra FamRZ **98**, 1135 mwN; zur Unwirksamkeit dieser Urteile entspr § 328 I Z 2 und 4 s BGH NJW **97**, 2051 mwN.

# 640 *Kindschaftssachen; anwendbare Eheverfahrensvorschriften.* [I] Die Vorschriften dieses Abschnitts sind in Kindschaftssachen mit Ausnahme der Verfahren nach § 1600 e Abs. 2 des Bürgerlichen Gesetzbuchs anzuwenden; die §§ 609, 611 Abs. 2, die §§ 612, 613, 615, 616 Abs. 1 und die §§ 617, 618, 619 und 632 Abs. 4 sind entsprechend anzuwenden.

[II] Kindschaftssachen sind Verfahren, welche zum Gegenstand haben
1. die Feststellung des Bestehens oder Nichtbestehens eines Eltern-Kindes-Verhältnisses; hierunter fällt auch die Feststellung der Wirksamkeit oder Unwirksamkeit einer Anerkennung der Vaterschaft,
2. die Anfechtung der Vaterschaft oder
3. die Feststellung des Bestehens oder Nichtbestehens der elterlichen Sorge der einen Partei für die andere.

**Vorbem.** I neu gefaßt und II geänd mWv 1. 7. 98 durch Art 6 Z 30 KindRG und Art 3 Z 6 KindUG, vgl Einf § 606 Rn 11 u 12 (auch zum Übergangsrecht).

**Schrifttum:** *Eckebrecht* MDR **99**, 71; *Habscheid/Habscheid* FamRZ **99**, 480; *Guantius* FamRZ **98**, 1145; *Wieser* NJW **98**, 2023.

## § 640

**1) Allgemeines, I.** Kindschaftssachen, II, sind FamS, § 621 I Z 10, s dort Rn 28. Für sie gelten die §§ 640–641 d und in entspr Anwendung die dort genannten Vorschriften des 6. Buches, unten Rn 11. Ausgenommen sind die Abstammungsverfahren nach § 1600 e II BGB, I 1. Halbs; für sie bleibt es bei der Anwendung des FGG, § 621 a I 1.

**2) Kindschaftssachen, II.** KindschaftsS iSv I sind folgende Verfahren:

**A. Die Feststellung des Bestehens oder Nichtbestehens eines Eltern-Kindes-Verhältnisses, II Z 1** (Wieser NJW 98, 2023). Hierunter fällt die Feststellung der Vaterschaft nach § 1600 d BGB, ferner die (nicht gesetzlich geregelte) Feststellung der Mutterschaft, § 1591 BGB, falls hierüber ausnahmsweise Streit entsteht (Kindesvertauschung). Unter II Z 1 fällt auch die Feststellung der Wirksamkeit oder Unwirksamkeit einer Anerkennung der Vaterschaft nach § 1598 BGB, wenn es darum geht, ob sie den Erfordernissen der §§ 1594–1597 BGB genügt. Nicht hierher gehört das Verfahrenn nach § 1600 e II BGB, oben Rn 1. Zur Vaterschaftsklage von Kindern, die vor dem 3. 10. 90 in der ehem. DDR geboren sind, s BGH FamRZ 97, 876, zur Elternschaftsanfechtung durch das künstlich gezeugte Kind Guantius FamRZ 98, 1145.

Unter II 1 Z 1 fallen kraft Sachzusammenhangs auch Klagen, die auf Anerkennung eines entspr ausländischen Urteils gerichtet sind, Hamm FamRZ 93, 438. Das gleiche gilt für Klagen, die in anderer Weise der Feststellung der genetischen Abstammung dienen, zB die Klage des Kindes gegen die Mutter auf Auskunft über Namen und Adresse des leiblichen Vaters, Hilger FamRZ 88, 764 gg AG Passau FamRZ 87, 1309 (m red Anm FamRZ 88, 210), offen BVerfG NJW 97, 1769 = FamRZ 97, 869 (Anm Starck JZ 97, 779 u Niemeyer FuR 98, 41), LG Münst NJW 99, 726, **abw die hM,** MüKoCoeW 2, Büttner FamRZ 98, 593, Köln RR 94, 1418, OldbFamRZ 92, 351, Saarbr RR 91, 643 mwN, ua LG Passau NJW 88, 144, LG Bre NJW 99, 729 = FamRZ 98, 1039 mwN, LG Saarbr DAVorm 96, 719, LG Kiel FamRZ 93, 980, LG Paderborn RR 92, 966, LG Saarbr RR 91, 1479; vgl dazu Naumann ZRP 99, 142, Frank/Helms FamRZ 97, 1258, Weber FamRZ 96, 1254. Eine entspr Klage anderer Personen sieht das Gesetz vor, § 1600 e I, Diederichsen NJW 98, 1979, Gaul FamRZ 97, 1464.

**B. Die Anfechtung der Vaterschaft, II Z 2** (Wieser FamRZ 98, 1004). Hierunter fallen sowohl die Anfechtung der Vaterschaft des Ehemannes, § 1599 I iVm §§ 1592 Z 1 u 1593 BGB, als auch die Anfechtung der Vaterschaft des Anerkennenden, § 1599 I iVm § 1592 Z 2 BGB. Zur Anfechtung berechtigt sind im ersten Fall der Ehemann, die Mutter oder das Kind, § 1600 u 1600 e I, im zweiten Fall der Anerkennende, die Mutter und das Kind, § 1600 iVm § 1592 Z 2, u § 1600 e I. Wegen des Verfahrens s §§ 1600 a–1600 c BGB.

**C. Die Feststellung des Bestehens oder Nichtbestehens der elterlichen Sorge der einen Partei für die andere, II Z 3.**

**D. Weitere Kindschaftssachen.** Unter die §§ 640 ff fallen auch Wiederaufnahmeklagen gegen das Urteil in einer Kindschaftssache, BGH FamRZ 94, 238, Hamm RR 97, 635 mwN, und Klagen auf Anerkennung ausländischer Urteile in solchen Sachen, Hamm FamRZ 93, 438. Vgl auch § 621 Rn 5 u 6.

**3) Verfahren**

**A. Beteiligte.** Für Verfahren über die Feststellung oder Anfechtung der Vaterschaft, **II Z 1 u 2**, gilt § 1600 e I BGB: danach entscheidet das FamGer auf Klage des Mannes gegen das Kind oder auf Klage der Mutter des Kindes gegen den Mann; auch der Mutter steht die Klagebefugnis aus eigenem Recht zu, Gaul FamRZ 97, 1451 u 1457. Zur Anfechtung ist der Erzeuger des Kindes nicht berechtigt, BGH NJW 99, 1632 mwN, str. Im Fall des Streits um das Bestehen der elterlichen Sorge, **II Z 3**, besteht der Feststellungsstreit zwischen dem Kind und dem sorgeberechtigten Elternteil bzw beiden Eltern oder umgekehrt. Wegen des Beitritts eines nicht als Partei beteiligten Betroffenen s § 640 e I, wegen der Klagsperre für weitere Klagen s § 640 c II, wegen der Streitverkündung s § 640 e II.

**B. Verfahrensgrundsätze.** Anders als bei den Feststellungsklagen, § 256 I, bedarf es bei **II Z 1** keines besonderen Feststellungsinteresses oder Rechtsschutzbedürfnisses, da die Berufung auf die Klagevoraussetzungen das Feststellungsinteresse in sich trägt, BGH NJW 73, 51, ZöPh 7, Habscheid/Habscheid FamRZ 99, 482, krit StJSchl 3, Wieser ZZP 86, 321. Zulässig ist die Klage auch gegen den anerkennungswilligen Erzeuger MüKoCoeW 29, KG FamRZ 94, 910 mwN, aM StJSchl 52. **Unzulässig ist eine Beschränkung der Feststellung** auf bestimmte Rechtswirkungen der Vaterschaft, zB bei ausländischen Vätern auf die Unterhaltspflicht, BGH FamRZ 79, 793 u NJW 73, 948 mwN mit Anm Göppinger JR 73, 332, Oldb NJW 73, 422, aM u a Düss OLGZ 72, 216, Henrich StAZ 71, 157 für den Fall, daß das maßgebliche materielle Recht eine Feststellung der Vaterschaft verbietet. Bei **II Z 2** handelt es sich um eine einheitliche **Gestaltungsklage,** BGH NJW 99, 1632, Eckebrecht MDR 99, 71.

**C. Einzelheiten.** Für das Verfahren gelten **einzelne** Vorschriften des 6. Buches, I, unten Rn 11, **Sondervorschriften der §§ 640 a–641 i**, s die dortigen Erl. I ü sind die **Vorschriften des 1. bis 3. Buches** anzuwenden. Zur Schlüssigkeit der Anfechtungsklage gehört mehr als die Behauptung, das Kind sei nicht vom Scheinvater gezeugt, so Hamm ZBlJugR 98, 475 u FamRZ 96, 894. Vielmehr muß der Kläger Umstände vortragen, die bei objektiver Betrachtung geeignet sind, Zweifel an der Vaterschaft zu wecken und die Möglichkeit der anderweitigen Abstammung als nicht ganz fernliegend erscheinen lassen, BGH NJW 98, 2976 mwN (Anm Schlosser JZ 99, 43), Köln NJW 98, 2985, aM MüKoCoeW 85, StJSchl 32, dazu Eckebrecht MDR 99, 71. Zur Zulässigkeit der Vaterschaftsfeststellungsklage gegen einen Ausländer nach vorangegangenem Verfahren im Ausland vgl BGH MDR 85, 215, zur Zulässigkeit einer Widerklage s § 640 c II.

**Prozeßkostenhilfe** kann auch einem Beteiligten bewilligt werden, der dem Antrag eines anderen Beteiligten nicht entgegentreten will, Künkel DAVorm 83, 348 mwN, Bbg FamRZ 90, 182 mwN, Celle RR 95, 6, Karlsr FamRZ 92, 221, Köln DAVorm 87, 365, Zweibr ZfJ 95, 282 mwN, oder der die Unterstützung dieses Antrags beabsichtigt, Nürnb FamRZ 85, 1275, Celle FamRZ 83, 735 (Aufgabe von MDR 71, 489), Ffm DAVorm 83, 306 (aM Düss RR 96, 1157), oder selbst ein entspr Rechtsschutzziel verfolgt,

## 5. Abschnitt. Verfahren in Kindschaftssachen §§ 640, 640a

AG Hbg DAVorm 82, 1087, sehr str, **aM** ZöPh § 114 Rn 52 u 53 (differenzierend), Hamm FamRZ 92, 454, Düss FamRZ 96, 616, KG FamRZ 87, 502 mwN, Kblz FamRZ 87, 503, 86, 371 u 83, 734, Schlesw SchlHA 85, 14, differenzierend Düss FamRZ 95, 1506 mwN, Köln JMBlNRW 87, 177 (PKH, wenn nicht eine Rechtsverteidigung beabsichtigt ist, die keine Aussicht auf Erfolg bietet oder mutwillig ist, vgl § 114 Rn 112); wegen der **Beiordnung eines RA** vgl Karlsr NJWE-FER 99, 128, Bra FamRZ 97, 1285 mwN (eingehend), KG NJW-FER 97, 209, Bbg NJWE-FER 96, 66 mwN, Düss RR 96, 66 u MDR 94, 1224, Köln RR 95, 387, Hamm FamRZ 95, 747, KG FamRZ 94, 1397 mwN, § 121 Rn 35, i ü vgl § 624 Rn 3 u § 114 Rn 104. Wegen der vereinfachten Erklärung nach § 117 II s § 2 I PKHVV, abgedr § 117 Rn 30. Zur **Prozeßkostenvorschußpflicht** des Scheinvaters vgl § 641 d Rn 1 aE.

**Verhandlungen** in Kindschaftssachen sind ausnahmslos nichtöffentlich, § 170 GVG, dazu Köln RR 86, 560.

Wegen der **Urteilswirkungen** s § 640 h. Für die **Kosten** gilt § 93 c.

**4) Entsprechend anzuwenden sind, I§ 609:** Die Bevollmächtigten jeder Partei brauchen eine beson- **11** dere, auf das Verf gerichtete Vollmacht. **§ 611 II:** Keine Anwendung des § 275 I 1, III, IV und des § 276.

**§ 612:** Kein VersUrt gegen den Beklagten, Saarbr DAVorm **90**, 82 (ein Verstoß beschwert den Kläger nicht, Bbg RR **94**, 459), gegen den Kläger nur mit der Wirkung, daß die Klage als zurückgenommen gilt, § 632 IV. Wegen des VersUrt in höherer Instanz s § 612 Rn 8 u 9. Danach ist es gegen den Beklagten als Berufungskläger grundsätzlich zulässig, vgl Karlsr DAVorm **76**, 627.

**§ 613:** Anhörung und Vernehmung der Parteien wie im Eheprozeß; die Anhörung des als Vater in Anspruch genommenen ist idR geboten, Köln FamRZ **90**, 761.

**§ 615:** Zurückweisung verspäteten Vorbringens nur in engen Grenzen, insbesondere keine Anwendung von § 296, Prütting ZZP **98**, 155.

**§ 616 I:** Amtsermittlung wie im Eheprozeß, dazu ausführlich Johannsen, Festschrift Bosch S 469–492, Roth-Stielow Rn 144 ff. Die Beweismittel sind mit der sich aus **§ 640 d** ergebenden Einschränkung zu erschöpfen, BGH NJW **91**, 2962, FamRZ **87**, 583 mwN, so daß das Gericht bis zu seiner vollen Überzeugung alle angetretenen und/oder erreichbaren Beweise erheben muß, es sei denn, daß das Vorbringen des Klägers keine hinreichenden Indizien ergibt, BGH NJW **98**, 2976 mwN (krit Schlosser JZ **99**, 43), Köln FamRZ **98**, 696 (abw Karlsr NJWE-FER **99**, 7 mwN), oder der Antrag sonst entspr § 244 StPO abgelehnt werden kann, BGH NJW **96**, 2501, FamRZ **96**, 1001 mwN, NJW **94**, 1349 u **91**, 2963 (krit Hummel/Mutschler NJW **91**, 2931, abw Köln RR **93**, 453) u RR **89**, 708 mwN, Hamm FamRZ **93**, 473, oder die Beweismittel keine weitere Aufklärung versprechen (strenger Maßstab anzulegen), BGH NJW **90**, 2312 mwN, AG Westerstede FamRZ **94**, 650 (m red Anm). Ein Verbot der „Ausforschung" gibt es nicht, BGH RR **87**, 899. Wegen der **Einzelheiten** s § 286 Rn 27 ff u § 372 a Rn 5 ff. Wenn der als Vater in Anspruch Genommene die Begutachtung verhindert, wird er behandelt, als hätte sich keine schwerwiegenden Zweifel an seiner Vaterschaft ergeben, BGH FamRZ **93**, 693 u NJW **86**, 2371 mwN (im Grundsatz zustm Stürner JZ **87**, 44), vgl § 444 Rn 3 ff. Wegen der Aussetzung des Verf s § 640 f, zur Beweislast für das Verstreichen der Frist des § 1594 BGB vgl BGH NJW **78**, 1629.

**§ 617:** Einschränkung der Parteiherrschaft. Kein bindendes Geständnis oder Anerkenntnis, außer im Fall **12** des § 641 c, Wieser NJW **98**, 2025. Deshalb ist ein Anerkenntnisurteil (auch hinsichtlich des Regelunterhalts) ausgeschlossen, BGH NJW **94**, 2697, KG FamRZ **94**, 911. Durch ein prozeßordnungswidrig ergangenes Anerkennungsurteil ist der Kläger nicht beschwert, BGH aaO mwN (dazu Frank ZZP **108**, 377, Anm Hohloch **LM** § 519 Nr 122). Kein Verzicht auf Parteibeeidigung, Klagrücknahme: § 617 Rn 4 ff.

**§ 618:** Kein Hinausschieben der Urteilsverkündung auf Antrag der Partei.

**§ 619:** Tod einer Partei vor Rechtskraft des Urteils erledigt den Prozeß, er kann nicht gegen Verwandte oder Erben fortgesetzt werden, RG **163**, 101; jedoch ist bei einer Klage des Kindes und der Mutter nach § 1600 e I BGB im Falle des Todes eines Klagenden die Aufnahme durch den anderen möglich, **§ 640 g**.

**§ 632 IV:** Vgl oben bei § 612 (VersUrt).

---

**640a** *Zuständigkeit.* ¹¹Ausschließlich zuständig ist das Gericht, in dessen Bezirk das Kind seinen Wohnsitz oder bei Fehlen eines inländischen Wohnsitzes seinen gewöhnlichen Aufenthalt hat. ²Erhebt die Mutter die Klage, so ist auch das Gericht zuständig, in dessen Bezirk die Mutter ihren Wohnsitz oder bei Fehlen eines inländischen Wohnsitzes ihren gewöhnlichen Aufenthalt hat. ³Haben das Kind und die Mutter im Inland keinen Wohnsitz oder gewöhnlichen Aufenthalt, so ist der Wohnsitz oder bei Fehlen eines inländischen Wohnsitzes der gewöhnliche Aufenthalt des Mannes maßgebend. ⁴Ist eine Zuständigkeit eines Gerichts nach diesen Vorschriften nicht begründet, so ist das Familiengericht beim Amtsgericht Schöneberg in Berlin ausschließlich zuständig. ⁵Die Vorschriften sind auf Verfahren nach § 1615 o des Bürgerlichen Gesetzbuchs entsprechend anzuwenden.

II Die deutschen Gerichte sind zuständig, wenn eine der Parteien

1. Deutscher ist oder
2. ihren gewöhnlichen Aufenthalt im Inland hat.

Diese Zuständigkeit ist nicht ausschließlich.

**Vorbem.** I mWv 1. 7. 98 neu gefaßt durch Art 6 Z 31 KindRG, vgl Einf § 606 Rn 11.

**1) Regelungszweck.** Die Vorschrift sieht für alle Kindschaftssachen, § 640 II, einheitlich die ausschließ- **1** liche örtliche Zuständigkeit eines bestimmten FamGer, § 23 b GVG, vor, I. Sie knüpft dabei an den Wohnsitz bzw den gewöhnlichen Aufenthaltsort an, nicht an den allgemeinen Gerichtsstand, §§ 12 ff. Die internationale Zuständigkeit regelt II.

§§ 640a–640c      6. Buch. Verfahren in Familiensachen

2    **2) Örtliche Zuständigkeit in Kindschaftssachen, I**

**A. Grundsatz.** Grundsätzlich ist das Familiengericht zuständig, in dessen Bezirk das **Kind** seinen Wohnsitz oder bei Fehlen eines inländischen Wohnsitzes seinen gewöhnlichen Aufenthalt hat, I 1.

**B. Klage der Mutter, II 2.** Die Klage der Mutter, § 1600 BGB, kann sowohl bei dem nach I 1 zuständigen FamGer als auch bei dem FamGer erhoben werden, in dessen Bezirk sie ihren Wohnsitz oder beim Fehlen eines inländischen Wohnsitzes ihren gewöhnlichen Aufenthalt hat.

**C. Ersatzgerichtsstand, I 3 u 4.** Wenn das Kind und die Mutter im Inland keinen Wohnsitz oder gewöhnlichen Aufenthalt haben, so ist der Wohnsitz oder bei Fehlen eines inländischen Wohnsitzes der gewöhnliche Aufenthalt des Mannes maßgeblich I 3. Fehlt es an einer Zuständigkeit nach I 1–3, so ist das FamGer beim AG Schöneberg in Berlin ausschließlich zuständig, I 4.

**D. Gemeinsames.** Alle in I 1–4 genannten Zuständigkeiten sind **ausschließlich**, Üb § 12 Rn 14. Sie gelten auch für das Verfahren über **einstweilige Verfügungen** nach § 1615 BGB, I 5. Die Begriffe „Wohnsitz" bzw „gewöhnlicher Aufenthalt" sind nach **deutschem Recht** bzw den nach deutschem Recht maßgeblichen Gesichtspunkten zu beurteilen, vgl § 606 Rn 10–14. Die örtliche Zuständigkeit ist in den Tatsacheninstanzen (FamGer u OLG) in jeder Lage vAw zu prüfen; § 512 a ist nicht anwendbar, Kblz DAVVorm **76**, 147. Für den BGH gilt § 549 II.

3    **3) Internationale Zuständigkeit, II.** Ihre Regelung der internationalen Zuständigkeit, Üb § 12 Rn 4 ff, entspricht im wesentlichen derjenigen für EheS, § 606 a. Sie gilt für alle KindschS, § 640 II. Danach steht den deutschen Gerichten die internationale Zuständigkeit zu, wenn auch nur eine der Parteien entweder Deutsche ist, II 1 Z 1, oder ihren gewöhnlichen Aufenthalt im Inland hat, II 1 Z 2; wegen dieser Begriffe s § 606 a Rn 5 u § 606 Rn 10 ff. Die Zuständigkeit ist in keinem dieser Fälle ausschließlich, II 2, so daß trotz inländischer Zuständigkeit eine ausländische Entscheidung anerkannt werden darf, § 328 I Z 1. Die internationale Zuständigkeit nach II ist in jeder Lage des Verf vAw zu prüfen, weil insofern weder § 512 a noch § 549 II eingreift, BGH NJW **91**, 2961 mwN.

**640b**   *Prozeßfähigkeit.* ¹In einem Rechtsstreit, der die Anfechtung der Vaterschaft zum Gegenstand hat, sind die Parteien prozeßfähig, auch wenn sie in der Geschäftsfähigkeit beschränkt sind; dies gilt nicht für das minderjährige Kind. ²Ist eine Partei geschäftsunfähig oder ist das Kind noch nicht volljährig, so wird der Rechtsstreit durch den gesetzlichen Vertreter geführt.

**Vorbem.** S 1 u 2 mWv 1. 7. 98 geänd durch Art 6 Z 32 KindRG, vgl Einf § 606 Rn 11.

1    **1) Allgemeines.** Diese Abweichung von §§ 51 ff bezieht sich auf die Anfechtung der Vaterschaft iSv § 640 II Z 2, § 640 Rn 4, nicht dagegen auf die gerichtliche Feststellung der Vaterschaft iSv § 640 II Z 1.

2    **2) Einzelheiten.** Die Vorschrift ergänzt die materiellrechtliche Regelung der §§ 1600 ff BGB in prozessualer Hinsicht. Da der Ehemann der Mutter nicht zur Vertretung des beklagten Kindes befugt ist, ist auch die Mutter von der Vertretung ausgeschlossen, solange ihnen die Vertretung gemeinsam zusteht, Zweibr FamRZ **80**, 911 mwN. Die Mutter bedarf auch nach rechtskräftiger Scheidung zur Alleinvertretung des Kindes der Übertragung der elterlichen Sorge durch das FamGer, BGH NJW **72**, 1708.

**640c**   *Klagenverbindung; Widerklage.* ¹ ¹Mit einer der im § 640 bezeichneten Klagen kann eine Klage anderer Art nicht verbunden werden. ²Eine Widerklage anderer Art kann nicht erhoben werden. ³§ 653 Abs. 1 bleibt unberührt.

II Während der Dauer der Rechtshängigkeit einer der in § 640 bezeichneten Klagen kann eine entsprechende Klage nicht anderweitig anhängig gemacht werden.

**Vorbem.** II mWv 1. 7. 98 eingefügt durch Art 6 Z 33 KindRG, vgl Einf § 606 Rn 11 (auch zum Übergangsrecht).

1    **1) Klagenverbindung, I 1 u 3.** Mit einer Kindschaftssache kann keine Klage anderer Art verbunden werden; eine Ausnahme bildet die Verbindung einer Klage auf Feststellung des Bestehens der nichtehelichen Vaterschaft mit der Klage auf Leistung des Regelunterhalts, § 643 I 1 (auch in Altfällen aus der früheren DDR ist die Verbindung mit einer Klage auf rückständigen Unterhalt unzulässig, BGH FamRZ **95**, 994 mwN, abw Bra OLG-NL **96**, 136). Unzulässig ist demgemäß die Verbindung mit einer Stufenklage wegen des Unterhalts, Bra FamRZ **96**, 370. Wohl kann aber eine KindschSache mit jeder Art KindschSache, § 640, verbunden werden, zB die Feststellung der Unwirksamkeit der Anerkennung der nichtehelichen Vaterschaft mit der Anfechtung dieser Vaterschaft. Gegebenenfalls hilft Trennung und Aussetzung, § 148, Bra aaO mwN; hat das FamGer zugleich über bezifferten Unterhalt mit entschieden, so hat das OLG als Berufungsgericht zu trennen und den Streit über den Unterhalt an die erste Instanz zurückzuverweisen, BGH NJW **74**, 751, Hamm RR **88**, 1355, ebenso bei Verbindung mit einer Stufenklage, Bra aaO mwN.

2    **2) Widerklage, I 2** (Wieser NJW **98**, 2024). Hier gilt bezüglich der in § 640 bezeichneten Klagen dasselbe. Bei der vom gesetzlichen Vertreter erhobenen Anfechtungswiderklage des Kindes ist das Kind der Widerkläger, Köln NJW **72**, 1721. Zulässig ist auch eine im Wege der Widerklage erhobene Anfechtungsklage mit demselben Antrag, weil der Kläger die Klage zurücknehmen oder die Entscheidung sonst durch Säumnis oder Verzicht vereiteln könnte und dem Kind für die Anfechtung der Ehelichkeit auch andere Gründe als dem Mann zur Verfügung stehen können, hM, StJSchl 4, Köln NJW **72**, 1721. Klagt die Mutter,

so ist die Klage des Mannes als Widerklage gegen das Kind zu richten, Wieser FamRZ 98, 1005. Unzulässig ist über den Wortlaut hinaus auch die Geltendmachung einer Kindschaftssache im Wege der Widerklage gegen eine Unterhaltsklage, Hamm RR **88**, 1355.

**3) Klagsperre, II** (Wieser NJW 98, 2024). Während der Dauer der Rechtshängigkeit einer bei der in § 640 bezeichneten Klagen kann eine entsprechende Klage nicht anderweitig anhängig gemacht werden. Dadurch soll verhindert werden, daß Klagberechtigte nach § 1600 a I BGB Klagen anhängig machen, ggf bei unterschiedlichen Gerichten, § 640 a I. Sie haben aber die Möglichkeit, gemeinsam zu klagen, Widerklage zu erheben, oben Rn 2, oder in dem anhängigen Rechtsstreit einer Partei beizutreten, § 640. Wegen des Begriffs der Rechtshängigkeit s § 261 Rn 1, wegen ihrer Dauer § 261 Rn 5–17. Eine entgegen II erhobene Klage ist als unzulässig abzuweisen.

## 640d *Einschränkung der Amtsermittlung.*
Ist die die Vaterschaft angefochten, so kann das Gericht gegen den Widerspruch des Anfechtenden Tatsachen, die von den Parteien nicht vorgebracht sind, nur insoweit berücksichtigen, als sie geeignet sind, der Anfechtung entgegengesetzt zu werden.

**Vorbem.** Geänd mWv 1. 7. 98 durch Art 6 Z 34 KindRG, vgl Einf § 606 Rn 11.

**Bem.** In Kindschaftssachen herrscht der Untersuchungsgrundsatz, so daß es grds auf den Umfang des Vorbringens des Klägers nicht ankommt, Jena FamRZ **96**, 367, AG Bln-Mitte FamRZ **95**, 1228, beide mwN, § 640 Rn 11. Klagen auf Anfechtung der Vaterschaft, § 640 II Z 2, richten sich gegen den bisher feststehenden Status des Kindes, s dort Rn 4. Dementsprechend dürfen entsprechend § 622 Tatsachen, die von den Parteien nicht vorgebracht sind, gegen den Widerspruch des Anfechtenden nicht berücksichtigt werden, wenn sie dem Anfechtungsbegehren günstig sind, mögen sie durch das Gericht (im Wege der Amtsermittlung) oder von einer Partei in den Rechtsstreit eingeführt werden; ein Widerspruch ist dabei schon dann gegeben, wenn der Anfechtungskläger seinerseits Tatsachen behauptet, die mit jenen Tatsachen unvereinbar sind, BGH NJW **90**, 2813 mwN.

## 640e *Ladung anderer Beteiligter und Streitverkündung.*
I ¹Ist an dem Rechtsstreit ein Elternteil oder das Kind nicht als Partei beteiligt, so ist der Elternteil oder das Kind unter Mitteilung der Klage zum Termin zur mündlichen Verhandlung zu laden. ²Der Elternteil oder das Kind kann der einen oder anderen Partei zu ihrer Unterstützung beitreten.

II ¹Ein Kind, das für den Fall des Unterliegens in einem von ihm geführten Rechtsstreit auf Feststellung der Vaterschaft einen Dritten als Vater in Anspruch nehmen zu können glaubt, kann ihm bis zur rechtskräftigen Entscheidung des Rechtsstreits gerichtlich den Streit verkünden. ²Die Vorschrift gilt entsprechend für eine Klage der Mutter.

**Vorbem.** Neu gefaßt mWv 1. 7. 98 durch Art 6 Z 35 KindRG, vgl Einf § 606 Rn 11 (auch zum Übergangsrecht).

**Schrifttum:** *Schultes,* Beteiligung Dritter am Zivilprozeß, 1994.

**1) Ladung anderer Beteiligter, I 1**

**A. Elternteil und Kind.** Da durch die Entscheidung seine rechtlichen Interessen berührt werden, sind der am Rechtsstreit nicht beteiligte Elternteil oder das nicht beteiligte volljährige Kind in allen KindschS, § 640 II, unter Mitteilung der Klage zum Termin zur mündlichen Verhandlung **zu laden**, S 1 u 2. Ein Hinweis auf die Rechtslage und die Möglichkeit des Beitritts ist ratsam, aber nicht zwingend geboten, aM Roth-Stielow Rn 40. Die Ladung zum ersten Termin genügt, Brüggemann FamRZ **69**, 123; ist sie unterblieben, muß die Ladung nachgeholt und damit rechtliches Gehör gewährt werden, StJSchl 9. Der mutmaßliche Erzeuger des Kindes ist nicht Elternteil iSv I, Gaul FamRZ **97**, 1461, Wieser NJW **98**, 2024.

**B. Wirkungen, I 2.** Die Ladung gibt, anders als die Beiladung nach § 65 VwGO, nicht die Stellung eines Beteiligten (ungenau wird häufig auch hier von „Beiladung" gesprochen, zB in BT-Drs 13/4899 S 126). Vielmehr ist dem Geladenen freigestellt, der einen oder anderen Partei zu ihrer Unterstützung **beizutreten**, S 2, und zwar als streitgenössischer Streithelfer, § 69, BGH NJW **84**, 353. Dies gilt für die Mutter auch dann, wenn das Kind durch einen von ihr als gesetzlicher Vertreterin bestellten RA vertreten wird, Düss FamRZ **80**, 1147. Beitritt auch ohne Ladung ist zulässig. Jeder Beigetretene ist iSv §§ 114ff als „Partei" zu behandeln, Karlsr FamRZ **92**, 701 mwN, Hamm FamRZ **91**, 347, Ffm FamRZ **84**, 1041; zur PKH-Bewilligung s § 114 Rn 11, Düss FamRZ **95**, 1506 mwN (betr Kindesmutter). Die unterbliebene Ladung kann, ebenso wie eine Beiladung nach § 65 VwGO, im Berufungsrechtszug nachgeholt werden, Düss FamRZ **71**, 377; dann muß, sofern auch das Urteil beizufügen, Roth-Stielow Rn 41.

Da die Unterlassung der Ladung (oder die Ladung ohne Mitteilung der Klage) ein schwerer Verfahrensmangel ist, kommt auch eine Zurückverweisung, § 539, in Betracht, Kblz DAVorm **81**, 55; sie ist im Revisionsverfahren zwingend geboten, vgl zur notwendigen Beiladung des BVerwG in strRspr, KoppSch § 65 Rn 42 (der Mangel ist vAw zu beachten, BVerwG **18**, 124, NJW **74**, 384, vgl BSG NJW **74**, 2304). Ist die Ladung unterblieben und nicht nachgeholt worden, muß dem nicht beigetretenen Elternteil das Urteil zugestellt werden, um ihm Gelegenheit zu geben, durch Einlegung eines Rechtsmittels seine Rechte wahr-

## §§ 640e–640h

zunehmen, BGH NJW **84**, 353, im Erg zustm Waldner JR **84**, 157, vgl Häsemeyer ZZP **101**, 400. Wegen der Urteilswirkung s § 640 h.

**4**  **2) Streitverkündung, II**

**A. Klage des Kindes auf Feststellung der Vaterschaft, II 1.** Kommen mehrere Männer in Betracht, so würde eine nacheinander erhobene VaterschKlage die Feststellung uU erheblich hinziehen, eine Klage gegen alle in Betracht Kommenden das klagende Kind stark mit Kosten für die Abweisungen belasten. Eine Möglichkeit der Feststellung ergäbe sich noch, wenn die mehreren Männer sich freiwillig einer Blutprobe unterzögen und damit die Nichtväter ausgeschlossen werden. Doch ist dies schwer zu erreichen.

Als Möglichkeit, einen anderen Mann als Vater in Anspruch zu nehmen, ergäbe sich dann noch der Eintritt des Dritten in das schwebende Verf im Wege der Klageänderung, § 263 Rn 8, der aber an der Ablehnung des Dritten scheitern kann, BGH NJW **62**, 635. Hier hilft II 1 dem Kind dadurch, daß es dem potentiellen Erzeuger den Streit verkünden kann, § 72, was auch bei Nichtbeteiligung des Dritten die Wirkung der §§ 68, 74 Rn 6, hat, dazu ausführlich Wieser NJW **98**, 2024. Tritt der Dritte bei, so wird er streitgenössischer Streithelfer, § 69, diff Wieser NJW **98**, 2024. Diese Möglichkeit hat der Dritte auch ohne Streitverkündung, § 66, BGH FamRZ **80**, 559, hM, oben Rn 2.

**5**  **B. Klage der Mutter auf Feststellung der Vaterschaft, II 2.** Klagt die Mutter gemäß § 1600 e I BGB, so gilt II 1 entspr; auch sie kann dem als Vater in Betracht kommenden Dritten den Streit verkünden.

**640f** *Aussetzung wegen Gutachtens.* ¹Kann ein Gutachten, dessen Einholung beschlossen ist, wegen des Alters des Kindes noch nicht erstattet werden, so hat das Gericht, wenn die Beweisaufnahme im übrigen abgeschlossen ist, das Verfahren von Amts wegen auszusetzen. ²Die Aufnahme des ausgesetzten Verfahrens findet statt, sobald das Gutachten erstattet werden kann.

**1**  **1) Allgemeines.** Während zur Ausschließung der Vaterschaft insbes mit Blutgruppengutachten, die durch Tragzeitgutachten und andere Beweismittel unterstützt werden, gearbeitet wird, die im allg sofort eingeholt werden können, ist der positive Vaterschaftsbeweis weit schwieriger; vgl zu diesen Fragen § 372 a Rn 5 ff. Ein anthropologisch-erbbiologisches Gutachten kann oft erst nach Vollendung des 3. Lebensjahres zum Erfolg führen, ein serologisches Gutachten frühestens bei einem Alter von 8 Monaten. Der Einholung steht auch das eidliche Abstreiten der Mutter nicht entgegen, BGH NJW **64**, 1179; kein Ausforschungsbeweis, Teplitzky NJW **65**, 335. Auch die Amtsermittlung kann die Einholung eines solchen Gutachtens nötig machen.

**2**  **2) Aussetzung.** Das Gericht hat, falls ein derartiges Gutachten notwendig ist, aber wegen des Alters des Kindes noch nicht erstattet werden kann, die BewAufn abzuschließen und vAw das Verf auszusetzen, **S 1**; der Einzelrichter ist dafür in 2. Instanz nur mit Einverständnis der Parteien zuständig, § 524 Rn 12. Gegen die Entscheidung des FamGer ist Beschwerde gegeben, § 252, Nürnb FamRZ **71**, 590. Sobald die Erstattung des Gutachtens möglich ist, muß das Verf vAw aufgenommen werden, **S 2**. Auf andere Hindernisse für eine Begutachtung ist § 640 f nicht entspr anzuwenden, Bbg RR **95**, 1030 mwN.

**640g** *Tod der klagenden Partei.* ¹Hat das Kind oder die Mutter die Klage auf Anfechtung oder Feststellung der Vaterschaft erhoben und stirbt die klagende Partei vor Rechtskraft des Urteils, so ist § 619 nicht anzuwenden, wenn der andere Klageberechtigte das Verfahren aufnimmt. ²Wird das Verfahren nicht binnen eines Jahres aufgenommen, so ist der Rechtsstreit in der Hauptsache als erledigt anzusehen.

**Schrifttum:** *Wieser* NJW **98**, 2025.

**Vorbem.** Neu gefaßt mWv 1. 7. 98 durch Art 6 Z 36 KindRG, Einf § 606 Rn 11.

**1) Beschränkte Anwendbarkeit des § 619, S 1.** Nach § 640 I ist in KindschS u a § 619 entspr anzuwenden. Dies gilt nur eingeschränkt in den Fällen, in denen das Kind oder die Mutter die Klage auf Anfechtung oder Feststellung der Vaterschaft erhoben hat, § 1600 e I BGB: stirbt die klagende Partei vor Rechtskraft des Urteils, so ist § 619 nicht anzuwenden, wenn der andere Klagberechtigte das Verfahren aufnimmt, **S 1**. Haben sowohl die Mutter als auch das Kind Klage erhoben, so hat der Tod einer Klagepartei keinen Einfluß auf den Fortgang des Prozesses.

**2) Aufnahme des Verfahrens, S 2.** Für die Aufnahme gilt § 250. Sie ist zeitlich begrenzt: wird das Verfahren nicht binnen eines Jahres seit dem Tod aufgenommen, so ist der Rechtsstreit in der Hauptsache als erledigt anzusehen, S 2. In diesem Fall gilt also uneingeschränkt § 619 entspr, s dortige Erl.

**640h** *Urteilswirkung.* ¹Das Urteil wirkt, sofern es bei Lebzeiten der Parteien rechtskräftig wird, für und gegen alle. ²Ein Urteil, welches das Bestehen des Eltern-Kindes-Verhältnisses oder der elterlichen Sorge feststellt, wirkt jedoch gegenüber einem Dritten, der das elterliche Verhältnis oder die elterliche Sorge für sich in Anspruch nimmt, nur dann, wenn er an

5. Abschnitt. Verfahren in Kindschaftssachen　　　　　　　　**§§ 640h–641c**

dem Rechtsstreit teilgenommen hat. ³Satz 2 ist auf solche rechtskräftigen Urteile nicht anzuwenden, die das Bestehen der Vaterschaft nach § 1600 d des Bürgerlichen Gesetzbuchs feststellen.

**Schrifttum:** *Habscheid/Habscheid* FamRZ **99**, 483.

**Vorbem.** S 3 mWv 1. 7. 98 eingefügt durch Art 6 Z 37 KindRG, vgl Einf § 606 Rn 11.

**1) Grundsatz: Wirkung für und gegen alle, S 1.** Das eine Kindschaftssache, § 640, positiv oder **1** negativ entscheidende Urteil wirkt über § 325 hinaus (mit der sich aus S 2 ergebenden Einschränkung) für und gegen alle, so daß der sich daraus ergebende Status des Kindes für jedermann feststeht, und zwar rückwirkend ab seiner Geburt, BGH NJW **94**, 2698, BayObLG RR **95**, 387, und zwar auch dann, wenn das Urteil verfahrensfehlerhaft zustande gekommen ist, BGH aaO. Zugleich macht es den Weg frei zur Feststellung der Abstammung vom wahren Erzeuger und zu seiner unterhaltsrechtlichen Inanspruchnahme, BGH NJW **82**, 1652. Da die Rechtskraft sich nicht auf die Abstammung des Kindes erstreckt, darf der später als wahrer Erzeuger in Anspruch Genommene im Vaterschaftsfeststellungsverfahren behaupten, daß das Kind doch vom Ehemann der Mutter abstamme, BGH NJW **94**, 2698 u **82**, 1652. Erweist sich etwa agrd eines neuen Gutachtens, daß diese Behauptung zutrifft, kann das Kind gegen das frühere Urteil nach § 641 i vorgehen, BGH NJW **94**, 2698 u **73**, 1927.

Eine Folge hiervon ist die Notwendigkeit der Gewährung des rechtlichen Gehörs für diejenigen, in deren Status durch das Urteil eingegriffen wird, Art 103 I GG. Deshalb ist der andere Elternteil als Kind zu laden, § 640 e. Sie können als Streithelfer beitreten; vgl auch Schlosser, Gestaltungsklagen § 22 II 2, III 1. Dies kann auch derjenige, der nach erfolgreicher Anfechtung als Erzeuger in Anspruch genommen werden kann, BGH NJW **85**, 386, Hamm FamRZ **84**, 810, § 640 e Rn 4; er hat das Recht, Berufung einzulegen mit dem Ziel, die Klage abweisen zu lassen, BGH u Hamm aaO. Dabei unterliegt er aber der Schranke des § 67 Halbs 2, weil er nicht streitgenössischer Nebenintervenient iSv § 69 ist, BGH NJW **85**, 386 mwN (im Erg zustm Braun JZ **85**, 339, Deneke ZZP **99**, 101 u Häsemeyer ZZP **101**, 398), Hamm FamRZ **84**, 810, str.

Das Urteil bindet alle Behörden, zB den Richter der freiwilligen Gerichtsbarkeit, selbst gegenüber abweichenden standesamtlichen Urkunden. Eine Abweisung mit der Begründung, daß dem Kläger kein Anfechtungsrecht zustehe oder daß er die Frist versäumt habe, steht der Klage eines anderen Berechtigten ebenfalls nicht entgegen. Ebenso hindert die Rechtskraft eines Urteils, durch das die Klage des Mannes auf Anfechtung seines Vaterschaftsanerkenntnisses abgewiesen worden ist, dann nicht die Anfechtungsklage des Kindes, wenn das Urteil damit begründet worden ist, die Nichtvaterschaft sei nicht feststellbar, Düss NJW **80**, 2760.

**2) Beschränkte Wirkung gegen Dritte, S 2 u 3.** Ein das Bestehen des Eltern- und Kindesverhältnisses **2** oder der elterlichen Sorge feststellendes Urteil wirkt nicht gegenüber dem Dritten, der am Rechtsstreit nicht teilgenommen hat, aber das elterliche Verhältnis oder die elterliche Sorge für sich in Anspruch nimmt **S 2**; denn es kann nicht ohne weiteres in seinen Status eingegriffen werden, dazu Jauernig ZZP **101**, 379, Häsemeyer ZZP **101**, 407. Dies gilt auch bei Ladung, § 640 e, weil ihm der Beitritt freisteht, Roth-Stielow Rn 50, aM Odersky Anm 3. Der nichtbeteiligte Dritte kann seinerseits klagen, und zwar notwendig gegen beide Parteien, da sonst das frühere Urteil seine Wirkung für den Nichtverklagten wegen S 2 behalten würde. Das vom Dritten erstrittene Urteil hebt das frühere durch seine Wirkung nach § 640 h voll auf. Zur Frage der Zulässigkeit einer neuen Klage gegen einen anderen Dritten bei unerkannt gebliebener Rechtshängigkeit der ersten Vaterschaftsklage vgl Hamm DAVorm **85**, 143.

Eine **Ausnahme** von dem Gesagten gilt für Urteile, das Bestehen der Vaterschaft nach § 1600 d BGB feststellen, **S 3**: hier gilt nicht S 2, sondern uneingeschränkt S 1 (ebenso bisher § 641 k, s 56. Aufl). Die Vorschrift steht im Einklang damit, daß dem Dritten auch keine Anfechtung der Vaterschaft zugebilligt ist, §§ 1600 u 1600 e BGB, vgl Jauernig ZZP **101**, 381 u Häsemeyer ZZP **101**, 407. Sie stellt sicher, daß nicht durch Anfechtungen die Abstammungsverhältnisse und das familienrechtliche Band zwischen dem Kind und dem Mann erneut in Frage gestellt werden, BT-Drs 13/4899 S 126.

# 641, 641 a, 641 b (aufgehoben mWv 1. 7. 98 durch Art 6 Z 38 KindRG, vgl Einf § 606 Rn 11)

## 641 c  *Anerkennung, Zustimmung und Widerruf vor Gericht.* ¹Die Anerkennung der Vaterschaft, die Zustimmung der Mutter sowie der Widerruf der Anerkennung können auch in der mündlichen Verhandlung zur Niederschrift des Gerichts erklärt werden. ²Das gleiche gilt für die etwa erforderliche Zustimmung des Mannes, der im Zeitpunkt der Geburt mit der Mutter des Kindes verheiratet ist, des Kindes oder eines gesetzlichen Vertreters.

**Vorbem.** Neu gefaßt mWv 1. 7. 98 durch Art 6 Z 39 KindRG u Art 3 Z 9 EheschlRG, vgl Einf § 606 Rn 11 u 13.

**1) Allgemeines.** Grundsätzlich ist in KindschSachen, § 640 II, ein Anerkenntnisurteil ausgeschlossen, **1** §§ 640 I, 617; ein solches Urteil kann für unwirksam erklärt werden, wenn die Unwirksamkeit der zugrunde liegenden Anerkennung nach § 640 II Z 2 festgestellt wird, Hamm FamRZ **88**, 101 u 854 mwN. § 641 c bringt im Interesse des Kindes eine Sonderregelung, die in allen Instanzen gilt und die Form des § 1597 BGB ersetzt. Ein Prozeßvergleich, § 794 I Z 1, würde nicht der Bedeutung der Anerkennung mit Rücksicht auf die Wirkung für und gegen alle gerecht.

**§§ 641c, 641d**  

**2) Erklärung zur Niederschrift des Gerichts** (Kemper ZBlJugR **71**, 194). Der Rechtsstreit kann durch Anerkennung der Vaterschaft in der mdl Verh zur Niederschrift des Gerichts, §§ 1595 ff BGB, beendet werden. Ebenso können die Zustimmung der Mutter, des Kindes und eines gesetzlichen Vertreters erklärt werden, ebenso der Widerruf der Anerkennung, § 1597 III BGB. Alle diese Erklärungen sind in das Protokoll aufzunehmen, vorzulesen und vom Erklärenden zu genehmigen, § 162 I iVm § 160 III Z 1 u 3 entspr, Hamm FamRZ **88**, 854 mwN, zustm Kemper DAVorm **87**, 841. Jedoch muß auch das Nachbringen der Zustimmung und Erklärungen dieser Personen in der Form und Frist des § 1597 BGB als zulässig angesehen werden. Mit der Abgabe dieser Erklärungen ist die Sache in der Hauptsache erledigt; über die Kosten ist nach § 91 a zu entscheiden, KG FamRZ **94**, 911. Anhängig bleibt ein etwaiger Antrag nach § 643 I 1; für ihn gelten weiterhin die Vorschriften für KindschSachen, § 640 I, BGH NJW **74**, 751 u **72**, 111, Hamm NJW **72**, 1094, Demharter FamRZ **85**, 980, aM Wiecz B II. Die Anerkennung kann mit der Klage nach § 640 II 2 angefochten werden, Hamm aaO.

**641d** *Einstweilige Anordnung.* ¹ ¹Sobald ein Rechtsstreit auf Feststellung des Bestehens der Vaterschaft nach § 1600 d des Bürgerlichen Gesetzbuchs anhängig oder ein Antrag auf Bewilligung der Prozeßkostenhilfe eingereicht ist, kann das Gericht auf Antrag des Kindes seinen Unterhalt und auf Antrag der Mutter ihren Unterhalt durch eine einstweilige Anordnung regeln. ²Das Gericht kann bestimmen, daß der Mann Unterhalt zu zahlen oder für den Unterhalt Sicherheit zu leisten hat, und die Höhe des Unterhalts regeln.

II ¹Der Antrag ist zulässig, sobald die Klage eingereicht ist. ²Er kann vor der Geschäftsstelle zu Protokoll erklärt werden. ³Der Anspruch und die Notwendigkeit einer einstweiligen Anordnung sind glaubhaft zu machen. ⁴Die Entscheidung ergeht auf Grund mündlicher Verhandlung durch Beschluß. ⁵Zuständig ist das Gericht des ersten Rechtszuges und, wenn der Rechtsstreit in der Berufungsinstanz schwebt, das Berufungsgericht.

III ¹Gegen einen Beschluß, den das Gericht des ersten Rechtszuges erlassen hat, findet die Beschwerde statt. ²Schwebt der Rechtsstreit in der Berufungsinstanz, so ist die Beschwerde bei dem Berufungsgericht einzulegen.

IV Die entstehenden Kosten eines von einer Partei beantragten Verfahrens der einstweiligen Anordnung gelten für die Kostenentscheidung als Teil der Kosten der Hauptsache, diejenigen eines vom Nebenintervenienten beantragten Verfahrens der einstweiligen Anordnung als Teil der Kosten der Nebenintervention; § 96 gilt insoweit sinngemäß.

**Schrifttum:** *Bernreuther* FamRZ **99**, 73; *Büdenbender* ZZP **110**, 48, FamRZ **98**, 138; *Hampel* FPR **98**, 117.

**Vorbem.** I u IV neu gefaßt mWv 1. 7. 98 durch Art 6 Z 40 KindRG, vgl Einf § 606 Rn 11.

**1) Allgemeines.** Ähnlich wie im Ehestreit, §§ 620 ff., kann in einem **Rechtsstreit auf Feststellung des Bestehens der Vaterschaft**, § 1600 d BGB, also bei nichtehelicher Kindschaft, § 1592 Z 1 BGB (nicht bei Anfechtung der Vaterschaft oder der Anerkennung der Vaterschaft, Kblz FamRZ **74**, 383, auch wenn das Kind FeststWiderkl erhebt, Köln NJW **73**, 195, Düss NJW **73**, 1331, auch nicht bei negativer FeststKl des Mannes, hM, Odersky II 1 a, Bergerfurth FamRZ **70**, 362, Habscheid FamRZ **74**, 343, Düss FamRZ **73**, 212, wohl aber bei positiver FeststWiderkl des Kindes, Büdenbender S 79) **der laufende Unterhalt des Kindes und der Mutter auf entspr Antrag durch einstwAnO vorläufig gesichert** werden, bis über den Unterhalt im Urteil entschieden werden kann, § 653; dabei ist zu beachten, daß ein vollstreckbarer Unterhaltstitel bei Verurteilung nach § 653 I erst mit Rechtskraft des Abstammungsurteils wirksam wird, § 653 II. Diese vorläufige Sicherung des **Unterhalts** steht neben der **einstwVfg nach § 1615 o BGB**, durch die der Unterhalt der Mutter und des Kindes gesichert wird, dazu Bernreuther FamRZ **99**, 73 u Büdenbender FamRZ **98**, 137. Letztere kann bereits vor der Geburt beantragt werden, während die einstwAnO nur den laufenden Unterhalt ab Antrag im Rechtsstreit betreffen kann. Sie kann aber für das ganze Verfahren ergehen, sofern die AnO nicht vorher aufgehoben oder geändert wird. Möglich ist sie auch während der Aussetzung des Verfahrens, § 640 f. Keinesfalls schafft die Ablehnung der einstwVfg Rechtskraft für die AnO. Eine **einstwVfg nach § 940** ist nur ausnahmsweise zulässig, nämlich dann, wenn der Erzeuger die Vaterschaft vor Klagerhebung anerkennt, Büdenbender S 138, Bernreuther aaO. Ansprüche des **Vaters** auf Betreuungsunterhalt, § 1615 l V BGB, können nur auf diesem Wege einstweilig durchgesetzt werden, Büdenbender FamRZ **98**, 138. Wenn ein Unterhaltsanspruch nach Feststellung der Vaterschaft isoliert geltend gemacht wird, greift § 644 ein, s dortige Erl, Bernreuther aaO.

Gegen den vermuteten Vater darf keine einstwAnO auf Zahlung eines **Prozeßkostenvorschusses** ergehen, ZöPh 23, Kblz NJWE-FER **99**, 45, aM Düss RR **95**, 1411, vgl § 114 Rn 61 u § 127 a Rn 6 u 9.

**2) Voraussetzungen und Inhalt der einstwAnO, I**

**A. Allgemeines.** Berechtigte sind die **Mutter** bzw **das Kind** ohne Rücksicht darauf, ob sie am Verfahren beteiligt sind, BT-Drs 13/4899 S 127; wegen des erforderlichen **Antrags, I 1**, s unten Rn 3; weitere Voraussetzung für den Erlaß der einstwAnO ist deren **Notwendigkeit**. Sie besteht nicht, wenn der Vater freiwillig zahlt oder das Kind eigenes Vermögen oder Einkommen hat. Dagegen ist die Notwendigkeit zu bejahen, wenn die Mutter oder ein Verwandter Unterhalt leistet, hM, ZöPh 18, Büdenbender S 105, aM Lüderitz S 621 mwN, ebenso grds dann, wenn das Kind Sozialhilfe bezieht, Düss RR **94**, 709 mwN, oder wenn es Leistungen nach dem Unterhaltsvorschußgesetz erhält, Düss RR **93**, 1289, weil diese Hilfen durch die einstwAnO vermieden werden sollen, ZöPh 17, str (vgl dazu § 620 Rn 12 u 15). Entfällt eine AnO auf Zahlung, weil der Unterhalt des Kindes anderweit gewährleistet ist, so kann die **AnO auf Sicherheits-**

**leistung** lauten, **I 2** (auch durch Zahlung auf Sperrkonto, Stgt DAVorm **82**, 292, KG FamRZ **76**, 98 mwN); dafür genügt es nicht, daß das Kind selbst nicht über Mittel verfügt, aM Zweibr FamRZ **81**, 391, vielmehr müssen konkrete Anhaltspunkte dafür bestehen, daß die Beitreibung nach Feststellung der Vaterschaft auf Schwierigkeiten stoßen wird, Büdenbender FamRZ **81**, 320, Lüderitz S 623 ff. Für die Sicherheit gelten §§ 108 f. Die Leistung ist in beiden Fällen beziffert festzusetzen, Stgt Just **77**, 201 mwN (keine Verpflichtung zur Leistung von Regelunterhalt und keine Festsetzung nach § 642 a, nur ausnahmsweise Unterschreitung des Regelbedarfs iSv § 1615 f I 2 BGB), und zwar ab Eingang des Antrags, Düss RR **94**, 709 mwN. Ihre Höhe kann je nach veränderten Umständen, zB Sonderbedarf, mit Rückwirkung geändert werden, auch die Sicherheit, Kblz FamRZ **75**, 229. Zulässig ist auch die Verpflichtung zur Zahlung an das Jugendamt, Stgt FamRZ **73**, 383, auch auf dessen Sperrkonto (statt Sicherheit), Kblz MDR **73**, 316; in diesem Fall ist dem Beklagten auf Antrag zu gestatten, statt dessen Sicherheit durch Bürgschaft einer Großbank zu leisten, Stgt Justiz **75**, 436.

Im Rahmen des § 641 d, oben Rn 1, kann auch eine einstwAnO auf Zahlung eines **Prozeßkostenvorschusses** ergehen, § 127 a Rn 10, Düss RR **95**, 1411 mwN, str.

Wegen der Einzelheiten s Erl zu § 294. Zur Begründung des Anspruchs genügt die Glaubhaftmachung der Beiwohnung in der Empfängniszeit, weil dann die Vermutung des § 1600 d II BGB eingreift. Sie wird durch Glaubhaftmachung **schwerwiegender Zweifel** entkräftet, vgl BGH DAVorm **81**, 51 u 274, Lüderitz FamRZ **66**, 620; auch insofern ist Glaubhaftmachung iSv § 294 ausreichend und erforderlich, Düss RR **95**, 1219. Macht der Gegner Mehrverkehr glaubhaft, reicht das zur Entkräftung aus (abgesehen von wahllosem Verkehr), solange nicht durch medizinisches Gutachten der andere Mann ausgeschlossen wird od für die Vaterschaft des in Anspruch genommenen Mannes die größere Wahrscheinlichkeit dargetan wird, vgl Büdenbender S 97 ff u FamRZ **75**, 189, Ankermann NJW **74**, 584, dazu Brühl FamRZ **75**, 242. Ob bei geringerer Wahrscheinlichkeit statt Zahlung Sicherheit angeordnet werden darf, ist str, dafür die hM, Lüderitz S 619, Leipold FamRZ **75**, 70, Kblz FamRZ **75**, 230, dagg Büdenbender S 117 ff mwN. Glaubhaft zu machen ist auch die Notwendigkeit einer einstwAnO, oben Rn 2; handelt es sich um eine AnO auf Sicherheitsleistung, so sind auch die Umstände glaubhaft zu machen, aus denen sich eine Gefährdung der Betreibung ergibt, oben Rn 2.

**3) Verfahren, II** 3

**A. Antrag, I 1 u II 1–3.** Ihn kann die Mutter bzw das Kind für den jeweiligen Unterhalt stellen. Der Antrag ist zulässig, sobald ein Rechtsstreit nach § 1600 d BGB anhängig oder ein Antrag auf Bewilligung von PKH eingereicht ist, **I 1** (II 1 ist versehentlich der Neufassung von I nicht angepaßt worden); darauf, daß die Mutter bzw das Kind Prozeßpartei ist, kommt es nicht an, BT-Drs 13/4899 S 127. Der Antrag ist an das Gericht zu richten, bei dem die Klage anhängig bzw das PKH-Gesuch eingereicht ist, weil die Konzentration bei der Gericht des Verfahrens nach § 1600 d BGB Ziel der Vorschrift ist, BT-Drs 13/4899 S 127. Der Antrag kann vor der Geschäftsstelle zu Protokoll erklärt werden, II 2, unterliegt also auch in höherer Instanz nicht dem Anwaltszwang. Beweise sind zu benennen, eidesstattliche Versicherungen oder sonstige Urkunden beizufügen; jedenfalls zur Frage des Abstammungsverhältnisses iSv § 1600 o BGB, so daß präsente Beweise in der mündlichen Verhandlung, II 4, auch vAw zuzulassen sind, Düss RR **95**, 1219 mwN. Der **Anspruch** und die **Notwendigkeit** einer einstwAnO sind **glaubhaft zu machen, II 3**, dazu Büdenbender FamRZ **81**, 320.

**B. Entscheidung.** Sie ergeht durch Beschluß in dem Rechtszug, in dem die Sache schwebt (aber nicht in 4 der Revisionsinstanz, unten Rn 5), II 5, stets auf Grund mündlicher Verhandlung, II 4, in der Berufungsinstanz demnach nicht durch den Einzelrichter. Für die Verhandlung besteht Anwaltszwang, § 78 (wegen der neuen Bundesländer s Grdz § 606 Rn 7). Das Gericht soll die Parteien, besonders den Beklagten hören, auf eine notwendige Glaubhaftmachung, oben Rn 3, hinwirken, insbesondere präsente Beweise erheben, und auf Grund einer Prognose über den Ausgang des Hauptprozesses sowie in Würdigung der glaubhaft gemachten wirtschaftlichen und sonstigen Umstände über die Art der AnO und über die Höhe beschließen (zeitraubende Ermittlungen verfehlen den Zweck der Vorschrift, Kemper FamRZ **73**, 524), oben Rn 2.

**4) Rechtsmittel, III.** Gegen den Beschluß des FamGer ist Beschwerde an das OLG gegeben, § 119 Z 2 5 GVG. Einzulegen ist sie beim FamGer, § 569 I. Ist die Hauptsache inzwischen ans OLG gelangt, § 119 Z 1 GVG, so ist die Beschwerde dort einzulegen, III 2. Befindet sich die Sache in der Revision, ist mangels einer gegenteiligen Bestimmung und da der Grundsatz des I weiter besteht, wiederum das FamGer zuständig, Hamm FamRZ **71**, 596, Büdenbender S 81, so daß ein Rechtsmittel auch von diesem einzulegen ist und an das OLG geht. Gegen Beschlüsse des OLG gibt es keine Beschwerde, § 567 IV.

**5) Kosten des Anordnungsverfahrens.** Die Vorschrift entspricht § 620 g, s dortige Erl. Danach wird 6 über die Kosten des AnO-Verfahrens zusammen mit den Kosten der Hauptsache entschieden, wobei § 96 insoweit sinngemäß gilt. Für einen erfolglosen Antrag können dem sonst obsiegenden Kläger oder Nebenintervenienten also Kosten auferlegt werden. Eine besondere Kostenentscheidung ergeht aber bei Zurückweisung des Antrags und Zurückweisung der Beschwerde, ebenso in den Fällen, in denen der Antragsteller nicht am Prozeß beteiligt ist, oben Rn 1 u 2. – **Gebühren:** Gericht $1/2$ für die Entscheidung, KV 1703 (mehrere Entscheidungen in einem Rechtszug gelten als eine Entscheidung), RA § 41 BRAGO. Wert: Dreimonatiger Bezug, § 20 II GKG. Für die Beschwerde: Gericht 1 Geb, KVerz 1900, RA § 61 BRAGO.

**641 e** *Außerkrafttreten der einstweiligen Anordnung.* Die einstweilige Anordnung tritt, wenn sie nicht vorher aufgehoben wird, außer Kraft, sobald derjenige, der die Anordnung erwirkt hat, gegen den Mann einen anderen Schuldtitel über den Unterhalt erlangt, der nicht nur vorläufig vollstreckbar ist.

**§§ 641e–641i**  6. Buch. Verfahren in Familiensachen

**Vorbem.** Bisherige I u II neu gefaßt durch Art 6 Z 41 KindRG, II u III sodann mWv 1. 7. 98 aufgehoben durch Art 3 Z 8 KindUG, vgl Einf § 606 Rn 11 u 12.

**1**   **1) Erläuterung.** Die einstwAnO nach § 641 d kann entspr § 927 jederzeit auf entsprechenden Antr **wegen veränderter Umstände geändert** oder aufgehoben werden ohne den Umweg üb § 323, zB wenn die Vatersch weniger wahrscheinlich geworden ist, Grunsky JuS **76**, 286, nicht aber, wenn der Rechtsstreit zugunsten des Kindes bzw der Mutter beendet ist. Die AnO soll den Unterhalt sicherstellen, bis der/die Berechtigte aGrd eines anderen Titels, der nicht nur vorläufig vollstreckbar ist, den Unterhalt erhält; denn die vorläufige Vollstreckbarkeit kann von einer Sicherheitsleistg abhängig sein, die Vollstreckung kann durch eine solche auch abgewendet werden, § 711. Ist ein nicht nur vorl vollstreckbarer Titel, der auf einen bestimmten Betrag geht, vorhanden, **tritt die einstwAnO außer Kraft**, da ihr Zweck erfüllt ist. Eine entspr Feststellung durch das Gericht ist nicht erforderlich. Wegen der Wirkungen des Außerkrafttretens s § 620 f Rn 7.

**641 f**  *Außerkrafttreten der einstweiligen Anordnung.* Die einstweilige Anordnung tritt ferner außer Kraft, wenn die Klage zurückgenommen wird oder wenn ein Urteil ergeht, das die Klage abweist.

**1**   **1) Erläuterung.** Es handelt sich um einen weiteren Fall des Außerkrafttretens von Gesetzes wegen ohne Feststellung durch das Gericht, vgl § 641 e. Voraussetzung: Rücknahme der Klage oder abweisendes Urteil, bei diesem bereits mit Verkündung, da damit das Gericht erklärt, daß es eine Vaterschaft des Beklagten nicht feststellen kann. Bei Einlegung der Berufung muß das Kind bzw die Mutter also den Erlaß einer neuen AnO beantragen. Wegen der Wirkungen des Außerkrafttretens vgl § 620 f Rn 7.

**641 g**  *Schadensersatzpflicht des Kindes.* Ist die Klage auf Feststellung des Bestehens der Vaterschaft zurückgenommen oder rechtskräftig abgewiesen, so hat derjenige, der die einstweilige Anordnung erwirkt hat, dem Manne den Schaden zu ersetzen, der ihm aus der Vollziehung der einstweiligen Anordnung entstanden ist.

**Vorbem.** Geänd mWv 1. 7. 98 durch Art 6 Z 42 KindRG, vgl Einf § 606 Rn 11.

**1**   **1) Erläuterung.** Entspr §§ 717 II, 945 trifft denjenigen, der die einstwAnO nach § 641 d erwirkt hat (also das Kind bzw die Mutter) bei Zurücknahme der Feststellungsklage oder ihrer rechtskräftigen Abweisung der Schaden, §§ 249 ff BGB, der dem Bekl aus der Vollziehung der AnO entstanden ist, auch durch eine Sicherheitsleistung, § 641 d Rn 2. Die Möglichkeit, gemäß § 1615 b BGB gegen den wirklichen Erzeuger vorgehen zu können, mindert den Schaden nicht; das Kind kann aber Rückabtretung dieses Anspruchs verlangen und dann gegen den Erzeuger gemäß § 1615 a BGB vorgehen, Büdenbender S 134.

**641 h**  *Urteilsformel bei Abweisung der negativen Feststellungsklage.* Weist das Gericht eine Klage auf Feststellung des Nichtbestehens der Vaterschaft ab, weil es den Kläger oder den Beklagten als Vater festgestellt hat, so spricht es dies in der Urteilsformel aus.

**Vorbem.** Geänd mWv 1. 7. 98 durch Art 6 Z 43 KindRG, vgl Einf § 606 Rn 11.

**1**   **1) Erläuterung.** Mit der negativen Feststellungsklage bezweckt der Kläger, daß er aus der Reihe der möglichen Väter ausscheidet, er also nicht mehr als Vater in Anspruch genommen werden kann, da das Urteil für und gegen alle wirkt, § 640 h. Würde Klageabweisung erfolgen, weil er als Vater festgestellt wurde, so wäre ein Urteilsausspruch: „Die Klage wird abgewiesen" wenig deutlich. Der Zusatz „Der Kläger ist der Vater" hilft dem ab, was wegen der Rechtskraftwirkung für und gegen alle, die sonst nur aus den Gründen abgelesen werden könnte, BGH **7**, 183, wünschenswert ist, BGH IPrax **87**, 249. Bei Unklärbarkeit bestehen schwerwiegende Zweifel iSv § 1600 d II 2 BGB, BGH NJW **73**, 1924 u 2249; dann ist festzustellen, daß der Kläger nicht als Vater angesehen werden kann, Nürnb FamRZ **72**, 219, ebenso Gerhardt Festschr Bosch S 291 ff, abw (Entscheidung immer nur auf Feststellung oder Verneinung der Vaterschaft) Roth-Stielow Rn 328, Gaul Festschr Bosch S 247 ff. Einer Feststellung nach § 641 h bedarf es nicht, wenn eine Klage auf Anfechtung der Vaterschaftsanerkennung abgewiesen wird, Hamm FamRZ **94**, 649.

**641 i**  *Restitutionsklage.* I Die Restitutionsklage gegen ein rechtskräftiges Urteil, in dem über die Vaterschaft entschieden ist, findet außer in den Fällen des § 580 statt, wenn die Partei ein neues Gutachten über die Vaterschaft vorlegt, das allein oder in Verbindung mit den in dem früheren Verfahren erhobenen Beweisen eine andere Entscheidung herbeigeführt haben würde.

II Die Klage kann auch von der Partei erhoben werden, die in dem früheren Verfahren obgesiegt hat.

5. Abschnitt. Verfahren in Kindschaftssachen § 641i

III ¹Für die Klage ist das Gericht ausschließlich zuständig, das im ersten Rechtszug erkannt hat; ist das angefochtene Urteil von dem Berufungs- oder Revisionsgericht erlassen, so ist das Berufungsgericht zuständig. ²Wird die Klage mit einer Nichtigkeitsklage oder mit einer Restitutionsklage nach § 580 verbunden, so bewendet es bei § 584.

IV § 586 ist nicht anzuwenden.

**Schrifttum:** *Braun* FamRZ **89**, 1129; *Niklas* JR **88**, 441; *Göppinger-Wax* Rdz 3281; *Gaul* Festschrift Bosch (1976) S 241 ff.

**1) Allgemeines.** Das Ziel des Vaterschaftsprozesses ist, den wirklichen Vater zu ermitteln. Die weitere **1** Entwicklung der Wissenschaft auf diesem Gebiet soll genutzt werden können, um gegebenenfalls zu einem richtigeren Ergebnis als zZt des Urteils zu kommen. Deshalb erweitert § 641i die Wiederaufnahmegründe. Er ermöglicht es nicht, von der Einhaltung der Anfechtungsfrist des § 1600 h I BGB abzusehen, BGH **81**, 357.

Die Vorschrift enthält den allgemeinen Rechtsgedanken, daß es im Hinblick auf das Ziel des Vaterschaftsprozesses auf das richtige Ergebnis des Verf ankommt. Deshalb können ähnlich wie im Eheprozeß, Üb § 606 Rn 5 ff, Rechtsmittel gegen Vaterschaftsurteile ohne formelle Beschwer eingelegt werden, KG DAVorm **85**, 412, StJSchl 6, str, aM Mü RR **87**, 259 mwN, ZöPh 12, offen gelassen BGH NJW **94**, 2698 mwN (Anm Hohloch **LM** § 519 Nr 122).

**2) Besonderer Restitutionsgrund.** Er ist gegen ein rechtskräftiges Urteil, in dem iSv § 641 über die **2** Vaterschaft entschieden ist, gegeben, auch gegen ein prozeßordnungswidrig ergangenes Anerkenntnisurteil, BGH NJW **94**, 2697 (dazu Frank ZZP **108**, 377, Anm Hohloch **LM** § 519 Nr 122). Die Vorschrift greift also ein, wenn über die Abstammung eines nichtehelich geborenen Kindes entschieden, BGH NJW **75**, 1465, dh die Vaterschaft festgestellt oder die Feststellungsklage abgewiesen worden ist, Hamm FamRZ **72**, 215, oder wenn über die Wirksamkeit eines Vaterschaftsanerkenntnisses entschieden worden ist, Braun FamRZ **89**, 1132, oder wenn die Ehelichkeit eines Kindes erfolgreich angefochten worden ist, BGH **61**, 186 (Anm Johannsen **LM** Nr 1), Hamm RR **86**, 1452, dazu BGH NJW **94**, 2698 mwN. Die Voraussetzung liegt nicht vor, wenn die Anfechtung erfolglos geblieben ist, BGH NJW **75**, 1465, Ffm RR **89**, 393 (m red Anm FamRZ **89**, 79), aM Köln FamRZ **81**, 195 mwN, StJSchl 1, RoSGo § 169 III 8, Niklas JR **88**, 443, Braun FamRZ **89**, 1132 u NJW **75**, 2196, Gaul S 268 ff, offen gelassen BGH RR **89**, 1028, oder wenn Abstammungsklage erhoben wird, nachdem die Unterhaltsklage nach altem Recht abgewiesen ist, Hamm FamRZ **74**, 87, oder wenn die Abstammung bloß Vorfrage war, ZöPh 2, aM Braun FamRZ **89**, 1133 für die gleichzeitige Klage gegen ein Unterhaltsurteil. Darauf, ob das Urteil vor dem 1. 7. 70 rechtskräftig geworden ist, kommt es nicht an, Celle FamRZ **74**, 381.

**Zusätzlich zu den Wiederaufnahmegründen des** § 580 ist der besondere Restitutionsgrund gegeben, **3** jene reichen nicht aus. Aber es ist kein Wiederaufnahmegrund, daß seit Rechtskraft des Urteils neue Erkenntnisse und Methoden gewonnen sind; es genügt auch nicht, daß die Partei mit der Klage die Einholung eines neuen Gutachtens beantragt, Hbg DAVorm **80**, 486: Das neue Gutachten muß jedenfalls bis zum Schluß der mdl Verh in der Tatsacheninstanz vorliegen. Ist zur Erstattung des Gutachtens die Untersuchung einer anderen Person erforderlich, besteht, wenn sich diese der Untersuchung nicht freiwillig unterzieht, wenig Aussicht, da die Mitwirkungspflicht, § 372 a, nur im gerichtlichen Verfahren nach Anordnung des Gerichts besteht, Hausmann FamRZ **77**, 307 mwN, Stgt FamRZ **82**, 193 u StAZ **76**, 168, aM Odersky II 4, dagegen zutreffend Roth-Stielow Rn 137, 138.

Das **neue Gutachten**, dh ein solches, das dem Gericht im Vorprozeß nicht vorgelegen hat, kann bis zum **4** Schluß der mdl Verh in der Tatsacheninstanz vorgelegt werden und dadurch die bis dahin unzulässige Klage zulässig machen, BGH NJW **82**, 2128. Es braucht kein Blutgruppen- oder erbbiologisches Gutachten zu sein, BGH RR **89**, 258 (dazu Braun FamRZ **89**, 1135), NJW **84**, 2631. Das Gutachten muß sich aber konkret auf den im Vorprozeß zur Entscheidung gestellten Sachverhalt beziehen, dh auf die Frage, von wem das Kind abstammt (nicht notwendig darauf, ob gerade der Beklagte als Vater ausscheidet), BGH RR **89**, 1029 u 258, NJW **82**, 2128, FamRZ **80**, 880, zustm Braun FamRZ **89**, 1136. Es genügt für die Wiederaufnahme, wenn es im Vorprozeß allein oder mit den früheren Beweisergebnissen zusammen möglicherweise **eine andere Entscheidung herbeigeführt haben würde**, BGH NJW **89**, 258, NJW **82**, 2125 u 2128 mwN; dazu ist ausreichend, daß das neue Gutachten das frühere Beweisergebnis grundlegend erschüttert, Hamm DAVorm **81**, 472, zB ein früheres Gutachten agrd schon damals bekannter wissenschaftlicher Erkenntnisse als fehlerhaft darstellt, BGH FamRZ **84**, 682, NJW **93**, 1929, oder sonst ergibt, daß seinerzeit nicht ohne (weitere) Beweiserhebung hätte entschieden werden dürfen, BGH NJW **93**, 1929 mwN (darauf, ob das Gericht des Vorprozesses dies hätte erkennen müssen, kommt es nicht an). Ein Privatgutachten kann genügen, StJSchl 2, Gaul S 263, aM Hamm DAVorm **81**, 472. Darauf, ob im Vorprozeß ein Gutachten eingeholt worden ist, kommt es nicht an, BGH NJW **94**, 2698 mwN, ebensowenig darauf, ob das neue Gutachten auf neue Befunde gestützt oder anhand der Akten erstattet worden ist, BGH RR **89**, 259, wie es auch gleichgültig ist, ob das Gutachten auf Erkenntnissen, die damals noch nicht vorlagen, oder auf neuen Methoden beruht, BGH **61**, 186, Hamm FamRZ **80**, 392. Unerheblich ist auch, ob das im Vorprozeß nicht verwertete Gutachten vor oder nach dessen Abschluß erstattet wurde, Johannsen **LM** Nr 1; lag es zur Zeit des Vorprozesses vor, muß die Partei nach dem insoweit anwendbaren § 582 (der ü i d wegen entbehrlich ist, BGH RR **89**, 259) schuldlos außerstande gewesen sein, sich schon dort auf das Gutachten zu berufen, BGH NJW **93**, 1929, RR **89**, 1029 mwN. Dagegen muß das Gutachten Mindestanforderungen genügen, ua anerkannten Grundsätzen der Wissenschaft entsprechen, Gaul S 257; ein abstraktes Gutachten darüber, daß eine im Vorprozeß verwendete, aber nicht für tauglich gehaltene Methode inzwischen anerkannt sei, reicht nicht aus, zweifelnd Gaul S 260.

Das Vorliegen eines neuen Gutachtens in dem hier dargelegten Sinn ist **Voraussetzung für die Zulässigkeit** der Klage, die in jeder Instanz vAw zu prüfen ist, BGH RR **89**, 1029 mwN. Die Mitwirkung des

Kindes und der Kindesmutter an der Erstellung des Gutachtens kann nicht nach §§ 485 ff erzwungen werden, Köln FamRZ **95**, 369.

**5** **3) Klageberechtigte, II.** Dies sind derjenige, dessen Vaterschaft festgestellt wurde, ferner das Kind, auch wenn es obgesiegt hat. Es hat Anspruch darauf, daß der richtige Vater festgestellt wird; der bisher Festgestellte wird aber wegen § 1600 a BGB so lange als sein Vater angesehen, bis das Urteil, in dem die Feststellung erfolgte, beseitigt ist. Die Erben des als Vater festgestellten Mannes sind nicht klageberechtigt, Stgt FamRZ **82**, 193.

**6** **4) Verfahrensrechtliches, III, IV.** Zuständig ist das Gericht des 1. Rechtszuges, III 1 (ist der Mann verstorben, so gilt das gleiche, aM im Hinblick auf § 1600 e II BGB KG RR **98**, 1229 mwN (ua ThP 7, ZöPh 13), Hamm RR **86**, 1452: das dann zuständige FamGer); ist das angefochtene Urteil vom Berufungs- oder Revisionsgericht erlassen, so ist immer das Berufungsgericht zuständig, III 1, aM KG aaO. Ist aber die Klage gemäß § 641 i mit einer Nichtigkeitsklage oder einer Restitutionsklage gemäß § 580 verbunden, so entscheidet über die Zuständigkeit § 584, III 2; gegebenenfalls kann dann also auch das Revisionsgericht zuständig sein. Verfahrensmäßig gilt iü nichts Besonderes.

**7** Eine **Frist**, innerhalb derer die in § 641 i geregelte besondere Restitutionsklage erhoben werden muß, besteht nicht, weil § 586 nicht anzuwenden ist, **IV**; dies gilt nicht für Nichtigkeitsklagen, § 579, BGH NJW **94**, 589 (offen, ob IV auf andere Restitutionsklagen, § 580, entspr anzuwenden ist, dafür MüKoBr 19).

**641k** (im Hinblick auf die Neufassung des § 640 h aufgehoben mWv 1. 7. 98 durch Art 6 Z 44 KindRG, vgl Einf § 606 Rn 11)

## Sechster Abschnitt
## Verfahren über den Unterhalt

### Grundzüge

**1** **1) Allgemeines.** Der 6. Abschnitt (§§ 642–660) hat seine ab 1. 7. 98 geltende Fassung durch das KindUG v 6. 4. 98, BGBl 666, erhalten, vgl Einf § 606 Rn 12 (dort auch das Übergangsrecht und das Schrifttum). Der Abschnitt enthält besondere Vorschriften für Verfahren über den durch Verwandtschaft bzw Ehe begründeten (gesetzlichen) Unterhalt, die FamS sind, § 621 I Z 4 u 5, s dort Rn 13 u 16.

**2** **2) Gliederung.** Der 1. Titel bringt in den §§ 642–644 besondere Vorschriften für das Verfahren über den Unterhalt, die sonstigen Bestimmungen der ZPO vorgehen. Der 2. Titel, §§ 645–660, regelt das Vereinfachte Verfahren über den Unterhalt Minderjähriger abschließend.

**3** **3) Reformziele.** Ebenso wie das KindRG, Einf § 606 Rn 11, beseitigt das KindUG die Unterschiede zwischen ehelichen und nichtehelichen Kindern im materiellen Recht und im Verfahrensrecht. Das Gesetz vereinfacht außerdem das Unterhaltsverfahren insbesondere durch die Dynamisierung von Unterhaltstiteln, die Neuregelung der Anerkennung kindbezogener Leistungen und die Schaffung einer klaren Auskunftsregelung sowie durch eine Umgestaltung des Vereinfachten Verfahrens, §§ 645–660.

### Erster Titel
### Allgemeine Vorschriften

### Übersicht

**Schrifttum:** *Heiß/Born*, Unterhaltsrecht, 1999; *Rahm/Künkel*, IV Rn 670 ff; *Stollenwerk*, Praxishandbuch Unterhaltsrecht, 1998; *Wendl/Staudigl*, Das Unterhaltsrecht in der familienrichterlichen Praxis, 4. Aufl 1997; *Weber* NJW **98**, 1999; *Blaese* MDR **98**, 1002; *Schumacher/Grün* FamRZ **98**, 795; *Knittel* DAVorm **98**, 190; *Gerhardt* FuR **98**, 145.

1) **Allgemeines.** Alle gesetzlichen Unterhaltsansprüche sind als FamS durch Klage oder im vereinfVerf vor dem FamGer geltend zu machen, § 621 I Z 4 u 5. Der Rechtszug im Klageverfahren führt zum OLG und nach Maßgabe des § 621 d zum BGH, § 133 GVG.

Das Klageverfahren regelt sich nach den Vorschriften der ZPO, § 621 a Rn 2. Sondervorschriften enthalten: § 621 c (Zustellung des Urteils), § 621 d (Beschränkung der Revision), § 642 (Zuständigkeit), § 643 (Auskünfte) und § 644 (einstwAnO).

2) **Entstehungsgeschichte.** Vgl Grdz Rn 1 u 3.

**642** *Zuständigkeit.* ¹¹Für Verfahren, die die gesetzliche Unterhaltspflicht eines Elternteils oder beider Elternteile gegenüber einem minderjährigen Kind betreffen, ist das Gericht ausschließlich zuständig, bei dem das Kind oder der Elternteil, der es gesetzlich vertritt, seinen allgemeinen Gerichtsstand hat. ²Dies gilt nicht, wenn das Kind oder ein Elternteil seinen allgemeinen Gerichtsstand im Ausland hat.

1. Titel. Allgemeine Vorschriften **§§ 642, 643**

II ¹§ 621 Abs. 2, 3 ist anzuwenden. ²Für das vereinfachte Verfahren über den Unterhalt (§§ 645 bis 660) gilt dies nur im Falle einer Überleitung in das streitige Verfahren.

III Die Klage eines Elternteils gegen den anderen Elternteil wegen eines Anspruchs, der die durch Ehe begründete gesetzliche Unterhaltspflicht betrifft, oder wegen eines Anspruchs nach § 1615l des Bürgerlichen Gesetzbuchs kann auch bei dem Gericht erhoben werden, bei dem ein Verfahren über den Unterhalt des Kindes im ersten Rechtszug anhängig ist.

**Vorbem.** In Kraft seit 1. 7. 98, Grdz Rn 1.

**1) Anwendungsbereich.** Die Vorschrift regelt in I u II die örtliche Zuständigkeit des FamGer für 1 Verfahren, die die gesetzliche Unterhaltspflicht eines Elternteiles oder beider Elternteile gegenüber einem minderjährigen Kind betreffen, § 621 I Z 4, und bringt in III eine Wahlzuständigkeit für Klagen eines Elternteiles gegen den anderen Elternteil wegen eines Anspruchs, der die durch Ehe begründete gesetzliche Unterhaltspflicht betrifft, § 621 I Z 5, oder wegen eines Anspruchs nach § 1615l BGB, § 621 I Z 11. Minderjährige Kinder iSv I sind nicht die ihnen gleichgestellten Kinder, § 1603 II 2 BGB, Dresden FamRZ 99, 449 (zustm van Els FamRZ 99, 1212), Hamm FamRZ 99, 1022, Büttner NJW 99, 2325 mwN, aM Bäumel FamRefK 5, u 57. Aufl. Für alle übrigen Unterhaltsstreitigkeiten, namentlich für Klagen älterer Kinder gegen ihre Eltern, gelten die allgemeinen Zuständigkeitsvorschriften, § 621 II iVm §§ 12 ff. Im Fall einer Vollstreckungsgegenklage, § 767, hat die ausschließliche Zuständigkeit des Gerichts des Vorprozesses, § 802, Vorrang, Schlesw FamRZ 99, 945.

**2) Örtliche Zuständigkeit für Verfahren nach § 621 I Z 4** 2
**A. Regel, I 1.** Ausschließlich örtlich zuständig ist das Gericht, bei dem das Kind oder der Elternteil, bei dem es gesetzlich vertreten, seinen allgemeinen Gerichtsstand hat (wobei es auf die Zuständigkeit des FamGer ankommt, vgl § 23 c GVG); die Vertretungsbefugnis des Elternteiles nach § 1629 II 2 BGB genügt (BT-Drs 13/7338 S 34). Dieser Gerichtsstand besteht sowohl für alle Klageverfahren (§§ 253, 233, 654, 656, 767) als auch für das vereinfVerf (§§ 645 ff, 655). Wo das Kind bzw der sorgeberechtigte Elternteil seinen allgemeinen Gerichtsstand hat, ergibt sich aus den §§ 12–16 u 23 a s dortige Erl; ein vorübergehender (Auslands-)Aufenthalt bleibt außer Betracht, BT-Drs 13/9596 S 49. Bestehen mehrere Wohnsitze, hat der klagende Teil die Wahl zwischen den danach zuständigen Gerichten, Weber NJW 98, 1999. Die Entscheidung, in welchem der beiden Gerichtsstände das Verfahren eingeleitet werden soll, trifft der sorgeberechtigte Elternteil; hat kein Elternteil, sondern ein Pfleger das Sorgerecht, § 1630 BGB, so muß im allgemeinen Gerichtsstand des Kindes geklagt werden.

Die Zuständigkeit nach I 1 ist (vorbehaltlich der Ausnahmen in I 2 und II 1 iVm § 621 II u III) ausschließlich, begründet aber nicht zugleich die internationale Zuständigkeit, vgl § 621 Rn 33. Eine abweichende Vereinbarung ist unwirksam, § 40.

**B. Ausnahme, I 2.** Die örtliche Zuständigkeit bestimmt sich nicht nach I 1, wenn das Kind oder der Elternteil seinen **allgemeinen Gerichtsstand im Ausland** hat. In diesem Fall gelten für die Zuständigkeit vielmehr die Regeln der §§ 12 ff, also in erster Linie die einschlägigen internationalen Verträge, dh das GVÜ, Schlußanhang V C, das LugÜbk, Schlußanh V D, sowie etwaige bilaterale Anerkennungs- u Vollstreckungsverträge, Schlußanh V B. Greifen solche vorrangigen Übereinkommen nicht ein, ist das Verfahren im Gerichtsstand des oder der Beklagten anhängig zu machen.

**3) Örtliche Zuständigkeit in Verfahren nach § 621 I Z 5 u 11, III.** Diese Klagen, § 621 Rn 16 u 28, 3 sind bei dem nach §§ 12 ff zuständigen Gericht zu erheben. Ist jedoch ein Verfahren über den Unterhalt des Kindes anhängig, so kann die Klage auch bei dem Gericht jenes Verfahrens erhoben werden, solange es im ersten Rechtszug anhängig ist, Knittel FF 98, 41; die Anhängigkeit eines vereinfVerf, § 645, genügt, Weber NJW 98, 2000. Die Entscheidung, ob dieser temporäre Gerichtsstand gewählt werden soll, liegt bei der klagenden Partei. Soweit es sich um einen Streit über die durch die Ehe begründete Unterhaltspflicht handelt, schließt die Anhängigkeit der EheS die Wahl aus, II, unten Rn 4.

**4) Zuständigkeit des Gerichts der EheS, II.** Ist nach I oder III ein Gerichtsstand im Inland begründet 4 und ist oder wird eine **EheS anhängig**, so ist § 621 II u III anzuwenden, **II 1**. Das bedeutet, daß das Gericht der Ehesache auch für die Unterhaltssachen nach § 621 I Z 4 u 5 zuständig ist bzw wird, im Fall der Unterhaltssache eines Kindes also nur dann, wenn es sich um ein eheliches Kind handelt, § 621 II Z 4, vgl § 621 Rn 31. Damit soll die Entscheidung bei dem Gericht konzentriert werden, das mit dem Gesamtkomplex der Ehe befaßt ist und darüber ggf im Verbundverfahren, § 623, entscheiden kann.

Diese Erwägung gilt nicht für das vereinfVerf, §§ 645–660, so daß die Zuständigkeit des Gerichts der EheS nur im Fall der Überleitung in das streitige Verfahren, § 651, eingreift, **II 2**. In diesem Fall ist also auch hier § 621 II u III anwendbar.

**5) Zuständigkeitskonzentration im vereinfVerf, § 660.** Hat eine Landesregierung von der Ermächti- 5 gung des § 660 I Gebrauch gemacht, so ist das in der VO bestimmte Gericht zuständig. Alle Erklärungen im vereinfVerf kann das Kind aber mit gleicher Wirkung bei dem nach § 642 zuständigen Gericht abgeben, § 660 II.

**643** *Auskunftseinholung durch das Gericht.* ¹Das Gericht kann den Parteien in Unterhaltsstreitigkeiten des § 621 Abs. 1 Nr. 4, 5 und 11 aufgeben, unter Vorlage entsprechender Belege Auskunft zu erteilen über ihre Einkünfte und, soweit es für die Bemessung des Unterhalts von Bedeutung ist, über ihr Vermögen und ihre persönlichen und wirtschaftlichen Verhältnisse.

II ¹Kommt eine Partei der Aufforderung des Gerichts nach Absatz 1 nicht oder nicht vollständig nach, so kann das Gericht, soweit es zur Aufklärung erforderlich ist, Auskunft einholen

**§ 643**  6. Buch. 6. Abschn. Verf. üb. den Unterh.

1. über die Höhe der Einkünfte bei
   a) Arbeitgebern,
   b) Sozialleistungsträgern sowie der Künstlersozialkasse,
   c) sonstigen Personen oder Stellen, die Leistungen zur Versorgung im Alter und bei verminderter Erwerbsfähigkeit sowie Leistungen zur Entschädigung oder zum Nachteilsausgleich zahlen, und
   d) Versicherungsunternehmen,
2. über den zuständigen Rentenversicherungsträger und die Versicherungsnummer bei der Datenstelle der Rentenversicherungträger,
3. in Rechtsstreitigkeiten, die den Unterhaltsanspruch eines minderjährigen Kindes betreffen, über die Höhe der Einkünfte und das Vermögen bei Finanzämtern.
²Das Gericht hat die Partei hierauf spätestens bei der Aufforderung hinzuweisen.

III ¹Die in Absatz 2 bezeichneten Personen und Stellen sind verpflichtet, den gerichtlichen Ersuchen Folge zu leisten. ²§ 390 gilt in den Fällen des § 643 Abs. 2 Nr. 1 und 2 entsprechend.

IV Die allgemeinen Vorschriften des Ersten und Zweiten Buches bleiben unberührt.

**Vorbem.** In Kraft seit 1. 7. 98, Grdz § 642 Rn 1.

**1**    **1) Regelungszweck.** Um die für die Bemessung des Unterhalts maßgebenden Umstände schnell und unkompliziert aufzuklären, begründet § 643 eine Auskunftspflicht sowohl der Parteien, I, als auch Dritter, II; danach besteht in bestimmten UnterhaltsS, unten Rn 2, eine klare prozessuale Grundlage, so daß es auf das materielle Recht insoweit nicht ankommt. Unberührt bleiben die allgemeinen Vorschriften des 1. u 2. Buches, IV: die Aufklärungsmaßnahmen nach § 643 treten neben die allgemein bestehenden Möglichkeiten, zB nach den §§ 139, 142, 143 u 273 sowie nach den Bestimmungen über die Beweisaufnahme, zB den §§ 377 u 358 a; soweit das Gericht keine Auskünfte verlangt, kann (und muß) die Partei ihren Anspruch, § 1605 BGB, verfolgen, Blaese MDR **98**, 1004.

**2**    **2) Geltungsbereich.** Die Vorschrift gilt für Unterhaltsstreitigkeiten nach **§ 621 I Z 4, 5 u 11**, s § 621 Rn 13–18 u 28, jedoch nicht für das vereinfVerf, §§ 645–660. Für andere Streitigkeiten bleibt es bei den allgemeinen Vorschriften, Rn 1 aE.

**3**    **3) Auskunftspflicht der Parteien, I**
**A. Auskunftsverlangen.** Das Gericht kann in den genannten UnterhaltsS, Rn 2, vAw den Parteien (über § 1605 BGB hinaus auch dem Unterhaltsgläubiger) aufgeben, unter Vorlage entspr Belege Auskunft zu erteilen über ihre Einkünfte und, soweit es für die Bemessung des Unterhalts von Bedeutung ist, auch über ihr Vermögen und ihre persönlichen und wirtschaftlichen Verhältnisse, **I**. Das Auskunftsverlangen kann entspr § 273 II der Vorsitzende, der Einzelrichter oder der Berichterstatter stellen. In der Verfügung ist darauf hinzuweisen, daß die Nichtbefolgung zur Einholung von Auskünften nach II führen kann, **II 2**. Sie bedarf der Schriftform und ist den Parteien entspr § 273 IV 1 bekanntzugeben, s § 273 Rn 29. Gegen die Anordnung gibt es kein Rechtsmittel, § 273 Rn 16.

**4**    **B. Ungehorsam der Partei, II.** Kommt eine Partei dem Auskunftsverlangen ganz oder teilweise nicht nach, so kann das Gericht, soweit es zur Aufklärung erforderlich ist, eine Auskunft nach II einholen (worauf die Partei hinzuweisen ist) oder anderweit Beweis erheben, Rn 1. Die Entscheidung steht im pflichtgemäßen Ermessen des Gerichts. Es kann den Ungehorsam der Partei i ü **frei würdigen**, also zB von der Richtigkeit des Vorbringens der anderen Partei ausgehen; vgl § 446 Rn 5. Zwangsmittel stehen dem Gericht dagegen nicht zur Verfügung.

**5**    Wegen der **Kostenfolge** einer Verletzung der materiellen Auskunftspflicht s § 93 d, dazu Weber NJW **98**, 2003.

**6**    **4) Auskunftspflicht Dritter, II u III**
**A. Allgemeines.** Kommt eine Partei dem Auskunftsverlangen nach I nicht oder nicht vollständig nach, so kann das Gericht bestimmte Auskünfte von Dritten einholen, II, die verpflichtet sind, dem gerichtlichen Ersuchen Folge zu leisten, III 1. Unberührt bleibt die Befugnis des Gerichts, von anderen Stellen nach § 358 a S 2 Z 2 amtliche Auskünfte einzuholen, IV, vgl Üb § 373 Rn 32. Die Vorlage von Belegen kann das Gericht nicht erzwingen.

**7**    **B. Auskunftspflichtige, II.** Auskunftspflichtig sind, II 1:
**(1) Über die Höhe der Einkünfte:**
a) **Arbeitgeber,** II 1 Z 1 a, iSv § 2 ArbGG, Anh § 14 GVG, zu denen auch ein **öff-rechtl Dienstherr** gehört, BT-Drs 13/7338 S 35;
b) **Sozialleistungsträger,** II 1 Z 1 b, iSv § 12 SGB I einschließlich der Künstlersozialkasse, §§ 37 ff KSVG, jedoch nicht der Postrentendienst der Bundespost, BT-Drs 13/7338 S 35; für die Übermittlung der Sozialdaten gilt § 74 Z 1 a SGB X;
c) **sonstige Personen oder Stellen,** die Leistungen zur Versorgung im Alter und bei verminderter Erwerbsfähigkeit sowie Leistungen zur Entschädigung oder zum Nachteilsausgleich zahlen, **II 1 Z 1 c**, iSv § 69 II Z 1 u 2 SGB X, aber auch entspr Stellen privater, betrieblicher oder berufsständischer Versorgungsträger, BT-Drs 13/7338 S 35;
d) **Versicherungsunternehmen II 1 Z 1 d**, die unterhaltsrechtlich bedeutsame Leistungen erbringen.

**8**    **(2) Auskunftspflichtig** über den zuständigen **Rentenversicherungsträger** und die Versicherungsnummer ist die **Datenstelle** der Rentenversicherungsträger, **II 2**;

**9**    **(3)** Schließlich sind in Rechtsstreitigkeiten, die den Unterhaltsanspruch eines minderjährigen **Kindes** betreffen, über die Höhe der Einkünfte und das Vermögen der Parteien die **Finanzämter** auskunftspflichtig, **II 1 Z 3**, wie sie dies in Verf nach § 116 BSHG u § 6 UVG iVm § 21 IV SGB X gegenüber Verwaltungsbehörden sind, vgl BT-Drs 13/7338 S 36. Ein Verfahren „betrifft" den Unterhaltsanspruch des minderjährigen Kindes schon dann, wenn es außerdem auch um Ansprüche der Ehegatten geht, Strauß

2. Titel. Vereinfachte Verfahren usw. **§§ 643, 644, Übers § 645**

FamRZ **98**, 1002. Die Auskunftspflicht bezieht sich nicht nur auf die Steuererklärungen und -bescheide. Bei Klagenverbindung werden die Auskünfte auch für die Klage eines Elternteiles verwertet werden dürfen, Blaese MDR **98**, 1004.

**C. Verletzung der Auskunftspflicht, III.** Die in II genannten Stellen und Personen sind verpflichtet, **10** dem gerichtlichen Ersuchen Folge zu leisten, **III 1**. Eine Berufung auf gegenteilige Vorschriften, zB auf eine Verschwiegenheitspflicht, den Datenschutz oder das Steuergeheimnis, ist ihnen verwehrt. Kommen die in II genannten Stellen und Personen dem Ersuchen nicht nach, so gilt folgendes: In den Fällen des **II 1 Z 3**, oben Rn 9, hat das Gericht keine Zwangsmittel; es kann sich lediglich mit einer Dienstaufsichtsbeschwerde an die übergeordnete Stelle wenden. Dagegen gilt in den Fällen des **II 1 Z 1 u 2**, oben Rn 7 u 8, **§ 390 entsprechend, III 2**. Die dort genannten Zwangsmittel für Zeugen sind danach nicht nur gegenüber Einzelpersonen anzuwenden, sondern auch gegenüber Behörden und Körperschaften; sie sollten aber nur dann verhängt werden, wenn andere Schritte, zB die Einschaltung der vorgesetzten Behörde, nicht zum Ziel führen, Weber NJW **98**, 2000. Ordnungshaft ist ggf gegen den gesetzlichen Vertreter zu vollstrecken, § 888 Rn 18 aE. Vgl iü die Erl zu § 390.

**D. Verfahren.** Das oben in Rn 3 Gesagte gilt entsprechend für das Ersuchen nach II. Weder die Parteien **11** noch die Dritten haben gegen das Ersuchen ein Rechtsmittel.

**644** *Einstweilige Anordnung.* ¹Ist eine Klage nach § 621 Abs. 1 Nr. 4, 5 oder 11 anhängig oder ist ein Antrag auf Bewilligung von Prozeßkostenhilfe für eine solche Klage eingereicht, kann das Gericht den Unterhalt auf Antrag durch einstweilige Anordnung regeln. ²Die §§ 620 a bis 620 g gelten entsprechend.

**Vorbem.** In Kraft seit 1. 7. 98, Grdz § 642 Rn 1.

**Schrifttum:** *Büttner* NJW 99, 2326; *Bernreuther* FamRZ 99, 73; *Büttner* FamRZ **98**, 593; *Hampel* FPR **98**, 116; *Reischauer-Kirchner* ZRP **98**, 355.

**1) Regelungszweck.** Neben den §§ 1615 o BGB u 641 d (Büdenbender ZZP 110, 33) schafft § 644 für **1** Klageverfahren in isolierten FamS nach § 621 I Z 4, 5 u 11, Grdz § 642 Rn 1, die Möglichkeit, den Unterhalt auf Antrag durch einstwAnO zu regeln, **S 1**, wie dies in EheS für solche Sachen vorgesehen ist, § 620. Da damit ein einfacherer und billigerer Weg offen steht, Strauß FamRZ **98**, 1002, STr 1, ist eine einstwVfg, § 940, in diesem Umfang ausgeschlossen, BT-Drs 13/7338 S 36, Blaese MDR **98**, 1005. Sie ist demgemäß nur ausnahmsweise zulässig, nämlich dann, wenn ein gleichzeitiges Anhängigmachen der Hauptsache (bzw eines entspr PKH-Verfahrens) unmöglich oder unzumutbar ist, Düss FamRZ **99**, 1215, Köln RR **99**, 795, Nürnb NJW **98**, 3787, Zweibr FamRZ **99**, 662, AG Bergisch-Gladb FamRZ **99**, 659, dazu Büttner NJW **99**, 2326; Schneider MDR **99**, 196 u Niepmann MDR **99**, 657.

**2) Verfahren.** Die einstwAnO bedarf eines Antrags, **S 1**. Sie darf nur erlassen werden, wenn die Unter- **2** haltsklage anhängig oder ein entspr PKH-Antrag eingereicht ist; dies stellt § 644 S 1 klar, obwohl es sich schon aus der Verweisung auf § 620 a ergibt. Die in EheS geltenden §§ 620 a bis 620 g gelten entsprechend, **S 2**; auf die dortigen Erl wird verwiesen. Die Entscheidung des FamGer ergeht durch Beschluß, gegen den es ggf nur den Antrag auf mündliche Verhandlung gibt, § 620 b, nicht aber ein Rechtsmittel, § 620 c (wegen der Ausnahmen s dort Rn 5). Die einstwAnO ist Vollstreckungstitel, § 794 a I Z 3 a. Wegen des Außerkrafttretens s § 620 f (keine Anwendung der §§ 717 u 945, dort Rn 7).

**3) Inhalt der einstwAnO.** Sie regelt für die Dauer des Verfahrens in der Hauptsache den gesetzlichen **3** Unterhalt; wegen des Erlöschens s § 620 f. Grundsätzlich darf der volle Unterhalt zugesprochen werden, Zweibr FamRZ **99**, 662 Büttner NJW **99**, 2326 mwN, vgl § 620 Rn 12 ff u 15 ff. Bei streitigem Sachverhalt ist ein Abschlag gerechtfertigt, AG Marburg u AG Groß-Gerau FamRZ **99**, 660 u 661.

**4) Prozeßkostenvorschuß.** Wegen der einstwAnO auf Leistung eines Prozeßkostenvorschusses s § 127 a **4** und die dortigen Erl.

**Zweiter Titel**
**Vereinfachte Verfahren über den Unterhalt Minderjähriger**

**Übersicht**

**Schrifttum:** *Rahm/Künkel* IV Rn 792 ff; *van Els* Rpfleger **99**, 297; *Groß* Rpfleger **99**, 303; *Rokitta-Liedmann* Rpfleger **99**, 306; *Strauß* FamRZ **98**, 1002; *Weber* NJW **98**, 2001; *Schumacher/Grün* FamRZ **98**, 789; *Klüsener* Rpfleger **98**, 227; *Knittel* DAVorm **98**, 183 u FF **98**, 38; *Gerhardt* FuR **98**, 145.

**1) Allgemeines.** Das vereinfVerf ist mWv 1. 7. 98 durch das KindUG neu gestaltet worden, Einf § 606 **1** Rn 12. Es gilt jetzt für die Festsetzung des Unterhalts aller minderjährigen Kinder, wenn das Kind mit dem in Anspruch genommenen Elternteil nicht in einem Haushalt lebt und die Forderung das Eineinhalbfache des Regelsatzes nach der Regelbetrag-VO nicht übersteigt, §§ 645–660. Die vereinfachte Änderung von Unterhaltstiteln ist in § 655 vorgesehen. Das Verfahren ist weitgehend formalisiert und unterliegt nicht dem Anwaltszwang, §§ 657 ff.

**2) Verfahren.** Das vereinfVerf ist FamS, § 621 I Z 4. Sachlich zuständig ist das FamGer, § 23 b GVG; **2** Rechtsmittelgericht ist das OLG, § 119 GVG. Das erstinstanzliche Verfahren ist dem Rpfl übertragen, § 20 Z 10 a und b RPflG. In Streitwert und Kosten vgl Groß Rpfleger **99**, 303.

**3**   3) **Übergangsrecht.** Die §§ 645–658 gelten seit dem 1. 7. 98, die §§ 659 u 660 seit dem 15. 4. 98, Einf § 606 Rn 12. Wegen des Übergangsrechts wird auf Art 5 § 2 I Z 3 u II u § 3 KindUG (abgedruckt Einf § 606 Rn 12) verwiesen, vgl Rokitta-Liedmann Rpfleger **99**, 306, Schumacher/Grün FamRZ **98**, 796; Knittel FF **98**, 42; zuständig ist auch insoweit der Rpfl, § 20 Z 10 c RpflG.

## 645 *Zulässigkeit des vereinfVerf.* 
¹ Auf Antrag wird der Unterhalt eines minderjährigen Kindes, das mit dem in Anspruch genommenen Elternteil nicht in einem Haushalt lebt, im vereinfachten Verfahren festgesetzt, soweit der Unterhalt vor Anrechnung der nach §§ 1612 b, 1612 c des Bürgerlichen Gesetzbuchs zu berücksichtigenden Leistungen das Eineinhalbfache des Regelbetrages nach der Regelbetrag-Verordnung nicht übersteigt.

II Das vereinfachte Verfahren findet nicht statt, soweit über den Unterhaltsanspruch des Kindes ein Gericht entschieden hat, ein gerichtliches Verfahren anhängig ist oder ein zur Zwangsvollstreckung geeigneter Schuldtitel errichtet worden ist.

**1**   1) **Regelungszweck.** Der Gesetzgeber stellt für die erstmalige Festsetzung des gesetzlich geschuldeten Unterhaltes aller minderjährigen Kinder, § 621 I Z 4, ein **besonderes Verfahren** zur Verfügung, das eine schnelle und einfache Regelung ermöglicht. Ausgangspunkt für das vereinfVerf ist **§ 1612 a BGB**, der die Bedeutung des Regelsatzes nach der Regelbetrag-VO für die Geltendmachung des Unterhalts festlegt und die Dynamisierung der Regelbeträge ermöglicht **(Anhang).** Zu den Vor- und Nachteilen des vereinfVerf vgl van Els Rpfleger **99**, 298, Strauß FamRZ **98**, 1002 f.

**2**   2) **Anwendungsbereich.** Das vereinfVerf für einen Anspruch iSv I steht dem Unterhaltsgläubiger wahlweise statt eines Klageverfahrens offen; trotz Zulässigkeit des vereinf Verf kommt PKH für eine Unterhaltsklage in Betracht, Hamm FamRZ **99**, 1213, van Els Rpfleger **99**, 298 mwN. Ein Mahnverfahren, § 688, scheidet in diesem Bereich aus, weil §§ 645 ff als Sonderregelung vorgehen. Für die Darlegungs- und Beweislast im streitigen Unterhaltsverfahren ist I ohne Bedeutung, Mü FamRZ **99**, 884.

**3**   3) **Zulässigkeit**
A. **Voraussetzungen des vereinfVerf, I.** Der Unterhalt eines minderjährigen Kindes, das mit dem in Anspruch genommenen Elternteil nicht in einem Haushalt lebt, kann im vereinfVerf festgesetzt werden, soweit der Unterhalt vor Anrechnung der nach den §§ 1612 b u 1612 c BGB zu berücksichtigenden Leistungen das **Eineinhalbfache des Regelbetrages nach der Regelbetrag-VO,** § 1612 a BGB, nicht übersteigt, oben Rn 1. Bei dieser Begrenzung geht der Gesetzgeber davon aus, daß nur weniger als 10 vH der Kinder einen höheren Unterhaltsanspruch haben dürften und daß im vereinfVerf nur Unterhaltsforderungen geltend gemacht werden können, die das Existenzminimum des Kindes abdecken, BT-Drs 13/9596 S 31. Für die Zulässigkeit des vereinfVerf ist es ohne Bedeutung, ob der Unterhaltsanspruch statisch mit einem bestimmten Geldbetrag oder dynamisch mit einem Vomhundertsatz des Regelbetrages, § 1612 a I BGB, geltend gemacht wird, Rühl/Greßmann Rn 219.

**4**   B. **Antrag, I.** Für die Geltendmachung im vereinfVerf bedarf es eines Antrags, § 646, den sowohl **das Kind** als auch **Dritte** stellen, die den Anspruch in Prozeßstandschaft geltend machen können, § 1629 III BGB, oder auf die der Anspruch (zB nach § 91 BSHG oder § 7 UVG) übergegangen ist, s § 646 I Z 10, § 646 Rn 4. **Antragsgegner** kann nur ein Elternteil sein, Schumacher/Grün FamRZ **98**, 789. Die Beiordnung eines **RA** ist idR nicht geboten, vgl § 657, Mü MDR **99**, 301.

**5**   C. **Zuständigkeit.** Sachlich zuständig ist der Rpfl beim FamGer, § 621 I Z 4 iVm § 20 Z 10 RpflG. Die örtliche Zuständigkeit ergibt sich aus § 642.

**6**   4) **Unzulässigkeit des vereinfVerf, II.** Das vereinfVerf kommt nur für die **Erstfestsetzung** des Unterhalts in Betracht: es findet nicht statt, soweit über den Unterhaltsanspruch des Kindes ein Gericht in der Sache entschieden hat, van Els Rpfleger **99**, 297, ein gerichtliches Verfahren anhängig ist oder auf andere Weise ein zur Zwangsvollstreckung geeigneter Schuldtitel, §§ 704 u 794 ff, errichtet worden ist. Maßgeblicher Zeitpunkt ist die Einleitung des vereinfVerf. Eine einstwAnO genügt, § 794 I Z 3 a, ebenso ein Teilanerkenntnisurteil, auch dann, wenn die Parteien auf die Rechte aus dem Urteil verzichtet haben, Mü FamRZ **99**, 450, aM Bäumel 11. Damit wird sichergestellt, daß das vereinfVerf nur für die Erstfestsetzung des Unterhalts in Betracht kommt, Weber NJW **98**, 2001. In Altfällen ist Art 5 § 3 KindUG, Einf § 606 Rn 12, zu beachten. Wegen der **Abänderung** von Unterhaltstiteln s § 655.

## Anhang nach § 645
### Unterhalt unter Zugrundelegung des Regelbetrages

(**Schrifttum:** *van Els* Rpfleger **99**, 297; *Schumacher/Grün* FamRZ **98**, 779; *Weber* NJW **98**, 1992; *Klüsener* Rpfleger **98**, 227; *Knittel* FF **98**, 36).

### I.

**§ 1612 a BGB.** *Unterhalt nach dem Regelbetrag.* ¹ Ein minderjähriges Kind kann von einem Elternteil, mit dem es nicht in einem Haushalt lebt, den Unterhalt als Vomhundertsatz eines oder des jeweiligen Regelbetrages nach der Regelbetrag-Verordnung verlangen.

II ¹Der Vomhundertsatz ist auf eine Dezimalstelle zu begrenzen; jede weitere sich ergebende Dezimalstelle wird nicht berücksichtigt. ²Der sich bei der Berechnung des Unterhalts ergebende Betrag ist auf volle Deutsche Mark aufzurunden.

2. Titel. Vereinfachte Verfahren usw. Anh § 645

III ¹Die Regelbeträge werden in der Regelbetrag-Verordnung nach dem Alter des Kindes für die Zeit bis zur Vollendung des sechsten Lebensjahres (erste Altersstufe), die Zeit vom siebten bis zur Vollendung des zwölften Lebensjahres (zweite Altersstufe) und für die Zeit vom dreizehnten Lebensjahr an (dritte Altersstufe) festgesetzt. ²Der Regelbetrag einer höheren Altersstufe ist ab dem Beginn des Monats maßgebend, in dem das Kind das betreffende Lebensjahr vollendet.

IV ¹Die Regelbeträge verändern sich erstmals zum 1. Juli 1999 und danach zum 1. Juli jeden zweiten Jahres. ²Die neuen Regelbeträge ergeben sich durch Vervielfältigung der zuletzt geltenden Regelbeträge nach der Regelbetrag-Verordnung mit den Vomhundertsätzen, um welche die Renten der gesetzlichen Rentenversicherung nach § 68 des Sechsten Buches Sozialgesetzbuch im laufenden und im vergangenen Kalenderjahr ohne Berücksichtigung der Veränderung der Belastung bei Renten und der Veränderung der durchschnittlichen Lebenserwartung der 65jährigen anzupassen gewesen wären; das Ergebnis ist auf volle Deutsche Mark aufzurunden. ³Das Bundesministerium der Justiz hat die Regelbetrag-Verordnung durch Rechtsverordnung, die nicht der Zustimmung des Bundesrates bedarf, rechtzeitig anzupassen.

**§ 1612 b BGB. Anrechnung des Kindergeldes.** I Das auf das Kind entfallende Kindergeld ist zur Hälfte anzurechnen, wenn an den barunterhaltspflichtigen Elternteil Kindergeld nicht ausgezahlt wird, weil ein anderer vorrangig berechtigt ist.

II Sind beide Elternteile zum Barunterhalt verpflichtet, so erhöht sich der Unterhaltsanspruch gegen den das Kindergeld beziehenden Elternteil um die Hälfte des auf das Kind entfallenden Kindergeldes.

III Hat nur der barunterhaltspflichtige Elternteil Anspruch auf Kindergeld, wird es aber nicht an ihn ausgezahlt, ist es in voller Höhe anzurechnen.

IV Ist das Kindergeld wegen Berücksichtigung eines nicht gemeinschaftlichen Kindes erhöht, ist es im Umfang der Erhöhung nicht anzurechnen.

V Eine Anrechnung des Kindergeldes unterbleibt, soweit der Unterhaltspflichtige außerstande ist, Unterhalt in Höhe des Regelbetrages nach der Regelbetrag-Verordnung zu leisten.

**§ 1612 c BGB. Anrechnung anderer Leistungen.** § 1612 b gilt entsprechend für regelmäßig wiederkehrende kindbezogene Leistungen, soweit sie den Anspruch auf Kindergeld ausschließen.

## II.

### Regelbetrag-Verordnung
(in der Fassung des Art 1 der 1. ÄndVO v 28. 5. 99, BGBl 1100)

#### § 1
#### Festsetzung der Regelbeträge

Die Regelbeträge für den Unterhalt eines minderjährigen Kindes gegenüber dem Elternteil, mit dem es nicht in einem Haushalt lebt, betragen monatlich
1. in der ersten Altersstufe
   a) für die Zeit vom 1. Juli 1998 bis zum 30. Juni 1999 349 Deutsche Mark,
   b) ab 1. Juli 1999 355 Deutsche Mark;
2. in der zweiten Altersstufe
   a) für die Zeit vom 1. Juli 1998 bis zum 30. Juni 1999 424 Deutsche Mark,
   b) ab 1. Juli 1999 431 Deutsche Mark;
3. in der dritten Altersstufe
   a) für die Zeit vom 1. Juli 1998 bis zum 30. Juni 1999 502 Deutsche Mark,
   b) ab 1. Juli 1999 510 Deutsche Mark.

#### § 2
#### Festsetzung der Regelbeträge für das in Artikel 3 des Einigungsvertrages genannte Gebiet

Die Regelbeträge für den Unterhalt eines minderjährigen Kindes gegenüber dem Elternteil, mit dem es nicht in einem Haushalt lebt, betragen in dem in Artikel 3 des Einigungsvertrages genannten Gebiet monatlich
1. in der ersten Altersstufe
   a) für die Zeit vom 1. Juli 1998 bis zum 30. Juni 1999 314 Deutsche Mark,
   b) ab 1. Juli 1999 324 Deutsche Mark;
2. in der zweiten Altersstufe
   a) für die Zeit vom 1. Juli 1998 bis zum 30. Juni 1999 380 Deutsche Mark,
   b) ab 1. Juli 1999 392 Deutsche Mark;
3. in der dritten Altersstufe
   a) für die Zeit vom 1. Juli 1998 bis zum 30. Juni 1999 451 Deutsche Mark,
   b) ab 1. Juli 1999 465 Deutsche Mark.

**Bem.** Die 1. ÄndVO v 28. 5. 99, BGBl 1100, ist am 11. 6. 99 in Kraft getreten, Art 2 der VO (Schumacher FamRZ 99, 749). Wegen der früheren Fassung, Art. 2 KindUG v 6. 4. 98, BGBl 666, s 57. Aufl.

**646** *Antrag.* ¹ Der Antrag muß enthalten:
1. die Bezeichnung der Parteien, ihrer gesetzlichen Vertreter und der Prozeßbevollmächtigten;
2. die Bezeichnung des Gerichts, bei dem der Antrag gestellt wird;
3. die Angabe des Geburtsdatums des Kindes;
4. die Angabe, ab welchem Zeitpunkt Unterhalt verlangt wird;
5. für den Fall, daß Unterhalt für die Vergangenheit verlangt wird, die Angabe, wann die Voraussetzungen des § 1613 Abs. 1 oder 2 Nr. 2 des Bürgerlichen Gesetzbuchs eingetreten sind;
6. die Angabe der Höhe des verlangten Unterhalts;
7. die Angaben über Kindergeld und andere anzurechnende Leistungen (§§ 1612 b, 1612 c des Bürgerlichen Gesetzbuchs);
8. die Erklärung, daß zwischen dem Kind und dem Antragsgegner ein Eltern-Kind-Verhältnis nach den §§ 1591 bis 1593 des Bürgerlichen Gesetzbuchs besteht;
9. die Erklärung, daß das Kind nicht mit dem Antragsgegner in einem Haushalt lebt;
10. die Erklärung, daß Unterhalt nicht für Zeiträume verlangt wird, für die das Kind Hilfe nach dem Bundessozialhilfegesetz, Leistungen nach dem Unterhaltsvorschußgesetz oder Unterhalt nach § 1607 Abs. 2 und 3 des Bürgerlichen Gesetzbuchs erhalten hat, oder, soweit Unterhalt aus übergegangenem Recht oder nach § 91 Abs. 3 Satz 2 des Bundessozialhilfegesetzes verlangt wird, die Erklärung, daß der beantragte Unterhalt die Leistung an das Kind nicht übersteigt;
11. die Erklärung, daß die Festsetzung im vereinfachten Verfahren nicht nach § 645 Abs. 2 ausgeschlossen ist.

ᴵᴵ ¹Entspricht der Antrag nicht diesen und den in § 645 bezeichneten Voraussetzungen, ist er zurückzuweisen. ²Vor der Zurückweisung ist der Antragsteller zu hören. ³Die Zurückweisung ist nicht anfechtbar.

ᴵᴵᴵ Sind vereinfachte Verfahren anderer Kinder des Antragsgegners bei dem Gericht anhängig, so ordnet es die Verbindung zum Zweck gleichzeitiger Entscheidung an.

**1** **1) Regelungszweck.** Ähnlich wie beim Mahnverf, § 690, muß der nach § 645 I erforderliche Antrag alle Angaben enthalten, die für die Entscheidung des Rpfl, § 20 Z 10 a u Z 10 b RpflG, nötig sind. Wegen der Antragsberechtigung s § 645 Rn 4. Entspricht der Antrag nicht den Anforderungen, §§ 645, 646 u 657, ist er vom Rpfl durch unanfechtbaren Beschluß zurückzuweisen, II. Einer schnellen Entscheidung dient auch das Gebot der Verbindung mehrerer Verfahren, III.

**2** **2) Form des Antrags.** Der Antrag ist schriftlich zu stellen, bedarf also der Unterzeichnung. Er kann auch vor dem Urkundsbeamten der Geschäftsstelle abgegeben werden, § 657. Anwaltszwang besteht für ihn nicht, § 78 II 1 Z 2 u III. Da für den Antrag ein **Vordruck** eingeführt ist, §§ 1 I Z 1 VO v 19. 6. 98, BGBl 1364, muß dieser Vordruck (BGBl 98, 1366) nach Maßgabe der §§ 1 II, 2 u 3 der VO benutzt werden, § 659 II, s dort Rn 2.

Der Antrag ist an das nach § 642 zuständige AG (FamGer) zu richten. Das Kind kann ihn dort auch im Fall einer Zuständigkeitskonzentration, § 660 I, stellen, § 660 II; daneben ist die Antragstellung zu Protokoll nach § 129 a iVm § 657 zulässig.

**3** **3) Inhalt des Antrags, I.** Der Antrag **muß enthalten:**

**A.** die **Bezeichnung der Parteien**, ihrer gesetzlichen Vertreter und etwaigen Prozeßbevollmächtigten, **I Z 1.** Hier gilt das gleiche wie bei einer Klage, § 253 II Z 1, dort Rn 22 ff und beim Mahnantrag, § 690 I Z 1, dort Rn 3 u 4.

**B.** Die **Bezeichnung des Gerichts**, bei dem der Antrag gestellt wird, **I Z 2**, vgl § 690 Rn 5; der Rpfl ist an die Bezeichnung gebunden.

**C.** Die **Angabe des Geburtsdatums** des Kindes, **I Z 3**, weil es im Hinblick auf die Altersstufen der Regelbetrag-VO, Anh § 645, darauf ankommt.

**D.** Die Angabe, **ab welchem Zeitpunkt Unterhalt** verlangt wird, **I Z 4**, weil auch rückständiger Unterhalt nach § 1613 BGB im vereinfVerf geltend gemacht werden kann.

**E.** Für den Fall, daß rückständiger Unterhalt geltend gemacht wird, die Angabe, **wann die Voraussetzungen** des § 1613 I oder II 2 BGB eingetreten sind, **I Z 5**.

**4** **F.** Die Angabe der **Höhe des verlangten Unterhalts, I Z 6**, auch darüber, ob nach § 1612 a BGB eine Festsetzung als Vomhundertsatz eines oder des jeweiligen Regelbetrags, Anh § 645, verlangt wird, BT-Drs 13/9596 S 36.

**G.** Die Angaben über **Kindergeld** und andere anzurechnenden Leistungen (§§ 1612 u 1612 c BGB), **I Z 7**, s Anh § 645.

**H.** Die **Erklärung**, daß zwischen dem Kind und dem Antragsgegner ein Eltern-Kind-Verhältnis nach den §§ 1591–1593 BGB besteht, **I Z 8**, wobei im Fall eines nicht in einer Ehe geborenen Kindes bei Inanspruchnahme des Vaters dessen Vaterschaftsanerkenntnis bzw die gerichtliche Vaterschaftsfeststellung dargelegt werden muß, Rühl/Greßmann Rn 226.

**I.** Die **Erklärung**, daß das Kind nicht mit dem Antragsgegner in einem Haushalt lebt, **I Z 9**, weil dies eine Voraussetzung für die Inanspruchnahme im vereinfVerf ist, § 645 I.

**K.** Die **Erklärung, I Z 10**, daß Unterhalt nicht für Zeiträume verlangt wird, für die das Kind Hilfe nach BSHG, Leistungen nach dem UVG oder Unterhalt nach § 1607 II u III BGB erhalten hat, oder, soweit Unterhalt aus übergegangenem Recht oder nach § 91 III 2 BSHG verlangt wird, die Erklärung, daß der beantragte Unterhalt die Leistung an das Kind nicht übersteigt, vgl dazu Kemper ZBlJugR 99, 174, § 620

## 2. Titel. Vereinfachte Verfahren usw. §§ 646, 647

Rn 15. Die Erklärung **entfällt**, wenn das Kind den Unterhaltsanspruch agrd einer treuhänderischen Rückübertragung, §§ 91 IV 1 BSHG bzw § 7 Iv 2 UVG (idF des Art 4 I Z KindUG), geltend macht, Rühl/Greßmann Rn 228.

**L. die Erklärung**, daß die Festsetzung im vereinfVerf nicht nach § 645 II ausgeschlossen ist, **I Z 11**.

**4) Zurückweisung des Antrags, II** 5

**A. Grundsatz.** Der Rpfl hat den Antrag **zurückzuweisen**, wenn er nicht den Voraussetzungen in I u den in § 645 bezeichneten entspricht, **II 1**. Hierhin gehören die Geltendmachung von Ansprüchen, die nicht von § 645 I erfaßt werden oder nach § 645 II ausgeschlossen sind, ferner Verstöße gegen die Formvorschriften, oben Rn 2, oder die Anrufung eines unzuständigen Gerichts, § 642.

**B. Verfahren.** Der Rpfl hat den Antragsteller vor der Zurückweisung zu **hören, II 2**; dem Antrags- 6 gegner ist ein Antrag, den der Rpfl für unzulässig hält, nicht zuzustellen, § 646 I. Die Anhörung gibt dem Antragsteller Gelegenheit, Fehler nachzubessern, zB um Abgabe des Gesuchs an das zuständige Gericht zu bitten. Wird der Mangel nicht behoben, muß der Rpfl den Antrag **als unzulässig zurückweisen, II 1**. Die Entscheidung ergeht durch Beschluß, in dem nach § 91 über die Kosten entschieden wird (Gebühren: Gericht KV 1800; RA § 44 BRAGO; Streitwert: § 17 I u IV GKG).

Der Beschluß ist **nicht anfechtbar**, II 3. Gegen ihn findet deshalb die fristgebundene **Erinnerung** statt, 7 über die der FamRichter endgültig entscheidet, § 11 II RpflG, Anh § 153 GVG, und der der Rpfl abhelfen darf. Das Verfahren ist gerichtsgebührenfrei, § 11 IV RpflG. Der Antragsteller ist aber nicht gehindert, einen verbesserten Antrag zu stellen; § 645 II steht nicht entgegen, weil der Beschluß nach II nicht über den Unterhaltsanspruch entschieden hat, Rühl/Greßmann Rn 230. Der Beschluß ist VollstrTitel, § 794 I 1 Z 2 a.

**5) Verbindung von Verfahren, III.** Sind bei dem Gericht **vereinfVerf anderer Kinder** des Antrags- 8 gegners anhängig, so sind die Verf zum Zweck gleichzeitiger Entscheidung zu verbinden, III. Die Vorschrift ist zwingend, aM Schumacher/Grün FamRZ **98**, 792. Die Verbindung wird durch Beschluß des Rpfl angeordnet, § 147; der Beschluß ist unanfechtbar.

**647** *Zustellung des Antrags.* I ¹Erscheint nach dem Vorbringen des Antragstellers das vereinfachte Verfahren zulässig, so verfügt das Gericht die Zustellung des Antrags oder einer Mitteilung über seinen Inhalt an den Antragsgegner. ²Zugleich weist es ihn darauf hin,
1. von wann an und in welcher Höhe der Unterhalt festgesetzt werden kann; hierbei sind zu bezeichnen
   a) die Zeiträume nach dem Alter des Kindes, für die die Festsetzung des Unterhalts nach den Regelbeträgen der ersten, zweiten und dritten Altersstufe in Betracht kommt;
   b) im Fall des § 1612 a des Bürgerlichen Gesetzbuchs auch der Vomhundertsatz des jeweiligen Regelbetrages;
   c) die nach den §§ 1612 b, 1612 c des Bürgerlichen Gesetzbuchs anzurechnenden Leistungen mit dem anzurechnenden Betrag;
2. daß über den Unterhalt ein Festsetzungsbeschluß ergehen kann, aus dem der Antragsteller die Zwangsvollstreckung betreiben kann, wenn er nicht innerhalb eines Monats Einwendungen in der vorgeschriebenen Form erhebt;
3. welche Einwendungen nach § 648 Abs. 1 und 2 erhoben werden können, insbesondere, daß der Einwand eingeschränkter oder fehlender Leistungsfähigkeit nur erhoben werden kann, wenn die Auskunft nach § 648 Abs. 2 Satz 3 in Form eines vollständig ausgefüllten Vordrucks erteilt wird und Belege über die Einkünfte beigefügt werden;
4. daß die Einwendungen, wenn Vordrucke eingeführt sind, mit einem Vordruck der beigefügten Art erhoben werden müssen, der auch bei jedem Amtsgericht erhältlich ist.

³Ist der Antrag im Ausland zuzustellen, so bestimmt das Gericht die Frist nach Satz 2 Nr. 2; § 175 gilt entsprechend mit der Maßgabe, daß der Zustellungsbevollmächtigte innerhalb dieser Frist zu benennen ist.

II § 270 Abs. 3 gilt entsprechend.

**1) Regelungszweck.** Wenn der Antrag auf Durchführung des vereinfVerf nicht als unzulässig zurückzu- 1 weisen ist, § 646 II, muß dem Antragsgegner rechtliches Gehör gewährt werden, Art. 103 GG. Das Nähere ist streng formalisiert in § 647 geregelt.

**2) Zustellung, I** 2

**A. Allgemeines, I 1.** Erscheint das vereinfVerf nach dem Vorbringen des Antragstellers zulässig, so verfügt der Rpfl die **Zustellung** des Antrags oder einer Mitteilung über seinen Inhalt **an den Antragsgegner, I 1**. Ist der Antrag im Ausland zuzustellen, gelten die §§ 174 u 175 mit der Maßgabe von I 3, unten Rn 4.

**B. Hinweise, I 2.** Zuzustellen sind dem Antragsgegner zugleich bestimmte Hinweise auf folgende 3 Punkte:
**(1)** von wann an und in welcher Höhe der Unterhalt festgesetzt werden kann, **I 2 Z 1**; hierbei sind zu bezeichnen, vgl Anh § 645,
**a)** die Zeiträume nach dem Alter des Kindes, für die Festsetzung des Unterhalts nach den Regelbeträgen der ersten, zweiten und dritten Altersstufe in Betracht kommt;
**b)** im Fall des § 1612 a des Bürgerlichen Gesetzbuchs auch der Vomhundertsatz des jeweiligen Regelbetrages;

c) die nach den §§ 1612b, 1612c des Bürgerlichen Gesetzbuchs anzurechnenden Leistungen mit dem anzurechnenden Betrag;

4 (2) daß über den Unterhalt ein Festsetzungsbeschluß ergehen kann, aus dem der Antragsteller die Zwangsvollstreckung betreiben kann, wenn er nicht innerhalb eines Monats Einwendungen in der vorgeschriebenen Form erhebt, I 2 Z 2, wobei im Fall der Auslandszustellung, oben Rn 2, der Rpfl die Frist im Einzelfall bestimmt, I 3; es handelt sich nicht um eine Ausschlußfrist, so daß Einwendungen, § 648, bis zur Festsetzung, § 649, erhoben werden können, van Els Rpfleger 99, 300;

(3) welche Einwendungen nach § 648 Abs. 1 und 2 erhoben werden können, insbesondere, daß der Einwand eingeschränkter oder fehlender Leistungsfähigkeit nur erhoben werden kann, wenn die Auskunft nach § 648 Abs. 2 Satz 3 in Form eines vollständig ausgefüllten Vordrucks erteilt wird und Belege über die Einkünfte beigefügt werden, I 2 Z 3;

(4) daß die Einwendungen mit einem Vordruck der beigefügten Art erhoben werden müssen, der auch bei jedem Amtsgericht erhältlich ist, I 2 Z 4, also mit dem in der Anl 2 zu § 1 VO v 19. 6. 98, BGBl 1364, bestimmten Vordruck (BGBl 98, 1371), s § 646 Rn 2.

5 3) **Wirkungen des Antrags, II.** Mit der Einreichung des Antrags wird die Sache **anhängig**, § 645 I. Entspr § 270 III unterbricht die Einreichung die **Verjährung** des Unterhaltsanspruchs, II, vgl § 270 Rn 7 ff; abw von § 691 II tritt diese Wirkung auch bei Zurückweisung des Antrags ein.

**648** *Einwendungen.* I ¹Der Antragsgegner kann Einwendungen geltend machen gegen
1. die Zulässigkeit des vereinfachten Verfahrens,
2. den Zeitpunkt, von dem an Unterhalt gezahlt werden soll,
3. die Höhe des Unterhalts, soweit er geltend macht, daß
   a) die nach dem Alter des Kindes zu bestimmenden Zeiträume, für die der Unterhalt nach den Regelbeträgen der ersten, zweiten und dritten Altersstufe festgesetzt werden soll, nicht richtig berechnet sind oder die angegebenen Regelbeträge von denen der Regelbetrag-Verordnung abweichen;
   b) der Unterhalt nicht höher als beantragt festgesetzt werden darf;
   c) Leistungen der in den §§ 1612b, 1612c des Bürgerlichen Gesetzbuchs bezeichneten Art nicht oder nicht richtig angerechnet sind.

²Ferner kann er, wenn er sich sofort zur Erfüllung des Unterhaltsanspruchs verpflichtet, hinsichtlich der Verfahrenskosten geltend machen, daß er keinen Anlaß zur Stellung des Antrags gegeben hat (§ 93). ³Nicht begründete Einwendungen nach Satz 1 Nr. 1 und 3 weist das Gericht mit dem Festsetzungsbeschluß zurück, desgleichen eine Einwendung nach Satz 1 Nr. 2, wenn ihm diese nicht begründet erscheint.

II ¹Andere Einwendungen kann der Antragsgegner nur erheben, wenn er zugleich erklärt, inwieweit er zur Unterhaltsleistung bereit ist und daß er sich insoweit zur Erfüllung des Unterhaltsanspruchs verpflichtet. ²Den Einwand der Erfüllung kann der Antragsgegner nur erheben, wenn er zugleich erklärt, inwieweit er geleistet hat und daß er sich verpflichtet, einen darüber hinausgehenden Unterhaltsrückstand zu begleichen. ³Den Einwand eingeschränkter oder fehlender Leistungsfähigkeit kann der Antragsgegner nur erheben, wenn er zugleich unter Verwendung des eingeführten Vordrucks Auskunft über
1. seine Einkünfte,
2. sein Vermögen und
3. seine persönlichen und wirtschaftlichen Verhältnisse im übrigen
erteilt und über seine Einkünfte Belege vorlegt.

III Die Einwendungen sind zu berücksichtigen, solange der Festsetzungsbeschluß nicht verfügt ist.

**Schrifttum:** *Schumacher/Grün* FamRZ **98**, 790; *van Els* Rpfleger **99**, 300.

1 1) **Regelungszweck.** Der Vereinfachung und Beschleunigung des Verf dient es, daß der Antragsgegner im vereinfVerf auf bestimmte Einwendungen beschränkt ist, I u II, was verfassungsrechtlich unbedenklich ist, BVerfG FamRZ **90**, 487 (zu § 641c aF). Über diese Einwendungen entscheidet der Rpfl des FamGer im Festsetzungsbeschluß, §§ 649 u 650. Gegen ihn ist die sofortige Beschwerde gegeben, § 652. Außerdem kann jede Partei die Durchführung des streitigen Verf beantragen, § 651.

2 2) **Uneingeschränkt beachtliche Einwendungen, I.** Der Antragsgegner darf im vereinfVerf nur folgende Einwendungen uneingeschränkt geltend machen:
**A. gegen die Zulässigkeit des vereinfVerf, I 1 Z 1.** Hierhin gehören die Unzulässigkeit wegen Fehlens einer Prozeßvoraussetzung, Grdz § 253 Rn 12 ff, oder der besonderen Voraussetzungen des vereinf-Verf zB nach den §§ 645, 646, 657 u 659 II, s dortige Erl.

3 **B. gegen den** (ihm nach § 647 I 2 Z 1 mitgeteilten) **Zeitpunkt, von dem ein Unterhalt gezahlt werden soll, I 1 Z 2,** zB bei Geltendmachung von Unterhalt für die Vergangenheit, § 1613 BGB.

**C. gegen** (ihm nach § 647 I 2 Z 1 mitgeteilte näher bezeichnete) **Höhe des Unterhalts, soweit der Antragsgegner geltend macht, I 1 Z 3,** daß
aa) die nach dem Alter des Kindes zu bestimmenden Zeiträume, für die der Unterhalt nach den Regelbeträgen der ersten, zweiten und dritten Altersstufe festgesetzt werden soll, nicht richtig

2. Titel. Vereinfachte Verfahren usw. **§§ 648, 649**

berechnet sind oder die angegebenen Regelbeträge von denen der Regelbetrag-Verordnung abweichen;
bb) der Unterhalt nicht höher als beantragt festgesetzt werden darf;
cc) Leistungen der in den §§ 1612 b, 1612 c des Bürgerlichen Gesetzbuchs bezeichneten Art nicht oder nicht richtig angerechnet sind.

D. **Hinsichtlich der Verfahrenskosten** darf der Antragsteller, wenn er sich sofort zur Erfüllung des Unterhaltsanspruchs verpflichtet, geltend machen, daß er keinen Anlaß zur Stellung des Antrags gegeben habe (§ 93), vgl § 641 o I 2 aF.

**3) Eingeschränkt beachtliche Einwendungen, II**  4

A. **Grundsatz, II 1.** Andere als die in I genannten Einwendungen kann der Antragsgegner nur erheben, wenn er zugleich erklärt, inwieweit er zur Unterhaltsleistung bereit ist und daß er sich insoweit zur Erfüllung des Unterhaltsanspruchs verpflichtet, II 1. Damit soll ein streitiges Verf, § 651, vermieden oder doch der Streitstoff vorgeklärt werden, BT-Drs 13/7338 S 40. Eine vollstreckbare Erfüllungsverpflichtung ist nicht erforderlich.

B. **Sonderfälle, II 2 u 3. a) Erfüllung.** Den Einwand der Erfüllung kann der Antragsgegner nur  5
erheben, wenn er zugleich erklärt, inwieweit er geleistet hat u daß er sich verpflichtet, einen darüber hinausgehenden Rückstand zu begleichen, **II 2**. Eines entspr Vollstreckungstitels bedarf es nicht.

b) Den Einwand **eingeschränkter oder fehlender Leistungsfähigkeit** kann der Antragsgegner nur  6
erheben, wenn er zugleich mit der Erklärung nach II 1, oben Rn 5, unter Verwendung des Vordrucks (Anl 2 zur VO v 19. 6. 98, BGBl 1364) Auskunft über 1. seine Einkünfte, 2. sein Vermögen und 3. seine persönlichen und wirtschaftlichen Verhältnisse erteilt und über seine Einkünfte Belege vorlegt. Die Obliegenheit, diese Auskünfte zu geben, geht über § 1605 I 1 BGB hinaus, Strauß FamRZ **98**, 1002. Damit soll der Antragsteller eine Grundlage für eine außergerichtliche Einigung und die Möglichkeit erhalten, seine Aussichten im Verf einzuschätzen.

**4) Gemeinsames, I u II**  7
A. **Form der Einwendungen.** Sie sind schriftlich unter Verwendung der nach § 1 I Z 2 VO v 19. 6. 98, BGBl 1364, als Anl 2 vorgesehenen Vordrucks (BGBl 98, 1371) nach Maßgabe des § 3 der VO zu erheben. Zur Aufnahme der in II vorgesehenen Erklärung sind neben dem UrkBeamten des AG (FamGer), § 657 iVm § 24 II Z 3 RpflG, auch ein Notar, § 62 I Z 2 BeurkG, und die UrkPerson des Jugendamtes, § 657 iVm § 59 I 1 SGB VIII, befugt; diese haben die Erklärung entspr § 129 a II unverzüglich dem zuständigen Gericht zu übermitteln.

B. **Zeitliche Begrenzung der Einwendungen, III.** Die Einwendungen sind innerhalb eines Monats nach Zustellung des Antrags, § 647 I Z 2, bzw bei Zustellung im Ausland innerhalb der vom Gericht bestimmten Frist, § 647 I 3, zu erheben. Spätere Einwendungen sind jedoch zu berücksichtigen, solange der Festsetzungsbeschluß nicht verfügt ist, III.

**5) Entscheidung des Gerichts** (Schumacher/Grün FamRZ **98**, 790; van Els Rpfleger **99**, 301).  8
A. **Uneingeschränkt beachtliche Einwendungen, I 3. a)** Einwendungen gegen die **Zulässigkeit des vereinfVerf, I 1 Z 1**, und die **Höhe des Unterhalts**, I 1 Z 3, weist der Rpfl mit dem Festsetzungsbeschluß, § 649, zurück, wenn sie nicht begründet sind, **I 3 1. Halbs**. Die Entscheidung ergeht in den genannten Fällen agrd voller Sach- und Rechtsprüfung, BT-Drs 13/7338 S 55. Der Beschluß des Rpfl ist Vollstreckungstitel, § 794 a I Z 2 a.

b) Die Einwendung gegen den **Zahlungsbeginn, I 1 Z 2**, ist ebenfalls im Festsetzungsbescheid zu bescheiden, **I 3 2. Halbs**. Mit der Einschränkung „wenn ihm diese nicht begründet erscheint", wird dem Rpfl ein Beurteilungsermessen eingeräumt, dh er entscheidet nach dem Sach- und Streitstand, wie es sich aus dem Parteivorbringen sowie etwaigen präsenten Beweismitteln ergibt, BT-Drs 13/7338 S 58.

c) Ist der **Vorbehalt wegen der Kosten, I 2,** berechtigt, entscheidet das Gericht dementspr über die Kosten, § 93.

d) **Sonstiges:** Weist das Gericht eine Einwendung nicht nach I 3 zurück, so verfährt es nach § 650, s dortige Erl. Greift der Einwand der Unzulässigkeit des vereinfVerf, I 1 Z 1, durch, weist der Rpfl den Antrag zurück, § 645 II.

B. **Eingeschränkt beachtliche Einwendungen, II.** Für andere als die in I genannten Einwendungen  9
gilt folgendes:
a) Einwendungen, die nach II **unzulässig** sind, werden im Festsetzungsbeschluß, § 649, entspr I 3 zurückgewiesen, s oben Rn 8.
b) Für **zulässige Einwendungen** gilt § 650.

**649** *Festsetzung des Unterhalts.* ¹¹Werden keine oder lediglich nach § 648 Abs. 1 Satz 3 zurückzuweisende oder nach § 648 Abs. 2 unzulässige Einwendungen erhoben, wird der Unterhalt nach Ablauf der in § 647 Abs. 1 Satz 2 Nr. 2 bezeichneten Frist durch Beschluß festgesetzt. ²In dem Beschluß ist auszusprechen, daß der Antragsgegner den festgesetzten Unterhalt an den Unterhaltsberechtigten zu zahlen hat. ³In dem Beschluß sind auch die bis dahin entstandenen erstattungsfähigen Kosten des Verfahrens festzusetzen, soweit sie ohne weiteres ermittelt werden können; es genügt, wenn der Antragsteller die zu ihrer Berechnung notwendigen Angaben dem Gericht mitteilt.

II Die Entscheidung kann ohne mündliche Verhandlung ergehen.

## §§ 649, 650

**III** In dem Beschluß ist darauf hinzuweisen, welche Einwendungen mit der sofortigen Beschwerde geltend gemacht werden können und unter welchen Voraussetzungen eine Abänderung im Wege der Klage nach § 654 verlangt werden kann.

1   **1) Regelungszweck.** Im vereinfVerf wird der Unterhalt unter bestimmten Voraussetzungen durch Beschluß festgesetzt. Das Nähere regelt § 649. Zuständig ist der Rpfl, § 20 Z 10 RpflG. Wegen der Rechtsbehelfe s §§ 651 u 652.

2   **2) Voraussetzungen der Unterhaltsfestsetzung, I 1.**
    **A. Ablauf der Einwendungsfrist, I 1.** Die Festsetzung ist erst zulässig, wenn die Monatsfrist, § 647 I S 2 Z 2, bzw die bei Auslandszustellung festgesetzte besondere Frist, § 647 I S 3, abgelaufen ist. Bis zur Verfügung des Festsetzungsbeschlusses eingehende Einwendungen sind zu berücksichtigen, § 648 III.

3   **B. Fehlende oder nicht zu berücksichtigende Einwendungen, I 1.** Die Festsetzung darf nur erfolgen, wenn keine Einwendungen iSv § 648 bzw nur solche Einwendungen erhoben worden sind, die nach § 648 I 3 zurückzuweisen oder nach § 648 II unzulässig sind, vgl § 648 Rn 8 u 9.

4   **3) Verfahren, II.** Die Entscheidung des Rpfl, oben Rn 1, kann ohne mündliche Verhandlung ergehen. Eine Verhandlung wird zB dann geboten sein, wenn Einwendungen nach § 648 I nachgeprüft werden müssen, § 648 Rn 8. Wird mündlich verhandelt, ist gleichwohl durch Beschluß zu entscheiden. Eine Vertretung durch RAe ist in keinem Fall erforderlich, § 78 II Z 2.

5   **4) Entscheidung, I u III**
    **A. Form, I 1.** Die Entscheidung ergeht durch Beschluß des Rpfl. Der Beschluß ist vAw zuzustellen, § 329 III iVm § 652. Wegen der Form bei maschineller Bearbeitung s § 658. Der Beschluß ist Vollstreckungstitel, § 794 I Z 2 a.

6   **B. Inhalt, I 2 u 3, III.** Außer den für jeden Beschluß nötigen Angaben, § 329 Rn 14 ff, muß der Festsetzungsbeschluß folgendes enthalten:
    a) **Entscheidungsbestandteile, I 2 u 3**
    aa) **Zahlungsverpflichtung, I 2.** In dem Beschluß ist auszusprechen, daß der Antragsgegner den (in Zahlen oder in Prozentsätzen des Regelunterhalts, § 1612 a BGB) festgesetzten Unterhalt an den Unterhaltsberechtigten zu zahlen hat.

7   bb) **Kosten, I 3** (Groß Rpfleger **99**, 303). In dem Festsetzungsbeschluß ist nicht nur über die Kostenpflicht zu entscheiden, §§ 91 ff, 93 d iVm § 648 I 2. Die bis zur Verfügung des Beschlusses entstandenen erstattungsfähigen Kosten des Verfahrens sind auch betragsmäßig festzusetzen, soweit sie ohne weiteres ermittelt werden können, **I 3 1. Halbs**. Dafür genügt es, wenn der Antragsteller die zu ihrer Berechnung notwendigen Angaben dem Gericht mitteilt, **I 3 2. Halbs**; bei einer Kostenteilung gilt dies entspr auch hinsichtlich der Kosten des Antraggegners. Dadurch wird idR ein zusätzliches Kostenfestsetzungsverf, §§ 103 ff, vermieden, vgl § 641 p I 4 aF. **Gebühren:** Gericht KV 1800, RA § 44 BRAGO (Streitwert: § 17 I 2 GKG).

8   b) **Hinweise, III.** Im Festsetzungsbeschluß ist darauf hinzuweisen, welche Einwendungen mit der sofortigen Beschwerde geltend gemacht werden können, § 652 II, und unter welchen Voraussetzungen eine Abänderung im Wege der Klage verlangt werden kann, § 654; s dortige Erl. Über diese Angaben hinaus, die sonst den Parteien wenig nützen, wird der Rpfl die Parteien auch über Form und Frist der sofortigen Beschwerde belehren, vgl 56. Aufl, Rn 4 zu § 641 p aF. Ein **Verstoß** gegen III ist prozessual ohne Folgen, wird aber Anlaß zur WiedEins bei Fristversäumnis, § 233, oder zur Nichterhebung von Rechtsmittelkosten, § 8 GKG, geben können, 56. Aufl aaO.

9   **5) Rechtsbehelfe.** Vgl §§ 651 u 652 u die dortigen Erl.

10  **6) Abänderung.** Vgl § 654–656 u die dortigen Erl.

---

**650** *Verfahren bei Einwendungen.* ¹Sind Einwendungen erhoben, die nach § 648 Abs. 1 Satz 3 nicht zurückzuweisen oder die nach § 648 Abs. 2 zulässig sind, teilt das Gericht dem Antragsteller dies mit. ²Es setzt auf seinen Antrag den Unterhalt durch Beschluß fest, soweit sich der Antragsgegner nach § 648 Abs. 2 Satz 1 und 2 zur Zahlung von Unterhalt verpflichtet hat. ³In der Mitteilung nach Satz 1 ist darauf hinzuweisen.

1   **1) Regelungszweck.** Während § 649 das Verf regelt, wenn keine beachtlichen Einwendungen erhoben worden sind, dort Rn 3, bestimmt § 650 das Nähere über das Verfahren bei Erhebung beachtlicher Einwendungen, vgl § 648 Rn 8 u 9.

2   **2) Mitteilung an den Antragsteller, S 1 u 3.** Sind Einwendungen erhoben, die nach § 648 I 3 nicht zurückzuweisen oder nach § 648 II zulässig sind, s § 648 Rn 2 ff u 4 ff, so teilt der Rpfl, § 20 Z 10 RpflG, dies dem Antragsteller mit, **S 1**. Dadurch wird ihm Gelegenheit gegeben, zu den Einwendungen Stellung zu nehmen. Insbesondere kann der Antragsteller beantragen, in den Fällen des § 648 II 1 u 2 einen **Teilfestsetzungsbeschluß, S 2**, zu erlassen. Darauf ist er in der Mitteilung, S 1, hinzuweisen, **S 3**.

3   Unabhängig vom Erlaß eines Teil-Festsetzungsbeschlusses, S 2, können beide Parteien beantragen, das **streitige Verf** durchzuführen, § 651 I 1. Darauf ist in der Mitteilung nach § 650 ebenfalls hinzuweisen, § 651 I 2. Der Zugang dieses Hinweises ist für die Rechtshängigkeit im streitigen Verf von Bedeutung, § 651 III, dort Rn 4.

4   **3) Weiteres Verfahren. S 2.** Der Gang des weiteren Verfahrens hängt vom Verhalten des Antragstellers ab:

2. Titel. Vereinfachte Verfahren usw. **§§ 650–652**

**A. Streitiges Verfahren.** Beantragt eine Partei die Durchführung des streitigen Verfahrens, so ist nach § 651 zu verfahren, s dortige Erl. Der Antragsteller kann den über den Teilfestsetzungsbeschluß, S 2, hinausgehenden Anspruch nur auf diesem Wege weiterverfolgen.

**B. Teilfestsetzungsbeschluß.** Unabhängig vom weiteren Verfahren kann der Antragsteller beantragen, **5** den Unterhalt durch Beschluß festzusetzen, soweit sich der Antragsgegner nach § 648 II 1 u 2 zur Zahlung verpflichtet hat, S 2. Dem Antrag ist stattzugeben; wegen Form u Inhalt des Beschlusses s § 649 Rn 5–8. Gegen ihn ist die sofortige Beschwerde zulässig, § 652. Wegen seiner Behandlung im streitigen Verf s § 651 IV, dort Rn 6.

**651** *Streitiges Verfahren.* ¹ ¹Auf Antrag einer Partei wird das streitige Verfahren durchgeführt. ²Darauf ist in der Mitteilung nach § 650 hinzuweisen.

**II** ¹Beantragt eine Partei die Durchführung des streitigen Verfahrens, so ist wie nach Eingang einer Klage weiter zu verfahren. ²Einwendungen nach § 648 gelten als Klageerwiderung.

**III** Der Rechtsstreit gilt als mit der Zustellung des Festsetzungsantrags (§ 647 Abs. 1 Satz 1) rechtshängig geworden, wenn der Antrag auf Durchführung des streitigen Verfahrens vor Ablauf von sechs Monaten nach Zugang der Mitteilung nach § 650 gestellt wird.

**IV** Ist ein Festsetzungsbeschluß nach § 650 Satz 2 vorausgegangen, soll für zukünftige wiederkehrende Leistungen der Unterhalt in einem Gesamtbetrag bestimmt und der Festsetzungsbeschluß insoweit aufgehoben werden.

**V** Die Kosten des vereinfachten Verfahrens werden als Teil der Kosten des streitigen Verfahrens behandelt.

**1) Regelungszweck.** Über materielle Einwendungen ist im vereinfVerf nicht zu entscheiden, § 648 **1** Rn 8 u 9. Vielmehr kann dies nur im streitigen Verf geschehen. Den Übergang zu diesem Verf regelt § 651.

**2) Übergang in das streitige Verfahren, I.** Betreibt der Antragsteller statt der Unterhaltsklage das **2** vereinfVerf und bleiben in ihm Einwendungen, die nach § 648 I 3 nicht zurückzuweisen oder nach § 648 II zulässig sind, ganz oder teilweise unbeschieden, so wird auf Antrag einer Partei das streitige Verfahren durchgeführt, **I 1**. Auf diese Möglichkeit ist in der Mitteilung nach § 650 hinzuweisen, **I 2**. Der erforderliche Antrag ist schriftlich zu stellen; für ihn gilt § 657, s dortige Erl (kein Anwaltszwang, § 78 II 1 Z 2). Er kann gestellt werden, sobald eine Entscheidung des Rpfl über die Einwendungen des Antragsgegners ergangen ist.

**3) Wirkungen des Übergangsantrags, II u III** **3**

**A. Allgemeines, II.** Nach dem Eingang des Antrags ist wie nach Eingang einer Klage zu verfahren, **II 1**, dh der Festsetzungsantrag, §§ 645 u 646, ist als Klage zu behandeln. Einwendungen nach § 648 gelten als Klageerwiderung, **II 2**. Das weitere Verfahren richtet sich nach den allgemeinen Vorschriften, also zB die Vorbereitung der mündlichen Verhandlung nach § 643 neben den §§ 139, 142, 143 u 273, s § 643 Rn 1, der einstweilige Rechtsschutz nach § 644, s dortige Erl. Auch im streitigen Verfahren besteht **kein Anwaltszwang**, § 78 II 1 Z 2.

**B. Rechtshängigkeit, III.** An sich tritt Rechtshängigkeit iSv § 261 erst mit dem Eingang des Antrags **4** nach I ein. Der Rechtsstreit gilt jedoch als mit der Zustellung der Antragsschrift, § 647 I 1, rechtshängig geworden, wenn der Antrag, I, vor Ablauf von 6 Monaten nach Zugang der Mitteilung nach § 650 gestellt wird, dort Rn 3. Falls in der Mitteilung der Hinweis auf das streitige Verfahren, I 2, unterblieben oder die Mitteilung nicht zugegangen ist, wird diese Frist nicht in Lauf gesetzt, so daß dann auch ein späterer Antrag zu rückwirkender Rechtshängigkeit führt.

**4) Entscheidung im streitigen Verfahren, IV u V.** Sie richtet sich nach den allgemeinen Vorschriften **5** der ZPO und den Sondervorschriften der §§ 621 c u 621 d sowie 642–644, vgl § 621 a Rn 2. Weitere Sonderbestimmungen für die Entscheidung im streitigen Verfahren enthalten IV u V. Für das streitige Verfahren gilt die Begrenzung nach § 645 I nicht; im Wege der Klageerweiterung kann also ein höherer Unterhalt verlangt werden, Schumacher/Grün FamRZ 98, 793.

**A. Festsetzungsbeschluß nach § 650 S 2, IV.** Ist ein solcher Beschluß vorausgegangen, § 650 Rn 5, **6** soll für zukünftig wiederkehrende Leistungen der Unterhalt in einem Gesamtbetrag bestimmt und der Festsetzungsbeschluß insoweit aufgehoben werden. Die Vorschrift ist nicht zwingend. Sie ist zB nicht anzuwenden, wenn der vorausgegangene Beschluß nur rückständigen Unterhalt betrifft, Rühl/Greßmann Rn 261.

**B. Kostenentscheidung, V.** Die Kosten des vereinfVerf werden als Teil der Kosten des streitigen Verf **7** behandelt, vgl § 281 III 1 u § 696 I 5. Für die Kostenentscheidung gelten die §§ 91 ff, namentlich auch § 93 d; s die dortigen Erl.

**C. Rechtsmittel.** Gegen Urteile ist die Berufung an das OLG, § 119 GVG, nach Maßgabe der §§ 511 ff **8** gegeben. Wegen der Revision an den BGH, § 133 GVG, s § 621 d. In beiden Rechtsmittelinstanzen besteht Anwaltszwang, § 78 I u II Z 2.

**652** *Sofortige Beschwerde.* ¹ Gegen den Festsetzungsbeschluß findet die sofortige Beschwerde statt.

**§§ 652, 653**                                                 6. Buch. 6. Abschn. Verf. üb. den Unterh.

**II** Mit der sofortigen Beschwerde können nur die in § 648 Abs. 1 bezeichneten Einwendungen, die Zulässigkeit von Einwendungen nach § 648 Abs. 2 sowie die Unrichtigkeit der Kostenfestsetzung geltend gemacht werden.

**1** **1) Regelungszweck.** Als einziges Rechtsmittel gegen einen Festsetzungsbeschluß sieht § 652 die sofortige Beschwerde vor, die aber nur beschränkt zulässig ist. Die Regelung gilt für alle Festsetzungsbeschlüsse iSv § 649, also auch für einen Teilfestsetzungsbeschluß nach § 650 S 2. Ist die Beschwerde nach allgemeinen Vorschriften, zB im Kostenpunkt nach § 567 II, ausgeschlossen, so ist gegen Entscheidungen des Rpfl die **Erinnerung** gegeben, § 11 II u IV RPflG, Anh § 153 GVG; Übergangsrecht für Entscheidungen bis zum 1. 10. 98 in § 39 RPflG.

**2** **2) Sofortige Beschwerde, I u II**
    **A. Allgemeines, I.** Da der Festsetzungsbeschluß vom Rpfl erlassen wird, § 20 Z 10 RPflG, ist dagegen die sofortige Beschwerde nach Maßgabe des § 11 I RPflG, Anh § 153 GVG, gegeben (für ablehnende Beschlüsse s § 646 Rn 7). Hat ausnahmsweise der Richter entschieden, § 5 RPflG, gelten die Vorschriften über die Beschwerde unmittelbar. Eine Abhilfe durch die 1. Instanz ist ausgeschlossen, § 577 III, und zwar auch bei Entscheidung durch den RPfl, str, vgl § 104 Rn 57 ff, Scholz FamRZ **99**, 554.

**3** **B. Form der Einlegung.** Für die sofortige Beschwerde gilt kein Anwaltszwang, § 78 III iVm § 657. Sie kann schriftlich oder zu Protokoll des UrkBeamten, § 657, eingelegt werden. Die Einlegungsfrist beträgt 2 Wochen, § 577 II.

**4** **C. Zulässigkeit, II.** Die sofortige Beschwerde ist nur statthaft, wenn mit dem Rechtsmittel die in § 648 I bezeichneten Einwendungen, die Zulässigkeit von Einwendungen nach § 648 II oder die Unrichtigkeit der Kostenfestsetzung geltend gemacht werden. Für andere Einwendungen steht allein die Abänderungsklage, § 654, zur Verfügung, Rühl/Greßmann Rn 263. Wird nur die Unrichtigkeit der Kostenfestsetzung geltend gemacht, gilt die Wertgrenze des § 567 II, s oben Rn 1.

**5** **D. Verfahren des Beschwerdegerichts.** Zuständig ist das OLG, § 119 GVG. Für sein Verfahren gelten keine Besonderheiten; anwendbar sind die Bestimmungen der §§ 569 ff, sofern sie für die sofortige Beschwerde gelten. Die Vollziehung des Festsetzungsbeschlusses kann ausgesetzt werden, § 572 II u III. Das OLG entscheidet durch unanfechtbaren Beschluß. Für die Kosten gelten §§ 91 ff, insbesondere § 93 d; s die dortigen Erl. Gebühren: Gericht KV 1905, RA § 61 BRAGO, vgl Groß Rpfleger **99**, 305.

**653** *Regelunterhalt im Vaterschaftsprozeß.* ¹ ¹Wird auf Klage des Kindes die Vaterschaft festgestellt, so hat das Gericht auf Antrag den Beklagten zugleich zu verurteilen, dem Kind Unterhalt in Höhe der Regelbeträge und gemäß den Altersstufen der Regelbetrag-Verordnung, vermindert oder erhöht um die nach den §§ 1612 b, 1612 c des Bürgerlichen Gesetzbuchs anzurechnenden Leistungen, zu zahlen. ²Das Kind kann einen geringeren Unterhalt verlangen. ³Im übrigen kann in diesem Verfahren eine Herabsetzung oder Erhöhung des Unterhalts nicht verlangt werden.

**II** Vor Rechtskraft des Urteils, das die Vaterschaft feststellt, wird die Verurteilung zur Leistung des Unterhalts nicht wirksam.

**1** **1) Regelungszweck.** Um dem Kind nach der Vaterschaftsfeststellung, § 640 Rn 2, einen weiteren Rechtsstreit wegen des Unterhalts zu ersparen, gibt § 653 (ebenso wie § 643 aF) dem Kind die Möglichkeit, die Vaterschaftsklage mit dem Antrag auf Festsetzung des Regelunterhalts zu verbinden. Die Klage bleibt auch dann eine KindschaftsS, § 640. Einheitliches Rechtsmittel gegen die Entscheidung des FamGer ist die Berufung an das OLG, § 119 GVG.

**2** **2) Verurteilung zur Zahlung des Regelunterhalts, I 1**
    **A. Allgemeines.** Wird auf Klage des Kindes die Vaterschaft festgestellt, so hat das Gericht auf Antrag des Kindes den Beklagten zugleich zu verurteilen, dem Kind Unterhalt in Höhe der Regelbeträge, § 1612 a BGB, und gemäß den Altersstufen der Regelbetrag-VO, vermindert oder erhöht um die nach den §§ 1612 b, 1612 c BGB anzurechnenden Leistungen, zu zahlen, I 1; wegen der Beträge im einzelnen s Anh nach § 645. An die Stelle der Feststellung der Vaterschaft, I, tritt die im Prozeß erklärte **Anerkennung der Vaterschaft.** Sie erledigt die Hauptsache, läßt aber das Antragsrecht nach I bestehen, Stgt FamRZ **95**, 621, so daß ggf über die Zahlung des Regelunterhalts zu entscheiden ist.

Das Kind, das den Anspruch auf Regelunterhalt nach Forderungsübergang auf einen Dritten von diesem zurückerworben hat, darf den Antrag jedenfalls dann stellen, wenn er den ganzen Regelunterhalt verlangt, BGH NJW **82**, 516, Stgt RR **95**, 844. Richtet sich der Unterhalt nach ausländischem Recht, so kommt es darauf an, ob dieses Recht ein dem deutschen Regelunterhalt entspr System kennt, Düss FamRZ **93**, 983 mwN.

**3** **B. Einzelheiten, I 2 u 3.** Das Kind kann einen geringeren Unterhalt verlangen, **I 2**. Im übrigen kann in diesem Verfahren eine Herabsetzung oder Erhöhung des Unterhalts nicht verlangt werden, **I 3**; ein dahin zielender Antrag müßte als unzulässig abgewiesen werden, Düss FamRZ **94**, 655 (zu § 643 aF). Dagegen ist zu prüfen, ob Einwendungen gegen den Grund des Anspruchs durchgreifen, Düss FamRZ **94**, 655 mwN, u a KG FamRZ **86**, 1039 u Karlsr FamRZ **84**, 417. Deshalb ist schon im Verfahren nach § 653 auf Einwand des Beklagten zu berücksichtigen, ob der Unterhaltsanspruch erfüllt worden ist, Stgt RR **95**, 844 mwN, ob unstreitig oder offensichtlich ständige Leistungsunfähigkeit vorliegt, Stgt FamRZ **95**, 621 mwN, Karlsr FamRZ **93**, 713, str, und ob rückständiger Unterhalt von einem Dritten gezahlt und demgemäß die Forderung in dieser Höhe auf ihn übergegangen ist, BGH NJW **81**, 393, Stgt RR **95**, 844, Karlsr DAVorm

2. Titel. Vereinfachte Verfahren usw. §§ 653, 654

82, 214, aM Celle NdsRpfl 79, 142 mwN (alle zu § 643 aF), vgl Demharter FamRZ 85, 977. Die Verurteilung zum Regelunterhalt ist abhängig von der Vaterschaftsfeststellung, so daß bei deren Wegfall auf Rechtsmittel hin auch die Verurteilung zum Regelunterhalt entfällt.

**3) Verfahren, II** 4
  **A. Allgemeines.** Für das Verfahren nach § 653 gelten nicht die Vorschriften für KindschaftsS, § 640 I, sondern die Bestimmungen für FamS iSv § 621 I. Maßgebend sind die allgemeinen Vorschriften der ZPO, § 621 a Rn 2, und die Sondervorschriften für Unterhaltssachen, §§ 621 c, 621 d, 643 u 644.
  **B. Entscheidung.** Die Entscheidung ergeht durch **Urteil** auch dann, wenn die Vaterschaftsklage sich 5 durch Anerkennung erledigt, oben Rn 2. Das Urteil ist **Vollstreckungstitel**; vor Rechtskraft des Urteils, das die Vaterschaft feststellt, wird die Verurteilung zur Leistung des Unterhalts **nicht wirksam**, II, so daß die vorläufige Vollstreckbarkeit, § 704, entfällt.
  **C. Rechtsmittel.** Gegen das Urteil ist die Berufung an das OLG gegeben, § 119 GVG. Sie kann sich 6 allein gegen die Unterhaltsentscheidung richten, Düss NJW 81, 2476 mwN (zu § 643 aF). Die Revision, § 545, bedarf insoweit, als sie nur gegen die Verurteilung zur Unterhaltszahlung richtet, der Zulassung, § 546, so schon die hM zu § 643 aF, BGH NJW 98, 2224 mwN (ohne Zulassung ist auch hier die Revision iRv § 547 zulässig); vgl auch § 621 d.

**4) Abänderung der Entscheidung.** Sie ist in den §§ 654–656 geregelt. 7

**654** *Korrekturklage.* ¹Ist die Unterhaltsfestsetzung nach § 649 Abs. 1 oder § 653 Abs. 1 rechtskräftig, können die Parteien im Wege einer Klage auf Abänderung der Entscheidung verlangen, daß auf höheren Unterhalt oder auf Herabsetzung des Unterhalts erkannt wird.
II ¹Wird eine Klage auf Herabsetzung des Unterhalts nicht innerhalb eines Monats nach Rechtskraft der Unterhaltsfestsetzung erhoben, darf die Abänderung nur für die Zeit nach Erhebung der Klage erfolgen. ²Ist innerhalb dieser Frist ein Verfahren nach Absatz 1 anhängig geworden, so läuft die Frist für den Gegner nicht vor Beendigung dieses Verfahrens ab.
III Sind Klagen beider Parteien anhängig, so ordnet das Gericht die Verbindung zum Zweck gleichzeitiger Verhandlung und Entscheidung an.

**1) Regelungszweck.** Anders als § 323, der bei einer Änderung der maßgeblichen Verhältnisse die 1 Abänderungsklage vorsieht, s dortige Erl, schafft § 654 für die im vereinfVerf ergangenen Unterhaltstitel eine davon unabhängige Möglichkeit der Korrektur durch Abänderungsklage. Mit ihr können die Parteien eine Erhöhung oder eine Herabsetzung verlangen, also zB erreichen, daß ein durch § 648 oder § 653 ausgeschlossenes Vorbringen nachträglich berücksichtigt wird. Vor dem 1. 7. 98 bestand eine solche Möglichkeit nur für Verbundurteile, §§ 643 u 643 aF, dazu LG Saarbr DAVorm 99, 142.

**2) Geltungsbereich.** Die Vorschrift gilt für Unterhaltsfestsetzungen durch Beschluß, § 649 I (dahin 2 gehören auch Teilfestsetzungen iSv § 650 S 2), oder durch Verbundurteil, § 653 I. Soweit § 655 eingreift, fehlt für die Klage das Rechtsschutzbedürfnis, BT-Drs 13/7338 S 43; wegen der entspr Anwendung von § 323 s dort Rn 65. Auf Unterhaltsvereinbarungen ist § 654 nicht anwendbar.

**3) Abänderungsklage, I** 3
  **A. Voraussetzungen.** Der Unterhaltstitel, oben Rn 2, muß rechtskräftig sein, also die sofortige Beschwerde, § 652, bzw die Berufung, § 653, darf nicht eingelegt oder erfolglos geblieben sein. Außerdem muß das Kind noch minderjährig sein, vgl § 655 Rn 3.
  **B. Klage, I u II. a) Ziel, I.** Die Parteien können mit der Klage auf **Abänderung der Entscheidung** 4 verlangen, daß auf Erhöhung oder auf Herabsetzung des Unterhalts erkannt wird. Als Begründung dürfen sie alle Umstände vorbringen, die für die Bemessung des Unterhalts maßgeblich sind, namentlich (aber nicht nur) die Umstände, die nach §§ 648 bzw 653 nicht vorgebracht werden dürfen.
  **b) Beschränkungen, II.** Mit der **Klage auf Herabsetzung** kann eine Korrektur der Entscheidung auch 5 für die Vergangenheit verlangt werden, wenn die Klage **innerhalb eines Monats** nach Rechtskraft der Unterhaltsfestsetzung erhoben wird, II 1. Ist innerhalb dieser Frist ein Verfahren nach Absatz 1 anhängig geworden, läuft die Frist für den Gegner nicht vor (rechtskräftiger) Beendigung des Klageverf ab, II 2, so daß er bis dahin dem Verlangen nach Erhöhung seinerseits das Verlangen nach Herabsetzung entgegensetzen kann. Hat der Erstkläger die **Frist überschritten**, so darf eine Abänderung des Titels nur für Zeit nach Erhebung der Klage erfolgen, II 1.
  **C. Verfahren, III.** Für das Verfahren erster Instanz besteht kein Anwaltszwang, § 78 II 1 Z 2. Sachlich 6 zuständig ist das FamGer, § 621; das Verfahren richtet sich nach den für FamS iSv § 621 I Z 4 geltenden Vorschriften, § 621 a Rn 2, also nach den §§ 621 c, 621 d, 643 u 644 sowie den allgemeinen Vorschriften der ZPO für das Klageverfahren. Das Gericht kann die Vollstreckung des Festsetzungsbeschlusses entspr § 769 einstellen, Ffm FamRZ 82, 736 (zu § 641 q aF). Sind Klagen beider Parteien anhängig, ordnet das FamGer die Verbindung zum Zweck der gleichzeitigen Verhandlung und Entscheidung an, III, s § 147. Vgl i ü § 323 I–III, der nach § 323 IV entspr anwendbar ist, dort Rn 65.

  **4) Entscheidung.** Die Entscheidung des FamGer ergeht durch Urteil; wegen der Zustellung s § 621 c. 7 Wegen der Kosten s §§ 91 ff; vgl dazu § 656 Rn 5. Rechtsmittel ist die Berufung an das OLG, § 119 GVG. Für die Revision, § 545, gilt § 621 d.

**§ 655**

**655** *Vereinfachtes Abänderungsverfahren.* ¹ Auf wiederkehrende Unterhaltsleistungen gerichtete Vollstreckungstitel, in denen ein Betrag der nach den §§ 1612 b, 1612 c des Bürgerlichen Gesetzbuchs anzurechnenden Leistungen festgelegt ist, können auf Antrag im vereinfachten Verfahren durch Beschluß abgeändert werden, wenn sich ein für die Berechnung dieses Betrags maßgebender Umstand ändert.

II ¹Dem Antrag ist eine Ausfertigung des abzuändernden Titels, bei Urteilen des in vollständiger Form abgefaßten Urteils, beizufügen. ²Ist ein Urteil in abgekürzter Form abgefaßt, so genügt es, wenn außer der Ausfertigung eine von dem Urkundsbeamten der Geschäftsstelle des Prozeßgerichts beglaubigte Abschrift der Klageschrift beigefügt wird. ³Der Vorlage des abzuändernden Titels bedarf es nicht, wenn dieser von dem angerufenen Gericht auf maschinellem Weg erstellt worden ist; das Gericht kann dem Antragsteller die Vorlage des Titels aufgeben.

III ¹Der Antragsgegner kann nur Einwendungen gegen die Zulässigkeit des vereinfachten Verfahrens, gegen den Zeitpunkt der Abänderung oder gegen die Berechnung des Betrags der nach den §§ 1612 b, 1612 c des Bürgerlichen Gesetzbuchs anzurechnenden Leistungen geltend machen. ²Ferner kann er, wenn er sich sofort zur Erfüllung des Anspruchs verpflichtet, hinsichtlich der Verfahrenskosten geltend machen, daß er keinen Anlaß zur Stellung des Antrags gegeben hat (§ 93).

IV Ist eine Abänderungsklage anhängig, so kann das Gericht das Verfahren bis zur Erledigung der Abänderungsklage aussetzen.

V ¹Gegen den Beschluß findet die sofortige Beschwerde statt. ²Mit der sofortigen Beschwerde können nur die in Absatz 3 bezeichneten Einwendungen sowie die Unrichtigkeit der Kostenfestsetzung geltend gemacht werden.

VI Im übrigen sind auf das Verfahren § 323 Abs. 2, § 646 Abs. 1 Nr. 1 bis 5 und 7, Abs. 2 und 3, die §§ 647 und 648 Abs. 3 und § 649 entsprechend anzuwenden.

**Vorbem.** In Kraft seit 1. 7. 98, Art 8 I 2 KindUG. Ein vereinfachtes Abänderungsverfahren für Schuldtitel, in denen Unterhaltsleistungen für ein minderjähriges Kind **nach bisherigem Recht** festgesetzt worden sind, sieht Art 5 § 2 KindUG (abgedr Einf § 606 Rn 12) vor.

**Schrifttum:** *van Els* Rpfleger **99**, 303; *Strauß* FamRZ **98**, 1003; *Schumacher/Grün* FamRZ **98**, 794.

**Gliederung**

| | |
|---|---|
| 1) Regelungszweck ................... 1 | B. Geltendmachung der Einwendungen, VI ................................. 8 |
| 2) Geltungsbereich, I .................. 2 | 6) Verfahren des Rpfl, IV–VI ............. 9 |
| 3) Vereinfachtes Abänderungsverfahren: Allgemeines, I u II ...... 3, 4 | A. Anhörung des Antragsgegners ........ 9 |
| A. Voraussetzungen ................. 3 | B. Verbindung mehrerer Verfahren ..... 9 |
| B. Antrag und Zuständigkeit .......... 4 | C. Aussetzung des Verfahrens ......... 9 |
| 4) Antrag, I u II .................... 5, 6 | 7) Entscheidung, VI ................ 10, 11 |
| A. Form, I ........................ 5 | A. Zurückweisung des Antrags ........ 10 |
| B. Vorlage des Titels, II .............. 5 | B. Neufestsetzung des Unterhalts ...... 10 |
| C. Inhalt des Antrags, VI ............. 6 | C. Kosten und sonstiges ............. 11 |
| D. Mängel des Antrags, VI ........... 6 | 8) Rechtsmittel, V .................... 12 |
| 5) Einwendungen des Antragsgegners ... 7, 8 | 9) Abänderung ....................... 13 |
| A. Beschränkung der Einwendungen, II .. 7 | |

**1** **1) Regelungszweck.** Die Vorschrift sieht ein vereinfachtes Abänderungsverfahren für Unterhaltstitel vor, wenn sich die Grundlage für die Berechnung anzurechnender Leistungen, §§ 1612 b u 1612 c BGB, ändert. Für andere Fälle steht den Beteiligten die Abänderungsklage nach § 654, dort Rn 1 u 3, bzw § 323 zur Verfügung.

**2** **2) Geltungsbereich, I.** Das vereinfAbändVerf gilt für alle auf wiederkehrende Unterhaltsleistungen zugunsten Minderjähriger gerichteten Vollstreckungstitel (§§ 704, 794, 796 a–797), in denen ein Betrag der nach den §§ 1612 b u 1612 c BGB anzurechnenden Leistungen festgelegt ist, vgl Anh § 645. Hierher gehören namentlich Urteile, Festsetzungsbeschlüsse iSv § 649 sowie vollstreckbare Erklärungen, Vergleiche und Urkunden nach bisherigem oder jetzt geltendem Recht. Gerichtliche Titel müssen rechtskräftig sein. Für seinen Geltungsbereich schränkt § 655 die Klage nach § 323 ein, § 323 V, dort Rn 80–83.

**3** **3) Vereinfachtes Abänderungsverfahren: Allgemeines, I u II**

**A. Voraussetzungen.** Der Vollstreckungstitel kann auf Antrag im vereinfAbändVerf durch Beschluß nur dann abgeändert werden, wenn sich ein für die Berechnung des **Anrechnungsbetrages**, Rn 2, maßgebender Umstand ändert, I. Hierhin gehören Änderungen des Kindergeldes und seiner Anrechnung, § 1612 b BGB. Die Änderung darf **nicht** auf Gründen beruhen, die in einem früheren Unterhaltsverf hätten geltend gemacht werden können, VI iVm § 323 II, s dort Rn 17 ff. Mit dem Eintritt der Volljährigkeit entfällt die Anwendung des § 654; im Fall des § 798 a gilt § 767 bzw § 323, Strauß FamRZ **98**, 1004.

**4** **B. Verfahren.** Das vereinfAbändVerf wird durch den Antrag der Partei eingeleitet, die durch die Änderung des anzurechnenden Betrages beschwert ist; wegen der Einzelheiten s unten Rn 5 ff. Sachlich **zuständig** ist das FamGer, § 621 I Z 4; die örtliche Zuständigkeit ergibt sich aus § 642. Das Verf ist dem Rpfl übertragen, § 20 Z 10 RpflG. Rechtsmittelgericht ist das OLG, § 119 GVG.

**5** **4) Antrag, I u II**

**A. Form, I.** Der Antrag, oben Rn 4, ist an das FamGer zu richten und schriftlich oder zu Protokoll des UrkBeamten zu stellen, § 657. Für den Antrag besteht kein Anwaltszwang, § 78 III.

## 2. Titel. Vereinfachte Verfahren usw. §§ 655, 656

**B. Vorlage des Titels, II.** Dem Antrag ist eine Ausfertigung des abzuändernden Titels, bei Urteilen des in vollständiger Form abgefaßten Urteils, beizufügen, **II 1**. Ist ein Urteil in abgekürzter Form abgefaßt, § 313 b, so genügt es, außer der Ausfertigung eine vom UrkBeamten des Prozeßgerichts beglaubigte Abschrift der Klagschrift beizufügen, **II 2**. Der Vorlage des abzuändernden Titels **bedarf es nicht**, wenn dieser von dem angerufenen Gericht auf maschinellem Weg erstellt worden ist, **II 3 1**. **Halbs**, zB nach § 658; das Gericht kann dem Antragsteller die **Vorlage des Titels** aufgeben, **II 3 2. Halbs**.

**C. Inhalt des Antrags, VI.** Für ihn gilt § 646 I Z 1–5 u 7, s § 646 Rn 3 u 4.  6

**D. Mängel des Antrags, VI.** Entspricht der Antrag nicht den Anforderungen, so ist er durch unanfechtbaren Beschluß des Rpfl zurückzuweisen, **VI** iVm § 646 II.

**5) Einwendungen des Antragsgegners, III**  7

**A. Beschränkung der Einwendungen, II:** Im vereinfAbändVerf sind Einwendungen nur beschränkt zulässig. Der Antragsgegner kann nur geltend machen: **a)** Einwendungen gegen die **Zulässigkeit des vereinfAbändVerf, III 1**, also das Fehlen der Voraussetzungen, oben Rn 2 u 3; **b)** Einwendungen gegen den **Zeitpunkt der Abänderung, II 1**; **c)** Einwendungen gegen die **Berechnung** der nach den §§ 1612 b u 1612 c BGB anzurechnenden Leistungen, **III 1**, vgl Anh § 645; **d)** ferner kann der Antragsgegner, wenn er sich sofort zur Erfüllung des Anspruchs verpflichtet, hinsichtlich der **Verfahrenskosten** geltend machen, daß er keinen Anlaß zur Stellung des Antrags gegeben hat (§ 93), vgl § 648 Rn 8.

**B. Geltendmachung der Einwendungen, VI.** Die Einwendungen sind innerhalb eines Monats nach  8
Empfang der Mitteilung des Gerichts (bzw innerhalb der bei Auslandszustellung besonders bestimmten Frist) geltend zu machen, **VI** iVm § 647, vgl dort Rn 4. Spätere Einwendungen sind so zu berücksichtigen, solange die Entscheidung über den Abänderungsantrag nicht verfügt ist, **VI** iVm § 648 III.

**6) Verfahren des Rpfl, IV, V u VI**  9

**A. Anhörung des Antragsgegners.** Hierfür gilt § 647 entspr, **VI**, s die dortigen Erl.

**B. Verbindung mehrerer vereinfAbändVerf.** Insofern gilt § 646 III entspr, **VI**, s § 646 Rn 8.

**C. Aussetzung des Verfahrens, IV.** Ist eine Abänderungsklage, §§ 323 oder 654, anhängig, so kann der Rpfl das vereinfAbändVerf bis zur Erledigung der Abänderungsklage aussetzen, § 148; davon wird abzusehen sein, wenn die Klage keine hinreichenden Erfolgsaussichten bietet, BT-Drs 13/7338 S 44.

**7) Entscheidung**  10

**A. Zurückweisung des Antrags, VI.** Entspricht der Antrag nicht den erforderlichen Voraussetzungen, **I u VI** iVm § 646 I Z 1–5 u 7, so weist ihn der Rpfl nach Anhörung des Antragstellers durch unanfechtbaren Beschluß zurück, **VI** iVm § 646 II; s § 646 Rn 5 ff.

**B. Neufestsetzung des Unterhalts, VI.** Insoweit gilt § 649 entspr, s dort Rn 6. Eine Abänderung ist für die Zeit seit Eingang des Antrags zulässig. Der Beschluß ist VollstrTitel, § 794 I Z 2 a.

**C. Kosten und sonstiges, VI.** Insoweit gilt § 649 entspr, s dort Rn 7 u 8. Gebühren: Gericht KV 1801,  11
RA § 44 BRAGO; Streitwert: § 17 I u IV GKG.

**8) Rechtsmittel, V.** Gegen den Beschluß des Rpfl findet nach Maßgabe des § 11 die sofortige Be-  12
schwerde statt, mit der nur die in III bezeichneten Einwendungen sowie die Unrichtigkeit der Kostenfestsetzung geltend gemacht werden können. Diese Regelung entspricht § 652, s die dortigen Erl. Gebühren: Gericht KV 1905, RA § 61 BRAGO, Groß Rpfleger **99**, 305.

**9) Abänderung.** Eine Abänderung des nach § 655 ergehenden Beschlusses im Wege der Klage sieht  13
§ 656 vor.

**656** *Anpassungsklage nach vereinfachtem Verfahren.* **I** Führt die Abänderung des Schuldtitels nach § 655 zu einem Unterhaltsbetrag, der wesentlich von dem Betrag abweicht, der der Entwicklung der besonderen Verhältnisse der Parteien Rechnung trägt, so kann jede Partei im Wege der Klage eine entsprechende Abänderung des ergangenen Beschlusses verlangen.

**II** ¹Die Klage ist nur zulässig, wenn sie innerhalb eines Monats nach Zustellung des Beschlusses erhoben wird. ²§ 654 Abs. 2 Satz 2 und Abs. 3 gilt entsprechend.

**III** Die Kosten des vereinfachten Verfahrens werden als Teil der Kosten des Rechtsstreits über die Abänderungsklage behandelt.

**1) Regelungszweck.** Da die Abänderung eines Titels im vereinfAbändVerf, § 655, an enge Voraus-  1
setzungen geknüpft ist, gibt § 656 den Parteien die Möglichkeit, im Wege der Klage eine Überprüfung der Unterhaltshöhe und damit eine Änderung des im vereinfAbändVerf ergangenen Beschlusses zu erreichen.

**2) Wesen der Anpassungsklage, I.** Die Klage setzt voraus, daß die **Entscheidung nach § 655** zu einem  2
Unterhaltsbetrag führt, der wesentlich **von dem Betrag abweicht**, der der Entwicklung der besonderen Verhältnisse der Parteien Rechnung trägt; Änderungsanlaß muß also die Neufestlegung des Anrechnungsbetrages nach §§ 1612 b, 1612 c BGB sein, Schumacher/Grün FamRZ **98**, 795. Werden andere Gründe für eine Abänderung geltend gemacht, so greift § 323 ein, s § 323 V, dort Rn 80 ff.

**3) Abänderungsverfahren, I u II.** Die Klage steht **jeder Partei** offen, **I**. Sie ist auf **Aufhebung oder**  3
**Abänderung des Beschlusses nach § 655** gerichtet.

**A. Befristung, II.** Die Klage ist nur zulässig, wenn sie innerhalb eines Monats nach Zustellung des Beschlusses erhoben wird, **II 1**. Ist innerhalb dieser Frist ein Verfahren nach I anhängig geworden, so läuft die Frist für den Gegner nicht vor Beendigung dieses Verf ab, **II 2** iVm § 654 II 2, s § 654 Rn 5.

**§§ 656–659**  6. Buch. 6. Abschn. Verf. üb. den Unterh.

**4**  **B. Verfahren.** Hier gilt das gleiche wie im Fall der Klage nach § 654, s dort Rn 6; Anwaltszwang besteht in der ersten Instanz nicht, § 78 II 1 Z 2. Das Verfahren entspricht dem des § 323. Sind Klagen beider Parteien anhängig, so sind die Verf zu verbinden, **II 2** iVm § 654 III, s dort Rn 6. Das Gericht kann die Zwangsvollstreckung aus dem Beschluß entspr § 769 einstellen, Ffm FamRZ **82**, 736, vgl § 323 Rn 54.

**5**  **C. Entscheidung.** Vgl § 654 Rn 7. Das **Urteil** auf Abänderung des Beschlusses nach § 655 wirkt auf den Zeitpunkt zurück, der in dem Beschluß nach § 655 bezeichnet worden ist. Die **Kosten** des vereinfAbändVerf werden als Kosten des Rechtsstreits über die AbändKlage behandelt, III; an die Stelle der Kostenentscheidung im Beschluß nach § 655 tritt also die Kostenentscheidung im Urteil. Die Regelung wird durch die Anrechnung des im vereinfAbändVerf entstandenen Kosten auf die des Prozesses ergänzt, s KV 1201 u § 44 II 2 BRAGO, Groß Rpfleger **99**, 305.

**6**  **D. Rechtsmittel.** Vgl § 654 Rn 7.

## 657 *Formerleichterungen im vereinfachten Verfahren.* [1]In vereinfachten Verfahren können die Anträge und Erklärungen vor dem Urkundsbeamten der Geschäftsstelle abgegeben werden. [2]Soweit Vordrucke eingeführt sind, werden diese ausgefüllt; der Urkundsbeamte vermerkt unter Angabe des Gerichts und des Datums, daß er den Antrag oder die Erklärung aufgenommen hat.

**1**  **1) Anträge und Erklärungen.** Im vereinfVerf können Anträge und Erklärungen vor dem Urkundsbeamten der Geschäftsstelle abgegeben werden, **S 1**. Das gilt auch für das Beschwerdeverfahren, so daß dort ebenfalls kein AnwZwang besteht, § 78 III. Die Abgabe auch vor dem UrkB eines anderen AG als des für das vereinfVerf zuständigen AG ist zulässig. § 129 a I; wegen des Wirksamwerdens in diesem Fall s § 129 a II. Anträge und Erklärungen können auch Notare und Urkundspersonen des Jugendamtes, § 59 I Z 9 KJHG, aufnehmen, van Els Rpfleger **99**, 302.

**2**  **2) Vordrucke.** Soweit Vordrucke für Anträge und Erklärungen der Parteien eingeführt werden, müssen sich die Parteien ihrer bedienen, § 659 II. Diese Vordrucke werden von den Urkundsbeamten ausgefüllt; er vermerkt unter Angabe des Gerichts und des Datums, daß er den Antrag oder die Erklärung aufgenommen hat, **S 2**. Für den Vermerk, der an Stelle der Beglaubigung eines Protokolls tritt, kann ein Stempel verwendet werden.

## 658 *Maschinelle Bearbeitung.* [I] [1]In vereinfachten Verfahren ist eine maschinelle Bearbeitung zulässig. [2]§ 690 Abs. 3 gilt entsprechend.
II Bei maschineller Bearbeitung werden Beschlüsse, Verfügungen und Ausfertigungen mit dem Gerichtssiegel versehen; einer Unterschrift bedarf es nicht.

**1**  **1) Maschinelle Bearbeitung, I.** Im vereinfVerf, §§ 645–660, ist eine maschinelle Bearbeitung zulässig, **I 1**, weil dies einer schnelleren und kostensparenden Bewältigung dient, vgl § 703 b Rn 1. § 690 III (Antrag in nur maschinell lesbarer Form) gilt entspr, **I 2**; vgl § 690 Rn 16.

**2**  **2) Einzelheiten, II.** Bei maschineller Bearbeitung werden Beschlüsse, Verfügungen und Ausfertigungen mit dem Gerichtssiegel versehen, und zwar als Druck, nicht etwa als Original, § 703 b Rn 2. Einer Unterschrift bedarf es in diesem Fall nicht.

## 659 *Vordrucke.* [I] [1]Das Bundesministerium der Justiz wird ermächtigt, zur Vereinfachung und Vereinheitlichung der Verfahren durch Rechtsverordnung mit Zustimmung des Bundesrates Vordrucke für die vereinfachten Verfahren einzuführen. [2]Für Gerichte, die die Verfahren maschinell bearbeiten, und für Gerichte, die die Verfahren nicht maschinell bearbeiten, können unterschiedliche Vordrucke eingeführt werden.
II Soweit nach Absatz 1 Vordrucke für Anträge und Erklärungen der Parteien eingeführt sind, müssen sich die Parteien ihrer bedienen.

**1**  **1) Allgemeines, I.** Der BJM hat von der Ermächtigung, I, durch den Erlaß der KindUVV (Art 1 VO v 19. 6. 98, BGBl 1364) mWv 24. 6. 98 Gebrauch gemacht, vgl Anh. Vordrucke sind danach für Anträge nach §§ 645, 646 und für Einwendungen nach § 648 eingeführt worden.

**2**  **2) Benutzungszwang, II.** Die durch § 1 I KindUVV eingeführten Vordrucke müssen von den Parteien benutzt werden, soweit sich nicht aus § 1 II KindUVV etwas anderes ergibt. Die zulässigen Abweichungen ergeben sich aus § 3 KindUVV. „Sich bedienen" bedeutet, daß es Sache der Partei ist, sich die Vordrucke zu beschaffen und sie auszufüllen, vgl § 117 Rn 31. Wegen Verwendung des Vordrucks bei Abgabe der Erklärung vor dem UrkBeamten s § 657 S 2.

**3**  Entspricht der Antrag oder die Erklärung nicht den Anforderungen, so gilt § 646 II für den Antrag. Bei fehlender oder mangelhafter Benutzung des Vordrucks für die Erhebung von Einwendungen, § 647 I 2 Z 4, kann der Rpfl nach § 649 verfahren; er wird aber idR dem Antragsteller die Nachbesserung ermöglichen, vgl § 117 Rn 35 u 36, §§ 703 c Rn 4 u 691 Rn 2.

## Anhang nach § 659

### Verordnung zur Einführung und Änderung von Vordrucken für gerichtliche Verfahren

Vom 19. Juni 1998; BGBl 1364

#### Artikel 1

### Verordnung zur Einführung von Vordrucken für das vereinfachte Verfahren über den Unterhalt minderjähriger Kinder

#### (Kindesunterhalt-Vordruckverordnung – KindUVV)

**§ 1.** *Vordrucke.* I Für das vereinfachte Verfahren zur Festsetzung des Unterhalts für ein minderjähriges Kind werden eingeführt
1. der in Anlage 1 bestimmte Vordruck für den Antrag auf Festsetzung des Unterhalts nach den §§ 645, 646 der Zivilprozeßordnung und das in dieser Anlage bestimmte Merkblatt,
2. der in Anlage 2 bestimmte Vordruck für die Erhebung von Einwendungen gegen die Festsetzung des Unterhalts nach § 648 der Zivilprozeßordnung.

II Absatz 1 Nr. 1 gilt nicht, soweit Unterhalt
1. für Zeiträume, für die das Kind Hilfe nach dem Bundessozialhilfegesetz, Leistungen nach dem Unterhaltsvorschußgesetz oder Unterhalt nach § 1607 Abs. 2, 3 des Bürgerlichen Gesetzbuchs erhalten hat, von dem Träger der Sozialhilfe, dem Land oder dem Dritten aus übergegangenem Recht oder
2. nach § 91 Abs. 3 Satz 2 des Bundessozialhilfegesetzes oder nach § 7 Abs. 4 Satz 1 des Unterhaltsvorschußgesetzes
verlangt wird.

**§ 2.** *Ausführung der Vordrucke.* (nicht abgedruckt)

**§ 3.** *Zulässige Abweichungen.* Folgende Abweichungen von den in den Anlagen 1 und 2 bestimmten Vordrucken sind zulässig:
1. Berichtigungen, die auf einer Änderung von Rechtsvorschriften beruhen;
2. Anpassungen, Änderungen oder Ergänzungen, die es, ohne den Inhalt der Vordrucke zu verändern oder das Verständnis der Vordrucke zu erschweren, den Gerichten ermöglichen, die Verfahren maschinell zu bearbeiten, für die Bearbeitung technische Entwicklungen nutzbar zu machen oder vorhandene technische Einrichtungen weiter zu nutzen;
3. Verringerung oder Erweiterung der notwendigen Ausfüllfelder für Fälle, in denen Unterhalt für weniger oder mehr als drei Kinder geltend gemacht wird oder aus anderen Gründen Ausfüllfelder für weitere Angaben notwendig sind.

**§ 4.** *Übergangsvorschrift.* Soweit nach den in Anlage 1 und 2 bestimmten Vordrucken zur Bezeichnung der Höhe des Unterhalts für einen Zeitraum vor dem 1. Juli 1998 auf die Regelbeträge Bezug genommen wird, bezeichnet die Bezugnahme den Regelbedarf nach § 1 der zuletzt durch Artikel 21 des Gesetzes vom 16. Dezember 1997 (BGBl I S. 2998) geänderten Regelunterhalt-Verordnung vom 27. Juni 1970 (BGBl I S. 1010), der Verordnung zur Festsetzung des Regelbedarfs in dem in Artikel 3 des Einigungsvertrages genannten Gebiet vom 25. September 1995 (BGBl I S. 1190) und den auf Grund des Artikels 234 § 9 des Einführungsgesetzes zum Bürgerlichen Gesetzbuche erlassenen Rechtsverordnungen.

#### Artikel 2 und 3
(nicht abgedruckt)

**660** *Zuständigkeitskonzentration.* I ¹Die Landesregierungen werden ermächtigt, die vereinfachten Verfahren über den Unterhalt Minderjähriger durch Rechtsverordnung einem Amtsgericht für die Bezirke mehrerer Amtsgerichte zuzuweisen, wenn dies ihrer schnelleren und rationelleren Erledigung dient. ²Die Landesregierungen können die Ermächtigung durch Rechtsverordnung auf die Landesjustizverwaltungen übertragen.

II Bei dem Amtsgericht, das zuständig wäre, wenn die Landesregierung oder die Landesjustizverwaltung das Verfahren nach Absatz 1 nicht einem anderen Amtsgericht zugewiesen hätte, kann das Kind Anträge und Erklärungen mit der gleichen Wirkung einreichen oder anbringen wie bei dem anderen Amtsgericht.

**1) Regelungszweck.** Besonders im Hinblick auf die maschinelle Bearbeitung, § 658, aber auch aus sonstigen Gründen einer schnelleren und rationelleren Erledigung kann es zweckmäßig sein, das vereinfVerf über den Unterhalt minderjähriger Kinder, §§ 645 ff, einem Amtsgericht für die Bezirke mehrerer AGe zuzuweisen. Die im Hinblick auf Art 101 GG nötige gesetzliche Grundlage für eine solche Zuständigkeitskonzentration schafft § 660, weil § 23 c GVG die Zuweisung bestimmter FamS nicht erlaubt, s dortige Erl. **1**

§§ 660–687　　　　　　　　　　6. Buch. 6. Abschn. Verf. üb. den Unterh.

**2**　**2) Ermächtigung zur Konzentration, I.** Ob sie von der Ermächtigung zur Konzentration der Zuständigkeit in vereinfVerf, Rn 1, Gebrauch machen, entscheiden die Länder. Es bedarf dazu einer Rechtsverordnung.

**3**　**3) Wirksamkeit von Erklärungen, II.** Bei dem ohne die Konzentration zuständigen AG, also idR bei dem nach § 642 für seinen Wohnsitz zuständigen AG, kann das **Kind** (nicht aber ein anderer Beteiligter) Anträge und Erklärungen mit der gleichen Wirkung einreichen oder anbringen wie bei dem infolge der Konzentration zuständigen AG. Soweit es auf den Zeitpunkt ankommt, zB nach § 209 I Z 1 b BGB oder nach § 647 II oder § 656, ist danach der Zeitpunkt des Eingangs bei dem ohne die Konzentration zutändigen Gericht maßgeblich; diese Regelung geht § 129 a II 2 vor.

# 661–687 (aufgehoben mWv 1. 1. 92 durch Art 4 Z 7 BtG)

# Siebentes Buch
# Mahnverfahren

*Bearbeiter: Dr. Dr. Hartmann*

## Grundzüge

**Schrifttum:** *Abel,* Text- und Diktathandbuch Außergerichtliches und gerichtliches Mahnverfahren einschließlich der Zwangsvollstreckung, 1988; *Brandl,* Aktuelle Probleme des Mahnverfahrens usw, Diss Regensb 1989; *Coester-Waltjen,* Mahnbescheid und Zahlungsbefehl – ein Blick über die Grenzen, Festschrift für Henckel (1995) 53; *Geishecker/Kruse,* Das EDV-gestützte gerichtliche Mahnverfahren, 1996; *Helmreich,* Erscheinungsformen des Mahnverfahrens im deutschsprachigen Rechtskreis usw, 1995; *Huber,* Das erfolgreiche Mahnverfahren usw, 8. Aufl 1998; *Kronenbitter,* Das gerichtliche Mahnverfahren, 1992; *Lechner,* Das gerichtliche Mahnverfahren usw, Diss Augsb 1991 (auch rechtsvergleichend); *Mewing,* Mahnen – Klagen – Vollstrecken, 3. Aufl 1992; *Salten/Riesenberg/Jurksch,* Das automatisierte gerichtliche Mahnverfahren usw, 1996; *Schneider,* Der Mahnbescheid und seine Vollstreckung, 4. Aufl 1998; zu § 34 AVAG SchlAnh V D sowie *Hök* MDR **88,** 186.

### Gliederung

| | | | |
|---|---|---|---|
| 1) Systematik | 1 | A. Mahnbescheid | 4 |
| 2) Regelungszweck | 2 | B. Vollstreckungsbescheid | 5 |
| 3) Geltungsbereich | 3 | 5) Einzelheiten | 6 |
| 4) Verfahren | 4, 5 | 6) *VwGO* | 7 |

**1) Systematik.** Das Mahnverfahren, das mit einer Mahnung nur bedingt zu tun hat, ist eine besondere, **1** mit dem Urteilsverfahren der §§ 253 ff kaum vergleichbare Prozeßart, BGH Rpfleger **88,** 195. Die frühere Bezeichnung Zahlungsbefehl ist dem Ausdruck Mahnbescheid, die frühere Bezeichnung Vollstreckungsbefehl dem Ausdruck Vollstreckungsbescheid gewichen; der Schuldner heißt jetzt Antragsgegner.

**2) Regelungszweck.** Das Mahnverfahren kann dem Gläubiger, hier Antragsteller genannt, vor allem für **2** eine wahrscheinlich unstreitigen Anspruch auf verhältnismäßig raschem Wege entweder sein Geld oder einen Vollstreckungstitel, den Vollstreckungsbescheid, verschaffen, §§ 700, 794 Z 4, BGH **101,** 388, LG Stgt Rpfleger **88,** 535. Es dient damit sowohl der Prozeßwirtschaftlichkeit, Grdz 14 vor § 128, als auch schon deshalb auch einer (rascheren) Gerechtigkeit, Einl III 9. Die derzeitige gesetzliche Regelung ist vielfach verunglückt, Jäckle JZ **78,** 675. Als mißglückt haben sich insbesondere Zuständigkeitsregeln des § 689 II und der Übergang in das streitige Verfahren nach § 696 erwiesen. Zum EDV-Einsatz §§ 690 III, 703 b, c, Beinghaus/Thilke Rpfleger **91,** 294.

**3) Geltungsbereich.** Das Mahnverfahren gilt in allen Verfahrensarten der in §§ 688 ff zugelassenen **3** Anspruchsarten nach der ZPO: Bei Ansprüchen auf eine bestimmte Geldsumme, § 688 I, die wenigstens in der Widerspruchsfrist fällig werden, vgl § 692 I Z 3, und zwar grundsätzlich nur in inländischer Währung, nur ausnahmsweise in ausländischer, § 688 III. Ausgeschlossen sind Ansprüche, die von einer noch nicht erfolgten Gegenleistung abhängen, sowie bei einer öffentlichen Zustellung des Mahnbescheids, § 688 II (nicht des Vollstreckungsbescheids, § 699 IV 4). Ein Urkunden-, Wechsel- und Scheckmahnverfahren sind gemäß § 703 a möglich. Ob der Gläubiger das Mahnverfahren oder den ordentlichen Prozeß wählt, steht ihm frei. Zum deutschen internationalen Mahnverfahren Hintzen Rpfleger **97,** 293 (Üb). Ein Artikelgesetz zur Umstellung des § 688 I auf den EUR usw ist in Vorbereitung.
Im *arbeitsgerichtlichen* Mahnverfahren gilt zunächst § 46 a ArbGG, geändert dch Art 2 Z 1 G v 29. 6. 98, BGBl 1694, der im übrigen auf §§ 688 ff verweist; dazu VO v 15. 12. 77, BGBl 2625, betr Vordrucke. Im *SGG-*Verfahren gilt § 182 a SGG, abgedruckt unten; dazu VO v. 6. 6. 78, BGBl 2625, zuletzt geändert am 30. 3. 98, BGBl 638. Im *WEG-*Verfahren gilt § 46 a WEG, abgedruckt unten.

*ArbGG § 46 a. Mahnverfahren.* I Für das Mahnverfahren vor den Gerichten für Arbeitssachen gelten die Vorschriften der Zivilprozeßordnung über das Mahnverfahren einschließlich der maschinellen Bearbeitung entsprechend, soweit dieses Gesetz nichts anderes bestimmt.

II Zuständig für die Durchführung des Mahnverfahrens ist das Arbeitsgericht, das für die im Urteilsverfahren erhobene Klage zuständig sein würde.

III ¹Die in den Mahnbescheid nach § 692 Abs. 1 Nr. 3 der Zivilprozeßordnung aufzunehmende Frist beträgt eine Woche.

IV ¹Wird rechtzeitig Widerspruch erhoben und beantragt eine Partei die Durchführung der mündlichen Verhandlung, so hat die Geschäftsstelle dem Antragsteller unverzüglich aufzugeben, seinen Anspruch binnen zwei Wochen schriftlich zu begründen. ²Bei Eingang der Anspruchsbegründung bestimmt der Vorsitzende den Termin zur mündlichen Verhandlung. ³Geht die Anspruchsbegründung nicht rechtzeitig ein, so wird bis zu ihrem Eingang der Termin nur auf Antrag des Antragsgegners bestimmt.

V Die Streitsache gilt als mit Zustellung des Mahnbescheids rechtshängig geworden, wenn alsbald nach Erhebung des Widerspruchs Termin zur mündlichen Verhandlung bestimmt wird.

**Grundz § 688**  

^VI Im Falle des Einspruchs wird Termin bestimmt, ohne daß es eines Antrags einer Partei bedarf.

^VII Das Bundesministerium für Arbeit und Sozialordnung wird ermächtigt, durch Rechtsverordnung mit Zustimmung des Bundesrates den Verfahrensablauf zu regeln, soweit dies für eine einheitliche maschinelle Bearbeitung der Mahnverfahren erforderlich ist (Verfahrensablaufplan).

^VIII ¹Das Bundesministerium für Arbeit und Sozialordnung wird ermächtigt, durch Rechtsverordnung mit Zustimmung des Bundesrates zur Vereinfachung des Mahnverfahrens und zum Schutze der in Anspruch genommenen Partei Vordrucke einzuführen. ²Dabei können für Mahnverfahren bei Gerichten, die die Verfahren maschinell bearbeiten, und für Mahnverfahren bei Gerichten, die die Verfahren nicht maschinell bearbeiten, unterschiedliche Vordrucke eingeführt werden.

*SGG § 182 a. Mahnverfahren.* ¹ ¹Beitragsansprüche von Unternehmen der privaten Pflegeversicherung nach dem Elften Buch Sozialgesetzbuch können nach den Vorschriften der Zivilprozeßordnung im Mahnverfahren vor dem Amtsgericht geltend gemacht werden. ²In dem Antrag auf Erlaß des Mahnbescheids können mit dem Beitragsanspruch Ansprüche anderer Art nicht verbunden werden. ³Der Widerspruch gegen den Mahnbescheid kann zurückgenommen werden, solange die Abgabe an das Sozialgericht nicht verfügt ist.

^II ¹Mit Eingang der Akten beim Sozialgericht ist nach den Vorschriften dieses Gesetzes zu verfahren. ²Für die Entscheidung des Sozialgerichts über den Einspruch gegen den Vollstreckungsbescheid gelten § 700 Abs. 1 und § 343 der Zivilprozeßordnung entsprechend.

*WEG § 46 a. Mahnverfahren.* ¹ ¹Zahlungsansprüche, über die nach § 43 Abs. 1 zu entscheiden ist, können nach den Vorschriften der Zivilprozeßordnung im Mahnverfahren geltend gemacht werden. ²Ausschließlich zuständig im Sinne des § 689 Abs. 2 der Zivilprozeßordnung ist das Amtsgericht, in dessen Bezirk das Grundstück liegt. ³§ 690 Abs. 1 Nr. 5 der Zivilprozeßordnung gilt mit der Maßgabe, daß das nach § 43 Abs. 1 zuständige Gericht der freiwilligen Gerichtsbarkeit zu bezeichnen ist. ⁴Mit Eingang der Akten bei diesem Gericht nach § 696 Abs. 1 Satz 4 oder § 700 Abs. 3 Satz 2 der Zivilprozeßordnung gilt der Antrag auf Erlaß des Mahnbescheids als Antrag nach § 43 Abs. 1.

^II ¹Im Falle des Widerspruchs setzt das Gericht der freiwilligen Gerichtsbarkeit dem Antragsteller eine Frist für die Begründung des Antrags. Vor Eingang der Begründung wird das Verfahren nicht fortgeführt. ²Der Widerspruch kann bis zum Ablauf einer Frist von zwei Wochen seit Zustellung der Begründung zurückgenommen werden; § 699 Abs. 1 Satz 3 der Zivilprozeßordnung ist anzuwenden.

^III ¹Im Falle des Einspruchs setzt das Gericht der freiwilligen Gerichtsbarkeit dem Antragsteller eine Frist für die Begründung des Antrags, wenn der Einspruch nicht als unzulässig verworfen wird. ²§§ 339, 340 Abs. 1, 2, § 341 der Zivilprozeßordnung sind anzuwenden; für die sofortige Beschwerde gilt jedoch § 45 Abs. 1. ³Vor Eingang der Begründung wird das Verfahren vorbehaltlich einer Maßnahme nach § 44 Abs. 3 nicht fortgeführt. ⁴Geht die Begründung bis zum Ablauf der Frist nicht ein, wird die Zwangsvollstreckung auf Antrag des Antragsgegners eingestellt. ⁵Bereits getroffene Vollstreckungsmaßregeln können aufgehoben werden. ⁶Für die Zurücknahme des Einspruchs gelten Absatz 2 Satz 3 erster Halbsatz und § 346 der Zivilprozeßordnung entsprechend. ⁷Entscheidet das Gericht in der Sache, ist § 343 der Zivilprozeßordnung anzuwenden.

4 **4) Verfahren.** Es sind zwei Hauptabschnitte zu unterscheiden.

**A. Mahnbescheid.** Zuständig ist grundsätzlich das AG, § 689, für den Mahnbescheid, der durch einen Widerspruch des Antragsgegners auflösend bedingt ist. Der Rechtspfleger ist funktionell zuständig, § 20 Z 1 RPflG, § 153 GVG Anh. Soweit nicht §§ 688 ff Sonderregeln enthalten, gelten §§ 1 ff. Einzelheiten des Verfahrens vgl bei den einzelnen Vorschriften.

5 **B. Vollstreckungsbescheid.** Erhebt der Antragsgegner keinen Widerspruch oder nimmt er ihn zurück, so erläßt der Rechtspfleger desjenigen Gerichts, bei dem die Akten inzwischen liegen, § 699 Rn 13, einen Vollstreckungsbescheid, gegen den binnen zwei Wochen gemäß §§ 700 II, 338 ff Einspruch zulässig ist. Der Vollstreckungsbescheid steht einem Versäumnisurteil gleich, hat aber dessen Rechtskraftwirkung, § 322 Rn 71, Stgt JZ 86, 1117. Geht binnen sechs Monaten seit der Zustellung des Mahnbescheids kein Widerspruch ein und beantragt der Gläubiger keinen Vollstreckungsbescheid, fällt die Wirkung des Mahnbescheids weg, § 701. Die Rechtshängigkeit, § 261, tritt gemäß §§ 696 III, 700 II ein. Im übrigen sind die Vorschriften des 1. Buchs, abgesehen von denjenigen über die hier grundsätzlich nicht stattfindende mündliche Verhandlung, auf das Mahnverfahren anwendbar.

6 **5) Einzelheiten.** Über die Akten- und Geschäftsbehandlung § 1 Z 3, § 12 Z 1–4 AktO. Ein Verfahrensablaufplan ist zulässig, § 703 b II, Vordrucke (und der Zwang zu deren Benutzung) sind zum Teil eingeführt, zum Teil vorgesehen, § 703 c, eine maschinelle Bearbeitung ist geplant, § 689 I usw. Ein Protokoll ist zulässig, §§ 159 ff, aber grundsätzlich nicht notwendig, § 702 I (eine Ausnahme gilt bei einem auswärtigen Gericht, § 129 a).

7 **6) VwGO:** Das 7. Buch ist unanwendbar, § 173 VwGO, weil § 86 I VwGO der Schaffung eines Titels aufgrund einseitiger Erklärung eines Beteiligten entgegensteht, VG Wiesbaden NJW 64, 686. Außerdem ergibt sich die Unanwendbarkeit aus § 168 VwGO, da in dieser abschließenden Aufzählung der Vollstreckungsbescheid, § 794 I Z 4, fehlt.

**688** *Zulässigkeit.* ¹ Wegen eines Anspruchs, der die Zahlung einer bestimmten Geldsumme in Euro oder Deutscher Mark zum Gegenstand hat, ist auf Antrag des Antragstellers ein Mahnbescheid zu erlassen.

II Das Mahnverfahren findet nicht statt:
1. für Ansprüche des Kreditgebers, wenn der nach dem Verbraucherkreditgesetz anzugebende effektive oder anfängliche effektive Jahreszins den bei Vertragsschluß geltenden Diskontsatz der Deutschen Bundesbank zuzüglich zwölf vom Hundert übersteigt;
2. wenn die Geltendmachung des Anspruchs von einer noch nicht erbrachten Gegenleistung abhängig ist;
3. wenn die Zustellung des Mahnbescheids durch öffentliche Bekanntmachung erfolgen müßte.

III Müßte der Mahnbescheid im Ausland zugestellt werden, findet das Mahnverfahren nur statt, soweit das Anerkennungs- und Vollstreckungsausführungsgesetz vom 30. Mai 1988 (BGBl. I 662) dies vorsieht.

Vorbem. I idF Art 2 § 1 EuroEG v 9. 6. 98, BGBl 1242, in Kraft seit 1. 1. 99, Art 16 S 2 EuroEG, ÜbergangsR Einl III 78.

Schrifttum: *von Borries/Glomb*, Beck-Ratgeber Euro-Währung, 1997.

**Gliederung**

| | | | | |
|---|---|---|---|---|
| 1) Systematik, Regelungszweck, I–III ... | 1 | A. Hoher Jahreszins, II Z 1 ............... | 6 |
| 2) Zulässigkeit, I ........................ | 2–5 | B. Gegenleistung, II Z 2 ............... | 7 |
| A. Allgemeine Voraussetzungen ........ | 2 | C. Öffentliche Zustellung, II Z 3 ........ | 8 |
| B. Besondere Voraussetzungen ........ | 3 | 4) Auslandszustellung, III ............... | 9 |
| C. Antrag; weitere Einzelfragen ........ | 4 | 5) Mängelfolgen, I–III ................. | 10 |
| D. Verstoß ........................... | 5 | | |
| 3) Unzulässigkeit, II .................... | 6–8 | | |

**1) Systematik, Regelungszweck, I–III.** Die Vorschrift nennt Zulässigkeitsvoraussetzungen, § 689 unter **1** diesen die Zuständigkeitsbedingungen, § 690 die Form des Mahnantrags. Die Einschränkungen in II, deren Prüfung an den im Mahngericht zuständigen Rpfl fast zu hohe Anforderungen stellt, sollen das Mahnverfahren als das Massenverfahren durchführbar halten. Die Hauptproblematik, daß der Antragsteller in diesem Verfahren vorgeht, obwohl hochgradig mit einem Widerspruch oder Einspruch zu rechnen ist, wird vom Gesetz nicht einmal im Ansatz bekämpft. Man sollte daher auch die gesetzlich geregelten Zulässigkeitsvoraussetzungen nicht überspannen.

**2) Zulässigkeit, I.** Es müssen drei Gruppen von Voraussetzungen zusammentreffen. **2**

**A. Allgemeine Voraussetzungen.** Es müssen zum Erlaß eines Mahnbescheids die allgemeinen Prozeßvoraussetzungen vorliegen, Grdz 12 vor § 253, Crevecœur NJW 77, 1321, also namentlich: die Parteifähigkeit, § 50; die Prozeßfähigkeit, § 51; die Zulässigkeit des Rechtswegs, § 13 GVG; die Zuständigkeit (zu ihr § 689); die gesetzliche Vertretung; das Rechtsschutzbedürfnis, Grdz 33 vor § 253, BGH NJW **81**, 876, AG Hann RR **88**, 1343. Ein arbeitsrechtlicher Anspruch gehört in das arbeitsgerichtliche Mahnverfahren, § 46 a ArbGG, abgedruckt Grdz 3 vor § 688. Wegen des Mahnverfahrens in einer SGG-Sache gilt § 182 a SGG, abgedruckt Grdz 3 vor § 688. In einer WEG-Sache vgl § 281 Anh II und ferner § 46 a WEG, abgedruckt Grdz 3 vor § 688. Soweit besondere Festsetzungsverfahren bestehen, gehen sie vor, zB § 155 KostO, § 19 BRAGO.

**B. Besondere Voraussetzungen.** Es müssen außerdem die besonderen Voraussetzungen des Mahnverfahrens **3** gegeben sein, Grdz 23 vor § 253: Der Anspruch des Antragstellers muß die Zahlung einer bestimmten Geldsumme (in beliebiger Höhe) gehen. Diese Summe muß grundsätzlich in EUR, dazu Rellermeyer Rpfleger **99**, 45, Ritten NJW **99**, 1214, oder (bis zur endgültigen Umstellung noch) in DM gefordert werden, I, nur ausnahmsweise darf sie in ausländischer Währung lauten, Rn 9. Diese Regelung war schon vor dem 1. 1. 99 mit dem EWG-Vertrag vereinbar, EuGH AWD **81**, 486. ECU reichte nicht aus, vgl Siebelt/Häde NJW **92**, 16. Freilich darf der Antragsteller die Summe in DM bzw EUR umrechnen und dann wegen des Wegfalls der Schlüssigkeitsprüfung im Mahnverfahren geltend machen und durchsetzen, Schmidt NJW **89**, 69, Siebelt/Häde NJW **92**, 16. Im streitigen Verfahren muß er evtl die Klage ändern und zur ausländischen Währung zurückkehren, Schmidt NJW **89**, 69. Wegen des Urkunden-, Wechsel-, Scheckmahnverfahrens vgl § 703 a.

Der Anspruch muß spätestens innerhalb der Widerspruchsfrist *fällig* und darf nicht aufschiebend bedingt sein, § 158 I BGB. Zulässig ist ein Zahlungsanspruch gemäß § 43 I Z 1 WEG. Das ergibt sich aus § 46 a WEG, abgedruckt Grdz 3 vor § 688. Dadurch ist die frühere Streitfrage überholt, Hansens Rpfleger **92**, 277. Ein Anspruch auf die Leistung einer vertretbaren Sache oder von Wertpapieren ist nicht für das Mahnverfahren zugelassen, BGH NJW **99**, 360 oben links, ebensowenig ein Anspruch auf Duldung wegen solcher ebengenannten Ansprüche, Bublitz WertpMitt **77**, 575, Crevecœur NJW **77**, 1321. Unzulässig ist ein Anspruch auf Feststellung zur Insolvenztabelle. Wegen der Gegenleistung Rn 6.

**C. Antrag; weitere Einzelfragen.** Es muß ein ordnungsgemäßer Antrag vorliegen, § 690. Eine Klägerhäufung ist zulässig, § 59. Jeder Antragsteller muß einen eigenen Vordrucksatz ausfüllen. Eine Anspruchshäufung ist zulässig, § 260, LG Bre RR **91**, 58, soweit dasselbe Gericht zuständig ist und soweit das Mahnverfahren durchweg zulässig ist. Eine Prozeßverbindung nach § 147 ist wegen des Fehlens einer mündlichen Verhandlung nicht möglich.

**5  D. Verstoß.** Erläßt das Gericht einen Mahnbescheid entgegen den gesetzlichen Beschränkungen, so ist der Mahnbescheid nur auf Widerspruch nach § 694 zu beseitigen, nicht auf eine Beschwerde. Im anschließenden streitigen Verfahren sind die besonderen Voraussetzungen des Mahnverfahrens unerheblich. Dagegen sind diese besonderen Voraussetzungen in jeder Lage des Mahnverfahrens von Amts wegen zu beachten, Grdz 39 vor § 128. Der Erlaß des Mahnbescheids ist also abzulehnen, auch wenn I verletzt worden ist. Wer einen Widerspruch unterläßt, verzichtet nicht auf die Rügemöglichkeit.

**6  3) Unzulässigkeit, II.** Sie liegt beim Eintritt auch nur einer der folgenden Voraussetzungen vor.

**A. Hoher Jahreszins, II Z 1.** Unzulässigkeit liegt zunächst dann vor, wenn beim Anspruch eines Kreditgebers der nach § 4 I Z 1 e, II VerbrKrG anzugebende effektive oder (wenn eine Änderung des Zinssatzes oder anderer preisbestimmender Faktoren vorbehalten ist) anfängliche effektive Jahreszins den bei Vertragsschluß geltenden Diskontsatz der Deutschen Bundesbank zuzüglich 12% übersteigt. Damit bürdet II Z 1 dem Gericht die Pflicht auf, von Amts wegen den im Einzelfall maßgeblich gewesenen Diskontsatz zu beachten, soweit der Antrag diese nach § 690 I Z 3 miterforderliche Angabe (noch) nicht enthält und noch als nachbesserbar erscheint, und zwar nach dem klaren Gesetzeswortlaut denjenigen, jeweils im Bundesanzeiger veröffentlichten, Diskontsatz der Deutschen Bundesbank, der bei Vertragsschluß galt, nicht etwa den jetzigen und auch nicht denjenigen beim Eingang des Mahnantrags. Damit ergibt sich eine theoretische Amtspflicht zur Beachtung des Vertragsschlusses. Das ist eine Form der Amtsprüfung, Grdz 39 vor § 128 (nicht der Amtsermittlung, Grdz 38 vor § 128). AG Hagen RR **95**, 320 verlangt bei mehr als 5% Zinsen den Nachweis höheren Schadens, aM Wolf Rpfleger **95**, 172. Rudolph MDR **96**, 1 fordert eine Gesetzesänderung.

Die *allgemeine Entwicklung* der letzten Monate bzw Jahre, die der Rpfl beim Zinssatz allerdings jetzt kennen muß, mag ihm einen ausreichenden Anhalt dafür geben, ob er überhaupt beim Zinssatz Bedenken haben sollte. Notfalls setzt er unter Hinweis auf sie eine Frist zur Mitteilung des Vertragsdatums nach § 690 I Z 3 und weist beim Fortbestehen begründeter Zweifel nach § 691 I Z 1 zurück, Holch NJW **91**, 3180, ohne sich wegen des Anknüpfungszeitpunkts unzumutbar zu quälen, Rn 11. Er braucht insbesondere nicht die Rechtsfrage zu prüfen, ob das VerbrKrG überhaupt anwendbar ist, Holch NJW **91**, 3180, Markwardt NJW **91**, 1220, aM Bülow NJW **91**, 133.

**7  B. Gegenleistung, II Z 2.** Unzulässigkeit liegt ferner vor, wenn der Anspruch des Antragstellers von einer noch nicht erfolgten Gegenleistung abhängig ist. Freilich erfolgt auch hier keine sachlichrechtliche Prüfung von Amts wegen nach Grdz 39 vor § 128; der Rpfl prüft vielmehr nur, ob der Antrag in sich formell ordnungsgemäß ist. Der Antragsteller muß gemäß § 690 I Z 4 entweder erklären, daß der Antrag nicht von einer Gegenleistung abhängig sei, oder er muß erklären, er habe die Gegenleistung, zB bei einer Zug-um-Zug-Verpflichtung, bereits erbracht, Crevecœur NJW **77**, 1321. Der Antragsteller darf also weder schweigen noch widersprüchliche oder unklare Ausführungen machen, Herbst Rpfleger **78**, 200, noch darf er die Gegenleistung erst anbieten, noch darf er behaupten, sie vergeblich angeboten zu haben. Er darf vielmehr höchstens angeben, er brauche die Gegenleistung deshalb nicht mehr anzubieten, weil er sie schon vergeblich angeboten habe, folglich sei der Anspruch nicht mehr von einer Gegenleistung abhängig. Die Verpflichtung zur Erteilung einer Quittung oder zur Aushändigung der Schuldurkunde, § 368 BGB, Art 39 WG, Art 34 ScheckG, ist keine Gegenleistung. Er braucht aber die Gegenleistung weder näher zu bezeichnen noch anzugeben, wann er sie erbracht hat.

**8  C. Öffentliche Zustellung, II Z 3.** Unzulässigkeit liegt schließlich vor, wenn die Zustellung des Mahnbescheids durch eine öffentliche Bekanntmachung erfolgen müßte, §§ 203 ff. Dies ist von Amts wegen zu prüfen, Grdz 39 vor § 128, da der Mahnbescheid von Amts wegen zuzustellen ist, § 693 I. Stellt sich erst im weiteren Verfahren diese Notwendigkeit heraus, so darf nicht verwiesen werden, § 696 Rn 2. Wegen der Zustellung an ein Mitglied der Streitkräfte Art 32 ZAbkNTrSt, SchlAnh III.

**9  4) Auslandszustellung, III,** dazu *Hintzen* Rpfleger **97**, 293 (Üb): Ob sie notwendig ist, ist von Amts wegen zu prüfen, Grdz 39 vor § 128, da die Zustellung des Mahnbescheids von Amts wegen erfolgt, § 693 I. In diesen Fällen ist zunächst § 703 d anwendbar. Falls dennoch eine Auslandszustellung notwendig wird, §§ 199 ff, ist der Erlaß des Mahnbescheids nur für den Fall zulässig, daß das AVAG, SchlAnh V D, die Auslandszustellung vorsieht bzw zuläßt, Hök JB **91**, 1145 und 1605 (ausf). Nur nach Maßgabe dieser Übereinkünfte ist auch ein Mahnantrag auf eine Zahlung in (beliebiger) ausländischer Währung zulässig; wegen einer Umrechnung auf DM Rn 3; Einzelheiten Ritten NJW **99**, 1214. Wegen der erst nach dem Erlaß des Mahnbescheids bekannt werdenden Notwendigkeit einer Auslandszustellung oder öffentlichen Zustellung § 696 Rn 2.

**10  5) Mängelfolgen, I–III.** Der Antrag ist zurückzuweisen, § 691, soweit er den Vorschriften des § 688 nicht entspricht und soweit der Mangel unbehebbar ist oder trotz Fristsetzung nicht behoben worden ist, § 691 Rn 2.

---

**689** *Zuständigkeit.* I ¹Das Mahnverfahren wird von den Amtsgerichten durchgeführt. ²Eine maschinelle Bearbeitung ist zulässig. ³Bei dieser Bearbeitung sollen Eingänge spätestens an dem Arbeitstag erledigt sein, der dem Tag des Eingangs folgt.

II ¹Ausschließlich zuständig ist das Amtsgericht, bei dem der Antragsteller seinen allgemeinen Gerichtsstand hat. ²Hat der Antragsteller im Inland keinen allgemeinen Gerichtsstand, so ist das Amtsgericht Schöneberg in Berlin ausschließlich zuständig. ³Sätze 1 und 2 gelten auch, soweit in anderen Vorschriften eine andere ausschließliche Zuständigkeit bestimmt ist.

III ¹Die Landesregierungen werden ermächtigt, durch Rechtsverordnung Mahnverfahren einem Amtsgericht für die Bezirke mehrerer Amtsgerichte zuzuweisen, wenn dies ihrer schnelleren und

7. Buch. Mahnverfahren **§ 689**

rationelleren Erledigung dient. ²Die Zuweisung kann auf Mahnverfahren beschränkt werden, die maschinell bearbeitet werden. ³Die Landesregierungen können die Ermächtigung durch Rechtsverordnung auf die Landesjustizverwaltungen übertragen. ⁴Mehrere Länder können die Zuständigkeit eines Amtsgerichts über die Landesgrenzen hinaus vereinbaren.

**Schrifttum:** *Kruse/Geishecker*, Das EDV-gestützte gerichtliche Mahnverfahren, 1996; *Riesenberg/Jurksch* MDR 95, 448 (Üb, auch zu III); *Schmid*, Elektronische Datenverarbeitung im Mahnverfahren, 1991; *Seidel/Brändle*, Das automatisierte Mahnverfahren usw, 1989.

**Gliederung**

| | |
|---|---|
| 1) **Systematik, Regelungszweck, I–III** ... 1 | D. Vereinbarter Gerichtsstand beim Auslandsbezug .......... 6 |
| 2) **Sachliche Zuständigkeit, I 1** .......... 2 | E. Ausschließlichkeit ............ 7 |
| 3) **Örtliche Zuständigkeit, II, III** ....... 3–9 | F. Einzelfragen ................ 8 |
|    A. Inländischer Gerichtsstand des Antragstellers ............ 3 | G. Zuweisung, III ............. 9 |
|    B. Kein inländischer Gerichtsstand des Antragstellers .......... 4 | 4) **Maschinelle Bearbeitung, I 2, 3** ..... 10 |
|    C. Kein inländischer Gerichtsstand des Antragsgegners ......... 5 | 5) **Verstoß, I–III** .................. 11 |

**1) Systematik, Regelungszweck, I–III.** Während § 688 die allgemeinen (weiteren) Zulässigkeitsvoraussetzungen des Mahnverfahrens und § 690 die Form des Antrags regeln, bestimmt § 689 als eine gegenüber §§ 23 ff GVG wegen der sachlichen und gegenüber §§ 12 ff wegen der örtlichen Zuständigkeit Spezialvorschrift die Zuständigkeit, die nach dem ergänzend anwendbaren § 20 Z 1 RPflG, Anh § 153 GVG, funktionell beim Rpfl liegt. Die Unabdingbarkeit des Gerichtsstands, II 1 in Verbindung mit § 40 II 1 Hs 2, hat ihre Tücken, soweit der Antragsgegner Widerspruch oder Einspruch einlegt, wie § 696 zeigt. Das ändert nichts an der Notwendigkeit, die strenge Regelung des eigentlichen Mahnverfahrens durch strikte Auslegung zu stützen.

**2) Sachliche Zuständigkeit, I 1.** Sie liegt beim AG, und zwar für sämtliche im ordentlichen Rechtsweg zu verfolgenden Anträge ohne Rücksicht auf den Streitwert. Das AG ist auch dann für den Erlaß des Mahnbescheids zuständig, wenn das Landgericht für ein streitiges Verfahren sachlich ausschließlich zuständig ist. In Arbeitssachen ist das ArbG zuständig, § 46a ArbGG, abgedruckt Grdz 3 vor § 688. Der Rpfl bearbeitet das gesamte Mahnverfahren einschließlich der Abgabe nach § 696, auch bei einer maschinellen Bearbeitung, Crevecœur NJW 77, 1320. Der Richter bearbeitet erst das folgende streitige Verfahren, § 20 Z 1 RPflG, § 153 GVG Anh. Daher darf und muß der Rpfl auch dann (wieder) tätig werden, wenn sich im streitigen Verfahren zB ergeben hat, daß etwa mangels ordnungsmäßiger Unterschrift des Rpfl, § 129 Rn 9ff, rechtlich gewertet überhaupt kein Mahn- und/oder Vollstreckungsbescheid vorliegt, Üb 14 vor § 300, § 311 Rn n 4, und wenn der Richter des streitigen Verfahrens daher das Verfahren an das Mahngericht zurückverwiesen hat, § 7 RPflG, abgedruckt Anh § 153 GVG Rn 1.

**3) Örtliche Zuständigkeit, II, III.** Es sind zahlreiche Aspekte zu beachten. 3

**A. Inländischer Gerichtsstand des Antragstellers.** Es ist dasjenige AG ausschließlich zuständig, bei dem der Antragsteller seinen allgemeinen Gerichtsstand hat, §§ 12 ff, BGH NJW 98, 1322, im Ergebnis auch Gildemeister NJW 93, 1569. Das gilt, falls auch der Antragsgegner im Inland seinen allgemeinen Gerichtsstand hat, II 1, 3. An sich ist die Niederlassung kein allgemeiner, sondern ein besonderer Gerichtsstand, § 21, BGH NJW 98, 1322, Gildemeister NJW 93, 1569. Eine ausländische Versicherungsgesellschaft mit einer inländischen Niederlassung hat aber ausnahmsweise einen allgemeinen Gerichtsstand im Inland, BGH NJW 79, 1785, aM BGH (10. ZS) NJW 98, 1322 (teilweise unkorrekt zitierend und ich sich widersprüchlich). Dasselbe gilt für eine ausländische Bank mit einer inländischen Niederlassung, AG Ffm Rpfleger **80**, 72. Ein Anwalt darf nur dann lediglich die Kanzleianschrift angeben, wenn er zusätzlich versichert, an demselben Ort zu wohnen, AG Hbg Rpfleger 93, 252, Gildemeister AnwBl 94, 132.

**B. Kein inländischer Gerichtsstand des Antragstellers.** Das AG Berlin-Schöneberg ist zuständig, 4 wenn der Antragsteller im Inland keinen allgemeinen Gerichtsstand hat, und zwar unabhängig vom Gerichtsstand des Antragsgegners, II 2, 3, Büchel NJW 79, 946, solange der Antragsgegner überhaupt irgendeinen inländischen Gerichtsstand hat, BGH Rpfleger **81**, 394. Eine inländische unselbständige Zweigniederlassung (des ausländischen Antragstellers) ohne eigene Rechtspersönlichkeit ist unbeachtlich, BGH NJW **91**, 110 (zustm Busl IPRax **92**, 20).

**C. Kein inländischer Gerichtsstand des Antragsgegners.** Das AG des § 703 d ist nach der dortigen 5 vorrangigen Sonderregelung zuständig, BGH NJW **95**, 3317 (krit Hintzen Rpfleger **96**, 117), wenn der Antragsgegner im Inland keinen allgemeinen Gerichtsstand hat. In diesem Fall kommt es nicht darauf an, ob der Antragsteller im Inland einen Gerichtsstand hat, BGH NJW **81**, 2647, Druwe Rpfleger **91**, 425.

**D. Vereinbarter Gerichtsstand beim Auslandsbezug.** Dazu § 34 II AVAG, SchlAnh V D. 6

**E. Ausschließlichkeit.** Bei Rn 2–4 besteht eine ausschließliche Zuständigkeit, zum Begriff Üb 14 vor 7 § 12. Sie ist allerdings rein national, nicht international, Düss JB **96**, 496. Sie ist unabdingbar, § 40 II, BGH BB **85**, 691. Sie geht, abgesehen von einer etwaigen Zuweisung nach III, Rn 9, jeder anderen nationalen, auch einer ausschließlichen, im Mahnverfahren vor (nicht nach dem Übergang in das streitige Verfahren), II 3. Dies gilt auch dann, wenn andere Vorschriften zur Zuständigkeit erst später erlassen worden sind. Unberührt bleibt in Bln 1 VO v 14. 12. 72, GVBl 2303, betr Verkehrssachen (nach ihr ist das AG Charlottenburg zuständig), Lappe NJW **78**, 2379. Entsprechendes gilt beim Haustürgeschäft usw, Anh § 29. Eine Abweichung ist auch wegen § 9 II Z 1 AGBG unwirksam, BGH BB **85**, 691. Bei mehreren Antragstellern mit verschiedenen allgemeinen Gerichtsständen gibt BGH NJW **78**, 321 (zustm Haack NJW

## §§ 689, 690

80, 673, ZöV 3, krit Büchel NJW **79**, 946) dem Antragsteller ein Wahlrecht. Bei einem Anspruch im Sinne des § 29 a gilt während des Mahnverfahrens II. Erst im anschließenden etwaigen streitigen Verfahren ist der Gerichtsstand der Belegenheit maßgeblich.

In *Arbeitssachen* ist das für das Urteilsverfahren zuständige Arbeitsgericht zuständig, § 46 a II ArbGG, abgedruckt Grdz 3 vor § 688. Daraus folgt eine Abgabebefugnis an ein anderes Arbeitsgericht, falls der Schuldner nicht im Bezirk des ersteren wohnt, BAG DB **82**, 500 (das BAG spricht dort irrig von Verweisung). Wegen des WEG-Verfahrens § 46 a WEG, abgedruckt Grdz 3 vor § 688.

**8** F. **Einzelfragen.** Die Zuständigkeit ist von Amts wegen zu prüfen, Grdz 39 vor § 128. Sie muß für alle Ansprüche bestehen. Eine Amtsermittlung, Grdz 38 vor § 128, findet aber nicht statt, BGH NJW **81**, 876. Zur Mangelprüfung § 691 Rn 2–5. Notfalls wird das zuständige Gericht nach § 36 bestimmt, BayObLG Rpfleger **80**, 436, aM BGH NJW **78**, 321. Maßgeblicher Zeitpunkt ist derjenige der Zustellung des Mahnbescheids, § 693, nicht derjenige seines Erlasses, § 692, schon gar nicht derjenige des Antragseingangs. Denn erst die Zustellung macht den Mahnbescheid nach außen wirksam, vgl § 329 Rn 26. Auf die Zustellung bezieht das Gesetz die Rechtshängigkeit zurück, § 696 III, auch § 693 II setzt eine (demnächst folgende) Zustellung voraus. Ein späterer Wegfall der Zuständigkeit ist unbeachtlich. Der Erlaß des Mahnbescheids durch ein örtlich unzuständiges Gericht läßt den Mahnbescheid wirksam. Gegen ihn ist dann nur Widerspruch nach § 694 zulässig, keine Beschwerde, § 688 Rn 5.

**9** G. **Zuweisung, III.** Eine Zuständigkeit kraft Zuweisung, III 1, 2, geht derjenigen nach II vor. Sie geht auch dann vor, wenn (nur) der Antrags*gegner* im Inland keinen Wohnsitz hat, BGH Rpfleger **93**, 355 (zustm Falk). Zulässig ist die Übertragung nur, soweit sie für die Bezirke mehrerer Amtsgerichte innerhalb oder außerhalb desselben OLG-Bezirks erfolgt. Bereits vorher war von der Ermächtigung nach III 1 aF Gebrauch gemacht worden, Riesenberg/Jurksch MDR **95**, 449 (Üb):

**Baden-Württemberg:** VOen vom 7. 10. 80, GBl 570 und vom 15. 12. 92, GBl 802;
**Bayern:**
**Berlin:** VO vom 24. 4. 87, GVBl 1547;
**Brandenburg:**
**Bremen:**
**Hamburg:**
**Hessen:** VO zuletzt vom 24. 9. 93, GVBl 441 (zuständig ist das AG Hünfeld für die Bezirke der AG Darmstadt, Frankfurt am Main, Bad Homburg v. d. Höhe, Offenbach am Main, Wiesbaden;
**Mecklenburg-Vorpommern:**
**Niedersachsen:**
**Nordrhein-Westfalen:** VO vom 23. 11. 93, GVBl 967, betr das AG Hagen (OLG-Bezirke Hamm, Köln).
**Rheinland-Pfalz:**
**Saarland:**
**Sachsen:**
**Sachsen-Anhalt:**
**Schleswig-Holstein:**
**Thüringen:**

Diese Regelungen gelten nur fort, soweit sie mit III 1 nF vereinbar sind, Art 31 GG. Von der Ermächtigung nach III 2 hat Gebrauch gemacht: **Baden-Württemberg:** VO vom 2. 7. 86, GBl 275. Von derjenigen nach III 3 hat Gebrauch gemacht: **Schleswig-Holstein:** VO vom 4. 12. 96, GVBl 720.

**10** 4) **Maschinelle Bearbeitung, I 2, 3.** Vgl §§ 703 b, c.

**11** 5) **Verstoß, I–III.** Der Antrag ist zurückzuweisen, § 691, soweit er nicht den Vorschriften des § 689 entspricht, Holch NJW **91**, 3180 (zu I Z 3); vgl bei § 691.

---

**690** *Mahnantrag.* **I** Der Antrag muß auf den Erlaß eines Mahnbescheids gerichtet sein und enthalten:

1. die Bezeichnung der Parteien, ihrer gesetzlichen Vertreter und der Prozeßbevollmächtigten;
2. die Bezeichnung des Gerichts, bei dem der Antrag gestellt wird;
3. die Bezeichnung des Anspruchs unter bestimmter Angabe der verlangten Leistung; Haupt- und Nebenforderungen sind gesondert und einzeln zu bezeichnen, Ansprüche aus Verträgen, für die das Verbraucherkreditgesetz gilt, auch unter Angabe des Datums des Vertragsabschlusses und des nach dem Verbraucherkreditgesetz anzugebenden effektiven oder anfänglichen effektiven Jahreszinses;
4. die Erklärung, daß der Anspruch nicht von einer Gegenleistung abhängt oder daß die Gegenleistung erbracht ist;
5. die Bezeichnung des Gerichts, das für ein streitiges Verfahren zuständig ist.

**II** Der Antrag bedarf der handschriftlichen Unterzeichnung.

**III** Der Antrag kann in einer nur maschinell lesbaren Form übermittelt werden, wenn diese dem Gericht für seine maschinelle Bearbeitung geeignet erscheint; der handschriftlichen Unterzeichnung bedarf es nicht, wenn in anderer Weise gewährleistet ist, daß der Antrag nicht ohne den Willen des Antragstellers übermittelt wird.

**Schrifttum:** *Braun,* Metaphysik der Unterschrift, Festschrift für *Schneider* (1997) 447; *Salten,* Das automatisierte gerichtliche Mahnverfahren usw, 1996; *Vollkommer,* Verjährungsunterbrechung und „Bezeichnung" des Anspruchs im Mahnbescheid, Festschrift für *Lüke* (1997) 865.

## Gliederung

1) **Systematik, Regelungszweck: Antragsnotwendigkeit, I–III** .............. 1
2) **Antragsform und -frist, I** .............. 2
3) **Antragsinhalt, I** .............................. 3–11
   A. Bezeichnung der Parteien usw, I Z 1 .. 3, 4
   B. Bezeichnung desjenigen AG, an das sich der Antrag richtet, I Z 2 .............. 5
   C. Bezeichnung des Anspruchs usw, I Z 3 . 6–9
   D. Erklärung zur etwaigen Gegenleistung, I Z 4 ............................... 10
   E. Bezeichnung des für das streitige Verfahren zuständigen Gerichts, I Z 5 ..... 11
4) **Freigestellte Angaben, I** .............. 12
   A. Kostenberechnung des Antragstellers .. 12
   B. Antrag auf streitiges Verfahren ......... 12
   C. Antrag auf Prozeßkostenhilfe .......... 12
5) **Verbotene Angaben, I** ................. 13
6) **Antragsrücknahme, I** .................. 14
7) **Unterzeichnung, II** ..................... 15
8) **Maschinell lesbare Form, III** ........... 16
9) **Keine Mitteilung des Antrags, I–III** ... 17

**1) Systematik, Regelungszweck: Antragsnotwendigkeit, I–III.** Die Vorschrift ergänzt §§ 688, 689 **1** wegen des ja schon in § 688 I als notwendig bezeichneten Antrags. Er entspricht einer Klageschrift nicht im Inhalt, wohl aber in der Funktion und ist (nur) insoweit mit § 253 usw vergleichbar. Er muß wenigstens alle diejenigen Angaben enthalten, die in einem ja nach §§ 700, 794 I Z 4 zum Vollstreckungstitel werdenden folgenden etwaigen Vollstreckungsbescheid benötigt werden. Vgl wegen der grundsätzlich notwendigen handschriftlichen Unterschrift, II, § 129 Rn 9 ff und wegen der Antragstellung § 702.
Der Antrag ist eine *Parteiprozeßhandlung*, Grdz 47 vor § 128. Daher müssen die Prozeßhandlungsvoraussetzungen vorliegen, Grdz 18 vor § 253. Aus ihm muß erkennbar sein, daß ein Mahnbescheid, nicht etwa eine Klage, bezweckt wird. Die Bezeichnung als Gesuch, Bitte, Forderung usw ist umdeutbar. Der Antrag muß grundsätzlich handschriftlich unterzeichnet sein, II, Rn 15. Nur ausnahmsweise genügt eine maschinell lesbare Form, und zwar sogar handschriftliche Unterzeichnung, wenn in anderer Weise gewährleistet ist, daß der Antrag nicht ohne den Willen des Antragstellers übermittelt wird, III Hs 2, etwa durch ein Anschreiben zu einer Sammlung zu Anträgen. Den notwendigen Inhalt des Antrags ergibt I abschließend, BGH **NJW 81**, 876. Der weitere Inhalt ist freigestellt. Ein unvollständiger und fehlerhafter Antrag wird, evtl nach ergebnisloser Fristsetzung, § 691 Rn 2, von Amts wegen zurückgewiesen, § 691 (die Entscheidung ist grundsätzlich unanfechtbar; Ausnahmen ergeben sich aus § 691 III), BGH **NJW 84**, 242, Holch **NJW 91**, 3181, StJSchl 3.

**2) Antragsform und -frist, I.** Der Antrag kann vor dem Urkundsbeamten der Geschäftsstelle eines **2** jeden AG gestellt werden, §§ 702 I 1, 129 a I. Zur Wahrung einer etwaigen Frist, zB nach § 12 III VVG, Düss **RR 86**, 1413, Hamm **VersR 87**, 194, ist aber grundsätzlich erst der Eingang des Antrags bei dem nach den §§ 689, 703 d II örtlich zuständigen AG maßgeblich, §§ 693 II, 129 a II 2. Freilich kann man die Verjährung auch durch die Einreichung eines Antrags, der den Anspruch in einer für eine Vollstreckung ausreichenden Weise bezeichnet, BGH **NJW 94**, 324, LG Mannh **WoM 99**, 460, ind dann sogar beim unzuständigen Gericht unterbrechen, BGH **86**, 313, Bode **MDR 82**, 632, PalH § 209 Rn 16, aM KG **NJW 83**, 2709, Loritz **JR 85**, 98; zur Problematik Vollkommer (vor Rn 1) 895.
Zur Auswirkung des *Stillstands* des Verfahrens, Üb 1 vor § 239, auf die Verjährung BGH **134**, 389, BayVGH **NJW 88**, 1373, Hamm **MDR 94**, 106. Zur Verjährung bei Anspruchsmehrheit LG Bre **RR 91**, 58. Soweit gemäß § 703 c *Vordrucke* eingeführt worden sind, § 1 a der in § 703 c Rn 1 genannten VO, müssen diese benutzt werden, § 703 c Rn 3. In solchen Fällen ist also ein ohne Benutzung des Vordrucks eingereichter Antrag als unzulässig zurückzuweisen. Eine Vollmacht braucht nicht nachgewiesen zu werden, § 703 S 1. Die Vollmacht muß jedoch versichert werden. Es ist aber keine eidesstattliche Versicherung nach § 294 notwendig. Andernfalls sind §§ 88–89 anwendbar. Zur Vorwegleistungspflicht § 65 III I GKG, Anh § 271. Die Einreichung einer Abschrift des Antrags ist nur im Rahmen des § 703 c II Voraussetzung der Zulässigkeit des Antrags. Im übrigen muß der Antragsteller etwa von Amts wegen anzufertigende Abschriften bezahlen, KV 9000 II b.

**3) Antragsinhalt, I.** Die Vorschrift schreibt mit „muß" einen Mindestinhalt des Antrags vor. **3**
**A. Bezeichnung der Parteien usw, I Z 1**, dazu *Petermann* Rpfleger **73**, 153: Diese Bezeichnung muß so genau erfolgen, daß die Nämlichkeit der Parteien feststeht, § 253 Rn 24, Kblz **MDR 80**, 149, daß ferner der Mahnbescheid ohne Schwierigkeiten zugestellt werden kann und daß auch die Zwangsvollstreckung aus ihm ohne Schwierigkeiten möglich ist, § 313 Rn 4–7, Kblz **MDR 80**, 149, Schlesw **SchlHA 73**, 154. Im allgemeinen muß der Antragsteller folgendes angeben: die ausgeschriebenen Vornamen, LG Paderborn **NJW 77**, 2077, Schneider **MDR 71**, 567; die Nachnamen; die Wohnorte; die Straßen mit Hausnummern. Ein Postfach reicht nicht aus; bei Firmen deren Bezeichnung, unter denen sie im Geschäftsverkehr auftreten. Nicht notwendig ist die exakte Bezeichnung von Stand, Beruf oder Gewerbe, noch gar nach dem Handelsregister, Werhahn **AnwBl 78**, 22. Neben der Firmenbezeichnung kann diejenige des Inhabers ratsam sein, Ffm **Rpfleger 73**, 64. Bei mehreren Antragsgegnern müssen für jeden genügende Einzelangaben und außerdem insgesamt so viele Angaben gemacht werden, daß keine Verwechslung mit anderen Rechtspersonen möglich ist, Kblz **MDR 80**, 149, LG Bln **MDR 77**, 146.
Unter Umständen sind *ferner anzugeben:* Berufsbezeichnungen; Geburtstage, etwa bei gleichnamigen **4** Brüdern; Angaben wie „senior" oder „junior", Nürnb **OLGZ 87**, 485, Stockwerksangaben, falls sonst Verwechslungen möglich sind, Kblz **MDR 80**, 149. Stets ist die Bezeichnung des etwaigen gesetzlichen Vertreters erforderlich; bei Eltern müssen grundsätzlich beide nach ihren Vor- und Nachnamen bezeichnet werden. Bei einer Behörde ist der Name des sie vertretenden Menschen nicht mit erforderlich, BGH **134**, 352. Ebenfalls stets erforderlich ist die Angabe des oder der ProzBev, soweit diese sich bereits vor der Antragstellung beim Antragsteller gemeldet haben, § 176, Scharlhorn **JB 74**, 700; ob das Gericht sie, zB bei der Zustellung, berücksichtigen darf, das ergibt sich freilich nicht schon auf Grund der Angaben im Antrag, sondern erst auf Grund der §§ 80 ff, 176. Eine Berichtigung von Schreibfehlern ist vor oder nach der Zustellung des Mahnbescheids zulässig, § 692 Rn 8, Bank **JB 81**, 175.

## § 690

**5** **B. Bezeichnung desjenigen AG, an das sich der Antrag richtet, I Z 2.** Die ursprünglich vom Gesetzgeber geplante Bezeichnung Mahngericht ist nicht amtlich eingeführt worden, aber in der Praxis vielfach üblich. Bei § 129 a I muß der Antragsteller dasjenige AG nennen, an das der Antrag von Amts wegen oder gemäß § 129 a II 3 durch den Antragsteller weitergeleitet werden soll (dieses AG meint Z 2 trotz seines mißverständlichen Wortlauts). Der Rpfl ist an das so benannte Gericht gebunden, § 692 Rn 2.

**6** **C. Bezeichnung des Anspruchs usw, I Z 3,** dazu *Vollkommer* (vor Rn 1) und: Zum „Streitgegenstand" im Mahnverfahren, Festschrift für *Schneider* (1997) 231: Der Anspruch ist unter einer bestimmten, dh bezifferten Angabe der verlangten Leistung zu bezeichnen, § 253 Rn 38 ff. Dabei sind Haupt- und Hilfsforderung gesondert und einzeln zu bezeichnen, also auch die Zinsen gesondert, s unten. Bei einem Anspruch, für den das VerbrKrG gilt, vgl § 688 II Z 1, sind wegen der letzteren Vorschrift auch die Nebenforderungen gesondert und einzeln zu bezeichnen und das Datum des Vertragsabschlusses, der nach § 4 I Z 1 e, II VerbrKrG anzugebende effektive oder (wenn eine Änderung des Zinssatzes oder anderer preisbestimmender Faktoren vorbehalten ist) anfängliche effektive Jahreszins mitzuteilen.

Es ist allerdings insgesamt bei jedem Haupt- und bei jedem Hilfsanspruchs, § 260 Rn 8, nur noch so viel notwendig, daß der Anspruch gegenüber anderen Ansprüchen abgrenzbar ist *(Individualisierung)*, BGH NJW **96**, 2153, Salten MDR **98**, 1144 (Üb), Schneider MDR **98**, 1334 (keine Überspannung). Dies ist schon deshalb unumgänglich, damit der Schuldner erkennen kann, ob und wie er sich verteidigen soll, BGH NJW **94**, 324, damit ferner der Umfang der inneren Rechtskraft im Fall des Erlasses eines entsprechenden Vollstreckungsbescheids feststeht und damit auch Art und Umfang der Möglichkeiten der Zwangsvollstreckung erkennbar sind, § 253 Rn 39, BGH NJW **94**, 324, Düss VersR **97**, 721, LG Wuppert WoM **97**, 111. Das sollten diejenigen bedenken, die sogar noch der bloßen Individualisierungsforderung eher kritisch gegenüberstehen, wie Vollkommer (vor Rn 1) 246.

**7** Dagegen sind *keine* Angaben zur *Schlüssigkeit* des Anspruchs mehr erforderlich, AG Breisach RR **86**, 936, Schwab NJW **79**, 697. Denn der Rpfl nimmt nur noch eine Formalkontrolle vor (er prüft allenfalls zusätzlich, ob es sich um ein klagbares Recht handelt oder ob ein Rechtsmißbrauch vorliegt, § 691 Rn 6), § 692 I Z 2. Eickmann DGVZ **77**, 103 f hält diese bloße Formalkontrolle für eine unerträgliche Begünstigung unredlicher Gläubiger; vgl auch § 222. Will der Rpfl nicht zum Mittäter eines Prozeßbetrugs(versuchs) werden, muß er evtl den Erlaß des Mahn- oder Vollstreckungsbescheids bei Kenntnis der Nichtexistenz der Forderung allerdings ablehnen, § 691 Rn 6. Grundsätzlich ist aber jetzt keinerlei Begründung des Anspruchs über seine Individualisierung hinaus erforderlich.

**8** Freilich ist zumindest in einer überschaubaren Sache eine zur Schlüssigkeit ausreichende *Anspruchsbegründung* schon im Mahnantrag *ratsam*, Schneider MDR **98**, 70, etwa als Anlage zum Formular, Hirtz NJW **81**, 2234. Ausreichend ist zB die Fassung „300 DM aus Vertrag vom ...", nicht notwendig ist die Fassung „... aus einem Kaufvertrag vom ... wegen Nichteinhaltung der Lieferfrist"; nicht ausreichend ist die Fassung „... aus (Kauf-)Vertrag"; ausreichend ist die Fassung „300 DM aus dem Vorfall vom ...", nicht notwendig ist die Formulierung „... aus dem am ... begangenen Diebstahl einer Uhr". Eine Bezugnahme auf ein vorprozessuales Schreiben an den Antragsgegner kann ausreichen, BGH NJW **94**, 324. Im Einzelfall kann freilich die Notwendigkeit einer Individualisierung praktisch doch eine Begründung des Anspruchs notwendig machen. Jedenfalls ist es aber nicht mehr notwendig, daß sich die rechtliche Zuordnung der Forderung erkennen läßt, BGH NJW **91**, 44, LG Karlsr AnwBl **83**, 178, StJSchl 5, aM Herbst Rpfleger **78**, 200, ThP § 691 Rn 4.

*Nicht* ausreichend sind die bloße Angabe „Schadensersatz aus Mietvertrag" LG Mannh WoM **99**, 460, oder „Anspruch auf Schadensersatz, Beschädigung einer Mietwohnung", LG Wuppert WoM **97**, 111, oder bloß „Mietnebenkosten – auch Renovierungskosten", LG Bielef WoM **97**, 112.

**9** Es kann sich das Fehlen der *Verjährung* oder das Bestehenbleiben des Anspruchs trotz einer geltend gemachten Aufrechnung usw aus dem Antrag erkennen lassen. Eine vollständige Aufgliederung des Anspruchs ist zwar nicht schädlich, BGH RR **96**, 886. Ein allzu mangelhaft bezeichneter Anspruch läßt aber trotz grundsätzlicher Nachholbarkeit der Angaben, BGH MDR **85**, 132, nicht eine Unterbrechung der Verjährung eintreten, BGH NJW **95**, 2231, Ffm NJW **91**, 2091, AG Wuppert MDR **90**, 438; zum Problem Vollkommer (vor Rn 1) 865. Wegen der Zinsen ist auch die Angabe der Laufzeit des Anspruchs und des Anfangszeitpunkts sowie die Angabe notwendig, ob sie nur auf die (volle oder teilweise) Hauptforderung oder auch auf die (ebenfalls genau zu bezeichnenden) Zinsen gefordert werden. Andernfalls muß der Rpfl evtl rückfragen. Der Mahnbescheid bzw Vollstreckungsbescheid ist notfalls auszulegen. Das kann auf Probleme stoßen, Schneider Rpfleger **91**, 260. Da es Sache der Partei ist, ihren Anspruch zu beziffern, § 253 Rn 49, umfaßt der Zinsanspruch im Zweifel nur die Hauptforderung, AG Bln-Tempelhof Rpfleger **91**, 260, aM AG Waiblingen Rpfleger **91**, 260 (zustm Schneider). Wegen der Mehrwertsteuer auf die Zinsen Rn 13.

**10** **D. Erklärung zur etwaigen Gegenleistung, I Z 4.** Vgl § 688 Rn 7.

**11** **E. Bezeichnung des für das streitige Verfahren zuständigen Gerichts, I Z 5.** Die Vorschrift gilt für jeden Antragsgegner, BayObLG Rpfleger **80**, 436, Vollkommer Rpfleger **78**, 184. Gemeint ist das endgültig nach §§ 12 ff örtlich und sachlich zuständige Gericht. Damit trägt der Antragsteller jetzt jedenfalls zunächst die volle Verantwortung für die richtige Bezeichnung und hat keine anschließende Wahlmöglichkeit mehr, § 696 Rn 20, BGH NJW **93**, 1273, LG Wiesb NJW **92**, 1634, Zimmermann FamRZ **93**, 1038. Das macht das Mahnverfahren noch komplizierter, aber vielleicht weniger aufwendig und zeitraubend. Bei einem Verstoß gilt Rn 1. Eine falsche (irrige oder bewußt irreführende) Angabe kann nicht mehr zu einer Berichtigung von Amts wegen führen, denn der Rpfl untersucht nicht mehr, ob das vom Antragsteller bezeichnete Gericht auch wirklich zuständig ist, aM Holch NJW **91**, 3178. Sie kann deshalb auch nicht mehr zu einer Zurückweisung führen. Notfalls muß der Antragsteller beim nächsten Gericht erfragen, welches Gericht nach Z 5 zuständig sei. Evtl muß er also ein LG angeben und zusätzlich mitteilen, ob die Zivilkammer oder die Kammer für Handelssachen zuständig ist, Schrieuwer NJW **78**, 1039, aM Ffm NJW **80**, 2202, Nürnb Rpfleger **95**, 369, LG Essen JZ **79**, 145. Dasselbe gilt für ein dann etwa zuständig werdendes WEG-Gericht usw, zB § 46 a I 2 WEG, abgedruckt Grdz 3 vor § 688. Der Antragsteller braucht grundsätzlich das im streitigen Verfahren zuständige FamG nicht anzugeben, ZöV 19, aM Jauernig FamRZ **78**, 230.

**4) Freigestellte Angaben, I.** Freigestellt sind über den „Muß"-Inhalt, Rn 3, hinaus Angaben. **12**
A. Kostenberechnung des Antragstellers, § 692 I Z 3. Wenn sie fehlt, kann der Rpfl den Antrag allerdings mit einem entsprechenden Vermerk und der Auflage zur Ergänzung zurückgeben, ebenso bei anderen Beanstandungen, § 12 AktO.
B. Antrag auf streitiges Verfahren. Ferner ist für den Fall des Widerspruchs ein Antrag auf die Durchführung des streitigen Verfahrens freigestellt, § 696 I 2. Dieser Antrag wird mit dem Eingang des Widerspruchs wirksam, LG Fulda RR **99**, 221. Ein Antrag auf eine Abgabe von Amts wegen an das dann zuständige Gericht ist nicht erforderlich, die Abgabe erfolgt vielmehr ggf von Amts wegen. Wohl aber ist ein Antrag erforderlich, das streitige Verfahren überhaupt durchzuführen, falls der Antragsteller nicht zunächst abwarten will, ob ein streitiges Verfahren notwendig wird. Ein Verweisungsantrag ist auch im Falle des § 696 V nicht notwendig. Wegen des Zeitpunkts gilt: Ein Antrag auf den Erlaß des Vollstreckungsbescheids darf nicht mehr schon mit dem Antrag auf den Erlaß des Mahnbescheids verbunden werden, § 699 Rn 6. Wenn der Antrag etwa trotzdem gestellt worden ist, ist er unbeachtlich, wenn ihn der Urkundsbeamte der Geschäftsstelle entgegengenommen hat. Ein solcher Antrag lebt auch nicht etwa nach dem Ablauf der Widerspruchsfrist auf. Der Antragsteller muß ihn dann vielmehr erneut stellen. Die anders lautende bisherige Rspr ist überholt. Ein Antrag gemäß § 699 IV 2 auf eine Übergabe des Vollstreckungsbescheids an den Antragsteller zur Zustellung im Parteibetrieb ist ebenso zu behandeln.
C. Antrag auf Prozeßkostenhilfe. Solcher Antrag schon für das Mahnverfahren ist statthaft, § 114 Rn 32.

**5) Verbotene Angaben, I.** Der Antrag darf keine Forderung auf die Zahlung von Mehrwertsteuer auf **13**
die Zinsforderung enthalten, soweit Vordruckzwang besteht; ein dagegen verstoßender Antrag ist unzulässig, Rn 1, Schneider DGVZ **83**, 115, und muß nach Erlaß des Mahnbescheids und Widerspruch oder Einspruch evtl zur diesbezüglichen Klagrücknahme oder Klagabweisung führen, Schneider DGVZ **83**, 115. Man soll auch das Gericht eines besonderen oder eines vereinbarten Gerichtsstands angeben. Freilich obliegt die Prüfung, welches Gericht für das streitige Verfahren endgültig zuständig ist, demjenigen Gericht, an das die Sache nach § 696 I abzugeben ist, (zum alten Recht) KG Rpfleger **80**, 115, aM Lappe NJW **78**, 2380.

**6) Antragsrücknahme, I.** Man kann die Rücknahme des Antrags auf den Erlaß des Mahnbescheids, **14**
nicht zu verwechseln mit der Rücknahme des Antrags auf ein streitiges Verfahren oder der Rücknahme des Widerspruchs, § 696 Rn 12, entsprechend § 269 ohne eine Einwilligung des Antragsgegners bis zur Abgabe nach § 696 I 1 bzw § 70 III oder bis zur Rechtskraft des Vollstreckungsbescheids erklären, Mü AnwBl **84**, 371, und zwar gemäß § 702. Ein Vordruck ist dafür bisher nicht eingeführt. § 703 ist anwendbar. Der Rpfl läßt die Antragsrücknahme dem Antragsgegner zustellen, § 270 II 1, sofern dieser überhaupt schon von dem Mahnverfahren benachrichtigt worden war. Der Antragsgegner kann entsprechend § 269 III 3 eine Feststellung der Kostenfolge beantragen. Ab Abgabe ist § 269 direkt anwendbar.

**7) Unterzeichnung, II.** Sie muß grundsätzlich handschriftlich und vollständig erfolgen. Es ist also **15**
unzulässig, einen Faksimilestempel zu benutzen. Auch eine gedruckte Unterschrift ist unzulässig. Ausnahmen gelten nur bei einer maschinell lesbaren Form, III Hs 2. Zur grundsätzlichen Handschriftlichkeit vgl § 129 Rn 9 ff. Eine telegrafische Einreichung usw muß aber bei einem Mahnantrag nicht weniger zulässig sein als bei einer Klage, vgl § 129 Rn 45. Ein bloßes Handzeichen (Paraphe) reicht nicht aus, § 129 Rn 31 „Namensabkürzung". Bei einem Verstoß gelten Rn 1, 2, BGH **86**, 323 (dort auch zu einem Ausnahmefall). Freilich kann der Rpfl wie im Fall Rn 12 (A) vorgehen. Er hat insofern ein freies Ermessen. Hat er den Mahnbescheid trotz des Fehlens der Unterschrift erlassen, so kann zB eine Unterbrechung der Verjährung eingetreten sein, BGH **86**, 324.

**8) Maschinell lesbare Form, III.** Gemeint ist jede lesbare Form, zB: Magnetband, Mikrofilm, Loch- **16**
karte usw, auch im Weg des Datenträgeraustausches, oder der Datenfernübertragung, Holch NJW **91**, 3179. Ein Antrag in dieser Form ist nur dann zulässig, wenn die Aufzeichnung genau mit der EDV-Technik des Gerätes abgestimmt worden ist und wenn durch eine entsprechende Programmierung die Gefahr eines Mißbrauchs ausgeschlossen ist. Maßgeblich dafür, ob diese Voraussetzungen vorliegen, ist die Wertung durch das Gericht. Es entscheidet zunächst auch hier durch den Rpfl, nicht etwa durch den Gerichtsvorstand. Das Gericht entscheidet nach pflichtgemäßem Ermessen. Zur Anfechtbarkeit einer Entscheidung § 691 III. Eine handschriftliche Unterzeichnung ist nicht notwendig, soweit bei der maschinell lesbaren Form in anderer Weise gewährleistet ist, daß der Antrag nicht ohne den Willen des Antragstellers übermittelt wird, III Hs 2, etwa durch ein Anschreiben zu einer Sammlung von Mahnanträgen. Ob die Absicherung ausreicht, entscheidet das Gericht nach pflichtgemäßem Ermessen, Holch NJW **91**, 3179.

**9) Keine Mitteilung des Antrags, I–III.** Es erfolgt keine Mitteilung des Antrags an den Antragsgegner, **17**
§ 702 II. Der Erlaß des Mahnbescheids ohne eine Anhörung des Antragsgegners ist also kein Verstoß gegen Art 103 I GG. Daher braucht das Gericht auch nicht etwa solche Schriftsätze des Antragsgegners zu berücksichtigen, die beim Gericht während des Mahnverfahrens vor der Entscheidung über den Antrag auf den Erlaß des Mahnbescheids eingehen.

# 691 Zurückweisung. I ¹Der Antrag wird zurückgewiesen:
1. wenn er den Vorschriften der §§ 688, 689, 690, 703 c Abs. 2 nicht entspricht;
2. wenn der Mahnbescheid nur wegen eines Teiles des Anspruchs nicht erlassen werden kann.
²Vor der Zurückweisung ist der Antragsteller zu hören.

## § 691

**II** Sollte durch die Zustellung des Mahnbescheids eines Frist gewahrt oder die Verjährung unterbrochen werden, so tritt die Wirkung mit der Einreichung oder Anbringung des Antrags auf Erlaß des Mahnbescheids ein, wenn innerhalb eines Monats seit der Zustellung der Zurückweisung des Antrags Klage eingereicht und diese demnächst zugestellt wird.

**III** ¹Gegen die Zurückweisung findet die Beschwerde statt, wenn der Antrag in einer nur maschinell lesbaren Form übermittelt und mit der Begründung zurückgewiesen worden ist, daß diese Form dem Gericht für seine maschinelle Bearbeitung nicht geeignet erscheine. ²Im übrigen sind Entscheidungen nach Absatz 1 unanfechtbar.

**Schrifttum:** *Martin,* Die Prüfungsbefugnis des Rechtspflegers im gerichtlichen Mahnverfahren usw. 1998; *Vollkommer,* Verjährungsunterbrechung und „Bezeichnung" des Anspruchs, Festschrift für *Lüke* (1997) 865.

### Gliederung

| | |
|---|---|
| 1) Systematik, Regelungszweck, I–III ... 1 | C. Klageinreichung binnen Monatsfrist seit Zurückweisung ... 10 |
| 2) Zulässigkeitsprüfung von Amts wegen, I ... 2–5 | D. Demnächstige Zustellung ... 11 |
| A. Grundsatz: Zurückweisung (erst) bei Unbehebbarkeit eines Mangels ... 2 | E. Rückbeziehungszeitpunkte: Antragseinreichung oder -anbringung ... 12 |
| B. Rechtsschutzbedürfnis ... 3 | 6) Rechtsbehelf gegen Mahnbescheid: Widerspruch, § 694, § 11 III 2 RPflG . 13 |
| C. Volle Unzulässigkeit, I Z 1 ... 4 | |
| D. Teilweise Unzulässigkeit, I Z 2 ... 5 | 7) Rechtsbehelf gegen Zurückweisung durch Rechtspfleger: Sofortige Erinnerung, III ... 14, 15 |
| 3) Keine Schlüssigkeitsprüfung, I ... 6 | |
| 4) Entscheidung, I ... 7 | |
| 5) Rückbeziehung der Zustellung, II ... 8–12 | 8) Rechtsbehelf gegen Entscheidung des Amtsrichters, III ... 16, 17 |
| A. Geltungsbereich ... 8 | A. Grundsatz: Kein Rechtsbehelf ... 16 |
| B. Grundsatz: Schutz vor schuldloser Verzögerung ... 9 | B. Ausnahme: Einfache Beschwerde ... 17 |

**1** **1) Systematik, Regelungszweck, I–III.** Die Vorschrift nimmt für das Verfahren auf Grund des Antrags indirekt auf allgemeine Verfahrensregeln Bezug. Das Mahnverfahren kennt allerdings zur Vereinfachung und Beschleunigung im Interesse der Prozeßwirtschaftlichkeit, Grdz 14 vor § 128, keine mündliche Verhandlung, auch keine nach § 128 Rn 10 freigestellte, und es findet nicht einmal eine Anhörung des Antragsgegners. Das ist nur scheinbar ein Verstoß gegen Art 103 I GG und sein Prozeßgrundrecht, Einl III 16. Denn es steht dem Antragsgegner frei, durch Widerspruch gegen den Mahnbescheid den Übergang in das streitige Verfahren zu erzwingen, § 696, wo das Gericht wie nach einem Klageingang zu verfahren hat, § 697 II 1, und wo der nun Bekl heißende Antragsgegner das rechtliche Gehör voll erhält. Die ZPO kennt ja auch an anderer Stelle Entscheidungen ohne Gehör des Gegners, etwa bei §§ 829, 921, 936. Der funktionell zuständige Rpfl, § 689 Rn 1, legt dem Richter die Akten nur im Rahmen von § 5 RPflG, § 153 GVG Anh, vor. Das Mahnverfahren läuft auch in der Zeit vom 1. 7. bis 31. 8. weiter, denn § 227 III betrifft nur Termine.

**2** **2) Zulässigkeitsprüfung von Amts wegen, I.** Zwei Bedingungen haben evtl unterschiedliche Folgen.

**A. Grundsatz: Zurückweisung (erst) bei Unbehebbarkeit eines Mangels.** Der Rpfl prüft von Amts wegen, Grdz 39 vor § 128 (freilich nur im Amtsermittlung, Grdz 38 vor § 128), ob die Zulässigkeitsvoraussetzungen zum Erlaß des Mahnbescheids vorliegen, BGH Rpfleger 89, 516. Eine Zurückweisung ist schon dann erforderlich, wenn nur eines der gesetzlichen Erfordernisse fehlt. Daneben sind die allgemeinen Prozeßvoraussetzungen zu prüfen, Grdz 12 vor § 253, BGH NJW 81, 876, LAG Düss Rpfleger 94, 342, ZöV § 690 Rn 23, aM ThP 3 (nur bei konkretem Anlaß). Eine glatte Zurückweisung des Antrags sollte allerdings nur dann stattfinden, wenn vorhandene Mängel unbehebbar oder nur so schwer behebbar sind. In den übrigen Fällen verlangt das dem Rechtsuchenden geschuldete Entgegenkommen eine Auflage zur Behebung des Mangels in einer zu bestimmenden Frist, Einl III 27, BGH NJW 84, 242 (zustm Quack Rpfleger 84, 27), AG Hbg NJW 97, 874. Gleichzeitig sollte für den Fall eines fruchtlosen Fristablaufs eine Zurückweisung angedroht werden, AG Saarbr MDR 72, 1040, AG Wuppertal Rpfleger 78, 225, Vollkommer Rpfleger 77, 143. Freilich ist wegen des Massenbetriebs gerade der Mahnverfahren meist nur eine kurze Frist und keineswegs stets dergleichen notwendig.

**3** **B. Rechtsschutzbedürfnis.** Das Rechtsschutzbedürfnis, Grdz 33 vor § 253, kann zB bei einem Rechtsmißbrauch fehlen. Dies ist von Amts wegen zu prüfen, Einl III 54, BGH (7. ZS) Rpfleger 84, 27, Hbg MDR 82, 503, Karlsr Rpfleger 87, 422, aM BGH (2. ZS) NJW 81, 175, ThP 2, 3.

**4** **C. Volle Unzulässigkeit, I Z 1.** Wenn der Antrag nicht den Voraussetzungen der §§ 688, 689, 690, 703 c II entspricht, dann muß der Rpfl den Antrag unverzüglich zurückweisen, Salten MDR 95, 669, und zwar (jetzt) nach einer Anhörung des Antragstellers, denn I 2 bezieht sich auch auf I Z 1, wie seine optische Stellung im BGBl 90, 2845 zeigt (der Satz 2 beginnt *nicht* mit derselben Einrückung wie Satz 1 Z 2, sondern am Zeilenanfang). Die Anhörung kann mündlich, fernmündlich oder schriftlich erfolgen. Der Rpfl muß dem Antragsteller aber ausreichend Zeit lassen, Art 103 I GG.

**5** **D. Teilweise Unzulässigkeit, I Z 2.** Die Vorschrift schreibt eine volle Zurückweisung des Antrags vor, wenn der Mahnbescheid auch nur für einen Teil des Anspruchs zu versagen ist. Dies ist jedoch nur auf einen rechnungsmäßigen Teil zu beziehen, nicht auf einen abtrennbaren Haupt- oder Nebenanspruch, LG Traunstein Rpfleger 87, 206, Crevecœur NJW 77, 1322. Beispiel: Der Antrag geht auf Zahlung von 100 DM nebst Zinsen in unklarer Höhe. Das Gericht kann den Mahnbescheid wegen 100 DM erlassen, den Zinsanspruch aber abweisen; das Gericht darf nicht etwa einen Mahnbescheid über 50 DM erlassen oder einen Mahnbescheid über 100 DM nebst 4% Zinsen. Wenn der Rpfl zu einem Teil der Forderung Bedenken hat, insofern ebenso LG Stgt Rpfleger **88**, 535, LG Traunstein Rpfleger **87**, 206, muß er den Antragsteller anhören, bevor er den Antrag zurückweist, damit der Antragsteller die Angaben ergänzen und den Antrag notfalls zurücknehmen kann, denn I 2 bezieht sich auch auf I Z 2, Rn 2. Die Anhörung kann, wie bei I Z 1, mündlich, fernmündlich oder schriftlich erfolgen. Der Rpfl muß dem Antragsteller aber auch hier ausreichend Zeit lassen, Art 103 I GG. Eine überhöhte Kostenberechnung ist, soweit möglich, von Amts wegen zu berichtigen, Grdz 39 vor § 128, Rn 6, Hofmann Rpfleger **79**, 447, strenger AG Freyung MDR **86**, 680 (Zurückweisung).

**3) Keine Schlüssigkeitsprüfung, I.** Der Rechtspfleger nimmt grundsätzlich keine Schlüssigkeitsprüfung **6** des Anspruchs mehr vor, § 690 Rn 7, LG Karlsr AnwBl **83**, 178, auch nicht zu § 688 II Z 1, Markwardt NJW **91**, 1220, aM Bülow Rpfleger **96**, 133, sondern prüft nur die Schlüssigkeit der geltend gemachten Kosten des Mahnverfahrens, AG Bonn Rpfleger **82**, 71. Er beanstandet insofern nur einen offensichtlich unsinnigen, unklarbaren oder rechtsmißbräuchlichen Kostenerstattungsanspruch, Rn 5, LG Aschaffenb JB **97**, 317, AG Bre-Blumenthal Rpfleger **93**, 117, AG Hbg Rpfleger **88**, 272 (insoweit im Ergebnis zustm Lappe), strenger Stgt Rpfleger **88**, 536, AG Lpz JB **96**, 542 (nicht schon bei Inkassokosten), weitergehend LG Stgt Rpfleger **88**, 535 und 537 linke Spalte unten (es läßt auch die Prüfung der Hauptforderung zu).

Er prüft den Antrag im übrigen grundsätzlich nur noch formell darauf, ob der *Anspruch individualisierbar* ist, § 690 Rn 6, LG Bre RR **91**, 58, und auch dies nur anhand der Angaben des Antragstellers. Der Antragsteller ist zur Wahrheit verpflichtet, § 138 I. Falsche Angaben können einen zumindest versuchten Prozeßbetrug darstellen, Düss MDR **92**, 606, AG Walsrode Rpfleger **83**, 359. Durch Erteilung trotz Kenntnis der Nichtexistenz der Forderung macht sich der Rpfl zum Mittäter, Düss MDR **92**, 606. Eine Angabe, es würden „Zinsen ab Rechnungsdatum" verlangt, kann kaum noch ausreichen. Zinseszinsen sind auch hier unzulässig, Herbst Rpfleger **78**, 200. Eine Anspruchserweiterung oder „Klagerweiterung" ist nur durch einen weiteren Mahnantrag wirksam möglich; der Rpfl nimmt sie andernfalls zu den Akten, ohne sie schon im Mahnverfahren zu bearbeiten, Vollkommer Rpfleger **88**, 196. Ein dennoch auch über den erhöhten Betrag erlassener Mahnbescheid ist freilich als Staatsakt zunächst wirksam, vgl auch Üb 19 vor § 300, sodaß der Antragsgegner auf einen Widerspruch angewiesen ist, den er ja auf den Betrag der Erhöhung beschränken darf, § 694 I.

**4) Entscheidung, I.** Eine Zurückweisung erfolgt durch einen Beschluß, LG Traunstein Rpfleger **87**, **7** 206, AG Marl NJW **78**, 651. Eine Begründung des Beschlusses ist grundsätzlich eine Rechtspflicht des Gerichts, § 329 Rn 4. Eine Kostenentscheidung ergeht zu Lasten des Antragstellers, § 91, evtl nach § 92, LG Traunstein Rpfleger **87**, 206. Der Beschluß ist schon wegen der Frist des II, aber auch aus den Gründen Rn 14 dem Antragsteller förmlich zuzustellen, § 329 Rn 32. Der Beschluß wird dem Antragsgegner nicht mitgeteilt, zumal dieser im Verfahren grundsätzlich nicht gehört wird, § 702 II. Gebühr: KV 1100 ($^1/_2$). Bei örtlicher Unzuständigkeit erfolgt evtl eine Abgabe ohne Unterbrechung der Verjährung, KG NJW **83**, 2710.

**5) Rückbeziehung der Zustellung, II.** Ein klarer Grundsatz hat harte Folgen. **8**

**A. Geltungsbereich.** Man darf die Vorschrift des II weder mit derjenigen des § 693 II noch mit derjenigen des § 270 III verwechseln. Alle diese Bestimmungen enthalten gleichartige Gedanken; diese sind jedoch auf jeweils unterschiedliche Situationen angewendet worden: In § 270 III geht es um ein von vornherein durch eine Klage eingeleitetes Verfahren. In §§ 691 II, 693 II handelt es sich demgegenüber um ein durch einen Mahnantrag eingeleitetes Verfahren. Während § 691 II den Fall erfaßt, daß das Gericht den Mahnantrag zurückweist und daß der Antragsteller nur deshalb jetzt eine Klage einreicht, erfaßt § 693 II den Fall, daß der Mahnantrag Erfolg hat. Trotz der Unterschiedlichkeit dieser Anwendungsbereiche sind natürlich die allen drei Vorschriften gemeinsamen Begriffe und Regeln möglichst einheitlich auszulegen.

**B. Grundsatz: Schutz vor schuldloser Verzögerung.** Wie bei §§ 270 III, 693 II soll der Gläubiger **9** auch bei § 691 II im Fall einer Verzögerung, die sich außerhalb seines Einflusses ereignet (dies ist zu seinen Gunsten großzügig auszulegen), geschützt werden. Insofern sind Lehre und Rechtsprechung in dieser im wesentlichen unstreitigen Frage zu den Parallelvorschriften hier entsprechend anwendbar, vgl § 270 Rn 15 ff, § 693 Rn 7 ff. Ebenso soll der Schutz auch hier enden, soweit der Gläubiger eine mehr als geringfügige Verzögerung auch nur auf Grund leichter Fahrlässigkeit eintreten läßt, vgl § 270 Rn 15 ff, § 693 Rn 7 ff, LG Gießen MDR **96**, 965. Wer in gewillkürter Prozeßstandschaft vorgeht, Grdz 29 vor § 50, muß sie offenbart haben, Jena MDR **98**, 1468.

**C. Klageinreichung binnen Monatsfrist seit Zurückweisung**, dazu *Vollkommer* (vor Rn 1): Voraus- **10** setzung einer Rückbeziehung ist zunächst, daß der Gläubiger binnen einer Frist von 1 Monat Klage einreicht. Die Frist beginnt nur im Fall einer Zurückweisung des Mahnantrags. Eine teilweise Zurückweisung genügt, um (nur) insofern eine Rückbeziehung unter den weiteren Voraussetzungen herbeizuführen. Eine Zwischenverfügung ist keine Zurückweisung. Die Form der Zurückweisung mag fehlerhaft sein, soweit nur ihr Inhalt eindeutig ist. Erforderlich ist aber zum Fristbeginn seine förmliche Zustellung der Zurückweisung; das ergibt sich nicht nur aus dem Wortlaut von II, sondern auch aus dem im Mahnverfahren zumindest im Kern beachtlichen § 329 II 2 Hs 2. Eine Belehrung über das Klagerecht erfolgt nicht, eine etwa erfolgte fehlerhafte ist unbeachtlich. Die Fristberechnung erfolgt im übrigen wie sonst, § 222 in Verbindung mit §§ 187 ff BGB, abgedruckt bei § 222. Es handelt sich um eine gesetzliche Frist und nicht um eine Notfrist, § 224 I 2. Unter Beachtung dieser Umstände sind §§ 224, 225 anwendbar.

**D. Demnächstige Zustellung.** Zusätzlich zur Einhaltung der Monatsfrist, Rn 10, ist als weitere Voraus- **11** setzung einer Rückbeziehung die demnächstige Zustellung der Klage erforderlich. „Demnächst" ist ebenso zu verstehen wie in § 270 Rn 15, § 693 Rn 7 erläutert.

**E. Rückbeziehungszeitpunkte: Antragseinreichung oder -anbringung.** Unter den Voraussetzun- **12** gen Rn 8–11 tritt eine Rückbeziehung auf den Zeitpunkt der Einreichung oder Anbringung des Antrags auf Erlaß des Mahnbescheids wie bei §§ 270 III, 693 II ein. S die dortigen Anm.

## §§ 691, 692   7. Buch. Mahnverfahren

**13**  6) **Rechtsbehelf gegen Mahnbescheid: Widerspruch, § 694, § 11 III 2 RPflG.** Gegen den richtig oder fehlerhaft erlassenen Mahnbescheid hat der Antragsgegner nur die Möglichkeit des Widerspruchs, § 694; eine Beschwerde ist unzulässig, ebenso eine Erinnerung, § 11 III 2 RPflG, Anh § 153 GVG.

**14**  7) **Rechtsbehelf gegen Zurückweisung durch Rechtspfleger: Sofortige Erinnerung, III.** Evtl schon gegen eine Zwischenverfügung, AG Hbg NJW 97, 874 (§ 18 GBO entsprechend), jedenfalls gegen die Zurückweisung des Antrags auf Erlaß eines Mahnbescheids durch den Rpfl ist die sofortige Erinnerung binnen einer Notfrist von 2 Wochen seit der Zustellung des Beschlusses, § 577 II 1, zulässig, § 11 II 1 RPflG, § 104 Rn 69 ff, AG Hbg NJW 97, 874, Crevecœur NJW 77, 1322. Der Rpfl darf dieser Erinnerung abhelfen, § 11 II 2 RPflG. Der Amtsrichter darf den Vorgang nicht an das LG weiterleiten, sondern muß selbst entscheiden, § 11 II 3 RPflG, AG Hbg NJW 97, 874. AG Köln MDR 91, 1198, LAG Düss Rpfleger 94, 342. Das Rechtsschutzbedürfnis, Grdz 33 vor § 253, erlischt nicht schon stets dadurch, daß nur eine Teilzurückweisung des Mahnantrags erfolgt war und der Schuldner gegen den im übrigen erlassenen Mahnbescheid nach § 694 Widerspruch eingelegt hat, insoweit aM AG Köln MDR 91, 1198 (abl Schneider).

**15**  Das alles gilt auch bei einer Zurückweisung wegen Nichteignung zur *maschinellen Bearbeitung*.

**16**  8) **Rechtsbehelf gegen Entscheidung des Amtsrichters, III.** Hat der Amtsrichter entweder die Erinnerung zurückgewiesen oder auf die Erinnerung unter einer Aufhebung des angefochtenen Beschlusses den Rpfl zum Erlaß des Mahnbescheids angewiesen, so gilt folgendes:

**A. Grundsatz: Kein Rechtsbehelf.** Grundsätzlich ist kein Rechtsbehelf zulässig, § 567 I Hs 1, Crevecœur NJW 77, 1322. Das bedeutet nicht, daß die Entscheidung in Rechtskraft erwächst. Daher kann der Antragsteller einen erneuten Antrag einreichen. Er kann auch Klage einreichen, evtl mit Rückwirkung, II.

**17**  **B. Ausnahme: Einfache Beschwerde.** Die Beschwerde nach § 567 I Hs 2, § 11 II 4 RPflG ist zulässig, soweit der Amtsrichter ein das Verfahren betreffendes Gesuch zurückgewiesen hat, wenn der Antrag nur deswegen zurückgewiesen wurde, weil er sich nicht zur maschinellen Bearbeitung eigne, LG Stgt RR 94, 1280.

## 692 Mahnbescheid.

¹Der Mahnbescheid enthält:
1. die in § 690 Abs. 1 Nr. 1 bis 5 bezeichneten Erfordernisse des Antrags;
2. den Hinweis, daß das Gericht nicht geprüft hat, ob dem Antragsteller der geltend gemachte Anspruch zusteht;
3. die Aufforderung, innerhalb von zwei Wochen seit der Zustellung des Mahnbescheids, soweit der geltend gemachte Anspruch als begründet angesehen wird, die behauptete Schuld nebst den geforderten Zinsen und der dem Betrage nach bezeichneten Kosten zu begleichen oder dem Gericht mitzuteilen, ob und in welchem Umfang dem geltend gemachten Anspruch widersprochen wird;
4. den Hinweis, daß ein dem Mahnbescheid entsprechender Vollstreckungsbescheid ergehen kann, aus dem der Antragsteller die Zwangsvollstreckung betreiben kann, falls der Antragsgegner nicht bis zum Fristablauf Widerspruch erhoben hat;
5. für den Fall, daß Vordrucke eingeführt sind, den Hinweis, daß der Widerspruch mit einem Vordruck der beigefügten Art erhoben werden soll, der auch bei jedem Amtsgericht erhältlich ist und ausgefüllt werden kann;
6. für den Fall des Widerspruchs die Ankündigung, an welches Gericht die Sache abgegeben wird, mit dem Hinweis, daß diesem Gericht die Prüfung seiner Zuständigkeit vorbehalten bleibt.

II An Stelle einer handschriftlichen Unterzeichnung genügt ein entsprechender Stempelabdruck.

**Schrifttum:** S bei § 690.

### Gliederung

| | | | |
|---|---|---|---|
| 1) Systematik, Regelungszweck, I, II | 1 | E. Vordruckzwang, I Z 5 | 6 |
| 2) Notwendiger Inhalt des Mahnbescheids, I | 2–7 | F. Abgabe, I Z 6 | 7 |
| A. Bezeichnungen usw, I Z 1 | 2 | 3) Änderung; Berichtigung, I | 8 |
| B. Keine Schlüssigkeitsprüfung, I Z 2 | 3 | 4) Weiteres Verfahren, I, II | 9 |
| C. Aufforderung, I Z 3 | 4 | 5) Widerspruch, I Z 3 | 10 |
| D. Widerspruchsbelehrung, I Z 4 | 5 | 6) Unterzeichnung, II | 11 |

**1**  1) **Systematik, Regelungszweck, I, II.** Die Vorschrift regelt im Gegensatz zu § 691 (Zurückweisung) den stattgebenden vorläufigen Abschluß des Mahnverfahrens. Sie wird wegen der Beschlußnatur des Mahnbescheids durch § 329 ergänzt. Die Zustellung ist in § 693 vorrangig geregelt. Wenn sämtliche Voraussetzungen zum Erlaß des Mahnbescheids vorliegen (Entscheidungsreife ähnlich wie § 300 Rn 5), muß das Gericht ihn im Interesse der Gerechtigkeit, Einl III 9, wie der Prozeßförderung, Grdz 12 vor § 128, unverzüglich erlassen. Zum Begriff der Unverzüglichkeit § 216 Rn 16 ff. Bei einer maschinellen Bearbeitung, § 703 b, ist deren Ausdruck erst in Verbindung mit dem vom Rpfl unterzeichneten Originalbeschluß ein Mahnbescheid im Sinne des § 692. Der Mahnbescheid ist eine durch den Widerspruch des Antragsgegners auflösend bedingte gerichtliche Entscheidung in der Form eines Beschlusses, § 329. Er braucht diese Bezeichnung nicht ausdrücklich zu tragen. Den Wegfall der Bedingung spricht der Vollstreckungsbescheid aus.

**2) Notwendiger Inhalt des Mahnbescheids, I.** Der Mahnbescheid muß mindestens die folgenden **2** Angaben enthalten.

**A. Bezeichnungen usw, I Z 1.** Wesentlich sind die in § 690 I Z 1–5 genannten Bezeichnungen und Erklärungen. Vgl § 690 Rn 3–11. Der Rpfl ist jetzt an das vom Antragsteller benannte Gericht gebunden, vgl § 690 Rn 5, Vollkommer Rpfleger 77, 143, aM Büchel NJW 79, 946, Vollkommer Rpfleger 78, 85. Gegebenenfalls werden die mehreren in Betracht kommenden Gerichte derart behandelt. Insofern findet jedoch vor der Entscheidung keine Amtsermittlung im Sinn von Grdz 38 vor § 128 statt.

**B. Keine Schlüssigkeitsprüfung, I Z 2.** Wesentlich ist ferner der Hinweis, daß das Gericht die Schlüs- **3** sigkeit nicht geprüft hat, § 691 Rn 6. Jedoch sollte der für den Nichtjuristen evtl unverständliche Ausdruck „Schlüssigkeit" den Parteien gegenüber nicht verwendet werden. Am besten übernimmt das Gericht den Wortlaut der Z 2.

**C. Aufforderung, I Z 3.** Wesentlich ist ferner die Aufforderung gemäß I Z 3. Sie stellt keinen Befehl, **4** keine Anordnung, keine Anweisung mehr dar. Das Gesetz bringt vielmehr zum Ausdruck, daß das Gericht den Antragsgegner nur dazu auffordern kann, die Begründetheit des angeblichen Anspruchs des Antragstellers nachzuprüfen. Keinesfalls darf das Gericht den Eindruck erwecken, es habe den Anspruch geprüft und gar für begründet erachtet, ähnlich wie bei § 829 Rn 15 (Pfändung der „angeblichen" Forderung). Bei der Aufforderung, dem Gericht einen etwaigen Widerspruch mitzuteilen, muß zum Ausdruck kommen, daß auch ein Widerspruch gegen einen Teil des Anspruchs zulässig ist, § 694 I. Am besten übernimmt man auch bei I Z 3 deren Wortlaut. Im arbeitsgerichtlichen Mahnverfahren besteht eine Frist von 1 Woche, § 46 a III ArbGG, wegen einer WEG-Sache § 46 a WEG, wegen einer SGG-Sache § 182 a SGG, alle abgedruckt Grdz 3 vor § 688.

Die *Kosten* sind dem Betrag nach zu bezeichnen. Die Kostenberechnung ist von § 2 GKG unabhängig. Wenn der Antragsteller Kostenfreiheit genießt, wird der Antragsgegner Kostenschuldner, Hartmann Teil I § 54 GKG Rn 3 ff, Schlemmer Rpfleger 78, 201. Bei einer Zustellung in einem der vom AVAG, SchlAnh V D, erfaßten Staaten beträgt die Widerspruchsfrist einen Monat, § 34 III 1 AVAG, und ist der Antragsgegner auf die Notwendigkeit der Benennung eines Zustellungsbevollmächtigten nach § 174 und nach § 4 II, III AVAG hinzuweisen, § 34 III 2 AVAG; § 175 gilt entsprechend, § 34 III 3 AVAG.

**D. Widerspruchsbelehrung, I Z 4.** Wesentlich ist ferner der Hinweis, daß ein Vollstreckungsbescheid **5** ergehen kann, § 699, und daß daraus die Zwangsvollstreckung zulässig wird, § 794 I Z 4, falls der Antragsgegner nicht binnen der gemäß Z 3 mitzuteilenden Frist, Rn 4, Widerspruch erhebt, I Z 4. Das Gericht darf keine Zahlungsfrist bewilligen. Ein Hinweis darauf, daß ein verspäteter Widerspruch in einen Einspruch gegen den evtl inzwischen ergangenen Vollstreckungsbescheid umdeutbar sein kann, § 694 II, ist an dieser Stelle noch nicht notwendig;

**E. Vordruckzwang, I Z 5.** Soweit Vordrucke eingeführt worden sind, §§ 702 I 2, 703 c Rn 2, ist ein **6** Hinweis notwendig, daß der Widerspruch mittels des Vordrucks erhoben werden soll (falsch wäre ein Hinweis, der Widerspruch müsse derart erhoben werden, § 694 Rn 2) und daß jedes AG den Vordruck vorrätig hat und bei der Ausfüllung hilft, § 129 a. Es ist kein Hinweis darauf notwendig, daß gemäß § 129 a II 2 erst der Eingang des Widerspruchs bei demjenigen Gericht maßgeblich ist, bei dem das Mahnverfahren stattfindet.

**F. Abgabe, I Z 6.** Wesentlich ist die Ankündigung, an welches Gericht die Sache nach einem Wider- **7** spruch abgegeben werden wird usw. Das geschieht noch nicht dadurch, daß gemäß Z 1 in Verbindung mit § 690 I Z 5 das für ein streitiges Verfahren angeblich sachlich zuständige Gericht benannt worden ist. Es ist kein Hinweis darauf notwendig, daß die Abgabe gemäß § 696 I 1 erst auf Grund des Antrags des Antragstellers auf Durchführung des streitigen Verfahrens erfolgen werde. Es kann ratsam sein, ist aber nicht notwendig, den Antragsgegner auf die Möglichkeit hinzuweisen, daß das Gericht, an das abgegeben würde, an ein anderes Gericht verweisen kann, § 696 V, oder daß ein anderes Gericht als das im Antrag benannte inzwischen zuständig geworden sein dürfte, etwa wegen Umzugs des Antragsgegners, Schäfer NJW 85, 296.

**3) Änderung; Berichtigung, I.** Eine inhaltliche Änderung ist bis zum Erlaß des Vollstreckungsbescheids **8** oder bis zum Eingang des Widerspruchs beim Mahngericht zulässig, vgl § 329 Rn 16, Vollkommer Rpfleger **75**, 165. Eine Berichtigung von Schreibfehlern oder sonstigen offenbaren Unrichtigkeiten ist entsprechend § 319 vor und nach der Zustellung des Mahnbescheids statthaft, BGH NJW 84, 242, Düss RR 98, 1077, Bank JB 81, 175, aM Mü MDR 90, 60 (nur auf Antrag der Partei). Eine Berichtigung ist freilich nicht wegen eines Rechtsfehlers bei der Annahme der Zuständigkeit statthaft, so richtig schon LG Mannh MDR **74**, 235.

**4) Weiteres Verfahren, I, II.** Wegen der Unterschrift Rn 11. Der Mahnbescheid ist zu datieren. Die **9** Zustellung erfolgt gemäß § 693 I. Die Benachrichtigung des Antragstellers erfolgt nach § 693 III. Wegen der Vorwegleistungspflicht des Antragstellers § 690 Rn 2. Der Rpfl entscheidet auch über die allerdings nur selten erforderliche Bewilligung einer Prozeßkostenhilfe für das Mahnverfahren, §§ 114 ff, 4 I RPflG, § 153 GVG Anh. Für das streitige Verfahren ist dann grundsätzlich eine neue Bewilligung notwendig, StJL § 119 Rn 10; über sie entscheidet der Richter.

*Gebühren:* Des Gerichts KV 1100 (¹/₂) und evtl KV 1201 (Anrechnung), vgl 65 I 2, III 1 GKG; des Anwalts § 43 I Z 1 BRAGO.

**5) Widerspruch, I Z 3.** Gegen den Mahnbescheid ist nur der Widerspruch zulässig, § 694. Die Wider- **10** spruchsfrist beträgt grundsätzlich 2 Wochen seit der Zustellung des Mahnbescheids. Eine Ausnahme gilt bei § 34 AVAG, SchlAnh V D. Es gelten also keine Unterschiede mehr nach dem Wohnsitz des Antragsgegners. Die Frist gilt auch im Urkunden-, Wechsel- und Scheckmahnverfahren, § 703 a. Es handelt sich um eine gesetzliche Frist, aber nicht um eine Notfrist nach § 223. Deshalb ist weder eine Abkürzung noch eine Verlängerung, § 224, noch eine Wiedereinsetzung nach § 233 zulässig. Die Frist reicht für § 16 Z 5 III VOB/B aus, BGH BB **86**, 1676. Mit der Zustellung eines Berichtigungs- oder Ergänzungsmahnbescheids beginnt eine neue Widerspruchsfrist zu laufen, bei einer Berichtigung nur im ganzen, bei einer Ergänzung nur für die letztere. Wegen der Verspätung vgl § 694 II. Wegen des EuGVÜ s dessen § 36 III, SchlAnh V C 2: es gilt dann eine Frist von 1 Monat (dies gilt natürlich fort). Im arbeitsgerichtlichen Verfahren beträgt die Frist 1 Woche, § 46 a III ArbGG, abgedruckt Grdz 3 vor § 688, LAG Hamm DB **78**, 896.

11   **6) Unterzeichnung, II.** Grundsätzlich muß der Rpfl den Mahnbescheid mit seinem vollen Nachnamen unterzeichnen, § 329 Rn 8 (wegen eines Verstoßes § 689 Rn 2). Ein Faksimilestempel ist aber zulässig. Bei einer maschinell lesbaren Bearbeitung ist auch er entbehrlich, § 703 b I. Die letzteren beiden Fälle ändern allerdings dann, *wenn* der Rpfl handschriftlich unterschreiben wollte, nichts an den Verstoßfolgen, § 689 Rn 2.

# 693 Zustellung.
**I Der Mahnbescheid wird dem Antragsgegner zugestellt.**

**II Soll durch die Zustellung eine Frist gewahrt oder die Verjährung unterbrochen werden, so tritt die Wirkung, wenn die Zustellung demnächst erfolgt, bereits mit der Einreichung oder Anbringung des Antrags auf Erlaß des Mahnbescheids ein.**

**III Die Geschäftsstelle setzt den Antragsteller von der Zustellung des Mahnbescheids in Kenntnis.**

### Gliederung

| | | | |
|---|---|---|---|
| 1) Systematik, Regelungszweck, I–III | 1 | C. Beispiele zur Frage einer demnächstigen Zustellung, II | 8–11 |
| 2) Zustellung, I | 2–5 | 4) Mitteilung, III | 12 |
| A. Förmlich von Amts wegen | 2 | 5) Unterbrechung und Aussetzung, I–III | 13–17 |
| B. Anhängigkeit | 3, 4 | A. Unerheblichkeit der Rechtshängigkeit | 13 |
| C. Wegfall der Zustellungswirkung | 5 | B. Eintritt vor der Zustellung des Mahnbescheids | 14 |
| 3) Rückbeziehung der Zustellung, II | 6–11 | | |
| A. Grundsatz: Schutz vor unverschuldeter Verzögerung | 6 | C. Eintritt nach der Zustellung des Mahnbescheids | 15–17 |
| B. Demnächstige Zustellung | 7 | | |

1   **1) Systematik, Regelungszweck, I–III.** Die Vorschrift ergänzt §§ 691, 692 und wird ihrerseits durch §§ 208 ff ergänzt. Die Amtszustellung ist zwar nicht selbstverständlich, wie die Möglichkeit zeigt, sogar den etwa folgenden Vollstreckungsbescheid im Parteibetrieb nach §§ 166 ff zustellen zu lassen, § 697 IV 1 Hs 2. Indessen soll der ja ohne Anhörung des Gegners ergangene Mahnbescheid, § 691 Rn 1, nun auch nicht beliebig lange vom Gläubiger als Druckmittel benutzt werden können, vielmehr um der Rechtssicherheit willen, Einl III 43, dem Gegner alsbald zuverlässig zur Kenntnis kommen, damit dieser prüfen kann, ob er sich wehren will.

2   **2) Zustellung, I.** Sie erfolgt wegen erheblicher Wirkung formstreng.
**A. Förmlich von Amts wegen.** Der Mahnbescheid ist dem Antragsgegner förmlich zuzustellen, AG Einbeck JB **92**, 263. Die Zustellung ist für die Wirksamkeit des Mahnbescheids unerläßlich, LG Oldb Rpfleger **83**, 118, Posetschkin DRiZ **88**, 378. Dem Antragsteller wird der Mahnbescheid nur formlos mitgeteilt, III. Zuzustellen ist dem Antragsgegner von Amts wegen, §§ 208–213, eine Ausfertigung oder eine beglaubigte Abschrift, § 170, bei einer maschinellen Bearbeitung eine Ausfertigung nach § 703 b I. Wegen der Auslandszustellung § 688 III. Die Urschrift bleibt beim Gericht, Grdz 6 vor § 688. Auf ihr oder auf einem Vorblatt wird vermerkt, daß und wann die Zustellung angeordnet wurde. Ein nicht zugestellter Mahnbescheid ist bedeutungslos, LG Oldb Rpfleger **83**, 118.
Nach einer *mangelhaften* Zustellung muß der Urkundsbeamte der Geschäftsstelle von Amts wegen gemäß § 270 I eine erneute Zustellung veranlassen und ihre Ordnungsmäßigkeit überwachen, § 253 Rn 17, § 270 Rn 4. Eine mangelhafte Zustellung kann grundsätzlich nur im streitigen Verfahren heilen. Denn § 295 gilt nicht im Mahnverfahren, § 295 Rn 1, LG Oldb Rpfleger **83**, 117, ZöV 1, aM ThP 1. Einen unzulässigen, aber ordnungsgemäß zugestellten Mahnbescheid kann nur der Widerspruch beseitigen, da eine staatliche Maßnahme ergangen ist; Beschwerde ist auch hier unstatthaft. Davon ist der in § 689 Rn 2 genannte Fall zu unterscheiden, daß mangels ausreichender Unterschrift rechtlich überhaupt kein wirksamer Mahnbescheid vorliegt. Über das Verbot einer öffentlichen Zustellung und einer Zustellung im Ausland vgl § 688 II, III. Es ist nicht erforderlich, einen besonderen Zustellungsbevollmächtigten zu benennen, weil kein Fall des § 175 vorliegt. Wenn das Gericht freilich trotzdem einen Vollstreckungsbescheid erläßt und ordnungsgemäß zustellt, kann der Vollstreckungsbescheid nach § 322 rechtskräftig werden, AG Einbeck JB **92**, 263.

3   **B. Anhängigkeit.** Bereits der Eingang beim Mahngericht, nicht erst die Zustellung des Mahnbescheids, macht die Sache stets anhängig, § 261 Rn 1, Ffm AnwBl **80**, 292, Mü MDR **95**, 1072, Nierwetberg NJW **93**, 3247 (auch zum Übergangsrecht nach Art 14 II RPflEntlG), aber nicht immer schon zugleich auch rechtshängig (letzteres geschieht erst gemäß § 696 III, Begriffe § 261 Rn 1). Darum läßt das Mahnverfahren keine Streithilfe, § 66, keine Einmischungsklage, § 64, und keine Widerklage, Anh § 253, zu. Wohl aber treten mit der Zustellung des Mahnbescheids die sachlichrechtlichen Wirkungen der Rechtshängigkeit ein, § 261 Rn 3, soweit das Gesetz sie gerade an diese Zustellung knüpft. Dies gilt für die Unterbrechung der Verjährung, den Eintritt des Verzugs, §§ 209 II Z 1, 284 I BGB, LG Gött RR **92**, 1529. Ein Antrag beim

örtlich unzuständigen Mahngericht genügt, wenn dieses auf weiteren Antrag an das zuständige abgibt und das letztere den Bescheid zwar nach dem Ablauf der Verjährungsfrist, aber doch demnächst zustellt, sofern das Verschulden des Gläubigers an der Einreichung beim unzuständigen Gericht nur gering war, BGH NJW **90**, 1368, BAG DB **87**, 2313, ZöV 5, aM KG NJW **83**, 2710, Köln RR **89**, 572, Loritz JR **85**, 98.

Alles das gilt auch dann, wenn der Anspruch an sich auf eine Schuld in *ausländischer Währung* lautet und nur für das Mahnverfahren in EUR bzw DM umgerechnet wurde, § 688 Rn 3, BGH **104**, 272. Über die Dauer der Unterbrechung §§ 211 ff BGB und BGH **55**, 212. Die sachlichrechtlichen Wirkungen treten ferner ein, soweit jede gerichtliche Geltendmachung genügt. Dies gilt auch bei § 847 BGB, Düss MDR **74**, 403, Hbg VerkMitt **75**, 6, Stgt NJW **72**, 1900.

Dabei ist eine *ordnungsgemäße* Zustellung Voraussetzung, Hamm MDR **76**, 222, Köln VersR **75**, 1156, LG **4** Oldb Rpfleger **83**, 118, aM Köln NJW **76**, 1213 (die Einreichung des Antrags genüge), Schlesw SchlHA **73**, 153. Doch tritt eine Mängelheilung nach § 295 im streitigen Verfahren wie bei einer Klage ein. Damit wird die Zustellung voll wirksam. Vgl dazu § 253 Rn 16, 17, § 295 Rn 3.

**C. Wegfall der Zustellungswirkung.** Die Zustellungswirkung entfällt nur in einem der folgenden Fälle, **5** Hamm VersR **87**, 194: Mit dem Ablauf der Frist des § 701 S 1 oder mit einer endgültigen Verweigerung des Vollstreckungsbescheids, §§ 701 S 2 ZPO, 213 S 2 BGB; ferner mit der Rücknahme des Antrags auf Erlaß des Mahnbescheids, §§ 213 S 1, 212 a BGB. § 690 Rn 14.

**3) Rückbeziehung der Zustellung, II.** Ein wichtiger Grundsatz hat strenge Bedingungen. **6**

**A. Grundsatz: Schutz vor unverschuldeter Verzögerung.** Zur Abgrenzung von II gegenüber §§ 270 III, 691 II vgl § 691 Rn 8. Die Rückbeziehungswirkung ist mit derjenigen der §§ 270 III, 691 II fast gleich, § 270 Rn 7 ff, § 691 Rn 8. Es gilt folgender Grundsatz: Der Antragsteller soll bei der Verfolgung seines Rechts durch einen nach § 690 wirksamen Mahnantrag keine zusätzlichen Schwierigkeiten durch Verfahrensvorschriften haben. Er soll vor Verzögerungen geschützt werden, die sich außerhalb seines Einflusses ereignen, BGH **134**, 351. Das ist zu seinen Gunsten großzügig auszulegen, BGH (9. ZS) **122**, 27, Köln VersR **89**, 642, Schlesw NJW **88**, 3104, aM BGH (7. ZS) **75**, 312. Das gilt freilich nur für die Anhängigkeit im Mahnverfahren, Rn 3, nicht für eine Rechtshängigkeit, § 696 Rn, BGH NJW **91**, 172. Der Antragsteller soll aber nicht mehr geschützt werden, wenn eine mehr als geringfügige Verzögerung vorliegt, die vom Antragsteller, seinem gesetzlichen Vertreter oder von seinem ProzBev hätte vermieden werden können, §§ 51 II, 85 II, Kblz VersR **89**, 164, LG Darmst NJW **86**, 1696. Leichtes Verschulden ist bereits schädlich, AG Kenzingen BB **96**, 2325. Rechtsunkenntnis oder ein sonstiger Fehler des Rpfl können das Verschulden der Partei ausschließen, BGH VersR **83**, 776. Freilich wird dadurch nicht automatisch von jeder Mitverantwortung befreit, Schlesw NJW **88**, 3105, LG Aachen JB **90**, 1219.

**B. Demnächstige Zustellung.** Die Zustellung muß „demnächst" geschehen. Zu diesem Begriff gilt **7** dasselbe wie in § 270 Rn 15 ff dargestellt. Maßgeblich ist stets der Ablauf der (Verjährungs-)Frist, BGH NJW **95**, 2231 und 3381. Es kommt auch hier weniger auf die objektive Länge des Zeitablaufs an, sondern darauf, ob er angemessen ist und ob wie so oft im Prozeßrecht die Partei alles ihr Zumutbare getan hat, um das streitige Verfahren zu fördern, BGH NJW **93**, 1587 (krit Häsemeyer JR **93**, 463) und 2812. Eine verspätete Gebührenzahlung enthält die Wiederholung des Antrags auf Erlaß des Mahnbescheids. Daher ist die Frist gewahrt, wenn die Gebühr vor dem Ablauf der Verjährungsfrist gezahlt wird und wenn demnächst eine Zustellung erfolgt, auch wenn der alte Antrag 1 Jahr zurückliegt, BGH **52**, 50. Der Gläubiger muß seine Schuldlosigkeit an der Verzögerung der Zustellung beweisen, Kblz VersR **89**, 164. Setzt der Schuldner selbst entscheidende Zustellungshindernisse, kann er sich auf das Scheitern von Zustellungsversuchen nicht berufen, Köln VersR **89**, 642.

Eine demnächst erfolgende richtige Zustellung *wirkt zurück,* und zwar nach § 261 III Z 1, 2 auch sachlichrechtlich und auch nach dem Ablauf der Verjährungsfrist. Die Zustellung ist nur mit den Beschränkungen des Mahnverfahrens zulässig. Es sind also eine öffentliche Zustellung und grundsätzlich eine Zustellung im Ausland nicht ausreichend, § 688 II, III (dort auch wegen der Ausnahmen). Wenn trotz einer unterbliebenen oder mangelhaften Zustellung des Mahnbescheids ein Vollstreckungsbescheid erlassen und rechtskräftig wird, dann tritt die Wirkung der Zustellung des Mahnbescheids erst mit der Rechtskraft des Vollstreckungsbescheids und nur für die Zukunft ein. Die Rückwirkung nach II entfällt im Fall des § 701 sowie bei einer wirksamen Rücknahme des Mahnantrags, § 690 Rn 14.

**C. Beispiele zur Frage einer demnächstigen Zustellung, II** **8**
**Anschrift:** Rn 10 „Verjährung".
**Auslandszustellung:** Im Fall einer Auslandszustellung kann es notwendig sein, alle zulässigen Anträge unverzüglich zumindest vorsorglich zu stellen, Schlesw NJW **88**, 3105.
**Einziehungsermächtigung:** Im Fall einer solchen Ermächtigung ist sie im Antrag anzugeben, BGH **LM** § 50 Nr 26, vgl aber wegen einer Sicherungsabtretung BGH NJW **78**, 698.
**Gesetzesänderung:** Rn 9 „Unzuständigkeit".
**Gütliche Einigung:** Soweit eine gütliche Einigung als aussichtsreich erscheint, schadet eine kurzfristige Zurückstellung der Einzahlung der Gebühr nicht. **9**
**Mitverschulden:** Rn 11 „Verschulden des Gerichts".
**Posteinlaufstelle:** Ausreichend ist der Eingang in der Posteinlaufstelle; der Eingang (auch) in der Mahnabteilung ist unter dieser Voraussetzung nicht innerhalb der Frist notwendig, BVerfG **52**, 203.
**Rückfrage:** Rn 11 „Verschulden des Gerichts".
**Sicherungsabtretung:** Rn 8 „Einziehungsermächtigung".
**Unzuständigkeit:** Ausreichen kann es, wenn der Antragsteller den Mahnantrag bei einem unzuständigen Gericht einreicht, LG Aachen ZMR **84**, 89, insbesondere kurz vor einer gesetzlichen Neuregelung, BGH DB **82**, 1614, Hamm NJW **84**, 375, aM KG NJW **83**, 2709.
**Verjährung:** Ausreichend ist der Eingang am vorletzten oder letzten Tag der Verjährungsfrist, wenn der **10** Mahnbescheid wenige Tage später zugestellt wird, BGH RR **88**, 693. Ausreichend sein kann es, falls der

## § 693

Antragsteller nur ein Verschulden zwischen dem Antragseingang und dem Ablauf der Verjährungsfrist zu vertreten hat, nicht auch den Zeitraum zwischen dem Fristablauf und der Zustellung verschuldet hat, BGH NJW **95**, 3381, LG Karlsr AnwBl **83**, 178. War nach einer mangelhaften Zustellung des Mahnbescheids erst die Anspruchsbegründung ordnungsgemäß demnächst zugestellt, kann eine Unterbrechung der Verjährung eintreten, BGH NJW **95**, 2231.

*Nicht* ausreichend ist eine Zustellung, die infolge einer Nachlässigkeit des Antragstellers, LG Wiesb WoM **98**, 18 (nicht alle Miterben), erst mehr als 2 Wochen nach dem Antragseingang erfolgen kann, etwa wegen einer falschen Anschrift usw in dem erst kurz vor dem Eintritt der Verjährung eingereichten Antrag, LG Ffm JB **99**, 91, AG Kenzingen BB **96**, 2325, aM BGH **86**, 322 (zu großzügig).

**11** **Verschulden des Gerichts:** Ein (Mit-)Verschulden des Gerichts ist stets zugunsten des Antragstellers mitzubeachten, LG Aachen ZMR **84**, 89. Das gilt zB dann, wenn der Rpfl eine gebotene Rückfrage versäumt hat, BGH **LM** § 261 aF Nr 16, LG Karlsr AnwBl **83**, 178.

**Verzögerung:** Unschädlich sein kann eine nur ganz geringfügige Verzögerung, die die Belange des Antragsgegners nicht ernstlich beeinträchtigt, BGH NJW **81**, 876, oder ein Verschulden nur zwischen der Antragseinreichung und dem Ablauf der Verjährungsfrist, s „Verjährung".

*Schädlich* ist eine erhebliche Verzögerung, BGH VersR **85**, 1189, zB eine solche von 6 Wochen, KG NJW **83**, 2710, oder von 8 Wochen, Celle RR **98**, 206, oder von über drei Monaten, LG Ffm RR **95**, 866, oder gar sechs Monaten, Düss VersR **97**, 721.

S auch Rn 8 „Gütliche Einigung", Rn 11 „Verschulden des Gerichts", „Vorschuß", Zahlungsaufforderung".

**Vorname:** Ausreichend ist eine Zustellung mehrere Wochen später, falls insofern nur ein geringes Verschulden des Antragstellers vorliegt, wenn dieser zB einen Vornamen nicht angegeben hat, obwohl die Nämlichkeit des Antragstellers feststeht, Schlesw SchlHA **73**, 154, strenger BGH NJW **92**, 1822.

**Vorschuß:** Es schadet nicht unbedingt, daß der Antragsteller die Gebühr erst nach dem Ablauf der Verjährung vorweggeleistet hat. Denn eine Einzahlung des Vorschusses schon im Zeitpunkt der Einreichung des Antrags ist trotz § 65 III 1 GKG, § 271 Anh, nicht erforderlich, BGH NJW **72**, 1948, Düss MDR **81**, 591. Notwendig ist aber eine Zahlung in einer den Umständen nach angemessenen Frist ohne eine besondere Verzögerung, § 270 Rn 15. Das darf nicht zu eng aufgefaßt werden.

S auch „Verzögerung", „Zahlungsaufforderung".

**Zahlungsaufforderung:** Selbst wenn der Antragsteller vom Gericht noch keine Zahlungsaufforderung erhalten hat, darf er eine Zahlung nicht mehr zurückhalten, soweit er die Höhe des Vorschusses schon selbst berechnet und im Antragsvordruck an der dafür vorgesehenen Stelle eingetragen hatte, Düss MDR **81**, 591, Hartmann Teil I § 65 GKG Rn 10, aM BGH NJW **93**, 2812.

S auch „Vorschuß".

**12** **4) Mitteilung, III.** Der Urkundsbeamte der Geschäftsstelle teilt dem Antragsteller bzw seinem ProzBev, § 176 Rn 7, unverzüglich nach dem Eingang der Zustellungsurkunde die Zustellung des Mahnbescheids von Amts wegen formlos mit, LG Köln AnwBl **86**, 538. Es genügt dabei die Angabe des Zustellungstages. Die Mitteilung ist notwendig, weil der Antragsteller sich den Ablauf der Widerspruchsfrist ausrechnen muß, um den Antrag auf den Erlaß des Vollstreckungsbescheids nicht unzulässig verfrüht zu stellen, § 699 Rn 6, und weil er auch die Frist des § 701 S 1 soll berechnen können, weil aber die Zustellungsurkunde im Original bei den Akten bleibt. Die Mitteilung ist auch dann notwendig, wenn eine Zustellung nicht möglich war oder nur nach § 688 II, III möglich wäre, damit er dann die richtige Anschrift ermitteln und einreichen kann. Vgl aber auch § 701 Rn 1. Eine Mitteilung auch der Dauer oder des Ablaufs der Widerspruchsfrist des § 692 I Z 3 ist nicht notwendig, aM ThP 4, und schon zur Vermeidung einer Amtshaftung für den Fall einer falschen Berechnung keineswegs ratsam.

**13** **5) Unterbrechung und Aussetzung, I–III.** Es sind drei Fallgruppen zu trennen.

**A. Unerheblichkeit der Rechtshängigkeit.** Eine Unterbrechung oder Aussetzung des Mahnverfahrens, §§ 239, 248, setzt keine Rechtshängigkeit voraus. Die Anwendbarkeit der Vorschriften zur Unterbrechung und Aussetzung des Prozeßverfahrens ergibt sich aus der Notwendigkeit, die Parteirechte zu wahren, zumal die Rechtshängigkeit erst mit der Abgabe der Sache nach einem Widerspruch des Antragsgegners eintritt, § 696 III. Jedoch ist die Anwendbarkeit der §§ 239 ff, BGH NJW **74**, 494, durch die Zustellung des Mahnbescheids nach I bedingt. Das Verfahren nach dem Eingang des Widerspruchs des Antragsgegners ist ein streitiges Verfahren, § 696 Rn 8.

**14** **B. Eintritt vor der Zustellung des Mahnbescheids.** Es sind folgende Fälle zu unterscheiden: Nach dem Tod des Antragstellers darf der Mahnbescheid nicht mehr erlassen werden; die Zustellung ist unwirksam, sofern nicht der ProzBev den Antrag gestellt hat, § 86. Freilich ist eine Umschreibung auf die Erben ohne neuen Mahnantrag zulässig, und anschließend kann man diesen Bescheid wirksam zustellen. Nach dem Tod des Antragsgegners darf der Gläubiger den Mahnbescheid auf die Erben umschreiben lassen. Maßgeblich ist dann die Zustellung an die Erben, RoSGo § 164 III 6, ThP 6 vor § 688, ZöV 10 vor § 688, aM StJSchl § 692 Rn 11 (es sei ein neuer Mahnantrag nötig). Bei Insolvenz des Antragstellers ist die Zustellung für die Insolvenzmasse bedeutungslos, aM ThP 9 vor § 688. Bei Insolvenz des Antragsgegners ist die Zustellung, auch an den Insolvenzverwalter, unzulässig und für die Insolvenzmasse bedeutungslos. Der Gläubiger muß die Forderung zur Insolvenztabelle anmelden, evtl Feststellungsklage erheben. Eine Aussetzung ist in diesem Stadium noch nicht möglich.

**15** **C. Eintritt nach der Zustellung des Mahnbescheids**, aber vor dem Erlaß des Vollstreckungsbescheids oder vor einer sonstigen Beendigung des Mahnverfahrens. Es sind folgende Fälle zu unterscheiden: Mit dem Tod des Antragstellers tritt eine Unterbrechung ein, § 239. Die Aufnahme des Verfahrens erfolgt durch den Erben. Eine mündliche Verhandlung findet nicht statt. Das Ziel ist eine Unterwerfung unter den Mahnbescheid. Darum ist nur eine Aufforderung zuzustellen, den Erben zu befriedigen oder zu widersprechen, LG Aachen Rpfleger **82**, 72. Beim Tod des Antragsgegners gilt das Vorstehende entsprechend.

Mit dem *Insolvenzverfahren* über das Vermögen des Antragstellers tritt eine Unterbrechung ein, § 4 InsO, **16** § 240. Die Aufnahme erfolgt durch den Verwalter. Mit dem Tod des Antragsgegners tritt ebenfalls eine Unterbrechung ein. Eine Aufnahme nach § 240 ist nicht möglich, wie die §§ 688 I ZPO, 4 InsO zeigen. Es ist eine Anmeldung zur Insolvenztabelle erforderlich. Bei einem Widerspruch im Prüfungstermin bleibt nur ein selbständiger Feststellungsprozeß zulässig. Die Anmeldung wirkt wegen der Fristwahrung zurück, so daß die Vorteile des II usw nicht endgültig verloren sind.

Schließlich kommt in Betracht zB eine Gesamtrechtsnachfolge durch eine *Umwandlung* nach dem UmwG. **17** Dieser Fall ist wie der Tod zu behandeln, LG Aachen Rpfleger **82**, 72.

## 694 *Widerspruch*.

I ¹Der Antragsgegner kann gegen den Anspruch oder einen Teil des Anspruchs bei dem Gericht, das den Mahnbescheid erlassen hat, schriftlich Widerspruch erheben, solange der Vollstreckungsbescheid nicht verfügt ist.

II ¹Ein verspäteter Widerspruch wird als Einspruch behandelt. ²Dies ist dem Antragsgegner, der den Widerspruch erhoben hat, mitzuteilen.

**Gliederung**

| | | | |
|---|---|---|---|
| 1) Systematik, Regelungszweck, I, II | 1 | 4) Widerspruchsbegründung, I | 4 |
| 2) Widerspruchsform, I | 2 | 5) Widerspruchswirkungen, I | 5, 6 |
| 3) Widerspruchsfrist, I | 3 | 6) Verspäteter Widerspruch, II | 7, 8 |

**1) Systematik, Regelungszweck, I, II.** Die Vorschrift regelt das Abwehrrecht des Antragsgegners, **1** soweit und sobald es zum Mahnbescheid gekommen ist. Die Rechtsfolgen eines Widerspruchs sind in § 696 geregelt. Der Widerspruch ist eine Parteiprozeßhandlung, Grdz 47 vor § 128, BGH **88**, 176. Er ist darüber hinaus durchweg eine sachlichrechtliche Erklärung, Grdz 62 vor § 128, nämlich die Verweigerung der Zahlung und einer Unterwerfung unter die Zwangsvollstreckung, BGH **88**, 176. Er ist der einzige, wegen des Fehlens des vorherigen rechtlichen Gehörs in großzügiger Auslegung des Gesetzes zuzubilligende, Rechtsbehelf des Antragsgegners gegen den Mahnbescheid, § 691 Rn 13. Das hebt § 11 III 2 RPflG, Anh § 153 GVG, nochmals ausdrücklich hervor, da sonst gegen die Entscheidungen des Rpfl die Rechtsbehelfe nach § 11 I, II RPflG gegeben wären. Der Widerspruch ist auch gegen einen abtrennbaren Teil des Mahnbescheids statthaft, auch gegen Nebenforderungen oder nur gegen die Kosten, § 93, Ffm MDR **84**, 149. Wegen des Widerspruchs im Urkunden- usw Mahnverfahren nur zwecks Vorbehalts der Rechte im Nachverfahren § 703 a Rn 3. Soweit unklar ist, gegen welchen Teil des Mahnbescheids sich der Widerspruch richtet, muß der Rpfl dem Antragsgegner eine Gelegenheit zur Klarstellung geben, BGH **85**, 366. Bis zur Klarstellung ist der Widerspruch als unbeschränkt eingelegt zu behandeln, BGH **85**, 366.

**2) Widerspruchsform, I.** Der Widerspruch braucht nicht ausdrücklich genannt zu werden. Es ist **2** ausreichend, aber auch nötig, daß man den Widerspruchswillen eindeutig zum Ausdruck bringt, Grdz 52 vor § 128, BGH RR **89**, 1403. Der Widerspruch muß schriftlich erfolgen. Eine Unterschrift, § 129 Rn 9, ist allerdings dann entbehrlich, wenn an der Nämlichkeit des den Vordruck ausfüllenden Antragsgegners kein Zweifel besteht, Oldb MDR **79**, 588, MüKoHo 10, aM LG Hbg NJW **86**, 1997, LG Mü NJW **87**, 1340, StJSchl 3.

Unter dieser Voraussetzung ist deshalb auch eine *Faksimileunterschrift* ausreichend. Die Benutzung eines Vordrucks, § 703 c Rn 2, ist nach § 692 I Z 5 nur empfohlen, also entgegen § 703 c II nicht notwendig, Crevecœur NJW **77**, 1321, § 692 Rn 6. Der Widerspruch kann auch telegrafisch, fernschriftlich, durch Telefax usw eingelegt werden, § 129 Rn 21, 22, 45, nicht aber telefonisch, Crevecœur NJW **77**, 1321. Der Widerspruch kann auch zu Protokoll jeder Geschäftsstelle eingelegt werden, § 129 a, 702. Auch dies führt ja zur Schriftlichkeit. Freilich ist der Widerspruch in solchem Fall erst mit dem Eingang bei demjenigen Gericht wirksam, das den Mahnbescheid erlassen hat, I, § 129 a II. Wegen etwa mitzuliefernder Abschriften § 695 Rn 4. Ein Vertreter braucht seine Vollmacht, § 80, nur zu versichern, nicht nachzuweisen, § 703.

**3) Widerspruchsfrist, I.** Über die Widerspruchsfrist vgl § 692 Rn 10. Da die Widerspruchsfrist keine **3** Ausschlußfrist ist, kann der Widerspruch solange nachgeholt werden, bis der Urkundsbeamte der Geschäftsstelle den Vollstreckungsbescheid in den Geschäftsgang gegeben hat. Erst mit dieser Hinausgabe ist der Vollstreckungsbescheid ja verfügt worden, § 329 Rn 23, 24, BGH Rpfleger **83**, 76. Bei einer maschinellen Bearbeitung ist wohl die letzte Eingabe in die Maschine maßgeblich. § 694 denkt an die bindende Verfügung. Solange der Rpfl den Vollstreckungsbescheid nicht unterschrieben hat, was auch bei einer maschinellen Bearbeitung im Original notwendig ist, liegt nur ein innerer Vorgang des Gerichts vor, der frei abänderlich ist. Für die Rechtzeitigkeit des Widerspruchs reicht der Eingang bei demjenigen Gericht, das den Mahnbescheid erlassen hat, aus und ist der Eingang in der Mahnabteilung dieses Gerichts nicht erforderlich, BGH NJW **82**, 889.

**4) Widerspruchsbegründung, I.** Der Antragsgegner ist zwar nicht schon nach dem Wortlaut des § 694 **4** zur Begründung des Widerspruchs verpflichtet. Es kann aber insofern eine Obliegenheit vorliegen: Im Unterlassen einer Begründung kann zB dann, wenn der Mahnantrag eine zwar kurze, aber doch völlig klare Anspruchsbegründung enthielt und der Antragsgegner im Widerspruch mit wenigen Sätzen ebenso klar erwidern könnte, ein Verstoß gegen den auch vor einer mündlichen Verhandlung als allgemeinen Ausdruck der Prozeßförderungspflicht, Grdz 12 vor § 128, geltenden § 282 mit der Folge liegen, daß das Gericht eine Begründung des Klagabweisungsantrags schon im ersten Verhandlungstermin unter den weiteren Voraussetzungen des § 296 II als verspätet zurückweisen kann und muß.

Ob, in welchem Umfang und wann der Widerspruch begründet werden sollte, richtet sich nach den *Fallumständen*, zB nach Art und Umfang sowie Genauigkeit der vorprozessual gewechselten Argumente, vgl § 138 I, II. Außerdem kann man durch eine Widerspruchsbegründung den Kläger wegen §§ 282 II, 697 I 1 zwingen, in seiner Anspruchsbegründung zwecks Vermeidung einer Zurückweisung wegen Verspätung, § 296, auf die Argumente des Bekl bereits unter etwaigen (Gegen-)Beweisantritt einzugehen. Das alles übersieht Ffm AnwBl **81**, 161 mit dem nur bei isolierter Kostenbetrachtung richtigen Hinweis auf die Anwaltspflicht, kostensparend vorzugehen. Die Anwaltspflicht zur Beachtung der Prozeßförderungspflicht hat den Vorrang.

**5** 5) **Widerspruchswirkungen, I.** Wenn der Antragsgegner die Zahlungspflicht nicht bestreitet, wohl aber erklärt, zur Zeit nicht zahlen zu können, dann wird ihm der Rpfl nahe legen, den Widerspruch entweder nicht einzulegen oder ihn zurückzunehmen, und wird dabei auf ein Zahlungsabkommen in Raten usw hinwirken. Gebühr: Des Anwalts § 43 I Z 2 BRAGO. Bei einer notwendigen Streitgenossenschaft, § 60, wirkt ein Widerspruch für die anderen Antragsgegner; sonst muß jeder für sich Widerspruch einlegen. Ob gerade die im Mahnbescheid bezeichnete Firma Widerspruch einlegt, wenn eine Einzelperson ihn einreicht, ist eine Auslegungsfrage, BGH RR **89**, 1403 (notfalls darf und muß der Rpfl rückfragen). Man kann mit dem Widerspruch den Antrag auf die Durchführung des streitigen Verfahrens verbinden, den ja auch der Antragsgegner des Mahnverfahrens stellen kann, § 696 I 1.

Ein *Verzicht* auf die Einlegung des Widerspruchs ist nach der Zustellung des Mahnbescheids zulässig, gemäß § 702 auch formlos. Ein vorheriger Verzicht kann als ein Schuldanerkenntnis nach § 781 BGB Bedeutung haben. Die Zurücknahme des Widerspruchs ist gemäß § 697 IV zulässig, dort Rn 21. § 703 ist anwendbar, solange das Mahnverfahren noch nicht beendet ist, § 696 Rn 13. Sobald der Antragsgegner auf den Widerspruch wirksam verzichtet oder ihn wirksam zurückgenommen hat, muß das Gericht einem etwa bereits vorliegenden Antrag auf den Erlaß eines Vollstreckungsbescheids unverzüglich stattgeben, also auch schon vor dem Ablauf der Widerspruchsfrist. Der Antragsgegner kann die Zuständigkeit im Mahnverfahren nicht wirksam durch einen Widerspruch rügen, Ffm NJW **83**, 2709. Wegen der Benachrichtigung des Antragstellers § 695 Rn 1. Wegen der Beifügung von Abschriften § 695 Rn 4.

**6** Ein *Vollstreckungsbescheid* ergeht *nicht mehr*. Das Gericht wartet den etwa noch fehlenden Antrag auf ein streitiges Verfahren nach § 696 I 1 ab, gibt nach seinem Eingang die Akten nach § 696 ab, Ffm NJW **83**, 2709, oder legt sie nach 6 Monaten weg, § 7 Z 3 c AktO. Beim Teilwiderspruch kann wegen des Rests Vollstreckungsbescheid ergehen.

**7** 6) **Verspäteter Widerspruch, II.** Ein solcher ist als ein Einspruch nach § 700 III zu behandeln, S 1. Der verspätete Widerspruch wird also nicht besonders zurückgewiesen. Da der Einspruch automatisch in das streitige Verfahren führt, § 700 II, III, BayObLG Rpfleger **80**, 436, der Widerspruch dagegen nur auf Antrag einer Partei eine solche Wirkung hat, § 696 I 1, kann eine Umdeutung des verspäteten Widerspruchs in einen Einspruch dem Interesse des Antragsgegners entgegenlaufen. Das wird in der Praxis oft übersehen. Daher muß der Urkundsbeamte der Geschäftsstelle die Umdeutung dem Antragsgegner, der den Widerspruch erhoben hat (also nicht einem anderen Antragsgegner, Ausnahmen bestehen bei notwendigen Streitgenossen nach § 60), von Amts wegen unverzüglich formlos mitteilen, S 2, damit jener sie zurücknehmen kann, ehe weitere Kosten entstehen. Dagegen erteilt der Rpfl dem Antragsgegner keine Bescheinigung darüber, daß dieser rechtzeitig Widerspruch eingelegt habe. Wegen der Mitteilung an den Antragsteller vgl § 695.

**8** II ist entsprechend anwendbar, soweit der *Vollstreckungsbescheid* erlassen worden ist, obwohl vorher ein Widerspruch eingegangen (und nicht rechtzeitig bis zum Rpfl gelangt oder von diesem übersehen oder gar übergangen oder rechtsirrig nicht als solcher beurteilt worden) war, BGH **85**, 364 mwN, KG Rpfleger **83**, 489.

## 695
*Nachricht an Antragsteller.* ¹Das Gericht hat den Antragsteller von dem Widerspruch und dem Zeitpunkt seiner Erhebung in Kenntnis zu setzen. ²Wird das Mahnverfahren nicht maschinell bearbeitet, so soll der Antragsgegner die erforderliche Zahl von Abschriften mit dem Widerspruch einreichen.

**1** 1) **Systematik, Regelungszweck, S 1, 2.** Die in § 695 vorgeschriebene Mitteilung eines im Sinn von § 694 I rechtzeitig eingegangenen Widerspruchs, der die Mitteilungspflicht wegen eines verspäteten Widerspruchs nach § 694 II 2 (dort an den Widersprechenden) entspricht, hat den Zweck, dem Antragsteller eine alsbaldige Entscheidung zu ermöglichen, ob er das Verfahren weiterbetreiben und die Abgabe an das streitige Verfahren beantragen will, die ja nicht von Amts wegen erfolgt. § 695 dient also der Parteiherrschaft, Grdz 18 vor § 128.

**2** 2) **Mitteilung an den Antragsteller, S 1.** Es sind drei Aspekte zu beachten.

**A. Inhalt.** Das Gericht teilt dem Antragsteller bzw seinem gesetzlichen Vertreter oder ProzBev, § 176, am besten unter Übersendung einer Widerspruchskopie oder -abschrift, mit, daß der Antragsgegner Widerspruch erhoben hat, wann der Widerspruch bei demjenigen Gericht eingegangen ist, das den Mahnbescheid erlassen hat und ob der Widerspruch rechtzeitig eingegangen ist oder ob er in einen Einspruch umgedeutet werden kann, § 694 II.

**3** **B. Verfahren.** Zuständig ist der Urkundsbeamte der Geschäftsstelle. Er muß sich wegen Rn 4 evtl mit dem Rpfl oder dem Richter verständigen. Die Mitteilung muß unverzüglich erfolgen. Sie kann formlos, auch telefonisch geschehen, aM ThP 1 (sie sei schriftlich vorzunehmen). In diesen Fällen ist ein Aktenvermerk notwendig. Sie hat unabhängig vom weiteren Schicksal des Widerspruchs bzw des Einspruchs zu erfolgen. Es reicht aus, wenn sie zugleich mit der Mitteilung von der Abgabe nach § 696 I 3 erfolgt, sofern die Abgabe unverzüglich geschieht. Wenn die Mitteilung versagt wird, ist § 576 I anwendbar.

**C. Sachlichrechtliche Wirkung.** Der Zugang der Mitteilung kann eine sachlichrechtliche Wirkung **4** haben, zB die Hemmung oder Unterbrechung einer Verjährung beenden, BGH RR **98**, 954, Mü RR **88**, 896 (der Widerspruch selbst braucht dazu nicht mitübersandt zu werden). LG Gött RR **93**, 1360 stellt für die Beendigung der *Unterbrechung* auf den Zeitpunkt ab, zu dem das Gericht die Verfügung, die Nachricht vom Widerspruch zu übersenden, getroffen, also aus dem inneren Geschäftsbetrieb hinausgegeben hat (Übergabe an die Post, Einlegen ins Anwaltsfach usw), § 329 Rn 23.

3) **Abschriften, S 2.** Sie soll, nicht muß, der Antragsgegner bei einer nicht maschinellen Bearbeitung des **5** Mahnverfahrens (dazu § 703 b) in der erforderlichen Zahl einreichen, also je ein Exemplar für den Antragsteller und für jeden von dessen ProzBev (nicht aber für den oder die gesetzlichen Vertreter), und zwar zugleich mit dem Widerspruch. Wenn der Antragsgegner dies unterläßt, bleibt der Widerspruch wirksam. Es entsteht jedoch die Kostenfolge des KV 9000 II b.

## 696 *Abgabe. Antragsrücknahme. Verweisung.*

I ¹Wird rechtzeitig Widerspruch erhoben und beantragt eine Partei die Durchführung des streitigen Verfahrens, so gibt das Gericht, das den Mahnbescheid erlassen hat, den Rechtsstreit von Amts wegen an das Gericht ab, das in dem Mahnbescheid gemäß § 692 Abs. 1 Nr. 1 bezeichnet worden ist, wenn die Parteien übereinstimmen, die Abgabe an ein anderes Gericht verlangen, an dieses. ²Der Antrag kann in den Antrag auf Erlaß des Mahnbescheids aufgenommen werden. ³Die Abgabe ist den Parteien mitzuteilen; sie ist nicht anfechtbar. ⁴Mit Eingang der Akten bei dem Gericht, an das er abgegeben wird, gilt der Rechtsstreit als dort anhängig. ⁵§ 281 Abs. 3 Satz 1 gilt entsprechend.

II ¹Ist das Mahnverfahren maschinell bearbeitet worden, so tritt an die Stelle der Akten ein maschinell erstellter Aktenausdruck. ²Für diesen gelten die Vorschriften über die Beweiskraft öffentlicher Urkunden entsprechende.

III Die Streitsache gilt als mit Zustellung des Mahnbescheids rechtshängig geworden, wenn sie alsbald nach der Erhebung des Widerspruchs abgegeben wird.

IV ¹Der Antrag auf Durchführung des streitigen Verfahrens kann bis zum Beginn der mündlichen Verhandlung des Antragsgegners zur Hauptsache zurückgenommen werden. ²Die Zurücknahme kann vor der Geschäftsstelle zu Protokoll erklärt werden. ³Mit der Zurücknahme ist die Streitsache als nicht rechtshängig geworden anzusehen.

V Das Gericht, an das der Rechtsstreit abgegeben ist, ist hierdurch in seiner Zuständigkeit nicht gebunden.

**Schrifttum:** *Gaede,* Zuständigkeitsmängel und ihre Folgen nach der ZPO, 1989.

### Gliederung

| | |
|---|---|
| 1) Systematik, Regelungszweck, I–V .... 1 | 5) Zurücknahme des Antrags auf streitiges Verfahren, IV ................. 12–16 |
| 2) Abgabevoraussetzungen, I, II ......... 2–4 | A. Grundsatz: Möglichkeit der Rücknahme ................. 12 |
| A. Widerspruch ................. 2 | B. Zulässigkeitszeitraum ......... 13 |
| B. Antrag auf streitiges Verfahren ... 3 | C. Form einer Rücknahmeerklärung .... 14 |
| C. Zahlung der Gebühren ......... 4 | D. Unwiderruflichkeit einer Rücknahmeerklärung ................. 15 |
| 3) Abgabeverfahren, I, II ............. 5–8 | E. Kostenfolgen einer Rücknahme ..... 16 |
| A. Entscheidung ................. 5 | 6) Verweisung, V ................. 17–21 |
| B. Mitteilung ................. 6 | A. Grundsatz: Möglichkeit der Verweisung ................. 17 |
| C. Unanfechtbarkeit ................. 7 | B. Antrag; Verfahren ................. 18 |
| D. Ende des Mahnverfahrens ......... 8 | C. Bestimmung des zuständigen Gerichts . 19 |
| 4) Rechtshängigkeit, III ................. 9–11 | D. Unterbleiben einer Verweisung ......... 20 |
| A. Grundsatz: Möglichkeit der Rückwirkung ................. 9 | E. Kostenfolgen einer Verweisung ........ 21 |
| B. Alsbaldige Abgabe ................. 10 | |
| C. Nicht alsbaldige Abgabe ............. 11 | |

1) **Systematik, Regelungszweck, I–V.** Ein nach §§ 692 I Z 3, 694 rechtzeitig eingelegter Widerspruch **1** des Antragsgegners (nicht: eines Dritten, Mü MDR **88**, 871) gegen den Mahnbescheid führt dann, wenn eine der Parteien nunmehr den Antrag auf Durchführung des streitigen Verfahrens stellt, also nicht von Amts wegen, in dieses streitige Verfahren, BGH NJW **81**, 1551. Diesen Übergang regeln die §§ 696, 698, während § 697 die anschließenden Maßnahmen des Streitgerichts bestimmt. Die Überleitung in das streitige Verfahren vollzieht sich durch eine Abgabe von Amts wegen an dasjenige Gericht, das der Antragsteller in seinem Antrag auf Erlaß des Mahnbescheids als für das streitige Verfahren sachlich und örtlich zuständig bezeichnet hat, BGH **103**, 27, Schlesw SchlHA **81**, 72, und das vom Gericht entsprechend im Mahnbescheid bezeichnet worden ist, § 690 I Z 5 (bei einer Auslandsberührung in Verbindung mit § 703 d II, III), § 692 I Z 1, oder an das die Parteien übereinstimmend die Abgabe verlangt haben, § 696 I lt Hs. Hierbei reicht es, daß erst die eine, die andere Partei, etwa nach Aufforderung zur Stellungnahme, ein solches Verlangen stellt, sei es auch nur (eindeutig) stillschweigend. Es kommt nur auf den Inhalt des Verlangens, nicht auf dessen Wortlaut, an; die Erklärung ist als Parteiprozeßhandlung auslegbar, Grdz 47 vor § 128.

Das so bezeichnete Gericht ist jedoch in seiner Zuständigkeit nicht gebunden; es kann und muß evtl die Sache *an ein anderes Gericht verweisen,* V. Das Verfahren kann also von dem Gericht des Mahnverfahrens über das Gericht, an das die Akten abgegeben wurden, an dasjenige Gericht gelangen, an das nunmehr verwiesen wurde, und unter Umständen bei einer Weiterverweisung sogar noch an ein weiteres Gericht, bevor endlich

## § 696

im streitigen Verfahren ein Verhandlungstermin bestimmt werden darf. Wegen des arbeitsgerichtlichen Mahnverfahrens § 46a IV, V ArbGG, BAG NJW **82**, 2792, wegen einer WEG-Sache § 46a WEG, wegen einer SGG-Sache § 182a SGG, alle abgedruckt Grdz 3 vor § 688.

§ 696 ist ebenso wie vor allem § 697 *alles andere als einfach* zu verstehen. Indessen dient die Vorschrift für das notgedrungen technisch komplizierte Überleitungsverfahren doch insgesamt deutlich ebenso der Rechtssicherheit, Einl III 43, etwa bei der Rückwirkung der Rechtshängigkeit in III (auch wenn diese Rückwirkung in der Praxis oft nur mühsam geprüft werden kann), als auch der Prozeßförderung, Grdz 12 vor § 128, wenn es nun schon einmal zum streitigen Verfahren kommen soll. Will man den Grundgedanken eines ja weitaus überwiegend zum Vollstreckungsbescheid ohne Einspruch führenden raschen Gesamtverfahrens ohne Richter halten, so muß man eine lästige Überleitung nebst lästiger Verweisungstechnik bei Abwehr durch den Antragsgegner in Kauf nehmen. Das alles sollte bei der Auslegung mitbedacht werden.

**2** 2) **Abgabevoraussetzungen, I, II.** Es müssen drei Bedingungen zusammentreffen.

**A. Widerspruch.** Es muß ein wirksamer Mahnbescheid vorliegen, § 693 Rn 2. Der Antragsgegner muß gegen ihn grundsätzlich rechtzeitig Widerspruch eingelegt haben, §§ 692 I Z 3, 694. Andernfalls müßte ja auf Antrag der Vollstreckungsbescheid ergehen, § 699. Wenn der Widerspruch freilich zwar verspätet, aber vor dem Erlaß eines Vollstreckungsbescheids eingeht, darf der Rpfl den Vollstreckungsbescheid trotz eines etwa schon entscheidungsreifen Antrags nicht mehr erlassen. Wenn sich erst nach dem Erlaß des Mahnbescheids vor einem Widerspruch herausstellt, daß eine öffentliche Zustellung oder Auslandszustellung erfolgen muß, dann darf die Sache im ersteren Fall insoweit, als nicht eine Auslandszustellung nach § 688 III zulässig ist, nicht verwiesen werden; das Mahnverfahren ist dann vielmehr erledigt, LG Flensb Rpfleger **89**, 377, MüKoHo **15**, ThP § 688 Rn 5, aM Hamm Rpfleger **98**, 479 (muß folglich beim Bekanntwerden einer inländischen Anschrift in das Mahnverfahren zurückverweisen), StJSchl § 688 Rn 11, ZöV § 688 Rn 8. Nur das Vorliegen des Widerspruchs ist zu prüfen. Etwaige Formfragen, § 694 Rn 2, sind erst bei dem Gericht zu prüfen, an das die Sache abgegeben bzw anschließend verwiesen worden ist.

**3** **B. Antrag auf streitiges Verfahren.** Anders als nach einem Einspruch gegen einen Vollstreckungsbescheid, § 700 Rn 12, erfolgt auf Grund eines Widerspruchs gegen einen Mahnbescheid eine Abgabe nur nach einem entsprechenden Antrag, I 1, IV, einer der beiden Parteien auf die Durchführung des streitigen Verfahrens, Ffm RR **92**, 1342, LG Fulda RR **99**, 221. Es ist unerheblich, ob dieses Ersuchen vom Antragsteller oder vom Antragsgegner stammt, Düss RR **97**, 704, Hbg MDR **94**, 520, Mü MDR **97**, 891. Der Antrag liegt nicht automatisch im Widerspruch. Denn der Antragsgegner will evtl noch abwarten, ob der Antragsteller nunmehr überhaupt noch das streitige Verfahren wünscht. Deshalb endet das Mahnverfahren noch nicht durch den Widerspruch allein, KG RR **92**, 1023. Vielmehr ordnet das Gericht beim Eingang eines bloßen Widerspruchs zunächst nur Maßnahmen gemäß § 695 S 1 an.

Das Gericht fragt auch *nicht etwa von Amts wegen* beim Antragsgegner an, ob er (auch) den Antrag auf die Durchführung des streitigen Verfahrens stelle oder ob sein Schreiben nur als Widerspruch in diesem Sinne auszulegen sei. Eine solche Anfrage ist nur dann ratsam, wenn die Eingabe des Antragsgegners es immerhin als möglich erscheinen läßt, daß er auch die Durchführung des streitigen Verfahrens wünscht. Ein Antrag auf Durchführung des streitigen Verfahrens kann auch in einem Antrag „auf Anberaumung einer mündlichen Verhandlung" oder in einer ähnlichen Formulierung liegen, Grdz 52 vor § 128. Er ist schon im Antrag auf Erlaß des Mahnbescheids zulässig, I 2. Die Zahlung von KV 1201 reicht nur nach Anfrage, ob streitiges Verfahren erfolgt, sonst nicht, Mü MDR **97**, 890. Ein Antrag auf nur teilweise Abgabe ist möglich.

Es besteht *keine Hinweispflicht* des Gerichts von Amts wegen, etwa nach Grdz 39 vor § 128, daß ein Antrag auf Durchführung des streitigen Verfahrens noch fehle. Eine solche Pflicht besteht auch nicht bei einer Mitteilung gemäß § 695. Ein besonderer Antrag auf eine Abgabe ist nicht stets (sondern nur bei Abgabe an ein „anderes Gericht", I 1 lt Hs) erforderlich; es genügt ein Antrag auf die Durchführung des streitigen Verfahrens. Er bedarf keiner Form, § 702, und einer Vollmacht nur in der Form einer Versicherung nach § 703 S 2. Man kann ihn bei jedem AG stellen, § 129a I. Wirksam wird er aber erst beim Eingang in der Posteinlaufstelle desjenigen Gerichts, das den Mahnbescheid erlassen hat, § 129a II 2. Er ist unter den Voraussetzungen IV zurücknehmbar, Rn 12 ff.

**4** **C. Zahlung der Gebühren.** Die Zahlung der Gebühr für das Mahnverfahren ($^1/_2$, KV 1100) muß erfolgt sein, ebenso die Zahlung der erforderten (nicht der erforderlichen) Verfahrensgebühr ($2^1/_2$, KV 1201 S 2), § 65 I 2 GKG, § 271 Anh, Hartmann Teil I § 65 GKG Rn 22. Das gilt aber nur, wenn der Antragsteller die Abgabe beantragt. Das verlangt der Text ausdrücklich. Es besteht also keine Vorwegleistungspflicht, wenn nicht der Antragsteller, sondern der Antragsgegner die Durchführung des streitigen Verfahrens begehrt. Freilich ist der Antragsgegner Gebührenschuldner, vgl § 49 I GKG. Wenn das Gericht die Sache nach V verweist, besteht keine Vorwegleistungspflicht.

**5** 3) **Abgabeverfahren, I, II.** Es hat zwei wichtige Folgen.

**A. Entscheidung.** Die Abgabe erfolgt unverzüglich nach dem Vorliegen der Voraussetzungen Rn 5–7 durch eine Verfügung oder einen Beschluß des Rpfl, § 20 Z 1 RPflG, § 153 GVG Rn 8. Diese Entscheidung bildet auch bei einer maschinellen Bearbeitung die Grundlage, II, § 703b. II 2 stellt in Verbindung mit § 195 II klar, daß auch die Zustellangaben im Aktenausdruck nach § 418 beweiskräftig, aber entkräftbar sind, Drsd JB **99**, 154. Die Abgabe erfolgt stets an dasjenige Gericht, das in dem Mahnbescheid gemäß § 692 I Z 1 bezeichnet worden ist, evtl also an die Prozeßabteilung bzw Abteilung für Familiensachen desselben AG. Ein Antrag des Antragstellers auf eine Abgabe an ein anderes als an dasjenige Gericht, das im Mahnbescheid genannt war, ist nach dem eindeutigen Wortlaut von I 1 letzter Hs unbeachtlich, vgl Niepmann NJW **85**, 1453, abw Schäfer NJW **85**, 297 (bis zum Eingang beim Gericht, an das abgegeben wird, sei eine diesbezügliche Änderung statthaft). Das abgebende Gericht prüft weder weitere Zuständigkeitsfragen, Ffm AnwBl **80**, 198, noch gar die Schlüssigkeit des Anspruchs, BayObLG Rpfleger **80**, 436, Büchel NJW **79**, 947. Wenn mehrere Antragsgegner unterschiedliche Gerichtsstände haben, ist eine Verfahrenstrennung durchzuführen, Hamm Rpfleger **83**, 177, Vollkommer Rpfleger **77**, 143.

# 7. Buch. Mahnverfahren § 696

**B. Mitteilung.** Das Gericht teilt die Abgabe formlos, ThP 5, ZöV 4, aM Mü MDR **80**, 501, beiden **6** Parteien unabhängig davon mit, wer die Durchführung des streitigen Verfahrens beantragt hatte. Die Akten, bei einer maschinellen Bearbeitung der Aktenausdruck, der gemäß §§ 415, 417, 418 Beweiskraft hat, II 2, sind an das nunmehr zunächst durch die Abgabe örtlich und sachlich zuständig werdende Gericht zu senden. Dies kann ein AG oder ein LG sein.

**C. Unanfechtbarkeit.** Die Abgabe, also bereits die Entscheidung des Rpfl, ist seitens der Parteien **7** schlechthin unanfechtbar, I 3, Musielak FamRZ **81**, 928. Es ist also weder die Beschwerde noch die Erinnerung nach § 11 I, II RPflG statthaft. Das scheint dem § 11 II 1 RPflG zu widersprechen. Indessen erfolgt ja bereits die in I 3 als „unanfechtbar" bezeichnete Abgabe stets (richtigerweise) durch den Rpfl; es ist nicht der Sinn von I 3, nun das komplizierte Verfahren der sofortigen Erinnerung einzuschalten (zu ihr § 104 Rn 69 ff), sog teleologische Reduktion, Einl III 41. Deshalb ist eine Begründung entbehrlich, § 329 Rn 6. Es ist auch keineswegs eine Zurückgabe oder „Zurückverweisung" zulässig; dasjenige Gericht, an das die Abgabe nun einmal erfolgt ist, muß im Fall seiner Unzuständigkeit nach V vorgehen, Rn 17. Jedoch kann jeder Beteiligte die Berichtigung offenbarer Schreibfehler anregen; § 319 gilt entsprechend.

**D. Ende des Mahnverfahrens.** Nicht schon mit dem Eingang des Antrags nach I, sondern erst mit dem **8** *Akteneingang* beim Gericht des streitigen Verfahrens endet das Mahnverfahren, § 703 Rn 1, Düss RR **97**, 704, KG MDR **98**, 63 und 735, ZöV **7**, aM Mü MDR **80**, 501 (mit der Mitteilung der Abgabe), Düss RR **98**, 1077, Mü MDR **92**, 909 (mit Antragseingang). Ab jetzt gilt der Rechtsstreit als nicht schon allgemein, Rn 9, sondern gerade bei diesem Gericht anhängig, I 4, nicht schon rechtshängig, § 261 Rn 1 (die Rechtshängigkeit tritt erst gemäß III ein), und zwar unabhängig davon, wieviel Zeit zwischen dem Widerspruch und der Abgabe verstrichen ist. Die bisherigen Kosten werden ein Teil derjenigen Kosten, die vor dem Gericht erwachsen, an das die Sache abgegeben wurde, I 5 in Verbindung mit § 281 III 1, dort Rn 54. Von jetzt an ist grundsätzlich nicht mehr der Rpfl, sondern der Richter zuständig, Mü Rpfleger **83**, 288, vgl freilich § 689 Rn 2. Eine weitere Abgabe ist als solche unzulässig, Büchel NJW **79**, 947. Die Parteien heißen nun Kläger und Bekl. Der im Mahnverfahren bestellte ProzBev kann bis zur Bestellung eines beim Streitgericht Zugelassenen Zustellungsadressat bleiben, § 176 Rn 8.

**4) Rechtshängigkeit, III.** Ihre Voraussetzungen werden immer wieder verkannt. **9**

**A. Grundsatz: Möglichkeit der Rückwirkung.** Im Gegensatz zu der bloßen Anhängigkeit, die stets bereits mit dem Eingang des Mahnbescheids eintritt, § 261 Rn 1, § 693 Rn 3, gilt die Rechtshängigkeit (zum Unterschied der Begriffe § 261 Rn 1) nur dann ebenfalls als bereits mit der Zustellung des Mahnbescheids eingetreten, übrigens vernünftigerweise auch bei einer Umstellung der Forderung im streitigen Verfahren von der einen Währung auf die andere, Schmidt NJW **89**, 67, wenn die Abgabe alsbald nach dem Eingang des Widerspruchs beim AG des Mahnverfahrens erfolgt, BGH **103**, 27. Bei einem Widerspruch vor einem anderen AG, § 129 a I, ist erst der Eingang beim AG des Mahnverfahrens maßgeblich, § 129 a II 2. Es ist unerheblich, ob die 2-Wochen-Frist des § 692 I 2 eingehalten wurde. Wenn freilich inzwischen der Vollstreckungsbescheid erlassen worden war, § 699 Rn 3, dann ist eine Umdeutung in einen Einspruch vorzunehmen, § 694 II, und dann tritt die Rechtshängigkeit gemäß § 700 II ein. Vom Zeitpunkt der Rechtshängigkeit an ist keine Zuständigkeitsvereinbarung mehr zulässig, Üb 3 vor § 38.

**B. Alsbaldige Abgabe.** Das Wort „alsbald" ist ebenso zu verstehen wie das Wort „*demnächst*" in **10** §§ 207 I, 270 III, 691 II, 693 II, BGH **103**, 27, KG MDR **98**, 619, Köln VersR **91**, 198. Vgl daher zunächst zB § 270 Rn 7 ff. Eine alsbaldige Abgabe liegt also zB nicht mehr nach fast 4 Monaten vor, Köln VersR **91**, 198, LG Köln NJW **78**, 650, erst recht nicht nach sechs Monaten, Mü MDR **80**, 501, oder gar nach zehn Monaten, BayObLG MDR **83**, 322, es sei denn, der Antragsteller hätte an diesem Zeitablauf keine Schuld, BGH **103**, 28. Er braucht bei Erfüllung aller sonstigen Pflichten nicht von sich aus sogleich nach dem Grund der Verzögerung zu fragen, wohl aber vorsorglich nach ohne erkennbaren Grund eingetretenem, längerem Zeitablauf, BGH NJW **78**, 216 (zu § 270 III), aM BGH **103**, 28. Die Rückwirkung erfolgt nur auf den Zeitpunkt der Zustellung des Mahnbescheids; bei § 693 II erfolgt die Rückwirkung auf den Zeitpunkt der Einreichung oder der Anbringung des Antrags auf den Erlaß des Mahnbescheids. Über die sachlichrechtlichen Wirkungen § 693 Rn 3.

**C. Nicht alsbaldige Abgabe.** Wenn das Gericht die Sache nicht alsbald abgibt, dann tritt die Rechts- **11** hängigkeit noch nicht mit dem Akteneingang bei demjenigen Gericht ein, an das abgegeben wird, sondern erst mit demjenigen Zeitpunkt, in dem die Anspruchsbegründung im Sinne des § 697 I dem Antragsgegner *zugestellt* wird. Denn erst die Anspruchsbegründung in einer der Klagschrift entsprechenden Form steht einer Klagschrift gleich. Jetzt erst muß ja auch unter anderem eine gemäß § 253 II Z 2 erforderliche Begründung erfolgen. Folglich liegt erst in der Zustellung der Anspruchsbegründung eine Klagerhebung im Sinne von §§ 261 I, 253 I, BGH NJW **93**, 1071, KG MDR **98**, 619, StJSchl 7, aM Karlsr FamRZ **91**, 91, Mü MDR **80**, 501 (die Rechtshängigkeit tritte schon dann ein, wenn die Abgabeverfügung des Rpfl beiden Parteien zugestellt werde), ZöV 7 (maßgeblich sei der Akteneingang beim Streitgericht).

Wenn der Antragsteller freilich schon in seinem *Antrag* auf den Erlaß des *Mahnbescheids* eine dem § 253 genügende Anspruchsbegründung geliefert hatte, dann wäre eine Aufforderung nach § 697 I 1 sinnlos. In solchem Fall tritt die Rechtshängigkeit auch dann, wenn die Sache nicht alsbald abgegeben worden ist, wenigstens mit dem Zeitpunkt der Zustellung einer etwaigen Aufforderung an den Bekl zur Klagerwiderung nach § 697 III 1 oder mit der Zustellung der Ladung zum Termin oder mit einer sonstigen Mitteilung des Gerichts an die Parteien darüber ein, daß die Akten eingegangen und angenommen sind, Köln MDR **85**, 680.

**5) Zurücknahme des Antrags auf streitiges Verfahren, IV.** Es sind fünf Aspekte zu beachten. **12**

**A. Grundsatz: Möglichkeit der Rücknahme.** Die Zurücknahme des Antrags auf ein streitiges Verfahren ist nicht mit anderen Rücknahmeerklärungen zu verwechseln, Mü MDR **92**, 187, Stgt MDR **90**, 557. Jede Partei kann (nur) ihren eigenen Antrag auf die Durchführung des streitigen Verfahrens zurücknehmen. Bei mehreren Anträgen dieser Art, sei es mehrerer Antragsgegner, sei es sowohl des Antragstellers

**§ 696**

wie des Antragsgegners, endet das Abgabeverfahren erst dann, wenn sämtliche Anträge wirksam zurückgenommen worden sind. Die Rechtshängigkeit kann jedoch bereits im Verhältnis zu dem jeweils zurücknehmenden Antragsgegner entfallen, wenn ein weiterer Antragsgegner keine Rücknahme erklärt, IV 3. Etwas anderes gilt nur bei einer notwendigen Streitgenossenschaft, § 60. Die Sache bleibt beim Streitgericht zwar nicht rechtshängig, wohl aber evtl anhängig, Düss MDR **81**, 766, aM ZöV 2. Die Rücknahme ist auch wegen eines Teils des Anspruchs zulässig. Sie kann in einer Beschränkung der Anspruchsbegründung liegen, Grdz 52 vor § 128, Mü MDR **92**, 187. Die Zurücknahme ist auch nicht mit einer einseitigen Erledigterklärung nach § 91a zu verwechseln, Bbg JB **92**, 762, Nürnb RR **87**, 1278, aM Köln AnwBl **82**, 199, MüKoHo 26, ZöV 2 (sie werten eine einseitige „Erledigterklärung" vor dem Beginn der mündlichen Verhandlung grundsätzlich als eine Zurücknahme. Aber warum darf man eine Erledigterklärung hier nicht als solche sehen? §§ 91 ff gelten auch im Mahnverfahren).

**13**    **B. Zulässigkeitszeitraum.** Die Rücknahme ist nur bis zum Beginn der mündlichen Verhandlung des „Antragsgegners", also ab dem Antrag des Bekl, Rn 5, zur Hauptsache zulässig, IV 1, § 39 Rn 6. Sie ist also noch nach einer Erörterung im Haupttermin zulässig, solange dort noch keine Sachanträge gestellt worden sind, § 278 Rn 5, § 297 Rn 4, also vor dem Beginn der eigentlichen streitigen Verhandlung, § 137 I. Das gilt auch dann, wenn der Antragsteller den Antrag zurücknimmt. Also ist auch dann auf das Verhalten des Antragsgegners abzustellen.

**14**    **C. Form einer Rücknahmeerklärung.** Die Rücknahme erfolgt schriftlich oder zu Protokoll der Geschäftsstelle, IV 2. Sie kann gegenüber jedem AG erklärt werden, § 129a I, ist jedoch erst mit dem Eingang bei demjenigen Gericht wirksam, bei dem die Sache jetzt anhängig ist, Rn 5, § 129a II 2. Die Rücknahme kann auch nach der Abgabe der Sache an das LG ohne Anwaltszwang erklärt werden, § 78 II, LG Ffm Rpfleger **79**, 429, Bergerfurth Rpfleger **78**, 205. Eine „Klagerücknahme" ist nach einem vorangegangenen Mahnverfahren grundsätzlich wie eine Rücknahme des Antrags des Klägers auf ein streitiges Verfahren zu behandeln, Grdz 52 vor § 128, und daher ohne einen Anwaltszwang zulässig, LG Essen JZ **80**, 237, Fischer MDR **94**, 126, aM Kblz MDR **84**, 322 (Anwaltszwang wie sonst). Dasselbe gilt daher im Ergebnis auch dann, wenn auch oder nur der Bekl den Antrag auf ein streitiges Verfahren gestellt hatte.

Freilich mag eine bloße Antragsrücknahme nach IV ausnahmsweise nur den Zweck eines weiteren Abwartens haben, vgl Rn 3, und deshalb *keine Klagerücknahme* bedeuten, Mü MDR **87**, 415, Stgt MDR **90**, 557. Deshalb bedeutet der rückwirkende Wegfall der Rechtshängigkeit, S 3, nicht auch den Wegfall der Anhängigkeit, § 261 Rn 1, Mü MDR **87**, 415, Stgt MDR **90**, 557. Im übrigen kommt nach einem vollstreckungsbescheid keine Antragsrücknahme nach IV, sondern nur noch eine Klagrücknahme nach § 269 in Betracht, Kblz MDR **84**, 322; dafür herrscht Anwaltszwang wie sonst, § 78 Rn 1, Kblz MDR **84**, 322.

Die *Rücknahme des Antrags* des Antragstellers auf ein streitiges Verfahren ist nicht stets als eine Rücknahme des Antrags auf den etwa noch nicht erlassenen Mahnbescheid anzusehen, § 690 Rn 14, denn der Antragsteller mag nunmehr abwarten wollen, wie sich der Schuldner nach Erhalt des Mahnbescheids verhält, Rn 3. Die Rücknahme des Antrags des Antragsgegners auf ein streitiges Verfahren ist nicht stets auch als eine Widerspruchsrücknahme anzusehen, die in § 697 IV abweichend geregelt ist, Schwab NJW **79**, 697. Der Antragsgegner mag nun hoffen, um ein streitiges Verfahren herumzukommen, zB durch jetzt erst mögliche Ratenzahlungen. §§ 702, 703 sind nicht mehr anwendbar, soweit das Mahnverfahren schon beendet ist, Rn 8. Eine Anspruchsbegründung, § 697 Rn 3, nur zu einem Teil des im Mahnantrag genannten Anspruchs ist als eine Teilrücknahme anzusehen, Rn 12, KG JB **82**, 614.

**15**    **D. Unwiderruflichkeit einer Rücknahmeerklärung.** Die Rücknahme ist eine unwiderrufliche Parteiprozeßhandlung, Grdz 47 vor § 128.

**16**    **E. Kostenfolgen einer Rücknahme.** § 269 III ist grundsätzlich entsprechend anwendbar, § 269 Rn 3, KG RR **93**, 1472, LG Zweibr JB **98**, 100, StJSchl 6, aM Stgt MDR **90**, 557, LG Kaisersl MDR **94**, 417, Fischer MDR **94**, 125 (aber zumindest die Rechtshängigkeit ist als nicht eingetreten zu erachten. Auch ein neuer Antrag eröffnet ein neues Verfahren).

Das gilt aber trotz Eingangs des Widerspruchs nicht, wenn die *Rechtshängigkeit* wegen III erst *später* eintritt, aM Mü OLGZ **88**, 494. Wenn die Rücknahme unter den Voraussetzungen KV 1202a erfolgt, ermäßigt sich die Verfahrensgebühr KV 1202 auf 1,0, amtlicher Text hinter KV 1202. Auf sofortige Beschwerde ist ein Beschluß nach § 269 III aufzuheben, wenn der Beschwerdeführer das streitige Verfahren nun doch noch zulässig durchführen lassen will, Mü MDR **87**, 415.

**17**    **5) Verweisung, V.** Sie erfordert ein sorgfältiges Verfahren.

**A. Grundsatz: Möglichkeit der Verweisung.** Es entsteht keine Zuständigkeitsbindung desjenigen Gerichts, an das die Sache abgegeben worden ist, V 1. Dieses Gericht ist weder örtlich noch sachlich noch im Verhältnis zwischen seiner etwaigen Zivilkammer und der Kammer für Handelssachen gebunden, BayObLG JB **97**, 153, Schäfer NJW **85**, 299. Vielmehr findet dort eine erneute Prüfung der allgemeinen Prozeßvoraussetzungen, Grdz 12 vor § 253, nebst einer für dieses Gericht natürlich ersten Zuständigkeitsprüfung von Amts wegen, Grdz 39 vor § 128, und evtl auf Grund eines notwendigen Verweisungsantrags des Klägers, Rn 18, eine (erste echte) Verweisung an dasjenige Gericht statt, das sich bei dieser Prüfung als das in Wahrheit zuständige Gericht ergibt, Ffm RR **92**, 1342. Die Angaben gemäß §§ 690 I Z 1 bzw 703 d III, 692 I Z 1 sind also für dasjenige Gericht, an das die Sache abgegeben wurde, nur eine Anregung bei seiner Prüfung. Auch im Fall einer fehlerhaften Abgabe darf das Gericht, an das abgegeben wurde, nur nach V vorgehen, Rn 7. Wenn sich ergibt, daß überhaupt keine Zuständigkeit vorhanden ist, wird die Klage als unzulässig abgewiesen.

**18**    **B. Antrag; Verfahren.** Die Verweisung erfolgt nur auf Grund eines Antrags, obwohl V einen solchen nicht ausdrücklich fordert und obwohl eine Abgabe nach I zwar einen Antrag auf die Durchführung des streitigen Verfahrens erfordert, nicht aber einen besonderen Antrag auf eine Abgabe der Sache. Denn bei der in V genannten Verweisung handelt es sich um diejenige nach § 281, Büchel NJW **79**, 947 (es ist allerdings nicht mehr darüber grundsätzlich mündlich zu verhandeln, § 281 II 2, aM Holch NJW **91**, 3178), was V als selbstverständlich voraussetzt. Daher muß die Klage mangels eines Verweisungsantrags ebenfalls als unzulässig abgewiesen werden, vgl § 281 Rn 21. Das Gericht hat eine Hinweispflicht auf seine Unzuständigkeit, beim AG aus § 504, sonst aus § 139 und auf Grund einer etwaigen mündlichen Verhandlung stets aus § 278 III, ohne solche aus den in Grdz 39 vor § 128 genannten Gründen. Vgl im übrigen die Anmerkungen zu § 281. Eine Weiterverweisung erfolgt also wie § 281 Rn 47. Eine Änderung oder Berichtigung wie § 281 Rn 50 möglich. Anwaltszwang herrscht wie sonst, § 78 Rn 1, Düss OLGZ **89**, 203, KG AnwBl **84**, 508, Schäfer NJW **85**, 300, aM LG Darmst NJW **81**, 2709, LG Hof Rpfleger **79**, 390, Zinke NJW **83**, 1082. In einer WEG-Sache tritt anstelle der Verweisung eine Abgabe nach § 46 WEG, § 281 Anh II. Vgl im übrigen § 46 a WEG, abgedruckt Grdz 3 vor § 688.

**C. Bestimmung des zuständigen Gerichts.** Bei unterschiedlichen Gerichtsständen mehrerer Antragsgegner kann evtl, auch schon vor dem Erlaß des Mahnbescheids, § 36 I Z 3 anwendbar sein, BGH NJW **78**, 1982, BayObLG Rpfleger **80**, 436, LG Duisb Rpfleger **78**, 223, aM BGH NJW **78**, 321. **19**

**D. Unterbleiben einer Verweisung.** Keine Verweisung erfolgt, wenn das Gericht des V bereits sachlich und örtlich zuständig ist. § 35 ist also unanwendbar, denn der Antragsteller hätte ja im Wahlgerichtsstand klagen können, § 690 Rn 11, BGH NJW **93**, 1273, BayObLG Rpfleger **93**, 411, LG Wiesb NJW **92**, 1634. Zu den Folgen einer etwa wirksamen Gerichtsstandsvereinbarung Düss OLGZ **89**, 203, Stgt AnwBl **82**, 385. Auch § 38 ff sind ab Rechtshängigkeit unanwendbar, Rn 9. **20**

**E. Kostenfolgen einer Verweisung.** Die Kosten bei einer Verweisung sind insgesamt bei demjenigen Gericht zu berechnen usw, an das verwiesen wurde, und zwar einschließlich der im Mahnverfahren entstandenen Kosten, insofern richtig Düss OLGZ **89**, 202, aM Hamm AnwBl **82**, 78. Wenn eine Verweisung an ein objektiv ausschließlich zuständiges Gericht erfolgte, dann werden diejenigen Mehrkosten, die durch die Einschaltung des unzuständigen Gerichts entstanden, jetzt ebenso nach § 281 III 2 auf den in der Hauptsache Siegenden überbürdet. Wegen der Erstattungsfähigkeit § 91 Rn 116–118. **21**

**697** *Anspruchsbegründung. Widerspruchsrücknahme. Urteil.* ¹Die Geschäftsstelle des Gerichts, an das die Streitsache abgegeben wird, hat dem Antragsteller unverzüglich aufzugeben, seinen Anspruch binnen zwei Wochen in einer der Klageschrift entsprechenden Form zu begründen.

II ¹Bei Eingang der Anspruchsbegründung ist wie nach Eingang einer Klage weiter zu verfahren. ²Zur schriftlichen Klageerwiderung im Vorverfahren nach § 276 kann auch eine mit der Zustellung der Anspruchsbegründung beginnende Frist gesetzt werden.

III ¹Geht die Anspruchsbegründung nicht rechtzeitig ein, so wird bis zu ihrem Eingang Termin zur mündlichen Verhandlung nur auf Antrag des Antragsgegners bestimmt. ²Mit der Terminbestimmung setzt der Vorsitzende dem Antragsteller eine Frist zur Begründung des Anspruchs; § 296 Abs. 1, 4 gilt entsprechend.

IV ¹Der Antragsgegner kann den Widerspruch bis zum Beginn seiner mündlichen Verhandlung zur Hauptsache zurücknehmen, jedoch nicht nach Erlaß eines Versäumnisurteils gegen ihn. ² Die Zurücknahme kann zu Protokoll der Geschäftsstelle erklärt werden.

V ¹Zur Herstellung eines Urteils in abgekürzter Form nach § 313 b Abs. 2, § 317 Abs. 4 kann der Mahnbescheid an Stelle der Klageschrift benutzt werden. ²Ist das Mahnverfahren maschinell bearbeitet worden, so tritt an die Stelle der Klageschrift der maschinell erstellte Aktenausdruck.

**Schrifttum:** *Ritter-Schmidt,* Die Zulässigkeit eines Versäumnisurteils im schriftlichen Vorverfahren nach vorangegangenem Mahnverfahren usw, Diss Marbg 1989.

**Gliederung**

| | |
|---|---|
| 1) Systematik, I–V ........ 1 | 8) Vorverfahren, III ........ 14–17 |
| 2) Regelungszweck, I–V ........ 2 |   A. Frist zur Klageerwiderung ........ 14, 15 |
| 3) Geltungsbereich, I–V ........ 3 |   B. Mitteilung an Kläger ........ 16 |
| 4) Notwendigkeit einer Anspruchsbegründung, I ........ 4 |   C. Stellungnahme zur Klageerwiderung .. 17 |
| 5) Verfahren der Aufforderung zur Begründung, I ........ 5–8 | 9) Kein Eingang einer Anspruchsbegründung, III ........ 18–21 |
|   A. Aufforderung ........ 5–7 |   A. Termin nur auf Antrag des Beklagten, III 1 ........ 18 |
|   B. Unanwendbarkeit des § 296 I ........ 8 |   B. Nach Antrag: Terminbestimmung nebst Begründungsfrist, III 2 ........ 19 |
| 6) Keine Aufforderung zur Anwaltsbestellung usw durch die Geschäftsstelle, I ........ 9 |   C. Nach Fristablauf: Zurückweisung wegen Verspätung, III 2 ........ 20 |
| 7) Verfahren nach Eingang der Begründung, II ........ 10–13 |   D. Kein Eingang bis Verhandlungsschluß: Abweisung als unzulässig ........ 21 |
|   A. Verfahrensart: Ermessen des Vorsitzenden ........ 10 | 10) Widerspruchsrücknahme, IV ........ 22–24 |
|   B. Weiterer Verfahrensablauf ........ 11 |   A. Zulässigkeitszeitraum ........ 22 |
|   C. Einlassungsfrist ........ 12 |   B. Rücknahmeerklärung ........ 23 |
|   D. Aufforderung zur etwaigen Anwaltsbestellung; Anerkenntnis- oder Versäumnisurteil ........ 13 |   C. Weitere Einzelfragen ........ 24 |
| | 11) Abgekürztes Urteil, V ........ 25 |

## § 697

**1) Systematik, I–V.** Während § 696 das Verfahren von dem Eingang des Widerspruchs bis zur Abgabe, die folgende Zuständigkeitsprüfung und evtl eine Verweisung regelt, dort Rn 1, enthält § 697 das übrige Verfahren vom Akteneingang bei demjenigen Gericht, an das die Sache abgegeben wurde, für das streitige Verfahren bis zum Erlaß seines Urteils. Die Vorschrift ergibt freilich nur die Regeln, in denen dieser Teil des Verfahrens von demjenigen der §§ 271 ff, beim AG in Verbindung mit §§ 495 ff, abweicht. Außerdem regelt IV die Rücknahme des Widerspruchs, und zwar auch vor einem Akteneingang bei demjenigen Gericht, an das die Sache abgegeben wurde. I bis III gelten entsprechend, wenn das Gericht, an das abgegeben wurde, die Sache ohne eine mündliche Verhandlung verwiesen hat oder wenn eine Weiterverweisung ohne eine mündliche Verhandlung erfolgte, § 696 Rn 18.

**2) Regelungszweck, I–V.** Vgl zunächst § 696 Rn 1. Die Vorschrift soll den Übergang in das streitige Verfahren nicht nur formell regeln, sondern auch praktisch erleichtern, zumal sie der Geschäftsstelle erhebliche Aufgaben überträgt. Die Einfädelung des Mahnverfahrens nach einem Widerspruch gegen den Mahnbescheid in das streitige Verfahren erweist sich allerdings insbesondere wegen der Möglichkeit im streitigen Verfahren, zwischen einem frühen ersten Termin und einem schriftlichen Vorverfahren zu wählen, als recht kompliziert und zum Teil verunglückt, Rn 5, 10, 14, Büchel NJW **79**, 949. Bei der Auslegung von I–III muß dieser Zusammenhang stets mitberücksichtigt werden.

**3) Geltungsbereich, I–V.** Die Vorschrift gilt in allen Verfahren nach der ZPO. Im arbeitsgerichtlichen Verfahren gilt § 46 a IV–VI ArbGG, in einer SGG-Sache gilt § 182 a I 3, II 1 SGG, in einer WEG-Sache gilt § 46 a WEG, alles abgedruckt Grdz 3 vor § 688.

**4) Notwendigkeit einer Anspruchsbegründung, I.** Da im Mahnverfahren eine Schlüssigkeitsprüfung nicht stattfindet, § 690 Rn 7, braucht der Antrag auf Erlaß des Mahnbescheids keine Anspruchsbegründung zu enthalten. Eine Individualisierung genügt, § 690 Rn 6. Freilich darf der Kläger von sich aus eine Anspruchsbegründung einreichen, Düss MDR **83**, 942, und zwar auch schon vor einer Fristsetzung nach I 1 oder durch den Richter und vor einer Abgabe an das Streitgericht, BGH **84**, 139. Die Anspruchsbegründung gegenüber dem AG als Streitgericht kann schriftlich oder zum Protokoll der Geschäftsstelle des AG erfolgen, § 496, also auch vor jedem anderen AG, § 129 a I (wegen der Fristwahrung § 129 a II). Insoweit braucht auch kein dort zugelassener Anwalt zur Anspruchsbegründung tätig zu werden, BGH **84**, 139, aM Düss MDR **83**, 942, aM Zinke NJW **83**, 1087 (wegen der Einreichung nach der Abgabe Rn 11).

Der Kläger muß die Anspruchsbegründung notfalls beim Übergang in das streitige Verfahren *nachholen*, Schmidt NJW **82**, 812. Dies gilt mit Rücksicht auf das System der §§ 272 ff, beim AG in Verbindung mit §§ 495 ff, schon vor der mündlichen Verhandlung. Im übrigen muß das Gericht erkennen können, ob ein früher erster Termin oder ein schriftliches Vorverfahren ratsam ist, § 272 II. Dazu sind in der Regel mehr Angaben als diejenigen im Antrag auf Erlaß des Mahnbescheids notwendig.

Die Anspruchsbegründung muß die Anforderungen an eine Klageschrift erfüllen, daher auch einen *Sachantrag* enthalten, § 253 II Z 2, Schuster MDR **79**, 724, StJSchl 2, ThP 4, aM Eibner NJW **80**, 2296, MüKoHo 6, ZöV 2 (es genüge eine Bezugnahme auf den Mahnantrag).

Man kann und muß auch evtl jetzt den Antrag auf eine Verhandlung vor der Kammer für Handelssachen nachholen, § 96 GVG Rn 3, Düss RR **88**, 1472, und die Klage *erweitern oder ändern*.

**5) Verfahren der Aufforderung zur Begründung, I.** Es erfolgt oft zu nachlässig.

**A. Aufforderung.** Deshalb muß das Gericht den Antragsteller auffordern, den Anspruch nach Rn 4 zu begründen. Das gilt auch dann, wenn der Antragsgegner die Abgabe nach § 696 I 1 beantragt hatte. Das gilt ferner auch dann, wenn er schon eine Anspruchsbegründung beim Mahngericht eingereicht hatte, Karlsr NJW **88**, 2806, Schlesw MDR **88**, 151, Schmidt NJW **82**, 812, aM Köln NJW **82**, 2265, ThP 2, 3.

Die Aufforderung lautet *inhaltlich* dahin, den Anspruch binnen 2 Wochen seit der Zustellung in einer dem § 253, also einer Klageschrift, entsprechenden Form zu begründen. Die Wiedergabe des Gesetzestextes reicht aus. Mehr ist auch kaum zu empfehlen. Der Antragsteller mag sich darüber informieren, was zu einer ordnungsgemäßen Klagebegründung gehört.

Für diese Aufforderung ist der *Urkundsbeamte* der Geschäftsstelle zuständig, § 153 GVG. Er wird ohne vorherige Vorlage der Akten beim Vorsitzenden tätig. Der Urkundsbeamte hat die Aufforderung unverzüglich nach dem Eingang der Akten abzusenden, vgl die vorwerfbare Verzögerung, § 216 Rn 16. Bei mehreren Antragstellern hat er jeden aufzufordern. Wenn sich für einen Antragsteller ein ProzBev gemeldet hat, § 176, muß der Urkundsbeamte diesen nur dann auffordern, wenn es sich entweder um einen Rechtsanwalt handelt, § 88 II, oder wenn bereits eine Prozeßvollmacht vorliegt, § 88 I. Denn die Vollmachtserleichterung des § 703 endet mit dem Eingang der Akten, § 703 Rn 1. Nur wenn der Urkundsbeamte der Geschäftsstelle handgreifliche Bedenken gegen die Zuständigkeit seines Gerichts hat oder wenn der Vorsitzende ihn angewiesen hat, muß der Urkundsbeamte vor der Aufforderung die Akten dem Vorsitzenden vorlegen. Der Rpfl ist keineswegs mehr zuständig. Denn das Mahnverfahren ist bereits beendet.

Die Aufforderung zur Anspruchsbegründung ist vom Urkundsbeamten mit vollen Namen zu *unterschreiben*, § 329 Rn 8, 11. Es ist sodann eine Ausfertigung oder beglaubigte Abschrift dem Antragsteller von Amts wegen förmlich zuzustellen, unabhängig davon, ob die Aufforderung als Verfügung oder Beschluß ergeht, § 329 II 2 entsprechend. Denn der Fristablauf muß schon wegen II in Verbindung mit §§ 282, 296 II feststehen, Hbg NJW **86**, 1347, Köln FamRZ **86**, 928, ZöV 4, aM BGH VersR **82**, 346 (ein Verstoß gegen I sei nicht durch § 296 II zu ahnden). Eine Fristverlängerung ist auch bei erheblichem Grund unstatthaft, da gesetzlich nicht „besonders bestimmt", § 224 II Hs 2. Erst die Zustellung macht die Prozeßhandlung wirksam und die Unterbrechung der Verjährung, BGH RR **98**, 954. Eine Fristverlängerung erfolgt durch den Urkundsbeamten nach § 224.

**B. Unanwendbarkeit des § 296 I.** Dagegen ist § 296 I in diesem Stadium, also bei einer Überschreitung der vom Urkundsbeamten nach I gesetzten Frist, noch unanwendbar, § 296 Rn 32, BGH NJW **82**, 1533, Schlesw NJW **86**, 856, LG Hbg VersR **87**, 996, aM Kramer NJW **78**, 1414, Mischke NJW **81**, 565. Im arbeitsgerichtlichen Verfahren gilt § 46 a ArbGG, in einer WEG-Sache gilt § 46 a WEG, in einer SGG-Sache § 182 a SGG, alle abgedruckt Grdz 3 vor § 688.

**6) Keine Aufforderung zur Anwaltsbestellung usw durch die Geschäftsstelle, I.** Eine Aufforderung 9 beim LG, einen bei diesem Gericht zugelassenen Rechtsanwalt zu bestellen, erfolgt nicht mehr.

**7) Verfahren nach Eingang der Begründung, II.** Es ist kompliziert genug. 10

**A. Verfahrensart: Ermessen des Vorsitzenden.** Nach dem Eingang der Urkundsbegründung legt der Urkundsbeamte die Akten dem Vorsitzenden vor. Dieser verfährt nunmehr ebenso wie nach der Vorlage einer Klagschrift. Er prüft also gemäß § 272 II, ob er einen frühen ersten Termin oder das schriftliche Vorverfahren wählt, Düss RR **88**, 1472. Es liegt zwar grundsätzlich in seinem Ermessen, ob er noch zuwartet, Karlsr MDR **88**, 682, Schlesw NJW **86**, 856. Dieses Ermessen ist aber durch die bei der Wahl des Verfahrens mit frühem ersten Termin entstehende Pflicht zur unverzüglichen Terminsanberaumung, § 216 II, begrenzt. Wegen der Verzögerungsgefahr des Vorverfahrens krit Geffert NJW **78**, 1418.

**B. Weiterer Verfahrensablauf.** Nur bei der Wahl eines frühen ersten Termins muß der Vorsitzende 11 unverzüglich, § 216 II, einen Verhandlungstermin bestimmen, II 1. Das weitere Verfahren verläuft dann gemäß §§ 272 III–275 usw. Da grundsätzlich erst jetzt eine der Klagschrift entsprechende Schrift des Klägers vorliegt, ist jetzt der § 271 auch gegenüber dem Bekl zu beachten. Die Bezugnahme eines beim Streitgericht zugelassenen Anwalts auf eine vor der Partei nach der Abgabe eingereichte Anspruchsbegründung reicht aus, BGH **84**, 139, Düss MDR **83**, 943. Die Anspruchsbegründung wird also von Amts wegen dem Bekl zugestellt, § 270 I. Zugleich fordert ihn das LG wie bei § 271 III zu einer Äußerung betreffend den Einzelrichter auf.

**C. Einlassungsfrist.** Die Einlassungsfrist, § 274 III, läuft aber schon seit der Zustellung des Mahnbe- 12 scheids, nicht erst seit der Zustellung der Anspruchsbegründung, obwohl diese der Klagschrift (im übrigen) gleichsteht. Denn sonst wäre beim Ausbleiben der ja auch nach I, II nicht erzwingbaren Anspruchsbegründung überhaupt kein Beginn einer Einlassungsfrist und daher überhaupt kein Termin und zB kein Versäumnisurteil gegen den Bekl zulässig, auch nicht auf Antrag des Bekl nach III 1.

**D. Aufforderung zur etwaigen Anwaltsbestellung: Anerkenntnis- oder Versäumnisurteil.** Beim 13 LG muß der Bekl dazu aufgefordert werden, einen zugelassenen Anwalt zu bestellen. Zwar hat der Antragsgegner Widerspruch eingelegt. Aber damit ist noch nicht eindeutig gesagt worden, ob er sich auch in etwaigen streitigen Verfahren endgültig gegen den Anspruch wehren wolle, solange er nicht von sich aus einen Antrag auf die Durchführung dieses streitigen Verfahrens nach § 696 I gestellt hatte, sondern einen solchen Wunsch des Antragstellers abgewartet hat. Das Gesetz geht nicht (mehr) davon aus, daß die Anzeige der Verteidigungsabsicht bereits durch die Einreichung eines Widerspruchs gegen den Mahnbescheid ausreichend erkennbar ist. Daher gibt es auch jetzt eine Frist wie bei § 276 I 1. Denn II 1, 2 verweisen, anders als § 700 IV 2, auf den § 276 insgesamt. Daher gibt es jetzt auch ein schriftliches Anerkenntnisurteil nach § 307 II, sowie ein echtes oder unechtes Versäumnisurteil nach § 331 III und ferner beim LG jetzt auch eine Aufforderung gemäß § 271 II. Im arbeitsgerichtlichen Verfahren gilt § 46 a IV 1–3 ArbGG, in einer WEG-Sache gilt § 46 a WEG, beide abgedruckt Grdz 3 vor § 688.

**8) Vorverfahren, III.** Es ähnelt dem Vorverfahren nach Klage. 14

**A. Frist zur Klagerwiderung.** Der Vorsitzende muß dann, wenn er nicht sogleich einen frühen ersten Termin bestimmt, sondern das schriftliche Vorverfahren wählt, dem Bekl (das Gesetz spricht auch hier systemwidrig noch vom Antragsgegner) gemäß II 1 in Verbindung mit § 276 I 2 eine Frist von mindestens 2 Wochen zur Abgabe einer schriftlichen Klagerwiderung setzen. Diese Frist ist also diejenige des § 276 I 2, nicht etwa diejenige des § 276 I, Rn 13, Geffert NJW **80**, 2820. Es besteht im übrigen insofern eine Abweichung von § 276 I 2, als dort die Frist stets erst mit dem Ablauf der (ja auch bei 697 notwendigen) Frist zur Verteidigungsanzeige beginnt, während die Frist hier gemäß II 2 auch schon mit der Zustellung der Anspruchsbegründung beginnen „kann", wenn der Vorsitzende das so verfügt und dem Bekl mitteilt, also zugleich mit der Frist nach § 276 I 1. Der Grund liegt darin, daß evtl im Widerspruch bereits eine ausreichende Klagerwiderung gesehen werden kann.

Die *Bemessung* der Frist, die keine Notfrist ist, § 224 I 2, sowie ihre Anordnung usw erfolgen wie bei 15 § 276 Rn 9–11, nur gibt es eben keine „weitere" Frist wie dort; Zweibr VersR **79**, 143 hält 2 Wochen bei einem Antragsgegner, der sich mit seinem Versicherer abstimmen muß, für zu kurz. Köln NJW **80**, 2422 verlangt eine nachprüfbare Berücksichtigung der Fallumstände bei der Bemessung der Frist. Eine zu kurze Frist kann zur Unanwendbarkeit des § 296 I führen, Köln NJW **80**, 2422. Die Frist beginnt nur dann zu laufen, wenn eine formell ordnungsgemäße Anspruchsbegründung vorliegt, Karlsr MDR **88**, 682, Schlesw MDR **88**, 151, zu der also eine Unterschrift eines beim Prozeßgericht zugelassenen Anwalts gehört, Karlsr MDR **88**, 682, und wenn der Urkundsbeamte eine beglaubigte Abschrift der richterlichen, mit dem vollen Namen des Vorsitzenden oder des sonst zuständigen Richters und nicht nur mit einer sog Paraphe, unterzeichneten Fristverfügung förmlich dem Bekl zugestellt hat, § 329 Rn 9, 11, BGH JZ **81**, 351. Eine Belehrung über die Folgen einer Versäumung der Klagerwiderungsfrist ist nicht erforderlich. II 1 verweist der Sache nach zwar auf § 276 II. Jene Bestimmung verpflichtet aber auch im Vorverfahren auf Grund einer Klage nicht zu einer Belehrung über die Folgen der Versäumung der Klagerwiderungsfrist. Eine etwaige unrichtige Belehrung kann allerdings zu einer Entschuldigung wegen einer Fristversäumung ausreichen, BGH **86**, 225.

**B. Mitteilung an Kläger.** Eine Mitteilung an den Kläger von der Anordnung zur Einreichung einer 16 Klagerwiderung und einer Frist erfolgt von Amts wegen, II 1 in Verbindung mit § 276 I 1 Hs 2, zugleich mit der Hinausgabe der Anordnung nach Rn 14, 15. Der Kläger muß sich also nach dem Tag des Fristablaufs evtl erkundigen. Denn dieser Tag steht erst bei der Rückkehr der Zustellungsurkunde vom Bekl fest. Wenn der Vorsitzende frühen ersten Termin wählt, dann verläuft das weitere Verfahren wie sonst. Der Vorsitzende

**§ 697**

trifft also evtl Maßnahmen gemäß §§ 273, 275, 358 a, und im übrigen bestimmt er einen Termin gemäß II in Verbindung mit § 272 II Hs 1.

**17 C. Stellungnahme zur Klagerwiderung.** Nach dem Eingang einer Klagerwiderung fordert der Vorsitzende evtl den Kläger dazu auf, auf die Klagerwiderung eine Stellungnahme abzugeben, § 276 III. Für den Inhalt der Klagerwiderung bzw für die Stellungnahme auf diese gilt § 277. Wegen Zulässigkeitsrügen vgl § 282 III 2. Wegen verspäteter Angriffs- und Verteidigungsmittel, Einl III 70, ist § 296 I anwendbar. Denn II 1 sieht in Verbindung mit § 276 III eine förmliche Frist vor.

**18 9) Kein Eingang einer Anspruchsbegründung, III.** Es gelten abschließende, harte Regeln.

**A. Termin nur auf Antrag des Beklagten, III 1.** Solange der Kläger keine Anspruchsbegründung von sich aus oder nach Fristsetzung zunächst durch die Geschäftsstelle, sodann evtl (freiwillig) durch den Vorsitzenden, einreicht, also den Prozeß nicht weiter betreibt, § 211 II, AG Bln-Tiergarten RR **93**, 1402, beraumt dieser letztere einen frühen ersten Termin oder gar einen Haupttermin nicht von Amts wegen an, sondern wartet ab, ob der Bekl einen Terminsantrag stellt, BGH MDR **95**, 1059, Nürnb MDR **99**, 1151, Eith MDR **96**, 1099. Dieser Antrag ist kein Sach-, sondern ein Prozeßantrag, § 297 Rn 1, 5, Karlsr MDR **93**, 1246. Sinn der Bestimmung ist: Der Kläger wie der Bekl mögen ein Interesse daran haben, zB in außergerichtlichen Vergleichsverhandlungen nicht durch einen zu raschen Termin gestört zu werden; wenn aber der Kläger trödelt, soll der in den Prozeß gezogene Bekl durch einen Termin eine Entscheidung erreichen können, so auch im Ergebnis Hamm MDR **94**, 106.

Deshalb braucht der Vorsitzende *nicht anzufragen*, ob ein Termin gewünscht wird, und keine der Parteien zu belehren; er darf auch nicht einfach einen stillschweigenden Terminsantrag unterstellen, auch nicht aus einer vorsorglichen Klagerwiderung nebst Abweisungsantrag. Er läßt mangels Anspruchsbegründung nach dem Fristablauf die Akten einfach (zunächst) weglegen, ähnlich Hamm MDR **94**, 106 (das kann auch zum Ende der Unterbrechung der Verjährung führen). Für den Terminsantrag des Bekl besteht keine Ausschlußfrist. Ein ohne jeden Grund erst nach Jahr und Tag gestellter Antrag mag als Verstoß gegen Treu und Glauben zu beurteilen sein, Einl III 54.

**19 B. Nach Antrag: Terminsbestimmung nebst Begründungsfrist, III 2.** Sobald entweder doch noch die Anspruchsbegründung verspätet oder ein Terminsantrag des Bekl (nicht nur ein solcher des Klägers ohne Anspruchsbegründung) eingegangen ist, setzt der Vorsitzende je nach der Wahl des Verfahrens, II, einen Termin unverzüglich an, § 216 II. Zugleich muß er dem Antragsteller dann, wenn dieser noch keine Anspruchsbegründung eingereicht hat, eine Frist zur Begründung des Anspruchs setzen, Hs 1. Die Frist ist eine richterliche, Üb 10 vor § 214; wegen einer Änderung §§ 224, 225.

**20 C. Nach Fristablauf: Zurückweisung wegen Verspätung, III 2.** Nach dem Ablauf einer ordnungsgemäß bestimmten und mitgeteilten Frist ist eine nun erst eingehende Anspruchsbegründung nach Hs 2 in Verbindung mit § 296 I, IV zu beurteilen, also nach den dortigen Regeln evtl von Amts wegen als verspätet zurückzuweisen, es sei denn, daß die Erledigung des Rechtsstreits trotz Berücksichtigung der verspäteten Anspruchsbegründung nicht verzögert würde oder daß der Kläger die Verspätung genügend entschuldigt und den Entschuldigungsgrund auf Verlangen des Gerichts nach § 294 glaubhaft machen kann.

**21 D. Kein Eingang bis Verhandlungsschluß: Abweisung als unzulässig.** Geht bis zum Verhandlungsschluß, § 296 a, keine Anspruchsbegründung ein, ist die Klage als unzulässig abzuweisen, denn es fehlt eine Prozeßvoraussetzung, Grdz 12 vor § 253, § 697 II 1 (gilt entsprechend auch schon vor dem Eingang), Mü RR **89**, 1405, LG Gießen RR **95**, 62, ThP 8, aM MüKoHo 26, RoSGo § 164 III 5 f (Abweisung sogar als unbegründet).

**22 10) Widerspruchsrücknahme, IV.** Sie wird zu wenig angeregt.

**A. Zulässigkeitszeitraum.** Die Rücknahme des Widerspruchs, nicht zu verwechseln mit der Rücknahme des Antrags auf die Durchführung des streitigen Verfahrens, § 696 Rn 12, ist ab Widerspruchseinlegung, § 694 Rn 1, bis zum Beginn der mündlichen Verhandlung des Bekl zur Hauptsache zulässig, vgl § 696 Rn 13. Die Rücknahme ist jedoch nicht mehr nach dem Erlaß eines Versäumnisurteils gegen den Bekl zulässig, IV 1. Erlassen ist das Versäumnisurteil mit seiner Verkündung, § 310 I 1, oder mit der Zustellung im Fall der §§ 331 III, 310 III.

**23 B. Rücknahmeerklärung.** Wegen der Einzelheiten der Rücknahme, die auch zu Protokoll der Geschäftsstelle erklärt werden kann, IV 2, gilt das in § 696 Rn 13 Ausgeführte entsprechend. Die Rücknahme kann also auch schriftlich oder im Verhandlungstermin gegenüber dem LG ohne Anwaltszwang erklärt werden, § 78 II, Büchel NJW **79**, 950, Hornung Rpfleger **78**, 430. Ein Vordruckzwang besteht bis zur etwaigen Vordruckeinführung.

**24 C. Weitere Einzelfragen.** Wenn die Rücknahme des Widerspruchs unter den Voraussetzungen KV 1202 a erfolgt, ermäßigt sich die Verfahrensgebühr KV 1202 auf 1,0, amtlicher Text hinter KV 1202. Eine Folge der wirksamen Rücknahme des Widerspruchs ist unter anderem: Der Antragsteller kann, evtl erneut, in der Frist des § 701 S 1 den Vollstreckungsbescheid beantragen. Denn das streitige Verfahren ist beendet, seine Rechtshängigkeit entfallen und das Mahnverfahren wieder aufgelebt, Hamm AnwBl **89**, 247, Kblz AnwBl **89**, 296, Mü AnwBl **85**, 206. Soweit im streitigen Verfahren eine Forderung bestehenbleibt, tritt eine Aufspaltung bzw Trennung ein, auch gebührenrechtlich, Hamm AnwBl **89**, 247. Der Vollstreckungsbescheid wird von dem Rpfl desjenigen Gerichts erlassen, an das der Rechtsstreit abgegeben, verwiesen oder weiterverwiesen worden ist, § 699 Rn 13, Ffm Rpfleger **90**, 201, Hartmann NJW **78**, 612.

**25 11) Abgekürztes Urteil V.** Ein abgekürztes Urteil ist nach § 313 b II zulässig. Seine Ausfertigung erfolgt nach § 317 IV. Dabei ist der Mahnbescheid anstelle der Klagschrift benutzbar, V 1. Bei einer maschinellen Bearbeitung, § 703 b I, gibt es ein Urteil auf dem Aktenausdruck, V 2, und eine Ausfertigung unter Benutzung einer beglaubigten Abschrift von ihm.

**698** *Streitverfahren bei demselben Gericht.* **Die Vorschriften über die Abgabe des Verfahrens gelten sinngemäß, wenn Mahnverfahren und streitiges Verfahren bei demselben Gericht durchgeführt werden.**

**1) Systematik, Regelungszweck.** Wenn dasselbe Amtsgericht sowohl nach § 689 II als auch nach **1** § 690 I Z 5 in Verbindung mit § 692 I Z 1 oder § 703 d II, III örtlich wie sachlich zuständig ist, dann erfolgt zwecks technisch einheitlicher Behandlung sämtliche Arten von Überleitung in das streitige Verfahren und damit im Interesse der Rechtssicherheit, Einl III 43, eine Abgabe von der Mahnabteilung an die Abteilung für streitige Verfahren bzw Familiensachen und bei einer Nämlichkeit der Abteilungen eine Abgabe von ihrem Rpfl an ihren Amtsrichter. Wenn der Richter feststellt, daß ein anderes Gericht zuständig ist, erfolgt eine Verweisung oder eine Weiterverweisung wie sonst. Wegen der verschiedenen Fristen usw ist es ratsam, das jeweilige Verfahrensstadium aktenkundig zu machen, auch soweit dies nicht notwendig wäre.

**699** *Vollstreckungsbescheid.* I ¹Auf der Grundlage des Mahnbescheids erläßt das Gericht auf Antrag einen Vollstreckungsbescheid, wenn der Antragsgegner nicht rechtzeitig Widerspruch erhoben hat. ²Der Antrag kann nicht vor Ablauf der Widerspruchsfrist gestellt werden; er hat die Erklärung zu enthalten, ob und welche Zahlungen auf den Mahnbescheid geleistet worden sind; § 690 Abs. 3 gilt entsprechend. ³Ist der Rechtsstreit bereits an ein anderes Gericht abgegeben, so erläßt dieses den Vollstreckungsbescheid.

II Soweit das Mahnverfahren nicht maschinell bearbeitet wird, kann der Vollstreckungsbescheid auf den Mahnbescheid gesetzt werden.

III ¹In den Vollstreckungsbescheid sind die bisher entstandenen Kosten des Verfahrens aufzunehmen. ²Der Antragsteller braucht die Kosten nur zu berechnen, wenn das Mahnverfahren nicht maschinell bearbeitet wird; im übrigen genügen die zur maschinellen Berechnung erforderlichen Angaben.

IV ¹Der Vollstreckungsbescheid wird dem Antragsgegner von Amts wegen zugestellt, wenn nicht der Antragsteller die Übergabe an sich zur Zustellung im Parteibetrieb beantragt hat. ²In diesen Fällen wird der Vollstreckungsbescheid dem Antragsteller zur Zustellung übergeben; die Geschäftsstelle des Gerichts vermittelt diese Zustellung nicht. ³Bewilligt das mit dem Mahnverfahren befaßte Gericht die öffentliche Zustellung, so wird der Vollstreckungsbescheid an die Gerichtstafel des Gerichts angeheftet, das in dem Mahnbescheid gemäß § 692 Abs. 1 Nr. 1 bezeichnet worden ist.

### Gliederung

| | |
|---|---|
| 1) Systematik, I–IV .................... 1 | 5) Inhalt des Vollstreckungsbescheids, II, III .................... 14–17 |
| 2) Regelungszweck, I–IV ............... 2 | A. Nämlichkeit usw, II .................... 14 |
| 3) Voraussetzungen, I .................... 3–10 | B. Kostenaufstellung, III .................... 15 |
|   A. Mahnbescheid .................... 3 | C. Auslegung .................... 16 |
|   B. Ablauf der Widerspruchsfrist ......... 4 | D. Unterschrift .................... 17 |
|   C. Rücknahme des Widerspruchs ....... 5 | 6) Zustellung, IV .................... 18–24 |
|   D. Antrag .................... 6 | A. Amtsbetrieb .................... 18, 19 |
|   E. Antragsfrist .................... 7 | B. Parteibetrieb: Voraussetzungen ........ 20 |
|   F. Antragsinhalt .................... 8 | C. Parteibetrieb: Verfahren .................... 21 |
|   G. Keine Mitteilung des Gegners ........ 9 | D. Öffentliche Zustellung .................... 22 |
|   H. Teilwiderspruch .................... 10 | E. Auslandszustellung .................... 23 |
| 4) Zuständigkeit, I .................... 11–13 | F. Keine Belehrungspflicht .................... 24 |
|   A. Amtsgericht des Mahnverfahrens ..... 11 | 7) Rechtsmittel, I–IV .................... 25–28 |
|   B. Abgabe .................... 12 | A. Zurückweisung .................... 25, 26 |
|   C. Verweisung .................... 13 | B. Erlaß .................... 27, 28 |

**1) Systematik, I–IV.** Der Vollstreckungsbescheid steht einem vorläufig vollstreckbaren Versäumnisurteil **1** gleich, § 700 I, BGH NJW **84**, 57. Gegen den Vollstreckungsbescheid ist nur der Einspruch zulässig, § 700 II in Verbindung mit §§ 338 ff. Da auch der Erlaß des Vollstreckungsbescheids noch zum Mahnverfahren zählt, ist der Rpfl funktionell zuständig, § 20 Z 1 RPflG, § 153 GVG Anh; bei welchem Gericht, das hängt von dem bisherigen Verlauf des Mahnverfahrens ab, Rn 11–13. Die Zustellung des Vollstreckungsbescheids ist in IV geregelt.

**2) Regelungszweck, I–IV.** Erst der Vollstreckungsbescheid gibt dem Antragsteller einen zur Zwangsvoll- **2** streckung geeigneten Titel, § 794 I Z 4, und für alle Beteiligten vom Eintritt der Rechtskraft an eine klare Abgrenzung des ausgeurteilten Anspruchs. Der Vollstreckungsbescheid steht zwar unverändert auf der Grundlage des Mahnbescheids, I, aber doch selbständig neben diesem. Der Vollstreckungsbescheid ist also mehr als die bloße Vollstreckbarerklärung des Mahnbescheids, Karlsr Rpfleger **87**, 422, LG Stgt Rpfleger **88**, 534 mwN. Deshalb ist der Rpfl nicht an den Mahnbescheid gebunden, Karlsr Rpfleger **87**, 422.

**3) Voraussetzungen, I.** Es müssen die folgenden Voraussetzungen zusammentreffen. **3**

**A. Mahnbescheid.** Es muß ein wirksamer Mahnbescheid vorliegen, § 692, BGH Rpfleger **89**, 516. Er muß also vom zuständigen Gericht erlassen worden sein, BGH Rpfleger **89**, 516, und er muß ordnungsgemäß unterschrieben, § 689 Rn 2, und ordnungsgemäß zugestellt worden sein, § 693.

**§ 699**   7. Buch. Mahnverfahren

4   **B. Ablauf der Widerspruchsfrist.** Außerdem muß entweder die Widerspruchsfrist fruchtlos abgelaufen sein, § 692 I Z 3. Es darf auch bis zur Verfügung des Vollstreckungsbescheids, also bis zu seiner Hinausgabe, § 694 Rn 3, kein Widerspruch eingegangen sein, Mü Rpfleger **83**, 288. Dessen Bezeichnung als Einspruch ist unschädlich und umdeutbar, Mü Rpfleger **83**, 288. Mithin ist der Vollstreckungsbescheid zu streichen, wenn ein Widerspruch auf der Geschäftsstelle eingeht, bevor der Vollstreckungsbescheid sie verlassen hat, unabhängig davon, ob der Vollstreckungsbescheid von Amts wegen zur Zustellung zu geben war oder dem Antragsteller zur Zustellung im Parteibetrieb zu übersenden war. Zur Streichung ist der Rpfl zuständig, nicht der Urkundsbeamte.

5   **C. Rücknahme des Widerspruchs.** Oder der Widerspruch muß wirksam zurückgenommen worden sein, § 697 IV, Hornung Rpfleger **78**, 430. Auch dann ist freilich die Widerspruchsfrist abzuwarten, Rn 6. Für den Erlaß des Vollstreckungsbescheids ist dasjenige Gericht zuständig, an das der Rechtsstreit abgegeben, verwiesen oder weiterverwiesen worden ist, Rn 11–13, Hartmann NJW **78**, 612.

6   **D. Antrag.** Ferner muß stets ein Antrag auf den Erlaß des Vollstreckungsbescheids vorliegen, I 1. Er ist eine Parteiprozeßhandlung, Grdz 47 vor § 128. Ihn kann nur der Mahnantragsteller, § 690, oder sein Rechtsnachfolger wirksam stellen. Er kann ihn mündlich vor der Geschäftsstelle zu Protokoll erklären, § 702 I. Soweit Vordrucke gemäß § 703 c eingeführt worden sind, § 1 a der in § 703 c Rn 1 genannten VO, müssen diese benutzt werden, § 703 c Rn 3. Die Geschäftsstelle füllt im übrigen einen Vordruck aus bzw ist dabei behilflich. Zuständig zur Entgegennahme ist jedes AG, § 129 a I. Wirksam wird der Antrag erst mit seinem Eingang bei demjenigen Gericht, das für den Erlaß des Vollstreckungsbescheids zuständig ist, § 129 a I 2, LG Brschw Rpfleger **78**, 263, LG Ffm NJW **78**, 767. Ein Bevollmächtigter hat seine Vollmacht zu versichern, § 703.

Für den Antrag besteht *kein Anwaltszwang*, § 78 III. Bei einer schriftlichen Einreichung muß der Antragsteller den eingeführten Vordruck benutzen, §§ 702 I 2, 703 c II. Ein Protokoll ist dann nicht erforderlich, § 702 I 3, wenn der Antrag bei dem für den Erlaß des Vollstreckungsbescheids zuständigen Gericht gestellt wird; das Gesetz spricht unklarer von dem für das Mahnverfahren zuständigen Gericht, Rn 13. Eine eigenhändige Unterschrift ist anders als bei § 690 II nicht vom Gesetz ausdrücklich vorgeschrieben, vgl aber den Vordruck, der die Unterschrift fordert, § 703 c II. Evtl ist eine maschinell lesbare Aufzeichnung ausreichend, I 2 letzter Hs in Verbindung mit § 690 III, dort Rn 16. Sie bedarf keiner Unterschrift. Eine Antragsrücknahme ist bis zum Erlaß des Vollstreckungsbescheids, § 329 Rn 26, zulässig, und zwar in derselben Form wie der Antrag. Das Gericht teilt dem Antragsgegner den Antrag nicht gesondert mit, § 702 II.

7   **E. Antragsfrist.** Der Antrag ist erst nach dem Ablauf der Widerspruchsfrist zulässig, I 2, § 692 I Z 3, also *frühestens 2 Wochen* nach der Zustellung des Mahnbescheids, über die der Antragsteller gemäß § 693 III eine Mitteilung erhalten hat. Wenn die Mitteilung falsch war, zählt die aus der Zustellungsurkunde errechenbare wahre Widerspruchsfrist. Der Sinn dieser Regelung besteht darin, daß der Antragsteller abwarten soll, ob der Antragsgegner zahlt. Außerdem sollen alle Beteiligten einschließlich des Gerichts vor einem unnötigen, durch den Vollstreckungsbescheid bedingten Einspruch geschützt werden. Deshalb soll der Gläubiger den Antrag auch erst nach dem Ablauf der 2-Wochen-Frist absenden, LG Stade NJW **81**, 2366, MüKoHo 7, ZöV 3, aM LG Bonn JB **79**, 1719, LG Ffm NJW **78**, 767 (ausreichend sei der Eingang nach dem Ablauf der Zweiwochenfrist).

Deshalb auch ist ein Antrag unbeachtlich, den der Gläubiger *verfrüht*, zB schon zusammen mit dem Antrag auf den Erlaß des Mahnbescheids gestellt hatte. Ihn muß das Gericht zurückweisen, wenn der Gläubiger ihn nicht nach dem Fristablauf wiederholt hat. Die Antragsfrist ist keine Notfrist, § 224 I 2. Sie endet mit der Einlegung eines rechtzeitigen oder verspäteten Widerspruchs, § 694 Rn 1, 7, oder mit dem Ablauf der 6-Monats-Frist nach § 701 S 1. Sie kann aber neu beginnen, wenn der Antragsgegner den Widerspruch wirksam zurücknimmt, § 697 Rn 21–23.

Man kann einen derart verfrühten Antrag auch *keineswegs* in einen „vorsorglichen" aufschiebend bedingten Antrag auf den Erlaß des Vollstreckungsbescheids *umdeuten*. Denn dadurch könnte I 2 glatt umgangen werden. Vielmehr ist eben nach dem Ablauf der 2-Wochen-Frist ein neuer bzw erster vollständiger Antrag auf den Erlaß eines Vollstreckungsbescheids notwendig. Der Gläubiger muß ihn zumindest nach dem Fristablauf wiederholen und dabei eine zusätzliche Erklärung über eine etwaige Zahlung des Antragsgegners abgeben, AG Duisb Rpfleger **82**, 230. Das Gericht soll diesen Antrag keineswegs von Amts wegen anfordern oder anregen; mangels eines Antrags ist vielmehr § 701 anwendbar.

8   **F. Antragsinhalt.** Den Inhalt bestimmt der nach § 702 I 2 verbindliche Vordruck. Der Antrag muß die Erklärung enthalten, ob und welche Zahlungen der Antragsgegner auf den Mahnbescheid vor oder nach der Erledigung oder der Zustellung geleistet hat, I 2 Hs 2, Crevecœur NJW **77**, 1323. Wenn diese Angabe fehlt, kann das Gericht in der Regel dem Antragsteller anheim geben, sie nachzuholen. Wenn das Fehlen der Erklärung endgültig feststeht, ist der Antrag auf Erlaß des Vollstreckungsbescheids zurückzuweisen, vgl auch LG Bielef BB **79**, 19, LG Darmst NJW **78**, 2205 (es weist freilich den Antrag offenbar sogleich zurück).

9   **G. Keine Mitteilung an Gegner.** Der Antrag auf den Erlaß des Vollstreckungsbescheids wird dem Antragsgegner nicht mitgeteilt, § 702 II.

10   **H. Teilwiderspruch.** Soweit der Antragsgegner den Widerspruch erhoben, aber auf einen abtrennbaren Anspruchsteil beschränkt hat, § 694 Rn 1, muß der Antragsteller den Antrag auf den Rest beschränken und kann im übrigen das streitige Verfahren beantragen, § 696 I 1. Er kann den Antrag auf den Vollstreckungsbescheid von sich aus beschränken, aber nicht mehr, als im Mahnbescheid zugesprochen, fordern.

11   **4) Zuständigkeit, I.** Sie hängt vom bisherigen Verlauf des Mahnverfahrens ab, BGH Rpfleger **89**, 516:

**A. Amtsgericht des Mahnverfahrens.** Meist ist dasselbe AG zuständig, das schon den Mahnbescheid erlassen hat. Ein objektiv unzuständiges AG, das den Mahnbescheid dennoch erlassen hatte, darf nicht schon wegen der irrigen vorhergegangenen Annahme seiner Zuständigkeit nunmehr verweisen, insofern richtig BGH Rpfleger **89**, 516.

**B. Abgabe.** Evtl ist dasjenige Gericht zuständig, an das die Sache gemäß § 696 I abgegeben worden war, **12** I 3. Dieser Fall ist auch gebeben, wenn das Erscheinungsbild einen Widerspruch ergibt, BGH NJW **98**, 235, aber nicht, wenn eindeutig erkennbar gar kein Widerspruch des Antragsgegners vorliegt, sondern zB allenfalls ein solcher eines Dritten, Mü MDR **88**, 871.

**C. Verweisung.** Evtl ist sogar dasjenige Gericht zuständig, an das die Sache gemäß § 696 V verwiesen **13** oder weiterverwiesen worden war. Denn es kann zunächst ein Widerspruch eingelegt und ein Antrag auf Durchführung des streitigen Verfahrens gestellt worden sein; der Vollstreckungsbescheid mag erst deshalb beantragt worden sein, weil inzwischen der Widerspruch gemäß § 697 IV oder der Antrag auf Durchführung des streitigen Verfahrens gemäß § 696 IV zurückgenommen wurde. Dann bleiben die Akten dort, wo sie zuletzt waren; der Rpfl jenes AG oder LG wird dann zum Erlaß des Vollstreckungsbescheids oder zur Abweisung des Antrags zuständig. Das folgt indirekt aus IV 4 (diese Vorschrift spricht von dem „mit dem Mahnverfahren befaßten Gericht") und aus § 700 III 1 (jene Bestimmung spricht von demjenigen Gericht, „das den Vollstreckungsbescheid erlassen hat"). Zwar hat der Gesetzgeber den zunächst wegen eines offenbaren Redaktionsversehens nicht eingefügten I 3 dann wiederum auf den Fall der Abgabe beschränkt. Daher müßte bei einer Erstverweisung oder Weiterverweisung das Drittgericht die Akten an dasjenige Gericht zurückleiten, das die Akten bei einer Abgabe empfangen hatte. Das Gesetz soll aber gerade ausdrücklich einen Zeitverlust und Kosten verhindern. Es liegt also offenbar ein erneutes Redaktionsversehen vor, Hartmann NJW **78**, 612. Damit kann also ein LG für den Erlaß eines Vollstreckungsbescheids sachlich zuständig werden, Büchel NJW **79**, 948.

**5) Inhalt des Vollstreckungsbescheids, II, III.** Der Vollstreckungsbescheid ist eine Entscheidung in der **14** Form eines Beschlusses, § 329. Er braucht diese Bezeichnung nicht ausdrücklich zu tragen. Zur Problematik beim Partnerschaftsvermittlungsvertrag Börstinghaus MDR **95**, 551 (ausf). Erforderlich sind folgende Angaben:

**A. Nämlichkeit usw, II.** Erforderlich sind alle zur Feststellung der Nämlichkeit der Parteien, zur Individualisierung des Anspruchs, § 690 Rn 6, zur Durchführung der Zwangsvollstreckung und zur Klärung des Umfangs der Rechtskraft notwendigen Angaben, § 313 Rn 11. Der Vollstreckungsbescheid muß also in der Regel alles das enthalten, was nach § 690 bereits im Antrag auf Erlaß des Mahnbescheids mitgeteilt werden mußte. Der Vollstreckungsbescheid soll dem Mahnbescheid entsprechen, § 692 I 4. Er soll fast das Spiegelbild des Mahnbescheids sein. Bei einer maschinellen Bearbeitung erfolgt durchweg ein vollständiger Ausdruck. Im Fall der Forderungsabtretung ist § 265 entsprechend anwendbar, aM MüKoHo 42 vor § 688, RoSGo § 164 III 6, ZöV 8 vor § 688 (der neue Gläubiger müsse einen neuen Mahnbescheid erwirken).

Bei einer nicht maschinellen Bearbeitung darf der Rpfl den Vollstreckungsbescheid *auf den Mahnbescheid* setzen, II. Das sieht der amtliche Vordrucksatz aber nicht vor. Da der Vollstreckungsbescheid jetzt aber mehr als die bloße Vollstreckbarerklärung des Mahnbescheids ist, Rn 1, muß der Rpfl auch hier zumindest von Amts wegen prüfen, Grdz 39 vor § 128, ob der Mahnbescheid auch wirklich alles Nötige enthält, bevor der Rpfl lediglich verfügt, der Vollstreckungsbescheid werde gemäß dem Mahnbescheid erlassen. Mängel in diesem Punkt können die Wirksamkeit des Vollstreckungsbescheids beseitigen.

**B. Kostenaufstellung, III.** Erforderlich ist ferner eine Kostenaufstellung. Der Antragsteller muß die **15** Kosten immer dann betragsmäßig geltend machen, wenn das Mahnverfahren nicht maschinell bearbeitet wird, III 2. Der Zinsfuß beträgt 4%, § 104 I 2, und zwar ab Erteilung des Vollstreckungsbescheids. Der Antragsteller kann alle seit dem Mahnbescheid angefallenen Kosten einschließlich der etwaigen Anwaltskosten, ebenso alle infolge der Rücknahme des Widerspruchs beim Prozeßgericht entstandenen Kosten in den Antrag auf Erlaß des Vollstreckungsbescheids aufnehmen, Ffm Rpfleger **81**, 239, Mü MDR **97**, 300. Neben der Festsetzung nach III ist grundsätzlich ein besonderes Kostenfestsetzungsverfahren nach § 104 unzulässig, weil es gerade der Zweck des III ist, ein weiteres Festsetzungsverfahren zu erübrigen, BGH NJW **91**, 2084 (§ 19 BRAGO bleibt anwendbar), Ffm Rpfleger **81**, 239, Kblz Rpfleger **85**, 369. Indessen kann eine Ergänzung in Betracht kommen, Mü MDR **97**, 300.

Kosten, die *vor dem Antrag* auf Erlaß des Mahnbescheids angefallen waren, in ihm aber nicht berechnet wurden, werden hier nicht berücksichtigt. Denn insofern ist kein Mahnbescheid ergangen. Dasselbe gilt beim Teilvollstreckungsbescheid, § 699 Rn 10, für diejenigen Kosten, die zum angefochtenen Teil des Mahnbescheids zählen, LG Hagen Rpfleger **90**, 518 (sie werden Prozeßkosten). Auf Kosten, die nach dem Erlaß des Vollstreckungsbescheids anfallen, etwa Zustellungskosten, kann § 788 I anwendbar sein. Bei Bedenken gegen die Höhe der Kosten erfolgt eine teilweise Zurückweisung, Ffm Rpfleger **81**, 239, oder nur eine Kostengrundentscheidung (die Festsetzung folgt dann gesondert), LG Lüneb Rpfleger **73**, 410. Wegen einer vorzeitigen Vollstreckung § 788 Rn 53. Wegen noch weiterer, in einem Antrag nicht berechneter Kosten gelten §§ 103 ff, Kblz Rpfleger **85**, 369, LG Würzb JB **81**, 1253, ZöV 10, aM Hansens Rpfleger **80**, 490, ThP 16. Wenn der Antragsteller Kostenfreiheit genießt, § 2 GKG, wird der Antragsgegner Kostenschuldner.

**C. Auslegung.** Ein unvollständig ausgefüllter, aber „auf der Grundlage des Mahnbescheids" ergangener **16** Formular-Vollstreckungsbescheid ist auslegungsfähig, LG Hagen Rpfleger **81**, 199 (zustm Wenner).

**D. Unterschrift.** Der Rpfl muß bei einer nicht maschinellen Behandlung den Vollstreckungsbescheid **17** mit seinem vollen Nachnamen unterschreiben, also mit einem kennzeichnenden individuellen Schriftzug und nicht nur mit einem Handzeichen (Paraphe), vgl § 129 Rn 9 ff, § 170 Rn 7, Mü Rpfleger **83**, 288. Er darf seine Unterschrift nach der Abgabe an das für das streitige Verfahren zuständige Gericht nachholen, aM Mü Rpfleger **83**, 288 (vgl aber § 689 Rn 2).

**6) Zustellung, IV.** Es sind zwei sehr unterschiedliche Lösungen möglich. **18**

**A. Amtsbetrieb.** Die Bekanntgabe des Vollstreckungsbescheids geschieht grundsätzlich dadurch, daß der Vollstreckungsbescheid von Amts wegen zugestellt wird, IV 1. Der Urkundsbeamte der Geschäftsstelle desjenigen Gerichts, das den Vollstreckungsbescheid erlassen hat, hat die Zustellung unverzüglich zu veranlassen. Der Antragsteller erhält eine mit der Zustellungsbescheinigung versehene Ausfertigung. Sie ermög-

## §§ 699, 700

licht ihm die Zwangsvollstreckung. Eine Ersatzzustellung des gegenüber einem Drittschuldner ergangenen Vollstreckungsbescheids an den Schuldner ist in entsprechender Anwendung von § 185 unzulässig, löst die Einspruchsfrist nicht aus und läßt keine Heilung zu, § 187 I 2, LAG Mainz DB **90**, 2076.

**19** Einen in der Hauptforderung *zurückweisenden* Beschluß läßt der Rpfl dem Antragsgegner grundsätzlich formlos zusenden. Der Antragsgegner kann, nicht braucht eine formlose Nachricht zu erhalten. Soweit wegen überhöhter Kostenforderung eine teilweise Zurückweisung erfolgt, ist ausnahmsweise eine förmliche Zustellung an den Antragsteller notwendig, da er dann die befristete Erinnerung hat, § 329 II 2, Rn 26.

**20 B. Parteibetrieb: Voraussetzungen.** Ausnahmsweise erfolgt die Zustellung über die Beauftragung des Gerichtsvollziehers, Seip AnwBl **77**, 235, im Parteibetrieb, IV 2, 3. Sie hat dieselbe Wirkung wie eine Amtszustellung, Kblz NJW **81**, 408, Bischof NJW **80**, 2235. Eine Verbindung der Vollstreckungsbescheide gegen Gesamtschuldner kommt nicht in Betracht, AG Montabaur DGVZ **86**, 91. Diese Zustellung setzt eine der beiden folgenden Situationen voraus: *Entweder* beantragt der Antragsteller die Übergabe des Vollstreckungsbescheids an sich selbst zur Zustellung. Er mag abwarten wollen, ob der Antragsgegner eine angekündigte Zahlung doch noch leistet. Er mag auch die Zustellung des Vollstreckungsbescheids und den Beginn der Zwangsvollstreckung gleichzeitig durchführen wollen, Seip AnwBl **77**, 235. Insofern kann das Verfahren zunächst zum Stillstand kommen, Mü OLGZ **76**, 189. Für die Antragsform gilt § 702. *Oder* der Übergabeantrag läßt sich schon mit dem Antrag auf die Zustellung und den Erlaß des Vollstreckungsbescheids verbinden. *Oder* der Antragsteller hat die Auslagen für eine Zustellung von Amts wegen nach KV 9002 trotz einer notwendigen Aufforderung durch das Gericht nicht gezahlt.

**21 C. Parteibetrieb: Verfahren.** In den Fällen Rn 20 hat der Urkundsbeamte der Geschäftsstelle dem Antragsteller formlos eine Ausfertigung des Vollstreckungsbescheids auszuhändigen, bei einer maschinellen Bearbeitung gemäß § 703 b I. Das Original bleibt bei der Akte. Über die Aushändigung sollte ein Aktenvermerk oder eine Quittung angelegt werden. Der Urkundsbeamte desjenigen Gerichts, das den Vollstreckungsbescheid erlassen hat, vermittelt die Zustellung im Parteibetrieb nicht, I 3. Unzulässig ist auch eine Vermittlung desjenigen Gerichts, in dessen Bezirk die Zustellung erfolgen soll, denn I 3 hat Vorrang vor § 166 II 1, aM ZöV 15.

**22 D. Öffentliche Zustellung.** Falls die öffentliche Zustellung beantragt und vom Rpfl bewilligt worden ist, § 204 Rn 3, erfolgt sie durch Anheftung des Vollstreckungsbescheids an die Gerichtstafel desjenigen Gerichts, das in dem Mahnbescheid gemäß § 692 I Z 1 bezeichnet worden ist, IV 4. Unter Umständen muß der Vollstreckungsbescheid also bei einem anderen Gericht als demjenigen angeheftet werden, das den Vollstreckungsbescheid erlassen hat, Rn 13. In diesem Fall setzt der Richter die Dauer der Einspruchsfrist nach § 339 II fest, dort Rn 4.

**23 E. Auslandszustellung.** Sie ist, anders als beim Mahnbescheid, § 688 III, zulässig, § 199, vgl BGH **98**, 267, auch in einem nicht zum EuGVÜ gehörenden Staat. Auch in diesem Fall setzt der Rpfl die Dauer der Einspruchsfrist nach § 339 II fest, § 20 Z 1 RPflG, Anh § 153 GVG.

**24 F. Keine Belehrungspflicht.** Anders als beim Versäumnisurteil, § 340 Rn 16, besteht bei keiner der Zustellungsarten des Vollstreckungsbescheids eine Hinweispflicht auf die Folgen einer Fristversäumung. Dem § 340 III ist gemäß § 700 II Hs 2 unanwendbar.

**25 7) Rechtsmittel, I–IV.** Es kommt auf die Entscheidungsrichtung an.

**A. Zurückweisung.** Soweit der Rpfl den Antrag in der Sache selbst zurückgewiesen hat, ist die sofortige Erinnerung zulässig, § 11 II 1 RPflG, Anh § 153 GVG, Crevecœur NJW **77**, 1323. Der Rpfl darf der Erinnerung abhelfen, § 11 II 2 RPflG. Andernfalls legt er die Akten seinem Richter vor, § 11 II 3 RPflG. Dieser entscheidet über die Erinnerung, § 11 II 3 RPflG. Er weist den Rpfl zum Erlaß des Vollstreckungsbescheids an oder weist die Erinnerung als unzulässig oder unbegründet zurück, vgl § 104 Rn 69 ff. Das alles geschieht sowohl dann, wenn zunächst der Rpfl des AG zuständig war, als auch dann, wenn der Vollstreckungsbescheid von dem Rpfl des LG zu erlassen wäre, Rn 13. Denn eine sofortige Beschwerde findet nur in dem vom Gesetz besonders bezeichneten Fällen statt, § 577 Rn 2, und II nF erwähnt die sofortige Beschwerde eben nicht mehr. Hier kann auch nicht ein offenbares Redaktionsversehen zu einem gänzlich anderen Rechtsmittelverfahren führen. Mag das Gesetz geändert werden.

**26** Soweit der Rpfl den Antrag wegen einer *Kostenfrage* nach III zurückgewiesen hat, ist gegen seine Entscheidung die sofortige Beschwerde nach § 104 III 1 in Verbindung mit §§ 11 I, 21 Z 1 RPflG statthaft, soweit der Beschwerdewert 200 DM, § 567 II 1 (Kostengrundentscheidung) oder 100 DM, § 567 II 2 (andere Kostenentscheidung) übersteigt. Andernfalls bleibt es bei der sofortigen Erinnerung nach § 11 II 1 RPflG, § 104 Rn 41 ff.

**27 B. Erlaß.** Soweit der Vollstreckungsbescheid zu Recht oder zu Unrecht erlassen worden ist, etwa trotz des Fehlens eines ordnungsgemäßen Antrags, Rn 5, oder trotz mangelhafter Zustellung des Mahnbescheids, BGH NJW **84**, 57, ist grundsätzlich nur der Einspruch zulässig, § 700 Rn 5, §§ 338 ff, also keine Erinnerung, § 11 III 2 RPflG, Anh § 153 GVG. Vgl freilich § 689 Rn 2.

**28** Gegen die *Kostenfestsetzung*, Rn 15, ist gemäß dem insoweit gegenüber den in Rn 27 genannten Regeln vorrangigen § 104 III dn § 11 RPflG anwendbar, § 104 Rn 41 ff.

## 700 *Einspruch.*

**I** Der Vollstreckungsbescheid steht einem für vorläufig vollstreckbar erklärten Versäumnisurteil gleich.

**II** Die Streitsache gilt als mit der Zustellung des Mahnbescheids rechtshängig geworden.

**III** ¹Wird Einspruch eingelegt, so gibt das Gericht, das den Vollstreckungsbescheid erlassen hat, den Rechtsstreit von Amts wegen an das Gericht ab, das in dem Mahnbescheid gemäß § 692

Abs. 1 Nr. 1 bezeichnet worden ist, wenn die Parteien übereinstimmend die Abgabe an ein anderes Gericht verlangen, an dieses. ²§ 696 Abs. 1 Satz 3 bis 5, Abs. 2, 5, § 697 Abs. 1, 4, § 698 gelten entsprechend. ³§ 340 Abs. 3 ist nicht anzuwenden.

IV ¹Bei Eingang der Anspruchsbegründung ist wie nach Eingang einer Klage weiter zu verfahren, wenn der Einspruch nicht durch Beschluß als unzulässig verworfen wird. ²§ 276 Abs. 1 Satz 1, 3, Abs. 2 ist nicht anzuwenden.

V Geht die Anspruchsbegründung innerhalb der von der Geschäftsstelle gesetzten Frist nicht ein und wird der Einspruch auch nicht durch Beschluß als unzulässig verworfen, bestimmt der Vorsitzende unverzüglich Termin; § 697 Abs. 3 Satz 2 gilt entsprechend.

VI Der Einspruch darf nach § 345 nur verworfen werden, soweit die Voraussetzungen des § 331 Abs. 1, 2 erster Halbsatz für ein Versäumnisurteil vorliegen; soweit die Voraussetzungen nicht vorliegen, wird der Vollstreckungsbescheid aufgehoben.

**Schrifttum:** *Bamberg,* Die mißbräuchliche Titulierung von Ratenkreditschulden mit Hilfe des Mahnverfahrens, 1987; *Brandl,* Aktuelle Probleme des Mahnverfahrens (u. Rechtskraft, Rechtskraftdurchbrechung), Diss Regensb 1989; *Schrameck,* Umfang der materiellen Rechtskraft bei Vollstreckungsbescheiden, 1990. *Vollkommer,* Neuere Tendenzen im Streit um die „geminderte" Rechtskraft des Vollstreckungsbescheids, Festschrift für *Gaul* (1997) 759.

**Gliederung**

| | |
|---|---|
| 1) Systematik, Regelungszweck, I–VI ... 1–3 | D. Im Vorverfahren: Kein schriftliches Versäumnisurteil, IV 2 ... 21 |
| A. Rechtsnatur, I ... 1 | E. Im Vorverfahren: Zwang zur Frist zwecks Klagerwiderung, IV 2 ... 22 |
| B. Rechtsfolgen, II–VI ... 2 | F. Im Vorverfahren: Keine Sonderfrist bei Auslandsfall, IV 2 ... 23 |
| C. Entstehung, I ... 3 | G. Im Vorverfahren: Keine Belehrung über Fristversäumung usw, IV 2 ... 24 |
| 2) Rechtshängigkeit, II ... 4 | H. Bei frühem ersten Termin: Verfahren wie nach Klage, IV 1 ... 25 |
| 3) Einspruch, III ... 5–11 | 6) Verfahren des Richters mangels Anspruchsbegründung, V ... 26–28 |
| A. Zulässigkeit ... 5 | A. Prüfung der Zulässigkeit des Einspruchs, V Hs 1 ... 26 |
| B. Frist ... 6, 7 | B. Mangels Beschlußverwerfung: Terminsbestimmung, V Hs 1 ... 27 |
| C. Inhalt der Einspruchserklärung ... 8, 9 | C. Zugleich: Weitere Anspruchsbegründungsfrist, V Hs 2 ... 28 |
| D. Anwaltszwang; Form ... 10 | 7) Verfahren des Richters bei verspäteter Anspruchsbegründung, IV, V ... 29 |
| E. Rücknahme; Verzicht ... 11 | 8) Säumnis des Beklagten, VI ... 30 |
| 4) Abgabe von Amts wegen, III ... 12–14 | |
| A. Abgebendes Gericht ... 12 | |
| B. Empfängergericht ... 13, 14 | |
| 5) Verfahren des Richters ab Anspruchsbegründung, IV ... 15–25 | |
| A. Prüfung der Zulässigkeit des Einspruchs, IV 1 Hs 2 ... 16, 17 | |
| B. Mangels Beschlußverwerfung: Vorverfahren oder Termin, IV 1 Hs 1 ... 18, 19 | |
| C. Im Vorverfahren: Keine Frist zur Anzeige einer Verteidigungsabsicht, IV 2 ... 20 | |

**1) Systematik, Regelungszweck I–VI.** Vgl zunächst § 699 Rn 1, 2. § 700 regelt vor allem die Überleitung in das streitige Verfahren nach einem Einspruch, der bedingt mit demjenigen gegen ein Versäumnisurteil nach §§ 338 ff vergleichbar ist, in das streitige Verfahren und entspricht insoweit dem § 696 (Überleitung nach Widerspruch gegen Mahnbescheid). Auch § 700 ist ähnlich kompliziert wie §§ 696, 697 geraten; auch muß man aus den in § 696 Rn 1 genannten Gründen hinnehmen und sollte die Überleitung durch weder zu formelle noch zu großzügige Auslegung rechtsstaatlich, aber auch praktikabel gestalten helfen. Im SGG-Verfahren gilt § 182 a II 2 SGG, abgedruckt Grdz 3 vor § 688. 1

**A. Rechtsnatur, I.** Der Vollstreckungsbescheid steht einem *Versäumnisurteil* gegen den Bekl gleich, I, § 311 I, BGH NJW **84**, 57. Das gilt insbesondere wegen der vorläufigen Vollstreckbarkeit, vgl zB § 708 Z 2, der Rechtshängigkeit, Rn 4, und wegen der äußeren wie der inneren Rechtskraft, Einf 1, 13 vor §§ 322–327, § 322 Rn 71. Erst der Vollstreckungsbescheid bringt einen Vollstreckungstitel, § 699 Rn 2. Zur Vollstreckung aus einem Vollstreckungsbescheid auf Grund eines sittenwidrigen Ratenkredits Grdz 44 vor § 704. Der Urkundenvollstreckungsbescheid steht einem Vorbehaltsurteil gleich, § 599. Das Gericht hat diese Rechtskraft wohl auf eine Rüge als auch von Amts wegen zu beachten, Einf 1 vor §§ 322–327. Wenn der Antragsgegner trotz des Eintritts der Rechtskraft des Vollstreckungsbescheids Einspruch eingelegt hat, muß dieser Einspruch als unzulässig verworfen werden, §§ 341, 700. Wenn trotzdem ein Anerkenntnisurteil nach § 307 ergeht, dann liegen zwei wirksame Vollstreckungstitel über denselben Anspruch vor. Nach der Rechtskraft des Vollstreckungsbescheids kommt als Anfechtungsmöglichkeit nur die Vollstreckungsabwehrklage nach §§ 767, 796 II in Betracht.

**B. Rechtsfolgen, II–VI.** Der Einspruch hindert die Durchführung der Zwangsvollstreckung nicht. Die 2 Einstellung der Zwangsvollstreckung ist gemäß §§ 719 I, 707 zulässig. Wenn ein Urteil den Vollstreckungsbescheid aufhebt, dann entfällt dessen Vollstreckbarkeit. Dann entsteht ein Schadensersatzanspruch gemäß § 717 II. Die Rechtskraft und die vorläufige Vollstreckbarkeit leiden unter Mängeln der Zustellung des Mahnbescheides nicht, BGH NJW **84**, 57. Wohl aber ist der Eintritt der Rechtskraft davon abhängig, daß der Vollstreckungsbescheid ordnungsgemäß zugestellt wurde, BGH NJW **84**, 57. Ohne solche korrekte Zustellung ist auch eine Zwangsvollstreckung unzulässig. Ein Mangel der Zustellung des Mahnbescheids kann heilen, § 187 Rn 1, 2, ein solcher der Zustellung des Vollstreckungsbescheids wegen der Notfrist nach I, § 339 I nicht, § 187 Rn 13. Die Vollstreckungsklausel wird nach § 796 I erteilt, § 33 AVAG, SchlAnh VD. Für eine Wiederaufnahme des Verfahrens gilt § 584 II. Wegen der Verjährung BGH **73**, 9.

3   **C. Entstehung, I.** Der Vollstreckungsbescheid ist entstanden, wenn er hinausgegeben wird, nicht schon mit seiner Unterschrift, § 329 Rn 23, 24. Der Vollstreckungsbescheid wird aber erst mit seiner gesetzmäßigen Mitteilung an den Antragsgegner wirksam, § 329 Rn 26.

4   **2) Rechtshängigkeit, II.** Die Rechtshängigkeit gilt rückwirkend als mit der Zustellung des Mahnbescheids nach § 693 I–II eingetreten, sobald der Vollstreckungsbescheid wirksam geworden ist, Rn 3, abw ThP 3 (sie stellen auf den Erlaß ab). Wegen der Rückwirkung kommt auch keine Verweisung wegen einer nach der Zustellung des Mahnbescheids eingetretenen Änderung des Schuldnerwohnsitzes mehr in Betracht, § 261 III Z 2, BAG DB **82**, 2412. Die Rechtshängigkeitswirkung richtet sich nach § 261 III. Sie gilt aber nur für den angefochtenen Betrag, denn nur er ist „Streitsache" im Sinn von II, Kblz Rpfleger **82**, 292, aM Menne NJW **79**, 200.

5   **3) Einspruch, III.** Es sind fünf Hauptaspekte zu beachten.

   **A. Zulässigkeit.** Der Einspruch ist der einzige zulässige Rechtsbehelf gegen den Vollstreckungsbescheid, mag er rechtmäßig oder rechtswidrig ergangen sein, § 699 Rn 27. Eine Erinnerung ist unzulässig, § 11 III 2 RPflG, Anh § 153 GVG. Der Einspruch ist unter denselben Voraussetzungen zulässig, unter denen ein Einspruch gegen ein erstes Versäumnisurteil zulässig ist, §§ 338 ff. Denn der Vollstreckungsbescheid steht einem Versäumnisurteil gleich, I. Er ist auch nach einer Widerspruchsrücknahme zulässig. Der Einspruch ist eine Parteiprozeßhandlung, Grdz 47 vor § 128.

6   **B. Frist.** Es gilt eine *Notfrist von 2 Wochen*, §§ 224 I 2, 339 I. Sie läuft seit der Zustellung des Vollstreckungsbescheids. Eine Rechtsbehelfsbelehrung ist nicht notwendig, BGH NJW **91**, 296, Karlsr RR **87**, 895 mwN, eine unrichtige kann die Wiedereinsetzung begründen, § 233 Rn 23. Im Fall des § 699 IV 2 reicht auch eine Zustellung im Parteibetrieb aus, Kblz NJW **81**, 408, Bischof NJW **80**, 2235. Bei einer Auslandszustellung oder einer öffentlichen Zustellung, §§ 699 IV 4, 339 II, bestimmt der Rpfl die Dauer der Frist, § 20 Z 1 RPflG, Anh § 153 GVG. Sie beginnt auch dann mit der Zustellung. Im arbeitsgerichtlichen Verfahren beträgt die Frist 1 Woche, §§ 59 S 1, 46 a I ArbGG, abgedruckt Grdz 3 vor § 688, LAG Hamm DB **78**, 896, LAG Mainz DB **90**, 2076, aM Eich DB **77**, 912 (2 Wochen). Wegen einer SGG-Sache gilt § 182 a SGG; wegen einer WEG-Sache § 46 a WEG, alle abgedruckt Grdz 3 vor § 688.

7   Der Einspruch ist bedingt und deshalb unstatthaft, wenn er *vor der Entstehung* des Vollstreckungsbescheids, § 329 Rn 23, 24, eingelegt wird, vgl insofern § 339 Rn 4. Ein Einspruch, der nach der Entstehung des Vollstreckungsbescheids eingelegt wird, ist statthaft. Insofern ist trotz § 700 I die in § 339 Rn 1 zu § 310 III dargelegte Lösung nicht entsprechend anwendbar, weil der Vollstreckungsbescheid vor einer Zustellung existent wird, Rn 3. Daher gilt eher die zur sofortigen Beschwerde in § 577 Rn 8, § 567 Rn 9–15 genannte Lösung. Die Wirksamkeit der Zustellung hängt unter anderem davon ab, ob der Rpfl den Vollstreckungsbescheid ordnungsgemäß unterschrieben hat, § 689 Rn 1, § 699 Rn 17. Eine Wiedereinsetzung ist möglich, § 233.

8   **C. Inhalt der Einspruchserklärung.** Zum Einspruchsinhalt ist § 340 II zu beachten. Es muß also der Vollstreckungsbescheid bezeichnet werden. Ferner ist die Erklärung notwendig, daß Einspruch eingelegt werde. Sofern der Vollstreckungsbescheid vom AG erlassen worden ist, kann man den Einspruch auch mündlich zum Protokoll des Urkundsbeamten der Geschäftsstelle eines jeden AG erklären, §§ 496 II, 129 a I. Er wird jedoch erst mit dem Eingang bei demjenigen AG wirksam, das den Vollstreckungsbescheid erlassen hatte, § 129 a II 2. Es besteht grundsätzlich die Notwendigkeit einer handschriftlichen Unterzeichnung, § 129 Rn 9, BGH **101**, 139 (abl Teske JR **88**, 421), LAG Bre BB **93**, 1952, StJSchl 4, aM LG Heidelb RR **87**, 1213, LG Karlsr VersR **73**, 852, ZöV 5.

   Eine *telefonische,* telegrafische oder fernschriftliche Einlegung beim entgegennahmebereiten Urkundsbeamten reicht aber ausnahmsweise formell aus, ZöV 5, insofern wohl aM BGH **101**, 139. Auch ein *Telefax* reicht wie sonst aus, dazu allgemein § 129 Rn 21, 22 „Fernschreiben", MüKoHo 15, StJSchl 4, ZöV 5. Bei einem (zulässigen) nur teilweisen Einspruch muß derjenige Teil des Vollstreckungsbescheids bezeichnet werden, der angefochten wird, zB die Kostenentscheidung, § 340 Rn 5, Zweibr OLGZ **71**, 383, ZöV 7, aM ThP § 699 Rn 17. Eine Erklärung gegenüber dem Gerichtsvollzieher reicht nicht. Er ist auch nicht zur Weiterleitung verpflichtet, LG BadBad DGVZ **98**, 156.

9   Eine *Einspruchsbegründung* ist jedoch nicht notwendig. Denn § 340 III ist gemäß § 700 III 2 letzter Hs ausdrücklich unanwendbar, Büchel NJW **79**, 950. Daher besteht auch weder bei der Zustellung des Vollstreckungsbescheids von Amts wegen noch bei derjenigen im Parteibetrieb eine Hinweispflicht nach § 340 III 4. Ein Widerspruch, der nach dem Ablauf der Widerspruchsfrist eingeht, ist gemäß § 694 II als Einspruch zu behandeln, soweit der Antragsgegner nicht schon bei der Widerspruchseinlegung oder später etwas Abweichendes bestimmt hat.

10   **D. Anwaltszwang; Form.** Nach einem vom AG erlassenen Vollstreckungsbescheid besteht für den Einspruch kein Anwaltszwang, § 78 III. Wenn jedoch ein LG den Vollstreckungsbescheid erlassen hatte, § 699 Rn 13, besteht Anwaltszwang, Crevecœur NJW **77**, 1324, aM Hornung Rpfleger **78**, 431. Ein Vordruckzwang besteht bisher nicht, da bisher bundesrechtlich keine Vordrucke im Sinne des § 703 c für den Einspruch eingeführt worden sind. Landesrechtliche Vordrucke dürfen, müssen aber nicht benutzt werden, Crevecœur NJW **77**, 1323. Man kann eine dem § 340 I, II entsprechende Einspruchsschrift einreichen.

11   **E. Rücknahme; Verzicht.** Der Einspruch ist gemäß III 2 Hs 1 in Verbindung mit § 697 IV 1 rücknehmbar, § 697 Rn 21. Außerdem ist aber die Rücknahme auch in weiteren Verfahren statthaft, freilich nur gemäß §§ 346, 515 I. Auch ein Verzicht ist entsprechend § 346 zulässig. Bei einer wirksamen Rücknahme bzw einem wirksamen Verzicht treten die Rechtsfolgen der §§ 346, 515 III ein. Über sie muß der Richter entscheiden, Ffm Rpfleger **90**, 201. Im übrigen wird wieder der Rpfl funktionell zuständig, Ffm Rpfleger **90**, 201, freilich der Rpfl desjenigen Gerichts, das infolge der Abgabe zuständig geworden und geblieben ist, § 697 Rn 23, Ffm Rpfleger **90**, 201. Wenn die Einspruchsrücknahme unter den Voraussetzungen KV 1202 a erfolgt, ermäßigt sich KV 1202 auf 1,0, amtlicher Text hinter KV 1202.

**4) Abgabe von Amts wegen, III.** Nach einem Einspruch hat das Mahngericht, anders als nach einem **12** Widerspruch gegen den zugrunde liegenden Mahnbescheid, § 696 Rn 3, dem Rechtsstreit von Amts wegen an dasjenige Gericht abzugeben, das im Mahnbescheid nach § 692 I Z 1 bezeichnet worden ist, III 1 Hs 1. Nur dann, wenn die Parteien die Abgabe übereinstimmend an ein anderes Gericht verlangen, erfolgt sie dorthin, III 1 Hs 2; aber die Abgabe als solche erfolgt auch dann von Amts wegen.

**A. Abgebendes Gericht.** Die Abgabe des Verfahrens erfolgt durch den Rpfl desjenigen Gerichts, das den Vollstreckungsbescheid erlassen hat, § 20 Z 1 RPflG, Anh § 153 GVG. Zuständig ist also evtl der Rpfl des LG. Der abgebende Rpfl braucht die Akten bei seinem Richter nicht vorzulegen. Er übersendet sie an dasjenige AG oder LG, das gemäß § 692 I Z 1 bzw gemäß § 703 d II bezeichnet worden ist oder an das die Parteien übereinstimmend die Abgabe verlangt haben, III 1 lt Hs. Zu diesem Erfordernis gilt dasselbe wie zu § 696 I 1 lt Hs, § 696 Rn 1. Der Rpfl des abgebenden Gerichts prüft die Zulässigkeit des Einspruchs nicht, Düss RR **97,** 1296. Er wartet auch nicht einen Abgabeantrag ab. Vielmehr verfügt er die Abgabe unverzüglich von Amts wegen. Bei einer Nämlichkeit der Gerichte gilt § 698 entsprechend, III 2. Die Abgabe erfolgt durch eine Verfügung oder durch einen Beschluß, § 329. Die Entscheidung des Rpfl ist unanfechtbar. Deshalb braucht er die Abgabe nicht zu begründen, § 329 Rn 6. Er benachrichtigt beide Parteien formlos von der Abgabe, § 329 II 1.

**B. Empfängergericht.** Mit dem Zeitpunkt, in dem die Akten bei demjenigen Gericht eingehen, an das **13** die Sache abgegeben wird, gilt der Rechtsstreit dort als anhängig, Ffm Rpfleger **90,** 201. Es kommt also zum streitigen Verfahren, AG Gummersbach Rpfleger **90,** 263. Die Kosten werden gemäß III 2 in Verbindung mit § 696 I 3–5 wie bei § 281 III 1 behandelt. Bei einer maschinellen Bearbeitung nach § 703 b wird anstelle der Akten ein Aktenausdruck mit der Beweiskraft öffentlicher Urkunden nach § 418 übersandt, III 2 in Verbindung mit § 696 II; jedoch besteht keine Pflicht zur Begründung des Einspruchs, da III 2 Hs 2 den § 340 III für unanwendbar erklärt.

Das *weitere Verfahren* verläuft gemäß III 2 wie bei § 697 I, IV, vgl schon (zum alten Recht) Büchel NJW **14** **79,** 950. Die Geschäftsstelle des angegangenen Gerichts hat also dem Antragsteller ohne Aktenvorlage beim Richter zunächst unverzüglich von Amts wegen aufzugeben, seinen Anspruch binnen 2 Wochen in einer der Klageschrift entsprechenden Form zu begründen. Deshalb muß sie die Verfügung voll unterzeichnen, § 129 Rn 9, und förmlich zustellen, § 329 II 2. Wenn sich die Akten nach der Abgabe nunmehr bei einem LG befinden, bleibt es bei dessen Zuständigkeit, auch wenn das Mahnverfahren wiederauflebt, § 697 Rn 23, Ffm Rpfleger **90,** 201, und besteht für das weitere Verfahren vor diesem Gericht Anwaltszwang, BGH VersR **83,** 785. § 341 a ist anwendbar, BGH NJW **82,** 888. Eine Verweisung nach § 281 ist ebenfalls zulässig. Das stellt jetzt III 2 durch die ausdrückliche Verweisung auch auf § 696 V klar. Einzelheiten § 696 Rn 17 ff. Im arbeitsgerichtlichen Verfahren gilt § 46 a VI ArbGG; in einer WEG-Sache gilt § 46 a WEG, beide abgedruckt Grdz 3 vor § 688.

**5) Verfahren des Richters ab Anspruchsbegründung, IV.** Die Geschäftsstelle legt dem Richter die **15** Akten nach einem Einspruch an sich erstmals dann vor, wenn die von ihm nach III 2 in Verbindung mit § 697 I gesetzte Frist verstrichen ist (dann gilt V) oder wenn eine Anspruchsbegründung rechtzeitig oder verspätet eingegangen ist; in diesem Fall gilt IV. Sie kann freilich einen ihrer Ansicht nach unzulässigen Einspruch auch sogleich vorlegen.

**A. Prüfung der Zulässigkeit des Einspruchs, IV 1 Hs 2.** Der Richter prüft zunächst, wie auf Grund **16** eines Einspruchs gegen ein Versäumnisurteil, wegen I die Statthaftigkeit und Zulässigkeit des Einspruchs nach § 341 I 1. Das ergibt sich aus IV 1 1.

*Fehlt es* an einem dieser Erfordernisse, so ist der Einspruch als unzulässig zu verwerfen, I in Verbindung mit **17** § 341 I 2. Diese Entscheidung kann ohne mündliche Verhandlung durch einen Beschluß ergehen, I in Verbindung mit § 341 II 1, LAG Bre VersR **93,** 1952. Eine vorherige Anhörung des Klägers ist unnötig, denn er verspricht sich ja zunichst. Der Beschluß ist schon wegen der Anfechtbarkeit zu beginden, § 329 III Hs 1, auch wenn die sofortige Beschwerde nach Ansicht des beschließenden Gerichts wegen § 341 II 2 Hs 2 nicht zulässig sein kann; darüber hat ja das Beschwerdegericht zu befinden. Der Verwerfungsbeschluß wird dem Kläger formlos mitgeteilt, dem Bekl förmlich zugestellt, § 329 III. Er enthält eine Kostenentscheidung nach §§ 91 ff und keinen Ausspruch zur vorläufigen Vollstreckbarkeit (ohnehin nur wegen der Kosten). Das Gericht kann freilich auch Verhandlungstermin zum Einspruch und zur Sache anberaumen, wenn es sich zB über die Statthaftigkeit oder Zulässigkeit mit den Parteien besprechen möchte. In diesem Fall ist auch bei Zweifelhaftigkeit der Zulässigkeit des Einspruchs so, wie nach dem Eingang einer Klage, zu verfahren, denn IV 1 erlaubt eine Abweichung von diesem Verfahren eben nur dann, wenn das Gericht den Einspruch gerade durch Beschluß ohne Verhandlung verwirft.

**B. Mangels Beschlußverwerfung: Vorverfahren oder Termin, IV 1 Hs 1.** Soweit das Gericht den **18** Einspruch nicht gerade im Beschlußverfahren verworfen hat, Rn 16, 17, darf und muß es „wie nach Eingang einer Klage weiter verfahren". Es trifft also nach pflichtgemäßem Ermessen die Wahl zwischen einem schriftlichen Vorverfahren oder einem frühen ersten Termin, §§ 272 ff. Das schriftliche Vorverfahren dürfte in aller Regel noch weniger sinnvoll sein als nach einem Widerspruch gegen den Mahnbescheid. Zwar mag der Antragsgegner versucht haben, Zeit zu gewinnen; gerade dann wird er es jetzt erst recht begrüßen, wenn das Gericht ihm durch das zeitraubende Vorverfahren zusätzlich Zeit gibt, zumal ein (technisch sog. Zweites) Versäumnisurteil in diesem Stadium nicht zu befürchten ist, Rn 20. Viel sinnvoller ist daher die Anberaumung eines frühen ersten Termins mit oder ohne Fristen nach § 275. Es ist bis zum Vollstreckungsbescheid und anschließend bis zum Eingang der Anspruchsbegründung schon genug Zeit verstrichen. Außerdem verweist III 2 nicht auch auf § 697 III 1. Daran ändert auch die Verweisung in III 2 auf § 697 I nichts. Das wird oft übersehen. Daher ist eine Terminierung ohne vorherige Frist zur Anspruchsbegründung wirksam, und auch § 295 ist anwendbar.

Ein *Haupttermin* ist allerdings auch nach dem Eingang einer Anspruchsbegründung nicht mehr ohne **19** Vorverfahren statthaft. Um seine Wirkungen herbeizuführen, kann das Gericht freilich den formell frühen

## § 700

ersten Termin als einen vollgültigen Verhandlungstermin anberaumen, vorbereiten und ausgestalten, § 272 Rn 4. Das ist umso näherliegend, als der Einspruch etwa bereits mit einer Begründung versehen worden ist. „Wie nach Eingang einer Klage" bedeutet unter anderem: Es ist nicht nur die dreitägige Ladungsfrist des § 217, sondern auch die zweiwöchige Einlassungsfrist des § 274 III 1 einzuhalten (Ausnahmen § 274 III 2); das letztere wird oft überstehen. Wegen ihres Beginns § 697 Rn 12.

**20** **C. Im Vorverfahren: Keine Frist zur Anzeige einer Verteidigungsabsicht, IV 2.** Die ausdrücklich bestimmte Unanwendbarkeit von § 276 I 1 bedeutet: Der Richter darf dem Bekl überhaupt keine Frist zu einer etwaigen Verteidigungsanzeige, genauer: zu einer nochmaligen Anzeige (die erste lag ja verständigerweise bereits im Einspruch), setzen. Eine dennoch gesetzte Frist wäre als solche gesetzwidrig und daher unwirksam, auch keine wirksame Notfrist im Sinn von § 276 I 1.

**21** **D. Im Vorverfahren: Kein schriftliches Versäumnisurteil, IV 2.** Obwohl der Richter nach dem Eingang der Anspruchsbegründung das schriftliche Vorverfahren „wie nach Eingang einer Klage" wählen kann, Rn 18, kann er doch keineswegs auch im Vorverfahren nach einem Einspruch so, wie er es im Vorverfahren nach einem bloßen Widerspruch könnte, ein schriftliches Versäumnisurteil erlassen. Denn IV 2 erklärt den § 276 I 1 ausdrücklich für unanwendbar, anders als der entsprechende § 697 II, der kein solches Verbot ausspricht. Grund dieser unterschiedlichen Regelung ist die Erwägung, daß ein derartiges schriftliches Versäumnisurteil nach § 331 III ein sog Zweites Versäumnisurteil im Sinn von § 345 wäre, da ja der Vollstreckungsbescheid nach I einem (ersten) Versäumnisurteil bereits gleichsteht. Infolgedessen stünde dem Bekl gegen ein derartiges schriftliches Versäumnisurteil nach einem Einspruch ein weiterer Einspruch nicht zu, § 345; er könnte allenfalls unter den engen Voraussetzungen des § 513 II Berufung einlegen. Diese Konsequenz scheute der Gesetzgeber, Nürnb RR **96**, 58, Holch NJW **91**, 3179.

**22** **E. Im Vorverfahren: Zwang zur Frist zwecks Klagerwiderung, IV 2.** Da IV 1 die Anweisung enthält, „wie nach Eingang einer Klage" zu verfahren, und da IV 2 den § 276 I 2 nicht ausdrücklich für unanwendbar erklärt, darf und muß das Gericht nach dieser letzteren Vorschrift dem Bekl eine mindestens zweiwöchige einfache Frist (keine Notfrist) „zur schriftlichen Klageerwiderung" setzen und daher natürlich diese Frist abwarten, bevor es den Haupttermin zum Einspruch und zur Sache ansetzt, wenn es überhaupt das schriftliche Vorverfahren gewählt hat, Rn 18.

**23** **F. Im Vorverfahren: Keine Sonderfrist bei Auslandsfall, IV 2.** Die in IV 2 ausdrücklich bestimmte Unanwendbarkeit von § 276 I 3 bedeutet: In einem Fall mit Auslandsbezug entfällt hier die Möglichkeit einer von § 276 I 2 abweichenden Frist und die in § 276 I 3 Hs 2 normalerweise vorgesehene Möglichkeit der entsprechenden Anwendung des § 175.

**24** **G. Im Vorverfahren: Keine Belehrung über Fristversäumung usw, IV 2.** Die in IV 2 ausdrücklich bestimmte Unanwendbarkeit von § 276 II bedeutet: Eine Belehrung über die Folgen einer Versäumung einer Frist zur Anzeige einer Verteidigungsbereitschaft im Sinn von § 276 I 1 usw entfällt natürlich. Denn es gibt ja gar keine wirksame derartige Frist, Rn 20. Eine dennoch erteilte Belehrung ist unwirksam.

**25** **H. Bei frühem ersten Termin: Verfahren wie nach Klage, IV 1.** Wenn sich der Richter nach dem Eingang der Anspruchsbegründung für das Verfahren mit frühem ersten Termin entscheidet, Rn 18, 19, dann hat er alle diesbezüglichen Möglichkeiten „wie nach Eingang einer Klage". Er ist also befugt, aber nicht verpflichtet, dem Bekl nach § 275 I eine Frist zur Klagerwiderung oder zB nach § 275 IV anschließend dem Kläger eine Frist zur Stellungnahme auf die Klagerwiderung zu setzen. Er kann den frühen ersten Termin sogleich (unter Wahrung der Einlassungsfrist, vgl Rn 18) ansetzen. Er kann ihn als vollgültigen Termin vorbereiten und durchführen, § 272 Rn 4, oder kann ihn als bloßen Durchrufertermin planen und muß dann anschließend den Haupttermin gemäß § 275 IV sorgfältig vorbereiten.

**26** **6) Verfahren des Richters mangels Anspruchsbegründung, V.** Die Geschäftsstelle legt dem Richter die Akten vor, sobald die von ihr nach § 697 I gesetzte Frist zur Anspruchsbegründung erfolglos verstrichen ist. Das ergibt sich aus V Hs 1.

**A. Prüfung der Zulässigkeit des Einspruchs, V Hs 1.** Der Richter prüft zunächst wie nach dem Eingang einer Anspruchsbegründung wegen I die Statthaftigkeit und Zulässigkeit des Einspruchs nach § 341 I 1. Das ergibt sich aus V Hs 1. Vgl für das weitere diesbezügliche Verfahren Rn 7.

**27** **B. Mangels Beschlußverwerfung: Terminsbestimmung, V Hs 1.** Soweit das Gericht den Einspruch nicht gerade im Beschlußverfahren verworfen hat, Rn 26, darf es in Abweichung von der Lage nach dem rechtzeitigen Eingang einer Anspruchsbegründung nicht eine Verfahrenswahl treffen, sondern muß „unverzüglich Termin bestimmen". Das ergibt sich aus V Hs 1, Düss OLGZ **94**, 220. Das ist ein Haupttermin zum Einspruch und zur Sache, nicht etwa ein früher erster Termin. Trotzdem kommen keine Fristen nach § 276 in Betracht; es ist auch keine Einlassungsfrist einzuhalten, denn es ist ja hier gerade nicht „wie nach Eingang einer Klage" zu verfahren. Der Termin ist „unverzüglich" zu bestimmen, V Hs 1, Düss OLGZ **94**, 220. Das ergibt sich ohnehin aus § 216 II. Es bedeutet: Der Richter darf keineswegs zuwarten, ob doch noch eine Anspruchsbegründung kommt. Das gilt umso mehr wegen Rn 28. Es darf also, anders als bei § 697 III 1, kein Terminantrag abgewartet werden.

**28** **C. Zugleich: Weitere Anspruchsbegründungsfrist, V Hs 2.** Die Verweisung in V Hs 2 auf § 697 III 2 bedeutet: Zugleich mit der Terminsbestimmung, Rn 27, darf und muß der Richter dem Kläger eine Frist zur Begründung des Anspruchs setzen. Das ist eine weitere, nunmehr richterliche Frist, keine Notfrist. Ihre Mindestdauer ist nicht gesetzlich festgelegt, muß aber unter Berücksichtigung aller Umstände angemessen sein. Der Richter darf zwar mitbedenken, daß der Kläger ja schon die von der Geschäftsstelle gesetzte erste Frist zur Anspruchsbegründung hat verstreichen lassen; gleichwohl zeigt der gesetzliche Zwang zur weiteren, nunmehr richterlichen Frist, daß das Gesetz dem Kläger sein Schweigen auf die erste Frist mit einer weiteren Frist „belohnt", ein kaum noch sinnvoller Vorgang. Er findet eine halbwegs ausreichende Erklärung darin, daß diese weitere, richterliche Frist eine Präklusion nach sich zieht, falls der Kläger auch diese Frist verstreichen läßt. Das ergibt sich aus der Verweisung in V Hs 2 auch auf § 697 III 2 Hs 2 und damit auf § 296 I,

IV, eine kaum noch durchdringliche Schachtelverweisung überperfektionistischer Art, die umso bedauerlicher ist, als die Verspätungsfolgen des § 296 I, IV streng sein können. Die richterliche Begründungsfrist läßt sich obendrein nach § 224 II abkürzen oder verlängern; zum Verfahren § 225.

**7) Verfahren des Richters bei verspäteter Anspruchsbegründung, IV, V.** Das Gesetz enthält keine 29 klare Regelung; es hilft daher nur eine mühsame Auslegung. Ist beim Eingang der verspäteten Anspruchsbegründung vom Richter noch kein Termin nach V anberaumt, wird er am besten nach IV verfahren; das gilt auch, wenn seine Terminsverfügung usw nach V noch nicht in den Geschäftsgang hinausgegangen ist, § 329 Rn 23. Andernfalls ist am besten innerhalb des Verfahrens nach V die richterliche Frist abzuwarten. Denn sonst droht das Argument, das Gericht dürfe den § 296 I, IV nicht vor dem Ablauf seiner eigenen Frist anwenden und der Kläger habe seine verspätete Anspruchsbegründung innerhalb der nun einmal vom Richter zusätzlich gesetzten Frist noch ergänzen wollen. Zu den Verspätungsfolgen vgl bei § 296 I, IV.

**8) Säumnis des Beklagten, VI.** Beim Ausbleiben des Bekl nach einem zulässigen Einspruch im folgen- 30 den Verhandlungstermin muß das Gericht anders als nach einer Klage, § 345 Rn 3, und entgegen vielfacher praktischer Übung die Schlüssigkeit des Klaganspruchs bejahen, bevor es gemäß § 345 den Einspruch verwerfen darf, VI, § 331 I, II Hs 1, BGH ZZP **105**, 76, Hamm BB **91**, 164, weil sonst die Gefahr des Erlasses eines nur nach § 513 II anfechtbaren Vollstreckungstitels ohne jede Schlüssigkeitsprüfung bestehen würde, Düss MDR **87**, 769, Orlich NJW **80**, 1782. Andernfalls muß das Gericht den Vollstreckungsbescheid aufheben und die Klage als unzulässig oder unbegründet abweisen, vgl auch § 343.

## 701 Wegfall der Wirkung des Mahnbescheids.
¹Ist Widerspruch nicht erhoben und beantragt der Antragsteller den Erlaß des Vollstreckungsbescheids nicht binnen einer sechsmonatigen Frist, die mit der Zustellung des Mahnbescheids beginnt, so fällt die Wirkung des Mahnbescheids weg. ²Dasselbe gilt, wenn der Vollstreckungsbescheid rechtzeitig beantragt ist, der Antrag aber zurückgewiesen wird.

**1) Systematik, Regelungszweck, S 1, 2.** Da die Entscheidung über den Erlaß des Vollstreckungsbe- 1 scheids nach § 699 I 1 von einem zum Mahnantrag zusätzlich erforderlichen Antrag abhängt, könnte der Gläubiger mithilfe des ihm ja zumindest nach § 693 II bekanntgegebenen Mahnbescheids unbegrenzte Zeit hindurch Druck auf den Schuldner ausüben, wenn auch keine Vollstreckung betreiben. Zwecks Rechtssicherheit, Einl III 43, soll desgleichen zeitlich begrenzt werden. Das geschieht in S 1. S 2 enthält eine entsprechende Befristung, damit der Gläubiger alsbald entscheidet, ob er gegen die Zurückweisung des Antrags auf einen Vollstreckungsbescheid vorgehen will.

**2) Voraussetzungen, S 1, 2.** Der unzustellbare Mahnbescheid ist unwirksam. Die Wirkung des Mahn- 2 bescheids entfällt trotz des Fehlens eines Widerspruchs des Antragsgegners dann, wenn der Antragsteller den Mahnantrag wirksam zurücknimmt, § 690 Rn 14, oder wenn eine der beiden folgenden Voraussetzungen vorliegt:

**A. Kein Antrag.** Der Antragsteller muß binnen 6 Monaten seit der Zustellung des Mahnbescheids trotz des Ausbleibens eines Widerspruchs des Antragsgegners oder trotz einer wirksamen Widerspruchsrücknahme, § 697 Rn 23, keinen Vollstreckungsbescheid nach § 699 I beantragt haben. Es handelt sich um eine uneigentliche Frist, Üb 11 vor § 214, eine Ausschlußfrist, LG Köln AnwBl **86**, 538, LAG Bln MDR **90**, 187, und keine Notfrist, § 224 I 2. Sie ist nach § 222 zu berechnen. Das Gericht kann sie weder verkürzen noch verlängern, § 224, noch gegen ihre Versäumung Wiedereinsetzung bewilligen, § 233, LG Köln AnwBl **86**, 538, LAG Bln MDR **90**, 187. Die Frist beginnt nicht etwa erst mit dem Zeitpunkt des Eingangs der Mitteilung gemäß § 693 III zu laufen, sondern bereits mit dem Zeitpunkt, in dem der Mahnbescheid dem Antragsgegner zugestellt wurde, § 693 I, LG Köln AnwBl **86**, 538, LAG Bln MDR **90**, 187. Wenn der Antragsteller einen Vollstreckungsbescheid erwirkt hat, der aber weder von Amts wegen noch im Parteibetrieb zugestellt worden ist, § 700 IV, dann läuft die Frist nicht, obwohl der Antragsgegner auch so Einspruch einlegen darf. Die Einlegung eines Widerspruchs hemmt die Frist bis zu seiner wirksamen Rücknahme, § 697 Rn 23. Der Eingang des Antrags auf Erlaß des Vollstreckungsbescheids unterbricht die Frist, LG Brschw Rpfleger **78**, 263. Nach der Rücknahme des Antrags läuft die Frist weiter.

**B. Zurückweisung.** Oder: Der Antragsteller mag zwar den Vollstreckungsbescheid beantragt haben, das 3 Gericht muß diesen Antrag aber trotz des Ausbleibens eines Widerspruchs usw, vgl Rn 1, rechtskräftig zurückgewiesen haben, § 691 Rn 7; zum Problem Vollkommer Rpfleger **82**, 295. Etwas anderes gilt, wenn der rechtzeitig gestellte Antrag vom Gericht nicht binnen 6 Monaten beschieden worden ist, Ffm Rpfleger **70**, 100.

**3) Weitere Folgen, S 1, 2.** Es kommt auf die Entscheidungsrichtung an. 4

**A. Sachliche Zurückweisung.** Wenn das Gericht den Antrag auf Erlaß des Vollstreckungsbescheids sachlich zurückgewiesen hat, verliert der Mahnbescheid seine Kraft.

**B. Verwerfung.** Wenn das Gericht den Antrag nur aus förmlichen Gründen oder als verfrüht verworfen 5 hat, darf der Antragsteller ihn in der 6-Monats-Frist mit einer besseren Begründung erneuern, muß aber das Fehlende fristgerecht nachholen, LG Ffm Rpfleger **82**, 295 (im Ergebnis zustm Vollkommer).

**C. Fristablauf.** Im Fall Rn 1 verliert der Mahnbescheid jede prozessuale Wirkung. Es tritt nicht etwa 6 eine Erledigungswirkung ein, KG MDR **83**, 323. Die sachlichrechtliche Wirkung seines Erlöschens ergibt sich aus dem sachlichen Recht. Es ist zB nach § 213 BGB die Unterbrechung der Verjährung rückwirkend weggefallen.

Hartmann

**702** *Zu Protokoll. Keine Nachricht an Antragsgegner.* ¹Im Mahnverfahren können die Anträge und Erklärungen vor dem Urkundsbeamten der Geschäftsstelle abgegeben werden. ²Soweit Vordrucke eingeführt sind, werden diese ausgefüllt; der Urkundsbeamte vermerkt unter Angabe des Gerichts und des Datums, daß er den Antrag oder die Erklärung aufgenommen hat. ³Auch soweit Vordrucke nicht eingeführt sind, ist für den Antrag auf Erlaß eines Mahnbescheids oder eines Vollstreckungsbescheids bei dem für das Mahnverfahren zuständigen Gericht die Aufnahme eines Protokolls nicht erforderlich.

II Der Antrag auf Erlaß eines Mahnbescheids oder eines Vollstreckungsbescheids wird dem Antragsgegner nicht mitgeteilt.

1 **1) Systematik, Regelungszweck, I, II.** Die Vorschrift ergänzt § 690. I 1, 2 gelten entsprechend bei § 829 IV. § 702 dient der Vereinfachung und Kostendämpfung und damit der Prozeßwirtschaftlichkeit, Grdz 14 vor § 128. Entsprechend großzügig sollte man die Vorschrift auslegen.

2 **2) Zuständigkeit, I.** Vor dem Urkundsbeamten der Geschäftsstelle können sämtliche Anträge und Erklärungen im Mahnverfahren abgegeben werden, S 1. Im Mahnverfahren besteht kein Anwaltszwang, § 78 III. Wegen der Beendigung des Mahnverfahrens § 703 Rn 1. Zur Entgegennahme ist der Urkundsbeamte der Geschäftsstelle eines jeden AG zuständig, § 129 a I, Crevecœur NJW **77**, 1321. Dabei ist freilich zu beachten, daß die Wirkung des Antrags erst dann eintritt, wenn der Antrag bei dem für das Mahnverfahren zuständigen AG eingeht, § 129 a II 2.

3 **3) Form, I.** Eine mündliche Erklärung vor dem Rpfl reicht grundsätzlich aus. Auch Telegramm, Fernschreiben usw sind zulässig, vgl auch § 129 Rn 21, 45, ebenso eine telefonische Erklärung, zu deren Entgegennahme der Urkundsbeamte bereit ist. Ein förmliches Protokoll braucht weder für den Antrag auf Erlaß eines Mahnbescheids noch für denjenigen auf Erlaß eines Vollstreckungsbescheids aufgenommen zu werden, S 3, es sei denn bei der Aufnahme einer Erklärung vor einem anderen als dem für das Mahnverfahren zuständigen Gericht, vgl Rn 1. Für einen Widerspruch gegen den Mahnbescheid ist aber ein Protokoll dann notwendig, wenn der Widerspruch nicht schriftlich eingelegt wird, § 694 Rn 2. Wegen der Form des Einspruchs § 340 Rn 4. Soweit Vordrucke eingeführt sind, ist wegen des Benutzungszwangs, § 703 c II, grundsätzlich deren Ausfüllung notwendig, S 2 (vgl aber § 692 Rn 6, § 694 Rn 2). Dabei vermerkt der Urkundsbeamte der Geschäftsstelle die Aufnahme mit Ort und Datum. Als Unterschrift reicht ein Stempel aus. Bei einer maschinellen Bearbeitung ist § 703 b zu beachten.

4 **4) Keine Benachrichtigung, II.** Es erfolgt keine Mitteilung von Amts wegen über den Eingang eines Antrags auf Erlaß eines Mahnbescheids oder Vollstreckungsbescheids an den Gegner. Wenn sich der Gegner erkundigt, darf und muß der Urkundsbeamte der Geschäftsstelle die erbetene Auskunft geben. Der Antragsgegner erhält von der Zurückweisung des Antrags grundsätzlich keine Benachrichtigung. Von einem Widerspruch wird der Antragsteller gemäß § 695 benachrichtigt. Nach einem Einspruch gegen den Vollstreckungsbescheid benachrichtigt das Gericht beide Parteien von der Abgabe des Verfahrens, §§ 700 III 2 in Verbindung mit 696 I 3.

**703** *Vollmacht.* ¹Im Mahnverfahren bedarf es des Nachweises einer Vollmacht nicht. ²Wer als Bevollmächtigter einen Antrag einreicht oder einen Rechtsbehelf einlegt, hat seine ordnungsgemäße Bevollmächtigung zu versichern.

1 **1) Systematik, Regelungszweck: Kein Nachweis, S 1, 2.** Die Vorschrift regelt in Ergänzung zu §§ 690, 699, 702 eine wichtige Einzelfrage zwecks Vereinfachung und Beschleunigung, Grdz 12 vor § 228: Im Mahnverfahren ist zwar eine Vollmacht wie sonst notwendig, § 80. Sie braucht aber abweichend von § 88 II grundsätzlich nicht nachgewiesen zu werden, vgl freilich § 690 Rn 2.

Das Mahnverfahren *endet*: Mit dem Wegfall der Wirkung des Mahnbescheids, § 700 S 1; mit einer rechtskräftigen Zurückweisung des Antrags auf Erlaß des Vollstreckungsbescheids, § 701 S 2; nach einem Widerspruch gegen den Mahnbescheid mit dem Eingang der Akten beim Gericht des streitigen Verfahrens, § 696 I 4, LG Essen JZ **80**, 237; nach einem Einspruch gegen den Vollstreckungsbescheid mit der nächsten gerichtlichen Maßnahme, § 700 III 2 in Verbindung mit § 696 I 4, Köln MDR **82**, 945, aM Mü MDR **92**, 617. Weder ein Anwalt noch ein sonstiger Bevollmächtigter brauchen seine Bevollmächtigung nachzuweisen, auch nicht auf eine Rüge des Gegners. Es ist stets erforderlich und grundsätzlich ausreichend, das Vorhandensein einer Vollmacht zu behaupten.

2 **2) Versicherung, S 2.** Nur bei der Einreichung eines Antrags, §§ 690, 696 I, 699 I, oder bei der Einlegung eines Rechtsbehelfs, §§ 694, 700 III, ferner §§ 104 III, 567 I, § 11 RPflG, ist darüber hinaus eine ordnungsgemäße Bevollmächtigung zu versichern, S 2, und zwar muß jeder Bevollmächtigte diese Versicherung abgeben, auch ein Anwalt. Im etwaigen Vordruck ist das entsprechende Kästchen anzukreuzen. Eine Prozeßvollmacht reicht als das stärkere Mittel aus. Eine eidesstattliche Versicherung ist nicht erforderlich. §§ 88 ff sind nur anwendbar, soweit sie nicht durch die Spezialvorschrift des § 703 verdrängt werden. Die Unterzeichnung durch einen Laien mit „i. A." ist als Versicherung der Bevollmächtigung anzusehen, Köln FamRZ **92**, 451.

3 **3) Streitiges Verfahren, S 1, 2.** Im anschließenden streitigen Verfahren ist eine Vollmacht wie sonst notwendig, § 80, auch wenn der Antrag auf die Durchführung des streitigen Verfahrens oder die Erklärung der Rücknahme eines Widerspruchs bzw Einspruchs erst dann eingehen. Denn erst mit einer wirksamen Zurücknahme gilt der Streitsache als (wenn auch rückwirkend) nicht rechtshängig, § 696 IV 3, bzw ein streitiges Verfahren als nicht (mehr) vorhanden. Daher muß die Wirksamkeit der Rücknahme noch im streitigen Verfahren geprüft werden, im Ergebnis ebso Hornung Rpfleger **78**, 430, aM RoSGo § 165 III 5 d.

Soweit eine erforderliche Vollmacht fehlte, ist die entsprechend fehlerhafte Parteiprozeßhandlung, Grdz 47 vor § 128, nach § 89 zu beurteilen, abw ThP 3 (sie sei unwirksam).

**4) Zwangsvollstreckung, S 1, 2.** In diesem Stadium ist die Vollmacht wie sonst nachzuweisen, auch wenn es nur einen Vollstreckungsbescheid und kein anschließendes streitiges Verfahren gegeben hat, vgl Bank JB **80**, 1620.

**703a** **Urkunden-, Wechsel-, Scheckmahnverfahren.** I ¹Ist der Antrag des Antragstellers auf den Erlaß eines Urkunden-, Wechsel- oder Scheckmahnbescheids gerichtet, so wird der Mahnbescheid als Urkunden-, Wechsel- oder Scheckmahnbescheid bezeichnet.

II ¹Für das Urkunden-, Wechsel- und Scheckmahnverfahren gelten folgende besondere Vorschriften:
1. die Bezeichnung als Urkunden-, Wechsel- oder Scheckmahnbescheid hat die Wirkung, daß die Streitsache, wenn rechtzeitig Widerspruch erhoben wird, im Urkunden-, Wechsel- oder Scheckprozeß anhängig wird;
2. die Urkunden sollen in dem Antrag auf Erlaß des Mahnbescheids und in dem Mahnbescheid bezeichnet werden; ist die Sache an das Streitgericht abzugeben, so müssen die Urkunden in Urschrift oder in Abschrift der Anspruchsbegründung beigefügt werden;
3. im Mahnverfahren ist nicht zu prüfen, ob die gewählte Prozeßart statthaft ist;
4. beschränkt sich der Widerspruch auf den Antrag, dem Beklagten die Ausführung seiner Rechte vorzubehalten, so ist der Vollstreckungsbescheid unter diesem Vorbehalt zu erlassen.

²Auf das weitere Verfahren ist die Vorschrift des § 600 entsprechend anzuwenden.

**1) Systematik, Regelungszweck, I, II.** Die Vorschrift paßt das Mahnverfahren in einer Sache wegen einer Urkunden-, Wechsel- oder Scheckforderung den Besonderheiten des entsprechenden Klageverfahrens, §§ 592–605 a, im Interesse einer Vereinheitlichung und der gerade bei solcher Forderung auch besonderen Eilbedürftigkeit an und dient damit auch der Prozeßwirtschaftlichkeit, Grdz 14 vor § 128.

**2) Zulässigkeit, I, II.** Sie folgt einem klaren Grundsatz.

**A. Grundsatz, I, II Z 1.** Das Urkunden-, Wechsel- und Scheckmahnverfahren ist eine ziemlich lebensunfähige Einrichtung. Es soll die Vorteile des Mahnverfahrens mit denjenigen des Urkunden- usw Prozesses vereinen. Es ist nur dann statthaft, wenn der Antragsteller den Anspruch im Urkunden- usw Prozeß geltend machen könnte, §§ 592 ff. Doch hat das Gericht auf einen entsprechend deutlichen Antrag einen Urkundenusw Mahnbescheid zu erlassen, ohne daß es die Statthaftigkeit gerade dieser Abart des Mahnverfahrens zu prüfen hätte, II Z 3. Wenn das besondere Verfahren zulässig ist, dann gilt § 703 a vorrangig oder doch ergänzend. Es treten die daraus auch etwa folgenden Nachteile erst im streitigen Verfahren ein. Dann darf zB kein Versäumnisurteil ergehen. Die Widerspruchsfrist ist jetzt bei allen Arten des Mahnbescheids einheitlich, §§ 692 I Z 3, 694. Die Anhängigkeit tritt im Urkunden- usw Prozeß gemäß II Z 2 ein, die Rechtshängigkeit gemäß § 696 III. Wenn der Kläger vom Urkunden- usw Mahnverfahren Abstand nimmt, geht der Streit im normalen Mahn- bzw streitigen Verfahren weiter.

**B. Urkunde, II Z 2.** Die Bezeichnung der Urkunde im Antrag und im Mahnbescheid ist eine Sollvorschrift. Die Unterlassung dieser Bezeichnung hat keine Folgen, sofern gemäß I der Antrag ausdrücklich gerade auf den Erlaß eines Urkunden- usw Mahnbescheid gerichtet ist, sofern dieser auch als solcher bezeichnet wird und soweit schließlich die erforderliche Identifizierung des Anspruchs, § 690 Rn 6, vorgenommen ist. Eine Beifügung der Urkunde ist jetzt im Mahnverfahren keineswegs notwendig, ja sogar nicht ratsam, wenn eine maschinelle Bearbeitung stattfindet. Die Urkunde wird ja nicht mehr benötigt, da ohnehin keine Schlüssigkeitsprüfung mehr stattfindet, also auch keine besondere Schlüssigkeitsprüfung des Urkundenverfahrens, § 690 Rn 7. II Z 2 Hs 2 meint auch nur, daß die Urkunden im anschließenden streitigen Verfahren beigefügt werden müssen, ebenso natürlich in der Zwangsvollstreckung, LG Saarbr DGVZ **90**, 44. Denn dann ist eine „Anspruchsbegründung" notwendig. Es ist unschädlich, die Urkunden vorher einzureichen. Der Urkundsbeamte der Geschäftsstelle muß die Urkunden auch bei einer maschinellen Bearbeitung entweder in gehöriger Form verwahren oder sie sorgfältig zurückschicken und anheimgeben, sie später erneut einzureichen.

**3) Weiteres Verfahren, II Z 1–4.** Die Statthaftigkeit der Prozeßart ist erst nach dem Eingang eines Widerspruchs bzw Einspruchs im streitigen Verfahren zu prüfen, Rn 1. Wenn die Sache auf den Widerspruch eines Gesamtschuldners an das für ihn zuständige Gericht abgegeben bzw verwiesen wurde und wenn nunmehr ein anderer Gesamtschuldner gegen den Vollstreckungsbescheid Einspruch einlegt, dann wird die Sache auch insoweit an dasselbe Gericht abgegeben und verwiesen, BGH Rpfleger **75**, 172 (zum alten Recht). Wenn der Widerspruch nur mit einem Antrag auf den Vorbehalt der Rechte eingelegt wurde, dann ergeht der Vollstreckungsbescheid unter diesem Vorbehalt, II Z 4. Gegen den Vorbehalt ist ein Einspruch unstatthaft, weil eine Versäumnis fehlt. Dagegen ist wegen des Fehlens des Vorbehalts ein Einspruch zulässig. Die Ladungsfrist für das Nachverfahren ist jetzt in § 703 a nicht mehr besonders geregelt.

## §§ 703b, 703c   7. Buch. Mahnverfahren

**703b** *Maschinelle Bearbeitung. Siegel. Ablauf.* ¹ Bei maschineller Bearbeitung werden Beschlüsse, Verfügungen und Ausfertigungen mit dem Gerichtssiegel versehen; einer Unterschrift bedarf es nicht.

II Der Bundesminister der Justiz wird ermächtigt, durch Rechtsverordnung mit Zustimmung des Bundesrates den Verfahrensablauf zu regeln, soweit dies für eine einheitliche maschinelle Bearbeitung der Mahnverfahren erforderlich ist (Verfahrensablaufplan).

**Schrifttum:** S bei § 689.

1  1) **Systematik, Regelungszweck, I, II.** Die Vorschrift entspricht weitgehend § 641s. Vgl auch § 689 Rn 14, § 703c III. Das maschinelle Verfahren dient einer rascheren und kostensparenden Bewältigung des Massenverfahrens. Das sollte man bei der Auslegung mitbeachten.

2  2) **Maschinelle Bearbeitung, I.** Ausreichend ist statt einer Unterschrift oder eines entsprechenden Stempelabdrucks, § 692 II, das Gerichtssiegel, und zwar als Druck. Es ist also nicht etwa ein Siegel im Original erforderlich, BGH VersR **85**, 551, Schuster DGVZ **83**, 117. Der Aktenausdruck ist nach § 418 beweiskräftig, § 696 Rn 5.

3  3) **Verfahrensablaufplan, II.** Ein solcher ist bisher noch nicht gesetzlich eingeführt worden.

**703c** *Maschinelle Bearbeitung. Vordrucke.* ¹ ¹Der Bundesminister der Justiz wird ermächtigt, durch Rechtsverordnung mit Zustimmung des Bundesrates zur Vereinfachung des Mahnverfahrens und zum Schutze der in Anspruch genommenen Partei Vordrucke einzuführen. ²Für
1. Mahnverfahren bei Gerichten, die die Verfahren maschinell bearbeiten,
2. Mahnverfahren bei Gerichten, die die Verfahren nicht maschinell bearbeiten,
3. Mahnverfahren, in denen der Mahnbescheid im Ausland zuzustellen ist,
4. Mahnverfahren, in denen der Mahnbescheid nach Artikel 32 des Zusatzabkommens zum NATO-Truppenstatut vom 3. August 1959 (Bundesgesetzbl. 1961 II S. 1183, 1218) zuzustellen ist,

können unterschiedliche Vordrucke eingeführt werden.

II Soweit nach Absatz 1 Vordrucke für Anträge und Erklärungen der Parteien eingeführt sind, müssen sich die Parteien ihrer bedienen.

III Die Landesregierungen bestimmen durch Rechtsverordnung den Zeitpunkt, in dem bei einem Amtsgericht die maschinelle Bearbeitung der Mahnverfahren eingeführt wird; sie können die Ermächtigung durch Rechtsverordnung auf die Landesjustizverwaltungen übertragen.

**Schrifttum:** *Kruse/Geishecker*, Das EDV-gestützte gerichtliche Mahnverfahren, 1996; *Salten/Riesenberg/Jurksch*, Das automatisierte gerichtliche Mahnverfahren usw, 1996.

1  1) **Systematik, Regelungszweck, I–III.** Vgl § 703b Rn 1.

2  2) **Vordruckverordnungen, I.** Vgl auch § 641t. Es sind im Bereich des § 703c bisher folgende Verordnungen ergangen: vom 6. 6. 78, BGBl 705, zuletzt geändert durch Art 2 § 3 EuroEG vom 9. 6. 98, BGBl 1242, in Kraft seit 1. 1. 99, Art 16 S 2 EuroEG, ÜbergangsR Einl III 78, betr Verfahren nach I 2 Z 1 (vgl aber Rn 4); VO vom 6. 5. 77, BGBl 693, zuletzt geändert durch Art 2 § 2 EuroEG vom 9. 6. 98, BGBl 1242, in Kraft seit 1. 1. 99, Art 16 S 2 EuroEG, ÜbergangsR Einl III 78, betr Verfahren nach I 2 Z 2. Die letztere Verordnung enthält keine Überschreitung der Regelungsbefugnis, Schriewer NJW **78**, 1039. Wegen Art 32 ZAbkNTrSt SchlAnh III. Im arbeitsgerichtlichen Verfahren gilt § 46a VII ArbGG, abgedruckt Grdz 3 vor § 688, dazu betr Vordrucke VO vom 15. 12. 77, BGBl 2625, zuletzt geändert dch Art 2 VO vom 19. 6. 98, BGBl 1364, in Kraft seit 24. 6. 98, Art 3 VO, ÜbergangsR Einl III 78. Der Vordruck muß als Durchschreibesatz gestaltet sein, AG Halle NJW **96**, 3423, AG Hbg NJW **97**, 874, AG Hünfeld RR **97**, 831, aM LG Düss Rpfleger **79**, 348. Zum Bedrucken Gureck MDR **98**, 1457.

3  3) **Benutzungszwang, II.** Er bringt zunehmend auch Probleme.

A. **Grundsatz: Nur im Umfang von Verordnungen.** Ein Benutzungszwang besteht nur noch im Umfang der Verordnungen, Rn 1, 4, Salten MDR **95**, 668. Ein Benutzungszwang besteht also nur für: den Antrag auf Erlaß des Mahnbescheids, LG Darmst NJW **86**, 1696, LG Hagen NJW **92**, 2036; den Mahnbescheid; den Antrag auf Erlaß des Vollstreckungsbescheids; den Vollstreckungsbescheid. Telefax ist hier unzulässig, LG Hagen NJW **92**, 2036. Obwohl zugleich ein Vordruck für den Widerspruch eingeführt wurde, besteht für den Widerspruch in Wahrheit doch kein Vordruckzwang, II. Freilich ist die Benutzung des Vordrucks zu empfehlen, §§ 692 Rn 6, 694 Rn 2.

*Kein* Benutzungszwang besteht, soweit der Mahnbescheid im Ausland, § 688 III, oder gemäß Art 32 ZAbkNTrSt, SchlAnh III, zuzustellen ist, VO vom 6. 6. 78, BGBl 705 (betr I 2 Z 1) § 1 II, VO vom 6. 5. 77, BGBl 693 (betr I 2 Z 2) § 1 I 2. Innerhalb der vorgeschriebenen Formulart ist eine Auswechslung möglich, LG Düss Rpfleger **79**, 348. Zum Vordruckzwang vgl auch §§ 117 IV, 641t II.

4  B. **Verstoß.** Soweit ein Benutzungszwang besteht, muß der Benutzer zB die Durchschreibetechnik anwenden, um Fehler zu vermeiden, Rn 2; ein Verstoß ist ein Zurückweisungsgrund, § 691 Rn 2, AG Halle NJW **96**, 3423, AG Hbg NJW **97**, 874, und macht eine Zwangsvollstreckung mangels wirksamer Zustellung unzulässig, LG Darmst DGVZ **96**, 62. Die Einspruchsfrist der §§ 700 I, 339 I beginnt nicht zu laufen, LG Darmst NJW **86**, 1946. Es kann Verjährung eintreten. Wegen der Form des Einspruchs § 700 Rn 8ff.

7. Buch. Mahnverfahren **§§ 703c, 703d**

Soweit eine Fernkopie des Formulars vorliegt, ist es rechtlich benutzt worden, aM LG Hagen Rpfleger **92**, 167 (zum Telefax).

**4) Maschinelle Bearbeitung, III.** Vgl zunächst § 689 III. Die Landesregierungen haben die Landes- 5 justizverwaltungen wie folgt nach III ermächtigt:
**Baden-Württemberg:** VO zuletzt vom 15. 1. 93, GBl 50 (zuständig ist für Anträge aus dem gesamten Bundesgebiet das AG Stuttgart);
**Bayern:** VO zuletzt vom 20. 12. 94, GVBl 1080 (zuständig sind das AG Coburg für die Bezirke der AGe Coburg und Lichtenfels, das AG Nürnberg für die Bezirke der AGe Fürth und Nürnberg; beschränkt auch AG München);
**Berlin:** VO zuletzt vom 12. 5. 95, GVBl 314 (zuständig ist das AG Wedding und für den Bereich des § 689 II 2 das dort bestimmte AG Schöneberg);
**Brandenburg:**
**Hamburg:** VO zuletzt vom 20. 1. 98, GVBl 22 (zuständig ist das AG Hamburg – gemeint: Mitte – (?);
**Hessen:** VO vom 29. 10. 94, GVBl 634 (zuständig ist für den Bezirk Eltville das AG Hünfeld. Es bearbeitet auch die in § 689 Rn 9 „Hessen" genannten Fälle, soweit sie maschinell bearbeitet werden);
**Mecklenburg:**
**Niedersachsen:**
**Nordrhein-Westfalen:** VO zuletzt vom 28. 1. 99, GVBl 43: zuständig sind das AG Euskirchen für den OLG-Bezirk Köln, das AG Hagen für die OLG-Bezirke Düsseldorf und Hamm (je Ausnahme: kein inländischer allgemeiner Gerichtsstand, § 1 VO), in Kraft seit 1. 5. 99, ÜbergangsR § 2 VO);
**Rheinland/Pfalz:** VO vom 6. 3. 92, GVBl 67 (zuständig ist das AG Mayen für Anträge aus dem gesamten Bundesgebiet);
**Saarland:**
**Sachsen:**
**Sachsen-Anhalt:**
**Schleswig-Holstein:** VO vom 4. 12. 96, GVBl 720 (Zuständigkeit des JustMin);
**Thüringen:**

**703d** *Kein inländischer allgemeiner Gerichtsstand.* ¹Hat der Antragsgegner keinen allgemeinen Gerichtsstand im Inland, so gelten die nachfolgenden besonderen Vorschriften.

II ¹Zuständig für das Mahnverfahren ist das Amtsgericht, das für das streitige Verfahren zuständig sein würde, wenn die Amtsgerichte im ersten Rechtszug sachlich unbeschränkt zuständig wären. ²§ 689 Abs. 3 gilt entsprechend.

**1) Systematik, Regelungszweck I, II.** Grundsätzlich müßte das Gericht sowohl nach dem Eingang 1 eines Widerspruchs gegen den Mahnbescheid als auch nach einem Einspruch gegen den Vollstreckungsbescheid die Akten von Amts wegen an dasjenige Gericht abgeben, das für ein streitiges Verfahren zuständig ist. Dies ergibt sich aus §§ 696 I, 700 III je in Verbindung mit §§ 692 I Z 1, 690 I Z 5. Soweit ein Antrags*gegner* bei Zustellung des Mahnbescheids, vgl § 689 Rn 8, im Inland keinen allgemeinen Gerichtsstand hat, sondern allenfalls einen besonderen Gerichtsstand, zB nach §§ 20–23 a, 26 ff, dann müßte eine derartige Aufgabe erfolgen, vgl § 690 Rn 13. Deshalb schafft § 703 d (nur) diesem Antragsgegner gegenüber, nicht auch anderen, etwa gesamtschuldnerischen, Antragsgegnern mit inländischem Gerichtsstand gegenüber, im Interesse der Rechtssicherheit, Einl III 43, eine vorrangige Sonderregelung, BGH NJW **95**, 3317 (§ 36 Z 3 kann entsprechend anwendbar sein).

Sie gilt unabhängig davon, ob der Antrag*steller* im Inland einen allgemeinen Gerichtsstand hat. § 703 d hat also Vorrang gegenüber § 689 II 1 und 2, BGH NJW **81**, 2647, vgl § 689 Rn 4. Die Vorschrift erfaßt sowohl den Fall, daß eine Zustellung des Mahnbescheids nach den allgemeinen Vorschriften im Inland erfolgen kann und daß nur eben ein allgemeiner Gerichtsstand des Antragsgegners im Inland fehlt, als auch denjenigen Fall, daß nach § 688 III eine Zustellung des Mahnbescheids im Ausland notwendig wird. Das EuGVÜ ist gegenüber § 703 d vorrangig, BGH NJW **81**, 2647.

**2) Zuständigkeit, II.** Es ist dasjenige AG zuständig, das für eine streitiges Verfahren zuständig wäre, 2 wenn die Amtsgerichte im ersten Rechtszug sachlich unbeschränkt zuständig wären, zB nach § 23, AG Mü Rpfleger **91**, 425 (zustm Druwe), oder nach §§ 20, 32, 38, Druwe Rpfleger **91**, 425. Die Zuständigkeit kann auch kraft Zuweisung begründet werden, II 2 in Verbindung mit § 689 III, BGH NJW **93**, 2752 mwN. Bisher ist keine derartige Ermächtigung ergangen. Wenn auch danach eine inländische Zuständigkeit fehlt, dann ist das Mahnverfahren nicht statthaft, Druwe Rpfleger **91**, 426. Das gemäß II 1 zuständige AG behandelt die Sache als Streitgericht weiter oder gibt sie an das übergeordnete LG ab. Bei II 2 gibt es die Sache an das zuständige AG oder LG ab. Das weitere Verfahren verläuft gemäß §§ 696, 698, 700 III.

# Achtes Buch
# Zwangsvollstreckung

*Bearbeiter: Dr. Dr. Hartmann*

## Erster Abschnitt. Allgemeine Vorschriften

### Grundzüge

**Schrifttum:** *Alpmann/Schmidt*, Vollstreckungsrecht, 1: 7. Aufl 1997, 2: 7. Aufl 1997; *App*, Verwaltungsvollstreckungsrecht, 1989; *Arens/Lüke*, Zivilprozeßrecht, Erkenntnisverfahren, Zwangsvollstreckung, 5. Aufl 1992; *Bauer*, Rechtsvergleichende Untersuchung der Systeme des deutschen und französischen Zwangsvollstreckungsrechts, Diss Tüb 1993; *Baur/Stürner*, Zwangsvollstreckungs-, Konkurs- und Vergleichsrecht, Lehrbuch, Band I (Einzelvollstreckungsrecht), 12. Aufl 1995; *Baur/Stürner*, Zwangsvollstreckungs-, Konkurs- und Vergleichsrecht, Fälle und Lösungen nach höchstrichterlichen Entscheidungen, 6. Aufl 1989; *Behr*, Grundlagen des Zwangsvollstreckungsrechts usw, 3. Aufl 1998 (Bespr *Zimmermann* Rpfleger **99**, 156); *Berg*, Zwangsvollstreckung: ein Ratgeber usw, 1998; *Brehm*, PC-Fallbeispiel Zwangsvollstreckung, 1992; *Brox/Walker*, Zwangsvollstreckungsrecht, 6. Aufl 1999; *Bruckmann*, Die Praxis der Zwangsvollstreckung, 3. Aufl 1999; *Bruns/Peters*, Zwangsvollstreckungsrecht, 3. Aufl 1987; *Eidenschink/Henkelmann*, Leitfaden durch das Zwangsvollstreckungs- und Insolvenzrecht, 8. Aufl 1988; *Gerhardt*, Grundbegriffe des Vollstreckungs- und Insolvenzrechts, 1985; *Gottwald*, Zwangsvollstreckung (Kommentierung der §§ 704–915 h ZPO), 3. Aufl 1999; *Grunsky*, Grundzüge des Zwangsvollstreckungs- und Insolvenzrechts, 5. Aufl 1996; *Hansen*, Zivilprozeßrecht, II. Zwangsvollstreckung, 3. Aufl 1985; *Heussen/Fraulob/Bachmann*, Zwangsvollstreckung für Anfänger, 6. Aufl 1999; *Hintzen*, Taktik in der Zwangsvollstreckung, I (Grundvermögen), 4. Aufl 1997; II (Forderungspfändung usw) 4. Aufl 1998 (Bespr *Schilken* Rpfleger **99**, 200); III (Sachpfändung, eidesstattliche Versicherung, ausgewählte Forderungsrechte) 4. Aufl 1999; *Hintzen/Höppner/David*, Erfolgreiche Zwangsvollstreckung, 3. Aufl 1999; *Hoche/Wiener*, Zwangsvollstreckungsrecht, 4. Aufl 1983; *Jauernig*, Zwangsvollstreckungs- und Insolvenzrecht (Kurzlehrbuch), 21. Aufl 1999; *Kussmann*, Vollstreckung, 5. Aufl 1993; *Lackmann*, Zwangsvollstreckungsrecht, 4. Aufl 1998; *Lippross*, Vollstreckungsrecht (anhand von Fällen), 8. Aufl 1997 (Bespr *Hintzen* Rpfleger **98**, 380); *Lüke*, Zwangsvollstreckungsrecht (Prüfe dein Wissen), 2. Aufl 1993; *Lüke*, Die Entwicklung der öffentlichrechtlichen Theorie der Zwangsvollstreckung in Deutschland, in: Festschrift für *Nakamura* (1996); *Raddatz*, Vollstreckungsrecht (Lehrgang), 1993; *Prévault*, Zwangsvollstreckung in den Staaten der Europäischen Union, in: Festschrift für *Deutsch* (1999); *Renkl*, Zwangsvollstreckungs-, Konkurs- und Vergleichsrecht, 1982; *Riedel*, Zwangsvollstreckungsrecht, 1990; *Rosenberg/Gaul/Schilken*, Zwangsvollstreckungsrecht, 11. Aufl 1997 (Bespr *Greger* NJW **98**, 889, *Hintzen* Rpfleger **98**, 44, *Olzen* JR **97**, 526); *Schlosser*, Zivilprozeßrecht, Bd II: Zwangsvollstreckungs- und Insolvenzrecht, 1984; *Schlosser*, Materielles Recht und Prozeßrecht und die Auswirkung der Unterscheidung im Recht der Zwangsvollstreckung (rechtsvergleichend), 1992; *Schulten*, Zwangsvollstreckungs-, Konkurs- und Vergleichsrecht, 1988; *Schuschke/Walker*, Vollstreckung und Vorläufiger Rechtsschutz (Kommentar), Bd I: Zwangsvollstreckung (§§ 704–915 h ZPO), 2. Aufl 1997 (Bespr *Pohlmann* ZZP **112**, 121, *Schilken* Rpfleger **98**, 43, *Steinert* NJW **98**, 2267), Bd II: Arrest, Einstweilige Verfügung (§§ 916–945 ZPO), 2. Aufl 1999; *Tempel*, Mustertexte zum Zivilprozeß, Bd II: Arrest, einstweilige Verfügung, Zwangsvollstreckung, Rechtsmittel, 4. Aufl 1996; *Weber/Dospil*, Zwangsvollstreckung für die Praxis, 1997; *Weißmann/Riedel* (Herausgeber), Handbuch der internationalen Zwangsvollstreckung, 1992, ErgLieferung 1992/1993; *Wenz*, Zwangsvollstreckung (Examenskurs), 3. Aufl 1999; *Wieser*, Begriff und Grenzfälle der Zwangsvollstreckung, 1995; *Wolff*, Zivilprozeß- und Zwangsvollstreckungsrecht, 3. Aufl 1986.

### Gliederung

| | |
|---|---|
| 1) **Systematik, Regelungszweck** ... 1 | B. Notwendigkeit eines Vollstreckungstitels ... 15 |
| 2) **Zulässigkeit** ... 2–5 | C. Unzulässigkeit des Vollstreckungstitels ... 16, 17 |
| A. Rechtsweg ... 2 | D. Arten von Vollstreckungstiteln ... 18–20 |
| B. Deutscher Vollstreckungstitel ... 3, 4 | E. Auslegung ... 21 |
| C. Europarecht-Vollstreckungstitel ... 5 | F. Persönlicher Umfang ... 22 |
| 3) **Zwangsvollstreckung und Parteiherrschaft** ... 6–9 | G. Sachlicher Umfang ... 23 |
| 4) **Entsprechende Anwendbarkeit** ... 10, 11 | H. Vollstreckungsvertrag ... 24–27 |
| A. Grundsatz: Gesetzliche Regelungen ... 10 | I. Endgültige Vollstreckbarkeit ... 28, 29 |
| B. Verwaltungsverfahren ... 11 | J. Vorläufige Vollstreckbarkeit ... 30 |
| 5) **Quellen** ... 12, 13 | K. Vollstreckungsklausel ... 31 |
| A. Andere Gesetze ... 12 | 7) **Hindernisse der Zwangsvollstreckung** ... 32, 33 |
| B. Räumlicher und zeitlicher Maßstab ... 13 | A. Einstellung, Räumungsfrist ... 32 |
| 6) **Voraussetzungen der Zwangsvollstreckung** ... 14–31 | B. Ablauf der Vollziehungsfrist ... 32 |
| | C. Insolvenzverfahren ... 32 |
| A. Grundsatz: Unterscheidung sachlicher und persönlicher Voraussetzungen ... 14 | D. Beschlagnahme ... 33 |
| | E. DDR-Gläubiger ... 33 |

1. Abschnitt. Allgemeine Vorschriften **Grundz § 704**

| | | |
|---|---|---|
| F. Kreditinstitut | 33 | |
| G. Exterritorialität | 33 | |
| 8) **Einschränkungen der Zwangsvollstreckung** | 34 | |
| A. Unpfändbarkeit | 34 | |
| B. Vollstreckungsschutz | 34 | |
| C. Ungeeignetheit | 34 | |
| 9) **Organe der Zwangsvollstreckung** | 35, 36 | |
| A. Vollstreckungsgericht | 35 | |
| B. Gerichtsvollzieher | 35 | |
| C. Prozeßgericht | 35 | |
| D. Andere Behörden | 35 | |
| E. Einzelheiten | 36 | |
| 10) **Vollstreckungsverfahren** | 37–50 | |
| A. Überblick | 37, 38 | |
| B. Parteifähigkeit | 39 | |
| C. Prozeßfähigkeit | 40 | |
| D. Vollmacht usw | 40 | |
| E. Zuständigkeit | 40 | |
| F. Rechtsweg | 40 | |
| G. Einwendungen des Gläubigers | 41 | |
| H. Einwendungen des Schuldner | 42 | |
| I. Einwendungen eines Dritten | 43 | |
| J. Einwendungen jedes Betroffenen: Arglist | 44–48 | |
| K. Einstweilige Einstellung | 49, 50 | |
| 11) **Beginn der Zwangsvollstreckung** | 51 | |
| A. Gerichtsvollzieher | 51 | |
| B. Gericht | 51 | |
| 12) **Ende der Zwangsvollstreckung** | 52, 53 | |
| A. Befriedigung | 52 | |
| B. Durchführung der Vollstreckung | 53 | |
| 13) **Mängel der Zwangsvollstreckung** | 54–58 | |
| A. Geschichtliche Entwicklung | 55 | |
| B. Wirksamkeit des Hoheitsakts | 56 | |
| C. Unwirksamkeit | 57 | |
| D. Aufhebbarkeit | 58 | |
| E. Wirksamkeit | 58 | |
| 14) **Beispiele zur Frage der Pfändbarkeit (Vollstreckungsschlüssel)** | 59–116 | |
| 15) *VwGO* | 117 | |

**1) Systematik, Regelungszweck.** Zwangsvollstreckung ist die mit den Machtmitteln des Staats, LG **1** Ffm MDR **88**, 504, erzwungene Befriedigung eines Anspruchs als das zweite Hauptziel des Prozesses (Zwang, wenn keine „freiwillige" Leistung auf Grund des Richterspruches), Gaul ZZP **112**, 135, Schünemann JZ **85**, 49 (je: ausf); denn das Monopol auf den Zwang steht dem Staat zu, OVG Münster NJW **84**, 2485, Ewers DGVZ **97**, 70. Die Zwangsvollstreckung dient also der Gerechtigkeit, Einl III 9. Sie findet nicht immer im Prozeß statt. Sie setzt nicht einmal immer einen solchen, oder auch nur eine Entscheidung, voraus, weder die zivilprozeßrechtliche, gerichtliche Zwangsvollstreckung, noch im Verwaltungs- oder im Verfahren der freiwilligen Gerichtsbarkeit. Auch im Zivilprozeß steht die Vollstreckungs- dem Erkenntnisverfahren nach §§ 253 ff als selbständiger Abschnitt mit eigenen Voraussetzungen gegenüber.

Er ist nicht etwa die Fortsetzung von diesem, hat andere Voraussetzungen und einen *anderen Ablauf*, Rn 37. Beide können nebeneinander herlaufen, wenn ein Urteil nach §§ 708 ff für vorläufig vollstreckbar erklärt ist und das Erkenntnisverfahren auf Rechtsmittel weiter läuft, § 511 f, Rn 49, 50. Man kann dabei zwischen Vollstreckung im engeren Sinn, zB §§ 103 I, 707, 719, 769, und Vollstreckbarkeit im weiteren Sinn unterscheiden, nämlich der Wirkung infolge eines Titels, zB §§ 775 Z 1, 776 S 1, 868 I, Wieser ZZP **102**, 271. Zur Entwicklung des Zwangsvollstreckungsrechts und seinen gegenwärtigen Grundlinien Stürner DGVZ **85**, 6. Vgl Münzberg, Bemerkungen zum Entwurf der zweiten Zwangsvollstreckungsnovelle, Festschrift für *Lüke* (1997) 525.

**2) Zulässigkeit.** Es müssen Rechtsweg und Vollstreckungstitel vorliegen. **2**

**A. Rechtsweg.** Die Zwangsvollstreckung verlangt, wie das Erkenntnisverfahren der §§ 253 ff, die Zulässigkeit des Rechtswegs, § 13 GVG. Er gilt auch für und gegen die Deutsche Telekom AG, § 9 I FAG (sie kann nach dem VerwVollstrG beitreiben, § 9 II FAG). Die Abgrenzung ist aber hier leicht.

**B. Deutscher Vollstreckungstitel.** Eine gerichtliche Zwangsvollstreckung erfolgt aus sämtlichen **3** Schuldtiteln der ZPO, § 704, mögen sie privat- oder öffentlichrechtlichen Inhalt haben, vgl VGH Mü VerwRspr **26**, 892 (zur notariellen Urkunde). Sie erfolgt ferner aus anderen Titeln, die das Bundes- oder Landesrecht der gerichtlichen Zwangsvollstreckung unterwirft, § 794 Rn 45 ff.

Andererseits kann Bundes- oder Landesrecht die Zwangsvollstreckung aus privatrechtlichen Ansprüchen **4** den Gerichten entziehen und *Verwaltungsstellen* übertragen. Das ist aber grundsätzlich nur möglich, soweit kein gerichtlicher Titel vorliegt und die Entziehung nicht nur wegen einer Beteiligung des Fiskus als Partei geschieht, §§ 13 GVG, 4 EG ZPO. Allerdings läßt § 9 II G über Fernmeldeanlagen die Beitreibung nach dem VwVG weitergehend zu.

Die Zwangsvollstreckung gegen den *Fiskus* aus einem gerichtlichen Titel unterliegt den Besonderheiten des § 882 a, solche gegen einen ausländischen Staat ist ohne dessen Zustimmung im Inland wegen seines nichthoheitlichen Verhaltens grundsätzlich zulässig, BVerfG **64**, 22 (auch zur völkerrechtlichen Problematik), freilich unzulässig, soweit der Gegenstand der Zwangsvollstreckung hoheitlichen Zwecken dient, zB ein Guthaben auf einer Bank zugunsten einer ausländischen Botschaft wegen ihrer Kosten, BVerfG **46**, 342 (zustm Bleckmann NJW **78**, 1092). Wegen der Nichtigkeit des Berliner Gesetzes über die Vollstreckung von Entscheidungen auswärtiger Gerichte Einl III 76. Zum früheren interlokalen Recht BGH **84**, 18. Zum EV Arnold DGVZ **91**, 161, **92**, 20 (je ausf).

**C. Europarecht-Vollstreckungstitel.** Die Zwangsvollstreckung erfolgt schließlich aus vollstreckbaren **5** Entscheidungen des EuGH sowie der Kommission, Art 92 I EGKSV, 164 EAGV, 192 I EWGV betr Zahlung oder Herausgabe, dazu Osterheld, Die Zwangsvollstreckung in Deutschland nach dem Recht der Europäischen Gemeinschaft für Kohle und Stahl, Diss Ffm 1954; Schwaiger NJW **70**, 978.

**3) Zwangsvollstreckung und Parteiherrschaft** **6**

**Schrifttum:** *Gaul*, „Prozessuale Betrachtungsweise" und Prozeßhandlungen in der Zwangsvollstreckung, Gedächtnisschrift für *Arens* (1993) 89; *Mrozynski*, Verschuldung und sozialer Schutz: das Verhältnis von Sozialrecht und Zwangsvollstreckungsrecht, 1989; *Rinck*, Parteivereinbarungen in der Zwangsvollstreckung aus dogmatischer Sicht usw, 1996; *Stürner*, Die Parteiherrschaft und die Parteiverantwortung im Vollstreckungsverfahren, in: Festschrift für *Hanisch* (1994).

Zu unterscheiden ist der privatrechtliche vollstreckbare Anspruch des Gläubigers, vom Schuldner ein Tun, Unterlassen oder Dulden zu fordern, § 194 BGB, vom *Vollstreckungsanspruch,* daß der Staat die Vollstreckung vornimmt; zum Problem Münzberg JZ **98**, 378.

**7** Daraus ergibt sich, daß im Vollstreckungsverfahren die Parteien, Grdz 3 vor § 50, zwar die Herrschaft über den sachlichrechtlichen Anspruch haben, Grdz 18 vor § 128, Rn 22, AG Kassel DGVZ **89**, 156; der Gläubiger kann auf ihn verzichten, seine Forderung stunden usw, LG Augsb DGVZ **93**, 188, LG Münst Rpfleger **88**, 321, Wieser NJW **88**, 666. Das Verfahren, durch das der Vollstreckungsanspruch durch einen staatlichen Eingriff in die Rechtssphäre des Schuldners verwirklicht wird, ist aber grundsätzlich öffentlichrechtlich, OVG Münster NJW **84**, 2485, Schneider DGVZ **84**, 133, und *der Parteiherrschaft entrückt,* soweit es um mehr als die wohlverstandenen Interessen der Beteiligten geht, nämlich um einen geordneten Rechtsgang und die Verhinderung sozialer Mißstände oder auch nur Gefahren, selbst wenn es zu erheblichen Verzögerungen kommt, LG Lpz DGVZ **96**, 40. Das übersieht Arnold MDR **79**, 358, und das berücksichtigen LG Augsb DGVZ **93**, 188, LG Lüneb DGVZ **93**, 76, AG Winsen DGVZ **93**, 76 bei ihrer Betonung der Dispositionsbefugnis des Gläubigers nicht genug. Deshalb dürfte zB ein formell eindeutiger, nicht ganz kurzfristiger Verzicht auf die Unpfändbarkeit der lebensnotwendigen Rente in der Regel unwirksam sein. Vgl aber Einf 2 vor §§ 750–751, 834 Rn 1.

**8** Der *Gläubiger verdient* gerade wegen des Sozialstaatsprinzips des Art 20 I GG ebenso *Schutz* wie der Schuldner, zumal der Gläubiger oft dringend auf die Vollstreckung angewiesen ist, Alisch Rpfleger **79**, 292, derselbe, Wege zu einer interessengerechten Auslegung vollstreckungsrechtlicher Normen usw, 1981. Der Gläubiger kann grundsätzlich den Umfang der Zwangsvollstreckung bestimmen, § 754 Rn 4, Schlesw Rpfleger **76**, 224, LG Augsb DGVZ **93**, 188, LG Köln MDR **98**, 495. Die Art oder Durchführung kann der Gläubiger nur soweit bestimmen, wie ihm das Gesetz diese Befugnis einräumt, LG Münst Rpfleger **88**, 321 (zB nur im Rahmen von § 775 Z 4), aM Wieser NJW **88**, 667.

**9** Zum Beispiel kann kein *Vergleich* einen staatlichen Einstellungsbeschluß beseitigen. Eine Selbsthilfe ist nur im Rahmen des sachlichen Rechts erlaubt, §§ 229 f BGB, in Form der Vorpfändung, § 845, und einiger sonstiger dem Gläubiger eingeräumter Befriedigungshandlungen. Zu Vollstreckungsverträgen Rn 24.

**10** **4) Entsprechende Anwendbarkeit.** Es kommt auf die Verfahrensart an.

**A. Grundsatz: Gesetzliche Regelungen.** §§ 704 ff sind entsprechend anwendbar zB gemäß §§ 62 II, 85 ArbGG, 151 I FGO (BGH BB **72**, 991, LAG Hamm BB **75**, 1069, Rahn BB **74**, 1434), §§ 71 V, 90 IV MarkenG, § 45 III WEG (BayObLG **83**, 17, Jahnke, Zwangsvollstreckung in der Betriebsverfassung usw, 1977). Zur JBeitrO App MDR **96**, 769 (ausf).

**11** **B. Verwaltungsverfahren.** Für das Verwaltungszwangsverfahren ist in weitem Umfang das Recht der ZPO anwendbar gemacht (§ 6 JBeitrO), zum Teil ist es diesem sehr stark angenähert, § 5 VwVG in Verbindung mit §§ 249 ff AO. Die Vollstreckung auf Grund eines Verwaltungsakts oder öffentlichrechtlichen Vertrags im Sozialbereich kann sich ebenfalls nach der ZPO richten, §§ 60 II, 66 IV SGB X, LG Stade Rpfleger **87**, 253, Hornung Rpfleger **87**, 225 (ausf). Auch bei Anwendung der prozessualen Formen des 8. Buches bleibt aber die Vollstreckung Verwaltungszwang. Wegen der Vollstreckung nach der VwGO Rn 117 (hinter dem Vollstreckungsschlüssel). Auf die Vollstreckung sozialgerichtlicher Titel ist das 8. Buch ebenfalls in weitem Maße anwendbar, § 198 I SGG, ebenso im finanzgerichtlichen Verfahren, § 151 I FGO. Vgl Purbs, Vollstreckung in den Verfahren der Freiwilligen Gerichtsbarkeit, Diss Bonn 1994.

**12** **5) Quellen**

**Schrifttum:** *Alisch,* Wege zur interessengerechten Auslegung vollstreckungsrechtlicher Normen, 1981; *Bethge,* Zur Problematik von Grundrechtskollisionen, 1977.

**A. Andere Gesetze.** Die ZPO ordnet die Zwangsvollstreckung nicht erschöpfend. Wie stets, ist auch auf diesem Gebiet das vorrangige GG zu beachten, Gerhardt ZZP **95**, 493, Münzberg DGVZ **88**, 81, Vollkommer Rpfleger **82**, 1, aM StJM 43 vor § 704. Insbesondere gilt der auch aus dem GG ableitbare Grundsatz der Verhältnismäßigkeit, Rn 34. Die ZPO regelt die Zwangsvollstreckung in Liegenschaften nur in einigen Grundzügen und überläßt das Nähere dem ZVG. Außer der Liegenschaftsvollstreckung befinden sich außerhalb des 8. Buches im wesentlichen nur noch Ergänzungsbestimmungen nach § 362 LAG. Die Stellung des Rpfl als Vollstreckungsorgan wurde durch § 20 Z 17 RPflG, Anh 153 GVG, erheblich erweitert. Zur Umsatzsteuer Forgách BB **85**, 988. Vorschriften anderer Gesetze sind jedenfalls insoweit unanwendbar, als sie ganz andere Verfahrensgrundsätze spiegeln, Ffm Rpfleger **83**, 166. Das 8. Buch der ZPO enthält vieles, was nicht zur Zwangsvollstreckung gehört; so den Ausspruch der Vollstreckbarkeit im Urteil, das Rechtskraft- und Notfristzeugnis, § 706 Rn 14, das Arrest- und Einstweilige-Verfügungs-Verfahren, §§ 916 ff, 935 ff, soweit es nicht die Vollstreckung des Arrests oder der einstweiligen Verfügung betrifft.

**13** **B. Räumlicher und zeitlicher Maßstab.** Auf die Zwangsvollstreckung ist das bei ihrer Vornahme geltende Recht anzuwenden. In der BRep ist die Zwangsvollstreckung nur nach deutschem Recht statthaft, Einl III 74. Sie ist räumlich an die Grenzen der deutschen Gerichtsbarkeit gebunden, BGH **88**, 153, somit gegen Exterritoriale nur im selben Umfang statthaft wie ein Urteil, § 18 GVG, oben Rn 2–5. Wegen der neuen Bundesländer gilt Art 18 I EV, abgedruckt bei § 322. Über eine Zwangsvollstreckung im Ausland § 791 und BGH **88**, 153. Zeitlich ist die Zwangsvollstreckung unbegrenzt, soweit ihr nicht sachlichrechtlich die Verjährung, § 218 BGB, entgegensteht. Auch eine Verwirkung kann über den in § 909 II genannten Fall hinaus zu beachten sein, Rn 44, und zwar von Amts wegen, Grdz 39 vor § 128. Ihr Eintritt hängt von den zurückhaltend zu beurteilenden Gesamtumständen des Einzelfalls ab, LG Hbg WoM **89**, 32.

**14** **6) Voraussetzungen der Zwangsvollstreckung**

**Schrifttum:** *Arens,* Die Prozeßvoraussetzungen in der Zwangsvollstreckung, Festschrift für *Schiedermair* (1976) 1.

1. Abschnitt. Allgemeine Vorschriften **Grundz § 704**

**A. Grundsatz: Unterscheidung sachlicher und persönlicher Voraussetzungen.** Sachliche Voraussetzungen sind solche, die von einer gerichtlichen Handlung abhängen, nämlich ein Vollstreckungstitel, §§ 704, 722, 723, 794, und die Vollstreckungsklausel, §§ 724 ff. Persönliche Voraussetzungen sind solche, die in der Person des Gläubigers liegen und nicht die Zulässigkeit der Zwangsvollstreckung betreffen, sondern ihren Beginn. So die Zustellung des Vollstreckungstitels, Rn 15, der Nachweis der Sicherheitsleistung, §§ 709 ff, die Parteifähigkeit, § 50, Hamm Rpfleger **90**, 131, die Prozeßfähigkeit, § 51, zum Problem BayObLG **90**, 323. Jede Zwangsvollstreckung ist an bestimmte Formen gebunden.

**B. Notwendigkeit eines Vollstreckungstitels** 15

**Schrifttum:** *Gaul*, Vollstreckbare Urkunde und vollstreckbarer Anspruch, Festschrift für *Lüke* (1997) 81; *Raisch*, Die Bedeutung des Anspruchsgrundes in der Zwangsvollstreckung, Diss Heidelb 1954.

Jede Zwangsvollstreckung, grundsätzlich auch die Zwangsversteigerung, §§ 864 ff, Hamm Rpfleger **89**, 337, verlangt in der Regel einen vollstreckbaren Schuldtitel, den Vollstreckungstitel, §§ 704, 722, 723, 794, BGH **121**, 101, dh eine öffentliche Urkunde, die die Vollstreckbarkeit des zu erzwingenden Anspruchs ausweist: zum Begriff des vollstreckbaren Anspruchs Münzberg JZ **98**, 378. Gelegentlich ergibt sich die Vollstreckbarkeit erst aus dem Zusammenhang mehrerer Titel. Das gilt zum Beispiel dann, wenn die höhere Instanz ein Urteil bestätigt hat. Ein Verlust des Titels macht die Zwangsvollstreckung unmöglich; es bedarf dann einer neuen Klage, und dieser steht die Rechtskraft nicht entgegen, Einf 16 vor §§ 322–327. Gegen mehrfache Zwangsvollstreckungen aus Titeln desselben Inhalts schützt § 766; zum Problem Pape KTS **92**, 185 (Üb). Zur Vollstreckung gegen einen Gesamtschuldner ist der gegen *diesen* Schuldner ergangene Titel notwendig und ausreichend, LG Augsb DGVZ **93**, 188. Für die Vollstreckung bestimmter Forderungen, zB nach § 66 SGB X, ist kein vollstreckbarer Titel erforderlich, AG Obernburg DGVZ **83**, 94 (krit Schulz DGVZ **83**, 133), aM LG Verden Rpfleger **86**, 19.

**C. Unzulässigkeit des Vollstreckungstitels,** dazu *Luh*, Die Haftung des aus einer vorläufigen, auf 16 Grund verfassungswidrigen Gesetzes ergangenen Entscheidung vollstreckenden Gläubigers, Diss Ffm 1979: Ein unzulässiger Titel, Üb 10 vor § 300, läßt keine Zwangsvollstreckung zu; der Staat darf nicht erzwingen, was er verboten hat (meist spricht man dann von einer unmöglichen und darum unvollstreckbaren Leistung). Ob der durch den Titel festgestellte Anspruch wirklich besteht, ist für die Zulässigkeit der Zwangsvollstreckung grundsätzlich belanglos; Einwendungen wegen sachlicher Unrichtigkeit des Titels sind beim Urteil unbeachtlich. Das folgt für das Verhältnis der Parteien zueinander aus dem Wesen der Rechtskraft, Einf 9 vor §§ 322–327, beim vorläufig vollstreckbaren Urteil aus dessen Anfechtbarkeit mit einem Einspruch oder einem Rechtsmittel. Ein Dritter, zB ein nachpfändender Gläubiger, der sich auf das Nichtbestehen des Urteilsanspruchs beriefe, würde ein fremdes Recht geltend machen; dergleichen läßt die Rechtssicherheit nicht zu, er kann nur die Rechte des Schuldners, §§ 795, 796, 767 geltend machen.

Ist der Anspruch nachträglich durch eine Zahlung und dgl *weggefallen,* so gibt die ZPO dem Schuldner 17 geeignete Rechtsbehelfe, Rn 41, aM Schneider DGVZ **85**, 204. Auch eine Zwangsvollstreckung aus einem rechtmäßig erlangten, wenn auch vielleicht zumindest inzwischen als fragwürdig erachteten Titel, dazu Hamm DB **86**, 1223, kann aber, wie KG NJW **73**, 860 bei einem unberechtigten Haftantrag übersieht, einen sachlichrechtlichen Bereicherungs- oder Schadensersatzanspruch, §§ 823, 826, 839 BGB, auslösen, ebenso nach § 945 ZPO, Rn 54 (Schrifttum), Einl III 58, Gaul AcP **173**, 323, Noack JB **77**, 307 (betr Amtshaftung), Pecher, Die Schadensersatzansprüche aus ungerechtfertigter Vollstreckung, 1967. Um einen enteignungsähnlichen Eingriff handelt es sich bei einer fehlerhaften Vollstreckung nicht, auch wenn im Interesse der Allgemeinheit auferlegtes Sonderopfer vorliegt, BGH **LM** § 771 Nr 5. Zur Problematik des etwa verfassungswidrig zustandegekommenen Vollstreckungstitels LG Köln DB **85**, 500. Das Gericht muß ihn bis zu einer auch nur einstweiligen Entscheidung des BVerfG grundsätzlich beachten, LG Bochum Rpfleger **85**, 448. Wegen eines erschlichenen Vollstreckungstitels Rn 44.

**D. Arten von Vollstreckungstiteln.** Vollstreckungstitel sind inländische Urteile, sofern sie rechtskräftig 18 oder für vorläufig vollstreckbar erklärt sind, § 704 I. Vollstreckungstitel sind ferner ausländische Urteile gemäß §§ 722, 723 und die in § 794 und dort Rn 45 ff aufgezählten, sehr zahlreichen weiteren Entscheidungen und Verfügungen, desgleichen landesrechtlichen Titel, § 801. Der Titel bestimmt den Inhalt der Zwangsvollstreckung. Er ist auslegbar, § 322 Rn 6, 8, Ffm RR **94**, 9. Die bloße Bezugnahme auf eine andere Urkunde genügt aber nicht, vielmehr muß sich das erstrebte Ergebnis aus dem Titel selbst auch für jeden Dritten eindeutig ergeben, Ffm RR **94**, 9, LG Bln DGVZ **94**, 8, AG Erkelenz DGVZ **94**, 13. Wegen eines Titels nach der AO LG Wiesb RR **98**, 1289. Darum ist zB keine Zwangsvollstreckung aus einem Unterhaltsurteil auf laufende Zahlung eines bestimmten Lohnbruchteils zulässig, da dann erst eine Nachfrage beim nicht zur Beantwortung verpflichteten Arbeitgeber erforderlich ist, oder aus einem Vergleich, der die Beziehung der „Düsseldorfer Tabelle", Mü FamRZ **79**, 1057, oder eines BAFöG-Bescheids, Karlsr OLGZ **84**, 1463, oder eines Kontoauszugs notwendig macht, LG Köln JB **76**, 255 (abl Mümmler). Vgl auch § 794 Rn 6.

Ausreichend ist aber ein *Bruttolohnurteil,* Üb 2 vor § 803, StJM 28 vor § 704. Wegen Wertsicherungs- 19 klauseln § 794 Rn 34. Einwendungen gegen diese Auslegung sind nach § 766 zu verfolgen. Ist eine einwandfreie Auslegung unmöglich, dann muß der Gläubiger aus § 256 I auf die Feststellung des Urteilsinhalts, LG Hann DGVZ **78**, 62, oder (erneut) auf Leistung klagen, Stürner/Münch JZ **87**, 184.

Auch *leugnende* Titel sind ausreichend, wie hier muß auch die zwischen den Parteien ergangene Urteil … deckt nicht 20 die Verwendung von Zaponlack". Geht der festzustellende Sachverhalt über die Grenzen des Urteils hinaus, ist eine Klage auf Ergänzung der Entscheidung oder auf eine ganz neue Entscheidung zulässig. Ist der Vollstreckungstitel selbst, nicht nur seine vollstreckbare Ausfertigung (dann gilt § 733) verlorengegangen, ist eine neue Klage zulässig, bei der das Gericht an die frühere Entscheidung gebunden ist. Ein Urteil auf Leistung Zug um Zug ermöglicht die Zwangsvollstreckung nur in die Leistung, nicht in die Gegenleistung. Haftet dem Titel eine Bedingung an, so erfaßt sie auch die Vollstreckbarkeit. Der Eintritt der Bedingung ist, falls unklar, vor Erteilung der Vollstreckungsklausel nachzuweisen, § 727.

**Grundz § 704**  8. Buch. Zwangsvollstreckung

**21**  **E. Auslegung**
**Schrifttum:** *Braun*, Der Parteibegriff in der Zwangsvollstreckung, Diss Mainz 1952; *Brennecke*, Zwangsvollstreckung gegen juristische Personen des Privatrechts, Diss Freibg 1969.

Das Vollstreckungsorgan darf und muß den Vollstreckungstitel auslegen, soweit er überhaupt inhaltlich bestimmbar ist, KG RR **88**, 1406, Mü FamRZ **99**, 944. Das gilt zunächst nach seinem persönlichen Umfang, Rn 22, KG RR **88**, 1406, Mü RR **86**, 638, Saarbr Rpfleger **78**, 228. Die Zulässigkeit und Notwendigkeit einer Auslegung gilt ferner nach dem sachlichen Umfang des Vollstreckungstitels, Rn 23, BGH NJW **86**, 1440, KG RR **88**, 1406, Saarbr NJW **88**, 3101. Eine Notwendigkeit der Auslegung besteht natürlich nicht bei einem eindeutigen Titel, Köln RR **86**, 159. Umstände außerhalb des Titels sind grundsätzlich unbeachtlich, Köln Rpfleger **92**, 528.

**22**  **F. Persönlicher Umfang.** Der Vollstreckungstitel bestimmt den persönlichen Umfang der Zwangsvollstreckung, § 750 I 1, dh für den Gläubiger und den Schuldner, auch zB bei der Zwangsverwaltung, BGH **96**, 66. Parteien sind schlechthin die im Titel Genannten, BayObLG ZMR **80**, 256. Wechseln Personen, so bedarf es der Umschreibung des Titels. Sie kann nur für und gegen den oder die Rechtsnachfolger stattfinden, §§ 727 ff, folgt freilich der sachlichen Rechtsnachfolge erst nach, Obermaier DGVZ **73**, 145. Läßt sich die richtige Partei auch nicht durch Auslegung ermitteln, so bleibt nur übrig, eine neue Klage zu erheben. Wer im Titel nicht genannt ist, ist Dritter. Dieser kann als Vollstreckungsgläubiger nur auf Grund einer Umschreibung auf ihn handeln, LG Essen DGVZ **72**, 154. Zum Parteibegriff Scherer JR **96**, 45.

**23**  **G. Sachlicher Umfang.** Der Vollstreckungstitel bestimmt den sachlichen Umfang nach dem Gegenstand der Zwangsvollstreckung. Grundsätzlich haftet der Schuldner mit seinem ganzen Vermögen. Die Haftung kann sich aber auf bestimmte Vermögensmassen beschränken. Das gilt ohne weiteres bei der Partei kraft Amts, Grdz 8 vor § 50, ferner in den Vorbehaltsfällen, §§ 780 ff, kann aber einem entsprechenden Verhalten des in Anspruch Genommenen, oder nach dem BinnenschG, LG Bln Rpfleger **76**, 438. Im Zweifel können mehrere Schuldner als Gesamtschuldner haftbar sein, KG RR **88**, 1407.

**24**  **H. Vollstreckungsvertrag**
**Schrifttum:** *Gaul*, „Prozessuale Betrachtungsweise" und Prozeßhandlungen in der Zwangsvollstreckung, Gedächtnisschrift für *Arens* (1993) 89; *Rinck*, Parteivereinbarungen in der Zwangsvollstreckung aus dogmatischer Sicht usw, 1996; *Scherf*, Vollstreckungsverträge, 1971; *Schug*, Zur Dogmatik des vollstreckungsrechtlichen Vertrags, Diss Bonn 1969; *Soehring*, Die Nachfolge in Rechtslagen aus Prozeßverträgen, 1968;

Vollstreckungsverträge sind *statthaft*, soweit sie nur die Interessen der Beteiligten berühren, § 804 Rn 10, BAG DB **75**, 1130, Karlsr MDR **98**, 1433, LAG Düss MDR **99**, 441, und nicht über die Parteiherrschaft, Rn 7, hinausgehen, Einl III 11, BGH DB **73**, 1451.

**25**  Beispiele
**Arglist:** Rn 26 „Schuldbefreiung".
**Art:** Zulässig ist eine vertragliche Beschränkung der Vollstreckung nach ihrer Art.
**Erinnerung:** Eine Vollstreckung entgegen einem Vollstreckungsvertrag ermöglicht zumindest stets die Erinnerung nach § 766, Hamm MDR **77**, 675, Christmann DGVZ **85**, 84, aM Emmerich ZZP **82**, 437 (nur diese), Scherf 123 (nur § 767). Die Vollstreckbarkeit wird durch ein Rechtsmittel nicht automatisch berührt.
**Erweiterung der Vollstreckung:** Rn 27 „Verzicht des Schuldners".
**Gegenstand:** Zulässig ist eine vertragliche Beschränkung der Vollstreckung wegen bzw in gewisse Gegenstände oder Werte, BGH **LM** § 133 (D) BGB Nr 7.
**Ort:** Zulässig ist eine vertragliche Beschränkung der Vollstreckung nach ihrem Ort.
**Pfändung:** S „Rang".
**Rang:** Rn 27 „Verzicht des Gläubigers".
**26**  **Ratenzahlung:** Rn 27 „Teilzahlung".
**Rechtskraft:** Zulässig ist ein Ausschluß der Vollstreckung bis zur Rechtskraft. Zulässig ist die Unterwerfung wegen der jetzigen Hauptsache nebst Kosten unter ein rechtskräftiges Urteil eines Vorprozesses, LAG Düss MDR **99**, 441.
**Rechtsmittel:** Rn 25 „Erinnerung", Rn 27 „Vollstreckungsabwehrklage".
**Schuldbefreiung:** Bei einer arglistigen Herbeiführung der Schuldbefreiung durch den bisherigen Schuldner kann die Vollstreckung gegen ihn zulässig bleiben, Rn 44, Düss DB **86**, 2326.
**Sicherungsabrede:** Sie ist von einer vollstreckungsbeschränkenden Vereinbarung zu unterscheiden, Hamm Rpfleger **99**, 231.
**Stundung:** Rn 27 „Zeit".
**27**  **Teilzahlung:** Zulässig ist eine Vereinbarung über Teilzahlungen, Ffm OLGZ **81**, 113, Schmidt MDR **73**, 860, aM Raacke NJW **72**, 1868 (aber der Schuldner kann einen anerkennenswerten Grund zum Verzicht auf die Beachtung einer nur ihn schützenden Vorschrift haben, Emmerich ZZP **82**, 437).

Die bloße *Bereitschaft* des Schuldners zur Ratenzahlung, Ffm OLGZ **82**, 239, bedeutet freilich jetzt kaum mehr ein Nachgeben im Sinn von § 779 BGB, Hbg MDR **73**, 683, LG Bln Rpfleger **76**, 438, LG Kblz DGVZ **84**, 42.
**Unpfändbarkeit:** S „Verzicht des Schuldners".
**Unterhaltsvertrag:** S „Verzicht des Gläubigers".
**Urteil:** Ein vor dem Schluß der Verhandlung, § 296 a, zustandegekommener Vollstreckungsvertrag ist im Urteil auszudrücken, BGH **LM** § 780 Nr 3).
**Verzicht des Gläubigers:** Zulässig ist ein Verzicht auf die Vollstreckung, Karlsr MDR **98**, 1433, auch wegen eines Teils der Forderung, BGH MDR **91**, 668, Köln OLGZ **92**, 449, AG Siegb DGVZ **99**, 30, oder auf den bisherigen Rang bei einer Pfändung, BAG NJW **90**, 2642, oder auf die Rechte aus einem Unterhaltsvertrag, BGH RR **90**, 391, Düss RR **87**, 640, LG Münst Rpfleger **88**, 321. Ein Verzicht auf den Vollstreckungstitel ist zulässig, auch ein bedingter, Karlsr MDR **98**, 1433.
S auch „Vollstreckungsabwehrklage".

1. Abschnitt. Allgemeine Vorschriften **Grundz § 704**

**Verzicht des Schuldners:** Unzulässig ist eine vertragliche Erweiterung der Vollstreckung etwa auf Grund eines von vornherein erklärten völligen Verzichts des Schuldners auf jede Berufung auf Unpfändbarkeitsregeln, § 811 Rn 4. Unzulässig und daher unbeachtlich ist ein Vorabverzicht des Schuldners auf die Wartefrist nach §§ 750 III, 798, Schilken DGVZ **97**, 81.
**Vorprozeß:** Rn 26 „Rechtskraft".
**Vollstreckungsabwehrklage:** Soweit der Vollstreckungsvertrag offensichtlich auch sachlichrechtliche Vereinbarungen enthält, etwa einen Teilverzicht, ist neben § 766 auch 767 anwendbar, Karlsr MDR **98**, 1433. Für die Klage ist ein Rechtsschutzbedürfnis großzügig zu bejahen, Bürck ZZP **85**, 406, Christmann DGVZ **85**, 84. Die Vollstreckbarkeit wird durch ein Rechtsmittel nicht automatisch berührt.
**Zeit:** Zulässig ist ein Ausschluß der Vollstreckung für eine gewisse Zeit, Hamm MDR **77**, 675, Karlsr ZMR **77**, 96, Mü Rpfleger **79**, 466. Das gilt auch für eine Stundung, BAG NJW **75**, 1576 (krit Heiseke NJW **75**, 2312). Im Vollstreckungsantrag liegt meist die Aufkündigung einer Stundung, Köln JB **97**, 100.

**I. Endgültige Vollstreckbarkeit.** Vollstreckbar im eigentlichen *(engeren)* Sinne sind nur die Urteile, die 28 auf eine Leistung gehen. Nur hier ist eine Vollstreckung durch den Eingriff von Vollstreckungsorganen denkbar, §§ 803–898.

Vollstreckbarkeit im *weiteren* Sinne liegt aber auch bei den Feststellungs-, Gestaltungs- und abweisenden 29 Urteilen vor, die durch ihren Inhalt wirken, sofern sie für vorläufig vollstreckbar erklärt sind, obwohl sie einen vollstreckbaren Inhalt nicht haben, nicht vollstreckungsfähig sind, zB auch § 708 Z 6. Sie bedürfen also keiner Vollstreckungsklausel, § 724, nicht der Zustellung, § 750, sind auch nicht der Aufhebung oder Einstellung der Zwangsvollstreckung fähig. Sie sind aber nicht ohne Wirkung; denn sie können die Voraussetzung von staatlichen Handlungen sein, zB § 16 HGB; die vorläufige Vollstreckbarkeit prozessualer Gestaltungsklagen, zB der aus §§ 767, 768, 771, hat Bedeutung wegen §§ 775 Z 1, 776. Es wäre deshalb unrichtig, die Vollstreckbarerklärung von einem vollstreckungsfähigen Inhalt abhängig zu machen, Köln VersR **74**, 65.

**J. Vorläufige Vollstreckbarkeit.** Die vorläufige Vollstreckbarkeit steht der endgültigen nicht ganz gleich. 30 S darüber Einf 3 vor § 708.

**K. Vollstreckungsklausel.** Das ist die amtliche Bescheinigung der Vollstreckbarkeit des Titels. Sie muß 31 unter einer Ausfertigung des Titels stehen und macht diese zur „vollstreckbaren Ausfertigung". Sie kann Bestimmungen über den sachlichen oder persönlichen Umfang der Zwangsvollstreckung enthalten, Rn 21.

**7) Hindernisse der Zwangsvollstreckung** 32

**Schrifttum:** *Götte*, Der Grundsatz der Verhältnismäßigkeit und die Rangordnung der Zwangsvollstreckungsmittel, Diss Mü 1985; *Lippross*, Grundlagen und System des Vollstreckungsschutzes, 1983; *Weyland*, Der Verhältnismäßigkeitsgrundsatz in der Zwangsvollstreckung, 1987; *Wieser*, Der Grundsatz der Verhältnismäßigkeit in der Zwangsvollstreckung, 1989.

**A. Einstellung; Räumungsfrist.** In Betracht kommt eine Einstellung der Zwangsvollstreckung aus den Gründen der §§ 765 a, 775, des § 13 VHG, oder eine Räumungsfrist. zB nach § 721, LG Bln ZMR **92**, 542.

**B. Ablauf der Vollziehungsfrist.** In Betracht kommt ferner bei einem Arrest und einer einstweiligen Verfügung der Ablauf der Vollziehungsfrist, §§ 929 II, 936.

**C. Insolvenzverfahren,** dazu *Behr* JB **99**, 66 (Üb): In Betracht kommt ferner die Eröffnung des inländischen Insolvenzverfahrens; § 89 InsO, LG Stgt Rpfleger **99**, 286 (verweist auf § 767); bei einem ausländischen gilt Art 102 EGInsO. Man muß im übrigen die folgenden Situationen unterscheiden: Bei einer Insolvenz des Gläubigers ist die Vollstreckungsklausel nach § 727 auf den Verwalter umzuschreiben, wenn der Anspruch zur Masse gehört, § 35 InsO. Bei einer Insolvenz des Schuldners ist keine Zwangsvollstreckung für Insolvenzgläubiger mehr zulässig, eine begonnene Zwangsvollstreckung ist einzustellen, § 89 InsO. Das gilt zunächst auch beim Massegläubiger, aM BAG NJW **79**, 774, BSG ZIP **81**, 1108. Hat der Gläubiger bereits ein Pfandrecht erlangt, so ist er absonderungsberechtigt und die Zwangsvollstreckung fortzusetzen. Ist er Massegläubiger, aussonderungs- oder absonderungsberechtigt, so kann er die Zwangsvollstreckung nach einer Umschreibung auf den Verwalter auch fortsetzen. Bei einer Insolvenz des Drittschuldners ist evtl der Anspruch auf ein Insolvenzausfallgeld pfändbar, Rn 86 „Insolvenzausfallgeld".

**D. Beschlagnahme.** Eine Beschlagnahme des Vermögens nach § 290 StPO macht einen Titel gegen den 33 Vermögenspfleger nötig.

**E. DDR-Gläubiger.** Vgl zunächst Art 18 I EV, abgedruckt bei § 322. Bei der Zwangsvollstreckung von Gläubigern aus der früheren DDR war die 3. DVO MRG 53 (4. DVO MRG 52) zu beachten. Zur Vollstreckung aus DDR-Titeln für das frühere Westberlin § 723 Rn 4.

**F. Kreditinstitut.** In Betracht kommen ferner gesetzliche Zwangsvollstreckungsverbote während der Abwicklung von Sondervermögen der Kreditinstitute usw, §§ 13, 27 G vom 21. 3. 72, BGBl 465.

**G. Exterritorialität.** In Betracht kommt schließlich eine Exterritorialität, §§ 18–20 GVG, auch zugunsten des technischen Personals einer diplomatischen Vertretung, sofern der vertretene Staat dem Wiener Übk v 18. 4. 61, BGBl 64 II 958, beigetreten ist, Rn 4, 5, AG Bre MDR **71**, 672.

**8) Einschränkungen der Zwangsvollstreckung.** Es gibt Vorschriften, die die Erhaltung der Leistungs- 34 fähigkeit des Schuldners bezwecken. Hierher gehören folgende Fälle:

**A. Unpfändbarkeit.** In Betracht kommen die Vorschriften über eine Unpfändbarkeit, §§ 811, 850 ff ua.

**B. Vollstreckungsschutz.** In Betracht kommen ferner die Vorschriften über einen Vollstreckungsschutz. Auch in der Zwangsvollstreckung gilt in gewissem Umfang der Grundsatz der *Verhältnismäßigkeit*, Einl III 23, § 758 Rn 24, § 761 Rn 3, BVerfG DGVZ **98**, 26, BGH JZ **74**, 292, Mü VersR **92**, 875 (keine Überspitzung). Der Grundsatz der Verhältnismäßigkeit in der Zwangsvollstreckung, 1989, großzügiger Stgt JZ **86**, 1117, krit Eylmann Rpfleger **98**, 46 („Allzweckwaffe"), Gaul, Treu und Glauben sowie gute Sitten in der Zwangsvollstreckung oder Abwägung nach „Verhältnismäßigkeit" als Maßstab der Härteklausel des § 765 a ZPO, Festschrift für Baumgärtl (1990) 75. Bei der Verwertung von der Preisbindung unterliegenden Büchern § 817 a Rn 1.

**C. Ungeeignetheit.** Man kann nur bei Abwägung der Interessen im Einzelfall klären, ob eine mögliche Ungeeignetheit des Vollstreckungstitels oder der Art der Zwangsvollstreckung ein Hindernis ihrer Durchführung darstellt, zB bei §§ 758 I, 803 II, Wieser DGVZ **90**, 185.

35  **9) Organe der Zwangsvollstreckung**
**Schrifttum:** *Lippross,* Grundlagen und System des Vollstreckungsschutzes, 1983; *Ule,* Der Rechtspfleger und sein Richter, 1983. Vgl auch die Schrifttumsangaben bei § 753.

Die Zwangsvollstreckung ist *staatlichen Behörden* vorbehalten, selbst wenn es dabei zu erheblichen Verzögerungen kommt, LG Lpz DGVZ **96**, 40, AG Leverkusen DGVZ **96**, 44 (keine Ermächtigung an den Gläubiger über gesetzliche Fälle hinaus). Die Zuständigkeit ist ausschließlich, § 802, geregelt.

**A. Vollstreckungsgericht.** Das Vollstreckungsgericht, nämlich grundsätzlich *das Amtsgericht,* §§ 764 I, 802, ist für alle Maßnahmen zuständig, die sich wegen ihrer Natur oder ihrer Schwierigkeit nicht für den Gerichtsvollzieher eignen. Die Geschäfte im Zwangsvollstreckungsverfahren des 8. Buches, soweit sie dem Vollstreckungsgericht (nicht auch dem Arrestgericht, § 930 I) obliegen oder in den Fällen der §§ 848, 854, 855, 902 von einem anderen Amtsgericht oder vom Verteilungsgericht, § 873, zu treffen sind, sind durch § 3 Z 3 a, § 20 Z 17 RPflG, Anh § 153 GVG, grundsätzlich dem *Rechtspfleger* übertragen. Er hat infolgedessen, § 20 Z 5 Hs 1 RPflG, auch über eine Bewilligung und Entziehung einer Prozeßkostenhilfe für die Zwangsvollstreckung zu entscheiden, § 119 Rn 53.

Von dieser Übertragung macht § 20 Z 5 Hs 2 RPflG jedoch einige *Ausnahmen;* es verbleiben dem Richter die Entscheidung, soweit das Gesetz eine Prozeßhandlung in der Zwangsvollstreckung vorsieht, zB nach den §§ 887, 888, oder soweit eine sonstige *richterliche* Handlung notwendig ist, zB nach § 758 a. Zur Stellung des Rpfl grundsätzlich Wolf ZZP **99**, 361. Das Vollstreckungsgericht darf grundsätzlich nur innerhalb eines Zwangsvollstreckungsverfahrens tätig werden, LG Hbg MDR **84**, 1035.

**B. Gerichtsvollzieher.** Den Gerichtsvollzieher „beauftragen" die Parteien unmittelbar, dh ersuchen ihn um eine Amtshandlung, § 753 I. Er handelt immer als Beamter in Verwaltung staatlicher Hoheitsrechte, ist also entgegen dem Ausdrucksweise des Gesetzes nicht Beauftragter der Partei.

**C. Prozeßgericht.** Das Prozeßgericht erster Instanz, wird nur wegen Handlungen oder Unterlassungen tätig, §§ 887, 888, 890. Bei §§ 606 ff kann das FamG zuständig sein, Düss FamRZ **81**, 577.

**D. Andere Behörden.** Andere Behörden werden in gesetzlich bestimmten Sonderfällen tätig, wie das Grundbuchamt, §§ 866, 867, Registerbehörden bei Schiffen und Schiffsbauwerken, § 870 a, sowie eingetragenen Luftfahrzeugen, dort Rn 1.

36  **E. Einzelheiten.** Maßnahmen von Organen außerhalb des ihnen vom Gesetz zugewiesenen Wirkungskreises sind unwirksam. Die örtliche Unzuständigkeit macht eine Zwangsvollstreckung nicht nichtig, vgl auch Üb 19 vor § 300, aber die Erinnerung zulässig. Soweit sie Erfolg hat, entfällt die Pfandverstrickung, Üb 6 vor § 803; es ist aber auch auf Antrag eine Abgabe entsprechend § 281 möglich, wodurch die Pfandverstrickung erhalten bleibt. Wird nicht gerügt, schadet die örtliche Unzuständigkeit nicht.

37  **10) Vollstreckungsverfahren**
**Schrifttum:** *Arens,* Die Prozeßvoraussetzungen in der Zwangsvollstreckung, Festschrift für *Schiedermair* (1976) 1; *Bennert,* Die Unterbrechung der Verjährung durch Maßnahmen der Zwangsvollstreckung, § 209 II Nr 5 BGB, 1996; *Deren-Yildirim,* Gedanken über die Verteilungsprinzipien im Zwangsvollstreckungsrecht, Festschrift für *Gaul* (1997) 93; *Gaul,* Treu und Glauben sowie gute Sitten in der Zwangsvollstreckung usw, Festschrift für *Baumgärtel* (1990) 75; *Gaul,* „Prozessuale Betrachtungsweise" und Prozeßhandlungen in der Zwangsvollstreckung, Gedächtnisschrift für *Arens* (1993) 89; *Gerhardt,* Von Strohfrauen und Strohmännern – Vorgeschobene Rechtsinhaberschaft in der Zwangsvollstreckung, Festschrift für *Lüke* (1997) 121; *König,* Rechtsstaatsprinzip und Gleichheitssatz in der Zwangsvollstreckung, Diss Tüb 1985.

**A. Überblick.** Das Vollstreckungsverfahren folgt nur eingeschränkt den für das Erkenntnisverfahren geltenden Vorschriften. Es kennt Prozeßhandlungen, Grdz 46 vor § 128, Gaul (vor A) 126. Es kennt insbesondere keine notwendige mündliche Verhandlung im Sinn von § 128 Rn 4, außer natürlich in Prozessen, die anläßlich der Zwangsvollstreckung entstehen, zB § 731. Wenn eine Partei Einwendungen erhebt, ist eine mündliche Verhandlung statthaft. Ein Termin ist unverzüglich zu bestimmen, § 216 entsprechend, auch für die Zeit vom 1. 7. bis 31. 8. ohne spätere Verlegungsmöglichkeit, § 227 III 2 Hs 1 Z 7. Im allgemeinen wird der Schuldner vor dem Vollstreckungsakt nicht gehört, manchmal ist seine Anhörung dem Gericht freigestellt, §§ 730, 733, im Falle des § 834 ist seine Anhörung verboten; dieser Grundsatz widerspricht nicht dem Art 103 I GG, da das Gläubigerinteresse vorgehen muß und dem Schuldner auch Rechtsbehelfe zur Verfügung stehen, BVerfG **8**, 89, 98, Stürner ZZP **99**, 291 (Üb). Eine Rechtsbehelfsbelehrung ist außerhalb der im Gesetz vereinzelt vorgeschriebenen Fälle ebensowenig wie im Erkenntnisverfahren, § 139 Rn 79, geboten und sollte ebenso unterbleiben, aM Limberger DGVZ **97**, 166 (er zieht aus richtig zitierter Rspr des BVerfG falsche Schlußfolgerungen).

Die *Parteiherrschaft,* Grdz 18 vor § 128, oben Rn 6 ff, bleibt in dem Sinn bestehen, daß der Gläubiger das Verfahren durch seinen Antrag in Gang setzt, den Fortgang des Verfahrens und die Verfügung über seinen Anspruch in der Hand behält, vor allem bei einem Zug-um-Zug-Titel, § 756, Scheffler NJW **89**, 1848; auf sein Ersuchen wird jederzeit das Ruhen der Zwangsvollstreckung angeordnet, auch das Ruhen des Offenbarungsverfahrens, LG Kblz MDR **72**, 789. Das Verfahren ist im übrigen ein Amtsverfahren, vgl Grdz 39 vor § 128, s auch Rn 7–9. Möglichste Klärung des Sachverhalts ist Amtspflicht. Notfalls hat das Vollstrek-

1. Abschnitt. Allgemeine Vorschriften **Grundz § 704**

kungsorgan den Gläubiger, geeignetenfalls auch den Schuldner, mündlich oder schriftlich zu befragen. Es besteht allerdings keine Ermittlungspflicht von Amts wegen nach Grdz 38 vor § 128, soweit Gläubiger oder Schuldner auf Anfragen des Gerichts nicht antworten, Düss NJW **77**, 1643. Vielfach ist ein Antrag notwendig, zB bei § 765 a, BVerfG **61**, 137. Zustellungen erfolgen meist im Parteibetrieb; Ausnahmen gelten zB im Fall § 900 Rn 15.

Eine *Rechtshängigkeit* im prozessualen Sinn, § 261, tritt nicht ein; anders ist es für sachlichrechtliche **38** Folgen, zB §§ 209 Z 5, 216, 941 S 2 BGB. Soweit im Verfahren Nachweise zu liefern sind, bedarf es vollen Beweises nach den Regeln der ZPO; eine Glaubhaftmachung nach § 294 genügt nur, wenn das Gesetz ausdrücklich zuläßt. Die 30jährige Verjährungsfrist wird unterbrochen, AG Münst DGVZ **92**, 44. Der Tod des Schuldners, § 779, oder der Wegfall seiner Prozeßfähigkeit, § 51, oder seiner gesetzlichen Vertretung, § 51 Rn 12, unterbrechen das Verfahren, § 51, ebensowenig unterbrechen der Tod oder der Verlust der Parteifähigkeit des Gläubigers nach der Antragstellung das Verfahren.

*Unterbrechung und Aussetzung* vertragen sich nämlich nicht mit dem schleunigen Charakter des Verfahrens, Üb 5 vor § 239, Mü FamRZ **92**, 1462 (wegen eines Teilurteils), LG Stgt Rpfleger **99**, 286, ZöGre § 148 Rn 9, aM Sojka MDR **82**, 14. Einer Rechtshilfe bedarf die Zwangsvollstreckung innerhalb der BRep nicht, § 160 GVG; Ausnahmen gelten bei § 789.

Die *Kosten* der Zwangsvollstreckung trägt der Schuldner nach §§ 91 ff, 788; also insoweit, als sie erforderlich waren; vgl aber auch § 891 S 3. Sie sind ihm zu erstatten, wenn der Vollstreckungstitel aufgehoben wird. Die Vorschriften über die Prozeßkostenhilfe, §§ 114 ff, sind anwendbar, § 119 II. Das Rechtsschutzbedürfnis, Grdz 33 vor § 253, ist auch hier zu prüfen, BVerfG **61**, 135, LG Aschaffenb Rpfleger **73**, 221, LG Offenbg Rpfleger **73**, 183 je betr Unterhaltstitel, AG Köln DGVZ **95**, 156; so kann eine Prozeßkostenhilfe bei einem zur Zeit zahlenden Schuldner für die Zustellung des Titels zu gewähren, im übrigen (noch) zu verweigern sein, LG Ellwangen Rpfleger **74**, 441.

**B. Parteifähigkeit.** Erforderlich ist die Parteifähigkeit von Gläubiger und Schuldner wie im Erkenntnis- **39** verfahren, § 50. Somit sind die OHG, KG, evtl sogar die gelöschte GmbH, LG Mü Rpfleger **74**, 371, parteifähig, der nicht rechtsfähige Verein nur als Schuldner, § 735. Gesellschafter und Vereinsmitglieder sind Dritte, § 735 Rn 1, Anh § 736. Wegen der Stellung des Generalbundesanwalts im Verfahren nach dem AUG Grdz 28 vor § 50, Üb 6, 8 vor § 78.

**C. Prozeßfähigkeit,** dazu *Bernhardt,* Der geisteskranke Schuldner in der Zwangsvollstreckung usw, Diss **40** Freibg 1968: Die Prozeßfähigkeit, § 51, ist beim Gläubiger stets nötig, beim Schuldner, der regelmäßig rein leidend beteiligt ist, nur, soweit er mitwirken muß, Ffm Rpfleger **75**, 441, AG Saarbr DGVZ **94**, 142, StJM 77 vor § 704, aM Stgt Rpfleger **96**, 36, AG Ehingen DGVZ **95**, 190, (sie sei stets nötig). Der Schuldner muß mitwirken, zB als Anzuhörender, AG Saarbr DGVZ **94**, 142, oder zur eidesstattlichen Versicherung Verpflichteter, § 807, Limberger DGVZ **84**, 129, evtl auch bei der Zustellung, § 171, LG Bonn NJW **74**, 1387, AG Arnsberg DGVZ **86**, 140, Schneider DGVZ **87**, 52. Der Schuldner muß ferner mitwirken, soweit er Einwendungen erhebt, AG Saarbr DGVZ **94**, 142, Roth JZ **87**, 899 (ausf). Den Prozeßunfähigen vertritt sein gesetzlicher Vertreter, § 51 Rn 12. An diesen ist auch zuzustellen, § 171, AG Ansbach DGVZ **94**, 94. Die Zwangsvollstreckung ist ohne Rücksicht auf spätere Veränderungen fortzusetzen. Der Schuldner muß die von ihm behauptete Prozeßunfähigkeit beweisen, Ffm Rpfleger **75**, 441.

**D. Vollmacht usw.** Wenn der Schuldner mitwirken muß, dann muß sich sein gesetzlicher Vertreter ausweisen, § 51 Rn 12. Die Prozeßvollmacht gilt auch für die Zwangsvollstreckung, § 81, läßt sich aber auch auf diese beschränken. Inhalt der Vollmacht: §§ 78 ff. Über ihren Nachweis in der Zwangsvollstreckung § 81 Rn 9; es genügt die Nennung des Bevollmächtigten im Vollstreckungstitel.

**E. Zuständigkeit.** Erforderlich ist ferner die Zuständigkeit, Rn 35.

**F. Rechtsweg.** Notwendig ist schließlich die Zulässigkeit des Rechtswegs, Rn 2.

**G. Einwendungen des Gläubigers.** Hier kommt folgende Unterscheidung in Betracht: **41**
Gegen die Art und Weise der Zwangsvollstreckung ist die Erinnerung nach § 766 zulässig. Im Fall der Ablehnung eines Antrags außerhalb der eigentlichen Zwangsvollstreckung, zB auf Erteilung der Vollstreckungsklausel nach §§ 724 ff, ist die einfache Beschwerde nach § 567 I zulässig. Gegen eine derartige Entscheidung des LG im Berufungs- oder Beschwerdeverfahren ist eine solche Beschwerde unzulässig, § 567 III 1. Dasselbe gilt gegen eine derartige Entscheidung des OLG, § 567 IV 1. Wegen einer derartigen Anschlußbeschwerde § 577 a. Eine derartige weitere Beschwerde ist unzulässig, § 568 II 1. Gegen eine echte sonstige Entscheidung im Rahmen der begonnenen Zwangsvollstreckung ist die sofortige Beschwerde, § 577, im Rahmen und in den Grenzen des § 793 zulässig. Einzelfragen § 793 Rn 1, 13, 31.

**H. Einwendungen des Schuldners.** Hier kommt folgende Unterscheidung in Betracht, vgl auch Fenge, **42** Die dogmatische Bedeutung des richterlichen Schuldnerschutzes in der Zwangsvollstreckung, Diss Heidelb 1961: Gegen die Art und Weise der Zwangsvollstreckung ist zunächst die *Erinnerung* nach § 766 zulässig. In Betracht kommen ferner Einwendungen gegen den Vollstreckungsanspruch selbst. Meist werden sie nur durch eine *Vollstreckungsabwehrklage* erhoben, §§ 767, 796, 797, LG Traunst DGVZ **93**, 157; gelegentlich auch durch eine einfache Einwendung bei einer Vollstreckung aus § 775 Z 4 und 5; schließlich durch eine Einwendung gegenüber der Klage aus § 731. In Betracht kommen ferner Einwendungen gegen die Zulässigkeit der Vollstreckungsklausel durch eine Erinnerung nach § 732 oder als Einwendungen gegen eine Klage aus § 731. In Betracht kommen ferner Einwendungen gegen die Rechtswirksamkeit des Titels und zwar durch Rechtsmittel, §§ 511 ff, Einspruch, §§ 338, 700, Wiederaufnahmeklage, §§ 578 ff, leugnende Feststellungsklage, § 256, oder wie zu Rn 43, Üb 13 ff vor § 300. In Betracht kommt schließlich regelwidrig eine *Widerspruchsklage*, §§ 771 ff, im Fall des § 93 ZVG. Zur Problematik einer Schutzschrift, Grdz 8 vor § 128, Vogel NJW **97**, 554; man sollte sie keineswegs auch noch hier zulassen, zumal die Parteiherrschaft nur eingeschränkt gilt, Rn 6, 37.

**I. Einwendungen eines Dritten.** Gegen die Art und Weise der Zwangsvollstreckung ist die *Erinnerung* **43** nach § 766 zulässig. Im Fall der Verletzung eines die Veräußerung hindernden Rechts ist die *Widerspruchs-*

*klage* nach den §§ 771 ff zulässig. Schließlich kommt eine Klage auf vorzugsweise Befriedigung aus dem Erlös bei einem Pfand- oder Vorzugsrecht ohne Besitz, § 805, in Betracht.

44  **J. Einwendungen jedes Betroffenen: Arglist.** Allgemein ist der Einwand der Arglist denkbar. Auch in der Zwangsvollstreckung sind Treu und Glauben zu wahren, Einl III 54, § 765 a, BGH DB **78**, 1494, Ffm RR **92**, 32, Mü RR **91**, 17, aM LG Oldb DGVZ **93**, 56 (§ 767). Weitere Beispiele: § 771 Rn 10, § 775 Rn 15.

45  Arglist kann allerdings nach einer derzeit noch weitverbreiteter Ansicht insbesondere dann vorliegen, wenn der Gläubiger im Zeitpunkt der Erwirkung eines Vollstreckungsbescheids wußte, daß dieser nur wegen des dortigen Fehlens einer Schlüssigkeitsprüfung ergehen konnte, weil zB eine Umgehung versucht wurde, LG Würzb RR **92**, 52, oder weil *sittenwidrige Ratenkreditzinsen* verlangt wurden, BGH **103**, 45, Düss RR **87**, 939, Hbg VersR **91**, 833, aM Oldb RR **92**, 446, LG Freibg RR **92**, 1149, LG Hanau RR **99**, 505.

Mit Recht betonen aber neuerdings BVerfG RR **93**, 232, BGH NJW **91**, 1885 Köln RR **93**, 571 die *Gefahr der Aushöhlung der Rechtskraft* auch hier. Im übrigen hat BAG NJW **89**, 1054 ausdrücklich die Auffassung abgelehnt, die Gültigkeit eines Vollstreckungstitels sei zu verneinen, wenn ihm ein sittenwidriger Ratenkreditvertrag zugrunde liege. Zur Begründung stellt das BAG mit Recht auf die Bedeutung der Rechtsklarheit, Rechtssicherheit und Praktikabilität ab. Das gilt auch gegenüber dem Versuch von Grün NJW **91**, 2864, mit einer „beschränkten" (in Wahrheit: verneinen) Rechtskraft zum Ziel zu kommen. Vgl dazu ferner Einf 13, 28 vor §§ 322–327, § 322 Rn 71 „Vollstreckungsbescheid", § 700 Rn 1, § 796 Rn 3. Die besonderen Voraussetzungen der etwaigen Unzulässigkeit der Zwangsvollstreckung liegen freilich zumindest auch nicht vor, soweit der Gläubiger wegen solcher Beträge vollstreckt, die ihm auch bei Nichtigkeit des Darlehensvertrages zustehen, BGH BB **89**, 380.

46  *Kein Mißbrauch* liegt vor bei einer Zwangsvollstreckung aus einem jedenfalls damals rechtmäßigen, wenn auch inzwischen als fragwürdig erachteten Titel, Hamm DB **86**, 1223, oder bei einer Pfändung aufgrund rechtswidriger Mitteilung Dritter über Vollstreckungsmöglichkeiten, BGH **LM** § 242 (Cd) BGB Nr 166, oder dann, wenn der Gläubiger den Vollstreckungsauftrag wiederholt zurücknimmt, weil der Schuldner die vereinbarten Raten jeweils (zunächst) zahlt, Hamm DGVZ **85**, 58, Wieser DGVZ **90**, 185, oder dann, wenn das Gericht nur die Rechtslage falsch beurteilt hatte, Üb 29 vor § 300, BGH NJW **91**, 30, Kblz RR **99**, 508 (Übersehen zeitweiliger Unpfändbarkeit).

47  Zum Schuldnerschutz mit Rücksicht auf den *Verhältnismäßigkeitsgrundsatz* Rn 34.

48  Zum Problem *sehr kleiner Anfangs- oder auch Restforderungen*, bei denen der Grundsatz der Verhältnismäßigkeit ebenfalls mitbeachtlich ist, BVerfG **48**, 400, Düss NJW **80**, 1171, Schwab, Zwangsvollstreckung wegen Bagatellforderungen, 1993. Wegen Verwirkung Rn 13. Ob man allgemein die Erforderlichkeit der Vollstreckungshandlung prüfen darf und muß, zum Problem Wieser ZZP **100**, 146, ist fraglich.

49  **K. Einstweilige Einstellung.** Bei sämtlichen Einwendungen nach Rn 41–48 kann das Gericht die Zwangsvollstreckung einstweilen einstellen; der Gerichtsvollzieher darf das bei § 775 Z 4 und 5 (dort Rn 15), § 815 III tun. Der Einstellungsbeschluß des Gerichts ist keine einstweilige Verfügung, sondern eine vorläufige Maßnahme eigener Art. Wenn eine Einstellung Platz greifen kann, wird im allgemeinen für eine einstweilige Verfügung das Rechtsschutzbedürfnis fehlen, Grdz 33 vor § 253, weil sie umständlicher und teurer ist. Da das Hauptverfahren und dasjenige auf den Erlaß einer einstweiligen Verfügung aber getrennte Verfahren sind, ist es möglich, auch während des Hauptverfahrens und trotz dortiger Einstellung der Zwangsvollstreckung in der Revisionsinstanz, § 719 II, denselben Anspruch zum Gegenstand einer einstweiligen Verfügung zu machen, die der Einstellung in der Hauptsache zuwiderläuft.

50  Eine *einstweilige Anordnung* nach §§ 620 ff läßt sich aber nicht durch eine einstweilige Verfügung nach §§ 935 ff aufheben. Abgesehen davon lassen sich Fälle denken, in denen die einstweilige Verfügung ein Zwangsvollstreckungsverbot aussprechen kann. Eine falsche Bezeichnung im Antrag als einstweilige Verfügung schadet nach allgemeinen Grundsätzen nicht. Über die Wirkung der Einstellung § 707 Rn 13. Nach vielen Gesetzen bewirkt ein bestimmtes Geschehnis eine Einstellung kraft Gesetzes. Dies gilt zum Beispiel bei der Eröffnung des Insolvenzverfahrens, § 21 II Z 3 InsO.

51  **11) Beginn der Zwangsvollstreckung.** Die Zwangsvollstreckung beginnt, sobald eine der folgenden Situationen eintritt:

**A. Gerichtsvollzieher.** Der Beginn liegt in der ersten Vollstreckungshandlung des Gerichtsvollziehers, LG Bln DGVZ **91**, 9, Bennert Rpfleger **96**, 310 (Verjährung), Ewers DGVZ **97**, 70 (Begriff). Dazu kann die Zustellung nach § 750 gehören. Eine Zahlungsaufforderung ist kein Beginn, sondern ein Versuch, ohne eine Zwangsvollstreckung auszukommen.

**B. Gericht.** Der Beginn liegt in der Verfügung der ersten Vollstreckungsmaßnahme durch das Gericht, etwa dem Pfändungsbeschluß, § 829 (genauer: in der Hinausgabe dieser Verfügung, § 329 Rn 23, 24, § 890 Rn 34, nicht erst in der Zustellung der Verfügung § 329 Rn 26, § 750).

*Beispiele:* Die Unterlassungspflicht nach § 890 beginnt mit dem androhenden Beschluß, § 890 Rn 34, Zweibr FamRZ **84**, 716, soweit nicht schon das Urteil die Androhung enthält; beim Offenbarungsverfahren nach § 807 beginnt die Zwangsvollstreckung spätestens mit der Terminsbestimmung, § 900 Rn 15, wenn nicht früher, § 900 Rn 12. Ein Verfahren nach § 721 II–VI kann vor oder nach dem Beginn der Zwangsvollstreckung stattfinden; das erwähnt Mü ZMR **93**, 78 nicht mit.

Alles, was *vor diesen Zeitpunkten* liegt, gehört *nicht* zur Zwangsvollstreckung, auch wenn es im 8. Buch geordnet ist. Das gilt etwa für die Erteilung des Notfristzeugnisses nach § 706 oder der Vollstreckungsklausel nach §§ 724 ff, LG Mannh ZMR **72**, 284, Düss FamRZ **72**, 402, für die bloße Androhung einer Vollstreckungsmaßnahme in einem Anwaltsschreiben, Schlesw FamRZ **81**, 457, oder durch den Gerichtsvollzieher, AG Arolsen DGVZ **85**, 63 (abl Schriftleitung), oder für die Sicherheitsleistung nach §§ 709 ff, 109. Für die Kostenberechnung und -erstattung nach § 788 sind alle vorbereitenden Handlungen einzubeziehen.

1. Abschnitt. Allgemeine Vorschriften **Grundz § 704**

**12) Ende der Zwangsvollstreckung** 52

**Schrifttum:** *Kerwer,* Die Erfüllung in der Zwangsvollstreckung, 1996; *Lehr,* Das Erlöschen der Vollstreckbarkeit, Diss Ffm 1968; *Messer,* Die freiwillige Leistung des Schuldners in der Zwangsvollstreckung, 1966.

Die Zwangsvollstreckung und damit das Rechtsschutzbedürfnis, Grdz 33 vor § 253, für eine (weitere oder erste) Vollstreckungshandlung enden, Köln Rpfleger **91**, 519 (krit Meyer-Stolte), sobald eine der folgenden Situationen eintritt:

**A. Befriedigung.** Das Ende tritt im ganzen ein mit völliger Befriedigung des Gläubigers, einschließlich der Kosten, § 788, Ffm Rpfleger **80**, 200, LG Hbg WoM **93**, 417 (vollständige Räumung), VG Bln DGVZ **89**, 123, aM Mü MDR **85**, 1034 (aber ein sachlichrechtlicher Rückforderungsanspruch läßt die Zwangsvollstreckung nicht wieder aufleben!).

*Beispiele:* Mit der Zahlung durch den Drittschuldner, LG Frankenth Rpfleger **85**, 245; mit der Befriedigung aus dem hinterlegten Betrag; mit der Erklärung des Gläubigers, er habe an der Leistung, zB dem Erhalt einer Auskunft, kein Interesse mehr, NJW **94**, 485; nicht schon mit der Hinterlegung, BGH NJW **86**, 2427, AG Köln DGVZ **78**, 30, und überhaupt nicht schon mit einer bloßen Teilleistung, § 754 Rn 3. Zur Problematik Schünemann JZ **85**, 49 (ausf). § 366 I BGB ist jedenfalls insoweit unanwendbar, als der Schuldner wirklich erst zwangsweise „leistet", BGH BB **99**, 762.

**B. Durchführung der Vollstreckung.** Das Ende tritt bei einzelnen Vollstreckungsmaßnahmen mit ihrer 53 vollen, wenn auch ergebnislosen, Durchführung ein. Somit leitet jede spätere Zwangsvollstreckungshandlung ein neues Verfahren ein, BGH DGVZ **95**, 72.

*Beispiele:* Es beenden die Freigabe der Pfandsachen; eine dauernde Einstellung, § 775; die Aufhebung der Maßnahmen, § 776; es beenden *nicht* eine zeitweilige Einstellung oder die Herausgabe an den Gerichtsvollzieher mit der Wirkung der §§ 846, 847, 808, BGH NJW **93**, 935.

Ist die *Maßnahme beendet,* kann deswegen weder Erinnerung, § 766, vgl aber auch dort Rn 27 (Fortwirken der Maßnahme), noch eine Vollstreckungsabwehrklage, § 767, oder Widerspruchsklage nach § 771 erhoben werden, Einf 4 vor §§ 771–774. Ein bloßer Zeitablauf eines zeitlich begrenzten Vollstreckungstitels kann aber ein Rechtsschutzbedürfnis für ein Rechtsmittel bestehen lassen, § 758 Rn 26. Die Beitreibung aus einem vorläufig vollstreckbaren Titel führt zu einer durch etwaige Einreden auflösend bedingten Erfüllung, Czub ZZP **102**, 287.

**13) Mängel der Zwangsvollstreckung** 54

**Schrifttum:** *Braun,* Rechtskraft und Rechtskraftdurchbrechung von Titeln über sittenwidrige Ratenkreditverträge, 1986; *Gerlach,* Ungerechtfertigte Zwangsvollstreckung und ungerechtfertigte Bereicherung, 1986; *Grün,* Die Zwangsvollstreckung aus Vollstreckungsbescheiden über sittenwidrige Ratenkreditforderungen usw, 1990; *Häsemeyer,* Schadenshaftung im Zivilrechtsstreit, 1979; *Strauß,* Nichtigkeit fehlerhafter Akte der Zwangsvollstreckung, Diss Tüb 1994.

**A. Geschichtliche Entwicklung.** Früher hielten manche jede Zwangsvollstreckung für unwirksam, die 55 beim Mangel einer Voraussetzung der Zwangsvollstreckung oder unter Verletzung einer Formvorschrift vorgenommen ist. Freilich ließ man eine Mängelheilung zu, zwar nicht durch einen Verzicht, aber durch die Nachholung des Fehlenden vor der Aufhebung der Zwangsvollstreckungsmaßnahmen. Die Heilung wurde aber nur als für die Zukunft wirksam angesehen, dh inzwischen erworbene Rechte Dritter wurden nicht berührt. Diese Lehre erschwert die Befriedigung des Gläubigers in unangebrachter Förmelei und setzt sich über die überragende Bedeutung einer brauchbaren Zwangsvollstreckung hinweg.

**B. Wirksamkeit des Hoheitsakts.** Praktisch brauchbar ist folgendes: Ein gerichtliches Urteil ist nur in 56 den seltensten Ausnahmefällen wirkungslos; in allen anderen läßt es sich nur durch Rechtsbehelfe beseitigen und ist bis zur Aufhebung voll wirksam, Üb 19 vor § 300, BGH NJW **79**, 2045. Auch die vom sachlich zuständigen Vollstreckungsorgan in den Grenzen seiner Amtsbefugnisse vorgenommene Vollstreckungshandlung gilt als Staatshoheitsakt grundsätzlich wirksam. Solange die Fehlerhaftigkeit nicht durch die dafür zuständige Stelle autoritativ festgestellt ist, müssen die in Vollmacht und im Namen des Staates getroffenen Entscheidungen beachtet und befolgt werden, BGH DB **80**, 1937, Celle DGVZ **99**, 76, Hamm NJW **79**, 1664. Eine solche Maßnahme, mag sie auch aller sachlichen und förmlichen Voraussetzungen entbehren, ist wirksam, bis sie auf einen Rechtsbehelf durch eine abändernde Entscheidung beseitigt ist und damit rückwirkend zusammenfällt, Üb 20 vor § 300. So ist der Gläubiger gegen ein Versehen der Vollstreckungsorgane geschützt. Auch die funktionelle Unzuständigkeit macht unschädlich sein, LG Kassel DGVZ **99**, 77 (Gerichtsvollzieher statt – noch – Rpfl bei §§ 899 ff). Beim nirgends geschützten Rechtsmißbrauch, Einl III 54, oben Rn 44, kann eine Vollstreckungsmaßnahme unwirksam sein, Celle DGVZ **99**, 76. Vgl ferner Rn 57.

Dem *Dritten,* der inzwischen Rechte erworben hat, geschieht kein Unrecht, denn er hatte keinen Anspruch darauf, daß die vorgenommene Zwangsvollstreckung unwirksam war.

Die *Verfassungsbeschwerde* gegen einen Vollstreckungsakt ist nur dann zulässig, wenn angeblich eine neue Grundrechtsverletzung erst durch die Vollstreckungsbehörde bei der Durchführung der Zwangsvollstreckung eingetreten ist; es sind also Mängel des Erkenntnisverfahrens insoweit unbeachtlich, BVerfG **28**, 8.

**C. Unwirksamkeit.** Gänzlich wirkungslos, eine Scheinvollstreckung, ist die Zwangsvollstreckung, der 57 jede Unterlage fehlt, Üb 11 vor § 300. Davon kann nur selten die Rede sein, Dahin gehört eine Zwangsvollstreckung von Organen außerhalb ihres gesetzlichen Wirkungskreises, Rn 36, Sommer Rpfleger **78**, 407. Auch die Verletzung einer wesentlichen Voraussetzung, zB das Fehlen des Vollstreckungstitels, BGH **121**, 101, Hbg MDR **74**, 321, und wesentlicher Formvorschriften ist keine ordnungsmäßige Zwangsvollstreckung. Das gilt etwa dann, wenn der Gerichtsvollzieher von den Pfandsachen keinen Besitz ergriffen hat, § 808 Rn 6. Hierher gehört auch die Zwangsvollstreckung bei Exterritorialen, Rn 33. Vgl ferner Rn 56.

**58** **D. Aufhebbarkeit.** Mangelhaft, dh bis zur Aufhebung voll wirksam, sind alle anderen fehlerhaften Zwangsvollstreckungshandlungen, Üb 19 vor § 300, BGH **66**, 81, Hamm MDR **79**, 149, LG Bln Rpfleger **78**, 66. Eine Heilung etwa nach § 187, dort Rn 1, ist, solange die Zwangsvollstreckung fortdauert, rückwirkend wirksam, Einf 2 vor §§ 750, 751, Dörndorfer Rpfleger **89**, 317. Die Verletzung einer Dienstvorschrift, namentlich der Geschäftsanweisung für Gerichtsvollzieher, macht die Zwangsvollstreckung weder unwirksam noch anfechtbar. Über die heilende Kraft der Genehmigung des Schuldners Einf 2 vor §§ 750, 751, § 811 Rn 4.

**E. Wirksamkeit.** Voll wirksam ist trotz einer Zuständigkeitsverletzung auch die Anordnung oder Entscheidung, die in das Tätigkeitsgebiet des Rpfl gemäß § 20 Z 17 RPflG, Anh § 153 GVG, fällt, Rn 35, aber vom Richter ohne Berücksichtigung dieser Vorschrift vorgenommen wurde, § 8 I RPflG. Überschreitet der Rpfl seine Zuständigkeit überhaupt, so ist das Geschäft unwirksam, § 8 IV RPflG; anders ist die Lage, wenn ihm das Geschäft übertragen werden konnte, es ihm aber nicht übertragen worden ist, § 8 II RPflG. Wegen der etwaigen Amtshaftung Noack JB **77**, 307. Schmerzensgeld kommt kaum in Betracht, LG Köln DGVZ **98**, 189.

**59** 14) **Beispiele zur Frage der Pfändbarkeit**, dazu *Röder* (Hrsg), ABC der pfändbaren und unpfändbaren beweglichen Sachen, 1992 (Loseblattausgabe); *Wolff/Hintzen*, Pfändbare Gegenstände von A–Z, 1996:

### Vollstreckungsschlüssel

**Abgeordneter:** Rn 69 „Diäten".
**Abzahlungsgeschäft:** Rn 60 „Anwartschaft". Wegen der Überweisung an den Verkäufer § 825 Rn 11.
**Altersruhegeld:** Es ist nach § 54 II, III SGB I wegen gesetzlicher Ansprüche unbeschränkt pfändbar, im übrigen nur im Rahmen der Billigkeit, also ähnlich wie bei § 850 b, Karlsr BB **80**, 265. LG Hbg NJW **88**, 2675 läßt die Pfändung zu, soweit die Forderung des Gläubigers auf einem Rechtsgeschäft beruht, das zur Deckung des allgemeinen Lebensbedarfs dient; LG Wiesb Rpfleger **81**, 491 läßt die Pfändung nicht zu, soweit der Gläubiger einen Darlehensrückzahlungsanspruch geltend macht, obwohl er wußte, daß der Darleiher nur eine Rente bezog, deren Höhe kaum über den Darlehensrückzahlungsraten lag. Künftige Altersrente ist nur im Rahmen von § 829 Rn 2 pfändbar.
S auch Rn 103 „Sozialleistung".
**Anderkonto:** Rn 87 „Kontokorrent", Rn 96 „Notar".
**Anfechtungsrecht:** Es ist im Insolvenzverfahren unpfändbar, außerhalb dieses Verfahrens nicht selbständig pfändbar.
**Anteilsrecht** an einer Gemeinschaft nach Bruchteilen, zB Miteigentum, dazu Gramentz, Die Aufhebung der Gemeinschaft nach Bruchteilen durch den Gläubiger eines Teilhabers, 1989: Pfändbar ist nur der Anteil, Hamm RR **92**, 666. Bei Liegenschaften erfolgt die Zwangsvollstreckung nach dem ZVG, Hamm RR **92**, 666.
**Antrag:** Der Anspruch aus dem Antrag auf den Abschluß eines Vertrags ist pfändbar, soweit er übertragbar ist, § 851 I.
**60 Anwartschaft,** dazu *Banke,* Das Anwartschaftsrecht aus Eigentumsvorbehalt in der Einzelzwangsvollstreckung, 1991; *Schmalhofer,* Die Rechtfertigung der Theorie der Doppelpfändung bei der Pfändung des Anwartschaftsrechts, Diss Regensb 1994:

A. **Bewegliche Sache.** Es ist in dieser Streitfrage, Rn 61, richtigerweise wie folgt zu unterscheiden:
a) **Lösung.** Bei der Anwartschaft auf die Übertragung des Eigentums bei einer auflösend bedingten Sicherungsübereignung oder bei einem Vorbehaltsverkauf, § 811 Rn 6, § 825 Rn 4, geht das volle Eigentum erst nach der Erfüllung der gesamten Verbindlichkeit auf den Erwerber über. Der Schuldner hat aber bis zu diesem Zeitpunkt eine Anwartschaft auf die Übertragung des Eigentums. Es wäre um so unberechtigter, ihm diese Anwartschaft zu entziehen, je mehr er bereits auf die Schuld bezahlt hat. Die Zwangsvollstreckung erfolgt so.
– **(Anwartschaftspfändung):** Zulässig ist die Pfändung der Anwartschaft (des „bedingten Eigentums") nach §§ 828 ff (§ 829 III, Drittschuldner ist der Vorbehaltsverkäufer, vgl aber auch § 857 Rn 4), LG Lüb Rpfleger **94**, 176. Sie gibt aber noch kein Widerspruchsrecht. Dazu, daß ein Anwartschaftsberechtigter die Anwartschaft veräußert, § 771 Rn 16 „Eigentum".
– **(Sachpfändung):** Schließlich ist die Sachpfändung durchzuführen. Dieser Weg kann auch voran gehen. Dann ist aber das Pfändungsrecht mit einem Mangel behaftet, der erst durch die Nachholung der Zahlung nach Rn 61 rückwirkend heilt. Den bezahlten Schuldrest kann der Gläubiger als Kosten der Zwangsvollstreckung beitreiben; auch in § 811 a II 4 werden mittelbare Kosten als Kosten der Zwangsvollstreckung angesehen.
– **(Zahlung durch Gläubiger):** Der Gläubiger muß dann die Restschuld an den Verkäufer bezahlen. Der Verkäufer wird nach § 840 auskunftspflichtig. Ein Widerspruch des Schuldners nach § 267 II BGB wäre arglistig und darum dem Gläubiger gegenüber unwirksam. Der Verkäufer darf die Annahme der Zahlung nicht verweigern; er würde sonst gegen Treu und Glauben verstoßen und nach § 162 BGB die Bedingung herbeiführen.
**61** b) **Andere Meinungen.** Das ist alles **umstritten**.
**Wie hier** zB Chen, Die Zwangsvollstreckung in die auf Abzahlung verkaufte Sache, Diss Saarbr 1972; Kupisch JZ **76**, 417 (ausf), Marotzke, Das Anwartschaftsrecht usw, 1978, 87 ff. Dieser hält eine Sachpfändung für ausreichend, da er das Anwartschaftsrecht als ein dingliches Recht auffaßt, weil der Verkäufer mit der Übergabe und Einigung seinerseits alles getan habe, so daß anstelle des schuldrechtlichen Übereignungsanspruchs des Käufers die durch die Erfüllungshandlung des Verkäufers begründete Rechtsstellung getreten sei.

1. Abschnitt. Allgemeine Vorschriften **Grundz § 704**

**Dagegen** Baur Zwangsvollstreckung § 30 III, Weber NJW **76**, 1606, die eine Pfändung der Rechtsstellung des Käufers, § 857, fordern (krit Henkel ZZP **84**, 454), eine Sachpfändung § 808 aber ablehnen, weil der Gläubiger nicht gezwungen werden könne, in eine schuldnerfremde Sache zu vollstrecken, während Flume AcP **161**, 404 die hM zwar ablehnt, immerhin außer der Pfändung nach § 857 auch die Anlegung von Siegeln, § 808 II 2, verlangt und das als eine Pfändung ansieht. Frank NJW **74**, 2216: Bei einem Besitz des Pfändungsgläubigers seien § 771, sonst §§ 827, 872 ff entsprechend anwendbar. Vgl auch § 857 Rn 4.

**B. Grundstück.** Ein übertragbares und damit pfändbares Recht des Auflassungsempfängers liegt erst ab 62 Eingang eines Antrags des Erwerbers auf Eigentumsumschreibung beim Grundbuchamt oder ab Erlaß einer Auflassungsvormerkung vor, BGH NJW **89**, 1093. Wird die Eigentumsanwartschaft eines Auflassungsempfängers gepfändet, so entsteht mit der Eigentumsumschreibung auf den Auflassungsempfänger und Vollstreckungsschuldner für den Pfändungsgläubiger kraft Gesetzes eine Sicherungshypothek, §§ 848 II, 857 I, BGH DNotZ **76**, 97; eine Hypothek nach § 866 ist unnötig; die Pfändung entfällt, sobald der Umschreibungsantrag zurückgewiesen ist, BGH DNotZ **76**, 97.

**C. Forderung.** Sie kann pfändbar sein, zB bei einer Sozialversicherungsrente, LG Verden MDR **82**, 63 677, aM LG Bln NJW **89**, 1738 (betr eine Rentenanwartschaft und künftige Rente). 64
**Arbeitnehmererfindung:** § 850 Rn 4.
**Arbeitnehmerprämie:** Sie ist wie Arbeitseinkommen pfändbar, dabei ist auch § 850 a Z 2 zu beachten, Sibben DGVZ **88**, 8 (ausf).
**Arbeitnehmersparzulage:** Sie ist kein Einkommen im Sinne von § 850 II, sondern ist selbständig pfändbar, BAG NJW **77**, 75, LAG Hamm DB **75**, 1944, Ottersbach Rpfleger **90**, 57. Das gilt auch für die künftig fällige. Man muß sie allerdings stets gesondert pfänden, BAG NJW **77**, 75, LG Siegen MDR **73**, 505, Ottersbach Rpfleger **90**, 57. Drittschuldner ist das Finanzamt, § 14 IV 1 des 5. VermögensbildungsG; die Pfändung ist erst nach Ablauf des jeweiligen Kalenderjahres wirksam; vorherige Pfändungen sind nichtig, Ottersbach Rpfleger **90**, 58; es ist wie bei einem Steuererstattungsanspruch vorzugehen, § 829 Rn 8 „Steuererstattung".
**Arbeitsentgelt** des Gefangenen: § 850 Rn 4.
**Arbeitseinkommen:** inwieweit es unpfändbar ist, ergibt sich aus den §§ 832, 850 ff. S auch Rn 101 „Rückkehrhilfe".
**Arbeitsförderung:** Ein Anspruch nach dem AFG ist unpfändbar, dort § 149.
**Arbeitsleistung** aus einem Werkvertrag: Der Anspruch auf die Arbeitsleistung ist pfändbar.
**Arbeitslosengeld, -hilfe:** Rn 103 „Sozialleistung".
**Arzt:** Der Anspruch des Kassenarztes gegen die Kasse ist pfändbar, BGH **96**, 329 (auch zu den Grenzen; krit Brehm JZ **86**, 500), von Glasow Rpfleger **87**, 289 (er weist auf § 850f I a hin). Seine Zulassung ist unpfändbar, LSG Essen NJW **97**, 2477.
**Auftrag:** Der Anspruch auf die Ausführung eines Auftrags ist im Zweifel unpfändbar, § 664 II BGB.
**Ausbildungsförderung:** Der Anspruch auf eine Ausbildungsförderung ist unpfändbar. Ein bereits über- 65 wiesener Förderungsbetrag ist während 7 Tagen unpfändbar, § 19 BAföG. Eine Überleitung ist trotzdem zulässig, § 37 III 2 BAföG.
**Ausland,** dazu *Bleckmann* NJW **78**, 1092 (gegen fremden Staat); *Gramlich* NJW **81**, 2618 (iranisches Konto in der BRep); *Ost* Just **75**, 134 (Arrest usw); *Schack* Rpfleger **80**, 175 (in Geldforderung); *Schmidt* MDR **56**, 204 (Drittschuldner im Ausland); SchlAnh III (NATO): Auch beim Drittschuldner im Ausland ist eine Pfändung statthaft, Ffm MDR **76**, 321. Wegen der Exterritorialen §§ 18 ff GVG.
**Automatenaufsteller:** Pfändbar sind sowohl sein Anspruch gegen den Wirt wie auch umgekehrt; Einzelheiten Schmidt MDR **72**, 374.
**Bankkonto:** Rn 87 „Kontokorrent". 66
**Baugeldanspruch,** vgl G v 1. 6. 09, RGBl 449, mehrfach geändert: Weil das Geld nur mit einer ganz begrenzten Zweckbestimmung gegeben wurde, ist der Anspruch nur im Rahmen dieser Zweckbestimmung übertragbar, § 851 Rn 4. Es besteht also eine Ausnahme zugunsten der Forderungen der Bauhandwerker und anderer Baugeldberechtigten.
**Bausparvertrag:** Weitgehend pfändbar, § 851 Rn 5. Die Pfändung erfaßt ein Kündigungsrecht. Vgl auch Rn 104 „Sparprämie".
**Bedingter Anspruch:** Eine bedingte Forderung ist pfändbar, § 829. Ihre Verwertung richtet sich nach § 844. Ein bedingtes Eigentum am Grundstück (die Anwartschaft auf die Eintragung nach der Auflassung) ist pfändbar, § 857. Die Zustellung der Pfändung erfolgt an den Eingetragenen.
S auch Rn 60 „Anwartschaft".
**Befreiung von einer Verbindlichkeit,** § 887 Rn 1–3: Der Anspruch auf eine derartige Befreiung kann 67 nur von dem Gläubiger dieser Verbindlichkeit gepfändet werden, Hbg VersR **72**, 631, LG Wuppert AnwBl **84**, 276, Bergmann VersR **81**, 512. Nach der Überweisung hat der Gläubiger einen Zahlungsanspruch gegen den Drittschuldner, KG NJW **80**, 1341.
**Beihilfe:** Der Anspruch auf Beihilfe ist grds unpfändbar, LG Münst Rpfleger **94**, 473 (auch zu einer Ausnahme).
**Bergmannsprämie:** Sie ist unpfändbar, § 851 Rn 2.
**Berichtigung des Grundbuchs:** Der Anspruch auf die Berichtigung ist der Ausübung nach pfändbar, § 857. Dies hat aber nur die Wirkung, daß eine Berichtigung auf den Namen des gegenwärtigen wahren Berechtigten verlangt werden kann.
**Berlinzulage:** Sie ist unpfändbar, § 850 Rn 2. Der Erstattungsanspruch des Arbeitgebers an das Finanzamt ist pfändbar.
**Bezugsrecht** des Aktionärs, §§ 153, 159, 170 AktG: Es ist nach seiner Entstehung pfändbar, § 857.
**Binnenschiffer:** Die Abwrackprämie ist pfändbar, Hornung Rpfleger **70**, 121.
**Bruchteilsgemeinschaft:** Rn 59 „Anteilsrecht".

**Bundesentschädigungsgesetz:** Rn 71 „Entschädigung".
**Bundesseuchengesetz:** Rn 79 „Impfschaden".
**68 Buße, strafprozessuale:** Der Anspruch auf die Zahlung der Buße ist unpfändbar, bevor er dem Verletzten zugesprochen worden ist.
**Computer** dazu *Roy/Palm* NJW **95**, 690 (Üb): Das Gerät kann, abgesehen von einer Installation auf der Festplatte, Paulus DGVZ **90**, 156, pfändbar sein. Die Software kann auf gesonderter Diskette pfändbar sein, auf der Festplatte nur bei einer Herausgabe- oder Trennbereitschaft des Schuldners, vgl Paulus DGVZ **90**, 156.
S auch Rn 102 „Software" und § 811 Rn 33, 41.
**69 Darlehensvertrag:** Der Anspruch auf Vertragsabschluß ist höchstpersönlich und daher unpfändbar, BGH MDR **78**, 839, LG Düss JB **82**, 1428. Der Anspruch auf die Auszahlung des Darlehensbetrags ist pfändbar, soweit er übertragbar ist, Gaul KTS **89**, 27, Luther BB **85**, 1888, Weimar JB **76**, 568, aM Schmidt JZ **76**, 758 (er sei unpfändbar). Der Rückzahlungsanspruch, § 607 I BGB, ist pfändbar. Das Schuldscheindarlehen ist pfändbar. Die Pfändung kann unter Umständen einen Anlaß zu einem Widerruf bilden, § 610 BGB.
S auch Rn 87 „Kontokorrent".
**Diäten:** Sie sind wie Arbeitseinkommen pfändbar, Düss MDR **85**, 242.
**Diensteinkommen:** Die Wirkung einer Pfändung ergibt sich aus §§ 832, 833. Das Diensteinkommen ist teilweise unpfändbar, §§ 850ff. Der Kontenschutz richtet sich nach § 835 III 2, 850 k.
**Dienstleistung:** Der Anspruch auf die Dienstleistung ist im Zweifel unpfändbar, § 613 S 2 BGB. Aus einem Urteil auf unvertretbare Dienste aus einem Dienstvertrag kann die Zwangsvollstreckung nicht betrieben werden, § 888 II, dort Rn 22.
**Dienstleistungsmarke:** § 857 Rn 2 „Dienstleistungsmarke".
**Dispositionskredit:** Rn 87 „Kontokorrent".
**Dreidimensionales Zeichen:** § 857 Rn 2 „Dreidimensionales Zeichen".
**70 Duldung:** Die Zwangsvollstreckung richtet sich nach §§ 890–893. Wegen eines Duldungstitels Rn 70 „Ehe".
**EDV-Anlage:** Rn 68 „Computer".
**Ehe:** Ein Urteil auf die Eingehung oder auf die Herstellung des ehelichen Lebens ist nicht vollstreckbar, § 888. Die Zwangsvollstreckung in bewegliche Sachen des Eheguts richtet sich nach § 739. Beim Gesamtgut gilt folgendes: Bei der Gütergemeinschaft ist § 740 zu beachten; bei der fortgesetzten Gütergemeinschaft ist § 745 zu beachten. Der Anteil am Gesamtgut oder an einzelnen Teilen des Gesamtguts ist während des Bestehens der Gemeinschaft unpfändbar, § 860, ebenso der Anspruch auf die Auseinandersetzung, solange die Gütergemeinschaft besteht, § 860 Rn 1. Für die Zwangsvollstreckung beim Eintritt des Güterstands während des Prozesses gilt § 742, bei einer Beendigung während des Prozesses gelten die §§ 743, 744, 744 a, 745 II. Der Anspruch auf eine Mitwirkung bei der gemeinsamen Steuererklärung ist nach § 851 unpfändbar, AG Hechingen FamRZ **90**, 1127.
S auch Rn 75 „Gewerbefrau", Rn 93 „Lebensversicherung".
**Eigentumsübertragung:** Für den Anspruch auf die Übertragung gelten §§ 897, 898.
**Eigentumsvorbehalt:** Rn 60 „Anwartschaft".
**Eingliederungsgeld:** Es ist wie Arbeitslosengeld zu behandeln, § 62 a VI AFG.
S daher (zum Arbeitslosengeld) Rn 103 „Sozialleistung".
**71 Einstweilige Verfügung:** Der Anspruch aus einer einstweiligen Verfügung ist unpfändbar (auch im Rahmen der Zweckbestimmung, § 851 Rn 3), wenn die Leistung zu einem ganz bestimmten Zweck angeordnet worden ist. Denn sonst würde dieser Zweck vereitelt werden, aM Düss OLGZ **66**, 315 (der Charakter des Anspruchs und eine sonst vorhandene grundsätzliche Pfändbarkeit würden nicht durch die Dringlichkeit verändert, die ja eine Voraussetzung der einstweiligen Verfügung sei); damit wird aber der gerichtlich geprüften Zweckgebundenheit entgegengetreten. Der Anspruch auf die Zahlung eines Prozeßkostenvorschusses aus einer einstweiligen Anordnung nach §§ 127 a, 620 ff ist unpfändbar.
**Einziehungsrecht:** Das Einziehungsrecht des Überweisungsgläubigers ist pfändbar, § 857, § 835 Rn 3.
**Eisenbahn:** Ansprüche nach Art 55 § 2 CIM und Art 55 § 2 CIV sind unpfändbar.
**Entschädigung:** Eine Entschädigung nach §§ 140, 158, 163 II BEG und dessen Nachfolgevorschriften ist grundsätzlich mit Genehmigung der Entschädigungsbehörde pfändbar, § 14 BEG, LG Bln Rpfleger **78**, 151. Die Hinterbliebenenrente ist unpfändbar, § 28 BEG. Es gibt aber zahlreiche Ausnahmen.
**Erbausgleichsanspruch:** Der Anspruch nach § 1934 d BGB ist nach Abrede oder rechtskräftiger Entscheidung pfändbar, vorher nicht.
**72 Erbbaurecht:** Der Anspruch auf die Zustimmung des Grundeigentümers zu einer Veräußerung oder zu einer Belastung des Erbbaurechts nach § 7 I, II ErbbauVO ist unpfändbar. Wohl aber kann das Gericht die Ausübung des Anspruchs zur Einziehung überweisen.
**Erbersatzanspruch:** Der Anspruch nach § 1934 a BGB ist pfändbar, weil übertragbar, §§ 1934 b II, 2317 II BGB.
**Erbteil:** Ein Erbteil ist nur im ganzen pfändbar, § 859 II. Vgl auch Rn 96 „Nachlaß".
**Erfinderrecht,** dazu *Sikinger,* Genießt der Anspruch auf Erfindervergütung den Lohnpfändungsschutz der §§ 850 ff ZPO?, Festschrift für *Ballhaus* (1985) 785: Es ist unpfändbar, soweit das Persönlichkeitsrecht reicht, BGH GRUR **78**, 585.
**Erziehungsgeld:** Ein solches und vergleichbare Leistungen sind unpfändbar, § 54 III Z 1 SGB I, abgedruckt in Rn 80 „Kindergeld", § 850 a Rn 9, LG Hagen Rpfleger **93**, 30, AG Betzdorf JB **92**, 636.
**73 Fernsehgerät:** Es ist grundsätzlich unpfändbar, aber austauschbar, § 811 Rn 19–21.
**Firma:** Sie kann nur zusammen mit dem Unternehmen übertragen und daher auch nur zusammen mit dem Unternehmen gepfändet werden. Da sich aber die Pfändung des Unternehmens praktisch nicht durchführen läßt, s Unternehmen, ist auch die Firma praktisch unpfändbar. Eine vollstreckbare Ausfertigung gegen den Übernehmer wird gemäß § 729 erteilt.

1. Abschnitt. Allgemeine Vorschriften **Grundz § 704**

**Forderung,** dazu *Behr,* Taktik in der Mobiliarvollstreckung (III), Kontenpfändung, Pfändung besonderer Geldforderungen usw, 1989:
Die Pfändbarkeit einer Geldforderung richtet sich nach § 829, ihre Verwertung nach §§ 835 ff.
**Freistellung:** Rn 67 „Befreiung von einer Verbindlichkeit".
**Früchte auf dem Halm:** Die Pfändbarkeit richtet sich nach §§ 810, 813, die Verwertung nach § 824.
**Fürsorgedarlehen:** Soweit es einem Schwerbeschädigten nach §§ 25 ff BVG gewährt wird, ist es pfändbar.
**Gefährdungshaftung:** Der Schadensersatzanspruch ist grds pfändbar. Wegen Rente § 850 b Z 1, 2. **74**
**Gefangener:** Wegen des Arbeitsentgelts usw § 850 Rn 7.
Vgl auch Rn 77 „Haft".
**Gehalt:** Rn 69 „Diensteinkommen", Rn 94 „Lohn".
**Geistige Leistung:** § 887 Rn 27 „Geistige Leistung".
**Geld:** Die Pfändbarkeit richtet sich nach § 808, die Verwertung nach § 815.
S auch Rn 73 „Forderung", Rn 87 „Kontokorrent".
**Geldkarte:** Zum Begriff und zur Funktion *Pfeiffer* NJW **97**, 1036. Sie ist zwar kein Wertpapier, folgt aber dessen Zweck. Soweit man mit ihrer Hilfe Bargeld erzielen kann, ist dieses wie sonst pfändbar. Im übrigen vgl Rn 114 „Wertpapier".
**Geldmarktanteil:** Vgl Röder DGVZ **95**, 110 (ausf).
**Gemeinschaft:** Rn 59 „Anteilsrecht".
**Genossenschaft:** Anh § 859 Rn 6 (C).
**Genossenschaftsbank:** Unpfändbar ist ein im Deckungsregister der Bank eingetragener Vermögenswert, soweit die Zwangsvollstreckung wegen eines anderen Anspruchs als desjenigen aus der Schuldverschreibung jener Bank stattfindet, § 16 G v 22. 12. 75, BGBl 3171.
**Gesellschaft:** Es gelten die folgenden Regeln: **75**
A. **BGB-Gesellschaft.** Bei ihr ist für den Vollstreckungstitel § 736 maßgeblich. Der Anteil des einzelnen Gesellschafters ist im ganzen pfändbar. Der Anteil an einzelnen Gegenständen ist unpfändbar, § 859.
B. **Handelsgesellschaft.** Bei ihr ist für den Vollstreckungstitel das im Anh § 736 Ausgeführte zu beachten. Die Verwertung richtet sich nach den im Anh § 859 Rn 4, 5 genannten Regeln. Die Pfändung des Geschäftsanteils einer GmbH erfolgt nach § 857, auch wenn eine Genehmigung zur Übertragung notwendig ist. Drittschuldner ist die Gesellschaft. Wegen Pfändung einer nichteingezahlten Stammeinlage BGH NJW **92**, 2229 (Abwicklungsstadium), Hamm DB **92**, 1082 (Pfändbarkeit nur bei Vollwertigkeit der Forderung gegen die Gesellschaft), Köln RR **89**, 354 (Pfändbarkeit beim Wegfall der Zweckbindung) und Rpfleger **91**, 466 (Pfändbarkeit nach Einstellung des Geschäftsbetriebes usw), LG Osnabr DB **76**, 286, Berger ZZP **107**, 43 (keine Vollwertigkeitsprüfung). Wegen der Einziehung eines GmbH-Anteils für den Fall der Pfändung BGH NJW **85**, 1768, Heckelmann ZZP **92**, 60. Der Kapitalentnahmeanspruch ist unpfändbar, Stöber Rn 1586, aM Muth DB **86**, 1764.
**Gewerbefrau:** Für den Vollstreckungstitel gilt § 741.
**Gewerbliches Schutzrecht:** Es gelten die folgenden Regeln: **76**
A. **Marke.** S Rn 95 „Marke", § 857 Rn 7 „Marke".
B. **Patent usw,** dazu *Jautz,* Probleme der Zwangsvollstreckung in Patentrechte und Patentlizenzrechte, Diss Tüb 1997: Beim Patent, Gebrauchsmuster, Geschmacksmuster ist folgendes pfändbar: das Recht **aus** dem Patent oder dem Muster, §§ 15 PatG, 21 GebrMG, 3 GeschmMG, BGH **125**, 336; das Recht auf das Patent, § 6 PatG, BGH **125**, 336, Mes GRUR **78**, 200; der Anspruch auf Erteilung des Patents aus der Anmeldung, § 7 PatG, Benkard § 15 PatG Anm 5. Die Pfändung erfolgt nach § 857. Eine Zustellung der Pfändung an das Patentamt ist anzuraten. Nach der Pfändung kann die Anmeldung nicht mehr zurückgenommen werden. Die Verwertung erfolgt unter Zuhilfenahme der Auskunftspflicht, § 836 III. Die Verwertung hat sich auf die Erteilung einer Lizenz, notfalls einer ausschließlichen, zu beschränken. Denn damit ist das Nötige getan und der Schuldner möglichst vor Schaden bewahrt worden.
**Girokonto:** Rn 87 „Kontokorrent".
**Gold- und Silbersachen:** Die Pfändung richtet sich nach § 808, die Verwertung nach § 817a III.
**Grundrente:** Rn 103 „Sozialleistung".
**Grundschuld:** Die Pfändbarkeit richtet sich nach § 857 Rn 13, 15. Wenn die Grundschuld sicherungshalber einem Dritten eingeräumt wurde, dann ist der Anspruch auf den Mehrerlös nach Abdeckung der Forderung des Drittschuldners sowie gleichzeitig der Anspruch auf die Rückübertragung, die Abtretung oder den Verzicht bezüglich der Grundschulden pfändbar, § 857 Rn 13, BGH **LM** § 857 Nr 4.
**Grundstück:** Die Zwangsvollstreckung in ein Grundstück richtet sich nach §§ 864 ff. Wegen herrenloser Titel vgl § 787.
**Haft:** Der Versorgungsanspruch aus dem Häftlingshilfegesetz ist als Sozialleistung, s dort, zu behandeln. Der **77** Anspruch auf eine Entschädigung wegen einer unschuldig erlittenen Untersuchungshaft ist vor seiner rechtskräftigen Zusprechung unpfändbar, § 13 II StrEG. Dasselbe gilt für einen Vorschuß, Hamm NJW **75**, 2075.
Vgl auch Rn 74 „Gefangener".
**Haftpflichtversicherung:** Rn 112 „Versicherungsanspruch".
**Handlung:** Die Zwangsvollstreckung wegen einer vertretbaren Handlung richtet sich nach §§ 887, 888 a, diejenige wegen einer unvertretbaren Handlung nach §§ 888, 888 a.
**Haushaltmittel:** Eine Forderung „aus Haushaltsmitteln" ist unpfändbar, LG Mainz Rpfleger **74**, 166.
**Hausrat:** Er ist beschränkt pfändbar, §§ 811 I Z 1, 812, vgl aber auch § 851 Rn 4, 6.
**Herausgabe:** Die Zwangsvollstreckung in einen Anspruch auf die Herausgabe beweglicher Sachen richtet **78** sich nach §§ 846, 847, 849. Bei der Zwangsvollstreckung in einen Anspruch auf Herausgabe von Liegenschaften sind die §§ 846, 848, 849 zu beachten. Die Zwangsvollstreckung zur Erwirkung der Herausgabe beweglicher Sachen richtet sich nach §§ 883–886. Die Zwangsvollstreckung zur Erwirkung der Herausgabe von Liegenschaften erfolgt nach §§ 885, 886.

**Hinterlegung:** Das Recht auf die Rücknahme einer hinterlegten Sache ist unpfändbar, § 377 BGB.
**Höchstpersönlicher Anspruch:** Er ist grundsätzlich unpfändbar, §§ 399 BGB, 851 II, BGH GRUR 78, 585. S auch Rn 114 „Wahlrecht bei Wahlschuld".
**Hörzeichen:** § 857 Rn 2 „Hörzeichen".
**Hypothek:** Die Zwangsvollstreckung in die Hypothek richtet sich nach § 830. Die Verwertung richtet sich nach §§ 835 ff. Wegen der Eigentümerhypothek § 857 Rn 14. Wird eine Forderung, für die eine Buchhypothek besteht, gepfändet und zur Einziehung überwiesen, ist das solange unwirksam, als die Pfändung nicht in das Grundbuch eingetragen ist, BGH NJW 94, 3225.

79 **Immission:** § 887 Rn 43 „Zuführung".
**Impfschaden:** Der Entschädigungsanspruch ist nach Maßgabe der §§ 54, 55 SGB I pfändbar, derjenige für Verdienstausfall ist zum Teil wie das Arbeitseinkommen pfändbar, die Entschädigung für vernichtete oder beschädigte Sachen ist grundsätzlich unpfändbar; Einzelheiten BSeuchenG.
**Insolvenzausfallgeld:** Soweit der Anspruch auf die Zahlung von Arbeitsentgelt vor dem Zeitpunkt des Eingangs eines Insolvenzantrags beim Insolvenzgericht gepfändet worden ist, wird von dieser Pfändung auch der Anspruch auf die Zahlung von Insolvenzausfallgeld erfaßt, § 141k II AFG. Der Anspruch auf die Zahlung des Ausfallgeldes ist vor dem Eingang eines Antrags auf dieses Ausfallgeld nur mit der Maßgabe pfändbar, daß der Anspruch erst ab Antragstellung erfaßt wird, LG Würzb Rpfleger 78, 388. Vom Zeitpunkt des Eingangs eines Antrags auf Ausfallgeld an ist der Anspruch auf die Zahlung dieses Geldes wie ein Arbeitseinkommen pfändbar, § 141 I AFG. Ein Ausfallgeld, das auf ein Bankkonto überwiesen wurde, hat binnen 7 Tagen gemäß § 149 II AFG Pfändungsschutz, Hornung Rpfleger 75, 239. Zur Problematik Denck KTS 89, 263.
**Investment:** Das Recht des Anteilsinhabers ist nebst den Anteilscheinen pfändbar, §§ 821, 831. Es besteht jedoch kein Anspruch auf eine Aufhebung der Gemeinschaft an dem Sondervermögen, § 11 KAGG.
**Kindererziehungsleistung:** Rn 72 „Erziehungsgeld".

80 **Kindergeld:** Maßgebend sind

*SGB I § 48.* I ²Kindergeld, Kinderzuschläge und vergleichbare Rentenbestandteile (Geldleistungen für Kinder) können an Kinder, die bei der Festsetzung der Geldleistungen berücksichtigt werden, bis zur Höhe des Betrages, der sich bei entsprechender Anwendung des § 54 Abs. 5 Satz 2 ergibt, ausgezahlt werden. ³Für das Kindergeld gilt dies auch dann, wenn der Kindergeldberechtigte mangels Leistungsfähigkeit nicht unterhaltspflichtig ist oder nur Unterhalt in Höhe eines Betrages zu leisten braucht, der geringer ist als das für die Auszahlung in Betracht kommende Kindergeld.

*SGB I § 54.* III Unpfändbar sind Ansprüche auf
1. Erziehungsgeld und vergleichbare Leistungen der Länder,
2. Mutterschaftsgeld nach § 13 Abs. 1 des Mutterschutzgesetzes, soweit das Mutterschaftsgeld nicht aus einer Teilzeitbeschäftigung während des Erziehungsurlaubs herrührt oder anstelle von Arbeitslosenhilfe gewährt wird, bis zur Höhe des Erziehungsgeldes nach § 5 Abs. 1 des Bundeserziehungsgeldgesetzes,
3. Geldleistungen, die dafür bestimmt sind, den durch einen Körper- oder Gesundheitsschaden bedingten Mehraufwand auszugleichen.

IV Im übrigen können Ansprüche auf laufende Geldleistungen wie Arbeitseinkommen gepfändet werden.

V ¹Ein Anspruch des Leistungsberechtigten auf Geldleistungen für Kinder (§ 48 Abs. 1 Satz 2) kann nur wegen gesetzlicher Unterhaltsansprüche eines Kindes, das bei der Festsetzung der Geldleistungen berücksichtigt wird, gepfändet werden. ²Für die Höhe des pfändbaren Betrages bei Kindergeld gilt:
1. Gehört das unterhaltsberechtigte Kind zum Kreis der Kinder, für die dem Leistungsberechtigten Kindergeld gezahlt wird, so ist eine Pfändung bis zu dem Betrag möglich, der bei gleichmäßiger Verteilung des Kindergeldes auf jedes dieser Kinder entfällt. Ist das Kindergeld durch die Berücksichtigung eines weiteren Kindes erhöht, für das einer dritten Person Kindergeld oder dieser oder dem Leistungsberechtigten eine andere Geldleistung für Kinder zusteht, so bleibt der Erhöhungsbetrag bei der Bestimmung des pfändbaren Betrages des Kindergeldes nach Satz 1 außer Betracht.
2. Der Erhöhungsbetrag (Nummer 1 Satz 2) ist zugunsten jedes bei der Festsetzung des Kindergeldes berücksichtigten unterhaltsberechtigten Kindes zu dem Anteil pfändbar, der sich bei gleichmäßiger Verteilung auf alle Kinder, die bei der Festsetzung des Kindergeldes zugunsten des Leistungsberechtigten berücksichtigt werden, ergibt.

Aus der komplizierten Rechtslage können hier nur die wichtigsten Regeln skizziert werden. Ausführliche Übersicht bei *Hornung* Rpfleger 89, 1.

81 **A. Systematik.** Die Vorschriften sind als neues Spezialrecht zusammen mit dem ebenfalls neuen § 850 e Z 2 a S 2–5 vor allen bisherigen Regelungen und Erkenntnissen, insbesondere der Rechtsprechung, vorrangig. Die letzteren bleiben nur mit dieser Einschränkung und außerhalb des Geltungsbereichs der neuen Vorschriften beachtlich. Andererseits sind die neuen Vorschriften trotz ihres erkennbaren Bestrebens nach Verbesserung des Pfändungsschutzes doch als Ausnahmen von dem Grundgedanken der Pfändbarkeit des gesamten Vermögens und Einkommens, wie er ungeachtet zahlreicher Einschränkungen und abweichender Grundsätze in Wahrheit wohl immer noch gilt, eng auszulegen.

82 **B. Geltungsbereich: „Geldleistungen für Kinder", § 48 I 2 SGB I.** § 54 V 1 verweist wegen des sachlichen Geltungsbereichs auf die Amtliche Begriffsbestimmung in § 48 I 2 SGB I. Nach ihr zählen hierher das Kindergeld, nach dem BKGG, Kinderzuschläge und vergleichbare Rentenbestandteile, §§ 33 b BVG, 583, 1262 RVO, 39 AVG, 60 RKG.

1. Abschnitt. Allgemeine Vorschriften **Grundz § 704**

Ein solcher Anspruch ändert seinen Charakter weder durch *Abtretung* noch durch Verpfändung. Dagegen ändert der gesetzliche Forderungsübergang zB nach §§ 116 SGB X, 37 BAföG, 7 UVG den Charakter der Forderung und läßt damit evtl das Pfändungsprivileg entfallen, § 850 d Rn 1, Hornung Rpfleger **88**, 217. Erziehungsgeld und vergleichbare Leistungen der Länder sind gänzlich unpfändbar, § 54 III Z 1 SGB I, Rn 72 „Erziehungsgeld". Dasselbe besagt § 850 a Z 6, dort Rn 9.

**C. Einschränkung der Pfändbarkeit: „Nur" wegen gesetzlicher Unterhaltsansprüche usw.** 83
Wie der Wortlaut von § 54 V 1 SGB I bereits zeigt, ist nur ein gesetzlicher Unterhaltsanspruch eines Kindes, kein vertraglicher, privilegiert, und auch er nur insoweit, als er „bei der Festsetzung der Geldleistungen berücksichtigt wird", zähl- wie auch ausnahmsweise aus nur in Anspruch eines sog Zähl- wie eines sog Zahlkindes. Bei einer Überweisung auf ein Sparbuch des Schuldners wendet Hamm JB **90**, 1058 nicht § 54 V, sondern § 55 SGB I an.

*Nicht* privilegiert sind also gewöhnliche Forderungen solcher Gläubiger wie auch gesetzliche oder gar vertragliche Unterhaltsansprüche anderer Kinder oder Dritter. Noch weniger begünstigt sind Ansprüche anderer Art, die Dritte aus welchem Rechtsgrund auch immer betreiben, oder andere Ansprüche auf laufende Geldleistungen, § 54 IV SGB I, abgedruckt bei Rn 80.

**D. Berechnung der Höhe des pfändbaren Betrages: Gleichmäßige Verteilung trotz unter-** 84
**schiedlicher Auszahlungssumme, § 54 V 2 Z 1, 2 SGB I.** Das Kind, das etwa überhaupt Kindergeld usw pfänden kann, kann nicht einfach den dem Schuldner für diesen Gläubiger ausgezahlten Betrag pfänden; es findet vielmehr eine komplizierte Umrechnung statt. Grundlage ist das Bestreben gleichmäßiger Verteilung auf alle gleichrangigen Kinder. Rechenbeispiele bei Hornung Rpfleger **88**, 218.

**E. Zusammenrechnung von Kindergeld usw mit anderen Einkommensarten (Arbeitsein-** 85
**kommen usw): Zulässigkeit.** Insofern ist keine grundsätzliche Änderung der Pfändbarkeit eingetreten. Vgl dazu § 850 e Z 2 a. Rechenbeispiele bei Hornung Rpfleger **88**, 220. 86
**Kontenschutz:** Er ergibt sich aus den §§ 835 III 2, 850 k.
**Kontokorrent** 87

**Schrifttum:** *Bach-Heuker,* Pfändung in die Ansprüche aus Bankverbindung und Drittschuldnererklärung der Kreditinstitute, 1993; *Baßlsperger,* Rpfleger **85**, 177; *Bauer,* DStR **82**, 280 (Globalpfändung der Finanzverwaltung); *Behr,* Taktik in der Mobiliarvollstreckung (III), Kontenpfändung usw, 1989; *Berger,* ZIP **81**, 538; *David,* MDR **93**, 108; *Ehlenz,* JB **82**, 1767 (mehrere Konten); *Ehlenz/Diefenbach,* Pfändung in Bankkonten und andere Vermögenswerte, 3. Aufl 1990; *Grube,* Die Pfändung von Ansprüchen aus dem Giroverhältnis unter besonderer Berücksichtigung von Kontokorrentkrediten, 1995; *Grund,* Die Zwangsvollstreckung in den Geldkredit, Diss Bonn 1988; *Jungmann* ZInsO **99**, 64; *Kerres* DGVZ **92**, 106 (ausf); *Kiphuth,* Sparkasse **81**, 64 (Sparkasse als Drittschuldner); *Stirnberg,* Pfändung von Girokonten, 1983; *Werner-Machunsky,* BB **82**, 1581. S auch Rn 96 „Notar", § 857 vor Rn 1.

Der Anspruch auf Erteilung von *Kontoauszügen* und andere Auskunft ist *pfändbar,* soweit er überhaupt besteht, AG Landsb RR **87**, 819, aM LG Itzehoe RR **88**, 1394, AG Meldorf SchlHA **87**, 152 (kein Anspruch).

*Einzelne Posten* des Kontokorrents sind grundsätzlich *unpfändbar,* §§ 355 ff HGB, BGH (1. ZS) **80**, 176 und (8. ZS) NJW **82**, 1150, BFH NJW **84**, 1920, LG Stgt Rpfleger **81**, 24, aM BGH (1. ZS) **84**, 373 und (8. ZS) **84**, 324, Stgt Rpfleger **81**, 445, LG Gött Rpfleger **80**, 237.

Der festgestellte *Saldo,* also derjenige Betrag, der dem Schuldner bei einer Verrechnung als Überschuß 88 zusteht, ist *pfändbar,* BGH NJW **99**, 1545, BFH NJW **84**, 1920, Ffm RR **94**, 878. Dann berühren die nach der Pfändung neu entstehenden Schuldposten den Gläubiger nicht, BGH **80**, 176 (stellt auf den „Zustellungssaldo" ab), Baumb/Hopt § 357 HGB Rn 4, aM Forgàch DB **74**, 813, 1854. Zur zweifachen Doppelpfändung (des gegenwärtigen und künftigen Saldos durch zwei Gläubiger) Gröger BB **84**, 25. Die Kontonummer kann fehlen, soweit das Konto trotzdem genügend bestimmt bezeichnet ist, § 829 Rn 18 ff. Die Pfändung auf ein *künftiges* Guthaben ist bei ausdrücklicher Erstreckung zulässig, BGH **80**, 176. Der Anspruch auf eine fortlaufende Auszahlung durch *Überweisungsauftrag* ist beim Bankkonto *pfändbar,* BGH **84**, 325, sofern die Pfändung ihn ausschließlich erfaßt, BGH **84**, 378; vgl aber auch § 835 III 2.

Ein Anspruch auf eine Kontoüberziehung *(Kreditrahmen)* ist *pfändbar,* soweit der Kredit übertragbar 89 (nicht zweckgebunden) ist, Köln ZIP **83**, 810, LG Düss JB **85**, 470, LG Itzehoe SchlHA **87**, 94, aM Schlesw NJW **92**, 579, LG Münst MDR **96**, 1069, Olzen ZZP **97**, 31.

Der Anspruch auf die Durchführung einer Überweisung *zugunsten eines Dritten* ist *pfändbar,* aM Häuser ZIP **83**, 891. Die Bezeichnung ist nicht stets rechtlich maßgeblich, § 829 Rn 2, 6, LG Kblz MDR **76**, 232 betr ein Gehaltskonto. Man kann zwar unter Umständen der Pfändung einer kontokorrentgebundenen Einzelforderung in eine Saldopfändung umdeuten, aber nur, wenn sich unter anderem die Nämlichkeit der gepfändeten Forderung aus dem Pfändungsbeschluß wenigstens in allgemeinen Umrissen ergibt, BGH NJW **82**, 1151, BFH NJW **84**, 1920.

Auch ein *Anderkonto* ist *pfändbar,* Märker Rpfleger **92**, 52, Noack DGVZ **76**, 112. Beim „Oder- bzw 90 Und-Konto" liegt nicht stets eine Gesamthandsgemeinschaft der Inhaber und daher nicht stets eine Unpfändbarkeit nach § 859 vor, LG Oldb Rpfleger **83**, 79, aM App MDR **90**, 892. Es kann ein Titel gegen einen Konto-Mitinhaber genügen, BGH **93**, 320, LG Bielef JB **96**, 440, Wagner WertpMitt **91**, 1151 (zu § 771), aM Kblz RR **90**, 1386. § 357 HGB ist gegenüber Nr 19 II AGB der Banken vorrangig, Düss BB **84**, 2026. Die Mitpfändung des etwaigen Ausgleichsanspruchs nach § 430 BGB kann ratsam sein, App MDR **90**, 892. Die Bank kann dem Pfändungsgläubiger gegenüber den durch Scheckeinlösung entstandenen Anspruch auf Aufwendungsersatz nicht unter Bezug auf § 357 II HGB geltend machen, Düss BB **84**, 2026. Wegen der Pfändung überwiesener Sozialleistungen s „Sozialleistung" sowie §§ 835 III, 850 k Rn 1. Die Pfändung des Kontos A ergreift nicht automatisch ein bei derselben Bank neu errichtetes Konto B.

**Körper- und Gesundheitsschaden:** Wegen der Unpfändbarkeit einer Ausgleichszahlung § 54 III Z 3 SGB I, abgedruckt bei Rn 80 „Kindergeld".

91 **Kostbarkeit:** Ihre Pfändbarkeit folgt aus §§ 808, 813 Rn 3, ihre Verwertbarkeit aus §§ 813 I, 817 a III.
**Kostenerstattungsanspruch:** Der Anspruch auf die Erstattung der Kosten des Erkenntnisverfahrens ist ab seiner Rechtshängigkeit, § 261 Rn 4, pfändbar. Der Anspruch auf die Erstattung von Vollstreckungskosten ist ab Erteilung des einzelnen Vollstreckungsauftrages pfändbar.
**Krankenkasse:** Der Anspruch auf eine Erstattung von Arzt- und Heilungskosten ist unpfändbar. Der Anspruch auf die Zahlung von Krankengeld ist im wesentlichen unpfändbar, § 850 b Rn 10, § 850 i Rn 9. Wegen des Arbeitgeberzuschusses zum Krankengeld § 850 Rn 15. Eine einmalige Erstattungsleistung, die keine Sozialleistung, s dort, ist, ist nicht vor der Pfändung und der Verrechnung mit einem Schuldsaldo geschützt, nachdem sie dem Girokonto des Berechtigten gutgeschrieben wurde, BGH **104**, 310.

92 **Kredit:** Rn 87 „Kontokorrent".
**Kriegsfolgengesetz:** Der Anspruch auf die Härtebeihilfe ist nach § 74 G unpfändbar, vgl § 851 I.
**Kühlschrank:** § 811 Rn 18.
**Kurzarbeitergeld:** Rn 103 „Sozialleistung".

93 **Landwirt:** Rn 95 „Milchkontingent".
**Leasing,** dazu *Borggräfe,* Die Zwangsvollstreckung in bewegliches Leasinggut, 1976: Die Leasingsache ist nach §§ 808 ff pfändbar, Teubner/Lelley ZMR **99**, 151. Wegen der Pfändbarkeit des Gebrauchsüberlassungsanspruchs usw § 857 Rn 7.
**Lebensversicherung,** dazu *Bohn,* Die Zwangsvollstreckung in Rechte des Versicherungsnehmers usw, Festschrift für *Schiedermair* (1976) 33; *Haegele* BaWüNotZ **74**, 141: Mit den Einschränkungen der §§ 850 III, 850 b I Z 4 ist der Auszahlungsanspruch pfändbar. Eine Bezugsberechtigung eines Dritten macht seine Pfändung nicht unzulässig. Die Herausgabe der Police erfolgt gemäß § 836 III. Ein Anspruch aus einem Lebensversicherungsvertrag zwecks Regelung des Versorgungsausgleichs ist wie eine Unterhaltsrente pfändbar, LG Freibg DGVZ **87**, 88. Auf einen Anspruch aus einer privaten Lebensversicherung, der zur Befreiung von der Rentenversicherungspflicht geführt hat, sind die Pfändungsschutzbestimmungen für Sozialleistungen nicht anwendbar, BFH NJW **92**, 527, FG Karlsr MDR **90**, 956.
S auch Rn 112 „Versicherungsanspruch".
**Leistung an Dritte:** Der Anspruch auf eine solche Leistung ist pfändbar.
**Liegenschaft:** Die Zwangsvollstreckung in eine Liegenschaft richtet sich nach §§ 864 ff. Die Zwangsvollstreckung in liegenschaftsähnliche Rechte ergibt sich aus § 870. Bei einem Urteil auf eine Bestellung einer Hypothek, Grundschuld oder Rentenschuld sind §§ 897 II, 898 zu beachten.
**Lizenz:** Eine ausschließliche Lizenz an einem gewerblichen Schutzrecht, durch die der Lizenznehmer eine Art dingliches Ausbeutungsrecht erwirbt, ist nach § 857 pfändbar, es sei denn, daß sie einem Betrieb als Inhaber unübertragbar gewährt worden ist. Eine einfache Lizenz ist unpfändbar, weil sie an den Betrieb, der als solcher nicht pfändbar ist, oder an die Person des Berechtigten gebunden ist. Die Filmvertriebslizenz ist örtlich und zeitlich begrenzt. Daher ist sie pfändbar, wenn sie ausschließlich erteilt ist. Das dem Filmtheater, also dem Inhaber oder dem Betrieb zustehende Nutzungsrecht ist aber unpfändbar.

94 **Lohn (Gehalt):** Der Umfang der Pfändbarkeit des Lohns oder Gehalts richtet sich nach den §§ 832, 850 ff. Eine Anwartschaft auf den Lohn oder das Gehalt ist pfändbar, § 857, Börker NJW **70**, 1105. Der Kontenschutz ergibt sich aus den §§ 835 III 2, 850 k. Zum Vorschuß Denck BB **79**, 480.
**Lohnfortzahlungsgesetz:** Es besteht Pfändbarkeit wie beim Arbeitseinkommen, §§ 850 ff. Der Erstattungsanspruch des Arbeitgebers ist pfändbar.
**Lohnsteuerjahresausgleich:** § 829 Rn 3.
**Luftfahrzeug:** Wenn es in die Luftfahrzeugrolle eingetragen worden ist, dann ist es nach den Vorschriften zur Zwangsvollstreckung in Liegenschaften pfändbar, § 864 Rn 5. Wegen des Arrests ist § 99 LuftfzG v 26. 2. 59, BGBl 57, zu beachten. Wegen des Herausgabeanspruchs § 847 a Rn 1.

95 **Marke,** dazu *Volkmer,* Das Markenrecht im Zwangsvollstreckungsverfahren, 1998: Das durch die Eintragung, die Benutzung oder die notorische Bekanntheit einer Marke begründete Recht kann Gegenstand von Maßnahmen der Zwangsvollstreckung sein, § 29 I Z 2 MarkenG. Der Antrag auf Eintragung einer Maßnahme der Zwangsvollstreckung nach § 29 II MarkenG kann vom Inhalt der eingetragenen Marke oder von demjenigen gestellt werden, der die Zwangsvollstreckung betreibt, § 34 I MarkenV v 30. 11. 94, BGBl 3555.
**Miete:** Der Anspruch des Vermieters auf Miete ist teilweise unpfändbar, § 851 b. Das gilt auch für künftige Miete, soweit der Pfändungsbeschluß sie ausdrücklich miterfaßt. Der Anspruch aus einer künftigen Vermietung einer zur Zeit noch unvermieteten Wohnung ist ansich übertragbar. Da aber noch ein Drittschuldner fehlt, ist er dennoch unpfändbar. Über die Zwangsvollstreckung auf die Vornahme einer Handlung des Vermieters § 887 Rn 38 „Vermieter". Der Anspruch auf die Zahlung von Umlegungsbeträgen, wie Heizungskostenanteilen, ist unpfändbar. Im Fall einer Zwangsversteigerung s dort.
S auch Rn 108 „Untermiete".
**Milchkontingent:** Zur Pfändbarkeit LG Memmingen Rpfleger **98**, 120.
**Mitgliedsrecht:** Die Rechte aus der Mitgliedschaft in einem Verein sind unpfändbar, § 38 BGB.
**Möbelleihvertrag:** Rn 60 „Anwartschaft".
**Mutterschaftsgeld:** Es ist grds unpfändbar, soweit es nicht aus einer Teilzeitbeschäftigung usw herrührt, § 54 III Z 2 SGB I, abgedruckt bei Rn 80 „Kindergeld".

96 **Nacherbe:** Wegen des Titels vgl § 728. Das Recht des Nacherben, auch des alleinigen Nacherben, zwischen dem Tod des Erblassers und dem Eintritt der Nacherbfolge ist pfändbar, § 857. Zu pfänden sind beim Alleinnacherben das Recht auf den Nachlaß, bei einem Mitnacherben das Recht auf den Anteil am Nachlaß. Der Vorerbe ist kein Drittschuldner. Bei der Pfändung des Nacherbenrechts entsteht mit dem Eintritt der Nacherbfolge ein Pfandrecht an den einzelnen Gegenständen.
**Nachlaß:** Die Zwangsvollstreckung in den Nachlaß richtet sich nach § 747. Vgl ferner §§ 778–784.
S auch Rn 106 „Testamentsvollstrecker".

## 1. Abschnitt. Allgemeine Vorschriften
## Grundz § 704

**Namensrecht:** Es ist unpfändbar.
**Nießbrauch:** Rn 97 „Nutzungsrecht".
**Notar,** dazu *Strehle,* Die Zwangsvollstreckung in das Guthaben des Notaranderkontos, 1995: Der Anspruch des Hinterlegers oder Einzahlers auf eine Rückzahlung ist unpfändbar, Hamm DNotZ **83**, 62, aM insofern BGH **76**, 13, Celle DNotZ **84**, 257, ZöStö § 829 Rn 33 „Notar". Der künftige Auszahlungsanspruch des Verkäufers ist pfändbar.
**Nutzungsrecht:** Es ist grundsätzlich pfändbar, § 857. Dies gilt zB für ein Schürfrecht. Ein Jagdrecht ist **97** unpfändbar, § 3 BJagdG. Das Jagdpachtrecht ist ebenfalls unpfändbar, § 11 BJagdG. Das Gebrauchsrecht des Mieters oder Pächters ist nur dann pfändbar, wenn der Vermieter oder Verpächter der Gebrauchsübertragung zustimmt oder wenn er ein solches Gebrauchsrecht eingeräumt hat. Die Zwangsvollstreckung in einen Nießbrauch erfolgt nach § 737, aM BayObLG Rpfleger **98**, 70, Düss Rpfleger **97**, 315 (nach § 857 IV 2); wegen der Vollstreckungsklausel § 738. Der Nießbrauch und eine beschränkte persönliche Dienstbarkeit sind zwar nur der Ausübung nach übertragbar (die letztere ist regelmäßig sogar ganz unübertragbar), §§ 1059, 1092 BGB. Trotzdem ist ein solches Recht als Gesamtrecht pfändbar, BGH **95**, 100, Ffm MDR **90**, 922, LG Bonn Rpfleger **79**, 349, aM PalBass § 1059 BGB Rn 6. Eine Eintragung der Pfändung im Grundbuch ist nicht erforderlich, BGH **93**, 136.

Die *Löschung* des Nießbrauchs ohne Zustimmung des Pfandgläubigers ist wegen § 19 GBO unzulässig, obwohl wegen § 857 III, § 1059 S 1 BGB von § 857 IV nur das Ausübungsrecht erfaßt wird, BGH DB **74**, 720. Deshalb ist eine Klage des Schuldners gegen den Pfandgläubiger auf die Erteilung seiner Zustimmung zu einer Löschung zulässig. Ob sie wegen Arglist usw unbegründet ist, läßt sich nur von Fall zu Fall entscheiden. Die Vollstreckung in ein Nutzungsrecht bei einer Beschränkung des Erben in guter Absicht richtet sich nach § 863.

S auch Rn 93 „Leasing", „Lizenz", Rn 105 „Stahlkammerfach".
**Opfer:** Rn 113 „Versorgungsbezüge". **98**
**Patent:** Rn 76 „Gewerbliches Schutzrecht. B. Patent usw".
**Persönlichkeitsrecht:** Es ist unpfändbar, BGH GRUR **78**, 585.
**Pflegegeldanspruch:** Er ist grds unpfändbar, Sauer/Meiendresch NJW **96**, 766 (Ausnahme: § 850 Rn 4).
**Pflichtteilsanspruch:** Er ist unpfändbar, soweit er nicht durch einen Vertrag anerkannt oder rechtshängig geworden ist, § 852 I, aM BGH **123**, 185 (aber der Gesetzestext ist eindeutig).
**Postbankgirokonto,** dazu *Stöber* Rpfleger **95**, 277 (ausf): Rn 87 „Kontokorrent".
**Postscheckkonto:** Der Anspruch des Schuldners auf die Auszahlung seines Guthabens einschließlich der **99** Stammauslage ist pfändbar, § 23 III 2 PostG, § 7 S 2 PostscheckO (es steht nicht entgegen, daß die Verordnung des RPostM v 19. 3. 34 eine Abtretung und Verpfändung verbietet). Die Pfändung eines künftigen Guthabens ist ohne zeitliche Beschränkung zulässig, § 829 Rn 1, 2, Forgách DB **74**, 813, 1854, aM Herz DB **74**, 1852. Das Kündigungsrecht ist unpfändbar, § 23 III 3 PostG. Denn die Pfändung kann nur den Sinn haben, die Ausübung des Kündigungsrechts durch den Schuldner zu verhindern. Der Kontenschutz richtet sich nach §§ 835 III 2, 850 k. Drittschuldner ist die Deutsche Post AG, § 18 Rn 6 „Deutsche Post".
**Postsendung:** Sie ist unpfändbar, § 23 I, II PostG. Das gilt auch für den Anspruch auf ihre Zustellung und Aushändigung und für den Auszahlungsanspruch bei der Nachnahme, Postanweisung, Zahlkarte. Pfändbar ist der Anspruch auf Schadensersatz und auf Gebührenerstattung, § 23 V PostG.
**Postspargutzhaben:** S § 23 IV PostG und § 831 Rn 1. Der Kontenschutz richtet sich nach §§ 835 III 2, 850 k.
**Prämie:** Rn 64 „Arbeitnehmerprämie", Rn 104 „Sparprämie". **100**
**Provision:** Sie ist grds wie Arbeitseinkommen pfändbar, Treffer MDR **98**, 384 (auch zu Ausnahmen).
**Rangvorbehalt:** § 851 Rn 2.
**Reallast:** § 857 Rn 13.
**Rechnungslegung:** Der Anspruch auf eine Rechnungslegung ist pfändbar, jedoch nur zusammen mit dem Herausgabeanspruch. Die Zwangsvollstreckung richtet sich nach § 888, § 887 Rn 21 „Auskunft, Einsicht, Rechnungslegung".
**Rechtsanwalt:** Pfändbar sind die zugunsten des Schuldners sowohl eingezogenen oder beigetriebenen Beträge als auch Vergütungsansprüche gegen den Staat, §§ 121 ZPO, 97 ff, 131 BRAGO. Vgl auch § 851 Rn 2.
**Rechtsschutzversicherung:** Rn 112 „Versicherungsanspruch".
**Reederei:** Wegen des Vollstreckungstitels Anh § 736.
**Registerpfandrecht** an einem Luftfahrzeug: Wegen der Pfändung und Überweisung dieses Rechts vgl § 830 a Rn 1, § 837 a Rn 1.
**Reisevertragsanspruch:** Er ist pfändbar. Das gilt auch für den Anspruch auf einen Ersatz entgangenen Urlaubs, Stöber 292 a, Vollkommer Rpfleger **81**, 458.
**Rente:** Rn 103 „Sozialleistung", § 829 Rn 1, § 850 b I Z 1.
**Rentenschuld:** § 857 Rn 13.
**Rückerstattungsanspruch:** Ein Anspruch nach dem Bundesrückerstattungsgesetz gegen das ehemalige Deutsche Reich usw ist gemäß § 8 G pfändbar.
**Rückkehrhilfe:** Der Anspruch des Ausländers auf die Rückkehrhilfe ist pfändbar, Oldb NJW **84**, 1469.
**Rücktritt:** Das Recht zum Rücktritt ist grundsätzlich unpfändbar.
**Rundfunkgerät:** Es ist grundsätzlich unpfändbar, aber austauschbar, § 811 Rn 20, 21.
**Sache, bewegliche:** Die Pfändung richtet sich nach § 808 ff. Die Verwertung erfolgt nach §§ 814 ff. Bei **101** einer Zwangsvollstreckung in Liegenschaften ist § 865 zu beachten.
**Sammelverwahrung:** Vgl *Erk* MDR **91**, 236.
**Schadensersatzanspruch:** Gegenüber dem Postdienst und der Postbank ist er pfändbar, § 23 V 1 PostG. Vgl ferner § 717 Rn 12.
**Schadensversicherung:** Rn 112 „Versicherungsanspruch".
**Schenker:** Der Anspruch des Schenkers auf die Herausgabe des Geschenks nach § 528 BGB ist unpfändbar, wenn er nicht durch einen Vertrag anerkannt oder rechtshängig geworden ist, § 852.

**Schiff und Schiffsbauwerk:** Die Zwangsvollstreckung auf die Herausgabe des Schiffs usw richtet sich nach § 885. Die Zwangsvollstreckung in ein Schiff usw erfolgt nach § 870 a. Bei einer Mehrpfändung ist § 855 a zu beachten. Die Pfändung des Anspruchs auf die Herausgabe erfolgt nach § 847 a. Bei einer Arrestanordnung ist das in Grdz 2 vor § 916 Ausgeführte zu beachten. Die Arrestvollziehung richtet sich nach § 931. Ein Vollstreckungsschutz für Binnenschiffe besteht nicht mehr. Wegen des Verteilungsverfahrens wegen einer Haftungsbeschränkung des Reeders usw Üb 1 vor § 872.
**Schiffshypothek:** Die Pfändung einer Schiffshypothek erfolgt nach § 830 a, die Überweisung nach § 837 a.
**Schiffspart:** Die Zwangsvollstreckung erfolgt nach § 858, LG Würzb JB **77**, 1289.
**Schlechtwettergeld:** Rn 103 „Sozialleistung".
**Schmerzensgeld:** Der Anspruch auf die Zahlung eines Schmerzengelds ist seit dem Fortfall des früheren § 847 I 2 BGB jetzt wie andere Ansprüche pfändbar.
**Schuldbefreiung:** Rn 67 „Befreiung von einer Verbindlichkeit".

**102 Sicherungsübereignung:** Die Pfändung des Anspruchs auf die Rückübertragung durch denjenigen, dem übereignet wurde, richtet sich nach §§ 829, 847. Wenn der Drittschuldner sie nur teilweise in Anspruch nimmt, aber die ganze Forderung einzieht, dann erstreckt sich die Pfändung auch auf den nach der Verwertung durch den Drittschuldner verbleibenden Überschuß, falls die Auslegung des Pfändungsbeschlusses dies zuläßt, BGH **LM** § 857 Nr 8. Wenn Sachen im Gewahrsam des Sicherungsgebers geblieben sind, gilt nur § 829, aM BFH BB **76**, 1351 (er verweist beiläufig auf § 857). Außerdem ist in beiden Fällen § 808 zu beachten. Bei einer auflösend bedingten Sicherungsübereignung erfolgt die Zwangsvollstreckung wie bei einer Anwartschaft, Rn 60.

**Software,** dazu: *Asche,* Zwangsvollstreckung in Software (rechtsvergleichend), 1998; *Franke,* Software als Gegenstand der Zwangsvollstreckung usw, 1998; *Weimann,* Software in der Einzelzwangsvollstreckung, Rpfleger **96**, 12 (ausf); *Weimann,* Softwarepaket als Vollstreckungsgut usw, DGVZ **96**, 1 (ausf): Man muß die Pfändbarkeit unter Beachtung der, auch immateriellen, „informationellen" Bestandteile von Fall zu Fall behutsam aus den insofern überalterten Vorschriften der ZPO bejahend oder verneinend ableiten, Franke MDR **96**, 236 (entsprechend der Sachpfändung), Koch KTS **88**, 81, Paulus DGVZ **90**, 156 (ausf).

S auch Rn 68 „Computer".

**Sozialhilfe:** Der Anspruch auf die Leistung von Sozialhilfe ist unpfändbar, § 4 I 2 BSHG, LG Bln MDR **78**, 323. Ein ausgezahlter Betrag aus der Sozialhilfe ist praktisch unpfändbar, §§ 850 b I Z 3, 850 f III, 765 a.

**103 Sozialleistung,** dazu *Danzer,* Die Pfändbarkeit künftiger Rentenleistungen usw, Diss Trier 1998; *Heilmann,* Die Zwangsvollstreckung in Sozialhilfeansprüche nach § 54 SGB AT usw, Diss Bonn 1999; *Hornung* Rpfleger **94**, 442, *Kohte* NJW **92**, 393 (je: Üb); *Mrozynski,* Verschuldung und sozialer Schutz: Das Verhältnis von Sozialrecht und Zwangsvollstreckungsrecht, 1989:

Vgl zunächst §§ 28, 29 SGB I. Der *gegenwärtige* Anspruch auf eine Sozialleistung (nicht auch der künftige evtl höhere, Stgt MDR **91**, 547) ist bedingt pfändbar, §§ 51–55 SGB I (wegen der vorrangigen Regelung betr Kindergeld Rn 80 „Kindergeld"), aM ThP § 829 Rn 14. Dies gilt zumindest wegen des Betrags, der bei einem Arbeitseinkommen pfändbar wäre, BGH **92**, 345, auch wegen Altersruhegeld, LG Kblz RR **86**, 680, LG Köln Rpfleger **87**, 465, oder wegen Arbeitslosengeld, § 850 i Rn 9, Hamm MDR **85**, 64, von Gagel NJW **84**, 715, oder wegen Arbeitslosenhilfe, § 850 i Rn 9, Hamm MDR **85**, 65, oder wegen Eingliederungsgelds, Rn 70 „Eingliederungsgeld", oder Grundrente nach dem BVG, LG Lübeck SchlHA **84**, 117, Bracht NJW **80**, 1505, oder Kurzarbeitergelds, Schlechtwettergelds oder Wintergelds, LG Marbg Rpfleger **81**, 491, oder Unterhaltsgelds, AG Gummersbach FamRZ **98**, 177 (BSHG). Nur daneben sind §§ 850 f anwendbar, Köln RR **86**, 1125 (wendet allerdings stets § 850 c an), Kohte Rpfleger **90**, 12 (man muß trotz § 850 c stets prüfen, ob Hilfsbedürftigkeit einträte); Schreiber NJW **77**, 279, § 829 Rn 10, 11, Einf 8 vor § 850–852, § 850 b Rn 15. Wegen der Grundrente des Schwerkriegsbeschädigten Hamm Rpfleger **83**, 410, wegen einer Lebensversicherung als Rentenersatz LG Lübeck MDR **84**, 61.

Eine *bedingte* Pfändung der *künftigen* Rente ist jetzt zulässig, § 829 Rn 2.

Wegen des *Rückerstattungsanspruchs* nach § 1303 RVO LG Lübeck Rpfleger **84**, 474. Geschützt ist aber jeweils nur der berechtigte Empfänger der Sozialleistung, nicht ein Dritter, auf dessen Konto sie eingeht, mag der Sozialleistungsberechtigte auch Bankvollmacht haben, BGH NJW **88**, 709.

**104 Sozialplan:** Die Abfindung nach dem Sozialplan ist pfändbar, AG Krefeld MDR **79**, 853.

**Sparguthaben,** dazu *Behr* JB **99**, 235: Der Auszahlungsanspruch ist pfändbar. Das Sparbuch ist herauszugeben, § 836 Rn 6.

**Sparprämie:** Der Anspruch auf die Auszahlung der Sparprämie ist pfändbar, soweit ein Schuldnerrecht besteht; dasselbe gilt für ein Guthaben auf einem prämienbegünstigten Konto, LG Essen Rpfleger **73**, 148, Bauer JB **75**, 288. Der Gläubiger kann vor dem Ablauf der Sperrfrist nur auf Grund einer entsprechenden Vereinbarung des Schuldners mit dem Geldinstitut verfügen, LG Bbg MDR **87**, 243, Brych DB **74**, 2054, ZöStö § 829 Rn 33 „Sparguthaben", aM Muth DB **79**, 1118.

Vgl ferner § 850 k.

**105 Stahlkammerfach** (Schließfach, Safe, Tresor): Der Gerichtsvollzieher muß den Schlüssel wegnehmen und das Fach öffnen. Weigert die Bank die Mitwirkung, so ist der Anspruch des Schuldners auf den Zutritt und die Mitwirkung nach § 857 zu pfänden und zu überweisen und anzuordnen, daß der vom Gläubiger zu beauftragende Gerichtsvollzieher statt des Gläubigers den Zutritt erhält. Die Klage gegen die Bank ist zweckmäßigerweise auf eine Duldung der Öffnung des Fachs und auf die Wegnahme aller darin befindlichen Papiere zu richten.

**Steuerberater:** Sein Honorar ist grds pfändbar, BGH NJW **99**, 1545.
**Steuererstattungsanspruch:** § 829 Rn 3.
S auch Rn 70 „Ehe".

**Strafgefangenen-Eigengeld:** § 850 Rn 7.
**Strafverfolgungsentschädigung:** Rn 77 „Haft".

1. Abschnitt. Allgemeine Vorschriften                                    **Grundz § 704**

**Streitwertfestsetzung:** Der Anspruch auf eine höhere Wertfestsetzung ist unpfändbar.
**Taschengeld:** § 850 b Rn 4, 13.                                                               **106**
**Testamentsvollstrecker:** Die Zwangsvollstreckung gegen den Testamentsvollstrecker richtet sich nach § 748. Bei der Erteilung der Vollstreckungsklausel gelten §§ 728, 749.
**Tier:** § 811 c.
**Treugut:** § 771 Rn 22–26 „Treuhand". Wegen einer auflösend bedingten Sicherungsübereignung Rn 60 „Anwartschaft".
**Treugut:** § 771 Rn 22–26 „Treuhand". Wegen einer auflösend bedingten Sicherungsübereignung Rn 60 „Anwartschaft".
**Trinkgeld:** § 832 Rn 8, § 850 Rn 2, § 850 d Rn 9.
**Überziehungskredit:** Rn 87 „Kontokorrent".                                                   **107**
**Umschulungsbeihilfe:** Der Anspruch auf die Zahlung solcher Beihilfe ist unpfändbar, LG Hbg MDR **74**, 850.
**Ungewolltes Kind:** Sein Unterhaltsanspruch ist unpfändbar, Vollkommer Rpfleger **81**, 458.
**Unpfändbarkeit:** § 811 zählt die unpfändbaren Sachen auf. Wegen der Unpfändbarkeit von Forderungen und Ansprüchen Einf vor §§ 850–852, §§ 850–850 i, 851, 852.
**Unselbständiger Anspruch:** Ein Anspruch ohne einen selbständigen Vermögenswert, wie der Anspruch auf die Herausgabe eines Hypothekenbriefs, ist nicht selbständig pfändbar, § 857 Rn 3 (d).
**Untergebrachter:** Wegen des Überbrückungsgelds und der Entlassungshilfe des im psychiatrischen Krankenhaus Untergebrachten rechtspolitisch Schulz ZRP **83**, 154.
**Unterhaltsordnung:** § 850 b.
**Unterhaltsgeld:** Rn 103 „Sozialleistung".
**Unterhaltssicherung:** Nur die Verdienstausfallentschädigung nach den §§ 2, 7 USG ist gemäß §§ 850 ff **108** pfändbar. Unpfändbar sind also Sonderleistungen, allgemeine Leistungen und Einzelleistungen, § 851, Wagner Rpfleger **73**, 207, allerdings erst ab ihrer Barauszahlung, Wagner Rpfleger **73**, 208.
   S auch Rn 93 „Lebensversicherung".
**Unterlassung:** Der Anspruch auf eine Unterlassung ist pfändbar, § 857. Das gilt vor allem für den Anspruch auf die Unterlassung eines unlauteren Wettbewerbs. Denn dieser Anspruch hat einen Vermögenswert, aM Blomeyer Vollstreckungsverfahren 280. Die Erzwingung einer Unterlassung erfolgt nach den §§ 890–893.
**Untermiete,** dazu *Noack* ZMR **73**, 290: Der Anspruch auf die Zahlung der Untermiete ist mangels Zweckbindung pfändbar. Evtl ist § 765 a anwendbar.
   S auch Rn 95 „Miete".
**Unternehmen:** Das Recht am Unternehmen ist theoretisch pfändbar. Die Pfändung läßt sich aber praktisch nach der ZPO in keiner Weise durchführen. Daher ist das Unternehmen praktisch unpfändbar.
**Urheberrecht:** Beim Verwertungsrecht sind dessen einzelne Ausstrahlungen (Aufführungsrecht, Veröffent- **109** lichungsrecht, Übersetzungsrecht, Dramatisierungsrecht, Verfilmungsrecht), nicht notwendig einheitlich zu behandeln. Die Zwangsvollstreckung in die nach dem UrhG geschützten Rechte erfolgt nach den allgemeinen Vorschriften, § 857, mit einigen Besonderheiten. Gegen den Urheber und seinen Rechtsnachfolger ist die Zwangsvollstreckung wegen Geldforderungen in das Urheberrecht nur mit Einwilligung und nur insoweit zulässig, als er Nutzungsrechte einräumen kann, §§ 113, 115, 31 UrhRG; der Einwilligung des Rechtsnachfolgers bedarf es nach dem Erscheinen des Werkes nicht mehr.
   Ebenso bedarf es der Einwilligung des Urhebers bei der Zwangsvollstreckung wegen Geldforderungen in die ihm gehörenden *Originale* seiner Werke, außer wenn eine solche Zwangsvollstreckung zur Durchführung der Zwangsvollstreckung in ein Nutzungsrecht am Werk notwendig ist, bei der Zwangsvollstreckung in das Original eines Werkes der Baukunst oder eines anderen veröffentlichten Werkes der bildenden Künste, § 114 UrhG. Hinsichtlich des Rechtsnachfolgers gilt Ähnliches wie vorstehend, § 116 UrhG.
   Sinngemäß sind diese Bestimmungen auch bei der Zwangsvollstreckung wegen Geldforderungen gegen die Verfasser *wissenschaftlicher Ausgaben* sowie gegen Lichtbildner und ihre Rechtsnachfolger anzuwenden, § 118 UrhG. Vorrichtungen, die ausschließlich zur Vervielfältigung oder Funksendung eines Werkes bestimmt sind, unterliegen der Zwangsvollstreckung wegen Geldforderungen nur, soweit der Gläubiger zur Nutzung des Werkes mittels dieser Vorrichtungen berechtigt ist, ebenso Vorrichtungen zur Filmvorführung wie zB Filmstreifen, § 119 UrhG.
**Urlaubsabgeltung:** Der Anspruch auf sie ist pfändbar, LAG Bln BB **91**, 2087, aM Hohmeister BB **95**, 2112.
**Urlaubsgeld:** Der Anspruch auf das Urlaubsgeld ist pfändbar, LAG Bln BB **91**, 2087. Eine Pflicht des Arbeitnehmers zur Rückzahlung befreit den Arbeitgeber nicht vor den zwingenden Vorschriften der §§ 850 ff, LAG Bln BB **89**, 2254.
**Verdienstausfall:** Der Schadensersatzanspruch wegen Verdienstausfalls ist wie Arbeitseinkommen pfändbar, **110** §§ 850 ff. Wegen einer Rente § 850 b Z 1, 2.
**Verein:** Wegen eines Vollstreckungstitels gegen ihn § 735.
**Verlagsrecht:** Es ist pfändbar, § 28 VerlG. Seine Veräußerung ist aber nur mit der dort angegebenen Einschränkung möglich. Sie ist also nicht möglich, wenn die Veräußerung durch einen Vertrag zwischen dem Urheber und dem Verleger ausgeschlossen worden ist oder wenn der Urheber die Zustimmung verweigert. Der Verlag als Ganzes unterliegt keiner Zwangsvollstreckung, Rn 108 „Unternehmen". Im übrigen bleibt nur die Bestellung eines Verwalters möglich.
**Vermögensübernehmer:** Für den Vollstreckungstitel gegen ihn ist § 729 zu beachten.
**Vermögenswirksame Leistung,** dazu *Behr* JB **99**, 235: Der Anspruch auf die Zahlung einer solchen **111** Leistung ist unpfändbar, da er nicht übertragbar ist, § 2 VII des 5. VermBG in Verbindung mit § 851, BAG NJW **77**, 76. Der Anspruch auf die Zahlung einer Arbeitnehmersparzulage ist § 13 III des 5. VermBG in Verbindung mit § 851, BAG NJW **77**, 76. Ein ausgezahlter Betrag ist pfändbar, Borrmann DB **74**, 384 und 2057, aM Brych DB **74**, 2057 (Ansprüche aus § 3 des [jetzt] 4. VermBG seien unpfändbar, solche aus § 4 und solche auf Zahlung einer Arbeitnehmersparzulage seien mit Ausnahmen

pfändbar). Die Festlegungsfrist ist auch für die Zwangsvollstreckung beachtlich, AG Augsb NJW **77**, 1827, Muth DB **79**, 1121.

S auch Rn 104 „Sparguthaben", „Sparprämie".

**112 Versicherungsanspruch,** dazu *Bohn*, Die Zwangsvollstreckung in Rechte des Versicherungsnehmers aus dem Versicherungsvertrag usw, Festschrift für *Schiedermair* (1974) 33:

Vgl zunächst § 851 Rn 6. Ein Anspruch auf die Zahlung einer vertraglichen Feuerentschädigung ist bei einer Wiederherstellungspflicht des Versicherten beschränkt unpfändbar, § 98 VVG. Dasselbe gilt für eine Versicherungsforderung für unpfändbare Sachen, § 15 VVG. Der Anspruch auf die Zahlung einer sonstigen vertraglichen Versicherungssumme ist nach § 829 pfändbar. Wenn ein Dritter eine Zuwendung erhalten hat, ist der Anspruch auf die Versicherungssumme gegen den Dritten pfändbar, wenn der Dritte sofort erwirbt. Bei einem widerruflichen Versicherungsanspruch kann der Pfandgläubiger den Widerruf erst nach der Überweisung des Anspruchs aussprechen, da der Widerruf zur Verwertung gehört, § 930 Rn 1. Ein Erstattungsanspruch wegen eines Beitrags ist pfändbar, die Ausübung des Erstattungsrechts ist aber höchstpersönlich, LG Bln Rpfleger **75**, 444. Ein Anspruch aus einer Rechtsschutzversicherung ist als ein Schuldbefreiungsanspruch grundsätzlich unpfändbar, Stöber § 150 a, Vollkommer Rpfleger **81**, 458. Die Leistung aus einer privaten Zusatzversicherung kann bedingt pfändbar sein, wie bei § 850 b I Z 4, LG Hann Rpfleger **95**, 511.

S auch Rn 67 „Befreiung von einer Verbindlichkeit", Rn 93 „Lebensversicherung".

**Versorgungsbezüge:** Sie sind nur sehr eingeschränkt pfändbar, §§ 51 BVG, 48 SVG. Im übrigen gilt § 850 II.
**Versteigerungserlös:** Es gibt keinen pfändbaren Auszahlungsanspruch gegen den Gerichtsvollzieher, LG Kiel Rpfleger **70**, 71. Der Überschußanspruch des Schuldners ist allerdings vom Zuschlag an pfändbar. Der Anspruch des Schuldners, der gegen einen Dritten vollstreckt hat, ist nicht selbständig ohne seine zugrundeliegende Forderung pfändbar, AG Essen Rpfleger **79**, 67.

**113 Vollmacht:** Das Recht aus der Vollmacht ist pfändbar, wenn die Vollmacht im Interesse des Bevollmächtigten unwiderruflich erteilt ist und wenn außerdem ihre Ausübung einem Dritten überlassen werden kann, § 857, BayObLG Rpfleger **78**, 372, aM StJM § 857 Rn 3 (das Recht aus der Vollmacht sei unpfändbar), ähnlich Vortmann NJW **91**, 1038 (praktisch Unpfändbarkeit der Vollmacht). Dies gilt zB für die stillschweigende Vollmacht des Erwerbers eines Blankowechsels zur Ausfüllung. Die Verwertung des Rechts erfolgt nach § 844.

**Vollstreckungskosten:** Rn 91 „Kostenerstattungsanspruch".
**Vorkaufsrecht:** Es ist nicht übertragbar, daher auch nicht pfändbar, sofern nicht ein anderes bestimmt worden ist, § 514 S 1 BGB, § 851.
**Vorlegung:** Der Anspruch auf eine Vorlegung ist dann nach § 857 pfändbar, wenn die Vorlegung für den Gläubiger irgendeinen Wert hat. Die Zwangsvollstreckung richtet sich nach § 883, dort Rn 8–10.
**Vormerkung:** Das Recht aus einer Vormerkung ist nicht selbständig pfändbar. Dagegen wird das Recht aus der Vormerkung zusammen mit dem durch die Vormerkung gesicherten Anspruch gepfändet, § 401 BGB, Jung Rpfleger **97**, 96. Die Pfändung ist eintragungsfähig. Es ist kein Nachweis des Bestehens des gesicherten Anspruchs notwendig.

**114 Wahlrecht bei Wahlschuld:** Grdz 6 vor § 803.
**Waschmaschine:** Sie ist meist unpfändbar, § 811 Rn 22.
**Wehrsold:** Grenzschutzsold, Sachbezüge, Dienstgeld, Entlassungsgeld sind pfändbar, Kreutzer AnwBl **74**, 172. Die Pfändung des Wehrsoldes umfaßt das Entlassungsgeld, Drsd Rpfleger **99**, 283. Ein Übergangsgeld ist pfändbar, AG Krefeld MDR **79**, 853.

S auch § 850 Rn 3, § 850 e Rn 11.

**Wertpapier:** Wegen seiner Pfändung § 808 Rn 18. Die Verwertung richtet sich nach §§ 821–823. Wegen eines Ausweispapiers § 808 Rn 18. Ein indossables Papier, namentlich der Wechsel, wird nach § 831 gepfändet und nach §§ 835 ff ausgewertet. Bei einem Wertpapier in einem Sammeldepot erfolgt die Pfändung des Anteils, §§ 747, 751 BGB, nach den §§ 857, 829, 835, 836, 847. Zum Bundeswertpapier Röder DGVZ **92**, 103 (ausf).

S auch Rn 74 „Geldkarte".

**Widerrufsrecht:** Es ist im allgemeinen unpfändbar; s auch Schenker. Bei der Pfändung des Anspruchs aus einem Lebensversicherungsvertrag Rn 112 „Versicherungsanspruch".
**Wiederkaufsrecht:** Es ist pfändbar.
**Wintergeld:** Rn 103 „Sozialleistung".
**Witwenrente:** § 850 Rn 10, § 850 b Rn 10.
**Wohnbesitz:** Die Zwangsvollstreckung richtet sich nach § 767 Rn 2, § 771 Rn 4, § 851 Rn 5, § 857 Rn 2; vgl Schopp Rpfleger **76**, 384.

**115 Wohngeld:** Es ist nur insoweit pfändbar, als die Pfändungsforderung mit dem Miet- oder Wohnraumnutzungsverhältnis dieses Empfängers in einem Zusammenhang steht, LG Ellwangen Rpfleger **88**, 274, LG Gött NJW **88**, 2676, LG Marbg Rpfleger **86**, 395, aM LG Augsb JB **97**, 44, LG Brschw NZM **99**, 96, LG Hbg JB **97**, 440 (je: Zusammenrechnung mit Lohn), LG Darmst JB **99**, 324 (abl Ernst), LG Düss Rpfleger **88**, 274 (je: Zusammenrechnung mit Rente), LG Bielef JB **96**, 270. AG und LG Bonn Rpfleger **89**, 164 (zustm Hitzen) befürworten eine Billigkeitspfändung. Freilich ist das auf einem als Eigenkonto des Verwalters einer Wohnungseigentümergemeinschaft eingerichteten Konto eingezahlte Wohngeld zugunsten der Gläubiger des Verwalters pfändbar; die Wohnungseigentümer sind auf § 771 angewiesen, LG Köln RR **87**, 1365.

S auch Rn 103 „Sozialleistung".

**Wohnrecht:** § 857 Rn 8.
**Wohnungsbauprämie:** Die ausgezahlte Prämie und auch der Anspruch auf die Auszahlung der Prämie sind pfändbar, soweit das Schuldnerrecht besteht.
**Willenserklärung:** Die Zwangsvollstreckung richtet sich nach §§ 894–896, 898.

S auch § 887 Rn 41.

**116 Zeichen:** § 857 Rn 2 „Dienstleistungsmarke", „Dreidimensionales Zeichen", „Hörzeichen".

**Zivildienstsold:** Wie Rn 114 „Wehrsold", zu beurteilen.
**Zuführung (Immission):** § 887 Rn 43 „Zuführung".
**Zwangsversteigerung:** Das Recht auf den Erlös ist bei einer Liegenschaftszwangsversteigerung vor der Erteilung des Zuschlags unpfändbar. Denn dieses Recht ist der Hauptteil des hypothekarischen Rechts und nicht ein künftiger Anspruch. Die Mieten sind pfändbar, § 21 II ZVG, vgl aber auch §§ 1123, 1124 BGB, Saarbr Rpfleger **93**, 80.
Vgl auch Rn 76 „Grundschuld".
**Zwangsverwaltung:** Die Miete ist bis zur Anordnung der Zwangsverwaltung pfändbar, § 865 II. Vgl auch §§ 1123, 1124 BGB. Der Anspruch des Eigentümers gegen den Verwalter auf die Aushändigung der Kasse nach Verfahrensaufhebung ist pfändbar.
**Zwangsvollstreckung:** Rn 91 „Kostenerstattungsanspruch".

15) *VwGO: Der Rechtsweg für das Vollstreckungsverf richtet sich nach der Herkunft des zugrunde liegenden Titels,* **117** *hM, OVG Münst NJW **86**, 1190 u NJW **84**, 2484 mwN, u a VGH Mü NJW **83**, 1992 u NVwZ **82**, 563 mwN, str, aM Renck NVwZ **82**, 547 (es komme auf den Rechtscharakter des Anspruchs an), offen OVG Münst NVwZ-RR **94**, 619. Danach ist die VwGO auf die Vollstreckung aus den Titeln des § 168 VwGO (und anderen Titeln im Bereich des § 40 VwGO) anzuwenden. Nach § 167 I 1 VwGO gilt für die Vollstreckung das 8. Buch entsprechend, soweit sich aus der VwGO nichts anderes ergibt. Dieser Grundsatz wird jedoch durch § 169 VwGO erheblich eingeschränkt, weil sich danach die Vollstreckung zugunsten der öffentlichen Hand nach dem VwVG v 27. 4. 53, BGBl I 157 (m späteren ÄndG), VGH Mannh LS DÖV **97**, 557, richtet (wenn nicht auch der Schuldner eine juristische Person des öffentlichen Rechts ist; gleichwohl bleiben auch insoweit zahlreiche Vorschriften der ZPO entsprechend anwendbar, namentlich die allgemeinen Vorschriften. Auf eine Einschränkung der Anwendbarkeit durch § 169 VwGO wird deshalb bei den einzelnen Bestimmungen besonders hingewiesen; wendet das Vollstreckungsgericht statt der dort genannten Vorschriften solche der ZPO an, so ist aber im Einzelfall zu prüfen, ob der Schuldner hierdurch in seinen Rechten verletzt wird, OVG Münst DVBl **80**, 602. Der Grundsatz des § 167 I 1 VwGO gilt uneingeschränkt bei der Vollstreckung gegen die öffentliche Hand, jedoch mit der Maßgabe der §§ 170–172, und bei der (praktisch bei öffentlichrechtlichen Streitigkeiten sehr seltenen) Vollstreckung für und gegen Private. Einzelne Abweichungen vom 8. Buch gelten in allen Fällen der Vollstreckung nach VwGO, nämlich die §§ 167 I 2 (Vollstreckungsgericht ist das Gericht des ersten Rechtszuges), 167 II (bei Anfechtungs- und Verpflichtungsklagen vorläufige Vollstreckbarkeit nur wegen der Kosten) und 168 (abschließende Aufzählung der Vollstreckungstitel). Näheres siehe bei den dadurch betroffenen Bestimmungen der ZPO. Zur Vollstreckung nach VwGO allgemein: Ule VPrR §§ 70 und 71; Wettlaufer, Die Vollstr aus verw-, sozial- u finanzgerichtl Titeln zugunsten der öff Hand, 1989 (Bespr App NVwZ **91**, 354; Kopp DÖV **91**, 37); Bank, ZwVollstr gegen Behörden, 1982 (Bespr Renck BayVBl **84**, 703); Rupp AöR **85**, 320 (kritisch); Gaul JZ **79**, 496 (insbesondere zur Mitwirkung der Zivilgerichte; Zeiss ZRP **82**, 74 (de lege ferenda) sowie die Kommentare zur VwGO und die Darstellungen des VerwVollstrRechts.*

**704** *Zwangsvollstreckung aus Endurteilen. Vollstreckbarkeit.* **I** Die Zwangsvollstreckung findet statt aus Endurteilen, die rechtskräftig oder für vorläufig vollstreckbar erklärt sind.
**II** Urteile in Ehe- und Kindschaftssachen dürfen nicht für vorläufig vollstreckbar erklärt werden.

**Vorbem.** Früherer II 2 aufgehoben, Art 3 Z 10 KindUG v 6. 4. 98, BGBl 666, in Kraft seit 1. 7. 98, Art 8 I 2 KindUG, ÜbergangsR Art 5 KindUG.

**1) Systematik, I, II.** Die Vorschrift erfaßt nur einen, wenn auch den wohl wichtigsten, Teil derjenigen **1** Urkunden, aus denen die Zwangsvollstreckung in Betracht kommt. Weitere Vollstreckungstitel sind in §§ 794 ff aufgeführt; hinzu treten die in § 794 Rn 45 ff genannten zahlreichen weiteren bundes- oder landesrechtlichen Vollstreckungstitel. Auch die in II aufgezählten Fälle eines Verbots der vorläufigen Vollstreckbarkeit sind nicht vollzählig, § 894 I 1 (Willenserklärung: Unterstellung der Abgabe erst mit Rechtskraft, daher vorläufige Vollstreckbarkeit nur „wegen der Kosten"), § 883 Rn 14 (Herausgabe eines Kindes: §§ 1632 III BGB, 33 FGG). Schließlich kommt auch nach etwaiger Rechtskraft zumindest überhaupt keine Zwangsvollstreckung in Betracht, soweit die Entscheidung gar nicht auf sie abzielt, wie beim bloßen Feststellungsurteil, § 256, oder nicht erzwingbar wäre, wie bei § 888 II (Ehe usw).
*Gegen wen* sich der Vollstreckungstitel richten muß, ist für zahlreiche Fallgruppen in §§ 735–749 durch vorrangige Sondervorschriften geregelt.

**2) Regelungszweck, I, II.** Die endgültige Vollstreckbarkeit ist ein Gebot der Gerechtigkeit, Einl III 9. **2** Ohne diese Sanktion läge eine lex imperfecta, ein unvollständiges, stumpfes Gesetz ohne wirkliche Durchsetzungskraft vor. Das Ziel des Prozesses ist ja nicht ein Stück Papier (Urteil), sondern die Befriedigung des Gläubigers (freiwillige oder erzwungene Erfüllung). Die vorläufige Vollstreckbarkeit, §§ 708 ff, ist ein Gebot nicht nur der Gerechtigkeit, sondern auch der Rechtssicherheit, Einl III 43: Ohne die Möglichkeit alsbaldigen Zugriffs nach dem richterlichen Erkenntnis der Rechtslage würde der Gläubiger, der oft lange genug auf das Urteil warten mußte, ebenso oft tatsächlich leer ausgehen oder um den zB wirtschaftlich dringend benötigten Erfolg gebracht werden. Die Schadensersatzmöglichkeiten nach § 717 II, III stellen einen gewissen Ausgleich zugunsten des Schuldners dar, Einl III 9. Der Ausschluß wenigstens einer vorläufigen Vollstreckbarkeit nach II ist ein Gebot der dem Staat auferlegten Einhaltung der Verhaltensmäßigkeit auch der staatlich nur eröffneten Machtmittel, Grdz 34 vor § 704: Ein Ausgleich nach vorschnell erfolgter Vollstreckung wäre gar nicht möglich oder doch unzureichend und daher auch ungerecht, Einl III 9.

**3) Begriff des Endurteils, I.** Es muß sich um ein Endurteil im Sinn von § 300 Rn 1, Üb 11 vor § 330 **3** handeln. § 704 bezieht sich nur auf Urteile ordentlicher deutscher Gerichte, aber auch auf Urteile der früheren Konsulargerichte. Ein Urteil des ArbG oder ein Urteil des LAG sind ohne weiteres vorläufig vollstreckbar, soweit das Urteil nichts anderes bestimmt, §§ 62 I, 64 VII ArbGG, LAG Bln BB **86**, 672 und 1368. Urteile anderer Sondergerichte sind nach den für sie geltenden Vorschriften zu behandeln. Über eine neue Klage trotz Vorliegens eines Vollstreckungstitels s Einf 16 vor §§ 322–327.

**4** **4) Vollstreckbarkeit, I.** Es sind die folgenden Stadien zu unterscheiden.

**A. Rechtskraft.** Das Urteil muß entweder rechtskräftig sein, also eine äußere Rechtskraft erlangt haben, Einf 1 vor §§ 322–327. Trotz des Eintritts der Rechtskraft ist ein Urteil nicht endgültig (wohl aber vorläufig, §§ 280, 304 Rn 30) vollstreckbar, wenn es in seinem Bestand von einer nicht rechtskräftigen Vorentscheidung abhängig ist, also durch ein Urteil über eine Zulässigkeitsrüge, eine Vorabentscheidung nach § 304 oder ein Vorbehaltsurteil nach §§ 302, 599. Wenn für denselben Anspruch mehrere Titel vorhanden sind, dann darf die Zwangsvollstreckung nur einmal stattfinden. Der Schuldner kann sich gegen eine mehrfache Zwangsvollstreckung nach § 767 wehren.

**5** **B. Vorläufige Vollstreckbarkeit.** Oder das Urteil muß für vorläufig vollstreckbar erklärt worden sein. Vgl dazu Einf 3 vor §§ 708–720.

**6** **C. Wegfall der Vollstreckbarkeit.** Wird das vorläufig vollstreckbare Urteil aufgehoben, so entfällt dessen Vollstreckbarkeit. Wird das Urteil geändert, so bleibt seine Vollstreckbarkeit nur nach Maßgabe der Abänderung bestehen, § 717 Rn 1, § 775 Rn 7, 8. Das aufhebende Urteil braucht nicht für vollstreckbar erklärt zu werden, Köln JMBlNRW **70**, 70, aM Mü Rpfleger **82**, 112 (zustm Meyer-Stolte). Jedoch ist eine Vollstreckbarerklärung dieses Urteils oft zweckmäßig. Dann darf keine Sicherheitsleistung nach §§ 709 ff, 109 auferlegt werden, Furtner DRiZ **57**, 184. Wenn die Revisionsinstanz ein Urteil wiederherstellt, das von dem Berufungsgericht aufgehoben worden war, dann lebt auch die Vollstreckbarkeit des Urteils wieder auf, weil sie zu dem aufgehobenen Urteil gehört, Ffm NJW **90**, 721, aM KG NJW **89**, 3026, StJM § 717 Rn 3, ZöHe § 717 Rn 1.

*Aufgehobene* Vollstreckungsmaßnahmen leben aber *nicht* wieder auf.

**7** **5) Verbot der vorläufigen Vollstreckbarerklärung, II.** Es besteht in drei Fallgruppen.

**A. Ehesache.** Das Urteil in einer Ehesache, § 606 Rn 2, darf nicht für vorläufig vollstreckbar erklärt werden. Nicht zur Ehesache gehört eine Folgesache, soweit sie zivilprozessualer Natur ist, zB der Anspruch auf Unterhalt und auf den Zugewinnausgleich, Bbg FamRZ **90**, 184, Kemnade FamRZ **86**, 627, ZöPh § 629 d Rn 11. Kemnade FamRZ **86**, 627 empfiehlt, im Verbundurteil einen Ausspruch der vorläufigen Vollstreckbarkeit der Folgesachen ab Rechtskraft des Scheidungsausspruchs vorzunehmen.

**8** **B. Kindschaftssache.** Das Urteil in einer Kindschaftssache, § 640, darf ebenfalls nicht für vorläufig vollstreckbar erklärt werden.

**9** **6) VwGO:** *Es gilt § 168 VwGO, der §§ 704 I und 794 ersetzt und die Vollstreckungstitel abschließend aufzählt;* s § 794 Rn 61.

## 705 Äußere Rechtskraft.

[1]Die Rechtskraft der Urteile tritt vor Ablauf der für die Einlegung des zulässigen Rechtsmittels oder des zulässigen Einspruchs bestimmten Frist nicht ein. [2]Der Eintritt der Rechtskraft wird durch rechtzeitige Einlegung des Rechtsmittels oder des Einspruchs gehemmt.

**Schrifttum:** *Stoll,* Der Eintritt der Rechtskraft des Scheidungsausspruchs im Verbundverfahren, Diss Erl/Nürnb 1988.

### Gliederung

| | |
|---|---|
| 1) Systematik, S 1, 2 .................... 1 | C. Oberlandesgericht: Fälle späterer Rechtskraft ............................. 6 |
| 2) Regelungszweck, S 1, 2 ............... 2 | D. Endurteil des BGH ................... 7 |
| 3) Rechtskraftfähigkeit, S 1, 2 ............ 3 | 5) Rechtsbehelfsverzicht, S 1, 2 .......... 8 |
| 4) Rechtskraft und Verkündung, S 1, 2 .. 4–7 | 6) Hemmung der Rechtskraft, S 1, 2 ..... 9–11 |
|   A. Landgericht als Berufungsgericht ...... 4 |   A. Rechtsmittel ........................ 9, 10 |
|   B. Oberlandesgericht: Fälle sofortiger Rechtskraft ............................. 5 |   B. Einspruch .......................... 11 |
| | 7) VwGO ................................ 12 |

**1** **1) Systematik, S 1, 2.** § 705 regelt den Eintritt der äußeren, formellen Rechtskraft, Einf 1 vor §§ 322–327, für alle Urteile, die eine solche Rechtskraft erlangen können, selbst wenn sie keine Zwangsvollstreckung ermöglichen, Grdz 29 vor § 704. Die Vorschrift gilt auch für das erstinstanzliche Scheidungsurteil, BGH **100**, 205. Sie gilt entsprechend (nur) für einen Beschluß, der in einer bestimmten Frist anfechtbar ist, MüKoKr 3, ThP 1, ZöStö 1, aM RoSGo § 150 II 3 b, StJM 1 (die Rechtskraft trete nicht oder nur mit einem Verzicht auf eine einfache Beschwerde oder mit der Erschöpfung des Beschwerdewegs oder der Beendigung des Verfahrens ein).

**2** **2) Regelungszweck, S 1, 2.** Der Zeitpunkt des Eintritts der äußeren Rechtskraft ist prozessual wie sachlichrechtlich sehr bedeutungsvoll. Deshalb liegt seine Klarstellung im Interesse der Rechtssicherheit, Einl III 43.

**3** **3) Rechtskraftfähigkeit, S 1, 2.** Der äußeren Rechtskraft fähig sind alle Urteile und Beschlüsse, die das Gesetz für selbständig anfechtbar oder für unanfechtbar erklärt, auch Zwischenurteile aus §§ 280 II, 304 (nicht aus § 303) und Vorbehaltsurteile, BGH **69**, 272. Die Rechtskraft tritt nicht ein, solange gegen diese Art von Urteil generell noch ein Einspruch oder ein Rechtsmittel „zulässig" (genauer: überhaupt grundsätzlich statthaft) ist oder sein könnte, selbst wenn zB die Rechtsmittelsumme nicht erreicht ist, §§ 511 a Rn 4, 546 Rn 5. Denn das Rechtsmittelgericht könnte ja den Beschwerdewert anders als das untere Gericht beurteilen. Daher ist auch ein Urteil nach § 495 a vorläufig vollstreckbar.

Die *Rechtsmittelfrist*, §§ 516, 517, 552, läuft *für jede Partei besonders*. Ob eine Wiederaufnahme nach §§ 578 ff statthaft ist, bleibt außer Betracht. Eine Zustellung an einen Prozeßunfähigen, § 51, setzt die Frist in Lauf; mit dem Ablauf der Frist tritt die Rechtskraft ein, § 56 Rn 11, und wird das Urteil vollstreckbar. Eine Unterscheidung zwischen einer Zustellung zwecks Herbeiführung der Rechtskraft und einer Zustellung zur Ermöglichung der Zwangsvollstreckung ist unberechtigt.

**4) Rechtskraft und Verkündung, S 1, 2.** Bereits mit der Verkündung werden folgende Entscheidungen **4** rechtskräftig, weil gegen sie weder ein Einspruch noch ein anderes Rechtsmittel zulässig ist:

**A. Landgericht als Berufungsgericht.** Sofort rechtskräftig wird ein Urteil des LG als Berufungsgericht, § 543.

**B. Oberlandesgericht: Fälle sofortiger Rechtskraft.** Sofort rechtskräftig wird auch ein Urteil des **5** OLG in den folgenden Fällen: Es muß sich entweder um ein Urteil in einer Arrestsache, §§ 916 ff, in einem Verfahren auf Erlaß einer einstweiligen Verfügung, §§ 935 ff, in einem Enteignungsverfahren, in einem Umlegungsverfahren, § 545 II (wegen der Ausnahmen § 547) handeln, Schneider DRiZ **77**, 115, oder es muß sich um ein reines Kostenurteil, §§ 99 II, 567 III, handeln.

**C. Oberlandesgericht: Fälle späterer Rechtskraft.** Andere Urteile des OLG als die in Rn 5 genann- **6** ten werden nicht schon mit ihrer Verkündung rechtskräftig. Das gilt auch dann, wenn eine Beschwerdesumme nicht erreicht ist, § 546 Rn 5. Dies folgt auch aus § 713. Denn diese Vorschrift wäre sonst gegenstandslos, insofern auch Münzberg NJW **77**, 2060, aM Leppin MDR **75**, 900 (er hält ein Urteil des OLG auch dann bereits mit der Verkündung für rechtskräftig, wenn das Fehlen der Beschwerdesumme unverrückbar feststehe; ähnlich Köln NJW **78**, 1443.

*Nicht* schon mit der Verkündung rechtskräftig wird auch ein Urteil, das nicht gemäß § 546 zur Revision zugelassen ist, auch in einer Ehesache, §§ 606 ff, BGH **109**, 212, StJM 3, ZöStö 7, aM Düss FamRZ **85**, 620, Karlsr FamRZ **81**, 581, Stgt FamRZ **83**, 84 (aber das Berufungsgericht kann die Voraussetzungen der Nichtzulassung verkannt haben, sodaß die Revision *doch* zulässig ist).

**D. Endurteil des BGH.** Hierher zählt nicht ein Versäumnisurteil nach §§ 330 ff, 557 Rn 2. **7**

**5) Rechtsbehelfsverzicht, S 1, 2.** Ein Rechtsbehelf ist ferner dann unzulässig, wenn die Partei auf ihn **8** vor seiner Einlegung wirksam verzichtet hat, §§ 514, 566 Rn 2, BGH FamRZ **94**, 301, Ffm NJW **74**, 1389. Der Verzicht braucht nicht gegenüber dem Gericht ausgesprochen worden sein; wegen Ehesachen § 617 Rn 5, Celle FamRZ **78**, 921, Düss (4. FamS) FamRZ **79**, 1048, aM Düss (1. FamS) FamRZ **78**, 920, Ffm FamRZ **79**, 1048. Ein einseitiger Verzicht gegenüber einem OLG-Urteil führt dessen äußere Rechtskraft selbst dann erst mit dem Ablauf nach § 552 der eigentlich laufenden Rechtsmittelfrist herbei, wenn der Gegner nicht beschwert ist, Karlsr NJW **71**, 664. Trotzdem hemmt ein Rechtsmittel, das nach einer wirksamen Verzichtserklärung, aber noch innerhalb der Rechtsmittelfrist eingelegt wurde, die Rechtskraft bis zu demjenigen Zeitpunkt, in dem es verworfen wird, unklar insofern BGH FamRZ **94**, 301 (Rechtskraft ab Verzicht). Ein Teilverzicht ist statthaft. Er ist das einzige Mittel, um die Rechtskraft eines Teils des Urteils herbeizuführen, Rn 5.

**6) Hemmung der Rechtskraft, S 1, 2.** Es sind Rechtsmittel und -behelf zu trennen. **9**

**A. Rechtsmittel.** Die Einlegung eines Rechtsmittels hemmt grundsätzlich den Eintritt der Rechtskraft, Grdz 2 vor § 511. Das gilt auch, soweit das Rechtsmittel statthaft und rechtzeitig eingelegt, aber nicht rechtzeitig begründet worden ist, LG Kiel WoM **91**, 113. Es gibt auch keine „vorläufig" Rechtskraft, Karlsr MDR **83**, 676. Auch eine teilweise Rechtsmitteleinlegung hemmt die Rechtskraft des Gesamturteils, weil noch eine Rechtsmittelerweiterung oder eine Anschließung erfolgen könnten, BGH NJW **94**, 659. Deshalb tritt die Teilrechtskraft erst dann ein, wenn solche Möglichkeiten entfallen sind, BGH NJW **94**, 659. Eine Hemmung besteht auch, soweit die Partei im übrigen nicht eindeutig auf das Rechtsmittel verzichtet hat, BGH NJW **92**, 2296, Hbg FamRZ **84**, 707.

Die *Rücknahme* des Rechtsmittels, §§ 515, 566 Rn 3, vor dem Ablauf der Rechtsmittelfrist führt noch keine Rechtskraft herbei. Denn es ist ja noch eine erneute Einlegung des Rechtsmittels zulässig, § 515 Rn 17, Ffm NJW **74**, 1389. Ein Prozeßkostenhilfegesuch nach § 117 hemmt den Eintritt der Rechtskraft nicht, BGH **100**, 205, ebensowenig ein Wiedereinsetzungsantrag nach § 234, BGH **100**, 205, wohl aber eine Entscheidung, die die Wiedereinsetzung gewährt, § 238. Die Hemmung tritt dann rückwirkend ein.

Die *Hemmung* dauert bis zum Ablauf der Rechtsmittelfrist an, solange kein Rechtsmittel eingelegt worden **10** ist. Deshalb darf das Gericht bis zum Ablauf der Rechtsmittelfrist ebenfalls kein Rechtskraftzeugnis nach § 706 erteilen. Es darf trotz eines Verzichts auf eine Anschlußrevision bis zum Ablauf der Frist für sie auch kein Teilrechtskraftzeugnis erteilen, Karlsr MDR **83**, 676, aM Hamm FamRZ **83**, 823. Eine Verwerfung des Rechtsmittels oder des Einspruchs als unzulässig hat zur Folge, daß die Hemmungswirkung des eingelegten Rechtsmittels mit der Rechtskraft der Verwerfungsentscheidung entfällt, § 519 b Rn 5, OGB BGH **88**, 357, Grunsky JZ **72**, 168, aM BFH JZ **72**, 607, Hamm Rpfleger **77**, 445.

**B. Einspruch.** Ein Einspruch nach §§ 338, 700 hemmt den Eintritt der Rechtskraft immer nur, soweit er **11** sich erstreckt, LAG Mü MDR **94**, 834. Wenn das Versäumnisurteil keinen Einspruch zuläßt, §§ 345, 700, sind die für ein Rechtsmittel geltenden Grundsätze anzuwenden.

**7) VwGO:** *Entsprechend anwendbar,* § 167 I VwGO, BVerwG DVBl **61**, 450. Mit Verkündung bzw Zustellung, **12** § 116 VwGO, werden rechtskräftig: Urteile über die Kosten, wenn keine Entscheidung in der Hauptsache ergangen ist, § 158 II VwGO, Kopp Rn 5.

## § 706

**706** *Rechtskraft- und Notfristzeugnis.* ¹Zeugnisse über die Rechtskraft der Urteile sind auf Grund der Prozeßakten von der Geschäftsstelle des Gerichts des ersten Rechtszuges und, solange der Rechtsstreit in einem höheren Rechtszuge anhängig ist, von der Geschäftsstelle des Gerichts dieses Rechtszuges zu erteilen.

II ¹Insoweit die Erteilung des Zeugnisses davon abhängt, daß gegen das Urteil ein Rechtsmittel nicht eingelegt ist, genügt ein Zeugnis der Geschäftsstelle des für das Rechtsmittel zuständigen Gerichts, daß bis zum Ablauf der Notfrist eine Rechtsmittelschrift nicht eingereicht sei. ²Eines Zeugnisses der Geschäftsstelle des Revisionsgerichts, daß eine Revisionsschrift nach § 566 a nicht eingereicht sei, bedarf es nicht.

**Gliederung**

| | |
|---|---|
| 1) Systematik, I, II ............... 1 | 6) Notfristzeugnis, II ............... 11–13 |
| 2) Regelungszweck, I, II ............... 2 | A. Nachweisfunktion ............... 11 |
| 3) Zuständigkeit, I, II ............... 3–6 | B. Verfahren ............... 12, 13 |
|   A. Erste Instanz ............... 3 | 7) Rechtsbehelfe, I, II ............... 14–16 |
|   B. Rechtsmittelinstanz, allgemein ...... 4 | A. Ablehnung ............... 14 |
|   C. Einspruch ............... 5 | B. Erteilung ............... 15 |
|   D. Sofortige Beschwerde ............... 6 | C. Gemeinsames ............... 16 |
| 4) Verfahren, I, II ............... 7 | 8) *VwGO* ............... 17 |
| 5) Prüfungsumfang, I, II ............... 8–10 | |

**1** **1) Systematik, I, II.** Die Vorschrift ergänzt §§ 704, 705. Das Rechtskraftzeugnis hat die Beweiskraft einer öffentlichen Urkunde, § 418 Rn 2. Es kann unrichtig sein, BGH **100**, 206. Eine unrichtige Zeugniserteilung muß derjenige beweisen, der sie behauptet, § 418 Rn 7, BGH **LM** Nr 1. Das Rechtskraftzeugnis ist bei allen Urteilen und Beschlüssen zu erteilen, die einer äußeren Rechtskraft fähig sind, Einf 1 vor §§ 322–327, zB bei einem Vollstreckungsbescheid, § 700. Es wird ganz ohne Rücksicht darauf erteilt, ob eine Zwangsvollstreckung durchführbar ist. Es ist wegen der Hemmungswirkung, § 705 Rn 9, 10, Grdz 2 vor § 511, für einen nicht angegriffenen Teil eines noch nicht rechtskräftigen Urteils nicht zu erteilen, Bre NJW **79**, 1210, aM Ffm FamRZ **85**, 821, Karlsr NJW **79**, 1211. Grundlage des Zeugnisses ist meist das Notfristzeugnis, II. Die Rechtskraft läßt sich aber auch anders beweisen, außer bei § 1561 II Z 1 BGB. Ein Gegenbeweis ist auch gegen die Richtigkeit des Rechtskraftzeugnisses statthaft.

**2** **2) Regelungszweck, I, II.** Das Rechtskraftzeugnis dient im Interesse der Rechtssicherheit, Einl III 43, nur dem Nachweis der äußeren Rechtskraft, Einf 1 vor §§ 322–327. Er ist zB bei der Rückforderung einer Sicherheit, § 715, oder nach sachlichem Recht notwendig, zB nach § 1470 I BGB. Die Bedeutung des Rechtskraftzeugnisses liegt im Formellen, in der äußeren Rechtssicherheit, Einl III 43. Darüber hinaus besagt es nichts über die Entscheidung, also auch nicht über ihren Bestand.

**3** **3) Zuständigkeit, I, II.** Es sind vier Fallgruppen zu unterscheiden.

**A. Erste Instanz.** Zuständig zur Erteilung ist der Urkundsbeamte der Geschäftsstelle. Der Rpfl ist nicht zuständig, KG FamRZ **74**, 447. Tätig zu werden hat der Urkundsbeamte des Gerichts der ersten Instanz, evtl der Urkundsbeamte des FamGer, Schlesw FamRZ **78**, 611. Freilich muß trotz des Vorliegens einer Familiensache, §§ 606ff, evtl der Urkundsbeamte des LG entscheiden, wenn das LG den Streit entschieden hatte, Stgt Rpfleger **79**, 145.

**4** **B. Rechtsmittelinstanz, allgemein.** Die Vorschrift entspricht zur Zuständigkeit dem § 724 II. Ausnahmsweise ist die Geschäftsstelle einer höheren Instanz solange zuständig, wie der Prozeß bei jenem Gericht „anhängig" ist, das heißt hier vom Standpunkt der Geschäftsstelle aus, solange sich die Akten infolge des Eingangs einer Rechtsmittelschrift schon oder noch bei dieser Geschäftsstelle befinden, KG FamRZ **89**, 1206, Mü FamRZ **79**, 445 und 943, Wilm Rpfleger **83**, 429. Deshalb ist diese Geschäftsstelle evtl auch noch nach der Rücknahme des Rechtsmittels zuständig. Denn die Zuständigkeit des Gerichts spielt für die Erteilung des Rechtskraftzeugnisses keine Rolle. Wenn sich die Akten aber bei der Geschäftsstelle lediglich wegen der Einreichung eines Gesuchs auf die Bewilligung von Prozeßkostenhilfe befinden, §§ 117, 118, ist diese Geschäftsstelle nicht schon deshalb zuständig. Dies alles gilt auch für einen Streitgenossen, § 59, wenn sich die Akten wegen des Rechtsmittels nur eines anderen Streitgenossen dort befinden.

**5** **C. Einspruch.** Bei einem Einspruch, §§ 338, 700, kann der Urkundsbeamte der Geschäftsstelle der Instanz dessen Fehlen aus den Akten feststellen. Ein Notfristzeugnis braucht nur der Urkundsbeamte der Geschäftsstelle einer höheren Instanz, wenn er für die Erteilung des Rechtskraftzeugnisses zuständig ist. Es gilt dann II entsprechend. Der Urkundsbeamte der Geschäftsstelle eines LG oder OLG darf das Rechtskraftzeugnis zu einem Versäumnisurteil des Revisionsgerichts in der Regel nur nach der Vorlage eines Notfristzeugnisses der Geschäftsstelle des Revisionsgerichts erteilen.

**6** **D. Sofortige Beschwerde.** Wenn als Rechtsmittel eine sofortige Beschwerde nach § 577 in Betracht kommt, dann erteilt die Geschäftsstelle der ersten Instanz das Zeugnis auf Grund ihrer Kenntnis davon, daß eine Beschwerde nicht eingelegt wurde, und auf Grund eines Zeugnisses der Beschwerdeinstanz, daß ein Rechtsmittel nicht, oder jedenfalls nicht bis zu einem bestimmten Tag, eingelegt worden sei.

**7** **4) Verfahren, I, II.** Antragsberechtigt ist derjenige, der das Urteil vorlegt. Dies kann auch ein Dritter sein, StJM 11 (er meint, der Dritte brauche ein eigenes Interesse nicht nachzuweisen, aM MüKoKr 2, ZöStö 3 (dabei auch ein Dritter kann ein schutzwürdiges Interesse haben, unabhängig davon, ob ein Prozeßrechtsverhältnis auch zu ihm bestand, Grdz 3 vor § 128). Es besteht kein Anwaltszwang, § 78 Rn 1, auch wenn das Gesuch an eine Instanz geht, vor der im Streitverfahren Anwaltszwang herrscht. Nach § 7 AktO hat der für das Rechtskraftzeugnis zuständige Urkundsbeamte die nachgewiesene Rechtskraft am Urteilskopf zu ver-

1. Abschnitt. Allgemeine Vorschriften § 706

merken. Das Zeugnis ist mit dem Namen und mit dem Zusatz „als Urkundsbeamter der Geschäftsstelle" zu unterschreiben, wie bei § 129 Rn 9. Eine Unterzeichnung mit der Angabe „die Geschäftsstelle des AG" oder „der Justizobersekretär des AG" oder ähnlich ist unzulänglich. Denn sie bietet keine Gewähr dafür, daß der richtige Urkundsbeamte entschieden hat. Entsprechend dem Vermerk am Urteilskopf wird ein Vermerk auf der Urteilsausfertigung angebracht. Ein weiterer entsprechender Vermerk wird, soweit erforderlich, auf die Ausfertigung des Kostenfestsetzungsbeschlusses gesetzt.

**5) Prüfungsumfang, I, II.** Der Urkundsbeamte der Geschäftsstelle prüft nur die Rechtskraft gegenüber **8** sämtlichen Verfahrensbeteiligten, Düss FamRZ **78**, 715. Er nimmt diese Prüfung zunächst auf Grund der Akten vor. Wenn diese Prüfung trotz § 317 I nicht ausreicht, zB bei § 699 IV 2, 3, fordert er die erforderlichen Nachweise an. Der Urkundsbeamte hat weder den Zweck noch die Notwendigkeit des Rechtskraftzeugnisses zu prüfen, Mü FamRZ **85**, 502. Dies gilt auch dann, wenn ein Dritter das Zeugnis verlangt. Ein Rechtsschutzbedürfnis, Grdz 33 vor § 253, ist nicht erforderlich.

Eine *Rücknahme* des Rechtsbehelfs muß nach §§ 515, 566 Rn 3 wirksam sein. Unter Umständen muß **9** sich der Urkundsbeamte also das Einverständnis des Gegners mit der Rücknahme nachweisen lassen. Die Zustellung des Urteils ist dann zu prüfen, wenn es auf den Ablauf einer Notfrist nach § 224 I 2 ankommt, BGH FamRZ **89**, 730. Eine Unterbrechung des Verfahrens ist von Amts wegen zu beachten, Grdz 39 vor § 128. Der Urkundsbeamte der Geschäftsstelle muß die Statthaftigkeit eines etwa eingelegten Rechtsbehelfs prüfen, Grdz 7 vor § 511, § 545, § 567 Rn 2. Er muß das Zeugnis also zB dann erteilen, wenn gegen ein in zweiter Instanz ergangenes Urteil Berufung eingelegt worden ist.

Der Urkundsbeamte hat die Zulässigkeit des Rechtsbehelfs *im übrigen nicht* zu prüfen. Er kontrolliert also zB nicht, ob die Berufungssumme nach § 511 erreicht wurde, Grdz 6 ff vor § 511. Er braucht in der Regel nicht den Tag anzugeben, an dem die Rechtskraft eingetreten ist, KG FamRZ **93**, 1221. Eine Ausnahme gilt nur bei der nach § 38 V c AktO vorgesehenen Rechtskraftbescheinigung eines Urteils, in dem auf die Scheidung, die Nichtigkeit oder die Aufhebung einer Ehe erkannt wurde oder das Nichtbestehen der Ehe festgestellt worden ist. KG FamRZ **93**, 1221 rät zur Beifügung des Datums betr Versorgungsausgleichssachen. Schlesw FamRZ **78**, 611 fordert evtl einen Zusatz über die Anhängigkeit von Folgesachen, die der Urkundsbeamte einzeln zu bezeichnen habe.

Die Nichteinlegung einer *Sprungrevision*, § 566a, braucht der Urkundsbeamte vor der Erteilung des Rechtskraftzeugnisses nicht dadurch festzustellen, daß er von der Geschäftsstelle des BGH bzw des BayObLG ein Notfristzeugnis anfordert. Grund ist die durch § 566 a VII der Geschäftsstelle des Revisionsgerichts auferlegte Nachrichtspflicht. Wenn der Urkundsbeamte diese Nachricht erhalten hat, muß er die Erteilung eines Rechtskraftzeugnisses ablehnen.

Regelmäßig darf das Rechtskraftzeugnis erteilt werden, sobald *einige Tage seit dem Ablauf der Notfrist* **10** verstrichen sind. Der Urkundsbeamte der Geschäftsstelle des Revisionsgerichts muß aber der Geschäftsstelle des Gerichts, die für die Erteilung des Rechtskraftzeugnisses zuständig ist, auf deren Verlangen die Nichteinlegung der Sprungrevision amtlich bestätigen.

**6) Notfristzeugnis, II.** Es sind Funktion und Verfahren zu unterscheiden. **11**

**A. Nachweisfunktion.** Das Notfristzeugnis ist nur ein Beweismittel, und nicht das einzige, zur Erlangung eines Rechtskraftzeugnisses. Das Notfristzeugnis wird nur dann benötigt, wenn zu seiner Erteilung ein anderer Urkundsbeamter als derjenige zuständig ist, der das Rechtskraftzeugnis erteilt. Das Notfristzeugnis wird dann aber sowohl bei einem Rechtsmittel als auch bei einem Einspruch, Rn 5, und auch bei einem Beschluß entsprechend Rn 1 benötigt.

**B. Verfahren.** Zuständig zur Erteilung ist der Urkundsbeamte der Geschäftsstelle desjenigen Gerichts, **12** bei dem das Rechtsmittel nach §§ 518 I, 553 I, oder der Einspruch einzulegen sind, §§ 340 I, 700 I. Dabei ist unerheblich, ob es sich um die Geschäftsstelle einer Zivilkammer oder einer Kammer für Handelssachen handelt. Denn die Zuständigkeit für das Notfristzeugnis betrifft die innere Ordnung des inneren Dienst. Das Antragsrecht besteht wie bei Rn 7, 8. Notwendige Ermittlungen muß der Urkundsbeamte von Amts wegen vornehmen, Grdz 38 vor § 128. Er muß also notfalls bei anderen Geschäftsstellen feststellen, ob Rechtsmittel oder Einspruch eingelegt worden sind. Er hat nur zu prüfen, ob und wann das Urteil nach § 317 zugestellt wurde und ob und wann die Rechtsbehelfsschrift eingegangen ist, nicht auch, ob und wann die Rechtsbehelfsschrift zugestellt wurde. Wenn ein Rechtsmittel auch nur gegen einen Teil der Entscheidung eingelegt wurde, dann ist das Zeugnis zu versagen, § 705 Rn 5. Davon zu unterscheiden ist der Fall, daß nur ein einfacher Streitgenosse, § 59, ein Rechtsmittel eingelegt hat; der andere kann dann ein Teil-Notfristzeugnis fordern, Karlsr OLGZ **89**, 78. Ein Antrag auf eine Wiedereinsetzung nach § 234 hindert die Erteilung des Zeugnisses nicht, wohl aber muß das Zeugnis versagt werden, wenn die Wiedereinsetzung bewilligt wird.

Wenn der Beginn einer Notfrist im Sinn von § 224 I 2 *zweifelhaft* ist, dann muß der Urkundsbeamte der **13** Geschäftsstelle der höheren Instanz das Zeugnis dahin erteilen, daß „bis heute keine Rechtsmittelschrift eingegangen" sei. Der Urkundsbeamte derjenigen Geschäftsstelle, die für die Erteilung eines Rechtskraftzeugnisses zuständig ist, muß diese Bescheinigung der höheren Instanz frei würdigen. Der Urkundsbeamte darf weder die Notwendigkeit der Erteilung des Notfristzeugnisses noch gar die Aussichten des Rechtsbehelfs prüfen. Wenn freilich ein Rechtsmittel oder ein Einspruch eindeutig unstatthaft ist, Grdz 6 ff vor § 511, § 554 a, § 341 I 2, dann muß er die Erteilung des Notfristzeugnisses ablehnen.

**7) Rechtsbehelfe, I, II.** Sie kommen beim Rechtskraftzeugnis und beim Notfristzeugnis infrage. **14**

**A. Ablehnung.** Soweit der Urkundsbeamte die Erteilung des Zeugnisses ablehnt, kann das Gericht seiner Geschäftsstelle ohne Anwaltszwang, § 78 Rn 1, angerufen werden, § 576 I, Bre NJW **79**, 1210, Celle FamRZ **78**, 921, Karlsr OLGZ **89**, 77. Außerdem ist einfache Beschwerde zulässig, § 567 I. Denn die angefochtene Entscheidung ist keine Maßnahme der Zwangsvollstreckung, Grdz 12, 51 vor § 704, Hamm FamRZ **93**, 82, KG FamRZ **93**, 1221. Gegen eine Entscheidung des LG im Berufungs- oder Beschwerde-

**§§ 706, 707**   8. Buch. Zwangsvollstreckung

verfahren ist eine Beschwerde unzulässig, § 567 III 1, Hamm FamRZ **93**, 82, ebenso gegen eine Entscheidung des OLG, § 567 IV 1.

**15**   **B. Erteilung.** Gegen die Erteilung des Zeugnisses hat der Gegner die Erinnerung nach § 576, Bbg FamRZ **83**, 519, Stgt FamRZ **83**, 84, für die kein Anwaltszwang besteht, § 78 Rn 1, Stgt FamRZ **83**, 84. Er hat aber keine Beschwerde, Bbg FamRZ **83**, 519, Celle FamRZ **78**, 921. Ein Widerspruch gegen die Erteilung des Zeugnisses ist kein Gesuch, das das Verfahren betrifft, § 567 I. Wenn das Beschwerdegericht eine Zeugniserteilung dahin ändert, daß das Zeugnis versagt wird, dann hat der Antragsteller dagegen die einfache Beschwerde nach § 567.

**16**   **C. Gemeinsames.** Ohne eine vorherige Entscheidung des Urkundsbeamten im Sinne von Rn 14, 15 darf der Richter nicht entscheiden.

**17**   8) *VwGO: Entsprechend anwendbar*, § 167I VwGO, sind I und II für das Notfristzeugnis, oben Rn 11, der Geschäftsstelle des OVG (VGH) über die Einlegung der Berufung. Wenn Revision zulässig ist, bedarf es keines solchen Zeugnisses, da die Revision beim iudex a quo eingelegt werden muß, § 139 VwGO. Rechtsbehelfe, oben Rn 14, sind die Anrufung des Gerichts, § 151 VwGO, und anschließend die Beschwerde, §§ 146 ff VwGO, soweit sie nicht ausgeschlossen ist, § 252 Rn 7.

**707** *Einstellung bei Wiedereinsetzung, Wiederaufnahme und im Nachverfahren.* I [1]Wird die Wiedereinsetzung in den vorigen Stand oder eine Wiederaufnahme des Verfahrens beantragt oder wird der Rechtsstreit nach der Verkündung eines Vorbehaltsurteils fortgesetzt, so kann das Gericht auf Antrag anordnen, daß die Zwangsvollstreckung gegen oder ohne Sicherheitsleistung einstweilen eingestellt werde oder nur gegen Sicherheitsleistung stattfinde und daß die Vollstreckungsmaßregeln gegen Sicherheitsleistung aufzuheben seien. [2]Die Einstellung der Zwangsvollstreckung ohne Sicherheitsleistung ist nur zulässig, wenn glaubhaft gemacht wird, daß der Schuldner zur Sicherheitsleistung nicht in der Lage ist und die Vollstreckung einen nicht zu ersetzenden Nachteil bringen würde.
II [1]Die Entscheidung kann ohne mündliche Verhandlung ergehen. [2]Eine Anfechtung des Beschlusses findet nicht statt.

**Schrifttum:** *Dunkl/Moeller/Baur/Feldmeier/Wetekamp*, Handbuch des vorläufigen Rechtsschutzes, 1988; *Hellhake*, Einstweilige Einstellung der Zwangsvollstreckung usw. 1998; *Lippross*, Grundlagen und System des Vollstreckungsschutzes, 1983; *Pawlowski*. Zu den „Außerordentlichen Beschwerden" wegen „Greifbarer Gesetzeswidrigkeit", Festschrift für *Schneider* (1997) 39.

**Gliederung**

| | | | |
|---|---|---|---|
| 1) **Systematik, I, II** | 1 | 11) **Einstweilige Einstellung, I** | 15 |
| 2) **Regelungszweck, I, II** | 2 | 12) **Grundsatz: Unanfechtbarkeit, II 2** | 16 |
| 3) **Geltungsbereich, I, II** | 3 | 13) **Ausnahme: Sofortige Beschwerde, II** | 17–20 |
| 4) **Voraussetzungen, I** | 4–6 | A. Zulässigkeit bei greifbarer Gesetzwidrigkeit | 17 |
| A. Rechtsbehelfseinlegung | 4 | B. Unzulässigkeit nur wegen Gehörsverletzung | 18 |
| B. Vollstreckungsfortdauer | 4 | C. Unzulässigkeit bei Vollstreckungsbescheid | 18 |
| C. Keine Urteilsaufhebung | 4 | D. Unzulässigkeit gegen Entscheidung des Oberlandesgerichts | 18 |
| D. Schuldnerantrag | 5 | E. Unzulässigkeit gegen Entscheidung des Landgerichts | 19 |
| E. Zulässigkeit des Rechtsbehelfs | 5 | F. Unzulässigkeit gegen Entscheidung des Landesarbeitsgerichts | 19 |
| F. Erfolgsaussicht usw | 6 | G. Unzulässigkeit in Baulandsache | 19 |
| 5) **Verfahren, I** | 7 | H. Unzulässigkeit nur wegen mangelhafter Begründung | 20 |
| 6) **Einstellung gegen Sicherheitsleistung des Schuldners, I** | 8 | I. Unzulässigkeit bei Verbindung mit Rechtsmittel in Nebenverfahren | 20 |
| A. Zulässigkeit | 8 | 14) **Abänderung, II** | 21 |
| B. Sicherheitsleistung | 8 | 15) **Beispiele zur Frage einer entsprechenden Anwendbarkeit, I, II** | 22–35 |
| 7) **Einstellung ohne Sicherheitsleistung, I** | 9–11 | 16) *VwGO* | 36 |
| A. Zulässigkeit | 9 | | |
| B. Unersetzbarer Nachteil | 10 | | |
| C. Fehlen eines unersetzbaren Nachteils | 11 | | |
| 8) **Einstellung gegen Sicherheitsleistung des Gläubigers, I** | 12 | | |
| 9) **Einstellungswirkung, I** | 13 | | |
| 10) **Aufhebung einer Vollstreckungsmaßnahme, I** | 14 | | |

**1**   1) **Systematik, I, II.** § 707, neben dem der viel häufiger anwendbare § 719 zu beachten ist, dort Rn 1, betrifft unmittelbar nur den Antrag auf eine Wiedereinsetzung in den vorigen Stand, § 234, oder auf eine Wiederaufnahme des Verfahrens, §§ 578 ff, BGH NJW **92**, 1458, oder die Fortsetzung des Rechtsstreits nach der Verkündung eines Vorbehaltsurteils, § 302 Rn 12, § 600 Rn 4, BGH **69**, 70 und 272. §§ 769, 770 enthalten ähnliche Regelungen im Bereich der Vollstreckungsabwehrklage nach §§ 767, 768. § 707 ist (ohne I 2) im Arrestverfahren nach § 924 (auf Widerspruch) und im Verfahren auf eine einstweilige Verfügung nach §§ 924, 936 entsprechend anwendbar.

1. Abschnitt. Allgemeine Vorschriften § 707

**2) Regelungszweck, I, II.** Die Vorschrift soll im Interesse der Gerechtigkeit, Einl III 9, verhindern, daß 2
eine Zwangsvollstreckung auf Grund eines Vollstreckungstitels stattfindet, dessen Bestand mittlerweile zweifelhaft sein kann, Hamm NJW **83**, 460. Denn immerhin dient die Zwangsvollstreckung der Gerechtigkeit,
Einl III 9, und nicht ihrem im Einzelfall wahrscheinlich gewordenen Gegenteil.

**3) Geltungsbereich, I, II.** Das Anwendungsgebiet der Vorschrift ist sehr groß, Rn 1, 22. Neben §§ 707, 3
719 kann auch § 765 a in Betracht kommen. Wegen des schiedsrichterlichen Verfahrens vor dem BGH
(Rechtsbeschwerde) § 1065 II 2. Im Arbeitsgerichtsverfahren gilt § 62 I 2, 3 ArbGG, LAG Bln MDR **86**,
787, LAG Düss JB **92**, 499, LAG Hamm BB **88**, 1754, sowie § 62 II ArbGG, LAG Bre BB **99**, 374.

**4) Voraussetzungen, I.** Es müssen die folgenden Voraussetzungen zusammentreffen. 4
   **A. Rechtsbehelfseinlegung.** Es muß der betreffende Rechtsbehelf geltend gemacht worden, also zB ein
Einspruch nach §§ 340 I, 700 I eingelegt oder eine Restitutionsklage, § 580, zugestellt worden sein.
   **B. Vollstreckungsfortdauer.** Die Zwangsvollstreckung braucht noch nicht notwendig begonnen zu
haben, Grdz 51 vor § 704, aber sie darf jedenfalls noch nicht beendet sein, Grdz 51 vor § 704.
   **C. Keine Urteilsaufhebung.** Das angefochtene Urteil oder seine Vollstreckbarkeit dürfen nicht ohnehin
aufgehoben worden sein, §§ 717 I, 718.
   **D. Schuldnerantrag.** Der Schuldner, nicht der Gläubiger, muß die Einstellung beantragen. Eine Anord- 5
nung von Amts wegen wäre greifbar gesetzwidrig, Rn 17, Hamm FamRZ **90**, 1267. Für den Gläubiger gilt
§ 718. Der Antrag erfolgt schriftlich oder in der Verhandlung. Anwaltszwang besteht wie sonst, § 78 Rn 1.
   **E. Zulässigkeit des Rechtsbehelfs.** Der Rechtsbehelf muß an sich statthaft sein, Grdz 6 vor § 511,
§ 545, § 567 Rn 2. Der Rechtsbehelf muß aber auch zulässig sein, Grdz 5 vor § 511, § 546, § 567. Seine
Zulässigkeit ist also schon hier ohne eine Bindung für die spätere Sachentscheidung zu prüfen. Denn das
Bedürfnis nach einer geordneten Rechtspflege verlangt, daß das Gericht nicht eine vorläufige Vollstreckbarkeit, die es gerade ausgesprochen hat, durch einen Federstrich wieder beseitigt, so auch Saarbr MDR **97**,
1157. Das Gericht muß vielmehr die Aussichten des Rechtsbehelfs, KG FamRZ **78**, 413, und die Folgen
einer Einstellung der Zwangsvollstreckung sorgfältig prüfen. Dafür ist aber die Prüfung der Zulässigkeit des
Rechtsbehelfs die erste Voraussetzung. Wenn diese Prüfung zuviel Zeit beansprucht, mag das Gericht
zunächst vorläufig einstellen, Rn 15.
   **F. Erfolgsaussicht usw.** Es muß ein Rechtsschutzinteresse vorliegen, Grdz 33 vor § 253, Bbg RR **89**, 6
576, LAG Hbg DB **83**, 724. Eine Entscheidung über die Einstellung und eine solche über ein Wiedereinsetzungsgesuch müssen nicht gleichzeitig erfolgen, BVerfG **61**, 17. Der Rechtsbehelf muß auch sachlich
einige Erfolgsaussichten haben, § 114 Rn 80, BAG NJW **71**, 910, Saarbr MDR **97**, 1157. Dabei erfolgt eine
nur überschlägige Prüfung, OVG Bln JB **99**, 384.
   Die Erfolgsaussicht ist aber nur dahin zu prüfen, ob überhaupt die Gefahr einer *unrechtmäßigen* Zwangsvollstreckung besteht. Deshalb ist die allgemeinen der Berufungsbegründung anzufordern oder abzuwarten,
Köln RR **87**, 189. Im Zweifel hat das Gericht zugunsten des Gläubigers zu entscheiden, Köln RR **87**, 190,
Saarbr MDR **97**, 1157. Jedenfalls ist eine rein handwerksmäßige Einstellung, wie sie in der Praxis häufig
vorkommt, gesetzwidrig, Saarbr MDR **97**, 1157, insbesondere im Eilverfahren nach §§ 916 ff, 935 ff, Ffm
GRUR **89**, 456. Sie dient nur der Unterstützung fauler Schuldner und Querulanten.

**5) Verfahren, I.** Zuständig ist ausschließlich das für die Entscheidung über den Rechtsbehelf zuständige 7
Gericht, LAG Bre BB **99**, 374. Der Einzelrichter, § 348, ist dann zuständig, wenn er das zugrunde liegende
Urteil erlassen hatte, Schlesw SchlHA **75**, 63. Bei einer Verfassungsbeschwerde ist nur das BVerfG zuständig,
§ 32 BVerfGG. Die Entscheidung erfolgt nach pflichtgemäßem Ermessen des Gerichts unter sorgfältiger
Abwägung der beiderseitigen Belange, Rn 4, 17 ff, KG NJW **71**, 1339, Köln RR **87**, 189, Zweibr OLGZ
**74**, 250. Das Gericht kann, muß aber nicht eine mündliche Verhandlung anordnen, § 128 Rn 10. Bevor das
Gericht einem Einstellungsantrag stattgibt, muß es grundsätzlich den Antragsgegner wegen Art 103 I GG
anhören, BVerfG **34**, 346, Celle MDR **86**, 63. Erst ab Anhörung gelten die allgemeinen Regeln zur
Darlegungslast, § 253 Rn 12, und Beweislast, Anh § 286, Ffm FamRZ **89**, 88, soweit es in der Zwangsvollstreckung überhaupt auf sie ankommt.
   Die *Entscheidung* ergeht durch einen Beschluß, § 329. Er ist kurz zu begründen, § 329 Rn 4 (Notwendigkeit der Überprüfbarkeit), vgl Düss FamRZ **89**, 89 (zum vergleichbaren § 769). Der Beschluß ist zu
verkünden, § 329 I 1, oder beim Stattgeben beiden Parteien, bei einer Ablehnung nur dem Schuldner
formlos mitzuteilen, § 329 II 1. Die Anordnung der Einstellung der Zwangsvollstreckung aus einem Urteil
erstreckt sich ohne weiteres auf den zugehörigen Kostenfestsetzungsbeschluß nach § 104. Es ergeht keine
besondere Kostenentscheidung, Ffm AnwBl **78**, 425.

**6) Einstellung gegen Sicherheitsleistung des Schuldners, I.** Es müssen zwei Bedingungen zusam- 8
mentreffen.
   **A. Zulässigkeit.** Zulässig ist eine Einstellung gegen eine Sicherheitsleistung des Schuldners nach § 109.
Dies gilt auch dann, wenn das Urteil nur gegen eine Sicherheitsleistung vorläufig vollstreckbar ist, § 709 S 1,
2, Brschw NJW **74**, 2138, Celle MDR **87**, 505, aM Bbg RR **89**, 576, Hbg MDR **90**, 931, LG Hann MDR
**94**, 730. Das gilt ferner, wenn der Schuldner die Zwangsvollstreckung durch die Leistung einer Sicherheit
nach § 711 S 1 abwenden darf (praktisch also gegen eine geringere Sicherheitsleistung. Vorsicht!). Der
Beschluß bewirkt das Ruhen der Zwangsvollstreckung in demjenigen Zustand, in dem sie sich gerade
befindet. Ob Einzelanordnungen notwendig sind, hängt von den Umständen ab. Wenn eine bereits vorgenommene Zwangsvollstreckungsmaßnahme rückgängig gemacht wird, dann bedeutet das eine teilweise
Aufhebung der Zwangsvollstreckung, s unten.
   **B. Sicherheitsleistung.** Eine Sicherheitsleistung geschieht nach § 108. Der Schuldner kann aber nicht
mit demjenigen Pfandstück Sicherheit leisten, das der Gläubiger bereits durch eine Vollstreckungsmaßnahme
erlangt hat. Für die Haftung der Sicherheitsleistung des Schuldners ist unerheblich, Rn 14, ob der Gläubiger
eine ihm auferlegte Sicherheit hätte leisten können. Eine Befriedigung erfolgt aus der Sicherheitsleistung

## § 707

nach § 1228 BGB. Es genügt, daß der Gläubiger der Hinterlegungsstelle seine Empfangsberechtigung durch die Vorlegung einer vollstreckbaren Ausfertigung des Urteils nachweist. Bei einer Einstellung der Zwangsvollstreckung in bestimmte Gegenstände haftet die Sicherheit nur für denjenigen Schaden, der dadurch erwächst, daß diese Pfändung nicht durchgeführt wird.

**9**  7) **Einstellung ohne Sicherheitsleistung, I.** Es müssen zwei Voraussetzungen vorliegen.

**A. Zulässigkeit.** Zulässig ist auch eine Einstellung der Zwangsvollstreckung ohne Sicherheitsleistung. Diese Möglichkeit besteht nur dann, wenn der Schuldner nach § 294 glaubhaft macht, daß der Schuldner zur Leistung der Sicherheit im imstande ist, LAG Düss JB **92**, 499, und daß außerdem gerade die Zwangsvollstreckung dem Schuldner einen unersetzbaren Nachteil bringen würde, Hamm FamRZ **97**, 1489. Das gilt auch dann, wenn statt des Rechtsbehelfs oder Rechtsmittels eine Abänderungsklage nach § 323 zulässig wäre, solange sie eben nicht erhoben wird, aM Karlsr FamRZ **87**, 1289. Unersetzbar ist nur ein solcher Nachteil, den man nachträglich beseitigen oder ausgleichen kann, Ffm BB **85**, 833, und der über eine bloße Einschränkung der Handlungsfreiheit hinausgeht, BAG DB **85**, 2202. Dies gilt auch bei § 62 I 3 in Verbindung mit § 2 ArbGG (nie gegen Sicherheitsleistung, Dütz DB **80**, 1069). Das Gericht muß strenge Maßstäbe daran setzen, ob diese Voraussetzungen vorliegen, vgl KG NJW **87**, 1339. Es muß das Sicherungsbedürfnis des Gläubigers und die Belange des Schuldners sowie die Gefahr nicht zu ersetzender Nachteile abwägen, Dütz DB **80**, 1069.

**10**  **B. Unersetzbarer Nachteil.** Als unersetzbarer Nachteil kann gelten: Ein nicht zu ermittelnder Schaden, soweit auch § 287 nur unsichere Aussichten gibt; der Verlust der Wohnung, LG Ffm WoM **89**, 304 (zu § 712; freilich ist die etwa schon eingelegte Berufung dahin zu beachten, daß das höhere Gericht im Rahmen von § 719 ebenfalls entscheiden könnte und dabei über § 707 auch die Erfolgsaussicht mitzuprüfen haben könnte); die Gefährdung von Betriebstätten, Arbeitsplätzen, Kundennetzen oder „good will", vgl Ffm MDR **82**, 239; die später eintretende Rechtskraft der Kündigung, Heinze DB **85**, 123; nur in besonderen Fällen, keineswegs in der Regel, ein Kreditschaden durch die Abgabe der Offenbarungsversicherung. Vgl aber auch § 719 Rn 4.

**11**  **C. Fehlen eines unersetzbaren Nachteils.** Kein unersetzbarer Nachteil liegt vor: Beim Eintritt einer bloßen Kreditgefährdung, wie sie jede Zwangsvollstreckung durchweg nach sich zieht, Ffm MDR **84**, 764, aM Hbg ZMR **90**, 17; bei der Gefahr eines Nachteils, der schon durch die bloße Existenz des Urteils droht oder entstanden is; wenn die Vollstreckung das Prozeßergebnis vorwegnehmen kann, BGH NJW **96**, 198; bei der Möglichkeit einer Verschleuderung; beim bloßen Zahlungsurteil, Saarbr MDR **97**, 1157; wenn der Gläubiger die gefährdeten Vermögensgegenstände durch Geldleistungen ersetzen kann, Ffm MDR **82**, 239; drohender Insolvenz einer doch schon in Liquidation stehenden Gesellschaft, BGH BB **86**, 2018; die bloße Tatsache der Arbeitslosigkeit eines Ausländers, LAG Bre MDR **83**, 171; wenn beim Erlaß der angefochtenen Entscheidung irgendwelche Fehler gemacht wurden, StJM FN 26, aM Düss MDR **80**, 676; bei Gefahr, daß ein Rückzahlungsanspruch nicht durchsetzbar wäre, Hamm FamRZ **97**, 1489. Wenn ein Urteil auf die Vornahme einer Handlung vorliegt, §§ 887, 888, dann ist ein unersetzbarer Nachteil nur anzunehmen, falls gerade die Vornahme der Handlung dem Schuldner diesen Nachteil bringen würde. Dies ist allerdings bei dem Widerruf so, Ritter ZZP **84**, 177; ob das auch hinsichtlich der Vorauszahlung der Kosten der Fall ist, bleibt unerheblich. Wenn überhaupt kein Nachteil eintreten kann, muß der Einstellungsantrag zurückgewiesen werden. Möglich ist auch eine teilweise Einstellung ohne Sicherheitsleistung, § 719 Rn 6, zB in Höhe eines Teilbetrags der Verurteilungssumme.

**12**  8) **Einstellung gegen Sicherheitsleistung des Gläubigers, I.** Zulässig ist auch eine Einstellung der Zwangsvollstreckung gegen eine Sicherheitsleistung des Gläubigers nach § 108. In diesem Fall ordnet das Gericht an, daß die Zwangsvollstreckung nur gegen die Sicherheitsleistung stattfinden oder weitergehen darf oder daß eine bereits im Urteil angeordnete Sicherheitsleistung zu erhöhen ist. Das Gericht kann auch bloß die Pfandverwertung von einer solchen Sicherheitsleistung abhängig machen (das ist ein Weniger gegenüber dem Urteilsspruch) oder die Hinterlegung des Erlöses entsprechend § 720 anordnen. Ohne diese ist § 720 unanwendbar, sofern § 711 S 1 in Frage kommt, LG Bln MDR **70**, 687. Wenn das Urteil nach § 709 nur gegen eine Sicherheitsleistung des Gläubigers vollstreckbar ist, dann ist ein Antrag des Schuldners auf eine Einstellung der Zwangsvollstreckung gegen Sicherheitsleistung zwar zulässig, Rn 8, meist aber unbegründet, Celle OLGZ **93**, 476 Ffm (22. ZS) MDR **84**, 764, aM Ffm (13. ZS) NJW **76**, 2138, Hbg MDR **90**, 931.

**13**  9) **Einstellungswirkung, I.** Die Einstellung beseitigt die Vollstreckbarkeit ganz. Die Einstellung richtet sich also nicht nur an die Vollstreckungsorgane, sondern auch an den Drittschuldner, § 840. Er darf nicht mehr leisten. Eine Fortsetzung der Zwangsvollstreckung ist erst dann statthaft, wenn die Entscheidung über die Einstellung wirkungslos geworden ist. Ein Wohnsitz des Drittschuldners im Ausland hindert eine Einstellung der Zwangsvollstreckung nicht.

**14**  10) **Aufhebung einer Vollstreckungsmaßnahme, I.** Das Gericht kann schließlich die bisherigen Vollstreckungsmaßnahmen aufheben, § 775, aber nur gegen eine Sicherheitsleistung nach § 108, Karlsr FamRZ **96**, 1486. Diese soll dem Gläubiger einen vollen Ersatz für den Wegfall derjenigen Rechte gewährleisten, die er durch die bisherige Zwangsvollstreckung erworben hatte. Eine volle Deckung ist aber nur dann zu veranlassen, wenn auch die Zwangsvollstreckung eine volle Deckung versprach. Eine Aufhebung der bisherigen Vollstreckungsmaßregeln ohne jede Sicherheitsleistung ist gesetzwidrig. Die Sicherheit haftet dem Gläubiger wie ein Pfand, je nach der Sachlage für die Hauptforderung oder den Verzögerungsschaden. Für den letzteren haftet sie dann, wenn der Beschluß nur die bereits getroffenen Vollstreckungsmaßregeln aufhebt, dafür aber andere zuläßt; für die Hauptforderung und für den Verzögerungsschaden haftet die Sicherheit dann, wenn der Beschluß die Zwangsvollstreckung schlechthin einstellt.

**15**  11) **Einstweilige Einstellung, I.** Aus alledem folgt: Das Gericht darf die Zwangsvollstreckung auch einstweilen bis zur besseren Prüfung einstellen. In Eilfällen darf dies ausnahmsweise, Rn 7, auch ohne Anhörung des Gegners geschehen, BVerfG **18**, 404, Celle MDR **86**, 63, Schneider MDR **73**, 357. Jede Anordnung tritt als bloß einstweilige Maßnahme dann außer Kraft, wenn ein neues Urteil das alte Urteil

1. Abschnitt. Allgemeine Vorschriften **§ 707**

bestätigt oder wenn der Vollstreckungstitel oder seine Vollstreckbarkeit entfallen. Eine Wiederherstellung des Urteils läßt den Beschluß nicht wieder aufleben.

**12) Grundsatz: Unanfechtbarkeit, II 2.** Der stattgebende wie der ablehnende Beschluß, § 329, sind grundsätzlich unanfechtbar, II 2, Celle OLGZ **78**, 490, Hbg FamRZ **89**, 888, Karlsr MDR **88**, 975. Dies gilt aber nur, soweit das Gericht sein Ermessen in einem gesetzlichen Rahmen ausgeübt hat. **16**

**13) Ausnahme: Sofortige Beschwerde, II.** Sie hat zahlreiche Grenzen. **17**

**A. Zulässigkeit bei greifbarer Gesetzwidrigkeit.** Wenn das Gericht die Voraussetzungen seines Ermessens verkannt, also abgelehnt hat, weil die Voraussetzungen der §§ 707 oder 719 nicht gegeben seien, oder umgekehrt mit der Rechtsordnung schlechthin unvereinbar, ohne jede gesetzliche Grundlage die Zwangsvollstreckung eingestellt hat, wenn also eine greifbare Gesetzwidrigkeit vorliegt, § 127 Rn 25, BGH **119**, 374, NJW **94**, 2364 (nicht bei Streitfrage) und RR **97**, 1155 (nicht bei Mindermeinung), Karlsr FamRZ **96**, 1486, zB bei einem Verstoß gegen Art 101 I 2 GG, oder beim Fehlen des erforderlichen Antrags, Hamm FamRZ **90**, 1267, dann ist sofortige Beschwerde nach § 577 zulässig, § 793, BGH **119**, 374, Hbg ZMR **91**, 27, Karlsr ZMR **94**, 324, aM Düss OLGZ **89**, 383, Künkel MDR **89**, 312. Zum Problem Schneider MDR **85**, 547. Hat das LG über die Beschwerde entschieden, so ist nach § 793 II die sofortige weitere Beschwerde statthaft. Wegen einer Anschlußbeschwerde § 577 a.

**B. Unzulässigkeit nur wegen Gehörsverletzung.** Die sofortige Beschwerde ist grundsätzlich nicht schon wegen einer Versagung des rechtlichen Gehörs nach Art 103 I GG zulässig, BGH NJW **90**, 838, Hbg ZMR **91**, 27, LAG Hamm MDR **72**, 362, aM Schlesw NJW **88**, 67. Eine sofortige Beschwerde kommt aber ausnahmsweise dann in Betracht, wenn wegen der Gehörsversagung keine abwägende Ermessensentscheidung mehr möglich gewesen wäre, LG Kiel SchlHA **84**, 164. **18**

**C. Unzulässigkeit bei Vollstreckungsbescheid.** Die sofortige Beschwerde ist unzulässig, soweit das Gericht wegen eines irrig erlassenen Vollstreckungsbescheids eine Einstellung ohne Glaubhaftmachung im Sinne von I 2 ohne die Anordnung einer Sicherheitsleistung verfügte, Ffm NJW **74**, 1339, KG MDR **79**, 679. Etwas anderes gilt aber dann, wenn überhaupt nichts zur Glaubhaftmachung nach § 294 vorgetragen worden ist, Schlesw SchlHA **75**, 62.

**D. Unzulässigkeit gegen Entscheidung des Oberlandesgerichts.** Die sofortige Beschwerde gegen den Beschluß eines OLG ist unzulässig, § 567 IV 1.

**E. Unzulässigkeit gegen Entscheidung des Landgerichts.** Die sofortige Erstbeschwerde gegen den Beschluß des LG als Berufungsgericht ist nach § 567 III 1 unzulässig. Sie ist auch meist unzulässig, soweit das LG im Nachverfahren die Zwangsvollstreckung aus dem Vorbehaltsurteil, §§ 302, 600, nach der Einlegung einer Revision eingestellt hat, Nürnb NJW **82**, 392. **19**

**F. Unzulässigkeit gegen Entscheidung des Landesarbeitsgerichts.** Die sofortige Beschwerde gegen den Beschluß des LAG ist unzulässig, § 70 ArbGG.

**G. Unzulässigkeit in Baulandsache.** Die sofortige Beschwerde ist in Baulandsachen unzulässig, Celle NJW **74**, 2290.

**H. Unzulässigkeit nur wegen mangelhafter Begründung.** Die sofortige Beschwerde ist schließlich unzulässig, soweit eine Entscheidung lediglich mangelhaft begründet worden ist, vor allem zur Frage, ob ein unersetzlicher Nachteil nach Rn 9–11 drohe, Zweibr OLGZ **74**, 250. Wegen einer Gegenvorstellung Üb 3 vor § 567 und Düss FamRZ **78**, 125. **20**

**I. Unzulässigkeit bei Verbindung mit Rechtsmittel in Nebenverfahren.** Die sofortige Beschwerde ist unzulässig, soweit sie nur mit einem zulässigen Rechtsmittel in einem Nebenverfahren verbunden wird, zB mit der Anfechtung einer die Wiedereinsetzung ablehnenden Entscheidung, § 238 Rn 12. Denn das dortige Rechtsmittelgericht darf nicht abschließend zur Hauptsache entscheiden, Karlsr MDR **88**, 975.

**14) Abänderung, II.** Das Gericht darf seine Entscheidung auf Antrag jederzeit abändern, Hamm FamRZ **85**, 307, KG FamRZ **90**, 87. Eine Beschwerde läßt sich meist in einen solchen Antrag umdeuten, KG FamRZ **90**, 87, Köln RR **88**, 1468. Von Amts wegen darf keine Abänderung erfolgen. Das höhere Gericht kann für seine Instanz auf Antrag eine andere Anordnung treffen, Hamm FamRZ **85**, 307. Ein abgewiesenes Gesuch läßt sich mit einer besseren Begründung erneuern. Eine veränderte Sachlage ist zur Abänderung in keinem Fall notwendig, Celle MDR **70**, 243. **21**

**15) Beispiele zur Frage einer entsprechenden Anwendbarkeit, I, II** **22**
**Abänderungsklage:** § 707 ist *nicht* entsprechend anwendbar, wenn es um eine Abänderungsklage nach § 323 geht. Dann gilt vielmehr § 769, § 323 Rn 54.
**Anfechtungsklage:** § 707 ist *nicht* entsprechend anwendbar, wenn es um eine Anfechtungsklage nach Art 12 § 3 NEhelG geht, Hbg MDR **75**, 234, Köln NJW **71**, 2232.
**Arglist:** Rn 32 „Urteilserschleichung".
**Arrest:** § 707 ist *nicht* entsprechend anwendbar, wenn es um einen Widerspruch gegen einen Arrest geht, § 924 Rn 11, sowie im Verfahren nach § 926, Ffm FamRZ **85**, 723. Wegen § 925 dort Rn 11.
 S auch Rn 26 „Einstweilige Verfügung", Rn 27 „Kostenfestsetzung".
**Baulandsache:** § 707 ist entsprechend anwendbar, wenn es um eine Baulandsache geht (dann ist aber besser § 732 anzuwenden), Karlsr MDR **83**, 943, Zweibr OLGZ **73**, 255. **23**
**Ehesache:** Rn 25 „Einstweilige Anordnung". **24**
**Einspruch:** § 707 ist entsprechend anwendbar, wenn es um die Einlegung eines Einspruchs geht; vgl freilich § 719 I 2.
**Einstweilige Anordnung:** § 707 ist entsprechend anwendbar, wenn es zB bei einer Unterhaltsklage um eine einstweilige Anordnung nach §§ 620 ff geht, Ffm FamRZ **90**, 768, Karlsr FamRZ **81**, 295, aM Hamm FER **98**, 1381. Das gilt auch bei einer insoweit leugnenden Feststellungsklage, BGH NJW **83**, 1331, Ffm FamRZ **81**, 66, Hbg FamRZ **89**, 888, und zwar auch vor der Rechtskraft des Scheidungs- **25**

urteils, Kblz FamRZ **85**, 1272, Schlesw FamRZ **86**, 184, aM Hbg FamRZ **85**, 1273, Hamm NJW **83**, 460.

26 **Einstweilige Verfügung:** § 707 ist entsprechend anwendbar, wenn es um einen Widerspruch gegen eine einstweilige Verfügung geht, § 936 Rn 4 „§ 924, Widerspruch", Ffm MDR **97**, 393 (zurückhaltend), KG MDR **94**, 727, Gießler FamRZ **82**, 130. Wenn eine Einstellung möglich ist, dann ist eine einstweilige Verfügung mit lediglich demselben Ziel unzulässig, Grdz 49 vor § 704. Grds muß aber statt § 707 ein Weg nach § 945 genommen werden, Zweibr GRUR **97**, 486.
S auch Rn 22 „Arrest", Rn 27 „Kostenfestsetzung".

**Erkenntnisverfahren:** § 707 ist *nicht* entsprechend anwendbar, soweit es um ein Erkenntnisverfahren geht, da dort §§ 926 ff, 935 ff infragekommen, LG Bochum MDR **99**, 361, aM Zweibr MDR **92**, 76.

27 **Insolvenz:** § 707 ist entsprechend anwendbar, wenn es um eine Wiedereinsetzung nach § 186 InsO geht.
**Kostenfestsetzung:** § 707 ist *nicht* entsprechend anwendbar, wenn es um die Zwangsvollstreckung aus einem Kostenfestsetzungsbeschluß des Verfahrens auf den Erlaß eines Arrests oder einer einstweiligen Verfügung geht, wenn nur der Hauptprozeß anhängig ist, Karlsr OLGZ **73**, 486.

28 **Nichteheliches Kind:** Rn 22 „Anfechtungsklage".
29 **Prozeßvergleich:** § 707 ist entsprechend anwendbar, wenn es einen Prozeßvergleich geht. Das gilt auch bei einem Streit um seine Wirksamkeit, Anh § 307 Rn 47, oder bei einem Zwischenvergleich, Hamm FamRZ **85**, 307.
30 **Rechtsmittel:** § 707 ist entsprechend anwendbar, wenn es um die Einlegung eines Rechtsmittels geht; vgl freilich § 719 I 2.
31 **Scheidung:** Rn 25 „Einstweilige Anordnung".
**Schiedsspruch:** § 707 ist entsprechend anwendbar, wenn es um die Einlegung eines Widerspruchs gegen die Vollstreckbarerklärung eines Schiedsspruchs oder eines solchen mit vereinbartem Wortlaut geht, §§ 1053, 1060.
32 **Unterhalt:** Rn 25 „Einstweilige Anordnung".
**Urteilsergänzung:** § 707 ist entsprechend anwendbar, wenn es um eine Urteilsergänzung nach § 321 geht, LG Hann MDR **80**, 408.
**Urteilserschleichung:** § 707 ist *nicht* entsprechend anwendbar, wenn es um eine Zwangsvollstreckung aus einem erschlichenen Urteil geht, soweit man dessen Anfechtung zuläßt (dann ist nur eine einstweilige Verfügung zulässig), § 769 Rn 2, Einf 35 vor §§ 322–327.
33 **Verfassungsbeschwerde:** § 707 ist *nicht* entsprechend anwendbar, wenn es um eine Verfassungsbeschwerde geht.
**Verwaltungszwangsverfahren:** § 707 ist *nicht* entsprechend anwendbar, wenn es um eine Zwangsvollstreckung in einem Verwaltungszwangsverfahren geht, etwa wegen der Gerichtskosten, auch nicht im Fall des § 116 SGB X.
34 **Wiedereinsetzung:** Rn 27 „Insolvenz".
35 **Zwischenvergleich:** Rn 29 „Prozeßvergleich".
36 **16) VwGO:** Entsprechend anwendbar, § 167 I VwGO; zu den für die Entscheidung maßgeblichen Gesichtspunkten OVG Lüneb LS DÖV **83**, 989. Rechtsbehelf ist die Beschwerde nach §§ 146 ff VwGO, die unter den in Rn 17 ff genannten Voraussetzungen statthaft ist, VGH Kassel DVBl **66**, 607, soweit sie nicht gesetzlich ausgeschlossen ist, zB nach § 80 AsylVfG oder § 37 VermG, § 252 Rn 7.

### Einführung vor §§ 708–720
### Vorläufige Vollstreckbarkeit

**Schrifttum:** *Furtner*, Die vorläufige Vollstreckbarkeit, 1953; *Häsemeyer*, Schadenshaftung im Zivilrechtsstreit, 1979; *Vogg*, Einstweiliger Rechtsschutz und vorläufige Vollstreckbarkeit: Gemeinsamkeiten und Wertungswidersprüche, 1991.

**Gliederung**

| | |
|---|---|
| 1) Systematik ................................ 1 | D. Vollstreckbarkeit gegen Fiskus ......... 5 |
| 2) Regelungszweck ....................... 2 | 5) Form ................................... 6–8 |
| 3) Geltungsbereich ....................... 3 | A. Urteilsbestandteil .................... 6 |
| 4) Ausspruch der Vollstreckbarkeit ...... 4, 5 | B. Erfolglosigkeit eines Rechtsmittels .... 7 |
| A. Grundsatz: Von Amts wegen ......... 4 | C. Vollstreckbarerklärung und Vollstreckbarkeit ............................ 8 |
| B. Unzulässigkeit ....................... 5 | 6) VwGO ................................. 9 |
| C. Vollstreckbarkeit wegen Kosten ....... 5 | |

1 **1) Systematik.** Die vorläufige Vollstreckbarkeit, die ihre Grundlage in § 704 I Hs 2 hat, ist eine Folge des Umstands, daß an sich erst die Rechtskraft, § 322, endgültig Klarheit schafft, daß aber ein Zuwarten bis zur Rechtskraft den Gläubiger um den im Erkenntnisverfahren oft mühsam genug erkämpften Erfolg zumindest in wirtschaftlicher Hinsicht bringen kann, § 704 Rn 2. Die Möglichkeit vorgezogener rechtlicher und wirtschaftlicher Durchsetzung erstrittener Ansprüche wird in der Praxis ganz überwiegend auch genutzt. Für die Zwangsvollstreckung hat sie grundsätzlich dieselbe Bedeutung wie eine endgültige Vollstreckbarkeit. Sie ist freilich unter Umständen auf bloße Sicherungsmaßnahmen beschränkt, § 720 a. Anders ist es sachlichrechtlich.

2 **2) Regelungszweck.** Die vorläufige Vollstreckbarkeit (von manchen sekundärer einstweiliger Rechtsschutz genannt) ist eine von der ZPO in erster Linie im Interesse des Gläubigers vorgesehene Maßnahme.

Der Gläubiger soll die Zwangsvollstreckung aus den in § 704 Rn 2 genannten Gründen möglichst rasch vornehmen können, auf die er oft dringend angewiesen ist, BPatG GRUR **86**, 49, Alisch Rpfleger **79**, 292. In einer Reihe von Fällen versucht das Gesetz durch ein kompliziert ausgewogenes System von Sicherheitsleistung bald der einen, bald der anderen Partei in §§ 709 ff die Risiken einer vorläufigen Vollstreckung von vornherein abzumildern.

Im übrigen schwebt über dem Gläubiger stets das *Damoklesschwert der Ersatzpflicht*, wenn der Vollstreckungstitel aufgehoben wird, § 717. Denn wie der Titel ist seine Vollstreckbarkeit durch die Aufhebung auflösend bedingt. Die Zwangsvollstreckung selbst ist aber unbedingt. Die Rechtmäßigkeit des Vollstreckungsaktes ist jedenfalls nicht unmittelbar vom rechtlichen Bestand des noch nicht rechtskräftig festgestellten, zu vollstreckenden Anspruchs abhängig, BGH **85**, 113. Die Zwangsvollstreckung ist insoweit endgültig und führt nur bei § 720 a zu einer bloßen Sicherheit, sonst grundsätzlich zur Befriedigung des Gläubigers, aM BGH **86**, 270.

**3) Geltungsbereich.** Die vorläufige Vollstreckbarkeit steht der endgültigen nicht ganz gleich. Sie erledigt **3** sich mit dem Eintritt der endgültigen Vollstreckbarkeit infolge Rechtskraft, § 322, Hbg RR **86**, 1501. Sie steht vielmehr unter der auflösenden Bedingung der Aufhebung der Entscheidung. Darum bringt eine Zahlung, die der Schuldner oder ein Bürge zur Abwendung der Zwangsvollstreckung aus einem vorläufig vollstreckbaren Titel vornehmen, den Anspruch nicht zum Erlöschen, BGH MDR **76**, 1005, Krüger NJW **90**, 1209. Die Zahlung hemmt nur die Geltendmachung des Anspruchs, läßt aber noch eine Aufrechnung mit einer Gegenforderung zu. Das muß auch für die Zurückbehaltung gelten, wenn sie wie eine Aufrechnung wirkt. Ein sachlichrechtliches Gestaltungsurteil wirkt in der Hauptsache erst mit dem Eintritt seiner Rechtskraft; nur wegen der Kosten kann es vorläufig vollstreckbar sein, Rn 5 (C).

Ein Urteil des *ArbG* und des LAG ist ohne weiters vorläufig vollstreckbar, § 62 ArbGG. Ein Versäumnisurteil des BAG ist für vorläufig vollstreckbar zu erklären, § 62 ArbGG ist insoweit unanwendbar, BAG BB **82**, 439. Ein Urteil des ordentlichen Gerichts ist grundsätzlich nur dann vorläufig vollstreckbar, wenn die Urteilsformel es ausdrücklich zuläßt. Davon gilt im Fall der Anordnung eines Arrests oder einer einstweiligen Verfügung eine Ausnahme, § 922 Rn 7, § 936 Rn 3 „§ 922, Urteil oder Beschluß".

**4) Ausspruch der Vollstreckbarkeit.** Seine Grenzen werden manchmal übersehen. **4**

**A. Grundsatz: Von Amts wegen.** Der Ausspruch findet von Amts wegen statt, Nürnb NJW **89**, 842, und zwar teilweise ohne Sicherheitsleistung, § 708, teils nur gegen Sicherheitsleistung, § 709. Ein Parteiantrag kann den Ausspruch beeinflussen, wenn auch nicht etwa durch ein Anerkenntnis nach § 307, Nürnb NJW **89**, 842. Es können durch einen Antrag erreichen: Der Gläubiger eine Vollstreckbarerklärung ohne Sicherheitsleistung, wenn eine Sicherheitsleistung an sich eine Voraussetzung der Vollstreckbarkeit wäre, §§ 710, 711 S 2; der Schuldner die Möglichkeit einer Abwendung der Zwangsvollstreckung durch eine Sicherheitsleistung, §§ 712 S 1, 720 a III, oder das Unterbleiben einer Vollstreckbarerklärung, § 712 S 2.

**B. Unzulässigkeit.** Die Vollstreckbarerklärung ist unstatthaft, auch wegen der Kosten: In den Fällen des **5** § 704 Rn 6–8; ferner bei einer Entscheidung, die mit ihrer Verkündung bereits rechtskräftig wird, § 705 Rn 4, 5, oder die ihrer Natur nach erst mit der Rechtskraft wirken können, etwa bei § 894; ferner grundsätzlich bei einer Entscheidung zur Hauptsache, die ihrer Natur nach nur endgültig oder gar nicht wirksam werden kann, § 894 (Unterstellung der Abgabe und des Zugangs einer sachlichrechtlichen Willenserklärung). Freilich schadet eine Vollstreckbarerklärung, abgesehen vom letzteren Fall, nicht und ist sogar dann ratsam, wenn Zweifel bestehen, und wegen der Kosten sowie im Fall des § 895, zur Hauptsache evtl sogar notwendig.

**C. Vollstreckbarkeit wegen Kosten.** Eine Vollstreckbarerklärung nur wegen der Kosten richtet sich nach § 708 Z 1 (Verzichtsurteil), Z 6, Z 11 Hs 2.

**D. Vollstreckbarkeit gegen Fiskus.** Ein Urteil gegen den Fiskus, eine Gemeinde usw ist genau so für vorläufig vollstreckbar zu erklären wie ein Urteil gegen eine andere Person. Über die Durchführung der Zwangsvollstreckung in solchen Fällen § 882 a, § 15 EG ZPO Rn 2.

**5) Form.** Sie erfordert Sorgfalt. **6**

**A. Urteilsbestandteil.** Die Vollstreckbarkeit ist stets in der Urteilsformel zu klären. Wenn sie übergangen worden ist, dann bleibt nur eine Urteilsergänzung nach §§ 321, 716 übrig, BGH FamRZ **93**, 50, BFH BB **81**, 898, LG Aachen RR **86**, 360. Darum müssen diesbezüglich etwa notwendige Anträge immer vor dem Schluß der mündlichen Verhandlung, §§ 136 IV, 296 a, gestellt werden, § 714 I. Die Entscheidung über einen solchen Antrag ist ein Urteilsbestandteil und kann daher nur mit dem gegen das Urteil gegebenen Rechtsbehelf angegriffen werden. Über die vorläufige Vollstreckbarkeit ist in der Berufungsinstanz vorweg zu entscheiden, § 718, soweit überhaupt auch die Hauptsache angegriffen wird. Eine Entscheidung des Urteils über die vorläufige Vollstreckbarkeit läßt sich nur durch ein Urteil beseitigen, auch im Fall des § 718. Daher kann man die Berufung auch auf die Frage der vorläufigen Vollstreckbarkeit beschränken, Mü FamRZ **90**, 84, Nürnb NJW **89**, 842. Wenn ein Rechtsbehelf eingelegt wird, kann die Zwangsvollstreckung unter Umständen eingestellt werden, §§ 719, 707. Diese Einstellung kann die Vollstreckbarkeit grundsätzlich weder geben noch nehmen, wohl aber an Bedingungen knüpfen oder einzelne Vollstreckungsmaßnahmen aufheben. Dies gilt auch bei § 765 a.

**B. Erfolglosigkeit eines Rechtsmittels.** Werden ein Rechtsmittel oder ein Einspruch verworfen oder **7** zurückgewiesen und erklärt das Gericht das Urteil für vorläufig vollstreckbar, so erklärt es damit ohne weiteres das vorangegangene (erste) Urteil für vorläufig vollstreckbar, selbst wenn dieses frühere Urteil einen solchen Ausspruch nicht enthielt, Engels AnwBl **78**, 164. Der Verzicht auf die vorläufige Vollstreckbarkeit ist vor oder nach dem Erlaß des Urteils zulässig.

**C. Vollstreckbarerklärung und Vollstreckbarkeit.** Die Vollstreckbarerklärung setzt eine Vollstreckbar- **8** keit nicht voraus. Der Urteilsinhalt braucht sich also nicht zur Vollstreckung zu eignen, Grdz 29 vor § 704.

**Einf §§ 708–720, § 708**  8. Buch. Zwangsvollstreckung

9  6) **VwGO:** §§ 708–720 a sind entsprechend anwendbar, § 167 I VwGO, mit der Einschränkung, daß Urteile auf Anfechtungs- und Verpflichtungsklagen (auch auf Unterlassung von VerwAkten oder anderem hoheitlichem Handeln, VGH Mannh DVBl *99*, 992, OVG Lüneb NVwZ *90*, 275 mwN, aM VGH Kassel NVwZ *90*, 272, abl Wolfrum NVwZ *90*, 239, zustm Melullis MDR *90*, 398) nur wegen der Kosten für vorläufig vollstreckbar erklärt werden, § 167 II VwGO. Auch die öffentliche Hand als Gläubiger hat Sicherheit zu leisten, § 709 S 1; das ist ungeachtet der finanziellen Leistungskraft des Staates keine inhaltsleere Überflüssigkeit, Rupp AöR *85*, 329/330, da die Finanzlage des Gläubigers überhaupt nicht zu prüfen ist. Der Ausspruch erfolgt stets von Amts wegen, VGH Mannh NVwZ-RR *96*, 542 (Nachholung in der Berufungsinstanz), und ohne Ermessensspielraum, BVerwG *16*, 254. Wegen der Form siehe oben Rn 6.

## 708 *Vorläufige Vollstreckbarkeit ohne Sicherheit.* Für vorläufig vollstreckbar ohne Sicherheitsleistung sind zu erklären:

1. Urteile, die auf Grund eines Anerkenntnisses oder eines Verzichts ergehen;
2. Versäumnisurteile und Urteile nach Lage der Akten gegen die säumige Partei gemäß § 331 a;
3. Urteile, durch die gemäß § 341 der Einspruch als unzulässig verworfen wird;
4. Urteile, die im Urkunden-, Wechsel- oder Scheckprozeß erlassen werden;
5. Urteile, die ein Vorbehaltsurteil, das im Urkunden-, Wechsel- oder Scheckprozeß erlassen wurde, für vorbehaltlos erklären;
6. Urteile, durch die Arreste oder einstweilige Verfügungen abgelehnt oder aufgehoben werden;
7. Urteile in Streitigkeiten zwischen dem Vermieter und dem Mieter oder Untermieter von Wohnräumen oder anderen Räumen oder zwischen dem Mieter und dem Untermieter solcher Räume wegen Überlassung, Benutzung oder Räumung, wegen Fortsetzung des Mietverhältnisses über Wohnraum auf Grund der §§ 556 a, 556 b des Bürgerlichen Gesetzbuchs sowie wegen Zurückhaltung der von dem Mieter oder dem Untermieter in die Miträume eingebrachten Sachen;
8. Urteile, die die Verpflichtung aussprechen, Unterhalt, Renten wegen Entziehung einer Unterhaltsforderung oder Renten wegen einer Verletzung des Körpers oder der Gesundheit zu entrichten, soweit sich die Verpflichtung auf die Zeit nach der Klageerhebung und auf das ihr vorausgehende letzte Vierteljahr bezieht;
9. Urteile nach §§ 861, 862 des Bürgerlichen Gesetzbuchs auf Wiedereinräumung des Besitzes oder auf Beseitigung oder Unterlassung einer Besitzstörung;
10. Urteile der Oberlandesgerichte in vermögensrechtlichen Streitigkeiten;
11. andere Urteile in vermögensrechtlichen Streitigkeiten, wenn der Gegenstand der Verurteilung in der Hauptsache zweitausendfünfhundert Deutsche Mark nicht übersteigt oder wenn nur die Entscheidung über die Kosten vollstreckbar ist und eine Vollstreckung im Wert von nicht mehr als dreitausend Deutsche Mark ermöglicht.

**Vorbem.** Z 11 idF Art 1 Z 3 der 2. ZwVNov v 17. 12. 97, BGBl 3039, in Kraft seit 1. 1. 99, Art 4 I der 2. ZwVNov. Übergangsrechtlich bestimmt

*2. ZwVNov Art 3* ¹ ¹ § 708 Nr. 11 der Zivilprozeßordnung ist in seiner bisherigen Fassung anzuwenden, wenn die mündliche Verhandlung, auf die das Urteil ergeht, vor dem Inkrafttreten dieses Gesetzes geschlossen worden ist. ²Im schriftlichen Verfahren tritt an die Stelle des Schlusses der mündlichen Verhandlung der Zeitpunkt, bis zu dem Schriftsätze eingereicht werden können.

**Schrifttum:** *Olivet,* Die Kostenverteilung im Zivilurteil, 3. Aufl. 1996; *Vogg,* Einstweiliger Rechtsschutz und vorläufige Vollstreckbarkeit: Gemeinsamkeiten und Wertungswidersprüche, 1991.

### Gliederung

| | | | |
|---|---|---|---|
| 1) Systematik, Regelungszweck, Z 1–11 | 1 | G. Mietstreit, Z 7 | 8 |
| 2) Geltungsbereich, Z 1–11 | 2–13 | H. Unterhalt, Rente, Z 8 | 9 |
| A. Anerkenntnis- oder Verzichtsurteil, Z 1 | 2 | I. Besitzstörung usw, Z 9 | 10 |
| | | J. Urteil des Oberlandesgerichts, Z 10 | 11 |
| B. Versäumnisurteil, Aktenlageurteil, Z 2 | 3 | K. Vermögensrechtlicher Streit: Verurteilungsgegenstand bis 2500 DM, Z 11 | 12 |
| C. Einspruchsverwerfung, Z 3 | 4 | | |
| D. Urkunden-, Wechsel-, Scheckprozeß, Z 4 | 5 | L. Vermögensrechtlicher Streit: Nur Kostenentscheidung vollstreckbar; Wert bis 3000 DM, Z 11 | 13 |
| E. Vorbehaltsloserklärung, Z 5 | 6 | | |
| F. Arrest, einstweilige Verfügung, Z 6 | 7 | 3) VwGO | 14 |

1  **1) Systematik, Regelungszweck, Z 1–11.** § 708 enthält eine fast abschließende Aufzählung derjenigen Urteile, die von Amts wegen als vorläufig vollstreckbar zu bezeichnen sind; vgl aber Rn 7. Die frühere Fassung „auch ohne Antrag" ist als entbehrlich gestrichen worden. Der Zusatz in der neuen Fassung „ohne Sicherheitsleistung" ist nur dann notwendig, wenn lediglich ein Urteilsteil unter § 708 fällt. Die in der Vorschrift genannten Entscheidungen haben zwar sehr unterschiedliche Auswirkungen: Z 1–10 können einen sehr viel höheren Streitwert ausmachen als Z 11; indessen hält das Gesetz in Z 1–10 aus, wenn auch diskutablen, so doch nachvollziehbaren (unterschiedlichen) Gründen eine durch § 717 leidlich geschützte vorläufige Vollstreckbarkeit für vertretbar. Das ist angesichts vielfach gewandelter sozialer Verhältnisse zB bei Z 7 ungeachtet des § 721 nicht unproblematisch, § 721 Rn 2, und läßt sich auch durch zurückhaltende Auslegung angesichts des durchweg klaren Wortlauts nur sehr bedingt ausgleichen, Einl III 39.

### 1. Abschnitt. Allgemeine Vorschriften § 708

**2) Geltungsbereich, Z 1–11.** Er ist praktisch außerordentlich weit. 2

**A. Anerkenntnis- oder Verzichtsurteil, Z 1.** Die Vorschrift erfaßt ein Anerkenntnisurteil, § 307, auch wenn es ohne mündliche Verhandlung nach § 307 II ergangen ist, und auch ein Anerkenntnisurteil im Urkundenprozeß, Rn 5, ferner ein Verzichtsurteil, § 306. Das ist praktisch wegen derjenigen Kosten bedeutsam, die nicht unter Z 11 fallen würden.

**B. Versäumnisurteil, Aktenlageurteil, Z 2.** Die Vorschrift erfaßt ein Versäumnisurteil, und zwar nur 3 das echte, Üb 11, 13 vor § 330; dieses aber in jeder, auch in der Revisionsinstanz. Wegen § 341 vgl Üb 16 vor § 330; ein Aktenlageurteil, § 331 a, und zwar nur das echte gegen die säumige Partei. Sonst wäre die säumige Partei, zu deren Gunsten es ergeht, besser gestellt als ohne Säumnis. Wegen § 343 vgl § 709 Rn 1.

**C. Einspruchsverwerfung, Z 3.** Die Vorschrift erfaßt die Verwerfung des Einspruchs, § 341 I. Wenn 4 nach § 341 II ohne mündliche Verhandlung durch Beschluß entschieden worden ist, dann ist dieser Beschluß ohne weiteres vollstreckbar, § 794 I Z 3. Die Regelung ist nur wegen derjenigen Kosten praktisch bedeutsam, die nicht unter Z 11 fallen würden. Wegen § 343 vgl § 709 Rn 1.

**D. Urkunden-, Wechsel-, Scheckprozeß, Z 4.** Die Vorschrift erfaßt ein Urteil im Urkundenprozeß, 5 § 592, im Wechselprozeß, § 602, und im Scheckprozeß, § 605 a. Erfaßt wird auch ein abweisendes Urteil. Beim Anerkenntnis, § 307, gilt Z 1, Kblz RR **91**, 512, MüKoKr 11, ThP 5, aM LG Aachen RR **86**, 306, ZöHe 1 (es gelte § 711; vgl aber § 599 Rn 1). Wegen des Nachverfahrens nach § 600 gilt Z 5.

**E. Vorbehaltsloserklärung, Z 5.** Die Vorschrift erfaßt ein Urteil gemäß § 600, soweit es das Vorbehalts- 6 urteil bestätigt. Soweit es das Vorbehaltsurteil aufhebt, gilt evtl Z 11. Die Regelung gilt im Urkunden-, Wechsel- und Scheckprozeß, §§ 602, 605 a.

**F. Arrest, einstweilige Verfügung, Z 6,** dazu *Vogg* (vor Rn 1): Die Vorschrift erfaßt ein Urteil, das 7 einen Arrest oder eine einstweilige Verfügung ablehnt, § 922, oder aufhebt, § 925. Sie erfaßt auch: Ein abänderndes Urteil, ein Urteil, das den Arrest oder die einstweilige Verfügung teilweise aufhebt; ein Urteil, das die Sicherheitsleistung erhöht. Ein Beschluß ist ohne weiteres vollstreckbar, 794 I Z 3. Die Regelung ist praktisch nur wegen derjenigen Kosten bedeutsam, die nicht unter Z 11 fallen.
Eine den Arrest oder die einstweilige Verfügung *anordnende* Entscheidung (Beschluß oder Urteil) ist ohnehin auch ohne Notwendigkeit eines entsprechenden Ausspruchs wegen der Natur der Sache vorläufig vollstreckbar, § 922 Rn 3, § 936 Rn 3, „§ 922, Urteil oder Beschluß".

**G. Mietstreit, Z 7.** Die Vorschrift erfaßt ein Urteil im Mietstreit, vgl § 23 Z 2 a GVG. Erfaßt wird auch 8 ein abweisendes Urteil sowie eine Entscheidung im Streit um die Rückzahlung einer Mietsicherheit nebst Zinsen, denn sie behandelt auch Nebenpflichten des Mietvertrags. Z 7 gilt in den *neuen Bundesländern* entsprechend, Art 232 § 2 VI 2 EGBGB.

**H. Unterhalt, Rente, Z 8.** Die Vorschrift erfaßt ein Urteil über einen Unterhalt jeglicher Art, mag er 9 gesetzlich oder vertraglich begründet sein, und ferner ein Urteil betreffend eine Rente wegen einer Unterhaltsentziehung oder wegen einer Körperverletzung, zB gemäß §§ 843, 844 BGB, auch in Verbindung mit § 618 BGB, ferner gemäß §§ 7 II RHaftpflG, 38 II LuftVG, 30 II AtomG, 13 II StVG. Erfaßt wird auch ein Urteil auf Abänderung eines Unterhaltstitels gemäß §§ 323, 641 q, LAG Bre MDR **83**, 1054, StL § 323 Rn 76, ZöHe 10, aM Scheffler FamRZ **86**, 533 (bei einer Herabsetzung Z 11). Die Vorschrift erfaßt auch ein Urteil auf Erteilung einer vorbereitenden Auskunft, AG Hbg FamRZ **77**, 815, MüKoKr 15, ZöHe 10, aM Mü FamRZ **90**, 84 (abl Gottwald). Die Vorschrift gilt nicht für eine fortlaufende Leistung, wie für das Gehalt oder eine nach § 845 BGB einem Dritten zu zahlende Rente. Wegen des Zeitraums, der vor dem in Z 8 genannten Zeitraum liegt, ist evtl Z 11 anwendbar.

**I. Besitzstörung usw, Z 9.** Die Vorschrift erfaßt ein Urteil betreffend Besitz usw gemäß §§ 861, 862 10 BGB auch in Verbindung mit §§ 865, 869 BGB.

**J. Urteil des Oberlandesgerichts, Z 10.** Die Vorschrift erfaßt ein Urteil des OLG in einer vermögens- 11 rechtlichen Streitigkeit, Üb 9 vor § 1. Erfaßt wird auch ein abweisendes Urteil, aM Köln NJW **78**, 1442 (für den Fall, daß eine Revision unzweifelhaft unzulässig ist), oder ein Urteil der 2. Stufe einer Stufenklage, selbst im Verbundverfahren, Mü NJW **79**, 115. Die Vorschrift erfaßt bei einem Urteil, durch das der Rechtsstreit nach § 281 verwiesen oder nach §§ 538 ff zurückverwiesen wird, allenfalls die etwaige Kostenentscheidung, Köln JMBlNRW **70**, 70, StJM 12, ZöHe 12, aM Karlsr JZ **84**, 635, Mü MDR **82**, 239.
Die Vorschrift aber die *Kostenentscheidung* nach §§ 91 ff, soweit eine solche ergeht, Einf 5 vor § 708. Das Urteil des OLG macht ein Urteil des LG ausnahmsweise ohne Sicherheitsleistung vorläufig vollstreckbar, soweit es das Urteil des LG bestätigt, Hamm NJW **71**, 1188, und soweit eine vorläufige Vollstreckbarkeit überhaupt nach §§ 708 ff eintreten kann. Die Zwangsvollstreckung aus dem Urteil des OLG ist in § 717 III begründet. Über ein Urteil gegen den Fiskus § 882 a, § 15 EG ZPO Rn 2. Das FG steht dem OLG gleich, BFH **101**, 478. Bei einem Verwerfungsbeschluß, § 519 b, gilt nicht Z 10, sondern § 794 I Z 3, LG Stgt NJW **73**, 1050.

**K. Vermögensrechtlicher Streit: Verurteilungsgegenstand bis 2500 DM, Z 11.** Die Vorschrift 12 erfaßt in einem vermögensrechtlichen Streit, Grdz 9 vor § 1, ein zusprechendes Urteil, wenn sein Gegenstand in der Hauptsache, ohne Zinsen, Kosten usw, darf 2500 DM nicht übersteigt. Hier ist also die Höhe der Kosten unbeachtlich, anders als bei Rn 13. Mehrere solche Ansprüche sind zusammenzurechnen. Dadurch kann Z 11 unanwendbar werden, § 2. Dies gilt auch bei einzelnen Gehalts- oder Lohnraten. Dagegen sind Ansprüche aus Z 11 mit Ansprüchen aus Z 1–5, 7–9, nicht zusammenzurechnen. Wenn das Urteil zB zu 600 DM Unterhalt und 300 DM aus Darlehen sowie 1500 DM aus Kaufpreis und schließlich 900 DM aus Schadensersatz verurteilt, dann ist das Urteil wegen der 600 DM Unterhalt für vorläufig vollstreckbar zu erklären, wegen der 2700 DM Rest nur gegen Sicherheitsleistung vorläufig vollstreckbar. Das gilt auch für ein erstinstanzliche Patentnichtigkeitsurteil, BPatG GRUR **86**, 48.

## §§ 708, 709

**13**  **L. Vermögensrechtlicher Streit: Nur Kostenentscheidung vollstreckbar; Wert bis 3000 DM, Z 11.** Die Vorschrift ist im vermögensrechtlichen Streit, Grdz 9 vor § 1, auch dann anwendbar, wenn nur die Kostenentscheidung vollstreckbar ist und der Wert der Vollstreckung 3000 DM nicht übersteigt. Deshalb ist ein abweisendes Urteil sehr oft vorläufig vollstreckbar. Das gilt auch für ein erstinstanzliches Patentnichtigkeitsurteil, BPatG GRUR **86**, 48, aM Benkard § 84 PatG Rn 7. Wert: §§ 3 ff.

**14**  **3) VwGO:** *Entsprechend anwendbar*, § 167 I VwGO, sind bei VG und OVG (VGH) **Z 1**: *Anerkenntnis- und Verzichtsurteile*, § 307 Rn 21 und § 306 Rn 8; **Z 10**: *Urteile der OVG (VGH)*, auch klagabweisende oder die Berufung zurückweisende, VGH Mannh NVwZ-RR **96**, 542, sowie entsprechende Beschlüsse nach § 130 a VwGO in vermögensrechtlichen Streitigkeiten, Grdz § 1 Rn 10 ff (nicht eng zu fassen, vgl Noll, Streitwertfestsetzung im VerwProzeß, Rn 147 ff); Z 10 gilt für diese Entscheidungen über Leistungsklagen (zur Verbindung mit einer Anfechtungsklage VGH Kassel NVwZ **87**, 517), ferner für den Kostenausspruch in solchen Entscheidungen auf Anfechtungs- oder Verpflichtungsklagen, § 167 II VwGO, RedOe § 168 Anm 7, ohne Rücksicht darauf, ob die Hauptsache vermögensrechtlich ist, OVG Münst AS **34**, 38 u OVG Bre NJW **64**, 170, vgl auch BFH BB **75**, 945, sowie darauf, wie hoch die Kosten sind; dagegen ist Z 10 nicht anzuwenden auf ein Urteil des VG, das nur der Revision unterliegt, zB in Wehrpflicht- und Zivildienstsachen, BVerwG **16**, 255, Noack NJW **61**, 448, aM RedOe § 168 Anm 7 u BFH BStBl **81** II 402 für Urteile der Finanzgerichte (aber der Grund der Regelung liegt darin, daß die Sache in 2 Instanzen geprüft worden ist); **Z 11**: alle sonstigen Urteile in vermögensrechtlichen Streitigkeiten, Grdz § 1 Rn 9 ff, wenn der Gegenstand der Verurteilung 2500 DM nicht übersteigt, sowie solche, bei denen nur die Kostenentscheidung vollstreckbar ist, also insbesondere alle klagabweisenden Urteile und die einer Anfechtungs- oder Verpflichtungsklage stattgebenden Urteile des VG, sofern der Gegenstand der Zwangsvollstreckung 3000 DM nicht übersteigt (dazu gehören auch Gerichtsbescheide nach § 84 VwGO unter denselben Voraussetzungen); sonst gilt § 709. In den Fällen der Z 6, 10 und 11 ist stets die Abwendung der Zwangsvollstreckung durch Sicherheitsleistung von Amts wegen anzuordnen, § 711.

**709** *Vorläufige Vollstreckbarkeit gegen Sicherheit.* ¹Andere Urteile sind gegen eine der Höhe nach zu bestimmende Sicherheit für vorläufig vollstreckbar zu erklären. ²Handelt es sich um ein Urteil, das ein Versäumnisurteil aufrechterhält, so ist auszusprechen, daß die Vollstreckung aus dem Versäumnisurteil nur gegen Leistung der Sicherheit fortgesetzt werden darf.

**Schrifttum:** *Goedeke,* Grundlagen der Sicherheitsleistung im Zivilprozeß, Diss Hann 1988; *Kreutz,* Die Leistung zur Abwendung der Zwangsvollstreckung nach einem vorläufig vollstreckbaren Urteil, 1995; *Olivet,* Die Kostenverteilung im Zivilurteil, 3. Aufl 1996; *Rasch,* Sicherheitsleistung bei Zwangsvollstreckung im Inland usw, Diss Bonn 1999.

**1**  **1) Systematik, Regelungszweck, S 1, 2.** Vgl zunächst Einf 2 vor §§ 708–720. Das nicht einfach zu verstehende, fein ausgewogene, mit deutscher Gründlichkeit fast überperfekte System von Möglichkeiten, die vorläufige Vollstreckbarkeit herbeizuführen, abzuwehren oder doch noch zu erzwingen, in §§ 709 ff ist zwar (nur) in seinen Hauptregeln dem Grunde nach Bestandteil der Praxis, der Höhe nach aber fast nur Objekt von quälenden Referendaraufgaben: Kaum ein Richter, schon gar kein Anwalt, macht sich die Mühe, die Sicherheitsleistung nach Mark und Pfennig zu berechnen; es wird oft ziemlich grob im Bereich der Summe der Hauptforderung oder ihres Werts gerechnet, und niemand beschwert sich (erstaunlicherweise) auf diesem Teil von Nebenschauplätzen, die die Kraft überlasteter Richter und ProzBev übermäßig beanspruchen würden. Das Ziel einer Milderung der Risiken einer Vollstreckung der Rechtskraft scheint auch so einigermaßen erreicht zu werden. Das darf man bei der Auslegung und Berechnung durchaus mitbeachten.

*Sicherheitsleistung erfordern* alle Urteile, die nicht unter § 708 fallen. Bei § 343 unterfällt auch das zweite Versäumnisurteil, welches das erste Versäumnisurteil aufrechterhält, unabhängig von der Höhe der Urteilssumme dem § 709 Z 2, nicht dem § 708 Z 2, auch wenn eine Fortsetzung der Zwangsvollstreckung nur wegen der Kosten in Betracht kommt, weil das erste Versäumnisurteil eine Klagabweisung enthielt, § 343 Rn 7. Das gilt wegen der Selbständigkeit von S 2 auch bei einem ein Versäumnisurteil aufrechterhaltenden streitigen Urteil. Da das Gesetz eine Sicherheitsleistung ohne Rücksicht auf den Fall und die Partei verlangt, ist auch der Fiskus nicht befreit. S 2 gilt in jedem Verfahren mit einem Streitwert bis zu 2500 DM, auch im Kleinverfahren nach § 495 a, ferner zu Lasten des mit Prozeßkostenhilfe Begünstigten, § 122 Rn 24. § 714 ergänzt §§ 709–773 für das Verfahren.

Die Sicherheitsleistung soll den Schuldner *vor Schaden schützen*, vgl § 717. Sie soll ihm einen vollen Ersatz für diejenigen Nachteile gewähren, die er bei einer etwaigen Zwangsvollstreckung erleidet, KG NJW **77**, 2270, Karlsr OLGZ **75**, 486, Mü MDR **80**, 409. Wegen einer bloßen Teilsicherheitsleistung vgl § 752.

**2**  **2) Verfahren, S 1, 2.** Das Gericht muß die Höhe der Sicherheitsleistung im Urteilstenor bestimmen und ist nach § 318 daran gebunden, Düss MDR **97**, 1163. Für die Art der Sicherheitsleistung gilt § 108, ZZP **50**, 208. Jedenfalls ist die Art der Sicherheitsleistung nicht im Urteil zu bestimmen, und, falls sie doch dort bestimmt wurde, kein Urteilsbestandteil. Das Gericht kann die Art der Sicherheitsleistung jederzeit durch einen Beschluß regeln, § 329. Die Höhe der Sicherheitsleistung kann nur das Gericht der höheren Instanz und nur auf eine mündliche Verhandlung durch ein Urteil ändern. Es gibt keine Teilvollstreckbarkeit gegen eine Teilsicherheitsleistung. Denn diese könnte nur vom Prozeßgericht bestimmt werden, nicht vom Vollstreckungsgericht, Düss MDR **97**, 1163. Das Vollstreckungsgericht, §§ 764, 802, kann keine Aufteilung auf die einzelnen Ansprüche vornehmen. Diese Aufteilung ist Sache des Prozeßgerichts, sie kann nachträglich also nur gemäß § 319 erfolgen.

**3**  **3) Höhe der Sicherheitsleistung, S 1, 2.** Die Sicherheitsleistung ist grundsätzlich ziffernmäßig zu bestimmen, Düss MDR **97**, 1163, Ffm MDR **96**, 961, LG Wiesb MDR **87**, 239 (das Gericht wendet irrig

§ 708 an), und zwar zweckmäßig etwas höher als die Urteilssumme zuzüglich Zinsen und Kosten, Oetker ZZP 102, 456. Hier gilt eine andere Regelung als bei § 708 Z 11 Hs 1.

*Zulässig* ist eine Sicherheitsleistung in Höhe des beizutreibenden Betrags nebst eines bestimmten Prozent- **4** satzes zur Absicherung gegen einen Schaden, KG NJW 77, 2270, LG Wiesb MDR 87, 239. Bei einem Urteil in einer nichtvermögensrechtlichen Streitigkeit, Grdz 10 vor § 1, kann die Höhe der Kosten nach dem jeweiligen Streitwert maßgeblich sein, Mü MDR 80, 409.

*Unzulässig* ist grundsätzlich eine Sicherheitsleistung „in Höhe des jeweils beizutreibenden Betrags", Düss **5** MDR 97, 1163, Ffm MDR 96, 961, Köln RR 95, 1280. Erst recht unzulässig ist eine Teilsicherheitsleistung unabhängig von Raten, Düss MDR 97, 1163, aM Ffm MDR 96, 961. Dann leistet der Schuldner bis auf einen verschwindenden Betrag selbst; er steht also so da, als wäre er zur Hinterlegung verurteilt, was eben doch nicht der Fall ist. Der Umstand, daß eine teilweise Zwangsvollstreckung zulässig ist, ist unerheblich. Denn der Gläubiger muß dann eine volle Sicherheit leisten. Vgl freilich §§ 710–712.

**4) Rückgabe der Sicherheitsleistung**, S 1, 2. Sie ist notwendig, wenn ihr Grund weggefallen ist. Das **6** trifft dann zu, wenn das Urteil rechtskräftig oder bedingungslos vollstreckbar geworden ist. Die Rückgabe erfolgt beim Eintritt der Rechtskraft nach § 715, sonst nach § 109. Wenn das erstinstanzliche Urteil auf ein Rechtsmittel ohne Sicherheitsleistung bestätigt wird, erfolgt keine Rückgabe, KG NJW 76, 1753, § 109 Rn 9.

**5)** *VwGO:* Entsprechend anwendbar, § 167 I VwGO, ist Satz 1, wenn nicht § 708 eingreift. Er gilt also vor **7** allem bei Leistungsurteilen (außer Verpflichtungsurteilen) über mehr als 2500 DM und bei Kostenentscheidungen über mehr als 3000 DM der Verwaltungsgerichte (ebenso für entspr Gerichtsbescheide, § 84 I 3 VwGO), § 708 Rn 14. Sicherheit ist auch dann anzuordnen, wenn die öffentliche Hand Vollstreckungsgläubigerin ist, Einf § 708 Rn 9, aM VG Ansbach GewArch 77, 306, und ebenso wenn auf beiden Seiten Gebietskörperschaften des öff Rechts beteiligt sind, vgl Rn 1, aM VGH Kassel NVwZ 90, 274. Wegen Sicherungsmaßnahmen des Gläubigers s § 720 a.

**710** *Ausnahmsweise keine Sicherheit des Gläubigers.* **Kann der Gläubiger die Sicherheit nach § 709 nicht oder nur unter erheblichen Schwierigkeiten leisten, so ist das Urteil auf Antrag auch ohne Sicherheitsleistung für vorläufig vollstreckbar zu erklären, wenn die Aussetzung der Vollstreckung dem Gläubiger einen schwer zu ersetzenden oder schwer abzusehenden Nachteil bringen würde oder aus einem sonstigen Grunde für den Gläubiger unbillig wäre, insbesondere weil er die Leistung für seine Lebenshaltung oder seine Erwerbstätigkeit dringend benötigt.**

**1) Systematik, Regelungszweck.** Vgl zunächst § 709 Rn 1. Während § 710 dem Gläubiger dann **1** Erleichterung verschafft, wenn er grundsätzlich gemäß § 709 eine Sicherheit leisten müßte, hilft § 711 S 2 in Verbindung mit § 710 dem Gläubiger, falls dieser bei § 708 Z 4–11 aus dem Urteil an sich ohne die Leistung einer Sicherheit vollstrecken könnte, jedoch durch eine Sicherheitsleistung des Schuldners die Vollstreckbarkeit gefährdet sieht und unter diesen Umständen grundsätzlich doch wieder eine Sicherheit leisten wollte. Mit diesen Erleichterungen soll ein Grundgedanke des Gesetzes betont werden, die Stellung des Gläubigers zu stärken, sobald er ein vorläufig vollstreckbares Urteil erstritten hat. Wenn auch der Schuldner keinesfalls schutzlos bleibt, wie § 711 und vor allem § 712 zeigen, so ist doch das Interesse des Gläubigers in diesem Abschnitt des Verfahrens erheblich zu berücksichtigen.

Daher dürfen an die Voraussetzungen des § 710 *keine allzu strengen Anforderungen* gestellt werden. Ein Antrag ist gemäß § 714 I noch vor dem Schluß der mündlichen Verhandlung notwendig, §§ 136 IV, 296 a. Sämtliche tatsächlichen Voraussetzungen sind glaubhaft zu machen, §§ 714 II, 294. Die Sicherheitsleistung ist nur dann entbehrlich, wenn die Voraussetzungen zusammentreffen, die einerseits in Rn 2, 4 und andererseits in Rn 2, 5 aufgeführt sind.

**2) Geltungsbereich.** Die Vorschrift gilt grundsätzlich in allen Verfahren nach der ZPO. Sie ist aber im **2** Eilverfahren der §§ 620 ff, 916 ff, 935 ff unanwendbar, Köln MDR 89, 920.

**3) Schwierigkeit der Sicherheitsleistung.** Nur wenn eine Sicherheit nicht oder lediglich unter er- **3** heblichen Schwierigkeiten erbracht werden könnte, darf das Urteil auch ohne eine Sicherheitsleistung für vorläufig vollstreckbar erklärt werden.

*Beispiele.* Es ist nicht erforderlich, daß der Gläubiger zur Sicherheitsleistung gänzlich außerstande wäre. Es reicht vielmehr aus, daß der Gläubiger zB in seiner Lebenshaltung oder in seiner Berufsausübung unzumutbar beeinträchtigt werden würde. Das ist evtl dann der Fall, wenn sich der Gläubiger entschließen müßte, einen bevorstehenden Urlaub abzusagen, eine wichtige Hilfskraft zu entlassen, auf die Benutzung seines Kraftwagens zu verzichten. Ob er einen Bankkredit bekäme, ist unerheblich, wenn die Zinsen und/ oder die Spesen oder die psychologischen Auswirkungen des Kredits, etwa eine Beeinträchtigung der Bonität usw, nahezu unerträglich oder doch für den Gläubiger äußerst lästig wären. Dabei ist in der Regel von einer längeren Zeitspanne zwischen der Entscheidung über die Vollstreckbarkeit und der Rechtskraft des Urteils auszugehen. Denn kaum jemals kann man einigermaßen sicher vorhersagen, wann die Rechtskraft eintritt. Deshalb braucht der Gläubiger auch keineswegs glaubhaft zu machen, daß seine Beeinträchtigung eine längere Zeit als vorübergehend andauern würde.

**4) Nachteiligkeit der Aussetzung.** Nur wenn die Aussetzung der Vollstreckung außerdem für den **4** Gläubiger nachteilig wäre, darf das Urteil ohne eine Sicherheitsleistung für vorläufig vollstreckbar erklärt werden, § 707 Rn 9. Nicht nur ein vermögensrechtlicher Nachteil ist beachtlich, sondern zB auch kein Ausbleiben der Zahlung die Gefahr, daß der Gläubiger eine wissenschaftliche oder künstlerische oder schriftstellerische Arbeit nicht fristgemäß abliefern und daher auch einen Rufschaden erleiden würde. Der Gläubiger braucht nicht glaubhaft zu machen, daß der Nachteil völlig unersetzbar wäre. Es reicht vielmehr aus, daß entweder ein Nachteil sicher und dessen Ersetzbarkeit recht fraglich ist oder daß es recht fraglich ist, ob sich ein nicht gänzlich unerheblicher Nachteil vermeiden lassen kann. Der Begriff „schwer absehbar" ist also für den Gläubiger weit zu fassen, Rn 1. Falls kein solcher Nachteil droht, sind die Voraussetzungen der Rn 5 zu prüfen.

5  **5) Unbilligkeit der Aussetzung.** Falls die Aussetzung der Vollstreckung für den Gläubiger unbillig wäre, darf das Urteil ohne eine Sicherheitsleistung für vorläufig vollstreckbar erklärt werden, selbst wenn kein Nachteil im Sinne der Rn 4 droht. Unbilligkeit liegt dann vor, wenn zwar der in Rn 4 erläuterte Nachteil entweder nicht droht oder doch ersetzbar wäre, wenn man dem Gläubiger aber trotzdem nicht zumuten kann, bis zur Rechtskraft des Urteils abzuwarten. Das Gesetz erfordert keine grobe Unbilligkeit, sondern setzt nur eine einfache voraus. Auch hier ist zugunsten des Gläubigers weit auszulegen, Rn 1.
*Beispiele:* Wenn der Gläubiger die Leistung für seine Lebenshaltung laufend benötigt, Bbg FamRZ **90**, 184 mwN; wenn er sie für seine Erwerbstätigkeit dringend benötigt, etwa wenn ein Handwerker die Forderung dringend eintreiben muß, um seinen Betrieb nicht zu gefährden. Das kann etwa bei einem Großauftrag an einen mittleren Betrieb der Fall sein, wenn der Gläubiger das Material und die Fertigungskosten vorleisten mußte; wenn der Sozius oder der Gesellschafter durch die Vorenthaltung der Leistung in eine Zwangslage gebracht und zu ungünstigen Zugeständnissen verleitet werden soll. Im Rahmen aber der Prüfung einer Unbilligkeit muß mitberücksichtigt werden, ob der Gläubiger diese Entwicklung (mit)verschuldet hat. Freilich darf das Gericht auch hier keine zu strengen Anforderungen stellen, Rn 1. Ein dringender Bedarf für die Lebenshaltung oder für die Erwerbstätigkeit des Gläubigers ist nur ein gesetzliches Beispiel für den Fall der Unbilligkeit, wie sich aus dem Wort „insbesondere" ergibt. Er kann zugunsten des Unterhaltsgläubigers unbefristet anzunehmen sein, Ffm FamRZ **87**, 1172.

6  **6) Lage des Schuldners.** Die Auswirkungen einer Aussetzung der Vollstreckung auf die Lage des Schuldners sind nicht zu prüfen. Der Schuldner kann und muß sich gegebenenfalls gemäß §§ 711, 712 schützen.

7  **7) VwGO:** *Entsprechend anwendbar,* § 167 I VwGO.

**711** *Abwendung durch den Schuldner mangels Gläubigersicherheit.* ¹In den Fällen des § 708 Nr. 4 bis 11 hat das Gericht auszusprechen, daß der Schuldner die Vollstreckung durch Sicherheitsleistung oder Hinterlegung abwenden darf, wenn nicht der Gläubiger vor der Vollstreckung Sicherheit leistet. ²Für den Gläubiger gilt § 710 entsprechend.

1  **1) Systematik, Regelungszweck, S 1, 2.** Vgl zunächst § 709 Rn 1. Während §§ 711 S 1, 712 dem Schuldner die Möglichkeit eröffnen, die Zwangsvollstreckung gegen oder ohne eine Sicherheitsleistung abzuwenden, enthält § 720a III die Möglichkeit, eine auf bloße Sicherungsmaßnahmen beschränkte Zwangsvollstreckung in einer ähnlichen Weise wie § 711 S 1 abzuwenden. § 720a III geht als spezielles Gesetz dem § 711 vor. In keinem dieser Fälle des Schuldnerschutzes ist der Gläubiger ganz machtlos. Das entspricht seiner starken Stellung, § 710 Rn 1.
Die Entscheidung gemäß *S 1* erfolgt jetzt von Amts wegen, BGH NJW **84**, 1240, Franzki DRiZ **77**, 168. Die Entscheidung gemäß *S 2* erfolgt nur auf Antrag, § 714 I, und nur dann, wenn ihre Voraussetzungen glaubhaft gemacht werden, §§ 294, 714 II. Gegebenenfalls sind §§ 716, 321 anwendbar, BGH NJW **84**, 1240.

2  **2) Vollstreckungsabwendung, S 1.** Die Befugnis des Schuldners, die Zwangsvollstreckung abzuwenden, ist jetzt in sämtlichen Fällen des § 708 Z 4–11, und nur in diesen, Kblz RR **91**, 512 (also nicht bei § 708 Z 1), Schlesw SchlHA **82**, 43, zugleich mit der Entscheidung über die an sich ja ohne eine Sicherheitsleistung mögliche vorläufige Vollstreckbarkeit in derselben Form auszusprechen. Die Entscheidung erfolgt von Amts wegen, BFH BB **81**, 898. Das Gericht muß einen etwaigen Antrag darauf überprüfen, ob er gemäß §§ 712, 720a zu behandeln ist. Falls die Entscheidung vergessen wurde oder falsch ist, gilt das in Einf 6 vor § 708 Ausgeführte. Wenn der Schuldnervertreter den Antrag unterlassen hat, macht er sich nicht schon dadurch schadensersatzpflichtig. Denn das Gericht hätte von Amts wegen an eine Entscheidung denken müssen. BGH VersR **73**, 1165 ist überholt. Ein überflüssiger oder unbegründeter „Antrag", etwa weil der Gläubiger ohnehin gemäß § 709 Sicherheit leisten muß, ist als inhaltslos abzuweisen. Bei § 708 Z 2 (Versäumnisurteil) hilft evtl § 719 I 2.

3  **3) Sicherheitsleistung oder Hinterlegung, S 1.** Beides ist zulässig. Das Urteil kann dem Schuldner die Wahl erlauben oder beides zur Wahl stellen, wenn der Schuldner nicht wählt. Eine Anregung des Schuldners ist stets mitzuberücksichtigen. Der Gläubiger darf durch eine Bürgschaft nicht schlechter gestellt werden als durch eine Hinterlegung, BGH **69**, 273. Eine unbezifferte Festsetzung ist unzulässig, Oetker ZZP **102**, 464. Die notwendige Höhe der Sicherheitsleistung ergibt sich aus der Schutzfunktion; sie kann auf den drohenden Vollstreckungsschaden begrenzt werden, muß ihn aber dann auch voll decken. Bei einem Räumungstitel ist die Erfüllung keineswegs sicher, aM Dochnahl MDR **89**, 423, und daher evtl zB der Mietverlust für einen nicht geringen Zeitraum bis zu demjenigen eines Jahres anzusetzen, § 16 II GKG, Oetker ZZP **102**, 461, 464 (Erfüllungs- und Verzögerungsschaden), aM Dochnahl MDR **89**, 423 (nur der Verzögerungsschaden. Aber er besteht eben in der Vorenthaltung der Nutzungsmöglichkeit bzw Nutzungsentschädigung). Das Gericht muß die Höhe der Sicherheitsleistung stets von Amts wegen im Urteil beziffern, § 108 Nr 3.

4  **4) Fortfall, S 1.** Die Veranlassung zu einer Sicherheitsleistung fällt fort, wenn das Urteil oder seine Vollstreckbarkeit aufgehoben werden. Das Rückgabeverfahren verläuft für den Schuldner nach § 109, für den Gläubiger nach § 715. Die Hinterlegung setzt voraus, daß der Streitgegenstand, § 2 Rn 3, hinterlegungsfähig ist, § 372 BGB, § 5 HO. Die Rechte des Gläubigers am Hinterlegten richten sich nach § 815

Rn 6 und § 233 BGB. Wenn der Schuldner eine Sicherheit leistet oder hinterlegt, dann steht das der Erteilung der Vollstreckungsklausel nicht im Weg. Denn die Vollstreckungsklausel nach §§ 724 ff ist keine Vollstreckungsmaßnahme. Auch die Zwangsvollstreckung kann zunächst ungehindert vor sich gehen, vgl freilich § 720 a. Wenn aber der Schuldner eine Sicherheitsleistung oder eine Hinterlegung nachweist, dann hat das Vollstreckungsorgan die Zwangsvollstreckung einzustellen und bereits angeordnete Vollstreckungsmaßnahmen aufzuheben, §§ 775 Z 3, 776. Bei Liegenschaften unterbleibt auch die Ausführung des Teilungsplans, § 115 IV ZVG. Wenn der Schuldner keine Sicherheit leistet und auch nicht hinterlegt, dann ist die Zwangsvollstreckung unbehindert fortzuführen. Sie führt dann aber nicht zu einer Befriedigung des Gläubigers. Fahrnis ist zu pfänden und zu versteigern. Der Erlös ist zu hinterlegen, §§ 720, 817 IV, 819. Geld ist zu pfänden und zu hinterlegen, §§ 720, 815 III. Forderungen und Rechte sind zu pfänden, aber nur zur Einziehung zu überweisen, nicht an Zahlungs Statt. Der Erlös ist zu hinterlegen, § 839.

**5) Vollstreckungserzwingung gegen Sicherheitsleistung, S 1.** Der Gläubiger kann trotz einer Si- 5 cherheitsleistung des Schuldners die Zwangsvollstreckung durch eine eigene Sicherheitsleistung erzwingen, AG Bad Wildungen DGVZ **84**, 92. Auch insoweit erfolgt die Entscheidung von Amts wegen. Beide Aussprüche gehören in das Urteil. Sie können zB lauten: „Das Urteil ist vorläufig vollstreckbar. Der Beklagte darf die Vollstreckung durch Sicherheitsleistung von X DM abwenden, falls nicht der Kläger eine Sicherheit in derselben Höhe leistet". Das Wort „zuvor" im Tenor meint nur: „vor der Vollstreckung", Zweibr JB **99**, 494. Die Sicherheit muß für beide Parteien gleich hoch sein, aM Dochnahl MDR **89**, 423 (aber bei teilweiser Abweisung ist natürlich für *jeden* Teil eine Entscheidung der vorgenannten Art nötig, nur eben bei *einem* dieser Teile nur wegen der Kosten). Denn die Sicherheitsleistung der einen Partei soll die andere Partei schützen. Über die Vollstreckung gegen den Fiskus oder gegen eine Gemeinde § 882 a, § 15 EGZPO. Die ganze Regelung wird durch § 713 eingeschränkt. Über das Verhältnis von § 711 zu § 720 a vgl § 720 a Rn 1, 4.

**6) Vollstreckungserzwingung ohne Sicherheitsleistung, S 2.** Unter Umständen kann der Gläubiger 6 die Zwangsvollstreckung ohne eine eigene Sicherheitsleistung erzwingen. Diese Möglichkeit besteht freilich nur unter den entsprechend anwendbaren Voraussetzungen des § 710, dort Rn 2–7. Auch durch diese Möglichkeit hat das Gesetz die Stellung des Gläubigers entsprechend der Tendenz der VereinfNov verstärkt, § 710 Rn 1. Eine solche Lösung erfordert einen Antrag. Der Gläubiger muß ihn vor dem Schluß der mündlichen Verhandlung stellen, §§ 136 IV, 296 a, 714 I. Er muß die tatsächlichen Voraussetzungen glaubhaft machen, §§ 294, 714 II. Eine stattgebende Entscheidung darf nur für die Zeit ab Antragseingang ergehen, Ffm FamRZ **87**, 174. Der Gläubiger braucht nur dann keine Sicherheit zu leisten, wenn die Voraussetzungen entweder des § 710 Rn 2, 4 oder des § 710 Rn 2, 5 zusammentreffen.

**7) *VwGO*:** Entsprechend anwendbar, § 167 I VwGO, in den Fällen § 708 Z 6, 10, 11; Ausspruch von Amts 7 wegen, Fassung wie Rn 5. Sicherheit oder Hinterlegung muß stets beziffert werden, dabei sind die außergerichtlichen Kosten eines nicht durch einen RA vertretenen Beteiligten ggf mit einem Pauschbetrag anzusetzen. Unerheblich ist, ob es um geringe Beträge geht oder Vollstreckungsgläubiger die öffentliche Hand ist, Einf § 708 Rn 9; aM VG Ansbach GewArch **77**, 306.

**712** *Abwendung durch den Schuldner unabhängig von einer Gläubigersicherheit.* [I] [1]Würde die Vollstreckung dem Schuldner einen nicht zu ersetzenden Nachteil bringen, so hat ihm das Gericht auf Antrag zu gestatten, die Vollstreckung durch Sicherheitsleistung oder Hinterlegung ohne Rücksicht auf eine Sicherheitsleistung des Gläubigers abzuwenden. [2]Ist der Schuldner dazu nicht in der Lage, so ist das Urteil nicht für vorläufig vollstreckbar zu erklären oder die Vollstreckung auf die in § 720 a Abs. 1, 2 bezeichneten Maßregeln zu beschränken.

[II] [1]Dem Antrag des Schuldners ist nicht zu entsprechen, wenn ein überwiegendes Interesse des Gläubigers entgegensteht. [2]In den Fällen des § 708 kann das Gericht anordnen, daß das Urteil nur gegen Sicherheitsleistung vorläufig vollstreckbar ist.

**1) Systematik, Regelungszweck, I, II.** Vgl zunächst § 709 Rn 1. Während § 711 zwar dem Schuldner 1 von Amts wegen ohne weiteres eine Befugnis einräumt, die Zwangsvollstreckung durch eine Sicherheitsleistung abzuwenden, dem Gläubiger aber die Möglichkeit gibt, die Zwangsvollstreckung trotzdem durch eine Sicherheitsleistung oder sogar ohne eine eigene Sicherheitsleistung zu erzwingen, während § 711 den Schuldner also nur bedingt schützt, gibt I dem Schuldner die Chance, die Zwangsvollstreckung trotz einer Sicherheitsleistung des Gläubigers abzuwenden oder sie doch auf bloße Sicherungsmaßnahmen zu beschränken. Freilich ist auch dieser Schuldnerschutz nur bedingt. Denn II zwingt das Gericht dazu, etwaige überwiegende Interessen des Gläubigers als vorrangig zu berücksichtigen und dann die Zwangsvollstreckung doch wieder zu erlauben, wenn auch evtl nur gegen eine Sicherheitsleistung des Gläubigers. Der Schuldnerschutz ist also auch bei § 712, den Eisenhardt NZM **98**, 64 vorzieht, nicht lückenlos. Das entspricht der starken Stellung des Gläubigers, § 710 Rn 1. Wegen einer bloßen Teilsicherheitsleistung bei I 1 vgl § 752.

**2) Vollstreckungsabwendung, I 1.** Es gelten strenge Bedingungen. 2

**A. Unersetzbarer Nachteil.** Der Schuldner kann die Zwangsvollstreckung dann abwenden, wenn sie ihm einen unersetzbaren Nachteil bringen würde. Zum Begriff des unersetzbaren Nachteils § 707 Rn 10. § 710 stellt nicht so harte Anforderungen wie § 712. Ein unersetzbarer Nachteil liegt nicht schon vor: Wenn die Vermögenslage des Gläubigers schlecht ist, so daß ein Ersatzanspruch des Schuldners aus § 717 gefährdet wäre, falls der Schuldner durch eine Sicherheitsleistung geschützt werden kann (betr Steuersachen BFH BB **72**, 991); wenn sich der Gläubiger im Ausland befindet; wenn ein unersetzbarer Nachteil bloß möglich oder wahrscheinlich ist; wenn der Nachteil nur schwer zu ersetzen wäre. Es ist vielmehr notwendig, daß ein unersetzbarer Nachteil so gut wie sicher zu erwarten ist. Das mag zB bei einer Offenbarung des Kundenkreises der Fall sein, Bierbach GRUR **81**, 463. Besonders in der 2. Instanz müssen strenge Anforderungen gestellt werden, Düss GRUR **79**, 189.

**3**  **B. Sicherheitsleistung oder Hinterlegung.** Der Schuldner muß grundsätzlich eine Sicherheit leisten oder eine Hinterlegung erbringen, auch wenn für den Schuldner dadurch ein unersetzbarer Nachteil zu erwarten ist. Die Stellung des Gläubigers ist also auch insofern verstärkt.

**4**  **3) Vollstreckungsbeschränkung, I 2.** Nur bei einer Unfähigkeit des Schuldners zur Sicherheitsleistung oder Hinterlegung darf das Urteil nicht für vorläufig vollstreckbar erklärt werden oder nur gegen Sicherungsmaßnahmen nach § 720 a I, II für vollstreckbar erklärt werden, I 2. Der Schuldner muß glaubhaft machen, § 714 II, daß er zur Sicherheitsleistung oder zur Hinterlegung schlechthin nicht imstande ist. Eine bloße Erschwerung seiner Finanzlage usw reicht nicht aus. Entsprechend der starken Stellung des Gläubigers, § 710 Rn 1, muß das Gericht an die Glaubhaftmachung der völligen Unfähigkeit des Schuldners scharfe Anforderungen stellen. Selbst wenn eine derartige Unfähigkeit des Schuldners anzunehmen ist, muß das Gericht doch zunächst prüfen, ob es nicht ausreicht, die Zwangsvollstreckung gemäß § 720 a I, II zu beschränken, um den Schuldner zu schützen. Nur wenn eine solche Beschränkung zum Schutz des Schuldners nicht ausreicht, darf das Gericht die vorläufige Vollstreckbarkeit des Urteils ganz ausschließen.

**5**  **4) Schuldnerantrag, I.** Es ist ein Antrag des Schuldners erforderlich. Er ist ein Sachantrag, § 297 Rn 4, Kblz OLGZ **90**, 230. Er muß bis zum Schluß der mündlichen Verhandlung gestellt werden, §§ 136 IV, 296 a, 714 I. Wegen einer Nachholung vgl § 714 Rn 2. Der Schuldner muß die tatsächlichen Voraussetzungen glaubhaft machen, §§ 294, 714 II. Dies gilt auch bei I 2. Ein etwa überwiegendes Gläubigerinteresse ist dagegen auch von Amts wegen zu berücksichtigen. Das Gericht weist den Antrag in den Urteilsgründen zurück, soweit das überhaupt erforderlich ist, vgl §§ 313 a, b. Dabei reicht ein knappster Hinweis auf seine Erwägungen aus, § 313 Rn 43. Wenn das Gericht den Antrag übergangen hat, gilt das in Einf 6 vor §§ 708–720 Ausgeführte. Im Fall der Antragsunterlassung vgl § 719 Rn 7.

**6**  **5) Überwiegendes Gläubigerinteresse, II 1.** Soweit das Interesse des Gläubigers überwiegt, darf die Zwangsvollstreckung selbst dann nicht eingeschränkt werden, wenn dem Schuldner durch die Zwangsvollstreckung ein unersetzbarer Nachteil zugefügt würde und wenn er zur Sicherheitsleistung oder Hinterlegung nicht imstande ist, II 1. Auch in dieser Regelung liegt wiederum eine Verstärkung der Stellung des Gläubigers, § 710 Rn 1.

**7**  Daher darf das Gericht an die Voraussetzungen, unter denen ein Gläubigerinteresse überwiegt, *keine zu harten Anforderungen* stellen. Natürlich hat der Gläubiger ein Interesse an einer alsbaldigen Zwangsvollstreckung. Dieses „normale" Interesse ist daher nicht stets vorrangig. Trotzdem wiegt ein ungewöhnliches Interesse des Gläubigers meist stärker als ein ungewöhnliches Interesse des Schuldners. Allerdings darf das Gericht nicht etwa schon im Zweifel zugunsten des Gläubigers entscheiden. Vielmehr muß das Überwiegen der Gläubigerinteressen glaubhaft sein, Rn 6. Das Gericht muß eine Gesamtabwägung vornehmen. Diese darf aber nicht zu einer Verzögerung der Entscheidung in der Hauptsache führen. § 278 III ist unanwendbar, denn die vorläufige Vollstreckbarkeit betrifft nur eine Nebenforderung, § 278 Rn 18.

**8**  **6) Sicherheitsleistung des Gläubigers, II 2.** Wenn das Interesse des Gläubigers überwiegt, dann kann das Gericht nach seinem pflichtgemäßen Ermessen die Vollstreckbarkeit wenigstens auch in den Fällen des § 708 Z 1–11 von einer Sicherheitsleistung des Gläubigers abhängig machen, aM Engels AnwBl **78**, 163 (eine solche Lösung sei nur in den Fällen des § 708 Z 4–11 zulässig).

**9**  **7) VwGO:** *Entsprechend anwendbar*, § 167 I VwGO, BVerwG NVwZ **98**, 1177.

## 713 Unterbleiben der Anordnung betr Sicherheit. Die in den §§ 711, 712 zugunsten des Schuldners zugelassenen Anordnungen sollen nicht ergehen, wenn die Voraussetzungen, unter denen ein Rechtsmittel gegen das Urteil stattfindet, unzweifelhaft nicht vorliegen.

**1**  **1) Systematik, Regelungszweck.** Vgl zunächst § 709 Rn 1. § 713 untersagt Anordnungen aus §§ 711, 712 zugunsten des Schuldners. Es handelt sich allerdings um eine bloße Sollvorschrift. Das Gericht hat also einen Ermessensspielraum, den es pflichtgemäß anzuwenden hat.

**2**  **2) Unanfechtbarkeit des Urteils.** Ein Schuldnerschutz nach §§ 711, 712 darf nur dann unterbleiben, wenn ein Rechtsmittel gegen das Urteil nach einer pflichtgemäßen Prüfung des Gerichts, Schneider DRiZ **77**, 116, unzweifelhaft nicht zulässig ist, § 313 a I 1. Es darf also bei einer vernünftigen Würdigung kein Zweifel an der Unzulässigkeit eines Rechtsmittels bestehen. Die Lage ist nicht schon dann derart klar, wenn eine Revisionssumme fehlt, § 705 Rn 6. Das Gericht darf vielmehr auch am Fehlen eines unbedingten Revisionsgrundes keinen Zweifel haben. Es genügt auch bei einem zu schätzenden Wert nicht ohne weiteres, daß nach der Schätzung des Gerichts der Beschwerdewert fehlt. Denn das höhere Gericht könnte den Wert anders beziffern, Leppin MDR **75**, 900. Es ist unerheblich, ob das Gericht das Rechtsmittel für aussichtslos hält. Denn § 713 betrifft nur die Zulässigkeit des Rechtsmittels, nicht seine sachliche Berechtigung. Soweit eine Anschließung zulässig ist, fehlen die Voraussetzungen des § 713. Schneider DRiZ **77**, 116 regt einen Ausspruch „Das Urteil ist rechtskräftig", „Das Urteil ist unbedingt vollstreckbar" oä in dem Tenor oder in den Entscheidungsgründen an, das könnte aber verwirren, Brocker DGVZ **95**, 7.

**3**  **3) VwGO:** *Entsprechend anwendbar*, § 167 I VwGO, auf die der Anfechtung schlechthin entzogenen Urteile, § 158 II VwGO, sonst nicht wegen der Möglichkeit, ggf nach erfolgreicher Nichtzulassungsbeschwerde ein Rechtsmittel einzulegen.

## § 714 Anträge zur vorläufigen Vollstreckbarkeit.

**714** *Anträge zur vorläufigen Vollstreckbarkeit.* ¹Anträge nach den §§ 710, 711 Satz 2, § 712 sind vor Schluß der mündlichen Verhandlung zu stellen, auf die das Urteil ergeht.
II Die tatsächlichen Voraussetzungen sind glaubhaft zu machen.

**1) Systematik, Regelungszweck, I, II.** Vgl zunächst § 709 Rn 1. Es entspricht den in § 709 Rn 1 genannten Grundgedanken, die Abmilderung der Risiken der Vollstreckung vor dem Eintritt der Rechtskraft von desjenigen abhängen zu lassen, der einen Vorteil für sich herbeiführen möchte. Insoweit dient § 714 der Parteiherrschaft, Grdz 18 vor § 128. Indessen würde durch nachträgliche Anträge der Prozeß zwischen Endentscheidung und Vollstreckungsbeginn (oder Rechtsmitteleinlegung) ungebührlich, weil unnötig, auf diesem Nebenschauplatz fortzuführen sein. Daher entspricht eine zeitliche Begrenzung der Prozeßwirtschaftlichkeit, Grdz 14 vor § 128. Das gilt auch für II. Anträge aus §§ 710, 711 S 2, § 712 sind Sachanträge, § 297 Rn 4, Schneider MDR **83**, 905. Denn sie bestimmen den Inhalt des Urteils mit. Daher sind sie im Anwaltsprozeß, § 78 Rn 1, schriftlich anzukündigen und zu verlesen, § 297.

**2) Zeit des Antrags, I.** Der Antrag muß bis zum Schluß der mündlichen Verhandlung gestellt werden, §§ 136 IV, 296 a. In der Berufungsinstanz ist der Antrag für diese Instanz zulässig. Man kann einen Antrag für die erste Instanz zwar nicht nach dem Abschluß der ersten Instanz oder „zwischen den Rechtszügen", wohl aber ab wirksamer Einlegung der Berufung nachholen, § 718 Rn 2, Ffm (3. FamS) FamRZ **83**, 1261, Stgt MDR **98**, 859, Eisenhardt NZM **99**, 786, aM Ffm (1. ZS) OLGZ **94**, 106 und (8. ZS) RR **86**, 487, Hbg MDR **94**, 1246, LG Hanau NZM **99**, 801 (aber es besteht ein praktisches Bedürfnis).

Die zweite Instanz eröffnet also folgende Möglichkeiten: Das Berufungsgericht kann den nichtangefochtenen Teil des Urteils durch einen *Beschluß*, § 329, für vorläufig vollstreckbar erklären, § 534; das Berufungsgericht kann auch bei dem angefochtenen Teil oder beim etwa im ganzen angefochtenen Urteil die erstinstanzliche Entscheidung über dessen Vollstreckbarkeit durch ein *Teilurteil* nach § 718 abändern, Ffm FamRZ **83**, 1261, Karlsr OLGZ **75**, 485. Die Partei mag schließlich einen Antrag nur für das *Urteil der Berufungsinstanz*, stellen, § 718 Rn 1. In der Revisionsinstanz kann der Antrag nicht mehr nachgeholt werden, und zwar auch dann nicht, wenn das Berufungsgericht den Antrag übergangen hatte. Freilich ist eine Einstellung der Zwangsvollstreckung bei Versäumung der Frist nach § 712 nicht mehr zulässig, § 719 Rn 2.

**3) Glaubhaftmachung, II.** Sie ist in allen Fällen notwendig und ausreichend, § 294.

**4) Entscheidung, I, II.** Sie erfolgt durch das Urteil. Zum Berufungsurteil Höhne MDR **87**, 626. Als Rechtsmittel kommt nur die Berufung in Betracht; Revision ist wegen der Vollstreckbarkeit unzulässig, § 718 II. Wenn das Urteil die Entscheidung übergangen hat, gilt § 716. Über die Art der Sicherheitsleistung kann das Gericht jederzeit durch einen Beschluß entscheiden.

**5) VwGO:** *Entsprechend anwendbar, § 167 I VwGO.*

**715** *Rückgabe der Sicherheit.* ¹¹Das Gericht, das eine Sicherheitsleistung des Gläubigers angeordnet oder zugelassen hat, ordnet auf Antrag die Rückgabe der Sicherheit an, wenn ein Zeugnis über die Rechtskraft des für vorläufig vollstreckbar erklärten Urteils vorgelegt wird. ²Ist die Sicherheit durch eine Bürgschaft bewirkt worden, so ordnet das Gericht das Erlöschen der Bürgschaft an.
II § 109 Abs. 3 gilt entsprechend.

**1) Systematik, Regelungszweck I, II.** § 715 betrifft nur diejenigen Fälle, in denen der Gläubiger nach §§ 709, 711, 712 II 2 eine Sicherheit geleistet hat, Groeger NJW **94**, 432. Andernfalls kommt evtl § 718 zur Anwendung, dort Rn 1. Wenn das vorläufig vollstreckbare Urteil nach § 322 rechtskräftig wird, kommt ein Ersatzanspruch oder ein Bereicherungsanspruch nicht mehr in Frage. Deshalb läßt § 715 eine vereinfachte Art der Rückgabe einer geleisteten Sicherheit zu. Daneben ist § 109 anwendbar. Die Mehrkosten sind aber nicht erstattungsfähig. Haackshorst/Comes NJW **77**, 2346 geben dem Gläubiger auch bei § 719 I seine Sicherheit zurück und nennen Einzelheiten zum Verfahrensablauf.

**2) Rückgabe der Sicherheit, I.** Es hat keine große Bedeutung.

**A. Verfahren.** Zuständig ist im Fall des § 715 dasjenige Gericht, das die Sicherheitsleistung angeordnet oder zugelassen hat. Wenn die Berufung zurückgewiesen wird, ist das Gericht der ersten Instanz für die Rückgabe der geleisteten Sicherheit zuständig. Das Gericht wird durch den *Rechtspfleger* tätig, § 20 Z 3 RPflG, Anh § 153 GVG, Karlsr Rpfleger **96**, 74. Der Antrag auf die Rückgabe der Sicherheit kann auch zum Protokoll der Geschäftsstelle gestellt werden, §§ 109 III, 129 a. Der Antrag unterliegt keinem Anwaltszwang, § 78 III. Der Urkundsbeamte der Geschäftsstelle prüft die Voraussetzungen einer Erteilung des Rechtskraftzeugnisses nach § 706 und ist für dessen Erteilung zuständig. Wenn die Rechtskraft des Urteils aktenkundig ist, dann ist ein Rechtskraftzeugnis entbehrlich. Bei einer Gesamtschuld muß das Urteil gegenüber allen Gesamtschuldnern rechtskräftig sein, bevor die Sicherheit zurückgegeben werden darf. Wenn die Rechtsmittelinstanz das Urteil bestätigt hat, genügt der Nachweis der Rechtskraft dieses Urteils.

**B. Entscheidung.** Die Entscheidung erfolgt auf eine freigestellte mündliche Verhandlung, § 128 Rn 10, durch einen Beschluß, § 329. Sobald der Antrag begründet ist, muß der Rpfl ihm stattgeben, hat also kein Ermessen mehr. Der Beschluß lautet auf eine Rückgabe der Sicherheit bzw auf das Erlöschen der Bürgschaft, vgl § 109 II, freilich nicht dessen S 2 (die Rechtskraft liegt hier ja schon vor). Das Gericht kann den Antragsteller nicht unnötig auf den umständlicheren Weg des § 109 verweisen. Der Beschluß ist zu begründen, § 329 Rn 4. Der Rpfl teilt die Entscheidung formlos mit, § 329 II 1, und zwar eine Ablehnung nur dem Gläubiger, eine stattgebende Entscheidung beiden Parteien.

## §§ 715–717
8. Buch. Zwangsvollstreckung

*Gebühren:* Des Gerichts keine; des Anwalts keine, da seine Tätigkeit zum Rechtszug gehört, § 37 Z 3 BRAGO.

**4** 3) **Rechtsbehelfe, I.** Es kommt auf den Entscheidungsträger an.

**A. Entscheidung des Rechtspflegers.** Gegen die Entscheidung des Rpfl gilt § 11 RPflG, § 104 Rn 41 ff.

**5** **B. Entscheidung des Richters.** Gegen die ablehnende Entscheidung des Richters ist grundsätzlich einfache Beschwerde zulässig, § 567 I, weil keine Zwangsvollstreckungsmaßnahme vorliegt, Grdz 51–53 vor § 704. Die Beschwerde ist ausnahmslos unzulässig, soweit das LG als Berufungs- oder Beschwerdegericht entschieden hat, § 567 III 1, ebenso gegen eine Entscheidung des OLG, § 567 IV 1. Wegen einer Anschlußbeschwerde § 577 a. Eine weitere Beschwerde ist unzulässig, § 568 II 1. Gegen eine stattgebende Entscheidung des Richters ist kein Rechtsbehelf zulässig; § 109 IV ist hier anwendbar, Ffm Rpfleger **74**, 322.

**6** 4) *VwGO: Entsprechend anwendbar, § 167 I VwGO. Rechtsbehelf, Rn 4, ist die Beschwerde, § 146 VwGO, soweit sie nicht gesetzlich ausgeschlossen ist, zB nach § 80 AsylVfG oder § 37 VermG, § 252 Rn 7.*

**716** *Ergänzung des Urteils.* **Ist über die vorläufige Vollstreckbarkeit nicht entschieden, so sind wegen Ergänzung des Urteils die Vorschriften des § 321 anzuwenden.**

**1** 1) **Systematik, Regelungszweck.** Da das komplizierte System der Möglichkeiten zur Herbeiführung und Abwehr einer vorläufigen Vollstreckbarkeit, § 709 Rn 1, von Anträgen abhängt, § 714, muß Vorsorge für den Fall getroffen sein, daß das Gericht einen solchen Antrag vergißt. Ein übergangener Antrag zur Vollstreckbarkeit (es handelt sich um einen Sachantrag, § 297 Rn 4, § 714 Rn 1) ist daher zwecks Gerechtigkeit, Einl III 9, auf Antrag zu ergänzen, § 321, BFH BB **81**, 898. Es handelt sich nicht um eine Notfrist nach § 224 I 2, Engels AnwBl **78**, 162; Schlesw SchlHA **78**, 174 wendet §§ 707, 719 an. Wenn die Frist des § 321 II versäumt worden ist, dann kommen Berufung und dort § 718 in Betracht, Ffm FamRZ **90**, 540. In der Revisionsinstanz kann der Antrag nachgeholt werden, BGH **LM** § 711 Nr 1.

Es läßt sich kaum bestreiten, daß § 716 sich *auch auf* einen *Schutzantrag des Schuldners* bezieht. Wenn der Gläubiger die Nachholung der Entscheidung nach §§ 708, 709 beantragt, dann kann der Schuldner einen Antrag nach § 711 ff stellen, Ffm FamRZ **90**, 540. Der Gläubiger kann daraufhin wieder einen Antrag aus § 711 S 1 Hs 2 stellen, Ffm FamRZ **90**, 540. Ein Rechtsmittel statt einer Ergänzung ist unzulässig. Denn es fehlt eine anfechtbare Entscheidung. Wohl aber kann man eine Entscheidung der höheren Instanz mit dem Antrag verlangen, § 714 Rn 2.

**2** 2) *VwGO: Entsprechend anwendbar, § 167 I VwGO, jedoch tritt § 120 VwGO an Stelle von § 321, VGH Mannh NVwZ-RR* **94**, *472, VGH Kassel NVwZ* **90**, *275 u 87, 517, OVG Lüneb MDR* **75**, *174. Über die Ergänzung ist durch Urteil zu entscheiden, Kopp § 120 Rn 5, VGH Kassel NVwZ* **90**, *275 mwN. Bei Versäumung der Frist des § 120 II VwGO gilt das in Rn 1 Gesagte, VGH Mannh aaO mwN.*

**717** *Wirkung der Urteilsänderung.* [I] **Die vorläufige Vollstreckbarkeit tritt mit der Verkündung eines Urteils, das die Entscheidung in der Hauptsache oder die Vollstreckbarkeitserklärung aufhebt oder abändert, insoweit außer Kraft, als die Aufhebung oder Abänderung ergeht.**

[II] [1]Wird ein für vorläufig vollstreckbar erklärtes Urteil aufgehoben oder abgeändert, so ist der Kläger zum Ersatz des Schadens verpflichtet, der dem Beklagten durch die Vollstreckung des Urteils oder durch eine zur Abwendung der Vollstreckung gemachte Leistung entstanden ist. [2]Der Beklagte kann den Anspruch auf Schadensersatz in dem anhängigen Rechtsstreit geltend machen; wird der Anspruch geltend gemacht, so ist er als zur Zeit der Zahlung oder Leistung rechtshängig geworden anzusehen.

[III] [1]Die Vorschriften des Absatzes 2 sind auf die im § 708 Nr. 10 bezeichneten Urteile der Oberlandesgerichte, mit Ausnahme der Versäumnisurteile, nicht anzuwenden. [2]Soweit ein solches Urteil aufgehoben oder abgeändert wird, ist der Kläger auf Antrag des Beklagten zur Erstattung des von ihm auf Grund des Urteils Gezahlten oder Geleisteten zu verurteilen. [3]Die Erstattungspflicht des Klägers bestimmt sich nach den Vorschriften über die Herausgabe einer ungerechtfertigten Bereicherung. [4]Wird der Antrag gestellt, so ist der Anspruch auf Erstattung als zur Zeit der Zahlung oder Leistung rechtshängig geworden anzusehen; die mit der Rechtshängigkeit nach den Vorschriften des bürgerlichen Rechts verbundenen Wirkungen treten mit der Zahlung oder Leistung auch dann ein, wenn der Antrag nicht gestellt wird.

**Schrifttum:** *Gerlach,* Ungerechtfertigte Zwangsvollstreckung und ungerechtfertigte Bereicherung, 1986; *Häsemeyer,* Schadenshaftung im Zivilrechtsstreit, 1979; *Luh,* Die Haftung des aus einer vorläufigen, auf Grund verfassungswidrigen Gesetzes ergangenen Entscheidung vollstreckenden Gläubigers, Diss Ffm 1979; *Münzberg,* Der Schutzbereich der Normen §§ 717 Abs. 2, 945 ZPO, Festschrift für *Lange* (1992) 599; *Rabback,* Die entsprechende Anwendbarkeit des den §§ ..., 717 Abs. 2 usw zugrunde liegenden Rechtsgedankens auf die einstweiligen Anordnungen der ZPO, 1999.

## § 717

### Gliederung

1) Systematik, Regelungszweck, I–III ... 1
2) Wegfall der vorläufigen Vollstreckbarkeit, I .................................. 2
3) Ersatzpflicht aus der Zwangsvollstreckung, II .................................. 3–12
   A. Grundsatz: Vollstreckung auf eigene Gefahr .................................. 3
   B. Sachbetroffenheit .................................. 4
   C. Rechtsnatur des Ersatzanspruchs ....... 5
   D. Ersatzpflichtiger .................................. 6
   E. Umfang der Ersatzpflicht .................. 7–9
   F. Grenzen der Ersatzpflicht .................. 10
   G. Einwendungen .................................. 11
   H. Pfändbarkeit des Ersatzanspruchs .... 12
4) **Durchführung des Ersatzanspruchs, II** .................................. 13–16
   A. Wahlrecht des Schuldners ............. 13
   B. Zwischenantrag .................................. 14
   C. Rechtshängigkeit ............................ 15
   D. Entscheidung .................................. 16
5) Bereicherungsanspruch, III ............. 17–19
6) **Entsprechende Anwendbarkeit des II** . 20–37
   A. Grundsatz: Allgemeiner Rechtsgedanke .................................. 20
   B. Beispiele für Frage einer entsprechenden Anwendbarkeit ..................... 21–37
7) *VwGO* .................................. 38

**1) Systematik, Regelungszweck, I–III.** Die vorläufige Vollstreckbarkeit bringt die Gefahr mit sich, daß **1** sich die zugrunde liegende Sachentscheidung als falsch erweist und dann die Vollstreckung schon durchgeführt ist. Das Gesetz nimmt dies Risiko in Kauf und verweist in § 717 den Schuldner auf einen Ersatzanspruch, BGH NJW **97**, 2603. Das kann ein vollwertiger, aber auch je nach dem Gegenstand der Vollstreckung und nach der jetzigen Finanzlage des Gläubigers ein kläglicher „Ausgleich" sein. Daher sollte man es dem Schuldner nicht durch engstirnige Auslegung der Vorschrift noch schwerer machen, selbst wenn er unter dem Druck des jetzt unhaltbar gewordenen Urteils „freiwillig" geleistet hatte.

**2) Wegfall der vorläufigen Vollstreckbarkeit, I.** Die vorläufige Vollstreckbarkeit tritt kraft Gesetzes **2** außer Kraft, sobald und soweit ein aufhebendes oder abänderndes Urteil verkündet wird, § 311, Mü MDR **82**, 238. Bei den §§ 307 II, 331 III ist gemäß § 310 III die letzte nach § 317 notwendige Urteilszustellung maßgeblich. Von der Verkündung an ist die Zwangsvollstreckung eine unerlaubte Handlung, §§ 823, 826 BGB. Doch entfallen die bisherigen Zwangsvollstreckungsmaßnahmen nicht ohne weiteres. Sie sind vielmehr nach § 776 aufzuheben. Die Einstellung der Zwangsvollstreckung erfolgt nach § 775 Z 1, Mü MDR **82**, 238. Eine Entscheidung, die einen Teil des Urteils bestehen läßt, ändert das Urteil ab. Sie beläßt die Vollstreckbarkeit für den aufrechterhaltenen Teil des Urteils.

Der *Grund der Aufhebung* ist unerheblich. Es genügt, daß er rein förmlich ist. Es ist nicht erforderlich, daß die aufhebende Entscheidung ihrerseits für vorläufig vollstreckbar erklärt wird, § 704 Rn 5, aM Mü MDR **82**, 239. Wegen einer Zurückverweisung an die aufhebende Vorinstanz § 704 Rn 5. Über die Bedeutung einer Leistung, die auf Grund eines vorläufig vollstreckbaren Urteils ergangen ist, Einf 3 vor §§ 708–720.

**3) Ersatzpflicht aus der Zwangsvollstreckung, II.** Es sind zahlreiche Aspekte beachtlich. **3**

**A. Grundsatz: Vollstreckung auf eigene Gefahr.** Vollstreckt der Gläubiger aus einem auflösend bedingten Urteil, so tut er das auf eigene Gefahr, BGH NJW **82**, 2815, Hager KTS **89**, 524. Das Gesetz erlaubt dem Gläubiger häufig eine Zwangsvollstreckung bereits vor dem Eintritt der Rechtskraft des Urteils, um den Gläubiger gegen die Nachteile einer langen Prozeßdauer zu schützen. Es räumt dem Gläubiger damit aber keinerlei sachliches Recht gegenüber dem Schuldner ein. Aus dieser Erwägung macht II den Gläubiger beim Eintritt der Bedingung ersatzpflichtig, BGH NJW **85**, 128. Im übrigen bleibt es bei den allgemeinen sachlichrechtlichen Haftungsregeln, Gaul ZZP **110**, 30.

Darum ist II der Ausfluß eines *allgemeinen Rechtsgedankens,* BGH **95**, 13, Köln NJW **96**, 1292 (auch zu den Grenzen), LG Ffm MDR **80**, 409, ein Fall der Gefährdungshaftung, BGH **85**, 113, Roth NJW **72**, 926 (es handelt sich um eine „Garantiehaftung"). II ist auch dann anwendbar, wenn diejenige Gesetzesvorschrift als verfassungswidrig aufgehoben wird, die der Entscheidung zugrunde lag, BGH **54**, 76, nicht aber, wenn während einer Drittwiderspruchsklage nach § 771 ein Pfandstück abhanden kommt, Mü MDR **89**, 552, und nicht bei einem noch nicht rechtskräftigen Feststellungsurteil, § 256, selbst wenn eine Leistungsklage möglich gewesen wäre, BAG JZ **90**, 194.

**B. Sachbetroffenheit.** Die Aufhebung oder Abänderung muß bei II die Sache betreffen, nicht bloß **4** die Vollstreckbarkeit. Insofern weicht II von I ab. Eine Aufhebung im Kostenpunkt genügt. Der Grund der Aufhebung ist unerheblich. Auch bei einer Aufhebung aus einem rein förmlichen Grund, etwa wegen Unzuständigkeit, steht fest, daß das Urteil und damit seine Vollstreckbarkeit unberechtigt waren. Dies gilt auch im Fall einer Aufhebung und einer Verweisung an das zuständige Gericht, zB nach § 281. Eine Zurückverweisung nach §§ 538 ff besagt zwar über die Richtigkeit des Urteils nichts endgültig; die Aufhebung ist sachlich durch eine neue Prüfung bedingt und nur prozessual unbedingt. Dennoch ist auch hier zunächst II anwendbar. Denn diese Vorschrift würde sonst ausgehöhlt werden, Düss NJW **74**, 1715.

Eine *teilweise Abänderung* des Urteils ermöglicht einen entsprechenden Teilanspruch, vgl Hamm Rpfleger **77**, 216, Karlsr JB **93**, 25, § 788 Rn 19 „Androhung der Zwangsvollstreckung". Ein zunächst ergangener, später geänderter Prozeßvergleich, Anh § 307, ermöglicht keinen Ersatzanspruch, Rn 23; zur sog Rückabsetzung § 104 Rn 14. Maßgebender Zeitpunkt ist der Schluß der letzten mündlichen Verhandlung über die Aufhebung, §§ 136 IV, 296 a. Wenn das aufhebende Urteil seinerseits aufgehoben wird, sei es auch durch beiderseitige Erledigterklärungen, § 91 a Rn 106, BGH LM § 91 a Nr 32, oder durch einen Prozeßvergleich, dann steht fest, daß das erste Urteil rechtmäßig war. Deshalb entfällt der Ersatzanspruch, Düss NJW **74**, 1715, Nürnb OLGZ **73**, 46, LG Köln JB **91**, 600. Auch ein weiteres zusprechendes Urteil bringt mit seiner Rechtskraft den Anspruch zu Fall, BGH **136**, 203 (zustm Probst JR **98**, 288). Wenn der Schuldner auf die erste Aufhebung hin vollstreckt hat, ist er dem Gläubiger ersatzpflichtig.

## § 717

Beiderseitige Erledigterklärungen in der *Berufungsinstanz* genügen nicht, denn sonst müßte evtl der Gläubiger trotz notwendiger Erledigungserklärung (wegen bisher bestehenden Anspruchs) Schadensersatz leisten, BGH NJW **88**, 1269 (zustm Matthies ZZP **102**, 103), aM Landsberg ZMR **82**, 72.

**5  C. Rechtsnatur des Ersatzanspruchs.** Der Anspruch ist ein Ersatzanspruch aus einem übernommenen Risiko, LAG Hamm DB **89**, 1578. Er soll dem Schuldner einen Ausgleich für die unter Umständen unvermeidbaren Nachteile geben, die infolge der vorläufigen Durchsetzung eines letztlich nicht berechtigt erscheinenden Anspruchs entstehen, BGH **85**, 113, Hamm AnwBl **89**, 239, Köln NJW **96**, 1292. Es ist sehr zweifelhaft, ob es sich bei diesem Gefährdungsanspruch nicht um eine Übertreibung der Haftung handelt. Warum muß die Partei klüger sein als das Gericht? Mit der Begründung einer Ersatzpflicht gibt II 1 eine sachlichrechtliche Vorschrift. Darum sind §§ 249 ff BGB anwendbar und richtet sich die Verjährung nach § 852 BGB. Zur Problematik bloßer Fahrlässigkeit BGH **118**, 208.

Der Ersatzanspruch *entsteht* mit der Aufhebung oder mit der Änderung des Urteils. Es ist unerheblich, ob das aufhebende oder abändernde Urteil bei einer rückschauenden Betrachtung richtig ist, LG Bochum VersR **80**, 659, oder ob den Gläubiger ein Verschulden trifft, LAG Hamm DB **89**, 1578, Saenger JZ **97**, 224, aM Düss Rpfleger **94**, 225 (aber das steht nicht in II und ist nicht sein Sinn, eröffnet auch völlige Unsicherheit dazu, wie die nächste Instanz entscheiden könnte). Es ist ferner unerheblich, ob der Gläubiger aus der Zwangsvollstreckung etwas erlangt hat. Wenn die Zwangsvollstreckung aber sachlich rechtmäßig war, dann kann der Gläubiger nicht über das Erlangte hinaus haften, falls der Schuldner hinterher eine Einwendung erwirbt, etwa wenn das Urteil wegen einer Änderung der Gesetzgebung aufgehoben werden muß oder ungültig wird. Der Ersatzanspruch ist aufrechenbar, Hamm FER **98**, 99.

**6  D. Ersatzpflichtiger.** Der Anspruch richtet sich nicht nur gegen den Kläger. Der Gesetzestext ist insofern ungenau. Auch der Bekl kann ersatzpflichtig werden, soweit er eine Zwangsvollstreckung etwa wegen der Kosten oder als Widerkläger betreibt. Es ist unerheblich, ob die Partei selbst die Vollstreckung betreibt oder diese von einem Bevollmächtigten durchführen läßt. Wenn ein Rechtsnachfolger, § 727, die Vollstreckung betrieben hat, haftet dieser. Der Gegner kann den Anspruch trotzdem durch einen Zwischenantrag geltend machen, Rn 14, § 265 II 1. Das Urteil muß aber auf den Rechtsnachfolger abgestellt werden, § 727, aM Nieder NJW **75**, 1004 (der Rechtsnachfolger sei der richtige Bekl, § 265 sei unanwendbar). Der Rechtsnachfolger des Bekl muß unter Umständen einen besonderen Prozeß einleiten. Ein Dritter, der für den Bekl zur Abwendung der Zwangsvollstreckung geleistet hat, ist nur dann zur Klage berechtigt, wenn er Rechtsnachfolger ist, BGH NJW **85**, 128. Es ist also zB nicht die Versicherungsgesellschaft klageberechtigt, die eine Leistung erbracht hat, und ebensowenig ist der Versicherungsnehmer gegenüber dem Gläubiger berechtigt, wenn der Versicherer für den Versicherungsnehmer gezahlt hatte, BGH NJW **85**, 128.

**7  E. Umfang der Ersatzpflicht.** Zu ersetzen ist jeder unmittelbare oder mittelbare Schaden gerade aus dem Vollstreckungszugriff, BGH **85**, 115, Köln NJW **96**, 1292. Hierher gehört derjenige Schaden, der dem Gegner durch irgendeine, auch ergebnislose, Zwangsvollstreckungsmaßnahme, Grdz 51–53 vor § 704, aus dem erstinstanzlichen Urteil (zur Abgrenzung vom Berufungsurteil BGH **69**, 376) oder durch eine Aufwendung (Bürgschaftskosten zur Vollstreckungsabwendung, Hamm AnwBl **88**, 300) oder durch eine Leistung oder Hinterlegung (die Geldübergabe an den Gerichtsvollzieher reicht dann aus, Köln RR **87**, 1211), die der Gegner unter dem Druck der drohenden Zwangsvollstreckung gerade zu deren Abwendung gemacht hat, Zweibr FamRZ **98**, 835, LG Kblz WoM **90**, 513, bis zum Erlaß des Berufungsurteils ursächlich entstanden ist, mag der Schaden auch erst später bezifferbar entstanden sein, BGH **69**, 376 (bei einem späteren Schaden gilt III).

**8** Der Anspruch ist in einer dem § 253 Rn 31 ff entsprechenden Weise dazulegen, Köln JB **91**, 1264. Es reicht auch aus, daß der Gegner irgendetwas *unterlassen* hat. Zu den vorgenannten Leistungen gehört auch eine äußerlich freiwillige Leistung, wenn die Zwangsvollstreckung bereits greifbar nahe war, vgl LG Bochum VersR **80**, 659, wenn der Gläubiger die Zwangsvollstreckung etwa ausdrücklich angedroht hat. Dagegen reicht es nicht aus, daß der Schuldner leistete, solange der Gläubiger eine von ihm zu erbringende Sicherheit noch nicht geleistet hat, BGH **131**, 234, Grunsky NJW **75**, 936, aM BGH NJW **76**, 2163, oder solange die Voraussetzungen des § 890 II noch nicht erfüllt waren, BGH NJW **76**, 2163. Wer lediglich das Urteil bewirkt, bekundet nicht schon darin einen Willen zur Durchführung einer Zwangsvollstreckung. Wenn der Schuldner daraufhin zahlt, so kann er nur das Geleistete zurückfordern. Nicht hierher gehört auch ein Kreditschaden infolge des Bekanntwerdens der bloßen Tatsache der Zwangsvollstreckung, BGH **85**, 115.

**9** Auch die *Erwirkung einer Vollstreckungsklausel* nach §§ 724 ff gehört noch zum Erkenntnisverfahren und ist noch keine Drohung mit der Durchführung einer Zwangsvollstreckung. Wohl aber liegt eine solche Drohung vor, wenn der Gläubiger die Vollstreckungsklausel dem Schuldner nach § 750 zustellt. Will der Gläubiger nicht vollstrecken, so muß er das in diesem Fall bindend erklären, oder der Schuldner muß es aus der Sachlage klar ersehen können. Nicht unter II fallen andere Maßnahmen, die der Schuldner trifft, um eine Zwangsvollstreckung zu vermeiden, zB eine Zahlungseinstellung. Der Anspruch bezweckt eine Wiederherstellung des früheren Zustands, hilfsweise eine Entschädigung in Geld, §§ 249, 251 BGB. Zu ersetzen sind: der unmittelbare Schaden; der mittelbare Schaden; ein entgangener Gewinn; Zinsen; Kosten; sonstige Schäden; evtl auch die Kosten einer neuen Sicherheitsleistung, wenn früher auf eine solche hatte verzichtet werden müssen.

**10  F. Grenzen der Ersatzpflicht.** Es wäre aber eine Überspannung der Ersatzpflicht desjenigen, der auf ein Urteil vertraut hat, auch einen Vermögensschaden infolge einer seelischen Beeinträchtigung zu vergüten. Mit größerem Recht würde sich solche Haftung darausherleiten lassen, daß man mit einem unbegründeten großen Prozeß überzogen wurde; in solch einem Fall kennt das Gesetz aber keine derartige Haftung. Ist eine Sachgesamtheit herauszugeben, so ist der Schuldner zur Wegnahme von Neuanschaffungen berechtigt, soweit sie den vor der Zwangsvollstreckung bestehenden Zustand nicht antasten.

1. Abschnitt. Allgemeine Vorschriften § 717

**G. Einwendungen.** Der Gegner hat alle sachlichrechtlichen Einwendungen, insofern richtig Hamm **11** MDR **78**, 234. Er kann namentlich eine Aufrechnung erklären, § 145 Rn 9. Dieses Recht steht ihm sowohl dann zu, wenn der Ersatzanspruch in einem Zwischenantrag nach II geltend gemacht wird, als auch dann, wenn er im Weg einer Widerklage, BGH NJW **80**, 2528 (zustm Pecher ZZP **94**, 458), oder einem selbständigen Prozeß erhoben wird. Mit der Klageforderung darf der Kläger freilich nur im letzteren Fall aufrechnen. Die Klageforderung kann nicht bei einem Zwischenantrag geltend gemacht werden. Denn das Gericht kann nicht gleichzeitig eine sachliche Prüfung vornehmen und ablehnen. Der Prozeßbürge kann sich auf die Aufrechnung des Hauptschuldners nicht berufen, BGH **136**, 203 (zustm Probst JR **98**, 288).

Der Gegner kann ferner ein *mitwirkendes Verschulden* geltend machen, § 254 BGB, Einl III 68, insofern richtig Hamm MDR **78**, 234. Dieses mag vorliegen: Wenn ein Verteidigungsmittel nicht vorgetragen wird; wenn eine schuldhafte Versäumnis vorliegt; wenn eine Erinnerung aus § 766 oder ein Hinweis auf die besondere Höhe des drohenden Schadens unterlassen werden. Ein Zurückbehaltungsrecht wegen einer Verwendung kann nicht eingewandt werden, wenn die Partei den Besitz durch die Zwangsvollstreckung erlangt hat. Die Verjährung richtet sich nach § 852 BGB. Sie beginnt mit der Entstehung des Anspruchs, also bereits mit dem Erlaß der aufhebenden oder abändernden Entscheidung, nicht erst mit dem nach § 322 rechtskräftigen Abschluß des Rechtsstreits, Karlsr OLGZ **79**, 374.

**H. Pfändbarkeit des Ersatzanspruchs.** Der Ersatzanspruch ist pfändbar, und zwar schon vor der **12** Aufhebung des Urteils, weil es sich um einen bedingten Anspruch handelt. Die Pfändung hindert aber die Parteien nicht daran, sich über die Hauptsache dahin zu vergleichen, daß der Ersatzanspruch hinfällig wird, § 779 BGB, so daß dem Pfandgläubiger höchstens ein Anspruch aus § 826 BGB verbleiben kann.

**4) Durchführung des Ersatzanspruchs, II.** Sie erfordert viel Sorgfalt. **13**

**A. Wahlrecht des Schuldners.** Der Schuldner hat die Wahl, ob er seinen Ersatzanspruch durch eine selbständige Klage oder Widerklage, Anh § 253 (Einschränkung Rn 6), oder durch einen Zwischenantrag im schwebenden Prozeß geltend machen will, Stgt AnwBl **76**, 133, LG Lübeck Rpfleger **82**, 439. Wenn er den Weg der Klage wählt, dann stehen ihm alle für eine Klage aus einer unerlaubten Handlung gegen den Gegner möglichen Gerichtsstände frei, § 32, selbst wenn der Kläger kein Verschulden des Bekl behauptet. In einer Familiensache, §§ 606 ff, ist das FamG zuständig, Düss FamRZ **88**, 299. Der Kläger braucht nicht die Rechtskraft des aufhebenden Urteils nach § 322 abzuwarten. Dieser Ersatzprozeß darf nicht bis zum Eintritt der Rechtskraft des Vorprozesses ausgesetzt werden, Düss NJW **74**, 1715, MüKoKr 22, LAG Köln MDR **93**, 684, aM StJM 47, ZöHe 13. Der Bekl kann seinen Ersatzanspruch auch einredeweise geltend machen. Er kann also aufrechnen, § 145 Rn 9. Der Aufrechnung steht die Rechtshängigkeit im Vorprozeß nach § 261 nicht entgegen, Rn 11. Die Rechtshängigkeit wirkt, anders als bei III, nur bei einem Zwischenantrag zurück. Eine rechtskräftige Entscheidung im Vorprozeß schneidet die durch sie ausgeschlossenen Einreden auch für diesen Prozeß ab. Wegen der Zinsen und der Kosten Rn 14. Der Schuldner kann den ja sachlichrechtlichen Anspruch, Rn 5, nicht im Verfahren nach § 103 ff geltendmachen, Hamm AnwBl **88**, 300.

**B. Zwischenantrag.** Der Zwischenantrag ist keine Widerklage, aM Nieder NJW **75**, 1002. Er ist **14** unzulässig, wenn er mit einem in diesem Prozeß rechtskräftig erledigten Teilanspruch im rechtlichen Zusammenhang steht. Der Zwischenantrag wird nach § 261 II erhoben. Er ist ein Sachantrag, § 297 Rn 4. Deshalb muß er schriftsätzlich angekündigt werden; sonst darf kein Versäumnisurteil ergehen, § 335 I Z 3. Er muß gemäß § 297 gestellt werden. Der Zwischenantrag ist in jeder Instanz ohne Einwendungen des Gegners zulässig. Er kann auch in der Revisionsinstanz gestellt werden, selbst wenn er schon in der Berufungsinstanz zulässig gewesen war, Nieder NJW **75**, 1001. Allerdings muß das Revisionsgericht in der Regel zurückverweisen, soweit Tatsachenfeststellungen notwendig sind, § 565. Der Antrag ist bis zum Schluß der mündlichen Verhandlung zulässig, §§ 136 IV. 296 a, Düss JB **76**, 1260.

Für den Streitwert, §§ 3 ff, 25 GKG, stehen eine Widerklage und ein Zwischenantrag gleich, § 19 GKG. Denn sie bedeuten hier sachlichrechtlich dasselbe, § 3 Anh Rn 125 „Urteilsänderung", Stgt AnwBl **76**, 133, LAG Bln DB **88**, 612. Die verauslagten Zinsen und Kosten dürfen beim Zwischenantrag und daher auch bei der Widerklage dem Streitwert nicht hinzugerechnet werden, aM Nieder NJW **75**, 1002. Die Hinzurechnung erfolgt aber bei einem weitergehenden Schaden für den Mehrbetrag. Wegen des Zwischenantrags erfolgt keine Verweisung aus § 506.

**C. Rechtshängigkeit.** Der Zwischenantrag macht den Anspruch mit allen prozessualen Wirkungen **15** rechtshängig, § 261. II bezieht die sachlichrechtlichen Wirkungen auf die Zeit der Zahlung oder Leistung zurück. Daher beginnt dann auch eine Verzinsungspflicht. II bezieht sich nicht auf die prozessualen Wirkungen. Denn sie können nur zum Nachteil des Bekl rückbezogen werden, und das Gesetz beabsichtigt ersichtlich eine solche Rückbeziehung nicht.

**D. Entscheidung.** Sie erfolgt durch ein Endurteil, § 300. Es ist ebenso anfechtbar wie die Entscheidung **16** in der Hauptsache. Wenn das Gericht im Urteil eine Entscheidung über den Zwischenantrag unterläßt, liegt ein Teilurteil vor, § 301. Falls das Urteil nicht als Teilurteil gewollt war, ist es nach § 321 zu ergänzen; § 718 II betrifft diesen Fall nicht. Die vom Kläger nach § 709 zu leistende Sicherheit genügt auch zur Abwendung der Vollstreckung nach § 711 für diesen Zwischenantrag. Andernfalls würde der Kläger für denselben Anspruch doppelt Sicherheit leisten müssen. Der Schaden ist nach § 287 zu ermitteln.

**5) Bereicherungsanspruch, III.** Um nutzlose Revisionen einzudämmen, macht III den II auf vermö- **17** gensrechtliche Urteile des OLG im Sinn von § 546 Rn 5 a unanwendbar. Das gilt auch für solche des LAG, BAG DB **87**, 1045, LAG Hamm DB **91**, 976. Nur für ein Versäumnisurteil des OLG gilt II. Diese Vorschrift versagt also zB auch bei einem Vorbehaltsurteil des OLG in einem Urkunden- oder Wechselprozeß. Bei einer Aufhebung des Urteils im Nachverfahren gelten, durch § 717 III nicht berührt, §§ 600 II, 302 IV 2 und 3.

III ermöglicht einen *Rückgewähranspruch nach* den Grundsätzen der ungerechtfertigten Bereicherung, §§ 818 ff BGB, Ramrath DB **87**, 96. Nur das Gezahlte oder Geleistete ist zu erstatten, nicht dasjenige, das infolge des Urteils kraft Gesetzes verloren ging, zB eine Zwangshypothek nach § 868, BGH **LM** Nr 10.

Jeder weitergehende Anspruch, zB aus §§ 823, 826 BGB, ist ausgeschlossen. Der Anspruch aus III ist ebenso wie der Anspruch aus II, Rn 5, sachlichrechtlich, woran die Fassung des Gesetzes kaum einen Zweifel läßt. Daher läßt er die Aufrechnung und alle anderen sachlichrechtlichen Einwendungen zu. Überhaupt sind die sachlichrechtlichen Vorschriften über die ungerechtfertigte Bereicherung hier anwendbar.

18 Da es sich um einen Anspruch aus einer Bereicherung handelt, ist ein etwaiges *Verschulden* unerheblich; eine Ausnahme gilt bei mehr als 4% Zinsen, LAG Hamm NJW **76**, 1119. Ebenso unerheblich ist ein etwaiger guter Glaube daran, daß das Urteil, das zur vorläufigen Vollstreckung berechtigt, richtig sei. Denn selbst wenn dieser gute Glaube beachtlich wäre, dann wäre III ebenso wie II bedeutungslos. Auch ein Wegfall der Bereicherung läßt sich in der Regel nicht einwenden. Denn die Wirkungen der Rechtshängigkeit treten mit der Zahlung oder der Leistung ein, III 4. Es wird also nach den allgemeinen Vorschriften gehaftet, § 818 IV BGB, § 868 Rn 1.

19 Der Anspruch ist durch eine selbständige Klage, durch eine Widerklage, Anh § 253, oder durch einen Zwischenantrag *geltend zu machen*. Wenn der Klaganspruch nach der Rechtshängigkeit abgetreten worden war und der Bekl zur Zahlung an den neuen Gläubiger verurteilt worden ist, dann muß der neue Gläubiger nach der Aufhebung des Urteils dem Bekl dasjenige erstatten, was er durch die Vollstreckung erlangt hat, aM Grunsky ZZP **81**, 291. Eine Zurückbeziehung der Rechtshängigkeit erfolgt wie bei Rn 13, selbst wenn die Partei den Antrag gar nicht stellt. Bei einem Antrag erst in der Revisionsinstanz und neuem oder unklarem Tatsachenvortrag kommt eine Zurückverweisung in Betracht, BGH NJW **94**, 2096. Vgl Rn 13, 16, auch wegen des ebenso zu bemessenden Streitwerts.

20 **6) Entsprechende Anwendung des II.** Sie hat erhebliche Bedeutung.
**A. Grundsatz: Allgemeiner Rechtsgedanke.** § 717 enthält einen allgemeinen Rechtsgedanken, Rn 2. Die Vorschrift ist daher grds weitgehend entsprechend anwendbar, aM BGH FamRZ **85**, 368.

21 **B. Beispiele zur Frage einer entsprechenden Anwendbarkeit**
**Änderung:** Rn 32 „Vergleich".
**Arrest, einstweilige Verfügung:** II ist entsprechend anwendbar, soweit es darum geht, daß ein Arrest oder eine einstweilige Verfügung aufgehoben werden, § 945, aM KG WoM **91**, 61. Das gilt auch bei einem Steuerberater.
S auch Rn 23 „Beschluß".
**Aufrechnung:** II ist entsprechend anwendbar, soweit es darum geht, daß ein Vorbehaltsurteil wegen einer Aufrechnung aufgehoben wird, § 302 IV.

22 **Bardepotpflicht:** II ist nicht entsprechend anwendbar, soweit es um die Vollziehung eines Heranziehungsbescheides geht, BGH NJW **82**, 2815.
**Berichtigung:** II ist entsprechend anwendbar, soweit es darum geht, daß die Vollstreckbarkeit des Urteils wegen seiner Berichtigung entfällt, falls die Partei die Unrichtigkeit erkennen mußte, § 319 Rn 10.

23 **Beschluß:** II ist entsprechend anwendbar, wenn es um einen der Rechtskraft fähigen Beschluß geht, zB um einen Vollstreckungsbescheid oder um einen Kostenfestsetzungsbeschluß, § 104 Rn 11, Ffm NJW **78**, 2203, Karlsr Rpfleger **80**, 438, Köln JB **91**, 1264, aM Köln Rpfleger **76**, 220, VG Gelsenkirchen Rpfleger **83**, 174.
II ist *nicht* entsprechend anwendbar, soweit es um einen nicht der Rechtskraft fähigen Beschluß geht.
S auch Rn 21 „Arrest, einstweilige Verfügung", Rn 28 „Pfändung und Überweisung", Rn 33 „Vollstreckbarkeitsbeschluß".

24 **Drittwiderspruchsklage:** II ist nicht entsprechend anwendbar, soweit es um eine Drittwiderspruchsklage nach § 771 III geht, BGH **95**, 15 (abl Häsemeyer NJW **86**, 1028).
S auch Rn 35 „Widerspruchsklage".

25 **Einstweilige Anordnung:** II ist entsprechend anwendbar, soweit es darum geht, daß das Gericht eine ohne mündliche Verhandlung getroffene Maßnahme auf Grund einer späteren Verhandlung aufhebt, AG Viersen FamRZ **84**, 300, Ditzen FamRZ **88**, 351, aM BGH FamRZ **85**, 368, Kohler ZZP **99**, 36, ZöHe 5 (aber auch der nur vorläufige Charakter der Prüfung ändert nichts am Schaden).
**Einstweilige Verfügung:** Rn 21 „Arrest, einstweilige Verfügung".

26 **Grundurteil:** II ist entsprechend anwendbar, soweit es darum geht, daß das Urteil zur Hauptsache wegen einer Aufhebung der Vorabentscheidung über den Grund entfällt, § 304 Rn 30.

27 **Heranziehungsbescheid:** Rn 22 „Bardepotpflicht".

28 **Pfändung und Überweisung:** II ist entsprechend anwendbar, soweit es um die Aufhebung eines Pfändungs- und Überweisungsbeschlusses geht, Köln MDR **84**, 60.
S auch Rn 23 „Beschluß".
**Rechtskraft:** II 1 ist nicht entsprechend anwendbar, wenn das formell rechtskräftige Urteil wegen inhaltlicher Unbestimmtheit materiell nicht rechtskräftig ist, BGH BB **99**, 1625.

29 **Scheckprozeß:** Rn 31 „Urkundenprozeß".
**Schiedsspruch usw:** § 717 ist entsprechend anwendbar, soweit es darum geht, daß die Vollstreckbarerklärung eines Schiedsspruchs usw aufgehoben wird, §§ 1059 ff, 1065 II 2.

30 **Steuerberater:** Rn 21 „Arrest, einstweilige Verfügung".
**Steuerbescheid:** II ist nicht entsprechend anwendbar, soweit es um den Vollzug eines unrichtigen Steuerbescheides geht.

31 **Urkunde:** Rn 32 „Vergleich".
**Urkundenprozeß:** II ist entsprechend anwendbar, soweit es darum geht, daß im Urkunden-, Scheck- oder Wechselprozeß ein Vorbehaltsurteil aufgehoben wird, §§ 600 II, 602, 605 a.

32 **Vergleich:** II ist entsprechend anwendbar, soweit ein vorläufig vollstreckbares Urteil durch einen Prozeßvergleich geändert wird, Hamm AnwBl **89**, 239, KG MDR **91**, 258.
II ist *nicht* entsprechend anwendbar, soweit es im übrigen um einen Prozeßvergleich oder eine vollstreckbare Urkunde geht, § 794 I Z 1, 5, die später abgeändert werden. Denn der Ausgangstitel ist endgültig vollstreckbar, Düss JR **92**, 499, Joch NJW **73**, 374, ZöHe 5, aM Düss BB **74**, 1268. II ist auch dann nicht entsprechend anwendbar, wenn ein Prozeßvergleich usw auf Grund einer wirksamen Anfech-

tung später durch ein Urteil geändert werden, Hamm AnwBl **89**, 239. Eine Haftung tritt nur nach §§ 812 ff, 823 ff BGB ein.

**Vollstreckbarkeitsbeschluß:** II ist entsprechend anwendbar, soweit es darum geht, daß ein Vollstreckbarkeitsbeschluß nach einem internationalen Abkommen aufgehoben wird, zB nach dem deutsch-schweizerischen oder dem deutsch-italienischen Abkommen, Art 2 AusfVO dazu, oder nach § 8 AusfG zum deutsch-österreichischen Vertrag, oder nach § 7 AusfG zum deutsch-belgischen Vertrag, oder nach § 16 AusfG zum deutsch-niederländischen Vertrag, oder nach § 6 AusfG zum deutsch-britischen Vertrag, oder nach § 2 AusfG zum deutsch-griechischen Vertrag, SchlAnh V. 33

**Vollstreckungsabwehrklage:** II ist nicht entsprechend anwendbar, soweit es um die Aufhebung auf Grund einer Vollstreckungsabwehrklage geht, falls nach der Rechtskraft vollstreckt worden ist. Denn damit braucht niemand zu rechnen. Eine Haftung tritt nur nach §§ 812 ff, 823 ff BGB ein. S auch Rn 35 „Widerspruchsklage", „Wiedereinsetzung".

**Vollstreckungsklausel:** II ist entsprechend anwendbar, soweit es darum geht, daß eine Vollstreckungsklausel nach §§ 732, 768 aufgehoben wird.

**Vorabentscheidung:** Rn 26 „Grundurteil".

**Vorbehaltsurteil:** Rn 21 „Aufrechnung", Rn 31 „Urkundenprozeß".

**Wechselprozeß:** Rn 31 „Urkundenprozeß". 34

**Widerspruchsklage:** II ist nicht entsprechend anwendbar, soweit es um die Aufhebung auf Grund einer Widerspruchsklage geht, falls nach der Rechtskraft vollstreckt worden ist. Denn damit braucht niemand zu rechnen. Eine Haftung tritt nur nach §§ 812 ff, 823 ff BGB ein. S auch Rn 24 „Drittwiderspruchsklage", Rn 33 „Vollstreckungsabwehrklage", Rn 35 „Wiedereinsetzung". 35

**Wiederaufnahme:** II ist nicht entsprechend anwendbar, soweit es um die Aufhebung im Wiederaufnahmeverfahren geht, Hamm JB **98**, 266. Denn damit braucht niemand zu rechnen. Eine Haftung tritt nur nach §§ 812 ff, 823 ff BGB ein.

**Wiedereinsetzung:** II ist nicht entsprechend anwendbar, soweit es um eine Wiedereinsetzung geht, falls nach der Rechtskraft vollstreckt worden ist. Denn damit braucht niemand zu rechnen. Eine Haftung tritt nur nach §§ 812 ff, 823 ff BGB ein. S auch Rn 33 „Vollstreckungsabwehrklage", Rn 35 „Widerspruchsklage".

**Wohnungseigentum:** In einem Verfahren nach dem WEG ist II weder direkt noch entsprechend anwendbar, BGH **120**, 263, KG RR **89**, 1163. 36

**Zug-um-Zug-Urteil:** II ist unanwendbar, soweit statt unbedingter Verurteilung jetzt eine Verurteilung (nur) Zug um Zug erfolgt, Karlsr Rpfleger **96**, 74.

**Zulässigkeitsrüge:** II ist entsprechend anwendbar, soweit es um ein Urteil der höheren Instanz geht, das ein eine Zulässigkeitsrüge verwerfendes Urteil aufhebt und die Klage abweist, § 280 Rn 7, 8. 37

*7) VwGO: Entsprechend anwendbar, § 167 I VwGO, auf die in § 168 VwGO genannten Titel, soweit sie für vorläufig vollstreckbar zu erklären sind, § 167 II VwGO, Wettlaufer S 212 ff, BVerwG NJW **81**, 699. Anwendbar ist auch II, BVerwG NJW **60**, 1875, u III (für Urteile der OVG), so daß der Anspruch nach Wahl des Vollstreckungsschuldners auch im anhängigen Verwaltungsprozeß geltend gemacht werden kann (verfahrensrechtliche Folgenbeseitigung), RedOe § 168 Anm 9; jedoch gilt für die Widerklage die Beschränkung des § 89 II VwGO, OVG Saarl DVBl* 38
***81**, 836. II gilt nicht, wenn ein vorläufig vollstreckbares Urteil nach (streitiger) Erledigung der Hauptsache für unwirksam erklärt worden ist, BVerwG NJW **81**, 699. Unanwendbar sind II, III bei nicht rechtskraftfähigen Beschlüssen, RedOe § 168 Anm 9, zB solchen nach § 80 VwGO, Baur S 123. Keine entspr Anwendung von II auf VerwAkte, BGH NJW **82**, 2813, BVerwG NVwZ **91**, 270, vgl BSG MDR **96**, 848 mwN.*

## 718 *Vorabentscheidung über die Vollstreckbarkeit.* <sup>I</sup> In der Berufungsinstanz ist über die vorläufige Vollstreckbarkeit auf Antrag vorab zu verhandeln und zu entscheiden.
<sup>II</sup> Eine Anfechtung der in der Berufungsinstanz über die vorläufige Vollstreckbarkeit erlassenen Entscheidung findet nicht statt.

**1) Systematik, Regelungszweck, I, II.** Die Vorschrift bietet im Interesse der Gerechtigkeit, Einl III 9, 1 eine unbedingt erforderliche, nicht selten praktizierte Möglichkeit einer bedingten Korrektur etwa von Anfang an fehlerhafter oder infolge nachträglicher Entwicklung fehlerhaft gewordener Aussprüche zur vorläufigen Vollstreckbarkeit nach §§ 708 ff bis zur erneuten Entscheidung zur Hauptsache, Rn 3, Düss FamRZ **85**, 307, Ffm MDR **87**, 1033, Groener NJW **94**, 432 (zu hohe Sicherheitsanordnung, da inzwischen Teilrechtskraft nebst Teilzahlung). II bezieht sich sowohl auf den Fall, daß eine Partei eine Verurteilung der ersten Instanz in der Hauptsache und wegen deren vorläufiger Vollstreckbarkeit anficht, als auch auf den Fall, daß das Berufungsgericht erstmalig über die vorläufige Vollstreckbarkeit entscheidet, § 714 Rn 2, nicht aber auf den Fall, daß man mit der Berufung überhaupt nur die Frage der vorläufigen Vollstreckbarkeit anficht, Nürnb NJW **89**, 842, wohl aber auf den Fall, daß in der Berufungsinstanz gegen ein Schlußurteil des Urkundenprozesses nach § 600 die Vollstreckbarkeitsentscheidung des Vorbehaltsurteils korrigiert werden soll, Ffm OLGZ **94**, 471. Der Stand der Zwangsvollstreckung ist unerheblich.

**2) Vorabentscheidung, I.** Das Berufungsgericht muß über die vorläufige Vollstreckbarkeit auf einen 2 Antrag, auch auf einen solchen des Berufungsbekl, Düss FamRZ **85**, 307, auch des unselbständigen Anschlußberufungsklägers, § 521 Rn 3, Ffm MDR **87**, 1033, vorab verhandeln und entscheiden, Ffm OLGZ **94**, 470, Köln RR **95**, 1280, also vor der Entscheidung zur Hauptsache, aber nicht unbedingt schon vor einer Verhandlung zur Hauptsache, § 39 Rn 6, § 137 Rn 7. Wenn das Urteil nur gegen eine Sicherheitsleistung des Klägers für vorläufig vollstreckbar erklärt worden war, § 709 S 1, und wenn der Bekl

Berufung eingelegt hat, dann kann das Urteil noch in der Berufungsinstanz auf einen Antrag des Klägers ohne die Notwendigkeit seiner Anschlußberufung durch ein Teilurteil dahin geändert werden, daß die Zwangsvollstreckung ohne eine Sicherheitsleistung des Klägers erfolgen darf, § 714 Rn 2, Ffm MDR **87**, 1033, VGH Kassel NJW **87**, 1965.

3   Das gilt freilich nicht mehr nach einer vorbehaltlosen Erbringung der Sicherheitsleistung durch den Kläger, Hbg VersR **84**, 895. Das Berufungsgericht kann auch ein nur gegen eine Sicherheitsleistung vorläufig vollstreckbares Urteil auf eine unselbständige Anschlußberufung dahin ändern, daß eine Teilsicherheit genügt, Rn 1, Düss FamRZ **85**, 307, KG NJW **77**, 2270, aM Ffm MDR **87**, 1033.

4   Ist ein *Scheidungsausspruch vorweg* rechtskräftig, so kann das Berufungsgericht wegen der Verurteilung zu nachehelichem Unterhalt auch erstmals, nach §§ 708 ff, entscheiden, Ffm FamRZ **90**, 540. Jede Vorabentscheidung erfolgt nur auf eine mündliche Verhandlung, § 128 Rn 4, Hamm RR **87**, 252, Kblz OLGZ **90**, 230, und zwar durch ein Teilurteil, § 301, Ffm OLGZ **94**, 470, Karlsr FamRZ **87**, 497, Kblz OLGZ **90**, 230. Die Entscheidung ist kein Zwischenurteil nach §§ 280, 302. Ein Beschluß ist unstatthaft. Das Urteil ist durch die spätere Entscheidung in der Hauptsache auflösend bedingt. Die Entscheidung kann auch den Wegfall, die Herabsetzung oder die Erhöhung der Sicherheitsleistung, Ffm OLGZ **94**, 471, oder eine Abwendungsbefugnis aus § 711 betreffen, Ffm FamRZ **90**, 540. Eine Erhöhung kommt aber nicht in Betracht, soweit die Zwangsvollstreckung auf Grund des angefochtenen Urteils bereits beendet ist, Köln MDR **80**, 764. Über die Art der Sicherheitsleistung bestimmt das Gericht der ersten Instanz, auch abändernd, § 108 Rn 6. Zuständig ist auch der Einzelrichter, § 524, ZöGre § 524 Rn 76, aM Ffm MDR **90**, 931, Albers § 524 Rn 12.

5   Die Aufhebung des Urteils in der Hauptsache fällt dann unter § 717. Das Teilurteil enthält grundsätzlich *keine Kostenentscheidung* nach §§ 91 ff, Karlsr FamRZ **87**, 497, LG Ffm Rpfleger **85**, 208. Der Streitwert, §§ 3 ff, § 25 GKG, besteht im Interesse des Antragstellers an der Entscheidung, Anh § 3 Rn 135 „Vorläufige Vollstreckbarkeit".

6   **3) Anfechtung, II.** Die Entscheidung eines OLG über die vorläufige Vollstreckbarkeit ist schlechthin unanfechtbar, selbst wenn sie unzulässig war, vgl § 707 Rn 16.

7   **4) VwGO:** *Entsprechend anwendbar, § 167 I VwGO, VGH Mannh NVwZ-RR* **94**, *472 u VGH Kassel NVwZ* **90**, *275, auf Urteile, soweit sie vorläufig vollstreckbar sind, § 708 Rn 14; den Antrag darf jeder Beteiligte am Berufungsverfahren stellen, VGH Kassel NVwZ* **87**, *517, und zwar auch dann, wenn die Frist für eine Urteilsergänzung nach § 716 abgelaufen ist, VGH Mannh u VGH Kassel aaO. Daß die Sicherheit, § 709, zu niedrig bemessen sei, darf nur nach § 718, nicht aber im VollstrVerf geltendgemacht werden, VGH Mannh NVwZ-RR* **93**, *279. Mit Einverständnis der Beteiligten kann ohne mündliche Verhandlung entschieden werden, VGH Mannh u VGH Kassel aaO mwN gegen NVwZ* **87**, *517. Teilurteile der OVG (VGH) über die vorläufige Vollstreckbarkeit sind entsprechend II und abweichend von § 132 VwGO unanfechtbar, VGH Kassel u VGH Mannh aaO.*

**719** *Einstellung der Zwangsvollstreckung bei Rechtsmittel und Einspruch.* [I] [1]Wird gegen ein für vorläufig vollstreckbar erklärtes Urteil der Einspruch oder die Berufung eingelegt, so gelten die Vorschriften des § 707 entsprechend. [2]Die Zwangsvollstreckung aus einem Versäumnisurteil darf nur gegen Sicherheitsleistung eingestellt werden, es sei denn, daß das Versäumnisurteil nicht in gesetzlicher Weise ergangen ist oder die säumige Partei glaubhaft macht, daß ihre Säumnis unverschuldet war.

[II] [1]Wird Revision gegen ein für vorläufig vollstreckbar erklärtes Urteil eingelegt, so ordnet das Revisionsgericht auf Antrag an, daß die Zwangsvollstreckung einstweilen eingestellt wird, wenn die Vollstreckung dem Schuldner einen nicht zu ersetzenden Nachteil bringen würde und nicht ein überwiegendes Interesse des Gläubigers entgegensteht. [2]Die Parteien haben die tatsächlichen Voraussetzungen glaubhaft zu machen.

[III] Die Entscheidung kann ohne mündliche Verhandlung ergehen.

**Schrifttum:** *Hellhake,* Einstweilige Einstellung der Zwangsvollstreckung usw, 1998; *Lippross,* Grundlagen und System des Vollstreckungsschutzes, 1983.

### Gliederung

| | | | |
|---|---|---|---|
| 1) Systematik, Regelungszweck, I–III ... | 1 | A. Grundsatz: Einschränkung der Einstellung | 6 |
| 2) Streitiges Urteil, I | 2, 3 | B. Einstellungsmöglichkeiten | 7 |
| A. Grundsatz: Einstellungsbefugnis | 2 | C. Einstellungsverbote | 8 |
| B. Ausnahme: Einstellungsverbot | 3 | D. Kein Überwiegen des Gläubigerinteresses | 9 |
| 3) Beschluß; Vollstreckungsbescheid, I | 4 | E. Glaubhaftmachung | 10 |
| 4) Versäumnisurteil, I | 5 | 6) Verfahren, III | 11 |
| 5) Revision: Nicht zu ersetzender Nachteil, II | 6–10 | 7) VwGO | 12 |

1   **1) Systematik, Regelungszweck, I–III.** Die Vorschrift hat in der Praxis eine viel größere Bedeutung als diejenige, auf die sie in I 1 verweist. Der Grundgedanke ist hier wie dort und wie ganz ähnlich auch in § 717 eine Eindämmung der Risiken einer vorläufigen Vollstreckung. Immerhin bedeutet ein Rechtsbehelf oder -mittel noch nicht auch nur einen bloßen Anscheinsbeweis für die Unrichtigkeit der bisherigen Entscheidung: Sie kann sich ja auch bei nochmaliger Überprüfung als völlig richtig erweisen. Deshalb bindet

1. Abschnitt. Allgemeine Vorschriften § 719

§ 719 wie § 707 eine einstweilige Einstellung der vorläufigen Vollstreckung an strenge Voraussetzungen, die man auch durchaus streng auslegen sollte.

**2) Streitiges Urteil, I.** Ein strenger Grundsatz hat wenige Ausnahmen. 2
**A. Grundsatz: Einstellungsbefugnis.** Sobald Einspruch oder Berufung eingelegt sind, §§ 340 I 1, 518 I, 700 I, kann das Gericht auf einen Antrag eine der einstellenden oder aufhebenden Anordnungen des § 707 treffen, und zwar auch dann, wenn das Urteil nach § 709 S 1 nur gegen eine Sicherheitsleistung vorläufig vollstreckbar ist oder wenn die Vollstreckbarkeit nach § 711 durch eine Sicherheitsleistung abgewendet werden darf. § 534 steht solchen Anordnungen nicht entgegen, Schlesw SchlHA **77**, 190. I gilt auch bei einem Urteil, das einen Arrest oder eine einstweilige Verfügung aufhebt, §§ 925 II, 936 Rn 4 „§ 925, Entscheidung auf Widerspruch", Ffm NJW **76**, 1409. Die Zwangsvollstreckung erfolgt dann ja nur wegen der Kosten, also ist ein Wiederaufleben des Arrests bzw der einstweiligen Verfügung nicht möglich. Wenn ein Urteil einen Arrest oder eine einstweilige Verfügung bestätigt hat, ist eine Einstellung der Zwangsvollstreckung zwar denkbar, aber nur ausnahmsweise angebracht, Celle NJW **90**, 3281, Ffm JB **92**, 196.

**B. Ausnahme: Einstellungsverbot.** Soweit der Vollstreckungsschuldner einen rechtzeitigen Antrag 3 nach § 712 versäumt hat, § 714 Rn 2, kommt eine Einstellung nach I selbst bei einer Erfolgsaussicht des Rechtsmittels nicht in Betracht, BGH NJW **96**, 1970, Ffm GRUR **89**, 373, Köln JB **97**, 554, aM Düss MDR **87**, 415. Im übrigen kommt keine Einstellung in Betracht, soweit nicht Fehler des erstinstanzlichen Urteils dargelegt sind, Saarbr MDR **97**, 1157.

**3) Beschluß; Vollstreckungsbescheid, I.** Die Vorschrift gilt ferner für einen Beschluß, § 329; über 4 einen Arrestbeschluß und einen Beschluß auf den Erlaß einer einstweiligen Verfügung § 924 III. I gilt schließlich für den Vollstreckungsbescheid, § 700.

**4) Versäumnisurteil, I.** Indessen ist bei einem Versäumnisurteil, §§ 330 ff, eine Einstellung der Zwangs- 5 vollstreckung grundsätzlich nur gegen eine Sicherheitsleistung des Schuldners zulässig, I 2 Hs 1, abw Hamm NJW **81**, 132. Von diesem gelten Ausnahmen nach I 2 Hs 2, wenn das Urteil eindeutig gesetzwidrig ist, § 127 Rn 25 (ob das der Fall ist, muß das Gericht von Amts wegen klären, Grdz 39 vor § 128), Hamm MDR **78**, 412, LG Hbg MDR **91**, 1089, aM Hbg NJW **79**, 1464. Eine weitere Ausnahme gilt, wenn der Säumige nach § 294 glaubhaft macht, daß er an der Säumnis schuldlos ist, Hamm MDR **78**, 412, LG Düss MDR **81**, 941, aM KG MDR **85**, 330, LG Köln WoM **93**, 466. Hier gelten etwa dieselben Anforderungen wie bei § 233. Freilich will das Gesetz hier die Stellung des Säumigen bewußt schwächen. Daher ist eine allzu großzügige Auslegung des Begriffs „unverschuldet" verboten. Wegen der Rückgabe der Sicherheit § 715 Rn 1. Eine Glaubhaftmachung erfolgt nur nach I, nicht außerdem nach § 707, Hamm MDR **78**, 412, Müssig ZZP **98**, 328, aM Ffm MDR **82**, 588.

**5) Revision: Nicht zu ersetzender Nachteil, II.** Die Gerichte sind hier streng. 6
**A. Grundsatz: Einschränkung der Einstellung.** Die Vorschrift soll als letztes Hilfsmittel, BGH WettbR **99**, 139, verzögernde Revisionen verhindern und schränkt daher die Einstellungsmöglichkeiten sowohl nach ihren Voraussetzungen als auch inhaltlich ein, BGH WettbR **99**, 139, Nürnb NJW **82**, 392, StJM 7 ff. Soweit eine Partei gegen ein vorläufig vollstreckbares Urteil Revision eingelegt hat, muß das Revisionsgericht grundsätzlich auf Grund eines Antrags des Schuldners die Zwangsvollstreckung einstweilen einstellen, wenn der Schuldner nach § 294 glaubhaft macht, daß ihm durch die Zwangsvollstreckung ein nicht zu ersetzender Nachteil droht. Zu diesem Begriff § 707 Rn 10, § 711 S 1. Revisionsgericht ist in Bayern auch das BayObLG, § 7 II EGZPO. Der BGH ist aber an eine Entscheidung des BayObLG nicht gebunden. Die Zwangsvollstreckung ist auch dann einzustellen, wenn der Nachteil gemäß § 717 III *nicht ausgeglichen* werden kann. Das Gericht muß die Zulässigkeit der Revision prüfen. Es muß eine einstweilige Einstellung ablehnen, wenn bereits mit hinreichender Sicherheit feststeht, daß die Revision erfolglos sein wird, BAG NJW **71**, 911. § 707 ist in diesem Fall nicht anwendbar. Es gelten vielmehr nur die verschärften Bedingungen des II, auch wenn die Berufung wegen einer Ablehnung des Antrags auf Wiedereinsetzung als unzulässig verworfen wurde. Ein Räumungstitel muß gegen alle Besitzer ergehen oder umschreibbar sein, BGH NZM **98**, 665.
II gilt *nicht*, soweit das erstinstanzliche Gericht die Zwangsvollstreckung aus dem mit der Revision angefochtenen Vorbehaltsurteil nach §§ 302, 599 einstellt, Nürnb NJW **82**, 392.

**B. Einstellungsmöglichkeiten.** Das Verfahren nach § 719 kann grundsätzlich nicht zur Vorwegnahme 7 des Erkenntnisverfahrens führen, LAG Ffm DB **83**, 2257. Auch deshalb ist nur eine Einstellung der Zwangsvollstreckung zulässig, nicht auch eine Aufhebung von Zwangsvollstreckungsmaßregeln nach § 775 und nicht eine Zulassung einer weiteren Zwangsvollstreckung gegen eine Sicherheitsleistung. Mit Anordnungen über die Art der Sicherheitsleistung hat § 719 nichts zu tun. Über solche Anordnungen hat vielmehr das Berufungsgericht zu befinden, selbst wenn die Revision schon eingelegt worden ist. Nur ganz ausnahmsweise könnte das Revisionsgericht solche Anordnungen selbst treffen. Ausnahmsweise kann ein in der Rechtsmittelbegründungsfrist gestellter Einstellungsantrag auch als Rechtsmittelbegründung zu werten sein, BGH GRUR **95**, 1330.
Zulässig ist aber eine *teilweise* Einstellung der Zwangsvollstreckung, nämlich nur insoweit, als durch die Vollstreckung ein nicht zu ersetzender Nachteil eintreten kann, § 707 Rn 10, BGH NZM **98**, 863 (strenge Prüfung). Bei einem Unterlassungsanspruch gilt § 719 jedenfalls dann, wenn das Urteil des Berufungsgerichts gegen eine Einstellung der Zwangsvollstreckung seine sachlichrechtliche Wirkung einbüßen würde, BGH MDR **79**, 997, BAG NJW **72**, 1775. Allein der Umstand, daß die Vollstreckung aus dem Berufungsurteil ein Ergebnis des Prozesses vorwegnehmen würde, ist noch kein unersetzlicher Nachteil, BGH MDR **79**, 997.
Wenn der *Gläubiger* die Möglichkeit hat, seinerseits eine Sicherheit zu leisten, § 711 S 2, dann kann wegen § 717 III ein nicht zu ersetzender Nachteil jedenfalls für den Fall entstehen, daß der Gläubiger durch eine unverhältnismäßig niedrige Gegensicherheit die Leistung des Schuldners außer Kraft setzen könnte, BGH

21, 378. Eine einstweilige Einstellung aus einem Beschäftigungsurteil kommt nur dann in Betracht, wenn schon eine vorläufige Prüfung ergibt, daß der Arbeitgeber zu Unrecht zur Beschäftigung des Arbeitnehmers verurteilt worden ist, LAG Bln BB **80**, 1750, LAG Ffm DB **83**, 2257.

**8**   **C. Einstellungsverbote.** Die Zwangsvollstreckung darf nicht nach II eingestellt werden, wenn das Finanzamt der vorläufige Vollstreckbarkeit einer Entscheidung des FG weder durch eine Sicherheitsleistung noch durch die Glaubhaftmachung eines unersetzlichen Nachteils nach §§ 711 S 1, 712 abgewendet hat, BFH BB **77**, 991, oder wenn die Partei im Berufungsrechtszug keinen Antrag nach § 712 gestellt, BGH WettbR **99**, 139 (Auskunftsanspruch), BVerwG NJW **99**, 80. Die Zwangsvollstreckung darf ferner nicht nach II eingestellt werden, wenn die Partei einen Antrag nach § 712 trotz Zumutbarkeit nicht gestellt, BGH NJW **98**, 3571 links, oder nicht begründet hat, BGH NJW **83**, 456, von Stackelberg MDR **86**, 110, oder wenn die Einstellungsgründe erstmals im Revisionsverfahren substantiiert vorgetragen werden, obwohl sie schon in der Berufungsinstanz erkennbar und nachweisbar waren, BGH NJW **92**, 376.

Von diesem Grundsatz gilt freilich dann eine *Ausnahme,* wenn einem Antrag nach § 712 erhebliche Hindernisse entgegenstehen, etwa dann, wenn der nicht zu ersetzende Nachteil erst nach dem Schluß der mündlichen Verhandlung in der Berufungsinstanz, §§ 136 IV, 296 a, hervortritt oder früher nicht glaubhaft gemacht werden kann oder wenn ein Antrag nach § 712 dem Vollstreckungsschuldner schweren Nachteil zufügen würde, etwa im Konkurrenzkampf, BGH RR **88**, 1531, von Stackelberg MDR **86**, 110. Die Zwangsvollstreckung darf ferner nicht nach II eingestellt werden, wenn die Partei keinen zulässigen Antrag nach § 321 auf die Nachholung einer Anordnung nach § 711 gestellt hat, BGH NJW **84**, 1240. Trotz der Einstellung nach § 719 ist eine einstweilige Verfügung zur Durchsetzung einer weiteren Unterlassung zulässig, Grdz 49 vor § 704.

**9**   **D. Kein Überwiegen des Gläubigerinteresses.** Soweit ein überwiegendes Interesse des Gläubigers entgegensteht, darf die Zwangsvollstreckung trotz des Vorliegens der übrigen Voraussetzungen des II nicht eingestellt werden, II 1 aE. Zum Begriff des überwiegenden Gläubigerinteresses § 712 Rn 6. II gilt ebensowenig, wenn der Schuldner andere Möglichkeiten zur Wahrnehmung seiner Interessen nicht genutzt hat, BGH MDR **79**, 138, oder wenn ein gekündigter Mieter einen Untermietvertrag ohne Absicherung schloß, BGH NZM **99**, 23.

**10**   **E. Glaubhaftmachung.** Die Glaubhaftmachung, II 2, § 294, ist in allen Fällen des II 1 notwendig und ausreichend, also auch bei Rn 8.

**11**   **6) Verfahren, III.** Für den Antrag und für das Verfahren gilt das, was in § 707 Rn 3 (D), 7 gesagt ist. Es gelten dieselben Rechtsbehelfe wie bei § 707 II 2, § 707 Rn 17, KG MDR **84**, 590, Karlsr MDR **93**, 798, ZöHe 10, aM Düss MDR **80**, 675, Künkel MDR **89**, 312. Ein Beschluß nach I oder II, § 329, ist zu begründen, § 329 Rn 4. Er ist frei abänderlich, BGH FamRZ **89**, 849. Er enthält keine Kostenentscheidung, Ffm AnwBl **78**, 425.

**12**   **7) VwGO:** Mit Ausnahme von I 2 entsprechend anwendbar, § 167 I VwGO, OVG Bre NJW **67**, 2223, II auchim Verfahren über die Revisionsnichtzulassungsbeschwerde, BVerwG 19. 6. 98 (6 AV 2.98): Im Fall einer Leistungs-(Zahlungs-)Klage keine Einstellung, wenn der Schuldner die vorläufige Vollstreckbarkeit nach §§ 711 S 1, 712 abgewendet hat, Rn 8. Zu den für eine Einstellung maßgeblichen Gesichtspunkten OVG Lüneb LS DÖV **83**, 989.

## 720 *Durchführung der Vollstreckungsabwendung.* Darf der Schuldner nach § 711 Satz 1, § 712 Abs. 1 Satz 1 die Vollstreckung durch Sicherheitsleistung oder Hinterlegung abwenden, so ist gepfändetes Geld oder der Erlös gepfändeter Gegenstände zu hinterlegen.

**1**   **1) Systematik, Regelungszweck.** Die gerichtliche Erlaubnis zur Abwendung der Vollstreckung nach §§ 711 S 1, 712 I 1 verhindert bereits jede Befriedigung des Gläubigers. Gepfändetes Geld und ein Pfanderlös dürfen nicht dem Gläubiger ausgehändigt werden, sonden müssen hinterlegt werden, BayObLG MDR **76**, 852. Denn sonst würde die mit einer ja nur vorläufigen Vollstreckung eintretende Wirkung über das erlaubte Ziel der nur vorläufigen Befriedigung hinausschießen und das Risiko einer im Ergebnis ungerechten Werteverteilung unvertretbar erhöhen. Die Vorschrift dient also der Gerechtigkeit, Einl III 9, und sollte entsprechend strikt ausgelegt werden.

**2**   Das *Pfandrecht dauert am hinterlegten Geld fort.* Wenn der Schuldner unter dem Druck einer drohenden Zwangsvollstreckung zahlt, ist dies Geld dem Gläubiger abzuliefern; der Gläubiger ist dann befriedigt. Wenn der Gläubiger die zum Schuldnerschutz getroffene gerichtliche Anordnung seinerseits durch eine Sicherheitsleistung beseitigen darf, § 711 S 1 aE, und wenn der Gläubiger die Sicherheit auch geleistet hat, dann ist § 720 unanwendbar. Die Vorschrift gilt grundsätzlich auch dann, wenn eine Einstellung der Zwangsvollstreckung gemäß §§ 707, 719 nur gegen eine Sicherheitsleistung zulässig ist und wenn der Schuldner diese nicht erbracht hat, LG Bln MDR **70**, 687. Eine Ausnahme gilt im Fall § 707 Rn 13. Eine Hinterlegung erfolgt aber auch dann, wenn dem Schuldner und dem Gläubiger die Möglichkeit der Sicherheitsleistung eingeräumt worden ist, wenn jedoch keiner eine solche Sicherheit leistet. Wegen der Pfändung einer Forderung vgl § 839.

**3**   **2) VwGO:** *Entsprechend anwendbar,* § 167 I VwGO.

1. Abschnitt. Allgemeine Vorschriften § 720a

**720a** *Sicherungsmaßnahmen des Gläubigers.* ¹¹Aus einem nur gegen Sicherheit vorläufig vollstreckbaren Urteil, durch das der Schuldner zur Leistung von Geld verurteilt worden ist, darf der Gläubiger ohne Sicherheitsleistung die Zwangsvollstreckung insoweit betreiben, als
a) bewegliches Vermögen gepfändet wird,
b) im Wege der Zwangsvollstreckung in das unbewegliche Vermögen eine Sicherungshypothek oder Schiffshypothek eingetragen wird.
²Der Gläubiger kann sich aus dem belasteten Gegenstand nur nach Leistung der Sicherheit befriedigen.

II Für die Zwangsvollstreckung in das bewegliche Vermögen gilt § 930 Abs. 2, 3 entsprechend.

III Der Schuldner ist befugt, die Zwangsvollstreckung nach Absatz 1 durch Leistung einer Sicherheit in Höhe des Hauptanspruchs abzuwenden, wegen dessen der Gläubiger vollstrecken kann, wenn nicht der Gläubiger vorher die ihm obliegende Sicherheit geleistet hat.

**1) Systematik, I–III.** Die Vorschrift stellt eine Ausnahme von der Regel des § 751 II dar, BayObLG JB 1 95, 162, Stgt NJW 80, 1698, LG Mainz DGVZ 87, 61.

**2) Regelungszweck, I–III.** § 720 a soll dem Gläubiger einer Geldforderung die Möglichkeit geben, 2 schon vor der Leistung einer ihm auferlegten Sicherheit Sicherungsmaßnahmen zu treffen, damit der Schuldner sein Vermögen nicht inzwischen beiseite bringen, BayObLG JB 95, 162, oder zwar schuldlos, jedoch im Ergebnis für den Gläubiger ebenso schmerzhaft, in einen Vermögensverfall geraten kann. Insoweit besteht also eine Ähnlichkeit mit dem Arrest, §§ 916 ff., Mü RR 88, 1466, Stgt NJW 80, 1698, LG Darmst Rpfleger 81, 362, aM Christmann DGVZ 93, 110 (er betont zu sehr den Schutz des Schuldners).

**3) Geltungsbereich, I–III.** Die Vorschrift ist grundsätzlich in allen Verfahren nach der ZPO anwendbar. 3 Allerdings ist § 720 a nicht entsprechend auf den Fall anwendbar, daß die Vollziehung des dinglichen Arrests nach § 923 von § 921 einer Sicherheitsleistung abhängig gemacht ist, Mü RR 88, 1466, Christmann DGVZ 93, 110. Ein Schadensersatzanspruch gemäß § 717 bleibt auch bei § 720 a möglich.

Die Vorschrift ist auf *sämtliche Urteile* anwendbar, die nur gegen eine Sicherheitsleistung vorläufig vollstreckbar sind, BayObLG JB 95, 162 (Duldungsurteil). Das ist sowohl ein Urteil gemäß § 709 als auch ein Urteil, bei dem zunächst ohne eine Sicherheitsleistung vorläufig vollstreckbar war, bei dem aber gemäß §§ 711 S 1 Hs 2, 712 II 2 die Vollstreckbarkeit doch wieder von einer Sicherheitsleistung des Gläubigers abhängt, aM LG Heidelb MDR 93, 272 (aber nun ist eben die Notwendigkeit klägerischer Sicherheitsleistung als Bedingung vorläufiger Vollstreckbarkeit auch hier eingetreten). Wegen eines Kostenfestsetzungsbeschlusses § 795 Rn 2. § 720 a ist im Fall des § 710 unanwendbar. Die Sicherungsmaßnahmen dürfen nicht zu einer Befriedigung des Gläubigers führen, bevor er eine Sicherheit geleistet hat. Freilich bleibt dem Gläubiger der durch eine Sicherungsmaßnahme erzielte Rang erhalten. Wegen des Beginns der Zwangsvollstreckung § 750 Rn 14.

**4) Zulässige Maßnahmen, I, II.** Zulässig ist die Pfändung beweglichen Vermögens, I 1 a, §§ 803 ff, 4 auch eine Vorpfändung, § 845, BGH 93, 74, KG Rpfleger 81, 240, ZöStö § 845 Rn 2, aM Fahlbusch Rpfleger 79, 94. Unzulässig ist die Verwertung und darüber hinaus Befriedigung des Gläubigers, §§ 814 ff. Zulässig ist ferner die Eintragung einer Sicherungshypothek oder Schiffshypothek, I b, §§ 866–868, 870 a, und zwar auch einer rangbesseren, Hbg MDR 99, 255. Unzulässig ist eine Zwangsversteigerung, § 869. Der Grund der Eintragung ist bei einer Zwangshypothek erkennbar zu machen. Bei der Zwangsvollstreckung in das bewegliche Vermögen nach §§ 803 ff ist § 930 II, III entsprechend anwendbar, II. Gepfändetes Geld ist also zu hinterlegen. Die Versteigerung darf nur erfolgen, wenn die Gefahr einer beträchtlichen Wertverringerung besteht oder wenn die Aufbewahrungskosten unverhältnismäßig hoch werden. Dann wird der Erlös hinterlegt. Der Gläubiger kann auch ohne eine eigene Sicherheitsleistung vom Schuldner eine Offenbarungsversicherung nach § 807 fordern, Ffm Rpfleger 96, 468, Hbg MDR 99, 255, LG Darmst DGVZ 99, 60, aM LG Bln Rpfleger 89, 206, LG Mainz DGVZ 87, 61, Fahlbusch Rpfleger 79, 248 (aber § 807 fordert keine Sicherheitsleistung).

**5) Vollstreckungsabwendung, III.** Der Schuldner kann die Sicherungsmaßnahmen jederzeit, Mü 5 DGVZ 90, 186, durch eine eigene Sicherheitsleistung in Höhe desjenigen Hauptanspruchs abwenden, dessentwegen der Gläubiger vollstrecken kann, III 1. Das Gericht braucht diese Befugnis nicht im Urteil auszusprechen, zumal die Situation meist erst später entsteht. Eine Bürgschaft ist zulässig, § 108 Rn 10, sie soll nicht nur einen Verzögerungsschaden, sondern den Anspruch selbst absichern, Mü DGVZ 90, 186 mwN. Eine bedingte Bürgschaft, aus der sich der Bürge durch eine Hinterlegung befreien kann, reicht nicht aus, § 108 Rn 11, LG Bln DGVZ 91, 9. Die Höhe der notwendigen Sicherheitsleistung ist aus dem vollstreckbaren Titel abzulesen. Die Sicherheitsleistung darf nicht nachträglich wegen inzwischen angewachsener Zinsforderungen usw erhöht werden. Jedoch besteht keine Befugnis zur Abwendung der Zwangsvollstreckung, soweit und sobald der Gläubiger die von ihm zu erbringende Sicherheit geleistet hat, III 2. Auch hier besteht also wie bei § 711 kein lückenloser Schuldnerschutz. Er ist auch nicht notwendig. Denn hier liegen ja bloße Sicherungsmaßnahmen vor. Auch die öffentliche Hand muß als Schuldnerin Sicherheit leisten, Ffm MDR 86, 63.

**6) Wirkung kraft Gesetzes, I–III.** Die Rechte des § 720a treten unmittelbar kraft Gesetzes ein, Mü 6 DGVZ 90, 186. Deshalb ist ihre Erörterung im Urteil weder in der Formel noch in den Entscheidungsgründen erforderlich. Das Vollstreckungsorgan hat die Rechte von Amts wegen zu beachten, Behr NJW 92, 2740. Anders als bei § 711 gibt es also auch nicht gegen eine Abwendungsbefugnis des Schuldners keinen Urteilsspruch. Vgl im übrigen die Anmerkungen zu § 711. Jedoch ist zu beachten, daß eine dem § 711 S 2 entsprechende Vorschrift hier fehlt. Es gibt also keine Sicherungsmaßnahmen des Gläubigers, wenn der Schuldner eine Sicherheit geleistet hat und der Gläubiger vorher keine Sicherheit leisten konnte.

**7) VwGO:** Entsprechend anwendbar, § 167 I VwGO. 7

**721** *Räumungsfrist.* [I] [1]Wird auf Räumung von Wohnraum erkannt, so kann das Gericht auf Antrag oder von Amts wegen dem Schuldner eine den Umständen nach angemessene Räumungsfrist gewähren. [2]Der Antrag ist vor dem Schluß der mündlichen Verhandlung zu stellen, auf die das Urteil ergeht. [3]Ist der Antrag bei der Entscheidung übergangen, so gilt § 321; bis zur Entscheidung kann das Gericht auf Antrag die Zwangsvollstreckung wegen des Räumungsanspruchs einstweilen einstellen.

[II] [1]Ist auf künftige Räumung erkannt und über eine Räumungsfrist noch nicht entschieden, so kann dem Schuldner eine den Umständen nach angemessene Räumungsfrist gewährt werden, wenn er spätestens zwei Wochen vor dem Tage, an dem nach dem Urteil zu räumen ist, einen Antrag stellt. [2]§§ 233 bis 238 gelten sinngemäß.

[III] [1]Die Räumungsfrist kann auf Antrag verlängert oder verkürzt werden. [2]Der Antrag auf Verlängerung ist spätestens zwei Wochen vor Ablauf der Räumungsfrist zu stellen. [3]§§ 233 bis 238 gelten sinngemäß.

[IV] [1]Über Anträge nach den Absätzen 2 oder 3 entscheidet das Gericht erster Instanz, solange die Sache in der Berufungsinstanz anhängig ist, das Berufungsgericht. [2]Die Entscheidung kann ohne mündliche Verhandlung ergehen. [3]Vor der Entscheidung ist der Gegner zu hören. [4]Das Gericht ist befugt, die im § 732 Abs. 2 bezeichneten Anordnungen zu erlassen.

[V] [1]Die Räumungsfrist darf insgesamt nicht mehr als ein Jahr betragen. [2]Die Jahresfrist rechnet vom Tage der Rechtskraft des Urteils oder, wenn nach einem Urteil auf künftige Räumung an einem späteren Tage zu räumen ist, von diesem Tage an.

[VI] Die sofortige Beschwerde findet statt
1. gegen Urteile, durch die auf Räumung von Wohnraum erkannt ist, wenn sich das Rechtsmittel lediglich gegen die Versagung, Gewährung oder Bemessung einer Räumungsfrist richtet;
2. gegen Beschlüsse über Anträge nach den Absätzen 2 oder 3.

[VII] Die Absätze 1 bis 6 gelten nicht für Mietverhältnisse über Wohnraum im Sinne des § 564b Abs. 7 Nr. 4 und 5 und in den Fällen des § 564c Abs. 2 des Bürgerlichen Gesetzbuchs.

**Schrifttum:** *Lippross*, Grundlagen und System des Vollstreckungsschutzes, 1983.

### Gliederung

| | |
|---|---|
| 1) Systematik, I–VII ............................. 1 | C. Entscheidung ......................... 11 |
| 2) Regelungszweck, I–VII ..................... 2 | 8) Interessenabwägung, I–V ........... 12–30 |
| 3) Geltungsbereich, I–VII ...................... 3 |    A. Grundsatz: Ermessen .............. 12 |
| 4) Voraussetzungen, I–VII .................. 4, 5 |    B. Beispiele zur Frage der Beachtlichkeit |
| 5) Entscheidung im Räumungsurteil, I ... 6 |       bei der Abwägung ............. 13–30 |
| 6) Urteil auf künftige Räumung, II ......... 7 | 9) Höchstfrist, V ............................ 31 |
| 7) Verlängerungsantrag, III, IV ........ 8–11 | 10) Weitere Einzelfragen, I–V ........... 32 |
|    A. Grundsatz: Nur nach gerichtlicher | 11) Rechtsmittel, VI ....................... 33 |
|       Räumungsfrist .......................... 8, 9 | 12) Keine Räumungsfrist, VII .......... 34 |
|    B. Verfahren ............................... 10 | 13) *VwGO* ................................... 35 |

**1** **1) Systematik, I–VII.** Die Vorschrift enthält ein Vollstreckungshindernis, Grdz 32 vor § 704, LG Bln ZMR **92**, 542, einen Räumungsschutz. Ihr entspricht beim vollstreckbaren Vergleich § 794a. II regelt im Gegensatz zu I selbständiges Nebenverfahren, AG Bln-Schöneb MietR **96**, 105. Eine Prüfung gemäß § 556a BGB oder nach dem 2. WoKSchG darf nicht schon mit der Begründung unterbleiben, daß § 721 eine ausreichende Frist gewähre, Stgt WoM **91**, 347, LG Regensb WoM **83**, 141, AG Geilenkirchen WoM **74**, 13. § 765 gilt unverändert zumindest hilfsweise, § 765a Rn 5. §§ 707 ff können ergänzend anwendbar sein, BGH NJW **90**, 2823. Die prozessuale Bewilligung einer Räumungsfrist ändert an den Möglichkeiten der Beendigung des sachlichrechtlichen Mietverhältnisses nichts, LG Freibg WoM **80**, 224, LG Hann WoM **89**, 77, AG Friedberg WoM **80**, 223. Jedoch bleibt die Pflicht des Vermieters bestehen, die Wohnung zumindest insoweit instandzuhalten, als dies zu Wohnzwecken notwendig ist, LG Bln ZMR **92**, 542, und es bleibt das Recht des Mieters bestehen, die Mietsache im unbedingt notwendigen Umfang zu nutzen, AG St Blasien WoM **96**, 286. Ferner bleibt die bisherige Miethöhe auch für den Zeitraum der Fristverlängerung maßgebend, LG Wiesb WoM **68**, 164, aM LG Freibg WoM **80**, 224, AG Friedberg WoM **80**, 223.

*Verfassungsbeschwerde* bleibt natürlich neben § 721 möglich, BVerfG NZM **99**, 212, HessStGH NZM **99**, 495, freilich nur unter Beachtung ihrer bloßen Hilfsfunktion, wie stets, Einl III 17, unten Rn 25 „Verfassungsbeschwerde".

**2** **2) Regelungszweck, I–VII.** Die Vorschrift bezweckt ein Gegengewicht zu den Gefahren einer ja nach § 708 Z 7 von Amts wegen auszusprechenden vorläufigen Vollstreckbarkeit: Sie soll erst nach dem Ablauf der ebenfalls zugleich mit der Sachentscheidung zu erwägenden und gegebenenfalls ebenfalls von Amts wegen zu verkündenden Räumungsfrist zulässig sein. § 721 dient nicht der Verlängerung eines schon beendeten Mietverhältnisses und auch nicht der Verlängerung des Streits zum Ob des Räumungsanspruchs, sondern hindert lediglich den Gläubiger daran, den Räumungstitel sogleich „vorläufig", in Wahrheit endgültig, zwangsweise durchzusetzen, LG Bln MDR **92**, 479 und ZMR **92**, 542, LG Ffm ZMR **99**, 402. Damit dient die Vorschrift der Gerechtigkeit, Einl III 9. Sie tut das aber auch im Interesse des Räumungsgläubigers, der oft dringend auf die Durchsetzbarkeit des mühsam und langwierig genug erkämpften Räumungstitels angewiesen ist. § 721 ist auch zu seinem Schutz gestaltet worden. Beides sollte man bei der Auslegung bedenken.

§ 721

**3) Geltungsbereich, I–VII.** Die Vorschrift gilt in allen Verfahren nach der ZPO. Gegenüber einem Zuschlagsbeschluß nach dem ZVG ist ein Vollstreckungsschutz nur gemäß § 765 a möglich, dort Rn 27, nicht nach § 721, LG Hbg MDR **71**, 671, LG Kiel NJW **92**, 1174 (wenn auch krit). Dasselbe gilt beim Zeitmietvertrag, Vogel DRiZ **83**, 206. Wegen einer früheren Ehewohnung kommt nur ein Verfahren nach der HausrVO in Frage, Stgt FamRZ **80**, 467. Macht der Gläubiger innerhalb der Jahresfrist nach V von dem Vollstreckungstitel keinen Gebrauch, so darf er die Zwangsvollstreckung nicht mehr betreiben, Grdz 48 vor § 704, LG Düss MDR **79**, 496, großzügiger Hamm NJW **82**, 342. Auf eine Verfügung auf Nutzungsuntersagung kann § 721 entsprechend anwendbar sein, OVG Schlesw SchlHA **84**, 77. Auf eine einstweilige Verfügung nach § 940 a ist § 721 grundsätzlich unanwendbar, LG Hbg WoM **94**, 707. Auf eine einstweilige Anordnung zwecks Räumung nach §§ 620 ff ist § 721 unanwendbar, Hbg DWW **93**, 238. Eine einstweilige Maßnahme etwa nach §§ 719, 732 II kommt bei I nicht in Betracht, LG Düss ZMR **90**, 381. Nach Ansicht des AG Bonn WoM **89**, 361 ist § 721 wegen Art 140 GG usw auch auf einen Geistlichen unanwendbar.

**4) Voraussetzungen, I–VII.** § 721 erfaßt nur eine Räumung von Wohnraum, nicht auch eine Räumung eines anderen Grundstücks, zB eines gewerblich genutzten Raums. Bei einer Mischmiete erfaßt § 721 jedenfalls auch denjenigen Raum, der auch dem ständigen Wohnen dient, LG Hbg WoM **93**, 36 und 203, LG Köln RR **89**, 404, aM LG Ffm WoM **94**, 16, LG Mannh ZMR **93**, 21 (§ 721 sei in solchem Fall überhaupt nur dann anwendbar, wenn der Wohnzweck gegenüber dem sonstigen Nutzungszweck mindestens gleichwertig sei), LG Wiesb RR **93**, 1294 (vgl aber § 940 a Rn 1).
*Es reicht aus:* Daß sich die Wohnung auf einem zu räumenden Grundstück befindet, Hbg WoM **97**, 233; daß der Pächter, der sonst nicht unter § 721 fällt, eine Wohnung auf dem Pachtland hat, das er herausgeben muß, LG Mannh MDR **71**, 223; daß die Wohnung, die zusammen mit einer Gaststätte verpachtet wurde, technisch von der Gaststätte getrennt werden kann, Hbg MDR **72**, 955, LG Mannh ZMR **74**, 48; daß es sich um eine untervermietete Wohnung handelt, auch wenn der Hauptmieter gewerblich handelte, LG Stgt RR **90**, 655; daß ein Geschäftsraum als Wohnraum genutzt, LG Lüb ZMR **93**, 224, oder als Wohnraum untervermietet worden ist, AG Stgt WoM **74**, 180.
Der *Rechtsgrund* des Innehabens ist unerheblich, LG Stade WoM **87**, 62 (Untermiete), AG Ellwangen (betr Zwangsverwaltung). Ebenso unerheblich ist, wer Besitzer im Sinne des BGB ist und wer gekündigt hat, AG BadBad WoM **87**, 62. Der Raum muß tatsächlich zum Wohnen benutzt werden, AG Ellwangen WoM **92**, 238. Diesem Zweck kann auch ein Schiff oder ein Wohnwagen so dienen, § 885 Rn 2, LG Lübeck WoM **96**, 718. Celle NJW **80**, 713 versagt dem Ehebrecher, der die Ehewohnung verlassen soll, die Berufung auf § 721. Das Gericht muß von Amts wegen klären, ob es einen Räumungsschutz gewähren will. Es hat insofern ein pflichtgemäßes Ermessen. Der Räumungsschuldner darf jedoch auch einen Antrag stellen. Dieser ist bis zum Schluß der letzten mündlichen Verhandlung zulässig, § 136 IV, 296 a, also auch noch in der zweiten Instanz. Dort untersteht er dem Anwaltszwang, § 78. Der ProzBev, § 81, darf sich nicht stets darauf verlassen, daß das Gericht die Frist von Amts wegen bewilligt, Hamm RR **95**, 526.

**5) Entscheidung im Räumungsurteil, I.** Das Gericht hat über die Gewährung einer Räumungsfrist außer in einem Fall nach VII, Rn 19, von Amts wegen oder auf Antrag, Rn 5, zusammen mit der Entscheidung über die Räumung selbst, also im Räumungsurteil zu befinden, § 300, LG Bln WoM **94**, 385. Das Urteil muß auch die etwaige Ablehnung des Räumungsschutzes erörtern. Wenn ein Versäumnisurteil nach § 331 ergeht, muß das Gericht über die Räumungsfrist ebenfalls im Urteil entscheiden; dabei sind die Behauptungen des Klägers über das Verhalten des Bekl als wahr zu unterstellen. Das gilt auch bei einem Zweiten Versäumnisurteil nach § 345, LG Mü WoM **82**, 81.
Nur wenn das Gericht einen Antrag übergangen hat, ist ein *Ergänzungsantrag* binnen 2 Wochen seit der Zustellung des Urteils zu stellen, § 321, Köln MDR **80**, 764. Wenn das Urteil zur Räumungsfrist völlig schweigt oder wenn seine Auslegung zu Zweifeln Anlaß gibt, ist von der Ablehnung einer Räumungsfrist auszugehen, LG Bln WoM **94**, 385, LG Düss WoM **93**, 471, LG Köln RR **87**, 143. Da das Räumungsurteil für vorläufig vollstreckbar erklärt wird, § 708 Z 7, kann die Zwangsvollstreckung im Ergänzungsverfahren auf einen Antrag auf Gewährung des Räumungsanspruchs einstweilen eingestellt werden. Der Mieter braucht einen Ersatzraum im Zweifel erst ab Rechtskraft zu suchen, LG Wuppert WoM **96**, 430.

**6) Urteil auf künftige Räumung, II.** Wenn das Gericht auf eine erst künftige Räumung erkannt hat, § 259, in diesem Verfahren aber über eine Räumungsfrist noch nicht entschieden hat, II, insbesondere weil die Probleme zur Räumungsfrist noch nicht übersehen werden konnten, dann kann der Schuldner außer in einem Fall nach VII, Rn 17, bis spätestens 2 Wochen vor demjenigen Räumungstag, der sich aus dem Urteil ergibt, diesen also mitgerechnet, einen Antrag auf die Gewährung einer Räumungsfrist stellen. Wegen der Fristberechnung gilt dasselbe wie bei II, Rn 9. Es reicht also nicht, daß das Urteil, insbesondere ein Versäumnis- oder gar Anerkenntnisurteil, §§ 331, 307, einfach nur auf eine „Räumung" lautet. Denn sie soll eine sofortige und nicht erst im Sinne von II „künftige" sein, auch wenn das nicht ausdrücklich im Tenor steht. Auch die Notwendigkeit einer mindestens vorläufigen Vollstreckbarkeit ändert daran nichts.

**7) Verlängerungsantrag, III, IV:** Er hat strenge Voraussetzungen.

**A. Grundsatz: Nur nach gerichtlicher Räumungsfrist, IV.** Nur dann, wenn sich aus dem Räumungsurteil auch zusätzlich bereits eindeutig eine Räumungsfrist ergibt oder wenn das Gericht eine solche nach II festgesetzt hat, LG Düss ZMR **90**, 381, kann der Schuldner bis spätestens 2 Wochen vor dem Räumungstag, diesen also mitgerechnet, einen Antrag auf eine Verlängerung der Räumungsfrist stellen. Diese letztere Möglichkeit besteht aber bei einer außergerichtlich vereinbarten Räumungsfrist nicht. Der Gläubiger kann einen Antrag auf eine Verkürzung der Räumungsfrist stellen. Für einen Verkürzungsantrag des Schuldners fehlt das Rechtsschutzinteresse, Grdz 33 vor § 253. Er kann vor dem Fristablauf ausziehen und damit seine Zahlungspflicht beenden, LG Hann WoM **89**, 77.

## § 721

**9** Der Antrag auf eine Verlängerung der Räumungsfrist kann auch die Versäumung der Antragsfrist für die Urteilsergänzung *heilen*, wenn der Räumungstag noch wenigstens 2 Wochen bevorsteht. Wegen der Feiertags- und Wochenendprobleme gilt § 222 Rn 5, 6, LG Freibg WoM **89**, 443, LG Hbg RR **90**, 657, Münzberg WoM **93**, 9, aM LG Bln ZMR **92**, 395, LG Hbg WoM **93**, 470 (wegen des dortigen AGBGB), LG Mü WoM **80**, 247 (§ 222 II sei unanwendbar. Aber jede Frist hat Anfang und Ende).

Die vorstehenden Anträge können auch wiederholt gestellt werden. Dazu muß der Antragsteller aber neue Tatsachen vortragen, die er seinerzeit nicht vorbringen konnte. Wenn das *Berufungsgericht* die Frist festgesetzt hat, LG Kiel WoM **91**, 113, darf das erstinstanzliche Gericht die Räumungsfrist nur auf Grund von Tatsachen ändern, die das Berufungsgericht noch nicht kannte. Bei den Antragsfristen handelt es sich nicht um Notfristen nach § 224 I 2. Dennoch ist eine Wiedereinsetzung gegen ihre Versäumung zulässig, II 2, II 3 je in Verbindung mit §§ 233–238. Wenn eine Frist versäumt wurde, ist der Antrag unzulässig. § 765 a ist nur unter seinen engen besonderen Voraussetzungen anwendbar. § 765 a darf nur vom Vollstreckungsgericht angewendet werden.

**10** **B. Verfahren.** Zuständig für einen Antrag nach II und III ist das AG. Das LG ist erst von der Einlegung der Berufung an und nur bis zu deren Rücknahme oder bis zu einer Entscheidung über die Berufung zuständig, BGH NJW **90**, 2823. Während der Revisionsinstanz ist wiederum das AG zuständig, BGH NJW **90**, 2823. Die Entscheidung kann ohne eine mündliche Verhandlung ergehen, § 128 Rn 10. Das Gericht muß zuvor den Gegner anhören, Art 103 I GG. Das Gericht kann die Zwangsvollstreckung bis zu seiner Entscheidung einstweilen einstellen, und zwar gegen eine Sicherheitsleistung oder ohne eine solche. Es kann auch anordnen, daß die Zwangsvollstreckung nur gegen eine Sicherheitsleistung fortgesetzt werden darf, § 732 II, HessStGH NZM **99**, 18. Solche Anordnung setzt voraus, daß die Berufung voraussichtlich Erfolg haben wird. Die Entscheidung ergeht durch einen Beschluß, § 329. Das Gericht muß ihn grundsätzlich begründen, § 329 Rn 4. Der Beschluß ist zu verkünden, § 329 I 1, oder wegen der befristeten Anfechtbarkeit, Rn 33, nach § 329 III förmlich zuzustellen.

**11** **C. Entscheidung.** Die Entscheidung lautet auf die Gewährung, bei III auf die Verlängerung oder die Verkürzung einer angemessenen Räumungsfrist. Über die Kosten entscheidet das Gericht im Urteil nach §§ 91, 93 b III, LG Karlsr ZMR **97**, 303, ThP 13, aM LG Mü WoM **82**, 81, und zwar auch dann, wenn die Klage auf § 564 b II BGB gestützt worden ist, Schmidt-Futterer NJW **72**, 5. In einem besonderen Beschlußverfahren entscheidet das Gericht ebenfalls nach §§ 91 ff, nicht nach § 788. Denn es handelt sich nicht um einen Vollstreckungsschutz. Deshalb entscheidet ja auch bei II, III das Prozeßgericht, nicht das Vollstreckungsgericht, aM Schmid ZMR **82**, 129.

**12** **8) Interessenabwägung, I–V.** Sie erfolgt oft unbefriedigend.

**A. Grundsatz: Ermessen.** Das Gericht übt ein pflichtgemäßes Ermessen aus, BayObLG ZMR **84**, 24, Stgt WoM **91**, 347. Es muß die näheren Umstände bei beiden Parteien prüfen. Eine Beweislast im engeren Sinn, etwa wegen der Mieterbemühungen um Ersatzraum, so LG Bonn WoM **92**, 16, ist wegen des weitgehend geltenden Amtsverfahrens, Grdz 37 vor § 704, nicht vorhanden; freilich muß derjenige, dessen Argument in die Abwägung einbezogen werden soll, zumindest schlüssig darlegen und die ihm möglichen Beweise anbieten, auch dazu Grdz 37 vor § 704. Das Gericht muß die Interessen beider Parteien gegeneinander abwägen, HessStGH NZM **99**, 18, AG Starnb WoM **80**, 204, weniger Allgemeininteressen, aM LG Regensb WoM **91**, 360 (aber dazu ist die Obdachlosenbehörde da). Dabei kommen vor allem folgende Gesichtspunkte in Betracht (Übersicht über die Rechtsprechung bei Buche MDR **72**, 191):

**13** **B. Beispiele zur Frage der Beachtlichkeit bei der Abwägung**

**Alter:** Zu beachten sind das Alter des Gläubigers, LG Düss WoM **89**, 387, wie des Räumungsschuldners, evtl auch seiner mitwohnenden Angehörigen, AG Münst WoM **89**, 380, AG Reutlingen WoM **89**, 430, Schmidt-Futterer NJW **71**, 731.

**Ausländer:** Zu beachten ist, ob der Schuldner sozial schwacher Ausländer ist, LG Mannh WoM **90**, 307. S auch Rn 17 „Ersatzraum".

**14** **Behinderter:** Zu beachten ist, ob der Räumungsschuldner ein Behinderter ist, LG Mü WoM **89**, 412. S auch Rn 19 „Gesundheit".

**Belästigung:** Zu beachten ist, ob der Räumungsschuldner den Vermieter oder andere Bewohner belästigt hat, LG Münst WoM **91**, 114, AG Helmstedt WoM **87**, 63, AG Neustadt/Rbbge WoM **98**, 666.

**Berufliche Auswirkung:** Zu beachten ist, welche Auswirkungen eine Räumung auf berufliche Tätigkeiten des Räumungsschuldners oder seiner mitwohnenden engsten Angehörigen hat, LG Bonn WoM **92**, 610 (Sport).

S auch Rn 23 „Politische Auswirkung".

**Berufung:** Zu beachten ist, ob eine Berufung Erfolgsaussicht hat, LG Hbg WoM **87**, 63.

**15** **Dauer des Mietvertrags:** Rn 27 „Wohndauer".

**Einzugstermin:** Zu beachten ist, ob der Räumungsschuldner für eine Ersatzwohnung einen bestimmten Einzugstermin nennen kann, LG Düss WoM **89**, 387, LG Münst WoM **93**, 62 (in drei Monaten).

S auch Rn 17 „Ersatzraum", Rn 19 „Hausbau".

**16** **Eigenbedarf:** Zu beachten ist, ob das Räumungsurteil auf einen Eigenbedarf gestützt worden ist, sei es für den Vermieter persönlich, sei es für seine Angehörigen oder Mitarbeiter, LG Verden WoM **92**, 637, und wie dringlich dieser Eigenbedarf ist, LG Hbg WoM **91**, 38, ob er zB durch einstweilige Verfügung geklärt wurde, LG Hbg WoM **94**, 708. Wer nach Umwandlung in eine Eigentumswohnung mit dem Eigentümer abschließt, hat nach deren Verkauf nur ca 3 Monate Zeit, LG Ffm WoM **97**, 561.

**Erbrechtsfragen:** Zu beachten ist, ob begründete Einwendungen gegen den Ehegatten oder gegen Familienangehörige des Erben des Räumungsschuldners bestehen, die nach seinem Tod das Mietverhältnis fortsetzen, § 569 a BGB.

**17** **Ersatzraum:** Zu beachten ist, ob der Räumungsschuldner sich (grds erst) seit der Rechtskraft, LG Aachen WoM **90**, 216, in jeder ihm zumutbaren Weise um einen angemessenen Wohnraum bemüht hat,

1. Abschnitt. Allgemeine Vorschriften § 721

BayObLG ZMR **75**, 220, LG Stgt WoM **97**, 492, AG Solingen WoM **94**, 707, aM LG Mannh WoM **93**, 62 (ein sozial Schwacher brauche sich nicht so intensiv zu bemühen). Auch ein gutbemittelter Mieter braucht aber nicht stets sogleich einen übertueurten Ersatzraum zu suchen, LG Bln WoM **94**, 385. Eine Verlängerung der Räumungsfrist entfällt, soweit Bemühungen des Mieters in absehbarer Zeit erfolglos sein werden, LG Waldshut-Tiengen WoM **96**, 53.

S auch Rn 19 „Hausbau", Rn 22 „Obdachlosigkeit", Rn 25 „Urlaub", Rn 26 „Vorstellung des Schuldners", Rn 28 „Wohnungsmarkt".

**Examen:** Zu beachten ist, ob sich eine Examenszeit des Räumungsschuldners noch lange hinziehen würde, AG Bonn WoM **91**, 101. 18

**Familie:** Rn 16 „Erbrechtsfragen", Rn 19 „Gesundheit", Rn 20 „Kinderzahl", Rn 24 „Schwangerschaft".

**Fristverlängerung:** Eine Verlängerung der Kündigungsfrist nach § 564b BGB ist nicht zu Lasten des Räumungsschuldners auswertbar, LG Hbg WoM **90**, 28.

**Gesundheit:** Zu beachten ist der Gesundheitszustand des Räumungsschuldners und seiner mitwohnenden Angehörigen, LG Lübek WoM **96**, 706. Es kommt zB darauf an, ob sich der Schuldner ständig in stationärer Behandlung befindet, AG Köln WoM **91**, 550 (schon wegen Art 14 II GG ist aber große Behutsamkeit geboten). 19

**Hausbau:** Zu beachten ist, ob der Räumungsschuldner in einen Neubau einziehen will, dessen Fertigstellung sich verzögert, LG Heidelb WoM **95**, 661, AG Miesbach WoM **80**, 204, AG Starnb WoM **80**, 204.

S auch Rn 17 „Ersatzraum".

**Hausfrieden:** Zu beachten ist, ob der Räumungsschuldner den Hausfrieden jetzt erst recht stört, LG Münst WoM **91**, 563.

S auch Rn 14 „Belästigung".

**Kinderzahl:** Zu beachten ist die Zahl der beim Räumungsschuldner wohnenden bzw von ihm noch wohnungsmäßig auch nur zeitweilig, etwa in den Semesterferien, zu versorgenden, auch erwachsenen, Kinder. 20

**Krankenhaus:** Rn 19 „Gesundheit".

**Kündigung:** Rn 21 „Mieterkündigung", Rn 26 „Vermieterkündigung" und bei den weiteren einzelnen Stichwörtern.

**Langjährigkeit des Mietvertrags:** Rn 27 „Wohndauer". 21

**Mieterkündigung:** Zu beachten ist, ob der Räumungsschuldner selbst gekündigt hat.

**Mutwille:** Zu beachten ist, ob der Vermieter mutwillig geklagt hat, AG Hagen WoM **90**, 83.

**Neubau:** Rn 19 „Hausbau".

**Nutzungsentschädigung:** Zu beachten ist, ob der Räumungsschuldner seit dem Vertragsende regelmäßig und pünktlich Nutzungsentschädigung in gesetzlicher Höhe gezahlt hat, AG Mü ZMR **86**, 295, aM LG Hbg WoM **92**, 492 (bei einer Säumigkeit des Sozialamts. Aber das berührt nur das Innenverhältnis). 22

**Obdachlosigkeit:** Zu beachten ist, ob der Räumungsschuldner obdachlos würde, LG Hbg WoM **88**, 316.

S auch Rn 17 „Ersatzraum".

**Politische Auswirkung:** Nicht entscheidend zu beachten ist die Gefahr des Verlustes eines politischen Mandats infolge eines Wohnungswechsels, LG Hbg WoM **90**, 119. 23

**Renovierung:** Zu beachten ist, ob, wann, wie oft, wie umfangreich und durch wen Renovierungen stattgefunden haben.

S auch Rn 29 „Wohnungszustand".

**Schwangerschaft:** Zu beachten ist, ob in der engsten Familie des Räumungsschuldners eine Schwangerschaft besteht. Sie kann nach dem Urteil begonnen haben, AG Bergheim WoM **99**, 530. 24

**Soziale Schwäche:** Rn 13 „Ausländer", Rn 17 „Ersatzraum", Rn 22 „Nutzungsentschädigung", Rn 26 „Verschlechterung".

**Sportliche Auswirkung:** Zu beachten ist, welche Auswirkungen eine Räumung auf sportliche Tätigkeiten des Räumungsschuldners hat, LG Bonn WoM **92**, 610 (Olympiateilnehmer).

**Strafanzeige:** Eine schuldhaft unberechtigte Strafanzeige des Mieters gegen den Vermieter ist bei der Abwägung natürlich für den letzteren zu beachten, LG Osnabr WoM **93**, 617.

**Tierhaltung:** Zu Lasten des Mieters ist zu beachten, wenn er trotz Verurteilung wegen unerlaubter Haltung von 3 Tieren jetzt ein „Tierparadies" mit rd 27 Tieren eröffnet hat, AG Neust/Rbbge NZM **99**, 108.

**Urlaub:** Zu beachten ist, ob der Räumungsschuldner in einen Urlaub gefahren ist, ohne sich nachhaltig um einen Ersatzraum zu bemühen, AG Ffm WoM **91**, 114. 25

**Verfassungsbeschwerde:** Auch Art 19 IV GG gebietet einem AG nicht, wegen Verfassungsbeschwerde, dazu Rn 1, in einer Art vorauseilenden Gehorsams durch Gewährung einer Räumungsfrist demjenigen Gericht und dessen im Ergebnis mindestens gleichwertigen Möglichkeiten vorzugreifen, bei dem das Verfahren jetzt allein noch anhängig ist, LG Ffm NZM **99**, 168, aM BVerfG NZM **99**, 212, AG Ffm NZM **99**, 67 (aber es ist dem AG nur sehr selten zuzumuten, die Erfolgsaussicht einer Verfassungsbeschwerde auch nur einigermaßen zu erahnen; man denke nur zB an die neuesten Wege des BVerfG RR **99**, 137, seinen Arbeitsanfall reichlich großzügig zu begrenzen, mag dergleichen auch noch so verständlich sein; mit dergleichen war hierzulande vorher kaum zu rechnen).

**Vermieterkündigung:** Zu beachten ist, ob der Mieter dem Vermieter einen Grund zur Kündigung gegeben hat, LG Bln RR **89**, 1359 (Schuldlosigkeit), insbesondere etwa wegen einer Belästigung oder wegen Zahlungsverzugs, LG Bln ZMR **98**, 351. Hat der Mieter durch eine Tätlichkeit Anlaß zur Vermieterkündigung gegeben, kommt selbst eine angespannte Lage am Wohnungsmarkt kaum noch zu seinen Gunsten in Betracht, aM LG Hbg WoM **94**, 219 (aber wo sollen dann eigentlich die Grenzen liegen?). 26

S im übrigen bei den einzelnen Stichwörtern.

## §§ 721, 722

**Verschlechterung:** Nicht entscheidend zu beachten ist eine gewisse, aber noch zumutbare Verschlechterung der Wohnverhältnisse ohne eine Beeinträchtigung des sozialen Status, LG Hbg WoM **90**, 119.
**Vorstellung des Schuldners:** Nicht entscheidend zu beachten ist die bloß subjektive Vorstellung des Räumungsschuldners von der Angemessenheit eines Ersatzraumes, BezG Halle WoM **92**, 308.
S auch Rn 17 „Ersatzraum".

27 **Wohndauer:** Zu beachten ist, wie lange der Räumungsschuldner die Wohnung schon innehat, LG Bln RR **89**, 1359.

28 **Wohnungsmarkt:** Zu beachten ist, vornehmlich zugunsten des Räumungsschuldners, die Lage am Wohnungsmarkt, LG Essen WoM **92**, 202, LG Mü WoM **95**, 104, LG Verden WoM **92**, 637.

29 **Wohnungszustand:** Zu beachten ist, in welchem Zustand sich die Mietwohnung einerseits beim Einzug, andererseits jetzt befand bzw befindet.
S auch Rn 23 „Renovierung".
**Zahlungsweise:** Eine Bemühung um Zahlung der Rückstände und eine jetzt pünktliche Zahlung sind zu beachten, LG Mainz WoM **97**, 233.

30 **Zeitablauf:** Zu beachten ist, wieviel Zeit seit der Kündigung vergangen ist, LG Hann WoM **89**, 416, AG Bad Homburg WoM **89**, 303, AG Ludwigsb WoM **89**, 418.
S auch Rn 18 „Fristverlängerung".
**Zuwarten:** Zu beachten ist, ob der Vermieter über eine längere Zeit Fristverlängerungen gewährt hat und nun erstmals Kosten erstattet fordert, die *ihm* auferlegt worden waren, AG Pinneberg RR **95**, 76.
**Zwischenumzug:** Rn 19 „Hausbau".

31 **9) Höchstfrist, V.** Im Höchstfall darf die Räumungsfrist insgesamt *1 Jahr* betragen. Andernfalls ist ein Zwischenumzug zumutbar, LG Mannh MDR **70**, 594. Ein solcher Zwischenumzug ist aber nicht schon nach 3 Monaten zumutbar, LG Brschw WoM **73**, 82, evtl noch nicht einmal nach 8 Monaten, AG Bergheim WoM **72**, 131. Überhaupt darf dem Räumungsschuldner ein Zwischenumzug nicht schon deshalb zugemutet werden, weil der Vermieter daran Interesse daran hat, über den Raum möglichst bald verfügen zu können, LG Köln ZMR **73**, 89, AG Starnb WoM **80**, 204. Die jeweils festgesetzte Frist beginnt dann, wenn im Beschluß nichts anderes bestimmt ist (das wäre zulässig, § 221 I), mit der Zustellung nach § 221 I oder mit der Verkündung nach § 312 zu laufen, LG Mannh MDR **70**, 594. Die Höchstfrist von 1 Jahr beginnt mit dem Eintritt der Rechtskraft des Urteils nach § 322, bei einem Urteil auf eine künftige Räumung mit dem dort festgesetzten Tag, V.

32 **10) Weitere Einzelfragen, I–V.** Der Vermieter muß eine etwa notwendige Räumungsfrist beim Mieter einer Sozialwohnung auch dann hinnehmen, wenn der Vermieter wegen einer Fehlbelegung der Wohnung monatliche Geldzahlungen leisten muß, sofern er beim Vertragsabschluß hätte wissen müssen, daß der Mieter nicht sozialwohnungsberechtigt war, AG Bergheim WoM **81**, 283. Eine Räumungsfrist kann auch für nur einen Teil der Mietsache zugebilligt werden. Wenn das Gericht eine Räumungsfrist gewährt oder verlängert, darf der Vermieter keinen weiteren Schaden geltend machen, der ihm dadurch entsteht, daß der Mieter die Mietsache nicht zurückgegeben hat, § 557 III BGB. Während der Räumungsfrist wird das Nutzungsverhältnis nicht weiter ausgestaltet, dazu Müller MDR **71**, 253.

33 **11) Rechtsmittel, VI.** Wenn das Urteil als solches angefochten wird, dann wird damit auch die Räumungsfrist angefochten. Der Gegner hat dann die Möglichkeit, seinerseits bis zum Schluß der letzten mündlichen Verhandlung, §§ 136 IV, 296 a, Anträge zu stellen. Es ist aber auch eine selbständige Anfechtung der im Urteil ausgesprochenen Räumungsfrist oder ihrer Bemessung sowie der Versagung einer solchen Frist möglich, VI Z 1, LG Düss WoM **93**, 471. Gegen die ergangene oder nach Rn 6 zu unterstellende Entscheidung zur Räumungsfrage ist *sofortige Beschwerde* zulässig, LG Düss WoM **93**, 471, auch wenn es sich um ein Versäumnisurteil handelt, § 331, oder wenn es im Beschluß oder Antrag nach II oder III ergangen ist, VI Z 2, jedoch nicht, wenn man Berufung eingelegt hat, LG Gießen WoM **94**, 551, oder wenn das Berufungsgericht erkannt hat, § 567 III 1. Auch eine Anschlußberufung bleibt trotz VI Z 1 möglich, § 521, LG Nürnb-Fürth RR **92**, 1231.
Gegen die Entscheidung des LG als Beschwerdegericht ist die *sofortige weitere Beschwerde* statthaft, § 793 Rn 13 (bitte dort zu dieser Streitfrage nachlesen), aM Düss WoM **98**, 608. Zur Anschlußbeschwerde § 577a. Ein Rechtsentscheid des OLG kommt in Betracht, soweit das LG als Berufungsgericht entscheiden will, § 541.

34 **12) Keine Räumungsfrist, VII.** Soweit der Mieter keine Fortsetzung des Mietverhältnisses nach § 564 b VII Z 4 oder 5 BGB oder nach § 564 c II BGB fordern kann, besteht kein Anlaß zur Gewährung einer Räumungsfrist. Daher ist in einem solchen Fall gemäß VII die gesamte Regelung I–VI unanwendbar. Vgl auch den entsprechenden § 794 a V. Der Mieter ist auf § 765 a angewiesen, aM Sternel MDR **83**, 273.

35 **13) VwGO:** Unanwendbar, weil auf Räumung einer Wohnung lautende Urteile nicht vorkommen (bei Anfechtung eines auf Räumung lautenden VerwAktes ist Fristgewährung Sache der Behörde).

**722** *Vollstreckungsklage.* [I] Aus dem Urteil eines ausländischen Gerichts findet die Zwangsvollstreckung nur statt, wenn ihre Zulässigkeit durch ein Vollstreckungsurteil ausgesprochen ist.
[II] Für die Klage auf Erlaß des Urteils ist das Amtsgericht oder Landgericht, bei dem der Schuldner seinen allgemeinen Gerichtsstand hat, und sonst das Amtsgericht oder Landgericht zuständig, bei dem nach § 23 gegen den Schuldner Klage erhoben werden kann.

Dazu bestimmt für sog eingehende Gesuche um *Auslandsunterhalt*

# § 722

## 1. Abschnitt. Allgemeine Vorschriften

*AUG § 10.* [I] ¹Gerichtliche Unterhaltsentscheidungen aus Staaten, mit denen die Gegenseitigkeit gemäß § 1 verbürgt ist, werden entsprechend § 722 Abs. 1 und § 723 Abs. 1 der Zivilprozeßordnung für vollstreckbar erklärt. ²Das Vollstreckungsurteil ist nicht zu erlassen, wenn die Anerkennung der ausländischen Entscheidung nach § 328 Abs. 1 Nr. 1 bis 4 der Zivilprozeßordnung ausgeschlossen ist.

[II] ¹Ist die ausländische Entscheidung für vollstreckbar zu erklären, so kann das Gericht auf Antrag einer Partei in dem Vollstreckungsurteil den in der ausländischen Entscheidung festgesetzten Unterhaltsbetrag hinsichtlich der Höhe und der Dauer der zu leistenden Zahlungen abändern. ²Ist die ausländische Entscheidung rechtskräftig, so ist eine Abänderung nur nach Maßgabe des § 323 der Zivilprozeßordnung zulässig.

[III] Für die Klage auf Erlaß des Vollstreckungsurteils ist ausschließlich das Amtsgericht zuständig, bei dem der Schuldner seinen allgemeinen Gerichtsstand hat und, beim Fehlen eines solchen im Inland, das Gericht, in dessen Bezirk sich Vermögen des Schuldners befindet.

**Schrifttum:** *Baumann,* Die Anerkennung und Vollstreckung ausländischer Entscheidungen in Unterhaltssachen, 1989; *Bülow/Böckstiegel/Geimer/Schütze,* Der Internationale Rechtsverkehr in Zivil- und Handelssachen (Loseblattsammlung), 3. Aufl seit 1990; *Busl,* Ausländische Staatsunternehmen im deutschen Vollstreckungsverfahren, 1992; *Cypra,* Die Rechtsbehelfe im Verfahren der Vollstreckbarerklärung nach dem EuGVÜ, 1996; *von Falck,* Implementierung offener ausländischer Vollstreckungstitel usw, 1998; *Geimer,* Internationales Zivilprozeßrecht, 3. Aufl 1997 (Bespr *Hüßtege* NJW **98**, 1214, *Pfeiffer* FamRZ **98**, 1013); *Geimer,* Anerkennung ausländischer Entscheidungen in Deutschland, 1995; *Geimer/Schütze,* Internationale Urteilsanerkennung, Band I 1. Halbband (Das EWG-Übereinkommen über die gerichtliche Zuständigkeit usw) 1983, 2. Halbband (Allgemeine Grundsätze und autonomes deutsches Recht) 1984, Band II (Österreich, Belgien, Großbritannien, Nordirland) 1971; *Gerichtshof der Europäischen Gemeinschaften* (Herausgeber), Internationale Zuständigkeit und Urteilsanerkennung in Europa, 1993; *Grundmann,* Anerkennung und Vollstreckung ausländischer einstweiliger Maßnahmen nach IPRG und Lugano-Übereinkommen, Basel 1996; *Jayme/Hausmann,* Internationales Privat- und Verfahrensrecht, 9. Aufl 1998; *Kilgus,* Zur Anerkennung und Vollstreckbarerklärung englischer Schiedssprüche in Deutschland, 1995; *Krause,* Ausländisches Recht und deutscher Zivilprozeß, 1990; *Kropholler,* Europäisches Zivilprozeßrecht, 6. Aufl 1998; *Kropholler,* Internationales Privatrecht, 3. Aufl 1997, § 60; *Linke,* Internationales Zivilprozeßrecht, 2. Aufl 1995, § 9; *Mansel,* Streitverkündung (vouching in) und Zeitklage (third party complaint) im US-Zivilprozeß und die Urteilsanerkennung in Deutschland, Herausforderungen des Internationalen Zivilverfahrensrechts (1995) 63; *Martiny* ua, Handbuch des internationalen Zivilverfahrensrechts, Bd III/1, 2, 1984; *Nagel/Gottwald,* Internationales Zivilprozeßrecht, 4. Aufl 1997 (Bespr *Taupitz* FamRZ **99**, 145); *Paetzold,* Vollstreckung schweizerischer Entscheidungen nach dem Lugano-Übereinkommen in Deutschland 1995; *Schack,* Internationales Zivilverfahrensrecht, 2. Aufl 1996; *Schlosser,* Die Durchsetzung von Schiedssprüchen und ausländischen Urteilen im Urkundenprozeß und mittels eines inländischen Arrests, Festschrift für *Schwab* (1990) 435; *Schütze,* Deutsches Internationales Zivilprozeßrecht, 1985; *Schütze,* Die Anerkennung und Vollstreckbarerklärung US-amerikanischer Zivilurteile, die nach einer pre-trial-discovery ergangen sind, in der BRep, Festschrift für *Stiefel,* 1987; *Stürner,* Europäische Urteilsvollstreckung nach Zustellungsmängeln, Festschrift für *Nagel* (1987) 446; *Stürner,* Das grenzübergreifende Vollstreckungsverfahren in der Europäischen Union, Festschrift für *Henckel* (1995) 863; *Weißmann/Riedel* (Herausgeber), Handbuch der internationalen Zwangsvollstreckung, 1992, ErgLieferung 1992/1993.

### Gliederung

| | | | | |
|---|---|---|---|---|
| 1) Systematik, Regelungszweck, I, II | 1 | 6) Vollstreckungsklage, II | | 7–10 |
| 2) Geltungsbereich, I, II | 2 | A. Kläger | | 7 |
| 3) Vollstreckungsurteil, I | 3, 4 | B. Örtliche Zuständigkeit | | 8 |
| 4) Leistungsklage, I | 5 | C. Sachliche Zuständigkeit | | 9 |
| 5) Feststellungsklage, I | 6 | D. Weitere Einzelfragen | | 10 |
| | | 7) VwGO | | 11 |

**1) Systematik, Regelungszweck, I, II.** Über den Begriff des ausländischen Urteils § 328 Rn 7. Die **1** Frage, wann ein solches Urteil in äußere Rechtskraft erwächst, Einf 1 vor §§ 322–327, richtet sich ganz nach dem jeweiligen ausländischen Recht. Eine innere Rechtskraftwirkung, Einf 2 vor §§ 322–327, kann das Urteil wegen der deutschen Justizhoheit als einer Folge der Rechtsstaatlichkeit, Einl III 15, nur haben, soweit es im Inland nach § 328 anzuerkennen ist, BGH FamRZ **87**, 370, Hamm RR **89**, 514, Karlsr FamRZ **91**, 600. Insofern ist aber neben der Klage auf eine mit dem ausländischen Urteil sachlich übereinstimmende Entscheidung, Rn 5, 6, auch die Vollstreckungsklage nach §§ 722, 723 zulässig und zur Erzielung eines endgültigen Vollstreckungserfolgs im Inland auch notwendig. Diese Klage setzt ein nach § 322 rechtskräftiges Urteil voraus. Wenn ein ausländischer Kostenfestsetzungsbeschluß fehlt und wenn das Urteil keine Kostenentscheidung erkennen läßt, dann bleibt nur ein besonderer Nachweis der Kosten übrig. § 722 läßt als eine zwingende Vorschrift des öffentlichen Rechts keinerlei abweichende private Vereinbarung zu, Grdz 18 aE vor § 128.

**2) Geltungsbereich, I, II.** Die Vorschrift gilt grundsätzlich (Ausnahme: Rn 10) in allen Verfahren nach **2** der ZPO. Wegen der Anerkennung von gerichtlichen Entscheidungen in der früheren DDR vgl § 328 Vorbem und § 723 Rn 4 (wegen des früheren Westberlins) sowie BGH **84**, 18, Biede DGVZ **79**, 53. Wegen des *EuGVÜ* und des *LugÜbk* SchlAnh V C 1 (Art 26 ff) und das AVAG (auch wegen der in seinem § 35 genannten weiteren Verträge), SchlAnh V D. Ein Antrag, einen ausländischen Vollstreckungstitel nach dem EuGVÜ oder dem LugÜbk gemäß § 722 mit der Vollstreckungsklausel zu versehen, ist unzulässig, KG

## § 722

FamRZ **98**, 384, und kann nicht in eine Klage nach § 722 umgedeutet werden, BGH NJW **79**, 2477. Auch ein insolvenzrechtlicher ausländischer Vollstreckungstitel unterliegt dem Anerkennungsverfahren, BGH NJW **93**, 2315. Ein ausländisches Feststellungsurteil reicht nicht aus, AG Würzb FamRZ **94**, 1596, ebensowenig eine vollstreckbare Urkunde, StJM 10, aM Geimer DNotZ **75**, 464, oder ein anderer öffentlich-rechtlicher ausländischer Titel, Geimer DNotZ **75**, 478.

Ist es bei der Zwangsvollstreckung auf die *Herausgabe eines Kindes* unanwendbar, BGH **67**, 258 (zum alten Recht, § 1632 I, III BGB), Düss FamRZ **83**, 422, § 16 a FGG, § 328 Rn 10, § 883 Rn 14. Streitgegenstand, § 2 Rn 3, ist nicht derjenige Anspruch, über den das ausländische Gericht entschieden hat, sondern nur das Begehren, der ausländischen Entscheidung die inländische Vollstreckbarkeit zu geben, BGH **122**, 18, Bbg FamRZ **80**, 67. Dennoch entscheidet im allgemeinen dasjenige deutsche Gericht, das nach dem deutschen Recht zur Entscheidung in der Sache selbst zuständig wäre, BGH **67**, 258, evtl also das FamGer, Bbg FamRZ **80**, 67.

**3** **3) Vollstreckungsurteil, I.** Nur wenn und soweit ein deutsches Vollstreckungsurteil vorliegt, ist eine Zwangsvollstreckung aus dem ausländischen Urteil statthaft, BGH **122**, 18. Das deutsche Vollstreckungsurteil ist eine Urkunde, die im Zusammenhang mit der ausländischen Entscheidung einen sachlichen Inhalt gibt. Sie ist dem Vollstreckungsbescheid vergleichbar. Darum verbindet das Gericht die ausländische Entscheidung zweckmäßig dadurch mit dem deutschen Vollstreckungsurteil, daß es sie in die Urteilsformel aufnimmt, BGH FamRZ **88**, 491, etwa so: „Die Zwangsvollstreckung aus dem Urteil des ... Gerichts, dessen Formel wie folgt lautet ..., ist zulässig". Eine Umrechnung fremder Währungen findet im Verfahren nach § 722 noch nicht statt; wegen der Umrechnung im Zwangsvollstreckungsverfahren Grdz 1 vor § 803. Dem Vollstreckungsurteil ist keine Sachprüfung zugrunde zu legen, BGH NJW **90**, 1420. Seine Bedeutung liegt nur darin, daß die ausländische Entscheidung im Inland für vollstreckbar erklärt und damit gleichzeitig anerkannt wird. Das Vollstreckungsurteil wirkt also rechtsgestaltend, Grdz 10 vor § 253. In erster Instanz ergeht eine Entscheidung zur Sicherheitsleistung, Düss BB **98**, 1867.

**4** Ein Vollstreckungsurteil darf *nicht* ergehen, wenn es um eine ausländische Entscheidung in einer *Ehesache* geht, §§ 606 ff, weil deren Anerkennbarkeit besonders geregelt ist, § 328 Rn 49. Luther FamRZ **75**, 260 hält aber unter Umständen ein Vollstreckungsurteil wegen der Kostenentscheidung des ausländischen Eheurteils für zulässig (Österreich). Ein Vollstreckungsurteil ist nicht schon deshalb stets unzulässig, weil ein Staatsvertrag ein anderes Verfahren vorsieht, vgl SchlAnh V, vgl auch AG Garmisch-Partenkirchen NJW **71**, 2135, Luther FamRZ **75**, 259. Ein Vollstreckungsurteil kommt nicht in Betracht, wenn ein ausländisches Rheinschiffahrtsgericht entschieden hat. In diesem Fall erteilt das Rheinschiffahrtsobergericht Köln die Vollstreckungsklausel ohne weiteres, § 14 GVG Rn 2. Im übrigen ist die Vollstreckungsklausel nur zu dem Vollstreckungsurteil zu erteilen. Die Zwangsvollstreckung aus dem Vollstreckungsurteil erfolgt dann, wenn es für vorläufig vollstreckbar erklärt worden ist oder wenn seine Rechtskraft eingetreten ist. Rechtsmittel sind nach allgemeinen Grundsätzen zulässig.

**5** **4) Leistungsklage, I.** Eine selbständige Klage auf den durch das ausländische Urteil festgestellten Anspruch im Bereich des § 722 ist regelmäßig statthaft. Denn das Vollstreckungsurteil läßt sich weder einfacher noch billiger erlangen, BGH FamRZ **87**, 370, Hamm FamRZ **91**, 718, Karlsr RR **99**, 82, aM AG Hbg-Altona FamRZ **90**, 420.

Daher ist auch eine zunächst erfolgte *Ablehnung* der Vollstreckbarerklärung des ausländischen Urteils einer folgenden inländischen Leistungsklage bzw Anerkennung nicht schädlich, BGH FamRZ **87**, 370, KG FamRZ **93**, 977. Auch bei einer selbständigen Klage steht freilich jeder sachlichen Nachprüfung die von Amts wegen zu beachtende Rechtskraft entgegen, Einf 25, 26 vor §§ 322–327, Karlsr RR **99**, 82. Der Fall liegt also ähnlich, als wenn sich die Partei für denselben Anspruch einen zweiten Vollstreckungstitel beschaffen würde, Hamm FamRZ **91**, 718, KG FamRZ **93**, 977, Luther FamRZ **75**, 260 (Österreich).

Das Urteil muß also eine mit dem ausländischen Urteil *inhaltlich übereinstimmende Sachentscheidung* treffen, BGH FamRZ **87**, 370, KG FamRZ **93**, 977, Karlsr FamRZ **91**, 601. Schütze DB **77**, 2130 bejaht das Rechtsschutzbedürfnis für eine selbständige Leistungsklage nur dann, wenn sie der einzige Weg dazu ist, den Anspruch durchzusetzen. Er will aber eine Verbindung der Vollstreckungsklage und der Leistungsklage zulassen. Es ist unerheblich, ob eine Entscheidung die Zwangsvollstreckung zuläßt, Grdz 28, 29 vor § 704. Auch ein Feststellungsurteil oder ein abweisendes Urteil ist einem Vollstreckungsurteil zugänglich, soweit Kosten oder eine Vollstreckbarkeit im weiteren Sinne in Betracht kommen. § 323 kann anwendbar sein, KG FamRZ **90**, 1377 (zustm Gottwald).

**6** **5) Feststellungsklage, I.** Der Verurteilte kann auf die Feststellung des Nichtbestehens der ausgesprochen Verpflichtung klagen, § 256, solange eine Vollstreckungsklage nicht erhoben worden ist, § 256 Rn 85 „Leistungsklage". Das ursprüngliche Schuldverhältnis wird nur dann geprüft, wenn dem ausländischen Urteil eine Anerkennung nach § 328 versagt werden muß.

**7** **6) Vollstreckungsklage, II.** Es gilt zahlreiche Fragen zu klären.

**A. Kläger.** Die Parteifähigkeit, § 50, ist nach dem Personalstatut zu beurteilen, § 50 Rn 3. Sie muß im Zeitpunkt des Erlasses des Vollstreckungsurteils vorliegen. Das Prozeßführungsrecht, Grdz 22 vor § 50, richtet sich nach dem ausländischen Recht. Beim Unterhaltsurteil ist nicht der Vertreter, sondern der Unterhaltsberechtigte klageberechtigt, AG Lahnstein FamRZ **86**, 290. Ein Dritter, etwa ein Rechtsnachfolger, ist nur dann zur Prozeßführung berechtigt, wenn das Urteil nach dem ausländischen Recht für oder gegen ihn wirkt. Über eine Rechtsnachfolge ist im Prozeß zu entscheiden.

**8** **B. Örtliche Zuständigkeit.** Ausschließlich zuständig das Gericht des allgemeinen Gerichtsstands des Schuldners, §§ 13–19, hilfsweise das Gericht des Vermögens, § 23, BGH NJW **97**, 325 (zustm Mankowski JR **97**, 464, Schlosser JZ **97**, 364), Schütze NJW **83**, 155. Dabei ist *hier* kein besonderer Inlandsbezug (§ 23 Rn 16) notwendig, LG Heilbr IPRax **96**, 123 (zustm Munz 89). Vgl ferner § 10 III AUG, abgedruckt vor Rn 1.

1. Abschnitt. Allgemeine Vorschriften §§ 722, 723

**C. Sachliche Zuständigkeit.** Ausschließlich zuständig das AG oder LG, je nach dem Streitwert des **9** Vollstreckungsurteils, §§ 3 ff. In Familiensachen, §§ 606 ff, ist das Familiengericht zuständig, BGH FamRZ **88**, 491, Bbg FamRZ **80**, 66, aM Schütze NJW **83**, 155. Eine Familiensache liegt vor, wenn die entschiedene Sache nach dem inländischen Recht als Familiensache einzuordnen war, BGH FamRZ **88**, 492, Stürner/ Münch JZ **87**, 180, aM Schütze NJW **83**, 154. Vgl § 10 III AUG (vor Rn 1).

**D. Weitere Einzelfragen.** Die Vollstreckungsklage macht den sachlichrechtlichen Anspruch nicht im **10** Sinn von § 261 rechtshängig, BGH **72**, 29. Deshalb greift die Rechtshängigkeit gegenüber einer neuen Leistungsklage nicht durch. Deshalb ist auch eine Widerklage nach Anh § 253 unzulässig, Riezler JZPR 565, aM StJM 16. Die Rechtshängigkeit in einem anderen Prozeß ist unerheblich. Denn die Ansprüche sind verschieden. Ein Urkundenprozeß ist unzulässig. Denn es liegt kein Zahlungsanspruch vor, § 592, aM StJSchl 7 vor § 592. Da ein Vergleich über den Streitgegenstand unwirksam wäre, Rn 2, ist auch kein Anerkenntnis nach § 307 möglich. Sämtliche Voraussetzungen sind von Amts wegen zu prüfen, Grdz 39 vor § 128. Über eine Unterbrechung der Verjährung durch die Vollstreckungsklage BGH **72**, 25. Das deutsche Gericht darf eine Klausel des ausländischen Urteils, nach der „gesetzliche Zinsen" oder „Gerichtszinsen" zu zahlen sind, im Vollstreckungsurteil oder bei der Erteilung der Vollstreckungsklausel im Zinsfuß ergänzen und damit vollstreckbar machen, LG Landau Rpfleger **84**, 242. Wegen einer Abänderung eines Auslandsunterhaltstitels § 10 II AUG, abgedruckt vor Rn 1.

*Gebühren:* Des Gerichts: KV 1201, nicht KV 1430; des RA: § 47 BRAGO.

**7)** *VwGO:* Unanwendbar, da ein Vollstreckungsurteil in der VwGO nicht vorgesehen ist. **11**

**723** *Vollstreckungsurteil.* ¹Das Vollstreckungsurteil ist ohne Prüfung der Gesetzmäßigkeit der Entscheidung zu erlassen.

II ¹Das Vollstreckungsurteil ist erst zu erlassen, wenn das Urteil des ausländischen Gerichts nach dem für dieses Gericht geltenden Recht die Rechtskraft erlangt hat. ²Es ist nicht zu erlassen, wenn die Anerkennung des Urteils nach § 328 ausgeschlossen ist.

**1) Systematik, Regelungszweck, I, II.** Vgl § 722 Rn 1. § 723 regelt bis auf die in § 722 II behandelte **1** Zuständigkeit das weitere Verfahren einschließlich des Vollstreckungsurteils, auf das es ja abzielt. Die Verweisung auf § 328 in II 2 ist als Grenze der in I an sich genannten Großzügigkeit rechtsstaatlich geboten, Einl III 15, und daher ebenso wie § 328 selbst grundsätzlich streng zu ziehen; indessen sind die weiteren in § 328 Rn 2 erläuterten Auslegungsgesichtspunkte natürlich ebenfalls zu beachten.

**2) Prüfung, I.** Das Gericht hat nicht nachzuprüfen, ob das ausländische Verfahren ordnungsmäßig war **2** oder ob das ausländische oder das inländische Recht nicht richtig angewandt worden sind, es besteht also ein Verbot der sog révision au fond, BGH **53**, 363, BayObLG FamRZ **93**, 1469, Stürner/Münch JZ **87**, 180. Das Gericht darf also auch nicht prüfen, ob die Prozeßvoraussetzungen vorlagen, Grdz 12 vor § 253, etwa die Zuständigkeit.

Wohl aber ist eine Prüfung aus § 328 vorzunehmen, also unter anderem darauf, ob die ausländische Entscheidung gegen tragende deutsche Rechtsgrundsätze verstößt, § 328 I Z 4, BGH **122**, 19 (zum Bestimmtheitsgebot), weitergehend Stgt NJW **87**, 444, LG Bln DB **89**, 2120. Ferner ist zu prüfen, ob der Bekl gegen ein im Ausland erlassenes Versäumnisurteil die internationale Zuständigkeit des deutschen Gerichts eingewandt hat, Rn 2, aM BGH DB **86**, 1387 (Unbeachtlichkeit der Nichteinhaltung der Einlassungsfrist vor dem ausländischen Gericht in einem Fall nach dem EuGVÜ). Ferner muß das Gericht alle Einwendungen gegen den durch das ausländische Urteil festgestellten Anspruch im Rahmen des § 767 II prüfen, BGH NJW **93**, 1271.

Der Schuldner muß die *Einwendungen in diesem Verfahren* erheben, Düss FamRZ **81**, 79. Es würde seiner **3** Förderungspflicht, Grdz 12 vor § 128, widersprechen, die Einreden einem neuen Prozeß aufzusparen. Die Vollstreckungsabwehrklage nach § 767 ist gegen das Vollstreckungsurteil zu richten. Sie bleibt allein übrig, falls das ausländische Urteil nach dem Erlaß des deutschen Vollstreckungsurteils im Wiederaufnahmeverfahren nach §§ 578 ff vernichtet worden ist. Eine nach dem ausländischen Urteil eingetretene Rechtsnachfolge ist zu prüfen. Alle derartigen Einreden und Einwendungen treten nicht dem ausländischen Urteil entgegen, sondern seiner Vollstreckbarkeit im Inland.

**3) Voraussetzungen, II.** Das ausländische Urteil muß nach dem ausländischen Recht eine äußere **4** Rechtskraft erlangt haben, Einf 1 vor §§ 322–327, zB Serick Festschrift für Weber (1975) 385 (zum südafrikanischen „final" Vermerk). Eine vorläufige Vollstreckbarkeit des ausländischen Urteils genügt also nicht, und zwar selbst dann nicht, wenn die Rechtskraft für die Vollstreckbarkeit nach dem ausländischen Recht unerheblich ist. Nur eine „endgültige" Vollstreckbarkeit verlangen Artt 56 CIM, 52 CIV, G v 24. 4. 74, BGBl II 357. Eine Vernichtbarkeit nach dem Recht des Urteilsstaates ist unschädlich, soweit das dortige Gericht sein Urteil nicht aufgehoben hat, BGH VersR **92**, 1282. Im übrigen darf § 328 der Anerkennung des ausländischen Urteils nicht entgegenstehen, BGH VersR **92**, 1282. Es muß also vor allem die Gegenseitigkeit verbürgt sein, § 328 Anh, AG Hbg-Altona FamRZ **90**, 420.

Im Vollstreckungsrechtsstreit der Bekl kann als geltend machen, daß das ausländische Gericht nach **5** dem deutschen Recht *nicht zuständig* war, und zwar auch dann, wenn der Bekl vor dem ausländischen Gericht ein Versäumnisurteil gegen sich ergehen ließ. Das deutsche Gericht ist an Feststellungen des ausländischen Gerichts über Tatsachen, die dessen Zuständigkeit begründen, nicht gebunden, BGH **59**, 116, LG Bln DB **89**, 2120. Der Kläger muß die Voraussetzungen der Anerkennung beweisen. Diese Voraussetzungen müssen beim Schluß der mündlichen Verhandlung vorliegen, §§ 136 IV, 296 a. Vgl im übrigen bei § 722. Wegen des EuGVÜ SchlAnh V C 1 (Art 26 ff, 31 ff). Vgl auch § 10 AUG, abgedruckt bei § 722, sowie AVAG, SchlAnh V D. § 323 kann anwendbar sein, StJM 4 a, aM Geimer DNotZ **96**, 1054.

## §§ 723, 724

**6**  **4) Frühere Interlokale Zwangsvollstreckung**

**Schrifttum:** *Wittstadt*, Interzonales Zivilprozeßrecht. Anerkennung und Vollstreckung von Entscheidungen der Zivilgerichte, Diss Erlangen 1959.

**A. Bundesrepublik.** Wegen eines Scheidungsurteils der früheren DDR vgl Vorbem B vor § 328.

**7**  **B. Früheres Westberlin.** Das dortige Gesetz über die Vollstreckung von Entscheidungen auswärtiger Gerichte idF v 26. 2. 53, GVBl 152, abgedruckt bis zur 38. Aufl im Anh § 723, war wegen Verstoßes gegen Art 72 I GG nichtig, KG NJW **79**, 881, Adler/Alich ROW **80**, 143, Biede DGVZ **79**, 153. Der BGH hat, soweit ersichtlich, ebensowenig wie das BVerfG abweichend entschieden, zumal es sich um Landesrecht handelte. Die Praxis wendete zB § 766 an. Vgl Einl III 77, Vorbem A vor § 328.

*Gebührenrechtlich* galt KV 1080 ff aF entsprechend, vgl §§ 49, 54, 58 GKG, 57 BRAGO.

**8**  **5) VwGO:** *Unanwendbar*, § 722 Rn 11.

---

**724**  **Vollstreckbare Ausfertigung.** ¹Die Zwangsvollstreckung wird auf Grund einer mit der Vollstreckungsklausel versehenen Ausfertigung des Urteils (vollstreckbare Ausfertigung) durchgeführt.

ᴵᴵ Die vollstreckbare Ausfertigung wird von dem Urkundsbeamten der Geschäftsstelle des Gerichts des ersten Rechtszuges und, wenn der Rechtsstreit bei einem höheren Gericht anhängig ist, von dem Urkundsbeamten der Geschäftsstelle dieses Gerichts erteilt.

### Gliederung

| | |
|---|---|
| 1) Systematik, Regelungszweck, I, II ... 1 | B. Verfahrensübersicht ............... 7 |
| 2) Notwendigkeit einer vollstreckbaren Ausfertigung, I, II .................. 2 | 7) Prüfungspflicht, II ................ 8, 9 |
| | A. Äußere Wirksamkeit des Titels .... 8 |
| 3) Entbehrlichkeit einer vollstreckbaren Ausfertigung, I, II ............... 3 | B. Vollstreckbarkeit ................. 8 |
| | C. Vollstreckungseignung ............ 8 |
| A. Vollstreckungsbescheid ........... 3 | D. Nämlichkeit ..................... 9 |
| B. Arrest usw ...................... 3 | 8) Prüfungsverbot, II ............... 10–12 |
| C. Haftbefehl ..................... 3 | A. Genehmigungsvermerk ........... 11 |
| D. Pfändung, Überweisung ......... 3 | B. Einstellung der Vollstreckung .... 11 |
| E. Kostenfestsetzungsbeschluß ..... 3 | C. Insolvenz ....................... 11 |
| F. Zwangsgeldbeschluß ............ 3 | D. Vollstreckungsausschluß ......... 12 |
| 4) EuGVÜ ........................ 4 | E. Sachlichrechtliche Zulässigkeit ... 12 |
| 5) Vollstreckbare Ausfertigung, I .... 5 | 9) Rechtsbehelfe, I, II ............... 13 |
| 6) Erteilung, II .................. 6, 7 | 10) VwGO ........................ 14 |
| A. Zuständigkeit ................... 6 | |

**1**  **1) Systematik, Regelungszweck, I, II.** Die Vorschrift, ergänzt durch §§ 725 ff, stellt das aus den Gründen Einf 1 vor §§ 750, 751 und wegen § 755 notwendige Bindeglied zwischen dem Originalurteil und der aus ihm möglichen Zwangsvollstreckung dar. Es soll im Interesse der Rechtssicherheit, Einl III 43, sichergestellt sein, daß und mit welchen Beteiligten in welchem Umfang, für welche Zeitdauer usw aus der bloßen Ausfertigung, die bei der Akte verbleibenden Original-Sachentscheidung mithilfe der Gläubiger erhält, die Zwangsvollstreckung erfolgen darf. Das gewiß lästige Zwischenverfahren der Klauselerteilung ist darum mittels strenger Auslegung durchzuführen; man darf freilich seine Anforderungen nun auch nicht durch Formalismus überspannen, Einl III 9, 10, zumal der Schuldner jetzt nicht nochmals stets angehört werden muß und der Rpfl natürlich nicht eine weitere (heimliche) Sachprüfung vornehmen darf: Sie wurde vom Richter abschließend durchgeführt.

**2**  **2) Notwendigkeit einer vollstreckbaren Ausfertigung, I, II.** Die vollstreckbare Ausfertigung ist die Grundlage jeder Zwangsvollstreckung. Sie ist grundsätzlich bei allen Vollstreckungstiteln notwendig, auch zB bei denjenigen nach § 43 WEG, und zwar wegen § 45 III WEG, BayObLG RR **86**, 564, KG WoM **90**, 409, Stgt Rpfleger **73**, 311, ferner zB bei § 23 III 2 BetrVG, LAG Bre BB **93**, 795, oder bei § 2 SeeGVG (zuständig ist das OLG am Sitz des Seegerichtshofs). Bei der Zwangsvollstreckung eines Sozialen Leistungsträgers gemäß § 66 IV SGB X ist eine vollständige Ausfertigung des Beitragsbescheids, versehen mit der handschriftlich unterzeichneten Vollstreckungsklausel und dem Originalabdruck eines Siegels, vorzulegen. Eine nur inhaltliche Wiedergabe reicht nicht aus, LG Aachen DGVZ **84**, 173, LG Stade Rpfleger **87**, 253, AG Melsungen DGVZ **94**, 63, aM LG Kassel DGVZ **84**, 175, Hornung Rpfleger **87**, 227. Ebensowenig reicht ein formularmäßig vorgedrucktes „Siegel", § 725 Rn 2. Zum Problem Jakobs DGVZ **84**, 169.

**3**  **3) Entbehrlichkeit einer vollstreckbaren Ausfertigung, I, II.** Eine vollstreckbare Ausfertigung darf nur in folgenden Fällen fehlen:

**A. Vollstreckungsbescheid.** Sie darf beim Vollstreckungsbescheid fehlen, § 796 I. Soweit sie erfüllt ist, kommt aber ihre Umschreibung in Betracht, BGH NJW **93**, 3142.

**B. Arrest usw.** Sie darf bei einem Arrest und einer einstweiligen Verfügung fehlen, §§ 929 I, 936, nicht aber bei einem in solchem Verfahren geschlossenen Prozeßvergleich, LAG Düss MDR **97**, 660.

Ein Titel nach A oder B bedarf nur dann einer Vollstreckungsklausel, wenn die Zwangsvollstreckung nicht für und gegen den im Titel Genannten stattfinden soll.

**C. Haftbefehl.** Sie ist bei einem Haftbefehl nach § 901 entbehrlich, LG Kiel DGVZ **83**, 156.

1. Abschnitt. Allgemeine Vorschriften § 724

**D. Pfändung, Überweisung.** Sie kann bei einem Pfändungsbeschluß im Fall des § 830 I und beim Überweisungsbeschluß nach § 836 III fehlen.
**E. Kostenfestsetzungsbeschluß.** Sie kann bei dem auf das Urteil gesetzten Kostenfestsetzungsbeschluß fehlen, §§ 105, 795 a.
**F. Zwangsgeldbeschluß.** Ein Beschluß nach § 888 bedarf keiner Klausel, LG Kiel DGVZ **83**, 156.
**4) EuGVÜ.** Wegen des EuGVÜ SchlAnh V C 2; Üb bei Wolf NJW **73**, 398; ferner das AVAG (auch **4** wegen der in seinem § 35 genannten weiteren Verträge), SchlAnh V D.
**5) Vollstreckbare Ausfertigung, I.** Sie ist eine mit der Vollstreckungsklausel nach § 725 versehene **5** Ausfertigung des Titels, § 170 Rn 3, 6. Bei einem Prozeßvergleich, Anh § 307, gehört dazu der Vermerk „v. u. g." oä aus dem Protokoll, LG Essen MDR **75**, 937. Die vollstreckbare Ausfertigung kann bei einem Urteil vollständig oder abgekürzt sein, § 317 II, IV. Es ist zu empfehlen, die Vorschrift ganz förmlich zu beachten, obwohl nach richtiger Meinung eine Vollstreckungsklausel, die unter eine Abschrift des Titels gesetzt und mit dem Gerichtssiegel versehen und unterschrieben wurde, bereits dieser Abschrift die Natur einer Ausfertigung gibt. Nach der Beendigung der Zwangsvollstreckung ist die vollstreckbare Ausfertigung des Titels dem Schuldner auszuhändigen, § 757. Das gilt auch dann, wenn der Schuldner unmittelbar an den Gläubiger leistet. Eine Fortsetzung der Zwangsvollstreckung nach einer einstweiligen Einstellung erfordert keine neue vollstreckbare Ausfertigung. Die letztere ist ebenfalls dann unnötig, wenn ein gegen Sicherheitsleistung vollstreckbares Urteil unbedingt vollstreckbar wird.

**6) Erteilung, II.** Sie hat zunehmende Bedeutung. **6**
**A. Zuständigkeit.** Die Zuständigkeit nach II ist inhaltlich genau dieselbe wie bei § 706 I, vgl § 706 Rn 3–6, AG Bergisch-Gladb Rpfleger **89**, 337. Die Zuständigkeit gilt zB für einen Scheidungsvergleich, Brschw FamRZ **72**, 646, Stgt Rpfleger **79**, 145, Hornung Rpfleger **73**, 78. Das Familiengericht handelt als Prozeßgericht und nicht als Vollstreckungsgericht, Düss FamRZ **80**, 378, Hbg FamRZ **81**, 980. Beim Vollstreckungsbescheid kann das nach § 689 III bestimmte zentrale Mahngericht zuständig sein, BGH NJW **93**, 3142, Hamm Rpfleger **94**, 30 (je betr AG Hagen), aM Kblz Rpfleger **94**, 307 (das fiktive Streitgericht; abl Hintzen). Bei einem Festsetzungsbescheid nach dem WAG ist das AG am Ort der Festsetzungsbehörde zuständig, ab Klagerhebung aber grundsätzlich das Prozeßgericht, unter Umständen jedoch das AG, § 25 II WAG. Das Gericht handelt grundsätzlich durch den Urkundsbeamten, Hamm Rpfleger **89**, 467. In den Fällen der §§ 726 ff ist jedoch nicht der Urkundsbeamte zuständig, sondern der *Rechtspfleger,* § 20 Z 12, 13 RPflG, Anh § 153 GVG, Kblz NJW **92**, 379, Zweibr MDR **97**, 593, LG Detm Rpfleger **96**, 19, aM Blomeyer Rpfleger **72**, 389, Napierala Rpfleger **79**, 495. Bei dem Titel eines ArbG ist der Urkundsbeamte seiner Geschäftsstelle zuständig. Wegen eines Vergleichs vor dem Schiedsmann Drischler Rpfleger **84**, 310. Wegen Europäischer Zwangsvollstreckungstitel SchlAnh V C, D. Nur im übrigen ist (wohl nur noch theoretisch) der Bundesjustizminister zur Erteilung der vollstreckbaren Ausfertigung zuständig, Bek v 25. 8. 54, BGBl II 1030 (EGKS), Bek v 3. 2. 61, BGBl II 50 (EAG, EG), Üb bei Schwaiger NJW **70**, 979. Zur internationalen Zuständigkeit Mü Rpfleger **87**, 110. Wegen des SeeGVG § 724 Rn 1; wegen § 38 II, III WaStrG § 794 Rn 46.

**B. Verfahrensübersicht.** Der Antrag kann formlos, schriftlich oder mündlich gestellt werden und er- **7** fordert keinen Anwaltszwang, § 78 Rn 1. Die Entscheidung ergeht ohne eine Anhörung des Gegners. Der Gläubiger muß die notwendigen Nachweise vorlegen. Die Erteilung der vollstreckbaren Ausfertigung setzt keine Zustellung des Titels voraus, auch nicht in den Fällen des § 798. Natürlich muß die zugrundeliegende Entscheidung nach außen wirksam geworden, also verkündet oder nach § 310 II zugestellt worden sein.

**7) Prüfungspflicht, II.** Das Gericht hat vier Hauptfragen zu prüfen. **8**
**A. Äußere Wirksamkeit des Titels.** Liegt ein äußerlich wirksamer Titel vor, BGH VersR **82**, 597, Düss RR **87**, 640? namentlich also: Haben ein Kopf aufgeführten Richter das Urteil unterschrieben, vgl § 129 Rn 9, oder ein ausreichend unterschriebenen Beschluß vor? Ist die Zustellung des Urteils nach § 317 ordnungsgemäß ausgeführt worden, AG Bln-Neukölln DGVZ **95**, 11? Wegen der Lage bei Streit über die sachlichrechtliche Wirksamkeit zB eines Prozeßvergleichs gilt § 794 Rn 8.
**B. Vollstreckbarkeit.** Ist der Titel zur Zeit der Erteilung der vollstreckbaren Ausfertigung äußerlich vollstreckbar, ist er also entweder vorläufig vollstreckbar, §§ 708 ff, oder hat er die äußere Rechtskraft erlangt, Einf 1 vor §§ 322–327?, BayObLG FGPrax **95**, 212.
**C. Vollstreckungseignung.** Eignet sich der Titel nach seinem Inhalt überhaupt zu einer Zwangsvollstreckung geeignet, Grdz 16 vor § 704, BGH DB **90**, 1327 (zu „gesetzlichen" Zinsen in einem französischen Urteil: bejahend), Ffm JB **95**, 158, Saarbr NJW **88**, 3101, und ergibt sich nicht schon aus ihm selbst eindeutig, daß die Zwangsvollstreckung aus ihm ausgeschlossen ist, Düss RR **87**, 640, Saarbr NJW **88**, 3101? Denn sonst fehlt ein Bedürfnis, und die Frage ist um so gewichtiger, als die vollstreckbare Ausfertigung gebührenfrei ist. Vgl aber § 795 a Rn 1. Zur Feststellung der Vollstreckungsfähigkeit ist der Titel auszulegen, Grdz 15 vor § 704, Saarbr NJW **88**, 3101.

**D. Nämlichkeit.** Sind diejenigen Personen, für und gegen die eine Zwangsvollstreckung beabsichtigt **9** wird, mit den im Titel genannten Personen nämlich, § 750, vgl auch §§ 726 ff? Wenn der Titel zu einer Leistung an einen Dritten verurteilt, dann darf das Gericht diesem Dritten eine vollstreckbare Ausfertigung nur dann erteilen, wenn er Rechtsnachfolger ist, Ffm FamRZ **94**, 453, mag er nun Streitgehilfe gewesen sein oder nicht. Gegen Gesamtschuldner wird durchweg nur eine einzige vollstreckbare Ausfertigung erteilt. Wenn ein Teil des Urteils nicht angefochten worden ist oder nicht für vorläufig vollstreckbar erklärt worden ist, dann kann der Urkundsbeamte der Geschäftsstelle insoweit keine vollstreckbare Ausfertigung erteilen, § 705 Rn 5. Der Gläubiger hat auf die Vollstreckungsklausel nur dann einen Anspruch, wenn gerade ihm auch ein Anspruch auf die Erteilung einer einfachen Ausfertigung zusteht, LG Ffm DNotZ **85**, 481, aM LG Mü Mitt BayNot **79**, 192.

**§§ 724, 725**

**10** 8) **Prüfungsverbot, II.** Das Gericht darf die folgenden sechs Punkte nicht prüfen:
**A. Genehmigungsvermerk.** Ist der bei einem Prozeßvergleich, Anh § 307, nach §§ 160 III Z 1, 162 I 1 erforderliche Protokollvermerk „v. u. g.", der auf der Ausfertigung fehlt, in der Urschrift vorhanden, LG Essen MDR **75**, 938? Vielmehr darf dann kein Vollstreckungstitel erteilt werden.

**11** B. **Einstellung der Vollstreckung.** Ist die Zwangsvollstreckung vielleicht infolge einer Einstellung derzeit ausgeschlossen?, aM StJM 10. Denn die Erteilung der vollstreckbaren Ausfertigung ist keine Vollstreckungsmaßnahme, und eine Versagung dieser Ausfertigung hindert eine schleunige Zwangsvollstreckung nach dem Wegfall der Einstellung; ob der sachlichrechtliche Anspruch auf einen Dritten übergegangen ist.
C. **Insolvenz.** Ist über das Vermögen des Schuldners das Insolvenzverfahren eröffnet worden? Denn dieser Umstand hindert nur die Durchführung der Zwangsvollstreckung, Hamm Rpfleger **73**, 441, Saarbr RR **94**, 637, Stürner ZZP **93**, 316, aM StJM 10 (nur beim Antrag gegen den Insolvenzverwalter), aM Brschw Rpfleger **78**, 220 (erst nach der Verfahrensbeendigung), Jespersen Rpfleger **95**, 6.

**12** D. **Vollstreckungsausschluß.** Ist die Zwangsvollstreckung infolge von Einwendungen derzeit ausgeschlossen ist? Wenn bei einer erteilten Vollstreckungsklausel nach § 724 fehlt oder wenn sie mangelhaft ist, dann kann der Schuldner die Erinnerung einlegen, § 766, Grdz 58 vor § 704.
E. **Sachlichrechtliche Zulässigkeit.** Das Vollstreckungsgericht darf die sachlichrechtliche Zulässigkeit einer erteilten Vollstreckungsklausel nicht prüfen, Ffm JB **76**, 1122, Köln FamRZ **85**, 626.

**13** 9) **Rechtsbehelfe, I, II.** Der Schuldner kann nur nach §§ 732, 768 vorgehen, Münzberg Rpfleger **91**, 211. Der Gläubiger kann gegen die Entscheidung des Urkundsbeamten der Geschäftsstelle dessen Richter anrufen, § 576. Wenn der Rpfl entschieden hat, gilt für den Gläubiger § 11 RPflG, Anh § 153 GVG, Ffm FamRZ **94**, 453, KG Rpfleger **98**, 65. Gegen die Entscheidung des Richters nach derjenigen des Rpfl derselben Instanz gilt wiederum § 11 RPflG. In sonstigen Fällen ist die einfache Beschwerde zulässig, § 576 II, Stgt FamRZ **81**, 696, weil sie keine Maßnahme der Zwangsvollstreckung darstellt, sondern die Voraussetzungen für den Beginn einer Zwangsvollstreckung regelt, Grdz 51 vor § 704, LG Hann NJW **70**, 436. Die Beschwerde ist unzulässig, soweit das LG als Berufungs- oder Beschwerdegericht, § 567 III 1, oder das OLG entschieden hat, § 567 IV 1. Wegen einer Anschlußbeschwerde § 577 a.
*Gebühren:* Des Gerichts KV 1963, des Anwalts §§ 57, 58 II Z 1 BRAGO.

**14** 10) **VwGO:** Entsprechend anwendbar, § 167 I VwGO, VGH Mannh NVwZ-RR **95**, 619 u **93**, 520, jedoch mit zwei Ausnahmen (außer dem Fall des § 795 a): Für die Vollstreckung zugunsten der öffentlichen Hand, § 169 VwGO, und für die Vollstreckung von Geldforderungen gegen die öffentliche Hand, § 170 I bis III VwGO, ist keine Klausel erforderlich, § 171 VwGO (auch nicht bei der Vollstreckung aus einem Titel gegen eine Behörde, die nicht Kostenträger ist, Einf § 727 Rn 7, aM VGH Mannh NJW **82**, 902).

---

**725** *Vollstreckungsklausel.* Die Vollstreckungsklausel:
„Vorstehende Ausfertigung wird dem usw. (Bezeichnung der Partei) zum Zwecke der Zwangsvollstreckung erteilt"
ist der Ausfertigung des Urteils am Schluß beizufügen, von dem Urkundsbeamten der Geschäftsstelle zu unterschreiben und mit dem Gerichtssiegel zu versehen.

**1** 1) **Systematik, Regelungszweck.** Vgl zunächst § 724 Rn 1. Die Vollstreckungsklausel ist nur ein zum Beginn der Zwangsvollstreckung nötiges besonderes Zeugnis des Gerichts über die Vollstreckbarkeit, abgesehen von den Fällen der §§ 795 a, 796, 929. Den Zeitpunkt und den Umfang der Zwangsvollstreckung bestimmt im gesetzlichen Rahmen der Gläubiger, § 754 Rn 3. § 725 regelt den „Normalfall", §§ 726, 727 ff regeln vorrangige Sonderfälle.

**2** 2) **Form der Klausel.** Der Wortlaut der Vollstreckungsklausel ist nicht unbedingt derjenige des § 725. Es empfiehlt sich aber, den gesetzlichen Wortlaut einzuhalten. Die Klausel muß unbedingt den vorgeschriebenen Inhalt haben. Sie muß also vor allem den Gläubiger ausreichend bezeichnen, wie bei § 750, und die Zwangsvollstreckung als den Zweck hervorheben. Sie darf über das Zugesprochene nicht hinausgehen, wohl aber hinter ihm zurückbleiben. Bei einer Streitgenossenschaft ist gegen notwendige Streitgenossen, § 62, nur eine Klausel zu erteilen, bei § 59, je eine Klausel. Auch bei einer Verurteilung zu einer Leistung und Duldung wird nur eine Klausel erteilt.
*Wesentlich* sind von der vorgeschriebenen Form nur die eigenhändige handschriftliche Unterschrift des Urkundsbeamten der Geschäftsstelle, wie bei § 129 Rn 9, und die Beifügung zum Vollstreckungstitel, LG Frankenth Rpfleger **85**, 244. Unwesentlich sind dagegen der Anschluß der Ausfertigung und das Beidrücken des Gerichtssiegels. Auch ohne die letzteren Teile kann eine vollstreckbare Ausfertigung wirksam sein, wenn über ihre Herkunft eine volle Gewißheit besteht. Ausreichend ist zB statt des förmlichen runden Siegels ein einfacher Schwarzstempel. Ein bloß formularmäßig vorgedrucktes „Siegel" reicht aber nicht, LG Aurich Rpfleger **88**, 199.

**3** 3) **Beifügung.** Die Vollstreckungsklausel ist im Original, LG Frankenth Rpfleger **85**, 244, dem Urteil beizufügen, aus dem zu vollstrecken ist, § 750 I. Durch die Beifügung einer ordnungsgemäßen Vollstreckungsklausel wird die bloße Urteilsabschrift zu einer Urteilsausfertigung. Wenn auf einen Einspruch, §§ 338, 700, oder auf ein Rechtsmittel die vorangegangene Entscheidung bestätigt wurde, ist die Vollstreckungsklausel dieser vorangegangenen Entscheidung beizufügen. Wenn eine jede Abweichung bestätigt worden ist, genügen eine vollstreckbare Ausfertigung des ersten Urteils und eine einfache Ausfertigung des zweiten Urteils. Wenn das erste Urteil nur gegen eine Sicherheitsleistung vollstreckbar ist, § 709 S 1, das zweite Urteil jedoch ohne Sicherheitsleistung vollstreckbar ist, § 708, dann genügt zum

Nachweis des Wegfalls die Beifügung einer einfachen Ausfertigung des zweiten Urteils. Der Urkundsbeamte der Geschäftsstelle kann auch den Wegfall in der Klausel vermerken.

Wenn die *zweite Instanz* das Vorderurteil abändert, dann ist ihre Entscheidung der Vollstreckungstitel, **4** Hamm Rpfleger **73**, 440. Wenn das zweite Urteil nur die Vollstreckungsbeschränkung entfallen läßt, genügt die einfache Ausfertigung; wenn es aber zur Hauptsache die Formel ändert, ist es erforderlich, eine Ausfertigung (auch) des zweitinstanzlichen Urteils beizufügen, BGH NJW **98**, 613. Der Urkundsbeamte kann die beiden Urteile gemeinsam mit der Vollstreckungsklausel versehen. Bei einem Vollstreckungsurteil nach § 723, der Vollstreckbarerklärung eines Schiedsspruchs usw, § 1059, sind nur diese Entscheidungen Vollstreckungstitel. Eine Beifügung des ausländischen Urteils usw ist nur dann notwendig, wenn deren Formel nicht in das Vollstreckungsurteil usw voll aufgenommen worden ist. Eine Rückgabe der vollstreckbaren Ausfertigung des ersten Urteils ist keine Bedingung der Erteilung. Wohl aber ist die Ausfertigung dem Schuldner auszuhändigen, §§ 754, 757.

**4) *VwGO*:** Entsprechend anwendbar, § 167 I *VwGO*, außer in den § 724 Rn 14 genannten Fällen des § 171 **5** *VwGO*.

**726** *Urteilsmäßige Voraussetzungen der Zwangsvollstreckung.* **I** Von Urteilen, deren Vollstreckung nach ihrem Inhalt von dem durch den Gläubiger zu beweisenden Eintritt einer anderen Tatsache als einer dem Gläubiger obliegenden Sicherheitsleistung abhängt, darf eine vollstreckbare Ausfertigung nur erteilt werden, wenn der Beweis durch öffentliche oder öffentlich beglaubigte Urkunden geführt wird.

**II** Hängt die Vollstreckung von einer Zug um Zug zu bewirkenden Leistung des Gläubigers an den Schuldner ab, so ist der Beweis, daß der Schuldner befriedigt oder im Verzug der Annahme ist, nur dann erforderlich, wenn die dem Schuldner obliegende Leistung in der Abgabe einer Willenserklärung besteht.

**Schrifttum:** *Clemens,* Zu den Wirkungen von Geständnis, Nichtbestreiten und Anerkennung im Klauselerteilungsverfahren, 1996.

### Gliederung

| | |
|---|---|
| 1) Systematik, Regelungszweck, I, II .... 1, 2 | B. Offenkundigkeit ................ 5 |
| A. Grundsatz: Notwendigkeit des Nachweises .................... 1 | C. Beispiele zur Frage der Abhängigkeit .. 6–8 |
| B. Ausnahmen ..................... 2 | 4) Urteil Zug um Zug, II ............. 9–11 |
| 2) Zuständigkeit, I, II ................. 3 | A. Grundsatz: Verhütung der Vorleistung . 9 |
| 3) Nachweise, I .................... 4–8 | B. Aushändigung einer Urkunde ........ 10 |
| A. Nachweis des Bedingungseintritts .... 4 | C. Willenserklärung ................. 11 |
| | 5) *VwGO* ........................ 12 |

**1) Systematik, Regelungszweck, I, II.** Die Vorschrift enthält eine gegenüber §§ 724, 725 vorrangige, **1** wegen I durch §§ 730, 731, 756 ergänzte Sonderregelung im Interesse der Rechtssicherheit, Einl III 43, durch Vermeidung einer vorschnell durchgeführten, zugunsten des Schuldners im Urteil festgesetzten oder gesetzlichen Bedingungen nicht einhaltenden Vollstreckung. Daher ist § 726 streng auszulegen.

**A. Grundsatz: Notwendigkeit des Nachweises.** Die Vollstreckbarkeit eines Urteils kann nach dessen Inhalt davon abhängen, daß eine andere Tatsache als eine vom Gläubiger zu erbringende Sicherheitsleistung eingetreten ist. Die Vollstreckung kann also durch solche andere Tatsachen bedingt oder befristet sein, und zwar ganz oder teilweise, KG OLGZ **83**, 216. Der Rpfl darf dann eine vollstreckbare Ausfertigung grundsätzlich nur erteilen, wenn der Gläubiger den Beweis des Eintritts jener anderen Tatsache überhaupt nach den üblichen Regeln der Beweislast zu führen hat, Rn 4, und ihn in einem solchen Fall dann auch durch öffentliche oder öffentlich beglaubigte Urkunden, § 415 Rn 3, 4, geführt hat.

**B. Ausnahmen.** Von diesem Grundsatz gibt es folgende Ausnahmen: Die Tatsache besteht darin, daß der **2** Gläubiger eine Sicherheit geleistet hat, § 751 II, Hbg RR **86**, 1501; es geht nur darum, ob ein Kalendertag eingetreten ist, § 751 I; die Vollstreckung darf nur Zug um Zug gegen eine Leistung des Gläubigers erfolgen, § 756; es muß eine Wartefrist abgelaufen sein, §§ 721 I, 798; die Parteien können eine von I abweichende Vereinbarung treffen, Rn 4; der Schuldner hat sich der sofortigen Vollstreckung unterworfen, Ffm JB **97**, 545.

**2) Zuständigkeit, I, II.** Zuständig ist der Rpfl, § 20 Z 12 und § 26 RPflG, Anh § 153 GVG, also nicht **3** der Urkundsbeamte, § 724 Rn 6, § 730 Rn 1. Ein Verstoß führt zur Unwirksamkeit, Ffm Rpfleger **91**, 12, LG Detm Rpfl **96**, 19, AG Rastatt Rpfleger **97**, 75, aM Zweibr MDR **97**, 593, AG Oldb DGVZ **89**, 142.

**3) Nachweise, I.** Es gibt in der Praxis sehr unterschiedliche Anforderungen. **4**

**A. Nachweis des Bedingungseintritts.** Der Rpfl darf keine Prüfung von Amts wegen nach Grdz 39 vor § 128 vornehmen. er klärt also von Amts wegen, ob der Gläubiger die Sicherheit geleistet hat, nicht wartet er den Kalendertag oder die Wartefrist ab. Vielmehr muß grundsätzlich der Gläubiger den Eintritt jener Bedingungen beweisen, BGH NJW **81**, 2757, KG OLGZ **83**, 217 (auch wegen einer Ausnahme), Mü Rpfleger **84**, 106. Dabei gelten die allgemeinen Grundsätze zur Beweislast, Anh § 286. Denn § 726 hat einen rein vollstreckungsrechtlichen Inhalt und berührt das sachliche Verfahren nicht, Hbg MDR **72**, 1042, AG Göpp DGVZ **93**, 115. Die Bedingtheit des Urteils muß sich aus ihm selbst ergeben, BAG DB **88**, 660, KG DtZ **91**, 349 (frühere DDR-Titel). Nach seinem Wortlaut darf nur der Eintritt der fraglichen Tatsachen zu prüfen sein. Zu solchen Bedingungen können zählen: Eine vormundschaftsgerichtliche Genehmigung;

die Bestellung eines Pflegers; der Eintritt der Rechtskraft nach § 322, zB des Scheidungsurteils, Mü Rpfleger **84**, 106; Verzug, AG Rastatt Rpfleger **97**, 76.

In vollstreckbaren Urkunden heißt es oft, die Vollstreckbarkeit solle *ohne den Nachweis* des Eintritts einer bestimmten Tatsache zulässig sein, Mü RR **95**, 763 (Notar; formelle Fälligkeit genügt). Eine solche Erklärung ist grundsätzlich wirksam. Denn diese Unterwerfung gehört nicht selbst schon zur Zwangsvollstreckung, Rn 5, BGH NJW **81**, 2757; LG Düss DGVZ **84**, 8. Man muß sie wie stets auslegen. Die Fassung „Der Gläubiger ist vom Nachweis des Verzugs durch öffentliche oder öffentlich beglaubigte Urkunden befreit" kann bedeuten, daß der Rpfl die Vollstreckungsklausel ohne jeden Verzugsnachweis erteilen darf und muß, LG Mannh Rpfleger **82**, 73 (abl Trexler-Walde). Zum etwaigen Verstoß gegen § 11 Z 15 AGBG Anh § 286 Rn 6 und Stgt RR **93**, 1535. Eine Unterwerfung, die sogar vom Fälligkeitsnachweis absieht, kann aber nach §§ 9, 11 Z 15 AGBG unwirksam sein, Düss RR **96**, 148. Zum Meinungsstand Drasdo NZM **98**, 256 (schlägt beim Bauträgervertrag beglaubigte Bestätigung des Bautenstands vor).

**5  B. Offenkundigkeit.** Offenkundige Tatsachen brauchen nicht bewiesen zu werden. Die Offenkundigkeit ist nach den allgemeinen Grundsätzen zu prüfen, § 291. Das Geständnis des Schuldners, § 288, insoweit auch Saarbr Rpfleger **91**, 161, bei seiner Anhörung oder das Ausbleiben einer gewährten Stellungnahme, § 730, ersetzen den Nachweis, Celle Rpfleger **89**, 467, KG OLGZ **83**, 218, Clemens (vor Rn 1) 124. Denn die Erteilung der Vollstreckungsklausel gehört noch nicht zur Zwangsvollstreckung, und der Schuldner kann sich ja jederzeit der Zwangsvollstreckung unterwerfen, Ffm Rpfleger **75**, 326. Deshalb ist auch eine vereinbarte Erleichterung des Nachweises zulässig. Da sich die Formvorschrift nicht auf eine Willenserklärung bezieht, sondern nur auf den Nachweis ihres Zugehens, genügt eine Urkunde des Gerichtsvollziehers über die Zustellung einer schriftlichen Kündigung zu deren Nachweis. Freilich bleibt § 750 II zu beachten, Ffm Rpfleger **73**, 323. Ein Postrückschein ersetzt diese Urkunde nicht.

Der *Beweis* wird durch die Vorlegung der Urkunde, § 420, oder durch eine Bezugnahme auf die Akten angetreten, nicht durch einen Vorlegungsantrag, § 420 Rn 4 (das wird oft übersehen, wie im Erkenntnisverfahren). Denn ein Vorlegungssuchen aus § 432 paßt nicht in dieses Verfahren. Eine Erwähnung der Urkunden in der Klausel ist zwar nicht vorgeschrieben, aber zweckmäßig. Denn sonst kann der Gerichtsvollzieher nicht feststellen, welche Urkunden zugestellt sein müssen, § 750 II. Ein Verstoß gegen I macht Klausel und Vollstreckung nicht unwirksam. Der Schuldner ist auf §§ 732, 768 verwiesen.

**6  C. Beispiele zur Frage der Abhängigkeit**
**Auflösende Bedingung:** Der Vollstreckungstitel enthält eine auflösende Bedingung, zB bei einem Rentenanspruch den Tod des Gläubigers. Den Eintritt einer solchen Bedingung muß nämlich der Schuldner beweisen, Köln NJW **97**, 1451. Vorsicht vor einer Beschleunigungsklausel im Vergleich, von Wintersheim MDR **99**, 978.
**Aufschiebende Bedingung des Urteils:** Nach dem Vollstreckungstitel ist der Eintritt einer aufschiebenden Bedingung, Ffm JB **97**, 497, Stgt RR **86**, 549 (wegen eines Scheidungsvergleichs § 724 Rn 5), oder einer nicht kalendermäßigen Befristung abzuwarten, zB von Sanierungsarbeiten, Kblz NJW **92**, 379. Zur Beschleunigungsklausel „Auflösende Bedingung".
**Aufschiebende Bedingung der Vollstreckung:** Aufschiebend bedingt ist nicht das Urteil, sondern die Zwangsvollstreckung, etwa deren Aufschub bis nach der Beendigung des Insolvenzverfahrens gegen den Schuldner. Denn diese Bedingung ergibt sich nicht aus dem Urteil selbst.
**7 Hilfsweise Verurteilung:** Das Urteil lautet auf eine Leistung, hilfsweise auf eine andere Leistung, zB auf eine Herausgabe, hilfsweise auf Wertersatz, oder auf die Ableistung einer Arbeit, hilfsweise auf eine Zahlung, Hbg MDR **72**, 1040. Die Notwendigkeit der Hilfsleistung ergibt sich nämlich erst während der Zwangsvollstreckung.
**Kündigung:** Es muß eine Kündigung ergangen sein, soweit sich ihre Notwendigkeit schon aus dem Urkundeninhalt ergibt, KG ZZP **96**, 371 (zustm Münzberg). Es ist allerdings nicht zu prüfen, ob der Kündigende auch dazu berechtigt war, soweit nicht das Urteil anders lautet. Der Kündigungsnachweis geschieht durch die Vorlage des Kündigungsschreibens zusammen mit einer Postübergabe- und Zustellungsurkunde, Stgt RR **86**, 549.
**Rechtskraft; Vorbehaltswegfall:** Es sind der Eintritt der Rechtskraft oder der Wegfall des Vorbehalts bei einem Schuldtitel nach § 10 AnfG abzuwarten.
**8 Verfallklausel:** Der Vollstreckungstitel enthält eine Verfallklausel, nach der die gesamte Restschuld fällig wird, wenn der Schuldner mit einer Rate in Verzug kommt. Diese Klausel zwingt nämlich den Schuldner zum Beweis, daß keine Fälligkeit eingetreten ist. Denn der Sinn der Klausel ist nicht eine vorläufige Stundung der Schuld, sondern die Möglichkeit für den Schuldner, die Zwangsvollstreckung durch eine terminsgemäße Zahlung abzuwenden, Münzberg Rpfleger **97**, 415, StJM 6, ThP 3, aM LG Lübeck DGVZ **78**, 188, Frankenberger/Holz Rpfleger **97**, 94. Der Schuldner kann gegenüber der Erteilung einer Vollstreckungsklausel also nur nach § 767 vorgehen, § 767 Rn 12 (g). Er muß die Zahlung nach dieser Vorschrift sowie nach §§ 769, 775 Z 4 oder 5 geltend machen. Dies gilt namentlich beim Abzahlungsgeschäft.
**Vertragsstrafe:** In einem Vergleich haben die Parteien gewisse Wettbewerbsverstöße unter eine Vertragsstrafe gestellt. Dann ist nämlich zunächst ein Vollstreckungstitel über die Frage erforderlich, ob ein solcher Verstoß überhaupt vorliegt. Denn diese Prüfung liegt außerhalb des Verfahrens auf die Erteilung der Vollstreckungsklausel. Etwas anderes gilt dann, wenn keine rechtliche Bewertung notwendig ist, Ffm Rpfleger **75**, 326.
**Vorleistungspflicht:** Der Gläubiger muß eine Vorleistung erbringen, Oldb Rpfleger **85**, 448. Es muß zB bei einer Klage aus einem Darlehnsvorvertrag das Angebot auf den Abschluß des Hauptvertrags ergangen sein, BGH NJW **75**, 444, vgl § 894 Rn 4.
**Wahlschuld:** Es handelt sich um eine Wahlschuld. Die Vollstreckungsklausel ist dann ohne weitere Nachweise für das gesamte Urteil zu erteilen, § 264 BGB.
**Zinsforderung:** Sie besteht nach der Tilgung der Hauptschuld fort, BayObLG DNotZ **76**, 367.

**9  4) Urteil Zug um Zug, II.** Es sind drei Voraussetzungen zu beachten.

**A. Grundsatz: Verhütung der Vorleistung.** II soll verhüten, daß der Gläubiger praktisch vorleisten muß, um vollstrecken zu können. Darum erhält der Gläubiger in diesem Fall grundsätzlich die vollstreckbare Ausfertigung ohne weiteres, Kblz Rpfleger **97**, 445. Es wird erst beim Beginn der Zwangsvollstreckung geprüft, ob der Schuldner befriedigt ist oder sich im Annahmeverzug befindet, Oldb Rpfleger **85**, 449. Diese Prüfung nimmt das Vollstreckungsorgan vor, §§ 756, 765. Eine Verurteilung zur Leistung „nach dem Empfang der Gegenleistung" ist wie eine Verurteilung Zug um Zug zu vollstrecken, also nach §§ 756, 765, Köln DGVZ **89**, 152. Wenn schon das Urteil in seinem Tenor einen Annahmeverzug feststellt, ist überhaupt kein Nachweis mehr erforderlich, § 756 Rn 10; dort auch zu dem Fall, daß sich der Annahmeverzug nur dem Tatbestand oder den Entscheidungsgründen entnehmen läßt. Gläubiger im Sinn von II ist der Kläger, nicht auch der Bekl, der seine Leistung bis zur Gegenleistung verweigern darf. Der andere Teil kann also nicht aus dem Urteil vollstrecken.

Wenn der Gläubiger *vorleisten* muß, § 322 II BGB, wird die Vollstreckungsklausel auch erteilt, falls das Urteil einen Annahmeverzug des Schuldners nicht bejaht, und zwar ohne daß der Gläubiger weitere Beweise nach II liefern müßte. Denn § 322 III BGB und damit § 274 II BGB gelten auch für § 322 II BGB, Karlsr MDR **75**, 938, Schilken AcP **181**, 382. Die weitere Zwangsvollstreckung erfolgt dann nach § 756 Rn 10. Ob Zug um Zug zu leisten ist, ergibt sich nur der Vollstreckungstitel, Stgt DGVZ **86**, 61, AG Bielefeld MDR **77**, 500. Wann so zu leisten ist und wann ein Annahmeverzug vorliegt, das ergibt sich aus dem sachlichen Recht. Zur Herausgabe von Software Münzberg BB **90**, 1011, aM Freiherr von Gravenreuth BB **89**, 1926. Eine Verpflichtung Zug um Zug fehlt, wenn die Räumung vom Nachweis bestimmter Ersatzwohnmöglichkeiten abhängt, Ffm DGVZ **82**, 30.

**B. Aushändigung einer Urkunde.** Keine Leistung Zug um Zug ist anzunehmen, wenn die Leistung **10** nur gegen die Aushändigung einer Urkunde notwendig ist, etwa eines Schecks, AG Villingen DGVZ **88**, 122, eines Wechsels, eines Hypothekenbriefs oder einer Quittung. Denn dann steht keine Gegenleistung in Frage, Ffm DGVZ **81**, 84 (abl Treysse DGVZ **83**, 36), AG Villingen DGVZ **88**, 122. In solchen Fällen gehört kein Vorbehalt in das Urteil. Denn es geht nicht um die Befriedigung eines selbständigen Gegenanspruchs, sondern um die besondere Ausgestaltung des Rechts auf die Erteilung einer Quittung, § 368 BGB, § 756 Rn 2 ff, Ffm Rpfleger **79**, 144 (betr einen echten Gegenanspruch des Schuldners auf die Aushändigung der Urkunde), aM LG Aachen DGVZ **83**, 75, Lieseke DRiZ **70**, 318, ZöGre § 602 Rn 9 (sie halten es für erforderlich, im Urteil auszusprechen: „... gegen Aushändigung des quittierten Wechsels". Aber Zweckmäßigkeit macht nicht stets erforderlich).

Ein trotzdem im Urteil ausgesprochener Vorbehalt ist *bedeutungslos*. Der Gläubiger muß aber solche Urkunden dem Gerichtsvollzieher zur Aushändigung bei der Zwangsvollstreckung übergeben, AG Bergheim DGVZ **84**, 15, aM Ffm DGVZ **81**, 84 (die Vorlage genüge). Ob der Gerichtsvollzieher freilich so vorgeht, ist für die Wirksamkeit seiner übrigen Maßnahmen bedeutungslos.

**C. Willenserklärung.** Muß der Schuldner eine Willenserklärung abgeben, so gelten grundsätzlich **11** §§ 726 I, 730. Denn die Erklärung ist bereits mit der Erteilung der vollstreckbaren Ausfertigung abgegeben, § 894 I. Darum muß der Gläubiger in einem solchen Fall die Befriedigung und den Annahmeverzug des Schuldners nachweisen. Etwas gilt aber dann, wenn sich die Pflicht zur Abgabe der Willenserklärung aus einem Prozeßvergleich ergibt, Anh § 307. Denn er ist nicht nach § 894 vollstreckbar, § 894 Rn 8. Deshalb ist dann doch wieder II anwendbar, Ffm Rpfleger **80**, 292, LG Kblz DGVZ **86**, 44.

**5) VwGO:** Entsprechend anwendbar, § 167 I VwGO, außer in den § 724 Rn 14 genannten Fällen des § 171 **12** VwGO. Die praktische Bedeutung für den VerwProzeß ist gering, weil die Voraussetzungen des § 726 nur in sog Parteistreitigkeiten erfüllt sein können und auch dort selten gegeben sind.

## Einführung vor §§ 727–729
### Zwangsvollstreckung bei Rechtsnachfolge

**Schrifttum:** *Wienke*, Die Vollstreckungsstandschaft. Eine folgerichtige Parallele zur Prozeßstandschaft?, Diss Bonn 1989.

**Gliederung**

| | |
|---|---|
| 1) Systematik ........................ 1 | B. Kein Dritter ........................ 4 |
| 2) Regelungszweck ................... 2 | 4) Erteilungspflicht ................... 5 |
| 3) Für oder gegen Dritte .............. 3, 4 | 5) Zuständigkeit ....................... 6 |
| A. Grundsatz: Notwendigkeit der Nennung in der Vollstreckungsklausel ..... 3 | 6) VwGO ................................ 7 |

**1) Systematik.** Vereinzelt wirkt die Rechtskraft eines Urteils über die Parteien hinaus, § 325 Rn 15, vgl **1** Bbg JB **92**, 195. Daraus folgt noch nicht, daß die Vollstreckungsklausel auch für und gegen Dritte zu erteilen wäre. Vollstreckbarkeit und Rechtskraftwirkung decken sich nicht immer, so auch Baumgärtel DB **90**, 1905; die ZPO regelt die Vollstreckbarkeit selbständig. Die Rechtskraft des Urteils ist nicht unbedingt Voraussetzung; auch ein nach § 708 vorläufig vollstreckbares Urteil läßt grundsätzlich eine Zwangsvollstreckung gegen Dritte zu. Denn das Gesetz behandelt die vorläufige Vollstreckbarkeit grundsätzlich ebenso wie die endgültige. §§ 727 ff schaffen indessen eine ausdrückliche, neben § 726 stehende, den §§ 724, 725 gegenüber zusätzliche und insoweit vorrangige Sonderregelung. § 277 nennt innerhalb der Gruppe von Rechtsnachfolgearten die Grundregel, während §§ 728, 729 nochmals speziellere Sonderfälle dieser Gruppe vorrangig erfassen. Ergänzend sind §§ 730, 731 zu beachten.

**2) Regelungszweck.** §§ 727 ff schaffen eine vereinfachte Möglichkeit, eine nach der Rechtshängigkeit, § 261, eingetretene Änderung der sachlichen Rechtszuständigkeit zu berücksichtigen, Bbg JB **92**, 195. Sie dienen zwar insoweit der Prozeßwirtschaftlichkeit, Grdz 14 vor § 128, aber auch – wie § 726 – der Rechtssicherheit, dort Rn 1. Sie dienen auch nicht dazu, die Folgen anfänglicher Mängel des Verfahrens zu beheben, Celle AnwBl **84**, 216, Stgt MDR **90**, 1021. Das alles ist bei der Auslegung mitzubeachten.

**3) Für oder gegen Dritte.** Die Abgrenzung gelingt manchmal nur schwer.

**A. Grundsatz: Notwendigkeit der Nennung in der Vollstreckungsklausel.** Eine Zwangsvollstreckung für und gegen andere als die im Titel Genannten verlangt ihre Nennung in der Vollstreckungsklausel, Bre Rpfleger **87**, 381 (zustm Bischoff/Bobenhausen). Es gibt insofern anders als bei der Prozeßstandschaft, Grdz 26 vor § 50, grundsätzlich keine sog Vollstreckungsstandschaft, BGH **92**, 349, KG FamRZ **89**, 418, Münzberg NJW **92**, 1867, aM Drsd OLG-NL **95**, 164 (aber das läuft auf eine noch stärkere Aufweichung grundlegender Regeln der Zwangsvollstreckung hinaus). Freilich muß man von der vorgenannten Erscheinungsform diejenige unterscheiden, bei der der im Vollstreckungstitel Genannte im eigenen Namen vollstreckt, in Wahrheit aber zB auf Grund „stiller Zession" nicht (mehr) Inhaber des sachlichen Rechts ist, für das der Titel ergangen ist. Soweit eine solche Einziehungsermächtigung vorliegt, kann eine Vollstreckungsstandschaft ausnahmsweise zulässig sein, BGH **92**, 349, Münzberg NJW **92**, 1867. Auch bei der Urheberbenennung, § 76 IV, gilt keine Ausnahme; ist dort die Klausel auf den Bekl ohne Nachweise zu erteilen. Wenn eine Umschreibung der Klausel nach §§ 727–729 statthaft ist, ist die Klage mangels eines Rechtsschutzbedürfnisses durch ein Prozeßurteil abzuweisen, Grdz 14 vor § 253. Ein Verstoß ist wie bei § 726 Rn 9 aE zu beurteilen.

**B. Kein Dritter.** Um keinen Dritten handelt es sich, wenn ein gesetzlicher Vertreter, Grdz 7 vor § 50, eintritt oder wegfällt. Dann ist die Klausel einfach auf den Namen des neuen Vertreters oder beim Wegfall der Vertretung auf den Vertretenen zu stellen, AG Hbg DGVZ **92**, 44. Dasselbe gilt bei der Berichtigung einer bloßen Parteibezeichnung ohne einen Wechsel der erkennbaren Nämlichkeit der Partei, Grdz 3 vor § 50, BGH **91**, 151, zB: Bei der Vor-GmbH, § 727 Rn 3; bei der Angabe der Abwicklungs- statt der Erwerbsgesellschaft; bei einer Umschreibung auf den Inhaber bei einem Urteil gegen die Einzelfirma, Ffm Rpfleger **73**, 64, Köln DB **77**, 1184; bei einer Umschreibung auf den bürgerlichen Namen bei einem Urteil auf Decknamen, wenn diese Tatsachen den Akten zu entnehmen oder offenkundig sind. Trifft das nicht zu, wie meistens (der Firmeninhaber kann zB gewechselt haben und das Urteil darum ihn nicht treffen), so bleibt nur eine entsprechende Anwendung des § 727, Hamm Rpfleger **90**, 215 (Umschreibung vom Bucheigentümer nach Eigentumsberichtigung auf den wahren Eigentümer), Hamm NJW **99**, 1039, Petermann Rpfleger **73**, 156, ZöStö § 727 Rn 17 a, aM MüKoWo § 727 Rn 34, StJMü § 727 Rn 158. Eine Hypothek soll aber stets nicht auf eine Einzelfirma, sondern auf den bürgerlichen Namen ihres Inhabers eingetragen werden, § 15 Grundbuchverfügung. Erst recht kein Dritter liegt vor, wenn das haftende Grundstück in Wohnungseigentum umgewandelt wird, LG Bln Rpfleger **85**, 159 (zustm Witthinrich).

**4) Erteilungspflicht.** Die Voraussetzungen der Erteilung der Klausel für und gegen Dritte geben §§ 727–729. Liegen sie vor, so ist die Vollstreckungsklausel zu erteilen; „kann" stellt in den Machtbereich, also in die Zuständigkeit, nicht ins Ermessen.

**5) Zuständigkeit.** Wegen der Zuständigkeit des Rpfl § 730 Rn 1.

**6) VwGO:** Die §§ 727–729 sind im *VerwProzeß* entsprechend anwendbar, § 167 I VwGO, außer in den in § 724 Rn 14 genannten Fällen des § 171 VwGO (Vollstreckung zugunsten der öffentlichen Hand und Vollstreckung wegen Geldforderungen gegen die öffentliche Hand): Hier verfügt ohnehin das Gericht bzw dessen Vorsitzender die Vollstreckung, so daß bei Vorliegen der Voraussetzungen der §§ 727–729 die Vollstreckung für oder gegen einen Rechtsnachfolger angeordnet wird, Wettlaufer S 68; aM RedOe § 170 Anm 5, VGH Mannh NJW **82**, 902 (Umschreibung des Titels auf die kostentragende Körperschaft).

## 727 *Rechtsnachfolge.*

[I] Eine vollstreckbare Ausfertigung kann für den Rechtsnachfolger des in dem Urteil bezeichneten Gläubigers sowie gegen denjenigen Rechtsnachfolger des in dem Urteil bezeichneten Schuldners und denjenigen Besitzer der in Streit befangenen Sache, gegen die das Urteil nach § 325 wirksam ist, erteilt werden, sofern die Rechtsnachfolge oder das Besitzverhältnis bei dem Gericht offenkundig ist oder durch öffentliche oder öffentlich beglaubigte Urkunden nachgewiesen wird.

[II] Ist die Rechtsnachfolge oder das Besitzverhältnis bei dem Gericht offenkundig, so ist dies in der Vollstreckungsklausel zu erwähnen.

**Schrifttum:** *Barkam,* Erinnerung und Klage bei qualifizierten vollstreckbaren Ausfertigungen, 1989; *Baur,* Rechtsnachfolge in Verfahren und Maßnahmen des einstweiligen Rechtsschutzes?, Festschrift für *Schiedermair* (1976) 19; *Jurksch* MDR **96**, 984 (Üb).

### Gliederung

| | | | |
|---|---|---|---|
| 1) Systematik, Regelungszweck, I, II | 1 | A. Offenkundigkeit; Urkundennachweis | 31, 32 |
| 2) Rechtsnachfolge, I | 2–29 | B. Rechtsstellung des bisherigen Gläubigers | 33 |
| A. Begriff | 2 | 5) Erwähnung der Offenkundigkeit, II | 34 |
| B. Beispiele zur Frage des Vorliegens einer Rechtsnachfolge | 3–29 | 6) Rechtsbehelfe, I, II | 35, 36 |
| 3) Besitzer einer streitbefangenen Sache, I | 30 | A. Ablehnung | 35 |
| | | B. Erteilung | 36 |
| 4) Voraussetzungen der Klausel, I | 31–33 | 7) *VwGO* | 37 |

1. Abschnitt. Allgemeine Vorschriften § 727

**1) Systematik, Regelungszweck, I, II.** Vgl zunächst Einf 1, 2 vor §§ 727–729. § 727 nennt die im 1
Rahmen einer Rechtsnachfolge zu beachtende allgemeine Verfahrensweise. Ergänzend sind §§ 325, 730,
731 zu beachten. Die Vorschrift ist wegen ihrer Ausweitung der Vollstreckbarkeit auf andere als die im
Vollstreckungstitel genannten Personen im Interesse der Rechtssicherheit, Einl III 43, streng auszulegen,
ohne daß man in Formalismus verfallen dürfte, Einl III 9, 10.
**2) Rechtsnachfolge, I.** Es hat sich ein umfangreiches Fallrecht entwickelt. 2
**A. Begriff.** Der Begriff des Rechtsnachfolgers ist im weitesten Sinne zu verstehen, ebenso wie bei § 325,
dort Rn 2, BGH **120**, 392, Ffm NJW **83**, 2266, Jena Rpfleger **96**, 518. Die Vorschrift soll ja einen neuen
Prozeß verhindern helfen, Köln MDR **90**, 452, LG Münster MDR **80**, 1030.
**B. Beispiele zur Frage des Vorliegens einer Rechtsnachfolge** 3
**Abtretung:** Eine Rechtsnachfolge kann vorliegen, soweit eine Abtretung erfolgt, BGH NJW **84**, 806,
Brehm JZ **88**, 450, aM LG Oldb Rpfleger **82**, 435 (wegen einer öffentlichrechtlichen Forderung). Die
bloße Unstreitigkeit der Abtretung reicht aber nicht stets zur Offenkundigkeit aus, Celle MDR **95**, 1262.
**Auflösung:** Bei der Auflösung einer Gesellschaft sind die Gesellschafter nicht automatisch Rechtsnachfolger,
Ffm BB **82**, 399, AG Essen Rpfleger **76**, 24, aM LG Oldb Rpfleger **80**, 27 (es wendet § 727 evtl
entsprechend an; vgl aber § 129 IV HGB, Ffm BB **82**, 399).
**Ausbildungsförderung:** Rn 9 „Gesetzlicher Forderungsübergang".
**Auskunft:** Rn 13 „Insolvenz".
**Baulandsache:** In einer Baulandsache ist § 727 unanwendbar, Mü MDR **72**, 787. 4
**Befreiende Schuldübernahme:** Eine Rechtsnachfolge kann vorliegen, soweit es sich um eine befreiende
Schuldübernahme handelt, aM StJM 19.
S aber auch Rn 16 „Kumulative Schuldübernahme".
**BGB-Gesellschaft:** Rn 8 „Gesellschaft bürgerlichen Rechts".
**Betrieb:** § 265 Rn 6 „Betrieb".
**Ehegatte:** Rn 21 „Prozeßstandschaft".
**Eintragung:** Rn 12 „Grundbuch".
**Erbschaft:** Eine Rechtsnachfolge kann vorliegen, soweit ein Erbfall eintritt, BayObLG KTS **91**, 925 mwN, 5
KG Rpfleger **78**, 140, Oldb Rpfleger **92**, 306, freilich nur dann, wenn der Erbfall erst nach der Rechtshängigkeit erfolgt, KG Rpfleger **82**, 353. Der Eintritt der (Vor-)Erbschaft bedeutet nicht stets schon
zugunsten des Nacherben eine Rechtsnachfolge, Celle AnwBl **84**, 216.
Im übrigen ist beim Erben die *Annahme* der Erbschaft oder der Ablauf der Ausschlagungsfrist, § 1958 6
BGB, Voraussetzung der Rechtsnachfolge, Mü RR **88**, 576. Bis zur Auseinandersetzung wird die Vollstreckungsklausel nur allen Miterben gemeinschaftlich, § 747, oder einzelnen Miterben nur nach Maßgabe
des § 2039 BGB erteilt, BayObLG NJW **70**, 1801. Wenn ein Miterbe einen Nachlaßgläubiger befriedigt,
dann wird die Vollstreckungsklausel nicht auf den Miterben umgeschrieben, solange der Umfang seiner
Ausgleichsansprüche offen ist, BayObLG NJW **70**, 1801. Gegen eine mehrfache Beitreibung schützt die
Vollstreckungsabwehrklage, § 767. Der Gläubiger darf eine gegen den Erblasser begonnene Zwangsvollstreckung in den Nachlaß fortsetzen, § 779. Rechte aus §§ 2059 ff BGB müssen mit der Vollstreckungsabwehrklage verfolgt werden.
S auch Rn 18 „Nachlaßinsolvenz", „Nachlaßpflegschaft", „Nachlaßverwaltung".
**Firmenname:** Bei einer Änderung des Firmennamens einer KG infolge des Wechsels des persönlich 7
haftenden Gesellschafters genügt die Beischreibung der neuen Bezeichnung in einem Zusatz, Zweibr
MDR **88**, 418, LG Frankenth DGVZ **97**, 76, AG Kiel DGVZ **81**, 173.
**Forderungsübergang:** Rn 9 „Gesetzlicher Forderungsübergang".
**Genehmigung:** Eine Rechtsnachfolge kann bei Genehmigung fremder Prozeßführung vorliegen, § 89. 8
**Gesamtschuldner:** Eine Rechtsnachfolge im Sinn von § 727 fehlt meist, soweit ein verurteilter Gesamtschuldner den Ausgleichsanspruch nach § 426 BGB geltend macht, denn das Innenverhältnis ist nicht
Streitgegenstand gewesen, Düss Rpfleger **96**, 75.
**Gesellschaft bürgerlichen Rechts:** Eine Rechtsnachfolge kann vorliegen, soweit ein neuer Gesellschafter
eintritt, Brehm JZ **88**, 450, Kohler AcP **91**, 194, aM StJM § 736 Rn 2.
**Gesetzlich nicht geregelter Fall:** Vgl *Loritz* ZZP **95**, 310. 9
**Gesetzlicher Aufgabenübergang:** Eine Rechtsnachfolge kann vorliegen, soweit es sich um einen gesetzlichen Aufgabenübergang handelt, LG Bonn Rpfleger **92**, 441.
**Gesetzlicher Forderungsübergang:** Eine Rechtsnachfolge kann vorliegen, soweit es sich um einen ge- 10
setzlichen Forderungsübergang handelt, etwa nach § 37 I BAföG, Köln FamRZ **94**, 52, Stgt FamRZ **95**,
489; vgl § 94 KJHG, § 67 VVG, Bbg JB **92**, 195, Karlsr MDR **89**, 363, oder nach dem SGG. Rechtsnachfolger ist also auch der Träger der Sozialhilfe, § 116 SGB X, Karlsr FamRZ **81**, 73, bzw von
Unterhaltsvorschuß, § 7 UVG, Düss FamRZ **97**, 827, Zweibr FamRZ **87**, 736. Das gilt aber erst von
demjenigen Zeitpunkt an, in dem Hilfeleistung tatsächlich erfolgt, Bre FamRZ **80**, 725, Köln MDR **97**,
369, Saarbr JB **97**, 326. Im übrigen muß die Zahlung schon vor dem Eintritt der Rechtshängigkeit, § 261
Rn 4, erfolgt sein, Karlsr FamRZ **87**, 853, Schlesw SchlHA **85**, 106, und zwar mindestens in Höhe des
geschuldeten Unterhalts, Düss Rpfleger **86**, 392. Die bloße Bescheinigung über eine Vorschußbewilligung
oder über eine von der Zahlstelle erbrachte Leistung usw kann ungenügend sein, Düss FamRZ **97**, 827,
Hbg FamRZ **81**, 980, Schlesw SchlHA **85**, 106, aM Bbg Rpfleger **87**, 31. Freilich ist § 418 zu beachten
und nicht nur auf einen Kassenbeamten anwendbar, Hamm FamRZ **99**, 1000. Ungenügend ist aber eine
bloße Zahlungsanweisung, Karlsr FamRZ **87**, 853.
Ebensowenig genügt eine *Quittung* des gesetzlichen Vertreters über den Empfang von Unterhalts- 11
leistungen nach dem UVG, Stgt Rpfleger **86**, 439. Wohl aber kann beim UVG die Umschrift unabhängig
von einer Überleitungsanzeige schon auf Grund einer sog Rechtswahrungsanzeige zulässig sein, Zweibr
FamRZ **87**, 737, großzügiger Karlsr FamRZ **87**, 388. Bei der Rechtsschutzversicherung kann ein
Anspruch nach § 67 VVG, § 20 II 1 ARB vorliegen; das ist freilich nicht offenkundig, KG Rpfleger **98**,

## § 727

480, Köln VersR **94**, 1371, 1372 und 1373, LG Mü Rpfleger **97**, 394, aM Brschw JB **98**, 88, Celle JB **94**, Karlsr JB **95**, 94 (aber ein Außenstehender kann solche Verhältnisse nur vermuten).

**12 Grundbuch:** Eine Rechtsnachfolge kann vorliegen, soweit ein Erwerb durch Eintragung im Grundbuch erfolgt, selbst wenn dieser Erwerb nichtig ist.

**13 Insolvenz:** Eine Rechtsnachfolge kann vorliegen, soweit ein Insolvenzverfahren eröffnet wird. Das gilt für die Umschreibung der Vollstreckungsklausel für oder gegen den Verwalter, Jena Rpfleger **96**, 518, LG Bre KTS **77**, 124, LAG Düss Rpfleger **97**, 119, oder für oder gegen den vorläufigen Verwalter, § 22 InsO.

Eine Rechtsnachfolge kann *fehlen*, soweit der Verwalter bei Insolvenz des Schuldners zu einer Auskunftserteilung oder Rechnungslegung verurteilt worden ist, Düss OLGZ **80**, 485, oder soweit nur in der Person des Verwalters ein Wechsel eintritt, LG Essen RR **92**, 576.

**14** Wenn der *Gläubiger* vor der Eröffnung des Insolvenzverfahrens über sein Vermögen einen Vollstreckungstitel erwirkt hatte und wenn der Verwalter eine Vollstreckungsklausel erhalten hatte, muß der Gläubiger die Klausel nach der Beendigung des Verfahrens auf sich umschreiben lassen, LG Lübeck DGVZ **80**, 140. Nach Verfahrensende kommt eine Umschreibung gegen den früheren Schuldner in Betracht, Celle RR **88**, 448.

S auch Rn 16 „Insolvenzausfallgeld", Rn 18 „Nachlaßinsolvenz", Rn 23 „Sicherungsrecht".

**15 Insolvenzausfallgeld:** Im Fall eines Anspruchs auf ein Ausfallgeld müssen seine Voraussetzungen einschließlich der Antragstellung durch öffentliche oder öffentlich beglaubigte Urkunden nachgewiesen werden, LAG Mü KTS **89**, 452 (der Bewilligungsbescheid und der mit dem Eingangsstempel versehene Antrag genügen).

**16 Kanzleiabwicklung:** Eine Rechtsnachfolge kann vorliegen, soweit es zu einer Kanzleiabwicklung kommt. Das gilt bei der Umschreibung der Vollstreckungsklausel für oder gegen den Kanzleiabwickler, LG Hbg MDR **70**, 429.

**Kommanditgesellschaft:** Rn 2 „Auflösung", Rn 7 „Firmenname", Rn 19 „Offene Handelsgesellschaft".

**Kumulative Schuldübernahme:** Eine Rechtsnachfolge fehlt bei einer kumulativen Schuldübernahme, BGH Rpfleger **74**, 260 (zustm Eickmann), Baumgärtel DB **90**, 1905.

S auch Rn 3 „Befreiende Schuldübernahme".

**17 Minderes Recht:** Eine Rechtsnachfolge kann vorliegen, soweit es um den Erwerb eines minderen Rechts geht.

**Nachbarrecht:** Bei einer nachbarrechtlichen Störung verneint Düss NJW **90**, 1000 eine „Verdinglichung" der Beeinträchtigung bei einem fortschreitenden Entwicklungsprozeß, etwa bei hinübergewachsenen Wurzeln.

**Nacherbschaft:** Rn 5 „Erbschaft".

**18 Nachlaßinsolvenz:** Eine Rechtsnachfolge kann vorliegen, soweit ein Nachlaßinsolvenzverfahren eröffnet wird, Stgt Rpfleger **90**, 312. Der Verwalter kann die Umschreibung der Vollstreckungsklausel fordern, soweit und sobald für ihn zu vollstrecken ist; dasselbe gilt bei einer Vollstreckung gegen ihn.

S auch Rn 13 „Insolvenz".

**Nachlaßpflegschaft:** Der Nachlaßpfleger ist gesetzlicher Vertreter, Grdz 9 vor § 50. Daher ist die Vollstreckungsklausel einfach auf seinen Namen zu stellen, Einf 3 vor §§ 727–729, AG Hbg DGVZ **92**, 44.

**Nachlaßverwaltung:** Eine Rechtsnachfolge kann vorliegen, soweit eine Nachlaßverwaltung angeordnet wird. Das gilt bei der Umschreibung der Vollstreckungsklausel für oder gegen den Nachlaßverwalter, Jaspersen Rpfleger **95**, 246, BGH **113**, 137 (für die Aufhebung). Nach der Aufhebung der Nachlaßverwaltung kommt eine Umschreibung gegen den Eigentümer in Betracht, BGH **113**, 137.

**Nämlichkeit:** Rn 19 „Offene Handelsgesellschaft", Rn 24 „Umwandlung der rechtlichen Gestalt".

**19 Offene Handelsgesellschaft:** Wird aus einer Offenen Handelsgesellschaft eine Kommanditgesellschaft, so ist § 727 entsprechend anwendbar, Ffm Rpfleger **73**, 64, aM AG Hbg Rpfleger **82**, 191.

S auch Rn 2 „Auflösung".

**20 Partei kraft Amtes:** Eine solche Partei, Grdz 8 vor § 50, prozessiert für eine fremde Rechnung. Sie ist weder ein Vertreter noch beim Eintritt in den Prozeß ein Rechtsnachfolger. Für die Zwangsvollstreckung steht sie aber dem Rechtsnachfolger gleich, § 728 II. Deshalb fällt sie unter § 727, abw Schmidt JR **91**, 315. Wechselt die Partei kraft Amtes im Prozeß, so genügt eine Berichtigung der Vollstreckungsklausel.

**Parteiwechsel:** S „Partei kraft Amtes".

**Pfändung:** Eine Rechtsnachfolge kann vorliegen, soweit in der Zwangsvollstreckung eine Pfändung und Überweisung erfolgt, BGH **86**, 339, LAG Drsd JB **96**, 105, LAG Düss Rpfleger **97**, 119 (auch zu den Grenzen).

**21 Prozeßstandschaft,** dazu: Hochgräber FamRZ **96**, 272 (Üb). Eine Rechtsnachfolge fehlt grundsätzlich, soweit es um eine Prozeßstandschaft geht, Grdz 26 vor § 50, BGH JZ **83**, 150 (auch zu Ausnahmen), LG Darmst WoM **95**, 679. Das gilt auch zB dann, wenn ein Ehegatte in Prozeßstandschaft für das minderjährige eheliche Kind einen Zahlungstitel erwirkt hatte und nach der Rechtskraft die Zwangsvollstreckung im eigenen Namen betreibt, Nürnb FamRZ **87**, 1173, LG Kblz FamRZ **95**, 490, aM Ffm FamRZ **83**, 1268. Rechtsnachfolger kann auch der ursprüngliche Gläubiger nach einer Rückübertragung der Forderung auf ihn etwa durch den zwischenzeitlichen Prozeßstandschafter sein, LG Mannh Rpfleger **88**, 490. Ausnahmsweise kommt eine entsprechende Anwendung des § 727 in Betracht, wenn der in gewillkürter Prozeßstandschaft klagende Zedent die Zwangsvollstreckung ablehnt, verzögert oder aus sonstigen Gründen nicht durchführt, Köln VersR **93**, 1382, oder wenn der WEG-Verwalter wechselt, Düss WoM **97**, 298.

**22 Rechtsanwalt:** Eine Rechtsnachfolge liegt vor, soweit ein Anwalt erst nach dem Erlaß des Kostenfestsetzungsbeschlusses Nachfolger seines Sozius geworden ist, Saarbr Rpfleger **78**, 228.

**Rechtshängigkeit:** Die Rechtsnachfolge muß nach dem Eintritt der etwa möglichen Rechtshängigkeit eingetreten sein, Rn 1, BGH **120**, 392, LAG Düss JB **99**, 273.

**Rechtsschutzversicherung:** Rn 11 „Gesetzlicher Forderungsübergang".

**23 Schuldübernahme:** Rn 3 „Befreiende Schuldübernahme", Rn 16 „Kumulative Schuldübernahme".

# 1. Abschnitt. Allgemeine Vorschriften § 727

**Sicherungsrecht:** Rechtsnachfolger ist der Sicherungsnehmer, nachdem der Sicherungsgeber in Insolvenz fiel und der Insolvenzverwalter einen Titel erstritt, Heintzmann ZZP **92**, 70.
S auch Rn 13 „Insolvenz", Rn 21 „Prozeßstandschaft".
**Sozialhilfe:** Rn 9 „Gesetzlicher Forderungsübergang".
**Telekom:** Vgl AG Solingen DGVB **95**, 59, Schmittmann DGVZ **95**, 49 (ausf).
**Treuhandanstalt:** Bei der Bundesanstalt für vereinigungsbedingte Sonderaufgaben liegt Nämlichkeit, keine Rechtsnachfolge, vor, AG Neuruppin DGVZ **96**, 78.
**Überweisung:** Rn 20 „Pfändung".

24 **Umwandlung der rechtlichen Gestalt:** Eine Rechtsnachfolge fehlt, soweit es nur um die Umwandlung der rechtlichen Gestalt des Rechtsträgers ohne Wechsel seiner erkennbaren Nämlichkeit geht, BGH **91**, 151, BayObLG **87**, 448, Stgt RR **89**, 638 (je wegen einer Vor-GmbH). Das ist aber zB bei der Telekom nicht (nur) so der Fall, LG Wuppert DGVZ **95**, 118.
S auch Rn 19 „Offene Handelsgesellschaft".
**Unterhaltsvorschuß:** Rn 9 „Gesetzlicher Forderungsübergang".
**Unterlassung:** § 325 Rn 38 „Unterlassung".
**Versicherung:** Eine Rechtsnachfolge liegt vor, soweit es um die Umschreibung eines Kostenfestsetzungsbeschlusses vom Versicherungsnehmer auf den Rechtsschutzversicherer geht, Karlsr Rpfleger **95**, 78, LG Mü Rpfleger **97**, 394.

25 **Vertreter:** Rn 8 „Genehmigung".
**Vollmachtloser Vertreter:** Rn 8 „Genehmigung".
**Vorerbschaft:** Rn 5 „Erbschaft".

26 **Vorruhestandsgeld:** Im Fall eines Anspruchs auf ein Vorruhestandsgeld müssen seine Voraussetzungen einschließlich der Antragstellung durch öffentliche oder öffentlich beglaubigte Urkunden nachgewiesen werden, also auch beim tarifvertraglichen Übergang eines Anspruchs auf die Arbeitsvergütung auf eine Zusatzversorgung bei Zahlung von Vorruhestandsgeld, LAG Kiel Rpfleger **89**, 163.

27 **Wechsel:** Der Wechselaussteller, der als Gesamtschuldner zusammen mit dem Akzeptanten verurteilt wird und den Wechselgläubiger befriedigt, ist kein Rechtsnachfolger des Wechselgläubigers. Denn die Forderung des Wechselgläubigers ist durch die Zahlung des Ausstellers erloschen, aM LG Münster MDR **80**, 1030 (abl Greilich MDR **82**, 17).
**Weitere Umschreibung:** Bei ihr bindet keine frühere unrichtige Umschreibung, KG RR **97**, 253.
**Wohnungseigentum:** Gibt die vollstreckbare Urkunde als Haftungsgegenstand ein Grundstück an, dann läßt sie die Vollstreckung in das daraus entstandene Wohnungseigentum erst nach einer Umschreibung gegen den Wohnungseigentümer zu, LG Weiden Rpfleger **84**, 280.

28 **Zwangsversteigerung:** Eine Rechtsnachfolge kann vorliegen, soweit es um einen Erwerb in der Zwangsversteigerung geht, Bre Rpfleger **87**, 381 (Rechtsnachfolge des Erstehers).

29 **Zwangsverwaltung:** Der Eigentümer ist nach der Aufhebung der Zwangsverwaltung wegen einer Antragsrücknahme Rechtsnachfolger des Zwangsverwalters, Düss OLGZ **77**, 252. Der Ersteher ist nicht Rechtsnachfolger des Zwangsverwalters wegen eines von diesem erwirkten Titels.
**Zwangsvollstreckung:** Rn 20 „Partei kraft Amtes", „Pfändung", Rn 28 „Zwangsversteigerung".

30 **3) Besitzer einer streitbefangenen Sache, I.** Er ist wie ein Rechtsnachfolger zu behandeln, gegen den das Urteil nach § 325 wirkt. Dies gilt auch für denjenigen, der den Besitz dadurch erlangt hat, daß er an die Stelle des verurteilten Besitzers gerückt ist, aM Düss NJW **90**, 1000. Der Besitzdiener gehört aber nicht hierher. Denn er besitzt nicht selbst. § 325 II–IV schränkt auch hier ein. Die Umschreibung ist darum regelmäßig nur statthaft, soweit nicht die sachlichrechtlichen Vorschriften über einen Erwerb vom Nichtberechtigten entgegenstehen; doch gilt das für Hypotheken usw, außer bei einem Erwerb in der Zwangsversteigerung. Daher ist die Klausel ohne weiteres zu erteilen, insbesondere bei einem offenkundigen Umgehungsversuch, Köln MDR **72**, 332. Ein solcher Versuch läßt sich freilich kaum schon hier nachweisen. Wenn sich der Rechtsnachfolger auf eine Ausnahme beruft, muß er nach §§ 732, 768 vorgehen. Dann muß der Gläubiger im Prozeß die Bösgläubigkeit des Erwerbers beweisen. Er kann sein Eigentum auch mit einer Klage geltend machen.

31 **4) Voraussetzungen der Klausel, I.** Sie bereiten immer wieder Schwierigkeiten.
**A. Offenkundigkeit; Urkundennachweis.** Die vollstreckbare Ausfertigung ist zu erteilen, wenn die Rechtsnachfolge oder das Besitzverhältnis entweder offenkundig oder durch öffentliche oder öffentlich beglaubigte Urkunden nachgewiesen sind. Die Offenkundigkeit ist wie bei § 291 Rn 4, 5 zu beurteilen, Celle MDR **95**, 1262, Köln FamRZ **94**, 53, Saarbr VersR **89**, 955, großzügiger Oldb Rpfleger **92**, 306 (eine schlüssige Darlegung könne genügen, wenn der Schuldner die Rechtsnachfolge nicht bestreitet), Schlesw JB **93**, 176 (beim Zugeständnis). Ein Geständnis ist wegen Grdz 7 vor § 704 nur außerhalb der Amtsprüfung, Grdz 38 vor § 128, wirksam, Köln MDR **90**, 452, Münzberg NJW **92**, 201, ZöStö 20, aM Baumgärtel Festschrift für Lüke (1997) 3.
Ein Säumnisverfahren nach §§ 330 ff findet nicht statt, Karlsr JB **91**, 275 (anders evtl bei § 731). Zum Begriff der öffentlichen oder öffentlich beglaubigten Urkunde § 415 Rn 3, 4. Es reicht zB eine Erbscheinsabschrift aus, die der Notar als Nachlaßgericht öffentlich beglaubigt hat, LG Mannh Rpfleger **73**, 64. Der bloße Entwurf einer Überleitungsanzeige reicht nicht aus, Stgt FamRZ **81**, 696, ebensowenig eine privatschriftliche Urkunde, zB eine Quittung, FamRZ **87**, 852, Saarbr VersR **89**, 955, oder eine unbeglaubigte Fotokopie, LAG Kiel Rpfleger **89**, 163.
§ 138 III ist schon deshalb *unanwendbar*, weil I einen „Nachweis" nur durch die dort genannten Urkunden zuläßt, § 730 Rn 1, Karlsr Rpfleger **95**, 78, Köln (9. ZS) VersR **94**, 1371, Nürnb MDR **93**, 685, aM Bbg MDR **99**, 57, Köln (20. ZS) VersR **97**, 599 und (26. ZS) Rpfleger **96**, 208.

32 Zuständig ist der *Rechtspfleger*, § 20 Z 12 RPflG, Anh § 153 GVG, LG Darmst WoM **95**, 679. Er prüft lediglich, ob ein vollstreckbarer Titel vorliegt, LG Hann NJW **70**, 436, und ob die vorgelegten Urkunden die Rechtsnachfolge oder den Besitz dartun. Er muß die Offenkundigkeit nach § 291 auch dann prüfen,

wenn der Gläubiger der Umarbeitung zustimmt und sich der Schuldner nicht geäußert hat, Karlsr VersR **96**, 392, Stgt MDR **90**, 1021, aM Brschw JB **93**, 240. Eine Überleitungs- oder Rechtswahrungsanzeige ist nicht (mehr) erforderlich, Rn 9 „Gesetzlicher Forderungsübergang". Bei einer Forderung genügt eine einfache Zahlungsaufstellung zum Nachweis, Düss FamRZ **72**, 402. Wegen der Bescheinigung des Trägers einer Unterhaltsvorschußkasse Hbg FamRZ **82**, 425 und 427, Oldb FamRZ **82**, 953, Stgt FamRZ **93**, 227. § 116 SGB X steht der rückwirkenden Überleitung eines Unterhaltsanspruchs, über den der Unterhaltsberechtigte schon einen Vollstreckungstitel erstritten hat, nicht entgegen, Düss FamRZ **93**, 583. Dieselben Grundsätze gelten beim Übergang wegen Leistungen nach dem BAföG, Stgt FamRZ **95**, 489. Bei einer Rechtsschutzversicherung ist der Anspruchsübergang nicht offenkundig, Karlsr MDR **89**, 363. Dem Pfändungsgläubiger ist eine Klausel nicht beschränkt auf seine Forderung zu erteilen, LAG Drsd JB **96**, 105. Der Gläubiger ist für die Voraussetzungen von I bewpfl, der Schuldner für einen „Verfallsbetrag", Baumgärtel Festschrift für Lüke (1997) 2.

Einwendungen, die *außerhalb* der Urkunde liegen, sind unbeachtlich, etwa der Einwand, der Anspruch sei erloschen, Karlsr OLGZ **77**, 122, Mü Rpfleger **74**, 29, oder die Behauptung, die Summe sei schon vor dem Übergang des Anspruchs auf den Rechtsnachfolger einem Dritten überwiesen worden; wohl aber kann zB ein die Zwangsvollstreckung ausschließendes Urteil nach § 767 beachtlich sein, Ffm FamRZ **98**, 968. Wenn ein Bevollmächtigter des Gläubigers die Forderung abgetreten hat, dann ist durch öffentliche oder öffentlich beglaubigte Urkunden nachzuweisen, daß er im Zeitpunkt der Abtretung wirklich eine Vollmacht hatte. Über den Ersatz des Urkundenbeweises durch eine Offenkundigkeit usw § 726 Rn 5. Wenn mehrere angeblich Berechtigte eine Umschreibung auf sich verlangen, sind sie auf eine Klage zu verweisen, § 731. Am Erfordernis der Offenkundigkeit wird auch meistens der Nachweis des Forderungsübergangs bei einer Befriedigung des Gläubigers durch einen Gesamtschuldner scheitern. Denn die Forderung geht nur bis zur Höhe des Ausgleichsanspruchs über, und dieser muß besonders festgestellt werden.

**33** **B. Rechtsstellung des bisherigen Gläubigers.** Er behält sein Recht auf die Erteilung einer Vollstreckungsklausel solange, bis das Gericht dem Rechtsnachfolger die Klausel erteilt hat, auch zB bei einer Prozeßstandschaft, Grdz 26 vor § 50, BGH **113**, 93. Das gilt sogar dann, wenn die Rechtsnachfolge nach § 291 offenkundig ist, BGH MDR **84**, 385, Bre Rpfleger **87**, 385 (zustm Bischoff/Bobenhausen), Hamm FamRZ **84**, 928 mwN. Ein Streit zwischen dem alten und dem neuen Gläubiger über die Berechtigung muß nach §§ 732, 768 ausgetragen werden.

**34** **5) Erwähnung der Offenkundigkeit, II.** In der Vollstreckungsklausel ist die Offenkundigkeit der Rechtsnachfolge oder des Besitzverhältnisses zu erwähnen. Ein Verstoß hindert den Beginn der Zwangsvollstreckung wegen § 750 II, macht aber die Klausel nicht unwirksam, § 726 Rn 5. Unentbehrlich ist die Bezugnahme auf den Titel, sofern nicht ohnehin klarsteht, welcher Titel gemeint ist.

**35** **6) Rechtsbehelfe, I, II.** Es kommt auf die Entscheidungsrichtung an.
**A. Ablehnung.** Gegen die Ablehnung der Erteilung der Vollstreckungsklausel ist der nach § 11 RPflG, Anh § 153 GVG, mögliche Weg offen, § 104 Rn 41 ff. § 731 ist anwendbar, LG Osnabr JB **91**, 1401.

**36** **B. Erteilung.** Gegen die Erteilung der Klausel kann der Schuldner gemäß § 732 Rn 1, 3 vorgehen.

**37** **7) VwGO:** Entsprechend anwendbar, § 167 I VwGO, in dem in Einf §§ 727–729 Rn 7 bezeichneten Umfang.

## 728 Nacherbe. Testamentsvollstrecker.

**I** ¹Ist gegenüber dem Vorerben ein nach § 326 dem Nacherben gegenüber wirksames Urteil ergangen, so sind auf die Erteilung einer vollstreckbaren Ausfertigung für und gegen den Nacherben die Vorschriften des § 727 entsprechend anzuwenden.

**II** ¹Das gleiche gilt, wenn gegenüber einem Testamentsvollstrecker ein nach § 327 dem Erben gegenüber wirksames Urteil ergangen ist, für die Erteilung einer vollstreckbaren Ausfertigung für und gegen den Erben. ²Eine vollstreckbare Ausfertigung kann gegen den Erben erteilt werden, auch wenn die Verwaltung des Testamentsvollstreckers noch besteht.

**1** **1) Systematik, Regelungszweck, I, II.** Vgl zunächst Einf 1, 2 vor §§ 727–729, § 277 Rn 1. § 728 nennt innerhalb der Gruppe von Rechtsnachfolgen zwei gegenüber § 727 vorrangige Sonderfälle. Ergänzend sind §§ 730, 731 zu beachten. § 729 ist als Sondervorschrift eng auszulegen.

**2** **2) Nacherbe, I.** Die Vorschrift betrifft den Fall, daß gegen einen Vorerben ein Urteil ergangen ist, das nach § 326 gegen den Nacherben wirkt.
**A. Nachlaßverbindlichkeit.** Das Urteil kann einen Anspruch betreffen, der sich gegen den Vorerben als Erben richtet, also eine Nachlaßverbindlichkeit, § 326 I. Dieses Urteil wirkt nur für den Nacherben und nur nach seiner Rechtskraft, § 322. Der Rpfl darf daher keine Klausel für einen Nachlaßgläubiger gegen den Nacherben erteilen.

**3** **B. Gegenstand der Nacherbfolge.** Das Urteil kann auch einen Gegenstand betreffen, der der Nacherbfolge unterliegt, § 326 I, II. Dieses Urteil wirkt mit seiner Rechtskraft für den Nacherben. Gegen den Nacherben wirkt das Urteil zwar nur dann, wenn der Vorerbe ein Verfügungsrecht hat, dann aber auch vor seiner Rechtskraft. Der Rpfl muß dann, wenn er auf Grund des Urteils eine Vollstreckungsklausel erteilen soll, ein solches Verfügungsrecht prüfen. Er darf aber keinen urkundlichen Nachweis verlangen. Die Zuständigkeit des Rpfl ergibt sich aus § 20 Z 12 RPflG, Anh § 153 GVG.

**4** **3) Testamentsvollstrecker, II.** Darüber, wann ein gegen den Erben erlassenes Urteil gegen den Testamentsvollstrecker wirkt, § 327 Rn 7. Eine vollstreckbare Ausfertigung für den Erben ist erst nach der Beendigung der Verwaltung des Testamentsvollstreckers zulässig, § 2212 BGB, KG RR **87**, 3 (auch zum

1. Abschnitt. Allgemeine Vorschriften §§ 728–730

Verstoß). Gegen den Erben darf immer eine vollstreckbare Ausfertigung erteilt werden. Denn der Erbe kann seine Haftungsbeschränkung nach § 780 II auch dann geltend machen, wenn ein Vorbehalt fehlt. Nachzuweisen ist die Stellung als Erbe; bei Erteilung der Klausel für den Erben ist auch die Beendigung der Testamentsvollstreckung nachzuweisen. Zuständig ist der Rpfl, § 20 Z 12 RPflG, Anh § 153 GVG.

**4) VwGO:** Entsprechend anwendbar, § 167 I VwGO, in dem in Einf §§ 727–729 Rn 7 bezeichneten Umfang. 5

**729** *Vermögens- und Firmenübernehmer.* ¹Hat jemand das Vermögen eines anderen durch Vertrag mit diesem nach der rechtskräftigen Feststellung einer Schuld des anderen übernommen, so sind auf die Erteilung einer vollstreckbaren Ausfertigung des Urteils gegen den Übernehmer die Vorschriften des § 727 entsprechend anzuwenden.

II Das gleiche gilt für die Erteilung einer vollstreckbaren Ausfertigung gegen denjenigen, der ein unter Lebenden erworbenes Handelsgeschäft unter der bisherigen Firma fortführt, in Ansehung der Verbindlichkeiten, für die er nach § 25 Abs. 1 Satz 1, Abs. 2 des Handelsgesetzbuchs haftet, sofern sie vor dem Erwerb des Geschäfts gegen den früheren Inhaber rechtskräftig festgestellt worden sind.

**1) Systematik, Regelungszweck, I, II.** Vgl zunächst Einf 1, 2 vor §§ 727–729, § 727 Rn 1. § 729 1 nennt innerhalb der Gruppe von Rechtsnachfolgen zwei gegenüber § 727 weitere vorrangige Sonderfälle. Ergänzend sind §§ 730, 731 zu beachten. Auch § 729 ist als Sondervorschrift eng auszulegen.

**2) Vermögensübernahme, I.** Eine vertragliche Übernahme des gesamten Vermögens bewirkt eine 2 Gesamthaftung des Übernehmers neben dem alten Schuldner für dessen Schulden, § 419 BGB. Darum läßt I eine Vollstreckungsklausel gegen den Übernehmer zu, sofern die Schuld vor der Übernahme nach § 705 rechtskräftig festgestellt worden ist, Hamm MDR 92, 1002. Bei einem Titel, der keiner Rechtskraft nach § 322 fähig ist, entscheidet der Zeitpunkt seiner Entstehung. Bei einem einzigen Gegenstand muß der Gläubiger beweisen, daß der Erwerber wußte, daß der Gegenstand zumindest fast das gesamte Vermögen darstellte, Düss RR 93, 959. Die Haftungsbeschränkung aus § 419 II BGB ist nach §§ 786, 781, 785 geltend zu machen; bei der Erteilung der Vollstreckungsklausel ist sie unbeachtlich. Die Vollstreckungsabwehrklage ist ohne die Einschränkung des § 767 II und vor der Rechtskraft des Urteils im Vorprozeß zulässig, BGH NJW 87, 2863. Denn die Rechtskraft wirkt nicht gegenüber dem Übernehmer, § 325 Rn 7.

Statt der Umschreibung ist *Leistungsklage* zulässig, Grdz 8 vor § 253, Hüffer ZZP 85, 238. Die Klausel darf auch gegen den alten Schuldner erteilt werden. Eine gegen den neuen Schuldner erteilte Klausel muß die Gesamthaftung erwähnen. Auf den Erbschaftskauf nach § 2382 BGB ist I sinngemäß anzuwenden. I ist bei einem Verzicht auf den Anteil an einer fortgesetzten Gütergemeinschaft unanwendbar. Zuständig ist der Rpfl, § 20 Z 12 RPflG, Anh § 153 GVG.

**3) Geschäftsfortführung, II.** Man muß zwei Anwendungsbereiche beachten. 3

**A. Direkte Anwendbarkeit.** Wer ein unter Lebenden erworbenes Handelsgeschäft unter der bisherigen Firma fortführt, haftet im Rahmen des § 25 I, II HGB neben dem alten Inhaber für die Geschäftsschulden. Darum ist die Vollstreckungsklausel gegen den alten, aber auch gegen den neuen Inhaber zu erteilen, sofern der Anspruch vor dem Erwerb des Handelsgeschäfts rechtskräftig festgestellt worden ist, Köln RR 94, 1118. Dabei ist unerheblich, ob das Urteil gegen die Firma oder gegen den Inhaber persönlich lautet. Der Nachweis des Erwerbs und der Fortführung erfolgt durch einen Auszug aus dem Handelsregister.

Der *Ausschluß der Haftung* aus §§ 25 II, 28 II HGB darf nicht berücksichtigt werden. Der Erwerber muß ihn nach §§ 768, 732 geltend machen. Bei einer Übernahme des Handelsgeschäfts vor der Rechtskraft des Urteils oder im Falle des § 25 III HGB ist eine neue Klage gegen den Übernehmer nötig, Baumgärtel DB 90, 1908. Für die Vollstreckungsabwehrklage nach § 767 oder eine Leistungsklage, Grdz 8 vor § 253, gilt das in Rn 1 Ausgeführte. In der Vollstreckungsklausel ist die Gesamthaftung zu vermerken. Zuständig ist der Rpfl, § 20 Z 12 RPflG, Anh § 153 GVG.

**B. Entsprechende Anwendbarkeit.** II ist evtl entsprechend anwendbar, aM Köln RR 94, 1118. Das 4 gilt zB dann, wenn ein Dritter als persönlich haftender Gesellschafter als Kommanditist in das Geschäft eines Einzelkaufmanns eintritt, falls der Eintritt nach der Rechtskraft erfolgt, Eickmann Rpfleger 74, 260. Denn die Fälle liegen gleich, § 28 HGB. Dabei ist beim Kommanditisten die Beschränkung seiner Haftung summenmäßig anzugeben. II gilt ferner entsprechend, wenn zu mehreren Gesellschaftern ein weiterer Gesellschafter hinzutritt und falls das Urteil auch gegen die Gesellschaft ergangen ist. Zuständig ist der Rpfl, § 20 Z 12 RPflG, Anh § 153 GVG.

**4) VwGO:** Entsprechend anwendbar, § 167 I VwGO, in dem in Einf §§ 727–729 Rn 7 bezeichneten Umfang. 5

**730** *Schuldneranhörung.* In den Fällen des § 726 Abs. 1 und der §§ 727 bis 729 kann der Schuldner vor der Erteilung der vollstreckbaren Ausfertigung gehört werden.

**Schrifttum:** *Clemens,* Zu den Wirkungen von Geständnis, Nichtbestreiten und Anerkenntnis im Klauselerteilungsverfahren, 1996.

**1) Systematik, Regelungszweck.** In den Fällen §§ 726 I, 727–729 gibt die Vorschrift zwecks Vereinfachung und Beschleunigung einerseits, Grdz 12, 14 vor § 128, aber auch zwecks Wahrung des Prozeßgrundrechts des rechtlichen Gehörs andererseits, Art 103 I GG, Einl III 16, eine verfahrensmäßige Sonderregel. 1

Dabei entscheidet der Rpfl selbständig, § 20 Z 12 RPflG, Anh § 153 GVG, § 724 Rn 6, Kblz NJW **92**, 379, Zweibr MDR **97**, 593. Eine mündliche oder schriftliche Anhörung des Schuldners ist zulässig, aber nicht notwendig, § 128 Rn 10, es sei denn, das pflichtgemäße Ermessen („kann") gebietet die Anhörung vor einer Verweigerung der Ausfertigung, Hamm Rpfleger **91**, 161 (im Ergebnis zustm Münzberg), LG Mü Rpfleger **97**, 394. Die Entscheidung erfolgt durch einen Beschluß, § 329. Er ist zu begründen, § 329 Rn 4. Er wird verkündet, § 329 I 1, oder formlos zugestellt, § 329 II 1 (kein befristetes Rechtsmittel und für sich allein auch kein Vollstreckungstitel, § 329 III). Die erforderliche Unterschrift braucht zwar nicht lesbar zu sein, muß aber einen individuellen Schriftzug mit charakteristischen Merkmalen aufweisen, § 129 Rn 9, BGH DNotZ **70**, 595, AG Bre DGVZ **81**, 62.

Die Anhörung des Schuldners hat *nicht* zur Folge, daß *§ 138 III* anwendbar ist, soweit es um den „Nachweis" nach § 727 geht, denn er ist nur durch die in § 727 I genannten Urkunden zu führen, dort Rn 11, 31, ferner § 732 Rn 4, Hamm Rpfleger **94**, 73, Köln MDR **93**, 380, Oldb Rpfleger **92**, 490, aM Kblz MDR **97**, 884, Köln (2. ZS) JB **95**, 94, LG Mainz MDR **95**, 1266.

*Gebühren*: Des Gerichts: keine; des Anwalts: §§ 57, 58 II Z 1 BRAGO.

**2**  **2) Rechtsbehelfe.** Es sind drei Situationen zu unterscheiden.

**A. Entscheidung des Rechtspflegers.** Gegen die Entscheidung des Rpfl haben der Gläubiger nach § 11 RPflG, Anh § 153 GVG, der Schuldner nach derselben Vorschrift in Verbindung mit § 732 die in § 104 Rn 41 ff für den dortigen Zusammenhang dargestellten hier ebenso in Betracht kommenden Möglichkeiten. Die Entscheidung erfolgt durch einen Beschluß, § 329, der grundsätzlich zu begründen ist, § 104 Rn 15, § 329 Rn 4, Ffm Rpfleger **78**, 105, falls der Rechtsbehelf einen neuen Sachvortrag enthält (sonst wird die Sache an den Amtsrichter zurückverwiesen), LG Mannh ZMR **72**, 284.

**3**  **B. Entscheidung des Richters.** Gegen die Entscheidung des Richters, gegebenenfalls des Familienrichters, Köln Rpfleger **79**, 28, ist einfache Beschwerde zulässig, § 567 I. Denn die Entscheidung ist keine Maßnahme der Zwangsvollstreckung, Grdz 51 vor § 704, Bre FamRZ **80**, 725, Köln Rpfleger **79**, 28, LG Mannh ZMR **72**, 284. Der Gläubiger kann die Beschwerde freilich nur dann einlegen, wenn das Gericht die Erteilung der vollstreckbaren Ausfertigung versagt hat. Die Beschwerde ist unzulässig, wenn das LG als Berufungs- oder Beschwerdegericht, § 567 III 1, oder das OLG entschieden hat. § 567 IV 1. Wegen einer Anschlußbeschwerde § 577 a. Eine weitere Beschwerde ist unstatthaft, § 568 II 1.

**4**  **C. Klage bei Aufhebung der Vollstreckungsklausel.** Wenn das Beschwerdegericht eine erteilte Vollstreckungsklausel aufhebt, ist § 731 anwendbar, sofern dessen Voraussetzungen im übrigen vorliegen.

**5**  **3) VwGO:** Entsprechend anwendbar, § 167 I VwGO, in dem in Einf §§ 727–729 Rn 7 bezeichneten Umfang. Rechtsbehelfe, oben Rn 2ff, sind der Antrag auf gerichtliche Entscheidung, § 151 VwGO, und weiter ggf Beschwerde, §§ 146ff VwGO, soweit sie nicht ausgeschlossen ist, § 252 Rn 7.

## 731 Klage auf Vollstreckungsklausel.
Kann der nach dem § 726 Abs. 1 und den §§ 727 bis 729 erforderliche Nachweis durch öffentliche oder öffentlich beglaubigte Urkunden nicht geführt werden, so hat der Gläubiger bei dem Prozeßgericht des ersten Rechtszuges aus dem Urteil auf Erteilung der Vollstreckungsklausel Klage zu erheben.

**Schrifttum:** S bei § 730.

**1**  **1) Systematik, Regelungszweck.** Bisweilen kann der Gläubiger einen Nachweis, den er nach §§ 726 I, 727–729 führen muß, nicht durch öffentliche oder öffentlich beglaubigten Urkunden erbringen. Dann hilft § 731, Ffm JB **97**, 497, dem gegenüber beim Vollstreckungsbescheid, §§ 699, 700, die vorrangige Sonderregelung des § 796 gilt. Er ermöglicht dem Gläubiger eine Klage. Sie lautet nicht „auf die Erteilung der Vollstreckungsklausel". Denn der Schuldner kann die Vollstreckungsklausel gar nicht erteilen, so auch Wüllenkemper Rpfleger **89**, 88. Sie lautet vielmehr auf eine Feststellung, daß die Vollstreckungsklausel zu erteilen sei. Die Klage ist also keine Leistungsklage, aber auch keine Gestaltungsklage, sondern eine Feststellungsklage, Grdz 9 vor § 253, § 256, ThP 1, Wüllenkemper Rpfleger **89**, 89, ZöStö 4, aM StJSchu 52 vor § 253. Das Gericht stellt rechtsbezeugend fest, daß die Voraussetzungen einer Erteilung der Vollstreckungsklausel vorliegen, BGH **72**, 28. Der Rpfl ist an diese Feststellung gebunden; er und nicht der Urkundsbeamte der Geschäftsstelle muß die Klausel erteilen, RoGSch § 17 II 2 c, StJM 7, Wüllenkemper Rpfleger **89**, 91, aM Napierala Rpfleger **89**, 493, ThP 9, ZöStö 6.

**2**  **2) Voraussetzungen.** Da es sich um eine Feststellungsklage handelt, Rn 1, müssen die Voraussetzungen des § 256 I erfüllt sein. Das rechtliche Interesse an einer alsbaldigen Feststellung, § 256 Rn 21, das Rechtsschutzbedürfnis, Grdz 33 vor § 253, Brschw MDR **95**, 95, LG Bln JB **95**, 219 (Wahlrecht des Rechtsschutzversicherers), fehlt, wenn §§ 726–729 zu demselben Ziel führen würden. Der Rpfl muß also die Erteilung der Klausel abgelehnt haben, zB wegen einer Bedingung, § 726 Rn 6, von Wintersheim MDR **99**, 978. Das Rechtsschutzbedürfnis ist auch meist nur dann gegeben, wenn das Gericht die Entscheidung des Rpfl auf eine Erinnerung hin bestätigt hat, § 730 Rn 2. Eine Beschwerdeentscheidung, § 730 Rn 3, braucht nicht ergangen zu sein. Der Gläubiger braucht nicht darzulegen, daß er die Urkunden nicht beschaffen könne. Er braucht nur darzutun, daß er sie nicht besitze und sie nur unter erheblichen Schwierigkeiten beschaffen könne. Fehlt eine Voraussetzung der Klage, so muß sie durch ein Prozeßurteil als unzulässig abgewiesen werden, Grdz 14 vor § 253. Die Klage ist als Widerklage, Anh § 253, gegenüber einer Klage aus § 768 zulässig. Die Möglichkeit einer Klage nach § 731 beseitigt nicht das Rechtsschutzbedürfnis für eine neue Klage gegen einen Vermögensübernehmer aus dem zugrundeliegenden Rechtsverhältnis, BGH NJW **87**, 2863.

**3**  **3) Zuständigkeit.** Ausschließlich zuständig, § 802, ist dasjenige Prozeßgericht, das in der Sache erstinstanzlich erkannt hat, evtl also ein ArbG, oder nach einer Klagänderung, § 263, auch das Berufungsgericht.

1. Abschnitt. Allgemeine Vorschriften §§ 731, 732

Wenn es sich um einen Vollstreckungsbescheid handelt, § 700, ist nach § 796 III dasjenige AG zuständig, das für ein angeschlossenes streitiges Verfahren gemäß §§ 696 I 1, 692 I Z 1 oder gemäß § 696 V 2 zuständig war oder gewesen wäre, § 796 Rn 2. Bei einer vollstreckbaren Urkunde, § 794 I Z 5, ist das Gericht des allgemeinen Gerichtsstands des Schuldners zuständig, §§ 12 ff, notfalls dasjenige des Gerichtsstands des Vermögens, § 797. Bei einem Schiedsspruch ist das Staatsgericht der ersten Instanz zuständig. Auch die Kammer für Handelssachen kann zuständig sein. Im übrigen muß nicht dieselbe Kammer oder Abteilung tätig werden, die nach dem damaligen Geschäftsverteilungsplan zur Sachentscheidung zuständig war. Zuständig ist ferner das AG der Festsetzungsbehörde, § 25 II WAG.

**4) Verfahrensablauf.** Die Klage leitet einen neuen, ganz selbständigen Prozeß ein, BGH NJW 87, 2863, **4** und erzeugt selbständige Wirkungen. Die Prozeßvollmacht des Hauptprozesses dauert fort, § 81. Deshalb muß die Klage dem damaligen ProzBev zugestellt werden, § 178. Das Verfahren verläuft wie bei einer sonstigen Klage, §§ 272 ff. Ein Urkundenprozeß nach §§ 592 ff ist unstatthaft. Alle Beweismittel nach §§ 371 ff sind zugelassen. Eine Säumnis ist wie sonst zu beurteilen, §§ 330 ff, Karlsr JB **91**, 275 (nicht auf §§ 727–730 übertragbar!). Ein Anerkenntnis, § 307, und ein Geständnis, § 288, sind wirksam, § 726 Rn 5. Darum ist auch § 93 anwendbar. Denn der Bekl hatte ausreichende Gelegenheit, die Erteilung der Vollstreckungsklausel durch den Rpfl zu ermöglichen, falls der Rpfl ihm Gelegenheit gegeben hatte, sich dazu zu äußern, Hamm Rpfleger **91**, 161 (zustm Münzberg).

**5) Einwendungen.** Es gibt Regeln zum Ob und Wann. **5**

**A. Voraussetzungen.** Statthaft sind Einwendungen, die die Zulässigkeit der Vollstreckungsklausel nach §§ 724 ff, 732 betreffen; statthaft sind auch Einwendungen, die den Urteilsanspruch selbst betreffen, nur im Rahmen der §§ 732, 767 II, BGH NJW **87**, 2863. Derartige Einwendungen sind bei einer vollstreckbaren Urkunde unbeschränkt zulässig, § 797 IV.

**B. Vorbringen.** Die Einwendungen nach Rn 5 müssen im Prozeß vorgebracht werden, wenn sie nicht **6** verloren gehen sollen. Auch eine Beschränkung der Erbenhaftung muß hier geltend gemacht werden, denn auch in diesem Fall wird der Bekl „als Erbe des Schuldners" verurteilt, § 780.

**6) Urteil.** Seine Fassung bedingt (mit) seine Wirkung. **7**

**A. Fassung.** Das Urteil lautet: „Die Vollstreckungsklausel zu dem Urteil des ... gegen ... ist zulässig". Wenn daraufhin die Vollstreckungsklausel erteilt wird (zur Zuständigkeit § 724 Rn 6), so sollte dieses Urteil in ihr erwähnt werden. Notwendig ist diese Erwähnung aber nicht, § 726 Rn 5. Das Urteil ist unter denselben Voraussetzungen wie ein Leistungsurteil, nicht wie ein sonstiges Feststellungsurteil, vorläufig vollstreckbar.

**B. Wirkung.** Die Rechtskraft des Urteils wirkt wie folgt: Bei einer Verurteilung wird der Bekl mit den **8** Einwendungen aus § 732, der Möglichkeit aus § 768 und mit denjenigen sachlichrechtlichen Einwendungen ausgeschlossen, die er bis zum Schluß der mündlichen Verhandlung geltend machen konnte, Rn 5. Bei einer Abweisung wird der Kläger mit den vorgebrachten Gründen ausgeschlossen. Die Klausel kann aber auf neue Gründe hin erteilt werden.

**7) VwGO:** Entsprechend anwendbar, § 167 I VwGO, in dem in Einf §§ 727–729 Rn 7 bezeichneten Umfang. **9**

---

**732** *Einwendungen gegen die Zulässigkeit der Vollstreckungsklausel.* [1] ¹Über Einwendungen des Schuldners, welche die Zulässigkeit der Vollstreckungsklausel betreffen, entscheidet das Gericht, von dessen Geschäftsstelle die Vollstreckungsklausel erteilt ist. ²Die Entscheidung kann ohne mündliche Verhandlung ergehen.

II Das Gericht kann vor der Entscheidung eine einstweilige Anordnung erlassen; es kann insbesondere anordnen, daß die Zwangsvollstreckung gegen oder ohne Sicherheitsleistung einstweilen einzustellen oder nur gegen Sicherheitsleistung fortzusetzen sei.

**Schrifttum:** *Borkam*, Erinnerung und Klage bei qualifizierten vollstreckbaren Ausfertigungen, 1989.

**Gliederung**

| | | | |
|---|---|---|---|
| 1) Systematik, Regelungszweck, I, II .... | 1, 2 | 4) Rechtsbehelfe, I, II .................... | 7–10 |
|   A. Förmliche Einwendung ............. | 1 |   A. Gegen Entscheidung des Rechtspflegers nach I ...................... | 7 |
|   B. Sachliche Einwendung gegen den Anspruch ............................ | 2 |   B. Gegen Entscheidung des Richters nach I ........................... | 8 |
|   C. Sachliche Einwendung gegen die Klausel .............................. | 2 |   C. Gegen Entscheidung des Rechtspflegers nach II ..................... | 9 |
| 2) Verfahren, I .......................... | 3–5 |   D. Gegen Entscheidung des Richters nach II ........................... | 10 |
|   A. Voraussetzungen ................... | 3 | 5) VwGO ............................... | 11 |
|   B. Antrag usw ........................ | 4 | | |
|   C. Entscheidung ...................... | 5 | | |
| 3) Einstweilige Anordnung, II ............ | 6 | | |

**1) Systematik, Regelungszweck, I, II.** Die Vorschrift stellt für alle Arten von Vollstreckungsklauseln, **1** §§ 724–731, eine von sonstigen System der Rechtsbehelfe gegen Entscheidungen des Rpfl, § 11 RPfG, Anh § 153 GVG, abweichende, im Interesse der Rechtssicherheit eine zwingende, eng auszulegende vorrangige Sonderregelung dar, Münzberg Rpfleger **91**, 210. II ist verschiedentlich entsprechend anwendbar, zB nach §§ 765 a I 2, 813 b I 2. Wegen der Ablehnung der Erteilung der Vollstreckungsklausel § 727 Rn 15.

Hartmann 1793

**§ 732**     8. Buch. Zwangsvollstreckung

Der Schuldner kann beim Fehlen der Klausel, Köln NJW **97**, 1451, und gegen eine erteilte Vollstreckungsklausel die folgenden Einwendungen haben.

**A. Förmliche Einwendung.** Er bestreitet zB das Vorliegen eines wirksamen, BGH RR **90**, 247, bzw eines vollstreckbaren Titels, Zweibr FamRZ **85**, 1071, oder den Nachweis der Rechtsnachfolge nach § 727. Dann kann er nur nach § 732 vorgehen. Hamm Rpfleger **89**, 467 gibt dem Schuldner (auch) die Erinnerung nach § 766, soweit der funktionell unzuständige Urkundsbeamte der Geschäftsstelle bei § 726 die Klausel erteilt hat.

**2**    **B. Sachliche Einwendung gegen den Anspruch.** Die Einwendungen können gegen den vollstreckbaren Anspruch gehen. Dafür gibt es nicht den Weg nach § 732, Oldb FamRZ **90**, 899, sondern nur die Vollstreckungsabwehrklage, § 767, Düss Rpfleger **77**, 67, Mü FamRZ **90**, 653. Diese Klage schließt ein Verfahren nach § 732 unter dessen Voraussetzungen nicht aus.

**C. Sachliche Einwendung gegen die Klausel.** Wenn der Vollstreckungstitel nur unter einer Bedingung oder nur für oder gegen einen anderen als in ihm Bezeichneten vollstreckbar ist, dann hat der Schuldner neben der Vollstreckungsabwehrklage des § 768, LAG Hbg DB **83**, 724, aM BAG DB **88**, 660, die Möglichkeit, nach § 732 vorzugehen, Düss FamRZ **78**, 418. Dasselbe gilt beim Fehlen der Klausel, Köln NJW **97**, 1451. Eine rechtskräftige Entscheidung nach § 768 räumt die Einwendungen aus § 732 aus, nicht aber umgekehrt. Wenn die Vollstreckungsklausel gegen den Erwerber umgeschrieben wurde und wenn die Zwangsvollstreckung aus ihr durchgeführt worden ist, wird die Klage des Erwerbers nicht schon deshalb ausgeschlossen, weil die Rechte aus §§ 732, 768 nicht wahrgenommen wurden. Der Schuldner kann die Rückgabe der Vollstreckungsklausel nicht erzwingen.

**3**    **2) Verfahren, I.** Zu mehreren Voraussetzungen muß ein Antrag treten.

**A. Voraussetzungen.** § 732 bezieht sich nur auf Einwendungen des Schuldners; wegen Einwendungen des Gläubigers § 724 Rn 13. Die Vollstreckungsklausel muß bereits erteilt worden sein, wenn auch vielleicht erst auf Anordnung des Gerichts oder des Beschwerdegerichts. Die Zwangsvollstreckung braucht noch nicht im Sinn von Grdz 51 vor § 704 begonnen zu haben, Köln FamRZ **85**, 626. Sie darf aber noch nicht im Sinn von Grdz 52 vor § 704 beendet sein. Die Eintragung einer Zwangshypothek nach § 867 beendet die Zwangsvollstreckung noch nicht. Die Wirksamkeit der Vollstreckungsklausel ist keine Voraussetzung eines Antrags nach § 732. Denn auch aus einer unwirksamen, etwa nicht unterschriebenen Klausel können nachteilige Folgen entstehen. Noch weniger ist es notwendig, daß die Voraussetzungen der Erteilung der Klausel vorlagen. Denn sie sind nicht Voraussetzungen der Zwangsvollstreckung. Da die Vollstreckungsklausel bis zur Beendigung der Zwangsvollstreckung zulässig sein muß, genügt es, daß ihre Zulässigkeit im Laufe des Verfahrens entfällt, etwa wegen einer Klagerücknahme nach § 269.

**4**    **B. Antrag usw.** Der Schuldner muß einen Antrag stellen. Dieser kann schriftlich oder zu Protokoll der Geschäftsstelle eingereicht werden. Es besteht kein Anwaltszwang, § 78 III. Zuständig ist dasjenige Gericht, dessen Urkundsbeamter bzw Rpfl die Vollstreckungsklausel erteilt hat. Dieses Gericht ist auch dann zuständig, wenn gegen seine damalige Zuständigkeit Einwendungen erhoben werden. Zuständig kann auch das FamGer sein, Düss FamRZ **78**, 428. Eine mündliche Verhandlung ist zulässig, aber nicht notwendig, § 128 Rn 10. Zu entscheiden ist darüber, ob die Klausel nunmehr zulässig ist, nicht darüber, ob sie im Zeitpunkt ihrer Erteilung durch den Urkundsbeamten bzw Rpfl zulässig war, KG RR **87**, 4. Mängel lassen eine Behebung zu. § 138 III ist unanwendbar, § 727 Rn 11, 31, § 730 Rn 1. Zum Geständnis, § 288, und zum Anerkenntnis nach § 307 Münzberg NJW **92**, 201 (ausf).

**5**    **C. Entscheidung.** Sie ergeht durch einen Beschluß, § 329. Er lautet auf eine Zurückweisung des Antrags oder auf eine Aufhebung der Vollstreckungsklausel, Düss VHR **97**, 111 (läßt auch Erklärung der Zwangsvollstreckung als unzulässig zu). Wenn die Klausel nur teilweise unzulässig ist, darf das Gericht sie einschränken. Darin liegt keine neue Klauselerteilung. Die Entscheidung ist grundsätzlich zu begründen, § 329 Rn 4. Sie ist dem Antragsteller formlos mitzuteilen, Rn 6.

*Gebühr:* Des Gerichts: keine; des Anwalts: §§ 57, 58 III Z 1 BRAGO.

**6**    **3) Einstweilige Anordnung, II.** Sie ist ebensowenig wie eine zeitweilige Einstellung der Zwangsvollstreckung eine einstweilige Verfügung, Grdz 49 vor § 704. Eine einstweilige Anordnung ist evtl deshalb notwendig, weil die Einwendung nicht aufschiebend wirkt. Ihr Inhalt ist vor allem eine einstweilige Einstellung der Zwangsvollstreckung oder eine Anordnung, § 108, oder die Anordnung, daß die Zwangsvollstreckung nur gegen eine Sicherheitsleistung fortgesetzt werden darf. Im Wege einer einstweiligen Anordnung darf die Zwangsvollstreckung aber keineswegs ganz aufgehoben werden, weil die Folgen unberechenbar wären. Die einstweilige Anordnung ergeht auf einen Antrag oder von Amts wegen. Sie ergeht als Beschluß, § 329. Sie ist zu begründen, § 329 Rn 4. Sie ist formlos mitzuteilen, Rn 7.

**7**    **4) Rechtsbehelfe, I, II.** Es sind vier Arten von Entscheidungen zu trennen.

**A. Gegen Entscheidung des Rechtspflegers nach I.** Es gilt § 11 RPflG, Anh § 153 GVG, vgl § 104 Rn 41 ff. Zuständig sind Rpfl bzw Richter des Vollstreckungsgerichts, §§ 764, 802. In einer Familiensache, §§ 606 ff, sind der Rpfl des Familiengerichts bzw sein Richter zuständig, Hbg FamRZ **81**, 980. Soweit der Rpfl lediglich eine Kostenentscheidung gar nicht oder falsch getroffen ist, ist wegen § 99 I eine Vorlage an das Rechtsmittelgericht grundsätzlich unzulässig, Düss MDR **90**, 62.

**8**    **B. Gegen Entscheidung des Richters nach I.** Wenn der Richter den Antrag des Schuldners *zurückgewiesen* hat, hat dieser einfache Beschwerde, § 567 I, weil die Entscheidung des Gerichts keine Maßnahme der Zwangsvollstreckung darstellt, Grdz 51 vor § 704, BVerfG NJW **97**, 2168, BayObLG JB **96**, 272, Zweibr FamRZ **85**, 1071. Die Beschwerde ist unzulässig, soweit das LG als Berufungs- oder Beschwerdegericht, § 567 III 1, oder das OLG entschieden hat, § 567 IV 1. Wegen einer Anschlußbeschwerde, § 577 a. Die weitere Beschwerde ist unstatthaft, § 568 II 1, BayObLG JB **96**, 272, Köln JB **95**, 388.

Wenn der Richter dem Antrag *stattgegeben* hat, hat der Gläubiger einfache Beschwerde, § 567 I, weil ihm die Vollstreckungsklausel verweigert worden ist, Hamm Rpfleger **90**, 287 (krit Münzberg Rpfleger **91**, 210).

Dasselbe gilt, wenn das Beschwerdegericht das Amtsgericht angewiesen hatte, die Klausel aufzuheben, Hamm Rpfleger **90**, 287 (krit Münzberg Rpfleger **91**, 210).

**C. Gegen einstweilige Anordnung des Rechtspflegers nach II.** Da gegen diejenige des Richters kein **9** Rechtsbehelf statthaft wäre, Rn 8, ist die sofortige Erinnerung gegeben, § 11 II 1 RPflG, Anh § 153 GVG. Zum Verfahren § 104 Rn 69 ff.

**D. Gegen Entscheidung des Richters nach II.** Gegen eine zurückweisende oder stattgebende Ent- **10** scheidung des Richters nach II gibt es kein Rechtsmittel, obwohl eine dem § 707 II vergleichbare Vorschrift fehlt. Denn die Rechtslage ist mit der dortigen gleich, Hbg JB **77**, 1462, Köln Rpfleger **96**, 324, Künkel MDR **89**, 312. Eine Entscheidung nach I macht eine einstweilige Anordnung nach II ohne weiteres unwirksam.

5) **VwGO:** Entsprechend anwendbar, § 167 I VwGO, in dem in § 724 Rn 14 bezeichneten Umfang. Rechtsbehelf **11** gegen Beschlüsse nach I ist die Beschwerde, §§ 146 ff VwGO, soweit sie nicht gesetzlich ausgeschlossen ist, zB nach § 80 AsylVfG oder § 37 VermG, § 252 Rn 7. Eine einstw AnO, II, ist unanfechtbar, oben Rn 10.

**733** **Weitere vollstreckbare Ausfertigung.** ¹ Vor der Erteilung einer weiteren vollstreckbaren Ausfertigung kann der Schuldner gehört werden, sofern nicht die zuerst erteilte Ausfertigung zurückgegeben wird.

II Die Geschäftsstelle hat von der Erteilung der weiteren Ausfertigung den Gegner in Kenntnis zu setzen.

III Die weitere Ausfertigung ist als solche ausdrücklich zu bezeichnen.

### Gliederung

| | |
|---|---|
| 1) Systematik, Regelungszweck, I–III ... 1 | 5) Rechtsbehelfe des Schuldners, I–III ... 8 |
| 2) Voraussetzungen, I–III ................. 2 | 6) Rechtsbehelfe des Gläubigers, I–III ... 9 |
| 3) Beispiele zur Frage einer weiteren Ausfertigung, I–III ............ 3–6 | 7) VwGO ................................. 10 |
| 4) Verfahren, I–III ....................... 7 | |

**1) Systematik, Regelungszweck, I–III.** Die Vorschrift ergänzt §§ 727–732. Sie wird ihrerseits durch **1** § 734 ergänzt. § 733 soll zunächst dem Gläubiger in den (seltenen) Fällen der Notwendigkeit mehrerer gleichzeitiger Vollstreckungsversuche an verschiedenen Orten dienen, insofern auch Stgt RR **90**, 126. Die Vorschrift soll aber in erster Linie den Schuldner gegen eine unberechtigte mehrfache Zwangsvollstreckung aus demselben Titel schützen, Ffm RR **88**, 512, Köln Rpfleger **94**, 173, Saarbr AnwBl **81**, 161, aM Stgt RR **90**, 126. Darum läßt die Vorschrift die freie Erteilung einer weiteren vollstreckbaren Ausfertigung an dieselbe „Seite" (Partei oder Rechtsnachfolger) nur dann zu, wenn die erste Ausfertigung zurückgegeben wird oder nicht mehr zur Vollstreckung verwendet werden kann, Ffm RR **88**, 512.

**2) Voraussetzungen, I–III.** Voraussetzung ist natürlich außerdem, daß eine weitere vollstreckbare Aus- **2** fertigung überhaupt gerechtfertigt wäre. § 797 III steht dem nicht entgegen. Doch darf der Rpfl auch sonst evtl eine weitere vollstreckbare Ausfertigung erteilen, § 20 Z 12, 13 RPflG, Anh § 153 GVG. Er muß aber stets prüfen, ob der Gläubiger für eine weitere vollstreckbare Ausfertigung ein Rechtsschutzbedürfnis hat, Grdz 33 vor § 253, KG FamRZ **85**, 628, Köln MDR **89**, 1111, LG Zweibr DGVZ **91**, 13, aM Stgt Rpfleger **80**, 304. Durch eine weitere vollstreckbare Ausfertigung darf dem Schuldner kein Nachteil drohen, Ffm RR **88**, 512, Hamm Rpfleger **79**, 431.

**3) Beispiele zur Frage einer weiteren Ausfertigung, I–III** **3**
**Abtretung:** Rn 6 „Teilabtretung".
**Aushändigung an Schuldner:** Eine weitere Ausfertigung ist zu erteilen, wenn der Gläubiger oder der Gerichtsvollzieher die erste Ausfertigung dem Schuldner, insbesondere versehentlich, ausgehändigt haben, obwohl der Gläubiger noch nicht vollständig befriedigt worden war, Hamm Rpfleger **79**, 431, LG Dortm Rpfleger **94**, 308, LG Zweibr DGVZ **91**, 13.
Das gilt freilich nicht, wenn aus einem Herausgabetitel eine Geldforderung beigetrieben werden soll, LG Essen DGVZ **77**, 126.
S auch „Erfüllung".
**Berichtigung:** Keine weitere Ausfertigung ist eine berichtigte (erste) Ausfertigung, etwa weil die beizutreibende Summe falsch berechnet worden war.
**Erfüllung:** Wenn der Schuldner behauptet, den Anspruch erfüllt zu haben, ist er auf § 767 zu verweisen; eine Ausnahme von dieser Regel gilt nur dann, wenn der Gläubiger die erste Ausfertigung freiwillig herausgegeben hatte, bevor der Schuldner voll erfüllt hatte, s „Aushändigung".
**Gesamtschuldner:** Eine oder mehrere weitere Ausfertigungen sind zu erteilen, wenn die Zwangsvollstrek- **4** kung gegen mehrere Gesamtschuldner vorzunehmen ist, LG Augsb Rpfleger **99**, 137 (wegen sog Mitgläubiger Rn 6 „Teilausfertigung").
**Herausgabe:** Rn 3 „Aushändigung".
**Inhaltswechsel:** Eine weitere Ausfertigung ist zu erteilen, wenn ihr Inhalt richtigerweise von demjenigen der ersten Ausfertigung abzuweichen hat, zB wegen des Eintritts der Rechtskraft, wegen einer Rechtsnachfolge, etwa bei einem Wechsel des Firmeninhabers usw, Köln Rpfleger **94**, 173, Stgt Rpfleger **80**, 304.

**Mehrheit von Gläubigern:** Eine oder mehrere weitere Ausfertigungen sind zu erteilen, wenn mehrere Gläubiger jeder den Vollstreckungstitel erwirkt haben, Köln MDR **89**, 1111 (§ 1004 BGB).
S aber auch Rn 6 „Teilausfertigung".
**Mehrheit von Schuldnern:** S „Gesamtschuldner".
**Mehrheit von Vollstreckungsorten:** Eine weitere Ausfertigung ist zu erteilen, wenn der Gläubiger mehrere Vollstreckungsmaßnahmen gleichzeitig an verschiedenen Orten vornehmen muß, insofern auch Stgt RR **90**, 126.

5 **Rechtskraft:** Rn 4 „Inhaltswechsel".
**Rechtsnachfolge:** Rn 4 „Inhaltswechsel".
**Rechtsschutzbedürfnis:** Rn 2.
**Sozialhilfe:** Eine weitere Ausfertigung ist zu erteilen, soweit ein Träger der Sozialhilfe anstelle des eigentlich Pflichtigen geleistet hat, Stgt RR **90**, 126.

6 **Teilabtretung:** Eine weitere Ausfertigung nebst Vermerk auf der ursprünglichen kommt grds bei einer bloßen Teilabtretung in Betracht, Köln Rpfleger **94**, 173.
**Teilausfertigung:** Keine „weitere" Ausfertigung ist eine Ausfertigung, die für einen solchen Teil der Gesamtforderung erteilt wird, den eine erste Teilausfertigung nicht erfaßt hatte, oder wenn die bisher vorhandene Ausfertigung an die erteilende Stelle endgültig zurückgegeben und dadurch dauernd aus dem Rechtsverkehr gezogen worden ist, Hamm MDR **88**, 592.
*Unstatthaft* ist eine Teilausfertigung bei sog Mitgläubigern nach § 432 BGB, Hamm Rpfleger **92**, 258.
**Verlust:** Eine weitere Ausfertigung ist zu erteilen, soweit der Gläubiger oder der Gerichtsvollzieher die erste Ausfertigung (endgültig) verloren haben, Düss FamRZ **94**, 1272 (kein voller Nachweis erforderlich), LG Hann Rpfleger **81**, 444.
S auch „Zugangsmangel".
**Zugangsmangel:** Eine weitere Ausfertigung ist zu erteilen, wenn die erste dem Gläubiger nicht zugegangen ist, Schlesw SchlHA **81**, 81, LG Hann Rpfleger **81**, 444.
S auch „Verlust".
**Zurückbehaltungsrecht:** Eine weitere Ausfertigung ist zu versagen, wenn der frühere ProzBev des Gläubigers an der in seinen Händen befindlichen ersten Ausfertigung wegen seiner Vergütungsforderung ein Zurückbehaltungsrecht geltend macht, Saarbr AnwBl **81**, 161, LG Hann Rpfleger **81**, 444, ZöStö 9, aM Hamm FamRZ **98**, 640, LG Tüb Rpfleger **95**, 220.

7 **4) Verfahren, I–III.** Das Verfahren verläuft nach § 730. Der Schuldner sollte immer angehört werden, Art 103 I GG, Ffm OLGZ **94**, 92, sofern nicht ein besonderes Eilbedürfnis vorliegt (dann kann seine Erinnerung als nachgeholte Anhörung zu bewerten sein, Kblz AnwBl **88**, 654). Zuständig ist der Rpfl. nicht der Urkundsbeamte der Geschäftsstelle, § 26 I RPflG, Anh § 153 GVG. Im übrigen gilt § 724 II. Derselbe Gläubiger muß die erste Ausfertigung zurückgeben oder nach § 294 glaubhaft machen, warum er mit ihr nicht vollstrecken kann, Stgt RR **90**, 126. Ein Rechtsnachfolger, § 727 Rn 1, braucht aber die dem Rechtsvorgänger erteilte Ausfertigung nicht zurückzugeben, Hamm FamRZ **91**, 966, ThP 4 ff, ZöStö 10, 12, aM Ffm RR **88**, 512, KG FamRZ **89**, 627. Die weitere Ausfertigung soll als zweite, dritte usw bezeichnet werden. Ein Verstoß ist unschädlich; auf Grund eines Rechtsbehelfs wird jedoch die Ausfertigung entsprechend ergänzt. Die durch II vorgeschriebene Benachrichtigung des Gegners kann formlos erfolgen. Sie ist nicht wesentlich.
*Gebühren:* Des Gerichts keine; des RA §§ 57, 58 III Z 2 BRAGO.

8 **5) Rechtsbehelfe des Schuldners, I–III.** Der Schuldner kann Einwendungen nach § 732 erheben, und zwar wegen der ersten und wegen jeder weiteren Erteilung, Karlsr Rpfleger **77**, 453, Oldb FamRZ **90**, 899, Stgt MDR **84**, 591.

9 **6) Rechtsbehelfe des Gläubigers, I–III.** Es gilt § 11 RPflG, Anh § 153 GVG, vgl § 104 Rn 41 ff. Bei einer endgültigen Versagung der weiteren Ausfertigung bleibt nur eine neue Klage aus dem ursprünglichen Schuldverhältnis möglich, Einf 16 vor §§ 322–327. Eine Klage auf Erteilung der Klausel nach § 731 ist hier unzulässig.

10 **7) VwGO:** Entsprechend anwendbar, § 167 I VwGO, in dem in § 724 Rn 14 bezeichneten Umfang. Rechtsbehelfe, Rn 8 u 9, sind Antrag auf gerichtliche Entscheidung, § 151 VwGO, und weiter ggf Beschwerde, §§ 146 ff VwGO (keine Zuständigkeit des Rpfl). Wegen des Ausschlusses der Beschwerde s § 732 Rn 11.

---

**734** *Urteilsvermerk über vollstreckbare Ausfertigung.* Vor der Aushändigung einer vollstreckbaren Ausfertigung ist auf der Urschrift des Urteils zu vermerken, für welche Partei und zu welcher Zeit die Ausfertigung erteilt ist.

1 **1) Systematik, Regelungszweck.** Die Vorschrift ist als Folge der Möglichkeit der Erteilung einer oder mehrerer weiterer Vollstreckungsklauseln zu verstehen. Zum Schutz des Schuldners und darüber hinaus auch im Interesse der Rechtssicherheit, Einl III 43, ist der Vermerk nach § 734 vor der Aushändigung der vollstreckbaren Ausfertigung auf der Urschrift des Urteils anzubringen. Wenn die Ausfertigung in einer höheren Instanz erteilt wird, muß eine beglaubigte Abschrift des Vermerks auf die zu den Akten genommene Abschrift des Urteils kommen, damit die Geschäftsstelle der ersten Instanz Kenntnis erhält, § 544 II.

2 **2) VwGO:** Entsprechend anwendbar, § 167 I VwGO, in dem in § 724 Rn 14 bezeichneten Umfang.

**735** *Zwangsvollstreckung gegen Verein.* Zur Zwangsvollstreckung in das Vermögen eines nicht rechtsfähigen Vereins genügt ein gegen den Verein ergangenes Urteil.

**Schrifttum:** *Jänsch,* Prozessuale Auswirkungen der Übertragung der Mitgliedschaft, 1996.

**1) Systematik, Regelungszweck.** Aus der Parteifähigkeit des nicht rechtsfähigen Vereins als Bekl, § 50 II, dort Rn 9, zieht § 735 zwecks Klarstellung und im Interesse der Prozeßwirtschaftlichkeit, Grdz 14 vor § 128, in Ergänzung von § 313 I Z 1 die Folgerungen für die Rolle des Bekl in der Zwangsvollstreckung. Soweit der Verein verurteilt worden ist, genügt der Vollstreckungstitel für eine Zwangsvollstreckung in das Vermögen des Vereins. Haben die Mitglieder geklagt oder sind sie verklagt worden, so ist ein Titel für und gegen sie entsprechend § 736 erforderlich. Eine Zwangsvollstreckung in das Vereinsvermögen erfolgt nur, soweit sich das Vermögen in den Händen der Vereinsorgane befindet. Andere Vereinsmitglieder sind Dritte mit einem eigenen Gewahrsam. Das Vereinsvermögen umfaßt auch Forderungen des Vereins, etwa auf die Zahlung von Beiträgen oder Zubußen. Der Umstand, daß der Verein nicht selbst klagen kann, ist dabei unerheblich. Denn die Forderungen erwachsen den zur gesamten Hand verbundenen Mitgliedern.

**2) Geltungsbereich.** Trotz des engen Textes gilt § 735 auch bei einer Zwangsvollstreckung wegen Handlungen oder Unterlassungen, §§ 887 ff. Er gilt auch nach der Auflösung des Vereins, solange noch Vereinsvermögen da ist, und bei einer Zwangsvollstreckung wegen Handlungen oder Unterlassungen solange, wie noch Vereinsorgane bestehen. Später ist ein neuer Titel erforderlich, wenn der Titel nicht nach § 727 auf die Mitglieder umgeschrieben werden kann. Eine eidesstattliche Versicherung zwecks Offenbarung ist von den Vorstandsmitgliedern abzugeben, § 807 Rn 58 „Verein". Wegen der Vor-GmbH Anh § 736 Rn 3.

**3) VwGO:** *Entsprechend anwendbar,* § 167 I VwGO.

**736** *Zwangsvollstreckung gegen Gesellschaft.* Zur Zwangsvollstreckung in das Gesellschaftsvermögen einer nach § 705 des Bürgerlichen Gesetzbuchs eingegangenen Gesellschaft ist ein gegen alle Gesellschafter ergangenes Urteil erforderlich.

**Schrifttum:** *Eicker,* Die Gesellschaft bürgerlichen Rechts im Prozeß und in der Zwangsvollstreckung, Diss Gießen 1991; *Göckeler,* Die Stellung der Gesellschaft bürgerlichen Rechts im Erkenntnis-, Vollstreckungs- und Konkursverfahren usw, 1992; *Heller,* Der Zivilprozeß der Gesellschaft bürgerlichen Rechts, 1989; *Hüffer,* Die Gesamthandsgesellschaft in Prozeß, Zwangsvollstreckung und Konkurs, Festschrift für *Stimpel* (1985) 165; *Kunz,* Die Vorgesellschaft im Prozeß und in der Zwangsvollstreckung usw, 1994; *Zimmer,* Zwangsvollstreckung gegen den Gesellschafter einer Personengesellschaft, Diss Bochum 1978.

**1) Systematik, Regelungszweck.** Die Gesellschaft des BGB ist entgegen der neueren Auffassung, nach der sie ein eigenes Zuordnungssubjekt mit Rechten und Pflichten sei, Flume ZHR **136**, 184, Winter KTS **83**, 349, nicht parteifähig, § 50 Rn 12, LG Kaisersl DGVZ **90**, 91. Eine Umdeutung ist keineswegs stets möglich, LG Kaisersl DGVZ **90**, 91. Da alle Gesellschafter zur gesamten Hand berechtigt sind, kann der einzelne Gesellschafter auch nicht über seinen Anteil an den einzelnen zum Gesellschaftsvermögen gehörenden Gegenständen verfügen. Daraus zieht § 736 die Folgerungen für den Vollstreckungstitel und ergänzt insoweit § 313 I Z 1. Der Gläubiger muß zur Zwangsvollstreckung in das Gesellschaftsvermögen folgendermaßen vorgehen, aM Winter KTS **83**, 366:

**A. Titel gegen alle Gesellschafter.** Entweder muß der Gläubiger nach § 736 ein Urteil gegen alle Gesellschafter erwirken, LG Mü Rpfleger **87**, 423 (Anwaltssozietät), LG Saarbr DGVZ **97**, 59 (evtl Umdeutung). Dazu genügt regelmäßig keine Klage „gegen die Gesellschaft, vertreten durch den geschäftsführenden Gesellschafter X", § 714 BGB, aber zB eine Klage „gegen die Firma A, Inhaber B und C", LG Bln Rpfleger **73**, 104, Winterstein DGVZ **84**, 1. Vollstreckt ein Gesellschafter, so genügt ein Titel gegen die anderen, Kleinle FamRZ **97**, 1196.

**B. Titel gegen einen Gesellschafter.** Oder der Gläubiger muß einen Titel gegen einen Gesellschafter erwirken und kann daraufhin (zunächst nur) dessen Anteil an der Gesellschaft pfänden, § 859 I.

**2) Geltungsbereich: Jede Schuld.** § 736 betrifft nicht nur Gesellschaftsschulden, sondern jede Schuld, für die der Gesellschafter gesamtschuldnerisch haftet, Brehm KTS **83**, 32, Oehlerking KTS **80**, 15; aM Kornblum BB **70**, 1445. Es genügt zB eine Schuld aus einer unerlaubten Handlung oder eine solche aus einer Rechtsscheinhaftung dann, wenn eine OHG oder eine KG nicht entstanden ist, BGH **61**, 69. Wenn Gesellschafter nach Kopfteilen haftet, dann muß eine Gesellschaftsschuld vorliegen.

Trotz des engen Textes gilt § 736 auch für eine Zwangsvollstreckung auf die Vornahme einer *Handlung oder Unterlassung,* § 735 Rn 2. Es ist unerheblich, bei wem der Gläubiger vollstreckt, ob bei den Geschäftsführern oder bei anderen Gesellschaftern. Es braucht kein einheitliches Urteil gegen alle Gesellschafter vorzuliegen; vielmehr genügen mehrere getrennte Entscheidungen beliebiger Art, Oehlerking KTS **80**, 15, aM Brehm KTS **83**, 24, Lindacher ZZP **96**, 493. Es genügt der Zeitpunkt der Zwangsvollstreckung. Wenn vorher ein neuer Gesellschafter eingetreten ist, dann ist er für Gesellschaftsschulden unter Umständen der Rechtsnachfolger der übrigen Gesellschafter. Der Titel ist insoweit gegen ihn umzuschreiben, § 727, aM StJM 2 (dort wird ein neuer Titel gegen den Eintretenden verlangt).

Ein *ausgeschiedener* Gesellschafter haftet weiter mit, BGH **74**, 241. Nach der Auflösung und der Beendigung der Gesellschaft verläuft das Verfahren wie bei § 735 Rn 2, sofern der Titel die Haftung auf das Gesellschaftsvermögen beschränkt. Einzelfragen bei einer Insolvenz der Gesellschafter behandelt Oehlerking KTS **80**, 14. Zu Mischfällen mit der OHG Winterstein DGVZ **84**, 2.

§ 736, Anh § 736, § 737     8. Buch. Zwangsvollstreckung

**5**   3) **Verstoß.** Gegen eine Vollstreckung ohne ausreichenden Titel kann die Gesellschaft trotz des grundsätzlichen Fehlens ihrer Parteifähigkeit, § 50 Rn 12, selbst mit der Erinnerung vorgehen, da sie insoweit als parteifähig anzusehen ist, § 50 Rn 34, Brehm JZ **88**, 450.

**6**   4) **VwGO:** Entsprechend anwendbar, § 167 I VwGO.

## Anhang nach § 736
### Zwangsvollstreckungstitel gegen die Offene Handelsgesellschaft, Partnerschaftsgesellschaft, Europäische wirtschaftliche Interessenvereinigung, Kommanditgesellschaft, Gesellschaft mit beschränkter Haftung, Reederei

**HGB § 124 (für OHG).** II Zur Zwangsvollstreckung in das Gesellschaftsvermögen ist ein gegen die Gesellschaft gerichteter vollstreckbarer Schuldtitel erforderlich.

**HGB § 129 (für OHG).** IV Aus einem gegen die Gesellschaft gerichteten vollstreckbaren Schuldtitel findet die Zwangsvollstreckung gegen die Gesellschafter nicht statt.

**Schrifttum:** *Eckhardt,* Die Vor-GmbH im zivilprozessualen Erkenntnisverfahren und in der Einzelvollstreckung, 1990; *Eickhoff,* Die Gesellschafterklage im GmbH-Recht, 1988; *Kalbfleisch,* Die Zwangsvollstreckung in den Geschäftsanteil an einer GmbH, 1990.

**1**   1) **Systematik, Regelungszweck.** Für die in der Überschrift zu diesem Anhang genannten Gesellschaftsformen enthält die ZPO keine ausdrückliche Regelung; eine solche findet sich nur für die OHG im HGB. Die nachfolgend erläuterten Regeln übernehmen die Grundgedanken der §§ 735, 736, soweit möglich, aus den dort genannten Erwägungen. Im einzelnen gilt:

**2**   2) **Offene Handelsgesellschaft; Partnerschaftsgesellschaft, Europäische wirtschaftliche Interessenvereinigung.** Sie sind nicht nur die Gesamtheit der Gesellschafter, sondern eine eigene Prozeßpartei, § 50 Rn 8. Das zeigt sich auch bei der Zwangsvollstreckung. Zu Mischfällen mit der BGB-Gesellschaft oder der Kommanditgesellschaft Winterstein DGVZ **84**, 3. Wegen der Zwangsvollstreckung in Gesellschafteranteile § 859 Rn 2. Eine Zwangsvollstreckung in das Vermögen der OHG setzt einen Vollstreckungstitel gegen die Gesellschaft voraus, § 124 II HGB, auf den auch § 7 II PartGG verweist. Ein Titel gegen alle Gesellschafter genügt nicht, Winterstein DGVZ **84**, 2. Ein Wechsel der Gesellschafter oder ein Eintritt in die Abwicklung der Gesellschaft sind unerheblich. Aus einem Vollstreckungstitel gegen einen Gesellschafter darf der Gläubiger nur dasjenige Guthaben pfänden und sich überweisen lassen, das diesem Gesellschafter bei einer Auseinandersetzung zusteht.

**3**   3) **Kommanditgesellschaft.** Für die Zwangsvollstreckung gegen sie gilt, was in Rn 1 über die Zwangsvollstreckung gegen die OHG, für die Zwangsvollstreckung gegen die persönlich Haftenden gilt, was in Rn 1 über die Zwangsvollstreckung gegen die Gesellschafter gesagt ist, BGH **62**, 132. Der Kommanditist haftet nur mit der Einlage. Gegen ihn ist immer ein besonderer Titel notwendig, Ullrich NJW **74**, 1490. Nach dem Erlöschen der Gesellschaft kann ein gegen sie ergangener Vollstreckungstitel nicht auf oder gegen die einzelnen Gesellschafter umgeschrieben werden, aM LG Oldb Rpfleger **80**, 27.

**4**   4) **Gesellschaft mit beschränkter Haftung,** dazu *Behr* JB **94**, 65; *Happ,* Die GmbH im Prozeß, 1997: Zur Zwangsvollstreckung gegen Gesellschafter einer Gründungs-GmbH ist entsprechend § 735 ein gegen die Vor-GmbH gerichteter Titel ausreichend, BayObLG **87**, 448. Wegen der Zwangsvollstreckung in Gesellschafteranteile § 859 Rn 1.

**5**   5) **Reederei.** Da sie parteifähig ist, § 50 Rn 9, § 489 HGB, gilt für sie dasselbe wie bei der OHG. Wegen des Verteilungsverfahrens nach einer Haftungsbeschränkung Üb 1 vor § 872. Wegen des Arrestes in ein Seeschiff Grdz 2 vor § 916.

**6**   6) **VwGO:** Das oben in Rn 1–5 Gesagte gilt auch hier.

## 737
*Zwangsvollstreckung bei Nießbrauch. Bestellung vor Rechtskraft.* I Bei dem Nießbrauch an einem Vermögen ist wegen der vor der Bestellung des Nießbrauchs entstandenen Verbindlichkeiten des Bestellers die Zwangsvollstreckung in die dem Nießbrauch unterliegenden Gegenstände ohne Rücksicht auf den Nießbrauch zulässig, wenn der Besteller zu der Leistung und der Nießbraucher zur Duldung der Zwangsvollstreckung verurteilt ist.

II Das gleiche gilt bei dem Nießbrauch an einer Erbschaft für die Nachlaßverbindlichkeiten.

**Schrifttum:** *Schüller,* Die Zwangsvollstreckung in den Nießbrauch, Diss Bonn 1978.

**1**   1) **Systematik, Regelungszweck, §§ 737, 738.** Die Vorschriften ergänzen die §§ 1086, 1089 BGB für die Zwangsvollstreckung in einer möglichst praktikablen Weise zur Erzielung eines gerechten Ergebnisses. Sie sind nur dann anwendbar, wenn der Nießbrauch an einem Vermögen oder an einer Erbschaft bestellt worden ist. § 737 betrifft den Fall der Bestellung vor der Rechtskraft, § 738 denjenigen der späteren Bestellung. Die Vorschrift gilt entsprechend gemäß § 263 AO.

**2**   2) **Voraussetzungen des § 737.** § 737 setzt das Entstehen der Schuld vor der Bestellung voraus. Dann müssen zur Zwangsvollstreckung ein Leistungstitel gegen den Besteller und ein Duldungstitel gegen den Nießbraucher vorliegen. Wenn der Nießbrauch nach dem Eintritt der Rechtshängigkeit bestellt und wenn ein dem Nießbrauch unterliegender Gegenstand streitbefangen ist, § 265 Rn 4, dann ist eine Umschreibung nach § 727 statthaft. Denn die Bestellung ist eine Veräußerung im Sinne des § 265. Etwas anderes gilt dann, wenn § 265 versagt. Wenn der Nießbrauch aber nach der Rechtskraft bestellt worden ist, gilt § 738.

Ist die Schuld erst nach *der Bestellung des Nießbrauchs* begründet worden, dann ist eine Zwangsvollstreckung in das bewegliche Vermögen unstatthaft, während eine Zwangsversteigerung unbeschadet des Nießbrauchs statthaft ist. Bei einer verbrauchbaren Sache kann der Gläubiger den Anspruch des Bestellers auf Wertersatz, § 1086 S 2 BGB, nach § 829 ohne einen Vollstreckungstitel gegen den Nießbraucher pfänden und sich überweisen lassen. Wenn der Nießbrauch ein Grundstück ergreift, dann kann der Gläubiger nicht die Mietzinsen ohne Rücksicht auf den Nießbrauch pfänden, so daß der Nießbraucher auf § 771 verwiesen wäre; vielmehr gilt § 737. Näheres über das Verfahren § 748 Rn 4.

**3)** *VwGO: Entsprechend anwendbar,* § *167 I VwGO.* 3

**738** **Zwangsvollstreckung bei Nießbrauch. Bestellung nach Rechtskraft.** ¹**Ist die Bestellung des Nießbrauchs an einem Vermögen nach der rechtskräftigen Feststellung einer Schuld des Bestellers erfolgt, so sind auf die Erteilung einer in Ansehung der dem Nießbrauch unterliegenden Gegenstände vollstreckbaren Ausfertigung des Urteils gegen den Nießbraucher die Vorschriften der §§ 727, 730 bis 732 entsprechend anzuwenden.**
II **Das gleiche gilt bei dem Nießbrauch an einer Erbschaft für die Erteilung einer vollstreckbaren Ausfertigung des gegen den Erblasser ergangenen Urteils.**

**1) Systematik, Regelungszweck I, II.** Vgl zunächst § 737 Rn 1. Bei § 738 ist kein besonderer 1 Titel gegen den Nießbraucher notwendig. Denn für ihn treffen dieselben Gründe wie gegen den Vermögensübernehmer zu, § 729 Rn 1, § 1086 BGB. Wer eine Vollstreckungsklausel beantragt, braucht die Zugehörigkeit der einzelnen Gegenstände zur Nießbrauchsmasse nicht darzulegen. Er muß nur nach § 727 und in dessen Form die ordnungsgemäße Bestellung nachweisen, §§ 311, 1085, 1089 BGB, und er muß ferner nachweisen, daß der Vollstreckungstitel vor der Bestellung des Nießbrauchs rechtskräftig geworden ist. Zur Erteilung der Vollstreckungsklausel ist der Rpfl zuständig, § 20 Z 12 RPflG, Anh § 153 GVG.

**2)** *VwGO: Entsprechend anwendbar, 167 I VwGO, jedoch hinsichtlich der* §§ *727, 730–732 mit der in* § *724* 2 *Rn 14 bezeichneten Einschränkung.*

### Einführung vor §§ 739–745
### Zwangsvollstreckung gegen Ehegatten

**Schrifttum:** *Erchinger,* Probleme bei der Zwangsvollstreckung gegen die Partner einer eheähnlichen Gemeinschaft usw, Diss Tüb 1987; *Müller,* Zwangsvollstreckung gegen Ehegatten, 1970.

**1) Systematik, Regelungszweck.** §§ 739–745 regeln die Voraussetzungen der Zwangsvollstreckung 1 gegen Ehegatten mit dem Ziel einer Abwägung der oft sehr entgegengesetzten Interessen der jeweils Beteiligten zwecks Erzielung eines mit allen prozessualen Grundgedanken leidlich zu vereinbarenden gerechten Ergebnisses, Einl III 9. Sie gelten zum Teil entsprechend gemäß § 263 AO.

**2) Geltungsbereich.** Zu unterscheiden ist: 2

**A. Gesamtgut.** Bei der Zwangsvollstreckung in ein gütergemeinschaftliches Gesamtgut, §§ 740–745, gelten die §§ 739 ff für jede Art Zwangsvollstreckung, zB auch wegen eines dinglichen Anspruchs. Der Anteil jedes Ehegatten am Gesamtgut oder an einzelnen Gesamtgutssachen ist bis zur Auflösung der Gemeinschaft unpfändbar, § 860.

**B. Weitere Fälle.** Bei einer Zwangsvollstreckung im übrigen, also im Falle der Zugewinngemeinschaft, 3 Gütertrennung, sowie in Vorbehaltsgut bei der Gütergemeinschaft, gilt, soweit es sich um bewegliche Sachen handelt, § 739, dort Rn 2. Wegen der Eigentums- und Vermögensgemeinschaft der früheren DDR gilt § 744 a.

**739** **Zwangsvollstreckung gegen Eheleute. Wird zugunsten der Gläubiger eines Ehemannes oder der Gläubiger einer Ehefrau gemäß § 1362 des Bürgerlichen Gesetzbuchs vermutet, daß der Schuldner Eigentümer beweglicher Sachen ist, so gilt, unbeschadet der Rechte Dritter, für die Durchführung der Zwangsvollstreckung nur der Schuldner als Gewahrsamsinhaber und Besitzer.**

**BGB § 1362.** ¹ ¹**Zugunsten der Gläubiger des Mannes und der Gläubiger der Frau wird vermutet, daß die im Besitz eines Ehegatten oder beider Ehegatten befindlichen beweglichen Sachen dem Schuldner gehören.** ²**Diese Vermutung gilt nicht, wenn die Ehegatten getrennt leben und sich die Sachen im Besitze des Ehegatten befinden, der nicht Schuldner ist.** ³**Inhaberpapiere und Orderpapiere, die mit Blankoindossament versehen sind, stehen den beweglichen Sachen gleich.**

## § 739

**II** Für die ausschließlich zum persönlichen Gebrauch eines Ehegatten bestimmten Sachen wird im Verhältnis der Ehegatten zueinander und zu den Gläubigern vermutet, daß sie dem Ehegatten gehören, für dessen Gebrauch sie bestimmt sind.

**Schrifttum:** *Müller,* Zwangsvollstreckung gegen Ehegatten, 1970.

### Gliederung

| | | | | |
|---|---|---|---|---|
| 1) Systematik, Regelungszweck | 1 | A. Fallübersicht | | 7 |
| 2) Geltungsbereich | 2, 3 | B. Getrenntleben | | 8, 9 |
| 3) Grundsatz: Eigentumsvermutung | 4–6 | C. Sachen zum persönlichen Gebrauch | | 10 |
| 4) Ausnahme: Entkräftung der Vermutung | 7–10 | 5) Zwangsvollstreckung, I, II | | 11, 12 |
| | | 6) VwGO | | 13 |

**1  1) Systematik, Regelungszweck.** Leben Ehegatten in ehelicher Gemeinschaft, so bringt diese regelmäßig Mitbesitz und Mitgewahrsam an den im Besitz der Ehegatten befindlichen Sachen mit sich. Liegt ein Vollstreckungstitel nur gegen einen Ehegatten vor, so könnte der andere Ehegatte, sofern er nicht in die Vollstreckung einwilligt, dieser widersprechen, § 809, so daß der Gläubiger auf die Pfändung des Herausgabeanspruchs mit allen seinen Weiterungen angewiesen wäre, § 809 Rn 6, vgl LG Ffm **NJW 86**, 729. § 739 läßt demgegenüber den Titel gegen einen Ehegatten genügen, indem er im Rahmen der Vermutung des § 1362 BGB nur den Schuldner als Gewahrsamsinhaber und Besitzer gelten läßt, so daß auch im Ergebnis gegen den anderen Ehegatten, der früher im allgemeinen gefordert wurde, überflüssig ist. Zur verfassungsrechtlichen Problematik Brox FamRZ **81**, 1126, Gerhardt ZZP **95**, 491, Werner DGVZ **86**, 53.

**2  2) Geltungsbereich.** § 739 gilt für den gesetzlichen Güterstand der Zugewinngemeinschaft, LG Limburg DGVZ **81**, 11, und der Gütertrennung, Christmann DGVZ **86**, 107, der Gütergemeinschaft jedoch nur dann, wenn feststeht, daß die bewegliche Sache nicht zum Gesamtgut gehört, während für die Zugehörigkeit eine Vermutung spricht. Dabei ist unerheblich, ob das Gesamtgut nur von einem oder von beiden Ehegatten verwaltet wird, §§ 1422, 1450 BGB. § 739 hat Bedeutung sowohl bei der Pfändung von körperlichen als auch bei der Herausgabe bestimmter beweglicher Sachen, §§ 808, 883. Die Vorschrift gilt bei beweglichen Sachen, also auch zB bei einem Pkw, AG Ehresh DGVZ **94**, 12. Inhaber- und mit Blankoindossament versehene Orderpapiere, § 821 Rn 2, stehen den beweglichen Sachen gleich. Die Vorschrift gilt zugunsten der Mannes- und der Frauengläubiger, auch zugunsten des Konkursverwalters über das Vermögen eines Ehegatten. Sie gilt aber grundsätzlich (wegen einer Ausnahme BGH NJW **93**, 935) natürlich nicht, wenn ein Ehegatte zusammen mit einem Dritten oder dieser allein Besitz oder Gewahrsam an Sachen des Ehegattenschuldners hat; dann kommt nur eine Pfändung des Herausgabeanspruchs in Betracht, § 857 Rn 2, sofern nicht eine Einwilligung des Dritten, § 809, vorliegt.

**3** *Unanwendbar* ist § 739 bei Forderungen und anderen Vermögensrechten sowie bei der Zwangsvollstreckung in unbewegliche Sachen, LG Coburg FamRZ **62**, 387, sowie schon wegen Art 6 I GG bei einer nur eheähnlichen Gemeinschaft, Köln NJW **89**, 1737, ZöStö 13, Schwarz DNotZ **95**, 118, aM Thran NJW **94**, 1464.

**4  3) Grundsatz: Eigentumsvermutung.** Gegenüber der Zwangsvollstreckung aus einem Titel gegen den einen Ehegatten kann sich der andere Ehegatte nicht auf seinen Gewahrsam oder Besitz der Sache berufen, in die vollstreckt wird. Er hat insbesondere nicht die Erinnerung aus § 766, LG Frankenth MDR **85**, 64, AG Bln-Wedding DGVZ **88**, 45, Brox FamRZ **81**, 1125. Es ist also unerheblich, ob der andere Ehegatte nur einen Mitbesitz an der Sache hat. Der Mann, der das Bankfach allein gemietet hat und auch allein die Bankfachschlüssel besitzt, muß also den Inhalt des Bankfachs zugunsten der Gläubiger seiner Ehefrau herausgeben, soweit das Fach nicht nach § 1362 II BGB vermutlich nur solche Sachen enthält, die dem Mann allein gehören. Unerheblich ist mithin, wie sich die Sachen befinden, wenn nur der Besitz oder der Gewahrsam eines Ehegatten vorliegen. Die Ehefrau des Schuldners kann sich nicht darauf berufen, nur sie habe die Ehewohnung gemietet, LG Kaisersl DGVZ **86**, 63.

**5** Im allgemeinen prüft der Gerichtsvollzieher nur, ob die Eheleute nicht getrennt leben, Rn 8, 9, und ob die zu pfändenden oder herauszugebenden Sachen sich im *Gewahrsam* oder Besitz der Ehegatten befinden, § 808 Rn 10. Denn das Gesetz unterstellt in diesem Fall bindend, daß der Schuldner Alleinbesitzer ist oder Alleingewahrsam hat, Düss Rpfleger **95**, 119, AG Siegen DGVZ **77**, 11; wegen der in § 1362 II BGB genannten Sachen vgl allerdings Rn 10. Der Gerichtsvollzieher darf zB die Vollstreckung nicht schon wegen der Vorlage eines Gütertrennungsvertrages abbrechen, LG Verden DGVZ **81**, 79. Die Zwangsvollstreckung muß auch bei dem anderen Ehegatten ihre Grenze in den Pfändungsverboten des § 811 finden, dort Rn 15. Dem Ehegatten, gegen den der Titel nicht ergangen ist, bleibt nur die Widerspruchsklage aus § 771 unter der Berufung auf sein Eigentum bzw Miteigentum, Schlesw FamRZ **89**, 88, LG Münst MDR **89**, 270, LG Verden DGVZ **81**, 79.

**6** Mit dieser Klage kann er dann versuchen, die *Vermutung* des § 1362 I 1 BGB zu *entkräften,* BGH NJW **92**, 1162, Schlesw FamRZ **89**, 88, AG Bln-Wedding DGVZ **88**, 45, aM KG Rpfleger **92**, 212. Das gilt auch für den Insolvenzverwalter dieses Ehegatten, LG Frankenth MDR **85**, 64. Zur Entkräftung genügt der Beweis des Eigentumserwerbs, BGH NJW **76**, 238. Dazu muß der Widerspruchskläger nicht nur die Art und Weise des Erwerbs dartun, also etwa zB angeben, zu welchen Mitteln der Kaufpreis bezahlt wurde und wie die Übereignung vorgenommen worden ist, LG Limburg DGVZ **81**, 11. Wegen der Gefahr von Scheinübertragungen und Schiebungsgeschäften sind strenge Beweisanforderungen zu stellen, Mü MDR **81**, 403. Zur Wirksamkeit von Vereinbarungen über Hausrat Valentin DGVZ **95**, 97 (ausf).

**7  4) Ausnahme: Entkräftung der Vermutung.** Es sind drei Fallgruppen vorhanden.

## 1. Abschnitt. Allgemeine Vorschriften §§ 739, 740

**A. Fallübersicht.** Freilich kann sich aus der Sachlage heraus ergeben, daß offensichtlich die Vermutung des § 1362 I 1 BGB nicht zutrifft, LG Verden DGVZ **78**, 137. Dies kann zB dann der Fall sein, wenn ein Gewerbebetrieb ersichtlich vollständig nur dem anderen Ehegatten gehört, LG Mosbach MDR **72**, 518, oder wenn die Zwangsvollstreckung zugunsten eines Gläubigers des Ehemanns stattfindet und wenn es nun um einen Kraftfahrzeugbrief geht, der auf den Namen der Ehefrau lautet, Christmann DGVZ **86**, 108. Die Klage steht beim gesetzlichen Güterstand auch dann offen, wenn der andere Ehegatte über Haushaltsgegenstände ohne die Einwilligung des Klägers verfügt hat, § 1369, insbesondere II iVm § 1368 BGB; wegen § 1357 BGB beim minderjährigen Ehegatten Elsing JR **78**, 497.

§ 739 soll nur solche Einwendungen ausschalten, die sich auf einen Besitz oder Gewahrsam stützen, der auf Grund der ehelichen *Lebensgemeinschaft* erlangt ist. Deshalb kann eine Widerspruchsklage nach § 771 auch mit dem Recht auf einen Besitz auf Grund eines Rechtsgeschäfts zwischen den Ehegatten begründet werden, nicht etwa dem anderen Ehegatten schon ein Mitbenutzungsrecht und damit ein Besitzrecht auf Grund der Lebensgemeinschaft zusteht. Die Ehefrau kann also zwar einem Zugriff der Gläubiger des Ehemanns auf einen dem Betrieb des Mannes zugehörigen, ihrem selbständigen Betrieb vermieteten Lieferwagen wegen ihres Besitzrechts als Mieterin widersprechen; nicht aber kann der Ehemann dem Zugriff auf ein Klavier widersprechen, das die Ehefrau ihm geliehen hat.

**B. Getrenntleben.** Leben die Eheleute getrennt, so ist § 739 unanwendbar, dort I 2, Düss Rpfleger **95**, 119, AG Homburg DGVZ **96**, 15 (Fallfrage). Wegen der Sachen, die sich im Besitz desjenigen Ehegatten befinden, der nicht der Schuldner ist, Köln NJW **77**, 825: Soweit nicht etwa Arglist vorliegt, Einl III 54, § 809 Rn 1, kann dieser Ehegatte gemäß § 766 einer Zwangsvollstreckung widersprechen. Das gilt auch dann, wenn der andere Ehegatte der Eigentümer der Sachen ist. Der Gläubiger hat dann nur noch die Möglichkeit in die Pfändung des Herausgabeanspruchs. Diese Möglichkeit versagt allerdings dann, wenn ein Ehegatte einen ihm gehörenden Gegenstand dem anderen Ehegatten zur Führung eines abgesonderten Haushalts aus Billigkeitsgründen zur Verfügung stellen muß, § 1361 a I 2 BGB. Wenn der Schuldner stark verschuldet ist, muß jedoch auch sein Ehegatte in der Lebensführung einschränken. Daher kann der Herausgabeanspruch doch noch berechtigt sein.

9 Unter Getrenntleben ist nicht nur das ehefeindliche, sondern auch das tatsächliche Getrenntleben *ohne eine Beeinträchtigung* der ehelichen Lebensgemeinschaft zu verstehen, wenn die Ehegatten nur vorübergehend getrennt leben. Auf die Meldeverhältnisse kommt es nicht an, AG Karlsr-Durlach DGVZ **97**, 78, aM AG Bln-Wedding DGVZ **98**, 129. Der andere Ehegatte muß aber für längere Zeit keinen Zugang zu den Sachen haben. Eine, auch längere, Strafhaft wird nicht als Trennung angesehen, Düss Rpfleger **95**, 119. Eine Prüfung der Hintergründe des Getrenntlebens übersteigt die dem Gerichtsvollzieher zur Verfügung stehenden Möglichkeiten, AG Bln-Wedding DGVZ **79**, 190. Wenn sich Sachen desjenigen Ehegatten, gegen den kein Titel vorliegt, nicht in seinem Besitz oder Gewahrsam befinden, sondern in demjenigen des Ehegattenschuldners, dann unterliegen sie nach dem Grundsatz des § 1362 I 1 BGB dem Zugriff von dessen Gläubigern, da ein Fall des § 1362 I 2 BGB nicht vorliegt. Der Schuldner muß das Getrenntleben beweisen, AG Gießen DGVZ **86**, 141, soweit im Vollstreckungsverfahren überhaupt ein Beweis nötig ist.

10 **C. Sachen zum persönlichen Gebrauch.** Sachen, die ausschließlich zum persönlichen Gebrauch eines Ehegatten bestimmt sind, § 1362 II BGB, können nicht zugunsten der Gläubiger des anderen Ehegatten gepfändet oder herausverlangt werden. Denn das Gesetz vermutet, daß sie im Alleineigentum desjenigen stehen, der sie nach ihrer Zweckbestimmung allein benutzen soll. Besitz und Gewahrsam des einen Ehegatten sind unschädlich, wenn sie auch darauf hindeuten können, daß ein ausschließliches Gebrauchsrecht des anderen Ehegatten nicht vorliegt. So kann es zB unschädlich sein, wenn sich der Schmuck der Ehefrau im Safe des Ehemanns befindet. Das Gesetz meint vor allem Arbeitsgeräte, Kleidungsstücke und Schmucksachen. Ob die Eheleute getrennt leben oder nicht, ist für diese Sachen unerheblich.

11 **5) Zwangsvollstreckung, I, II.** § 739 umschreibt nur diejenige Vermögensmasse, in die die Zwangsvollstreckung betrieben werden kann, und nimmt dem Ehegatten, gegen den kein Titel vorliegt, die Rechte des Mitgewahrsamsinhabers und Mitbesitzers aus § 809. Dadurch wird dieser Ehegatte aber nicht zum Vollstreckungsschuldner. Er kann zwar Widerspruchsklage nach § 771 erheben, nicht aber eine Erinnerung nach § 766 einlegen (die letztere ist nur in den Fällen Rn 3 statthaft). Denn mit der Erinnerung wird nur die Ordnungsmäßigkeit der Zwangsvollstreckung geprüft und kann die Vermutung des § 739 nicht entkräftet werden. Mit der Widerspruchsklage kann aber ein Ehegatte auch die Zwangsvollstreckung in das Vermögen im ganzen bekämpfen, wenn er der Verfügung des anderen Ehegatten nicht zugestimmt hat. Dasselbe gilt, wenn der andere Ehegatte über Haushaltsgegenstände verfügt hat, auf deren Herausgabe die Zwangsvollstreckung gerichtet ist, §§ 1369, 1368 BGB. Vgl Christmann DGVZ **86**, 107.

12 Demgemäß braucht der Ehegatte, der kein Vollstreckungsschuldner ist, auch *nicht* die eidesstattliche Versicherung zwecks Offenbarung zu leisten, § 807. Dazu wäre ein Vollstreckungstitel gegen ihn notwendig. Freilich würde ein Duldungstitel genügen. Dieser ist aber deshalb nicht notwendig, weil der Ehegattenschuldner bei seiner Offenbarungsversicherung angeben muß, ob der andere Ehegatte noch Sachen besitzt, an denen er selbst Eigentum oder Miteigentum hat. Wenn Gläubiger des Mannes und der Frau in dieselbe Sachen vollstrecken, kann der Gläubiger des einen nachweisen, daß der gepfändete Gegenstand nicht Eigentum des anderen Ehegatten ist. Andernfalls entscheidet der zeitliche Vorrang. Vgl § 851 Rn 2, 6.

13 **6) VwGO:** Entsprechend anwendbar, § 167 I VwGO.

**740** *Zwangsvollstreckung in Gesamtgut.* ¹Leben die Ehegatten in Gütergemeinschaft und verwaltet einer von ihnen das Gesamtgut allein, so ist zur Zwangsvollstreckung in das Gesamtgut ein Urteil gegen diesen Ehegatten erforderlich und genügend.

## § 740

**II** Verwalten die Ehegatten das Gesamtgut gemeinschaftlich, so ist die Zwangsvollstreckung in das Gesamtgut nur zulässig, wenn beide Ehegatten zur Leistung verurteilt sind.

**1** **1) Systematik; Regelungszweck, I, II.** Die Gütergemeinschaft sieht sowohl eine Verwaltung des Gesamtgutes durch einen Ehegatten, §§ 1422 ff BGB, als auch eine Verwaltung durch beide Ehegatten gemeinsam vor, §§ 1450 ff BGB. Diesen Möglichkeiten entspricht § 740.

**2** **2) Geltungsbereich, I, II.** Die Vorschrift gilt nur für eine Vollstreckung in das Gesamtgut, dann aber im Aktiv- wie Passivprozeß, Stgt Rpfleger **87**, 108. Bei einer Vollstreckung in das Vorbehaltsgut ist § 739 anwendbar, dort Rn 2. Wenn ein Ehegatte nicht auf eine Leistung aus dem Gesamtgut verklagt wird, sondern persönlich in Anspruch genommen wird, etwa auf Rückzahlung eines Darlehns, reicht dieser Prozeß aus, BGH FamRZ **75**, 406, Rn 8. Gegenüber § 740 enthält § 741 eine vorrangige Ausnahmeregelung, BayObLG Rpfleger **83**, 407. Wegen der Niederlande Düss FER **96**, 26.

**3** **3) Vollstreckungstitel, I, II.** Es sind zwei Verwaltungsarten zu unterscheiden.

A. *Verwaltung des Gesamtgutes durch einen Ehegatten, I.* Ein Titel gegen den verwaltenden Ehegatten reicht aus, auch wenn dieser Ehegatte ohne eine Zustimmung des anderen nicht verfügen darf, §§ 1423 ff BGB. Ein solcher Titel reicht auch dann aus, wenn der Bekl wegen persönlicher Schulden verurteilt worden ist, da eine Gesamtgutschuld vorliegt, § 1437 BGB. Wenn ein Grundstück für beide Ehegatten eingetragen ist, dann genügt zur Erzwingung der Auflassung ein Urteil gegen den verwaltenden Ehegatten. Eine vollstreckbare Urkunde, § 794 I Z 5, die der verwaltende Ehegatte ausgestellt hat, steht einem Leistungsurteil gleich. Ein Vollstreckungstitel gegen den verwaltenden Ehegatten ist aber regelmäßig auch notwendig. Der andere Ehegatte braucht weder im Urteil noch in der Vollstreckungsklausel zu erscheinen. Auch ein Duldungstitel gegen ihn ist nicht erforderlich, kann aber wegen § 743 Bedeutung gewinnen, § 744, und auch im übrigen sinnvoll sein, Düss FER **96**, 26. Ein Leistungsurteil gegen den anderen Ehegatten gibt kein Vollstreckungsrecht in das Gesamtgut, solange es nicht durch ein Leistungsurteil (nicht bloßes Duldungsurteil) gegen den verwaltenden Ehegatten ergänzt ist.

**4** *Entbehrlich* ist ein Vollstreckungstitel gegen den verwaltenden Ehegatten zur Vollstreckung in das Gesamtgut nur bei gewerbetreibenden Ehegatten, § 741, und in denjenigen Fällen, in denen der andere Ehegatte selbst ohne die Zustimmung des verwaltenden Ehegatten die Rechte wahrnehmen darf, §§ 1428, 1429 BGB. Denn dann wirkt die Rechtskraft gegen den verwaltenden Ehegatten. Wegen der Fortsetzung des Rechtsstreits des nicht Verwaltenden nach dem Eintritt der Gütergemeinschaft, § 1433 BGB, vgl § 742.

**5** B. *Gemeinsame Verwaltung des Gesamtgutes, II.* Nur bei dieser Verwaltungsart, BGH FamRZ **98**, 907 (auch zum internationalen Recht; zustm Stoll JZ **99**, 207) ist grundsätzlich ein Vollstreckungstitel auf eine Leistung gegen beide Ehegatten erforderlich, VGH Mü RR **88**, 455, Stgt Rpfleger **87**, 108, LG Heilbr Rpfleger **91**, 108, aM Bbg JB **78**, 762. Ein Duldungstitel genügt also nicht. LG Frankenth Rpfleger **75**, 371, LG Mü DGVZ **82**, 188, Rauscher Rpfleger **88**, 90, aM Tiedke FamRZ **75**, 539, StJM 6. Ein Duldungstitel genügt auch dann nicht, wenn die Gütergemeinschaft nicht im Güterrechtsregister eingetragen ist, LG Mü DGVZ **82**, 188. Es können auch getrennte Vollstreckungstitel erwirkt worden sein, BGH FamRZ **75**, 405.

Ausnahmsweise genügt ein Titel nur gegen *einen* Ehegatten bei dem gewerbetreibenden Ehegatten, § 741, BayObLG FGPrax **95**, 188 (es müssen die Voraussetzungen des § 741 nachgewiesen werden), Stgt Rpfleger **87**, 108 mwN, und dann, wenn ein Ehegatte allein im Interesse des Gesamtgutes einen Prozeß führen kann, §§ 1454, 1455 Z 7–9 BGB, sowie dann, wenn ein Ehegatte gegen den anderen vollstreckt, Kleinle FamRZ **97**, 1196, aM BGH FamRZ **90**, 853.

**6** **4) Zwangsvollstreckung in Vorbehaltsgut, I, II.** Zur Vollstreckung in das Vorbehaltsgut ist ein Titel gegen denjenigen erforderlich, dem dieses gehört. Inwieweit in das Gesamtgut deshalb vollstreckt werden kann, richtet sich nach der Haftung des Gesamtgutes für derartige Schulden; vgl dazu §§ 1437–1440 BGB bei der Verwaltung eines Ehegatten, §§ 1459–1462 BGB bei gemeinsamer Verwaltung. Für die Vollstreckung in das Vorbehaltsgut der Ehegatten ist § 739 maßgebend, dort Rn 2.

**7** **5) Zwangsvollstreckung in Gesamtgut, I, II.** Auch hier sind zwei Fallgruppen zu beachten.

A. *Verwaltung eines Ehegatten, I.* Wenn nur Ehegatte verwaltet und demgemäß nur ein Titel gegen ihn vorliegt, dann ist er allein Vollstreckungsschuldner und leistet allein die Offenbarungsversicherung, § 807. Für die früher sehr umstrittene Frage, ob in einem solchen Falle (früherer Titel gegen den verwaltenden Mann) damit das Widerspruchsrecht des anderen Ehegatten (damals also der Frau) als Gewahrsamsinhaber, § 809, beseitigt ist, ergibt sich, daß es ein solches Widerspruchsrecht, das schon § 739 für nicht zum Gesamtgut gehörige Sachen verneint, hier erst recht nicht geben kann.

**8** B. *Verwaltung beider Ehegatten, II.* Wenn beide Ehegatten das Gesamtgut verwalten und demgemäß gegen beide ein Leistungsurteil vorliegt, dann sind beide Vollstreckungsschuldner. Beide haben die Offenbarungsversicherung zu leisten.

**9** **6) Rechtsbehelfe, I, II.** Wird ohne einen ausreichenden Titel ins Gesamtgut vollstreckt, so haben im Falle I der verwaltende Ehegatte, bei II beide Ehegatten die Erinnerung, § 766. Entsprechendes gilt für die Widerspruchsklage, § 771, wenn die Pfändung wegen einer Leistung erfolgt ist, die nicht Gesamtgutsverbindlichkeit ist, §§ 1439, 1440, 1461, 1462 BGB, s auch §§ 1438, 1460 BGB. Bei einer Vollstreckung in das Vorbehaltsgut, ohne daß insofern ein Titel, § 771, vorliegt, vgl § 743 Rn 3. Liegt beim Gesamtgut überhaupt kein Vollstreckungstitel gegen den anderen Ehegatten vor, so ist eine Amtslöschung nötig, andernfalls evtl ein Amtswiderspruch, LG Heilbr Rpfleger **91**, 108.

**10** **7) VwGO:** *Entsprechend anwendbar,* § 167 I *VwGO. Rechtsbehelfe:* s Rn 9, da §§ 766, 771 entsprechend gelten.

**741** *Gewerbetreibender Ehegatte.* Betreibt ein Ehegatte, der in Gütergemeinschaft lebt und das Gesamtgut nicht oder nicht allein verwaltet, selbständig ein Erwerbsgeschäft, so ist zur Zwangsvollstreckung in das Gesamtgut ein gegen ihn ergangenes Urteil genügend, es sei denn, daß zur Zeit des Eintritts der Rechtshängigkeit der Einspruch des anderen Ehegatten gegen den Betrieb des Erwerbsgeschäfts oder der Widerruf seiner Einwilligung zu dem Betrieb im Güterrechtsregister eingetragen war.

**Schrifttum:** *Mansel,* Substitution im deutschen Zwangsvollstreckungsrecht, in: Festschrift für *Lorenz* (1992) 691 (709 ff).

**1) Systematik.** Die Vorschrift ist eine gegenüber § 740 vorrangige Ausnahmeregelung, BayObLG Rpfleger **83**, 407. § 741 knüpft die Möglichkeit einer Zwangsvollstreckung gegen einen gewerbetreibenden Ehegatten, der in Gütergemeinschaft lebt und das Gesamtgut nicht oder nicht allein verwaltet, an den tatsächlichen Bestand des Gewerbebetriebs und nicht an den Nachweis einer Einwilligung des allein oder mitverwaltenden Ehegatten, §§ 1431, 1456 BGB. Es bleibt diesem anderen Ehegatten vielmehr überlassen, das Fehlen seiner Einwilligung geltend zu machen. Ergänzend gilt § 774.  **1**

**2) Regelungszweck.** § 741 soll den Geschäftsverkehr sichern, BayObLG Rpfleger **83**, 407, dient also der Rechtssicherheit, Einl III 43 (Gutglaubensschutz), und ist entsprechend zugunsten des Gutgläubigen auszulegen.  **2**

**3) Begriffe.** *Selbständigkeit* liegt vor, wenn der Ehegatte als Unternehmer anzusehen ist, BayObLG Rpfleger **83**, 407. Ein Betrieb des einen Ehegatten gemeinsam mit dem anderen kann ausreichen, BayObLG Rpfleger **83**, 407. Selbständigkeit kann auch vorliegen, wenn der andere Ehegatte arbeitet, sogar dann, wenn dies im Betrieb des einen Ehegatten als Angestellter geschieht. Keine Selbständigkeit liegt vor, wenn der Ehegatte nur ein stiller Gesellschafter oder Kommanditist ist oder wenn der andere Ehegatte als der wahre Unternehmer anzusehen ist. Als *Erwerbsgeschäft* ist jede Tätigkeit anzusehen, die auf einen regelmäßigen Erwerb gerichtet ist, BGH **83**, 78, BayObLG Rpfleger **83**, 407, zB ein landwirtschaftlicher Betrieb, BayObLG Rpfleger **83**, 407. Auch eine künstlerische oder wissenschaftliche Tätigkeit kann hierher zählen, etwa eine Arztpraxis, Karlsr OLGZ **76**, 334. Ein Dienst- oder Arbeitsverhältnis, § 113 BGB, gehört nicht hierher. Eine *Nämlichkeit* zwischen dem Erwerbsgeschäft und dem Gesamtgut ist unschädlich, BayObLG Rpfleger **83**, 407.  **3**

**4) Zwangsvollstreckung.** Es sind zwei Aspekte zu beachten.  **4**

**A. Urteil gegen den Gewerbetreibenden.** Es genügt ein Urteil gegen den das Gewerbsgeschäft betreibenden Ehegatten. Die Art des Anspruchs ist unerheblich; das Urteil braucht sich nicht auf Geschäftsschulden zu beschränken, BayObLG Rpfleger **83**, 407. Das Vollstreckungsorgan wäre auch gar nicht in der Lage zu prüfen, ob der Rechtsstreit zu denjenigen gehört, die ein Gewerbebetrieb mit sich bringt. Wenn der andere Ehegatte einwenden will, es handle sich nicht um ein selbständiges Erwerbsgeschäft, dann hat er die Möglichkeit einer Erinnerung nach § 766, aber auch einer Widerspruchsklage nach § 774, BayObLG Rpfleger **83**, 407. In den anderen in § 774 Rn 1 genannten Fällen hat er nur die Klage gemäß § 771. Dringt der Ehegatte durch, greifen also §§ 1431, 1456 BGB nicht ein und liegt auch sonst keine Gesamtgutschuld vor, §§ 1437–1440, 1459–1462 BGB, § 771 Rn 10, § 774 Rn 1, so bleibt es bei der Regel des § 740. Unerheblich ist, ob das Erwerbsgeschäft zum Vorbehaltsgut gehört; das geht lediglich das Innenverhältnis der Ehegatten an, §§ 1441 Z 2, 1463 Z 2 BGB.

**B. Eintragung des Einspruchs oder der Widerruf der Einwilligung.** Ist beim Eintritt der Rechtshängigkeit nach § 261 entweder der Einspruch des allein oder mitverwaltenden Ehegatten gegen den Betrieb des Erwerbsgeschäfts oder der Widerruf seiner Einwilligung zu dem Betrieb im Güterrechtsregister eingetragen, so kann der andere Ehegatte den Mangel seiner Einwilligung oder deren Widerruf nach § 766 geltend machen oder Widerspruchsklage aus § 774 erheben. Voraussetzung hierfür ist aber, daß die Eintragung bereits beim Eintritt der Rechtshängigkeit bestand. Liegt derartiges nicht vor, so kann der Mangel der Einwilligung nur geltend gemacht werden, wenn der Gläubiger den Einspruch oder Widerruf kannte, §§ 1431 III, 1456 III BGB in Verbindung mit § 1412 BGB, wofür dem anderen Ehegatten § 774 zur Verfügung steht. Dasselbe ist der Fall, wenn er von dem Erwerbsgeschäft nichts wußte. Wußte er hiervon und hat er keinen Einspruch eingelegt, so steht das seiner Einwilligung gleich, §§ 1431 II, 1456 II BGB; er kann sich dann also auf eine mangelnde Einwilligung nicht berufen.  **5**

**C. Verfahren.** Der Gerichtsvollzieher prüft lediglich, ob ein im Zeitpunkt der Vollstreckung selbständiger Gewerbebetrieb schon und noch tatsächlich vorliegt, LG Heilbr Rpfleger **96**, 521. Nur unter dieser Einschränkung genügt ein Firmenschild, § 15 a GewO, notfalls eine Einsicht in das Handelsregister. Die ihm zur Kenntnis gebrachte Eintragung des Einspruchs oder Widerrufs hat er außer acht zu lassen. Er darf also trotzdem nicht einstellen, da ein Grund nach § 775 nicht vorliegt. Das ist eine Folge der Regelung der ZPO, die aus praktischen Gründen von der Tatsache des Erwerbsgeschäfts ausgeht, nicht aber von dem Nachweis der Einwilligung oder ihres Weiterbestehens, Rn 1. Es bleiben die Rechtsbehelfe Rn 4, 5.  **6**

**D. Gewahrsam des anderen Ehegatten.** Die Zwangsvollstreckung kann sich auch auf Sachen erstrecken, die sich im Gewahrsam des allein oder mitverwaltenden Ehegatten befinden. Zwar fordern viele für das bisherige Recht die Herausgabebereitschaft des anderen Ehegatten, § 809, anderenfalls einen Duldungstitel. Das war aber mit Rücksicht auf die vereinfachenden Zwecke des § 741 schon früher nicht unbestritten und wohl auch nicht zutreffend. Die jetzige Regelung läßt mit Rücksicht auf das § 740 Rn 7 Gesagte die Zwangsvollstreckung ohne weiteres auch in die im Gewahrsam, § 808 Rn 10, des anderen Ehegatten befindlichen Sachen zu.  **7**

**5) *VwGO:*** Entsprechend anwendbar, § 167 I VwGO.  **8**

**§§ 742–744**　　　　　　　　　　　　　　　　　　　　　　　8. Buch. Zwangsvollstreckung

**742** *Eintritt der Gütergemeinschaft während des Rechtsstreits.* Ist die Gütergemeinschaft erst eingetreten, nachdem ein von einem Ehegatten oder gegen einen Ehegatten geführter Rechtsstreit rechtshängig geworden ist, und verwaltet dieser Ehegatte das Gesamtgut nicht oder nicht allein, so sind auf die Erteilung einer in Ansehung des Gesamtgutes vollstreckbaren Ausfertigung des Urteils für oder gegen den anderen Ehegatten die Vorschriften der §§ 727, 730 bis 732 entsprechend anzuwenden.

1　　1) **Systematik, Regelungszweck.** § 742 gibt die prozessuale Ergänzung zu §§ 1433, 1455 Z 7 BGB für die Zwangsvollstreckung: Insoweit der nicht oder nur mitverwaltende Ehegatte einen Rechtsstreit nach dem Eintritt der Gütergemeinschaft mit einer Rechtskraftwirkung gegen den anderen Ehegatten fortsetzen kann, wird dieser wie ein Rechtsnachfolger des Erstgenannten behandelt. Der Ehevertrag muß nach der Rechtshängigkeit, § 261, abgeschlossen worden sein. Wenn § 742 ergreift, ist die Klage gegen den anderen Ehegatten mangels Rechtsschutzbedürfnisses durch ein Prozeßurteil abzuweisen, Grdz 14 vor § 253.

2　　2) **Verfahren.** Die vollstreckbare Ausfertigung wird für oder gegen den allein verwaltenden Ehegatten wie für oder gegen einen Rechtsnachfolger erteilt, §§ 727, 730, 731. Die vollstreckbare Ausfertigung für den verwaltenden Ehegatten wird als zweite, § 733, erteilt und ist wegen § 1422, 1450 BGB unbeschränkt, die gegen ihn lautende wird gegen ihn als Gesamtschuldner „in Ansehung des Gesamtgutes" erteilt, §§ 1437, 1459 BGB, § 733 Rn 3. Das letztere ist auch der Fall, wenn beide Ehegatten verwalten, Nürnb JB **78**, 762. Die Erteilung erfolgt durch den Rpfl, § 20 Z 12 RPflG, Anh § 153 GVG, § 730 Rn 1. Zum Nachweis des Eintritts der Gütergemeinschaft ist ein Registerzeugnis vorzulegen.

3　　3) **Rechtsbehelfe.** Der allein oder mitverwaltende Ehegatte kann bei einer Klausel gegen ihn nach den §§ 732, 768 vorgehen. Wegen des anderen Ehegatten, wenn er den Anspruch für sein Vorbehaltsgut geltend macht, § 727 Rn 13.

4　　4) **VwGO:** Entsprechend anwendbar, § 167 I VwGO, in dem in Einf §§ 727–729 Rn 7 bezeichneten Umfang.

**743** *Beendigung der Gütergemeinschaft vor Auseinandersetzung.* Nach der Beendigung der Gütergemeinschaft ist vor der Auseinandersetzung die Zwangsvollstreckung in das Gesamtgut nur zulässig, wenn beide Ehegatten zu der Leistung oder der eine Ehegatte zu der Leistung und der andere zur Duldung der Zwangsvollstreckung verurteilt sind.

1　　1) **Systematik, Regelungszweck.** Die Beendigung der Gütergemeinschaft kann durch den Tod und eine Wiederverheiratung nach einer Todeserklärung, Scheidung und Aufhebung der Ehe, ferner durch einen Ehevertrag und durch ein Urteil eintreten. In allen Fällen (soweit nicht die Gütergemeinschaft nach dem Tod mit den gemeinschaftlichen Abkömmlingen fortgesetzt wird) schließt sich eine Auseinandersetzung an. Bis zu deren Abwicklung verwalten die Ehegatten das Gesamtgut gemeinschaftlich, § 1472 BGB.

2　　2) **Verfahren.** § 743 regelt den Fall der Beendigung der Gütergemeinschaft vor dem rechtskräftigen Abschluß eines Rechtsstreits. Ist die Auseinandersetzung noch nicht erfolgt und verwaltet ein Ehegatte das Gesamtgut allein, so genügt der gegen ihn ergehende Titel nicht. Mit Rücksicht auf die nunmehr gesamthänderische Verwaltung wird, um in das Gesamtgut vollstrecken zu können, entweder ein Urteil gegen beide Ehegatten (das ist hinsichtlich des nicht verwaltenden Ehegatten möglich, wenn die Gesamtgutsverbindlichkeit seine Schuld ist) oder ein Leistungsurteil gegen den verwaltenden Ehegatten, ein Duldungsurteil gegen den anderen verlangt. Dadurch wird auch dieser im Rahmen dieses Urteils zum Vollstreckungsschuldner, mithin insoweit auch zur Offenbarungsversicherung nach § 807 verpflichtet.
　　*Führen beide* Ehegatten die Verwaltung *gemeinsam*, so werden sie ohnehin gemeinsam Klage erheben und verklagt werden, so daß auch ein Titel gegen beide vorliegen wird. Zum Duldungstitel § 748 Rn 4, 5. Ist die Auseinandersetzung erfolgt, so ist der persönlich haftende Ehegatte auf Leistung zu verklagen. Soweit der Gläubiger gegen den anderen Ehegatten aus § 1480 BGB vollstrecken will, genügt der frühere Vollstreckungstitel; es ist kein neuer Leistungstitel erforderlich.

3　　3) **Rechtsbehelfe.** Der Ehegatte, gegen den ein Titel fehlt, kann Erinnerung einlegen, § 766, oder Widerspruchsklage erheben, § 771, jedoch nur dann, wenn keine Gesamtgutsverbindlichkeit vorliegt, § 771 Rn 10, § 774 Rn 1. Mit der Widerspruchsklage des betroffenen Ehegatten kann auch geltend gemacht werden, daß der gepfändete Gegenstand zu seinem Vorbehaltsgut gehört.

4　　4) **VwGO:** Entsprechend anwendbar, § 167 I VwGO.

**744** *Beendigung der Gütergemeinschaft nach Rechtskraft.* Ist die Beendigung der Gütergemeinschaft nach der Beendigung eines Rechtsstreits des Ehegatten eingetreten, der das Gesamtgut allein verwaltet, so sind auf die Erteilung einer in Ansehung des Gesamtgutes vollstreckbaren Ausfertigung des Urteils gegen den anderen Ehegatten die Vorschriften der §§ 727, 730 bis 732 entsprechend anzuwenden.

1　　1) **Systematik, Regelungszweck.** Die Beendigung der Gütergemeinschaft berührt, wenn sie nach der Rechtskraft eines gegen den verwaltenden Ehegatten erlassenen Urteils eintritt, dessen Vollstreckbarkeit nicht. Mit Rücksicht auf die bis zur Auseinandersetzung einsetzende gemeinsame Verwaltung der Ehegatten ist aber die Erteilung einer vollstreckbaren Ausfertigung gegen den nicht verwaltenden Ehegatten „ins Gesamtgut" notwendig, § 742 Rn 3. Verwalteten beide Ehegatten gemeinsam, so kommt eine solche wegen

1. Abschnitt. Allgemeine Vorschriften  §§ 744–747

§ 740 II nicht in Betracht. Ist die Auseinandersetzung beendet, so besteht das Gesamtgut nicht mehr; die Umschreibung erfolgt ohne einen Zusatz, § 786. Bei Eheleuten der früheren DDR besteht eine widerlegbare Vermutung von je 1/2 Bruchteilseigentum, LG Lpz JB **94**, 675.

**2) Geltungsbereich.** Bei einer Beendigung der Gütergemeinschaft *vor* der Rechtskraft gilt § 743. Ist die Gesamtgutssache ein streitbefangener Gegenstand nach 265, dort Rn 4, so ist die Beendigung eine „Veräußerung" und § 727 anzuwenden; andernfalls ist bei der Beendigung vor der Rechtskraft ein Titel gegen den anderen Ehegatten notwendig. Ist vor der Beendigung der Gütergemeinschaft ein Urteil für den verwaltenden Ehegatten ergangen, so sind die Ehegatten bis zur Auseinandersetzung Gesamthandsgläubiger. Sie erhalten also eine gemeinsame Klausel gemäß § 727. *Nach* der Auseinandersetzung erhält derjenige die Klausel, dem der Anspruch zugewiesen ist, der verwaltende Ehegatte braucht keine neue Klausel. Die Erteilung erfolgt durch den Rpfl, § 20 Z 12 RPflG, Anh § 153 GVG. **2**

**3) Verfahren.** An Nachweisen für die Umschreibung nach § 727 sind zur Zwangsvollstreckung ins Gesamtgut nur ein Registerzeugnis über die Gütergemeinschaft, sofern sich diese nicht aus den Akten ergibt, sowie öffentliche oder öffentlich beglaubigte Urkunden über die Beendigung erforderlich, zB ein rechtskräftiges Urteil, die Sterbeurkunde. Gegen die Entscheidung ist die Widerspruchsklage nach § 771 zulässig, wenn der Gläubiger in das sonstige Vermögen des nicht verwaltenden Ehegatten vollstreckt. **3**

**4) VwGO:** Entsprechend anwendbar, § 167 I VwGO, in dem in Einf §§ 727–729 Rn 7 bezeichneten Umfang. **4**

**744a** *Eigentums- und Vermögensgemeinschaft.* Leben die Ehegatten gemäß Artikel 234 § 4 Abs. 2 des Einführungsgesetzes zum Bürgerlichen Gesetzbuch im Güterstand der Eigentums- und Vermögensgemeinschaft, sind für die Zwangsvollstreckung in Gegenstände des gemeinschaftlichen Eigentums und Vermögens die §§ 740 bis 744 und 860 entsprechend anzuwenden.

**Schrifttum:** *Arnold* DtZ **91**, 80 (ausf).

**1) Systematik, Regelungszweck.** Infolge des Beitritts der DDR zur BRep mußte durch den neuen Art 234 § 4 II EGBGB der in der früheren DDR nach § 13 seines Familiengesetzbuchs grundsätzliche Güterstand einer Eigentums- und Vermögensgemeinschaft, vergleichbar der Gütergemeinschaft der §§ 1415 ff BGB, übergeleitet werden. § 744 a zieht aus dem Charakter dieser Art von Güterrecht möglichst praktikable Folgerungen für die Zwangsvollstreckung durch Verweisung auf §§ 740–744, 774, 860. Einzelheiten *Wassermann* FamRZ **91**, 509. **1**

**2) VwGO:** Entsprechend anwendbar, § 167 I VwGO. **2**

**745** *Fortgesetzte Gütergemeinschaft.* ¹Im Falle der fortgesetzten Gütergemeinschaft ist zur Zwangsvollstreckung in das Gesamtgut ein gegen den überlebenden Ehegatten ergangenes Urteil erforderlich und genügend.

II Nach der Beendigung der fortgesetzten Gütergemeinschaft gelten die Vorschriften der §§ 743, 744 mit der Maßgabe, daß an die Stelle des Ehegatten, der das Gesamtgut allein verwaltet, der überlebende Ehegatte, an die Stelle des anderen Ehegatten die anteilsberechtigten Abkömmlinge treten.

**1) Systematik, Regelungszweck, I, II.** § 745 zieht für die fortgesetzte Gütergemeinschaft, §§ 1483 ff BGB, die Folgerungen für die Zwangsvollstreckung aus der Stellung des überlebenden Ehegatten und der Kinder, §§ 1487 ff. Der überlebende Ehegatte hat die Stellung des allein verwaltenden, die Kinder haben die Stellung des anderen Ehegatten. Einer Regelung bedurfte es nur insofern, als das Gesamtgut von einem Ehegatten verwaltet wurde, da sonst ein Titel für oder gegen den mitverwaltenden vorhanden sein wird, § 740 II, der auf die Abkömmlinge umgeschrieben wird, § 727. Im übrigen s die Erläuterungen zu §§ 740, 743, 744, auch wegen der Zuständigkeit des Rpfl. **1**

**2) VwGO:** Entsprechend anwendbar, § 167 I VwGO. **2**

**746** *Zwangsvollstreckung in Kindesgut.* (weggefallen)

**747** *Zwangsvollstreckung in einen Nachlaß.* Zur Zwangsvollstreckung in einen Nachlaß ist, wenn mehrere Erben vorhanden sind, bis zur Teilung ein gegen alle Erben ergangenes Urteil erforderlich.

**Schrifttum:** *Garlichs* JB **98**, 243 (Üb).

## §§ 747, 748

**1** **1) Systematik, Regelungszweck.** §§ 747–749, ergänzt durch §§ 778–785, behandeln die Zwangsvollstreckung in den Nachlaß. § 747 fußt auf der Ordnung des Miterbenrechts als einer Gemeinschaft zur gesamten Hand, §§ 2032 ff BGB. Die Vorschrift setzt daher dieses Erbrecht von ein eingeordnetes voraus, steht aber auch anderen Nachlaßgläubigern offen, denen die Erben aus demselben Rechtsgrund haften, BGH **53**, 110, Winter KTS **83**, 354. Unter Nachlaß versteht § 747 alles, was zum Nachlaß gehört, also auch die einzelnen Nachlaßgegenstände. Die Vorschrift gilt entsprechend gemäß § 265 AO.

**2** **2) Vor der Erbauseinandersetzung.** In diesem Stadium ist zur Zwangsvollstreckung ein Titel gegen sämtliche Miterben erforderlich. Es braucht kein einheitliches Urteil vorzuliegen; die Erben mögen aus verschiedenen, inhaltlich gleichen vollstreckbaren Titeln haften, BGH **53**, 113, Noack MDR **74**, 812. Die Miterben sind nicht notwendige Streitgenossen im Sinn von § 62, auch nicht als Gesamtschuldner, § 62 Rn 16. Der Titel braucht die Miterben nicht als solche zu bezeichnen. Wenn ein Miterbe gleichzeitig ein Nachlaßgläubiger ist, dann genügt ein Urteil gegen die anderen Miterben, BGH MDR **88**, 654. § 780 I ist anwendbar, BGH MDR **88**, 654. Bei der Zwangsvollstreckung zwecks Abgabe einer Willenserklärung nach § 894 genügt ein Urteil gegen denjenigen Erben, der die Erklärung nicht abgegeben hat. § 747 gilt auch, wenn die Miterben aus einem anderen Rechtsgrund gesamtschuldnerisch haften, etwa aus einer unerlaubten Handlung oder wegen einer Verbindlichkeit, die die Erben während der Erbengemeinschaft eingingen, BGH **53**, 114 (nur so ausreichender Schutz auch anderer als der Nachlaßgläubiger).

**3** Die *Zwangsvollstreckung* braucht nicht gegen alle Erben gleichzeitig zu erfolgen. Es können zB gegen die einzelnen Miterben nacheinander mehrere Pfändungsbeschlüsse ergehen. Die Wirkung tritt dann mit der Erfassung des letzten Miterben ein. Ein Vollstreckungstitel gegen nur einen Miterben berechtigt nur zur Pfändung seines Anteils am ungeteilten Nachlaß. Wenn das Urteil gegen den Erblasser ergangen ist, dann ist die Klausel nach § 727 gegen alle Erben umzuschreiben. Besteht eine Nachlaßverwaltung, so ist der Titel gegen den Verwalter notwendig und ausreichend, § 1984.

**4** **3) Nach der Erbauseinandersetzung.** In diesem Stadium verläuft die Zwangsvollstreckung gegen den einzelnen Miterben. Wendet der Miterbe ein, daß der Nachlaß noch nicht geteilt worden sei, macht er also ein Verweigerungsrecht aus § 2059 I 1 BGB geltend, so hat er die Beweislast für seine Behauptung. Der Gläubiger muß dagegen beweisen, daß der Miterbe für die Nachlaßverbindlichkeit bereits unbeschränkt haftet, § 2059 I 2 BGB. Wenn das Urteil eine Haftungsbeschränkung vorbehält, § 780, dann können die Voraussetzungen des Verweigerungsrechts auch bei der Zwangsvollstreckung geltend gemacht werden. Die Teilung kann schon dann durchgeführt worden sein, wenn einzelne Stücke noch niemandem zugewiesen worden sind. Ob die Auseinandersetzung stattgefunden hat, läßt sich nur nach der Lage des Falls beantworten. Wegen der Zwangsvollstreckung bei einem Testamentsvollstrecker § 748, wegen einer Haftungsbeschränkung § 780.

**5** **4) Rechtsbehelfe.** Jeder Erbe, auch der verurteilte, kann bei einer Zwangsvollstreckung, die gegen § 747 verstößt, die Erinnerung einlegen, § 766.

**6** **5) VwGO:** Entsprechend anwendbar, § 167 I VwGO.

## 748

*Testamentsvollstrecker.* [I] Unterliegt ein Nachlaß der Verwaltung eines Testamentsvollstreckers, so ist zur Zwangsvollstreckung in den Nachlaß ein gegen den Testamentsvollstrecker ergangenes Urteil erforderlich und genügend.

[II] Steht dem Testamentsvollstrecker nur die Verwaltung einzelner Nachlaßgegenstände zu, so ist die Zwangsvollstreckung in diese Gegenstände nur zulässig, wenn der Erbe zu der Leistung, der Testamentsvollstrecker zur Duldung der Zwangsvollstreckung verurteilt ist.

[III] Zur Zwangsvollstreckung wegen eines Pflichtteilsanspruchs ist im Falle des Absatzes 1 wie im Falle des Absatzes 2 ein sowohl gegen den Erben als gegen den Testamentsvollstrecker ergangenes Urteil erforderlich.

**Schrifttum:** *Garlichs,* Passivprozesse des Testamentsvollstreckers, 1996.

**1** **1) Systematik, Regelungszweck, I–III.** Vgl zunächst § 747 Rn 1. Die Vorschrift enthält die erforderlichen Klarstellungen bei den verschiedenen Formen einer Testamentsvollstreckung zwecks Wahrung der sehr unterschiedlichen Interessen der in solchen Situationen Beteiligten.

**2** **2) Volle Verwaltung, I.** Es gibt zwei unterschiedliche Fallgruppen.

**A. In Vermögen des Erben.** Über das Prozeßführungsrecht des Testamentsvollstreckers als Bekl § 327 Rn 3. § 748 ergänzt den § 2213 BGB für die Zwangsvollstreckung. Wenn der Testamentsvollstrecker die Verwaltung des ganzen Nachlasses durchführt, dann wirkt ein gegen den Erben ergangenes Urteil nicht gegen den Testamentsvollstrecker, sondern ermöglicht nur die Zwangsvollstreckung in das Vermögen des Erben. Zur Zwangsvollstreckung in den Nachlaß ist ein Vollstreckungstitel gegen den Testamentsvollstrecker notwendig. Das Urteil muß auf eine Leistung lauten, auf die Duldung der Zwangsvollstreckung, außer wenn ein Leistungsurteil gegen den Erben vorliegt, II, BGH NJW **89**, 936. Denn sonst fehlt überhaupt ein Leistungsurteil, aM StJM 2 (das Urteil dürfe auf eine Leistung oder eine Duldung lauten). *Zweckmäßig* ist eine Klage *gegen den Testamentsvollstrecker und den Erben zugleich.* Dann kann nämlich der Gläubiger aus dem Urteil gegen den Testamentsvollstrecker in den Nachlaß vollstrecken, gegen den Erben in dessen persönliches Vermögen. Der Miterbe oder Nacherbe, dessen Erbrecht bestritten worden ist und der eine Herausgabe verlangt, muß wegen seines Erbrechts gegen die Miterben klagen, im übrigen aber gegen den Testamentsvollstrecker, der den Nachlaß in Besitz hat. Mehrere Testamentsvollstrecker sind gewöhnliche

Streitgenossen, § 59. Eine Annahme der Erbschaft ist nicht notwendig. Die Vorschrift gilt entsprechend gemäß § 265 AO, BFH NJW **89**, 936.

**B. Nicht in Vermögen des Testamentsvollstreckers.** Die Zwangsvollstreckung ist nur in den Nachlaß zulässig, nicht in das eigene Vermögen des Testamentsvollstreckers. Denn er ist Partei kraft Amts, Grdz 8 vor § 50. Eine entsprechende Einschränkung im Urteil ist entbehrlich, Garlichs Rpfleger **99**, 63. Die Zwangsvollstreckung in den Nachlaß erfolgt wie bei der Gütergemeinschaft, in der nur ein Ehegatte verwaltungsberechtigt ist, § 740 I. Ein Gewahrsam des Erben hindert die Zwangsvollstreckung in den Nachlaß nicht. Denn der Testamentsvollstrecker verkörpert den Nachlaß, aM Garlichs Rpfleger **99**, 62. Klagt der Testamentsvollstrecker aus eigenem Recht, etwa als Vermächtnisnehmer, so muß er den Erben verklagen. 3

**3) Teilverwaltung, II.** Es sind drei Stadien zu beachten. 4

**A. Leistung und Duldung.** Hat der Testamentsvollstrecker nur einzelne Nachlaßgegenstände zu verwalten, so ist ein Vollstreckungstitel gegen den Erben auf die Leistung, gegen den Testamentsvollstrecker auf eine Duldung erforderlich. Ein Urteil auf eine Leistung gegen den Testamentsvollstrecker genügt als ein Mehr, im Ergebnis ebenso Garlichs MDR **98**, 515. Die Klage auf eine Leistung gegen den Testamentsvollstrecker erlaubt ein Urteil auf eine Duldung als das Mindere. Eine Einschränkung für einzelne Gegenstände braucht das Urteil nur dann vorzunehmen, wenn nur diese Sachen der Zwangsvollstreckung unterliegen. Im Grunde geht das Duldungsurteil auf die Abgabe einer Willenserklärung, nämlich auf die Erklärung der Einwilligung in die Zwangsvollstreckung („zur Herausgabe bereit"). Es handelt sich also um ein Leistungsurteil im Sinne von Üb 6 vor § 300. Das Urteil unterliegt freilich nicht der Regelung des § 894, sondern läßt eine vorläufige Vollstreckbarkeit zu.

Den *Kosten* der Klage, § 93 Rn 37 „Dingliche Klage", kann der Testamentsvollstrecker nur durch eine vollstreckbare Urkunde nach § 794 I Z 5 entgehen, nicht durch eine formlose Einwilligung. Der Leistungs- und der Duldungsanspruch können in getrennten Prozessen geltend gemacht werden. Wenn der Testamentsvollstrecker und der Erbe zusammen verklagt werden, dann sind sie nicht notwendige Streitgenossen im Sinn von § 62. Ist ein Duldungsurteil vor dem Leistungsurteil erwirkt worden, so wird das Duldungsurteil mit der Abweisung der Leistungsklage unwirksam. Eine unzulässige Zwangsvollstreckung wird dadurch wirksam, daß der Gläubiger den Duldungstitel nachreicht, Grdz 58 vor § 704, oder daß der Schuldner die Zwangsvollstreckung genehmigt.

**B. Antrag und Urteil.** Die Fassung lautet am besten: „Die Zwangsvollstreckung in die (näher bezeichneten) Nachlaßgegenstände ist zu dulden". Das Urteil kann für vorläufig vollstreckbar erklärt werden. Aus der akzessorischen Natur der mit der Leistungsklage verbundenen Duldungsklage folgt, daß die letztere den Gerichtsstand der ersteren teilt, auch bei einem ausschließlichen Gerichtsstand. Dies gilt aber nicht, wenn die Leistungs- und die Duldungsklage getrennt erhoben werden. Die Verurteilten haften wegen der Kosten nach Kopfteilen, denn das Urteil verurteilt nicht gesamtschuldnerisch, § 100 I. 5

**C. Zwangsvollstreckung.** Dem Testamentsvollstrecker und dem Erben ist ein gegen diese ergangenes Urteil zuzustellen. Eine Zustellung des Urteils, das gegen den anderen ergangen ist, braucht nicht zu erfolgen, § 750. Der Testamentsvollstrecker und der Erbe sind Vollstreckungsschuldner. Beide müssen also auch die eidesstattliche Versicherung zwecks Offenbarung nach § 807 leisten, der Testamentsvollstrecker aber natürlich nur wegen der von ihm verwalteten Nachlaßgegenstände. 6

**4) Rechtsbehelfe, I–III.** Eine Zwangsvollstreckung ohne wirksamen Duldungstitel gibt je nach der Beteiligungsperson unterschiedliche Möglichkeiten. 7

**A. Testamentsvollstrecker.** Der Testamentsvollstrecker kann Erinnerung aus § 766 und eine Widerspruchsklage nach § 771 einlegen. Ihr kann der Gläubiger den Einwand einer sachlichrechtlichen Duldungspflicht nicht entgegensetzen.

**B. Erbe.** Der Erbe hat keinen Rechtsbehelf. Denn II schützt nicht den Erben, sondern will die ungestörte Verwaltung des Testamentsvollstreckers ermöglichen. Mit einer Widerspruchsklage nach § 771 würde der Erbe ein fremdes Recht geltend machen, Garlichs Rpfleger **99**, 64. 8

**C. Dritter.** Der Dritte, insbesondere der Drittschuldner, hat die Erinnerung, § 766. 9

**5) Keine Verwaltung, I–III.** Hat der Testamentsvollstrecker überhaupt keine Verwaltung, so kommt er für die Zwangsvollstreckung nur als Dritter in Frage. 10

**6) Pflichtteilsanspruch, III.** Bei ihm ist es unerheblich, ob der Testamentsvollstrecker die Verwaltung voll oder teilweise durchführt. In beiden Fällen ist zwar der Erbe der richtige Bekl, § 2213 BGB. Zur Zwangsvollstreckung in den verwalteten Nachlaß ist aber ein Urteil gegen den Erben auf die Leistung, gegen den Testamentsvollstrecker auf eine Duldung notwendig. Im übrigen gelten Rn 4–6. 11

**7) VwGO:** Entsprechend anwendbar, § 167 I VwGO. 12

## 749

**Umschreibung gegen Testamentsvollstrecker.** ¹Auf die Erteilung einer vollstreckbaren Ausfertigung eines für oder gegen den Erblasser ergangenen Urteils für oder gegen den Testamentsvollstrecker sind die Vorschriften der §§ 727, 730 bis 732 entsprechend anzuwenden. ²Auf Grund einer solchen Ausfertigung ist die Zwangsvollstreckung nur in die der Verwaltung des Testamentsvollstreckers unterliegenden Nachlaßgegenstände zulässig.

**1) Systematik, Regelungszweck, S 1, 2.** Vgl zunächst § 747 Rn 1. Rechtsnachfolger des Erblassers ist der Erbe und nicht der Testamentsvollstrecker. Eine Umschreibung der Vollstreckungsklausel auf den Erben läßt keine Zwangsvollstreckung in den von einem Testamentsvollstrecker verwalteten Nachlaß zu, § 748. 1

Darum regelt § 749 die Umschreibung für und gegen den Testamentsvollstrecker entsprechend den §§ 727, 730–732. Zuständig ist der Rpfl, § 20 Z 12 RPflG, Anh § 153 GVG.

**2** 2) **Fälle,** S 1, 2. Es kommt auf die Urteilsrichtung an.

**A. Urteil gegen den Erblasser.** Bei einer *vollen Verwaltung* des Testamentsvollstreckers ist der Vollstreckungstitel gegen den Testamentsvollstrecker umzuschreiben, § 748 I. Bei einer *Teilverwaltung* des Testamentsvollstreckers ist der Vollstreckungstitel gegen den Erben und gegen den Testamentsvollstrecker entsprechend § 748 II umzuschreiben. Denn § 749 erleichtert die Beschaffung eines Vollstreckungstitels, macht ihn aber nicht entbehrlich. Unerheblich ist, ob die Ausschlagungsfrist schon abgelaufen ist. Der Testamentsvollstrecker hat die Einrede aus § 2014 BGB.

**3** **B. Urteil für den Erblasser.** In diesem Fall ist der Vollstreckungstitel für den Testamentsvollstrecker umzuschreiben, falls er nachweist, daß er den ganzen Nachlaß oder wenigstens den betreffenden Anspruch zu verwalten hat. Wenn der Erbe vor dem Amtsantritt des Testamentsvollstreckers eine Umschreibung auf sich erwirkt hat, dann muß der Testamentsvollstrecker ihn verklagen, falls der Erbe den Titel nicht herausgibt, § 2205 BGB.

**4** 3) **VwGO:** *Entsprechend anwendbar,* § 167 I *VwGO, in dem in Einf* §§ *727–729 Rn 7 bezeichneten Umfang.*

### Einführung vor §§ 750–752
### Beginn der Zwangsvollstreckung

**Gliederung**

| | | | | |
|---|---|---|---|---|
| 1) Systematik, Regelungszweck | 1 | 3) Rechtsbehelfe | | 5 |
| 2) Mängel | 2–4 | 4) VwGO | | 6 |

**1** 1) **Systematik, Regelungszweck.** §§ 750–752 geben die Voraussetzungen für den Beginn der Zwangsvollstreckung, Grdz 51 vor § 704. Das Originalurteil usw bleibt ja bei den Gerichtsakten. Seine Eignung zur vorläufigen oder endgültigen Vollstreckung wird formell nach seinem Erlaß durch die grundsätzlich erforderliche Vollstreckungsklausel im Verfahren nach §§ 724 ff auf einer der Ausfertigungen festgestellt, die eben erst dadurch zur vollstreckbaren Ausfertigung und damit erst praktisch zum Vollstreckungstitel wird. §§ 750–752 sollen dem im Klauselerteilungsverfahren nicht notwendig beteiligten Schuldner durch eine Information über alle die Leistungspflicht begründenden Umstände letztmals eine Gelegenheit zur Leistung oder zu Einwänden geben, Ffm Rpfleger **73**, 323. Ihr Vorliegen hat jedes Vollstreckungsorgan von Amts wegen bei jeder Zwangsvollstreckungshandlung zu prüfen, Grdz 39 vor § 128. Ffm Rpfleger **77**, 416, Eickmann DGVZ **84**, 66, auch das Prozeßgericht bei §§ 887 ff, Düss OLGZ **76**, 377. Sie sind anwendbar, auch wenn der Gläubiger im laufenden Verfahren wechselt, sofern er tätig ins Verfahren eingreift, etwa ein eingestelltes Verfahren weiterbetreibt. Entsprechendes gilt beim Wechsel des Schuldners. Ausnahme § 779. Wegen des EuGVÜ SchlAnh V C 1 (Art 46 ff) und 2.

**2** 2) **Mängel.** Die Vorschriften über die Voraussetzungen des Beginns der Zwangsvollstreckung sind zwingenden Rechts; ein Verstoß macht die Vollstreckungshandlung gesetzwidrig. Nach der früher herrschenden Meinung war die trotzdem vorgenommene Zwangsvollstreckung unwirksam, ließ insbesondere kein Pfandrecht entstehen; die Unwirksamkeit war nach § 766 geltend zu machen, eine Heilung mit rückwirkender Kraft gegen Dritte war unmöglich, dagegen wurde die noch fortdauernde Zwangsmaßnahme bei einer Nachholung des Nötigen für die Zukunft wirksam.

**3** Diese ganze Lehre, die nur eine Ausnahme zugunsten einer ex tunc-Wirkung bei einer Genehmigung des Drittberechtigten machte, §§ 185 II, 184 BGB, ist abzulehnen, s auch Grdz 55, 56 vor § 704. Von einer schädlichen Rückwirkung kann nicht gesprochen werden, denn ein mangelhafter Staatsakt ist (falls nicht schwere, grundlegende Mängel zur Nichtigkeit führen) nicht aufschiebend bedingt, sondern *grundsätzlich nur anfechtbar,* Üb 19 vor § 300, und insofern auflösend bedingt. Darum tritt nicht nicht ein, was nicht bestand, sondern es bleibt erhalten, was bestand, aber gefährdet war. Darum *heilt* eine *Zustimmung* des Schuldners schlechthin und mit der Wirkung des Wegfalls der auflösenden Bedingung, BGH **66**, 81, Saarbr Rpfleger **91**, 513, StJM § 750 Rn 11, aM Stöber Rpfleger **74**, 335 (beim Fehlen der Voraussetzungen im Zeitpunkt der Verstrickung entsteht ein Pfändungspfandrecht erst vom Zeitpunkt der Nachfolge ab, so daß dieser Gläubiger infolge des Fehlers nach den inzwischen Pfändenden rangiere).

**4** §§ 750, 751 *schützen* ausschließlich den *Schuldner,* AG Birkenfeld DGVZ **82**, 189. Es ist durch nichts begründet, ihm hier, wo keinerlei öffentliche Belange berührt sind, einen Schutz zu gewähren, den er verschmäht; § 295 ist hier anwendbar bei § 750. Eine verfrühte Zwangsvollstreckung, vgl auch Hamm NJW **74**, 1516, gibt dem Schuldner, wenn sie schuldhaft zugelassen wurde, einen Ersatzanspruch gegen den Staat. Denn wenn der fehlerhafte Staatsakt auch mangels Aufhebung wirksam bleibt, BGH **66**, 81, so war er doch unerlaubt. Dagegen ist der Gläubiger, wenn sein Anspruch bestand, aus der fehlerhaften Zwangsvollstreckung nicht bereichert. § 752 schützt wie belastet evtl sowohl den Gläubiger als auch den Schuldner, § 752 Rn 1.

**5** 3) **Rechtsbehelfe.** Der Gläubiger und der Schuldner können die Erinnerung nach § 766 einlegen. Der Drittschuldner hat auch die Einrede gegenüber der Klage, aM BGH **66**, 82 (er läßt offen, ob § 766 anwendbar sei; er läßt nur eine Nichtigkeit als Einwendung gelten).

**6** 4) **VwGO:** *Näheres bei den einzelnen Vorschriften.*

## § 750

**750** *Beginn der Zwangsvollstreckung. Parteien. Zustellung.* I ¹Die Zwangsvollstreckung darf nur beginnen, wenn die Personen, für und gegen die sie stattfinden soll, in dem Urteil oder in der ihm beigefügten Vollstreckungsklausel namentlich bezeichnet sind und das Urteil bereits zugestellt ist oder gleichzeitig zugestellt wird. ²Eine Zustellung durch den Gläubiger genügt; in diesem Fall braucht die Ausfertigung des Urteils Tatbestand und Entscheidungsgründe nicht zu enthalten.

II Handelt es sich um die Vollstreckung eines Urteils, dessen vollstreckbare Ausfertigung nach § 726 Abs. 1 erteilt worden ist, oder soll ein Urteil, das nach den §§ 727 bis 729, 738, 742, 744, dem § 745 Abs. 2 und dem § 749 für oder gegen eine der dort bezeichneten Personen wirksam ist, für oder gegen eine dieser Personen vollstreckt werden, so muß außer dem zu vollstreckenden Urteil auch die ihm beigefügte Vollstreckungsklausel und, sofern die Vollstreckungsklausel auf Grund öffentlicher oder öffentlich beglaubigter Urkunden erteilt ist, auch eine Abschrift dieser Urkunden vor Beginn der Zwangsvollstreckung zugestellt sein oder gleichzeitig mit ihrem Beginn zugestellt werden.

III Eine Zwangsvollstreckung nach § 720 a darf nur beginnen, wenn das Urteil und die Vollstreckungsklausel mindestens zwei Wochen vorher zugestellt sind.

**Schrifttum:** *Kleffmann,* Unbekannt als Parteibezeichnung usw, 1983; *Reichert,* Die BGB-Gesellschaft im Zivilprozeß, 1988.

### Gliederung

| | |
|---|---|
| 1) Systematik, Regelungszweck, I–III ... 1 | A. Grundsatz: Spätestens bei Vollstreckungsbeginn ... 9 |
| 2) Bezeichnung der Personen, I ... 2–6 | B. Beispiele zur Frage einer Zustellung des Vollstreckungstitels, I ... 10, 11 |
| A. Grundsatz: Erkennbarkeit; Auslegbarkeit ... 2 | 5) Zustellung der Vollstreckungsklausel, II ... 12–15 |
| B. Name, Beruf, Wohnort ... 3 | A. Andere Bedingung als diejenige einer Sicherheitsleistung ... 12 |
| C. Gesetzlicher Vertreter ... 4 | B. Rechtsnachfolge ... 13 |
| D. Firma ... 5 | C. Ausführung ... 14, 15 |
| E. Personenmehrheit ... 6 | 6) Wartefrist, III ... 16, 17 |
| 3) Nennung im Vollstreckungstitel, I ... 7, 8 | A. Berechnung usw ... 16 |
| A. Grundsatz: Maßgeblichkeit von Titel und Klausel ... 7 | B. Rechtsbehelf ... 17 |
| B. Verstoß ... 8 | 7) VwGO ... 18 |
| 4) Zustellung des Vollstreckungstitels, I . 9–11 | |

**1) Systematik, Regelungszweck, I–III.** Vgl Einf 1 vor §§ 750–752. **1**

**2) Bezeichnung der Personen, I.** Einem Grundsatz folgen zahlreiche Auswirkungen. **2**

**A. Grundsatz: Erkennbarkeit, Auslegbarkeit.** Der Zweck von I besteht darin, dem Vollstreckungsorgan ohne weiteres ersichtlich zu machen, wer Vollstreckungspartei ist, vgl dazu grundsätzlich (für das Erkenntnisverfahren) § 253 Rn 22 ff. Das Vollstreckungsorgan muß die Nämlichkeit der Personen auf Grund des Vollstreckungstitels prüfen können, Köln Rpfleger 75, 102, LG Bonn Rpfleger 84, 28, AG Bonn Rpfleger 94, 95. Das Gericht muß zu dieser Klärung imstande sein können, ohne daß es besondere Ermittlungen anstellen muß, LG Frankenth JB 96, 443. Zu diesen ist es auch nicht verpflichtet, Petermann DGVZ 76, 84. Es darf und muß freilich eine neue Auslegung vornehmen, LG Bonn Rpfleger 84, 28, vgl AG Gelsenkirchen DGVZ 88, 45, VGH Mannh NJW 99, 3291 (zieht die Klausel heran). Notfalls sind der Urteilskopf nach § 319, die Vollstreckungsklausel in dessen entsprechender Anwendung zu berichtigen, AG Kiel DGVZ 81, 173, AG Neust/Rbbge DGVZ 95, 156. Wenn auch dieser Weg versagt, dann ist die Zwangsvollstreckung zunächst unmöglich, LG Bonn Rpfleger 84, 28, LG Düss DGVZ 81, 156, und muß die Nämlichkeit der Beteiligten durch eine Klage aus § 731 geklärt werden, LG Bln MDR 77, 236. Keinesfalls darf der ProzBev einfach eine „Berichtigung" vornehmen, LG Bln Rpfleger 73, 31.

**B. Name, Beruf, Wohnort.** Nach dem Namen, dem Beruf und dem Wohnort (das meint auch: genaue **3** Adresse, AG Bln-Wedding DGVZ 92, 123) sind diejenigen Personen im Urteil oder in der Vollstreckungsklausel zu bezeichnen, für und gegen die die Zwangsvollstreckung stattfinden soll. Deshalb muß der Vorname jedenfalls dann angegeben werden, wenn nur mit seiner Hilfe die Nämlichkeit der Betroffenen festzustellen ist, AG Bln-Wedding DGVZ 92, 123, AG Bonn Rpfleger 94, 95 (zum Gegenfall), AG Neust/Rbbge DGVZ 95, 156. Im übrigen ist eine formalistische Engherzigkeit zu vermeiden, Einf 2 vor §§ 750–751, aM Ffm Rpfleger 79, 434. Wenn ein Betroffener zB nachträglich infolge einer Heirat usw einen anderen Familiennamen erhalten hat, darf der Vollstreckungstitel ohne weiteres ergänzt werden, AG Krefeld MDR 77, 762 (es wendet § 727 entsprechend an). Der Gläubiger kann sich jedenfalls darauf beschränken, eine Auskunft aus dem Melderegister beizufügen, LG Brschw Rpfleger 95, 306, braucht also nicht nach § 792 vorzugehen, dort Rn 1. Zweifel gehen freilich zu Lasten des Gläubigers, Ffm Rpfleger 79, 434, AG Darmst DGVZ 78, 46 (betr den Sitz einer GmbH).

**C. Gesetzlicher Vertreter.** Wenn der Vollstreckungstitel entgegen § 313 I Z 1 den gesetzlichen Ver- **4** treter nicht erwähnt, dann ist er zwar nicht unwirksam. Es können aber bei der Zustellung, Grdz 40 vor § 704, AG Ansbach DGVZ 94, 94, der Zahlung usw Schwierigkeiten auftreten. Die Angabe des gesetzlichen Vertreters bei einer juristischen Person, deren Nämlichkeit eindeutig ist, wie überhaupt die ausdehnende Auslegung von § 313 I Z 1 auf das Vollstreckungsverfahren mag allerdings nicht gerechtfertigt sein, Köln Rpfleger 75, 102. LG Essen Rpfleger 75, 372 sieht bei einem Vollstreckungstitel gegen „X als gesetzlichen Vertreter des Minderjährigen Y" den ersteren als den Schuldner an. Nämlichkeit des Vertreters ändert nichts an der Notwendigkeit der Nämlichkeit des Vertretenen, Ffm WettbR 97, 187.

## § 750
8. Buch. Zwangsvollstreckung

5   **D. Firma.** Bei einer eingetragenen Firma genügt diese im allgemeinen, BayObLG Rpfleger 82, 466, LG Bln Rpfleger 78, 106, AG Mü DGVZ 82, 172. Bei einer nicht eingetragenen Firma muß der Inhaber angegeben sein. Bei mehreren „Inhabern" ist mangels einer Eintragung in der Regel § 736 anzuwenden, LG Bln Rpfleger 73, 104. Über einen Titel, der auf eine Einzelfirma lautet, Einf 3 vor §§ 727–729. Zweifel gehen jedenfalls dann zu Lasten des Gläubigers, wenn die Firma beim Eintritt der Rechtshängigkeit, § 261, nicht (mehr) eingetragen war, KG Rpfleger 82, 191, aM AG Mü DGVZ 82, 172 (der im Vollstreckungstitel mit seinem Privatnamen bezeichnete frühere Inhaber sei Schuldner, wenn im Titel auch die Firma angegeben sei).

Eine *Umschreibung* ist bei einem Decknamen entbehrlich, aber zulässig. Bei der Offenen Handelsgesellschaft genügt ein Titel gegen die Firma, ebenso bei der Kommanditgesellschaft, Noack DB 73, 1157. Bei der GmbH und Co KG genügt der Titel gegen die GmbH nicht zur Zwangsvollstreckung gegen die KG, BayObLG NJW 86, 2578. Wegen der Vor-GmbH und ihres Gründers LG Bln MDR 87, 855. Nach der Löschung der GmbH ist eine Umschreibung auf einen (neu) zu bestellenden Liquidator notwendig, AG Limbg DGVZ 89, 191. Der Gerichtsvollzieher prüft an Ort und Stelle, ob ein Unternehmen im Titel in seiner Rechtsform richtig und vollstreckbar bezeichnet wurde, AG Gelsenkirchen DGVZ 88, 45. Freilich braucht er keine komplizierten Ermittlungen usw vorzunehmen.

6   **E. Personenmehrheit.** Gesamtgläubiger sind als solche zu bezeichnen, LG Frankenth JB 96, 442. Die Zwangsvollstreckung für und gegen einen Gesellschafter ist nur dann zulässig, wenn er nicht bloß als gesetzlicher Vertreter, § 51 Rn 12, sondern (auch) als Partei genannt worden ist, Grdz 3 vor § 50, AG Bln-Wedding DGVZ 78, 14. Die Umschreibung auf einen Gesellschafter ist unzulässig, Anh § 736 Rn 2, 3. Bei der *Anwaltsozietät* sind die Personalien aller wirklichen Sozien notwendig, LG Bonn Rpfleger 84, 28 mwN, LG Gießen DGVZ 95, 88, Meyer-Stolte Rpfleger 85, 43. Im Zweifel sind die Sozien Gesamtgläubiger, BGH 56, 355, Saarbr Rpfleger 78, 228 (nicht zugunsten späterer Sozien), Kornblum BB 73, 227, aM LG Hbg AnwBl 74, 166, AG Bln-Wedding DGVZ 78, 31.

Bei mehreren Schuldnern ist grundsätzlich die Angabe notwendig, ob sie als *Gesamtschuldner* in Anspruch genommen werden oder in welchem Beteiligungsverhältnis sie sonst stehen, LG Bln MDR 77, 146, AG Bln DGVZ 77, 25. Die Erbengemeinschaft ist als solche keine ausreichende Gläubigerbezeichnung, LG Bln DGVZ 78, 59, ebensowenig die Gesellschaft bürgerlichen Rechts, Düss VHR 97, 111 (auch zu § 794 I Z 5). Zum Problem einer unbestimmten Zahl nicht mit ihren Namen angeführter Hausbesetzer § 253 Rn 25, § 319 Rn 13 ff. Die Angabe „die Eigentümer der Wohnungseigentumsanlage X" kann ausreichen, wenn der Verwalter angegeben wird, BayObLG RR 86, 564, LG Hann MDR 89, 358, aM LG Ffm MDR 86, 766, AG Ffm DGVZ 94, 79 (die Angabe des Objekts reiche), StJM 18 a (Notwendigkeit der Angabe im Urteil oder Vollstreckungsbescheid).

7   **3) Nennung im Vollstreckungstitel, I.** Sie ist wesentliche Bedingung.

**A. Grundsatz: Maßgeblichkeit von Titel und Klausel.** Die Zwangsvollstreckung ist ausschließlich für und gegen die im Urteil und in der Klausel Genannten zulässig, auch zB den Prozeßstandschafter, Grdz 26 vor § 50, LG Darmst Rpfleger 99, 125, AG Schwetzingen DGVZ 89, 27, aM Celle Rpfleger 86, 484. Ob sie zu Recht aufgeführt worden sind, hat das Vollstreckungsorgan nicht zu prüfen, Hamm FamRZ 81, 200. Bei einem Urteil auf Leistung an einen Dritten bleibt der Gläubiger der Zwangsvollstreckungsberechtigte; daher ist nur er im Rubrum aufzuführen, AG Schwetzingen DGVZ 89, 26. Eine Einwilligung in die Zwangsvollstreckung durch einen nicht Genannten kann zwar einen bisherigen Mangel der Zwangsvollstreckung heilen; das Vollstreckungsorgan handelt aber fehlerhaft, wenn es daraufhin die Zwangsvollstreckung vornimmt. Wegen eines Titels nach der AO Köln Rpfleger 93, 29.

8   **B. Verstoß.** Das Fehlen der Benennung in der Vollstreckungsklausel kann durch nichts ersetzt werden, auch nicht bei einer sachlichrechtlichen Duldungspflicht, Bre Rpfleger 87, 381 (zustm Bischoff/Bobenhausen). Die Vollstreckung ist insoweit unzulässig, wenn auch nicht nichtig, Einf 2 vor §§ 750–752.

9   **4) Zustellung des Vollstreckungstitels, I.** Auch er hat wesentliche Bedeutung.

**A. Grundsatz: Spätestens bei Vollstreckungsbeginn.** Die Zwangsvollstreckung darf erst dann beginnen, wenn das Urteil vorher zugestellt worden ist oder gleichzeitig zugestellt wird (Ausnahmen: §§ 929 III, 936, ferner evtl bei § 156 III KostO, Hamm MDR 89, 467), Karlsr FER 98, 79, LG Mü DGVZ 96, 77. Die Zustellung erfolgt von Amts wegen, § 317 I, oder durch den Gläubiger, wie I 2 klarstellt, Mü OLGZ 82, 103, LAG Ffm DB 87, 2575. Der Gläubiger kann an einer solchen Parteizustellung trotz der Amtszustellung ein Interesse haben, etwa zwecks Beschleunigung, Ffm MDR 81, 591, LG Ffm Rpfleger 81, 204.

10  **B. Beispiele zur Frage einer Zustellung des Vollstreckungstitels, I**
**Anschrift:** Die Zustellung erfolgt an die aus dem Erkenntnisverfahren bekannte Anschrift des Schuldners, solange er keine andere nennt oder seine bisherige als unrichtig (geworden) bekannt ist, Köln BB 75, 628.
**Aushändigung:** Rn 11 „Notar".
**Beschluß:** Bei einem Beschluß gelten dieselben Regeln wie bei einem Urteil.
**Einmaligkeit:** Ungeachtet der Notwendigkeit einer Zustellung bei jeder Vollstreckungsart, s dort, genügt jedenfalls eine einmalige Zustellung für die gesamte Zwangsvollstreckung, also für alle folgenden Vollstreckungshandlungen, Hbg RR 86, 1501.
**Entbehrlichkeit:** Eine Zustellung durch den Gläubiger ist entbehrlich, soweit der Schuldner den Vollstreckungstitel schon seinerseits dem Gläubiger hatte zustellen lassen, Ffm MDR 81, 591.
**Erinnerung:** Rn 11 „Weigerung".
**Gesamtschuldner:** Bei der Zwangsvollstreckung gegen einen Gesamtschuldner ist keine Vorlage der mit Wirkung gegen einen anderen Gesamtschuldner erteilten Ausfertigung des Vollstreckungstitels notwendig, LG Bre DGVZ 82, 76, aM AG Mönchengladb DGVZ 82, 79.
**Höhere Instanz:** Aus dem Zweck der Vorschrift folgt, daß auch ein voll bestätigendes Urteil einer höheren Instanz zugestellt worden sein muß, wenn das erste Urteil nicht oder anders vorläufig vollstreckbar war. Denn dann macht erst das bestätigende Urteil das erste Urteil zu einem Vollstreckungstitel.

# 1. Abschnitt. Allgemeine Vorschriften § 750

**Jede Vollstreckungsart:** Eine Zustellung ist bei jeder Zwangsvollstreckung notwendig, auch wenn das Prozeßgericht selbst vollstreckt.
S aber auch „Einmaligkeit".
**Kurzfassung:** S „Ohne Tatbestand und Entscheidungsgründe". **11**
**Mangel der Zustellung:** Nur eine wirksame Zustellung genügt. Ein Mangel läßt sich durch erneute Zustellung heilen, BGH **66**, 82, Mü OLGZ **82**, 103.
**Notar:** Eine auf Bitten des Schuldners vom Notar vorgenommene Aushändigung einer vollstreckbaren Ausfertigung der vor ihm errichteten Urkunde steht einer Zustellung wegen der neutralen Stellung des Notars, § 1 BNotO, nicht gleich, LG Ffm JB **93**, 750.
**Ohne Tatbestand und Entscheidungsgründe:** Die Zustellung einer Ausfertigung des Urteils ohne Tatbestand und Entscheidungsgründe genügt bei einer Parteizustellung stets, I 2 Hs 2, LAG Ffm DB **87**, 2575, bei einer Zustellung von Amts wegen nur in den Fällen der §§ 313 a, 313 b.
**Parteizustellung:** Bei der Parteizustellung stellt der Gläubiger dem Vollstreckungsschuldner zu; es kann aber auch ein anderer Weg vorgenommen werden; wichtig ist nur, daß der Schuldner eine sichere Kenntnis von dem Titel erhält, Ffm MDR **81**, 591.
**Prozeßbevollmächtigter:** Die Zustellung muß an den ProzBev erfolgen, § 176, LG Gießen Rpfleger **81**, 26, AG Dorsten DGVZ **99**, 142, und zwar auch nach der Rechtskraft der Entscheidung, sogar noch nach Jahr und Tag, § 178, LG Detmold DGVZ **99**, 61, aM LG Bochum Rpfleger **85**, 33, Biede DGVZ **77**, 75 (diese Zustellungsart sei nur bei § 198 erforderlich). Das Vollstreckungsorgan darf die Prozeßvollmacht nicht prüfen, denn diese Zustellung gehört noch zur Instanz, § 176 Rn 16; die Prozeßvollmacht erlischt erst gemäß § 87, Mü MDR **58**, 927.
**Prozeßgericht:** Rn 10 „Jede Vollstreckungsart".
**Weigerung:** Bei einer Weigerung des Gerichtsvollziehers, die Zustellung vorzunehmen, hat der Gläubiger die Erinnerung nach § 766 II (direkt oder doch entsprechend), Midderhoff DGVZ **82**, 24.
**Zeitpunkt:** Es ist unerheblich, zu welchem Zeitpunkt die Zustellung erfolgt, soweit dieser nur vor dem Beginn der Zwangsvollstreckung liegt. Dies letztere ist dem Vollstreckungsgericht stets nachzuweisen. Der Gerichtsvollzieher darf gleichzeitig zustellen, wenn er vollstreckt, Seip AnwBl **77**, 235.
**Zustellvermerk:** Der Vermerk nach § 213 a reicht grds aus. Köln Rpfleger **97**, 31 (vgl aber § 418 Rn 7 ff). Auch beim Vollstreckungsbescheid ist Unterzeichnung nötig, LG Cottbus DGVZ **98**, 141.

**5) Zustellung der Vollstreckungsklausel, II.** Eine Zustellung der Vollstreckungsklausel ist nur in einem **12** jeden der folgenden Fälle Rn 12, 13 notwendig.

**A. Andere Bedingung als diejenige einer Sicherheitsleistung.** Die Zustellung ist im Falle des § 726 I notwendig, also dann, wenn die Zwangsvollstreckung gerade durch eine andere Tatsache als eine Sicherheitsleistung bedingt ist, Hbg RR **86**, 1501.

**B. Rechtsnachfolge.** Die Zustellung ist ferner in den Fällen der §§ 727–729, 738, 742, 744, 745 II, 749 **13** notwendig, also dann, wenn eine Rechtsnachfolge wirklich stattfindet oder unterstellt wird.

**C. Ausführung.** Die Zustellung erfolgt einzeln oder zusammen mit dem Urteil, einzeln aber nur dann, **14** wenn die Beziehung zum Vollstreckungstitel eindeutig klargestellt ist, wenn die Vollstreckungsklausel also aus sich heraus verständlich ist. Wenn die Klausel auf urkundliche Nachweise hin erteilt worden ist, dann sind auch diese Urkunden mit ihrem vollständigen Wortlaut, AG Bln-Schöneberg DGVZ **95**, 190, in beglaubigter Abschrift zuzustellen, Rpfleger **94**, 173 (krit Hintzen/Wolfsteiner 511), AG Kaisersl DGVZ **90**, 75, strenger LG Aachen (beglaubigte Ausfertigung). Ihre Nichterwähnung in der Klausel macht die Zustellung aber nicht ungültig, § 726 Rn 5. Wenn die Urkunden vollständig in die Klausel aufgenommen worden sind, dann ist ihre besondere Zustellung entbehrlich, LG Bonn Rpfleger **98**, 34, Scheld DGVZ **82**, 162, aM LG Bln Rpfleger **66**, 21 (eine vollständige Abschrift der Urkunden sei trotzdem zuzustellen. Das wäre aber eine unnötige Wiederholung, wenn die Urkunden wirklich vollständig in die Klausel aufgenommen worden sind, also mit Kopf, Unterschrift, Siegelvermerk usw. Eine nur sinngemäße Aufnahme genügt allerdings nicht).

Die Zustellung kann *im übrigen getrennt* erfolgen. Alle diese Zustellungen, also auch diejenigen der **15** Urkunden, die eine Rechtsnachfolge des Gläubigers ergeben, sind spätestens mit dem Beginn der Zwangsvollstreckung vorzunehmen, Rn 10, 11, vgl aber auch Einf 2, 3 vor §§ 750–751. Bei einer Kündigung ist deren Wirksamkeitszeitpunkt abzuwarten, Ffm Rpfleger **73**, 323. Bei einem Scheidungsvergleich ohne eine Angabe des Zahlungsbeginns fordern Blomeyer Rpfleger **73**, 81, Hornung Rpfleger **73**, 80 die Zustellung einer Vollstreckungsklausel, die durch einen Rechtskraftbescheid ergänzt wurde. Eine Zustellung nach § 198 genügt.

*Gebühr* des Anwalts: §§ 57, 58 II Z 2 BRAGO.

**6) Wartefrist, III.** Die Vorschrift ist nicht abdingbar, Grdz 27 vor § 704 „Verzicht des Schuldners", **16** Schilken DGVZ **97**, 84 (Vorabverzicht).

**A. Berechnung usw.** Eine Wartefrist besteht (nur) bei einer Zwangsvollstreckung nach § 720 a, LG Bln MDR **87**, 65, LG Darmst DGVZ **89**, 120, LG Düss JB **98**, 436 (wegen eines Kostenfestsetzungsbeschlusses gilt § 798). Seit der Zustellung des Urteils und der Vollstreckungsklausel müssen 2 Wochen bis zum Beginn der Zwangsvollstreckung verstreichen. Gemeint ist die einfache Klausel nach § 725, nicht bloß die Klausel der §§ 726 I, 727 ff, Düss DGVZ **97**, 42, Hamm FGPrax **97**, 86, LG Düss JB **98**, 436, aM LG Münst JB **86**, 939, StJM 5, 38 (aber die bloße Urteilszustellung kündigt noch nicht klar genug auch eine Zwangsvollstreckung an).

Die Frist wird nach § 222 berechnet. Sie ist keine Notfrist, § 224 I 2. Vgl ferner § 798 Rn 4. Ein vorläufiges Zahlungsverbot nach § 845 ist allerdings schon *vor dem Ablauf der Wartefrist* des III zulässig, Köln DGVZ **89**, 40, AG Mü DGVZ **86**, 47.

**§§ 750, 751**  8. Buch. Zwangsvollstreckung

17   **B. Rechtsbehelf.** Bei einem Verstoß kann der Schuldner die Erinnerung nach § 766 einlegen, Einf 5 vor §§ 750–751, § 798 Rn 5. Eine zunächst fehlerhaft eingetragene Sicherungshypothek nach § 867 kann wirksam ihren Rang behalten, wenn die fehlende Zustellung folgt, Schlesw RR **88**, 700.

18   **7) VwGO:** Entsprechend anwendbar, § 167 I VwGO, VGH Mannh NVwZ-RR **95**, 619. Bezeichnung des Schuldners und Zustellung des Titels sind in allen Fällen erforderlich, VGH Mannh NJW **98**, 3291 m Anm Münch DNotZ **99**, 658 (ausdrückliche Bezeichnung nicht nötig) u NVwZ-RR **93**, 520 mwN, auch bei Vollstreckung zugunsten der öffentlichen Hand, § 169 VwGO, weil das VwVG ebenfalls die Bekanntgabe des Titels (Leistungsbescheid, § 3, bzw VerwAkt, § 6) fordert und § 168 II VwGO die Notwendigkeit der Zustellung voraussetzt. Eine Zustellung der VollstrKlausel, II, entfällt in den § 724 Rn 14 genannten Fällen des § 171 VwGO. Die Zustellung ist auch im Parteibetrieb zulässig, wie § 168 II VwGO zeigt; bei Vergleichen, §§ 794 u 715, ist dies der einzige Weg, VGH Mannh NVwZ-RR **90**, 448.

**751** *Beginn der Zwangsvollstreckung. Bedingungen.* ¹ Ist die Geltendmachung des Anspruchs von dem Eintritt eines Kalendertages abhängig, so darf die Zwangsvollstreckung nur beginnen, wenn der Kalendertag abgelaufen ist.

II Hängt die Vollstreckung von einer dem Gläubiger obliegenden Sicherheitsleistung ab, so darf mit der Zwangsvollstreckung nur begonnen oder sie nur fortgesetzt werden, wenn die Sicherheitsleistung durch eine öffentliche oder öffentlich beglaubigte Urkunde nachgewiesen und eine Abschrift dieser Urkunde bereits zugestellt ist oder gleichzeitig zugestellt wird.

1   **1) Systematik, Regelungszweck, I, II.** Vgl Einf 1 vor §§ 750–752.

2   **2) Kalendertag, I.** Ein Grundsatz hat mancherlei Auswirkungen.

   **A. Grundsatz: Zulässigkeit seit Ablauf.** Wenn der im Urteil zugesprochene Anspruch von dem Eintritt eines Kalendertags abhängig ist, also von einem nach dem Kalender zu ermittelnden Tag (Beispiel: „10 Tage nach Ostern 1980"), nicht sonst, LAG Nürnb MDR **97**, 752, dann ist der Eintritt dieses Kalendertags eigentlich eine urteilsmäßige Voraussetzung der Zwangsvollstreckung. Aus praktischen Gründen bringt das Gesetz diesen Eintritt jedoch nicht unter die Regelung des § 726, sondern behandelt ihn wie eine förmliche Voraussetzung. Das Gesetz läßt die Zwangsvollstreckung zu, sobald der Kalendertag abgelaufen ist. Wenn vorher vollstreckt wird, verlangt der Gläubiger einen Rang, der ihm nicht zukommt. Daher hat der Dritte in diesem Fall abweichend von den Grundsätzen Einf 5 vor §§ 750–751 die Möglichkeit einer Erinnerung, § 766. Die vollstreckbare Ausfertigung darf jedoch schon vor dem Eintritt des Kalendertags erteilt werden. Das gilt auch bei einer bedingten Verurteilung mit einer Fristsetzung aus § 510 b. In diesem Fall braucht der Gläubiger nicht nachzuweisen, daß der Schuldner die urteilsmäßige Handlung versäumt hat, und § 726 ist auf diesen Fall unanwendbar, Hbg MDR **72**, 1040. Es ist aber beim eindeutigen Fehlen einer Zeitbestimmung dem Vollstreckungsorgan verwehrt, dem Titel eine solche beizulegen, Köln RR **86**, 159.

3   **B. Einzelfragen.** Das kommt auch bei der Klage auf eine künftige Leistung nach §§ 257 ff, vgl Hamm FamRZ **80**, 391, LG Kassel WoM **77**, 255, oder bei der Vollstreckung nach § 721 zur Anwendung. Bei Renten usw, nicht auch bei beweglichen Sachen, LG Bln Rpfleger **78**, 335, ist eine Zwangsvollstreckung aus Zweckmäßigkeitsgründen auch wegen der künftig fällig werdenden Beiträge möglich, Grdz 103 vor § 704, § 829 Rn 7 „Rente". Der Pfändungsbeschluß muß dann die Bemerkung enthalten, daß die Pfändung wegen solcher Beträge erst mit demjenigen Tag wirksam wird, der auf den Fälligkeitstag folgt, Hamm FamRZ **94**, 454, Mü Rpfleger **72**, 321, aM Köln FamRZ **83**, 1260, LG Bln Rpfleger **82**, 434. Ist der Kalendertag ein Sonntag oder ein allgemeiner Feiertag, § 188 Rn 4, so muß der nächste Werktag abgelaufen sein, § 193 BGB. Bei § 627 ist der Eintritt der Rechtskraft nach § 322 vor dem Monatsablauf unerheblich, LG Bad Kreuznach MDR **72**, 1035. Über die Wirkung eines Verstoßes vgl Einf 2–4 vor §§ 750–751.

4   **3) Sicherheitsleistung, II.** Sie ist eine wesentliche Bedingung.

   **A. Grundsatz: Notwendigkeit des Urkundennachweises.** Hängt die Zwangsvollstreckung davon ab, daß der Gläubiger Sicherheit leistet, § 709, so ist die Vollstreckungsklausel vor der Leistung zu erteilen. Die Zwangsvollstreckung darf erst dann beginnen bzw zB bei § 709 S 2, 720 a nur dann fortgesetzt werden, wenn der Gläubiger die Sicherheitsleistung durch eine öffentliche oder öffentlich beglaubigte Urkunde, § 415 Rn 1, 2, nachgewiesen hat und wenn eine Abschrift der Urkunde vorher oder gleichzeitig zugestellt worden ist, § 750 Rn 14. Bei einem Verstoß steht die Zwangsvollstreckung einer solchen gleich, die vor der Zustellung des Urteils vorgenommen wurde, Einf 2–4 vor §§ 750–751.

   Eine *nachträgliche* Sicherheitsleistung oder ein weiterer Titel, der ohne eine Sicherheitsleistung vorläufig vollstreckbar ist, können heilen, Hbg MDR **74**, 322. Die Aufrechnung mit einem Kostenerstattungsanspruch ist erst nach der Hinterlegung, LG Aachen RR **87**, 1406, und nach der Zustellung der sie nachweisenden Urkunde zulässig; die Zustellung der Vollstreckungsklausel ist in diesem Fall allerdings entbehrlich. Bei einer Hinterlegung, § 108 Rn 8, ist die Sicherheitsleistung nicht schon durch den Postschein ausgewiesen, der die Absendung an die Hinterlegungsstelle bescheinigt. Denn dieser Schein beweist weder die Ankunft noch die Annahme. Es ist vielmehr eine Bescheinigung der Hinterlegungsstelle über die Annahme des Betrages erforderlich.

5   **B. Bürgschaft.** Über eine Sicherheitsleistung durch eine Bürgschaft § 108 Rn 10, Hamm MDR **75**, 763 (ausf). Wenn ein freiwilliger Bürgschaftsvertrag zustande gekommen ist, wenn also nicht der Gläubiger das Seine getan hat, um die Bürgschaft zu leisten, dann ist die Einhaltung der Zustellungsvorschrift II eine sinnlose Förmelei, AG Freibg DGVZ **89**, 46. Der Schuldner besitzt ja die Bürgschaftsurkunde; wenn nicht,

genügt es, daß der Gerichtsvollzieher sie ihm bei dem Beginn der Zwangsvollstreckung aushändigt oder zustellt, Düss Rpfleger **77**, 459. Dann ist es auch für die Zwangsvollstreckung unerheblich, in welcher Form die Bürgschaft geleistet worden ist. Wäre selbst die vom Gericht etwa vorgeschriebene Form verletzt, so läge eine vereinbarte Sicherheit vor, § 108. Wenn aber kein freiwilliger Vertrag vereinbart worden ist, sondern ein Zwangsvertrag vorliegt, § 108 Rn 13, aM Noack MDR **72**, 288, dann kann der Schuldner nicht wissen, ob ein Vertrag überhaupt zustande gekommen ist, solange ihm unbekannt bleibt, ob der Bürge seinerseits sämtliche Voraussetzungen erfüllt hat. Deshalb muß ihm der Gläubiger, der vollstrecken will, die Bürgschaftsurkunde in öffentlicher oder öffentlich beglaubigter Form zustellen.

Die Zustellung oder formlose Übersendung einer *einfachen Abschrift* oder Kopie reicht nicht, denn sie erfüllt den Sinn der Sicherheitsleistung (Schutz vor unberechtigter Vollstreckung) nicht, weil der Schuldner nur als Besitzer der Urkunde im Original usw gegen eine unberechtigte Vollstreckung mit Erfolgsaussicht vorgehen könnte, § 108 Rn 14.

Freilich braucht der Gläubiger die Bürgschaftsurkunde *nicht zu hinterlegen*. § 750 II soll aber dem Schuldner eine volle Sicherheit für die Erfüllung der Voraussetzungen der Zwangsvollstreckung geben. Würde die Vorschrift anders als hier gehandhabt, so würde sie dies nicht gewährleisten, § 108 Rn 18, Hbg MDR **82**, 588, LG Augsb Rpfleger **98**, 166, ThP § 108 Rn 11, aM Düss MDR **78**, 489, Ffm NJW **78**, 1442, Kblz MDR **93**, 470 (nötig sei nur ein Nachweis der Übergabe oder der Zustellung der Urkunde an den Schuldner durch eine öffentlich beglaubigte Urkunde oder die Übergabe oder die Zustellung der Bürgschaftserklärung beim Beginn der Zwangsvollstreckung). 6

Vgl aber auch hierzu § 108 Rn 10 ff. Der Schuldner kann auf die Voraussetzungen dieser Vorschrift *verzichten*. Ein solcher Verzicht liegt nicht schon in seinem bloßen Schweigen.

**4) *VwGO:*** *Entsprechend anwendbar, § 167 I VwGO, VGH Mannh NVwZ-RR* ***93****, 520 (zu II).* 7

**752** **Beginn der Zwangsvollstreckung wegen Teilbetrags.** ¹Vollstreckt der Gläubiger im Fall des § 751 Abs. 2 nur wegen eines Teilbetrages, so bemißt sich die Höhe der Sicherheitsleistung nach dem Verhältnis des Teilbetrages zum Gesamtbetrag. ²Darf der Schuldner in den Fällen des § 709 die Vollstreckung gemäß § 712 Abs. 1 Satz 1 abwenden, so gilt für ihn Satz 1 entsprechend.

**Vorbem.** Fassung Art 1 Z 4 der 2. ZwVNov v 17. 12. 97, BGBl 3039, in Kraft seit 1. 1. 99, Art 4 I der 2. ZwVNov, ÜbergangsR Einl III 78.

**1) Systematik, Regelungszweck, S 1, 2.** Die Vorschrift stellt eine Ergänzung der in ihr genannten 1 Bestimmungen zwecks Erleichterung einer nach § 751 II erfolgenden Vollstreckung dar; sie ergänzt also auch die letztere Vorschrift. Die Möglichkeit einer Teilvollstreckung hat Vor- und Nachteile: Sie kann zu einer Entlastung, aber auch Belastung aller Beteiligten führen, falls der Gläubiger den Schuldner sowie den Gerichtsvollzieher und die weiteren Vollstreckungsorgane durch Zerlegung des Vollstreckungsauftrags immer wieder beschäftigen und zermürben. Rechtsmißbrauch, Einl III 54, ist auch in der Zwangsvollstreckung verboten, Grdz 44 vor § 704, § 754 Rn 4, und setzt die Grenze des nach § 752 Zulässigen. Das sollte man bei der Auslegung mitbeachten.

**2) Geltungsbereich, S 1, 2.** Die Vorschrift erfaßt in S 1 alle Fälle des § 751 II, in S 2 nur die Situationen 2 einer Teilvollstreckung auf Grund eines nach §§ 709, 712 I 1 zu beurteilenden Vollstreckungstitels.

**3) Voraussetzungen, S 1.** Es müssen zunächst die in § 751 Rn 3–6 genannten Bedingungen erfüllt sein. 3 Sodann muß die Vollstreckung wegen eines bloßen Teilbetrages technisch schon und noch möglich sein. Ferner muß sie auch nach den in Rn 1 genannten Regeln und in ihren Grenzen rechtlich zulässig sein. Schließlich muß der Gläubiger den Vollstreckungsauftrag gemäß § 754 Rn 4, 5 eindeutig und wirksam auf einen bezifferten oder klar bezifferbaren Teilbetrag beschränkt haben. § 754 Rn 4, 5.

**4) Voraussetzungen, S 2.** Es muß sich um einen nach § 709 zu behandelnden Vollstreckungstitel 4 handeln, dem der Schuldner gerade nach § 712 I 1 begegnen darf. Im übrigen gilt Rn 3.

**5) Bemessung der Teilsicherheit, S 1, 2.** Soweit eine Teilvollstreckung nach Rn 3, 4 zulässig ist, 5 braucht man eine bloße Teilsicherheit zu erbringen, deren Höhe sich nach dem Verhältnis des jetzt zu vollstreckenden Teilbetrages zum Gesamtbetrag der noch vollstreckbaren (Rest-)Forderung richtet. Hat also zB der Gläubiger auf Grund eines Titels von 10 000 DM bereits in Höhe von 5000 DM vollstreckt und gibt er jetzt einen Auftrag über weitere 3000 DM, so hat er in Höhe von 60% der Restforderung Sicherheit zu leisten, nicht etwa in Höhe von nur 30% der Restforderung (weil nur noch 30% des ursprünglichen Titels jetzt zu vollstrecken wäre). Im übrigen gelten §§ 108 ff wie sonst.

**6) *VwGO:*** *Entspr anwendbar, § 751 Rn 7.* 6

**753** **Gerichtsvollzieher, Zuständigkeit.** ¹Die Zwangsvollstreckung wird, soweit sie nicht den Gerichten zugewiesen ist, durch Gerichtsvollzieher durchgeführt, die sie im Auftrag des Gläubigers zu bewirken haben.

II ¹Der Gläubiger kann wegen Erteilung des Auftrags zur Zwangsvollstreckung die Mitwirkung der Geschäftsstelle in Anspruch nehmen. ²Der von der Geschäftsstelle beauftragte Gerichtsvollzieher gilt als von dem Gläubiger beauftragt.

§ 753　　　　　　　　　　　　　　　　　　　　　　　　8. Buch. Zwangsvollstreckung

**Vorbem.** Für die *neuen Bundesländer* gilt

*EV Anl I Kap III Sachgeb A Abschn III Z 1 g II*. **Die Aufgaben der Gerichtsvollzieher können auch von Angestellten wahrgenommen werden.**

Die Vorschrift gilt sinngemäß auch in *Berlin*, EV Anl I Kap I Sachgeb A Abschn IV Z 3 a dd. Wegen *Sachsen* G vom 25. 3. 91, GVBl 55.

**Schrifttum:** *Burkhardt*, Handbuch für Gerichtsvollzieher, 1971; *Hasenjäger*, Weisungsbefugnis des Gläubigers? usw, 1993; *Oerke*, Gerichtsvollzieher und Parteiherrschaft usw, 1991; *Schneider*, Die Ermessens- und Wertungsbefugnis des Gerichtsvollziehers, 1989; *Stolte*, Aufsicht über die Vollstreckungshandlungen des Gerichtsvollziehers, Diss Bochum 1987; *Strehlau-Weise*, Rechtsstellung und Aufgabenbereich des Gerichtsvollziehers usw, 1996.

**Gliederung**

| | | | |
|---|---|---|---|
| 1) Systematik, Regelungszweck, §§ 753–763 | 1–7 | B. Örtliche Zuständigkeit | 9 |
| A. Stellung des Gerichtsvollziehers: Organ der Rechtspflege | 1–6 | C. Verstoß gegen die sachliche Zuständigkeit | 10 |
| B. Haftung des Gerichtsvollziehers | 7 | D. Verstoß gegen die örtliche Zuständigkeit | 11 |
| 2) Zuständigkeit des Gerichtsvollziehers, I | 8–11 | 3) Mitwirkung der Geschäftsstelle, II | 12 |
| A. Sachliche Zuständigkeit | 8 | 4) *VwGO* | 13 |

**1** 1) **Systematik, Regelungszweck, §§ 753–763.** Aus starker Stellung folgt erhebliche Haftung.

**A. Stellung des Gerichtsvollziehers: Organ der Rechtspflege.** Das Gesetz muß dem Gläubiger zur notfalls zwangsweisen Durchsetzung des Vollstreckungstitels wegen des aus dem Rechtsstaatsprinzip, Art 20 GG, Einl III 15, folgenden Grundsatzes des staatlichen Gewaltmonopols vielfach ein Vollstreckungsorgan zur Verfügung stellen. Der Gerichtsvollzieher handelt bei der Zwangsvollstreckung nicht als ein Vertreter des Gläubigers nach § 164 BGB oder als ein Dienst- bzw Werkverpflichteter, Üb 3 vor § 154 GVG, AG Düss DGVZ **81**, 90, sondern als ein öffentlicher Beamter, BGH NJW **99**, 2598 (Vertreter des Fiskus beim Verwahrvertrag). Er übt die Zwangsgewalt des Staats unter eigener Verantwortung aus, BVerwG NJW **83**, 897, Schilken AcP **81**, 364, aM Brdb DGVZ **97**, 123 (Verwahrung), und ist ein selbständiges Organ der Rechtspflege, BGH **93**, 298, BVerwG NJW **83**, 897, Uhlenbruck DGVZ **93**, 97 (ausf). Er beachtet die GVGA.

**2** Er handelt zwar nicht in richterlicher Unabhängigkeit, BVerwG NJW **83**, 897, aber andererseits oft innerhalb eines Spielraums von pflichtgemäßem *Ermessen*, den die Dienstaufsicht keineswegs einschränken kann, AG Kassel DGVZ **89**, 158. Zum Ermessen, seiner Wertungsbefugnis und deren Grenzen grundsätzlich Schneider (s oben), Schneider DGVZ **89**, 145 (Üb), Zeiss DGVZ **87**, 145. Er kann zB einen dritten Vollstreckungsversuch machen, wenn er sich davon Erfolg verspricht, AG Hanau DGVZ **90**, 77, und andererseits mangels des auch von ihm zu beachtenden Rechtsschutzbedürfnisses, Grdz 33 vor § 253, Grdz 38 vor § 704, nach wiederholten vergeblichen Bemühungen evtl die Vollstreckung einstweilen einstellen und die Unterlagen dem Gläubiger zurückgeben, AG Köln DGVZ **95**, 156.

Wenn der Gerichtsvollzieher gepfändetes oder zur Abwendung der Zwangsvollstreckung gezahltes Geld *unterschlägt*, das zu hinterlegen war, dann ist der Schuldner dadurch nicht befreit. Etwas anderes gilt, wenn nicht zu hinterlegen ist, § 815 Rn 6. Zahlt der Gerichtsvollzieher an den Unrichtigen, so ist der letztere auf Kosten des Schuldners rechtlos bereichert, §§ 812 ff BGB, wenn zu hinterlegen war, andernfalls auf Kosten des Gläubigers. Vgl auch Üb vor § 154 GVG.

**3** An diesen Ergebnissen ändert auch der Umstand nichts, daß der Gerichtsvollzieher auch noch andere Aufgaben hat, BVerwG NJW **83**, 900, und daß er im Bereich der Zwangsvollstreckung häufig nach den *Weisungen des Gläubigers* handeln muß, zB bei der bloßen Teilvollstreckung, § 754 Rn 4, bei persönlich geringer Erfolgserwartung, AG Bln-Tempelhof DGVZ **84**, 153, wenn auch keineswegs stets, LG Bln MDR **77**, 146, LG Hann MDR **89**, 745 (die GVGA sei maßgeblich), Pawlowski ZZP **90**, 347.

**4** An der Stellung des Gerichtsvollziehers als eines Organs der Rechtspflege ändert sich auch nichts dadurch, daß er zB einen privatrechtlichen Lagervertrag mit einem Dritten abzuschließen haben kann, § 885 Rn 29, BGH NJW **99**, 2598 (Vertrter des Fiskus). Auch das *Gericht* ist gelegentlich an solche Weisungen gebunden, zB an ein Geständnis, § 288, oder an einen Verzicht, § 306. Der Gerichtsvollzieher handelt kraft seines Amts auch, soweit er Verpflichtungen des Gläubigers erfüllt, etwa soweit er eine Gegenleistung nach § 756 anbietet, aM StJM § 754 Rn 7 (hier liege eine rechtsgeschäftliche Haftung vor, da der Gerichtsvollzieher in solchen Fällen nicht pfänden wolle).

**5** Die *Aufgabe* des Gerichtsvollziehers ist es, den papiernen *Schuldtitel* auf einem gesetzlichen Weg *durchzusetzen*, AG Hann DGVZ **77**, 26. Dabei hat er auch die existentiellen Bedürfnisse des Schuldners zu beachten, wie das Gericht, § 765 a, Christmann DGVZ **85**, 34. Er muß sich zB in demjenigen Haus, in dem der Schuldner polizeilich gemeldet ist, danach erkundigen, wo sich dessen nach außen nicht kenntlich gemachte Wohnung befindet, AG Leverkusen DGVZ **82**, 175. Dabei fassen manche seinen Handlungsspielraum recht weit, AG Worms DGVZ **98**, 46, Pawlowski ZZP **90**, 347. Der Gerichtsvollzieher hat keineswegs stets ein Ermessensspielraum, Schilken AcP **181**, 364.

**6** Aus diesen Gründen darf der Gerichtsvollzieher *keineswegs* mit der einen oder anderen oder beiden Parteien einen *sachlichrechtlichen Vertrag* abschließen, auch nicht über eine Treuhändertätigkeit, zumindest nicht ohne eine Genehmigung des Dienstvorgesetzten oder des Gerichts (wegen eines solchen Vertrags mit einem Dritten s oben). Als Beamter sind ihm solche Geschäfte verboten, aM Schneider DGVZ **82**, 37. Zur Problematik einer beratenden Tätigkeit des Gerichtsvollziehers Alisch DGVZ **83**, 1, zu derjenigen einer vermittelnden Tätigkeit Schilken DGVZ **89**, 161. Der Gerichtsvollzieher muß auch das BDSG und die entsprechenden Ländervorschriften beachten; zum Problem Zeiss DGVZ **84**, 81.

**B. Haftung des Gerichtsvollziehers.** Seine Haftung gegenüber dem Gläubiger und dem Schuldner ist **7** als Folge seiner Stellung als eines Organs der Rechtspflege, Rn 1–6, diejenige eines Beamten, Üb 4 vor § 154 GVG, BGH NJW **99**, 2598, LG Mannh DGVZ **97**, 154, Kühn DGVZ **93**, 71. Der Gläubiger haftet dem Schuldner überhaupt nicht oder höchstens als Anstifter. Die Amtspflichten des Gerichtsvollziehers ergeben sich aus der ZPO, aus zB § 352 StGB, Köln DGVZ **88**, 137, und aus der GVGA, Köln DGVZ **88**, 139. Die letztere ist als eine Verwaltungsanordnung der Justizbehörde für das Gericht unbeachtlich, soweit sie mit dem Gesetz unvereinbar ist, Hamm DGVZ **77**, 41, AG Bln-Charlottenb DGVZ **81**,43, AG Bln-Wedding DGVZ **81**, 88. Wenn der Gerichtsvollzieher diese Vorschriften mißachtet, handelt er meist schuldhaft. Rechte Dritter muß der Gerichtsvollzieher achten und wahren, KG RR **86**, 201. Schmerzensgeld kommt kaum in Betracht, LG Köln DGVZ **98**, 189.

**2) Zuständigkeit des Gerichtsvollziehers, I.** Es sind zwei Arten zu unterscheiden. **8**
**A. Sachliche Zuständigkeit.** Sachlich ist der Gerichtsvollzieher zuständig, soweit nicht das Vollstreckungsgericht oder das Prozeßgericht zuständig sind. Der Gerichtsvollzieher ist auch für die Zwangsvollstreckung gegen einen Soldaten zuständig, SchlAnh II Z 30 ff.
**B. Örtliche Zuständigkeit.** Die örtliche Zuständigkeit richtet sich nach den Vorschriften der Justiz- **9** verwaltung, § 154 GVG, in den Ländern nach dem Landesrecht. In manchen Ländern bestehen staatliche Gerichtsvollzieherämter oder Verteilungsstellen. Der Gläubiger reicht bei diesen Stellen seinen Antrag ein, BVerwG NJW **83**, 898, Pawlowski ZZP **90**, 345. Die ZPO nennt diesen Antrag einen „Auftrag". Man kann das Verhältnis zwischen dem Gerichtsvollzieher und dem Gläubiger als das Antragsverhältnis, dasjenige zwischen dem Gerichtsvollzieher und dem Schuldner als das Eingriffsverhältnis und dasjenige zwischen dem Gläubiger und dem Schuldner als das Vollstreckungsverhältnis bezeichnen, Saum JZ **81**, 695.
**C. Verstoß gegen die sachliche Zuständigkeit.** Handelt der Gerichtsvollzieher außerhalb seiner **10** sachlichen Zuständigkeit, so liegt ein Willkürakt vor, der ganz unwirksam ist. Der Fall liegt nämlich anders, als wenn ein ordentliches Gericht seine Zuständigkeit überschreitet, dazu Üb 19 vor § 300. Denn das Gericht hat grundsätzlich eine unumschränkte Gerichtsbarkeit, während der Gerichtsvollzieher nur für bestimmte Handlungen zuständig ist. Dasselbe gilt dann, wenn er kraft Gesetzes ausgeschlossen ist, § 155 GVG.
**D. Verstoß gegen die örtliche Zuständigkeit.** Verletzt er lediglich seine örtliche Zuständigkeit, Üb 5 **11** vor § 154 GVG, oder den Geschäftsverteilungsplan, §§ 22 d GVG entsprechend, so bleibt seine Handlung wirksam. Sie ist aber anfechtbar. Denn dann ist ein Hoheitsakt, wenn auch unrichtig, ausgeübt worden. Vgl dazu Grdz 56, 58 vor § 704. Wenn der Gerichtsvollzieher ohne einen Antrag handelt, dann ist seine Handlung nicht unwirksam, falls sie in seine sachliche Zuständigkeit fällt.
**3) Mitwirkung der Geschäftsstelle, II.** § 166 II entspricht dem § 168 II: Der Gläubiger darf sich bei seinem **12** Zwangsvollstreckungsantrag der Hilfe der Geschäftsstelle bedienen. Es liegt dann so, als habe er den Antrag beim Gerichtsvollzieher unmittelbar gestellt. Stets ist ein Antrag notwendig, § 168 gilt nicht entsprechend. Auch der Urkundsbeamte der Geschäftsstelle handelt hier als Beamter, wenn auch kraft Gesetzes in Vertretung des Gläubigers. Zuständig ist der Urkundsbeamte der Geschäftsstelle des Vollstreckungsgerichts, nicht des Prozeßgerichts, vgl freilich § 129 a.
*4) VwGO: Entsprechend anwendbar, § 167 I VwGO, mit der Einschränkung, daß der Gerichtsvollzieher bei* **13** *Vollstreckung zugunsten der öffentlichen Hand, § 169 VwGO, und bei der Vollstreckung wegen Geldforderungen gegen die öffentliche Hand, § 170 VwGO, unmittelbar vom Gericht bzw dessen Vorsitzendem in Anspruch genommen wird, ein Antrag („Auftrag") des Gläubigers also entfällt (aber keine pauschale Übertragung der Zwangsvollstreckung auf den Gerichtsvollzieher, OVG Münst NJW* **77**, *727, VGH Mü BayVBl* **87**, *149), vgl Gaul JZ* **79**, *507. Über Vollstreckungsschutz, §§ 813 a und 765 a, oder Erinnerung, § 766, entscheidet das Vollstreckungsgericht, § 764 Rn 9, nicht das für den Gerichtsvollzieher zuständige AG, aM Gaul aaO. § 753 ist also namentlich anwendbar bei Vollstreckung des Klägers aus einem Kostentitel gegen eine Privatperson, zB einen Beigeladenen, RedOe § 167 Anm 4.*

**754** *Vollstreckungsantrag.* **In dem schriftlichen oder mündlichen Auftrag zur Zwangsvollstreckung in Verbindung mit der Übergabe der vollstreckbaren Ausfertigung liegt die Beauftragung des Gerichtsvollziehers, die Zahlungen oder sonstigen Leistungen in Empfang zu nehmen, über das Empfangene wirksam zu quittieren und dem Schuldner, wenn dieser seiner Verbindlichkeit genügt hat, die vollstreckbare Ausfertigung auszuliefern.**

### Gliederung

| | |
|---|---|
| 1) Systematik, Regelungszweck ........ 1 | A. Empfangnahme ................. 8 |
| 2) Vollstreckungsantrag ............... 2–7 | B. Quittungserteilung .............. 9 |
|    A. Grundsatz: Vollstreckung nicht von Amts wegen ............ 2, 3 | C. Ablieferung der vollstreckbaren Ausfertigung .................. 10 |
|    B. Forderungsberechnung; Teilvollstreckung ....................... 4, 5 | D. Verwertungsaufschub, § 813 b ...... 11 |
|    C. Geschäftsmäßiger Antrag ....... 6 | 4) Ermächtigungsgrenzen ............. 12 |
|    D. Übergabe der vollstreckbaren Ausfertigung usw ............. 7 | 5) Ermächtigungsrücknahme .......... 13 |
| 3) Ermächtigungsumfang .............. 8–10 | 6) VwGO ........................ 14 |

**1) Systematik, Regelungszweck.** Vgl § 753 Rn 1–7. Die Vorschrift regelt den schon nach § 753 **1** notwendigen „Auftrag", richtig: Antrag. Sein Umfang kann im Interesse der auch in der Zwangsvollstrek-

**§ 754**   8. Buch. Zwangsvollstreckung

kung begrenzt möglichen Parteiherrschaft, Grdz 6, 7 vor § 704, zeitlich oder sonstwie begrenzt werden. § 754 gilt aber für den jeweiligen Antrag ohne Gläubigerbefugnis zur weiteren Einschränkung der Tätigkeit des Gerichtsvollziehers. Denn das widerspräche der auch in in der Zwangsvollstreckung zu beachtenden Prozeßwirtschaftlichkeit, Grdz 14 vor § 128, und auch der Rechtssicherheit, Einl III 43, die gerade im Bereich des Gerichtsvollziehers im allseitigen wohlverstandenem Interesse liegt. Ergänzend gelten §§ 752, 755–757.

2   **2) Vollstreckungsantrag**, dazu *Nies* MDR **99**, 525 (Üb). Sein Umfang ist klar darzulegen.

**A. Grundsatz: Vollstreckung nicht von Amts wegen.** Der Gläubiger muß zur Einleitung einer Zwangsvollstreckung einen Vollstreckungsantrag stellen (wegen des unscharfen Ausdrucks „Auftrag" vgl § 753 Rn 9). Sie beginnt also nicht von Amts wegen. Der Gläubiger kann den Antrag mündlich beim Gerichtsvollzieher stellen. Bei einem schriftlichen Antrag ist eine volle handschriftliche Unterzeichnung des Gläubigers oder seines ProzBev erforderlich; ein sog Faksimile-Stempel usw genügt also nicht, § 129 Rn 9ff, LG Coburg DGVZ **94**, 62, LG Ingolstadt DGVZ **94**, 92, aM Dempewolf MDR **77**, 801. Der Antrag ist auch mündlich zulässig, zB auch durch eine schlüssige Handlung, LG Bln DGVZ **85**, 59, ohne durch die Zusendung der Vollstreckungsunterlagen. Im Verhaftungsantrag kann zugleich ein Pfändungsantrag nach §§ 828 ff stecken, LG Essen DGVZ **81**, 187, AG Mettmann DGVZ **89**, 75; es kommt aber auf die Fallumstände an, und im Zweifel liegt nur der Verhaftungsauftrag vor, LG Bln DGVZ **85**, 59, DGVZ **88**, 165.

3   *Antragsberechtigt* sind der Vollstreckungsgläubiger und sein gesetzlicher Vertreter, § 51 Rn 12, oder Bevollmächtigter, auch ein Inkassounternehmen, AG Wuppertal DGVZ **97** 77 (keine Prozeßvollmacht nötig, vgl freilich Rn 6. Der Vormund braucht keine Zustimmung des Vormundschaftsgerichts oder des Gegenvormunds. Denn er verfügt nicht über ein Recht des Mündels. Ein Ehegatte darf den Antrag für den anderen stellen, soweit sein Verwaltungsrecht reicht. Mehrere müssen den Antrag gemeinsam stellen, sofern der Anspruch des einzelnen nicht abtrennbar ist. Der Antrag muß bestimmt sein. Er darf aber Bedingungen enthalten, etwa einen Haupt- und einen Hilfsantrag, § 260 Rn 8, AG Gladbeck DGVZ **79**, 30. Soweit das Finanzamt einen Antrag stellt, ist es wie ein Gläubiger zu behandeln, LG Lünebg DGVZ **87**, 188.

Der Gläubiger darf im Rahmen des gesetzlich Zulässigen den etwaigen Zustellungsort bindend festlegen, auch bei §§ 829 ff, 840 gegenüber dem Drittschuldner unabhängig davon, ob dieser solche Zustellung gern anderswo erwarten würde, Müller DGVZ **96**, 70 (evgl Haftung des Gerichtsvollziehers). Der Gläubiger muß dem Gerichtsvollzieher die *Anschrift des Schuldners* so genau angeben, daß der Gerichtsvollzieher keine besonderen Ermittlungen anstellen, etwa in einem großen Wohnheim ohne Klingel- oder Briefkastenaufschriften so lange vorfahren müßte, bis er den Hausmeister antreffen würde, AG Darmst DGVZ **81**, 62, aM LG Lüb DGVZ **97**, 140, AG Westerburg DGVZ **98**, 79. Der Gläubiger braucht bei dem Auftrag gegen nur einen Gesamtschuldner die vollstreckbare Ausfertigung nur gegen diesen vorzulegen, LG Stgt Rpfleger **83**, 161, aM AG Mönchengladb DGVZ **82**, 76. Der Gerichtsvollzieher darf die Wiederholung eines Antrags nach kurzer Zeit mit hoher Summe grundsätzlich als ernsthaft erachten, LG Kblz DGVZ **96**, 12.

4   **B. Forderungsberechnung; Teilvollstreckung.** Zulässig ist auch ein Vollstreckungsantrag wegen eines Teils oder Rests des Vollstreckungsanspruchs, § 752, (je zum alten Recht) Schlesw Rpfleger **76**, 224, LG Mü DGVZ **95**, 91, AG Leonberg DGVZ **95**, 158, aM AG Darmst DGVZ **74**, 13 (s aber Grdz 7–9 vor § 704). Wegen Zahlung in Teilbeträgen §§ 813 a, 900 III. Wegen EUR und DM Ritten NJW **99**, 1216.

Die Vollstreckung ist auch wegen eines *kleinen Forderungsteils* statthaft, LG Mü DGVZ **84**, 28 (freilich kann Rechtsmißbrauch vorliegen, Einl III 54, Grdz 44 vor § 704). Der Gläubiger muß eine genaue, *nachvollziehbare Aufstellung* seiner Gesamtforderung beifügen, Köln DGVZ **83**, 9, LG Saarbr DGVZ **95**, 43, AG Itzehoe DGVZ **97**, 95, aM Schlesw Rpfleger **76**, 224, Braun/Raab-Gaudin DGVZ **92**, 5 (zu § 11 III 1 VerbrKrG; aber gerade dieser Fall zeigt die Richtigkeit der hier vertretenen Auffassung). Das gilt auch bei einer bloßen Teilvollstreckung. Denn der Gerichtsvollzieher muß prüfen können, ob zB die behauptete Restforderung noch besteht, LG Hagen DGVZ **94**, 91, und ob ihretwegen noch eine Vollstreckung statthaft ist.

Bei einer *Restforderung* ist eine überprüfbare Aufstellung auch über die bisherigen Vollstreckungskosten nach § 788 notwendig, LG Hagen DGVZ **94**, 91, AG Bln-Schöneb DGVZ **91**, 77; zur Beurteilung der Notwendigkeit der Kosten bei Teilzahlungen Schilken DGVZ **91**, 1 (ausf), zu derjenigen des Verhältnisses zwischen § 11 III 1 VerbrKrG und § 367 BGB Braun/Raab-Gaudin DGVZ **92**, 1 (ausf).

5   Grundsätzlich sind beliebig viele *Wiederholungen* zulässig. Eine Grenze gilt auch insofern erst beim Rechtsmißbrauch, Einl III 54, Grdz 44 vor § 704, AG Überlingen DGVZ **91**, 94. Will der Gläubiger den Vollstreckungsauftrag auf die Pfändung bestimmter Gegenstände oder auf einen Teilbetrag seiner Forderung beschränken, so muß er dies eindeutig zum Ausdruck bringen, LG Augsb DGVZ **95**, 154. Dabei kommt es nicht auf die Absicht des Auftraggebers an, sondern auf seine für den Empfänger erkennbaren Erklärungen, LG Augsb DGVZ **95**, 154. Im Zweifel erstreckt sich der Vollstreckungsantrag auf die gesamte im Vollstreckungstitel genannte Forderung, LG Bln DGVZ **86**, 153, LG Kblz DGVZ **82**, 77, also bei zur völligen Befriedigung, Grdz 52 vor § 704, AG Kassel DGVZ **89**, 157, VG Bln DGVZ **89**, 123. Ein sog Dauerauftrag (Wiederholung der Vollstreckungsversuche) ist aber bei Sinnlosigkeit unbeachtlich, LG Karlsr DGVZ **88**, 43. Eine Vollstreckung über den Umfang des Vollstreckungstitels hinaus ist unzulässig, LG Dortm DGVZ **96**, 74 (zusätzlich vereinbarter Betrag).

6   **C. Geschäftsmäßiger Antrag.** Bei einem geschäftsmäßigen Antrag muß eine Erlaubnis nach dem RBerG vorliegen, § 157 Rn 5, auch bei einem ausländischen Inkassounternehmen, LG Mü DGVZ **79**, 10. Der Antrag ist bei einem Verstoß gegen das RBerG unzulässig, AG Mü DGVZ **78**, 172 (zustm Triendl).

7   **D. Übergabe der vollstreckbaren Ausfertigung usw.** Sie ist für das Verhältnis zwischen dem Gläubiger und dem Gerichtsvollzieher unerheblich. Der Schuldner braucht aber eine Vollstreckungsmaßnahme grund-

1. Abschnitt. Allgemeine Vorschriften §§ 754, 755

sätzlich nur dann zu dulden, wenn sich der Gerichtsvollzieher durch den Besitz einer vollstreckbaren Ausfertigung ausweisen kann, Nürnb JB 76, 1395. Es genügt der Vollstreckungstitel gerade gegen diesen Gesamtschuldner, LG Bre DGVZ 82, 76, LG Marbg DGVZ 86, 77, AG Pirmasens DGVZ 87, 30, aM AG Günzburg DGVZ 83, 168, AG Wilhelmsh DGVZ 79, 188 (aber nur gegen ihn läßt der Gläubiger vollstrecken). Die vollstreckbare Ausfertigung darf keine irritierenden handschriftlichen Zusätze des ProzBev des Gläubigers enthalten, LG Bre DGVZ 82, 8. Wenn der Schuldner einen diesbezüglichen Mangel nicht rügt, dann ist die Zwangsvollstreckungsmaßnahme wirksam, falls eine vollstreckbare Ausfertigung erteilt worden war. Notfalls kann der Schuldner die Erinnerung nach § 766 einlegen, die Zwangsvollstreckung ist aber nicht nichtig, Einf 3 vor §§ 750–751. §§ 754 ff schaffen eine unwiderlegliche Vermutung zugunsten des Schuldners, aber nicht zugunsten des Gerichtsvollziehers. Auch eine extra notwendige Geldempfangsvollmacht ist, im Original, vorzulegen, AG Ffm DGVZ 95, 46.

Im *Scheck- oder Wechselverfahren*, §§ 602 ff, muß sich der Grichtsvollzieher wegen Art 34, 47 ScheckG, Art 39 WG das Originalpapier vom Gläubiger geben lassen, um es dem Schuldner quittiert aushändigen zu können, Ffm DGVZ 91, 84, LG Hann DGVZ 91, 142, AG Aschaffenb DGVZ 93, 175. Im Verfahren nach § 284 VII AO ist die Aushändigung einer vollstreckbaren Ausfertigung an den Gerichtsvollzieher nicht notwendig, LG Limbg DGVZ 87, 188.

**3) Ermächtigungsumfang.** Ein ordnungsgemäßer Antrag, Rn 2, 3, ermächtigt den Gerichtsvollzieher **8** kraft Gesetzes dem Gläubiger gegenüber zu vier Arten von Handlungen.

**A. Empfangnahme.** Der Gerichtsvollzieher darf Zahlungen und sonstige Leistungen auf die Vollstreckungsschuld in Empfang nehmen, auch zB zwecks Sicherheitsleistung des Schuldners nach § 108, Köln RR **87**, 1211, oder bei einem Antrag des Finanzamts, LG Limbg DGVZ 87, 188, AG Wetzlar DGVZ 87, 47. Dabei ist es unerheblich, ob der Schuldner oder freiweillig ein Dritter leisten. Auch wenn der Schuldner widerspricht, muß der Gerichtsvollzieher die Leistung des Dritten mangels einer gegenteiligen Weisung des Gläubigers annehmen, jedoch vorbehaltlich des Ablehnungsrechts des Gläubigers, § 267 II BGB. Denn dies entspricht dem Interesse des Gläubigers am ehesten. Der Gerichtsvollzieher hat dann von einer weiteren Zwangsvollstreckung vorläufig abzusehen.

Soweit der Gläubiger zu einer Leistung an einen *Dritten* verurteilt worden ist, darf der Gerichtsvollzieher für ihn leisten. Er darf aber keine Leistung an Erfüllungs Statt annehmen. Eine bloße Hinterlegung ist zwar keine Erfüllung, kann aber durch den Verzicht auf eine Rückgabe zur Erfüllung werden, BGH Rpfleger **84**, 74. Der Gerichtsvollzieher darf erhaltenes Geld nicht für den Schuldner vor der Ablieferung an den Gläubiger pfänden, AG Hombg/S DGVZ 93, 117. Zur Entgegennahme von Ratenzahlungen und zu deren Überwachung ist der Gerichtsvollzieher nicht verpflichtet, aM Wieser DGVZ 91, 132. Zu alledem Fahland ZZP 93, 432, Oerke DGVZ 92, 130, 161. Aus der Befugnis zur Entgegennahme leitet LG Limbg DGVZ 87, 188 die Befugnis zur Befragung des Gläubigers nach der Höhe der (restlichen) Forderung ab. Der Gerichtsvollzieher muß ungeachtet einer Verrechnungsanweisung des Schuldners nach § 317 BGB ungerechtfertigte Kosten absetzen, § 788 Rn 13.

**B. Quittungserteilung.** Der Gerichtsvollzieher darf und muß über Empfangenes quittieren, § 757. Er **9** unterzeichnet mit seinem Namen, wie bei § 129 Rn 9.

**C. Ablieferung der vollstreckbaren Ausfertigung.** Der Gerichtsvollzieher hat die vollstreckbare Aus- **10** fertigung an den Schuldner abzuliefern, auch wenn ein Dritter geleistet hat. Dies gilt aber nur dann, wenn der Gläubiger völlig befriedigt ist, auch wegen der Kosten, §§ 91 ff, 788, und nicht im Verfahren nach § 284 VII AO, LG Limbg DGVZ 87, 188. Bei Rn 8–10 ist ein abweichender Wille des Gläubigers unerheblich, AG Limburg DGVZ 84, 93, Saum JZ 81, 696, außer im Fall des § 267 II BGB.

**D. Verwertungsaufschub, § 813 b.** Der Gerichtvollzieher darf gemäß § 813 b einen Verwertungsauf- **11** schub gewähren.

**4) Ermächtigungsgrenzen.** Zu anderen Maßnahmen ist der Gerichtsvollzieher nur im Rahmen von **12** § 845 ermächtigt, sonst nicht.

*Er darf zB nicht:* Die Wohnung des Schuldners ermitteln, AG Darmst DGVZ 81, 62; einen Vergleich abschließen; dem Schuldner einen Nachlaß gewähren; Pfandstücke freigeben; eine Leistung an Zahlungs Statt annehmen, etwa in einer ausländischen Währung, Schmidt ZZP 98, 48; abgesehen von § 900 sonstige Erklärungen abgeben oder entgegennehmen, wie etwa eine Aufrechnung.

Die Kenntnis des Gerichtsvollziehers über *rechtserhebliche Tatsachen*, etwa über einen Antrag auf die Eröffnung eines Konkursverfahrens, schadet dem Gläubiger nicht.

**5) Ermächtigungsrücknahme.** Mit der Rücknahme des Antrags erlischt die Ermächtigung des Ge- **13** richtsvollziehers. Darin, daß der Gläubiger die vollstreckbare Ausfertigung vom Gerichtsvollzieher zurückverlangt, liegt die Rücknahme der Ermächtigung.

**6) VwGO:** Entsprechend anwendbar, § 167 I VwGO, mit den in § 753 Rn 13 bezeichneten Einschränkungen. **14** Die Ermächtigung, Rn 8 ff, wird durch die Anordnung des Gerichts bzw dessen Vorsitzenden bewirkt, wenn der Gerichtsvollzieher in den Fällen der §§ 169, 170 VwGO in Anspruch genommen wird.

**755** *Befugnisse des Gerichtsvollziehers nach außen.* [1]Dem Schuldner und Dritten gegenüber wird der Gerichtsvollzieher zur Vornahme der Zwangsvollstreckung und der im § 754 bezeichneten Handlungen durch den Besitz der vollstreckbaren Ausfertigung ermächtigt. [2] Der Mangel oder die Beschränkung des Auftrags kann diesen Personen gegenüber von dem Gläubiger nicht geltend gemacht werden.

**§§ 755, 756**  8. Buch. Zwangsvollstreckung

**1**  **1) Systematik, Regelungszweck, S 1, 2.** Vgl § 753 Rn 1–7. § 755 gibt einen der mit §§ 724 ff verfolgten Zwecke an. Die Vorschrift dient wesentlich der Praktikabilität der Vollstreckung; der Gerichtsvollzieher hat oft schon genug Probleme vor Ort zu bewältigen und soll nicht noch zusätzlich mit übermäßigen Vollmachtsnachweisen belastet werden: Die „Anscheinsvollmacht" des Klauselbesitzers muß (erst einmal) reichen. Damit dient § 755 auch der Rechtssicherheit, Einl III 43, wie der Prozeßwirtschaftlichkeit, Grdz 14 vor § 128. Alles das ist bei der Auslegung mitzubeachten.

**2**  **2) Ausweis, S 1, 2.** Der Besitz der vollstreckbaren Ausfertigung weist den Gerichtsvollzieher nach außen als zur Zwangsvollstreckung ermächtigt aus, Hamm MDR **89**, 467, und zwar ohne Rücksicht auf den Willen des Gläubigers. Denn es liegt kein Vertrag vor, § 753 Rn 1 ff. Ohne diesen Ausweis braucht der Schuldner keine Zwangsvollstreckungshandlung zu dulden. Doch ist eine Zwangsvollstreckungsmaßnahme nicht deshalb unzulässig oder unwirksam, weil der Gerichtsvollzieher die vollstreckbare Ausfertigung nicht bei sich hat, § 754 Rn 7. Die Ermächtigung dem Schuldner und dem Dritten gegenüber reicht in den in § 754 genannten Punkten so weit wie dem Gläubiger gegenüber.

**3**  **3) Mangel usw des Antrags, S 1, 2.** Der Antrag erlischt im Verhältnis zwischen dem Gläubiger und dem Gerichtsvollzieher durch seine Rücknahme oder seinen Widerruf, § 754 Rn 13. Dem Schuldner gegenüber bleiben das Erlöschen oder eine Beschränkung des Antrags bedeutungslos, sogar wenn er diese kennt. Denn § 755 stellt eine unwiderlegliche Vermutung auf. Der Schuldner wird also durch eine Leistung befreit, auch wenn der Gläubiger den Vollstreckungsantrag zurückgenommen hatte, falls der Gerichtsvollzieher noch die vollstreckbare Ausfertigung in Händen hat und sie dem Schuldner vorgezeigt hat. Der Schuldner und ein Dritter können den Mangel einer solchen Vollstreckungsmaßnahme durch eine Erinnerung nach § 766 geltend machen. Denn sie brauchen eine eigenmächtige Zwangsvollstreckung des Gerichtsvollziehers nicht zu dulden.

**4**  **4) VwGO:** Entsprechend anwendbar, § 167 I VwGO, mit der Maßgabe, daß in den Fällen der §§ 169, 170 VwGO (§ 753 Rn 13) der Besitz der gerichtlichen Anordnung den Gerichtsvollzieher ausweist, § 273 GVGA, vgl den nach § 5 VwVG anzuwendenden § 285 II AO 1977 (eine Vollstreckungsklausel ist in diesen Fällen nicht erforderlich, § 171 VwGO).

**756**  *Gerichtsvollzieher und Zug-um-Zug-Leistung.* **I** Hängt die Vollstreckung von einer Zug um Zug zu bewirkenden Leistung des Gläubigers an den Schuldner ab, so darf der Gerichtsvollzieher die Zwangsvollstreckung nicht beginnen, bevor er dem Schuldner die diesem gebührende Leistung in einer den Verzug der Annahme begründenden Weise angeboten hat, sofern nicht der Beweis, daß der Schuldner befriedigt oder im Verzug der Annahme ist, durch öffentliche oder öffentlich beglaubigte Urkunden geführt wird und eine Abschrift dieser Urkunden bereits zugestellt ist oder gleichzeitig zugestellt wird.

**II** Der Gerichtsvollzieher darf mit der Zwangsvollstreckung beginnen, wenn der Schuldner auf das wörtliche Angebot des Gerichtsvollziehers erklärt, daß er die Leistung nicht annehmen werde.

**Vorbem.** II angefügt dch Art 1 Z 5 der 2. ZwVNov v 17. 12. 97, BGBl 3039, in Kraft seit 1. 1. 99, Art 4 I der 2. ZwVNov, ÜbergangsR Einl III 78.

**Gliederung**

| | |
|---|---|
| 1) Systematik, Regelungszweck, I, II .... 1 | A. Voraussetzungen ................. 10–12 |
| 2) Zug-um-Zug-Leistung, I, II ......... 2–9 | B. Weiteres Verfahren ................. 13 |
| A. Angebot an Schuldner ............... 2–8 | 4) Rechtsbehelfe, I, II .................. 14, 15 |
| B. Weiteres Verfahren ................. 9 | A. Gläubiger ........................ 14 |
| 3) Zwangsvollstreckung ohne Angebot, I .. 10–13 | B. Schuldner ....................... 15 |
| | 5) VwGO ............................ 16 |

**1**  **1) Systematik, Regelungszweck, I, II.** Vgl zunächst § 753 Rn 1–7. § 756 ist eine in der Praxis recht wichtige, viele Fragen aufweisende notwendige Ergänzung des § 726 II, der die Erteilung einer vollstreckbaren Ausfertigung bei einer Leistung Zug um Zug zum Zwecke der Vereinfachung, vgl Grdz 14 vor § 128, zuläßt, ohne den Nachweis der Befriedigung oder des Annahmeverzugs des Schuldners zu verlangen. Über die dahin gehörenden Fälle § 726 Rn 9. Für das Vollstreckungsgericht, also (zunächst) für den Rpfl, enthält § 765 eine dem § 756 entsprechende Regelung. Wegen des EuGVÜ SchlAnh V C 2 (§ 6). Der Vereinfachungszweck gebietet eine keineswegs engstirnige Auslegung; allerdings zeigt die Praxis, daß man den Schuldner auch vor lascher Handhabung bewahren muß.

**2**  **2) Zug-um-Zug-Leistung, I, II,** dazu *Gilleßen/Coenen* DGVZ **98**, 167 (ausf). Voraussetzungen und Verfahren sind gleichermaßen kompliziert.

**A. Angebot an Schuldner.** Die Notwendigkeit einer Gegenleistung Zug um Zug muß sich aus dem Vollstreckungstitel eindeutig ergeben, KG MDR **94**, 617, nicht erst aus weiteren Unterlagen, KG MDR **97**, 1058, andernfalls ist eine isolierte Vollstreckung wegen Leistung und Gegenleistung vorzunehmen, Stgt DGVZ **86**, 60, LG Hbg DGVZ **92**, 41. Bei klarer Verurteilung Zug um Zug gilt: Der Beginn der Zwangsvollstreckung setzt hier regelmäßig voraus, daß der Gerichtsvollzieher den Schuldner durch das Angebot der dem Schuldner zustehenden Gegenleistung in einen Annahmeverzug setzt. Das Angebot muß grundsätzlich ein tatsächliches sein, LG Bln DGVZ **93**, 28, LG Ravensb DGVZ **86**, 89, AG Sinzig RR **87**, 704. Das Angebot muß auch hinreichend bestimmt sein, Düss RR **99**, 794. Es muß so erfolgen, wie die

# 1. Abschnitt. Allgemeine Vorschriften § 756

Leistung zu bewirken ist, § 294 BGB, LG Arnsberg DGVZ 83, 152, LG Bln Rpfleger 78, 64, LG Frankenth MDR 82, 61.

Der Schuldner muß nur noch zuzugreifen brauchen, BGH 90, 359. Der Gläubiger kann auch nicht verlangen, daß der Schuldner vor der Zug-um-Zug-Gegenleistung des Gläubigers hinterlege, LG Stgt DGVZ 90, 92. Eine Aufrechnung genügt nicht. Maßgeblich ist die im Urteil enthaltene Bezeichnung der Gegenleistung, AG Pirmasens DGVZ 98, 190. Wenn die Gegenleistung individuell bestimmt worden ist, dann ist ihre *Identifizierbarkeit erforderlich*, § 253 Rn 100 „Zug-um-Zug-Gegenleistung", BGH NJW 93, 325, Hamm RR 88, 1269, AG Wuppert DGVZ 99, 46. Diese Identifizierbarkeit reicht aber auch aus, BGH NJW 93, 325, Nürnb NJW 89, 987, LG Rottweil DGVZ 90, 171, aM LG Bonn DGVZ 83, 188. Die Bezeichnung „VW Käfer 1200, 34 PS" kann zB dann genügen, wenn der Gläubiger nur einen einzigen derartigen Pkw besitzt, AG Groß Gerau MDR 81, 1288. Eine Umschreibung im Urteil „Herstellung eines lotrechten Mauerwerks" mag ungenügend sein, Düss RR 99, 794. 3

Eine *Mängelfreiheit* ist dann, wenn es bei der Zug-um-Zug-Leistung nicht gerade um eine Nachbesserung geht, grundsätzlich *nicht notwendig*, Stgt DGVZ 91, 8, LG Karlsr DGVZ 98, 27, AG Westerburg DGVZ 90, 46, aM LG Hann DGVZ 84, 153. Schon gar nicht brauchen zusätzlich behauptete Mängel beseitigt zu sein, LG Bonn DGVZ 89, 12. 4

Es bestehen vielfache Beziehungen zum *sachlichen Recht*, Schilken AcP 181, 355. Der Gerichtsvollzieher muß notfalls selbst die Hinzuziehung eines Sachverständigen betreiben, Köln MDR 86, 1033, LG Gießen DGVZ 86, 77, AG Wuppert DGVZ 85, 77.

Er muß auch feststellen, ob die anzubietende Sache eine mittlere Art und Güte hat, §§ 243 BGB, 360 HGB, oder ob der Gläubiger einschließlich etwaiger Nebenarbeiten, AG Gütersloh DGVZ 83, 78, ordnungsgemäß *nachgebessert* hat, BGH **LM** VOB (B) Nr 83 (notfalls ist eine Feststellungsklage erforderlich, Hamm DGVZ 95, 183, Stgt DGVZ 89, 121, Schilken AcP 181, 365. 5

Das gilt bei einem *Kauf nach Probe* entsprechend. Eine Feststellungsklage, daß eine weitere Zug-um-Zug-Leistung nicht mehr notwendig sei, ist zulässig, § 256, BGH MDR 77, 133, Stojek MDR 77, 458. 6

Solange der Gerichtsvollzieher weder den Schuldner noch eine Ersatzperson *antrifft*, kann er die Gegenleistung nicht wirksam anbieten, AG Mü DGVZ 80, 191. Wenn der Schuldner erklärt, die Leistung nicht annehmen zu wollen, oder wenn der Schuldner eine Handlung vornehmen muß, die Sache etwa abholen muß, oder überhaupt aus dem Vollstreckungstitel eindeutig eine Holschuld erkennbar ist, LG Gießen DGVZ 86, 77, LG Ravensb DGVZ 86, 89, dann genügt ein wörtliches Angebot, § 295 S 1, 2 BGB, Oldb DGVZ 91, 172, LG Ulm RR 91, 191, AG Sinzig RR 87, 704. Das stellt II jetzt für den Verweigerungsfall überflüssigerweise klar (es war schon ohne II wegen der indirekten Verweisung auf §§ 293 ff BGB sachlich klar). Dasselbe gilt, soweit der Schuldner die Gläubigerleistung annehmen, die Schuldnerleistung aber endgültig verweigern will, BGH Rpfleger 97, 221. 7

Dieses wörtliche Angebot ist eine geschäftsähnliche Handlung, auf die die Vorschriften des BGB über *Willenserklärungen* entsprechend anwendbar sind, AG Lampertheim DGVZ 80, 188. Daher muß der Gläubiger den Gerichtsvollzieher bevollmächtigen und anweisen, das wörtliche Angebot abzugeben, AG Hbg-Wandsbek DGVZ 80, 190, AG Lampertheim DGVZ 80, 188. ZöStö 7, aM zB LG Augsb DGVZ 95, 9. Bei einer Verurteilung zur Leistung gegen Abgabe einer Willenserklärung gilt letztere mit der wirksamen Abgabe oder mit der Rechtskraft der Verurteilung zu einer entsprechenden Willenserklärung als erbracht, § 894, AG Offenbach DGVZ 95, 76. Bei einer Verurteilung Zug um Zug gegen Eigentumsübertragung an einer beweglichen Sache ist regelmäßig eine solche nach § 929 BGB und nicht nur nach § 931 BGB notwendig, Köln Rpfleger 92, 528. Die Abwesenheit des Schuldners in dem ihm bekannten Termin zum tatsächlichen Angebot der Gegenleistung oder die Nichterklärung usw im Termin begründen den Annahmeverzug. BGH Rpfleger 92, 207, LG Hbg DGVZ 84, 115. Die Gegenleistung mag im LG-Bezirk (und nicht im AG-Bezirk) des Gerichtsvollziehers vorzunehmen sein, LG Bln DGVZ 98, 27. Zu Einzelheiten vgl Gilleßen/Jacobs DGVZ 81, 49. 8

**B. Weiteres Verfahren.** Die eigentliche Leistung erfolgt nur Zug um Zug, dh gegen eine Befriedigung des Schuldners, auch wegen der Kosten der Zwangsvollstreckung. Auch bei der Vollstreckung wegen eines Teilbetrags muß der Gläubiger die volle (auch teilbare) Gegenleistung erbringen oder den Schuldner insoweit in Annahmeverzug setzen, LG Wuppert DGVZ 86, 9, AG Schönau DGVZ 90, 46. Die Kosten des Rechtsstreits aus dem Kostenfestsetzungsbeschluß nach § 104 gehören aber nicht zu dieser Leistung. Daher kann der Schuldner wegen dieser Kosten nur so vorgehen, daß er in den etwa vom Gläubiger aufgrund seines Angebots gezahlten Betrag vollstreckt. Wenn der Schuldner den Gläubiger vollständig befriedigt, dann ist die Gegenleistung zu vollstrecken, BGH 73, 320. Die Aushändigung einer quittierten Urkunde gehört aber nicht hierher, obwohl die quittierte Urkunde dem Gerichtsvollzieher übergeben werden muß, damit er sie dem freiwillig Zahlenden aushändigt, § 726 Rn 10. Der Vorgang wird gemäß § 763 protokolliert. Die Kosten des Angebots sind Kosten der Zwangsvollstreckung nach § 788, Hbg NJW 71, 387. Wenn eine Leistung Zug um Zug des Gläubigers schuldlos unmöglich geworden ist und wenn der Gläubiger den Anspruch auf die Leistung behält, dann muß er neu klagen. 9

**3) Zwangsvollstreckung ohne Angebot, I.** Sie erfordert besondere Aufmerksamkeit. 10

**A. Voraussetzungen.** Der Gerichtsvollzieher braucht dem Schuldner keine Gegenleistung anzubieten, wenn die Befriedigung unstreitig ist, LG Düss DGVZ 91, 39 (zustm Münzberg DGVZ 91, 88), oder wenn der Beweis der Befriedigung des Schuldners oder seines Annahmeverzugs durch eine öffentliche oder öffentlich beglaubigte Urkunde, § 415 Rn 3, 4, geführt wird und wenn eine Abschrift der Urkunde zugestellt ist oder gleichzeitig zugestellt wird, und zwar an den ProzBev der ersten Instanz. Es ist unerheblich, in welcher Weise der Schuldner befriedigt worden ist. Der Annahmeverzug mag auf einem früheren Angebot beruhen, AG Neustadt/H DGVZ 76, 74, auch wenn ein anderer Gerichtsvollzieher dieses Angebot bei einer anderen Pfändung gemacht hat. Der Annahmeverzug mag auch auf einem Zeitablauf nach § 296 BGB beruhen. Er braucht nicht nach dem Erlaß des Urteils eingetreten zu sein, KG NJW 72, 2052, Dieckmann Gedächtnisschrift für Arens (1993) 45, Schilken AcP 181, 372.

**§§ 756, 757**            8. Buch. Zwangsvollstreckung

Ein vorher eingetretener Verzug ist als fortdauernd anzunehmen, Dieckmann Gedächtnisschrift für Arens (1993) 45. Zur Herausgabe von Software Münzberg BB **90**, 1011, aM Freiherr von Gravenreuth BB **89**, 1926. Der Gläubiger kann den Beweis *auch durch* das *Protokoll* des Gerichtsvollziehers, Köln MDR **91**, 260, Oldb DGVZ **91**, 172, oder durch das Urteil führen, Köln MDR **91**, 260, LG Augsb JB **94**, 307 (nicht wenn das Urteil nicht rechtskräftig und nicht vorläufig vollstreckbar ist), AG Mönchengladb DGVZ **92**, 124, insbesondere bei einer Vorleistungspflicht, § 726 Rn 9, BGH NJW **82**, 1049, aM KG NJW **72**, 2052, überhaupt durch irgendeinen Urteilstenor, Köln DGVZ **89**, 152, Christmann DGVZ **90**, 2. Wenn nur dessen Tatbestand oder Entscheidungsgründe den Annahmeverzug eindeutig ergeben, ist zwar der Nachweis an sich ebenfalls durch das Urteil möglich, KG OLGZ **74**, 312, Köln DGVZ **89**, 152, LG Detm DGVZ **90**, 41. Indessen ist dann das Urteil insoweit nicht bindend, Köln DGVZ **89**, 152.

11    Evtl ist sogar eine *ungenaue Bezeichnung* der Gegenleistung im Vollstreckungstitel unschädlich, KG OLGZ **74**, 312, LG Bonn DGVZ **91**, 92, AG Bonn DGVZ **91**, 91. Doms NJW **84**, 1340, Schibel NJW **84**, 1945, empfehlen zur Vermeidung von *Auslegungsschwierigkeiten* einen Feststellungsantrag schon im Erkenntnisverfahren, „daß sich der Bekl im Annahmeverzug befindet". Besteht die Gegenleistung des Gläubigers in einer Willenserklärung, so gilt sie als mit der Rechtskraft nach § 322 erbracht, LG Kblz DGVZ **89**, 43.

12    *Nicht ausreichend sind:* Der Abweisungsantrag des Schuldners im Prozeß, Ffm Rpfleger **79**, 432, LG Wuppert Rpfleger **88**, 153; ein anderes Anzeichen, etwa ein erfolgloser Vollstreckungsversuch aus einem anderen Titel, aM LG Oldb DGVZ **82**, 124. Wenn nur der Urteil auf eine „Leistung nach dem Empfang der Gegenleistung" entgegen § 322 II BGB ohne eine Bejahung des Annahmeverzugs des Schuldners ergangen ist, dann bleibt der Gläubiger für den Annahmeverzug zwar nicht zwecks Erhalts der Klausel beweispflichtig, wohl aber zwecks weiterer Zwangsvollstreckung. Hatte das Urteil den Annahmeverzug wegen Fehlens eines den Verzug begründenden Sachzustands verneint, kann der Schuldner nicht in der Vollstreckung dadurch in Annahmeverzug gesetzt werden, daß ihm derselbe Zustand erneut angeboten wird, AG Kaisersl DGVZ **90**, 75.

13    **B. Weiteres Verfahren.** Grundsätzlich entscheidet der Gerichtsvollzieher darüber, ob der Annahmeverzug und die Nachweise vorliegen. Wenn ihm die Urkunden nicht genügen, dann muß er den Gläubiger auf den Klageweg verweisen, LG Landau DGVZ **95**, 88, LG Mainz Rpfleger **93**, 253 (wegen des Vollstreckungsgerichts) mwN. Wenn der Schuldner zur Zahlung Zug um Zug gegen eine Abrechnung des Gläubigers verurteilt worden ist, dann kann der Gerichtsvollzieher die Vollständigkeit der Abrechnungen nicht prüfen. Deshalb ist also keine Erinnerung nach § 766 zulässig. Wenn der Schuldner einen ProzBev hat, § 81, dann sind die Urkunden diesem zuzustellen, § 1176. Der Umstand, daß der Schuldner irgendwie in den Besitz der anzubietenden Gegenleistung gekommen ist, genügt ohne die Erfüllung der geforderten Urkunden nicht zum Nachweis. Denn der Gerichtsvollzieher kann nicht beurteilen, ob dieser Vorgang in Erfüllung der Verbindlichkeit des Gläubigers geschehen ist. Ein Nachweis ist natürlich nicht notwendig, soweit der Gläubiger die Gegenleistung unstreitig erbracht hat, LG Hann DGVZ **85**, 171.

14    4) **Rechtsbehelfe, I, II.** Es kommt auf die Person des Beschwerten an.
     **A. Gläubiger.** Der Gläubiger kann die Erinnerung nach § 766 einlegen.

15    **B. Schuldner.** Der Schuldner kann die Erinnerung nach § 766 einlegen, KG RR **89**, 638. Er hat die Vollstreckungsabwehrklage nach § 767 nur dann, wenn er das Erlöschen des Anspruchs des Gläubigers wegen einer nachträglichen Unmöglichkeit der Gegenleistung behauptet, LG Bln RR **89**, 639, oder wenn er ein Gewährleistungs- oder Rücktrittsrecht in Anspruch nimmt, KG RR **89**, 638. Die Mangelhaftigkeit der angebotenen Gegenleistung begründet nur die Erinnerung, AG Pirmasens MDR **75**, 62, ThP 6, ZöStö 13, aM LG Hbg DGVZ **84**, 11, AG Siegen DGVZ **97**, 78 (es sei § 767 anwendbar).

16    5) *VwGO: Entsprechend anwendbar,* § 167 I VwGO, wenn der Gerichtsvollzieher tätig wird, sei es auf Antrag des Gläubigers oder gemäß §§ 169, 170 VwGO auf Grund gerichtlicher Anordnung.

## 757 Quittung.

**I** Der Gerichtsvollzieher hat nach Empfang der Leistungen dem Schuldner die vollstreckbare Ausfertigung nebst einer Quittung auszuliefern, bei teilweiser Leistung diese auf der vollstreckbaren Ausfertigung zu vermerken und dem Schuldner Quittung zu erteilen.

**II** Das Recht des Schuldners, nachträglich eine Quittung des Gläubigers selbst zu fordern, wird durch diese Vorschriften nicht berührt.

1    1) **Systematik, Regelungszweck, I, II.** Vgl zunächst § 753 Rn 1–7. Wegen der erheblichen Bedeutung der vollstreckbaren Ausfertigung, § 755, muß die Leistung des Schuldners zum Besitzwechsel, die teilweise Leistung zu einer nach solcher Sachlage den beiderseitigen rechtlichen Interessen gerecht werdenden Lösung führen, ungeachtet der für den Schuldner verbleibenden Möglichkeiten nach §§ 767 ff, 775.

2    2) **Quittung, I, II.** Ein klarer Grundsatz zeigt manches Anwendungsproblem.
     **A. Grundsatz: Erteilungspflicht.** Über jede Leistung des Schuldners in der Zwangsvollstreckung muß der Gerichtsvollzieher eine Quittung erteilen. Bei einer Teilleistung wird die Quittung auf einem besonderen Blatt erteilt. Bei einer Volleistung wird sie auf einem besonderen Blatt oder auf der vollstreckbaren Ausfertigung des Vollstreckungstitels erteilt. Die Quittung ist eine öffentliche Urkunde, § 418. In allen Fällen kann der Schuldner außerdem eine Quittung des Gläubigers nach § 368 BGB verlangen. Die Vorschrift ist auf andere Vollstreckungsorgane als den Gerichtsvollzieher unanwendbar, Saum JZ **81**, 697.

1. Abschnitt. Allgemeine Vorschriften §§ 757, 758

**B. Beispiele zur Frage einer Auslieferungspflicht** 3
**Beitreibung:** Es ist unerheblich, ob die Leistung beigetrieben worden ist.
**Dritter:** Rn 4 „Teilleistung".
**Duldung und Leistung:** Wenn ein Schuldner auf eine Duldung haftet, der andere auf eine Leistung, dann ist der Vollstreckungstitel dem Leistungsschuldner auszuhändigen.
**Freiwillige Leistung:** Es ist unerheblich, ob der Schuldner unter dem Druck der bevorstehenden Zwangsvollstreckung freiwillig geleistet hat.
**Gesamtschuld:** Bei ihr erhält derjenige den Vollstreckungstitel ausgehändigt, der die ganze Schuld oder ihren Rest tilgt. Wenn alle zahlen oder wenn mehrere je einen Teil zahlen, ist der Titel demjenigen auszuhändigen, auf den sich alle einigen. Wenn keine Einigung zustande kommt, dann muß der Titel bei den Akten bleiben.
S auch Rn 4 „Teilleistung", Rn 5 „Verbindung von Ausfertigungen".
**Herausgabe des Titels:** Wenn der Schuldner unmittelbar an den Gläubiger geleistet hat, muß der Gläubiger den Vollstreckungstitel herausgeben. Dasselbe gilt, wenn der Schuldner einen Zwangsvergleich erfüllt hat.
**Kopfteilshaftung:** Haften mehrere nach Kopfteilen und leistet einer von ihnen seinen Teil, so ist das eine 4 bloße Teilleistung; der Vollstreckungstitel ist an denjenigen auszuhändigen, der den letzten Rest leistet.
S auch „Teilleistung".
**Restforderung:** Hat der Gläubiger die zu vollstreckende Summe in seinem Auftrag an den Gerichtsvollzieher als eine bloße Restforderung bezeichnet, dann muß der Gerichtsvollzieher nach deren Vollstreckung den Titel an den Schuldner herausgeben, LG Zweibr DGVZ **91**, 13, AG Pirmasens DGVZ **91**, 13.
**Teilleistung:** Eine Teilleistung muß der Gerichtsvollzieher auch auf der vollstreckbaren Ausfertigung vermerken. Er behält diese Ausfertigung aber in seinem Besitz. Er darf die vollstreckbare Ausfertigung dem Schuldner grundsätzlich erst nach der völligen Befriedigung des Gläubigers aushändigen, auch wenn ein Dritter den Gläubiger befriedigt hat, Münzberg KTS **84**, 200. Die Aushändigung soll die Gefahr einer weiteren Zwangsvollstreckung beseitigen.
S auch Rn 3 „Gesamtschuld", Rn 4 „Kopfteilshaftung".
**Verbindung von Ausfertigungen:** Zu dem Problem, ob Ausfertigungen zu verbinden sind, zB bei 5 Gesamtschuldnern, einerseits AG Wilhelmshaven DGVZ **79**, 189 (ja), andererseits LG Stgt Rpfleger **83**, 161, AG Arnsberg DGVZ **79**, 189 (nein).
**Vorbehaltsleistung:** Es ist unerheblich, ob der Schuldner nur unter dem Vorbehalt einer Abänderung des Urteils geleistet hat, Köln KTS **84**, 318, strenger Münzberg KTS **84**, 200.
**Zwangsvergleich:** Rn 3 „Herausgabe des Titels".

3) *Rechtsbehelf, I, II.* Bei einem fehlerhaften Verfahren des Gerichtsvollziehers kann jeder Betroffene 6 die Erinnerung nach § 766 einlegen.

4) *VwGO:* Entsprechend anwendbar, § 167 I VwGO, wenn der Gerichtsvollzieher tätig wird, vgl § 756 Rn 16, 7 LG/AG Mü DGVZ **90**, 76. Die Aushändigung der vollstreckbaren Ausfertigung entfällt in den Fällen des § 171 VwGO, § 724 Rn 14.

## 758 *Durchsuchung. Gewaltanwendung.* <sup>I</sup>Der Gerichtsvollzieher ist befugt, die Wohnung und die Behältnisse des Schuldners zu durchsuchen, soweit der Zweck der Vollstreckung dies erfordert.

<sup>II</sup> Er ist befugt, die verschlossenen Haustüren, Zimmertüren und Behältnisse öffnen zu lassen.

<sup>III</sup> Er ist, wenn er Widerstand findet, zur Anwendung von Gewalt befugt und kann zu diesem Zwecke die Unterstützung der polizeilichen Vollzugsorgane nachsuchen.

**Schrifttum:** *Erchinger,* Probleme bei der Zwangsvollstreckung gegen die Partner einer eheähnlichen Gemeinschaft und einzelne Mitglieder einer Wohngemeinschaft, Diss Tüb 1987; *Esmek,* Der Durchsuchungsbegriff nach Art 13 Abs. 2 GG in der Zwangsvollstreckung, 1989; *Kühne,* Grundrechtlicher Wohnungsschutz und Vollstreckungsdurchsuchungen, 1980; *Peters,* Die richterliche Anordnung usw, Festschrift für Baur (1981) 549.

### Gliederung

| | |
|---|---|
| 1) Systematik, Regelungszweck, I–III ... 1 | A. Jeder Gewahrsamsort, I .............. 7, 8 |
| 2) Geltungsbereich, I–III ................. 2 | B. Umfassende Öffnungsbefugnis, II ...... 9 |
| 3) Durchsuchungsvoraussetzungen, I–III . 3–6 | C. Gewalt, III ........................... 10 |
|    A. Richterliche Erlaubnis ............. 3, 4 | 5) Beispiele zur Frage der Durchsuchung, §§ 758, 758 a .............. 11–29 |
|    B. Vorheriger Vollstreckungsversuch ... 5, 6 | 6) Rechtsbehelfe, I–III .................. 30 |
| 4) Weiteres Verfahren des Gerichtsvollziehers, I–III ..................... 7–10 | 7) VwGO ............................... 31 |

**1) Systematik, Regelungszweck, I–III.** Vgl zunächst § 753 Rn 1–7. § 758 regelt, ergänzt durch 1 §§ 758 a, 759 und indirekt gestützt durch § 113 StGB (Widerstand gegen Vollstreckungsbeamte ist strafbar), die Befugnisse des Gerichtsvollziehers zur Durchführung von Zwangsmaßnahmen nur im allgemeinen. Weitere Einzelheiten enthält die bundeseinheitliche Geschäftsanweisung für Gerichtsvollzieher (GVGA). Die Verletzung dieser Anweisung kann zwar schuldhaft sein, § 753 Rn 7. Dieser Umstand beeinträchtigt aber die Wirksamkeit der Zwangsvollstreckung noch nicht stets, Grdz 56, 58 vor § 704. Der Gerichtsvollzieher

## § 758

bestimmt als selbständiges Organ der Rechtspflege, § 753 Rn 1, in den Grenzen des § 758 a nach eigenem pflichtgemäßen Ermessen, in welcher Weise er die Wohnung und die Behältnisse des Schuldners durchsucht, VG Bln DGVZ **90**, 7. Zu seinen Sonderrechten im Straßenverkehr Grohmann DGVZ **97**, 177.

Zunächst müssen die *allgemeinen Voraussetzungen* einer Zwangsvollstreckung vorliegen, Grdz 14 vor § 704, zB nach § 750 I 1, BVerfG **57**, 356, Köln Rpfleger **93**, 29, LG Bln DGVZ **88**, 75, oder nach §§ 720 a II, 750 III, LG Darmst DGVZ **89**, 120. Dabei genügt ein Vollstreckungstitel gegen den Schuldner und ist erforderlich, Kblz MDR **85**, 856, LG Hbg Rpfleger **97**, 174, AG Luckenwalde Rpfleger **97**, 173 (je betr den Leistungsbescheid des Hauptzollamts). Ein solcher gegen einen Mitbewohner ist nicht erforderlich, Rn 19, LG Hbg NJW **85**, 73 (ausf), aM LG Mü DGVZ **82**, 126, AG Stgt NJW **82**, 389, Pawlowski NJW **81**, 670.

**2** 2) **Geltungsbereich, I–III.** Die Vorschrift gilt im Gesamtbereich der ZPO. Sie ist auch auf die Vollstreckung eines Zuschlagsbeschlusses nach dem ZVG anwendbar, Bre Rpfleger **94**, 77. Vgl § 287 IV, V AO.

**3** 3) **Durchsuchungsvoraussetzungen, I–III.** Das Gesetz ist kompliziert genug.

**A. Richterliche Erlaubnis.** Art 13 II GG erlaubt die Durchsuchung einer Wohnung, Begriff § 181 Rn 3, nach § 758, also das zweckgerichtete Suchen nach Personen oder Sachen oder zur Ermittlung eines Sachverhalts, das Aufspüren dessen, was der Wohnungsinhaber von sich aus nicht herausgeben oder offenlegen will, BVerfG **75**, 327, LG Bln DGVZ **88**, 118. § 758 a erlaubt diese Durchsuchung aber grundsätzlich nur nach einer vorherigen Erlaubnis (Anordnung) des Richters (Vorsitzenden, Karlsr FamRZ **84**, 498), BVerfG **76**, 89, LG Hbg NJW **85**, 74 (ausf), aM Bischof Rpfleger **85**, 464, Schneider DGVZ **77**, 73, ThP 1.

**4** *Zuständig* für die Entscheidung über den Antrag ist nicht das Prozeßgericht, sondern nach § 758 a I 1 dasjenige AG, in dessen Bezirk die Durchsuchung stattfinden soll, dort Rn 10.

**5** **B. Vorheriger Vollstreckungsversuch.** Solange der Schuldner freilich dem Gerichtsvollzieher den Zutritt nicht verwehrt, ist keine richterliche Anordnung notwendig, § 758 a Rn 9. Daher darf und muß der Gerichtsvollzieher die Zwangsvollstreckung zunächst ohne richterliche Anordnung versuchen, und zwar nach Zustellung des Vollstreckungstitels, LG Düss DGVZ **95**, 157.

**6** Ein Versuch dieser Art darf freilich unterbleiben, wenn dem Gerichtsvollzieher zB ein grundsätzliches Zutrittsverbot des Schuldners *bereits bekannt* ist, Köln RR **88**, 832, LG Aachen DGVZ **89**, 172.

**7** 4) **Weiteres Verfahren des Gerichtsvollziehers, I–III.** Er hat viele Befugnisse und muß viel beachten.

**A. Jeder Gewahrsamsort, I.** Zum grundsätzlichen Ermessen des Gerichtsvollziehers, auch beim Wie der Durchsuchung, Rn 1. Der Gerichtsvollzieher kann die Zwangsvollstreckung, auch eine Verhaftung, im Freien oder überall dort vornehmen, wo der Schuldner einen Gewahrsam hat, also in dessen Wohnung, § 758 a Rn 9, in Geschäftsräumen, Gärten oder Ställen, Wagenschuppen, Scheuern, in jedem Zubehör, selbst in Zimmern, die der Reisende im Gasthof bewohnt. Auf wen der Mietvertrag lautet, etwa bei einer Lebens- oder Wohngemeinschaft, Ehe, wilder Ehe, beim Zusammenleben von Freunden oder Freundinnen, das ist grundsätzlich unerheblich, § 758 a Rn 12, 13.

**8** Der Gerichtsvollzieher darf in dem Raum *ziel- und zweckgerichtet suchen,* solange das zur Durchführung des von der Durchsuchungsanordnung gedeckten Auftrags erforderlich ist, BVerfG **76**, 89. Er darf nicht nur die Räume des Schuldners betreten, sondern auch die Räume Dritter, falls eben der Schuldner dort einen Gewahrsam hat, § 758 a Rn 12, 13. Als Vollstreckungsschuldner gilt auch derjenige, der die Zwangsvollstreckung dulden muß, § 885 Rn 9.

**9** **B. Umfassende Öffnungsbefugnis, II.** Der Gerichtsvollzieher darf umfassend vorgehen. Er darf insbesondere Türen und Behältnisse öffnen, AG Bln-Schöneb DGVZ **90**, 13, AG Neuwied DGVZ **98**, 78, auch die zur Wohnung des Vermieters führende, vom Schuldner mitbenutzte Haustür, LG Hildesh DGVZ **87**, 122. Er darf, soweit er zur Öffnung persönlich technisch nicht sachgemäß imstande ist, diese Türen usw öffnen lassen, wobei er sich in der Regel der Hilfe eines Schlossers bedienen darf, LG Bln DGVZ **85**, 183, LG Köln DGVZ **94**, 62, AG Bln-Schöneb DGVZ **90**, 14. Dabei müssen wegen des Verhältnismäßigkeitsgrundsatzes, Grdz 34 vor § 704, Rn 27, Schäden möglichst vermieden werden, jedenfalls so gering wie möglich gehalten werden, § 758 a Rn 13, BGH **LM** § 808 Nr 2, AG Bln-Schöneb DGVZ **90**, 14.

**10** **C. Gewalt, III.** Der Gerichtsvollzieher darf bei einem Widerstand Gewalt anwenden, und zwar persönlich, § 759, oder durch Inanspruchnahme des Schlossers, AG Neuwied DGVZ **98**, 78, oder der polizeilichen Hilfe, die sich zB auf vorübergehende Fesselung erstrecken darf, LG Ulm DGVZ **94**, 73, AG Göppingen DGVZ **94**, 73. Insoweit ist keine Durchsuchungserlaubnis nötig, AG Wiesb DGVZ **98**, 45. Die Gewalt darf sich auch gegen Dritte richten, soweit diese eine Zwangsvollstreckung gegen den Schuldner dulden müßten, sie aber zu verhindern suchen. Die Polizei ist grundsätzlich weder berechtigt noch verpflichtet, die Rechtmäßigkeit der Zwangsvollstreckung zu prüfen. Daher ist ein Widerstand des Schuldners gegenüber der Polizei unter Umständen auch dann strafbar, zB § 113 StGB, wenn die Zwangsvollstreckungsmaßnahme objektiv rechtswidrig ist, Köln NJW **75**, 890.

**11** 5) **Beispiele zur Frage der Durchsuchung, §§ 758, 758 a**

**Abholung:** Eine Durchsuchungsanordnung ist auch dann notwendig, wenn der Gerichtsvollzieher nur gepfändete Sachen abholen will. Das gilt jedenfalls dann, wenn es unklar ist, ob die Sachen noch in der Wohnung des Schuldners lagern, aM AG Wiesb DGVZ **80**, 28 (abl Schneider NJW **80**, 2381).

**Abwesenheit des Schuldners:** Eine einmalige bloße Abwesenheit des Schuldners rechtfertigt noch keine Anordnung nach § 758 a, evtl aber einmal eine wiederholte, Celle Rpfleger **87**, 73, LG Regensb DGVZ **95**, 58 (Feierabend), aM Köln VersR **95**, 114, LG Bln DGVZ **90**, 25, Däumichen DGVZ **94**, 42 (sie sei zulässig, wenn wenigstens ein- oder zweimal ein Zutrittsversuch zu einer Zeit stattgefunden habe, zu der auch Berufstätige zu Hause seien. Aber auch sie können zB verreist sein oder im Krankenhaus liegen. Eine Durchsuchung ist eine evtl, gerade bei Abwesenheit des Schuldners, viel schwerere Maßnahme als eine Vollstreckung nach § 758 a IV, an der wenigstens eine Teilnahme des Schuldners stattfindet).

Wenn freilich bestimmte tatsächliche Anhaltspunkte dafür vorliegen, daß sich der Schuldner in Wahrheit *doch in* der von ihm nicht geöffneten Wohnung aufhält, muß zwar der Gläubiger solche Aufenthalts-

## 1. Abschnitt. Allgemeine Vorschriften § 758

zeiten im Rahmen des ihm Zumutbaren ermitteln und dem Gerichtsvollzieher mitteilen, AG Schwelm DGVZ **96**, 63, kann sich der Gerichtsvollzieher aber zumindest anschließend oder dann, wenn der Gläubiger nicht derart vorgehen konnte, den Zutritt verschaffen, AG Bln-Charlottenb DGVZ **80**, 141.
S auch Rn 14 „Ankündigung".
**Andersartiger Vollstreckungsversuch:** Rn 22 „Nachtpfändung usw".
**Angehöriger:** Rn 21 „Mitbewohner".
**Anhörung:** Der Richter muß den Schuldner grds vor der Durchsuchungserlaubnis anhören, Art 103 I GG, **12** BVerfG NJW **81**, 2112, Köln RR **88**, 832. Hager KTS **92**, 327, aM LG Bln DGVZ **93**, 173, LG Verden JB **96**, 272, Frank JB **83**, 811.

Von diesem Grundsatz gilt bei einer im Einzelfall festzustellenden *Gefahr im Verzug*, Rn 17, eine *Ausnahme*. Nach einer Verweigerung durch den Schuldner ist dessen (nochmalige) Anhörung nicht mehr nötig, AG Gelsenk DGVZ **89**, 15. Eine notwendige Anhörung läßt sich notfalls im Beschwerdeverfahren nachholen, LG Bochum DGVZ **83**, 168, LG Hann DGVZ **86**, 62.
S auch Rn 15 „Belehrung".
**Ankündigung:** Der Gerichtsvollzieher darf eine zwangsweise Öffnung ankündigen, wenn keine besondere **13** Eile notwendig ist, AG Korbach DGVZ **77**, 77, aM LG Zweibr MDR **80**, 62. Der Gerichtsvollzieher muß diese Ankündigung wohl auch grundsätzlich vornehmen, LG Ffm WoM **92**, 638 (keine zu späte Mitteilung), LG Köln DGVZ **93**, 190 (dreimal, davon einmal abends), Ewers DGVZ **99**, 66, aM LG Bln DGVZ **88**, 27 (nur bei besonderen Umständen, zB Bagatellforderung, zu erwartende Zahlung), Langheid MDR **80**, 22.

Wenn das Verfahren ordnungsgemäß verläuft, *haftet* der Gerichtsvollzieher gegenüber dem Schuldner nicht für Schäden. Etwas anderes kann für seine Haftung gegenüber Dritten gelten. Das Öffnungsrecht muß soweit gehen wie das Durchsuchungs- und das Zutrittsrecht. Denn die letzteren Rechte sollen das Öffnungsrecht ja ermöglichen.

Auch eine ordnungsgemäße Ankündigung reicht aber grds nicht aus, die Wohnung des evtl ja aus verständlichen Gründen *nicht folgsam* zu Hause *wartenden* Schuldners in seiner bloßen Abwesenheit aufzubrechen, um sie zu durchsuchen. Eine Wiederholung einer ordnungsgemäß erfolgten Ankündigung ist nicht erforderlich, AG Elmsh DGVZ **81**, 17, AG Königstein DGVZ **87**, 94, aM LG Kiel DGVZ **81**, 40.
S auch Rn 12 „Abwesenheit", Rn 25 „Terminsnachricht".
**Antrag:** Die richterliche Erlaubnis ist nicht vom Gerichtsvollzieher zu erwirken, sondern vom Gläubiger, § 758a Rn 11, Bre DGVZ **89**, 40, Köln RR **88**, 832, LG Aschaffenb DGVZ **95**, 185, aM AG Wiesb DGVZ **94**, 29, ThP 7, ZöStö 17 (der Gerichtsvollzieher sei zum Antrag zwar nicht verpflichtet, wohl aber berechtigt).
**Anwesenheit des Gläubigers:** Das Gesetz sieht zwar die Anwesenheit des Gläubigers oder seines durch **14** eine Vollmacht ausgewiesenen Vertreters bei der Zwangsvollstreckung nicht vor, vgl AG Bln-Neukölln DGVZ **75**, 190; die Anwesenheit dieser Person wird vom Gesetz aber auch nicht verboten. Der Gläubiger kann seine Belange oft nur dann wirksam wahren, wenn er bei der Zwangsvollstreckung anwesend ist. Das ist der Grund für sein Anwesenheitsrecht, KG DGVZ **83**, 74, LG Münst MDR **91**, 1092, ZöStö 28, aM LG Kassel DGVZ **88**, 174 (abl Hausmann DGVZ **89**, 69), LG Köln DGVZ **97**, 152.

Der Gerichtsvollzieher muß dem Gläubiger auf dessen Wunsch rechtzeitig den *Termin mitteilen*, LG Münst MDR **91**, 1092, aM LG Kassel DGVZ **88**, 174; er darf auch nach angemessener vergeblicher Wartezeit vollstrecken, AG Bln-Charlottenb DGVZ **86**, 142. Einen etwaigen Widerstand des Schuldners gegen die Anwesenheit des Gläubigers darf nur der Gerichtsvollzieher brechen, nicht das Vollstreckungsgericht. Der Gläubiger darf sich an der Durchführung der Zwangsvollstreckungsmaßnahme nicht beteiligen. Der Gläubiger darf die Vollstreckung natürlich auch nicht stören. Die Kosten seiner Anwesenheit sind dann erstattungsfähig, wenn seine Anwesenheit objektiv notwendig war.
**Anwesenheit des Schuldners:** Zur Wirksamkeit der Handlungen des Gerichtsvollziehers ist die Anwesenheit des Schuldners grds nicht notwendig, LG Kleve DGVZ **77**, 174.
S auch Rn 12 „Abwesenheit des Schuldners".
**Arbeitsraum:** Rn 17 „Geschäftsraum".
**Arrest, einstweilige Verfügung:** Rn 17 „Gefahr im Verzug".
**Automateninhalt:** Rn 15 „Behältnis".
**Bagatellforderung:** Eine Durchsuchungsanordnung ist auch dann grds zulässig und notwendig, wenn es **15** nur (noch oder überhaupt) um eine Bagatellforderung geht. Denn auch dann ist eine Vollstreckung grds zulässig, Grdz 48 vor § 704, § 754 Rn 4, LG Bln DGVZ **79**, 169, LG Konst NJW **80**, 297, AG Mü DGVZ **80**, 142.
S aber auch Rn 23 „Rechtsmißbrauch", Rn 27 „Verhältnismäßigkeit".
**Behältnis:** Als Behältnis gilt alles, was dem Schuldner zur Aufbewahrung von Sachen dient. Dazu können auch seine Taschen gehören, Rn 25 „Taschenpfändung". Wegen eines Automateninhalts Schmidt MDR **72**, 379.
**Belehrung:** Der Gerichtsvollzieher muß den Schuldner über dessen Recht der Verweigerung des Zutritts belehren, Schubert MDR **80**, 366, aM Schneider NJW **80**, 2383.
S auch Rn 13 „Anhörung".
**Betriebsraum:** Rn 17 „Geschäftsraum".
**Dritter:** Der Gerichtsvollzieher darf in den Grenzen des § 758a III, dort Rn 12, 13, in diejenigen Räume **16** eines Dritten eintreten, in denen ein Alleingewahrsam des Schuldners fehlt, LG Gießen DGVZ **93**, 142, etwa wenn dort ein Untermieter des Schuldners wohnt. Das gilt zB, wenn feststeht, daß der Dritte die Sache nur in Gewahrsam hat, um sie der Pfändung beim Schuldner zu entziehen, AG Flensb DGVZ **95**, 60 (Vorsicht!).
S auch Rn 21 „Mitbewohner", Rn 28 „Wohngemeinschaft".
**Ehegatte:** Rn 21 „Mitbewohner".
**Einstweilige Verfügung:** Rn 17 „Gefahr im Verzug".

*Hartmann* 1823

## § 758

**17 Gefahr im Verzug:** Bei einer Gefahr im Verzug, also dann, wenn die vorherige Einholung der richterlichen Anordnung nach zu protokollierenden konkreten Umständen nach dem pflichtgemäßen Ermessen des Gerichtsvollziehers den Erfolg der Durchsuchung gefährden würde, § 758 a I 2, dort Rn 6, ist eine richterliche Anordnung entbehrlich, § 758 a I 2. Diese Voraussetzung sieht AG Mönchengladbach DGVZ **80**, 95 (zustm Schneider NJW **80**, 2378) bei einer einstweiligen Verfügung als erfüllt an. Demgegenüber stellen LG Düss DGVZ **85**, 61, Amelung ZZP **88**, 91 mit Recht auch dann darauf ab, ob eine mündliche Verhandlung stattgefunden hatte. Im übrigen stellt jede zusätzliche richterliche Maßnahme eine gewisse Erfolgsgefährdung dar; also ist „Gefahr im Verzug" strenger auszulegen, Bittmann NJW **82**, 2423; das übersieht Behr NJW **92**, 2126.

Das Verfahren verläuft wie bei § 758 a IV, BVerfG **53**, 113, Schneider NJW **80**, 2382 (je zum alten Recht). Der Gerichtsvollzieher entscheidet über eine Gefahr im Verzug nach seinem pflichtgemäßen *Ermessen* auf Grund der Gesamtumstände des Einzelfalls, LG Bbg DGVZ **89**, 152. Vgl aber auch § 758 a Rn 6.

**Geheimnisschutz:** Rn 24 „Soldat".
**Gemeinschaftsunterkunft:** Rn 24 „Soldat", Rn 28 „Wohngemeinschaft".
**Geschäftsführer:** Rn 19 „Juristische Person".
**Geschäftsraum:** Ein bloßer Arbeits-, Betriebs- oder Geschäftsraum ist keine Wohnung, BFH BStBl **89**, 55, AG Mü DGVZ **95**, 11, aM Hbg NJW **89**, 2899, LG Düss MDR **81**, 679, AG Mü DGVZ **85**, 45.

**18 Haftbefehl, Vorführungsbefehl:** Bei einem Haftbefehl nach § 901 ist eine zusätzliche Anordnung entbehrlich, § 758 a II, dort Rn 8.

Trotz Nichterwähnung in § 758 a II reicht wohl auch ein *Vorführungsbefehl* aus, etwa nach § 372 a II oder nach § 380 II, LG Münster DGVZ **83**, 58.

**Hausgenosse:** Rn 21 „Mitbewohner", Rn 28 „Wohngemeinschaft".
**Haustür:** Rn 9.
**Herausgabe:** Wegen der Herausgabe einer bestimmten Sache LG Düss DGVZ **85**, 61, Ewers DGVZ **85**, 52.

**19 Juristische Person:** Eine juristische Person kann sich auch als Wohnungsinhaberin nicht auf Art 13 II GG berufen, AG Bln-Tempelhof MDR **80**, 62, aM Schubert MDR **80**, 367. Andererseits reicht die bloße Wohnung ihres Geschäftsführers nicht aus, AG Bln-Schöneb DGVZ **84**, 154.

**Lebensgefährte:** Rn 21 „Mitbewohner".
**Marktstand:** Rn 17 „Geschäftsraum".

**20 Mehrheit von Gläubigern:** Der Gerichtsvollzieher, der auf Grund einer richterlichen Durchsuchungsanordnung für den einen Gläubiger in die Wohnung des Schuldners gelangt ist, darf dort für weitere Gläubiger pfänden, auch ohne daß auch diese weiteren Gläubiger richterliche Durchsuchungsanordnungen erwirkt hätten, sofern er sich wegen der letzteren Gläubiger nicht länger in den Schuldnerräumen als für den ersteren aufhalten muß, BVerfG **76**, 91, AG Bln-Charlottenb DGVZ **90**, 174, großzügiger LG Hbg DGVZ **82**, 45, LG Mü DGVZ **85**, 46, strenger LG Mü DGVZ **87**, 123, Frank JB **83**, 812.

**21 Mitbewohner:** Der Gerichtsvollzieher darf die von einem Mitbewohner des Schuldners, zB Ehegatte, Lebensgefährte, Angehöriger, benutzten Räume betreten, soweit der Schuldner dort ebenfalls einen (Mit-)Gewahrsam hat, § 758 a III, sonst nicht ohne deren Zustimmung, BFH DB **80**, 1428, Stgt Rpfleger **81**, 152, Schuschke DGVZ **97**, 53, aM LG Nürnb-Fürth DGVZ **89**, 14, Pawlowski DGVZ **97**, 20 (fordert eine gesetzliche Regelung). Es kann dem Schuldner zuzumuten sein, seine kranke Ehefrau während der Durchsuchung aus dem Raum zu entfernen, LG Hann DGVZ **85**, 171.

S auch Rn 16 „Dritter", Rn 28 „Wohngemeinschaft".

**Mitwirkung des Schuldners:** Sie stellt grds nicht seine Pflicht dar, Ewers DGVZ **99**, 67.

**22 Nachtpfändung usw:** Ein andersartiger Vollstreckungsversuch, zB nach § 758 a IV, braucht nicht voranzugehen, LG Kblz MDR **83**, 238, LG Zweibr MDR **80**, 62, Schneider NJW **80**, 2382. Ein Antrag oder eine Erlaubnis nach § 758 a IV berechtigen als solche nicht zur Durchsuchung gegen oder ohne den Willen des Schuldners, Hamm KTS **84**, 726, LG Stgt DGVZ **81**, 12, AG/LG Bonn DGVZ **86**, 87.

**Nebenraum usw:** Zur Wohnung, einem weit auszulegenden Begriff, Kblz MDR **85**, 856, zählt auch ein Nebenraum und ein Zugang usw, Schneider NJW **80**, 2380.

**Protokoll:** Dem Antrag nach § 758 ist das Protokoll des zuvor notwendigen vergeblichen Vollstreckungsversuchs, Rn 4, beizufügen, LG Aschaffenb DGVZ **85**, 115.

**23 Räumung:** Eine Räumung ist grds keine Durchsuchung, § 758 a II, dort Rn 7.

*Aus Anlaß einer Räumung* darf der Gerichtsvollzieher auch ohne eine besondere richterliche Erlaubnis Durchsuchungen wegen einer Geldforderung des Gläubigers vornehmen, Düss Rpfleger **80**, 28, Köln NJW **80**, 1532.

**Rechtsmißbrauch:** Er ist, wie stets, auch bei § 758 verboten und führt zur Unzulässigkeit einer an sich erlaubten Maßnahme, Einl III 54, Grdz 44 vor § 704.

S auch Rn 27 „Verhältnismäßigkeit".

**24 Schlosser:** Rn 9.

**Sittenwidrigkeit:** Das Verfahren nach § 758 darf nicht zu einem Schutzverfahren neben § 765 a ausarten, vgl auch § 758 a III 2, dort Rn 13.

S auch Rn 27 „Verhältnismäßigkeit".

**Soldat:** Der Gerichtsvollzieher darf bei der Zwangsvollstreckung gegen einen Soldaten die Gemeinschaftsunterkunft betreten, nicht ohne weiteres aber auch andere militärische Räume und in keinem Fall Räume, die unter Geheimnisschutz stehen, SchlAnh II Z 35 ff.

**Steuersache:** Wegen der Auswirkungen in einer Steuersache, BVerfG **65**, 315, Köln Rpfleger **93**, 29.

**25 Taschenpfändung:** Ein Behältnis, Rn 15, das jemand an sich trägt (auch sog Taschenpfändung), fällt nicht unter § 758, Hbg NJW **84**, 2899, LG Düss DGVZ **87**, 76, Behr NJW **92**, 2740.

**Terminsnachricht:** Wegen des Anspruchs des Gläubigers auf eine vorherige Nachricht über den geplanten Durchsuchungstermin Rn 14 „Anwesenheit des Gläubigers".

Wegen des Schuldners Rn 14 „Ankündigung".

**Türöffnung:** Rn 9.

**Unterlassung:** Wegen eines Widerstands des Schuldners nach der Verurteilung zu einer Unterlassung, 26 §§ 890, 892 AG Heidelb DGVZ **86**, 189.
**Untermieter:** Rn 16 „Dritter".
**Verhältnismäßigkeit:** Jede Zwangsmaßnahme muß zur Vollstreckung notwendig sein. Auch der Richter 27 wie der Rpfl und der Gerichtsvollzieher müssen außer dem stets erforderlichen Rechtsschutzbedürfnis, Köln RR **88**, 832, auch den Verhältnismäßigkeitsgrundsatz beachten, Grdz 34 vor § 704, BVerfG NJW **81**, 2111, BGH LM § 808 Nr 2, Ewers DGVZ **99**, 66, 68. Das darf freilich nicht dazu führen, schon wegen einer geringen Forderungshöhe die Erlaubnis zu versagen, Rn 10, aM AG Hann DGVZ **86**, 93, oder den Vollstreckungstitel selbst in Frage zu stellen. Es müssen konkrete Anhaltspunkte dafür vorliegen, daß der Vollstreckungserfolg ohne die Anwendung des Zwangs gefährdet wäre, Düss DGVZ **79**, 40, § 758a Rn 13.
**Vertretbare Handlung:** Wegen eines Widerstands des Schuldners nach der Verurteilung zur Vornahme einer vertretbaren Handlung, §§ 887, 892, AG Heidelb DGVZ **86**, 189.
**Verweigerung:** Rn 4.
**Vorführungsbefehl:** Rn 18 „Haftbefehl, Vorführungsbefehl".
**Widerstand:** Rn 26 „Unterlassung", Rn 27 „Vertretbare Handlung". 28
**Wiederholung:** Eine wiederholte Zwangsvollstreckung aus demselben Titel ist nur dann zulässig, wenn der Gerichtsvollzieher Anhaltspunkte dafür hat, daß ein erneuter Vollstreckungsversuch ein besseres Ergebnis erzielen kann, LG Bln DGVZ **83**, 11.
**Wohngemeinschaft:** § 758a Rn 12, 13.
S auch Rn 16 „Dritter", Rn 21 „Mitbewohner".
**Wohnungswechsel:** Da der Gerichtsvollzieher nur die in der Durchsuchungserlaubnis genannten Räume betreten darf, benötigt er nach einem Wohnungswechsel des Schuldners grds eine auf die neue Wohnung erstreckte zusätzliche Erlaubnis, LG Köln DGVZ **85**, 91.
**Zeitablauf:** Der notwendige vorangegangene Vollstreckungsversuch, Rn 5, darf nicht allzu lange Zeit 29 zurückliegen, LG Hann JB **95**, 161 (10 Monate sind evtl zu lang, aM LG Wiesb JB **97**, 215).
**Zutrittsverbot:** Rn 4.

**6) Rechtsbehelfe, I–III.** Der Gläubiger, der Schuldner und ein mitbetroffener Dritter, etwa im Fall einer 30 Wohngemeinschaft, KG MDR **86**, 680, können gegen Maßnahmen *ohne Anhörung* nach §§ 758, 758a die *Erinnerung* nach § 766 einlegen, § 761 Rn 7, 8, KG NJW **86**, 1181, LG Karlsr RPfleger **86**, 550, AG Gelsenk DGVZ **89**, 15, aM Saarbr Rpfleger **93**, 147 (es sei sogleich die sofortige Beschwerde zulässig), ZöStö 25 (sie halten sogleich die einfache Beschwerde für zulässig).
Gegen eine Entscheidung *nach Anhörung* gilt beim Rpfl § 11 RPflG, Anh § 153 GVG, und ist beim Richter die *sofortige Beschwerde* nach § 577 zulässig, § 793 I, Kblz Rpfleger **85**, 496, Saarbr Rpfleger **93**, 147, StJM § 761 Rn 3, aM ZöStö 25.
Das *Rechtsschutzbedürfnis*, Grdz 33 vor § 253, für das Rechtsmittel kann auch noch dann vorliegen, wenn die Durchsuchung schon vollzogen worden ist, BFH DB **80**, 2120, KG RR **87**, 126, LG Bad Kreuznach DGVZ **89**, 139, aM BFH NJW **77**, 975, LG BadBad DGVZ **88**, 42, VGH Mannh NVwZ-RR **91**, 591.
Hat das LG als Beschwerdegericht entschieden, ist die *sofortige weitere Beschwerde* statthaft, § 793 II. Wegen einer Anschlußbeschwerde § 577a.

**7) VwGO:** Entsprechend anwendbar, § 167 I VwGO, wenn der Gerichtsvollzieher tätig wird, vgl § 756 Rn 16, 31 und ebenso bei der Vollstreckung durch einen Vollstreckungsbeamten sowohl in der *VerwVollstr* als auch bei der Vollstr nach *VwGO* (aM für Vollstr gegen eine jur Person des öff Rechts VG Ffm 7 M 2082/97). Zuständig für die richterliche *Durchsuchungserlaubnis*, oben Rn 2, sind die Gerichte, die zur Kontrolle des Vollstreckungsaktes berufen sind, VGH Mü NJW **83**, 1077 (zustm Korber BayVBl **83**, 68), OVG Münst VerwRspr **32**, 526, VG Darmstadt ZfSH/SGB **86**, 618 (BSHG), also zB in Angelegenheiten des § 51 SGG die Sozialgerichte, OVG Hbg DÖV **82**, 601, VG Brschw NJW **81**, 2533, aM VGH Mannh NJW **84**, 2482 u Just **86**, 109 (differenzierend), und in Bußgeldsachen das AG, BGH MDR **86**, 123, VGH Mannh NJW **86**, 1190, VG Brschw MDR **82**, 346 (mit unterschiedlicher Begr). In der Verwaltungsgerichtsbarkeit entscheidet das Gericht des ersten Rechtszuges, §§ 167 I 2 u 170 VwGO, bzw dessen Vorsitzender, wenn er selbst VollstrBehörde ist, § 169 VwGO, VGH Mü NJW **83**, 1077, OVG Münst NJW **81**, 1056, OVG Hbg HbgJVBl **80**, 82, Korber BayVBl **83**, 68 mwN (krit zu VGH Mü), so daß bei einer VerwVollstr das Gericht zu entscheiden hat, VGH Mü NJW **84**, 2482 (für Zuständigkeit des Gerichts in allen Fällen OVG Kblz NJW **86**, 1188); das Verfahren richtet sich nach VwGO, vgl dazu Kottmann DÖV **80**, 899 mwN (auch zur Vollstreckung nach Landesrecht, das eine andere Zuständigkeit anordnen kann). Bei Anwendung von §§ 169 I VwGO, 5 VwVG gilt § 287 AO, jedoch ohne § 287 IV, Kottmann DÖV **80**, 905, der die Zuständigkeit des AG (an Stelle des FinGer) vorsieht, OVG Hbg HbgJVBl **80**, 82, Rößler NJW **81**, 25 u **83**, 661, aM Wettlaufer S 108ff, BGH MDR **86**, 123 (zum Verf u zum Rechtsmittelzug KG NJW **82**, 2326), VG Leipzig NVwZ-RR **98**, 158. Das Verfahren des VG bzw des Vorsitzenden ist entspr § 761 zu gestalten, vgl BVerfG **51**, 113 u NJW **81**, 2111, dazu Korber BayVBl **83**, 68; zum Antragsrecht in der Vollstr nach VwGO OVG Kblz NJW **86**, 1188, u in der VerwVollstr VGH Mannh Just **86**, 109 u LG Lüneb AS **93**, 482, zur Durchsuchung einer von einer Wohngemeinschaft oder eheähnlichen Lebensgemeinschaft genutzten Wohnung OVG Lüneb NJW **84**, 1369, zur vorherigen Anhörung des Schuldners VGH Mü NJW **84**, 2482. Rechtsbehelfe s § 766 Rn 35; eine richterliche Durchsuchungs-AnO ist auch nach ihrer Vollziehung anfechtbar, BVerfG NJW **97**, 2163 u 2165, VGH Mannh Just **98**, 133.

## 758a

**Wohnungsdurchsuchung; Vollstreckung zur Nacht usw.** [1] ¹Die Wohnung des Schuldners darf ohne dessen Einwilligung nur auf Grund einer Anordnung des Richters bei dem Amtsgericht durchsucht werden, in dessen Bezirk die Durchsuchung erfolgen soll. ²Dies gilt nicht, wenn die Einholung der Anordnung den Erfolg der Durchsuchung gefährden würde.

## § 758 a

<sup>II</sup> Auf die Vollstreckung eines Titels auf Räumung oder Herausgabe von Räumen und auf die Vollstreckung eines Haftbefehls nach § 901 ist Absatz 1 nicht anzuwenden.

<sup>III 1</sup>Willigt der Schuldner in die Durchsuchung ein oder ist eine Anordnung gegen ihn nach Absatz 1 Satz 1 ergangen oder Absatz 1 Satz 2 entbehrlich, so haben Personen, die Mitgewahrsam an der Wohnung des Schuldners haben, die Durchsuchung zu dulden. ²Unbillige Härten gegenüber Mitgewahrsamsinhabern sind zu vermeiden.

<sup>IV</sup> Der Gerichtsvollzieher nimmt eine Vollstreckungshandlung zur Nachtzeit und an Sonn- und Feiertagen nicht vor, wenn dies für den Schuldner und die Mitgewahrsamsinhaber eine unbillige Härte darstellt oder der zu erwartende Erfolg in einem Mißverhältnis zu dem Eingriff steht, in Wohnungen nur auf Grund einer besonderen Anordnung des Richters bei dem Amtsgericht.

<sup>V</sup> Die Anordnung nach Absatz 1 ist bei der Zwangsvollstreckung vorzuzeigen.

**Vorbem.** Eingefügt dch Art 1 Z 6 der 2. ZwVNov v 17. 12. 97, BGBl 3039, in Kraft seit 1. 1. 99, Art 4 I der 2. ZwVNov, ÜbergangsR Einl III 78.

**Schrifttum:** *Goebel* DGVZ **98**, 161 (ausf).

**Gliederung**

| | |
|---|---|
| 1) Systematik, Regelungszweck, I–V .... 1 | 9) Duldungspflicht von Mitbewohnern, III ................................................ 12, 13 |
| 2) Geltungsbereich, I–V ................ 2 | A. Grundsatz: Duldung, III 1 ...... 12 |
| 3) Wohnungsbegriff, I–V ............... 3 | B. Vermeidung unbilliger Härten, III 2 . 13 |
| 4) Durchsuchungsbegriff, I, III, IV ..... 4 | 10) Vollstreckung zur Nacht usw, IV ..... 14–17 |
| 5) Notwendigkeit richterlicher Anordnung, I 1 ................................. 5 | A. Nachtzeit, Sonn- und Feiertage ...... 14 |
| 6) Entbehrlichkeit richterlicher Anordnung, I 2, II, III ................... 6–9 | B. Keine Vollstreckung bei unbilliger Härte ............................. 15 |
| A. Gefährdung des Durchsuchungserfolgs, I 2 ............................ 6 | C. Keine Vollstreckung bei Mißverhältnis Eingriff - Erfolg .................... 16 |
| B. Räumung, Herausgabe von Räumen, II ................................... 7 | D. In Wohnung nur auf Grund besonderer richterlicher Anordnung ......... 17 |
| C. Haftbefehl, II ....................... 8 | 11) Vorzeigen der Anordnung, IV ........ 18 |
| D. Einwilligung des Schuldners, I, III 1 .. 9 | 12) Einzelfragen, I–IV .................... 19 |
| 7) Zuständigkeit, I 1 .................... 10 | 13) Rechtsbehelfe, I–IV .................. 20 |
| 8) Verfahren der Anordnung, I 1 ........ 11 | 14) *VwGO* ............................... 21 |

**1** **1) Systematik, Regelungszweck, I–V.** Die Vorschrift ergänzt den § 758 für den Fall, daß der Gerichtsvollzieher die Wohnung des Schuldners durchsuchen will und muß und daß er eine Vollstreckungshandlung zur Nachtzeit oder an Sonn- und Feiertagen vornimmt. Sie wird ihrerseits durch § 759 ergänzt und indirekt durch § 113 StGB gestützt, wie bei § 758, dort Rn 1.
*Regelungszweck* ist eine den Art 13 II GG achtende, aber auch das Befriedigungsbedürfnis des Gläubigers angemessen berücksichtigende Art und Weise eines Vollstreckungsvorgangs, der – wie bei § 885 – evtl auch erheblich schutzwürdige, aber eben auch nur begrenzt beachtliche Interessen von Mitbewohnern mitzubedenken hat. § 758 a ist daher keine Ausnahme von § 758 und folglich auch nicht allzu eng auszulegen; es ist vielmehr eine behutsame Abwägung der Gesamtinteressen geboten.

**2** **2) Geltungsbereich, I–V.** Es gelten dieselben Erwägungen wie bei § 758, dort Rn 2.

**3** **3) Wohnungsbegriff, I–V.** Es gelten dieselben Anforderungen wie bei § 758 und dort wie bei § 181 I, dort Rn 3 ff. Das sind engere als bei § 885 I, der von jeder unbeweglichen Sache spricht.

**4** **4) Durchsuchungsbegriff, I, III, IV.** Auch der Begriff der Durchsuchung ist wie bei § 758 zu verstehen. Es handelt sich auch hier um das zweckgerichtete Suchen nach Personen oder Sachen oder zur Ermittlung eines Sachverhalts, das Aufspüren dessen, was der Wohnungsinhaber von sich aus nicht herausgeben oder offenlegen will, § 758 Rn 3. II zeigt das Gegenstück einer bloßen Durchsuchung auf, nämlich die Räumung bzw Herausgabe, Rn 7.

**5** **5) Notwendigkeit richterlicher Anordnung, I 1.** Nach der äußeren Gesetzesanordnung ist eine richterliche Anordnung nach I 1 bei einer Wohnungsdurchsuchung die Regel. In Wahrheit kommt sie nur dann in Betracht, wenn die in Rn 6–9 genannten Situationen nicht vorliegen. In der Praxis ist eine richterliche Anordnung also keineswegs stets erforderlich. Wegen IV Rn 17. Es empfiehlt sich bei I eine Prüfung in der nachfolgenden Reihenfolge.

**6** **6) Entbehrlichkeit richterlicher Anordnung, I 2, II, III.** Es reicht jede der folgenden Lagen.
**A. Gefährdung des Durchsuchungserfolgs, I 2.** Eine richterliche Anordnung ist entbehrlich, wenn auch zulässig, soweit ihre Einholung den Erfolg der Durchsuchung gefährden würde. Das ist eine gesetzliche Umgrenzung des Begriffs einer Gefahr im Verzug; freilich bieten die eine wie die andere Begriff doch wieder ihre unvermeidlichen Unschärfen. Denn wann liegt eine wirkliche Gefährdung vor? Es kommt auch hier wieder auf eine behutsame Abwägung der Gesamtumstände an. Eine Gefährdung kann wegen der Art und Weise, des Zustands, des Zeitpunkts, des Ortes des möglichen Vollstreckungsguts vorliegen, aber auch wegen der bisherigen Verhaltensweise des Schuldners oder seines Beauftragten, wegen dessen Äußerungen, Absichten, Finanzlage usw. In gewissen Grenzen lassen sich die Regeln zum Vorliegen eines Arrestgrundes nach § 917 Rn 3 ff mitbeachten.
*Ratsam* kann die Herbeiführung einer richterlichen Anordnung zumindest dann sein, wenn zweifelhaft sein kann, ob die Voraussetzungen von I 2 vorliegen. Das Rechtsschutzbedürfnis führt in solcher Lage zur Pflicht des Richters, die Lage durch eine Anordnung oder deren Ablehnung zu klären.

1. Abschnitt. Allgemeine Vorschriften § 758 a

**B. Räumung, Herausgabe von Räumen, II.** Eine richterliche Anordnung ist unabhängig von Rn 6 **7** ferner entbehrlich, soweit es um die Vollstreckung eines Titels (Urteil, Vergleich) auf Räumung oder Herausgabe von Räumen einer beliebigen Art geht, Hs 1, AG Heidelb DGVZ **99**, 124 (übersieht freilich diese Vorschrift), aM Schultes DGVZ **98**, 188. Vgl zur Räumung § 885 und seine Anm. Freilich kann eine Räumung mit einer Vollstreckung zu anderen Zwecken zusammentreffen. Dann bleibt die richterliche Anordnung nur für den Räumungszweck entbehrlich. Im Zweifel darf und sollte auch in solcher Lage eine Entscheidung des Richters zur Anordnung oder Ablehnung herbeigeführt werden.

**C. Haftbefehl, II.** Eine (zusätzliche) richterliche Anordnung ist unabhängig von Rn 6, 7 natürlich auch **8** insoweit entbehrlich, als es um die Vollstreckung eines Haftbefehls nach § 901 geht, Hs 2. Denn der Haftbefehl umfaßt seiner Rechtsnatur nach ja auch das Aufsuchen des Schuldners in seiner (oder einer anderen) Wohnung und das Herausholen seiner Person.

**D. Einwilligung des Schuldners, I, III 1.** Eine richterliche Anordnung ist schließlich unabhängig von **9** Rn 6–8 entbehrlich, soweit der Schuldner in die Durchsuchung einwilligt. Das ergibt sich sowohl aus I als auch aus III 1. Einwilligung ist, wie bei § 183 S 1 BGB, die vorherige Zustimmung; vgl dort. Die Einwilligung muß als einseitige empfangsbedürftige Willenserklärung, PalH Einf 3 vor § 182 BGB, wirksam erklärt sein. Sie richtet sich an den Gerichtsvollzieher als das zur Durchsuchung berufene Vollstreckungsorgan, läßt sich aber auch gegenüber dem Gläubiger und natürlich im etwaigen Anordnungsverfahren auch vor dem Richter (auch schriftlich oder zum Protokoll der Geschäftsstelle, daher ohne Anwaltszwang, § 78 III Hs 2) erklären. Als gleichzeitige Parteiprozeßhandlung, Grdz 47 vor § 128, folgt sie nur den (dort erläuterten) dazu gehörigen Regeln und ist grundsätzlich unwiderruflich, Grdz 58 vor § 128. Sie muß spätestens vor der ersten Gewaltanwendung des Gerichtsvollziehers oder seiner Hilfspersonen vorliegen. Freilich darf und muß der Gerichtsvollzieher zunächst nach § 758 Rn 5 vorgehen. Bei Unklarheiten liegt ein Fall nach I 1 vor. Auch in solcher Lage sollte der Richter durch Klärung (Anordnung oder Ablehnung) helfen.

**7) Zuständigkeit, I 1.** Zur Entscheidung (Anordnung oder Ablehnung) ist nicht das Prozeßgericht und **10** auch nicht stets das Vollstreckungsgericht berufen, sondern derjenige Richter beim Amtsgericht, in dessen Bezirk die jetzt geplante Durchsuchung erfolgen soll. Diese Zuständigkeit kann natürlich mit derjenigen nach §§ 764, 802 zusammenfallen, ist aber nicht zwingend dieselbe. Aus ihrer Natur ergibt sich ihre Ausschließlichkeit. Wechselt der Wohnort des Schuldners, so muß nunmehr der Richter des neuen Wohnorts erstmals oder erneut (nach demjenigen des früheren Wohnorts) befinden.

**8) Verfahren der Anordnung, I 1.** Der Richter entscheidet zwar theoretisch von Amts wegen, praktisch **11** aber nur auf Antrag, § 758 Rn 13 „Antrag", oder Anregung; ein förmlicher Antrag ist entbehrlich. Eine mündliche Verhandlung ist zulässig, aber nicht notwendig, Grdz 37 vor § 704. Das rechtliche Gehör ist grundsätzlich (Ausnahme: Zweifelsfall nach I 2) zu gewähren. Ein Anwaltszwang besteht nicht. Der Verhältnismäßigkeitsgrundsatz ist zu beachten, Einl III 23, Grdz 34 vor § 704, BVerfG DGVZ **98**, 26 (läßt daher auch die Anordnung nach sechs Monaten verfallen).

Die *Entscheidung* erfolgt durch einen mit Gründen zu versehenden Beschluß, § 329 Rn 4, oder durch eine entsprechende Verfügung. Sie wird nach Verhandlung verkündet, sonst wegen § 793 I nach § 329 III förmlich zugestellt. Kosten: §§ 788, 891.

Die Erlaubnis liegt *grundsätzlich nicht* schon *im Vollstreckungstitel,* auch nicht beim Arrest, §§ 916 ff, Karlsr DGVZ **83**, 139, AG Detm DGVZ **83**, 189, oder bei der einstweiligen Verfügung, §§ 935 ff, es sei denn, der Titel schließe inhaltlich notwendig das richterliche Genehmigung zum Betreten von Wohnräumen ein, Köln RR **88**, 832 (auch dann mag aber der Titel ausdrücklich im Einzelfall die Genehmigung ausschließen), LG Bln DGVZ **88**, 118. Sie liegt auch nicht in der bloßen Anweisung durch das Erinnerungsgericht, eine Zwangsvollstreckung durchzuführen, KG DGVZ **83**, 72. Vielmehr ist im Beschluß des Gerichts mindestens anzugeben, für und gegen wen auf Grund welchen Titels welche wo gelegenen Räume zu durchsuchen sind, Köln JB **96**, 213. Mindestens erforderlich sind die Angabe der Parteien, des Titels und des zu durchsuchenden Raumes sowie die Unterschrift des Richters, Köln ZMR **96**, 86.

**9) Duldungspflicht von Mitbewohnern, III.** Es müssen zwei Bedingungen zusammentreffen. **12**

**A. Grundsatz: Duldung, III 1.** Personen, die einen Mitgewahrsam, § 808 Rn 10 ff entsprechend, § 885 Rn 9 ff, an der Wohnung des Schuldners haben, müssen grundsätzlich eine rechtmäßige Durchsuchung gegen den Schuldner dulden, auch soweit ihre Rechte mitbetroffen sind.

**B. Vermeidung unbilliger Härten, III 2.** Selbst beim Vorliegen der Voraussetzungen Rn 12 müssen **13** alle Beteiligten unbillige Härten gegenüber einem jeden Mitgewahrsamsinhaber vermeiden. Die Beachtung dieser Vorschrift ist Amtspflicht des Gerichtsvollziehers ohne einen Ermessensspielraum. Der unbestimmte Rechtsbegriff „unbillige Härte" läßt freilich wiederum mancherlei Auslegung zu. Auch hier gibt der Schutzzweck den Maßstab. Der nur mittelbar, gleichsam evtl ganz erheblich Mitbetroffene ist, soweit vertretbar, zu schonen. Das gilt beim Ob, Wann, Wie und Wo der Durchsuchung bis zu ihrer Beendigung, die kein wüstes Durcheinander hinterlassen darf, weder beim Schuldner, noch gar bei Mitbewohnern.

**10) Vollstreckung zur Nachtzeit usw, IV.** Es müssen mehrere Aspekte geprüft werden. **14**

**A. Nachtzeit, Sonn- und Feiertage.** Zu diesen Begriffen § 188 I 2 (amtliche Bestimmung der Nachtzeit) und § 188 Rn 5, 6 (Sonn- und Feiertage).

**B. Keine Vollstreckung bei unbilliger Härte.** Der Gerichtsvollzieher darf keine Vollstreckungshand- **15** lung irgendwelcher Art vornehmen, soweit sie eine unbillige Härte darstellt; zu diesem Begriff Rn 13. Solche Härte kann schon dann vorliegen, wenn noch keine Härte im Sinn von § 765 a I 1 gegeben wäre. Ob eine unbillige Härte zu bejahen ist, liegt im pflichtgemäßen Ermessen des Gerichtsvollziehers usw; *wenn* sie zu bejahen ist, darf er schon deshalb ohne weiteren Ermessensspielraum nicht zur Nachtzeit usw vollstrecken. Die unbillige Härte muß für den Schuldner wie die Mitgewahrsamsinhaber geprüft und bejaht werden, bevor die Vollstreckung unterbleiben darf. Natürlich würde sie gegenüber dem Schuldner ausreichen, aber auch eine solche nur den übrigen gegenüber könnte reichen. Gewahrsam ist wie bei § 808 Rn 10 ff zu beurteilen.

**§§ 758a, 759**  8. Buch. Zwangsvollstreckung

16   **C. Keine Vollstreckung bei Mißverhältnis Eingriff – Erfolg.** Selbst wenn keine unbillige Härte, Rn 15, vorliegt, darf der Gerichtsvollzieher doch keine Vollstreckungshandlung irgendwelcher Art vornehmen, soweit der zu erwartende Erfolg in einem Mißverhältnis zu dem Eingriff stehen würde. Damit übernimmt IV den auch sonst in der Zwangsvollstreckung geltenden Grundsatz der Verhältnismäßigkeit, Grdz 34 vor § 704. Der Gerichtsvollzieher muß nach pflichtgemäßem Ermessen abwägen und dabei alle erkennbaren Einzelumstände einbeziehen. Natürlich stellt jede Vollstreckung eine gewisse Härte dar. Es muß also ein darüber hinausgehendes Problem vorhanden sein, eben ein wirkliches Mißverhältnis, etwa bei einer nur sehr kleinen Restforderung und vor einem besonders hohen Feiertag usw. Soweit der Gerichtsvollzieher ein Mißverhältnis bejaht, darf er ohne weiteres Ermessen nicht mehr tätig bleiben.

17   **D. In Wohnung nur auf Grund besonderer richterlicher Anordnung.** Selbst wenn keines der Hindernisse Rn 15, 16 vorliegt, darf der Gerichtsvollzieher auch außerhalb der in §§ 758, 758a I–III vorrangig geregelten Fälle eine Vollstreckungshandlung nur dann gerade während der Nachtzeit oder an Sonn- oder Feiertagen in einer Wohnung, Rn 2, vornehmen, wenn gerade dazu eine besondere Erlaubnis des Richters wirksam ergangen ist, ThP 25 ff, aM AG Mannh DGVZ **99**, 142, ZöStö **35** (aber IV Hs 2 ist nun wirklich eindeutig). Zuständig ist auch nicht der Rpfl, sondern nur der „Richter bei dem Amtsgericht", also dem nach §§ 764, 802 zuständigen AG im dort geschilderten Verfahren (Beschluß ohne notwendige mündliche Verhandlung, grundsätzlich nach Anhörung, mit Begründung, § 329 Rn 4, ohne Kostenentscheidung, § 788 I, usw). Eine Entscheidung nur des Rpfl ist unwirksam, eine solche mit nachfolgender „Genehmigung" des Richters oä kann als Anordnung nach IV umzudeuten sein. Der Gerichtsvollzieher wie der Gläubiger sind antragsberechtigt. Von Amts wegen erfolgt die Anordnung, sobald und soweit sich aus den dem Richter vorgelegten Akten die Voraussetzungen ergeben. Die Anordnung braucht nicht vorgezeigt zu werden, denn V verweist nur auf I, nicht auch auf IV (kein undeutiges, wenn auch durchaus mögliches, Versehen des Gesetzgebers).

18   **11) Vorzeigen der Anordnung, V.** Die Vorschrift gilt nur bei I, nicht bei IV, Rn 17. Sie geht nicht so weit wie § 909 I 2, denn im Gegensatz zu dort ist dem Schuldner nichts zu übergeben, sondern nur etwas vorzuzeigen. Der Schutzzweck ist aber fast derselbe: Der Schuldner soll wenigstens Einblick in eine richterliche Anordnung nehmen dürfen, die das Eindringen in seine Wohnung bedeutet. Einblick nehmen heißt: Lesen, aber nicht Herumtrödeln, freilich auch nicht: bloß sekundenschnell anblicken dürfen. Der Gerichtsvollzieher muß dem Schuldner angemessen die Möglichkeit geben, sich zu fassen. Mag der Schuldner seinen Anwalt usw dann während der Durchsuchung anrufen.

19   **12) Einzelfragen, I–V.** Vgl das ausführliche ABC in § 758 Rn 11 ff.

20   **13) Rechtsbehelfe, I–V.** Vgl wegen des Gerichtsvollziehers § 758 Rn 30, wegen des Richters bei IV §§ 766, 793, wegen des Rpfl § 11 RPflG, Anh § 153 GVG, vgl auch § 104 Rn 69 ff.

21   **14) VwGO:** Entspr anwendbar, § 167 I VwGO, wenn der Gerichtsvollzieher tätig wird, vgl § 758 Rn 31.

---

**759** *Zuziehung von Zeugen.* **Wird bei einer Vollstreckungshandlung Widerstand geleistet oder ist bei einer in der Wohnung des Schuldners vorzunehmenden Vollstreckungshandlung weder der Schuldner noch eine zu seiner Familie gehörige oder in dieser Familie dienende erwachsene Person anwesend, so hat der Gerichtsvollzieher zwei erwachsene Personen oder einen Gemeinde- oder Polizeibeamten als Zeugen zuzuziehen.**

1   **1) Systematik, Regelungszweck.** Die Vorschrift ergänzt § 758 im wohlverstandenen Interesse aller Prozeßbeteiligten an der Eindämmung späterer Auseinandersetzungen darüber, ob und inwieweit das Vollstreckungsorgan beim notwendigen Zwang oder auch beim Ausbleiben der wachsamen Augen seitens des Betroffenen die Grenzen des Ermessens eingehalten habe. Damit dient § 759 der Rechtssicherheit, Einl III 43, wie dem Gebot, den Grundsatz der Verhältnismäßigkeit staatlicher Machtmittel zu wahren, Grdz 34 vor § 704, und ist entsprechend streng zugunsten des Schuldners auszulegen.

2   **2) Voraussetzungen.** Der Gerichtsvollzieher muß in jedem der folgenden Fälle Zeugen zuziehen.

   **A. Widerstand.** Die Zuziehung ist notwendig, wenn er einen Widerstand gegen eine Vollstreckungshandlung vorfindet. Als Widerstand kann auch eine mündliche Ankündigung gelten, die eine Anwendung von Gewalt erwarten läßt. Die Zwangsvollstreckung ist also zu unterbrechen, falls der Gerichtsvollzieher nicht in Erwartung des Widerstands bereits Zeugen mitgebracht hat.

3   **B. Abwesenheit.** Die Zuziehung ist auch dann notwendig, wenn die Zwangsvollstreckung in der Wohnung, aM LG Konstanz DGVZ **84**, 120 (auch, falls sie im Geschäftsraum), in Abwesenheit des Schuldners, seiner Familie und seiner erwachsenen Hausangestellten (Begriffe § 181 Rn 10–15) stattfinden soll, vgl AG Neuwied DGVZ **98**, 78. Sie ist ohne weiteres zulässig, wenn statt des abwesenden Schuldners ein erwachsenes Familienmitglied anwesend ist, AG Wiesb DGVZ **93**, 158.

4   **C. Ausführung.** Auch der Gläubiger kann Zeuge sein. Zwar kann der zur Öffnung etwa erforderliche Schlosser zeitweise Zeuge sein; jedoch darf der Gerichtsvollzieher zwei weitere Zeugen hinzuziehen, AG Wiesb DGVZ **88**, 14. Soweit der Gerichtsvollzieher die Zeugen entschädigt, hat er Auslagen, § 35 I Z 5 GVKostG. Der Gerichtsvollzieher kann auch sonst in geeigneten Fällen Hilfspersonen zu handwerklichen Arbeiten hinzuziehen, etwa zum Aufkleben der Pfandzeichen, falls er selbst anwesend bleibt.

5   **3) Verstoß.** § 759 ist zwingendes Recht. Ein Verstoß gegen die Vorschrift macht die Amtshandlung unrechtmäßig, Niemeyer JZ **76**, 315. Die Zwangsvollstreckung wird dadurch aber noch nicht unwirksam, LG Konstanz DGVZ **84**, 120; das Wort „hat" im Gesetzestext ist als eine Sollvorschrift aufzufassen, StJM 2, ZöStö 4. Zur strafrechtlichen Bedeutung Alisch DGVZ **84**, 108.

1. Abschnitt. Allgemeine Vorschriften §§ 759–762

**4) VwGO:** *Entsprechend anwendbar, § 167 I VwGO, wenn der Gerichtsvollzieher tätig wird, vgl § 756 Rn 16.* **6**
*Bei Anwendung von §§ 169 I VwGO, 5 VwVG gilt § 288 AO.*

**760** *Offenlegung der Akten.* **Jeder Person, die bei dem Vollstreckungsverfahren beteiligt ist, muß auf Begehren Einsicht der Akten des Gerichtsvollziehers gestattet und Abschrift einzelner Aktenstücke erteilt werden.**

**Schrifttum:** *Liebscher,* Datenschutz bei der Datenübermittlung im Zivilverfahren, 1994.

**1) Systematik, Regelungszweck.** Die Vorschrift, ein Gegenstück zu dem im Erkenntnisverfahren **1** entsprechend geltenden § 299, dient wesentlich der Stärkung des Vertrauens auf die Korrektheit des staatlichen Vollstreckungsorgans, der ja anders als das Erkenntnisverfahren nicht der Kontrolle der Öffentlichkeit in Gestalt von Zuschauen unterliegen kann. Das Akteneinsichtsrecht als Rechtmäßigkeitskontrolle ist weit auszulegen: Der gesetzmäßig vorgegangene Gerichtsvollzieher braucht nichts zu befürchten.

**2) Notwendigkeit eines Antrags.** Nur auf Verlangen, also nicht von Amts wegen, muß der Gerichts- **2** vollzieher jedem Beteiligten Einsicht seiner Vollstreckungsakten gewähren, § 299, und Abschriften einzelner Schriftstücke erteilen, AG Bln-Tempelhof DGVZ **84**, 44, AG Kerpen DGVZ **78**, 120, Mümmler DGVZ **74**, 167, aM AG Itzehoe DGVZ **78**, 15 (vgl aber § 763 Rn 3). Seip DGVZ **74**, 172 geht davon aus, daß im Zweifel ein stillschweigender Antrag anzunehmen sei. Eine Beglaubigung ist stets zulässig, § 170 II 1 (die Vorschrift ist wegen ihrer Stellung im 1. Buch auch hier zumindest entsprechend anwendbar, Grdz 37 vor § 704; das übersehen Paschold/Paschold DGVZ **92**, 39), und ist jedenfalls auf Antrag zu erteilen, zumal der Gläubiger oder Schuldner sie evtl benötigen, § 900 Rn 3.

**3) Akten usw.** Als Beteiligter ist jeder anzusehen, der durch eine Vollstreckungsmaßnahme irgendwie **3** betroffen ist. Dazu gehören neben den Parteien, Grdz 3 vor § 50, AG Wiesb DGVZ **94**, 158, zB der nicht verwaltungsberechtigte Ehegatte bei § 740 I; der Duldungspflichtige; der Drittschuldner, § 840; der Widerspruchskläger, § 771; solche Personen, die zu einer vorzugsweisen Befriedigung berechtigt sind. Zu den Akten gehört der ganze Urkundenstoff einschließlich der Protokolle, AG Ffm DGVZ **85**, 93, und der Dienstregister, soweit er die Zwangsvollstreckung betrifft. Aus den Registern dürfen die Beteiligten nur Auszüge fordern. Eine weitergehende Mitteilungspflicht besteht schon wegen der Notwendigkeit des Datenschutzes nicht, § 299 Rn 4, BVerwG NJW **83**, 1428, AG Bln-Charlottenb DGVZ **78**, 159, Liebscher (vor Rn 1) 191, aM LG Hann DGVZ **81**, 40.

**4) Kosten.** Der Gläubiger haftet dem Gerichtsvollzieher als der Auftraggeber der Zwangsvollstreckung, **4** § 788, AG Wiesb DGVZ **94**, 158. Eine Vorschußpflicht besteht für andere Beteiligte nicht, § 5 GVKostG ist unanwendbar, AG Bln- Wedding DGVZ **86**, 78, AG Eschwege DGVZ **84**, 191, AG Ffm DGVZ **85**, 93, aM AG Augsb DGVZ **87**, 126.

**5) VwGO:** *Entsprechend anwendbar, § 167 I VwGO, wenn der Gerichtsvollzieher tätig wird, vgl § 756 Rn 16.* **5**

**761** (aufgehoben dch Art 1 Z 7 der 2. ZwVNov v 17. 12. 97, BGBl 3039, in Kraft seit 1. 1. 99, Art 4 der 2. ZwVNov, ÜbergangsR Einl III 48. Vgl jetzt § 758 a IV)

**762** *Protokoll über Zwangsvollstreckung.* ¹Der Gerichtsvollzieher hat über jede Vollstreckungshandlung ein Protokoll aufzunehmen.
II Das Protokoll muß enthalten:
1. Ort und Zeit der Aufnahme;
2. den Gegenstand der Vollstreckungshandlung unter kurzer Erwähnung der wesentlichen Vorgänge;
3. die Namen der Personen, mit denen verhandelt ist;
4. die Unterschrift dieser Personen und den Vermerk, daß die Unterzeichnung nach Vorlesung oder Vorlegung zur Durchsicht und nach Genehmigung erfolgt sei;
5. die Unterschrift des Gerichtsvollziehers.
III Hat einem der unter Nummer 4 bezeichneten Erfordernisse nicht genügt werden können, so ist der Grund anzugeben.

**1) Systematik, Regelungszweck, I–III.** Über jede gerichtliche Verhandlung ist nach §§ 159 ff ein **1** Protokoll aufzunehmen. Die in Einf 1, 2 vor §§ 159–165 genannten Erwägungen gelten natürlich erst recht für eine vom Gerichtsvollzieher vorzunehmende Handlung: Das Protokoll ist als öffentliche Urkunde nach § 418, Rn 2, im wohlverstandenen Interesse aller Beteiligten schon zwecks Rechtssicherheit, Einl III 43, und zwecks Überprüfbarkeit der Handlungsweise des Gerichtsvollziehers, Rn 3, unentbehrlich. §§ 762, 763 gelten vorrangig, lassen sich aber durch eine entsprechende Anwendung von §§ 159 ff ergänzen und sind ebenso auszulegen, s dort. Ergänzend gelten zB § 900 II–V.

**2) Protokoll, I–III.** Es gilt maßvoll und praxisnah abzuwägen. **2**

## § 762

**A. Grundsatz: Notwendigkeit.** Die Vorschrift ist nur auf eine Handlung des Gerichtsvollziehers nach dem Beginn der Zwangsvollstreckung anwendbar, AG Mü DGVZ **81**, 142. Der Gerichtsvollzieher muß über jede zum Zweck der Zwangsvollstreckung vorgenommene Handlung ein Protokoll aufnehmen, also auch über eine von ihm selbst vorgenommene Zahlungsaufforderung, AG Mü DGVZ **81**, 142. Er muß also zB protokollieren: den Ort der Vollstreckungshandlung; eine Zahlungsaufforderung; das Wegschaffen gepfändeter Sachen; die Angabe aufgefundener, aber nicht gepfändeter Sachen, LG Düss DGVZ **82**, 117; die Zuziehung von Zeugen. Über bloße Vorbereitungsmaßnahmen, wie die Einholung einer Erlaubnis nach § 761, braucht er kein Protokoll zu führen. §§ 159 ff sind anwendbar, soweit dies dem Zweck der Vollstreckung und der Stellung des Gerichtsvollziehers entspricht (Fallfrage).

Das Protokoll ist samt seinen etwaigen Anlagen eine öffentliche Urkunde und hat deren *Beweiskraft*, § 418, BayObLG NJW **92**, 1842, Zweibr DGVZ **98**, 9, LG Bln DGVZ **99**, 119. Sie erstreckt sich nicht auf Vorgänge, die nicht nach II aufzunehmen sind, zB nicht auf die Anwesenheit des Schuldners, BayObLG NJW **92**, 1842. Die Vorschriften des § 762 sind für die Beweiskraft des Protokolls als öffentliche Urkunde wesentlich. Wegen einer Protokollabschrift § 760. Vgl Mager DGVZ **89**, 182 (Üb). Nies DGVZ **94**, 54 unterstellt einen Antrag auf eine Abschrift dem Gläubiger zumindest dann, wenn das in seinem Interesse liege.

**3 B. Beispiele zur Frage einer Protokollierungspflicht**
**Ablehnung der Vollstreckung:** Der Gerichtsvollzieher muß im Fall der Erfolglosigkeit, s dort, dem Gläubiger im Protokoll wenigstens einen nachprüfbaren Anhalt dafür geben, ob er die Pfändung zu Recht abgelehnt hat, Ffm MDR **82**, 503, LG Kassel JB **96**, 215 (Warenbestand), ZöStö 3, aM LG Bonn JB **94**, 311. Holch DGVZ **93**, 145, Midderhoff DGVZ **83**, 4.
S auch Rn 6 „Vollständige Ausfüllung".
**Aufenthaltsermittlung:** Der vergebliche Versuch einer Aufenthaltsermittlung ist als Teil der Vollstreckungshandlung zu protokollieren, aM AG Mü DGVZ **83**, 171, AG Reutlingen DGVZ **90**, 76 (es sieht aber die Mitteilung der neuen Anschrift als Vollstreckungshandlung an).
S auch Rn 5 „Neue Anschrift".
**Einwohnermeldeamt:** S „Aufenthaltsermittlung", Rn 5 „Neue Anschrift".
**Erfolglosigkeit:** Wenn die Zwangsvollstreckung ganz oder teilweise erfolglos war, ist ein Protokoll erforderlich, AG Neuwied DGVG **98**, 94, und muß ergeben, daß der Gerichtsvollzieher alle zulässigen Mittel vergeblich versucht hat, §§ 110, 135 Z 6 GVGA, AG Mü DGVZ **81**, 142. Der notwendige Umfang des Protokolls ergibt sich aus den Einzelfallumständen. Der Gerichtsvollzieher braucht nicht von sich aus jedes unpfändbare Messer zu nennen, LG Detm DGVZ **94**, 119, LG Siegen DGVZ **94**, 45, AG Hanau DGVZ **95**, 78.
S auch „Ablehnung der Vollstreckung", Rn 6 „Vollständige Ausfüllung".
**4 Hinweg:** Der Gang zum Haus des Schuldners kann im Einzelfall noch eine bloße Vorbereitungsmaßnahme sein und braucht dann nicht protokolliert zu werden, es sei denn aus gebührenrechtlichen Erwägungen.
**Inventar:** Der Gerichtsvollzieher braucht kein Inventar des Pfändbaren und Unpfändbaren zu erstellen, AG Reinbek DGVZ **97**, 62.
**Klingeln:** Das vergebliche Klingeln gehört als Teil der Vollstreckungshandlung in das Protokoll.
**Mehrheit von Gläubigern:** Bei einer Mehrheit von Gläubigern muß der Gerichtsvollzieher nach den Gesamtumständen, auch unter Beachtung der Kosten, die er ja gering halten soll, §§ 104 I 1, 140 Z 1 GVGA, Grdz 34 vor § 704 (Verhältnismäßigkeitsgrundsatz), im Rahmen eines pflichtgemäßen Ermessens entscheiden, ob er für jeden Gläubiger ein gesondertes Protokoll oder für alle ein gemeinsames über dieselbe Vollstreckungshandlung erstellt, AG Ffm DGVZ **85**, 93, AG Itzehoe DGVZ **85**, 124, AG Mü DGVZ **85**, 125, aM Holch DGVZ **88**, 177 (nur *ein* Protokoll; aber er sieht nur den Wortlaut, nicht genug den Sinn und zB auch nicht genug das BDSG).
**Mindestgebot:** Seine Aufnahme ins Protokoll ist nicht bundesrechtlich vorgeschrieben, § 817 a.
**5 Neue Anschrift:** Erfährt der Gerichtsvollzieher eine neue Anschrift des Schuldners, so hat er sie in das Protokoll aufzunehmen und auf Antrag dem Gläubiger auch insoweit eine Abschrift zu erteilen, AG Reutlingen DGVZ **89**, 47.
S auch Rn 3 „Aufenthaltsermittlung".
**Uhrzeit:** Zwar gehört sie nur dann prozeßrechtlich ins Protokoll, wenn es um § 758 IV geht. Das ändert aber nichts an der evtl kostenrechtlichen Erheblichkeit, zB nach §§ 14, 24 II GVKostG. Daher kann jedenfalls eine diesbezügliche Unrichtigkeit zumindest dienst- und strafrechtlich erheblich sein, aM LG Bln DGVZ **99**, 119.
**Vergeblichkeit:** Rn 3 „Erfolglosigkeit", Rn 4 „Klingeln".
**6 Vollständige Ausfüllung:** Nur auf Grund eines ausdrücklichen Verlangens des Gläubigers kommt die Aufführung der einzelnen an sich pfändbaren, aber nicht gepfändeten Sachen in Betracht, und selbst diese nicht bis zu jedem Messer, Rn 3 „Erfolglosigkeit". Mangels eines solchen Verlangens darf sich der Gerichtsvollzieher grds mit allgemeinen Angaben begnügen, LG Hann DGVZ **89**, 25, muß freilich ein Mindestmaß erfüllen, Rn 3 „Ablehnung der Vollstreckung".
**Vollstreckungstitel:** Unter II Z 2 fällt auch die Angabe des Vollstreckungstitels.
**Zustellung:** Eine Zustellung fällt lediglich unter § 190.

**7 3) Verstoß, I–III.** Er beseitigt nicht schlechthin die Eigenschaft des Protokolls als öffentliche Urkunde, Rn 1. Er macht die Zwangsvollstreckung grundsätzlich nicht unwirksam, nicht einmal anfechtbar. Von dieser Regel gilt bei einer Anschlußpfändung, § 826, eine Ausnahme.

**8 4) Rechtsbehelf, I–III.** Jeder Betroffene kann die Erinnerung nach § 766 einlegen, LG Ffm DGVZ **81**, 140, AG Bln-Tempelhof DGVZ **84**, 44.

**9 5) VwGO:** Entsprechend anwendbar, § 167 I VwGO, wenn der Gerichtsvollzieher tätig wird, vgl § 756 Rn 16. Bei Anwendung von §§ 169 I VwGO, 5 VwVG gilt § 291 AO.

1. Abschnitt. Allgemeine Vorschriften  **§§ 763, 764**

**763** *Aufforderung und Mitteilungen des Gerichtsvollziehers.* ¹Die Aufforderungen und sonstigen Mitteilungen, die zu den Vollstreckungshandlungen gehören, sind von dem Gerichtsvollzieher mündlich zu erlassen und vollständig in das Protokoll aufzunehmen.

II ¹Kann dies mündlich nicht ausgeführt werden, so hat der Gerichtsvollzieher eine Abschrift des Protokolls unter entsprechender Anwendung der §§ 181 bis 186 zuzustellen oder durch die Post zu übersenden. ²Es muß im Protokoll vermerkt werden, daß diese Vorschrift befolgt ist. ³Eine öffentliche Zustellung findet nicht statt.

**1) Systematik, Regelungszweck, I, II.** Vgl § 762 Rn 1. Die Vorschrift dient dem Schuldnerschutz, BVerwG NJW **83**, 898. **1**

**2) Protokollinhalt, I.** In das Protokoll ist folgendes aufzunehmen, vgl § 762 Rn 2 (zu §§ 159 ff), § 900: **2**

**A. Aufforderungen.** Solche kennt die ZPO sonst überhaupt nicht. Vgl auch §§ 105, 135 GVGA, AG Mü DGVZ **81**, 142; zur Geltung der letzteren Vorschrift KG OLGZ **76**, 65. §§ 840, 845 gehören nicht hierhin.

**B. Sonstige Mitteilungen**, zB nach §§ 808 III, 826 III, 885 II.

**3) Übersendung, II.** Die Vorschrift sieht zum Schuldnerschutz, Rn 1, nur eine Übersendung an den Schuldner vor, nicht auch eine solche an den Gläubiger, BVerwG NJW **83**, 898, AG Herne DGVZ **83**, 26. Vgl freilich § 760. Die Mitteilungen müssen dem bei der Zwangsvollstreckung anwesenden Schuldner oder seinem Vertreter mündlich gemacht werden. Bei einer Abwesenheit dieser Personen muß der Gerichtsvollzieher eine Abschrift des Protokolls mit einem gewöhnlichen Brief durch die Post übersenden oder nach §§ 181–186 zustellen und diesen Vorgang zum Protokoll vermerken, AG Herne DGVZ **83**, 27, VG Bln DGVZ **89**, 124. Beide Zusendungen gehen an den Schuldner persönlich, nicht an einen ProzBev, § 81, 176, einen Generalbevollmächtigten, § 80 Rn 13, oder einen Zustellungsbevollmächtigten, § 175, LG Detm DGVZ **96**, 121. **3**

Auch bei einem Protokoll über eine Vollstreckungshandlung zugunsten *mehrerer* Gläubiger hat jeder einen Anspruch auf eine Abschrift des gesamten Protokolls, AG Itzehoe DGVZ **85**, 124, AG Mü DGVZ **85**, 125, AG Rottweil DGVZ **88**, 77. Der Gläubiger trägt als Auftraggeber des Gerichtsvollziehers zunächst ihm gegenüber die Kosten, AG Bln-Tempelhof DGVZ **84**, 45. Es ist unerheblich, ob der Schuldner am Ort oder außerhalb wohnt. Der Gerichtsvollzieher muß den Weg der Zustellung wählen, wenn er nicht sicher sein kann, daß ein einfacher Brief zugeht. Kommt seine Sendung mit dem Postvermerk „Empfänger unbekannt verzogen" zurück, so muß der Gerichtsvollzieher den Gläubiger veranlassen, den jetzigen Aufenthaltsort des Schuldners zu ermitteln, Grdz 39 vor § 128. Wenn die Bemühungen des Gläubigers nachweislich erfolglos bleiben, braucht der Gerichtsvollzieher den Schuldner nicht zu benachrichtigen, LG Essen MDR **73**, 414. **4**

**4) Verstoß, I, II.** Trotz des Wortlauts ist § 763 eine bloße Ordnungsvorschrift. Ihre Verletzung beeinträchtigt die Wirksamkeit der Zwangsvollstreckung nicht. Eine Mitteilung „über" eine Vollstreckungshandlung „gehört" nicht im Sinne von I zu der letzteren. Deshalb ist nur auf einen Antrag nach § 760 zu verfahren, dort Rn 1. **5**

**5) VwGO:** Entsprechend anwendbar, § 167 I VwGO, wenn der Gerichtsvollzieher tätig wird, vgl § 756 Rn 16. Bei Anwendung von §§ 169 I VwGO, 5 VwVG gilt § 290 AO. **6**

**764** *Vollstreckungsgericht.* ¹Die den Gerichten zugewiesene Anordnung von Vollstreckungshandlungen und Mitwirkung bei solchen gehört zur Zuständigkeit der Amtsgerichte als Vollstreckungsgerichte.

II Als Vollstreckungsgericht ist, sofern nicht das Gesetz ein anderes Amtsgericht bezeichnet, das Amtsgericht anzusehen, in dessen Bezirk das Vollstreckungsverfahren stattfinden soll oder stattgefunden hat.

III Die Entscheidungen des Vollstreckungsgerichts können ohne mündliche Verhandlung ergehen.

**Schrifttum:** *Ule*, Der Rechtspfleger und sein Richter, 1983; *Thomann*, Das Vollstreckungs- und Vollzugsgericht, 1973.

**1) Systematik, Regelungszweck, I–III.** Die Vorschrift schafft für den Gesamtbereich der Zwangsvollstreckung eine grundsätzliche, vorrangige Sonderregelung der sachlichen Zuständigkeit (I) und der örtlichen Zuständigkeit (II). Erstere wird wegen der funktionellen Zuständigkeit durch die in Rn 5 genannten Vorschriften des RPflG ergänzt. III enthält zwecks Vereinfachung und Beschleunigung, Grdz 12. 14 vor § 128, eine Klarstellung. Das Prozeßgericht ist zur Mitwirkung bei der Zwangsvollstreckung nur vereinzelt berufen, nämlich bei der Zwangsvollstreckung wegen Handlungen und Unterlassungen, § 887 Rn 10, 11. Wenn das Gesetz nicht seine oder des Gerichtsvollziehers Zuständigkeit vorsieht, ist das Vollstreckungsgericht ausschließlich zuständig, § 802. Über das Grundbuchamt als Vollstreckungsorgan § 867 Rn 3, 6 ff. Bei der Zwangsvollstreckung in land- oder forstwirtschaftliche Grundstücke ist Vollstreckungsgericht das AG in der in § 2 LwVG vorgesehenen Besetzung (vgl aber dort auch § 20). Wegen Europäischer Zwangsvollstreckungs-Titel Schwaiger NJW **70**, 978 sowie das EuGVÜ, SchlAnh V C. Wegen der Zuständigkeit des OLG Hbg als Vollstreckungsorgan § 3 SeeGVG. **1**

**2) Örtliche und sachliche Zuständigkeit, I, II.** Ein klarer Grundsatz hat manche eigentlich ebenfalls klare Auswirkungen. **2**

## §§ 764, 765

**A. Grundsatz: Amtsgericht am Vollstreckungsort.** Sachlich zuständig ist das AG, örtlich zuständig ist das AG am Ort der Vollstreckungshandlung. Daher kann die örtliche Zuständigkeit während der Zwangsvollstreckung unterschiedlich begründet sein. Der prozessuale Grundsatz des § 261 III Z 2, daß eine einmal begründete Zuständigkeit während des weiteren Verfahrens bestehen bleibe, gilt auch hier. Da aber eine einheitliche Zuständigkeit für das gesamte Vollstreckungsverfahren fehlt, erstreckt sich die Fortdauer der Zuständigkeit nur auf die einzelne Vollstreckungsmaßnahme. Deshalb muß man immer darauf achten, ob die Anordnung, um deren Vornahme es geht, nur eine Fortsetzung oder eine Auswirkung einer schon begonnenen Zwangsvollstreckungshandlung ist, zB ob es „nur" um den Haftbefehl nach §§ 807, 900 ff geht, oder ob eine neue Vollstreckungsmaßnahme beantragt wird, zB eine ganz neue Pfändung. Mit der Beendigung der Vollstreckung entfällt die Zuständigkeit (Ausnahme: Abwicklung einzelner Maßnahmen).

**3 B. Einzelfragen.** Bei einer Zwangsvollstreckung auf Grund eines Titels in einer Familiensache, §§ 606 ff, ist das Familiengericht nur als Prozeßgericht im Sinn von Rn 1, 2 zuständig, BGH MDR **79**, 564, Karlsr FamRZ **79**, 57, Schlesw SchlHA **82**, 30. Sachlich zuständig ist das AG auch bei einem Titel nach § 62 ArbGG, Geißler DGVZ **88**, 17; das Arbeitsgericht ist nur dann zuständig, wenn es Prozeßgericht ist, zB §§ 731, 767, 791, 887 ff, Geißler DGVZ **88**, 17. Bei einem Titel eines Sozialversicherungsträgers ist das AG unabhängig von der Zulässigkeit einer Verwaltungsvollstreckung zuständig, LG Duisb Rpfleger **82**, 192 mwN, und jedenfalls dann Vollstreckungsgericht, wenn es eine Vollstreckungsmaßnahme anordnet, bei ihr mitwirkt usw, Ffm Rpfleger **77**, 221.

**4** Bei einer *Forderungspfändung*, § 829, ist dasjenige Gericht zuständig, das den Pfändungsbeschluß nach § 828 erlassen hat, nicht das Gericht des Bezirks der Zustellung. Bei der Zwangsvollstreckung in mehreren Bezirken entscheidet über die Erinnerung nach § 766 das Gericht der beanstandeten Handlung. Wenn die Pfandsache an einem neuen Wohnsitz des Schuldners zu verwerten ist, § 825, entscheidet das Gericht des neuen Wohnsitzes. Wenn Sachen, die sich am Wohnsitz des Schuldners befinden, außerhalb zu versteigern sind, entscheidet das Gericht des Wohnsitzes. Über eine Erinnerung gegen die Pfändbarkeit entscheidet das Gericht des Pfändungsorts. Über eine Erinnerung gegen eine Haftanordnung oder -ablehnung entscheidet das Gericht, in dessen Bezirk die Verhaftung erfolgen soll, AG Burgdorf DGVZ **80**, 46.

**5 3) Verfahren, III.** Es folgt einer gewissen Aufgabenteilung.

**A. Funktionelle Zuständigkeit.** Die Geschäfte des Vollstreckungsgerichts sind grundsätzlich vom Rpfl wahrzunehmen, § 20 Z 17 RPflG, Anh § 153 GVG. Zu seiner Stellung grundsätzlich Wolf ZZP **99**, 361. Der Richter entscheidet nur auf Grund einer Erinnerung nach § 766, § 11 I RPflG, Anh § 153 GVG, in den Fällen der §§ 30, 31 WohnRBewirtschG sowie dann, wenn der Gläubiger beantragt, gegen den Schuldner zwecks Abgabe einer eidesstattlichen Versicherung zur Offenbarung nach §§ 807, 900 ff einen Haftbefehl zu erlassen, § 4 II Z 2 RPflG. Dagegen ist wiederum der Rpfl zuständig, wenn es um die Aufhebung eines solchen Haftbefehls wegen veränderter Umstände geht, denn dann geht es gerade nicht mehr um die Anordnung eines Freiheitsentzugs, sondern allenfalls um die Fortdauer seiner richterlichen Anordnung. Für den Rpfl ist ein Geschäftsverteilungsplan nicht erforderlich, Ffm Rpfleger **74**, 274. Soweit er von der Gerichtsverwaltung eingeführt ist, bleibt ein Verstoß unschädlich.

**6 B. Verfahrensablauf.** Über das Verfahren vor dem Vollstreckungsgericht Grdz 37 vor § 704. Eine mündliche Verhandlung ist freigestellt, also nicht erforderlich, § 128 Rn 10, Grdz 37 vor § 704.

**7 C. Verstoß.** Ein Verstoß gegen die sachliche Zuständigkeit bedeutet die Nichtigkeit. Ein Verstoß gegen die örtliche Zuständigkeit bedeutet Wirksamkeit, aber Anfechtbarkeit. Wegen eines Verstoßes gegen die etwa funktionelle Zuständigkeit Rn 5. Ein Verstoß der Rpfl gegen die Zuständigkeit des Richters bedeutet Nichtigkeit, § 8 IV RPflG, Anh § 153 GVG. Die Vornahme des Geschäfts des Rpfl durch den Richter läßt das Geschäft wirksam, § 8 I RPflG.

**8 4) Rechtsbehelfe, I–III.** Gegen eine Zwangsvollstreckungsmaßnahme hat der Betroffene die Erinnerung, § 766. Gegen eine Entscheidung des Rpfl ist § 11 RPflG, Anh § 153 GVG, anwendbar. Gegen die Entscheidung des Richters sind dieselben Rechtsmittel wie bei § 793 Rn 5, § 829 Rn 63, 64. Eine Entscheidung des Richters muß förmlich zugestellt werden, § 329 III. Denn sie gilt bei der Weitergabe der Akten an das Rechtsmittelgericht als sofortige Beschwerde.

**9 5) *VwGO:*** *Vollstreckungsgericht für die Vollstreckung aus den Titeln des § 168 VwGO, § 794 Rn 61, ist stets das Gericht des ersten Rechtszuges, § 167 I 2 VwGO, also regelmäßig das VG (keine Zuständigkeit des Einzelrichters, OVG Münst NVwZ-RR **94**, 619), ausnahmsweise das OVG, § 48 VwGO, oder das BVerwG, § 50 VwGO. Für die Vollstreckung zugunsten der öffentlichen Hand ist VollstrBehörde im Sinne des dann anzuwendenden VwVG der Vorsitzende dieses Gerichts, § 169 I 2 VwGO, Wettlaufer S 71 ff (keine Zuständigkeit des Gerichts, OVG Weimar NVwZ-RR **95**, 480). „Gericht des ersten Rechtszuges" ist das im jeweiligen Erkenntnisverfahren zur Entscheidung berufene Gericht, OVG Münst NJW **81**, 2771 (zu § 169 VwGO). II ist gegenstandslos, weil § 167 I 2 VwGO mit der sachlichen auch die örtliche Zuständigkeit regelt, Ey § 167 Rn 10, str, aM VGH Mü NJW **84**, 2484, VG Köln NJW **75**, 2224, RedOe § 167 Anm 2, Kopp § 167 Rn 5, soweit nicht Sondervorschriften eingreifen, zB § 828 II. Statt III gilt § 101 III VwGO (für entspr Anwendung VGH Mü NVwZ-RR **97**, 69). Rechtsbehelfe: Gegen Zwangsvollstreckungshandlungen des Vorsitzenden und des Gerichtsvollziehers Erinnerung entsprechend § 766, OVG Bln NJW **84**, 1370 mwN (Pfändungs- und Überweisungsbeschluß nach § 169 I VwGO), gegen die dann ergehende Entscheidung Beschwerde, § 146 VwGO, sonst nur dann, wenn das VG Vollstreckungsgericht ist; vgl § 766 Rn 35.*

**765** *Vollstreckungsgericht und Zug-um-Zug-Leistung.* Hängt die Vollstreckung von einer Zug um Zug zu bewirkenden Leistung des Gläubigers an den Schuldner ab, so darf das Vollstreckungsgericht eine Vollstreckungsmaßregel nur anordnen, wenn

1. der Beweis, daß der Schuldner befriedigt oder im Verzug der Annahme ist, durch öffentliche oder öffentlich beglaubigte Urkunden geführt wird und eine Abschrift dieser Urkunden bereits zugestellt ist; der Zustellung bedarf es nicht, wenn bereits der Gerichtsvollzieher die Zwangsvollstreckung nach § 756 Abs. 1 begonnen hatte und der Beweis durch das Protokoll des Gerichtsvollziehers geführt wird; oder
2. der Gerichtsvollzieher eine Vollstreckungsmaßnahme nach § 756 Abs. 2 durchgeführt hat und diese durch das Protokoll des Gerichtsvollziehers nachgewiesen ist.

**Vorbem.** Fassg Art 1 Z 8 der 2. ZwVNov v 17. 12. 97, BGBl 3039, in Kraft seit 1. 1. 99, Art 4 I der 2. ZwVNov, ÜbergangsR Einl III 78.

**1) Systematik, Regelungszweck, S 1, 2.** Während § 756 eine Ergänzung zu § 726 II für den Gerichts- 1 vollzieher enthält, gibt § 765 entsprechende Ergänzung für das Vollstreckungsgericht, also für den Rpfl, auch für das Grundbuchamt, soweit es Vollstreckungsorgan ist, Köln Rpfleger **97**, 315. Nur ist bei § 765 ein Angebot der Gegenleistung nicht zu regeln, Düss RR **93**, 1088. Vgl die Erläuterungen zu § 756. Wenn das Prozeßgericht zu vollstrecken hat, § 764 Rn 1, gilt § 765 entsprechend, LG Frankenthal Rpfleger **76**, 109. Auch bei § 756 ist, wie bei § 765, dort Rn 1, eine keineswegs engstirnige Auslegung angebracht, die den Schuldner indes vor lascher Handhabung der Zug-um-Zug-Vollstreckung schützen muß.

**2) Befriedigung usw. Z 1.** Die beweisende Urkunde braucht nicht zugestellt zu werden, wenn der 2 Gerichtsvollzieher schon den Schuldner befriedigt oder in einem Annahmeverzug gesetzt hat, Kblz Rpfleger **97**, 445, und wenn das Protokoll diese Umstände ausreichend darlegt, Köln RR **86**, 863. Das Vollstreckungsgericht muß aber die Urkunde erneut auf ihre inhaltliche Beweiskraft prüfen, LG Mainz Rpfleger **93**, 253, und ist dabei durch den Gerichtsvollzieher weder gedeckt noch behindert. Denn das Vollstreckungsgericht muß seine Maßnahmen selbst verantworten, Hamm Rpfleger **83**, 393. Die Vorschrift gilt bei § 867 entsprechend, Celle Rpfleger **90**, 113, LG Wuppert Rpfleger **88**, 153. Eine Unterwerfungsklausel, die gegen § 765 verstößt, kann nach §§ 9, 11 Z 15 AGBG unwirksam sein, Düss RR **96**, 148.

**3) Annahmeverweigerung, Z 2.** Vgl § 756 Rn 7, 8. 3

**4) VwGO:** Entsprechend anwendbar, § 167 I VwGO, auch in den Fällen der §§ 169, 170 VwGO. 4

## 765a

**Härteklausel.** ¹¹Auf Antrag des Schuldners kann das Vollstreckungsgericht eine Maßnahme der Zwangsvollstreckung ganz oder teilweise aufheben, untersagen oder einstweilen einstellen, wenn die Maßnahme unter voller Würdigung des Schutzbedürfnisses des Gläubigers wegen ganz besonderer Umstände eine Härte bedeutet, die mit den guten Sitten nicht vereinbar ist. ²Es ist befugt, die in § 732 Abs. 2 bezeichneten Anordnungen zu erlassen. ³Betrifft die Maßnahme ein Tier, so hat das Vollstreckungsgericht bei der von ihm vorzunehmenden Abwägung die Verantwortung des Menschen für das Tier zu berücksichtigen.

II Eine Maßnahme zur Erwirkung der Herausgabe von Sachen kann der Gerichtsvollzieher bis zur Entscheidung des Vollstreckungsgerichts, jedoch nicht länger als eine Woche, aufschieben, wenn ihm die Voraussetzungen des Absatzes 1 Satz 1 glaubhaft gemacht werden und dem Schuldner die rechtzeitige Anrufung des Vollstreckungsgerichts nicht möglich war.

III In Räumungssachen ist der Antrag nach Absatz 1 spätestens zwei Wochen vor dem festgesetzten Räumungstermin zu stellen, es sei denn, daß die Gründe, auf denen der Antrag beruht, erst nach diesem Zeitpunkt entstanden sind oder der Schuldner ohne sein Verschulden an einer rechtzeitigen Antragstellung gehindert war.

IV Das Vollstreckungsgericht hebt seinen Beschluß auf Antrag auf oder ändert ihn, wenn dies mit Rücksicht auf eine Änderung der Sachlage geboten ist.

V Die Aufhebung von Vollstreckungsmaßregeln erfolgt in den Fällen des Absatzes 1 Satz 1 und des Absatzes 4 erst nach Rechtskraft des Beschlusses.

**Vorbem.** I 2 eingefügt, II geändert, III eingefügt, bisherige III, IV zu IV, V geändert dch Art 1 Z 9 a–e der 2. ZwVNov v 17. 12. 97, BGBl 3039, in Kraft seit 1. 1. 99, Art 4 I der 2. ZwVNov. Übergangsrechtlich gilt

2. ZwVNov Art 3. II § 765 a Abs. 3 der Zivilprozeßordnung in der Fassung des Artikels 1 Nr. 9 Buchstabe c gilt nicht, wenn die Räumung binnen einem Monat seit Inkrafttreten dieses Gesetzes stattfinden soll.

**Schrifttum:** *Alisch,* Wege zur interessengerechteren Auslegung vollstreckungsrechtlicher Normen, 1981; *Bub/Treier,* Handbuch der Geschäfts- und Wohnraummiete, 1989; *Gaul,* Treu und Glauben sowie gute Sitten in der Zwangsvollstreckung oder Abwägung nach „Verhältnismäßigkeit" als Maßstab der Härteklausel des § 765 a ZPO?, Festschrift für *Baumgärtel* (1990) 75; *Lippross,* Grundlagen und System des Vollstreckungsschutzes, 1983 *Mrozynski,* Verschuldung und sozialer Schutz: das Verhältnis von Sozialrecht und Zwangsvollstreckungsrecht, 1989.

### Gliederung

| | | | |
|---|---|---|---|
| 1) Systematik, Regelungszweck, I–V .... | 1, 2 | 4) Voraussetzungen, I, III ............... | 7–27 |
| 2) Geltungsbereich, I–V ................ | 3 | A. Antrag in erster Instanz ............. | 7 |
| 3) Beispiele zur Frage der Anwendbarkeit, I–V ................................ | 4–6 | B. Antragsfrist in Räumungssache, III ... | 8 |
| | | C. Beschwerdeinstanz ................. | 9 |
| | | D. Schutzbedürfnis des Gläubigers ...... | 10 |

## § 765a

E. Schutzbedürfnis eines Dritten ......... 11
F. Grundsatz: Unzulässigkeit der Vollstreckung bei Sittenwidrigkeit ............. 12
G. Beispiele zur Frage der Sittenwidrigkeit, I ................................................. 13–27
5) **Verfahren, I, III, V** ............................. 28–33
   A. Allgemeines ..................................... 28
   B. Entscheidungsform: Beschluß ......... 29
   C. Aufhebung der Zwangsmaßnahme .... 29
   D. Untersagung der Vollstreckung ........ 29
   E. Einstweilige Anordnung ................. 30
   F. Zuschlagsversagung ........................ 30
   G. Rechtsbehelfe .................................. 31
   H. Aufhebung einer Vollstreckungsmaßregel, V ........................................... 32

   I. Kosten ............................................. 33
6) **Aufschub durch den Gerichtsvollzieher, II** ................................................ 34, 35
   A. Sachherausgabe ............................... 34
   B. Fehlen eines Antrags ....................... 34
   C. Unvermögen rechtzeitigen Antrags ... 34
   D. Dauer ............................................... 35
7) **Aufhebung oder Änderung der Entscheidung, IV** ................................... 36, 37
   A. Voraussetzungen .............................. 36
   B. Entscheidung .................................... 37
8) **VwGO** ................................................ 38

**1** **1) Systematik, Regelungszweck, I–V.** Die Vorschrift regelt in Durchführung des allgemeinen auch in der Zwangsvollstreckung geltenden Grundsatzes der Verhältnismäßigkeit, Einl III 22, Grdz 34 vor § 704, BVerfG NJW **98**, 296 (Hinweis auf Art 2 II 1 GG), Behr Rpfleger **89**, 13, und des allgemeinen Verbots des Rechtsmißbrauchs, Einl III 54, auch in der Zwangsvollstreckung, Grdz 44 vor § 704, eine Ausnahmesituation, wie ihr Wortlaut „wegen ganz besonderer Umstände" zeigt. Diese Regelung ist unentbehrlich, Peters ZZP **89**, 499. § 765 a muß als Ausnahmevorschrift grundsätzlich eng ausgelegt werden, BVerfG NJW **91**, 3207 (es stellt bei schwerwiegendem Eingriff auf Interessenabwägung und dort eher auf das Interesse des Schuldners ab), LG Hann Rpfleger **86**, 439, AG Hbg WoM **92**, 247 (freilich kann ein sehr angespannter Wohnungsmarkt eine weitere Auslegung rechtfertigen). Die Vorschrift erlaubt grundsätzlich nur eine zeitlich begrenzte Regelung, LG Frankenth Rpfleger **84**, 69. Ihr Zweck besteht ja nicht in einer Vernichtung des Vollstreckungstitels, Rn 10, sondern nur darin, den Schuldner aus sozialen Gründen in einem besonderen Härtefall vor einem Eingriff zu schützen, der dem allgemeinen Rechtsgefühl widerspricht, Ffm Rpfleger **80**, 440, LG Kempten Rpfleger **98**, 358.

**2** Seine Möglichkeiten setzen eine Unvereinbarkeit mit den guten Sitten voraus. Diese Unvereinbarkeit darf erst dann angenommen werden, wenn die Anwendung des übrigen Gesetzes zu einem *ganz unträgbaren Ergebnis* führen würde, Ffm Rpfleger **81**, 24, Nürnb KTS **85**, 759, Honsell AcP **186**, 150 („ultima ratio"). Dabei ist das berechtigte Gläubigerinteresse nicht nur in III durch die Antragsfrist in einer Räumungssache berücksichtigt, sondern auch in allen anderen Fällen mitzubeachten. Das Verfahren hat meist schon lange genug gedauert.

Das gilt auch in der *Zwangsversteigerung*. Dort kann eine solche Unträgbarkeit noch nicht stets dann angenommen werden, wenn der Zuschlag zu einem sehr niedrigen Preis erteilt wird, Ffm Rpfleger **76**, 25, Hamm NJW **76**, 1755, oder wenn ein Flurbereinigungsverfahren ansteht, Hamm Rpfleger **87**, 258. Es kommt unter anderem auf das bisherige Verhalten des Schuldners im Zwangsversteigerungsverfahren an, Kblz KTS **82**, 692. Freilich ist § 139 zu beachten, BVerfG **42**, 75, und außerdem ist Art 14 GG zu beachten, BVerfG **46**, 334. Daher muß der Termin unter Umständen vertagt werden, § 87 ZVG).

Damit drückt der Gesetzgeber nur einen *allgemeinen Grundsatz* aus, den manche zB auf die Zubilligung einer Aufbrauchsfrist nach einem Wettbewerbsverstoß anwenden, Düss RR **87**, 572.

**3** **2) Geltungsbereich, I–V.** § 765 a gilt für jede Art von Vollstreckung, LG Frankenthal Rpfleger **82**, 479.

**4** **3) Beispiele zur Frage der Anwendbarkeit, I–V**
**Anwartschaftsrecht:** § 765 a gilt nach der Pfändung eines Anwartschaftsrechts, aM LG Lüb Rpfleger **94**, 175 (aber die Vorschrift ist bei jeder Art von Zwangsvollstreckung anwendbar).
**Eidesstattliche Versicherung:** Rn 5 „Offenbarungsversicherung".
**Erschleichung:** Auf Mängel des Vollstreckungstitels, zB seine Erschleichung, kann ein Antrag nach § 765 a grds nicht gestützt werden, Hbg MDR **70**, 426.
**Geldforderung:** § 765 a gilt bei der Vollstreckung wegen einer Geldforderung, vgl BGH VersR **88**, 946.
**Insolvenz:** § 765 a gilt im Ergebnis auch im Eröffnungs- und im anschließenden Verfahren, soweit ein solcher Schutz insbesondere bei Wertverschlechterung mit der Regelung der InsO vereinbar ist, BFH MDR **78**, 38, aM LG Nürnb-Fürth MDR **79**, 591.
**Nichteheliche Gemeinschaft:** Sie wird grds hier nicht geschützt, LG Osnabr JB **99**, 45.
**Offenbarungsversicherung:** § 765 a gilt bei einem Verfahren auf Abgabe der Offenbarungsversicherung nach §§ 807, 900, vgl auch Rn 9 (Beschwerde).
**Prozeßvergleich:** Rn 6 „Vergleich".
**Räumung:** § 765 a gilt im Räumungsverfahren, auch nach einer Erschöpfung der Möglichkeit des § 721, Ffm Rpfleger **81**, 24, Stgt Rpfleger **85**, 71, AG Groß Gerau Rpfleger **83**, 407. Das gilt auch, wenn § 721 unanwendbar ist, wie zB bei sog Zeitmietvertrag, Vogel DRiZ **83**, 206. Stets ist dabei III zu beachten, Rn 8.

**5** **Teilungsversteigerung:** § 765 a ist bei einer Teilungsversteigerung, § 180 ZVG, im Gegensatz zur echten Zwangsversteigerung, Rn 7, grds unanwendbar (wegen einer Ausnahme beim Rechtsmißbrauch Rn 23 „Teilungsversteigerung"). Denn es handelt sich dabei nicht um ein Zwangsvollstreckungsverfahren im eigentlichen Sinn, Karlsr Rpfleger **94**, 223, LG Bln Rpfleger **93**, 297, LG Frankenth Rpfleger **85**, 375, aM Düss FamRZ **96**, 1441, KG NZM **98**, 452, ZöStö 2.
S aber auch Rn 7 „Zwangsversteigerung".
**Unterlassung:** § 765 a gilt bei der Vollstreckung wegen einer Unterlassungspflicht, § 890, LG Frankenth Rpfleger **84**, 29.
**Unvertretbare Handlung:** § 765 a gilt bei der Vollstreckung wegen einer unvertretbaren Handlung, § 888, LG Frankenth Rpfleger **84**, 29.

1. Abschnitt. Allgemeine Vorschriften  § 765a

**Vergleich:** § 765a gilt bei der Zwangsvollstreckung aus einem gerichtlichen Vergleich, einschränkend Fenger Rpfleger **88**, 57.
**Vertretbare Handlung:** § 765a gilt auch bei § 887, LG Frankenth Rpfleger **84**, 29.
**Zeitmietvertrag:** Rn 5 „Räumung".
**Zwangsversteigerung:** § 765a gilt grds bei einer Zwangsversteigerung in das unbewegliche Vermögen, **6** Rn 2 (Ausnahme: § 30d II ZVG), BVerfG **51**, 156, Köln RR **95**, 1472, LG Kempten Rpfleger **98**, 358. Zum Verhältnis zwischen § 765a und §§ 30a ff ZVG LG Nürnb-Fürth Rpfleger **83**, 256, Schiffhauer Rpfleger **83**, 236, Schneider MDR **83**, 546.
    Eine *geringe Aussicht* auf eine Befriedigung durch eine Zwangsversteigerung ist noch kein Anlaß zu Maßnahmen nach § 765a, Köln MDR **72**, 887, LG Limb Rpfleger **77**, 219, LG Lüneb MDR **76**, 1027, ebensowenig eine angebliche Vorwegnahme des Versteigerungsergebnisses, Köln RR **95**, 1472. Weicht der dingliche Anspruch von der persönlichen Forderung ab, so kommt es auf den Grad der Differenz zwischen „Preis" und Wert an, LG Ffm Rpfleger **88**, 35.
    S aber im übrigen auch Rn 6 „Teilungsversteigerung".

    **4) Voraussetzungen, I, III.** Es sind zahlreiche Bedingungen zu klären.  **7**
    **A. Antrag in erster Instanz.** Es ist ein Antrag des Schuldners erforderlich. Das Gericht geht also nicht von Amts wegen vor, Ffm Rpfleger **79**, 391, Kblz KTS **82**, 693. Diese Regelung ist mit dem GG vereinbar, BVerfG **61**, 137 (zustm Bittmann Rpfleger **88**, 261). Freilich kann wenn die Fortführung der Zwangsvollstreckung dann, wenn sie unmittelbar in ein Grundrecht eingreifen würde, auch ohne eine Maßnahme aus § 765a unzulässig sein, Henckel 428. In der Bitte um die Gewährung einer Räumungsfrist nach § 721 kann ein Antrag nach § 765a zu sehen sein, Schneider MDR **83**, 547. Ein Antrag nach § 30a ZVG ist nicht stets auch als ein Antrag nach § 765a anzusehen, Karlsr Rpfleger **95**, 426. Der Schuldner darf den Antrag vorbehaltlich Rn 8 in jeder Lage des Verfahrens bis zum Ende der Zwangsvollstreckung, Grdz 52, 53 vor § 704, stellen, LG Hbg WoM **93**, 417 (also zB noch, solange Sachen des Schuldners in der Wohnung lagern), nicht aber erstmals gegen die Erteilung eines Zuschlagsbeschlusses nach dem ZVG, Ffm Rpfleger **79**, 391, LG Frankenth Rpfleger **84**, 194. Wohl aber hat er noch ein Antragsrecht, wenn das Gericht die Erteilung des Zuschlags versagt hat, Schlesw Rpfleger **75**, 372. Der Insolvenzverwalter darf einen Antrag stellen, Celle OLGZ **73**, 253.
    **B. Antragsfrist in Räumungssache, III.** Soweit es um die Räumung einer beliebigen Art von Raum **8** geht, ist der Antrag grundsätzlich spätestens 2 Wochen vor dem „festgesetzten" Räumungstermin zu stellen, III Hs 1. Das gilt ausnahmsweise nicht, wenn die Antragsgründe erst nach dem Fristablauf objektiv entstanden sind, III Hs 2; auf die bloße Kenntnis kommt es nicht an. Ferner gilt die Zweiwochenfrist ausnahmsweise nicht, wenn der Gerichtsvollzieher dem Schuldner den Termin nicht so rechtzeitig angekündigt hat, daß der Schuldner noch Zeit hatte, den Antrag unter Einhaltung dieser Frist zu stellen; dann ist er „ohne sein Verschulden" an einer rechtzeitigen Antragstellung gehindert, III letzter Hs. Die Frist ist keine Notfrist, § 224 I 2. Sie wird nach § 222 berechnet. Die Verschuldensfrage ist wie bei § 233 zu beurteilen, dort Rn 11. Eine Antragsfrist beginnt natürlich auch nicht vor der objektiven Entstehung des Antragsgrunds, III Hs 1.
    Der Rpfl muß also einen *nicht fristgerechten,* nicht ausnahmsweise berechtigten Antrag grundsätzlich ohne weiteres zurückweisen, damit das von III berücksichtigte Gläubigerinteresse, endlich zum Ziel zu kommen und nicht evtl noch weitere Nachteile zu erleiden, nicht einfach unterlaufen werden kann.
    **C. Antrag in Beschwerdeinstanz.** Wegen § 570 besteht das Antragsrecht auch im Beschwerdeverfahren. **9** Das Beschwerdegericht muß dann, wenn es nicht sofort entscheiden kann, das Verfahren zwecks weiterer Ermittlung, insbesondere über die Verhältnisse des Gläubigers, unter einer Aufhebung der angefochtenen Entscheidung an das Vollstreckungsgericht zurückverweisen. Das gilt auch bei einer Beschwerde im Verfahren auf die Abnahme einer eidesstattlichen Versicherung zwecks Offenbarung nach §§ 807, 900. Denn sonst wäre bei einer Zurückweisung nach einer vorherigen Haftanordnung eine Berufung auf § 765a nicht mehr möglich, Ffm Rpfleger **81**, 118, LG Wuppert DGVZ **86**, 90.
    **D. Schutzbedürfnis des Gläubigers.** Das Schutzbedürfnis des Gläubigers ist voll zu würdigen, Walker/ **10** Gruß NJW **96**, 356. Es genügt nicht eine bloße Abwägung des Interesses des Schuldners einerseits, des Gläubigers andererseits, Hamm NJW **76**, 1755, Walker/Gruß NJW **96**, 356, Scholz ZMR **86**, 227. Vielmehr muß das Gericht davon ausgehen, daß der Gläubiger grundsätzlich ein schutzwürdiges Interesse hat, sobald er einen vollstreckbaren Titel erstritten hat, Nürnb KTS **85**, 759. Er hat meist schon lange genug auf seine Befriedigung warten müssen. Es ist nicht Sache des Gläubigers, Aufgaben der Sozialhilfebehörden zu übernehmen, Düss DGVZ **86**, 116, LG Duisb Rpfleger **91**, 514, AG Hbg ZMR **84**, 324.
    Bei der Abwägung darf man nicht solche Umstände mitbeachten, die *außerhalb des Erkenntnisverfahrens* lagen, BVerfG WoM **92**, 106. Das Gericht muß insbesondere auch die schon früher bestehenden oder jetzt neu eingegangenen Verpflichtungen des Gläubigers berücksichtigen. Dies gilt insbesondere dann, wenn er zB im Vertrauen auf eine rechtzeitige Räumung weitervermietet hat. Es kann dem Gläubiger nicht zugemutet werden, für eine unbestimmte Zeit auf Mieteinnahmen zu verzichten, AG Hameln ZMR **72**, 285. Eine Verschleppungsabsicht des Schuldners verdient keinen Schutz, Einl III 54, LG Trier Rpfleger **91**, 71, AG Bernkastel Rpfleger **91**, 70. Das Gläubigerinteresse kann zB dann fehlen, wenn auf dem Schuldnerkonto seit Jahren nur unpfändbare Beträge eingehen, LG Osnabr RR **96**, 1456.
    **E. Schutzbedürfnis eines Dritten.** Das Schutzbedürfnis eines Dritten darf weder auf der Gläubigerseite **11** noch bei der Abwägung der Schuldnerinteressen berücksichtigt werden, im Ergebnis ebenso Karlsr WoM **86**, 147. Wenn der Konkursverwalter den Antrag stellt, ist das Interesse der Konkursmasse als das Schuldnerinteresse zu bewerten, Celle OLGZ **73**, 253.
    **F. Grundsatz: Unzulässigkeit der Vollstreckung bei Sittenwidrigkeit.** Die Maßnahme ist unzulässig, **12** soweit sie wegen ganz besonderer Umstände eine Härte bedeuten, die mit den guten Sitten unvereinbar ist. Die Sittenwidrigkeit ist nicht nur nach dem Empfinden des Betroffenen zu beurteilen, sondern nach einem

## § 765a

objektiven Maßstab, AG Hann Rpfleger **90**, 174, in sorgfältiger Abwägung, BVerfG NJW **98**, 296. Sie kann sich aus der Art und Weise, dem Ort oder dem Zeitpunkt oder Zeitraum der Zwangsvollstreckung ergeben, vgl Ffm Rpfleger **81**, 118. Die Maßnahme braucht nicht seitens des Gläubigers moralisch verwerflich zu sein. Wichtig ist nur, ob sie sittenwidrige Ergebnisse haben würde. Eine andere als gerade eine sittenwidrige Härte genügt nicht, und zwar auch nicht dann, wenn sie erheblich ist. Daher hilft § 765a nicht ohne weiteres, wenn der Schuldner seine Existenz verlieren würde, falls er keinen Vollstreckungsschutz erhält. Wenn es sich um eine Schuld aus einer unerlaubten Handlung handelt, ist eine Vollstreckung kaum jemals mit den guten Sitten unvereinbar, solange der Schuldner nicht alle ihm zur Verfügung stehenden Einnahmequellen ausgenutzt hat.

**13** G. **Beispiele zur Frage der Sittenwidrigkeit, I.** Es bedeuten: *Ja:* Die Zwangsvollstreckung ist sittenwidrig; **nein**: sie ist nicht sittenwidrig.
**Altenpflegeheim:** *Ja* jedenfalls insoweit, als es auch noch nachts geräumt werden soll, AG Groß Gerau Rpfleger **83**, 407.
**Alter:** Rn 17 „Gesundheitsgefahr", Rn 19 „Lebensgefahr", Rn 22 „Räumung".
**Arbeitslosigkeit:** *Nein* bei solcher Gefahr beim Schuldner oder einem Angehörigen, LG Wiesb DGVZ **94**, 920.
**Arglist:** Grdz 44 vor § 704.
S auch Rn 16 „Fehlurteil", Rn 26 „Verwirkung".
**Arzt:** *Ja,* wenn die Räumung seiner Praxis viele Patienten benachteiligen würde.
**14 Bauvorhaben:** *Nein,* soweit die Zwangsvollstreckung in ein in der Bebauung befindliches Grundstück oder in ein Konto des Bauherrn erfolgt, BGH ZMR **73**, 171.
**Befriedigung:** *Nein,* soweit der Gläubiger durch die Maßnahme voraussichtlich ohnehin keine volle Befriedigung erlangen wird, LG Hann MDR **84**, 764, LG Oldb Rpfleger **82**, 303. Man kann dem Gläubiger ja die Befugnis, nach und nach durch notfalls mehrere Vollstreckungsmaßnahmen volle Befriedigung zu erhalten, nun auch nicht von vornherein beschneiden, aM Oldb ZMR **91**, 268.
S auch Rn 27 „Zwangsversteigerung".
**Bieterabsprache:** Rn 27 „Zwangsversteigerung".
**Eidesstattliche Versicherung:** Rn 21 „Offenbarungsversicherung".
**15 Ersatzwohnung:** *Ja,* soweit sie fehlt und der Schuldner auf Sozialhilfe angewiesen ist, LG Mü WoM **93**, 473; ja, soweit der Gläubiger den Schuldner beim neuen Vermieter angeschwärzt hat, Köln RR **95**, 1039.
*Nein,* soweit sich der Schuldner nicht genug um eine Ersatzwohnung bemüht hat, Celle WoM **87**, 63, LG Hann Rpfleger **86**, 439.
S aber auch Rn 26 „Vorübergehender Zeitraum".
**16 Fehlurteil:** *Nein,* soweit ein angeblich zu Unrecht ergangenes Urteil falsch begründet oder erschlichen worden ist, Hbg MDR **70**, 426.
**Forderungsübergang:** Rn 23 „Sozialhilfe".
**17 Genossenschaft:** *Ja,* soweit der Schuldner durch die Pfändung seines Genossenschaftsanteils eine langjährige Wohnung ersatzlos verlieren würde, Hamm WoM **83**, 267.
**Geschäftsunfähigkeit:** *Ja,* soweit der geschäftsunfähige Schuldner keinen Betreuer oder Pfleger usw hat, LG Mannh WoM **87**, 63.
**Gesundheitsgefahr:** *Ja,* soweit die Maßnahme des Gläubigers die Gesundheit des Schuldners oder seiner (nahen) Angehörigen erheblich gefährden würde, BVerfG WoM **93**, 174, LG Hann WoM **90**, 397, LG Heilbr DGVZ **80**, 111 (es waren psychische Schäden zu befürchten), strenger Köln MDR **88**, 152 (bloße psychogene Störungen seien nicht ausreichend). Es kommt auf die Gesamtumstände an, LG Brschw DGVZ **91**, 187, zB auch darauf, ob ein Querulant die Störung verschuldet, AG Hann Rpfleger **90**, 174, Walker/Gruß NJW **96**, 356.
S auch Rn 19 „Lebensgefahr".
**Gewerberaum:** Rn 26 „Vergleich".
**Grundstück:** Rn 14 „Bauvorhaben", Rn 27 „Zwangsversteigerung".
**18 Konto:** Rn 14 „Bauvorhaben".
**Kosten:** Trotz des Grundsatzes der Verhältnismäßigkeit, Rn 1 wohl *nein,* nur weil zB ein bauordnungswidriger Erker nur mit hohem Aufwand zu beseitigen wäre, Köln RR **95**, 337.
**Krankheit:** Rn 17 „Gesundheitsgefahr", Rn 19 „Lebensgefahr".
**19 Lebensgefahr:** *Ja,* sofern der Schuldner nur noch eine kurze Zeit leben dürfte, LG Stade ZMR **93**, 340, oder soweit die Maßnahme das Leben des Schuldners oder seiner (nahen) Angehörigen erheblich gefährden würde, BVerfG NJW **98**, 296, Ffm RR **94**, 81 (selbst wenn der Schuldner nicht mit allen Kräften nach einer Ersatzwohnung gesucht hat), LG Kref Rpfleger **96**, 363 (Therapieauflage), StJM 6, aM Köln WoM **89**, 585. Bei einer Selbstmorddrohung sollte trotz aller denkbaren Taktik hartnäckiger Schuldner, so Schneider MDR **90**, 959, Walker/Gruß NJW **96**, 356, doch stets der Mediziner zur Frage der Ernsthaftigkeit das in der Praxis entscheidende Wort haben, BVerfG NJW **94**, 1272 und 1719, Düss Rpfleger **98**, 209 (Pschychiater bei Räumung hinzuziehen?), LG Mainz NZM **98**, 404. Zum Problem Schneider JB **94**, 321.
S auch Rn 17 „Gesundheitsgefahr".
**Neue Tatsache:** Sie kann zur Bejahung der Sittenwidrigkeit führen, Köln NJW **93**, 2249.
**20 Nießbrauch:** *Ja,* soweit der Schuldner durch die Maßnahme des Gläubigers, etwa durch seine Pfändung, ein Nießbrauchsrecht verlieren würde, ohne daß der Gläubiger aus dem verlorenen Recht befriedigt werden könnte, Ffm OLGZ **80**, 483.
**21 Obdachlosigkeit:** Rn 26 „Vorübergehender Zeitraum".
**Offenbarungsversicherung:** *Ja,* wenn der Gläubiger das Verfahren mißbraucht, LG Bochum MDR **55**, 683 (er stört eine geregelte Schuldenabwicklung, die durch seine Maßnahme gleichzeitig unmöglich wird).
S auch Rn 22 „Rechtsmißbrauch".

1. Abschnitt. Allgemeine Vorschriften § 765a

**Querulant:** Rn 17 „Gesundheitsgefahr".
**Räumung:** Stets ist III mitzubeachten, Rn 8. *Ja* vier Wochen vor Schuljahresende bei vier kleinen Kindern, Köln RR **95**, 1163; *ja* bei einer 7köpfigen Familie, zu der mehrere schwerbehinderte bzw schulpflichtige Kinder gehören, LG Magdeb Rpfleger **95**, 470, oder bei einem in 3 Monaten beziehbaren Ersatzraum, LG Kblz JB **97**, 553. Evtl *nein* bei altersbedingter Unfähigkeit einer notwendigen Neuorientierung, BVerfG NJW **92**, 1155, schuldnerfreundlicher Bindokat NJW **92**, 2874.  22
    *Nein,* soweit ein Zwischenumzug zumutbar ist, LG Heilbr WoM **93**, 364. Vgl Noack ZMR **78**, 65, Scholz ZMR **86**, 227 sowie bei den einzelnen Räumungsgründen. *Nein* bei mehrmonatigem Zahlungsverzug usw, LG Hildesh RR **95**, 1164. *Nein*, bloß weil der „Lebensgefährte" wohnen bleiben darf, AG Mönchengladb DVGZ **99**, 140.
    S ferner Rn 13 „Altenpflegeheim", „Arbeitslosigkeit", „Arzt", Rn 17 „Genossenschaft", Rn 25 „Unbewohnbarkeit", Rn 26 „Vergleich", „Vorübergehender Zeitraum".
**Rechtsmißbrauch:** *Ja*, soweit der Gläubiger bei der Art und Weise der Zwangsvollstreckung Rechtsmißbrauch betreibt, Karlsr Rpfleger **92**, 266, Kblz Rpfleger **85**, 499, LG Kblz DGVZ **87**, 45 (der Gläubiger würde mit Sicherheit doch leer ausgehen).
    S auch Rn 24 „Teilungsversteigerung".
**Schwangerschaft:** *Ja,* wenn die Schuldnerin bereits kurz vor (oder nach) der Entbindung steht, Ffm Rpfleger **81**, 24, LG Bonn DGVZ **94**, 75, LG Wuppert DGVZ **95**, 41 (nur für einige Tage danach).  23
    S auch Rn 26 „Vorübergehender Zeitraum".
**Selbstmorddrohung:** Rn 19 „Lebensgefahr".
**Sozialhilfe:** *Ja*, soweit der Träger der Sozialhilfe aus einem übergeleiteten Recht vollstreckt, obwohl (ihm bekannt) der Schuldner leistungsunfähig geworden ist, ohne eine Abänderungsklage erheben zu können, BGH NJW **83**, 2317. *Ja*, soweit der Schuldner Sozialhilfe braucht, LG Mü WoM **93**, 473.
    *Nein,* soweit die Pfändung den Schuldner unter an Sozialhilfesatz drückt, LG Duisb Rpfleger **91**, 514; freilich kann § 850 f I eine brauchbare Lösung bieten, § 850 f Rn 2, Kohte Rpfleger **91**, 514.
**Teilungsversteigerung:** Vgl zunächst Rn 7 (grundsätzliche Unanwendbarkeit des § 765 a). *Ja* allenfalls ganz ausnahmsweise bei Rechtsmißbrauch, Rn 22, Karlsr Rpfleger **92**, 266, AG Meppen Rpfleger **92**, 266.
    S auch Rn 27 „Zwangsversteigerung".
**Teilvollstreckung:** Rn 14 „Befriedigung".  24
**Tier:** Bei einer Vollstreckung, die ein Tier beliebiger Art und Zweckbestimmung betrifft, vor allem bei einer geplanten Wegnahme oder Verschaffung in ein Heim, muß das Gericht nach I 2 im Rahmen der Abwägung weniger das Wohl des Tierbesitzers als vielmehr die „Verantwortung des Menschen für das Tier" als eines lebenden Geschöpfes mit anderer als bloßer Sachqualität „berücksichtigen", also zu erkennen geben, daß es diese rechtliche Sonderstellung, §§ 90 a, 251 II 2, 903 BGB, gesehen und in die Abwägung einbezogen hat, § 811 c.
**Unbewohnbarkeit:** *Nein*, soweit es um die Räumung einer nach Ansicht der Baubehörde unbewohnbare Wohnung geht, LG Köln WoM **72**, 65.  25
**Unpfändbarkeit:** *Nein*, wenn die Unpfändbarkeit später vorgelegen hätte, LG Bln Rpfleger **77**, 262.
**Unterhalt:** Rn 15 „Ehelichkeitsanfechtung".
**Vergleich:** *Nein*, soweit es um die Räumung von Gewerberaum geht, Fenger Rpfleger **88**, 57.  26
**Verwirkung:** *Nein*, soweit der titulierte Anspruch angeblich verwirkt ist. Denn eine Berichtigung des auf Grund besserer Prüfung erlassenen Titels ist in der Vollstreckungsinstanz grds unzulässig. Eine so begründete Anfechtbarkeit würde zur völligen Vernichtung der Rechtskraftwirkung führen, LG Frankenth Rpfleger **84**, 69. Überdies läge eine Verwirkung zB beim Räumungstitel nicht schon deshalb vor, weil der Gläubiger nach dem Rückstand mehrfach von der Vollstreckung Abstand nimmt, LG Münst DGVZ **89**, 156. Es kommt bei einer Verwirkung vielmehr nur eine Vollstreckungsabwehrklage nach § 767, LG Münst DGVZ **89**, 156, oder eine Wiederaufnahme nach §§ 578 ff in Betracht, evtl auch ein Anspruch aus unerlaubter Handlung auf Schadensersatz, auf die Unterlassung der Zwangsvollstreckung und auf die Herausgabe des Titels.
    S auch Rn 13 „Arglist".
**Vornahme einer Handlung:** *Nein;* soweit das Prozeßgericht noch nicht rechtskräftig nach §§ 887 ff entschieden hat oder der Schuldner nur seine Argumente wiederholt, LG Frankenth Rpfleger **84**, 29.
**Vorübergehender Zeitraum:** *Ja,* soweit der Schuldner voraussichtlich bald eine ausreichende Ersatzwohnung haben wird, sodaß sein Vollstreckungsschutz nur einen vorübergehenden Zeitraum überbrücken soll, LG Münst WoM **77**, 194, AG Schleichen WoM **89**, 444, AG Seligenstadt Rpfleger **88**, 417. Das gilt insbesondere dann, wenn dem Schuldner sonst eine Einweisung in ein Obdachlosenasyl drohen würde, LG Aachen WoM **73**, 174, LG Hbg WoM **91**, 114 und 360 (weite Auslegung wegen der Wohnungsnot. Aber Vorsicht!), strenger AG Düss MietR **97**, 223.
    S auch Rn 15 „Ersatzwohnung", Rn 22 „Räumung".
**Wohnungsmarkt:** *Ja,* wenn er besonders angespannt ist, LG Magdeb Rpfleger **95**, 470.
**Zwangsversteigerung,** dazu ferner Ott, *Der Schutz des Schuldners ... im Zwangsversteigerungsverfahren*, 1998: *Ja,* auch für den Ehegatten des Alleinverwaltenden, LG Zweibr Rpfleger **95**, 222. *Ja,* wenn sie (statt ca 60%) nur noch ca 39% des wahren Werts erbringen würde, LG Kref Rpfleger **88**, 375, oder wenn sich im Anschluß an die Wertfestsetzung noch vor der Erteilung des Zuschlags die tatsächlichen oder rechtlichen Bewertungsgrundlagen ändern, Köln OLGZ **83**, 474. Evtl ja bei einer Bieterabsprache, soweit das Gericht vor dem Zuschlag von ihr erfährt, Karlsr Rpfleger **93**, 414.  27
    *Nein,* wenn der einer Zwangsversteigerung beitretende Gläubiger derzeit kaum eine Befriedigungsaussicht hat, LG Oldb Rpfleger **82**, 303, oder wenn der Gläubiger unmittelbar nach dem Zuschlag die Zwangsräumung betreibt, LG Heilbr DGVZ **93**, 174, AG Bad Hersfeld DGVZ **93**, 175, AG Schwäb Hall DGVZ **93**, 174.
    S auch Rn 14 „Bauvorhaben", Rn 7, Rn 24 „Teilungsversteigerung".

## § 765a

**28** **5) Verfahren, I, III, IV.** Das Gericht hat vielerlei Möglichkeiten.

**A. Allgemeines.** Zuständig ist das Vollstreckungsgericht, §§ 764, 802, nicht das Beschwerdegericht, Rn 9, auch nicht das nach § 890 zuständige Gericht, BayObLG WoM **89**, 353. Das Gericht hat in einer Räumungssache stets III zu beachten, Rn 8. Es entscheidet durch den Rpfl, § 20 Z 17 RPflG, Anh § 153 GVG, und zwar auch dann, wenn der Gerichtsvollzieher oder das Prozeßgericht als Vollstreckungsorgan (zuvor) tätig werden mußten, etwa bei einer Offenbarungsversicherung oder einer Zwangsvollstreckung nach §§ 887 ff, LG Frankenth Rpfleger **84**, 29. Wenn die Zwangsvollstreckung bereits beendet ist, Grdz 52 vor § 704, ist das Vollstreckungsgericht nicht mehr zuständig. Dann ist auch keine Maßnahme nach § 765 a mehr möglich. Im Zwangsversteigerungsverfahren entscheidet das Versteigerungsgericht, Karlsr Rpfleger **95**, 471, und endet die Anwendbarkeit der Vorschrift mit der Rechtskraft des Zuschlagsbeschlusses, Düss Rpfleger **87**, 514. Auch eine Beschwerde gegen den Zuschlagsbeschluß kann nicht auf neue Tatsachen gestützt werden, BGH **44**, 143, Schiffhauer Rpfleger **75**, 145, aM Bbg Rpfleger **75**, 144.

Abgesehen von Antrag und Anhörung, Rn 8, ist eine *Anhörung* des Gläubigers erforderlich, Art 103 I GG, falls der Antrag des Schuldners nicht etwa zurückgewiesen wird, Karlsr Rpfleger **95**, 426. Denn das Gericht kann das Schutzbedürfnis des Gläubigers nur durch diese Anhörung voll würdigen. Unter Umständen muß eine mündliche Verhandlung anberaumt werden, wie bei § 128 Rn 4. Der Schuldner muß ebenso wie bei § 766 Beweis erbringen, dort Rn 26. Eine bloße Glaubhaftmachung nach § 294 genügt bei einer so schwerwiegenden Entscheidung nicht.

**29** **B. Entscheidungsform: Beschluß.** Der Rpfl entscheidet durch einen Beschluß, § 329. Es muß ihn grundsätzlich begründen, § 329 Rn 4. Er sollte in einer Räumungssache trotz etwaigen Fristablaufs, Rn 8, im Kern erkennen lassen, daß er eine Abwägung darauf vorgenommen hat, ob etwa Entschuldigungsgründe usw nach III vorlägen. Es stellt den Beschluß, soweit es dem Antrag des Schuldners stattgibt, dem Gläubiger zu; dem Schuldner wird der Beschluß in jedem Fall zugestellt, § 329 III. Grundsätzlich ist ein Schutz nicht gegen die gesamten Vollstreckungsmöglichkeiten, sondern nur gegen bestimmte einzelne Vollstreckungsmaßnahmen statthaft, LG Frankenth Rpfleger **84**, 29. Zulässige Entscheidungen sind:

**C. Aufhebung der Zwangsmaßnahme.** In Betracht kommt eine völlige oder teilweise Aufhebung der konkret angeordneten einzelnen Zwangsmaßnahmen (nicht der Zwangsvollstreckung schlechthin, Köln NJW **94**, 1743). Diese Möglichkeit geht weit über die Befugnisse des Gerichts nach § 707 und nach anderen Vorschriften der ZPO hinaus. Denn der Gläubiger verliert dadurch seinen Rang, vgl auch unten Rn 30.

**D. Untersagung der Vollstreckung.** In Betracht kommt ferner die Untersagung der Zwangsvollstreckung. Sie bedeutet eine dauernde Einstellung der Zwangsvollstreckung, wenn nicht etwa später III eingreift. Diese Maßnahme ist also fast mit einer Verneinung des sachlichrechtlichen Anspruchs gleichbedeutend. Deshalb ist äußerste Vorsicht geboten. Dieser Weg kann notwendig werden, wenn der Anspruch in einem groben Mißverhältnis zu dem zu erwartenden Schaden steht.

**30** **E. Einstweilige Anordnung, I 2.** In Betracht kommt weiterhin eine einstweilige Anordnung, I 2 in Verbindung mit § 732 II, insbesondere also eine einstweilige Einstellung der Zwangsvollstreckung, mit oder ohne Sicherheitsleistung, oder die Anordnung, daß die Zwangsvollstreckung nur gegen Sicherheitsleistung fortzusetzen ist. Es müssen aber sonstige Vollstreckungserleichterungen erschöpft sein, wie zB die Anordnung von Zahlungsfristen, § 813 a, oder eine Verschiebung des Termins zur Abgabe der eidesstattlichen Versicherung zur Offenbarung, § 900 IV. Die Zwangsvollstreckung oder deren Fortsetzung muß unmittelbar bevorstehen.

**F. Zuschlagsversagung.** In Betracht kommt auch eine Versagung des Zuschlags, Kblz KTS **82**, 692, Köln OLGZ **83**, 474, Nürnb NJW **54**, 722.

**31** **G. Rechtsbehelfe.** Bei einer Entscheidung des Rpfl gilt § 11 RPflG, Anh § 153 GVG. Dabei ist zu bedenken, daß gegen eine richterliche einstweilige Anordnung kein Rechtsmittel zulässig wäre, Mü FamRZ **88**, 1190, aM LG Mannh WoM **72**, 15. Wegen Verfassungsbeschwerde und dort einstweiliger Anordnung BVerfG NZM **98**, 431.

**32** **H. Aufhebung einer Vollstreckungsmaßregel, V.** Sie erfolgt bei I 1, V stets erst nach dem Eintritt der Rechtskraft des Beschlusses nach § 322. Denn der Vollstreckungsgläubiger verliert durch die Aufhebung sein Pfandrecht. Die aufgehobene Vollstreckungsmaßnahme kann auch bei einer Änderung der Entscheidung in der Beschwerdeinstanz nicht rückwirkend wiederhergestellt werden, vgl auch § 766 Rn 33. Die Vollstreckungsorgane sind darauf hinzuweisen.

**33** **I. Kosten.** Gebühr: Des Gerichts KV 1641 (20 DM), auch wenn außerdem ein Verfahren gemäß § 30 a ZVG mit besonderen Gebühren anhängig ist, Düss VersR **77**, 726 (im Beschwerdeverfahren gilt dann nur KV 1953); des Anwalts: § 58 III Z 3 BRAGO. Die Kosten gehen grundsätzlich zu Lasten des Schuldners, § 788 I. Sie können aber dem Gläubiger ganz oder teilweise aus besonderen, im Verhalten des Gläubigers liegenden Gründen auferlegt werden, § 788 IV.

**34** **6) Aufschub durch den Gerichtsvollzieher, II.** Der Gerichtsvollzieher darf eine Vollstreckungsmaßnahme aufschieben, soweit auch nur einer der folgenden Fälle vorliegt.

**A. Sachherausgabe.** Es muß sich um die Herausgabe von Sachen handeln, §§ 883–885. Das gilt auch für diejenigen Fälle, in denen § 883 entsprechend anwendbar ist, dort Rn 13, nicht aber um die Zwangsvollstreckung bei Geldforderungen.

**B. Fehlen eines Antrags.** Der Schuldner muß dem Gerichtsvollzieher die Voraussetzungen des I 1, jedoch nicht die Antragstellung, nach § 294 glaubhaft gemacht haben. Die Glaubhaftmachung genügt hier, anders als gegenüber dem Vollstreckungsgericht, Rn 28.

**C. Unvermögen rechtzeitigen Antrags.** Der Schuldner muß das Vollstreckungsgericht nicht rechtzeitig haben anrufen können, etwa wegen einer Krankheit oder wegen einer bisherigen Abwesenheit. Der Schuldner muß auch diesen Umstand glaubhaft machen, soweit er nicht im Sinn von § 291 offenkundig ist.

1. Abschnitt. Allgemeine Vorschriften **§§ 765a, 766**

**D. Dauer.** Der Gerichtsvollzieher darf einen Aufschub nur bis zur Entscheidung des Vollstreckungsge- 35
richts gewähren, jedoch keineswegs länger als 1 Woche. Die Frist darf nicht verlängert werden, da der
Schuldner in ihr genügend Zeit hat, einen Antrag zu stellen und notfalls das Vollstreckungsgericht zu bitten,
mit einer einstweiligen Anordnung zu helfen.

**7) Aufhebung oder Änderung der Entscheidung, IV.** Sie erfolgt zu zurückhaltend. 36
**A. Voraussetzungen.** Das Vollstreckungsgericht darf seine Entscheidung nur auf einen Antrag derart
ändern. Den Antrag können sowohl der Gläubiger als auch der Schuldner stellen. Voraussetzung ist, daß sich
die Sachlage geändert hat und daß diese veränderte Sachlage auch eine Aufhebung oder Änderung der
Entscheidung gebietet, BVerfG WoM **91**, 149, Buche MDR **72**, 196. Denn ein rechtskräftiger Beschluß,
§ 793, ist nicht frei widerruflich, § 329 Rn 27.
Daher ist eine bloße *Änderung der Rechtslage* allein nicht ausreichend. Eine Änderung der Sachlage kann zB
durch eine Rechtsnachfolge auf der einen oder anderen Seite eintreten. Es reicht nicht aus, neue Unterlagen
beizubringen, um eine neue Sachlage herbeizuführen. Etwas anderes gilt, wenn die neuen Unterlagen eine
Grundlage für ein Wiederaufnahmeverfahren nach §§ 578 ff sein können, Grdz 12 vor § 578, aM Peters
ZZP **90**, 155, oder wenn eine Änderung der Sachlage ein Grundrecht berührt, BVerfG WM **91**, 149 (keine
kleinliche Beurteilung vornehmen).
**B. Entscheidung.** Das Vollstreckungsgericht entscheidet durch einen Beschluß, § 329, der zu begründen 37
ist, § 329 Rn 4. Gegen ihn gilt § 11 RPflG, Anh § 153 GVG. Soweit das Gericht im Änderungsbeschluß
eine Aufhebung der Vollstreckungsmaßnahme ausspricht, tritt diese Änderung auch hier erst mit der Rechtskraft des Beschlusses ein, vgl Rn 31.

**8) *VwGO*:** Entsprechend anwendbar, § 167 I *VwGO*, RedOe § 167 Anm 5, VGH Mü AS **8**, 206. Bei 38
Anwendung von §§ 169 I *VwGO*, 5 *VwVG* gilt § 258 AO, vgl *AG Bln-Wedding* DGVZ **77**, 159, in den Fällen
der §§ 169 II, 170 *VwGO* ggf Landesrecht. Zuständig ist stets das Vollstreckungsgericht, § 764 Rn 9.

**766** *Erinnerung gegen Art und Weise der Zwangsvollstreckung.* ¹ ¹Über Anträge, Einwendungen und Erinnerungen, welche die Art und Weise der Zwangsvollstreckung oder das
vom Gerichtsvollzieher bei ihr zu beobachtende Verfahren betreffen, entscheidet das Vollstrek-
kungsgericht. ²Es ist befugt, die im § 732 Abs. 2 bezeichneten Anordnungen zu erlassen.

II Dem Vollstreckungsgericht steht auch die Entscheidung zu, wenn ein Gerichtsvollzieher sich
weigert, einen Vollstreckungsauftrag zu übernehmen oder eine Vollstreckungshandlung dem
Auftrag gemäß auszuführen, so wie wenn wegen der von dem Gerichtsvollzieher in Ansatz gebrachten Kosten Erinnerungen erhoben werden.

**Schrifttum:** *Barkam*, Erinnerung und Klage bei qualifizierten vollstreckbaren Ausfertigungen, 1989;
*Gaul*, Zur Rechtsstellung der Kreditinstitute als Drittschuldner in der Zwangsvollstreckung, 1978; *Kaminski*,
Die GVGA als Prüfungsmaßstab im Erinnerungsverfahren, 1992; *Kunz*, Erinnerung und Beschwerde usw,
1980; *Lippross*, Grundlagen und System des Vollstreckungsschutzes, 1983; *Neumüller*, Vollstreckungserinnerung, Vollstreckungsbeschwerde und Rechtspflegererinnerung, 1981; *Schmidt*, Die Vollstreckungserinnerung
im Rechtssystem usw, JuS **92**, 90 (ausf); *Stolte*, Aufsicht über die Vollstreckungshandlungen des Gerichtsvollziehers, Diss Bochum 1987.

**Gliederung**

| | |
|---|---|
| 1) Systematik, Regelungszweck, §§ 766–774 ............................................. 1 | C. Klage wegen Mehrdeutigkeit ......... 11 |
| 2) Geltungsbereich, I, II ................... 2 | D. Klage aus anderem Grund ............ 11 |
| 3) Zwangsmaßnahme, I, II ............... 3–7 | E. Amtshaftungsklage ...................... 12 |
| A. Begriff .................................... 3 | 6) Verfahrenszweck, I, II ...................... 13 |
| B. Gerichtsvollzieher ..................... 4 | 7) Antragsberechtigung, I, II .............. 14 |
| C. Rechtspfleger ............................ 5 | 8) Beispiele zur Frage der Zulässigkeit einer Erinnerung, I, II ................. 15–23 |
| D. Richter ................................... 6 | 9) Weiteres Verfahren, I, II ................ 24–26 |
| E. Zwangsversteigerung, Zwangsverwaltung, Teilungsversteigerung ..... 7 | 10) Entscheidung, I, II ..................... 27, 28 |
| 4) Zusammentreffen mit weiteren Zwangsvollstreckungsbehelfen, I, II .. 8, 9 | 11) Einstweilige Anordnung, I, II ......... 29 |
| A. Sofortige Beschwerde ................. 8 | 12) Rechtsbehelfe erster Instanz, I, II .... 30–33 |
| B. Dienstaufsichtsbeschwerde ......... 9 | A. Einstweilige Einstellung ............ 30 |
| C. Vollstreckungsabwehrklage ........ 9 | B. Entscheidung nach Anhörung ..... 31, 32 |
| D. § 23 EGGVG ........................... 9 | C. Beendigung der angefochtenen Vollstreckungsmaßnahme ......... 33 |
| 5) Zusammentreffen mit sachlichrechtlichen Klagen, I, II ......................... 10–12 | 13) Rechtsbehelfe in Beschwerdeinstanz . 34 |
| A. Drittwiderspruchsklage ............. 10 | 14) *VwGO* ........................................ 35 |
| B. Feststellungsklage .................... 11 | |

**1) Systematik, Regelungszweck, §§ 766–774.** Diese Vorschriften geben zur Beseitigung einer unbe- 1
rechtigten Zwangsvollstreckung Einl III 9, eine Reihe prozessualer Hilfsmittel. Diese sind öffentlichrechtlich. Deshalb können diese Hilfsmittel nicht durch eine sachlichrechtliche Klage desselben Ziels und Inhalts
ausgeschaltet werden. Eine solche Klage ist neben den Hilfsmitteln nach §§ 766 ff nur ausnahmsweise
statthaft, § 767 Rn 8 (F), BGH Rpfleger **89**, 248. Solche Fälle sind bei den einzelnen Vorschriften erörtert

## § 766

worden. Keine Zwangsvollstreckung stellt eine Verwertung auf Grund eines gesetzlichen Vermieterpfandrechts, LG Mannh MDR **73**, 318 oder eines vertraglichen Pfandrechts dar, Karlsr OLGZ **75**, 411. Wegen des EuGVÜ SchlAnh V C. Wegen der Zuständigkeit inländischer Gerichte vgl § 4 SeeGVG.

Im Interesse der eben genannten Gerechtigkeit, Einl III 9, ist § 766 nicht zu eng *auszulegen*. Anderseits muß jeder Ansatz von Rechtsmißbrauch auch in der Zwangsvollstreckung unterbunden werden, Grdz 44 vor § 704. Auch das ist bei der Auslegung mitzubeachten.

2 **2) Geltungsbereich, I, II.** § 766 eröffnet einen Rechtsbehelf eigener Art. Es handelt sich nicht um eine Beschwerde. Denn es fehlt die Anfallwirkung, § 571 Rn 4. Es geht vielmehr um eine Vorstellung beim Vollstreckungsgericht. Man nennt sie am besten Erinnerung. Sie betrifft nur das Verfahren des Vollstreckungsorgans, Grdz 35 vor § 704, BGH **57**, 108, Ffm FamRZ **97**, 1490, und zwar auch wegen einer einzelnen Maßnahme, selbst wenn sie keine unmittelbare Vollstreckungswirkung hat, etwa wegen einer Zustellung. Mit der Erinnerung ruft der Betroffene das Vollstreckungsgericht des § 764 an. Er beantragt die Nachprüfung entweder einer Maßnahme des Gerichtsvollziehers oder einer vom Vollstreckungsgericht getroffenen Maßnahme.

Grundsätzlich kann man mit der Erinnerung nach § 766 *nicht* aus *sachlichrechtlichen* Erwägungen gegen das vollstreckbare Urteil, also den vollstreckbaren Anspruch, vorgehen. Denn die ZPO hält das Vollstreckungsrecht von solchen sachlichrechtlichen Erwägungen getrennt, und die ZPO sieht in solchem Fall die Vollstreckungsabwehrklage usw vor, §§ 767, 771, Schlesw Rpfleger **79**, 471, AG Ellwangen DGVZ **92**, 126, aM Kirberger FamRZ **74**, 638. Dieser Grundsatz ist aber bei einer Zwangsvollstreckung aus einem Titel der früheren DDR evtl eingeschränkt, § 328 Vorbem A. Allerdings eignet sich § 766 grundsätzlich nicht zur Feststellung und Anwendung ausländischen Rechts, BGH NJW **93**, 2315.

3 **3) Zwangsmaßnahme, I, II.** Es kommt auf Art und Entscheidungsperson an.
  **A. Begriff.** Die Erinnerung nach § 766 ist gegen Zwangsmaßnahmen zulässig, Düss RR **93**, 831. Zu solchen Maßnahmen zählen Beschlüsse oder Verfügungen, § 329, die auf einen Antrag oder von Amts wegen ohne eine Anhörung der übrigen Beteiligten ergangen sind, Hamm KTS **77**, 177, LG Ffm Rpfleger **92**, 168. Den Gegensatz zur Zwangsmaßnahme bildet die Entscheidung, die nach Anhörung aller Beteiligten, Art 103 I GG, durch einen zu begründenden Beschluß ergeht, § 329 Rn 4.

4 **B. Gerichtsvollzieher.** Es kann um eine seiner Maßnahmen gehen, zB um eine Pfändung, auch zur Nachtzeit usw, § 758a IV, um die Abnahme der eidesstattlichen Offenbarungsversicherung, §§ 807, 809ff, um eine besondere Verwertungsart, § 825 I, um einen Kostenansatz, LG Kblz DGVZ **87**, 59, um eine Vorschußforderung oder um seine Weigerung, tätig zu werden, LG Darmst DGVZ **96**, 30 (StPO, Beitreibung), LG Kiel DGVZ **83**, 155. Das gilt auch, soweit er sich an die GVGA gehalten hat, LG Kblz DGVZ **86**, 29. § 11 II 1 GVKostG hat Vorrang, LG Saarbr DGVZ **96**, 92.

5 **C. Rechtspfleger.** Es kann um eine Maßnahme des Rpfl gehen, etwa um den Erlaß eines Pfändungsbeschlusses ohne eine Anhörung des Schuldners (sonst gilt § 793 Rn 2, Bbg NJW **78**, 1389, AG Maulbronn FamRZ **91**, 355). Eine Anhörung liegt nicht vor, soweit die Maßnahme vor dem Ablauf der Äußerungsfrist und vor dem Eingang einer Äußerung des Schuldners ergeht, LG Ffm Rpfleger **84**, 472. Auch dieser Beschluß ist eine bloße Zwangsmaßnahme und keine Entscheidung. Schon deshalb ist § 11 RPflG, Anh § 153 GVG, hier unanwendbar, Hamm RR **88**, 320, LG Frankenth Rpfleger **82**, 231, Gaul ZZP **85**, 256, aM Kümmerlein Rpfleger **71**, 11 (§ 11 RPflG sei vorrangig). Hierher zählen auch die Ablehnung oder die Aufhebung eines nach § 829 ergangenen Pfändungs- und Überweisungsbeschlusses durch den Rpfl ohne Anhörung des Schuldners, Kblz RR **88**, 679, aM Kblz RR **86**, 1070, Bischof NJW **87**, 1810 (zum Problem des von ihm zitierten Begriffs der „ganz herrschenden Meinung" Einl III 47).

6 **D. Richter.** Es kann um eine Maßnahme des Richters gehen, soweit er als Vollstreckungsgericht tätig wurde, § 758 Rn 26. Eine Erinnerung ist gegenüber dem Prozeßgericht als Vollstreckungsorgan nicht zulässig. Dort bleibt vielmehr allenfalls die sofortige Beschwerde nach § 577, 793 statthaft. Wohl aber ist eine Erinnerung zulässig, wenn das Arrestgericht als Vollstreckungsgericht nach § 930 entschieden hat, Ffm OLGZ **81**, 370. Eine Erinnerung ist auch dann zulässig, wenn das LG fälschlich nicht über einen Zuschlag nach dem ZVG entschieden, sondern das Verfahren zurückverwiesen hat, Hamm OLGZ **70**, 189.

7 **E. Zwangsversteigerung, Zwangsverwaltung, Teilungsversteigerung.** Es kann um die Anordnung einer Zwangsversteigerung, Zwangsverwaltung oder Teilungsversteigerung eines Grundstücks gehen, §§ 864ff in Verbindung mit §§ 15, 27, 146, 180 ZVG, Bre Rpfleger **84**, 157, Hamm KTS **77**, 177, LG Bielef Rpfleger **86**, 271. Gegen die Anordnung des Grundbuchamts sind die Rechtsbehelfe gegeben, die in § 867 Rn 18 dargestellt sind. Wenn das Finanzamt eine Steuer beitreibt, ist nur die Beschwerde nach der AO zulässig.

8 **4) Zusammentreffen mit weiteren Zwangsvollstreckungsbehelfen, I, II.** Es sind vier Situationsgruppen zu unterscheiden.
  **A. Sofortige Beschwerde.** Wenn statt einer gesetzlich vorgesehenen Maßnahme sogleich eine förmliche Entscheidung ohne eine Anhörung des Betroffenen ergangen ist, kommt beim Rpfl § 11 RPflG, Anh § 153 GVG, und beim Richter die sofortige Beschwerde nach §§ 577, 793 in Betracht, Rn 31, § 793 Rn 2. Indessen muß man meist die angefochtene Entscheidung in die richtige Form umdeuten. Der Rechtsbehelf ist dann in denjenigen umzudeuten, der gegen diese richtige Maßnahme zulässig ist. In den Fällen des § 95 ZVG halten manche statt der sofortigen Beschwerde nur die Erinnerung für zulässig, wenn der Gegner nicht angehört worden war. Jedenfalls ist aber ein Nebeneinander von Erinnerung und sofortiger Beschwerde abzulehnen. Denn nach § 577 III darf das Gericht eine Entscheidung nicht abändern, die mit sofortiger Beschwerde angefochten wird; bei der Entscheidung, gegen die eine Erinnerung zulässig ist, darf das Gericht aber sehr wohl eine Änderung vornehmen.

9 **B. Dienstaufsichtsbeschwerde.** Eine Dienstaufsichtsbeschwerde gegen den Gerichtsvollzieher ist grundsätzlich zulässig, BVerwG NJW **83**, 898, aM Midderhoff DGVZ **82**, 24. Die Dienstaufsicht darf freilich

## 1. Abschnitt. Allgemeine Vorschriften § 766

nicht die Eigenverantwortlichkeit des Gerichtsvollziehers beseitigen, BVerwG NJW **83**, 898. Jedoch hat eine etwaige Erinnerung gemäß § 766 Vorrang, Gaul ZZP **87**, 275. Der Vorgesetzte kann wegen einer einzelnen Vollstreckungshandlung nur bedingt Anweisungen erteilen, aM LG Heidelb DGVZ **82**, 120.

**C. Vollstreckungsabwehrklage.** Wenn auch ein sachlichrechtlicher Vollstreckungsvertrag vorliegt, ist insoweit eine Vollstreckungsabwehrklage nach § 767 zulässig und notwendig, Grdz 42 vor § 704.

**D. § 23 EGGVG.** Das Verfahren nach § 23 EGGVG kommt wegen des nach seinem III vorrangigen § 766 nicht in Betracht, Ffm Rpfleger **76**, 367, Midderhoff DGVZ **82**, 24, und zwar auch dann nicht, wenn eine Erinnerung nach § 766 zB wegen der Beendigung der Zwangsvollstreckung nicht mehr zulässig ist, KG MDR **82**, 155, Karlsr MDR **80**, 76.

**5) Zusammentreffen mit sachlichrechtlichen Klagen, I, II.** Insoweit gibt es fünf Möglichkeiten. 10

**A. Drittwiderspruchsklage.** Wenn die Voraussetzungen des § 771 vorliegen, kann für den Dritten eine Klage nach dieser Vorschrift in Betracht kommen. Eine Entscheidung aus § 766 schließt eine Klage nach § 771 nicht aus. Denn § 766 betrifft nur das Verfahren; § 771 betrifft das sachliche Recht, Kblz Rpfleger **79**, 203, Schlesw Rpfleger **79**, 471. Wenn der Schuldner an der Sache einen Besitz hat, dann haben er wegen der Verletzung seines Besitz- und Benutzungsrechts die Erinnerung, der Eigentümer eine Klage aus § 771, AG Bln-Wedding DGVZ **88**, 45.

Die Vorschriften können zB auch bei einer Zwangsvollstreckung in eine Vermögensmasse zusammentreffen, mit der der *Schuldner nicht haftet*, etwa bei einer Zwangsvollstreckung in das Vermögen des Erbens oder dann, wenn sich der Titel nur gegen die Gesellschaft richtet, die Zwangsvollstreckung aber das Eigentum eines Gesellschafters berührt, Ullrich NJW **74**, 1490. In Betracht kommt ferner der Fall einer Zwangsvollstreckung in ein Vermögen, das einer fremden Verwaltung unterliegt, ohne daß ein Duldungstitel vorliegt; eine Zwangsvollstreckung in den Gewahrsam eines nichtherausgabebereiten Dritten, § 809; der Fall, daß ein Hypothekengläubiger die Unzulässigkeit der Pfändung von Zubehör behauptet.

**B. Feststellungsklage.** Wenn die Zwangsvollstreckung schlechthin unwirksam ist, ist eine Feststellungsklage möglich, Grdz 42 vor § 704. Es ist auch eine entsprechende Einrede zulässig. 11

**C. Klage wegen Mehrdeutigkeit.** Soweit der Titel mehrdeutig ist, kommt eine erneute Leistungsklage, Einf 16 vor §§ 322–327, oder eine Feststellungsklage wegen des Urteilsinhalts in Betracht, § 256.

**D. Klage aus anderem Grund.** Soweit dem Kläger die Grundlagen der Erinnerung fehlen und wenn er etwa die Mangelhaftigkeit der Pfändung nicht kennt, kommt ebenfalls eine erneute Leistungsklage oder eine Feststellungsklage nach § 256 in Frage. Wenn die Zwangsvollstreckung aber bereits beendet ist, Grdz 52 vor § 704, hat der Schuldner die Möglichkeit einer Bereicherungsklage, §§ 812 ff BGB, falls der Anspruch nicht bestand, nicht schon deshalb, weil das Verfahren mangelhaft war.

**E. Amtshaftungsklage.** Schließlich kommt eine Klage wegen einer Amtspflichtverletzung gegen den 12 Staat in Betracht, Art 34 GG, § 839 BGB. Die Entscheidung nach § 766 hindert den Drittschuldner nicht, gegen einen Pfändungs- und Überweisungsbeschluß im Prozeß Einwendungen aus eigenem sachlichen Recht zu erheben, soweit dazu ein Rechtsschutzbedürfnis besteht, Grdz 33 vor § 253, BGH **69**, 148.

**6) Verfahrenszweck, I, II.** Die Erinnerung richtet sich stets gegen ein Verfahren der Vollstreckungsorgane, Rn 2. Die Aufzählung des § 766 zeigt die Absicht eines lückenlosen Rechtsschutzes, Gaul ZZP **87**, 257 mwN. Die Erinnerung schützt: Gegen die Art und Weise der Zwangsvollstreckung; gegen das Verfahren des Gerichtsvollziehers; gegen eine Amtsverweigerung des Gerichtsvollziehers; gegen unrichtige Kostenforderungen des Gerichtsvollziehers. Mit der Erinnerung kann man das sachlichrechtliche Rechtsverhältnis nicht prüfen lassen, Rn 10. 13

**7) Antragsberechtigung, I, II.** Antragsberechtigt ist jeder, dessen Recht von einer Maßnahme der 14 Zwangsvollstreckung berührt wird, Düss NJW **80**, 458. Dies können sein: der Gläubiger, Ffm FamRZ **83**, 1268; der Schuldner; der Drittschuldner, § 840; der Gemeinschuldner; der Gerichtsvollzieher; andere Dritte. Gläubiger und Schuldner können sich gegen das Verfahren des Gerichtsvollziehers und des Vollstreckungsgerichts wenden, namentlich auch dann, wenn die Prozeßvoraussetzungen der Zwangsvollstreckung, Grdz 39 vor § 704, fehlen oder wenn die förmlichen Voraussetzungen der Zwangsvollstreckung fehlen oder wenn die Ausführung der einzelnen Vollstreckungsmaßnahme gesetzwidrig ist.

Wenn das Vollstreckungsgericht erst *nach* einer (notwendigen oder freigestellten) *Anhörung* aller Beteiligten eine förmliche Entscheidung getroffen hat, Rn 3, ist nicht die Erinnerung statthaft, sondern die sofortige Beschwerde, Rn 8. Wenn das LG als Beschwerdegericht eine Anordnung in der Zwangsvollstreckung erlassen hat, etwa einen Pfändungsbeschluß, dann geht die Erinnerung an das Beschwerdegericht. Denn das niedrigere Gericht darf eine Anordnung des höheren Gerichts nicht überprüfen, aM StJM 9 (er gibt gegen die Anordnung des Beschwerdegerichts grundsätzlich unmittelbar die weitere sofortige Beschwerde).

**8) Beispiele zur Frage der Zulässigkeit einer Erinnerung, I, II** 15
**Ablehnung nach Anhörung:** Die Erinnerung des Gläubigers ist unzulässig, soweit das Vollstreckungsgericht die Durchführung seines Vollstreckungsauftrags an den Gerichtsvollzieher nach einer Anhörung des Schuldners abgelehnt hat, Rn 3 (statt dessen evtl sofortige Beschwerde, § 793).
**Ablehnung ohne Anhörung:** Die Erinnerung des Gläubigers ist zulässig, soweit der Gerichtsvollzieher einen Vollstreckungsauftrag ohne Schuldneranhörung ablehnt, Rn 3, LG Kiel DGVZ **83**, 155, AG Aachen DGVZ **84**, 40, AG Münst RR **92**, 1531.
**Abtretung:** Rn 26 „Einwendung gegen den Anspruch", Rn 18 „Landwirtschaft".
**Anderer Gerichtsvollzieher:** Die Erinnerung des Schuldners ist unzulässig, soweit er verlangt, ein anderer Gerichtsvollzieher solle tätig werden, AG Bayreuth DGVZ **84**, 75, solange kein „Ablehnungsgrund" vorliegt. AG Bad Vilbel DGVZ **99**, 13 (er fehlt, wenn der Gerichtsvollzieher den Schuldner lediglich kennt).

**§ 766**

**Anhörung:** Die Erinnerung des Schuldners ist unzulässig, soweit er vor der Entscheidung angehört worden war; dann kommt vielmehr (nur) die sofortige Beschwerde in Betracht, § 793 Rn 1, Bbg NJW **78**, 1389, LG Bonn DB **79**, 94.
**Aufenthaltsermittlung:** Rn 22 „Unbekannter Aufenthalt".
**Aufrechnung:** Rn 16 „Einwendung gegen den Anspruch".
**Berechtigtes Interesse:** Die Erinnerung des Gerichtsvollziehers ist zulässig, soweit er an einer Entscheidung ein berechtigtes Interesse hat, zB deshalb, weil er befürchtet, evtl rechtswidrig zu handeln und deshalb mit einer Notwehr des Schuldners rechnen zu müssen, Düss NJW **80**, 458 und 1111, aM Stgt Rpfleger **80**, 236, LG Osnabr DGVZ **80**, 124.
**Bestimmtheit der Forderung:** Die Erinnerung des Schuldners ist zulässig, soweit die Forderung nicht genügend bestimmt bezeichnet worden ist, Ffm NJW **81**, 468.
**Betreuer:** Rn 19 „Partei kraft Amtes".
**Bezirksrevisor:** Rn 20 „Staatskasse".

16 **Dienstaufsichtsbeschwerde:** Ihre Zulässigkeit und diejenige einer Erinnerung sind unabhängig voneinander zu prüfen. Das gilt auch wegen der Kosten. Vgl aber Rn 9.
**Dritter:** Seine Erinnerung ist nur insoweit zulässig, als er ein Rechtsschutzbedürfnis hat, Grdz 33 vor § 253, AG Gött DGVZ **96**, 14 (nicht mangels Betroffenheit).
S auch Rn 22 „Veräußerungshinderndes Recht".
**Drittschuldner:** Die Erinnerung des Schuldners ist unzulässig, soweit sich der Drittschuldner gegen Bestand und Höhe der überwiesenen Forderung wendet, Schulze-Werner/Bischoff NJW **86**, 697.
S auch Rn 22 „Veräußerungshinderndes Recht", Rn 23 „Zustellung".
**Duldungstitel:** Die Erinnerung des Schuldners ist zulässig, soweit der erforderliche Duldungstitel fehlt.
**Durchsuchung:** Die Erinnerung des Schuldners ist zulässig, soweit das Gericht oder der Gerichtsvollzieher ohne vorherige Schuldneranhörung eine Maßnahme nach § 758 vornehmen, § 758 Rn 26.
**Ehegatte:** Die Erinnerung des Ehegatten des Schuldners ist unzulässig, soweit beim Schuldner § 739 die Vermutung des § 1362 I BGB beseitigt (dann kommt nur § 771 in Betracht), § 739 Rn 5, Bbg DGVZ **78**, 9, aM LG Münst DGVZ **78**, 14. Der Einwand des Fehlens einer Einwilligung nach § 1365 BGB läßt sich § 766 erheben, Ffm FamRZ **99**, 525.
S auch Rn 19 „Räumung".
**Einschränkung:** Die Erinnerung des Gläubigers ist zulässig, soweit der Gerichtsvollzieher eine Vollstreckung gegenüber dem Auftrag einschränkt, AG Wuppert DGVZ **93**, 14.
**Einstellung:** Die Erinnerung des Gläubigers ist zulässig, soweit der Gerichtsvollzieher die Vollstreckung unzulässigerweise einstellt, AG Wuppert DGVZ **93**, 14.
Die Erinnerung des *Schuldners* ist zulässig, soweit der Gerichtsvollzieher trotz erfolgter Einstellung der Zwangsvollstreckung pfändet, oder soweit er entgegen § 775 die Einstellung ablehnt.
**Einwendung gegen den Anspruch:** Die Erinnerung des Schuldners ist unzulässig, soweit er eine Einwendung gegen den Anspruch geltend macht, zB dahin, die Forderung stehe dem Gläubiger nicht mehr zu, Köln FamRZ **85**, 627, AG Heidelb DGVZ **89**, 46 (Aufrechnung). In diesen Fällen ist die Vollstreckungsabwehrklage nach § 767 zulässig, Ffm MDR **80**, 63, LG Essen WoM **84**, 252 (Verwirkung), AG Heidelb DGVZ **89**, 46.
**Erbe:** Vgl bei Testamentsvollstreckung § 748 Rn 8.
**Ersatzzustellung:** Die Erinnerung des Gläubigers ist zulässig, soweit der Gerichtsvollzieher einen Auftrag wegen Verkennung des § 181 ohne Schuldneranhörung ablehnt, LG Aachen DGVZ **84**, 40.

17 **Feiertagspfändung:** Die Erinnerung des Schuldners ist zulässig, soweit eine nach § 758 a IV gesetzwidrige Maßnahme ergeht.
**Frist:** Rn 19 „Räumung".
**Funktionelle Unzuständigkeit:** Rn 22 „Vollstreckungsklausel".
**Gegenleistung:** Rn 23 „Zug – um – Zug".
**Gerichtsvollzieher:** Die Erinnerung des Gerichtsvollziehers ist unzulässig, soweit seine Interessen weder kostenrechtlich noch sonstwie betroffen sind, Düss RR **93**, 1280.
S auch bei den einzelnen fraglichen Handlungen.
**Geringfügigkeit:** Die Erinnerung des Gläubigers ist zulässig, soweit der Gerichtsvollzieher einen Vollstreckungsauftrag wegen Geringfügigkeit der Forderung ohne Schuldneranhörung ablehnt, AG Flensb MDR **75**, 765.
**Geschäftsanweisung:** Die Erinnerung eines Betroffenen, auch eines Dritten, ist zulässig, soweit der Gerichtsvollzieher gegen seine Geschäftsanweisung (GVGA) verstößt, Köln JB **92**, 703, FG Stgt MDR **76**, 84.
**Gewahrsam:** Die Erinnerung des Gläubigers ist zulässig; er muß den Schuldnergewahrsam beweisen, Düss MDR **97**, 143. Die Erinnerung des Schuldners ist unzulässig, soweit ein fremder Gewahrsam verletzt wird, AG Mü DGVZ **95**, 11. In diesem Fall gilt § 809. Die Erinnerung eines Dritten ist zulässig, soweit der Gerichtsvollzieher Sachen pfändet, die lediglich im Gewahrsam des Dritten stehen. Dabei ist es unerheblich, ob der Dritte auch nach § 771 klagen kann.
**Herabsetzung:** Rn 21 „Unpfändbarkeit".
**Herausgabe des Titels:** Die Erinnerung des Gläubigers wie des Schuldners ist zulässig, soweit der Gerichtsvollzieher den Vollstreckungstitel nicht herausgibt bzw herausgeben läßt, § 836 Rn 6.

18 **Insolvenz,** dazu *Münzberg,* Anfechtung und Aufhebung von Zustellungen?, Festschrift für *Zöllner* (1999) 1203 (auch zur InsO): Die Erinnerung des Schuldners ist zulässig, soweit der Verwalter auf Grund eines vollstreckbaren Titels zu Unrecht Gegenstände zur Masse gezogen hat. Der Schuldner ist überhaupt trotz des Verfahrens zur Erinnerung gegen solche Maßnahmen der Zwangsvollstreckung berechtigt, die gegen § 89 InsO verstoßen, ebenso nicht der Verwalter, LG Hbg KTS **83**, 600, Lüke NJW **90**, 2665, aM Hbg KTS **83**, 601 (§§ 767, 768); zum Problem BSG NJW **90**, 2709.
**Insolvenzverwalter:** S „Insolvenz", Rn 19 „Partei kraft Amtes".

1. Abschnitt. Allgemeine Vorschriften § 766

**Kostenberechnung:** Die Erinnerung des Gläubigers wie des Schuldners ist zulässig, soweit der Gerichtsvollzieher seine Kosten fehlerhaft ansetzt, unabhängig davon, ob sie schon bezahlt sind, LG Bln DGVZ **79**, 182. In diesem Fall kann der Gläubiger die Erinnerung auch schon vor der Entgegennahme der Kosten aus dem Erlös der Vollstreckung einlegen, LG Hann DGVZ **77**, 61. Die Erinnerung des Gerichtsvollziehers ist unzulässig, soweit sein Kostenansatz beanstandet wird, § 793 Rn 9 (dort zu dieser Streitfrage).
S auch Rn 20 „Staatskasse", Rn 22 „Vorschuß".
**Landwirtschaft:** Die Erinnerung des Schuldners ist zulässig, soweit er sich auf einen landwirtschaftsrechtlichen Vollstreckungsschutz berufen kann, weil der Gläubiger zB als Abtretungsnehmer zur Rechtsverfolgung nicht befugt ist und daher auch nicht vollstrecken darf.
**Lohnpfändung:** Rn 22 „Unpfändbarkeit".
**Löschung:** Die Erinnerung des Schuldners ist zulässig, soweit ein Anspruch auf die Löschung zB einer Hypothek mißachtet wird.
**Nachlaßpfleger, -verwalter:** Rn 19 „Partei kraft Amtes".
**Nachtpfändung:** Die Erinnerung des Schuldners ist zulässig, soweit eine nach § 758 a IV gesetzwidrige Maßnahme ergeht.
**Notar:** Rn 23 „Vorschuß".
**Notwehr:** Rn 15 „Berechtigtes Interesse".
**Partei kraft Amtes:** Sie kann die Erinnerung bei Vollstreckung in ihr eigenes Vermögen einlegen. **19**
**Pfändungsfreigrenze:** Die Erinnerung des Schuldners ist zulässig, soweit die Pfändungsfreigrenze unrichtig festgesetzt worden ist, LG Kiel SchlHA **77**, 120.
S auch Rn 21 „Unpfändbarkeit".
**Pfändungswille des Gläubigers:** Die Erinnerung des Gläubigers ist zulässig, soweit der Gerichtsvollzieher eine Sache pfändet, die der Gläubiger nicht hat pfänden lassen wollen, AG Offenbg DGVZ **77**, 45.
**Pfleger:** S „Partei kraft Amtes".
**Protokollberichtigung:** Eine Erinnerung des Gerichtsvollziehers ist unzulässig, soweit er eine Protokollberichtigung abgelehnt hat, Brschw DGVZ **92**, 120.
**Rang:** Die Erinnerung eines Dritten ist zulässig, soweit er sich als nachrangiger Pfändungsgläubiger auf die Unzulässigkeit einer früheren Pfändung beruft, BGH Rpfleger **89**, 248.
**Ratenzahlung:** Die Erinnerung des Gläubigers ist zulässig, soweit der Gerichtsvollzieher dem Schuldner eine Ratenzahlung ohne Zustimmung des Gläubigers gestattet, Gaul ZZP **87**, 253.
**Räumung:** Die Erinnerung des Schuldners ist zulässig, soweit zwischen Ankündigung und Durchführung einer Räumung eine zu knappe Frist liegt, AG Darmst DGVZ **79**, 174 (es ist mit der Gewährung von „mindestens" drei Wochen aber zu großzügig).
Die Erinnerung eines *Dritten* ist *unzulässig*, soweit er als Ehegatte oder Kind des zur Räumung verpflichteten Schuldners auftritt, vgl im einzelnen bei § 885, Hbg NJW **72**, 550, LG Kref DGVZ **77**, 25, Rabl DGVZ **87**, 38, aM LG Oldb DGVZ **91**, 139 (ja bei eindeutiger Lage. Aber ob diese vorliegt, kann erst im Verfahren geklärt werden).
**Rechtsmißbrauch:** Die Erinnerung des Schuldners ist wohl meist unzulässig, soweit Rechtsmißbrauch vorliegt, Einl III 54. Er kann dann nach § 765 a vorgehen.
**Rechtswidrigkeit:** Die Erinnerung, auch eines Dritten, ist zulässig, soweit die Art und Weise der Zwangsvollstreckung rechtswidrig ist und seine Interessen verletzt. Vgl bei den einzelnen Vorgängen.
**Rückgriff:** Die Erinnerung eines Dritten ist unzulässig, soweit er an der Zwangsvollstreckung unbeteiligt ist und nur den rechtsgeschäftlichen Rückgriff eines Beteiligten befürchten muß.
**Sachlichrechtliche Einwendung:** Rn 16 „Einwendung gegen den Anspruch". **20**
**Scheck:** Die Erinnerung des Schuldners ist zulässig, soweit der Gerichtsvollzieher ihm auf Grund eines Scheckurteils bei der Vollstreckung den Scheck nicht aushändigt.
**Scheidung:** S „Trennungsunterhalt".
**Sicherheitsleistung:** Die Erinnerung des Schuldners ist zulässig, soweit eine erforderliche Sicherheitsleistung fehlt; die schon Beigetriebene kann dann durch eine Klage herausverlangt werden.
**Sozialhilfe:** Rn 23 „Wirtschaftliches Interesse".
**Staatskasse:** Die Erinnerung der Staatskasse ist zulässig, soweit es um einen sie belastenden Ansatz von Kosten des Gerichtsvollziehers geht, II. Dasselbe gilt auch zugunsten des Kostenschuldners. LG Ffm DGVZ **93**, 75, LG Wiesb DGVZ **90**, 13, AG Königstein DGVZ **93**, 74. Sie wird durch den Bezirksrevisor tätig.
**Stundung:** Die Erinnerung des Gläubigers ist zulässig, soweit der Gerichtsvollzieher dem Schuldner ohne Zustimmung des Gläubigers eine Stundung gewährt, Gaul ZZP **87**, 253.
**Teilzahlung:** Rn 19 „Ratenzahlung".
**Testamentsvollstrecker:** Rn 19 „Partei kraft Amtes".
**Trennungsunterhalt:** Die Erinnerung des Schuldners ist zulässig, soweit es nach der Rechtskraft des Scheidungsurteils um die Vollstreckung wegen eines Trennungsunterhalts geht, AG Groß Gerau FamRZ **89**, 776 (zustm Gottwald).
**Überpfändung:** Die Erinnerung des Schuldners ist zulässig, soweit entgegen § 803 eine Überpfändung **21** vorliegt.
S auch Rn 23 „Wiederholung der Vollstreckung".
**Umschreibung:** Rn 22 „Vollstreckungsklausel".
**Unbekannter Aufenthalt:** Die Erinnerung des Gläubigers ist zulässig, soweit der Gerichtsvollzieher einen Vollstreckungsauftrag ohne Schuldneranhörung ablehnt, weil die Ermittlung des Aufenthaltsorts des Schuldners zu schwierig sei, AG Hann DGVZ **77**, 26, denn der Gerichtsvollzieher muß sich um diese Ermittlung ganz erheblich bemühen.
**Unklarheit des Titels:** Rn 22 „Vollstreckungstitel".
**Unpfändbarkeit:** Die Erinnerung des Gläubigers, des Schuldners oder eines betroffenen Dritten ist zulässig, soweit der Gerichtsvollzieher dem Grunde oder der Höhe nach eine völlige oder teilweise Unpfändbarkeit

## § 766

zu Unrecht annimmt, Kblz Rpfleger **78**, 227 (zu hoher pfandfreier Betrag), oder sie verneint, LG Bln Rpfleger **78**, 268 (Dritter), oder die Herabsetzung fälschlich ablehnt, LG Kblz MDR **79**, 944.

Die Erinnerung des *Schuldners* oder des Drittschuldners ist zulässig, soweit der Gerichtsvollzieher eine Erhöhung des pfandfreien Betrages gesetzwidrig ablehnt; vgl auch Düss FamRZ **84**, 727 (zur Erhöhung), oder soweit sonstwie irgendeine Unpfändbarkeit mißachtet wird, BGH **69**, 148, Ffm NJW **81**, 468, Wilke NJW **78**, 2381. Eine Klage ist nur dann zulässig, wenn die Unpfändbarkeit sachlichrechtlich in der Rechtsstellung des Schuldners begründet ist.

S auch Rn 19 „Pfändungsfreigrenze".

**Urkunde:** Die Erinnerung des Schuldners ist zulässig, soweit der Gerichtsvollzieher ihm auf Grund eines Urkundenurteils bei der Vollstreckung die Urkunde nicht aushändigt.

22 **Valuta:** Die Erinnerung des Schuldners ist zulässig, soweit der Gerichtsvollzieher die dem Gläubiger zukommende Valuta zum Nachteil des Schuldners falsch berechnet. Dabei schließt die Entscheidung eine spätere Zwangsvollstreckung des ungedeckten Teils nicht aus.

**Veräußerunghinderndes Recht:** Die Erinnerung des Schuldners ist unzulässig, soweit er sich auf ein die Veräußerung hinderndes Recht beruft. In diesem Fall kommt nämlich allenfalls eine Drittwiderspruchsklage nach § 771 in Betracht, Schlesw Rpfleger **79**, 471. Diese steht aber auch nur einem Dritten frei. Ffm FamRZ **97**, 1490 macht bei einer unstreitigen Verfügungsbeschränkung nach § 1365 I BGB eine Ausnahme.

**Verhaftung:** Die Erinnerung des Schuldners ist zulässig, soweit ihm eine gegen § 906 verstoßende Verhaftung bevorsteht, § 906 Rn 6, oder soweit er bereits verbotenerweise verhaftet worden ist.

**Verjährung:** Die Erinnerung des *Gläubigers* ist zulässig, soweit der Gerichtsvollzieher einen Vollstreckungsauftrag ohne Schuldneranhörung ablehnt, weil die Forderung verjährt sei, AG Münst RR **92**, 1531.

Die Erinnerung des *Schuldners* ist unzulässig, soweit der Gerichtsvollzieher eine Verjährung nicht beachtet hat, LG Kblz DGVZ **85**, 62. Man muß dann nach § 767 vorgehen.

**Verteilungstermin:** Die Erinnerung des Gläubigers bleibt zulässig, soweit sie vor einem Verteilungstermin beim Gericht eingegangen ist, Münzberg Rpfleger **86**, 254, aM Kblz DGVZ **84**, 59. Bei Anhängigkeit erst nach dem Verteilungstermin ist eine solche Erinnerung unzulässig, Kblz DGVZ **84**, 59, Münzberg Rpfleger **86**, 254.

**Verwertungsaufschub:** Die Erinnerung des Gläubigers oder Schuldners ist bei § 813 b zulässig.

**Verwirkung:** Rn 16 „Einwendung gegen den Anspruch".

**Verzögerung:** Die Erinnerung des Gläubigers ist zulässig, soweit der Gerichtsvollzieher einen Vollstreckungsauftrag objektiv verzögerlich erledigt, LG Dessau JB **97**, 46 (neue Bundesländer), Gaul ZZP **87**, 253, Gleußner DGVZ **94**, 147, aM AG Karlsr DGVZ **84**, 29, AG Rosenheim DGVZ **97**, 141.

**Vollstreckungsklausel:** Die Erinnerung des Schuldners ist zulässig, soweit eine Vollstreckungsklausel fehlt, abw Köln FamRZ **85**, 627, oder soweit die Klausel von einem funktionell unzuständigen Urkundsbeamten der Geschäftsstelle erteilt worden ist, Hamm Rpfleger **89**, 467, oder soweit sie nicht – wie erforderlich – umgeschrieben worden ist, BGH NJW **92**, 2160 (krit Münzberg JZ **93**, 95). Die Erinnerung eines betroffenen Dritten ist zulässig, soweit er nicht in der Vollstreckungsklausel genannt wird.

**Vollstreckungstitel:** Die Erinnerung des Schuldners ist zulässig, soweit überhaupt ein wirksamer Vollstreckungstitel fehlt, Bbg Rpfleger **82**, 31, Düss Rpfleger **77**, 67, KG RR **88**, 1406, oder soweit der vorhandene Titel einen anderen Inhalt als den vom Gläubiger bzw vom Vollstreckungsorgan angenommenen hat, KG RR **88**, 1406.

Die Erinnerung des Schuldners ist grds *unzulässig*, soweit lediglich eine Unklarheit des Vollstreckungstitels vorliegt; in diesem Fall kann er nach § 256 auf Feststellung klagen.

**Vollstreckungsvertrag:** Die Erinnerung des Schuldners ist zulässig, soweit die Vollstreckung gegen einen Vollstreckungsvertrag verstößt, Grdz 24 vor § 704, Karlsr ZMR **77**, 96.

23 **Voraussetzung der Vollstreckung:** Die Erinnerung des Schulders ist zulässig, soweit eine Vollstreckungsvoraussetzung fehlt; vgl bei den einzelnen Arten der Voraussetzungen.

**Vorläufiger Insolvenzverwalter:** Er muß nach §§ 771, 772 vorgehen, LG Hann DGVZ **90**, 42.

**Vormund:** Rn 19 „Partei kraft Amtes".

**Vorschuß:** Die Erinnerung des Gläubigers ist zulässig, soweit der Gerichtsvollzieher einen zu hohen oder überhaupt einen Vorschuß fordert, LG Aschaffenb DGVZ **95**, 75 (Notar), oder sich weigert, einen Kostenvorschuß zurückzuerstatten, LG Mannh ZMR **74**, 179. Die Erinnerung des Gerichtsvollziehers ist zulässig, soweit sein Vorschuß herabgesetzt wird, LG Rottweil DGVZ **89**, 74.

S auch Rn 18 „Kostenberechnung".

**Wahlschuld:** Die Erinnerung des Schuldners ist unzulässig, soweit er einwendet, er habe anders gewählt, Rn 16 „Einwendung gegen den Anspruch"; dann ist die Abwehrklage nach § 767 statthaft.

**Wechsel:** Die Erinnerung des Schuldners ist zulässig, soweit der Gerichtsvollzieher ihm auf Grund eines Wechselurteils bei der Vollstreckung den Wechsel nicht aushändigt.

**Wegegeld:** Die Erinnerung des Gläubigers ist unzulässig, soweit der Gerichtsvollzieher zuviel berechnetes Wegegeld zurückzahlen will, aber den Nachweis fordert, daß der Schuldner Kosten noch nicht bezahlt hat, AG Düss DGVZ **97**, 95.

**Wiederholung der Vollstreckung:** Die Erinnerung des Schuldners ist zulässig, soweit eine mehrfache (wiederholte) Zwangsvollstreckung in gesetzwidriger Weise stattfindet.

S auch Rn 21 „Überpfändung".

**Wirtschaftliches Interesse:** Die Erinnerung eines Dritten ist unzulässig, soweit er am Ausgang der Zwangsvollstreckung nur ein wirtschaftliches Interesse hat, etwa um als Träger von Sozialhilfeleistungen nicht in Anspruch genommen zu werden, LG Kblz MDR **82**, 503.

**Zugewinngemeinschaft:** Die Erinnerung ist zulässig, soweit man durch eine eindeutig gegen § 1365 I BGB verstoßende Teilungsversteigerung benachteiligt wird, § 771 Rn 4, 5, Bre Rpfleger **84**, 157, LG Lüneb FamRZ **96**, 1489.

1. Abschnitt. Allgemeine Vorschriften § 766

**Zug – um Zug:** Die Erinnerung des Schuldners ist zulässig, soweit die erforderliche Gegenleistung des Gläubigers unvollständig ist, soweit dies schon nach dem Vollstreckungstitel ohne weiteres feststellbar ist (andernfalls kommt eine Vollstreckungsabwehrklage nach § 767 in Betracht), KG RR **89**, 638. Unzulässig ist die Erinnerung gegen die Ablehnung des nur mit dem Angebot der Gegenleistung beauftragten Gerichtsvollziehers zur Durchführung dieses Angebots, LG Kblz DGVZ **98**, 58.
**Zurückerstattung:** Rn 18 „Kostenberechnung", Rn 23 „Vorschuß".
**Zustellung:** Die Erinnerung des Gläubigers, des Schuldners oder des Drittschuldners ist zulässig, soweit eine gesetzlich notwendige Zustellung bisher nicht stattgefunden hat oder fehlerhaft verläuft, AG Itzehoe DGVZ **94**, 126 (Drittschuldner).

**9) Weiteres Verfahren, I, II.** Die Erinnerung ist unbefristet zulässig. In den Fällen II wendet LG Kblz 24 DGVZ **87**, 59 den § 567 II an. Sie wird grundsätzlich erst dann statthaft, wenn die Zwangsvollstreckung begonnen hat, Grdz 51 vor § 704, KG DGVZ **94**, 114, und wird mit dem Ende der Zwangsvollstreckung, Grdz 52 vor § 704, mangels fortdauernden Rechtsschutzbedürfnisses unzulässig, vgl auch Grdz 33 vor § 253, LG Mü DGVZ **96**, 77. Doch genügt je nach der Sachlage auch das unmittelbare Bevorstehen einer Vollstreckungsmaßnahme, KG DGVZ **94**, 114, etwa eines Haftbefehls, Hamm DGVZ **83**, 137, oder der Räumung, also eine Situation, in der eine nachträgliche Entscheidung dem Schuldner nicht mehr helfen würde, KG DGVZ **94**, 114 (das sei bei Androhung einer Zwangsöffnung noch nicht der Fall – ? –).
Mit der *Befriedigung* des Gläubigers oder der sonstigen Beendigung der Zwangsvollstreckung, Grdz 52, 53 vor § 704, ist ein Erinnerungsverfahren nicht mehr zulässig, LG Köln DGVZ **94**, 62, bzw erledigt, Düss JR **49**, 349, Hamm WoM **93**, 474, Köln OLGZ **88**, 216. Das gilt, sofern nicht die umstrittene Vollstreckungsmaßnahme fortwirkt, LG Bln DGVZ **91**, 141, wie ein Kostenansatz des Gerichtsvollziehers vor der Fall, daß die Versteigerung zwar durchgeführt, der Erlös aber hinterlegt worden ist, oder wenn die Vollstreckungsmaßnahme die Grundlage für ein Verfahren zur Abgabe einer eidesstattlichen Versicherung zwecks Offenbarung nach §§ 807, 900 sein kann, etwa bei einer Fruchtlosigkeitsbescheinigung, LG Bln DGVZ **91**, 141, oder dann, wenn es um Maßnahmen des Gerichtsvollziehers nach § 885 II–IV nach der Räumung geht, KG Rpfleger **86**, 440. § 11 GVKostG hat vorrangig, LG Hann DGVZ **77**, 62, aM LG Bln DGVZ **91**, 142. Eine falsche Bezeichnung des Rechtsbehelfs schadet nicht. Bei Zweifeln hat das Gericht rückzufragen.
Bei der Pfändung eines *Arrests* ist das Arrestgericht das Vollstreckungsgericht, § 930 Rn 4. Bei einer 25 Vollstreckung aus einem Insolvenzeröffnungsbeschluß ist das Insolvenzgericht Vollstreckungsgericht, AG Hbg KTS **78**, 59. In einer Strafsache ist die Strafgericht zuständig, LG Frankenth Rpfleger **96**, 524. Im Erinnerungsverfahren herrscht kein Anwaltszwang im Sinn von § 78 Rn 1, BGH **69**, 148. Das Vollstreckungsgericht entscheidet durch den Richter, nicht durch den Rpfl, § 20 Z 17 S 2 RPflG, Anh § 153 GVG; auch nach § 91 a, LG Frankenth Rpfleger **84**, 361 (zustm Meyer-Stolte), AG Maulbronn FamRZ **91**, 355 (zustm Brehm); vgl auch § 764 Rn 5. Deshalb ist § 11 RPflG, Anh § 153 GVG, unbeachtlich.
Das bisherige Vollstreckungsorgan darf und muß daher gegebenenfalls der Erinnerung *abhelfen*, Ffm Rpfleger **79**, 111, Kblz Rpfleger **78**, 227, LG Frankenth Rpfleger **84**, 424. Der Rpfl kann zB einen Pfändungs- und Überweisungsbeschluß nach § 829 ändern oder den Beschluß auch aufheben, Ffm Rpfleger **79**, 112. Deshalb muß sich zunächst das bisherige Vollstreckungsorgan dazu zu äußern, § 329) begründen. Andernfalls liegt ein Verfahrensmangel vor, der zur Zurückverweisung führen kann, § 329 Rn 4, 11. Dabei kann der Richter auch nach § 7 RPflG, Anh § 153 GVG, den Rpfl anweisen.
Der Richter kann eine mündliche *Verhandlung* stattfinden lassen, ist dazu aber nicht verpflichtet, § 128 26 Rn 10, Schilken AcP **181**, 368. Ein Termin ist unverzüglich zu bestimmen, § 216 entsprechend, auch für die Zeit vom 1. 7. bis 31. 8. ohne spätere Verlegungsmöglichkeit, § 227 III 2 Hs 1 Z 7. Wenn er dem Rechtsmittelgericht die Akten vorlegt, statt über die Erinnerung durch einen mit Gründen versehenen Beschluß, § 329 Rn 4, selbst zu entscheiden, dann hat das Rechtsmittelgericht die Sache an das Vollstreckungsgericht zurückzuverweisen, § 10 ist unanwendbar, Hamm MDR **74**, 239, Hamm KTS **77**, 178, LG Kiel SchlHA **83**, 76. Der Erinnerungsführer muß diejenigen Tatsachen nach § 256 Rn 16 zur Überzeugung des Gerichts beweisen, auf die er seine Erinnerung stützt, AG Springe NJW **78**, 834. Das Gesetz läßt die Glaubhaftmachung wegen der Bedeutung einer endgültigen Entscheidung nicht zu. Prüfungsgegenstand sind nur die vom Schuldner gerügten Mängel des Vollstreckungsverfahrens. Vor einer Entscheidung zu Lasten des Antragsgegners ist dieser anzuhören, Art 103 I GG, LG Bln DGVZ **83**, 11.

**10) Entscheidung, I, II.** Das Vollstreckungsgericht entscheidet ohne Vorlage beim höheren Gericht, 27 Düss RR **93**, 831 (beim Verstoß ist zurückzugeben bzw zu -verweisen), durch einen Beschluß, § 329. Er lautet auf eine Zurückweisung der Erinnerung oder im Fall des Stattgebens je nach der Sachlage im Zeitpunkt der Entscheidung, Köln OLGZ **88**, 216, dahin, daß die angefochtene Zwangsvollstreckungsmaßnahme für unzulässig erklärt wird und/oder auch daß das Gericht den Gerichtsvollzieher zu deren Aufhebung anweist. Wenn das Vollstreckungsgericht oder das Beschwerdegericht eine Maßnahme des Vollstreckungsgerichts für unzulässig erklärt, dann ist diese Maßnahme damit aufgehoben worden, Kblz Rpfleger **86**, 229. Die Aufhebung beseitigt den Pfändungsbeschluß nicht rückwirkend, dazu ist vielmehr eine leugnende Feststellungsklage notwendig, aus anderen Gründen zulässig ist, BGH **94**, 149.
Die Entscheidung ist mit vollem Namenszug zu *unterschreiben*, § 129 Rn 9, § 329 Rn 8; eine sog Paraphe genügt also nicht, auch nicht beim Rpfl, Köln VersR **92**, 256 (auch zur Heilung durch den Richter). Die Entscheidung ist grundsätzlich zu begründen, § 329 Rn 4. Sie ist im Fall einer mündlichen Verhandlung zu *verkünden*, § 329 I 1. Wenn die Erinnerung zurückgewiesen wird, ist die Entscheidung dem Antragsgegner formlos mitzuteilen, § 329 II 1, dem Antragsteller förmlich zuzustellen, § 329 III. Eine der Erinnerung stattgebende Entscheidung ist beiden Parteien zuzustellen.
Der Beschluß muß über die *Kosten* entscheiden. Denn diese sind keine Kosten der Zwangsvollstreckung, 28 sondern diejenigen eines selbständigen Verfahrens, BGH RR **89**, 89. Es sind also §§ *91 ff* anwendbar, nicht § 788, BGH **89**, 125, StJM **41**, ZöStö **34**, aM AG Wolfsb DGVZ **95**, 62. Der Beschluß erwächst nicht nur in äußere, sondern auch in innere Rechtskraft, Einf 2 vor §§ 322–327. Die Rechtskraft einer Entschei-

## § 766

dung, die eine Erinnerung des Schuldners zurückweist, wirkt auch gegenüber einem Dritten. Die Entscheidung gegen einen Dritten wirkt im Verhältnis zu weiteren Dritten. Im übrigen wäre es selbst dann ein Mißbrauch, eine mehrmalige Entscheidung desselben Sachverhalts zu verlangen, wenn die innere Rechtskraft nicht einreten würde. Der Gläubiger kann beantragen, den Vollzug der aufhebenden oder der abändernden Entscheidung bis zum Eintritt der Rechtskraft auszusetzen.

29   **11) Einstweilige Anordnung, I, II.** Eine einstweilige Anordnung des Gerichts vor seiner Entscheidung über die Erinnerung ist entsprechend § 732 II zulässig. Das Gericht darf also auch von Amts wegen, Mü MDR **91**, 66, die Zwangsvollstreckung gegen oder ohne eine Sicherheitsleistung einstellen oder die Fortsetzung der Vollstreckung von einer Sicherheitsleistung abhängig machen, § 732 Rn 6. Bei seiner Abhilfeprüfung darf und muß schon der Rpfl nach § 732 II vorgehen, LG Frankenth Rpfleger **84**, 424.

30   **12) Rechtsbehelfe erster Instanz, I, II.** Die Regelung hat sich wie folgt entwickelt, dazu *Schmidt* JuS **92**, 92:

**A. Einstweilige Einstellung.** Gegen eine einstweilige Einstellung durch den Richter, I 2, ist entsprechend § 707 II 2 kein Rechtsbehelf statthaft. Denn sonst würde die Entscheidung in der Hauptsache zu sehr verzögert. Ausnahmsweise kann das Gericht seine einstweilige Einstellung abändern und ist die einstweilige Einstellung anfechtbar, § 707 Rn 21.

31   **B. Entscheidung nach Anhörung.** Gegen eine Entscheidung des Richters nach der Anhörung der Beteiligten, Rn 14, also auch des Drittschuldners, aM LG Bochum Rpfleger **84**, 278, ist die sofortige Beschwerde § 577 zulässig, § 793 I, Karlsr FamRZ **84**, 1249, LG Düss Rpfleger **83**, 255. Wenn der Rpfl derart entschieden hat, ist die sofortige Erinnerung zulässig, § 11 II 1 RPflG, Anh § 153 GVG, LG Bochum Rpfleger **84**, 278, LG Ffm Rpfleger **89**, 400. Der Rpfl muß prüfen, ob er abhilft, § 11 II 2 RPflG, und andernfalls dem Richter vorlegen, § 11 II 3 RPflG. Der Richter des Gerichts des Rpfl hat dann durch einen zu begründenden Beschluß zu entscheiden, § 329 Rn 4, aM LG Stgt Rpfleger **92**, 56. Bei einer einstweiligen Anordnung durch den Rpfl, Rn 29, gilt das in § 732 Rn 9 Ausgeführte; bei einer einstweiligen Anordnung durch den Richter gilt das in § 732 Rn 10 Ausgeführte.

Wegen der *Kosten*, Gebühren oder Auslagen muß ein Beschwerdewert von 200 DM überschritten sein, soweit es um eine Kostengrundentscheidung im Sinn von § 91 Rn 4 geht, um das Rechtsmittel statthaft zu machen, § 567 II 1, LG Frankenth Rpfleger **76**, 367. Soweit es um andere Kosten geht, muß ein Beschwerdewert von 100 DM überschritten sein, § 567 II 2. Wenn es sich dagegen um einen Kostenvorschuß zB nach §§ 379, 402, § 65 GKG, § 5 GVKostG oder um die Bemessung seiner Höhe handelt, von dessen Zahlung der Gerichtsvollzieher die Vornahme seiner Amtshandlung abhängig macht, dann ist die Erinnerung gegen die Art und Weise der Zwangsvollstreckung zulässig, so daß § 567 II nicht anwendbar ist, Hartmann Teil XI § 5 GVKostG Rn 19.

32   Wenn statt einer gesetzlich vorgesehenen bloßen Zwangsvollstreckungsmaßnahme (ohne Anhörung aller Beteiligten) einer echte *Entscheidung nach* einer *Anhörung* der Beteiligten getroffen wurde, ist die sofortige Beschwerde zulässig, § 793 I. Jedoch ist meist eine Umdeutung der angefochtenen Entscheidung in die richtige Form geboten; der Rechtsbehelf ist dann in denjenigen umzudeuten, der gegen die Maßnahme zulässig ist, Rn 8, Schmidt JuS **92**, 94 („Sowohl-als-auch-Lösung": Statthaftigkeit der Erinnerung sowohl wegen der Art der Entscheidung, ihres objektiven Inhalts, als auch wegen der Art des vorausgegangenen Verfahrens). Wenn fälschlich § 11 RPflG angewendet wurde, wird die Sache zurückverwiesen, Hamm Rpfleger **73**, 222. Das Gericht muß eine verspätete sofortige Beschwerde unter Umständen in eine zulässige, unbefristete Erinnerung umdeuten. Die Beschwerde ist unzulässig, soweit das LG als Berufungs- oder Beschwerdegericht entschieden hat, § 567 III 1, oder wenn es um eine Entscheidung des OLG geht, § 567 IV 1. Wegen der weiteren Beschwerde § 793 II, wegen einer Anschlußbeschwerde § 577 a.

33   **C. Beendigung der angefochtenen Vollstreckungsmaßnahme.** Sie steht der Zulässigkeit der Beschwerde nicht entgegen. Dies gilt zB dann, wenn es noch um die Kosten des Gerichtsvollziehers geht, AG Korbach DGVZ **84**, 154, oder wenn die angefochtene Pfändung aufgehoben wird, und zwar auch dann, wenn das Vollstreckungsgericht die Aufhebung der Pfändung ausspricht. Eine aufgehobene Maßnahme lebt nicht wieder auf. Sie kann aber erneut zulässig werden. Das Beschwerdegericht darf eine Neupfändung selbst aussprechen und bei einer Sachpfändung den Gerichtsvollzieher zur Vornahme einer erneuten Pfändung anweisen. Wenn allerdings die Zwangsvollstreckung insgesamt gänzlich beendet ist, Grdz 52 vor § 704, wird dadurch die Beschwerde unzulässig. Dann kann lediglich ein sachlichrechtlicher Anspruch verbleiben. Ihn kann der Gläubiger zB nach § 256 I geltend machen. Zur Vermeidung unerfreulicher Folgen der Aufhebung einer ihrerseits aufgehobenen Entscheidung wendet Schneider MDR **84**, 371 § 572 II, III an.

34   **13) Rechtsbehelfe in Beschwerdeinstanz.** Gegen einen Beschluß des Beschwerdegerichts, durch den eine Vollstreckungsmaßnahme *ohne* eine Anhörung des Schuldners angeordnet wurde, ist die Erinnerung an das Beschwerdegericht zulässig, Hamm MDR **75**, 938, aM ThP 29 (weitere sofortige Beschwerde). Soweit das Beschwerdegericht *nach* einer Anhörung entschieden hat, ist die weitere sofortige Beschwerde nach § 793 II statthaft.

35   **14) *VwGO*:** Entsprechend anwendbar, § 167 I VwGO, bei Maßnahmen der Vollstreckungsorgane und des Vorsitzenden als Vollstreckungsbehörde im Rahmen der Rn 3 ff, auch bei Vollstreckung zugunsten der öffentlichen Hand, § 169 VwGO, Wettlaufer S 185 ff, VGH Kassel NVwZ-RR **98**, 77, VGH Mannh NVwZ-RR **97**, 765, OVG Bln NJW **84**, 1370 mwN, Kopp § 169 Rn 2 mwN, und auch dann, wenn der Schuldner gehört worden ist, aM für die Ablehnung des Vollstreckungsantrags VGH Mannh NVwZ **93**, 73 u DVBl **89**, 47, VGH Mü BayVBl **87**, 149, beide mwN: Zuständig ist das Vollstreckungsgericht, § 764 Rn 9, VGH Mannh DVBl **89**, 48. Keine Einlegungsfrist, weil § 151 VwGO nicht paßt, Gaul JZ **79**, 498, aM RedOe § 167 Anm 5, Kopp § 167 Rn 2. Wegen der Beschwerde, oben Rn 31 ff, s § 793 Rn 14. Unanwendbar ist § 766 auf die Vollstreckung aus VerwAkten, Kröller (§ 767 Rn 58) S 115 ff, Kopp § 167 Rn 14 und 18, aM Gaul JZ **79**, 500.

## § 767

**767** *Vollstreckungsabwehrklage.* I Einwendungen, die den durch das Urteil festgestellten Anspruch selbst betreffen, sind von dem Schuldner im Wege der Klage bei dem Prozeßgericht des ersten Rechtszuges geltend zu machen.

II Sie sind nur insoweit zulässig, als die Gründe, auf denen sie beruhen, erst nach dem Schluß der mündlichen Verhandlung, in der Einwendungen nach den Vorschriften dieses Gesetzes spätestens hätten geltend gemacht werden müssen, entstanden sind und durch Einspruch nicht mehr geltend gemacht werden können.

III Der Schuldner muß in der von ihm zu erhebenden Klage alle Einwendungen geltend machen, die er zur Zeit der Erhebung der Klage geltend zu machen imstande war.

**Vorbem.** Wegen der *neuen Bundesländer* vgl § 323 Vorbem.

**Schrifttum:** *Barkam*, Erinnerung und Klage bei qualifizierten vollstreckbaren Ausfertigungen, 1989; *Habscheid*, Urteilswirkungen und Gesetzgeber, Festschrift für *Lüke* (1997) 225; *Häsemeyer*, Schuldbefreiung und Vollstreckungsschutz, Festschrift für *Henckel* (1995), 353; *Heil*, Die Bindung der Gerichte an Entscheidungen anderer Gerichte, Diss Bochum 1983; *Jakoby*, Das Verhältnis der Abänderungsklage gemäß § 323 ZPO zur Vollstreckungsgegenklage gemäß § 767 ZPO, 1991; *Janke*, Über den Gegenstand der Vollstreckungsgegenklage, 1978; *Kainz*, Funktion und dogmatische Einordnung der Vollstreckungsabwehrklage in das System der Zivilprozeßordnung, 1985; *Kellner*, Probleme um die Vollstreckungsabwehrklage nach § 19 AGBG, Diss Mü 1979; *Lippross*, Grundlagen und System des Vollstreckungsschutzes, 1983; *Otto*, Die inner- und außerprozessuale Präklusion im Fall der Vollstreckungsgegenklage, Festschrift für Henckel (1995) 615; *Seifert*, Prozeßstrategien zur Umgehung der Präklusion, 1996; *Weinzierl*, Die Präklusion von Gestaltungsrechten durch § 767 Abs. 2 ZPO usw, 1997.

### Gliederung

| | |
|---|---|
| 1) Systematik, Regelungszweck, I–III ... 1 | C. Arrest .................................. 14 |
| 2) Geltungsbereich, I–III ................. 2–5 | D. Einstweilige Anordnung ........... 15 |
|    A. Gesetzesauslegung .................. 3 | E. Einstweilige Verfügung ............ 15 |
|    B. Gestaltungsurteil .................... 4 | F. Vorläufige Unterhaltsfestsetzung .. 15 |
|    C. Feststellungsurteil .................. 5 | G. Einwendungen gegen Vollstreckungsklausel. .......................... 16 |
| 3) Zusammentreffen mit anderen Klagarten und Rechtsbehelfen, I–III ...... 6–8 | H. Anfechtungsklage nach NEhelG ..... 16 |
|    A. Leugnende Feststellungsklage ...... 6 | I. Klage nach § 19 AGBG ............. 16 |
|    B. Erneute Leistungsklage ............. 6 | J. Einwendung gegen Notarkostenrechnung ............................. 16 |
|    C. Herausgabeklage ................... 6 | 6) Einwendungen, I ..................... 17–38 |
|    D. Abänderungsklage .................. 7 |    A. Grundsatz: Anspruchsvernichtung, Hemmung der Durchsetzbarkeit ..... 17 |
|    E. Bereicherungsklage ................. 8 |    B. Beispiele zur Frage der Zulässigkeit einer Einwendung .................. 18–38 |
|    F. Erinnerung ........................... 8 | 7) Klage, I ............................. 39–49 |
|    G. Berufung ............................. 8 |    A. Zulässigkeit ........................ 39 |
| 4) Anwendbarkeit auf andere Vollstreckungstitel, I–III ........................ 9–13 |    B. Parteien ............................ 40 |
|    A. Vollstreckungsurteil ................. 9 |    C. Zustellung .......................... 41 |
|    B. Vollstreckungsbescheid ............. 10 |    D. Zuständigkeitsgrundsatz: Prozeßgericht erster Instanz ................ 42 |
|    C. Prozeßvergleich .................... 11 |    E. Beispiele zur Frage der Zuständigkeit . 43–45 |
|    D. Beschluß ............................ 12 |    F. Klagegrund ......................... 46 |
|    E. Vollstreckbarerklärung ............. 12 |    G. Verfahren ......................... 47, 48 |
|    F. Feststellung zur Insolvenztabelle ... 12 |    H. Entscheidung ...................... 49 |
|    G. Teilungsplan ....................... 12 | 8) Beschränkung der Klagegründe (Präklusionswirkung), II ................. 50–56 |
|    H. Vorschußberechnung nach GenG ... 12 |    A. Nach der letzten Tatsachenverhandlung ........................... 50, 51 |
|    I. Nachschußfestsetzung nach VAG .. 12 |    B. Unerheblichkeit der Parteikenntnis .. 52 |
|    J. Einstweilige Zahlungsverfügung ..... 12 |    C. Aufrechnung ...................... 53, 54 |
|    K. Urkunde ............................ 12 |    D. Weitere Fälle ...................... 55 |
|    L. Einwendung nach BVFG ........... 12 |    E. Unzulässigkeit des Einspruchs ..... 56 |
|    M. Kostenfestsetzungsbeschluß ....... 13 | 9) Einwendungsverlust, III .............. 57, 58 |
|    N. Geldersatz nach StPO ............. 13 | 10) *VwGO* ............................... 59 |
|    O. Beschluß nach FGG ................ 13 | |
|    P. Zahlungsaufforderung nach BRAO .. 13 | |
|    Q. Zuschlagsbeschluß ................. 13 | |
| 5) Unanwendbarkeit, I–III ............... 14–16 | |
|    A. Steuersache ........................ 14 | |
|    B. Beitreibung ........................ 14 | |

**1) Systematik, Regelungszweck, I–III.** Die Vollstreckbarkeit des Titels und damit die Rechtmäßigkeit **1** der Zwangsvollstreckung sind von dem Schicksal des sachlichrechtlichen Anspruchs unabhängig, BGH FamRZ **84**, 879, LG Bln Rpfleger **82**, 483, Völp GRUR **84**, 488. Nur das Gericht kann die Vollstreckbarkeit des Titels beseitigen. Dies geschieht grundsätzlich nur auf eine Vollstreckungsabwehrklage, vgl LG Bln MDR **74**, 1025. Sie ist in § 767, ergänzt durch §§ 768–770, geregelt, neben denen die allgemeinen Vorschriften anwendbar sind, zB §§ 129 ff, § 253 oder § 256, dort Rn 102, BGH NJW **97**, 2321. Beim Vollstreckungsbescheid, §§ 699, 700, enthält § 796 II eine gegenüber § 767 II vorrangige Sonderregelung. Dasselbe gilt beim Titel auf Regelunterhalt nach § 1612 a BGB zugunsten des § 798 a.

Der Ausdruck Vollstreckungsabwehrklage stammt von Reichel AcP **133**, 20. Er ist besser als der von Kohler AcP **72**, 4 eingeführte, noch zB von BGH NJW **93**, 1395 benutzte Ausdruck Vollstreckungsgegenklage. Die Abwehrklage ist eine *rein prozessuale Gestaltungsklage*, Grdz 19 vor § 253, BGH **118**, 236 und RR **90**, 49, BPatG GRUR **82**, 484, Ffm FamRZ **98**, 968.

## § 767

So eindeutig die Vollstreckungsabwehrklage in I der – wenn auch gewissermaßen „im letzten Moment" vor der Vollstreckung erhofften – *Verhinderung ungerechter Ergebnisse* und damit einem Hauptziel des gesamten Zivilprozesses dient, Einl III 9, so wenig darf sie doch zu einer bequemen *Unterwanderung* der inneren wie äußeren *Rechtskraft*, § 322, führen, BGH NJW **97**, 743. Das kommt in II, III zum Ausdruck. Daher ist zwar I weit, sind indes II, III eher streng auszulegen. Eine nicht in Formalismus abgleitende, abwägende Gesamtauslegung wird dem Ziel des § 767 am ehesten gerecht.

**2** 2) **Geltungsbereich, I–III.** Die Klage richtet sich nicht gegen eine bestimmte Zwangsvollstreckungsmaßnahme, sondern gegen die Vollstreckbarkeit des Titels überhaupt und nur gegen diese Vollstreckbarkeit, BGH NJW **97**, 2321, Köln MDR **92**, 612, Schlesw JB **93**, 623. Daher ist grundsätzlich ein Antrag unrichtig, der dahin geht, die Zwangsvollstreckung nur in bestimmte Gegenstände für unzulässig zu erklären. Eine Ausnahme gilt bei einem Wohnbesitz für Einwendungen des Treuhänders des zweckgebundenen Vermögens, § 12 b II 2 des 2. WoBauG.

Voraussetzung ist ein vollstreckbarer Titel, BGH RR **87**, 1149, Hamm DNotZ **92**, 662, Köln VersR **93**, 1505. Dazu gehört auch ein Titel der in Rn 10–13 genannten Art, nicht jedoch ein Titel nach Rn 14–16. Er muß aus sich heraus klar sein, Köln VersR **93**, 1505. Wenn dieser nicht vorliegt, trotzdem aber eine Vollstreckungsklausel nach §§ 724 ff erteilt wurde, ist nur der Weg nach § 732 offen, BGH RR **87**, 1149, aM Hamm RR **91**, 1152, aM Hamm DNotZ **92**, 663, Köln RR **99**, 431 (§ 767 entsprechend), Rieble/Rumler MDR **89**, 499 (sie wenden den Meistbegünstigungsgrundsatz an). Zur Lage bei § 79 II BerfGG Rn 33 „Verfassungsverstoß".

**3** **A. Gesetzesauslegung,** dazu auch *Weinzierl* (vor Rn 1): Ein Angriff gegen die Durchführung eines rechtskräftig festgestellten Anspruchs ist zwecks Rechtssicherheit, Einl III 43, an sich unerwünscht. Deshalb muß man den § 767 eng auslegen, BGH NJW **81**, 2756, AG Lingen FamRZ **94**, 1272. Das übersieht Steines KTS **87**, 31.

**4** **B. Gestaltungsurteil.** Bei einem rechtsgestaltenden Urteil, Grdz 10 vor § 253, kann die Vorschrift nicht angewendet werden. Wenn man sie auch als mit der Rechtskraft vollstreckbar ansieht, käme die Entscheidung doch zu spät, weil jede Möglichkeit der Einstellung fehlt. § 769 kann bei einer solchen Entscheidung nicht helfen. Um den Eintritt der Gestaltungswirkung zu verhindern, zB die Wirkung nach § 894 zu verhüten, will Schlosser, Gestaltungsklage und Gestaltungsurteil §§ 264 ff, die Klage nach § 767 und demgemäß auch vorläufige Maßnahmen nach § 769 schon vor der Rechtskraft des Gestaltungsurteils zulassen.

**5** **C. Feststellungsurteil.** Ein Feststellungsurteil, Grdz 9 vor § 253, hat jedenfalls in der Hauptsache (anders beim Kostenausspruch) keine Vollstreckungswirkung und läßt deswegen auch keine Vollstreckungsabwehr zu, Hager KTS **89**, 518. Sachlich ist der Vollstreckungsabwehrprozeß die Fortsetzung des alten Rechtsstreits, BGH NJW **80**, 1393. Deshalb ist zB kein neuer Verwaltungsvorbescheid notwendig, wenn die Klage einen solchen erfordert hatte.

**6** 3) **Zusammentreffen mit anderen Klagarten und Rechtsbehelfen, I–III.** Die Vollstreckungsabwehrklage läßt nicht weniger als sieben andere Wege unberührt.

**A. Leugnende Feststellungsklage.** Zulässig und unter Umständen notwendig bleibt schon wegen ihrer weiter reichenden Wirkung eine Klage auf die Feststellung des Nichtbestehens des Anspruchs nach § 256, BGH FamRZ **84**, 879, Hamm RR **88**, 432, Kblz FamRZ **94**, 1196, soweit ihr nicht die Rechtskraft entgegensteht, § 322 Rn 41, auch infolge des Erlöschens durch eine Aufrechnung, § 322 Rn 21, BGH BB **62**, 973. Vgl auch § 256 Rn 102 „Vollstreckungsfragen".

**B. Erneute Leistungsklage.** Zulässig bleibt eine erneute Leistungsklage, Grdz 8 vor § 253, wegen der Notwendigkeit, einen neuen Titel zu beschaffen. Diese kann eintreten, wenn zB der alte Vollstreckungstitel unklar ist. Zulässig bleibt auch eine Feststellungsklage über den Inhalt des vorhandenen Urteils, BGH **LM** Nr 40. Näheres Einf 16 vor §§ 322–327.

**C. Herausgabeklage.** Zulässig bleibt eine Klage auf die Herausgabe des Vollstreckungstitels wegen vollständiger Befriedigung des Gläubigers, BGH NJW **94**, 3225, Saum JZ **81**, 698. Eine teilweise Befriedigung genügt nicht.

**7** **D. Abänderungsklage.** Zulässig bleibt eine Abänderungsklage nach § 323, auch bei einer Verpflichtungsurkunde, aM BayObLG FamRZ **99**, 935 (eine Begründung ist nicht erkennbar). Sie steht beiden Parteien zu und bezieht sich auf den Wegfall der rechtsbegründenden Tatsachen. Die Abänderungsklage kann dafür auch die Rüge der Rechtshängigkeit nach § 261 begründen. Zu den Unterschieden der beiden Klagarten BGH FamRZ **89**, 160, Düss FamRZ **87**, 168, Graba NJW **89**, 481 (ausf).

Da die Vollstreckungsabwehrklage aber häufig dasselbe Ziel wie die Abänderungsklage hat, fehlt im allgemeinen nach der Erhebung einer Abänderungsklage das *Rechtsschutzbedürfnis*, Grdz 33 vor § 253, für eine Vollstreckungsabwehrklage nach § 767. Jedoch muß das Gericht stets prüfen, ob sich die Ziele und die Wirkungen der beiden Klagen wirklich decken. BGH **70**, 156 gibt für die Anrechnung von Kindergeld den Weg nach § 767, für die Änderung der Unterhaltsrichtsätze denjenigen nach § 323 frei.

Zum Verhältnis der §§ 323, 767 bei *Unterhaltsforderungen* während des Getrenntlebens einerseits und nach der Scheidung andererseits BGH NJW **81**, 978, Bbg FamRZ **99**, 943, KG FamRZ **90**, 187. Wegen der Hilfsklage § 260 Rn 8, Karlsr FamRZ **85**, 288. Rückständigen Unterhaltsbeiträgen kann man nur nach § 767 entgegentreten, soweit es sich nicht um solche für das Kind handelt, § 1615 i BGB, §§ 642 f. Dabei ist die Einwendung wirkungslos, der Kläger hätte ihnen früher mit einer Klage aus § 323 entgegentreten können.

**8** **E. Bereicherungsklage.** Zulässig bleibt eine Bereicherungsklage auf die Erstattung des zu Unrecht Beigetriebenen, § 264 Rn 10, BGH NJW **87**, 652, Ffm MDR **82**, 934, KG FamRZ **88**, 85, aM Karlsr FamRZ **91**, 352. Dabei gelten die gewöhnlichen Gerichtsstände.

**F. Erinnerung,** dazu *Münzberg* JZ **93**, 95: Mit der Erinnerung aus § 766 trifft die Vollstreckungsabwehrklage nach § 767 grundsätzlich nicht zusammen, § 766 Rn 1. Die Klage wäre vielmehr durch ein Prozeßurteil als unzulässig abzuweisen, Grdz 14 vor § 253, soweit die Erinnerung statthaft ist, BGH Rpfleger **89**,

## 1. Abschnitt. Allgemeine Vorschriften § 767

248, LG Hbg KTS **83**, 600. Von dieser Regel gelten Ausnahmen, soweit Einwendungen gegen die Art und Weise der Zwangsvollstreckung nach § 766 und Einwendungen gegen den sachlichrechtlichen Anspruch nach § 767 zusammentreffen, Düss OLGZ **84**, 94, Rn 13 (M), ferner auch bei einem sachlichrechtlichen Vollstreckungsvertrag, Grdz 24 vor § 704.

**G. Berufung.** Mit der Vollstreckungsabwehrklage kann die Berufung gegen den Vollstreckungstitel nach §§ 511 ff zusammentreffen, Ffm RR **92**, 32.

**4) Anwendbarkeit auf andere Vollstreckungstitel, I–III.** § 767 erfaßt zahlreiche weitere Fälle. 9

**A. Vollstreckungsurteil.** Es liegt ein Vollstreckungsurteil vor, § 723 Rn 2, 3.

**B. Vollstreckungsbescheid.** Es liegt ein Vollstreckungsbescheid vor, § 796 III. 10

**C. Prozeßvergleich.** Es liegt ein Prozeßvergleich vor, Anh § 307, sofern vorher eine vollstreckbare 11 Entscheidung ergangen ist. Denn dann ist § 775 Z 1 unanwendbar, § 775 Rn 8, § 794 Rn 7, Hamm NJW **88**, 1988. Sonst besteht für eine Klage nach § 767 an sich oft kein Rechtsschutzbedürfnis, Grdz 33 vor § 253, BGH (8. ZS) **LM** Nr 37, Hbg NJW **75**, 225, großzügiger BGH (LwS) FamRZ **87**, 805, BAG KTS **90**, 123 (Einwand der Masseunzulänglichkeit). Jedoch ist eine Vollstreckungsabwehrklage zulässig, wenn der Kläger behauptet, die Vergleichsforderung sei nachträglich weggefallen, BGH FamRZ **84**, 879 (arglistige Täuschung), Köln AnwBl **82**, 114, aM Ffm FamRZ **88**, 62 (Verwirkung: § 323), Hbg NJW **75**, 225, Karlsr FamRZ **91**, 352 (Fortfall der Geschäftsgrundlage, Verwirkung usw).

Eine Vollstreckungsabwehrklage ist ferner zulässig, wenn Streit über die *Auslegung* eines an sich unstreitig wirksam zustande gekommenen Prozeßvergleichs in seinem nicht vollstreckbaren Teil besteht, BGH **LM** § 794 Nr 22/23, BVerwG NJW **92**, 191, aM Renck NJW **82**, 2209, Anh § 307 Rn 39. Ein Unterhaltsvergleich im Hinblick auf die Scheidung darf vor dem Ausspruch der Scheidung abgeschlossen worden sein, BGH **LM** § 826 (Fa) BGB Nr 19. Nach einem Arrest-, einstweiligen Anordnungs- oder Verfügungsverfahren, §§ 620 ff, 916 ff, 935 ff, ist § 620 f S 2 vorrangig, Rn 15, und ein neuer Prozeß notwendig, Bbg FamRZ **84**, 1120, bzw denkbar, Hamm ZIP **80**, 1104. Der Vergleich muß aber bestimmt sein, Grdz 18 vor § 704, § 794 Rn 5, Karlsr OLGZ **84**, 342.

**D. Beschluß.** Die Vollstreckungsabwehrklage ist auch nach einem beschwerdefähigen Beschluß zulässig, 12 § 794 Rn 12–17, § 795 Rn 10.

**E. Vollstreckbarerklärung.** Es liegt die Vollstreckbarerklärung eines Schiedsspruchs usw nach § 1060 vor, auch einer ausländischen derartigen Entscheidung, § 1061.

**F. Festellung zur Insolvenztabelle.** Es liegt eine Feststellung zur Tabelle vor, § 178 InsO. Maßgebender Zeitpunkt ist der Prüfungstermin.

**G. Teilungsplan.** Es geht um einen Teilungsplan in der Zwangsversteigerung usw, §§ 115, 156 ZVG.

**H. Vorschußberechnung nach GenG.** Ausgangspunkt ist die Vorschußberechnung der Genossen, §§ 109, 114, 115 c GenG. Die Einwendungen müssen nach der Vollstreckbarerklärung entstanden sein.

**I. Nachschußfestsetzung nach VAG.** Es liegt eine Nachschuß- und Umlagefestsetzung im Konkurs der Versicherungsgesellschaft vor, § 52 VAG.

**J. Einstweilige Zahlungsverfügung.** Es geht um eine einstweilige Verfügung auf die Zahlung eines Geldbetrags, § 936 Rn 17, Klauser MDR **81**, 716.

**K. Urkunde.** Es handelt sich um eine vollstreckbare Urkunde, § 797 Rn 3, BGH RR **99**, 1080 (keine Unterwerfung), BayObLG FamRZ **91**, 1455, Ffm MDR **85**, 331, unabhängig davon, ob die Unterwerfungserklärung aus sachlichrechtlichen Gründen unwirksam ist, BGH NJW **92**, 2161.

**L. Einwendung nach BVFG.** Es geht um Einwendungen aus dem BVFG, die neben einer Erinnerung nach § 766 erhoben werden.

**M. Kosten-, Gebührenfestsetzungsbeschluß.** Es geht um einen Gebührenfestsetzungsbeschluß nach 13 § 19 BRAGO, BGH NJW **97**, 743, oder um einen Kostenfestsetzungsbeschluß, §§ 104, 794 I Z 2, 795, BGH NJW **94**, 3293, BAG KTS **87**, 723, Karlsr FamRZ **86**, 377. (Nur) beim letzteren ist allerdings II unanwendbar, § 795 Rn 13, BGH NJW **94**, 3293, BAG KTS **87**, 723, BPatG GRUR **92**, 507, aM Ffm AnwBl **87**, 95. § 269 IV ist beachtlich, Mü MDR **84**, 501.

**N. Geldersatz nach StPO.** Es handelt sich um eine Entscheidung auf einen Geldersatz im Strafverfahren nach § 406 b StPO, BGH NJW **82**, 1048.

**O. Beschluß nach FGG.** Es ist in einem Verfahren nach dem FGG ein Beschluß ergangen, KG ZMR **95**, 219. Hier kommt es darauf an, ob auf seine Vollstreckbarkeit die Vorschriften der ZPO für anwendbar erklärt sind, so zB nach dem WEG BayObLG ZMR **99**, 184, §§ 98, 158 II FGG, § 16 III HausrVO, aM Hamm FamRZ **88**, 745 (in einer Hausratssache sei ohnehin stets § 767 anwendbar). Doch muß das Gericht an Hand der Wirkungen der Entscheidung für die HausrVO prüfen, ob das Rechtsschutzbedürfnis neben der hier in Abweichung von § 18 II FGG gegebenen richterlichen Abänderungsmöglichkeit nach § 17 HausrVO bejaht werden kann.

**P. Zahlungsaufforderung nach BRAO.** Es geht um Einwendungen gegen die vollstreckbare Zahlungsaufforderung einer Rechtsanwaltskammer, § 84 III BRAO, jedoch wegen § 223 BRAO nicht um die Rechtswirksamkeit des zugrundeliegenden Kammerbeschlusses, BGH **55**, 255.

**Q. Zuschlagsbeschluß.** Es geht um einen Zuschlagsbeschluß nach dem ZVG.

**5) Unanwendbarkeit, I–III.** § 767 ist in zahlreichen Fällen unanwendbar. 14

**A. Steuersache.** Die Vorschrift gilt nicht in einer Steuersache, BFH NJW **72**, 224, aM BFH DB **84**, 596 (auch zu § 769).

**B. Beitreibung.** Die Vorschrift gilt nicht im Beitreibungsverfahren, § 6 I Z 1 JBeitrO. Hartmann Teil IX A. Bei §§ 781–784, 786 ist jedoch § 767 sinngemäß anwendbar, § 8 II JBeitrO, Rn 59.

**§ 767**  8. Buch. Zwangsvollstreckung

**C. Arrest.** Die Vorschrift gilt nicht in einer Arrestsache, § 924 Rn 2.

15 **D. Einstweilige Anordnung.** Die Vorschrift gilt regelmäßig nicht in einem Verfahren auf den Erlaß einer einstweiligen Anordnung im Rahmen des Scheidungsverfahrens, §§ 620 ff, BGH NJW **83**, 1330, Köln FER **99**, 218, Zweibr FamRZ **97**, 1227, aM BGH NJW **85**, 428, Hbg FamRZ **96**, 810, KG FamRZ **89**, 418. Die Unanwendbarkeit gilt auch nach einem dort geschlossenen Vergleich, Zweibr FamRZ **85**, 1150.

**E. Einstweilige Verfügung.** Die Vorschrift gilt grundsätzlich nicht in einem Verfahren auf den Erlaß einer einstweiligen Verfügung, §§ 935 ff, aM Nürnb GRUR **85**, 238, vgl aber Rn 12 (K) und § 936 Rn 17.

**F. Vorläufige Unterhaltsfestsetzung.** Die Vorschrift gilt nicht gegenüber der vorläufigen Festsetzung der Unterhaltspflicht im Verwaltungsweg gemäß BSHG usw.

16 **G. Einwendung gegen Vollstreckungsklausel.** Die Vorschrift gilt nicht für Einwendungen gegen die Zulässigkeit der Vollstreckungsklausel bei einer Unterwerfung unter die sofortige Zwangsvollstreckung in einer notariellen Urkunde. Hier sind §§ 797 III, 732 anwendbar, BGH RR **87**, 1149, LG Köln DNotZ **90**, 570, LG Mainz DNotZ **90**, 567, aM Wolfsteiner DNotZ **90**, 551.

**H. Anfechtungsklage nach NEhelG.** Die Anfechtungsklage nach Art 12 § 3 NEhelG ist kein Fall einer Vollstreckungsabwehrklage nach § 767. Denn der Anfechtungsgrund ist vor dem in II genannten Zeitpunkt entstanden. Infolgedessen ist hier auch § 769 unanwendbar.

**I. Klage nach § 19 AGBG.** Die Klage nach § 19 AGBG ist trotz ihrer Einkleidung in das Gewand einer Vollstreckungsabwehrklage nach § 767 ein eigenartiger Rechtsbehelf, Gaul Festschrift für Beitzke (1979) 1050, Kellner, Probleme um die Vollstreckungsabwehr. Klage nach § 19 AGBG, Diss Mü 1979.

**J. Einwendungen gegen Notarkostenrechnung.** Die Vorschrift gilt nicht in einem Verfahren nach § 156 KostO, Oldb MDR **97**, 394, LG Hanau RR **98**, 1773 (§ 17 a GVG, auch bei Berufung).

17 **6) Einwendungen, I.** Ein ziemlich weiter Zweck erfordert entsprechende Auslegung, Rn 1.

**A. Grundsatz: Anspruchvernichtung; Hemmung der Durchsetzbarkeit.** Unter § 767 fallen nicht etwa verfahrensrechtliche Verstöße als solche, Musielak Festschrift für Schwab (1990) 364, sondern nur diejenigen Einwendungen, die den durch den Titel rechtskräftig zuerkannten sachlichrechtlichen Anspruch nachträglich vernichten oder in seiner Durchsetzbarkeit hemmen, BGH NJW **96**, 57, BAG NJW **80**, 143, Schlesw JB **93**, 623, aM Gilles ZZP **83**, 61 (Anspruch wie Einwendungen nach § 767 seien nur prozessuale Begriffe).

18 **B. Beispiele zur Frage der Zulässigkeit einer Einwendung**
**Abänderungsklage:** Soweit sie nach § 323 zulässig ist, ist eine Vollstreckungsklage nach § 767 zwar nicht schlechthin unzulässig, § 323 Rn 1; vgl aber auch § 767 Rn 7.
S auch Rn 22 „Geschäftsgrundlage".
**Abtretung:** Rn 23 „Gläubigerwechsel", Rn 28 „Rücktritt".
**Allgemeine Geschäftsbedingungen:** Der Vortrag, eine Klausel sei verboten, ist eine zulässige Einwendung, Celle RR **91**, 667.
**Änderung der Gesetzgebung:** Sie ist grds keine zulässige Einwendung. Ausnahmsweise zulässig ist der Einwand, soweit ihn das Gesetz ausdrücklich erlaubt, zB in § 19 AGBG, ebenso Rüßmann Festschrift für Lüke (1997) 698, (wegen eines der Einzelklage folgenden abweichenden Urteils bei einer Verbandsklage PalH dort Rn 1, aM Sieg VersR **77**, 494), Ffm FamRZ **79**, 139, oder bei einem andauernden, fortlaufend anspruchserzeugenden Rechtsverhältnis, BGH FamRZ **77**, 462 (wegen einer Tatsache, die vor dem Vergleich eingetreten ist, Anh § 307 Rn 47).
19 **Anfechtungsgesetz:** Der Wegfall des Anspruchs infolge einer Anfechtung nach dem AnfG ist keine nach § 767 zulässige Einwendung. Denn hier ist der Anfechtungsgegner nicht durch § 767 beschränkt, aM BGH NJW **99**, 642 (wendet ll entsprechend an, soweit sich die Klage gegen ein Urteil richtet).
**Anrechnung:** Der Einwand, eine Anrechnung nach § 118 II BRAGO sei im Verfahren nach § 19 BRAGO zu Unrecht abgelehnt worden, ist wegen II eine zulässige Einwendung, BGH NJW **97**, 743.
**Arbeitsrecht:** Der Arbeitgeber kann gegen ein Urteil auf Beschäftigung dann nach § 767 vorgehen, wenn der Arbeitnehmer gar nicht oder nur unregelmäßig am Arbeitsplatz erscheint, Pallasch, Der Beschäftigungsanspruch des Arbeitnehmers" (1993) 138.
**Arglist:** Rn 30 „Treuwidrigkeit".
**Arrest, einstweilige Verfügung:** Das Außerkrafttreten einer solchen Maßnahme ist keine hier zulässige Einwendung. Denn damit bestreitet der Schuldner das Bestehen des Vollstreckungstitels.
S auch Rn 35 „Vollstreckungstitel".
**Art und Weise der Vollstreckung:** Einwendungen gegen die Art und Weise der Zwangsvollstreckung sind nicht im Verfahren nach § 767, sondern in dem Erinnerungsverfahren nach § 766 zu erheben.
S auch Rn 25 „Insolvenz", Rn 27 „Prozeßstandschaft", Rn 38 „Zug um Zug".
**Aufhebung einer Vollstreckungsmaßnahme:** Rn 36 „Vollstreckungsvertrag".
**Aufrechnung:** Die Behauptung, die Forderung des Gläubigers sei infolge einer Aufrechnung erloschen, ist eine zulässige, typische Einwendung, BGH NJW **94**, 3293, Hamm VersR **98**, 477 (Prozeßstandschaft), Karlsr JB **93**, 678, LG Ffm JB **96**, 272 (je: wegen eines Kostenerstattungsanspruchs).
**Auskunft:** Der Wegfall eines Auskunftsanspruchs ist eine zulässige Einwendung, Celle FamRZ **84**, 56.
20 **Bedingung:** Die Behauptung einer Bedingung ist eine zulässige Einwendung. Das gilt sowohl für eine aufschiebende als auch für eine auflösende Bedingung, zur letzteren Ffm FamRZ **89**, 1320, Karlsr NJW **90**, 2475 (zu § 796 II).
**Befriedigung:** Rn 21 „Erfüllung".
**Bereicherung:** Eine Situation nach §§ 812 ff BGB kann ausreichen, Köln DNotZ **73**, 475.
**Buchauszug:** Rn 28 „Rechnungslegung".

1. Abschnitt. Allgemeine Vorschriften § 767

**Bürgschaft:** Eine Zahlung durch einen Bürgen auf Grund eines vorläufig vollstreckbaren Urteils ist keine zulässige Einwendung. Denn sie ist nur eine bedingte Erfüllung, Rn 50. Eine Änderung der Rechtsprechung reicht grds nicht, Eckardt MDR **97**, 625.
S auch Rn 33 „Verjährung".
**Culpa in contrahendo:** Rn 33 „Verschulden bei Vertragsverhandlungen".
**Eigenbedarf:** Sein Wegfall kann ausreichen, LG Siegen WoM **92**, 147.   **21**
**Einziehungsermächtigung:** Es kommt darauf an, wer Träger des sachlichrechtlichen Anspruchs ist, Münzberg NJW **92**, 1867.
**Erbschaft:** Der Einwand der beschränkten Erbenhaftung ist zulässig, Hamm FamRZ **92**, 583. Der Einwand des Erben, die auf ihn übergegangene Unterhaltspflicht sei nach § 70 EheG weggefallen, ist zulässig, Hamm FamRZ **92**, 583.
Der Einwand, bei einer beschränkten Erbenhaftung fehle der Vorbehalt, ist hier unzulässig.
**Erfüllung:** Sie ist eine zulässige, typische Einwendung, § 803 Rn 9, BGH NJW RR **91**, 760 (Teilerfüllung, entsprechend beschränkte Abwehrklage), Hamm RR **93**, 690, Köln RR **99**, 431 (beim Gesamtschuldner), LG Münster DGVZ **95**, 184. Die Erfüllung reicht auch bei einer Handlungspflicht, zB bei einer Verpflichtung zur Rechnungslegung, Rn 28. Auch eine Teilerfüllung reicht aus, freilich nur zur entsprechenden teilweisen Bekämpfung, BGH DB **91**, 2385 (auch wegen eines Hilfsantrags), BayObLG ZMR **99**, 184 (WEG). Ein Vorbehalt ist meist unschädlich, Ffm FamRZ **93**, 346 (Fallfrage). Auch der Wegfall des Erfüllungsinteresses kann ausreichen, LG Siegen WoM **92**, 147.
S auch Rn 2, Rn 20 „Bürgschaft", Rn 28 „Rechnungslegung", Rn 31 „Unmöglichkeit", Rn 32 „Unterhaltspflicht".
**Erlaß:** Der Schulderlaß ist eine zulässige Einwendung, Köln VersR **92**, 885. Das gilt auch bei einem bedingten bzw teilweisen Schulderlaß, Hamm VersR **93**, 1548.
**Erlöschen:** Das Erlöschen der Forderung ist eine zulässige Einwendung, nicht nur bei Erfüllung, sondern auch bei einem anderen Grund, zB beim Eintritt in ein bestimmtes Lebensalter oder beim Eintritt der Erwerbsunfähigkeit, aM Zweibr FamRZ **93**, 441 (nur § 323).
**Erschleichung:** Rn 35 „Vollstreckungstitel".
**Fälligkeit:** Das Fehlen der Fälligkeit kann eine zulässige Einwendung sein, Hamm MDR **93**, 348.
**Geschäftsgrundlage:** Ihr Fehlen oder Fortfall ist bei einem wiederkehrenden Anspruch keine zulässige   **22** Einwendung. Denn in solcher Lage ist nicht die Zulässigkeit der Zwangsvollstreckung zu bestreiten; vielmehr muß man den Vollstreckungstitel vernichten lassen, § 323, BGH **100**, 212 (Zinsniveau), aM Schlesw FamRZ **86**, 72. Das gilt zB bei einem Anspruch auf Minderung einer Rente, § 323 Rn 40.
S auch Rn 18 „Abänderungsklage".
**Geschäftsunfähigkeit:** Die Behauptung, sie habe gefehlt, ist keine hier zulässige Einwendung. In einem solchen Fall mag eine Klage nach § 579 I Z 4 zulässig sein.
**Gesetzesänderung:** Sie kann eine Einwendung zulässig machen, Einl III 78.
**Gesetzliche Vertretung:** Ihr *jetziges* Fehlen ist keine zulässige Einwendung, Ffm MDR **97**, 195.
**Gewerbeordnung:** Ein Verbot nach §§ 115, 119 GewO ist eine zulässige Einwendung, BGH BB **75**, 901.
**Gläubigerwechsel:** Er ist eine zulässige Einwendung, Ffm DGVZ **93**, 92, LG Wiesb DGVZ **93**, 91. Das   **23** gilt zB: Bei einer Abtretung des Anspruchs, über den das Urteil entschieden hat (s aber auch unten); bei der Abtretung einer Grundschuld, Düss RR **97**, 444; bei einer Pfändung, AG Mü DGVZ **84**, 76, Münzberg DGVZ **85**, 145; beim Wegfall einer Prozeßstandschaft, Grdz 28 vor § 50 „Unterhalt", Brdb FamRZ **97**, 509, Mü FamRZ **97**, 1493, Melullis Festschrift für Piper (1996) 377, aM Ffm FamRZ **83**, 1268, Hamm VersR **98**, 477.
*Weitere Fälle:* Beim Verlust der Sachbefugnis, Schlesw SchlHA **82**, 111; infolge einer Überleitung des Anspruchs auf gesetzlicher Grundlage, Hbg FamRZ **96**, 810, KG FamRZ **89**, 418, ZöHe 12, aM KG GRUR **96**, 997. Denn *jede* sachlichrechtliche Änderung ist hier beachtlich; § 265 gilt außerdem in der Zwangsvollstreckung nicht, BGH **92**, 349 (krit Brehm JZ **85**, 342, Olzen JR **85**, 288); es genügt zB, daß die Abtretung dem Verurteilten erst nach dem Urteil bekannt geworden ist. Nicht zulässig ist aber die Einwendung der Unwirksamkeit eines Darlehensvertrages, auf dem die Abtretung an den neuen Gläubiger beruht, soweit auch der bisherige Gläubiger sie nicht mehr geltend machen kann, Nürnb OLGZ **83**, 481.
**Grundgesetz:** Rn 33 „Verfassungsverstoß".
**Haftungsbeschränkung:** Sie ist eine zulässige Einwendung. Das gilt zB für die Einrede des Notbedarfs,   **24** durch die eine Unterhaltspflicht des Erben vermindert wird, § 785.
**Handlungspflicht:** Rn 21 „Erfüllung".
**Haustürgeschäft:** Rn 37 „Widerruf".
**Hinterlegung:** Sie ist eine zulässige Einwendung, soweit sie schuldbefreiend oder zB fälligkeitshemmend wirkt.
**Insolvenz:** Eine Eröffnung des Insolvenzverfahrens ist eine zulässige Einwendung, zB wenn der Verwalter   **25** die Erfüllung ablehnt, BGH MDR **87**, 579, oder wenn ein Gläubiger noch eine Einzelvollstreckung versucht, LG Stgt Rpfleger **99**, 286. Auch eine Masseunzulänglichkeit reicht aus, BAG KTS **87**, 723. Beim Streit um die Wirksamkeit oder Unwirksamkeit einer Pfändung infolge eines solchen Verfahrens und, wenn der Gerichtsvollzieher sich weigert, die Pfändung aufzuheben, ist § 767 unanwendbar, BGH **LM** Nr 15.
**Kostenerstattungsanspruch:** Rn 19 „Aufrechnung".
**Kostenvergleich:** Rn 33 „Vergleich".
**Kostenvorschuß:** Gegen eine Anordnung nach § 887 II ist eine Einwendung nicht im Verfahren nach § 767 statthaft, BGH NJW **93**, 1395.
**Mehrwertsteuer:** Rn 29 „Sachlichrechtlicher Erstattungsanspruch".   **26**
**Miete:** Rn 21 „Eigenbedarf", Rn 34 „Verzicht".
**Nacherbfolge:** Ihr Eintritt ist eine zulässige Einwendung.   **27**
**Nichtigkeit:** Rn 33 „Vergleich".

*Hartmann*      1851

§ 767  8. Buch. Zwangsvollstreckung

**Option:** Ihre Ausübung führt zur Zulässigkeit der entsprechenden Einwendung, BGH **94**, 33.
**Pfändung:** Rn 23 „Gläubigerwechsel", Rn 25 „Insolvenz".
**Prozeßstandschaft:** Rn 23 „Gläubigerwechsel".
**Prozeßvergleich:** Rn 33 „Vergleich".
28 **Räumung:** Ein Fortfall des Eigenbedarf erst nach der Rechtskraft ist keine zulässige Einwendung, LG Köln WoM **94**, 212 (krit Scholl).
 S auch Rn 21 „Erfüllung", Rn 34 „Verzicht", Rn 37 „Wirkungsdauer".
**Rechnungslegung:** Die Behauptung, eine Rechnung sei bereits gelegt worden, ist nach § 767 zulässig, KG OLGZ **74**, 309. Das gilt auch für die Behauptung, es sei ein Buchauszug erteilt worden; die Vervollständigung muß der Gläubiger nach §§ 887, 888 erzwingen, Karlsr OLGZ **73**, 375.
 S auch Rn 21 „Erfüllung".
**Rechtsansicht:** Die Meinung, das Erstgericht habe einen Rechtsanwendungsfehler begangen, zB eine lt BVerfG anzustellende Prüfung unterlassen, reicht in dieser Allgemeinheit nicht als Einwendung nach § 767 aus, Stgt NJW **96**, 1684.
**Rechtsbeständigkeit:** Die Bekämpfung der Rechtsbeständigkeit des Vollstreckungstitels ist keine zulässige Einwendung.
 S auch Rn 18 „Änderung der Gesetzgebung".
**Rechtskraft:** Ihr Fehlen ist eine zur entsprechenden Anwendung von I (nicht von II, III) ausreichende Einwendung, BGH **124**, 166 (beim fehlerhaften Teilurteil).
**Rechtsmißbrauch:** Er kann zu einer zulässigen Einwendung führen, Einl III 54, Grdz 44 vor § 704, BSG FamRZ **96**, 1405, Ffm RR **92**, 32, jedoch nicht, wenn er nur die Wahl der Vollstreckungsmaßnahmen betrifft, Ffm RR **92**, 32.
**Rechtsschutzbedürfnis:** Rn 39.
**Rente:** Ein Wegfall der Berufsfähigkeit oder -unfähigkeit kann eine zulässige Einwendung gegen die Fortdauer solcher Rente sein, Mü VersR **97**, 96, aM Hamm FamRZ **99**, 239 (nur § 323).
**Rücktritt:** Er ist grds eine zulässige Einwendung, zumindest wenn er nach dem Erlaß des Urteils noch wirksam erfolgt ist, aM BGH DB **78**, 1494. Unzulässig ist aber die Einwendung, der Abtretende sei später zurückgetreten, BGH DB **78**, 1494.
**Sachbefugnis:** Rn 23 „Gläubigerwechsel".
29 **Sachlichrechtlicher Erstattungsanspruch:** Ein sachlichrechtlicher Kostenerstattungsanspruch nach der Rücknahme des Rechtsschutzgesuchs ist eine zulässige Einwendung, Schlesw RR **87**, 952. Dasselbe gilt für die sachlichrechtliche Regelung, nach der ein Anwalt die Mehrwertsteuer nicht erstattet fordern kann, oder für den Wegfall der Möglichkeit, Mehrwertsteuer auf Zinsen erstattet zu fordern, Ffm NJW **83**, 394, Schneider DGVZ **83**, 115.
**Schiedsvereinbarung:** Sie ist beachtlich, § 1032 I, so schon BGH RR **96**, 508.
**Sicherungsabrede:** Sie ist beachtlich, Hamm Rpfleger **99**, 231.
**Sittenwidrigkeit:** Sie ist zumindest auch eine nach § 767 zulässige Einwendung, BSG FamRZ **96**, 1405, Düss FamRZ **97**, 827, Hamm FamRZ **96**, 809.
**Stundung:** Sie ist eine zulässige Einwendung.
 S auch Rn 34 „Verzug".
30 **Teilerfüllung:** Rn 21 „Erfüllung".
**Teilurteil:** Rn 28 „Rechtskraft".
**Treuwidrigkeit:** Jede Art von Verstoß gegen Treu und Glauben, Einl III 54, Grdz 44 vor § 704, ist grds eine beachtliche Einwendung, BSG FamRZ **96**, 1405, Karlsr FamRZ **93**, 1457, AG SchwäbGmünd WoM **90**, 83. Das gilt auch für jede Art von Arglist, Rn 34 „Verwirkung".
 S freilich auch Rn 35 „Vollstreckungstitel".
31 **Überleitung des Anspruchs:** Rn 23 „Gläubigerwechsel".
**Überweisung zur Einziehung:** Sie ist eine zulässige Einwendung, BAG NJW **97**, 1869.
**Umsatzsteuer:** Der Einwand des Rechts von Vorsteuerabzug ist zulässig, LG Mü RR **92**, 1342.
**Ungerechtfertigte Bereicherung:** Rn 20 „Bereicherung".
**Unklagbarkeit:** Sie ist zulässige Einwendung, LG Traunst DGVZ **93**, 157.
**Unmöglichkeit:** Die Unmöglichkeit einer Erfüllung ist eine zulässige Einwendung, wenn sie den Schuldner befreit, BGH NJW **99**, 955, also nicht bei § 324 I BGB, Köln RR **91**, 1023.
 S auch Rn 21 „Erfüllung", Rn 38 „Zug um Zug".
32 **Unterhaltspflicht:** Ihr Wegfall oder ihre Minderung sind zulässige Einwendungen, soweit sie eine Erfüllung darstellen oder ihr gleichstehen, BGH RR **91**, 1155.
 *Das gilt zB:* Meist auch bei Zahlung unter Vorbehalt, Ffm FamRZ **93**, 346 (Fallfrage); bei einem eheähnlichen Verhältnis, BGH FamRZ **87**, 261; beim Trennungsunterhalt, Düss FamRZ **92**, 943; infolge Scheidung, Köln FamRZ **96**, 1077; infolge eines Todesfalls, Karlsr OLGZ **77**, 122; aufgrund einer Entscheidung, nach der der Unterhaltsschuldner nicht der Vater ist; infolge eines Rentenanspruchs, den der Unterhaltsgläubiger auf Grund des Versorgungsausgleichs erlangt, BGH FamRZ **93**, 812; infolge einer „Geschiedenen-Witwenrente", AG Bln-Tempelhof FamRZ **75**, 582 (dort Minderung); infolge des Eintritts der Volljährigkeit des Unterhaltsberechtigten, Celle FamRZ **92**, 943, Hamm FamRZ **92**, 843, AG Altena FamRZ **82**, 324. In anderen Fällen kommt nur § 323 in Betracht, BGH RR **91**, 1155.
 *Nicht hierher* gehört der Eintritt der Volljährigkeit, soweit der vorrangige § 798 a ihn ausschließt.
 S auch Rn 24 „Haftungsbeschränkung".
**Verbandsklage:** Die Änderung des § 13 II Z 2 UWG reicht nicht aus, Saarbr WettbR **96**, 185.
**Verbraucherkreditgesetz:** Rn 37 „Widerruf".
33 **Verfassungsverstoß:** Ein solcher kann als Einwendung reichen, Melzer NJW **96**, 3192, aM Stgt NJW **96**, 1683. Vgl ferner Hasler MDR **95**, 1086. Eine Entscheidung des BVerfG, durch die diejenige Norm, auf der das Urteil beruht, für nichtig erklärt wird, § 79 II 3 BVerfGG, ist als Einwendung zulässig, vgl Hbg FamRZ **88**, 1178.

## 1. Abschnitt. Allgemeine Vorschriften § 767

**Vergleich:** Die Behauptung, die Forderung des Gläubigers sei, insbesondere infolge eines außergerichtlichen oder gerichtlichen Vergleichs, erloschen, ermäßigt oder sonstwie verändert worden, ist eine zulässige, typische Einwendung, Hamm VersR **93**, 1548, Oldb FamRZ **92**, 844, LG Heidelb WoM **92**, 30. Auch die Nichtigkeit des Vergleichs zählt hierher, LG Heidelb WoM **92**, 30. Das alles gilt auch für einen Zwangsvergleich oder über eine Vereinbarung über die Verteilung der Kosten, wenn es etwa um einen Erstattungsanspruch geht, Münzberg NJW **96**, 2129, und zwar auch dann, wenn der Kostenvergleich vor der Scheidung, aber erst für den Fall der Scheidung geschlossen worden ist.

**Verjährung:** Die Verjährung ist eine zulässige Einwendung, BGH NJW **99**, 278 (verbürgte Hauptforschung). Bbg MDR **98**, 796 (Bürge), Olzen/Reisinger DGVZ **93**, 67, aM AG Ansbach DGVZ **92**, 140 (nur beim Hauptanspruch). Das gilt sogar beim rechtskräftigen Anspruch nach § 218 BGB, BGH NJW **90**, 2755, LG Kblz DGVZ **85**, 62, Olzen/Reisinger DGVZ **93**, 67.

S auch Rn 34 „Verwirkung".

**Verrechnung:** Der Schuldner kann (nur) mit der Klage nach § 767 eine Überprüfung der Verrechnung der von ihm für überhöht gehaltenen Vollstreckungskosten mit seinen Teilzahlungen verlangen, AG Stgt-Bad Cannstatt JB **92**, 264.

**Verschulden bei Vertragsverhandlungen:** Ein Schadensersatzanspruch aus diesem Gesichtspunkt ist eine zulässige Einwendung, Düss MDR **93**, 1198.

**Versicherung:** Die Einwendung, die Versicherungssumme sei erschöpft, ist unzulässig, BGH **84**, 154.

**Verwirkung:** Die Behauptung, die Forderung sei nach § 242 BGB usw verwirkt, ist eine zulässige Einwendung, BGH FamRZ **87**, 261, Ffm FamRZ **99**, 1164, Hamm RR **98**, 510, aM Ffm FamRZ **88**, 62 (beim Vergleich). Aber der Einwand bringt nur das in Wahrheit bereits eingetretene sachlichrechtliche Erlöschen zum Ausdruck, das stets bei § 767 beachtlich ist). **34**

S auch Rn 33 „Verjährung".

**Verzicht:** Ein Verzicht des Gläubigers auf die Forderung ist eine zulässige Einwendung, BGH MDR **91**, 668. Das gilt zB auch dann, wenn der Vermieter den Mieter trotz eines Räumungsurteils im ungestörten Besitz der Wohnung beläßt und weiterhin Mietzins fordert und annimmt, evtl sogar eine Erhöhung der Nebenkosten fordert, LG Essen WoM **84**, 252, LG Hagen MDR **82**, 582, AG Ffm DGVZ **87**, 127, oder *wenn* der Vermieter nach Vertragsende über die zu vollstreckende Kaution bereits abrechnen muß, LG Nürnb-Fürth WoM **94**, 708 (freilich ist meist gerade streitig, *ob* er schon abzahlen muß!), oder wenn ein neuer Nutzungsvertrag folgt, LG Freibg DGVZ **89**, 156. Ein Verzicht auf Abänderung nach § 323 kann unbeachtlich sein, BSG FamRZ **96**, 1405.

**Verzug:** Sein Fehlen ist eine zulässige Einwendung, Düss Rpfleger **77**, 67.

S auch Rn 29 „Stundung".

**Volljährigkeit:** Rn 32 „Unterhaltspflicht".

**Vollstreckungsklausel:** Der Einwand, die Vollstreckungsklausel sei unzulässig (erteilt worden), §§ 732, 768, ist unzulässig, Rn 8 (f), BGH RR **90**, 247, Karlsr OLGZ **91**, 229, LG Hbg KTS **83**, 600, aM Hbg KTS **83**, 601. Dasselbe gilt bei ihrem Fehlen, Köln NJW **97**, 1451 (wendet § 732 oder § 768 an und läßt notfalls nur Klageänderung zu). **35**

**Vollstreckungsstandschaft:** Einf 3 vor §§ 727–729.

**Vollstreckungstitel:** Bedenken gegen die formelle Wirksamkeit des Vollstreckungstitels selbst gehören nicht ins Verfahren nach § 767, BGH RR **90**, 247. So gibt es eine angebliche Erschleichung, wenn überhaupt, meist nur einen Anspruch auf eine Unterlassung der Zwangsvollstreckung und auf die Herausgabe des Titels, Einf 35 vor § 322, Hamm NJW **85**, 2275, LG Hbg RR **86**, 407, Kohte NJW **85**, 2230 (ausf), aM RoSGo § 162 II, StJL § 322 Rn 281. Auch ein Streit über den Inhalt des Urteils kann trotz der Notwendigkeit, den Titel auszulegen, zB § 890 Rn 7, nicht durch eine Klage nach § 767 geklärt werden, KG OLGZ **74**, 308. Vielmehr ist eine Feststellungsklage, BGH LM Nr 40, oder eine neue Leistungsklage erforderlich. Ungeeignet ist auch die Behauptung, für einen Teil des Anspruchs bestehe kein vollstreckbarer Titel.

S aber auch Rn 30 „Treuwidrigkeit".

**Vollstreckungsvertrag:** Die Vereinbarung, die Zwangsvollstreckung solle nur unter einer Bedingung, zB nicht vor dem Eintritt der Rechtskraft, betrieben werden, ist nur insoweit eine zulässige Einwendung, als sie auch sachlichrechtliche Wirkungen hat, etwa eine Stundung, Rn 29 „Stundung"; vgl zur sachlichrechtlichen Seite Grdz 23 vor § 704 und Karlsr MDR **98**, 1433. Denn in den übrigen Fällen richtet sich die Einwendung nicht gegen den im Urteil festgestellten Anspruch selbst. Der Schuldner kann eine nach der letzten Tatsachenverhandlung des Vorprozesses geschlossene vollstreckungsbeschränkende Vereinbarung geltend machen, § 767 entsprechend, BGH NJW **91**, 2295. **36**

*Unzulässig* ist zB auch die Einwendung, die Parteien hätten eine Vollstreckungsmaßnahme, etwa ein Pfändungspfandrecht, durch ein vereinbartes Pfandrecht ersetzt und damit aufgehoben.

**Vorsteuerabzug:** Rn 31 „Umsatzsteuer".

**Wahlrecht:** Die Ausübung eines Wahlrechts bei einer Wahlschuld ist eine zulässige Einwendung. **37**

**Wegfall:** S bei den einzelnen Arten des weggefallenen Anspruchs.

**Widerruf:** Seine Wirksamkeit nach dem Haustürgeschäftswiderrufsgesetz oder Verbraucherkreditgesetz, die natürlich auch von sachlichrechtlicher Rechtzeitigkeit abhängen kann, ist eine zulässige Einwendung, BGH NJW **96**, 58 (krit Gottwald/Howold JZ **96**, 597), Stgt NJW **94**, 1226, Rixecker NJW **99**, 1695.

**Wirkungsdauer:** Ein Wegfall des Titels infolge des Ablaufs der Wirkungsdauer des Urteils ist eine zulässige Einwendung. Ds gilt zB bei einer Lizenzzahlung. Es kann auf die Gesamtumstände ankommen, etwa bei einem mehrere Jahre alten Räumungstitel, LG Mönchengladb WoM **90**, 161.

**Zahlungsverbot:** Ein Zahlungsverbot, zB aus der InsO folgend, ist eine zulässige Einwendung, BAG NJW **80**, 143. Das gilt auch etwa für ein solches des Aufsichtsamts für die Privatversicherung. **38**

**Zug um Zug:** Einwendungen wegen des Fehlens der erforderlichen Zug-um-Zug-Gegenleistung, § 756 Rn 14, sind als solche gegen die Art und Weise der Zwangsvollstreckung nicht nach § 767, sondern nach § 766 geltend zu machen, KG RR **89**, 638, es sei denn, es geht um die Behauptung, dem Gegner sei die Gegenleistung unmöglich geworden, LG Bln RR **89**, 639.

**§ 767**  8. Buch. Zwangsvollstreckung

**Zurückbehaltungsrecht:** Seine Ausübung ist eine zulässige Einwendung, Celle OLGZ **70**, 359, AG Siegen DGVZ **96**, 45, freilich nur mit Wirkung des § 322 I BGB, BGH RR **97**, 1272, Hamm VersR **84**, 1050, und beim Anwalt nur in Grenzen, Köln VersR **98**, 500.
**Zwangsversteigerung:** Eine falsche Berechnung der $^5/_{10}$-Grenze des § 85 a III ZVG ist keine hier zulässige Einwendung, LG Trier Rpfleger **85**, 451.
**Zweckbindung:** Die Nichthaftung eines zweckgebundenen Vermögens ist eine zulässige Einwendung, zB bei § 12 b II 2 des 2. WoBauG.

39 **7) Klage, I.** Es sind zahlreiche Aspekte zu prüfen.

**A. Zulässigkeit.** Das Rechtsschutzbedürfnis ist wie bei jeder Klage zu prüfen, Grdz 33 vor § 253, BGH RR **99**, 1080, BAG DB **85**, 2461, Köln FER **99**, 218. Es kommt nicht darauf an, ob eine bestimmte Vollstreckungsmaßnahme droht, sondern nur darauf, ob der Gläubiger überhaupt schon und noch vollstrecken kann, BGH NJW **94**, 1162. Das Rechtsschutzbedürfnis liegt grundsätzlich selbst dann vor, wenn der Gläubiger auf seine Rechte aus dem Vollstreckungstitel verzichtet hat oder die Parteien sich einig sind, daß eine Zwangsvollstreckung nicht in Betracht kommt, Grdz 24 vor § 704, solange nur der Vollstreckungsgläubiger noch über den Vollstreckungstitel verfügt, BGH NJW **94**, 1162, Celle FamRZ **84**, 56, Köln VersR **90**, 404. Hat zB der Notar den Vollstreckungstitel in Händen und darf ihn nicht in einer dem Schuldner gefährlichen Weise herausgeben, entfällt das Rechtsschutzbedürfnis für eine Klage nach § 767 und bleibt allenfalls dasjenige auf eine Herausgabeklage bestehen, BGH NJW **94**, 1162. Ist die titulierte Forderung allerdings nur teilweise erloschen, so kommt es darauf an, ob die Zwangsvollstreckung insoweit nicht mehr droht, BGH NJW **94**, 1162. Denn dann kommt ja noch nicht die Herausgabe des ganzen Titels in Betracht, aM BGH NJW **92**, 2148 (stellt auf die Herausgabe ab). Ein Hilfsantrag auf teilweise Unzulässigkeit ist bei einer gegen die ganze Forderung gerichteten Klage nach Teilerfüllung unnötig, BGH RR **91**, 759. Das Fehlen einer Unterwerfungserklärung kann reichen, BGH RR **99**, 1080.

Das *Rechtsschutzbedürfnis fehlt*, soweit man zB gegen eine einstweilige Anordnung nach § 775 Z 1 vorgehen kann, Köln FER **99**, 218, oder soweit die Zwangsvollstreckung beendet ist, Grdz 52 vor § 704, BayObLG WoM **92**, 397 (der Titel ist herausgegeben), Hbg MDR **98**, 1051 (§ 894). Die Klage ist unzulässig, wenn ein vollstreckbarer Beschluß nach § 81, 1093, wie bei einem Beschluß nach § 758, Kblz FamRZ **81**, 1093, oder bei einem rechtsgestaltenden Urteil, Rn 4, aM Schlosser, Gestaltungsklage und Gestaltungsurteil §§ 264 ff. Die Klage ist an sich auch gegen einen nach § 18 GVG Exterritorialen zulässig. Denn sie ist nur eine prozessuale Folge von dessen Klage. Ein Ausschluß wäre sittenwidrig. Die Zwangsvollstreckung braucht auch nicht im Sinn von Grdz 51 vor § 704 begonnen zu haben, Henckel AcP **174**, 108. Auch braucht noch nicht unbedingt die Vollstreckungsklausel bereits nach §§ 724 ff erteilt worden zu sein, Münzberg Rpfleger **91**, 210. Es braucht auch noch nicht eine Umschreibung der Vollstreckungsklausel auf den neuen Gläubiger, der den Vollstreckungstitel bereits in Händen hat, erfolgt zu sein, BGH NJW **92**, 2160 (krit Münzberg JZ **93**, 95). Dagegen macht die völlige Beendigung der Zwangsvollstreckung, Grdz 52 vor § 704, die Klage unzulässig und beläßt dem Kläger höchstens einen sachlichrechtlichen Anspruch, BAG NJW **80**, 141, Düss FamRZ **85**, 1148, KG FamRZ **88**, 311. Wegen der teilweise für statthaft gehaltenen sog verlängerten Vollstreckungsabwehrklage (auf Herausgabe des durch die vermeintlich unzulässige Vollstreckung Erlangten) Hamm FamRZ **93**, 74.

40 **B. Parteien.** Kläger ist jeder Vollstreckungsschuldner, also auch jeder Gesamtschuldner, Ffm MDR **82**, 934, oder derjenige, auf dessen Namen die Klausel gestellt werden könnte, BGH NJW **93**, 1397, oder bereits gestellt wurde oder der zu einer Duldung der Zwangsvollstreckung verurteilt worden ist; Beklagter ist der Vollstreckungsgläubiger, BGH **92**, 348 (krit Brehm JZ **85**, 342, Olzen JR **85**, 288), Nürnb FamRZ **87**, 1173, auch als Prozeßstandschafter, Grdz 26 vor § 50, AG Viersen FamRZ **88**, 1307, oder derjenige Dritte, an den der Gläubiger seine titulierte Forderung abgetreten hat und durch den eine Vollstreckung droht, BGH **120**, 391, oder derjenige, für den die Klausel umzuschreiben ist oder umgeschrieben wurde und soweit von ihm eine Vollstreckung droht, BGH NJW **93**, 1397, BPatG GRUR **82**, 484, Köln VersR **90**, 404. Wenn eine solche Situation nicht vorliegt, hängt es vom Verhalten des alten und des neuen Gläubigers und von den Einwendungen des Schuldners ab, gegen wen die Klage zu richten ist. Unter Umständen ist die Klage gegen beide zu richten. Der Dritte, der ein Widerspruchsrecht nach § 771 hat, kann nicht klagen. Bei einer Verurteilung Zug um Zug ist nur der Verurteilte zur Klage berechtigt. Wenn der ursprüngliche Gläubiger trotz einer Abtretung noch vollstreckt, ist er zu verklagen.

41 **C. Zustellung.** Die Zustellung der Klage erfolgt an den ProzBev des Vorprozesses, §§ 81, 176, 178. Denn die Prozeßvollmacht des Vorprozesses gilt auch hier noch, § 81. Die Zustellung an die Partei selbst erfolgt nur dann, wenn der ProzBev inzwischen weggefallen ist. Ein Vertreter im Privatklageverfahren ist nicht ein ProzBev im Sinne der ZPO. Daher muß die Klage gegen den Kostenfestsetzungsbeschluß des Privatklageverfahrens der Partei selbst zugestellt werden.

42 **D. Zuständigkeitsgrundsatz: Prozeßgericht erster Instanz.** Das Prozeßgericht der ersten Instanz des Vorprozesses ist örtlich und sachlich ausschließlich zuständig, § 802, Steines KTS **87**, 27, und zwar ohne Rücksicht auf den Streitwert, LG Ulm RR **87**, 511 aM ThP 13. Eine Ausnahme gilt bei einer Berufung, wenn die erste Instanz über denselben Streitstoff schon entschieden hat, Ffm NJW **76**, 1983. Unter dem Prozeßgericht ist das Gericht desjenigen Verfahrens zu verstehen, in dem der Vollstreckungstitel geschaffen worden ist, BGH NJW **80**, 1393, Düss FGPrax **97**, 177 (WEG), Schlesw FamRZ **99**, 945 (Vorrang vor § 642 I), aM AG Brschw RR **93**, 953 (zumindest auch das Gericht des Wohnsitzes des damaligen Bekl).

Welche *Abteilung oder Kammer* zuständig ist, bestimmt sich nach der Geschäftsverteilung. Eine Ausnahme von dieser Regel gilt dann, wenn ein besonderer Spruchkörper vorliegt, BGH **LM** Nr 42, zB die Kammer für Handelssachen, obwohl es sich um eine rein prozessuale Klage handelt. Denn der Streitstoff ist demjenigen des Vorprozesses wesensgleich, BGH **LM** Nr 42. Der Rechtsweg richtet sich nach der Rechtsnatur desjenigen Vollstreckungstitels, aus dem der Gläubiger vollstreckt, unabhängig davon, ob der zu vollstreckende Anspruch dem öffentlichen oder dem Privatrecht angehört, VGH Mü NJW **83**, 1992, also nicht auf die Natur des Aufrechnungsanspruchs, Hamm FamRZ **97**, 1493.

1. Abschnitt. Allgemeine Vorschriften § 767

**E. Beispiele zur Frage der Zuständigkeit** 43
**Abänderungsklage:** Im Fall einer Abänderungsentscheidung ist dasjenige Gericht zuständig, das den abzuändernden Titel erlassen hatte, AG Groß Gerau FamRZ **86**, 1229.
**Arbeitssache:** In einer Arbeitssache ist das Arbeitsgericht zuständig, BAG BB **89**, 428, Ffm MDR **85**, 331, ArbG Hann BB **90**, 928.
**Aufrechnung:** Rn 42.
**Auslandsurteil:** Bei einer Klage gegen ein ausländisches Urteil oder gegen die ausländische Vollstreckbarerklärung eines Schiedsspruchs ist dasjenige Gericht zuständig, das das Vollstreckungsurteil oder den entsprechenden Beschluß erlassen hat, unter Umständen also das AG selbst bei einem hohen Streitwert.
**Baulandsache:** Bei einer Klage gegen einen Titel in einer Baulandsache ist die Kammer für Baulandsachen zuständig, BGH **LM** Nr 42.
**Enteignung:** Bei einer Klage gegen den Vollstreckungstitel aus einem Enteignungsverfahren ist dasjenige AG zuständig, in dessen Bezirk die Behörde ihren Sitz hat, BFH **LM** Nr 42, vgl freilich das BauGB.
**Europarecht:** Wegen des EuGVÜ SchlAnh V C 1 (Art 16 Z 5).
**Familiensache:** In einer Familiensache ist das Familiengericht zuständig, BGH NJW **81**, 346 (Inlandsfall), 44
BGH NJW **80**, 2025 (Auslandsfall), BayObLG FamRZ **91**, 1455, aM BGH NJW **80**, 1393, Hamm FamRZ **89**, 876.
**Gerichtsbezirk:** Wenn der Gerichtsbezirk geändert wurde, ist das bisher maßgebliche Gericht zuständig, Art 1 § 1 G v 6. 12. 33, RGBl 1037.
**Kostenfestsetzungsbeschluß:** Zuständig sein kann das Familiengericht, Schlesw SchlHA **78**, 199.
**Rückzahlungsklage:** Das zunächst zuständige Gericht verliert die Zuständigkeit, soweit der Kläger von der 45
Vollstreckungsabwehrklage zu einer Klage auf Rückzahlung übergeht aM Steines KTS **87**, 356 (aber § 767 ist eng auszulegen, Rn 3).
**Umgangsrecht:** Beim Verbot ist das Vormundschaftsgericht zuständig, LG Dortm FamRZ **81**, 1002.
**Unterhaltstitel:** Die Zuständigkeit richtet sich danach, wem der Unterhalt geschuldet wird; zuständig sein kann das Familiengericht, BGH NJW **78**, 1812, Düss FamRZ **87**, 167, Köln FER **99**, 190 rechts (Scheidungsfolgenvertrag, auch wenn keine Scheidung folgte).
**Vollstreckungsentscheidung:** Rn 43 „Auslandsurteil".
**Wertausgleichssache:** Zuständig ist das AG am Ort der Festsetzungsbehörde, § 25 II WAG.
**Wohnungseigentum:** Zuständig ist das WEG-Gericht, BayObLG ZMR **99**, 184, Düss FGPrax **97**, 177.

**F. Klagegrund.** Dazu gehören diejenigen Tatsachen, mit denen der Kläger (Schuldner) nach dem sach- 46
lichen Recht seine Einwendungen begründet. Der Antrag lautet: „Die Zwangsvollstreckung aus dem Urteil ... wird für unzulässig erklärt" oder „... wird nur gegen folgende Gegenleistung für zulässig erklärt..." oder „wird für teilweise unzulässig erklärt". Unzulässig ist der Antrag, die Zwangsvollstreckung (nur) in bestimmte Gegenstände für unzulässig zu erklären, Rn 2. Es ist statthaft, den Anspruch auf eine Rückgewähr oder auf einen Ersatz oder auf eine Herausgabe der vollstreckbaren Ausfertigung mit der Klage zu verbinden. Es ist auch ein Übergang zu der Ersatzklage nach § 264 Z 3 zulässig.

**G. Verfahren.** Es handelt sich trotz des Prozeßziels der Beseitigung des bisherigen Vollstreckungstitels, 47
Rn 1, 2, nicht um eine Maßnahme der Vollstreckung, sondern um ein nur äußerlich im 8. Buch mitgeregeltes normales Erkenntnisverfahren, §§ 253 ff, Mü MDR **86**, 946. Es verläuft wie gewöhnlich. Ein Termin ist unverzüglich zu bestimmen, § 216, auch für die Zeit vom 1. 7. bis 31. 8. ohne spätere Verlegungsmöglichkeit, § 227 III 2 Hs 1 Z 7. Anwaltszwang herrscht wie sonst, § 78 Rn 1, Schlesw FamRZ **91**, 958. Der Kläger muß grundsätzlich die Prozeßvoraussetzungen seiner Klage, Grdz 12 vor § 253, zumindest wegen der anspruchsvernichtenden Tatsachen beweisen, Anh § 286 Rn 223 „Vollstreckungsabwehrklage", BGH NJW **81**, 2756 (aM zur vollstreckbaren Urkunde; dagegen Baumgärtel Festschrift für Lüke [1994] 4), Düss RR **97**, 444 (Abtretung), Münch NJW **91**, 795 (ausf: bei der Begründetheitsfrage Anknüpfung an das sachliche Recht). Ein Verzicht auf die Zwangsvollstreckung in der Weise, daß eine Einigung dahin, daß eine Zwangsvollstreckung nicht mehr in Betracht komme, Grdz 24 vor § 704, führt nicht schon bei einer Klage auf eine einmalige Leistung zur Unzulässigkeit; der Gläubiger muß auch noch den Vollstreckungstitel herausgeben, BGH DB **76**, 482, Saarbr JB **78**, 1093.

Nur eine Klage auf wiederkehrende Leistungen, bei der der Gläubiger ja den Vollstreckungstitel auch 48
nach dem Erhalt der schon fälligen Leistungen behält, oder zB dann, wenn der Gläubiger den Titel nur benötigt, um einen Anspruch auf abgesonderte Befriedigung durchzusetzen, mag das *Rechtsschutzbedürfnis*, Grdz 33 vor § 253 fehlen, soweit eine (weitere) Zwangsvollstreckung unzweifelhaft nicht mehr droht, BGH NJW **88**, 2827, Ffm MDR **88**, 241. Das Urteil sollte so wie ein unzulässiger Antrag lauten, Rn 46. Das Gericht hat zu klären, inwieweit und wem gegenüber die Zwangsvollstreckung zulässig ist. Wenn sich die Klage gegen einen Vollstreckungstitel richtet, der für einen Anspruch entstand, der zu den Feriensachen zählt, dann ist auch das Verfahren der Vollstreckungsabwehrklage eine Feriensache, BGH NJW **80**, 1695.

**H. Entscheidung.** Fehlt ein Erfordernis des § 767, so ist die Klage beim Fehlen einer Zulässigkeits- 49
bedingung durch ein Prozeßurteil abzuweisen, Grdz 14 vor § 253, und im übrigen als unbegründet abzuweisen. Das Urteil hat keine Rückwirkung. Die Unzulässigkeit der Zwangsvollstreckung gilt erst vom Eintritt der Rechtskraft nach § 322 oder von der vorläufigen Vollstreckbarkeit des Urteils nach § 708 an, § 775 Z 1. Vorläufige Maßnahmen sind nach §§ 769, 770 statthaft. Wenn die Klage erhoben wurde, bevor eine Zwangsvollstreckung unmittelbar drohte, kann § 93 anwendbar sein, so daß der Kläger die Kosten tragen muß. Jedenfalls sind die Kosten nicht solche des Vorprozesses. Über die Kosten muß das Gericht besonders entscheiden, und zwar nach §§ 91 ff, nicht nach § 788 I, Mü MDR **86**, 946. Der alte Vollstreckungstitel bleibt aber wegen *seiner* Kostenentscheidung bestehen und Grundlage der dazu gehörenden Festsetzung nach §§ 103 ff, dort Rn „Vollstreckungsabwehrklage". Das Gericht und der Anwalt erhalten die vollen Gebühren. Wegen der Rechtskraftwirkungen § 322 Rn 70 „Vollstreckungsabwehrklage".

**8) Beschränkung der Klagegründe (Präklusionswirkung), II.** Vgl Einf 15 vor §§ 322–327. Eine 50
solche Wirkung entsteht nicht gegenüber der Anwaltskammer, § 84 III BRAO. Beim Vollstreckungsbescheid

§ 767  8. Buch. Zwangsvollstreckung

gilt vorrangig § 796 II. Nach einem Prozeßvergleich ist II wegen des Fehlens der inneren Rechtskraft, § 322 Rn 69 „Vergleich", nicht entsprechend anwendbar, BGH **139**, 135.

**A. Nach der letzten Tatsachenverhandlung.** Die klagebegründende Einwendung muß nach dem Schluß der letzten Tatsachenverhandlung des Vorprozesses, §§ 136 IV, 296 a, entstanden sein, in der sie hätte erhoben werden können, § 128 Rn 40, Karlsr GRUR **88**, 719. Dagegen ist es unerheblich, wann das Urteil nach § 311 verkündet wurde. Wenn der Vorprozeß trotz eines Urteils noch in der ersten oder zweiten Instanz rechtshängig war, dann müssen dort zulässige Einwendungen später erwachsen sein. Sie sind daher nach einem Vorbehaltsurteil, §§ 302, 599, einem Urkundenurteil, einem Wechselurteil oder einem Scheckurteil im Nachverfahren der §§ 600 ff vorzubringen, soweit dieses statthaft ist. Eine rechtskräftige Vorabentscheidung über den Grund nach § 304 scheidet die vorher entstandenen Einwendungen ab. Der Vorprozeß kann auf Grund einer Abänderungsklage nach § 323 entstanden sein, Hamm FamRZ **93**, 582. Beim Haustürgeschäft und beim VerbrKrG, Anh § 29 Rn 2, gelten keine Besonderheiten, Lorenz NJW **95**, 2263. In der Revisionsinstanz sind Einwendungen unzulässig. Deshalb entscheidet insoweit der Schluß der mündlichen Verhandlung der vorigen Instanz, BGH NJW **98**, 2972 (abl Wernecke JZ **99**, 308).

51  Wenn die Einwendung nach dem Schluß der Verhandlung erster Instanz, aber *vor der Rechtskraft* des Urteils entstand, dann kann der Schuldner Berufung einlegen oder an sich auch aus § 767 klagen, BAG DB **85**, 2461, Hbg JB **77**, 1462. Jedoch ist die Klage dann meist mangels eines Rechtsschutzbedürfnisses abzuweisen, Grdz 14 vor § 253, BAG DB **85**, 2461. Die nach dem Urteil bestehende Schuld ist noch nicht dann erfüllt, wenn der Schuldner auf Grund eines bloß vorläufig vollstreckbaren Urteils gezahlt hat, Einf 3 vor §§ 708–720. Eine zurückgewiesene Einwendung ist geltend gemacht; die Klage darf eine solche Einwendung nicht wieder aufgreifen. Es ist auch mit der Rechtskraft unvereinbar, eine Einwendung, die nach § 767 nicht mehr geltend gemacht werden könnte, zur Grundlage eines Schadensersatzanspruches wegen einer unzulässigen Zwangsvollstreckung zu machen. Wenn in einer Steuersache eine Klage zulässig ist, dann tritt der Ausschluß mit einer Einwendung erst in demjenigen Zeitpunkt ein, bis zu dem spätestens eine Nachprüfung der Einwendung im geregelten Verwaltungsverfahren herbeizuführen war. Wegen der Besonderheiten der Rechtslage beim Kostenfestsetzungsbeschluß, § 104, und beim Prozeßvergleich, Anh § 307, Rn 10 und § 795 Rn 10, § 797 Rn 9, beim Vollstreckungsbescheid § 796 Rn 3. Bei einer Verbandsklage wegen allgemeiner Geschäftsbedingungen besteht eine Sonderregel, § 19 AGBG.

52  **B. Unerheblichkeit der Parteikenntnis.** Maßgebender Zeitpunkt ist grundsätzlich das objektive Entstehen der Einwendung, nicht die subjektive Kenntnis der Partei, BAG NJW **80**, 143, Drsd OLG-NL **95**, 166, Schmidt JR **92**, 93, aM Kblz JB **89**, 704, RoGSchi § 40 V 2 b (je nach Abtretung). Deshalb ist es unerheblich, ob gerade der Kläger die Einwendung im Vorprozeß vorbringen konnte, BAG KTS **86**, 134, Schmidt JR **92**, 93. Es ist auch grundsätzlich unerheblich, ob die Einwendung erst infolge einer Willenserklärung des Schuldners Wirkungen hat. Etwas anderes gilt allerdings dann, wenn der Schuldner zB ein Optionsrecht oder eine andere Gestaltungsmöglichkeit vernünftiger- oder doch befugterweise und nicht mißbräuchlich jetzt erst ausüben möchte und ausübt, BGH **94**, 33 und RR **87**, 1169, aM Ernst NJW **86**, 401.

53  **C. Aufrechnung.** Deshalb entscheidet bei einer Aufrechnung des Schuldners § 145 Rn 9, nur derjenige Zeitpunkt, in dem sich die Forderungen erstmals objektiv aufrechenbar gegenüber standen, § 389 BGB, BGH **94**, 35, KG ZMR **95**, 219, Zweibr DNotZ **88**, 194, aM RoGSch § 40 V 2 b aa. Die Forderung muß also nachträglich erworben oder fällig geworden sein. Es kommt nicht darauf an, wann der Gläubiger von ihr Kenntnis hatte. Eine wegen Verspätung oder mangels Sachdienlichkeit nicht zugelassene Aufrechnung, §§ 296, 530 II, läßt sich auch nicht nachholen, um auf diese Weise die Vollstreckbarkeit des Urteils zu bekämpfen, das gerade diese Forderung durch die Nichtzulassung ausgeschaltet hat. Die Aufrechnung mit einer derartigen Forderung ist unzulässig und sachlichrechtlich wirkungslos. II hat damit und insofern auch eine Auswirkung auf das sachliche Recht, BGH **125**, 352, Düss MDR **83**, 586, RoSGo § 106 III 2, aM KG Rpfleger **73**, 264.

54  Freilich braucht der Schuldner die Aufrechnung nicht schon im *Kostenfestsetzungsverfahren* nach §§ 103 ff zu erklären, selbst wenn die Aufrechnungsforderung unstreitig oder tituliert ist, § 104 Rn 12, BGH DtZ **95**, 170, Ffm RR **87**, 372, AG Köln WoM **93**, 476. Wenn aber mit einer prozessualen Kostenforderung aufgerechnet werden soll, dann muß dieser Anspruch auch der Höhe nach unbestritten sein, oder es muß ein rechtskräftiger Kostenfestsetzungsbeschluß vorliegen. Denn erst dann steht die Höhe der Kostenschuld fest. Da im Kündigungsschutzprozeß der Anspruch auf eine Abfindung erst durch das Urteil entsteht, unterliegt eine Einwendung gegen diese Abfindung nicht dem II. Die Entstehung der Einwendung ist stets nach dem sachlichen Recht zu beurteilen, BAG NJW **80**, 143 (bei § 60 I entsteht die Einwendung erst dann, wenn der Stand der Masse so weit geklärt ist, daß sich die Quote errechnen läßt), Düss MDR **87**, 682.

55  **D. Weitere Fälle.** Die Regeln Rn 52–54 gelten auch bei einer Verwirkung, Kblz FamRZ **88**, 747, einer Wandlung, einem Rücktritt, einer Anfechtung, auch bei derjenigen wegen einer arglistigen Täuschung. Bei einer Abtretung ist eine Kenntnis nach § 407 I BGB wesentlich, insofern aM Schlesw SchlHA **79**, 127. Deshalb ist eine Klage zulässig, wenn die Abtretung im Vorprozeß nicht vorgebracht wurde, weil sie nicht bekannt war. Die Einwendung aus einer vertraglichen Beschränkung der Zwangsvollstreckung gehört nicht hierher. Der Schuldner muß den Zeitpunkt ihrer Entstehung beweisen.

56  **E. Unzulässigkeit des Einspruchs.** Ein Einspruch, §§ 338, 700, muß unzulässig sein. Der Grund zur Geltendmachung der Einwendung darf also erst nach dem Ablauf einer Einspruchsfrist nach §§ 339, 700 entstanden sein, BGH NJW **82**, 1812, RoGSch § 40 V 3 b, ThP 21, aM StJM 40 (es genüge, daß die Einspruchsfrist vor dem Schluß der letzten mündlichen Verhandlung über die jetzige Klage abgelaufen sei). Die Möglichkeit einer Berufung nach §§ 511 ff steht der Klage nicht entgegen.

57  **9) Einwendungsverlust, III.** Der Kläger verliert alle Einwendungen, die im Erkenntnisverfahren oder im (ersten) Vollstreckungsabwehrprozeß, also im Vorprozeß, objektiv möglich waren. Dabei kommt es nicht

auf den Zeitpunkt der Klagerhebung an (das Abstellen auf diesen Teil des Wortlauts wäre eine „unsinnige Rigorosität", Schmidt JR **92**, 91), sondern auf §§ 136 IV, 296 a: Der Kläger verliert alle diejenigen Einwendungen, die er in diesem (ersten) Vollstreckungsabwehrprozeß bis zum Schluß der letzten zulässigen Tatsachenverhandlung nicht geltend gemacht hat, BGH NJW **91**, 2281. III stellt einen Häufungsgrundsatz auf. Demnach sind die §§ 282, 296, 528 zu beachten. Der Einwand einer Klagänderung ist unzulässig, Geißler NJW **85**, 1868, Schmidt JR **92**, 92. Denn sonst könnte man neue Einwendungen nur unter den Voraussetzungen des § 263 einführen, aber das widerspricht aber dem Häufungsgrundsatz: „muß".

Eine *neue* Vollstreckungsabwehrklage läßt sich indessen nur auf solche Einwendungen stützen, die inzwischen *objektiv* entstanden sind, nicht auf solche Einwendungen, die der Kläger (wenn auch schuldlos) versäumt hat, BGH **61**, 26, Burgard ZZP **106**, 50 (ausf); aM, RoGSch § 40 IX 2. Sie läßt sich ferner auf solche Einwendungen stützen, über die im Vorprozeß nicht entschieden worden ist, BGH NJW **91**, 2281, oder die im Vorprozeß nicht zugelassen worden waren, sofern die Zurückweisung nicht wegen einer Säumigkeit erfolgt war, sondern nur wegen mangelnder Sachdienlichkeit. Ob letzteres geschehen war, muß der Richter im neuen Prozeß selbst prüfen. Das Gericht darf von Amts wegen keine nicht vorgebrachte Einwendung berücksichtigen. **58**

**10) VwGO:** Entsprechend anwendbar, § 167 I VwGO, BVerwG NJW **89**, 119 u DVBl **85**, 392, VGH Mü BayVBl **85**, 213, OVG Münst NJW **80**, 2427, OVG Lüneb NJW **74**, 918 mwN, auf alle Vollstreckungstitel des § 168 I VwGO (einschließlich der Prozeßvergleiche, OVG Münst DÖD **83**, 254, VGH Mü BayVBl **78**, 53, bei denen die Klage auch zur Klärung ihrer streitigen Auslegung erhoben werden kann, BVerwG NJW **92**, 191, krit Renck NJW **92**, 2209). Anwendbar ist § 767 auch bei Vollstreckung zugunsten der öffentlichen Hand nach § 169 I VwGO, § 5 VwVG iVm § 256 AO, Wettlaufer S 175 ff, VGH Mü BayVBl **87**, 149, RedOe § 169 Anm 11 mwN, str, aM OVG Kblz NVwZ **89**, 572 mwN, und bei Vollstreckung gegen die öff Hand auch bei Änderung der Sach- und Rechtslage, RedOe § 172 Anm 9 u 10, VGH Mannh NVwZ-RR **93**, 447. Der Rechtsweg richtet sich nach der Herkunft des Titels, VGH Mü NJW **83**, 1992 mwN, hM, Grdz § 704 Rn 117: zuständig ist in allen Fällen das Gericht des ersten Rechtszuges, EF § 167 Rn 10 und 11. Die Möglichkeit einer Berufung steht der Klage nach, VGH Mannh VBlBW **85**, 185. Einen Sonderfall regelt § 183 VwGO. — Streitig ist, ob § 767 auch zur Abwehr unzulässiger Vollstreckung aus VerwAkten gegeben ist, verneinend VGH Mü BayVBl **84**, 209, OVG Kblz NJW **82**, 2276, beide mwN, v. Einem DVBl **88**, 1147 mwN, Kopp § 167, 18 ff mwN, bejahend OVG Bln NVwZ-RR **89**, 510, VG Freiburg NVwZ-RR **89**, 514, Gaul JZ **79**, 499, Engelhardt VwVG § 18 Anm 11 A (differenzierend), vgl dazu Schenke/Baumeister NVwZ **93**, 3, BVerwG NVwZ **84**, 42 mwN; jedenfalls ist in diesen Fällen § 767 dann nicht entsprechend anzuwenden, wenn eine Klage nach § 42 oder § 43 VwGO zulässig ist, BVerwG **27**, 141, VGH Mannh VBlBW **92**, 251 (krit Baumeister VBlBW **93**, 53), VGH Kassel NVwZ-RR **89**, 507 u AS **27**, 182, OVG Münst NJW **76**, 2036, oder eine gesetzliche Regelung etwas anderes bestimmt, zB nach AuslG, BVerwG NVwZ **84**, 42 mwN. **59**

## 768

**Klage wegen Unzulässigkeit der Vollstreckungsklausel.** Die Vorschriften des § 767 Abs. 1, 3 gelten entsprechend, wenn in den Fällen des § 726 Abs. 1, der §§ 727 bis 729, 738, 742, 744, des § 745 Abs. 2 und des § 749 der Schuldner den bei der Erteilung der Vollstreckungsklausel als bewiesen angenommenen Eintritt der Voraussetzung für die Erteilung der Vollstreckungsklausel bestreitet, unbeschadet der Befugnis des Schuldners, in diesen Fällen Einwendungen gegen die Zulässigkeit der Vollstreckungsklausel nach § 732 zu erheben.

**Vorbem.** Wegen der *neuen Bundesländer* vgl § 323 Vorbem.

**1) Systematik, Regelungszweck.** Die beschränkte Vollstreckungsabwehrklage des § 768 stellt eine zwingende, eng auszulegende Sonderregelung dar, Kblz NJW **92**, 379, Münzberg Rpfleger **91**, 210, neben der § 767 (nur) nach den in Rn 3 dargestellten Regeln beachtlich bleibt. Der Regelungszweck ist derselbe wie bei § 767, dort Rn 1, BVerfG NJW **97**, 2168. Die Klage des § 768 ist in denjenigen Fällen zulässig, in denen die Erteilung der Vollstreckungsklausel vom Nachweis des Eintritts einer besonderen Voraussetzung abhängt. Evtl ist der Weg des § 768 neben demjenigen nach § 732 offen, dort Rn 2. **1**

*Beispiele:* Der Schuldner leugnet eine Rechtsnachfolge des Gläubigers oder beweist den Nichtverfall trotz einer Verfallsklausel; sie fehlt, Köln NJW **97**, 1451.

Auch kann der *Dritte* die Klage erheben, wenn er als Rechtsnachfolger ein Recht auf die Beseitigung der Vollstreckungsklausel behauptet, die das Gericht einem anderen als dem angeblichen Rechtsnachfolger erteilt hat, § 727 Rn 10, oder wenn der Kläger ein Begünstigter im Sinne von § 328 BGB zu sein behauptet, Ffm MDR **73**, 321. Eine rechtskräftige Feststellung nach § 768 schließt Einwendungen nach § 732 aus. Rechtskräftige Feststellungen nach § 732 schließen aber nicht Einwendungen nach § 768 aus. Denn eine Entscheidung nach § 732 hat immer nur eine vorläufige Bedeutung. Ein rechtskräftiges Urteil aus § 731 steht der Klage nach § 768 entgegen. Es genügt eine unrechtmäßige Klausel, solange noch eine Vollstreckungsmaßnahme möglich ist.

**2) Verfahren.** Der Antrag geht dahin, die Zwangsvollstreckung für unzulässig zu erklären. Der Kläger muß seine Einwendungen beweisen, abgesehen von einem etwaigen guten Glauben, MüKoSchm 10, ZöStö 2, aM Köln RR **94**, 894 (aber die Beweislast folgt auch hier den allgemeinen, bewährten Regeln, Anh § 286 Rn 3). Für die Beurteilung, ob die Vollstreckungsklausel rechtmäßig erteilt worden war, ist der Schluß der mündlichen Verhandlung, §§ 136 IV, 296a, der entscheidende Zeitpunkt. Wenn die Klausel ohne Nachweise zu erteilen ist, wie bei einer Verfallsklausel, dann muß der Schuldner die sachliche Unzulässigkeit der Zwangsvollstreckung beweisen. Eine nachträglich eintretende Fälligkeit heilt die Mängel der zu Unrecht erteilten Klausel. Wegen einer weiteren Klage des Erwerbers nach der Umschreibung der Klausel und bei einer Vollstreckung gegen ihn § 732 Rn 2. **2**

**3**   3) **Anwendbarkeit des § 767.** Im übrigen gelten voll die Grundsätze des § 767, auch die Notwendigkeit der Häufung der Einwendungen, § 767 III. Das Familiengericht kann bei §§ 606 ff zuständig sein, Flieger MDR **78**, 884. § 767 II ist allerdings unanwendbar. Einreden sind also in ihrer Entstehung nicht zeitlich begrenzt. Die Rückgabe der Klausel kann nicht erzwungen werden.

**4**   4) *VwGO:* Entsprechend anwendbar, § 167 I VwGO, in dem in Einf §§ 727–729 Rn 7 bezeichneten Umfang.

**769** *Vorläufige Maßnahmen vorm Urteil.* I ¹Das Prozeßgericht kann auf Antrag anordnen, daß bis zum Erlaß des Urteils über die in den §§ 767, 768 bezeichneten Einwendungen die Zwangsvollstreckung gegen oder ohne Sicherheitsleistung eingestellt oder nur gegen Sicherheitsleistung fortgesetzt werde und daß Vollstreckungsmaßregeln gegen Sicherheitsleistung aufzuheben seien. ²Die tatsächlichen Behauptungen, die den Antrag begründen, sind glaubhaft zu machen.

II ¹In dringenden Fällen kann das Vollstreckungsgericht eine solche Anordnung erlassen, unter Bestimmung einer Frist, innerhalb der die Entscheidung des Prozeßgerichts beizubringen sei. ²Nach fruchtlosem Ablauf der Frist wird die Zwangsvollstreckung fortgesetzt.

III Die Entscheidung über diese Anträge kann ohne mündliche Verhandlung ergehen.

**Schrifttum:** *Dunkl/Moeller/Baur/Feldmeier/Wetekamp,* Handbuch des vorläufigen Rechtsschutzes, 2. Aufl 1991; *Pawlowski,* Zu dem „Außerordentlichen Beschwerden" wegen „Greifbarer Gesetzeswidrigkeit", Festschrift für *Schneider* (1997) 39.

**Gliederung**

| | | | |
|---|---|---|---|
| 1) Systematik, Regelungszweck, I–III ... | 1 | B. Verfahren ............................ | 9 |
| 2) Einstweilige Anordnung, I, III ........ | 2–7 | C. Fristsetzung ........................ | 10 |
| A. Zulässigkeit, I ...................... | 2–4 | 4) Rechtsbehelfe, I–III .................. | 11–15 |
| B. Verfahren, III ....................... | 5, 6 | A. Erinnerung ......................... | 11 |
| C. Zulässige Maßnahmen, I, III ......... | 7 | B. Sofortige Beschwerde ............... | 12–14 |
| 3) Dringender Fall, II ................... | 8–10 | C. Weitere Einzelfragen ................ | 15 |
| A. Voraussetzungen ................... | 8 | 5) *VwGO* ............................. | 16 |

**1**   1) **Systematik, Regelungszweck, I–III.** Der in § 767 Rn 1 dargestellte Zweck der Vollstreckungsabwehrklage kann es erforderlich machen, die Zwangsvollstreckung bis zur Entscheidung einstweilen einzustellen oder auf andere Weise das Risiko der „vollendeten Tatsachen" infolge Durchführung der Vollstreckung zu begrenzen. Diesen Situationen dient der durch § 770 ergänzte § 769 in einer den §§ 707, 719 ähnlichen Weise. Wie dort ist also die Verhinderung einer möglicherweise ungerechten Vollstreckung ein Ziel, Einl III 9; wie bei § 767 muß aber auch bei Eilmaßnahmen eine allzu bequeme Unterwanderung des Vollstreckungstitels verhindert werden. Der Grundsatz der Verhältnismäßigkeit, Grdz 34 vor § 704, ist gerade bei § 769 mitzubeachten. Als Ausnahmevorschrift ist § 769 an sich eng auszulegen, Ffm MDR **99**, 828, Peglau MDR **99**, 401; vgl aber Rn 3.

**2**   2) **Einstweilige Anordnung, I, III.** Sie erfordert Zurückhaltung, Rn 7.

**A. Zulässigkeit, I.** Das Prozeßgericht kann bei einer Vollstreckungsabwehrklage eine einstweilige Anordnung nach §§ 767, 785, 786 treffen. Das gilt auch in entsprechender Anwendung bei einer leugnenden Feststellungsklage, § 256, Düss FamRZ **93**, 816, Hbg FamRZ **90**, 431 sowie 432, aM Ffm FamRZ **89**, 88 (es wendet dann §§ 707, 719 an), und auch dann, wenn eine leugnende Feststellungsklage des Schuldners nicht zulässig wäre, Hbg FamRZ **96**, 745. Eine einstweilige Anordnung ist auch bei § 323 möglich, dort Rn 54, auch beim Prozeßvergleich, Anh § 307, § 767 Rn 10, LAG Ffm BB **95**, 1648, auch in einem schiedsrichterlichen Verfahren, § 1025 ff, LG Köln MDR **95**, 959, nicht aber bei einer Unterlassungs- oder Schadensersatzklage wegen eines Urteilsmißbrauchs, wo § 935 ff in Betracht kommen, Einf 28–36 vor §§ 322–327, Karlsr (10. ZS) OLGZ **76**, 335, Stgt RR **98**, 70, Peglau MDR **99**, 400, aM Karlsr (2. ZS) FamRZ **86**, 1141, Zweibr NJW **91**, 3042, ZöHe 1.

**3**   *Prozeßgericht* ist das Gericht derjenigen Instanz, in der Vollstreckungsabwehrprozeß oder der Prozeß nach § 323 zur Zeit des Antrags anhängig ist, Karlsr FamRZ **84**, 186, also auch der Einzelrichter des § 348, im übrigen dasjenige Gericht, das den Vollstreckungstitel geschaffen hat, BGH NJW **80**, 189, Köln AnwBl **89**, 51 (auch beim Kostenfestsetzungsbeschluß). Das Prozeßgericht kann die Anordnung in einem dringenden Fall evtl schon nach der Einreichung der Klagschrift treffen. Freilich muß das Gericht durch eine Bedingung oder Befristung sicherstellen, daß demnächst die Klagezustellung folgt oder das Vollstreckungsrecht des Gläubigers wieder auflebt, KG FamRZ **90**, 86 linke und rechte Spalte, Schlesw FamRZ **90**, 303, aM Hbg FamRZ **90**, 431, Köln FamRZ **87**, 964. Die einstweilige Anordnung ist auch nach der Zahlung der Verfahrensgebühr gemäß § 65 GKG, Anh § 271, zulässig, Hbg FamRZ **90**, 431, Köln FamRZ **87**, 964, und zwar unbedingt.

In einem *dringenden Fall* ist die einstweilige Anordnung in einer Ausnahme von Rn 1 auch schon nach der Einreichung des (isolierten) Antrags auf die Bewilligung einer *Prozeßkostenhilfe* nach § 117 statthaft, Hamm RR **96**, 1024, Schlesw SchlHA **78**, 146, ZöHe 3, aM Ffm MDR **99**, 828 (aber der Gesetzestext und -sinn ist nicht so eng, und es besteht ein praktisches Bedürfnis). Die Unzuständigkeit des Gerichts in der Sache selbst schadet grundsätzlich nicht, Kblz FamRZ **83**, 939, Zweibr MDR **79**, 324. Denn es besteht die Möglichkeit einer Verweisung. Bei einer eindeutigen Unzuständigkeit, etwa beim Fehlen des Rechts-

## 1. Abschnitt. Allgemeine Vorschriften § 769

wegs, §§ 13, 17 ff GVG, darf dieses Gericht aber überhaupt nicht (zunächst) tätig werden, VGH Mü NJW **83**, 1992.

Notwendig ist ein *Antrag* des Schuldners. Anwaltszwang besteht wie sonst, § 78 Rn 1. Die Einzahlung des **4** Gerichtskostenvorschusses nach § 65 GKG, Anh § 271, muß nachgewiesen werden, soweit ein solcher Vorschuß nach dem Gesetz erforderlich ist. Für Maßnahmen nach § 769 ist ein Beginn der Zwangsvollstreckung, Grdz 51 vor § 704, nicht Voraussetzung. Eine völlige Beendigung der Zwangsvollstreckung, Grdz 52 vor § 704, macht aber eine Anordnung nach § 769 unzulässig. Vgl ferner § 62 I 3 ArbGG, LAG Bln MDR **86**, 787, § 262 II AO. Wegen der Unanwendbarkeit der §§ 767 ff vgl § 767 Rn 14. Zum Verhältnis zwischen § 769 und § 936 ff Düss OLGZ **85**, 494. Ramelsberger DRiZ **89**, 137 hält § 769 zumindest in sog Altfällen nach Art 6 Z 1 UÄndG unabhängig von dessen Verfassungsmäßigkeit, die sie verneint, für unanwendbar. § 44 III WEG hat Vorrang, BayObLG WoM **89**, 662.

**B. Verfahren, III.** Eine mündliche Verhandlung ist zulässig, aber nicht erforderlich, § 128 Rn 10. **5** Der Antragsteller muß die tatsächlichen Unterlagen glaubhaft machen, § 294. Er kann die Glaubhaftmachung nicht durch eine Sicherheitsleistung ersetzen. Ein Wegzug ins Ausland reicht nicht stets aus, LG Regensb NJW **78**, 1118. Ab Anhörung des Antragsgegners gelten die allgemeinen Regeln zur Darlegungslast, § 253 Rn 32, und zur Beweislast, Anh § 286, soweit es auf sie überhaupt ankommt, § 707 Rn 7.

Das Gericht trifft seine Anordnungen nach pflichtgemäßem *Ermessen*, großzügiger OVG Münst NJW **87**, **6** 3029 (freies Ermessen). Es muß die Aussichten der Klage berücksichtigen, Hbg NJW **78**, 1272, Zweibr FamRZ **87**, 820. Es darf den bisherigen Vollstreckungstitel nicht ohne ein besonderes Schutzbedürfnis des Schuldners entwerten, Hamm MDR **93**, 348. Eine Einstellung der Zwangsvollstreckung trotz der Aussichtslosigkeit einer Vollstreckungsabwehrklage läuft auf eine Rechtsverweigerung hinaus, Schlesw SchlHA **77**, 204. Die Entscheidung ergeht durch einen Beschluß, § 329. Das Gericht muß ihn grundsätzlich begründen, § 329 Rn 4, Stgt MDR **98**, 621. Er enthält wegen § 61 BRAGO keine Kostenentscheidung, Celle JB **97**, 101, aM LG Ffm Rpfleger **85**, 208, MüKoSchm 36. Er ist zu verkünden, § 329 I 1, oder beiden Parteien förmlich zuzustellen, § 329 III. Das Gericht kann seine Entscheidung nicht ändern, § 329 Rn 17, 18 (Streitfrage, bitte dort nachlesen).

**C. Zulässige Maßnahmen, I, III.** Zulässig sind dieselben Maßnahmen wie bei § 707. Abweichend von **7** jener Vorschrift besteht die Erleichterung, daß das Gericht die Zwangsvollstreckung auch dann ohne eine Sicherheitsleistung einstellen darf, wenn ein Nachteil nicht nach § 294 glaubhaft gemacht worden ist, Hamm MDR **93**, 348. Zulässig ist auch die Anordnung, daß ein Versteigerungserlös zu hinterlegen sei. Eine Sicherheitsleistung des Schuldners nach §§ 108, 709, 769 soll grundsätzlich den Gläubiger vor den Nachteilen der Anordnung schützen. Deshalb ist auch eine Aufhebung der Zwangsvollstreckung nur gegen eine Sicherheitsleistung statthaft, die dem Gläubiger einen vollen Ersatz gewährleistet. Das Gericht soll weder formalistisch noch unwirtschaftlich vorgehen, vielmehr alle Gesichtspunkte abwägen, LAG Ffm BB **85**, 871, dabei aber wesentlich auch auf das Interesse des Gläubigers achten, Grdz 8 vor § 704. Freilich kommt auch eine Sicherheitsleistung des Gläubigers zum Schutz des Schuldners in Betracht, Hamm MDR **93**, 348.

Überhaupt sollte sich das Gericht *zurückhalten*. Die Vollstreckungsabwehrklagen sind ein beliebtes Hilfsmittel fauler Schuldner. LAG Hamm BB **80**, 265 lehnt wegen § 62 I ArbGG eine Sicherheitsleistung des Gläubigers oder des Schuldners ab, aM LAG Köln DB **83**, 1827. Die Anordnung ist keine einstweilige Verfügung. Eine solche wäre auch unzulässig. Die Anordnung tritt ohne weiteres außer Kraft, sobald ein Urteil zu Lasten des Schuldners ergeht. Eine aufgehobene Vollstreckungsmaßnahme lebt aber nicht durch ein solches Urteil nicht wieder auf. Wie § 770 zeigt, darf sich der Anordnung eine Wirkung nur bis zum Erlaß des Urteils der Instanz beilegen, Köln KTS **89**, 722 (auch wegen eines nachfolgenden Konkurses). Eine Einstellung in der Hauptsache berührt die Vollstreckung eines Arrestes oder einer einstweiligen Verfügung nicht, vgl § 930 Rn 2. Wegen der Wirkung der Einstellung usw § 707 Rn 8–15.

**3) Dringender Fall, II.** Seine Bejahung erfordert gesteigerte Zurückhaltung. **8**
**A. Voraussetzungen.** Ein dringender Fall liegt dann vor, wenn die Zeit nicht ausreicht, um eine Entscheidung des Prozeßgerichts einzuholen, namentlich eine Entscheidung des Kollegialgerichts, LG Frankenthal Rpfleger **81**, 314. Ein dringender Fall liegt nicht schon deshalb vor, weil die Zwangsvollstreckung unmittelbar bevorsteht, sofern der Schuldner den Antrag erst im letzten Augenblick arglistig stellt, um eine ausreichende Prüfung zu verhindern, Einl III 54. Er fehlt ferner zB dann, wenn bereits in einem anderen zugehörigen Verfahren eine Einstellung der Zwangsvollstreckung erfolgt ist, Köln FamRZ **81**, 379.

**B. Verfahren.** Der Antragsteller muß außer den tatsächlichen Unterlagen, I, die Dringlichkeit glaubhaft **9** machen, § 294. Zur Entscheidung zuständig ist das Vollstreckungsgericht, § 764. Es entscheidet durch den Rpfl, § 20 Z 17 RPflG, Anh § 153 GVG. Denn eine richterliche Entscheidung muß ohnehin nachgeholt werden. Eine mündliche Verhandlung ist zulässig, aber nicht notwendig, III. Der Rpfl entscheidet durch einen Beschluß, § 329. Er muß ihn kurz begründen, § 329 Rn 4 (Notwendigkeit der Überprüfbarkeit), Ffm MDR **99**, 504, Karlsr JB **98**, 493, Köln JB **93**, 627. Der Beschluß enthält keine Kostenentscheidung, LG Ffm Rpfleger **85**, 208. Der Beschluß wird beiden Parteien zugestellt, § 329 II 2, III. Wegen des EuGVÜ SchlAnh V C 1 (Art 16 Z 5).

**C. Fristsetzung.** Das Gericht muß eine Frist zur Beibringung der Entscheidung des Prozeßgerichts aus I **10** setzen. Wenn der Schuldner die Entscheidung nicht innerhalb der Frist beibringt, dann tritt die Anordnung des Vollstreckungsgerichts kraft Gesetzes außer Kraft. Darum ist hier eine Aufhebung einer Vollstreckungsmaßnahme geradezu unstatthaft. Das Prozeßgericht kann aber die Zwangsvollstreckung mit Wirkung für die Zukunft erneut einstellen. Eine Anordnung des Prozeßgerichts erledigt diejenige des Vollstreckungsgerichts. Ein neuer Antrag nach einer Ablehnung setzt neue Gründe voraus. Denn niemand kann über denselben Sachverhalt zwei Entscheidungen verlangen.

## §§ 769, 770

**11** **4) Rechtsbehelfe, I–III.** Sie bergen viele Streitfragen (rechtspolitisch BReg DB **87**, 2242):

**A. Erinnerung.** Wenn der Rpfl entschieden hat, gilt § 11 RPflG, Anh § 153 GVG.

**12** **B. Sofortige Beschwerde.** Gegen den anfänglichen Beschluß des Richters des Prozeßgerichts oder des Vollstreckungsgerichts kann die sofortige Beschwerde nach § 577 zulässig sein, § 793 II, § 793 I.

**13** Sie ist jedoch grundsätzlich nur insoweit statthaft, als gerade der Vorderrichter, BGH JR **97**, 428, einen *groben Gesetzesverstoß* oder Ermessensfehler begangen, insbesondere die Grenzen seines Ermessens verkannt hat, wenn also die Entscheidung keine Begründung enthält, § 329 Rn 4, Ffm MDR **99**, 504, Zweibr JB **99**, 381, überhaupt dann, wenn eine *greifbare Gesetzwidrigkeit* vorliegt, nicht nur irgendein Fehler, § 127 Rn 25, § 707 Rn 17, Drsd JB **99**, 270, Düss FER **99**, 159, Stgt MDR **98**, 621, aM Hamm FamRZ **87**, 500 (grds unanfechtbar), LAG Ffm BB **98**, 1011 (uneingeschränkt anfechtbar), Künkel MDR **89**, 312 (in einem „krassen Ausnahmefall" die einfache Beschwerde, gegen die Zurückweisung des Einstellungsantrags einfache Beschwerde).

**14** Freilich kann selbst bei einer greifbaren Gesetzwidrigkeit keine sofortige Beschwerde stattfinden, wenn die zugehörige *Hauptsacheentscheidung unanfechtbar* ist, § 567 Rn 23, Kblz FamRZ **89**, 298 mwN. –

**15** **C. Weitere Einzelfragen.** Die Beschwerdeentscheidung enthält keine Kostenentscheidung, da ein unselbständiges Zwischenverfahren vorliegt, dessen Kosten nach §§ 91 ff, 788 geregelt sind, LG Ffm Rpfleger **85**, 208, Drsd JB **99**, 270, Düss FER **99**, 160 (je: bei Zurückweisung), aM LG Aachen MDR **96**, 1196. Der sog Meistbegünstigungsgrundsatz, Grdz 28 vor § 511, gilt auch hier, München JB **99**, 808; freilich ist zu prüfen, ob überhaupt mehr als ein nach § 319 zu berichtigender Schreibfehler vorliegt, so in Wahrheit auch ZöHe 2. Zur weiteren sofortigen Beschwerde §§ 793 II. Zur Anschlußbeschwerde § 577 a. Die Anordnung des Vollstreckungsgerichts wird nach einem erfolglosen Ablauf der Frist nach II oder nach einem abweisenden Urteil gegenstandslos, § 577 III. Neue Tatsachen sind im Rahmen der sofortigen Beschwerde unbeachtlich, Köln VersR **95**, 1378. Jedoch lassen veränderte Umstände oder neue Tatsachen einen neuen Antrag und eine neue Entscheidung zu, Karlsr OLGZ **76**, 479, Gottwald FamRZ **94**, 1539, und zwar selbst dann, wenn der Beschluß inzwischen nach § 322 rechtskräftig geworden ist. Wenn die Klage nach § 767 Erfolg hat, dann kann der Bekl in einem Verfahren gemäß § 769 noch vor dem Beschwerdegericht eine Erledigterklärung gemäß § 91 a abgeben, Saarbr NJW **71**, 386.

**16** **5) VwGO:** *Entsprechend anwendbar,* § 167 I VwGO, soweit §§ 767, 768 gelten, Wettlaufer S 181 ff, BVerwG NJW **89**, 120, VGH Kassel NVwZ-RR **89**, 507, VGH Mannh VBlBW **85**, 185, OVG Münster VerwRspr 22 Nr 87, OVG Lüneb NJW **74**, 918. Zuständigkeit: § 767 Rn 59; eine im unzulässigen Rechtsweg erhobene Klage begründet die Zuständigkeit nicht, VGH Mü NJW **83**, 1992. Rechtsbehelf: Beschwerde, §§ 146 ff VwGO, wenn das VG die AnO erlassen hat, OVG Hbg HbgJVBl **70**, 57 (keine entsprechende Anwendung von § 707 II); wegen des Ausschlusses der Beschwerde s § 732 Rn 11.

## 770

**Vorläufige Maßnahmen im Urteil.** ¹Das Prozeßgericht kann in dem Urteil, durch das über die Einwendungen entschieden wird, die in dem vorstehenden Paragraphen bezeichneten Anordnungen erlassen oder die bereits erlassenen Anordnungen aufheben, abändern oder bestätigen. ²Für die Anfechtung einer solchen Entscheidung gelten die Vorschriften des § 718 entsprechend.

**1** **1) Systematik, Regelungszweck, S 1, 2.** Vgl § 769 Rn 1.

**2** **2) Anordnungen, S 1, 2.** § 770 erlaubt dem Prozeßgericht bei einer Vollstreckungsabwehrklage nach §§ 770, 786, 788 im Urteil, auch in dem bloß vorläufig vollstreckbaren Urteil, Anordnungen nach § 769 I, III zu treffen. Diese Befugnis besteht abweichend von § 769 auch von Amts wegen. Eine in einem vorläufig vollstreckbaren Urteil getroffene Anordnung tritt mit der Rechtskraft des Urteils nach § 322 ohne weiteres außer Kraft. Die Durchführung richtet sich nach § 775 Z 2. Vgl ferner § 262 II AO.

**3** **3) Rechtsbehelfe, S 1, 2.** Die Anordnung ist ein Teil des Urteils. Man kann sie daher nur zusammen mit diesem Urteil und nur mit dessen Rechtsmittel angreifen. Die Anordnung ist sofort vollstreckbar. In der zweiten Instanz entscheidet das Gericht auf Antrag auch vorab, § 718. Das Berufungsgericht kann aber auch eine Anordnung aus § 769 erlassen.

**4** **4) VwGO:** *Entsprechend anwendbar,* § 167 I VwGO, in demselben Umfang wie § 769. Rechtsbehelfe wie in Rn 2.

## Einführung vor §§ 771–774
## Widerspruchsklagen

### Gliederung

| | | | |
|---|---|---|---|
| 1) Systematik, Regelungszweck ......... | 1, 2 | B. Verhältnis zum sachlichen Recht ...... | 4 |
| 2) Geltungsbereich ...................... | 3–6 | C. Verhältnis zu anderen Rechtsbehelfen . | 5, 6 |
| A. Verhältnis der §§ 771–774 zueinander . | 3 | 3) *VwGO* ................................ | 7 |

**1) Systematik, Regelungszweck.** Die ZPO gibt eine Reihe von Widerspruchsklagen (Interventions- **1** klagen) für Fälle, in denen das Recht eines Dritten der Zwangsvollstreckung entgegensteht. Diese Klagen dienen ähnlichen Zwecken wie das Aussonderungsrecht im Insolvenzverfahren: Der Gläubiger soll keine größeren Rechte erlangen als sie der Schuldner hat. Darum kann § 47 S 2 InsO bei der Auslegung der §§ 771 ff dienlich sein. Vergleichbar ist die Drittwiderspruchsklage nach § 262 AO, BGH NJW **89**, 2542. Die Widerspruchsklage ist ebenso wie die Vollstreckungsabwehrklage eine *rein prozessuale Gestaltungsklage*, § 767 Rn 1, BGH MDR **85**, 1010, Münzberg/Brehm Festschrift für Baur (1981) 535, Geißler NJW **85**, 1869, aM Baur/Stürner § 40 I 1, Bettermann Festschrift für Weber (1975) 88 (es handle sich um eine sachlichrechtliche Abwehrklage). Sie macht die Zwangsvollstreckung unzulässig, sobald das Urteil rechtskräftig oder vorläufig vollstreckbar ist, § 775 Z 1, also für die Zukunft; bis dahin ist die in den gesetzlichen Form auf Grund gesetzlicher Voraussetzungen vorgenommene Zwangsvollstreckung einwandfrei und wirksam. Der Rechtsbehelf hat seinen Grund also nicht in einer fehlerhaften Zwangsvollstreckung, sondern in der unvermeidlichen Unzulänglichkeit der Prüfung fremder Rechte im Zwangsvollstreckungsverfahren. Diese Prüfung erfordert die allseitige Erörterung im Prozeß.
Die wichtigste Folge dieser prozessualen Natur ist, daß *das sachliche Recht des Dritten nicht Streitgegenstand ist*, BGH MDR **85**, 1010, Stgt FamRZ **82**, 401. Denn der Gegenstand der Zwangsvollstreckung ist nicht streitbefangen, § 265. Darum läßt die Rechtskraft das sachliche Recht dieses Dritten unberührt. Der Dritte kann es aber im Erkenntnisverfahren des bisherigen Prozesses weder durch eine Einrede noch widerklagend geltend machen. Deshalb muß er wenigstens im dortigen Vollstreckungsverfahren durchsetzen können. §§ 771 ff dienen also dem der Gerechtigkeit gegenüber einem weitbetroffenen Dritten, Einl III 9, und sind entsprechend weit zu seinen Gunsten auszulegen.
Eine bewußt *falsche* Widerspruchsklage ist mindestens versuchter Prozeßbetrug. Die Drittwiderspruchs- **2** klage des Sicherungsnehmers ist zunächst dann mißbräuchlich, wenn sie nur den Schutz des Sicherungsgebers bezweckt, Einl III 54, Bre OLGZ **90**, 73.

**2) Geltungsbereich.** Es sind drei Fallgruppen zu unterscheiden. **3**
**A. Verhältnis der §§ 771–774 zueinander.** Die Fälle §§ 771–774 liegen im wesentlichen gleichartig. Ein Unterschied besteht insofern, als der Dritte bei §§ 771, 774 die ganze Zwangsvollstreckung abschnüren kann, während er bei §§ 772 f die Pfändung belassen muß und nur der Veräußerung oder Überweisung widersprechen darf.
**B. Verhältnis zum sachlichen Recht.** Hat der Dritte die Widerspruchsklage versäumt, vgl Grdz 51 vor **4** § 704, so bleibt ihm ein sachlichrechtlicher Anspruch aus einer Bereicherung, §§ 812 ff BGB, abw Brehm JZ **86**, 501 (die Widerspruchsklage könne zulässig bleiben). Dieser Anspruch besteht grundsätzlich gegenüber dem Gläubiger. Wegen einer Ausnahme § 819 Rn 3. Eine Bereicherung liegt vor, soweit der Erlös die Zwangsvollstreckungskosten übersteigt, BGH **66**, 156, aM StJM § 771 Rn 73, 75. Bedenklich ist dabei, daß der Pfändungspfandgläubiger schlechter steht als der Faustpfandgläubiger, weil ihn der gute Glaube nicht schützt; § 1207 BGB ist unanwendbar.
Ein Ersatzanspruch des Dritten verlangt eine *unerlaubte Handlung* des Gläubigers. § 717 II und §§ 985 ff BGB sind unanwendbar, Berg NJW **72**, 1966, aM LG Bln NJW **72**, 675. Eine Ersatzpflicht besteht namentlich, wenn der Gläubiger bösgläubig Sachen Dritter pfändet oder trotz ausreichender Glaubhaftmachung vom Bestehen des fremden Rechts auf der Pfändung beharrt, BGH **58**, 210. Die zur Auferlegung der Kosten ausreichende Glaubhaftmachung genügt hier nicht unbedingt. Die prozessuale Rechtmäßigkeit der Zwangsvollstreckung steht dem Ersatzanspruch wegen sachlichrechtlichen Verschuldens des Gläubigers für Hilfspersonen gemäß § 278 BGB haftet, BGH **58**, 211, Henckel JZ **73**, 32, aM LG Bln NJW **72**, 1675 (es wendet § 831 BGB an). Häufig fällt dem Dritten ein mitwirkendes Verschulden zur Last.
**C) Verhältnisse zu anderen Rechtsbehelfen.** Regelmäßig ist die Widerspruchsklage der einzige **5** Rechtsbehelf des Dritten, Schlesw SchlHA **89**, 44. Sie schließt vor allem eine sachlichrechtliche Klage desselben Dritten gegen den Pfändungsgläubiger aus.
*Dies gilt zB:* Für die Abwehrklage des § 1004 BGB, Henckel AcP **174**, 109; für die Feststellungsklage, § 256 (Ausnahme: Rn 6); für eine Klage auf Herausgabe, insbesondere nach § 985 BGB, BGH NJW **89**, 2542 (Unzulässigkeit), aM Jauernig ZZP **66**, 403 (Unbegründetheit); für eine Klage auf eine Freigabe (dies ist freilich meist nur eine falsche Bezeichnung). Das ändert freilich nichts an einem etwaigen sachlichrechtlichen Freigabeanspruch, BGH **58**, 214. Eine bloße Feststellung der Unzulässigkeit einer Pfändung hätte angesichts des § 775 auch nur einen geringen praktischen Wert.
*Zulässig ist:* Eine einstweilige Verfügung, §§ 935 ff, LG Bonn NJW **70**, 2303, aM Schlesw SchlHA **89**, 44; **6** eine Klage auf die Unterlassung der Zwangsvollstreckung wegen einer vertraglichen Verpflichtung, Grdz 24 vor § 704; eine leugnende Feststellungsklage des Pfändungsgläubigers gegen den Dritten, § 256, vor der Erhebung der Widerspruchsklage. Über das Zusammentreffen mit § 766 dort Rn 10.
Mit der *Einmischungsklage* des § 64 trifft eine Klage nach § 771 nur dann zusammen, wenn der Dritte gegenüber einem vorläufig vollstreckbaren Urteil eine Sache für sich beansprucht, die herauszugeben ist. Das

Verfahren und das Ergebnis sind in beiden Fällen verschieden. Der Dritte kann gegen seinen Schuldner unabhängig von § 771 klagen, KG MDR **73**, 233.

**7**  3) *VwGO: Näheres bei den einzelnen Vorschriften.*

**771** **Gewöhnliche Widerspruchsklage.** [1] Behauptet ein Dritter, daß ihm an dem Gegenstand der Zwangsvollstreckung ein die Veräußerung hinderndes Recht zustehe, so ist der Widerspruch gegen die Zwangsvollstreckung im Wege der Klage bei dem Gericht geltend zu machen, in dessen Bezirk die Zwangsvollstreckung erfolgt.

II Wird die Klage gegen den Gläubiger und den Schuldner gerichtet, so sind diese als Streitgenossen anzusehen.

III [1] Auf die Einstellung der Zwangsvollstreckung und die Aufhebung der bereits getroffenen Vollstreckungsmaßregeln sind die Vorschriften der §§ 769, 770 entsprechend anzuwenden. [2] Die Aufhebung einer Vollstreckungsmaßregel ist auch ohne Sicherheitsleistung zulässig.

**Schrifttum:** *Büchler*, Die Abweisung der Drittwiderspruchsklage usw, 1994; *Endo*, Die Drittwiderspruchsklage im deutschen und japanischen Recht, Diss Freibg 1988; *Gaul*, Die Rechtsstellung der Kreditinstitute als Drittschuldner in der Zwangsvollstreckung, 1978; *Gerlach*, Ungerechtfertigte Zwangsvollstreckung und ungerechtfertigte Bereicherung, 1986; *Lippross*, Grundlagen und System des Vollstreckungsschutzes, 1983; *Lüke*, Die Beteiligung Dritter im Zivilprozeß, 1993; *Münzberg/Brehm*, Altes und Neues zur Widerspruchsklage nach § 771 ZPO, Festschrift für *Baur* (1981) 517; *Nikolaou*, Der Schutz des Eigentums an beweglichen Sachen Dritter bei Vollstreckungsversteigerungen, 1993; *Picker*, Die Drittwiderspruchsklage usw, 1981; *Schäfer*, Drittinteressen im Zivilprozeß, Diss Mü 1993; *Schmalhöfer*, Die Beteiligung Dritter am Zivilprozeß, 1994.

**Gliederung**

| | |
|---|---|
| 1) Systematik, Regelungszweck, I–III ... 1 | G. Urteil ... 11 |
| 2) Veräußerungshinderndes Recht, I ... 2, 3 | 4) Klage gegen den Gläubiger und den Schuldner, II ... 12 |
| 3) Klage, I ... 4–11 | |
| A. Kläger ... 4, 5 | 5) Einstweilige Maßnahme, III ... 13 |
| B. Beklagter ... 6 | 6) Beispiele zur Frage der Statthaftigkeit einer Widerspruchsklage, I–III ... 14–28 |
| C. Zuständigkeit ... 7 | |
| D. Antrag ... 8 | |
| E. Weiteres Verfahren ... 9 | 7) VwGO ... 29 |
| F. Einwendungen ... 10 | |

**1**  1) **Systematik, Regelungszweck, I–III.** Vgl zunächst Einf 1–3 vor §§ 771–774. Die Vorschrift nennt als Voraussetzung der Klage „ein die Veräußerung hinderndes Recht" am Gegenstand der Zwangsvollstreckung. So etwas gibt es eigentlich gar nicht. Denn kein Recht kann eine Veräußerung verhindern. Vor allem kann man sich kein Recht zum Widerspruch vertraglich ausbedingen. Gemeint ist vielmehr ein Recht, das einer Zwangsvollstreckung des Gläubigers in den Gegenstand entgegensteht, Saarbr OLGZ **84**, 127. Auf eine Veräußerungsbefugnis des Schuldners kommt es überhaupt nicht an. Das Recht muß zunächst einmal bei der Zwangsvollstreckung begründet sein. Dabei genügt eine Rückwirkung nach § 184 I BGB, soweit nicht § 184 II BGB entgegensteht. Das Recht muß aber auch noch beim Schluß der letzten Tatsachenverhandlung begründet sein, §§ 136 IV, 296 a. Welche Rechte hierher gehören, ist weniger nach förmlichen Gesichtspunkten als nach der wirtschaftlichen Zugehörigkeit zum Vermögen des Schuldners oder des Dritten zu beantworten, Hamm NJW **77**, 1159, Henssler AcP **196**, 52.

**2**  2) **Veräußerungshinderndes Recht, I.** Da das Recht an dem Gegenstand der Zwangsvollstreckung bestehen muß, muß die Zwangsvollstreckung bereits begonnen haben, Grdz 51 vor § 704, und darf noch nicht völlig beendet sein, Grdz 52 vor § 704, BGH **72**, 337. Eine Beendigung der Zwangsvollstreckung während eines Prozesses erledigt die Hauptsache, § 91 a. Eine bloße Freigabe des von der Zwangsvollstreckung erfaßten Gegenstands in der mündlichen Verhandlung erledigt die Hauptsache jedoch nicht. Über die Bereicherungs- und die Ersatzklage Einf 4 vor §§ 771–774. Der Übergang zu diesen Klagen oder zu einer Klage auf die Herausgabe des Hinterlegten ist entsprechend § 264 statthaft, und zwar auch noch in der Berufungsinstanz.

Wer ein Recht an einer Sache hat, der kann die *Klage schon bei der Pfändung* des Herausgabeanspruchs erheben, BGH **72**, 337. § 771 gilt auch bei einer Arrestpfändung nach § 930. Über die Anwendbarkeit der Vorschrift bei der Pfändung von Früchten auf dem Halm § 810. Es ist unerheblich, ob die Zwangsvollstreckung zu einer Veräußerung führt; eine bloße Zwangsverwaltung genügt. Der Beginn der Zwangsvollstreckung ist nur dann nicht erforderlich, wenn der Gegenstand der Zwangsvollstreckung von vornherein feststeht, Henckel AcP **174**, 108, zB nach § 883, etwa bei einem Urteil auf Räumung, oder bei § 885. Denn dann muß man unbedingt mit einer Zwangsvollstreckung in die Sache rechnen.

**3**  Eine öffentlichrechtliche *Beschlagnahme* ist noch kein Akt der Zwangsvollstreckung und genügt daher nicht. Die Unwirksamkeit einer Zwangsvollstreckung steht der Erhebung einer Widerspruchsklage nicht entgegen; etwas anderes gilt nur dann, wenn die Nichtigkeit der Vollstreckungsmaßnahme außer Zweifel steht und von allen Beteiligten anerkannt wird, Ffm RR **88**, 1408. § 771 ist auch bei einer Zwangsversteigerung, Saarbr OLGZ **84**, 127, und bei einer Teilungsversteigerung nach § 180 ZVG anwendbar, BGH FamRZ **85**, 904, Köln Rpfleger **98**, 169, Saarbr OLGZ **84**, 127. Eine Beendigung der Zwangsvollstreckung tritt erst mit der Befriedigung des Gläubigers ein, nicht schon mit einer Hinterlegung oder einer ähnlichen Maßnahme, BGH **72**, 337.

1. Abschnitt. Allgemeine Vorschriften § 771

**3) Klage, I.** Sie ist dem Erkenntnisverfahren nachgebildet. 4
  **A. Kläger,** dazu *Gerhardt,* Von Strohfrauen und Strohmännern – Vorgeschobene Rechtsinhaberschaft in der Zwangsvollstreckung, Festschrift für *Lüke* (1997) 121: Klageberechtigt kann jeder Inhaber eines die Veräußerung hindernden Rechts sein, Rn 2, der nicht Vollstreckungsschuldner ist, gegen den also nicht vollstreckt wird und aus dem Titel auch nicht vollstreckt werden darf, Hamm RR 87, 586. Ein Dritter ist also dann klageberechtigt, „wenn der Schuldner selbst, veräußerte er den Vollstreckungsgegenstand, widerrechtlich in den Rechtskreis des Dritten eingreifen würde, und (wenn) deshalb der Dritte den Schuldner an der Veräußerung hindern könnte", BGH 55, 26. Klageberechtigt ist auch derjenige, der nach einer Pfändung und nach dem Eintritt der Rechtshängigkeit, § 261, von einem berechtigten Dritten erworben hat, ferner zB jeder Wohnsitzberechtigte bei einer Zwangsvollstreckung in das zweckgebundene Vermögen wegen einer Forderung, für die dieses Vermögen nicht haftet, § 12b II 2 des 2. WoBauG, § 767 Rn 2.
  Der *Schuldner* kann nur dann ein Dritter sein, wenn er verschiedene Vermögensmassen verwaltet. Das gilt: 5
Für den Insolvenzverwalter, wenn ein Insolvenzgläubiger in sein Vermögen vollstreckt oder wenn der Verwalter mit einem Insolvenzgläubiger über die Zugehörigkeit eines Gegenstands zur Insolvenzmasse streitet; für den Erben, der gemäß § 778 I nur mit dem Nachlaß haftet, im Gegensatz zu dem beschränkt haftenden Erben, §§ 781, 785; für den Treuhänder, wenn ein Vollstreckungstitel gegen den Treugeber fehlt; für den Gesellschafter dann, wenn der Vollstreckungstitel nur gegen die Gesellschaft erlassen wurde, etwa die OHG; für den nicht mitverurteilten Miteigentümer; für den Ehegatten, dessen Ehepartner ohne seine Zustimmung über Haushaltsgegenstände verfügt hat, § 1369 BGB, oder der die Teilungsversteigerung des gemeinsamen Grundbesitzes betreibt, BGH FamRZ 72, 364, Stgt FamRZ 82, 401, grundsätzlich auch Bre Rpfleger 84, 157. In einem Fall eines offen zutage liegenden Versteigerungshindernisses ist jedenfalls auch § 766 anwendbar, dort Rn 22 „Sonstiger Dritter".
  **B. Beklagter.** Richtiger Bekl ist der betreibende Gläubiger, bei § 124 der Anwalt. Mehrere Gläubiger 6 sind gewöhnliche Streitgenossen, § 59. Denn das Urteil wirkt nur für und gegen den Bekl. Der Rechtsnachfolger eines Gläubigers haftet erst nach einer Umschreibung des Vollstreckungstitels auf ihn, vgl Rn 12.
  **C. Zuständigkeit.** Zuständig ist dasjenige Gericht, in dessen Bezirk der Gläubiger vollstreckt. Dieser 7 örtliche Gerichtsstand ist ausschließlich, § 802. Anders verhält es sich mit der sachlichen Zuständigkeit, § 802 Rn 1. Für sie gilt § 10. Da sich die Klage nicht gegen die einzelne Vollstreckungsmaßnahme richtet, sondern gegen die Zwangsvollstreckung insgesamt, ist dasjenige Gericht zuständig, in dessen Bezirk die Zwangsvollstreckung begonnen hat, Grdz 51 vor § 704. Bei einer Zwangsvollstreckung in eine Forderung sind entweder das Gericht, das den Pfändungsbeschluß nach § 829 erlassen hat, oder dessen LG zuständig. Bei einer Arrestpfändung, § 930, ist das für den Ort des Arrestgerichts nach § 919 maßgebliche AG oder LG zuständig. Bei einer Anschlußpfändung, § 826, ist das Gericht der ersten Pfändung zuständig. In einer Familiensache, §§ 606 ff, ist in der Regel das Familiengericht zuständig, BGH MDR 85, 1010, Hamm FamRZ 95, 1073, Mü FamRZ 78, 604, aM Stanicki FamRZ 77, 685.
  Eine Familiensache liegt grundsätzlich *nicht* vor, wenn der Vollstreckungstitel keine Familiensache betrifft, BGH NJW 79, 929, BayObLG FamRZ 81, 377, Stgt FamRZ 82, 401. Soweit die Veräußerung hindernde Recht freilich eine Familiensache betrifft oder im Familienrecht wurzelt, kann auch für die Klage aus § 771 das Familiengericht zuständig sein, BGH MDR 85, 1010, Hamm FamRZ 95, 1073 aM Hbg FamRZ 84, 805. Eine Bestimmung des örtlich zuständigen Gerichts nach § 36 Z 3 kann wegen der Ausschließlichkeit des Gerichtsstands nicht stattfinden.
  **D. Antrag.** Der Antrag sollte dahin gehen, die Zwangsvollstreckung für *unzulässig zu erklären.* Ein Antrag, 8 die gepfändete Sache freizugeben oder die Pfandstücke herauszugeben oder in die Herausgabe des Hinterlegten einzuwilligen, ist zwar unrichtig, aber unschädlich. Denn es genügt, daß der Wille des Klägers klar erkennbar ist, die Unzulässigkeit der Zwangsvollstreckung festgestellt zu sehen. Der Bekl darf nicht zu einer Herausgabe usw verurteilt werden. Denn diese muß gemäß §§ 775 Z 1, 776 ohne weiteres geschehen. Ein auf die Herausgabe gerichteter Antrag ist neben dem Antrag, die Zwangsvollstreckung für unzulässig zu erklären, überflüssig und hat auf die Kostenentscheidung keinen Einfluß. Anwaltszwang herrscht wie sonst, § 78 Rn 1.
  **E. Weiteres Verfahren.** Die Zustellung der Klage erfolgt an den ProzBev der ersten Instanz, § 176. Die 9 Klage kann aber auch dem Gläubiger selbst zugestellt werden, § 178 Rn 1. Eine für den Hauptprozeß erteilte Prozeßvollmacht ist auch hier ausreichend, § 81. Der Klagegrund liegt zum einen in der Zwangsvollstreckung, auch wenn diese fehlerhaft ist, zum anderen in dem behaupteten und zu beweisenden Recht. Die Klage hemmt den Fortgang der Zwangsvollstreckung nicht. Wegen einer einstweiligen Anordnung Rn 13. Die Beweislast ist wie sonst zu beurteilen, Anh § 286: Der Kläger muß die Entstehung seines Rechts beweisen, BGH NJW 79, 42, LG Köln DB 81, 883, der Bekl muß zB beweisen, daß das Recht erloschen ist; vgl aber § 891, 1006 BGB.
  **F. Einwendungen.** Es kommen solche Einwendungen in Frage, die das Recht des Klägers leugnen, 10 hemmen oder vernichten. In Betracht kommt etwa eine Anfechtung nach dem AnfG, BGH 98, 10, Schmidt JZ 87, 891, und die Behauptung eines besseren Rechts. Ein solches steht zB am Mietzins einem Hypothekengläubiger besseren Ranges gegenüber einem Nießbraucher zu. Deshalb braucht der Hypothekengläubiger gegen den Nießbraucher keinen Duldungstitel zu erwirken. Ein besseres Recht kann auch dem pfändenden Verpächter gegen den Sicherungseigentümer zustehen. Zulässig ist ferner der Einwand der Arglist, Einl III 54, Grdz 44 vor § 704, BGH 57, 108. Hierher gehört der Einwand, der Kläger müsse die Zwangsvollstreckung in die Sache dulden, weil er als Sicherungseigentümer die von einem Dritten angebotene Restzahlung nicht übereignetem Gegenstand nicht angenommen habe, Celle NJW 60, 2196, weil dem Gläubiger gegenüber dem Eigentum des Widerspruchsklägers in Gestalt eines Pfandrechts ein besseres Recht zustehe, aM Hamm BB 76, 1048, oder weil er ein Vermögensübernehmer nach § 419 BGB, BGH 80, 300, Schumann NJW 82, 1272, oder ein sonstiger Gesamtschuldner sei.

*Hartmann* 1863

In diesen Fällen ist *kein vollstreckbarer Titel* für das bessere Recht *notwendig*. Denn da ein solcher Titel ohne weiteres im Weg der Widerklage, Anh § 253, erreicht werden kann, wäre es förmelnd, den Einwand nur in dieser Form zuzulassen. Ferner ist der Einwand zulässig, die Klage stütze sich auf eine Handlung, die dem Bekl gegenüber unerlaubt sei. Ein Zurückbehaltungsrecht nach § 273 BGB greift der Klage gegenüber wegen ihrer prozessualen Natur nicht durch.

**11**     **G. Urteil.** Soweit das Gericht die Widerspruchsklage abweist, darf der Gläubiger die Zwangsvollstreckung fortsetzen, soweit dieser Fortsetzung keine Anordnung nach III entgegensteht. Der Kläger haftet für einen Verzögerungsschaden nach dem sachlichen Recht. Zu seiner Haftung wendet LG Ffm MDR **80**, 409 den § 717 II entsprechend an. Soweit das Gericht der Widerspruchsklage stattgibt, erklärt das Gericht die Zwangsvollstreckung in diese Sache für unzulässig; diese Entscheidung ist wegen § 775 Z 1 zweckmäßig. Das Urteil ist nach den allgemeinen Grundsätzen für vorläufig vollstreckbar zu erklären, §§ 708 ff. Eine einstweilige Anordnung ist nach III zulässig. Das Urteil begründet keine Verpflichtung zur Wiederherstellung des früheren Zustands. Denn es geht bei der Widerspruchsklage nicht um einen Ersatz. Deshalb entsteht auch keine Verpflichtung zu einer kostenfreien Rücklieferung der Pfandsachen. Das Urteil kann aber zu einer rechtskräftig festgestellten Grundlage für einen Schadensersatz- oder Bereicherungsanspruch werden. Wegen der Kosten § 93 Rn 82 „Widerspruchsklage".

**12**     **4) Klage gegen den Gläubiger und den Schuldner, II.** Die prozessuale Widerspruchsklage ist gegen den Schuldner unzulässig, Rn 6. Der Dritte kann aber neben der Klage aus § 771 gegen den Gläubiger eine sachlichrechtliche Klage gegen den Schuldner erheben, etwa auf die Herausgabe der Pfandsache. Diese Anspruchshäufung wäre nach §§ 59, 60 problematisch; II läßt sie aber zu. Bei ihr sind der Gläubiger und der Schuldner gewöhnliche Streitgenossen.

**13**     **5) Einstweilige Maßnahme, III.** Das Gericht darf alle nach §§ 769, 770 für die Zeit bis zum Erlaß des Urteils vorgesehenen vorläufigen Maßnahmen treffen. Es darf auch die Aufhebung einer Vollstreckungsmaßnahme ohne eine Sicherheitsleistung anordnen. Eine solche Anordnung ist zwar eher als bei § 707, KG Rpfleger **87**, 510, aber im Ergebnis meist doch nur dann ratsam, wenn die Unzulässigkeit der Zwangsvollstreckung einwandfrei feststeht. Denn durch die Aufhebung entsteht oft ein unwiederbringlicher Schaden. Außerdem sollte eine Einstellung der Zwangsvollstreckung erst nach der Zahlung des Gerichtskostenvorschusses gemäß § 65 GKG erfolgen. Allerdings entsteht ein Schadensersatzanspruch und insoweit, als eine Schuld vorliegt, BGH **95**, 13, Mü MDR **89**, 552. Vgl im übrigen die Erläuterungen zu §§ 769 ff. Soweit der Titel von einem Arbeitsgericht geschaffen ist, muß es auch über auf Eigentum gestützte Einwendungen entscheiden, aM LAG Bln MDR **89**, 572. Beim Vollstreckungsgericht ist der Rpfl zuständig, § 769 Rn 9. Wegen der Rechtsbehelfe § 769 Rn 11. § 717 II und die mit ihm vergleichbaren Vorschriften sind nicht entsprechend anwendbar, BGH **95**, 13 (abl Häsemeyer NJW **86**, 1028).

**14**     **6) Beispiele zur Frage der Statthaftigkeit einer Widerspruchsklage, I–III.** Vgl ferner §§ 772–774. „*Ja*" bedeutet: Eine Widerspruchsklage ist grundsätzlich zulässig; „*nein*" bedeutet: Eine Widerspruchsklage ist grundsätzlich unzulässig.

**Anfechtung** nach §§ 129 ff InsO oder nach dem AnfG: *Ja*. Zwar gibt die Anfechtung nur einen Anspruch auf die Verschaffung, § 143 I 1 InsO, § 11 I 1 AnfG. Dieser Anspruch steht aber wirtschaftlich einem Herausgabeanspruch grundsätzlich gleich, Schmidt JZ **90**, 620, StJM 34, ZöHe 14 „Anfechtungsrecht", aM BGH NJW **90**, 992 (abl Werner KTS **90**, 429), Wacke ZZP **83**, 429.

S aber auch Rn 20 „Schuldrechtlicher Anspruch".

**15**     **Besitz:** Ist der Besitz ein die Veräußerung hinderndes Recht im Sinne des § 771 ZPO?, 1995: *Ja* bei beweglichen Sachen, LG Aachen VersR **92**, 253, Brox FamRZ **81**, 1125, Lüke NJW **96**, 3265, aM ThP 21. Dies gilt aus praktischen Gründen auch für einen mittelbaren Besitz, aM Lüke NJW **96**, 3265, und zugunsten von Angehörigen bzw „Lebensgefährten" eines zur Räumung verpflichteten Schuldners, Ffm Rpfleger **89**, 209, Karlsr WoM **92**, 494, LG BadBad WoM **92**, 493. Wegen eines Wohnbesitzes Rn 4. Aus dem elterlichen Vermögenssorgerecht kann man ein Besitzmittlungsverhältnis ableiten, BGH NJW **89**, 2542.

*Nein*: Bei einem Grundstück. Denn in diesem Fall hat der Besitz keine Bedeutung für die dingliche Rechtsgestaltung.

**Bestimmter einzelner Gegenstand:** *Ja*, wenn es um eine gesetzliche unzulässige Verfügung geht, etwa nach § 1365 BGB, Düss FamRZ **95**, 309, *Ja*, wenn es um eine Beschränkung der Haftung auf diesen Gegenstand geht, denn dann geht es um eine reine Sachhaftung, zB ein Pfandrecht oder um einen Fall der §§ 486, 679 HGB. Wenn die Haftung durch eine Vereinbarung beschränkt worden ist, dann muß das Urteil einen entsprechenden Vorbehalt aussprechen.

**16**     **Dingliches Recht, beschränktes:** *Ja*, wenn das Recht durch die Zwangsvollstreckung beeinträchtigt wird. In Betracht kommen zB das Erbbaurecht; ein Nießbrauch; ein Pfandrecht; eine Hypothek. Das Recht wird zB dann beeinträchtigt, wenn ein Pfandstück einem anderen herausgegeben wird. Es wird nicht beeinträchtigt, wenn eine weitere Pfändung ausgesprochen wird. Deshalb hat der besitzlose Inhaber eines Pfand- oder Vorzugsrechts praktisch nur den Anspruch auf eine vorzugsweise Befriedigung aus dem Erlös, § 805, aM Frank NJW **74**, 2216. Wenn ein Hypothekengläubiger eine Beschlagnahme vornehmen läßt, gilt nur § 37 Z 4 ZVG. Wenn ein Nießbrauch zur Ausübung überlassen wurde, kommt die Widerspruchsklage nur in Betracht, falls die Befugnisse ausnahmsweise dem Wesen nach übertragen worden sind. Wegen § 1128 BGB BGH VersR **84**, 1138.

**Eigentum:** *Ja*. Dies gilt auch zugunsten von Miteigentum, zB von Ehegatten, § 739 Rn 4, bei einer Teilungsversteigerung, BayObLG NJW **71**, 2314, Stgt FamRZ **82**, 401, aM KG Rpfleger **92**, 212, oder zugunsten eines auflösend bedingten Eigentums. Die Widerspruchsklage ist schon bei einer Pfändung des angeblichen Herausgabeanspruchs des Schuldners gegen den Besitzer statthaft, BGH NJW **93**, 935 mwN. Ein rein förmliches Eigentum ist gegenüber dem Pfändungspfandrecht schwächer. Dies gilt zB dann, wenn der Schuldner nur nach außen der Eigentümer, in Wahrheit aber nur der Strohmann seiner Ehefrau ist; der wirtschaftliche Gesichtspunkt muß entscheiden, Rn 1. Die Ehefrau kann aber zB auch auf Grund eines nach § 3 AnfG evtl zweifelhaften Eigentumserwerbs Klägerin sein, Hamm RR **87**, 586. Auch der Auftraggeber des Auktionators kann die Widerspruchsklage erheben, wenn es um den Versteigerungserlös geht. Die Widerspruchsklage steht auch dem Insolvenzverwalter bei einem Titel gegen den Ehegatten des Gemeinschuldners zu, LG Frankenth MDR **85**, 64. Zum Gattungskauf nach französischem Recht Celle IPRax **91**, 115 (krit Witz/Zierau IPRax **91**, 95).

**Eigentumsvorbehalt,** dazu *Ahlers,* Das Vorbehaltseigentum in der Einzelvollstreckung, Diss Kiel 1950: **17** Beim Eigentumsvorbehalt des Verkäufers darf der Gläubiger den Verkäufer befriedigen und dadurch die Widerspruchsklage abwenden, LG Köln DB **81**, 884. Solange der Gläubiger nicht derart vorgeht, *ja* für den Verkäufer, BGH **54**, 218. Der Verkäufer kann zwar nicht gegen die Pfändung des Anwartschaftsrechts durch den Gläubiger vorgehen, wohl aber gegen die Pfändung der Sache, § 805 Rn 3. Wenn der Verkäufer die Annahme wegen eines Widerspruchs des Schuldners ablehnt, § 267 II BGB, dann begründet dieser Umstand regelmäßig den Einwand der Arglist. *Ja* für den Vorbehaltskäufer. Er ist ein aufschiebend bedingter Eigentümer und muß jedenfalls vor einer Zwangsversteigerung durch den Gläubiger geschützt werden, BGH **55**, 27, Frank NJW **74**, 2212. Wenn der Anwartschaftsberechtigte die Anwartschaft an einen Dritten veräußert hat, wird die Pfändung beim Eintritt der Bedingung nicht wirksam. Denn der Erwerber erlangt das Eigentum ohne einen Durchgang durch das Vermögen seines Rechtsvorgängers. Ja wegen § 1365 I BGB, Hamm Rpfleger **79**, 21, LG Krefeld MDR **76**, 843. Zum Anwartschaftserwerb nach einer Sachpfändung Raacke NJW **75**, 248. S auch Grdz 60 vor § 704. Über die Sicherungsübereignung Rn 22, 24 „Treuhand".

**Erbengemeinschaft:** *Ja* bei einem testamentarischen Ausschluß vor einer Einigung über einen Ausschluß der Erbauseinandersetzung, Schlesw Rpfleger **79**, 471.

**Gesellschaft:** *Nein* für eine Einmann-GmbH gegen einen Gläubiger des Gesellschafters, wenn das Pfand- **18** stück wirtschaftlich dem Vermögen dieses Gesellschafters zuzuordnen ist, Hamm NJW **77**, 1159 (abl Wilhelm NJW **77**, 1887).

**Hilfspfändung:** *Nein* für eine *gesonderte* Drittwiderspruchsklage, KG OLGZ **94**, 114.

**Hinterlegung:** Rn 20 „Schuldrechtlicher Anspruch".

**Kontokorrent:** Wegen des sog Oder-/Und-Kontos Grdz 90 vor § 704, Wagner WertpMitt **91**, 1145 (ausf).

**Leasing,** dazu *Borggräfe,* Die Zwangsvollstreckung in bewegliches Leasinggut, 1976: *Ja* für den Leasinggeber, **19** LG Dortm RR **86**, 1498. Zum Problem Gerhardt ZZP **96**, 283.

**Lizenz:** Vgl *Kirchhof,* Lizenznehmer als Widerspruchsberechtigte nach § 771 ZPO, in: Festschrift für *Merz* (1992).

**Nießbrauch:** *Ja,* Schwarz DNotZ **95**, 119.
S aber auch „Nutzungs- und Anteilsrecht".

**Nutzungs- und Anteilsrecht:** *Nein* bei einem in Gütergemeinschaft lebenden, nicht verwaltungsberechtigten Ehegatten oder bei dem Ehegatten eines Gewerbetreibenden (s aber § 774), Hbg MDR **70**, 419, §§ 740, 741. Nein bei einem Leibgedinge.
S aber auch „Nießbrauch".

**Rechtsmißbrauch:** *Ja,* Einl III 54, Grdz 44 vor § 704, Ffm FamRZ **98**, 642, Köln Rpfleger **98**, 169.

**Schuldrechtlicher Anspruch:** *Ja,* soweit er dem Eigentum in der Zwangsvollstreckung praktisch gleich- **20** steht, BGH NJW **77**, 384, Ffm RR **88**, 1408, und daher zu einer Aussonderung berechtigt, § 47 InsO, Rn 1. Dies gilt namentlich bei einem Anspruch auf die Herausgabe eines Gegenstands, den ein Dritter dem Schuldner nicht zu Eigentum überlassen hat, etwa bei einem Mietvertrag, Verwahrungsvertrag, Leihvertrag oder Werkvertrag oder einer Verkaufskommission. Ja für den Anspruch des Kommittenten auf die Abtretung der Forderungen aus Geschäften des Kommissionärs. Denn sie gelten schon vor der Abtretung als Forderungen des Kommittenten, § 392 II HGB. Ja für den Kommittenten gegen einen Gläubiger des Kommissionärs, Hbg NJW **72**, 2044. Ja für eine Forderung des Spediteurs gegen den Frachtführer zugunsten des Versenders, § 407 II HGB. Ja für den Anspruch auf Rückgewähr eines öffentlichrechtlich hinterlegten Geldbetrags, Ffm RR **88**, 1408.

*Nein:* Grundsätzlich für einen Anspruch auf eine Verschaffung, zB aus einem Kauf, Lauer MDR **84**, 977, einem Vermächtnis, Hbg RR **94**, 1231, einer unerlaubten Handlung, BGH KTS **94**, 214, einer Bereicherung; für andere Schuldrechte, etwa wie ein Anspruch auf eine Rückübertragung, selbst wenn er durch eine Vormerkung gesichert ist, BGH NJW **94**, 130, oder für das Recht auf die Abtretung einer Forderung. Die Inhaberschaft an einer Forderung oder einem anderen Vermögensrecht steht dem Eigentum gleich; auch bei einer Sachpfändung ist ja in Wahrheit das Eigentumsrecht gepfändet. Der Umstand, daß nach § 829 die „angebliche" Forderung zu pfänden ist, ändert nichts an der Nämlichkeit; man darf nicht den unglücklichen Drittschuldner einem Prozeß aussetzen. Dies gilt auch für Treuhandverhältnisse, Rn 22 „Treuhand". Wegen eines Wohnbesitzes Rn 15 „Besitz".

Vgl aber auch Rn 14 „Anfechtung".

**Sondervermögen:** *Ja* für den Verwalter eines fremden Vermögens, wenn der Gläubiger in dasjenige **21** Vermögen vollstreckt, das der Zwangsvollstreckung entzogen ist. Dies gilt zB: für einen Zwangsverwalter, LG Lübeck DGVZ **76**, 89; für einen Nachlaßverwalter; für einen Testamentsvollstrecker; für einen Insolvenzverwalter, Karls NJW **77**, 1069, und zwar auch dann, wenn er behauptet, das als massefremd gepfändete Stück gehöre zur Masse; es reicht, daß eine scheinbar wirksame Pfändung das Recht des Forderungsinhabers gefährdet, LG Bln MDR **89**, 171.

**Treuhand:** Hier sind zwei Hauptfälle zu unterscheiden. **22**

**a) Uneigennützige Treuhand:** *Ja* für den Treugeber, wenn das Treugut zwar rechtlich zum Vermögen des Treuhänders gehört, sachlich und wirtschaftlich (zur Unterscheidung Gerhardt ZZP **96**, 283, Henckel ZZP **84**, 456) aber zum Vermögen des Treugebers zu zählen ist, Hamm NJW **77**, 1160 (es handelt sich dann um ein echtes Treuhandverhältnis). Wesentlich ist die Voraussetzung, daß der Treuhänder das Treugut aus dem Vermögen des Treugebers übertragen hat. Ein Erwerb von einem Dritten durch einen stillen Stellvertreter für die Rechnung des Klägers genügt nicht, und zwar auch dann nicht, wenn der Kläger einen schuldrechtlichen Anspruch auf die Übereignung hat. Denn in einem solchen Fall fehlt es an einem

## §§ 771, 772

Anvertrauen zu treuen Händen (*Grundsatz der Unmittelbarkeit*), BGH NJW **93**, 2622, aM Walter, *Das Unmittelbarkeitsprinzip usw*, Diss Tüb 1974, 147, 152 (ausreichend sei, daß das Treugut in der Masse des Treuhänders unterscheidbar sei), Canaris NJW **73**, 832 (stets sei auf die Offenkundigkeit, s unten, abzustellen).

Es kommt also auf den *Auftrag* an, der dem Treuhandverhältnis zugrunde liegt. *Ja* für den Einziehungsabtretenden; für einen Handwerker als denjenigen, der eine Bauhandwerkersicherungshypothek abtritt; für den Unternehmer wegen desjenigen Teils der Vergütung eines Beschäftigten, deren Verwendungszweck zugunsten des Unternehmers gebunden ist.

**23** Vom Grundsatz der Unmittelbarkeit gibt es aber *Ausnahmen* bei der Einzahlung eines Dritten auf ein Anderkonto des Treuhänders, das offenkundig nur zur Verwaltung fremder Gelder eingerichtet worden ist, BGH NJW **93**, 2622, Canaris NJW **73**, 832 (Grundsatz der Offenkundigkeit), auch auf ein solches Postscheckkonto, BGH NJW **93**, 2622. Vorausgesetzt ist aber, daß dem Treuhänder nicht der Wille gefehlt hat, ein solches Konto nur treuhänderisch zu verwalten, oder daß der Treugeber etwa als Mitschuldner aus dem Treugut die Forderung des Gläubigers zu befriedigen hat. Es kann unschädlich sein, daß sich der Treuhänder aus dem Treugut wegen eigener Forderungen mitbefriedigen darf, BGH NJW **96**, 1543 (Anderkonto des Anwalts). Aber Vorsicht! Die Grenzen werden dann leicht immer fließender.

*Nein:* Für den Treunehmer, Hamm RR **98**, 1507, außer für Forderungen; für einen Einziehungsabtretungsnehmer; für einen Treuhänder, auch wenn er nur zur Zeit noch als uneigennützig anzusehen ist, zB weil er das Treugut (noch) nicht verwerten darf (stille Abtretung oder Pfändung), KG JR **85**, 162, Tiedtke DB **76**, 424; wenn ein Anwalt ein Sonderkonto nicht nur für Fremdgelder einrichtet, sondern auch als Geschäfts- und Privatkonto benutzt.

**24** **b) Eigennützige Treuhand**
**Schrifttum:** *Funk,* Die Sicherungsübereignung in Einzelzwangsvollstreckung usw, 1996; *Scharenberg,* Die Rechte des Treugebers in der Zwangsvollstreckung, Diss Mainz 1989.

Praktisch wird das Problem namentlich bei der Sicherungsübereignung, Celle DB **77**, 1839.

**25** *Ja:* für den Treugeber gegen den Gläubiger des Treunehmers, BGH NJW **93**, 2622, Hamm NJW **77**, 1160, Karlsr NJW **77**, 1069 (auch im Sicherungsfall erfolge allenfalls eine Pfändung und Überweisung der Forderung des Sicherungsnehmers gegen den Sicherungsgeber), Henssler AcP **196**, 51, aM BGH **72**, 145 (nur bis zum Zeitpunkt der Verwertbarkeit durch den Sicherungsnehmer. Ja für den Insolvenzverwalter des Treugebers gegen dessen Gläubiger, LG Bln MDR **89**, 171.

**26** *Nein:* für den Treunehmer gegen einen Gläubiger des Treugebers. Die Sicherungsübereignung ist im Gegensatz zum sonstigen mittelbaren Besitz (das übersieht Lüke NJW **96**, 3265) im Grunde ein Scheingeschäft, ein Besitzlosenpfandrecht, das eine wirtschaftliche Lücke des BGB ausfüllt. Darum gibt es im Konkurs auch kein Aussonderungsrecht. Die Sicherungsübereignung erstrebt ein Vorzugsrecht zum Nachteil der anderen Gläubiger. *§ 805* hilft dem Treunehmer in geeigneten Fällen *ausreichend.* Der Treunehmer darf ja auch selbst pfänden, Bre OLGZ **90**, 74 (Mißbrauch), Geißler KTS **89**, 794 (vom Darleiher), Reinicke/Tiedtke DB **94**, 2603, aM BGH **12**, 234, Henckel ZZP **84**, 457, StJM 26. Vgl auch Paulus ZZP **64**, 169 (er bejaht ein Widerspruchsrecht dann, wenn sich der Gläubiger noch aus dem Vermögen des Treugebers befriedigen könne, andernfalls sei der Treunehmer auf § 805 zu verweisen).

*Nein* ferner: für den Ersatz (das Surrogat) des Treuguts, zB für den Rückgabeanspruch nach einer unberechtigten Veräußerung. S auch Grdz 60 vor § 704 „Anwartschaft", sowie Einf 2 vor §§ 771–774. Wegen eines Wohnbesitzes Rn 15 „Besitz".

**27** **Vertragspfandrecht:** *Nein,* vielmehr besteht nur ein Recht auf vorzugsweise Befriedigung nach § 805, Hamm RR **90**, 233.

**Vorzugsrecht,** §§ 50, 51 InsO (abgedruckt bei § 804): *Ja:* nur dann, wenn das Vorzugsrecht zu einem Besitz berechtigt, wie das kaufmännische Zurückbehaltungsrecht. Andernfalls besteht nur ein Anspruch auf eine vorzugsweise Befriedigung aus dem Erlös, § 805.

**28** **Zurückbehaltungsrecht:** *Nein* für ein solches nach § 1000 BGB, Saarbr OLGZ **84**, 127.

**Zwangsversteigerung:** *Nein,* soweit der Schuldner einen Dritten hat bieten lassen, soweit jener den Zuschlag erhielt und soweit nun der Schuldner sich dessen Rechte aus dem Zuschlag abtreten läßt, BGH DNotZ **91**, 379 (sog uneigentliche Treuhand).

**29** **7) VwGO:** Entsprechend anwendbar, § 167 I VwGO, und zwar auch in den Fällen des § 169 VwGO (Vollstreckung zugunsten der öffentlichen Hand), § 5 VwVG u § 262 AO 1977. Zuständig ist das Zivilgericht, in dessen Bezirk vollstreckt wird; so ausdrücklich § 262 I 1 u III AO, wodurch die früher streitige Frage erledigt sein dürfte, Gaul JZ **79**, 504 mwN, str, aM RedOe § 169 Anm 11 mwN. § 771 ist auf die Vollstreckung aus VerwAkten nicht *entsprechend anzuwenden, soweit nicht das jeweilige Vollstreckungsgesetz etwas anderes bestimmt,* § 767 Rn 59, S 116, Kopp § 167 Rn 19.

## 772 Widerspruchsklage bei Veräußerungsverbot.

[1]Solange ein Veräußerungsverbot der in den §§ 135, 136 des Bürgerlichen Gesetzbuchs bezeichneten Art besteht, soll der Gegenstand, auf den es sich bezieht, wegen eines persönlichen Anspruchs oder auf Grund eines infolge des Verbots unwirksamen Rechtes nicht im Wege der Zwangsvollstreckung veräußert oder überwiesen werden. [2]Auf Grund des Veräußerungsverbots kann nach Maßgabe des § 771 Widerspruch erhoben werden.

**Schrifttum:** *Beer,* Die relative Unwirksamkeit, 1975; *Fahland,* Das Verfügungsverbot nach §§ 135, 136 BGB in der Zwangsvollstreckung und seine Beziehung zu den anderen Pfändungsfolgen, 1976.

**1) Systematik, Regelungszweck, S 1, 2.** Vgl zunächst Einf 1–3 vor §§ 771–774. § 772 erfaßt einen **1** Sonderfall und ist daher gegenüber dem nur im übrigen anwendbaren § 771 vorrangig. Es soll eine indirekte Beeinträchtigung desjenigen verhindert werden, zu dessen Gunsten das relative Veräußerungsverbot besteht. Auch dieser indirekte Schutz dient der Wahrung eines sachlichen Rechts und damit der Gerechtigkeit, Einl III 9, und ist entsprechend zugunsten des Trägers dieses Rechts auszulegen.

**2) Geltungsbereich, S 1, 2.** Die Widerspruchsklage des § 772 betrifft ein bedingtes, relatives Veräuße- **2** rungsverbot, also ein solches Verbot, das nur bestimmte Personen schützt, § 135 BGB, und die ihm gleichgestellten gerichtlichen Veräußerungsverbote oder sonstigen behördlichen Veräußerungsverbote, § 136 BGB. Wenn der Schuldner kein Verfügungsrecht hat, wie im Fall des § 290 StPO, dann ist eine Zwangsvollstreckung nur gegen den Güterpfleger statthaft. Die Eröffnung eines Insolvenzverfahrens macht die Einzelvollstreckung unzulässig, § 89 I InsO. Diese Unzulässigkeit muß von Amts wegen beachtet werden, Grdz 39 vor § 128.

*Besonders geregelt* sind folgende Veräußerungsverbote: Bei einer Sicherungsmaßnahme nach §§ 21, 22 InsO, Helwich MDR **98**, 520; bei einer Zwangsverwaltung und bei einer Zwangsversteigerung, §§ 23, 27 ZVG; bei einer Fahrnispfändung, §§ 803, 826; bei der Pfändung von Rechten, §§ 829, 857, 853. Eine Vormerkung und ein Widerspruch fallen nicht unter die §§ 135, 136 BGB. § 772 gilt ferner nicht für Veräußerungsverbote, die auf der Durchführung einer Zwangsmaßregel beruhen, sowie für weitere Vollstreckungsmaßregeln, die den Zugriff weiterer Gläubiger trotz einer Pfändung, den Beitritt eines persönlichen Gläubigers zu einer Zwangsversteigerung des dinglich Gesicherten. Ein unbedingt wirksames Veräußerungsverbot nach § 134 BGB fällt nicht unter § 772. Vgl ferner § 262 I AO.

**3) Widerspruchsklage, S 1, 2.** Die Veräußerung ist sachlichrechtlich nur gegenüber dem Geschützten **3** unwirksam und im übrigen voll wirksam. Ebenso liegt es auch in der Zwangsvollstreckung. Die Veräußerung ist dann zwar rechtmäßig, aber mit dem Verbot belastet. Das Verbot greift regelmäßig auch gegen einen gutgläubigen Erwerber durch. Denn ein guter Glaube bevorzugt den Erwerb in der Zwangsvollstreckung nicht. Das Verbot versagt aber, wenn ein Recht, das trotz des Verbots wirksam ist, die Veräußerung rechtfertigt, wenn etwa der Gläubiger aus einer Hypothek vollstreckt. Eine Genehmigung des Geschützten heilt immer. Verboten sind nur die Veräußerung in der Zwangsvollstreckung und die Überweisung, nicht die Pfändung. Das Vollstreckungsorgan darf die Pfändung nicht ablehnen. Es darf nicht einmal die Eintragung einer Zwangshypothek nach § 867 ablehnen. Denn verboten sind nur die Veräußerung und die Überweisung, Eickmann KTS **74**, 211. Unwirksam ist ein Recht, das nach dem Erlaß des Verbots entstanden und nicht trotz des Verbots durch einen guten Glauben geschützt ist.

**4) Rechtsbehelfe, S 1, 2.** Der geschützte Dritte und der Schuldner können die Erinnerung einlegen, **4** § 766, aM StJM 10 ff (nur der Dritte habe diese Möglichkeit). Der Dritte kann außerdem die Widerspruchsklage nach § 771 erheben. Diese Klage kann im vorliegenden Fall nur auf die Unzulässigkeit der Veräußerung oder Überweisung abzielen, nicht auf die Unzulässigkeit der Pfändung oder gar auf eine Aufhebung der Pfändung. Deshalb ist die Widerspruchsklage gegenüber der Eintragung einer Sicherungshypothek nach § 867 unzulässig. S im übrigen bei § 771 und Einf 6 vor §§ 771–774. Der Gläubiger kann die Erinnerung nach § 766 einlegen. Wenn das Vollstreckungsgericht entschieden hat, hat er die sofortige Beschwerde, §§ 577, 793 I. Vgl ferner § 766 Rn 2. Beim Rpfl gilt § 11 RPflG, Anh § 153 GVG.

**5) VwGO:** Entsprechend anwendbar, § 167 I VwGO, § 771 Rn 29. **5**

**773** *Widerspruchsklage des Nacherben.* ¹Ein Gegenstand, der zu einer Vorerbschaft gehört, soll nicht im Wege der Zwangsvollstreckung veräußert oder überwiesen werden, wenn die Veräußerung oder die Überweisung im Falle des Eintritts der Nacherbfolge nach § 2115 des Bürgerlichen Gesetzbuchs dem Nacherben gegenüber unwirksam ist. ²Der Nacherbe kann nach Maßgabe des § 771 Widerspruch erheben.

**1) Systematik, Regelungszweck, S 1, 2.** Vgl zunächst Einf 1–3 vor §§ 771–774. Der gegenüber § 772 **1** nochmals vorrangige § 773 soll eine Zwangsvollstreckung verhindern, die wegen § 2115 BGB nur zu einem auflösend bedingten Erwerb führen könnte, weil sie dem Nacherben gegenüber unwirksam wäre, soweit sie ihn beeinträchtigt, BGH **110**, 178. S 1 gibt nur eine Sollvorschrift. Sie ist aber wegen des hier ebenso wie bei § 772 Rn 1 zu beurteilenden Schutzzwecks großzügig anzuwenden und auszulegen.

**2) Geltungsbereich, S 1, 2.** Die Vorschrift ist nicht anzuwenden, wenn sie wegen einer Nachlaßver- **2** bindlichkeit vorgenommen wird, § 2115 S 2 BGB, BGH **110**, 179. Hierhin gehören auch Maßnahmen zu einer ordnungsmäßigen Verwaltung des Nachlasses. Die Zwangsvollstreckung ist ferner zulässig, wenn sie auf Grund eines dinglichen Rechts an einem Erbschaftsgegenstand stattfindet, das bei dem Eintritt der Nacherbfolge gegen den Nacherben wirkt. Die Zwangsvollstreckung ist schließlich zulässig, soweit der Nacherbe ihr zugestimmt hat, LG Bln Rpfleger **87**, 457.

Da es sich um ein bedingtes *relatives* Veräußerungsverbot handelt, vgl die Erläuterungen zu § 772. Da die **3** Klage eine Widerspruchsklage ist, vgl Einf vor §§ 771–774 sowie die Erläuterungen zu § 771.

Der Nacherbe darf weder der Pfändung noch der Eintragung einer Zwangshypothek nach § 867 widersprechen, sondern (unter Beachtung des Verhältnismäßigkeitsgrundsatzes, Grdz 34 vor § 704) nur der *Veräußerung*, BGH **110**, 182, LG Bln Rpfleger **87**, 457, ZöHe 1. Er muß die Zwangsvollstreckung aus einer von dem befreiten Vorerben entgeltlich bestellten Sicherungshypothek dulden. Nutzungen, die der Vorerbe gezogen hat, sind unbeschränkt pfändbar. Mehrere nach § 773 klagende Nacherben sind keine notwendigen Streitgenossen im Sinn von § 62, können also gesondert vorgehen, § 59, BGH NJW **93**, 1583.

**3) VwGO:** Entsprechend anwendbar, § 167 I VwGO, § 771 Rn 29. **4**

**§§ 774, 775**

**774** *Widerspruchsklage des Ehegatten eines Gewerbetreibenden.* Findet nach § 741 die Zwangsvollstreckung in das Gesamtgut statt, so kann ein Ehegatte nach Maßgabe des § 771 Widerspruch erheben, wenn das gegen den anderen Ehegatten ergangene Urteil in Ansehung des Gesamtgutes ihm gegenüber unwirksam ist.

1 **1) Systematik, Regelungszweck.** Vgl zunächst Einf 1–3 vor §§ 771–774. § 774 ergänzt den § 741. Wie in § 741 Rn 1 ausgeführt, ist nach § 741 eine Zwangsvollstreckung in das Gesamtgut unbeschränkt zulässig. § 774 soll im Interesse des allein- oder mitverwaltenden Ehegatten verhindern, daß das Urteil gegen ihn eingeschränkt wirkt, also auch dann, wenn dieser Ehegatte den Gewerbebetrieb nicht kannte, wenn der Gläubiger den Mangel der Genehmigung dieses Ehegatten kannte, wenn es sich um keine Geschäftsschuld handelt. § 774 ist also das Mittel, um die Wirksamkeit des Urteils zu denjenigen Grenzen zurückzuführen, die das sachliche Recht vorsieht.

2 **2) Geltungsbereich.** Die Vorschrift betrifft nur den allein- oder mitverwaltenden Ehegatten im Verhältnis zu dem anderen Ehegatten, der ein Gewerbe betreibt. Wenn der Gläubiger dem Ehegatten, der aus § 774 vorgeht, entgegenhält, daß er dem einzelnen Geschäft zugestimmt habe, dann muß die Klage abgewiesen werden. Der Gläubiger braucht dann nicht noch von sich aus im Weg einer Widerklage, Anh § 253, ein Leistungsurteil zu erwirken; das wäre förmeln. Vielmehr genügt die Einwendung als solche. Wenn der Vollstreckungstitel keine Familiensache im Sinn von §§ 606 ff betrifft, dann ist auch eine Klage nach § 774 keine Familiensache, BGH NJW **79**, 927 (krit Staudigl FamRZ **79**, 495), Stgt FamRZ **82**, 401. Vgl § 262 I AO.

3 **3) Rechtsbehelfe.** Vgl § 741 Rn 3.

4 **4) VwGO:** *Entsprechend anwendbar,* § 167 I VwGO, § 771 Rn 29.

**775** *Einstellung oder Beschränkung der Zwangsvollstreckung.* Die Zwangsvollstreckung ist einzustellen oder zu beschränken:
1. wenn die Ausfertigung einer vollstreckbaren Entscheidung vorgelegt wird, aus der sich ergibt, daß das zu vollstreckende Urteil oder seine vorläufige Vollstreckbarkeit aufgehoben oder daß die Zwangsvollstreckung für unzulässig erklärt oder ihre Einstellung angeordnet ist;
2. wenn die Ausfertigung einer gerichtlichen Entscheidung vorgelegt wird, aus der sich ergibt, daß die einstweilige Einstellung der Vollstreckung oder einer Vollstreckungsmaßregel angeordnet ist oder daß die Vollstreckung nur gegen Sicherheitsleistung fortgesetzt werden darf;
3. wenn eine öffentliche Urkunde vorgelegt wird, aus der sich ergibt, daß die zur Abwendung der Vollstreckung erforderliche Sicherheitsleistung oder Hinterlegung erfolgt ist;
4. wenn eine öffentliche Urkunde oder eine von dem Gläubiger ausgestellte Privaturkunde vorgelegt wird, aus der sich ergibt, daß der Gläubiger nach Erlaß des zu vollstreckenden Urteils befriedigt ist oder Stundung bewilligt hat;
5. wenn der Einzahlungs- oder Überweisungsnachweis, einer Bank oder Sparkasse vorgelegt wird, aus dem sich ergibt, daß der zur Befriedigung des Gläubigers erforderliche Betrag zur Auszahlung an den Gläubiger oder auf dessen Konto eingezahlt oder überwiesen worden ist.

Vorbem. Z 5 idF Art 1 Z 10 der 2. ZwVNov v 17. 12. 97, BGBl 3039, in Kraft seit 1. 1. 99, Art 4 I der 2. ZwVNov, ÜbergangsR Einl III 78.

**Schrifttum:** *Kerwer,* Die Erfüllung in der Zwangsvollstreckung, 1996.

**Gliederung**

| | |
|---|---|
| 1) Systematik, Regelungszweck, Z 1–5 . 1 | 8) Vollstreckungsabwendung, Z 3 ........ 12 |
| 2) Geltungsbereich, Z 1–5 ............. 2 | 9) Befriedigung, Stundung, Z 4 ......... 13–15 |
| 3) Beachtlichkeit von Einwendungen, Z 1–5 ......................... 3 | 10) Einzahlungs- oder Überweisungsnachweis, Z 5 ........................ 16 |
| A. § 775 ........................ 3 | 11) Rechtsbehelfe, Z 1–5 ............... 17 |
| B. Einstellung auf Gläubigerantrag ...... 3 | A. Gläubiger ..................... 17 |
| C. Freiwillige Erfüllung ............. 3 | B. Schuldner .................... 17 |
| D. Unwirksamkeit der Vollstreckung .... 3 | 12) Fortsetzung der Vollstreckung, Z 1–5 . 18–20 |
| 4) Einstellung von Amts wegen, Z 1–5 .. 4 | A. Wegfall des Einstellungsgrunds; Fortsetzungsanordnung ............ 18 |
| 5) Einstellungswirkung, Z 1–5 .......... 5 | B. Einstellung; erfolgreiche Erinnerung . 18 |
| 6) Aufhebung des Titels usw, Z 1 ........ 6–10 | C. Befriedigung; Stundung; Quittung, Z 4, 5 .......................... 19 |
| A. Grundsatz: Notwendigkeit der Titelvorlage ........................ 6 | D. Weitere Einzelfragen .............. 20 |
| B. Aufhebung des früheren Titels ....... 7, 8 | 13) *VwGO* ........................... 21 |
| C. Unzulässigkeit der Vollstreckung ..... 9 | |
| D. Einstellung ..................... 10 | |
| 7) Einstweilige Einstellung, Z 2 .......... 11 | |

1 **1) Systematik, Regelungszweck, Z 1–5.** Unter den mannigfachen Gründen, aus denen eine Zwangsvollstreckung einstweilen oder endgültig nicht weiterbetrieben werden darf, weil sonst unhaltbar ungerechte Ergebnisse entstünden, Einl III 9, faßt § 775, ergänzt durch §§ 776, 868 I, eine Gruppe zusammen, die insoweit übereinstimmende Einzelsituationen aufweist, als eine vorhandene Urkunde den Vollstreckungsinhalt gebietet bzw zur Folge haben muß.

1. Abschnitt. Allgemeine Vorschriften **§ 775**

*Zweck:* Zum Schuldnerschutz ist an sich eine weite Auslegung geboten, zum Gläubigerschutz aber auch eine zu großzügige Behandlung des Schuldners zu vermeiden. Denn der Zwang zur Vorlage von Einstellungsentscheidungen usw, nicht nur zu deren Behauptung, soll auch ein zügiges Vollstreckungsverfahren fördern, LG Görlitz DGVZ **99**, 62. Im Ergebnis erbringt eine vorsichtige Abwägung am ehesten dogmatisch wie praktisch brauchbare Ergebnisse.

**2) Geltungsbereich, Z 1–5.** Die Vorschrift gilt im Gesamtbereich der ZPO. Sie gilt auch im Verfahren 2 nach §§ 180 ff ZVG, LG Hann Rpfleger **93**, 504. Wegen des EuGVÜ SchlAnh V C.

**3) Beachtlichkeit von Einwendungen, Z 1–5.** Einwendungen des Schuldners oder Dritter gegen die 3 Zwangsvollstreckung sind für die Vollstreckungsorgane grundsätzlich unbeachtlich. Zu zahlreichen Einzelfragen Scheld DGVZ **84**, 49. Von dieser Regel können folgende Ausnahmen gelten:

**A. § 775.** § 775 mag eingreifen, Düss Rpfleger **77**, 417; § 815 II ist anwendbar; der Zwangsvollstreckung kann ein sonstiges förmliches Hindernis entgegenstehen, Grdz 32 vor § 704.

**B. Einstellung auf Gläubigerantrag.** Der Gläubiger mag selbst die Einstellung fordern.

**C. Freiwillige Erfüllung.** Der Schuldner mag freiwillig erfüllen, vgl aber Rn 19.

**D. Unwirksamkeit der Vollstreckung.** Die Zwangsvollstreckung mag einwandfrei unwirksam sein. In diesem Fall hat das Vollstreckungsorgan die Amtspflicht, ab Kenntnis der Gründe nichts mehr zu unternehmen. Es besteht dann auch keine Vorlegungspflicht im Sinne von Z 1–5 mehr. Andererseits besteht keine Amtsermittlungspflicht, Grdz 38 vor § 128, Kirberger Rpfleger **76**, 9.

*Außer Betracht bleiben zB:* Zahlungen, für die der Schuldner keine Urkunden nach Z 4 oder 5 vorlegt, LG Oldb MDR **81**, 236, Schmidt-von Rhein DGVZ **88**, 67; die Einlegung eines Rechtsbehelfs, selbst wenn sie aufschiebend wirkt, § 572 Rn 3; Einwendungen gegen den Titel, etwa dessen Beseitigung durch einen Vergleich, Anh § 307, § 779 BGB. Dafür gelten §§ 732, 767; eine Klagrücknahme § 269. Für sie gilt § 732; eine vertragliche Beschränkung der Zwangsvollstreckung, Grdz 24 vor § 704; ein Antrag auf die Eröffnung des Insolvenzverfahrens nach § 13 InsO; eine Zahlungseinstellung; eine sonstige Mangelhaftigkeit der Zwangsvollstreckung, Grdz 32 vor § 704. Alle diese Fälle geben dem Schuldner nur den jeweils zulässigen Rechtsbehelf.

**4) Einstellung von Amts wegen, Z 1–5.** Von Amts wegen darf die Zwangsvollstreckung nur in 4 gewissen Fällen eingestellt oder beschränkt werden, und zwar auch gegen den Willen des Gläubigers. Die Zwangsvollstreckung darf in diesen Fällen nicht beginnen. Eine begonnene Zwangsvollstreckung darf überhaupt nicht eingeschränkt fortgesetzt werden. Es entscheidet das zuständige Vollstreckungsorgan, also zB der Gerichtsvollzieher, AG Düss DGVZ **83**, 46 (wegen des Prozeßgerichts Rn 14). Ein besonderer Beschluß ist entbehrlich; es genügt eine entsprechende Verfügung, § 329. Die Verfügung muß einen bestimmten Inhalt haben, wenn die Wirkung laufender Maßnahmen zu beseitigen ist, wenn zB ein Zuschlagsbeschluß aufgehoben werden muß, Bbg Rpfleger **75**, 145. Ob der Gerichtsvollzieher ein Protokoll aufnehmen muß, ist davon abhängig, ob eine Handlung in der Zwangsvollstreckung vorliegt, § 762. Der Gerichtsvollzieher muß aber jedenfalls einen Aktenvermerk aufnehmen.

**5) Einstellungswirkung, Z 1–5.** Eine Einstellung wirkt für die Zukunft. Sie bedeutet das Ruhen der 5 Zwangsvollstreckung. Die Einstellung aus dem Haupttitel wirkt auch für die Zwangsvollstreckung aus dem Kostenfestsetzungsbeschluß. § 775 ist als eine Ausnahmevorschrift eng auszulegen, Ffm Rpfleger **80**, 200, Schmidt-von Rhein DGVZ **88**, 67. Wegen der Forderungen von Landwirten aus dem Verkauf von landwirtschaftlichen Erzeugnissen § 851 a. Über eine Einstellung auf Grund der Härteklausel vgl § 765 a. Vgl ferner § 9 JBeitrO, Hartmann Teil IX A.

**6) Aufhebung des Titels usw, Z 1.** Ein Grundsatz ist auf drei Fallgruppen anwendbar. 6

**A. Grundsatz: Notwendigkeit der Titelvorlage.** Voraussetzung ist die Vorlegung der Ausfertigung, § 170 Rn 3, einer vollstreckbaren Entscheidung. Statt einer Ausfertigung genügen: Die Urschrift der Entscheidung; ein Hinweis auf eine dem Vollstreckungsorgan amtlich bekannte Entscheidung; die Bezugnahme auf die Akten des Vollstreckungsgerichts, falls das Vollstreckungsgericht zu entscheiden hat. Eine beglaubigte Abschrift, § 170 Rn 6, kann eine Ausfertigung nicht ersetzen, Z 4, 5. Die Ausfertigung braucht weder vollstreckbar zu sein noch zugestellt worden zu sein. Sie wirkt zwischen den Parteien des Verfahrens, in dem sie ergangen ist, LG Frankenth Rpfleger **83**, 162. Sie muß folgendes ergeben:

**B. Aufhebung des früheren Titels.** Entweder hebt die vorgelegte Urkunde das Urteil oder dessen 7 Vollstreckbarkeit auf. Es muß sich um eine Aufhebung der Sache nach handeln, nicht um eine bloß förmliche Aufhebung, die durch eine gleiche Entscheidung in der Sache ersetzt wird (Beispiel: ein Urteil auf Zahlung von 500 DM wird zwar aufgehoben, jedoch durch ein Urteil auf Zahlung von 1000 DM ersetzt). Z 1 gilt auch bei einem Arrest und einer einstweiligen Verfügung, §§ 916 ff, 935 ff, BGH NJW **76**, 1453. Köln OLGZ **92**, 449 AG Siegb DGVZ **99**, 30 behandeln einen Titelverzicht entsprechend, Grdz 27 vor § 704 „Verzicht des Gläubigers". Z 1 gilt ferner bei der Neufestsetzung des Regelunterhalts nach § 642 b I, soweit es um den vom neuen Titel erfaßten Zeitraum geht, Stgt Rpfleger **85**, 199, bei einer Entscheidung nach § 323, Zweibr FamRZ **86**, 376.

Ein *vorläufig vollstreckbares* Urteil, §§ 708 ff, tritt mit der Verkündung der aufhebenden Entscheidung außer 8 Kraft, also nicht erst in demjenigen Zeitpunkt, in dem die aufhebende Entscheidung nach § 322 rechtskräftig wird, § 717 I, BGH NJW **76**, 1453, Zweibr FamRZ **86**, 376. Eine Aufhebung, die durch einen Beschluß ausgesprochen wird, wirkt stets sofort, § 794 I V 3. Auch wenn aus einem Urteil vollstreckt wird, kann sich die Aufhebung des Urteils aus einem Urteil oder aus einem Beschluß nach §§ 732, 766 ergeben. Ein Vergleich, durch den ein vorläufig vollstreckbares Urteil aufgehoben wird, ist ungeachtet § 795 eben keine „Entscheidung" nach Z 1, BayObLG Rpfleger **98**, 437, Ffm JB **91**, 1554, ebensowenig sind übereinstimmende Erledigterklärungen eine „Entscheidung"; das übersieht Nürnb GRUR **96**, 79. Aus solchen Vorgängen kann der Schuldner nur gemäß §§ 707, 719, 767, 769 entsprechend vorgehen, § 794 Rn 5, 6. Wenn die Vollstreckbarkeit einer schlechthin vollstreckbaren Entscheidung nur gegen eine Sicherheitsleistung aufrechterhalten ist, gilt Z 2. Eine Pfändung und Überweisung zugunsten eines Gläubigers des betreibenden

**§ 775**  8. Buch. Zwangsvollstreckung

Gläubigers nach § 829 reicht nicht, AG Bad Segeberg DGVZ **89**, 122. Wegen § 323 dort Rn 56 ff. Soweit die Entscheidung, die die Zwangsvollstreckung aus dem Vollstreckungstitel für unzulässig erklärt, nur gegen eine Sicherheitsleistung vorläufig vollstreckbar ist, darf das Gericht die Zwangsvollstreckung erst beim Nachweis der Sicherheitsleistung einstellen, LG Bonn MDR **83**, 850.

**9**   **C. Unzulässigkeit der Vollstreckung.** Oder die Vollstreckung ist schlechthin unzulässig, zB §§ 767, 771.

**10**  **D. Einstellung.** Oder die Vollstreckung ist endgültig eingestellt worden (anders Z 2), zB §§ 732, 766.

**11**  **7) Einstweilige Einstellung,** Z 2, Fortsetzung der Zwangsvollstreckung nur gegen Sicherheitsleistung. Voraussetzung ist die Vorlegung einer Ausfertigung nach Rn 6 von einer beliebigen, wenn auch nicht vollstreckbaren, gerichtlichen Entscheidung, auch des Prozeßgerichts, Fink/Ellefret MDR **98**, 1271, die eine einstweilige Einstellung der Zwangsvollstreckung oder der betreffenden Vollstreckungsmaßnahme anordnet, LG Ffm Rpfleger **95**, 307, zB nach §§ 707, 719, LG Bln Rpfleger **73**, 63, oder die eine Fortsetzung der Zwangsvollstreckung nur gegen eine Sicherheitsleistung zuläßt, zB nach §§ 707 I, 709 S 2, 719 I, 732 II, 769 II. Der Nachweis der Sicherheitsleistung erfolgt gemäß § 751 II. Der Drittschuldner darf nur noch an Gläubiger und Schuldner gemeinsam leisten oder hinterlegen, BGH NJW **99**, 983.

**12**  **8) Vollstreckungsabwendung,** Z 3. Voraussetzung ist die Vorlegung einer öffentlichen Urkunde § 415 Rn 3, 4, die beweist, daß eine Sicherheitsleistung oder eine Hinterlegung erbracht sind, die in einer nach Z 1, 2 zu beachtenden Entscheidung angeordnet wurden, zB nach §§ 707, 711, 712, 720 a. Eine Bescheinigung der Hinterlegung genügt, LG Hagen DGVZ **99**, 28. Eine sonstige öffentlich beglaubigte Urkunde genügt in diesen Fällen nicht. Noch weniger reicht die bloße Behauptung der Existenz einer Einstellungsentscheidung, Rn 1, LG Görlitz DGVZ **99**, 62. Ein Postschein beweist nur die Absendung. Er beweist nicht, daß die Sicherheitsleistung erbracht oder die Hinterlegung erfolgt ist. Wer sich darauf beruft, eine Sicherheitsleistung durch eine Bürgschaft erbracht zu haben, muß nachweisen, daß diese Art der Sicherheit gestattet worden war und daß die Bürgschaftserklärung dem Schuldner in ausreichender Form abgegeben wurde, § 751 Rn 5. Wenn eine Sicherheitsleistung nicht etwa den Anlaß zu einer Aufhebung der Vollstreckung gibt, sondern die Voraussetzung dafür ist, daß es überhaupt zu einer Einstellung kommt, dann gilt Z 2, nicht aber Z 3, LG Bln Rpfleger **71**, 322. Eine BGB-Hinterlegung reicht nicht, AG Worms DGVZ **97**, 60.

**13**  **9) Befriedigung, Stundung,** Z 4. Voraussetzung ist die Vorlegung einer öffentlichen Urkunde § 415 Rn 3, 4, zB ein Prozeßvergleich, Anh § 307, Ffm JB **91**, 1555, oder ein notariell für vollstreckbar erklärter Anwaltsvergleich, §§ 796 a–c, oder eine von dem Gläubiger ausgestellte Urkunde § 416 Rn 1, die beweist, daß der Gläubiger nach dem Erlaß des Vollstreckungstitels, LG Kiel DGVZ **82**, 46, LG Kblz DGVZ **82**, 46 (Zahlung vor dem Erlaß), befriedigt worden ist, AG Ffm DGVZ **97**, 188, oder die Leistung gestundet hat. In den Fällen der §§ 307 II, 331 III tritt an die Stelle der Urteilsverkündung die Urteilszustellung, § 310 III.

*Jede Art der Erfüllung* genügt, auch eine Erfüllung infolge einer Pfändung und Überweisung der Forderung an den Schuldner nach § 829, die eine Aufrechnung darstellt. Im übrigen ist eine Überweisung zur Einziehung keine Erfüllung. Noch weniger ist eine bloße Pfändung eine Erfüllung. Es muß auch eine klare, einwandfreie Verzichtserklärung des Gläubigers sein, die zur Einstellung der Zwangsvollstreckung führt, auch in einer Vollstreckungsvereinbarung, Ffm JB **91**, 1555, LG Münst Rpfleger **88**, 321. Ein bloßer Rücktritt bei einem Kreditgeschäft oder Haustürgeschäft genügt aber nicht. Zu irgendwelchen Zweifeln darf kein Anlaß bestehen. Freilich besteht noch nicht stets dann ein Zweifel, wenn der Gläubiger einfach bestreitet, daß der Schuldner erfüllt habe, aM Hamm DGVZ **80**, 154. Auch wenn der Schuldner eine Wahlschuld befriedigt hat, muß er den Beweis nach Z 4 erbringen.

**14**  Der *Gerichtsvollzieher prüft* die Echtheit einer Privaturkunde nach §§ 439, 440 an Hand der Unterlagen, die der Schuldner zu erbringen hat. Wenn der Gerichtsvollzieher Zweifel hat und wenn er sie nicht durch eine fernmündliche Rückfrage beim Gläubiger beseitigen kann, dann hat er die Zwangsvollstreckung entweder fortzusetzen oder darf sie nur für eine kurze Zeit zur Aufklärung aussetzen. Der Gläubiger kann dann die Erinnerung nach § 766 einlegen. Soweit der Schuldner an einen Dritten zu leisten hat, genügt eine Privaturkunde des Dritten. Dies gilt zB bei einem Steuerabzug vom Arbeitslohn, Üb 2 vor § 803, oder bei einer Überleitungsanzeige gemäß § 117 IV 2 AFG, LG Brschw DGVZ **82**, 43.

**15**  Eine öffentlich *beglaubigte* Urkunde genügt *nicht* (eine Ausnahme besteht natürlich bei einer öffentlich beglaubigten Privaturkunde der Z 4), erst recht nicht eine unbeglaubigte Fotokopie, AG Bln-Wedding DGVZ **76**, 93. Die Urkunde muß für sich allein ergeben, daß der Gläubiger voll befriedigt worden ist, und zwar auch wegen der Kosten, Düss Rpfleger **77**, 417, aM AG Worms DGVZ **97**, 60 (eine Hinterlegung ist aber keine Befriedigung). Andernfalls muß der Gerichtsvollzieher die Zwangsvollstreckung wegen der Restschuld fortsetzen, LG Karlsr DGVZ **83**, 188. Dabei hat er freilich zu prüfen, ob eine unzulässige Rechtsausübung vorliegt, Einl III 54, LG Kblz DGVZ **82**, 47, Schneider DGVZ **77**, 133. Wegen des Verhältnisses zwischen früherem Titel und Zwangsvergleich Schneider DGVZ **85**, 104.

**16**  **10) Einzahlungs- oder Überweisungsnachweis,** Z 5. Voraussetzung ist die Vorlegung eines Einzahlungs- oder Überweisungsnachweises der Post, einer Bank oder Sparkasse, aus dem sich ergibt, daß der Schuldner nach dem Urteilserlaß, Rn 16, in den Fällen der §§ 307 II, 331 III nach der Urteilszustellung, § 310 III, deren zur vollständigen Befriedigung des Gläubigers erforderlichen Betrag zur Auszahlung an den Gläubiger oder auf dessen Konto eingezahlt oder überwiesen hat, also auch wegen der Kosten. Es genügt jede zulässige Urkunde, die eine ausreichend hohe „Einzahlung" auf dem Gläubigerkonto bescheinigt, zB eine Zahlkarte. Es reicht ferner die Bescheinigung über eine *erfolgte* Überweisung. Eine bloße Kopie des Überweisungs*auftrags* nebst Eingangsstempel der Schuldnerbank reicht nicht, wohl aber eine Bankbescheinigung, die nicht nur den Erhalt des Auftrags, sondern auch dessen Ausführung bestätigt und die man als Kunde auf Verlangen erhält. Auch die Belastung des Schuldnerkontos wegen einer Schecksumme soll ausreichen, und zwar selbst dann, wenn der Gläubiger den Scheck zwar erhalten hat und hätte einlösen können, das aber wegen Verlusts nicht getan hat, LG Oldb DGVZ **89**, 187. Ein Einlieferungsschein über einen Wertbrief reicht nicht aus.

"Nach dem Urteilserlaß" meint auch: nach dem *Schluß der* mündlichen *Verhandlung,* §§ 136 IV, 296 a, 767 II, Hintzen Rpfleger **99**, 244, oder nach der Zustellung des Vollstreckungsbescheids.

**11) Rechtsbehelfe, Z 1–5.** Es kommt auf die Person des Beschwerten an. **17**

**A. Gläubiger.** Der Gläubiger kann dann, wenn der Gerichtsvollzieher die Zwangsvollstreckung eingestellt oder beschränkt hat, die Erinnerung nach § 766 einlegen. Wenn das Vollstreckungsgericht entschieden hat, hat der Gläubiger die sofortige Beschwerde nach §§ 577, 793 I bzw § 11 I RPflG, Anh § 153 GVG. Die sofortige weitere Beschwerde richtet sich nach §§ 577, 793 II, eine Anschlußbeschwerde nach § 577 a.

**B. Schuldner.** Der Schuldner hat die Rechtsbehelfe, die ihm nach der jeweiligen Sachlage zustehen.

**12) Fortsetzung der Vollstreckung, Z 1–5.** Die Vollstreckung ist in jedem der folgenden Fällen **18** fortzusetzen.

**A. Wegfall des Einstellungsgrunds; Fortsetzungsanordnung.** Die Fortsetzung erfolgt durch den Gerichtsvollzieher dann, wenn der Grund der Einstellung weggefallen ist oder wenn das Gericht nach § 766 eine Fortsetzung angeordnet hat.

**B. Einstellung; erfolgreiche Erinnerung.** Die Fortsetzung erfolgt durch das Vollstreckungsgericht, §§ 764, 802, wenn es selbst die Zwangsvollstreckung eingestellt hatte und wenn eine Erinnerung des Gläubigers Erfolg hat.

**C. Befriedigung; Stundung; Quittung, Z 4, 5.** Die Fortsetzung erfolgt in den Fällen einer Befriedi- **19** gung oder Stundung, Z 4, oder eines Nachweises, Z 5, falls der Gläubiger die Befriedigung, die Stundung oder den Nachweis leugnet, LG Bln DGVZ **85**, 126, LG Ffm DGVZ **89**, 42, LG Hanau DGVZ **93**, 113. Dann kommt es unter Umständen gar nicht erst zu einer Einstellung, geschweige denn zu einer Beschränkung der Zwangsvollstreckung, Ffm MDR **80**, 63, Hamm RPfleger **79**, 432, LG Hanau DGVZ **93**, 113. Eine Erinnerung oder sofortige Beschwerde des Gläubigers wären erfolglos. Denn das Vollstreckungsgericht prüft grundsätzlich – Ausnahmen Rn 25 am Ende – keine sachlichrechtlichen Fragen, vgl auch LG Oldb MDR **81**, 236. Daher könnte der Schuldner die Zwangsvollstreckung blockieren.

**D. Weitere Einzelfragen.** Bei formellen Bedenken, zB bei der Rüge, es liege überhaupt kein Nachweis **20** nach Z 5 vor, muß der Gläubiger allerdings nach §§ 766 oder 793 bzw § 11 I RPflG, Anh § 153 GVG, vorgehen. Wenn der Schuldner gezahlt hat, ist er auf eine Vollstreckungsabwehrklage angewiesen, §§ 767, 769, LG Ffm DGVZ **89**, 42. Der Gläubiger darf die Zwangsvollstreckung nur dann ohne weiteres fortsetzen, wenn die Vollstreckung ohne einen gesetzlichen Grund eingestellt worden war, wenn die Einstellung etwa auf dem Wunsch des Gläubigers beruhte. Wenn die Vollstreckung auf eine bestimmte Zeit eingestellt worden war, dann erlischt die Einstellung mit dem Zeitablauf. Wenn der Gläubiger dem Schuldner auf eine bestimmte Zeit eine Stundung bewilligt hat, darf er die Zwangsvollstreckung nach dem Zeitablauf ebenfalls ohne weiteres fortsetzen. Wenn er die Stundung aber für eine unbestimmte Zeit ausgesprochen hatte, dann darf er jederzeit die Fortsetzung der Zwangsvollstreckung verlangen.

**13)** *VwGO: Entsprechend anwendbar,* § *167 I VwGO. In den Fällen des* § *169 I VwGO gilt* § *5 I VwVG* **21** *iVm* §§ *249–267 AO, Wettläufer S 100 ff; soweit Landesrecht anwendbar ist,* §§ *169 II, 170 I 3 VwGO, sind dessen Vorschriften ergänzend anzuwenden.*

**776** *Aufhebung von Vollstreckungsmaßregeln.* ¹In den Fällen des § 775 Nr. 1, 3 sind zugleich die bereits getroffenen Vollstreckungsmaßregeln aufzuheben. ²In den Fällen der Nummern 4, 5 bleiben diese Maßregeln einstweilen bestehen; dasselbe gilt in den Fällen der Nummer 2, sofern nicht durch die Entscheidung auch die Aufhebung der bisherigen Vollstreckungshandlungen angeordnet ist.

**1) Systematik, Regelungszweck, S 1, 2.** Vgl zunächst § 775 Rn 1. § 776 wirkt für das Verfahren nach **1** § 775 ergänzend und präzisiert je nach Art des Falls die Rechtsfolgen in einer Abstufung der zulässigen Maßnahmen, die zwecks Rechtssicherheit, Einl III 43, genau beachtet werden muß. Eine Einstellung oder eine Beschränkung der Zwangsvollstreckung bewirkt nur ein völliges oder teilweises Ruhen des Vollstreckungsverfahrens. Eine bereits angeordnete oder vorgenommene Vollstreckungsmaßnahme bleibt unberührt.

**2) Geltungsbereich, S 1, 2.** Die Vorschrift gilt wie § 775 im Gesamtbereich der ZPO, zB auch bei **2** § 890, LAG Mainz BB **99**, 1767. Sie gilt auch im Verfahren nach §§ 180 ff ZVG, LG Hann Rpfleger **93**, 505. Zu zahlreichen Einzelfragen Scheld DGVZ **84**, 49.

**3) Aufhebung, S 1, 2.** Wenn das Gericht durch einen Beschluß feststellt, daß die Zwangsvollstreckung **3** endgültig unzulässig ist, § 329, muß die Zwangsvollstreckung aufgehoben werden. Dies trifft nur und immer in den Fällen des § 775 Z 1 und 3 zu, LG Frankenth Rpfleger **95**, 307. Das Vollstreckungsorgan muß die Aufhebung durchführen. Der Gerichtsvollzieher muß zB die Pfandsiegel abnehmen. Ein Haftbefehl kann aufzuheben sein, LG Frankenth Rpfleger **86**, 268. Er kann aber auch den Schuldner auch zu deren Beseitigung ermächtigen. Ziemlich kühn wendet Köln OLGZ **92**, 449 bei einem Titelverzicht des Arrestgläubigers § 776 entsprechend an.

Das Vollstreckungsgericht muß einen nach § 829 erlassenen *Pfändungsbeschluß aufheben*. Der Einstellungs- **4** beschluß stellt aber auch ohne eine solche Aufhebung die Unzulässigkeit der weiteren Zwangsvollstreckung wirksam fest. Wenn zB bei einer Einstellung nach § 769 der Drittschuldner an den Gläubiger nach der Zustellung des Einstellungsbeschlusses noch zahlt, dann tut er das auf eigene Gefahr. Wenn das Vollstreckungsgericht und das Beschwerdegericht eine Pfändung auf Grund einer Erinnerung nach § 766 für unzulässig erklären, dann heben sie die Pfändung damit auf. Eine aufgehobene Vollstreckungsmaßnahme lebt in keinem Fall wieder auf. Ein verlorener Rang kann auch nicht wiederhergestellt werden, §§ 343 Rn 1, 808 Rn 8, BGH **66**, 395, Köln NJW **76**, 114. Deshalb ist eine Beschwerde gegen eine wirksame Aufhebung der Zwangsvollstreckung mangels eines Rechtsschutzbedürfnisses, Grdz 33 vor § 253, unzulässig. Wegen der Forderungen von Landwirten aus dem Verkauf von landwirtschaftlichen Erzeugnissen § 851 a. Wegen der Aufhebung von Vollstreckungsmaßnahmen nach der Härteklausel § 765 a.

5   **4) Fortdauer, S 2.** In den Fällen § 775 Z 4 und 5 bleiben die Vollstreckungsmaßnahmen solange in Kraft, bis der Vollstreckungsantrag zurückgenommen wird oder bis eine Entscheidung ergeht, durch die die Zwangsvollstreckung aufgehoben wird, nicht etwa bis zu deren Rechtskraft, BGH **66**, 395. Im Fall § 775 Z 2 gilt dasselbe, falls nicht das Gericht die Aufhebung der Zwangsvollstreckung besonders angeordnet hat, LG Frankenth Rpfleger **95**, 307. Freilich sind die Vollstreckungshandlungen, die nach der Erledigung des Einstellungsbeschlusses vorgenommen wurden, aufhebbar, LG Bln MDR **75**, 672, Kirberger Rpfleger **76**, 9. Der Schuldner erlangt also zB solange, wie die Zwangsvollstreckung noch nicht aufgehoben wurde, noch keine Verfügungsbefugnis über den gepfändeten Gegenstand zurück, LG Bln Rpfleger **73**, 63. Das Pfändungspfandrecht, § 804, erlischt dann, wenn der Gläubiger befriedigt wird, nicht ohne weiteres, also (im Gegensatz zu § 775) auch nicht schon durch einen Prozeßvergleich nach Anh § 307, durch den der Gläubiger auf seine Rechte aus dem Vollstreckungstitel verzichtet, Ffm JB **91**, 1555. Es erlischt aber dann, wenn der Gerichtsvollzieher die Sache freigibt, selbst wenn die Freigabe auf einem Irrtum beruht.

6   **5) VwGO:** Entsprechend anwendbar, § 167 I VwGO, vgl § 775 Rn 21.

**777** *Erinnerung wegen dinglicher Sicherung.* ¹Hat der Gläubiger eine bewegliche Sache des Schuldners im Besitz, in Ansehung deren ihm ein Pfandrecht oder ein Zurückbehaltungsrecht für seine Forderung zusteht, so kann der Schuldner der Zwangsvollstreckung in sein übriges Vermögen nach § 766 widersprechen, soweit die Forderung durch den Wert der Sache gedeckt ist. ²Steht dem Gläubiger ein solches Recht in Ansehung der Sache auch für eine andere Forderung zu, so ist der Widerspruch nur zulässig, wenn auch diese Forderung durch den Wert der Sache gedeckt ist.

1   **1) Systematik, Regelungszweck, S 1, 2.** Das BGB kennt keine Verweisung des Gläubigers auf das Pfand. § 777 enthält eine abweichende Regelung. Diese Vorschrift ist dem § 803 I inhaltlich verwandt, der die Überpfändung verbietet; ihre Verhinderung ist Zweck auch des § 777, Köln OLGZ **88**, 217. Damit dient § 777 der Gerechtigkeit, Einl III 9, und ist entsprechend zugunsten des Schuldners auszulegen, ohne daß man die berechtigten Gläubigerinteressen vernachlässigen darf.

2   **2) Geltungsbereich, S 1, 2.** Die Vorschrift ist in allen Vollstreckungsverfahren anwendbar. § 777 ist dann entsprechend anwendbar, wenn der Schuldner zur Abwendung der Zwangsvollstreckung oder zwecks Einstellung der Zwangsvollstreckung *hinterlegt* hat, Köln OLGZ **88**, 217, LG Mü DGVZ **84**, 78. Zwar wird der hinterlegte Betrag das Eigentum des Landes; der Anspruch auf die Rückerstattung der hinterlegten Summe steht aber wirtschaftlich einem Besitz gleich. Freilich muß der Auszahlungsanspruch unzweifelhaft und unabhängig vom Verhalten des Schuldners bestehen, Köln OLGZ **88**, 217. Ferner kommt eine entsprechende Anwendung bei einer Mieterkaution in Betracht, LG Mü DGVZ **84**, 78.

3   **3) Voraussetzungen, S 1, 2.** Die Vorschrift setzt voraus, daß der Gläubiger eine solche bewegliche Sache des Schuldners im Alleinbesitz, im Mitbesitz oder in einem mittelbaren Besitz hat, an der ihm ein Pfandrecht oder ein Zurückbehaltungsrecht für die beizutreibende Forderung zusteht. § 777 bezieht sich nicht auf Liegenschaften und auf Rechte. Der Rechtsgrund des Pfandrechts oder des Zurückbehaltungsrechts ist unerheblich. Es kann sich um ein Vertragspfandrecht, um ein gesetzliches Pfandrecht oder um ein Pfändungspfandrecht handeln. Das Pfandrecht des Vermieters, des Verpächters, des Gastwirts wirkt erst von der Besitzergreifung an. Ein Sicherungseigentum steht dem Pfandrecht hier nicht gleich, außer bei einem unmittelbaren Besitz des Gläubigers, Köln OLGZ **88**, 217, LG Detm Rpfleger **90**, 433. Denn es handelt sich um ein Besitzlosenpfandrecht, § 771 Rn 22 „Treuhand".

4   **4) Erinnerung, S 1, 2.** Der Schuldner kann nur insoweit nach § 766 die Erinnerung, vom Gesetz hier Widerspruch genannt, LG Detm Rpfleger **90**, 433, LG Hann Rpfleger **86**, 187, einlegen, als der Wert der Pfand- oder Zurückhaltungssache die volle Forderung des Gläubigers einschließlich der Kosten deckt. Der Schuldner muß diese Deckung beweisen. Wenn der Gläubiger demgegenüber nachweist, daß die Sache noch wegen einer anderen Forderung sichern soll, AG Mü DGVZ **84**, 78, dann steht dem Schuldner der Nachweis offen, daß der Wert der Pfand- oder Zurückhaltungssache auch diese andere Forderung deckt. Der Gerichtsvollzieher darf die Vollstreckung nicht allein wegen der bloßen Einlegung des Widerspruchs abbrechen, LG Hann Rpfleger **86**, 187. Wenn der Gläubiger auf das Pfand- oder Zurückbehaltungsrecht verzichtet, auch vor der Rückgabe, dann ist die Erinnerung erledigt. Der Schuldner kann auf die Möglichkeit der Erinnerung verzichten. Diese Einwendung wird aber nicht von Amts wegen beachtet, LG Limburg Rpfleger **82**, 435.

5   **5) VwGO:** Entsprechend anwendbar, § 167 I VwGO.

**778** *Zwangsvollstreckung vor Erbschaftsannahme.* ¹Solange der Erbe die Erbschaft nicht angenommen hat, ist eine Zwangsvollstreckung wegen eines Anspruchs, der sich gegen den Nachlaß richtet, nur in den Nachlaß zulässig.

1. Abschnitt. Allgemeine Vorschriften §§ 778, 779

**II Wegen eigener Verbindlichkeiten des Erben ist eine Zwangsvollstreckung in den Nachlaß vor der Annahme der Erbschaft nicht zulässig.**

**Schrifttum:** *Behr,* Taktik in der Mobiliarvollstreckung (III), Kontenpfändung, ... Vollstreckung in den Nachlaß, 1989.

**1) Systematik, Regelungszweck, §§ 778–785.** Diese Vorschriften behandeln eine Zwangsvollstreckung in den Nachlaß und gegen den Erben. Sie ergänzen die §§ 747–749. Das Gesetz hat damit etwas Zusammengehöriges auseinandergerissen. Dieser Umstand erschwert das Verständnis der ohnehin mißlungenen Vorschriften. 1

**2) Geltungsbereich, §§ 778–785.** Die Vorschriften gelten für jede Art der Zwangsvollstreckung. Über die Zwangsvollstreckung beim Tod einer Partei kraft Amts § 727 Rn 2. Vgl §§ 265, 266 AO. 2

**3) Anspruch gegen den Nachlaß vor der Annahme der Erbschaft, I.** In dieser Situation hat der Erbe nur eine vorläufige Rechtsstellung, § 1958 BGB. Wenn er die Ausschlagungsfrist versäumt hat, gilt die Erbschaft als angenommen, § 1943 BGB. Vor der Annahme der Erbschaft gilt für die Zwangsvollstreckung wegen einer Nachlaßverbindlichkeit, § 1967 II BGB folgendes: 3

**A. Vor Vollstreckungsbeginn.** Wegen § 1958 BGB läßt sich der Vollstreckungstitel, den der Gläubiger gegen den Erblasser erwirkt hatte, nicht gegen den Erben umschreiben. Gegen eine trotzdem vorgenommene Umschreibung kann der Erbe nach § 732 vorgehen. Gegen den Erben kann auch keinen Vollstreckungstitel erwirken. Der Gläubiger kann nur dann ein Urteil und eine Vollstreckungsklausel erwirken, wenn ein Nachlaßpfleger, ein Nachlaßverwalter oder ein Testamentsvollstrecker vorhanden sind. Der Gläubiger kann nach § 1961 BGB einen Antrag auf die Bestellung eines Nachlaßpflegers stellen. Nach der Bestellung erfolgt die Zwangsvollstreckung in den Nachlaß. Nach der Annahme der Erbschaft tritt eine Rückwirkung dieser Maßnahmen gegenüber dem Erben ein. 4

**B. Nach Vollstreckungsbeginn.** Wenn die Zwangsvollstreckung gegen den Erblasser begonnen hatte, Grdz 51 vor § 704, dann darf sie fortgesetzt werden, § 779. Die weitere Zwangsvollstreckung ist aber nur in den Nachlaß zulässig. 5

**C. Weitere Einzelfragen.** § 778 gilt für Ansprüche jeder Art. Ein Arrestvollzug nach §§ 928 ff ist eine Zwangsvollstreckung.

**4) Rechtsbehelfe, I.** Wenn der Gläubiger vor der Annahme der Erbschaft nicht in den Nachlaß vollstreckt, sondern in das persönliche Vermögen des Erben, dann gilt die folgende Regelung. 6

**A. Erbe.** Der Erbe kann nach seiner Wahl die Erinnerung nach § 766 einlegen oder als Dritter eine Widerspruchsklage nach § 771 erheben.

**B. Gläubiger.** Jeder Gläubiger des Erben kann die Erinnerung nach § 766 einlegen, nicht aber eine Widerspruchsklage nach § 771 erheben. Denn der Gläubiger des Erben hat kein Recht am Vermögen des Erben.

**5) Zwangsvollstreckung der persönlichen Gläubiger, II.** Nur in das persönliche Vermögen des Erben dürfen die persönlichen Gläubiger des Erben vollstrecken, vor der Annahme der Erbschaft nicht in den Nachlaß. Das gilt ebenso bei einer abwicklungslosen Verschmelzung von Genossenschaften, § 93b GenG, oder von Aktiengesellschaften nach § 346 AktG. Die übernehmende Gesellschaft steht dem Erben gleich. Der Gläubiger der aufgelösten Gesellschaft steht den Nachlaßgläubigern gleich. 7

**6) Rechtsbehelfe, II.** Es kommt auf die Person des Beschwerten an. 8

**A. Erbe.** Der Erbe kann die Erinnerung nach § 766 einlegen, aber auch eine Widerspruchsklage nach § 771 erheben. Denn er hat ein Recht an den Nachlaß und haftet zunächst nicht mit dem Nachlaß.

**B. Andere Personen.** Der Nachlaßgläubiger, der Nachlaßpfleger, der Nachlaßverwalter oder der Testamentsvollstrecker können nach § 766 die Erinnerung einlegen, soweit ihre Verwaltung reicht.

**7)** *VwGO: Entsprechend anwendbar, § 167 I VwGO.* 9

## 779

*Fortsetzung der Zwangsvollstreckung nach Tod des Schuldners.* ¹Eine Zwangsvollstreckung, die zur Zeit des Todes des Schuldners gegen ihn bereits begonnen hatte, wird in seinen Nachlaß fortgesetzt.

II ¹Ist bei einer Vollstreckungshandlung die Zuziehung des Schuldners nötig, so hat, wenn die Erbschaft noch nicht angenommen oder wenn der Erbe unbekannt oder es ungewiß ist, ob er die Erbschaft angenommen hat, das Vollstreckungsgericht auf Antrag des Gläubigers dem Erben einen einstweiligen besonderen Vertreter zu bestellen. ²Die Bestellung hat zu unterbleiben, wenn ein Nachlaßpfleger bestellt ist oder wenn die Verwaltung des Nachlasses einem Testamentsvollstrecker zusteht.

**1) Systematik, Regelungszweck, Geltungsbereich, I, II.** Vgl § 778 Rn 1. § 779 regelt zwei der zahlreichen Fallgruppen der Vollstreckung in den Nachlaß. Wenn beim Tod des Schuldners die Zwangsvollstreckung in das Vermögen des Schuldners insgesamt begonnen hatte, Grdz 51 vor § 704, AG Bremerhaven DGVZ 93, 60, dann ist sie auf Grund einer gegen den Erblasser erteilten Vollstreckungsklausel in denjenigen Teil des Vermögens des Erben, der aus dem Nachlaß besteht, ohne die Notwendigkeit einer Umschreibung der Vollstreckungsklausel fortzusetzen, App BB 84, 273. Dies gilt vor und nach der Annahme der Erbschaft und nicht nur wegen solcher Gegenstände, in die die Zwangsvollstreckung begonnen hat. Neue und weitere Vollstreckungsmaßnahmen sind bis zur Beendigung der Zwangsvollstreckung, Grdz 52 vor § 704, insgesamt 1

## §§ 779, 780

zulässig, ohne daß eine Umschreibung erfolgen muß, LG Mü MDR **79**, 853, AG Bremerhaven DGVZ **93**, 60, App BB **84**, 273. Zu einer Zwangsvollstreckung in das übrige Vermögen des Erben muß die Vollstreckungsklausel aber nach §§ 727, 749 umgeschrieben werden. Diese Umschreibung ist erst nach der Annahme der Erbschaft statthaft, § 778 I. Wenn der Schuldner vor dem Beginn der Zwangsvollstreckung stirbt, gilt § 778. Vgl auch § 782. Die Vorschrift im steuerlichen Vollstreckungsverfahren entsprechend anwendbar, App BB **84**, 273.

2 **2) Erbenvertreter, II.** Das Vollstreckungsgericht bestellt dem Erben nur dann einen besonderen Vertreter, wenn die folgenden Voraussetzungen Rn 2–5 zusammentreffen.

**A. Hinzuziehung des Schuldners.** Der Schuldner muß bei einer Vollstreckungshandlung hinzugezogen werden müssen, also in den Fällen der §§ 808 III, 826 III, 829 II, 835 III, 844 II, 875 II, 885 II; ferner oft bei einer Zwangsversteigerung nach dem ZVG; schließlich immer dann, wenn der Schuldner rein tatsächlich zugezogen werden muß.

3 **B. Erbschaftsannahme unklar usw.** Die Erbschaft darf noch nicht angenommen worden sein, ihre Annahme muß zweifelhaft oder der Erbe unbekannt sein (dann Pfleger nach § 1911 BGB).

4 **C. Kein Nachlaßpfleger oder Testamentsvollstrecker.** Es darf bisher weder ein Nachlaßpfleger noch ein verwaltender Testamentsvollstrecker bestellt worden sein.

5 **D. Antrag.** Es muß ein Antrag des Gläubigers vorliegen.

6 **3) Stellung des Vertreters, II.** Der Vertreter vertritt den Erben und nicht den Nachlaß. Er ist ein gesetzlicher Vertreter des Erben, § 51 Rn 12, mit allen Rechten, die dem Schuldner aus Anlaß der fraglichen Vollstreckungshandlung zustehen. Der Vertreter kann zB eine Vollstreckungsabwehrklage nach § 767 erheben. Er braucht aber nicht eine eidesstattliche Versicherung nach § 807 abzugeben. Die Prozeßfähigkeit des Erben § 51, bleibt unbeschränkt. Die Befugnis des Vertreters erlischt, sobald der Erbe, ein Nachlaßpfleger oder der Testamentsvollstrecker in das Verfahren eintreten. Der Vertreter ist zur Annahme des Amts nicht verpflichtet. Seine Kosten sind eine Nachlaßverbindlichkeit. Für diese haftet der Erbe nur beschränkbar.

7 **4) Rechtsbehelfe, II.** Es kommt auf die Entscheidungsrichtung an.

**A. Gegen Ablehnung.** Gegen die Ablehnung der Bestellung ist der Weg nach § 11 RPflG, Anh § 153 GVG, gegeben. Gegen eine anfängliche Entscheidung des Richters ist die sofortige Beschwerde nach §§ 577, 793 I statthaft.

8 **B. Gegen Bestellung.** Gegen die Bestellung des Vertreters ist kein Rechtsbehelf statthaft.
**Kosten:** Des Gerichts KV 1908; des Anwalts §§ 57, 37 Z 3 BRAGO.

9 **5) VwGO:** Entsprechend anwendbar, § 167 I VwGO.

**780** *Vorbehalt der beschränkten Erbenhaftung.* [I] Der als Erbe des Schuldners verurteilte Beklagte kann die Beschränkung seiner Haftung nur geltend machen, wenn sie ihm im Urteil vorbehalten ist.

[II] Der Vorbehalt ist nicht erforderlich, wenn der Fiskus als gesetzlicher Erbe verurteilt wird oder wenn das Urteil über eine Nachlaßverbindlichkeit gegen einen Nachlaßverwalter oder einen anderen Nachlaßpfleger oder gegen einen Testamentsvollstrecker, dem die Verwaltung des Nachlasses zusteht, erlassen wird.

**Schrifttum:** *Dauner-Lieb,* Zwangsvollstreckung bei Nachlaßverwaltung und Nachlaßkonkurs, Festschrift für Gaul (1997) 93.

### Gliederung

| | | | |
|---|---|---|---|
| 1) Systematik, Regelungszweck, I, II .... | 1 | 4) Entbehrlichkeit des Vorbehalts, II ..... | 9–11 |
| 2) Geltungsbereich, I, II ................. | 2 | A. Fiskus ................................ | 9 |
| 3) Vorbehalt im Urteil, I ................. | 3–8 | B. Nachlaßpfleger, Nachlaßverwalter, Testamentsvollstrecker ................. | 10 |
| A. Verfahren ......................... | 3–5 | C. Sinnlosigkeit einer Haftungsbeschränkung ................................ | 11 |
| B. Wirkung des Vorbehalts .......... | 6 | | |
| C. Fassung des Vorbehalts .......... | 7 | | |
| D. Verstoß ........................... | 8 | 5) VwGO ................................ | 12 |

1 **1) Systematik, Regelungszweck, I, II.** Vgl zunächst § 778 Rn 1. § 780 enthält die prozessuale Behandlung der beschränkten Erbenhaftung. Die Vorschrift wird von § 784 ergänzt.

2 **2) Geltungsbereich, I, II.** Die Vorschrift gilt in allen Verfahrensarten. Sie ist auch auf einen Prozeßvergleich nach Anh § 307 anwendbar, BGH NJW **91**, 2840. Zu § 780 gehören alle Einreden, BGH NJW **91**, 2840, alle Beschränkungsfälle wegen einer Nachlaßinsolvenz oder einer Nachlaßverwaltung, § 1975 BGB, wegen Minderjährigkeit, § 1629 a I 2 BGB, Klüsener Rpfleger **99**, 98; wegen deren Entfallens infolge eines Mangels an Masse, § 1990 BGB; gegenüber einer ausgeschlossenen oder verspätet angemeldeten Nachlaßforderung, §§ 1973 ff BGB; aus § 1992 BGB gegenüber dem Vermächtnisnehmer; bei einem ungeteilten Nachlaß.

„*Als Erbe verurteilt*" bedeutet: Wegen einer Nachlaßverbindlichkeit verurteilt. Zu den Nachlaßverbindlichkeiten zählen aber nicht nur Geldforderungen, zB auch diejenige auf Wohngeld nach dem WEG, Hbg MDR **86**, 319, sondern auch Vertragspflichten jeder Art, etwa Willenserklärungen. Für den Nacherben gilt Entsprechendes. Nach dem Eintritt der Nacherbfolge hat der Vorerbe die Möglichkeit der Vollstreckungsab-

## 1. Abschnitt. Allgemeine Vorschriften § 780

wehrklage, § 767, und zwar auch ohne einen Vorbehalt. Im Falle einer Einrede nach § 2145 II BGB ist § 780 anwendbar. Die Vorschrift gilt auch für den Erbschaftskäufer, § 2383 BGB, soweit nicht schon der Verkäufer unbeschränkt haftet. Sie gilt ferner für den Miterben, sofern dieser unbeschränkt haftet, § 2059 I 2 BGB, BGH MDR **88**, 654. Eine Teilhaftung des Miterben aus §§ 2060 ff BGB muß in der Sachentscheidung berücksichtigt werden, Schmidt JR **89**, 45.

§ 780 ist *unanwendbar:* Wenn es nur um die vorläufigen Einreden gem §§ 2014, 2015 BGB geht, bei denen §§ 305, 782 anwendbar sind, Schmidt JR **89**, 45; wenn es um eine vereinbarte Haftungsbeschränkung geht, BGH ZZP **68**, 102, Schmidt JR **89**, 46; wenn das Urteil noch gegen den (vor Verkündung) Verstorbenen ergangen ist, Celle RR **88**, 134 (das gilt auch dann, wenn der zugehörige Kostenfestsetzungsbeschluß schon gegen die Erben ergangen ist); wenn der Erbe aus § 27 II HGB für die Geschäftsschulden des Erblassers haftet. Auch in diesem Fall ist die Beschränkung ein Teil der Sachentscheidung; bei § 205 AO, BFH FER **99**, 20.

Dagegen ist der Erbe auch dann „verurteilt", wenn die Vollstreckungsklausel gegen ihn auf eine Klage *nach § 731* erteilt worden ist. Etwas anderes gilt dann, wenn die Klausel nach § 727 erteilt wurde. Denn den Erben verbleiben dann die Einwendungen nach § 781. Der Versicherer kann nicht geltend machen, daß der Erbe des Schädigers dem Geschädigten nur beschränkt haftet, §§ 149, 157 VVG. Man kann den Vorbehalt auch bei einer Steuerschuld in der Zwangsvollstreckung geltend machen, BFH BB **81**, 1627.

**3) Vorbehalt im Urteil, I.** Verfahren und Wirkung bringen Probleme. **3**

**A. Verfahren.** Der Vorbehalt im Urteil ist (mit Ausnahme einer Übergangsregelung wegen § 1629 a BGB lt Art 5 I des Gesetzes zur Beschränkung der Haftung Minderjähriger, § 786 Vorbem) die Voraussetzung für eine Beschränkung in der Zwangsvollstreckung, BGH NJW **83**, 2379, Schmidt JR **89**, 45. Das gilt unabhängig davon, ob der Erbe persönlich verklagt wird oder ob er als Rechtsnachfolger in den Prozeß eingetreten ist. Der Vorbehalt kann nur dann ausgesprochen werden, wenn der Erbe die Einrede einer beschränkten Haftung geltend gemacht hat, BGH NJW **83**, 2379. Ein besonderer Antrag ist dazu nicht erforderlich, BGH NJW **83**, 2379. Der Erbe kann dies nur dann erstmals in der Revisionsinstanz tun, wenn der Zahlungspflichtige erst nach dem Schluß der letzten Tatsachenverhandlung, §§ 136 IV, 296 a, gestorben ist oder wenn der Erbe in der Tatsacheninstanz noch keinen sonstigen Anlaß für die Einrede hatte, BGH DB **76**, 2302, aber auch dann nur, wenn der Erbe mehr als einen bloßen Zusatz des Vorbehalts begehrt; andernfalls ist nur § 767 II anwendbar, BGH **54**, 204. LG Bückebg MDR **97**, 978 wendet § 780 bei § 269 III entsprechend an.

Der Vorbehalt kann nicht mehr im *Kostenfestsetzungsverfahren* nach §§ 103 ff erfolgen, Celle RR **88**, 134, **4** KG MDR **76**, 584, LG Bln VersR **88**, 702, wohl aber im Vergütungsfestsetzungsverfahren nach § 19 BRAGO, Düss Rpfleger **81**, 409, Schlesw SchlHA **84**, 152. Die Einrede betrifft den Grund der Haftung des Erben, nicht den Betrag des Anspruchs. Daher ist eine Vorabentscheidung nach § 304 unzulässig. Wenn der Gläubiger schon ein Urteil gegen den Erblasser erwirkt hat, dann kann der Erbe die Beschränkung der Haftung, § 781 Rn 1 (C), gemäß § 785 geltend machen.

Das Gericht braucht sich nicht darum zu kümmern, ob der *Vorbehalt auch sachlich berechtigt* ist, BGH NJW **5** **83**, 2379, Schmidt JR **89**, 45, Düss Rpfleger **81**, 409. Das gilt auch dann, wenn der Erbe geltend macht, der Nachlaß bestehe nur aus Schulden, Düss Rpfleger **81**, 409. Es kann freilich auch sachlich über die Beschränkung der Erbenhaftung entscheiden, BGH NJW **83**, 2379, Schmidt JR **89**, 46 mwN, und muß das auch bei Entscheidungsreife tun, BGH NJW **83**, 2379, Schmidt JR **89**, 46. Wenn das Gericht eine solche Entscheidung trifft, die zur Vermeidung neuer Prozesse auch ratsam ist, dann muß es die sachlichrechtlichen Voraussetzungen der Beschränkung der Erbenhaftung prüfen und diese feststellen oder verneinen, Schmidt JR **89**, 46.

Diese Entscheidung ist wie sonst auslegbar. Sie erwächst in äußere und innere *Rechtskraft,* Einf 1, 2 vor §§ 322–327, Schmidt JR **89**, 46, und ist für die Zwangsvollstreckung maßgebend. Wenn das Gericht nicht derart vorgeht, dann bleibt die Prüfung der Beschränkung der Vollstreckungsinstanz vorbehalten und muß notfalls in einem nach § 785 zu führenden neuen Prozeß vorgenommen werden, BGH NJW **83**, 2379. Keineswegs darf das Prozeßgericht erörtern, was zum Nachlaß gehört. Wenn freilich feststeht, daß keine haftende Masse vorhanden ist, muß die Klage abgewiesen werden.

**B. Wirkung des Vorbehalts.** Sie ist rein förmlich. Er ermöglicht die Vollstreckungsabwehrklage des **6** § 785, BGH NJW **83**, 2379. Düss Rpfleger **81**, 409, Mü JB **94**, 112. Im übrigen beeinträchtigt der Vorbehalt die Zwangsvollstreckung nicht. Nur bei einem Urteil auf die Abgabe einer Willenserklärung hindert der Vorbehalt eine Unterstellung nach § 894. Ein solches Urteil ist nach § 888 zu vollstrecken, soweit es nur unter dem Vorbehalt erging und soweit nicht (besser) bereits endgültig über die Haftungsbeschränkung entschieden wurde, Schmidt JR **89**, 46. Fehlt der Vorbehalt, mag er auch nur versehentlich nicht beantragt worden sein, so macht die Rechtskraft des Urteils jede Haftungsbeschränkung unmöglich.

**C. Fassung des Vorbehalts.** Der Vorbehalt gehört in die Urteilsformel, § 313 I Z 4. Ausreichend ist **7** auch eine Verurteilung auf eine Leistung nur „aus dem Nachlaß" oder „nach Kräften des Nachlasses", vgl BGH RR **88**, 710, oder gar nur in bestimmte Gegenstände, zB in ein Grundstück, Schmidt JR **89**, 46, nicht aber eine solche „als Erbe". In die Entscheidungsgründe gehört der Vorbehalt so wenig wie etwa die Entscheidung über eine vorläufige Vollstreckbarkeit. Dagegen erfolgt die Zurückweisung des Antrags auf den Ausspruch des Vorbehalts nur in den Entscheidungsgründen, § 313 I Z 6. Wenn es um die inländische Vollstreckbarkeit eines ausländischen Urteils geht, §§ 722, 723, 328, kann der Vorbehalt im deutschen Vollstreckungsurteil ausgesprochen werden. Er kann auch in einen Vollstreckungsbescheid nach § 700 aufgenommen werden. Im Verfahren auf die Vollstreckbarerklärung eines Schiedsspruchs, § 1042, ist der Vorbehalt unzulässig; er gehört in den Schiedsspruch oder dann, wenn der Erblasser erst nach dessen Erlaß verstorben ist, in die Zwangsvollstreckung nach § 781.

Der Vorbehalt bezieht sich auf die *Prozeßkosten* nach §§ 91 ff grds nur, wenn er auch insoweit *eindeutig* ist, Kblz RR **97**, 1160, und nur, soweit diese in der Person des Erblassers entstanden waren, vgl Mü JB **94**, 112. Für die übrigen Kosten haftet der Erbe unbeschränkt, Ffm Rpfleger **77**, 372. Darum muß das

## §§ 780, 781

Gericht die Kosten auch in der Entscheidungsformel insoweit trennen, aM KG Rpfleger **81**, 365, Mü JB **94**, 112.

8   **D. Verstoß.** Wenn das Gericht den Vorbehalt übergangen hatte, ist sein Urteil inhaltlich falsch. Deshalb ist ein Verfahren auf eine Ergänzung des Urteils nach § 321 zulässig, Düss NJW **70**, 1689. Natürlich sind auch die sonst gegebenen Rechtsmittel statthaft. Das Revisionsgericht kann den Vorbehalt nachholen, auch ohne eine Rüge, BGH NJW **83**, 2379.

9   **4) Entbehrlichkeit des Vorbehalts, II.** Der Vorbehalt ist in jedem der folgenden Fällen entbehrlich.

   **A. Fiskus.** Der Vorbehalt kann entfallen, soweit der Fiskus als gesetzlicher Erbe verurteilt wird, vgl § 882 a. Denn der Fiskus haftet ohnedies beschränkt, § 2011 BGB. Das Gericht darf mangels haftender Masse die Klage abweisen.

10   **B. Nachlaßpfleger, Nachlaßverwalter, Testamentsvollstrecker.** Der Vorbehalt kann ferner entfallen, soweit das Urteil gegen einen Nachlaßpfleger, einen Nachlaßverwalter oder einen verwaltenden Testamentsvollstrecker ergeht, BGH FamRZ **84**, 473. Denn diese Personen können auf die Beschränkung ihrer Haftung nicht wirksam verzichten. Auch in diesem Fall darf das Gericht mangels haftender Masse die Klage abweisen.

11   **C. Sinnlosigkeit einer Haftungsbeschränkung.** Der Vorbehalt kann schließlich entfallen, wenn die Beschränkung der Haftung sinnlos wäre, etwa bei einem Feststellungsurteil, § 256, oder bei einem Urteil wegen eines dinglichen Anspruchs. Denn aus einer solchen Entscheidung kann ohnehin nur in den Nachlaß vollstreckt werden.

12   **5) VwGO:** *Entsprechend anwendbar, § 167 I VwGO.*


**781** *Beachtung der Haftungsbeschränkung in der Zwangsvollstreckung.* Bei der Zwangsvollstreckung gegen den Erben des Schuldners bleibt die Beschränkung der Haftung unberücksichtigt, bis auf Grund derselben gegen die Zwangsvollstreckung von dem Erben Einwendungen erhoben werden.

1   **1) Systematik, Regelungszweck.** Vgl zunächst § 778 Rn 1. § 781 erfaßt alle diejenigen Fälle, in denen der Erbe nicht unbeschränkt haftet. Es muß dem Erben überlassen bleiben, die Beschränkung seiner Haftung geltend zu machen, um die Durchführung der Vollstreckung, die der Gläubiger gegen den Erblasser ja meist schon mühsam genug erkämpft hatte, nicht noch weiter zu erschweren. § 781 ähnelt mancher anderen Vollstreckungsvorschrift, zB §§ 766, 767, 808 I. Der Gerichtsvollzieher kann noch weniger als andere Vollstreckugnsorgane auch noch von Amts wegen und von vornherein mit so schwierigen Prüfungen wie der etwaigen Beschränkung der Erbenhaftung belastet werden.

2   **2) Geltungsbereich.** Die Vorschrift gilt, auch bei § 265 AO (entsprechend), BFH FER **99**, 20, in jeder der folgenden Situationen.

   **A. Vollstreckungsbeginn gegen Erblasser.** Die Zwangsvollstreckung hatte bereits gegen den Erblasser begonnen, § 779.

   **B. Umschreibung.** Der Vollstreckungstitel ist gegen den Erben umgeschrieben worden, § 727.

   **C. Vorbehalt.** Der Vollstreckungstitel behält die beschränkte Haftung vor, § 780.

   **D. Vollstreckbarkeitsbeschluß.** Es liegt ein Vollstreckbarkeitsbeschluß vor, der keinen Vorbehalt kennt.

   **E. Vorbehalt entbehrlich.** Es ist ein Vorbehalt im Urteil nach § 780 II nicht notwendig.

   **F. Eintritt des Erben.** Der Erbe ist nach dem Erlaß des Urteils in den Prozeß eingetreten, § 780 Rn 3.

3   **3) Notwendigkeit einer Einwendung.** Die Vollstreckungsorgane müssen die Haftungsbeschränkung zunächst unberücksichtigt lassen, soweit diese nicht bereits im Urteil sachlichrechtlich endgültig festgestellt wurde, § 780 Rn 3, Schmidt JR **89**, 47. Die Zwangsvollstreckung findet also auf Grund des bloßen Vorbehaltsurteils in das persönliche Vermögen des Erben so statt, als ob er unbeschränkt haften würde. Der Gläubiger über die Vermögensmasse keine Nachweise zu erbringen. Der Erbe muß auch die eidesstattliche Versicherung zur Offenbarung nach § 807 abgeben, wenn er eine Haftungsbeschränkung nach § 785 geltend macht. Auf Verlangen des Gläubigers braucht er die Versicherung nur wegen des Nachlasses abzugeben, sonst unbeschränkt. Das Gesetz trennt die Vermögensmassen.

4   Der Erbe kann gegen die Zwangsvollstreckung durch eine *Vollstreckungsabwehrklage* nach §§ 785, 767 vorgehen, BGH FamRZ **89**, 1071, Celle RR **88**, 134, und beantragen, die Zwangsvollstreckung in das persönliche, also nicht in den Nachlaß gehörende Vermögen des Erben für unzulässig zu erklären, Schmidt JR **89**, 77, und ferner auszusprechen, daß er nur „nach Kräften des Nachlasses" zu haften brauche, BGH RR **88**, 720, Schmidt JR **89**, 46. Der Erbe muß grundsätzlich beweisen, daß die Zwangsvollstreckung bereits in sein persönliches Vermögen begonnen hat, Grdz 51 vor § 704, BGH WoM **72**, 363, aM Schmidt JR **89**, 77.

5   Dazu ist eine *Bezeichnung* derjenigen Gegenstände notwendig, in die schon vollstreckt worden ist, BGH FamRZ **72**, 449. Die Geltendmachung der Unzulänglichkeit der Masse ist nicht fristgebunden, Celle RR **88**, 134. Der Erbe muß ferner seine Haftungsbeschränkung beweisen, soweit diese nicht bereits im Urteil sachlichrechtlich endgültig festgestellt wurde, § 780 Rn 3.

6   **4) VwGO:** *Entsprechend anwendbar, § 167 I VwGO.*

1. Abschnitt. Allgemeine Vorschriften   §§ 782, 783

**782** *Aufschiebende Einreden des Erben.* ¹Der Erbe kann auf Grund der ihm nach den §§ 2014, 2015 des Bürgerlichen Gesetzbuchs zustehenden Einreden nur verlangen, daß die Zwangsvollstreckung für die Dauer der dort bestimmten Fristen auf solche Maßregeln beschränkt wird, die zur Vollziehung eines Arrestes zulässig sind. ²Wird vor dem Ablauf der Frist die Eröffnung des Nachlaßinsolvenzverfahrens beantragt, so ist auf Antrag die Beschränkung der Zwangsvollstreckung auch nach dem Ablauf der Frist aufrechtzuerhalten, bis über die Eröffnung des Insolvenzverfahrens rechtskräftig entschieden ist.

**Vorbem.** S 2 idF Art 18 Z 4 EGInsO v 5. 10. 94, BGBl 2911, in Kraft seit 1. 1. 99, Art 110 I EGInsO, ÜbergangsR Artt 103, 104 EGInsO, abgedruckt bei § 19 a.

**1) Systematik, Regelungszweck, S 1, 2.** Vgl zunächst § 778 Rn 1. § 782 betrifft, ergänzt durch § 783, den Fall, daß der Erbe eine aufschiebende Einrede nach §§ 2014, 2015 BGB geltend macht, also die Verweigerung der Berichtigung einer Nachlaßverbindlichkeit bis zum Ablauf von drei Monaten seit der Annahme der Erbschaft, bis zur Inventarerrichtung oder bis zur Beendigung des Aufgebotsverfahrens. Auch in solcher Lage darf man ungeachtet des obersten Grundsatzes der Gerechtigkeit, Einl III 9, den Gläubiger nicht über das wirklich notwendige Maß hinaus auch hier vorübergehend noch länger hinhalten.

**2) Grundsatz: Möglichkeit einer Klage auf Vollstreckungsbeschränkung, S 1, 2.** Der Erbe kann verlangen, und zwar durch eine Klage nach §§ 785, 767, daß sich die Zwangsvollstreckung während der Frist auf bloße Arrestmaßnahmen nach §§ 930–932 beschränke, Rn 3. Sein Antrag lautet zweckmäßig: die Zwangsvollstreckung bis zum Ablauf der Frist für unzulässig zu erklären, und zwar sowohl in den Nachlaß als auch in das persönliche Vermögen. Der Erbe braucht nur nachzuweisen, daß er die Möglichkeit der Haftungsbeschränkung nicht verloren hat. Demgegenüber kann der Gläubiger dartun, daß eine unbeschränkte Haftung des Erben eingetreten sei, und zwar jedem gegenüber oder ihm selbst gegenüber. Der Gläubiger kann auch darlegen, daß sein Anspruch von dem Aufgebot unberührt geblieben sei.

Die Zwangsvollstreckung braucht *noch nicht begonnen* zu haben, Grdz 51 vor § 704, vgl § 767. Es genügt vielmehr, daß die Zwangsvollstreckung droht. Auch in solcher Lage darf man ungeachtet des auch in der Zwangsvollstreckung fortgeltenden obersten Grundsatzes der Gerechtigkeit, einl III 9, den Gläubiger nicht über das wirklich notwendige Maß hinaus auch nur vorübergehend noch längst hinhalten. Andernfalls wäre nämlich der Erbe nicht vor einem Schaden zu bewahren. Es genügen namentlich die nach § 782 zulässigen Maßnahmen, wenn der Gläubiger nicht erklärt, er wolle nicht veräußern. Beim dinglichen Anspruch ist § 782 unanwendbar. Klageberechtigt sind auch: Nachlaßpfleger, Testamentsvollstrecker, §§ 2017, 2213 BGB, Nachlaßverwalter.

**3) Beschränkungsarten, S 1, 2.** Es sind zwei Fallgruppen zu unterscheiden.

**A. Arrestmaßnahmen, S 1.** Zulässig sind nur Arrestmaßnahmen, §§ 930–932, sowie die Eintragung einer Sicherungshypothek, § 867. Andere Maßnahmen sind als unzulässig aufzuheben, vgl insofern Kblz NJW 79, 2521. Wenn eine bewegliche Habe nach §§ 803 ff gepfändet wurde, ist deren Versteigerung für unzulässig zu erklären. Gepfändetes Geld ist zu hinterlegen, § 930 II. Etwas anderes gilt gegenüber dem dinglichen Gläubiger, § 2016 II BGB, Rn 2. In den Fällen der §§ 883 ff gilt Entsprechendes. Das Gericht muß also die Aushändigung der Sachen an den Gläubiger untersagen. Die Beschränkung endet ohne weiteres mit dem Ablauf der Fristen. Das Urteil muß die Frist darum genau festlegen, und zwar bei § 2014 BGB nach dem Kalender. Nach dem Ablauf der Fristen ist die Zwangsvollstreckung fortzusetzen, soweit nicht ein neues Hindernis entgegensteht, wie der Vorbehalt einer beschränkten Haftung, ein Nachlaßkonkurs, eine Nachlaßverwaltung oder die Ablehnung solcher Maßnahmen mangels Masse.

**B. Antrag auf Nachlaßinsolvenzverfahren, S 2.** Wenn vor dem Fristablauf ein Antrag auf die Eröffnung des Nachlaßinsolvenzverfahrens eingegangen ist, dann können der Erbe oder der Nachlaßverwalter eine Verlängerung der Beschränkung bis zur Rechtskraft einer Entscheidung über den Insolvenzantrag „beantragen", genauer gesagt: Sie können Klage nach § 785 erheben. Denn diese Klage ist der einzige Weg, um Rechte nach §§ 781–784 geltend zu machen. Auch verlangt Satz 1 zweifellos eine Klage. § 769 reicht in solcher Situation als Rechtsbehelf nicht aus. Denn diese Vorschrift setzt voraus, daß zuvor eine Klage eingereicht wurde; eine Ausnahme gilt nur unter den in § 769 Rn 2–4 genannten Voraussetzungen im Prozeßkostenhilfeverfahren.

**4) VwGO:** *Entsprechend anwendbar, § 167 I VwGO.*

**783** *Aufschiebende Einreden gegen persönliche Gläubiger.* In Ansehung der Nachlaßgegenstände kann der Erbe die Beschränkung der Zwangsvollstreckung nach § 782 auch gegenüber den Gläubigern verlangen, die nicht Nachlaßgläubiger sind, es sei denn, daß er für die Nachlaßverbindlichkeiten unbeschränkt haftet.

**1) Systematik, Regelungszweck.** Vgl zunächst §§ 778 Rn 1, 782 Rn 1. § 783 schützt in Ergänzung des § 782 den Erben auch gegen die persönlichen Gläubiger, soweit der Erbe aufschiebende Einreden hat, § 782. Er macht sein Recht durch eine Klage nach § 785 geltend. Der Erbe muß beweisen, daß die fraglichen Gegenstände zum Nachlaß gehören und daß er seine aufschiebenden Einreden aus §§ 2014 ff BGB nicht durch einen Zeitablauf verloren hat. Demgegenüber darf der Gläubiger beweisen, daß der Erbe allen Nachlaßgläubigern gegenüber unbeschränkt hafte. Eine unbeschränkte Haftung des Erben nur gegenüber einzelnen Nachlaßgläubigern ist in diesem Zusammenhang unbeachtlich.

**2) VwGO:** *Entsprechend anwendbar, § 167 I VwGO.*

## § 784 Zwangsvollstreckung gegen Erben bei Nachlaßinsolvenzverfahren oder -verwaltung.
¹Ist eine Nachlaßverwaltung angeordnet oder das Nachlaßinsolvenzverfahren eröffnet, so kann der Erbe verlangen, daß Maßregeln der Zwangsvollstreckung, die zugunsten eines Nachlaßgläubigers in sein nicht zum Nachlaß gehörendes Vermögen erfolgt sind, aufgehoben werden, es sei denn, daß er für die Nachlaßverbindlichkeiten unbeschränkt haftet.

²Im Falle der Nachlaßverwaltung steht dem Nachlaßverwalter das gleiche Recht gegenüber Maßregeln der Zwangsvollstreckung zu, die zugunsten eines anderen Gläubigers als eines Nachlaßgläubigers in den Nachlaß erfolgt sind.

**Vorbem.** I idF Art 18 Z 5 EGInsO v 5. 10. 94 BGBl 2911, in Kraft seit 1. 1. 99, Art 110 I EGInsO, ÜbergangsR Artt 103, 104 EGInsO, abgedruckt bei § 19 a.

**Schrifttum:** *Dauner-Lieb,* Zwangsvollstreckung bei Nachlaßverwaltung und Nachlaßkonkurs, in: Festschrift für *Gaul* (1997).

1   **1) Systematik, Regelungszweck, I, II.** Vgl zunächst § 778 Rn 1. § 784 beruht auf dem Umstand, daß die Eröffnung eines Nachlaßinsolvenzverfahrens oder die Anordnung einer Nachlaßverwaltung die Erbenhaftung beschränken, falls der Erbe nicht schon unbeschränkt haftet, § 1975 BGB. § 784 setzt voraus, daß die Zwangsvollstreckung begonnen hat, Grdz 51 vor § 704, und noch andauert, Grdz 52 vor § 704. Wenn sie in jenem Zeitpunkt noch nicht begonnen hat, dann muß der Erbe eine Haftungsbeschränkung aus § 781 geltend machen, wenn er ihm vorbehalten war oder wenn sie keines Vorbehalts bedarf. Im übrigen muß eine Haftungsbeschränkung bereits feststehen. Insofern unterscheidet sich § 784 von § 782.

2   **2) Klage des Erben, I.** § 784 ermöglicht eine Klage mit dem Antrag, die Zwangsvollstreckung für unzulässig zu erklären, während § 783 eine Klage mit dem Ziel ermöglicht, die Durchführung der Zwangsvollstreckung für unzulässig zu erklären. Aus § 785 ergibt sich, daß der Erbe auch dann nach § 784 vorgehen kann, wenn er vorher bereits nach § 782 geklagt hat. Hier handelt es sich um eine Häufung von Klagen, die einen Menschen zugrunde richten lassen. Wegen des Erschöpfungseinwands ist § 1973 BGB ist die Klage auch gegen einen ausgeschlossenen oder als ausgeschlossen geltenden Aufgebotsgläubiger zulässig, § 1974 BGB. Die Klage ist auch dann zulässig, wenn der Antrag auf die Eröffnung eines Nachlaßinsolvenzverfahrens oder einer Nachlaßverwaltung abgelehnt worden ist, § 1990 BGB. Denn der Grund der Vorschrift trifft auch in diesen Fällen zu.

Der *Erbe muß beweisen,* daß der Gläubiger auf Grund eines gegen den Erblasser erwirkten oder mit dem Vorbehalt der beschränkten Erbenhaftung versehenen Titels vollstreckt hat und daß der Gegenstand der Zwangsvollstreckung nicht zum Nachlaß gehört. Der Gläubiger kann demgegenüber die unbeschränkte Haftung des Erben allen Gläubigern oder jedenfalls ihm gegenüber oder eine persönliche Haftung des Erben ihm gegenüber beweisen. Gegenüber einer vorbehaltlosen Verurteilung, § 780, ist die Klage nach § 784 unzulässig.

3   **3) Klage des Nachlaßverwalters, II.** Der Nachlaßverwalter braucht nur die Zwangsvollstreckung eines Nachlaßgläubigers in den Nachlaß zu dulden. Wenn ein anderer Gläubiger in den Nachlaß vollstreckt, dann kann der Nachlaßverwalter auf die Erklärung der Zwangsvollstreckung für unzulässig klagen. Er darf die Aufhebung auch derjenigen Zwangsmaßnahmen verlangen, die der Nachlaßverwaltung vorausgegangen sind, soweit sie vom persönlichen Gläubiger ausgingen. Spätere Vollstreckungs- und Arrestmaßnahmen sind verboten, § 1984 II BGB. Wenn die Klage aus § 785 unterbleibt, dann ist die Zwangsvollstreckung fortzusetzen. Im Nachlaßinsolvenzverfahren verliert eine Zwangsvollstreckung in den Nachlaß kraft Gesetzes praktisch ihre Wirksamkeit, § 321 InsO (keine Absonderung).

4   **4) VwGO:** *Entsprechend anwendbar,* § 167 I VwGO.

## § 785 Vollstreckungsabwehrklage des Erben.
Die auf Grund der §§ 781 bis 784 erhobenen Einwendungen werden nach den Vorschriften der §§ 767, 769, 770 erledigt.

1   **1) Systematik, Regelungszweck.** Vgl zunächst § 778 Rn 1. Der Erbe oder der Nachlaßverwalter können die der Rechtsnatur nach unterschiedlichen Einwendungen nach §§ 781–784, Schmidt JR 89, 77, gleichwohl grundsätzlich nur durch eine Vollstreckungsabwehrklage geltend machen, BGH FamRZ 89, 1074, Celle RR **88**, 134. Schmidt JR **89**, 77 unterscheidet allerdings zwischen einer echten Vollstreckungsabwehrklage und einer Unterart der Drittwiderspruchsklage bei Nichthaftung nur eines oder mehrerer Einzelgegenstände. Die Abwehrklage ist auch dann zulässig, wenn der Schuldner gegen den Vollstreckungstitel ein Rechtsmittel eingelegt hat, § 767 Rn 8 (G), Ffm RR **92**, 32.

2   **2) Geltungsbereich.** Die Vorschrift gilt nicht bei § 265 AO, BFH FER **99**, 20.

3   **3) Einzelfragen.** Die Erhebung einer solchen Vollstreckungsabwehrklage ist für den Erben wie für den Nachlaßverwalter nachteilig, aber *unabänderlich*. Solange der Erbe nicht klagt, hat das Vollstreckungsorgan einen Vorbehalt der beschränkten Erbenhaftung nicht zu beachten, § 781. Ergänzend gelten § 767 und wegen vorläufiger Maßnahmen §§ 769, 770; s die Erläuterungen zu diesen Vorschriften. Wegen der Rechtskraft § 322 Rn 70 „Vollstreckungsabwehrklage".

4   **4) VwGO:** *Entsprechend anwendbar,* § 167 I VwGO.

1. Abschnitt. Allgemeine Vorschriften §§ 786, 786a

**786** *Vollstreckungsabwehrklage bei sonstiger beschränkter Haftung.* Die Vorschriften des § 780 Abs. 1 und der §§ 781 bis 785 sind auf die nach § 1489 des Bürgerlichen Gesetzbuchs eintretende beschränkte Haftung, die Vorschriften des § 780 Abs. 1 und der §§ 781, 785 sind auf die nach den §§ 1480, 1504, 1629a, 2187 des Bürgerlichen Gesetzbuchs eintretende beschränkte Haftung entsprechend anzuwenden.

**Vorbem.** Änderung dch Art 18 Z 6 EGInsO v 1. 10. 94, BGBl 2911, in Kraft seit 1. 1. 99, Art 110 I EGInsO, ÜbergangsR Artt 103, 104 EGInsO, abgedruckt bei § 19 a. Weitere Änderung dch Art 2 MHbeG v 25. 8. 98, BGBl 2487, in Kraft seit 1. 1. 99, Art 4 MHbeG, ÜbergangsR Art 3 I MHbeG (betr § 1629a BGB) und Einl III 78.

**1) Systematik, Regelungszweck.** Wegen der vergleichbaren Interessenlage verweist § 786 für seinen **1** Geltungsbereich auf die im Gesetzestext genannten Vorschriften. Vgl daher die jeweils zugehörigen Anm.

**2) Geltungsbereich.** § 786 betrifft die folgenden Fälle. **2**

**A. § 1489 BGB.** Bei der fortgesetzten Gütergemeinschaft haftet der Überlebende für Gesamtgutsverbindlichkeiten persönlich. Wenn er vor dem Eintritt der fortgesetzten Gütergemeinschaft nicht persönlich haftete, dann beschränkt sich seine Haftung auf das Gesamtgut. Anwendbar sind die §§ 780 I, 781–785.

**B. § 1480 BGB.** Nach der Auseinandersetzung tritt bei einer allgemeinen Gütergemeinschaft eine Haftung für eine Gesamtgutsverbindlichkeit nur mit dem Zugeteilten ein. Diese Zuteilung ist festzustellen.

**C. § 1504 BGB.** Bei der Auseinandersetzung einer fortgesetzten Gütergemeinschaft gilt § 1480 BGB entsprechend für die Haftung der anteilsberechtigten Abkömmlinge.

**D. § 1629a BGB.** Es handelt sich um eine gesetzliche Haftungsbeschränkung bei einer Verbindlichkeit, die im Rahmen gesetzlicher Vertretungsmacht der Eltern eintrat.

**E. § 2187 BGB.** Der mit einer Auflage oder mit einem Vermächtnis beschwerte Vermächtnisnehmer haftet nur mit dem ihm Vermachten.

In den vier letzten Fällen sind die §§ 780 I, 781, 785 anwendbar. Diese Vorschriften finden auf andere Fälle keine entsprechende Anwendung, aM Noack MDR 74, 814.

**3) VwGO:** Entsprechend anwendbar, § 167 I VwGO. **3**

**786a** *Schiffahrtsrechtliche Haftungsbeschränkung.* ¹Die Vorschriften des § 780 Abs. 1 und des § 781 sind auf die nach § 486 Abs. 1, 3, §§ 487 bis 487d des Handelsgesetzbuchs oder nach den §§ 4 bis 5m des Binnenschiffahrtsgesetzes eintretende beschränkte Haftung entsprechend anzuwenden.

II Ist das Urteil nach § 305a unter Vorbehalt ergangen, so gelten für die Zwangsvollstreckung die folgenden Vorschriften:
1. Wird die Eröffnung eines Seerechtlichen oder eines Binnenschiffahrtsrechtlichen Verteilungsverfahrens nach der Schiffahrtsrechtlichen Verteilungsordnung beantragt, an dem der Gläubiger mit dem Anspruch teilnimmt, so entscheidet das Gericht nach § 5 Abs. 3 der Schiffahrtsrechtlichen Verteilungsordnung über die Einstellung der Zwangsvollstreckung; nach Eröffnung des Seerechtlichen Verteilungsverfahrens sind die Vorschriften des § 8 Abs. 4 und 5 der Schiffahrtsrechtlichen Verteilungsordnung, nach Eröffnung des Binnenschiffahrtsrechtlichen Verteilungsverfahrens die Vorschriften des § 8 Abs. 4 und 5 in Verbindung mit § 41 der Schiffahrtsrechtlichen Verteilungsordnung anzuwenden.
2. ¹Ist nach Artikel 11 des Haftungsbeschränkungsübereinkommens (§ 486 Abs. 1 des Handelsgesetzbuchs) von dem Schuldner oder für ihn ein Fonds in einem anderen Vertragsstaat des Übereinkommens errichtet worden, so sind, sofern der Gläubiger den Anspruch gegen den Fonds geltend gemacht hat, die Vorschriften des § 50 der Schiffahrtsrechtlichen Verteilungsordnung anzuwenden. ²Hat der Gläubiger den Anspruch nicht gegen den Fonds geltend gemacht oder sind die Voraussetzungen des § 50 Abs. 2 der Schiffahrtsrechtlichen Verteilungsordnung nicht gegeben, so werden Einwendungen, die auf Grund des Rechts auf Beschränkung der Haftung erhoben werden, nach den Vorschriften der §§ 767, 769, 770 erledigt; das gleiche gilt, wenn der Fonds in dem anderen Vertragsstaat erst bei Geltendmachung des Rechts auf Beschränkung der Haftung errichtet wird.
3. ¹Ist von dem Schuldner oder für diesen ein Fonds in einen anderen Vertragsstaat des Straßburger Übereinkommens über die Beschränkung der Haftung in der Binnenschiffahrt – CLNI (BGBl 1988 II S. 1643) errichtet worden, so ist, sofern der Gläubiger den Anspruch gegen den Fonds geltend gemacht hat, § 52 der Schiffahrtsrechtlichen Verteilungsordnung anzuwenden. ²Hat der Gläubiger den Anspruch nicht gegen den Fonds geltend gemacht oder sind die Voraussetzungen des § 52 Abs. 3 der Schiffahrtsrechtlichen Verteilungsordnung nicht gegeben, so werden Einwendungen, die auf Grund des Rechts auf Beschränkung der Haftung nach den §§ 4 bis 5m des Binnenschiffahrtsgesetzes erhoben werden, nach den Vorschriften der §§ 767, 769, 770 erledigt; das gleiche gilt, wenn der Fonds in dem anderen Vertragsstaat erst bei Geltendmachung des Rechts auf Beschränkung der Haftung errichtet wird.

III Ist das Urteil eines ausländischen Gerichts unter dem Vorbehalt ergangen, daß der Beklagte das Recht auf Beschränkung der Haftung geltend machen kann, wenn ein Fonds nach Artikel 11 des Haftungsbeschränkungsübereinkommens oder nach Artikel 11 des Straßburger Übereinkommens über die Beschränkung der Haftung in der Binnenschiffahrt errichtet worden ist oder bei

## §§ 786a, 787

Geltendmachung des Rechts auf Beschränkung der Haftung errichtet wird, so gelten für die Zwangsvollstreckung wegen des durch das Urteil festgestellten Anspruchs die Vorschriften des Absatzes 2 entsprechend.

**Vorbem.** Fassg Art 3 Z 2 G v 25. 8. 98, BGBl 2489, in Kraft seit 1. 9. 98, Art 21 G, ÜbergangsR Einl III 78.

**Schrifttum:** *Herber*, Das neue Haftungsrecht der Schiffahrt (1989) 142.

1 **1) Systematik, Regelungszweck, I–III.** Wie § 786, so verweist auch § 786a wegen seiner ebenfalls vergleichbaren Interessenlage auf die im Gesetzestext genannten Vorschriften. Vgl daher die jeweils zugehörigen Anm.

2 **2) Geltungsbereich, I–III.** Die Möglichkeit einer Haftungsbeschränkung, §§ 780 I, 781, ist auch dann gegeben, wenn es um die Haftung für eine binnenschiffahrtsrechtliche oder für eine Seeforderung einschließlich derjenigen wegen Verschmutzungsschäden gegen andere Personen als den Eigentümer des das Öl befördernden Schiffes geht, § 486 I, III HGB. Für jene Ansprüche gelten §§ 487 ff HGB bzw §§ 4 ff BinnenschiffahrtsG; sie regeln im einzelnen, in welchem Umfang eine Haftungsbeschränkung überhaupt statthaft ist. Die Beachtlichkeit einer danach zulässigen Haftungsbeschränkung in der Zwangsvollstreckung hängt von deren Vorbehalt im Urteil ab, §§ 305a, 780 I, sowie von der tatsächlichen Erhebung der Einwendung im Vollstreckungsverfahren, § 781.

3 **3) Einstellung der Zwangsvollstreckung, II Z 1.** Es sind zwei Situationen zu unterscheiden.

**A. Eröffnungsverfahren.** Vom Eingang des Antrags auf Eröffnung des Verteilungsverfahrens bis zur Eröffnung (oder deren Ablehnung) ist eine Einstellung gem § 5 III SVertO statthaft, also längstens auf drei Monate und nur dann, wenn zu erwarten ist, daß die Haftungssumme demnächst eingezahlt wird. Die Einstellung kann von einer Sicherheitsleistung abhängig gemacht werden. Vgl §§ 707, 719.

4 **B. Ab Eröffnung.** Im Verfahren nach Eröffnung kommt es gem § 8 IV, V SVertO für eine einstweilige Einstellung mit oder ohne Sicherheitsleistung im wesentlichen ähnlich wie bei § 769 ZPO auf die Glaubhaftmachung, § 294, von Tatsachen an, die eine Unzulässigkeit der Zwangsvollstreckung ergeben. Zuständig ist grundsätzlich das Prozeßgericht des ersten Rechtszugs für die nach § 8 IV 1 SVertO erforderliche Vollstreckungsabwehrklage, in dringenden Fällen das Vollstreckungsgericht, §§ 764, 802, § 8 IV 4 SVertO. Nach Einstellung kann das Vollstreckungsgericht auf Schuldnerantrag anordnen, daß Vollstreckungsmaßregeln gegen Sicherheitsleistung aufgehoben werden; vor Erhebung der Klage ist das Prozeßgericht dafür zuständig, § 8 V SVertO.

5 **4) Fond, II Z 2.** Die Vorschrift erfaßt die Situation nach der Errichtung des Fonds vom oder für den Schuldner. § 34 SVertO nF verweist wiederum auf § 8 IV, V SVertO, Rn 2. Evtl gelten §§ 767, 769, 770 ZPO direkt, so daß stets eine Möglichkeit zur Einstellung der Zwangsvollstreckung besteht.

6 **5) Straßburger Übereinkommen, II Z 3.** Im Geltungsbereich des dort genannten Übereinkommens hat Z 3 Vorrang vor Z 2.

7 **6) Auslandsurteil, III.** Die für ein deutsches Urteil maßgebenden Möglichkeiten gelten auch beim Auslandsurteil, soweit es überhaupt unter einem Vorbehalt einer Haftungsbeschränkung ergangen ist.

8 **7) VwGO:** Entsprechend anwendbar, § 167 I VwGO.

**787** *Zwangsvollstreckung bei herrenlosem Grundstück und Schiff.* I Soll durch die Zwangsvollstreckung ein Recht an einem Grundstück, das von dem bisherigen Eigentümer nach § 928 des Bürgerlichen Gesetzbuchs aufgegeben und von dem Aneignungsberechtigten noch nicht erworben worden ist, geltend gemacht werden, so hat das Vollstreckungsgericht auf Antrag einen Vertreter zu bestellen, dem bis zur Eintragung eines neuen Eigentümers die Wahrnehmung der sich aus dem Eigentum ergebenden Rechte und Verpflichtungen im Zwangsvollstreckungsverfahren obliegt.

II Absatz 1 gilt entsprechend, wenn durch die Zwangsvollstreckung ein Recht an einem eingetragenen Schiff oder Schiffsbauwerk geltend gemacht werden soll, das von dem bisherigen Eigentümer nach § 7 des Gesetzes über Rechte an eingetragenen Schiffen und Schiffsbauwerken vom 15. November 1940 (Reichsgesetzbl. I S. 1499) aufgegeben und von dem Aneignungsberechtigten noch nicht erworben worden ist.

1 **1) Systematik, Regelungszweck, I, II.** § 787 entspricht wörtlich dem bei einer Klage anwendbaren § 58, Einf 1, 2 vor §§ 57, 58, § 58 Rn 1 ff. § 787 gilt auch für ein Registerpfandrecht an einem Luftfahrzeug sinngemäß, § 99 I LuftfzRG. Die Bestellung eines Vertreters ist dann entbehrlich, wenn ein Vertreter schon für den Prozeß bestellt worden war, es sei denn, daß er weggefallen wäre.

2 **2) Verfahren, I, II.** Die vollstreckbare Ausfertigung wird gegen den Vertreter erteilt und diesem zugestellt, §§ 727, 750. Der Vertreter vertritt nicht den Eigentümer, der ja fehlt. Der Vertreter hat aber alle Rechte und Pflichten eines Eigentümers in der Zwangsvollstreckung wahrzunehmen. Er ist auch zu den Vollstreckungsklagen berechtigt. Obwohl der Vertreter nicht in das Grundbuch einzutragen ist, finden auch eine Zwangsverwaltung und Zwangsversteigerung gegen ihn statt. Dies ist eine Ausnahme von § 17 ZVG.

3 **3) VwGO:** Entsprechend anwendbar, § 167 I VwGO, vgl § 58 Rn 7.

## 1. Abschnitt. Allgemeine Vorschriften §788

**788** *Kosten der Zwangsvollstreckung.* I ¹Die Kosten der Zwangsvollstreckung fallen, soweit sie notwendig waren (§ 91), dem Schuldner zur Last; sie sind zugleich mit dem zur Zwangsvollstreckung stehenden Anspruch beizutreiben. ²Als Kosten der Zwangsvollstreckung gelten auch die Kosten der Ausfertigung und der Zustellung des Urteils. ³Soweit mehrere Schuldner als Gesamtschuldner verurteilt worden sind, haften sie auch für die Kosten der Zwangsvollstreckung als Gesamtschuldner; § 100 Abs. 3 und 4 gilt entsprechend.

II ¹Auf Antrag setzt das Vollstreckungsgericht, bei dem zum Zeitpunkt der Antragstellung eine Vollstreckungshandlung anhängig ist, und nach Beendigung der Zwangsvollstreckung das Gericht, in dessen Bezirk die letzte Vollstreckungshandlung erfolgt ist, die Kosten gemäß § 103 Abs. 2, den §§ 104, 107 fest. ²Im Falle einer Vollstreckung nach den Vorschriften der §§ 887, 888 und 890 entscheidet das Prozeßgericht des ersten Rechtszuges.

III Die Kosten der Zwangsvollstreckung sind dem Schuldner zu erstatten, wenn das Urteil, aus dem die Zwangsvollstreckung erfolgt ist, aufgehoben wird.

IV Die Kosten eines Verfahrens nach den §§ 765 a, 811 a, 811 b, 813 b, 829, 850 k, 851 a und 851 b kann das Gericht ganz oder teilweise dem Gläubiger auferlegen, wenn dies aus besonderen, in dem Verhalten des Gläubigers liegenden Gründen der Billigkeit entspricht.

**Vorbem.** I 3 angefügt, II eingefügt, bisherige II, III zu III, IV, neuer IV geändert durch Art 1 Z 11 a–d der 2. ZwVNov v 17. 12. 97, BGBl 3039, in Kraft seit 1. 1. 99, Art 4 I der 2. ZwVNov. Übergangsrechtlich gilt

2. *ZwVNov Art 3*. III § 788 Abs. 1 Satz 3 der Zivilprozeßordnung in der Fassung des Artikels 1 Nr. 11 Buchstabe a gilt nur für Kosten, die nach Inkrafttreten dieses Gesetzes entstehen.

**Schrifttum:** *Becker-Eberhard,* Grundlagen der Kostenerstattung bei der Verfolgung zivilrechtlicher Ansprüche, 1985; *Johannsen,* Die Beitreibung der Vollstreckungskosten gemäß § 788 ZPO usw, Diss Bochum 1988; *Schimpf* DGVZ **98**, 132 (Üb).

### Gliederung

| | |
|---|---|
| 1) Systematik, I–IV ... 1 | B. Zuständigkeit des Vollstreckungsgerichts, II 1 ... 11 |
| 2) Regelungszweck, I–IV ... 2 | C. Zuständigkeit des Prozeßgerichts nur bei §§ 887–890, II 2 ... 12 |
| 3) Geltungsbereich, I–IV ... 3 | D. Prüfungsumfang ... 13 |
| 4) Kostenhaftung, I, IV ... 4–9 | E. Anwendbarkeitsgrenzen ... 14 |
|   A. Grundsatz: Schuldnerhaftung für notwendige Vollstreckungskosten, I 1, 2 ... 4–6 | 6) Rechtsbehelfe, I ... 15, 16 |
|   B. Weiterer Grundsatz: Gesamtschuldner, I 3 ... 7 |   A. Gläubiger ... 15 |
|   C. Ausnahmen: Billigkeitshaftung des Gläubigers, IV ... 8, 9 |   B. Schuldner ... 16 |
| 5) Beitreibung, II ... 10–14 | 7) Erstattung, III ... 17, 18 |
|   A. Grundsatz: Zulässigkeit eines Festsetzungsbeschlusses, II 1, 2 ... 10 | 8) Beispiele zur Frage des Vorliegens von Kosten der Zwangsvollstreckung, I–IV ... 19–51 |
| | 9) *VwGO* ... 52 |

**1) Systematik, I–IV.** Das Gesetz behandelt die Kosten der Zwangsvollstreckung selbständig nach folgendem Grundsatz: *Den Vollstreckungsschuldner trifft die Schuld,* wenn er es auch noch zur Zwangsvollstreckung kommen läßt, Mü Rpfleger **74**, 320, LG Hann WoM **90**, 398, LG Kassel Rpfleger **85**, 153. Soweit der Schuldner die Kosten nicht tragen muß, sind sie vom Gläubiger zu tragen. Voraussetzung für die Anwendbarkeit des § 788 ist unter anderem der Beginn der Zwangsvollstreckung, Grdz 51 vor § 704, LG Itzehoe MDR **74**, 1024, insofern grundsätzlich richtig auch AG Ehingen DGVZ **81**, 91. Wenn die Zwangsvollstreckung aber begonnen hat, dann gehören auch die Kosten ihrer Vorbereitung zu denjenigen der Zwangsvollstreckung, AG Wiesb DGVZ **97**, 189. Dies ergibt sich aus I 2. § 891 S 3 verweist in seinem Geltungsbereich vorrangig auf §§ 91 ff.

**2) Regelungszweck, I–IV.** Man kann über den in Rn 1 genannten Grundsatz mit seinem versteckten **2** Anscheinsbeweis gegen den Schuldner erheblich streiten. Denn selbst wer es zur Zwangsvollstreckung kommen ließ, mag am weiteren Verlauf zumindest teilweise keinerlei Schuld tragen. Indessen trifft § 788 bei genauer Betrachtung ja durchaus selbst Vorsorge gegen Kostenungerechtigkeiten in diesem Abschnitt: Der Schuldner trägt grundsätzlich nur die jetzt immer noch wirklich „notwendigen" Kosten, und selbst diese können im Rahmen von III vom Gläubiger zu tragen sein. Außerdem enthält II eine den §§ 717, 945 entsprechende Schutzvorschrift. § 788 sollte als Fortführung von § 91 auch im Interesse der Prozeßwirtschaftlichkeit, Rn 4, weder zu energisch noch zu zögernd ausgelegt werden.

**3) Geltungsbereich, I–IV.** Die Vorschrift gilt für alle Vollstreckungskosten mit Ausnahme der in § 891 **3** vorrangig geregelten Fälle, Rn 1. Die Bereiche der Prozeßkosten und der Vollstreckungskosten können sich überschneiden, I 2. Denn die Kosten der Ausfertigung und der Zustellung des Urteils nach § 317 sind ebensogut Prozeßkosten. Natürlich sind die Kosten aber nur einmal zu tragen. Eine Festsetzung auf den Namen des Anwalts nach § 126 ändert die Natur der Kosten nicht und schließt deshalb die Anwendbarkeit des § 788 nicht aus. Kosten „der" Zwangsvollstreckung und Kosten „in der" oder „anläßlich der" Zwangsvollstreckung (§ 57 BRAGO) sind nicht stets identisch, Ffm RR **88**, 239, LG Bln Rpfleger **73**, 443. Der Anspruch auf Erstattung von Vollstreckungskosten aus einem Titel verjährt in 30 Jahren. Lappe MDR **79**, 798 hält I 1 Hs 2 insofern für verfassungswidrig, als er die Kosten der gegenwärtigen Vollstreckung betrifft, aM Christmann DGVZ **85**, 148. Kammermeier DGVZ **90**, 6 empfiehlt die Einbeziehung der Problematik in eine Reform des Vollstreckungsrechts.

## § 788

**8. Buch. Zwangsvollstreckung**

**4** 4) **Kostenhaftung, I, IV.** Zwei einfache Grundsätze haben wichtige Ausnahmen.

**A. Grundsatz: Schuldnerhaftung für notwendige Vollstreckungskosten, I 1, 2**, dazu *Johannsen* DGVZ **89**, 2 (Üb): Wer die Zwangsvollstreckung verursacht hat bzw gegen wen sie durchgeführt worden ist, haftet für die Kosten der Vollstreckung als Schuldner, sog Veranlassungsgrundsatz, Karlsr MDR **94**, 94, Hamm GRUR **94**, 84, LG Stgt Rpfleger **93**, 38. Er haftet nur mit derjenigen Vermögensmasse, in die der Vollstreckungstitel eine Zwangsvollstreckung erlaubt. Der Schuldner trägt nur diejenigen Kosten, die zu einer zweckentsprechenden Rechtsverfolgung des Gläubigers in der Zwangsvollstreckung selbst für einen objektiven Betrachter im Zeitpunkt der Antragstellung notwendig sind, wie bei § 91 Rn 28, Hamm GRUR **94**, 84, LG Wuppert JB **97**, 549, AG Köln DGVZ **99**, 46, aM Zweibr DGVZ **98**, 9, AG Ibbenbüren DGVZ **97**, 94 (je: parteiobjektiver Maßstab); vgl die Erläuterungen zu § 91.

**5** Der Grundsatz der *Prozeßwirtschaftlichkeit*, Grdz 14 vor § 128, zwingt den Gläubiger dazu, die Kosten der Zwangsvollstreckung möglichst niedrig zu halten, § 91 Rn 29, Schlesw SchlHA **83**, 198, LG Bln JB **97**, 107, AG Ibbenbüren DGVZ **88**, 78. Im Festsetzungsverfahren aus § 103 prüft der Rpfl, ob der Gläubiger so vorgegangen ist. Der Rpfl muß diese Prüfung auch dann vornehmen, wenn die Zwangsvollstreckung nur wegen eines Teilbetrags des Vollstreckungstitels stattfindet, LG Darmst Rpfleger **85**, 120, LG Gießen DGVZ **77**, 91, LG Nürnb DGVZ **77**, 94.

**6** Der Gläubiger ist *nicht* dazu verpflichtet, den Schuldner *aufzufordern,* ihn zu belehren, ihn nach einer etwa früher abgegebenen eidesstattlichen Offenbarungsversicherung zu fragen, LG Nürnb-Fürth AnwBl **82**, 122, ihm stets eine Frist zu gewähren, LG Ulm AnwBl **75**, 239; vgl freilich Rn 24 „Frist", § 798. Die Frage, ob Kosten notwendig waren, wird im Kostenfestsetzungsverfahren geklärt, ist aber auch dann, wenn ein solches stattfindet, Mü MDR **73**, 943, Rn 10. § 788 muß im Interesse der Prozeßwirtschaftlichkeit großzügig ausgelegt werden, LG Hbg RR **98**, 1152. Trotzdem muß ein unmittelbarer Zusammenhang (zu diesem Begriff krit KG BB **74**, 1268) zwischen den Kosten und der eigentlichen Zwangsvollstreckung vorhanden sein, um die Kosten nach § 788 anerkennen zu können, Kblz Rpfleger **77**, 67, Mü NJW **70**, 1195, AG Köln DGVZ **99**, 46. Einzelfälle Rn 19 ff.

**7** **B. Weiterer Grundsatz: Gesamtschuldner, I 3.** Die Vorschrift begründet (jetzt, ÜbergangsR vor Rn 1) einen dem § 100 IV 1 (für das Erkenntnisverfahren) entsprechenden weiteren Grundsatz: Wer als Gesamtschuldner in der Hauptsache verurteilt ist, haftet auch wegen der seit 1. 1. 99 entstandenen notwendigen Vollstreckungskosten als Gesamtschuldner. Das braucht im Urteil nicht erklärt zu werden, da diese Haftungsart mangels abweichender richterlicher Kostengrundentscheidung auch für die Vollstreckungskosten kraft Gesetzes entsteht, § 100 Rn 41 ff. Auch wegen der Einzelheiten gilt die für das Erkenntnisverfahren getroffene Regelung des § 100 III, IV entsprechend, wie I 3 Hs 2 klarstellt,l § 100 Rn 45 ff.

**8** **C. Ausnahmen: Billigkeitshaftung des Gläubigers, IV.** In den in IV genannten Fällen hat der Schuldner ebenfalls grundsätzlich die Vollstreckungskosten selbst zu tragen, Karlsr WoM **86**, 147, LG Bln Rpfleger **91**, 219. Dies kann aber zu Unbilligkeiten führen, etwa dann, wenn der Gläubiger eine Vollstreckungsmaßnahme veranlaßt hat, die für ihn erkennbar auch bei Berücksichtigung seiner Interessen für den Schuldner eine Härte bedeutete, die mit den guten Sitten nicht vereinbar war, § 765 a I, LG Hann WoM **90**, 398, LG Itzehoe MDR **90**, 557 (nicht bei bloßer Nachlässigkeit).

**9** Deshalb kann der Rpfl, § 17 S 1 RPflG, Anh § 153 GVG, aus *Billigkeitserwägungen* die Kosten auch dem Gläubiger auferlegen, § 765 a Rn 33. Er hat dieselbe Befugnis in den Fällen der §§ 811 a, 811 b, 813 b, 829, 850 k, 851 a, 851 b. Der Rpfl kann die Kosten auch auf den Gläubiger und den Schuldner verteilen, etwa dann, wenn er Zweifel darüber hat, ob die Vollstreckungsmaßnahme notwendig waren. Die Aufzählung ist abschließend, LG Hann Rpfleger **95**, 372. IV gilt nicht für das Rechtsbehelfs- bzw Rechtsmittelverfahren. Dort sind vielmehr §§ 91 ff anwendbar, zB § 766 Rn 28, BGH RR **89**, 125, aM Karlsr WoM **86**, 147 (zu § 765 a bei einer Schuldnerbeschwerde). Rechtsbehelf: § 11 RPflG, Anh § 153 GVG.

**10** 5) **Beitreibung, II.** Es sind fünf Hauptaspekte zu beachten.

**A. Grundsatz: Zulässigkeit eines Festsetzungsbeschlusses, II 1, 2.** Die Beitreibung geschieht an sich systemwidrig, Johannsen DGVZ **89**, 1, ohne einen besonderen Vollstreckungstitel zusammen mit dem zu vollstreckenden Hauptanspruch (nur mit diesem, BayObLG Rpfleger **98**, 32. Daher ist es auch unschädlich, daß die Vollstreckung auf Grund eines Prozeßvergleichs nach Anh § 307 erfolgt, der ein Urteil aufgehoben hat, Zweibr MDR **89**, 362. Ein Kostenfestsetzungsbeschluß ist grundsätzlich entbehrlich, Zweibr MDR **89**, 362, LG Gött Rpfleger **83**, 498, LG Ulm RR **91**, 191, aM Lappe MDR **79**, 798. Der Gläubiger darf den Festsetzungsbeschluß aber erwirken, II, Zweibr DGVZ **98**, 9. Auch der Schuldner darf einen Kostenfestsetzungsbeschluß erwirken, § 891 Rn 5. Eine Notwendigkeit der Kostenfestsetzung kann ausnahmsweise bestehen, BGH **90**, 210 (Anfechtungsklage), Celle NJW **72**, 1902 (Zwangshypothek), KG DGVZ **91**, 171. Das Gericht prüft nicht, ob eine Zwangsmaßnahme zulässig wäre, Hbg MDR **70**, 335, aM LG Bln JB **76**, 965.

**11** **B. Zuständigkeit des Vollstreckungsgerichts, II 1.** Die Festsetzung dieser Kosten fällt grundsätzlich nach II 1 Hs 1 (jetzt) in die Zuständigkeit des Vollstreckungsgerichts, bei dem zum Zeitpunkt des Eingangs des Antrags eine Vollstreckungshandlung beliebiger Art schon und noch anhängig ist, zu diesem Begriff vgl § 261 Rn 1. Nach der Beendigung der gesamten Zwangsvollstreckung, Grdz 52 vor § 704, ist dasjenige Gericht zuständig, in dessen Bezirk die letzte Vollstreckungshandlung erfolgte, II 1 Hs 2 (so perpetuatio fori). Das Prozeßgericht darf und muß nur noch in den Fällen der §§ 887–890 tätig werden, Rn 12. Die frühere Streitfrage ist erledigt. Das Vollstreckungsgericht bzw Gericht entscheidet durch den Rpfl, § 20 Z 17 RPflG, Anh § 153 GVG, vernünftigerweise auch im Fall II 2. Die örtliche Zuständigkeit ist ausschließlich, §§ 764, 802. Auf das Verfahren des Rpfl sind §§ 103 II 2, 104, 107 anwendbar, II 1. Vgl die dortigen Anm.

**12** **C. Zuständigkeit des Prozeßgerichts nur bei §§ 887–890, II 2.** Für das Kostenfestsetzungsverfahren ist (jetzt) das Prozeßgericht (nur) in den Fällen der §§ 887–890 zuständig. Es entscheidet durch den Rpfl, § 21 Z 7 RPflG, Anh § 153 GVG, denn §§ 103 ff sind auch bei II 2 direkt anwendbar (so ist der sprachlich verunglückte II 1 zu verstehen). Die örtliche Zuständigkeit ist wie sonst für das Erkenntnisverfahren zu ermitteln. Auf das Verfahren sind auch hier eben §§ 103 II 2, 104, 107 anwendbar; vgl die dortigen Anm. Eine Verweisung nach dem Eintritt der (Teil-)Rechtskraft ist unbeachtlich, KG AnwBl **84**, 383. Der Rpfl des Vollstreckungsgerichts ist nur zur Festsetzung der Kosten eines solchen Streits zuständig, den das Vollstreckungsgericht entschieden hat, II 2. Bei § 19 BRAGO bleibt auch insofern der Rpfl des Prozeßgerichts des ersten Rechtszugs zuständig, Hamm Rpfleger **83**, 499, KG AnwBl **77**, 258, aM Mü MDR **85**, 682.

**D. Prüfungsumfang.** Das Vollstreckungsorgan berechnet immer die Kosten der Zwangsvollstreckung. **13** Der Gerichtsvollzieher ist verpflichtet, auch wegen der tatsächlichen Kosten der Zwangsvollstreckung zu vollstrecken, LG Wuppert JB **96**, 606, AG Ludwigsb DGVZ **82**, 15. Er zieht die Kosten auch dann im Weg der Zwangsvollstreckung ein, wenn das Vollstreckungsgericht die Zwangsvollstreckung durchführt. Umgekehrt berücksichtigt das Vollstreckungsgericht in seinem Pfändungsbeschluß nach § 829 auch die Kosten des Gerichtsvollziehers. Das Vollstreckungsorgan prüft eine nicht titulierte Kostenrechnung des Gläubigers und muß unnötige Kosten absetzen, Stgt DGVZ **87**, 139, AG Bad Hersfeld DGVZ **98**, 92, Johannsen DGVZ **90**, 51 (zur Frage der Verrechnung seitens des Gläubigers, ausf). Eine Glaubhaftmachung erfolgt entsprechend § 104 II, LG Darmst Rpfleger **88**, 333.

**E. Anwendbarkeitsgrenzen.** „Zugleich mit dem Anspruch" ist keine Zeitangabe, Ffm DGVZ **82**, 60, **14** KG DGVZ **91**, 171, Behr Rpfleger **81**, 386, sondern bedeutet: ohne besonderen Titel, LG Düss DGVZ **91**, 10, also auch noch nachträglich ohne einen Titel aus § 104, LG Bln Rpfleger **92**, 37 mwN. Es muß aber wirklich zu einer Beitreibung kommen. Darum gilt § 788 auch dann, wenn der Schuldner nach dem Beginn der Zwangsvollstreckung, Grdz 51 vor § 704, freiwillig leistet, KG DGVZ **91**, 171.

Die Vorschrift *gilt aber nicht*, wenn der Schuldner nach einer vorbereitenden Maßnahme leistet, etwa nach der Erwirkung einer Vollstreckungsklausel. Eine freiwillige Leistung muß auch die Kosten der Zwangsvollstreckung decken. Andernfalls muß wegen des Rests vollstreckt werden. Wenn die Zwangsvollstreckung bereits ganz beendet ist, Grdz 52 vor § 704, ist § 788 unanwendbar. Dies gilt insbesondere auch der Aushändigung des Vollstreckungstitels an den Schuldner. Kosten, die der Gläubiger außerhalb des Vollstreckungsverfahrens aufgewendet hat, etwa zwecks Ersatzwohnung, kann er allenfalls nach dem sachlichen Recht im Prozeßweg geltend machen. Vgl aber auch Grdz 62 vor § 704 „Anwartschaft. B. Grundstück".

**6) Rechtsbehelfe, I.** Beim Rpfl gilt vorbehaltlich § 766 das System des § 11 RPflG, vgl § 104 Rn 41 ff. **15** Im übrigen:

**A. Gläubiger.** Der Gläubiger kann dann, wenn der Gerichtsvollzieher Kosten abgesetzt hat, die Erinnerung nach § 766 einlegen, AG Mü DGVZ **82**, 13. Wenn das Vollstreckungsgericht Kosten abgesetzt hat, kann der Gläubiger die sofortige Beschwerde nach §§ 577, 793 I einlegen, LG Nürnb DGVZ **77**, 93. Allerdings ist ein Beschwerdewert von über 200 DM notwendig, § 567 II 1. Denn es handelt sich um eine Kostengrundentscheidung, Üb 35 vor § 91, selbst wenn die „Entscheidung" nach § 788 nur die gesetzliche Kostenfolge feststellt, LG Ffm DGVZ **95**, 47, aM LG Heilbr DGVZ **93**, 155 (es wendet § 567 II 2 an). Eine weitere Beschwerde ist wegen des gegenüber § 793 II vorrangigen § 568 III unstatthaft. Anschlußbeschwerde: § 577 a.

**B. Schuldner.** Der Schuldner kann gegen die ihm auferlegten Kosten nach deren Grund und Betrag **16** Erinnerung einlegen, § 766, aber ausnahmsweise auch gemäß §§ 103 ff, § 21 RPflG, Anh § 153 GVG, wenn der Gläubiger die Kostenfestsetzung beantragt hat, Rn 11, Kblz Rpfleger **75**, 324. Unter Umständen ist auch die Vollstreckungsabwehrklage nach § 767 zulässig, Düss Rpfleger **75**, 355, Hbg MDR **72**, 335, und notwendig, Ffm AnwBl **84**, 214, Stgt Rpfleger **82**, 355. Eine weitere Beschwerde ist unstatthaft, § 568 III, Ffm Rpfleger **76**, 368. Soweit § 788 unanwendbar ist oder soweit die Zwangsvollstreckung bereits beendet ist, Grdz 51 vor § 704, können der Gläubiger nach §§ 103 ff die Kostenfestsetzung beantragen, der Schuldner eine Bereicherungsklage erheben.

**7) Erstattung, III.** Der Gläubiger muß dem Schuldner die Kosten erstatten, soweit der Vollstreckungs- **17** titel abgeändert worden ist oder soweit der nach § 104 ergangene Kostenfestsetzungsbeschluß abgeändert wurde. Es ist unerheblich, ob die Abänderung auf Grund eines Rechtsbehelfs erfolgte, Hbg MDR **79**, 944, ob sie in einem Nachverfahren erfolgte, ob sie auf Grund eines Vergleichs, Anh § 307, § 779 BGB, Celle Rpfleger **83**, 499, LG Köln JB **91**, 600 (s aber auch Rn 47 „Vergleich: Nein"), oder auf Grund einer Klagrücknahme erfolgte, § 269, KG Rpfleger **78**, 150, ob sie im Rahmen eines Arrest oder einer einstweiligen Verfügung auf Grund eines Widerspruchs erfolgte, §§ 924, 936 Rn 4 „Widerspruch". Der bloße Wegfall der Vollstreckbarkeit oder ein erfolgreiches Urteil auf Grund einer Vollstreckungsabwehrklage genügen nicht. Der Erstattungsanspruch ist im Keim bereits mit dem Vollstreckungsauftrag entstanden, Üb 33 vor § 91, obwohl er natürlich von der Entwicklung der Vollstreckung abhängig ist, BGH **LM** § 419 BGB Nr 29.

Der Schuldner kann weiter erstattungsfähige notwendige Kosten der Vollstreckung erstattet fordern, die **18** ihm dadurch entstanden sind, daß er die *Aufhebung* einer Vollstreckungsmaßnahme erreichte, StJM 30, aM insofern zB Düss AnwBl **90**, 172 (aber kostenmäßig entscheidet der Enderfolg). Dies gilt zB für die Kosten einer Einstellungsmaßnahme, §§ 707, 719, 769, auch nach dem ZVG, aM Schlesw JB **91**, 603. Der Schuldner kann diesen Anspruch im Kostenfestsetzungsverfahren geltend machen, Düss Rpfleger **96**, 298. Der Schuldner kann auch nach § 717 II vorgehen, Celle Rpfleger **83**, 499, Mü MDR **99**, 443. Zur Beitreibung der zu erstattenden Kosten ist kein besonderer Titel notwendig; vielmehr genügt die aufhebende Entscheidung. Übrigens erfaßt II nicht nur die Kosten der Zwangsvollstreckung, sondern auch die festgesetzten und mit ihnen beigetriebenen Kosten. Der Erstattungsanspruch für Vollstreckungskosten erfaßt nicht deren Zinsen, § 104 Rn 22.

**8) Beispiele zur Frage des Vorliegens von Kosten der Zwangsvollstreckung, I–IV.** „*Ja*" bedeutet: **19** Es handelt sich um (notwendige und daher erstattungsfähige) Kosten der Zwangsvollstreckung; „*nein*" bedeutet: Die Kosten können nicht als solche der Zwangsvollstreckung anerkannt werden.

**Abschrift:** *Ja* für Abschriften nach § 760, AG Bln-Wedding DGVZ **86**, 78.

**Abtretung:** Kosten der Offenlegung einer Lohnabtretung nein, AG Wuppert DGVZ **94**, 94, jedenfalls dann nicht, wenn die Anzeige von der Erwirkung des Vollstreckungstitels erfolgte, LG Köln (6. ZK) Rpfleger **90**, 182, aM LG Köln (9. ZK) JB **83**, 1038.

**Androhung von Ordnungs- und Zwangsmitteln:** *Ja,* denn die Zwangsvollstreckung beginnt mit ihnen, Bre NJW **71**, 58. Keinesweges ist eine am Ort bisher bestehende Anwaltsübung, für solche Androhung keine Kosten zu berechnen, beachtlich, Hartmann Teil X § 1 BRAGO Rn 7, aM Stgt Rpfleger **84**, 117 (das OLG mißachtet § 1 I BRAGO).

**Androhung der Zwangsvollstreckung:** Rn 6, Rn 48 „Vorzeitige Vollstreckung". 2 Wochen zuwarten reichen nach 2 Instanzen, Kblz Rpfleger **95**, 313. Ist das Urteil in höherer Instanz teilweise zum Nachteil des Gläubigers abgeändert worden, § 717 Rn 4, kann er die bereits entstandenen Vollstreckungskosten aus dem abgeänderten Urteil nur insoweit gegen den Schuldner festsetzen lassen, als sie auf Grund einer Vollstreckung auf der Basis der abgeänderten Entscheidung angefallen wären, Karlsr JB **93**, 25.

**Anlaß zur Vollstreckung:** *Ja,* soweit der Gläubiger einen Anlaß zum Vollstreckungsauftrag hatte, Hbg JB **91**, 1132 (Wegfall des Titels infolge Vergleichs), KG Rpfleger **93**, 292, Kblz AnwBl **88**, 299. Es kommt auch darauf an, wer eine Sicherheit zu leisten hat, Kblz MDR **85**, 943.

**Anschrift:** *Nein* für die Kosten infolge einer falschen Angabe des Gläubigers über die in Wahrheit unveränderte Anschrift des Schuldners, AG Itzehohe DGVZ **80**, 28.

**Antragsrücknahme:** Sie läßt § 788 unberührt, Karlsr Just **77**, 377, LG Hann Rpfleger **95**, 371, LG Itzehoe MDR **90**, 557, aM Oldb JB **91**, 1256, LAG Bre AnwBl **88**, 173 (§§ 91 ff; aber der Schuldner hat es zur Zwangsvollstreckung kommen lassen).

**Anzeige** der bevorstehenden Zwangsvollstreckung gemäß § 882a: *Ja,* Zweibr Rpfleger **73**, 68. *Nein* für Straf- und Ordnungswidrigkeitenanzeigen, auch wenn dadurch der Vollstreckungserfolg gefördert werden soll, AG Ffm DGVZ **86**, 94.

**Arrest, einstweilige Verfügung:** *Ja* für die Kosten der Eintragung einer Vormerkung, Mü AnwBl **98**, 348. *Nein* für die Kosten der Löschung einer Arrestsicherungshypothek nach Arrestaufhebung, Mü MDR **89**, 460, oder eines nach einstweiliger Verfügung im Grundbuch eingetragenen Widerspruchs, Schlesw SchlHA **88**, 171. Im Hauptsacheverfahren *nein* für die Vollzugskosten, KG Rpfleger **77**, 372. S auch Rn 37 „Sequestration".

**Arzt:** Seine Hinzuziehung kann unter § 788 fallen (Falltage), strenger AG Erfurt DGVZ **97**, 47.

**Aufrechnung:** *Nein,* soweit sie ohne weiteres möglich ist, LG Bln JB **97**, 106 (Vorsicht!).

**Auslandskosten:** *Ja* für notwendige, im Ausland entstandene Kosten einer inländischen Vollstreckungsmaßnahme, LG Passau Rpfleger **89**, 342 (abl Ilg).

**Auslandsurteil:** Im Verfahren auf seine Vollstreckbarerklärung wendet Hbg MDR **89**, 553 bei einer „Erledigterklärung" nicht § 91 a, sondern § 788 an.

**Avalkosten:** Rn 39 „Sicherheitsleistung".

20 **Bankbürgschaft:** Rn 39 „Sicherheitsleistung".

21 **Bruttolohn:** Hat der zu seiner Zahlung Verurteilte dem Gläubiger nur Nettolohn gezahlt, kann der Gläubiger keine Lohnabrechnung fordern, AG Köln DGVZ **99**, 46.

**Darlehen:** Rn 38 „Sicherheitsleistung".

**Detektiv:** *Ja,* soweit der Gläubiger zwecks Vorbereitung der Vollstreckung, LG Freibg JB **96**, 383, zB bei der Ermittlung der Schuldneranschrift auf ihn angewiesen war, etwa deshalb, weil Post und Einwohnermeldeamt nicht helfen können, Kblz Rpfleger **96**, 120 (strenge Anforderungen an die Darlegung der Notwendigkeit), LG Bonn WoM **90**, 586, aG Wuppert DGVZ **94**, 94.

*Nein,* soweit der Schuldner nur allgemein überwacht werden soll, Kblz Rpfleger **95**, 120, LG Hann MDR **89**, 364. Freilich ist diese Grenze nur schwer zu ziehen. Nein, soweit der Einsatz sinnlos war, LG Bln Rpfleger **90**, 37.

**Devisengenehmigung** zur Transferierung eines gezahlten Urteilsbetrags: *Nein.*

22 **Drittschuldner,** Kosten eines nicht von vornherein aussichtslosen Rechtsstreits mit ihm anläßlich der Pfändung: *Ja,* § 835 Rn 12, Karlsr MDR **94**, 95, Kblz JB **91**, 602, LG Duisb JB **99**, 102, aM Schlesw JB **92**, 500, Stgt Rpfleger **96**, 117, Schneider VersR **95**, 11. *Ja* für die Kosten der Erklärung gemäß § 840, Hbg AnwBl **80**, 302, Thü JB **91**, 175, aM KG Rpfleger **77**, 178, LG Rottweil RR **39**, 1470, AG Mü AnwBl **81**, 40. *Ja* für die Verwahrungskosten des Gläubigers zur Herausgabe an den Drittschuldner, Stgt Rpfleger **76**, 523. *Ja* für die Vorbereitungskosten, Köln JB **92**, 267, (Klage gegen Drittschuldner).

*Nein* für (Anwalts-)Kosten des Drittschuldners zwecks außergerichtlicher Wahrnehmung seiner Interessen an der Abwicklung des Vertrags, aus dem der Gläubiger einen Anspruch gepfändet hat, BGH NJW **85**, 1156. Nein für einen Erstattungsanspruch gegen den Schuldner, § 840 Rn 14.

**Drittwiderspruchsklage:** *Nein* für die Kosten der Abwehr einer Drittwiderspruchsklage, sofern diese in Wahrheit noch gar nicht erhoben worden ist, Kblz Rpfleger **77**, 67.

S auch Rn 51 ff „Zwangsvollstreckung".

**Durchsuchung:** *Ja* für notwendige Öffnungskosten nach §§ 758, 758 a, AG Bln-Schöneb DGVZ **90**, 14.

23 **Einstweilige Einstellung:** Rn 47 „Vollstreckungsabwehr".

**Eintragung** in das Grundbuch oder Register: *Ja,* wenn die Eintragung unmittelbar der Zwangsvollstreckung dient. Dies gilt zB für die Eintragung einer Zwangshypothek, obwohl das Grundstück nach der Sondervorschrift des § 867 haftet. Es gilt auch für die Eintragung einer Verfügungsbeschränkung in das Staatsschuldbuch und dgl, und für die Eintragung einer Vormerkung auf Grund einer einstweiligen Verfügung, Düss MDR **85**, 770, KG Rpfleger **91**, 433, aM Köln JB **87**, 763, Mü JB **87**, 763.

*Nein,* soweit die Kosten auch bei einer Erfüllung durch den Schuldner entstanden und vom Gläubiger zu tragen gewesen wären, vgl § 897 BGB. Nein bei einer Eintragung aus einem Urteil nach § 894 auf die Bewilligung einer Eintragung oder in einer vorläufig vollstreckbaren Form, § 895. Denn die Eintragung ist keine Vollstreckung, Düss MDR **85**, 770, KG Rpfleger **91**, 433. Nein bei der Eintragung eines

1. Abschnitt. Allgemeine Vorschriften § 788

Widerspruchs oder einer Vormerkung, die durch eine einstweilige Verfügung angeordnet wurden, Mü MDR **74**, 939, aM Düss MDR **85**, 770.
**Erinnerung:** Rn 36 „Rechtsbehelfe".
**Erledigung:** Maßgeblich ist § 788, nicht § 91a, Brschw JB **99**, 47, Düss JB **96**, 235, Karlsr FamRZ **96**, 1490.
**Ersatzvornahme, § 887:** *Ja*, § 887 Rn 8, KG Rpfleger **94**, 31, Mü MDR **98**, 795, Nürnb JB **93**, 240. Das **24** gilt auch für zugehörige notwendige Finanzierungskosten, insofern richtig Düss MDR **84**, 324. Denn die Ermächtigung zur Ersatzvornahme ist bereits ein Teil der Zwangsvollstreckung, § 887 Rn 8 (Ausnahme s dort), Ffm AnwBl **84**, 213, Hamm JB **77**, 1457. Wegen § 888 dort Rn 11.
S auch Rn 38 „Zwangsvollstreckung".
**Exequatur:** Der Erstattungsanspruch des Gläubigers wird, was die Kosten eines Exequaturverfahrens französischen Rechts angeht, nicht durch Regeln französischen Rechts beschränkt, Düss GRUR **90**, 152.
**Frist:** *Nein,* soweit der Schuldner innerhalb der vom Gläubiger gesetzten Frist gezahlt hat. Dazu gehört aber nicht nur die Leistungshandlung, sondern auch der Leistungserfolg; er tritt erst mit dem Eingang auf dem Gläubigerkonto ein, denn erst dann hat der Schuldner erfüllt, AG Aschaffenb DGVZ **85**, 155, AG Gelsenkirchen-Buer DGVZ **83**, 15, aM AG Walsrode DGVZ **89**, 187.
*Nein,* soweit der Schuldner innerhalb einer objektiv angemessenen Frist gezahlt hat, BVerfG NJW **99**, 778, selbst wenn der Gläubiger eine kürzere gesetzt hat, Brschw JB **99**, 47, KG AnwBl **84**, 217. Maßgeblich ist die für die Übermittlung üblicherweise erforderliche Zeitspanne, AG Bochum DGVZ **93**, 175; 3 Wochen sind aber zu lang, Köln RR **93**, 1534, AG Siegburg JB **93**, 30.
**Früherer Vollstreckungsversuch:** *Ja* für die Kosten einer oder mehrerer früherer Vollstreckungsversuche auf Grund desselben Titels.
**Gegenleistung** bei einer Zwangsvollstreckung Zug um Zug: *Ja,* soweit die Kosten diejenigen Kosten **25** übersteigen, die ohne eine Zwangsvollstreckung entstehen würden, Ffm Rpfleger **80**, 29 mwN (die Kosten der Beschaffung und des Transports der Gegenleistung zu dem Austauschort wären aber auch ohne eine Zwangsvollstreckung entstanden, daher bei ihnen nein; aM zum letzteren LG Ulm RR **91**, 191). *Ja* für die Kosten, die der Gläubiger aufwendet, um bei der Zwangsvollstreckung in eine Anwartschaft auf eine Übereignung die Restschuld des Schuldners zu tilgen, Grdz 22 vor § 704. *Ja* für die Kosten eines Vollstreckungsauftrags an den Anwalt, auch wenn die Voraussetzungen der §§ 756, 765 gegenüber dem sachlichrechtlich im Verzug befindlichen Schuldner noch nicht erfüllt sind, KG AnwBl **74**, 186.
*Nein* für ein Privatgutachten des Sachverständigen, der vom Gläubiger und nicht der Gerichtsvollzieher beauftragt hat und das nicht erforderlich war, Köln MDR **86**, 1033.
**Gerichtsvollzieher,** dazu für die *neuen Bundesländer* verfassungsgemäß, vgl BVerfG JB **98**, 256: **26**
EV Anl I Kap III Sachgeb A Abschn III Z 23 a, b. a) Die sich aus den in Kraft gesetzten Vorschriften ergebenden Gebühren ermäßigen sich um 10 vom Hundert. b) Für Gebühren und Auslagen, die vor dem Wirksamwerden des Beitritts fällig geworden sind, gilt das bisherige Recht.

Für *Berlin* gilt (jetzt) folgende Sonderregelung:
EV Anl I Kap III Sachgeb A Abschn IV Z 3 h. ¹Die sich aus den in Kraft gesetzten Vorschriften ergebenden Gebühren ermäßigen sich um 10 vom Hundert, wenn der Kostenschuldner seinen allgemeinen Gerichtsstand in dem Teil des Landes Berlin, in dem das Grundgesetz bisher nicht galt, hat. ²Soweit die notwendigen Kosten der Zwangsvollstreckung wegen der in Satz 1 vorgesehenen Ermäßigung von dem Vollstreckungsschuldner nicht eingezogen werden können, erstreckt sich die Ermäßigung auf den Auftraggeber.

*Ja* für seine Gebühren und Auslagen nach dem GVKostG, soweit seine Hinzuziehung *notwendig* war, LG Münster RR **88**, 128, AG Münster DGVZ **79**, 29, AG Westerburg **90**, 14, etwa beim Verwertungsaufschub nach § 813a oder für die Hinzuziehung eines Schlossers usw, AG Bln-Neukölln DGVZ **79**, 190 und DGVZ **86**, 79, AG Bln-Wedding DGVZ **76**, 91. *Ja* für die Kosten der Hinzuziehung eines Zeugen oder eines Sachverständigen oder für die Kosten der Bereitstellung eines Spediteurs vor einer Räumung, auch wenn sie sich dann erübrigt, LG Kblz DGVZ **93**, 74, AG Montabaur DGVZ **93**, 73, oder für die Kosten der Verwahrung eines Vollstreckungsgegenstands. *Ja,* soweit bei seiner Beauftragung schon deutlich ist, daß der Schuldner beim Fristablauf nicht räumen wird, LG Freibg WoM **87**, 267, selbst wenn noch seine Beschwerde läuft, LG Mü WoM **87**, 268. *Ja,* soweit der Gerichtsvollzieher bei § 766 vom Gericht angewiesen worden ist, LG Wuppert DGVZ **93**, 59.
*Nein,* soweit der Gläubiger vorwerfbar eine falsche Anschrift des Schuldners angab, AG Itzehoe DGVZ **27 80**, 28. *Nein,* soweit der Gerichtsvollzieher die Sache unrichtig behandelt hat, LG Bln DGVZ **82**, 41. *Nein,* soweit die Sozialbehörde einer selbständigen Durchführung der Zwangsvollstreckung den Gerichtsvollzieher gemäß § 66 SGB X beauftragt hat, AG Germersheim Rpfleger **82**, 159. *Nein* für seine verfrühte Einschaltung, zB dann, wenn keine Anhaltspunkte dafür sprechen, der Schuldner werde nicht zahlen, Schlesw SchlHA **83**, 198, oder für unnötig viele Vollstreckungsaufträge, AG Blieskastel DGVZ **98**, 175.
**Getrennte Pfändungen:** Rn 32 „Mehrfache Vollstreckungen".
**Gläubiger:** *Ja* für die Kosten seiner Anwesenheit bei der Zwangsvollstreckung, soweit diese notwendig oder **28** nützlich ist. *Ja* für seine Handlungen kraft einer Ermächtigung, zB nach §§ 887, 936, 928. *Ja,* soweit bei einer Zwangsvollstreckung wegen festgesetzter Kosten nach § 798 vor dem Ablauf der Zweiwochenfrist keine Zahlung des Schuldners eingeht, selbst wenn er sie innerhalb der Wochenfrist abgesandt hatte, LG Itzehoe MDR **74**, 1024, LG Nürnb JB **80**, 463, aM LG Bonn DGVZ **81**, 156, LG Hann JB **91**, 1274 (aber es kommt bei Erfüllung stets auf den Zugang an, und der Gläubiger hat schon lange genug warten müssen).
*Nein* für solche Kosten, die erst dadurch entstehen, daß der Gläubiger nicht sofort seine Gesamtforderung beziffert, AG Wolfratshausen DGVZ **77**, 62, oder daß er im Vollstreckungsauftrag eine unrichtige Schuldneranschrift angibt, AG Augsb DGVZ **94**, 78, oder daß ein Zahlungsversuch des Schuldners am

## § 788

Verhalten des Gläubigers scheitert und der Gläubiger anschließend entstandene Kosten geltend macht, AG Kblz DGVZ **98**, 79 (kein Gläubigerkonto angegeben), AG Siegburg DGVZ **95**, 157. Nein für Kosten einer Besitzeinweisung in das vom Schuldner schon geräumte Objekt, Mü ZMR **85**, 299.

29 **Haftbefehl:** *Nein* für die Kosten eines Pfändungsauftrags, wenn das Gericht gerade erst auf Grund einer Unpfändbarkeitsbescheinigung einen *Haftbefehl* erlassen hatte und wenn keine besonderen Tatsachen vorlagen, aus denen sich der Erwerb neuer Vermögenswerte durch den Schuldner ergeben hätte, LG Heilbr MDR **94**, 951, LG Osnabr DGVZ **98**, 187, AG Heidelbg DGVZ **95**, 95, aM LG Kassel DGVZ **85**, 123, AG Ludwigsb DGVZ **82**, 15. Nein überhaupt bei Zwecklosigkeit einer (zweiten) Vollstreckung, Ffm NJW **78**, 1442, LG Bln MDR **83**, 587, LG Ulm AnwBl **75**, 239.

**Hebegebühr:** Rn 34 „Rechtsanwalt.

**Hinterlegung:** Rn 41 „Sicherheitsleistung".

30 **Inkassobüro:** Man muß die Frage nach den Gesamtumständen des Einzelfalls beantworten, LG Münst MDR **88**, 682. *Ja* nur insoweit, als durch solche Kosten die Kosten der Hinzuziehung eines *RA vermeidbar* wurden, LG Hbg JB **90**, 1291, LG Münst VersR **92**, 766, AG Duisb JB **98**, 608, großzügiger LG Wiesb DGVZ **89**, 13 (es stellt darauf ab, ob der Gläubiger die Kosten für erforderlich halten konnte). Ja allerdings ebenso wie beim Rechtsanwalt, soweit der Inkassounternehmer im Rahmen einer Erlaubnis zur Rechtsberatung tätig wird, Hartmann Teil XII Art IX KostÄndG Rn 8, 9, Lappe Rpfleger **85**, 282.

31 **Insolvenz:** *Nein* wegen eines (aussichtslosen) Insolvenzantrags des Gläubigers nach § 14 InsO, so schon LG Bln MDR **83**, 587.

S auch Rn 36 „Rechtsbehelfe".

**Kostenfestsetzung:** *Nein,* soweit Kosten der Zwangsvollstreckung schon im Kostenfestsetzungsbeschluß mitberücksichtigt worden sind, LG Bad Kreuznach Rpfleger **90**, 313.

32 **Löschungsbewilligung:** Grundsätzlich *ja* für ihre Kosten wegen einer Zwangshypothek, Oldb Rpfleger **83**, 329, aM Ffm JB **81**, 786, Stgt Rpfleger **81**, 158, LG Bln Rpfleger **88**, 547 (aber die Zwangsvollstreckung ist keineswegs mit der Eintragung der Zwangshypothek beendet, Grdz 51 vor § 704, § 867 Rn 13).

S aber auch Rn 19 „Arrest".

**Mehrfache Vollstreckung:** *Nein* für die Kosten einer mehrfachen Zwangsvollstreckung, wenn eine einmalige Vollstreckung ausreichen würde, LG Aschaffenb Rpfleger **74**, 204. Es kommt also auch auf den Zeitablauf und einen etwaigen zwischenzeitlichen Vermögenserwerb an, § 807 Rn 6, LG Heilbr MDR **94**, 951, oder unmittelbar nach einem fruchtlosen Vollstreckungsversuch, Rn 4, LG Osnabr DGVZ **77**, 126, Krauthausen DGVZ **88**, 164.

*Nein* für die Kosten getrennter *Pfändungsanträge,* wenn auch ein Sammelantrag genügt hätte, KG Rpfleger **76**, 327, Zweibr Rpfleger **92**, 272, AG Memmingen Rpfleger **89**, 302.

**Notar:** Soweit er einen Anwalt einschaltet, sind dessen Kosten nur nach den gesamten Umständen des Einzelfalls als Vollstreckungskosten zu beurteilen, aM AG Essen DGVZ **93**, 71 (grds ja), AG Erkelenz DGVZ **93**, 77 (grds nein).

*Nein* beim Nur-Notar bei § 155 KostO, Saarbr DGVZ **89**, 92, aM AG DGVZ **88**, 31, KG MDR **89**, 745, LG Mannh MDR **89**, 746.

**Öffnung:** Rn 22 „Durchsuchung".

33 **Patentanwalt:** § 91 Rn 145 „Patentanwalt".

**Pfändung:** *Ja* grds auch für die Vollstreckungskosten, LG Gött JB **84**, 141, LG Itzehohe MDR **90**, 557 (sogar bei einer Antragsrücknahme, Rn 8, 9), ZöStö 14, aM AG Gießen DGVZ **97**, 63 (bei Verhaftung), Lappe Rpfleger **83**, 248.

**Ratenzahlungsvereinbarung:** Rn 26 „Gerichtsvollzieher, Rn 46 „Vergleich".

**Räumung:** § 885 Rn 24. *Ja* trotz § 765 a, Köln RR **95**, 1163, aM Ffm JB **99**, 44 (gibt dem einlagernden Gläubiger einen Klaganpruch auf Erstattung). Ja vor dem Ablauf der Rechtsmittelfrist gegen eine Zurückweisung des Räumungsschutzantrags, LG Mü WoM **99**, 416.

*Nein* für Maßnahmen vor dem Ablauf einer verlängerbaren Räumungsfrist, LG Freib WoM **84**, 138.

34 **Rechtsansicht:** Bei einer Streitfrage läßt AG Wuppert DGVZ **99**, 44 die Ansicht des AG des Gläubigers ausreichen. Man könnte aber genauso gut die Ansicht des Schuldners zugrundelegen.

**Rechtsanwalt:** *Ja* für die Kosten seiner Tätigkeit in der Zwangsvollstreckung, LG Bln Rpfleger **75**, 373, LG Düss AnwBl **81**, 75, LG Mdb Rpfleger **91**, 218, aM Saarbr Rpfleger **81**, 321. Ja für die Hebegebühr nach § 22 BRAGO, soweit die Einschaltung des Anwalts notwendig war, KG Rpfleger **81**, 410, Mü MDR **98**, 438, Nürnb JB **92**, 107. Es ist eine strenge Prüfung notwendig, Nürnb JB **92**, 107, Hartmann Teil X § 22 BRAGO Rn 19. Ja, soweit der Schuldner freiwillig leistet, AG Ffm DGVZ **95**, 79, Hartmann Teil X § 22 BRAGO Rn 22, aM Düss JB **95**, 50, AG Bln-Neukölln DGVZ **95**, 13, AG Erlangen DGVZ **95**, 15. Ja für die Gebühr eines Hinterlegungsantrags. Ja für diejenigen Kosten, die vor dem Beginn der Zwangsvollstreckung bereits entstanden waren, soweit sie durch die Beschaffung der förmlichen Voraussetzungen für die Zwangsvollstreckung entstanden sind, LG Bonn DGVZ **82**, 186. Ja auch für die Kosten, die zur Vermeidung der Zwangsvollstreckung aufgewendet wurden, vgl Hartmann Teil X § 57 BRAGO Rn 69 ff.

35 *Nein* für eine Zahlungsaufforderung vor dem Zeitpunkt der Zustellung des Vollstreckungstitels, Bbg JB **77**, 505, Düss VersR **81**, 755. Die gleichzeitige Zustellung reicht aber aus, Düss VersR **81**, 737, aM LG Tüb MDR **82**, 327, LAG Ffm BB **99**, 1878. Nein für eine Zahlungsaufforderung vor der Erwirkung der Vollstreckungsklausel, LAG Hamm MDR **84**, 1053. Nein bei verfrühter Tätigkeit, Rn 52. Nein bei § 12 a I 1 ArbGG zB gegen einen Drittschuldner, § 91 Rn 72 „Arbeitsgerichtsverfahren".

36 **Rechtsbehelfe:** *Nein* für die Kosten eines besonderen Rechtsbehelfs wie einer Klage, einer Erinnerung, einer Vollstreckungsbeschwerde, Schlesw SchlHA **77**, 191. Denn in jenen Entscheidungen ergeht wegen des Charakters eines selbständigen Verfahrens, BGH RR **89**, 125, eine besondere Kostenregelung nach §§ 91 ff, § 765 a Rn 33, § 766 Rn 28, BGH RR **89**, 125, Köln ZMR **94**, 325, ZöStö 12, aM ThP 25. Wegen des Beschwerdewerts § 567 II 1, 2 und Anh § 3 Rn 144.

S auch Rn 31 „Insolvenz".

**Rücknahme des Antrags:** Rn 19 „Antragsrücknahme".

## 1. Abschnitt. Allgemeine Vorschriften § 788

**Sammelantrag:** Rn 32 „Mehrfache Vollstreckungen".
**Schaden:** *Ja* für denjenigen Schaden, der dem Gläubiger in Gestalt eines entgangenen Gewinns erwächst, **37** wenn er eigenes Geld hinterlegen mußte, Rn 41 „Sicherheitsleistung". Ja für die Kosten der Auszahlung des hinterlegten Betrags durch den Schuldner an den Gläubiger.
*Nein* für einen Verzugsschaden.
**Scheck:** *Nein* bei einem am Fälligkeitstag übermittelten Scheck, den der Gläubiger erst später einlöst, AG Lampertheim DGVZ **94**, 150.
**Sequestration:** *Ja* für die Kosten einer solchen Maßnahme nach §§ 848, 938, Düss AnwBl **89**, 239, KG Rpfleger **82**, 80, Karlsr DGVZ **93**, 27, aM Hbg MDR **93**, 1023, Schlesw JB **92**, 703. Ja bei Vergütungsvereinbarung im Rahmen des üblichen, Bre DGVZ **99**, 138.
*Nein*, soweit nicht der Sequester, sondern ein Dritter eine Sequestration durchgeführt hat, Kblz Rpfleger **91**, 523. Nein für die Kosten des An- und Abtransports und für die übrigen Kosten einer Verwahrung bzw Verwaltung, die nach einer Herausgabe auf Grund einer einstweiligen Verfügung stattfindet, Hamm JB **97**, 160, Kblz MDR **81**, 855, Schlesw JB **96**, 89, aM Düss AnwBl **89**, 239.
**Sicherheitsleistung:** *Ja*, soweit die Kosten der Sicherheitsleistung mit der Pflicht vereinbar sind, solche **38** Kosten niedrig zu halten, Schneider MDR **74**, 888. Das bedeutet: Ja für die Kosten einer Sicherheit, die der Gläubiger nach dem Urteil beschaffen muß, Kblz OLGZ **90**, 128, aM Düss Rpfleger **81**, 122, Köln JB **95**, 496, Schlesw SchlHA **84**, 134 (wegen der Anwaltskosten bei einer Hinterlegung von Geld).
*Ja* grds (wegen einer Ausnahme s unten) auch für die *laufenden Kosten* einer bereits *beschafften* Bankbürg- **39** schaft, Düss Rpfleger **98**, 438, Hbg MDR **97**, 788 (die Kosten seien unabhängig davon erstattungsfähig, ob die Partei die Zwangsvollstreckung habe einleiten wollen), KG Rpfleger **98**, 442 (Auslands-Rückbürgschaft), Kblz Mü JB **91**, 598 (auch auf Grund eines Versäumnisurteils), aM Hbg MDR **99**, 188, Köln (17. ZS) JB **99**, 272 rechts, Mü MDR **89**, 364.
Die Erstattungsfähigkeit ist *von* einer *Kostenquotelung* der Kostengrundentscheidung *unabhängig*, Düss Rpfleger **84**, 199, Ffm Rpfleger **84**, 199, Kblz VersR OLGZ **93**, 213. Auch die durch anwaltliche Zustellung einer Bürgschaftsurkunde dem Kläger entstehenden Anwaltskosten sind erstattungsfähig, Düss MDR **88**, 784, aM Hbg JB **85**, 784, Kblz MDR **85**, 943.
Das alles gilt *erst recht im Fall des § 769*, Ffm Rpfleger MDR **78**, 233, KG MDR **83**, 495, Schlesw JB **40 93**, 623, aM KG NJW **78**, 1441, ZöStö 5. *Ja* für den Zinsverlust, der dadurch entsteht, daß ein eigenes Kapital verwendet wird, aM Düss Rpfleger **81**, 122, Hamm MDR **82**, 416. Ja grds für die Kosten der Rückgabe der Sicherheitsleistung; ausnahmsweise *nein*, wenn der Gläubiger die Bürgschaftsurkunde vom rückgabepflichtigen Schuldner nicht verzugsbegründend zurückgefordert hat, Stgt JB **96**, 37.
*Nein* für die Kosten einer *Hinterlegung der Bankbürgschaft*, § 108 Rn 15, Kblz Rpfleger **83**, 501, aM Düss **41** GRUR **87**, 576, LG Hanau JB **83**, 383.
*Nein* für die Kosten, die *vor der Zulassung* einer Bürgschaft erwachsen sind, ebensowenig für diejenigen **42** Kosten, die nach einer versehentlich *nachträglichen* Zulassung erwachsen, Ffm NJW **78**, 1442. Nein für die Kosten eines Darlehns, denn es besteht kein unmittelbarer Zusammenhang mit der Zwangsvollstreckung, Bbg JB **77**, 1788, Ffm GRUR **88**, 567, Mü JB **91**, 598. Nein für die Kosten eines Grundpfandrechts, das eingetragen werden muß, damit der Pfandgläubiger eine Bürgschaft leistet, Mü NJW **74**, 957, Schneider MDR **74**, 888. Nein für die Bürgschaftskosten des Bekl, wenn nicht er die Sicherheit zu leisten hat, sondern der Kläger diese erbringen muß, Schlesw JB **78**, 921, oder wenn der ProzBev nach dem Urteil beantragt, die Sicherheitsleistung durch eine Bürgschaft zuzulassen, Hamm Rpfleger **75**, 323. Nein für die Kosten der sog Rückbürgschaft zugunsten einer ausländischen Partei, Hbg JB **90**, 1677. Im Fall der Abänderung oder Aufhebung des Titels zu II anwendbar. Daher stellt sich die Notwendigkeitsfrage nach I dann nicht mehr, Mü MDR **83**, 676, aM Kblz JB **98**, 494.
**Steuerberater:** *Ja*, soweit seine Einschaltung dem Gläubiger als notwendig erscheinen durfte, etwa wegen **43** der Geltendmachung des gepfändeten Anspruchs auf den Lohnsteuerjahresausgleich, LG Dortm JB **90**, 1050, LG Essen JB **85**, 412, LG Heilbr JB **83**, 1570, aM LG Düss DGVZ **91**, 11, LG Gießen DGVZ **94**, 8, Hansens JB **85**, 6, 8 (nur bei besonderen Schwierigkeiten).
S § 91 Rn 205 „Steuerberater".
**Stundung:** *Nein* für die Kosten eines hierauf bezogenen Briefwechsels mit dem Gerichtsvollzieher. Nein für die Kosten einer Vollstreckung, die trotz einer Stundung stattfindet, AG Düss DGVZ **84**, 155.
**Taschenpfändung:** *Nein*, soweit sie nicht sinnvoll war, sei es zeitlich, sei es wegen der großen Höhe der **44** Forderung und daher entstehenden Gebühr nach § 57 BRAGO, LG Paderborn DGVZ **84**, 13, AG Büdingen DGVZ **85**, 78.
**Teilzahlung:** Zur Beurteilung der Notwendigkeit von Kosten nach Teilzahlungen Schilken DGVZ **91**, 1.
**Teilzahlungsvergleich:** Rn 46 „Vergleich".
**Transportkosten:** *Ja* für diejenigen Kosten, die beim Transport einer Sache entstehen, die der Schuldner an den Gläubiger herauszugeben hat, § 883 Rn 6, 7, aM Düss DGVZ **95**, 86 (stellt auf den Vollstreckungstitel ab), Hbg NJW **71**, 387, oder die der Gläubiger bei einer Zug-um-Zug-Leistung ohne sachlichrechtliche Pflicht, LG Köln JB **98**, 552, oder auf einen Wunsch des Schuldners in dessen Herrschaftsbereich zur dortigen Vornahme der geschuldeten Handlung bringt, Ffm MDR **81**, 1025.
**Umsatzsteuer:** § 788 erfaßt nicht die Umsatzsteuer, die der Anwalt des Gläubigers für die Kosten des Vollstreckungsauftrags zu zahlen hat, wenn seine Partei zum Vorsteuerabzug berechtigt ist, AG Obernbg DGVZ **94**, 78.
**Unterlassung:** Rn 51 ff „Zwangsvollstreckung", § 891 Rn 6.
**Unzulässigkeit der Vollstreckung:** *Nein* für Kosten unzulässiger Vollstreckung, Kblz JB **90**, 908.
**Vergleich:** *Ja* für die Kosten der Zwangsvollstreckung aus ihm nur dann, wenn sich aus dem Vergleich **45** ergibt, daß seine Kostenregelung auch diese Art von Kosten umfaßt, Düss Rpfleger **94**, 264, LG Darmst DGVZ **95**, 46, Köln DGVZ **83**, 9. Das ist nicht stets der Fall, wenn der Vergleich nur die Kosten „des Rechtsstreits" erfaßt, § 98 Rn 56 „Zwangsvollstreckung", Karlsr MDR **96**, 971, zB dann nicht, wenn der Vergleich nur die „Kosten der Durchführung" regelt, LG Bln Rpfleger **73**, 184. Ja jedenfalls, soweit der

§ 788      8. Buch. Zwangsvollstreckung

Schuldner im Vergleich ausdrücklich auch die Vergleichsgebühr(en) übernimmt (ratsam, Enders JB **99**, 59). Ja, soweit ein Titel durch nachfolgenden Vergleich kaum geändert wird, Kblz JB **97**, 425.

**46**     *Ja* für die Kosten, insbesondere diejenigen eines Anwalts, wegen eines *Teilzahlungsvergleichs* in der Zwangsvollstreckung, soweit ein solcher Vergleich überhaupt zulässig ist, Grdz 25 vor § 704. Denn auch diese Kosten sind bei einer gebotenen weiten Auslegung notwendig, Rn 12, Zweibr Rpfleger **92**, 408, LG Hbg RR **98**, 1152, AG Darmst DGVZ **99**, 15 (bei Kostenübernahme durch den Schuldner), aM Kblz DGVZ **85**, 169, LG Mü Rpfleger **98**, 531, AG Bln-Charlottenb DGVZ **98**, 175.

**47**     Soweit die Vollstreckung aus einem Urteil erfolgt, sind Vollstreckungskosten aus einem *zweitinstanzlichen Vergleich*, der zu ihnen nichts besagt oder sie eher erhöht bestehen läßt, aus ihm festsetzbar, Bre RR **87**, 1208, Kblz OLGZ **93**, 213. Der Gläubiger braucht auf die nach dem Vergleich bereits fällige Zahlung nicht besonders zu warten, LG Kassel DGVZ **84**, 156.

*Nein* für diejenigen Kosten, die bei der Vollstreckung wegen desjenigen Teils der Klageforderung erwachsen wären, der im Vergleich zugebilligt wurde, aM Mü MDR **99**, 443, LG Köln JB **91**, 600 (es sei so festzusetzen, als ob von vornherein nur aus dem herabgesetzten Titel vollstreckt worden wäre. Aber gerade die letztere war nicht geschehen).

**Vermeidbare Kosten:** *Nein* bei vermeidbar hohen Kosten, LG Lüb DGVZ **86**, 119 (Vollstreckung gegen 20 Gesamtschuldner gleichzeitig), AG Hochheim DGVZ **93**, 31 (Verdachtspfändung bei allen Bauten am Ort).
**Veröffentlichung des Urteils:** *Ja*, wenn die Befugnis zur Veröffentlichung dem Gläubiger zugesprochen worden ist. Denn die Veröffentlichung dient unmittelbar der Zwangsvollstreckung, aM StJM 13.
**Verwertungsaufschub:** Rn 26 „Gerichtsvollzieher".
**Vollstreckungsabwehr:** *Nein* grds für die Kosten zur Abwehr der Vollstreckung, Mü MDR **89**, 460. Nein, soweit nur die Vollstreckbarkeit auf Grund einer Klage nach § 767 entfällt, Düss Rpfleger **93**, 173, bzw für Kosten der vorläufigen Einstellung nach §§ 769, 770, § 767 Rn 47, 48.

**48 Vorbereitungsmaßnahmen:** *Ja* für die Kosten, die man unmittelbar und konkret zur Vorbereitung der Vollstreckung hat, Köln JB **92**, 267 (Klage gegen Drittschuldner), Mü MDR **89**, 460, LG Konst Rpfleger **92**, 365. Ja für die Kosten der Beschaffung der notwendigen öffentlichen oder öffentlich beglaubigten Urkunde. Ja für die Kosten der Ausfertigung und der Zustellung des Urteils, AG Pinnebg DGVZ **78**, 91, falls die Zwangsvollstreckung anschließend beginnt. Ja für die Kosten der Beschaffung der Vollstreckungsklausel, des Rechtskraftzeugnisses und des Notfristzeugnisses. Ja für die Kosten eines Detektivs zwecks Anschriftenermittlung, LG Aachen DGVZ **85**, 114. Ja überhaupt grds für alles, was die Zwangsvollstreckung vorbereiten konnte, vorbereitet hat und notwendig war, aM LG Konst JB **93**, 496, also zB für die Kosten eines Sachverständigen zwecks Ermittlung der voraussichtlichen Höhe eines Vorschusses nach § 887 II, Ffm VersR **83**, 90.

*Nein* für die Einsicht in das Schuldnerverzeichnis, AG Dortm DGVZ **84**, 124, AG Ibbenbüren DGVZ **84**, 125, AG Wesel DGVZ **90**, 77.

S auch Rn 21 „Detektiv".
**Vorläufige Einstellung:** Rn 47 „Vollstreckungsabwehr".
**Vorläufiges Vollstreckbarkeitsverfahren,** § 534: *Nein*. Denn durch dieses Verfahren werden überhaupt erst die Voraussetzungen für die Zwangsvollstreckung geschaffen. Die Kosten dieses Verfahrens betreffen also die Zwangsvollstreckung noch nicht unmittelbar, Hamm MDR **72**, 1043.
**Vornahme einer Handlung:** Die Kosten des Gläubigers, § 887 I, sind (nur) im notwendigen Umfang zu erstatten, § 887 Rn 8.
**Vorpfändung:** *Ja*, wenn zu einer solchen Maßnahme ein berechtigter Anlaß besteht, Hbg MDR **90**, 344, etwa die Besorgnis, leer auszugehen, Ffm MDR **94**, 843, KG Rpfleger **87**, 216, LAG Köln MDR **95**, 423, oder wenn der Schuldner angemessene Zeit zur Zahlung hatte, Schlesw AnwBl **94**, 474, und die Vollstreckung nicht ohnehin überflüssig war, KG VersR **87**, 940, oder wenn sich herausstellt, daß kein Wert mehr vorhanden ist, ohne daß der Gläubiger das vorher wissen konnte. Dann können auch die Kosten der wiederholten Vorpfändung erstattungsfähig sein.

*Nein*, soweit der Gläubiger die Frist des § 845 II verstreichen ließ, LAG Köln JB **93**, 622, oder soweit er nur schneller vorgehen will. LAG Köln MDR **95**, 423.
**Vorzeitige Vollstreckung:** *Nein* evtl sogar unabhängig davon, ob und wann die Vollstreckung beginnen darf, dazu zB § 798 Rn 4, Köln Rpfleger **92**, 464, für die Kosten einer vorzeitigen Vollstreckung, BVerfG NJW **91**, 2758 (6 Wochen gegen die BRep), Köln JB **99**, 272 oben links, LAG Köln BB **95**, 316.

**49 Wartefrist:** *Nein* für solche Kosten, die vor dem Ablauf einer gesetzlichen Wartefrist, zB nach § 750 III, entstanden sind, LG Gött DGVZ **95**, 73.
**Weitere Ausfertigung:** Ja wegen einer nicht notwendigen, weiteren vollstreckbaren Ausfertigung, Mü JB **92**, 431, Zweibr JB **99**, 160, LG Mü JB **99**, 381.
**Widerruf:** *Ja* für Anwaltskosten, aM AG Menden DGVZ **89**, 76.

*Nein* für *Veröffentlichungskosten*, soweit der Vollstreckungstitel keine ausdrückliche Veröffentlichungsbefugnis enthält, Stgt Rpfleger **83**, 175.

**50 Zahlungsaufforderung:** Wegen einer *Zahlungsaufforderung* sollten keine strengeren Voraussetzungen als wegen der Kosten der Zwangsvollstreckung selbst gestellt werden, Düss Rpfleger **77**, 459, Hamm Rpfleger **92**, 315 (Zug-um-Zug-Leistung, Verzug mit der Annahme der Gegenleistung), ArbG Dortm JB **90**, 1521. Immerhin kann zB eine Aufforderung vor, AG Münst DGVZ **94**, 159, oder nur wenige Tage nach der Zustellung der vom Gläubiger erbrachten Bürgschaftsurkunde als Sicherheitsleistung verfrüht sein, Schlesw JB **90**, 923; eine Aufforderung 3 Wochen nach Zustellung ist nicht verfrüht, Nürnb JB **93**, 751; Einzelheiten Hartmann Teil X § 57 BRAGO Rn 62 „Androhung".
**Zahlungsbereitschaft:** *Nein*, soweit der Gläubiger im Zeitpunkt der Erteilung des Vollstreckungsauftrags bereits die Zahlungswilligkeit des Schuldners wegen eines geringen Rests, AG Bergheim DGVZ **83**, 29, oder eine bereits erfolgte Zahlung des Schuldners hätte kennen können, Hbg JB **76**, 1252, AG Hbg Rpfleger **82**, 392, AG Mettmann DGVZ **89**, 75, aM LG Münst RR **88**, 128.
**Zahlungsfrist:** Rn 24 „Frist".

1. Abschnitt. Allgemeine Vorschriften　　　　　　　　　　　　　　　§§ 788–791

**Zeitablauf:** Rn 32 „Mehrfache Vollstreckungen".
**Zinsen:** § 104 Rn 22.
**Zwang gegen den Schuldner,** § 888: *Ja,* Hamm MDR 78, 585.
**Zwangsversteigerung:** *Ja* im Grundsatz, LG Wuppert JB 97, 549.
　*Nein* wegen Verwertungsbemühungen des Ersteigerers der Zwangsversteigerung noch vor der Zuschlagserteilung, Ffm RR 88, 238.
**Zwangsvollstreckung:** S bei den einzelnen Vollstreckungsvorgängen.　　　　　　　　　　51
　S auch Rn 19 „Anzeige", „Auslandsurteil", Rn 21 „Detektiv", Rn 24 „Ersatzvornahme", Exequator", Rn 26 „Gerichtsvollzieher", Rn 31 „Kostenfestsetzung", Rn 33 „Räumung", Rn 34 „Rechtsanwalt", Rn 36 „Rechtsbehelfe, Rn 38 „Sicherheitsleistung", Rn 45 „Vergleich", Rn 48 „Vorpfändung".

　**9) VwGO:** Entsprechend anwendbar, § 167 I VwGO, OVG Kblz DVBl 86, 288, VG Darmstadt NVwZ 88, **52** 962, und zwar auch dann, wenn die VollstrMaßnahme durch gerichtliche Entscheidung zu treffen ist, OVG Münst DÖV 81, 545, OVG Lüneb NJW 71, 2324, str, aM VGH Mannh VBlBW 88, 298, OVG Kblz aaO mwN, ua OVG Saarl NVwZ 82, 254, OVG Münst **KR** § 154 VwGO Nr 9 (krit Noll), so daß bei Erledigung der Hauptsache nicht § 161 II VwGO anzuwenden ist, OVG Münst DÖV 81, 545 mwN. Bei der Vollstreckung nach § 169 VwGO gelten gemäß § 19 VwVG § 337 I AO (entspricht § 788 I) und §§ 338–346 AO und §§ 338–346 AO, dazu OVG Lüneb NdsRpfl 91, 98, OVG Kblz DVBl 86, 288. Für die Gerichtskosten ist das GKG auch bei der Vollstreckung nach § 169 VwGO maßgeblich; die in § 19 I VwVG genannten Vorschriften der AO gelten nicht für gerichtliche Handlungen.

**789** *Einschreiten von Behörden.* Wird zum Zwecke der Vollstreckung das Einschreiten einer Behörde erforderlich, so hat das Gericht die Behörde um ihr Einschreiten zu ersuchen.

　**1) Systematik.** In Ausführung des Art 35 I GG klärt § 789 Zuständigkeit und Form des Ersuchens an **1** eine Verwaltungsbehörde. Demgegenüber sind §§ 156 ff GVG anwendbar, wenn es um ein Ersuchen an ein anderes Gericht geht. Wenn der Gläubiger die Behörde unmittelbar ersuchen darf, greift § 789 nicht ein. Dies gilt zB bei einer eintragung ins Grundbuch.
　**2) Regelungszweck.** Zweck des § 789 ist nicht die unmittelbare Erzwingung des Verwaltungshandelns; **2** sie ist im Verwaltungsrecht geregelt. Wohl aber dient die Vorschrift der Ermöglichung solchen Verwaltungshandelns und ist Ausfluß der Pflicht zur Prozeßförderung auch durch das Gericht.
　**3) Geltungsbereich.** Das Ersuchen an eine Behörde kann zB in den Fällen der §§ 758, 791, aber auch **3** bei §§ 916 ff (etwa: Hilfe der Wasserschutzpolizei beim Seeschiff), notwendig werden.Zuständig ist das Vollstreckungsgericht, §§ 764, 802. Das Prozeßgericht ist nur insoweit zuständig, als es die Vollstreckung selbst leitet, §§ 887 ff, 791.
　**4) VwGO:** Entsprechend anwendbar, § 167 I VwGO, soweit nicht §§ 169 I 2 u 170 I 2 VwGO unmittelbar **4** eingreifen.

**790** *Zwangsvollstreckung gegen Soldaten.* (weggefallen)

**791** *Zwangsvollstreckung im Ausland.* ¹ Soll die Zwangsvollstreckung in einem ausländischen Staate erfolgen, dessen Behörden im Wege der Rechtshilfe die Urteile deutscher Gerichte vollstrecken, so hat auf Antrag des Gläubigers das Prozeßgericht des ersten Rechtszuges die zuständige Behörde des Auslandes um die Zwangsvollstreckung zu ersuchen.

　ᴵᴵ Kann die Vollstreckung durch einen Bundeskonsul erfolgen, so ist das Ersuchen an diesen zu richten.

　**Schrifttum:** *Bauer,* Die Zwangsvollstreckung aus inländischen Schuldtiteln im Ausland, Teil I–II, 1974; *Schütze,* Anerkennung und Vollstreckung deutscher Urteile im Ausland, 1973.

　**1) Systematik, Regelungszweck, I, II.** Grundsätzlich bedarf die Zwangsvollstreckung aus einem **1** inländischen Titel seiner Nachprüfung durch die ausländische Behörde, Mü GRUR 90, 678. Nur wenn ein ausländischer Staat keine eigene Vollstreckungsentscheidung verlangt und wenn ferner der Gläubiger nicht die ausländische Behörde unmittelbar um eine Zwangsvollstreckung ersuchen kann, ist § 791 anwendbar.
　**2) Geltungsbereich, I, II.** Die Vorschrift hat daher ein sehr begrenztes Anwendungsgebiet. Es sind die **2** Staatsverträge zu beachten, namentlich das HZPrÜbk, das HZPrAbk, das HVollstrÜbk betr einen Kindesunterhalt, das deutsch-schweizerische, deutsch-italienische, deutsch-österreichische, deutsch-belgische, deutsch-britische, deutsch-griechische, deutsch-niederländische Abkommen, SchlAnh V. Einzelheiten Matscher ZZP 95, 170. Wegen der Wirkung einer ausländischen Einzel-Zwangsvollstreckung auf ein inländisches Insolvenzverfahren BGH 88, 153.

**3** 3) **Verfahren, I.** Für das Ersuchen ist das Prozeßgericht der ersten Instanz zuständig. In den Fällen des § 25 II WAG ist das AG zuständig. Gegebenenfalls ist das ArbG zuständig. Das jeweilige Gericht hat nur zu prüfen, ob ein vollstreckbarer Titel vorliegt. Rechtsbehelf ist die einfache Beschwerde nach § 567. Denn es liegt noch keine Zwangsvollstreckungsmaßnahme vor, Grdz 51 vor § 704.

**4** 4) **Konsul, II.** II war nur im Bereich der deutschen Konsulargerichtsbarkeit anwendbar. Diese besteht nicht mehr.

**5** 5) **VwGO:** *Unanwendbar,* weil eine Vollstreckung aus Titeln des § 168 VwGO im Wege der Rechtshilfe ausländischer Behörden nicht möglich ist.

## 792 *Urkunden zur Zwangsvollstreckung an Gläubiger.* Bedarf der Gläubiger zum Zwecke der Zwangsvollstreckung eines Erbscheins oder einer anderen Urkunde, die dem Schuldner auf Antrag von einer Behörde, einem Beamten oder einem Notar zu erteilen ist, so kann er die Erteilung an Stelle des Schuldners verlangen.

**1** 1) **Systematik, Regelungszweck.** Der Gläubiger benötigt unter Umständen zur Zwangsvollstreckung einen Erbschein oder eine andere Urkunde. Diese Urkunde wird von einer Behörde, einem Beamten oder Notar dem Schuldner auf dessen Antrag erteilt. In solchen Fällen benötigt der Gläubiger eine Regelung, die ihn nicht vom Willen des Schuldners abhängig macht, denn andernfalls müßte er diesen in einem zweiten Prozeß auf Abgabe der entsprechenden Willenserklärung verklagen und wegen § 894 die Rechtskraft jenes weiteren Urteils abwarten; das wäre ein unzumutbar langer Umweg. Die Vorschrift dient daher sowohl der Gerechtigkeit, Einl III 9, als auch der Prozeßwirtschaftlichkeit, Grdz 14 vor § 128, und sollte entsprechend zugunsten des Gläubigers ausgelegt werden.

**2** 2) **Geltungsbereich.** Vgl zunächst Rn 1. Wenn der Gläubiger allerdings auch auf einem anderen Weg zum Ziel kommen kann, etwa dadurch, daß er sich einen Auszug aus einem Register beschafft, dann ist § 792 unanwendbar, LG Brschw Rpfleger **95,** 306 (Melderegister).

**3** Der Gläubiger kann *an Stelle des Schuldners* beantragen, daß die Urkunde erteilt werde. Der Gläubiger kann auch die Voraussetzungen der Urkundenerteilung erfüllen, also bei einem Antrag auf Erteilung eines Erbscheins, Hamm FamRZ **85,** 1185, die notwendige eidesstattliche Versicherung abgeben, § 2356 BGB. Der Gläubiger muß außer im Falle einer Teilungsversteigerung nach § 181 I ZVG, auf die § 792 sinngemäß anzuwenden ist, LG Essen Rpfleger **86,** 387, einen vollstreckbaren Titel besitzen, Schlesw SchlHA **48,** 226. Er weist sich durch diesen Besitz aus. Dagegen ist eine vollstreckbare Ausfertigung des Titels nicht zu verlangen. Denn § 792 soll ja gerade dem Gläubiger ermöglichen, eine solche Ausfertigung zu erhalten.

Der *Begriff Zwangsvollstreckung* ist hier im weitesten Sinne zu verstehen. Er umfaßt alle vorbereitenden Handlungen. § 792 gilt für alle Arten der Zwangsvollstreckung, vor allem, wenn bei einer grundbuchmäßigen Beziehung der Schuldner nicht als Eigentümer eingetragen ist, zB bei § 17 ZVG, oder bei der Zwangsvollstreckung in eine Hypothek, oder bei der Vollstreckung durch ein Finanzamt, LG Mü FamRZ **98,** 1067. Als Gläubiger und als Schuldner sind wegen § 727 auch die jeweiligen Rechtsnachfolger anzusehen.

**4** 3) **Weiteres Verfahren.** Das Verfahren richtet sich nach dem *FGG,* Hamm FamRZ **85,** 1186. Denn die ZPO weist keine diesbezüglichen Vorschriften auf. Das gilt auch für die Rechtsbehelfe, Hamm FamRZ **85,** 1186. Ein Vermächtnisnehmer kann zB beschwerdeberechtigt sein, BayObLG RR **99,** 446. Die Zulässigkeit der Zwangsvollstreckung ist in diesem Verfahren nicht zu prüfen. Der Gläubiger muß das Nachlaßgericht bei seinen Ermittlungen unterstützen, OVG Münster NJW **76,** 532. Notfalls kann der Gläubiger auch ohne frühere Inhaberhaft an der Urkunde das Aufgebotsverfahren betreiben, LG Ffm Rpfleger **86,** 187.

**5** 4) **VwGO:** *Entsprechend anwendbar,* § 167 I VwGO.

## 793 *Sofortige Beschwerde.* ¹ Gegen Entscheidungen, die im Zwangsvollstreckungsverfahren ohne mündliche Verhandlung ergehen können, findet sofortige Beschwerde statt.

II Hat das Landgericht über die Beschwerde entschieden, so findet, soweit das Gesetz nicht etwas anderes bestimmt, die sofortige weitere Beschwerde statt.

**Schrifttum:** *Gaul,* Das Rechtsbehelfssystem der Zwangsvollstreckung, ZZP **85,** 251; *Kunz,* Erinnerung und Beschwerde usw, 1980; *Lippros,* Grundlagen und System des Vollstreckungsschutzes, 1983; *Neumüller,* Vollstreckungserinnerung, Vollstreckungsbeschwerde und Rechtspflegererinnerung, 1981; *Schultheis,* Rechtsbehelfe bei vollstreckbaren Urkunden, 1994/5.

### Gliederung

| | |
|---|---|
| 1) Systematik, Regelungszweck, I, II .... 1 | E. Mehr als Kostenfrage .............. 4 |
| 2) Geltungsbereich, I ................ 2–7 | F. Fehlen einer Ausschlußvorschrift ...... 4 |
|    A. Wirkliche Entscheidung ............ 2 | G. Sofortige Erinnerung .............. 5–7 |
|    B. Gerichtliche Entscheidung .......... 3 | 3) Verfahren nach richterlicher Entscheidung, I ...................... 8–12 |
|    C. Vollstreckungsverfahren ............ 4 | |
|    D. Entbehrlichkeit einer Verhandlung .... 4 |    A. Einlegungsberechtigung ........... 8, 9 |

1. Abschnitt. Allgemeine Vorschriften § 793

    B. Beschwer .................................. 10
    C. Beschwerdewert bei Kostenentscheidung ..................................... 11
    D. Weitere Einzelfragen ................. 12
    4) **Sofortige weitere Beschwerde, II** ...... 13
    5) *VwGO* ........................................ 14

**1) Systematik, Regelungszweck, I, II.** Die Vorschrift regelt einen Teil der in der Zwangsvollstreckung **1** möglichen Rechtsbehelfe. In ihrem Geltungsbereich, Rn 2–7, hat sie gegenüber §§ 567 ff Vorrang und wird durch § 577 ergänzt. Andere Rechtsbehelfe sind in § 766 (Erinnerung) und in §§ 731, 767 usw (Klagensystem) und § 11 RPflG, Anh § 153 GVG, vorhanden. Die Abgrenzungen sind keineswegs einfach. Man sollte die Auslegung weder formalistisch noch allzu großzügig vornehmen und weder von vornherein so zugunsten der einen Partei noch sogleich so zugunsten der anderen vorgehen.

**2) Geltungsbereich, I.** Es sind zahlreiche Aspekte zu prüfen. **2**
    **A. Wirkliche Entscheidung.** Es muß eine wirkliche Entscheidung vorliegen, Ffm Rpfleger **79**, 29. Diese liegt vor, wenn eine Anhörung der Beteiligten stattgefunden hat, Art 103 I GG, Karlsr FamRZ **84**, 1249, LG Düss Rpfleger **83**, 255, aM LG Frankenth Rpfleger **89**, 273, Jost NJW **90**, 217. Es muß also entweder eine Äußerung eingegangen oder eine angemessene Gelegenheit zur Äußerung gegeben, insbesondere eine Äußerungsfrist abgelaufen sein, LG Ffm Rpfleger **84**, 472, und eine tatsächliche und rechtliche Würdigung vorliegen, LG Frankenth Rpfleger **82**, 231. Auch § 11 RPflG, Anh § 153 GVG, setzt eine wirkliche Entscheidung (des Rpfl) voraus.

Den Gegensatz zu einer Entscheidung bildet ein bloßer *Vollstreckungsakt,* abw Neumüller 92/3 (entscheidend sei, ob das gesetzliche Vorbild des jeweiligen Verfahrenstyps die Gewährung des rechtlichen Gehörs vorsehe), aM Kunz 119. Dieser ergeht *ohne* eine Anhörung des Schuldners, § 766 Rn 3, AG Schorndorf DGVZ **83**, 125. Als bloßer Vollstreckungsakt ist zB grundsätzlich der Pfändungsbeschluß nach § 829 anzusehen. Gegen den bloßen Vollstreckungsakt ist grundsätzlich lediglich die Erinnerung nach § 766 zulässig, § 758 Rn 26, § 761 Rn 7, 8, § 766 Rn 16, 17.

*Wenn aber* ein Vollstreckungsakt *nach* einer *Anhörung* des Schuldners erging, dann ist ausnahmsweise auch schon gegen ihn *sofortige Beschwerde* nach I statthaft, § 766 Rn 8, 31, KG Rpfleger **78**, 334, Nürnb RR **87**, 1483. Der Drittschuldner kann auch nach sofortige Beschwerde einlegen, wenn das Gericht nur den Schuldner angehört hatte, Bbg NJW **78**, 1389, LG Bonn DB **79**, 94. Dies gilt auch dann, wenn der Vollstreckungsakt noch nicht erlassen worden ist, LG Bochum Rpfleger **77**, 178.

Eine prozeßleitende *Verfügung,* Üb 5 vor § 128, oder ein Beweisbeschluß, §§ 358, 358a, eine Terminsbestimmung, § 216, die Anordnung einer mündlichen Verhandlung sind ebenfalls keine Entscheidungen im Sinne des § 793.

    **B. Gerichtliche Entscheidung.** Die Entscheidung muß entweder vom Vollstreckungsgericht, §§ 764, **3** 802, oder vom Prozeßgericht erlassen worden sein, Hamm MDR **88**, 505, aM Hbg FamRZ **90**, 1379. Es reicht auch aus, daß das gesetzlich zugewiesene Gericht entschieden hat, etwa nach dem BauGB, Stgt NJW **70**, 1963. Vgl ferner § 15 AusfG zum deutsch-österreichischen Konkursvertrag v 8. 3. 85, BGBl 535. Wegen der Unzuständigkeit inländischer Gerichte § 4 SeeGVG. Nach einer Entscheidung des Rpfl gelten Rn 5–7, nach einer solchen des Richters Rn 8 ff.

    **C. Vollstreckungsverfahren.** Es muß ein Zwangsvollstreckungsverfahren vorliegen. Dieses Verfahren **4** muß bereits begonnen haben. Eine Entscheidung, die vor dem Beginn der Zwangsvollstreckung ergangen ist, Grdz 51 vor § 704, ermöglicht allenfalls eine einfache Beschwerde nach § 567. Zu den letzteren Entscheidungen gehört zB diejenige über die Art und Höhe einer Sicherheitsleistung, § 108 Rn 19 ff, oder diejenige im Klauselerteilungsverfahren, §§ 724 ff, Münzberg Rpfleger **91**, 210. Dagegen ist eine gerichtliche Strafandrohung bereits der Beginn der Zwangsvollstreckung. Eine Entscheidung nach § 721 II–VI kann vor oder nach dem Beginn der Zwangsvollstreckung liegen; das erwähnt Mü ZMR **93**, 78 nicht klar.

    **D. Entbehrlichkeit einer Verhandlung.** Es muß eine Entscheidung vorliegen, die keine mündliche Verhandlung erforderte; ob eine freigestellte, § 128 Rn 10, stattgefunden hat, ist unerheblich.

    **E. Mehr als Kostenfrage.** Unzulässig ist eine sofortige Beschwerde, die sich nur gegen die Kosten einer gerichtlichen Entscheidung richtet, § 99 I.

    **F. Fehlen einer Ausschlußvorschrift.** Es darf keine gesetzlich bestimmte Unanfechtbarkeit vorliegen, etwa nach § 707 II, Karlsr MDR **83**, 943.

    **G. Sofortige Erinnerung.** Da im allgemeinen der Rpfl des Vollstreckungsgerichts entscheidet (Ausnahmen sind in § 20 Z 17 a–c RPflG, Anh § 153 GVG, angeführt, vgl auch § 764 Rn 5), ist zunächst regelmäßig die sofortige Erinnerung binnen 2 Wochen seit der Zustellung der angefochtenen Entscheidung statthaft, § 11 II 1 RPflG, soweit gegen eine vom Richter erlassene Entscheidung kein Rechtsmittel wegen Rn 10–12 im Einzelfall nicht gegeben wäre; § 104 Rn 69 ff. Das Rechtsmittel ist grundsätzlich bei dem Gericht des Rpfl einzulegen, Stgt MDR **76**, 852. In einem dringenden Fall, § 569 Rn 2, darf die sofortige Erinnerung nach §§ 11 II 4 RPflG, 569 I Hs 2 (den letzteren übersehen LG Augsb NJW **71**, 2316, LG Mönchenglb MDR **73**, 592) auch bei dem nächsthöheren Gericht eingelegt werden.

Der Rpfl kann und muß daher ggf einer sofortigen Erinnerung nach Rn 5 gemäß § 11 II 2 RPflG **6** abhelfen und legt sie andernfalls seinem Richter zur abschließenden Entscheidung vor, § 11 II 3 RPflG, § 104 Rn 69 ff.

Die sofortige Erinnerung nach Rn 5, 6 hat *keine aufschiebende Wirkung.* Eine Aussetzung der Vollziehung **7** ist allenfalls gemäß § 572 II, III, § 11 II 4 RPflG zulässig. Die Beendigung der Zwangsvollstreckung, Grdz 52 vor § 704, macht eine Beschwerde grundsätzlich gegenstandslos, läßt aber evtl einen Bereicherungsanspruch usw nach § 812 ff BGB bestehen. Wegen der Rechtsbehelfe gegen eine Eintragung im Grundbuch in der Zwangsvollstreckung § 867 Rn 18, 19. Eine sofortige Erinnerung nach Rn 5, 6 ist neben einer Erinnerung nach § 766 nur bedingt dann statthaft, wenn eine Entscheidung in der Zwangsvollstreckung ohne ein beiderseitiges Gehör ergangen ist, § 766 Rn 8 (grundsätzlich ist in den richtigen Rechtsbehelf umzudeuten). Vgl im übrigen bei den einzelnen Vorschriften.

**8** **3) Verfahren nach richterlicher Entscheidung, I.** Es sind vier Hauptfragen zu klären.
**A. Einlegungsberechtigung.** Zur sofortigen Beschwerde gilt:
Der *Gläubiger* ist unter der Voraussetzung Rn 10 berechtigt. Der *Schuldner* ist unter der Voraussetzung Rn 10 berechtigt. Ein *Dritter* ist berechtigt, soweit die angefochtene Entscheidung seine Interessen beeinträchtigt, Ffm BB **76**, 1147. Dies kann zB dann der Fall sein, wenn der Drittschuldner sich gegen die Pfändung einer Forderung wendet, Bbg NJW **78**, 1389, LG Münst MDR **90**, 932.

**9** Der *Gerichtsvollzieher* ist berechtigt, soweit seine eigenen Belange verletzt sind, KG DGVZ **78**, 112, LG Wetzlar DGVZ **95**, 127, StJM 4, aM LG Ffm DGVZ **93**, 75, LG Wiesb DGVZ **90**, 13, AG Königstein DGVZ **93**, 74. Die persönlichen Interessen des Gerichtsvollziehers sind nicht schon dann verletzt, wenn er nur als Vollstreckungsorgan betroffen wird, LG Düss NJW **79**, 1990.

**10** **B. Beschwer.** Stets muß eine Beschwer vorliegen, Grdz 3 vor § 511.

**11** **C. Beschwerdewert bei Kostenentscheidung.** Gegen eine Entscheidung über die Verpflichtung, die Prozeßkosten zu tragen, ist eine Beschwerde nur dann zulässig, wenn der Wert des Beschwerdegegenstands 200 DM übersteigt, § 567 II 1. Das gilt auch im Vollstreckungsverfahren für eine Kostengrundentscheidung, zum Begriff § 91 Rn 4, über Vollstreckungskosten, etwa nach § 788. Gegen andere Entscheidungen über Kosten ist die Beschwerde nur zulässig, wenn der Wert des Beschwerdegegenstands 100 DM übersteigt, § 567 II 2. Das gilt auch bei Vollstreckungskosten nach § 788.

**12** **D. Weitere Einzelfragen.** Dagegen ist es nicht erforderlich, daß ein Gesuch zurückgewiesen worden war; I ist ein Sonderfall gegenüber § 567 I, s auch dort. Es besteht kein Anwaltszwang, wenn in der ersten Instanz kein Anwaltsprozeß vorgelegen hatte usw, § 78 Rn 1, § 569 II 2. Anwaltszwang besteht aber dann, wenn das Beschwerdegericht eine mündliche Verhandlung anordnet. Das Beschwerdegericht muß den Beschwerdegegner vor einer ihm nachteiligen Entscheidung stets anhören, Art 103 I GG, BVerfG **34**, 346. Über die Kosten ist nach §§ 91 ff, nicht nach § 788, zu entscheiden, da es sich um ein selbständiges Rechtsmittelverfahren handelt, § 788 Rn 9, BGH RR **89**, 125 (für § 793 unbestritten). I ist auch gemäß § 45 III WEG anwendbar, BayObLG **88**, 441 (zuständig ist dann das BayObLG), Ffm OLGZ **80**, 163. Wegen des EuGVÜ SchlAnh V C 1, 2.

**13** **4) Sofortige weitere Beschwerde, II.** Eine weitere Beschwerde ist immer eine sofortige Beschwerde im Sinn von §§ 577, 793. Sie darf mangels ausdrücklicher gesetzlicher Bestimmung nicht stattfinden, § 568 II 1. Eine solche Zulassung gibt § 284 VIII AO. Sie ist in Abweichung von § 568 II 1 nach § 793 II zumindest ab Beginn der Zwangsvollstreckung, Grdz 51 vor § 704, grundsätzlich statthaft, soweit das LG als Beschwerdegericht entschieden hat, Düss WoM **98**, 608, KG MDR **98**, 1117, Köln WoM **92**, 637, aM BayObLG WoM **99**, 359, Hbg WoM **95**, 586, Köln FamRZ **96**, 301 (auch nicht wegen greifbarer Gesetzwidrigkeit. Aber Rechtsmißbrauch wird auch in der Zwangsvollstreckung nicht geschützt).
„Etwas anderes bestimmen" zB §§ 30 b III 2, 74 a V 3 Hs 2 ZVG. § 568 II 2 ist anwendbar, Bbg DGVZ **98**, 76. Die sofortige weitere Beschwerde darf ferner nicht schon wegen der Kosten der Zwangsvollstreckung im Sinn von § 788 eingelegt werden, § 568 III, Ffm Rpfleger **76**, 368, Köln DGVZ **89**, 40. Eine Beschwer ist ohnehin stets weitere Voraussetzung, Stgt DGVZ **99**, 76.
*Gegen* eine Entscheidung des *OLG* ist eine Beschwerde ohnehin *unzulässig*, § 567 IV 1.

**14** **5) VwGO:** *Entsprechend anzuwenden,* § 167 I VwGO, zB bei Ablehnung eines VollstrAntrages, § 169 I 2 VwGO, VGH Mannh NVwZ **93**, 73, oder iRv § 766, VGH Kassel NVwZ-RR **98**, 77, oder nach §§ 758, 758 a, VGH Mannh Just **98**, 133. An die Stelle der sofortigen Beschwerde tritt die ebenfalls befristete, aber Abhilfe zulassende Beschwerde der §§ 146 ff VwGO, VGH Kassel zu VGH Mannh aaO (kein Anwaltszwang), RedOe § 167 Anm 5, Kopp § 167 Rn 2. Beschränkung der Beschwerde in § 146 III VwGO, vollständiger Ausschluß in Sondergesetzen, s § 732 Rn 11, § 252 Rn 7.

# 794

*Weitere Vollstreckungstitel.* ¹ Die Zwangsvollstreckung findet ferner statt:
1. aus Vergleichen, die zwischen den Parteien oder zwischen einer Partei und einem Dritten zur Beilegung des Rechtsstreits seinem ganzen Umfang nach oder in betreff eines Teiles des Streitgegenstandes vor einem deutschen Gericht oder vor einer durch die Landesjustizverwaltung eingerichteten oder anerkannten Gütestelle abgeschlossen sind, sowie aus Vergleichen, die gemäß § 118 Abs. 1 Satz 3 und § 492 Abs. 3 zu richterlichem Protokoll genommen sind;
2. aus Kostenfestsetzungsbeschlüssen;
2 a. aus Beschlüssen, die in einem vereinfachten Verfahren über den Unterhalt Minderjähriger den Unterhalt festsetzen, einen Unterhaltstitel abändern oder den Antrag zurückweisen;
2 b. (aufgehoben).
3. aus Entscheidungen, gegen die das Rechtsmittel der Beschwerde stattfindet; dies gilt nicht für Entscheidungen nach § 620 Satz 1 Nr. 1, 3 und § 620 b in Verbindung mit § 620 Satz 1 Nr. 1, 3;
3 a. aus einstweiligen Anordnungen nach den §§ 127 a, 620 Satz 1 Nr. 4 bis 9, §§ 621 f, 644;
4. aus Vollstreckungsbescheiden;
4 a. aus Entscheidungen, die Schiedssprüche für vollstreckbar erklären, sofern die Entscheidungen rechtskräftig oder für vorläufig vollstreckbar erklärt sind;
4 b. aus Beschlüssen nach § 796 b oder § 796 c;

## 1. Abschnitt. Allgemeine Vorschriften § 794

5. aus Urkunden, die von einem deutschen Gericht oder von einem deutschen Notar innerhalb der Grenzen seiner Amtsbefugnisse in der vorgeschriebenen Form aufgenommen sind, sofern die Urkunde über einen Anspruch errichtet ist, der einer vergleichsweisen Regelung zugänglich, nicht auf Abgabe einer Willenserklärung gerichtet ist und nicht den Bestand eines Mietverhältnisses über Wohnraum betrifft, und der Schuldner sich in der Urkunde wegen des zu bezeichnenden Anspruchs der sofortigen Zwangsvollstreckung unterworfen hat.

II Soweit nach den Vorschriften der §§ 737, 743, des § 745 Abs. 2 und des § 748 Abs. 2 die Verurteilung eines Beteiligten zur Duldung der Zwangsvollstreckung erforderlich ist, wird sie dadurch ersetzt, daß der Beteiligte in einer nach Absatz 1 Nr. 5 aufgenommenen Urkunde die sofortige Zwangsvollstreckung in die seinem Rechte unterworfenen Gegenstände bewilligt.

**Vorbem.** I Z 2 a zunächst idF Art 6 Z 52 a, b KindRG v 16. 12. 97, BGBl 2942, in Kraft seit 1. 7. 98, Art 17 § 1 KindRG; sodann I Z 2 a nochmals neugefaßt, I Z 2 b aufgehoben, I Z 3 a geändert dch Art 3 Z 11 a–c KindUG v 6. 4. 98, BGBl 666, in Kraft seit 1. 7. 98, Art 8 I 2 KindUG, ÜbergangsR Art 5 KindUG; I Z 4 a, b idF Art 1 Z 2, SchiedsVfG v 22. 12. 97, BGBl 3224, in Kraft seit 1. 1. 98, Art 5 I SchiedsVfG, Übergangsrecht Art 4 § 1 SchiedsVfG; I Z 5 idF Art 1 Z 12 der 2. ZwVNov v 17. 12. 97, BGBl 3039, in Kraft seit 1. 1. 99, Art 4 I der 2. ZwVNov. Übergangsrechtlich bestimmt insoweit

**2. ZwVNov Art 3.** IV § 794 Abs. 1 Nr. 5 der Zivilprozeßordnung ist in seiner bisherigen Fassung anzuwenden, wenn die Urkunde vor dem Inkrafttreten dieses Gesetzes errichtet wurde.

**Schrifttum:** *Dux,* Teilvollstreckung von Grundschulden, insbesondere die unwiderrufliche Vollmacht zur Unterwerfung unter die sofortige Zwangsvollstreckung, Diss Bonn 1992.

### Gliederung

| | |
|---|---|
| 1) Systematik, I, II ............... 1 | 10) Für vollstreckbar erklärter Anwaltsvergleich, I Z 4 b ............... 20 |
| 2) Regelungszweck, I, II ............ 2 | 11) Vollstreckbare Urkunde, I Z 5 ..... 21–42 |
| 3) Prozeßvergleich, I Z 1 ............ 3–11 |    A. Form ............... 21 |
|    A. Begriff ............... 3, 4 |    B. Anspruchsart ............... 22 |
|    B. Beispiele zur Frage einer Bestimmtheit des Prozeßvergleiches, I Z 1 ............... 5, 6 |    C. Anspruchsbestimmtheit ............... 23 |
|    C. Vollstreckbarkeit: Wie beim Urteil; nach ihrer Abwehrklage ............... 7 |    D. Beispiele zur Frage einer Anspruchsbestimmtheit, I Z 5 ............... 24–35 |
|    D. Wirksamkeit des Vergleichs ............ 8 |    E. Unterwerfungsklausel: Ausdrücklichkeit; Eindeutigkeit ............... 36 |
|    E. Auswirkung auf Dritte ............ 9–11 |    F. Beispiele zur Frage einer Wirksamkeit der Unterwerfung, I Z 5 ............... 37–40 |
| 4) Kostenfestsetzungsbeschluß, I Z 2 .... 12 |    G. Abänderbarkeit ............... 41 |
| 5) Unterhaltsfestsetzungsbeschluß, I Z 2 a ............... 13, 14 |    H. Vollstreckbare Ausfertigung ............ 42 |
| 6) Beschwerdefähige Entscheidung, einstweilige Regelung von Sorgerecht oder Kindesherausgabe, I Z 3 ...... 15, 16 | 12) Bewilligung der Zwangsvollstreckung, II ............... 43, 44 |
|    A. Grundsatz: Anfechtbar oder rechtskräftig ............... 15 |    A. Notwendigkeit eines Duldungstitels .. 43 |
|    B. Ausnahmen ............... 16 |    B. Umfang der Zwangsvollstreckung .... 44 |
| 7) Einstweilige Anordnung, I Z 3 a ...... 17 | 13) Beispiele weiterer bundes- und landesrechtlicher Vollstreckungstitel .... 45–59 |
| 8) Vollstreckungsbescheid, I Z 4 ........ 18 | 14) Ausländischer Vollstreckungstitel ..... 60 |
| 9) Für vollstreckbar erklärter Schiedsspruch, I Z 4 a ............... 19 | 15) *VwGO* ............... 61 |

**1) Systematik, I, II.** § 794 ist sehr unvollständig. Die Vorschrift zählt in Ergänzung des § 704 lediglich **1** einige andere Vollstreckungstitel als die Endurteile auf. Über weitere bundesgesetzliche Vollstreckungstitel Rn 45 ff. Ergänzend gelten §§ 796 a–c; I Z 5 ist mit § 796 a II inhaltlich gleich.

**2) Regelungszweck, I, II.** Die Vorschrift dient sowohl der Rechtssicherheit, Einl III 43, als auch der **2** Prozeßwirtschaftlichkeit, Grdz 14 vor § 128: Hat der Gläubiger einen anderen vollstreckbaren Titel als ein Urteil in Händen, dann ist eine Leistungsklage über denselben Anspruch wegen des Fehlens eines Rechtsschutzbedürfnisses unzulässig, Grdz 33 vor § 253. Dies gilt um so mehr, als eine doppelter Vollstreckungstitel eine Gefahr für den Schuldner bedeutet, die das Gesetz vermeiden will, § 733. Die Leistungsklage wird erst dann zulässig, wenn der Schuldner eine sachlichrechtliche Einwendung erhebt. Denn in einem solchen Fall muß der Gläubiger mit einer Vollstreckungsabwehrklage nach § 767 rechnen, Hamm NJW **76**, 246. Das alles ist bei der Auslegung des § 794 mitzubeachten. Wegen einer Ausnahme bei der einstweiligen Verfügung auf eine wiederkehrende Leistung § 940 Rn 42 „Rente".

**3) Prozeßvergleich, I Z 1** **3**

**Schrifttum:** Vgl die Angaben im Anh nach § 307.

**A. Begriff.** Vgl zunächst grundsätzlich Anh § 307. Die in Z 1 genannten Vergleiche (dazu gehört auch ein Vergleich im Arrestverfahren und im Verfahren auf den Erlaß einer einstweiligen Verfügung, wo man jeweils wirksam auch einen die Hauptsache betreffenden Vergleich abschließen kann, oder ein Vergleich im Prozeßkostenhilfeverfahren, § 118 I 3, oder im selbständigen Beweisverfahren, § 492 III) haben gemeinsam, daß sie einen Prozeß oder ein Verfahren durch eine Vereinbarung beenden bzw im Keim ersticken und daß sie vor einem deutschen Gericht oder in einer Z 1 näher gekennzeichneten Gütestelle abgeschlossen worden sind. Man nennt sie gerichtlichen Vergleich oder Prozeßvergleich, Anh § 307 Rn 1. Sie sind Vollstreckungstitel nach §§ 794 I Z 1, 795, BSG FamRZ **97**, 1405. § 797 gilt für sie nicht. Ein Vergleich kann auch

§ 794                                         8. Buch. Zwangsvollstreckung

in der Zwangsvollstreckung zustande kommen, ferner im Zwangsversteigerungsverfahren oder im Verfahren vor der Kammer für Baulandsachen, Mü MDR **76**, 150, oder vor dem BPatG, auch wenn sie eine nicht vor das Gericht gehörige Sache mitumfassen, BPatG GRUR **96**, 402. Soweit ein Prozeßvergleich vor dem LG oder vor einem höheren Gericht abgeschlossen wird, ist seine Wirksamkeit als Prozeßvergleich davon abhängig, daß alle Beteiligten anwaltlich vertreten waren. Andernfalls ist jedenfalls kein vollstreckbarer Prozeßvergleich entstanden, Anh § 307 Rn 26. BayObLG MDR **97**, 1031 wendet auf einen Vergleich vor Gericht im FGG-Verfahren Z 1 nicht an. Es reicht aber „ein deutsches Gericht" und ein „Rechtsstreit", BayObLG WoM **99**, 359 (WEG-Gebühr).

**4**    *Gütestellen,* dazu *Morasch,* Schieds- und Schlichtungsstellen in der Bundesrepublik, 1984; *Preibisch,* Außergerichtliche Vorverfahren in Streitigkeiten der Zivilgerichtsbarkeit, 1982: Solche Stellen sind die durch die Landesjustizverwaltungen eingerichteten oder anerkannten Stellen, zB bei der Sozialverwaltung Hbg (Öffentliche Rechtsauskunfts- und Vergleichsstelle), VO v 4. 2. 46, HbgVOBl 13, BGH 123, 340, Hbg FamRZ **84**, 69, GebO v 2. 1. 50, VOBl 82, ferner für Lübeck, AV LJM v 4. 8. 49, SchlHA 276, und 17. 12. 52, SchlHA **53**, 9, ferner für München, Traunstein, Würzburg, Bek v 31. 7. 84, BayJMBl 146, dazu Bethke DRiZ **94**, 16. Vgl auch Anh § 307 Rn 17.
     *Gebühren* in Güteverfahren: § 65 I Z 1, II BRAGO. Zu den Schiedsstellen in den neuen Bundesländern Luther DtZ **91**, 17, Müller DtZ **92**, 18.
     Der Inhalt eines solchen Vergleichs muß aus sich heraus für eine Auslegung *genügend bestimmt* sein, Grdz 18 vor § 704, Kblz OLGZ **76**, 380, Rn 22 ff (zu I Z 5).

**B. Beispiele zur Frage einer Bestimmtheit des Prozeßvergleiches, I Z 1**

**5**    **Anspruchselement:** Rn 6 „Zwischenvergleich".
     **Auslegung:** Maßgeblich ist nur der Vergleich, nicht eine Äußerung des Richters usw, Stgt Rpfleger **97**, 446.
     **Außergerichtlicher Vergleich:** Er reicht grds nicht aus, da er kein Vollstreckungstitel ist, Mü Rpfleger **90**, 136; wegen eines für vollstreckbar erklärten Anwaltsvergleichs Rn 10.
     **BAföG:** Nicht ausreichend ist die Bezugnahme auf einen BAföG-Bescheid, Karlsr OLGZ **84**, 342.
     **Bezugnahme:** S beim Gegenstand der Bezugnahme.
     **Gegenleistung:** Auch sie muß genügend bestimmt sein, BVerfG NJW **97**, 2168.
     **Gutachten:** Nicht ausreichend ist unter Umständen die Bezugnahme auf ein Gutachten, selbst wenn es allen Beteiligten bekannt ist und wenn es sich in den Gerichtsakten befindet, Hamm NJW **74**, 652, erst recht nicht auf ein erst noch von den Parteien zu beschaffendes, selbst wenn es verständlich sein soll. Es liegt dann bisher nur eine derartige Feststellung vor, sodaß man nach der Vorlage des Gutachtens notfalls neu auf seiner Basis klagen muß, Stgt RR **99**, 791.
     **Höchstpension:** Nicht ausreichend ist die Bezugnahme auf eine „jeweilige Höchstpension".
     **Index:** Ausreichend ist die Bezugnahme auf einen Index des Statistischen Bundesamtes, LG Lüneb DGVZ **93**, 173, aM AG Winsen/L DGVZ **93**, 173.
     **Mehrheit von Gläubigern:** Ausreichen kann ein Titel auf eine einheitliche Summe, etwa von Unterhalt, zugunsten mehrerer Gläubiger, Oldb FamRZ **90**, 900 (sehr großzügig!).
     S auch Rn 6 „Unterhalt".

**6**    **Nettolohn:** Nicht ausreichend ist die Bezugnahme auf einen „jeweiligen Nettolohn", Brschw FamRZ **79**, 929.
     **Räumung:** Es reicht, daß man die Lage ohne Grundbuchauszug ermitteln kann, zB durch Grundbuchbezeichnung (Gemarkung, Buch, Blatt und Flurstück-Nr), Mü DGVZ **99**, 56.
     **Rentenbemessung:** Ausreichend ist die Bezugnahme auf eine im BGBl verkündete Rentenbemessungsgrundlage, Brschw FamRZ **79**, 929.
     **Tabelle:** Nicht ausreichend ist die Bezugnahme auf die „jeweilige Tabelle", LG Düss DGVZ **81**, 93.
     **Übereinstimmungserklärung:** Ausreichen kann die Formulierung „Die Parteien sind sich darüber einig, daß ...", je nach dem Inhalt der folgenden Erklärung, aM LG Bonn WoM **89**, 586 (zu eng).
     **Vorlesung, Genehmigung:** Nicht ausreichend ist es, wenn der Prozeßvergleich nicht ordnungsgemäß vorgelesen und genehmigt worden ist, §§ 160 III Z 1, 162 I 1, Köln FamRZ **94**, 2048.
     **Unterhalt:** Nicht ausreichend ist die Anerkennung einer der Höhe nach offenen Unterhaltspflicht, Hamm FamRZ **88**, 1308.
     S auch Rn 5 „Mehrheit von Gläubigern".
     **Zahlungsverpflichtung:** Nicht ausreichend ist die bloße Verpflichtung, „die Forderung der Klägerin zu zahlen", Oldb Rpfleger **85**, 448.
     **Zwischenvergleich:** Nicht ausreichend ist ein Zwischenvergleich über einzelne Anspruchselemente.

**7**    **C. Vollstreckbarkeit. Wie beim Urteil; nach diesem Abwehrklage.** Die Vollstreckbarkeit ist notwendig, BPatG GRUR **96**, 402, und ebenso wie beim Urteil zu beurteilen, Anh § 307 Rn 35, BGH Rpfleger **91**, 261. Dies gilt, soweit das Fehlen einer inneren Rechtskraftwirkung, Einf 2 vor §§ 322–327, Einschränkungen nach sich zieht. Eine vergleichsweise Verpflichtung zur Abgabe einer Willenserklärung ersetzt nicht ein Urteil nach § 894. Vielmehr ist die Erklärung in dem Vergleich selbst abzugeben oder nach § 887 zu erzwingen, aM Kblz OLGZ **76**, 381 (es sei § 888 anwendbar). Das entsprechende gilt dann, wenn in einem Vergleich die Zulässigkeit einer Vertragsstrafe vereinbart worden ist, LG Bln Rpfleger **78**, 32.
     Der Prozeßvergleich *beseitigt* ohne weiteres ein noch nicht nach § 322 rechtskräftiges *Urteil,* Hamm MDR **77**, 56, Schlesw JB **75**, 1502. Der Prozeßvergleich kann aber weder eine Vollstreckbarkeit allein noch eine Vollstreckbarkeit des rechtskräftigen Urteils als solche beseitigen, § 775 Rn 7, 8, Hamm NJW **88**, 1988. Die Parteien können freilich auf einen Anspruch oder auf die Vollstreckbarkeit dieses Anspruchs verzichtet haben. Dies muß der Schuldner aber durch eine Vollstreckungsabwehrklage nach § 767 geltend machen. Das übersieht BGH **LM** § 767 Nr 37 (er verneint ein Rechtsschutzbedürfnis). Dieses kann freilich fehlen, sofern der Weg Anh § 307 Rn 37 möglich ist, Zweibr OLGZ **70**, 185). Die Vollstreckungsabwehrklage nach § 767

1. Abschnitt. Allgemeine Vorschriften § 794

ist auch dann zu erheben, wenn die Parteien über die Auslegung eines unstreitig wirksam gewordenen Prozeßvergleichs streiten, Grdz 25 vor § 704, Hamm FamRZ **78**, 524, Oldb FamRZ **91**, 721.

**D. Wirksamkeit des Vergleichs.** Die Vollstreckbarkeit setzt voraus, daß ein Vergleich wirksam zustande **8** gekommen ist, Anh § 307 Rn 15 ff, LG Bln Rpfleger **88**, 110. Deshalb ist zB ein Vergleich über Fragen der Erziehung von Kindern nicht vollstreckbar. Freilich beeinträchtigt ein Streit, ob der formell wirksame Vergleich sachlichrechtlich wirksam sei, auch § 307 Rn 36, die Vollstreckbarkeit bis zur Entscheidung über die Wirksamkeit nicht, insbesondere nicht im Verfahren nach § 724, Ffm MDR **95**, 201, aM Sauer/ Meiendresch Rpfleger **97**, 289 (aber das überfordert den Rpfl). Wegen der Vollstreckbarkeit einer vermögensrechtlichen Vereinbarung in einem Vergleich während einer Ehesache § 617 Rn 4 und Düss FamRZ **88**, 312. Die Kostenregelung über ein Scheidungsverfahren nach altem Recht im Wege eines Vergleichs vor dem Zeitpunkt des Erlasses des Scheidungsurteils ist kein Vollstreckungstitel. Wohl aber liegt ein Vollstreckungstitel vor, wenn die Parteien über die Kosten des Scheidungsverfahrens in einem Vergleich nach der Verkündung des Scheidungsurteils nach § 311, aber vor dessen Rechtskraft nach § 322 Einigkeit erzielt haben, Mü MDR **76**, 406. Dies gilt auch für die Kosten des Vergleichs selbst, Mü NJW **73**, 2303. Wenn die Parteien in einem Vergleich ein Ordnungsmittel nach § 890 als angedroht vereinbaren, ist diese Regelung unwirksam, § 890 Rn 7. Die Parteien müssen vielmehr Zwecks solcher Vereinbarung eine Vertragsstrafe vorsehen.

**E. Auswirkung auf Dritte.** Der Vergleich zieht keine Rechtskraftwirkung nach sich, § 322 Rn 69 **9** „Vergleich". Er ist auch gegen denjenigen Dritten vollstreckbar, der sich in ihm verpflichtet. Dieser Dritte muß aber seiner Person und seiner Wohnung nach in einer Weise angegeben werden, die den Anforderungen des § 750 entspricht, Hbg FamRZ **82**, 322. Zugunsten eines nach dem Vergleich berechtigten Dritten, § 328 BGB, kann die davon mitbegünstigte Prozeßpartei vollstrecken, KG NJW **83**, 2032, AG Bonn Rpfleger **97**, 225, während der Dritte, der nicht beigetreten ist, nicht vollstrecken kann.

Denn man kann *nicht durch* einen privatrechtlichen *Vollstreckungsvertrag*, Grdz 24 vor § 704, dem Dritten **10** ohne dessen Eintreten in den Formen einer anwaltlichen Vertretung, soweit sie die Verfahrensart erfordert, Anh § 307 Rn 26, die prozeßrechtliche Stellung einer Partei verschaffen, zum letzteren auch BGH **86**, 147, also auch nicht die Stellung einer Partei im Zwangsvollstreckungsverfahren, BGH FamRZ **80**, 342, Köln Rpfleger **85**, 305, Oldb FamRZ **91**, 720. Vgl freilich § 1629 II 2, III BGB, § 323 Rn 16.

Zur Lage des Elternteils *nach* dem *Erlöschen seiner Prozeßstandschaft*, Grdz 26 vor § 50, gilt dasselbe, KG **11** FamRZ **84**, 505, LG Düss Rpfleger **85**, 497, aM Hbg FamRZ **85**, 625 Schlesw FamRZ **90**, 189 (nach einem Urteil), AG Oldb DGVZ **88**, 126. Etwas anderes gilt natürlich sachlichrechtlich sowie dann, wenn der Dritte, sei es auch rechtsfehlerhaft, einen auf ihn lautenden Vollstreckungstitel aus der Vereinbarung erhalten hat, Ffm FamRZ **83**, 756.

**4) Kostenfestsetzungsbeschluß, I Z 2** **12**

**Schrifttum:** Vgl bei Rn 21.

Dieser Beschluß ist in Z 2 genannt, weil er nicht einer Beschwerde unterliegt, Z 3, OVG Münster NJW **86**, 1191, sondern mit der *Erinnerung* nach § 766 angreifbar ist. Ob die zugehörige Kostengrundentscheidung im Sinn von Üb 35 vor § 91 überhaupt existiert, muß das Vollstreckungsgericht im Zweifel von Amts wegen klären, Grdz 38 vor § 128, KG NJW **73**, 2116. Eine Einstellung der Zwangsvollstreckung aus der Kostengrundentscheidung bewirkt wegen der Abhängigkeit der Kostenfestsetzung von der Kostengrundentscheidung, Einf 8 vor §§ 103–107, ohne weiteres auch die Einstellung der Zwangsvollstreckung aus dem Kostenfestsetzungsbeschluß, Stgt Rpfleger **88**, 39. Zur Klarstellung ist ein Hinweis darauf in ihm aufzunehmen, ähnlich wie bei Sicherheitsleistung nach § 108 als Voraussetzung der Vollstreckbarkeit und bei vollstreckungsbeschränkenden Vergleichsabreden usw, Stgt Rpfleger **88**, 39. Eine Abtretung nur dem Grunde nach oder Sicherungsabtretung an den ProzBev hindert den Gläubiger nicht an der Vollstreckung im eigenen Namen, BGH NJW **88**, 3205, LG Itzehoe AnwBl **89**, 164. Der Zwangsgeldbeschluß nach § 888 gehört nicht hierher, LG Kiel DGVZ **83**, 156.

**5) Unterhaltsfestsetzungs-, Abänderungsbeschluß und Zurückweisung, I Z 2 a.** Es handelt sich **13** um einen Beschluß gemäß § 1615 f BGB, § 645 ff auf Festsetzung im Vereinfachten Verfahren, auf Abänderung der Festsetzung oder auf Zurückweisung eines solchen Antrags. Die Zwangsvollstreckung erfolgt allein aus dem zusprechenden Beschluß, nicht in Verbindung mit dem Urteil aus §§ 653 ff.

Bei einer *Abänderung* gilt: Dem Bestimmtheitserfordernis, Grdz 18 vor § 704, genügt die Angabe des **14** Prozentsatzes der jeweils gültigen Anpassungsverordnung. Diese Verordnung muß jeweils im Beschluß bezeichnet werden.

**6) Beschwerdefähige Entscheidung, einstweilige Regelung von Sorgerecht oder Kindesheraus-** **15** **gabe, I Z 3.** Ein Grundsatz hat Ausnahmen.

**A. Grundsatz: Anfechtbar oder rechtskräftig.** Unter diese Vorschrift fällt grundsätzlich jede Entscheidung, die mit einer einfachen oder sofortigen Beschwerde nach §§ 567 ff, 577, 793 anfechtbar ist oder derart beschwerdefähig wäre, wenn sie in der ersten Instanz ergangen wäre. Hierunter fällt also auch zB: Ein Kostenausspruch nach § 269 III 3–5, dort Rn 43, eine Entscheidung nach § 494 A II 1; eine Entscheidung des OLG, zB nach Verwerfungsbeschluß, § 519 b, LG Stgt NJW **73**, 1050; ein Zwangsgeldbeschluß nach § 888, AG Arnsbg DGVZ **94**, 79. Ferner zählen hierin alle diejenigen Entscheidungen, die im Zeitpunkt ihres Wirksamwerdens rechtskräftig sind. Zum Begriff der Vollstreckbarkeit Grdz 28 vor § 704. Die aufschiebende Wirkung der Beschwerde hindert zwar die Durchführung der Zwangsvollstreckung, hindert aber nicht die Erteilung der vollstreckbaren Ausfertigung, Grdz 51 vor § 704.

**B. Ausnahmen.** Keinen Vollstreckungstitel bilden ausnahmsweise die Entscheidungen des Familienge- **16** richts über eine einstweilige Anordnung wegen der elterlichen Sorge für ein gemeinschaftliches Kind, § 620 I 1 Z 1, oder wegen der Herausgabe des Kindes an den anderen Elternteil, § 621 I 1 Z 3, und zwar auch

## § 794

8. Buch. Zwangsvollstreckung

nicht im Fall der Aufhebung oder Änderung der jeweiligen Entscheidung, § 620 b in Verbindung mit § 621 I 1 Z 1, 3.

**17** **7) Einstweilige Anordnung, I Z 3 a.** Erfaßt werden Anordnungen gemäß §§ 127 a, 620 Z 4–9, auch nach der Beendigung des Prozesses und unabhängig von seiner Kostenentscheidung, BGH **94**, 323, aber nur solche Anordnungen, auf die das *FGG* anwendbar ist, LG Ravensb FamRZ **78**, 911, aM Hbg FamRZ **79**, 1046, Mü FamRZ **79**, 1047 (betr § 620 a), Oldb FamRZ **78**, 911; wegen der Kindesherausgabe Rn 16 und § 883 Rn 14.

**18** **8) Vollstreckungsbescheid, I Z 4.** Vgl §§ 699 ff, 796.

**19** **9) Für vollstreckbar erklärter Schiedsspruch, I Z 4 a.** Notwendig ist, daß der Schiedsspruch für vollstreckbar erklärt worden ist, §§ 1060, 1061, Köln NJW **97**, 1452.

**20** **10) Für vollstreckbar erklärter Anwaltsvergleich, I Z 4 b.** Für einen nach § 796 a I geschlossenen sog Anwaltsvergleich, Vergleich mit Unterwerfungsklausel, und für einen beim Notar in Verwahrung genommenen derartigen Vergleich, § 796 c I 1, gilt Z 4 b. Ferner ist § 797 II–V entsprechend für den Vergleich nach § 796 c VI anwendbar, § 797 Rn 12. Z 4 a gilt evtl auch beim Räumungsvergleich, Münch NJW **93**, 1183.

**21** **11) Vollstreckbare Urkunde, I Z 5**

**Schrifttum:** *Lentner,* Die vollstreckbare Urkunde im europäischen Rechtsverkehr, 1997; *Bellinger,* Die Bezugnahme in notariellen Urkunden, 1987; *Gaul,* Vollstreckbare Urkunde und vollstreckbarer Anspruch, Festschrift für *Lüke* (1997) 81; *Kopp,* Die vollstreckbare Urkunde usw, Diss Bonn 1994; *Münch,* Vollstreckbare Urkunde und prozessualer Anspruch, 1989; *Sauer,* Bestimmtheit und Bestimmbarkeit im Hinblick auf die vollstreckbare notarielle Urkunde, 1986; *Schultheis,* Rechtsbehelfe bei vollstreckbaren Urkunden, 1996 (Bespr *Wolfsteiner* DNotZ **99**, 92); *Wolfsteiner,* Die vollstreckbare Urkunde, 1978; *Wolfsteiner* DNotZ **99**, 306 (Üb).

**A. Form.** Die Urkunde muß durch ein deutsches Gericht oder einen deutschen Notar errichtet worden sein, BGH **138**, 361, BVerwG JZ **96**, 100. Ausreichend ist auch die Errichtung durch den Rpfl im Rahmen der gesetzlichen Ermächtigung. Gericht, Rpfl, Notar müssen in den Grenzen ihrer Amtsbefugnisse und in der vorgeschriebenen Form nach dem BeurkG gehandelt haben, BGH **138**, 361. Die Urkunde darf zB – abgesehen von Schreibfehlern – auch nicht allseits einverständlich nachträglich „berichtigt" worden sein, Hamm Rpfleger **88**, 197. Zur gerichtlichen Zuständigkeit § 62 BeurkG. Auch bestimmte deutsche Konsuln sind zuständig, §§ 16 KonsG, 57 I Z 1 BeurkG, VGH Mü NJW **83**, 1992. Wegen einer im Ausland erteilten Vollmacht usw Winkler NJW **72**, 988. Das Prozeßgericht ist als solches nicht zuständig. Ein protokollierter Prozeßvergleich ist aber wirksam. Denn er ersetzt jede andere Form, Anh § 307 Rn 34. So genügt auch eine Anlage zum Protokoll der Urkundsperson zusammen mit einer ausreichend beurkundeten Unterwerfung. Eine öffentliche Beglaubigung der Unterwerfungserklärung reicht grundsätzlich nicht aus. Einzelheiten bei Haegele Rpfleger **75**, 157. Über den Anwaltsvergleich Rn 20. Eine ausländische vollstreckbare Urkunde reicht nicht aus, BGH **138**, 362.

**22** **B. Anspruchsart.** Der Vergleichsgegenstand ist (jetzt) nur noch von der Vergleichsfähigkeit im Sinn von Anh § 307 Rn 8, 9 abhängig, also davon, daß die Parteien über ihn verfügen können, Grdz 18 von § 128. Er ist also keineswegs mehr auf die in § 592 genannten Ansprüche beschränkt. Ausreichend ist zB ein Anspruch gegen den Bauträger auf seine Vertragsleistung. Er darf allerdings wegen § 894 nicht in der Abgabe einer Willenserklärung bestehen und auch nicht in dem Bestand eines Mietverhältnisses über Wohnraum betreffen, Hs 2. Insofern ähnelt I Z 5 dem § 796 a II, dort Rn 11. Diese Ausnahmen sind eng auszulegen. „Bestand eines Mietverhältnisses über Wohnraum" ist wie bei § 23 Z 2 a Hs 2 GVG zu beurteilen, dort Rn 6; dazu gehört zB auch ein Anspruch nach §§ 556 a–c BGB, nicht aber zB ein Anspruch auf Mietzins.

**23** **C. Anspruchsbestimmtheit.** Der Anspruch muß im Sinn von §§ 253 II Z 2, 313 I Z 4 vollstreckbar bestimmt sein, BGH MDR **97**, 776, Stürner/Münch JZ **87**, 182. Eine bloße Bestimmbarkeit genügt nicht, BGH NJW **80**, 1051, LG Saarbr DGVZ **97**, 29. Eine Auslegung ist nur in engen Grenzen zulässig, Rn 5, 6 (zu I Z 1), Ffm ZMR **87**, 177, Köln VersR **93**, 1505.

**24** **D. Beispiele zur Frage einer Anspruchsbestimmtheit, I Z 5**

**Abhängigkeit, § 726:** Ausreichend ist ein Anspruch, dessen Höhe man später nach § 726 errechnen kann, KG OLGZ **83**, 213.

**Austausch:** Der Gläubiger kann seinen Anspruch nur mit Zustimmung des Schuldners gegen einen weiteren austauschen. Er kann dann zB statt einer Kaufpreisforderung einen Schadensersatzanspruch geltend machen, BGH NJW **80**, 1051.

**Bankrecht:** Nicht ausreichend ist die bloße Bezugnahme auf einen Kontoauszug, LG Köln JB **76**, 255.

S auch „Berechenbarkeit".

**Bedingung:** Der Anspruch darf befristet, betagt, bedingt und zukünftig sein, wenn er nur bestimmt ist, BGH DNotZ **90**, 552, Hamm BB **91**, 865, KG OLGZ **83**, 216. Das gilt auch für den Verzicht auf Fälligkeit in AGB, Geimer DNotZ **96**, 1055. Zur Verbindung eines bedingten und eines unbedingten Anspruchs bei einem Höchstzinssatz BGH **88**, 65.

**Berechenbarkeit:** Ausreichend ist ein Anspruch, der sich aus den Unterlagen, die zur Urkunde gehören (in ihr enthalten sind oder als ihre Anlage ausgewiesen sind) mühelos errechnen läßt, BGH NJW **95**, 1162, Düss DNotZ **88**, 244, Opalka NJW **91**, 1796 (ausf).

*Nicht* ausreichend sind zB: Ein zwar an sich beziffterter, dennoch von unbezifferten Umständen (Einkommen) des Gläubigers im Ergebnis abhängiger Betrag, Zweibr FamRZ **99**, 33 links; ein Anspruch auf eine Rente „in Höhe der jeweiligen Höchstpension", BGH MDR **96**, 1065.

S auch Rn 23 „Abhängigkeit, § 726", Rn 24 „Bankrecht", Rn 34 „Wertsicherungsklausel".

**Beweislast:** Nach der Erfüllung der Hauptschuld muß der Gläubiger für eine Vollstreckungsklage den Grund und die Höhe der Zinsforderung beweisen, BayObLG DNotZ **76**, 367.

S auch Rn 35 „Zinsen".

**Bezifferung:** Sie reicht aus, BGH MDR **96**, 1065.
**Bezugnahme:** Sie reicht aus, wenn die in Bezug genommene Urkunde zB beim Prozeßvergleich dem Protokoll nach § 160 V beigefügt ist, Zweibr Rpfleger **92**, 441, oder wenn die Berechnung mit Hilfe offenkundiger, insbesondere aus dem Grundbuch ersichtlicher, Daten möglich ist, BGH NJW **95**, 1162 (krit Münch DNotZ **95**, 749).
**Erbrecht:** Die Urkunde darf eine Verpflichtung zur Herausgabe eines Nachlasses im Weg der Zwangsvollstreckung enthalten, § 1990 BGB. 25
**Fälligkeit:** Rn 24 „Bedingung". 26
**Gegenleistung:** Auch sie muß genügend bestimmt sein, BVerfG NJW **97**, 2168.
**Grundbuch:** Rn 31 „Offenkundigkeit".
**Höchstbetragshypothek:** Nicht ausreichend ist der Fall, daß es um eine Höchstbetragshypothek geht, 27 § 1190 BGB. Sie läßt eine Unterwerfung hinsichtlich des Höchstbetrags nämlich nicht zu, BGB **88**, 65. Wohl aber läßt sie eine Unterwerfungsklausel wegen eines Teilbetrags zu, der im Rahmen der Höchstbetragshypothek bereits feststeht, Ffm Rpfleger **77**, 220, Hornung NJW **91**, 1651. Es genügt andererseits auch nicht, wenn eine Höchstgrenze für die Unterwerfung bloß genannt wird. Vielmehr muß auch eine Unterwerfung in dieser Höhe stattfinden, und zwar mit der Möglichkeit für den Schuldner, nach §§ 767, 795 geltend zu machen, daß seine Schuld diese Summe nicht erreicht; zum Problem Hornung NJW **91**, 1651.
**Index:** Die Anknüpfung an einen amtlichen Index, zB bei einem gleitenden Erbbauzins an den Lebens- 28 kostenindex, reicht aus, Düss NJW **71**, 437, LG Düss DGVZ **96**, 28, AG Darmst DGVZ **80**, 173, aM ThP 51. Freilich kann § 3 WährG die Unwirksamkeit herbeiführen, § 134 BGB; das Vollstreckungsorgan braucht sie aber nicht von Amts wegen zu prüfen. Voraussetzung ist in solchem Fall jedoch, daß der maßgebende der amtlichen Indices auch hier – wie stets – eindeutig feststeht, AG Darmst DGVZ **80**, 174, Geitner/Pulte Rpfleger **80**, 94, und mühelos zugänglich ist, Karlsr OLGZ **91**, 229.
Nicht ausreichend ist zB die Bezugnahme auf eine Statistik, die zwei verschiedene Preisindices nennt, AG Darmst DGVZ **80**, 174.
S auch Rn 24 „Berechenbarkeit", Rn 34 „Wertsicherungsklausel".
**Kaufpreis:** Die Unterwerfung erfaßt auch den zugehörigen Schadensersatzanspruch, aM Hamm RR **96**, 1024.
**Kontoauszug:** Rn 24 „Bankrecht". 29
**Kostenübernahme:** Ausreichend ist es, wenn der Schuldner nicht errechnete Prozeßkosten bei einer immerhin ziffernmäßig bestimmten Hauptforderung übernommen hat.
**Miete:** Nicht ausreichend ist nach einer Unterwerfung wegen der Miete, ihrer Erhöhung und der Kaution 30 ein bloßer Entschädigungsanspruch nach § 557 I BGB, Ffm ZMR **87**, 177.
**Nebenleistung:** Nicht ausreichend ist die bloße Bezeichnung „Nebenleistungen", BGH MDR **79**, 916. 31
**Nettogehalt:** Rn 33 „Unterhalt".
**Offenkundigkeit:** Ausreichend ist es, wenn die Berechnung mit Hilfe offenkundiger, insbesondere aus dem Grundbuch ersichtlicher, Daten möglich ist, BGH DB **95**, 467 (großzügig).
**Rente:** Rn 24 „Berechenbarkeit".
**Teilbetrag:** Rn 27 „Höchstbetragshypothek". 32
**Unterhalt:** Nicht ausreichend ist ein Unterhalt „nach dem Nettogehalt", selbst wenn dessen derzeitige 33 Höhe genannt ist, LG Bln Rpfleger **74**, 29, Grdz 18, 19 vor § 704; nicht ausreichend ist ein Unterhalt „abzüglich des jeweiligen hälftigen staatlichen Kindergelds", Ffm FamRZ **81**, 70; nicht ausreichend ist die bloße Bezugnahme auf die „Düsseldorfer Tabelle" (zu solchen Tabellen § 323 Rn 38), Kblz FamRZ **87**, 1291; nicht ausreichend ist eine einheitliche Unterhaltspauschale für mehrere Begünstigte ohne eine Aufschlüsselung auf sie, Zweibr FamRZ **86**, 1237.
**Währungsrecht:** Ausreichend ist eine Geldforderung in ausländischer Währung, § 253 Rn 31, auch zu den 34 Grenzen.
S auch Rn 28 „Index", Rn 34 „Wertsicherungsklausel".
**Wertsicherungsklausel:** Ein Bezug auf sie, etwa bei einer Rente, reicht aus, wenn die Berechnungsfaktoren eindeutig bestimmt worden sind und wenn diese Faktoren auch allgemein und alsbald ohne besondere Mühe zugänglich sind, Brschw FamRZ **79**, 929, Stürner/Münch JZ **87**, 182, ZöStö 26, aM Jauernig ZwV § 1 VI 1, Pohlmann NJW **73**, 200, ThP 51. Notfalls wird die Vollstreckungsklausel nur auf einen bezifferten Betrag beschränkt, LG Essen NJW **72**, 2050.
S auch Rn 24 „Berechenbarkeit".
**Zinsen:** Ausreichend sind Zinsen „bis zu x%", BGH DB **71**, 381, aM Stgt Rpfleger **83**, 6. Ausreichend ist 35 ihre Anknüpfung an den Diskontsatz (sie können dann auch in festgelegter Weise über oder unter ihm liegen), Düss Rpfleger **77**, 67, Geitner/Pulte Rpfleger **80**, 93. Ausreichend ist die Formulierung „Zinsen... seit der Eintragung", Stgt Rpfleger **73**, 222.
*Nicht* ausreichend sind „Zinsen seit der Auszahlung" (es fehlt ihr Datum), Haegele Rpfleger **75**, 158, oder seit einer „Mitteilung des Baufortschritts durch den Bauherrn", Düss OLGZ **80**, 340, oder auf Bruchteile des Kaufpreises ab Eintritt eines bestimmten, im Kaufvertrag jeweils aufgeführten Bautenstandes, Hamm DNotZ **92**, 662 (im Ergebnis zustm Reithmann), oder seit Räumung nebst Notarbestätigung, Düss DNotZ **88**, 245 (abl Reithmann), oder Zinsen ohne Angabe des Zinslaufbeginns, LG Aachen Rpfleger **91**, 16.
S auch Rn 24 „Beweislast", Rn 28 „Index".

**E. Unterwerfungsklausel: Ausdrücklichkeit; Eindeutigkeit.** Der Schuldner muß sich in der Ur- 36 kunde der sofortigen Zwangsvollstreckung unterworfen haben, Bbg FamRZ **87**, 857. Eine Formularklausel ist nicht grundsätzlich unzulässig, BGH **99**, 282, Hamm DNotZ **93**, 244. Die Urkunde braucht nicht den Wortlaut des Gesetzes zu wiederholen. Sie muß aber eine Unterwerfung des Schuldners eindeutig und ausdrücklich aussprechen. Der davon zu unterscheidende Schuldgrund der Unterwerfung, BGH MDR **97**,

776, braucht nicht angegeben worden zu sein, BGH **73**, 156, Nieder NJW **84**, 332. Die Unterwerfung ist (nur) eine prozessuale Willenserklärung. BGH KTS NJW **85**, 2423, Hamm DNotZ **93**, 245, Zawar Festschrift für Lüke (1997) 996.

**37** **F. Beispiele zur Frage einer Wirksamkeit der Unterwerfung, I Z 5**
**Auslegung:** Man muß die Unterwerfungsklage wegen der zwingenden Form streng nach dem Inhalt der Urkunde auslegen. In diesen Grenzen besteht aber durchaus eine Auslegungsfähigkeit, BGH **88**, 66.
**Bedingung:** Zulässig ist eine besondere Vereinbarung dahin, daß der Gläubiger von der Unterwerfung des Schuldners nur unter einer Bedingung Gebrauch machen darf.
**Bürgschaft:** Die Unterwerfung wegen einer Bürgschaft sichert nicht ohne eine besondere Vereinbarung auch eine solche Verbindlichkeit, die anstelle der Bürgschaft tritt, BGH DNotZ **91**, 530 (zustm Münch).
**Eigentümergrundschuld:** Rn 38 „Grundschuld".
**Einseitigkeit:** Die Unterwerfungserklärung ist einseitig und bedarf zur Wirksamkeit keiner Annahme, Nieder NJW **84**, 332.
**Eintragung:** Das betroffene Grundpfandrecht braucht nicht zuvor eingetragen zu sein, Nieder NJW **84**, 332. Eine Unterwerfung läßt sich nur im Fall des § 800 in das Grundbuch eintragen.
**Einwilligung:** Die Unerwerfungserklärung bedarf zur Wirksamkeit der Einwilligung des gesetzlichen Vertreters, wenn das zugrundeliegende Rechtsgeschäft ebenfalls einer solchen Einwilligung bedarf. Denn die Unterwerfung erleichtert die Erfüllung des Rechtsgeschäfts und muß daher im Zusammenhang mit ihm gesehen werden.
**Fälligkeit:** Der Schuldner kann auf ihren Nachweis verzichten, Mü RR **98**, 353 (Folge: Beweislastumkehr). Der Fälligkeitsverzicht kann aber auch zur Nichtigkeit der Unterwerfung nach §§ 134, 138 BGB führen, zB beim Bauträgervertrag, BGH NJW **99**, 51, Köln RR **99**, 22, Drasdo NMZ **99**, 4, aM Wolfsteiner DNotZ **99**, 99.
**Gebühren:** § 36 KostO.

**38** **Genehmigung:** Die Unterwerfung kann in fremdem Namen durch einen Vertreter ohne Vertretungsmacht erklärt werden. Dann wird sie mit der Genehmigung des Vertretenen wirksam, § 89, soweit diese in einer noratiell beglaubigten Urkunde erfolgt, Bindseil DNotZ **93**, 16, Zawar Festschrift für Lüke (1997) 997. Wirksam ist eine Genehmigung auch dann, wenn der sich Unterwerfende zB das Grundstück erst noch erwerben will, KG RR **87**, 1229; zum Problem Rastätter NJW **91**, 394.
Dagegen ist die nachträgliche Genehmigung der Erklärung des im *eigenen* Namen aufgetretenen Nichtberechtigten unwirksam, Ffm Rpfleger **72**, 140, KG RR **87**, 1229, Stöber Rpfleger **94**, 395, aM MüKoWo 175.
S auch Rn 39 „Unterhalt".
**Gesetzlicher Vertreter:** Rn 37 „Einwilligung", Rn 38 „Genehmigung".
**Grundbuchamt:** S bei den einzelnen Vorgängen.
**Grundschuld:** Wegen einer Unterwerfung nach der Eintragung einer Grundschuld LG Stade Rpfleger **77**, 261, aM BGH **73**, 159. Der Grundeigentümer, der für sich eine Eigentümergrundschuld bestellt, kann sich auch persönlich der sofortigen Zwangsvollstreckung unterwerfen, Ffm Rpfleger **81**, 59. Wegen der Unterwerfung für einen Grundschuldteil LG Lüb MDR **86**, 1037. Eine Unterwerfung auf Grund einer Grundschuld auch wegen desselben Betrags in das gesamte übrige Vermögen meint keine Verdoppelung der Haftsumme, BGH DM **88**, 1993.
**Grundstücksverfügung:** Rn 40 „Zwangshypothek".
**Hinterlegung:** S Düss DNotZ **91**, 537 (abl Wolfsteiner).
**Nachweis:** Die Unterwerfung ist auch in derjenigen Weise zulässig und evtl notwendig, daß dem Gläubiger eine vollstreckbare Ausfertigung erteilt werden darf, ohne daß er die Entstehung und die Fälligkeit der Schuld nachweisen muß. Denn § 726 ist eine rein vollstreckungsrechtliche Vorschrift, BGH NJW **81**, 2757, Ffm JB **97**, 545, Hamm DNotZ **93**, 244, aM Bre RR **99**, 963, LG Waldshut-Tiengen NJW **90**, 193 (Verstoß gegen § 11 Z 15 AGBG; zu streng). Allerdings muß sich der Anspruch als solcher eindeutig aus dem Titel ergeben, Düss (9. ZS) OLGZ **80**, 341, aM Düss (3. ZS) Rpfleger **77**, 67. In einem solchen Fall ist der Schuldner darauf angewiesen, die etwa zulässigen Einwendungen zu erheben, Mü RR **92**, 126. Über die Unterwerfung zu Lasten des jeweiligen Eigentümers § 800.
**Nichtberechtigter:** S „Genehmigung".
**Nichtigkeit:** Aus einer Nichtigkeit des zugrundeliegenden sachlichrechtlichen Rechtsgeschäfts folgt nicht stets die prozessuale Unwirksamkeit der Unterwerfungserklärung, BGH NJW **94**, 2756.

**39** **Prozeßfähigkeit:** Zur Wirksamkeit der Unterwerfung ist die Prozeßfähigkeit erforderlich, §§ 51 ff.
**Rechtsbehelfe:** Einzelheiten bei einer Unwirksamkeit der Urkunde Windel ZZP **102**, 230.
**Rechtsweg:** S „Unzuständigkeit".
**Sachlichrechtliche Erklärung:** Rn 38 „Nichtigkeit".
**Spitzenbetrag:** Eine Unterwerfung unter den sog Spitzenbetrag schafft nur insofern einen Vollstreckungstitel, BGH NJW **93**, 1996.
**Unterhalt:** Wenn ein Elternteil gegenüber dem anderen eine Unterhaltspflicht im Verhältnis zu einem Kind anerkennt, ist das Kind Vollstreckungsgläubiger, KG MDR **71**, 489. Eine Genehmigung des Vormundschaftsgerichts ist nicht erforderlich.
S auch „Spitzenbetrag".
**Unzuständigkeit:** Die Unterwerfung enthält einen Verzicht auf die Rüge der Unzuständigkeit des ordentlichen Gerichts. Denn eine Einwendung nach den §§ 767, 797 ist nur vor dem ordentlichen Gericht zulässig.

**40** **Vollstreckungsklausel:** S „Zwangshypothek".
**Widerruf:** Wenn die Unterwerfungserklärung vorbehaltlos erfolgt, kann der Schuldner sie nicht ohne eine Zustimmung des Gläubigers wirksam widerrufen.

1. Abschnitt. Allgemeine Vorschriften § 794

**Zustandekommen:** Das Grundbuchamt braucht nicht die Umstände des Zustandekommens der Unterwerfungserklärung zu prüfen.
**Zwangshypothek:** Eine Unterwerfung ist keine Verfügung über ein Grundstück nach § 1821 BGB. Das Grundbuchamt muß also bei einer Eintragung einer Zwangshypothek nur prüfen, ob die Vollstreckungsklausel vorhanden ist, und ob sie formgerecht und von dem zuständigen Beamten ausgestellt worden ist.

**G. Abänderbarkeit.** Die Urkunde ist evtl abänderungsfähig, § 323 Rn 78. Die Änderung muß aber eine 41 neue Unterwerfung aussprechen, soweit eine Erweiterung vorliegt. Die Unterwerfung bezieht sich nur auf das in der Urkunde bezeichnete Grundstück. Die Mitbelastung eines anderen Grundstücks setzt voraus, daß eine neue Unterwerfung erfolgt ist. Die Bezugnahme auf eine alte Urkunde ist statthaft. In einem solchen Fall bilden beide Urkunden zusammen einen Vollstreckungstitel. Ein Mithaftvermerk im Grundbuch bezieht sich auf die Unterwerfungsklausel, die in der Haupteintragung der Belastung enthalten ist. Eine spätere Änderung oder eine neue Unterwerfung können eine Vollstreckungsabwehrklage nach § 767 begründen, nicht aber die Erteilung einer vollstreckbaren Ausfertigung verhindern. Wenn lediglich der Schuldgrund ohne eine Haftungsverschärfung geändert wird, wenn zB aus einer Hauptschuld eine selbstschuldnerische Bürgschaft gemacht wird, dann erfolgt keine neue Unterwerfung.

**H. Vollstreckbare Ausfertigung.** Über die Erteilung der vollstreckbaren Ausfertigung s bei § 797. Über 42 die Zulässigkeit der Klage trotz einer vollstreckbaren Urkunde Rn 2.

**12) Bewilligung der Zwangsvollstreckung, II.** Es sind zwei Aspekte zu beachten. 43

**A. Notwendigkeit eines Duldungstitels.** II bezieht sich nur auf diejenigen Fälle, in denen zur Zwangsvollstreckung ein besonderer Duldungstitel notwendig ist. In diesen Fällen ersetzt eine vollstreckbare Urkunde nach Z 5 den Duldungstitel, wenn die Urkunde die Zwangsvollstreckung in diejenigen Gegenstände bewilligt, die dem Recht des Gläubigers unterliegen: § 737 (der Nießbraucher bei einem Nießbrauch an dem Vermögen oder an der Erbschaft); § 743 (der Ehegatte nach der Beendigung der Gütergemeinschaft); § 745 II (der Ehegatte nach der Beendigung der fortgesetzten Gütergemeinschaft); § 748 II (der Testamentsvollstrecker). Eine Zustimmung zu der Unterwerfung des Leistungsschuldners ist inhaltlich eine eigene Unterwerfung zur Duldung der Zwangsvollstreckung. Die Bewilligung der Zwangsvollstreckung in das eigene Vermögen ersetzt den Duldungstitel nicht.

**B. Umfang der Zwangsvollstreckung.** Wenn II den Abs I Z 5 in Bezug nimmt, dann meint die 44 Vorschrift damit nur die Form der Unterwerfung, nicht den Inhalt der Urkunde. Darum findet keine Beschränkung der Zwangsvollstreckung auf die Gegenstände des Urkundenprozesses statt.

**13) Beispiele weiterer bundes- und landesrechtlicher Vollstreckungstitel.** Hierzu zählen zB: 45
**Aktienrecht:** Eine Vergütungsfestsetzung für die Gründungsprüfer durch die AG, § 35 II AktG, ist ein Vollstreckungstitel.
**Anwaltsvergleich:** Rn 20.
**Arbeitssache:** Ein Urteil oder eine sonstige Sachentscheidung eines Gerichts in Arbeitssachen ist ein Vollstreckungstitel, §§ 62, 64 VII, 85 I ArbGG, Sibbben DGVZ **89**, 177 (ausf).
   Das gilt *nicht* für einen noch nicht rechtskräftigen Beschluß, BAG BB **77**, 895.
   S auch Rn 55 „Schiedsgericht, Schiedsspruch".
**Arrest:** Der Arrestbefehl, §§ 922 ff, ist als Beschluß wie als Urteil ein Vollstreckungstitel.
**Baugesetzbuch:** Im Fall einer Enteignung ist ein vollstreckbarer Entscheid nach dem BauGB ein Vollstrek- 46 kungstitel.
   S auch Rn 58 „Wertausgleichsgesetz".
**Beitreibung:** Rn 53 „Offenbarungsversicherung".
**Bergrecht:** Vollstreckungstitel sind: Die Niederschrift über eine Einigung; eine nicht mehr anfechtbare Entscheidung über die Grundabtretung usw; eine Entscheidung über die vorzeitige Besitzeinweisung usw nach dem BBergG.
**Bundesleistungsgesetz:** Ein Festsetzungsbescheid der Anforderungsbehörde und eine von ihr bekundete Einigung nach § 52 BLG sind Vollstreckungstitel.
**Bundeswasserstraßengesetz:** Die Niederschrift über eine Einigung oder ein Festsetzungsbescheid können Vollstreckungstitel sein, § 38 I Z 1, 2 WaStrG.
**Bußgeldbescheid:** Ein solcher einer Berufsgenossenschaft kann genügen, AG Bergisch-Gladb DGVZ **98**, 191.
**Dispache:** Eine rechtskräftig bestätigte Dispache, § 158 FGG, ist ein Vollstreckungstitel. 47
**Ehewohnung:** Eine rechtskräftige Entscheidung oder ein gerichtlich protokollierter Vergleich im Verfahren nach der VO v 21. 10. 44, RGBl 256, sind Vollstreckungstitel.
   S auch Rn 48 „Einstweilige Anordnung".
**Ehrengericht:** Rn 53 „Patentanwalt", Rn 54 „Rechtsanwalt".
**Einstweilige Anordnung:** Die einstweilige Anordnung, zB nach §§ 620 ff, ist ein Vollstreckungstitel. Das 48 gilt auch zB betr die Ehewohnung oder den Hausrat, § 16 HausrVO.
**Einstweilige Verfügung:** Die einstweilige Verfügung, §§ 935 ff, ist als Beschluß wie als Urteil ein Vollstreckungstitel.
**Erbrecht:** Eine rechtskräftig bestätigte Auseinandersetzung über den Nachlaß und das Gesamtgut, §§ 98 ff FGG, ist ein Vollstreckungstitel.
**Europarecht:** Grdz 5 vor § 704.
**Genossenschaft:** Eine für vollstreckbar erklärte Vorschuß-, Zusatz- oder Nachschußberechnung nach 49 §§ 106 ff GenG 52 VAG ist ein Vollstreckungstitel.
**Gerichtskosten:** Rn 53 „Offenbarungsversicherung".
**Hausrat:** Rn 47 „Ehewohnung", Rn 48 „Einstweilige Anordnung".

§ 794          8. Buch. Zwangsvollstreckung

**Insolvenz:** Vollstreckungstitel ist eine Eintragung in die Tabelle, § 178 III InsO. Vgl ferner das AusfG zum deutsch-österreichischen Konkursvertrag v. 8. 3. 85, BGBl 535.

50 **Internationales Recht:** Vollstreckungstitel sind: Eine für vollstreckbar erklärte Entscheidung nach dem HZPrÜbk oder nach dem HZPrAbk oder nach einem anderen internationalen Vertrag, dazu SchlAnh V.

51 **Landesrecht:** Wegen landesrechtlicher Vollstreckungstitel vgl § 801.
**Landwirtschaftssache:** Ein Beschluß, ein Vergleich oder eine Kostenentscheidung eines in einer Landwirtschaftssache berufenen Gerichts, § 31 LwVerfG, ist ein Vollstreckungstitel.

52 **Markensache:** Vollstreckungstitel ist ein Kostenfestsetzungsbeschluß des Patentgerichts, § 71 V MarkenG, oder des BGH, § 90 IV MarkenG.
**Nichteheliches Kind:** Rn 56 „Unterhalt", Rn 57 „Vaterschaft".
**Notar:** Vollstreckungstitel sind: Die vollstreckbare Kostenrechnung des Notars, LG Dortm DNotZ **84**, 452; eine vollstreckbare Rückzahlungsanordnung, §§ 155, 157 KostO.

53 **Offenbarungsversicherung:** Der Antrag der Gerichtskasse auf die Abnahme der eidesstattlichen Versicherung zwecks Offenbarung oder eine Vollstreckung in das unbewegliche Vermögen wegen Gerichtskosten, § 7 JBeitrO, ist ein Vollstreckungstitel.
**Patentanwalt:** Ein Urteil des Ehrengerichts für Patentanwälte, §§ 33, 46 PatAnwG v 28. 9. 33, RGBl 669, ist ein Vollstreckungstitel.

54 **Rechtsanwalt:** Vollstreckungstitel sind: Ein Urteil des Ehrengerichts auf die Zahlung einer Geldbuße und der Kosten, §§ 114 I Z 3, 204 III, 205 BRAO; eine vollstreckbare Zahlungsaufforderung wegen eines Beitragsrückstands, § 84 BRAO.

55 **Schiedsgericht, Schiedsspruch:** Ein für (vorläufig) vollstreckbar erklärter Schiedsspruch ist ein Vollstreckungstitel, I Z 4 a. Dasselbe gilt beim Schiedsspruch mit vereinbartem Wortlaut, § 1053 I, II 2, Saenger MDR **99**, 664.
**SeeGVG:** Vollstreckungstitel sind eine Entscheidung der Kammer für Meeresbodenstreitigkeiten des Internationalen Seegerichtshofs und eine endgültige Entscheidung eines auf Grund des Seerechtsübereinkommens der Vereinten Nationen zuständigen Gerichtshofs betreffend die Rechte und Pflichten der Behörde und des Vertragsnehmers, § 1 Seegerichtsvollstreckungsgesetz vom 6. 6. 95, BGBl 778 (= Art 14 des G von demselben Tag).
**Sozialversicherung:** Die rechtskräftige Entscheidung einer Sozialversicherungsbehörde, §§ 198 ff SGG, ist ein Vollstreckungstitel, LG Stade Rpfleger **87**, 253.
**Statusverfahren:** Rn 57 „Vaterschaft".
**Strafverfahren:** Ein vorläufig vollstreckbarer oder gar rechtskräftiger Ausspruch einer Leistungspflicht nach §§ 406, 406 b, 463 StPO ist ein Vollstreckungstitel.

56 **Todeserklärung:** Rn 57 „Verschollenheitsrecht".
**Unterhalt:** Eine vor dem Jugendamt protokollierte Erklärung, durch die sich jemand verpflichtet, für ein nichteheliches Kind Unterhalt zu zahlen, § 116 SGB V, ist ein Vollstreckungstitel (zum Teil zum alten Recht) BGH NJW **85**, 64, Karlsr RR **94**, 68, LG Bad Kreuznach DGVZ **82**, 189.
S auch Rn 57 „Vaterschaft".

57 **Vaterschaft:** Vollstreckungstitel sind: Eine Erklärung, durch die eine Vaterschaft anerkannt wird usw, früher § 59 I Z 1 KJHG, sowie die Beurkundung der Verpflichtungserklärung zur Erfüllung von Unterhaltspflichten usw, früher § 59 I Z 3 KJHG, § 116 SGB V (auch zur Zuständigkeit für die Erteilung einer vollstreckbaren Ausfertigung und zur Entscheidung über Einwendungen gegen die Zuständigkeit bzw gegen die Erteilung einer Vollstreckungsklausel).
S auch Rn 56 „Unterhalt".
**Vermögensstrafe:** Die Entscheidung des Strafgerichts über eine Vermögensstrafe und Buße, § 463 StPO, ist ein Vollstreckungstitel.
**Verschollenheitsrecht:** Ein Kostenfestsetzungsbeschluß oder ein Kostenerstattungsbeschluß im Verfahren auf eine Todeserklärung nach § 38 VerschG ist ein Vollstreckungstitel.
**Vertragshilfe:** Eine Entscheidung nach §§ 15, 16 VHG ist ein Vollstreckungstitel.

58 **Wertausgleichsgesetz:** Ein vollstreckbarer Entscheid nach § 25 WAG ist ein Vollstreckungstitel.
S auch Rn 46 „Baugesetzbuch".
**Wettbewerbsrecht:** Ein Vergleich vor dem Einigungsamt in einer Wettbewerbssache, § 27 a UWG, ist ein Vollstreckungstitel.
**Wohnungseigentum:** Eine Entscheidung in einer Wohnungseigentumssache, § 45 III WEG, ist ein Vollstreckungstitel, BayObLG MDR **88**, 498.

59 **Zwangsversteigerung:** Der Zuschlagsbeschluß, §§ 93, 132, 162 ZVG, ist ein Vollstreckungstitel.

60 **14) Ausländischer Vollstreckungstitel,** dazu *Kropholler*, Europäischer Zivilprozeß, 5. Aufl. 1996, Art 50 EuGVÜ: Die Zwangsvollstreckung aus anderen Titeln als den Endurteilen ist in einigen Staatsverträgen vorgesehen, SchlAnh V. Andernfalls bleibt dem Gläubiger nur übrig, aus dem Vergleich oder aus der vollstreckbaren Urkunde zu klagen. Etwas anderes gilt bei einem Schiedsspruch oder einem Schiedsvergleich, SchlAnh VI.

61 **15) *VwGO*:** Es gilt § 168 VwGO, der die Vollstreckungstitel des VerwProzesses abschließend aufzählt und neben gerichtlichen Entscheidungen (auch solchen nach §§ 80, 80 a VwGO, VGH Mannh NVwZ **93**, 383) und einstweiligen Anordnungen (zu denen auch AnOen nach § 80 a III 1 VwGO zählen, VGH Kassel NVwZ-RR **99**, 158), nur gerichtliche, dh von einem VerwGericht protokollierte Vergleiche, OVG Münst NVwZ-RR **98**, 535, VGH Mannh NVwZ-RR **90**, 447, OVG Lüneb NJW **78**, 1543, die eine Verpflichtung begründen, *Fliegauf / Maurer* BaWüVPr **78**, 31, Kostenfestsetzungsbeschlüsse und Schiedssprüche nennt; zu den Kostenfestsetzungsbeschlüssen gehören auch Beschlüsse der VGe nach § 19 BRAGO, Sch/SchmA/P § 168 Rn 30, Kopp/Sch § 168 Rn 6, RedOe § 168 Anm 12, OVG Münst NJW **86**, 1190 mwN (zustm Noll **KR** § 19 Nr 90), LG Meiningen RR **99**, 152, str, aM ua OVG Münst NJW **87**, 396 mwN, OVG Lüneb NJW **84**, 2485, OVG Kblz NJW **80**, 1541, VG Bln LS NJW **81**, 884, LG Heilbronn RR **93**, 575, LG Bln MDR **82**, 679. Die Vollstreckung erfolgt in allen diesen Fällen nach

VwGO, Grdz § 704 Rn 117, auch wenn in dem Titel, zB einem Vergleich, privatrechtliche Ansprüche geregelt werden, OVG Lüneb NJW **94**, 3309, VGH Mü BayVBl **87**, 309 u NJW **83**, 1992 mwN, OVG Münst NJW **80**, 2373, str, aM Renck NVwZ **83**, 547, offen OVG Münst NVwZ-RR **94**, 619 (wegen den Anwendung von § 172 VwGO s aber Üb § 883 Rn 6). Umgekehrt erfolgt die Vollstreckung nach ZPO auch dann, wenn in gerichtlicher oder notarieller Urkunde, § 794 I Z 5, ein öffentlich-rechtlicher Anspruch begründet wird, OVG Münst NJW **93**, 2766 mwN; zur Zulässigkeit dieses Weges s BVerwG NJW **95**, 1106. Wegen der Vollstreckung aus einem vollstreckbaren öffentlich-rechtlichen Vertrag vgl i ü § 61 VwVfG, dazu BVerwG NJW **96**, 608.

**794a** *Räumungsfrist im vollstreckbaren Vergleich.* I ¹Hat sich der Schuldner in einem Vergleich, aus dem die Zwangsvollstreckung stattfindet, zur Räumung von Wohnraum verpflichtet, so kann ihm das Amtsgericht, in dessen Bezirk der Wohnraum belegen ist, auf Antrag eine den Umständen nach angemessene Räumungsfrist bewilligen. ²Der Antrag ist spätestens zwei Wochen vor dem Tage, an dem nach dem Vergleich zu räumen ist, zu stellen; §§ 233 bis 238 gelten sinngemäß. ³Die Entscheidung kann ohne mündliche Verhandlung ergehen. ⁴Vor der Entscheidung ist der Gläubiger zu hören. ⁵Das Gericht ist befugt, die im § 732 Abs. 2 bezeichneten Anordnungen zu erlassen.

II ¹Die Räumungsfrist kann auf Antrag verlängert oder verkürzt werden. ²Absatz 1 Sätze 2 bis 5 gilt entsprechend.

III ¹Die Räumungsfrist darf insgesamt nicht mehr als ein Jahr, gerechnet vom Tage des Abschlusses des Vergleichs, betragen. ²Ist nach dem Vergleich an einem späteren Tage zu räumen, so rechnet die Frist von diesem Tage an.

IV Gegen die Entscheidung des Amtsgerichts findet die sofortige Beschwerde statt.

V Die Absätze 1 bis 4 gelten nicht für Mietverhältnisse über Wohnraum im Sinne des § 564 b Abs. 7 Nr. 4 und 5 und in den Fällen des § 564 c Abs. 2 des Bürgerlichen Gesetzbuchs.

**1) Systematik, Regelungszweck, I–V.** § 794 a enthält die dem § 721 entsprechende Regelung für den 1 vollstreckbaren Vergleich. Vgl daher § 721 Rn 1, 2.

**2) Geltungsbereich, I–V.** Vgl zunächst § 721 Rn 3, insbesondere wegen des Begriffs Wohnraum. 2 § 794 a gilt nur für einen gerichtlichen Vergleich, Anh § 307, nicht auch für einen außergerichtlichen nach § 779 BGB (insofern gilt Vertragsrecht), aM LG Hbg MDR **81**, 236, LG Ulm MDR **80**, 944 (der dortige Fall betrifft eine außergerichtlich bewilligte Räumungsfrist). Der Schuldner kann, außer in den Fällen nach V, Rn 6, eine den Umständen nach angemessene Räumungsfrist beantragen, auch wenn das im Vergleich nicht vorgesehen worden ist oder wenn der Vergleich bereits eine Räumungsfrist enthielt, LG Wuppert WoM **81**, 113. Diese letztere wird dann bei der Berechnung der nach § 794 a zu ermittelnden (weiteren) Frist nicht mitgerechnet, LG Kaisersl WoM **84**, 115, LG Stgt WoM **92**, 265, LG Wuppert WoM **81**, 113.

**3) Antragsfrist, I.** Der Schuldner muß den Antrag spätestens *2 Wochen vor dem Räumungstag* bei demjenigen AG stellen, in dessen Bezirk der Wohnraum liegt. Gegen eine Fristversäumung kann die Wiedereinsetzung in den vorigen Stand, § 233, beantragt werden, I 2 Hs 2. Auch ist eine Verlängerung oder eine Verkürzung der nach I vorgesehenen richterlichen Frist möglich, II, nicht aber die Verlängerung, Verkürzung oder Aufhebung einer nicht nach I vom Gericht, sondern im Vergleich, gar außergerichtlich, von den Parteien vereinbarten Räumungsfrist. Der Schuldner hätte aufpassen müssen, LG Bre WoM **91**, 564, LG Stgt WoM **92**, 32, aM LG Freibg WoM **93**, 417, MüKoWo 4, ZöStö 2. Die Verlängerung oder die Verkürzung (nur) der richterlichen Frist kann auch aufgehoben werden, LG Mannh ZMR **72**, 285.

**4) Verfahren, I–V.** Auch hier findet im Rahmen eines pflichtgemäßen Ermessens, AG Rosenh WoM **87**, 4 67, eine Interessenabwägung statt, § 721 Rn 12, LG Essen WoM **79**, 269, LG Heilbr Rpfleger **92**, 528, ferner LG Kiel WoM **73**, 145. Die Räumungsfrist ist keine Notfrist, § 224 I 2. Sie soll den Mieter zwar vor einer Notlösung schützen, LG Lüb WoM **87**, 65, jedoch ist die Tatsache besonders zu beachten, daß sich der Schuldner selbst zur Räumung für einen bestimmten Tag bereitgefunden oder gar auf einen weiteren Räumungsschutz verzichtet hat, LG Aachen WoM **96**, 568. Deshalb darf das Gericht im allgemeinen einem Räumungsantrag nur dann stattgeben, wenn neue unvorhersehbare Ereignisse eingetreten sind, LG Saarbr WoM **93**, 698, wenn zB der Schuldner jetzt erst eine demnächst freiwerdende Ersatzwohnung gefunden hat, LG Wuppert WoM **81**, 113, oder wenn sich die Entwicklung der Situation im Zeitpunkt des Vergleichsabschlusses noch nicht übersehen ließ, LG Saarbr WoM **93**, 698, AG Euskirchen WoM **90**, 29, aM LG Heilbr Rpfleger **92**, 528, LG Mannh ZMR **94**, 21, AG Köln WoM **93**, 472.

Eine Verlängerung kommt ferner zB dann in Betracht, wenn der *Ersatzmietvertrag* ohne Schuld des Räumungsschuldners nicht durchführbar wird, LG Kiel WoM **92**, 492. Der Schuldner muß sich intensiv um eine zumutbare Ersatzwohnung bemüht haben, AG Remscheid WoM **87**, 66. Ein Sozialhilfeempfänger braucht freilich keinen Makler zu bemühen, AG Lörrach WoM **87**, 66. Jedoch darf die Räumungsfrist höchstens ein Jahr betragen, gerechnet vom Tage des Vergleichsabschlusses oder den in ihm bestimmten Räumungstermin ab, III, LG Mü WoM **87**, 66, LG Wuppert WoM **81**, 113. Die Verlängerung der richterlichen Frist darf nicht von einer Auflage abhängig sein, LG Wuppert WoM **87**, 67.

Die *Entscheidung* kann ohne eine mündliche Verhandlung ergehen, § 128 Rn 10. Der Gläubiger muß aber 5 vorher angehört werden, Art 103 I GG. Das AG ist auch für einen Antrag auf die Bewilligung einer Räumungsfrist nach einem Vergleich zuständig, der vor einem anderen Gericht geschlossen wurde, etwa vor einem ArbG, LAG Tüb NJW **70**, 2046. Das Gericht entscheidet durch den Prozeßrichter, Mü ZMR **93**, 472, LG Essen NJW **71**, 2315. Es entscheidet durch einen Beschluß, § 329. Er bedarf einer Begründung,

## §§ 794a, 795

§ 329 Rn 4. Er ist zu verkünden. § 329 I 1, oder wegen seiner befristeten Anfechtbarkeit, Rn 5, den Parteien förmlich zuzustellen, § 329 III.

**6  5) Sofortige Beschwerde, IV.** Gegen den Beschluß des AG ist nach IV die sofortige Beschwerde nach §§ 577, 793 I zulässig. Gegen die Entscheidung des LG als Beschwerdegericht ist wegen des gegenüber § 568 II 1 vorrangigen § 793 II die sofortige weitere Beschwerde zulässig, § 793 Rn 13 (bitte dort zu dieser Streitfrage nachlesen). Vgl im übrigen die Anmerkungen zu § 721.

**7  6) Keine Räumungsfrist, V.** Soweit der Mieter keine Fortsetzung des Mietverhältnisses nach § 564 b VII Z 4 oder 5 BGB oder nach § 564 c II BGB fordern kann, besteht auch kein Anlaß zur Gewährung einer Räumungsfrist. Daher ist in einem solchen Fall gemäß V die gesamte Regelung I–IV unanwendbar. Vgl auch den entsprechenden § 721 VII.

**8  7) VwGO:** Entsprechend anwendbar, § 167 I VwGO. Die Entscheidung trifft das VG; dagegen findet Beschwerde statt, §§ 146 ff VwGO, soweit sie nicht ausgeschlossen ist, § 252 Rn 7.

**795** *Zwangsvollstreckung aus den Titeln des § 794.* ¹Auf die Zwangsvollstreckung aus den in § 794 erwähnten Schuldtiteln sind die Vorschriften der §§ 724 bis 793 entsprechend anzuwenden, soweit nicht in den §§ 795 a bis 800 abweichende Vorschriften enthalten sind. ²Auf die Zwangsvollstreckung aus den in § 794 Abs. 1 Nr. 2 erwähnten Schuldtiteln ist § 720 a entsprechend anzuwenden, wenn die Schuldtitel auf Urteilen beruhen, die nur gegen Sicherheitsleistung vorläufig vollstreckbar sind.

**Vorbem.** Geändert dch Art 3 Z 12 KindUG v 6. 4. 98, BGBl 666, in Kraft seit 1. 7. 98, Art 8 I 2 KindUG, ÜbergangsR Art 5 KindUG.

### Gliederung

| | |
|---|---|
| 1) Systematik, Regelungszweck, S 1, 2 .. 1 | E. § 727 ................................. 7 |
| 2) Geltungsbereich, S 1, 2 ............. 2–14 | F. § 750 ................................. 8 |
|   A. § 720 a ........................... 2 | G. § 766 ................................. 9 |
|   B. § 721 ............................. 3 | H. § 767 ............................. 10–13 |
|   C. § 724 ............................. 4, 5 | I. § 769 ................................. 14 |
|   D. § 726 ............................. 6 | 3) VwGO ................................. 15 |

**1  1) Systematik, Regelungszweck, S 1, 2.** Auf die Zwangsvollstreckung aus einem Titel nach § 794 sind grundsätzlich die §§ 724–793 entsprechend anwendbar. Man muß also prüfen, ob Sinn und Zweck der Vorschriften auf den jeweiligen Vollstreckungstitel zutreffen, BAG KTS 87, 723. Wegen des EuGVÜ SchlAnh V C 1 (Artt 50, 51) und 2.

*Gebühren:* §§ 57, 58 II Z 1, 2 BRAGO.

**2  2) Geltungsbereich, S 1, 2.** Es werden praktisch zahlreiche Vorschriften anwendbar.

**A. § 720 a:** Die Vorschrift ist bei einem Kostenfestsetzungsbeschluß, § 794 I Z 2, Köln Rpfleger 96, 358, entsprechend anwendbar, soweit der Titel auf einem Urteil beruht, das nur gegen eine Sicherheitsleistung vorläufig vollstreckbar ist.

**3  B. § 721:** Die Vorschrift ist auf eine einstweilige Anordnung zwecks Räumung von Wohnraum unanwendbar, Hbg FamRZ 83, 1152.

**4  C. § 724:** Die Zwangsvollstreckung findet nur auf Grund einer vollstreckbaren Ausfertigung des Vollstreckungstitels statt (Ausnahme § 724 Rn 3), Düss RR 87, 640, AG Arnsbg DGVZ 94, 79. Beim notariellen Vergleich der Notar die Ausfertigung, BayObLG 97, 90, Hamm BB 87, 2047, und zwar dem Gläubiger erst nach einer Ermächtigung des Schuldners, Hamm BB 87, 2047 (sie kann in der Aushändigung einer einfachen Ausfertigung an den Gläubiger gelegen haben). Die Geschäftsstelle des Gerichts der ersten Instanz erteilt die Ausfertigung, wenn ein Prozeßvergleich nach Anh § 307 zugrunde liegt.

**5** Solange sich allerdings die Akten in der *höheren Instanz* befinden, ist der Urkundsbeamte der höheren Instanz zuständig, §§ 706 Rn 4, 724 Rn 6. Wenn ein Titel eines ArbG vorliegt, ist dessen Geschäftsstelle zur Erteilung der vollstreckbaren Ausfertigung zuständig. Als eine „gerichtliche Urkunde" im Sinne des § 797 ist ein Prozeßvergleich nicht anzusehen. Es wäre ganz zweckwidrig, die Vollstreckungsklagen aus §§ 731, 767 vor das Gericht des ersuchten Richters zu verweisen. Eine sachlichrechtliche Einwendung, zB diejenige der Erfüllung, ist unter Umständen beachtlich, Wolfsteiner DNotZ 78, 681, aM LG Kleve DNotZ 78, 680. Zur Nämlichkeit der Beteiligten § 724 Rn 9.

**6  D. § 726:** Wenn ein Vertragsangebot eine Unterwerfungsklausel enthält, dann wird eine vollstreckbare Ausfertigung erst nach der Erklärung der Annahme des Angebots vor einem Notar oder auf Grund des Nachweises der Annahme nach § 726 I erteilt. Ein gesetzlicher Zahlungsaufschub ist bei der Erteilung nicht zu beachten. Bei einer Verfallklausel erfolgt eine uneingeschränkte Erteilung, auch wenn nicht behauptet wird, die Fälligkeit sei eingetreten, § 726 Rn 7. Dasselbe gilt bei einer Ermächtigung. Dann ist die vollstreckbare Ausfertigung grundsätzlich auch ohne einen Nachweis der Fälligkeit der Schuld zu erteilen, vgl § 794 Rn 39, 40. Eine generelle Änderung der Beweislastregel des § 726 I kann aber einen Verstoß gegen § 11 Z 15 AGBG bedeuten, § 726 Rn 4.

**7  E. § 727:** Der Notar prüft die Voraussetzungen in eigener Zuständigkeit, BayObLG 97, 90. Für die Umschreibung der Vollstreckungsklausel auf den Rechtsnachfolger ist bei einem Vergleich, dem keine Rechtshängigkeit vorangegangen ist (vor einer landesrechtlichen Gütestelle und nach § 118 I 3 Hs 2:

1. Abschnitt. Allgemeine Vorschriften §§ 795, 795a

Sühnevergleich), die Zeit der Beurkundung maßgebend. Es erfolgt also keine Umschreibung bei einem vorherigen Eintritt. Bei einer vollstreckbaren Urkunde gilt dasselbe. Ein Grundstück, das mit einer Hypothek nach § 800 belastet ist, ist mit der Errichtung der Hypothek im Streit befangen. Deshalb wird eine vollstreckbare Ausfertigung dem Hypothekengläubiger gegen den späteren Nießbraucher erteilt. Haben Veräußerer und Erwerber in einer gemeinsamen notariellen Urkunde Unterwerfungserklärungen abgegeben und hat der Notar dem Gläubiger eine Ausfertigung der notariellen Verhandlung erteilt, ohne den Schuldner und den Schuldgrund näher zu bezeichnen, so bedarf es nach dem Eigentumsübergang einer Klauselumschreibung auf den Erwerber nicht mehr, KG RR **87**, 1230.

**F. § 750:** Der Vollstreckungsbescheid ist gemäß § 699 IV von Amts wegen, §§ 208, oder im Parteibetrieb **8** zuzustellen, §§ 166 ff, 750. Einen Prozeßvergleich muß die Partei zustellen, VGH Mannh JB **91**, 115. Eine vollstreckbare Urkunde steht außerhalb des Prozesses. Sie muß daher im Parteibetrieb zugestellt werden. Eine öffentliche Zustellung erfolgt auf Grund einer Einwilligung des Prozeßgerichts nach §§ 203 ff. Im Falle einer vollstreckbaren Urkunde ist dazu das in § 797 III genannte AG zuständig.

**G. § 766:** Der Einwand, daß kein wirksamer Vollstreckungstitel vorliege, richtet sich grundsätzlich gegen **9** die Zwangsvollstreckung und nicht gegen den vollstreckbaren Anspruch selbst. Er ist deshalb in der Regel nach § 766 bzw nach § 732 geltend zu machen, Düss OLGZ **80**, 342. Wenn diese Einwendung aber zugleich zum Inhalt hat, daß die titulierte Forderung erloschen sei, dann ist eine Vollstreckungsabwehrklage nach § 767 zulässig, Düss OLGZ **80**, 342.

**H. § 767:** Für die Vollstreckungsabwehrklage ist nach einem Prozeßvergleich das Gericht des ersten **10** Rechtszugs zuständig, bei dem der Prozeß geschwebt hat, § 797 Rn 3, BGH NJW **80**, 189, LG Heidelb WoM **92**, 30. Wenn der Prozeßvergleich bereits im Verfahren zur Bewilligung einer Prozeßkostenhilfe nach § 118 I 3 zustande kam, dann ist das Prozeßgericht der ersten Instanz zuständig. Dasselbe gilt im Falle des § 794 I Z 3 und bei einem Kostenfestsetzungsbeschluß, § 104. Wenn das danach zuständige AG sachlich unzuständig ist, wird das übergeordnete LG zuständig. In einer Landwirtschaftssache ist das Landwirtschaftsgericht zuständig, BGH FamRZ **87**, 805. Beim Kostenfestsetzungsbeschluß der Gebrauchsmusterabteilung des Deutschen Patentamts ist das BPatG zuständig, BPatG GRUR **82**, 484. Wegen eines Vergleichs vor einer Gütestelle § 797 a.

*Nicht hierher gehört* die Formungültigkeit einer vollstreckbaren Urkunde; es kann § 767 entsprechend **11** anwendbar sein, Köln MDR **98**, 1089. Da § 767 II auf der Rechtskraftwirkung beruht, gilt diese Bestimmung bei einem Vergleich für eine erste Vollstreckungsabwehrklage nicht, BGH FamRZ **87**, 805, BAG DB **80**, 359, Düss FamRZ **87**, 168. Allerdings kann man im allgemeinen einer solchen Einwendung entgegenhalten, der Streit sei durch den Vergleich erledigt. Wegen einer weiteren Abwehrklage § 797 Rn 9.

§ 767 hindert nicht immer eine *Fortsetzung* desjenigen Verfahrens, das der Vergleich beenden sollte, Anh § 307 Rn 37, 42, § 794 Rn 8. Wenn es um eine beschwerdefähige Entscheidung geht, § 794 I Z 3, dann hindert die Möglichkeit einer Beschwerde eine Vollstreckungsabwehrklage nicht. In § 767 erwähnt sind nämlich nur den Einspruch. Die Beschwerde entspricht dem Einspruch nicht. Hier kommen vielmehr nur solche Einwendungen in Betracht, die bisher nicht vorgebracht werden konnten, § 767 Rn 51.

Die Vorschrift ist auch auf einen Beschluß über die Zahlung eines *Prozeßkostenvorschusses* anwendbar, der **12** vor der Scheidung erging, wenn die Zwangsvollstreckung erst nach dem Eintritt der Rechtskraft des Scheidungsurteils stattfindet, aM Hamm FamRZ **77**, 466 (s aber § 127 a Rn 18 „Vollstreckungsabwehrklage"). Zu einer Unterwerfungsurkunde auf Grund eines „Schwarzkaufs" Düss DNotZ **83**, 686.

Auf einen *Kostenfestsetzungsbeschluß* nach § 104 ist § 767 II nicht anwendbar, § 767 Rn 13. Zwar entsteht **13** der Kostenerstattungsanspruch bedingt schon vor dem Zeitpunkt des Urteilserlasses, Üb **9** zu § 91; indessen darf man den Gegner nicht dazu nötigen, schon vor dem Eintritt der Bedingung Einwendungen zu erheben, zumal das Urteil über die Kosten nur dem Grunde nach befindet. Vor allem würde eine Nötigung zur Aufrechnung einen ungesetzlichen Zwang zu einer vorzeitigen Erfüllung enthalten, LG Hbg AnwBl **77**, 70. Wenn der Beschluß erst auf den Namen eines nach §§ 121 beigeordneten Anwalts umgeschrieben war, § 126, muß die Vollstreckungsabwehrklage doch gegen diejenige Partei gerichtet werden, der die Prozeßkostenhilfe bewilligt worden war. § 767 II ist bei einem Festsetzungsbeschluß nach § 19 BRAGO anwendbar. Denn der Schuldner hat die Möglichkeit, durch eine außergerichtliche Einwendung, etwa durch eine Aufrechnung, eine Kostenfestsetzung zu verhindern und den Anwalt auf den Klageweg zu zwingen.

Bei einer *vollstreckbaren Urkunde*, § 794 I Z 5, gibt § 797 V einen besonderen Gerichtsstand.

**I. § 769:** Die Vorschrift ist anwendbar, Köln AnwBl **89**, 51, auch bei einer Anfechtung der Vaterschaft, **14** aM Köln NJW **73**, 195 (aber die dort genannten Probleme können bei der Ausübung des gerichtlichen Ermessens berücksichtigt werden).

**3) VwGO:** Entsprechend anwendbar, § 167 I VwGO, auf die in § 168 VwGO neben gerichtlichen Entschei- **15** dungen genannten Titel, § 794 Rn 61, VGH Mannh NVwZ-RR **90**, 448. Einzelheiten, Rn 2 ff, bei den jeweiligen Vorschriften.

## 795a Zwangsvollstreckung aus Kostenfestsetzungsbeschluß auf Urteil.

Die Zwangsvollstreckung aus einem Kostenfestsetzungsbeschlusse, der nach § 105 auf das Urteil gesetzt ist, erfolgt auf Grund einer vollstreckbaren Ausfertigung des Urteils; einer besonderen Vollstreckungsklausel für den Festsetzungsbeschluß bedarf es nicht.

**1) Systematik, Regelungszweck.** § 795 a betrifft einen Kostenfestsetzungsbeschluß auf einem Urteil, **1** § 105, und sinngemäß auch aus einem Prozeßvergleich, Anh § 307, § 794 I Z1. Die Vorschrift beruht darauf, daß bei § 105 das Urteil und der Kostenfestsetzungsbeschluß einen einheitlichen Vollstreckungstitel

## §§ 795a–796a   8. Buch. Zwangsvollstreckung

bilden, der den für das Urteil geltenden Vorschriften unterliegt. Darum gilt auch die Wartefrist des § 798 nicht. Die Verbindung ist auch bei einem klagabweisenden Urteil zulässig. Denn auch wenn sich das Urteil selbst nicht zu einer Zwangsvollstreckung eignet, geschieht doch die Vollstreckung bei einer Verbindung „auf Grund einer vollstreckbaren Ausfertigung des Urteils". Denn das Urteil ergänzt dann den Kostenfestsetzungsbeschluß. Die vollstreckbare Ausfertigung wird im Parteibetrieb zugestellt, §§ 166 ff, 750.

**2**  2) **VwGO:** *Entsprechend anwendbar, § 167 I VwGO, auf Kostenfestsetzungsbeschlüsse, § 168 I Z 4 VwGO, für die § 105 entsprechend gilt, § 105 Rn 17. Überhaupt keiner Vollstreckungsklausel bedarf es in den Fällen des § 171 VwGO.*

**796**  *Zwangsvollstreckung aus Vollstreckungsbescheiden.* I Vollstreckungsbescheide bedürfen der Vollstreckungsklausel nur, wenn die Zwangsvollstreckung für einen anderen als den in dem Bescheid bezeichneten Gläubiger oder gegen einen anderen als den in dem Bescheid bezeichneten Schuldner erfolgen soll.

II Einwendungen, die den Anspruch selbst betreffen, sind nur insoweit zulässig, als die Gründe, auf denen sie beruhen, nach Zustellung des Vollstreckungsbescheids entstanden sind und durch Einspruch nicht mehr geltend gemacht werden können.

III Für Klagen auf Erteilung der Vollstreckungsklausel sowie für Klagen, durch welche die den Anspruch selbst betreffenden Einwendungen geltend gemacht werden oder der bei der Erteilung der Vollstreckungsklausel als bewiesen angenommene Eintritt der Voraussetzung für die Erteilung der Vollstreckungsklausel bestritten wird, ist das Gericht zuständig, das für eine Entscheidung im Streitverfahren zuständig gewesen wäre.

**Schrifttum:** *Grün,* Die Zwangsvollstreckung aus Vollstreckungsbescheiden über sittenwidrige Ratenkreditforderungen, 1990.

**1**  1) **Systematik, Regelungszweck, I–III.** Die Vorschrift enthält mehrere unterschiedlich geartete Sonderregelungen, und zwar in I gegenüber § 724, in II gegenüber § 767 II, in III gegenüber § 731. Sinn der Sonderregelungen ist eine Erleichterung der Vollstreckung und damit eine Fortführung eines der Grundgedanken des ganzen Mahnverfahrens, dazu Grdz 2 vor § 688. Demgemäß sollte § 796 großzügig zugunsten des Gläubigers ausgelegt werden.

**2**  2) **Vollstreckungsklausel, I, III.** Die Verbindung von Vollstreckungsbescheiden gegen Gesamtschuldner läßt trotzdem eine Vollstreckung auch nach anschließender Trennung der Titel zu, solange die Ausfertigung erhalten bleibt, LG Marbg DGVZ **86,** 77. Der Vollstreckungsbescheid benötigt nur dann eine Vollstreckungsklausel, wenn eine Umschreibung erforderlich wird, §§ 727 ff, also nicht schon wegen § 343, LG Kblz JB **98,** 324. Die Vollstreckungsklausel wird nach § 730 erteilt. Für eine Klage aus den §§ 731, 768 ist das Gericht der §§ 690 I Z 5, 692 I Z 1, 696 I 1, V zuständig, § 731 Rn 3.

*Gebühren:* §§ 57, 58 II Z 1 BRAGO.

**3**  3) **Vollstreckungsabwehrklage, II.** Bei dieser Klage ersetzt die Zustellung des Vollstreckungsbescheids für die Zulässigkeit von Einwendungen den Schluß der mündlichen Verhandlung im Sinn des § 767 II, BGH RR **90,** 304, Münzberg JZ **87,** 483, aM Köln NJW **86,** 1351, Lappe/Grünert Rpfleger **86,** 165 (vgl aber Einf 13–15 vor §§ 322–327 und § 322 Rn 71 „Vollstreckungsbescheid"). Eine Vollstreckungsabwehrklage ist auch dann statthaft, wenn der Abzahlungskäufer den Widerruf, den den schwebend unwirksamen Anspruch des Verkäufers entfallen läßt, schon vor der Zustellung des Vollstreckungsbescheids hätte erklären können, aber erst nach der Zustellung erklärt hat, Karlsr NJW **90,** 2475 (zum früheren AbzG). Bei einem gesetzlichen Gestaltungsrecht kommt es freilich auf den Zeitpunkt des Entstehens und der Befugnis zur Ausübung an, BGH **94,** 34, Karlsr NJW **90,** 2475. Das Gericht des Streitverfahrens ist für die Klage ausschließlich zuständig, § 802.

**4**  4) **VwGO:** *Unanwendbar, weil im VerwProzeß kein Mahnverfahren stattfindet, Grdz § 688 Rn 7.*

**796a**  *Anwaltsvergleich. Zulässigkeit.*[1] Ein von Rechtsanwälten im Namen und mit Vollmacht der von ihnen vertretenen Parteien abgeschlossener Vergleich wird auf Antrag einer Partei für vollstreckbar erklärt, wenn sich der Schuldner darin der sofortigen Zwangsvollstreckung unterworfen hat und der Vergleich unter Angabe des Tages seines Zustandekommens bei einem Amtsgericht niedergelegt ist, bei dem eine der Parteien zur Zeit des Vergleichsabschlusses ihren allgemeinen Gerichtsstand hat.

II Absatz 1 gilt nicht, wenn der Vergleich auf die Abgabe einer Willenserklärung gerichtet ist oder den Bestand eines Mietverhältnisses über Wohnraum betrifft.

III Die Vollstreckbarerklärung ist abzulehnen, wenn der Vergleich unwirksam ist oder seine Anerkennung gegen die öffentliche Ordnung verstoßen würde.

**Vorbem.** Eingefügt dch Art 1 Z 4 SchiedsVfG v 22. 12. 97, BGBl 3224, in Kraft seit 1. 1. 98, Art 5 I SchiedsVfG, Übergangsrecht Art 4 § 1 SchiedsVfG.

**Schrifttum:** *Veeser,* Der vollstreckbare Anwaltsvergleich, 1996 (zum alten Recht).

1. Abschnitt. Allgemeine Vorschriften **§ 796a**

**Gliederung**

| | |
|---|---|
| 1) Systematik, Regelungszweck, §§ 976 a–c ................... 1 | C. Zuständigkeit des Niederlegungsgerichts ................................. 9 |
| 2) Geltungsbereich, §§ 796 a–c .......... 2 | 5) Antrag auf Vollstreckbarerklärung, I .. 10 |
| 3) Anwaltsvergleich, I .................... 3–6 | 6) Unanwendbarkeit bei Willenserklärung bzw Wohnmiete, II ................. 11 |
| A. Vergleich .......................... 3 | |
| B. Unterwerfungserklärung ............. 4 | 7) Ablehnung bei Unwirksamkeit oder Verstoß gegen die öffentliche Ordnung, III ................. 12–14 |
| C. Anwaltstätigkeit ..................... 5 | |
| D. Form .............................. 6 | |
| 4) Niederlegung, I ....................... 7–9 | 8) VwGO ................................ 15 |
| A. Urschrift, Ausfertigung ............. 7 | |
| B. Angabe des Vergleichsdatums ......... 8 | |

**1) Systematik, Regelungszweck, §§ 796 a–c.** Die Vorschriften regeln die Vollstreckbarkeit des sog 1 Anwaltsvergleichs, einer Form des außergerichtlichen Vergleichs im Sinn von § 779 BGB, Anh § 307 Rn 1, die den Zweck hat, ein Erkenntnisverfahren über einen im Vergleich geregelten Anspruch zu erübrigen und ohne entsprechende Entscheidung des Spruchrichters sogleich aus dem Vergleich die Zwangsvollstreckung betreiben zu können. Man hält eine solche Abkürzung für vertretbar, soweit auf Seiten aller Vergleichspartner Anwälte als deren Bevollmächtigte, §§ 164 ff BGB, gehandelt haben und soweit sich der Schuldner im Vergleich der Zwangsvollstreckung unterworfen hat. Diese Form des Gerichtsatzes hat sich in der Praxis (früher in § 1044 b aF angesiedelt) grundsätzlich bewährt. Der Anwaltsvergleich dient also der Prozeßwirtschaftlichkeit, Grdz 14 vor § 128, indem er den ganzen Prozeß unnötig macht. Dabei müssen aber gerade vor Beginn der Zwangsvollstreckung im Interesse der Rechtssicherheit, Einl III, einige formelle Mindestkontrollen eingebaut werden, um endgültigen Schaden aus einem nichtrichterlichen Titel zu vermeiden. Das alles ist bei der Auslegung mitzubeachten.

**2) Geltungsbereich, §§ 796 a–c.** Die Vorschriften gelten nur für den Anwaltsvergleich im Sinn von 2 § 796 a I, mag er nun beim Gericht niedergelegt oder nach § 796 c I 1 beim Notar verwahrt sein. Für einen mit oder ohne Mitwirkung eines oder mehrerer Anwälte geschlossenen Vergleich gilt § 794 I Z 1, für einen nicht gerade nach § 796 a I zustande gekommenen außergerichtlichen Vergleich muß man einen gesonderten Vollstreckungstitel erstreiten, für den Schiedsspruch mit vereinbartem Wortlaut (früher: Schiedsvergleich), § 1053 I, gelten §§ 1060, 1061. § 796 a gilt nicht im arbeitsgerichtlichen Verfahren, Düss MDR *97*, 660 (zum alten Recht).

**3) Anwaltsvergleich, I.** Die Vollstreckbarerklärung setzt jede der folgenden Bedingungen voraus. 3

**A. Vergleich.** Es muß sich um einen außergerichtlichen Vergleich im Sinn von § 779 BGB handeln, Geimer DNotZ *91*, 275, Hansens AnwBl *91*, 113 (je zum alten Recht). Da der Anwaltsvergleich ein Privatrechtsgeschäft ist, hat der Streit um die Rechtsnatur des Prozeßvergleichs, Anh § 307 Rn 3, hier keine Bedeutung. Zur Wirksamkeit Rn 12, 13.

**B. Unterwerfungserklärung.** Der Schuldner muß sich im Vergleich („darin"), also nicht erst später, es 4 sei denn in einer rückwirkend vereinbarten Ergänzung, Geimer DNotz *91*, 276 (zum alten Recht), der sofortigen Zwangsvollstreckung unterworfen haben, wie bei § 800 Rn 4. Anders als nach § 794 I Z 5 kann Gegenstand der Unterwerfung jeder einer Vollstreckung zugängliche Anspruch sein. Für die Erklärung gilt das in § 794 Rn 36 ff Gesagte entsprechend.

**C. Anwaltstätigkeit.** Für einen jeden am Vergleich Beteiligten muß ein Anwalt als dessen Bevollmäch- 5 tigter („im Namen und mit Vollmacht"), § 164 BGB, nicht §§ 80 ff ZPO, beim Abschluß des Vergleichs. Eine bloße sonstige Mitwirkung, etwa Beratung, Anwesenheit, zeitweise Hinzuziehung, reicht jetzt ebensowenig wie die bloße Unterschrift, sei es neben, sei es anstelle der Partei. Freilich kann letztere zur Annahme einer Anscheins- oder Duldungsvollmacht führen, zu ihnen PalH § 173 BGB Rn 9 ff. Eine Prozeßvollmacht reicht weder aus noch ist sie nötig, es liegt ja gerade kein Prozeß vor, Rn 3. Andererseits braucht der Anwalt nicht schon am Zustandekommen der Vergleichsreife mitgewirkt zu haben; es reicht und ist notwendig, daß er ihn (als Bevollmächtigter) „abgeschlossen", also für diese Partei die zum Vergleich führende Willenserklärung abgegeben hat. Besteht eine Partei aus mehreren Personen, so muß für jede derselben oder ein jeweils eigener Anwalt den Vergleich mitabgeschlossen haben.

Der Anwalt muß *zugelassen* bzw zur Berufsausübung vor Ort berechtigt sein, §§ 206, 207 BRAO, Anh I § 155 GVG, SchlAnh VII. Eine etwa im Rahmen eines Prozeßvergleichs, Anh § 307, zustandegekommene Vereinbarung muß, um (auch) als Anwaltsvergleich nach I wirken zu können, zum Bestandteil einer außergerichtlichen Anwaltsvereinbarung nach I gemacht worden sein, Hansens AnwBl *91*, 114 (zum alten Recht).

**D. Form.** Aus I ergibt sich, daß Anwaltsvergleich die Schriftform erforderlich ist. Zur Eigenhändig- 6 keit der Unterschriften § 129 Rn 8 ff. Besteht eine Partei aus mehreren Personen, Rn 5, so muß jeder der beteiligten Anwälte auch mitunterschrieben haben. Der Anwaltsvergleich ersetzt, anders als der Prozeßvergleich, Anh § 307, nicht eine etwa nach dem sachlichen Recht erforderliche besondere Form, so daß § 127 a BGB auf ihn nicht anwendbar ist; hat er zu einem Grundstücksverkauf zum Gegenstand, so bedarf es schon aus diesem Grunde und im übrigen auch wegen II, Rn 11, seiner notariellen Beurkundung und deren Vollstreckbarerklärung nach § 794 I Z 5 usw, Geimer DNotZ *91*, 275, Ziege NJW *91*, 1581 (je zum alten Recht). Eine notarielle Beurkundung, bei der ja auch die Parteien unterschreiben, reicht aus, soweit eben für jeden Vergleichspartner anwaltliche Beteiligung und Unterschrift vorliegt. Stellvertretung ist wie sonst zulässig.

**4) Niederlegung, I.** Der nach Rn 3–6 zustandegekommene Vergleich nebst etwaigen ebenso zustande- 7 gekommenen Ergänzungen oder Berichtigungen muß wie folgt niedergelegt worden sein.

**A. Urschrift, Ausfertigung.** Die Urschrift oder (im Fall notarieller Beurkundung) Ausfertigung muß niedergelegt worden sein, also dem Gericht zur dauernden Verwahrung übergeben worden sein. Die Übergabe muß zwar eindeutig ebenfalls im Namen und mit Vollmacht aller Vergleichspartner erfolgt sein, denn I läßt die Zulässigkeit der Vollstreckbarerklärung eben auch von einer wirksamen Niederlegung abhängen; es wäre aber Formalismus, auch unter dem Übergabe- (Begleit-)schreiben die Unterschriften sämtlicher am Vergleichsabschluß beteiligten Anwälte zu fordern. Freilich ist eine im Vergleich vereinbarte Vollmacht auf den Übergeber, Niederleger ratsam, um Zweifel zu beseitigen, daß die übrigen Partner schon und noch auch mit der Niederlegung einverstanden sind, Geimer DNotZ **91**, 279 (zum alten Recht).

**8** **B. Angabe des Vergleichsdatums.** Bei der Niederlegung muß der Tag des Zustandekommens des Anwaltsvergleichs angegeben worden sein. Das gilt natürlich nur für den gewiß seltenen Fall, daß der Vergleichstext das Datum nicht enthielt.

**9** **C. Zuständigkeit des Niederlegungsgerichts.** Der Anwaltsvergleich muß gerade bei einem Amtsgericht niedergelegt worden sein, bei dem eine der Parteien zur Zeit des Vergleichsabschlusses, Rn 8, ihren allgemeinen Gerichtsstand hatte, §§ 12–19, nicht §§ 20 ff. Unter mehreren danach zuständigen Gerichten haben die Vergleichspartner und für sie der zur Niederlegung Befugte die Wahl, § 35. §§ 36, 37 sind anwendbar. Das sollte für § 38 gelten. Es genügt, daß sich bei alledem die Zuständigkeit des angerufenen Amtsgerichts aus dem allgemeinen Gerichtsstand auch nur *eines* Vergleichspartners ergibt. Es ist ratsam, schon im Vergleich das Niederlegungsgericht genau zu bezeichnen, Lindemann AnwBl **92**, 457 (zum alten Recht).

**10** **5) Antrag auf Vollstreckbarerklärung, I.** Eine Vollstreckbarkeit wird vom Gericht nur „auf Antrag einer Partei" erklärt, also nicht von Amts wegen. Der Antrag ist als solcher nicht formbedürftig; er kann daher auch ohne Hinziehung eines Anwalts (wegen § 78 III auch ohne Anwaltszwang) oder gar eines der am Vergleichsabschluß beteiligten Anwälte und sogar stillschweigend erfolgen. Die bloße Niederlegung ist sicher meist, keineswegs aber stets auch als Antrag auszulegen, denn die Vergleichspartner können sehr wohl ein schutzwürdiges Interesse daran haben, das Druckmittel einer Vollstreckbarerklärung nicht sogleich einzusetzen, auch aus Kostengründen. Der Antrag ist nicht fristgebunden. Er ist als Partei „prozeß"-handlung im weiteren Sinn nach den Regeln Grdz 47 vor § 128 auslegbar, denn es liegt insofern ja etwas anderes als ein sachlichrechtliches Geschäft im Sinn von Grdz 48 ff vor § 128 vor. Der Antrag braucht nicht an das Niederlegungsgericht gerichtet zu sein. Ist er an dieses gerichtet, so gibt dieses ihn unverzüglich, vgl § 129 a II, an das für die Vollstreckbarerklärung nach § 796 b I zuständige Gericht ab und unterrichtet den Niederleger oder Antragsteller davon. Das weitere Verfahren richtet sich nach III und nach § 796 b.

**11** **6) Unanwendbarkeit bei Willenserklärung bzw Wohnmiete, II.** Die Vorschrift entspricht dem § 794 I Z 5. Soweit ein Vergleich auf die Abgabe einer Willenserklärung gerichtet ist, gilt unabhängig davon, ob er in den Formen eines Anwaltsvergleichs geschlossen wurde, I nicht, so daß keine Vollstreckbarerklärung nach §§ 796 a, b erfolgen darf. Denn insoweit kommt es für die Vollstreckbarkeit nur auf § 894 an. Als Ausnahme von I ist II eng auszulegen. Alles das gilt ferner, soweit der Anwaltsvergleich den Bestand eines Mietverhältnisses über Wohnraum betrifft. Über einen solchen Anspruch soll nur auf Grund eines staatlichen Vollstreckungstitels nach einem Erkenntnisverfahren eine Zwangsvollstreckung erfolgen dürfen. „Bestand eines Mietverhältnisses über Wohnraum" ist wie bei § 794 I Z 5, § 23 Z 2 a Hs 2 GVG zu beurteilen, dort Rn 6.

Freilich paßt die (unveränderte) Regelung nach § 794 a nicht ganz zu derjenigen nach II Hs 2. Indessen ist der Wortlaut der letzteren Vorschrift eindeutig.

**12** **7) Ablehnung bei Unwirksamkeit oder Verstoß gegen die öffentliche Ordnung, III.** Sprachlich in den Rechtsfolgen von II abweichend, der Sache nach ebenfalls auf die Unanwendbarkeit von I hinauslaufend gebietet III die Ablehnung der Vollstreckungserklärung selbst bei Erfüllung aller sonstigen Voraussetzungen von I, soweit der Anwaltsvergleich unwirksam ist, III Hs 1, weil sein Inhalt nicht vergleichsfähig ist, also nicht der Parteiherrschaft unterliegt, Grdz 18 vor § 128, Anh § 307 Rn 8 ff. Erst recht ist eine Antragszurückweisung notwendig, soweit eine der formellen Voraussetzungen von I fehlt und nicht behoben werden kann.

**13** Eine Ablehnung muß ferner erfolgen, soweit die Anerkennung des Vergleichs gegen die *öffentliche Ordnung* verstoßen würde, III Hs 2. In sprachlicher Abweichung von dem gleichzeitig eingeführten § 1059 II Z 2 b nennt § 796 a III nur den deutschsprachigen Begriff, nicht den internationalrechtlich üblichen ordre public, meint aber – im nationalen wie internationalen Anwaltsvergleich – der Sache nach dasselbe wie zB § 328 I Z 4, dort Rn 30 ff. Man sollte keine zu strengen Anforderungen stellen; das ganze Verfahren der §§ 796 a–c dient ja der Prozeßwirtschaftlichkeit im weitesten Sinn, Rn 1.

**14** Eine Ablehnung nach III läßt die etwaige *sachlichrechtliche* Wirksamkeit des Vergleichs unberührt.

**15** **8) VwGO:** Unanwendbar, weil der Anwaltsvergleich nach § 168 VwGO kein VollstrTitel ist. Wegen der Vollstr aus öff-rechtl Verträgen s §§ 61 VwVfG u 66 SGB X.

**796b** *Anwaltsvergleich. Gerichtliche Vollstreckbarerklärung.* [1]Für die Vollstreckbarerklärung nach § 796 a Abs. 1 ist das Gericht als Prozeßgericht zuständig, das für die gerichtliche Geltendmachung des zu vollstreckenden Anspruchs zuständig wäre.

II [1]Über den Antrag auf Vollstreckbarerklärung kann ohne mündliche Verhandlung entschieden werden; vor der Entscheidung ist der Gegner zu hören. [2]Die Entscheidung ergeht durch Beschluß. [3]Eine Anfechtung findet nicht statt.

**Vorbem.** Eingefügt dch Art 1 Z 4 SchiedsVfG v 22. 12. 97, BGBl 3224, in Kraft seit 1. 1. 98, Art 5 I SchiedsVfG, Übergangsrecht Art 4 § 1 SchiedsVfG.

1. Abschnitt. Allgemeine Vorschriften **§§ 796b, 796c**

**1) Systematik, Regelungszweck, I, II.** Vgl zunächst § 796 a Rn 1. Während § 796 a die Zulässigkeit 1 des vollstreckbaren Anwaltsvergleichs und die örtliche gerichtliche Zuständigkeit regelt, bestimmt § 796 b die gerichtliche sachliche und funktionelle Zuständigkeit für den Fall, daß die Vergleichspartner keine notarielle Verwahrung usw (nach § 796 c) vereinbart haben und daß der Vergleich daher beim Gericht niedergelegt ist, § 796 a I.

**2) Geltungsbereich, I, II.** Vgl § 796 a Rn 2. 2

**3) Zuständigkeit, I.** Für die Vollstreckbarerklärung des bei Gericht niedergelegten Anwaltsvergleichs ist 3 dasjenige Gericht sachlich zuständig, das für eine Geltendmachung des zu vollstreckenden Anspruchs im Erkenntnisverfahren sachlich zuständig wäre. Diese Zuständigkeit richtet sich also nach §§ 23 ff, 71 GVG. Ob danach eine ausschließliche Zuständigkeit vorliegt, richtet sich (anders als bei § 796 a I) nicht nach § 802, denn dort wird nur der Gerichtsstand erfaßt, also die örtliche Zuständigkeit.

Die am Anwaltsvergleich Beteiligten können die sachliche Zuständigkeit insofern auch bei der Vollstreckbarerklärung beeinflussen, als nach II in mündlicher Verhandlung oder schriftsätzlich ein *Rügeverzicht* nach den zu § 295 entwickelten Regeln (hier entsprechend anwendbar) möglich ist, zumal die Vollstreckbarerklärung ja noch nicht zur Vollstreckung gehört, obwohl sie im 8. Buch geregelt ist, Grdz 51 vor § 704.

Das sachlich zuständige Gericht entscheidet nach dem klaren Wortlaut von I *„als Prozeßgericht"*, also nicht 4 als Vollstreckungsgericht im Sinn von § 764. Es entscheidet durch den bzw die Richter, nicht durch den Rpfl (§ 796 b wird in § 20 Z 17 RPflG, Anh § 153 GVG, nicht erfaßt, da es dort auf die funktionelle Zuständigkeit des Vollstreckungsgerichts ankommt).

Soweit in einer *Ehe- oder Familiensache*, §§ 606 ff, überhaupt ein Anwaltsvergleich nach § 796 a wirksam 5 zustandekommen kann (oder unter Verstoß zB gegen § 796 a III nun einmal geschlossen und gerichtlich niedergelegt wurde), ist das Familiengericht zuständig.

**4) Verfahren, II 1.** Das Gericht prüft die besonderen Voraussetzungen der Wirksamkeit des Anwaltsver- 6 gleichs nach § 796 a in vollem Umfang, Geimer DNotZ **91**, 281, insbesonsdere die zwingenden Versagungsgründe nach § 796 a III, dort Rn 12, 13. Der Verpflichtete darf auch ohne die Grenze des § 767 II Einwendungen gegen den Anspruch selbst erheben, Ziege NJW **91**, 1582, aM Geimer DNotZ **91**, 282 (je zum alten Recht).

Eine *mündliche Verhandlung* ist zulässig, aber nicht erforderlich, § 128 Rn 5. Stets ist aber das rechtliche Gehör zu gewähren, Art 103 I GG, § 796 b II 1 Hs 2.

**5) Entscheidung, II 2.** Das Prozeßgericht entscheidet in voller Besetzung durch einen Beschluß, ent- 7 weder etwa so: „Der Vergleich vom ... wird für vollstreckbar erklärt", oder auf Zurückweisung des Antrags. Der Beschluß ist ungeachtet seiner Unanfechtbarkeit, II 3, wenigstens stichwortartig zu begründen, soweit irgendeine Unklarheit bestand (Anstandspflicht), § 329 Rn 4, 6. Kosten: Des Gerichts: KV 1647, Hartmann Teil I; des Notars: § 148 a I 1 KostO, Hartmann Teil III; des Anwalts: §§ 46, 132 II 3 BRAGO. Festsetzung: Jedenfalls ab Vollstreckbarerklärung §§ 103 ff, § 19 BRAGO, aM Mü RR **97**, 1294 (zum alten Recht; aber es liegt nun ein Titel vor).

**6) Unanfechtbarkeit, II 3.** Die Entscheidung ist nach dem klaren Wortlaut von II 3 unanfechtbar. Da 8 der Richter und nicht der Rpfl zuständig ist, Rn 4, ist auch nicht etwa § 11 II 1 RPflG anwendbar. Mangels Vollstreckbarerklärung bleibt nur die Verfassungsbeschwerde oder entweder der Weg über § 796 c oder ein neuzuschaffender Titel. Zur verfassungsrechtlichen Folgeproblematik Münzberg NJW **99**, 1359.

**7) VwGO:** Vgl § 796 a Rn 15. 9

**796c** *Anwaltsvergleich. Notarielle Zuständigkeit.* I ¹Mit Zustimmung der Parteien kann ein Vergleich ferner von einem Notar, der seinen Amtssitz im Bezirk eines nach § 796 a Abs. 1 zuständigen Gerichts hat, in Verwahrung genommen und für vollstreckbar erklärt werden. ²Die §§ 796 a und 796 b gelten entsprechend.

II ¹Lehnt der Notar die Vollstreckbarerklärung ab, ist dies zu begründen. ²Die Ablehnung durch den Notar kann mit dem Antrag auf gerichtliche Entscheidung bei dem nach § 796 b Abs. 1 zuständigen Gericht angefochten werden.

**Vorbem.** Eingefügt dch Art 1 Z 4 SchiedsVfG v 22. 12. 97, BGBl 3224, in Kraft seit 1. 1. 98, Art 5 I SchiedsVfG, Übergangsrecht Art 4 § 1 SchiedsVfG.

**1) Systematik, Regelungszweck, I, II.** Vgl § 796 a Rn 1. 1

**2) Geltungsbereich, I, II.** Vgl § 796 a Rn 2. 2

**3) Notarielle Verwahrung und Vollstreckbarerklärung, I.** Statt der in § 796 a I als Regelfall vorgese- 3 henen Niederlegung des Anwaltsvergleichs bei Gericht nebst gerichtlicher Vollstreckbarerklärung können die Parteien auch eine notarielle Verwahrung und Vollstreckbarerklärung vereinbaren.

**A. Zustimmung der Parteien, I 1.** Alle am Anwaltsvergleich Beteiligten, hier „Parteien" genannt, müssen der notariellen Verwahrung usw zugestimmt haben. Das kann im Vergleich oder später geschehen sein. Die Zustimmungen müssen schriftlich oder durch Erklärungen gegenüber dem nach I 1 örtlich zuständigen Notar erfolgt sein, Hansens AnwBl **91**, 115 (zum alten Recht). Die einmal erklärte Zustimmung darf nicht einseitig widerrufen werden. Die Mitwirkung eines Anwalts auch bei der Zustimmung ist nicht erforderlich, das gehört aber wegen § 796 a I praktisch doch stets nötig. Eine Anfechtung wegen Irrtums usw, §§ 119 ff BGB, ist wie sonst denkbar.

**B. Zuständigkeit des Notars, I 1.** Der von den Parteien ausgewählte Notar muß seinen Amtssitz im 4 Bezirk eines nach § 796 a I zuständigen Gerichts haben, § 796 a Rn 9. Ein Mangel der Zuständigkeit berührt freilich die Wirksamkeit einer notariellen Vollstreckbarerklärung nicht, weil der Notar hier einen Staatsakt im weiteren Sinn vornimmt, Üb 10 vor § 300, Geimer DNotZ **91**, 273.

**5** **C. Verwahrung, I 1.** Der nach Rn 4 zuständige Notar hat den nach Rn 3 zustandegekommenen Anwaltsvergleich zu verwahren, also die Urschrift wie diejenige einer eigenen Urkunde zu behandeln, § 25 I BNotO, Hansens AnwBl **91**, 115 (zum alten Recht). Er darf eine Verwahrung nur wegen Unzuständigkeit ablehnen; II erfaßt nur die Ablehnung einer anschließenden Vollstreckbarerklärung. Verwahrung und Vollstreckbarerklärung müssen keineswegs, dürfen aber sehr wohl zeitlich zusammenfallen.

**6** **D. Vollstreckbarerklärung, I 1, 2.** Der nach Rn 4 zuständige Notar hat zugleich mit oder zeitlich nach seiner Verwahrung, Rn 5, den Anwaltsvergleich für (nicht nur vorläufig, sondern endgültig) vollstreckbar zu erklären, soweit er dazu auch nach den gemäß I 2 entsprechend anwendbaren §§ 796 a, b überhaupt befugt ist, vgl zu diesen Vorschriften dort. Seine Entscheidung lautet etwa: „Vorstehender Anwaltsvergleich wird gemäß § 796 c Abs 1 Satz 1 ZPO für vollstreckbar erklärt", Hansens AnwBl **91**, 115, Huchel MDR **93**, 943 (je zum alten Recht). Die Vollstreckbarerklärung ist allen am Anwaltsvergleich Beteiligten, den „Parteien" im Sinn von I, vom Notar zuzustellen, § 20 I 2 BNotO, §§ 270 I, 329 III, Geimer DNotZ **91**, 274.

Gegen die Vollstreckbarerklärung ist *kein Rechtsbehelf* statthaft; das ergibt sich aus der Verweisung in I 2 auf § 796 b II 3, dort Rn 8.

**7** **4) Ablehnung der Vollstreckbarerklärung, II 1.** Soweit die Voraussetzungen einer Vollstreckbarerklärung nach I nicht vorliegen, aus welchen Gründen auch immer, darf und muß der nach Rn 4 zuständige Notar die Vollstreckbarerklärung des bei ihm verwahrten Anwaltsvergleichs ablehnen. Er hält dabei infolge der Verweisung von I 2 (der auch im Verfahren auf Ablehnung mitgilt) auf § 796 b II 1, 2 das dort genannte Verfahren ein; er muß die Ablehnung gemäß II 1 begründen, auch § 329 Rn 4, und zwar so, daß das im Fall einer Anfechtung nach II 2 zuständige Gericht die Ablehnungserwägungen nachvollziehen kann. Auch die Ablehnungsentscheidung ist nebst Begründung den am Anwaltsvergleich Beteiligten vom Notar zuzustellen, wie bei Rn 6.

**8** **5) Antrag auf gerichtliche Entscheidung, II 2.** Soweit der Notar die Vollstreckbarerklärung abgelehnt hat, Rn 7, kann jeder Betroffene bei dem nach § 796 b I zuständigen Gericht die Entscheidung des Notars durch einen Antrag auf gerichtliche Entscheidung anfechten. Das ist (jetzt) der in dieser Situation allein zulässige Rechtsbehelf; die zum alten Recht entstandenen Streitfragen sind überholt. Das danach zuständige Gericht verfährt unter Mitbeachtung der in § 796 a III genannten Ablehnungsgründe wie bei § 796 b II.

Die *Entscheidung des Gerichts* lautet auf Zurückweisung des Antrags oder unter Aufhebung der Ablehnung des Notars auf eine Vollstreckbarerklärung wie bei Rn 6. Das Gericht sollte seine Entscheidung trotz ihrer Unanfechtbarkeit, die sich zumindest entsprechend § 796 b II 3 ergibt, dort Rn 8, wegen seiner Anstandspflicht eine wenigstens stichwortartige Begründung geben, § 329 Rn 4.

**9** **6) Kosten, I, II.** Gebühren des Gerichts: keine (KV 1647 erwähnt nur §§ 796 a, b); des Notars: für Verwahrung nebst Vollstreckbarerklärung oder deren Ablehnung 1/2 Gebühr, § 148 a I 1 KostO; Wert: § 148 a II KostO; für die Erteilung vollstreckbarer Ausfertigungen: §§ 133 (entsprechend) in Verbindung mit § 148 a I 2 KostO; des Anwalts: §§ 46, 118 II 2, 132 II 3 BRAGO.

**797** *Verfahren bei vollstreckbaren Urkunden.* <sup>I</sup>Die vollstreckbare Ausfertigung gerichtlicher Urkunden wird von dem Urkundsbeamten der Geschäftsstelle des Gerichts erteilt, das die Urkunde verwahrt.

<sup>II</sup> ¹Die vollstreckbare Ausfertigung notarieller Urkunden wird von dem Notar erteilt, der die Urkunde verwahrt. ²Befindet sich die Urkunde in der Verwahrung einer Behörde, so hat diese die vollstreckbare Ausfertigung zu erteilen.

<sup>III</sup> Die Entscheidung über Einwendungen, welche die Zulässigkeit der Vollstreckungsklausel betreffen, sowie die Entscheidung über Erteilung einer weiteren vollstreckbaren Ausfertigung wird bei gerichtlichen Urkunden von dem im ersten Absatz bezeichneten Gericht, bei notariellen Urkunden von dem Amtsgericht getroffen, in dessen Bezirk der im zweiten Absatz bezeichnete Notar oder die daselbst bezeichnete Behörde den Amtssitz hat.

<sup>IV</sup> Auf die Geltendmachung von Einwendungen, die den Anspruch selbst betreffen, ist die beschränkende Vorschrift des § 767 Abs. 2 nicht anzuwenden.

<sup>V</sup> Für Klagen auf Erteilung der Vollstreckungsklausel sowie für Klagen, durch welche die den Anspruch selbst betreffenden Einwendungen geltend gemacht werden oder der bei der Erteilung der Vollstreckungsklausel als bewiesen angenommene Eintritt der Voraussetzung für die Erteilung der Vollstreckungsklausel bestritten wird, ist das Gericht, bei dem der Schuldner im Inland seinen allgemeinen Gerichtsstand hat, und sonst das Gericht zuständig, bei dem nach § 23 gegen den Schuldner Klage erhoben werden kann.

<sup>VI</sup> Auf Beschlüsse nach § 796 c sind die Absätze 2 bis 5 entsprechend anzuwenden.

**Vorbem.** VI idF Art 1 Z 5 SchiedsVfG v 22. 12. 97, BGBl 3224, in kraft seit 1. 1. 98, Art 5 I SchiedsVfG, Übergangsrecht Art 4 § 1 SchiedsVfG.

**Schrifttum:** Vgl bei § 794.

1. Abschnitt. Allgemeine Vorschriften § 797

**Gliederung**

| | | | |
|---|---|---|---|
| 1) **Systematik, Regelungszweck, I–VI** ... | 1 | A. Gegen die Vollstreckungsklausel ....... | 7, 8 |
| 2) **Erteilung der Klausel, I, II** ............. | 2–6 | B. Gegen den Anspruch ................. | 9 |
| A. Verfahrensüberblick .................. | 2 | 4) **Zuständigkeit, V** ...................... | 10, 11 |
| B. Gerichtliche Urkunde ............... | 3 | A. Örtliche Zuständigkeit .............. | 10 |
| C. Notarielle Urkunde .................. | 4–5 | B. Sachliche Zuständigkeit ............. | 11 |
| D. Sonstige Urkunde .................... | 6 | 5) **Entsprechende Anwendbarkeit, VI** .... | 12 |
| 3) **Einwendungen, weitere vollstreckbare Ausfertigung, III, IV** .................. | 7–9 | 6) *VwGO* ................................ | 13 |

**1) Systematik, Regelungszweck, I–VI.** Die Vorschrift enthält in ihrem Geltungsbereich eine Reihe **1** unterschiedlich gearteter Sonderregeln, und zwar haben Vorrang: I, II gegenüber § 724 II (allerdings hat für den Vergleich vor einer Gütestelle § 797 a nochmals Vorrang); III gegenüber § 732; IV gegenüber dem dort ja direkt abbedungenen § 767 II; V gegenüber §§ 731, 767 I; VI entsprechend beim notariell verwahrten Anwaltsvergleich nach §§ 796 a I, 796 c I. Zweck ist die Anpassung der Vollstreckung aus den in §§ 794 ff genannten Urkunden an die Vollstreckung aus den in § 704 genannten Urteilen. Soweit „das Gericht" zuständig ist, gelten ergänzend § 764 (sachliche Zuständigkeit des Vollstreckungsgerichts), § 801 (Ausschließlichkeitsklausel) und § 20 Z 17 RPflG, Anh § 153 GVG (funktionelle Zuständigkeit). Die Zuständigkeitsbestimmungen dienen der Rechtssicherheit, Einl III 43, und sind daher streng auszulegen, auch soweit sie den Notar betreffen; IV ist als Schuldnerschutzregel zu seinen Gunsten auszulegen, da hier der Vorrang der Gerechtigkeit vor der Rechtskraft (Präklusion) betont wird.

**2) Erteilung der Klausel, I, II.** Es kommt auf die Urkundenart an. **2**
**A. Verfahrensüberblick.** Das Gericht erteilt die vollstreckbare Ausfertigung in jedem Fall nach der ZPO. Die Erteilung ist vor der Entstehung des Anspruchs zulässig, wenn die Zwangsvollstreckung nach dem Inhalt der Urkunde nicht von einer durch den Gläubiger zu beweisenden Entstehung abhängt. Über die Zulässigkeit der Klage trotz einer vollstreckbaren Urkunde § 794 Rn 2. Die vollstreckbare Ausfertigung einer Urkunde, in der sich ein Vertreter der sofortigen Zwangsvollstreckung unterworfen hat, ist nur auf Grund eines Nachweises der Vollmacht durch eine öffentliche oder eine öffentlich beglaubigte Urkunde zu erteilen, LG Bonn Rpfleger 90, 374, Zawar Festschrift für Lüke (1997) 995. Das Gericht bzw der Notar haben das Bestehen eines sachlichrechtlichen Anspruchs im Verfahren auf die Erteilung der vollstreckbaren Ausfertigung nicht zu prüfen, Ffm OLGZ 94, 502, Wolfsteiner DNotZ 99, 104. Wenn ein sachlichrechtlicher Anspruch fehlt, ist § 767 anwendbar. Das Grundbuchamt prüft den sachlichen Inhalt der Urkunde auf seine Eintragungsfähigkeit, nicht aber die Erteilung der Klausel.

**B. Gerichtliche Urkunde.** Gemeint sind nur die vollstreckbaren Urkunden des § 794 I Z 5, nicht **3** Prozeßvergleiche, Anh § 307, § 794 I Z 1, auf die § 797 nicht paßt, StJM 1, ThP 2, ZöStö 1, aM AG Königswinter FamRZ 89, 1201.
*Nicht anwendbar* ist § 797 ferner auf Beschlüsse, § 329. Zuständig zur Erteilung der Vollstreckungsklausel ist stets die Geschäftsstelle desjenigen Gerichts, das die Urkunde verwahrt. Das gilt auch dann, wenn dessen Zuständigkeit zur Beurkundung selbst entfallen ist, §§ 68 I, 52 BeurkG. § 730 ist zu beachten. Innerhalb der Geschäftsstelle ist der Urkundsbeamte oder der Rpfl zuständig, § 724 Rn 6. I gilt auch dann, wenn ein anderes Gericht die Urkunde in Ausübung seiner Rechtshilfe aufgenommen hat, falls jenes Gericht die Urkunde in Urschrift übersandt hat.
*Gebühren:* Des Gerichts keine, außer nach § 133 KostO; des RA §§ 57, 58 II Z 1 BRAGO.

**C. Notarielle Urkunde.** Auch notarielle Urkunden bedürfen der Vollstreckungsklausel. Die Klausel wird **4** von demjenigen Notar erteilt, der die Urkunde verwahrt, II, § 52 BeurkG. Wegen eines Widerrufs des Schuldners LG Lüneb NJW 74, 506. Ein Notar, der den Vollstreckungsauftrag vom Gläubiger als Anwalt angenommen hat, darf keine Vollstreckungsklausel erteilen. Wenn er sie doch erteilt, muß sie auf eine Einwendung des Schuldners, Rn 7, aufgehoben werden. Wenn der Notar die Erteilung der Klausel ablehnt, was bei begründetem Zweifel an der Wirksamkeit des beurkundeten Geschäfts statthaft ist, KG DNotZ **91**, 764, ebenso dann, wenn der sachlichrechtliche Anspruch offensichtlich nicht (mehr) besteht, BayObLG FGPrax **98**, 40, dann ist die Beschwerde zum LG seines Amtssitzes zulässig, § 54 BeurkG, BayObLG FGPrax **98**, 40.
Das *Verfahren* richtet sich sodann nach §§ 20 ff FGG. Gegen die Entscheidung des LG ist die weitere Beschwerde zulässig, §§ 27 ff FGG, BayObLG NJW **70**, 1800, KG OLGZ **71**, 108. Im Beschwerdeverfahren entstehen keine Kosten zu Lasten des Notars. Denn er ist nicht gemäß § 13 a FGG beteiligt, anders aber nach § 156 KostO, BayObLG **72**, 3. Der Schuldner hat gegen die Erteilung der Vollstreckungsklausel ein Antragsrecht, III, § 732 Rn 4. Dies gilt auch dann, wenn das LG den Notar angewiesen hatte, eine vollstreckbare Ausfertigung oder eine Vollstreckungsklausel zu erteilen. Dann hat er aber keine weitere Beschwerde, Ffm MDR **97**, 974.
Wenn der Notar die Urkunde *nicht verwahrt*, weil sein Amt erloschen oder sein Amtssitz in einen anderen **5** AGBezirk verlegt worden ist, dann ist die Verwaltungsbehörde zur Erteilung der Vollstreckungsklausel zuständig, II, § 52 BeurkG. Früher bestand insofern eine landesgesetzliche Regelung. Durch § 39 RNotO wurde das AG reichsrechtlich zur Verwahrungsort bestimmt. Daraus folgt, daß sich die Rechtsmittel aus dem FGG ergeben. Denn es handelt sich um eine durch ein Reichsgesetz übertragene Angelegenheit der freiwilligen Gerichtsbarkeit im Sinne von § 1 FGG. Auch nach § 51 I BNotO werden die Notariatsakten beim AG des bisherigen Sitzes verwahrt, soweit nicht der Präsident des OLG die Verwahrung bei einem anderen AG angeordnet hat. Dieses gilt auch für die Erteilung von Ausfertigungen und Abschriften, § 45 II BNotO, und zwar nach den Vorschriften über die Erteilung von Ausfertigungen und Abschriften von gerichtlichen Urkunden, § 45 IV 2 in Verbindung mit § 51 I 3 BNotO und mit V 3. Die Verwahrung erfolgt im Staatsarchiv, das in Abänderung von § 797 II als erteilende Behörde ausscheidet.

## §§ 797, 797a    8. Buch. Zwangsvollstreckung

Zur Erteilung ist der *Rechtspfleger* des verwahrenden Gerichts zuständig, § 20 Z 13 RPflG, Anh § 153 GVG. Wenn sich der Rpfl weigert, eine vollstreckbare Ausfertigung zu erteilen, ist gemäß § 11 I RPflG, Anh § 153 GVG, die Beschwerde nach § 54 BeurkG und die weitere Beschwerde nach §§ 27 ff FGG statthaft, so schon Ffm Rpfleger **81**, 314. Wenn der Notar abwesend ist, wenn ihm kein Vertreter bestellt wurde und wenn er seine Akten auch nicht in die amtliche Verwahrung gegeben hat, gilt entsprechendes, § 45 III BNotO. Die Kanzlei des Notars ist in keinem Fall zur Erteilung der vollstreckbaren Ausfertigung ermächtigt. Vgl in solcher Situation III.

6  **D. Sonstige Urkunde.** Zuständig für die Erteilung der Vollstreckungsklausel ist im allgemeinen der Beurkundende, zB das Jugendamt nach der Beurkundung einer Unterhaltsverpflichtung, § 116 SGB V.

7  **3) Einwendungen, weitere vollstreckbare Ausfertigung, III, IV.** Es kommt auf den Gegenstand an.
**A. Gegen die Vollstreckungsklausel.** Über die Einwendungen gegen die Zulässigkeit der Vollstreckungsklausel § 732 und Ffm Rpfleger **81**, 314. Dies gilt zB dann, wenn ein ausgeschlossener Notar die Klausel erteilt hatte oder wenn eine Vollstreckung vertragswidrig vorzeitig begonnen hat. Wenn eine Unterwerfung für unwirksam erklärt wurde, ist keine Vollstreckungsabwehrklage statthaft, sondern vielmehr eine Entscheidung durch Beschluß zu treffen, § 329, BGH RR **87**, 1149. Es entscheidet bei einer gerichtlichen Urkunde das Gericht, bei der sie verwahrt wird, bei einer notariellen Urkunde das AG des Amtssitzes des Notars, Düss DNotZ **77**, 572, Rn 3; bei einer sonstigen Urkunde im allgemeinen das AG des Beurkundenden, zB des Jugendamts nach dem SGB V.

8  Die Erteilung einer *weiteren* vollstreckbaren Ausfertigung selbst fällt bei einer gerichtlichen Urkunde in die Zuständigkeit des Rpfl, § 20 Z 13 RPflG, Anh § 153 GVG, bei einer notariellen in die Zuständigkeit des Notars, Düss DNotZ **77**, 572, aM LG Bln MDR **99**, 703 (ebenfalls der Rpfl). Entsprechend der Zuständigkeit für die Erteilung einer weiteren Ausfertigung sind die Bewilligung einer öffentlichen Zustellung nach §§ 203 ff oder ein Zustellungsersuchen in das Ausland zu behandeln, §§ 199 ff, BayObLG RR **90**, 64. Das Verfahren verläuft nicht etwa nach dem FGG, sondern nach §§ 795, 732, BayObLG RR **90**, 64, Ffm OLGZ **82**, 202, LG Bln MDR **99**, 703.

9  **B. Gegen den Anspruch.** Für die Vollstreckungsabwehrklage entfällt naturgemäß die Möglichkeit, Einwendungen nach § 767 II abzuschneiden, BAG KTS **90**, 124. Es sind anders als bei einem Prozeßvergleich bei der ersten Vollstreckungsabwehrklage gegen die Urkunde sämtliche sachlichrechtlichen Einwendungen zulässig, BGH **118**, 235, Düss Rpfleger **77**, 67, Hamm RR **87**, 1331, § 795 Rn 11. Unzulässig sind solche Einwendungen wegen der sachlichrechtlichen Mängelheilung, BGH NJW **85**, 2423, und bei einer weiteren Vollstreckungsabwehrklage, BGH KTS **86**, 666 (§ 767 II, krit Münzberg ZZP **87**, 454). Wegen Volljährigkeit beim Regelunterhalt § 798 a.

10  **4) Zuständigkeit, V.** Örtliche und sachliche sind zu unterscheiden.
**A. Örtliche Zuständigkeit.** Für die Klagen nach §§ 731, 767, 768 ist gemäß § 802 örtlich ausschließlich zunächst das Gericht des allgemeinen Gerichtsstands des Schuldners zuständig, §§ 13–19. Wenn bei mehreren Schuldnern kein gemeinsamer allgemeiner Gerichtsstand vorliegt, muß dann das zuständige Gericht entsprechend § 36 bestimmbar sein. Denn der Gerichtsstand richtet sich hier nach dem Kläger, StJM **23**, ZöStö **8**, aM BGH NJW **91**, 2910, BayObLG RR **93**, 511, ZöV § 35 Rn 1. Hilfsweise ist das Gericht des Gerichtsstands des Vermögens des Schuldners zuständig, § 23. Diese Gerichtsstände gehen dem dinglichen Gerichtsstand der §§ 24 ff vor, nicht aber dem Gerichtsstand des § 800 III.

11  **B. Sachliche Zuständigkeit.** Die sachliche Zuständigkeit richtet sich nach dem Streitwert. Als Streitwert gilt der Wert des zu vollstreckenden Anspruchs, § 3. § 23 GVG ist entsprechend anwendbar. Deshalb ist für eine Vollstreckungsabwehrklage gegen eine Verpflichtungsurkunde vor dem Jugendamt immer das AG zuständig. In einer Familiensache, §§ 606 ff, ist das FamG zuständig, BayObLG FamRZ **91**, 1455. Die Kammer für Handelssachen oder das ArbG sind in keinem Fall zuständig. Unstatthaft ist eine Klage gegen den Notar oder eine Behörde. In einer Arbeitssache ist das ArbG zuständig, Ffm MDR **85**, 331.

12  **5) Entsprechende Anwendbarkeit, VI.** II–V sind auf Beschlüsse nach § 796 c entsprechend anwendbar. Es muß sich also um einen solchen Vergleich im Sinne von § 796 a (sog Anwaltsvergleich) handeln, den ein Notar mit Zustimmung der Parteien in Verwahrung genommen und für vollstreckbar erklärt hat, § 796 c I 1. Soweit ein Vergleich zwar nach § 796 a I zustandegekommen, aber eben nicht notariell nach § 796 c I behandelt worden ist, ist § 794 I Z 4 b anwendbar, § 794 Rn 20.

13  **6) VwGO:** Unanwendbar, weil im VerwProzeß eine vollstreckbare Urkunde kein Vollstreckungstitel ist, § 168 I VwGO, § 794 Rn 61; vollstreckt aus einer solchen Urkunde aus unmittelbar nach ZPO, OVG Münst NJW **93**, 2766 mwN. Wird die Herausgabe einer solchen Urkunde begehrt, begründer V für die Klage nicht den Zivilrechtsweg, BVerwG NJW **95**, 1105. Wegen der Vollstreckung aus öffentlich-rechtlichen Verträgen vgl §§ 61 VwVfG u 66 SGB X, BVerwG 8 C 32.93; s dazu auch § 794 Rn 61.

**797a** **Verfahren bei Vergleichen der Gütestellen.** ¹ Bei Vergleichen, die vor Gütestellen der im § 794 Abs. 1 Nr. 1 bezeichneten Art geschlossen sind, wird die Vollstreckungsklausel von dem Urkundsbeamten der Geschäftsstelle desjenigen Amtsgerichts erteilt, in dessen Bezirk die Gütestelle ihren Sitz hat.

II Über Einwendungen, welche die Zulässigkeit der Vollstreckungsklausel betreffen, entscheidet das im Absatz 1 bezeichnete Gericht.

III § 797 Abs. 5 gilt entsprechend.

1. Abschnitt. Allgemeine Vorschriften **§§ 797a, 798**

**IV** ¹Die Landesjustizverwaltung kann Vorsteher von Gütestellen ermächtigen, die Vollstreckungsklausel für Vergleiche zu erteilen, die vor der Gütestelle geschlossen sind. ²Die Ermächtigung erstreckt sich nicht auf die Fälle des § 726 Abs. 1, der §§ 727 bis 729 und des § 733. ³Über Einwendungen, welche die Zulässigkeit der Vollstreckungsklausel betreffen, entscheidet das im Absatz 1 bezeichnete Gericht.

**1) Systematik, Regelungszweck, I–IV.** Die Vorschrift erfaßt innerhalb der in § 794 I Z 1 genannten **1** Vergleiche denjenigen vor einer sog Gütestelle und schafft für das Verfahren auf die Erteilung der Vollstreckungsklausel (nur) für diesen Fall eine sowohl gegenüber § 724 II als auch gegenüber § 795 vorrangige Sonderzuständigkeit usw, entspricht im übrigen weitgehend dem § 797, sodaß die dortigen Anmerkungen entsprechend mitverwertbar sind, auch zum Regelungszweck.

**2) Erteilung der Klausel, I, IV.** Der Urkundsbeamte der Geschäftsstelle des Gerichts am Sitz der **2** Gütestelle stellt eine Ausfertigung des Vergleichs her und versieht sie mit der Vollstreckungsklausel. Die Ermächtigung erstreckt sich nicht auf die Fälle, in denen die Vollstreckungsklausel nach § 20 Z 12, 13 RPflG, Anh § 153 GVG, von dem Rpfl erteilt wird.
  *Gebühren:* Des Gerichts keine; des RA §§ 57, 58 II Z 1 BRAGO.
  Die *Justizverwaltung* kann die Vorsteher von Gütestellen, § 794 Rn 4, zur Erteilung der Vollstreckungsklausel ermächtigen. Die Verwaltung muß den Vorstehern dabei ein Dienstsiegel verleihen, § 725. Wenn der ermächtigte Vorsteher die Erteilung der Klausel ablehnt, entscheidet das AG. Die Ermächtigung erteilt: dem Vorsitzenden der Hamburger Vergleichsstelle, § 3 VO v 4. 2. 46, VOBl 13, Hbg FamRZ **84**, 69; dem Vorsitzenden der Lübecker Vergleichsstelle, AVJM v 4. 8. 49, SchlHA 279, und v 17. 12. 52, SchlHA 53, 9; dem Vorsitzenden der Münchener, Traunsteiner und Würzburger Schlichtungsstelle, Bek v 31. 7. 94, BayJMBl 146, Bethke DRiZ **94**, 17.

**3) Rechtsbehelfe, II, III, IV.** Über Einwendungen aus § 732 entscheidet immer das Gericht des Sitzes **3** der Gütestelle. Dieses Gericht ist auch für die Bewilligung einer öffentlichen Zustellung, §§ 203 ff, und für ein Zustellungsersuchen in das Ausland zuständig, §§ 199 ff. § 797 V ist entsprechend anwendbar. Für Klagen aus §§ 731, 767, 768 ist also das Gericht des allgemeinen Gerichtsstands des Schuldners, §§ 12 ff, hilfsweise das Gericht des Gerichtsstands des Vermögens ausschließlich örtlich zuständig, §§ 24 ff. § 797 IV ist zwar nicht anwendbar. Trotzdem entfallen auch hier die Beschränkungen des § 767 II. Denn ein Vergleich vor der Gütestelle, § 794 Rn 4, ist einem Prozeßvergleich ebenbürtig, § 794 I Z 1.

**4) Entsprechende Anwendung, I–IV.** § 797 a gilt entsprechend für einen Vergleich vor einer Eini- **4** gungsstelle nach § 27 a UWG, ebenso in einer Zugabe- oder Rabattsache. Der Vorsitzende erteilt die Klausel unter Beidrückung des Siegels oder Stempels des Amts. Ausgenommen sind die Fälle IV 2.

**5) *VwGO*:** Unanwendbar, weil im VerwProzeß ein Vergleich der Gütestelle kein Vollstreckungstitel ist, § 168 I **5** VwGO. Aus einem solchen Vergleich wird also unmittelbar nach ZPO vollstreckt, vgl § 797 Rn 13.

**798** *Wartefrist.* Aus einem Kostenfestsetzungsbeschluß, der nicht auf das Urteil gesetzt ist, aus Beschlüssen nach § 794 Abs. 1 Nr. 2 a und § 794 Abs. 1 Nr. 4 b sowie aus den nach § 794 Abs. 1 Nr. 5 aufgenommenen Urkunden darf die Zwangsvollstreckung nur beginnen, wenn der Schuldtitel mindestens zwei Wochen vorher zugestellt ist.

**Vorbem.** Fassg Art 1 Z 6 SchiedsVfG v 22. 12. 97, BGBl 3224, in Kraft seit 1. 1. 98, Art 5 I SchiedsVfG, Übergangsrecht Art 4 § 1 SchiedsVfG.

**1) Systematik, Regelungszweck.** Ist der Kostenfestsetzungsbeschluß im vereinfachten Verfahren nach **1** § 105 auf das Urteil gesetzt worden, so ist er nach § 795 a ohne eine Wartefrist zu vollstrecken. Es genügt dann die Zustellung des Beschlusses im Zeitpunkt des Beginns der Zwangsvollstreckung, § 750 I 1. Bei einer Reihe anderer Arten von Vollstreckungstiteln müssen nach § 798 bis zum Beginn der Zwangsvollstreckung aus dem Beschluß in vorrangiger Abweichung von § 750 I 1, jedoch ähnlich dem § 750 III, mindestens zwei Wochen verstreichen, LG Bln VersR **88**, 252, AG Ehingen DGVZ **81**, 91 (der Gläubiger soll den nicht unterrichteten Schuldner nicht überrumpeln), Ostler ZRP **81**, 59. Im Sonderfall gilt § 798 a gilt die dortige noch längere Wartefrist.

**2) Geltungsbereich.** Eine Wartefrist ist in jedem der folgenden Fälle erforderlich. **2**

**A. §§ 720 a, 750 III.** Eine Wartefrist ist nach § 750 III im Falle einer Zwangsvollstreckung aus § 720 a (2 Wochen) erforderlich. Die Vorschrift ist unabdingbar, Grdz 27 vor § 704 „Verzicht des Schuldners", Schilken DGVZ **97**, 84 (Vorabverzicht).

**B. § 794 Z 2.** Eine Wartefrist ist erforderlich, wenn die Zwangsvollstreckung aus einem solchen Kostenfestsetzungsbeschluß stattfindet, der nicht nach § 105 auf das Urteil gesetzt wurde (sonst gilt Rn 1).

**C. § 794 b.** Eine Wartefrist ist erforderlich, wenn die Zwangsvollstreckung aus einem Beschluß der in § 794 I Z 2 a genannten Art stattfindet, § 794 Rn 13.

**D. § 794 I Z 4 b.** Eine Wartefrist ist erforderlich, wenn die Zwangsvollstreckung aus einem sog Anwaltsvergleich stattfindet, der nach § 796 a Abs 1 einem Urteil gleichsteht und nach § 796 c I 1 vom Notar für vollstreckbar erklärt worden ist. Bei einem Vergleich anderer Art ist jedenfalls nicht schon nach § 798 eine Wartefrist erforderlich, sondern allenfalls auf Grund einer in ihm vereinbarten, LG Bochum DGVZ **92**, 28.

**E. § 794 I Z 5.** Eine Wartefrist ist erforderlich, wenn die Zwangsvollstreckung aus einer vollstreckbaren Urkunde stattfindet, § 794 I Z 5, auch aus einer Urkunde nach § 794 II.

## §§ 798–799   8. Buch. Zwangsvollstreckung

**F. HZPrÜbk.** Eine Wartefrist ist erforderlich, wenn die Zwangsvollstreckung aus einer für vollstreckbar erklärten Kostenentscheidung nach § 7 AusfG zum HZPrÜbk stattfindet, SchlAnh V.

**G. § 155 KostO.** Eine Wartefrist ist bei einer Vollstreckung aus einer für vollstreckbar erklärten Kostenrechnung des Notars erforderlich, § 155 KostO. Sie ist evtl vorher zu berichtigen oder bei der Vollstreckungsklausel mit einem einschränkenden Vermerk zu versehen, Hamm Rpfleger **73**, 440.

3  **3) Unanwendbarkeit.** § 798 ist nicht entsprechend anwendbar. Die Vorschrift ist bei einer Vorpfändung unanwendbar, § 845 Rn 13.

4  **4) Fristberechnung.** Die Wartefrist ist keine Notfrist nach § 224 I 2. Sie kann nicht verlängert werden, auch nicht um die Laufzeit einer Überweisung usw, LG Itzehoe MDR **74**, 1024, aM AG Bln-Charlottenb DGVZ **88**, 127, AG Ellwangen DGVZ **92**, 45 (vgl aber wegen der Kosten § 788 Rn 52). Sie darf auch nicht abgekürzt werden. Gegen die Versäumung der Frist gibt es keine Wiedereinsetzung in den vorigen Stand nach § 233. Die Frist wird nach § 222 berechnet. Die Zwangsvollstreckung kann also am fünfzehnten Tag nach dem Tag der Zustellung beginnen, sofern dieser fünfzehnte Tag kein Sonntag noch ein allgemeiner Feiertag ist. Zweckmäßig ist die Rückkehr der Zustellungsurkunde abzuwarten. Die Urkunden über eine etwa notwendige Sicherheitsleistung kann der Gläubiger dem Schuldner beim Beginn der Zwangsvollstreckung zustellen lassen.

5  **5) Rechtsbehelf.** Bei einem Verstoß ist lediglich eine Erinnerung nach § 766 statthaft, Einf 2–5 vor §§ 750–751, Hamm NJW **74**, 1516 (eine Heilung durch einen Fristablauf erfolgt auch dann, wenn der Verstoß vorher gerügt wurde).

6  **6) VwGO:** *Entsprechend anwendbar, § 167 I VwGO, für Kostenfestsetzungsbeschlüsse, die auch im VerwProzeß Vollstreckungstitel sind, § 168 I Nr 4 VwGO, s § 794 Rn 61.*

**798a** *Kein Einwand früherer Minderjährigkeit.* **Soweit der Verpflichtete dem Kind nach Vollendung des achtzehnten Lebensjahres Unterhalt zu gewähren hat, kann gegen den in einem Urteil oder in einem Schuldtitel nach § 794 festgestellten Anspruch auf Unterhalt im Sinne des § 1612 a des Bürgerlichen Gesetzbuchs nicht eingewendet werden, daß Minderjährigkeit nicht mehr besteht.**

**Vorbem.** Fassg Art 3 Z 13 KindUG v 6. 4. 98, BGBl 666, in Kraft seit 1. 7. 98, Art 8 II 1 KindUG, ÜbergangsR Art 5 KindUG.

1  **1) Systematik, Regelungszweck.** Die Vorschrift stellt eine gegenüber §§ 767, 797 III, IV vorrangige Sonderregelung in ihrem Geltungsbereich dar, Rn 2. Sie dient freilich denselben Zielen wie jene anderen Bestimmungen, die vielfach auch beim Regelunterhalt anwendbar bleiben, da § 798 a nur eine einzelne Einwendungsart erfaßt. Deshalb ist diese Vorschrift eng auszulegen.

2  **2) Geltungsbereich.** Es geht innerhalb einer Zwangsvollstreckung aus einem Vollstreckungstitel auf Zahlung von Regelunterhalt, § 1612 a BGB, um die besondere Situation, daß der Schuldner auch über die Zeitgrenze der Minderjährigkeit hinaus für die Folgezeit zahlen muß, auf Grund welchen weiteren Titels auch immer und sogar ohne solchen, zunächst noch „nur" nach sachlichem Recht, und daß nun wenigstens der Schuldnereinwand erfolgen könnte, der Gläubiger sei ja mittlerweile volljährig, so daß jedenfalls der Titel nach § 1612 a BGB mit der Vollstreckungsabwehrklage bekämpft werden könnte. Diese eine Einwendungsmöglichkeit schneidet § 798 a ab; alle anderen bleiben wie sonst bestehen.

3  **3) Unbeachtlichkeit der Volljährigkeit.** Im Geltungsbereich Rn 2 kann der Schuldner die weitere (restliche) Vollstreckung aus der Zeit vor Volljährigkeit wie hinterher auf Grund des nach § 1612 a BGB vom Gläubiger erworbenen Titels nicht mehr erfolgreich nur mit dem Einwand des Eintritts der Volljährigkeit des Gläubigers bekämpfen. Das ist von Amts wegen zu beachten, Grdz 39, 40 (nicht 38) vor § 128.

4  **4) Verstoß.** Soweit das Gericht dem Einwand der Volljährigkeit entgegen § 798 a stattgegeben hat, bleibt es je nach seiner Entscheidungsform und nach der Beschwer des Schuldners bei den sonstigen Rechtsbehelfen.

**799** *Zwangsvollstreckung aus vollstreckbaren Urkunden für Rechtsnachfolger.* **Hat sich der Eigentümer eines mit einer Hypothek, einer Grundschuld oder einer Rentenschuld belasteten Grundstücks in einer nach § 794 Abs. 1 Nr. 5 aufgenommenen Urkunde der sofortigen Zwangsvollstreckung unterworfen und ist dem Rechtsnachfolger des Gläubigers eine vollstreckbare Ausfertigung erteilt, so ist die Zustellung der die Rechtsnachfolge nachweisenden öffentlichen oder öffentlich beglaubigten Urkunde nicht erforderlich, wenn der Rechtsnachfolger als Gläubiger im Grundbuch eingetragen ist.**

1  **1) Systematik, Regelungszweck.** Ein eingetragener Rechtsnachfolger eines Hypothekengläubigers, eines Grundschuldgläubigers oder eines Rentenschuldgläubigers benötigt zur Zwangsvollstreckung keine Zustellung derjenigen Urkunden an den Eigentümer, die die Rechtsnachfolge beweisen. Denn dem Eigentümer ist die Eintragung nach § 55 GBO bekanntgegeben worden. Wenn das Grundbuchamt diese Bekanntgabe versäumt hat, dann schadet das dem Gläubiger nicht.

2  **2) Geltungsbereich.** Die Vorschrift gilt in dem in § 1 genannten Bereich, nicht bei einer bloßen Umschreibung des Hypothekenbriefs oder gegenüber einem rein persönlichen Schuldner.

3  **3) VwGO:** *Vgl § 797 Rn 13.*

## § 800

**800** *Vollstreckungsurkunde gegen den jeweiligen Eigentümer.* I [1]Der Eigentümer kann sich in einer nach § 794 Abs. 1 Nr. 5 aufgenommenen Urkunde in Ansehung einer Hypothek, einer Grundschuld oder einer Rentenschuld der sofortigen Zwangsvollstreckung in der Weise unterwerfen, daß die Zwangsvollstreckung aus der Urkunde gegen den jeweiligen Eigentümer des Grundstücks zulässig sein soll. [2]Die Unterwerfung bedarf in diesem Falle der Eintragung in das Grundbuch.

II Bei der Zwangsvollstreckung gegen einen späteren Eigentümer, der im Grundbuch eingetragen ist, bedarf es nicht der Zustellung der den Erwerb des Eigentums nachweisenden öffentlichen oder öffentlich beglaubigten Urkunde.

III Ist die sofortige Zwangsvollstreckung gegen den jeweiligen Eigentümer zulässig, so ist für die im § 797 Abs. 5 bezeichneten Klagen das Gericht zuständig, in dessen Bezirk das Grundstück belegen ist.

**Schrifttum:** *Bellinger,* Die Bezugnahme in notariellen Urkunden, 1987; *Zawar,* Zur Unterwerfungsklausel in der vollstreckbaren Urkunde, Festschrift für *Lüke* (1997) 993.

### Gliederung

| | |
|---|---|
| 1) Systematik, Regelungszweck, I–III ... 1 | 5) Zwangsvollstreckung, II ............. 8, 9 |
| 2) Geltungsbereich, I ...................... 2, 3 | 6) Zuständigkeit, III ..................... 10 |
| 3) Rechtsnatur der Unterwerfung, I ...... 4 | 7) VwGO ................................... 11 |
| 4) Eintragungsbedürftigkeit, I ........... 5–7 | |

**1) Systematik, Regelungszweck, I–III.** § 800 erweitert den § 794 I Z 5 dahin, daß sich der Grund- **1** stückseigentümer, evtl auch der zukünftige, Rn 5, auch der Erbbauberechtigte, Köln Rpfleger **74,** 150, der sofortigen Zwangsvollstreckung mit einer dinglichen Wirkung gegenüber späteren Eigentümern unterwerfen kann. Diese Möglichkeit hat außerordentliche praktische Bedeutung. Ohne Unterwerfung nach § 800 wohl kaum noch ein dinglich abzusichernder Kredit. Das ist aus Gläubigersicht famos, aus Schuldnersicht wenig erfreulich und nicht selten auch sehr gefährlich, wenn der Gläubiger seine formell durch § 800 so erstarkte Stellung zur raschen Befriedigung auch solcher (Teil-)Forderungen nutzt, deren Berechtigung der Schuldner ernstlich bezweifeln kann. Diese Gefahr muß man bei der Auslegung trotz aller Vertragsfreiheit und aller daraus resultierenden Notwendigkeit von Vertragstreue des Schuldners sehr wohl mitbeachten. Arglist wäre ohnehin verboten, Einl III 54.

**2) Geltungsbereich.** Die Vorschrift ist auf Reallasten nicht anwendbar. Die Unterwerfung muß sich **2** grundsätzlich (Ausnahme Rn 6) eindeutig und ausdrücklich auf die gesamte dingliche Pflicht beziehen, BGH Rpfleger **91,** 15. Eine gleichzeitige Unterwerfung wegen der Schuld gegenüber dem Eigentümer persönlich ist auch unschädlich, Düss Rpfleger **77,** 68. Wegen einer persönlichen Schuld zugunsten des „künftigen Inhabers" KG DNotZ **75,** 718. Die Worte des Gesetzes müssen nicht unbedingt benutzt worden sein. Eine einseitige Erklärung genügt hier wie bei § 794 I Z 5, dort Rn 37.

*Ausreichend ist zB* die Formulierung „Wegen der Hypothek ist die sofortige Zwangsvollstreckung gegen den jeweiligen Eigentümer des Grundstücks zulässig"; oder: „Die jeweiligen Eigentümer unterliegen der sofortigen Zwangsvollstreckung"; oder: „Die Grundschuld samt Unterwerfungsklausel erstreckt sich auf das von mir inzwischen hinzuerworbene Objekt ...", BayObLG Rpfleger **92,** 196. Ausreichend kann auch eine Vollmacht des Verkäufers an den Käufer sein, im Zusammenhang mit einer Kaufpreisfinanzierung „den Eigentümer" dinglich zu unterwerfen, Düss Rpfleger **89,** 499.

*Nicht ausreichend ist zB* die Formulierung: „Wegen aller Zahlungsverpflichtungen aus der Urkunde ist die **3** sofortige Zwangsvollstreckung zulässig".

Evtl ist wegen des Zinsbeginns der *Eintragungszeitpunkt* zu vermerken, Stgt Rpfleger **73,** 222. Eine Unterwerfung kann auch dahingehend erfolgen, daß dem Gläubiger eine vollstreckbare Ausfertigung erteilt werden kann, ohne daß er das Entstehen und die Fälligkeit der Schuld nachweisen müsse, Düss Rpfleger **77,** 69. Zur Beweislastumkehr in einem solchen Fall BGH NJW **81,** 2756, aM Wolfsteiner NJW **82,** 2851. Wegen einer ausländischen Unterwerfung Geimer DNotZ **75,** 475.

**3) Rechtsnatur der Unterwerfung, I.** Die Unterwerfung ist eine einseitige Parteiprozeßhandlung, Grdz **4** 47 vor § 128, BGH **108,** 375 (im Ergebnis krit Wolfsteiner DNotZ **90,** 589) BayObLG Rpfleger **92,** 196 (auch zur Auslegbarkeit). Sie hat einen ausschließlich das Zustandekommen des Vollstreckungstitels gerichteten rein prozessualen Inhalt, BayObLG Rpfleger **92,** 99. Sie nimmt nicht am öffentlichen Glauben des Grundbuchs teil, BGH **108,** 375, Düss MDR **88,** 785. Sie stellt keine Verfügung über das Grundstück dar, Ffm DNotZ **72,** 85, Köln Rpfleger **80,** 223, LG Saarbr NJW **77,** 584 (abl Zawar, aM BayObLG Rpfleger **92,** 100 (entsprechende Anwendung zB von § 185 BGB). Die Unterwerfung setzt die Prozeßfähigkeit voraus, § 51. Sie ist bei jedem Güterstand zulässig. Bei einer Gütergemeinschaft ist die Zustimmung des nichtverwaltenden Ehegatten unnötig, da keine Verfügung über das Grundstück vorliegt. Der Bürovorsteher des Notars hat beim Verkauf und der Beleihung im Zweifel keine entsprechende Vollmacht, Düss MDR **88,** 785. Der Auflassungsempfänger kann die für den Veräußerer abgegebene Erklärung auch (stillschweigend) für sich selbst abgeben, Köln Rpfleger **91,** 14.

**4) Eintragungsbedürftigkeit, I.** Die Unterwerfung bedarf der Eintragung in das Grundbuch, BayObLG **5** DNotZ **87,** 216. Die Eintragung hat Bedeutung nur für die Frage, ob und unter welchen Voraussetzungen gegen den Grundstückserwerber im Fall der Einzelrechtsnachfolge eine vollstreckbare Ausfertigung erteilt werden kann, sie besagt also nichts über die Wirksamkeit des Vollstreckungstitels oder der Unterwerfungserklärung, BGH **108,** 375 (krit Wolfsteiner DNotZ **90,** 589). Zur Wirksamkeit reicht die gleichzeitige Eintragung als Eigentümer, BayObLG DNotZ **87,** 216, großzügiger Geimer DNotZ **96,** 1055, StJM 4 a. Eine bloße Bezugnahme auf die Eintragungsbewilligung genügt nicht. Die Unterwerfung ist nur dann eintragungsfähig, wenn auch die Hypothekenbestellung beurkundet worden ist, aM BGH **73**, 159. Eine Formulierung „vollstreckbar nach § 800 ZPO" reicht aus, Köln Rpfleger **74**, 150. Bei einer Vormerkung genügt die Bezugnahme auf die Eintragungsbewilligung.

**6** Der Grundeigentümer kann sich auch wegen eines *Teilbetrags* einer Gesamtschuld unterwerfen, soweit sie teilbar ist und soweit der Teil auch im Urkundenprozeß, §§ 592 ff, geltend gemacht werden kann, BGH **108**, 375 ff (krit Wolfsteiner DNotZ **90**, 589). Soweit sich der Grundeigentümer nur wegen eines letztrangigen Teils einer Grundschuld der sofortigen Zwangsvollstreckung unterwirft, tritt ebenfalls eine Teilung der Grundschuld ein, BGH **108**, 375 (krit Wolfsteiner DNotZ **90**, 589), LG Waldshut-Tiengen Rpfleger **95**, 15; der Gläubiger muß zunächst in der Form des § 29 GBO die Teilung bewilligen, bevor die Eintragung der Unterwerfung erfolgen kann, Hamm DNotZ **84**, 490. Soweit die Unterwerfung aber *ohne* eine Bestimmung über den Rang des Teilbetrags erfolgt, wohl aber dessen Teilbetrag bestimmt ist, ist eine Teilung der Grundschuld und eine Bewilligung ihres Gläubigers nicht erforderlich, BayObLG **85**, 477, Hamm NJW **87**, 1090 (krit Wolfsteiner DNotZ **88**, 234). Dasselbe gilt bei der Höchstbetragshypothek, BGH NJW **83**, 2262, BayObLG MDR **89**, 994 (krit Münch DNotZ **90**, 596), Ffm Rpfleger **77**, 220.

**7** Eine *Erweiterung* der Verpflichtung bedarf einer neuen Unterwerfung. Denn die Urkunde darf nur aus sich heraus ausgelegt werden. Andernfalls darf keine vollstreckbare Ausfertigung gegen den späteren Eigentümer erteilt werden, Opalka NJW **91**, 1797. Die Unterwerfung bei der Bestellung einer Hypothek erstreckt sich im Zweifel nicht auf eine nach der Tilgung der gesicherten Forderung entstehende Eigentümergrundschuld bzw bei deren Abtretung auf eine Fremdgrundschuld, BGH **108**, 375, Hamm Rpfleger **87**, 297, LG Bonn Rpfleger **98**, 34.

Die *Vollstreckungsklausel* wird durch eine Umstellung nicht berührt. Sie genießt den öffentlichen Glauben des Grundbuchs nicht. Deshalb ist eine Unterwerfung, die vor der Eröffnung des Insolvenzverfahrens erfolgte, nach der Eröffnung neu einzutragen. Bis zur Eintragung wirkt die Unterwerfung nur, aber eben auch bereits gegenüber dem Erklärenden, § 794 Rn 41, BGH NJW **81**, 2757.

**8** 5) **Zwangsvollstreckung, II.** Die Zwangsvollstreckung gegen einen später eingetragenen Eigentümer ist nur in das Grundstück zulässig, aber nicht in das sonstige Vermögen des Eigentümers oder des persönlichen Schuldners. Im übrigen richtet sich die Zwangsvollstreckung nach den gewöhnlichen Grundsätzen. Insbesondere ist der Vollstreckungsschuldner in der Klausel mit seinem Namen zu bezeichnen. Die Vollstreckungsklausel muß dem Vollstreckungsschuldner zugestellt werden. Entbehrlich ist nur eine Zustellung derjenigen Urkunden, die den Eigentumserwerb nachweisen. Denn dieser Erwerb ist aus dem Grundbuch erkennbar.

**9** *Spätere Vereinbarungen,* die die Urkunde nicht ausweist, dürfen bei der Erteilung der Vollstreckungsklausel nicht beachtet werden. Der Schuldner muß insofern eine Vollstreckungsabwehrklage erheben, §§ 767, 797 V, 800 III. Das Recht geht nicht mit der Hypothek auf den persönlichen Schuldner über, wenn er den Gläubiger befriedigt, § 1164 BGB. Wenn eine Hypothek wegen einer Nichtvalutierung zu einer Eigentümergrundschuld geworden ist, dann darf dem Pfändungs- und Überweisungsgläubiger keine vollstreckbare Ausfertigung erteilt werden. Denn er ist kein Rechtsnachfolger.

**10** 6) **Zuständigkeit, III.** Für Klagen aus §§ 731, 767, 768 ist gemäß § 802 das Gericht des dinglichen Gerichtsstands nach § 24 ausschließlich zuständig. Das gilt auch für den persönlichen Anspruch. Denn mehrere ausschließliche Gerichtsstände sind für den persönlichen und dinglichen Anspruch nicht möglich, und § 800 geht als Sondervorschrift vor, StJM 8, ThP 7, aM KG RR **89**, 1408 (§ 797 V gelte jedenfalls, soweit die Vollstreckung nur wegen der persönlichen Ansprüche erfolge), MüKoWo 40 (gespaltene Zuständigkeit), Wolfsteiner, Die vollstreckbare Urkunde (1978) Rn 59.13.

**11** 7) *VwGO:* Vgl § 797 Rn 13.

## 800a Vollstreckungsurkunde bei Schiffshypothek.
¹Die Vorschriften der §§ 799, 800 gelten für eingetragene Schiffe und Schiffsbauwerke, die mit einer Schiffshypothek belastet sind, entsprechend.

II Ist die sofortige Zwangsvollstreckung gegen den jeweiligen Eigentümer zulässig, so ist für die im § 797 Abs. 5 bezeichneten Klagen das Gericht zuständig, in dessen Bezirk das Register für das Schiff oder das Schiffsbauwerk geführt wird.

**1** 1) **Geltungsbereich, I, II.** § 800a macht die §§ 799 ff auf Schiffe und Schiffsbauwerke anwendbar, die mit einer Schiffshypothek belastet sind. Die Vorschrift bestimmt ferner den Gerichtsstand für Klagen nach §§ 731, 767, 768 im Falle des § 800. § 800a gilt sinngemäß für Luftfahrzeuge und für Registerpfandrechte an Luftfahrzeugen, § 99 I LuftfzRG.

**2** 2) *VwGO:* Vgl § 797 Rn 13.

## 801 Landesrechtliche Schuldtitel.
Die Landesgesetzgebung ist nicht gehindert, auf Grund anderer als der in den §§ 704, 794 bezeichneten Schuldtitel die gerichtliche Zwangsvollstreckung zuzulassen und insoweit von diesem Gesetz abweichende Vorschriften über die Zwangsvollstreckung zu treffen.

**1** 1) **Geltungsbereich.** Landesrechtliche Vollstreckungstitel sind im ganzen Bundesgebiet vollstreckbar, VO v 15. 4. 37, RGBl 466. In Betracht kommt zB ein Vergleich vor dem Schiedsmann, Drischler Rpfleger **84**,

308, oder ein Titel betr Oldenburg usw, LG Bonn DGVZ 97, 125. Rechtspolitisch Schmidt – von Rhein DGVZ 84, 99.

**2) *VwGO:*** *Unanwendbar, da die Vollstreckungstitel, die eine gerichtliche Zwangsvollstreckung zulassen, in § 168 I 2 VwGO abschließend aufgezählt sind.*

**802** *Gerichtsstände sind ausschließlich.* **Die in diesem Buche angeordneten Gerichtsstände sind ausschließliche.**

**Schrifttum:** *Gaede,* Zuständigkeitsmängel und ihre Folgen nach der ZPO, 1989.

**1) Systematik, Regelungszweck.** Nach § 40 II ist eine ausschließliche Zuständigkeit mit den dort genannten Folgen zulässig. § 802 stellt einen Fall gesetzlicher ausschließlicher Zuständigkeit dar, der die in der Zwangsvollstreckung ohnehin nur eingeschränkte Parteiherrschaft, Grdz 7 vor § 704, an dieser Stelle ausschließt. Deshalb ist § 802 strikt anzuwenden. Die Vorschrift dient der Rechtssicherheit, Einl III 43. **1**

**2) Geltungsbereich.** Sachlich und örtlich sind die Gerichtsstände des 8. Buches ausschließlich, Üb 14 vor § 12. Wenn sich indessen die sachliche Zuständigkeit nur nach dem Streitwert, §§ 3 ff, richtet und wenn das Gesetz nicht ausdrücklich das Prozeßgericht der ersten Instanz für zuständig erklärt, dann ist je nach dem Streitwert das AG oder das LG zuständig und die sachliche Zuständigkeit nicht ausschließlich, insofern unklar AG Düss MDR 85, 151. Denn insoweit liegt eine Prozeßfrage vor und keine Frage der Zwangsvollstreckung. Beim Zusammentreffen mit dem ebenfalls ausschließlichen Gerichtsstand des § 621 II 1 ist der Sachzusammenhang entscheidend, Hbg FamZR 84, 69, aM BGH FamRZ 80, 346 (zuständig sei dasjenige Gericht, das den Vollstreckungstitel geschaffen hat). § 36 I Z 6 ist anwendbar, Hbg FamRZ 84, 68. **2**

**3) Verstoß.** Bei einem Verstoß gegen die sachliche Zuständigkeit ist die Zwangsvollstreckung insoweit völlig unwirksam. Bei einem Verstoß gegen die örtliche Zuständigkeit und gegenüber einem Urteil sind nur die sonst statthaften Rechtsbehelfe möglich, Grdz 56 vor § 704. **3**

**4) *VwGO:*** Gilt entspr, RedOe § 167 Rn 2, i ü sind die Gerichtsstände der VwGO ohnehin ausschließlich, Üb § 38 Rn 11. **4**

## Zweiter Abschnitt. Zwangsvollstreckung wegen Geldforderungen

### Grundzüge

**Schrifttum:** *Bachmann,* Fremdwährungsschulden in der Zwangsvollstreckung (rechtsvergleichend), 1994.

**Gliederung**

| | | | | |
|---|---|---|---|---|
| 1) Systematik, Regelungszweck | 1 | B. Ausnahmen | | 5 |
| 2) Geltungsbereich | 2 | 5) **Wahlrecht des Gläubigers** | | 6 |
| A. Geldablieferung | 2 | 6) **Wahlrecht des Schuldners** | | 7, 8 |
| B. Ablieferung sonstigen Erlöses | 2 | A. Zwischen übertragbaren und unübertragbaren Forderungen | | 7 |
| C. Hinterlegung | 2 | B. Zwischen übertragbaren Forderungen | | 7 |
| D. Leistung an Dritten | 2 | 7) **Wahlrecht des Drittschuldners** | | 8 |
| 3) Vollstreckungsarten | 3 | 8) *VwGO* | | 9 |
| 4) Vollstreckungsumfang | 4, 5 | | | |
| A. Grundsatz: Gesamtvermögen des Schuldners | 4 | | | |

**1) Systematik, Regelungszweck.** Die ZPO teilt die Gebiete der Zwangsvollstreckung ein in die Zwangsvollstreckung wegen Geldforderungen, §§ 803–882 a, und auf Herausgabe von Sachen und Erwirkung von Handlungen und Unterlassungen, §§ 883–898. Was sich nicht unter diese Begriffe bringen läßt, ist nicht vollstreckbar. **1**

*Geldforderung* ist eine Forderung auf Leistung, einer Geldsumme, aber auch die Haftung für eine Geldleistung als Duldungsschuldner zB auf Grund eines Pfandrechts oder Grundpfandrechts oder auf die Zahlung an einen Dritten und auf die Hinterlegung einer bestimmten Geldsumme oder als Anfechtungsgegner nach dem AnfG oder der KO. Auch eine Forderung auf Leistung in ECU reicht aus, Siebelt/Häde NJW 92, 15. Ist die Forderung in ausländischer Währung bestimmt, dazu Bachmann (vor Rn 1), so ist zwar noch nicht im Verfahren nach § 722 eine Umrechnung vorzunehmen, § 722 Rn 3; es liegt aber in Zweifel eine Umrechnungsschuld vor, also eine Geldschuld, und die Zwangsvollstreckung erfolgt bei einem jetzt umrechenbaren Vollstreckungstitel (Wertschuld) nach §§ 803 ff, Düss NJW 88, 2185. Keine Geldforderung liegt vor bei einer wahren Geldsortenschuld, bei der nur in bestimmten Münzen oder Wertzeichen zu leisten ist und bei der die Zwangsvollstreckung nach §§ 884, 893 erfolgt, Düss NJW 88, 2185, LG Nürnb-Fürth DGVZ 83, 189. Einzelheiten Maier-Reimer NJW 85, 2053, Schmidt ZZP 98, 46.

Der mit § 803 beginnende 2. Abschnitt des 8. Buchs ist *in 4 Titel unterteilt:* 1. Die Vollstreckung in das bewegliche Vermögen, §§ 803–863; 2. diejenige in das unbewegliche Vermögen, §§ 864–871; 3. das Vertei-

**Grundz § 803** 8. Buch. Zwangsvollstreckung. 2. Abschnitt. ZwV wegen Geldforderungen

lungsverfahren, §§ 872–882; 4. diejenige gegen juristische Personen des öffentlichen Rechts, § 882 a. Die Zwangsvollstreckung wegen einer Geldforderung, in der Praxis wohl der zumindest nach der Zahl der Fälle wichtigste Zweig des gesamten Vollstreckungsrechts, kann sich als außerordentlich *mühsam* und mit einem hohen weiteren Kostenrisiko des Gläubigers behaftet entwickeln. Andererseits setzt der *Sozialstaat*, Art 20 I GG, den Zugriffsmöglichkeiten des noch so auf sein Geld angewiesenen Gläubigers Grenzen, auch um zu verhindern, daß die Gemeinschaft der Bürger über ihre Steuern die aus Sozialmitteln zu erbringenden Leistungen an den Verarmten letzthin zumindest auch zur Befriedigung des oder der einzelnen Gläubiger finanzieren muß. Das alles sollte weder zugunsten der einen noch zugunsten der anderen Partei überbetont werden, sondern zu einer die individuelle Gerechtigkeit als einen, die Sozialsicherheit als einen anderen Eckpfeiler des modernen Rechtsstaats achtenden behutsamen Abwägung bei der Auslegung führen, Einl III 9.

2   **2) Geltungsbereich.** Abschnitt 2 ist in jedem der folgenden Fälle anwendbar.

   **A. Geldablieferung.** Die Vorschriften gelten, soweit beigetriebenes Geld dem Gläubiger abzuliefern ist.

   **B. Ablieferung sonstigen Erlöses.** Die Vorschriften gelten ferner, soweit andere Vermögensstücke des Schuldners verwertet werden und der Gläubiger den Erlös erhält.

   **C. Hinterlegung.** Die Vorschriften gelten ferner, soweit der Gläubiger das beigetriebene Geld oder den Erlös zunächst nicht erhält, weil er aus prozessualen Gründen zu hinterlegen ist, Düss FamRZ **84**, 704, zB bei einer Abwendungserlaubnis nach §§ 711, 712 I, 720, oder weil der Titel die Leistung nur an den Gläubiger gemeinsam mit anderen, etwa Miterben, zuläßt.

   **D. Leistung an Dritten.** Die Vorschriften gelten schließlich, soweit an einen Dritten zu leisten ist, zB an die Frau des klagenden Ehemanns. Ein Urteil auf eine Sicherheitsleistung schlechthin ist nach § 887 zu vollstrecken; wegen des Anspruchs auf die Befreiung von einer Schuld § 887 Rn 2.

3   **3) Vollstreckungsarten.** Die Zwangsvollstreckung in bewegliche Sachen geschieht immer durch eine Pfändung, § 803 I 1, und eine Verwertung, §§ 835 ff, in Liegenschaften durch eine Beschlagnahme und eine Verwertung durch eine Zwangsversteigerung oder Zwangsverwaltung, § 866 I, und/oder durch eine Pfändung in Form der Zwangshypothek ohne eine Verwertung, §§ 866 I, 867. Früchte auf dem Halm, nach sachlichem Recht Bestandteile des Grundstücks, gelten dafür als bewegliche Sachen, § 810.

4   **4) Vollstreckungsumfang.** Ein Grundsatz hat Ausnahmen.

   **A. Grundsatz: Gesamtvermögen des Schuldners.** Der Zwangsvollstreckung unterliegt regelmäßig das gesamte Vermögen des Schuldners, auch zB dasjenige eines Ausländers im Inland, BVerfG **64**, 22 (auch zur völkerrechtlichen Problematik gegenüber einem ausländischen Staatsvermögen im Inland).

5   **B. Ausnahmen.** Die Vollstreckung wird begrenzt, soweit bereits der Titel die Zwangsvollstreckung sachlich einengt, wie der bei Haftungsbeschränkung des Erben. Der beschränkt Haftende muß die Beschränkung durch Klage nach § 785 geltend machen. Eine Begrenzung tritt ferner ein, soweit sich die Zwangsvollstreckung gegen eine Partei kraft Amts, Grdz 8 vor § 50, richtet; dort haftet ohne weiteres nur das verwaltete fremde Vermögen. Eine Vollstreckungsbegrenzung tritt ferner ein, soweit der Eigentümer nur als solcher verurteilt ist, also bei der Hypothek oder Grundschuld. Eine Vollstreckungsbegrenzung ergibt sich schließlich bei Liegenschaften nach Art des Titels, § 866 III. Gegen Kopfschuldner, § 100 Rn 29, ist entsprechend der Haftung zu vollstrecken; Gesamtschuldner, § 100 Rn 27, haften aufs Ganze auch in der Zwangsvollstreckung.

6   **5) Wahlrecht des Gläubigers.** Bei einer Wahlschuld, §§ 262 ff BGB, darf der Gläubiger bis zum Beginn der Zwangsvollstreckung, Grdz 51 vor § 704, wählen oder sein Wahlrecht durch das Vollstreckungsorgan ausüben.

7   **6) Wahlrecht des Schuldners.** Maßgebend ist die Forderungsart.

   **A. Zwischen übertragbaren und unübertragbaren Forderungen:** Es reicht bis zum Beginn der Zwangsvollstreckung, Grdz 51 vor § 704. Ist es bis dann nicht ausgeübt, so darf der Gläubiger nach eigener Wahl in eine der freistehenden Leistungen vollstrecken. Der Schuldner darf dann nicht mehr wörtlich wählen, darf sich aber durch die von ihm nunmehr gewählte tatsächliche Leistung befreien, § 264 I BGB. Genügt diese Leistung nicht zur vollen Befriedigung des Gläubigers wegen des Hauptanspruchs und der Kosten, so darf der Gläubiger auf den Rest weitervollstrecken.

   **B. Zwischen übertragbaren Forderungen:** Die Pfändung findet im ganzen statt, der Gläubiger wählt.

8   **7) Wahlrecht des Drittschuldners.** Es besteht keinerlei Zwang vor der Wahl. Die Beschränkung der Zwangsvollstreckung durch Ausübung des Wahlrechts ist nach § 767 geltend zu machen.

9   **8) VwGO:** *Entsprechend anzuwenden, § 167 I VwGO, ist Abschnitt 2 bei der Vollstreckung gegen die öffentliche Hand, wenn das Vollstreckungsgericht, § 764 Rn 9, selbst tätig wird oder einen Gerichtsvollzieher beauftragt, und bei der Vollstreckung für und gegen Private, Grdz § 704 Rn 117. Einschränkungen gelten bei der Vollstreckung zugunsten der öffentlichen Hand, § 169 I VwGO: Hier ist Abschnitt 2 nun anzuwenden, wenn das hier sonst maßgebliche VwVG, § 169 I VwGO, unmittelbar oder gemäß seinem § 5 über die dort genannten Vorschriften der AO auf Bestimmungen der ZPO verweist. Entsprechendes gilt bei Vollstreckungsmaßnahmen nach Landesrecht gegen die öffentliche Hand, § 170 I 3 VwGO.*

### Erster Titel. Zwangsvollstreckung in das bewegliche Vermögen

**Schrifttum:** *Behr,* Taktik in der Mobiliarvollstreckung, 1987; *Behr,* Mobiliarvollstreckung usw, 1996; *Beler,* 2. Zwangsvollstreckungsnovelle: Änderungen der Mobiliarvollstreckung usw, 1998; *Blöcker,* Mobiliarzwangsvollstreckungsrecht, 1990; *Herde,* Probleme der Pfandverfolgung, 1978; *Hintzen,* Taktik in der Zwangsvollstreckung, III (Sachpfändung usw) 1992; *Hintzen/Wolf,* Handbuch der Mobiliarvollstreckung, 1999; *Nies,* Praxis der Mobiliarvollstreckung, 1998; *Schrader/Steinert,* Zwangsvollstreckung in das bewegliche Vermögen, 7. Aufl 1994; *Stoikos,* Die Zwangsvollstreckung wegen Geldforderungen in das bewegliche Vermögen im deutschen und griechischen Recht, Diss Tüb 1987; *Stratmann,* Die Zwangsvollstreckung in anfechtbar veräußerte Gegenstände und insbesondere in anfechtbar abgetretene Forderungen, Diss Bonn 1998.

### Übersicht

### Gliederung

| | | | | |
|---|---|---|---|---|
| 1) Systematik, Regelungszweck | 1, 2 | 3) Doppelwirkung der Pfändung | 6, 7 |
| 2) Pfändung | 3–5 | A. Beschlagnahme, Vollstreckung | 6 |
| A. Körperliche Sache | 3 | B. Pfändungspfandrecht | 7 |
| B. Forderung und sonstiges Vermögensrecht | 4 | C. Wesen des Pfändungspfandrechts | 8, 9 |
| C. Anspruch auf Herausgabe oder Leistung körperlicher Sachen | 5 | 4) *VwGO* | 10 |

**1) Systematik, Regelungszweck.** Vgl zunächst Grdz 1 vor § 803. §§ 803–863 gliedern sich in: I. Allgemeine Vorschriften, §§ 803–807; II. Vollstreckung an körperliche Sachen, §§ 808–827; III. Vollstreckung in Forderungen und andere Vermögensrechte, §§ 828–863. Die Zwangsvollstreckung in Fahrnis geschieht durch Pfändung, §§ 803 ff, und Pfandverwertung, §§ 835 ff. Sie ist auch auf dingliche Titel statthaft, BGH **103**, 33. Zweck ist natürlich, wie bei jeder Vollstreckung, die Befriedigung des Gläubigers. Die Verwertung selbst führt zu ihr aber nur mittelbar durch Ablieferung des Erlöses; ausnahmsweise unmittelbar, etwa bei Überweisung einer Forderung an Zahlungs Statt. Die zur Erhaltung der Lebensmöglichkeit des Schuldners gegebenen Einschränkungen, wie das Verbot der Einzelvollstreckung, § 89 InsO, die Pfändung, §§ 811 ff, oder Überpfändung, § 803 Rn 7, sind von Amts wegen zu beachten, Grdz 39 vor § 128. **1**

Gibt bei einer Lohnforderung das Urteil den abzuziehenden Steuerbetrag nicht an, so liegt ein sog **2** *Bruttolohnurteil* vor. Es ist grundsätzlich zulässig, BAG DB **80**, 1593, Ffm DB **90**, 1291, strenger LAG Hann DB **92**, 1148. In einem solchen Fall kann der Schuldner die Abführung von Steuern und Sozialversicherungsbeiträgen geltend machen. Im Vollstreckungsverfahren erfolgt keine Überprüfung der unstrittig abgeführten derartigen Beträge, Ffm DB **90**, 1291. Im übrigen ist der ganze Betrag beizutreiben, sofern nicht der Arbeitgeber durch Steuerquittungen usw die Abführung der Lohnsteuer und Sozialbeiträge nachweist. Dann gilt insoweit § 775 Z 4, LG Köln DGVZ **83**, 157. Andernfalls erfolgt eine Aushändigung an den Arbeitnehmer und eine Benachrichtigung des Finanzamts durch den Gerichtsvollzieher, § 86 GVollzO, Lepke DB **78**, 840. Hingegen sind bei einer Verurteilung des Arbeitnehmers oder Gehaltsempfängers auf Rückzahlung zuviel empfangener Beträge Bruttobeträge zur Zwangsvollstreckung ungeeignet. Was zum beweglichen Vermögen gehört, ergibt sich durch einen Rückschluß aus § 865; s dort. Über den Einfluß von Preisvorschriften auf die Verwertung § 817 a Rn 1. – Vgl ferner §§ 281 ff AO.

**2) Pfändung.** Es sind drei Gegenstände zu unterscheiden. **3**

**A. Körperliche Sache,** dazu *Behr* NJW 92, 2738 (ausf): Sie pfändet der Gerichtsvollzieher nach einer Berechnung bzw Überprüfung der Berechnung der Forderung, § 130 GVGA, einschließlich der Nebenforderungen und Kosten und nach einer vergeblichen Aufforderung des Schuldners zu einer freiwilligen Leistung, § 105 Z 2 GVGA, durch Besitzergreifung, §§ 808 I, 831. Eine sog Taschenpfändung ist mangels besonderer Umstände nur bedingt statthaft, Artt 1, 2 GG, LG Detm DGVZ **94**, 119. Beläßt der Gerichtsvollzieher die Pfandsache im Gewahrsam des Schuldners oder eines Dritten, so muß er die Pfändung durch Siegel oder sonstwie ersichtlich machen, §§ 808 II. Die Pfandstücke sind öffentlich meistbietend in bestimmten Formen zu versteigern, §§ 814 ff. Ihren Erlös oder gepfändetes Geld liefert der Gerichtsvollzieher nach dem Abzug der Kosten dem Gläubiger ab. Die Pfändung schon gepfändeter Sachen geschieht in vereinfachter Form durch eine bloße Beurkundung, als Anschlußpfändung, § 826.

Bei der Vollstreckung in *Software,* Grdz 102 vor § 704 „Software", muß man versuchen, von Fall zu Fall anhand der insofern überalterten Vorschriften der ZPO unter Beachtung des, auch immateriellen, „informationellen" Bestandteils eine brauchbare Lösung zu entwickeln, auch KTS **88**, 81 zuerst eine Gesetzesanpassung, Paulus DGVZ **90**, 156 (ausf), Grdz 68 vor § 704 „Computer", § 811 Rn 33, 41.

**B. Forderung und sonstiges Vermögensrecht.** In diesem Fall erläßt das Vollstreckungsgericht einen **4** Pfändungsbeschluß, §§ 829, 857. Bei Geldforderungen verbietet es dem Drittschuldner, an den Schuldner zu zahlen, dem Schuldner, über die Forderung zu verfügen. Die Zustellung des Beschlusses durch den Gläubiger an den Drittschuldner macht die Pfändung wirksam, § 829. Bei Briefhypotheken bedarf er der Übergabe des Hypothekenbriefs an den Gläubiger, bei Buchhypotheken grundbuchlicher Eintragung, bei Schiffshypotheken der Eintragung ins Schiffsregister, § 830 a, entsprechend nach § 99 I LufftzRG. Forderungen aus indossablen Papieren pfändet der Gerichtsvollzieher, indem er das Papier in Besitz nimmt, § 831. Die gepfändete Forderung kann dem Gläubiger nach seiner Wahl zur Einziehung oder an Zahlungs Statt zu überweisen, §§ 835. Die Überweisung zur Einziehung ermächtigt den Gläubiger zu dieser; der Schuldner muß ihm zur Hand gehen, § 836. Verweigert der Drittschuldner die Zahlung, so muß ihn der Gläubiger verklagen und dem Schuldner den Streit verkünden, § 841.

**5**  **C. Anspruch auf Herausgabe oder Leistung körperlicher Sachen.** Er ist regelmäßig wie Forderungen zu pfänden; doch ist eine bewegliche Sache dem Gerichtsvollzieher, ein Schiff oder ein Luftfahrzeug einem Treuhänder, eine unbewegliche einem Sequester herauszugeben, §§ 847 ff. Die bewegliche Sache ist dann zu verwerten, als wäre sie gepfändet; die unbewegliche unterliegt den Vorschriften der Zwangsvollstreckung in Liegenschaften. Eine Überweisung an Zahlungs Statt ist hier unzulässig, § 849.

**6**  **3) Doppelwirkung der Pfändung**

 *Schrifttum: Blomeyer,* Zur Lehre vom Pfändungspfandrecht, Festgabe für *von Lübtow* (1970) 803; *Fahland,* Das Verfügungsverbot nach §§ 135, 136 BGB in der Zwangsvollstreckung und seine Beziehung zu den anderen Pfändungsfolgen, 1976; *von Lübtow,* Die Struktur der Pfandrechte und Reallasten, Festschrift für *Lehmann* (1956) 328; *Schmalhofer,* Die Rechtfertigung der Theorie der Doppelpfändung bei der Pfändung des Anwartschaftsrechts, Diss Regensb 1994.

 **A. Beschlagnahme, Verstrickung.** Die Pfändung bewirkt zunächst eine staatliche Beschlagnahme, Verstrickung, dh Sicherstellung der Pfandsache. Derartige Eingriffe kennt das Recht vielfach, zB in §§ 98 StPO, 20 ZVG, 1123 II BGB. Immer bewirkt die Beschlagnahme eine Unterstellung der Pfandsache unter die staatliche Macht im gesetzlichen Vollstreckungsverfahren und zugleich eine Verfügungsbeschränkung des Schuldners, §§ 135, 136 BGB, § 136 StGB, zugunsten eines anderen, hier des Gläubigers, zum Zweck seiner Sicherung und zur Vorbereitung seiner Befriedigung durch anschließende Verwertung; der Schuldner darf über die Pfandsache nicht verfügen, soweit er damit den Vollstreckungsanspruch des Gläubigers beeinträchtigt.

**7**  **B. Pfändungspfandrecht.** Die Pfändung bewirkt ferner das Entstehen eines Pfändungspfandrechts für den Gläubiger, § 804 I.

 *Hier unterscheiden manche:* Die Beschlagnahme als Staatsakt soll wirksam sein, wenn sie ordnungsgemäß geschehen ist. Ein Pfandrecht aber soll nur entstehen, wenn die allgemeinen Prozeßvoraussetzungen, Grdz 12 vor § 253, und die förmlichen Voraussetzungen der Zwangsvollstreckung vorliegen, Grdz 14 vor § 704, also zB nicht nach Eröffnung des Insolvenzverfahrens, § 89 InsO, Behr JB **99**, 68.

 *Diese Unterscheidung ist willkürlich;* sie schafft für den Gläubiger eine empfindliche Unsicherheit und ist darum abzulehnen. Natürlich könnte sich die ZPO, wie das ZVG, mit der Beschlagnahme begnügen; wenn aber § 804 dem Gläubiger ausdrücklich ein Pfandrecht einräumt, so kann das nur den Sinn haben, ihm einen gewissen Rang zu sichern, denn ein sachlichrechtliches Pfandrecht entsteht nicht.

 Baur/Stürner ZwV § 25 vertreten eine *gemischt-öffentlichrechtliche* Theorie, Bruns/Peters § 19 III 2 a bezeichnen das Pfändungspfandrecht als die dritte Art des *bürgerlichrechtlichen* Pfandrechts neben dem vertragsmäßigen, § 1204 BGB, und gesetzlichen, § 1257 BGB. § 804 II soll auf die Normen des bürgerlichen Rechts zur entsprechenden Anwendung verweisen.

 *Übersicht über die Theorien* und ihre praktischen Auswirkungen bei *Gaul* Rpfleger **71**, 1; *Henckel,* Prozeßrecht und materielles Recht (1970) 309 (dazu *Bötticher* ZZP **85**, 12); *Jauernig* § 16 III; *Marotzke* NJW **78**, 133; *Noack* JB **78**, 19; *Säcker* JZ **71**, 156; *Werner* JR **71**, 278.

**8**  **C. Wesen des Pfändungspfandrechts.** Das Pfändungspfandrecht ist *rein öffentliches Recht;* es ist mit der Beschlagnahme unlöslich verknüpft. Es ist nichts als ein Ausfluß eben der Beschlagnahme, nicht anders als bei Liegenschaften das Recht des Gläubigers, die Zwangsversteigerung unter Einräumung eines gewissen Ranges zu verlangen. Wenn die Beschlagnahme fehlt, fehlt das Pfandrecht, wenn sie wirksam ist, entsteht ein wirksames, *unabhängiges* Pfandrecht (s auch § 804 Rn 2), das Pfändungspfandrecht, StJM § 803 Rn 3, ThP § 803 Rn 9, aM RoGSch § 50 III 3 a, zÖStö § 804 Rn 2 (sie wenden auf das Pfändungspfandrecht ergänzend die Normen des BGB an und lassen demgemäß ein solches trotz Pfandverstrickung nicht entstehen, wenn die Zwangsvollstreckung unzulässig ist oder die allgemeinen Voraussetzungen des Pfandrechts fehlen, Marotzke ZZP **98**, 459. Pesch JR **93**, 360 meint, die hoheitliche Deutung verstoße gegen Art 14 GG).

 Darum ist auch die *Pfandverwertung* nach §§ 814 ff nicht ein bloßer Ausfluß der Pfändung, so daß sie ordnungsgemäß sein könnte, wenn kein Pfändungspfandrecht entsteht. § 806 beweist für diese Ansicht nichts. „Auf Grund der Pfändung" geschieht die Pfandveräußerung selbstverständlich, da das Pfandrecht seinerseits auf ihr beruht.

**9**  *Die Sache liegt so:* Entweder war die Pfändung ordnungsmäßig oder nicht und auf Grund eines Rechtsbehelfs aufgehoben, Grdz 58 vor § 704. Dann ist ein Pfändungspfandrecht, mindestens ein auflösend bedingtes, entstanden und die Verwertung rechtmäßig, solange die Bedingung nicht eingetreten ist; oder die Pfändung war ganz unwirksam, dann kein Pfandrecht und entbehrt die Verwertung jeder Rechtsgrundlage. Sie verpflichtet zur Herausgabe der Bereicherung, auch den „Drittschuldner", § 816 II BGB, BGH NJW **86**, 2430, bei einem Verschulden des Gläubigers zum Ersatz, Einf 4 vor §§ 771–774.

**10**  **4)** *VwGO: Näheres bei den einzelnen Vorschriften.*

## I. Allgemeine Vorschriften

**803** *Pfändung.* [1] ¹Die Zwangsvollstreckung in das bewegliche Vermögen erfolgt durch Pfändung. ²Sie darf nicht weiter ausgedehnt werden, als es zur Befriedigung des Gläubigers und zur Deckung der Kosten der Zwangsvollstreckung erforderlich ist.

 II Die Pfändung hat zu unterbleiben, wenn sich von der Verwertung der zu pfändenden Gegenstände ein Überschuß über die Kosten der Zwangsvollstreckung nicht erwarten läßt.

**Schrifttum:** *Herde,* Probleme der Pfandverfolgung, 1978; *Winterstein,* Das Pfändungsverfahren des Gerichtsvollziehers, 1994.

**Gliederung**

| | | | |
|---|---|---|---|
| 1) Systematik, Regelungszweck. I, II | 1 | 4) Überpfändung, I | 7–10 |
| 2) Bewegliches Vermögen, I | 2, 3 | A. Grenze der Pfändbarkeit | 7–9 |
| A. Bewegliche Sachen | 2 | B. Verstoß | 10 |
| B. Forderungen und sonstiges Rechte | 3 | 5) Nachpfändung, I | 11 |
| 3) Pfändung, I | 4–6 | 6) Zwecklose Pfändung, II | 12–14 |
| A. Allgemeines | 4 | 7) Rechtsbehelfe, I, II | 15 |
| B. Erlöschen | 5 | 8) *VwGO* | 16 |
| C. Fortbestand | 6 | | |

**1) Systematik, Regelungszweck, I, II.** Der Unterabschnitt der §§ 803–807 enthält die bei jeder Voll- 1 streckung in das bewegliche Vermögen nach §§ 808–863 zu beachtenden allgemeinen Vorschriften. Ergänzend gelten zu § 807 für das Verfahren §§ 899–915 h. Natürlich ist das Ziel der Befriedigung für den Gläubiger nicht schon durch die bloße Pfändung zu erreichen, sondern erst durch die anschließend erlaubte Verwertung, die je nach der Art des gepfändeten beweglichen Vermögensstücks durch die in den Unterabschnitten §§ 808–863 genannten einzelnen Verwertungsarten erfolgt. Damit wird zwar die Zwangsvollstreckung auch in das bewegliche Vermögen oft mühsam, langwierig und teuer; indessen muß auch hier bei der Auslegung nicht nur das sog Kahlpfändung verhindert, sondern auch im übrigen der Verhältnismäßigkeitsgrundsatz beachtet werden, Grdz 34 vor § 704, Paulus DGVZ **93**, 131.

**2) Bewegliches Vermögen, I.** Zum beweglichen Vermögen gehört alles, was nicht nach §§ 864 ff zum 2 unbeweglichen Vermögen gehört. Zum beweglichen Vermögen zählen also die folgenden Werte:
 **A. Bewegliche Sachen.** Hierher gehören grundsätzlich sämtliche beweglichen Sachen, auch Früchte auf dem Halm unter den Voraussetzungen des § 810, ferner ein nicht eingetragenes Schiff, § 929 a I BGB, ein Wertpapier, § 821, ein indossables Wertpapier, zB ein Wechsel, § 831. Das Zubehör eines Grundstücks oder eines eingetragenen Schiffes unterliegt nur der Liegenschaftszwangsvollstreckung, § 865 II, sofern es nicht durch eine Veräußerung usw vor der Beschlagnahme nach §§ 1121, 1122 BGB von der Haftung frei geworden ist. Die *Erzeugnisse* und sonstigen Bestandteile, die vom Grundstück getrennt wurden, soweit sie in der Liegenschaftszwangsvollstreckung beschlagnahmt worden sind, § 1120 BGB, zählen ebenfalls ausnahmsweise nicht zum beweglichen Vermögen. Pachtinventar unterliegt hier keiner Sondervorschrift, PachtkreditG (über die Versteigerung § 817 Rn 2). Ein eingetragenes Schiff oder Luftfahrzeug oder ein eintragungsfähiges Schiffsbauwerk steht einer unbeweglichen Sache gleich, § 870 a, § 99 I LuftfzRG.
 **B. Forderungen und sonstige Rechte.** Hierher zählt auch eine Geldforderung, ein Anspruch auf die 3 Herausgabe oder die Leistung einer Sache und ein sonstiges Recht. Hierher zählt *nicht* die *Freistellung* von der Verpflichtung zur Erfüllung einer Geldschuld, § 887 Rn 1.

**3) Pfändung. I.** Es sind drei Zeiträume zu unterscheiden. 4
 **A. Allgemeines.** Zum Begriff und zur Wirkung der Pfändung Üb 6 vor § 803. Voraussetzungen der Pfändung ist neben der Zuständigkeit des Vollstreckungsorgans, Grdz 35 vor § 704, und den besonderen Bedingungen der §§ 808 ff natürlich die Erfüllung der allgemeinen Voraussetzungen der Zwangsvollstreckung, Grdz 14 ff vor § 704. Dort und Üb 6–9 vor § 803 auch über die Folgen eines Verstoßes. Auch nach der hM bleibt eine inhaltlich falsche Entscheidung eines Vollstreckungsorgans im Rahmen seiner Zuständigkeit, etwa über das Vorliegen eines Gewahrsams, wirksam. Unwirksam ist eine Pfändung in einen Teil des Insolvenzvermögens nach der Verfahrenseröffnung, § 89 I InsO. Ein Veräußerungsverbot nach § 21 InsO wirkt als ein bedingtes Verbot nicht stärker als das Verbot des § 772 BGB. Die Pfändung ist keine Rechtshandlung, keine Verfügung, kein Vertrag. Darum ist sie nicht nach dem AnfG oder nach § 131 InsO anfechtbar, wohl aber nach § 130 InsO. Denn sie gewährt eine unberechtigte Sicherung. Die Verbindung eines (auch stillschweigenden) Pfändungsauftrags mit einem Haftauftrag ist zulässig, AG Büdingen DGVZ **85**, 78 mwN. Wenn der Pfändung ein gesetzliches Hindernis entgegensteht, muß das Vollstreckungsorgan die Vornahme der Pfändung ablehnen.
 **B. Erlöschen.** Das Pfandrecht (und damit die Verstrickung, Üb 6 vor § 803) endet, wenn die Verwertung 5 *beendet* ist. Hierher zählen auch alle Arten der Erfüllung, zB Annahme an Erfüllungs Statt, § 364 I BGB.
 Das Pfandrecht endet auch, wenn das Vollstreckungsorgan die Pfändung *aufhebt,* § 776. Es ist unerheblich, ob diese Entstrickung zu Recht oder zu Unrecht geschehen ist.
 Das Pfandrecht endet auch, wenn der Gläubiger auf das Pfandrecht *und* die Verstrickung verzichtet, Schneider DGVZ **84**, 133. Die *Freigabe* ist eine rein prozessuale Erklärung, eine Parteiprozeßhandlung, Grdz 47 vor § 128. Sie ähnelt der Klagrücknahme nach § 269. Die Freigabe erfolgt bei einer beweglichen Sache durch eine Erklärung des Gläubigers gegenüber dem Schuldner oder gegenüber dem Gerichtsvollzieher. Der Gerichtsvollzieher muß anschließend die Pfändung aufheben. Zu den Einzelheiten dieses Verfahrens Schneider DGVZ **84**, 133.
 Der bloße *Verzicht des Gläubigers* auf die Pfändung hebt diese noch nicht auf. Die Aufhebung kann aber stillschweigend geschehen, etwa dadurch, daß der Gerichtsvollzieher nichts mehr gegen den Schuldner unternimmt. Bei einem Recht ist die Zustellung der Freigabeerklärung des Gläubigers an den Schuldner erforderlich, § 843. Wenn der Gläubiger die Freigabe schriftlich erklärt, muß der Gerichtsvollzieher die Echtheit der Erklärung sorgfältig prüfen und notfalls den Gläubiger befragen. Die Freigabe des Gläubigers liegt regelmäßig in der Rückgabe der Pfandsache durch ihn. Mit dem Pfandrecht erlischt notwendig die Pfändung. Es bleibt nicht etwa die Beschlagnahme, Üb 6 vor § 803, bestehen.
 Das Pfandrecht endet auch, wenn die gepfändete Sache *untergeht,* verbunden oder verarbeitet wird, §§ 946, 950 BGB, oder sobald ein Dritter sie lastenfrei gutgläubig erwirbt, §§ 135 II, 136, 935, 936 BGB.

**6  C. Fortbestand.** Das Pfandrecht erlischt nicht schon dadurch, daß der Besitzer der Pfandsache, insbesondere der Gerichtsvollzieher, den Besitz *unfreiwillig* verliert, § 808 Rn 8. Das Pfandrecht erlischt auch nicht schon dadurch, daß das Pfandzeichen *unbefugt* entfernt wird. Das Pfandrecht erlischt schließlich auch nicht schon dadurch, daß der Vollstreckungstitel *aufgehoben* wird oder wenn die Zwangsvollstreckung für unzulässig erklärt wird, § 775 Z 1, solange keine Aufhebung nach § 776 erfolgt.

**7  4) Überpfändung, I.** Ein einfacher Grundgedanke bringt Probleme.

**A. Grenze der Pfändbarkeit.** Die Pfändung darf im Interesse des Schuldners bei jeder Pfändungsart lediglich soweit gehen, daß der Gläubiger wegen seines Anspruchs und der Kosten nach dem pflichtgemäßen Ermessen des Gerichtsvollziehers voraussichtlich befriedigt wird. Das gilt grundsätzlich auch für die Forderungspfändung und für die Pfändung eines sonstigen Rechts. Dabei muß man den voraussichtlichen Erlös schätzen. Der Gerichtsvollzieher tut das gemäß § 132 Z 8 GVGA. Dabei sind etwa vorgehende Rechte mitzuberücksichtigen, §§ 771, 805. Diese Grenze der Pfändbarkeit läßt sich dort aber nur im Weg einer Erinnerung nach § 766 erzwingen, vgl BGH NJW **75**, 738. Denn dem Gericht fehlt meist jeder Maßstab für den Wert einer Forderung. Der Gläubiger könnte diesen Wert auch kaum nachweisen. Deshalb beschränkt der amtliche Vordruck die Pfändung zu Unrecht auf die Höhe der Schuld. Wenn das Gericht den Vordruck ausfüllt, ist die Forderung nur entsprechend gepfändet. Maßgeblich ist die durch den Vollstreckungstitel ausgewiesene Forderung, nicht die ihr zugrunde liegende Forderung.

**8**  Man muß eine *wirtschaftliche Betrachtungsweise* anwenden, BGH DB **82**, 2684, LG Kblz DGVZ **97**, 89 (Risiko der Verkehrswertschätzung). Ist nur ein einzelner pfändbarer Gegenstand vorhanden, so ist er auch dann zu pfänden, wenn sein Wert die Vollstreckungsforderung nebst Kosten weit übersteigt. Eine Überpfändung liegt nur vor, wenn die bereits vorher getroffenen Vollstreckungsmaßnahmen mit einiger Sicherheit ausreichen, BGH DB **82**, 2684. Das ist zB dann nicht der Fall, wenn der Gläubiger bisher nur eine zukünftige Forderung gepfändet hat, die mit dem erkennbaren Risiko der Nichtentstehung oder eines vorzeitigen Wegfalls belastet ist, BGH DB **82**, 2684, oder wenn sich zB Verwahrungskosten noch nicht abschätzen lassen, AG Rheinsberg DGVZ **95**, 94. Einer teilweisen Befriedigung braucht nicht von Amts wegen jeweils sogleich eine entsprechende Teilfreigabe zu folgen, Mümmler JB **76**, 25. Wenn der Gläubiger die Pfändung mehrerer Forderungen beantragt, deren jede dem Nennwert nach zur Befriedigung ausreicht, dann muß er für die Notwendigkeit dieser Maßnahme ausreichende Gründe darlegen. Dasselbe gilt dann, wenn der Gläubiger eine Forderungspfändung nach § 829 beantragt, obwohl eine Sachpfändung nach §§ 808 ff anscheinend ausreicht. Der Gläubiger kann zB dartun, daß ihm gegenüber der Sachpfändung eine Widerspruchsklage nach § 771 drohe.

**9**  Ebenso darf der Gläubiger bei sämtlichen *Gesamtschuldnern in voller Höhe* pfänden, ohne einen Vollstreckungstitel gegen alle Gesamtschuldner vorlegen zu müssen. Dem einzelnen Gesamtschuldner steht der Weg der Vollstreckungsabwehrklage nach § 767 offen, sobald der Gläubiger bei auch nur einem der übrigen Gesamtschuldner eine volle Befriedigung erhalten hat, LG Hann DGVZ **92**, 12, LG Stgt Rpfleger **83**, 161, ZöStö 7, aM AG Günzburg DGVZ **83**, 168, AG Mönchengladb DGVZ **82**, 79, AG Wolfratshausen DGVZ **81**, 159. Überhaupt ist das Verbot der Überpfändung trotz des Wortlauts eine bloße Sollvorschrift. Eine weitergehende Pfändung ist daher zunächst voll wirksam, BGH NJW **85**, 1157. Weder der Gerichtsvollzieher noch das Vollstreckungsgericht können sie von Amts wegen aufheben. Einzelheiten Mümmler JB **76**, 25.

**10  B. Verstoß.** Der Schuldner muß Erinnerung erheben, § 766, AG Günzbg DGVZ **83**, 61. Auf die Erinnerung hin ist die Pfändung entsprechend zu beschränken. Dabei muß der Schuldner nachweisen, daß aus dem Rest mit großer Wahrscheinlichkeit eine Befriedigung des Gläubigers zu erwarten steht. Wenn der Gläubiger trotz einer Aufforderung keinen entsprechenden Teil freigibt, dann kann in diesem Verhalten des Gläubigers eine unerlaubte Handlung nach § 823 BGB liegen. Er darf aber vor der Freigabe andere Werte pfänden. Der Gerichtsvollzieher kann eines Amtsvergehens schuldig sein, wenn er eine Überpfändung vornimmt. Für ihn haftet der Staat, Art 34 GG, § 839 BGB. Das Verbot der Überpfändung ist ein Schutzgesetz für den Schuldner im Sinn von § 823 II BGB (s auch die GVGA), BGH NJW **85**, 1157. Der Gerichtsvollzieher darf nicht nachträglich freigeben, vgl § 776.

**11  5) Nachpfändung.** Dem Verbot einer Überpfändung steht das Gebot einer Nachpfändung zur Seite. Sie ist von der Anschlußpfändung nach § 826 zu unterscheiden. Wenn der Gerichtsvollzieher nachträglich erkennt, daß der Wert der gepfändeten Sachen aus irgendeinem Grund die Forderung des Gläubigers nicht deckt, etwa wegen eines Preissturzes, dann muß der Gerichtsvollzieher auf Grund des ursprünglichen Antrags von Amts wegen eine Nachpfändung vornehmen, § 132 Z 9 GVGA. Das kann auch durch die Wegschaffung weiterer Sachen geschehen, Karlsr MDR **79**, 237. Wenn er sie versäumt, begeht er eine Amtspflichtverletzung, für die der Staat haftet, Art 34 GG, § 839 BGB.

**12  6) Zwecklose Pfändung, II.** Wenn nach dem pflichtgemäßen Ermessen des Vollstreckungsorgans, LG Coburg DGVZ **90**, 89, LG Köln DGVZ **83**, 44, ein Überschuß über die nach § 788 zu ermittelnden gesamten Kosten der Zwangsvollstreckung bei einer Verwertung der Pfandsachen nicht zu erwarten ist, dann muß schon die (weitere) Pfändung unterbleiben, ebenso wie gemäß § 818 später die Versteigerung unter denselben Voraussetzungen eingestellt werden muß. Das gilt auch bei Berücksichtigung der mitzubeachtenden Transport-, Lager- oder Versteigerungskosten, auch zB nach §§ 825, 885, LG Köln DGVZ **88**, 61, AG Düss DGVZ **88**, 155, AG Bad Hersfeld DGVZ **93**, 158 (auch bei § 825). Auch bei einer bloßen Pfändung kommt es auf die voraussichtlichen Gesamtkosten „der Vollstreckung" an, AG Düss DGVZ **88**, 156, aM LG Düss DGVZ **88**, 156.

**13**  Dabei sind die *offensichtlich berechtigten* Ansprüche eines Dritten zu berücksichtigen, soweit der Dritte nicht anderweit gedeckt ist, vgl auch § 560 II BGB, Mümmler DGVZ **73**, 21, Wieser DGVZ **85**, 38. Eine solche Gefahr kann durch die Ankündigung des Gläubigers beseitigt sein, er werde selbst mitbieten oder nach § 825 bieten und dabei ein Gebot abgeben, das die voraussichtlichen Vollstreckungskosten übersteige, AG Sinzig RR **87**, 508, AG Walsrode DGVZ **85**, 157. Er muß aber ein deutlich höheres Gebot abgeben, LG Köln

1. Titel. Zwangsvollstr. in das bewegl. Vermögen  §§ 803, 804

DGVZ **88**, 61. Das alles gilt auch bei einer Austauschpfändung nach § 811 b, AG Düss DGVZ **95**, 28. Wegen einer Anschlußpfändung § 826 Rn 1.

Der Umstand, daß vielleicht nur ein geringer Erlös zu erwarten steht, reicht nicht dazu aus, *von einer* **14** *Pfändung abzusehen* (vgl aber für Hausrat § 812), LG Itzehoe DGVZ **88**, 120, AG Goßlar DGVZ **99**, 12, aM LG Hann DGVZ **90**, 60. Dagegen ist die Pfändung zu unterlassen, wenn die in Frage kommenden Sachen ersichtlich keinen Verkaufswert haben, AG Bad Sobernheim DGVZ **98**, 173. Der Gerichtsvollzieher muß zwar ein Inventar fertigen, AG Recklingh JB **95**, 159, aber er braucht nicht jede einzelne vorgefundene Sache anzugeben, LG Köln DGVZ **83**, 44, vgl freilich § 762 Rn 2.

II ist eine *bloße Sollvorschrift*, Rn 9. §§ 851 a II, 851 b II verbieten eine Pfändung als zwecklos, weil sie offensichtlich sonst aufzuheben wäre. Einzelheiten LG Bln DGVZ **83**, 41 (abl Maaß) wegen einer Pfändung für mehrere Gläubiger, AG Ffm DGVZ **75**, 95 wegen einer Taschenpfändung, AG Passau DGVZ **74**, 190 wegen einer Bloßstellung des Schuldners, Mümmler JB **76**, 29, Wieser DGVZ **85**, 37. II ist bei einer endgültig zwecklosen Zwangsversteigerung entsprechend anwendbar, Düss Rpfleger **89**, 470, LG Regensb RR **88**, 447, Wieser ZZP **98**, 440, aM Hamm Rpfleger **89**, 34, LG Detm Rpfleger **98**, 35, LG Kblz JB **98**, 328.

LG Ffm Rpfleger **89**, 35, LG Freibg Rpfleger **89**, 469 wenden II auf eine *Zwangsverwaltung* entsprechend an, aM LG Ffm NZM **98**, 635.

**7) Rechtsbehelfe, I, II.** Vgl Rn 10. **15**

**8) VwGO:** *Entsprechend anwendbar im Rahmen der Grdz § 803 Rn 9.* **16**

**804** **Pfändungspfandrecht.** ¹Durch die Pfändung erwirbt der Gläubiger ein Pfandrecht an dem gepfändeten Gegenstande.

II Das Pfandrecht gewährt dem Gläubiger im Verhältnis zu anderen Gläubigern dieselben Rechte wie ein durch Vertrag erworbenes Faustpfandrecht; es geht Pfand- und Vorzugsrechten vor, die für den Fall eines Insolvenzverfahrens den Faustpfandrechten nicht gleichgestellt sind.

III Das durch eine frühere Pfändung begründete Pfandrecht geht demjenigen vor, das durch eine spätere Pfändung begründet wird.

**Vorbem.** II idF Art 18 Z 7 EGInsO v 5. 10. 94, BGBl 2911, in Kraft seit 1. 1. 99, Art 110 I EGInsO, ÜbergangsR Artt 103, 104 EGInsO, abgedruckt bei § 19 a.

**Schrifttum:** *Binder,* Die Anschlußpfändung, Diss Ffm 1975; *Deren-Yildirim,* Gedanken über die Verteilungsprinzipien im Zwangsvollstreckungsrecht, Festschrift für *Gaul* (1997) 109; *Gerlach,* Ungerechtfertigte Zwangsvollstreckung und ungerechtfertigte Bereicherung, 1986; *Herde,* Probleme der Pfandverfolgung, 1978; *Siebert,* Das Prioritätsprinzip in der Einzelzwangsvollstreckung, Diss Gött 1988; *Welbers,* Vollstreckungsrechtliches Prioritätsprinzip und verfassungsrechtlicher Gleichheitssatz, Diss Bonn 1991.

**Gliederung**

| | | | |
|---|---|---|---|
| 1) Systematik, Regelungszweck, I–III … | 1 | B. Einzelfragen | 8 |
| 2) Unabhängigkeit des Pfandrechts, I–III | 2 | 7) Rang, II, III | 9–15 |
| 3) Pfandrecht und Pfändungspfandrecht, I–III | 3 | A. Vorrang vor anderen Pfandrechten usw. | 9 |
| | | B. Vorrang des früheren Pfändungspfandrechts | 10, 11 |
| 4) Erlöschen des Pfandrechts, I–III | 4 | C. Vorrang anderer Rechte | 12 |
| 5) Pfändung schuldnerfremder Sachen, I. | 5, 6 | D. Gleichrang bei Gleichartigkeit | 13 |
| A. Grundsatz: Pfändbarkeit | 5 | E. Verlust | 14 |
| B. Pfändbarkeit eigener Sachen des Gläubigers | 6 | F. Freiwillige Zahlung | 15 |
| 6) Rechte aus dem Pfandrecht, II | 7, 8 | 8) VwGO | 16 |
| A. Besitz und Verwertung | 7 | | |

**1) Systematik, Regelungszweck, I–III.** Die Vorschrift regelt die Rechtsfolgen einer wirksam nach **1** § 803 erfolgten Pfändung und die Rangfolge bei mehreren zeitlich aufeinander folgenden Pfändungen. Die ZPO läßt überflüssigerweise durch die Pfändung an der Pfandsache ein Pfandrecht des Gläubigers entstehen. Sie wollte den Gläubiger dadurch verstärkt sichern, daß sie die früheren landesrechtlichen Grundsätze über das Pfandrecht heranzog. Sie hat damit nur erreicht, daß man unnütz und zweckwidrig Sätze des sachlichrechtlichen Pfandrechts auf das Pfändungspfandrecht überträgt, die zu ihm nicht passen. Das Pfandrecht ist unlöslich an die Sache geknüpft und von der Beschlagnahme nicht zu trennen, Üb 6 vor § 803.

**2) Unabhängigkeit des Pfandrechts, I–III.** Das Pfändungspfandrecht ist nicht abhängig (akzessorisch), **2** StjM 8, ThP 4, aM RoGSch § 50 III 3 c. Das Pfändungspfandrecht setzt also keine zu sichernde Forderung voraus, wie sie beim Vertragspfandrecht des § 1204 BGB notwendig wäre. Es ist auch nicht mit dem Schicksal der Forderung verbunden. Allerdings gibt nur eine wirksame oder auflösend bedingt wirksame Pfändung, Grdz 57, 58 vor § 704, ein Pfandrecht. Der gute Glaube allein reicht zu diesem Pfandrecht nicht aus. Das Pfandrecht an der Forderung ergreift kraft Gesetzes die Hypothek.

Der Umstand, daß das Pfandrecht den Anspruch des Gläubigers *sichern* soll, beweist nichts für eine Abhängigkeit. Die Sicherung des Gläubigers ist nur der Beweggrund für den staatlichen Eingriff, nicht sein Inhalt. Sie deckt den Anspruch, dessentwegen mit Recht oder zu Unrecht gepfändet worden ist. Wenn der Hypothekengläubiger kraft dinglichen Rechts die ihm haftenden Gegenstände pfändet, dann erlangt er ein Pfändungspfandrecht. Das Recht, die Pfandverwertung zu betreiben, bestreiten dem Gläubiger auch diejenigen nicht, die die Entstehung eines Pfändungspfandrechts bei einem Mangel der Voraussetzungen leugnen.

**3** 3) **Pfandrecht und Pfändungspfandrecht, I–III.** Besteht an einer Sache neben einem vertraglichen oder gesetzlichen Pfandrecht ein Pfändungspfandrecht, so darf der Gläubiger wahlweise nach der ZPO oder nach dem BGB oder dem HGB verwerten. Er muß nur im letzteren Fall das Pfändungspfandrecht aufgeben, Ffm MDR **75**, 228.

**4** 4) **Erlöschen des Pfandrechts, I–III.** Das Pfandrecht erlischt zwar mit der Entstrickung, § 803 Rn 5, aber niemals ohne sie. Dies ergibt sich aus seiner unabhängigen Natur. Es kommt nicht in Betracht, daß das Pfandrecht bei einer fortdauernden Beschlagnahme erlöschen könnte, aM RoGSch § 50 III 3 c mit Rücksicht auf seine grundsätzlich andere Auffassung des Pfändungspfandrechts, Üb 8 vor § 803. Namentlich beseitigt ein gutgläubiger Erwerb der Pfandsache durch einen Dritten nicht nur das Pfandrecht, sondern auch die Verstrickung. Denn ähnlich wie die Beschlagnahme wirkt nur bei einem richterlichen Veräußerungsverbot, § 23 ZVG. Die Beschlagnahme verhindert daher einen gutgläubigen Erwerb nicht. Ein Verzicht auf das Pfandrecht trotz einer Aufrechterhaltung der Verstrickung ist nicht möglich. S im übrigen § 803 Rn 5.

**5** 5) **Pfändung schuldnerfremder Sachen, I.** Sie ist weitgehend möglich.

A. **Grundsatz: Pfändbarkeit.** Ob die Pfandsache zum Vermögen des Schuldners gehört, ist unerheblich. Denn das Pfändungspfandrecht ist unabhängig, Üb 8 vor § 803. Wenn man in diesem Fall nur eine Verstrickung eintreten läßt, dann müßte eine Befriedigung des Gläubigers aus der Sache unzulässig sein. Das wäre aber eine unerträgliche Folge, aM Marotzke ZZP **98**, 459. Die Pfändung einer Sache, die nicht im Eigentum des Schuldners steht, ermöglicht eine Widerspruchsklage nach §§ 771, 805 und, falls diese versäumt ist, Grdz 51 vor § 704, evtl eine Bereicherungsklage, §§ 812 ff BGB, Einf 4 vor §§ 771–774, § 819 Rn 3; vgl aber auch Oldb OLGZ **92**, 488.

**6** B. **Pfändbarkeit eigener Sachen des Gläubigers.** Er darf eine eigene Sache pfänden. Das widerspricht freilich dem Aufbau des Fahrnispfandrechts des BGB, nicht aber der Regelung der ZPO. Die Pfändung der eigenen Sache kann einen guten Sinn haben, vor allem dann, wenn an ihr ein fremder Gewahrsam besteht. Ein Faustpfandrecht kann freilich nicht entstehen. Zulässig ist zB eine Pfändung der unter einem Eigentumsvorbehalt verkauften oder in einem Sicherungseigentum gewonnenen Sachen. Eine solche Pfändung läßt sich nicht als einen Verzicht des Gläubigers auf sein Eigentum auffassen. Ein Anwartschaftsrecht des Gläubigers wird von der Sachpfändung nicht miterfaßt, Tiedtke NJW **72**, 1045, ThP § 808 Rn 17, aM Brschw MDR **72**, 57; man muß es gemäß § 857 Rn 1 pfänden.

**7** 6) **Rechte aus dem Pfandrecht, II.** Sie folgen dem Vollstreckungszweck.

A. **Besitz und Verwertung.** Das Pfändungspfandrecht gibt dem Gläubiger den Besitz der Pfandsache, §§ 861, 862, 869 BGB, und berechtigt ihn zu ihrer Verwertung nach der ZPO, zB §§ 814, 815 I, 825, 835. Im Verhältnis zu anderen Gläubigern stellt es den Gläubiger so, als ob er ein vertragliches Faustpfandrecht erworben hätte, §§ 1204 ff, 1273 ff BGB, bzw im Insolvenzverfahren ein Absonderungsrecht erhalten hätte, Rn 9. Der Gläubiger erlangt also nicht etwa ein Faustpfandrecht, sondern er erhält nur die Stellung des Faustpfandgläubigers im Verhältnis zu anderen Gläubigern.

**8** B. **Einzelfragen.** Die Regeln des BGB über das Faustpfandrecht sind nur sinngemäß heranzuziehen, soweit sich das mit der Eigenart des Pfändungspfandrechts vereinbaren läßt. Das Pfand haftet in Höhe der Vollstreckungsforderung einschließlich der Zinsen bis zur Befriedigung, § 1210 I 1 BGB, und der Vollstreckungskosten. Das Pfandrecht ergreift Ersatzstücke (Surrogate), also den Versteigerungserlös und die hinterlegte Sicherheit oder das Rückforderungsrecht im Falle einer Hinterlegung, auch wegen der Hinterlegungszinsen. Das Pfandrecht umfaßt die vom Pfand getrennten Erzeugnisse, § 1212 BGB sinngemäß. Es ist mit dem Schicksal der gesicherten Forderung nicht verbunden, Rn 2. Wenn die Forderung erlischt, dann bleibt die Pfändung bestehen, solange sie nicht aufgehoben, also freigegeben ist.
Eine Übertragung des Pfandrechts auf einen anderen Anspruch ist nicht möglich. Das Pfandrecht geht nicht mit der Forderung über, außer im Falle der Erbfolge, § 1922 BGB, ThP **4**, aM ZöStö **12** (auch bei einer Einzelrechtsnachfolge). Das Pfandrecht ist ohne die Forderung übertragbar. Ein neuer Gläubiger muß sich durch einen auf ihn nach § 727 umgeschriebenen Vollstreckungstitel ausweisen. Der Pfandgläubiger ist nicht zur Verwahrung der Pfandsache verpflichtet. § 1215 BGB ist unanwendbar, schon weil der Gläubiger keinen unmittelbaren Besitz hat. Auch eine Sicherungsverwertung nach § 1219 BGB kommt nicht in Betracht. § 1227 BGB ist entsprechend anwendbar; die Vorschrift gesteht dem Pfandgläubiger bei einer Beeinträchtigung seiner Rechte die Ansprüche eines Eigentümers zu. Der Pfandgläubiger darf die Herausgabe der Pfandsache an den Gerichtsvollzieher verlangen und Ersatz wegen einer Beschädigung oder einer Entziehung der Pfandstücke fordern, § 823 I BGB. Denn es handelt sich um ein sonstiges Recht im Sinne dieser Vorschrift.

**9** 7) **Rang, II, III.** Er hat erhebliche Bedeutung.

A. **Vorrang vor anderen Pfandrechten usw.** Jedes Pfändungspfandrecht geht allen Pfand- und Vorzugsrechten vor, die nicht im Insolvenzverfahren den Faustpfandrechten gleichstehen. Vgl dazu

*InsO § 50. Abgesonderte Befriedigung der Pfandgläubiger.* [I] ¹Gläubiger, die an einem Gegenstand der Insolvenzmasse ein rechtsgeschäftliches Pfandrecht, ein durch Pfändung erlangtes Pfandrecht oder ein gesetzliches Pfandrecht haben, sind nach Maßgabe der §§ 166 bis 173 für Hauptforderung, Zinsen und Kosten zur abgesonderten Befriedigung aus dem Pfandgegenstand berechtigt.
[II] ¹Das gesetzliche Pfandrecht des Vermieters oder Verpächters kann im Insolvenzverfahren wegen des Miet- oder Pachtzinses für eine frühere Zeit als die letzten zwölf Monate vor der Eröffnung des Verfahrens sowie wegen der Entschädigung, die infolge einer Kündigung des Insolvenzverwalters zu zahlen ist, nicht geltend gemacht werden. ²Das Pfandrecht des Verpäch-

1. Titel. Zwangsvollstr. in das bewegl. Vermögen §§ 804, 805

ters eines landwirtschaftlichen Grundstücks unterliegt wegen des Pachtzinses nicht dieser Beschränkung.

**InsO § 51. Sonstige Absonderungsberechtigte.** Den in § 50 genannten Gläubigern stehen gleich:
1. Gläubiger, denen der Schuldner zur Sicherung eines Anspruchs eine bewegliche Sache übereignet oder ein Recht übertragen hat;
2. Gläubiger, denen ein Zurückbehaltungsrecht an einer Sache zusteht, weil sie etwas zum Nutzen der Sache verwendet haben, soweit ihre Forderung aus der Verwendung den noch vorhandenen Vorteil nicht übersteigt;
3. Gläubiger, denen nach dem Handelsgesetzbuch ein Zurückbehaltungsrecht zusteht;
4. Bund, Länder, Gemeinden und Gemeindeverbände, soweit ihnen zoll- und steuerpflichtige Sachen nach gesetzlichen Vorschriften als Sicherheit für öffentliche Abgaben dienen.

**Vorbem.** Fassg InsO v 5. 10. 94, BGBl 2866, in Kraft seit 1. 1. 99, Art 110 I EGInsO v 5. 10. 94, BGBl 2911, ÜbergangsR Artt 103, 104 EGInsO, abgedruckt bei § 19 a ZPO. Art 2 Z 4 EGInsO v 5. 10. 94, BGBl 2911.

**B. Vorrang des früheren Pfändungspfandrechts.** Soweit nicht ein abweichender Rang zulässig vereinbart wurde, Grdz 25 vor § 704, gilt: Das frühere Pfändungspfandrecht geht dem späteren vor. Es gilt der Grundsatz des Zeitvorrangs (der Priorität) und des Zuerstkommens (der Prävention): *Wer zuerst kommt, mahlt zuerst.* Der Grundsatz ist verfassungsrechtlich unbedenklich, Brehm DGVZ **86**, 99, Stürner, zit bei Marotzke JZ **86**, 746, Schlosser ZZP **97**, 121. Der Grundsatz des Zeitvorranges gilt auch bei einer sicherungsübereigneten Sache, Brschw MDR **72**, 57 (abl Tiedtke NJW **72**, 1404), ZöStö 5, und beim Zusammentreffen einer Sach- und einer Forderungspfändung, LG Bonn DGVZ **83**, 153. Beim Streit der Gläubiger über die Verteilung des Erlöses ist ein Verteilungsverfahren nach §§ 872 ff notwendig, §§ 827 II, 853, 854 II. Eine Sicherungsmaßnahme nebst Veräußerungsverbot im Insolvenz- (auch Eröffnungs-)Verfahren ergreift die frühere Pfändung nicht und umgekehrt, BGH **135**, 142 (abl Häsemeyer ZZP **111**, 83, zustm Marotzke JR **98**, 28), AG Wiesb DGVZ **95**, 93, aM AG Siegen DGVZ **95**, 93. 10

Der *spätere Pfandgläubiger* kann aber den Rang des früheren bekämpfen, vgl § 805. Der spätere Pfandgläubiger kann den Vollstreckungstitel selbst bekämpfen, wenn es sich um Einwendungen handelt, die der Schuldner nicht verloren hat. Er kann auch gegen die Gültigkeit des früheren Pfandrechts vorgehen, er kann zB geltend machen, dieses frühere Pfandrecht sei schon in demjenigen Zeitpunkt erloschen gewesen, in dem der frühere Gläubiger bei einer vollen Ausnutzung der Pfändbarkeit befriedigt gewesen wäre, § 878 Rn 8, BAG NJW **75**, 1576 (krit Brommann SchlHA **86**, 66, oder das frühere Pfändungspfandrecht sei rechtsmißbräuchlich erworben, Einl III 54, BGH **57**, 108. Wegen eines Ablösungsrechts vgl § 268 BGB. Bei einem gesetzlichen Gleichrang, zB nach § 850 d II, ist eine Anpassung gemäß § 850 d zulässig, Rn 3. Verfassungsrechtlich kritisch Schlosser ZZP **97**, 121. Das frühere Vertragspfandrecht geht dem späteren Pfändungspfandrecht vor, auch wenn Pfandrecht an einem Mitbenannten, BGH **93**, 74. Wegen der Vorrangigkeit einer Aufrechnungsvereinbarung zwischen Arbeitgeber und Arbeitnehmer betr Verrechnung eines Darlehens auf späteren Lohn LAG Hamm DB **93**, 1247. Der Nachrangige kann seine Stellung durch einen Antrag auf Zusammenrechnung begrenzt verbessern, BAG NJW **97**, 479. 11

**C. Vorrang anderer Rechte.** Sämtlichen Pfändungspfandrechten, auch den älteren, geht ein gutgläubig erworbenes Vertragspfandrecht vor, § 1208 BGB. Wenn die Pfändung erkennbar ist, dann ist ein guter Glaube nicht mehr möglich. Für den Erwerb eines Pfändungspfandrechts ist ein guter Glaube unerheblich. Denn die §§ 1207 ff BGB sind unanwendbar. Es geht schließlich vor ein Anspruch an Früchten, und zwar ein Anspruch auf alle an ihn bestehenden dinglichen Rechte, etwa das Früchtepfandrecht, § 810 Rn 1. 12

**D. Gleichrang bei Gleichaltrigkeit.** Es kommt nicht auf den Antragseingang beim Vollstreckungsorgan, sondern auf den Zeitpunkt der Pfändung an, § 168 Z 1 GVGA. Gleichaltrige Pfändungspfandrechte und gleichstehende Rechte geben denselben Rang. Der Erlös ist in dem Verhältnis der Forderungen zu verteilen, notfalls im Verfahren nach §§ 872 ff, 827 II, 853, 854 II, Hantke DGVZ **78**, 106. Über den Rang des Arrestpfandrechts s § 931 Rn 2. Ein Zurückbehaltungsrecht an einer der in § 952 BGB bezeichneten Urkunden geht niemals vor. Im Insolvenzverfahren gibt das Pfändungspfandrecht ein Recht auf eine abgesonderte Befriedigung, § 50 I InsO, soweit die Pfändung vor dem Zeitpunkt der Verfahrenseröffnung wirksam geworden ist. Eine spätere Pfändung ist den Insolvenzgläubigern gegenüber unwirksam, § 89 I InsO. 13

**E. Verlust.** Der Rang geht mit dem Verlust des Pfändungspfandrechts verloren. Daher rücken dann die nachrangigen Gläubiger in ihrer bisherigen Reihenfolge auf. 14

**F. Freiwillige Zahlung.** Der Schuldner kann bestimmen, an wen er wieviel zahlt, Mümmler DGVZ **73**, 21. 15

8) *VwGO:* Entsprechend anwendbar im Rahmen der Grdz § 803 Rn 9. 16

**805** *Klage auf vorzugsweise Befriedigung.* [1]Der Pfändung einer Sache kann ein Dritter, der sich nicht im Besitz der Sache befindet, auf Grund eines Pfand- oder Vorzugsrechts nicht widersprechen; er kann jedoch seinen Anspruch auf vorzugsweise Befriedigung aus dem Erlös im Wege der Klage geltend machen, ohne Rücksicht darauf, ob seine Forderung fällig ist oder nicht.

§ 805     8. Buch. Zwangsvollstreckung. 2. Abschnitt. ZwV wegen Geldforderungen

II Die Klage ist bei dem Vollstreckungsgericht und, wenn der Streitgegenstand zur Zuständigkeit der Amtsgerichte nicht gehört, bei dem Landgericht zu erheben, in dessen Bezirk das Vollstreckungsgericht seinen Sitz hat.

III Wird die Klage gegen den Gläubiger und den Schuldner gerichtet, so sind diese als Streitgenossen anzusehen.

IV ¹Wird der Anspruch glaubhaft gemacht, so hat das Gericht die Hinterlegung des Erlöses anzuordnen. ²Die Vorschriften der §§ 769, 770 sind hierbei entsprechend anzuwenden.

**Schrifttum:** *Burgstaller,* Das Pfandrecht in der Exekution, Wien 1988.

### Gliederung

| | |
|---|---|
| 1) Systematik, Regelungszweck, I–IV ... 1 | A. Sachpfändung ............................ 5 |
| 2) Geltungsbereich: Nicht besitzender Dritter, I–IV ............................ 2, 3 | B. Fortdauer der Vollstreckung ........... 5 |
| A. Gesetzliches Pfandrecht ............. 2 | C. Beweis des Vorrechts .................. 5 |
| B. Vertragliches Pfandrecht ............ 3 | D. Geldforderung ......................... 5 |
| C. Pfandrecht eines Kreditinstituts ..... 3 | E. Allgemeine Prozeßvoraussetzungen .... 5 |
| D. Früchtepfandrecht .................. 3 | 5) Verfahren, I–III ....................... 6 |
| 3) Rechtsnatur der Klage, I–III ........ 4 | 6) Hinterlegung, IV ...................... 7 |
| 4) Voraussetzungen der Klage, I–III ... 5 | 7) VwGO ................................. 8 |

1  **1) Systematik, Regelungszweck, I–IV.** Der Dritte, der ein Pfandrecht oder ein Vorzugsrecht an einer Pfandsache hat, kann dann, wenn er den Besitz hat, sein Recht durch eine Widerspruchsklage nach § 771 geltend machen. Unter Besitz sind auch ein bloß mittelbarer Besitz oder das Verfügungsrecht nach einem Traditionspapier (Konnossement, Ladeschein und dgl) zu verstehen. Geschützt ist aber nur der Besitz einer beweglichen Sache, nicht der Besitz eines Grundstücks, § 771 Rn 15 „Besitz", ferner nicht der „Besitz" eines Rechts, etwa eines Erbanteils, Eickmann DGVZ 84, 70. Der besitzende Dritte kann sich auch statt der Klage aus § 771 mit einer Klage nach § 805 begnügen, vgl Schmidt JZ 87, 892. Diese sog Vorzugsklage führt zwar im Gegensatz zur Widerspruchsklage nicht zu einer Unzulässigkeit der Zwangsvollstreckung, sondern gerade zu deren weiterer Durchführung. Sie kann zwar nicht den Besitz an der Pfandsache sichern oder wiederverschaffen. Sie gewährt dem Gläubiger aber eine vorzugsweise Befriedigung aus dem Erlös. Sie ist also eine mindere Widerspruchsklage, BGH NJW 86, 2427, und dient wie jene der Gerechtigkeit, Einf 1 vor §§ 771–774. Daher ist § 805 auch möglichst zugunsten des Klägers auszulegen.

2  **2) Geltungsbereich: Nicht besitzender Dritter, I–IV.** Dem nicht besitzenden Pfand- oder Vorzugsgläubiger steht nur die Klage aus § 805 offen. Das Pfandrecht darf allerdings noch nicht erloschen sein, etwa nach § 1253 I BGB. Über Pfand- und Vorzugsrechte §§ 50, 51 InsO, abgedruckt in § 804 Rn 9. Hierher gehören von ihnen:

**A. Gesetzliches Pfandrecht.** Hierher zählt das gesetzliche Pfandrecht, § 1257 BGB, insbesondere dasjenige des Vermieters, Celle DB 77, 1839, des Verpächters, des Gastwirts, des Frachtführers usw, bevor sich diese Personen in den Besitz gesetzt haben, §§ 561, 581, 704 BGB, auch nach der Fortschaffung von dem Grundstück durch den Gerichtsvollzieher, § 560 BGB, ferner das kaufmännische Zurückbehaltungsrecht nach §§ 369 ff HGB, Hbg MDR 88, 235 (Vorrang gegenüber einem Schiffshypothekenrecht). Das Pfandrecht des Vermieters ist durch §§ 559, 560, 563 BGB beschränkt. Es erlischt nicht durch die Fortschaffung des Gerichtsvollziehers, Ffm MDR 75, 228. Der Vermieter muß das Eigentum des Mieters an den Möbeln beweisen. Für ein solches Eigentum spricht aber ein Anscheinsbeweis, Anh § 286 Rn 15.

3  **B. Vertragliches Pfandrecht.** Hierher zählt ferner ein Vertragspfandrecht, §§ 1205 ff BGB, Hamm RR 90, 233, und ein Pfändungspfandrecht, wenn der Gläubiger oder der Gerichtsvollzieher den Gewahrsam verloren hat. Auch das Recht des Hypothekengläubigers auf eine vorzugsweise Befriedigung aus den Gutserzeugnissen gehört hierher, ebenso ein Schiffshypothekenrecht, Hbg MDR 88, 235 (Nachrang gegenüber §§ 369 ff HGB), ferner ein nach dem französischen Recht entstandenes Registerpfandrecht. Ein späterer Pfändungspfandgläubiger kann einen Vorrang nur im Verteilungsverfahren geltend machen. Der Pfändungspfandgläubiger des Anwartschaftsrechts auf die Übertragung des Eigentums hat kein Recht auf vorzugsweise Befriedigung, § 771 Rn 17, StJM § 771 Rn 17, ThP 9, ZöStö 2, aM Frank NJW 74, 2216 (beim Besitz sei § 771 anwendbar, sonst seien die §§ 827, 872 ff entsprechend anwendbar), MüKoSchi 3.

**C. Pfandrecht eines Kreditinstituts.** Hierher zählt ferner das Pfandrecht des Kreditinstituts bei einer Pachtinventarverpfändung durch Niederlegung, §§ 11, 12 PachtkreditG, wenn ein Dritter vollstreckt, oder für den Dritten, wenn das Institut gegen den Verpächter vollstreckt.

**D. Früchtepfandrecht.** Hierher zählt schließlich das Früchtepfandrecht, § 810 Rn 1.

4  **3) Rechtsnatur der Klage, I–III.** Die Vorzugsklage ist eine mindere Widerspruchsklage, Rn 1, also eine prozessuale Gestaltungsklage, Grdz 10 vor § 253, und ein schwächeres Gegenstück zu § 771. Sie verfolgt das Ziel, daß der Kläger an der Zwangsvollstreckung teilnehmen kann, sobald das Urteil nach §§ 708 ff für vorläufig vollstreckbar erklärt worden ist, und daß er dann vor dem Bekl den Vorrang hat, Einf 1 vor §§ 771–774.

5  **4) Voraussetzungen der Klage, I–III.** Es müssen fünf Bedingungen zusammenkommen.

**A. Sachpfändung.** Es muß sich um die Pfändung einer körperlichen Sache handeln, § 808 Rn 3. Die Rechtspfändung gehört nicht hierher.

**B. Fortdauer der Vollstreckung.** Die Zwangsvollstreckung darf noch nicht beendet sein, Grdz 52 vor § 704. Nach der Auszahlung des Erlöses bleibt nur eine Klage aus einer ungerechtfertigten Bereicherung,

1. Titel. Zwangsvollstr. in das bewegl. Vermögen     **§§ 805, 806**

§§ 812 ff BGB, oder aus einer unerlaubten Handlung, § 823 BGB, im entsprechenden ordentlichen Gerichtsstand möglich, §§ 12 ff, 32. Der Vermieter usw ist an die Frist des § 561 BGB nicht gebunden.

**C. Beweis des Vorrechts.** Der Kläger muß ein Pfandrecht oder ein Vorzugsrecht und ferner seinen Anspruch und seinen Rang nach den Regeln § 804 Rn 9 beweisen. Das gilt aber nur wegen der Entstehung, während der Schuldner das Erlöschen usw beweisen muß, BGH NJW **86**, 2427. Der Kläger muß sich ein etwaiges rechtskräftiges Urteil zwischen einem Dritten und dem Schuldner über das Pfandrecht entgegenhalten lassen.

**D. Geldforderung.** Es muß sich um eine Geldforderung handeln, Grdz 1 vor § 803. Die Art der Verwertung ist unerheblich. Auch eine aufschiebend bedingte oder jedenfalls noch nicht fällige Forderung ermöglicht die Klage. Es ist aber der Zwischenzins entsprechend §§ 1133, 1217 II BGB abzuziehen und der Erlösanteil evtl bis zur Fälligkeit usw zu hinterlegen.

**E. Allgemeine Prozeßvoraussetzungen.** Schließlich müssen die allgemeinen Prozeßvoraussetzungen vorliegen, Grdz 12 ff vor § 253.

**5) Verfahren, I–III.** Ausschließlich zuständig, § 802, ist das AG des Bezirks als Vollstreckungsgericht, **6** § 764 II. Bei einem höheren Streitwert, §§ 23, 71 GVG, ist das zugehörige LG zuständig. Als Bekl kommt neben dem Pfändungspfandgläubiger auch der einer Auszahlung an den Kläger widersprechende Schuldner in Betracht, und zwar als Streitgenosse, III, § 59. Der Antrag, den man wie stets auslegen darf und muß, BGH NJW **86**, 2427, und das Urteil lauten zweckmäßig: „Der Kläger ist vor den Beklagten aus dem Reinerlös des folgenden Gegenstands ... wegen einer Forderung des Klägers in Höhe von ... DM nebst ... Zinsen bis zum Tag der Auszahlung zu befriedigen".

*Kosten:* § 91 ff. Vorläufige Vollstreckbarkeit: §§ 708 ff. Wert: Derjenige der niedrigeren Forderung ohne Zinsen und Kosten oder der etwa geringeren Pfandstücks.

Die *Auszahlung* erfolgt durch den Gerichtsvollzieher, § 827 Rn 3, oder durch die Hinterlegungsstelle, § 13 Z 2 HinterlO. Es erfolgt keine Zwangsvollstreckung gegen die Partei. Nur der Reinerlös kommt in Frage. Daher müssen alle Kosten vorher abgezogen werden. Dabei ist es unerheblich, ob die Veräußerung zwangsweise oder freiwillig vorgenommen wurde. Der Gläubiger, der auf eine Aufforderung in eine vorzugsweise Befriedigung eingewilligt hat, hat kein Rechtsschutzbedürfnis, Grdz 33 vor § 253, und keinen Klaganlaß gegeben, § 93. S im übrigen die Erläuterungen zu § 771.

**6) Hinterlegung, IV.** Da die Klage voraussetzt, daß die Zwangsvollstreckung durchgeführt wird, kommt **7** eine Einstellung nach der Art des § 771 III hier nicht in Frage. Dagegen muß das Gericht von Amts wegen eine Hinterlegung des Verwertungserlöses zugunsten der Parteien durch den Gerichtsvollzieher anordnen, wenn der Kläger seinen Anspruch, also den Pfand- oder Vorzugsrecht des I und dessen Vorrang, nach § 294 glaubhaft gemacht hat. Dabei sind die §§ 769, 770, 788 entsprechend anzuwenden. Eine einstweilige Verfügung nach §§ 935 ff darf also nicht erlassen werden. Für die Anordnung ist in einem dringenden Fall nach § 769 II, dort Rn 8, das Vollstreckungsgericht zuständig, das durch den Rpfl entscheidet, § 20 Z 17 RPflG, Anh § 153 GVG. Wegen der Rechtsbehelfe § 769 Rn 11. Der Beschluß muß schriftlich begründet vorliegen, § 329 Rn 4. Es muß also niedergeschrieben worden sein. Eine bloße Mitteilung, die Niederschrift stehe bevor, genügt nicht.

**7) VwGO:** Entsprechend anwendbar im Rahmen der Grdz § 803 Rn 9; Klage ist stets beim Vollstreckungsgericht, **8** § 764 Rn 9, zu erheben. Wenn § 5 VwVG eingreift, gilt § 293 AO.

**806** **Keine Gewähr bei Pfandverkauf.** Wird ein Gegenstand auf Grund der Pfändung veräußert, so steht dem Erwerber wegen eines Mangels im Recht oder wegen eines Mangels der veräußerten Sache ein Anspruch auf Gewährleistung nicht zu.

**1) Systematik, Regelungszweck.** Die Vorschrift hat einen rein sachlichrechtlichen Inhalt. Sie entspricht **1** dem § 56 S 3 ZVG, Mü DGVZ **80**, 123. Sie dient der Rechtssicherheit, Einl III 43: Der ordungsgemäße Erwerber muß bei dieser ja wesentlich von den staatlichen Vollstreckungsorganen angeordneten, begleiteten, abgewickelten Erwerbsart auf die Korrektheit und Endgültigkeit des Erwerbs vertrauen dürfen. In diesem Sinn ist die Vorschrift auszulegen. Rechtsmißbrauch, Einl III 54, wäre natürlich auch hier beachtlich, Grdz 44 vor § 704.

**2) Geltungsbereich.** Die Vorschrift setzt eine wirksame Pfändung, jedenfalls die Fortschaffung der Sache **2** durch den Gerichtsvollzieher, voraus, Karlsr MDR **79**, 237. Sie gilt für den Gläubiger und für den Schuldner. Sie bezieht sich auf sämtliche Sach- und Rechtsmängel der veräußerten Pfandsache, dort 440 I, 459 ff BGB, Mü DGVZ **80**, 123, auch bei einer zugesicherten Eigenschaft, LG Aachen DGVZ **86**, 185, entsprechend dem § 461 BGB, der für eine private Pfandversteigerung dasselbe bestimmt. Es ist unerheblich, ob eine Haftung für ein Verschulden besteht. Unter § 806 fällt jede Verwertung nach §§ 814 ff, zB die Versteigerung, LG Aachen DGVZ **86**, 185, auch der freihändige Verkauf nach §§ 817 a III, 821, 825 ua, nicht aber der Selbsthilfeverkauf durch den Gerichtsvollzieher, §§ 385 BGB, 373 HGB. Der Gerichtsvollzieher braucht die Pfandsache nicht auf Mängel zu untersuchen und braucht auf solche nicht hinzuweisen, LG Aachen DGVZ **86**, 185; etwas anderes würde bei Arglist gelten.

**3) Ersatzanspruch usw.** Der Erwerber hat einen Gewährleistungsanspruch gegen den Gläubiger und/ **3** oder Schuldner auf Grund eines etwaigen Gewährleistungsvertrags oder nach §§ 823, 826 BGB, im übrigen nur gegen den Staat, Art 34 GG, § 839 BGB. Ferner kommt ein Anspruch gegen den Schuldner aus ungerechtfertigter Bereicherung nach §§ 812 ff BGB in Betracht.

**4) VwGO:** Entsprechend anwendbar im Rahmen der Grdz § 803 Rn 9. Wenn § 5 VwVG eingreift, gilt § 283 **4** AO.

## § 806a

**806a** *Befugnisse des Gerichtsvollziehers.* [I] ¹Erhält der Gerichtsvollzieher anläßlich der Zwangsvollstreckung durch Befragung des Schuldners oder durch Einsicht in Schriftstücke Kenntnis von Geldforderungen des Schuldners gegen Dritte und konnte eine Pfändung nicht bewirkt werden oder wird eine bewirkte Pfändung voraussichtlich nicht zur vollständigen Befriedigung des Gläubigers führen, so teilt er Namen und Anschriften der Drittschuldner sowie den Grund der Forderungen und für diese bestehende Sicherheiten dem Gläubiger mit.

[II] ¹Trifft der Gerichtsvollzieher den Schuldner in der Wohnung nicht an und konnte eine Pfändung nicht bewirkt werden oder wird eine bewirkte Pfändung voraussichtlich nicht zur vollständigen Befriedigung des Gläubigers führen, so kann der Gerichtsvollzieher die zum Hausstand des Schuldners gehörenden erwachsenen Personen nach dem Arbeitgeber des Schuldners befragen. ²Diese sind zu einer Auskunft nicht verpflichtet und vom Gerichtsvollzieher auf die Freiwilligkeit ihrer Angaben hinzuweisen. ³Seine Erkenntnisse teilt der Gerichtsvollzieher dem Gläubiger mit.

**Schrifttum:** *Krauthausen*, DGVZ **95**, 68 (Üb); *Schilken*, Reform der Zwangsvollstreckung, in: Vorträge zur Rechtsentwicklung der achtziger Jahre (1991) 307.

### Gliederung

| | |
|---|---|
| 1) Systematik, I, II ............................ 1 | 10) „Trifft der Gerichtsvollzieher den Schuldner... nicht an", II 1 ........... 10 |
| 2) Regelungszweck, I, II ................. 2 | 11) Kein bisheriger Vollstreckungserfolg, II 1 .................................................. 11 |
| 3) „Anläßlich der Zwangsvollstreckung", I, II ........................................ 3 | 12) „... kann befragen", II 1 ............. 12 |
| 4) „Befragung des Schuldners", I ....... 4 | 13) Keine Auskunftspflicht; Hinweispflicht, II 2 ........................................ 13 |
| 5) „Einsicht in Schriftstücke", I ........ 5 | 14) Mitteilung an den Gläubiger, II 3 ..... 14 |
| 6) „Kenntnis von Geldforderungen des Schuldners gegen Dritte", I ........... 6 | 15) Abschrift an den Schuldner, II 3 ....... 15 |
| 7) „... und konnte eine Pfändung nicht bewirkt werden" usw, I ................ 7 | 16) Rechtsbehelfe, I, II ....................... 16 |
| 8) Mitteilung an den Gläubiger, I ....... 8 | 17) *VwGO* ....................................... 17 |
| 9) Abschrift an den Schuldner, I ........ 9 | |

**1** **1) Systematik, I, II.** Die Vorschrift stellt eine Ergänzung zu §§ 807 ff dar. Man kann in ihr auch eine Ergänzung zu § 845 sehen. Sie knüpft an Befugnisse an, wie sie dem Gerichtsvollzieher in § 758 zustehen. Freilich hat der Gesetzgeber sie nicht eindeutig unter den Richtervorbehalt gestellt, den Rechtsprechung und Lehre zu § 758 mit Recht herausgearbeitet haben, § 758 Rn 3. Die Vorschrift setzt ja in I heraus, daß sich der Gerichtsvollzieher bereits „anläßlich" der Zwangsvollstreckung in der Wohnung des Schuldners befindet.

**2** **2) Regelungszweck, I, II.** Die Vorschrift dient der Vermeidung kostspieliger, zeitraubender und im Erfolg ungewisser weiterer Versuche des Gläubigers, doch noch zu einem Vollstreckungserfolg zu kommen. Das ist aus seiner Sicht oft dringend notwendig, aus der Sicht des Schuldners und vor allem der vom Gerichtsvollzieher befragten Dritten problematisch. § 806 a versucht beiden gerecht zu werden. Immerhin gehen die Befugnisse des Gerichtsvollziehers teilweise sehr weit. Es bleibt abzuwarten, ob die Vorschrift in allen Teilen verfassungsgemäß ist. Die Durchsicht von Schriftstücken nebst Mitteilung ihres Inhalts an den Gläubiger kann zu Mißgriffen führen, die sich schon rein technisch kaum vermeiden lassen und keineswegs mehr den Rahmen einer zivilprozessualen Vollstreckung wahren können. Deshalb ist zumindest I schon vom Ansatz her problematisch. Jedenfalls sollte man unter Berücksichtigung solcher Gefahren bei der Anwendung und Auslegung der Vorschrift behutsam vorgehen.

**3** **3) „Anläßlich der Zwangsvollstreckung", I, II.** Die Vollstreckung muß gerade durch Beauftragung dieses Gerichtsvollziehers stattfinden. Es genügt also nicht, daß er anläßlich einer anderen Zwangsvollstreckung Kenntnis usw erhält. Daher darf er weder nach I noch nach II, der die Worte „anläßlich der Zwangsvollstreckung" aus I als selbstverständlich ebenfalls voraussetzt, vorgehen, wenn er Kenntnis usw nur beim Vollstreckungsversuch im Auftrag eines weiteren Gläubigers erhält. Andernfalls wäre im Gesetz statt des Worts „der" das Wort „einer" (Zwangsvollstreckung) notwendig gewesen.

**4** **4) „Befragung des Schuldners", I.** Der Gerichtsvollzieher darf den Schuldner befragen, und zwar nicht erst dann, wenn er bei dieser Vollstreckungshandlung keinen vollen Erfolg erzielt. Denn die Worte „... und konnte eine Pfändung nicht bewirkt werden" usw sind nach ihrer Stellung in I nur Voraussetzung für die Befugnis zur Mitteilung an den Gläubiger, nicht auch schon Voraussetzung für das Recht zur Befragung.

„*Befragung*" heißt nicht „Vernehmung". Der Gerichtsvollzieher führt auch keine Beweisaufnahme durch. Er darf aber doch direkt und gezielt fragen. Während II 2 klarstellt, daß kein Dritter Auskunft geben muß und daß der Gerichtsvollzieher daher jeden Dritten von Amts wegen und natürlich von vornherein auf die Freiwilligkeit einer Angabe hinweisen muß, enthält I gegenüber dem Schuldner keine solche Pflicht. Das bedeutet aber nicht, daß der Schuldner zur Auskunft schon an dieser Stelle und diesem Vollstreckungsorgan gegenüber verpflichtet wäre oder gar zusätzliche Nachteile hätte, wenn er schweigt. Er braucht nicht zu antworten. Zur Auskunft ist er erst im Verfahren nach § 807 verpflichtet. Eine falsche, unrichtige, pflichtwidrig verspätete (und daher zunächst unterlassene), irreführende Antwort kann freilich als zumindest versuchter Vollstreckungsbetrug strafbar sein.

**5** **5) „Einsicht in Schriftstücke", I.** Der Gerichtsvollzieher darf auch neben oder anstelle einer Befragung eine Einsicht in Schriftstücke des Schuldners nehmen. Auch das hängt, wie bei der Befragung, Rn 4, nicht vom mindestens teilweisen Mißerfolg der bisherigen Vollstreckung ab.

1. Titel. Zwangsvollstr. in das bewegl. Vermögen **§ 806a**

*"Einsicht"* heißt nicht „Durchsuchung" oder „Ermittlung". Sie darf ja ohnehin nur anläßlich einer Vollstreckung stattfinden. Gemeint ist das beiläufige oder vom Gerichtsvollzieher erbetene, vom Schuldner genehmigte Einblicknehmen in Unterlagen, die ohnehin zu prüfen sind oder doch nahezu unvermeidbar mit zur Kenntnis des Gerichtsvollziehers gelangen, nicht aber das würdelose Herumschnüffeln in den Schubladen des Schuldners nach Art einer amtlichen Durchsuchung, AG Altötting DGVZ 97, 91. Der Schuldner kann die Auskunft oder Durchsicht verweigern, soweit er ihr überhaupt widersprechen kann, AG Altötting DGVZ 97, 91. Er ist zur aktiven Mitdurchsicht oder zum Herbeischaffen nicht verpflichtet. Er ist vor allem weder zur Herstellung oder Genehmigung vom Kopien noch zur Herausgabe verpflichtet, jedenfalls nicht in diesem Stadium und soweit es sich nicht um eine Herausgabeforderung handelt.

**6) „Kenntnis von Geldforderungen des Schuldners gegen Dritte", I.** Der Gerichtsvollzieher muß von einer solchen Forderung auf den Wegen Rn 4 oder 5 eine direkte Kenntnis erlangt haben. Eine bloß vage Möglichkeit oder Vermutung des Bestehens berechtigt ihn also nicht zur Mitteilung nach I. Die Abgrenzung solcher Erkenntnisstufen ist schwierig. Man kann oft den wahren Umfang oder die Rechtsgrundlage einer Forderung ebenso wenig erkennen wie die etwaigen Einwände des Drittschuldners und deren Berechtigung. In diesem Sinne muß eine gewisse Wahrscheinlichkeit des Bestehens der Forderung genügen. Der Gerichtsvollzieher darf sich nun aber nicht nach Art eines Detektivs auf kleinste Spuren stürzen, nur um seinem Auftraggeber etwaige weitere Vollstreckungschancen zu eröffnen.

**7) „... und konnte eine Pfändung nicht bewirkt werden" usw, I.** Schließlich muß aus der Sicht des Gerichtsvollziehers entweder eine Pfändung unzulässig oder sinnlos sein oder eine von ihm jetzt oder früher bewirkte Pfändung voraussichtlich nicht zur vollständigen Befriedigung des Gläubigers führen. Ob auch diese Voraussetzungen vorliegen, ist wie bei § 807 I 1 zu klären, § 807 Rn 2.

**8) Mitteilung an den Gläubiger, I.** Unter den Voraussetzungen Rn 3–7 ist der Gerichtsvollzieher berechtigt und kraft Gesetzes, also auch ohne Antrag des Gläubigers, dazu verpflichtet, diesem den Namen und die Anschrift eines jeden derart ermittelten Drittschuldners sowie den Grund der Forderungen und die für diese etwa bestehenden Sicherheiten unverzüglich mitzuteilen. Der Gerichtsvollzieher trifft dazu keine weiteren Ermittlungen. Seine Mitteilung beschränkt sich auf dasjenige, was er durch die Befragung und Einsicht erfahren, zur Kenntnis erhalten hat. Soweit er sich nicht sicher ist, teilt er auch das dem Gläubiger mit. Er darf sich Aktenzeichen, Daten, Adressen usw notieren, soweit der Schuldner ihm Kopien oder die Herausgabe verweigert. Er muß sich strikt auf diejenigen Merkmale beschränken, die I nennt. Der Gerichtsvollzieher hat ohnehin den Datenschutz, das Grundrecht des Schuldners auf informationelle Selbstbestimmung, etwaige Geschäfts- oder Betriebsgeheimnisse usw zu wahren und darf natürlich auch nicht etwa das Finanzamt informieren, solange nicht gerade diese Behörde der Gläubiger ist.

Es kann *größter Schaden* durch zu unvorsichtige Handlungsweise des Gerichtsvollziehers entstehen; für sie kann der Staat haften und bei ihm Rückgriff nehmen wollen. Der Zweck des ganzen Verfahrens, Rn 2, eröffnet und begrenzt die Befugnisse des Gerichtsvollziehers. Im Zweifel sollte er sich auf allgemeine vorsichtige Wendungen beschränken und es dem Gläubiger überlassen, mit der Erinnerung nach § 766 mehr an Mitteilung zu fordern. Selbst bloße Andeutungen sind aber verboten, wenn der Gerichtsvollzieher nicht wenigstens Kenntnis, Rn 6, gewonnen hat. Notfalls mag der Gläubiger nach § 807 vorgehen, LG Lpz JB 96, 45.

**9) Abschrift an den Schuldner, I.** §§ 762, 763 gelten für das gesamte Verfahren nach I. Der Schuldner sollte stets eine Abschrift der Mitteilung erhalten.

**10) „Trifft der Gerichtsvollzieher den Schuldner ... nicht an", II 1.** Die Vorschrift betrifft den Fall, daß der Schuldner nicht zuhause ist. Sie ist schon nach ihrem klaren Wortlaut nicht anwendbar, soweit der Vollstreckungsversuch außerhalb der Wohnung stattfindet. „Wohnung" ist so wie bei § 758 zu verstehen, dort Rn 11, 14. Die Anwesenheit eines Familienmitglieds des Schuldners erlaubt dessen Befragung nach II nur, wenn der Schuldner persönlich abwesend ist. Die Dauer und der Grund seiner Abwesenheit sind unerheblich. Eine völlig unerhebliche Dauer, etwa eine solche von voraussichtlich nur 5 oder 10 Minuten, ist keine Abwesenheit.

**11) Kein bisheriger Vollstreckungserfolg, II 1.** Weitere Voraussetzung nach II ist, daß eine Pfändung nicht bewirkt werden konnte oder daß eine bewirkte Pfändung voraussichtlich nicht zur vollständigen Befriedigung dieses Gläubigers führen wird. Diese Bedingung ist nach den Regeln wie I zu beurteilen, Rn 7.

**12) „... kann befragen", II 1.** Das Wort „kann" stellt, wie so oft, sowohl in die Zuständigkeit als auch in das pflichtgemäße Ermessen des Gerichtsvollziehers. Wenn er sich von der Befragung etwa eines schwerhörigen entfernten Verwandten, der zum Haushalt zählt, nichts verspricht, dann darf er von dessen Befragung absehen. „Befragung" ist ebenso zu verstehen wie in I, Rn 4. „Erwachsene Person" versteht sich ebenso wie in § 182 I, § 181 Rn 13. Dasselbe gilt für „zum Hausstand des Schuldners gehören", § 181 Rn 10 (zum etwas engeren Begriff des Familienangehörigen im Hause).

**13) Keine Auskunftspflicht; Hinweispflicht, II 2.** Die vom Gerichtsvollzieher nach II 1 Befragten „sind zu einer Auskunft nicht verpflichtet und vom Gerichtsvollzieher auf die Freiwilligkeit ihrer Angaben hinzuweisen". Sie können jedoch für schuldhaft falsche Angaben demjenigen haften, den sie dadurch schädigen. Der Gerichtsvollzieher darf auf sie keinerlei auch nur indirekten Druck ausüben. Er sollte den Hinweis auf ihr Auskunftsverweigerungsrecht unbedingt in das Vollstreckungsprotokoll aufnehmen. Eine ohne ordnungsgemäßen Hinweis erlangte Auskunft darf vom Gerichtsvollzieher nicht protokolliert und erst recht nicht weitergegeben werden. Der Gerichtsvollzieher ist aber nicht zu einer Belehrung im Sinn etwa von §§ 383 ff, 395 verpflichtet.

**14) Mitteilung an den Gläubiger, II 3.** Unter den Voraussetzungen Rn 10–13 ist der Gerichtsvollzieher zur Mitteilung seiner „Erkenntnisse" an dem Gläubiger berechtigt und verpflichtet. Es gelten dieselben Regeln wie bei einer Mitteilung nach I, Rn 8.

§§ 806a–807   8. Buch. Zwangsvollstreckung. 2. Abschnitt. ZwV wegen Geldforderungen

15   **15) Abschrift an den Schuldner, II 3.** Es gelten dieselben Regeln wie bei I, Rn 9.

16   **16) Rechtsbehelfe, I, II.** Gegen eine Maßnahme des Gerichtsvollziehers oder deren Unterlassung hat der davon Betroffene die Erinnerung nach § 766. Soweit ein Dritter betroffen ist, kann er gegen die infolge der Maßnahme eingeleitete oder erweiterte Zwangsvollstreckung Widerspruchsklage unter den Voraussetzungen der §§ 771 ff erheben. Wegen unberechtigter Handlungsweise des Gerichtsvollziehers kann der Staat haften, § 753 Rn 7.

17   **17) VwGO:** *Entsprechend anwendbar im Rahmen der Grdz § 803 Rn 9, vgl § 753 Rn 13.*

## 806b  *Gütliche Erledigung, Teilbeträge.* ¹Der Gerichtsvollzieher soll in jeder Lage des Zwangsvollstreckungsverfahrens auf eine gütliche und zügige Erledigung hinwirken. ²Findet er pfändbare Gegenstände nicht vor, versichert der Schuldner aber glaubhaft, die Schuld kurzfristig in Teilbeträgen zu tilgen, so zieht der Gerichtsvollzieher die Teilbeträge ein, wenn der Gläubiger hiermit einverstanden ist. ³Die Tilgung soll in der Regel innerhalb von sechs Monaten erfolgt sein.

**Vorbem.** Eingefügt dch Art 1 Z 13 der 2. ZwVNov v 17. 12. 97, BGBl 3039, in Kraft seit 1. 1. 99, Art 4 I der 2. ZwVNov, ÜbergangsR Einl III 78.

**Schrifttum:** *Harnacke* DGVZ **99**, 81; *Schilken* DGVZ **98**, 145 (je: Üb).

1   **1) Systematik, Regelungszweck, S 1–3.** S 1 enthält für den Gerichtsvollzieher eine Übernahme des im Erkenntnisverfahren für den Richter nach § 279 I 1 geltenden Gedankens einer Hinwirkung auf eine gütliche Erledigung und verstärkt ihn durch die Verpflichtung, auch zügig zu arbeiten. Beides ist an sich selbstverständlich; indessen bleibt für gütliche Erledigung im Vollstreckungsverfahren naturgemäß weniger Platz, zumal der Gläubiger nun endlich auch wirklich zu seinem Recht kommen soll; dies letztere darf der Gerichtsvollzieher weder beim Tempo, noch bei der sachlichen Art und Weise der Erledigung vernachlässigen. Es handelt sich um eine bloße Sollvorschrift; das ist bei der Auslegung mitzubeachten.
S 2, 3 enthalten Regelungen, die sich ähnlich auch in § 813a finden. Zur Abgrenzung Rn 2.

2   **2) Geltungsbereich, S 1–3.** Die Sollvorschrift S 1 gilt im Gesamtbereich der Zwangsvollstreckung, *Harnacke* DGVZ **99**, 81, aM *Schilken* DGVZ **98**, 146. S 2, 3 gelten erst dann, wenn der Gerichtsvollzieher überhaupt nichts Pfändbares vorgefunden hat, während § 813a dann eingreift, wenn immerhin schon eine Pfändung stattgefunden hat.

3   **3) Gütliche, zügige Erledigung, S 1.** Vgl § 279 Rn 4. „Erledigung" erstreckt sich auf alle schon und noch derzeit in Betracht kommenden Maßnahmen. Das Wort „zügig" meint unverzüglich, also ohne schuldhaftes Zögern. „Soll" ist weniger als „muß", aber immerhin eine Anordnung und daher auch eine Befugnis. Das Gläubigerinteresse ist mit dem Schuldnerinteresse abzuwägen und keineswegs hintanzustellen.

4   **4) Einzug von Teilbeträgen, S 2, 3.** Voraussetzung ist, daß der Gerichtsvollzieher überhaupt keine pfändbaren Gegenstände vorfindet, Rn 2. Weitere Voraussetzung ist, daß der Schuldner glaubhaft versichert, § 294, daß er die gesamte Schuld „kurzfristig", wenn auch nur „in Teilbeträgen", tilgen könne und wolle. Kurzfristig meint, wie aus S 3 ersichtlich, in der Regel binnen sechs Monaten, ausnahmsweise auch ein wenig, nicht erst viel später, *Harnacke* DGVZ **99**, 83. Dritte Voraussetzung ist das Einverständnis des Gläubigers. Es braucht nicht ausdrücklich, muß aber eindeutig vorliegen und ist vom Gerichtsvollzieher notfalls vor weiteren Entscheidungen beim Vorliegen der obigen weiteren Voraussetzungen zu erfragen, auch beim isolierten Voraussetzungsauftrag, aM *Harnacke* DGVZ **99**, 83. Schweigen auf Anfrage kann Zustimmung, aber auch Ablehnung oder Nichterklärung (= Ablehnung) bedeuten; das ist von Fall zu Fall abzuwägen und von der Fragestellung abhängig; zweckmäßig erklärt der Gerichtsvollziehr, er werde mangels abweichender Antwort innerhalb zu setzender Frist (sie muß angemessen sein, zB 2 Wochen) von Einverständnis ausgehen. Eine Fristsetzung bedarf förmlicher Zustellung. Die Anfrage kann auch telefonisch oder per Telefax erfolgen. Sie ist aktenkundig zu machen. Der Gläubiger kann ein Einverständnis schon im Vollstreckungsauftrag erklären. Es kann bis zu dem nach S 2 maßgebenden Zeitpunkt widerrufen werden. Er bedarf keiner Begründung, muß aber zugehen, § 130 BGB.

5   **5) Verstoß, S 1–3.** Ein Verstoß gegen S 1 ist zB bei Trödelei mit Erinnerung, § 766, und mit Dienstaufsichtsbeschwerde angreifbar. Ein Verstoß gegen S 2, 3 ist mit Erinnerung nach § 766 angreifbar.

6   **6) VwGO:** *Entsprechend anwendbar im Rahmen der Grdz § 803 Rn 9, vgl § 753 Rn 13.*

## 807  *Eidesstattliche Versicherung.* ¹Der Schuldner ist nach Erteilung des Auftrags nach § 900 Abs. 1 verpflichtet, ein Verzeichnis seines Vermögens vorzulegen und für seine Forderungen den Grund und die Beweismittel zu bezeichnen, wenn

1. die Pfändung zu einer vollständigen Befriedigung des Gläubigers nicht geführt hat,
2. der Gläubiger glaubhaft macht, daß er durch die Pfändung seine Befriedigung nicht vollständig erlangen könne,
3. der Schuldner die Durchsuchung (§ 758) verweigert hat oder
4. der Gerichtsvollzieher den Schuldner wiederholt in seiner Wohnung nicht angetroffen hat, nachdem er einmal die Vollstreckung mindestens zwei Wochen vorher angekündigt hatte; dies

1. Titel. Zwangsvollstr. in das bewegl. Vermögen **§ 807**

gilt nicht, wenn der Schuldner seine Abwesenheit genügend entschuldigt und den Grund glaubhaft macht.

II ¹Aus dem Vermögensverzeichnis müssen auch ersichtlich sein
1. die in den letzten zwei Jahren vor dem ersten zur Abgabe der eidesstattlichen Versicherung anberaumten Termin vorgenommenen entgeltlichen Veräußerungen des Schuldners an eine nahestehende Person (§ 138 der Insolvenzordnung);
2. die in den letzten vier Jahren vor dem ersten zur Abgabe der eidesstattlichen Versicherung anberaumten Termin von dem Schuldner vorgenommenen unentgeltlichen Leistungen, sofern sie sich nicht auf gebräuchliche Gelegenheitsgeschenke geringen Werts richteten;
3. die in den letzten zwei Jahren vor dem ersten zur Abgabe der eidesstattlichen Versicherung anberaumten Termin von dem Schuldner vorgenommenen unentgeltlichen Verfügungen zugunsten seines Ehegatten.

²Sachen, die nach § 811 Abs. 1 Nr. 1, 2 der Pfändung offensichtlich nicht unterworfen sind, brauchen in dem Vermögensverzeichnis nicht angegeben zu werden, es sei denn, daß eine Austauschpfändung in Betracht kommt.

III ¹Der Schuldner hat zu Protokoll an Eides Statt zu versichern, daß er die von ihm verlangten Angaben nach bestem Wissen und Gewissen richtig und vollständig gemacht habe. ²Die Vorschriften der §§ 478 bis 480, 483 gelten entsprechend.

**Vorbem.** I idF, bisherige I 2, 3 zu II, neuer II 2 geändert, bisheriger II zu III dch Art 1 Z 14 a–c der 2. ZwNov v 17. 12. 97, BGBl 3039, in Kraft seit 1. 1. 99, Art 4 I der 2. ZwVNov. Neuer II Z 1, 2 geändert dch Art 18 Z 8 a, b EGInsO v 5. 10. 94, BGBl 2911, in der Fassung v Art 1 Z 4 EG InsOÄndG v 19. 12. 98, BGBl 3836, in Kraft seit 1. 1. 99, Art 110 I EGInsO, ÜbergangsR Artt 103, 104 EGInsO, abgedruckt bei § 199. Übergangsrechtlich gilt

2. ZwVNov Art 3. V § 807 Abs. 1 Nr. 3 und 4 der Zivilprozeßordnung in der Fassung des Artikels 1 Nr. 14 Buchstabe a gilt nicht für die Verfahren, in denen der Gerichtsvollzieher die Vollstreckung vor dem Inkrafttreten dieses Gesetzes versucht hatte.

**Schrifttum:** *Hintzen*, Taktik in der Zwangsvollstreckung, III (... eidesstattliche Versicherung usw) 1992; *Hippler/Winterstein*, Die eidesstattliche Versicherung durch den Gerichtsvollzieher, 1999; *Keller*, Die eidesstattliche Versicherung nach §§ 887, 899 ZPO, 1998; rechtspolitisch Gaul ZZP **108**, 3.

**Gliederung**

| | | | |
|---|---|---|---|
| 1) Systematik, Regelungszweck, I–III ... | 1 | D. Unentgeltliche Leistung, II 1 Z 2 .... | 38 |
| 2) Geltungsbereich, I–III ................ | 2 | E. Unentgeltliche Veräußerung zugunsten des Ehegatten, II 1 Z 3 ...... | 39 |
| 3) Zulässigkeit der Vollstreckung, I–III . | 3 | F. Offensichtliche Unpfändbarkeit, II 2 . | 40–42 |
| 4) Erfolglosigkeit der Pfändung, I Z 1 .. | 4–10 | G. Auskunftspflicht im einzelnen ........ | 43 |
| A. Nachweis ....................... | 4 | H. Schriftform ......................... | 44 |
| B. Notwendigkeit der Fruchtlosigkeitsbescheinigung ...................... | 5 | I. Ergänzungspflicht ................... | 45, 46 |
| | | J. Einsichtsrecht anderer Gläubiger ..... | 47 |
| C. Alter der Fruchtlosigkeitsbescheinigung .......................... | 6 | 10) Verfahren, III ........................ | 48–60 |
| | | A. Grundsatz: Abnahme durch den Gerichtsvollzieher ..................... | 48 |
| D. Beispiele zur Frage einer Fruchtlosigkeitsbescheinigung, I Z 1 ......... | 7–10 | B. Auftrag an Gerichtsvollzieher ....... | 49 |
| 5) Sinnlosigkeit der Pfändung, I Z 2 .... | 11 | C. Inhalt ............................. | 50 |
| 6) Durchsuchungsverweigerung, I Z 3 .. | 12 | D. Grundsatz: Persönliche Erklärungs des Pflichtigen ..................... | 51, 52 |
| 7) Wohnungsabwesenheit, I Z 4 ........ | 13 | E. Beispiele zur Frage der Person des Versichernden, II .................... | 53–58 |
| 8) Einzelfragen, I Z 3, 4 ................. | 14 | F. Form ............................. | 59 |
| 9) Vermögensverzeichnis, I, II .......... | 15–47 | G. Weigerung, Umgehung ............. | 60 |
| A. Grundsatz: Gesamtes Istvermögen ... | 15, 16 | 11) VwGO .............................. | 61 |
| B. Beispiele zur Frage der Notwendigkeit einer Angabe, I Z 2, 3 ............. | 17–35 | | |
| C. Entgeltliche Veräußerung, II 1 Z 1 ... | 36, 37 | | |

**1) Systematik, Regelungszweck, I–III.** Die eidesstattliche Versicherung zwecks Offenbarung, der **1** frühere Offenbarungseid, kann eine sachlichrechtliche oder eine prozessuale Natur haben. Die sachlichrechtliche eidesstattliche Versicherung, die bei einer Verpflichtung zu einer Rechnungslegung zu leisten ist, ist zB in §§ 259 II, 260 II, 2006, 2028, 2057 BGB und für das Verfahren zB in §§ 79, 163 FGG, 889 ZPO geregelt. § 807 betrifft nur die prozessuale eidesstattliche Versicherung. Ihr Verfahren ist in den §§ 899 ff weiter geordnet. Weitere Fälle der prozessualen Offenbarungsversicherung regeln die §§ 883 II ZPO, 98 I InsO. § 7 JBeitrO, Ffm Rpfleger **77**, 145, § 284 AO. Andere Beweismittel kann die eidesstattliche Versicherung nicht ersetzen. Sie ist auch selbst kein Beweismittel, LG Düss Rpfleger **81**, 151. Sie ist nicht mit einer eidesstattlichen Versicherung zwecks Glaubhaftmachung nach § 294 zu verwechseln, obwohl letztere auch bei § 807 eine Rolle spielen kann. Wegen eines Auslandsbezugs Heß Rpfleger **96**, 89 (ausf).

*Regelungszweck* ist es, dem Gläubiger, der nicht weiß, wo sich welches vollstreckbare Schuldnervermögen befindet, die Fortführung der Vollstreckung zwecks Befriedigung in einer dem Schuldner angesichts seiner Verurteilung usw ungeachtet Artt 1, 2 GG zumutbaren Weise zu ermöglichen, LG Lüb JB **97**, 440. Sinn ist es zwar eine möglichst weitgehende Ermittlung von Zugriffsmöglichkeiten, LG Konst JB **96**, 330, LG Mainz JB **96**, 327. Notfalls ist vielmehr § 903 anwendbar, LG Tüb Rpfleger **95**, 221. Die Regelung ist mit dem GG vereinbar, Mü VersR **92**, 875.

**2) Geltungsbereich, I–III.** § 807 gilt in allen Verfahrensarten nach der ZPO. **2**

**§ 807**     8. Buch. Zwangsvollstreckung. 2. Abschnitt. ZwV wegen Geldforderungen

**3**    **3) Zulässigkeit der Vollstreckung, I–III.** Die Zwangsvollstreckung in das offenzulegende Vermögen muß zulässig sein, Grdz 2 vor § 704. Erforderlich ist ein Vollstreckungstitel, Grdz 18 vor § 704, der sich auf eine Geldforderung richtet, Grdz 1 vor § 803. Dieser Titel darf vorläufig vollstreckbar sein, §§ 708 ff. Gegen eine inzwischen infolge Heirat anders heißende Schuldnerin ist eine beglaubigte Abschrift der Heiratsurkunde nötig und eine bloße Meldebestätigung unzureichend, LG Frankenth JB **95**, 272. Eine Sicherungsvollstreckung nach § 720a reicht aus, dort Rn 4. Auch ein bloßer Kostentitel reicht aus. Er ist notwendig, wenn der Haupttitel nicht auf eine Zahlung geht; es kann dann ein Festsetzungsbeschluß wegen der Kosten notwendig sein, § 104, LG Hann DGVZ **89**, 42. Kostenforderungen müssen auch ohne Schlüsselzahlen usw nachvollziehbar sein, LG Kaisersl Rpfleger **93**, 30.

Ein *rein dinglicher* Titel ohne eine Unterwerfungsklausel, wie ein Grundschuldbrief, genügt nicht. Ausreichend sind aber ein Titel auf die Duldung oder auf eine Hinterlegung oder ein Arresttitel, § 922, Düss NJW **80**, 2717, Treysse Rpfleger **81**, 340 (daher reicht auch der rechtsähnliche Titel aus § 720a aus, § 720a Rn 4). Ausreichend ist auch eine einstweilige Verfügung auf die Zahlung einer Geldsumme, §§ 935 ff; das letztere folgt aus § 928. Ausreichend ist ferner ein Beschluß nach § 19 BRAGO, selbst wenn ihn der Urkundsbeamte der Geschäftsstelle eines Verwaltungsgerichts erlassen hat, VG Bln NJW **81**, 884, aM OVG Münster NJW **80**, 2373.

Die Pflicht zur Abgabe der eidesstattlichen Versicherung entsteht bei einer verwalteten Vermögensmasse erst mit der Beschaffung des notwendigen *Duldungstitels*. Wegen der eidesstattlichen Versicherung des mitbesitzenden Ehegatten § 739 Rn 11. Der güterrechtliche Ehegatte, der allein verwaltet, muß sein gesamtes Vermögen einschließlich des Gesamtguts offenlegen, § 740 Rn 7. Die Partei kraft Amts, Grdz 8 vor § 50, braucht nur das verwaltete Vermögen offenzulegen, nicht das eigene Vermögen. Der Erbe und derjenige, der sonst nach § 786 beschränkt haftet, muß das eigene Vermögen und den Nachlaß darlegen, solange die Beschränkung nicht rechtskräftig feststeht, §§ 781, 785, § 781 Rn 3. Wer sonst nach dem sachlichen Recht beschränkt haftet, braucht nur die haftende Masse anzugeben, etwa der Schuldner bei einer Hypothekenklage. Jeder einzelne Gläubiger muß grundsätzlich ein eigenes Verfahren betreiben, Brinkmann Rpfleger **90**, 335 (ausf). Im Insolvenzverfahren ist wegen der Unzulässigkeit der Einzelvollstreckung, § 89 InsO, auch das Offenbarungsverfahren unzulässig, und zwar schon vom Erlaß eines allgemeinen Veräußerungsverbots nach § 21 II 2 InsO an, LG Brschw NdsRpfl **76**, 135, LG Köln Rpfleger **88**, 423, aM LG Hann Rpfleger **97**, 490, StJM 22.

Wegen des nur gegen *Sicherheitsleistung* vorläufig vollstreckbaren Titels § 720a Rn 2. Zum erforderlichen Rechtsschutzbedürfnis § 900 Rn 7.

**4**    **4) Erfolglosigkeit der Pfändung, I Z 1.** Ein Vermögensverzeichnis, I, II, ist schon dann vorzulegen, wenn die folgenden Voraussetzungen vorliegen.

**A. Nachweis.** Die Pfändung darf nicht zu einer vollen Befriedigung des Gläubigers geführt haben. Sie muß also erfolglos nur in das bewegliche Vermögen in der letzten Zeit vergeblich versucht worden ist, LG Chemnitz JB **98**, 660. Denn er kennt durchweg nicht Forderungen oder andere Vermögensrechte des Schuldners, in die er gemäß §§ 828 ff zu vollstrecken versuchen können, ZöStö 15, aM LG Heilbr MDR **93**, 273, LG Kblz DGVZ **98**, 43 (Kenntnis anderer Forderung. Aber ist sie sicher?), AG Bln-Schöneb MDR **93**, 273 (Möglichkeit einer sog Taschenpfändung. Aber gerade sie ist oft ungewiß). Auch die Gerichtskasse muß diesen Nachweis erbringen, Köln Rpfleger **90**, 468. Der Nachweis ist auch dann nötig, wenn ein Pfändungsauftrag erst nach einiger Zeit durchführbar war, LG Neubrandenb MDR **94**, 305.

Eine bloße *Glaubhaftmachung,* § 294, genügt allerdings bei I Z 1 nicht, sondern nur bei I Z 2, 4, so schon LG Arnsberg JB **96**, 441 (keine Überspannung). Andere Vollstreckungsversuche sind nur in einem zumutbaren Umfang nötig, Köln MDR **76**, 53, LG Aachen Rpfleger **81**, 444, LG Bre MDR **99**, 255 (keine Ermittlungspflicht wegen etwaiger anderer Schuldungsräume). Ffm Rpfleger **77**, 144 meint, bei einer völligen Aussichtslosigkeit der Vollstreckung genüge auch deren Glaubhaftmachung. Da der Gerichtsvollzieher unnötige Kosten vermeiden soll, braucht er die Pfändung nicht erneut zu versuchen, wenn er soeben erst einen erfolglosen Pfändungsversuch vorgenommen hatte, LG Lüb DGVZ **91**, 190, AG Kassel DGVZ **85**, 123; es darf aber kein längerer Zeitraum (6 Monate) verstrichen sein, LG Ffm JB **99**, 213 (Haftbefehl älter als 1 Jahr), LG Kassel DGVZ **85**, 123. Zur Glaubhaftmachung Jenisch Rpfleger **88**, 461 (ausf).

**5**    **B. Notwendigkeit einer Fruchtlosigkeitsbescheinigung.** Der Gläubiger kann den Nachweis der vergeblichen Pfändung grundsätzlich durch eine Bescheinigung des Gerichtsvollziehers oder der Gerichtskasse, Ffm JB **77**, 857, Köln Rpfleger **90**, 468, die sog Fruchtlosigkeitsbescheinigung oder Unpfändbarkeitsbescheinigung, § 63 Z 1 GVGA, erbringen, Stgt Rpfleger **81**, 152, LG Hann DGVZ **85**, 76. Der Gläubiger kann ihre Beibringung jedoch nicht durch den Hinweis auf schlechte Beitreibungserfolge in anderen Fällen umgehen, Köln DGVZ **83**, 56, Dressel DGVZ **88**, 23. Zur Erteilung ist jeder Gerichtsvollzieher zuständig, in dessen Bezirk auch nur evtl ein pfändbares Vermögen vorhanden ist, Stgt BB **77**, 414, ohne stets eine etwa neue Anschrift prüfen zu müssen, AG Hbg DGVZ **91**, 14. Der Gläubiger braucht also das Pfändungsprotokoll, § 762, nicht unbedingt vorzulegen, LG Aachen Rpfleger **81**, 444, LG Essen DGVZ **79**, 9, kann aber auch diesen Weg wählen, Stgt Rpfleger **81**, 152. Bei Erweiterung wegen einer weiteren Forderung kann insoweit die Bescheinigung fehlen, LG Bonn JB **98**, 402.

**6**    **C. Alter der Fruchtlosigkeitsbescheinigung.** Wie alt die Fruchtlosigkeitsbescheinigung sein kann, das richtet sich nach den gesamten Umständen, KG JB **98**, 42, Schlesw SchlHA **77**, 61 (maßgeblich ist das Alter der Bescheinigung im Zeitpunkt der erneuten Antragstellung, Behr Rpfleger **88**, 5. Feste Zeitgrenzen sind nicht zu setzen, LG Aschaffenb DGVZ **93**, 76 (vier Monate seien aber grds fast zu viel), LG Hann DGVZ **84**, 90 (es erwägt einen Mindestzeitraum von 3 Monaten), LG Frankenth MDR **87**, 65 (bei 6–8 Monaten), aM LG Hagen MDR **75**, 497 (es fordert bei einer mehr als 6 Monate alten Unpfändbarkeitsbescheinigung einen neuen Vollstreckungsversuch), LG Kiel MDR **77**, 586 (es setzt die zeitliche Grenze bei einem 1 Jahr), LG Konst JB **96**, 661 (fast 3 Jahre: zu lang), LG Oldb MDR **79**, 1032, Dempewolf BB **77**, 1631 (sie lassen eine bis zu 3 Jahre alte Bescheinigung ausreichen). Maßgeblich sind insbesondere die Höhe der Forderung und die wirtschaftlichen Möglichkeiten des Schuldners.

1. Titel. Zwangsvollstr. in das bewegl. Vermögen § 807

**D. Beispiele zur Frage einer Fruchtlosigkeitsbescheinigung, I Z 1** 7
**Abzahlungen:** Allmähliche Abzahlungen beseitigen das Rechtsschutzbedürfnis insbesondere dann nicht, wenn sie immer erst einer Vorführungsandrohung folgen, LG Mannh MDR **74**, 148, aM LG Darmstadt DGVZ **87**, 75. Solche Abzahlungen rechtfertigen nicht dauernd neue Fruchtlosigkeitsbescheinigungen, LG Bln MDR **72**, 333.
**Alter:** Rn 6.
**Andere Gläubiger:** S „Dritter", Rn 8 „Parallelverfahren".
**Arbeitgeber:** Die Angabe des Arbeitgebers des Schuldners hindert den Fortgang eines Verfahrens nach § 807 nur dann, wenn der Gläubiger den Arbeitgeber vor dem Antrag auf die Abnahme der eidesstattlichen Versicherung zwecks Offenbarung bereits kannte, LG Bln Rpfleger **75**, 373.
S auch Rn 8 „Kenntnis einer Forderung".
**Auslandsvollstreckung:** Die Aussichten einer Zwangsvollstreckung im Ausland sind unbeachtlich, Ffm JB **78**, 131. Zum Auslandsbegriff § 917 Rn 10 (Streitfrage, bitte dort nachlesen).
**Aussetzung:** Eine zeitweise Aussetzung der Vollstreckung nach § 813 a reicht nicht als Ersatz der Fruchtlosigkeitsbescheinigung aus.
**Dritter:** Der Umstand, daß ein Dritter einen Anspruch nach § 771 oder § 805 an einem Pfandstück erhebt, reicht nicht zum Ersatz einer Fruchtlosigkeitsbescheinigung aus.
  *Etwas anderes gilt,* wenn der Gläubiger ein Pfandstück bereits freigeben mußte oder wenn ein Vorrecht an diesem Pfandstück bereits glaubhaft gemacht worden ist, § 771 III, LG Köln Rpfleger **71**, 229.
**Durchsuchung:** Rn 12.
**Geschäftslokal:** Rn 11 „Wohnung". 8
**Kenntnis einer Forderung:** Wenn der Gläubiger eine Forderung des Schuldners kennt, dann muß er zwar grds zunächst diese pfänden oder glaubhaft machen, daß die Vollstreckung insoweit keinen Erfolg verspricht oder ihm keine alsbaldige Befriedigung verschafft, LG Bln MDR **75**, 498. Das ist aber nicht nötig, wenn es sich bei der bekannten Forderung um eine Sozialleistung handelt, LG Kassel JB **93**, 26.
  S auch Rn 7 „Arbeitgeber".
**Parallelverfahren:** Ein Haftbefehl oder eine Fruchtlosigkeitsbescheinigung in einem Parallelverfahren zugunsten eines anderen Gläubigers ersetzen den Nachweis jetzt nicht, LG Bln Rpfleger **84**, 362, Dressel DGVZ **88**, 23, aM LG Kassel Rpfleger **95**, 512, LG Paderb JB **97**, 441 (bei nicht zu altem Parallelhaftbefehl).
**Rechtsmißbrauch:** Er führt auch hier zur Unzulässigkeit, Einl III 54, Grdz 44 vor § 704, Köln MDR **90**, 9 346, LG Itzehoe Rpfleger **85**, 153. Freilich steht die Vermögenslosigkeit kaum je vorher fest.
**Sozialhilfe:** Rn 8 „Kenntnis einer Forderung".
**Verwertung:** Wenn der Gläubiger gepfändet hat und wenn die Verwertung noch aussteht, dann muß der Gläubiger glaubhaft machen, daß die Verwertung unter keinen Umständen zu einer vollen Befriedigung führen kann. Eine gepfändete Forderung bleibt wegen der meist vorhandenen Ungewißheit ihrer Verwertbarkeit außer Ansatz, außer dem Fall einer Gehaltsforderung. Der Gerichtsvollzieher darf die Erteilung der Fruchtlosigkeitsbescheinigung davon abhängig machen, daß ein Verwertungsversuch nach § 825 vorgenommen wird, falls ein solcher Versuch wahrscheinlich zur vollen Befriedigung des Gläubigers führen kann. Wenn der Gerichtsvollzieher diesen Weg ablehnt, ist die Erinnerung nach § 766 zulässig.
**Vorrecht:** Rn 7 „Dritter". 10
**Weiteres Verfahren:** Rn 8 „Parallelverfahren".
**Wohnung:** Rn 12–14.

**5) Sinnlosigkeit der Pfändung, I Z 2.** Für die Notwendigkeit eines Vermögensverzeichnisses, I, II, 11 reicht es statt des Nachweises der Erfolglosigkeit bisheriger Pfändungsversuche nach Rn 4–10 auch aus, daß der Gläubiger durch eine Pfändung doch keine volle Befriedigung erlangen könnte. Diese Voraussetzung steht nämlich selbständig neben den weiteren von I Z 1, 3 und 4, wie das Wort „oder" am Ende von I Z 3 zeigt. Bei I Z 2 genügt eine Glaubhaftmachung, § 294, LG Bochum Rpfleger **90**, 128, LG Magdeb JB **99**, 104, auch durch die Bezugnahme auf den noch bestehenden Haftbefehl desselben oder eines anderen Gerichts, LG Aschaffenbg JB **97**, 323, LG Brschw Rpfleger **98**, 77, LG Fulda JB **97**, 608, aM LG Hann JB **83**, 1415, LG Heilbr Rpfleger **93**, 356 (beim Kleinbetrag; zumstr Hintzen). Dieser darf freilich nicht zu alt sein, LG Brschw Rpfleger **98**, 77 (offen bei 6 Monaten), LG Fulda JB **97**, 608 (1 Jahr reicht noch), LG Limbg JB **90**, 1052. Unter dieser Voraussetzung braucht eine Pfändung nicht versucht worden zu sein.
  So kann der Gläubiger zB nachweisen, Rn 7, daß der Schuldner im *Schuldnerverzeichnis* nach § 915 eingetragen ist, LG Magdeb JB **99**, 104, oder daß andere Gläubiger jedenfalls bereits fruchtlos gepfändet haben oder daß sich der Schuldner dem Zugriff entzieht und seine Wohnung verheimlicht. Eine versehentlich erfolgte Löschung nach § 915 beseitigt das Rechtsschutzbedürfnis des Gläubigers nicht, LG Darmst DGVZ **87**, 1761. Der Gläubiger braucht eine Sache, die ihm noch gehört, weil sie noch unter seinem Eigentumsvorbehalt steht, wegen des Restkaufpreises nicht pfänden zu lassen. Wohl aber muß der Gläubiger eine Pfändung der bei ihm befindlichen Möbel des Schuldners vornehmen lassen, auch wenn der Gläubiger an den Möbeln ein Benutzungsrecht hat. Eine alte Bescheinigung des Gerichtsvollziehers wird vom Gericht frei ausgewertet, § 286, LG Hagen MDR **75**, 497. Es reicht aus, daß der Drittschuldner nach der Zustellung des Pfändungs- und Überweisungsbeschlusses dem Gläubiger außergerichtlich keine Auskunft nach § 840 I gegeben hat, LG Itzehoe SchlHA **85**, 107. Auch bei einer hohen Forderung widerspricht es keineswegs der Lebenserfahrung, daß eine Befriedigung in der Wohnung des Schuldners möglich wäre, aM AG Heilbr JB **96**, 211 (aber mancher Schuldner verwahrt enorme Barbeträge „unter dem Kopfkissen").

**6) Durchsuchungsverweigerung, I Z 3.** Ein Vermögensverzeichnis, I, II, ist auch dann notwendig, 12 wenn der Schuldner eine Durchsuchung nach § 758 verweigert hat. Auch diese Voraussetzung steht nämlich selbständig neben den weiteren von I Z 1, 2 und 4, wie das Wort „oder" am Ende von I Z 3 zeigt.

Ob eine *Verweigerung* vorliegt, richtet sich zunächst danach, ob die Durchsuchung gesetzmäßig gewesen wäre, ob sie also überhaupt und außerdem nach Art, Ort und Zeit dem § 758 gemäß vorbereitet und vom Gerichtsvollzieher verlangt worden war. Weiterhin muß aber im Gegensatz zu der in I Z 4 genannten Lage der Schuldner anwesend gewesen sein und eindeutig erkennbar den Zutritt oder doch die eigentliche Durchsuchung verboten haben, aus welchen rechtlichen oder sonstigen Erwägungen oder mitgeteilten Gründen auch immer. Sie dürfen natürlich nicht auch noch berechtigt gewesen sein, denn dann wäre ja die (weitere) Durchsuchung nicht (mehr oder noch nicht) zulässig gewesen. Im Gegensatz zur Lage bei I Z 4 braucht der Gerichtsvollzieher bei I Z 3 weder mehrfach angekündigt zu haben noch eine Frist einzuhalten. Freilich gehört zu der ordnungsgemäß bevorstehenden Durchsuchung nach dem in I Z 3 nur genannten § 758 auch die Beachtung des Verfahrens nach § 758 a. Einzelfragen: Rn 14.

13 **7) Wohnungsabwesenheit, I Z 4.** Ein Vermögensverzeichnis, I, II, ist schließlich auch dann notwendig, wenn der Gerichtsvollzieher in einer nach I Z 4 ausreichenden Weise den Schuldner wiederholt bei einer geplanten Wohnungsdurchsuchung nicht angetroffen hat. Auch diese Voraussetzung steht nämlich selbständig neben den weiteren von I Z 1–3, wie das Wort „oder" am Ende von I Z 3 zeigt.

Bei I Z 4 muß der Gerichtsvollzieher zunächst die Vollstreckung durch Durchsuchung mindestens zwei Wochen vor dem geplanten Termin dem Schuldner *angekündigt* haben, LG Stgt DGVZ **99**, 140. Da er die Einhaltung der Frist von Amts wegen beachten muß, ist entweder eine mündliche oder fernmündliche Ankündigung oder eine solche per Telefax erforderlich (sein Absender kann nachweisen, wann es zuging), oder der Gerichtsvollzieher muß die Ankündigung durch Zustellungsurkunde vornehmen (lassen) oder beim Einschreiben mit Rückschein abwarten, bis zwei Wochen seit der Postdatierung des Rückscheins verstrichen sind. Die Frist ist keine Notfrist, § 224 I 2. Sie wird nach § 222 berechnet. Die Ankündigung nebst Frist braucht nur „einmal", also nicht wiederholt, zu erfolgen (nur der Zutrittsversuch muß wiederholt werden).

Außerdem ist bei I Z 4 erforderlich, daß der Gerichtsvollzieher „wiederholt", also mindestens zweimal, den Schuldner in seiner Wohnung *nicht angetroffen* hat, nachdem er einmal die im vorstehenden Absatz genannte Ankündigung vorgenommen hatte, LG Stgt DGVZ **99**, 140. Es ist nicht notwendig, die Zutrittsversuche der Ankündigung zeitlich folgen zu lassen. Vielmehr reicht die Folge Erster Versuch – Ankündigung – Zweiter Versuch aus, wie sie in der Praxis ja auch meist abläuft.

Schließlich ist (nur) bei I Z 4 ein Vermögensverzeichnis (noch) nicht erforderlich, wenn der Schuldner seine (jeweilige) Abwesenheit genügend *entschuldigt* und deren Grund auch nach § 294 glaubhaft macht. In solchem Fall muß das Verfahren nach I Z 4 von vorn anlaufen. Einzelfragen: Rn 14.

14 **8) Einzelfragen, I Z 3, 4.** Ein Pfändungsversuch nur in der Wohnung, nicht auch im Geschäftslokal, reicht nicht aus, Köln MDR **76**, 53, LG Bochum Rpfleger **96**, 519. Wenn der Schuldner mehrere Wohnungen hat, dann muß eine Pfändung in allen Wohnungen versucht worden sein, ZöStö 14, aM Ffm Rpfleger **77**, 415. Jedoch braucht der Gläubiger neben einem Geschäftsraum eine Wohnung nur in einem zumutbaren Umfang zu ermitteln, Köln MDR **76**, 53, LG Essen MDR **76**, 53, aM LG Oldb JB **92**, 570, Behr Rpfleger **88**, 6, ThP 13 (Pfändungsversuch am Hauptwohnsitz reiche). Nicht jeder Wohnungswechsel zwingt zum erneuten Pfändungsversuch, Dressel DGVZ **88**, 24. Es reicht auch aus, daß die Durchsuchung zB wegen einer Erkrankung der Ehefrau des Schuldners auf absehbare Zeit nicht möglich sein wird, LG Hann DGVZ **84**, 116. Freilich ist vor der Beendigung des Verfahrens nach § 758 im Rechtsmittelzug Zurückhaltung ratsam, LG Hann DGVZ **85**, 76, großzügiger Behr Rpfleger **88**, 5.

15 **9) Vermögensverzeichnis, I, II**, dazu *Stöber* Rpfleger **94**, 321: Ein klarer Grundsatz bringt zahlreiche Probleme.

**A. Grundsatz: Gesamtes Istvermögen.** Der Gläubiger soll zwar keine umfassende Ausforschung betreiben dürfen, LG Tüb Rpfleger **95**, 221, wohl aber voll überblicken können, welche weiteren Möglichkeiten einer Zwangsvollstreckung bestehen, BVerfG **61**, 126, LG Landau JB **90**, 1054, LG Stade JB **97**, 325. Deshalb muß der Schuldner im Vermögensverzeichnis sein gesamtes Istvermögen angeben, soweit es der Zwangsvollstreckung dem Vollstreckungstitel nach allgemein unterworfen ist. Dazu gehören unter Umständen auch pfändungsfreie Vermögensteile, LG Köln MDR **88**, 327, sowie Liegenschaften, selbst wenn sie unter einer Zwangsverwaltung stehen, überhaupt alle Vermögensrechte, zB eine betagte Forderung oder eine anfechtbare Veräußerung, II 1 Z 1–3. Nicht hierher gehören grundsätzlich frühere oder noch nicht absehbare künftige Vermögenswerte, Celle MDR **95**, 1056.

Wenn eine *Haftungsbeschränkung* auf eine bestimmte Vermögensmasse vorliegt, etwa auf einen Nachlaß, dann braucht das Vermögensverzeichnis nur für diese Masse angefertigt zu werden. Der Schuldner braucht eine nach § 811 I Z 1, 2 offensichtlich unpfändbare Sache nur gemäß II 2 aufzuführen. Die nach § 811 I Z 3 ff unpfändbaren Sachen sind aber anzugeben (Umkehrschluß). Er darf eine wertlose Sache als bloßen Ballast des Verzeichnisses weglassen. Zweifelhafte oder bestrittene Vermögenswerte sind aber nicht völlig wertlos. Eine erdichtete Forderung macht das Verzeichnis unrichtig.

16 Die Angaben müssen so *genau und vollständig* sein, daß der Gläubiger anhand des Vermögensverzeichnisses sofort die seinen Zugriff erschwerenden Umstände erkennen und Maßnahmen zu seiner Befriedigung treffen kann, LG Kblz MDR **85**, 63, LG Lpz JB **96**, 45, LG Stade JB **97**, 325.

Der Schuldner muß daher auch die *Rechtsform* eines ihm zustehenden Vermögensrechts angeben, zB bei der Erbauseinandersetzung, und die Ansprüche genau bezeichnen, LG Hbg MDR **81**, 61, LG Osnabr Rpfleger **92**, 259. Eine Angabe mit Nichtwissen, auch durch den gesetzlichen Vertreter, Rn 52, ist unzulässig, § 138 Rn 45–49, LG Mü Rpfleger **83**, 449, Behr Rpfleger **88**, 4. Ebenso ist der Vermerk „nicht bekannt" zu beurteilen, Behr Rpfleger **88**, 4, aM LG Mü Rpfleger **83**, 449. Wenn der Schuldner seine Angaben unvollständig macht, liegt eine Pflichtverletzung vor, und zwar selbst dann, wenn sich der Schuldner durch eine wahrheitsgemäße Angabe einer Straftat bezichtigen muß, Rn 15, LG Kblz MDR **76**, 587.

1. Titel. Zwangsvollstr. in das bewegl. Vermögen                                    **§ 807**

**B. Beispiele zur Frage der Notwendigkeit einer Angabe, I Z 2, 3**                 **17**
**Abtretung:** Der Schuldner muß auch zu ihr umfassend Auskunft geben, LG Stade JB **97**, 325.
**Amtliches Formular:** Rn 21 „Formular".
**Anfechtung:** Der Schuldner braucht eine Sache nicht anzugeben, die er durch ein ernstgemeintes, aber anfechtbares Rechtsgeschäft veräußert hat, vgl freilich auch Rn 36, 38.
**Anwartschaftsrecht:** Rn 30 „Rente".
**Arbeitslosenhilfe:** Der Schuldner braucht die Stamm-Nr des Arbeitsamts nicht mit anzugeben.
S auch „Arbeitslosigkeit", Rn 22 „Gelegenheitsarbeit"
**Arbeitslosigkeit:** Sie ist anzugeben, und zwar in ihrer genauen zeitlichen Ausdehnung.
S auch „Arbeitslosenhilfe", Rn 22 „Gelegenheitsarbeit", Rn 26 „Lohnsteuer-Jahresausgleich".
**Arbeitsrecht:** S bei den einzelnen Auswirkungen.
**Arzt:** Es gelten dieselben Anforderungen wie beim Rechtsanwalt, Rn 30, Ffm JB **77**, 727, Köln MDR **93**, 1007, LG Würzbg JB **96**, 662 (Privatpatient), aM LG Memmingen NJW **96**, 794 (aber dann wären alle Geheimnisträger von vornherein außerhalb des eigentlichen Geheimnisbereichs privilegiert).
S auch Rn 32 „Steuerberater".
**Ausforschung:** Rn 21 „Formular".
**Auskunft:** Entbehrlich ist eine Auskunft nach § 836 III auch im Rahmen von § 807.
**Bankrecht:** Anzugeben sind die Kontenverhältnisse des Schuldners einschließlich eines Debets, LG Kaisersl **18** JB **99**, 325, bzw einer Kreditlinie, aM LG Heilbr Rpfleger **90**, 431 (anzugeben sei nur ein Guthaben; abl Behr), auch eines sog Kontoverleihers, LG Stgt Rpfleger **97**, 175.
**Bedingung:** Anzugeben ist auch ein aufschiebend (oder gar nur auflösend) bedingter Anspruch, etwa auf eine Eigentumsübertragung nach der Zahlung.
**Bekannter:** Rn 21 „Freund".
**Besitz:** Der Schuldner muß die im Eigenbesitz, befindlichen Sachen auch dann angeben, wenn sie ihm nicht gehören. Dabei muß er auch den Aufbewahrungsort im Zweifel genau bezeichnen, BGH NJW **73**, 261, Ffm Rpfleger **75**, 412. Der Schuldner muß ferner die im Besitz eines Dritten befindlichen Sachen des Schuldners angeben, Noack DGVZ **72**, 81. Angaben zum Leasingbesitz sind aber entbehrlich, LG Bln Rpfleger **76**, 145, RoGSch § 60 II 4 a, ZöStö 20, aM ThP 22.
**Bruttobetrag:** Seine Angabe ist zusätzlich zu derjenigen des Nettobetrags nötig, LG Köln MDR **88**, 327.
**Darlehen:** Anzugeben sind bei angeblich erfolgter Rückzahlung an einen nahen Angehörigen Einzelheiten, **19** LG Duisb JB **99**, 271.
**Dingliches Recht:** Anzugeben ist auch ein beschränktes dingliches Recht. Dasselbe gilt von sonstigen auf einem Grundvermögen des Schuldners ruhenden Belastungen usw, LG Aachen Rpfleger **91**, 327 links (abl Kather), und wegen des Verbleibs der zugehörigen Briefe usw.
**Dritter:** Seine unterstützende Leistung ist anzugeben, LG Freibg JB **98**, 272.
**Drittrecht:** Es ist nur insoweit anzugeben, als es einwandfrei feststeht, LG Detm DGVZ **96**, 121.
**Drittschuldner:** Anzugeben ist eine vollständige Bezeichnung des Drittschuldners nebst dessen voller Anschrift, LG Augsb JB **95**, 442, LG Münst MDR **90**, 61 (zuletzt belieferter Kunde), LG Stade Rpfleger **84**, 324.
S aber auch Rn 34 „Verwandschaft".
*Entbehrlich* sind Angaben zur Zahlungsfähigkeit oder -willigkeit des im übrigen ordnungsgemäß bezeichneten Drittschuldners, Hbg MDR **81**, 61.
**Ehegatte:** Man muß Namen und Anschrift angeben, auch beim Getrenntleben, grds aber nicht die **20** Einkünfte, LG Landau JB **98**, 211, LG Mü JB **98**, 434, LG Neuruppin JB **98**, 435, aM LG Erfurt JB **99**, 160, LG Lüb JB **98**, 379, AG Obernburg DGVZ **99**, 93 (aber das würde selbst angesichts der Möglichkeit einer Taschenpfändung zu einer unzulässigen Ausforschung der Finanzverhältnisse eines Dritten führen; Ausnahme: Der Schuldner lebt von den Einkünften des Ehegatten, LG Karlsr DGVZ **93**, 92).
Beim *mitarbeitenden* Ehegatten muß man zwecks Überprüfbarkeit nach § 850 b II auch den Umfang der Mitarbeit usw angeben, LG Bln Rpfleger **96**, 360, LG Mü Rpfleger **88**, 491. Anzugeben sind auch Darlehen zwischen den Eheleuten, LG Flensb DGVZ **95**, 119. Bei einer Gütertrennung muß jeder Ehegattenschuldner sein eigenes Vermögen angeben; bei einer Gütergemeinschaft muß derjenige Schuldner, der allein verwaltungsberechtigt ist, sein eigenes Vermögen und das Gesamtgut angeben, der nicht verwaltungsberechtigte sein Vorbehaltsgut. Wenn aber der in der Gütergemeinschaft lebende Ehegatte selbständig ein Erwerbsgeschäft betreibt, dann muß er dieses angeben, auch wenn er das Gesamtgut nicht verwaltet, falls nicht eine der Ausnahmen des § 741 vorliegt.
S auch Rn 23 „Hausmann", Rn 32 „Taschengeldanspruch".
**Eigentumsvorbehalt:** Anzugeben ist auch ein solcher Gegenstand, den der Schuldner unter dem Eigentumsvorbehalt des Verkäufers erworben hat, LG Bln Rpfleger **76**, 145.
S auch Rn 18 „Bedingung", „Besitz":
**Erbengemeinschaft:** Anzugeben ist auch ein Erbanteil.
**Erwerbsmöglichkeit:** Entbehrlich sind Angaben zu einer bloßen Erwerbsmöglichkeit, soweit sie keinerlei gegenwärtigen Vermögenswert hat und noch nicht pfändbar ist, BGH NJW **91**, 2844.
S aber auch Rn 25 „Künftiges Recht".
**Fälligkeit:** Rn 25 „Künftiges Recht".                                            **21**
**Familienunterhalt:** Wegen des Anspruchs auf ihn LG Mannh Rpfleger **80**, 237.
**Formular:** Amtliche Formulare sind leider oft ungenau oder falsch, zB § 117 Rn 33. Sie geben zwar einen Anhalt dafür, welche Angaben notwendig sind, aber keine Pflicht des Gläubigers, weitere Fragen zu begründen, aM LG Augsb DGVZ **93**, 136; der Umfang der Auskunftspflicht hängt vielmehr von den Gesamtumständen des Einzelfalls ab, § 900 Rn 15, AG Cuxhaven JB **94**, 372. Ein umfassendes Ausforschungsformular des Gerichts oder des Gläubigers ist unzulässig, LG Mü JB **97**, 661, LG Münst JB **96**, 663, LG Konst Rpfleger **96**, 75.

**Fortbestand:** Ein Zweifel am Fortbestand eines Dauerverhältnisses ist darzustellen und zu begründen. Das gilt zB beim Arbeitsverhältnis.

**Freund:** Es gelten dieselben Regeln wie Rn 20 „Ehegatte", und zwar eher eingeschränkt, da keine Pfändung eines Taschengeldanspruchs in Betracht kommt, aM LG Köln JB **96**, 50 (aber das wäre Ausforschung).

**Früherer Arbeitsvertrag:** Soweit kein Gehaltsanspruch mehr aus ihm besteht, braucht der Schuldner ihn nicht mehr anzugeben, LG Frankenth Rpfleger **81**, 363, LG Kblz MDR **74**, 148.

**22 Gelegenheitsarbeit:** Anzugeben sind sämtliche Arbeitgeber des letzten Jahres, LG Darmst JB **99**, 104, aM LG Saarb DGVZ **98**, 78 (des letzten Jahres), und außerdem mindestens der Durchschnittslohn, LG Frankenth Rpfleger **85**, 73, sowie die „Regel"-Arbeitgeber und der dort gezahlte Lohn, LG Ffm Rpfleger **88**, 112, LG Landau JB **90**, 1054, LG Stgt DGVZ **93**, 115.

S auch Rn 17 „Arbeitslosigkeit".

**Gesellschaft:** Anzugeben ist eine Beteiligung an einer Gesellschaft, solange sie nicht offensichtlich völlig wertlos ist, BGH BB **58**, 891, und überhaupt eine Tätigkeit für die Gesellschaft, LG Duisb JB **99**, 271, nicht aber die Gesamtheit der Gesellschaftsbeziehungen, LG Gött JB **98**, 271.

S auch Rn 20 „Erbengemeinschaft", Rn 27 „Mitgliedschaft".

**Goodwill:** Entbehrlich sind Angaben zum Wirkungsbereich des Unternehmens (goodwill), zB die Kundenliste.

**Grundschuld:** Rn 19 „Dingliches Recht".

**Güterrecht:** Rn 20 „Ehegatte".

**23 Hausmann:** Bei ihm ist der Name derjenigen Frau anzugeben, für die er die Hausarbeit leistet, LG Mü MDR **84**, 764, LG Münst Rpfleger **94**, 33, sowie der Umfang der Hausarbeit, LG Hann DGVZ **97**, 152.

S auch Rn 20 „Ehegatte".

**24 Inventar:** Anzugeben ist das gesamte Geschäftsinventar, und zwar genau, LG Oldb Rpfleger **83**, 163 („diverse Möbel" reicht also nicht).

**25 Konto:** Rn 18 „Bankrecht".

**Kraftfahrzeug:** Der Schuldner muß als Halter eines Kraftfahrzeugs seine rechtlichen Beziehungen zum Inhaber des Fahrzeugbriefs angeben, AG Groß Gerau Rpfleger **82**, 75.

**Kreditwürdigkeit:** Ihre Gefährdung beseitigt nicht die Pflicht zur Versicherung, Mü VersR **92**, 875.

**Kunde:** Ein selbständiger Unternehmensberater muß sämtliche derzeitigen Geschäftsbeziehungen und diejenigen der letzten 12 Monate angeben, LG Mü JB **98**, 434, LG Münst Rpfleger **93**, 501.

S auch Rn 19 „Drittschuldner", Rn 22 „Goodwill".

**Künftiges Recht:** Es ist bereits jetzt anzugeben, soweit es bereits jetzt pfändbar ist, § 829 Rn 2, LG Münst MDR **90**, 61, LG Wuppert JB **98**, 100, etwa eine künftige Rente, Grdz 103 vor § 704 „Sozialleistung", oder ein künftig fälliger Gehaltsanspruch, auch wenn der Arbeitsvertrag erst demnächst zu laufen beginnt (aber natürlich schon geschlossen worden ist), oder eine künftige Maklerprovision, BGH NJW **91**, 2844.

S auch Rn 20 „Erwerbsmöglichkeit", Rn 22 „Goodwill", Rn 29 „Provision", Rn 30 „Rente".

**26 Leasing:** Rn 18 „Besitz".

**Lebensgefährte:** Stöber Festschrift für Schneider (1997) 222 hält den Schuldner nicht für verpflichtet, etwas zum Lebensgefährten anzugeben, aM LG Halle JB **98**, 607, LG Memmingen Rpfleger **97**, 175.

**Lebensversicherung:** Rn 34 „Versicherungsrecht".

**Lohnsteuer-Jahresausgleich:** Anzugeben ist die Dauer einer Arbeitslosigkeit oder Krankheit, soweit davon der Lohnsteuer-Jahresausgleich abhängt, LG Köln MDR **76**, 150, LG Passau JB **96**, 329, aM LG Essen MDR **75**, 673, LG Hbg Rpfleger **82**, 387.

S auch Rn 17 „Arbeitslosigkeit".

**Lohnzeitraum:** Der Zeitraum, für den der Lohn gezahlt wird, ist ebenfalls anzugeben, LG Lüb Rpfleger **86**, 99.

S auch Rn 19 „Bruttobetrag".

**27 Makler:** Er muß die Aufträge im einzelnen offenbaren, BGH MDR **91**, 783. Er ist aber nicht einem Gelegenheitsarbeiter gleichzustellen, LG Bln Rpfleger **97**, 73.

S auch Rn 25 „Künftiges Recht", Rn 29 „Provision".

**Marke:** Der Schuldner muß wegen der seit 1. 5. 92 bestehenden Pfändbarkeit, § 857 Rn 7 „Marke", auch zu ihm Angaben machen.

**Mieterkaution:** Der Schuldner muß zu ihr Angaben machen, soweit der Gläubiger glaubhaft macht, daß der Schuldner sie hinterlegt hat, LG Aurich JB **97**, 213, LG Duisb JB **99**, 271, LG Mü JB **98**, 434, LG Ravensb JB **96**, 493, aM LG Neuruppin JB **98**, 435.

**Mitgliedschaft:** Anzugeben ist jede Art von geldwertem Mitgliedschaftsrecht. Das gilt bei jeder Art von Verein, Gemeinschaft, Gesellschaft usw.

**28 Nettobetrag:** Seine Angabe ist zusätzlich zum Bruttobetrag erforderlich, LG Regensb JB **93**, 31.

**Niedrigeinkommen:** Anzugeben sind wegen § 850 h II nähere Einzelheiten zu Art und Umfang der Tätigkeit, § 850 h Rn 11.

**Notar:** Es gelten dieselben Anforderungen wie beim Rechtsanwalt, Rn 30.

S auch Rn 17 „Arzt", Rn 32 „Steuerberater".

**29 Personalien:** Anzugeben sind die genauen Personalien des angeblichen Schuldners, LG Memmingen AnwBl **88**, 589.

S auch Rn 17 „Arzt", Rn 27 „Notar", Rn 30 „Rechtsanwalt".

**Pfändung:** Anzugeben ist dasjenige, was der Gläubiger zur Prüfung der Erfolgsaussicht einer Pfändung braucht, LG Duisb JB **99**, 271, und auch ein Gegenstand, den ein Dritter gepfändet hat, ferner der Name des Dritten und die genaue Höhe der Restschuld, LG Mannh MDR **92**, 75 (Erkundigungspflicht des Schuldners).

S auch Rn 18 „Auskunft".

**Pkw:** Anzugeben sind die Eigentumsverhältnisse am vom Schuldner genutzten Pkw, LG Passau JB **96**, 329.

1. Titel. Zwangsvollstr. in das bewegl. Vermögen § 807

**Provision:** Namen und Anschriften der Auftraggeber zumindest des letzten Jahres sind anzugeben, LG Kiel JB **91**, 1409. Die Provisionsforderung ist auch dann anzugeben, wenn sie sich auf einen erst künftigen Warenverkauf bezieht, aber ihrerseits schon pfändbar ist, Hamm MDR **80**, 149. Bereits verdiente Maklerprovision ist anzugeben, BGH NJW **91**, 2845.
S auch Rn 25 „Künftiges Recht".
**Rechtsanwalt:** Er muß die Personalien seiner Honorarschuldner (Mandanten) genau angeben, BGH MDR **30 91**, 783, KG JR **85**, 162, Köln MDR **93**, 1007. Er muß ferner die Höhe der Forderungen bezeichnen, LG Ffm AnwBl **85**, 258.
S auch Rn 17 „Arzt", Rn 32 „Steuerberater".
**Rente:** Sie ist nach Art, Höhe, Fälligkeit (auch künftiger, schon pfändbarer), LG Köln JB **96**, 51, LG Oldb JB **95**, 662), Dauer und Schuldner grds genau anzugeben, Ffm Rpfleger **89**, 116, LG Kiel JB **98**, 606 (nicht die Versicherungs-Nr), LG Neuruppin JB **98**, 435. Auch hier ist freilich der Verhältnismäßigkeitsgrundsatz, Grdz 34 vor § 704, zu beachten; es braucht zB ein 24jähriger (aM AG Nienbg JB **97**, 326), ein 33jähriger oder auch ein etwa 40jähriger keine Angaben zur künftigen Altersrente zu machen, wenn der Gläubiger nur wegen 1600 DM vollstreckt, LG Hann MDR **93**, 175, LG Siegen Rpfleger **95**, 425, aM LG Ravensb JB **97**, 441. Anders verhält es sich bei einem 57jährigen und einer Forderung von über 5000 DM, LG Hann RR **93**, 190.
S auch Rn 25 „Künftiges Recht", Rn 31 „Sozialleistung".
**Schwarzarbeit:** Der Schuldner braucht solche Einkünfte nicht anzugeben, wenn er damit eine Straftat **31** offenbaren müßte, denn da brauchte er nicht einmal als Angeklagter zu tun, und überdies wäre dergleichen im Zivilprozeß unverwertbar, richtig im letzteren Punkt LG Hbg JB **96**, 331 (aber dann hätte es auch im übrigen konsequenter sein sollen); strenger LG Saarbr DGVZ **98**, 77, LG Wuppert DGVZ **99**, 120.
**Selbständiger:** Er muß seine häufigeren Auftraggeber angeben, LG Münst Rpfleger **97**, 73, LG Stade FamRZ **99**, 1002, AG Bre JB **93**, 105 (je: letzte 12 Monate).
**Sicherungsübereignung:** Anzugeben ist ein Anspruch auf eine Rückübertragung eines zur Sicherung übereigneten Gegenstands nach dem Erlöschen des fremden Rechts, außer wenn die Rückübertragung nicht mehr in Betracht kommt, weil ein überschießender Wert nach der Übereignung nicht mehr vorhanden ist. Der Grund der Sicherungsübereignung ist ebenfalls anzugeben, LG Kref Rpfleger **79**, 146. Anzugeben ist auch, wie hoch ein Darlehen noch valutiert, LG Darmst JB **99**, 104.
**Sozialleistung:** Ansprüche gegen die Träger von Sozialleistungen und erhaltene, noch nicht verbrauchte Beträge jeglicher Art sind schon wegen § 54 III SGB I, Kblz MDR **77**, 323, LG Bln Rpfleger **95**, 307, LG Oldb Rpfleger **83**, 163, anzugeben, ähnlich wie bei einer Rente, Rn 30 „Rente".
S auch Rn 25 „Künftiges Recht".
**Steuerberater:** Es gilt dasselbe wie beim Rechtsanwalt, Köln MDR **93**, 1007, LG Kassel JB **97**, 47. **32**
S auch Rn 17 „Arzt".
**Taschengeldanspruch:** dazu *Scherer* DGVZ **95**, 81 (ausf): Notwendig sind alle zur Berechnung erforderlichen Angaben, Köln NJW **93**, 3335, LG Aschaffenb JB **99**, 105, LG Heilbr Rpfleger **96**, 415, also zB der Name, Beruf, die Angabe weiterer Kinder mit eigenem Einkommen, Höhe der Verbindlichkeiten des Schuldners, die der Ehegatte tilgt, LG Ellwangen JB **93**, 173, auch der Beruf und die Beschäftigungsstelle des Ehegatten, falls der Schuldner dessen Einkünftshöhe nicht kennt, Köln NJW **93**, 3335, nicht aber das Einkommen des Ehegatten, Rn 20 „Ehegatte", LG Augsb DGVZ **94**, 88, LG Hildesh DGVZ **94**, 88.
S auch Rn 33 „Unterhaltsforderung".
**Umschulung:** Der Betrieb ist anzugeben, LG Neuruppin JB **98**, 435. **33**
**Uneinbringlichkeit:** Anzugeben ist auch ein tatsächlich oder rechtlich unsicherer und vielleicht uneinbringlicher Anspruch, Rn 14.
**Unentgeltliche Dienstleistung:** Anzugeben sind auch Einnahmen nach § 850h II, Hamm MDR **75**, 161.
**Unpfändbarkeit:** Entbehrlich sind Angaben zu einer offensichtlich unpfändbaren Sache, selbst wenn der Schuldner keinen Antrag nach § 811 I Z 1, 2 gestellt hat, sofern keine Austauschpfändung, §§ 811a, b, Arnold MDR **79**, 358, in Betracht kommt. Dabei ist die Offensichtlichkeitsfrage objektiv zu beurteilen, Müller NJW **79**, 905, und vom Vollstreckungsgericht nachzuprüfen. Da die Offensichtlichkeit von ihm anders als vom Schuldner beurteilt werden mag, ist für ihn Vorsicht geboten; im Zweifel sollte er lieber Angaben machen,
**Unterhaltsforderung:** Auch sie ist so genau wie möglich anzugeben, LG Lüb JB **97**, 440, schon wegen der Pfändbarkeit des Taschengeldanspruchs, § 850b Rn 4, LG Ellwangen JB **93**, 173, LG Kleve JB **92**, 269, LG Osnabr Rpfleger **92**, 259. Wegen § 850c IV ist auch das dem Schuldner bekannte Einkommen des Empfängers seiner Leistungen anzugeben, LG Kassel Rpfleger **95**, 263, Hintzen NJW **95**, 1861. Nicht angegeben werden muß, ob tatsächlich Unterhalt gezahlt wird, LG Osnabr JB **98**, 491.
S auch Rn 32 „Taschengeldanspruch".
**Unternehmen:** Rn 27 „Marke".
**Verein:** Rn 27 „Mitgliedschaft". **34**
**Verhältnismäßigkeitsgrundsatz,** Grdz 34 vor § 704: Er steht nicht entgegen, Mü VersR **92**, 875.
**Verschleiertes Einkommen:** Der Schuldner kann verpflichtet sein, das Verzeichnis so zu ergänzen, daß man erkennen kann, welche Tatsachen seinen bisherigen Angaben zugrundeliegen, LG Kassel RR **99**, 508, LG Mü JB **97**, 661, LG Rottweil DGVZ **97**, 170.
**Versicherungsrecht:** Es sind auch Angaben zur Kranken- oder Rechtsschutzversicherung zu machen, LG Stgt DGVZ **96**, 122, aM LG Saarbr DGVZ **98**, 77. Bei einer Lebensversicherung sind die Prämien- und Restvalutahöhe, LG Landshut JB **95**, 217, und ist zum Anspruch mit dem Bezugsrecht eines Dritten anzugeben, ob für den Dritten eine Unwiderruflichkeit vereinbart worden ist, LG Münst JB **97**, 662.
**Verwandtschaft:** Der Schuldner hat nur das Bestehen einer Unterhaltspflicht eines Verwandten anzugeben, **35** jedoch nicht Beruf und Einkommen, LG Bre Rpfleger **93**, 119.
S aber auch Rn 19 „Drittschuldner".

**36**  **C. Entgeltliche Veräußerung, II 1 Z 1.** Anzugeben sind ferner die in Z 1 genannten Veräußerungen des Schuldners an nahestehende Personen im Sinn von

> **InsO § 138. Nahestehende Personen.** ¹Ist der Schuldner eine natürliche Person, so sind nahestehende Personen:
> 1. der Ehegatte des Schuldners, auch wenn die Ehe erst nach der Rechtshandlung geschlossen oder im letzten Jahr vor der Handlung aufgelöst worden ist;
> 2. Verwandte des Schuldners oder des in Nummer 1 bezeichneten Ehegatten in auf- und absteigender Linie und voll- und halbbürtige Geschwister des Schuldners oder des in Nummer 1 bezeichneten Ehegatten sowie die Ehegatten dieser Personen;
> 3. Personen, die in häuslicher Gemeinschaft mit dem Schuldner leben oder im letzten Jahr vor der Handlung in häuslicher Gemeinschaft mit dem Schuldner gelebt haben.
>
> ²Ist der Schuldner eine juristische Person oder eine Gesellschaft ohne Rechtspersönlichkeit, so sind nahestehende Personen:
> 1. die Mitglieder des Vertretungs- oder Aufsichtsorgans und persönlich haftende Gesellschafter des Schuldners sowie Personen, die zu mehr als einem Viertel am Kapital des Schuldners beteiligt sind;
> 2. eine Person oder eine Gesellschaft, die auf Grund einer vergleichbaren gesellschaftsrechtlichen oder dienstvertraglichen Verbindung zum Schuldner die Möglichkeit haben, sich über dessen wirtschaftliche Verhältnisse zu unterrichten;
> 3. eine Person, die zu einer der in Nummer 1 oder 2 bezeichneten Personen in einer in Absatz 1 bezeichneten persönlichen Verbindung steht; dies gilt nicht, soweit die in Nummer 1 oder 2 bezeichneten Personen kraft Gesetzes in den Angelegenheiten des Schuldners zur Verschwiegenheit verpflichtet sind.

Es kommt dabei *nicht* auf eine etwaige *Absicht der Benachteiligung* des Gläubigers an. Das Verzeichnis soll den Gläubiger dazu instandsetzen, von seinem etwaigen Anfechtungsrecht nach dem AnfG usw Gebrauch zu machen; ebenso den Insolvenzverwalter, §§ 129 ff InsO. Da der Schuldner schon nach I 2 verpflichtet ist, alle Vermögensstücke anzugeben, die noch nicht aus dem Vermögen ausgeschieden sind, Ehlke DB **85**, 800, da der Schuldner also auch eine Ware angeben muß, die er schon verkauft hat, aber noch nicht geliefert hat oder die er schon geliefert hat, die aber noch mit einem Eigentumsvorbehalt zu seinen Gunsten belastet ist, handelt es sich bei den entgeltlichen Veräußerungen nur um solche Gegenstände, die bereits aus seinem Vermögen ausgeschieden sind. Die Art des Rechtsgeschäfts ist unerheblich. Das setzt voraus, daß das Rechtsgeschäft überhaupt entgeltlich ist. Dabei ist unbeachtlich, wem das Entgelt zugeflossen ist. Eine objektive Gleichwertigkeit braucht nicht vorzuliegen. Wohl aber ist es erforderlich, daß der Erwerb von einer ausgleichenden Zuwendung anhängig ist. Auch die Veräußerung eines Gegenstands an eine GmbH, die dem nahen Verwandten gehört, kann unter II 1 Z 1 fallen.

**37**  *Betroffen sind* die in den letzten zwei Jahren vor dem ersten zur eidesstattlichen Versicherung nach § 900 anberaumten Termin abgeschlossenen entgeltlichen Veräußerungsgeschäfte. Entscheidend ist diejenige Handlung, durch die der Rechtserwerb vollendet wird. Wenn mehrere solche Handlungen erforderlich waren, kommt es auf die letzte noch erforderliche Handlung an. II 1 Z 1 umschreibt den Personenkreis abschließend. Die Ehe braucht zur Zeit der Veräußerung noch nicht bestanden zu haben, wenn es zu einer Veräußerung gekommen ist und das Verzeichnis dann anschließend vorgelegt wird. Für ein Verwandtschaftsverhältnis oder für eine Ehe mit dem nahen Verwandten ist im übrigen der Zeitpunkt des Veräußerungsaktes maßgebend. Es ist unerheblich, ob die Ehe in dem einen oder anderen Fall noch besteht.

**38**  **D. Unentgeltliche Leistung, II 1 Z 2.** Anzugeben ist eine unentgeltliche Leistung ohne Begrenzung des Personenkreises, soweit die Leistung nicht mehr als vier Jahre zurückliegt. Zur Entgeltlichkeit Rn 36. Als unentgeltlich ist insbesondere eine vollzogene Schenkung anzusehen. Wenn Dienste nachträglich belohnt werden, so kann das, muß aber eine unentgeltliche Zuwendung sein. Die Überlassung zur Nutzung, auch in der Form einer Leihe, kann eine unentgeltliche Zuwendung sein. Die Erfüllung einer klaglosen Schuld ist nicht unentgeltlich. Unentgeltlich ist aber eine Zahlung auf eine bei einem Dritten uneinbringliche Schuld ohne einen eigenen Verpflichtungsgrund. Eine Verfügung auf Grund einer begründeten Verbindlichkeit ist in keinem Fall unentgeltlich. Dies gilt zB für die Zahlung einer Rente durch den Erzeuger an die Kindesmutter für das Kind. Dann liegt das Entgelt in der Befreiung von der Verbindlichkeit. Ebensowenig entgeltlich ist die Ausstattung im Rahmen des Angemessenen.

Anders als bei einer Schenkung verlangt eine unentgeltliche Leistung *keine Bereicherung* des Empfängers. Bei einer gemischten Schenkung ist nach der erkennbaren Parteiabsicht zu trennen; der Regelung des II 1 Z 2 unfällt nur der unentgeltliche Teil der Schenkung. Es kommt auf den Zeitraum von vier Jahren vor dem zur ersten eidesstattlichen Versicherung anberaumten Termin an, abw ZöStö 30; zur Berechnung Rn 36. Ausgenommen sind gebräuchliche Gelegenheitsgeschenke geringen Werts. Es entscheidet die Vermögenslage im Zeitpunkt der Schenkung, nicht die spätere Vermögenslage, es sei denn, sie ist vorhersehbar.

**39**  **E. Unentgeltliche Veräußerung zugunsten des Ehegatten, II 1 Z 3.** Anzugeben ist eine unentgeltliche Verfügung zugunsten des Ehegatten des Schuldners, § 3 I Z 4 AnfG. Die Ehe muß im Zeitpunkt der Vollendung der Zuwendung, Rn 36, 37, bestehen. Eine Verfügung, die der Schuldner dem Verlobten gegenüber vorgenommen und vollendet hat, gehört nicht hierher. Es kommt bis zu zwei Jahren (nicht nur bis zu einem Jahr) vor dem ersten zur eidesstattlichen Versicherung anberaumten Termin an, Rn 36, 37. Gebräuchliche Gelegenheitsgeschenke sind auch hier ausgenommen.

**40**  **F. Offensichtliche Unpfändbarkeit, II 2.** Nicht notwendig ist die Angabe derjenigen Sachen, die gemäß § 811 I Z 1 und 2 offensichtlich unpfändbar sind und für die auch keine Austauschpfändung in Betracht kommt.

Offensichtlich unpfändbar sind nur solche Sachen des *persönlichen Gebrauchs* usw, also auch die zur Beschaffung erforderliche Summe (bar oder Bankguthaben), BayObLG (St) MDR **91**, 1079, die nach der Ansicht nicht bloß des Schuldners bzw seines gesetzlichen Vertreters, sondern jedes vernünftigen, sachkundigen Dritten unter § 811 I Z 1, 2 fallen, § 291 Rn 1, § 811 Rn 15 ff. Auch der Gerichtsvollzieher muß also dieser Meinung sein. Der Schuldner muß unverändert den amtlichen Vordruck ausfüllen. Dieser soll in Zukunft so gestaltet werden, daß alle pfändbaren Sachen erfaßt werden und daß auch die für eine Austauschpfändung in Betracht kommenden Sachen angegeben werden müssen.

Der Gerichtsvollzieher muß im Termin zur Abgabe der eidesstattlichen Versicherung zur Offenbarung nach § 900 das *Verzeichnis* mit dem Schuldner *durchgehen*. Der Gläubiger kann am Termin teilnehmen. Der Gerichtsvollzieher muß darauf achten, daß ein für die Vollstreckung geeignetes Vermögensstück nicht übersehen wird. Im Zweifel und insbesondere bei der Verwendung älterer Vordruckformulare ist eine Sache mit anzugeben, Müller NJW **79**, 905. Ein Hinweis etwa dahin, der Schuldner habe „offensichtlich unpfändbare Sachen nicht aufgeführt", ist aber nicht notwendig. Weder der Schuldner noch der Gerichtsvollzieher haben einen Ermessensspielraum zu der Frage, ob die fragliche Sache unpfändbar sei. Es ist vielmehr notfalls von Amts wegen zu klären, ob eine „offensichtliche" Unpfändbarkeit vorliegt, Grdz 38 vor § 128. Es handelt sich hier um einen unbestimmten Rechtsbegriff. Wegen der Ergänzung des mangelhaften Verzeichnisses, Rn 43. Wegen der Formel der eidesstattlichen Versicherung Rn 50.

Eine *Austauschpfändung* nach §§ 811 a, b zwingt zu der Angabe auch einer offensichtlich unpfändbaren **41** Sache nicht erst dann, wenn die Austauschpfändung beantragt worden ist, sondern schon, sobald eine Austauschpfändung überhaupt in Betracht kommt. Auch diese Voraussetzung ist weder vom Standpunkt nur des Schuldners noch von demjenigen nur des Gläubigers, zu prüfen, sondern vom Standpunkt eines vernünftigen, sachkundigen Dritten aus, also vor allem vom Standpunkt des Gerichtsvollziehers. Eine Austauschpfändung „kommt in Betracht", wenn sie nicht bloß „denkbar", sondern aber nicht „wahrscheinlich" zu sein. Eine nicht ganz geringe Möglichkeit genügt. Diese Möglichkeit darf freilich keineswegs durchweg bejaht werden, §§ 811 a ff. Wenn eine offensichtliche Unpfändbarkeit im Sinne von Rn 40 nicht angenommen werden kann, ist die Sache herauszugeben, selbst wenn keine Austauschpfändung in Betracht kommt.

In einer *Steuersache* gilt der mit II 2 gleichlautende § 284 II AO. **42**

**G. Auskunftspflicht im einzelnen.** Der Schuldner muß im Verzeichnis den Grund und die Beweis- **43** mittel für seine Forderungen und anderen Rechte bezeichnen, § 828. Er muß überhaupt über den Verbleib seiner Vermögensstücke Auskunft geben. Bei einer körperlichen Sache muß er mitteilen, wo sie sich befindet, Ffm MDR **76**, 320. Der Gläubiger darf freilich nicht verlangen, daß der Schuldner die Beweismittel vorlegt, LG Hbg MDR **81**, 61. Der Schuldner muß aber neben dem Namen auch die Anschrift des Drittschuldners zB angeben, ob über seine Forderung bereits ein Vollstreckungstitel ergangen ist; die Angabe des Aktenzeichens des Verfahrens genügt nicht, LG Hbg MDR **81**, 61. Der Schuldner muß als Arzt oder Anwalt den Namen und die Schuld seines Patienten bzw Mandanten mitteilen. Denn seine Geheimhaltungspflicht umfaßt nicht die Namen, LG Wiesb Rpfleger **77**, 179. Wenn der Schuldner verschweigt, daß er Werte vorübergehend verschoben hat, dann gibt er eine falsche eidesstattliche Versicherung ab. Denn die verschobenen Stücke gehören ja in Wahrheit zu seinem Vermögen. Der Schuldner darf Vereinbarungen, die er mit dem Arbeitgeber getroffen hat, um dem Gläubiger den Zugriff zu erschweren, nicht unrichtig angeben.

Der Schuldner braucht aber *nicht* über jede sonstige *Vermögensverschiebung* Auskunft zu geben, soweit sie nicht unter II 1 Z 1–3 fällt. Der Schuldner braucht auch nicht schon nach § 807 bei der Pfändung des Lohnsteuer-Jahresausgleichsanspruchs eine Auskunft über seine Arbeitslosigkeit zu geben. Zu einer solchen Auskunft ist er vielmehr nur nach § 836 III verpflichtet, LG Essen MDR **75**, 673, aM LG Kblz MDR **85**, 63, LG Krefeld MDR **85**, 63 (§ 903 sei anwendbar). Der Schuldner braucht über die Zahlungsfähigkeit und Zahlungswilligkeit eines Drittschuldners keine Angaben zu machen, LG Hbg MDR **81**, 61.

**H. Schriftform.** Das Verzeichnis ist schriftlich einzubringen. Der Gläubiger kann schriftliche Fragen **44** stellen, LG Heilbr FamRZ **95**, 1066 (nach deren vollständiger Beantwortung ist ein Nachschieben von Fragen unzulässig). Es hat aber nicht ein Ausforschungsrecht, LG Bln Rpfleger **96**, 34. Der Schuldner kann die Angaben nicht zu Protokoll erklären. Eine Unterschrift des Schuldners ist nicht erforderlich. Für einen minderjährigen Schuldner müssen die gesetzlichen Vertreter das Verzeichnis anfertigen, Rn 52.

**I. Ergänzungspflicht.** Der Schuldner muß ein unvollständiges, ungenaues, unrichtiges oder sonstwie **45** mangelhaftes Verzeichnis ergänzen, LG Kassel JB **91**, 604, LG Mainz JB **96**, 327, LG Memmingen AnwBl **88**, 589, soweit er es gerade diesem Gläubiger gegenüber erbracht hatte, LG Bln Rpfleger MDR **90**, 731. Die Ergänzung erfolgt bezogen auf den Zeitpunkt der ersten eidesstattlichen Versicherung, soweit der Gläubiger glaubhaft macht, § 294, aM LG Mainz JB **96**, 326 (der Gläubiger ist aber nicht voll beweispflichtig), daß er an der Ergänzung ein rechtliches Interesse hat, LG Frankenth Rpfleger **81**, 363. Der Gerichtsvollzieher, der auf Grund eines mangelhaften Verzeichnisses die eidesstattliche Versicherung abnimmt, handelt pflichtwidrig, Köln MDR **75**, 498, Behr Rpfleger **88**, 6. Wenn der Schuldner angibt, er halte das Geld versteckt, dann muß der Gerichtsvollzieher nach dem Versteck fragen. Unerheblich ist ein Versprechen des Schuldners, eine Ergänzung nachzubringen. Die Weigerung des Schuldners, ein Verzeichnis abzugeben, ist als seine Verweigerung einer Erklärung zu werten. Wenn der Schuldner eine Lücke glaubhaft nicht ausfüllen kann, muß der Gerichtsvollzieher ihm die eidesstattliche Versicherung abnehmen, § 902 Rn 2.

Wenn ein *begründeter Verdacht* eines formellen Mangels des bisherigen Vermögensverzeichnisses vorliegt, **46** LG Kiel JB **96**, 328, dann darf der Gläubiger trotz einer schon geleisteten eidesstattlichen Versicherung des Schuldners und unabhängig vom etwaigen Ergänzungsauftrag eines anderen Gläubiger, LG Osnabr JB **96**, 328, eine Ergänzung des Vermögensverzeichnisses zu Protokoll und eine diese ergänzende eidesstattliche Versicherung fordern, LG Bln Rpfleger **73**, 34. Ein formeller Mangel liegt vor allem dann vor, wenn das Verzeichnis ungenau ist, aber zB auch bei Auslassungen, Strichen, LG Essen Rpfleger **72**, 324, Widersprüchen, LG Hagen MDR **70**, 853, fehlenden Angaben über den Verbleib eines Sparbuchs, Ffm

**§ 807**     8. Buch. Zwangsvollstreckung. 2. Abschnitt. ZwV wegen Geldforderungen

Rpfleger **75**, 442, oder anderer Sachen, Ffm MDR **76**, 320, oder deren zu allgemeiner Umschreibung, LG Oldb Rpfleger **83**, 163, oder über Art und Höhe eines Anspruchs, LG Bln Rpfleger **71**, 325. Wegen einer unvollständigen, aber unwahrscheinlichen oder unwahren Angabe § 903 Rn 3, 4.

    Der Gläubiger darf bei einem formellen Mangel auch eine *neue* eidesstattliche Versicherung fordern, Ffm Rpfleger **75**, 443, LG Kblz MDR **76**, 150, 587. Er darf sogar dann eine neue Versicherung fordern, wenn er den Mangel des bisherigen Verzeichnisses bisher nicht gerügt hatte. Das neue Verfahren setzt das alte fort. Daher bleibt für das neue Verfahren das bisherige Gericht mit seinem Gerichtsvollzieher zuständig, LG Bln MDR **74**, 408, Behr JB **77**, 898, ist keine neue Fruchtlosigkeitsbescheinigung nach Rn 4–6 nötig, Finkelnburg DGVZ **77**, 5, und entstehen keine neuen Gebühren, LG Frankenth Rpfleger **84**, 194. §§ 900 ff sind auch auf die Ergänzung anwendbar. Mit § 903 hat dieses Verfahren freilich nichts zu tun. Evtl sind mehrere Ergänzungsaufträge desselben Gläubigers zulässig, LG Hann MDR **79**, 237.

**47**     **J. Einsichtsrecht anderer Gläubiger.** Jeder andere Gläubiger hat das Recht auf eine Einsicht in das Verzeichnis in demselben Umfang, wie die Partei ein Einsichtsrecht hat, § 903 Rn 7, abw LG Hechingen Rpfleger **92**, 31, LG Oldb Rpfleger **92**, 31, und kann ein vollständiges Verzeichnis fordern. Statt einer Aktenversendung genügen Ablichtungen, LG Hechingen Rpfleger **92**, 31, LG Oldb Rpfleger **92**, 31.

**48**     10) **Verfahren, III.** Es verläuft recht kompliziert.

    **A. Grundsatz: Abnahme durch den Gerichtsvollzieher.** Das Verfahren verläuft nach §§ 899 ff. Die eidesstattliche Versicherung wird durch den Gerichtsvollzieher abgenommen, § 899 I. Ein Gegenbeweisantritt ist unbeschränkt zulässig. Die Ergänzung eines eidesstattlich auf seine Richtigkeit versicherten Verzeichnisses erfolgt nur in der Form einer neuen eidesstattlichen Versicherung.

**49**     **B. Auftrag an Gerichtsvollzieher.** Notwendig ist ein Auftrag (zur Unschärfe dieses Begriffs § 753 Rn 9, § 754 Rn 1) des Gläubigers an den Gerichtsvollzieher. Das klärt § 807 I 1; erst ab Auftragseingang entsteht die Schuldnerpflicht zur Offenbarung. Der Gläubiger darf den Auftrag auf einen Teil der nach § 807 eigentlich erforderlichen Angaben beschränken oder auf die Ableistung der eidesstattlichen Versicherung des Schuldners vorübergehend oder dauernd verzichten. Denn der Gläubiger kann die Zwangsvollstreckung als der Herr des sachlichrechtlichen Anspruchs, Grdz 37 vor § 704, jederzeit anhalten oder beenden. Wenn der Gläubiger zuverlässig sämtliche Vermögensverhältnisse bzw -stücke des Schuldners kennt, dann braucht der Schuldner die eidesstattliche Versicherung nicht mehr abzuleisten, denn es fehlt dann ein Rechtsschutzbedürfnis des Gläubigers, Grdz 33 vor § 253, § 900 Rn 7. Der Gläubiger muß bei einer Teilvollstreckung dieselben Angaben wie in § 754 Rn 4 machen, LG Darmst Rpfleger **85**, 120. Er braucht keine Angaben über § 807 hinaus, etwa zu der Frage zu machen, ob der Schuldner minderjährige Kinder hat, AG Oldb DGVZ **80**, 93 linke Spalte. Der Gläubiger muß den Auftrag handschriftlich unterschreiben, § 129 Rn 9, LG Aurich Rpfleger **84**, 323. Einen Ergänzungsauftrag kann auch ein Dritter stellen, LG Hildesh JB **91**, 729.

**50**     **C. Inhalt.** Die Formel des Gesetzestextes ist zwingend; vgl auch § 481. Die eidesstattliche Versicherung bezieht sich auf das Vermögensverzeichnis in seinen sämtlichen Bestandteilen, freilich nur im gesetzlich „verlangten" Umfang, BayObLG (St) MDR **91**, 1079. Sie umfaßt die Vollständigkeit und die Richtigkeit der Angaben im Rahmen des I. Die Versicherung umfaßt also auch eine Tatsache, die für die gegenwärtige Rechtsform eines Vermögensrechts wesentlich ist, das dem Schuldner zusteht, und die für die Zwangsvollstreckung in dieses Recht maßgeblich ist. Insoweit umfaßt die eidesstattliche Versicherung auch die Angaben zur Person des Schuldners. Sie umfaßt aber nicht eine Angabe zu Erwerbsmöglichkeiten, und zwar selbst dann nicht, wenn diese Angabe auf Befragen des Gerichtsvollziehers gemacht wird. Der Geschäftsführer einer GmbH darf nicht bloß erklären, er wisse nichts über die Verhältnisse der GmbH, LG Mü Rpfleger **83**, 448 (abl Limberger).

**51**     **D. Grundsatz: Persönliche Erklärung des Pflichtigen.** Die eidesstattliche Versicherung muß persönlich abgegeben werden, §§ 478, 479 entsprechend. Für den Vollstreckungsschuldner muß die eidesstattliche Versicherung abgeben. Die Frage, wer für den Schuldner erklären muß, ist von Amts wegen zu klären, Grdz 39 vor § 128 Hamm OLGZ **86**, 345. Er muß prozeßfähig sein, § 51, BayObLG **90**, 323, Limberger DGVZ **84**, 129. Das hat das Vollstreckungsgericht ohne Bindung an eine solche Prüfung während des Erkenntnisverfahrens jetzt erneut zu prüfen, Behr Rpfleger **88**, 3.

**52**     Ein *Minderjähriger* kann im Rahmen des § 112 BGB, oder des § 113 BGB verpflichtet sein, LG Münster FamRZ **74**, 467. Im übrigen muß der gesetzliche Vertreter, § 51 Rn 18, die eidesstattliche Versicherung im Namen des Vertretenen abgeben, BayObLG **90**, 325, Behr Rpfleger **88**, 3, Limberger DGVZ **84**, 129. Erkärungspflichtig ist derjenige gesetzliche Vertreter, der im Zeitpunkt des Zugangs der Terminsladung diese Eigenschaft hat, mag er auch noch nicht oder nicht mehr eingetragen sein, Stgt MDR **84**, 239 (Abberufung), LG Kblz FamRZ **72**, 471, Sommer Rpfleger **78**, 407 (die öffentliche Hand), aM Hamm DB **84**, 1927 (Zeitpunkt der Auftragserteilung), LG Aschaffenb DGVZ **98**, 75, Behr Rpfleger **88**, 3, Schneider OLGZ **86**, 343 (Zeitpunkt des Termins).

**53**     **E. Beispiele zur Frage der Person des Versichernden, II**
**Abberufung:** Rn 57 „Niederlegung der Vertretung".
**Abwicklung:** Für eine in Abwicklung befindliche Gesellschaft oder Europäische Interessenvereinigung versichern die Abwickler und die Gesellschafter, Hamm MDR **88**, 153, LG Freibg Rpfleger **80**, 117, Limberger DGVZ **84**, 131.
**Betreuer:** Ein Betreuer muß die eidesstattliche Versicherung nur dann abgeben, wenn ihm die Verwaltung des Schuldnervermögens übertragen worden ist; das ist von Amts wegen zu beachten, § 56 Rn 2, 3, BayObLG **90**, 324, LG Ffm Rpfleger **88**, 528.
**Erbe:** Wegen seiner Haftungsbeschränkung § 781 Rn 1.

**Gesamtschuldner:** Von Gesamtschuldnern müssen alle diejenigen versichern, bei denen die Voraussetzun- 54
gen vorliegen.
**Gesetzlicher Vertreter:** Rn 52, 56 „Löschung".
**GmbH:** Für eine (aktive) GmbH versichert der jetzige, nicht der frühere, Geschäftsführer, Hamm DB **84**,
1927, LG Aschaffenb DGVZ **98**, 75, LG Limburg DGVZ **95**, 74, aM LG Nürnb-Fürth DGVZ **96**,
139.
**Haftbefehl:** Rn 57 „Niederlegung der Vertretung".
**Insolvenz:** Im Insolvenzverfahren versichert der Verwalter, Hamm MDR **88**, 153. Jedoch hat der Schuldner
die Angaben über das insolvenzfreie Vermögen zu machen. Eine Versicherung nach § 98 InsO befreit von
der Pflicht nach § 807 nicht.
**Keine Eintragung:** Für eine nicht eingetragene Gesellschaft versichert der als Geschäftsführer Auftretende, 55
LG Dortm DGVZ **89**, 121.
**Leistung und Duldung:** Wenn die Zwangsvollstreckung aus einem Leistungs- und Duldungstitel erfolgt,
dann müssen beide Verurteilte die eidesstattliche Versicherung abgeben.
**Liquidator:** Rn 53 „Abwicklung".
**Löschung,** dazu *Hess,* Rechtsfragen der Liquidation von Treuhandunternehmen usw, 1993: Für eine 56
gelöschte Gesellschaft versichert unter Umständen der frühere Geschäftsführer, Köln OLGZ **91**, 214,
LG Brschw RR **99**, 1265, LG Zweibr JB **96**, 212. Es braucht also dafür kein Liquidator bestellt zu
werden, LG Brschw RR **99**, 1265. Ein vorhandener kann allerdings zur Abgabe verpflichtet sein,
KG RR **91**, 934, Köln OLGZ **91**, 214, ZöStö 8, aM Stgt RR **94**, 1064 (nur der letztere), Behr
Rpfleger **88**, 3 (ein nach § 57 zu bestellender Vertreter), Schneider MDR **83**, 725 (nur der letztere).
Freilich braucht der frühere Geschäftsführer nach der Löschung der Gesellschaft nicht mehr zu
versichern, wenn bei ihr noch ein weiterer vorhanden war, LG Hann DGVZ **88**, 120.
**Mehrheit von Vertretern:** Von mehreren gesetzlichen Vertretern versichert derjenige, der die Verwaltung
durchzuführen hat. Wenn mehrere das Vermögen verwalten, dann müssen sie alle die eidesstattliche
Versicherung abgeben, Ffm RR **88**, 807, LG Kblz DGVZ **72**, 117, ZöStö 10, aM LG Ffm Rpfleger **93**,
502 (das Gericht entscheide, wer zu erklären habe), LG Köln Rpfleger **70**, 406 (es müsse nur einer von
ihnen versichern), Behr Rpfleger **88**, 4 (§§ 455, 449 seien entsprechend anwendbar).
**Minderjähriger:** Rn 52. 57
**Niederlegung der Vertretung:** Eine Niederlegung der Vertretung zB in der bloßen Absicht, sich der
Pflicht zur Ableistung der eidesstattlichen Versicherung zu entziehen, ist unbeachtlich, solange ein neuer
Vertreter fehlt, Hamm ZIP **84**, 1482, Zweibr DGVZ **90**, 41, LG Zweibr DGVZ **90**, 41, aM Schlesw
Rpfleger **79**, 73. Das gilt auch dann, wenn die Abberufung des bisherigen Geschäftsführers nach dem
Erlaß eines gegen ihn gerichteten Haftbefehls erfolgt, Stgt ZIP **84**, 113, LG Hann DGVZ **81**, 60, ZöStö
8, aM Köln MDR **83**, 676.
**Offene Handelsgesellschaft:** Für sie versichert der gesetzliche Vertreter.
S auch Rn 53 „Abwicklung", Rn 57 „Mehrheit von Vertretern".
**Partei kraft Amts:** Eine Partei kraft Amts versichert im eigenen Namen für die verwaltete Masse.
**Privatvermögen:** Ein Einzelkaufmann ist auch wegen seines Privatvermögens zur eidesstattlichen Versicherung verpflichtet.
**Prozeßpfleger:** Ein Prozeßpfleger braucht eine Versicherung nicht abzulegen, § 57, Behr Rpfleger
**88**, 4.
**Rechtskraft:** Die bloße Rechtskraftwirkung begründet keine Pflicht zur eidesstattlichen Versicherung. 58
**Verein:** Für den Verein gibt der Vorstand die eidesstattliche Versicherung ab, später der Liquidator, § 48
BGB.
**Zeitpunkt:** Rn 52.
**Zwangsverwaltung:** Bei einer Zwangsverwaltung muß der Schuldner die Angaben über das bewegliche
und das nicht mitbeschlagnahmte unbewegliche Vermögen machen.

**F. Form.** Die eidesstattliche Versicherung erfolgt zum Protokoll des nach § 899 I, II zuständigen 59
Gerichtsvollziehers, §§ 159 ff, also nicht (mehr) vor dem Rpfl und nicht vor dem Notar, LG Detm Rpfleger
**87**, 165. Sie geht dahin, Rn 14, daß die Angaben zur Person, soweit sie den Gläubiger interessieren können,
und im Vermögensverzeichnis vollständig und richtig sind. Wenn der Schuldner verhindert ist oder zu weit
entfernt wohnt, kann er die eidesstattliche Versicherung zum Protokoll eines Gerichtsvollziehers bei dem
ersuchten AG abgeben, III 2, §§ 478, 479 entsprechend. Der Schuldner kann einen derartigen Auftrag
erteilen. Wenn der Auftrag berechtigt ist, dann muß der nach § 899 zuständige Gerichtsvollzieher ihm
stattgeben. Wenn er einen solchen Auftrag ablehnt, kann der Schuldner Erinnerung einlegen, § 766. Der
Gerichtsvollzieher muß den Schuldner über die Bedeutung der eidesstattlichen Versicherung vor ihrer
Abgabe belehren, § 480 entsprechend.

**G. Weigerung, Umgehung.** Wegen der Weigerung zur Abgabe der eidesstattlichen Versicherung aus 60
religiösen Motiven § 391 Rn 9, § 384 entsprechend. Der Schuldner kann die Abgabe der eidesstattlichen
Versicherung vor dem Gerichtsvollzieher grundsätzlich nicht dadurch umgehen, daß er seine Vermögensverhältnisse vor einem Notar offenbart und die Vollständigkeit und Richtigkeit seiner dortigen Angaben
an Eides Statt versichert, LG Frankenth Rpfleger **85**, 34, oder einfach behauptet, der Gläubiger kenne
seine Vermögensverhältnisse schon, LG Bln Rpfleger **92**, 169. Solange nicht feststeht, daß der Gläubiger
nähere und vollständige Kenntnis hat, bleibt die Offenbarungspflicht bestehen, LG Verden Rpfleger **86**,
186.

**11)** *VwGO:* Entsprechend anwendbar im Rahmen der Grdz § 803 Rn 9, OVG Münst NJW **84**, 2484. Wenn 61
§ 5 VwVG eingreift, gilt § 284 AO (idF der 2. ZwVollstrNovelle), vgl Köln OLGZ **94**, 372, oben Rn 42.
*Zuständigkeit:* § 899 Rn 7.

## II. Zwangsvollstreckung in körperliche Sachen

**808** *Pfändung.* [I]Die Pfändung der im Gewahrsam des Schuldners befindlichen körperlichen Sachen wird dadurch bewirkt, daß der Gerichtsvollzieher sie in Besitz nimmt.

[II][1]Andere Sachen als Geld, Kostbarkeiten und Wertpapiere sind im Gewahrsam des Schuldners zu belassen, sofern nicht hierdurch die Befriedigung des Gläubigers gefährdet wird. [2]Werden die Sachen im Gewahrsam des Schuldners belassen, so ist die Wirksamkeit der Pfändung dadurch bedingt, daß durch Anlegung von Siegeln oder auf sonstige Weise die Pfändung ersichtlich gemacht ist.

[III] Der Gerichtsvollzieher hat den Schuldner von der erfolgten Pfändung in Kenntnis zu setzen.

**Schrifttum:** *David*, Die Sachpfändung usw, 2. Aufl 1998; *Groß*, Die Zulässigkeit der zivilprozessualen Zwangsvollstreckung wegen einer Geldforderung bei einem in einer Wohngemeinschaft lebenden Schuldner, Diss Bonn 1985; *Marotzke*, Wie pfändet man Miteigentumsanteile an beweglichen Sachen?, Erlanger Festschrift für *Schwab* (1990) 277; *Röhl*, Der Gewahrsam in der Zwangsvollstreckung, Diss Kiel 1973; *Winterstein*, Das Pfändungsverfahren des Gerichtsvollziehers, 1994.

**Gliederung**

| | | | |
|---|---|---|---|
| 1) Systematik, Regelungszweck, I–III | 1, 2 | A. Geld, Wertpapiere und Kostbarkeiten | 18 |
| 2) Geltungsbereich, I–III | 3, 4 | B. Andere Sachen | 19 |
| A. Körperliche Sache | 3 | C. Spätere Abholung | 20 |
| B. Pfändbarkeit | 4 | D. Kenntlichmachung: Wirksamkeitsvoraussetzung | 21 |
| 3) Pfändung, I | 5–9 | E. Art der Kenntlichmachung | 22 |
| A. Inbesitznahme | 5, 6 | F. Gründlichkeit und Umfang | 23 |
| B. Tatsächliche Gewalt | 7 | G. Beeinträchtigung des Pfandzeichens | 24 |
| C. Besitzaufgabe | 8 | H. Rechtsbehelfe | 25 |
| D. Besitz-Einzelfragen | 9 | 6) Benachrichtigung, III | 26 |
| 4) Gewahrsam, I | 10–17 | 7) Verstoß, I–III | 26 |
| A. Grundsatz: Wirksamkeitsvoraussetzung | 10 | 8) Rechtsbehelfe, I–III | 27 |
| B. Beispiele zur Frage eines Gewahrsams, I | 11–17 | 9) *VwGO* | 28 |
| 5) Ausführung der Pfändung, II | 18–25 | | |

**1** **1) Systematik, Regelungszweck, I–III.** Die Vorschrift leitet den Unterabschnitt II des 1. Titels im Bereich der Vollstreckung wegen Geldforderungen ein; vgl das Inhaltsverzeichnis. Sie wird durch § 809 ergänzt. Sie regelt die Pfändung in Ergänzung von § 803 auf Grund folgender Erwägungen: Der Gläubiger darf nur in das eigene Eigentum, AG Balingen DGVZ **95**, 28, Geißler KTS **89**, 805, oder in dasjenige des Schuldners vollstrecken, nicht in dasjenige eines Dritten. Das bedeutet aber nicht, daß die Pfändung einer dem Schuldner nicht gehörenden Sache unwirksam wäre. Die Pfändung ist vielmehr wirksam. Allerdings hat der Dritte ein stärkeres oder schwächeres Widerspruchsrecht. Er muß dieses Recht mangels einer Freigabe seitens des Gläubigers durch eine Klage geltend machen, §§ 771, 805, BGH **80**, 299.

Der Gerichtsvollzieher darf sich also bei der Pfändung nach § 808 grundsätzlich *nicht* darum kümmern, ob eine Sache im fremden Eigentum steht, LG Aschaffenb DGVZ **95**, 57, LG Dortm RR **86**, 1498 (Leasinggut), AG Wiesb DGVZ **97**, 60. Das gilt sogar dann, wenn der Schuldner behauptet, nur für einen Dritten zu besitzen, § 119 Z 1 GVGA, zB beim Sicherungseigentum, LG Bonn MDR **87**, 770. Der Gerichtsvollzieher ist nicht zu einer Prüfung der Eigentumsverhältnisse zuständig. Er muß nur bei einer Partei kraft Amts, Grdz 8 vor § 50, die Zugehörigkeit zum verwalteten Sondervermögen prüfen, Rn 5. Er hat auch nicht nach etwaigen pfändbaren Sachen außerhalb des Wohn- oder Betriebsgeländes des Schuldners, auf dem sich der Gerichtsvollzieher befindet, zu forschen. Mag der Gläubiger nach § 807 vorgehen, LG Bielef DGVZ **99**, 61, oder den Pfändungsauftrag auf einen anderen Ort erweitern.

**2** Wenn freilich das Eigentum eines Dritten klar auf der Hand liegt, dann wäre es unsinnig, ja eine *Pflichtverletzung*, wenn der Gerichtsvollzieher trotzdem pfänden würde, § 119 Z 2, 3 GVGA, BGH **LM** Nr 2, LG Bonn MDR **87**, 770, AG Waldbröl DGVZ **90**, 30. Dies gilt etwa dann, wenn der Gerichtsvollzieher einen Klagwechsel pfänden würde, der sich in den Handakten des ProzBev des Schuldners befindet, oder wenn der Gerichtsvollzieher in einer Reparaturwerkstatt offensichtlich den Kunden gehörende Sachen, zB dessen Kraftwagen pfänden würde. Wenn der Dritte seinen Widerspruch fallen läßt oder wenn der Gläubiger die Pfändung trotz eines Widerspruchs in einem nicht ganz klar liegenden Fall fordert, dann muß der Gerichtsvollzieher die Pfändung vornehmen, § 119 Z 3 GVGA. Der Umstand, daß der Dritte einen Widerspruchsprozeß erfolgreich durchgeführt hat, beweist sein Eigentum noch nicht, Einf 1 vor § 771. Die Vermutung des § 1006 BGB kommt dem Gläubiger nicht zugute. Eine unpfändbare Sache darf nicht gepfändet werden. Über die Pfändung eigener Sachen des Gläubigers §§ 804 Rn 6.

**3** **2) Geltungsbereich, I–III.** Es sind zwei Aspekte zu beachten.

**A. Körperliche Sache.** § 808 bezieht sich nur auf körperliche bewegliche Sachen, Üb 3 vor § 803, soweit nicht § 865 oder andere Sondervorschriften eingreifen. Zu ihnen zählen auch: Wrackteile eines Flugzeugs, LG Brschw DGVZ **72**, 72; Scheinbestandteile, § 95 BGB, AG Pirna DGVZ **99**, 63, Noack ZMR **82**, 97; Wertpapiere und indossable Papiere, §§ 821, 831. Eine Sachgesamtheit ist als eine rein äußerliche Mehrheit einzelner Gegenstände zu pfänden. Ein Bruchteil ist nach § 857 zu pfänden. Ein Ausweispapier (Legitimationsurkunde) wie zB ein Sparbuch, § 23 IV PostG, oder ein Kfz-Papier, KG

## 1. Titel. Zwangsvollstr. in das bewegl. Vermögen § 808

OLGZ **94**, 114, oder ein Flugschein, LG Ffm DGVZ **90**, 170, oder ein Hypothekenbrief unterliegt der Hilfspfändung, § 156 GVGA. Ihr geht die Forderungspfändung voraus oder folgt ihr nach, § 836 III 2. Bei der Pfändung eines Kraftfahrzeugs und seines Anhängers sind der Fahrzeugschein, der Anhängerschein, der Fahrzeugbrief, der Anhängerbrief wegzunehmen, § 952 I 2 BGB entsprechend, Noack DGVZ **72**, 65. Wegen des Waffenrechts Winterstein DGVZ **89**, 56. Wegen der Computerprobleme Grdz 68, 102 vor § 704 „Computer", „Software". Ein Miteigentumsanteil wird nach §§ 828, 857 I gepfändet, § 857 Rn 2, aM Marotzke Erlanger Festschrift für Schwab (1990) 299.

**B. Pfändbarkeit.** Natürlich darf die Sache nicht gemäß §§ 811 ff unpfändbar sein. **4**

**3) Pfändung, I.** Der Besitz entscheidet. **5**

**A. Inbesitznahme.** Im Gewahrsam des Schuldners, Rn 10, befindliche körperliche Sachen pfändet der Gerichtsvollzieher nach einer vergeblichen Aufforderung zur freiwilligen Leistung, § 105 Z 2 GVGA, durch die Inbesitznahme, §§ 130–140 GVGA. Der Schuldner muß der Vollstreckungsschuldner sein. Er muß also nach dem Vollstreckungstitel mit der fraglichen Vermögensmasse haften. Der Gerichtsvollzieher muß vor der Pfändung prüfen, ob dies zutrifft, § 118 Z 4 GVGA. Diese Prüfung ist beim Ehegatten vorzunehmen, vgl aber § 739, ferner bei der Partei kraft Amts, Grdz 8 vor § 50, zB beim Insolvenzverwalter, beim Zwangsverwalter, beim Testamentsvollstrecker oder beim gesetzlichen Vertreter, Köln MDR **76**, 937; ferner beim Gesellschafter der Offenen Handelsgesellschaft, beim Gesellschafter einer GmbH, auch wenn diese eine Einmanngesellschaft ist (deren Zustimmung ist erforderlich).

Der Gerichtsvollzieher kann aber davon ausgehen, daß *alle* im Gewahrsam des Schuldners befindlichen **6** Gegenstände der Pfändung unterliegen, auch wenn er auf einen Widerspruch stößt. Etwas anderes gilt nur dann, wenn der Gerichtsvollzieher vernünftigerweise an der Berechtigung eines Dritten keinen Zweifel haben kann, BGH **LM** Nr 2, § 119 Z 1 GVGA. Der Gerichtsvollzieher darf eine etwaige beschränkte Erbenhaftung oder eine beschränkte Haftung nach § 786 nicht beachten, § 781. Wegen der Pfändung von Sachen, die sich innerhalb einer Anlage der Streitkräfte befinden, Art 10 II, SchlAnh III.

**B. Tatsächliche Gewalt.** Erst die Inbesitznahme bewirkt die Pfändung und damit die Beschlagnahme **7** (Verstrickung) und das Pfändungspfandrecht, Üb 6 vor § 803. Die bloße Erklärung der Pfändung genügt nicht. Der Gerichtsvollzieher muß vielmehr die tatsächliche Gewalt über die Sache erlangen. Zu diesem Zweck muß er die Sache mitnehmen, LG Kiel SchlHA **89**, 44, oder er muß nach II die Pfändung kenntlich machen. Deshalb genügt es nicht, das Pfandstück in einem verschlossenen Raum des Schuldners zurückzulassen, selbst wenn der Gerichtsvollzieher sämtliche Schlüssel zu dem Raum mitnimmt. Er muß vielmehr mindestens die Schlösser versiegeln. Wenn der Gerichtsvollzieher ein ganzes Warenlager in der Weise pfändet, daß der Schuldner über die einzelnen Stücke frei verfügen darf, dann ist die Pfändung wegen des Fehlens einer Besitzergreifung des Gerichtsvollziehers unwirksam. Der Gerichtsvollzieher muß einen derartigen Antrag des Gläubigers ablehnen, LG Kiel SchlHA **89**, 44.

**C. Besitzaufgabe.** Wenn der Gerichtsvollzieher den Besitz freiwillig aufgibt, beendet er dadurch das **8** Pfandrecht. Denn durch die Besitzaufgabe geht das Wesen des Pfandrechts verloren. Ein unfreiwilliger Besitzverlust des Gerichtsvollziehers schadet der Pfändung nicht. Ein solcher Fall liegt zB dann vor, wenn gepfändetes Getreide mit ungepfändetem vermischt wird. Der Gläubiger kann dann verlangen, daß dem Gerichtsvollzieher der Besitz wiedereingeräumt wird, evtl an einer entsprechenden Menge. S auch § 803 Rn 3, 4. Der Gerichtsvollzieher darf den Besitz nicht eigenmächtig aufgeben. Denn mit solcher Aufgabe würde er die Sache freigeben, § 776 Rn 3. Eine solche Freigabe würde er auch dann vornehmen, wenn er dem Schuldner die unbeschränkte Verfügung einräumt.

**D. Besitz-Einzelfragen.** Der Staat wird unmittelbarer Besitzer. Denn der Gerichtsvollzieher vertritt nur **9** den Staat, wenn auch formell im eigenen Namen, § 885 Rn 29, BGH DGVZ **84**, 38 (zum Lagervertrag), Holch DGVZ **92**, 130, ZöStö 17, aM Brdb DGVZ **97**, 170, Schilken DGVZ **98**, 145, StJM 26 (nur im eigenen Namen). Der Gläubiger wird mittelbarer Besitzer, Schlesw SchlHA **75**, 48. Wenn der Gerichtsvollzieher nach II ein Pfandstück im Gewahrsam des Schuldners beläßt, dann räumt er dem Schuldner den unmittelbaren Besitz wieder ein. Der Schuldner vermittelt den Besitz dann in erster Stufe für den Gerichtsvollzieher bzw den Staat, VG Köln NJW **77**, 825, und in zweiter Stufe für den Gläubiger, § 868 BGB. Der Gläubiger hat keine Verwahrungspflicht. Er kann ja den Besitz gar nicht ausüben. Mit der Pfändung einer auf Abzahlung gekauften Sache zu Gunsten des Verkäufers löst der Gerichtsvollzieher noch nicht den Rücktritt des Verkäufers vom Kaufvertrag aus, selbst wenn der Gerichtsvollzieher die Sache dem Käufer wegnimmt.

**4) Gewahrsam, I.** Feine Abgrenzung ist praktisch nicht stets einfach. **10**

**A. Grundsatz: Wirksamkeitsvoraussetzung.** Gewahrsam ist in teilweiser Abweichung vom Besitzbegriff des BGB, LG Ffm MDR **88**, 504, die tatsächliche Gewalt, Düss MDR **97**, 143, LG Karlsr DGVZ **93**, 141, der unmittelbare Eigen- oder Fremdbesitz, die man äußerlich (leicht) erkennbar zuordnen kann, LG Ffm MDR **88**, 504. Eine nur vorübergehende Verhinderung ist unschädlich, § 856 II BGB. Ein mittelbarer Besitz, § 868 BGB, oder ein bloßer unqualifizierter Mitbesitz, § 866 BGB, genügt nicht, erst recht nicht eine bloße Besitzdienerschaft, § 855 BGB, § 118 Z 3 GVGA, und zwar unabhängig von der räumlichen Entfernung zum Besitzherrn; ferner genügt nicht der nicht ausgeübte Erbenbesitz, § 857 BGB, ZöStö 7, aM MüKoSchi 6, StJM 7. Ein Traditionspapier gibt keinen Gewahrsam an der Sache. Am Grabstein hat nur die Friedhofsverwaltung Gewahrsam, vgl § 811 Rn 53. Ein qualifizierter Mitbesitz etwa an einer in gemeinschaftlichen Wohnung oder an einem Bankschließfach verlangt zu seiner Pfändbarkeit die Zustimmung der anderen Mitbesitzer, § 809, LG Mü DGVZ **82**, 126, AG Siegen DGVZ **93**, 61, Brück DGVZ **83**, 135.

Wenn sie die *Zustimmung verweigern,* dann erfolgt die Pfändung des Anteils des Schuldners nach § 857. Es ist unerheblich, ob sich die Sache im Raum eines Dritten befindet, Hbg NJW **84**, 2900, LG Mannh DB **83**, 1481, LG Oldb DGVZ **83**, 58. Die tatsächlichen Verhältnisse weichen oft vom äußeren Anschein ab. Ihn muß aber der Gerichtsvollzieher zunächst beachten und darf sich mit dieser formellen Prüfung begnügen, Gaul Rpfleger **71**, 91. Der Betroffene kann dann die Erinnerung, § 766, oder eine Widerspruchsklage einlegen, § 771. Der Gerichtsvollzieher muß prüfen, ob eine Scheinübertragung den Gewahrsam des Schuldners verschleiert. Es entscheidet der Gewahrsam zur Zeit der Pfändung.

**11** **B. Beispiele zur Frage eines Gewahrsams, I**
**Automatenaufstellung:** Rn 13 „Geschäftsraum".
**Ehegatte,** dazu *Baumann,* Die Pfändung von Sachen der Ehefrau innerhalb der ehelichen Wohnung, Diss Erlangen 1953:
Bei einer Zugewinngemeinschaft, bei der Gütertrennung und bei der Zwangsvollstreckung in das Vorbehaltsgut bei einer Gütergemeinschaft hindert der Gewahrsam des nicht getrennt lebenden anderen Ehegatten die Vollstreckung im Rahmen der Vermutung des § 1362 BGB nicht, § 739, dort Rn 4. Dasselbe gilt bei einer Gütergemeinschaft, wenn ein Ehegatte verwaltungsberechtigt ist und der andere einen Mitgewahrsam hat, § 740 Rn 7. Wenn beide Ehegatten gemeinsam verwalten, dann muß gegen beide ein Leistungstitel vorliegen, § 740 Rn 7.
S auch Rn 14 „Hausgenosse".

**12 Frachtgut:** Der Spediteur oder Frachtführer hat am übernommenen Frachtgut Gewahrsam. Ein Ladeschein, Lagerschein, Konnossement ohne unmittelbare Gewalt über das Gut begründen für sich allein keinen Gewahrsam.

**13 Gaststätte:** Rn 13 „Geschäftsraum".
**Geschäftsraum:** Der Geschäftsinhaber bzw sein Besitzdiener, zB der Geschäftsführer, für ihn, hat einen Gewahrsam, Noack JB **78,** 974, und zwar auch im Stadium der Abwicklung, LG Kassel DGVZ **78,** 114. Es kommt darauf an, für wen der Mitarbeiter den Gewahrsam im Pfändungszeitpunkt ausübt. Wenn mehrere Gesellschaften den Geschäftsraum gemeinsam nutzen, ohne daß tatsächliche Anzeichen für einen Allein- oder Mitbesitz vorliegen, dann müssen alle zustimmen. Bei einer Gesellschaft hat ihr Vertretungsorgan Gewahrsam. Bei der Kommanditgesellschaft ist allenfalls der Komplementär als Besitzer anzusehen, aM (betr ein Kraftfahrzeug) KG NJW **77,** 1160.
Der *Gastwirt* hat an den von den Kellnern einkassierten Geldern mit Ausnahme seines (anteiligen) Trinkgelds einen Gewahrsam, AG Stgt DGVZ **82,** 191, ebenso an einem fremden Automaten (der Aufsteller hat nicht einmal ein Mitgewahrsam), Schmidt MDR **72,** 376, aM Hamm ZMR **91,** 385 (Mitbesitz von Aufsteller und Gastwirt), LG Aurich MDR **90,** 932 (der Gläubiger könne jedenfalls das Geld im Automaten pfänden, müsse aber das Zugangsrecht mitpfänden), Weyland, Automatenaufstellung usw (1989) 143 (trotz Mitgewahrsams von Aufsteller und Gastwirt sei eine Pfändung möglich, wenn nicht dem Gerichtsvollzieher ein Aufstellvertrag vorgelegt werde). Auch die Gewerbefrau hat einen Gewahrsam, Rn 11 „Ehegatte".
**Gesetzlicher Vertreter:** Ein Gewahrsam des gesetzlichen Vertreters gilt als ein Gewahrsam des Schuldners, § 118 Z 1 GVGA, Köln JB **96,** 217, LG Mannh DB **83,** 1481. Das gilt aber nicht, wenn der Vertreter eindeutig den Gewahrsam nicht für den Vertretenen, sondern nur (noch) für sich selbst hat, LG Bln DGVZ **98,** 28, AG Hbg DGVZ **95,** 12.

**14 Hausgenosse:** Hier ist zu unterscheiden:
**a) Haushaltungsvorstand.** Grundsätzlich hat der Haushaltungsvorstand, das sind meist beide Eheleute gemeinsam, Gewahrsam an allen Sachen, die sich im Haushalt befinden, auch an den Sachen der Familienangehörigen, auch der erwachsenen, oder der Gäste (vgl aber „Ehegatte"). Etwas anderes gilt nur bei Sachen zum persönlichen Gebrauch, § 1362 II BGB in Verbindung mit § 739, LG Bln MDR **75,** 939. An dem Gewahrsam des Haushaltungsvorstands ändert sich auch dadurch nichts, daß ein Raum zu einem ausschließlichen Gebrauch überlassen wurde.
**b) Lebensgefährte.** Er ist ein Dritter im Sinn von § 809, Hamm MDR **89,** 271, LG Ffm DGVZ **82,** 115, aM AG Mönchengladb DGVZ **86,** 158.
**c) Fremder.** Ein Fremder, wie eine Hausgestellte oder ein Wohnbesuch oder ein Auszubildender, hat an seinen eingebrachten Sachen Gewahrsam, aber nicht an den Sachen, die sich sonst in den ihm zugewiesenen Räumen befinden.
**Juristische Person:** Den Gewahrsam hat der gesetzliche Vertreter, zB der Geschäftsführer, Köln JB **96,** 217.

**15 Kleidung:** Der Schuldner hat an der Kleidung und dem, was er sonst an sich trägt, Gewahrsam.
**Kraftfahrzeug:** Der jeweilige Führer hat Gewahrsam. Der Mieter hat Gewahrsam an dem in der Tiefgarage abgestellten Pkw, LG Ffm MDR **88,** 504. Seine Gesellschafterin hat nicht schon wegen Besitzes der Papiere und Schlüssel Gewahrsam am dort stehenden Pkw, LG Ffm MDR **88,** 504. Das bloße Vorhandensein in der Nähe der Wohnung des Schuldners, noch gar mit einem anderen Kennzeichen, begründet schon angesichts der heutigen Verkehrsdichte keinen Gewahrsam des Schuldners, Düss MDR **97,** 143, aM LG Karlsr DGVZ **93,** 141.

**16 Mieter:** Der Mieter eines Wohnraums hat einen Gewahrsam an denjenigen eigenen oder mitgemieteten Sachen, die sich in seinem Raum befinden. Im Gasthof ist kein solcher Gewahrsam anzunehmen, evtl auch nicht bei einer bloßen Zimmermiete, StJM 8, aM ZöStö 6. Der Vermieter hat an den Sachen des Mieters, die sich in anderen Räumen oder Grundstücksteilen befinden, einen Gewahrsam, § 118 Z 1 GVGA, LG Oldb DGVZ **83,** 58. Der Vermieter hat dann einen Mitgewahrsam, wenn er das fragliche Zimmer mitbenutzt.

**17 Soldat:** Er hat in der Gemeinschaftsunterkunft regelmäßig einen Alleingewahrsam an den ihm gehörenden Sachen in diesem Wohnraum, jedoch nicht an den Sachen in anderen militärischen Räumen, außer wenn er sie so aufbewahrt, daß sie nur seinem Zugriff unterliegen, Z 30 f Erlaß, SchlAnh II.

**18 5) Ausführung der Pfändung, II.** Es sind zahlreiche Punkte zu beachten.
**A. Geld, Wertpapiere und Kostbarkeiten.** Sie muß der Gerichtsvollzieher wegnehmen und wegschaffen. Er muß eine weggeschaffte Sache grundsätzlich in seine eigene sichere Verwahrung nehmen, meist in der sog Pfandkammer oder in einem notfalls zu mietenden Banksafe, LG Kblz DGVZ **86,** 29. Er muß ein nach § 811 c überhaupt pfändbares, gepfändetes Tier versorgen, wird dadurch aber weder Tierhalter, §§ 833 BGB, noch Tierhüter, § 834 BGB, Hamm MDR **95,** 161. Wegen eines Verwahrungsvertrags § 753 Rn 1, 4, § 885 Rn 29. Für ihn haftet der Staat, Art 34 GG, BGH NJW **99,** 2598, Hamm MDR **95,** 161. Geld ist

grundsätzlich an den Gläubiger abzuliefern, § 815 I (wegen der Ausnahmen § 815 II). Näheres darüber besagen §§ 130–140 GVGA. Wenn der Gerichtsvollzieher eine Sache im Gewahrsam eines Dritten belassen will, dann müssen der Gläubiger und der Schuldner zustimmen, BGH **LM** Nr 1. Der Gläubiger haftet nicht. Zum Begriff des Gelds § 815 Rn 2, § 757, zum Begriff der Wertpapiere §§ 821, 831, zum Begriff der Kostbarkeiten § 813 Rn 3. Oft ist die Wegschaffung der Sache mit einer großen Gefahr für ihre Erhaltung und damit für alle Beteiligten verbunden. Dies gilt zB bei einer wertvollen Gemäldesammlung. In einem solchen Fall muß der Gerichtsvollzieher vor der Wegschaffung die Entscheidung des Gläubigers einholen, um sich vor einer eigenen Haftung zu schützen. Der Gerichtsvollzieher darf die Sache auch beim Schuldner belassen, soweit der Gläubiger dieser Lösung zustimmt.

**B. Andere Sachen.** Bei ihnen, zB Kleidung, Möbeln, sonstigen Einrichtungsgegenständen, Geräten, **19** dem Kraftwagen (strenger AG Lampertheim DGVZ **98**, 173), Tieren, muß der Gerichtsvollzieher zwar ihren Besitz ergreifen und diese Besitzergreifung kenntlich machen, II 2. Er hat aber die Sachen im Gewahrsam des Schuldners zu belassen, wenn dies nicht die Befriedigung des Gläubigers gefährdet, II 1. Ein entgegenstehender Wille des Gläubigers oder ein Widerspruch eines Dritten sind unbeachtlich. Wenn die Interessen des Gläubigers gefährdet sind, etwa beim Kfz, §§ 157 ff GVGA, LG Kiel MDR **70**, 597, muß der Gerichtsvollzieher die Sachen wie bei Rn 18 in seinen Besitz nehmen, was dann zur Pfändung ausreicht, Karlsr MDR **79**, 237, und sie anschließend wegschaffen, und zwar evtl auch nachträglich. Ob eine solche Gefährdung vorliegt, muß der Gerichtsvollzieher ohne einen eigenen Ermessensspielraum nachprüfen, LG Coburg DGVZ **90**, 90, AG Gotha DGVZ **95**, 119. Er muß dabei vor allem prüfen, ob der Schuldner die Sache verbrauchen oder veräußern könnte oder ob der Schuldner für die Erhaltung der Sache nicht genügend sorgen kann oder will. Die Notwendigkeit einer zwangsweisen Öffnung ergibt nicht stets eine Gefährdung der Befriedigung des Gläubigers, LG Kblz DGVZ **87**, 59. Der Gerichtsvollzieher ist nicht zur Mitwirkung bei der Stillegung eines gepfändeten Kfz verpflichtet, Holch DGVZ **92**, 130.

Auf eine *Erinnerung* des Betroffenen nach § 766 muß daher das Vollstreckungsgericht voll nachprüfen, ob eine solche Gefährdung vorliegt, LG Kiel MDR **70**, 597 (abl Burkhardt), LG Kblz DGVZ **87**, 59. Wenn der Gläubiger damit einverstanden ist, daß die Sache beim Schuldner bleibt, dann muß der Gerichtsvollzieher so verfahren.

**C. Spätere Abholung.** Wenn die Gefährdung erst später eintritt oder wenn der Gerichtsvollzieher sie **20** erst später bemerkt, dann muß er die Sache abholen. Eine Gefährdung liegt zB dann vor, wenn die Gefahr besteht, daß der Schuldner die Sache beiseite schafft; wenn der Schuldner keine geeignete Gelegenheit zur Aufbewahrung der Sache hat; wenn an den Waren eines Lagers Siegelmarken fehlen, weil der Schuldner angesichts zahlreicher weiterer Pfändungen verschiedener Gläubiger bestimmte Maßnahmen getroffen hat, BGH **LM** § 839 (Fi) BGB Nr 12. Die Zurückschaffung einer weggeschafften Sache erfolgt nur auf eine gerichtliche Anordnung. Eine Einstellung der Zwangsvollstreckung ist kein Hindernis für die Wegschaffung. Diese Wegschaffung erfordert dann aber einen besonderen Grund.

**D. Kenntlichmachung: Wirksamkeitsvoraussetzung.** Beläßt der Gerichtsvollzieher die Pfandsache **21** dem Schuldner, sei es auch nur vorübergehend, dann muß er die Pfändung kenntlich machen, II 2. Er hat diese Pflicht nicht nur gegenüber dem Gläubiger, sondern auch gegenüber dem Schuldner. Die Kennzeichnung ist wesentlich. Ein Verstoß gegen diese Pflicht macht die Pfändung völlig und unheilbar unwirksam, Rn 5, Grdz 57 vor § 704. Einen solchen Verstoß kann weder eine Besitzergreifung noch eine Verwertung heilen. Wenn an die Stelle der Pfandsache eine andere Sache tritt, zB an die Stelle von Trauben der Most, dann muß die Pfändung erneut kenntlich gemacht werden. Die Wegschaffung einer solchen weiteren Sache kann eine Pfändung bedeuten, Karlsr MDR **79**, 237. Ein Einverständnis des Schuldners bindet diesen. Denn der Schuldner kann ja auch den Gläubiger befriedigen. Ein Einverständnis des Schuldners ist für einen Dritten aber unerheblich.

**E. Art der Kenntlichmachung.** Die Kenntlichmachung erfolgt möglichst unmittelbar an der Pfand- **22** sache, LG Ffm DGVZ **90**, 59, und zwar entweder durch die Anlegung eines Siegels, LG Darmst DGVZ **99**, 92 (Kfz), oder auf eine sonstige Weise, LG Bayreuth DGVZ **85**, 42. Beide Wege stehen dem Gerichtsvollzieher zur Wahl. Die Pfändung muß aber haltbar und unbedingt für jedermann bei verkehrsüblicher Sorgfalt deutlich und mühelos erkennbar sein, wenn auch nicht unbedingt jedem sofort ins Auge fallen, AG Gött DGVZ **72**, 32. Die Gerichte verlangen freilich teilweise Unmögliches (jedes Stück müsse ein Pfandzeichen tragen; kein Stück dürfe ohne eine Zerstörung des Pfandzeichens einem Vorrat zu entnehmen sein. Dagegen genügt nach RG **126**, 347 bei der Pfändung von 60 Kisten Konserven im Stapel eine Pfandanzeige in der Mitte durch einen Zettel mit einer genauen Angabe, dem Siegel und der Unterschrift des Gerichtsvollziehers). Wenn man bei der Pfändung von Tuchballen Siegelmarken genügen oder Pfandanzeigen an den Gestellen mit der Angabe von Stückzahl, der Tuchart und der ungefähren Länge ausreichen läßt, muß die Angabe der Stückzahl mit der tatsächlichen Stückzahl übereinstimmen. Bei Möbeln genügen regelmäßig Siegelmarken auf der Rückseite. Denn ein Erwerber eines Möbelstücks pflegt es von allen Seiten zu betrachten. Etwas anderes mag zB bei einem an der Wand stehenden Schrank gelten.

**F. Gründlichkeit und Umfang.** Der Gerichtsvollzieher muß äußerst vorsichtig vorgehen. Das ist wegen **23** des Schwankens der Rechtsprechung und wegen der unheilvollen Folgen eines Fehlgriffs notwendig. Der Gerichtsvollzieher sollte zur Kenntlichmachung der Pfändung lieber zuviel als zuwenig tun.

*Es reicht zB nicht aus:* An den Raum eine Anzeige zu heften und mit dem Dienstsiegel zu versehen, aM ThP 14, ZöStö 20; nur eine Lagerakte mit dem Pfandsiegel zu versehen, LG Ffm DGVZ **90**, 58; das Siegel im Innern des Pfandstücks anzuheften; das Siegel am Vieh oder am Pfosten des Stalls anzukleben. Denn das Ankleben am Vieh gewährleistet nicht den Bestand des Zeichens, das Befestigen am Pfosten gewährleistet nicht die Nämlichkeit des Pfandstücks. Gesichtspunkte der an sich gebotenen Schonung des Schuldners und der Pfandsache müssen evtl hinter der Notwendigkeit einer eindeutigen Kenntlichmachung zurücktreten.

**G. Beeinträchtigung des Pfandzeichens.** Eine spätere unbefugte Beseitigung des Pfandzeichens oder **24** sein Herunterfallen berühren die Wirksamkeit der Pfändung grundsätzlich nicht, LG Darmst DGVZ **99**, 92

(Kfz). Denn der Besitzverlust des Gerichtsvollziehers ist unfreiwillig erfolgt. Der Gerichtsvollzieher muß freilich das Siegel unverzüglich erneuern usw. Wenn aber der Gläubiger zustimmt, sei es auch unter dem Vorbehalt seines Pfandrechts, dann gibt er den Besitz und damit das Pfandrecht freiwillig auf. Dasselbe gilt dann, wenn die Sache später zum Schuldner zurückkommt. Das Pfandzeichen muß vorhanden und erkennbar sein, wenn der Gerichtsvollzieher diejenige Sache, die er in seinen Gewahrsam genommen hat, dem Schuldner zurückgibt.

**25** **6) Benachrichtigung, III.** Der Gerichtsvollzieher muß den Schuldner von der Durchführung der Pfändung benachrichtigen. III ist aber trotz des scheinbar zwingenden Wortlauts nur eine Ordnungsvorschrift. Daher berührt ein Verstoß die Wirksamkeit der Pfändung nicht. Der Schuldner muß darüber belehrt werden, daß er jede Handlung unterlassen muß, die den Besitz des Gerichtsvollziehers beeinträchtigen könnte, wenn der Schuldner das Pfandstück in seinem Gewahrsam behält, § 132 Z 5 GVGA.

**26** **7) Verstoß, I–III.** Ein Verstoß gegen § 808 nimmt der Amtshandlung des Gerichtsvollziehers ihre Rechtmäßigkeit und macht die Pfändung unheilbar unwirksam, Grdz 57 vor § 704. Das gilt aber nur für einen Verstoß gegen die Form, Rn 7. Wenn der Gerichtsvollzieher gegen die Voraussetzungen der Pfändung verstoßen hat, wenn nämlich kein Gewahrsam des Schuldners vorlag, dann ist der Schuldner auf eine Erinnerung nach § 766 angewiesen. Die Pfändung ist nach § 136 StGB strafrechtlich geschützt. Auch im Anschluß an eine vorangegangene rechtswidrige, wirkungslose Pfändung kann eine nachfolgende Pfändung der noch im Gewahrsam des Gerichtsvollziehers befindlichen Sache aber wirksam sein, LG Regensb DGVZ **95**, 186.

**27** **8) Rechtsbehelfe.** Gegen die Entscheidung des Gerichtsvollziehers können der Gläubiger und der Schuldner die Erinnerung nach § 766 einlegen. Mit der Entscheidung des Vollstreckungsgerichts dahin, daß die Zwangsvollstreckung unzulässig ist, erlischt das Pfändungspfandrecht, soweit nicht das Gericht die Vollziehung bis zur Rechtskraft ausgesetzt hat, § 572.
*Kosten:* § 788, § 17 GVKostG.
Ein *Dritter* hat statt eines Rechtsbehelfs die Klage nach § 771 oder § 805, BGH **80**, 299.

**28** **9) VwGO:** Entsprechend anwendbar im Rahmen der Grdz § 803 Rn 9. Wenn § 5 VwVG eingreift, gilt § 286 AO.

**809** **Pfändung beim Dritten oder beim Gläubiger.** Die vorstehenden Vorschriften sind auf die Pfändung von Sachen, die sich im Gewahrsam des Gläubigers oder eines zur Herausgabe bereiten Dritten befinden, entsprechend anzuwenden.

*Schrifttum:* Herde, Probleme der Pfandverfolgung, 1978; Röhl, Der Gewahrsam in der Zwangsvollstreckung, Diss Kiel 1973.

**1** **1) Systematik, Regelungszweck.** Die Vorschrift ergänzt § 808 aus den dort genannten Gründen, § 808 Rn 1, 2. Der Gerichtsvollzieher darf eine Sache pfänden, die im Gewahrsam, § 808 Rn 10, des Gläubigers steht. Das versteht sich von selbst, StJM 1, ZöStö 2, 6, aM Schilken DGVZ **86**, 145. Wenn ein Dritter den Allein- oder Mitgewahrsam, § 808 Rn 10, im Zeitpunkt der Pfändung (später kann Gutglaubensschutz nach § 936 BGB eintreten) an einer Sache hat, die gerade dem Schuldner gehört, dann ist eine Pfändung nach den Regeln des § 808 nur unter den folgenden Voraussetzungen statthaft. Ein solcher Dritter würde nämlich sonst arglistig handeln, und eine Arglist ist auch in der Zwangsvollstreckung untersagt, Einl III 54, Grdz 44 vor § 704, LG Wiesb DGVZ **81**, 61. Der Dritte muß also zur Herausgabe der Sache bereit sein oder der Dritte muß die Sache sachlichrechtlich unzweifelhaft an den Gläubiger oder an den Schuldner herauszugeben haben, LG Tüb DGVZ **92**, 138, AG Dortm DGVZ **94**, 12, ZöStö 3, aM LG Oldb DGVZ **84**, 92; zum Problem Braun AcP **196**, 560, Pawlowski AcP **175**, 189.

**2** **2) Geltungsbereich: Dritter als Gewahrsamsinhaber.** Ganz sicher ist eine Pfändung der Sache wirksam, die im Gewahrsam eines Dritten steht, wenn der Dritte nur *dem Schuldner helfen* will, die Sache dem Zugriff des Gläubigers zu entziehen, § 808 Rn 11 ff, AG Dortm DGVZ **94**, 12, Werner DGVZ **86**, 53, ZöStö 5, aM Pawlowski DGVZ **76**, 35, StJM 4, ThP 4. Vgl auch unten Rn 5.
Als *Dritter* ist hier jeder anzusehen, der weder der Vollstreckungsschuldner noch der Gläubiger ist. Bei Eheleuten ist § 739 zu beachten. Der „Lebensgefährte" ist Dritter, § 808 Rn 14 „Hausgenosse. b) Lebensgefährte". Der Erbe, gegen den der Gläubiger die Zwangsvollstreckung nach § 799 fortsetzt, ist Vollstreckungsschuldner. Auch der Gerichtsvollzieher kann ein Dritter sein, LG Kleve DGVZ **77**, 173, AG Homb/S DGVZ **93**, 117, StJM 2, aM Düss OLGZ **73**, 53, Gerlach ZZP **89**, 321, RoGSchi § 51 I 3.
Der Gerichtsvollzieher muß aber natürlich dann auch *prüfen*, ob die Sache zu derjenigen Vermögensmasse gehört, in die er vollstrecken darf, § 754 Rn 4, § 808 Rn 6, LG Mannh DB **83**, 1481, AG Homb/S DGVZ **93**, 117, Paschold DGVZ **94**, 110 (zu § 756).

**3** **3) Weitere Prüfungen.** Der Gerichtsvollzieher darf und muß feststellen, ob und welche pfändbaren Gegenstände des Schuldners vorhanden sind, schon um dem Gläubiger ein Vorgehen nach § 847 zu ermöglichen, LG Wiesb DGVZ **81**, 61. Wenn der Gerichtsvollzieher Möbel gepfändet, sie aber im Gewahrsam des Schuldners belassen hat, § 808 Rn 7, dann hindert eine inzwischen vorgenommene Untervermietung an einen Untermieter, der die Pfändung kannte, die Vollstreckung nicht. Der Gerichtsvollzieher muß die Formen des § 808 einhalten. Er muß also die Sache entweder in seinen Besitz nehmen oder sie wegschaffen oder sie beim Dritten belassen. Der Gerichtsvollzieher darf die Sache beim Gläubiger nur mit dessen Zustimmung zulassen. Denn kein Privater ist verpflichtet, eine Pfandsache zu verwahren.

1. Titel. Zwangsvollstr. in das bewegl. Vermögen §§ 809, 810

**4) Verstoß.** Ein Verstoß gegen § 809 beeinträchtigt die Wirksamkeit einer im übrigen korrekten Pfändung grundsätzlich nicht. 4

**5) Herausgabebereitschaft.** Der Dritte kann seine Herausgabebereitschaft ausdrücklich oder stillschweigend erklären. Er kann aber nicht wirksam einen Vorbehalt oder eine Bedingung stellen, etwa diejenige, er müsse den Besitz behalten oder die Herausgabe dürfe nur an einzelne von mehreren pfändenden Gläubigern erfolgen, ThP 3, aM Schilken DGVZ **86**, 147 (aber dann entstünden wegen §§ 824, 847, Rn 6, Unklarheiten). Denn ein Dritter darf nicht das Maß und die Richtung einer Zwangsvollstreckung bestimmen. Die Herausgabebereitschaft muß sich auf die Herausgabe und damit auf die Verwertung erstrecken und darf sich nicht nur auf die Pfändung beschränken. Eine nachträgliche Einwilligung genügt, wenn sie den erforderlichen Inhalt hat. Die Herausgabebereitschaft ist zu protokollieren, § 137 GVGA. Wer herausgabebereit ist, der verliert das Widerspruchsrecht nach § 771, BGH JZ **78**, 200, es sei denn, er hätte nur irrtümlich herausgegeben, BGH JZ **78**, 200, oder er wäre dazu unbefugt gewesen. Er behält die Möglichkeit, die Klage nach § 805 einzulegen, Gerlach ZZP **89**, 328. Eine Herausgabepflicht, Rn 1, darf den Gerichtsvollzieher nur dann zu einer Pfändung veranlassen, wenn die Herausgabepflicht unstreitig oder offensichtlich ist. Sobald die Pfändung erfolgt ist, ist die Bereitschaft bzw die Einwilligung unwiderruflich und für eine Anschlußpfändung, § 826, notwendig. Wenn der Schuldner im Zeitpunkt der Pfändung an der Sache einen Gewahrsam hat, dann kommt es nicht darauf an, ob der Gewahrsam später auf einen anderen übergegangen ist. § 758 ist unanwendbar. 5

**6) Herausgabeverweigerung.** Verweigert der Dritte die Herausgabe, sei es auch ohne jeden Grund, dann ist die Verweigerung zu protokollieren und von der Pfändung abzusehen, LG Oldb DGVZ **83**, 58, Gerhardt Festschrift für Lüke (1997) 133. Dann ist grundsätzlich der Gläubiger bei Verweigerung vor der Pfändung darauf angewiesen, den Herausgabeanspruch nach §§ 846 ff zu pfänden, Brück DGVZ **83**, 135. Etwas anderes gilt nur im Fall einer Herausgabepflicht, Rn 1. Dann kann der Gerichtsvollzieher die Sache trotz der fehlenden Herausgabebereitschaft beim Dritten pfänden, AG Stgt DGVZ **82**, 191. Soweit der Dritte die Herausgabe auch nach der Pfändung verweigert, muß der Gläubiger ihn verklagen und nach § 883 vollstrecken; erst dann kann der Gerichtsvollzieher bei ihm pfänden. 6

**7) Rechtsbehelf.** Der Schuldner hat keinen Rechtsbehelf. Der Dritte und ein sonst Benachteiligter sind auf die Einlegung einer Erinnerung nach § 766 angewiesen. Unter Umständen mag auch eine Klage nach § 771, BGH **80**, 299, nach § 805 oder eine Klage aus unerlaubter Handlung nach §§ 823 ff BGB zulässig sein. 7

**8) VwGO:** Entsprechend anwendbar im Rahmen der Grdz § 803 Rn 9. Wenn § 5 VwVG eingreift, gilt § 286 IV AO. 8


**810** *Früchte auf dem Halm.* ¹ ¹Früchte, die von dem Boden noch nicht getrennt sind, können gepfändet werden, solange nicht ihre Beschlagnahme im Wege der Zwangsvollstreckung in das unbewegliche Vermögen erfolgt ist. ²Die Pfändung darf nicht früher als einen Monat vor der gewöhnlichen Zeit der Reife erfolgen.

II Ein Gläubiger, der ein Recht auf Befriedigung aus dem Grundstück hat, kann der Pfändung nach Maßgabe des § 771 widersprechen, sofern nicht die Pfändung für einen im Falle der Zwangsvollstreckung in das Grundstück vorgehenden Anspruch erfolgt ist.

**Schrifttum:** *Noack,* Die Pfändung von Früchten auf Grundstücken, Rpfleger **69**, 113; *Prinzing,* Die Rechtsnatur der Pfändung ungetrennter Bodenfrüchte, Diss Tüb 1960.

**1) Systematik, Regelungszweck, I, II.** § 810 bestimmt aus praktischen Erwägungen und damit zwecks Prozeßwirtschaftlichkeit, Grdz 14 vor § 128, etwas Regelwidriges. Ungetrennte Früchte, also Früchte auf dem Halm, stehende Früchte, sind keine selbständigen Sachen, § 94 BGB, § 864. Trotzdem läßt § 810 ein Pfändungspfandrecht an ihnen zu. Mit der Pfändung verlieren die Früchte ihre Natur als Bestandteile des Grundstücks, soweit die Rechtsbeziehungen zum Gläubiger in Frage stehen. Die Pfändungsbeschränkung des § 811 Z 2 gilt auch in diesem Fall. Nach der Trennung der Früchte wird die Zwangsvollstreckung wie gewöhnlich durchgeführt. Die Verwertung erfolgt nach § 824. Der Liegenschaftsgläubiger hat ein Widerspruchsrecht, § 771. Ein gesetzliches Pfandrecht an Früchten auf dem Halm ergibt sich aus § 5 WiRG für Sicherung der Lebensmittel- und Saatgutversorgung v 19. 1. 49, WiGBl 8, auf die frühere französische Zone erstreckt durch VO v 21. 2. 50, BGBl 37, verlängert durch G v 30. 7. 51, BGBl 476, Ehrenforth DRZ **49**, 83. Das Pfandrecht geht allen an den Früchten bestehenden dinglichen Rechten vor, § 2 IV G. Daher kann der Betroffene eine Klage gegen den Pfändungspfandgläubiger gemäß § 805 erheben. Das Pfandrecht erstreckt sich nicht auf diejenigen Früchte, die der Pfändung nicht unterworfen sind, §§ 811 Z 2–4, 865 II in Verbindung mit §§ 97, 98 Z 2 BGB. §§ 813 a, 851 a sind unanwendbar. Für die anschließende Versteigerung gilt § 824. 1

**2) Geltungsbereich: Ungetrennte Früchte, I, II.** Das sind nicht diejenigen des § 99 I BGB, sondern wiederkehrende Früchte in einem engeren Sinn, also Obst, Getreide, Kartoffeln, Gemüse, Hackfrüchte, Gras und sonstige pflanzliche Erzeugnisse, auch im Haus, nicht aber Holz, Kohle, Steine oder Mineralien oder Rechtsfrüchte. 2

**3) Pfändung, I.** Art, Wirkung und Zeitpunkt sind gleichermaßen beachtlich. 3

**A. Grundsatz: Gewahrsam oder Herausgabebereitschaft.** Die Pfändung erfolgt nach §§ 808 ff. Der Schuldner muß also am Grundstück zwar nicht das Eigentum, wohl aber einen Gewahrsam haben, § 808 Rn 10, oder ein unmittelbar besitzender Dritter muß zur Herausgabe bereit sein. Der Gläubiger kann aus

§§ 810, 811    8. Buch. Zwangsvollstreckung. 2. Abschnitt. ZwV wegen Geldforderungen

einem Vollstreckungstitel gegen den Grundeigentümer nicht gegen den Widerspruch des Pächters pfänden. Der Pächter kann vielmehr notfalls nur § 771 Widerspruchsklage erheben. Dagegen kann der Gläubiger auf Grund eines Vollstreckungstitels gegen den Pächter bei diesem pfänden. Denn der Pächter übt den Besitz und Gewahrsam aus. Dasselbe gilt bei einem Nießbraucher. Der Verpächter darf sein gesetzliches Pfandrecht nach § 805 geltend machen. Es würde gegen die Logik und ein praktisches Bedürfnis verstoßen, die Früchte auf dem Halm nur zu Gunsten des Gläubigers als eine bewegliche Sache zu behandeln. Dagegen hat der Eigentümer kein Widerspruchsrecht, Kupisch JZ **76**, 427.

Die *Pfändung* erfolgt dadurch, daß der Gerichtsvollzieher Besitz ergreift und die Pfändung kenntlich macht. Zur Kenntlichmachung genügt es, eine ausreichende Zahl von Tafeln aufzustellen, §§ 151, 152 GVGA, unter Umständen das Gebiet einzuzäunen, einen Wächter zu bestellen usw. § 813 III und IV verlangt evtl die Hinzuziehung eines landwirtschaftlichen Sachverständigen, dazu § 153 Z 3 GVGA.

4  **B. Beschlagnahme.** Die Pfändung ist unzulässig, sobald die Früchte in der Liegenschaftszwangsvollstreckung beschlagnahmt worden sind. Sie ergreift bei einer Zwangsverwaltung und bei einer Zwangsversteigerung die Früchte als Bestandteile des Grundstücks, §§ 20 II, 21 I, 148 ZVG. Ausgenommen sind die dem Pächter zustehenden, die darum nach § 810 pfändbar bleiben, §§ 21 III ZVG, 956 BGB. Andere Berechtigte, wie Nießbraucher, sind nicht entsprechend zu behandeln.
Ein *Verstoß* gibt dem Schuldner, dem dinglichen Gläubiger und dem Zwangsverwalter die Erinnerung aus § 766, nach der Verwertung die Bereicherungsklage, § 812 ff BGB. Eine Beschlagnahme nach der Pfändung zwingt den Gläubiger zur Anmeldung aus § 37 Z 4 ZVG; für den dinglichen Gläubiger s II.

5  **C. Pfändungszeitpunkt.** Die Pfändung darf frühestens einen Monat vor der gewöhnlichen Reifezeit stattfinden. Die gewöhnliche Reifezeit bestimmt sich nach der Fruchtart und nach der Durchschnittserfahrung für die Gegend und für die Lage. Unerheblich ist die Frage, wann die Früchte im Pfändungsjahr voraussichtlich reif sein werden, BGH NJW **93**, 1793. Die Frist ist nach § 222 zu berechnen. Die Versteigerung erfolgt erst nach der Reife, § 824. Ein Verstoß gegen I 2 berührt eine im übrigen wirksame Pfändung nicht. Der Schuldner und ein betroffener Dritter können allerdings die Erinnerung einlegen, § 766. Der Eintritt der Reifezeit macht eine Erinnerung gegenstandslos.

6  **4) Widerspruchsklage, II.** Der dingliche Gläubiger, dem §§ 10–12 ZVG ein Recht auf die Befriedigung aus dem Grundstück gibt, darf einer statthaften Pfändung durch eine Klage nach § 771 widersprechen. Denn ihm haften die Früchte als Grundstücksbestandteile. Etwas anderes gilt dann, wenn der Pfandgläubiger ein besonderes Recht nach § 10 ZVG nachweist. Diesen Nachweis kann er nur als ein dinglicher Gläubiger führen, nicht als ein persönlicher Gläubiger. Das gilt noch nach der Aberntung der Früchte. Wenn gegen den besitzenden Pächter gepfändet wird, dann ist eine Widerspruchsklage nach § 771 nicht zulässig. Denn die Früchte fallen dem besitzenden Pächter stets zu, § 21 III ZVG, § 956 BGB. Statt einer Klage nach § 771 steht auch eine mildere Klage nach § 805 offen, § 805 Rn 1.

7  **5) Rechtsbehelf, I, II.** Soweit der Gerichtsvollzieher die Pfändung ablehnte, hat der Gläubiger die Erinnerung nach § 766. Soweit die Voraussetzungen der Pfändung fehlten, ist für den Schuldner die Erinnerung zulässig. Die Pfändung bleibt bis zur Aufhebung nach § 776 wirksam.

8  **6) VwGO:** *Entsprechend anwendbar im Rahmen der Grdz § 803 Rn 9. Wenn § 5 VwVG eingreift, gilt § 294 AO.*

# 811  *Unpfändbare Sachen.* [1] Folgende Sachen sind der Pfändung nicht unterworfen:

1. die dem persönlichen Gebrauch oder dem Haushalt dienenden Sachen, insbesondere Kleidungsstücke, Wäsche, Betten, Haus- und Küchengerät, soweit der Schuldner ihrer zu einer seiner Berufstätigkeit und seiner Verschuldung angemessenen, bescheidenen Lebens- und Haushaltsführung bedarf; ferner Gartenhäuser, Wohnlauben und ähnliche Wohnzwecken dienende Einrichtungen, die der Zwangsvollstreckung in das bewegliche Vermögen unterliegen und deren der Schuldner oder seine Familie zur ständigen Unterkunft bedarf;
2. die für den Schuldner, seine Familie und seine Hausangehörigen, die ihm im Haushalt helfen, auf vier Wochen erforderlichen Nahrungs-, Feuerungs- und Beleuchtungsmittel oder, soweit für diesen Zeitraum solche Vorräte nicht vorhanden und ihre Beschaffung auf anderem Wege nicht gesichert ist, der zur Beschaffung erforderliche Geldbetrag;
3. Kleintiere in beschränkter Zahl sowie eine Milchkuh oder nach Wahl des Schuldners statt einer solchen insgesamt zwei Schweine, Ziegen oder Schafe, wenn diese Tiere für die Ernährung des Schuldners, seine Familie oder Hausangehörigen, die ihm im Haushalt, in der Landwirtschaft oder im Gewerbe helfen, erforderlich sind; ferner die zur Fütterung und zur Streu auf vier Wochen erforderlichen Vorräte oder, soweit solche Vorräte nicht vorhanden sind und ihre Beschaffung für diesen Zeitraum auf anderem Wege nicht gesichert ist, der zu ihrer Beschaffung erforderliche Geldbetrag;
4. bei Personen, die Landwirtschaft betreiben, das zum Wirtschaftsbetrieb erforderliche Gerät und Vieh nebst dem nötigen Dünger sowie die landwirtschaftlichen Erzeugnisse, soweit sie zur Sicherung des Unterhalts des Schuldners, seiner Familie und seiner Arbeitnehmer oder zur Fortführung der Wirtschaft bis zur nächsten Ernte gleicher oder ähnlicher Erzeugnisse erforderlich sind;
4 a. bei Arbeitnehmern in landwirtschaftlichen Betrieben die ihnen als Vergütung gelieferten Naturalien, soweit der Schuldner ihrer zu seinem und seiner Familie Unterhalt bedarf;

1. Titel. Zwangsvollstr. in das bewegl. Vermögen **§ 811**

5. bei Personen, die aus ihrer körperlichen oder geistigen Arbeit oder sonstigen persönlichen Leistungen ihren Erwerb ziehen, die zur Fortsetzung dieser Erwerbstätigkeit erforderlichen Gegenstände;
6. bei den Witwen und minderjährigen Erben der unter Nummer 5 bezeichneten Personen, wenn sie die Erwerbstätigkeit für ihre Rechnung durch einen Stellvertreter fortführen, die zur Fortführung dieser Erwerbstätigkeit erforderlichen Gegenstände;
7. Dienstkleidungsstücke sowie Dienstausrüstungsgegenstände, soweit sie zum Gebrauch des Schuldners bestimmt sind, sowie bei Beamten, Geistlichen, Rechtsanwälten, Notaren, Ärzten und Hebammen die zur Ausübung des Berufes erforderlichen Gegenstände einschließlich angemessener Kleidung;
8. bei Personen, die wiederkehrende Einkünfte der in den §§ 850 bis 850 b bezeichneten Art beziehen, ein Geldbetrag, der dem der Pfändung nicht unterworfenen Teil der Einkünfte für die Zeit von der Pfändung bis zu dem nächsten Zahlungstermin entspricht;
9. die zum Betrieb einer Apotheke unentbehrlichen Geräte, Gefäße und Waren;
10. die Bücher, die zum Gebrauch des Schuldners und seiner Familie in der Kirche oder Schule oder einer sonstigen Unterrichtsanstalt oder bei der häuslichen Andacht bestimmt sind;
11. die in Gebrauch genommenen Haushaltungs- und Geschäftsbücher, die Familienpapiere sowie die Trauringe, Orden und Ehrenzeichen;
12. künstliche Gliedmaßen, Brillen und andere wegen körperlicher Gebrechen notwendige Hilfsmittel, soweit diese Gegenstände zum Gebrauch des Schuldners und seiner Familie bestimmt sind;
13. die zur unmittelbaren Verwendung für die Bestattung bestimmten Gegenstände.

II ¹Eine in Absatz 1 Nr. 1, 4, 5 bis 7 bezeichnete Sache kann gepfändet werden, wenn der Verkäufer wegen einer durch Eigentumsvorbehalt gesicherten Geldforderung aus ihrem Verkauf vollstreckt. ²Die Vereinbarung des Eigentumsvorbehaltes ist durch Urkunden nachzuweisen.

**Vorbem.** II angefügt durch Art 1 Z 15 a, b der 2. ZwVNov v 17. 12. 97, BGBl 3039, in Kraft seit 1. 1. 99, Art 4 I der 2. ZwVNov, ÜbergangsR Einl III 78.

**Schrifttum:** *Alisch,* Wege zur interessengerechteren Auslegung vollstreckungsrechtlicher Normen, 1981; *Chen,* Die Zwangsvollstreckung in die auf Abzahlung verkaufte Sache, Diss Saarbr 1972; *Lippross,* Grundlagen und System des Vollstreckungsschutzes, 1983; *Peters,* Die Pfändung einer unter Eigentumsvorbehalt veräußerten Sache, Diss Freibg 1970; *Röder,* ABC der pfändbaren und unpfändbaren beweglichen Sachen (Loseblattsammlung); *Weyland,* Der Verhältnismäßigkeitsgrundsatz in der Zwangsvollstreckung, 1987; *Wolf,* Pfändbare Gegenstände von A–Z, 1996.

### Gliederung

| | |
|---|---|
| 1) **Systematik, Regelungszweck, I, II** ... 1 | C. Beispiele zur Frage der Anwendbarkeit von I Z 4 ............ 30, 31 |
| 2) **Schuldnerrechte, I, II** ............ 2 | 13) **Landwirtschaftlicher Arbeitnehmer, I Z 4 a** ............ 32 |
| 3) **Verstoß, I, II** ............ 3–7 | 14) **Persönliche Leistung, I Z 5** ............ 33–44 |
|   A. Grundsatz: Keine Nichtigkeit, I ...... 3 |   A. Zweck ............ 33, 34 |
|   B. Weitere Regel: Schuldnerschutz trotz seines Verzichts, I ............ 4, 5 |   B. Beispiele zur Frage des persönlichen Geltungsbereichs von I Z 5 ...... 35 |
|   C. Ausnahme: Kein Schuldnerschutz, II . 6, 7 |   C. Erforderlichkeit zur Erwerbstätigkeit . 36–38 |
| 4) **Austauschpfändung, I, II** ............ 8 |   D. Beispiele zur Frage der Unpfändbarkeit nach I Z 5 ............ 39–44 |
| 5) **Entsprechende Anwendbarkeit, I, II** .. 9 | 15) **Witwe des persönlich Arbeitenden, I Z 6** ............ 45 |
| 6) **Geldforderung, I, II** ............ 10 | 16) **Dienstkleidungsstück usw, I Z 7** ...... 46, 47 |
| 7) **Geldersatz, I, II** ............ 11 |   A. Sachlicher Geltungsbereich ............ 46 |
| 8) **Verfahren, I, II** ............ 12–14 |   B. Persönlicher Geltungsbereich ............ 47 |
|   A. Prüfung von Amts wegen ............ 12 | 17) **Person mit wiederkehrenden Einkünften, I Z 8** ............ 48 |
|   B. Entscheidung ............ 13 | 18) **Apothekengerät usw, I Z 9** ............ 49 |
|   C. Rechtsbehelfe ............ 14 | 19) **Buch, I Z 10** ............ 50 |
| 9) **Sache des persönlichen Gebrauchs, I Z 1** ............ 15–24 | 20) **Geschäftsbuch usw, I Z 11** ............ 51 |
|   A. Grundsatz: Sicherung des Mindestbedarfs ............ 15 | 21) **Künstliche Gliedmaßen usw, I Z 12** ... 52 |
|   B. Angemessenheit des Hausstands: Abwägung ............ 16 | 22) **Bestattungsbedarf, I Z 13** ............ 53 |
|   C. Beispiele zur Frage der Unpfändbarkeit von I Z 1 ............ 17–23 | 23) **Weitere Fälle der Unpfändbarkeit** ..... 54, 55 |
|   D. Erweiterung von I Z 1 ............ 24 |   A. Andere Gesetze ............ 54 |
| 10) **Nahrungsmittel usw, I Z 2** ............ 25 |   B. Unverwertbarkeit ............ 55 |
| 11) **Kleintier, Milchkuh usw, I Z 3** ........ 26 | 24) **VwGO** ............ 56 |
| 12) **Landwirt, I Z 4** ............ 27–31 | |
|   A. Zweck ............ 27 | |
|   B. Begriffe ............ 28, 29 | |

**1) Systematik, Regelungszweck, I, II.** § 811 leitet eine Gruppe von Vorschriften ein, die einen **1** gesetzlichen Pfändungsschutz bieten und mit §§ 850 ff vergleichbar sind. Sie begrenzen die an sich grundsätzlich volle Zugriffsmöglichkeit des Gläubigers auf das gesamte Vermögen des Schuldners. § 811 verbietet eine Kahlpfändung, AG Ffm DGVZ **90,** 77. Die Vorschrift dient damit nicht nur dem Schutz des Schuldners, Artt 1, 2 GG, §§ 1 II, 7, 12 I 2, 30 BSHG, BGH NJW **98,** 1058 (kein bloßes Leistungsverweigerungsrecht),

## § 811
8. Buch. Zwangsvollstreckung. 2. Abschnitt. ZwV wegen Geldforderungen

auch einer juristischen Person, soweit Z 1 ff nichts anderes bestimmen. Sie dient auch dem Schutz des Gläubigers, BAG MDR **80**, 522 (zu den §§ 850 ff), und darüber hinaus auch dem Schutz der Allgemeinheit, also einem sozialpolitischen Zweck, AG Neuss DGVZ **86**, 45, LAG Hamm DB **95**, 2123. Deshalb ist § 811 zwingendes Recht. Das Vollstreckungsorgan hat die Vorschrift von Amts wegen sorgfältig zu beachten, Geißler DGVZ **90**, 83, und im Zweifel zu pfänden, soweit nicht ausreichende andere Vollstreckungsmöglichkeiten bestehen, § 120 Z 1 GVGA.

Bei der *Auslegung* ist auf den „Zeitgeist" zu achten und das Sozialstaatsprinzip zu berücksichtigen, Artt 20, 28 GG, Schneider/Becher DGVZ **80**, 184 (auch zu zahlreichen Einzelfolgerungen). Eine längere Freiheitsstrafe kann zB bei einem Fernseh- oder Rundfunkgerät sogar zum Ausschluß der Unpfändbarkeitsvorschriften führen, Köln DGVZ **82**, 63. Dieser Schuldnerschutz darf andererseits nicht so ausschließliche Beachtung finden, daß das schließlich auch noch schutzwürdige Interesse des Gläubigers daran, wenigstens durch die Zwangsvollstreckung befriedigt zu werden, völlig mißachtet wird. Auch kann § 765 a helfen; zu seinem Verhältnis zu §§ 811 ff Bloedhorn DGVZ **76**, 104.

2  **2) Schuldnerrechte, I, II.** Der Schuldner kann bis zum Zeitpunkt der Beendigung der Zwangsvollstreckung, Grdz 52 vor § 704, eine Erinnerung nach § 766 einlegen, um sich von dem Pfandrecht zu befreien. Wenn er diese Möglichkeit versäumt hat, dann hat er zwar grundsätzlich noch einen Anspruch aus einer ungerechtfertigten Bereicherung nach §§ 812 ff BGB, aM ZöStö 9. Indessen kann § 811 erstmals im Beschwerdeverfahren anwendbar sein, Rn 10. Der Gläubiger kann aber gegen einen solchen Anspruch mit seiner Forderung aufrechnen. Wenn der Gläubiger schuldhaft handelte, hat der Schuldner allerdings auch einen Ersatzanspruch nach §§ 823 II, 826 BGB. Soweit der Gläubiger vorsätzlich gehandelt hat, kann er nicht gegen diesen Anspruch aufrechnen, § 393 BGB, Grdz 56 vor § 704.

3  **3) Verstoß, I, II.** Es gibt zwei Grundsätze und eine Ausnahme.

**A. Grundsatz: Keine Nichtigkeit, I.** Eine Zwangsvollstreckung in einen unpfändbaren Gegenstand ist nicht nichtig. Sie ist vielmehr zunächst voll wirksam, Üb 6, 8 vor § 803, bis sie auf Grund eines Rechtsmittels für unzulässig erklärt oder gemäß § 726 aufgehoben wird oder bis der Schuldner ihr gleichzeitig oder später zustimmt, § 811 c. Diese Zustimmung kann man dem Schuldner um so weniger verwehren, als er ja die Sache auch veräußern könnte, sie insbesondere dem Gläubiger in Zahlung geben könnte.

4  **B. Weitere Regel: Schuldnerschutz trotz seines Verzichts, I.** Nichtig ist aber ein vor, bei oder nach der Pfändung ausgesprochener völliger Verzicht des Schuldners auf jeglichen Pfändungsschutz, Grdz 26 vor § 704, LG Oldb DGVZ **80**, 39, AG Essen DGVZ **78**, 175, ZöStö 10, aM Bbg MDR **81**, 50. AG Sinzig RR **87**, 758, ThP 5 lehnen ein Verzichtsrecht des Schuldners ab, da der sozialpolitische Charakter der Vorschrift einen solchen Verzicht verbiete, geben aber dem Gläubiger die Gegeneinrede der Arglist gegen die Geltendmachung der Nichtigkeit desjenigen Verzichts, der in einer Schädigungsabsicht erklärt worden sei, Einl III 54, Grdz 44 vor § 704.

5  Der Verzicht kann in den verbleibenden Fällen wirksam sein und dann sogar stillschweigend erfolgen, zB im Falle einer *Sicherungsübereignung* unpfändbarer Sachen, LG Stgt DGVZ **80**, 91, aM LG Hildesh DGVZ **89**, 173, AG Köln MDR **73**, 48. Der Verzicht setzt aber die Kenntnis der Schutzvorschrift voraus, AG Essen DGVZ **78**, 175, Ffm BB **73**, 216 hält eine Prüfung der Wirksamkeit des Verzichts im Falle einer Sicherungsübereignung deswegen für unnötig, weil der Verzicht wegen des Eigentumsübergangs begrifflich ausgeschlossen sei.

6  **C. Ausnahme: Kein Schuldnerschutz, II**, dazu *Münzberg* DGVZ **98**, 81 (Üb): Der Schutz versagt, wenn der Gläubiger die Sache als der Eigentümer herausverlangen kann. Das gilt aber nur, sofern das Eigentum klar zu Tag liegt (Einwand der Arglist, Grdz 44 vor § 704), Mü MDR **71**, 580, aM LG Bln DGVZ **79**, 9. Ebenso verhält es sich in den Fällen von I Z 1, 4, 5–7 mit der Pfändung einer Sache, die der Veräußerer dem Erwerber unter seinem Eigentumsvorbehalt überlassen hat. Denn eine Arglist ist niemals erlaubt, Grdz 44 vor § 704. Die frühere Streitfrage ist durch die jetzige Fassung des Gesetzes (neuer II) erledigt, LG Köln DGVZ **99**, 42. Die Vereinbarung des Eigentumsvorbehalts ist nicht glaubhaft zu machen, sondern „nachzuweisen", und zwar „durch Urkunden", §§ 415 ff. Andernfalls bleibt die Pfändbarkeit bestehen. Es findet keine Amtsermittlung dazu statt, Grdz 38 vor § 128. Bei einer Sicherungsübereignung gilt § 771, vgl AG Saarlouis DGVZ **97**, 142. Rechtsvergleichend und -politisch Münzberg pp DGVZ **80**, 72, Schmidt-von Rhein DGVZ **86**, 81.

7  Wenn die Sache freilich auf *Abzahlung* gekauft wurde, dann ist die Berufung auf die Unpfändbarkeit der Sache wegen des VerbrKrG und wegen einer nach diesem Gesetz gegebenen Pflicht zur Rückgewähr auch der bisherigen Leistungen des Schuldners, nur dann arglistig, wenn der Schuldneranspruch ohne weiteres feststellbar ist, Ffm Rpfleger **80**, 303, ZöStö 7, aM Hadamus Rpfleger **80**, 421. Wegen der Pfändung demnächst pfändbar werdender Sachen § 811 c.

8  **4) Austauschpfändung, I, II.** Vgl §§ 811 a ff.

9  **5) Entsprechende Anwendbarkeit, I, II.** Die Vorschrift und ihre Ergänzungen, Rn 54, sind außerhalb der einzelnen Ziffern wegen ihrer Rechtsnatur als Ausnahmevorschriften nicht entsprechend anwendbar. Das bedeutet aber nicht, daß diese Vorschriften noch heute so auszulegen wären wie vor Jahren. Deshalb sind ältere Entscheidungen nur vorsichtig zu verwerten.

10  **6) Geldforderung, I, II.** § 811 ist auf die Zwangsvollstreckung wegen aller Geldforderungen durch Pfändung nach §§ 808 ff unabhängig von der Art und Höhe der Gläubigerforderung anwendbar, aber auch auf eine Arrestpfändung, §§ 930, 935, und auf jede einzelne Pfändung bei einer Anschlußpfändung, § 826, nicht aber auf die Pfändung eines Herausgabeanspruchs, § 947 I, und nicht auf die Herausgabe einer Sache, §§ 883 ff. Es ist grundsätzlich unerheblich, wem der Gegenstand gehört (s aber bei einem Eigentumsvorbehalt Rn 6), unerheblich ist auch, ob die zu pfändende Sache im Gewahrsam des Schuldners, des Gläubigers oder eines herausgabebereiten Dritten befindet, §§ 808, 809. Maßgeblich ist der Zeitpunkt der Entscheidung über die Erinnerung, s aber Rn 13.

1. Titel. Zwangsvollstr. in das bewegl. Vermögen **§ 811**

Wenn die Voraussetzungen einer Unpfändbarkeit nach § 811 *nachträglich* entstehen, ist die Vorschrift evtl auch im Beschwerdeverfahren erstmals anwendbar. Wenn die Unpfändbarkeit nachträglich wegfällt, dann ist der Rechtsbehelf damit gegenstandslos geworden. Bei einem Erben entscheidet dessen Bedürfnis. Der Erbe kann sich seiner Pflicht, den Nachlaß gemäß § 1990 BGB herauszugeben, nicht mit Hilfe des § 811 entziehen. Der Schuldner kann sich gegenüber einem nach dem AnfG erworbenen Vollstreckungstitel nicht auf eine Unpfändbarkeit berufen. Der Wert der Sache begrenzt in den Fällen des § 811 c II die Unpfändbarkeit; in den Fällen I Z 1, 5 und 6 kann der Wert der Sache auch zu einer Austauschpfändung führen, § 811 a, b. Im übrigen ist der Wert der Sache bedeutungslos.

**7) Geldersatz, I, II.** Ein in Geld geleisteter Ersatz (Surrogat) für die Sache tritt nicht an die Stelle der **11** Sache. So tritt zB eine Versicherungsentschädigung nach einem Brand oder Einbruch nicht an die Stelle der zerstörten oder geraubten Sachen. In solchen Fällen sind Z 2 und 3 anwendbar; s aber die Übertragungsbeschränkung in § 15 VVG. Der Anspruch des Schuldners auf die Herausgabe einer unpfändbaren Sache ist unpfändbar. Das gilt auch für den Anspruch auf eine Eigentumsbeschaffung beim Eigentumsvorbehalt. Eine unpfändbare Sache gehört nicht zur Insolvenzmasse, § 35 InsO. Ausnahmen gelten in den Fällen der Z 4, 9, für Geschäftsbücher auch im Falle von I Z 11, § 36 II Z 1, 2, III InsO, und Rn 54. § 811 schützt einen Ausländer ebenso wie einen Inländer.

**8) Verfahren, I, II.** Es sind drei Zeitabschnitte zu unterscheiden. **12**

**A. Prüfung von Amts wegen.** Der Gerichtsvollzieher muß sorgfältig von Amts wegen untersuchen, ob die Sache unpfändbar ist, Rn 1. Er muß eine zweifelsfrei unzulässige Pfändung trotz eines Antrags des Gläubigers und trotz einer vorherigen Zustimmung des Schuldners ablehnen. Wenn der Gerichtsvollzieher die Pfändung vorgenommen hat, dann darf er die gepfändete Sache nicht eigenmächtig freigeben. Er muß aber den Schuldner über Rechtsbehelfe belehren und den Gläubiger zur Freigabe auffordern.

**B. Entscheidung.** Das Gericht entscheidet auf Grund einer Erinnerung wie bei § 766 Rn 30. Die **13** Unpfändbarkeit muß grundsätzlich im Zeitpunkt der Pfändung nach §§ 808 ff vorliegen, LG Bochum DGVZ **80**, 38, LG Wiesb DGVZ **97**, 59 (vorübergehende Sonderlage unschädlich), AG Sinzig DGVZ **90**, 95, aM ThP 3. Freilich kommt es auf den Zeitpunkt der Entscheidung über die Erinnerung an, soweit der Gerichtsvollzieher die Pfändung abgelehnt hatte. Bei einer Anschlußpfändung nach § 826 muß die Unpfändbarkeit also im Zeitpunkt der Anschlußpfändung vorliegen. Eine nachträglich eintretende Unpfändbarkeit nimmt dem Gläubiger sein Pfandrecht nicht, § 811 d Rn 1, LG Bln Rpfleger **77**, 262, LG Bochum DGVZ **80**, 38. Wegen der Pfändung einer Sache, die demnächst pfändbar wird, vgl § 811 d.

**C. Rechtsbehelfe.** Es ist wie folgt zu unterscheiden: **14**

Der *Schuldner* kann gegen die Pfändung einer unpfändbaren Sache unabhängig von seinem Eigentum, solange er Nutzer ist, die Erinnerung einlegen, § 766. Er muß die Unpfändbarkeit darlegen, notfalls beweisen. Wenn die Sache schon verwertet wurde, hat er die Möglichkeit einer Bereicherungs- oder Ersatzklage, Rn 2, aM StJM 22 (er habe dann keine Ansprüche mehr).

Der *Gläubiger* kann gegen die Ablehnung seines Antrags auf eine Pfändung überhaupt oder doch auf die Pfändung eines bestimmten Gegenstands die Erinnerung nach § 766 II einlegen. Er muß die Pfändbarkeit darlegen, notfalls beweisen, LG Augsb DGVZ **89**, 139.

Ein *Dritter* hat grundsätzlich keinen Rechtsbehelf. Dies gilt zB für einen Unternehmer bei Z 5 anstelle des Beschäftigten. Die Möglichkeit der Erinnerung nach § 766 kommt für den Dritten aber zB dann in Frage, wenn sich eine Unpfändbarkeit unmittelbar bei ihm auswirkt, etwa für die Familie und für Hausangehörige des Schuldners. Wenn die Pfändung gegen Z 4 verstößt, kann auch der dingliche Gläubiger die Erinnerung nach § 766 einlegen.

**9) Sache des persönlichen Gebrauchs, I Z 1.** Man muß behutsam abwägen. **15**

**A. Grundsatz: Sicherung des Mindestbedarfs.** Zweck ist die Sicherung des häuslichen Lebens. Z 1 will dem Schuldner alle Gegenstände des persönlichen Gebrauchs und des Hausstands belassen, die der Schuldner zur Führung eines seinem Beruf und seinen Verhältnissen, insbesondere seinen Schulden, angemessenen, bescheidenen Lebens oder Haushalts braucht. Es kommt auf die Zweckbestimmung an. Die Sachen brauchen daher nicht in einem strengen Sinne unentbehrlich zu sein, LG Bochum DGVZ **83**, 12. Der Hausstand muß bestehen und nicht etwa erst beabsichtigt sein. Er kann auch nach einer Zwangsräumung bestehen, solange der Schuldner irgendwo vorübergehend untergebracht ist, LG Mü DGVZ **83**, 94. Zum Hausstand gehören alle Familienmitglieder, die mit dem Schuldner in seiner Wohnung oder in der Wohnung seiner Ehefrau zusammenleben und wirtschaftlich vom Schuldner abhängen. Es ist unerheblich, ob der Schuldner die Familienmitglieder unterhalten muß. Zum Hausstand gehören ferner Pflegekinder und Hausangestellte, Auszubildende, Handlungsgehilfen, soweit sie in die Wohnung aufgenommen sind. Es ist unerheblich, ob der Schuldner Eigentümer ist, Rn 10, soweit die Sache ungestört benutzbar ist.

**B. Angemessenheit des Hausstands: Abwägung.** Ob der Hausstand angemessen ist, das kann man **16** nur von Fall zu Fall entscheiden, VGH Mannh NJW **95**, 2804. Die Regelung des notwendigen Lebensunterhalts in § 12 I BSHG verfolgt nicht stets denselben Zweck, BVerwG NJW **89**, 925. Entscheidend sind die Berufstätigkeit und die Verschuldung, also deren Höhe und die Möglichkeit, die Schuld abzutragen. Unerheblich ist, ob der Hausstand standesgemäß ausgestattet ist. Der Hausstand darf nur bescheiden sein. Das bedeutet aber nicht, daß nur eine völlige Ärmlichkeit geschützt würde, LG Wiesb DGVZ **89**, 141, AG Mü DGVZ **81**, 94, FG Brdb JB **98**, 664. Andererseits dürfen kein Überfluß vorliegen. Das gilt auch für die Sachen des persönlichen Gebrauchs. Eine ungestört mitbenutzte fremde Sache muß mitberücksichtigt werden. Eine zeitweise Vermietung beweist nichts gegen das „Bedürfen"; eine vorübergehende Einschränkung ist erträglicher als ein dauerndes Entbehren.

Im allgemeinen ist aber der *Besitz* eine Voraussetzung dafür, daß der Schuldner die Sache braucht. Etwas anderes gilt allerdings dann, wenn der Schuldner den Besitz wegen des Verlassens der Wohnung aufgegeben hat oder wenn die Sache dem Schuldner im Hausratsverfahren zugewiesen wurde, wenn er sie aber noch nicht in seinen Besitz genommen hat. Die Möglichkeit einer späteren Neuanschaffung muß außer Betracht

§ 811  8. Buch. Zwangsvollstreckung. 2. Abschnitt. ZwV wegen Geldforderungen

bleiben. Einzelheiten sind einigermaßen wertlos. Denn alle Fälle liegen verschieden. Auch bei mehreren Wohnungen des Schuldners ist eine Fallabwägung erforderlich. Er mag den einen unentbehrlichen Gegenstand gerade in der einen Wohnung verwahren, den anderen in der anderen. Das übersieht AG Korbach DGVZ **84**, 154 (die weniger benutzte Wohnung habe keinen Pfändungsschutz).

17  **C. Beispiele zur Frage der Unpfändbarkeit nach I Z 1**
**Behelfsheim:** Rn 24.
**Bett:** Ein Bett ist sowohl als Möbel als auch als Wäschebestandteil einschließlich der Bettfedern, Matratzen grds nach Z 1 unpfändbar, auch soweit es nicht täglich benutzt wird.
**Bettvorleger:** Anders als das Bett ist ein Bettvorleger grds nicht nach Z 1 unpfändbar.
**CD-Gerät:** Neben einem unpfändbaren Fernsehgerät ist ein CD-Gerät meist pfändbar, VGH Mannh NJW **95**, 2804.
**Eigentumsvorbehalt:** Rn 6, 7.
**Fahrrad:** Es ist grds nach Z 1 unpfändbar. Freilich kann ein Luxusstück nach § 811 a austauschbar sein.
**Ferienhaus:** Rn 24.
18  **Fernsehgerät:** Ein Fernsehgerät kann nach Z 1 unpfändbar sein, zB VGH Kassel NJW **93**, 551. Das gilt sogar für ein Fernsehgerät, sogar ein Farbfernsehgerät, zumindest dann, wenn es das einzige tontechnische Informationsmittel für den Schuldner ist, Ffm NJW **70**, 152 und 570, LG Itzehoe DGVZ **88**, 120, VG Oldb NJW **91**, 2921.
19  Evtl ist unpfändbar sogar ein Fernsehgerät *neben* einem vorhandenen *Rundfunkgerät*, BFH NJW **90**, 1871, Stgt NJW **87**, 196, AG Essen DGVZ **98**, 94, aM Ffm DGVZ **94**, 43, LG Wiesb DGVZ **97**, 60, ThP 8.
Ein Farbfernsehgerät ist gegen ein einfaches Schwarzweiß-Gerät *austauschbar*, LG Bochum DGVZ **83**, 13. Ein Farb- oder Schwarzweiß-Fernsehgerät ist allerdings evtl auch gegen ein einfaches Rundfunkgerät austauschbar, Köln DGVZ **82**, 63, AG Ibbenbüren DGVZ **81**, 175, aM LG Lahn-Gießen NJW **79**, 769.
S auch Rn 23 „Rundfunkgerät".
20  **Fotoapparat:** Ein einfacher Fotoapparat ist evtl nach Z 1 unpfändbar. Ein teurer ist aber nach § 811 a austauschbar.
**Frack:** Rn 21 „Kleidung".
**Gartenhaus:** Rn 24.
**Geschirrspülmaschine:** Sie ist nicht nach Z 1 unpfändbar, Bohn DGVZ **73**, 167.
**Glasvitrine:** Eine Glasvitrine ist nicht nach Z 1 unpfändbar, LG Heidelb MDR **92**, 1001.
S aber auch Rn 22 „Möbel".
**Haushaltswäsche:** Rn 23 „Wäsche".
**Hausratsentschädigung:** Sie ist *nicht* nach Z 1 unpfändbar.
**Heißwassergerät:** Ein Heißwassergerät ist nach Z 1 unpfändbar.
**Heizkissen:** Ein Heizkissen ist nach Z 1 unpfändbar.
21  **Kaffeemühle:** Eine elektrische Kaffeemühle ist nach Z 1 unpfändbar.
**Kassettengerät:** Neben einem unpfändbaren Fernsehgerät ist ein Kassettengerät meist pfändbar, VGH Mannh NJW **95**, 2804.
**Kinderbett:** Ein Kinderbett ist grds nach Z 1 unpfändbar.
**Kinderwagen:** Ein Kinderwagen ist grds nach Z 1 unpfändbar.
**Klavier:** Es ist nur dann unpfändbar, wenn es dem Erwerb dient, AG Essen DGVZ **98**, 30.
**Kleidung:** Kleidung ist meist nach Z 1 unpfändbar, soweit es sich nicht um wenigstens nach § 811 a austauschbare Luxusstücke (zB Pelze) handelt. Bei einem Frack usw kommt es auf die Berufstätigkeit des Trägers und seine Sozialstellung an.
**Koffer:** Ein Koffer kann nach Z 1 unpfändbar sein. Es kommt natürlich auf die Umstände an.
22  **Kühlschrank:** Ein Kühlschrank ist nach Z 1 unpfändbar, soweit kein geeigneter Kellerraum vorhanden ist und die Vorräte wegen einer arbeitsbedingten Abwesenheit aller Familienmitglieder kühl gehalten werden müssen, AG Mü DGVZ **74**, 95. Eine Unpfändbarkeit liegt ferner dann vor, wenn es sich um eine zahlreiche Familie handelt, aM AG Wolfsb MDR **71**, 76, Schneider/Becher DGVZ **80**, 181.
S aber auch Rn 23 „Tiefkühlgerät".
**Möbel:** Möbel sind oft nach Z 1 unpfändbar. Das gilt zB für: Einen Kleiderschrank; ein Sofa usw, LG Wiesb DGVZ **89**, 141; einen Eßtisch mit vier Stühlen, ein Sideboard, eine Polstergruppe, unabhängig vom Wert, LG Heilbr MDR **92**, 1001, AG Itzehoe DGVZ **98**, 63, aM AG Mü DGVZ **95**, 11, FG Brdb JB **98**, 664; einen Teppich.
S aber auch Rn 20 „Glasvitrine".
**Nähmaschine:** Eine Nähmaschine ist grds nach Z 1 unpfändbar, KG DGVZ **53**, 116, aM LG Hann NJW **60**, 2248 (weil der Schuldner sich die Bekleidung kaufen könne. Aber eine Ausbesserung ist meistens billiger).
23  **Rundfunkgerät:** Ein Rundfunkgerät kann nach Z 1 unpfändbar sein. Das gilt freilich nicht für eine Stereokompaktanlage, LG Bochum DGVZ **83**, 13, noch gar neben einem Farbfernsehgerät, LG Duisb MDR **86**, 682, AG Essen DGVZ **98**, 94. Ein Ersatzstück, das einen Inlandsempfang ermöglicht, muß ausreichen, § 811 a.
S auch Rn 18, 19 „Fernsehgerät".
**Staubsauger:** Ein Staubsauger ist grds nach Z 1 unpfändbar, insbesondere beim Vorhandensein von Teppichboden, aM AG Wiesb DGVZ **93**, 258 (bei nur 20 qm), AG Jülich DGVZ **83**, 62.
**Stereoanlage:** Neben einem unpfändbaren Fernsehgerät ist eine Stereoanlage meist pfändbar, VGH Mannh NJW **95**, 2804.
S auch Rn 18, 19 „Fernsehgerät", Rn 23 „Rundfunkgerät".
**Telekommunikationssendgerät:** Es kann nach Z 1 unpfändbar sein, Schnittmann DGVZ **94**, 51.

1. Titel. Zwangsvollstr. in das bewegl. Vermögen § 811

**Tiefkühlgerät:** Ein Tiefkühlgerät ist grds nicht nach Z 1 unpfändbar, LG Kiel DGVZ 78, 115, AG Itzehoe DGVZ 84, 30, und zwar selbst dann nicht, wenn der Schuldner gehbehindert ist, jedoch einen Kühlschrank besitzt, AG Paderb DGVZ 79, 27.
S aber auch Rn 22 „Kühlschrank".
**Uhr:** Eine Uhr ist meist nach Z 1 unpfändbar. Das gilt auch für eine kostbare Armbanduhr, Mü DGVZ 83, 140 mwN (freilich kommt dann eine Austauschpfändung in Betracht).
**Videogerät.** Es ist nur dann unpfändbar, wenn es dem Erwerb dient, AG Essen DGVZ 98, 30.
**Waschmaschine:** Eine Waschmaschine ist grds nach Z 1 unpfändbar, weil sie heute zum Bestandteil fast jedes Haushalts gehört, und auch aus hygienischen Gründen, LG Bln RR 92, 1038, Schneider DGVZ 80, 177, ZöStö 15, aM AG Bln-Schöneb DGVZ 90, 15 (beim 2-Personen-Haushalt könne der Schuldner eine Wäscherei oder einen Waschsalon benutzen), AG Syke DGVZ 73, 173 (vgl freilich Rn 2), Kürzel ZMR 72, 263 (nur von Fall zu Fall unpfändbar).
**Wäsche:** Haushaltswäsche ist grds nach Z 1 unpfändbar, auch soweit sie nicht ständig benutzt wird.
**Wäscheschleuder:** Eine Wäscheschleuder ist nach Z 1 unpfändbar, soweit es sich um eine zahlreiche Familie handelt und soweit sonst nur beschränkte Trocknungsmöglichkeiten bestehen. Zum Problem Schneider/Becher DGVZ 80, 180.
**Wasserenthärtungsanlage:** Eine Wasserenthärtungsanlage ist grds nach Z 1 unpfändbar, AG Schlesw DGVZ 77, 63 (großzügig).
**Wochenendhaus:** Rn 24.
**Wohnboot:** Rn 24.
**Wohnlaube:** Rn 24.
**Wohnwagen:** Rn 24.

**D. Erweiterung von I Z 1.** In Erweiterung von Z 1 sind folgende Sachen unpfändbar: ein Gartenhaus; **24** eine Wohnlaube und eine ähnliche Wohnzwecken dienende Einrichtung wie ein Behelfsheim, ein Wohnwagen oder ein Wohnboot. Voraussetzung der Unpfändbarkeit ist in einem solchen Fall, daß diese Einrichtung der Zwangsvollstreckung in das bewegliche Vermögen unterliegt, daß also nicht zum Grundstücksbestandteil, § 864 Rn 3, geworden ist. Der Schuldner und seine Familie muß die Einrichtung nicht nur benutzen, sondern er muß sie zu seiner ständigen Unterkunft auch benötigen, Zweibr Rpfleger **76**, 329 (der Wert ist dann unerheblich, ZöStö 16, aM LG Brschw DGVZ 75, 25), LG Bln DGVZ 72, 90. Ein Raum, den der Schuldner nur gelegentlich neben einer anderen Unterkunft benutzt, etwa ein bloßes Wochenend- oder Ferienhaus, ist pfändbar. Stets kann eine Austauschpfändung nach §§ 811 a, b in Betracht kommen.

**10) Nahrungsmittel usw, I Z 2.** Zum Begriff der Familie Rn 15. Hierher gehören nur solche Hausan- **25** gehörige, die im Haushalt helfen, also auch zB Pflegekinder und Hausangestellte, unabhängig von einer Unterhaltpflicht des Schuldners, weder ein Hauslehrer noch ein Auszubildender noch ein kaufmännisches Personal. Nahrungs-, Feuerungs- und Beleuchtungsmittel sind für 4 Wochen unpfändbar. Wenn sie fehlen, muß der Gerichtsvollzieher dem Schuldner einen entsprechenden Geldbetrag belassen. Die Möglichkeit einer Beschaffung auf einem anderen Weg ist dann gesichert, wenn eine bestimmte Zahlung von Lohn, Gehalt usw unmittelbar bevorsteht und zur Beschaffung ausreicht. Die Bedürfnisse eines Gewerbebetriebs scheiden bei der Bemessung der Menge aus. Wegen der lebenden Tiere Z 3. Ungeerntete Früchte fallen unter § 810. Z 2 gilt auch in einem solchen Fall. Zum Holz vgl auch Z 4. Ein Anspruch auf die Lieferung einer gattungsmäßig bestimmten Sache, etwa von „Lebensmitteln", fällt nicht unter Z 2, ebensowenig gehören Miete und Kleidung hierher. Wegen der Besonderheiten für Landwirte vgl Z 4, für landwirtschaftliche Arbeitnehmer vgl Z 4 a.

**11) Kleintier, Milchkuh usw, I Z 3.** Kleintiere sind Kaninchen, Geflügel, Milchkuh ist eine Kuh, die **26** regelmäßig Milch gibt, wenn auch nicht gerade jetzt. Statt der Milchkuh kann der Schuldner zwei Schweine, zwei Ziegen oder zwei Schafe wählen. Leihvieh kann das eigene Vieh pfändbar machen. Wenn er nicht wählt, dann wählt für ihn der Gerichtsvollzieher. Wegen des Geldbetrags usw Rn 25. Die Tiere müssen für die Ernährung des Schuldners usw erforderlich sein. Auch die Futter- und Streuvorräte müssen erforderlich sein. Die Praxis versteht unter dem Betriff der Erforderlichkeit einen geringen Grad der Unentbehrlichkeit; eine bloße Zweckbestimmung reicht aber nicht aus. Zum Begriff der Familie Rn 15. Anders als bei Z 2 sind bei Z 3 nicht nur diejenigen Hausangehörigen inbegriffen, die im Haushalt helfen, sondern auch diejenigen, die in der Landwirtschaft oder im Gewerbe mitarbeiten, also zB auch ein Auszubildender, ein Handwerksgeselle usw. Der Schuldner braucht aber nicht Landwirt zu sein. Wegen Hunde und anderer Haustiere § 811 c. Zur Abgrenzung von Z 3 und 4 LG Rottweil MDR **85**, 1035.

**12) Landwirt, I Z 4.** Die Abgrenzung tilgt den Schutzzweck. **27**

**A. Zweck,** dazu *Noack* JB **79**, 649: Grundgedanke von Z 4 ist, die Wirtschaft als Ganzes zu erhalten, LG Rottweil MDR **85**, 1035, unabhängig davon, ob sie im Hauptberuf oder im Nebenberuf betrieben wird. Auf dieser Basis ist zu beurteilen, welches Gerät, Vieh und welcher Dünger zum Wirtschaftsbetrieb erforderlich sind. Eine im Zeitpunkt der Pfändung bestehende Betriebsweise gibt die Richtschnur. Der Gerichtsvollzieher darf dem Schuldner nur dasjenige belassen, was der Schuldner unmittelbar im Betrieb verwendet. Der Schuldner darf auch landwirtschaftliche Erzeugnisse auch das behalten, was er braucht, um sich, seine Familie, Rn 15, und seine Arbeitnehmer zu unterhalten. Der Schuldner darf ferner den Verkaufserlös aus landwirtschaftlichen Erzeugnissen behalten, die für die Aufrechterhaltung einer geordneten Wirtschaftsführung unentbehrlich sind, § 851 a. Was allerdings ohne eine solche Zweckbindung des Erlöses ohnehin verkauft werden soll, kann pfändbar sein, LG Kleve DGVZ **80**, 39, AG Worms DGVZ **84**, 127. Das sachlichrechtliche Pfandrecht des Verpächters erstreckt sich bei der Landpacht (nur) auf die in Z 4 genannten unter den sonst unpfändbaren Sachen, § 592 S 3 BGB. Eine Sache nach Z 4 gehört zur Insolvenzmasse, § 36 II Z 2 InsO.

## § 811 8. Buch. Zwangsvollstreckung. 2. Abschnitt. ZwV wegen Geldforderungen

28  **B. Begriffe.** Landwirte sind Personen, die zur Zeit der Vollstreckung tatsächlich ausschließlich oder nebenbei, AG Schopfheim DGVZ **76**, 62, auch als Nießbraucher oder Pächter, geschäftlich oder zum Vergnügen, eine Landwirtschaft betreiben. Landwirtschaft ist jede erwerbsmäßige Bearbeitung eigenen oder fremden Bodens, LG Oldb DGVZ **80**, 170. Z 4 schützt auch den ausländischen Landwirt. Das Pfandrecht des *Verpächters* ist nicht an die Grenze der Z 4 gebunden, § 585 BGB. Z 4 ist auch gegenüber einem Früchtepfandrecht, § 810 Rn 1, 2, beachtlich. Doch muß der Gerichtsvollzieher diese Einschränkung nicht von Amts wegen beachten. Wenn der Landwirt sein Anwesen verkauft hat, schützt Z 4 ihn nicht mehr. Der Schutz dauert aber dann fort, wenn der Landwirt den Verkauf nur zu dem Zweck vorgenommen hat, um sich alsbald eine andere Landwirtschaft zu kaufen. Zum Vieh gehört auch das Zucht-, Milch-, Federvieh, AG Kirchheim/Teck DGVZ **83**, 62, ferner das Mastvieh. Auch ein schlachtreifes Vieh kann zur Fortführung der Wirtschaft notwendig sein. Landwirtschaftserzeugnisse sind die Feldfrüchte, mögen sie abgeerntet sein oder noch auf dem Feld stehen, aber auch forstwirtschaftliche Früchte oder Heizvorräte.

29 Was zur Fortführung der Wirtschaft und zum Unterhalt *notwendig* ist, das richtet sich nach objektiven Gesichtspunkten und nicht nach dem Bedürfnis des Schuldners. Eine Hochdruckheupresse kann unpfändbar sein, LG Oldb DGVZ **80**, 39. Es kommt auf die Betriebsgröße an. Hierher gehören auch diejenigen Erzeugnisse, die der Ernährung der Arbeitskräfte und des Viehs dienen. Auszugehen ist von einer vernünftigen landwirtschaftlichen Vorratswirtschaft. Der bloße Verkaufszweck bietet auch dann keinen Schutz, wenn der Erlös der Wirtschaftsführung dient, LG Kleve DGVZ **80**, 38. Es muß aber Saatgut und Viehfutter bis zur nächsten Ernte verbleiben, AG Worms DGVZ **84**, 127. Oft muß aber auch an Nahrung genug bis zur neuen Ernte verbleiben. Die Gegenstände der Z 4 sind nach § 98 Z 2 BGB Zubehör des Grundstücks, soweit es sich nicht um Früchte handelt, die für den Wirtschaftsbetrieb nicht erforderlich sind. Deshalb sind diese Gegenstände durch § 865 II schlechthin unpfändbar, soweit sie im Eigentum des Grundstückseigentümers stehen.

30  **C. Beispiele zur Frage der Anwendbarkeit von I Z 4**
**Ackerbau:** Er gehört zu Z 4, LG Oldb DGVZ **80**, 170.
**Ausländer:** Auch er kann zu Z 4 gehören.
**Baumschule:** Sie gehört zu Z 4, AG Elmshorn DGVZ **95**, 12.
**Bienenzucht:** Sie gehört grds nicht zu Z 4, da sie weniger auf der Nutzung von Grund und Boden beruht, LG Oldb DGVZ **80**, 170.
**Brennerei:** Rn 31 „Technischer Betrieb".
**Fischzucht:** Sie gehört zu Z 4, Röder DGVZ **95**, 38.
**Forstwirtschaft:** Sie gehört zu Z 4, LG Oldb DGVZ **80**, 170.
**Fuchsfarm:** Sie gehört grds nicht zu Z 4, da sie weniger auf der Nutzung von Grund und Boden beruht.
**Gartenbau:** Er gehört zu Z 4, LG Oldb DGVZ **80**, 170.
**Geflügelfarm:** Sie gehört grds zu Z 4, LG Oldb DGVZ **80**, 170.
**Gemüsebau:** Er gehört zu Z 4.
**Geschäftsmäßiger Betrieb:** Ein solcher Betrieb, der nicht auf der Nutzung von Grund und Boden beruht, gehört nicht zu Z 4. Vgl bei den einzelnen Stichwörtern.
**Hundezucht:** Sie gehört grds nicht zu Z 4, da sie weniger auf der Nutzung von Grund und Boden beruht.
**Legehennenintensivhaltung:** Sie gehört grds nicht zu Z 4, da sie weniger auf der Nutzung von Grund und Boden beruht, LG Hildesh NdsRpfl **71**, 257.

31  **Mastviehhaltung:** Sie gehört grds nicht zu Z 4, da sie weniger auf der Nutzung von Grund und Boden beruht, LG Hildesh NdsRpfl **71**, 257.
**Molkerei:** Sie gehört grds nicht zu Z 4, da diese Stufe der Verarbeitung weniger zur Nutzung von Grund und Boden gehört.
**Obstbau:** Er gehört zu Z 4, LG Oldenb DGVZ **80**, 170.
**Pelztierfarm:** Sie gehört grds nicht zu Z 4, da sie weniger auf der Nutzung von Grund und Boden beruht.
**Pferdezucht:** Sie gehört grds nicht zu Z 4, da sie weniger auf der Nutzung von Grund und Boden beruht, LG Frankenth MDR **89**, 364, LG Oldb DGVZ **80**, 170. Soweit der Züchter freilich auch das Futter anbaut, ist Z 4 anwendbar, LG Kblz DGVZ **97**, 89.
**Tabakbau:** Er gehört zu Z 4.
**Technischer Betrieb:** Er gehört grds nicht zu Z 4, da er weniger auf der Nutzung von Grund und Boden beruht, etwa eine Brennerei oder Ziegelei, Noack DGVZ **73**, 17.
**Viehzucht:** Sie gehört grds zu Z 4, LG Bonn DGVZ **83**, 153, LG Oldb DGVZ **80**, 170 (jedoch das zum Wirtschaftsbetrieb erforderliche Vieh), AG Kirchheim DGVZ **83**, 62 (auch das Einzeltier der Herde).
Vgl Rn 30 „Bienenzucht", „Legehennenintensivhaltung", Rn 31 „Mastviehzucht", „Pferdezucht".
**Weiden-, Wiesenbau:** Er gehört zu Z 4.
**Weinbau:** Er gehört zu Z 4, LG Oldb DGVZ **80**, 170.
**Ziegelei:** S „Technischer Betrieb".

32  **13) Landwirtschaftlicher Arbeitnehmer, I Z 4a.** Zum Begriff des landwirtschaftlichen Betriebs Rn 28 ff. Doch ist es unerheblich, ob ein technischer Nebenbetrieb vorliegt. Es ist nur beachtlich, ob der Beschäftigte eine Naturalvergütung erhält. Sie braucht nicht aus landwirtschaftlichen Erzeugnissen zu bestehen und nicht aus dem Betrieb des Arbeitgebers zu kommen. Sie ist ohne Rücksicht auf seinen Bedarf unpfändbar, soweit sie seine Arbeitsvergütung darstellt. Unpfändbar ist auch dasjenige Vieh, das der Schuldner von seiner Naturalvergütung ernährt, soweit dieses Vieh ebenfalls dem Unterhalt des Schuldners und seiner Familie, Rn 15, dient. Es ist unerheblich, wo sich die Vergütung und das Vieh befinden. Es kommt nur darauf an, ob die Vergütung und das Vieh dem Beschäftigten gehören oder etwa im Eigentum des Dienstherrn oder eines Dritten stehen. Der Anspruch auf Vergütung fällt unter § 850e Z 3.

33  **14) Persönliche Leistung, I Z 5.** Die Praxis verfährt oft zu streng.
**A. Zweck.** Z 5 schützt alle diejenigen Personen, die durch ihre persönliche selbständige oder abhängige Leistung ihren Erwerb finden, mag diese Leistung *körperlich oder geistig* sein, allein oder mit einigen Helfern

erbracht werden. Der Gegensatz zur persönlichen Leistung ist eine Arbeitsweise durch den Einsatz eines Kapitals, LG Ffm RR **88**, 1471, AG Dortm DGVZ **88**, 158, AG Sinzig RR **87**, 757, zB grundsätzlich beim Vollkaufmann, § 4 HGB, zB bei einer GmbH, AG Düss DGVZ **91**, 175 (selbst wenn der Geschäftsführer und Alleingesellschafter mitarbeitet), es sei denn, daß es sich um einen im wesentlichen allein arbeitenden Handelsvertreter handelt. Kapitaleinsatz kann auch dann vorherrschen, wenn auch eine Arbeitsleistung hinzutritt, LG Düss DGVZ **85**, 74, LG Lübeck DGVZ **82**, 78, LG Oldb DGVZ **80**, 170. Z 5 schützt den Kopf- und Handwerker jeder Art. Geschützt wird auch derjenige, der mit einem Kapital arbeitet, soweit seine persönliche Arbeit und nicht die Ausnutzung des Kapitals die Hauptsache ist, LG Hbg DGVZ **84**, 26, AG Schönau DGVZ **74**, 61, AG Schweinf JB **77**, 1287.

Es ist unerheblich, ob der Betrieb eingeschränkt werden könnte. Denn jeder Betrieb kann eingeschränkt **34** werden. Unerheblich ist, ob die persönliche Leistung im Haupt- oder *Nebenberuf* erbracht wird, LG Rottweil DGVZ **93**, 58, AG Karlsr DGVZ **89**, 141, aM LG Regensb DGVZ **78**, 45.

Es ist ferner unerheblich, ob der Betrieb schon *Einnahmen* erbringt, soweit er schon besteht oder baldige Einnahmen verspricht. Es ist unerheblich, ob der Beruf oder Geschäft vorübergehend schlecht gehen, AG Neuwied DGVZ **98**, 174, oder ob sie ruhen, LG Wiesb DGVZ **97**, 59, AG Mönchengladb DGVZ **74**, 29, solange keine längere Pause eintritt, etwa durch Krankheit oder Haft. Die Mitarbeit eines Gehilfen macht die Arbeit des Chefs nicht zu einer kapitalistischen, bei mehreren Mitarbeitern kann der Schutz aufhören, Hbg DGVZ **84**, 57; ein Maler braucht ein Modell, ein Schriftsteller eine Schreibhilfe. Geschützt ist auch der Erwerber, zB der Vermögensübernehmer, wenn die Voraussetzungen der Z 5 auch bei ihm persönlich vorliegen. Wenn allerdings ein kaufmännischer Warenvertrieb überwiegt, der mit einem Kapital bei mittleren oder größeren Einzelhändler (wegen eines kleinen Rn 35), ist Z 5 unanwendbar, LG Ffm RR **88**, 1471. Das gilt auch dann, wenn der Schuldner ihn auf einen Handwerksbetrieb umstellen will oder muß, solange das noch nicht geschehen ist.

### B. Beispiele zur Frage des persönlichen Geltungsbereiches von I Z 5     35
**Anwalt:** Er fällt unter Z 5.
**Architekt:** Er fällt unter Z 5, LG Ffm DGVZ **90**, 58.
**Arzt:** Er fällt unter Z 5.
**Auszubildender:** Er fällt unter Z 5, AG Heidelb DGVZ **89**, 15.
**Bauunternehmer:** Er fällt unter Z 5, soweit seine persönliche Arbeit die Hauptsache ist, Rn 33, AG Schönau DGVZ **74**, 61.
**Buchführungshelfer:** Er kann zwar unter Z 5 fallen, muß aber nachvollziehbar darlegen (und glaubhaft machen), für wen er tätig ist usw, LG Hagen DGVZ **95**, 41.
**Drucker:** Er fällt unter Z 5, soweit seine persönliche Arbeit die Hauptsache ist, Rn 33, LG Hbg DGVZ **84**, 26.
**Fabrikarbeiter:** Er fällt unter Z 5.
**Förster:** Er fällt unter Z 5, Schlesw DGVZ **78**, 11.
**Fotograph:** Er fällt unter Z 5, AG Melsungen DGVZ **78**, 92.
**Frachtführer:** S „Minderkaufmann".
**Gärtner:** Er fällt unter Z 5, Schlesw DGVZ **78**, 11.
**Gastwirt:** Er fällt unter Z 5, soweit er wesentlich selbst bedient, AG Horbach DGVZ **89**, 78, AG Karlsr DGVZ **89**, 141.
**Gehilfe:** Rn 34.
**Gelehrter:** Er fällt unter Z 5.
**Geselle:** Er fällt unter Z 5.
**Gesellschaft:** Sie fällt unabhängig von ihrer Rechtsform unter Z 5, soweit die persönliche Leistung der Gesellschafter den Umsatz bestimmt, insbesondere bei einem Gewerbebetrieb, AG Günzburg DGVZ **76**, 95, Noack MDR **74**, 813. Das gilt zB bei der BGB-Gesellschaft, Noack MDR **74**, 813; bei der Offenen Handelsgesellschaft, Kommanditgesellschaft, GmbH, App DGVZ **85**, 97.
**Handwerker:** Er fällt unabhängig von einer Eintragung in der Handwerksrolle unter Z 5, soweit er selbst körperlich mitarbeitet.
**Journalist:** Er fällt unter Z 5.
**Kellner:** Er fällt unter Z 5.
**Künstler:** Er fällt unter Z 5.
**Minderkaufmann:** Er fällt unter Z 5, soweit er selbst arbeitet, etwa im Laden, AG Köln **92**, 47, oder als Frachtführer oder Hausierer.
**Notar:** Er fällt unter Z 5.
**Rechtsanwalt:** S „Anwalt".
**Referendar:** Er fällt unter Z 5.
**Schausteller:** Er fällt unter Z 5, AG Hann DGVZ **75**, 15 (auch zu den Grenzen).
**Schmuckhändler:** Der Schmuck ist pfändbar, die Ladeneinrichtung nicht, AG Gießen DGVZ **98**, 30.
**Schriftsteller:** Er fällt unter Z 5.
**Schrotthändler:** Er fällt unter Z 5, soweit seine persönliche Arbeit die Hauptursache ist, Rn 33, AG Schweinf JB **77**, 1287.
**Schüler:** Er fällt unter Z 5, AG Heidelb DGVZ **89**, 15.
**Steuerberater:** Er fällt unter Z 5, AG Essen DGVZ **98**, 94.
**Student:** Er fällt unter Z 5, AG Heidelb DGVZ **89**, 15.
**Taxibesitzer:** Er fällt unter Z 5, auch wenn er einen Gehilfen hat, solange er auch noch selbst fährt, vgl Hbg DGVZ **84**, 57 (nicht mehr bei mehreren Fahrern).
**Techniker:** Er fällt unter Z 5.
**Transportunternehmer:** Er fällt unter Z 5, soweit seine persönliche Arbeit die Hauptsache ist, Rn 33.
**Warenbestand:** Er fällt grds nicht unter Z 5, LG Kassel JB **96**, 215.

**§ 811**  8. Buch. Zwangsvollstreckung. 2. Abschnitt. ZwV wegen Geldforderungen

**Werkmeister:** Er fällt unter Z 5.
**Zahntechniker:** Er fällt unter Z 5.
**Zimmervermieter:** Er fällt unter Z 5, soweit er persönliche Arbeit beim Bedienen und Reinigen usw leistet, LG Bln DGVZ **76**, 71, aM ThP 22.

36 **C. Erforderlichkeit zur Erwerbstätigkeit.** Unpfändbar sind alle diejenigen Sachen, die zur Fortsetzung der Erwerbstätigkeit erforderlich sind, sofern diese dem Schuldner rechtlich zustehen. Eine Unentbehrlichkeit in einem strengen Sinn braucht nicht vorzuliegen, Rn 15, zu streng AG Düss DGVZ **88**, 125. Der Gerichtsvollzieher darf dem Schuldner nichts Überflüssiges belassen. Er darf dem Schuldner aber auch nicht nur den kümmerlichsten Bedarf lassen. „Zur Fortsetzung dieser Erwerbstätigkeit" bedeutet: so, wie diese Erwerbstätigkeit bisher ausgeübt worden ist, LG Mannh BB **74**, 1458, einschließlich einiger Gehilfen, und so, daß eine ausreichende Ertragsmöglichkeit bestehen bleibt, LG Regensb DGVZ **78**, 45, und zwar auch eine Konkurrenzfähigkeit, LG Ffm DGVZ **90**, 58. Der Gerichtsvollzieher muß die Branche, die technische Entwicklung, AG Bersenbrück DGVZ **90**, 78, zu eng AG Heidelb DGVZ **89**, 15 (ein Computer zur Examensvorbereitung sei pfändbar; abl auch Paulus DGVZ **90**, 152); eine Behinderung des Schuldners, LG Kiel SchlHA **84**, 75, und eine Konkurrenz mitberücksichtigen, LG Bochum DGVZ **82**, 44, LG Hbg DGVZ **84**, 26, AG Melsungen DGVZ **78**, 92. Ein Gelehrter von Rang und Ruf braucht im allgemeinen eine andere Bibliothek (einschließlich der Möbel, vgl auch LG Hildesh DGVZ **76**, 27) als ein Unterhaltungsschriftsteller.

37 Es ist erforderlich, daß ein *Wegfall* der Sachen den bisherigen Betrieb nach der Art seiner bisherigen Ausübung grundlegnd verändern würde, nur grundsätzlich richtig AG Heidelb DGVZ **89**, 15 (aber das wäre gerade im dortigen Fall die Folge). Es genügt nur ausnahmsweise, daß die Sachen nur für einen Gehilfen unentbehrlich sind. Es schadet nicht, daß eine Maschine nur mit fremder Hilfe betrieben werden kann. Bei einer Gütergemeinschaft gehört der Erwerb des anderen Ehegatten zum Gesamtgut. Deshalb ist der Erwerb des anderen Ehegatten auch bei einer Pfändung zu berücksichtigen, die sich gegen den verwaltenden Ehegatten richtet. Wenn der Schuldner seinen Gewerbebetrieb vorher nicht persönlich betrieben hat, dann muß ihm der Gerichtsvollzieher so viel belassen, daß der Schuldner den Gewerbebetrieb in Zukunft persönlich betreiben kann, falls er dazu überhaupt in der Lage und bereit ist.

38 Zur *Fortsetzung* der Erwerbstätigkeit muß nach dem Gesetzeszweck auch dasjenige gehören, was zu einer unmittelbar bevorstehenden Aufnahme eines unter Z 5 fallenden Berufes notwendig ist. Wenn der Schuldner bereits eine Erwerbsquelle hat, dann ist alles das pfändbar, was nur zu einem zusätzlichen Einkommen führt, LG Regensb DGVZ **78**, 46 (der Schuldner besitzt neben einer Gastwirtschaft ein Weinhaus). Andererseits kann auch bei bloßem Nebenerwerb Unpfändbarkeit eintreten, AG Itzehohe DGVZ **96**, 44. Der Wert der Sachen ist unerheblich. Der Gerichtsvollzieher und nicht der Schuldner wählt aus, welche Sachen der Schuldner behalten darf.

39 **D. Beispiele zur Frage der Unpfändbarkeit nach I Z 5.** Man bedenke, daß jeder Fall anders liegt; bei der Verwertung ist Vorsicht geboten.
**Anrufbeantworter:** Ein Anrufbeantworter kann nach Z 5 unpfändbar sein, soweit er für einen reibungslosen Betriebsablauf wichtig ist, LG Düss DGVZ **86**, 45, LG Mannh BB **74**, 1458.
S aber auch Rn 44 „Wählapparat".
**Arbeitskleidung:** Kleidung dürfte meist nach Z 5 unpfändbar sein, soweit sie zur Arbeit notwendig oder doch ratsam und zweckmäßig ist.
**Ausstellungsstück:** Ein Ausstellungsstück kann nach Z 5 unpfändbar sein, zB bei einem Küchenstudio, soweit es auch der Beratung und Planung dient, LG Saarbr DVGZ **88**, 158.
**Bauwerk:** Soweit überhaupt eine Mobiliarpfändung statthaft ist, kann ein Bauwerk nach Z 5 unpfändbar sein, soweit sich in ihm ein Geschäftsraum befindet und daher mangels Wohnzwecks Z 1 nicht hilft.
**Bräunungsgerät:** Rn 42 „Sonnenbank".
**Buch:** Die Bücher einer Mietbücherei können pfändbar sein.
**Computer** dazu *Roy/Palm* NJW **95**, 690 (Üb): Ein Computer (Hard- wie Software) kann nach Z 5 unpfändbar sein, soweit man ihn persönlich benötigt, zB zum Studium, AG Essen DGVZ **98**, 94, und zum Examen, Paulus DGVZ **90**, 152, aM AG Heidelb DGVZ **89**, 15, oder zum Beruf, LG Heilbr MDR **94**, 405, AG Bersenbrück DGVZ **90**, 78. Pfändbarkeit kommt in Betracht, soweit der persönliche Einsatz des Schuldners hinter demjenigen anderer Arbeitskräfte an diesem Gerät zurücktritt, Hbg DGVZ **84**, 57, LG Kblz JB **92**, 265, AG Steinfurt DGVZ **90**, 62, aM LG Hildesh DGVZ **90**, 31, AG Holzminden DGVZ **90**, 30.
**Diktiergerät:** Ein Diktiergerät kann nach Z 5 unpfändbar sein, zB bei einem Anwalt oder bei einem sonstigen Freiberufler. Das gilt natürlich auch für das zugehörige Taschen-Aufnahmegerät und für das Abspielgerät der Sekretärin.
**Drehsessel:** Ein Spezial-Drehsessel eines Behinderten ist grds nach Z 5 unpfändbar, LG Kiel SchlHA **84**, 76.
**Eigentumsvorbehalt:** Rn 6, 7.
40 **Fahrrad:** Ein Fahrrad kann nach Z 5 unpfändbar sein, soweit der Schuldner es zum Erreichen der Arbeitsstelle oder zum Aufsuchen von Kundschaft braucht.
**Falzautomat:** Er kann nach Z 5 unpfändbar sein, zB bei einem Drucker, LG Hbg DGVZ **84**, 26.
**Fernsehgerät:** Ein Fernsehgerät kann nach Z 5 unpfändbar sein, zB in einer Gastwirtschaft, die gerade wegen dieses Geräts einen gewissen Zulauf hat.
**Fotogerät:** Ein oder mehrere Vergrößerungsgeräte sowie der übliche Vorrat an Fotopapier können bei einem Fotografen nach Z 5 unpfändbar sein, AG Melsungen DGVZ **78**, 92.
S aber auch „Kinovorführgerät".
**Halbfertigerzeugnis:** Ein Halbfertigprodukt kann nach Z 5 unpfändbar sein, Noack DB **77**, 195.
S auch Rn 42 „Rohmaterial", Rn 44 „Ware".

## 1. Titel. Zwangsvollstr. in das bewegl. Vermögen § 811

**Hochdruckreiniger:** Ein Hochdruckreiniger kann nach Z 5 unpfändbar sein, zB in einer Kraftfahrzeugwerkstatt, LG Bochum DGVZ **82**, 44, oder in einer Firma für Gebäudereinigungen.
**Hochwertiges Gerät:** Soweit es sich um besonders hochwertiges Gerät handelt, kommt eine Pfändbarkeit nach Z 5 eher als bei einfachem in Betracht, schon wegen der etwaigen Austauschbarkeit nach §§ 811 a, b. Das gilt zB bei einem Schausteller, AG Hann DGVZ **75**, 75.
**Hundezucht:** Die Zuchthunde können auch dann unpfändbar sein, wenn die Zucht Nebenerwerb ist, AG Itzehohe DGVZ **96**, 44.
**Kassenpfändung:** Rn 44 „Wechselgeld".
**Kinovorführgerät:** Das Vorführgerät in einem Kino kann pfändbar sein, soweit das investierte Kapital die persönliche Leistung (wie meist) überwiegt.
**Klavier:** Ein Klavier kann nach Z 5 unpfändbar sein, zB in einem Kabarett oder in einer Gastwirtschaft, soweit der Besitzer oder Wirt den persönlichen Schutz genießt, Rn 35. Es ist dann unerheblich, ob der Schuldner das Klavier selbst spielt.
S auch Rn 42 „Musikinstrument".
**Kleidung:** Rn 39 „Arbeitskleidung".
**Kopierapparat:** Ein Kopiergerät kann nach Z 5 unpfändbar sein, zB bei einem Architekten, LG Ffm DGVZ **90**, 58, oder bei einem sonstigen Freiberufler.
**Kraftfahrzeug:** Es kann nach Z 5 unpfändbar sein, Hamm OLGZ **84**, 368, LG Hagen DGVZ **95**, 121, AG Waldbröhl DGVZ **98**, 158, und zwar einschließlich der Kennzeichen, AG Bad Sobernheim DGVZ **98**, 173. **41**

*Das gilt zB:* Bei Lohnfahrten eines unter Z 5 fallenden Schuldners, Rn 35, AG Karlsr DGVZ **89**, 141; bei Kundenbesuchen des Handelsvertreters, LG Brschw MDR **70**, 338; bei Warenlieferungen, etwa des Gastwirts, AG Bersenbrück DGVZ **92**, 140, AG Mönchengladb DGVZ **77**, 95, oder des Gärtners, insofern richtig Schlesw DGVZ **78**, 11; beim Kfz der Alleinerziehenden, wenn sie braucht, um ein Kind zum Kinderheim zu bringen, LG Tüb DGVZ **92**, 137; beim Leichenwagen des Bestatters, BGH BB **93**, 324.

*Pfändbar* sein kann ein Pkw zB dann, wenn der Schuldner zumutbar auch ein öffentliches Verkehrsmittel benutzen kann, LG Stgt DGVZ **96**, 121, oder wenn es um den unbrauchbar gewordenen Wagen eines Reisenden geht, selbst wenn dieser seinen Erlös zum Ankauf eines anderen Wagens verwenden will. Pfändbar ist ferner zB: Pkw des Ehegatten des Schuldners, aM Hamm MDR **84**, 855, LG Siegen DGVZ **85**, 154 (aber die Familie wird nur von Z 1 geschützt).
S auch Rn 44 „Werkstatt".
**Lkw:** Rn 41 „Kraftfahrzeug".
**Motorrad:** Es gelten dieselben Regeln wie beim Fahrrad, Rn 40. **42**
**Musikinstrument:** Ein beruflich benötigtes Musikinstrument kann nach Z 5 unpfändbar sein.
S auch Rn 40 „Klavier".
**Pferdezucht:** Rn 44 „Zuchtstute".
**Pkw:** Rn 41 „Kraftfahrzeug".
**Röntgenanlage:** Eine Röntgenanlage kann nach Z 5 unpfändbar sein, zB beim Zahnarzt, wenn er keine Gelegenheit hat, Aufnahmen ohne besondere Umstände an demselben Ort machen zu lassen. Es wäre auch ein rufschädliches Aufsehen bei den Patienten durchweg unzumutbar.
**Rohmaterial:** Rohmaterial kann nach Z 5 unpfändbar sein, LG Düss DGVZ **85**, 74.
S auch Rn 40 „Halbfertigerzeugnis", Rn 44 „Ware".
**Schnellwaage:** Die Schnellwaage usw eines Kleingewerbetreibenden kann nach Z 5 unpfändbar sein.
**Schreibmaschine:** Eine Schreibmaschine kann nach Z 5 unpfändbar sein, zB bei einem Schriftsteller oder bei einem Agenten mit einem größeren Kundenkreis.
**Sonnenbank:** Eine Sonnenbank kann pfändbar sein, zB im Betrieb eines Bräunungsstudios, LG Oldb DGVZ **93**, 12.
**Stutenzucht:** Rn 44 „Zuchtstute".
**Telekommunikationssendgerät:** Es kann nach Z 5 unpfändbar sein, Schmittmann DGVZ **94**, 51.
S auch Rn 39 „Anrufbeantworter", Rn 43 „Wählapparat".
**Teppich:** Ein oder mehrere Orientteppiche sind im Büro eines Anlageberaters meist pfändbar, AG Mü DGVZ **95**, 11.
**Tier:** Vgl § 811 c.
**Tonaufzeichnungsgerät:** Ein Tonbandgerät usw kann nach Z 5 unpfändbar sein, zB in einem Tonstudio. **43**
**Vergrößerungsgerät:** Rn 40 „Fotogerät".
**Videogerät:** Ein Videorecorder kann pfändbar sein, zB im Wohnzimmer eines Kfz-Sachverständigen, der auch nicht mit einer Videokamera arbeitet, AG Düss DGVZ **88**, 125; Videokassetten können pfändbar sein, etwa der Vorrat bei Video-Einzelhändler, LG Augsb DGVZ **89**, 138, LG Ffm RR **88**, 1471, AG Dortm DGVZ **88**, 158.
S aber auch Rn 44 „Ware".
**Vorrat:** Rn 43 „Ware".
**Wählapparat:** Ein Wählapparat kann pfändbar sein, AG Neuss DGVZ **86**, 44.
S aber auch Rn 39 „Anrufbeantworter".
**Ware:** Die Ware, also auch ihr Vorrat, können nach Z 5 unpfändbar sein, Celle DGVZ **99**, 26, LG Lüb DGVZ **82**, 79, Winterstein DGVZ **85**, 87, zB beim Hausierer, der die Ware der Kundschaft zeigt; beim kleinen Gastwirt (besonderer Biervorrat). **44**

*Pfändbar sein* können aber zB: Der Stoffvorrat eines Schneiders, soweit ein begrenzter Mindestbedarf überschritten ist; das Warenlager eines größeren Einzelhändlers, LG Düss DGVZ **85**, 74, LG Gött DGVZ **94**, 190.
S auch Rn 40 „Halbfertigerzeugnis", Rn 42 „Rohmaterial", aber auch Rn 43 „Videogerät".
**Wechselgeld:** Wechselgeld kann nach Z 5 unpfändbar sein, Bln DGVZ **79**, 43, Winterstein DGVZ **85**, 87; zum Problem der Kassenpfändung auch AG Horbach DGVZ **89**, 78.

## § 811
### 8. Buch. Zwangsvollstreckung. 2. Abschnitt. ZwV wegen Geldforderungen

**Werkstatt.** Die Betriebsmittel können unpfändbar sein, soweit der Wert der Arbeitsleistung ihren Nutzwert übersteigt, LG Augsb DGVZ **97**, 28.
**Zeichengerät:** Das Zeichengerät eines Architekten kann nach Z 5 unpfändbar sein.
**Zirkus:** Die zum Betrieb notwendige Ausstattung ist unpfändbar, AG Oberhausen DGVZ **96**, 159.
**Zuchthund:** Rn 40 „Hundezucht".
**Zuchtstute:** Eine Zuchtstute kann pfändbar sein, LG Oldb DGVZ **80**, 170.

45  **15) Witwe usw des persönlich Arbeitenden, I Z 6.** Hierher gehören nur Witwen und minderjährige Erben der von Z 5 geschützten Personen. Die Erwerbstätigkeit muß ein Stellvertreter für die Rechnung dieser Personen fortführen und nicht etwa neu begründen. Es ist allerdings nicht erforderlich, daß er die Erwerbstätigkeit ganz in der bisherigen Weise fortführt. Die Zwangsvollstreckung muß sich gegen die Witwe und gegen die Erben richten. In einem solchen Fall tritt an die Stelle des Schuldners der Stellvertreter. Es gilt dann alles das, was in Rn 33–44 ausgeführt wurde. Wenn die Hinterbliebenen selbst oder durch ihren Vormund die Erwerbstätigkeit betreiben, dann kann Z 5 anwendbar sein.

46  **16) Dienstkleidungsstück usw, I Z 7.** Die Vorschrift bezweckt eine Sicherung des öffentlichen Dienstes. Sie schützt auch einen Ausländer, jedenfalls aber ein Mitglied der Streitkräfte, Art 10 III Truppenvertrag, SchlAnh III.
 **A. Sachlicher Geltungsbereich.** Bei den geschützten Personen müssen die Sachen zur Ausübung des Berufs erforderlich sein, Rn 26, aM ThP 27 (es reiche aus, daß sie erlaubt seien). Hierhin kann auch ein Beförderungsmittel gehören, etwa der Pkw eines Arztes, soweit er noch Hausbesuche macht, aM FG Bre (in der Großstadt könne er öffentliche Verkehrsmittel oder eine Taxe benutzen), oder das Fotokopiergerät des Anwalts, aM LG Bln DGVZ **85**, 142 (aber es ist praktisch unentbehrlich). Eine Gesellschaftskleidung ist nur dann eine angemessene Kleidung, falls ihr Träger zur Wahrung seiner Stellung im Beruf an Gesellschaften teilnehmen muß. Übrigens fallen diese Personen jetzt regelmäßig auch unter Z 5. Einzelheiten: Weimar DGVZ **78**, 184.

47  **B. Persönlicher Geltungsbereich.** Geschützt werden Personen jeder Art, die eine Dienstkleidung und Ausrüstungsgegenstände haben, also zB Polizeibeamte, Zollbeamte, Justiz- und Gefängniswachtmeister. Nicht geschützt wird etwa ein Privatkraftwagenführer. Er kann freilich nach Z 5 geschützt sein. Nach dem Zweck der Vorschrift müssen die Dienstkleidungsstücke in dem Sinne notwendig sein, daß ihr Träger als Angehöriger eines bestimmten Berufes zum Besitz des Kleidungsstücks und des Ausrüstungsgegenstands verpflichtet ist. Andernfalls sind die Gegenstände pfändbar. Der Gerichtsvollzieher darf dem Schuldner nur das „Erforderliche" belassen. Geschützt werden ferner die nicht uniformierten öffentlichen Beamten, § 376 Rn 1, 2, ferner Lehrer, soweit sie an einer öffentlichen oder öffentlich anerkannten Schule unterrichten; Geistliche einer anerkannten Religionsgemeinschaft; Richter; Rechtsanwälte, denen Erlaubnisträger nach § 209 BRAO gleichstehen, § 25 EGZPO; Patentanwälte; Notare, unabhängig davon, ob sie als Beamte oder als Freiberufler tätig sind; in der BRep approbierte Ärzte, Weimar DGVZ **78**, 184 (ausf), Zahnärzte (nicht wegen ihres Pkw, AG Sinzig RR **87**, 508) und Tierärzte; Hebammen. Dentisten und Naturheilkundige fallen unter Z 5.

48  **17) Person mit wiederkehrenden Einkünften, I Z 8.** Die Vorschrift schützt das in bar ausgezahlte Geld, nicht freilich viel spätere Nachzahlungen, AG Neuwied DGVZ **96**, 127. § 850k schützt demgegenüber ein Kontoguthaben, Gilleßen-Jakobs DGVZ **78**, 130; dort weitere Einzelheiten. Außerdem sind §§ 51–55 SGB I zu beachten, Grdz 103 vor § 704 „Sozialleistung". Geschützt werden sämtliche Gehalts-, Lohn- und Rentenempfänger der §§ 850ff, auch solche im Nebenberuf. Der Zweck besteht darin, die Existenz dieser Personen zu sichern. In §§ 850ff ist bestimmt, welcher Teil des Einkommens unpfändbar ist. Nach diesen Vorschriften ist der nach Z 8 zu belassende Teil im Zusammenhang mit dem nächsten Zahlungstermin zu berechnen, LG Karlsr DGVZ **88**, 43. Soweit sich die Pfändungsgrenze nach den Lohnpfändungsbestimmungen vermindert, besteht auch kein Schutz nach Z 8. Der Gläubiger kann also einen Betrag, der dem Gehalts- oder Lohnempfänger ausgezahlt worden ist, sofort bei diesem pfänden. Dem Schuldner ist aber genau soviel zu belassen, als ob der Anspruch gepfändet gewesen wäre.
 Die Vorschrift bezieht sich nur auf Geld; der *Anspruch* selbst fällt unter die §§ 850ff. Das Geld braucht kein Gehalt oder Lohn zu sein. Geschützt sind auch: Eine Rente, §§ 51–55 SGB I, vgl (zum früheren § 119 RVO) Ffm MDR **73**, 235, aM (zum neuen Recht) LG Regensb Rpfleger **79**, 467; eine Zahlung aus einer Ausbildungsförderung, § 19 III BAföG; eine Zahlung aus einer Graduiertenförderung, § 10 III GFG; eine Arbeitslosenunterstützung. Ein Fürsorgedarlehen, §§ 25, 26 GVG, gehört nicht hierher; vgl § 850i Rn 9. Wohngeld ist als Sozialleistung weitgehend geschützt, Grdz 115 vor § 704.

49  **18) Apothekergerät usw, I Z 9.** Bei ihnen greift mit Rücksicht auf das Interesse der Bevölkerung an einer Apotheke, aM Kotzur DGVZ **89**, 169, auch die privatrechtliche Erwägung eines besonderen Schutzes des liefernden Eigentümers nicht durch. Es kommt daher auch nicht auf die Rechtsform des Betriebs an. Apothekergeräte gehören trotz ihrer grundsätzlichen Unpfändbarkeit zur Insolvenzmasse, § 36 II Z 2 InsO. Der Warenvorrat ist zum Teil unpfändbar, Noack DB **77**, 195.

50  **19) Buch, I Z 10.** Hierzu zählt stets zB die Bibel, AG Hann DGVZ **87**, 31. Das Buch braucht nicht erforderlich zu sein; die bloße Zweckbestimmung reicht aus, auch bei einer Schmuckausgabe, AG Bre DGVZ **84**, 157. Der Ort der Benutzung ist beim Vorliegen der übrigen Voraussetzungen nicht entscheidend. Zur Kirche zählt je nicht verbotene Religionsgemeinschaft. Zur Schule zählen: jede öffentliche oder private Lehranstalt; eine Fachschule, Hochschule; eine Universität; eine Fortbildungsschule; ein Konservatorium usw. Einen Gebetsteppich zählt AG Hann DGVZ **87**, 31 nicht hierher, aM Wacke DGVZ **86**, 164.

51  **20) Geschäftsbuch usw, I Z 11.** Geschäftsbücher sind alles, was Aufzeichnungen über das Geschäft enthält, zB Konto- und Beibücher, Arbeitsbücher usw, aber auch abgeschlossene Bücher oder Kundenkarteien usw, Ffm BB **79**, 137. Geschützt sind nicht nur die Geschäftsbücher eines Kaufmanns, wie der Schutz der Haushaltungsbücher, also der Aufzeichnungen über den Haushalt, zeigt. Quittungen, Briefwechsel usw stehen den Geschäftsbüchern gleich, soweit diese Urkunden nur Beweisurkunden ohne

selbständigen Vermögenswert darstellen. Solches zählt trotz Unpfändbarkeit zur Insolvenzmasse, § 36 II Z 1 InsO.

Zu den *Familienpapieren* gehören die Urkunden über die persönlichen Verhältnisse des Schuldners und seiner Familie, grundsätzlich auch Familienbilder, es sei denn, daß sie sehr entfernte Angehörige zeigen und einerseits einen besonderen Wert, andererseits kein besonderes Familieninteresse haben, ThP 35, aM Zö-Stö 35. Ein Trauring gilt auch dann als solcher, wenn er gerade nicht getragen wird und wenn die Ehe bereits aufgelöst worden ist. Ein Verlobungsring ist nicht geschützt, ZöStö 35, aM StJM 68. Als Orden und Ehrenzeichen gelten inländische und ausländische staatliche Auszeichnungen, auch soweit sie nach dem Tod des Geehrten bestimmungsgemäß seiner Familie verbleiben. Geschützt wird nur das Original, nicht eine Verkleinerung, eine Nachbildung oder ein Doppelstück.

**21) Künstliche Gliedmaßen usw, I Z 12.** Geschützt werden alle Hilfsmittel der Krankenpflege, soweit **52** sie erforderlich sind, also nicht in einer übermäßigen Zahl und nicht mehr nach ihrer Ausmusterung. Geschützt sind auch der Rollstuhl des Gebrechlichen, AG Bielef DGVZ **72**, 126; ein Drehsessel, LG Kiel SchlHA **84**, 75; ein Blindenhund usw; evtl sogar ein Pkw, LG Hann DGVZ **85**, 121, strenger Köln Rpfleger **86**, 57, LG Düss DGVZ **89**, 14, AG Neuwied DGVZ **98**, 31.

**22) Bestattungsbedarf, I Z 13.** Geschützt wird nur derjenige Bedarf, der im Hause des Schuldners **53** wegen eines Todesfalls eintritt, wenn der Schuldner die Bestattung auferlegt. Geschützt ist auch der Grabstein vor und nach der Beerdigung. Es wäre eine schlechte Auslegung des Gesetzeswortlauts, den Schutz auf die Zeit vor der Bestattung zu beschränken. Das aufgestellte Grabmal ist auch gegen die Forderung des Steinmetzen geschützt, LG Oldb DGVZ **92**, 92, LG Verden DGVZ **90**, 31, AG Mönchengladb DGVZ **96**, 78, aM Köln VersR **91**, 1393, LG Mönchengladb DGVZ **96**, 139, Dillenburger/Pauly DGVZ **94**, 180 (aber die Pietät des aufgestellten Denkmals im Rahmen der Friedhofsruhe geht vor).

Nicht geschützt sind Gegenstände des *Beerdigungsinstituts* oder von Herstellerfirmen.

**23) Weitere Fälle der Unpfändbarkeit.** Es gibt zahlreiche solche Situationen. **54**

**A. Andere Gesetze.** Fälle der Unpfändbarkeit finden sich in vielen Gesetzen. Unpfändbar sind vor allem: Die dem Schuldner bei einer Anschlußpfändung überlassene Summe, § 811 a III; die Barmittel aus einer Miet- oder Pachtforderung gemäß § 851 b I 2; die Fahrbetriebsmittel der Eisenbahn bis zum Ausscheiden aus dem Bestand, G v 8. 5. 1886, RGBl 131, und G v 7. 3. 34, RGBl II 91, und für ausländische Eisenbahnen, Art 55 CIM (etwas anderes gilt bei Insolvenz); Originalwerke, die einen Urheberrechtsschutz genießen, wenn nicht der Urheber oder seine Erben der Pfändung zustimmen, ferner Formen, Platten usw, die zur Vervielfältigung eines geschützten Werks der bildenden Künste oder der Photographie dienen, §§ 113, 114, 118, 119 UrhRG; Hochseekabel mit Zubehör, § 31 KabelpfdG v 31. 3. 25, RGBl 37 (etwas anderes gilt bei Insolvenz); Postsendungen, solange sie sich im Postgewahrsam befinden, § 23 PostG v 28. 7. 69, RGBl 1006; ins Hypothekenregister eingetragene Hypotheken und Wertpapiere, es sei denn, daß der Vollstreckungstitel auf Grund eines Anspruchs aus einem Hypothekenpfandbrief ergangen wäre, § 34 a HypBankG. Dies gilt auch bei einem Geldbetrag, den ein Treuhänder verwahrt. S auch § 5 G v 21. 12. 27, RGBl 492, und § 35 SchiffsbankG, beide idF v 8. 5. 63, BGBl 301, 309. Wegen eines Gartenzwergs Wieser NJW **90**, 1972.

**B. Unverwertbarkeit.** Eine tatsächliche Erweiterung der Unpfändbarkeit liegt vor, soweit eine Verwer- **55** tungsmöglichkeit fehlt. Das ist zB dann der Fall, wenn eine Veräußerung gesetzwidrig oder verboten wäre, § 126 GVGA, etwa bei einer Aschenurne, Leiche, bei gesundheitsschädlichen Lebensmitteln, verbotenen Lotterielosen, ZöStö 44.

**24)** *VwGO:* Entsprechend anwendbar in allen Fällen der Vollstreckung wegen Geldforderungen, Grdz § 803 Rn 9, **56** auch nach § 5 VwVG, § 295 AO, VGH Mannh NJW **95**, 2804 (Stereo-Anlage).

## 811a

*Austauschpfändung.* ¹Die Pfändung einer nach § 811 Abs. 1 Nr. 1, 5 und 6 unpfändbaren Sache kann zugelassen werden, wenn der Gläubiger dem Schuldner vor der Wegnahme der Sache ein Ersatzstück, das dem geschützten Verwendungszweck genügt, oder den zur Beschaffung eines solchen Ersatzstückes erforderlichen Geldbetrag überläßt; ist dem Gläubiger die rechtzeitige Ersatzbeschaffung nicht möglich oder nicht zuzumuten, so kann die Pfändung mit der Maßgabe zugelassen werden, daß dem Schuldner der zur Ersatzbeschaffung erforderliche Geldbetrag aus dem Vollstreckungserlös überlassen wird (Austauschpfändung).

II ¹Über die Zulässigkeit der Austauschpfändung entscheidet das Vollstreckungsgericht auf Antrag des Gläubigers durch Beschluß. ²Das Gericht soll die Austauschpfändung nur zulassen, wenn sie nach Lage der Verhältnisse angemessen ist, insbesondere wenn zu erwarten ist, daß der Vollstreckungserlös den Wert des Ersatzstückes erheblich übersteigen werde. ³Das Gericht setzt den Wert eines vom Gläubiger angebotenen Ersatzstückes oder den zur Ersatzbeschaffung erforderlichen Betrag fest. ⁴Bei der Austauschpfändung nach Absatz 1 Halbsatz 1 ist der festgesetzte Betrag dem Gläubiger aus dem Vollstreckungserlös zu erstatten; er gehört zu den Kosten der Zwangsvollstreckung.

III Der dem Schuldner überlassene Geldbetrag ist unpfändbar.

IV Bei der Austauschpfändung nach Absatz 1 Halbsatz 2 ist die Wegnahme der gepfändeten Sache erst nach Rechtskraft des Zulassungsbeschlusses zulässig.

Vorbem. I idF Art 1 Z 16 der 2. ZwVNov v 17. 12. 97, BGBl 3039, in Kraft seit 1. 1. 99, Art 4 I der 2. ZwVNov, ÜbergangsR Einl III 78.

**§ 811a** 8. Buch. Zwangsvollstreckung. 2. Abschnitt. ZwV wegen Geldforderungen

### Gliederung

| | | | | |
|---|---|---|---|---|
| 1) Systematik, Regelungszweck, I–IV … | 1 | A. Entscheidung … | 7 |
| 2) Geltungsbereich, I–IV … | 2–6 | B. Folgen … | 8 |
| A. Ersatzstück, I, IV … | 2, 3 | 4) Rechtsmittel, I–IV … | 9, 10 |
| B. Angemessenheit, II … | 4 | A. Verfahren des Gerichtsvollziehers … | 9 |
| C. Überlassung, I, III … | 5, 6 | B. Verfahren des Rechtspflegers … | 10 |
| 3) Verfahren, II, IV … | 7, 8 | 5) *VwGO* … | 11 |

**1** **1) Systematik, Regelungszweck, I–IV.** Die Vorschrift, ergänzt von § 811 b und Teil der Gruppe §§ 811–812, schränkt die Unpfändbarkeit nach § 811 I wieder ein und stellt daher eine bedingte Rückkehr zum Prinzip der Zugriffsmöglichkeit des Gläubigers auf das gesamte Schuldnervermögen dar. Grundsätzlich ist der Wert einer unpfändbaren Sache bedeutungslos. Denn diese Sache wird nur wegen ihres Verwendungszwecks geschützt.

*Zweck* der Vorschrift ist eine bedingte Stärkung des Gläubigers trotz eigentlich vorhandener Unpfändbarkeit: Um Unbilligkeiten zu vermeiden, kann der Gläubiger durch eine Austauschpfändung eine wertvollere, an sich unpfändbare Sache ausnahmsweise pfändbar machen, LG Mainz RR **88**, 1150, Pardey DGVZ **89**, 54. § 811b regelt eine besondere Art der Austauschpfändung, § 811c regelt die sog Vorwegpfändung. Eine Austauschpfändung ist nur bei einer Sache der in § 811 I Z 1, 5 oder 6 genannten Art zulässig, also zB nicht bei einer nach § 811 I Z 10 geschützten Sache, AG Bre DGVZ **84**, 157. Soweit eine Sache zwar unter § 811 I Z 1, 5 oder 6, zugleich aber auch unter eine weitere Ziffer des § 811 I fällt, bleibt sie unpfändbar.

**2** **2) Geltungsbereich, I–IV.** Es müssen folgende Voraussetzungen im Zeitpunkt der Pfändung vorliegen:

**A. Ersatzstück, I, IV.** Der Gläubiger muß dem Schuldner ein neues oder gebrauchtes Ersatzstück überlassen, das dem geschützten Verwendungszweck genügt. Wenn das Stück nicht von derselben Art ist, reicht es aus, daß es den Zweck des bisher unpfändbaren Stücks erfüllt. Dabei muß man aber darauf Rücksicht nehmen, daß der Schuldner von den in § 811 I Z 1 genannten Stücken nur solche fordern kann, die zu einer bescheidenen, der Verschuldung angemessenen Lebens- und Haushaltsführung erforderlich sind, daß also auch der erwerbstätige Schuldner eine Einbuße an Bequemlichkeit in der zukünftigen Fortführung seiner Tätigkeit hinnehmen muß.

**3** In Betracht kommt eine Austauschpfändung zB dahin, daß der Gläubiger dem Schuldner statt des gepfändeten Farbfernsehgeräts ein *Schwarzweißgerät* zur Verfügung stellt, LG Bochum DGVZ **83**, 301, AG Mü DGVZ **81**, 94. Dieses darf sogar einen kleineren Bildschirm haben, wenn das dem Schuldner nach seinen Wohnverhältnissen und seiner Sehkraft usw zumutbar ist. Es kommt sogar ein einfaches Rundfunkgerät als Austauschobjekt in Betracht, Ffm NJW **70**, 152, Köln DGVZ **82**, 63, LG Limbg DVGZ **73**, 119, aM LG Lahn-Gießen NJW **79**, 769. Man kann auch einen großen bzw teuren Rundfunkapparat gegen einen kleinen, einfachen austauschen. Eine Austauschpfändung kommt auch zB bei einer kostbaren Armbanduhr in Betracht, Mü DGVZ **83**, 140, ferner zB bei einem Bett gegen eine Couch. Austauschbar kann ein großer bzw teurer Pkw gegen einen kleinen, einfachen sein.

**4** **B. Angemessenheit, II.** Eine Austauschpfändung darf nur dann erfolgen, wenn sie nach der Gesamtlage angemessen ist. Man muß insbesondere prüfen, ob der voraussichtliche Erlös der Zwangsvollstreckung bei einer strengen Prüfung den Wert des Ersatzstückes erheblich übersteigt, LG Mainz RR **88**, 1150 (krit Pardey DGVZ **89**, 55). Denn eine Austauschpfändung ist nur dann gerechtfertigt, wenn ein Gläubigerinteresse vorliegt, das in einem vernünftigen Verhältnis zu dem Nachteil steht, der dem Schuldner droht, vgl auch § 812 Rn 2. Eine Austauschpfändung ist also nicht zulässig, wenn andere Besitzstände des Schuldners ausreichende Befriedigung versprechen oder unsicher ist, ob sich überhaupt ein Bieter finden wird. Zu berücksichtigen ist auch ein ideeller Wert, etwa eines Familienstücks oder eines der wenigen Stücke, die jemand aus einer Flucht gerettet hat. Freilich braucht der voraussichtliche Versteigerungserlös zur Befriedigung des Gläubigers nicht auszureichen.

**5** **C. Überlassung, I, III.** Der Gläubiger muß das Ersatzstück dem Schuldner grundsätzlich spätestens bei der Wegnahme des bisher unpfändbaren Stücks überlassen. Denn der Schuldner soll in dem Gebrauch seiner an sich unpfändbaren Sachen nicht gestört werden. Die Überlassung des Ersatzstücks muß zu Eigentum geschehen. Wegen etwaiger Mängel Rn 2, 3. Wenn der Schuldner ein ihm angebotenes und objektiv ausreichendes Ersatzstück ablehnt, handelt er arglistig und muß die Folgen selbst tragen.

**6** Der Gläubiger kann aber dem Schuldner auch die Ersatzbeschaffung überlassen und dem Schuldner den dazu erforderlichen *Geldbetrag* geben. Ausnahmsweise kann der Gläubiger schließlich die bisher unpfändbare Sache dem Schuldner wegnehmen lassen, bevor der Schuldner das Ersatzstück erhält. Dies gilt dann, wenn der Gläubiger nicht dazu imstande ist, das Ersatzstück zu beschaffen, oder wenn ihm die Beschaffung zwar technisch möglich, jedoch wirtschaftlich nicht zuzumuten ist. Ein solcher Fall kann etwa dann vorliegen, wenn sich der Gläubiger in einer größeren Notlage als der Schuldner befindet oder wenn der Anspruch des Gläubigers aus einer vorsätzlichen unerlaubten Handlung des Schuldners herrührt. In einem solchen Fall erhält der Schuldner das Geld erst aus dem Vollstreckungserlös. Dieser Geldbetrag ist in demselben Umfang wie dasjenige Geld unpfändbar, das der Gläubiger gegeben hat, III.

**7** **3) Verfahren, II, IV.** Es verläuft einfach.

**A. Entscheidung.** Über die Zulässigkeit einer Austauschpfändung entscheidet nicht der Gerichtsvollzieher (eine Ausnahme gilt bei § 811b), sondern allein das Vollstreckungsgericht, §§ 764, 802, und zwar grundsätzlich vor der Pfändung, Rn 4, vgl aber auch § 811b. Es entscheidet durch den Rpfl, § 20 Z 17 RPflG, Anh § 153 GVG. Es ist ein Antrag des Gläubigers erforderlich. Dieser ist eine Parteiprozeßhandlung, Grdz 47 vor § 128. Es besteht kein Anwaltszwang, § 78 III. Der Gläubiger muß die Ersatzleistung bestimmt bezeichnen, braucht den etwa erforderlichen Ersatzbetrag aber nicht zu beziffern. Das Gericht darf über den Antrag nicht hinausgehen, § 308 I entsprechend. Die Voraussetzungen der Zwangsvollstreckung müssen vorliegen.

Eine *mündliche Verhandlung* ist *nicht* erforderlich, § 764 III. Allerdings muß der Schuldner rechtliches Gehör erhalten, Art 103 I GG. Die Entscheidung ergeht durch einen Beschluß, § 329. Dieser muß dann, wenn das Gericht eine Austauschpfändung für zulässig hält, das nach seiner Meinung geeignete Ersatzstück und seinen Wert bezeichnen. Soweit das Gericht zwar die Austauschpfändung für zulässig, das angebotene Ersatzstück aber für ungeeignet hält, muß der Beschluß den zur Ersatzbeschaffung erforderliche Betrag angeben. Ist eine Austauschpfändung unzulässig, so weist der Rpfl den Antrag zurück. Er muß den Beschluß begründen, § 329 Rn 4. Kosten: § 788 I, IV. Der Beschluß ist förmlich zuzustellen, § 329 III, aM ZöStö 9.

**B. Folgen.** Wenn der Gläubiger dem Schuldner das Ersatzstück überlassen hat, dann darf der Gerichts- 8 vollzieher das bisher unpfändbare Stück dem Schuldner sofort wegnehmen. Der Gläubiger haftet im Falle der Lieferung eines Ersatzstücks gemäß §§ 440, 459 I BGB entsprechend, allerdings nur auf eine Minderung. Der Gläubiger erhält den verauslagten und vom Gericht festgesetzten Betrag aus dem Vollstreckungserlös zurück, der Betrag gehört zu den Vollstreckungskosten, § 788. Wenn der Schuldner das Ersatzstück noch nicht erhalten hat und wenn er nun den Betrag zur Beschaffung des Ersatzstücks erst aus dem Vollstreckungserlös bekommt, muß der Gerichtsvollzieher die Rechtskraft des Beschlusses des Rpfl abwarten, bevor er das Stück dem Schuldner wegnehmen kann, IV.

4) **Rechtsmittel, I–IV.** Es gelten die folgenden Regeln: 9
A. **Verfahren des Gerichtsvollziehers.** Zulässig ist die Erinnerung, § 766 Rn 13.
B. **Verfahren des Rechtspflegers.** Zulässig ist die sofortige Erinnerung, § 793 Rn 5. 10
5) *VwGO:* Entsprechend anwendbar in allen Fällen der Vollstreckung wegen Geldforderungen, Grdz § 803 Rn 9, 11 *auch nach* § 5 VwVG, § 295 AO.

**811b** *Vorläufige Austauschpfändung.* ¹ ¹Ohne vorgängige Entscheidung des Gerichts ist eine vorläufige Austauschpfändung zulässig, wenn eine Zulassung durch das Gericht zu erwarten ist. ²Der Gerichtsvollzieher soll die Austauschpfändung nur vornehmen, wenn zu erwarten ist, daß der Vollstreckungserlös den Wert des Ersatzstückes erheblich übersteigen wird.

II Die Pfändung ist aufzuheben, wenn der Gläubiger nicht binnen einer Frist von zwei Wochen nach Benachrichtigung von der Pfändung einen Antrag nach § 811a Abs. 2 bei dem Vollstreckungsgericht gestellt hat oder wenn ein solcher Antrag rechtskräftig zurückgewiesen ist.

III Bei der Benachrichtigung ist dem Gläubiger unter Hinweis auf die Antragsfrist und die Folgen ihrer Versäumung mitzuteilen, daß die Pfändung als Austauschpfändung erfolgt ist.

IV ¹Die Übergabe des Ersatzstückes oder des zu seiner Beschaffung erforderlichen Geldbetrages an den Schuldner und die Fortsetzung der Zwangsvollstreckung erfolgen erst nach Erlaß des Beschlusses gemäß § 811a Abs. 2 auf Anweisung des Gläubigers. ²§ 811a Abs. 4 gilt entsprechend.

1) **Systematik, Regelungszweck, I–IV.** Vgl zunächst § 811 Rn 1, § 811a Rn 1. § 811b ändert nichts 1 an dem Grundsatz, daß eine Austauschpfändung vom Vollstreckungsgericht zuzulassen ist, § 811a II. Das ergibt sich aus II. Die Vorschrift enthält aber im Interesse des Gläubigers die Möglichkeit einer vorläufigen Regelung durch den Gerichtsvollzieher. § 811 d regelt die sog Vorwegpfändung.

2) **Geltungsbereich, I.** Es müssen die folgenden Voraussetzungen zusammentreffen.
A. **Höherer Erlös.** Der Gerichtsvollzieher findet bei einer Pfändung eine Sache vor, für die die Voraus- 2 setzungen des § 811a I vorliegen. Er muß davon überzeugt sein, wie I 2 überflüssigerweise wiederholt, daß der Vollstreckungserlös den Wert des erforderlich werdenden Ersatzstückes erheblich übersteigen wird, AG Bad Segeb DGVZ 92, 127. Der Gerichtsvollzieher kann diese Schätzung auf Grund seiner Kenntnisse des Interesses etwaiger Bieter und damit der derzeitigen Möglichkeiten eines Versteigerungserlöses schätzen. Ein Überschuß von nur höchstens 150 DM reicht nicht, LG Düss DGVZ **95.** 43.

B. **Wahrscheinlichkeit der Zulassung.** Der Gerichtsvollzieher muß damit rechnen, daß das Vollstrek- 3 kungsgericht nach § 811b eine Austauschpfändung zulassen wird, zB bei einer kostbaren Armbanduhr, Mü DGVZ **83,** 140, oder bei einem Fernsehgerät im Wert von 500 DM, LG Bln DGVZ **91,** 91.

3) **Verfahren, I, II.** Es sind vier Hauptaufgaben zu beachten. 4
A. **Amtspflicht zur vorläufigen Maßnahme, I.** Der Gerichtsvollzieher nimmt nur eine vorläufige Austauschpfändung vor. Dazu braucht er keine Erlaubnis der Beteiligten der Vollstreckung. Es braucht auch kein Antrag des Gläubigers vorzuliegen. Der Gerichtsvollzieher geht vielmehr von sich aus derart vor. Er ist dann, wenn die Voraussetzungen einer vorläufigen Austauschpfändung vorliegen, zu einem solchen Schritt verpflichtet. Die vorläufige Austauschpfändung steht also nicht in seinem Belieben. Denn der Gerichtsvollzieher muß im Interesse des Gläubigers jede nach dem Gesetz zulässige Vollstreckungshandlung vornehmen („ist ... zulässig").

B. **Benachrichtigungspflicht, II, III.** Der Gerichtsvollzieher muß den Gläubiger sofort benachrichti- 5 gen, daß er die Pfändung als eine vorläufige Austauschpfändung vorgenommen hat. Er muß den Gläubiger darauf hinweisen, daß die Pfändung als Austauschpfändung erfolgt ist und daß der Gläubiger binnen 2 Wochen einen Antrag auf die Zulassung der endgültigen Austauschpfändung beim Vollstreckungsgericht stellen muß, um eine Aufhebung der Pfändung zu vermeiden. § 270 II 2 ist entsprechend für die Feststellung des Zeitpunkts des Zugangs der Benachrichtigung anwendbar. Eine Wiedereinsetzung nach § 233 kommt

## §§ 811b, 811c   8. Buch. 2. Abschnitt. ZwV wegen Geldforderungen

nicht in Betracht, da es sich nicht um eine Notfrist handelt, § 223 III. Wenn der Gerichtsvollzieher diesen Hinweis unterläßt, bleibt die Benachrichtigung im übrigen wirksam; er muß daher unter Umständen 2 Wochen später trotz des Fehlens des Hinweises die Pfändung aufheben, II. Der weitere Bestand der Pfändung hängt also von folgenden Umständen ab:

6   **C. Antrag usw.** Der Gläubiger muß eine endgültige Austauschpfändung beantragen. Er muß also insbesondere in der Regel, § 811 a I Hs 1, dazu bereit sein, ein Ersatzstück zu beschaffen und den dazu erforderlichen Geldbetrag aufzuwenden. Dieser Entschluß steht in seinem Belieben. Denn die vorläufige Austauschpfändung soll nur die Möglichkeit einer endgültigen Austauschpfändung sichern. Der Gläubiger muß aber binnen 2 Wochen seit einer Benachrichtigung durch den Gerichtsvollzieher den Antrag auf die Zulassung der endgültigen Austauschpfändung beim Vollstreckungsgericht stellen. Vgl Rn 5. Er muß dem Gerichtsvollzieher wegen II nachweisen, daß er diesen Antrag rechtzeitig gestellt hat. Der Gläubiger braucht das Ersatzstück dem Schuldner aber vorläufig noch nicht zu überlassen. Notfalls muß der Gläubiger darlegen, daß ihm eine sofortige Beschaffung dieses Ersatzstücks oder des dafür erforderlichen Geldbetrags nicht möglich ist, § 811 a I Hs 2.

7   **D. Zulassung.** Das Vollstreckungsgericht muß die endgültige Austauschpfändung durch einen Beschluß zulassen, § 329. Der Beschluß ist zu begründen, § 329 Rn 4. Kosten: § 788 I, IV. Der Beschluß ist dem Gläubiger und dem Schuldner zuzustellen, § 329 III. Wenn der Gläubiger den Antrag nicht oder nicht fristgemäß stellt, dann muß der Gerichtsvollzieher die Pfändung aufheben. Er muß sie auch dann aufheben, wenn das Gericht den Antrag rechtskräftig zurückgewiesen hat, II.

8   **E. Übergabe.** Wenn das Gericht die Austauschpfändung zuläßt, § 811 a Rn 7, dann müssen der Gläubiger oder in seinem Auftrag der Gerichtsvollzieher jetzt dem Schuldner das Ersatzstück oder den erforderlichen Geldbetrag übergeben, sofern das Gericht ihm nicht erlaubt hat, den für die Beschaffung des Ersatzstückes erforderlichen Geldbetrag dem Schuldner erst aus dem Vollstreckungserlös zu überweisen, § 811 a I Hs 2. Erst anschließend darf der Gerichtsvollzieher das Pfandstück dem Schuldner wegnehmen und versteigern, IV 1. Wenn der Schuldner den zur Beschaffung des Ersatzstückes erforderlichen Geldbetrag erst aus dem Vollstreckungserlös erhält, dann darf der Gerichtsvollzieher das Pfandstück dem Schuldner erst nach der Rechtskraft des Zulassungsbeschlusses des Vollstreckungsgerichts wegnehmen, § 811 a IV. Die Kosten sind Kosten der Zwangsvollstreckung. Das Gericht kann sie unter Umständen aber auch dem Gläubiger nach § 788 III auferlegen.

9   **4) Übergabezeitpunkt, IV.** Der Gerichtsvollzieher muß die gepfändete Sache zunächst im Gewahrsam des Schuldners belassen. Denn die Wegnahme der Sache wird erst dann zulässig, wenn das Vollstreckungsgericht die Austauschpfändung zugelassen hat.

10   **5) Rechtsmittel, I–IV.** Zulässig ist die Erinnerung, § 766 Rn 13, AG Bad Segeb DGVZ **92**, 127.

11   **6) VwGO:** Entsprechend anwendbar in allen Fällen der Vollstreckung wegen Geldforderungen, Grdz § 803 Rn 9, auch nach § 5 VwVG, § 295 AO.

**811c** *Pfändung von Tieren.* ¹ Tiere, die im häuslichen Bereich und nicht zu Erwerbszwecken gehalten werden, sind der Pfändung nicht unterworfen.

II Auf Antrag des Gläubigers läßt das Vollstreckungsgericht eine Pfändung wegen des hohen Wertes des Tiers zu, wenn die Unpfändbarkeit für den Gläubiger eine Härte bedeuten würde, die auch unter Würdigung der Belange des Tierschutzes und der berechtigten Interessen des Schuldners nicht zu rechtfertigen ist.

**Schrifttum:** *Grunsky,* Sachen, Tiere – Bemerkungen zu einem Gesetzentwurf, Festschrift für *Jauch* (1990) 93; *Herfs,* Im häuslichen Bereich und nicht zu Erwerbszwecken gehaltene Tiere usw, Diss Köln 1998.

1   **1) Systematik, Regelungszweck, I, II.** Die Vorschrift ergänzt § 811 und enthält mit Rücksicht auf Artt 1, 2 GG und auf die nach heutiger Erkenntnis nicht mehr einfach als Sache einstufbare Rechtsstellung des Tieres eine vorrangige Sonderregelung. Als in Wahrheit eine Ausnahme von der Pfändbarkeit darstellende Vorschrift ist I eng auszulegen.

2   **2) Geltungsbereich: Haustier, I, II.** Geschützt ist ein Tier ohne Erwerbszweck. „Im häuslichen Bereich" erfordert die räumliche Nähe zum Eigentümer, Lorz MDR **90**, 1060 (mit hübschen Beispielen). Der Begriff erfaßt freilich auch die Gartenbude, den Wohnwagen, die Zweitwohnung, das Zelt des Campers, den privaten Teil des gemischtgenutztes Mietobjekt. Ein naturbedingtes gewisses freies Herumstreunen ist unschädlich, Lorz MDR **90**, 1060. „Gehalten" wird das Tier auch dort, wo es sich vorübergehend befindet, soweit sein Stammplatz eben in einen häuslichen Bereich gerade dieses Schuldners liegt. Ein bloß vom Schuldner in vorübergehende Pflege genommenes fremdes Tier ist bei ihm nicht geschützt. Vgl im übrigen zum Halterbegriff § 833 BGB, zur Abgrenzung vom Aufseherbegriff § 834 BGB.

3   **3) „Ausnahme", Zulassung der Pfändung aus Billigkeitserwägungen, II.** Nur auf Gläubigerantrag kann und muß das Gericht bei Bejahung der Voraussetzungen von II die Pfändung doch zulassen (und damit zum allgemeinen Pfändbarkeitsgrundsatz zurückkehren). Erste Voraussetzung ist ein „hoher Wert" des Tieres. Er sollte im Zeitpunkt der Entscheidung mindestens diejenigen 500 DM übersteigen, die früher nach § 811 Z 14 aF eine Schutzgrenze bildeten. Es kommt auf den materiellen Wert an. Die ideellen, wichtigen, aber nicht allein maßgeblichen Interessen des Schuldners sind bei der nach II erforderlichen Abwägung als „berechtigte Interessen" des Schuldners mitzuberücksichtigen. Weitere Abwägungsmaßstäbe sind die Interessen des Gläubigers und diejenigen eines nicht übertriebenen, aber doch ernstgenommenen „Tierschutzes". Die Abwägung muß zu der eindeutigen Bejahung der „nicht zu rechtfertigenden Härte" zu Lasten des

1. Titel. Zwangsvollstr. in das bewegl. Vermögen  §§ 811c–812

Gläubigers führen, bevor die Pfändung zugelassen werden darf. Im Zweifel bleibt es also bei der Unpfändbarkeit nach I. So verneint AG Paderborn DGVZ **96**, 44 die Pfändbarkeit eines 20jährigen Pferdes, das vom Schuldner „Gnadenbrot" erhält. Vgl den ähnlichen § 765 a.

**4) Keine einstweilige Anordnung, I, II.** Eine dem § 765 a II entsprechende Regelung fehlt. **4**

**5) Rechtsbehelfe, I, II.** Gegen den Beschluß des Rpfl ist die Erinnerung nach § 766 statthaft. Soweit der **5** Richter entschieden hat, ist die sofortige Beschwerde nach §§ 577, 793 statthaft.

**6) *VwGO*:** Entsprechend anwendbar in allen Fällen der Vollstreckung wegen Geldforderungen, Grdz § 803 Rn 9, **6** auch nach § 5 VwVG, § 295 AO.

**811d** *Vorwegpfändung.* <sup>I</sup> ¹Ist zu erwarten, daß eine Sache demnächst pfändbar wird, so kann sie gepfändet werden, ist aber im Gewahrsam des Schuldners zu belassen. ²Die Vollstreckung darf erst fortgesetzt werden, wenn die Sache pfändbar geworden ist.
<sup>II</sup> Die Pfändung ist aufzuheben, wenn die Sache nicht binnen eines Jahres pfändbar geworden ist.

**1) Systematik, Regelungszweck, I, II.** Es handelt sich um eine Ausweitung der zeitlichen Möglichkeit **1** des Gläubigers: Die Vorwegpfändung soll den Gläubiger im voraus sichern, auch im Hinblick auf die Reihenfolge bei etwaigen weiteren Gläubigern. Das Gesetz sieht nicht den Fall vor, daß eine gepfändete Sache unpfändbar wird. Der Gläubiger behält sein Pfandrecht vielmehr auch dann, § 811 Rn 13. Die Vorschrift erfaßt auch nicht eine Sache, die nur in einem aufschiebend bedingten Eigentum des Schuldners steht.

**2) Geltungsbereich, I, II.** Es müssen die folgenden Voraussetzungen zusammentreffen. **2**

**A. Derzeit Unpfändbarkeit.** Eine Sache muß (noch) unpfändbar sein.

**B. Demnächst Pfändbarkeit.** Es muß objektiv zu erwarten sein, daß die zur Zeit noch unpfändbare Sache demnächst pfändbar wird, wenn also § 811 demnächst unanwendbar sein wird, etwa infolge eines Berufswechsels des Schuldners oder einer Einstellung seines Betriebs.

**3) Verfahren, I, II.** Es gelten die folgenden Regeln: **3**

**A. Pfändung.** Die noch unpfändbare Sache wird gepfändet. Der Gerichtsvollzieher muß sie aber im Gewahrsam des Schuldners belassen. Die Wegschaffung der Sache und ihre Verwertung, insbesondere ihre Zwangsversteigerung, dürfen erst dann erfolgen, wenn die Sache endgültig pfändbar geworden ist.

**B. Aufhebung der Pfändung.** Wenn die Pfändbarkeit nicht innerhalb eines Jahres seit der Pfändung eingetreten ist, dann muß der Gerichtsvollzieher die Pfändung aufheben, § 122 Z 1 GVGA. Denn es darf nicht auf eine ungewisse Zeit hinaus unbestimmt bleiben, ob eine wirksame Pfändung erfolgt ist.

**4) Rechtsmittel, I, II.** Zulässig ist die Erinnerung, § 766 Rn 13. **4**

**5) *VwGO*:** Entsprechend anwendbar in allen Fällen der Vollstreckung wegen Geldforderungen, Grdz § 803 Rn 9, **5** auch nach § 5 VwVG, § 295 AO.

**812** *Pfändung von Hausrat.* Gegenstände, die zum gewöhnlichen Hausrat gehören und im Haushalt des Schuldners gebraucht werden, sollen nicht gepfändet werden, wenn ohne weiteres ersichtlich ist, daß durch ihre Verwertung nur ein Erlös erzielt werden würde, der zu dem Wert außer allem Verhältnis steht.

**1) Systematik, Regelungszweck.** Die Vorschrift ergänzt §§ 811–811b im Interesse im Grunde beider **1** Parteien: Es sollen unnütze Aufwendungen und Wertverluste vermieden werden, die noch nicht zur leidlichen Befriedigung führen. Damit dient § 812 dem Grundsatz der Verhältnismäßigkeit, Grdz 34 vor § 704. § 812 ist dem Wortlaut nach eine bloße Sollvorschrift. Da der Gerichtsvollzieher die Bestimmung aber genau so von Amts wegen zu beachten hat wie das Gebot des § 811 und da das Vollstreckungsgericht dann, wenn ein Beteiligter einen Fehler des Gerichtsvollziehers rügt, entscheidet, besteht sachlich keine Abweichung von einer Mußvorschrift. Es kommt hinzu, daß auch die Gegenstände des § 812 nicht in die Insolvenzmasse fallen, § 36 III InsO. Die Regelung ist praktisch nur insoweit bedeutsam, als § 811 Z 1 nicht anwendbar ist. Das Vermieterpfandrecht nach § 559 S 3 BGB erstreckt sich darauf nicht mit, Haase JR **71**, 323, aM ZöStö 1.

**2) Geltungsbereich.** Unpfändbar sind nach § 812 Sachen, bei denen die folgenden Voraussetzungen **2** zusammentreffen:

**A. Hausrat.** Es muß sich um Gegenstände des gewöhnlichen Hausrats handeln, also des täglichen Bedarfs im Haushalt, nicht im Gewerbe. Hierzu zählen: Möbel, zB Betten, Tische, Schränke; Küchengerät; Geschirr; Wäsche; Kleidung; ein Fernsehgerät, LG Essen DGVZ **73**, 24, aM LG Itzehoe DGVZ **88**, 120. Ein Luxusgegenstand oder eine Sache mit Alterswert gehören nicht hierher.

**B. Benutzung.** Die Gegenstände müssen auch im Haushalt des Schuldners tatsächlich gebraucht, also benutzt werden, also nicht zB im Gewerbebetrieb. Ihre Zahl oder deren Notwendigkeit ist unerheblich.

**C. Schlechte Verwertbarkeit.** Es muß sich um Gegenstände handeln, die ersichtlich schlecht verwertbar sind. Der Gerichtsvollzieher muß denjenigen Wert, den die Sache für den Schuldner hat, mit demjenigen vergleichen, den sie für andere hat. Keine von beiden Größen darf allein den Ausschlag geben.

**§§ 812, 813**

**3**  3) **Rechtsbehelf.** Der Schuldner, der Gläubiger dann, wenn die Pfändung unterbleibt, oder ein betroffener Dritter, zB die Ehefrau, können die Erinnerung nach § 766 einlegen.

**4**  4) **VwGO:** *Entsprechend anwendbar in allen Fällen der Vollstreckung wegen Geldforderungen, Grdz § 803 Rn 9, auch nach § 5 VwVG, § 295 AO.*

**813**  *Schätzung.* ¹ ¹Die gepfändeten Sachen sollen bei der Pfändung auf ihren gewöhnlichen Verkaufswert geschätzt werden. Die Schätzung des Wertes von Kostbarkeiten soll einem Sachverständigen übertragen werden. ²In anderen Fällen kann das Vollstreckungsgericht auf Antrag des Gläubigers oder des Schuldners die Schätzung durch einen Sachverständigen anordnen.

 II Ist die Schätzung des Wertes bei der Pfändung nicht möglich, so soll sie unverzüglich nachgeholt und ihr Ergebnis nachträglich in der Niederschrift über die Pfändung vermerkt werden.

 III Zur Pfändung von Früchten, die von dem Boden noch nicht getrennt sind, und zur Pfändung von Gegenständen der in § 811 Abs. 1 Nr. 4 bezeichneten Art bei Personen, die Landwirtschaft betreiben, soll ein landwirtschaftlicher Sachverständiger zugezogen werden, sofern anzunehmen ist, daß der Wert der zu pfändenden Gegenstände den Betrag von 1000 Deutsche Mark übersteigt.

 IV Die Landesjustizverwaltung kann bestimmen, daß auch in anderen Fällen ein Sachverständiger zugezogen werden soll.

**Vorbem.** III idF Art 1 Z 17 der 2. ZwVNov v 17. 12. 97, BGBl 3039, in Kraft seit 1. 1. 99, Art 4 I der 2. ZwVNov, ÜbergangsR Einl III 78.

**Schrifttum:** *Schilken* DGVZ **98**, 145 (Üb).

### Gliederung

| | |
|---|---|
| 1) Systematik, Regelungszweck, I–IV ... 1 | F. Sachverständiger, III .................. 7 |
| 2) Schätzung, I–IV ..................... 2–8 | G. Schätzungszeitpunkt, III ............. 8 |
|    A. Gewöhnlicher Verkaufswert, I ...... 2 | 3) Rechtsmittel, I–IV ....................... 9, 10 |
|    B. Kostbarkeit ........................ 3 |    A. Gegen Gerichtsvollzieher .......... 9 |
|    C. Ermessen des Gerichtsvollziehers ... 4 |    B. Gegen Rechtspfleger .............. 10 |
|    D. Anordnung des Vollstreckungsgerichts . 5 | 4) *VwGO* ................................. 11 |
|    E. Bestimmung der Justizverwaltung ... 6 | |

**1**  1) **Systematik, Regelungszweck, I–IV.** § 813 enthält eine Sollvorschrift. Die Schätzung soll zwar nicht direkt eine zwecklose Pfändung, § 803 II, verhindern (die Schätzung erfolgt nicht „vor", sondern „bei" der Pfändung), wohl aber einer Überpfändung, § 803 I 2, entgegenwirken und im übrigen allen Beteiligten frühzeitig einen Anhaltspunkt dafür geben, ob der wahre Wert notfalls im Rechtsmittelweg alsbald zu klären ist, und darüber hinaus dem Gläubiger wie dem Gerichtsvollzieher helfen zu erkennen, ob weitere Vollstreckungsmaßnahmen in andere Vermögenswerte sinnvoll , notwendig, vertretbar sind.

Der Gerichtsvollzieher muß die Bestimmung trotz der Sollfassung *von Amts wegen* beachten (Amtspflicht, § 839 BGB in Verbindung mit Art 34 GG), BGH NJW **92**, 50. Denn der Zweck der Regelung besteht darin, die Einhaltung der gesetzlichen Beschränkungen bei der Pfändung und beim Zuschlag, §§ 803 I 2, 817, 817a, zu sichern, so auch Schultes DGVZ **94**, 161 (ausf), sowie eine anderweitige Verwertung nach § 825 zu erleichtern. Wenn der Gerichtsvollzieher gegen § 813 verstößt, bleibt die Zwangsvollstreckung wirksam. Das gilt selbst dann, wenn die GVGA eine entsprechende Mußvorschrift enthält.

**2**  2) **Schätzung, I–IV.** Es sind zahlreiche Aspekte zu beachten.
 **A. Gewöhnlicher Verkaufswert, I.** Der Gerichtsvollzieher muß eine gepfändete Sache auf ihren gewöhnlichen Verkaufswert schätzen, Paschold DGVZ **95**, 52 (ausf). Gewöhnlicher Verkaufswert ist der Verkehrswert, derjenige Preis, den man im freien Verkehr am Ort für eine Sache gleicher Art und Güte erfahrungsgemäß derzeit am Markt durchschnittlich erzielen kann, Stgt RR **96**, 563. Wenn es sich um ein an der Börse gehandeltes Papier handelt, mag es amtlich notiert sein oder im Freiverkehr kursieren, dann gilt als gewöhnlicher Verkaufswert der jetzige Börsenpreis, also die Notierung für Geld (Nachfrage), nicht für Brief (Angebot). Marktpreis ist der am maßgebenden Handelsplatz festgestellte laufende Preis. Ein Höchstpreis und ein etwaiger Festpreis sind zu ermitteln, § 817a Rn 1. Wegen § 817a III ist auch der Gold- oder Silberwert eines derartigen Stücks zu schätzen, § 132 Z 8 GVGA. Regelmäßig schätzt der Gerichtsvollzieher selbst, § 753 I. Er hat dabei den Zustand der Pfandsache zu berücksichtigen, AG Itzehoe DGVZ **85**, 124. Er darf auf Grund eines Gutachtens neu schätzen, AG Bln-Charl DGVZ **94**, 156.

**3**  **B. Kostbarkeit.** Die Hinzuziehung eines Sachverständigen ist notwendig bei Kostbarkeiten. Das sind Gegenstände, die im Verhältnis zu ihrem Umfang, ihrer Größe und zu ihrem Gewicht einen besonders hohen Wert haben, zB: Briefmarken; Münzen, § 815 Rn 1; Edelsteine; Antiquitäten; Kunstwerke; Edelmetalle; echte Orientteppiche, AG Schwäbisch Hall DGVZ **90**, 79. Der Gerichtsvollzieher muß die allgemeine Anschauung berücksichtigen, BGH LM § 808 Nr 1. Bei Gold- und Silbersachen muß wegen § 817a III auch der Metallwert geschätzt werden. Der Gerichtsvollzieher bestimmt die Person des Sachverständigen und teilt das Schätzungsergebnis den Beteiligten mit, § 132 Z 8 GVGA.

**4**  **C. Ermessen des Gerichtsvollziehers.** Die Zuziehung erfolgt nach dem pflichtgemäßen Ermessen des Gerichtsvollziehers immer dann, wenn er die Mitwirkung eines Sachverständigen pflichtgemäß für notwendig oder doch für sachdienlich hält, Köln Rpfleger **98**, 353, AG Schwäbisch Hall DGVZ **90**, 79, Pawlowski ZZP **90**, 367, aM LG Bayreuth DGVZ **85**, 42, LG Konst DGVZ **94**, 140, Schilken AcP **181**,

366. Eine Schätzung kann etwa dann notwendig sein, wenn der Gerichtsvollzieher für ein Wertpapier keinen Börsenpreis ermitteln kann. KG RR 86, 202 billigt einem benachteiligten Dritten evtl einen zivilrechtlichen Anspruch gegen den Gerichtsvollzieher zu. Natürlich kommt es auf den Zeitpunkt der Beauftragung des Sachverständigen und nicht auf eine rückblickende Beurteilung nach dem Gutachten an, AG Schwäbisch Hall DGVZ 90, 79. Der Gerichtsvollzieher bestimmt die Person des Sachverständigen, § 753 I.

**D. Anordnung des Vollstreckungsgerichts.** Die Hinzuziehung des Sachverständigen erfolgt auf eine 5 Anordnung des Vollstreckungsgerichts, also des Rpfl, § 20 Z 17 RPflG, Anh § 153 GVG. Er erläßt diese Entscheidung nur auf einen Antrag des Gläubigers oder des Schuldners, also nicht auf Antrag des Gerichtsvollziehers oder eines Dritten, LG Bln DGVZ 78, 112. Der Rpfl entscheidet nach seinem pflichtgemäßen Ermessen. Die Anordnung ist auch dann noch zulässig, wenn der Gerichtsvollzieher die Sache bereits geschätzt hat. Sie ersetzt dann jene frühere Schätzung. Das Vollstreckungsgericht, nicht der Gerichtsvollzieher, bestimmt die Person des Sachverständigen.

**E. Bestimmung der Justizverwaltung.** Die Hinzuziehung erfolgt dann, wenn die Landesjustizverwal- 6 tung die Mitwirkung eines Sachverständigen bestimmt hat, IV. Der Gerichtsvollzieher bestimmt die Person des Sachverständigen, § 753 I.

**F. Sachverständiger, III.** Ein landwirtschaftlicher Sachverständiger muß gemäß III zur Schätzung hin- 7 zugezogen werden, wenn Früchte auf dem Halm zu pfänden sind, § 810, oder wenn Betriebsgegenstände und Früchte eines landwirtschaftlichen Betriebs zu pfänden sind, § 811 I Z 4. In beiden Fällen wird der Sachverständige aber nur dann hinzugezogen, wenn der Versteigerungswert nach und nicht der Überschuß nach der Schätzung des Gerichtsvollziehers 1000 DM übersteigen werden. Auf Verlangen des Schuldners muß der Gerichtsvollzieher den landwirtschaftlichen Sachverständigen auch bei einem voraussichtlich geringeren Versteigerungswert hinzuziehen, IV, § 150 Z 1 GVGA. Der Sachverständige muß die Gegenstände der §§ 810, 811 I Z 4 ohne eine Weglassung der unpfändbaren Sachen zusammenrechnen. Der Gerichtsvollzieher, § 753 I, wählt einen oder mehrere Sachverständige aus dem Kreis derjenigen Personen aus, die mit den örtlichen Verhältnissen und mit dem Landwirtschaftsbetrieb vertraut sind.

Der aufgeforderte Sachverständige ist zur Begutachtung *nicht verpflichtet*. Der Gerichtsvollzieher hat nicht das Recht, den Sachverständigen zu beeidigen oder eine eidesstattliche Versicherung von ihm entgegenzunehmen. Die Vergütung des Sachverständigen gehört zu den Auslagen des Gerichtsvollziehers, § 35 I Z 5 GVKostG. Der Sachverständige muß sich darüber äußern, ob die Voraussetzungen des § 811 I Z 4 vorliegen. Er muß auch den gewöhnlichen Verkaufswert vor der Versteigerung schätzen. Das Gutachten bindet den Gerichtsvollzieher nur insoweit, Mü DGVZ 80, 123, Schilken AcP 181, 366, nicht im übrigen.

**G. Schätzungszeitpunkt, III.** Die Schätzung ist, wenn möglich, immer im Zeitpunkt der Pfändung 8 vorzunehmen. Ein landwirtschaftlicher Sachverständiger nach III muß dies schon mit Rücksicht auf den doppelten Zweck tun, Rn 7. Das Ergebnis der Schätzung ist im Protokoll niederzulegen, § 762 II Z 2, § 132 Z 8 GVGA. Wenn eine Schätzung im Zeitpunkt der Pfändung nicht möglich ist, etwa weil der Gerichtsvollzieher einen Sachverständigen heranziehen will, muß der Gerichtsvollzieher die Schätzung unverzüglich nachholen und ihr Ergebnis den Beteiligten mitteilen und ebenfalls im Pfändungsprotokoll vermerken, II. Im Fall einer zwischenzeitlichen erheblichen Veränderung der Verhältnisse kann eine erneute Schätzung notwendig werden. Die Schätzung muß wegen § 817a I 2 jedenfalls der Versteigerung vorangehen. Die Schätzung des Sachverständigen bindet den Gerichtsvollzieher, solange sie nicht offensichtlich unrichtig ist, Mü DGVZ 80, 123, AG Mü DGVZ 89, 31. Der Gerichtsvollzieher kann aber auch einen anderen Sachverständigen mit einer weiteren Schätzung beauftragen. Wenn das Vollstreckungsgericht eine Schätzung anordnet, dann geht diese Schätzung allen anderen vor.

**3) Rechtsmittel, I–IV.** Es kommt auf die Person des Entscheidenden an. 9

**A. Gegen Gerichtsvollzieher.** Sowohl der Schuldner als auch der Gläubiger können die Erinnerung nach § 766 einlegen, wenn entweder sie selbst nicht hinzugezogen wurden oder wenn ihr Gegner unbegründet hinzugezogen worden ist oder wenn der Gerichtsvollzieher bei der Hinzuziehung oder Nichthinzuziehung oder Schätzung einen Fehler begangen hat, KG RR 86, 202, StJM 13, aM LG Aachen JB 86, 1256, AG Limbg DGVZ 88, 159, ZöStö 10 (es sei statt § 766 nur I 3 zulässig. Aber diese Vorschrift ist kein Rechtsbehelf, sondern eine weitere Möglichkeit für den Schuldner).

**B. Gegen Rechtspfleger.** Gegen einen ablehnenden Beschluß des Rpfl ist die sofortige Erinnerung nach 10 § 11 I RPflG, Anh § 153 GVG, §§ 577, 793 I zulässig, dort Rn 5. Denn eine Erinnerung nach § 766 war schon ein Antrag auf eine Anordnung durch das Vollstreckungsgericht zu sehen.

**4) VwGO:** *Entsprechend anwendbar in allen Fällen der Vollstreckung wegen Geldforderungen, Grdz § 803 Rn 9,* 11 *I–III auch nach § 5 VwVG, § 295 AO.*

## 813a

**Zahlung in Teilbeträgen.**[I] ¹Hat der Gläubiger eine Zahlung in Teilbeträgen nicht ausgeschlossen, kann der Gerichtsvollzieher die Verwertung gepfändeter Sachen aufschieben, wenn sich der Schuldner verpflichtet, den Betrag, der zur Befriedigung des Gläubigers und zur Deckung der Kosten der Zwangsvollstreckung erforderlich ist, innerhalb eines Jahres zu zahlen; hierfür kann der Gerichtsvollzieher Raten nach Höhe und Zeitpunkt festsetzen. ²Einen Termin zur Verwertung kann der Gerichtsvollzieher auf einen Zeitpunkt bestimmen, der nach dem nächsten Zahlungstermin liegt; einen bereits bestimmten Termin kann er auf diesen Zeitpunkt verlegen.

II ¹Hat der Gläubiger einer Zahlung in Teilbeträgen nicht bereits bei Erteilung des Vollstreckungsauftrags zugestimmt, hat ihn der Gerichtsvollzieher unverzüglich über den Aufschub der

## § 813a

Verwertung und über die festgesetzten Raten zu unterrichten. ²In diesem Fall kann der Gläubiger dem Verwertungsaufschub widersprechen. ³Der Gerichtsvollzieher unterrichtet den Schuldner über den Widerspruch; mit der Unterrichtung endet der Aufschub. ⁴Dieselbe Wirkung tritt ein, wenn der Schuldner mit einer Zahlung ganz oder teilweise in Verzug kommt.

**Vorbem.** Bisheriger § 813a zu § 813b, neuer § 813a eingefügt dch Art 1 Z 18 der 2. ZwVNov v 17. 12. 97, BGBl 3039, in Kraft seit 1. 1. 99, Art 4 I der 2. ZwVNov, ÜbergangsR Einl III 78.

**Schrifttum:** *Harnacke* DGVZ **99**, 81 (Üb).

### Gliederung

| | | | | |
|---|---|---|---|---|
| 1) Systematik, I, II | 1 | A. Aufschub ohne Raten, I 1 Hs 1 | 14 |
| 2) Regelungszweck, I, II | 2 | B. Aufschub mit Raten, I 1 Hs 2 | 15 |
| 3) Geltungsbereich, I, II | 3 | C. Festsetzung des Verwertungstermins, I 2 | 16 |
| 4) Zulässigkeit eines Verwertungsaufschubs, I, II | 4–11 | 7) Unterrichtung der Beteiligten, II 1 | 17–19 |
| A. Keine Stundung, § 775 Z 4 | 4 | A. Mitteilung an Schuldner, I | 17 |
| B. Kein ausdrücklicher Teilzahlungsausschluß, I 1 | 5 | B. Mitteilung an Gläubiger, I, II 1 | 18, 19 |
| C. Kein stillschweigender Teilzahlungsausschluß, I 1 | 6 | 8) Widerspruch des Gläubigers, II 2 | 20 |
| D. Keine Notwendigkeit anfänglicher Gläubigerzustimmung, I 1 | 7 | 9) Widerspruchsfolgen, II 3 | 21, 22 |
| E. Zahlungsverpflichtung des Schuldners, I 1 Hs 1 | 8–11 | A. Unterrichtung des Schuldners, II 3 Hs 1 | 21 |
| 5) Verfahren, I | 12, 13 | B. Ende des Aufschubs, II 3 Hs 2 | 22 |
| A. Von Amts wegen, I 1 | 12 | 10) Zahlungsverzug, II 4 | 23 |
| B. Keine Rückfrage beim Gläubiger, I 1 | 13 | 11) Verstoß, I, II | 24 |
| 6) Aufschub, I | 14–16 | 12) Rechtsbehelf, I, II | 25 |
| | | 13) *VwGO* | 26 |

**1** **1) Systematik, I, II.** Die Vorschrift gehört zu einer Gruppe von Bestimmungen, die dem Gerichtsvollzieher erhebliche Möglichkeiten zur Steuerung des Ob, Wann und Wie der Vollziehung eines Vollstreckungsauftrags einräumen. Sie setzt im Gegensatz zu § 806a Pfändbarkeit voraus, §§ 811 ff, und läßt die Möglichkeiten eines freihändigen Verkaufs usw nach § 825 offen. Auch der Schuldnerschutz nach § 765a bleibt unberührt, ebenso die Möglichkeit und Notwendigkeit, im Fall einer Stundung seitens des Gläubigers die Vollstreckung einzustellen oder zu beschränken, § 775 Z 4. Auch das Verbot der Arglist in der Vollstreckung, sei es zugunsten des Gläubigers, sei es zugunsten des Schuldners, Grdz 44 vor § 704, bleibt bestehen. § 813b, der sich an das Vollstreckungsgericht wendet, steht selbständig neben § 813a.

**2** **2) Regelungszweck, I, II.** Die Vorschrift bezweckt die Vermeidung der immer noch als Regel notwendigen Verwertungsart Versteigerung, § 814ff. Damit stellt sie eine Ausnahme dar und ist demgemäß eng auszulegen. Daran ändert auch der Umstand nichts, daß neben dem Schuldnerschutz durch Vermeidung von Wertverschleuderung auch Interessen der Allgemeinheit mitgeschützt werden und daß es auch im wohlverstandenen Interesse des Gläubigers liegen *kann*, daß er sein Geld zwar nicht so bald, dafür aber mit höherer Chance überhaupt leidlich vollständig erhält, wenn es zu Teilzahlungen kommt. Immerhin läßt § 813b formell die Stellung des Gläubigers als des Herrn der Zwangsvollstreckung bestehen, vgl Grdz 8 vor § 704; tatsächlich wird die Macht des Gerichtsvollziehers freilich bis an die Grenze des Zulässigen ausgedehnt. Man darf sie nicht durch zu großzügige Handhabung der Vorschrift noch mehr erweitern.

**3** **3) Geltungsbereich, I, II.** Die Vorschrift gilt in allen Fällen der Vollstreckung in körperlichen Sachen, §§ 808–827. Sie setzt voraus, daß bereits Sachen gepfändet sind; bei Unpfändbarkeit gilt § 806a, Rn 1.

**4** **4) Zulässigkeit eines Verwertungsaufschubs, I, II.** Es empfiehlt sich, die Zulässigkeit in der folgenden Reihenfolge zu prüfen.

**A. Keine Stundung, § 775 Z 4.** Der Gläubiger darf nicht im Sinn von § 775 Z 4 eine Stundung gewährt haben, dort Rn 13–15. Dann liegt infolge dieses zulässigen Vollstreckungsvertrags, Grdz 27 vor § 704 „Zeit", derzeit noch ein gänzlicher Ausschluß der Vollstreckung vor, der dem Gerichtsvollzieher keinerlei Vollstreckungshandlungen über eine etwaige bloße Sicherung hinaus gibt.

**5** **B. Kein ausdrücklicher Teilzahlungsausschluß, I 1.** Der Gläubiger darf auch nicht eine Zahlung in Teilbeträgen ausdrücklich ausgeschlossen haben. Denn beim Ausschluß verbleibt dem Gerichtsvollzieher jedenfalls nach § 813a keine Befugnis mehr, von sich aus auch nur vorläufig eine irgendwie geartete Teilzahlung zu gestatten; da der Gläubiger der Herr der Zwangsvollstreckung bleibt, darf und muß der Gerichtsvollzieher die Verwertung nach §§ 814ff unverzüglich durchführen und haftet, falls er eine Teilzahlung gestattet, dem Gläubiger (indirekt, § 753 Rn 7).

Das Verhalten des Gläubigers ist wie stets *auszulegen,* §§ 133, 157 BGB. Er braucht das Wort „Ausschluß von Teilzahlung" nicht zu benutzen und kann dennoch dergleichen ausdrücklich mitgeteilt haben. Der Ausschluß ist dem Gerichtsvollzieher gegenüber zu erklären, § 130 BGB. Freilich mag der Gläubiger den Schuldner oder dessen Bevollmächtigten oder einen sonstigen Dritten aufgefordert haben, den Ausschluß dem Gerichtsvollzieher mitzuteilen, und wenn der letztere davon zuverlässig erfährt, gilt das als Erklärung ihm gegenüber; der Gläubiger trägt inosweit die Beweislast.

Der Ausschluß ist von einer *Stundung,* Rn 4, zu unterscheiden. Er mag auf einen bestimmten oder bestimmbaren Zeitraum beschränkt sein oder unter einer Bedingung erklärt werden, §§ 158 ff BGB.

**6** **C. Kein stillschweigender Teilzahlungsausschluß, I 1.** Der Gläubiger darf auch nicht eine Zahlung in Teilbeträgen stillschweigend ausgeschlossen haben. Denn auch diese Form ist ein den Gerichtsvollzieher wie bei Rn 5 bindender Entschluß des Herrn der Zwangsvollstreckung. Die Auslegungsregeln gelten wie bei Rn 5. Der Gerichtsvollzieher hat dabei sämtliche Fallumstände zu berücksichtigen und darf weder den bloßen Willen des Gläubigers noch die bloße tatsächliche Auffassung des Gerichtsvollziehers zugrundelegen, sondern muß wie bei der Auslegung jeder empfangsbedürftigen Willenserklärung die Situation eines vernünftigen Empfängers und dessen Verständnismöglichkeit beachten.

*Im Zweifel* liegt ein *Ausschluß* vor, denn § 813 a ist wegen seines Ausnahmecharakters eng auszulegen, Rn 2. Das sollte man in der Praxis keineswegs vergessen. Schon der Wortlaut von I 1 „... hat nicht ausgeschlossen" zeigt, daß die Zulässigkeit von Verwertungsaufschub eben erst beginnt, wenn das Fehlen eines Ausschlusses feststeht.

**D. Keine Notwendigkeit anfänglicher Gläubigerzustimmung, I 1.** Der Beginn einer Aufschiebung 7 der Verwertung nach I 1 hängt nicht davon ab, daß der Gläubiger einer Teilzahlung bereits vorher zugestimmt hat. Das ergibt sich aus der in solchem Fall nachfolgenden Regelung von II. Es reicht also für I 1 aus, daß eben keine der Situationen Rn 4–6 vorliegt. Deshalb empfiehlt es sich für den Gläubiger dringend, bereits im Vollstreckungsauftrag klarzustellen, ob und unter welchen Voraussetzungen er einer Teilzahlung zustimmt oder nicht. Bleibt diese Frage dann seinerseits auch nur halbwegs offen, riskiert der Gläubiger ungeachtet Rn 6, daß der Gerichtsvollzieher erst einmal einen Aufschub gestattet, so daß der Gläubiger auf das Widerspruchsverfahren nach II 2, 3 angewiesen ist.

**E. Zahlungsverpflichtung des Schuldners, I 1 Hs 1.** Soweit die Voraussetzungen Rn 4–7 vorliegen, 8 muß als weitere Voraussetzung eines Verwertungsaufschubs die Verpflichtung des Schuldners hinzutreten, denjenigen Gesamtbetrag binnen eines Jahres zu zahlen, der zur Befriedigung des Gläubigers und zur Deckung der Vollstreckungskosten erforderlich ist. Diese Verpflichtung ist nicht erst zusammen mit der Gewährung eines Aufschubs oder gar in seinem Ausspruch zu klären, sondern ist Bedingung der Gewährung. Soweit der Gerichtsvollzieher vor ihrem Vorliegen einen Aufschub gewährt, handelt er pflichtwidrig und löst Staatshaftung aus.

*Verpflichtung* heißt: Endgültige Bereitschaft des Schuldners. Er muß also eine empfangsbedürftige Willens- 9 erklärung gegenüber dem Gerichtsvollzieher abgeben. Denn dieser (und nicht der Gläubiger) hat zunächst über einen Verwertungsaufschub zu entscheiden; andernfalls könnte freilich sogar ein Stundungsvertrag, Rn 4, vorliegen. Natürlich mag der Schuldner die Verpflichtung derart erklären, daß er sie zunächst dem Gläubiger oder einem sonstigen Dritten zukommen läßt und daß dieser sie an den Gerichtsvollzieher weiterleitet; maßgeblich ist aber erst der Eingang beim Gerichtsvollzieher. Die Schuldnererklärung ist wie sonst auszulegen, §§ 133, 157 BGB. Es kommt also auf die Verständnismöglichkeit des Gerichtsvollziehers an. Im Zweifel liegt keine ausreichende Verpflichtungserklärung vor und darf daher kein Aufschub gewährt werden. Ob der Gerichtsvollzieher eine Klärung herbeiführt, ist eine andere Frage.

*Innerhalb eines Jahres* muß der Schuldner alles bezahlen wollen. Das Jahr beginnt mit der Mitteilung des 10 etwa gewährten Aufschubs, Harnacke DGVZ 99, 85. Die Frist ist nach § 222 zu klären.

*Zur Befriedigung erforderlich* heißt: Nach den jetzigen Schätzmöglichkeiten voraussichtlich ausreichend. 11 Dabei ist dem Schuldner meist kaum zumutbar, auch die Vollstreckungskosten abzuschätzen. Daher muß der Gerichtsvollzieher sie ihm entweder mitteilen oder sie mit dem in der Verpflichtungserklärung des Schuldners versprochenen Betrag vergleichen und evtl durch Rückfrage binnen einer zu setzenden Frist eine Zusatzverpflichtung herbeiführen, bevor er auch nur dem Grunde nach die Verwertung aufschieben darf. Bietet der Schuldner nicht die Bereitschaft zur Zahlung des in I 1 Hs 1 genannten Gesamtbetrags, so kommt keineswegs ein teilweiser Aufschub in Betracht; erst die Bereitschaft zur Gesamtzahlung binnen eines Jahres eröffnet die Zulässigkeit irgendeines Verwertungsaufschubs nach I 1.

**5) Verfahren, I.** Der Gerichtsvollzieher hat das folgende Verfahren einzuhalten. 12

**A. Von Amts wegen, I 1.** Er wartet keinen Antrag ab, sondern klärt die Voraussetzungen Rn 4–11 von Amts wegen, und zwar unverzüglich nach der Pfändung, wenn nicht schon nach dem Vollstreckungsauftrag. Ein Antrag ist als Anregung zu verstehen. Ob die Voraussetzungen Rn 4–11 vorliegen, steht nicht im Ermessen des Gerichtsvollziehers; „kann" stellt in I 1 Hs 1 (wie in Hs 2), wie so oft, nur in die Zuständigkeit. Soweit erforderlich, zB bei Rn 11, darf und muß der Gerichtsvollzieher rückfragen und eine fristschaffende Anfrage dem Schuldner förmlich zustellen (lassen), § 329 II 2. Die Frist muß ausreichend sein; zwei Wochen dürften meist genügen.

**B. Keine Rückfrage beim Gläubiger, I 1.** Im Gegensatz zu der Situation nach II hat der Gerichtsvoll- 13 zieher grundsätzlich keine Pflicht zu einer Rückfrage beim Gläubiger, es sei denn zur Schätzung der voraussichtlichen Vollstreckungskosten, soweit sie direkt dem Gläubiger erwachsen. Der Gläubiger erhält erst im Fall II rechtliches Gehör, es sei denn, der Gerichtsvollzieher will einen Aufschub nach I nicht ohne Stellungnahme des Gläubigers vornehmen, weil Zweifelsfragen auftauchen.

**6) Aufschub, I.** Der Gerichtsvollzieher entscheidet durch eine mit Tenor und Gründen zu versehende 14 Maßnahme in der Form einer Verfügung oder eines Beschlusses, § 329, dort insbesondere Rn 4. Er kann inhaltlich wie folgt vorgehen.

**A. Aufschub ohne Raten, I 1 Hs 1.** Der Gerichtsvollzieher kann sich darauf beschränken, einen Verwertungsaufschub zu gewähren, ohne Raten und deren Zeitpunkte festzusetzen. Der Aufschub versteht sich auf mindestens das in I 1 genannte Jahr; der Gerichtsvollzieher darf bei ratenloser Bewilligung keinen kürzeren Aufschub gewähren. Ob er ratenlos bewilligt, steht in seinem pflichtgemäßen Ermessen, Rn 16.

**B. Aufschub mit Raten, I 1 Hs 2.** Der Gerichtsvollzieher kann auch zugleich mit der Gewährung des 15 Aufschubs eine oder mehrere Raten anordnen und muß dann gleichzeitig deren Höhe und Fälligkeitszeitpunkte festsetzen. Er hat insoweit ein pflichtgemäßes Ermessen; „kann" in I 1 Hs 2 stellt (anders als Hs 1) nicht bloß in seine Zuständigkeit. Er wägt dabei das Interesse des Gläubigers an wenigstens teilweiser alsbaldiger Befriedigung mit dem der zumutbaren Möglichkeiten des Schuldners ab, um dabei eine Werteverschleuderung zu verhindern, Rn 2. Die Raten können je nach voraussichtlicher Finanzentwicklung und Finanzbedarf der Parteien unterschiedlich hoch bemessen werden; die jeweiligen Fälligkeiten können

§ 813a   8. Buch. 2. Abschnitt. ZwV wegen Geldforderungen

aus denselben Gründen unterschiedlichen Rhythmus erhalten. Sie sollten zB auf Gehalts- oder Honorarfälligkeiten usw abgestellt werden. Die Raten und Zeitpunkte können entsprechend den zu § 120 genannten Regeln zu ändern sein, obwohl I 1 keine dem § 120 IV entsprechende ausdrückliche Bestimmung enthält. Dabei darf man aber keinen der Beteiligten überfordern.

16   **C. Festsetzung des Verwertungstermins, I 2.** Der Gerichtsvollzieher kann nach pflichtgemäßem Ermessen, Rn 15 („kann" stellt auch in I 2 auf das Ermessen ab), bereits zugleich mit einer Anordnung nach Rn 14 oder Rn 15 den Termin zur Verwertung (für den Fall der Nichteinhaltung der Schuldnerobliegenheiten) festsetzen. Damit entsteht ein Druckmittel gegenüber dem Schuldner, das nicht unterschätzt werden sollte. Deshalb wird das Ermessen meist auch nur im Sinne sofortiger Festsetzung des späteren Termins auszuüben sein. Der Gerichtsvollzieher hat dabei einen bestimmten Zeitpunkt anzukündigen, der frühestens „nach dem nächsten Zahlungstermin" liegen darf, also nach der nächsten Ratenfälligkeit oder mangels Raten nach dem Ablauf des in I 1 Hs 1 genannten Jahres. Soweit zB infolge einer Fälligkeitsänderung, Rn 15, der bisher festgesetzte Termin nicht mehr zulässig oder sonstwie nicht mehr sinnvoll ist, darf und muß der Gerichtsvollzieher ihn gemäß I 2 Hs 2 verlegen, § 227 I.

17   **7) Unterrichtung der Beteiligten, I, II 1.** Der Gerichtsvollzieher hat zwei Pflichten.
    **A. Mitteilung an Schuldner, I.** Es versteht sich von selbst, daß der Gerichtsvollzieher den Schuldner von der Entscheidung unterrichtet, und zwar sowohl im Fall einer Ablehnung eines Aufschubs, erst recht eines etwa vom Schuldner angeregten, als auch im Fall einer Bewilligung mit oder ohne Raten und Zeitpunkte. Da die letzteren Fristen (bis zur jeweiligen Fälligkeit) auslösen, ist die Entscheidung dem Schuldner förmlich zuzustellen, § 329 II 2.

18   **B. Mitteilung an Gläubiger, I, II 1.** Der Gerichtsvollzieher hat natürlich auch den Gläubiger von der Entscheidung in Kenntnis zu setzen. Das gilt unabhängig davon, ob der Gläubiger einen Verwertungsaufschub etwa gar verboten hatte (so daß der Aufschub rechtswidrig wäre) oder ob der Gläubiger mit einem Aufschub bedingungslos oder nur gegen Raten usw einverstanden war. Denn der Gläubiger ist infolge eines Aufschubs formell stets ein von einer Maßnahme des Vollstreckungsorgans Betroffener, § 766.

19   Soweit der Gläubiger einer Zahlung in Teilbeträgen nicht bereits *bei* Erteilung des *Vollstreckungsauftrags* zugestimmt hatte, muß der Gerichtsvollzieher ihn gemäß II 1 über den Verwertungsaufschub und über die festgesetzten Raten (und natürlich auch über deren Fälligkeiten) unterrichten, und zwar „unverzüglich", also ohne schuldhaftes Zögern. Diese Unterrichtung bedarf keiner Form, da sie einen unbefristeten Widerspruch auslösen kann, II 2, keinen befristeten. Sie muß aber vollständige und nachprüfbare Angaben erhalten und sollte daher zumindest schriftlich bestätigt werden. Sie dient dazu, dem Gläubiger eine Prüfung der Erfolgschance eines etwaigen Widerspruchs wie eine Kontrolle der Zahlungsmoral des Schuldners bei den Raten zu ermöglichen.

20   **8) Widerspruch des Gläubigers, II 2.** Soweit der Gerichtsvollzieher einen Verwertungsaufschub ohne vorherige Zustimmung des Gläubigers bewilligt hat, kann der Gläubiger dem Aufschub widersprechen. Das gilt unabhängig davon, ob ihn der Gerichtsvollzieher auch nach II 1 unterrichtet hat; „in diesem Fall" in II 2 meint nicht die Unterrichtung nach II 1, sondern den Aufschub ohne vorherige Zustimmung. Der Widerspruch tritt zu der nach § 766 möglichen Erinnerung hinzu und hat vor ihr Vorrang; im Zweifel ist (zunächst nur) ein Widerspruch gemeint.

Der Gläubiger braucht das Wort „Widerspruch" nicht zu benutzen. Es ist erforderlich und ausreichend, daß er *erkennbar* macht, daß er mit dem Aufschub entweder überhaupt nicht oder doch jedenfalls nicht zu den vom Gerichtsvollzieher festgesetzten Bedingungen einverstanden ist. Zwar macht der Widerspruch den Gläubiger wieder zum auch zeitlichen Herrn der weiteren Vollstreckung, II 3. Indessen zeigt die Notwendigkeit, sich mit Widerspruch zu melden, daß der Gläubiger zur Vermeidung dieses ganzen Widerspruchsverfahrens gut tut, sein etwaiges Verbot eines Verwertungsaufschubs von vornherein im Vollstreckungsauftrag klarzustellen, Rn 5. Der Widerspruch ist form- und fristfrei.

21   **9) Widerspruchsfolgen, II 3.** Sobald der Gläubiger dem Gerichtsvollzieher gegenüber nach Rn 20 widersprochen hat, treten die folgenden Konsequenzen ein.
    **A. Unterrichtung des Schuldners, II 3 Hs 1.** Der Gerichtsvollzieher muß den Schuldner unverzüglich über den Widerspruch des Gläubigers unterrichten. Das braucht nicht durch Übersendung einer Abschrift des etwa schriftlichen Widerspruchs zu geschehen; mündliche, telefonische oder per Telefax usw erfolgte Mitteilung des Eingangs eines Widerspruchs genügt.

22   **B. Ende des Aufschubs, II 3 Hs 2.** Mit der Unterrichtung des Schuldners nach Rn 21 endet der Aufschub kraft Gesetzes vollständig. Es bedarf also keiner Aufhebung des Aufschubs durch den Gerichtsvollzieher; eine etwa erfolgte derartige Aufhebung hat nur klarstellenden Wert. Seit dem Zugang der Unterrichtung hat der Gerichtsvollzieher wieder dieselben Rechte und Pflichten wie dann, wenn es den § 813 a gar nicht gäbe. Natürlich darf er auch nicht dann, wenn die Unterrichtung etwa wegen Erkrankung des Schuldners nicht sogleich gelingt, einfach untätig bleiben, sondern muß in Wahrheit schon seit Erhalt des Widerspruchs weiter vollstrecken; II 3 Hs 2 enthält insofern eine durchaus falsche Beschreibung des Beendigungszeitpunkts (gesetzgeberisches Redaktionsversehen). Der Gerichtsvollzieher darf nun auch keineswegs erneut ein Verfahren nach § 813 a einleiten; es wäre ja jetzt schon wegen des Aufschubverbots, das im Widerspruch des Gläubigers liegt, unzulässig.

23   **10) Zahlungsverzug, II 4.** Wenn der Schuldner mit einer vom Gerichtsvollzieher festgesetzten Zahlung (Rate oder Gesamtbetrag) ganz oder teilweise „in Verzug kommt", endet sein Verwertungsaufschub ebenso wie im Fall Rn 22 kraft Gesetzes. Verzug heißt: Nichtzahlung infolge eines vom Schuldner zu vertretenden Umstands, vgl § 286 I BGB; dabei hat der Schuldner ein Verschulden des Erfüllungsgehilfen wie bei § 278 BGB, sein eigenes Verhalten wie bei § 276 BGB zu vertreten, so daß Fahrlässigkeit genügt, auch leichte. Einer Mahnung nach Fälligkeit bedarf es wegen § 284 II 1 BGB in der Regel schon deshalb nicht, weil der Gerichtsvollzieher die Fälligkeit durchweg nach dem Kalender genau bestimmt haben wird. Eine irgendwie

1966                                                                                                                                                                                                                                                                                                                                                                                                                                                                                                              *Hartmann*

dem Schuldner vorwerfbare Unpünktlichkeit auch nur bei einer einzigen Rate bringt also die gesamte Vergünstigung des Verwertungsaufschubs nach § 813 a endgültig zu Fall. Maßgeblich ist der Zahlungseingang beim Gläubiger oder Gerichtsvollzieher, Harnacke DGVZ **99**, 86. Ein Scheck usw ist wie sonst bei einer Zahlungsverpflichtung zu beurteilen. Die Beweislast für Verzug folgt den allgemeinen Regeln, § 285 BGB, Anh § 286 Rn 221 „Verzug".

**11) Verstoß, I, II.** Soweit der Gerichtsvollzieher gegen I oder II verstößt, tritt die in § 754 Rn 7 geschilderte Haftung ein. 24

**12) Rechtsbehelf, I, II.** Abgesehen von dem in II 2, Rn 20, erläuterten Widerspruch des Gläubigers haben er und der Schuldner gegen das Verfahren und die Entscheidungen des Gerichtsvollziehers die Erinnerung nach § 766. Dort auch zum weiteren Verfahren. 25

**13)** *VwGO: Entspr anwendbar iRv Grdz § 803 Rn 9.* 26

## 813b Zeitweilige Aussetzung der Verwertung.

$^{I\,1}$Das Vollstreckungsgericht kann auf Antrag des Schuldners die Verwertung gepfändeter Sachen unter Anordnung von Zahlungsfristen zeitweilig aussetzen, wenn dies nach der Persönlichkeit und den wirtschaftlichen Verhältnissen des Schuldners sowie nach der Art der Schuld angemessen erscheint und nicht überwiegende Belange des Gläubigers entgegenstehen. $^2$Er ist befugt, die in § 732 Abs. 2 bezeichneten Anordnungen zu erlassen.

$^{II\,1}$Wird der Antrag nicht binnen einer Frist von zwei Wochen gestellt, so ist er ohne sachliche Prüfung zurückzuweisen, wenn das Vollstreckungsgericht der Überzeugung ist, daß der Schuldner den Antrag in der Absicht der Verschleppung oder aus grober Nachlässigkeit nicht früher gestellt hat. $^2$Die Frist beginnt im Falle eines Verwertungsaufschubs nach § 813 a mit dessen Ende, im übrigen mit der Pfändung.

$^{III}$ Anordnungen nach Absatz 1 können mehrmals ergehen und, soweit es nach Lage der Verhältnisse, insbesondere wegen nicht ordnungsmäßiger Erfüllung der Zahlungsauflagen, geboten ist, auf Antrag aufgehoben oder abgeändert werden.

$^{IV}$ Die Verwertung darf durch Anordnungen nach Absatz 1 und Absatz 3 nicht länger als insgesamt ein Jahr nach der Pfändung hinausgeschoben werden.

$^{V\,1}$Vor den in Absatz 1 und in Absatz 3 bezeichneten Entscheidungen ist, soweit dies ohne erhebliche Verzögerung möglich ist, der Gegner zu hören. $^2$Die für die Entscheidung wesentlichen tatsächlichen Verhältnisse sind glaubhaft zu machen. $^3$Das Gericht soll in geeigneten Fällen auf eine gütliche Abwicklung der Verbindlichkeiten hinwirken und kann hierzu eine mündliche Verhandlung anordnen. $^4$Die Entscheidungen nach den Absätzen 1, 2 und 3 sind unanfechtbar.

$^{VI}$ In Wechselsachen findet eine Aussetzung der Verwertung gepfändeter Sachen nicht statt.

**Vorbem.** Bisheriger § 813a zu § 813b, dessen I 2 angefügt und II idF Art 1 Z 19 a, b der 2. ZwVNov v 17. 12. 97, BGBl 3039, in Kraft seit 1. 1. 99, Art 4 I der 2. ZwVNov, ÜbergangsR Einl III 78.

**Schrifttum:** *Alisch*, Wege zur interessengerechteren Auslegung vollstreckungsrechtlicher Normen, 1981.

### Gliederung

| | | | |
|---|---|---|---|
| 1) Systematik, Regelungszweck, I–VI ... | 1 | 6) Verfahren, I 2, V .................. | 10 |
| 2) Geltungsbereich, I–VI ................. | 2 | 7) Entscheidung, V .................. | 11, 12 |
| 3) Zahlungsfristen, I, IV ................. | 3–7 | 8) Rechtsmittel, V 4 .................. | 13–15 |
|    A. Voraussetzung: Angemessenheit ...... | 3, 4 |    A. Gegen Rechtspfleger .............. | 13 |
|    B. Befristete Aussetzung ............... | 5, 6 |    B. Gegen Richter .................... | 14 |
|    C. Antrag usw ........................ | 7 |    C. Gegen einstweilige Einstellung ....... | 15 |
| 4) Verspäteter Antrag, II ................ | 8 | 9) *VwGO* ............................ | 16 |
| 5) Mehrmalige Anordnung usw, III ..... | 9 | | |

**1) Systematik, Regelungszweck I–VI.** § 813 b steht selbständig neben § 813 a. § 813 b wendet sich an 1 das Vollstreckungsgericht. Die Vorschrift verbietet weder die Pfändung, noch läßt die Vorschrift ihre Aufhebung zu. Allerdings soll eine Verwertung nach Möglichkeit ohne einen übermäßigen Nachteil für den Schuldner stattfinden. Freilich soll § 813 b nur einem vertrauenswürdigen Schuldner helfen, zB dann, wenn er im wesentlichen bereits gezahlt hat, AG Hbg-Altona Rpfleger **93**, 503. Die Vorschrift stellt also auf die Person des Schuldners und die Umstände ab. § 813 b kann vor allem bei kleinen Unternehmen dazu dienen, eine geregelte Abzahlung aller Schulden herbeizuführen. Dadurch kann die Notwendigkeit eines Vergleichsverfahrens zur Abwendung des Konkurses umgangen werden.

**2) Geltungsbereich, I–VI.** Da § 813 b die „Verwertung gepfändeter Sachen" regelt, setzt die Vorschrift 2 voraus, daß eine Zwangsvollstreckung in eine bewegliche Sache beliebiger Art wegen einer Geldforderung vorliegt, §§ 808 ff, nicht aber eine Geldpfändung. Die bloße Bevorstehen der Pfändung genügt nicht. Eine mehrfache Pfändung hindert die Anwendung des § 813 b nicht. Wenn eine Arrestpfändung, § 930, oder eine bloße Sicherungsvollstreckung nach § 720 a vorliegt, ist die Vorschrift nicht anwendbar. Denn in einem solchen Fall findet ja keine Verwertung statt. Die Vorschrift hilft allen Arten von Schuldnern, Inländern und Ausländern, auch juristischen Personen.

Die Vorschrift ist zB in folgenden Fällen *unanwendbar:* bei einem Herausgabeanspruch; bei einer Forderungspfändung, § 829; bei der Zwangsvollstreckung zur Erwirkung der Herausgabe von Sachen, § 883, oder

§ 813b

von Handlungen, §§ 887 ff, oder Unterlassungen, § 890; kraft ausdrücklicher Vorschrift in einer Wechselsache, VI, auch bei einer im ordentlichen Verfahren durchgeführten; dementsprechend in einer Schecksache. § 813 b ist ferner zB grundsätzlich dann unanwendbar, wenn eine Geldstrafe oder Geldbuße zu vollstrecken ist; die Festsetzungsbehörde ist für einen Ausstand zuständig. § 813 b ist ferner im Verfahren auf die Abgabe einer Offenbarungsversicherung, §§ 807, 900, unanwendbar. Wegen der Unanwendbarkeit bei einem gesetzlichen Pfandrecht an Früchten auf dem Halm § 810 Rn 1. Neben § 813 b bleiben §§ 765 a, 813 a anwendbar.

**3**  3) **Zahlungsfristen, I, IV.** Es sind drei Punkte zu prüfen.
  A. **Voraussetzung: Angemessenheit.** Eine Aussetzung der weiteren Vollstreckung nach § 813 b muß im Gegensatz zu derjenigen nach § 813 a nach der Persönlichkeit und nach den wirtschaftlichen Verhältnissen des Schuldners und der Art seiner Schuld objektiv angemessen sein. Dabei ist eine Gesamtabwägung erforderlich.

**4**  Die Aussetzung der Vollstreckung ist *unangemessen,* soweit wenn der Schuldner vorwerfbar nicht leistet. Er hat sich zB eine schlechte Wirtschaftsführung in einen Vermögensverfall gebracht, oder er will gar böswillig nicht leisten. Hierhin gehört auch der Fall, daß man nicht mit einer Besserung der wirtschaftlichen Verhältnisse des Schuldners rechnen kann. Denn dann würde eine Frist nach § 813 b nur den Gläubiger schädigen. Eine Zahlungsfrist ist auch dann unzulässig, wenn die Schuld keinen weiteren Aufschub duldet. Dies mag etwa bei einer Unterhaltsforderung oder dann der Fall sein, wenn es um Heizungskosten geht. Die Aussetzung der Vollstreckung ist auch unangemessen, soweit überwiegende Belange des Gläubigers entgegenstehen. Dies kann der Fall sein, wenn ein Aufschub den Gläubiger mehr schädigt als dem Schuldner nützt oder wenn der Gläubiger das Geld unbedingt braucht.

**5**  B. **Befristete Aussetzung.** Das Gericht gibt dem Schuldner durch die Bestimmung einer Zahlungsfrist und durch eine zeitweilige, also befristete Aussetzung der Verwertung unter Fortbestand der Pfändung, §§ 775 Z 2, 776, die Gelegenheit, seine Schuld zu bezahlen. Der Gerichtsvollzieher darf eine solche Maßnahme nicht von sich aus anordnen. Er würde pflichtwidrig handeln, wenn er einen solchen Aufschub gewähren würde, aM Hörmann DGVZ **91**, 81. Die Frist ist keine Notfrist, § 224 I 2. Das Gericht muß die Frist so bemessen, daß der Schuldner voraussichtlich vor dem Ablauf der Frist zahlen oder leisten kann oder daß bis zum Ablauf der Frist seine Unfähigkeit zu einer Leistung in einer angemessenen Zeit feststeht, keinesfalls länger als ein Jahr nach der Pfändung, IV, selbst bei einer freiwilligen Gewährung der Aussetzung durch den Gläubiger, ZöStö 11, aM ThP 9.

**6**  Zweckmäßig ist der Hinweis, der Schuldner solle evtl in *Raten* leisten. Das Gericht kann auch eine Ratenzahlung in bestimmten Abständen anordnen. Das empfiehlt sich oft. In einem solchen Fall kann sich das Gericht vorbehalten, im Falle des Schuldnerverzugs mit einer Rate auf einen Antrag des Gläubigers die Bewilligung der weiteren Fristen aufzuheben, vgl III. Im übrigen tritt die Aussetzung mit dem Fristablauf ohnehin außer Kraft. Es darf aber nicht schon die Wirksamkeit einer Anordnung von der Einhaltung der Zahlungsfristen abhängig machen, weil deren Überprüfung dem Gerichtsvollzieher oft nicht zumutbar ist, ThP 11, aM StJM 21. Eine „einstweilige Aussetzung" ist keine Aussetzung im Sinne der ZPO; eine solche ist in der Zwangsvollstreckung nicht vorgesehen, Grdz 38, 49 vor § 704. In Wahrheit handelt es sich dann um eine einstweilige Einstellung. Nach einem fruchtlosen Ablauf der Frist muß das Vollstreckungsgericht den Fortgang der Zwangsvollstreckung anordnen. Der Gerichtsvollzieher darf die Zwangsvollstreckung nicht vor dem Erlaß eines ausdrücklichen Aufhebungsbeschlusses des Vollstreckungsgerichts fortsetzen.

**7**  C. **Antrag usw.** Die Anordnung darf nur auf einen Antrag ergehen. Er ist eine Parteiprozeßhandlung, Grdz 47 vor § 128. Zum Antrag ist nur der Schuldner berechtigt. Die Anordnung ist erst nach der Pfändung zulässig. Das Gericht kann die eigentliche Pfändung nicht durch seine Entscheidung abwenden. Der Beschluß läßt die Pfändung bestehen. Daher gilt das Verbot einer Überpfändung weiter.

**8**  4) **Verspäteter Antrag, II.** Der Schuldner muß den Antrag innerhalb von 2 Wochen seit dem Ende eines etwa nach § 813 a bewilligten Verwertungsaufschubs oder seit der Pfändung stellen, II 2. Eine Wiedereinsetzung ist unzulässig, §§ 224 I 2, 233. Ein Anwaltszwang besteht nicht, § 78 II. Er braucht keinen bestimmten Vorschlag zu machen. Ein verspäteter Antrag wird berücksichtigt werden, wenn nicht das Gericht nach seinem pflichtgemäßen Ermessen feststellt, daß der Schuldner in Wahrheit nur die weitere Zwangsvollstreckung hinzögern will oder daß er die Antragsfrist aus grober Nachlässigkeit versäumt hatte, vgl § 296 II. Wenn das Gericht zu dieser Überzeugung kommt, dann muß es den Antrag des Schuldners ohne eine weitere Sachprüfung zurückweisen.

**9**  5) **Mehrmalige Anordnung usw, III.** Das Vollstreckungsgericht kann die weitere Vollstreckung mehrmals einstellen und mehrere Fristen setzen. Die Fristen dürfen insgesamt aber nicht länger als ein Jahr seit der Pfändung betragen. Zu einer mehrfachen Anordnung gehört jeweils ein neuer Antrag des Schuldners. Für diesen neuen Antrag gilt entsprechend II eine Frist. Sie beginnt mit der Benachrichtigung des Schuldners von der Fortsetzung der Zwangsvollstreckung. Das Gericht kann auch seine Anordnung vor dem Ablauf der Frist ändern und aufheben, falls der Gläubiger oder der Schuldner es beantragen. Ein Aufhebungsgrund ist zB: Der Schuldner hält die zugebilligten Raten nicht ein; der Gläubiger gerät in Not; den Schuldner trifft ein unverschuldetes Unglück. Es ist aber nicht unbedingt eine Änderung der Verhältnisse erforderlich, um die bisherige Anordnung zu ändern oder aufzuheben; das Gericht kann die bisherigen Verhältnisse auch anders würdigen. Freilich wäre eine bloße Bezugnahme auf die vor der Ablehnung vorgetragenen Gründe mißbräuchlich, Einl III 54, Grdz 44 vor § 704.

**10**  6) **Verfahren, I 2, V.** Der Antrag ist eine Erinnerung nach § 766. Das Vollstreckungsgericht ist zuständig, §§ 764, 802. Eine mündliche Verhandlung ist nicht erforderlich, § 764 III. Das Verfahren verläuft vor dem Rpfl, § 20 Z 17 RPflG, Anh § 153 GVG. Eine Anhörung des Antragsgegners, Art 103 I GG, ist nur dann entbehrlich, wenn durch sie eine erhebliche Verzögerung eintreten würde, etwa da der Antragsgegner im Ausland aufhält und auch brieflich schwer zu erreichen ist. Der Antragsteller braucht seine Angaben nicht zu beweisen; eine Glaubhaftmachung nach § 294 reicht aus, Schneider JB **70**, 366. Das Gericht ordnet evtl

1. Titel. Zwangsvollstr. in das bewegl. Vermögen  § 813b, Einf §§ 814–825

gemäß I 2 eine einstweilige Maßnahme nach § 732 II an. Das Gericht soll eine gütliche Einigung versuchen. Es kann zu diesem Zweck eine mündliche Verhandlung bestimmen. Diese ist eine freiwillige Verhandlung im Sinne des § 128 Rn 10.

**7) Entscheidung, V.** Das Gericht entscheidet durch einen Beschluß, § 329. Er lautet auf eine Zurück- 11 weisung des Antrags als unzulässig oder unbegründet oder dahin, daß das Gericht die Verwertung der genau zu bezeichnenden Sache bis zu einem zu bestimmenden Zeitpunkt unter Beachtung von IV und unter genau zu bezeichnenden Ratenauflagen aussetzt. Der Beschluß darf nicht über den Antrag hinausgehen, § 308 I. Weitere Auflagen, etwa wegen anderer Schulden, sind unzulässig, ThP 9, aM StJM 16, ZöStö 11.

Das Gericht muß den Beschluß grundsätzlich *begründen*, § 329 Rn 4. Der Beschluß muß dem Gläubiger 12 und dem Schuldner zugestellt werden. Denn er setzt eine Frist in Lauf, § 329 II 2. Das Gericht muß im Beschluß über die Kosten des Verfahrens entscheiden. Besondere Gründe im Verhalten des Gläubigers können dazu führen, daß ihm die Kosten ganz oder teilweise auferlegt werden, § 788 IV. Die Kosten dieses Verfahrens fallen nicht unter die gewöhnlichen Kosten der Zwangsvollstreckung. Sie sind auch nicht erstattungsfähig. Die Ausfertigung des Beschlusses ist dem Gerichtsvollzieher gegenüber ein Ausweis im Sinne des § 775.

*Gebühren*: Des Gerichts: KV 1642, des Anwalts: §§ 57, 58 III Z 3 BRAGO. Streitwert: § 3, oft der Unterschied zwischen dem Wiederbeschaffungswert und dem zu schätzenden Versteigerungserlös, AG Hann NdsRpfl **70**, 177.

**8) Rechtsmittel, V 4.** Es gelten die folgenden Regeln: 13

**A. Gegen Rechtspfleger.** Gegen den Beschluß des Rpfl ist die sofortige Erinnerung zulässig, § 793 Rn 5.

**B. Gegen Richter.** Die Entscheidung des Richters über die sofortige Erinnerung ist grundsätzlich 14 unanfechtbar, § 11 II 3 RPflG, Anh § 153 GVG. Gegen die Entscheidung des Richters ist ausnahmsweise die sofortige Beschwerde nach § 577, 793 I zulässig, soweit er die Grenzen seines Ermessens verkannt hat, § 707 Rn 17. Das LG verweist evtl zurück, § 575.

**C. Gegen einstweilige Einstellung.** Eine einstweilige Einstellung nach I 2 ist wie bei § 732 II anfecht- 15 bar, dort Rn 7–10.

**9) VwGO:** Entsprechend anwendbar im Rahmen der Grdz vor § 803 Rn 9. Wenn § 5 VwGO eingreift gilt 16 § 297 AO. Vollstreckungsgericht: § 764 Rn 9.

### Einführung vor §§ 814–825
### Verwertung gepfändeter Sachen

**Gliederung**

| | | | |
|---|---|---|---|
| 1) Systematik, Regelungszweck | 1 | E. Einstellung | 3 |
| 2) Grundsatz: Versteigerung | 2 | F. Freihändiger Verkauf | 3 |
| 3) Ausnahmen | 3 | G. Zeitweilige Aussetzung der Verwertung | 3 |
| A. Geldablieferung | 3 | 4) Geschäftsanweisung für Gerichtsvollzieher | 4 |
| B. Arrestpfändung, Sicherungsvollstreckung usw | 3 | 5) Verstoß | 5 |
| C. Veräußerungsverbot | 3 | 6) Rechtsmittel | 6 |
| D. Vorerbschaft | 3 | | |

**1) Systematik, Regelungszweck.** Die Pfandverwertung ist kein Pfandverkauf nach §§ 1233 ff BGB. 1 Zwar dient auch sie der Durchführung des Pfändungspfandrechts und nicht der Durchführung des Pfandes, Üb 8, 9 vor § 803; die Pfandverwertung beruht aber auf der öffentlich-rechtlichen Pfändung. Auch das Pfändungspfandrecht ist ja nicht ein Pfandrecht des BGB, § 804 Rn 8. Deshalb lassen sich die Vorschriften des BGB über die Pfandverwertung nur mit größter Vorsicht zur Ergänzung von Lücken heranziehen. Der Erwerber ist nicht ein Käufer im Sinne des BGB. Als Veräußerer tritt nicht der Gläubiger auf, sondern der Staat. Dieser wird durch den Gerichtsvollzieher vertreten, Alisch DGVZ **79**, 83. Wenn der Schuldner nicht der Eigentümer war, dann erwirbt der Ersteher trotzdem das Eigentum ohne Rücksicht darauf, ob er gutgläubig war. § 1244 BGB ist unanwendbar. Denn der Gerichtsvollzieher überträgt das Eigentum kraft seiner öffentlichen Gewalt auf den Ersteher, BGH **55**, 25, KG RR **86**, 202, StJM § 817 Rn 24, aM Marotzke NJW **78**, 134.

**2) Grundsatz: Versteigerung.** Der Regelfall der Verwertung eines Pfandstücks ist seine öffentliche 2 Versteigerung zwecks Erzielung eines im Interesse aller Beteiligten der Zwangsvollstreckung möglichst hohen Erlöses, §§ 814, 816–819. Das Gesetz verwendet den Ausdruck Zwangsversteigerung nur bei der Liegenschaftszwangsvollstreckung, § 866 I.

**3) Ausnahmen.** Von dem Regelfall gelten die folgenden Ausnahmen. 3

**A. Geldablieferung.** Der Gerichtsvollzieher muß gepfändetes Geld dem Gläubiger abliefern, § 815 I.

**B. Arrestpfändung, Sicherungsvollstreckung usw.** Eine Arrestpfändung soll den Gläubiger lediglich sichern und läßt deshalb keine Verwertung der Pfandsache zu, § 930. Dasselbe gilt bei der Sicherungsvollstreckung vor der Sicherheitsleistung, § 720 a I 2. Wegen der Beschränkung auf bloße Sicherungsmaßregeln nach Art 39 EuGVÜ SchlAnh V C 1 und dazu §§ 21 ff AusfG, SchlAnh V C 2.

**C. Veräußerungsverbot.** Die Pfandsache darf nicht verwertet werden, wenn ein Veräußerungsverbot vorliegt.

**D. Vorerbschaft.** Die Pfandsache darf auch dann nicht verwertet werden, wenn sie zu einer Vorerbschaft gehört, §§ 772 ff.

**E. Einstellung.** Eine Verwertung ist nicht zulässig, sobald die Zwangsvollstreckung vorläufig, §§ 707, 719, 769, oder endgültig eingestellt wurde, § 775 Z 2, 4, 5, § 776.

**F. Freihändiger Verkauf.** Ein freihändiger Verkauf findet in den Fällen der §§ 817 a III, 821, 825 statt. Wegen Eröffnung eines Insolvenzverfahrens Grdz 32 vor § 704.

**G. Zeitweilige Aussetzung der Verwertung.** Soweit eine derartige Maßnahme erfolgt ist und wirkt, findet keine Versteigerung statt, §§ 813 a, b.

4   **4) Geschäftsanweisung für Gerichtsvollzieher.** §§ 142–146 GVGA geben wegen der Versteigerung Ergänzungen zur ZPO.

5   **5) Verstoß.** Bei einem Verstoß gegen die Vorschriften der Pfandverwertung bleibt die Zwangsvollstreckung für den Fall wirksam, daß sich der Gerichtsvollzieher mindestens in den Grenzen seiner sachlichen Zuständigkeit gehalten hat, Grdz 57, 58 vor § 704, aM ThP § 814 Rn 5. Dazu gehört, daß er das Eigentum nur gegen eine Barzahlung übertragen hat, § 817 II, und nur zum Mindestgebot, § 817 a I, dort Rn 3. Die Vorschriften des BGB über einen Verstoß oder über einen Erwerb im guten Glauben, §§ 1243 ff BGB, sind unanwendbar, § 817 Rn 7.

6   **6) Rechtsmittel.** Gegen eine fehlerhafte Maßnahme des Gerichtsvollziehers hat der Betroffene die Möglichkeit der Erinnerung nach § 766.

## 814 *Versteigerung. Grundsatz.* Die gepfändeten Sachen sind von dem Gerichtsvollzieher öffentlich zu versteigern.

**Schrifttum:** *Dünkel,* Öffentliche Versteigerung und gutgläubiger Erwerb, 1970; *Huber,* Die Versteigerung gepfändeter Sachen, 1970; *Tiedtke,* Gutgläubiger Erwerb im bürgerlichen Recht, im Handels- und Wertpapierrecht sowie in der Zwangsvollstreckung, 1986.

1   **1) Versteigerung.** Zuständig ist grundsätzlich der Gerichtsvollzieher. Ein öffentlich bestellter Auktionator kommt nach § 825 in Betracht; zum Auktionator Birmanns DGVZ **93**, 107. Soweit der Gerichtsvollzieher versteigert, ist derjenige zuständig, der die Pfändung vorgenommen hat, § 816 Rn 4, im Fall einer bei § 826 vorrangigen Pfändung das gemäß § 308 AO zuständige Vollstreckungsorgan. Wegen der Ausnahmen § 816 Rn 6. Der Gerichtsvollzieher muß das Pfandstück grundsätzlich (Ausnahme: § 811 b IV) auch ohne einen besonderen Antrag nach § 755 öffentlich versteigern, § 816–819. Er ist bei der Versteigerung ebenso wie bei einer freihändigen Verwertung weder ein Vertreter des Gläubigers noch ein Vertreter des Schuldners. Der Gerichtsvollzieher handelt vielmehr kraft seiner Amtsgewalt, Einf 3 vor §§ 814–825. Er ist aberbei der Versteigerung wie überhaupt beim weiteren Fortgang der Zwangsvollstreckung im Rahmen des Gesetzes an die etwaigen Weisungen des Gläubigers gebunden, § 753 Rn 3.

2   *Öffentliche* Versteigerung bedeutet: Der Gerichtsvollzieher muß während der Versteigerung einen unbeschränkten Kreis von Personen als Bieter zulassen, soweit es die Umstände erlauben, Polzius DGVZ **87**, 22, 33. Dabei sind Sicherheitserwägungen und -bestimmungen zu beachten. Eine geringe Raumgröße gibt kein Recht, die Öffentlichkeit praktisch auszuschließen. Ein gesetzliches Verbot einer öffentlichen Versteigerung zur Reinhaltung des Handels berührt eine Zwangsversteigerung nicht. Ein Recht eines Dritten kann aber einer öffentlichen Versteigerung der Sache entgegenstehen.

*Gebühren:* § 21 GVKostG.

3   **2) Rechtsbehelf.** Gegen eine fehlerhafte Maßnahme des Gerichtsvollziehers hat jeder Betroffene die Möglichkeit der Erinnerung nach § 766.

4   **3) *VwGO:*** Entsprechend anwendbar im Rahmen der Grdz § 803 Rn 9. Wenn § 5 VwVG eingreift, gilt § 296 I AO.

## 815 *Gepfändetes Geld.* ¹ Gepfändetes Geld ist dem Gläubiger abzuliefern.

II ¹Wird dem Gerichtsvollzieher glaubhaft gemacht, daß an gepfändetem Geld ein die Veräußerung hinderndes Recht eines Dritten bestehe, so ist das Geld zu hinterlegen. ²Die Zwangsvollstreckung ist fortzusetzen, wenn nicht binnen einer Frist von zwei Wochen seit dem Tage der Pfändung eine Entscheidung des nach § 771 Abs. 1 zuständigen Gerichts über die Einstellung der Zwangsvollstreckung beigebracht wird.

III Die Wegnahme des Geldes durch den Gerichtsvollzieher gilt als Zahlung von seiten des Schuldners, sofern nicht nach Absatz 2 oder nach § 720 die Hinterlegung zu erfolgen hat.

**Schrifttum:** *Gerlach,* Ungerechtfertigte Zwangsvollstreckung und ungerechtfertigte Bereicherung, 1986.

### Gliederung

| | | | |
|---|---|---|---|
| 1) Systematik, Regelungszweck, I–III ... | 1 | A. Begriff ........................... | 2 |
| 2) Geltungsbereich: Geld, I ............. | 2 | B. Ablieferung ........................ | 2 |

1. Titel. Zwangsvollstr. in das bewegl. Vermögen § 815

| | | | | |
|---|---|---|---|---|
| 3) **Hinterlegung, II** | 3–5 | 6) **Rechte am Hinterlegten, I–III** | | 10–13 |
| A. Notwendigkeit der Regelung | 3 | A. Sachliches Recht | | 10 |
| B. Verfahren | 4 | B. Hinterlegung zur Vollstreckungsabwendung | | 11 |
| C. Fortsetzung der Vollstreckung | 5 | C. Andere Hinterlegungsarten | | 12 |
| 4) **Wirkung im Fall einer Ablieferung, III** | 6–8 | D. Hinterlegung zur Sicherheit | | 13 |
| A. Vollstreckung: Befriedigung | 6 | 7) **Rechtsbehelfe, I–III** | | 14 |
| B. Beendigung der Vollstreckung | 7 | A. Gegen Ablieferung | | 14 |
| C. Freiwillige Leistung | 8 | B. Gegen Hinterlegung | | 14 |
| 5) **Wirkung im Fall der Hinterlegung, III** | 9 | C. Gegen Verweigerung einer Ablieferung oder Hinterlegung | | 14 |
| | | 8) *VwGO* | | 15 |

**1) Systematik, Regelungszweck, I–III.** Die Vorschrift regelt den einfachsten Fall der Pfandverwertung, **1** nämlich denjenigen, daß man das Pfandstück gar nicht erst zu Geld machen muß, um den Gläubiger zu befriedigen. Immerhin zeigt II, daß auch dann Probleme mitzuregeln sind. Der Zweck von II liegt darin, dem Dritten, der eine Widerspruchsklage erheben könnte, sein Recht zu erhalten. Durch die Ablieferung des Geldes wäre ja eine Zwangsvollstreckung beendet und daher die Möglichkeit einer Klage nach § 771 ausgeschlossen.

**2) Geltungsbereich: Geld, I.** Es sind zwei Aspekte zu klären. **2**
**A. Begriff.** Geld nimmt der Gerichtsvollzieher dem Schuldner bei der Pfändung weg und übergibt es nach der Vorwegnahme seiner Kosten, § 6 GVKostG, demjenigen, der als Gläubiger im Sinne des BGB, aM Scheld DGVZ 83, 164, anzusehen ist. Geld ist hier jedes geltende Zahlungsmittel, das den Gläubiger ohne eine Versteigerung befriedigen kann. Hierher zählen also Geld deutscher Währung, Stempel-, Kosten-, Versicherungs-, Briefmarken usw. Alle diese Gegenstände kann der Gerichtsvollzieher in Geld umwechseln und muß dann das Bargeld an den Gläubiger abliefern. Ein ausländisches Zahlungsmittel beliebiger Art fällt nicht unter § 815. Der Gerichtsvollzieher wechselt es aber ebenfalls um, § 821. Eine Sammlung von (wenn auch teilweise evtl gültigen) Münzen kann als Kostbarkeit anzusehen sein, § 813 I 2, Köln NJW 92, 50.
**B. Ablieferung.** Das ist der hoheitliche Akt der Übergabe, auch im bargeldlosen Zahlungsverkehr, § 73 GVO. Er duldet keine Bedingung. §§ 929–936 BGB sind unanwendbar, Rn 6. Ein Vertreter des Gläubigers muß eine Original-Empfangsvollmacht vorlegen, § 80 I, LG Bielef DGVZ 93, 28.

**3) Hinterlegung, II.** Man muß Voraussetzung, Verfahren und Folgen unterscheiden. **3**
**A. Notwendigkeit der Regelung.** Der Gerichtsvollzieher muß gepfändetes Geld hinterlegen, wenn ihm bis zur Ablieferung, Rn 1, irgend jemand glaubhaft macht, § 294, daß ein Dritter an dem Geld ein die Veräußerung hinderndes Recht habe (über diesen Begriff § 771 Rn 2, 3). Das Geld muß auch dann hinterlegt werden, wenn ein Erbe behauptet, die Zwangsvollstreckung treffe sein Vermögen statt den Nachlaß, § 781, oder wenn ein Dritter behauptet, er hafte nicht mit der betreffenden Vermögensmasse, § 786, Noack MDR 74, 814. Hierher gehören weiter die Rechte auf eine vorzugsweise Befriedigung aus § 805, § 136 Z 4 GVGA. Denn eine Klage nach dieser Vorschrift ist einer Klage aus § 771 gleichwertig. Da eine gegenüber dem Gerichtsvollzieher abgegebene falsche eidesstattliche Versicherung als solche nicht strafbar ist, allenfalls unter dem Gesichtspunkt eines Betrugs, steht eine eidesstattliche Versicherung einer bloßen Behauptung gleich. Schmidt-von Rhein DGVZ 88, 67 wendet II entsprechend an, wenn die Forderung bereits von einem Gläubiger des jetzt Vollstreckenden gepfändet wurde. Auf §§ 883 ff, 897 ist II unanwendbar, Müller DGVZ 75, 214. Ein Vermieterpfandrecht erslicht nur nach § 560 BGB.
**B. Verfahren.** Der Gerichtsvollzieher muß die ihm vorgetragenen Behauptungen frei würdigen, wie das **4** Gericht bei § 286. Die Glaubhaftmachung erfolgt nach § 294 I. Eine eidesstattliche Versicherung ist auch zum Protokoll des Gerichtsvollziehers zulässig, § 762. § 294 II ist unanwendbar. Der Gerichtsvollzieher darf beliebige Auskünfte einziehen. Er kann aber keine Aussage erzwingen. Er darf seine Entscheidung durch solche Erkundigungen nicht wesentlich hinauszögern. Wenn ihm das behauptete fremde Recht unglaubhaft scheint, dann muß er das Geld an den Gläubiger abliefern. Der Dritte hat dann lediglich einen Bereicherungs- oder Ersatzanspruch, Einf 4 vor §§ 771–774. Wenn dem Gerichtsvollzieher aber das fremde Recht glaubhaft erscheint, muß er das Geld hinterlegen.
**C. Fortsetzung der Vollstreckung.** Der Gerichtsvollzieher muß die Zwangsvollstreckung von Amts **5** wegen fortsetzen, wenn ihm nicht der Dritte binnen 2 Wochen seit der Pfändung die Ausfertigung einer Entscheidung, § 775 Z 2, des für die Widerspruchsklage zuständigen Prozeßgerichts vorlegt, § 771 Rn 7, wonach die Zwangsvollstreckung eingestellt worden ist. Die Frist ist keine Notfrist, § 224 I 2. Sie wird nach § 222 berechnet. Das Vollstreckungsgericht darf die Bescheinigung nicht erteilen; § 769 II ist bewußt nicht anwendbar gemacht worden. Der Gerichtsvollzieher ermittelt nicht von Amts wegen, ob die Einstellung erfolgt ist. Nach einem fruchtlosen Ablauf der Frist muß der Gerichtsvollzieher die Hinterlegungsstelle zur Rückgabe des Geldes an ihn veranlassen und die Zwangsvollstreckung fortsetzen. Darum muß sich der Gerichtsvollzieher bei der Hinterlegung das Recht zu einer unbedingten Rücknahme nach dem Ablauf von 2 Wochen vorbehalten, aM ZöStö 5 (eine dienstliche Versicherung genüge). Die Hinterlegungsstelle muß dem Gerichtsvollzieher von einer etwa bei ihr eingegangenen Einstellung unverzüglich Kenntnis geben.

**4) Wirkung im Fall einer Ablieferung, III.** Die Vorschrift regelt abweichend von § 270 BGB den **6** Übergang der Leistungsgefahr, Scherer DGVZ 94, 131.
**A. Vollstreckung: Befriedigung,** dazu *Schünemann* JZ 85, 49 (ausf): Soweit das Geld nicht zu hinterlegen ist, gilt der Gläubiger mit der Wegnahme im Sinn von § 362 I BGB als befriedigt, BGH JZ 84, 151. Die Zinszahlungspflicht endet, LG Mönchengladb DGVZ 95, 151 (bei Leistung durch Scheck ist der Tag der Gutschrift für das Zinsende maßgeblich). Insoweit geht die Gefahr auf den Gläubiger über, LG Brschw DGVZ 77, 23, Braun AcP 184, 163. Wenn der Gerichtsvollzieher das Geld unterschlägt, dann kann der

Gläubiger zwar nicht mehr den Schuldner, wohl aber natürlich das Land haftbar machen, Üb 4 vor § 154 GVG. Der Gläubiger erwirbt das Eigentum an dem Geld aber erst durch die Ablieferung, die Übergabe an ihn, Rn 1, LG Brschw DGZV **77**, 23. Denn erst diese Übergabe stellt die Verwertung dar. Bis zur Übergabe hat der Gläubiger also nur ein Pfändungspfandrecht. Für die schuldbefreiende Wirkung ist das Eigentum des Schuldners am Geld unerheblich. Dieses Eigentum hat ja überhaupt für die Durchführung der Zwangsvollstreckung keine Bedeutung. Eine Prozeßvollmacht ermächtigt nur zum Empfang der Prozeßkosten, § 81. Deshalb muß der ProzBev dem Gerichtsvollzieher seine Vollmacht zum Geldempfang besonders nachweisen, LG Brschw DGZV **77**, 23 (es genügt also nicht, auf eine Urkunde in der Prozeßakte zu verweisen).

7   **B. Beendigung der Vollstreckung.** Die Ablieferung des Geldes führt zur Beendigung der Zwangsvollstreckung, Grdz 52 vor § 704, KG OLGZ **74**, 307, LG Brschw DGZV **77**, 23. Bis zur Ablieferung sind also eine Anschlußpfändung, eine Gläubigeranfechtung nach § 130 InsO oder nach dem AnfG, eine Einstellung und dgl statthaft, StJM 15, ZöStö 3, großzügiger BGH **136**, 311 – zustm Münzberg JZ **98**, 308 (auch noch später. Aber die Inbesitznahme ist ein entscheidender Vorgang, und etwaige Unausgewogenheit mit einem anderen Sachverhalt ist kein durchschlagendes Argument). § 815 bezieht sich nur auf „gepfändetes" Geld, also auf solches, das der Gerichtsvollzieher weggenommen hat.

8   **C. Freiwillige Leistung.** Leistet der Schuldner freiwillig unter dem Druck einer bevorstehenden Zwangsvollstreckung, so ist die Leistung erst mit der Übergabe an den Gläubiger erbracht; III ist unanwendbar, Scherer DGZV **94**, 130. Denn der Gerichtsvollzieher ist nicht ein Vertreter des Gläubigers, § 753 Rn 1, LG Gießen DGZV **91**, 173, Geißler DGZV **91**, 168, aM ThP 4. Der Schuldner trägt also bis zur Übergabe an den Gläubiger die Gefahr, im Ergebnis ebenso Wieser DGZV **88**, 133, aM Guntau DGZV **84**, 21. Die Hingabe des Geldes auf Grund eines vorläufig vollstreckbaren Titels gilt überhaupt nicht als eine Zahlung, Einf 3 vor §§ 708–720.

9   **5) Wirkung im Fall der Hinterlegung, III.** Wenn das Geld zu hinterlegen ist, dann gilt die Wegnahme des Geldes nicht als eine Zahlung. Das bedeutet: Die gesetzliche Unterstellung entfällt, wenn ein Dritter später ein Recht nach §§ 294, 771 glaubhaft macht oder wenn eine andere Tatsache eintritt, die eine Hinterlegung notwendig macht. Das gilt bei einer Hinterlegung nach § 815 II, ferner im Falle einer Erlaubnis zur Abwendung der Zwangsvollstreckung nach § 720, schließlich in den Fällen der §§ 720a, 769, 771 III, 805 IV, 827 II, III, 854 II, 930 III. Die Unterstellung greift wieder ein, sobald die Hinterlegungsstelle nach dem Wegfall des Hinterlegungsgrundes das Geld dem Gerichtsvollzieher zurückgibt. Wenn der Anspruch des Gläubigers überhaupt nur auf eine Hinterlegung geht, ist der Gläubiger mit ihr befriedigt.

10  **6) Rechte am Hinterlegten, I–III.** Es kommt auf den Hinterlegungszweck an.

**A. Sachliches Recht.** Die ZPO legt die Rechte am Hinterlegten nicht fest. Sie sind unter einer entsprechenden Anwendung des sachlichen Rechts zu bestimmen.

11  **B. Hinterlegung zur Vollstreckungsabwendung.** Bei einer Hinterlegung zur Abwendung der Zwangsvollstreckung, §§ 711, 712 I, erlangt der Gläubiger bei Geld und Wertpapieren ein Pfandrecht am Hinterlegten. Ein gesetzliches oder ein gesetzlich zugelassenes Zahlungsmittel werden Eigentum des Landes, § 7 HO. Der Gläubiger erlangt ein Pfandrecht an dem Rückforderungsanspruch des Schuldners gegen die Staatskasse. Eine Erfüllung ist hier wegen des Fehlens eines entsprechenden Willens nicht eingetreten. Der Schuldner kann aber der weiteren Durchführung der Zwangsvollstreckung die Verweisung auf das Hinterlegte entgegensetzen, § 777. Wenn der herauszugebende Streitgegenstand hinterlegt worden ist, dann will der Schuldner erfüllen, kann es aber infolge der Hinterlegung nicht. Deshalb erlangt der Gläubiger ein auflösend bedingtes Eigentum und ist der Schuldner nach § 873 BGB befreit. Manche nehmen allerdings an, in einem solchen Fall sei das Eigentum aufschiebend bedingt. Mit dem Eintritt der Rechtskraft einer Entscheidung, die das Urteil aufhebt, ist die Bedingung eingetreten. Bei einer Vollstreckung auf die Vornahme einer Handlung oder auf eine Unterlassung haftet das Hinterlegte nur als Sicherheit für die Erfüllung.

12  **C. Andere Hinterlegungsarten.** Bei einer Hinterlegung gepfändeten Gelds oder bei einer Hinterlegung des Erlöses von Pfandstücken, §§ 720, 805 IV, 815, 827 II, III, 854 II, 930 III, oder bei einer Hinterlegung des geschuldeten Betrags durch den Drittschuldner, §§ 839, 853, dauert das Pfandrecht des Gläubigers am Hinterlegten fort oder geht auf den Rückforderungsanspruch über.

13  **D. Hinterlegung zur Sicherheit.** Ist nur zur Sicherheit hinterlegt worden, sei es vom Gläubiger, vom Schuldner, § 720a, oder von einem Dritten, so erlangt der Gegner ein Pfandrecht am Hinterlegten oder am Rückforderungsanspruch, §§ 233, 234 BGB. Das Pfandrecht am Hinterlegten steht anstelle eines Pfändungspfandrechts. Es ist daher wie ein Pfändungspfandrecht zu behandeln, § 804, KG OLGZ **74**, 307. Das Pfandrecht erlischt vor allem erst dann, wenn eine besondere Aufhebung erfolgt.

14  **7) Rechtsbehelfe, I–III.** Es kommt auf die Enscheidungsart an.

**A. Gegen Ablieferung.** Der Schuldner und ein betroffener Dritter können bis zur Beendigung der Zwangsvollstreckung durch die Ablieferung die Erinnerung nach § 766 einlegen.

**B. Gegen Hinterlegung.** Der Gläubiger kann gegen die Hinterlegung lediglich die Erinnerung nach § 766 mit der Begründung einlegen, der Gerichtsvollzieher sei fehlerhaft verfahren.

**C. Gegen Verweigerung einer Ablieferung oder Hinterlegung.** Der Gläubiger kann gegen die Verweigerung einer Ablieferung oder Hinterlegung gegen den Gerichtsvollzieher die Erinnerung nach § 766 einlegen, LG Bielef DGZV **93**, 28.

15  **8) VwGO:** *Entsprechend anwendbar im Rahmen der Grdz § 803 Rn 9. Wenn § 5 VwVG eingreift, gilt § 296 II AO.*

1. Titel. Zwangsvollstr. in das bewegl. Vermögen **§ 816**

**816** *Zeit und Ort der Versteigerung.* ¹Die Versteigerung der gepfändeten Sachen darf nicht vor Ablauf einer Woche seit dem Tage der Pfändung geschehen, sofern nicht der Gläubiger und der Schuldner über eine frühere Versteigerung sich einigen oder diese erforderlich ist, um die Gefahr einer beträchtlichen Wertverringerung der zu versteigernden Sache abzuwenden oder um unverhältnismäßige Kosten einer längeren Aufbewahrung zu vermeiden.

ᴵᴵ Die Versteigerung erfolgt in der Gemeinde, in der die Pfändung geschehen ist, oder an einem anderen Ort im Bezirk des Vollstreckungsgerichts, sofern nicht der Gläubiger und der Schuldner über einen dritten Ort sich einigen.

ᴵᴵᴵ Zeit und Ort der Versteigerung sind unter allgemeiner Bezeichnung der zu versteigernden Sachen öffentlich bekanntzumachen.

ᴵⱽ Bei der Versteigerung gelten die Vorschriften des § 1239 Abs. 1 Satz 1, Abs. 2 des Bürgerlichen Gesetzbuchs entsprechend.

*BGB § 1239.*ᴵ ¹Der Pfandgläubiger und der Eigentümer können bei der Versteigerung mitbieten.

ᴵᴵ ¹Das Gebot des Eigentümers darf zurückgewiesen werden, wenn nicht der Betrag bar erlegt wird. ²Das gleiche gilt von dem Gebote des Schuldners, wenn das Pfand für eine fremde Schuld haftet.

### Gliederung

| | |
|---|---|
| 1) Systematik, Regelungszweck, I–IV ... 1 | 4) Bekanntmachung, III .......... 8, 9 |
| 2) Wartefrist, I .......... 2–4 | A. Ausführung .......... 8 |
|   A. Grundsatz: 1 Woche .......... 2 | B. Verstoß .......... 9 |
|   B. Ausnahmen .......... 3 | 5) Entsprechende Anwendbarkeit, IV .... 10, 11 |
|   C. Verstoß .......... 4 |   A. Grundsatz: Auch Gläubiger und Eigentümer als Bieter .......... 10 |
| 3) Ort, II .......... 5–7 |   B. Vestoß .......... 11 |
|   A. Grundsatz: Pfändungsort .......... 5 | 6) Rechtsbehelfe, I–IV .......... 12 |
|   B. Ausnahmen .......... 6 | 7) VwGO .......... 13 |
|   C. Verstoß .......... 7 | |

**1) Systematik, Regelungszweck, I–IV.** Die Vorschrift regelt den in der Praxis wohl wichtigsten Fall **1** der Pfandverwertung. Sie ergänzt den § 814 und wird ihrerseits durch §§ 817–819 ergänzt. Sie dient dem in Einf 1 vor §§ 814–825 genannten Zweck, berücksichtigt aber auch die Schuldnerinteressen durch die grundsätzlich notwendige Wartefrist, wie sie auch sonst verschiedentlich in der Zwangsvollstreckung zu beachten ist.

**2) Wartefrist, I.** Ein Grundsatz hat Ausnahmen. **2**

**A. Grundsatz: 1 Woche.** Zwischen dem Tag der Pfändung nach §§ 808 ff und dem Tag der Versteigerung muß grundsätzlich mindestens 1 Woche und darf in der Regel nicht mehr als 1 Monat liegen, § 142 Z 3 GVGA. Der Zweck der Regelung besteht darin, eine Gelegenheit zur Widerspruchsklage nach § 771 usw zu geben. Wenn die Versteigerung auf Grund einer Anschlußpfändung erfolgen soll, dann beginnt die Frist mit der Anschlußpfändung. Die Frist ist keine Notfrist, § 224 I 2. Ihre Berechnung erfolgt nach § 222. Wenn der Gerichtsvollzieher dem Gläubiger zu einem Antrag auf eine Übereignung nach § 825 rät, darf er nicht sofort einen Versteigerungstermin anberaumen, LG Bln DGVZ **82**, 41.

**B. Ausnahmen.** Die Versteigerung darf zu einem früheren Zeitpunkt nur dann stattfinden, wenn einer **3** der folgenden Fälle vorliegt: Der Gläubiger und der Schuldner müssen sich insofern einig geworden sein. Diese Einigung ist ein Prozeßvertrag, Grdz 48 vor § 128. Sie bindet den Gerichtsvollzieher. Oder: Es müssen eine erhebliche Wertverringerung, Fleischmann/Rupp Rpfleger **87**, 8 (ausf), oder unverhältnismäßig hohe Verwahrungskosten drohen.

**C. Verstoß.** Ein Verstoß gegen die Wartefrist läßt die weitere Zwangsvollstreckung wirksam, ist aber eine **4** Amtspflichtverletzung des Gerichtsvollziehers. Gegen einen Verstoß können sich der Gläubiger und der Schuldner mit der Erinnerung nach § 766 wenden, Fleischmann/Rupp Rpfleger **87**, 11.

**3) Ort, II.** Auch hier stehen einem Grundsatz Ausnahmen gegenüber. **5**

**A. Grundsatz: Pfändungsort.** Die Versteigerung ist grundsätzlich nicht am Aufbewahrungsort, sondern an dem Ort durchzuführen, an dem die Pfändung erfolgte. Das ist der Ort desjenigen Vollstreckungsgerichts, §§ 764, 802, das den Pfändungsbeschluß erlassen hat, Eickmann DGVZ **84**, 67. Daher kommt es auf ein Einverständnis des Schuldners mit dem Ort selbst dann nicht an, wenn es sich auf seinem Grundstück oder in seinen Räumen befindet, Hamm NJW **85**, 75, LG Bayreuth DGVZ **85**, 42, AG Bayreuth DGVZ **84**, 75. Freilich ist Art 13 I, III GG zu beachten. Im Fall des § 824 (vor der Trennung) ist die Zustimmung jedenfalls entbehrlich, LG Bayreuth DGVZ **85**, 42. Der Gerichtsvollzieher kann auch im übrigen im Rahmen eines pflichtgemäßen Ermessens unter Abwägung der berechtigten Interessen der Parteien, der Bieter, der Vorführmöglichkeiten, der Kostenpunkts, die Versteigerung an einem anderen Ort im Bezirk des Vollstreckungsgerichts durchführen.

**B. Ausnahmen.** Außerhalb dieses Bereichs darf die Versteigerung nur dann durchgeführt werden, wenn **6** einer der folgenden Fälle vorliegt: Der Gläubiger und der Schuldner müssen insofern eine Einigung getroffen haben. Diese ist ein Prozeßvertrag, Grdz 48 vor § 128. Er bindet den Gerichtsvollzieher, soweit sein Amtsbezirk reicht. Das Gericht muß eine Anordnung nach § 825 getroffen haben. Sie bindet den Gerichtsvollzieher, Eickmann DGVZ **84**, 66. Er soll auf die Möglichkeit eines Antrags nach § 825 hinweisen, § 142 Z 2 GVGA. Er muß die Sache evtl an den örtlich zuständig werdenden Kollegen abgeben, §§ 29, 30 GVO.

Ein Umzug des Schuldners beeinträchtigt den Pfändungsort nicht, solange die Pfandsache am Ort bleibt. Andernfalls muß der Gerichtsvollzieher das weitere Verfahren an den Gerichtsvollzieher des neuen Wohnorts abgeben, § 32 GVO. Dazu ist kein Verfahren nach § 825 erforderlich.

7  **C. Verstoß.** Bei einem Verstoß bleibt die Zwangsvollstreckung wirksam; es liegt aber eine Amtspflichtverletzung vor. Gegen einen Verstoß können Gläubiger und Schuldner Erinnerung nach § 766 einlegen.

8  **4) Bekanntmachung, III.** Sie erfordert Sorgfalt.

**A. Ausführung.** Jeder Versteigerung muß eine öffentliche Bekanntmachung vorausgehen. Die Bekanntmachung muß den Zeitpunkt und den Ort der Versteigerung sowie eine allgemeine Bezeichnung des Pfandstücks enthalten, die einen Aufschluß über seine Art und Beschaffenheit gibt, um einen möglichst guten Versteigerungserlös zu erzielen, § 143 Z 3 GVGA. Daher muß die Bekanntmachung angemessen rechtzeitig erfolgen; 1 Tag vor dem Termin, § 143 Z 1 GVGA, kann zu spät sein; 4 Tage können ausreichen, LG Mainz RR **98**, 1294. Über die Art der Bekanntgabe entscheidet der Gerichtsvollzieher nach pflichtgemäßem Ermessen unter Beachtung aller Fallumstände, § 143 Z 3 GVGA. Bei einer Versteigerung eines Erbanteils muß klargestellt sein, daß nicht einzelne Gegenstände, sondern eben der ideelle Anteil am Gesamtnachlaß Versteigerungsgegenstand ist, Eickmann DGVZ **84**, 67. Eine solche Bekanntmachung muß auch vor einem etwaigen späteren Termin erfolgen. Das Gesetz schreibt nicht ausdrücklich vor, daß der Gerichtsvollzieher den Gläubiger, den Schuldner und den Drittberechtigten von dem Versteigerungstermin benachrichtigen müsse. Eine solche Pflicht ergibt sich für den Gerichtsvollzieher aus § 142 Z 4 GVGA, die Grenzen dieser Pflicht ergeben sich aus § 763 Rn 2, LG Essen MDR **73**, 414. Trotzdem ist eine rechtzeitige Benachrichtigung auch eine im Grunde selbstverständliche Pflicht des Gerichtsvollziehers.

Bei jeder *Terminsänderung* gelten die vorstehenden Regeln entsprechend, § 143 Z 6 GVGA, auch zB für die Bekanntgabe der Aufhebung des bisherigen Termins. Zur Besichtigung der Pfandsache § 144 GVGA.

9  **B. Verstoß.** Wenn der Gerichtsvollzieher eine in der GVGA vorgeschriebene Benachrichtigung unterläßt, handelt er pflichtwidrig und kann sich schadensersatzpflichtig machen, § 839 BGB. Die GVGA kann das Gericht nicht in der Auswahl der Bekanntmachungsblätter binden, wohl aber den Gerichtsvollzieher. Ein Verstoß beeinträchtigt die Wirksamkeit der weiteren Zwangsvollstreckung nicht.

10  **5) Entsprechende Anwendbarkeit, IV.** Sie sind begrenzt möglich.

**A. Grundsatz: Auch Gläubiger und Eigentümer als Bieter.** § 1239 I 1, II BGB, abgedruckt vor Rn 1, ist entsprechend anzuwenden. Nach dieser Vorschrift sind als Bieter auch der Gläubiger und der Eigentümer zuzulassen. Der Gerichtsvollzieher darf und muß den Eigentümer zurückweisen, wenn dieser den Ersteigerungserlös nicht sogleich in bar erlegt. Dasselbe gilt für ein Gebot des Schuldners, soweit das gepfändete Stück für eine fremde Schuld haftet. Der Gerichtsvollzieher darf nicht selbst mitbieten. Ebensowenig darf ein Gehilfe des Gerichtsvollziehers mitbieten, § 456 BGB, und zwar weder persönlich, noch durch einen anderen, noch für einen anderen. Ein Zweiterwerb vom berechtigten Bieter und Ersteher kann eine Umgehung des § 456 BGB darstellen.

11  **B. Verstoß.** Ein Verstoß gegen diese Vorschriften hindert einen wirksamen Eigentumserwerb, wird aber durch eine Genehmigung aller Beteiligten geheilt, § 458 BGB.

12  **6)** *Rechtsbehelf, I–IV.* Gegen einen Verstoß können der Schuldner und der Gläubiger die Erinnerung nach § 766 einlegen.

13  **7)** *VwGO:* Entsprechend anwendbar im Rahmen der Grdz § 803 Rn 9. Wenn § 5 VwVG eingreift, gilt § 298 AO.

**817** *Hergang bei Versteigerung.* [I] Dem Zuschlag an den Meistbietenden soll ein dreimaliger Aufruf vorausgehen; die Vorschriften des § 156 des Bürgerlichen Gesetzbuchs sind anzuwenden.

[II] Die Ablieferung einer zugeschlagenen Sache darf nur gegen bare Zahlung geschehen.

[III] [1]Hat der Meistbietende nicht zu der in den Versteigerungsbedingungen bestimmten Zeit oder in Ermangelung einer solchen Bestimmung nicht vor dem Schluß des Versteigerungstermins die Ablieferung gegen Zahlung des Kaufgeldes verlangt, so wird die Sache anderweit versteigert. [2]Der Meistbietende wird zu einem weiteren Gebot nicht zugelassen; er haftet für den Ausfall, auf den Mehrerlös hat er keinen Anspruch.

[IV] [1]Wird der Zuschlag dem Gläubiger erteilt, so ist dieser von der Verpflichtung zur baren Zahlung so weit befreit, als der Erlös nach Abzug der Kosten der Zwangsvollstreckung zu seiner Befriedigung zu verwenden ist, sofern nicht dem Schuldner nachgelassen ist, durch Sicherheitsleistung oder durch Hinterlegung die Vollstreckung abzuwenden. [2]Soweit der Gläubiger von der Verpflichtung zur baren Zahlung befreit ist, gilt der Betrag als von dem Schuldner an den Gläubiger gezahlt.

*BGB § 156.* [1]Bei einer Versteigerung kommt der Vertrag erst durch den Zuschlag zustande. [2]Ein Gebot erlischt, wenn ein Übergebot abgegeben oder die Versteigerung ohne Erteilung des Zuschlags geschlossen wird.

**Schrifttum:** *Dünkel,* Öffentliche Versteigerung und gutgläubiger Erwerb, 1970; *Gerlach,* Ungerechtfertigte Zwangsvollstreckung und ungerechtfertigte Bereicherung, 1986; *Huber,* Die Versteigerung gepfändeter

1. Titel. Zwangsvollstr. in das bewegl. Vermögen **§ 817**

Sachen, 1970; *Nikolaou*, Der Schutz des Eigentums an beweglichen Sachen Dritter bei Vollstreckungsversteigerungen, 1993; *Tiedtke*, Gutgläubiger Erwerb ... in der Zwangsvollstreckung, 1985.

**Gliederung**

| | |
|---|---|
| 1) Systematik, Regelungszweck, I–IV ... 1 | 5) Anderweitige Versteigerung, III ....... 10 |
| 2) Geltungsbereich, I–IV ................. 2 |    A. Voraussetzungen ..................... 10 |
| 3) Zuschlag, I ........................... 3–5 |    B. Stellung des früheren Erstehers ........ 10 |
|    A. Meistbietender ..................... 3 | 6) Gläubiger als Ersteher, IV ............ 11 |
|    B. Erstehervertrag ...................... 4 |    A. Grundsatz: Verrechnung ............. 11 |
|    C. Erlöschen des Gebots ................ 5 |    B. Ausnahmen ......................... 11 |
| 4) Ablieferung, II ....................... 6–9 | 7) Rechtsbehelfe, I–IV .................. 12 |
|    A. Übergabe ........................... 6 | 8) *VwGO* ................................ 13 |
|    B. Grundsatz: Kein gutgläubiger Erwerb .. 7, 8 | |
|    C. Ausnahmen ......................... 9 | |

**1) Systematik, Regelungszweck, I–IV.** Die Vorschrift ergänzt §§ 814, 816 und wird ihrerseits durch **1** §§ 817 a, 818 ergänzt. Das privatrechtliche Pfandrecht gibt dem Gläubiger ein Recht zum Verkauf des Pfandes nach dem BGB. Die Vorschriften des BGB sind aber auf die Verwertung eines Pfands aus einem Pfändungspfandrecht unanwendbar. Denn die Pfandverwertung in der Zwangsvollstreckung gehört ganz zum öffentlichen Recht, BGH **55**, 25. Hier handelt das Vollstreckungsorgan als staatliche Behörde, wenn auch zum Nutzen des Gläubigers, Geißler DGVZ **94**, 34. Das Versteigerungsverfahren dient den wohlverstandenen Interessen aller Beteiligten einschließlich des Gereichtsvollziehers. Das ist bei der Auslegung mitzubeachten. Zum Versteigerungshergang Lüke ZZP **68**, 341, Noack JB **73**, 261. Unrichtig ist nur die Ansicht, eine Verwertung sei der Ausfluß der Pfändung und nicht des Pfandrechts, darüber Üb 8, 9 vor § 803.

**2) Geltungsbereich, I–IV.** Die ZPO regelt nur den schuldrechtlichen Vertrag, den der Ersteher mit dem **2** Staat schließt und der ihm einen Übereignungsanspruch, nämlich denjenigen auf die Ablieferung an ihn, Rn 6, gibt. § 145 GVGA regelt die Versteigerung näher. Wenn Pachtinventar versteigert wird, das durch eine Niederlegung des Verpfändungsvertrags verpfändet und auf Grund eines vollstreckbaren Titels gepfändet worden ist, dann sind die §§ 1241–1249 BGB nach §§ 10, 11 PachtkreditG anzuwenden.

**3) Zuschlag, I.** Er hat zentrale Bedeutung. **3**

**A. Meistbietender.** Der Zuschlag ist eine hoheitliche Maßnahme, Rn 1. Er ist dem Meistbietenden zu erteilen. Er wird mit seiner Verkündung wirksam. Der Gläubiger ist als Ersteher zugelassen, IV, selbst wenn er die Sache auf Abzahlung verkauft hat, BGH **55**, 59, LG Bielfeld NJW **70**, 337. In einem solchen Fall findet anders als bei § 825, dort Rn 7, keine auch nur summarische Prüfung des VerbrKrG und insofern auch keine Erinnerung statt. Denn eine derartige Abwägung ist nicht die Aufgabe des Gerichtsvollziehers, LG Bielefeld NJW **70**, 338. Anwendbar sind aber die §§ 767, 769. Der dreimalige Aufruf ist eine Sollvorschrift. Ein Verstoß ist für den Zuschlag unerheblich.

**B. Erstehervertrag.** Durch den Zuschlag kommt ein öffentlichrechtlicher Vertrag zwischen dem Erste- **4** her und dem Staat, vertreten durch den Gerichtsvollzieher, zustande, Mü DGVZ **80**, 123, MüKoSchi 3, ThP 2, aM Geißler DGVZ **94**, 34, StJM 4, ZöStö 7 (es handle sich um einen rein öffentlichrechtlichen Vorgang). Wie die Verweisung auf § 156 BGB klarstellt, ist das *Gebot* ein Antrag zum Abschluß des Vertrags und eine Prozeßhandlung, Grdz 46 vor § 128, Eickmann DGVZ **84**, 71. Dieses Gebot duldet keine Bedingung. Es ist nur bei Einhaltung des Mindestbetrags nach § 817 a beachtlich. Es ist grundsätzlich im Termin zu erklären, LG Itzehoe DGVZ **78**, 122. Das Gebot gibt aber dem Bieter anders als bei § 81 I ZVG kein Recht auf den Zuschlag. Allerdings ist die Versagung des Zuschlags ohne einen gesetzlichen Grund und ohne eine Ermächtigung des Gläubigers eine Amtspflichtverletzung.

Der *Gläubiger* kann die Erteilung des Zuschlags versagen. Denn er kann das Verfahren ja als Herr der Zwangsvollstreckung jederzeit zum Ende bringen, Grdz 37 vor § 704. Mit einer solchen Untersagung stundet der Gläubiger allerdings; er verzichtet sogar je nach der Sachlage auf eine Verwertung des Pfands und damit auf sein Pfandrecht.

**C. Erlöschen des Gebots.** Ein Gebot bindet gemäß § 145 BGB. Es erlischt, wenn einer der folgen- **5** den Fälle eintritt: Ein anderer Bieter muß ein Übergebot abgegeben haben, also ein Gebot zu einem höheren Nennbetrag; die Versteigerung muß geschlossen worden sein, ohne daß ein Zuschlag erteilt worden ist; das Gebot muß zurückgewiesen worden sein, § 146 BGB. Die Entfernung des Bieters ist unerheblich. Die Zurückweisung muß ausgesprochen werden, wenn das Gebot nicht ordnungsgemäß ist; bis zur Erteilung des Zuschlags darf die Zwangsvollstreckung eingestellt werden, später nur auf Veranlassung des Gläubigers.

Ein *Verstoß* gegen sie hat prozessual keine Folgen, stellt aber eine Amtspflichtverletzung dar.

**4) Ablieferung, II.** Grundsatz und Ausnahmen stehen sich gegenüber. **6**

**A. Übergabe.** Der Gerichtsvollzieher hat die versteigerte Sache an den Meistbietenden abzuliefern. Die Ablieferung darf freilich nur Zug um Zug, § 756 Rn 2, gegen eine Barzahlung geschehen, es sei denn, daß der Gläubiger und der Schuldner einer abweichenden Lösung zustimmen, Eickmann DGVZ **84**, 68. Erst mit der Ablieferung geht das Eigentum auf den Ersteher über, abweichend von § 90 I ZVG, weil die Zahlung abzuwarten ist. Die Ablieferung ist eine körperliche Übergabe, die Übertragung des unmittelbaren Besitzes mit Übereignungswillen, § 929 BGB, keine bloße Erklärung, also nicht gemäß §§ 930, 931 BGB, es sei denn, daß die versteigerte Sache anderswo lagert oder daß der Gläubiger zugleich das Grundstück ersteigert, zu dem das nach II gehörende Sache gehört, Köln DGVZ **96**, 59. Der Gerichtsvollzieher muß den Erlös an den Gläubiger abführen. Damit ist diese Zwangsvollstreckung beendet. Der Staat haftet ab

## §§ 817, 817a  8. Buch. 2. Abschnitt. ZwV wegen Geldforderungen

Übergabe an den Ersteigerer grundsätzlich nicht mehr für die Verwahrung des ersteigerten Gegenstands, LG Heidelb DGVZ **91**, 138.

**7**  **B. Grundsatz: Kein gutgläubiger Erwerb.** Die Zwangsvollstreckung läßt für die Möglichkeit eines Erwerbes durch einen guten Glauben grundsätzlich keinen Raum, BGH **119**, 76, StJM **24**, ZöStö **8**, aM BGH **104**, 303, Pesch JR **93**, 365. Das Eigentum des Schuldners an der Pfandsache ist ja überhaupt für die Frage unerheblich, ob die Zwangsvollstreckung rechtmäßig durchgeführt wird; vgl aber auch § 772 Rn 3. Wenn die Pfändung sowie die Versteigerung und Ablieferung wirksam erfolgt war, erwirbt der Empfänger der ersteigerten Sache das Eigentum kraft hoheitlicher Gewalt grundsätzlich unabhängig davon, ob dem Schuldner die Sache wirklich gehört hat. Daher sind §§ 929–936 BGB auch nicht entsprechend anwendbar, Geißler DGVZ **94**, 36, StJM **21**, ThP **8**, aM Pinger JR **73**, 94.

**8**  Der durch einen solchen Rechtsübergang geschädigte wahre Eigentümer muß nach §§ 812ff BGB, 771 ZPO vorgehen, Mü WertpMitt **72**, 760, Gaul NJW **89**, 2515. Da der Ersteher das Eigentum vom Schuldner erwirbt, erwirbt er es lastenfrei, BGH **55**, 20. Das Recht eines Dritten, auch eine Anwartschaft, erlischt, BGH **55**, 20. Die Pfandverstrickung, Üb 6 vor § 803, ist beendet. An die Stelle der Sache tritt der Erlös, § 819. Ein Dritter ist auf diesen Erlös verwiesen, § 805. Trotzdem ist der Dritte ein Rechtsnachfolger des Schuldners im Sinne von §§ 265, 325.

**9**  **C. Ausnahmen.** Die Pfändung kann allerdings ganz unwirksam sein, etwa in folgenden Fällen: Die Versteigerung ist durch jemanden durchgeführt worden, der kein Gerichtsvollzieher war; die Sache war in Wahrheit überhaupt nicht wirksam gepfändet worden, Eickmann DGVZ **84**, 66. Dann würde nicht bloß eine Ordnungsvorschrift, zB III, mißachtet, Grdz 57 vor § 704. In einem solchen Fall kann ein schlechtgläubiger Ersteher das Eigentum ohnehin nicht erwerben, ein gutgläubiger schon deshalb nicht, weil der Gerichtsvollzieher als eine Amtsperson und nicht als ein Eigentümer veräußert hat, ThP **9**, aM Lindacher JZ **70**, 360 (schädlich sei nur die Kenntnis des Erwerbers vom Fehlen der Pfändung). Eine Ablieferung der Sache ohne den Empfang der Barzahlung wäre eine Überschreitung der sachlichen Zuständigkeit des Gerichtsvollziehers. In einem solchen Fall geht das Eigentum nicht wirksam über, Einf 5 vor §§ 814–825.

**10**  **5) Anderweitige Versteigerung, III.** Sie erfolgt zu selten.
**A. Voraussetzungen.** Eine Barzahlung muß zu demjenigen Zeitpunkt, der in den Versteigerungsbedingungen vorgesehen war, und wenn eine solche Bestimmung fehlt, vor dem Schluß des Versteigerungstermins erfolgen. Wenn der Ersteher den Preis in bar bezahlt, dann kann er die Übergabe der Sache Zug um Zug gegen die Zahlung verlangen. Wenn der Ersteher seine Verpflichtung nicht erfüllt, dann wird der Vertrag, also der Zuschlag, hinfällig. Die Sache ist dann sofort oder später zu einem dann wiederum nach § 816 III bekanntzugebenden neuen Termin anderweit zu versteigern.
**B. Stellung des früheren Erstehers.** Dieser Ersteher darf nicht wieder zu einem Gebot zugelassen werden. Wenn eine neue Versteigerung einen höheren Erlös bringt, nützt das dem ersten Ersteher nichts. Er haftet aber dann, wenn eine neue Versteigerung nur einen geringeren Erlös bringt, für den Ausfall, den auch Kosten verursachen können. Diese Haftung muß der Gläubiger oder der Schuldner gegenüber dem ersten Ersteher durch eine Klage geltend machen.

**11**  **6) Gläubiger als Ersteher, IV.** Meist verrechnet er einfach.
**A. Grundsatz: Verrechnung.** Der Gläubiger braucht nur die Kosten der Zwangsvollstreckung, § 788, einschließlich der Kosten der Versteigerung und den etwaigen Mehrbetrag seines Gebots gegenüber seinem Anspruch und im Fall einer Austauschpfändung den aus dem Erlös dem Schuldner nach § 811 a I zu überlassenden Betrag in bar zu entrichten. Im übrigen verrechnet das Gesetz seine Schuld als Ersteher auf seine Forderung als Gläubiger, LG Itzehoe DGVZ **78**, 122.
**B. Ausnahmen.** Wenn der Erlös zu hinterlegen ist, sei es deshalb, weil nachgelassen war, die Zwangsvollstreckung durch Hinterlegung abzuwenden, §§ 711, 712 I 1, 720, oder wegen einer Mehrpfändung oder einer Anschlußpfändung, §§ 804 III, 826, 827 II, III, dann muß der Gläubiger voll in bar bezahlen. Dies gilt aber nur, wenn der Hinterlegungsbeschluß schriftlich abgefaßt worden ist und nicht nur in Aussicht steht.

**12**  **7) Rechtsbehelfe, I–IV.** Bis zur Ablieferung ist die Erinnerung nach § 766 statthaft, soweit es um das bisherige Verfahren geht. Nach der Ablieferung wegen der mit ihr verbundenen Eigentumsübergangswirkung die Erinnerung nur noch wegen der Erlösverteilung zulässig.

**13**  **8) VwGO:** I–III sind entsprechend anwendbar in allen Fällen der Vollstreckung wegen Geldforderungen, Grdz § 803 Rn 9; wenn § 5 VwGO eingreift, gilt § 299 AO. IV gilt nicht in den Fällen des § 169 I VwGO.

## 817a

**Mindestgebot.** ¹¹Der Zuschlag darf nur auf ein Gebot erteilt werden, das mindestens die Hälfte des gewöhnlichen Verkaufswertes der Sache erreicht (Mindestgebot). ²Der gewöhnliche Verkaufswert und das Mindestgebot sollen bei dem Ausbieten bekanntgegeben werden.

II ¹Wird der Zuschlag nicht erteilt, weil ein das Mindestgebot erreichendes Gebot nicht abgegeben ist, so bleibt das Pfandrecht des Gläubigers bestehen. ²Er kann jederzeit die Anberaumung eines neuen Versteigerungstermins oder die Anordnung anderweitiger Verwertung der gepfändeten Sache nach § 825 beantragen. ³Wird die anderweitige Verwertung angeordnet, so gilt Absatz 1 entsprechend.

III ¹Gold- und Silbersachen dürfen auch nicht unter ihrem Gold- oder Silberwert zugeschlagen werden. ²Wird ein den Zuschlag gestattendes Gebot nicht abgegeben, so kann der Gerichtsvollzieher den Verkauf aus freier Hand zu dem Preise bewirken, der den Gold- oder Silberwert erreicht, jedoch nicht unter der Hälfte des gewöhnlichen Verkaufswertes.

**1) Systematik, Regelungszweck, I–III.** Während § 817 den Hergang bei der Versteigerung im allgemeinen regelt, stellt § 817a Grenzen der Zulässigkeit dieser Pfandverwertungsart dar. Ähnliche Regelungen enthalten § 74a ZVG und § 300 AO, Düss RR **92**, 1246. Der Gerichtsvollzieher darf den Zuschlag zum Schutz des Schuldners vor seiner Vermögensverschleuderung, Art 14 I GG, BVerfG **46**, 332, ThP 1, aM Düss RR **92**, 1246 (auch zum Schutz der Allgemeinheit), grundsätzlich nur dann erteilen, wenn das Mindestgebot erreicht worden ist, Noack JB **73**, 261. Dieser Schutz erstreckt sich auch auf jeden etwaigen weiteren Versteigerungstermin und geht daher erheblich weiter als bei § 74a ZVG. Das ist bei der Auslegung mitzubeachten. 1

**2) Mindestgebot, I–III.** Es hat wesentliche, nicht unproblematische Bedeutung. 2

**A. Geltungsbereich.** Als Mindestgebot ist grundsätzlich dasjenige Gebot anzusehen, das mindestens die Hälfte des gewöhnlichen Verkaufswerts beträgt, Ffm VersR **80**, 50. Der gewöhnliche Verkaufswert ist durch eine Schätzung nach § 813 zu ermitteln, (dort Rn 2ff, LG Bayreuth DGVZ **85**,42. Vor einer Herabsetzung des Mindestgebots sind die Beteiligten anzuhören, Art 103 I GG, § 145 Z 2f GVGA. Soweit ein Preis festgesetzt wird, etwa von einem Buch, darf das Mindestgebot nicht unter diesem Preis liegen, § 813 Rn 2. Der Gerichtsvollzieher muß ein danach unzulässiges Gebot zurückweisen. Wenn mehrere gleichhohe Gebote vorliegen, muß das Los entscheiden. Für Wertpapiere, die einen Börsen- oder Marktpreis haben, gilt § 821. Insofern findet also keine Versteigerung statt.

Der Gerichtsvollzieher muß den gewöhnlichen Verkaufswert und das Mindestgebot beim Ausbieten *bekanntgeben*, I 2. Wegen der Besonderheiten für die Festsetzung des Mindestgebots für Ersatzteile, auf die sich ein Registerpfandrecht an einem Luftfahrzeug nach § 71 LuftfzRG erstreckt, § 100 LuftfzRG. Auf eine Rechtsversteigerung, etwa die Versteigerung eines Erbanteils, ist § 817a nicht entsprechend anwendbar, § 844 Rn 8, 9.

I wird *unanwendbar*, wenn ein Verfahren nach II nicht stattfinden kann. Das gilt, wenn die Gefahr einer beträchtlichen Wertminderung oder die Gefahr einer Ansammlung von unverhältnismäßig hohen Verwaltungskosten besteht, so daß eine sofortige Versteigerung notwendig wird, Rn 4, 5, § 816 I.

**B. Verstoß.** Wenn der Gerichtsvollzieher gegen diese Vorschriften verstößt, ist die Versteigerung meist ungültig, Einf 5 vor §§ 814–825, StJM 7, aM Geißler DGVZ **94**, 37, ThP 3, ZöStö 6. Bei einem andersartigen Verstoß bleibt die Versteigerung wirksam. Der Gerichtsvollzieher hat im übrigen bei jedem Verstoß eine Amtspflichtverletzung begangen, Ffm VersR **80**, 50, KG RR **86**, 202. Sie kann die Staatshaftung auslösen, Art 34 GG, § 839 BGB, Ammermann MDR **75**, 458. Gegen den Ersteher und den Gläubiger besteht aber evtl kein Anspruch. KG RR **86**, 202 billigt evtl einem Dritten einen zivilrechtlichen Anspruch gegen den Gerichtsvollzieher zu. 3

**3) Nichterreichung, II.** Das Verfahren verläuft einfach. 4

**A. Zuschlagserteilung.** Wird das Mindestgebot nicht erreicht, so darf der Gerichtsvollzieher dem Bieter den Zuschlag nur dann erteilen, wenn der Gläubiger und der Schuldner mit dem Zuschlag einverstanden sind, § 145 Z 2c GVGA. Die Rechtslage ist insofern anders als bei einer Unpfändbarkeit nach § 811. § 817a kann in einem solchen Fall auch überhaupt unanwendbar sein, Rn 2. Das Pfandrecht des Gläubigers bleibt dann bestehen.

**B. Neuer Versteigerungstermin.** Auf einen Antrag des Gläubigers muß der Gerichtsvollzieher einen neuen Verwertungsversuch unternehmen. Für diesen weiteren Versuch ist im sehr wesentlichen Gegensatz zu § 74a IV ZVG (kein Mindestwert mehr zu beachten) wiederum I anwendbar. I gilt entsprechend, wenn der Gläubiger eine anderweitige Verwertung nach § 825 beantragt. 5

**C. Aufhebung der Pfändung.** Wenn anzunehmen ist, daß auch ein dritter Versuch der Versteigerung oder ein neuer Versuch einer anderweitigen Verwertung ergebnislos bleiben werden, dann muß das Vollstreckungsgericht die Pfändung in sinngemäßer Anwendung von § 803 II auf Grund einer Erinnerung des Schuldners nach § 766 aufheben. Die Pfändung wird aber nicht von Amts wegen und auch nicht vom Gerichtsvollzieher aufgehoben, aM § 145 Nr 2c I GVGA, ThP 2, ZöStö 4. 6

**4) Gold- und Silbersachen, III.** Sie erfordern Sonderregeln. 7

**A. Besonderheiten.** Für sie gelten Besonderheiten. Soweit es sich um Kostbarkeiten handelt, muß ein Sachverständiger eine Schätzung vornehmen, § 813 Rn 3. Für die Verwertung ist entscheidend, ob der Metallwert oder aber der halbe Verkaufswert höher sind. Unter dem höheren Wert darf der Zuschlag nicht erfolgen. Unter diesem höheren Wert darf die Sache auch nicht freihändig verkauft werden, falls kein entsprechend höheres Gebot vorliegt und deswegen der Zuschlag nicht erteilt worden ist. Andere Edelmetalle sind entsprechend III zu behandeln.

**B. Verstoß.** Ein Verstoß gegen diese Regeln bedeutet eine Überschreitung der sachlichen Zuständigkeit des Gerichtsvollziehers und macht den Verkauf unwirksam, Einf 5 vor §§ 814–825, aM LG Essen DGVZ **93**, 138 (Amtshaftung). Andere Edelmetalle sind entsprechend III zu behandeln. 8

**5) Rechtsbehelf, I–III.** Vgl § 817 Rn 12. 9

**6) *VwGO*:** Entsprechend anwendbar im Rahmen der Grdz § 803 Rn 9. Wenn § 5 VwVG eingreift, gilt § 300 AO. 10

## § 818 Einstellung der Versteigerung.
**Die Versteigerung wird eingestellt, sobald der Erlös zur Befriedigung des Gläubigers und zur Deckung der Kosten der Zwangsvollstreckung hinreicht.**

1  **1) Systematik, Regelungszweck.** Die Vorschrift ist eine Übernahme des in § 803 II für den vorangegangenen Vollstreckungsabschnitt aufgestellten Grundsatzes: Die Versteigerung mehrerer Sachen muß eingestellt werden, sobald der Erlös eines Teils dieser Sachen den gesamten Anspruch des Gläubigers einschließlich aller Kosten der Zwangsvollstreckung, § 788, also auch aller Kosten der Versteigerung, deckt. Wenn mehrere Pfandstücke zu versteigern sind, dann muß der Gerichtsvollzieher also ständig prüfen, ob die Deckung erreicht ist. Der Gerichtsvollzieher darf das Recht eines Dritten nach §§ 771, 805 nur dann beachten, wenn ein solches Recht urteilsmäßig feststeht oder wenn der Schuldner in seine Beachtung aktenkundig einwilligt. Eine Anschlußpfändung, §§ 826, 827, ist zu berücksichtigen, findet aber nur dann statt, wenn die Frist des § 816 I verstrichen ist oder wenn Gläubiger und Schuldner einverstanden sind. Die nicht mehr zu versteigernden restlichen Pfandsachen und der etwaige Überschuß des Erlöses sind dem Schuldner auszuhändigen.

2  **2) Verstoß.** Wenn der Gerichtsvollzieher gegen § 818 verstößt, begeht er eine Amtspflichtverletzung. Über das Erlöschen des Pfandrechts § 804 Rn 14.

3  **3) Rechtsbehelf.** Vgl § 817 Rn 12.

4  **4) VwGO:** Entsprechend anwendbar in allen Fällen der Vollstreckung wegen Geldforderungen, Grdz § 803 Rn 9. Wenn § 5 VwVG eingreift, gilt § 301 I AO.

## § 819 Wirkung der Empfangnahme des Erlöses.
**Die Empfangnahme des Erlöses durch den Gerichtsvollzieher gilt als Zahlung von seiten des Schuldners, sofern nicht dem Schuldner nachgelassen ist, durch Sicherheitsleistung oder durch Hinterlegung die Vollstreckung abzuwenden.**

**Schrifttum:** *Gerlach,* Ungerechtfertigte Zwangsvollstreckung und ungerechtfertigte Bereicherung, 1986.

1  **1) Systematik, Regelungszweck.** Die Vorschrift regelt den Zeitpunkt, in dem die Befriedigung und damit das Ziel der Vollstreckung eintritt. Sie dient damit der Rechtssicherheit, Einl III 43, und ist entsprechend streng auszulegen.

2  **2) Rechte des Erstehers.** Sobald der Gerichtsvollzieher den Versteigerungserlös empfangen hat, gilt die Zahlung des Schuldners als erfolgt. Der Empfang wirkt also wie die Wegnahme von Geld, § 815 Rn 6. Daher geht die Gefahr mit diesem Zeitpunkt grundsätzlich (Ausnahme: Vollstreckungsnachlaß) auf den Gläubiger über. Der Gläubiger erlangt aber dadurch, daß der Gerichtsvollzieher den Erlös vom Ersteher empfängt, an diesem Erlös noch kein Eigentum, und die Zwangsvollstreckung ist noch nicht beendet. Das Pfändungspfandrecht und die Verstrickung, Üb 6 vor § 803, ergreifen den Erlös, sog Surrogation, und erlöschen erst dann, wenn der Gerichtsvollzieher den Erlös an den Gläubiger abführt, ihn also dem Gläubiger übergibt, LG Bln DGVZ **83**, 93. Der Gerichtsvollzieher hat die Amtspflicht, den Erlös nach dem Abzug der Kosten der Zwangsvollstreckung unverzüglich an den Gläubiger abzuführen, §§ 169, 170 GVGA, § 815 Rn 1, Alisch DGVZ **79**, 85, soweit nicht eine Hinterlegung nach § 720 zu erfolgen hat, soweit er nicht das Recht eines Dritten aus § 805 IV auf Grund eines Urteils oder Rechte aus einer Mehrpfändung oder Anschlußpfändung berücksichtigen muß, §§ 826, 827 II, III, und soweit nicht §§ 854 II, 930 III anwendbar sind. Die Verrechnung des Erlöses auf den Hauptanspruch, auf die Zinsen und auf die Kosten erfolgt nach § 367 BGB. Eine anderweitige Bestimmung durch den Schuldner ist wirkungslos. Wegen der Anschlußpfändung, auch bei einem Übererlös, § 826 Rn 2, 3. Den Überschuß erhalten der Schuldner oder der Eigentümer.

3  **3) Rechte des wahren bisherigen Eigentümers.** Wenn in Wahrheit ein anderer der Eigentümer der Sache war, dann hat dieser andere einen Anspruch aus ungerechtfertigter Bereicherung, §§ 812 ff BGB, Schmidt JZ **87**, 891. Dieser Anspruch besteht aber abweichend vom Grundsatz Einf 4 vor §§ 771–774 hier nicht *gegenüber dem Ersteher,* § 817 Rn 7, und auch nicht gegenüber dem empfangenden Gläubiger, sondern *gegenüber dem Schuldner,* Gloede JR **73**, 99, Günther AcP **178**, 456, aM ThP 7 (der Bereicherungsanspruch bestehe sowohl gegenüber dem Gläubiger als auch gegenüber dem Schuldner), Kaehler JR **72**, 445 (der Bereicherungsanspruch bestehe nur gegenüber dem Gläubiger). Über den Fall der Sicherheitsleistung oder Hinterlegung § 815 Rn 9.

4  **4) Rechtsbehelfe.** Da die Ablieferungspflicht öffentlichrechtlich ist, haben der Gläubiger, Schuldner und ein berechtigter Dritter bei einem Verstoß des Gerichtsvollziehers die Möglichkeit der Erinnerung, § 766. Der Schuldner kann evtl auch (oder nur) aus § 767 klagen. Ein berechtigter Dritter hat vor dem Zeitpunkt der Abführung des Erlöses auch die Möglichkeit einer Klage nach §§ 771, 805, und hinterher die Möglichkeit einer Bereicherungs- oder Ersatzklage, §§ 812 ff BGB, LG Dortm BB **86**, 1538 (zustm Ziebe).

5  **5) VwGO:** Entsprechend anwendbar im Rahmen der Grdz § 803 Rn 9. Wenn § 5 VwVG eingreift, gilt § 301 II AO.

## § 820 (weggefallen)

1. Titel. Zwangsvollstr. in das bewegl. Vermögen  §§ 821, 822

**821** *Wertpapiere im allgemeinen.* **Gepfändete Wertpapiere sind, wenn sie einen Börsen- oder Marktpreis haben, von dem Gerichtsvollzieher aus freier Hand zum Tageskurse zu verkaufen und, wenn sie einen solchen Preis nicht haben, nach den allgemeinen Bestimmungen zu versteigern.**

**Schrifttum:** *Schmalz,* Die Zwangsvollstreckung in Blankowechsel, Diss Ffm 1961.

**1) Systematik, Regelungszweck.** Die Vorschrift regelt, ergänzt durch §§ 822, 823, die Verwertung **1** einer besonderen Art gepfändeter Sachen und stellt den grundsätzlichen Vorrang des freihändigen Verkaufs fest. Sie eröffnet damit eine Verwertungsart, wie sie auch bei § 825 möglich ist, dort aber von einem Antrag abhängt, während sie bei § 821 von Amts wegen zu beachten ist. Die hilfsweise Rückverweisung auf §§ 814–819 zeigt auch den Zweck des § 821: Im Interesse sowohl des Gläubigers als auch des Schuldners soll eine Verwertung unter dem wahren Wert verhindert werden, wie sie ja in den Grenzen von § 817 a I 1, II möglich wäre. Damit dient § 821 der Gerechtigkeit, Einl III 9, und ist entsprechend auszulegen.

**2) Geltungsbereich,** dazu *Weimar* JB 82, 357: Wertpapiere im Sinne der ZPO sind nur solche im engeren **2** Sinn, dh solche, bei denen die Ausübung des verbrieften Rechts von der Inhaberschaft der Urkunde abhängt, also das Recht aus dem Papier dem Recht an dem Papier folgt. Es ist unerheblich, ob es sich um ein Namenspapier oder um ein Inhaberpapier handelt.

**3) Beispiele zur Frage der Anwendbarkeit** **3**
**Ausländische Banknote:** Auf sie ist § 821 anwendbar.
**Ausweispapier:** Auf dieses ist § 821 unanwendbar. Gemeint ist ein Papier, das nicht das Recht verkörpert, sondern nur den Inhaber als den Betroffenen ausweist, etwa ein Sparbuch (bei einem Postsparbuch vgl § 831 Rn 1).
**Beweisurkunde:** Auf eine reine Beweisurkunde ist § 821 unanwendbar. Das gilt zB für einen Schuldschein, denn bei ihm ist das Recht vom Papier unabhängig. Insoweit erfolgt die Verwertung nach § 835. Vgl § 156 GVGA.
**Börsen- und Marktpreis:** § 813 Rn 2.
**Depotschein:** Auf ihn ist § 821 unanwendbar.
**Eintrittskarte:** Auf sie ist § 821 anwendbar.
**Hypothekenbrief:** Er ist nicht selbständig pfändbar, § 830 Rn 1. **4**
**Indossables Papier:** Auf dieses ist § 821 anwendbar, soweit es kein Forderungsrecht verbrieft; es gilt dann wie eine Namensaktie. Für andere indossable Papiere gilt § 831.
**Inhaberaktie:** Auf sie ist § 821 anwendbar, *Bauer* JB 76, 869.
**Inhaberschuldverschreibung:** Auf sie ist § 821 anwendbar. Das gilt zB: Für einen Pfandbrief; für eine Kommunalschuldverschreibung.
**Investmentanteilschein:** Auf ihn ist § 821 anwendbar, LG Bln Rpfleger **70**, 361.
**Kux:** Auf ihn ist § 821 anwendbar. **5**
**Legitimationspapier:** Rn 2 „Ausweispapier".
**Lotterielos:** Auf dieses ist § 821 anwendbar.
**Pfandschein:** Auf ihn ist § 821 unanwendbar.
**Scheck:** Auf ihn ist § 821 anwendbar. Das gilt auch für einen Verrechnungsscheck, LG Gött NJW **83**, 635.
**Sparbuch:** Rn 2 „Ausweispapier".
**Steuergutschein:** Auf ihn ist § 821 anwendbar.
**Versicherungsschein:** Auf ihn ist § 821 unanwendbar.
**Wechsel:** Auf ihn ist § 821 anwendbar, aM ZöStö 6.

**4) Pfändung.** In der Zwangsvollstreckung gilt ein Wertpapier als eine körperliche Sache, wird also nach **6** §§ 808 ff gepfändet. Dies gilt auch bei einem indossablen Papier. Es ist zwar wie Geld zu pfänden, aber wie eine Forderung zu verwerten, § 831. Die Pfändung des Wertpapiers erstreckt sich auf das verbriefte Recht. Bei einem Traditionspapier, wie einem Konnossement, einem Lagerschein, einem Ladeschein, ergreift die Pfändung des Papiers nicht das Gut. Denn eine dingliche Wirkung setzt die Übergabe des Papiers voraus. Bei einem Ausweispapier ist eine Hilfspfändung möglich, § 808 Rn 3.

**5) Verwertung.** Es kommt auf die Wertpapierart an. **7**
**A. Börsen- oder Marktpreis.** Ein Wertpapier, das am Ort der Zwangsvollstreckung oder am Ort des Börsen- oder Handelsbezirks börsen- oder marktgängig ist, wird vom Gerichtsvollzieher unverzüglich (keine abwartende, wenn auch gutgemeinte, Spekulation!) durch einen freihändigen Verkauf zum Tageskurs gegen Barzahlung, § 817 II, verwertet. Wenn das Papier einen Börsen- oder Marktpreis nur an einem anderen Ort hat, dann ist nach § 825 zu verfahren. Der Gerichtsvollzieher darf eine Mittelsperson hinzuziehen, etwa eine Bank oder einen Börsenmakler.
**B. Anderes Wertpapier.** Ein anderes Wertpapier ist durch eine gewöhnliche öffentliche Versteigerung **8** zu verwerten, §§ 814, 817, 817 a. Einen Scheck, auch einen Verrechnungsscheck, legt der Gerichtsvollzieher der bezogenen Bank vor und händigt den Erlös dem Gläubiger aus, LG Gött NJW **83**, 635.

**6)** *VwGO:* Entsprechend anwendbar im Rahmen der Grdz § 803 Rn 9. Wenn § 5 VwVG eingreift, gilt § 302 AO. **9**

**822** *Namenspapiere.* **Lautet ein Wertpapier auf Namen, so kann der Gerichtsvollzieher durch das Vollstreckungsgericht ermächtigt werden, die Umschreibung auf den Namen des Käufers zu erwirken und die hierzu erforderlichen Erklärungen an Stelle des Schuldners abzugeben.**

**1** **1) Systematik, Regelungszweck.** Es handelt sich um eine Ergänzung zu § 821 mit Vorrang in ihrem Geltungsbereich zwecks Vereinfachung und Verbilligung der Verwertung im wohlverstandenen Interesse beider Parteien. § 823 hat als eine nochmals speziellere Vorschrift Vorrang.

**2** **2) Geltungsbereich: Namenspapier.** Ein Wertpapier auf den Namen, zB eine Namensaktie, ein Immobilien-Zertifikat, LG Bln Rpfleger **70**, 361, muß vom Gerichtsvollzieher auf den Namen des Käufers umgeschrieben werden, nachdem das Vollstreckungsgericht eine Ermächtigung dazu erteilt hat, Bauer JB **76**, 873. Zuständig ist der Rpfl, § 20 Z 17 RPflG, Anh § 153 GVB. Antragsberechtigt sind: Der Gerichtsvollzieher; der Gläubiger; der Erwerber; der Schuldner, ZöStö 1, aM ThP 1 (nur auf Antrag des Gerichtsvollziehers oder des Gläubigers). Das Gericht muß eine solche Ermächtigung erteilen; „kann" bezeichnet nur den Machtbereich.

§ 822 ist anwendbar, wenn eine *Umschreibung* in einem Verzeichnis oder auf dem Papier selbst, durch ein Indossament, zu bewirken ist und soweit nicht § 831 anwendbar ist. Im ersten Fall muß der Gerichtsvollzieher die Umschreibung auf dem Papier vermerken und das Papier dem Käufer übergeben. Vgl ferner § 823.

*Kosten* des Gerichts: § 788 I; des Anwalts: § 58 I BRAGO; des Gerichtsvollziehers: Gebührenfrei, GVKostGr Nr 1 III d, Auslagen § 35 I Z 7 GVKostG.

**3** *3) VwGO: Entsprechend anwendbar im Rahmen der Grdz § 803 Rn 9. Wenn § 5 VwVG eingreift, gilt § 303 AO.*

---

**823** *Außer Kurs gesetzte Papiere.* **Ist ein Inhaberpapier durch Einschreibung auf den Namen oder in anderer Weise außer Kurs gesetzt, so kann der Gerichtsvollzieher durch das Vollstreckungsgericht ermächtigt werden, die Wiederinkurssetzung zu erwirken und die hierzu erforderlichen Erklärungen an Stelle des Schuldners abzugeben.**

**1** **1) Systematik, Regelungszweck.** Neben § 822 enthält § 823 Sonderregeln gegenüber § 821 und geht auch dem § 822 nochmals vor, und zwar aus denselben Gründen wie § 822, dort Rn 1.

**2** **2) Geltungsbereich: Außer Kurs gesetztes Papier.** Ein Außerkurssetzen von Wertpapieren kennt das jetzige Recht nicht, Art 176 EG BGB. § 823 gilt aber entsprechend für die Beseitigung der Umwandlung eines Inhaberpapiers in ein Namenspapier durch eine Wiederumschreibung, §§ 806 BGB, 24 II AktG, vgl § 155 Z 3 GVGA. Zuständig ist der Rpfl, § 20 Z 17 RPflG. Wegen des Antragsrechts § 822 Rn 2.

**3** *3) VwGO: Entsprechend anwendbar im Rahmen der Grdz § 803 Rn 9. Wenn § 5 VwVG eingreift, gilt § 303 AO.*

---

**824** *Versteigerung von Früchten auf dem Halm.* **¹Die Versteigerung gepfändeter, von dem Boden noch nicht getrennter Früchte ist erst nach der Reife zulässig. ²Sie kann vor oder nach der Trennung der Früchte erfolgen; im letzteren Falle hat der Gerichtsvollzieher die Aberntung bewirken zu lassen.**

**1** **1) Systematik, Regelungszweck, S 1, 2.** § 824 ergänzt den § 810. Die Vorschrift dient der Prozeßwirtschaftlichkeit, Grdz 14 vor § 128, ebenso wie § 810, freilich nur in den Grenzen der Vernünftigkeit (ab Reife) und damit unter Beachtung des Grundsatzes der Verhältnismäßigkeit, Grdz 34 vor § 704, der angesichts der sachenrechtlichen Abweichung von BGB strikt mitzubeachten ist.

**2** **2) Vor der Trennung, S 1, 2.** Die Versteigerung kann vor der Trennung vom Halm erfolgen. Mit der Pfändung nach § 810 verlieren die Früchte nämlich ihre Natur als Bestandteil des Grundstücks. Darum setzt auch der Erwerb des Eigentums an den Früchten keine Trennung vom Halm voraus. Ein Einverständnis des Schuldners mit der Versteigerung am Aufwuchsort ist nicht erforderlich, LG Bayreuth DGVZ **85**, 42. Der Ersteher hat innerhalb einer in den Versteigerungsbedingungen zu bestimmenden Frist abzuernten, § 153 Z 3 GVGA. Der Gerichtsvollzieher darf den Erlös erst nach dem Fristablauf oder der Wegschaffung der Früchte auszahlen. Denn eine Beschlagnahme bleibt bis zur Trennung, § 21 I ZVG; Ausnahme bei Pacht, § 21 III ZVG. Das Eigentum wird, abweichend von § 93 BGB, nicht erst mit der Trennung, sondern durch Übergabe der Früchte wie bei einer Fahrnis übertragen, LG Bayreuth DGVZ **85**, 42. Diese Versteigerung erfolgt am besten an Ort und Stelle.

**3** **3) Nach der Trennung, S 2.** Die Versteigerung kann nach der Trennung vom Halm erfolgen. Der Gerichtsvollzieher läßt die Früchte abernten, evtl auch durch den Schuldner. Er hat die Früchte verwahren zu lassen, § 153 Z 2 GVGA. Dafür muß der Gläubiger Vorschuß zahlen. Das Pfandrecht entsteht mit der Pfändung und nicht mit der Trennung vom Halm, § 810 Rn 1. Der Ersteher wird mit der Ablieferung an ihn Eigentümer.

**4** **4) Versteigerung, S 1, 2.** Sie ist immer erst nach dem Zeitpunkt der wirklich eingetretenen Reife zulässig. Insofern liegt eine Abweichung von § 810 vor, wo die allgemeine Zeit der Reife maßgeblich ist. Der Gerichtsvollzieher bestimmt sodann rechtzeitig vor einer Überreife nach pflichtgemäßem Ermessen, evtl unter Anhörung eines Sachverständigen, § 153 Z 1 GVGA, den für den Erlös bestmöglichen Versteigerungszeitpunkt. Eine Abweichung vom wirklichen Reifezeitpunkt ist nur dann zulässig, wenn der Gläubiger und der Schuldner einverstanden sind oder wenn das Vollstreckungsgericht eine Anordnung nach § 825 erlassen hat.

1. Titel. Zwangsvollstr. in das bewegl. Vermögen §§ 824, 825

**5) Verstoß, S 1, 2.** Ein Verstoß gegen die Vorschrift ist prozessual belanglos. Er stellt aber eine Amtspflichtverletzung dar. **5**

**6) Rechtsbehelf, S 1, 2.** Jeder Betroffene kann die Erinnerung nach § 766 einlegen. **6**

**7) VwGO:** Entsprechend anwendbar im Rahmen der Grdz § 803 Rn 9. Wenn § 5 VwVG eingreift, gilt § 304 AO. **7**

**825** *Besondere Verwertung.* ¹¹Auf Antrag des Gläubigers oder des Schuldners kann der Gerichtsvollzieher eine gepfändete Sache in anderer Weise oder an einem anderen Ort verwerten, als in den vorstehenden Paragraphen bestimmt ist. ²Über die beabsichtigte Verwertung hat der Gerichtsvollzieher den Antragsgegner zu unterrichten. ³Ohne Zustimmung des Antragsgegners darf er die Sache nicht vor Ablauf von zwei Wochen nach Zustellung der Unterrichtung verwerten.

II Die Versteigerung einer gepfändeten Sache durch eine andere Person als den Gerichtsvollzieher kann das Vollstreckungsgericht auf Antrag des Gläubigers oder des Schuldners anordnen.

**Vorbem.** Fassg Art 1 Z 20 der 2. ZwVNov v 17. 12. 97, BGBl 3039, in Kraft seit 1. 1. 99, Art 4 I der 2. ZwVNov, ÜbergangsR Einl III 78.

**Schrifttum:** *Freels,* Andere Verwertungsarten in der Mobiliar-Zwangsvollstreckung, 1998; *Gilleßen/Coenen* DGVZ **98**, 169 (ausf); *Tiedtke,* Gutgläubiger Erwerb im bürgerlichen Recht, im Handels- und Wertpapierrecht sowie in der Zwangsvollstreckung, 1986.

**Gliederung**

| | |
|---|---|
| 1) Systematik, Regelungszweck, I, II ... 1 | D. Überweisung an den Schuldner ... 15 |
| 2) Geltungsbereich, I, II ... 2 | E. Überweisung an einen Dritten ... 16 |
| 3) Vertretung durch den Gerichtsvollzieher, I ... 3, 4 | 6) Verwertung zu anderer Zeit, I 1 ... 17 |
| A. Einigung ... 3 | 7) Verwertung an anderem Ort, I 1 ... 18 |
| B. Antrag ... 4 | 8) Verwertung durch andere Person als den Gerichtsvollzieher, II ... 19–21 |
| 4) Verfahren, I ... 5–10 | A. Voraussetzungen ... 19 |
| A. Zuständigkeit, I 1 ... 5 | B. Verfahren ... 20 |
| B. Anhörung, I 2 ... 6 | C. Entscheidung ... 21 |
| C. Frist, I 3 ... 7 | 9) Rechtsbehelfe, I, II ... 22–24 |
| D. Entscheidung, I 1–3 ... 8 | A. Maßnahme, I ... 22 |
| E. Kreditgeschäft ... 9 | B. Stattgeben ohne Anhörung, II ... 23 |
| F. Weitere Einzelheiten, I 1–3 ... 10 | C. Ablehnung; Stattgeben nach Anhörung, II ... 24 |
| 5) Verwertung in anderer Weise, I 1 ... 11–16 | 10) VwGO ... 25 |
| A. Stundung ... 11 | |
| B. Verkauf ... 12 | |
| C. Überweisung an den Gläubiger ... 13, 14 | |

**1) Systematik, Regelungszweck, I, II.** Die bedingt mit §§ 817a, 821, 844 vergleichbare Vorschrift **1** schafft bemerkenswert vielgestaltige Möglichkeiten der Pfandverwertung mit Vorrang vor allen anderen. Der Zweck der Vorschrift liegt darin, in einem solchen Fall eine Verwertung der Pfandsache zu ermöglichen, in dem eine Versteigerung keinen dem wahren Sachwert entsprechenden Erlös erwarten läßt, LG Kblz MDR **81**, 237, Steines KTS **89**, 309. Damit dient § 825 der Parteiherrschaft im Rahmen des Zulässigen, Grdz 6 ff vor § 704, und damit der Gerechtigkeit, Einl III 9. Die Vorschriften über die Pfandverwertung sind ja grundsätzlich ein Bestandteil des zwingenden öffentlichen Rechts, wenn man von einer möglichen Einigung über den Ort und die Zeit der Versteigerung, § 816 I und sonst, absieht. Wenn der Gerichtsvollzieher gegen diese Vorschriften verstößt, begeht er zwar eine Amtspflichtverletzung, Art 34 GG, § 839 BGB; seine Veräußerung bleibt aber in der Regel wirksam (vgl bei den einzelnen Vorschriften). Soweit aber § 825 anwendbar ist, hat das Vollstreckungsorgan zwar ebenfalls das dortige Verfahren strikt einzuhalten, ist aber wegen der Art der Pfandverwertung von Verantwortung frei.

**2) Geltungsbereich, I, II.** Die Vorschrift gilt im Gesamtbereich der Zwangsvollstreckung in körperliche **2** Sachen, §§ 808–827.

**3) Verwertung durch den Gerichtsvollzieher, I.** Der Gerichtsvollzieher darf das Pfandstück nur dann **3** ausnahmsweise anderweitig verwerten, wenn einer der folgenden Fälle vorliegt.

**A. Einigung.** Eine besondere Verwertung ist zulässig, soweit der Gläubiger und der Schuldner sich entsprechend geeinigt haben. Denn der Gläubiger kann jederzeit anordnen, die weitere Zwangsvollstreckung abzubrechen. Der Schuldner kann den Gläubiger aber auch nach der Pfändung jederzeit dadurch befriedigen, daß er das Pfandstück an Erfüllungs Statt hingibt. Die Einigung der Parteien über einen freihändigen Verkauf ist ein Prozeßvertrag, Grdz 48 vor § 128, und ein Vollstreckungsvertrag, Grdz 24 vor § 704. sie ist als übereinstimmender Antrag auf eine dann dennoch notwendige Entscheidung nach Rn 8 zu bewerten.

**B. Antrag.** Eine besondere Verwertung ist ferner zulässig, soweit ein Antrag des Gläubigers oder des **4** Schuldners vorliegt, LG Essen DGVZ **96**, 120. Im Fall einer Personenmehrheit genügt der Antrag des einzelnen. Der Antrag eines Dritten ist unbeachtlich. Der Antrag ist eine Parteiprozeßhandlung, Grdz 47 vor § 128. Er ist schriftlich, auch zum Protokoll des Gerichtsvollziehers, § 762, oder sonst mündlich statthaft. Es besteht kein Anwaltszwang, § 78 III.

**§ 825**

5   **4) Verfahren, I.** Der Gerichtsvollzieher muß zahlreiche Punkte beachten.
**A. Zuständigkeit, I 1.** Es ist derjenige Gerichtsvollzieher zuständig, in dessen Bezirk sich das Pfandstück befindet, auch wenn die besondere Verwertung an einem anderen Ort stattfinden soll.

6   **B. Anhörung, I 2.** Der Gerichtsvollzieher hat den Antragsgegner über die beabsichtigte Verwertung zu „unterrichten". Das klingt nach bloßer Mitteilung, nicht nach Notwendigkeit rechtlichen Gehörs. Letztere ergibt sich aber nicht nur aus Artt 14, 103 I GG, sondern auch aus I 3, Rn 7. Der Gerichtsvollzieher muß die „beabsichtigte" Verwertung nennen. Er darf also nicht nur mitteilen, er wolle „eine Verwertung nach § 825" vornehmen, sondern muß dem Schuldner Gelegenheit geben, zu dem bestimmten Verwertungsplan Stellung zu nehmen. Wegen I 3 muß die Mitteilung förmlich zugestellt werden, § 329 II 2.

7   **C. Frist, I 3.** Soweit der Schuldner nicht einer früheren Verwertung zustimmt, was formlos auch stillschweigend geschehen kann, aber eindeutig erfolgen muß, darf der Gerichtsvollzieher die besondere Verwertung erst nach Ablauf von zwei Wochen nach der Zustellung der Mitteilung nach Rn 6 vornehmen. Es handelt sich um eine Notfrist, § 224 I 2. Die Frist wird nach § 222 berechnet.

8   **D. Entscheidung, I 1–3.** Der Gerichtsvollzieher ist dann, wenn die Voraussetzungen einer besonderen Verwertung vorliegen, zu ihrer Vornahme verpflichtet. Das Wort „kann" im Gesetzeswortlaut bedeutet nur, daß die Entscheidung in dem Machtbereich des Gerichtsvollziehers liegt, Mümmler JB **77**, 1657, aM LG Nürnb-Fürth Rpfleger **78**, 34, aM ZöStö 2 (Ermessen). Eine besondere Verwertung ist dann erforderlich, wenn sie eine bessere Verwertung des Pfandstücks wahrscheinlich macht. Wenn eine solche bessere Verwertbarkeit ungewiß ist, sollte sich der Gerichtsvollzieher zurückhalten. Denn § 825 stellt eine Ausnahme dar, LG Freibg DGVZ **82**, 187. Die regelmäßige Verwertung des Pfandstücks darf nicht durch diese Vorschrift ausgeschaltet werden, insbesondere dann nicht, wenn mehrere Bieter vorhanden sind, LG Bochum DGVZ **77**, 89. Der Gerichtsvollzieher muß also die besonderen Gründe für eine Verwertung nach § 825 und auch das Interesse des Schuldners daran, daß das Pfandstück nicht verschleudert wird, abwägen und in seiner Entscheidung darlegen, § 329 Rn 4. Kosten: § 788 I.

9   **E. Kreditgeschäft.** Eine besondere Verwertung darf nicht zu einer Umgehung des VerbrKrG führen. Eine solche Umgehung liegt allerdings im allgemeinen nicht schon darin, daß der Gerichtsvollzieher das Pfandstück an den Kreditgeber übereignet, Mümmler JB **77**, 1659.
Er muß den *Preis* unter Beachtung von § 817 a festsetzen, aM AG Norden Rpfleger **87**, 28. Er muß eine Bewertung durch einen Sachverständigen erwägen. Die Kosten des Sachverständigen sind Kosten der Zwangsvollstreckung nach § 788. Der Gerichtsvollzieher muß im Falle eines Kreditgeschäfts wenigstens eine summarische Abwägung des Anspruchs nach dem VerbrKrG vornehmen. Er muß also prüfen, ob die bisherige Abnutzung des Pfandstücks eine Rückzahlung der Anzahlung ausschließt, (je zum alten Recht) LG Bielefeld NJW **70**, 337, aM Mümmler JB **77**, 1667. Eine umfassende Prüfung kann allerdings nur im Verfahren nach § 767, LG Bln MDR **74**, 1025, oder im Verfahren nach § 769 stattfinden. Evtl ist § 765 a anwendbar. Der Verkäufer muß einen Anspruch nach dem VerbrKrG durch eine neue Klage geltend machen, (zum alten Recht) AG Norden Rpfleger **87**, 28, und ist auf Grund einer Aufforderung des Schuldners zur Herausgabe des Zahlungstitels verpflichtet.

10  **F. Weitere Einzelheiten, I 1–3.** Eine Verwertung ohne eine Anhörung des Schuldners ist grundsätzlich trotzdem wirksam. Wegen des Eigentumsübergangs Rn 10. Der Gerichtsvollzieher darf seine Entscheidung nur auf Grund einer neuen Sachlage ändern, § 329 Rn 18, LG Nürnb-Fürth Rpfleger **78**, 333. Eine Aufhebung oder Änderung berührt aber die Wirksamkeit der Übereignung usw nicht mehr.

11  **5) Verwertung in anderer Weise, I 1.** Das Gericht darf nicht gegen zwingende öffentlichrechtliche Vollstreckungsgrundsätze verstoßen, etwa über das Mindest- und Meistgebot bei einer Versteigerung. Es sind zB die folgenden Anordnungen statthaft.
**A. Stundung.** Der Gerichtsvollzieher kann eine Stundung der Zahlung zulassen, abweichend von § 817 II.

12  **B. Verkauf.** Der Gerichtsvollzieher kann das Pfandstück freihändig verkaufen. Dieser Verkauf ist nicht ein Verkauf nach dem sachlichen Recht. Denn es wird hier verkauft der Gerichtsvollzieher nicht als ein Eigentümer oder für den Eigentümer, sondern kraft seiner staatlichen Zwangsgewalt. Der Verkauf bleibt eine Pfandverwertung. Er unterliegt den Vorschriften über die Zwangsvollstreckung, BGH **119**, 78. Es tritt aber anstelle des Erstehervertrags der Versteigerung ein andersartiger Vertrag. Die Übergabe des unmittelbaren Besitzes, (also nicht die Übergabe gemäß §§ 930, 931 BGB), Mü MDR **71**, 1018, hat dieselben Wirkungen wie die Ablieferung, § 817. Die Zahlung des Preises wirkt wie eine Zahlung der Zuschlagssumme. Diese Folge ist zwingend. Denn es handelt sich um einen Verkauf in der Zwangsvollstreckung. Der Erlös ist gemäß § 819 zu behandeln. Es gibt keinen Gewährleistungsanspruch, § 806, §§ 148, 149 GVGA. Zum urheberrechtlich geschützten Original-Kunstwerk Münzberg DGVZ **98**, 17 (ausf).
Der Gerichtsvollzieher kann beliebige Bedingungen aufstellen. Er darf aber nicht einen Preis festlegen, der das Mindestgebot unterschreitet, § 817 I, LG Ffm DGVZ **93**, 112. Beim Fehlen einer Preisbestimmung ist ebenfalls § 817 I zu beachten. Dies gilt auch bei einer nichtkörperlichen Sache, etwa bei einem Erbteil; dazu §§ 857, 844. Der Gerichtsvollzieher muß eine etwaige gesetzliche Veräußerungsbeschränkung beachten. Bei einem Kreditgeschäft muß er darauf achten, daß durch seine Anordnungen keine Umgehung des Schuldnerschutzes eintritt, Rn 9.

13  **C. Überweisung an den Gläubiger.** Der Gerichtsvollzieher kann die Pfandsache dem Gläubiger zu einem bestimmten Preis zwangsweise überweisen, LG Kblz MDR **81**, 236, Hadamus Rpfleger **80**, 420 (dort weitere Einzelheiten zum Verfahren) sprechen von einer Zuweisung, LG Essen DGVZ **96**, 120, ThP 8 sprechen von einer Übereignung. Wegen einer Überweisung an den Kreditverkäufer Rn 9. Das Eigentum geht auch in diesem Fall erst mit der Übertragung des unmittelbaren Besitzes auf den Erwerber über, § 817 Rn 6, zumal die Aushändigung der Sache als eine Wiederansichnahme zu bewerten ist, Rn 3, und deshalb eine Rücktrittswirkung auslöst.

Die Überleitung ist ein staatlicher Hoheitsakt. Daher ist es unerheblich, ob der Erwerber gutgläubig ist. **14** Insofern gilt dasselbe wie bei einer gewöhnlichen Verwertung, § 817 Rn 6–9, Gaul NJW **89**, 2515, aM BGH **104**, 302, und die Regelung ist anders als bei § 1244 BGB. Der Gerichtsvollzieher ist nicht verpflichtet, zur Durchführung der Übereignung jemanden am Wegnahmeort zu beauftragen, den Gegenstand für den Gläubiger in Empfang zu nehmen und dem Gläubiger zu übersenden, LG Nürnb-Fürth DGVZ **92**, 136. Der Gläubiger ist damit, daß er die ihm zwangsweise zugewiesene Sache erhält, in Höhe des angerechneten Werts der Sache befriedigt, § 817 IV. Die Zwangsvollstreckung ist insoweit beendet, Grdz 52 vor § 704. Der Gläubiger muß dann, wenn die Sache einen höheren Wert hat, den überschießenden Wert an den Schuldner zahlen. Eine Zwangsüberweisung darf nicht gegen den Willen des Gläubigers und auch nicht abweichend von denjenigen Bedingungen stattfinden, die er wünscht, § 308 I, LG Essen DGVZ **96**, 120. Denn der Gerichtsvollzieher darf keine Erfüllung aufzwingen, LG Köln DGVZ **88**, 61, Mümmler JB **77**, 1657, Pawlowski ZZP **90**, 367. Bietet also der Gläubiger zu wenig, so ist sein Antrag abzulehnen, LG Essen DGVZ **96**, 120. Denn eine Zuweisung kommt nur dann in Betracht, wenn eine Versteigerung oder ein freihändiger Verkauf keinen höheren Erlös verspricht, Rn 1, LG Bochum DGVZ **77**, 89.

**D. Überweisung an den Schuldner.** Der Gerichtsvollzieher kann die Sache zumindest auf Schuldner- **15** antrag dem Schuldner überweisen; Einzelheiten und Einschränkungen Steines KTS **89**, 320.

**E. Überweisung an einen Dritten.** Auch sie kommt in Betracht. Der Gerichtsvollzieher hat zunächst **16** die Versendung nach auswärts an den Erwerber vorzunehmen. Freilich ist mangels abweichender Anordnung des Gerichts eine Barzahlung Zug um Zug gegen die Ablieferung erforderlich.

**6) Verwertung zu anderer Zeit, I 1.** In diesem Fall genügt an sich eine Einigung zwischen den **17** Parteien, § 816 I. Etwas anderes gilt für eine Verwertung an einem Sonn- oder Feiertag oder zur Nachtzeit, § 761.

**7) Verwertung an anderem Ort, I 1.** Wenn sich die Parteien über diese Lösung verständigen, braucht **18** der Gerichtsvollzieher sie nicht besonders anzuordnen. Eine Versteigerung in der Wohnung des Schuldners ist wegen Art 13 I GG von seiner Zustimmung abhängig, Hamm NJW **85**, 75.

**8) Verwertung durch andere Person als den Gerichtsvollzieher, II.** Es sind drei Aspekte beachtlich. **19**

**A. Voraussetzungen.** Das Vollstreckungsgericht, also nicht der Gerichtsvollzieher, kann die Versteigerung einer gepfändeten Sache durch eine andere Person als den sonst zuständigen Gerichtsvollzieher unter folgenden Voraussetzungen anordnen: Als Verkäufer kommt etwa ein Kunsthändler, als Versteigerer kommt etwa ein Notar oder ein gewerbsmäßiger Versteigerer in Betracht, Birmanns DGVZ **93**, 107. Diese Personen treten jeweils dann grundsätzlich an die Stelle des Gerichtsvollziehers. Sie sind an diejenigen gesetzlichen Vorschriften gebunden, die für den Gerichtsvollzieher gelten, nicht jedoch an die GVGA. Das gilt, soweit nicht Abweichungen angeordnet worden sind. Freilich können die privaten Verkäufer oder Versteigerer nicht mit hoheitlicher Gewalt handeln. Daher ist zB ein solcher Verkauf nach §§ 156, 433 ff, 929 ff, 1227 BGB zu beurteilen, AG Cham DGVZ **95**, 189, anders als der Verkauf durch den Gerichtsvollzieher, BGH **119**, 78. Das Gericht kann keine Privatperson zur Betätigung zwingen. Daher kann sie ihre Bedingungen stellen. Diese muß das Gericht abwägen und evtl seine Entscheidung aufheben oder ändern. Der Gerichtsvollzieher muß auch dann, wenn eine andere Person die Sache verkauft oder versteigert, den Erlös abliefern oder hinterlegen, soweit das Gericht nichts anderes angeordnet hat; § 819 gilt dann wiederum.

**B. Verfahren.** Auch bei II ist ein Antrag des Gläubigers oder des Schuldners erforderlich; vgl Rn 4. Das **20** Verfahren richtet sich im wesentlichen nach denselben Regeln wie jedes andere Verfahren des Vollstreckungsgerichts. Ausschließlich zuständig, § 802, ist dasjenige Vollstreckungsgericht, in dessen Bezirk sich das Pfändstück befindet, § 764 II, auch wenn die Versteigerung an einem anderen Ort stattfinden soll. Das Gericht entscheidet durch den Rpfl, § 20 Z 17 RPflG, Anh § 153 GVG. Es muß ein Rechtsschutzbedürfnis vorliegen, Grdz 33 vor § 253. Dieses ist grundsätzlich im Fehlen einer Einigung nach Rn 3 zu sehen. Der Rpfl muß die Beteiligten in aller Regel anhören, auch wenn das hier nicht ausdrücklich vorgeschrieben wurde, vgl aber Art 103 I GG, ferner § 139, Ffm Rpfleger **80**, 303. Eine mündliche Verhandlung ist aber nicht notwendig, § 764 III. Der Rpfl kann eine einstweilige Anordnung treffen, §§ 732 II, 766 I 2.

**C. Entscheidung.** Auch in II stellt das Wort „kann" nicht ins Ermessen; sondern in die Zuständigkeit, **21** wie bei Rn 8. Der Rpfl muß daher unter den Voraussetzungen von II eine derartige Anordnung treffen. Auch er hat die Grenzen Rn 9 zu beachten. Er entscheidet durch einen zu begründenden Beschluß, § 329 Rn 4. Kosten: § 788 I, im Fall der Abweisung §§ 91 ff. Der Beschluß ist förmlich zuzustellen, § 329 III Hs 1, soweit er einem Antrag stattgibt, Hs 2, soweit er den Antrag abweist.

**9) Rechtsbehelfe, I, II.** Es kommt auf die Entscheidungsrichtung an. **22**

**A. Maßnahme, I.** Gegen eine Maßnahme (Vornahme besonderer Verwertung wie deren Ablehnung) des Gerichtsvollziehers ist die einfache, unbefristete Erinnerung statthaft, § 766, auch nach „Unterrichtung" im Sinn von I 2, denn es verbleibt stets bei einer Situation nach § 766 I. Wegen des weiteren Verfahrens vgl bei § 766.

**B. Stattgeben ohne Anhörung, II.** Wenn der Rpfl dem Antrag des Gläubigers ohne eine Anhörung des **23** Schuldners durch eine bloße Maßnahme stattgegeben hat, kann der Schuldner die Erinnerung nach § 766 einlegen, Henze Rpfleger **74**, 283. Die Erinnerung ist unbefristet. Der Rpfl darf dieser Erinnerung abhelfen und muß daher prüfen, ob er das tun will, § 766 Rn 25. Eine Nichtabhilfe ist von ihm zu begründen, § 329 Rn 4. Er muß die Sache dann dem Richter vorlegen. Der Richter entscheidet über die Erinnerung ab einer derartigen, ordnungsgemäßen Vorlage nunmehr in eigener Zuständigkeit, unabhängig davon, ob er die Erinnerung für zulässig oder unzulässig, für begründet oder unbegründet hält, § 20 Z 17a RPflG, Anh § 153 GVG, § 766 Rn 27. Gegen seine Entscheidung ist die sofortige Beschwerde nach §§ 793 I, 577 II statthaft.

**§§ 825, 826**  8. Buch. 2. Abschnitt. ZwV wegen Geldforderungen

**24**   C. **Ablehnung; Stattgeben nach Anhörung, II.** Wenn der Rpfl den Antrag des Gläubigers ohne eine Anhörung des Schuldners durch eine echte Entscheidung abgelehnt hat oder wenn der Rpfl nach einer Anhörung des Schuldners entschieden hat, kann der Betroffene binnen einer Notfrist, § 224 I 2, von 2 Wochen die sofortige Erinnerung einlegen, §§ 793 I, 577 II ZPO, 11 I RPflG. Vgl zum weiteren Verfahren wie bei § 104 Rn 69 ff.
   *Gebühren:* Des Gerichts: KV 1906, des RA §§ 57, 58 III Z 4 a, 61 BRAGO, des Gerichtsvollziehers § 21 GVKostG.

**25**   10) *VwGO:* Entsprechend anwendbar im Rahmen der Grdz § 803 Rn 9. Wenn § 5 VwVG eingreift, gilt § 305 AO.

**826** *Anschlußpfändung.* ¹ Zur Pfändung bereits gepfändeter Sachen genügt die in das Protokoll aufzunehmende Erklärung des Gerichtsvollziehers, daß er die Sachen für seinen Auftraggeber pfände.
   ᴵᴵ Ist die erste Pfändung durch einen anderen Gerichtsvollzieher bewirkt, so ist diesem eine Abschrift des Protokolls zuzustellen.
   ᴵᴵᴵ Der Schuldner ist von den weiteren Pfändungen in Kenntnis zu setzen.

   **Schrifttum:** *Binder,* Die Anschlußpfändung, Diss Ffm 1975; *Herde,* Probleme der Pfandverfolgung, 1978.

**1**   **1) Systematik, Regelungszweck, I–III.** Die Anschlußpfändung ist die Pfändung einer schon gepfändeten Sache. Man nennt sie bisweilen auch eine Nachpfändung. Dieser Ausdruck ist aber mehrdeutig. Denn er kann auch eine erneute Pfändung nach einer unwirksamen früheren Pfändung bedeuten, § 803 Rn 11. Die Anschlußpfändung bezweckt eine Vereinfachung und Straffung der Zwangsvollstreckung. Sie verschafft dem Gläubiger ein selbständiges Pfandrecht mit dem Rang hinter dem bestehenden Pfandrecht, § 804 Rn 10, 11. Sie ist zugleich eine bedingte Erstpfändung. Denn sie tritt mit dem Wegfall des vorgehenden Pfandrechts dann, wenn es sich als unwirksam herausstellt, ohne dieses zu heilen an dessen Stelle. Deshalb ist die Anschlußpfändung ohne Rücksicht auf einen zu erwartenden Überschuß zulässig, LG Marbg Rpfleger **84**, 406, AG Bersenbrück DGVZ **89**, 76, StJM § 803 Rn 29, aM Wieser DGVZ **85**, 40, Wunner DGVZ **85**, 37, ZöStö 2. Vgl freilich auch § 803 Rn 12 sowie § 11 GVKostG, LG Ffm DGVZ **89**, 92.

**2**   **2) Voraussetzungen, I.** Maßgebend ist die Erstpfändung.
   **A. Wirksamkeit der Erstpfändung.** Eine Anschlußpfändung ist nur gegen denselben Schuldner statthaft, LG Bln DGVZ **83**, 93, StJM 1, ZöStö 2 (er fordert sogar Nämlichkeit der haftenden Vermögen), aM Gerlach ZZP **89**, 314. Nach einer ersten Pfändung derselben Sache gegen einen anderen Schuldner ist die jetzige weitere Pfändung keine Anschluß-, sondern eine sog Doppelpfändung und wie eine erste Pfändung durchzuführen. Eine Anschlußpfändung darf aber auch für einen neuen Gläubiger durchgeführt werden, LG Bln DGVZ **83**, 93. Sie setzt eine Erstpfändung nach den Regeln der ZPO voraus, nicht eine Pfändung im Zwangsversteigerungsverfahren oder im Verwaltungsverfahren, zB der Finanzbehörde, § 307 II AO, aM StJM 3, ThP 5, ZöStö 6. Vgl § 167 Z 10 GVGA.

**3**   Die *Erstpfändung* muß äußerlich wirksam sein. Die Verstrickung, Üb 6 vor § 803, muß fortbestehen, wenn auch evtl nur noch am Erlös, LG Bln DGVZ **83**, 93. Eine sachliche Wirksamkeit der Erstpfändung ist aber nicht die Voraussetzung für die Anschlußpfändung, Düss OLGZ **73**, 52. Wenn der Gerichtsvollzieher daher die äußeren Merkmale einer wirksamen Erstpfändung vorfindet, wenn zB die Pfandsache mit dem Pfandsiegel versehen ist, dann darf der Gerichtsvollzieher die Anschlußpfändung vornehmen. Wenn die Erstpfändung fortbesteht, aber nicht mehr erkennbar ist, dann wird die Anschlußpfändung nicht schon dadurch unwirksam. Eine Anschlußpfändung ist an abgeliefertem Geld bis zu demjenigen Zeitpunkt zulässig, in dem es abgeliefert wird, § 815 Rn 6, und ebenso an dem noch nicht ausgezahlten Erlös, § 819 Rn 1, und Übererlös, LG Bln DGVZ **83**, 93. Die Voraussetzungen der Zwangsvollstreckung, Grdz 14 vor § 704, müssen auch im Zeitpunkt der Anschlußpfändung vorliegen. Ein Dritter braucht aber nicht zur Herausgabe bereit zu sein. Denn die Anschlußpfändung beeinträchtigt seinen Besitz nicht, Düss OLGZ **73**, 52, Schilken DGVZ **86**, 150.

**4**   **B. Folgen der Unwirksamkeit der Erstpfändung.** Wenn die Erstpfändung unwirksam war, dann muß der Gerichtsvollzieher nunmehr eine Erstpfändung vornehmen. Eine Erstpfändung ist immer zulässig. Sie ist dann zu empfehlen, wenn der Gerichtsvollzieher über die Wirksamkeit einer vorangehenden Pfändung Zweifel hat, § 167 Z 4 GVGA. Eine Erstpfändung verursacht ja auch keine höheren Kosten als eine Anschlußpfändung. Wenn die Erstpfändung wirksam ist, dann wirkt eine zweite „Erstpfändung" nur als eine Anschlußpfändung. Wenn sich die Erstpfändung hinterher als unwirksam herausstellt, dann muß der Gerichtsvollzieher sofort eine wirksame Erstpfändung ausführen.

**5**   **3) Vornahme, I–III.** Sie erfolgt unkompliziert.
   **A. Protokollangabe, I.** Es genügt eine Angabe des Gerichtsvollziehers im Pfändungsprotokoll, § 762, daß er die schon gepfändete Sache für den jetzigen Antragsteller pfände, BVerfG **76**, 84. Er braucht insofern nicht eine Erklärung gegenüber einer bestimmten Person auszusprechen. Wenn die Angabe der Anschlußpfändung im Protokoll fehlt, ist die Anschlußpfändung nicht wirksam. Die Anschlußpfändung braucht nicht angesichts der Pfandsachen zu geschehen, obwohl der Gerichtsvollzieher nach § 167 Z 3 GVGA zur Besichtigung der Pfandsache verpflichtet ist, BVerfG **76**, 84, Bre DGVZ **71**, 4, ZöStö 3, aM AG Elmshorn DGVZ **92**, 46. Der Gerichtsvollzieher muß im Pfändungsprotokoll angeben, für wen und für welchen Anspruch er pfändet.

1. Titel. Zwangsvollstr. in das bewegl. Vermögen §§ 826, 827

**B. Benachrichtigung, II, III.** Den Gerichtsvollziehern früherer Pfändungen soll der Gerichtsvollzieher 6
der Anschlußpfändung eine Protokollabschrift zugehen lassen. Das ist zwar eine Sollvorschrift; sie ist aber
wegen der Verteilung des Erlöses wichtig. Eine bloße Sollvorschrift ist auch der dem § 808 II entsprechende
§ 826 III. Wenn der Gerichtsvollzieher gegen II oder III verstößt, begeht er eine Amtspflichtverletzung. Die
Anschlußpfändung bleibt aber wirksam.

**4) Wirkung, I–III.** Jeder Anschlußgläubiger ist von den anderen Pfändungspfandgläubigern unabhängig. 7
Ihre Handlungen berühren seine Rechtsstellung nicht. Eine Einstellung der Zwangsvollstreckung wirkt nur
gegenüber dem jeweiligen Gläubiger. Der Gerichtsvollzieher muß für den Anschlußgläubiger erneut prüfen,
ob er es verantworten kann, das Pfandstück beim Schuldner zu belassen, § 808. Der Anschlußgläubiger kann
die Pfandverwertung selbständig betreiben. In diesem Fall ist § 827 anwendbar. Wenn bei der Pfandverwertung das Erstpfandrecht übersehen worden ist, dann erlischt es durch die Verwertung. Es bleibt nur ein
Bereicherungs- oder Ersatzanspruch gegen den Anschlußgläubiger, §§ 812 ff BGB, und ein Anspruch auf
Staatshaftung wegen Amtspflichtverletzung des Gerichtsvollziehers nach Art 34 GG, § 839 BGB übrig.

**5) Rechtsbehelf, I–III.** Gegen die Tätigkeit des Gerichtsvollziehers können der Gläubiger und der 8
Schuldner sowie jeder benachteiligte Dritte die Erinnerung nach § 766 einlegen.

**6) VwGO:** Entsprechend anwendbar im Rahmen der Grdz § 803 Rn 9. Wenn § 5 VwVG eingreift, gilt § 307 9
AO.

**827** *Einheitlichkeit der Zwangsvollstreckung.* I ¹Auf den Gerichtsvollzieher, von dem die
erste Pfändung bewirkt ist, geht der Auftrag des zweiten Gläubigers kraft Gesetzes über,
sofern nicht das Vollstreckungsgericht auf Antrag eines beteiligten Gläubigers oder des Schuldners anordnet, daß die Verrichtungen jenes Gerichtsvollziehers von einem anderen zu übernehmen seien. ²Die Versteigerung erfolgt für alle beteiligten Gläubiger.

II ¹Ist der Erlös zur Deckung der Forderungen nicht ausreichend und verlangt der Gläubiger,
für den die zweite oder eine spätere Pfändung erfolgt ist, ohne Zustimmung der übrigen beteiligten Gläubiger eine andere Verteilung als nach der Reihenfolge der Pfändungen, so hat der
Gerichtsvollzieher die Sachlage unter Hinterlegung des Erlöses dem Vollstreckungsgericht anzuzeigen. ²Dieser Anzeige sind die auf das Verfahren sich beziehenden Schriftstücke beizufügen.

III In gleicher Weise ist zu verfahren, wenn die Pfändung für mehrere Gläubiger gleichzeitig
bewirkt ist.

**1) Systematik, Regelungszweck, I–III.** Die Vorschrift regelt zur notwendigen Klarstellung und damit 1
zwecks Rechssicherheit, Einl III 43, die Zuständigkeit und einige Besonderheiten bei der Abwicklung
mehrerer Pfändungen für mehrere Gläubiger in dieselbe Sache. Soweit auch noch eine andere Sache
betroffen ist, greift § 827 nur ein, wenn auch sie für mehrere gepfändet ist. Wenn mehrere Gerichtsvollzieher
Erstpfändungen vorgenommen haben oder Erst- und Anschlußpfändungen vorgenommen haben, §§ 808, 826, dann geht der
„Auftrag" des späteren Gläubigers, § 754 Rn 1, kraft Gesetzes auf den ersten Gerichtsvollzieher über. Dieser
erste Gerichtsvollzieher steht dann so, als habe er die Vollstreckungsanträge sämtlicher Gläubiger zu erledigen. Deshalb kann eine Amtspflichtverletzung des späteren Gerichtsvollziehers, Art 34 GG, § 839 BGB,
nur in einem Verstoß bei der späteren Pfändung liegen. Denn mit ihr ist seine Tätigkeit beendet.
Wenn der Gerichtsvollzieher die Verwertung für den *ersten* Gläubiger vornimmt, dann ist davon auch der
spätere Gläubiger betroffen. Der spätere Gläubiger muß nur dann einen eigenen Verwertungsantrag stellen,
wenn der Gerichtsvollzieher die Pfandsache nicht für den früheren Gläubiger verwertet. Eine Pfändung nach
der ZPO und eine Pfändung nach der AO haben viel gleiche Bedeutung, § 359 AO. Das Verteilungsverfahren steht immer unter der Leitung des AG. Einzelheiten Hantke DGVZ **78**, 105. Die späteren Gerichtsvollzieher müssen die in ihrem Besitz befindlichen Urkunden dem ersten Gerichtsvollzieher herausgeben,
§ 167 Z 6 GVGA.

Die Vorschrift *gilt nicht,* soweit die bisherige Zuständigkeit des Gerichtsvollziehers nur wegen eines Ortswechsels des Schuldners wechselt.

**2) Anderer Gerichtsvollzieher, I–III.** Das Vollstreckungsgericht, § 764, also der Rpfl, § 20 Z 17 2
RPflG, Anh § 153 GVG, kann auf einen Antrag des Schuldners oder eines Gläubigers anordnen, daß ein
anderer Gerichtsvollzieher als der zuerst tätig gewordene alle Pfändungen erledigen solle. Das Vollstreckungsgericht kann auch anordnen, daß eine andere Person in Besitz der Pfandsache nach
§ 825 veräußern soll. Auch in einem solchen Fall muß das Gericht aber einen Gerichtsvollzieher zur
Verteilung des Erlöses bestimmen. Für die Anordnungen ist das Vollstreckungsgericht des Orts zuständig, an
dem die Erstpfändung vorgenommen wurde, § 764 II. Alle Gläubiger und der Schuldner können sich auch
auf einen anderen Gerichtsvollzieher einigen.

*Gebühren:* Des Gerichts keine; des Anwalts §§ 57, 58 II Z 4 BRAGO.

**3) Versteigerung, I, II.** Es gelten die Grundsätze der Erstverwertung. 3
**A. Überblick.** Die Versteigerung geschieht für sämtliche beteiligten Gläubiger. Soweit für einen Gläubiger ein Hindernis besteht, etwa wegen einer Einstellung, bleiben die übrigen beteiligt. Der Gerichtsvollzieher verteilt den Erlös nach dem Zeitvorrang unter die Gläubiger. Er geht also nach der Reihenfolge der
Pfändungen vor, § 804 Rn 10, §§ 167 ff GVGA. Wenn mehrere Pfändungen zu demselben Zeitpunkt
stattgefunden haben, verteilt er insoweit den Erlös nach dem Verhältnis der Forderungen. Der Gerichtsvollzieher muß die Kosten der Verwertung vorweg abziehen, also sämtliche Versteigerungskosten bis zur Erlösverteilung, nicht nur die Gebühren der §§ 6, 21 GVKostG, ThP 5, aM LG Mü DGVZ **74**, 58, ZöStö 5.
Die sonstigen Zwangsvollstreckungskosten der einzelnen Gläubiger teilen den Rang ihrer Forderung. Eine

**§§ 827, 828** 8. Buch. 2. Abschnitt. ZwV wegen Geldforderungen

Anrechnung erfolgt nach § 367 BGB. Die (noch) beteiligten Gläubiger können sich auf eine andere Verteilung einigen. Diese bindet den Gerichtsvollzieher, II. Mehrere Forderungen desselben Gläubigers haben denselben Rang, aM ZöStö 5.

**4** **B. Unzulänglichkeit des Erlöses.** Wenn ein nachstehender oder gleichrangiger Gläubiger bei einem unzulänglichen Erlös gegen den Willen der anderen Gläubiger eine andere Art der Verteilung verlangt, dann muß der Gerichtsvollzieher den Erlös nach der HO hinterlegen, dem Vollstreckungsgericht der Erstpfändung, § 764 II, eine Anzeige von der Hinterlegung machen und bei diesem Gericht alle in seinem Besitz befindlichen Urkunden einreichen. Es tritt dann ein Verteilungsverfahren nach §§ 872 ff ein. Die Pfandrechte dauern am Hinterlegten fort, § 804 Rn 8, § 805 Rn 7.

**5** **C. Verstoß.** Ein Verstoß gegen II führt dann, wenn der Gerichtsvollzieher sachlich unzuständig war, Grdz 57 vor § 704, zur Unwirksamkeit seiner Verwertung. Eine bloß falsche Verteilung ist prozessual belanglos. Sie gibt dem Betroffenen nur einen Bereicherungs- oder Ersatzanspruch nach §§ 812 ff, 823 BGB.

**6** **4) Mehrpfändung, III.** Wenn mehrere Gläubiger beim Gerichtsvollzieher vor der Pfändung einen Pfändungsantrag gestellt haben, dann muß er für alle Gläubiger unabhängig von den Eingangszeiten der Vollstreckungsanträge gleichzeitig pfänden, § 168 Z 1 GVGA, LG Hbg DGVZ 82, 45; wenn nur einer der Gläubiger eine erforderliche Durchsuchungsanordnung erwirkt hatte, ist aber kein längeres Verweilen erlaubt, als für diesen nötig, § 758 Rn 16. In diesem Fall muß er die Gläubiger als gleichberechtigt nach dem Verhältnis ihrer Forderungen befriedigen, LG Hbg DGVZ 82, 45, falls nicht einer der Gläubiger ein Vorzugsrecht nach § 804 II hat, dazu Hantke DGVZ 78, 106. Das Pfändungsprotokoll muß die Mehrpfändung ergeben, § 168 Z 3 GVGA. Das Verfahren verläuft im übrigen ebenso wie bei Rn 3, vor allem hinsichtlich der Hinterlegung und der Wirkung eines Verstoßes. Eine Mehrpfändung liegt auch dann vor, wenn der Gerichtsvollzieher auf Grund mehrerer Anträge desselben Gläubigers gleichzeitig pfändet. Er muß dann den Erlös entsprechend verteilen; zum Problem Stolte DGVZ 88, 145 (ausf).

**7** **5) Rechtsbehelf, I–III.** Zulässig ist die Erinnerung, § 766. Sie bezweckt eine Hinterlegung nach II mit der Folge eines Verteilungsverfahrens nach §§ 872 ff oder einen Herausgabeantrag des Gerichtsvollziehers bei der Hinterlegungsstelle.

**8** **6) VwGO:** Entsprechend anwendbar im Rahmen der Grdz § 803 Rn 9. Wenn § 5 VwGO eingreift, gilt § 308 AO.

### III. Zwangsvollstreckung in Forderungen und andere Vermögensrechte

**828** *Zuständigkeit.* ¹Die gerichtlichen Handlungen, welche die Zwangsvollstreckung in Forderungen und andere Vermögensrechte zum Gegenstand haben, erfolgen durch das Vollstreckungsgericht.

II Als Vollstreckungsgericht ist das Amtsgericht, bei dem der Schuldner im Inland seinen allgemeinen Gerichtsstand hat, und sonst das Amtsgericht zuständig, bei dem nach § 23 gegen den Schuldner Klage erhoben werden kann.

III ¹Ist das angegangene Gericht nicht zuständig, gibt es die Sache auf Antrag des Gläubigers an das zuständige Gericht ab. ²Die Abgabe ist nicht bindend.

**Vorbem.** III angefügt dch Art 1 Z 21 der 2. ZwVNov v 17. 12. 97, BGBl 3039, in Kraft seit 1. 1. 99, Art 4 I der 2. ZwVNov, ÜbergangsR Einl III 78.

**Schrifttum:** *Behr*, Taktik in der Mobilvollstreckung (III), Kontenpfändung, Pfändung besonderer Geldforderungen usw, 1989; *Borggräfe*, Die Zwangsvollstreckung in bewegliches Leasinggut, 1976; *Marquordt*, Das Recht der internationalen Forderungspfändung, Diss Köln 1975; s auch vor §§ 829, 850.

**1** **1) Systematik, Regelungszweck, I–III.** § 828 regelt als eine gegenüber § 764 I, II vorrangige, Ausschließlichkeit nach § 802 indes übernehmende Spezialvorschrift in ihrem Geltungsbereich die Zuständigkeit des Vollstreckungsgerichts, auch im Rahmen von § 930 I 3, BVerfG **64**, 18. Die Vorschrift ist nur dann anwendbar, wenn der Schuldner und der Drittschuldner der deutschen Gerichtsbarkeit unterliegen. § 828 ist deshalb bei einem Exterritorialen unanwendbar, § 18 GVG; wegen der Vollstreckung gegenüber einem Mitglied der ausländischen Streitkräfte in der Bundesrepublik Artt 34 III, 35 ZAbkNTrSt, SchlAnh III. Gegen einen im Ausland wohnenden Drittschuldner kann das Vollstreckungsgericht zwar einen Beschluß erlassen; dieser Beschluß läßt sich aber oft nicht zustellen. Eine Ausnahme mögen nur die Fälle bilden, in denen der Schuldner im Inland Vermögen besitzt, § 23. Denn die ausländische Justizverwaltung verweigert oft die nach § 199 erforderliche Weitergabe des Zustellungsersuchens. Ein ausländisches Gericht kann in die deutsche Gerichtsbarkeit nicht durch eine Pfändung wirksam eingreifen, BAG DB **96**, 688 = **97**, 183. Einzelheiten Schack Rpfleger **80**, 175. Die ganze Regelung dient wie jede Zuständigkeitsregel der Rechtssicherheit, Einl III 43, ist von Amts wegen zu beachten, LG Düss JB **97**, 103, und ist daher ebenso wie §§ 764 I, II, 802 auszulegen, s dort.

**2** **2) Sachliche Zuständigkeit, I.** Sachlich ausschließlich zuständig, § 802, ist das Vollstreckungsgericht, also das AG, § 764, und bei der Pfändung auf Grund eines Arrestbefehls das Arrestgericht, § 930 I 3, bei der Pfändung auf Grund einer einstweiligen Verfügung jedoch wiederum das Vollstreckungsgericht, § 936 Rn 13 „§ 930, Vollzug in Fahrnis". Dieses ist auch dann zuständig, wenn es um den Vollstreckungstitel eines Familiengerichts, BGH NJW **79**, 1048, oder eines Arbeitsgerichts geht. Dies gilt auch für das Erinnerungsverfahren nach § 766. Im Rechtsmittelverfahren, §§ 568, 793, ist das LG oder das OLG zuständig, soweit es nicht nach § 575 zurückverweist. Bei einer Pfändung zwecks Beitreibung eines Zwangsgelds ist dasjenige Gericht zuständig, das das Zwangsgeld verhängt hat, BayObLG **90**, 255. Der Rpfl ist für sämtliche vom

1. Titel. Zwangsvollstr. in das bewegl. Vermögen **§§ 828, 829**

Vollstreckungsgericht nach §§ 828–863 oder von einem anderen Gericht nach §§ 848, 854 ff zu treffenden Entscheidungen und Anordnungen zuständig, § 20 Z 17 RPflG, Anh § 153 GVG; wegen des Arrestvollzugs § 20 Z 16 RPflG.

**3) Örtliche Zuständigkeit, II.** Örtlich ausschließlich zuständig, § 802, sind die folgenden Gerichte.   3
 **A. Allgemeiner Gerichtsstand.** Grundsätzlich ist das AG des allgemeinen deutschen Gerichtsstands des Schuldners zuständig, §§ 13–19, AG Ffm DGVZ **93**, 29. Dies gilt auch bei einer Partei kraft Amts, Grdz 8 vor § 50, und beim Nachlaßpfleger, § 780 II. Beim Soldaten ist § 9 BGB zu beachten. Bei Streit, zB bei einer Forderung, die mehreren Schuldnern zusteht, muß das gemeinsame obere Gericht das örtlich zuständige AG nach § 36 Z 3 bestimmen, BGH NJW **83**, 1859, BayObLG Rpfleger **83**, 288.
 **B. Hilfsweise Vermögensgerichtsstand.** Hilfsweise ist das AG des Gerichtsstands des Vermögens des   4
Schuldners zuständig, § 23, BVerfG **64**, 18 (auch zur völkerrechtlichen Problematik). Bei einer Forderung kann also insofern das AG des Wohnsitzes des Drittschuldners oder das AG des Verbleibs der Pfandsache örtlich zuständig sein.
 **C. Einzelfragen.** Für alle Einzelmaßnahmen im Rahmen desselben Verfahrens bleibt es bei der einmal   5
begründeten Zuständigkeit, BGH Rpfleger **90**, 308, Mü Rpfleger **85**, 155, AG Bln-Schöneberg DGVZ **88**, 188. Unter mehreren zuständigen Gerichten darf der Gläubiger wählen, § 35. § 858 II bringt für eine Schiffspart eine Ausnahme von II.
**4) Verstoß, I–III.** Es kommt auf die Verstoßart an.   6
 **A. Sachliche Unzuständigkeit.** Bei einem Verstoß gegen die sachliche Zuständigkeit ist die Erinnerung nach § 766 zulässig. Jeder Beteiligte, auch ein Drittschuldner oder ein nachstehender Pfandgläubiger, kann die sachliche Unzuständigkeit geltend machen. Wegen einer Abänderungsbefugnis des Rpfl § 766 Rn 25. Ein Pfändungsbeschluß eines funktionell nicht zuständigen Beamten, zB des Gerichtsvollziehers, ist nichtig.
 **B. Örtliche Unzuständigkeit.** Die örtliche Unzuständigkeit kann mit der Erinnerung nach § 766   7
gerügt werden. Die Zwangsvollstreckung bleibt aber bis zur Aufhebung der angefochtenen Maßnahme wirksam, Grdz 58 vor § 704. Eine Überschreitung der örtlichen Zuständigkeit läßt zwar nicht die Verstrickung, wohl aber ein Pfandrecht entstehen.
 **C. Abgabe.** Soweit eine Unzuständigkeit vorliegt, darf und muß das fälschlich angegangene Gericht die   8
Sache auf einen evtl von Amts wegen anzuregenden Antrag (nicht ohne ihn) formlos ohne Schuldneranhörung an das nach seiner Meinung zuständige Gericht abgeben und unterrichtet die Beteiligten formlos. Es findet also kein Verweisungsverfahren nach § 281 statt. Das neue Gericht kann bei in Wahrheit auch dort vorliegender Unzuständigkeit formlos weiter abgeben. §§ 36, 37 sind entsprechend anwendbar.
**5) VwGO: Entsprechend anwendbar** in allen Fällen der Vollstreckung wegen Geldforderungen, Grdz § 803 Rn 9,   9
*jedoch tritt iRv § 169 I VwGO an die Stelle des Vollstreckungsgerichts, § 764 Rn 9, der Vorsitzende des erstinstanzlichen Gerichts als VollstrBehörde, die nach § 5 VwVG und §§ 309 ff AO für die Vollstreckung in Forderungen und andere Vermögensrechte zuständig ist. Für die örtliche Zuständigkeit gilt hier nicht § 167 I VwGO, sondern als Spezialvorschrift II entsprechend, wobei an die Stelle des AG das VG tritt, § 764 Rn 9, EF § 167 Rn 9, VGH Mü NJW **84**, 2484; sie hängt nicht davon ab, ob dem Titel, § 168 VwGO, öff-rechtliche oder privatrechtliche Beziehungen zugrunde liegen, OVG Münst NJW **80**, 2373 mwN, str, vgl § 794 Rn 61. Entspr anwendbar ist auch III, oben Rn 8.*

**829** *Pfändung einer Geldforderung.* I ¹Soll eine Geldforderung gepfändet werden, so hat das Gericht dem Drittschuldner zu verbieten, an den Schuldner zu zahlen. ²Zugleich hat das Gericht an den Schuldner das Gebot zu erlassen, sich jeder Verfügung über die Forderung, insbesondere ihrer Einziehung, zu enthalten. ³Die Pfändung mehrerer Geldforderungen gegen verschiedene Drittschuldner soll auf Antrag des Gläubigers durch einheitlichen Beschluß ausgesprochen werden, soweit dies für Zwecke der Vollstreckung geboten erscheint und kein Grund zu der Annahme besteht, daß schutzwürdige Interessen der Drittschuldner entgegenstehen.

II ¹Der Gläubiger hat den Beschluß dem Drittschuldner zustellen zu lassen. ²Der Gerichtsvollzieher hat den Beschluß mit einer Abschrift der Zustellungsurkunde dem Schuldner sofort zuzustellen, sofern nicht die öffentliche Zustellung erforderlich wird. ³Ist die Zustellung an den Drittschuldner auf unmittelbares Ersuchen der Geschäftsstelle durch die Post erfolgt, so hat die Geschäftsstelle für die Zustellung an den Schuldner in gleicher Weise Sorge zu tragen. ⁴An Stelle einer an den Schuldner im Ausland zu bewirkenden Zustellung erfolgt die Zustellung durch Aufgabe zur Post.

III Mit der Zustellung des Beschlusses an den Drittschuldner ist die Pfändung als bewirkt anzusehen.

**Vorbem.** I 2 angefügt dch Art 1 Z 22 der 2. ZwVNov v 17. 12. 97, BGBl 3039, in kraft seit 1. 1. 99, Art 4 I der 2. ZwVNov, ÜbergangsR Einl III 78.

**Schrifttum:** *Alisch*, Aktuelle Rechtsfragen zur Forderungspfändung, 1986; *Brändel*, Rechtsfragen bei der Abtretung oder Pfändung von Erstattungsansprüchen wegen der verbotenen Rückgewähr „kapitalersetzender" Darlehen, Festschrift für *Fleck* (1988) 1; *Danzer*, Die Pfändbarkeit künftiger Rentenleistungen usw, Diss Trier 1998; *Gierlach*, Die Pfändung dem Schuldner derzeit nicht zustehender Forderungen, 1997; *Gross / Diepold / Hintzen*, Musteranträge für Pfändung und Überweisung, 6. Aufl 1996; *Hintzen*, Taktik in der Zwangsvollstreckung (II): Forderungspfändung, 4. Aufl 1998 (Bespr *Schilken* Rpfleger **99**, 200); *Kerameus*, Geldvollstreckungsarten in vorgleichender Betrachtung, in: Festschrift für *Zeuner* (1994); *Liebscher*, Datenschutz bei der Datenübermittlung im Zivilverfahren, 1994; *Marquordt,* Das Recht der internationalen Forderungspfändung, Diss Köln 1975; *Schilken,* Zum Umfang der Pfändung und Überweisung von Geldforderungen, Festschrift für *Lüke* (1997) 701; *Spieß,* Gesetzliche Pfandrechte für die Lohnforderung, Festschrift für *Wiese* (1998) 573; *Stöber,* Forderungspfändung, 11. Aufl 1996; *Stratmann,* Die Zwangsvollstreckung in ... anfechtbar abgetretene Forderungen, Diss Bonn 1998; *Sühr,* Die Bearbeitung von Pfändungsbeschluß und Drittschuldnererklärung, 4. Aufl 1993; vgl ferner die Angaben in Einf 1 vor §§ 850– 852.

### Gliederung

| | | | | |
|---|---|---|---|---|
| 1) | Systematik, Regelungszweck, I–IV ... | 1 | 13) Vollendung der Pfändung, III ......... | 44–47 |
| 2) | Geltungsbereich, I–IV ................ | 2–9 | A. Zustellung ......................... | 44 |
| | A. Geldforderung ..................... | 2 | B. Wirkung ........................... | 45, 46 |
| | B. Beispiele zur Frage des Geltungsbereichs, I ........................... | 3–9 | C. Einzelfragen ....................... | 47 |
| 3) | Pfändungsantrag, I, IV ............... | 10, 11 | 14) Stellung des Gläubigers nach der Pfändung, I–III ....................... | 48–50 |
| 4) | Verfahren und Entscheidung, I ....... | 12–15 | A. Inhalt ............................. | 48 |
| | A. Allgemeines, I 1–3 ................. | 12 | B. Beispiele zur Frage der Stellung des Gläubigers, I ........................ | 49, 50 |
| | B. Mehrheit von Drittschuldnern, I 3 .. | 13 | 15) Stellung des Schuldners nach der Pfändung, I–III ....................... | 51–53 |
| | C. Angeblichkeit der Forderung, I 1–3 .. | 14, 15 | A. Inhalt ............................. | 51 |
| 5) | Ausspruch der Pfändung, I ........... | 16–31 | B. Beispiele zur Frage der Stellung des Schuldners, I ........................ | 52, 53 |
| | A. Genauigkeit ....................... | 16–18 | 16) Stellung des Drittschuldners nach der Pfändung, I–III ....................... | 54–61 |
| | B. Beispiele zur Frage des Ausreichens, I. | 19–30 | A. Zahlungsverbot .................... | 54 |
| | C. Verstoß; Auslegung ................ | 31 | B. Keine Sachbefugnis ................ | 55 |
| 6) | Verbot an den Drittschuldner, I ..... | 32, 33 | C. Keine Forderung ................... | 56–58 |
| | A. Inhalt ............................. | 32 | D. Leistung nach § 409 BGB .......... | 59 |
| | B. Beispiele zur Frage der Stellung des Drittschuldners, I ................... | 33 | E. Keine Kenntnis des Drittschuldners .. | 60 |
| 7) | Gebot an den Schuldner, I ........... | 34 | F. Aufhebung des Titels usw .......... | 61 |
| 8) | Pfändung einer gepfändeten Forderung, I ............................. | 35 | 17) Stellung eines Dritten nach der Pfändung, I–III ....................... | 62 |
| 9) | Berichtigung; Änderung, I ........... | 36 | 18) Rechtsbehelfe, I–III ................ | 63–65 |
| 10) | Grundsatz: Parteizustellung, II ...... | 37 | A. Ablehnung oder Aufhebung der Pfändung ............................... | 63 |
| 11) | Zustellung an den Drittschuldner, II . | 38–40 | B. Pfändung .......................... | 64 |
| | A. Gläubigerobliegenheit .............. | 38 | C. Änderung der Pfändung ............ | 65 |
| | B. Einzelfragen ....................... | 39 | 19) Rechte des Dritten, I–III ........... | 66 |
| | C. Verstoß ........................... | 40 | 20) *VwGO* ............................. | 67 |
| 12) | Zustellung an den Schuldner, II ..... | 41–43 | | |
| | A. Gerichtsvollzieherpflicht ........... | 41 | | |
| | B. Einzelfragen ....................... | 42 | | |
| | C. Verstoß ........................... | 43 | | |

**1** **1) Systematik, Regelungszweck, I–IV.** § 829 betrifft die Pfändung, Üb 6 vor § 803, und zwar diejenige einer Geldforderung. Die komplizierte Gesamtregelung erstreckt sich auf den Abschnitt bis § 863. Dabei hat der in § 829 genannte Pfändungsbeschluß dasselbe Ziel wie die Gesamtregelung, nämlich eine nach den Artt 1, 2, 20 I GG ausgerichtete, möglichst abgewogene Durchführung der Vollstreckung in einen besonders empfindlichen, oft den allein halbwegs pfändbaren Teil des Schuldnervermögens. Diese Durchführung muß einigermaßen praktikabel bleiben; auch das ist bei der Auslegung mitzubeachten.

**2** **2) Geltungsbereich, I–IV.** Eine scheinbar einfache Regel zeigt zahlreiche Probleme.
**A. Geldforderung.** Gegenstand der Pfändung muß eine Geldforderung des Schuldners sein. Das ist eine Forderung, die auf eine Zahlung in Geld, § 815 Rn 1, gleich welcher Währung gerichtet ist. Hierher gehören auch eine betagte, eine bedingte, eine zeitbestimmte, § 163 BGB, eine von einer Gegenleistung abhängige, eine künftige Forderung, Grdz 103 vor § 704 „Sozialleistung". Die letztere muß allerdings bestimmt genug bezeichnet oder hinreichend bestimmbar sein, LG Dortm JB **98**, 101 (nicht schon bei Rente allenfalls nach 30 Jahren), LG Ravensb JB **98**, 102, (Zeitgrenze: etwa 5 Jahre im voraus), LG Wuppert JB **98**, 100 (schon bei 34jährigem), AG Münst JB **99**, 105 (Wartezeit voraussichtlich erfüllt).
Es muß also bereits eine *Rechtsbeziehung* zwischen dem Schuldner und dem Drittschuldner bestehen, aus der man die künftige Forderung nach ihrer Art und nach der Person des Drittschuldners bestimmen kann, Oldb RR **92**, 512, LG Bre RPfleger **96**, 210, LG Marbg Rpfleger **99**, 33. Denn die Pfändung ist bestimmt, nur ihr Inhalt ist bedingt, BGH NJW **79**, 2038, Köln OLGZ **94**, 478, LG Wuppert Rpfleger **92**, 120, strenger LG Münst Rpfleger **91**, 379 (der Schuldner müsse schon Forderungsinhaber sein), großzügiger LG Aschaffenb JB **97**, 609.
Die Forderung muß *im Zeitpunkt der Pfändung,* also der Zustellung des Pfändungsbeschlusses an den Drittschuldner, Rn 38, schon und noch, LG Köln RR **86**, 1058, im Vermögen gerade des Vollstreckungsschuldners stehen, BGH RR **90**, 178, KG MDR **70**, 233, aM Köln WertpMitt **78**, 383. Die Sachlage ist hier anders als bei einer Pfändung körperlicher Sachen, Ffm NJW **78**, 2398. Ob die Forderung im Vermögen des Schuldners steht, richtet sich nach dem sachlichen Recht, BGH NJW **88**, 495. Für die zusätzliche Pfändung einer Rentenanwartschaft besteht kein Rechtsschutzbedürfnis, LG Osnabr Rpfleger **99**, 31 (Umdeutung in Pfändung künftiger Rente).

**3** **B. Beispiele zur Frage des Geltungsbereichs, I.** Vgl Grdz 59 ff vor § 704.
**Abtretung:** Die Pfändung einer Forderung, die der Schuldner bereits abgetreten hat, sei es auch nur zur Sicherung, BAG WertpMitt **80**, 661, ist nichtig, auch wenn die Forderung nachträglich auf den Schuldner zurückübertragen wurde, BGH **56**, 350; aM Köln OLGZ **94**, 478 (aber § 185 II 1 BGB paßt nicht einmal

## § 829

entsprechend. Denn die Beschlagnahme läßt sich nicht mit einer Verfügung vergleichen, Schmidt ZZP 87, 331).

**Anwaltsvergütung:** Pfändbar ist der derzeitige Anspruch eines Anwalts gegen die Staatskasse auf die Erstattung einer Vergütung im Prozeßkostenhilfeverfahren, LG Nürnb Rpfleger 98, 118.
  *Unpfändbar* ist der Anspruch eines Anwalts aus einer erst künftigen Beiordnung. Denn es fehlt ja noch eine solche Rechtsbeziehung, aM LG Nürnb Rpfleger 98, 118 (zustm Zimmermann). Überhaupt ist die Mitvollstreckung wegen der Vergütung des (nicht beigeordneten) Anwalts problematisch, Lappe Rpfleger 83, 248.
**Arbeitnehmersparzulage:** Eine Arbeitnehmersparzulage ist grds pfändbar, Grdz 64 vor § 704 „Arbeitnehmersparzulage".
**Arbeitslosengeld:** Die Pfändung des Lohns gegenüber dem Arbeitsamt ist nicht stets in die Pfändung des Arbeitslosengeldes umdeutbar, LG Bln Rpfleger 77, 224. Die Pfändung eines Arbeitslosengeldes kann die Pfändung der Arbeitslosenhilfe umfassen, LG Würzb Rpfleger 78, 388.
**Aufrechnung:** Es kann sich um eine Forderung des Schuldners an den Gläubiger handeln, solange dieser nicht wirksam aufgerechnet hat, Stgt Rpfleger 83, 409, LG Bln Rpfleger 75, 374, Rimmelspacher/Spellenberg JZ 73, 274. Es kann sich auch um einen Ersatz für eine sonst unzulässige Aufrechnung handeln, Hbg BB 78, 63 (krit Kremers). Pfändbar ist im übrigen eine Forderung des Schuldners gegen den Gläubiger jedenfalls insoweit, als einer Aufrechnung nur solche Hindernisse entgegenstehen, die das Vollstreckungsgericht beseitigen kann, Stgt Rpfleger 83, 409.
**Bankkonto:** „Girokonto", Rn 9 „Treuhand".  **4**
**Dingliche Sicherung:** § 829 gilt für eine persönliche wie für eine dinglich gesicherte Forderung.
  S auch Rn 5 „Hypothek", Rn 7 „Schiffspfandrecht".
**Dritter:** Pfändbar ist eine Forderung aus der Leistung an einen Dritten.
**Fälligkeit:** Rn 2.
**Gehalt:** Pfändbar ist ein künftiges Gehalt, auch ein solches, das von der derzeitigen Abtretung nicht mehr erfaßt worden ist, Börker NJW 70, 1105.
  S auch Rn 6 „Öffentlichrechtliche Forderung", Rn 7 „Rente".
**Gegenseitiger Vertrag:** Bei einer Forderung aus einem gegenseitigen Vertrag wird der Gläubiger nicht zur gegnerischen Partei.
**Gesamthand:** Bei einer Forderung zur gesamten Hand muß ein Vollstreckungstitel gegen sämtliche Berechtigten vorliegen.
**Girokonto:** Wegen eines Kontenguthabens § 850k und BGH 80, 172. Ein Konto muß grds schon bestehen, Lieseke WertpMitt 75, 317. Wer Gläubiger eines Bankguthabens ist, richtet sich nicht allein danach, wer in der Kontobezeichnung aufgeführt ist, sondern danach, wer bei der Kontoerrichtung als Forderungsberechtigter auftritt oder bezeichnet wird, BGH RR 90, 178.
  S auch Rn 9 „Treuhand".
**Herausgabe:** § 829 gilt entsprechend bei der Pfändung eines Herausgabeanspruchs, § 846.  **5**
**Hypothek:** Die Pfändung von Miet- und Pachtzinsen durch einen Hypothekengläubiger auf Grund eines dinglichen Vollstreckungstitels wirkt wie eine Beschlagnahme in der Zwangsverwaltung. Einzelheiten Lauer MDR 84, 977. Für eine Hypothekenforderung vgl §§ 830, 837 III.
  S auch Rn 4 „Dingliche Sicherung", Rn 6 „Nießbrauch".
**Insolvenzausfallgeld:** Zur grundsätzlichen Pfändbarkeit Grdz 86 vor § 704 „Insolvenzausfallgeld". Die Pfändbarkeit besteht vom Eintritt der Zahlungsunfähigkeit an, LG Würzb Rpfleger 78, 388.
**Konto:** Rn 4 „Girokonto".
**Liegenschaftsvollstreckung:** Eine Forderung, die der Liegenschaftszwangsvollstreckung nach § 865 II 2 unterliegt, gehört nicht hierher.
**Maklerlohn:** Nicht ausreichend ist die Pfändung künftigen Maklerlohns, der nur evtl auf einem Notar-Anderkonto zu hinterlegen wäre, Köln MDR 87, 66.
**Mehrheit von Forderungen:** Mehrere Forderungen, zB gegen dieselbe Bank, LG Oldb Rpfleger 82, 112, sind zugleich wahlweise bis zur Höhe der Forderungen des Gläubigers oder jeweils voll pfändbar. Der Gläubiger braucht den Erlös in keinem dieser Fälle zu verteilen, BGH LM Nr 15. Das Gericht kann einen oder mehrere Pfändungsbeschlüsse erlassen, KG Rpfleger 76, 327, muß aber natürlich den Umfang der jeweiligen Pfändung genau bezeichnen.
**Mietzins, Pachtzins:** „Hypothek", Rn 6 „Nießbrauch".
**Möglichkeit einer Forderung:** Es reicht für die Pfändbarkeit aus, daß die zu pfändende Forderung dem Schuldner zustehen kann. Das gilt zB dann, wenn er als Rechtsschutzversicherer die Kosten, von denen er zunächst nur eine Freistellung fordern kann, selbst zahlt, Hamm DB 84, 1345.
**Nießbrauch:** Ausreichend ist die Pfändung der Forderung des Nießbrauchers, etwa wegen eines Mietzinses, um dem  **6**
Hypothekengläubiger zuvorzukommen.
**Notar:** Nicht ausreichend ist ein Anspruch gegen den Notar auf die Auszahlung eines bei ihm hinterlegten Geldbetrags, Hamm DNotZ 83, 62 (insofern ist § 857 I anwendbar), aM BGH 105, 64 (es müsse die Pfändung der Forderung gegen den Hinterleger hinzutreten), Celle DNotZ 84, 257 (abl Göbel).
  S auch Rn 5 „Maklerlohn".
**Öffentlichrechtliche Forderung:** § 829 gilt auch für eine öffentlichrechtliche Forderung, Vollhard DNotZ 87, 545, zB für eine Forderung auf Zahlung eines Beamtengehalts, Celle DNotZ 84, 257 (vgl aber auch „Notar"), oder der Erstattung eines Beitrags zur gesetzlichen Versicherung, sehr großzügig KG Rpfleger 86, 230, LG Bln Rpfleger 75, 444. Die Möglichkeit einer Verwaltungsvollstreckung hindert nicht, AG Bonn Rpfleger 81, 315. Die Ausübung des Erstattungsrechts erfolgt aber höchstpersönlich. Für Steuersachen Rn 8 „Steuererstattung".
**Ortskrankenkasse:** Pfändbar ist die künftige Forderung eines Apothekers an eine Ortskrankenkasse aus einer Leistung für ihre Mitglieder oder an die gesetzliche Rentenversicherung, Oldb RR 92, 512, aM LG Heidelb NJW 92, 2774.
  S auch Rn 7 „Rente".

**§ 829**

**Pfändbarkeitsgrenze:** Rn 9 „Unpfändbare Forderung".
**Postsparbuch und -guthaben:** § 829 ist anwendbar, § 831 Rn 2, Röder DGVZ **98**, 86 (ausf).
**Prozeßkostenhilfe:** Rn 3 „Anwaltsvergütung".

7 **Rechtsanwalt:** Rn 3 „Antwaltsvergütung".
**Rechtsnatur:** Für die Pfändbarkeit ist die Rechtsnatur der zu pfändenden Forderung grds unerheblich; vgl freilich bei den einzelnen Forderungsarten.
**Rechtsschutzversicherer:** Rn 5 „Möglichkeit einer Forderung".
**Rente:** Pfändbar sein kann der künftige Teil einer Rente, Rn 2, Grdz 103 vor § 704 (ausf zum Streit). S auch Rn 4 „Gehalt".
**Schiffspfandrecht:** Die Pfändung einer Darlehensforderung, die in das Deckungsregister eingetragen und durch ein Schiffspfandrecht gesichert wurde, ist nur für einen Anspruch aus dem Schiffspfandbrief zulässig, § 35 SchiffsbankG.
**Sparbuch:** Vgl Rn 4 „Girokonto".

8 **Steuererstattung,** dazu *Riedel* Rpfleger **96**, 275: Der Anspruch auf die Erstattung von Steuer, zB von Lohnsteuer einschließlich Kirchensteuer, dazu *Behr,* JB **97**, 349, David MDR **93**, 412, ist wegen *§ 46 VI 1 AO* mit dem GG vereinbar, Ffm NJW **78**, 2397, Hamm MDR **79**, 149, Schlesw Rpfleger **78**, 387. Er läßt sich auch theoretisch vor den Zivilgerichten geltend machen, LAG Ffm BB **89**, 296. Aus den in § 836 Rn 10 „Lohnsteuerkarte" dargelegten Gründen läßt sich aber praktisch eine Vollstreckung allenfalls nach § 888 durchführen, BGH NJW **99**, 1056, Urban DGVZ **99**, 104 (ausf). Die älteren Streitfragen dürften damit überholt sein.

9 **Teilbetrag:** Wegen eines Teilbetrags § 754 Rn 3, 4.
S auch „Unpfändbare Forderung".
**Treuhand:** Zur Pfändung eines Treuhand-Giro-(Ander-)Kontos genügt ein Vollstreckungstitel gegen den Treugeber nicht. Der Gläubiger kann nur den Anspruch auf Rückübertragung pfänden.
**Umschuldung:** Unpfändbar ist Lohn, solange nur eine Umschuldung erfolgt, LG Kleve MDR **70**, 770.
**Unpfändbare Forderung:** Die Pfändung einer unpfändbaren Forderung schafft zunächst zweifelhafte Ansprüche, Einf 1 vor §§ 850–852. Wenn die Pfändungsgrenze überschritten wird, dann wird die Pfändung insoweit voll wirksam. Eine nachträgliche Genehmigung heilt für die Zukunft.
**Verband:** Sehr weitgehend läßt Köln MDR **70**, 150 eine Pfändung sämtlicher laufenden Forderungen an einen Verband zu.
**Vermögensrecht:** § 829 gilt entsprechend bei der Pfändung eines Vermögensrechts im Sinn von § 857 I.
**Vorwegleistungspflicht:** Bei einer Vorwegleistungspflicht ist evtl § 321 BGB anwendbar.
**Wertpapier:** Bei einer Forderung aus einem indossablen Papier gilt § 831. Sonst gilt § 821.

10 **3) Pfändungsantrag, I, IV.** Der Gläubiger muß schriftlich oder zum Protokoll der Geschäftsstelle einen Pfändungsantrag stellen, § 496. Es besteht kein Vordruckzwang und *kein Anwaltszwang,* § 78 III. Dempewolf MDR **77**, 803 läßt eine Faksimile-Unterschrift ausreichen, Vollkommer Rpfleger **75**, 490, ZöStö 3 würdigt das völlige Fehlen der Unterschrift frei, LG Bln MDR **76**, 148 hält die eigenhändige Unterschrift für nötig. Der Gläubiger muß dem Gericht eine Ausfertigung des Vollstreckungstitels und einen Zustellungsnachweis vorlegen; der Zustellungsnachweis ist allerdings im Falle des § 929 III entbehrlich. Der Gläubiger braucht nicht anzugeben, in welchen Teilen sich die aus dem Vollstreckungstitel ersichtliche Forderung etwa durch eine Teilzahlung ermäßigt hat. Denn das Gericht prüft solche Fragen ohnehin nur dann, wenn der Schuldner sie einwendet, Grdz 42 vor § 704, ZöStö 3, aM LG Bln Rpfleger **74**, 30, LG Brschw Rpfleger **74**, 29. Soweit freilich zur titulierten Hauptforderung noch titulierte Nebenforderungen hinzutreten, muß der Gläubiger die Gesamtforderung vollständig und fehlerfrei vorrechnen, LG Bln Rpfleger **92**, 30.

Der Gläubiger muß grundsätzlich seine ladungsfähige Anschrift angeben, mindestens aber muß seine *Nämlichkeit* zweifelsfrei feststehen, wie bei § 253 Rn 22, KG MDR **94**, 513. Auch der Schuldner ist entsprechend zu bezeichnen, ebenso der Drittschuldner, LAG BB **94**, 944. Dabei kann Auslegbarkeit reichen, LG Lpz DGVZ **98**, 91. Der Gläubiger muß außerdem die zu pfändende angebliche Forderung aber so genau bezeichnen, daß ihre Nämlichkeit nach der Person des Schuldners und des Drittschuldners und nach der Schuld bei einer verständigen Auslegung, § 133 BGB, eindeutig feststeht, wie bei § 253 Rn 30, BGH **86**, 338, Ffm NJW **81**, 468, und zwar auch für einen Dritten, zB für einen weiteren Gläubiger, Rn 15. Ausforschung ist als Rechtsmißbrauch unzulässig, Einl III 54, und führt zur Zurückweisung des Pfändungsantrags. Freilich ist die Grenze zwischen Ausforschung und Behauptung der „Angeblichkeit" oft kaum erkennbar.

11 Es reicht nicht aus, daß der Gläubiger den Betrag in Buchstaben anders als in Zahlen mitteilt, falls keine dieser Angaben als ein Schreibfehler erkennbar ist, Ffm MDR **77**, 676. Das Gericht darf aber *keine übermäßigen Anforderungen* stellen, Gaul Rpfleger **71**, 91. Denn der Gläubiger kennt die Verhältnisse des Schuldners meist nur oberflächlich, BGH NJW **83**, 886, BAG Rpfleger **75**, 220, Ffm NJW **81**, 468, und das Verfahren ist nur summarisch, BAG NJW **77**, 75, Rn 15. Eine Einigung über den Inhalt des Beschlusses wäre unwirksam. Das Rechtsschutzbedürfnis, Grdz 33 vor § 253, ist von Amts wegen zu prüfen, LG Hann Rpfleger **78**, 388. Es kann trotz § 3 Z 1 PflVG vorliegen, wenn der Gläubiger den Befreiungsanspruch gegen den Pflichtversicherer pfändet. Es kann für eine neue Pfändung vorliegen, wenn der Umfang der bisherigen zweifelhaft ist, LG Bln Rpfleger **71**, 230. Es kann auch bei einer nur noch geringen Restforderung vorliegen, LG Bochum Rpfleger **94**, 117. Es kann zB dann fehlen, wenn die zu pfändende Forderung eindeutig erkennbar nicht besteht, Ffm OLGZ **78**, 363, oder wenn man nicht in absehbarer Zeit mit einer Erhöhung des bisher unpfändbaren Bezugs rechnen kann.

12 **4) Verfahren und Entscheidung, I.** Es kann zu Oberflächlichkeit führen.

**A. Allgemeines, I 1–3.** Wegen der Zuständigkeit § 828. Das Gericht könnte zwar sogar gemäß § 764 III eine mündliche Verhandlung (nur mit dem Gläubiger, § 834) durchführen, wird aber durchweg ohne sie entscheiden, ohne den Schuldner zuvor anzuhören, § 834, BAG NJW **77**, 75, es sei denn, der Gläubiger hätte die Anhörung des Schuldners beantragt oder anheimgestellt, LG Brschw Rpfleger **81**, 489 (insofern zustm Hornung). Diese Regelung ist mit Art 103 I GG vereinbar. Der Rpfl, § 20 Z 17 RPflG, Anh § 153 GVG, muß seine Entscheidung also auf die bloßen Behauptungen des Gläubigers hin treffen, nimmt also in Wahrheit nur eine Maßnahme vor, § 766 Rn 5. Er verbindet den Pfändungsbeschluß meist mit einem Überweisungsbeschluß nach § 835. Kosten: § 788, dort evtl IV (Billigkeitshaftung, Kostenverteilung).

Der Beschluß ist grundsätzlich *zu begründen*, § 329 Rn 4, LG Düss Rpfleger **83**, 255, LG Wiesb Rpfleger **81**, 491, aM LG Brschw Rpfleger **81**, 489 (nur nach Anhörung oder bei Ablehnung). Freilich reicht der ohnehin notwendige Inhalt des Beschlusses meist als Begründung aus.

**B. Mehrheit von Drittschuldnern, I 3.** Die Pfändung mehrerer Geldforderungen des Schuldners gegen **13** verschiedene Drittschuldner durch denselben Beschluß ist zulässig, soweit ein entsprechender Gläubigerantrag gestellt ist und soweit kein Grund zu der Annahme besteht, daß schutzwürdige Interessen der Drittschuldner entgegenstehen. Zwar gebietet das Grundrecht auf informationelle Selbstbestimmung, Artt 1 I, 2 I GG, die Beachtung des Datenschutzes. Es ist aber nicht schrankenlos; das Allgemeininteresse kann überwiegen, auch nach dem Verhältnismäßigkeitsgrundsatz, Grdz 34 vor § 704. Es besteht oft ein überwiegendes Interesse daran, daß sich zB mehrere Drittschuldner wegen § 850 e Z 2, 2a untereinander verständigen. In solchen Fällen „soll" der Rpfl einen einheitlichen Beschluß fassen. Da er das nicht tun „muß", hat er insofern ein pflichtgemäßes Ermessen. Er kann im Massenbetrieb des § 829 dergleichen freilich in der Praxis kaum abwägen. Im Zweifel sollte er vor Erlaß eines einheitlichen Beschlusses zurückhaltend verfahren. Mehrkosten getrennter Pfändungen sind nur bei einer Notwendigkeit getrennter Anträge erstattungsfähig, KG Rpfleger **76**, 327, LG Aschaffenb Rpfleger **74**, 204. Allerdings darf keine Pfändung ins Blaue stattfinden, Oldb MDR **98**, 165 (BfA und LVA).

**C. Angeblichkeit der Forderung, I 1–3.** Die Behauptungen des Gläubigers sind grundsätzlich als wahr **14** zu unterstellen und nur dahin zu prüfen, ob sie die behauptete Forderung *begründen können*, Ffm Rpfleger **78**, 229, Hamm MDR **79**, 149, KG FamRZ **80**, 614 (Schlüssigkeitsprüfung), aM LG Wuppertal Rpfleger **80**, 198 (es dürfe noch nicht einmal eine Schlüssigkeitsprüfung erfolgen). Deshalb pfändet das Gericht ja auch nur die „angebliche" Forderung, und deshalb bleibt zunächst offen, ob die Pfändung wirksam werden kann.

Wenn das Gericht freilich bereits weiß, daß die behauptete Forderung in Wahrheit *nicht bestehen* oder nicht **15** pfändbar sein kann, dann muß das Gericht den Erlaß des Pfändungsbeschlusses ablehnen, Hamm MDR **79**, 149, KG FamRZ **80**, 614, LG Hann DGVZ **85**, 44. Das kann auch bei einer Ausforschungspfändung der Fall sein, LG Hann DGVZ **85**, 44, Alisch DGVZ **85**, 107, aM Schulz DGVZ **85**, 105. Die Ablehnung erfolgt aber bei einem behebbaren Mangel erst nach dem Ablauf einer Äußerungsfrist, AG Saarbr MDR **72**, 1040. Es findet freilich keine Amtsermittlung nach Grdz 38 vor § 128 statt. Das Gericht übersendet eine Abschrift des Pfändungsbeschlusses formlos an den Gläubiger, § 329 II 1, es stellt ihm eine Ablehnung förmlich zu, § 329 III, Rn 63. Kosten: § 782.

*Gebühren:* des Gerichts KV 1640; des Anwalts §§ 57, 58 I BRAGO. Wert: § 3 Anh Rn 89 „Pfändung".

**5) Ausspruch der Pfändung, I.** Der Pfändungsbeschluß enthält drei Teile. Von diesen bildet der Aus- **16** spruch der Pfändung den ersten.

**A. Genauigkeit.** Das Gericht muß die zu pfändende „angebliche" Forderung, zB Bbg FamRZ **88**, 949, nach ihrem Gläubiger, dem Schuldner, dem Rechtsgrund, dem Drittschuldner und dem Betrag so genau bezeichnen, daß der Gegenstand der Zwangsvollstreckung eindeutig festliegt, wie bei § 253 Rn 31, BGH Rpfleger **91**, 382, BFH NJW **90**, 2645, Karlsr RR **93**, 242.

Der Vollstreckungsgegenstand muß auch für einen *Dritten* erkennbar sein, Rn 10, 11, BGH Rpfleger **91**, 382, BFH NJW **90**, 2645, LG Trier Rpfleger **89**, 419.

In diesem Rahmen genügt grundsätzlich eine Bezeichnung der Forderung in *allgemeinen Umrissen*, BGH **17** Rpfleger **91**, 382, Ffm Rpfleger **83**, 322, Kblz Rpfleger **88**, 72. Freilich reichen bloße Vermutungen nicht, Mü DB **90**, 1916 (gleichzeitige Pfändung bei 264 Frankfurter Banken).

AG Heidelb MDR **85**, 680 läßt bei einer Erkennbarkeit für den Drittschuldner sogar einen *Alternativantrag* **18** des Gläubigers zu. Rückständige Zinsen sind nur bei ausdrücklicher Bezeichnung, auch im Pfändungs- und Überweisungsbeschluß, wirksam mitgepfändet, Düss Rpfleger **84**, 473. Das Gericht muß etwaige gesetzliche Pfändungsbeschränkungen angeben, zB nach § 850 c.

**B. Beispiele zur Frage des Ausreichens, I** **19**
**Alle denkbaren Forderungen und Unterlagen:** Nicht ausreichend ist eine formularmäßige Darstellung einer Vielzahl von Bezeichnungen zur Pfändung „aller denkbaren Forderungen", LG Düss JB **81**, 1260, LG Trier Rpfleger **89**, 419, oder „alle denkbaren Steuerunterlagen", LG Augsb Rpfleger **95**, 372.

S auch Rn 28 „Sämtliche Forderungen", Rn 29 „Sozialversicherung".
**Anlage:** Die Bezugnahme auf eine Anlage reicht aus, soweit das Gericht die Anlage mit dem Beschluß fest verbindet und zusammen mit ihm ausfertigt und zustellt, Vollkommer Rpfleger **81**, 458.
**Anspruchsmehrheit:** Rn 26 „Mehrheit von Ansprüchen".
**Anwaltsvertrag:** Rn 22 „Drittschuldner".
**Arbeitsamt:** Nicht ausreichend ist die Bezeichnung der Forderung als einer solchen auf „alle Leistungen des Arbeitsamts", Düss Rpfleger **78**, 265.
**Arbeitsförderungsgesetz:** Nicht ausreichend sind: Die Bezeichnung der Forderung als einer solchen **20** „gemäß §§ 35–55 AFG", LG Bln Rpfleger **84**, 426; die Bezeichnung „sämtliche laufenden Leistungen nach AFG gemäß § 54 SGB", BSG ZIP **82**, 1124, KG OLGZ **82**, 443.
**Arbeitslosengeld:** Ausreichend ist die Bezeichnung „Arbeitslosengeld", LG Bln MDR **77**, 1027.
**Bankverbindung:** Nicht ausreichend sind: Die Bezeichnung der Forderung lediglich als einer solchen „aus **21** Bankverbindung mit der X-Bank", Ffm NJW **81**, 468; die Angabe „aus Sparkonten, Wertpapierdepots, Kreditzusagen oder Bankstahlfächern", LG Aurich Rpfleger **93**, 357.

**Bezugnahme:** Rn 20 „Anlage".
**Bohrarbeiten:** Ausreichend kann „wegen Bohrarbeiten" sein, BGH **86**, 338.
**Bruttolohn:** Ein solcher Titel kann reichen, § 253 Rn 46, LG Mainz Rpfleger **98**, 530.

22 **Drittschuldner:** Bei einem Anspruch auf Auszahlung gegen den Anwalt eines Drittschuldners ist die Bezeichnung als „Verwahrung, Verwaltung, Geschäftsbesorgung" ausreichend, LG Bln Rpfleger **93**, 168. Liebscher (vor Rn 1) hält die Erwähnung mehrerer Drittschuldner auf demselben Pfändungs- und Überweisungsbeschluß aus Gründen des Datenschutzes für verfassungswidrig.

23 **Falsche Bezeichnung:** Ausreichend ist eine falsche Bezeichnung, soweit das Gemeinte richtig erkennbar ist, wenn auch nur für die Beteiligten, LG Heilbr JB **95**, 665.
    *Das gilt zB:* Bei der Angabe „Stadtbauamt" statt „Stadtgemeinde"; bei der Angabe „Miterbenanteil" (welcher?), LG Heilbr JB **95**, 665; bei der Angabe eines bestimmten Finanzamts, Hamm MDR **75**, 852; bei einer ungenauen oder falschen Angabe des Gläubigers; bei einer ungenauen oder falschen Angabe des Drittschuldners (bei einer Angabe der allein zur Vertretung der drittschuldenden Arbeitsgemeinschaft befugten Firma, BAG BB **73**, 247, AG Moers MDR **76**, 410 (vgl aber wegen einer ungenauen Bezeichnung auch Hamm MDR **75**, 852); bei der Angabe des Sohnes anstatt des Vaters als Schuldner, BAG **AP** § 850 Nr 4.
    *Nicht ausreichend* ist zB: Die Bezeichnung der Forderung als solchen auf die Lieferung von „Garagentoren" (Kaufvertrag) statt von „Garagen" (Werklieferungsvertrag), BGH MDR **71**, 141.

**Formular:** Es muß individuell ausgefüllt werden, LG Aurich Rpfleger **97**, 394.
**Geburtsdatum:** Rn 27 „Rente".
**GmbH:** Nicht ausreichend ist die Pfändung der Forderung einer GmbH, die nicht im Handelsregister eingetragen ist, Ffm Rpfleger **83**, 322.
**Grundschuld:** Ausreichend ist die Bezeichnung der Forderung als „aller aus der Teilung der Grundschuld zustehender oder anwachsender Ansprüche", BGH Rpfleger **91**, 382.
    *Nicht ausreichend* ist es, wenn bei mehreren in Frage kommenden Grundschulden die nähere Bezeichnung der zu pfändenden fehlt.

24 **Handelsregister:** S „GmbH".
**Haushaltsführung:** Ausreichend ist die Bezeichnung als Anspruch aus nichtehelicher Haushaltsführung, LG Ellwangen JB **97**, 274 (großzügig).
**Haushaltsmittel:** Nicht ausreichend ist die Bezeichnung des Anspruchs als eines solchen „aus Haushaltsmitteln", LG Mainz Rpfleger **74**, 166.
**Hinterlegung:** Nicht ausreichend ist die Bezeichnung des Anspruchs als eines solchen auf die Herausgabe „aus sämtlichen den Schuldner betreffenden Hinterlegungsgeschäften", KG Rpfleger **81**, 240.
**Hypothek:** Ausreichend ist eine falsche Bezeichnung des Hypothekenschuldners, solange die Hypothek grundbuchmäßig richtig bezeichnet worden ist.

25 **Jeder Rechtsgrund:** Nicht ausreichend ist die Bezeichnung der Forderung als einer solchen „aus jedem Rechtsgrund". Das gilt selbst dann, wenn der Schuldner nur eine einzige Forderung gegen den Drittschuldner hat.
**Konto:** S „Kontoführende Stelle", „Laufende Geschäftsverbindung", Rn 28 „Sämtliche Forderungen", „Sämtliche Konten".
**Kontoführende Stelle:** Es reicht die Angabe der kontoführenden Stelle, Lieseke WertpMitt **75**, 318.
**Laufende Geschäftsverbindung:** Ausreichend ist die Bezeichnung der Forderung als einer solchen „aus laufender Geschäftsverbindung auf Auszahlung der gegenwärtigen und künftigen Guthaben nach erfolgter Abrechnung", BGH NJW **82**, 2195 rechte Spalte, Köln RR **99**, 1224, LG Oldb Rpfleger **82**, 12 („die Angabe der Konto-Nummern ist nicht notwendig"). Festgeld gehört hierher, Köln RR **99**, 1224, aM Karlsr RR **98**, 991.
**Lebensversicherung:** Nicht ausreichend ist die Bezeichnung „Forderung aus Lebensversicherung des Schuldners bei der Bundesknappschaft" (statt: Rente), AG Groß Gerau MDR **85**, 681.
**Lieferung und sonstige Leistung:** Nicht ausreichend ist solche Fassung, Karlsr MDR **97**, 975.

26 **Mehrheit von Ansprüchen:** Nicht ausreichend ist die Bezeichnung „aus Anspruch" bei objektiv mehreren Ansprüchen, LG Ffm RR **89**, 1466 (es ist keine Nachbesserung zulässig).
    S auch Rn 19 „Alle denkbaren Forderungen".
**Mehrheit von Rechtsverhältnissen:** Rn 28 „Sämtliche Forderungen".

27 **Rechtshängigkeit:** Nicht ausreichend ist die Bezeichnung der Forderung als einer solchen, etwa auf Schmerzensgeld, „soweit sie rechtshängig ist", aM LG Kassel Rpfleger **90**, 83 (aber dann müßte der Rpfl gerade diejenige Aufklärung betreiben, die er lt LG Kassel gerade nicht vornehmen soll).
**Rente,** dazu *Danzer* (vor Rn 1): Ausreichen kann die Angabe „gegenwärtige und künftige Altersrente", Celle Rpfleger **99**, 283. Bei der Pfändung einer Rente nach § 54 III SGB I ist eine Angabe der Versicherungsnummer oder des Geburtsdatums grds nicht nötig, LSG Saarbr Breithaupt **87**, 614 (zustm von Einem DGVZ **88**, 2).
    *Nicht ausreichend* ist bei der Pfändung einer Rentenabfindung die Angabe „gesamte Rentenbezüge", BSG BB **86**, 2132, oder eine Bündelung gegen mehrere künftige etwaige Rententräger in demselben Antrag, LG Bln Rpfleger **97**, 267.
    S auch Rn 25 „Lebensversicherung", Rn 29 „Sozialgesetzbuch".
**„Rückübertragung von Forderungen für Sicherheiten":** Nicht ausreichend ist die vorstehende Bezeichnung, LG Landshut JB **94**, 307.

28 **Sämtliche Forderungen:** Ausreichend ist die Bezeichnung als „alle Forderungen, insbesondere das Guthaben auf dem Konto Nr....", AG Groß Gerau MDR **81**, 1025.
    *Nicht ausreichend* ist die Angabe „aus sämtlichen Ansprüchen" bei Dutzenden von Rechtsverhältnissen verschiedener Art, LG Münst MDR **89**, 464.

1. Titel. Zwangsvollstr. in das bewegl. Vermögen **§ 829**

S auch Rn 19 „Alle denkbaren Forderungen", Rn 28 „Sämtliche Konten", „Rente", Rn 27 „Sozialversicherung".
**Sämtliche Konten:** Ausreichend ist die Bezeichnung der Forderung als „alle Guthaben sämtlicher Konten", BGH NJW **88**, 2544, Köln RR **99**, 1224, LG Siegen **98**, 605.
S auch „Sämtliche Forderungen".
**Schmerzensgeld:** Rn 27 „Rechtshängigkeit".
**Sicherheit:** Ausreichend ist die Bezeichnung der Forderung als einer solchen auf die „Rückübertragung aller gegebenen Sicherheiten", LG Bielef Rpfleger **87**, 116, strenger Kblz Rpfleger **88**, 72, LG Aachen Rpfleger **91**, 326, LG Trier Rpfleger **89**, 419. **29**
*Nicht ausreichend* ist die Bezeichnung der Forderung als einer solchen auf die „Rückübertragung und Rückgabe von Sicherheiten", LG Aachen Rpfleger **90**, 215, LG Limbg NJW **86**, 3148, aM LG Bln Rpfleger **91**, 28, oder „der Überschüsse aus der Verwertung von Sicherheiten und von Teilen hiervon", AG Pforzheim JB **92**, 501 (aber welcher Teile?), oder „alle Sicherheiten", Fink MDR **98**, 751.
**Sonstiger Rechtsgrund:** Nicht ausreichend ist die Bezeichnung der Forderung als einer solchen „aus sonstigen Verträgen oder sonstigen Rechtsgründen".
**Sozialgesetzbuch:** Nicht ausreichend ist die Bezeichnung der Forderung als einer solchen „gemäß § 19 SGB" oder „gemäß §§ 19, 25 SGB, soweit Pfändbarkeit gemäß § 54 SGB vorliegt", KG Rpfleger **82**, 74, aM Hamm Rpfleger **79**, 114. Der zur Zeit der Pfändung zuständige Versicherungsträger ist – nicht alternativ – anzugeben, LG Kblz Rpfleger **98**, 119.
S auch Rn 20 „Arbeitsförderungsgesetz", Rn 27 „Rente".
**Sozialversicherung:** Nicht ausreichend ist die Bezeichnung als „aus der Sozialversicherung", Köln OLGZ **79**, 484, oder als „alle Forderungen aus Sozialversicherung", Köln OLGZ **79**, 484, Kohte KTS **90**, 559.
**Steuererstattung:** Rn 8 „Steuererstattung".
**Taschengeld:** Nicht ausreichend ist die Bezeichnung Taschengeld ohne nähere Angabe seiner jeweiligen Höhe, Hamm FamRZ **90**, 547, LG Aachen FER **97**, 234, AG Geilenkirchen DGVZ **97**, 43. **30**
**Urkunde:** Eine herauszugebende Urkunde, zB eine Verdienstabrechnung, ist im Beschluß genau zu bezeichnen, AG Köln DGVZ **94**, 157; notfalls ist ein Ergänzungsbeschluß zu fassen, § 836 III, LG Hann Rpfleger **94**, 221.
**Versicherungsnummer:** Rn 27 „Rente".
**Wertpapier:** Ausreichend ist die Bezeichnung der Fordrung als einer solchen auf die „Herausgabe von Wertpapieren aus Sonder- oder Drittverwahrung samt dem Miteigentumsanteil von Stücken im Sammelbestand", AG Pforzheim JB **92**, 703.

**C. Verstoß; Auslegung.** Kleine Ungenauigkeiten schaden also nicht, BGH **86**, 338, LG Aachen Rpfleger **83**, 119. Wesentliche Ungenauigkeiten machen die Pfändung unwirksam, vgl auch BAG NJW **89**, 2148, Ffm Rpfleger **83**, 322. Es entscheidet, was bei einer sachgemäßen Auslegung gemeint ist, § 133 BGB, BGH **80**, 180, **93**, 83. Der Pfändungsbeschluß muß überhaupt in jeder Instanz in freier Würdigung aller Umstände nach dem objektiven Sinn ausgelegt werden, BGH NJW **88**, 2544 (zustm Schmidt JuS **89**, 65). Bei unterschiedlichen Bezeichnungen einer Forderung in Zahlen einerseits, Buchstaben andererseits gilt der geringere Betrag, ZöStö 9, aM Ffm **77**, 676 (die Pfändung sei dann nichtig). Dabei muß man freilich berücksichtigen, daß der Pfändungsbeschluß auch für einen weiteren Gläubiger des Schuldners deutlich sein muß, BGH NJW **83**, 886. Eine Tatsache außerhalb des Pfändungsbeschlusses kann seiner Auslegung oder gar nachbessernden Ergänzung nicht dienen. Sie würde nämlich den Pfändungsbeschluß ergänzen, Ffm Rpfleger **83**, 322, Köln MDR **70**, 150, LG Ffm RR **89**, 1466; das beachtet Köln RR **89**, 190 zu wenig. **31**
Zu pfänden ist in der Regel die *volle* Forderung, nicht nur ein dem Anspruch des Gläubigers entsprechender Teil der Forderung. Denn der Bestand und die Höhe der Forderung wären sonst zweifelhaft; s auch Rn 47 und § 803 Rn 7–9. Immerhin ist eine Teilpfändung möglich, sofern sie ausdrücklich erfolgt, BGH NJW **75**, 738, einschließlich der Rangfolge der Teile. Bei gesamtschuldnerischer Haftung ist diese anzugeben, auch bei § 128 HGB, LG Bln Rpfleger **76**, 223. Zinsen, andere Nebenleistungen, Prozeß- und Vollstreckungskosten, einschließlich derjenigen des Pfändungsbeschlusses sind mit anzugeben, LG Gött JB **84**, 141, aM Lappe Rpfleger **83**, 248.

**6) Verbot an den Drittschuldner, I.** Den zweiten Teil des Pfändungsbeschlusses bildet das Verbot an den Drittschuldner. **32**

**A. Inhalt.** Das Gericht muß dem genau zu bezeichnenden Drittschuldner, dazu § 18 Rn 5 ff, verbieten, dem Schuldner etwas zu zahlen (sog Arrestatorium). Drittschuldner ist der Schuldner des Vollstreckungsschuldners. Wer wiederum dies ist, das ergibt sich aus dem sachlichen Recht.

**B. Beispiele zur Frage der Stellung des Drittschuldners, I** **33**
**Arbeitnehmersparzulage:** Bei der Pfändung der Arbeitnehmersparzulage ist an sich der Staat der Drittschuldner. Trotzdem ist praktisch der Arbeitgeber als Drittschuldner zu behandeln, BAG NJW **77**, 75.
**Arbeitslosengeld:** Bei der Pfändung von Arbeitslosengeld ist die Bundesanstalt für Arbeit Drittschuldnerin. Man kann den Pfändungs- und Überweisungsbeschluß sowohl ihr als auch dem Direktor des zuständigen Arbeitsamts zustellen, Karlsr Rpfleger **82**, 387.
**Aufrechnung:** Ein gesetzliches Aufrechnungsverbot steht der Wirksamkeit der Pfändung nicht entgegen.
**Auslandszustellung:** S „Zustellungsproblem".
**Eigene Forderung:** S „Schuldner".
**Fehlen eines Drittschuldners:** In diesem Fall gilt § 857 II.
**Gerichtsvollzieher:** S zunächst „Partei kraft Amtes". Der Gerichtsvollzieher kann nicht der Drittschuldner sein, wenn er für den Schuldner bei dessen Schuldner pfändet.

*Hartmann* 1993

**Gläubiger:** Auch der Gläubiger kann Drittschuldner sein. Dieser Umstand kann vor allem dann eine Bedeutung haben, wenn der Gläubiger keine Aufrechnung vornehmen darf, vgl "Aufrechnung".
S auch „Schuldner".

**Hinterlegung:** Bei der Pfändung, die auch eine hinterlegte Sache betrifft, ist die Hinterlegungsstelle die Drittschuldnerin, BGH DB **84**, 1392.
S auch „Verwahrung".

**Partei kraft Amtes:** Auch eine Partei kraft Amtes kann als die Drittschuldnerin anzusehen sein.
S aber auch „Gerichtsvollzieher".

**Pfändungspfandrecht:** Bei der Pfändung einer Forderung, zu deren Gunsten ein Pfändungspfandrecht besteht, darf der Schuldner des Drittschuldners in den Pfändungsbeschluß aufgenommen werden, LG Ffm Rpfleger **76**, 26.

**Schuldner:** Auch der Schuldner kann Drittschuldner sein, wenn der Gläubiger eine eigene Forderung pfändet. Das kann nämlich seine Stellung gelegentlich verbessern, Rn 8.
S auch „Gläubiger".

**Sozialleistung:** Bei ihrer Pfändung ist der zuständige Sozialversicherungsträger der Drittschuldner.

**Verwahrung:** Bei der Pfändung, die auch eine verwahrte Sache mitbetrifft, ist die verwahrende Stelle als die Drittschuldnerin anzusehen.
S auch „Hinterlegung".

**Zustellungsproblem,** dazu *Münzberg*, Anfechtung und Aufhebung von Zustellungen?, Festschrift für *Zöllner* (1999) 1203 (auch zur InsO): Ein voraussichtliches Zustellungsproblem, etwa wegen einer Auslandszustellung, darf das Gericht nicht daran hindern, den Pfändungsbeschluß zu erlassen, Ffm MDR **76**, 321. Ein Zahlungsverbot eines ausländischen Vollstreckungsorgans an einen ausländischen Arbeitgeber wegen eines inländischen Schuldners ist unbeachtlich, BAG BB **97**, 1642.
Das Verbot ist für die Wirksamkeit der Pfändung wesentlich. Ein *Verstoß* macht die Pfändung unwirksam. Vgl im übrigen Rn 63.

34 **7) Gebot an den Schuldner, I.** Den dritten Teil des Pfändungsbeschlusses bildet das Gebot an den Schuldner. Das Gericht muß dem Schuldner gebieten, sich jeder Verfügung über die Forderung zu enthalten, insbesondere ihrer Einziehung (sog Inhibitorium). Es handelt sich um ein relatives Verfügungsverbot, Mü NJW **78**, 1439, aM Fahland, Das Verfügungsverbot nach §§ 135, 136 BGB in der Zwangsvollstreckung usw, Diss Bln 1976 (es handele sich um eine bloße Sollvorschrift, aM Peters ZZP **90**, 309). Der Pfändungsbeschluß, der dem Gesellschafter einer Offenen Handelsgesellschaft zugestellt worden ist, wirkt nicht gegen die OHG und umgekehrt. Das Gebot ist für die Wirksamkeit der Pfändung nicht wesentlich, Rn 63 ff. Auch (jetzt) § 21 II Nr 2 InsO bildet ein Verfügungsverbot, BGH **135**, 142 (abl Häsemeyer ZZP **111**, 83, zustm Marotzke JR **98**, 28).

35 **8) Pfändung einer gepfändeten Forderung, I.** Über diesen Fall fehlen Vorschriften. Eine solche Pfändung geschieht wie eine Erstpfändung. Bei einer Wechselforderung usw ist eine Anschlußpfändung möglich, § 831, sonst nicht. Der Rang der Pfandrechte richtet sich auch hier nach dem Zeitvorrang, § 804 III, BGH **82**, 32. Dies gilt aber nur im Verhältnis der Gläubiger zueinander. Eine Überweisung zur Einziehung läßt den Rang unberührt. Daher ist ihr Zeitpunkt unerheblich. Eine Überweisung an Zahlungs Statt bringt die Forderung des Gläubigers zum Erlöschen. Das gilt aber nur vorbehaltlich entstandener Rechte. Eine Hinterlegung durch den Drittschuldner richtet sich nach § 853.

36 **9) Berichtigung; Änderung, I.** Eine Berichtigung ist im Rahmen von § 319, 329 jederzeit von Amts wegen erlaubt und geboten. Eine darüber hinausgehende Änderung ist unzulässig, §§ 318, 329.

37 **10) Grundsatz: Parteizustellung, II.** Der Gläubiger muß den Pfändungsbeschluß zustellen lassen, §§ 166–207. Deshalb muß das Gericht den Beschluß dem Gläubiger formlos übermitteln, § 329 II 1. Der Pfändungsbeschluß entsteht mit seiner Hinausgabe, § 329 Rn 23, Schlesw Rpfleger **78**, 388. Durch diese Hinausgabe wird aus dem Pfändungsbeschluß aber noch nicht automatisch eine wirksame Pfändung.

38 **11) Zustellung an den Drittschuldner, II.** Sie hat klare Anforderungen.

**A. Gläubigerobliegenheit.** Der Gläubiger muß den Pfändungsbeschluß zwingend jedem Drittschuldner zustellen, III, BayObLG Rpfleger **85**, 58, LG Kassel MDR **97**, 1033, also dem Schuldner des zu pfändenden Rechts, und zwar im Parteibetrieb, II 1, §§ 166 ff, auch § 170, BGH NJW **81**, 2256, AG Itzehoe DGVZ **94**, 126, wenn er auch die Vermittlung der Geschäftsstelle beanspruchen kann, §§ 166 II, 168, AG Nordhorn DGVZ **99**, 127 (aber nicht nur § 212a). Es sind §§ 166–202 anwendbar, § 173 GVGA, AG Nordhorn DGVZ **99**, 127. Diese Zustellung ist für die Wirksamkeit der Pfändung wesentlich, BFH NJW **91**, 1975 (Herausgabe zwecks Zustellung), Celle JB **97**, 495, SG Speyer MDR **87**, 171. Eine Ersatzzustellung, §§ 181 ff, ist statthaft, AG Itzehoe DGVZ **94**, 126, AG Köln DGVZ **88**, 123, auch an den Drittschuldner für den Schuldner, LG Siegen JB **95**, 161, aber nicht an den Schuldner für den Drittschuldner, § 185 Rn 5 „Drittschuldner". Eine öffentliche Zustellung, §§ 203–206, ist hier nicht statthaft. Denn § 203 verlangt eine Partei, der Drittschuldner ist aber nicht Partei. Rechtshandlungen, die er in Unkenntnis der Ersatzzustellung vornimmt, wirken entsprechend §§ 1275, 407 BGB gegen den Gläubiger.

39 **B. Einzelfragen.** Bei einer Anwaltssozietät ist eine Zustellung an jeden Sozius notwendig, da § 84 hier unanwendbar ist (der Drittschuldner ist kein „Bevollmächtigter" einer Partei), AG Köln DGVZ **88**, 123. Bei einer Gütergemeinschaft muß der Pfändungsbeschluß wegen einer Gesamtgutsverbindlichkeit dem verwaltenden Ehegatten zugestellt werden, gegebenenfalls also beiden Ehegatten. Wenn der Schuldner ein Erbe ist, dann braucht der Pfändungsbeschluß dem Testamentsvollstrecker nicht zugestellt zu werden, § 2213 BGB. Bei einer Erbengemeinschaft ist die Pfändung eines Anteils allen zuzustellen, nicht nur dem Nachlaßpfleger, LG Kassel MDR **97**, 1033. Wenn der Fiskus Schuldner ist, dann muß der Gläubiger den Pfändungsbeschluß derjenigen Stelle zustellen, die zur Vertretung des Fiskus berufen ist, § 18 Rn 5–8, Piller/Hermann, Justizverwaltungsvorschriften (Loseblattausgabe) Nr 5 c, und bei der Pfändung einer Sozialleistung der Bundesanstalt für Arbeit, nicht dem Arbeitsamt, LG Mosbach Rpfleger **82**, 297. Vielfach ist in den hierauf

bezüglichen Bestimmungen eine besondere Stelle für die Vertretung bei derartigen Zustellungen bestimmt worden. Maßgeblich ist natürlich der Eingang auf der Posteinlaufstelle der Behörde, nicht erst derjenige beim Sachbearbeiter, aM LAG Hamm MDR **83**, 964. Es wäre meist eine sinnlose Förmelei, Einl III 37, wenn sich der Gläubiger, der zugleich Drittschuldner ist, den Pfändungsbeschluß selbst zustellen müßte, aM Ahrens ZZP **103**, 47 (wegen einer seltenen Ausnahme). In solchem Fall reicht vielmehr die Kenntnis des Gläubigers aus. Weitere Einzelheiten Noack DGVZ **81**, 33.

**C. Verstoß.** Eine etwa vorgenommene Amtszustellung nach §§ 208 ff wäre wirkungslos. Eine Zustellung **40** an den Schuldner ersetzt diejenige an den Drittschuldner nicht, Rn 38. Ein Verstoß gegen die Vorschrift ist nach § 187 heilbar, BGH Rpfleger **80**, 183, aM ZöStö 14. Die Zustellung einer beglaubigten Abschrift, die anstelle der Unterschrift des Rpfl nur ein Fragezeichen aufweist, bewirkt aber keine Pfändung beim Drittschuldner, BGH NJW **81**, 2256.

**12) Zustellung an den Schuldner, II.** Auch sie erfordert Sorgfalt. **41**

**A. Gerichtsvollzieherpflicht.** Der Gerichtsvollzieher muß den Pfändungsbeschluß jedem Schuldner, BGH MDR **98**, 1049, (nur) im Parteibetrieb zustellen, §§ 166–207, LG Düss Rpfleger **90**, 376 (zustm Dressel Rpfleger **93**, 102, abl Schauf 469), LG Zweibr Rpfleger **94**, 245, und zwar sofort und ohne einen weiteren Antrag zusammen mit einer Abschrift der Urkunde über die Zustellung an den Drittschuldner. Auf ausdrückliches Verlangen des Schuldners hat die Zustellung an ihn schon vor derjenigen an den Drittschuldner zu erfolgen, § 157 Z 1 GVGA, damit er sich alsbald wehren kann. Diese Maßnahme gehört zu den Amtspflichten des Gerichtsvollziehers zum Schutz des Schuldners, Art 34 GG, § 839 BGB, LG Stgt DGVZ **90**, 15. Der Gläubiger kann also diese Aufgabe des Gerichtsvollziehers grundsätzlich nicht durch irgendwelche Weisungen ändern, LG Stgt DGVZ **90**, 15 (auch bei § 845), und auch die Zustellung an den Schuldner nicht selbst vornehmen. Wenn der Gläubiger eine Forderung des Schuldners an den Gläubiger pfändet, dann muß der Pfändungsbeschluß dem Gläubiger zugestellt werden, § 857 II ist unanwendbar, aM ZöStö 14. Wenn die Geschäftsstelle die Zustellung an den Drittschuldner vermittelt hatte, dann muß sie auch die Zustellung an den Schuldner vermitteln.

**B. Einzelfragen.** Zur Zustellung an den Schuldner im Ausland genügt die Aufgabe zur Post, § 175. **42** Wegen der Zustellung an den Drittschuldner § 828 Rn 1. Auch eine Zustellung im Ausland kommt (jetzt) unproblematisch in Betracht (bevorstehende Änderung von §§ 28 II, 59 III Z 1 ZRHO). Wenn eine öffentliche Zustellung nach §§ 803 ff erforderlich werden würde, dann darf die Zustellung ganz unterbleiben, II 2. Wenn der Schuldner einen ProzBev hatte, dann muß der Gerichtsvollzieher den Pfändungsbeschluß dem ProzBev zustellen, §§ 81, 176, 178. Etwas anderes gilt, wenn der Rechtsstreit schon lange Zeit zurückliegt und nun zwischen dem Anwalt und dem Schuldner keine Verbindung mehr besteht.

**C. Verstoß.** Die Zustellung an den Schuldner ist für die Wirksamkeit der Pfändung nicht wesentlich. **43** Weitere Einzelheiten Noack DGVZ **81**, 33.

**13) Vollendung der Pfändung, III.** Sie hat zentrale Bedeutung. **44**

**A. Zustellung.** Bewirkt ist die Pfändung mit der Zustellung des Pfändungsbeschlusses an den Drittschuldner, bei mehreren Gesamthandschuldnern erst mit der Zustellung an den letzten, BGH MDR **98**, 1049, vgl freilich § 171 III, dort Rn 6, Ahrens ZZP **103**, 51. Dies gilt auch dann, wenn der Gläubiger selbst der Drittschuldner ist. Der Gläubiger kann trotz § 173 Z 2 GVGA bestimmen, daß jedem für einen Drittschuldner zuständigen Gerichtsvollzieher eine Ausfertigung zur Zustellung erteilt wird und daß nur einer von ihnen nach Erhalt aller dieser Zustellungsurkunden dann dem Schuldner zustellt, Zimmermann DGVZ **97**, 87. Die Pfändung ist von der Überweisung nach § 835 zu unterscheiden. Die Zustellung an den Schuldner ist für die Wirksamkeit der Pfändung unerheblich.

**B. Wirkung.** Die Pfändung bewirkt, genau wie bei einer körperlichen Sache, folgendes: Die Forderung **45** wird beschlagnahmt (Verstrickung), Üb 6 vor § 803, BGH **100**, 43. Der Gläubiger erhält ein Pfändungspfandrecht, Üb 7 vor § 803. Beides ist auch hier untrennbar miteinander verbunden, BGH. Das Pfändungspfandrecht ist nicht abhängig, Üb 7, 8 vor § 803, § 804 Rn 2. Die Verstrickung und das Pfändungspfandrecht können nur dann wirksam entstehen, wenn die „angebliche" Forderung wirklich besteht und auch zum Vermögen des Schuldners gehört, Rn 14. Die Grundsätze des sachlichen Rechts über das Pfandrecht können auch hier nur mit großer Zurückhaltung angewandt werden. Ihre sinngemäße Anwendung ist aber häufig unentbehrlich. Die Pfändung ergreift die Forderung nur in demjenigen Umfang, in dem eine Forderung gerade dieses Schuldners im Zeitpunkt der Zustellung des Pfändungsbeschlusses an den Drittschuldner besteht, BGH NJW **88**, 495, Celle JB **97**, 495, Köln BB **98**, 2131, aM Schilken Festschrift für Lüke (1997) 714 (aber das Verhältnismäßigkeitsgebot, Einl III 23, § 803 Rn 1, gilt auch hier). Eine vorherige Abtretung macht die folgende Pfändung wirkungslos, BGH **100**, 42, Schlesw FGPrax **97**, 54, LAG Hamm MDR **92**, 786 (zustm Tiedtke JZ **93**, 76). Das gilt auch bei einer bloßen Sicherungsabtretung, LG Bln KTS **89**, 207. Daran ändert sich auch durch eine erfolgreiche Anfechtung der Abtretung nichts, BGH **100**, 42, aM LAG Hamm MDR **92**, 786, Schmidt JZ **87**, 895. Natürlich ist die Pfändung auf denjenigen Betrag begrenzt, den der Pfändungsbeschluß nennt. Es kann daher ein pfandfreier Betrag verbleiben.

Außer der Hauptforderung werden auch die zugehörigen Forderungen auf *Zinsen,* insbesondere Verzugszinsen, und Nebenrechte mit Ausnahme rückständiger, Düss WertpMitt **84**, 1431, und später entstehender, §§ 832, 833 I, von der Beschlagnahme und dem Pfändungspfandrecht ergriffen, vgl § 401 BGB (einschließlich einer Vormerkung, Ffm Rpfleger **75**, 177), § 1289 BGB (etwas anderes gilt bei einer Hypothek, § 830 III). Bei der Pfändung einer Forderung „zuzüglich Zinsen und Kosten" wird zugunsten des jeweils fälligen Betrags gepfändet.

*Im Zweifel* ist die *gesamte Forderung* gepfändet, BGH NJW **75**, 738. Das gilt auch bei mehreren zu **46** pfändenden Forderungen bis zur Gesamthöhe der Vollstreckungssumme, BGH NJW **75**, 738, StJM **74**, ZöStö 11, aM Paulus DGVZ **93**, 132. Die Verstrickung und das Pfändungspfandrecht erfassen ferner eine Beweisurkunde, wie einen Schuldschein, § 952 BGB, sowie ein Pfandrecht, das für die Forderung bestellt wurde, oder eine Hypothek, die für die Forderung später bestellt wurde. Im letzteren Fall muß das Grundbuchamt, sobald ihm die Forderungspfändung nachgewiesen worden ist, auf Antrag ein Pfandrecht an der Hypothek eintragen.

**47** **C. Einzelfragen.** Verfügungen des Schuldners nach der Zustellung des Pfändungsbeschlusses an den Drittschuldner sind dem Gläubiger gegenüber unwirksam, Stgt Rpfleger **75**, 408 (das Gericht nennt freilich auch die Zustellung an den Schuldner, vgl aber Rn 41–43). Sonst eintretende Veränderungen, etwa die Unmöglichkeit der Leistung, wirken auch gegenüber dem Gläubiger. Wenn der Gläubiger die Forderung wegen eines niedrigeren Anspruchs voll gepfändet hat (davon ist auszugehen, wenn der Pfändungsbeschluß keine Einschränkung nennt), dann hat der Gläubiger den Vorrang vor dem Überrest, auch wegen der Zinsen, die bis zu einer anderweitigen Verfügung aufgelaufen sind.

Eine Pfändung „in Höhe des Anspruchs" hat bei einer Forderung, die den Betrag des gepfändeten Rechts nicht erreicht, regelmäßig die Bedeutung einer *Teilpfändung*. Die Hypothek zerfällt also in einen gepfändeten und in einen pfandfreien Teil. Daher bestimmt sich die Verfügungsbefugnis des Schuldners über den pfandfreien Teil der Höhe nach nach dem Stand der Forderung, um deren Beitreibung es geht, im Zeitpunkt der Verfügung. Wenn gleichzeitig Zinsen gepfändet worden sind, dann ist der gepfändete Betrag unbestimmt. In diesem Fall ist die Pfändung eines Teilbetrags nicht eintragungsfähig. Es empfiehlt sich deshalb dringend, bei einer Hypothek die Pfändung „in voller Höhe" zu beantragen. Soweit mehrere Forderungen gepfändet sind, berührt die Unwirksamkeit der Pfändung der einen Forderung die Wirksamkeit der Pfändung der anderen nicht stets, BGH NJW **72**, 259, KG Rpfleger **76**, 327.

*Gebühren:* Des Gerichts KV 1640, 1906; des RA §§ 57, 58 I BRAGO.

**48** **14) Stellung des Gläubigers nach der Pfändung, I–III**

**Schrifttum:** *Erkel,* Die Stellung von Gläubiger, Schuldner und Drittschuldner bei der Forderungspfändung usw, Diss Ffm 1952; *Stöcker,* Die Rechtsstellung des Pfändungsgläubigers bei der Zwangsvollstreckung in Geldforderungen, Diss Münster 1955.

**A. Inhalt.** Der Gläubiger steht im wesentlichen wie ein Faustpfandgläubiger vor dem Verfall nach dem BGB da. Der Gläubiger darf namentlich alles tun, um sein Pfandrecht zu erhalten. Der Gläubiger darf vor der Überweisung, § 835 Rn 7, nicht über die Forderung verfügen. Soweit danach ein Zusammenwirken des Gläubigers und des Schuldners zu einer ordnungsgemäßen Wahrung der Rechte aus der Pfändung oder zur Erhaltung der Forderung nötig ist, sind beide einander zur Mitwirkung verpflichtet. Der Gläubiger kann gegenüber dem Schuldner formlos auf die Rechte aus der Pfändung verzichten.

**49** **B. Beispiele zur Frage der Stellung des Gläubigers, I**
**Abtretung:** Vor der Überweisung, § 835 Rn 7, darf der Gläubiger die Forderung nicht abtreten. Bei einer zur Sicherung abgetretenen Forderung kann der Gläubiger nur die Rückabtretung an den Vollstreckungsschuldner fordern, nicht aber die Abtretung nunmehr an sich selbst, Ffm MDR **84**, 228, strenger Düss VersR **99**, 1009 (nicht einmal das erstere).
**Anfechtung:** Vor der Überweisung, § 835 Rn 7, darf der Gläubiger bei gepfändetem Anspruch auf ein Altersruhegeld nicht den Verrechnungsbescheid eines Versicherungsträgers anfechten, BSG BB **90**, 2049.
**Arrest:** Der Gläubiger darf einen Arrest gegen den Drittschuldner erwirken, LG Bln MDR **89**, 76.
**Aufrechnung:** Vor der Überweisung, § 835 Rn 7, darf der Gläubiger nicht mit der Forderung aufrechnen.
**Einmischungskläger:** Der Gläubiger kann nicht zum Einmischungskläger werden, § 64.
**Einziehung:** Vor der Überweisung, § 835 Rn 7, darf der Gläubiger die Forderung nicht einziehen.
**Erfüllungsklage:** Der Gläubiger darf gegen den Drittschuldner auf Erfüllung klagen, § 835 Rn 7, 8, VGH Kassel NJW **92**, 1253 (und zwar auf demjenigen Rechtsweg, den der Schuldner einschlagen müßte).
S auch Rn 50 „Künftige Leistung".
**Erlaß:** Vor der Überweisung, § 835 Rn , darf der Gläubiger die Forderung dem Schuldner nicht erlassen.
**Familiensache:** Für eine Klage des Gläubigers bleibt das FamG zuständig, Hamm FamRZ **78**, 602.
**Feststellungsklage:** Der Gläubiger darf gegen den Drittschuldner auf die Feststellung des Bestehens seiner Forderung und gegen einen sonstigen Dritten auf die Feststellung des Fehlens einer Forderung dieses Dritten klagen, LG Bln MDR **89**, 76.
**Hinterlegung:** Der Gläubiger darf eine Hinterlegung fordern.
**Insolvenz:** Der Gläubiger darf die Forderung zur Tabelle anmelden, LG Bln MDR **89**, 76. Eine Pfändung vor Insolvenzeröffnung oder eine Zwangshypothek ergeben ein Absonderungsrecht mit Kostenbeteiligungspflicht, eine Pfändung im letzten Monat vor dem Insolvenzantrag mit Eröffnung ist unwirksam, Helwich DGVZ **98**, 51, 53. Die Pfändung von Arbeitseinkommen verliert grds mit Insolvenzeröffnung ihre Wirkung (Ausnahme: Unterhalts- und Deliktsgläubiger), Helwich DGVZ **98**, 52.
**Kontokorrent:** Die Bank kann den „Zustellungssaldo" nicht nach ihren Allgemeinen Geschäftsbedingungen mit Wirkung gegenüber dem Pfändungsgläubiger wegen einer nach der Pfändung erworbenen Forderung gegen ihn verringern, BGH NJW **97**, 2323.
**50** **Kündigung:** Vor Überweisung, § 835 Rn 7, darf der Gläubiger nicht ohne Schuldner kündigen.
**Künftige Leistung:** Der Gläubiger darf gegen den Drittschuldner auf die Abführung des pfändbaren Teils des künftigen Arbeitsentgelts des Schuldners klagen, soweit die Voraussetzungen des § 259 vorliegen, meist also schon bei einem Verstoß des Drittschuldners gegen § 840, LAG Hamm BB **92**, 784.
**Leistung an Gläubiger und Schuldner:** Der Gläubiger darf auf eine solche Leistungsart klagen.
**Leistung nur an Dritten:** Der Gläubiger darf auf eine Leistung auch dann klagen, wenn sie nach dem Vollstreckungstitel nur an einen Dritten zu erbringen ist, der noch keine Einziehung verfügt hat, Köln Rpfleger **90**, 412, LG Aachen Rpfleger **90**, 411. Die Klage erfordert eine Streitverkündung, § 841.
**Rechtsgestaltung:** Vor der Überweisung, § 835 Rn 7, darf der Gläubiger keine rechtsgestaltende Erklärung anstelle des Schuldners abgeben.
**Rückabtretung:** Rn 49 „Abtretung".
**Sicherungsmaßnahme:** Der Gläubiger darf eine Sicherungsmaßnahme gegen den Drittschuldner erwirken, LG Bln MDR **89**, 76 (Arrest).

1. Titel. Zwangsvollstr. in das bewegl. Vermögen **§ 829**

**Streithilfe:** Der Gläubiger kann Streithelfer werden, wenn die Forderung rechtshängig ist, denn dann wird er nach § 265 der Rechtsnachfolger des Schuldners.
**Überweisung:** Der Gläubiger darf nach ihr auf eine Leistung an ihn allein klagen, BGH NJW **78**, 1914.
**Umschreibung:** Vor der Überweisung, § 835 Rn 7, darf der Gläubiger die Vollstreckungsklausel nicht auf sich allein umschreiben lassen.
**Verfügung:** Vor der Überweisung, § 835 Rn 7, darf der Gläubiger nicht irgendwie über die Forderung verfügen; vgl bei den einzelnen Verfügungsarten.
**Verjährung:** Der Gläubiger darf die Verjährung unterbrechen, BGH NJW **78**, 1914, LG Bln MDR **89**, 76.
**Verzicht:** Vor der Überweisung, § 835 Rn 7, darf der Gläubiger nicht auf die Forderung verzichten.
**Wechselprotest:** Der Gläubiger darf einen Wechsel protestieren, LG Bln MDR **89**, 76.

**15) Stellung des Schuldners nach der Pfändung, I–III** 51

**Schrifttum:** *Erkel,* Die Stellung von Gläubiger, Schuldner und Drittschuldner bei der Forderungspfändung usw, Diss Ffm 1952; *Fahland,* Das Verfügungsverbot nach §§ 135, 136 BGB in der Zwangsvollstreckung und seine Rechtsbeziehung zu anderen Pfändungsfolgen (1976) 66 ff.

**A. Inhalt.** Die gepfändete Forderung bleibt bis zur Überweisung im Vermögen des Schuldners, BGH NJW **86**, 423, Oldb MDR **98**, 61 rechts. Die Pfändung beschränkt den Schuldner aber (nur) zugunsten des Gläubigers in der Verfügung, I 2, §§ 135, 136 BGB, Köln RR **94**, 1519, Oldb MDR **98**, 61 rechts. Der Schuldner muß sich freilich nicht „jeder Verfügung über die Forderung enthalten", wie I zu weit sagt; er darf vielmehr verfügen, soweit er das Pfandrecht nicht beeinträchtigt, BGH **100**, 42, Oldb MDR **98**, 61 rechts, aM Köln RR **94**, 1519 (zur Überpfändung). Er darf auch Sicherungsmaßnahmen wie der Gläubiger vornehmen, Oldb MDR **98**, 61 rechts. Wenn der Gläubiger und der Schuldner dieselben Rechte haben, dann wirkt ein Urteil, das hinsichtlich der Rechtshängigkeit ergeht, nicht hinsichtlich des anderen. Etwas anderes gilt dann, wenn die Pfändung der Rechtshängigkeit nachfolgt und wenn das Urteil auf eine Zahlung an den Gläubiger lautet oder wenn das Gericht die Klage abweist, weil die Forderung nicht bestehe. Wenn der Gläubiger und der Schuldner gemeinsam klagen, dann sind sie gewöhnliche Streitgenossen, § 59. In dem zugrunde liegenden Rechtsverhältnis beschränkt eine Pfändung den Schuldner nicht. Der Schuldner darf sein Dienstverhältnis kündigen. Er darf auch einen Mietvertrag kündigen, soweit dies nicht nur zum Schein geschieht und soweit keine wirkliche sachliche Änderung eintritt, sofern also der Schuldner etwa sofort neue Räume statt der alten gewährt. Eine Verfügung in der Zwangsvollstreckung steht einer Verfügung des Schuldners gleich.

Bei einem *Verstoß* gelten §§ 135, 136 BGB.

**B. Beispiele zur Frage der Stellung des Schuldners, I** 52
**Antragsumstellung:** Rn 53 „Leistungsklage".
**Arrest:** Vor der Überweisung, § 835 Rn 7, darf der Schuldner einen Arrest erwirken, hinterher nicht mehr, aM Oldb MDR **98**, 61 rechts.
**Aufrechnung:** Vor der Überweisung, § 835 Rn 7, darf der Schuldner keine Aufrechnung erklären (später erst recht nicht).
**Auskunftsanspruch:** Vor der Überweisung, § 835 Rn 7, darf der Schuldner einen titulierten Auskunftsanspruch gegen den Drittschuldner vollstrecken, und zwar einschließlich eines Vorschusses nach § 887, Rn 53 „Vertretbare Leistung".
**Ausschlagung:** S „Grundverhältnis".
**Einstweilige Verfügung:** Vor der Überweisung, § 835 Rn 7, darf der Schuldner eine einstweilige Verfügung erwirken.
**Einziehung:** Vor der Überweisung, § 835 Rn 7, darf der Schuldner die Einziehung weder gewähren noch irgendwie mitbewirken (helfen; später erst recht nicht). Auch eine satzungsgemäße Einziehung des Gesellschafteranteils dürfte unzulässig sein, falls das Entgelt zur Befriedigung des Gläubigers nicht ausreicht oder unter dem Verkehrswert liegt, Ffm DB **74**, 84.
**Erlaß:** Vor der Überweisung, § 835 Rn 7, darf der Schuldner keinen Schulderlaß herbeiführen (später erst recht nicht).
**Feststellungsklage:** Vor der Überweisung, § 835 Rn 7, darf der Schuldner auf Feststellung klagen.
**Gesellschafteranteil:** S „Einziehung".
**Grundverhältnis:** Vor der Überweisung, § 835 Rn 7, darf der Schuldner über das der Forderung zugrunde liegende Rechtsverhältnis verfügen, zB den Mietvertrag kündigen oder eine Erbschaft ausschlagen, soweit ein solcher Schritt nicht die gepfändete Forderung beeinträchtigt.
**Hinterlegung:** Vor der Überweisung, § 835 Rn 7, darf der Schuldner eine vorläufig vollstreckbare Forderung zur Hinterlegung beitreiben, Münzberg DGVZ **85**, 145.
**Hypothek:** Rn 53 „Kündigung".
**Insolvenz:** Vor der Überweisung, § 835 Rn 7, darf der Schuldner die Forderung zur Tabelle anmelden. 53
**Kündigung:** Vor der Überweisung, § 835 Rn 7, darf der Schuldner kündigen. Dabei benötigt er eine Zustimmung des Gläubigers nur im Rahmen des § 1283 BGB, also insbesondere bei einer Hypothek. Der Gläubiger darf auch eine Kündigung zurücknehmen, aM ZöStö 18.
S auch Rn 52 „Grundverhältnis".
**Leistungsklage:** Vor der Überweisung, § 835 Rn 7, darf der Schulner auf eine Leistung bzw Zahlung an den Gläubiger und sich selbst gemeinsam klagen bzw die Anträge entsprechend umstellen.
Der Schuldner darf aber *nicht* auf eine Leistung an ihn selbst „vorbehaltlich der Rechte des Pfandgläubigers" klagen, und gerade diese Rechte zwingen zur Hinterlegung oder Leistung an beide.
**Mietvertrag:** Rn 52 „Grundverhältnis".
**Minderung:** Vor der Überweisung, § 835 Rn 7, darf der Schuldner keine Minderung vornehmen (später erst recht nicht).

**Stundung:** Vor der Überweisung, § 835 Rn 7, darf der Schulner keine Stundung gewähren (später erst recht nicht).
**Vertretbare Leistung:** Vor der Überweisung, § 835 Rn 7, darf der Schuldner einen Anspruch auf Zahlung eines Vorschusses nachh § 887 vollstrecken, Zweibr OLGZ **89**, 334.
**Zahlungsklage:** S „Leistungsklage".
**Zurückbehaltungsrecht:** Vor der Überweisung, § 835 Rn 7, darf der Schuldner ein Zurückbehaltungsrecht gegenüber einem Gegenanspruch des Drittschuldners geltend machen, BGH DB **84**, 1392.

54  **16) Stellung des Drittschuldners nach der Pfändung, I–III**
**Schrifttum:** *Erkel*, Die Stellung von Gläubiger, Schuldner und Drittschuldner bei der Forderungspfändung usw, Diss Ffm 1952; *Gaul*, Zur Rechtsstellung der Kreditinstitute als Drittschuldner in der Zwangsvollstreckung (1978) 75; *Groß*, Einwendungen des Drittschuldners, 1997 (Bespr *Hintzen* Rpfleger **98**, 176); *Reetz*, Die Rechtsstellung des Arbeitgebers als Drittschuldners in der Zwangsvollstreckung, 1985; s auch bei § 840.

**A. Zahlungsverbot.** Der Drittschuldner darf nicht mehr an den Schuldner allein (allenfalls an ihn und den Gläubiger) zahlen, und zwar nirgendwo im In- oder Ausland und auch dann nicht, wenn der Schuldner für die Schuld einen Wechsel gegeben hat. Eine Zahlung befreit den Drittschuldner nur insofern, als er nachweislich die Pfändung nicht gekannt hat, als ihm also der Pfändungsbeschluß nur im Wege einer Ersatzzustellung zugestellt wurde. Der Drittschuldner muß auf Verlangen, und darf immer, mit befreiender Wirkung hinterlegen, §§ 372, 1281 BGB. Wenn der Drittschuldner behauptet, die Forderung sei bereits vor dem Zeitpunkt der Pfändung abgetreten worden, BGH **100**, 42, LAG Hamm MDR **92**, 786, dann muß er die Abtretung beweisen. Eine Leistung des Drittschuldners gemäß § 409 BGB an den Schuldner bleibt trotz der Pfändung zulässig, BGH **56**, 348. Man darf allerdings §§ 408, 409 BGB nicht über den Wortlaut hinaus auslegen, BGH **100**, 46. Ein Drittschuldner, der sowohl die Pfändung als auch die Abtretung kennt, wird daher nicht in seinem Vertrauen auf den zeitlichen Vorrang der Abtretung geschützt, BGH **100**, 47.
Die Leistung des Drittschuldners auf Grund einer unwirksamen Pfändung gibt dem Drittschuldner die Möglichkeit einer *Bereicherungsklage*, BGH **82**, 33, Schmidt JuS **89**, 65. Er kann diese Klage gegen den Gläubiger statt gegen den Schuldner einlegen, LG Bre NJW **71**, 1366. Ein Bereicherungsanspruch besteht aber nicht, soweit der Pfändungs- und Überweisungsbeschluß erst nach der Zahlung des Drittschuldners aufgehoben wird, Köln MDR **84**, 60, Gaul Festschrift für die Sparkassenakademie (1978) 75 ff.

55  **B. Keine Sachbefugnis.** Der Drittschuldner kann einwenden, der Gläubiger habe keine Sachbefugnis, Grdz 23 vor § 50, weil eine wirksame Pfändung fehle, BGH **70**, 317, BAG NJW **89**, 2148, BFH NJW **88**, 1999. Diese Einwendung muß zugelassen werden, soweit die Pfändung völlig unwirksam ist, BAG NJW **89**, 2148, nicht dagegen, soweit die Pfändung auflösend bedingt wirksam ist, Grdz 8 vor § 704 (StJM 107 ff läßt die Einrede immer dann zu, wenn trotz einer Beschlagnahme kein Pfändungspfandrecht entstanden sei). Im Falle einer Unpfändbarkeit, §§ 850 ff, ist grundsätzlich nur eine Erinnerung des Schuldners nach § 766 zulässig. Denn ein Pfändungspfandrecht ist zwar entstanden, aber fehlerhaft, BGH NJW **79**, 2046, SG Düss Rpfleger **92**, 787; zum Problem Vollkommer Rpfleger **81**, 458.
Wenn das Gericht den Schuldner vor seiner Entscheidung *angehört* hatte, ist eine sofortige Erinnerung zulässig, § 793 Rn 2. Sie ist auch dann statthaft, wenn das Gericht den Drittschuldner nicht angehört hatte, Bbg NJW **78**, 1389.

56  **C. Keine Forderung.** Der Drittschuldner kann einwenden, die Forderung habe im Zeitpunkt der Zustellung des Pfändungsbeschlusses nicht bestanden, BFH NJW **88**, 1999, LG Münst MDR **90**, 932, Oeske DGVZ **93**, 148. In diesem Fall hat der Drittschuldner alle diejenigen Einwendungen, die ihm gegenüber dem Schuldner zustehen, BGH **70**, 320, Oeske DGVZ **93**, 148, Volhard DNotZ **87**, 541.
*Hierher zählen zB:* eine Unabtretbarkeit, BGH Rpfleger **78**, 249; die Verjährung; eine Tilgung; das Fehlen der Fälligkeit, SG Speyer MDR **87**, 171; eine Treuhandbindung, BGH DNotZ **85**, 634; eine Abhängigkeit von einer Gegenforderung; bei einer Aufrechenbarkeit zur Zeit der Zustellung des Pfändungsbeschlusses auf die Aufrechnung, BGH BB **76**, 853, Oeske DGVZ **93**, 148. Dabei ist zu beachten, daß eine Aufrechnungsvereinbarung, die der Schuldner und der Drittschuldner vor der Pfändung getroffen hatten, nur insoweit entgegengehalten werden kann, als sie nicht wegen § 392 BGB ausgeschlossen ist. Wenn der Drittschuldner nach der Pfändung an den Schuldner gezahlt hat, dann kann der Drittschuldner trotzdem gegenüber dem Gläubiger aufrechnen, soweit die Aufrechnung gemäß § 392 BGB zulässig ist, BGH NJW **80**, 585, Werner NJW **72**, 1967, aM Saarbr NJW **78**, 2055 (dies sei nur bei einer Zwangslage zulässig), Denck NJW **79**, 2378 (er stellt darauf ab, ob „ein Gegenleistungsinteresse aus demselben Vertrag auf dem Spiel steht"; falls dies nicht der Fall sei, müsse der Drittschuldner das Erlöschen seiner Gegenforderung auch im Verhältnis zum Schuldner in Kauf nehmen), Reinicke NJW **72**, 793 und 1968 (aber § 392 BGB schützt den Drittschuldner mehr als den Gläubiger). Wegen der Aufrechnungsprobleme im Fall einer Gesamtschuldnerschaft Tiedtke NJW **80**, 2496.

57  Die Möglichkeit einer Aufrechnung nach der Zustellung des Pfändungsbeschlusses *entfällt*, wenn zB der Schuldner auf Grund eines früheren Einverständnisses des Drittschuldners seine Provision von einer einkassierten Anzahlung kürzt. Etwas anderes gilt auch dann, wenn die Einwendungen der Beziehungen, die zwischen dem Gläubiger und dem Drittschuldner bestehen, versagen. Der Drittschuldner kann dem Gläubiger bei einem an diesen abgetretenen Anspruch auch entgegenhalten, der frühere Inhaber des titulierten Anspruchs sei verpflichtet, ihn von der gepfändeten und zur Einziehung überwiesenen Forderung freizustellen, BGH NJW **85**, 1768.

58  Eine *Anfechtbarkeit* der Pfändung hilft dem Drittschuldner nicht, BGH NJW **76**, 1453 (betreffend eine mangelhafte Zustellung des Vollstreckungstitels), aM Hamm RR **92**, 665 (der Drittschuldner könne eine im sachlichen Recht begründete Unpfändbarkeit einwenden. Aber diese geht ihn gar nichts an). Wenn der Drittschuldner auf Grund eines wirksamen Pfändungs- und Überweisungsbeschlusses an den Gläubiger gezahlt hat, obwohl zugunsten eines anderen Gläubigers eine vorrangige Arrestpfändung bestand, dann

existiert kein Anspruch aus §§ 812ff BGB, Mü NJW 78, 1439, LG Bre NJW 71, 1366. Wegen Rn 55–57 steht dem Drittschuldner auch der Weg einer leugnenden Feststellungsklage gegen den Gläubiger offen, soweit für eine solche Klage ein Rechtsschutzbedürfnis besteht, Grdz 33 vor § 253. Dieses muß verneint werden, soweit eine Erinnerung nach § 766 ausreichen würde oder soweit der Drittschuldner gemäß §§ 840, 843 vorgehen kann, BGH 69, 147. Zur Problematik Denck ZZP 92, 71. Eine Einwendung, die der Schuldner durch eine Vollstreckungsgegenklage nach § 767 geltend machen kann oder muß, steht dem Drittschuldner nicht zu, Oeske DGVZ 93, 148.

**D. Leistung nach § 409 BGB.** Der Drittschuldner kann einwenden, die Leistung sei gemäß § 409 BGB **59** erfolgt. Diese Einwendung ist unabhängig davon zulässig, ob die Abtretung in Wahrheit wirksam ist (eine Ausnahme besteht im Fall der Arglist, Oeske DGVZ 93, 148), BGH NJW 71, 1941. Eine Rückabtretung ist grundsätzlich unerheblich, Börker NJW 70, 1105.

**E. Keine Kenntnis des Drittschuldners.** Der Drittschuldner kann einwenden, er habe ohne Schuld **60** von der Pfändung keine Kenntnis gehabt. Maßgeblich ist der Zeitpunkt der zur Erfüllung notwendigen Leistungshandlung, BGH 105, 360 (zustm Brehm JZ 89, 300). Der Drittschuldner muß aber diesen Umstand beweisen. Der Drittschuldner braucht freilich nicht nach einer vor Kenntnis der Pfändung vorgenommenen Handlung den Eintritt ihres Erfolgs aktiv zu verhindern, also zB nicht eine Abbuchung zu widerrufen, BGH 105, 360 (zustm Brehm JZ 89, 300), aM StJM 101. Unklarheiten und die Notwendigkeit von Ermittlungen helfen keineswegs stets, SG Speyer MDR 87, 171.

**F. Aufhebung des Titels usw.** Der Drittschuldner kann schließlich einwenden, der Vollstreckungstitel **61** oder der Pfändungs- und Überweisungsbeschluß seien nach dem Zeitpunkt der Verurteilung des Drittschuldners zur Leistung an den Gläubiger aufgehoben worden, BSG MDR 84, 701.

**17) Stellung eines Dritten nach der Pfändung, I–III** **62**

**Schrifttum:** *Blomeyer*, Die Erinnerungsbefugnis Dritter in der Mobiliarzwangsvollstreckung, 1966.

Soweit sein *Recht älter* ist als das Pfändungspfandrecht, bleibt dieses Recht *unberührt*, BGH NJW 88, 495, Düss RR 97, 1051, KG MDR 73, 233. Dies gilt auch bei einer älteren Abtretung einer künftigen Forderung, BAG WertpMitt 80, 661 (Sicherungsabtretung), oder bei einer Rückabtretung an den Schuldner, der vor der Pfändung abgetreten hatte, BGH 56, 339. Zur Wirksamkeit der Rückabtretung Börker NJW 70, 1104. Wenn eine Anzeige an den Drittschuldner unterblieb, ändert sich nichts. Bei einer Forderung, auf die sich eine Hypothek erstreckt, gelten §§ 1124, 1126, 1128, 1129 BGB. Die Pfändung ist eine Verfügung über die Forderung. Bis zur Eintragung der Pfändung in das Grundbuch (bei einer durch Buchhypothek gesicherten Forderung) ist die Pfändung unwirksam; Pfändungs- und Überweisungsbeschluß dürfen deshalb nicht zusammen erlassen werden, BGH NJW 94, 3225.

*Spätere Erwerber* gehen im Rang nach, soweit nicht die Pfändung als eine Verfügung des Schuldners, Rn 51, ihnen gegenüber unwirksam ist. Öffentliche Lasten eines Grundstücks ergreifen die Miet- und Pachtzinsforderungen; wegen der Wirkung der Pfändung G v 9. 3. 34, RGBl 181, das für jene unter dem § 1124 BGB entsprechende Regelung trifft. Gegenüber dem Erwerber oder dem Ersteher eines Miet- oder Pachtgrundstücks wirkt die Pfändung des Miet- oder Pachtzinses für den laufenden, evtl auch für den folgenden Kalendermonat, falls er in den Vertrag eintritt. Denn die Pfändung ist eine Verfügung, §§ 573 BGB, 57, 57b ZVG.

**18) Rechtsbehelfe, I–III.** Es kommt auf die Entscheidungsrichtung an. **63**

**A. Ablehnung oder Aufhebung der Pfändung.** Soweit der Rpfl durch eine bloße Maßnahme den Erlaß eines Pfändungsbeschlusses ablehnt oder wenn er die Pfändung aufhebt, ohne den Schuldner anzuhören, § 834, ist die Erinnerung nach § 766 zulässig, dort Rn 5, 6. Nach einer Anhörung des Schuldners ohne mündliche Verhandlung (Anhörung kann auch auf anderen Wegen erfolgen) kann der Gläubiger gegen eine dann ergehende wirkliche Entscheidung des Rpfl unter den Voraussetzungen der §§ 567 ff, 577, 793 I die sofortige Beschwerde einlegen, § 11 I RPflG, Anh § 153 GVG. Wenn sich der Gerichtsvollzieher weigert, die Zustellungen nach II auszuführen, gilt § 766 Rn 15 „Gläubiger", Midderhoff DGVZ 82, 23. Das erforderliche Rechtsschutzinteresse des Gläubigers, Grdz 33 vor § 253, kann fehlen, wenn er inzwischen vom Drittschuldner befriedigt worden ist, Köln Rpfleger 84, 29. Es ist eine Beschwer erforderlich, Kblz Rpfleger 78, 226.

Wäre gegen eine richterliche Entscheidung kein Rechtsmittel zulässig, vgl unten, so ist gegen die wirkliche Entscheidung des Rpfl gemäß § 11 II 1 RPflG, Anh § 153 GVG, die *sofortige Erinnerung* gegeben. Zum Verfahren § 104 Rn 69 ff.

Hat dagegen sogleich der *Richter* des Vollstreckungsgerichts entschieden, dann kann der Gläubiger grds sofortige Beschwerde nach §§ 577, 793 einlegen. Sie ist zulässig, obwohl eine neue Pfändung notwendig wird, Rn 66, denn das Beschwerdegericht kann diese aussprechen. Sie ist freilich ausnahmsweise unzulässig, wenn zB in einer Kostenbeschwerde der Beschwerdewert nach § 567 II 1 (200 DM) nicht erreicht worden ist, Köln JB 93, 243 (auch zum weiteren Verfahren). Soweit das Beschwerdegericht die Pfändung aufhebt oder sonst ändert, ist die weitere sofortige Beschwerde statthaft, § 793 II. Ein solches Rechtsmittel setzt ein Rechtsschutzbedürfnis voraus; es fehlt, soweit bei einer Beschwerde zur Hauptsache in Wahrheit nur der Kostenpunkt beschwert, Köln RR 86, 1509.

**B. Pfändung.** Der äußerlich wirksame Pfändungs- und Überweisungsbeschluß ist als Staatsakt bis zur **64** Aufhebung durch das zuständige Gericht zu beachten, auch wenn es fehlerhaft ist, Üb 19 vor § 300, Kblz RR 99, 508, SG Düss Rpfleger 92, 787. Gegen den Pfändungsbeschluß können der Schuldner und der Drittschuldner, Ffm JB 81, 458, soweit keine Anhörung stattfand, § 834, die Erinnerung nach § 766 einlegen, dort Rn 5, 6, Köln Rpfleger 91, 361, LG Zweibr Rpfleger 94, 245. Der Schuldner kann im Fall einer Kontopfändung auch einen Antrag nach § 850 k I stellen. Evtl ist das Arrestgericht zuständig, § 930 Rn 4.

Wenn der Rpfl aber erst *nach* einer *Anhörung* des Schuldners entschieden hatte, muß man eine sofortige Erinnerung einlegen, § 793 Rn 5, § 11 II 1 RPflG, Anh § 153 GVG, Köln Rpfleger 91, 361, LG Zweibr

## §§ 829, 830    8. Buch. 2. Abschnitt. ZwV wegen Geldforderungen

Rpfleger **94**, 245, aM ZöStö 31. Dasselbe kann gelten, wenn der Rpfl vor der Pfändung einer Sozialleistung, Grdz 103 vor § 704, die Interessen abgewogen hatte, Schmeken ZIP **82**, 1295. Die Notfrist, § 224 I 2, von zwei Wochen läuft dann ab Zustellung des Pfändungs- und Überweisungsbeschlusses im Parteibetrieb nach II, Köln Rpfleger **91**, 361. Das weitere Verfahren richtet sich nach § 11 II 2–4 RPflG, vgl § 104 Rn 69 ff. Zur Möglichkeit des Drittschuldners, Erinnerung einzulegen, Rn 55 ff. Es kommt auch eine leugnende Feststellungsklage unter den Voraussetzungen des § 256 in Betracht.

**65**   **C. Änderung der Pfändung.** Wenn der Rpfl den Pfändungsbeschluß abändert, gilt derselbe Rechtsbehelf wie Rn 63, § 850 f Rn 13, Stöber Rpfleger **74**, 55, aM LG Lübeck Rpfleger **74**, 76. Im Zweifel gilt die Abänderung nicht rückwirkend.

**66**   **19) Rechte des Dritten, I–III.** Die Pfändung kann das Recht eines Dritten nicht beeinträchtigen, Rn 62. Ein Dritter hat evtl die Möglichkeit einer Klage nach § 771 oder nach § 805. Wenn das Vollstreckungsgericht den Pfändungsbeschluß aufhebt, das Beschwerdegericht aber wiederum den Beschluß des Vollstreckungsgerichts aufhebt, dann muß das Vollstreckungsgericht auf Grund des fortdauernden Pfändungsantrags den Pfändungsbeschluß unverzüglich neu erlassen, Hamm DB **78**, 2118, Saarbr OLGZ **71**, 425. Eine solche Pfändung wirkt allerdings nur für die Zukunft, Köln Rpfleger **86**, 488.

**67**   **20) VwGO:** Entsprechend anwendbar im Rahmen der Grdz § 803 Rn 9, VGH Mü NJW **84**, 2484. Nach § 169 I VwGO, § 5 VwVG gilt § 309 AO. Rechtsbehelfe: Rn 63 ff (auch gegen die Pfändung durch den Gerichtsvorsitzenden, § 169 VwGO, gibt es nur Erinnerung, OVG Bln NJW **84**, 1370 mwN, § 766 Rn 35); die Zuständigkeit des Rpfl entfällt, Anh § 153 GVG Rn 1.

**830**   *Hypothekenforderungen.* ¹ ¹Zur Pfändung einer Forderung, für die eine Hypothek besteht, ist außer dem Pfändungsbeschluß die Übergabe des Hypothekenbriefes an den Gläubiger erforderlich. ²Wird die Übergabe im Wege der Zwangsvollstreckung erwirkt, so gilt sie als erfolgt, wenn der Gerichtsvollzieher den Brief zum Zwecke der Ablieferung an den Gläubiger wegnimmt. ³Ist die Erteilung des Hypothekenbriefes ausgeschlossen, so ist die Eintragung der Pfändung in das Grundbuch erforderlich; die Eintragung erfolgt auf Grund des Pfändungsbeschlusses.

II Wird der Pfändungsbeschluß vor der Übergabe des Hypothekenbriefes oder der Eintragung der Pfändung dem Drittschuldner zugestellt, so gilt die Pfändung diesem gegenüber mit der Zustellung als bewirkt.

III ¹Diese Vorschriften sind nicht anzuwenden, soweit es sich um die Pfändung der Ansprüche auf die im § 1159 des Bürgerlichen Gesetzbuchs bezeichneten Leistungen handelt. ²Das gleiche gilt bei einer Sicherungshypothek im Falle des § 1187 des Bürgerlichen Gesetzbuchs von der Pfändung der Hauptforderung.

**Schrifttum:** *Bohn*, Die Pfändung von Hypotheken, Grundschulden, Eigentümerhypotheken und Eigentümergrundschulden, 6. Aufl 1964.

**Gliederung**

| | | | |
|---|---|---|---|
| 1) Systematik, Regelungszweck, I–III | 1 | 4) Buchhypothek, I | 11, 12 |
| 2) Hypothekenpfändung, I | 2–4 | A. Voraussetzungen | 11 |
| A. Grundsatz: Maßgeblichkeit des § 829 | 2 | B. Mängel, Bedingungen des Pfändungsbeschlusses | 12 |
| B. Kein Gutglaubensschutz | 3 | 5) Zustellung, II | 13 |
| C. Vorpfändung | 4 | 6) Unterbleiben einer Pfändung, III | 14, 15 |
| 3) Briefhypothek, I | 5–10 | A. § 1159 BGB | 14 |
| A. Grundsatz: Pfändungsbeschluß und Briefübergabe | 5 | B. § 1187 BGB | 15 |
| B. Vor Übergabe | 6 | 7) Verstoß, I–III | 16 |
| C. Übergabe | 7 | 8) Rechtsbehelfe, I–III | 17 |
| D. Hilfspfändung | 8 | 9) VwGO | 18 |
| E. Pfändungsvollzug | 9, 10 | | |

**1**   **1) Systematik, Regelungszweck, I–III.** Nach dem sachlichen Recht haftet die Hypothek der Forderung an. Für die Abtretung sind beide untrennbar, § 1153 II BGB. Darum läßt die ZPO auch keine getrennte Pfändung zu. Die Pfändung der Hypothek ohne die Forderung ist undenkbar. Die Pfändung der Forderung vor der nach BGB zu klärenden Entstehung der Hypothek erfolgt nach § 829, Hamm Rpfleger **80**, 483. Die Pfändung der Forderung ohne die schon bestehende Hypothek wäre wirkungslos, außer im Falle der Höchstbetragshypothek nach § 1190 BGB. Eine Hypothek, die nach dem Zeitpunkt der Pfändung für die Forderung bestellt worden ist, unterfällt ohne ein weiteres der Pfändung, § 829 Rn 45–47. Der Hypothekenbrief allein kann nur im Wege der Hilfspfändung gepfändet werden, § 808 Rn 3.

Die Vorschrift gilt *entsprechend* bei einer Reallast, Grund- oder Rentenschuld, § 857 Rn 13. Dagegen erfolgt die Pfändung im Fall einer Hypothekenvormerkung, § 883 BGB, nach § 829. Dasselbe gilt beim Anspruch aus einer durch den Versteigerungszuschlag erloschenen Hypothek wegen des Erlöses sowie dann, wenn die Hypothek in Wahrheit eine Eigentümergrundschuld ist, zB weil der Brief noch nicht ausgehändigt war, Hamm DNotZ **82**, 257; man kann dann wegen § 1117 II BGB dann auch eine Pfändung nach § 830 vornehmen. Die Verwertung erfolgt durch eine Überweisung nach § 837 oder sonstwie.

**2**   **2) Hypothekenpfändung, I.** Es sind drei Aspekte zu beachten.

**A. Grundsatz: Maßgeblichkeit des § 829.** Den Pfändungsantrag stellt der Gläubiger meist falsch. Der Pfändungsbeschluß ergeht nach § 829, nicht nach §§ 846, 847. Das Vollstreckungsgericht bezeichnet zweckmäßig außer der Forderung nebst Zinses die Hypothek nebst deren Zinsen im Pfändungsbeschluß, § 174 Z 3 GVGA, Oldb Rpfleger **70**, 100, am besten nach dem Grundbuchblatt, mindestens nach der Postanschrift, BGH NJW **75**, 980. Eine Teilpfändung ist zulässig, soweit sich ein Teilhypothekenbrief bilden ließe, wenn eine Briefhypothek vorläge. Auf die Bildung des Teilbriefs hat der Gläubiger dann einen Anspruch, Oldb Rpfleger **70**, 100. Mangels abweichender Regelung im Pfändungsbeschluß, die der Gläubiger beantragen kann, besteht zwischen dem gepfändeten Teil und dem Rest derselbe Rang, Oldb Rpfleger **70**, 100. Über die Pfändung „in Höhe des Anspruchs" § 829 Rn 47. In den Fällen der §§ 1164, 1173 II, 1174, 1182 BGB entsteht eine Hypothek für die Ersatzforderung. Diese kann aber nur nach § 830 gepfändet werden.

Wenn eine *Gesamthypothek* besteht, dann ist diese zu pfänden. Zulässig ist auch eine Reihe von Einzelpfändungen. Eine Hypothek in einer fremden Währung ist wegen einer Forderung in DM bzw EUR pfändbar. Im Falle einer Teilpfändung muß der Gläubiger seine Forderung aber in die fremde Währung umrechnen. Wenn die Hypothek bewilligt, aber noch nicht eingetragen worden ist, dann muß der Gläubiger allein die Forderung pfänden. Wenn der Pfändungsbeschluß nur die Forderung oder nur die Hypothek aufführt, gilt er für beide.

*Drittschuldner* sind sowohl der persönliche Schuldner als auch der Eigentümer. Eine ungenaue Bezeichnung des Drittschuldners schadet nicht. Denn die Zustellung an ihn ist zwar wegen § 407 BGB und wegen II ratsam, aber sie ist keine wesentliche Voraussetzung der Entstehung des Pfandrechts. Wenn freilich überhaupt kein Drittschuldner angegeben worden ist, dann fehlt ein wesentliches Erfordernis einer wirksamen Forderungspfändung.

**B. Kein Gutglaubensschutz.** Der öffentliche Glaube des Grundbuchs schützt den Pfändungspfandgläubiger nicht. Denn es liegt keine rechtsgeschäftliche Übertragung vor. Eine Geschäftsunfähigkeit des Schuldners steht der wirksamen Entstehung des Pfandrechts nicht entgegen. 3

**C. Vorpfändung.** Sie ist zulässig, § 845 Rn 1. Sie ist nicht mit der Zustellung an den Drittschuldner wirksam. Weitere Einzelheiten § 845 Rn 10. 4

**3) Briefhypothek, I.** Es sind mehrere Gesichtspunkte zu beachten. 5

**A. Grundsatz: Pfändungsbeschluß und Briefübergabe.** Notwendig sind ein wirksamer Pfändungsbeschluß und die Übergabe des Hypothekenbriefs an den Gläubiger, so daß der Gläubiger am Brief den unmittelbaren Besitz erhält. Die Eintragung im Grundbuch ist zwar zulässig, §§ 135 II, 892 BGB. Sie kann aber die Übertragung nicht ersetzen. Denn die Eintragung dient nur zur Berichtigung des Grundbuchs. Aber auch die Pfändung und die Überweisung des Anspruchs auf die Herausgabe des Briefs ersetzen die Pfändung der Hypothek nicht. Auch in diesem Fall muß der Gläubiger erst die Herausgabe erzwingen. Schließlich hat auch die Übergabe eines Ausschlußurteils keine ersetzende Wirkung. Auch in diesem Fall muß ein neuer Brief gebildet und übergeben werden.

**B. Vor Übergabe.** Vor der Übergabe entsteht kein Pfandrecht, Düss RR **88**, 266. Es genügt aber eine Hinterlegung des Briefs und deren Annahme. Die Hinterlegungsstelle vermittelt in diesem Fall den Besitz. Wenn der Gläubiger den Brief mit dem Willen des Schuldners besitzt, reicht dies aus, soweit nicht auch der Schuldner einfacher Mitbesitzer nach § 866 BGB ist. Ein sog qualifizierter Mitbesitz des Gläubigers durch die Einräumung eines Mitverschlusses reicht aus. Die Pfändung ist mit der Aushändigung des Beschlusses an den Gläubiger vollzogen, ohne daß der Beschluß zugestellt werden muß. 6

**C. Übergabe.** Besitzt der Schuldner oder ein Dritter den Brief, so kann die Übergabe freiwillig geschehen. Es ist ein Besitz für die ganze Pfändungsdauer einzuräumen. Wenn der Brief verlorengegangen ist, dann muß er für kraftlos erklärt und neu gebildet werden. Der Gläubiger kann diese Wirkung auf Grund seines Vollstreckungstitels erreichen. Pfändungspfandrecht und Verstrickung bestehen für die Dauer des Besitzes des Gläubigers bzw Gerichtsvollziehers am Brief. Wenn der Brief mit dem Willen des Gläubigers an den Schuldner zurückgelangt, dann erlischt das Pfandrecht. Ein unfreiwilliger Verlust beeinträchtigt das Pfandrecht nicht. Die Pfändung des bloßen Herausgabeanspruches nach §§ 846, 847 schafft eine Verstrickung mit einem Rang vor späteren Pfändungsgläubigern und Zessionaren, BGH NJW **79**, 2045, § 804 III.

Pfändet ein *zweiter* Gläubiger vor dem Zeitpunkt der Übergabe des Briefes, dann liegt eine Mehrpfändung vor. Sie gibt allen Gläubigern denselben Rang. Der Brief ist für alle wegzunehmen. Wenn die Pfändung nach der Übergabe des Briefs erfolgt, dann muß der erste Hypothekengläubiger dem späteren den Mitbesitz einräumen, oder der spätere Gläubiger muß die Anschlußhilfspfändung des Briefs aus § 826 erwirken, § 808 Rn 3. Die Pfändung des Anspruchs auf die Herausgabe nach der Befriedigung des ersten Gläubigers auf den Überschuß einer Zahlung oder Hinterlegung ist ein unbefriedigender Weg. Bei einer Teilhypothek gelten die vorstehenden Regeln bis zur Bildung eines Teilhypothekenbriefs, Rn 2, entsprechend. 7

**D. Hilfspfändung.** Übergibt der Schuldner den Brief nicht freiwillig, aber er besitzt, dann muß der Gerichtsvollzieher dem Schuldner nach §§ 883 ff wegnehmen, um den Brief dem Gläubiger zu übergeben (Hilfspfändung). Der Pfändungsbeschluß nach § 829 bildet für diese Maßnahme des Gerichtsvollziehers den Vollstreckungstitel, BGH NJW **79**, 2046. Der Pfändungsbeschluß braucht keine Vollstreckungsklausel zu enthalten. Er muß aber nach § 750 I dem Schuldner zugestellt werden. Dies gilt auch bei einer Arrestpfändung nach § 829. Auch eine Beschlagnahme nach § 94 StPO verschafft den Besitz. Natürlich muß dem Gerichtsvollzieher vor der Wegnahme auch der eigentliche Schuldtitel vorliegen, § 174 Z 2 GVGA. 8

**E. Pfändungsvollzug.** Mit der Wegnahme des Briefs ist die Pfändung vollzogen und entsteht das Pfandrecht an der Forderung und an der Hypothek, Hamm Rpfleger **80**, 483. Für die Entstehung dieses Pfandrechts ist es unerheblich, ob der Gerichtsvollzieher den Brief auch an den Gläubiger abliefert. Wenn der Gerichtsvollzieher den Hypothekenbrief nicht vorfindet, dann muß der Schuldner vor Gericht die eidesstattliche Versicherung zur Offenbarung nach § 807 abgeben, aM ZöStö 5 (er wendet § 883 II an). 9

**10**  Wenn das Grundbuchamt noch den Brief *verwahrt,* dann hat der Schuldner die Hypothek noch nicht erworben. Der Gläubiger muß dann den Anspruch auf die Abtretung der Eigentümergrundschuld pfänden. Wenn der Brief nach der Entstehung des Pfandrechts dem Grundbuchamt eingereicht wird, dann ist dieses Dritter. Dann ist auch wie sonst im Falle des Gewahrsams eines Dritten § 886 anwendbar. Wenn ein Dritter den Briefbesitz nicht freiwillig aufgibt, können §§ 1274 I, 1205 II, 1206 BGB entsprechend anwendbar sein, ZöStö 6, aM StJM 10. Grundsätzlich ist dann freilich die Pfändung des Herausgabeanspruchs erforderlich.

Wenn das Grundbuchamt entgegen einer abweichenden Bestimmung, § 60 II GBO, den Brief freiwillig an den vom Gläubiger beauftragten Gerichtsvollzieher *herausgegeben* hat und wenn der Pfändungsbeschluß dem Eigentümer zugestellt worden ist, zu dessen Gunsten die Grundschuld bestellt wurde, dann ist die Grundschuld wirksam gepfändet worden. Eine Rückforderung des Briefes ist dann nicht zulässig. Denn das Pfändungspfandrecht ist bereits durch die Aushändigung des Briefes entstanden. Im Falle der Pfändung einer Teilhypothek nimmt der Gerichtsvollzieher den Teilbrief weg. Wenn der Teilbrief noch fehlt, nimmt er den Stammbrief weg. Der Mitbesitz des Gläubigers am ungeteilten Brief reicht meist nicht, BGH 85, 263 (für den Fall einer Abtretung).

Wenn nicht der Schuldner, sondern ein *Dritter* Hypothekengläubiger ist, entsteht weder ein Pfändungspfandrecht noch eine Verstrickung.

**11**  4) **Buchhypothek, I.** Auch hier sind mehrere Aspekte zu beachten.

**A. Voraussetzungen.** Zur Pfändung einer Buchhypothek, auch einer Sicherungshypothek nach §§ 1184, 1185 I BGB (wegen derjenigen nach § 1187 BGB vgl Rn 15) oder einer Zwangs- und Arrest-Sicherungshypothek nach §§ 866 I, 932, sind ein Pfändungsbeschluß und die Eintragung der Pfändung in das Grundbuch erforderlich, Mü Rpfleger 89, 18. Bei einer Gesamthypothek, § 1132 BGB, entsteht das Pfandrecht erst mit der letzten Eintragung. Die Eintragung steht der Wegnahme nach Rn 7 gleich. Dadurch wird das Grundbuchamt freilich nicht zum Vollstreckungsgericht, § 828 II. Die Eintragung erfolgt auf einen formlosen Antrag des Gläubigers nach § 13 GBO. Ein Ersuchen des Vollstreckungsgerichts erfolgt nicht. Der Gläubiger muß eine einfache Ausfertigung des Pfändungsbeschlusses vorlegen. Der Pfändungsbeschluß ersetzt die Eintragungsbewilligung, § 19 GBO. Er braucht nicht zugestellt zu sein, um die Eintragung herbeizuführen. Eine Vorlage auch des Schuldtitels ist beim Grundbuchamt nicht notwendig. Eine Eintragung erfolgt nicht schon auf ein Ersuchen des Vollstreckungsgerichts. Denn es herrscht Parteibetrieb. Im Falle der Teilpfändung muß der Teil nach § 47 GBO bezeichnet werden.

Wenn der Schuldner im Grundbuch nicht eingetragen ist, dann muß das Grundbuch zunächst gemäß §§ 14, 22 GBO *berichtigt* werden. Zumindest ist in grundbuchmäßiger Form, § 29 GBO, ein Nachweis darüber nötig, daß für den eingetragenen Eigentümer eine Eigentümergrundschuld entstanden ist, Hbg Rpfleger 76, 371. Eine Vormerkung ist unzulässig. Mangels eines privatrechtlichen Anspruches ist § 883 BGB unanwendbar. Die Pfändung eines Berichtigungsanspruchs, etwa auf eine Eigentümergrundschuld, kann eine Eintragung nicht ersetzen. Im Fall der Abtretung ist das Grundbuch zu berichtigen, notfalls auf Grund einer Erinnerung, über die der Grundbuch-Rpfl entscheidet, Mü Rpfleger 89, 18. Über die Höchstbetragshypothek s § 837 III.

**12**  **B. Mängel, Bedingungen des Pfändungsbeschlusses.** Der Pfändungsbeschluß kann ganz unwirksam sein, etwa wenn die sachliche Zuständigkeit fehlte oder wenn ein Formmangel besteht, Grdz 57 vor § 704. Dann entsteht trotz einer Eintragung im Grundbuch kein wirksames Pfandrecht. Wenn der Beschluß auflösend bedingt wirksam ist, dann entsteht ein auflösend bedingtes Pfandrecht. Deshalb gibt eine Eintragung im ersteren Fall keinen Rang, im letzteren einen nur auflösend bedingten Rang.

**13**  5) **Zustellung, II.** Die Vorschrift ergänzt I, Köln Rpfleger 91, 241. Abweichend von § 829 ist die Wirksamkeit der Pfändung von einer Zustellung an den Drittschuldner unabhängig. Trotzdem hat die Zustellung ihre Bedeutung. Sie begründet nämlich zugunsten des Gläubigers eine Verfügungsbeschränkung des Drittschuldners. Der Drittschuldner wird daran gehindert, die Forderung zu erfüllen oder mit Wirkung gegenüber dem Pfändungsgläubiger eine Verfügung des Vollstreckungsschuldners über die Forderung mit diesem zu vereinbaren, etwa einen Erlaß der Forderung oder eine Stundung. Bei einer Buchhypothek ist für ihren Rang allein die Eintragung maßgeblich, nicht die Zustellung, Köln Rpfleger 91, 241 (zustm Hintzen). Wenn der Gläubiger vor der Übergabe des Briefs oder vor der Eintragung zustellt, dann darf der Drittschuldner nur noch an den Gläubiger und an den Schuldner gemeinsam zahlen. Ferner gilt die Pfändung mit der Zustellung als bewirkt. In Wahrheit ist diese Regelung keine Abänderung von I, sondern eine Zurückbeziehung der Pfändung: Wenn die Pfändung wirksam wird, dann wirkt sie hinsichtlich des Drittschuldners auf den Tag der Zustellung zurück. Die Zustellung allein macht die Pfändung nicht wirksam. Dem Schuldner und Dritten gegenüber hat die Zustellung ohnehin keine Wirkung. Zur Rangfrage bei einer Verfügung des Schuldners vor der Zustellung Stöber Rpfleger 58, 258.

**14**  6) **Unterbleiben einer Pfändung, III.** Wegen der sachlichrechtlichen Sonderbehandlung ist in folgenden Fällen keine Pfändung nach § 830 möglich:

**A. § 1159 BGB.** Es handelt sich um einen Anspruch auf eine Leistung nach § 1159 BGB, dh auf die Zahlung des im Zeitpunkt der Wirksamkeit der Pfändung nach § 829 III fälligen, also rückständigen gesetzlichen oder vertraglichen Zinses, auf andere Nebenleistungen, vgl § 1115 BGB; es geht um eine Kostenerstattung nach § 1118 BGB, also auf Grund einer Kündigung oder einer sonstigen Rechtsverfolgung, die eine Befriedigung aus dem Grundstück bezweckt, § 10 II ZVG. Daher sind in diesen Fällen eine Eintragung oder eine Übergabe weder erforderlich noch ausreichend. Selbst im Falle einer gleichzeitigen Pfändung der Hypothek wird die Pfändung erst gemäß § 829 mit der Zustellung an den Drittschuldner wirksam. Dagegen sind Zinsen, die noch nicht fällig sind, nur wie die Hypothek pfändbar.

**15**  **B. § 1187 BGB.** Es geht um eine Sicherungshypothek nach § 1187 BGB, die sog Wertpapierhypothek, also für eine Forderung aus einer Schuldverschreibung auf den Inhaber oder aus einem indossablen Papier, namentlich aus einem Wechsel. In diesen Fällen ist je nach der Sachlage nach § 821 oder nach § 831 zu pfänden. Eine Eintragung im Grundbuch ist unzulässig.

1. Titel. Zwangsvollstr. in das bewegl. Vermögen §§ 830–831

**7) Verstoß, I–III.** Ein Verstoß gegen § 830 führt als Formverstoß dazu, daß die Pfändung insgesamt unwirksam ist. Das gilt unabhängig davon, ob das Bestehen der Hypothek bekannt war. 16

**8) Rechtsbehelfe, I–III.** Es gilt grundsätzlich dasselbe wie bei § 829, dort Rn 63–65. Gegen die Entscheidung des Grundbuchamts ist die einfache Beschwerde nach § 71 GBO und wahlweise auch der jeweilige Weg nach § 11 RPflG, Anh § 153 GVG, zulässig. 17

**9) VwGO:** Entsprechend anwendbar im Rahmen der Grdz § 803 Rn 9. Nach § 169 I VwGO, § 5 VwVG gilt § 310 AO. 18

## 830a *Schiffshypothek.*

[I] Zur Pfändung einer Forderung, für die eine Schiffshypothek besteht, ist die Eintragung der Pfändung in das Schiffsregister oder in das Schiffsbauregister erforderlich; die Eintragung erfolgt auf Grund des Pfändungsbeschlusses.

[II] Wird der Pfändungsbeschluß vor der Eintragung der Pfändung dem Drittschuldner zugestellt, so gilt die Pfändung diesem gegenüber mit der Zustellung als bewirkt.

[III] [1]Diese Vorschriften sind nicht anzuwenden, soweit es sich um die Pfändung der Ansprüche auf die im § 53 des Gesetzes über Rechte an eingetragenen Schiffen und Schiffsbauwerken vom 15. November 1940 (Reichsgesetzbl. I S. 1499) bezeichneten Leistungen handelt. [2]Das gleiche gilt, wenn bei einer Schiffshypothek für eine Forderung aus einer Schuldverschreibung auf den Inhaber, aus einem Wechsel oder aus einem anderen durch Indossament übertragbaren Papier die Hauptforderung gepfändet wird.

**1) Systematik, Regelungszweck, I–III.** Die Pfändung einer Schiffshypothek ist ebenso wie die Pfändung einer Buchhypothek geregelt, § 830. Denn die Schiffshypothek steht einer Sicherungshypothek in ihrer praktischen Bedeutung gleich, § 8 SchiffsG. 1

**2) Anwendbarkeit, I, II.** Einer Schiffshypothek stellt § 99 I LuftfzRG wiederum das Registerpfandrecht an einem Luftfahrzeug gleich. Es sind also ein Pfändungsbeschluß sowie die Eintragung der Pfändung im Register notwendig. Wenn das Schiff nicht eingetragen ist, dann ist eine Schiffshypothek nicht zulässig. Die Eintragung erfolgt auf einen formlosen Antrag des Gläubigers. Der Gläubiger muß eine einfache Ausfertigung des Pfändungsbeschlusses beifügen. Eine Zustellung des Pfändungsbeschlusses an den Drittschuldner ist für die Wirksamkeit der Pfändung nicht erheblich. Die Zustellung begründet aber dann, wenn sie vor dem Zeitpunkt der Eintragung erfolgte, eine Verfügungsbeschränkung des Drittschuldners. Auch insofern ist § 830a dem § 830 nachgebildet. 2

**3) Unanwendbarkeit, III.** § 53 SchiffsG betrifft Forderungen auf die Zahlung von rückständigen Zinsen und anderen Nebenleistungen, die Kosten der Kündigung und die Kosten einer Rechtsverfolgung, Erstattungsansprüche des Gläubigers aus einer Entrichtung von Versicherungsprämien und anderen Zahlungen an den Versicherer. In diesen Fällen erfolgt die Pfändung ebenso wie in den Fällen des § 830 III nach § 829. Es ist zur Wirksamkeit der Pfändung keine Eintragung im Schiffsregister erforderlich. Eine Eintragung kann auch dann unterbleiben, wenn die Hauptforderung bei einer Schiffshypothek auf Grund einer Schuldverschreibung auf den Inhaber, auf Grund eines Wechsels oder auf Grund eines sonstigen Orderpapiers erfolgt war und gepfändet worden ist. In solcher Situation genügt zur Pfändung der Schiffshypothek die Pfändung der Hauptforderung nach §§ 831 oder 821. 3

**4) VwGO:** Entsprechend anwendbar im Rahmen der Grdz § 803 Rn 9. Nach § 169 I VwGO, § 5 VwVG gilt § 311 AO. 4

## 831 *Indossable Papiere.*

Die Pfändung von Forderungen aus Wechseln und anderen Papieren, die durch Indossament übertragen werden können, wird dadurch bewirkt, daß der Gerichtsvollzieher diese Papiere in Besitz nimmt.

**Schrifttum:** *Schmalz,* Die Zwangsvollstreckung in Blankowechsel, Diss Ffm 1951.

**1) Systematik, Regelungszweck.** Indossable Papiere sind Wertpapiere, Träger des Rechts, § 821 Rn 1. Daher werden indossable Papiere wie Wertpapiere gepfändet, wenn der Schuldner der ausgewiesene Inhaber ist, § 821. Infolgedessen wäre § 831 überflüssig, wenn nicht seine Stellung im 3. Unterabschnitt ergeben würde, daß die Verwertung bei solchen Papieren nicht nach § 821, sondern nach §§ 835 ff geschieht, wobei den Überweisungsbeschluß der Gläubiger und nicht der Gerichtsvollzieher beantragen muß. Das gilt auch für blanko indossierte Wechsel. Jede andere Verwertung ist ungültig. Daher darf der Gerichtsvollzieher die Papiere vor einer Anordnung nach §§ 835 oder 844 nicht an den Gläubiger aushändigen. 1

**2) Geltungsbereich.** Die Vorschrift gilt für jedes indossable Papier. Es ist unerheblich, ob das Papier auf ein ausländisches Zahlungsmittel lautet; über die Verwertung § 815 Rn 1. Weitere Einzelheiten Geißler DGVZ **86,** 110, Weimar JB **82,** 357. Nach § 23 IV PostG galt § 831 bei der Pfändung der Einlage eines Postsparers entsprechend; jetzt gilt § 829, Röder DGVZ **98,** 86 (ausf). 2
Nicht indossable Wertpapiere, wie kaufmännische Papiere, die nicht an Order lauten, § 363 HGB, gebundene Namensaktien, § 67 AktG, Verrechnungsschecks, LG Gött NJW **83,** 635, aM ThP 3, fallen *nicht* unter § 831, aM Bauer JB **76,** 873, sondern unter §§ 808 ff.

*Hartmann* 2003

**§§ 831, 832**  8. Buch. 2. Abschnitt. ZwV wegen Geldforderungen

**3** **3) Pfändung.** Die Pfändung erfolgt nicht nach § 829, sondern ohne einen Beschluß des Vollstreckungsgerichts dadurch, daß der Gerichtsvollzieher das Papier in seinen Besitz nimmt, § 808 I, § 175 GVGA, BGH DB **80**, 1937, Hilger KTS **88**, 630. Sofern der Schuldner nach dem Inhalt des Wertpapiers nicht sein Berechtigter ist, unterbleibt die Wegnahme. §§ 809, 826 sind anwendbar. Evtl ist der Herausgabeanspruch zu pfänden, §§ 846, 847, Hilger KTS **88**, 630. Der Gerichtsvollzieher darf das Papier nicht im Gewahrsam des Schuldners belassen. Mit der Wegnahme ist ohne weiteres auch die Forderung gepfändet. Daraus ergeben sich die Wirkungen des § 829. Bei einem Traditionspapier, einem Lagerschein usw ergreift die Pfändung das herauszugebende Gut erst in demjenigen Zeitpunkt, in dem es gemäß § 847 an den Gerichtsvollzieher herausgegeben wird. Ein Pfändungsbeschluß ist in einem solchen Fall unnötig und unwirksam, ZöStö 2, aM BGH DB **80**, 1938, ThP 2. Für die Entscheidungen ist das in § 828 II bestimmte Gericht zuständig. Es entscheidet durch den Rpfl, § 20 Z 17 RPflG, Anh § 153 GVG.

**4** **4) Rechtsbehelf.** Vgl zunächst beim Verstoß des Gerichtsvollziehers und bei einem solchen des Rpfl oder des Richters § 829 Rn 63–65. Zuständig ist bei einem Verstoß des Gerichtsvollziehers das Vollstreckungsgericht des § 764 und bei einem Verstoß im Überweisungsbeschluß das Gericht des § 828.

**5** **5) VwGO:** Entsprechend anwendbar im Rahmen der Grdz § 803 Rn 9. Nach § 169 I VwGO, § 5 VwVG gilt § 312 AO.

**832** *Gehaltsforderungen usw.* Das Pfandrecht, das durch die Pfändung einer Gehaltsforderung oder einer ähnlichen in fortlaufenden Bezügen bestehenden Forderung erworben wird, erstreckt sich auch auf die nach der Pfändung fällig werdenden Beträge.

**1** **1) Systematik, Regelungszweck.** Die Pfändung einer Forderung, die durch die Zahlung fortlaufender Raten zu füllen ist, ergreift die künftigen Raten grundsätzlich nur dann, wenn der Pfändungsbeschluß ausdrücklich auch diese zukünftigen Raten erfaßt. § 832 macht von dieser Regel eine Ausnahme, um eine Vielzahl von Einzelpfändungen zu vermeiden. Die Vorschrift setzt nicht voraus, daß im Zeitpunkt der Pfändung bereits eine Rate fällig geworden war. In Betracht kommt auch ein zukünftiges Rechtsverhältnis, dessen Bezüge bereits für wenigstens eine Rate gepfändet sind.

**2** **2) Geltungsbereich.** § 832 verlangt einen einheitlichen Schuldgrund, eine gewisse Stetigkeit der Bezüge und einen Gehaltsanspruch oder einen ähnlichen Anspruch auf die Zahlung oder sonstige Leistung fortlaufender Bezüge für eine persönliche Dienstleistung. Gehalt ist eine Unterhaltsgewährung in regelmäßigen Raten. Daraus folgt aber keineswegs, daß die „ähnliche" Forderung auch die Zahlung von Unterhalt gehen müsse. Die Ähnlichkeit liegt vielmehr in der Stetigkeit und der annähernden Gleichmäßigkeit der Zahlung. Freilich ist § 832 als Ausnahmevorschrift trotz des Begriffs der „ähnlichen" Forderung nicht allzu weit ausdehnbar.

**3** Eine kurze *Unterbrechung* schadet nicht, insbesondere dann nicht, wenn sie saisonbedingt ist, oder gar beim Versuch, Gläubiger abzuschütteln, Düss DB **85**, 1336. Möglich ist eine solche Lage auch dann, wenn es um den Bezug aus mehreren aufeinanderfolgenden Arbeitsverträgen geht. Die Verkehrsauffassung entscheidet über die erforderliche Einheitlichkeit, BAG NJW **93**, 2702, Düss DB **85**, 1336. Der Pfändungsbeschluß braucht zwar nicht, darf aber und sollte, Behr Rpfleger **90**, 243, einen Hinweis auf die erst künftigen Ansprüche zu enthalten. Wegen der Pfändung des Gehalts der bei den alliierten Streitkräften angestellten Personen SchlAnh III Art 34 III, 35 mit AusfBest (aaO).

**4** **3) Beispiele zur Frage der Anwendbarkeit**
**Anwalt:** Rn 6 „Rechtsanwalt".
**Arbeitseinkommen:** § 832 ist anwendbar auf eine Forderung auf Lohn oder Provision im Fall einer Daueranstellung, also auf das Arbeitseinkommen, § 850. Das gilt auch bei einem nach § 850 b nur bedingt pfändbaren Arbeitseinkommen. Dabei kann eine Daueranstellung trotz einer nur tageweisen Entlohnung vorliegen.
**Arbeitsplatzwechsel:** § 832 ist unanwendbar auf die Bezüge nach einem echten Wechsel des Arbeitsverhältnisses. Es ist eine wirtschaftliche Betrachtung geboten, Rn 2, 3.
Hierher gehört auch eine Wiedereinstellung, die im Zeitpunkt der vorherigen Entlassung nicht geplant oder vorhersehbar war. Hierher zählt auch der Fall einer Entlassung aus wichtigem Grund.
**Arzt:** § 832 ist grds unanwendbar auf sein Honorar. Eine Ausnahme kann bei einem Kassenarzt oder Kassendentisten gelten, der in einem ständigen Vertragsverhältnis steht.
**Dentist:** S „Arzt".
**5 Entlassung:** Rn 4 „Arbeitsplatzwechsel".
**Handlungsagent:** § 832 ist anwendbar auf die Forderung eines Handlungsagenten, der dauernd für denselben Geschäftsherrn oder für mehrere tätig ist, wie es beim ständigen Reisevertreter meist der Fall ist.
**Mietzins:** § 832 ist anwendbar auf eine Forderung auf Miete oder Pacht, ThP 1, StJM 4, aM ZöStö 2.
**6 Notar:** § 832 ist unanwendbar auf sein Honorar.
**Rechtsanwalt:** § 832 ist unanwendbar auf sein Honorar.
**Rente:** § 832 ist anwendbar auf eine Forderung auf Zahlung von Ruhegehalt oder Rente.
**Ruhegehalt:** S „Rente".
**7 Selbständiger:** § 832 ist unanwendbar auf sein Einkommen.
**Sozialleistung:** § 832 ist anwendbar auf eine Sozialleistung, etwa auf die Arbeitslosenhilfe im Anschluß an Arbeitslosengeld, BSG BB **88**, 2180, und zwar auch dann, wenn sie auf Grund einer neuen Arbeitslosigkeit zu zahlen ist, falls der bisherige Anspruch erloschen ist, BSG BB **82**, 1614, aM AG Bottrop Rpfleger **86**, 488 (keine Erstreckung bei neuer Anwartschaft).

1. Titel. Zwangsvollstr. in das bewegl. Vermögen **§§ 832, 833**

**Trinkgeld:** § 832 ist angeblich anwendbar auf das Bedienungsgeld eines Kellners, wenn der Gast es für den **8** Wirt gezahlt hat, der vom Kellner die Herausgabe verlangen kann, dem Kellner aber aus dem eingenommenen Bedienungsgeld erstatten muß. Diese Zahlung erfolgt dann meist so, daß der Kellner die Aufrechnung erklärt. Eine Beschlagnahme hat aber vor diesem Vorgang den Vorrang. Daher muß der Arbeitgeber den Kellner notfalls fristlos entlassen. Der Arbeitgeber kann sich auch nicht deswegen, weil der Kellner das Bedienungsgeld einbehält, auf ein Zurückbehaltungsrecht nach § 320 I 1 BGB berufen.
  Diese ganze Konstruktion ist lebensfremd: Kein Gast will sein Trinkgeld auch nur zunächst dem Wirt zukommen lassen; es soll sogleich und endgültig nur dem Kellner zukommen. Dasjenige Trinkgeld, das so gezahlt wird, fällt *nicht* unter § 832, sondern unter § 850, dort Rn 2.

**Zinsforderung:** § 832 ist anwendbar auf jede regelmäßige Zinsforderung. **9**
  Vgl auch Rn 5 „Mietzins".

**Zwischenmeister:** § 832 ist anwendbar auf die künftige Forderung eines Zwischenmeisters aus einem festen Geschäftsverhältnis.

**4) *VwGO*:** Entsprechend anwendbar im Rahmen der Grdz § 803 Rn 9. Nach § 169 I VwGO, § 5 VwVG gilt **10** § 313 I AO.

**833** *Diensteinkommen.* I ¹Durch die Pfändung eines Diensteinkommens wird auch das Einkommen betroffen, das der Schuldner infolge der Versetzung in ein anderes Amt, der Übertragung eines neuen Amtes oder einer Gehaltserhöhung zu beziehen hat. ²Diese Vorschrift ist auf den Fall der Änderung des Dienstherrn nicht anzuwenden.

II Endet das Arbeits- oder Dienstverhältnis und begründen Schuldner und Drittschuldner innerhalb von neun Monaten ein solches neu, so erstreckt sich die Pfändung auf die Forderung aus dem neuen Arbeits- oder Dienstverhältnis.

**Vorbem.** Bisheriger II zu I 2, neuer II angefügt dch Art 1 Z 23 a, b der 2. ZwVNov v 17. 12. 97, BGBl 3039, in Kraft seit 1. 1. 99, Art 4 I der 2. ZwVNov. Übergangsrechtlich bestimmt

**2. ZwVNov Art 3.** **VI § 833 Abs. 2 der Zivilprozeßordnung in der Fassung des Artikels 1 Nr. 23 Buchstabe a gilt nicht für Arbeits- oder Dienstverhältnisse, die vor dem Inkrafttreten dieses Gesetzes beendet waren.**

**1) Systematik, Regelungszweck, I, II.** § 833 enthält einen allgemeinen Rechtsgedanken, vgl § 829 **1** Rn 2, § 850 Rn 2, 3. Die Vorschrift enthält aber zugleich eine in ihrem Geltungsbereich vorrangige Sonderregelung. Ziel ist eine möglichst umfassende Vollstreckung ohne ständig neue Zusatzmaßnahmen der Pfändung, solange die Nämlichkeit des Drittschuldners, des Dienstherrn, gewahrt bleibt. Damit dient § 833 der Prozeßwirtschaftlichkeit, Grdz 14 vor § 128, wie der Rechtssicherheit, Einl III 43.

**2) Anwendbarkeit, I 1.** Die Pfändung eines Diensteinkommens ergreift jedes spätere Diensteinkommen, **2** § 850 Rn 2, 3, das derselbe Dienstherr dem Schuldner zahlt. Dies gilt auch bei einem Privatangestellten oder bei einem Arbeiter, wenn sich diese Personen in dauernder Stellung befinden. Die Regelung gilt ferner dann, wenn der Schuldner von dem einen Dienstzweig in den anderen übertritt, ferner dann, wenn er in den Ruhestand tritt oder wenn ein Abgebauter wiedereintritt. Amt ist jede Arbeitsstelle. Wegen einer Unterbrechung Rn 4.

**3) Unanwendbarkeit, I 2.** Die Regelung gilt nicht, wenn der Dienstherr wechselt. Dann ist also ein **3** neuer Pfändungs- und Überweisungsbeschluß notwendig, AG Stgt DGVZ **73**, 61. Es besteht zB keine Nämlichkeit zwischen einer Gemeinde und einem Land oder einer GmbH im Eigentum der Gemeinde. Dienstherr ist derjenige, der den Lohn oder das Gehalt auszahlt, § 611 BGB. Der Dienstherr kann derselbe bleiben, auch wenn seine Rechtsform wechselt, etwa im Falle der Umwandlung einer Gesellschaft oder des Betriebsübergangs durch ein Rechtsgeschäft nach § 613a BGB, LAG Hamm DB **76**, 440. Wegen Art 131 GG vgl § 59 G v 13. 10. 65, BGBl 1686. Wegen des Rechtswegs VGH Kassel NJW **92**, 1253.

**4) Unterbrechung, II.** Soweit das Arbeits- oder Dienstverhältnis zwischen denselben Vertragspartnern, **4** BTDrs 13/341, nur vorübergehend, etwa saisonbedingt, endet und binnen neun Monaten wieder auflebt, wenn auch formell neu abgeschlossen wird, erstreckt sich die Pfändung auf eine Forderung aus dem neuen Arbeits- oder Dienstverhältnis. Für den Fristablauf, der nach § 222 zu beachten ist, sind die rechtlichen Zeitpunkte des Endes bzw Neubeginns maßgebend, nicht die tatsächlichen Zeitpunkte. Beim Wechsel des Arbeitgebers oder -nehmers gilt stets nur I 2.

**5) *VwGO*:** Entsprechend anwendbar im Rahmen der Grdz § 803 Rn 9. Nach § 169 I VwGO, § 5 VwVG gilt **5** § 313 II u III AO.

**§§ 834, 835**

**834** *Gehör des Schuldners.* Vor der Pfändung ist der Schuldner über das Pfändungsgesuch nicht zu hören.

1   **1) Systematik, Regelungszweck.** An sich gebietet Art 103 I GG in gewissen Grenzen die Anhörung einer Partei vor einer ihr nachteiligen Entscheidung, vgl Einl III 16. Die Pfändung ist aber keine Entscheidung, sondern ein Vollstreckungsakt auf Grund einer längst vorher getroffenen Entscheidung, nämlich des Urteils. Müßte man den Schuldner vor jedem solchen Teilakt unbedingt anhören, so würde man das rechtliche Gehör maßlos überspannen und die Durchführung dieser so wichtigen Vollstreckungsart nahezu unmöglich machen. Außerdem soll der Schuldner eine Pfändung nicht vereiteln dürfen, Einl III 54, Köln MDR **88**, 682, LG Frankenth Rpfleger **82**, 231, Hoeren NJW **91**, 410.

2   **2) Grundsatz: Keine Anhörung.** Das Gericht darf den Schuldner aus den Gründen Rn 1 grundsätzlich vor der Pfändung nicht hören, BGH NJW **83**, 1859, BayObLG Rpfleger **86**, 98, LG Frankenth Rpfleger **84**, 361, aM Hager KTS **92**, 327 (wegen Art 103 I GG; aber es geht nicht anders, s unten). Die Vorschrift macht die eigentlich freigestellte mündliche Verhandlung, § 128 Rn 10, praktisch unzulässig. Das Verbot des § 834 erfaßt eine mündliche wie schriftliche Anhörung. Die Regelung ist mit Art 103 I GG vereinbar, BVerfG **8**, 98, BayObLG Rpfleger **86**, 99, aM Maunz/Dürig/Aßmann Art 103 GG Rn 83 (aber es gibt manche Lage, in der ein wirksamer Rechtsschutz nur ohne vorherige Anhörung funktionieren kann).

3   **3) Ausnahme: Anhörung.** Es sind fünf Punkte zu beachten.
   **A. Antrag des Gläubigers.** Weil der Sinn der Vorschrift sich aber darin erschöpft, den Gläubiger zu schützen, und weil der Gläubiger gelegentlich ein Interesse an der Anhörung des Schuldners haben kann, muß das Gericht den Schuldner jedenfalls dann vor seiner Entscheidung anhören, wenn es der Gläubiger die Anhörung beantragt, Celle MDR **72**, 958, Schneider MDR **72**, 913, oder wenn der Gläubiger dem Gericht anheimstellt, den Schuldner anzuhören, LG Brschw Rpfleger **81**, 489 (insofern zustm Hornung). Schon ein eindeutig erkennbares stillschweigendes Einverständnis des Gläubigers genügt, um das Gericht zur Anhörung des Schuldners zu zwingen.

4   **B. Sozialleistung usw.** Wegen der Anhörung des Schuldners vgl § 54 VI 1 SGB I, abgedruckt in Grdz 80 vor § 704 „Kindergeld", §§ 850 b Rn 16, 850 e Z 2 a S 2–5, 850 f Rn 12, LG Frankenth Rpfleger **89**, 274, LG Zweibr MDR **80**, 62.

5   **C. Gesonderte Überweisung.** Vor einer besonderen Überweisung darf das Gericht den Schuldner hören, Münzberg Rpfleger **82**, 329. Wenn es aber den Pfändungsbeschluß und den Überweisungsbeschluß miteinander verbindet, ist die Anhörung des Schuldners grundsätzlich nach den obigen Regeln unzulässig, zB Münzberg Rpfleger **82**, 329, aM Hoeren NJW **91**, 410 (wegen Art 103 I GG).

6   **D. Rechtsmittelzug.** Nach Wortlaut und Sinn des § 834, Rn 1, ist eine Anhörung des Schuldners auch insoweit unzulässig, als nur der Gläubiger gegen eine ablehnende Entscheidung Erinnerung oder Beschwerde eingelegt hat und nicht eine der Ausnahmen Rn 2, 3 vorliegt, KG NJW **80**, 1341, Köln MDR **88**, 683, LG Frankenth RR **89**, 1352.

7   **E. Begründungspflicht nach Anhörung.** Zumindest nach einer Anhörung des Schuldners ist der Pfändungsbeschluß zu begründen, § 329 Rn 4, LG Düss Rpfleger **83**, 255.

8   **4) Verstoß.** Wenn das Gericht den Schuldner entgegen § 834 angehört hat, dann hat das prozessual keine Folgen. Es kommt allerdings eine Staatshaftung nach Art 34 GG, § 839 BGB in Betracht.

9   **5) Rechtsbehelf.** Wenn das Gericht ein nach den vorstehenden Regeln notwendiges Gehör des Schuldners unterlassen hatte, ist die Erinnerung nach § 766 zulässig; andernfalls gilt § 829 Rn 63–65.

10  **6) VwGO:** Entsprechend anwendbar im Rahmen der Grdz § 803 Rn 9.

---

**835** *Überweisung.* ¹ Die gepfändete Geldforderung ist dem Gläubiger nach seiner Wahl zur Einziehung oder an Zahlungs Statt zum Nennwert zu überweisen.

II Im letzteren Falle geht die Forderung auf den Gläubiger mit der Wirkung über, daß er, soweit die Forderung besteht, wegen seiner Forderung an den Schuldner als befriedigt anzusehen ist.

III ¹Die Vorschriften des § 829 Abs. 2, 3 sind auf die Überweisung entsprechend anzuwenden. ²Wird ein bei einem Geldinstitut gepfändetes Guthaben eines Schuldners, der eine natürliche Person ist, dem Gläubiger überwiesen, so darf erst zwei Wochen nach der Zustellung des Überweisungsbeschlusses an den Drittschuldner aus dem Guthaben an den Gläubiger geleistet oder der Betrag hinterlegt werden.

**Schrifttum:** *Schilken*, Zum Umfang der Pfändung und Überweisung von Geldforderungen, Festschrift für *Lüke* (1997) 701.

**Gliederung**

| | |
|---|---|
| 1) Systematik, Regelungszweck, I–III ... 1 | 4) Stellung des Gläubigers, I–III ......... 7–12 |
| 2) Überweisung im allgemeinen, I ....... 2–5 | A. Grundsatz: Recht zur Befriedigung .... 7 |
| A. Zur Einziehung oder an Zahlungs Statt . 2 | B. Beispiele zur Frage der Stellung des Gläubigers ............................ 8–11 |
| B. Verfahren ......................... 3 | C. Verzögerung ....................... 12 |
| C. Rechtsmittel ...................... 4 | 5) Stellung des Schuldners, I–III ......... 13–15 |
| D. Mehrheit von Gläubigern ........... 5 | A. Inhalt ............................ 13 |
| 3) Überweisung zur Einziehung, I–III ... 6 | |

1. Titel. Zwangsvollstr. in das bewegl. Vermögen § 835

| B. Beispiele zur Frage der Stellung des Schuldners | 14, 15 | B. Einzelfragen | 20 |
|---|---|---|---|
| | | C. Verstoß | 21 |
| 6) Stellung des Drittschuldners, I–III | 16–18 | 8) Überweisung an Zahlungs Statt, I–III | 22, 23 |
| 7) Kontenguthaben, III 2 | 19–21 | A. Antrag | 22 |
| A. Zweck | 19 | B. Wirkung | 23 |
| | | 9) *VwGO* | 24 |

**1) Systematik, Regelungszweck, I–III.** Die Pfandverwertung, das Ziel der Vollstreckung, erfolgt bei **1** einer Forderung normalerweise dadurch, daß das Gericht die Forderung dem Gläubiger überweist, §§ 835 ff, und daß dieser anschließend zur Vermeidung einer Schadensersatzpflicht die Forderung unverzüglich beitreibt, § 842, soweit er nicht aus irgendwelchen Gründen auf diese Verwertungsart nach § 843 verzichtet. Wegen anderer Verwertungsarten § 844. Im allgemeinen läßt sich die Überweisung mit der Pfändung in demselben Beschluß verbinden, Kahlke NJW 91, 2690, aM Hoeren NJW 91, 410 (Verstoß gegen Art 103 I GG). Bisweilen, etwa bei einer Wechselforderung oder bei einer Hypothekenforderung, ist wegen § 831 ein besonderer Überweisungsbeschluß erforderlich. Die Wirksamkeit einer Überweisung hängt immer von der Wirksamkeit der Pfändung ab. Denn die Überweisung verschafft kein Recht, sondern bringt nur die Möglichkeit dazu, ein Recht durchzuführen, BGH NJW 94, 3226, aM Stöber NJW 96, 1185. Wenn die Überweisung selbständig erfolgt, dann muß das Vollstreckungsgericht seine Zuständigkeit für diesen Vorgang selbständig prüfen.
Im Falle einer *Teilüberweisung* bleibt der Rest der gepfändeten Forderung gepfändet. Eine Sicherungsvollstreckung, § 720 a I, und ein Arrest lassen keine Überweisung zu, wohl aber ein zugehöriger Kostenfestsetzungsbeschluß, Ffm Rpfleger 82, 480. Über Hypotheken und Schiffshypotheken §§ 837, 837 a. Wegen einer durch Buchhypothek gesicherten Forderung § 829 Rn 62. Die Pfändung ist nicht schon deshalb unwirksam, weil etwa die Überweisung unwirksam ist. Wenn aber die Pfändung unwirksam ist, dann ist auch die Überweisung unwirksam. Die Heilung eines Mangels bei der Pfändung hat zur Folge, daß auch die Überweisung mitgeheilt wird. Das gilt insbesondere dann, wenn das Gericht einen Betrag überwiesen hat, der über den gepfändeten Betrag hinausgeht. Wegen III 2 vgl auch Rn 19.

**2) Überweisung im allgemeinen, I.** Von ihr hängt der Erfolg am ehesten ab. **2**
**A. Zur Einziehung oder an Zahlungs Statt.** Der Gläubiger kann wählen, ob ihm die Forderung zur Einziehung oder an Zahlungs Statt überwiesen werden soll. Zulässig ist auch eine Überweisung zunächst zur Einziehung und dann an Zahlungs Statt. Die umgekehrte Reihenfolge ist nicht zulässig. Wenn der Gläubiger schlechthin die Überweisung beantragt, dann ist davon auszugehen, daß er eine Überweisung zur Einziehung meint. Denn diese Lösung ist die Regel. Eine Überweisung findet nur auf einen Antrag des Gläubigers statt. Er meint im Zweifel die Einziehung.
**B. Verfahren.** Zuständig ist das Vollstreckungsgericht, § 828, also der Rpfl, § 20 Z 17 RPflG, Anh § 153 **3** GVG. Er wird nur auf Antrag des Gläubigers tätig. Es besteht kein Anwaltszwang, § 78 III. Man kann Pfändung und Überweisung zusammen oder getrennt beantragen. Vgl aber Rn 1. Das Verfahren verläuft auch im übrigen wie bei einer Pfändung, § 829. Vor allem wird auch eine Überweisung mit der Zustellung des Überweisungsbeschlusses an den Drittschuldner im Parteibetrieb, §§ 166 ff, wirksam. Der Überweisungsbeschluß ist zu begründen. § 339 Rn 4. Er muß eindeutig die Verwertungsart angeben und im Fall des § 839 die Hinterlegungsanordnung enthalten. Kosten: § 788. Der Gläubiger erhält den Beschluß formlos ausgehändigt, § 329 II 1. Über eine Anhörung des Schuldners vgl § 834 Rn 5. Bei einem indossablen Papier darf der Beschluß auf dem Papier stehen. Erforderlich ist das aber nicht. Das Recht aus der Überweisung ist pfändbar, aM Stgt Rpfleger **83**, 409. Wer sich dieses Recht pfänden und überweisen läßt, § 857, der erlangt den Überweisungsanspruch seines Schuldners. Ein Verzicht des Gläubigers auf die Rechte aus der Pfändung und Überweisung läßt seinen Anspruch unberührt, § 843 Rn 1.
*Gebühren*: Des Gerichts KV 1640, 1906; des Anwalts §§ 57, 58 I BRAGO.
**C. Rechtsmittel.** Vgl zunächst § 829 Rn 63–65. Der Gläubiger und der Schuldner sowie der Dritt- **4** schuldner können gegen eine sie beeinträchtigende bloße Maßnahme (ohne Entscheidung) die Erinnerung nach § 766 einlegen, Düss ZIP 82, 366, ZöStö 13, aM bei einer Überweisung an Zahlungs Statt LG Düss Rpfleger **82**, 112, Münzberg Rpfleger **82**, 329, ThP 11 (aber die Befriedigungswirkung setzt gerade die Feststellung voraus, daß die Forderung besteht, Rn 5, und diese fehlte im dortigen Fall).
**D. Mehrheit von Gläubigern.** Bei einer Überweisung für mehrere Gläubiger gilt folgendes: Die erste **5** Überweisung an Zahlungs Statt befriedigt den Gläubiger, soweit die Forderung wirklich besteht. Sie nimmt daher die Forderung aus dem Vermögen des Schuldners heraus. Gegenüber einer späteren Pfändung und Überweisung hat der erste Gläubiger die Möglichkeit einer Klage nach § 771. Bei einer Überweisung zur Einziehung bestimmt sich der Rang der Gläubiger ausschließlich nach der Pfändung, § 804 III. Der Drittschuldner darf einen späteren Gläubiger nicht vor dem früheren befriedigen. Andernfalls muß er nunmehr auch an den vorrangigen zahlen, kann aber gegen den nachrangigen aus §§ 812 ff BGB vorgehen, BGH **82**, 28.

**3) Überweisung zur Einziehung, I–III.** Diese Überweisungsart ist innerhalb der Verwertungsarten des **6** § 835 die normale und im Fall des § 839 die allein zulässige. Sie bewirkt keinen Vermögensübergang, BGH **82**, 31, LG Augsb Rpfleger **97**, 120. Sie ermächtigt den Gläubiger vielmehr nur dazu, das Recht des Schuldners im eigenen Namen geltend zu machen, § 836, BGH **82**, 31, BFH NJW **90**, 2645, und zwar in einer Familiensache, §§ 606 ff, vor dem FamGer, Hamm FamRZ **78**, 602. Eine einstweilige Einstellung der Zwangsvollstreckung, §§ 707, 719, 769, macht eine spätere Überweisung zur Einziehung rechtswidrig. Eine dauernde Einstellung der Zwangsvollstreckung zieht eine Aufhebung der Pfändung und Überweisung nach sich, § 776. Die Zwangsvollstreckung ist erst dann beendet, Grdz 52 vor § 704, wenn der Gläubiger durch die Zahlung des Drittschuldners oder sonstwie befriedigt ist. Der Gläubiger kann sich mit dem Drittschuld-

## § 835

ner wegen der Forderung vergleichen oder die Forderung abtreten, wenn der Schuldner in Höhe dieser Forderung befreit wird.

**7** 4) **Stellung des Gläubigers, I–III.** Sie zeigt viele Probleme.

**A. Grundsatz: Recht zur Befriedigung.** Die wirksame Überweisung ermächtigt den Gläubiger zu allen denjenigen Maßnahmen, die im Recht des Schuldners begründet sind und der Befriedigung des Gläubigers dienen, BGH RR **89**, 287, VGH Kassel NJW **92**, 1254.

**8** **B. Beispiele zur Frage der Stellung des Gläubigers**
**Abtretung:** Rn 10 „Nebenrecht".
**Annahme der Leistung:** Der Gläubiger darf die Leistung mit einer Erfüllungswirkung annehmen.
**Anwalt:** Rn 11 „Zahlung".
**Arrest:** Der Gläubiger darf einen Arrest erwirken.
**Aufrechnung:** Der Gläubiger darf eine Aufrechnung erklären, BGH **82**, 31. Das gilt auch gegenüber einer Verbindlichkeit, die der Gläubiger gegenüber dem Drittschuldner hat, BGH NJW **78**, 1914.
**Auszahlung:** Rn 11 „Zustimmung".
**Befriedigung:** Vgl zunächst Rn 7.
S ferner „Annahme der Leistung", „Erlaß", Rn 9 „Leistung", Rn 10 „Rente", Rn 11 „Vergleich".
**Einstweilige Anordnung, Verfügung:** Der Gläubiger darf eine einstweilige Anordnung oder Verfügung erwirken.
**Einwilligung:** Rn 11 „Streithilfe", „Zustimmung".
**Einziehung:** Der Gläubiger darf die Forderung einziehen, BGH **82**, 31. Er darf nicht einen Mehrbetrag einziehen, auch nicht vorbehaltlich der sofortigen Erstattung an den Schuldner.
**Erfüllung:** S „Annahme der Leistung".
**Erlaß:** Der Gläubiger darf nicht einen Schulderlaß aussprechen, es sei denn, daß er sich für befriedigt erklärt.
**9** **Gegenleistung:** Der Gläubiger darf eine erforderliche Gegenleistung bewirken. Diese Gegenleistung ist Teil der Vollstreckungskosten. Ein Widerspruch des Schuldners ist unbeachtlich.
**Genehmigung:** Rn 11 „Streithilfe", „Zustimmung".
**Guthaben:** Der Gläubiger darf auch ohne eine Kündigung, LG Essen MDR **73**, 323, ein zins- oder prämienbegünstigtes Guthaben abheben, freilich nicht vor dem Ablauf der Festlegungsfrist, Rn 10, Muth DB **79**, 1121. Die Zwangsvollstreckung geht einem Zins- oder Prämienverlust vor.
**Herausgabe:** Rn 10 „Nebenrecht".
**Insolvenz:** Der Gläubiger darf den Antrag auf die Eröffnung eines Insolvenzverfahrens stellen. Er darf die Forderung im Insolvenzverfahren des Drittschuldners anmelden. Er darf das Stimmrecht zusammen mit dem Schuldner ausüben und die Verteilungssumme einziehen.
**Klagebefugnis:** Der Gläubiger darf nicht eine Klage erheben, soweit der Schuldner nicht klagen könnte, aM StJM 25.
S auch Rn 11 „Verein".
**Kündigung:** Der Gläubiger darf eine Kündigung wirksam erklären, BGH **82**, 31.
**Leistung:** Rn 8 „Annahme der Leistung", Rn 9 „Gegenleistung", Rn 11 „Zahlung".
**Leistungsklage:** Der Gläubiger darf auf Leistung an sich selbst klagen, BGH **82**, 31, Ffm MDR **93**, 799, Stgt FamRZ **88**, 166. Dabei ist bei einem Arbeitseinkommen das ArbG zuständig, beim Steuererstattungsanspruch das FG, BFH NJW **88**, 1408, aM Hamm DB **89**, 488 (das ArbG sei zuständig), beim Diensteinkommen daß VG, VGH Kassel NJW **92**, 1254.
S auch „Gegenleistung".
**10** **Lohnsteuer:** Der Gläubiger darf keine Erstattung beantragen, BFH NJW **99**, 1056, Urban DGVZ **99**, 104 (ausf).
S auch § 836 Rn 10 „Lohnsteuerkarte".
**Löschungsfähige Quittung:** S „Quittung".
**Mehrbetrag:** Rn 8 „Einziehung".
**Nachlaß:** Der Gläubiger darf nicht einen Schuldnachlaß bewilligen, es sei denn, daß er die finanziellen Folgen selbst trägt, BGH NJW **78**, 1914.
**Nebenrecht:** Im Rahmen des Überweisungsbeschlusses darf der Gläubiger auch etwaige Nebenrechte ausüben, zB nach § 401 BGB. Der Gläubiger darf deshalb zB die Herausgabe eines Pfandstücks und die Übertragung eines Sicherungseigentums fordern, soweit nicht eine Vereinbarung entgegensteht. Der Gläubiger darf aber nicht ohne weiteres die gepfändete Forderung abtreten, es sei denn, daß er sich für befriedigt erklärt.
**Offenbarungsversicherung:** Der (bisherige) Gläubiger behält das Auftragsrecht nach § 900 I nur bei der Überweisung zur Einziehung, nicht bei derjenigen an Zahlung statt, LG Augsb Rpfleger **97**, 120.
**Prämienbegünstigung, -verlust:** Rn 9 „Guthaben".
**Quittung:** Der Gläubiger darf eine Quittung erteilen, auch eine löschungsfähige.
**Ratenzahlungen:** Der Gläubiger darf nicht Ratenzahlungen bewilligen, es sei denn, daß er die finanziellen Folgen selbst trägt, BGH NJW **78**, 1914.
**Rente:** Der Gläubiger darf die Rente beantragen, LG Wiesb RR **96**, 59.
**Rechtsbehelfe:** Der Gläubiger hat gegen den nicht leistenden Drittschuldner dieselben Rechtsbehelfe, die der Schuldner hatte. In Frage kommt also je nach der Sachlage eine Klage im Urkundenprozeß usw. Der Drittschuldner darf evtl erst nach 2 Wochen leisten, III 2.
**11** **Sachbefugnis:** Der Gläubiger weist seine Sachbefugnis durch den Überweisungsbeschluß nach.
**Sicherungseigentum:** Rn 10 „Nebenrecht".
**Steuererstattung:** Rn 1 „Lohnsteuer-Jahresausgleich".
**Streithilfe:** Der Gläubiger darf einen rechtshängigen Prozeß des Schuldners nicht ohne dessen Einwilligung übernehmen, aber dem Prozeß als Streithelfer beitreten. Der Gläubiger kann auf diese bloße Streithilfe angewiesen sein.

**Stundung:** Der Gläubiger darf nicht eine Stundung bewilligen, es sei denn, daß er die finanziellen Folgen selbst trägt, BGH NJW **78**, 1914.
**Überweisungsbeschluß:** Der Gläubiger darf alle in diesem ABC genannten Rechte nur im Rahmen des Überweisungsbeschlusses ausüben.
**Umschreibung:** Der Gläubiger darf einen Vollstreckungstitel auf sich umschreiben lassen, § 727.
**Urkundenprozeß:** Rn 10 „Rechtsbehelfe".
**Verein:** Wenn der Schuldner ein nicht rechtsfähiger Verein ist, dann hat der Gläubiger ein Klagerecht. Denn auch die Gesamtheit der Mitglieder könnte eine Klage erheben. Der Gläubiger weist seine Sachbefugnis durch den Überweisungsbeschluß nach.
S auch Rn 9 „Klagebefugnis".
**Vergleich:** Der Gläubiger darf mit dem Drittschuldner wegen der gepfändeten Forderung einen Vergleich schließen, soweit der Schuldner dadurch befriedigt würde.
**Vollstreckungstitel:** S „Umschreibung".
**Zahlung:** Der Gläubiger darf eine Zahlstelle angeben, inbesondere anordnen, daß eine Zahlung an seinen Anwalt zu leisten sei.
**Zinsbegünstigung, -verlust:** Rn 9 „Guthaben".
**Zustimmung:** Der Gläubiger darf eine etwa erforderliche Zustimmung zu einer Auszahlung verlangen, Düss RR **89**, 599.
S auch „Streithilfe".
**Zwangsgeld:** Der Gläubiger darf nicht ein Zwangsgeld für sich statt für die Staatskasse nach § 888 beitreiben, LG Essen Rpfleger **73**, 184.

**C. Verzögerung.** Der Gläubiger ist dem Schuldner gegenüber zur unverzüglichen Einziehung der 12 Forderung verpflichtet. Eine Verzögerung macht den Gläubiger schadensersatzpflichtig, § 842. Wenn der Gläubiger eine Klage erhebt, dann muß er dem Schuldner den Streit verkünden, §§ 72, 841. Die Kosten der Einziehung sind Kosten der Zwangsvollstreckung, § 788 Rn 22 „Drittschuldner". Der Gläubiger kann die Kosten bei einer Zahlung des Drittschuldners mit verrechnen. Wenn der Gläubiger eine Klage erhebt, sind die Kosten im Verhältnis zum Drittschuldner Prozeßkosten, §§ 91, 103ff, dann muß man im Verhältnis zwischen dem Gläubiger und dem Schuldner prüfen, ob die Klage und die Aufwendung der einzelnen Posten nötig waren. Kosten, die das Urteil dem Schuldner auferlegt, trägt auch der Schuldner. Denn ein erfolgloses Vorgehen war nicht notwendig; es geht vielmehr zu Lasten des Gläubigers. Der Gläubiger nimmt die Einziehung auf eigene Gefahr vor. Soweit die Einziehung den Gläubiger nicht befriedigt, darf er die Zwangsvollstreckung fortsetzen.

**5) Stellung des Schuldners, I–III.** Sie ist ziemlich klar zu bestimmen. 13

**A. Inhalt.** Die Überweisung ändert nicht die Natur des Schuldverhältnisses, BFH NJW **88**, 1408. Sie nimmt die Forderung nicht aus dem Vermögen des Schuldners, BGH **82**, 31, BFH NJW **88**, 1408 und 1999, LG Bln MDR **89**, 76. Die Verstrickung, Üb 6 vor § 803, bleibt bestehen. Der Schuldner bleibt mit den Einschränkungen der §§ 135, 136 BGB verfügungsberechtigt, BGH **82**, 31, LG Bln MDR **89**, 76. Er ist lediglich nicht mehr berechtigter Zahlungsempfänger, BGH **82**, 31, LG Bln MDR **86**, 327, und darf nicht mehr zum Nachteil des Gläubigers verfügen, BFH NJW **88**, 1999. Die Forderung bleibt einem fremden Angriff ausgesetzt, vor allem einer Anschlußpfändung.

**B. Beispiele zur Frage der Stellung des Schuldners** 14
**Arrest:** Der Schuldner darf eine Sicherungsmaßnahme gegen den Drittschuldner betreiben, zB einen Arrest erwirken, LG Bln MDR **89**, 76.
Der Schuldner darf aber keine Klage auf eine Leistung an sich selbst erheben, auch nicht eine solche „unbeschadet der Rechte des Gläubigers", Münzberg DGVZ **85**, 145, und auch nicht eine Klage auf Leistung an sich und an den Gläubiger.
S auch „Hinterlegung".
**Einziehung:** Der Schuldner darf während der Dauer der Pfändung die Forderung nicht mehr einziehen, LG Bln MDR **86**, 327.
**Feststellungsklage:** Der Schuldner darf eine Feststellungsklage gegen den Drittschuldner erheben.
**Hinterlegung:** S zunächst Rn 15 „Leistungsklage". Die Einziehung einer Nachlaßforderung erfolgt zwecks Hinterlegung für alle Miterben, auch wenn der Nachlaßgläubiger und der Schuldner der Nachlaßforderung dieselbe Person sind. Demgemäß erfolgt auch die Pfändung und Überweisung einer Forderung gegen den Gläubiger selbst.
Der Schuldner darf keine Klage auf eine Hinterlegung erheben, Münzberg DGVZ **85**, 146.
**Insolvenz:** Der Schuldner darf das Recht zur Tabelle anmelden, das Stimmrecht aber nur gemeinsam mit dem Gläubiger ausüben.
**Leistungsklage:** Der Schuldner darf auf eine Leistung an den Gläubiger klagen. Denn die Erfüllung berührt 15 den Schuldner wesentlich. Der Gläubiger muß die Forderung einziehen, und der Drittschuldner kann sich durch eine Streitverkündung gegen eine doppelte Beanspruchung schützen.
**Prozeßführungsrecht:** Dem Schuldner fehlt die Prozeßführungsbefugnis im Hinblick auf das Recht, das jetzt dem Gläubiger zusteht. Daher ist die Klage des Schuldners unzulässig.
**Sicherungsmaßnahme:** Rn 14 „Arrest".
**Urteil:** Ein zwischen dem Gläubiger und dem Drittschuldner ergehendes Urteil schafft keine Rechtskraft für den Schuldner, und umgekehrt.
**Vollstreckungsabwehrklage:** Der Schuldner darf sich mit einer Klage nach § 767 jedenfalls gegen eine über Sicherungsmaßnahmen hinausgehende Zwangsvollstreckung wehren, LG Bln MDR **89**, 76.

**6) Stellung des Drittschuldners, I–III.** Für den Drittschuldner ist nur noch der Gläubiger maßgeblich, 16 BGH **82**, 31, BFH NJW **88**, 1408. Nur die Zahlung an den objektiv richtigen Gläubiger befreit den Drittschuldner voll, §§ 815 III, 819, BGH NJW **88**, 495. Eine Zahlung an den Schuldner kann ihn befreien, wenn er den Pfändungs- und Überweisungsbeschluß nicht kannte, § 407 BGB. § 408 BGB ist anwendbar. Der Drittschuldner braucht aber die Rechtmäßigkeit des Pfändungs- und Überweisungsbeschlusses grundsätzlich nicht nachzuprüfen, § 836 II, BGH NJW **91**, 705. Im Zweifel kann er gemäß § 372 BGB hinterlegen. Er hat alle Einwendungen gegenüber dem Gläubiger und gegenüber dem Schuldner, § 404 BGB, wie vor dem Zeitpunkt der Überweisung, Oldb Rpfleger **94**, 266.

**17** Im Fall der *Einrede des nicht erfüllten Vertrags* muß der Drittschuldner erst Zug um Zug gegen die Bewirkung der Gegenleistung durch den Gläubiger leisten. Der Schuldner kann die Erfüllung einer eigenen Verbindlichkeit gegenüber dem Drittschuldner mit der Maßgabe verweigern, daß der Drittschuldner Zug um Zug an den Gläubiger der gepfändeten Forderung zahlen muß. Er darf auch gegenüber dem Gläubiger eine Aufrechnung erklären, und zwar nach Maßgabe des § 406 BGB auch mit einer gegen den Schuldner bestehenden Forderung, BGH NJW **80**, 584, aber nicht mit einer nach der Beschlagnahme erworbenen Forderung, § 392 BGB, und nicht mit einer Forderung, die der Schuldner gegen den Gläubiger hat, AG Langen MDR **81**, 237. Der Drittschuldner darf ferner die Mangelhaftigkeit oder die Unwirksamkeit des Pfändungs- und Überweisungsbeschlusses im Prozeß oder gemäß § 766 geltend machen. Er braucht bei einer Einstellung der Zwangsvollstreckung nicht mehr an den Gläubiger zu leisten. Er kann gegen einen Empfänger, der nicht der objektiv richtige Gläubiger war, einen Anspruch aus ungerechtfertigter Bereicherung haben, BGH **82**, 33, aM Mü NJW **78**, 1438, ThP § 836 Rn 6.

**18** Ein Anspruch aus §§ 812ff BGB, Lieb ZIP **82**, 1153, kann gegen den Schuldner im Fall einer *Doppel-* oder *Überzahlung* des Drittschuldners bestehen, es können dann auch §§ 670, 683 BGB anwendbar sein, Seibert WertpMitt **84**, 521. Der Drittschuldner hat allerdings keine Einwendungen gegen den Anspruch selbst, also gegen die Schuld des Schuldners, BAG NJW **89**, 1053, StJM § 829 Rn 115, ThP § 836 Rn 7, aM Denck ZZP **92**, 71 (beim Arbeitslohn). Im Falle der Lohnpfändung kann der Arbeitgeber vom Arbeitnehmer die Erstattung der Bearbeitungs- und Überweisungskosten fordern, Brill DB **76**, 2400. S auch § 766 Rn 19 „Drittschuldner", § 829 Rn 55.

**19** **7) Kontenguthaben, III 2.** Es ist wie folgt zu unterscheiden.

**A. Zweck.** Vgl zunächst Rn 1. Wenn das Kontenguthaben einer natürlichen Person, § 1 BGB, bei einem Geldinstitut gemäß § 829 wirksam gepfändet und dem Gläubiger überwiesen worden ist, dann darf dieser Drittschuldner aus dem Guthaben erst dann eine Zahlung an den Gläubiger leisten oder einen Betrag hinterlegen, § 839, oder aufrechnen, wenn seit der Zustellung des Überweisungsbeschlusses (nicht: des etwa gesonderten Pfändungsbeschlusses) an den Drittschuldner 2 Wochen vergangen sind. Die Frist wird nach § 222 berechnet. Sie ist zwingend. Auf den Zeitpunkt der Zustellung des freilich meist gleichzeitigen Pfändungsbeschlusses an den Drittschuldner kommt es nicht an. Der Sinn der Regelung besteht darin, daß der Schuldner neben den Möglichkeiten der §§ 51–55 SGB I, Grdz 103 vor § 704 „Sozialleistung", die allerdings mit diesen Vorschriften und mit III mangelhaft aufeinander abgestimmten Möglichkeiten des § 850k soll nutzen können, dort Rn 1. Freilich sind dort nur die wiederkehrenden Einkünfte im Sinne von §§ 850–850b geschützt, während III 2 die Guthaben jeder beliebigen Art und Herkunft erfaßt, Hornung Rpfleger **78**, 360, zB von Guthaben aus einem einmaligen Zahlungseingang, aM Stöber Forderungspfändung Rdz 1286. Der Gesetzgeber meinte den Geldinstituten keine weitergehenden Pflichten zumuten zu können als die Prüfung, ob der Kontoinhaber eine natürliche Person sei, Arnold BB **78**, 1320, Hornung Rpfleger **78**, 360, Meyer ter Vehn NJW **78**, 1240.

**20** **B. Einzelfragen.** Als Geldinstitut ist jede Bank, Sparkasse oder jedes Postgiroamt, LG Bad Kreuznach Rpfleger **90**, 216, jede Postsparkasse oder eine sonst geschäftsmäßig tätige, zugelassene Stelle anzusehen, LG Bln Rpfleger **92**, 129, unabhängig von deren Rechtsform und Größe, und zwar auch dann, wenn dieses Geldinstitut der Arbeitgeber ist, etwa derjenige eines Bankangestellten. Eine Zahlstelle der Haftanstalt zählt nicht hierher, LG Bln Rpfleger **92**, 129. Eine Überweisung an Zahlungs Statt genügt. Soweit dann die Pfändung aufgehoben worden ist, fällt die Forderung an den Schuldner zurück. Für die 2-Wochen-Frist ist eine Zustellung an einen anderen als den Drittschuldner unerheblich. Der Drittschuldner darf aus einem anderen als dem gepfändeten Guthaben leisten, selbst wenn zwischen den Beteiligten Identität vorliegt. Wenn der Gläubiger mehrere Guthaben desselben Schuldners gepfändet hat, dann muß man die Rechte und Pflichten für jedes Konto gesondert beurteilen. Eine vorzeitige Leistung ist gemäß §§ 134ff BGB jedenfalls den Benachteiligten gegenüber unwirksam. Deshalb muß das Geldinstitut in einem solchen Fall nochmals zahlen oder eine Rückgutschrift vornehmen. Allerdings bleiben die Pfändung und die Wirkung der Überweisung während der 2-Wochen-Sperre bestehen; nur die Verfügungsbefugnis und -pflicht des Drittschuldners ist aufgeschoben, Hartmann NJW **78**, 610. III 2 gilt nach § 314 III AO entsprechend.

**21** **C. Verstoß.** Sofern der Schuldner den Antrag nach § 850k rechtzeitig gestellt hat, kann ein Verstoß des Drittschuldners seine Schadensersatzpflicht nach § 823 II BGB auslösen.

**22** **8) Überweisung an Zahlungs Statt, I–III.** Hat nicht sehr große Bedeutung.

**A. Antrag.** Eine Überweisung an Zahlungs Statt geschieht nur auf einen ausdrücklichen Antrag des Gläubigers und nur bei einer Geldforderung, Üb 4 vor § 803. Eine solche Überweisungsart ist bei den §§ 839, 849, 851 II und dann unzulässig, wenn die Forderung von einer Gegenleistung abhängig ist. Denn in solchen Fällen fehlt der bestimmte Nennwert. Bei einer Vollstreckung auf Grund eines vorläufig vollstreckbaren Titels ist eine Überweisung an Zahlungs Statt zulässig. Sie fügt dort dem Rechtsübergang eine auflösende Bedingung bei. Wenn der vorläufig vollstreckbare Titel aufgehoben wird, dann muß das Geleistete nach § 717 II, III zurückgewährt werden. Wenn die gepfändete Forderung in Wahrheit überhaupt nicht besteht oder wenn der Drittschuldner die Forderung mit einer Einrede nach den §§ 404ff BGB zum Erlöschen bringt, dann darf der Gläubiger anderweit vollstrecken. Bei wiederkehrenden Bezügen sind nur die einzelnen Raten zu überweisen, nicht das Recht selbst.

**23** **B. Wirkung.** Die Überweisung darf nur zum Nennwert geschehen, und nur in der Höhe, die der Anspruch des Gläubigers einschließlich der Kosten der Zwangsvollstreckung ausmacht. Die Überweisung wirkt wie eine Abtretung der gepfändeten Forderung, §§ 398 ff BGB. Sie befriedigt daher den Gläubiger dann, wenn seine Forderung wirklich besteht, mit dem Augenblick der Zustellung des Überweisungsbeschlusses an den Drittschuldner. Es ist unerheblich, ob die Forderung beigetrieben werden kann. Der Anspruch des Gläubigers lebt auch dann nicht wieder auf, wenn die Forderung in Wahrheit nicht beigetrieben werden kann. Da der Gläubiger außerdem wegen der Kosten einer vergeblichen Rechtsverfolgung keinen Ersatzanspruch hat, ist diese Art der Überweisung unbeliebt und selten. Wenn die Forderung in voller Höhe gepfändet worden ist, die Vollstreckungsschuld aber in Wahrheit niedriger ist, dann wird der nicht überwiesene Restbetrag frei.

**9) *VwGO*:** Entsprechend anwendbar im Rahmen der Grdz § 803 Rn 9, VGH Mü NJW 84, 2484. Nach **24**
§ 169 I VwGO, § 5 VwVG gelten § 315 (idF der 2. ZwVNov) sowie § 314 III AO (entsprechende Anwendung von III 2).

**836** *Geltendmachen der überwiesenen Forderung.* ¹Die Überweisung ersetzt die förmlichen Erklärungen des Schuldners, von denen nach den Vorschriften des bürgerlichen Rechts die Berechtigung zur Einziehung der Forderung abhängig ist.

II Der Überweisungsbeschluß gilt, auch wenn er mit Unrecht erlassen ist, zugunsten des Drittschuldners dem Schuldner gegenüber so lange als rechtsbeständig, bis er aufgehoben wird und die Aufhebung zur Kenntnis des Drittschuldners gelangt.

III ¹Der Schuldner ist verpflichtet, dem Gläubiger die zur Geltendmachung der Forderung nötige Auskunft zu erteilen und die über die Forderung vorhandenen Urkunden herauszugeben. ²Erteilt der Schuldner die Auskunft nicht, so ist er auf Antrag des Gläubigers verpflichtet, sie zu Protokoll zu geben und seine Angaben an Eides Statt zu versichern. ³Die Herausgabe der Urkunden kann von dem Gläubiger im Wege der Zwangsvollstreckung erwirkt werden.

**Vorbem.** III 2 eingefügt, bisheriger III 2 zu III 3 und ergänzt dch Art 1 Z 24 a, b der 2. ZwVNov v 17. 12. 97, BGBl 3039, in Kraft seit 1. 1. 99, Art 4 I der 2. ZwVNov, ÜbergangsR Einl III 78.

**Schrifttum:** *Fischer,* Der Schutz des Drittschuldners nach § 836 Abs. 2 ZPO, 1997.

### Gliederung

| | | | |
|---|---|---|---|
| 1) Systematik, I–III | 1 | C. Beispiele zur Frage einer Herausgabepflicht nach III | 7–12 |
| 2) Regelungszweck, I–III | 2 | D. Vollstreckung | 13–15 |
| 3) Geltungsbereich, I–III | 3, 4 | E. Rechtsbehelf | 16 |
| 4) Hilfspflicht des Schuldners, III | 5–16 | 5) *VwGO* | 17 |
| A. Auskunft | 5 | | |
| B. Herausgabe von Urkunden im Schuldnerbesitz | 6 | | |

**1) Systematik, I–III.** Die Überweisung ändert nicht die Natur des Schuldverhältnisses, BFH NJW 88, **1** 1408. Sie wirkt vielmehr im Rahmen des § 835 rechtsübertragend, BFH NJW 88, 1408, auch wenn das sachliche Recht für die Übertragung eine besondere Form verlangt. Die Überweisung ersetzt zB eine schriftliche Abtretung nach § 1154 I BGB, und ein Inkassoindossament, Art 18 WG, nicht aber ein Vollindossament. Der Schuldner soll nämlich nicht einem wechselmäßigen Rückgriff ausgesetzt sein.

**2) Regelungszweck, I–III,** dazu *Derleder* JB 95, 122: II soll den Drittschuldner schützen, der im **2** Vertrauen auf die Wirksamkeit des Überweisungsbeschlusses gehandelt hat, BGH 66, 396, BAG NJW 90, 2643, LG Köln RR **99**, 650 (auch zu den Schutzgrenzen).

**3) Geltungsbereich, I–III.** II ist dem § 409 BGB nachgebildet. Die Vorschrift ist auf einen nichtigen **3** Überweisungsbeschluß unanwendbar, BGH 121, 104, aM BGH ZZP 108, 250, Lüke NJW 96, 3265. Der Schutz entfällt dann, wenn wegen einer klaren, entgegenstehenden Rechtslage kein guter Glaube entstehen konnte, BAG NJW 77, 77, oder wenn ein solcher guter Glaube weggefallen ist, etwa wenn das Prozeßgericht die Zwangsvollstreckung einstweilen eingestellt hatte, zB nach §§ 707, 719, 769, oder wenn eine gerichtliche Rangänderung nach § 850d I erfolgt ist, BAG DB 93, 1528 (sie wirkt auf den Pfändungszeitpunkt zurück). II wirkt nicht zu Lasten des Drittschuldners. Er darf einen Mangel des Beschlusses geltend machen, § 835 Rn 16–18. Die Unterstellung nach II gilt direkt nur im Verhältnis zwischen dem Drittschuldner und dem Schuldner, BGH 66, 396, zB dann, wenn die Forderung unpfändbar war. Wenn die Forderung in Wahrheit einem anderen zusteht, dann befreit eine Zahlung an den Pfändungsgläubiger den Drittschuldner dem wahren Gläubiger gegenüber nicht, BGH NJW 88, 496.

Man muß indessen II auch entsprechend auf das Verhältnis zwischen dem Drittschuldner und dem *Pfändungsgläubiger* des wahren Schuldners anwenden. Denn der Pfändungsgläubiger ist an die Stelle des Schuldners getreten, BGH 66, 396, BAG NJW 90, 2643. Die Unterstellung wird an den Zeitpunkt der Zustellung des Überweisungsbeschlusses an den Drittschuldner wirksam, BGH 66, 397. Die Unterstellung erstreckt sich aber auf denjenigen Rang der Forderungsüberweisung zurück, der durch den Zeitpunkt der Pfändung bestimmt ist, BGH 66, 397, BAG NJW 90, 2643. Der Drittschuldner ist allerdings nur im Rahmen von § 835 III 2 geschützt. Die entsprechende Anwendung von II setzt keine Pfändung der Hypothekenforderung voraus, KG JB **93**, 32.

Die *Unterstellung endet,* wenn der Drittschuldner Kenntnis von der Aufhebung des Überweisungsbeschlus- **4** ses erhält. Es genügt eine formlose Mitteilung oder die Vorlegung einer beglaubigten Abschrift des Gerichts-

§ 836

beschlusses oder die Zustellung des aufhebenden Beschlusses. Der Schuldner bzw dessen Pfändungsgläubiger muß diese Voraussetzungen beweisen, BGH **66**, 398. Wenn der Pfändungsbeschluß aufgehoben wird, dann kann der Drittschuldner wieder mit befreiender Wirkung an den Schuldner leisten, selbst wenn der Aufhebungsbeschluß nicht rechtskräftig ist und selbst wenn dann durch eine Aufhebung des Aufhebungsbeschlusses die frühere Pfändung wiederhergestellt wird. Die Möglichkeit zur Leistung mit befreiender Wirkung dauert in solchem Fall solange an, bis der Drittschuldner von der Aufhebung des Aufhebungsbeschlusses eine sichere Kenntnis hat, aM ZöStö 7. Der Schuldner braucht irgendwelchen Zweifeln wegen der Wirksamkeit des Widerrufs der Anzeige, die die Forderungsanzeige betrifft, nicht nachzugehen. Der Drittschuldner braucht einem etwaigen Zweifel an der Wirksamkeit des Aufhebungsbeschlusses nicht nachzugehen. II ist im Falle einer Verwertung nach § 844 entsprechend anzuwenden.

5  **4) Hilfspflicht des Schuldners, III.** Der Schuldner ist dem Gläubiger (nur) gegenüber unabhängig von den Pflichten des Drittschuldners nach § 840, LG Ravensb Rpfleger **90**, 266, wie folgt verpflichtet.

**A. Auskunft.** Der Schuldner muß dem Gläubiger (nur) diejenige Auskunft geben, die der Gläubiger benötigt, um die Forderung geltend machen zu können, LG Hbg Rpfleger **82**, 387, LG Nürnb-Fürth ZZP **96**, 119, aM LG Köln MDR **76**, 150. Die Auskunftspflicht des Schuldners entspricht derjenigen des § 402 BGB. Sie erstreckt sich auch auf solche Tatsachen, die erst nach der Pfändung eingetreten sind, ZöStö 8. Der Gläubiger kann und muß notfalls ähnlich wie bei § 883 II ein Verfahren nach §§ 899 ff bis zum Haftbefehl beantragen, und zwar beim Gerichtsvollzieher, § 899 I; die diesbezügliche Streitfrage ist durch III 2 erledigt. Wenn der Schuldner diese Auskunfts- und Offenbarungspflicht verletzt, dann macht er sich dem Gläubiger schadensersatzpflichtig, § 286 I BGB, Mü MDR **90**, 932.

6  **B. Herausgabe von Urkunden im Schuldnerbesitz.** Der Schuldner muß dem Gläubiger diejenigen Urkunden herausgeben, die er über die Forderung besitzt und die den Bestand der Forderung beweisen, LG Hof DGVZ **91**, 138 (nicht aber im Wege der Ausforschung auch alle nur evtl in seinem Besitz befindlichen anderen Urkunden, LG Kassel DGVZ **94**, 116). Das gilt freilich nur bei einer bloßen Hilfspfändung, § 803 Rn 3, also nicht vor der Pfändung des Hauptanspruchs, LG Kaisersl Rpfleger **84**, 473.

7  **C. Beispiele zur Frage einer Herausgabepflicht nach III**
**Beweisurkunde:** Sie fällt unter III.
**Brief:** Er fällt unter III.
**Euroscheck:** Er fällt nicht unter III, LG Stgt Rpfleger **94**, 472.
8  **Kontoauszug:** Er fällt nicht unter III, AG Göpp DGVZ **89**, 29 (der Gläubiger kann dazu vom Drittschuldner Auskunft nach § 840 fordern).
**Kraftfahrzeugpapiere:** Sie fallen unter III, KG OLGZ **94**, 114.
**Leistungsbescheid:** Der Leistungsbescheid des Arbeitsamts fällt unter III, aM LG Hann Rpfleger **86**, 143 (aber § 840 schließt III nicht aus).
9  **Lohnabrechnung:** Sie fällt nicht unter III, Saarbr DGVZ **95**, 149, Zweibr Rpfleger **96**, 36, LG Hann DGVZ **94**, 56, aM LG Kblz DGVZ **97**, 126, LG Stgt Rpfleger **98**, 167, ZöStö 9.
**Lohn- oder Rentenabtretung:** Eine Urkunde über eine solche Abtretung fällt unter III, LG Kassel JB **97**, 660, LG Mü JB **98**, 604, Behr Rpfleger **90**, 243, aM LG Hof DGVZ **91**, 138, StJBre 14, ZöStö 9.
10  **Lohnsteuerkarte,** dazu *Behr* JB **97**, 349 (Üb): Insbesondere bei der Pfändung des Steuererstattungsanspruchs, § 835 Rn 10 „Lohnsteuer-Jahresausgleich", fällt die Lohnsteuerkarte nicht unter III, da der Erstattungsanspruch wegen der Unübertragbarkeit der Rechtstellung des Schuldners im Steuerfestsetzungsverfahren, zu der sein Antragsrecht nach § 46 II Z 8 EStG zählt, allenfalls nach § 888 verwertbar ist, BFH NJW **99**, 1056 (für die Steuerverwaltung verbindlich), Urban DGVZ **99**, 104 (ausf mit teilweise abweichender Begründung). Dadurch dürfte die bisherige Streitfrage geklärt sein.
S auch § 835 Rn 10 „Lohnsteuer".
11  **Pfandschein:** Er fällt unter III.
**Pfändungs- und Überweisungsbeschluß:** Ein früherer fällt unter III, LG Stgt Rpfleger **98**, 167, AG Ludwigsh JB **96**, 439.
**Rentenauskunft:** Eine solche nach § 109 SGB VI fällt wegen ihres weitreichenden Inhalts und wegen § 35 SGB I, §§ 67 ff SGB X unter III, AG Bln-Köpenick JB **98**, 159, AG Diepholz JB **98**, 160, AG Heidelb JB **98**, 160, aM Celle JB **98**, 156, LG Bochum JB **98**, 160, LG Siegen JB **99**, 158.
**Schuldschein:** Es fällt unter III.
**Sparbuch:** Es fällt unter III, AG Bre JB **98**, 606. Allerdings braucht der Schuldner die zugehörige Sicherungskarte nicht mit herauszugeben, Algner DGVZ **78**, 5.
**Steuerbeleg:** Unterlagen, die eine Steuerminderung ergeben, fallen unter III, AG Hoyerswerda JB **95**, 663.
12  **Verdienstabrechnung:** Sie fällt unter III, LG Hann Rpfleger **94**, 221.
S auch „Lohnsteuerkarte".
**Vergleichsurkunde:** Sie fällt unter III.
**Versicherungsschein:** Der Versicherungsschein einer freiwilligen Versicherung fällt unter III, Ffm Rpfleger **77**, 221, LG Darmst DGVZ **91**, 10.
**Vertragsurkunde:** Sie fällt unter III.
**Weiterer Pfändungsbeschluß:** Er fällt unter III, LG Bielef JB **95**, 384.

13  **D. Vollstreckung.** Der Gläubiger darf sich auf Grund einer Ausfertigung des ursprünglichen Schuldtitels und einer einfachen Ausfertigung des Überweisungsbeschlusses, in dem die fraglichen Urkunden genau zu bezeichnen sind, AG Köln DGVZ **94**, 157, diese Urkunden im Wege der Zwangsvollstreckung beschaffen, ohne daß es einer besonderen Herausgabeanordnung bedarf, LG Darmst DGVZ **91**, 10. Wenn im Überweisungsbeschluß die Urkunden nicht bezeichnet wurden, dann muß der Gläubiger einen keiner Vollstreckungsklausel bedürfenden Ergänzungsbeschluß herbeiführen, der die Urkunden genau aufführt, LG Limbg DGVZ **75**, 11, AG Dortm DGVZ **80**, 29. Eine Formulierung, es seien die „Nachweise über

die Dauer der Nichtbeschäftigung, zB Meldekarten, Atteste usw" herauszugeben, ist ausreichend, vgl § 829 Rn 10, 11, aM LG Bln Rpfleger **75**, 229. Glaubhaftmachung gegenüber dem Finanzamt genügt, FG Düss BB **75**, 1334.

Der Beschluß ist nach § 750 zuzustellen, StJM 15, ZöStö 9, aM AG Bad Schwartau DGVZ **81**, 63. Anschließend sucht der *Gerichtsvollzieher* beim Schuldner nach den Urkunden und nimmt sie ihm im Wege der Hilfspfändung nach § 808 Rn 3 weg, LG Kaisersl Rpfleger **84**, 473. Er muß auch beim Drittschuldner so vorgehen, LG Essen Rpfleger **73**, 146, LG Hbg Rpfleger **73**, 147, Stöber Rpfleger **73**, 123, aM Ffm Rpfleger **77**, 221 (§ 883 ff). **14**

Im Falle einer *Teilüberweisung* sind die Urkunden über die gesamte Forderung herauszugeben. Der Beschluß muß die Pflicht des Gläubigers zur Rückgabe der Urkunde nach dem Ausgebrauch aussprechen. Aus dem Beschluß ist die Zwangsvollstreckung zulässig. Wenn sich die Urkunden im Besitz eines zur Herausgabe nicht bereiten Dritten befinden, dann berechtigt der Überweisungs- bzw Ergänzungsbeschluß den Gläubiger zu einer Klage auf die Herausgabe, LAG Düss MDR **83**, 85, AG Duisb MDR **82**, 856, ZöStö 9, aM ThP 16 (man müsse zunächst nach § 886 vorgehen). **15**

**E. Rechtsbehelf.** Gegenüber einer Maßnahme des Gerichtsvollziehers kann der Betroffene die Erinnerung nach § 766 einlegen, Noack DGVZ **75**, 98, ThP 16, aM AG Neustadt/R DGVZ **76**, 75. Beim Rpfl gilt nach einer bloßen Maßnahme § 766, nach einer Entscheidung vgl § 829 Rn 63–65. Wegen der Rechtsbehelfe im Verfahren nach III 2 in Verbindung mit §§ 899 ff s dort. **16**

5) *VwGO*: Entsprechend anwendbar im Rahmen der Grdz § 803 Rn 9. Nach § 169 I *VwGO*, § 5 *VwVG* gilt § 315 AO (idF der 2. ZwVNov). **17**

**837** *Überweisung einer Hypothekenforderung.* ¹ ¹Zur Überweisung einer gepfändeten Forderung, für die eine Hypothek besteht, genügt die Aushändigung des Überweisungsbeschlusses an den Gläubiger. ²Ist die Erteilung des Hypothekenbriefes ausgeschlossen, so ist zur Überweisung an Zahlungs Statt die Eintragung der Überweisung in das Grundbuch erforderlich; die Eintragung erfolgt auf Grund des Überweisungsbeschlusses.

II ¹Diese Vorschriften sind nicht anzuwenden, soweit es sich um die Überweisung der Ansprüche auf die im § 1159 des Bürgerlichen Gesetzbuchs bezeichneten Leistungen handelt. ²Das gleiche gilt bei einer Sicherungshypothek im Falle des § 1187 des Bürgerlichen Gesetzbuchs von der Überweisung der Hauptforderung.

III Bei einer Sicherungshypothek der im § 1190 des Bürgerlichen Gesetzbuchs bezeichneten Art kann die Hauptforderung nach den allgemeinen Vorschriften gepfändet und überwiesen werden, wenn der Gläubiger die Überweisung der Forderung ohne die Hypothek an Zahlungs Statt beantragt.

**1) Systematik, Regelungszweck, I–III.** Die Vorschrift ergänzt die §§ 835, 836 in ihrem Geltungsbereich als eine vorrangige Spezialregelung. Ihr geht die noch speziellere Regelung bei einer Schiffshypothek in § 837 a vor. Ziel ist eine den Eigenarten des Grundpfandrechts angepaßte, praktikable Durchführung der Vollstreckung unter Einbeziehung des gerade im Recht der unbeweglichen Sachen so besonders wichtigen Gesichtspunkts der Rechtssicherheit, Einl III 43. Das ist bei der Auslegung mitzubeachten. **1**

**2) Briefhypothek, I, II.** Bei der Briefhypothek genügt die formlose Aushändigung des Überweisungsbeschlusses an den Gläubiger, wenn der Gläubiger den Brief schon auf Grund der Pfändung im Besitz hat. Wenn die Pfändung und Überweisung durch denselben Beschluß ausgesprochen wurde, dann kann eine solche Situation nicht eintreten. In diesem Fall wird die Überweisung gleichzeitig mit der Pfändung wirksam, also mit der Übergabe oder der Wegnahme des Briefs. Der Schuldner bleibt der Inhaber der Hypothek. Sie darf daher nicht auf den Gläubiger umgeschrieben werden. Bei einer Überweisung an Zahlungs Statt ersetzt der Überweisungsbeschluß die Abtretungserklärung, § 836 I, § 1155 BGB. Daher kann das Grundbuch berichtigt werden. **2**

**3) Buchhypothek, I, II.** Bei der Buchhypothek sind die folgenden Voraussetzungen zu beachten. **3**

**A. Einziehung.** Im Falle einer Überweisung zur Einziehung gilt dasselbe wie bei Rn 1. Dabei tritt an die Stelle der Übergabe des Briefes die Eintragung der Pfändung im Grundbuch, BGH NJW **94**, 3226. Die Eintragung der Überweisung im Grundbuch wäre nicht einmal zulässig, weil die Forderung nicht auf den Pfandgläubiger übergeht.

**B. An Zahlungs Statt.** Im Falle einer Überweisung an Zahlungs Statt muß der Beschluß ausgehändigt werden und eine Umschreibung im Grundbuch stattfinden. Diese Umschreibung ist eine Maßnahme der Zwangsvollstreckung, § 830 Rn 11. Sie erfolgt auf Grund eines, aus formlosen, Antrags des Gläubigers und nach der Vorlage des Überweisungsbeschlusses. Er braucht keine Vollstreckungsklausel aufzuweisen. Die Eintragung ist nicht vor der Wirksamkeit der Pfändung zulässig. Wenn die Pfändung und die Überweisung in demselben Beschluß ausgesprochen wurden, werden beide mit der Umschreibung wirksam. **4**

**4) Weitere Einzelfragen, I, II.** Zur Wirkung der Überweisung § 835. Allein der Gläubiger kann eine löschungsfähige Quittung erteilen, sofern die Überweisung an Zahlungs Statt erfolgte. **5**

**5) Unanwendbarkeit, I, II.** Das Verfahren nach I ist bei den in § 830 III genannten Forderungen unanwendbar, § 830 Rn 14 ff. In diesen Fällen muß die Pfändung nach § 829 erfolgen. Die Überweisung erfolgt dann nach § 821 bzw § 835. Infolgedessen wirkt die Überweisung in einem solchen Fall erst mit der Zustellung an den Drittschuldner. **6**

## §§ 837–838      8. Buch. 2. Abschnitt. ZwV wegen Geldforderungen

**7**   **6) Sicherungshypothek, § 1190 BGB, III.** Bei der Höchstbetragshypothek läßt sich die Forderung von der Hypothek trennen, § 1190 IV BGB. Daher gilt in solchem Fall folgendes: Eine Pfändung und Überweisung ist wie bei einer Buchhypothek zulässig; der Gläubiger kann die Forderung dann, wenn er die Forderung ohne die Hypothek erwerben will, allein nach §§ 829, 835 gleichzeitig pfänden und sich (nur) an Zahlungs Statt überweisen lassen. Die Pfändung und Überweisung wird mit der Zustellung an den Drittschuldner wirksam.

**8**   **7) Reallast, Grundschuld, Rentenschuld, I–III entsprechend.** § 837 ist entsprechend anwendbar.

**9**   **8) *VwGO*:** Entsprechend anwendbar im Rahmen der Grdz § 803 Rn 9. Nach § 169 I *Vw*GO, § 5 *Vw*VG gilt § 315 AO (idF der 2. ZwVNov).

**837a**   *Überweisung bei Schiffshypothek.* I ¹Zur Überweisung einer gepfändeten Forderung, für die eine Schiffshypothek besteht, genügt, wenn die Forderung zur Einziehung überwiesen wird, die Aushändigung des Überweisungsbeschlusses an den Gläubiger. ²Zur Überweisung an Zahlungs Statt ist die Eintragung der Überweisung in das Schiffsregister oder in das Schiffsbauregister erforderlich; die Eintragung erfolgt auf Grund des Überweisungsbeschlusses.

II ¹Diese Vorschriften sind nicht anzuwenden, soweit es sich um die Überweisung der Ansprüche auf die im § 53 des Gesetzes über Rechte an eingetragenen Schiffen und Schiffsbauwerken vom 15. November 1940 (Reichsgesetzbl. I S. 1499) bezeichneten Leistungen handelt. ²Das gleiche gilt, wenn bei einer Schiffshypothek für eine Forderung aus einer Schuldverschreibung auf den Inhaber, aus einem Wechsel oder aus einem anderen durch Indossament übertragbaren Papier die Hauptforderung überwiesen wird.

III Bei einer Schiffshypothek für einen Höchstbetrag (§ 75 des im Absatz 2 genannten Gesetzes) gilt § 837 Abs. 3 entsprechend.

**1**   **1) Systematik, Regelungszweck, I–III.** Die Vorschrift hat Vorrang vor § 837, auch wenn sie jener Bestimmung inhaltlich weitgehend entspricht. Sie ergänzt die §§ 835, 836. Das Ziel ist dasselbe wie bei § 837, dort Rn 1.

**2**   **2) Geltungsbereich, I–III.** Die Überweisung einer gepfändeten Schiffshypothek erfolgt wie diejenige einer Buchhypothek, § 837. Eine entsprechende Regelung gilt für das Registerpfandrecht an einem Luftfahrzeug, § 99 I LuftfzRG. II entspricht als eine Ausnahmevorschrift derjenigen des § 830 a III, dort Rn 2. Die Höchstbetragsschiffshypothek nach § 75 SchiffsG entspricht einer Sicherungshypothek aus § 1190 BGB. § 837 a behandelt die Höchstbetragsschiffshypothek daher wie eine Sicherungshypothek.

**3**   **3) *VwGO*:** Entsprechend anwendbar im Rahmen der Grdz § 803 Rn 9. Nach § 169 I *Vw*GO, § 5 *Vw*VG gilt § 315 AO (idF der 2. ZwVNov).

**838**   *Überweisung bei Faustpfandforderungen.* Wird eine durch ein Pfandrecht an einer beweglichen Sache gesicherte Forderung überwiesen, so kann der Schuldner die Herausgabe des Pfandes an den Gläubiger verweigern, bis ihm Sicherheit für die Haftung geleistet wird, die für ihn aus einer Verletzung der dem Gläubiger dem Verpfänder gegenüber obliegenden Verpflichtungen entstehen kann.

**1**   **1) Systematik, Regelungszweck.** Pfandrecht (BGB) und Pfändungspfandrecht (ZPO) sind sorgsam zu unterscheiden. Beides kann aber bei einer Zwangsvollstreckung zusammentreffen. Einen Teil der dabei entstehenden Fragen regelt vorrangig § 838, den Rest regeln die allgemeinen Vorschriften der §§ 829 ff. Ziel ist hier wie dort das in § 829 Rn 1 Ausgeführte.

**2**   **2) Geltungsbereich: Faustpfandforderung.** Die Vorschrift gilt für eine solche Forderung des Schuldners gegenüber einem Dritten, die durch ein Pfandrecht an einer beweglichen Sache nach dem BGB gesichert ist. Die Pfändung und Überweisung einer Faustpfandforderung ergreift das Pfandrecht, § 829 Rn 45. Nach der Überweisung kann der Gläubiger auch ein weiteres die Herausgabe des Pfands verlangen, § 1251 I BGB. Der Schuldner haftet dann wie ein selbstschuldnerischer Bürge für die Verpflichtungen des Gläubigers gegenüber dem Drittschuldner, § 1251 II 2 BGB. Darum gewährt § 838 dem Schuldner eine aufschiebende Einrede, Üb 7, 8 vor § 253, bis zum Zeitpunkt einer Sicherheitsleistung.

**3**   **3) Verfahren.** Die Zwangsvollstreckung ist folgendermaßen durchzuführen: Der Gerichtsvollzieher nimmt das Pfand weg, und zwar unabhängig davon, ob die Einrede geltend gemacht wird. Er geht dabei entsprechend § 836 III vor. Der Gerichtsvollzieher darf das Pfand dem Gläubiger erst nach der Sicherheitsleistung des Gläubigers herausgeben. Das Vollstreckungsgericht muß die Höhe der Sicherheit festsetzen, aM StJM 1, ThP 1, ZöStö 2 (es sei eine besondere Klage auf Herausgabe erforderlich; im Falle einer Nichtleistung müsse sie abgewiesen werden. Nach anderen sind eine Klage und ein Urteil auf die Herausgabe des Pfands gegen eine Sicherheitsleistung erforderlich). Da § 838 einen rein sachlichrechtlichen Inhalt hat, muß der Gläubiger die Sicherheit nach § 232 BGB leisten und sie nach den sachlichrechtlichen Grundsätzen zurückgeben, also nicht nach §§ 108, 109.

**4**   **4) *VwGO*:** Entsprechend anwendbar im Rahmen der Grdz § 803 Rn 9.

## § 839 Überweisung bei Vollstreckungsabwendung.
Darf der Schuldner nach § 711 Satz 1, § 712 Abs. 1 Satz 1 die Vollstreckung durch Sicherheitsleistung oder Hinterlegung abwenden, so findet die Überweisung gepfändeter Geldforderungen nur zur Einziehung und nur mit der Wirkung statt, daß der Drittschuldner den Schuldbetrag zu hinterlegen hat.

**1) Systematik, Regelungszweck.** Die Vorschrift ergänzt und begrenzt den § 835 in ihrem Geltungsbereich durch eine vorrangige Sonderregelung im Interesse der Beibehaltung des ohnehin ja genug komplizierten Gefüges der §§ 709 ff bis zur endgültigen Vollstreckbarkeit infolge Rechtskraft. Sie dient also dem (vorläufigen) Schuldnerschutz und ist entsprechend auszulegen. **1**

**2) Geltungsbereich.** Die Vorschrift ist auf die in ihr nicht genannten Fälle einer Einstellung oder Beschränkung der Zwangsvollstreckung nicht entsprechend anwendbar. **2**

**3) Verfahren.** Wenn dem Gericht dem Schuldner erlaubt hat, die Zwangsvollstreckung durch eine Sicherheitsleistung oder durch eine Hinterlegung abzuwenden, §§ 711 S 1, 712 I 1, 720, 815 III, 819, dann darf das Gericht die Forderung dem Gläubiger nur zur Einziehung überweisen. Der Drittschuldner hat in einem solchen Fall nicht zu zahlen, sondern zu hinterlegen. Das ist in dem Überweisungsbeschluß klarzustellen; andernfalls ist § 836 II anwendbar. Diese Hinterlegung befreit ihn. Der Gläubiger erwirbt ein Pfandrecht am Hinterlegten oder dann, wenn das Hinterlegte zum Staatseigentum geworden ist, einen Anspruch auf die Rückgewähr, § 233 BGB, Düss FamRZ 88, 299. Der Schuldner erwirbt die Forderung gegen die Hinterlegungsstelle. Es kann sich jeweils um eine Familiensache handeln, §§ 606 ff, Düss FamRZ 88, 299. Die Auszahlung des Hinterlegten erfolgt auf Antrag beim Nachweis der Berechtigung, § 13 I HinterlO. **3**

*Gebühren:* Des Gerichts KV 1640, 1952; des RA §§ 57, 58 I BRAGO.

**4) VwGO:** Entsprechend anwendbar im Rahmen der Grdz § 803 Rn 9. **4**

## § 840 Erklärungspflicht des Drittschuldners.
I Auf Verlangen des Gläubigers hat der Drittschuldner binnen zwei Wochen, von der Zustellung des Pfändungsbeschlusses an gerechnet, dem Gläubiger zu erklären:
1. ob und inwieweit er die Forderung als begründet anerkenne und Zahlung zu leisten bereit sei;
2. ob und welche Ansprüche andere Personen an die Forderung machen;
3. ob und wegen welcher Ansprüche die Forderung bereits für andere Gläubiger gepfändet sei.

II ¹Die Aufforderung zur Abgabe dieser Erklärungen muß in die Zustellungsurkunde aufgenommen werden. ²Der Drittschuldner haftet dem Gläubiger für den aus der Nichterfüllung seiner Verpflichtung entstehenden Schaden.

III ¹Die Erklärungen des Drittschuldners können bei Zustellung des Pfändungsbeschlusses oder innerhalb der im ersten Absatz bestimmten Frist an den Gerichtsvollzieher erfolgen. ²Im ersteren Fall sind sie in die Zustellungsurkunde aufzunehmen und von dem Drittschuldner zu unterschreiben.

**Schrifttum:** *Bach-Heuker*, Pfändung in die Ansprüche aus Bankverbindung und Drittschuldnererklärung der Kreditinstitute, 1993; *Groß*, Einwendungen des Drittschuldners, 1997 (Bespr *Hintzen* Rpfleger 98, 176); *Jurgeleit*, Die Haftung des Drittschuldners, 1999; *Liebscher*, Datenschutz bei der Datenübermittlung im Zivilverfahren, 1994; *Lindgen*, Die Drittschuldner-Haftung: von der Erklärungspflicht des Drittschuldners und die Folgen ihrer Verletzung (§ 840 ZPO), 1991; *Reetz*, Die Rechtsstellung des Arbeitgebers als Drittschuldners in der Zwangsvollstreckung, 1985; *Scherl*, Nichtvermögensrechtliche Positionen Dritter in der Zwangsvollstreckung, 1998; *Stöber*, Ehegatte und Lebensgefährte als Drittschuldner, Festschrift für *Schneider* (1997) 213; *Sühr*, Die Bearbeitung von Pfändungsbeschluß und Drittschuldnererklärung, 4. Aufl 1993; *Willikowsky*, Lohnpfändung und Drittschuldnerklage, 1998.

### Gliederung

| | | | | |
|---|---|---|---|---|
| 1) Systematik, Regelungszweck, I–III | 1 | | E. Pfändung für andere, I Z 3 | 12 |
| 2) Aufforderung zur Erklärung, I, II | 2–6 | | F. Kostenerstattung | 13, 14 |
| A. Keine Klagbarkeit | 2, 3 | | 4) Ersatzpflicht, II | 15–24 |
| B. Zustellung des Pfändungsbeschlusses | 4 | | A. Grundsatz: Drittschuldnerhaftung bei Verschulden | 15 |
| C. Weitere Einzelfragen | 5 | | B. Mitverschulden des Gläubigers | 16 |
| D. Zustellung der Aufforderung | 6 | | C. Beispiele zur Frage einer Ersatzpflicht nach II | 17–22 |
| 3) Erklärung, I–III | 7–14 | | D. Verfahren | 23, 24 |
| A. Form und Frist | 7, 8 | | | |
| B. Inhaltsgrundsätze | 9 | | | |
| C. Anerkennung, I Z 1 | 10 | | 5) VwGO | 25 |
| D. Ansprüche anderer, I Z 2 | 11 | | | |

**1) Systematik, Regelungszweck, I–III.** Die Vorschrift tritt zu §§ 829, 835 hinzu. Sie wird durch §§ 841, 842 ergänzt. Sie zieht den Schuldner des Schuldners, den sog Drittschuldner, mit gewissen Pflichten in das Vollstreckungsverfahren hinein und bürdet ihm damit Zeit und Kosten auf, die er nur bedingt erstattet fordern kann. Diese Erweiterung des Prozeßrechtsverhältnisses, Grdz 2 vor § 128, in seinem Abwicklungsstadium dient nur dem Interesse des Gläubigers daran, Angaben zu erhalten, die ihn wenigstens in groben Zügen darüber informieren, ob die gepfändete Forderung als begründet anerkannt wird oder ob sie einem Dritten zusteht oder ob sie bestritten wird und deshalb dem Drittschuldner gegenüber nicht oder nur im Erkenntnis- oder Vollstreckungsverfahren durchzusetzen ist, BGH 91, 129, LAG Stgt JB 94, 135, Foerste NJW 99, 904. **1**

§ 840

Soweit der Drittschuldner solche Information *nicht gibt*, darf der Gläubiger von der Beitreibbarkeit des gepfändeten Anspruchs ausgehen, LAG Hbg RR **86**, 743, und diesen ohne ein Kostenrisiko einklagen, BGH **91**, 129. Soweit die Erklärung des Drittschuldners ergibt, daß die Forderung nicht besteht oder nicht durchsetzbar ist, kann der Gläubiger die Abgabe einer Offenbarungsversicherung nach § 807 vom Schuldner im Verfahren nach §§ 900 ff fordern bzw unter den Voraussetzungen II zum Schadensersatzanspruch übergehen, BGH **91**, 129, LAG Stgt JB **94**, 135. Bei einer Gesamtschuld gilt § 840 für jeden Drittschuldner, auch den zu Prozeßführung befugten Ehegatten. § 43 a BRAO tritt zurück, Wirges JB **97**, 298.

2 **2) Aufforderung zur Erklärung, I, II.** Es ist zunächst erforderlich, daß der Gläubiger den Drittschuldner, Rn 1, zu einer Erklärung im Sinn von I auffordert.

**A. Keine Klagbarkeit.** Der Drittschuldner kann von sich aus gegenüber dem Gläubiger die Erklärung abgeben, daß der Schuldner keine Forderung habe. Der Drittschuldner kann dem Gläubiger gleichzeitig gemäß § 843 eine Frist setzen, BGH **69**, 150. Der Gläubiger kann den Drittschuldner bei der Zustellung des Pfändungsbeschlusses auch gesondert zur Erteilung einer Auskunft auffordern. Der Drittschuldner hat dann eine rein prozessuale Pflicht zur Abgabe der gewünschten Erklärung, Schumann NJW **82**, 1272, ZöStö 5, aM Köln MDR **78**, 941. Der Gerichtsvollzieher hat keinen Auskunftsanspruch, auch nicht im Namen der Staatskasse, LG Mü DGVZ **95**, 122, Seip DGVZ **95**, 112 (auch rechtspolitisch). Auch der Gläubiger hat keinen einklagbaren Anspruch gegen den Drittschuldner, BGH **91**, 129, Waldner JR **84**, 468), LG Nürnb-Fürth ZZP **96**, 118, aM Köln MDR **78**, 941.

3 Der Gläubiger hat aber einen Anspruch gegen den Vollstreckungsschuldner auf die Erteilung einer entsprechenden *Auskunft* usw, § 836 Rn 5, LAG Stgt JB **94**, 135. Das Gericht kann freilich die Erklärung ebensowenig wie der Gläubiger erzwingen, BGH **91**, 131, Mü NJW **75**, 175, LG Bln Rpfleger **78**, 65, aM Köln MDR **78**, 941, Feiber DB **77**, 477, Linke ZZP **87**, 293. Einer Klage auf die Abgabe der Erklärung fehlt daher das Rechtsschutzbedürfnis, Grdz 33 vor § 253, BGH DB **80**, 830, aM Köln MDR **78**, 941. Das ArbG ist keineswegs zuständig, BAG NJW **85**, 1182. Zur Sonderlage auf Grund von Vollstreckungsgesetzen der Länder Henneke JZ **87**, 751.

4 **B. Zustellung des Pfändungsbeschlusses.** Voraussetzung für diese Pflicht ist, daß der Pfändungsbeschluß zugestellt wurde, BGH **68**, 291, Schlesw RR **90**, 448, und zwar dem Drittschuldner, § 185 Rn 2, 3, § 829 Rn 38–40. Wegen des Zustellungsorts § 754 Rn 3. Eine Vorpfändung nach § 845 reicht nicht aus, BGH **91**, 129, Gaul Festschrift für die Sparkassenakademie (1978) 106. Eine Überweisung braucht aber nicht erfolgt zu sein, BGH **68**, 291. Daher genügen: Eine Sicherungsvollstreckung, § 720 a; eine Arrestpfändung, § 930. Es ist auch unerheblich, ob die Forderung wirklich besteht, Schlesw RR **90**, 448. Denn die Auskunft dient ja unter anderem gerade dieser Klärung, Rn 1.

5 **C. Weitere Einzelfragen.** Der Gläubiger muß bedenken, daß er sofort auf die Leistung klagen kann. In einem solchen Fall treffen den Drittschuldner allerdings dann, wenn er vorher geschwiegen hat, selbst für den Fall die Kosten, daß er den Gläubiger durch einen Nachweis des Fehlens einer Forderung zu einer Erledigungserklärung veranlaßt. Er muß ferner bedenken, daß bei einem Arrest eine Auskunft nicht weiterhelfen würde, BGH **68**, 292.

6 **D. Zustellung der Aufforderung.** Der Gläubiger muß die Aufforderung in die Zustellungsurkunde aufnehmen oder bei einer nicht mit dem Pfändungs- und Überweisungsbeschluß verbundenen Aufforderung durch den Gerichtsvollzieher und nicht durch die Post allein zustellen lassen. Sonst entfällt jede Haftung, LG Tüb MDR **74**, 677, sofern der Drittschuldner nicht etwa freiwillig eine falsche Auskunft erteilt und den Anschein erweckt, er wolle seine Pflicht nach § 840 damit erfüllen. Natürlich darf die Post die Auskunft nicht etwa dann aufnehmen, wenn sie die Aufforderung dem Drittschuldner zustellt. Denn in einem solchen Fall ist III undurchführbar, LG Tüb MDR **74**, 677. Eine Ersatzzustellung der Aufforderung nach §§ 181 ff ist zulässig, eine öffentliche Zustellung nach §§ 203 ff ist nicht zulässig. Wegen einer Zustellung im Ausland § 828 Rn 1. Wenn die Zustellungsurkunde keine Aufforderung enthielt, dann kann der Gläubiger die Aufforderung dem Drittschuldner nachträglich zustellen lassen. Die 2-Wochen-Frist beginnt dann erst mit dieser nachträglichen Zustellung. Eine einstweilige Einstellung der Zwangsvollstreckung zB nach §§ 707, 719, 769 läßt die Erklärungspflicht des Drittschuldners unberührt. Wegen einer Mehrheit von Drittschuldnern § 173 Z 2 GVGA.

7 **3) Erklärung, I–III.** Sie bringt zahlreiche Probleme.

**A. Form und Frist.** Der Drittschuldner muß seine Erklärung binnen 2 Wochen seit der Zustellung des Pfändungsbeschlusses an ihn abgeben. Die Frist ist keine Notfrist, § 224 I 2. Sie wird nach § 222 berechnet. Die Erklärung wird entweder dem Gläubiger gegenüber schriftlich oder dem Gerichtsvollzieher gegenüber mündlich im Zeitpunkt der Zustellung des Pfändungsbeschlusses, LAG Hamm NJW **74**, 768, schriftlich oder zum Protokoll des Gerichtsvollziehers nach der Zustellung abgegeben. Der Gerichtsvollzieher braucht den Drittschuldner nicht zwecks Entgegennahme von dessen Erklärung aufzusuchen, AG Bayreuth DGVZ **95**, 78. Für die Fristwahrung kommt es auf die mündliche Erklärung oder den Zugang der schriftlichen beim Adressaten an, BGH **79**, 275, Düss WertpMitt **80**, 203, ThP 8, aM MüKoSm 9, ZöStö 9 (maßgeblich sei die Absendung). Der Drittschuldner muß die Fristwahrung beweisen.

8 Auch bei der Entgegennahme der Erklärung des Drittschuldners handelt der *Gerichtsvollzieher* als eine Amtsperson und nicht als ein Vertreter des Gläubigers, § 753 Rn 1. Der Gerichtsvollzieher muß die mündliche Erklärung des Drittschuldners beurkunden und sie sich vom Drittschuldner unterschreiben lassen, § 129 Rn 9, Ffm DGVZ **78**, 157. Wenn der Drittschuldner die Erklärung bereits im Zeitpunkt der Zustellung des Pfändungsbeschlusses abgibt, läßt sich der Gerichtsvollzieher die Unterschrift auf der Zustellungsurkunde geben. Andernfalls muß der Gerichtsvollzieher eine besondere Urkunde zur Unterschrift vorlegen. Der Gerichtsvollzieher braucht den Drittschuldner aber nur dann zum Zwecke seiner Unterschrift aufzusuchen, wenn er den Pfändungsbeschluß dem Drittschuldner selbst zugestellt hatte, Ffm DGVZ **78**, 157, Hamm DGVZ **77**, 188, aM ThP 9. Der Drittschuldner darf seine Erklärung durch einen Vertreter abgeben, zB durch einen Anwalt, Olschewski MDR **74**, 714. Es besteht aber natürlich kein Anwaltszwang,

§ 78 Rn 1. Wenn der Drittschuldner die Unterschrift verweigert, gilt das grundsätzlich als eine Verweigerung der Erklärung.

**B. Inhaltsgrundsätze**, dazu *Brüne/Liebscher* BB **96**, 743, *Foerste* NJW **99**, 904 (je ausf): Der Drittschuld- **9** ner muß seine Erklärung auf alle diejenigen Punkte erstrecken, die in der Aufforderung des Gläubigers enthalten sind. Der Drittschuldner braucht sich aber grundsätzlich nicht über solche Fragen zu äußern, die in I Z 1–3 nicht genannt sind, BGH DB **80**, 830, aM Bauer JB **75**, 437. Er hat keineswegs umfassende Auskunftspflichten, etwa über den Personenstand, die Steuerklasse, die Höhe des Lohns oder Einkommens des Schuldners usw, Scherer Rpfleger **95**, 450; die Erklärung des Drittschuldners soll zwar eine gewisse Hilfe bei der Entscheidung des Gläubigers geben, wie er weiter vorgehen will, Foerste NJW **99**, 908, der Drittschuldner ist aber auch nicht ein kostenloser umfassender Vollstreckungsförderer, LAG Düss DGVZ **95**, 117, aM Foerste NJW **99**, 906.

Allerdings kann zB eine *Bank* eine erweiterte Darlegungslast haben, § 253 Rn 32, BGH **86**, 29. Auch diese zwingt aber nicht zur Wiederholung oder Ergänzung einer schon ausreichend erteilten Auskunft, BGH **86**, 29, und nicht zur laufenden Information über das Girokonto des Schuldners, Köln ZIP **81**, 964, LG Ffm Rpfleger **86**, 186, schon gar bei einer anderen Filiale, AG Lpz RR **98**, 1345. Der Drittschuldner braucht auch keine Belege herauszugeben, BGH **86**, 23. Bei einem Anhaltspunkt für die Unrichtigkeit der erhaltenen „Auskunft" kann der Gläubiger grundsätzlich nur nach II vorgehen, BGH **86**, 31. Der Gläubiger kann seine Fragen innerhalb I Z 1–3 auch beschränken.

**C. Anerkennung, I Z 1.** Die Anerkennung der Forderung „als begründet" ist eine rein tatsächliche **10** Auskunft, eine Wissenserklärung ohne einen selbständigen Verpflichtungswillen, BGH **83**, 308, LAG Bln DB **91**, 1336, ZöStö 5, aM Brschw NJW **77**, 1888, Mü NJW **75**, 174 (deklaratorisches Schuldanerkenntnis), PalTh § 781 BGB Rn 7 (konstitutives)

Man kann diese Auskunft nur, aber eben auch, als ein *Indiz* verwerten, durch das der Gläubiger im Prozeß gegen den Drittschuldner auch seine Darlegungslast, § 253 Rn 32, und seine Beweislast erfüllt, Anh § 286, LAG Bln DB **91**, 1336. Deshalb verliert der Drittschuldner sein Aufrechnungsrecht nicht. Der Drittschuldner muß den anerkannten Betrag nennen. Er braucht keine Belege vorzulegen, soweit er nicht anerkennt, BGH **86**, 23. Die Bemerkung, es sei vorerst nicht mit einer Zahlung zu rechnen, genügt für I Z 1 nicht, LAG Hann NJW **74**, 768. Es ist aber keine erschöpfende Mitteilung aller rechtlich oder wirtschaftlich evtl für den Gläubiger miterheblichen Umstände notwendig, StJM 9, strenger Foerste NJW **99**, 906 (aber es gibt ja Z 2, 3). Der Drittschuldner kann die Erklärung auch widerrufen. Er muß dann beweisen, daß die Voraussetzungen einer Anerkennung nicht vorgelegen haben, BGH **69**, 332, aM LAG Köln DB **85**, 1647 (der Gläubiger sei für die Nichtigkeit einer ihm vorgehenden Lohnabtretung beweispflichtig), Flieger MDR **78**, 798 (er sei nur dann beweispflichtig, wenn er erst während des Prozesses widerrufe oder wenn der Vollstreckungsgläubiger auf die Erklärung vertraut habe). Ein Anerkenntnis gegenüber dem Gläubiger, § 307, unterbricht die Verjährung, falls das Anerkenntnis nach dem Zeitpunkt erklärt wurde, in dem die Forderung wirksam zur Einziehung überwiesen wurde, BGH NJW **78**, 1914, ThP 11, aM Marburger JR **72**, 15. Der Drittschuldner kann sich nicht auf Pfändungsverbot oder -beschränkungen berufen, BGH FamRZ **98**, 608. Er darf nach einer vorläufigen Einstellung, § 775 Z 2, nur noch an Gläubiger und Schuldner gemeinsam leisten oder hinterlegen, LAG Hann NJW **74**, 953.

**D. Ansprüche anderer, I Z 2.** Der Drittschuldner muß auch zu solchen Ansprüchen eine Erklärung **11** abgeben, etwa dann, wenn andere sich auf eine Abtretung, eine treuhänderische Zweckbindung, BGH NJW **98**, 746, auf einen Übergang kraft Gesetzes oder auf eine Verpfändung berufen. Er muß den oder die weiteren Gläubiger mit Namen und Anschrift und der Höhe ihrer Forderungen bezeichnen, LAG Hamm NJW **74**, 768. Die Angabe des Grunds der anderen Forderung ist entbehrlich, aM ZöStö 6. Anzugeben sind auch die anderen Pfändungsbeschlüsse nach dem Gericht, dem Aktenzeichen und dem Datum. Die Auskunft ist auch bei einer Ungewißheit oder Zweifelhaftigkeit solcher weiteren Ansprüche zu geben, daher auch bei einem etwaigen Nachrang.

**E. Pfändung für andere, I Z 3.** Eine bloße Angabe der Gesamtsumme reicht nicht aus, LAG Hann **12** NJW **74**, 768. Maßgeblich ist das Interesse des Gläubigers; daher reicht die Angabe des noch nicht gedeckten Rests der vorher gepfändeten Forderung(en) meist aus. Mag der Gläubiger klären, ob andere vorher zuviel gepfändet haben.

**F. Kostenerstattung.** Der Gläubiger muß dem Drittschuldner die Kosten der Erklärung (mit Ausnahme **13** von Anwaltskosten, § 91 Rn 72 „Arbeitsgerichtsverfahren") vergüten (es sind unter anderem die §§ 261 III, 268 II, 811 II BGB entsprechend anwendbar), Düss MDR **90**, 730 (zu § 788), LG Saarbr RR **89**, 63, Eckert MDR **86**, 803, aM BAG NJW **90**, 2643, BVerwG Rpfleger **95**, 261, ZöStö 11.

Der Drittschuldner hat aber wegen dieser Kosten *kein Zurückbehaltungsrecht*, Gutzmann BB **76**, 700, Linke **14** ZZP **87**, 289. Der Gläubiger kann die dem Drittschuldner erstatteten Erklärungskosten als einen Teil der Kosten der Zwangsvollstreckung vom Schuldner ersetzt verlangen, § 788 Rn 22 „Drittschuldner", BGH **91**, 129 („ohne Kostenrisiko"), Hansens JB **87**, 1785. Der Drittschuldner hat keinen Anspruch gegen den Gläubiger auf die Erstattung derjenigen Kosten, die beim Drittschuldner durch die Bearbeitung einer Lohnpfändung entstehen, Gutzmann BB **76**, 700.

Dem *Schuldner* gegenüber hat der Gläubiger jedenfalls weder nach § 840 noch nach § 788 einen Erstattungsanspruch, auch nicht aus Schlechterfüllung, BGH BB **99**, 1521.

**4) Ersatzpflicht, II.** Sie hat erhebliche Bedeutung. **15**

**A. Grundsatz: Drittschuldnerhaftung bei Verschulden.** Der Gläubiger kann gegen den Drittschuldner keine Klage auf die Erteilung einer Auskunft erheben, Rn 1. Der Gläubiger kann den Drittschuldner erst recht nicht im Wege der Zwangsvollstreckung zu einer Auskunft zwingen. Der Drittschuldner haftet aber dann, wenn er die erforderliche Erklärung nicht gesetzmäßig abgibt, auf einen Schadensersatz gemäß §§ 249 ff BGB, sofern der Drittschuldner schuldhaft handelte, § 276 BGB, BGH **98**, 294 (zustm Brehm JZ **87**, 47, krit Smid JR **87**, 297). Düss VersR **97**, 706. Auch eine schuldhaft verspätete,

## § 840

unrichtige, irreführende oder unvollständige Auskunft, auch über den Grund der Nichtanerkennung, aM Mü JB **76**, 972, macht den Drittschuldner ersatzpflichtig, BGH MDR **83**, 308, Düss VersR **97**, 706, LAG Hamm NJW **74**, 768. Das gilt auch, soweit die Auskunft freiwillig erfolgt. Die richtige Auskunft macht natürlich nicht ersatzpflichtig, Hamm MDR **87**, 770. Eine Schadensersatzpflicht kann fehlen, wenn eine Pfändung ins Leere gehen würde, LAG Hamm DB **90**, 2228. Der Gläubiger braucht nur zu beweisen, daß bei rechtzeitiger, vollständiger Auskunft der Prozeß voraussichtlich vermieden worden wäre, LG Stgt Rpfleger **90**, 265. Der Drittschuldner ist dafür beweispflichtig, daß ihn an der Nichterfüllung seiner Auskunftspflicht kein Verschulden trifft, BGH **79**, 275.

**16** **B. Mitverschulden des Gläubigers.** Der Gläubiger kann aber seinen Schaden auch selbst teilweise oder ganz zu tragen haben, § 254 BGB, wenn er seine Interessen nicht ausreichend verfolgt, etwa wegen Verzichts auf eine weitere Vollstreckungsmaßnahme, BGH MDR **83**, 308, Benöhr NJW **76**, 175.

**17** **C. Beispiele zur Frage einer Ersatzpflicht nach II**
**Amtlich bestellter Vertreter:** Rn 18 „Berufsverbot". **Anderer Vollstreckungstitel:** Rn 21 „Unterlassung der Pfändung".
**Arrest:** Die Kosten eines Rechtsstreits zur Hauptsache im Anschluß an ein Arrestverfahren gehören nicht zum Schaden nach II 2, BGH **68**, 294.
S auch Rn 19 „Kostenerstattung".
**Aufrechnung:** Der Gläubiger kann gegen die Forderung des Drittschuldners auf die Erstattung seiner Prozeßkosten in jenem Rechtsstreit aufrechnen, § 145 Rn 8 ff, aM BGH **79**, 276.

**18** **Berufsverbot:** Der amtlich bestellte Vertreter eines mit Berufsverbots belegten Anwalts haftet als Drittschuldner nur mit dem für die Kanzlei des Vertretenen erwirtschafteten Gewinn, AG Neumünster AnwBl **89**, 100.
**Bezifferung:** Soweit der Gläubiger eine Zahlungsklage erhebt, Rn 22 „Zahlungsklage", auch durch eine Klageänderung, Rn 19 „Klageänderung", muß er seinen Schaden genau beziffern, § 253 Rn 49 ff, LAG Hamm MDR **82**, 695.
**Einrede:** Nicht zur Ersatzpflicht nach II gehört ein Schaden, den der Gläubiger dadurch erleidet, daß die Forderung mit einer Einrede behaftet ist, BGH **69**, 332, Rixecker JB **82**, 1761.
**Fehlen einer Forderung:** Nicht zur Ersatzpflicht nach II gehört ein Schaden, den der Gläubiger dadurch erleidet, daß die Forderung in Wahrheit nicht besteht, BGH **69**, 332, Rixecker JB **82**, 1762.

**19** **Klageänderung:** Der Gläubiger kann auch im Prozeß den Schaden infolge einer mangelhaften Auskunftserteilung des Drittschuldners durch eine Klageänderung geltend machen, BGH **79**, 276, BSG NJW **99**, 895, Düss RR **88**, 574.
S auch Rn 22 „Zahlungsklage".
**Kostenerstattung:** S zunächst Rn 13 ff und sodann Rn 17 „Aufrechnung". Der Anwalt, der in einer eigenen Sache nach der Erwirkung einer Arrestpfändung ein Gespräch mit dem Drittschuldner führt, um seine Zugriffsmöglichkeiten gegenüber dem Arrestschuldner zu klären, hat aber keinen Erstattungsanspruch, BGH VersR **83**, 981.

**20** **Schadensersatz:** Rn 22 „Zahlungsklage"; „Zeitversäumnis".
**Sittenwidrigkeit:** Es kann eine erweiterte Haftung aus § 826 BGB (neben derjenigen nach II) entstehen, BGH NJW **87**, 64 (zustm Brehm JZ **87**, 47, krit Smid JR **87**, 197).

**21** **Unterlassung der Pfändung:** Nicht zur Ersatzpflicht nach II gehört ein Schaden, den der Gläubiger durch die Unterlassung der Pfändung aus einem anderen Vollstreckungstitel erleidet, BGH **98**, 293.
**Ursächlichkeit:** Nicht zur Ersatzpflicht nach II gehört ein Schaden, den der Gläubiger dadurch entsteht, daß er ihn unabhängig von seiner Bemühung um die Befriedigung aus dem Vollstreckungsanspruch erleidet, LG Detm ZIP **80**, 1080.
**Vergeblichkeit der Pfändung:** Nicht zur Ersatzpflicht nach II gehört ein Schaden, den der Gläubiger dadurch erleidet, daß die Pfändung ins Leere geht, AG Bielef JB **91**, 132.

**22** **Weiterer Vollstreckungstitel:** Rn 21 „Unterlassung der Pfändung".
**Zahlungsklage:** Der Gläubiger braucht nicht auf Auskunft, sondern kann mangels solcher sogleich auf Zahlung des Schadensersatzes klagen, Stgt Rpfleger **90**, 265. Er kann auch im Wege einer Klageänderung vorgehen, Rn 19 „Klageänderung".
S auch Rn 18 „Bezifferung".
**Zeitversäumnis:** Der Schadensersatz kann auch eine Zeitversäumnis umfassen, LAG Düss DB **72**, 1396, ThP 18, aM BAG NJW **73**, 1061.

**23** **D. Verfahren.** Für die Ersatzklage ist grundsätzlich das *ordentliche Gericht zuständig*, jedoch das ArbG, wenn es zu einer Umstellung der dort erhobenen Auskunftsklage kommt, LAG Köln AnwBl **90**, 277, Linke ZZP **87**, 308, aM BAG AP § 61 ArbGG 1953 (Kosten) Nr 3, StJM 33, und in entsprechender Lage des SG, BSG NJW **99**, 895. Der Drittschuldner hat eine erweiterte Darlegungslast, § 253 Rn 32, BGH **86**, 23, LAG Bln DB **91**, 1336 (vgl aber Rn 10). Der Gläubiger kann auch die Hauptsache nach § 91 a für erledigt erklären, sobald sich die Aussichtslosigkeit ergibt, und er kann den Antrag stellen, dem etwa schuldhaft handelnden Drittschuldner die Kosten aufzuerlegen, LAG Hamm NJW **74**, 768, aM BGH **79**, 276 (er hält eine Klage auf die Feststellung der Verpflichtung des Drittschuldners zum Ersatz des dem Gläubiger entstandenen Schadens für zulässig und läßt eine entsprechende Klageänderung nach §§ 263, 264 zu), LAG Hamm MDR **82**, 695, ZöStö 14.

**24** Notfalls muß der Gläubiger seinen Schaden in einem *besonderen Rechtsstreit* oder im Weg einer Klageänderung geltend machen, Rn 19 „Klageänderung". Der Gläubiger muß in einer Klage die Art der vom Schuldner ausgeübten Berufstätigkeit darlegen und die gepfändeten Lohnteile nach Maßgabe des angenommenen Erfolgs der Pfändung berechnen, soweit der Drittschuldner dies alles nicht bereits kennt, LAG Hbg RR **86**, 743. Wer als Drittschuldner eine Erklärung unterläßt, gibt dem Gläubiger einen Anlaß zur Erhebung der Klage, § 93, BGH WertpMitt **81**, 388. Man darf aber daraus, daß der Drittschuldner seine Erklärung unterläßt oder nur mangelhaft abgibt, keine Folgerungen tatsächlicher Art ziehen.

5) *VwGO:* *Entsprechend anwendbar im Rahmen der Grdz § 803 Rn 9. Nach § 169 I VwGO, § 5 VwVG gilt* 25
*§ 316 AO.*

**841** *Pflicht zur Streitverkündung.* **Der Gläubiger, der die Forderung einklagt, ist verpflichtet, dem Schuldner gerichtlich den Streit zu verkünden, sofern nicht eine Zustellung im Ausland oder eine öffentliche Zustellung erforderlich wird.**

1) **Systematik, Regelungszweck.** Die Vorschrift ergänzt ebenso wie § 842 den § 840. § 841 beruht auf 1 der Sorgfaltspflicht des Pfändungspfandgläubigers, dient also dem Interesse des Schuldners. Demgegenüber begründet ein Urteil im Prozeß des Gläubigers gegen den Drittschuldner keine Rechtskraft nach § 322 hinsichtlich des Schuldners nach 265. Daraus zieht § 841 die notwendigen Folgerungen.

2) **Geltungsbereich.** Wenn der Gläubiger auf Grund eines Pfändungs- oder Überweisungsbeschlusses 2 nach § 829 den Drittschuldner auf die Feststellung von dessen Leistungspflicht oder auf die Leistung verklagt, dann muß der Gläubiger dem Schuldner den Streit verkünden, §§ 72, 73, sofern nicht die Streitverkündung öffentlich, §§ 203 ff, oder im Ausland zuzustellen wäre, §§ 199 ff. Das gilt auch im Fall einer Überweisung an Zahlungs Statt und im arbeitsgerichtlichen Verfahren. Aus der Sachlage folgt, daß der Gläubiger aber nicht dazu berechtigt ist, zweckdienliche Maßnahmen des beigetretenen Schuldners zu durchkreuzen. Der Gläubiger darf zB nicht auf ein Beweismittel verzichten. Soweit der Gläubiger die Streitverkündung vornimmt, treten die Wirkungen der §§ 68, 74 ein.

3) **Verstoß.** Ein Verstoß gegen § 841 oder gegen die eben aufgestellte Regel verpflichtet den Gläubiger 3 zum Schadensersatz gegenüber dem Schuldner. Ein etwaiges Verschulden seines Anwalts gilt, wie stets im Prozeß, als ein Verschulden der Partei, § 85 II. Wenn der Gläubiger dem Schuldner den Streit nicht nach § 72 verkündet hatte, dann muß er beweisen, daß der Prozeß auch im Falle einer ordnungsgemäßen Streitverkündung und dann verlorengegangen wäre, wenn infolgedessen ein weiteres Vorbringen möglich gewesen wäre. Wenn der Gläubiger Maßnahmen des Schuldners durchkreuzt, dann muß der Schuldner die Ursächlichkeit dieser Störungen für sein Schaden beweisen. In keinem Fall kann der Drittschuldner aus solchen Vorgängen etwas für sich herleiten. Vgl ferner § 316 III AO.

4) *VwGO:* *Entsprechend anwendbar in allen Fällen der Vollstreckung wegen Geldforderungen, Grdz § 803 Rn 9,* 4
*auch nach § 5 VwVG: § 316 III AO.*

**842** *Verzögerte Beitreibung.* **Der Gläubiger, der die Beitreibung einer ihm zur Einziehung überwiesenen Forderung verzögert, haftet dem Schuldner für den daraus entstehenden Schaden.**

1) **Systematik, Regelungszweck.** Wer sich eine Forderung zur Einziehung überweisen läßt, der muß 1 die Forderung im Interesse des Schuldners am Unterbleiben eines zeitlich unzumutbaren Schwebezustands, der seine eigenen Rechte lähmen könnte, unverzüglich, also ohne ein schuldhaftes Zögern, vgl §§ 121 I 1, 276 BGB, beitreiben, dh außergerichtlich oder gerichtlich geltend machen und vollstrecken.

2) **Geltungsbereich: Einziehung (nur) zur Überweisung.** Die Vorschrift gilt nur bei einer Pfändung 2 gerade zur Einziehung, § 835 I Hs 1. Im Falle einer Überweisung an Zahlungs Statt, § 835 I Hs 2, ist § 842 nicht anwendbar. Denn die Überweisung an Zahlungs Statt befriedigt den Gläubiger; eine Verzögerung schädigt daher nur ihn.

3) **Verzögerungsfolge: Schadensersatzpflicht.** Eine Verzögerung begründet eine Ersatzpflicht, vgl 3 §§ 249 ff BGB. Ein Mitverschulden des Schuldners ist gemäß § 254 BGB beachtlich. Vgl ferner § 316 IV AO.

4) *VwGO:* *Entsprechend anwendbar in allen Fällen der Vollstreckung wegen Geldforderungen, Grdz § 803 Rn 9,* 4
*auch nach § 5 VwVG: § 316 III AO.*

**843** *Verzicht des Pfandgläubigers.* **¹Der Gläubiger kann auf die durch Pfändung und Überweisung zur Einziehung erworbenen Rechte unbeschadet seines Anspruchs verzichten. ²Die Verzichtleistung erfolgt durch eine dem Schuldner zuzustellende Erklärung. ³Die Erklärung ist auch dem Drittschuldner zuzustellen.**

1) **Systematik, Regelungszweck, S 1–3.** Im Rahmen der auch in der Zwangsvollstreckung, wenn auch 1 hier begrenzten, Parteiherrschaft, Grdz 6 ff vor § 704, mag der Gläubiger nach einer Pfändung und Überweisung aus vielerlei Gründen eine andere Vollstreckungsart bevorzugen oder zB derzeit auf Vollstreckung verzichten wollen, ohne den mühsam erkämpften Anspruch aus dem Vollstreckungstitel preiszugeben. In solcher Lage hilft ihm § 843 in Ergänzung zu § 835: Der Gläubiger darf auf die Rechte aus einem Pfändungs- oder Überweisungsbeschluß ohne die Notwendigkeit einer Mitwirkung des Vollstreckungsgerichts jederzeit verzichten. Dieser Verzicht ist eine Parteiprozeßhandlung, Grdz 47 vor § 128. Ein Verzicht auf das Recht aus der Pfändung vernichtet ohne weiteres das Recht aus der Überweisung, § 835 Rn 1. Ein Verzicht auf das Recht aus der Überweisung beseitigt aber nicht automatisch das Recht aus der Pfändung.

**2** **2) Geltungsbereich, S 1–3.** Die Vorschrift gilt nur bei einer Überweisung zur Einziehung, § 835 I Hs 1. Im Fall einer Überweisung an Zahlungs Statt, § 835 I Hs 2, kommt ein Verzicht wegen ihrer Befriedigungswirkung, § 835 Rn 23, nicht in Betracht. Vgl auch § 316 IV AO.

**3** **3) Verzichtserklärung, S 2.** Der Gläubiger muß seine Verzichtserklärung grundsätzlich schriftlich abfassen. Denn er muß sie im Interesse der Rechtssicherheit, Einl III 43, gemäß S 2, 3 dem Schuldner und dem Drittschuldner im Parteibetrieb zustellen, §§ 166 ff. Der Verzicht wird grundsätzlich schon und erst im Zeitpunkt der Zustellung dieser Erklärung an den Schuldner wirksam. Die bloße Zustellung an den Drittschuldner läßt die Wirksamkeit der Pfändung unberührt. Er ist bis zur Kenntnis vom Wirksamwerden des Verzichts nach § 836 II geschützt. Die Rücknahme des Antrags steht nicht dem Verzicht gleich, denn der Gläubiger kann ihn wiederholen, § 269, aM Köln JB **95**, 387.

**4** **4) Verzichtsrechtsfolgen, S 1, 3.** Mit dem Verzicht erlöschen nur die Rechte aus dem bisherigen Vollstreckungstitel. Eine neue Vollstreckung, auch Pfändung, bleibt zulässig, ZöStö 3, hat freilich meist einen schlechteren Rang, § 804 III. Eine förmliche Aufhebung des Beschlusses ist zwar entbehrlich, auf Antrag des Gläubigers, Schuldners oder Drittschuldners doch wünschenswert. Denn sie schafft klare Verhältnisse, StJM 5, ZöStö 3, aM ThP 3 (Unzulässigkeit mangels Rechtsschutzbedürfnisses). Je nach Lage des Falles kann auch ein sachlichrechtlicher Verzicht in Form einer einfachen Erklärung genügen. § 843 zeigt nur den unbedingt richtigen Weg, BGH NJW **83**, 886, aM Brommann SchlHA **86**, 65. Im Umfang des Verzichts verliert der klagende Gläubiger seine bisherige Sachbefugnis, Grdz 23 vor § 50, und rücken nachrangige Gläubiger auf. Es sind auch ein Teilverzicht, BAG NJW **75**, 1575, oder eine Stundung zulässig. Diese dürfen aber nicht auf Kosten eines nachrangigen Gläubigers erklärt werden, Grdz 24 vor § 704, § 804 Rn 10, 11. Ein bedingter Verzicht ist zulässig. Ein Rangrücktritt ist weniger als ein Verzicht.

**5** **5) Untätigkeit des Gläubigers, S 1–3.** Wenn der Gläubiger trotz einer Aufforderung des Drittschuldners, § 840 Rn 1, den Verzicht nicht innerhalb einer angemessenen Frist über den Drittschuldner erklärt, kann der Drittschuldner eine diesbezügliche leugnende Feststellungsklage erheben, § 256, BGH **69**, 152.

**6** **6) VwGO:** Entsprechend anwendbar in allen Fällen der Vollstreckung wegen Geldforderungen, Grdz § 803 Rn 9, auch nach § 5 VwVG: § 316 III AO.

**844** *Andere Art der Verwertung.* [I] Ist die gepfändete Forderung bedingt oder betagt oder ist ihre Einziehung wegen der Abhängigkeit von einer Gegenleistung oder aus anderen Gründen mit Schwierigkeiten verbunden, so kann das Gericht auf Antrag an Stelle der Überweisung eine andere Art der Verwertung anordnen.

[II] Vor dem Beschluß, durch welchen dem Antrag stattgegeben wird, ist der Gegner zu hören, sofern nicht eine Zustellung im Ausland oder eine öffentliche Zustellung erforderlich wird.

### Gliederung

| | |
|---|---|
| 1) Systematik, Regelungszweck, I, II .... 1 | 4) Verfahren, II ............................. 8–11 |
| 2) Geltungsbereich, I, II ....................... 2–5 |   A. Allgemeines ......................... 8, 9 |
|   A. Bestimmtheit, Bedingung, Betagung .. 2 |   B. Anhörung des Gegners ............ 10 |
|   B. Abhängigkeit von Gegenleistung ...... 3 |   C. Entscheidung ...................... 11 |
|   C. Schwierigkeit der Einbeziehung ...... 4 | 5) Rechtsbehelfe, I, II ..................... 12, 13 |
|   D. Weitere Einzelfragen ................... 5 |   A. Nach Anhörung ..................... 12 |
| 3) Verwertung, I .................................. 6, 7 |   B. Mangels Anhörung ................. 13 |
|   A. Grundsatz: Anwendbarkeit des § 825 .. 6 | 6) VwGO ..................................... 14 |
|   B. Einzelfragen ................................ 7 | |

**1** **1) Systematik, Regelungszweck, I, II.** § 844 läßt eine anderweitige Verwertung einer gepfändeten Forderung als Ausnahme von § 835 nur auf Grund einer Anordnung des Gerichts zu, wie sie zB auch bei §§ 817a II 2, 821, 825 vorkommt. Damit dient § 844 wie die eben genannten vergleichbaren Vorschriften den wohlverstandenen Interessen beider Parteien an der Verhinderung einer Wertverschleuderung usw und sollte entsprechend großzügig ausgelegt werden.

**2** **2) Geltungsbereich, I, II.** Das Gericht muß jede der folgenden Voraussetzungen beachten.

    **A. Bestimmtheit, Bedingung, Betagung.** Die Forderung muß bestimmt oder bestimmbar, LG Gießen JB **99**, 49, und außerdem betagt oder bedingt sein. Dies kann der Fall sein, wenn sie erst künftig fällig wird.

**3**     **B. Abhängigkeit von Gegenleistung.** Statt Rn 2 reicht auch, daß die Forderung von einer Gegenleistung abhängig ist.

**4**     **C. Schwierigkeit der Einziehung.** Statt Rn 2 oder 3 reicht auch, daß die Einziehung der Forderung aus anderen Gründen ungewöhnlich schwierig ist, etwa wegen eines Konkurses des Drittschuldners oder wenn es sich um einen Anteil an einer Gesellschaft, zB einer GmbH, LG Bln MDR **87**, 592, LG Köln Rpfleger **89**, 511, Petermann Rpfleger **73**, 387, oder Gemeinschaft, zB einer Erbengemeinschaft handelt, Eickmann DGVZ **84**, 65. Erk MDR **91**, 237 rechnet hierher auch die Vollstreckung in sammelverwahrte „Wertrechte". Das Gericht muß die Interessen des Schuldners mitbeachten. Eine Vereinbarung zwischen dem Gläubiger und dem Schuldner ist kein ausreichender Grund zu einer anderweitigen Verwertung.

**5**     **D. Weitere Einzelfragen.** Eine freiwillige Verpfändung steht im allgemeinen einer Pfändung gleich. Es wäre nicht sinnvoll, erneut zu pfänden. Bei einer Hypothek muß aber ein Vollstreckungstitel vorliegen, der die Pflicht des Schuldners enthält, die Zwangsvollstreckung zu dulden; Ein bloßes Zahlungsurteil reicht nicht aus. Die Anordnung einer anderweitigen Art der Verwertung ersetzt den Überweisungsbeschluß. Die

1. Titel. Zwangsvollstr. in das bewegl. Vermögen **§ 844**

Anordnung darf daher unter anderem nur dann ergehen, wenn die Voraussetzungen des Überweisungsbeschlusses noch vorliegen. Die Anordnung des Gerichts ist noch nach einer Überweisung zur Einziehung zulässig, nicht aber nach einer Überweisung nur an Zahlungs Statt. Das Gericht darf seine Anordnung nur in derjenigen Höhe treffen, in der die Pfändung wirksam erfolgte. Eine Anordnung nach § 844 darf die Rechtsstellung des Gläubigers nicht über §§ 829 ff hinaus beliebig ausdehnen.

**3) Verwertung, I.** Sie folgt einer komplizierten anderen Vorschrift. 6

**A. Grundsatz: Anwendbarkeit des § 825.** Es gelten grundsätzlich dieselben Regeln wie bei § 825, dort Rn 9–15. Vor allem sind die Anordnung eines freihändigen Verkaufs oder die Versteigerung der Forderung oder des Rechts statthaft, AG Elmsh DGVZ **93**, 190. Beide Maßnahmen werden entweder vom Gerichtsvollzieher, Noack MDR **70**, 890, oder von einer anderen Person vorgenommen, die das Gericht zu bestimmen hat. Diese Personen müssen die vom Gericht erlassenen Vorschriften beachten, § 172 Z 2 GVGA. Wenn solche Vorschriften fehlen, geht der Gerichtsvollzieher entsprechend §§ 816 ff vor, Eickmann DGVZ **84**, 65, im übrigen nach dem BGB. Ein Mindestgebot ist mangels gerichtlicher Anordnung nicht einzuhalten, LG Kref Rpfleger **79**, 147, ZöStö 6, aM Petermann Rpfleger **73**, 387. Im Falle eines freihändigen Verkaufs erlangt der Erwerber das Eigentum an der Sache auf Grund eines Vertrags nach dem bürgerlichen Recht. Der Versteigerer verkauft die Forderung dem Erwerber, § 156 BGB. Es handelt sich also um ein Privatrechtsgeschäft. Daher sind bei einer Hypothek die §§ 892 ff BGB anwendbar. Der Gläubiger kann mitbieten.

**B. Einzelfragen.** Bei einem indossablen Papier, namentlich bei einem Wechsel, genügen zum Erwerb die 7 Erteilung des Zuschlags und die Übergabe des Wechsels ohne Indossament. Im Falle der Versteigerung einer Hypothek ersetzt der Zuschlag die Abtretungserklärung. Bei einer Teilversteigerung ist ein Teilhypothekenbrief zu bilden. Der Gläubiger darf mitbieten. Der Erlös wird entsprechend § 819 abgeführt. Eine erlaubte freihändige Veräußerung der Hypothek ermöglicht einen gutgläubigen Erwerb ebenso wie ein Beschluß auf eine Überweisung an Zahlungs Statt an den Veräußerer, PalBass § 1155 BGB Rn 8. Es ist auch eine Überweisung an Zahlungs Statt zum Schätzungswert, also unter oder über dem Nennwert, zulässig. Diese Überweisung befriedigt den Gläubiger in Höhe dieses Schätzungswerts. In Betracht kommt auch zB eine Verwaltung oder Verpachtung.

**4) Verfahren, II.** Es erfordert Sorgfalt schon wegen Rn 6. 8

**A. Allgemeines.** Der Gläubiger oder der Schuldner muß einen Antrag stellen. Wenn ein im Anschluß pfändender Gläubiger den Antrag stellt, dann kann der frühere Gläubiger nicht nach § 771 eine Widerspruchsklage erheben, sondern er kann die Erinnerung nach § 766 einlegen. Der Drittschuldner ist nicht antragsberechtigt. Der Antragsteller muß nachweisen, daß eine Pfändung stattgefunden hat. Zur Entscheidung über den Antrag ist der Rpfl des Vollstreckungsgerichts des Gerichtsstands des Schuldners zur Zeit der Antragstellung ausschließlich zuständig, §§ 802, 828, § 20 Z 17 RPflG, Anh § 153 GVG. Eine sachliche Unzuständigkeit des Vollstreckungsgerichts macht die Anordnung und die Verwertung unrechtmäßig. Zur Anordnung besteht dann, wenn sie nach dem pflichtgemäßen Ermessen des Gerichts angebracht ist, eine Amtspflicht, § 825 Rn 3, 8.

Das Gericht darf und muß den Wert selbst schätzen und dazu evtl einen *Sachverständigen* hinzuziehen, LG 9 Kref Rpfleger **79**, 147, AG Elmsh DGVZ **93**, 191, aM LG Münst DGVZ **69**, 172 (§ 813 sei anwendbar), Eickmann DGVZ **84**, 67, (§ 817 a sei entsprechend anwendbar).

**B. Anhörung des Gegners.** Das Vollstreckungsgericht muß den Antragsgegner, also je nach der Sachlage 10 den Gläubiger, auch einen vorrangigen, oder den Schuldner, dann anhören, Art 103 I GG, wenn es dazu neigt, dem Antrag stattzugeben. Selbst in diesem Fall ist eine Anhörung nicht erforderlich, wenn die Entscheidung im Ausland, §§ 199 ff, oder öffentlich zuzustellen wäre, §§ 203 ff. Eine Anhörung des Drittschuldners ist in keinem Fall vorgeschrieben. Es ist allerdings immer zweckmäßig, alle Beteiligten anzuhören, um einen unberechtigten Eingriff zu vermeiden. Die Anhörung erfolgt mündlich oder schriftlich, § 764 III. Wegen der Anhörung und wegen § 834 kommt eine Entscheidung erst nach einer Pfändung in Betracht.

**C. Entscheidung.** Der Rpfl entscheidet durch einen Beschluß, §§ 329, § 764 III. Er ist zu begründen, 11 § 329 Rn 4. Ein ablehnender Beschluß ist dem Antragsteller förmlich zuzustellen, § 329 III. Ein anordnender Beschluß wird dem Gläubiger und dem Schuldner förmlich zugestellt, § 329 III. Er sollte zweckmäßigerweise dem Drittschuldner formlos mitgeteilt werden. Kosten: § 788, Mü Rpfleger **74**, 320.

*Gebühren:* des Gerichts: keine; des RA: § 58 I BRAGO, ohne besondere Vergütung nach § 58 III Z 4 a, falls der Anwalt ohnehin im Verfahren auf Erlaß des Pfändungs- und Überweisungsbeschlusses tätig ist, LG Bln Rpfleger **90**, 92; des Gerichtsvollziehers: § 21 GVKostG.

**5) Rechtsbehelfe, I, II.** Sie hängen von der Anhörungsfrage ab. 12

**A. Nach Anhörung.** Jeder Beschwerte, Grdz 13 vor § 511, auch der Drittschuldner, vgl Ffm BB **76**, 1147 mwN, kann nach § 11 RPflG, Anh § 153 GVG, soweit der Rpfl seine Entscheidung auf Grund einer Anhörung des Antragsgegners getroffen hat (nicht notwendig nach mündlicher Verhandlung), LG Limbg DGVZ **76**, 88. Zum weiteren Verfahren vgl § 104 Rn 41 ff.

**B. Mangels Anhörung.** Wenn der Rpfl eine bloße Maßnahme ohne Anhörung getroffen hatte, ist die 13 einfache Erinnerung nach § 766 zulässig, § 793 Rn 1, so wohl auch AG Bln-Schöneb DGVZ **88**, 188.

**6)** *VwGO:* Entsprechend anwendbar im Rahmen der Grdz § 803 Rn 9. Nach § 169 I VwGO, § 5 VwVG gilt 14 *§ 317 AO.*

**§ 845**

**845** *Vorpfändung.* I ¹Schon vor der Pfändung kann der Gläubiger auf Grund eines vollstreckbaren Schuldtitels durch den Gerichtsvollzieher dem Drittschuldner und dem Schuldner die Benachrichtigung, daß die Pfändung bevorstehe, zustellen lassen mit der Aufforderung an den Drittschuldner, nicht an den Schuldner zu zahlen, und mit der Aufforderung an den Schuldner, sich jeder Verfügung über die Forderung, insbesondere ihrer Einziehung, zu enthalten. ²Der Gerichtsvollzieher hat die Benachrichtigung mit den Aufforderungen selbst anzufertigen, wenn er von dem Gläubiger hierzu ausdrücklich beauftragt worden ist. ³Der vorherigen Erteilung einer vollstreckbaren Ausfertigung und der Zustellung des Schuldtitels bedarf es nicht.

II ¹Die Benachrichtigung an den Drittschuldner hat die Wirkung eines Arrestes (§ 930), sofern die Pfändung der Forderung innerhalb eines Monats bewirkt wird. ²Die Frist beginnt mit dem Tage, an dem die Benachrichtigung zugestellt ist.

### Gliederung

| | | | |
|---|---|---|---|
| 1) Systematik, Regelungszweck, I, II .... | 1 | B. Antrag ........................... | 8 |
| 2) Geltungsbereich, I, II ................ | 2, 3 | C. Verstoß ........................... | 8 |
| 3) Vornahme, I 1 ........................ | 4–7 | 5) Wirkung, II ........................ | 9–14 |
| A. Benachrichtigung .................. | 4 | A. Fristabhängigkeit ................ | 9, 10 |
| B. Aufforderung ...................... | 5 | B. Frist von 1 Monat ................ | 11 |
| C. Zustellung ........................ | 6 | C. Pfändung .......................... | 12 |
| D. Verzicht .......................... | 7 | D. Bedingter Arrest ................. | 13 |
| E. Verstoß ........................... | 7 | E. Kosten ............................ | 14 |
| 4) Anfertigung durch den Gerichtsvollzieher, I 2 ........................ | 8 | 6) Rechtsbehelfe, I, II ............... | 15, 16 |
| A. Grundsatz: Zulässigkeit ........... | 8 | A. Möglichkeiten .................... | 15 |
| | | B. Grenzen ........................... | 16 |
| | | 7) *VwGO* ............................. | 17 |

**1 1) Systematik, Regelungszweck, I, II.** Die Vorschrift betrifft den Zeitraum vor einer Pfändung nach §§ 829 ff. Sie eröffnet eine zusätzliche Möglichkeit, rasch eine Sicherung herbeizuführen, bevor eine Verwertung möglich ist. Die Verweisung in II auf § 930 ist zwar alles andere als elegant gelungen, denn § 930 ist seinerseits alles andere als leicht zu verstehen. Indessen sind die Sicherungszwecke ähnlich: § 845 soll, ähnlich wie § 929 III 1, BayObLG Rpfleger **85**, 59, dem Gläubiger bei der Zwangsvollstreckung wegen einer Geldforderung, Grdz 1 vor § 803, bei derjenigen in eine Forderung und in ein sonstiges Recht, soweit nicht § 865 anwendbar ist, einen Rang sichern und dadurch ungeachtet der Möglichkeiten des § 842 einen Schaden ersparen, der ihm durch die Verzögerung einer gerichtlichen Pfändung entstehen könnte, BayObLG Rpfleger **85**, 59, Ffm MDR **85**, 843, LAG Köln MDR **95**, 423. Deshalb ist die Vorschrift nicht anwendbar, wenn nicht das Gericht pfändet, sondern der Gerichtsvollzieher, also bei einem indossablen Papier, § 831, oder bei einer Postspareinlage, § 23 IV PostG. Dagegen ist § 845 auch auf die Pfändung eines Herausgabeanspruchs sowie dann anzuwenden, wenn ein Drittschuldner fehlt, ferner dann, wenn es um eine Hypothekenforderung geht, Rn 10. Die Ankündigung einer künftigen Anfechtung nach § 4 AnfG ist der Vorpfändung ähnlich, hat aber doch andere, nicht so weitreichende Wirkungen, BGH **87**, 168.

**2 2) Geltungsbereich, I, II.** Zugunsten des Gläubigers muß ein vorläufig vollstreckbarer Schuldtitel bestehen; ein körperlicher Besitz des Titels ist nicht erforderlich, LG Ffm Rpfleger **83**, 32. Ein Arrestbefehl, § 922, oder eine einstweilige Verfügung nach §§ 935 ff genügen, ferner eine Sicherungspfändung, § 720 a Rn 2. Eine sofortige Zwangsvollstreckung muß statthaft sein. Infolgedessen muß ein befristeter Kalendertag abgelaufen sein, § 751 I. Im Fall einer bedingten Vollstreckbarkeit ist § 726 I zu beachten. Es braucht allerdings eine etwa erforderliche Sicherheit wegen § 720 a Rn 2 nicht geleistet worden zu sein. Die Wartefrist des § 750 III gilt hier nicht, dort Rn 14. Im Falle einer Verurteilung Zug um Zug, § 756, muß das bisherige Verfahren nach § 765 abgelaufen sein, Mümmler JB **75**, 1415. Eine vollstreckbare Ausfertigung des Vollstreckungstitels oder gar der Vollstreckungsklausel braucht nicht vorzuliegen, AG Gelnhausen JB **99**, 101, auch nicht in den Fällen der §§ 728, 729 und bei einer Rechtsnachfolge.

**3** Der Vollstreckungstitel und die nach § 750 III zuzustellenden Urkunden brauchen hier *noch nicht zugestellt* worden zu sein, KG MDR **81**, 412, LG Ffm Rpfleger **83**, 32, ZöStö 2, aM Gilleßen/Jakobs DGVZ **79**, 106. Bei einem Anspruch auf Kostenerstattung genügt der Kostenfestsetzungsbeschluß § 104, nicht aber das zugrunde liegende Urteil. Im Falle einer Vorpfändung gegen einen Rechtsnachfolger ist eine Umschreibung des Vollstreckungstitels auf den Nachfolger, § 727, entbehrlich. Die vorzupfändende Forderung muß im Zeitpunkt der Zustellung der Vorpfändung an den Drittschuldner bereits pfändbar sein. § 46 VII AO erlaubt grundsätzlich eine Vorpfändung. Die Vorpfändung eines Anspruchs auf eine Steuererstattung ist vor dem Ende des Steuerjahres kaum sinnvoll, § 829 Rn 3, Wilke NJW **78**, 2381. Zur Problematik auch Buciek DB **85**, 1428.

**4 3) Vornahme, I 1.** Für eine wirksame Vorpfändung sind die folgenden Maßnahmen vorgeschrieben.

**A. Benachrichtigung.** Der Drittschuldner, § 826 Rn 54, und der Schuldner müssen von der bevorstehenden Pfändung benachrichtigt werden. Die Benachrichtigung muß gerade „durch den Gerichtsvollzieher" den vollstreckbaren Titel angeben, die Forderung eindeutig kennzeichnen und ferner angeben, daß die Voraussetzungen Rn 1–3 erfüllt seien. Ein Nachweis ist in diesem Fall nicht erforderlich. Es reicht aus, daß eine Nachprüfung möglich ist. Ungenauigkeiten bei der Bezeichnung der Forderung schaden hier ebenso viel oder wenig wie bei einer Pfändung, § 829 Rn 10, 15 ff, aM Düss MDR **74**, 409, ZöStö 3 (eine Auslegung könne nur aus der Urkunde heraus stattfinden).

**5 B. Aufforderung.** Der Drittschuldner muß aufgefordert werden, nicht an den Schuldner zu zahlen, sog Arrestatorium, § 829 Rn 32. Die gleichfalls schon wegen der Rechtsbehelfsmöglichkeit, Mümmler JB **75**, 1414, vorgeschriebene Aufforderung an den Schuldner, sich jeder Verfügung über die Forderung zu enthalten, das sog Inhibitorium, § 829 Rn 34, ist für die Wirksamkeit der Vorpfändung ebenso unwesentlich wie für die Wirksamkeit der Pfändung, § 829 Rn 33. Wenn der Gläubiger die Aufforderung versäumt, kann er sich indessen ersatzpflichtig machen.

**C. Zustellung.** Der Gläubiger muß diese Erklärungen, die er dem Gerichtsvollzieher auch durch Telefax **6** übermitteln kann, Müller DGVZ 96, 88, im Parteibetrieb, §§ 166 ff, durch den Gerichtsvollzieher dem Drittschuldner und dem Schuldner zustellen lassen, LG Marbg DGVZ 83, 121, und zwar auch eine Abschrift der Urkunde über die an den Drittschuldner bewirkte Zustellung, § 829 Rn 41, LG Stgt DGVZ 90, 15. Der Gerichtsvollzieher prüft dabei die Voraussetzungen, Rn 1–3, nicht. Eine Ersatzzustellung nach §§ 181 ff ist zulässig. Eine öffentliche Zustellung nach §§ 203 ff ist grundsätzlich wirkungslos; wegen einer Ausnahme bei § 857 II AG Flensb JB 81, 464. Die Zustellung an den Drittschuldner ist wesentlich, vgl § 829 Rn 38. Sie bestimmt auch den Zeitpunkt des Wirksamwerdens der Vorpfändung. Die Zustellung an den Schuldner hat nur für einen etwaigen schlechten Glauben des Schuldners eine Bedeutung, § 829 Rn 37, 44.

**D. Verzicht.** Ein Verzicht auf eine Vorpfändung ist im Rahmen von § 843 zulässig. **7**

**E. Verstoß.** Wenn ein wesentliches Merkmal fehlt, etwa bei einer bloßen Benachrichtigung des Drittschuldners ohne den Gerichtsvollzieher, dann ist die Vorpfändung unwirksam, insofern auch LG Hechingen DGVZ 86, 188. Freilich kann eine Mängelheilung eintreten, § 187 Rn 1, Grdz 58 vor § 704, AG Biedenkopf MDR 83, 588, aM LG Hechingen DGVZ 86, 189.

**4) Anfertigung durch den Gerichtsvollzieher, I 2.** Sie ist unproblematisch. **8**

**A. Grundsatz: Zulässigkeit.** Der Gerichtsvollzieher darf die Benachrichtigung mit den Aufforderungen selbst anfertigen und zustellen, Arnold MDR 79, 358. Denn er hat oft am ehesten und besten eine Kenntnis der pfändbaren Forderungen des Schuldners und kann die Zwangsvollstreckung durch einen schnelleren Zugriff auf die Forderungen wirksamer gestalten. Bei § 857 ist I 2 unanwendbar, § 857 VII, da der Gerichtsvollzieher dann mit der Klärung von Rechtsfragen überfordert wäre und weil eine Amtshaftung vermieden werden soll.

**B. Antrag.** Der Gerichtsvollzieher darf aber die Benachrichtigung und die Aufforderungen nur auf Grund eines ausdrücklichen mündlichen oder schriftlichen Auftrags des Gläubigers vornehmen. Der Gerichtsvollzieher darf also nicht schon im bloß angenommenen Einverständnis des Gläubigers und ebensowenig auf Grund eines nach seiner Meinung stillschweigenden Auftrags vorgehen. Die Anfertigung der Benachrichtigung durch den Gerichtsvollzieher ist also keineswegs mehr ohne einen ausdrücklichen Auftrag des Gläubigers zulässig.

**C. Verstoß**, dazu *Müller* NJW 79, 905, *Münzberg* DGVZ 79, 161: Verstoß gegen diese Vorschrift mag freilich die Zwangsvollstreckung als einen Staatsakt trotzdem zunächst wirksam lassen, Grdz 58 vor § 704, im Ergebnis ebenso Münzberg ZZP 98, 360. Trotz eines Auftrags des Gläubigers erfolgen bei einer Zwangsvollstreckung im Rahmen des § 857 keine Maßnahmen nach I 2, wie § 857 VII klarstellt.

**5) Wirkung, II.** Es sind fünf Auswirkungsarten zu beachten. **9**

**A. Fristabhängigkeit.** Die Vorpfändung wirkt vom Zeitpunkt der Zustellung an den Drittschuldner an, § 829 III, wie eine Arrestpfändung, § 930, also wie ein vollzogener Arrest, wie eine Beschlagnahme, Üb 6 vor § 803, BGH 87, 168. Das gilt auch bei einer Sicherungspfändung, BGH 93, 74. Diese Wirkung tritt aber nur dann ein, wenn die Pfändung binnen 1 Monat nachfolgt, LG Karlsr Rpfleger 97, 268. Es ist umstritten, wie diese Regelung zu verstehen sei. Man nimmt am besten ein auflösend bedingtes Pfandrecht an, LAG Ffm DB 89, 1732, MüKoSm 15, StJM 14, aM Hamm Rpfleger 71, 113 (es sei ein *aufschiebend* bedingtes Pfandrecht; das Gericht hält aber die Vorpfändung nicht mehr für anfechtbar, außer wenn es sich um ihre rangsichernde Wirkung handelt), Meyer-Reim NJW 93, 3042, ZöStö 5. Die Bedingung entfällt mit einer fristgemäßen Pfändung, also mit der Zustellung des Pfändungsbeschlusses an den Drittschuldner. Das Pfandrecht hat also den Rang der Vorpfändungszeit.

Eine *Verfügung* über die Sache nach dem Zeitpunkt der Vorpfändung und vor der Pfändung ist dem **10** Gläubiger gegenüber unwirksam. § 408 II BGB ist unanwendbar, LG Hildesh NJW 88, 1917. Die Eröffnung des Insolvenzverfahrens macht eine Vorpfändung unwirksam, Hintzen Rpfleger 99, 424. Für eine Anfechtung der Pfändung im Insolvenzverfahren ist der Zeitpunkt der Vorpfändung maßgebend. Im Falle einer Hypothekenforderung, §§ 830, 830 a, ist weder eine Übergabe des Hypothekenbriefs noch eine Eintragung erforderlich. Die Eintragung ist aber zulässig. Diese Maßnahmen sind erst zur endgültigen Pfändung notwendig. Die Vorpfändung erfordert aber natürlich diese nachfolgende Pfändung in der Monatsfrist; ein Wegnahmeauftrag an den Gerichtsvollzieher oder ein Eintragungsantrag beim Grundbuchamt reichen zur Fristwahrung ebensowenig wie die Zustellung der Vorpfändung beim Drittschuldner.

**B. Frist von 1 Monat.** Sie beginnt im Zeitpunkt der Zustellung der Vorpfändung an den Drittschuldner. **11** Sie ist keine Notfrist, § 224 I 2. Sie wird nach §§ 222 ZPO, 187 I BGB berechnet, § 222 Rn 3. Sie kann nicht verlängert werden, § 224 I 1. Wenn der Gläubiger die Vorpfändung wiederholt, dann läuft eine neue Frist. Diese Frist beginnt mit der neuen Zustellung und begründet ein auflösend bedingtes Pfandrecht. Ein ProzBev hat bei nachfolgend beabsichtigter Pfändung evtl das Vollstreckungsgericht auf den Fristablauf hinzuweisen, § 85 II, Hamm MDR 98, 503.

**C. Pfändung.** Sie ist im Grunde nichts anderes als der Ausspruch, das durch die Vorpfändung begründete **12** Pfandrecht bestehe zu Recht, LG Kblz MDR 83, 588, Meyer-Reim NJW 93, 3042. Sie wirkt rechtsbestätigend. Sie muß sich auf dieselbe Forderung beziehen wie die Vorpfändung, Düss MDR 74, 409. Sie braucht aber nicht auf die Vorpfändung zu verweisen. Sie erstreckt sich auf zwischenzeitliche Erhöhungen der Vorpfändung, etwa bei einem Kontokorrent. Wenn freilich die Vollpfändung wegen eines geringeren Betrags als die Vorpfändung erfolgt, bleibt die Vorpfändungswirkung nur wegen des geringeren Betrags bestehen. Alle Veränderungen, die anschließend eintreten, stören die Wirksamkeit der Vorpfändung und den dadurch nach § 804 III begründeten Rang nicht, soweit sie nicht die Pfändung ausschließen und dadurch den Fristablauf herbeiführen. Es sind zB eine Veräußerung des Grundstücks und der Zuschlag in der

Zwangsversteigerung im Falle einer Mietvorpfändung unbeachtlich. Wenn die Pfändung aber wegen der Eröffnung des Insolvenzverfahrens oder der Anordnung der Beschlagnahme in der Liegenschaftszwangsvollstreckung unzulässig wird, dann verliert auch die Vorpfändung ihre Wirkung, aM Meyer-Reim NJW **93**, 3042. Dies gilt auch im Falle einer dauernden und nicht nur zeitweiligen Einstellung der Zwangsvollstreckung. Die Überweisung verlangt immer eine endgültige Pfändung. Eine akzeptierte Zahlung des Drittschuldners läßt das Rechtsschutzbedürfnis für eine Pfändung entfallen, LG Frankenth Rpfleger **85**, 245.

13   **D. Bedingter Arrest.** Die Vorpfändung wirkt wie ein bedingter Arrest. Daher ist sie eine Vollstreckungsmaßnahme, Düss NJW **75**, 2210, LG Detmold KTS **77**, 127, LAG Ffm DB **89**, 1732. Deshalb ist auch die Vorpfändung während eines Konkursverfahrens über das Vermögen des Schuldners unzulässig. Die Eigenart der Vorpfändung liegt darin, daß sie als eine private Maßnahme gleichwohl eine öffentlichrechtliche Wirkung hat, Hornung Rpfleger **79**, 284, aM Münzberg DGVZ **79**, 164, ZöStö 7. Die Wartefrist des § 798 gilt bei der Vorpfändung nicht, BGH NJW **82**, 1150, KG MDR **81**, 412, LG Ffm Rpfleger **83**, 32, aM Münzberg DGVZ **79**, 165. Eine Aufforderung zur Erklärung nach § 840 ist im Falle einer Vorpfändung bis zur rechtzeitig nachfolgenden Vollpfändung unzulässig.

14   **E. Kosten.** Kosten einer zulässigen Vorpfändung: Des Gerichts und des Anwalts wie bei § 788, vgl KG VersR **87**, 940, des Gerichtsvollziehers: § 16 a GVKostG, Auslagen § 36 I Z 1 a GVKostG. Der Gerichtsvollzieher darf die Festgebühr unabhängig von der Zahl der Benachrichtigungen und der Aufforderungen nur einmal erheben. Läßt der Gläubiger die Frist nach II verstreichen, so entsteht kein Erstattungsanspruch, LG Ravensbg DGVZ **98**, 172, LAG Köln JB **93**, 622.

15   **6) Rechtsbehelfe, I, II.** Es stehen mehrere Wege offen.

   **A. Möglichkeiten.** Da die Vorpfändung eine Maßnahme der Zwangsvollstreckung ist, Rn 8, Düss RR **93**, 831, sind die Erinnerung nach § 766, Düss RR **93**, 831, Hamm Rpfleger **57**, 354, LG Marbg DGVZ **83**, 120, und eine Widerspruchsklage nach § 771 zulässig, und zwar auch gegenüber dem Gerichtsvollzieher. Der Schuldner muß wegen § 828 seine Anschrift nennen, LG Düss JB **97**, 103. Der Gerichtsvollzieher hat gegen eine Anweisung des Vollstreckungsgerichts grundsätzlich kein Beschwerderecht, solange nicht seine persönlichen Belange betroffen sind. Man kann die Erinnerung nur auf einen solchen Mangel stützen, den der nachfolgende Pfändungsbeschluß nicht hat, Hamm Rpfleger **71**, 113.

16   **B. Grenzen.** Eine auf Grund einer Erinnerung aufgehobene Vorpfändung kann auch im Fall einer erfolgreichen sofortigen Beschwerde nach §§ 577, 793 I nicht wieder aufleben. Eine sofortige weitere Beschwerde des Schuldners richtet sich nach § 793 II. Soweit der Pfändungsbeschluß nicht rechtzeitig erwirkt wurde, entfällt das Rechtsschutzinteresse schon deshalb, weil die Vorpfändung ja wirkungslos geworden ist, Köln Rpfleger **91**, 261. Wegen der Anfechtbarkeit des rechtzeitig erwirkten Pfändungsbeschlusses kommt die Anfechtung der Vorpfändung anschließend nur noch bei einem über die Kostenfrage hinausgehenden Interesse an ihrem Wegfall in Betracht, Köln Rpfleger **91**, 261.

17   **7) VwGO:** Entsprechend anwendbar im Rahmen der Grdz § 803 Rn 9.

## 846

*Anspruch auf Herausgabe oder Leistung körperlicher Sachen. Allgemeines.* Die Zwangsvollstreckung in Ansprüche, welche die Herausgabe oder Leistung körperlicher Sachen zum Gegenstand haben, erfolgt nach den §§ 829 bis 845 unter Berücksichtigung der nachstehenden Vorschriften.

**Schrifttum:** *Arnold,* Die Hilfsvollstreckung, insbesondere in Anwartschaftsrechte und Urkunden, Diss Heidelb 1958; *Bork,* Vinkulierte Namensaktien in Zwangsvollstreckung und Insolvenz des Aktionärs, Festschrift für *Henckel* (1995) 23; *Küls,* Die Zwangsvollstreckung nach §§ 846, 847 ZPO in Ansprüche auf Herausgabe oder Leistung einer beweglichen Sache, Diss Bonn 1996; *Münzberg,* Abschied von der Pfändung der Auflassungsanwartschaft?, Festschrift für *Schiedermair* (1976) 439.

1   **1) Systematik, Regelungszweck.** §§ 846–849 stehen in ihrem Geltungsbereich als vorrangige Sondervorschriften zur Verfügung; die Verweisung auf §§ 829–845 erfolgt ja nur hilfsweise, denn so sind die Worte „unter Berücksichtigung der nachstehenden Vorschriften" in Wahrheit zu lesen. Die Sondervorschriften beruhen auf den Besonderheiten der von den Herausgabeansprüchen jeweisl betroffenen Objekte. Man darf die Vollstreckung *in* einen Herausgabeanspruch nicht mit der Vollstreckung *auf Grund* eines Herausgabeanspruchs verwechseln: letztere ist in §§ 883–886 geregelt. Die Ziele der §§ 846–849 sind dieselben wie bei §§ 829–845; vgl die dortigen Rn 1 bzw 2.

2   **2) Geltungsbereich.** Ein Anspruch, der „die Herausgabe oder Leistung körperlicher Sachen zum Gegenstand" hat, ist ein schuldrechtlicher Anspruch oder ein dinglicher Anspruch auf eine Besitz- oder Eigentumsübertragung an Fahrnis und Liegenschaften. Der Pfändungsbeschluß muß die Sache unverwechselbar bezeichnen, § 829 Rn 15 ff, ThP 1, aM LG Bln MDR **77**, 59.

*Hierher gehört zB:* Der Anspruch auf die Herausgabe eines Wertpapiers, § 808, oder eines Automaten, Schmidt MDR **72**, 376, oder auf eine Auflassung; der Anspruch auf die Rückübereignung einer zur Sicherung übereigneten Sache, Noack DGVZ **72**, 81; der Fall, daß ein Dritter eine Sache des Schuldners nicht an den Gerichtsvollzieher herausgibt.

*Nicht hierher gehört zB:* Ein Anspruch auf eine Vorlegung oder auf ein sonstiges Tun oder Unterlassen; eine Lohnabrechnung, LG Mainz Rpfleger **94**, 309.

3   **3) Durchführung.** Eine Veräußerung der herauszugebenden Sache nach der Pfändung des Herausgabeanspruchs läßt den Zahlungsanspruch an die Stelle des Herausgabeanspruchs treten. Eine Pfändung des Herausgabeanspruchs ist keine Pfändung der Sache. Die Sachpfändung tritt erst mit der Herausgabe der

1. Titel. Zwangsvollstr. in das bewegl. Vermögen  §§ 846, 847

Sache an den Gerichtsvollzieher ein. Dabei bestimmt sich der Rang nach der Reihenfolge der Pfändungen. Es schließen sich hier also zwei Vollstreckungen an, in den Herausgabeanspruch und in die Sache.

**4) Kosten.** Gebühren des Gerichts KV 1640, 1908; des Anwalts §§ 57, 58 I BRAGO. **4**

**5) VwGO:** Entsprechend anwendbar im Rahmen der Grdz § 803 Rn 9. Nach § 169 I VwGO, § 5 VwVG gilt **5** § 318 I–IV AO.

**847** *Anspruch auf Herausgabe von Fahrnis.* ¹ Bei der Pfändung eines Anspruchs, der eine bewegliche körperliche Sache betrifft, ist anzuordnen, daß die Sache an einen vom Gläubiger zu beauftragenden Gerichtsvollzieher herauszugeben sei.

ᴵᴵ Auf die Verwertung der Sache sind die Vorschriften über die Verwertung gepfändeter Sachen anzuwenden.

**1) Systematik, Regelungszweck, I, II.** Vgl zunächst § 846 Rn 1. Auch bei § 847 ist zwischen der hier **1** allein geregelten Vollstreckung *in* einen Herausgabeanspruch und derjenigen *auf Grund* eines Herausgabeanspruchs zu unterscheiden.

**2) Geltungsbereich, I, II.** § 847 betrifft die Zwangsvollstreckung in einen Anspruch, den der Schuldner **2** gegen einen Dritten auf die Herausgabe einer beweglichen körperlichen Sache im Sinn von § 846 Rn 1 hat, die pfändbar ist, Bürk SchlHA **70**, 208, auch wenn dieser Anspruch von einer Gegenleistung abhängig ist. Die Vorschrift betrifft ferner alle Ansprüche, die dem § 829 Rn 1 genannten entsprechen. Es schadet nicht, daß die Sache erst von einem Grundstück getrennt werden muß. Wenn eine Hilfspfändung zulässig ist, § 808 Rn 3, wie im Falle eines Hypothekenbriefs oder eines Sparbuchs, dann ist eine Vollstreckung nach § 847 nicht erforderlich. § 847 ist auch auf eine bloße Beweisurkunde unanwendbar, etwa auf ein Sparbuch, einen Kfz-Brief oder einen Grundpfandbrief. Im Fall des § 831 ist § 847 ebenfalls unanwendbar. Die Vorschrift gilt ferner nicht für einen Anspruch, der nicht abgetreten werden kann und unpfändbar ist oder der auf die Herausgabe einer unpfändbaren Sache geht, BFH BB **76**, 1350, Saarbr DGVZ **95**, 149, LG Mainz Rpfleger **94**, 309 (Lohnabrechnung).

**3) Pfändung, I.** Es sind vier Punkte zu beachten. **3**

**A. Pfändungsbeschluß und Zustellung.** Zuständig ist der Rpfl, § 20 Z 17 RpflG, Anh § 153 GVG, des Vollstreckungsgerichts, §§ 802, 828. Der Pfändungsbeschluß muß den zu pfändenden Anspruch und daher hier auch die zu leistende Sache unverwechselbar bezeichnen, LG Köln ZIP **80**, 114, ZöStö 2, aM LG Bln MDR **77**, 59. Drittschuldner ist der Herausgabeschuldner. Der Pfändungsbeschluß wird nach denselben Regeln wie bei § 829 erlassen und dem Drittschuldner durch den Gerichtsvollzieher im Parteibetrieb, §§ 166 ff, zugestellt. Wesentlich sind also die Pfändung und das Verbot an den Drittschuldner, die Sache an den Schuldner zu leisten oder herauszugeben. Dagegen ist es für die Pfändung nicht erforderlich, daß das Gericht dem Schuldner gebietet, nicht über die Sache zu verfügen, § 829 Rn 32. Ebenso steht es mit der in I vorgesehenen Anordnung, die Sache an einen vom Gläubiger zu beauftragenden Gerichtsvollzieher herauszugeben. Diese Anordnung hat mit der Wirksamkeit der Pfändung des Anspruchs nichts zu tun. Die Anordnung läßt sich auch in einem besonderen Beschluß nachholen, LG Bln MDR **77**, 59. Die Eröffnung eines Insolvenzverfahrens nach der Pfändung ist unbeachtlich. Eine Verpfändung, § 845, ist zulässig. Die Benennung eines bestimmten Gerichtsvollziehers ist geradezu unangebracht; ein Antrag des Gläubigers ermächtigt den Gerichtsvollzieher und weist ihn aus. Wenn der Anspruch mehreren nach Bruchteilen zusteht, dann ist der Gerichtsvollzieher zusammen mit den anderen Berechtigten zu ermächtigen. Der Vollstreckungsschuldner darf keinen Gerichtsvollzieher beauftragen.

**B. Pfändungspfandrecht.** Mit der Zustellung des Pfändungsbeschlusses an den Drittschuldner entsteht **4** das Pfändungspfandrecht des Gläubigers nebst einer Verstrickung an dem Anspruch, § 829 III, unabhängig vom Eigentum des Schuldners an der Sache. Wenn es um ein indossables Papier geht, entsteht das Pfändungspfandrecht mit der Wegnahme des Papiers, § 831, BGH DB **81**, 1937. Das Pfändungspfandrecht entspricht inhaltlich ganz demjenigen des § 829. Ein Veräußerungsverbot besteht nur für den Schuldner gegenüber dem Anspruch, nicht für den Drittschuldner gegenüber der Sache. Deshalb gehen Pfändungspfandrechte, die vor der Herausgabe an der Sache entstehen, dem erst mit der Herausgabe entstehenden Pfandrecht des Gläubigers vor. Der Drittschuldner hat entsprechend §§ 372, 383 BGB ein Recht zur Hinterlegung oder zur Leistung an den Gläubiger und den Schuldner gemeinsam, aM StJM 8, ThP 2, ZöStö 4 (aber diese Gegenmeinung bringt den Drittschuldner in eine bedenkliche Lage).

**C. Herausgabe.** Mit der Herausgabe erwirbt der Schuldner das Eigentum, sofern er einen Anspruch auf **5** eine Eigentumsübertragung hat. Dabei vertritt ihn der Gerichtsvollzieher, § 848 II 1. Der Gläubiger erwirbt kraft Gesetzes und ohne eine weitere Pfändung ein Pfändungspfandrecht an der Sache, BGH **72**, 334, ohne die Notwendigkeit einer Sachpfändung nach § 808 und mit Wirkung für die Zukunft, BGH **67**, 378. Das gilt auch dann, wenn die Zwangsvollstreckung nach § 831 hätte erfolgen müssen, BGH MDR **80**, 1016. Im Falle der Pfändung eines Herausgabeanspruchs für mehrere Gläubiger nacheinander gilt die Rangordnung entsprechend § 804 III. Unter Umständen ist eine Hinterlegung erforderlich, § 854, vgl auch § 827. Nach der Herausgabe kommt nur noch eine Anschlußpfändung nach § 826 in Betracht, § 176 Z 7 GVGA. Soweit der Schuldner die Sache freiwillig an einen anderen Vollstreckungsgläubiger herausgibt, tritt dadurch keine Beendigung der Zwangsvollstreckung ein, Grdz 51 vor § 704, BGH NJW **79**, 373.

**D. Verweigerung der Herausgabe.** Wenn der Drittschuldner die Sache nicht freiwillig herausgibt, dann **6** darf der Gläubiger nicht in die Sache vollstrecken, der Gerichtsvollzieher darf die Sache dem Drittschuldner daher zunächst noch nicht wegnehmen. Der Gläubiger muß dann vielmehr den Drittschuldner auf eine Herausgabe an den Gerichtsvollzieher verklagen. In einem solchen Fall muß der Gläubiger entsprechend § 841 dem Schuldner den Streit verkünden. Der Schuldner darf die Herausgabeklage auch selbst erheben. Der Gerichtsvollzieher darf nicht so vorsehen. Die Zwangsvollstreckung aus dem daraufhin ergehenden Urteil erfolgt nach §§ 883, 884. Wenn der Gläubiger durch eine verspätete Herausgabe einen Rangverlust erleidet, ist der Drittschuldner dem Gläubiger schadensersatzpflichtig, falls der Drittschuldner schuldhaft handelte.

7  **4) Verwertung, II.** Die Verwertung erfolgt wie bei einer gepfändeten Sache, §§ 814ff, also durch eine Versteigerung der Sache durch den Gerichtsvollzieher. Dies gilt aber nur dann, wenn der Gläubiger ein Verwertungsrecht hat. Das bloße Pfandrecht oder eine bloße Sicherungsvollstreckung, § 720a, geben dem Gläubiger noch kein Verwertungsrecht; es läßt eine Verwertung nur nach § 930 III bei einer besonderen Gefährdung zu. Wenn der Gläubiger im übrigen verwerten will, dann muß er sich den Anspruch auf die Herausgabe zur Einziehung überweisen lassen, § 835. Durch die Überweisung scheidet der Anspruch noch nicht aus dem Vermögen des Schuldners aus; jedoch beschränkt die Überweisung die Verfügungsmacht des Schuldners im Interesse des Gläubigers. Die Überweisung gibt dem Gläubiger einen Anspruch auf den Erlös. Eine Überweisung an Zahlungs Statt ist mangels Nennwerts unzulässig. Bei § 839 ist zu hinterlegen.

8  **5) Kosten, I, II.** Gebühren: des Gerichts KV 1640, 1952; des Anwalts §§ 57, 58 I BRAGO.

9  **6) Rechtsbehelfe, I, II.** Es gilt dieselbe Regelung wie bei § 829 Rn 63–65. Ein Dritter kann sein Recht vom Zeitpunkt der Pfändung ab durch eine Herausgabeklage oder durch eine Widerspruchsklage nach §§ 771, 805 geltend machen, vgl BGH **67**, 383.

10 **7) VwGO:** Entsprechend anwendbar im Rahmen der Grdz § 803 Rn 9. Nach § 169 I VwGO, § 5 VwVG gilt § 318 II AO.

**847a** *Anspruch auf Herausgabe bei Schiffen.* ¹ Bei der Pfändung eines Anspruchs, der ein eingetragenes Schiff betrifft, ist anzuordnen, daß das Schiff an einen vom Vollstreckungsgericht zu bestellenden Treuhänder herauszugeben ist.

II ¹Ist der Anspruch auf Übertragung des Eigentums gerichtet, so vertritt der Treuhänder den Schuldner bei der Übertragung des Eigentums. ²Mit dem Übergang des Eigentums auf den Schuldner erlangt der Gläubiger eine Schiffshypothek für seine Forderung. ³Der Treuhänder hat die Eintragung der Schiffshypothek in das Schiffsregister zu bewilligen.

III Die Zwangsvollstreckung in das Schiff wird nach den für die Zwangsvollstreckung in unbewegliche Sachen geltenden Vorschriften bewirkt.

IV Die vorstehenden Vorschriften gelten entsprechend, wenn der Anspruch ein Schiffsbauwerk betrifft, das im Schiffsbauregister eingetragen ist oder in dieses Register eingetragen werden kann.

1  **1) Systematik, Regelungszweck, I–IV.** Die dem § 847 vorgehende, dem § 848 ähnelnde Vorschrift ist wie die ganze Gruppe der §§ 846–849 Teil der Vollstreckung wegen einer Geldforderung *in* den Anspruch des Schuldners gegen einen Dritten und nicht etwa Teil der Vollstreckung *wegen* eines Herausgabeanspruchs; letztere ist in §§ 883–886 geregelt.

2  **2) Geltungsbereich, I–IV.** Die Vorschrift regelt die Pfändung eines Herausgabeanspruchs des Schuldners gegen einen Dritten, Rn 1, bei einem eingetragenen Schiff ebenso wie die Pfändung eines entsprechenden Herausgabeanspruchs von Liegenschaften. § 847a gilt sinngemäß auch bei einem Luftfahrzeug, das in die Luftfahrzeugrolle eingetragen ist, § 99 I LuftfzRG. Der Schiffshypothek entspricht dann ein Registerpfandrecht an dem Luftfahrzeug. Der vorgesehene Treuhänder ist der Sequester des § 848, dort Rn 2. Ein Schiffsbauwerk fällt unter § 847a, wenn es ins Schiffsbauregister eingetragen werden kann, vgl § 66 SchiffsregisterO v 26. 5. 51, BGBl 366. Notwendig ist nicht, daß es dort eingetragen worden ist.

3  **3) VwGO:** Entsprechend anwendbar im Rahmen der Grdz § 803 Rn 9. Nach § 169 VwGO, § 5 VwVG gilt § 318 IV AO.

**848** *Anspruch auf Herausgabe von Liegenschaften.* ¹ Bei Pfändung eines Anspruchs, der eine unbewegliche Sache betrifft, ist anzuordnen, daß die Sache an einen auf Antrag des Gläubigers vom Amtsgericht der belegenen Sache zu bestellenden Sequester herauszugeben sei.

II ¹Ist der Anspruch auf Übertragung des Eigentums gerichtet, so hat die Auflassung an den Sequester als Vertreter des Schuldners zu erfolgen. ²Mit dem Übergang des Eigentums auf den Schuldner erlangt der Gläubiger eine Sicherungshypothek für seine Forderung. ³Der Sequester hat die Eintragung der Sicherungshypothek zu bewilligen.

III Die Zwangsvollstreckung in die herausgegebene Sache wird nach den für die Zwangsvollstreckung in unbewegliche Sachen geltenden Vorschriften bewirkt.

**Schrifttum:** *Arnold,* Die Hilfsvollstreckung, insbesondere in Anwartschaftsrechte und Urkunden, Diss Heidelb 1958; *Münzberg,* Abschied von der Pfändung der Auflassungsanwartschaft?, Festschrift für *Schiedermair* (1976) 439.

### Gliederung

| | |
|---|---|
| 1) Systematik, Regelungszweck, I–III ... 1 | A. Grundsatz: Herausgabe an Sequester ... 2 |
| 2) Verfahren, I ... 2–5 | B. Einzelfragen ... 3 |

1. Titel. Zwangsvollstr. in das bewegl. Vermögen **§ 848**

| | | | |
|---|---|---|---|
| C. Aufgabe des Sequesters | 4 | D. Weitere Einzelfragen | 9 |
| D. Kosten | 5 | **4) Verwertung, III** | 10 |
| **3) Anspruch auf Eigentumsübertragung, II** | 6–9 | **5) Rechtsbehelfe, I–III** | 11, 12 |
| A. Pfändung dieses Anspruchs | 6 | A. Sequester | 11 |
| B. Sicherungshypothek kraft Gesetzes | 7 | B. Sonstige Fälle | 12 |
| C. Rang | 8 | **6) *VwGO*** | 13 |

**1) Systematik, Regelungszweck, I–III.** Auch § 848, dem § 847 a vergleichbar, ist Teil der Vollstreckung wegen einer Geldforderung *in* den Anspruch des Schuldners gegen einen Dritten auf Herausgabe und nicht etwa Teil der Vollstreckung *wegen* eines Herausgabeanspruchs; letzterer ist in §§ 883–886 geregelt. Die Pfändung des Anspruchs auf die Herausgabe eines Grundstücks, Grundstücksanteils, Wohnungseigentums, Zubehörs, § 865, Erbbaurechts und sonstigen grundstücksgleichen Rechts ist eine Zwangsvollstreckung in das bewegliche Vermögen, §§ 864 ff. Deshalb gilt die Beschränkung der Sicherungshypothek aus § 866 III in einem solchen Fall nicht. Erst die Zwangsvollstreckung in das herausgegebene Grundstück ist eine Liegenschaftszwangsvollstreckung. 1

**2) Verfahren, I.** Es sind zwei Zeitabschnitte zu unterscheiden. 2
**A. Grundsatz: Herausgabe an Sequester.** Das Verfahren entspricht demjenigen des § 847 I. Im Gegensatz zur dortigen Regelung ist die Sache nicht an den Gerichtsvollzieher herauszugeben, sondern auch ohne einen Gläubigerantrag „an einen auf Antrag des Gläubigers vom Gericht zu bestellenden" Treuhänder, den Sequester, vgl auch § 847 a. Auch in diesem Fall ist die Wirksamkeit der Pfändung, § 829 Rn 44, 45, eine Voraussetzung der Wirksamkeit der auf ihr beruhenden Rechtsänderungen. Im Fall einer mehrfachen Pfändung ist § 855 anwendbar. Das AG des Orts der belegenen Sache ist als Vollstreckungsgericht zur Bestellung des Sequesters zuständig. Es entscheidet durch den Rpfl, § 20 Z 17 RPflG, Anh § 153 GVG, durch einen Beschluß, § 329. Er ist zu begründen, § 329 Rn 4. Er wird im Parteibetrieb dem Drittschuldner zugestellt, §§ 166 ff, 829 II. Der Beschluß muß das Grundstück unverwechselbar bezeichnen, vgl auch § 28 GBO. Die Bestellung des Sequesters im Pfändungsbeschluß setzt voraus, daß dasselbe Gericht für die Pfändung und für die Bestellung des Sequesters zuständig ist.

**B. Einzelfragen.** Unter mehreren zuständigen Gerichten darf der Gläubiger wählen. Wenn es um mehrere Grundstücke in verschiedenen Gerichtsbezirken geht, muß jedes AG einen Sequester bestellen. Der Gläubiger muß die Ernennung des Sequesters betreiben. Wenn der Gläubiger insofern verzögerlich vorgeht, dann darf der Drittschuldner nach § 303 BGB verfahren. Auch eine juristische Person, eine Offene Handelsgesellschaft oder eine Kommanditgesellschaft kann zum Sequester ernannt werden, vgl zB § 265 AktG für einen Abwickler. Auch eine Treuhandgesellschaft kann Sequester sein. Der Rpfl ist an einen Vorschlag des Gläubigers nicht gebunden. Der Bestellungsbeschluß, § 329, wird im Parteibetrieb zugestellt, § 829 II. Der Sequester ist zur Annahme des Amts nicht verpflichtet. Das Vollstreckungsgericht setzt seine Vergütung entsprechend § 153 ZVG nach pflichtgemäßem Ermessen fest. Zuständig ist auch hierfür der Rpfl und nicht etwa der Urkundsbeamte der Geschäftsstelle. Die Kosten der Sequestration sind Kosten der Zwangsvollstreckung, § 788 Rn 37 „Sequestration". 3

**C. Aufgabe des Sequesters.** Sie beschränkt sich auf die Entgegennahme der Auflassung, deren Genehmigung und die Bewilligung der Eintragung der Hypothek, Jena Rpfleger **96**, 101. Wenn der Drittschuldner die Sache nicht freiwillig herausgibt, dann muß der Gläubiger den Drittschuldner auf eine Herausgabe entsprechend § 847 Rn 3 verklagen. Die Zwangsvollstreckung aus einem daraufhin ergehenden Urteil erfolgt nach §§ 883 ff. Mit der Herausgabe an den Sequester endet die Zwangsvollstreckung auf Grund der bloßen Pfändung, die zum Zweck der Besitzentziehung gegenüber dem Drittschuldner oder zu dem Zweck des Wegfalls seiner Herausgabepflicht gegenüber dem Schuldner sinnvoll sein kann. Es entsteht weder ein Pfandrecht noch eine Sicherungshypothek oder ein Verwaltungsrecht am Grundstück. 4

**D. Kosten.** Gebühren der Bestellung des Sequesters: Des Gerichts KV 1640, 1952; des Anwalts §§ 57, 58 II Z 4 BRAGO. 5

**3) Anspruch auf Eigentumsübertragung, II.** Es sind drei Punkte zu beachten. 6
**A. Pfändung dieses Anspruchs**, dazu *Hintzen* Rpfleger **89**, 439, *Medicus* DNotZ **90**, 283 (je ausf): Man muß zwischen der Pfändung des Anwartschaftsrechts und der in II geregelten Pfändung des Übereignungsanspruchs unterscheiden, Medicus DNotZ **90**, 283. Wenn der Gläubiger den Anspruch auf eine Eigentumsübertragung gepfändet hat, Ffm Rpfleger **97**, 152 (auch nach der Auflassung, aber auch in den Grenzen, zB nicht nach Abtretung der Rechte aus einer Auflassungsvormerkung, aM BayObLG DNotZ **97**, 338), dann muß die Auflassung gegenüber dem Sequester als dem Vertreter des Schuldners erfolgen. Im Falle der Weigerung des Drittschuldners zur Übereignung nach §§ 873 I, 925 BGB an den durch den Sequester vertretenen Schuldner muß der Gläubiger selbst die Klage auf Abgabe der Auflassungserklärung an den Sequester zur Schuldnereintragung, §§ 894, 895, erheben, nicht der Sequester. Eine Mitwirkung des Schuldners an der Auflassung ist dann nicht erforderlich, BGH WertpMitt **78**, 12. Die Zwangsvollstreckung aus dem daraufhin ergehenden Urteil erfolgt nach §§ 894, 895. Die Pfändung des Anspruchs auf die Übertragung des Eigentums ist noch nach der Auflassung an den Schuldner zulässig. Der Sequester muß in solchem Falle eine Umschreibung auf den Schuldner beantragen. Mit der Zurückweisung des Umschreibungsantrags fällt (nur) ein Anwartschaftsrecht und die Wirkung seiner Pfändung weg, BGH Rpfleger **75**, 432.

**B. Sicherungshypothek kraft Gesetzes.** Im Augenblick des Eigentumsübergangs, also mit der Eintragung des Schuldners in das Grundbuch, BayObLG DB **92**, 1880, erwirbt der Gläubiger unter der Voraussetzung der Wirksamkeit der Pfändung, § 829 Rn 44, 45, Kerbusch Rpfleger **88**, 475, unabhängig vom Eigentumsübergang auf den Schuldner kraft Gesetzes eine Sicherungshypothek für seine Vollstreckungsforderung, Jena Rpfleger **96**, 101, LG Düss Rpfleger **85**, 306 (krit Münzberg), unabhängig von deren Höhe 7

(§ 866 III ist unanwendbar) und einschließlich der Vollstreckungskosten, und zwar an aussichtsreichster Stelle, Krammer/Riedel Rpfleger **89**, 146 (zu einem Anspruch aus dem Meistgebot). Es kann sich um eine Gesamthypothek handeln, Düss Rpfleger **81**, 200.

**8**  **C. Rang.** Die Sicherungshypothek braucht regelwidrig nicht ins Grundbuch eingetragen zu werden, LG Fulda Rpfleger **88**, 252. Die Eintragung ist eine bloße Berichtigung des Grundbuchs und erfolgt auf Antrag des Gläubigers oder des Sequesters im Verfahren der GBO, Jena Rpfleger **96**, 101, LG Fulda Rpfleger **88**, 252 (zustm Kerbusch Rpfleger **88**, 476). Im Falle einer Pfändung für mehrere Gläubiger entstehen in der Reihenfolge der Pfändungen Sicherungshypotheken. Die Sicherungshypothek geht ein schon vorher entstandenes Grundpfandrecht nur dann vor, wenn dieses frühere Grundpfandrecht aus Anlaß des Grunderwerbs zugunsten des Veräußerers bestellt worden war, zB eine Kaufgeldhypothek oder eine Grunddienstbarkeit, LG Frankenth Rpfleger **85**, 232, LG Fulda Rpfleger **88**, 252 (zustm Kerbusch Rpfleger **88**, 476). Andere vorher entstandene Grundpfandrechte gehen der Sicherungshypothek also nicht vor, LG Fulda Rpfleger **88**, 252 (zustm Kerbusch Rpfleger **88**, 476, abl Böttcher). Eine Auflassungsvormerkung zugunsten eines Dritten, an den der Erwerber weiterverkauft hat, geht der Sicherungshypothek auch dann nach, wenn die Eintragung der Vormerkung vor der Pfändung beantragt worden war, Jena Rpfleger **96**, 101. Zum Rangverhältnis zu § 1287 S 2 BGB, aM Just JZ **98**, 123.

**9**  **D. Weitere Einzelfragen.** Gegenüber einer nicht eingetragenen Sicherungshypothek greift ein guter Glaube bei einem rechtsgeschäftlichen Erwerb durch, § 892 BGB, LG Fulda Rpfleger **88**, 252 (im Ergebnis abl Böttcher). Deshalb muß der Sequester gleichzeitig mit dem Antrag auf die Eintragung des Schuldners als des Eigentümers den Antrag auf die Eintragung der Sicherungshypothek stellen und diese Eintragungen bewilligen, Jena Rpfleger **96**, 101. Wenn er beide Anträge stellt, dann ist mangels einer abweichenden Bitte eine einheitliche Erledigung als gewollt anzusehen. Mit Zustimmung des Sequesters kann auch der Schuldner den Eintragungsantrag stellen. Vgl auch Grdz 60 vor § 704 „Anwartschaft".

**10**  **4) Verwertung, III.** Der gepfändete Anspruch bleibt auch nach seiner Überweisung an den Gläubiger zur Einziehung im Vermögen des Schuldners. Der Schuldner darf über diesen Anspruch aber nicht mehr zum Nachteil des Gläubigers verfügen. Die Verwertung des Grundstücks geschieht ganz selbständig. Sie beruht nicht auf dem Pfändungsbeschluß, sondern auf dem eigentlichen Schuldtitel. Sie findet in der Liegenschaftszwangsvollstreckung statt. Es finden also eine Zwangsverwaltung oder eine Zwangsversteigerung statt, § 866 I. Die Zwangsvollstreckung beginnt mit der Beschlagnahme in einem dieser Verfahren. Wenn ein Arresttitel vorliegt, ist eine Zwangsversteigerung ausgeschlossen.

**11**  **5) Rechtsbehelfe, I–III.** Es kommt auf die Person des Entscheidenden an.
**A. Sequester.** Gegen die Ernennung des Sequesters kann jeder Betroffene die Erinnerung nach § 766 einlegen. Gegen die Ablehnung des Antrags, evtl auch desjenigen auf eine bestimmte Person, hat der Gläubiger die Wege nach § 11 RPflG, Anh § 153 GVG, § 793. Wegen des weiteren Verfahrens vgl § 104 Rn 41 ff.

**12**  **B. Sonstige Fälle.** Es gelten dieselben Regeln wie bei § 829 Rn 63–65. Außerdem kommt im Verfahren nach der GBO die Beschwerde in Betracht, § 71 GBO.

**13**  **6) VwGO:** Entsprechend anwendbar im Rahmen der Grdz § 803 Rn 9. Nach § 169 I VwGO, § 5 VwVG gilt § 318 III AO.

## 849 Keine Überweisung an Zahlungs Statt.
Eine Überweisung der im § 846 bezeichneten Ansprüche an Zahlungs Statt ist unzulässig.

**1**  **1) Systematik, Regelungszweck.** Vgl zunächst § 846 Rn 1. Auch § 849 bezieht sich nur auf die Vollstreckung wegen einer Geldforderung *in* den Anspruch des Schuldners gegen einen Dritten und nicht etwa auf die Vollstreckung *wegen* eines Herausgabeanspruchs; letztere ist in §§ 883–886 geregelt.

**2**  **2) Geltungsbereich.** Im Falle der Pfändung eines Anspruchs auf die Herausgabe einer beweglichen oder einer unbeweglichen Sache ist eine Überweisung an Zahlungs Statt, § 835 Rn 22, deshalb nicht möglich, weil es keinen Nennwert gibt. Dagegen ist eine Überweisung zur Einziehung, § 835 Rn 6, zulässig, und zwar auch beim Anwartschaftsrecht des Auflassungsempfängers, ZöStö.

**3**  **3) VwGO:** Entsprechend anwendbar im Rahmen der Grdz § 803 Rn 9.

### Einführung vor §§ 850–852

### Unpfändbarkeit von Forderungen

**Schrifttum:** *Brehm*, Zur Reformbedürftigkeit des Lohnpfändungsrechts, Festschrift für *Henckel* (1995) 41; *David*, Ratgeber Lohnpfändung usw, 4. Aufl 1997; *Depré*, Lohnpfändungstabelle, 3. Aufl 1996; *Dörndorfer*, Die Lohnpfändung, 1997; *Gottwald*, Die Lohnpfändung, 1996; *Helwich*, Pfändung des Arbeitseinkommens, 3. Aufl 1999; *Hintzen*, Taktik in der Zwangsvollstreckung II (Forderungspfändung usw), 4. Aufl 1998; *Hock*, Handbuch der Lohnpfändung usw, 1999; *Honold*, Die Pfändung des Arbeitseinkommens, 1998; *Kniebes/Holdt/Voß*, Die Pfändung des Arbeitseinkommens, 2. Aufl 1996; *Schoele/Schneider*, Die Lohnpfändung, 5. Aufl 1992; *Stöber*, Forderungspfändung, 12. Aufl 1999 (Bespr *Becker-Eberhard* Rpfleger **99**, 353); *Wehrfritz*, Die Lohnpfändung, Frankreich und Deutschland im Vergleich, 1996; *von Zwehl*, Lohnpfändung, 14. Aufl 1992.

### Gliederung

| | | | |
|---|---|---|---|
| 1) Systematik, Regelungszweck | 1 | 3) Geltungsbereich | 6 |
| 2) Grundregeln | 2–5 | 4) Verstoß | 7 |
| A. Berücksichtigung von Amts wegen | 2 | 5) Rechtsbehelfe | 8 |
| B. Kontogutschrift | 3 | 6) *VwGO* | 9 |
| C. Vereinnahmtes Geld | 4 | | |
| D. Abtretungs- und Aufrechnungsverbot | 5 | | |

**1) Systematik, Regelungszweck.** Vgl zunächst § 811 Rn 1, § 829 Rn 1. Unpfändbarkeit ist kein bloßes Leistungsverweigerungsgesetz, BGH NJW **98**, 1058. Zunächst einmal liegt eine Unpfändbarkeit vor, wenn kein rechtlicher Anspruch besteht. Im übrigen sind allein die Gesetze maßgebend; die Auffassung des Prozeßgerichts über den zu belassenden Betrag ist bedeutungslos. Das aus dem GG folgende Gebot einer Sozialverträglichkeit der Individualvollstreckung hat unter anderem die äußerst komplizierte Regelung der §§ 850 ff zum Ergebnis. In ihr spiegeln sich sozialpolitische Ansichten, die zumindest in Einzelheiten wohl immer diskutabel bleiben müssen. Ausgewogenheit bei der Beachtung der naturgemäß sehr unterschiedlichen Interessen des Gläubigers, des Schuldners, auch des Drittschuldners und nicht zuletzt der Allgemeinheit ist die Voraussetzung einer haltbaren, vertretbaren, wenn auch kaum je alle Beteiligten gleichermaßen befriedigenden Auslegung. §§ 850 ff beseitigen nicht die Verpflichtungsfreiheit, Karls FER **98**, 147.

**2) Grundregeln.** Es sind vier Hauptregeln zu beachten.

**A. Berücksichtigung von Amts wegen.** Das Gericht darf eine Pfändung, deren Unzulässigkeit sich aus dem Vorbringen des Gläubigers ergibt, nicht anordnen. Es findet insoweit eine Berücksichtigung von Amts wegen statt, Grdz 39 vor § 128. Nachzuforschen hat das Gericht nicht, Grdz 38 vor § 128 ist also unanwendbar, Rn 3. Es entscheidet der Zeitpunkt der Pfändung, § 811 Rn 13. Die Pfändbarkeit geht nicht dadurch verloren, daß die Forderung im Vollstreckungsverfahren ihre Rechtsnatur wechselt (die Gegenmeinung vereitelt den Zweck des Gesetzes). So wird eine Unterhaltsforderung nicht pfändbar, wenn der Schuldner an den Rechtsanwalt des Gläubigers zahlt oder wenn der Gerichtsvollzieher beitreibt, AG Bln-Charlottenb DGVZ **76**, 77. Der Arbeitslohn bleibt unpfändbar, auch wenn der Gläubiger nach der Pfändung ein Urteil gegen den Unternehmer erwirkt hat.

**B. Kontogutschrift.** Auf ein Konto eines Geldinstituts überwiesene laufende Einkünfte des Schuldners sind im Rahmen von § 850 k unpfändbar; unpfändbar sind ferner kraft Gesetzes für die Dauer von 7 Tagen Kontoguthaben aus der Zahlung von Förderungsmitteln, § 19 II BAföG, nicht aus gezahltem Wohngeld, Rn 8, § 850 b Rn 3. Darum ist auch die Abrede nichtig, das Diensteinkommen sei unwiderruflich an eine Bank zu deren Befriedigung zu überweisen. Aus denselben Gründen werden Unterhaltsgelder durch ihre Einzahlung auf ein Sperrkonto nicht pfändbar. Die Pfändung fortlaufender Bezüge, § 829, darf nicht schon deshalb zurückgewiesen werden, weil sie zur Zeit nicht über die Pfändungsgrenze hinausgehen, sondern nur mit einem Mehr in absehbarer Zeit nicht zu rechnen ist.

**C. Vereinnahmtes Geld.** Davon abgesehen ist das vom Schuldner auf die unpfändbare Forderung vereinnahmte Geld pfändbar, soweit nicht § 811 entgegensteht; nach § 811 I Z 8 muß dem Schuldner ein Betrag bleiben, der den unpfändbaren Teil für die Zeit zwischen der Pfändung und dem nächsten Zahlungstermin sichert. Ansprüche auf eine Kapitalabfindung für Rentenansprüche fallen nicht unter den Pfändungsschutz. Ist eine hinzuzugebende Sache unpfändbar, so ist der Anspruch auf Herausgabe. Hat der Drittschuldner hinterlegt, tritt der Herausgabeanspruch an die Stelle der Forderung, LG Düss MDR **77**, 586.

**D. Abtretungs- und Aufrechnungsverbot.** Unpfändbare Ansprüche lassen bei Meidung der Nichtigkeit weder eine Abtretung noch eine Aufrechnung zu, §§ 400, 394 BGB, Bbg FamRZ **96**, 1487, LG Bonn FamRZ **96**, 1487 (keine Umgehung), auch nicht einen Aufrechnungsvertrag, LAG Hamm MDR **73**, 617, auch nicht eine Abtretung nur der Einziehungsbefugnis. Ein Zurückbehaltungsrecht versagt, wenn es wirtschaftlich auf eine Aufrechnung hinausläuft, etwa bei Allgemeinen Geschäftsbedingungen der Banken, Schmeling BB **76**, 191. Gegenüber Forderungen aus einer vorsätzlichen unerlaubten Handlung beseitigt in solchen Fällen die Einrede der Arglist, Einl III 54, die der Unzulässigkeit der Aufrechnung. So darf der Dienstherr gegen den Gehaltsanspruch des Angestellten nicht einen Anspruch aus Betrug aufrechnen. Überhaupt entscheiden Treu und Glauben auch hier, LG Bonn FamRZ **96**, 1487.

**3) Geltungsbereich.** §§ 850 ff gelten grundsätzlich in allen Fällen einer Vollstreckung nach der ZPO. §§ 850–850 i gelten auch bei der Arrestvollziehung, §§ 928, 930, und im Insolvenzverfahren, § 4 InsO. Sie sind sinngemäß anwendbar auch in der Vollstreckung nach § 6 I Z 1 JBeitrO, Hartmann Teil IX A.

**4) Verstoß.** Ein Verstoß zieht nicht die Nichtigkeit der Pfändung nach sich. Die Pfändung ist zwar mit einem Mangel behaftet, aber bis zur Aufhebung auf einen Rechtsbehelf wirksam, Grdz 58 vor § 704, § 811 Rn 3, § 829 Rn 55, Düss NJW **78**, 2603, Hamm MDR **79**, 149. Ein Verzicht des Schuldners vor der Pfändung ist wegen der öffentlichrechtlichen Natur der Schutzvorschriften wirkungslos. Daher ist eine Forderungspfändung in unzähligen Fällen ihrem Bestand nach ungewiß. Sie ist unanfechtbar, soweit die Pfändungsgrenze nicht überschritten ist, im übrigen anfechtbar; aber wo liegt die Grenze?

**5) Rechtsbehelfe.** Der Schuldner muß die Unpfändbarkeit mit der Erinnerung nach § 766 geltend machen und beweisen. Dasselbe können der Drittschuldner und der im Einzelfall als Begünstigter Genannte tun. Auch der Gläubiger, der die Unrechtmäßigkeit der Ablehnung behauptet, hat die Erinnerung. Einem Dritten steht ein Erinnerungsrecht zu, § 766, namentlich beim Übersehen der Gleichberechtigung mehrerer Unterhaltsberechtigter. Jeder andere Rechtsbehelf ist ausgeschlossen; s aber auch § 766 Rn 16 „Schuldner" und § 850 g. Der Drittschuldner kann die Unpfändbarkeit dem Pfändungsgläubiger jedenfalls insoweit entgegenhalten, als sie den sachlichen Anspruch berührt. Nach der Durchführung der Verwertung bleibt dem Schuldner die Bereicherungs- oder Ersatzklage, § 811 Rn 2.

**9**   6) *VwGO:* Entsprechend anwendbar, § 167 I *VwGO*, sind §§ 850–852 in allen Fällen der Vollstreckung wegen Geldforderungen, Grdz § 803 Rn 9, auch nach § 169 I VwGO u § 5 VwVG, weil § 319 AO auf jene Vorschriften verweist. Wegen der Rechtsbehelfe s § 829 Rn 67.

## 850 *Arbeitseinkommen.* 

I Arbeitseinkommen, das in Geld zahlbar ist, kann nur nach Maßgabe der §§ 850 a bis 850 i gepfändet werden.

II Arbeitseinkommen im Sinne dieser Vorschrift sind die Dienst- und Versorgungsbezüge der Beamten, Arbeits- und Dienstlöhne, Ruhegelder und ähnliche nach dem einstweiligen oder dauernden Ausscheiden aus dem Dienst- oder Arbeitsverhältnis gewährte fortlaufende Einkünfte, ferner Hinterbliebenenbezüge sowie sonstige Vergütungen für Dienstleistungen aller Art, die die Erwerbstätigkeit des Schuldners vollständig oder zu einem wesentlichen Teil in Anspruch nehmen.

III Arbeitseinkommen sind auch die folgenden Bezüge, soweit sie in Geld zahlbar sind:
a) Bezüge, die ein Arbeitnehmer zum Ausgleich für Wettbewerbsbeschränkungen für die Zeit nach Beendigung seines Dienstverhältnisses beanspruchen kann;
b) Renten, die auf Grund von Versicherungsverträgen gewährt werden, wenn diese Verträge zur Versorgung des Versicherungsnehmers oder seiner unterhaltsberechtigten Angehörigen eingegangen sind.

IV Die Pfändung des in Geld zahlbaren Arbeitseinkommens erfaßt alle Vergütungen, die dem Schuldner aus der Arbeits- oder Dienstleistung zustehen, ohne Rücksicht auf ihre Benennung oder Berechnungsart.

**Gliederung**

| | |
|---|---|
| 1) Systematik, Regelungszweck, I–IV ... 1 | E. Ruhegelder usw .................. 9 |
| 2) Arbeitseinkommen, II, III ........ 2–14 | F. Hinterbliebenenbezüge .......... 10 |
| A. Begriff im weiteren Sinn ........ 2 | G. Sonstige Vergütungen usw ..... 11, 12 |
| B. Dienst- und Versorgungsbezüge der Beamten ........ 3 | H. Wettbewerbsbeschränkungen, III a .... 13 |
| C. Arbeits- und Dienstlöhne ........ 4 | I. Versicherungsrenten, III b ...... 14 |
| D. Beispiele zur Frage von Arbeits- und Dienstlohn ........ 5–8 | 3) Umfang der Pfändung, IV ........ 15, 16 |
| | 4) *VwGO* ........................ 17 |

**1**   1) **Systematik, Regelungszweck, I–IV.** Vgl zunächst Einf 1 vor §§ 850–852. §§ 850 ff behandeln nur das in Geld zahlbare Arbeitseinkommen. Die Pfändung von Naturaleinkommen ist außer bei einem landwirtschaftlichen Arbeitnehmer, § 811 I Z 4 a, nicht besonders geregelt. Eine selbständige Pfändung ist kaum möglich. Denn die Leistung ist zweckgebunden, § 851. Bei der Berechnung des Einkommens sind die Naturalbezüge mitzuberücksichtigen, § 850 e Z 3. § 850 stellt die Hauptregeln zur Pfändbarkeit und ihren Grenzen auf; die folgenden Vorschriften wirken ergänzend.

**2**   2) **Arbeitseinkommen, II, III.** Ein einfacher Grundsatz zeigt viele Anwendungsarten.

**A. Begriff im weiteren Sinn.** Zum Arbeitseinkommen gehören alle Bezüge aus einer jetzigen oder früheren Arbeit, auch wenn kein Arbeitsvertrag zugrunde liegt, wie bei einem Vorstandsmitglied einer Gesellschaft, BGH MDR **81**, 733. Zum Arbeitseinkommen zählt auch alles dasjenige, was der Lohnsteuer unterliegt. II gibt jedoch nur Beispiele und ist daher weit auszulegen, BAG NJW **77**, 76, LAG Ffm DB **88**, 1456. Die Bezeichnung und die Berechnung der Bezüge sind unerheblich. Ebenso ist es unerheblich, ob es sich um eine geistige oder eine körperliche Arbeit, um eine selbständige oder um eine unselbständige Tätigkeit handelt. Maßgeblich ist nur, ob die Bezüge wiederkehren, BAG DB **62**, 644. Unter II fallen zB auch der Lohn des Auszubildenden, ein Bedienungsgeld des Kellners, auch wenn es nicht unter § 832 II fällt, dort Rn 2, oder ein Zuschuß zum Einkommensausgleich beim vorzeitigen Ausscheiden, LAG Ffm DB **88**, 1456. Einkünfte *anderer* Art, zB aus selbständiger Tätigkeit, gehören nicht hierher, AG Hadamar DGVZ **89**, 189. BAG MDR **98**, 722 verneint Arbeitseinkommen, soweit der Arbeitgeber eine Versicherung des Arbeitnehmers übernimmt bzw bezahlt (?).

**3**   **B. Dienst- und Versorgungsbezüge der Beamten.** Beamte sind Personen des öffentlichen Dienstes, § 376 Rn 3, ebenso Geistliche der öffentlichrechtlichen Religionsgemeinschaften. Wenn man die letzteren nicht als Beamte ansieht, dann sind sie als Angestellte einzustufen. Der Betriff der Dienstbezüge umfaßt alles dasjenige, was dem Beamten aus den Beamten- oder Versorgungsgesetzen zusteht, sofern nicht versorgungsrechtliche Sonderbestimmungen bestehen, Einf 8 vor §§ 850–852. Richter sind Beamte im Sinne dieser Bestimmung gleichzuachten. Da ein Referendar ein Beamter im Vorbereitungsdienst ist, fällt auch ein etwaiger bloßer Unterhaltszuschuß unter diese Vorschrift, Bbg Rpfleger **74**, 30. Aufwandsentschädigungen werden von § 850 a Z 3 behandelt. Der Wehrsold, WSG, ist entsprechend zu behandeln, Kreutzer AnwBl **74**, 172. Ebenso wie die Bezüge der Beamten ist der Wehrsold kein Arbeitseinkommen, sondern ein vom Staat gewährter Unterhalt. Dementsprechend sind die §§ 850 c–f anwendbar. Wegen der Bewertung der Sachbezüge vgl § 850 e Rn 11. Auch der Grenzschutzsold, ein Dienstgeld sind pfändbar. Wer jeweils als Vertreter des Drittschuldners anzusehen ist, ist in § 18 Rn 5 ff dargestellt.

**4**   **C. Arbeits- und Dienstlöhne.** Es kommt nicht darauf an, wie die Beteiligten sie nennen. Der Dienstverpflichtete muß eine Vergütung zu beanspruchen haben, die ihm aus einem dauernden Rechtsverhältnis zuwächst, das ihn in einer persönlichen und in einer wirtschaftlichen Abhängigkeit vom Dienstberechtigten hält, BAG Rpfleger **75**, 220, LG Bln Rpfleger **92**, 128. Auf das Maß der Beanspruchung der Arbeitskraft kommt es hier nicht an. Insofern kann auch ein Anspruch auf Pflegegeld ausnahmsweise pfändbar sein.

1. Titel. Zwangsvollstr. in das bewegl. Vermögen **§ 850**

**D. Beispiele zur Frage von Arbeits- und Dienstlohn** 5
**Abfindung:** Eine Abfindung, etwa beim Vertragsende, gehört zu II, AG Bochum DGVZ **91**, 174.
**Arbeitnehmererfindung:** Es gelten dieselben Regeln wie bei Rn 8 „Lizenz", BGH **93**, 86.
**Arbeitnehmersparzulage:** Sie gehört nicht zu II, ist vielmehr selbständig pfändbar, BAG NJW **77**, 76, LAG Hamm DB **75**, 1944.
**Aufteilung:** Wenn die Vergütung auch für eine andere Leistung gewährt worden ist, dann muß man jeden Teil für sich behandeln. Eine solche Aufteilung ist zB dann erforderlich, wenn es um eine Lizenz geht, Rn 8 „Lizenz".
**Auslagenersatz:** Er gehört nicht zu II. In diesem Fall greifen freilich meist §§ 850 a Z 3, 85 I ein.
**Auslösung:** Nicht zu II gehört ein Auslösungsanspruch des auswärts Arbeitenden, § 850 a Z 2, 3.
**Bedienungsgeld:** Es gehört zu II, § 832 Rn 2. 6
**Eigengeld:** Rn 7 „Gefangener".
**Ersatzanspruch:** Ein Ersatzanspruch für geleistete Arbeit fällt meist unter § 850 i, BAG DB **80**, 359.
**Familienzulage:** Sie gehört zu II.
**Gefangener:** Vom Arbeitsentgelt des Untersuchungs- oder Strafgefangenen ist grundsätzlich nur das Eigen- 7 geld pfändbar, das nach dem Abzug des Hausgelds (dieses ist unpfändbar, LG Münst Rpfleger **92**, 129), der Haftkostenbeiträge, der Unterhaltsbeiträge oder des Überbrückungsgelds verbleibt, § 52 StVollzG, und zwar in den Grenzen des § 51 IV, V StrVollzG ohne die Schutzgrenze des § 850 c, BVerfG NJW **82**, 1583, Karlsr Rpfleger **94**, 370, LG Detm Rpfleger **99**, 34, aM Ffm Rpfleger **84**, 425, LG Kblz Rpfleger **89**, 124 (beläßt dem Untersuchungsgefangenen wöchentlich 50 DM). Zur Problematik Kenter Rpfleger **91**, 488.
Das *Überbrückungsgeld* ist nur gemäß § 51 IV, V StVollzG pfändbar, Hamm OLGZ **84**, 457, LG Hann Rpfleger **95**, 264, LG Karlsr RR **89**, 1536 (das Entlassungsgeld sei Arbeitseinkommen im Sinn von §§ 850 ff). Zur Problematik auch BGH NJW **90**, 3159. Also ist der Anspruch auf die Auszahlung unpfändbar. Ein ausgezahlter Betrag ist binnen 4 Wochen seit der Entlassung nur bedingt pfändbar, § 75 III StVollzG; aM Stgt Rpfleger **76**, 146 (er sei unpfändbar).
S ferner Einf 8 vor §§ 850–852.
**Gewinnanteil:** Er gehört zu II.
**Güterbeförderung:** Rn 8 „Werklohn".
**Hausgeld:** S „Gefangener".
**Kinderzuschlag, -zuschuß, -zulage:** Grdz 80 vor § 704 „Kindergeld".
**Lizenz:** Eine Aufteilung, s dort, ist zB dann erforderlich, wenn es um eine Lizenz, ein Patent und um eine 8 gleichzeitige Verpflichtung zu einer ständigen Mitarbeit geht. Im Fall einer urheberrechtlichen Lizenz steht dagegen die Vergütung für die Verwertung des fertigen Erzeugnisses der geistigen Leistung im Vordergrund. Daher ist II dann unanwendbar, Sikinger GRUR **85**, 786, aM Stöber Forderungspfändung Rn 881.
**Provision:** Sie gehört zu II. Das gilt auch für eine Provision vom Umsatz.
**Reisekosten:** Sie gehören zu II, soweit man bei angemessener Handhabung Ersparnisse machen kann.
**Schauspielergeld:** Das Gehalt und das sog Spielgeld des Schauspielers gehören zu II.
**Strafgefangener:** Rn 7 „Gefangener".
**Stücklohn:** Er gehört zu II.
**Überbrückungsgeld:** Rn 7 „Gefangener".
**Teuerungszulage:** Sie gehört zu II.
**Trinkgeld:** Rn 6 „Bedienungsgeld".
**Untersuchungsgefangener:** Rn 7 „Gefangener".
**Urlaub:** Nicht zu II gehören das Urlaubsgeld, § 850 a Z 2, 3, sowie das während des Urlaubs weitergezahlte Arbeitsentgelt.
**Werklohn:** Er gehört zu II, BAG Rpfleger **75**, 220 (für laufend ausgeführe Arbeiten). Das gilt etwa bei einer Güterbeförderung.

**E. Ruhegelder usw.** Es muß sich um staatliche oder private fortlaufend gewährte Einkünfte nach dem 9 Ausscheiden aus dem Dienst handeln, die eine nachträgliche Vergütung der Dienste darstellen. Also zählt auch eine betriebliche Altersversorgung hierher. Denn sie ist aus dem Arbeitsverhältnis erwachsen, BGH RR **89**, 287, LAG Hamm DB **95**, 2122. Wegen der Invalidenrenten § 850 i Rn 9. Es ist unerheblich, wer den Betrag auszahlt. Auch das Mitglied einer Landesregierung kann unter diese Vorschrift fallen, ebenso ein Abgeordneter, AG Bremerhaven MDR **80**, 504.

**F. Hinterbliebenenbezüge.** Hinterbliebene sind diejenigen Personen, die nach den einschlägigen ge- 10 setzlichen oder vertraglichen Bestimmungen als Hinterbliebene auf Grund des Dienstverhältnisses des Verstorbenen zu Bezügen berechtigt sind, LG Köln RR **90**, 14. Nur die bloßen Unterstützungsgelder für Notfälle zählen zu den von § 850 b I Z 4 vorrangig geregelten Beträgen, LG Köln RR **90**, 14. Über Sterbegelder und Gnadenbezüge s § 850 a Z 7.

**G. Sonstige Vergütungen usw.** Notwendig ist hier, daß die zu vergütenden Leistungen die Erwerbstä- 11 tigkeit des Schuldners vollständig oder zu einem wesentlichen Teil beanspruchen, BGH **96**, 326 (krit Brehm JZ **86**, 501). Das setzt eine gewisse Abhängigkeit vom Dienstberechtigten oder Unternehmer voraus. Es kommt aber nicht darauf an, ob die Arbeit selbständig oder unselbständig ist, Rn 2. Die Abhängigkeit äußert sich vor allem darin, daß die Ergebnisse der Arbeit dem Dienstberechtigten ganz oder teilweise zugute kommen. Der Rechtsgrund der Arbeit und die Art der Leistung sind belanglos.
*Hierher gehören zB:* ein gegen eine feste Vergütung angestellter Postagent; der Kassenarzt wegen seiner Ansprüche aus dem Kassenarztverhältnis; ein Vertragsspieler eines Sportvereins; der Vorstand einer Aktiengesellschaft, BGH NJW **81**, 2466; der Gesellschafter einer Gesellschaft des bürgerlichen Rechts wegen einer vom Gewinn unabhängigen Vergütung, Düss MDR **70**, 934; eine Hausangestellte; ein Heimarbeiter; der Handelsvertreter wegen seines Festgehalts und seines Provisionsanspruchs, BGH Rpfleger **78**, 54; der Versicherungsvertreter wegen der monatlich an ihn zu zahlenden Garantiesumme.

*Nicht hierher gehört zB* der selbständige Gewerbetreibende.

12 Ob die Arbeitskraft wesentlich beansprucht wird, das richtet sich nach den nackten *Tatsachen.* Sie kann zB dann wesentlich beansprucht werden, wenn jemand zwar wenig arbeitet, aber nur für einen Dienstberechtigten, oder wenn jemand zwar viel für sich, aber noch mehr für den Dienstberechtigten arbeitet. Die Höhe der Einnahme aus der einen oder aus der anderen Tätigkeit entscheidet nicht. Vielmehr sind das Maß und die Zeit der Arbeitsleistung wesentlich. Es kommt nicht auf die Dauer des Arbeitsverhältnisses an. Hierher gehören sogar jederzeit kündbare Verhältnisse. Zu berücksichtigen ist nur der Arbeitsverdienst des Schuldners, nicht derjenige eines Angehörigen, nicht die Ersparnis von Ausgaben oder die Unterstützung von einer dritten Seite ohne eine rechtliche Verpflichtung, § 850 b Rn 7. Vergütungen, die nicht wiederkehrend zahlbar sind, etwa die Einnahmen eines Kassenarztes aus seiner Privatpraxis oder der Anspruch eines im Weg einer Prozeßkostenhilfe beigeordneten Anwalts gegen die Staatskasse, sind nicht hier einzurechnen, sondern bei § 850 i I.

13 **H. Wettbewerbsbeschränkungen, III a.** Hierher gehört vor allem diejenige Entschädigung, die der Unternehmer dem Handlungsgehilfen nach § 74 II HGB für dessen Beschränkung zahlt. Auch das Wartegeld nach § 133 f GewO zählt hierher. Unter Z 1 fallen aber auch ähnliche, einem wirtschaftlich Abhängigen gewährte Wettbewerbsbezüge, zB eine Karenzentschädigung eines Geschäftsführers wegen eines Wettbewerbsverbots, Rostock RR **95,** 174. Im Falle einer Kapitalisierung gilt § 850 i I.

14 **I. Versicherungsrenten, III b.** Es ist notwendig, daß der Versicherungsvertrag der Versorgung des Versicherungsnehmers oder seiner unterhaltsberechtigten Angehörigen dient, daß er also ein Ruhegeld oder ein Hinterbliebenengeld ersetzt, und daß ferner eine Zahlung in der Form einer Rente erfolgt. Eine Kapitalzahlung gehört nicht hierher und fällt auch nicht unter § 850 i I. Denn sie ist eine grundsätzlich andersartige Leistung, BFH NJW **92,** 527 (Kapitallebensversicherung). Wohl aber zählt eine Berufsunfähigkeitsrente hierher, Mü VersR **96,** 319, Nürnb JR **70,** 386, aM Oldb MDR **94,** 257, Saarbr VersR **95,** 1228, Hülsmann NJW **95,** 1522. Der weitgehende Pfändungsschutz von Versicherungsrenten, § 850 i Rn 9, verstößt nicht gegen das Grundgesetz, BVerfG NJW **60,** 1899. Die Beschränkung des Pfändungsschutzes auf Renten aus einem Versicherungsvertrag eines Arbeitnehmers (und nicht auch eines Selbständigen oder Nichtberufstätigen) ist ebenfalls nicht zu beanstanden, Ffm VersR **96,** 614.

15 **3) Umfang der Pfändung, IV.** Die Pfändung erfaßt sämtliche Vergütungen, die dem Schuldner aus der Arbeits- oder Dienstleistung zustehen, und zwar ohne Rücksicht auf ihre Bezeichnung und ihre Art. Sie umfaßt auch den Zuschuß des Arbeitgebers zum Krankengeld nach dem G v 26. 6. 57, BGBl 649. Die Pfändung erfaßt ferner den Anspruch auf die Erstattung von Lohnsteuer, § 829 Rn 3. Wegen des Kindergelds usw Grdz 80 vor § 704 „Kindergeld".

16 *Nicht hierher zählen zB*: ein Anspruch auf eine vermögenswirksame Leistung, Grdz 111 vor § 704; Ansprüche aus einem anderen Rechtsverhältnis als einem Arbeitsverhältnis, LG Brschw Rpfleger **98,** 78, aM StJBre 49; der Anspruch eines Anwalts aus der laufenden Bearbeitung der Sachen für dieselbe Partei.

Wenn die *Bezüge anwachsen,* dann weitet sich die Wirkung der Pfändung entsprechend § 833 ebenfalls aus. Diese Vorschrift enthält nämlich einen allgemeinen Rechtsgedanken. Wenn der Schuldner in ein anderes Amt oder in den Ruhestand übertritt, bleibt die Pfändung unberührt, sofern der Dienstberechtigte in seiner Nämlichkeit erhalten bleibt. Seine Umwandlung in eine andere Rechtsform schadet also nicht. Demgegenüber ist eine Neupfändung dann notwendig, wenn an die Stelle des bisherigen Dienstverhältnisses ein andersartiges Dienstverhältnis tritt, etwa wenn der Dienstberechtigte wechselt, aber nicht bei § 613 a BGB, LAG Hamm DB **76,** 440. Maßgebend ist der Zeitpunkt der Pfändung, § 829 Rn 44. Es ist also möglich, daß im Zeitpunkt der Pfändung bereits eine gültige Abtretungserklärung des Arbeitseinkommens vorliegt und damit den Umfang der Pfändung einschränkt. Wenn der Arbeitgeber, der Drittschuldner, das erst nachträglich erfährt, dann muß er seine Erklärung nach § 840 berichtigen.

17 **4) VwGO:** Vgl Einf §§ 850–852 Rn 9.

# 850a

*Unpfändbare Bezüge.* Unpfändbar sind

1. zur Hälfte die für die Leistung von Mehrarbeitsstunden gezahlten Teile des Arbeitseinkommens;
2. die für die Dauer eines Urlaubs über das Arbeitseinkommen hinaus gewährten Bezüge, Zuwendungen aus Anlaß eines besonderen Betriebsereignisses und Treugelder, soweit sie den Rahmen des Üblichen nicht übersteigen;
3. Aufwandsentschädigungen, Auslösungsgelder und sonstige soziale Zulagen für auswärtige Beschäftigungen, das Entgelt für selbstgestelltes Arbeitsmaterial, Gefahrenzulagen sowie Schmutz- und Erschwerniszulagen, soweit diese Bezüge den Rahmen des Üblichen nicht übersteigen;
4. Weihnachtsvergütungen bis zum Betrage der Hälfte des monatlichen Arbeitseinkommens, höchstens aber bis zum Betrage von 540 Deutsche Mark;
5. Heirats- und Geburtsbeihilfen, sofern die Vollstreckung wegen anderer als der aus Anlaß der Heirat oder der Geburt entstandenen Ansprüche betrieben wird;
6. Erziehungsgelder, Studienbeihilfen und ähnliche Bezüge;
7. Sterbe- und Gnadenbezüge aus Arbeits- oder Dienstverhältnissen;
8. Blindenzulagen.

1. Titel. Zwangsvollstr. in das bewegl. Vermögen  **§ 850a**

### Gliederung

| | | | |
|---|---|---|---|
| 1) Systematik, Regelungszweck, Z 1–8 . | 1 | E. Schmutzzulage usw ................. | 6 |
| 2) Überstundenvergütung, Z 1 ......... | 2 | 5) Weihnachtsvergütungen, Z 4 ........ | 7 |
| 3) Urlaubsgelder usw, Z 2 ............. | 3, 4 | 6) Heirats- und Geburtsbeihilfen, Z 5 ... | 8 |
| 4) Aufwandsentschädigungen usw, Z 3 . | 5, 6 | 7) Erziehungsgelder usw, Z 6 ............ | 9 |
|   A. Aufwandsentschädigung ............ | 5 | 8) Sterbe- und Gnadenbezüge, Z 7 ..... | 10 |
|   B. Auslösung, usw ..................... | 6 | 9) Blindenzulagen, Z 8 ................. | 11 |
|   C. Materialentgelt .................... | 6 | 10) *VwGO* .............................. | 12 |
|   D. Gefahrzulage ....................... | 6 | | |

**1) Systematik, Regelungszweck, Z 1–8.** Vgl zunächst Einf 1 vor §§ 850–852. Die Vorschrift eröffnet **1** die Gruppe der den § 850 ergänzenden und im jeweiligen Geltungsbereich vorrangigen Sonderregeln. § 850a enthält die unbedingt unpfändbaren Bezüge. § 850b zählt die bedingt unpfändbaren Bezüge auf. Die Bezüge des § 850a sind weder für sich allein noch im Zusammenhang mit anderen Bezügen pfändbar. Diese Bezüge sind bei der Berechnung des Arbeitseinkommens unberücksichtigt zu lassen. § 850a enthält keine erschöpfende Regelung der Unpfändbarkeit, Sibben DGVZ **88**, 6. Es gibt entsprechende Vorschriften in Sondergesetzen. § 850a darf aber auch nicht ausdehnend ausgelegt werden, Sibben DGVZ **88**, 8. Wegen der Pfändbarkeit der Bezüge von Mitgliedern der Streitkräfte Art 10 V Truppenvertrag, SchlAnh III. Bei einem Verstoß gegen die Vorschrift kann der Betroffene die Erinnerung nach § 766 einlegen. Das gilt auch zugunsten des Drittschuldners, Einf 6 vor §§ 850–852.

**2) Überstundenvergütung, Z 1.** Es muß eine zusätzliche Vergütung für eine Arbeit vorliegen, die über **2** diejenige Arbeitszeit hinausging, die im Betrieb gewöhnlich eingehalten wurde. Es muß ein Rechtsanspruch auf diese Vergütung bestehen. Man kann hierher auch den regelmäßigen Nebenverdienst rechnen, der aus einer Arbeit entsteht, die außerhalb der üblichen Arbeitszeit geleistet worden ist. Die Zusammenrechnung erfolgt nach § 850e Z 2. Unpfändbar ist nur die Hälfte der Gesamtvergütung für die Überstunden, nicht nur der Zuschläge.

**3) Urlaubsgelder usw, Z 2.** Diese Bezüge sind im Grunde schon nach § 851 unpfändbar. Zweck ist es, **3** dem Berechtigten die zum Unterhalt bestimmten Mittel unverkürzt und rechtzeitig zukommen zu lassen, AG Groß Gerau FamRZ **95**, 297 (auch zu den Grenzen einer Aufrechnungsmöglichkeit). Z 2 schützt nur Zuwendungen für die Dauer eines Urlaubs, soweit sie über das Arbeitseinkommen hinaus gewährt werden und den Rahmen des Üblichen nicht übersteigen, Henze Rpfleger **80**, 456. Diese letztere Bedingung bezieht sich auf alle Fälle der Z 2. Eine Zuwendung aus Anlaß eines besonderen Betriebsereignisses ist zB eine Zuwendung wegen eines besonders günstigen Betriebserfolgs, Sibben DGVZ **88**, 8. Tantiemen gehören nicht zu Z 2, sondern zu § 850. Sie sind daher nach § 850c pfändbar, auch wenn sie für ein längeres als ein dreijähriges Verbleiben im Betrieb gezahlt werden und dann alljährlich wiederkehren. Eine Schenkung gehört nicht zum Arbeitseinkommen. Die Unpfändbarkeit nach Z 2 entsteht in voller Höhe, bei gleichartigen Unternehmen in der üblichen Höhe.

Das Arbeitseinkommen, das dem Arbeitnehmer während seines Urlaubs in der gewöhnlichen Höhe **4** weitergezahlt wird, also das *Urlaubsentgelt*, gehört *nicht* zu Z 2, sondern ist trotz der grundsätzlichen Einheit des Anspruchs auf die Freistellung von Arbeit und des Anspruchs auf die Zahlung einer weiteren Vergütung übertragbar, BGH **59**, 109 (Angestellte), BGH **59**, 154 (Beamte). Das Urlaubsentgelt ist also gemäß § 851 I nicht unpfändbar; es ist zumindest wegen § 851 II in den Grenzen des § 850c pfändbar: „Geld bleibt Geld", Faecks NJW **72**, 1450. Dasselbe gilt bei einer Urlaubsabgeltung, also einer Geldzahlung anstelle der Freistellung von der Arbeit. Für diese Urlaubsabgeltung ist wegen des Verbots einer ausdehnenden Auslegung, Rn 1, weder die Z 1, aM Faecks NJW **72**, 1451, noch die Z 2 anwendbar. Geschützt ist nur ein „gewährter" Bezug, nicht ein bereits gezahlter Bezug, etwa ein schon überwiesener Betrag, LG Essen Rpfleger **73**, 148, selbst wenn er als vermögenswirksame Leistung überwiesen wurde. Insofern gilt § 850k.

**4) Aufwandsentschädigungen usw, Z 3.** Hierher zählen die folgenden Entschädigungen. **5**
**A. Aufwandsentschädigung.** Hierher gehört eine Aufwandsentschädigung, zB für Reisekosten, Umzugskosten, Tagegelder, Bürogelder, für eine Tätigkeit in einem Gemeinderat, Hamm FamRZ **80**, 997, für Repräsentationskosten; der Auslagenersatz eines Provisionsreisenden; das Kilometergeld für einen Angestellten zum Besuch von Baustellen im eigenen Pkw, LAG Düss DB **70**, 256; ein Erstattungsanspruch nach § 40 I BetrVG, BAG **AP** § 40 BetrVG Nr 3, LAG Bln AnwBl **87**, 240, ArbG Kiel BB **73**, 1394. Mehrere Aufwandsentschädigungen sind zusammenzurechnen, soweit sie demselben Zweck dienen und das Übliche nicht übersteigen, BezG Ffo Rpfleger **93**, 457. Es ist aber in allen diesen Fällen zu prüfen, ob nicht ein verkappter Lohn vorliegt. Dieser ist dann anzunehmen, wenn die Entschädigung den normalen Aufwand übersteigt, LG Essen MDR **70**, 516. Das Wohnungsgeld und ein Kinderzuschlag gehören zum Gehalt. Es ist unerheblich, ob daneben ein Vergütungsanspruch besteht. Auch Schöffen und andere Laienrichter erhalten eine Aufwandsentschädigung, ebenso Volkszähler, Düss NJW **88**, 977, LG Düss Rpfleger **88**, 31.
**B. Auslösung usw.** Hierher gehören auch Auslösungsgelder und sonstige soziale Zulagen für eine aus- **6** wärtige Beschäftigung, also eine Vergütung für die damit verbundenen Mehrkosten.
**C. Materialentgelt.** Hierher gehört ferner das Entgelt für ein selbstgestelltes Arbeitsmaterial.
**D. Gefahrzulage.** Hierher gehört ferner die Gefahrenzulage, etwa eine Giftzulage.
**E. Schmutzzulage usw.** Hierher gehört schließlich eine Schmutz- oder Erschwerniszulage. Sie muß gerade diejenige Erschwernis abgelten, die durch die Eigentümlichkeit der Arbeits*art* entsteht, nicht schon durch die schlechte Lage der Arbeits*zeit*, LAG Ffm DB **89**, 1732.
*Bei Rn 5, 6* ist Voraussetzung, daß die Vergütung entweder gesetzlich oder auf Grund eines Tarifs, einer Betriebs- oder einer Dienstordnung angeordnet worden ist oder sich im Rahmen desjenigen hält, was bei gleichartigen Unternehmen üblich ist.

§§ 850a, 850b    8. Buch. 2. Abschnitt. ZwV wegen Geldforderungen

Der *Wehrsold*, § 850 Rn 3, ist keine Aufwandsentschädigung, Rn 1. Auf den Anspruch des Kassenarztes gegen die Kasse ist Z 3 unanwendbar, BGH **96**, 329 (krit Brehm JZ **86**, 501).

**7** 5) **Weihnachtsvergütungen, Z 4.** Diese Vergütungen werden von Z 4 nur erfaßt, soweit sie nicht Geschenke darstellen, sondern auf einem Rechtsanspruch beruhen. Das ist auch dann der Fall, wenn die Weihnachtsvergütung für ein bestimmtes Jahr zwar verbindlich, jedoch unter dem Vorbehalt zugesagt wurde, daß für das kommende Jahr aus der jetzigen Zusage kein Rechtsanspruch entstehe. Eine solche Vergütung ist zur Hälfte des monatlichen Nettoarbeitseinkommens, höchstens mit 540 DM unpfändbar. Soweit sie pfändbar ist, wird sie dem Lohn für Dezember hinzugerechnet. Eine Unpfändbarkeit kann auch nicht durch eine Vereinbarung, § 399, herbeigeführt werden.

**8** 6) **Heirats- und Geburtsbeihilfen, Z 5.** Solche Beihilfen sind in voller Höhe unpfändbar. Sie sind aber wegen solcher Ansprüche pfändbar, die gerade aus dem Anlaß der Heirat oder der Geburt entstanden sind.

**9** 7) **Erziehungsgelder usw, Z 6.** Diese Bezüge sind voll unpfändbar, wie auch § 54 V SGB I, abgedruckt bei Grdz 80 vor § 704 „Kindergeld", besagt, LG Oldb Rpfleger **87**, 28, Meierkamp Rpfleger **87**, 352, aM Hamm Rpfleger **88**, 31, Köln FamRZ **90**, 190. Das gilt unabhängig davon, wer sie gewährt hat und ob sie einem Waisen gewährt werden.

*Nicht hierher gehört* der Kinderzuschlag, der allerdings gem § 54 IV SGB I nur eingeschränkt pfändbar ist, Grdz 80 vor § 704 „Kindergeld". Nicht hierher gehören ferner: Das Entlassungsgeld nach dem Ausscheiden aus dem Wehr- oder Zivildienst, LG Detm Rpfleger **97**, 448; der Unterhaltszuschuß eines Referendars, Bbg Rpfleger **74**, 30.

**10** 8) **Sterbe- und Gnadenbezüge, Z 7.** Diese Bezüge sind im allgemeinen ohne Rücksicht auf ihre Höhe voll unpfändbar. Sie stehen den Hinterbliebenen als solchen zu, nicht als Erben. Zu den nach Z 7 erfaßten Bezügen gehören auch die für das sogenannte Gnadenvierteljahr. Vgl im übrigen § 122 BBG. Der Verstorbene braucht also kein Beamter gewesen zu sein. Ein Sterbegeld nach § 48 II SVG idF v 9. 10. 80, BGBl 1958, ist unpfändbar.

**11** 9) **Blindenzulagen, Z 8.** Die Vorschrift ist zur Klarstellung hinzugefügt worden; die Unpfändbarkeit folgt schon aus § 851. Solche Bezüge sind voll unpfändbar.

**12** 10) *VwGO:* Vgl Einf §§ 850–852 Rn 9.

# 850b *Bedingt pfändbare Bezüge.* I Unpfändbar sind ferner

1. Renten, die wegen einer Verletzung des Körpers oder der Gesundheit zu entrichten sind;
2. Unterhaltsrenten, die auf gesetzlicher Vorschrift beruhen, sowie die wegen Entziehung einer solchen Forderung zu entrichtenden Renten;
3. fortlaufende Einkünfte, die ein Schuldner aus Stiftungen oder sonst auf Grund der Fürsorge und Freigebigkeit eines Dritten oder auf Grund eines Altenteils oder Auszugsvertrags bezieht;
4. Bezüge aus Witwen-, Waisen-, Hilfs- und Krankenkassen, die ausschließlich oder zu einem wesentlichen Teil zu Unterstützungszwecken gewährt werden, ferner Ansprüche aus Lebensversicherungen, die nur auf den Todesfall des Versicherungsnehmers abgeschlossen sind, wenn die Versicherungssumme 4140 Deutsche Mark nicht übersteigt.

II Diese Bezüge können nach den für Arbeitseinkommen geltenden Vorschriften gepfändet werden, wenn die Vollstreckung in das sonstige bewegliche Vermögen des Schuldners zu einer vollständigen Befriedigung des Gläubigers nicht geführt hat oder voraussichtlich nicht führen wird und wenn nach den Umständen des Falles, insbesondere nach der Art des beizutreibenden Anspruchs und der Höhe der Bezüge, die Pfändung der Billigkeit entspricht.

III Das Vollstreckungsgericht soll vor seiner Entscheidung die Beteiligten hören.

**Schrifttum:** *Bohn,* Die Zwangsvollstreckung in Rechte des Versicherungsnehmers aus dem Versicherungsvertrag usw, Festschrift für *Schiedermair* (1976) 33.

### Gliederung

| | | | |
|---|---|---|---|
| 1) Systematik, Regelungszweck, I–III | 1 | B. Anspruch aus einem Altenteil | 8, 9 |
| 2) Verletzungsrenten, I Z 1 | 2 | 5) Bezüge aus Witwenkassen usw, I Z 4 | 10 |
| 3) Gesetzliche Unterhaltsforderungen und Renten nach § 844 BGB, I Z 2 | 3–6 | 6) Bedingte Pfändbarkeit, II, III | 11–18 |
| | | A. Vergeblichkeit der Vollstreckung | 11 |
| A. Grundsatz: Nur gesetzliche Forderung | 3 | B. Billigkeit der Pfändung | 12–15 |
| B. Taschengeld | 4, 5 | C. Verfahren | 16, 17 |
| C. Rente | 6 | D. Rechtsbehelfe | 18 |
| 4) Fortlaufende Einkünfte usw, I Z 3 | 7–9 | 7) VwGO | 19 |
| A. Einkünfte aus einer Stiftung | 7 | | |

**1** 1) **Systematik, Regelungszweck, I–III.** Vgl zunächst Einf 1 vor §§ 850–852, § 850a Rn 1. Die Bezüge des § 850 b sind regelmäßig voll unpfändbar und dem pfändbaren Teil des Arbeitseinkommens nicht zuzurechnen; wegen der Unpfändbarkeit der Sozialleistungen Grdz 80 vor § 704 „Kindergeld", „Sozialleistungen" und unten Rn 12. § 850 b ist zwingendes Recht. II läßt aber Ausnahmen zu. Nicht hierher, sondern unter § 850 i IV gehören Renten nach dem BVG, s dort. Zur Verfassungsmäßigkeit von Z 1, 2 Egner NJW **72**, 672.

**§ 850b**

**2) Verletzungsrenten, I Z 1.** Unpfändbar ist eine Rente, die wegen der Verletzung des Körpers oder **2** der Gesundheit zu zahlen ist, Mü VersR **97**, 1520. Die Unpfändbarkeit besteht aber nur in Höhe des gesetzlichen Anspruchs. Eine Kapitalabfindung ist ungeschützt. Unpfändbar ist aber auch ein rückständiger oder kapitalisierter Betrag, BGH NJW **88**, 820, und zwar bis zur Höhe des etwaigen Rentenhöchstbetrags.

*Hierher zählen zB:* Ein Anspruch nach § 843 BGB; ein Anspruch, den ein anderes Gesetz der Regelung des § 843 BGB unterstellt, wie die Rente des Handlungsgehilfen im Falle der Verletzung der Fürsorgepflicht des Unternehmers, § 62 III HGB; eine Rente, die der Haftpflichtversicherer des Unfallgegners zahlt, BGH NJW **88**, 820; eine Rente nach § 38 LuftVG, nach § 60 BSeuchenG; ein rein vertraglicher oder letztwillig verfügter Rentenanspruch, da der Zusatz in § 805 g Z 1 aF „nach § 843 BGB" nicht übernommen worden ist, BGH **70**, 208, aM Sieg Festschrift für Klingmüller (1974) 464.

*Nicht hierher zählt zB:* Die Erstattung von Auslagen wegen einer zeitweiligen Vermehrung der Bedürfnisse; eine Berufsunfähigkeitsrente, § 850 Rn 14.

Eine *Aufrechnung* mit einem Ausgleichsanspruch ändert an der Unpfändbarkeit nichts. Ein Aufrechnungs- und Pfändungsverbot wirkt nicht zu Lasten des Sozialversicherungsträgers, auf den der Anspruch übergegangen ist, BAG DB **79**, 1850 (dort auch wegen einer Ausnahme).

**3) Gesetzliche Unterhaltsforderungen und Renten nach § 844 BGB, I Z 2.** Voll unpfändbar sind: **3**

**A. Grundsatz: Nur gesetzliche Forderung.** Sie ist nur geschützt, soweit sie auf einer gesetzlichen Vorschrift beruht, wie diejenige des Ehegatten von der Trennung ab, LG Bln Rpfleger **78**, 334, oder diejenige des früheren Ehegatten, eines Verwandten, eines nichtehelichen Kindes. Hierher zählen auch ein Kostenerstattungsanspruch auf Grund eines Verfahrens auf die Zahlung eines Prozeßkostenvorschusses, Karlsr FamRZ **84**, 1091, sowie ein Steuererstattungsanspruch wegen Splitting, BGH NJW **97**, 1441.

*Hierher zählen nicht:* Ein Anspruch, der einen Ersatz für einen Schaden oder für Auslagen gewährt, wie die 6-Wochen-Kosten, § 1715 BGB; grundsätzlich der „Unterhalts"-Anspruch des Ehegatten gegen den anderen in einer intakten Ehe, LG Frankenth FamRZ **83**, 256; der Unterhaltsanspruch wegen eines einmaligen Sonderbedarfs im Rahmen der Zweckbindung zugunsten desjenigen Gläubigers, der dem Schuldner diejenige Leistung erbracht hat, die die Grundlage für den Unterhaltsanspruch gegenüber dem Drittschuldner ist, LG Frankenth RR **89**, 1352.

LG Heilbr RR **90**, 197 versagt den Aufrechnungsschutz des Unterhaltsgläubigers nach § 394 BGB, soweit sein Anspruch auf den Sozialhilfeträger *übergeleitet* ist. Er kann auch versagen, soweit dem Verbot des § 394 BGB der Einwand der Arglist entgegensteht; dem Unterhaltsberechtigten muß aber das Existenzminimum verbleiben, BGH **123**, 57. Wegen des abgetretenen Anspruches Stgt Rpfleger **85**, 407, LG Mannh Rpfleger **87**, 465.

*Nicht hierher zählen ferner:* Ein Anspruch auf die Erstattung eines für einen Dritten geleisteten Unterhalts; ein Anspruch gegen den ProzBev auf Auszahlung des vom Prozeßgegner an diesen gezahlten Unterhalts, LG Bln DGVZ **76**, 155, LG Düss Rpfleger **77**, 183. Es ist unerheblich, ob der Anspruch fällig oder künftig ist. Das Geleistete ist im Rahmen des § 811 I Z 8, 850 b unpfändbar. Ein Rückstand ist allenfalls im Rahmen von II, III pfändbar, KG FamRZ **99**, 406, LG Bonn FamRZ **96**, 1487. Wegen des Kindergelds usw Grdz 80 vor § 704 „Kindergeld".

**B. Taschengeld,** dazu *Braun* AcP **195**, 335: Der Anspruch zwischen Ehegatten auf Zahlung eines **4** Taschengelds ist im Rahmen der Z 2 pfändbar, BVerfG FamRZ **86**, 773, Stgt Rpfleger **87**, 447 (auch für längere Zeit), LG Essen JB **99**, 494, aM Nürnb Rpfleger **98**, 294, Braun AcP **195**, 359. Zur Höhe Ffm FamRZ **91**, 727, Hamm RR **90**, 1224, AG Detm JB **97**, 44. Zum Internationalen Privatrecht LG Augsbg FamRZ **73**, 375. Das gilt ohne Verstoß gegen Art 6 GG, BVerfG FamRZ **86**, 773 (Nichtannahmebeschluß ohne Gesetzeskraft, Otto Rpfleger **89**, 207).

Der *Prozeßkostenvorschuß*, §§ 1360 a IV BGB, 127 a, 620 ff, ist unpfändbar, § 851 Rn 4. Durch die **5** Zahlung des Unterhalts auf ein Bankkonto oder an eine andere Durchgangsstelle, geht das Vorrecht der Z 2 nicht verloren, Einf 1 vor §§ 850–852. Pfändbar ist aber die auf ein Bankkonto gezahlte Abfindungssumme für eine Unterhaltsrente.

**C. Rente.** Die Rente wegen der Entziehung des Unterhaltsanspruchs, zB wegen der Tötung des Unter- **6** haltspflichtigen, § 844 BGB. Ein Rentenanspruch der Hinterbliebenen nach §§ 7 HaftpflG, 13 StVG steht diesen Renten gleich.

**4) Fortlaufende Einkünfte usw, I Z 3.** Unpfändbar in voller Höhe ohne Rücksicht auf den Bedarf sind **7** fortlaufende Einkünfte in den folgenden Fällen.

**A. Einkünfte aus einer Stiftung** oder auf Grund der Fürsorglichkeit oder Freigebigkeit eines Dritten sind geschützt, und zwar Einkünfte in Geld oder in Naturalien, aus einem Vertrag oder auf Grund einer Verfügung von Todes wegen, etwa auf Grund eines Vermächtnisses. Die Fürsorglichkeit und die Freigebigkeit müssen zusammentreffen. Die Einkünfte müssen also unentgeltlich gewährt worden sein, um den Schuldner vor einer Not zu schützen, Stgt Rpfleger **85**, 407.

*In Betracht kommt zB* eine Häftlingshilfe gemäß § 18 HHG; eine Zahlung seitens der Unterstützungseinrichtung der Rennställe und Trainingsanstalten, Köln FamRZ **90**, 190.

*Nicht hierher gehören:* Ein entgeltlicher Erwerb; eine Kapitalleistung, soweit nicht nur die Einkünfte auszuzahlen sind; ein Ruhegehalt, denn es stellt ein Entgelt dar; ein Unterhaltsanspruch, Stgt Rpfleger **85**, 407. Das gesetzliche Erbrecht schließt den Bezug von Einkünften im Sinne dieser Regel nicht aus, § 863; die Einzahlung eines Dritten zur Selbstverpflegung des Beschuldigten in der Untersuchungshaftanstalt. Denn der Beschuldigte ist nicht fürsorgebedürftig, § 851 Rn 4.

**B. Anspruch aus einem Altenteil.** Es handelt sich um die aus Anlaß einer Grundstücksübergabe zur **8** Altersversorgung des Schuldners und seiner Angehörigen zugewendeten Nutzungen und wiederkehrenden Leistungen, Hamm FamRZ **88**, 746. Ein derartiger Anspruch oder ein Anspruch auf Grund eines Auszugs sind ebenfalls geschützt. Es ist unerheblich, ob ein solcher Anspruch dinglich gesichert wurde oder nur schuldrechtlich vereinbart worden ist. Etwas anderes gilt bei einer lediglich schuldrechtlichen Vereinbarung, wenn es sich um beiderseits gleichwertige Leistungen handelt, BGH **53**, 41; zum Problem LG Oldb Rpfleger

82, 298 (krit Hornung). Denn dann ist der Auszugsanspruch oder Altenteilsanspruch rechtlich betrachtet das Entgelt für die Gutsüberlassung, wirtschaftlich betrachtet ein Unterhaltsanspruch, Grell **LM** bei Nr 3/4. Ein Altenteilsanspruch ist auch im Falle der Überlassung eines städtischen Grundstücks möglich, BGH **53**, 43.

9   *Das trifft aber nicht zu,* wenn die Parteien eine Leibrente als Kaufpreis oder als Teil des Kaufpreises ausbedungen haben, ohne miteinander verwandt zu sein, Hamm OLGZ **70**, 49. Ebensowenig handelt es sich um einen Altenteilsanspruch, wenn eine Geldrente auf Lebenszeit gezahlt wird, selbst wenn der Berechtigte sie zum Lebensunterhalt verwendet. Hamm FamRZ **88**, 746 wendet Z 3 auf eine im Hausratsverfahren angeordnete Ausgleichszahlung entsprechend an.

10  **5) Bezüge aus Witwenkassen usw, I Z 4.** Solche Bezüge sind voll unpfändbar. Hierher gehören Hebungen aus öffentlichen oder privaten Kassen ohne Rücksicht auf ihre Höhe. Es ist entscheidend, ob die Leistung lediglich eine Unterstützung für den Notfall und nicht einen allgemeinen, von dem nachrangigen § 850 II geregelten Hinterbliebenenbezug darstellt, LG Köln RR **90**, 14. Das läßt sich nur aus den Gesamtumständen des Einzelfalls beurteilen. Z 4 erfaßt auch eine einmalige Leistung, KG Rpfleger **85**, 73.

Eine Forderung verliert ihren Charakter durch eine *Überleitung* auf den wirklich Berechtigten nicht. Das ist im Falle einer Familienversicherung wichtig. Der Gläubiger des mitversicherten Familienmitglieds hat also nach der Abtretung der Rente an dieses Familienmitglied oder nach ihrer Pfändung die Möglichkeit eines Zugriffs nur im Rahmen von II. Die *Versicherungszahlung* einer Versicherungsgesellschaft, vgl auch § 850 III b, gehört nur dann zu Z 4, wenn die Versicherungssumme 4140 DM (bei mehreren insgesamt 4140 DM) nicht übersteigt, aM AG Fürth VersR **82**, 59, und wenn die Versicherung auf den Todesfall abgeschlossen worden ist, AG Fürth VersR **82**, 59. Eine solche Zahlung soll in der Regel in erster Linie zur Deckung der Bestattungskosten dienen, AG Fürth VersR **82**, 59. Wegen einer privaten Zusatzversicherung Grdz 112 vor § 704 „Versicherungsanspruch".

*Sondergesetze* gehen vor, Einf 8 vor §§ 850–852, zB bei dem Krankengeld § 54 SGB I, Grdz 92 vor § 704, Köln NJW **89**, 2956 (insofern ist § 850 b nur auf solche Krankenkassen anwendbar, die nicht Träger der gesetzlichen Sozialversicherung sind).

11  **6) Bedingte Pfändbarkeit, II, III.** Die Bezüge des I sind wie Arbeitseinkommen pfändbar, wenn die folgenden Voraussetzungen zusammentreffen.

**A. Vergeblichkeit der Vollstreckung.** Die Zwangsvollstreckung in das sonstige bewegliche Vermögen des Schuldners ist fruchtlos gewesen oder aussichtslos. Ein bloßer Versuch einer Fahrnisvollstreckung in körperliche Sachen genügt nicht. Es ist aber kein Versuch einer Liegenschaftszwangsvollstreckung notwendig. Eine Glaubhaftmachung der Fruchtlosigkeit oder Aussichtslosigkeit genügt, vgl § 807.

12  **B. Billigkeit der Pfändung.** Die Pfändung muß außerdem der Billigkeit entsprechen, LG Aachen MDR **81**, 855. Ob diese Voraussetzung zutrifft, ist insbesondere bei § 54 SGG I, Grdz 80 vor § 704 (Teilabdruck), nach den gesamten Tatumständen zu beurteilen, KG MDR **81**, 505, FG Bln NJW **92**, 528 (zB bei hohem Taschengeldanspruch und kleiner Forderung), Hornung Rpfleger **81**, 423. Dabei ist die Zweckbestimmung der Sozialleistung besonders beachtlich, Celle NJW **77**, 1641.

13  Der Gläubiger muß die Billigkeit *darlegen.* Er darf keine Behauptungen ins Blaue aufstellen, auch nicht zum Taschengeldanspruch, Köln Rpfleger **95**, 76, LG Dortm Rpfleger **89**, 467, Otto Rpfleger **89**, 209, aM LG Kleve MDR **78**, 585, Hornung Rpfleger **81**, 423.

14  Das Gericht darf aber an die Darlegungen des Gläubigers *keine übertriebenen Anforderungen* stellen, Hamm Rpfleger **81**, 447 (abl Hornung Rpfleger **81**, 423 ausf), Stöber Rpfleger **79**, 160. Das Gericht muß die Verhältnisse des Gläubigers und des Schuldners abwägen, insbesondere aber auch die Art des Beitreibungsanspruchs und die Höhe der Bezüge beachten.

15  So muß das Gericht einen Anspruch aus einer Lieferung zum Lebensunterhalt oder aus einer *vorsätzlich unerlaubten Handlung* begünstigen und einen hohen Anspruch aus einer Stiftung eher für pfändbar halten. LG Kiel NJW **74**, 2097 läßt die Pfändung des Taschengeldanspruchs nur bei sehr guten Vermögensverhältnissen des Mannes zu; vgl aber Rn 4. LG Kiel SchlHA **74**, 206 hält die Sozialrente für pfändbar, soweit ein Rentner eine vorsätzlich unerlaubte Handlung begangen hat. LG Köln JB **75**, 1381 ist der Meinung, die Pfändung sei wegen einer Anwaltsgebühr dann zulässig, wenn der Anwalt diese Gebühr gestundet habe. Celle MDR **99**, 1088 billigt einem Anwalt die Pfändung einer Witwenrente im Ergebnis nicht zu. LG Bln Rpfleger **75**, 374 meint, der Gläubiger könne wegen einer Kostenforderung aus einem Unterhaltsprozeß, den der Schuldner zum Teil gegen den Gläubiger verloren habe, pfänden. LG Bln MDR **77**, 147 erklärt, die Pfändung sei wegen unterlassener Schönheitsreparaturen zulässig. Die Entscheidung steht nur dem Vollstreckungsgericht zu, §§ 764, 802, BGH NJW **70**, 282, Bbg FamRZ **88**, 949, Hbg FamRZ **92**, 329. Eine bloße Bezugnahme auf die Tabelle (sog Blankettbeschluß) ist, anders als bei § 850 c III 2, unstatthaft, Hülsmann NJW **95**, 1525. Solange dieses Gericht die Pfändung nicht zugelassen hat, ist eine Aufrechnung unzulässig, BGH NJW **70**, 282, Düss FamRZ **81**, 971, Hbg FamRZ **92**, 329.

16  **C. Verfahren.** Abweichend von der Regel, § 834, muß das allein zuständige Vollstreckungsgericht, Rn 15, nicht nur den Gläubiger hören, sondern auch den Schuldner, Art 103 I GG. Das gilt auf Grund des § 850 e Z 2 a S 2 zwar im dortigen Geltungsbereich bereits kraft ausdrücklicher gesetzlicher Regelung; in den Fällen des § 850 b fehlt eine solche noch. Umso mehr Gewicht hat die entsprechende Auffassung durch die Neuregelung des § 850 e erhalten, Hamm Rpfleger **81**, 447, LG Verden Rpfleger **86**, 100, ZöStö § 834 (bei § 54 VI SGB I), aM Stgt OLGZ **81**, 253, Hornung Rpfleger **81**, 427.

17  Das Gericht braucht den *Drittschuldner* in einem Fall des § 54 SGB nicht zwingend anzuhören, LG Bln Rpfleger **78**, 65. Das Gericht muß einen Ausgleich anstreben, etwa im Wege einer Verpflichtung zur Ratenzahlung. Das Vollstreckungsgericht entscheidet auch im Falle der Abtretung unpfändbarer Forderungen, Rpfleger **53**, 41, aber natürlich nur innerhalb eines Vollstreckungsverfahrens, LG Hbg MDR **84**, 1035. Der Rpfl muß eine klare Entscheidung treffen, vor allem zur etwaigen Pfändung des Taschengeldanspruchs, so daß der Drittschuldner den abzuführenden Betrag erkennen kann, Köln FamRZ **91**, 588, LG Augsb Rpfleger **99**, 404, Otto Rpfleger **89**, 209. Sein Beschluß ist zu begründen, § 329 Rn 4.

1. Titel. Zwangsvollstr. in das bewegl. Vermögen §§ 850b, 850c

**D. Rechtsbehelfe.** Wenn der Rpfl die Pfändung durch eine echte Entscheidung abgelehnt hat, vgl § 829 Rn 63–65. Wenn das Gericht eine gleichlautende Entscheidung getroffen hat, kann der Gläubiger die sofortige Beschwerde einlegen, §§ 577, 793 I, Kblz MDR 75, 939. Wenn der Rpfl oder das Gericht den Betroffenen nicht angehört hat, kann er die Erinnerung nach § 766 einlegen. Gegen den Pfändungsbeschluß sind dieselben Möglichkeiten gegeben, Ffm Rpfleger 75, 263. **18**

7) *VwGO:* Vgl Einf §§ 850–852 Rn 9. **19**

**850c** *Pfändungsgrenzen für Arbeitseinkommen.* I ¹Arbeitseinkommen ist unpfändbar, wenn es, je nach dem Zeitraum, für den es gezahlt wird, nicht mehr als
1209 Deutsche Mark monatlich,
 279 Deutsche Mark wöchentlich oder
  55,80 Deutsche Mark täglich
beträgt.
²Gewährt der Schuldner auf Grund einer gesetzlichen Verpflichtung seinem Ehegatten, einem früheren Ehegatten oder einem Verwandten oder nach §§ 1615 l, 1615 n des Bürgerlichen Gesetzbuchs einem Elternteil Unterhalt, so erhöht sich der Betrag, bis zu dessen Höhe Arbeitseinkommen unpfändbar ist, auf bis zu
3081 Deutsche Mark monatlich
 711 Deutsche Mark wöchentlich oder
 142,20 Deutsche Mark täglich,
und zwar um
 468 Deutsche Mark monatlich,
 108 Deutsche Mark wöchentlich oder
  21,60 Deutsche Mark täglich
für die erste Person, der Unterhalt gewährt wird, und um je
 351 Deutsche Mark monatlich,
  81 Deutsche Mark wöchentlich oder
  16,20 Deutsche Mark täglich
für die zweite bis fünfte Person.

II ¹Übersteigt das Arbeitseinkommen den Betrag, bis zu dessen Höhe es je nach der Zahl der Personen, denen der Schuldner Unterhalt gewährt, nach Absatz 1 unpfändbar ist, so ist es hinsichtlich des überschießenden Betrages zu einem Teil unpfändbar, und zwar in Höhe von drei Zehnteln, wenn der Schuldner keiner der in Absatz 1 genannten Personen Unterhalt gewährt, zwei weiteren Zehnteln für die erste Person, der Unterhalt gewährt wird, und je einem weiteren Zehntel für die zweite bis fünfte Person. ²Der Teil des Arbeitseinkommens, der 3796 Deutsche Mark monatlich (876 Deutsche Mark wöchentlich, 175,20 Deutsche Mark täglich) übersteigt, bleibt bei der Berechnung des unpfändbaren Betrages unberücksichtigt.

III ¹Bei der Berechnung des nach Absatz 2 pfändbaren Teils des Arbeitseinkommens ist das Arbeitseinkommen, gegebenenfalls nach Abzug des nach Absatz 2 Satz 2 pfändbaren Betrages, wie aus der Tabelle ersichtlich, die diesem Gesetz als Anlage beigefügt ist, nach unten abzurunden, und zwar bei Auszahlung für Monate auf einen durch 20 Deutsche Mark, bei Auszahlung für Wochen auf einen durch 5 Deutsche Mark oder bei Auszahlung für Tage auf einen durch 1 Deutsche Mark teilbaren Betrag. ²Im Pfändungsbeschluß genügt die Bezugnahme auf die Tabelle.

IV Hat eine Person, welcher der Schuldner auf Grund gesetzlicher Verpflichtung Unterhalt gewährt, eigene Einkünfte, so kann das Vollstreckungsgericht auf Antrag des Gläubigers nach billigem Ermessen bestimmen, daß diese Person bei der Berechnung des unpfändbaren Teils des Arbeitseinkommens ganz oder teilweise unberücksichtigt bleibt; soll die Person nur teilweise berücksichtigt werden, so ist Absatz 3 Satz 2 nicht anzuwenden.

§ 850c

Anlage zu § 850c

| Nettolohn monatlich | Pfändbarer Betrag bei Unterhaltspflicht*) für | | | | | |
|---|---|---|---|---|---|---|
| | 0 | 1 | 2 | 3 | 4 | 5 und mehr Personen |
| | in DM | | | | | |
| bis 1 219,99 | – | – | – | – | – | – |
| 1 220,00 bis 1 239,99 | 7,70 | – | – | – | – | – |
| 1 240,00 bis 1 259,99 | 21,70 | – | – | – | – | – |
| 1 260,00 bis 1 279,99 | 35,70 | – | – | – | – | – |
| 1 280,00 bis 1 299,99 | 49,70 | – | – | – | – | – |
| 1 300,00 bis 1 319,99 | 63,70 | – | – | – | – | – |
| 1 320,00 bis 1 339,99 | 77,70 | – | – | – | – | – |
| 1 340,00 bis 1 359,99 | 91,70 | – | – | – | – | – |
| 1 360,00 bis 1 379,99 | 105,70 | – | – | – | – | – |
| 1 380,00 bis 1 399,99 | 119,70 | – | – | – | – | – |
| 1 400,00 bis 1 419,99 | 133,70 | – | – | – | – | – |
| 1 420,00 bis 1 439,99 | 147,70 | – | – | – | – | – |
| 1 440,00 bis 1 459,99 | 161,70 | – | – | – | – | – |
| 1 460,00 bis 1 479,99 | 175,70 | – | – | – | – | – |
| 1 480,00 bis 1 499,99 | 189,70 | – | – | – | – | – |
| 1 500,00 bis 1 519,99 | 203,70 | – | – | – | – | – |
| 1 520,00 bis 1 539,99 | 217,70 | – | – | – | – | – |
| 1 540,00 bis 1 559,99 | 231,70 | – | – | – | – | – |
| 1 560,00 bis 1 579,99 | 245,70 | – | – | – | – | – |
| 1 580,00 bis 1 599,99 | 259,70 | – | – | – | – | – |
| 1 600,00 bis 1 619,99 | 273,70 | – | – | – | – | – |
| 1 620,00 bis 1 639,99 | 287,70 | – | – | – | – | – |
| 1 640,00 bis 1 659,99 | 301,70 | – | – | – | – | – |
| 1 660,00 bis 1 679,99 | 315,70 | – | – | – | – | – |
| 1 680,00 bis 1 699,99 | 329,70 | 1,50 | – | – | – | – |
| 1 700,00 bis 1 719,99 | 343,70 | 11,50 | – | – | – | – |
| 1 720,00 bis 1 739,99 | 357,70 | 21,50 | – | – | – | – |
| 1 740,00 bis 1 759,99 | 371,70 | 31,50 | – | – | – | – |
| 1 760,00 bis 1 779,99 | 385,70 | 41,50 | – | – | – | – |
| 1 780,00 bis 1 799,99 | 399,70 | 51,50 | – | – | – | – |
| 1 800,00 bis 1 819,99 | 413,70 | 61,50 | – | – | – | – |
| 1 820,00 bis 1 839,99 | 427,70 | 71,50 | – | – | – | – |
| 1 840,00 bis 1 859,99 | 441,70 | 81,50 | – | – | – | – |
| 1 860,00 bis 1 879,99 | 455,70 | 91,50 | – | – | – | – |
| 1 880,00 bis 1 899,99 | 469,70 | 101,50 | – | – | – | – |
| 1 900,00 bis 1 919,99 | 483,70 | 111,50 | – | – | – | – |
| 1 920,00 bis 1 939,99 | 497,70 | 121,50 | – | – | – | – |
| 1 940,00 bis 1 959,99 | 511,70 | 131,50 | – | – | – | – |
| 1 960,00 bis 1 979,99 | 525,70 | 141,50 | – | – | – | – |
| 1 980,00 bis 1 999,99 | 539,70 | 151,50 | – | – | – | – |
| 2 000,00 bis 2 019,99 | 553,70 | 161,50 | – | – | – | – |
| 2 020,00 bis 2 039,99 | 567,70 | 171,50 | – | – | – | – |
| 2 040,00 bis 2 059,99 | 581,70 | 181,50 | 4,80 | – | – | – |
| 2 060,00 bis 2 079,99 | 595,70 | 191,50 | 12,80 | – | – | – |
| 2 080,00 bis 2 099,99 | 609,70 | 201,50 | 20,80 | – | – | – |
| 2 100,00 bis 2 119,99 | 623,70 | 211,50 | 28,80 | – | – | – |
| 2 120,00 bis 2 139,99 | 637,70 | 221,50 | 36,80 | – | – | – |
| 2 140,00 bis 2 159,99 | 651,70 | 231,50 | 44,80 | – | – | – |
| 2 160,00 bis 2 179,99 | 665,70 | 241,50 | 52,80 | – | – | – |
| 2 180,00 bis 2 199,99 | 679,70 | 251,50 | 60,80 | – | – | – |
| 2 200,00 bis 2 219,99 | 693,70 | 261,50 | 68,80 | – | – | – |
| 2 220,00 bis 2 239,99 | 707,70 | 271,50 | 76,80 | – | – | – |
| 2 240,00 bis 2 259,99 | 721,70 | 281,50 | 84,80 | – | – | – |
| 2 260,00 bis 2 279,99 | 735,70 | 291,50 | 92,80 | – | – | – |
| 2 280,00 bis 2 299,99 | 749,70 | 301,50 | 100,80 | – | – | – |
| 2 300,00 bis 2 319,99 | 763,70 | 311,50 | 108,80 | – | – | – |
| 2 320,00 bis 2 339,99 | 777,70 | 321,50 | 116,80 | – | – | – |
| 2 340,00 bis 2 359,99 | 791,70 | 331,50 | 124,80 | – | – | – |
| 2 360,00 bis 2 379,99 | 805,70 | 341,50 | 132,80 | – | – | – |
| 2 380,00 bis 2 399,99 | 819,70 | 351,50 | 140,80 | 0,30 | – | – |
| 2 400,00 bis 2 419,99 | 833,70 | 361,50 | 148,80 | 6,30 | – | – |
| 2 420,00 bis 2 439,99 | 847,70 | 371,50 | 156,80 | 12,30 | – | – |
| 2 440,00 bis 2 459,99 | 861,70 | 381,50 | 164,80 | 18,30 | – | – |
| 2 460,00 bis 2 479,99 | 875,70 | 391,50 | 172,80 | 24,30 | – | – |
| 2 480,00 bis 2 499,99 | 889,70 | 401,50 | 180,80 | 30,30 | – | – |
| 2 500,00 bis 2 519,99 | 903,70 | 411,50 | 188,80 | 36,30 | – | – |
| 2 520,00 bis 2 539,99 | 917,70 | 421,50 | 196,80 | 42,30 | – | – |
| 2 540,00 bis 2 559,99 | 931,70 | 431,50 | 204,80 | 48,30 | – | – |

*) Zu berücksichtigen sind Unterhaltsleistungen des Schuldners gegenüber seinem Ehegatten, einem früheren Ehegatten, einem Verwandten oder der Mutter eines nichtehelichen Kindes nach §§ 1615 l, 1615 n des Bürgerlichen Gesetzbuchs.

1. Titel. Zwangsvollstr. in das bewegl. Vermögen     § 850c

| Nettolohn monatlich | Pfändbarer Betrag bei Unterhaltspflicht*) für ||||||
|---|---|---|---|---|---|---|
| | 0 | 1 | 2 | 3 | 4 | 5 und mehr Personen |
| | in DM ||||||
| 2 560,00 bis 2 579,99 | 945,70 | 441,50 | 212,80 | 54,30 | – | – |
| 2 580,00 bis 2 599,99 | 959,70 | 451,50 | 220,80 | 60,30 | – | – |
| 2 600,00 bis 2 619,99 | 973,70 | 461,50 | 228,80 | 66,30 | – | – |
| 2 620,00 bis 2 639,99 | 987,70 | 471,50 | 236,80 | 72,30 | – | – |
| 2 640,00 bis 2 659,99 | 1 001,70 | 481,50 | 244,80 | 78,30 | – | – |
| 2 660,00 bis 2 679,99 | 1 015,70 | 491,50 | 252,80 | 84,30 | – | – |
| 2 680,00 bis 2 699,99 | 1 029,70 | 501,50 | 260,80 | 90,30 | – | – |
| 2 700,00 bis 2 719,99 | 1 043,70 | 511,50 | 268,80 | 96,30 | – | – |
| 2 720,00 bis 2 739,99 | 1 057,70 | 521,50 | 276,80 | 102,30 | – | – |
| 2 740,00 bis 2 759,99 | 1 071,70 | 531,50 | 284,80 | 108,30 | 2,00 | – |
| 2 760,00 bis 2 779,99 | 1 085,70 | 541,50 | 292,80 | 114,30 | 6,00 | – |
| 2 780,00 bis 2 799,99 | 1 099,70 | 551,50 | 300,80 | 120,30 | 10,00 | – |
| 2 800,00 bis 2 819,99 | 1 113,70 | 561,50 | 308,80 | 126,30 | 14,00 | – |
| 2 820,00 bis 2 839,99 | 1 127,70 | 571,50 | 316,80 | 132,30 | 18,00 | – |
| 2 840,00 bis 2 859,99 | 1 141,70 | 581,50 | 324,80 | 138,30 | 22,00 | – |
| 2 860,00 bis 2 879,99 | 1 155,70 | 591,50 | 332,80 | 144,30 | 26,00 | – |
| 2 880,00 bis 2 899,99 | 1 169,70 | 601,50 | 340,80 | 150,30 | 30,00 | – |
| 2 900,00 bis 2 919,99 | 1 183,70 | 611,50 | 348,80 | 156,30 | 34,00 | – |
| 2 920,00 bis 2 939,99 | 1 197,70 | 621,50 | 356,80 | 162,30 | 38,00 | – |
| 2 940,00 bis 2 959,99 | 1 211,70 | 631,50 | 364,80 | 168,30 | 42,00 | – |
| 2 960,00 bis 2 979,99 | 1 225,70 | 641,50 | 372,80 | 174,30 | 46,00 | – |
| 2 980,00 bis 2 999,99 | 1 239,70 | 651,50 | 380,80 | 180,30 | 50,00 | – |
| 3 000,00 bis 3 019,99 | 1 253,70 | 661,50 | 388,80 | 186,30 | 54,00 | – |
| 3 020,00 bis 3 039,99 | 1 267,70 | 671,50 | 396,80 | 192,30 | 58,00 | – |
| 3 040,00 bis 3 059,99 | 1 281,70 | 681,50 | 404,80 | 198,30 | 62,00 | – |
| 3 060,00 bis 3 079,99 | 1 295,70 | 691,50 | 412,80 | 204,30 | 66,00 | – |
| 3 080,00 bis 3 099,99 | 1 309,70 | 701,50 | 420,80 | 210,30 | 70,00 | – |
| 3 100,00 bis 3 119,99 | 1 323,70 | 711,50 | 428,80 | 216,30 | 74,00 | 1,90 |
| 3 120,00 bis 3 139,99 | 1 337,70 | 721,50 | 436,80 | 222,30 | 78,00 | 3,90 |
| 3 140,00 bis 3 159,99 | 1 351,70 | 731,50 | 444,80 | 228,30 | 82,00 | 5,90 |
| 3 160,00 bis 3 179,99 | 1 365,70 | 741,50 | 452,80 | 234,30 | 86,00 | 7,90 |
| 3 180,00 bis 3 199,99 | 1 379,70 | 751,50 | 460,80 | 240,30 | 90,00 | 9,90 |
| 3 200,00 bis 3 219,99 | 1 393,70 | 761,50 | 468,80 | 246,30 | 94,00 | 11,90 |
| 3 220,00 bis 3 239,99 | 1 407,70 | 771,50 | 476,80 | 252,30 | 98,00 | 13,90 |
| 3 240,00 bis 3 259,99 | 1 421,70 | 781,50 | 484,80 | 258,30 | 102,00 | 15,90 |
| 3 260,00 bis 3 279,99 | 1 435,70 | 791,50 | 492,80 | 264,30 | 106,00 | 17,90 |
| 3 280,00 bis 3 299,99 | 1 449,70 | 801,50 | 500,80 | 270,30 | 110,00 | 19,90 |
| 3 300,00 bis 3 319,99 | 1 463,70 | 811,50 | 508,80 | 276,30 | 114,00 | 21,90 |
| 3 320,00 bis 3 339,99 | 1 477,70 | 821,50 | 516,80 | 282,30 | 118,00 | 23,90 |
| 3 340,00 bis 3 359,99 | 1 491,70 | 831,50 | 524,80 | 288,30 | 122,00 | 25,90 |
| 3 360,00 bis 3 379,99 | 1 505,70 | 841,50 | 532,80 | 294,30 | 126,00 | 27,90 |
| 3 380,00 bis 3 399,99 | 1 519,70 | 851,50 | 540,80 | 300,30 | 130,00 | 29,90 |
| 3 400,00 bis 3 419,99 | 1 533,70 | 861,50 | 548,80 | 306,30 | 134,00 | 31,90 |
| 3 420,00 bis 3 439,99 | 1 547,70 | 871,50 | 556,80 | 312,30 | 138,00 | 33,90 |
| 3 440,00 bis 3 459,99 | 1 561,70 | 881,50 | 564,80 | 318,30 | 142,00 | 35,90 |
| 3 460,00 bis 3 479,99 | 1 575,70 | 891,50 | 572,80 | 324,30 | 146,00 | 37,90 |
| 3 480,00 bis 3 499,99 | 1 589,70 | 901,50 | 580,80 | 330,30 | 150,00 | 39,90 |
| 3 500,00 bis 3 519,99 | 1 603,70 | 911,50 | 588,80 | 336,30 | 154,00 | 41,90 |
| 3 520,00 bis 3 539,99 | 1 617,70 | 921,50 | 596,80 | 342,30 | 158,00 | 43,90 |
| 3 540,00 bis 3 559,99 | 1 631,70 | 931,50 | 604,80 | 348,30 | 162,00 | 45,90 |
| 3 560,00 bis 3 579,99 | 1 645,70 | 941,50 | 612,80 | 354,30 | 166,00 | 47,90 |
| 3 580,00 bis 3 599,99 | 1 659,70 | 951,50 | 620,80 | 360,30 | 170,00 | 49,90 |
| 3 600,00 bis 3 619,99 | 1 673,70 | 961,50 | 628,80 | 366,30 | 174,00 | 51,90 |
| 3 620,00 bis 3 639,99 | 1 687,70 | 971,50 | 636,80 | 372,30 | 178,00 | 53,90 |
| 3 640,00 bis 3 659,99 | 1 701,70 | 981,50 | 644,80 | 378,30 | 182,00 | 55,90 |
| 3 660,00 bis 3 679,99 | 1 715,70 | 991,50 | 652,80 | 384,30 | 186,00 | 57,90 |
| 3 680,00 bis 3 699,99 | 1 729,70 | 1 001,50 | 660,80 | 390,30 | 190,00 | 59,90 |
| 3 700,00 bis 3 719,99 | 1 743,70 | 1 011,50 | 668,80 | 396,30 | 194,00 | 61,90 |
| 3 720,00 bis 3 739,99 | 1 757,70 | 1 021,50 | 676,80 | 402,30 | 198,00 | 63,90 |
| 3 740,00 bis 3 759,99 | 1 771,70 | 1 031,50 | 684,80 | 408,30 | 202,00 | 65,90 |
| 3 760,00 bis 3 779,99 | 1 785,70 | 1 041,50 | 692,80 | 414,30 | 206,00 | 67,90 |
| 3 780,00 bis 3 796,99 | 1 799,70 | 1 051,50 | 700,80 | 420,30 | 210,00 | 69,90 |

Der Mehrbetrag über 3 796,00 DM ist voll pfändbar.

*) Zu berücksichtigen sind Unterhaltsleistungen des Schuldners gegenüber seinem Ehegatten, einem früheren Ehegatten, einem Verwandten oder der Mutter eines nichtehelichen Kindes nach §§ 1615 l, 1615 n des Bürgerlichen Gesetzbuchs.

# § 850c

| Nettolohn wöchentlich | Pfändbarer Betrag bei Unterhaltspflicht*) für | | | | | |
|---|---|---|---|---|---|---|
| | 0 | 1 | 2 | 3 | 4 | 5 und mehr Personen |
| | in DM | | | | | |
| bis 279,99 | – | – | – | – | – | – |
| 280,00 bis 284,99 | 0,70 | – | – | – | – | – |
| 285,00 bis 289,99 | 4,20 | – | – | – | – | – |
| 290,00 bis 294,99 | 7,70 | – | – | – | – | – |
| 295,00 bis 299,99 | 11,20 | – | – | – | – | – |
| 300,00 bis 304,99 | 14,70 | – | – | – | – | – |
| 305,00 bis 309,99 | 18,20 | – | – | – | – | – |
| 310,00 bis 314,99 | 21,70 | – | – | – | – | – |
| 315,00 bis 319,99 | 25,20 | – | – | – | – | – |
| 320,00 bis 324,99 | 28,70 | – | – | – | – | – |
| 325,00 bis 329,99 | 32,20 | – | – | – | – | – |
| 330,00 bis 334,99 | 35,70 | – | – | – | – | – |
| 335,00 bis 339,99 | 39,20 | – | – | – | – | – |
| 340,00 bis 344,99 | 42,70 | – | – | – | – | – |
| 345,00 bis 349,99 | 46,20 | – | – | – | – | – |
| 350,00 bis 354,99 | 49,70 | – | – | – | – | – |
| 355,00 bis 359,99 | 53,20 | – | – | – | – | – |
| 360,00 bis 364,99 | 56,70 | – | – | – | – | – |
| 365,00 bis 369,99 | 60,20 | – | – | – | – | – |
| 370,00 bis 374,99 | 63,70 | – | – | – | – | – |
| 375,00 bis 379,99 | 67,20 | – | – | – | – | – |
| 380,00 bis 384,99 | 70,70 | – | – | – | – | – |
| 385,00 bis 389,99 | 74,20 | – | – | – | – | – |
| 390,00 bis 394,99 | 77,70 | 1,50 | – | – | – | – |
| 395,00 bis 399,99 | 81,20 | 4,00 | – | – | – | – |
| 400,00 bis 404,99 | 84,70 | 6,50 | – | – | – | – |
| 405,00 bis 409,99 | 88,20 | 9,00 | – | – | – | – |
| 410,00 bis 414,99 | 91,70 | 11,50 | – | – | – | – |
| 415,00 bis 419,99 | 95,20 | 14,00 | – | – | – | – |
| 420,00 bis 424,99 | 98,70 | 16,50 | – | – | – | – |
| 425,00 bis 429,99 | 102,20 | 19,00 | – | – | – | – |
| 430,00 bis 434,99 | 105,70 | 21,50 | – | – | – | – |
| 435,00 bis 439,99 | 109,20 | 24,00 | – | – | – | – |
| 440,00 bis 444,99 | 112,70 | 26,50 | – | – | – | – |
| 445,00 bis 449,99 | 116,20 | 29,00 | – | – | – | – |
| 450,00 bis 454,99 | 119,70 | 31,50 | – | – | – | – |
| 455,00 bis 459,99 | 123,20 | 34,00 | – | – | – | – |
| 460,00 bis 464,99 | 126,70 | 36,50 | – | – | – | – |
| 465,00 bis 469,99 | 130,20 | 39,00 | – | – | – | – |
| 470,00 bis 474,99 | 133,70 | 41,50 | 0,80 | – | – | – |
| 475,00 bis 479,99 | 137,20 | 44,00 | 2,80 | – | – | – |
| 480,00 bis 484,99 | 140,70 | 46,50 | 4,80 | – | – | – |
| 485,00 bis 489,99 | 144,20 | 49,00 | 6,80 | – | – | – |
| 490,00 bis 494,99 | 147,70 | 51,50 | 8,80 | – | – | – |
| 495,00 bis 499,99 | 151,20 | 54,00 | 10,80 | – | – | – |
| 500,00 bis 504,99 | 154,70 | 56,50 | 12,80 | – | – | – |
| 505,00 bis 509,99 | 158,20 | 59,00 | 14,80 | – | – | – |
| 510,00 bis 514,99 | 161,70 | 61,50 | 16,80 | – | – | – |
| 515,00 bis 519,99 | 165,20 | 64,00 | 18,80 | – | – | – |
| 520,00 bis 524,99 | 168,70 | 66,50 | 20,80 | – | – | – |
| 525,00 bis 529,99 | 172,20 | 69,00 | 22,80 | – | – | – |
| 530,00 bis 534,99 | 175,70 | 71,50 | 24,80 | – | – | – |
| 535,00 bis 539,99 | 179,20 | 74,00 | 26,80 | – | – | – |
| 540,00 bis 544,90 | 182,70 | 76,50 | 28,80 | – | – | – |
| 545,00 bis 549,99 | 186,20 | 79,00 | 30,80 | – | – | – |
| 550,00 bis 554,99 | 189,70 | 81,50 | 32,80 | 0,30 | – | – |
| 555,00 bis 559,99 | 193,20 | 84,00 | 34,80 | 1,80 | – | – |
| 560,00 bis 564,99 | 196,70 | 86,50 | 36,80 | 3,30 | – | – |
| 565,00 bis 569,99 | 200,20 | 89,00 | 38,80 | 4,80 | – | – |
| 570,00 bis 574,99 | 203,70 | 91,50 | 40,80 | 6,30 | – | – |
| 575,00 bis 579,99 | 207,20 | 94,00 | 42,80 | 7,80 | – | – |
| 580,00 bis 584,99 | 210,70 | 96,50 | 44,80 | 9,30 | – | – |
| 585,00 bis 589,99 | 214,20 | 99,00 | 46,80 | 10,80 | – | – |
| 590,00 bis 594,99 | 217,70 | 101,50 | 48,80 | 12,30 | – | – |
| 595,00 bis 599,99 | 221,20 | 104,00 | 50,80 | 13,80 | – | – |
| 600,00 bis 604,99 | 224,70 | 106,50 | 52,80 | 15,30 | – | – |
| 605,00 bis 609,99 | 228,20 | 109,00 | 54,80 | 16,80 | – | – |
| 610,00 bis 614,99 | 231,70 | 111,50 | 56,80 | 18,30 | – | – |

*) Zu berücksichtigen sind Unterhaltsleistungen des Schuldners gegenüber seinem Ehegatten, einem früheren Ehegatten, einem Verwandten oder der Mutter eines nichtehelichen Kindes nach §§ 1615 l, 1615 n des Bürgerlichen Gesetzbuchs.

1. Titel. Zwangsvollstr. in das bewegl. Vermögen  § 850c

| Nettolohn wöchentlich | Pfändbarer Betrag bei Unterhaltspflicht*) für ||||| 5 und mehr Personen |
|---|---|---|---|---|---|---|
| | 0 | 1 | 2 | 3 | 4 | |
| | in DM |||||| 
| 615,00 bis 619,99 | 235,20 | 114,00 | 58,80 | 19,80 | – | – |
| 620,00 bis 624,99 | 238,70 | 116,50 | 60,80 | 21,30 | – | – |
| 625,00 bis 629,99 | 242,20 | 119,00 | 62,80 | 22,80 | – | – |
| 630,00 bis 634,99 | 245,70 | 121,50 | 64,80 | 24,30 | – | – |
| 635,00 bis 639,99 | 249,20 | 124,00 | 66,80 | 25,80 | 1,00 | – |
| 640,00 bis 644,99 | 252,70 | 126,50 | 68,80 | 27,30 | 2,00 | – |
| 645,00 bis 649,99 | 256,20 | 129,00 | 70,80 | 28,80 | 3,00 | – |
| 650,00 bis 654,99 | 259,70 | 131,50 | 72,80 | 30,30 | 4,00 | – |
| 655,00 bis 659,99 | 263,20 | 134,00 | 74,80 | 31,80 | 5,00 | – |
| 660,00 bis 664,99 | 266,70 | 136,50 | 76,80 | 33,30 | 6,00 | – |
| 665,00 bis 669,99 | 270,20 | 139,00 | 78,80 | 34,80 | 7,00 | – |
| 670,00 bis 674,99 | 273,70 | 141,50 | 80,80 | 36,30 | 8,00 | – |
| 675,00 bis 679,99 | 277,20 | 144,00 | 82,80 | 37,80 | 9,00 | – |
| 680,00 bis 684,99 | 280,70 | 146,50 | 84,80 | 39,30 | 10,00 | – |
| 685,00 bis 689,99 | 284,20 | 149,00 | 86,80 | 40,80 | 11,00 | – |
| 690,00 bis 694,99 | 287,70 | 151,50 | 88,80 | 42,30 | 12,00 | – |
| 695,00 bis 699,99 | 291,20 | 154,00 | 90,80 | 43,80 | 13,00 | – |
| 700,00 bis 704,99 | 294,70 | 156,50 | 92,80 | 45,30 | 14,00 | – |
| 705,00 bis 709,99 | 298,20 | 159,00 | 94,80 | 46,80 | 15,00 | – |
| 710,00 bis 714,99 | 301,70 | 161,50 | 96,80 | 48,30 | 16,00 | – |
| 715,00 bis 719,99 | 305,20 | 164,00 | 98,80 | 49,80 | 17,00 | 0,40 |
| 720,00 bis 724,99 | 308,70 | 166,50 | 100,80 | 51,30 | 18,00 | 0,90 |
| 725,00 bis 729,99 | 312,20 | 169,00 | 102,80 | 52,80 | 19,00 | 1,40 |
| 730,00 bis 734,99 | 315,70 | 171,50 | 104,80 | 54,30 | 20,00 | 1,90 |
| 735,00 bis 739,99 | 319,20 | 174,00 | 106,80 | 55,80 | 21,00 | 2,40 |
| 740,00 bis 744,99 | 322,70 | 176,50 | 108,80 | 57,30 | 22,00 | 2,90 |
| 745,00 bis 749,99 | 326,20 | 179,00 | 110,80 | 58,80 | 23,00 | 3,40 |
| 750,00 bis 754,99 | 329,70 | 181,50 | 112,80 | 60,30 | 24,00 | 3,90 |
| 755,00 bis 759,99 | 333,20 | 184,00 | 114,80 | 61,80 | 25,00 | 4,40 |
| 760,00 bis 764,99 | 336,70 | 186,50 | 116,80 | 63,30 | 26,00 | 4,90 |
| 765,00 bis 769,99 | 340,20 | 189,00 | 118,80 | 64,80 | 27,00 | 5,40 |
| 770,00 bis 774,99 | 343,70 | 191,50 | 120,80 | 66,30 | 28,00 | 5,90 |
| 775,00 bis 779,99 | 347,20 | 194,00 | 122,80 | 67,80 | 29,00 | 6,40 |
| 780,00 bis 784,99 | 350,70 | 196,50 | 124,80 | 69,30 | 30,00 | 6,90 |
| 785,00 bis 789,99 | 354,20 | 199,00 | 126,80 | 70,80 | 31,00 | 7,40 |
| 790,00 bis 794,99 | 357,70 | 201,50 | 128,80 | 72,30 | 32,00 | 7,90 |
| 795,00 bis 799,99 | 361,20 | 204,00 | 130,80 | 73,80 | 33,00 | 8,40 |
| 800,00 bis 804,99 | 364,70 | 206,50 | 132,80 | 75,30 | 34,00 | 8,90 |
| 805,00 bis 809,99 | 368,20 | 209,00 | 134,80 | 76,80 | 35,00 | 9,40 |
| 810,00 bis 814,99 | 371,70 | 211,50 | 136,80 | 78,30 | 36,00 | 9,90 |
| 815,00 bis 819,99 | 375,20 | 214,00 | 138,80 | 79,80 | 37,00 | 10,40 |
| 820,00 bis 824,99 | 378,70 | 216,50 | 140,80 | 81,30 | 38,00 | 10,90 |
| 825,00 bis 829,99 | 382,20 | 219,00 | 142,80 | 82,80 | 39,00 | 11,40 |
| 830,00 bis 834,99 | 385,70 | 221,50 | 144,80 | 84,30 | 40,00 | 11,90 |
| 835,00 bis 839,99 | 389,20 | 224,00 | 146,80 | 85,80 | 41,00 | 12,40 |
| 840,00 bis 844,99 | 392,70 | 226,50 | 148,80 | 87,30 | 42,00 | 12,90 |
| 845,00 bis 849,99 | 396,20 | 229,00 | 150,80 | 88,80 | 43,00 | 13,40 |
| 850,00 bis 854,99 | 399,70 | 231,50 | 152,80 | 90,30 | 44,00 | 13,90 |
| 855,00 bis 859,99 | 403,20 | 234,00 | 154,80 | 91,80 | 45,00 | 14,40 |
| 860,00 bis 864,99 | 406,70 | 236,50 | 156,80 | 93,30 | 46,00 | 14,90 |
| 865,00 bis 869,99 | 410,20 | 239,00 | 158,80 | 94,80 | 47,00 | 15,40 |
| 870,00 bis 874,99 | 413,70 | 241,50 | 160,30 | 96,30 | 48,00 | 15,90 |
| 875,00 bis 876,00 | 417,20 | 244,00 | 162,80 | 97,80 | 49,00 | 16,40 |
| Der Mehrbetrag über 876,00 DM ist voll pfändbar. ||||||| 

| Nettolohn täglich | Pfändbarer Betrag bei Unterhaltspflicht*) für ||||| 5 und mehr Personen |
|---|---|---|---|---|---|---|
| | 0 | 1 | 2 | 3 | 4 | |
| | in DM |||||| 
| bis 55,99 | – | – | – | – | – | – |
| 56,00 bis 56,99 | 0,14 | – | – | – | – | – |
| 57,00 bis 57,99 | 0,84 | – | – | – | – | – |
| 58,00 bis 58,99 | 1,54 | – | – | – | – | – |
| 59,00 bis 59,99 | 2,24 | – | – | – | – | – |

*) Zu berücksichtigen sind Unterhaltsleistungen des Schuldners gegenüber seinem Ehegatten, einem früheren Ehegatten, einem Verwandten oder der Mutter eines nichtehelichen Kindes nach §§ 1615 l, 1615 n des Bürgerlichen Gesetzbuchs.

*Hartmann*

# § 850c

8. Buch. 2. Abschnitt. ZwV wegen Geldforderungen

| Nettolohn täglich | Pfändbarer Betrag bei Unterhaltspflicht*) für | | | | | |
|---|---|---|---|---|---|---|
| | 0 | 1 | 2 | 3 | 4 | 5 und mehr Personen |
| | in DM | | | | | |
| 60,00 bis 60,99 | 2,94 | – | – | – | – | – |
| 61,00 bis 61,99 | 3,64 | – | – | – | – | – |
| 62,00 bis 62,99 | 4,34 | – | – | – | – | – |
| 63,00 bis 63,99 | 5,04 | – | – | – | – | – |
| 64,00 bis 64,99 | 5,74 | – | – | – | – | – |
| 65,00 bis 65,99 | 6,44 | – | – | – | – | – |
| 66,00 bis 66,99 | 7,14 | – | – | – | – | – |
| 67,00 bis 67,99 | 7,84 | – | – | – | – | – |
| 68,00 bis 68,99 | 8,54 | – | – | – | – | – |
| 69,00 bis 69,99 | 9,24 | – | – | – | – | – |
| 70,00 bis 70,99 | 9,94 | – | – | – | – | – |
| 71,00 bis 71,99 | 10,64 | – | – | – | – | – |
| 72,00 bis 72,99 | 11,34 | – | – | – | – | – |
| 73,00 bis 73,99 | 12,04 | – | – | – | – | – |
| 74,00 bis 74,99 | 12,74 | – | – | – | – | – |
| 75,00 bis 75,99 | 13,44 | – | – | – | – | – |
| 76,00 bis 76,99 | 14,14 | – | – | – | – | – |
| 77,00 bis 77,99 | 14,84 | – | – | – | – | – |
| 78,00 bis 78,99 | 15,54 | 0,30 | – | – | – | – |
| 79,00 bis 79,99 | 16,24 | 0,80 | – | – | – | – |
| 80,00 bis 80,99 | 16,94 | 1,30 | – | – | – | – |
| 81,00 bis 81,99 | 17,64 | 1,80 | – | – | – | – |
| 82,00 bis 82,99 | 18,34 | 2,30 | – | – | – | – |
| 83,00 bis 83,99 | 19,04 | 2,80 | – | – | – | – |
| 84,00 bis 84,99 | 19,74 | 3,30 | – | – | – | – |
| 85,00 bis 85,99 | 20,44 | 3,80 | – | – | – | – |
| 86,00 bis 86,99 | 21,14 | 4,30 | – | – | – | – |
| 87,00 bis 87,99 | 21,84 | 4,80 | – | – | – | – |
| 88,00 bis 88,99 | 22,54 | 5,30 | – | – | – | – |
| 89,00 bis 89,99 | 23,24 | 5,80 | – | – | – | – |
| 90,00 bis 90,99 | 23,94 | 6,30 | – | – | – | – |
| 91,00 bis 91,99 | 24,64 | 6,80 | – | – | – | – |
| 92,00 bis 92,99 | 25,34 | 7,30 | – | – | – | – |
| 93,00 bis 93,99 | 26,04 | 7,80 | – | – | – | – |
| 94,00 bis 94,99 | 26,74 | 8,30 | 0,16 | – | – | – |
| 95,00 bis 95,99 | 27,44 | 8,80 | 0,56 | – | – | – |
| 96,00 bis 96,99 | 28,14 | 9,30 | 0,96 | – | – | – |
| 97,00 bis 97,99 | 28,84 | 9,80 | 1,36 | – | – | – |
| 98,00 bis 98,99 | 29,54 | 10,30 | 1,76 | – | – | – |
| 99,00 bis 99,99 | 30,24 | 10,80 | 2,16 | – | – | – |
| 100,00 bis 100,99 | 30,94 | 11,30 | 2,56 | – | – | – |
| 101,00 bis 101,99 | 31,64 | 11,80 | 2,96 | – | – | – |
| 102,00 bis 102,99 | 32,34 | 12,30 | 3,36 | – | – | – |
| 103,00 bis 103,99 | 33,04 | 12,80 | 3,76 | – | – | – |
| 104,00 bis 104,99 | 33,74 | 13,30 | 4,16 | – | – | – |
| 105,00 bis 105,99 | 34,44 | 13,80 | 4,56 | – | – | – |
| 106,00 bis 106,99 | 35,14 | 14,30 | 4,96 | – | – | – |
| 107,00 bis 107,99 | 35,84 | 14,80 | 5,36 | – | – | – |
| 108,00 bis 108,99 | 36,54 | 15,30 | 5,76 | – | – | – |
| 109,00 bis 109,99 | 37,24 | 15,80 | 6,16 | – | – | – |
| 110,00 bis 110,99 | 37,94 | 16,30 | 6,56 | 0,06 | – | – |
| 111,00 bis 111,99 | 38,64 | 16,80 | 6,96 | 0,36 | – | – |
| 112,00 bis 112,99 | 39,34 | 17,30 | 7,36 | 0,66 | – | – |
| 113,00 bis 113,99 | 40,04 | 17,80 | 7,76 | 0,96 | – | – |
| 114,00 bis 114,99 | 40,74 | 18,30 | 8,16 | 1,26 | – | – |
| 115,00 bis 115,99 | 41,44 | 18,80 | 8,56 | 1,56 | – | – |
| 116,00 bis 116,99 | 42,14 | 19,30 | 8,96 | 1,86 | – | – |
| 117,00 bis 117,99 | 42,84 | 19,80 | 9,36 | 2,16 | – | – |
| 118,00 bis 118,99 | 43,54 | 20,30 | 9,76 | 2,46 | – | – |
| 119,00 bis 119,99 | 44,24 | 20,80 | 10,16 | 2,76 | – | – |
| 120,00 bis 120,99 | 44,94 | 21,30 | 10,56 | 3,06 | – | – |
| 121,00 bis 121,99 | 45,64 | 21,80 | 10,96 | 3,36 | – | – |
| 122,00 bis 122,99 | 46,34 | 22,30 | 11,36 | 3,66 | – | – |
| 123,00 bis 123,99 | 47,04 | 22,80 | 11,76 | 3,96 | – | – |
| 124,00 bis 124,99 | 47,74 | 23,30 | 12,16 | 4,26 | – | – |
| 125,00 bis 125,99 | 48,44 | 23,80 | 12,56 | 4,56 | – | – |
| 126,00 bis 126,99 | 49,14 | 24,30 | 12,96 | 4,86 | – | – |
| 127,00 bis 127,99 | 49,84 | 24,80 | 13,36 | 5,16 | 0,20 | – |
| 128,00 bis 128,99 | 50,54 | 25,30 | 13,76 | 5,46 | 0,40 | – |
| 129,00 bis 129,99 | 51,24 | 25,80 | 14,16 | 5,76 | 0,60 | – |

*) Zu berücksichtigen sind Unterhaltsleistungen des Schuldners gegenüber seinem Ehegatten, einem früheren Ehegatten, einem Verwandten oder der Mutter eines nichtehelichen Kindes nach §§ 1615 l, 1615 n des Bürgerlichen Gesetzbuchs.

1. Titel. Zwangsvollstr. in das bewegl. Vermögen  **§ 850c**

| Nettolohn täglich | Pfändbarer Betrag bei Unterhaltspflicht*) für ||||||
|---|---|---|---|---|---|---|
| | 0 | 1 | 2 | 3 | 4 | 5 und mehr Personen |
| | in DM ||||||
| 130,00 bis 130,99 | 51,94 | 26,30 | 14,56 | 6,06 | 0,80 | – |
| 131,00 bis 131,99 | 52,64 | 26,80 | 14,96 | 6,36 | 1,00 | – |
| 132,00 bis 132,99 | 53,34 | 27,30 | 15,36 | 6,66 | 1,20 | – |
| 133,00 bis 133,99 | 54,04 | 27,80 | 15,76 | 6,96 | 1,40 | – |
| 134,00 bis 134,99 | 54,74 | 28,30 | 16,16 | 7,26 | 1,60 | – |
| 135,00 bis 135,99 | 55,44 | 28,80 | 16,56 | 7,56 | 1,80 | – |
| 136,00 bis 136,99 | 56,14 | 29,30 | 16,96 | 7,86 | 2,00 | – |
| 137,00 bis 137,99 | 56,84 | 29,80 | 17,36 | 8,16 | 2,20 | – |
| 138,00 bis 138,99 | 57,54 | 30,30 | 17,76 | 8,46 | 2,40 | – |
| 139,00 bis 139,99 | 58,24 | 30,80 | 18,16 | 8,76 | 2,60 | – |
| 140,00 bis 140,99 | 58,94 | 31,30 | 18,56 | 9,06 | 2,80 | – |
| 141,00 bis 141,99 | 59,64 | 31,80 | 18,96 | 9,36 | 3,00 | – |
| 142,00 bis 142,99 | 60,34 | 32,30 | 19,36 | 9,66 | 3,20 | – |
| 143,00 bis 143,99 | 61,04 | 32,80 | 19,76 | 9,96 | 3,40 | 0,08 |
| 144,00 bis 144,99 | 61,74 | 33,30 | 20,16 | 10,26 | 3,60 | 0,18 |
| 145,00 bis 145,99 | 62,44 | 33,80 | 20,56 | 10,56 | 3,80 | 0,28 |
| 146,00 bis 146,99 | 63,14 | 34,30 | 20,96 | 10,86 | 4,00 | 0,38 |
| 147,00 bis 147,99 | 63,84 | 34,80 | 21,36 | 11,16 | 4,20 | 0,48 |
| 148,00 bis 148,99 | 64,54 | 35,30 | 21,76 | 11,46 | 4,40 | 0,58 |
| 149,00 bis 149,99 | 65,24 | 35,80 | 22,16 | 11,76 | 4,60 | 0,68 |
| 150,00 bis 150,99 | 65,94 | 36,30 | 22,56 | 12,06 | 4,80 | 0,78 |
| 151,00 bis 151,99 | 66,64 | 36,80 | 22,96 | 12,36 | 5,00 | 0,88 |
| 152,00 bis 152,99 | 67,34 | 37,30 | 23,36 | 12,66 | 5,20 | 0,98 |
| 153,00 bis 153,99 | 68,04 | 37,80 | 23,76 | 12,96 | 5,40 | 1,08 |
| 154,00 bis 154,99 | 68,74 | 38,30 | 24,16 | 13,26 | 5,60 | 1,18 |
| 155,00 bis 155,99 | 69,44 | 38,80 | 24,56 | 13,56 | 5,80 | 1,28 |
| 156,00 bis 156,99 | 70,14 | 39,30 | 24,96 | 13,86 | 6,00 | 1,38 |
| 157,00 bis 157,99 | 70,84 | 39,80 | 25,36 | 14,16 | 6,20 | 1,48 |
| 158,00 bis 158,99 | 71,54 | 40,30 | 25,75 | 14,46 | 6,40 | 1,58 |
| 159,00 bis 159,99 | 72,24 | 40,80 | 26,16 | 14,76 | 6,60 | 1,68 |
| 160,00 bis 160,99 | 72,94 | 41,30 | 26,56 | 15,06 | 6,80 | 1,78 |
| 161,00 bis 161,99 | 73,64 | 41,80 | 26,96 | 15,36 | 7,00 | 1,88 |
| 162,00 bis 162,99 | 74,34 | 42,30 | 27,36 | 15,66 | 7,20 | 1,98 |
| 163,00 bis 163,99 | 75,04 | 42,80 | 27,76 | 15,96 | 7,40 | 2,08 |
| 164,00 bis 164,99 | 75,74 | 43,30 | 28,16 | 16,26 | 7,60 | 2,18 |
| 165,00 bis 165,99 | 76,44 | 43,80 | 28,56 | 16,56 | 7,80 | 2,28 |
| 166,00 bis 166,99 | 77,14 | 44,30 | 28,96 | 16,86 | 8,00 | 2,38 |
| 167,00 bis 167,99 | 77,84 | 44,80 | 29,36 | 17,16 | 8,20 | 2,48 |
| 168,00 bis 168,99 | 78,54 | 45,30 | 29,76 | 17,46 | 8,40 | 2,58 |
| 169,00 bis 169,99 | 79,24 | 45,80 | 30,16 | 17,76 | 8,60 | 2,68 |
| 170,00 bis 170,99 | 79,49 | 46,30 | 30,56 | 18,06 | 8,80 | 2,78 |
| 171,00 bis 171,99 | 80,64 | 46,80 | 30,96 | 18,36 | 9,00 | 2,88 |
| 172,00 bis 172,99 | 81,34 | 47,30 | 31,36 | 18,66 | 9,20 | 2,98 |
| 173,00 bis 173,99 | 82,04 | 47,80 | 31,76 | 18,96 | 9,40 | 3,08 |
| 174,00 bis 174,99 | 82,74 | 48,30 | 32,16 | 19,26 | 9,60 | 3,18 |
| 175,00 bis 175,20 | 83,44 | 48,80 | 32,56 | 19,56 | 9,80 | 3,28 |
| Der Mehrbetrag über 175,20 DM ist voll pfändbar. ||||||

*) Zu berücksichtigen sind Unterhaltsleistungen des Schuldners gegenüber seinem Ehegatten, einem früheren Ehegatten, einem Verwandten oder der Mutter eines nichtehelichen Kindes nach §§ 1615 l, 1615 n des Bürgerlichen Gesetzbuchs.

**Vorbem.** I 2 idF Art 6 Z 53 KindRG v 16. 12. 97, BGBl 2942, in Kraft seit 1. 7. 98, Art 17 § 1 KindRG, ÜbergangsR Einl III 78.

### Gliederung

| | | | |
|---|---|---|---|
| 1) Systematik, I–IV | 1 | A. Nettoeinkommen bis 3796 DM monatlich usw | 7 |
| 2) Regelungszweck, I–IV | 2 | B. Nettoeinkommen mehr als 3796 DM monatlich usw | 8 |
| 3) Geltungsbereich, I–IV | 3 | C. Tabelle | 9 |
| 4) Unpfändbare Grundbeträge, I | 4–6 | D. Eigene Einkünfte | 10, 11 |
| A. Grundsatz: Nur bei gesetzlicher Unterhaltspflicht | 4, 5 | E. Rechtsbehelfe | 12 |
| B. Pfändungsfreiheit | 6 | 6) *VwGO* | 13 |
| 5) Pfändungsfreie Teile des Netto-Mehreinkommens, II–IV | 7–12 | | |

*Hartmann*

## § 850c   8. Buch. 2. Abschnitt. ZwV wegen Geldforderungen

**1**   **1) Systematik, I–IV.** Vgl zunächst Einf 1 vor §§ 850–852, § 850a Rn 1. § 850c ist nicht schon bei der Feststellung der Leistungsfähigkeit im Erkenntnisverfahren anwendbar, Celle RR **89**, 1134, aM LG Lüb NJW **89**, 959.

*I* gibt die unpfändbaren Grundbeträge an, und zwar unter Berücksichtigung der gesetzlichen Unterhaltspflichten des Schuldners. *II* und *III* nennen die unpfändbaren Teile höherer Arbeitseinkommen. *IV* regelt zum Zwecke des Schutzes des Gläubigers die Frage, inwieweit ein Unterhaltsberechtigter wegen eines eigenen Einkommens bei der Berechnung der Freibeträge unberücksichtigt bleiben muß.

Das Vollstreckungsgericht, §§ 764, 802, das auch im Fall einer Sozialleistung zuständig ist, LSG Celle NJW **88**, 2696, muß immer vom *Nettoarbeitseinkommen* ausgehen, § 850e Z 1. Wegen der Naturaleinkommen dort Z 3. In erster Linie ist das Geldeinkommen pfändbar. Eine besondere Regelung gilt für Unterhaltsansprüche, § 850d, und für Ansprüche auf Grund einer vorsätzlichen unerlaubten Handlung.

**2**   **2) Regelungszweck, I–IV.** Die Vorschrift soll dem Schuldner und seiner Familie den erforderlichen Mindestbetrag zum Leben sichern, Karlsr FamRZ **98**, 1436, LG Hagen RR **88**, 1232, AG Dortm Rpfleger **95**, 222 (Einschränkung, wenn der Gläubiger eine wirtschaftlich gleichwertige Gegenleistung zu erbringen hat, zB als Vermieter), AG Kleve FamRZ **84**, 1094. Daraus folgt, daß sie nicht im Verhältnis zwischen dem unterhaltsberechtigten Angehörigen und dem Schuldner, sondern nur im Verhältnis eines nicht derart bevorzugten Gläubigers zum Schuldner gilt, AG Kleve FamRZ **84**, 1094, Kohte Rpfleger **90**, 12. Sie beschränkt nicht die Verpflichtungsfreiheit des Schuldners, Karlsr FamRZ **98**, 1436 (Vergleich).

**3**   **3) Geltungsbereich I–IV.** Die Vorschrift gilt umfassend. Auch eine zulässig vorgenommene *Lohn- oder Gehaltsabtretung* läßt die Berechnung des pfändbaren Teils unberührt, LG Hagen RR **88**, 1232. Eine in Allgemeinen Geschäftsbedingungen enthaltene Klausel, wonach ein Bürge den pfändbaren Teil seiner Rente an den Kreditgeber zur Sicherung abtritt, kann allerdings unwirksam sein, SG Düss RR **89**, 756. Für die Berechnung des pfändungsfreien Teils muß das Vollstreckungsgericht von dem Auszahlungszeitraum ausgehen, für den die Lohnzahlung erfolgt, also von einer monatlichen oder wöchentlichen oder täglichen Auszahlung, BSG NJW **93**, 811. Wenn die Auszahlung zB wöchentlich erfolgt, wenn nun aber aus irgend einem Grunde tatsächlich nicht in der ganzen Woche gearbeitet wurde, sondern nur an drei Tagen, und wenn demgemäß weniger gezahlt wurde, etwa infolge einer Krankheit, so bleiben diese Umstände ebenso außer Betracht, wie wenn der Lohn für die einzelnen Wochentage nach Stunden berechnet wird (Berechnungsgrundlage) und deshalb für die einzelnen Tage unterschiedlich hoch ist. Das Gericht muß auch in solchen Fällen und bei II–IV von dem Gesetz für eine Woche festgesetzten Betrag ausgehen. Scheidet ein Empfänger von Monatslohn vor Monatsende aus, bleibt die Monatstabelle anwendbar, ArbG Ffm JB **99**, 101.

Eine *Nachzahlung* wird dem Auszahlungszeitraum zugeschlagen, für den sie erfolgt. Wenn Auszahlungszeiträume mit einer vollen Beschäftigung und solche mit einer geringeren Beschäftigung aufeinander folgen, dann muß das Gericht eine Durchschnittsberechnung anstellen. Eine Jahresgewinnbeteiligung ist zu verteilen. Wenn ein Angestellter zum Teil von Spesen lebt, muß das Gericht diesen Umstand berücksichtigen.

**4**   **4) Unpfändbare Grundbeträge, I.** Die Ermittlung folgt einem klaren Grundsatz.

**A. Grundsatz: Nur bei gesetzlicher Unterhaltspflicht.** In Betracht kommt nur eine im Einzelfall bestehende gesetzliche Unterhaltspflicht, BAG BB **87**, 550, einschließlich derjenigen aus §§ 1615l, n BGB. Eine Leistung aus nichtehelicher Gemeinschaft gehört nicht hierhier, LG Osnabr JB **99**, 45. Die Höhe eines unpfändbaren Grundbetrags richtet sich zunächst danach, ob der Schuldner überhaupt eine Unterhaltsverpflichtung hat, LG Bayreuth MDR **79**, 621 (das gilt zugunsten jedes Gesamtschuldners), LG Bre JB **98**, 211, LSG Essen Rpfleger **84**, 278. Erst nach der Klärung dieser Vorfrage ist anschließend zu prüfen, in welchem Umfang eine solche Unterhaltspflicht besteht, IV.

**5**   Eine Unterhaltspflicht gegenüber einem an sich unterhaltsberechtigten *Verwandten*, der sich selbst unterhalten kann, § 1602 I BGB, bleibt, insbesondere bei Gefährdung des Unterhalts des Schuldners, BAG BB **87**, 550, ebenso außer Betracht wie eine Unterhaltspflicht gegenüber einem Pflegekind. Zu beachten ist aber die Unterhaltspflicht gegenüber einem Adoptivkind. Das Vollstreckungsgericht muß auch den etwaigen Umstand berücksichtigen, daß ein Ehegatte sich je nach den Verhältnissen auch gegenüber dem mitverdienenden anderen Ehegatten an der Bezahlung der persönlichen Bedürfnisse beteiligen muß, soweit die Ehegatten nicht getrennt leben, daß der eine dem anderen also insoweit unterhaltspflichtig ist, § 850b Rn 3, BAG FamRZ **83**, 901, LAG Bln DB **76**, 1114. Freilich ist IV zu beachten, BAG FamRZ **83**, 901.

Wenn der Schuldner die Beträge nicht für den Unterhalt dieser Personen verwendet, dann darf das Vollstreckungsgericht sie nicht berücksichtigen, BAG FamRZ **83**, 901. Denn das Gesetz verlangt, daß der Schuldner sie auch *tatsächlich gewährt*, LG Verden JB **95**, 385, LSG Essen Rpfleger **84**, 278 (zustm Schutz). Die Tabelle garantiert nicht stets einen über der Sozialhilfe liegenden Standard, BFH NJW **92**, 855, Ffm Rpfleger **91**, 378. Vgl aber § 850f Rn 2. Bei der Berechnung des Sozialhilfebedarfs können mögliche Untervermietungseinnahmen mitzuberechnen sein, LG Bln Rpfleger **94**, 221. Zum Mindestbedarf nach § 54 III Z 2 SGB I, abgedruckt Grdz 80 vor § 704, KG JB **78**, 1888 (ausf), Köln NJW **90**, 2696, LG Düss JB **90**, 1056, zum Lohnersatzanspruch LG Hbg Rpfleger **85**, 34, zum Arbeitslosengeld LG Bln Rpfleger **78**, 65, zum Kindergeld Grdz 80 vor § 704 „Kindergeld". Zum Arbeitsentgelt des Gefangenen § 850 Rn 7. Zu einer Stornoreserve § 850i Rn 1. Die Tabelle hat auch bei § 48 I SGB I Bedeutung, abgedruckt Grdz 80 vor § 704, BSG FamRZ **84**, 788.

**6**   **B. Pfändungsfreiheit.** Pfändungsfrei bleiben für den Schuldner stets, OVG Münst NZM **99**, 773, mindestens 1209 DM monatlich, 279 DM wöchentlich, 55,80 DM täglich. Der Schuldner verdient um so mehr Schutz, je unsteter oder kurzfristiger er arbeitet und Lohn erhält, BSG NJW **93**, 811. Ein arglistiger Scheinvertrag über eine in Wahrheit längere, scheinbar aber kürzere Abrechnungsperiode zur Erschleichung eines höheren monatlichen effektiven Freibetrags wäre unbeachtlich, Einl III 54, Grdz 44 vor § 704, und evtl strafbarer Betrug(sversuch) auch des Drittschuldners. Von dem Mehrbetrag, also von dem Unterschiedsbetrag zwischen dem pfändungsfreien Grundbetrag und dem Arbeitseinkommen, bleiben ferner folgende Beträge unpfändbar: Für die erste Person, der der Schuldner Unterhalt gewähren muß, weitere 468 DM monatlich

1. Titel. Zwangsvollstr. in das bewegl. Vermögen § 850c

oder 108 DM wöchentlich oder 21,60 DM täglich; für die zweite bis fünfte Person je 351 DM monatlich oder 81 DM wöchentlich oder 16,20 DM täglich, höchstens aber 3081 DM monatlich, 711 DM wöchentlich, 142,20 DM täglich.

**5) Pfändungsfreie Teile des Netto-Mehreinkommens, II–IV.** Es gilt eine Wertgrenze. 7

**A. Nettoeinkommen bis 3796 DM monatlich usw.** Übersteigt das Arbeitseinkommen den pfändungsfreien Betrag und ist das Nettoeinkommen, Rn 1, nicht höher als 3796 DM monatlich, 876 DM wöchentlich, 175,20 DM täglich, dann ist der die Freibeträge von I übersteigende Betrag für den Schuldner zu 30% pfändungsfrei. Zugunsten des ersten nach I gesetzlich Unterhaltsberechtigten bleiben weitere 20% dieses Überschußbetrags unpfändbar; zugunsten des zweiten bis fünften nach I gesetzlich Unterhaltsberechtigten bleiben je weitere 10% unpfändbar. Diese Unpfändbarkeit wird ohne den jeweiligen Mindestbetrag berechnet. Der jeweils pfändungsfreie Betrag ergibt sich aus der Tabelle, die ein Teil des Gesetzes ist, BGBl 84 I 336. Die Tabelle berücksichtigt bereits die nach III vorgeschriebene Abrundung des Arbeitseinkommens auf 20 DM monatlich, 5 DM wöchentlich, 1 DM täglich. Vgl ferner § 850 f ZPO.

**B. Nettoeinkommen mehr als 3796 DM monatlich usw.** Ist das Nettoeinkommen höher als 8 3796 DM monatlich, 876 DM wöchentlich, 175,20 DM täglich, so ist die Spitze, die diese Beträge übersteigt, stets voll pfändbar, II 2. Vgl im übrigen Rn 7.

**C. Tabelle.** Das Vollstreckungsgericht kann im Pfändungsbeschluß grundsätzlich auf die amtliche Tabelle 9 Bezug nehmen, etwa mit den Worten: es werde „der Betrag gepfändet, der sich aus der amtlichen Tabelle zu § 850 c ZPO ergibt", II 2, KG Rpfleger **78**, 335, Hornung Rpfleger **78**, 354. In einem solchen Fall überläßt das Vollstreckungsgericht dem Drittschuldner die Aufgabe, den Betrag entsprechend dem Auszahlungszeitraum und entsprechend derjenigen Personenzahl einzusetzen. Er muß dazu den Schuldner befragen, haftet aber erst bei Kenntnis der Unrichtigkeit der Angaben, Liese DB **90**, 2070. Mangels ausreichender Anhaltspunkte für ein Wahlrecht des Schuldners wegen seiner Steuerklasse ist die normale zugrunde zu legen, AG Bonn JB **97**, 659. Der Drittschuldner darf davon ausgehen, daß der Schuldner den in der Lohnsteuerkarte genannten Personen auch tatsächlich einen Unterhalt zahlt, Rn 4, 5. Die Bezugnahme auf die Tabelle mit ihrer Angabe im einzelnen bei einer Unterhaltspflicht des Schuldners bis zu fünf und mehr Personen enthebt also den Gläubiger der für ihn oft nur unter erheblichem Zeitverlust und nicht genau möglichen Angabe der Zahl der unterhaltsberechtigten Personen, Stöber Rpfleger **74**, 77. LG Bochum Rpfleger **85**, 370 hält eine Anordnung des Gerichts darüber, welche der drei Tabellen anzuwenden sei, für unzulässig; sie kann aber je nach Sachlage ratsam sein, Rn 2. Die lange vor der Pfändung gewählte Steuerklasse ist auch dann nicht rechtsmißbräuchlich, wenn sie dem Gläubiger ungünstig ist, LG Osnabr DGVZ **98**, 190.

**D. Eigene Einkünfte.** Solche Einkünfte beliebiger Art derjenigen Personen, die der Schuldner kraft 10 Gesetzes und nicht bloß auf Grund eines Vertrags unterhalten muß und denen er auch tatsächlich Unterhalt „gewährt", LG Gött JB **99**, 271, AG Betzdorf JB **99**, 159, dürfen vom Rpfl derart beachtet werden, daß der Gläubiger beim Schuldner mehr pfänden kann, als nach der Tabelle eigentlich zulässig wäre, Köln FamRZ **96**, 811, LG Konst JB **96**, 666, LG Osnabr JB **96**, 271, aM LG Ffm Rpfleger **96**, 298. Dieser Weg ist nicht von Amts wegen möglich, sondern nur auf einen Antrag des Gläubigers. Der Antrag kann stillschweigend gestellt werden, LG Marbg Rpfleger **92**, 168. Die Vorschrift ist auch beim Kontenschutz beachtlich, LG Münst Rpfleger **89**, 294. Der Rpfl übt auch hier ein billiges Ermessen aus, LG Marbg Rpfleger **92**, 168. Trotzdem hat er die Amtspflicht zur Berücksichtigung aller erheblichen Gesichtspunkte.

Er führt freilich keine Amtsermittlung durch, Grdz 38, 39 vor § 128, er unterliegt keinen starren Regeln 11 und *keinen überspannten Anforderungen,* LG Ffm Rpfleger **88**, 74. Der Rpfl muß vor seiner Entscheidung den Schuldner und evtl die selbstverdienenden Unterhaltsberechtigten anhören, Art 103 I GG, aM insofern Henze Rpfleger **81**, 52. Die Vorschrift ist zB in folgenden Fällen anwendbar: Es geht um eine beschäftigte Ehefrau, BAG DB **84**, 2467, LG Kassel JB **98**, 664 (Krankengeld), AG Northeim JB **97**, 490; es handelt sich um einen im dritten Lehrjahr stehenden Sohn; es geht um den Unterhaltsanspruch eines volljährigen, LG Nürnb-Fürth JB **96**, 603, oder eines minderjährigen Kindes gegenüber der Ehefrau des Schuldners usw, LG Ffm Rpfleger **94**, 221, LG Hanau JB **98**, 551, AG Fulda JB **98**, 605. Äußert sich der Schuldner insoweit nicht, so kann zB die Behauptung des Gläubigers, der Sohn des Schuldners erhalte 600 DM Ausbildungsbeihilfe, glaubhaft sein, LG Münst JB **90**, 1363. Eine frühere Pfändung eines anderen Unterhaltsgläubigers darf nicht zu dessen Ausschluß nach IV führen, LG Bochum Rpfleger **98**, 210 (zustm Hintzen).

Das Vollstreckungsgericht muß beachten, daß ein *arbeitender Mensch* einen *erhöhten Bedarf* hat, insofern auch Henze Rpfleger **81**, 52. Deshalb benötigt zB ein Kind, das das Elternhaus verläßt, meist auch in der Folgezeit zunächst einen gewissen Unterhaltszuschuß vom Vater, und zwar selbst dann, wenn es schon so viel verdient, wie der Vater bisher für dieses Kind insgesamt aufbringen mußte. Der Bedarf ist mindestens mit dem Sozialhilfebedarf + 20% anzusetzen, LG Mü JB **90**, 1363, aM LG Detm Rpfleger **98**, 256. Wenn der Rpfl einen derartigen Unterhaltsberechtigten nur teilweise berücksichtigen will, dann darf er nicht auf die amtliche Tabelle Bezug nehmen, IV Hs 2 in Verbindung mit III 2.

Ein *Beschluß* nach IV ist erst nach dem Erlaß des Pfändungsbeschlusses statthaft, LG Hann JB **92**, 265. Er begründet kein neues oder für alle Pfändungsgläubiger erweitertes Pfandrecht, sondern erweitert nur für diesen Gläubiger das bestehende, BAG DB **84**, 2467, LAG Hamm DB **82**, 1677, ArbG Kempten JB **96**, 106, aM Hein Rpfleger **84**, 260.

**E. Rechtsbehelfe.** Im Falle einer Unstimmigkeit ist die Erinnerung nach § 766 zulässig, KG Rpfle- 12 ger **78**, 335, und zwar auch durch den nach IV unberücksichtigt gebliebenen Unterhaltsberechtigten, Oldb Rpfleger **91**, 261, Stgt Rpfleger **87**, 255, StJM 41, aM ThP 11, ZöStö 16. Eine Anfrage des Gerichts beim Schuldner ist vor dem Erlaß des Pfändungs- und Überweisungsbeschlusses unzulässig, § 834. Das Gericht darf jedoch bei einer nur teilweisen Berücksichtigung eines Unterhaltsberechtigten mit einem eigenen Einkommen nicht auf die Tabelle Bezug nehmen, IV Hs 2. Bei einem Verstoß ist auch insofern die Erinnerung nach § 766 zulässig. Der Betroffene kann gegen die nach einer Anhörung der Beteiligten getroffene Entscheidung des Rpfl nach § 11 RPflG, Anh § 153 GVG, vorgehen, zum

§§ 850c, 850d  8. Buch. 2. Abschnitt. ZwV wegen Geldforderungen

Verfahren § 104 Rn 41 ff, und gegen eine Erstentscheidung des Gerichts die sofortige Beschwerde nach § 793 I einlegen.

13  6) **VwGO:** Vgl Einf §§ 850–852 Rn 9.

**850d** *Unterhaltsansprüche.* [I] [1]Wegen der Unterhaltsansprüche, die kraft Gesetzes einem Verwandten, dem Ehegatten, einem früheren Ehegatten oder nach §§ 1615 l, 1615 n des Bürgerlichen Gesetzbuchs einem Elternteil zustehen, sind das Arbeitseinkommen und die in § 850 a Nr. 1, 2 und 4 genannten Bezüge ohne die in § 850 c bezeichneten Beschränkungen pfändbar. [2]Dem Schuldner ist jedoch so viel zu belassen, als er für seinen notwendigen Unterhalt und zur Erfüllung seiner laufenden gesetzlichen Unterhaltspflichten gegenüber den dem Gläubiger vorgehenden Berechtigten oder zur gleichmäßigen Befriedigung der dem Gläubiger gleichstehenden Berechtigten bedarf; von den in § 850 a Nr. 1, 2 und 4 genannten Bezügen hat ihm mindestens die Hälfte des nach § 850 a unpfändbaren Betrages zu verbleiben. [3]Der dem Schuldner hiernach verbleibende Teil seines Arbeitseinkommens darf den Betrag nicht übersteigen, der nach den Vorschriften des § 850 c gegenüber nicht bevorrechtigten Gläubigern zu verbleiben hätte. [4]Für die Pfändung wegen der Rückstände, die länger als ein Jahr vor dem Antrag auf Erlaß des Pfändungsbeschlusses fällig geworden sind, gelten die Vorschriften dieses Absatzes insoweit nicht, als nach Lage der Verhältnisse nicht anzunehmen ist, daß der Schuldner sich seiner Zahlungspflicht absichtlich entzogen hat.

[II] Mehrere nach Absatz 1 Berechtigte sind mit ihren Ansprüchen in folgender Reihenfolge zu berücksichtigen, wobei mehrere gleich nahe Berechtigte untereinander gleichen Rang haben:

a) die minderjährigen unverheirateten Kinder, der Ehegatte, ein früherer Ehegatte und ein Elternteil mit seinem Anspruch nach §§ 1615 l, 1615 n des Bürgerlichen Gesetzbuchs; für das Rangverhältnis des Ehegatten zu einem früheren Ehegatten gilt jedoch § 1582 des Bürgerlichen Gesetzbuchs entsprechend; das Vollstreckungsgericht kann das Rangverhältnis der Berechtigten zueinander auf Antrag des Schuldners oder eines Berechtigten nach billigem Ermessen in anderer Weise festsetzen; das Vollstreckungsgericht hat vor seiner Entscheidung die Beteiligten zu hören;

b) die übrigen Abkömmlinge, wobei die Kinder den anderen vorgehen;

c) die Verwandten aufsteigender Linie, wobei die näheren Grade den entfernteren vorgehen.

[III] Bei der Vollstreckung wegen der in Absatz 1 bezeichneten Ansprüche sowie wegen der aus Anlaß einer Verletzung des Körpers oder der Gesundheit zu zahlenden Renten kann zugleich mit der Pfändung wegen fälliger Ansprüche auch künftig fällig werdendes Arbeitseinkommen wegen der dann jeweils fällig werdenden Ansprüche gepfändet und überwiesen werden.

**Vorbem.** I 1, 2 a idF Art 6 Z 54 a, b KindRG v 16. 12. 97, BGBl 2942, in Kraft seit 1. 7. 98, Art 17 § 1 KindRG, ÜbergangsR Einl III 78.

**Schrifttum:** *Büttner* FamRZ **94**, 1433 (ausf).

### Gliederung

| | |
|---|---|
| 1) Systematik, Regelungszweck, I–III ... 1 | B. Notwendiger Unterhalt: Grundsatz .... 8 |
| 2) Geltungsbereich: Gesetzlicher Unterhaltsanspruch, I–III ............ 2–4 | C. Obergrenze des dem Schuldner Verbleibenden: Nicht mehr als § 850 c .. 9 |
| 3) Reihenfolge der Berechtigten, II ...... 5, 6 | D. Notwendiger Unterhalt: Einzelfragen . 10, 11 |
| A. Kinder, Ehegatte, Elternteil, II a ....... 5 | E. Verfahren ............................ 12 |
| B. Übrige Abkömmlinge, II b ............ 5 | F. Rechtsbehelfe des Drittschuldners ..... 13 |
| C. Weitere Verwandte, II c .............. 5 | G. Bezifferung des Notbedarfs .......... 14 |
| D. Gemeinsames, II a–c ................ 6 | 5) Vorratspfändung, III ................... 15, 16 |
| 4) Maß der Pfändbarkeit, I–III ........... 7–14 | 6) VwGO ............................... 17 |
| A. Geltungsbereich .................... 7 | |

1 **1) Systematik, Regelungszweck, I–III.** Vgl zunächst Einf 1 vor §§ 850–852, § 850 a Rn 1. § 850 d bildet die unterste Grenzen des Sozialschutzes, LAG Hamm DB **95**, 2124. Die Vorschrift bevorrechtigt aus sozialen Erwägungen zugunsten der wirtschaftlich Schwächeren, Abhängigen gewisse Unterhaltsberechtigte bei der Pfändung, nämlich die Verwandten, den Ehegatten, den früheren Ehegatten sowie einen Elternteil des Kindes nicht miteinander verheirateter Eltern. Das Pfändungsvorrecht ist höchstpersönlich. Denn der Anspruch wechselt bei einer Übertragung auf eine andere Person seinen Charakter. Allerdings gilt das nicht im Falle des Übergangs auf einen anderen Unterhaltspflichtigen, §§ 1607 II, 1608 BGB. Denn dieser andere Unterhaltspflichtige befriedigt jetzt den gesetzlichen Unterhaltsanspruch, selbst wenn dieser Anspruch erst in zweiter Linie gegen ihn selbst besteht. Der Anspruch wechselt aber durch einen Übergang auf den Träger der Sozialhilfe seinen Charakter. Denn es handelt sich nach diesem Übergang um eine andere Anspruchsart, selbst wenn er durch das Versagen des Unterhaltspflichtigen ausgelöst wurde, LG Erfurt JB **96**, 494, Bethke FamRZ **91**, 399, Frisinger NJW **72**, 75, aM BAG NJW **71**, 2094, LG Stgt Rpfleger **96**, 119.

2 **2) Geltungsbereich: Gesetzlicher Unterhaltsanspruch, I–III.** Die Vorschrift erfaßt einen Unterhaltsanspruch. Dazu gehören auch: Das Wirtschaftsgeld für die Ehefrau; ein Prozeßkostenvorschuß des Ehegatten, §§ 1360 a IV BGB, 127 a, 620 ff; ein Prozeßkostenvorschuß der Eltern für ein Kind, sofern es sich um eine lebenswichtige Rechtsstreitigkeit handelt.

1. Titel. Zwangsvollstr. in das bewegl. Vermögen § 850d

*Nicht hierher zählen zB:* Der Anspruch auf die Erstattung der Kosten auf Grund eines Unterhaltsstreits. Denn dort liegt ein anderer Rechtsgrund vor; ein Anspruch auf die Erstattung von Kosten der Zwangsvollstreckung auf Grund eines solchen Prozesses, § 788. Denn hier ist die Zwangsvollstreckung der Rechtsgrund für die Erstattungspflicht; das Krankengeld wegen des Prozeßkostenvorschusses, LG Bre Rpfleger **71**, 214.

Nur der *kraft Gesetzes* zu leistende Unterhalt ist bevorzugt. 3

*Hierher zählen zB:* Ein vertraglicher Unterhalt, soweit der Vertrag nur eine gesetzliche Zahlungspflicht festlegt, Welzel MDR **83**, 723; eine Schadensersatzforderung wegen eines rechtswidrig entzogenen Unterhaltsanspruchs, aM Rupp/Fleischmann Rpfleger **83**, 380.

*Nicht hierher zählen zB:* Ein freiwillig geleisteter Unterhalt, der nicht nur wegen einer ohnehin bestehenden gesetzlichen Pflicht gezahlt wird, etwa an das nichteheliche Kind der Ehefrau; eine Altenteilsleistung; eine Kapitalabfindung; die 6-Wochen-Kosten, § 1615 k BGB; Kostenforderungen, selbst wenn sie mit einer Unterhaltspflicht zusammenhängen.

Neben dem laufenden Unterhalt können auch die *Rückstände* aus der Periode vor dem Zeitpunkt des Eingangs des Pfändungsantrags beim Vollstreckungsgericht berücksichtigt werden, LG Bln Rpfleger **95**, 222, insbesondere die sog überjährigen, KG MDR **86**, 767. Näher Rpfleger **91**, 294.

Das *Pfändungsprivileg entfällt* nach dem klaren Wortlaut von I 4 vielmehr allenfalls für überjährige Rück- 4 stände und selbst für diese nur dann, wenn nach Lage der Verhältnisse nicht anzunehmen ist, daß der Schuldner sich seiner Zahlungspflicht absichtlich entzogen hat. Das letztere muß natürlich nicht der Gläubiger, sondern allenfalls der Schuldner dartun und beweisen, wie die Fassung I letzter Hs zeigt, aM Köln RR **93**, 1157. Immerhin darf das Gericht dem Schuldner nicht ohne weiteres unterstellen, daß er sich der Zahlungspflicht absichtlich entziehen wollte. Maßgebend ist, ob ein bevorrechtigter Unterhalt vorliegt. KG MDR **86**, 767 bejaht die Entziehungsabsicht beim zahlungsfähigen, aber nicht zahlenden Schuldner. Das Gericht muß die diesbezüglichen tatsächlichen Feststellungen im Vollstreckungstitel berücksichtigen. Wenn sie fehlen oder unklar sind, geht das Gericht wie bei § 850 f Rn 7 ff vor, Ffm Rpfleger **80**, 198.

**3) Reihenfolge der Berechtigten, II.** Die gesetzliche Reihenfolge entspricht der Reihenfolge des 5 § 1609 I BGB. Sie ist für jeden Nachrangigen verbindlich, Nehlsen-von Stryk FamRZ **88**, 231, auch beim rückständigen Unterhalt, LG Bln Rpfleger **95**, 222. Gleich Berechtigte haben unter sich einen gleichen Rang. Die Gleichrangigkeit bedeutet nicht, daß jeder dieselbe Quote erhält. Vielmehr muß das Gericht dann die Quote eines jeden nach seinem Bedarf ausrichten.

**A. Kinder, Ehegatte, Elternteil, II a.** Hierunter fallen sämtliche Kinder, so schon Köln FamRZ **76**, 120. Das minderjährige unverheiratete Kind hat den Vorrang, LG Duisb JB **98**, 551. Ferner fallen hierunter der jetzige wie ein früherer Ehegatte, Karlsr FamRZ **94**, 1483 (der letztere ist gemäß §§ 1582, 1581 BGB unter Umständen vorrangig, LG Frankenth Rpfleger **84**, 107) sowie ein Elternteil des Kindes nicht miteinander verheirateter Eltern. Diese hat aber den Rang nicht wegen eines Ersatzanspruches nach § 1615 k BGB. Wegen des Kindergelds Grdz 80 vor § 704 „Kindergeld".

**B. Übrige Abkömmlinge, II b.** Es gehen die Kinder den übrigen Abkömmlingen, diese den Verwandten der aufsteigenden Linie vor.

**C. Weitere Verwandte, II c.** Unter den Verwandten der aufsteigenden Linie gehen die näher Verwandten den entfernteren Verwandten vor.

**D. Gemeinsames, II a–c.** Das Vollstreckungsgericht, §§ 764, 802, kann bei Rn 1, 2 das Rangverhältnis 6 auf einen Antrag des Schuldners oder eines Berechtigten nach seinem pflichtgemäßen Ermessen anders festsetzen. Dies ist etwa dann zulässig, wenn infolge des Regelunterhalts für ein nichteheliches Kind die ehelichen Kinder, bei denen es auf die Leistungsfähigkeit des Verpflichteten ankommt, schlechter wegkämen als die nichtehelichen, LG Aurich MDR **90**, 640. Die Anordnung eines anderen Ranges wirkt auf den Zeitpunkt der Pfändung zurück, BAG DB **91**, 1528. Zugunsten des früheren Ehegatten ist eine lange Dauer jener Ehe zu beachten, LG Frankenth Rpfleger **84**, 107. Das Vollstreckungsgericht darf aber nicht das Unterhaltsurteil unterlaufen, LG Frankenth Rpfleger **84**, 107. Wenn mehrere gleichberechtigte Pfändungen einander folgen, dann gilt zunächst der Zeitvorrang des § 804 III. Freilich kommt eine Anpassung nach § 850 g in Betracht, LG Bbg MDR **86**, 245.

Das Vollstreckungsgericht darf und muß aber oft eine *Anpassung nach § 850 g* vornehmen, LG Mannh NJW **70**, 56. Das darf jedoch nur im Vorrechtsbereich geschehen. Infolgedessen gilt wegen eines Mehreinkommens über die Grenzen des § 850 c hinaus wieder die Rangfolge des § 804 III, Frisinger NJW **70**, 715, aM Henze Rpfleger **80**, 458. Das Gericht muß auch die zeitlichen Grenzen der Bevorzugung der Ansprüche beachten, B. Wenn mehrere Pfändungen zusammentreffen, gilt das in § 850 e Rn 12, 13 Ausgeführte. Wenn ein besser- oder gleichberechtigter Unterhaltsgläubiger hinzutritt, dann muß das Vollstreckungsgericht den Freibetrag im Pfändungsbeschluß erhöhen, den bisherigen Pfändungsbeschluß also abändern.

**4) Maß der Pfändbarkeit, I–III.** Die Berechnung ist kompliziert. 7

**A. Geltungsbereich.** § 850 d ergreift das Arbeitseinkommen, § 850, und von den Bezügen des § 850 a diejenigen Bezüge, die dort in Z 1, 2, 4 geregelt sind (also die Überstundenvergütung, ein Urlaubsgeld, die Weihnachtsvergütung, Treugelder). Bei den Bezügen aus § 850 a Z 1, 2, 4 muß das Vollstreckungsgericht dem Schuldner aber mindestens die Hälfte der an sich unpfändbaren Bezüge belassen. Für die Bezüge gemäß § 850 b gilt dessen II. Im Rahmen des § 850 d ist auch das nach § 14 der Montanrichtlinien v 7. 8. 64, BAnz v 21. 8. 64 Nr 154, gezahlte Wartegeld pfändbar. Sonstige unpfändbare Bezüge bleiben wie sonst unpfändbar, aM StJM 29.

**B. Notwendiger Unterhalt: Grundsatz,** dazu *Rudolph* Rpfleger **96**, 490 (ausf): Grundsätzlich entfallen 8 die Möglichkeit einer Beschränkung der Pfändung oder die Unpfändbarkeit. Indessen ist der Schuldner auch in diesen Fällen nicht rechtlos gestellt, sondern kann in einem Unterhaltsprozeß die Einrede des Notbedarfs geltend machen. Das Vollstreckungsgericht muß dem Schuldner vielmehr so viel belassen, daß er seinen notwendigen Unterhalt bestreiten und außerdem seine laufenden gesetzlichen Unterhaltspflichten gegenüber vorgehenden Unterhaltsberechtigten erfüllen und daß er gleichstehende Unterhaltsberechtigte gleichmäßig befrie-

## § 850d
### 8. Buch. 2. Abschnitt. ZwV wegen Geldforderungen

digen kann, Köln RR **93**, 1156 (gleichmäßig heißt: bei einem Gleichrang anteilig), aM LG Konst FamRZ **98**, 1448 (Verhältnisse beachten). Dabei bleibt das Einkommen der Ehefrau des Schuldners unberücksichtigt, Rn 9. Für Kinder ist kein vom Alter unabhängiger Pauschsatz zulässig, Köln Rpfleger **93**, 412. Der Schuldner wird nur insoweit geschützt, als der Lohn zur Befriedigung der dem Gläubiger gleichstehenden Unterhaltsberechtigten nicht reicht.

Zweckmäßigerweise beläßt das Vollstreckungsgericht dem Schuldner auch ein geringfügiges *Taschengeld*, damit der Schuldner nicht jede Freude an der Arbeit verliert. Das Vollstreckungsgericht darf den Betrag, den es dem Schuldner beläßt, wegen notwendiger besonderer Aufwendungen erhöhen, § 850 f. Ein wohlhabender Stiefvater entlastet einen unterhaltspflichtigen Vater nicht. Der weitere Umfang der Pfändbarkeit kommt den Unterhaltsforderungen zugute. Beträge, die darüber hinaus vorhanden sind, müssen zwischen den sonst noch vorhandenen Schulden und dem geschuldeten Unterhalt angemessen verteilt werden.

**9**   **C. Obergrenze des dem Schuldner Verbleibenden: Nicht mehr als nach § 850 c.** Keinesfalls darf der Schuldner mehr behalten, als ihm nach § 850 c zukommen würde, LG Drsd MDR **99**, 118. Dabei sind Einnahmen aus anderen Quellen zu berücksichtigen. Das Vollstreckungsgericht muß also dann, wenn es sich um den Unterhalt eines Kindes handelt, auch das Kindergeld beachten, Grdz 80 vor § 704 „Kindergeld", § 851 Rn 2. Zu beachten sind ferner zB übliche Trinkgelder, LG Osnabr JB **99**, 214. Hat der Schuldner in Kenntnis seiner titulierten Unterhaltspflicht wesentliche Teile des Arbeitseinkommens an einen Dritten abgetreten, kann das Gericht ihn so behandeln, als hätte er nichts abgetreten, LG Saarbr Rpfleger **86**, 23 (abl Lorenschat Rpfleger **86**, 309).

**10**   **D. Notwendiger Unterhalt: Einzelfragen.** Vgl zunächst Rn 8. „Notwendiger Unterhalt" ist etwas mehr als dasjenige, was § 1611 BGB nennt, immerhin weniger als der „angemessene Unterhalt", § 1610 BGB. Der Begriff ist gleitend, BSG FamRZ **85**, 380. Bei einem Beamten umfaßt er seine angemessene Kleidung. Die frühere gehobene Lebensstellung des Schuldners darf aber bei der Bemessung des notwendigen Unterhalts nicht berücksichtigt werden. Ein Eigenverdienst der Ehefrau dient nicht dazu, den Gläubiger des Ehemanns zu befriedigen. Dieser Eigenverdienst darf also nur insoweit berücksichtigt werden, als er die Unterhaltspflicht des Ehemanns der Ehefrau gegenüber verringert.

**11**   Eine *Gehaltsabtretung* zugunsten eines Unterhaltsberechtigten ist im Zweifel auf alle pfändbaren Gehaltsteile zu beziehen. Maßgeblich ist, was dem Schuldner verbleiben muß, nicht, was der Gläubiger erhalten muß. Richtsätze, so KG MDR **87**, 152, oder landesrechtliche Regelsätze auf Grund des Sozialrechts, sind für das Vollstreckungsgericht nur Anhaltspunkte für eine Entscheidung, die immer auf die Umstände des konkreten Einzelfalls abgestellt werden muß, BAG MDR **97**, 848 (kein Absinken auf Sozialhilfe), BSG FamRZ **85**, 380, Behr Rpfleger **81**, 386, aM KG Rpfleger **94**, 373, LG Drsd MDR **99**, 118 (doppelter Regelsatz), LG Kleve JB **99**, 45.

Bei einer *privaten Krankenversicherung* soll nur die Berücksichtigung solcher Mehrkosten an Beiträgen vermieden werden, die durch einen gegenüber der Sozialversicherung günstigeren Versicherungsschutz ausgelöst werden, KG Rpfleger **85**, 154; „erkaufte" höhere Leistungen sind zumindest gut nachvollziehbar darzulegen, LG Kleve JB **99**, 45. Solche Richtsätze ändern sich außerdem bei einer Änderung der Lebenshaltungskosten. Schon deshalb darf das Vollstreckungsgericht nicht unbedingt von ihnen ausgehen, aM Hamm Rpfleger **74**, 31, AG Limbg DGVZ **76**, 76. Auch der niedrigste gesetzliche Lohn kann einen Anhaltspunkt bieten. Wegen der Abgrenzung zu § 48 SGB I vgl BSG FamRZ **85**, 379. Die durch Art 11 GG geschützte Freizügigkeit kann zu einer Erhöhung des Betrags des notwendigen Unterhalts führen, LG Hbg MDR **88**, 154 (Umzug in Großstadt).

**12**   **E. Verfahren.** Das Vollstreckungsgericht muß die Entscheidung darüber treffen, welchen Betrag es dem Schuldner als den für seinen Unterhalt notwendigen Betrag belassen muß. Das Vollstreckungsgericht darf aber die etwaige Festsetzung dieses Betrags durch das Prozeßgericht nicht ohne weiteres übergehen.

**13**   **F. Rechtsbehelf des Drittschuldners.** Andererseits kann sich der Drittschuldner gegenüber einer Festsetzung des notwendigen Unterhaltsbetrags durch den Rpfl ohne Anhörung im Einziehungserkenntnisverfahren vor dem Prozeßgericht nicht berufen, das Vollstreckungsgericht habe wesentliche Umstände zu seinen Lasten übersehen. Vielmehr kann der Drittschuldner in solchen Fall nur die Erinnerung bzw die sofortige Beschwerde einlegen, §§ 766 I, 793 I, LAG Ffm DB **90**, 639. Der Beschluß, durch den die Maßnahme des Rpfl auf Grund einer Erinnerung abgeändert wird, tritt an die Stelle des bisherigen Beschlusses. Dieser neue Beschluß wirkt aber nur insoweit zurück, als die Beträge nicht schon ausgezahlt worden sind. Gegen eine echte Entscheidung des Rpfl gilt § 11 RPflG, Anh § 153.

**14**   **G. Bezifferung des Notbedarfs.** Das Vollstreckungsgericht sollte im Beschluß den Notbedarf beziffern, etwa so: „Dem Schuldner müssen aber X DM im Monat (Woche, Tag) verbleiben". Das Gericht darf auch einen eindeutig bestimmbaren gleitenden Freibetrag bestimmen, etwa gemessen an den jeweiligen amtlichen Heimpflegekosten, LG Kassel Rpfleger **74**, 77 (Anm Stöber).

**15**   **5) Vorratspfändung, III.** Die Pfändung des künftigen Arbeitseinkommens ist zugleich mit der Pfändung des derzeitigen Arbeitseinkommens zulässig, wenn es sich um eine Zwangsvollstreckung wegen einer Unterhaltsrente oder wegen einer Rente auf Grund einer Körperverletzung handelt, § 850 b I Z 1. Wegen anderer Ansprüche vgl § 751 Rn 2. Die Vorratspfändung ist nur insoweit zulässig, als gleichzeitig eine Pfändung wegen eines fälligen derartigen Anspruchs notwendig ist. Eine Vorratspfändung ist also nicht zulässig, wenn eine Pfändung nur wegen zukünftiger Ansprüche in Frage kommt, LG Wuppert MDR **90**, 640. Ob noch ein fälliger Anspruch vorhanden ist, entscheidet der Zeitpunkt des Erlasses des Pfändungs- und Überweisungsbeschlusses, § 329 Rn 23, LG Wuppert MDR **90**, 640. Pfändbar sind die Einkommen nach §§ 850, 850 a Z 1, 2, 4, 850 b, Rn 5. Eine zusätzliche Gefahr künftigen Schuldnerverzugs ist nicht erforderlich, zu streng Naumbg DGVZ **95**, 57.

**16**   Die Pfändung wird *mit der Zustellung* des Pfändungsbeschlusses auch wegen der künftigen Ansprüche *wirksam*. Die Worte „dann jeweils" beschränken nur die Höhe und den Zugriff. Die Pfändung wirkt für die Dauer des Vollstreckungstitels, falls der Gläubiger sie nicht beschränkt. Das Wort „kann" im Gesetzestext

1. Titel. Zwangsvollstr. in das bewegl. Vermögen  §§ 850d, 850e

stellt nur in den Machtbereich, nicht in das Ermessen des Vollstreckungsgerichts. Der Rpfl muß daher den Pfändungsbeschluß erlassen, wenn dessen Voraussetzungen vorliegen. Die Pfändung wirkt schon von demjenigen Zeitpunkt an, in dem der Pfändungsbeschluß wirksam wird, nicht etwa erst ab der Fälligkeit der Rate. Wenn die Vorratspfändung noch nach dem früheren Recht erfolgt ist, dann ist ihr Ausmaß auf einen Antrag des Schuldners den neuen Bestimmungen anzupassen, Vorbem vor § 850 c. Eine Tilgung der Rückstände rechtfertigt nur dann eine Aufhebung der Vorratspfändung, wenn man erwarten kann, daß der Schuldner auch künftig pünktlich zahlen wird, Bbg FamRZ **94**, 1540.

**6)** *VwGO:* Unanwendbar, weil die Vollstreckung wegen solcher Ansprüche im VerwProzeß nicht vorkommen kann.  **17**

**850e** *Berechnung des pfändbaren Arbeitseinkommens.* Für die Berechnung des pfändbaren Arbeitseinkommens gilt folgendes:

1. ¹Nicht mitzurechnen sind die nach § 850 a der Pfändung entzogenen Bezüge, ferner Beträge, die unmittelbar auf Grund steuerrechtlicher oder sozialrechtlicher Vorschriften zur Erfüllung gesetzlicher Verpflichtungen des Schuldners abzuführen sind. ²Diesen Beträgen stehen gleich die auf den Auszahlungszeitraum entfallenden Beträge, die der Schuldner
   a) nach den Vorschriften der Sozialversicherungsgesetze zur Weiterversicherung entrichtet oder
   b) an eine Ersatzkasse oder an ein Unternehmen der privaten Krankenversicherung leistet, soweit sie den Rahmen des Üblichen nicht übersteigen.
2. ¹Mehrere Arbeitseinkommen sind auf Antrag vom Vollstreckungsgericht bei der Pfändung zusammenzurechnen. ²Der unpfändbare Grundbetrag ist in erster Linie dem Arbeitseinkommen zu entnehmen, das die wesentliche Grundlage der Lebenshaltung des Schuldners bildet.
2 a. ¹Mit Arbeitseinkommen sind auf Antrag auch Ansprüche auf laufende Geldleistungen nach dem Sozialgesetzbuch zusammenzurechnen, soweit diese der Pfändung unterworfen sind. ²Der unpfändbare Grundbetrag ist, soweit die Pfändung nicht wegen gesetzlicher Unterhaltsansprüche erfolgt, in erster Linie den laufenden Geldleistungen nach dem Sozialgesetzbuch zu entnehmen. ³Ansprüche auf Geldleistungen für Kinder dürfen mit Arbeitseinkommen nur zusammengerechnet werden, soweit sie nach § 76 des Einkommensteuergesetzes oder nach § 54 Abs. 5 des Ersten Buches Sozialgesetzbuch gepfändet werden können.
3. ¹Erhält der Schuldner neben seinem in Geld zahlbaren Einkommen auch Naturalleistungen, so sind Geld- und Naturalleistungen zusammenzurechnen. ²In diesem Falle ist der in Geld zahlbare Betrag insoweit pfändbar, als der nach § 850 c unpfändbare Teil des Gesamteinkommens durch den Wert der dem Schuldner verbleibenden Naturalleistungen gedeckt ist.
4. ¹Trifft eine Pfändung, eine Abtretung oder eine sonstige Verfügung wegen eines der in § 850 d bezeichneten Ansprüche mit der Pfändung wegen eines sonstigen Anspruchs zusammen, so sind auf die Unterhaltsansprüche zunächst die gemäß § 850 d der Pfändung in erweitertem Umfang unterliegenden Teile des Arbeitseinkommens zu verrechnen. ²Die Verrechnung nimmt auf Antrag eines Beteiligten das Vollstreckungsgericht vor. ³Der Drittschuldner kann, solange ihm eine Entscheidung des Vollstreckungsgerichts nicht zugestellt ist, nach dem Inhalt der ihm bekannten Pfändungsbeschlüsse, Abtretungen und sonstigen Verfügungen mit befreiender Wirkung leisten.

### Gliederung

| | | | |
|---|---|---|---|
| 1) Systematik, Regelungszweck, Z 1–4 .. | 1 | A. Arbeitseinkommen, Z 2 ............... | 5–7 |
| 2) Nettoberechnung, Z 1 ................ | 2–4 | B. Sozialleistungen, Z 2 a ............... | 8–10 |
| A. Unpfändbarkeit, § 850 a ........... | 2 | 4) Naturalbezüge, Z 3 .................... | 11 |
| B. Steuerrecht, Sozialrecht ........... | 3 | 5) Zusammentreffen, Z 4 ................. | 12, 13 |
| C. Sozialversicherung ................. | 4 | 6) *VwGO* ................................... | 14 |
| 3) Zusammenrechnung, Z 2, 2 a ........ | 5–10 | | |

**1) Systematik, Regelungszweck, Z 1–4.** Vgl zunächst Einf 1 vor §§ 850–852. § 850 e enthält unter- **1** schiedlich geartete, dem Ziel sozialer Ausgewogenheit bei der Frage der Pfändbarkeit von Arbeitseinkommen jedoch gleichermaßen zugeordnete Spezialregeln der Berechnung.

**2) Nettoberechnung, Z 1.** Das Vollstreckungsgericht muß den pfändbaren Teil des Arbeitseinkommens **2** jeweils netto berechnen. Nicht abgerechnete Abschlagszahlungen und Vorschüsse werden bei einer nachfolgenden Pfändung auf den pfändungsfreien Betrag angerechnet, BAG DB **87**, 1306, aM StJM 15. Rechenbeispiele bei Napierala Rpfleger **92**, 49. Es muß folgende Beträge abziehen, und zwar auch gegenüber Unterhaltsberechtigten:

**A. Unpfändbarkeit, § 850 a.** Abzuziehen sind zunächst die nach § 850 a unpfändbaren Bezüge, soweit die Lohnpfändung sie ergreift, Köln FamRZ **90**, 190, zB den Überstundenlohn zu einem Drittel, im Falle des § 850 d in dem dort Rn 5 (A) genannten Umfang.

**B. Steuerrecht, Sozialrecht.** Abzuziehen sind ferner die Beträge, die der Arbeitgeber nach dem Steuer- **3** oder Sozialrecht einbehalten und unmittelbar abführen muß, BAG NJW **86**, 2208, zB die Lohnsteuer in voller Höhe, ferner die Sozialversicherungsabgaben. Es ist unerheblich, ob der Schuldner gegen Krankheit usw gesetzlich oder freiwillig versichert ist. Die gesetzlichen Beträge dürften aber die Obergrenze desjenigen darstellen, was abzuziehen ist, LG Bln Rpfleger **94**, 426. Bei Versorgungsbezügen ist der letzte Arbeitgeber der Drittschuldner. Im Falle des Ruhens wegen eines Wehrdienstes oä, im Falle der Beschäftigung nur als

## § 850e

Aushilfskraft ohne Lohnsteuerkarte, ferner bei einer Abtretung des Rückzahlungsanspruchs und schließlich bei einer Forderung des Erben eines Arbeitnehmers ist jeweils das Finanzamt der Drittschuldner. Auf andere als unmittelbar vom Arbeitgeber abzuführende Steuern usw ist Z 1 S 1 unanwendbar, BAG NJW **86**, 2208 (betr eine dem Auslandsfiskus geschuldete Steuer). Insofern kann aber § 850 f I anwendbar sein. Deshalb ist § 850 e Z 1 verfassungsgemäß, BAG NJW **86**, 2208.

**4** **C. Sozialversicherung.** Abzuziehen sind schließlich die Beträge, die nach dem Sozialversicherungsrecht zu einer Weiterversicherung entrichtet werden, ferner Beträge, die an eine Ersatzkasse oder an eine private Krankenversicherung gezahlt werden, sofern sich solche Beträge im Rahmen des Üblichen halten. Nicht abzugsfähig sind zB Abzüge zu einem privaten Pensionsfonds. Teilzahlungen und Vorschüsse sind auf den pfandfreien Teil zu verrechnen, nur mit dem Überschuß auf den Rest. Etwas anderes gilt dann, wenn der Vorschuß ein Darlehen darstellen würde. Das ist regelmäßig dann anzunehmen, wenn es sich um einen „Vorschuß" auf mehrere Lohnzahlungen handelt, wenn also ein Bedarf befriedigt werden soll, zu dem sonst Kreditmittel in Anspruch genommen werden, während es sich im Falle eines Vorschusses um die Befriedigung des normalen Lebensbedarfs handelt, LG Düss **AP** § 614 BGB Nr 1, Stöber 3. Kap Abschn Q 1. Der Drittschuldner kann den pfändbaren Teil mit Wirkung gegenüber dem Gläubiger zur Aufrechnung stellen, § 392 BGB. Der Drittschuldner kann ebenso bei einem Anspruch auf eine vereinbarungsgemäße Einbehaltung einer Kaution vorgehen.

**5** **3) Zusammenrechnung, Z 2, 2 a.** Sie bereitet erhebliche Probleme.

**A. Arbeitseinkommen, Z 2.** Sämtliche pfändbaren Arbeitseinkommen des Schuldners müssen zusammengerechnet werden, ohne Rücksicht auf die Art der Pfändung, LG Ffm Rpfleger **83**, 449, Mertes Rpfleger **84**, 453, aM Behr Rpfleger **81**, 390 (die Zusammenrechnung sei nur bei der Pfändung des nicht bevorrechtigten Gläubigers zulässig). Diese Zusammenrechnung wird vom Rpfl des Vollstreckungsgerichts auf Grund eines entsprechenden Antrags und Nachweises vorgenommen, BAG NJW **97**, 479. Das Arbeitseinkommen des Ehegatten des Schuldners wird nicht mit dem Arbeitseinkommen des Schuldners zusammengerechnet, LG Marbg Rpfleger **92**, 167, und zwar auch dann nicht, wenn die Ehefrau zum Unterhalt des Schuldners beitragen muß. Es entfällt in einem solchen Fall aber der Freibetrag für die Ehefrau, wenn sie sich selbst voll unterhalten kann, § 850 d Rn 10. Eine Sozialrente wird nur gemäß Z 2 a zusammengerechnet, Rn 8.

Ein *Krankengeld* und ein *Arbeitgeberzuschuß* werden aber zusammengerechnet. Denn der Arbeitgeberzuschuß ist ein Teil des Arbeitseinkommens. Dasselbe gilt bei einer betrieblichen Altersversorgung, auch wenn sie von einer selbständigen Pensionskasse erbracht wird, BAG VersR **91**, 1199. Ein Schlechtwettergeld nach dem AFG ist unpfändbar. Daher darf insofern keine Zusammenrechnung erfolgen, LAG Hamm BB **70**, 128. Wegen des Kindergelds Grdz 80 vor § 704 „Kindergeld" und unten Rn 8. Unpfändbare Bezüge mindern den notwendigen Unterhalt nicht. Andernfalls wären sie mittelbar pfändbar; das würde aber dem Gesetz widersprechen. Die Zusammenrechnung kann auch nach der Pfändung eines Anspruchs erfolgen, Mertes Rpfleger **84**, 455. Die erste Pfändung ist dann zu berichtigen.

**6** Was schon gepfändet worden ist, das kann *nicht nochmals zusammengerechnet* werden. Der unpfändbare Grundbetrag ist in erster Linie dem Arbeitseinkommen zu entnehmen, das die wesentliche Grundlage der Lebenshaltung des Schuldners ist, Stgt Rpfleger **79**, 223, LG Trier MDR **81**, 327. Das ist regelmäßig das höhere Einkommen. Der Fall kann aber auch anders liegen, etwa dann, wenn ein Beamter neben seinem Gehalt aus einer Nebenbeschäftigung höhere Nebeneinnahmen hat, die nicht dauernd wiederkehren. Im einzelnen hat das Gericht freie Hand, LG Itzehoe SchlHA **78**, 216. Es ist aber an dem Grundsatz festzuhalten, daß eine Zusammenrechnung den Schuldner nicht besser stellen darf, als wenn er ein einheitliches Arbeitseinkommen in Höhe der Gesamtbezüge haben würde. Der Umstand, daß mehrere Drittschuldner vorhanden sind, hindert eine Zusammenrechnung nicht.

**7** Wenn ein Gläubiger die *mehreren Bezüge gepfändet* hat, dann muß das Vollstreckungsgericht im Beschluß sagen, welcher Drittschuldner den unpfändbaren Betrag oder auch den entsprechenden Anteil zu berücksichtigen hat. Wenn mehrere Gläubiger pfänden und jeder das Einkommen des Schuldners aus einer anderen Quelle pfändet, dann muß der pfändungsfreie Betrag in jedem Fall berücksichtigt werden, bis eine Anordnung nach Z 2 ergeht, bis das Gericht also den pfändungsfreien Betrag einem der Einkommen entnimmt. Die pfändungsfreien Zehntel des Mehrbetrags, § 850c Rn 7, sind dann aus die übrigen Einkommen zu verteilen und gehen jeweils zu Lasten desjenigen Gläubigers, der gerade dieses Einkommen gepfändet hat. Die Vorschrift ist zwingend. Sie läßt also keine Verteilung nach dem Ermessen des Rpfl zu. Eine Zusammenrechnung von Arbeitseinkommen und Einkünften anderer Art, zB aus selbständiger Tätigkeit, findet schon nach dem klaren Wortlaut von II nicht statt, LG Hann JB **90**, 1059, AG Hadamar DGVZ **89**, 189. Der Zusammenrechnungsbeschluß kann keine weitere Abtretbarkeit oder Aufrechenbarkeit begründen, BAG NJW **97**, 479.

**8** **B. Sozialleistungen, Z 2 a.** Ansprüche auf eine laufende Geldleistung nach dem SGB (also nicht andere, zB ausländische, LG Aachen MDR **92**, 521) sind mit dem Arbeitseinkommen nur dann zusammenzurechnen, wenn folgende Voraussetzungen erfüllt sind: Es muß zunächst ein *Antrag* des Gläubigers vorliegen, Mü Rpfleger **79**, 224. Ein solcher des Schuldners, der nach dem Gesetzeswortlaut ebenfalls ausreichen könnte, ist mangels Rechtsschutzbedürfnisses, Grdz 33 vor § 253, kaum zulässig; zwar könnte er durch Zusammenrechnung zunächst seinen Freibetrag erhöhen, der Schuldner müßte aber insgesamt natürlich mehr abführen. Der Anspruch muß auch überhaupt *pfändbar* sein. Dies gilt zB nicht bei der Sozialhilfe, Grdz 102 vor § 704 „Sozialhilfe", LG Bln MDR **78**, 323. Wegen des Erziehungsgelds, Kindergelds, Mutterschaftsgeld usw Grdz 80 vor § 704 „Kindergeld". Zum Abtretungsproblem BGH NJW **97**, 2823.

**9** Soweit es um einen solchen Anspruch im Sinn von § 54 V 1 in Verbindung mit § 48 I 2 *SGB I*, abgedruckt bei Grdz 80 vor § 704 „Kindergeld", geht, darf man eine Zusammenrechnung nach Z 2 a S 3 nur vornehmen, soweit eine Pfändung nach § 76 EStG oder nach § 54 V SGB I überhaupt zulässig ist, Grdz 80 vor § 704 „Kindergeld". Soweit es um eine Pfändung nicht wegen gesetzlicher Unterhaltsansprüche geht, ist der unpfändbare Grundbetrag nach Z 2 a S 2 den laufenden Leistungen nach dem SGB zu entnehmen.

Für die *verbleibenden restlichen Fälle* gilt mit der Einschränkung, daß die nachfolgenden Belege unbrauchbar sind, soweit sie sich auch auf die vorstehende Neuregelung für Kindergeld usw beziehen: Z 2 ist entsprechend anwendbar. Daher muß der Rpfl den unpfändbaren Grundbetrag derjenigen Leistung entnehmen, die die wesentliche Grundlage der Lebenshaltung des Schuldners bildet, Stgt Rpfleger **82**, 350, LG Freibg Rpfleger **81**, 452, aM Karlsr FamRZ **81**, 986, LG Hildesheim Rpfleger **81**, 450. Zum Problem Hornung Rpfleger **88**, 221. **10**

Zur Pfändung einer Kriegsschadensrente in Form einer *Unterhaltsbeihilfe* BSG RR **87**, 571; zur Pfändung der Grundrente eines Schwerkriegsbeschädigten Hamm Rpfleger **83**, 410. Wegen des Wohngelds LG Marbg Rpfleger **86**, 395, LG Tüb Rpfleger **84**, 280.

**4) Naturalbezüge, Z 3.** Zusammenrechenbar sind nur Naturalbezüge aus Dienstleistungen, Ffm JB **91**, 724, nicht solche vom Lebensgefährten, LG Regensb JB **95**, 218 (auch keine Trinkgelder). Wenn der Schuldner einen Naturalbezug hat, dann sind §§ 850ff unanwendbar, § 850 I, § 850 Rn 1. Wenn der Schuldner einen Naturalbezug neben einer Geldleistung bezieht, dann ist der Naturalbezug seinem Geldwert nach dem Bargeldbezug zuzurechnen, LAG Hamm BB **91**, 1496, also nicht mit demjenigen Wert, der für die Lohnsteuer und für die Sozialbeiträge festgesetzt wird. Das gilt auch dann, wenn der Schuldner von dem einen Drittschuldner Geld bezieht, von dem anderen Drittschuldner aber nur einen Naturalbezug. § 850e beläßt aber die Naturalbezüge in jedem Fall dem Schuldner. Denn die Vorschrift besagt, daß der Wert der Naturalleistung zunächst auf den unpfändbaren Grundbetrag des § 850c zu verrechnen ist. Das Gericht muß die Verrechnung von Amts wegen vornehmen. Das gilt auch: für einen Wehrsold, § 850 Rn 3; für die Bewertung der Sachbezüge gemäß dem jeweiligen Erlaß des BMin für Verteidigung, Kreutzer AnwBl **74**, 173 (er weist ua daraufhin, daß eine abweichende Bewertung der Truppe hingenommen werde); für den Lebenskostenbeitrag des Strafgefangenen, Ffm Rpfleger **84**, 425. **11**

**5) Zusammentreffen, Z 4.** Das Arbeitseinkommen zerfällt in drei Teile: Denjenigen Teil, der dem Schuldner unbedingt verbleiben muß; ferner denjenigen Teil, der einem Unterhaltsberechtigten für eine Pfändung freisteht; schließlich denjenigen Teil, der jedem Gläubiger offensteht. Z 4 will diejenigen Schwierigkeiten beseitigen, die dann entstehen, wenn verschieden berechtigte Gläubiger Pfändungen vornehmen. Wenn ein Unterhaltsberechtigter oder ein sonst nach § 850d Bevorzugter pfändet, dann ergreift seine Pfändung zunächst denjenigen Teil des Arbeitseinkommens, der nur seiner Pfändung freisteht; erst in zweiter Linie ergreift seine Pfändung denjenigen Teil des Arbeitseinkommens, der jedem Gläubiger offensteht. **12**

Wenn der Schuldner einen Bevorrechtigten durch die *Abtretung* eines Teils seines Einkommens gesichert hat, dann wirkt diese Maßnahme gegenüber einem nicht Bevorrechtigten, soweit eine Pfändung gewirkt hätte. Es wird also eine Verrechnung auf denjenigen Teil vorgenommen, der nur dem Bevorrechtigten offensteht. Der nicht bevorrechtigte Gläubiger oder sonstige Beteiligte, der nicht ein Drittschuldner ist, kann verlangen, daß das Vollstreckungsgericht eine entsprechende Verrechnung vornimmt, ThP 8, ZöStö 32, aM LG Gießen Rpfleger **85**, 370, StJM 86. Wegen des Zusammentreffens mit einem Gläubiger nach § 850f II, dort Rn 9, 10. Hat das Vollstreckungsgericht zugunsten eines Pfändungsgläubigers, dem eine Prozeßkostenhilfe bewilligt worden ist, eine Anordnung gemäß Z 4 und gemäß § 850 d getroffen, so kommt eine Verrechnung von Zahlungen, die der Drittschuldner daraufhin geleistet hat, auf die Kosten nicht in Betracht, LG Bln AnwBl **83**, 573. **13**

Das Vollstreckungsgericht, §§ 764, 802, *entscheidet* durch den Rpfl, § 20 Z 17 RPflG, Anh § 153 GVG, und zwar durch einen Beschluß, § 329. Er ist zu begründen, § 329 Rn 4. Bis zur Zustellung dieses Beschlusses an den Drittschuldner darf der Drittschuldner befreiend gemäß einer Abtretung, gemäß einem anderen Pfändungsbeschluß und gemäß anderen Verfügungen leisten. Denck MDR **79**, 450 läßt auch einen Antrag des Abtretungsgläubigers genügen.

**6) *VwGO:*** Vgl Einf §§ *850–852* Rn 9. **14**

**850f** *Härteklausel.* [I] Das Vollstreckungsgericht kann dem Schuldner auf Antrag von dem nach den Bestimmungen der §§ 850c, 850d und 850i pfändbaren Teil seines Arbeitseinkommens einen Teil belassen, wenn

a) der Schuldner nachweist, daß bei Anwendung der Pfändungsfreigrenzen entsprechend der Anlage zu diesem Gesetz (zu § 850c) der notwendige Lebensunterhalt im Sinne des Abschnitts 2 des Bundessozialhilfegesetzes für sich und für die Personen, denen er Unterhalt zu gewähren hat, nicht gedeckt ist,

b) besondere Bedürfnisse des Schuldners aus persönlichen oder beruflichen Gründen oder

c) der besondere Umfang der gesetzlichen Unterhaltspflichten des Schuldners, insbesondere die Zahl der Unterhaltsberechtigten dies erfordern, und überwiegende Belange des Gläubigers nicht entgegenstehen.

[II] Wird die Zwangsvollstreckung wegen einer Forderung aus einer vorsätzlich begangenen unerlaubten Handlung betrieben, so kann das Vollstreckungsgericht auf Antrag des Gläubigers den pfändbaren Teil des Arbeitseinkommens ohne Rücksicht auf die in § 850 c vorgesehenen Beschränkungen bestimmen; dem Schuldner ist jedoch so viel zu belassen, wie er für seinen notwendigen Unterhalt und zur Erfüllung seiner laufenden gesetzlichen Unterhaltspflichten bedarf.

[III] [1] Wird die Zwangsvollstreckung wegen anderer als der in Absatz 2 und in § 850d bezeichneten Forderungen betrieben, so kann das Vollstreckungsgericht in den Fällen, in denen sich das Arbeitseinkommen des Schuldners auf mehr als monatlich 3744 Deutsche Mark (wöchentlich 864 Deutsche Mark, täglich 172,80 Deutsche Mark) beläuft, über die Beträge hinaus, die nach § 850c

## § 850f

pfändbar wären, auf Antrag des Gläubigers die Pfändbarkeit unter Berücksichtigung der Belange des Gläubigers und des Schuldners nach freiem Ermessen festsetzen. ²Dem Schuldner ist jedoch mindestens so viel zu belassen, wie sich bei einem Arbeitseinkommen von monatlich 3744 Deutsche Mark (wöchentlich 864 Deutsche Mark, täglich 172,80 Deutsche Mark) aus § 850 c ergeben würde.

**Gliederung**

| | |
|---|---|
| 1) Systematik, Regelungszweck, I–III ... 1 | A. Zwangsvollstreckung wegen einer vorsätzlichen unerlaubten Handlung, II ... 6, 7 |
| 2) Schutz des Schuldners, I ............ 2–5 | B. Verfahren ........................... 8, 9 |
|    A. Keine Deckung des Lebensunterhalts, I a ........................ 2 | C. Einzelfragen ....................... 10, 11 |
|    B. Besondere Bedürfnisse, I b ...... 3 | D. Andere Fälle, III ................... 12 |
|    C. Unterhaltpflicht, I c ............. 4 | 4) Verfahren, I–III ...................... 13–15 |
|    D. Überwiegen der Belange des Gläubigers, I a–c .................... 5 | A. Allgemeines ........................ 13 |
| 3) Begünstigung des Gläubigers, II, III .. 6–12 | B. Rechtsbehelfe ...................... 14 |
| | C. Aufhebung der Anordnung nach I .. 15 |
| | 5) VwGO ................................ 16 |

**1** **1) Systematik, Regelungszweck, I–III.** § 850 f ist keine auf eine Überprüfung des bisherigen Pfändungsbeschlusses gerichtete Erinnerung, Köln RR **89**, 189. Daher reichen auch nicht allgemeine Billigkeitserwägungen zur Schlüssigkeit, LG Frankenth Rpfleger **84**, 362. Die Vorschrift bezweckt vielmehr eine Neuregelung auf Grund von neu geltend gemachten Tatsachen, Hamm Rpfleger **77**, 224. Sie soll dazu beitragen, in bestimmten Fällen Härten zu vermeiden, Köln FamRZ **91**, 1462, LG Hann Rpfleger **85**, 154, Hornung Rpfleger **84**, 126. I enthält eine Schutzvorschrift für den Schuldner, BAG NJW **86**, 2208. Die Vorschrift gilt auch bei der Vollstreckung einer Steuerforderung, § 319 AO, Buciek DB **88**, 882 (ausf). II, III enthalten Schutzvorschriften für den Gläubiger. § 54 II SGB I geht vor, BFH DB **79**, 1332. Zu den Auswirkungen beim Kindergeld Hornung Rpfleger **88**, 223. I ist auf eine Abtretung anwendbar, vgl Köln Rpfleger **98**, 354 (auch zum Verfahren). Rechtspolitisch zB Christmann Rpfleger **90**, 403.

**2** **2) Schutz des Schuldners, I.** Es ist behutsame Abwägung nötig.

**A. Keine Deckung des Lebensunterhalts, I a.** Die Vorschrift ist auch bei einer Unterhaltsvollstreckung anwendbar, aM LG Bln Rpfleger **93**, 120. Sie greift ein, wenn die Tabellen der Anlage (zu § 850 c), abgedruckt hinter § 850 c, dem Schuldner weniger pfändungsfrei belassen, als er zur Deckung des notwendigen Lebensunterhalts im Sinne des SGB für sich und für die ihm gegenüber Unterhaltsberechtigten benötigt, § 850 c Rn 5. Es soll also kein Absinken unter die Sozialhilfesatz erfolgen, LG Ffm FamRZ **96**, 243, LG Gießen DGVZ **96**, 10. Damit erfüllt I a eine lange zuvor erhobene Forderung zum Zweck der Verhütung einer Hilfsbedürftigkeit des Schuldners wie auch der Verlagerung der Sozialkosten auf den Staat, LG Duisb Rpfleger **98**, 355, Schilken FamRZ **89**, 1227; der Gläubiger soll nicht kahlpfänden dürfen. Die Verweisung auf das SGB führt zu einer Abhängigkeit der Härteklausel des I vom SGB.

Das Vollstreckungsgericht beachtet alles dies nicht von Amts wegen, sondern nur auf *Schuldnerantrag, I*. Das verkennt LG Ffm FamRZ **96**, 244. Er muß sogar voll nachweisen, daß seine restlichen Mittel zum Absinken unter die SGB-Grenzen führen würden, LG Bochum Rpfleger **98**, 531. Im Zweifel ist eine Maßnahme nach I nicht zulässig, LG Mü JB **98**, 377. Damit bürdet die Vorschrift dem Schuldner die Ermittlung der jeweiligen Grenzen nach dem SGB auf. Die Vereinbarkeit dieser Beweislast mit dem Gebot des Sozialstaats, Art 20 I GG, ist zweifelhaft. Das Vollstreckungsgericht darf dem Schuldner bei der Errechnung helfen und dürfte in zumutbarem Umfang dazu auch verpflichtet sein, bevor es ihn für beweisfällig erklärt. Es ist nicht an eine Bescheinigung der Sozialbehörde über eine hypothetische Sozialhilfe usw gebunden, Köln FamRZ **93**, 584, LG Köln JB **95**, 103, LG Stgt Rpfleger **93**, 357. Wohnbedarf gehört zum notwendigen Lebensunterhalt, LG Bre Rpfleger **99**, 189. Bei der Berechnung wegen hoher Miete ist der Freibetrag am Wohngeldrecht zu orientieren, LG Heidelb JB **98**, 46.

**3** **B. Besondere Bedürfnisse, I b.** Die Vorschrift greift ein, wenn ein besonderes Bedürfnis des Schuldners zu der Notwendigkeit führt, einen pfändungsfreien Teil des Arbeitseinkommens zu belassen, der über die gesetzliche Höhe der Pfändungsfreigrenze hinausgeht. Die besonderen Bedürfnisse können persönliche sein, etwa die Notwendigkeit einer besonders kräftigen Ernährung zur Erhaltung oder zur Wiederherstellung der Gesundheit, LGe Essen, Ffm, Mainz je Rpfleger **90**, 470, oder die Notwendigkeit einer Haushaltshilfe, LG Essen JB **99**, 326, oder der Umstand, daß der Schuldner wegen der geringen Höhe seines Einkommens vom Sozialamt zusätzlich unterstützt werden muß, LG Hann Rpfleger **85**, 154, Kohte Rpfleger **91**, 514. Es können auch berufliche Bedürfnisse vorhanden sein, etwa Fahrtkosten, Köln FamRZ **89**, 997, oder eine Pflicht, einen gewissen Aufwand zu betreiben, für den keine Aufwandsentschädigung gewährt wird. Es kann auch eine Auslandssteuerschuld ausreichen, BAG NJW **86**, 2208, ferner ein Mehrbedarf wegen Erwerbstätigkeit, Stgt Rpfleger **96**, 360.

Allerdings sind bereits bestehende andere *Steuerschulden* als die jetzt zur Vollstreckung kommende nur ausnahmsweise als besonderes Bedürfnis anzuerkennen, Buciek DB **88**, 885. Die Abtragung von Mietrückständen gehört nicht hierher, auch nicht hohe Mietkosten, AG Kassel JB **97**, 442, ebensowenig ein Darlehen ohne einen fortbestehenden besonderen Bedarf, Hamm Rpfleger **77**, 110, oder eine „Garantiebescheinigung" des Sozialamts, LG Stgt Rpfleger **90**, 173. AG Hechingen Rpfleger **89**, 294, stellt darauf ab, ob die Erhöhung auch dem Schuldner selbst und nicht nur zB der Sozialbehörde zugute käme.

*Beispiel der Anwendbarkeit:* Leistungen für die Durchführung von Transporten nehmen die Erwerbstätigkeit des Schuldners voll in Anspruch, LG Hann JB **92**, 265 (zu Nr 19 aF).

**4** **C. Unterhaltpflicht, I c.** Die Vorschrift greift ein, wenn der Schuldner besonders umfangreiche gesetzliche Unterhaltspflichten zu erfüllen hat. Diese Unterhaltspflichten müssen also den Durchschnitt beachtlich übersteigen, sei es wegen der Zahl der Berechtigten oder wegen der Höhe der gebotenen Aufwendungen, etwa infolge einer Krankheit, der Beendigung einer Ausbildung usw. Ein Unterhalt bis zu fünf Personen ist als solcher keine besondere Belastung. Denn diese Belastung ist bereits in § 850 c berücksichtigt. Eine vertragliche oder gar rein tatsächliche, freiwillige Unterhaltsleistung ohne gesetzliche Pflicht, etwa an den Sohn, LG Kblz RR **86**, 680, oder an die „Lebensgefährtin", ist unbeachtlich, LG Schweinf NJW **84**, 375.

**D. Überwiegen der Belange des Gläubigers, I a–c.** Bei Rn 2–4 dürfen jeweils keine überwiegenden **5** Belange des Gläubigers entgegenstehen, LG Hbg Rpfleger **91**, 515. Die Anwendbarkeit dieses Merkmals auf alle drei Situationen I a–c ergibt sich aus der Stellung von I letzter Hs im BGBl (er beginnt am Zeilenanfang, also auf derselben Ebene wie I a–c). Solche Belange können in der Person des Gläubigers liegen, etwa in seiner Gebrechlichkeit oder in seinen Verpflichtungen. Wenn der Gläubiger durch eine Ermäßigung in eine Notlage kommt, dann muß das Vollstreckungsgericht einen gerechten Ausgleich suchen Köln FamRZ **91**, 1462, LG Hbg Rpfleger **91**, 517. Weder der Gläubiger noch der Schuldner haben ein grundsätzliches Vorrecht, Celle Rpfleger **90**, 376. Das Vollstreckungsgericht muß allerdings die Interessen des Gläubigers hier besonders sorgfältig nachprüfen. Die Zustimmung wirkt nur gegen den Zustimmenden, Siegel BB **97**, 103.

**3) Begünstigung des Gläubigers. II, III** **6**

**Schrifttum:** *Schulte-Beckhausen*, Die Zwangsvollstreckung gemäß § 850 f Abs. 2 ZPO aus einem hierfür ungeeigneten Titel, 1994.

**A. Zwangsvollstreckung wegen einer vorsätzlichen unerlaubten Handlung, II.** Die Vorschrift begünstigt den Gläubiger dann, wenn der Schuldner ihm gegenüber eine auch nur bedingt vorsätzliche Handlung begangen hat. Eine einfache oder auch grobe Fahrlässigkeit des Schuldners reicht nicht aus. Für solche Schuldformen gelten die allgemeinen Regeln, ebenso bei Vorsatz wie bei Fahrlässigkeit wegen der Prozeßkosten, LG Hann Rpfleger **82**, 232, LG Lübeck SchlHA **84**, 117, ThP 8, aM KG Rpfleger **72**, 66, LG Dortm Rpfleger **89**, 75. Die allgemeinen Regeln gelten auch für die Kosten eines Anwalts für die Tätigkeit gegen den Schuldner im zugehörigen Strafverfahren, LG Hann Rpfleger **82**, 232. Die Schutzklausel ist grundsätzlich bei einer Zwangsvollstreckung auf Grund jedes Vollstreckungstitels anwendbar, auch beim Steuerverstoß, BFH NJW **97**, 1725, aM BAG DB **89**, 1631.

Maßgeblich sind die Feststellungen zum Vorsatz des Schuldners, die sich im *Urteil* oder in einem **7** sonstigen diesbezüglichen Titel befinden, sofern solche Feststellungen dort aufgenommen worden sind, BGH **109**, 278, LG Stgt MDR **85**, 150. Maßgeblich sind ferner diejenigen Feststellungen zum Vorsatz, die sich zwar nicht in dem vorgenannten Vollstreckungstitel befinden, aber doch unstreitig sind, LG Stgt MDR **85**, 150. Der Gläubiger sollte das Prozeßgericht deshalb nach Möglichkeit dazu veranlassen, solche Feststellungen in seine Entscheidung aufzunehmen, Künzl JR **91**, 95. Wenn die Zwangsvollstreckung aus einem Vollstreckungsbescheid, § 700, oder aus einem Versäumnisurteil erfolgt, §§ 331 ff, dann ist die etwaige Anspruchsbegründung maßgeblich, Düss NJW **73**, 1133, LG Darmst Rpfleger **85**, 155, LG Münst JB **96**, 385. Eine formularmäßige Behauptung reicht wegen des Fehlens der Notwendigkeit der Schlüssigkeitsprüfung nicht mehr aus, LG Düss RR **87**, 758, AG Freyung MDR **86**, 595, aM Smid DGVZ **90**, 219. Notfalls muß das Vollstreckungsgericht also selbst klären, LG Bonn Rpfleger **94**, 265, LG Düss RR **87**, 758, ist freilich an die Rechtskraft nach § 322 gebunden, Büchmann NJW **87**, 172, Künzl JR **91**, 91, Smid ZZP **103**, 359.

**B. Verfahren.** Wenn in dem Urteil, dem sonstigen Vollstreckungstitel oder in der Anspruchsbegründung **8** keine Feststellungen zur Schuldform getroffen wurden, oder wenn das Gericht dort dahingestellt bleiben hat, ob der Schuldner vorsätzlich handelte, dann muß das Vollstreckungsgericht selbständig prüfen, ob der Schuldner vorsätzlich gehandelt hat, Celle JB **98**, 272, AG Delmenhorst JB **98**, 663, darf aber keine Gefahr laufen, den Titel inhaltlich zu ändern, LG Augsb DGVZ **95**, 26, aM LG Landshut JB **96**, 555. Wenn das Vollstreckungsverfahren zum Nachweis des Vorsatzes ungeeignet ist, dann muß der Gläubiger vor dem Prozeßgericht, § 32 Rn 15 „Zwangsvollstreckung", insoweit eine Feststellungsklage nach § 256 erheben, Oldb RR **92**, 573, LG Stgt JB **97**, 549, ZöStö 9, aM Hamm NJW **73**, 1332, LG Krefeld MDR **83**, 325 (das Vollstreckungsgericht müsse stets von Amts wegen prüfen, ob der Schuldner vorsätzlich gehandelt habe. Aber für eine Feststellungsklage besteht durchaus ein Rechtsschutzbedürfnis, Grdz 33 vor § 253, BGH **109**, 278, und zwar zumindest dann, wenn die Feststellung des Vorsatzes des Schuldners über das jeweilige Vollstreckungsverfahren hinausreichen würde).

Wenn feststeht, daß der Schuldner vorsätzlich handelte, dann kann das Vollstreckungsgericht auf einen **9** Antrag des Gläubigers den pfändbaren Teil des Arbeitseinkommens ohne die Rücksicht auf die Beschränkungen des § 850 c bestimmen, Karlsr MDR **71**, 401. Der Rpfl übt insofern ein pflichtgemäßes *Ermessen* aus. Er muß auf den Unrechtsgehalt, den Vorteil des Schuldners, die Schwere der Verletzung des Gläubigers oder seiner Interessen, ferner auf die beiderseitige wirtschaftliche Lage und auf die Unterhaltsverpflichtungen des Schuldners abstellen. Zwar muß der Rpfl dabei die Gesichtspunkte der I einbeziehen. Er muß einen etwa gleichzeitig nach I gestellten Antrag des Schuldners regelmäßig ablehnen. Denn II enthält eine Annäherung an § 850 d I, aber insofern immer noch eine Besserstellung des Schuldners, als die Vorschrift nicht auf die Bezüge aus § 850 a zurückgreift.

**C. Einzelfragen.** Das Vollstreckungsgericht muß dem Schuldner in jedem Fall denjenigen Betrag **10** belassen, den er für seinen eigenen Unterhalt, LG Frankenth JB **95**, 664, und zur Erfüllung seiner Unterhaltspflichten braucht, AG Groß Gerau Rpfleger **83**, 450. Allerdings kann der danach dem Schuldner verbleibende Betrag im Ergebnis unter Umständen dadurch noch weiter verringert werden, daß der Schuldner eine Geldstrafe abzutragen hat. Denn dieser Umstand darf nicht zu Lasten der Zahlungen an den Gläubiger gehen, LG Frankenth JB **95**, 664, vor allem dann nicht, wenn dieser Gläubiger vielleicht gerade derjenige ist, den der Schuldner durch die Straftat geschädigt hat. Als Richtwert des Unpfändbaren nimmt LG Erfurt JB **96**, 554 das Doppelte des Regelsatzes nach dem Sozialrecht, Untergrenze ist § 850 c, LG Bochum Rpfleger **97**, 395.

## §§ 850f, 850g

**11** Wegen des *Kindergelds* Grdz 80 vor § 704 „Kindergeld". Eine Zuckerkrankheit des Schuldners rechtfertigt nicht stets einen erhöhten Pfändungsschutz, LG Krefeld MDR **72**, 152, ebensowenig ist eine allgemeine Diätnotwendigkeit ausreichend, LG Kblz RR **86**, 680. Ein Anspruch aus § 850 d geht der Regelung nach II vor. Ein Lohnabtretungsverbot ist nach einer Anordnung aus II unbeachtlich, BAG BB **84**, 145. Bei wechselnden Einkünften kann es ratsam sein, nicht den pfändbaren, sondern den pfandfreien Betrag zu bestimmen, LG Ffm MDR **85**, 150.

**12** **D. Andere Fälle, III.** Bei einem Arbeitseinkommen über 3744 DM monatlich (864 DM wöchentlich, 172,80 DM täglich) kann der Gläubiger beantragen, daß der pfändbare Betrag ohne Berücksichtigung der im § 850 c gezogenen Grenzen festgesetzt wird. Das Vollstreckungsgericht muß dabei die Interessen beider Seiten berücksichtigen, also die wirtschaftlichen Auswirkungen, die Unterhaltsverpflichtungen, eine Böswilligkeit des Schuldners usw. Das Gericht setzt den Betrag nach pflichtgemäßem Ermessen fest. Es muß dem Schuldner jedenfalls soviel belassen, wie sich aus der Tabelle zu § 850 c bei einem Arbeitseinkommen von monatlich 3744 DM (usw) für ihn unter Berücksichtigung seiner Unterhaltspflichten ergibt.   III ist bei einer Unterhaltsforderung *unanwendbar*, § 850 d. Die Vorschrift ist ferner bei einer vorsätzlich begangenen unerlaubten Handlung unanwendbar. Denn in diesem Fall ist die Lage des Gläubigers schon vom Gesetz begünstigt worden. Ein Lohnabtretungsverbot ist nach einer Anordnung aus III unbeachtlich, BAG BB **84**, 145.

**13** **4) Verfahren, I–III.** Ein abstraktes Schuldversprechen gibt weitere Möglichkeiten, LG Bonn MDR **98**, 1247.

**A. Allgemeines.** Zuständig ist grundsätzlich der Rpfl des Vollstreckungsgerichts, §§ 764, 802, obwohl es sich hier um eine Ermessensentscheidung in einem Härtefall handelt, § 20 Z 17 RPflG, Anh § 153 GVG, BAG NJW **91**, 2039, Düss NJW **73**, 1133, Kirberger FamRZ **74**, 639. Im Streit zwischen Arbeitnehmer und Abtretungsgläubiger kann auch das Prozeßgericht zuständig sein, BAG NJW **91**, 2039. Örtlich bleibt auch beim Wohnsitzwechsel nach dem Erlaß des Pfändungsbeschlusses die Zuständigkeit bestehen, Mü Rpfleger **85**, 154. Der Rpfl entscheidet nur auf einen Antrag des Gläubigers, nicht von Amts wegen. Der Antrag ist grundsätzlich nicht in eine Erinnerung nach § 766 umdeutbar, Rn 1, Köln RR **89**, 189; freilich ist das eine Fallfrage. Der Gläubiger kann den Antrag auch während der Pfändungszeit stellen.

Eine mündliche *Verhandlung ist freigestellt*, § 128 Rn 10, § 764 III. Im Falle des I entscheidet der Rpfl auch auf den Antrag eines Dritten, dem die Vergünstigung zugute kommen würde, etwa eines Unterhaltsberechtigten. Der Drittschuldner hat aber kein Antragsrecht. Der Antragsteller muß ein Rechtsschutzbedürfnis haben, Grdz 33 vor § 253. Der Rpfl muß den Schuldner trotz § 834 anhören, Art 103 I GG, soweit er eine Prüfung der wirtschaftlichen Verhältnisse des Schuldners vornehmen muß, Düss NJW **73**, 1133, Kblz MDR **75**, 939, aM LG Bochum Rpfleger **97**, 395. Der Rpfl setzt in seinem Beschluß, § 329, der zu begründen ist, § 329 Rn 4, und den der Rpfl förmlich zustellen lassen muß, § 329 III, die Unpfändbarkeitsgrenze nach I herauf oder nach II oder III herab.

**14** **B. Rechtsbehelfe.** Soweit wegen der notwendigen Prüfung der wirtschaftlichen Verhältnisse des Schuldners eine echte Entscheidung vorliegt, ist gegen den Beschluß des Rpfl § 11 RPflG, Anh § 153 GVG, anwendbar, also grds sofortige Beschwerde gegeben, (teils zum alten Recht) LG Stgt Rpfleger **94**, 175, ThP 11, aM Düss NJW **73**, 1133, Kblz MDR **75**, 939, LG Lübeck Rpfleger **74**, 76. Das gilt zumindest dann, wenn der Rpfl den Antrag teilweise abgelehnt hat, Hamm Rpfleger **74**, 31. Vgl im übrigen § 104 Rn 41 ff, § 829 Rn 63–65.

**15** **C. Aufhebung der Anordnung nach I.** Wenn das Gericht aufgrund eines Rechtsbehelfs oder nach § 850 g eine Anordnung nach I aufhebt, dann lebt das Recht aus der ursprünglichen Pfändung im vollen Umfang (bei einer Abänderung entsprechend) und mit dem früheren Rang wieder auf, es sei denn, die Freigrenzen wären inzwischen erhöht worden, Köln FamRZ **92**, 845. Dasselbe gilt bei einer Erweiterung der Pfändungsgrenze zu Lasten des Schuldners im Falle II oder III. Diese Wirkung tritt auch bei einem Überweisungsbeschluß ein. Im Falle der Aufhebung oder Abänderung zu Lasten des Gläubigers, II oder III, entfällt die bisherige Regelung von der Wirksamkeit des abändernden Beschlusses an.

**16** **5) VwGO:** *Vgl Einf §§ 850–852 Rn 9.*

---

**850g** *Änderung der Unpfändbarkeitsvoraussetzungen.* ¹Ändern sich die Voraussetzungen für die Bemessung des unpfändbaren Teils des Arbeitseinkommens, so hat das Vollstreckungsgericht auf Antrag des Schuldners oder des Gläubigers den Pfändungsbeschluß entsprechend zu ändern. ²Antragsberechtigt ist auch ein Dritter, dem der Schuldner kraft Gesetzes Unterhalt zu gewähren hat. ³Der Drittschuldner kann nach dem Inhalt des früheren Pfändungsbeschlusses mit befreiender Wirkung leisten, bis ihm der Änderungsbeschluß zugestellt wird.

**1** **1) Systematik, Regelungszweck, S 1–3.** Es handelt sich um ein Gegenstück zu §§ 323, 767. Eine solche Regelung ist auch dann notwendig, wenn es um einen auch in die Zukunft gerichteten Pfändungs- und Überweisungsbeschluß geht, denn er könnte zu unhaltbaren Ungerechtigkeiten beim Zugriff führen, sei es zu Lasten des Gläubigers, sei es zu Lasten des Schuldners. Die Vorschrift dient also der Gerechtigkeit, Einl III 9, und ist dementsprechend sorgfältig zu beachten. Natürlich darf nicht jede noch so winzige Veränderung der Verhältnisse zu einer womöglich bald ganzen Reihe von Anpassungsverfahren führen; das wäre mit der Prozeßwirtschaftlichkeit, Grdz 14 vor § 128, unvereinbar. Auch das ist bei der Auslegung mitzubedenken, Rn 2.

1. Titel. Zwangsvollstr. in das bewegl. Vermögen  §§ 850g, 850h

**2) Geltungsbereich: Änderung der Verhältnisse, S 1, 2.** Man kann die in § 323 Rn 17 ff dargestellten 2 Grundsätze auch bei § 850 g heranziehen. Zwar fordert § 323 I eine „wesentliche" Änderung, § 850 g S 1 nur eine „Änderung"; gleichwohl sollte man eine solche aus den Erwägungen Rn 1 erst ab etwa 10% annehmen. Das Gesetz will kein dauerndes Hin- und Herschwanken.

**3) Verfahren, S 1–3.** Es ist ein Antrag des Betroffenen erforderlich, AG Ffm JB **98**, 274. Zuständig ist 3 dasjenige Vollstreckungsgericht, § 764, das den Pfändungsbeschluß erlassen hatte, BGH Rpfleger **90**, 308. Zum Antrag können der Gläubiger, der Schuldner und auch ein Dritter berechtigt sein, dem der Schuldner einen gesetzlichen Unterhalt leisten muß, etwa ein Abkömmling. Der Antragsteller muß aber stets ein Rechtsschutzbedürfnis haben, Grdz 33 vor § 253. Dieses besteht dann, wenn ihm die begehrte Änderung zugute kommt. Der Antrag ist so, wie ihn das Gesetz behandelt, keine Erinnerung nach § 766, Mü Rpfleger **85**, 154. Deshalb ist zur Entscheidung über den Antrag auch der Rpfl zuständig, § 20 Z 17 RPflG, Anh § 153 GVG. Er ändert den Pfändungsbeschluß auch dann, wenn zuvor das Gericht entschieden hatte. Denn es müssen ja neue Unterlagen vorliegen. Der Beschluß ist zu begründen, § 329 Nr 4.

Die *Zustellung* des abändernden Beschlusses, § 329, erfolgt wie beim Pfändungsbeschluß, also an den Drittschuldner im Parteibetrieb. Bis zur Zustellung kann sich der Drittschuldner an den bisherigen Beschluß halten, LAG Ffm DB **90**, 639, selbst wenn er den abändernden Beschluß bereits kennt. Der abändernde Beschluß hat also keine Rückwirkung, Köln Rpfleger **88**, 419. Er bindet nach §§ 318, 329, Köln FamRZ **94**, 1273. Wenn der Schuldner die Unrichtigkeit derjenigen Tatsachen behauptet, die der Gläubiger vorträgt und die dem alten Beschluß zugrundegelegt worden waren, dann handelt es sich um eine Erinnerung nach § 766, Einf 6 vor §§ 850–852, LG Düss Rpfleger **82**, 301.

**4) VwGO:** *Vgl Einf §§ 850–852 Rn 9.* 4

## 850h

*Verschleiertes Arbeitseinkommen.* [1] [1]Hat sich der Empfänger der vom Schuldner geleisteten Arbeiten oder Dienste verpflichtet, Leistungen an einen Dritten zu bewirken, die nach Lage der Verhältnisse ganz oder teilweise eine Vergütung für die Leistung des Schuldners darstellen, so kann der Anspruch des Drittberechtigten insoweit auf Grund des Schuldtitels gegen den Schuldner gepfändet werden, wie wenn der Anspruch dem Schuldner zustände. [2]Die Pfändung des Vergütungsanspruchs des Schuldners umfaßt ohne weiteres den Anspruch des Drittberechtigten. [3]Der Pfändungsbeschluß ist dem Drittberechtigten ebenso wie dem Schuldner zuzustellen.

II [1]Leistet der Schuldner einem Dritten in einem ständigen Verhältnis Arbeiten oder Dienste, die nach Art und Umfang üblicherweise vergütet werden, unentgeltlich oder gegen eine unverhältnismäßig geringe Vergütung, so gilt im Verhältnis des Gläubigers zu dem Empfänger der Arbeits- und Dienstleistungen eine angemessene Vergütung als geschuldet. [2]Bei der Prüfung, ob diese Voraussetzungen vorliegen, sowie bei der Bemessung der Vergütung ist auf alle Umstände des Einzelfalles, insbesondere die Art der Arbeits- und Dienstleistung, die verwandtschaftlichen oder sonstigen Beziehungen zwischen dem Dienstberechtigten und dem Dienstverpflichteten und die wirtschaftliche Leistungsfähigkeit des Dienstberechtigten Rücksicht zu nehmen.

**Schrifttum:** *Grunsky,* Gedanken zum Anwendungsbereich von § 850 h Abs. 2 ZPO, Festschrift für *Baur* (1981) 403.

**Gliederung**

| | | | |
|---|---|---|---|
| 1) Systematik, Regelungszweck, I, II .... | 1 | B. Vergütungspflicht ................ | 6, 7 |
| 2) Lohnbegrenzungsvertrag, I ............ | 2–4 | C. Sonderfälle ........................ | 8 |
| A. Schuldnerleistung .................... | 2 | D. Pfändbarer Anspruch ............. | 9, 10 |
| B. Vergütungspflicht ................... | 3 | E. Verfahren ......................... | 11 |
| C. Umfang der Pfändung ............... | 4 | 4) Rechtsbehelfe, I, II ................... | 12 |
| 3) Verschleierter Arbeitsvertrag, II ....... | 5–11 | 5) *VwGO* ............................. | 13 |
| A. Arbeits- und Dienstleistung .......... | 5 | | |

**1) Systematik, Regelungszweck, I, II.** § 850 h soll es einem faulen Schuldner unmöglich machen, sich 1 durch eine Lohnschiebung der Zwangsvollstreckung zu entziehen, BGH NJW **79**, 1601. *I* betrifft die früher sog 1500-Mark-Verträge, die den Arbeitgeber verpflichteten, die Vergütung ganz oder jedenfalls in derjenigen Höhe, in der sie die Unpfändbarkeitsgrenze übersteigt, an einen Dritten zu zahlen, meist an die Ehefrau des Schuldners. *II* soll verhindern, daß der Schuldner eine gewinnbringende Arbeit ohne jede Vergütung oder nur gegen eine unverhältnismäßig geringe Vergütung leistet, Düss RR **89**, 390, etwa gegen ein Taschengeld, ein Vorgang, der sich bei Eheleuten im Geschäft des Ehegatten, bei Kindern in dem Geschäft der Eltern häufig findet. Das Gesetz hilft mit einer Unterstellung (Fiktion) der Vereinbarung einer angemessenen Vergütung, BGH NJW **79**, 1601. Dem Zweck des Gesetzes nach sind in jedem Fall der Grund und der Sinn des Vorgangs sorgfältig zu prüfen. Die güterrechtliche Regelung der Schuldenhaftung berührt den § 850 h nicht. Wegen unwahrer Lohnzahlungsperiode § 850 c Rn 6.

**2) Lohnbegrenzungsvertrag, I.** Es müssen zwei Bedingungen zusammentreffen. 2

**A. Schuldnerleistung.** Der Schuldner (nur eines Vertrags, BAG MDR **96**, 1155), leistet Arbeiten oder Dienste. Es ist nicht erforderlich, daß ein festes Dienstverhältnis, ein Arbeits- und ein Dienstlohn oder eine wiederkehrende Vergütung vorliegen. Jeder Anspruch auf Vergütung für irgendwelche Arbeits- oder Dienstleistung genügt, auch eine einmalige Vergütung, etwa für die Anfertigung eines Auszugs.

## § 850h           8. Buch. 2. Abschnitt. ZwV wegen Geldforderungen

**3**    **B. Vergütungspflicht.** Der Dienstempfänger verpflichtet sich, einem Dritten eine Vergütung zu bezahlen. Die Abtretung des Anspruchs gehört nicht hierher. Eine solche Abtretung kann eine Gläubigeranfechtung begründen. Als Vergütung ist jede Vermögenszuwendung anzusehen, die man für die Arbeit gewährt. Es genügt, daß nur ein Teil der Zuwendung eine solche Vergütung darstellt. Entscheidend ist, ob das Gewährte „nach Lage der Umstände" als eine solche Vergütung anzusehen ist. Diese Frage ist objektiv in freier Würdigung der Umstände zu beurteilen, allerdings erst auf Grund einer Erinnerung, Rn 12; die Auffassung der Beteiligten ist nicht wesentlich. Es braucht also keine gewollte Schiebung vorzuliegen.

**4**    **C. Umfang der Pfändung.** Die Pfändung des Anspruchs des Schuldners gegen den Drittschuldner umfaßt unter den Voraussetzungen Rn 2, 3 kraft Gesetzes den Anspruch des Dritten gegen den Drittschuldner, LG Lüb Rpfleger **86**, 100. Der Gläubiger kann aber auch ohne einen Vollstreckungstitel gegenüber dem Drittberechtigten und ohne eine vorherige Zustellung an ihn dessen Anspruch pfänden. Das Vollstreckungsgericht prüft in einem solchen Fall nicht, ob die Voraussetzungen des § 850 h vorliegen, sondern es legt seinem Beschluß die Angaben des Gläubigers zugrunde, § 829 Rn 14. Eine vorherige Zustellung des Vollstreckungstitels an den Dritten ist nicht erforderlich. Denn der Dritte ist nicht der Vollstreckungsschuldner. Der Pfändungsbeschluß ist zu begründen, § 329 Rn 4. Er wird dem Schuldner und dem Dritten zugestellt. Allerdings sind diese Einzelheiten prozessual unerheblich. Die Pfändung wird mit der Zustellung an den Drittschuldner wirksam. Die Pfändungsbeschränkungen gelten auch hier. Der Dritte kann den Anspruch dem Zugriff des Gläubigers nicht durch eine Abtretung entziehen. Ein anderer kann eine solche Wirkung nicht durch eine Pfändung beim Dritten erreichen. Denn niemand kann mehr Rechte erwerben, als sie der Veräußernde hat. Andernfalls wäre § 850 h ein Schlag ins Wasser.

**5**    **3) Verschleierter Arbeitsvertrag, II.** Es müssen die Vorgänge Rn 5, 6 zusammentreffen.

     **A. Arbeits- und Dienstleistung.** Der Schuldner muß in einem ständigen Verhältnis arbeiten oder Dienste leisten, vgl LAG Ffm DB **91**, 1388. Es muß nicht unbedingt ein Dienstverhältnis vorliegen. Die Tätigkeit kann auf Grund eines Vertrags oder ohne einen Vertrag geleistet werden. Eine tatsächliche Arbeit genügt, Hamm FamRZ **84**, 1103, Fenn FamRZ **73**, 628. Eine einmalige Leistung gehört aber nicht hierhin. Vielmehr muß die Tätigkeit eine gewisse Regelmäßigkeit und Dauer aufweisen. Dann reicht auch eine Teilzeitarbeit, LAG Hamm BB **88**, 488 (zustm Smid BB **88**, 1755). Eine Abtretung muß den tatsächlich bestehenden Lohnanspruch erfassen, LAG Ffm DB **91**, 1308 (auch wegen einer sog Mantelzession).

**6**    **B. Vergütungspflicht.** Die Arbeiten oder Dienste müssen üblicherweise nach ihrer Art und nach ihrem Umfang nur gegen eine Vergütung geschehen. Dies ist aus der Sicht eines unbeteiligten Dritten zu beurteilen, BAG NJW **78**, 343, und zwar bei Abwägung aller Einzelfallumstände, LAG Hamm JB **97**, 273. In diesem Zusammenhang müssen die allgemeinen Verhältnisse am Leistungsort berücksichtigt werden. Dabei ist von einer Vergütung nach einem etwaigen Tarif auszugehen, jedenfalls aber von demjenigen Mindestentgelt, das dem Schuldner danach zustehen würde, LAG Hamm BB **93**, 795 (keine Abweichung aus mehr als 30% vom Tariflohn). Ferner müssen die persönlichen Verhältnisse der Beteiligten berücksichtigt werden, Düss RR **89**, 390, etwa der Wunsch der schon betagten Eltern, sich ihre Existenzgrundlage zu erhalten. Auch die wirtschaftliche Leistungsfähigkeit des Dienstberechtigten ist beachtlich, Düss RR **89**, 390, Hamm FamRZ **81**, 955. Grunsky Festschrift für Baur (1981) 408 fordert eine Berücksichtigung auch der Interessen des Schuldners und des Drittschuldners. Die „Lebensgefährtin" erhält für Haushaltsleistungen, gar für kleinere, Hamm FER **98**, 195, vom Partner nicht „üblicherweise" eine Vergütung, AG Dortm FamRZ **94**, 1117, aM Nürnb RR **96**, 1413 (aber solche Formen des Zusammenlebens zeigen oft gerade wirtschaftlichen Egoismus, wenn auch keineswegs stets).

**7**    Manche wollen aus II herauslesen, daß ein fingierter Arbeitsverdienst auch dann anzunehmen sei, obwohl S 2 auch die verwandtschaftlichen Beziehungen besonders erwähnt, ArbG Dortm DB **91**, 2600, Fenn FamRZ **73**, 628. § 1356 II BGB gibt aber zumindest einen Anhalt dafür, inwiefern eine Vergütung üblich ist. Es kann sich aber auch um vergütete Dienste handeln. Ein Hausmann kann einer Putzfrau oder Zugehfrau gleichzustellen sein, § 807 Rn 23 „Hausmann". Es kann auch eine Gesellschaft vorliegen. Die Inhaberschaft kann auch verschleiert sein, etwa dann, wenn die Ehefrau des in Insolvenz geratenen Ehemannes das Geschäft unter seiner Leitung fortführt. Es entscheidet, was der Schuldner gerade bei diesem Betrieb zu fordern hätte, zB bei einer Geschäftsführung generell, AG Ahrensb MDR **93**, 130, LAG Hamm JB **97**, 273, oder speziell durch den Liebhaber der Inhaberin, Hamm MDR **75**, 161, bei einem kleinen Betrieb, LAG Hamm BB **88**, 488, Smid BB **88**, 1755 (ähn AnschBew für vollschichtige Mitarbeit des Ehemannes), ob eine normal beschäftigte Arbeitskraft anstelle des mitarbeitenden Schuldners beschäftigt werden müßte, wenn dieser nicht mitarbeiten würde. Eine Absicht der Gläubigerbenachteiligung ist im Fall II nicht erforderlich, BGH NJW **79**, 1602, aM Grunsky Festschrift für Baur (1981) 411. Auch wenn der Schuldner gutgläubig handelt, kann eine grobe Unbilligkeit vorliegen, BGH NJW **79**, 1602.

**8**    **C. Sonderfälle.** Wenn der Schuldner keine Dienste leistet und trotzdem den Lebensunterhalt und eine Vergütung erhält, dann ist II unanwendbar. In einem solchen Fall kann zwar ein Ersatzanspruch nach § 826 BGB entstanden sein, etwa dann, wenn eine Ehefrau ihrem Ehemann, einem Schlachter, freie Station gewährt, ohne ihn in ihrer gutgehenden Schlachterei zu beschäftigen; vgl aber BAG FamRZ **73**, 627. Fenn FamRZ **73**, 629 hält § 826 BGB für unanwendbar, da II als die Spezialvorschrift eine abschließende Regelung treffe. Wenn der Schuldner eine eigene Schuld abarbeitet, fällt dieser Vorgang nicht unter § 850 h. Es liegen dann vielmehr die Vereinbarung einer Vergütung und eine Aufrechnung gegen diese Vergütung vor. Wenn dagegen der Dienstberechtigte eine Forderung hat, deren Abarbeitung nicht vereinbart worden ist, gilt Rn 9. Man kann auch die Wahl einer ungünstigen Steuerklasse als verschleiertes Arbeitseinkommen beurteilen, Zweibr FamRZ **89**, 529, LG Köln Rpfleger **96**, 120, AG Memmingen JB **96**, 660.

**9**    **D. Pfändbarer Anspruch.** Als geschuldet gilt zugunsten des Gläubigers eine angemessene Vergütung. Sie ist nach der Leistung des Schuldners und der Leistungsfähigkeit des Dienstberechtigten bemessen. Die

Pfändung kann sich eine Wirkung für die Vergangenheit beilegen, aM LAG Hamm DB 90, 1340, Geißler Rpfleger 87, 6. Ein Vorschuß muß auf den unpfändbaren Betrag verrechnet werden und, soweit der Vorschuß höher ist, auf den Restbetrag. Eine Verrechnung darf nicht auf die unterstellte Vergütung erfolgen. Vorschuß ist bei der Vergütung zu berücksichtigen, § 850 e Rn 1.

Wenn *mehrere Gläubiger* in demselben Prozeß vorgehen, gilt das Vorrangprinzip der §§ 804 III, 832, 850 h **10** I 2 uneingeschränkt, BGH **113**, 29, BAG Rpfleger **95**, 166, ZöStö 9, aM LAG Köln DB **88**, 2060, ArbG Lüb MDR **84**, 174. Eine bewirkte Leistung muß auf die Vergütung angerechnet werden. Die Pfändung ist nur in den Grenzen der §§ 850 ff zulässig. Der Drittschuldner kann sich im Prozeß mit dem Gläubiger auf diese Einschränkung berufen.

**E. Verfahren.** Wenn der Gläubiger einen Sachverhalt vorträgt, der unter II fällt, dann muß das Vollstrek- **11** kungsgericht, §§ 764, 802, durch den Rpfl den angeblichen Anspruch des Schuldners pfänden, ohne das Bestehen und die Höhe des angeblichen Anspruchs selbst zu prüfen. Wenn der Drittschuldner den Anspruch bestreitet, muß der Gläubiger die Voraussetzungen von II darlegen und beweisen, LAG Düss MDR **94**, 1020 (keine zu hohen Anforderungen), LAG Hamm DB **93**, 1428, ZöStö 7, aM Oldb JB **95**, 102 (zustm Sitz MDR **95**, 345), und muß das Prozeßgericht auf dieser Basis das Bestehen und die Höhe des Anspruchs selbst prüfen, LG Frankenth Rpfleger **84**, 426. Der Schuldner muß freilich bei angeblich extrem geringem Einkommen über Art und Umfang seiner Tätigkeit näher darlegen, LG Lüb DGVZ **99**, 59, LG Regensb DGVZ **99**, 60, Schmidt DGVZ **99**, 54. Die Beschränkungen der §§ 850 a ff gelten auch in diesem Fall. Das Prozeßgericht muß also unpfändbare Bezüge absetzen. Die Pfändung eines nicht bestehenden Vergütungsanspruchs ist aber unter Umständen als eine Pfändung nach II anzusehen und wirksam. Die Pfändung ergreift das gesamte Bezugsrecht; dieses dauert an, solange das Rechtsverhältnis zwischen dem Schuldner und dem Dritten im wesentlichen dasselbe ist. Das Rangprinzip des § 804 III gilt auch hier zugunsten anderer Gläubiger, BAG Rpfleger **95**, 166, § 807 Rn 34.

**4) Rechtsbehelfe, I, II.** Der Schuldner und der Drittschuldner haben gegen eine Maßnahme die **12** Erinnerung nach § 766. Nach einer Entscheidung des Rpfl gilt § 11 RPflG, Anh § 153 GVG. Zum weiteren Verfahren § 104 Rn 41 ff. Der Dritte, der den Fall I leugnet, kann die Widerspruchsklage nach § 771 einlegen. Wenn der Gläubiger gegen den Drittschuldner auf eine Zahlung klagt oder wenn der Drittschuldner gegen den Gläubiger eine Klage auf die Feststellung des Nichtbestehens des Anspruchs erhebt, dann hat er die Darlegungslast, § 253 Rn 32, und die Beweislast, Anh § 286, für die Tatsachen zur fingierten Vergütung, LG Lüb Rpfleger **86**, 100, LAG Hamm DB **93**, 1428, und dann muß das Prozeßgericht prüfen, ob ein Anspruch des Schuldners nach II besteht. Der Schuldner selbst hat kein Klagerecht. Im Prozeß sind Einwendungen gegen die Wirksamkeit der Pfändung zulässig. Da das Gesetz ein Arbeitsverhältnis unterstellt, ist meist das ArbG zuständig, LAG Stgt JB **97**, 327, StJM 44, aM BGH **68**, 128.

**5) *VwGO:*** *Vgl Einf §§ 850–852 Rn 9.* **13**

**850i** *Sonderfälle.* I ¹Ist eine nicht wiederkehrend zahlbare Vergütung für persönlich geleistete Arbeiten oder Dienste gepfändet, so hat das Gericht dem Schuldner auf Antrag so viel zu belassen, als er während eines angemessenen Zeitraums für seinen notwendigen Unterhalt und den seines Ehegatten, eines früheren Ehegatten, seiner unterhaltsberechtigten Verwandten oder eines Elternteils nach §§ 1615 l, 1615 n des Bürgerlichen Gesetzbuchs bedarf. ²Bei der Entscheidung sind die wirtschaftlichen Verhältnisse des Schuldners, insbesondere seine sonstigen Verdienstmöglichkeiten, frei zu würdigen. ³Dem Schuldner ist nicht mehr zu belassen, als ihm nach freier Schätzung des Gerichts verbleiben würde, wenn sein Arbeitseinkommen aus laufendem Arbeits- oder Dienstlohn bestände. ⁴Der Antrag des Schuldners ist insoweit abzulehnen, als überwiegende Belange des Gläubigers entgegenstehen.

II Die Vorschriften des Absatzes 1 gelten entsprechend für Vergütungen, die für die Gewährung von Wohngelegenheit oder eine sonstige Sachbenutzung geschuldet werden, wenn die Vergütung zu einem nicht unwesentlichen Teil als Entgelt für neben der Sachbenutzung gewährte Dienstleistungen anzusehen ist.

III Die Vorschriften des § 27 des Heimarbeitsgesetzes vom 14. März 1951 (Bundesgesetzbl. I S. 191) bleiben unberührt.

IV Die Bestimmungen der Versicherungs-, Versorgungs- und sonstigen gesetzlichen Vorschriften über die Pfändung von Ansprüchen bestimmter Art bleiben unberührt.

**Vorbem.** I 1 idF Art 6 Z 55 KindRG v 16. 12. 97, BGBl 2942, in Kraft seit 1. 7. 98, Art 17 § 1 KindRG, ÜbergangsR Einl III 78.

*HeimarbG § 27.* Für das Entgelt, das den in Heimarbeit Beschäftigten oder den Gleichgestellten gewährt wird, gelten die Vorschriften über den Pfändungsschutz für Vergütungen, die auf Grund eines Arbeits- oder Dienstverhältnisses geschuldet werden, entsprechend.

Gliederung

| | |
|---|---|
| 1) Systematik, Regelungszweck, I–IV ... 1 | 4) Sachbenutzung, II .................. 7 |
| 2) Nicht wiederkehrende Leistung, I ..... 2 | 5) Heimarbeit, III ...................... 8 |
| 3) Pfändung, I .......................... 3–6 | 6) Versorgungsvorschriften usw, IV ...... 9 |
|   A. Voraussetzungen .................. 3, 4 | 7) *VwGO* ............................ 10 |
|   B. Verfahren ........................... 5 | |
|   C. Rechtsbehelf ........................ 6 | |

## § 850i

**1) Systematik, Regelungszweck, I–IV.** Vgl zunächst Einf 1 vor §§ 850–852. Das Gesetz will auch dem freiberuflich Tätigen den notwendigen Unterhalt gegen einen Zugriff des Gläubigers schützen. II–IV enthalten Schutzregeln für eine Sachbenutzung und andere ergänzende technische Klarstellungen.

**2) Nicht wiederkehrende Leistung, I.** Dieser Teil der Vorschrift betrifft die Vergütung für eine persönliche Arbeits- oder Dienstleistung, die nicht unter § 850 fällt, weil sie nicht wiederkehrend zahlbar ist. Der Rechtsgrund und die Art der Arbeit und der Dienste sind unerheblich. Eine einmalige Tätigkeit kann genügen, sofern sie nicht nebenbei ohne einen besonderen Zeitaufwand vorgenommen worden ist.

*Hierher gehören zB:* die Dienste und Leistungen des Anwalts, des Arztes, des Zahnarztes, des Dentisten (s aber für die drei letzten Gruppen § 850 Rn 11), der Hebamme, des gewerbsmäßigen Versteigerers, des Schriftstellers, des Künstlers (also auch des Komponisten wegen der von der GEMA eingezogenen Beträge), des Handlungsagenten, des Insolvenzverwalters, des Handwerkers aus einem Dienst-, Werk- oder Kaufvertrag, aber nur, soweit sie der Verpflichtete persönlich leistet, des Außendienstmitarbeiters wegen einer Stornoreserve, LAG Hamm BB **92**, 2224; eine Abfindung, LG Essen Rpfleger **98**, 297.

**3) Pfändung, I.** Sie erfordert vorsichtige Abwägung.

**A. Voraussetzungen.** Der Vollstreckungsschutz tritt hier, abweichend von der Regel, nur auf Grund eines Antrags ein. Der Arbeitgeber braucht den Arbeitnehmer grundsätzlich nicht über diese Vollstreckungsschutzmöglichkeit zu belehren, BAG BB **92**, 359. Der Antrag ist nicht mehr zulässig, wenn der Drittschuldner bereits an den Gläubiger geleistet hat. Der Rpfl muß dem Schuldner eine solche Summe belassen, die den Unterhalt des Schuldners, seines jetzigen oder früheren Ehegatten, seiner unterhaltsberechtigten Verwandten und einem Elternteil des Kindes nicht miteinander verheirateter Eltern für eine angemessene Zeit sichert. Der Ersatzanspruch nach § 1615 k BGB wird aber nicht gesichert. Maßgebend für die Höhe des zu belassenden Betrags sind etwa die Regelsätze der laufenden Hilfe zum Lebensunterhalt nach dem SGB, Köln MDR **90**, 258, LG Bln Rpfleger **95**, 170.

Der Rpfl muß unter Berücksichtigung aller persönlichen und allgemeinen Verhältnisse prüfen, welcher *Zeitraum* angemessen ist. Dabei mag man oft etwa 6 Wochen zugrundelegen, Drsd Rpfleger **99**, 283. Wer erst nach längerer Zeit eine Zahlung zu erwarten hat, wie oft ein Schriftsteller, dem ist ein entsprechend hoher Betrag für eine längere Zeit zu belassen als demjenigen, dem baldige Einnahmen winken. Der Fall ist etwa so anzusehen, als ob sich die voraussichtlichen Einnahmen des Jahres auf Monate verteilen würden. Unklarheiten über den tatsächlichen Verdienst eines Journalisten können zu Lasten des Schuldners gehen, LG Mannh MDR **72**, 152. Keineswegs darf der Schuldner besser stehen, als wenn er unter die allgemeine Regelung fallen würde.

Wenn *überwiegende Belange des Gläubigers* entgegenstehen, wenn der Gläubiger zB als Unterhaltsberechtigter das Geld dringend zum Leben braucht, dann muß der Rpfl den Antrag ablehnen. Er muß überhaupt auch die Gesichtspunkte der §§ 850 d und f II (hier allerdings einen Antrag vorausgesetzt) heranziehen. Er muß die beiderseitigen wirtschaftlichen Verhältnisse in die Abwägung einbeziehen. Unter I fällt auch der Fall, daß der Arbeitgeber einen zunächst einbehaltenen Teil des Lohns nachträglich auszahlt, aM ArbG Wetzlar BB **88**, 2320 (zum Zahlungsverzug; aber durch ihn ändert sich nicht der Charakter der Lohnzahlungen als wiederkehrende Leistung). Daher zählt auch der Anspruch aus dem Lohnsteuerjahresausgleich hierher. Diesen Anspruch muß der Gläubiger gegebenenfalls beim Finanzamt pfänden, aM LG Brschw NJW **72**, 2315, Oswald MDR **72**, 1012.

Ferner zählt hierher der Anspruch auf eine *Abfindung* nach §§ 112, 113 BetrVG oder nach den §§ 9, 10 KSchG, BAG BB **92**, 359, Stgt MDR **84**, 947, LG Aachen Rpfleger **83**, 288 (sie ist nicht stets voll unpfändbar), vgl § 850 Rn 4. Wenn mit einem Einkommen nach § 850i ein Einkommen nach § 850c zusammentrifft, dann muß der Rpfl zunächst nach § 850c verfahren. Wenn der Unterhalt des Schuldners im Rahmen der dortigen Freigrenzen gesichert ist, dann kann sich der Schuldner für das an sich nach § 850i zu beurteilende Einkommen nicht auf diese Vorschrift berufen, LG Bln Rpfleger **95**, 170.

**B. Verfahren.** Antragsberechtigt sind außer dem Schuldner auch diejenigen Angehörigen, die aus der Vergütung ihren notwendigen Unterhalt beziehen. Der Drittschuldner hat kein Antragsrecht. Es versteht sich von selbst, daß der Rpfl vor seiner Entscheidung den Gläubiger anhören muß, Art 103 I GG. Deshalb ist auch eine mündliche Verhandlung zulässig, § 128 Rn 10, § 764 III. Der widersprechende Gläubiger muß andere Verdienstmöglichkeiten darlegen. Erst anschließend braucht sich der Schuldner zu solchen angeblich anderweitigen Verdienstmöglichkeiten zu äußern. Der Rpfl ist deshalb zur Entscheidung zuständig, weil es sich um eine Ergänzung der bisherigen Festsetzung auf Grund neuer Tatsachen handelt, LG Bln Rpfleger **95**, 170. Der Rpfl entscheidet durch einen Beschluß, § 329. Es muß ihn begründen, § 329 Rn 4. Der Beschluß ist förmlich zuzustellen, § 329 III.

**C. Rechtsbehelf.** Jeder Betroffene kann die Wege nach § 11 RPflG, Anh § 153 GVG, vgl im übrigen § 829 Rn 63–65.

**4) Sachbenutzung, II.** Unter II fällt eine Vergütung für die Gewährung einer Wohngelegenheit oder für eine andere Sachbenutzung, wenn die Vergütung zu einem nicht unwesentlichen Teil Dienste abgilt, die neben der Sachbenutzung geleistet wurden. Die Dienste müssen persönlich oder von Hausgenossen geleistet worden sein. Hierher gehört zB die Zimmervermieterin. Nicht hierher gehört der Gastwirt, der seine Dienste durch Angestellte leistet. „Nicht unwesentlich" ist nicht dasselbe wie wesentlich; den Gegensatz bilden belanglose Dienste. Die Art des Vertragsverhältnisses ist unerheblich. Verfahren: Rn 5.

**5) Heimarbeit, III.** § 27 HeimarbG unterwirft das Entgelt des Heimarbeiters dem Pfändungsschutz für Vergütungen auf Grund eines Arbeits- oder Dienstverhältnisses. Danach sind entweder §§ 850 c und ff oder § 850 i anwendbar, je nachdem, ob es sich um ein ständiges solches Verhältnis handelt oder nicht.

**6) Versorgungsvorschriften usw, IV.** IV besagt nur, daß § 850i die sonst bestehenden Sondervorschriften über eine Unpfändbarkeit nicht aufhebt. In Betracht kommen namentlich: § 54 II–V SGB I, Stgt NJW **93**, 605, Grdz 80 vor § 704 „Kindergeld" und § 850b Rn 10 (Krankengeld), KG Rpfleger **76**, 144, LG Kblz MDR **77**, 323, Schreiber NJW **77**, 279, auf die auch § 25 des G zur Neuregelung der Altershilfe

1. Titel. Zwangsvollstr. in das bewegl. Vermögen  §§ 850i, 850k

für Landwirte Bezug nimmt, so daß also das Altersruhegeld eines Landwirts nur unter den Voraussetzungen des § 54 SGB I pfändbar ist, LG Kassel NJW **77**, 302, LG Mü NJW **77**, 722. In Betracht kommen ferner die sonstigen in Einf 8 vor § 850 genannten Vorschriften. Wegen einer Lebensversicherung Grdz 93 vor § 704 „Lebensversicherung". Wegen der Zusammenrechnung einer laufenden Geldleistung nach dem SGB mit dem Arbeitseinkommen, § 850 e Rn 8.

**7) VwGO:** *Vgl Einf §§ 850–852 Rn 9.*  10

**850k** **Kontenguthaben.** ¹Werden wiederkehrende Einkünfte der in den §§ 850 bis 850 b bezeichneten Art auf das Konto des Schuldners bei einem Geldinstitut überwiesen, so ist eine Pfändung des Guthabens auf Antrag des Schuldners vom Vollstreckungsgericht insoweit aufzuheben, als das Guthaben dem die Pfändung nicht unterworfenen Teil der Einkünfte für die Zeit von der Pfändung bis zu dem nächsten Zahlungstermin entspricht.

II ¹Das Vollstreckungsgericht hebt die Pfändung des Guthabens für den Teil vorab auf, dessen der Schuldner bis zum nächsten Zahlungstermin dringend bedarf, um seinen notwendigen Unterhalt zu bestreiten und seine laufenden gesetzlichen Unterhaltspflichten gegenüber den dem Gläubiger vorgehenden Berechtigten zu erfüllen oder die dem Gläubiger gleichstehenden Unterhaltsberechtigten gleichmäßig zu befriedigen. ²Der vorab freigegebene Teil des Guthabens darf den Betrag nicht übersteigen, der dem Schuldner voraussichtlich nach Absatz 1 zu belassen ist. ³Der Schuldner hat glaubhaft zu machen, daß wiederkehrende Einkünfte der in den §§ 850 bis 850 b bezeichneten Art auf das Konto überwiesen worden sind und daß die Voraussetzungen des Satzes 1 vorliegen. ⁴Die Anhörung des Gläubigers unterbleibt, wenn der damit verbundene Aufschub dem Schuldner nicht zuzumuten ist.

III Im übrigen ist das Vollstreckungsgericht befugt, die in § 732 Abs. 2 bezeichneten Anordnungen zu erlassen.

**Gliederung**

| | | | |
|---|---|---|---|
| 1) Systematik, Regelungszweck, I–III … | 1 | C. Aufhebung der Pfändung des Kontenguthabens, I ……………………… | 5 |
| 2) Wiederkehrende Einkünfte, I ……… | 2 | D. Vorab-Aufhebung der Pfändung des Kontenguthabens, II ……………… | 6 |
| 3) Kontenschutz, I–III ………………… | 3–7 | E. Einstweilige Anordnung, III ………… | 7 |
| A. Grundsatz: Mehrheit von Wegen …… | 3 | 4) *VwGO* ………………………………… | 8 |
| B. Rechtsbehelf ………………………… | 4 | | |

**1) Systematik, Regelungszweck, I–III.** Das Gesetz schützt den Schuldner auch vor der Pfändung  1
während desjenigen Zeitraums, in dem der Drittschuldner dem Schuldner den Lohn, das Gehalt usw schon auf ein Konto bei einem Geldinstitut, § 835 Rn 20, überwiesen, der Schuldner das Guthaben dort aber noch nicht abgehoben hat, AG/LG Bielef MDR **99**, 494, freilich grundsätzlich nur bis zum nächsten Zahlungstermin, BGH FamRZ **91**, 296, LG Bad Kreuznach Rpfleger **90**, 216. Diesem Zweck dienen auch § 835 III sowie die vorrangigen §§ 51–55 SGB I, Grdz 103 vor § 704 „Sozialleistung", LG Heilbr Rpfleger **94**, 117; zum Verhältnis zu § 55 SGB I BGH **104**, 313. Die letzteren Vorschriften können das Rechtsschutzbedürfnis, Grdz 33 vor § 253, für ein Vorgehen nach § 850 k beseitigen. Im übrigen sind alle diese Vorschriften mangelhaft aufeinander abgestimmt. Vgl §§ 19 BAföG, 10 GFG, Einf 2 vor §§ 850–852, Hartmann NJW **78**, 610, aM Arnold BB **78**, 1320, Hornung Rpfleger **78**, 360, Meyer ter Vehn NJW **78**, 1240. Soweit in Gesetzen oder in Verordnungen auf die §§ 850–850 h verwiesen wird, bezieht sich diese Verweisung nun auch auf § 850 k, Art 3 G v 28. 2. 78, BGBl 333. Zu den Auswirkungen beim Kindergeld Hornung Rpfleger **88**, 222. § 850 k gilt auch bei einer Vorpfändung, Behr Rpfleger **89**, 53.

**2) Wiederkehrende Einkünfte, I.** Es ist nicht notwendig, daß der Drittschuldner nur eine Einkunftsart  2
im Sinne der §§ 850–850 b überweist, LG Oldb Rpfleger **83**, 33. Ebensowenig ist es notwendig, daß die Eingänge schon eine längere Zeit hindurch regelmäßig fließen. Ein zweimaliger Eingang in den üblichen Abstand reicht aus. Eine einmalige Überweisung reicht nicht aus; dann kommt § 765 a in Betracht, BGH VersR **88**, 946, StJM 10, ZöStö 5, aM LG Oldb Rpfleger **83**, 33. Das Konto muß bei einem Geldinstitut bestehen, § 835 Rn 20.

*Geschützt ist auch,* wer alle möglichen Eingänge auf einem seiner zahlreichen Konten verzeichnet, zB einen Kaufpreis, einen Erbschaftsanteil oder einen Spielgewinn. Geschützt ist ferner, wer jedem seiner Konten gelegentlich Eingänge im Sinne von §§ 850–850 b zuführt, nur um einen Antrag nach I, II stellen zu können. Geschützt ist schließlich, wer über ein einzelnes Konto alle anfallenden Eingänge verbucht und neben einem vielleicht nur geringen Lohn Restbestände älterer Eingänge anderer Art als Guthaben besitzt. Das Gesetz schützt nicht „dieses" Guthaben (damit wäre allenfalls das Guthaben aus dem Empfang wiederkehrender Einkünfte gemeint), sondern „das" Guthaben, also das gesamte Guthaben auf diesem Konto. Das übersieht Arnold BB **78**, 1320. Freilich kann derjenige, der über andere Einkünfte als diejenigen der §§ 850–850 b verfügt, die Voraussetzungen der Rn 3 meist nur erfüllen. So liegt es auch in der Zwangsvollstreckung unzulässig, Grdz 44 vor § 704, Arnold BB **78**, 1320. Eine Aufhebung der Pfändung auch zukünftiger Guthaben aus wiederkehrenden Leistungen ist zwar sinnvoll, bedarf aber einer Gesetzesänderung, KG Rpfleger **92**, 307 (aber „bis zum nächsten Zahlungstermin" ist eindeutig enger).

**3) Kontenschutz, I–III.** Die Regelung ist alles andere als einfach.  3

## §§ 850k, 851

**A. Grundsatz: Mehrheit von Wegen.** Es gibt drei Wege des Kontenschutzes. Sie stehen dem Schuldner unter Umständen nebeneinander offen. Das ist zum Schuldnerschutz notwendig. In jedem Fall entscheidet der Rpfl des nach §§ 764, 802 zuständigen Vollstreckungsgerichts, § 20 Z 17 RPflG, Anh § 153 GVG, LG Ffm Rpfleger **92**, 168 (also nicht eine Vollstreckungsbehörde); bei einer öffentlichrechlichen Forderung des Gläubigers verweist Hamm Rpfleger **95**, 170 auf den Verwaltungsrechtsweg. Der Rpfl des Vollstreckungsgerichts, §§ 764, 802, führt zwar keine Amtsermittlung durch, Grdz 38, 39 vor § 128; er muß aber von Amts wegen das Interesse des Gläubigers und dasjenige des Schuldners sorgfältig abwägen, LG Ffm Rpfleger **92**, 168, aM LG Kblz JB **98**, 47. Dabei muß er berücksichtigen, daß der Schuldner nicht zu einem Antrag auf eine Sozialhilfe gezwungen werden soll, Behr Rpfleger **89**, 53, Hartmann NJW **78**, 611. Der Rpfl muß freilich auch bedenken, daß der Gläubiger es bis zu diesem Punkt der Durchsetzung seiner Ansprüche ohnehin meist schwer hatte. Die Höhe des pfandfreien Betrags ist in der Entscheidung zu beziffern, LG Augsb Rpfleger **97**, 489, ein sog Blankettbeschluß ist unzulässig, und zwar auch bei der Pfändung künftigen Arbeitseinkommens, § 829 Rn 1, LG Augsb Rpfleger **97**, 490, LG Osnabr Rpfleger **89**, 249. Der Beschluß ist zu begründen, § 329 Rn 4. Die Änderung der Höhe der pfändbaren Beträge ist ebenfalls zu beziffern, LG Darmst Rpfleger **88**, 419.

*Kosten:* § 788 I, IV. Gebühren: Des Gerichts KV 1953 (Verwerfung oder Zurückweisung), nicht KV 1640 (erwähnt § 850 k nicht mit, daher gilt insoweit § 1 I GKG); des Anwalts §§ 57, 58 II Z 7, § 61 BRAGO.

**4 B. Rechtsbehelf.** Wenn der Rpfl ohne eine Anhörung des Antragsgegners entschieden hat, hat der Betroffene die Erinnerung nach § 766, LG Brschw Rpfleger **98**, 297. Gegen eine echte Entscheidung des Rpfl nach einer Anhörung gilt § 11 RPflG, Anh § 153 GVG; vgl § 104 Rn 41 ff. Im Fall des III vgl § 732 Rn 9.

**5 C. Aufhebung der Pfändung des Kontenguthabens, I.** Der Rpfl ist zuständig, auch bei einem Antrag auf Kontenschutz im Fall einer Vorpfändung, Behr Rpfleger **89**, 53 (auch zu einer Gegenmeinung). Er muß dem (stets notwendigen) Antrag des Schuldners auf eine Aufhebung der Pfändung des Kontenguthabens stattgeben, soweit das Guthaben den unterworfenen Teil der Einkünfte des Schuldners vom Zeitpunkt der Pfändung bis zum nächsten Zahlungstermin nicht übersteigt.

*Beispiel:* Unpfändbar sind monatlich 600 DM; das Guthaben beträgt 800 DM; es ist voll gepfändet worden; die Aufhebung wird am 15. des Monats beantragt; der nächste Zahlungstermin ist der 30. des Monats: die Pfändung des Kontenguthabens erfolgt in Höhe von 300 DM.

Maßgeblich ist der *Soll*-Eingangstag bzw der Soll-Gutschriftstag. Denn der Schuldner soll bis zu der nächsten voraussichtlichen Verfügbarkeit über Wasser gehalten werden. Die bloße Fälligkeit, etwa eine vorzeitig zu erhoffende Zahlung, eine Stundung usw ist nur in diesem Rahmen beachtlich. Ein „Guthaben" sollte auch im Fall der Gutschrift auf einem im Soll stehenden Konto vorliegen, Behr Rpfleger **89**, 53 (er schlägt eine Gesetzesergänzung vor).

**6 D. Vorab-Aufhebung der Pfändung des Kontenguthabens, II.** Sie ist zulässig und notwendig, sobald der Schuldner nach § 294 glaubhaft macht, daß wiederkehrende Einkünfte im Sinne der §§ 850–850b auf dieses Konto überwiesen worden sind und daß er sie bis zum nächsten Zahlungstermin dringend braucht, um sowohl den eigenen Unterhalt als auch denjenigen solcher Unterhaltsgläubiger zu decken, die dem Pfändungsgläubiger vorgehen, bzw um solche Gläubiger gleichmäßig zu befriedigen, die dem Pfändungsgläubiger gleichrangig sind. Der Begriff dringender Bedarf ist weder zu großzügig zu bejahen noch zu streng zu prüfen. Im Zweifel muß der Rpfl zugunsten des Gläubigers entscheiden. Den Schuldner trifft freilich keine Beweislast; der Rpfl hat vielmehr die Amtspflicht zur Prüfung aller Gesichtspunkte von Amts wegen, Rn 3. Außerdem darf der vorab freigegebene Betrag nicht denjenigen Betrag übersteigen, den der Rpfl im Falle eines Antrags nach I dem Schuldner belassen müßte, II 2. Der Rpfl muß davon absehen, den Gläubiger zum Antrag des Schuldners anzuhören, wenn die Anhörung dem Schuldner zeitlich nicht mehr zumutbar ist, II 4. Insofern muß der Rpfl allerdings strenge Maßstäbe anlegen, Hornung Rpfleger **78**, 361.

**7 E. Einstweilige Anordnung, III.** Sie bleibt zulässig, wie III klarstellt, § 732 Rn 6, 9.
**8 4) *VwGO:*** *Vgl Einf §§ 850–852 Rn 9.*

## 851

**Nicht übertragbare Forderungen.** I Eine Forderung ist in Ermangelung besonderer Vorschriften der Pfändung nur insoweit unterworfen, als sie übertragbar ist.

II Eine nach § 399 des Bürgerlichen Gesetzbuchs nicht übertragbare Forderung kann insoweit gepfändet und zur Einziehung überwiesen werden, als der geschuldete Gegenstand der Pfändung unterworfen ist.

*BGB § 399.* Eine Forderung kann nicht abgetreten werden, wenn die Leistung an einen anderen als den ursprünglichen Gläubiger nicht ohne Veränderung ihres Inhalts erfolgen kann oder wenn die Abtretung durch Vereinbarung mit dem Schuldner ausgeschlossen ist.

### Gliederung

| | | | |
|---|---|---|---|
| 1) Systematik, Regelungszweck, I, II .... | 1 | C. Beispiele zur Frage der Anwendbarkeit von I ................ | 4–15 |
| 2) Unübertragbarkeit, I ................ | 2–15 | 3) Anspruch nach § 399 BGB, II ........ | 16 |
| A. Einschlägige Vorschriften ............ | 2 | 4) *VwGO* ........................ | 17 |
| B. Zweckgebundener Anspruch ......... | 3 | | |

**1 1) Systematik, Regelungszweck, I, II.** Vgl zunächst Einf 1 vor §§ 850–852. Die Unpfändbarkeit einer Forderung und ihre Unübertragbarkeit stehen in einer Wechselwirkung zueinander. Das stellt § 851 zwecks

### 1. Titel. Zwangsvollstr. in das bewegl. Vermögen    § 851

Rechtssicherheit, Einl III 43, klar. Nach § 400 BGB ist eine unpfändbare Forderung zwingend unübertragbar, BGH NJW **88**, 820, nach § 851 ZPO ist eine unübertragbare Forderung unpfändbar. Unpfändbar ist also jede Forderung, die das Prozeßrecht für unpfändbar oder das sachliche Recht für unübertragbar erklärt. Dabei betrifft I die gesetzliche, II die vertragliche (infolge Unabtretbarkeit) eintretende Unpfändbarkeit, LG Oldb Rpfleger **85**, 449. Wenn die Abtretung verboten ist, dann trifft dieses Verbot alle diejenigen Befugnisse, die der Forderung entfließen, zB eine Einziehung. § 89 I InsO begründet kein Abtretungshindernis, BGH Rpfleger **94**, 379. Soweit das Landesrecht eine Unübertragbarkeit anordnen darf, braucht sie nicht mit der Unpfändbarkeit verbunden zu sein. Im Zweifel gilt freilich die Verbindung zwischen der Unpfändbarkeit und der Unübertragbarkeit auch dort. Eine vorübergehende oder teilweise Übertragbarkeit genügt. Das ergeben die Worte „nur insoweit" in I. Vgl auch den Zwangsvollstreckungsschlüssel Grdz 59 vor § 704.

**2) Unübertragbarkeit, I.** Ein klarer Grundsatz bringt manche Probleme.    2
**A. Einschlägige Vorschriften.** Unübertragbar sind namentlich Ansprüche aufgrund der §§ 399, 664 II, 717 BGB. Wegen § 49 b BRAO, § 851 fordert Diepold MDR **95**, 23 eine Gesetzesänderung.
**B. Zweckgebundener Anspruch.** Man muß zwischen bloßer Zweck*bestimmung*, zB des Eigengelds 3 eines Inhaftierten, LG Ffm Rpfleger **89**, 33, und einer wirklichen Zweck*bindung* unterscheiden, LG Ffm Rpfleger **89**, 33. Nur der letztere Anspruch ist grundsätzlich unübertragbar, Düss NJW **88**, 1677, Mü OLGZ **75**, 61, LG Ffm Rpfleger **89**, 33, vgl freilich § 887 Rn 17. Er läßt eine Pfändung nur im Rahmen der Zweckbestimmung zu.
**C. Beispiele zur Frage der Anwendbarkeit von I**    4
**Anteilsrecht:** Unübertragbar ist es vor der Eintragung der Aktiengesellschaft, § 41 IV AktG.
**Arbeitsrecht:** Rn 7 „Gefahrgeneigte Arbeit".
**Architekt:** Rn 8 „Honorar", Rn 14 „Vorschuß".
**Baugeldanspruch:** Unpfändbar ist wegen Zweckbindung der Baugeldanspruch, Grdz 66 vor § 704 „Bau- 5 geldanspruch":
**Bausparvertrag:** § 851 ist unanwendbar auf den Anspruch auf die Auszahlung eines Bauspardarlehens und den Anspruch auf die Rückzahlung des Bausparguthabens nach der Zuteilung oder Kündigung, wenn auch nur eine eingeschränkte Pfändbarkeit besteht.
**Beihilfe:** § 851 ist unanwendbar auf den Anspruch auf eine Beihilfe, soweit ihn derjenige (zB der Arzt) pfändet, dem die dem Patienten zu zahlende Beihilfe wirtschaftlich zugute kommen soll, etwa als Honorar, LG Hann AnwBl **93**, 355, aM BVerwG NJW **97**, 3257 (aber § 399 BGB steht keineswegs entgegen, zumal Beihilfe zweckgebunden ist und oft auch einem Dritten – Angehörigen – zugutekommt).
**Bergmannsprämie:** Unübertragbar ist der Anspruch auf eine Bergmannsprämie, § 5 G v 12. 5. 69, BGBl 434 (anders der Erstattungsanspruch des Arbeitgebers an das Finanzamt, § 3 I 3 G).
**Buße:** Unübertragbar ist ein Anspruch auf eine noch nicht zugesprochene Buße.
**Erfüllungsgehilfe:** Rn 14 „Vorschuß".    6
**Gefahrgeneigte Arbeit:** Unpfändbar ist wegen Zweckbindung der Freistellungsanspruch des Arbeitneh- 7 mers gegenüber dem Arbeitgeber nach der Schädigung eines Dritten dergleichen, LG Bln MDR **72**, 153.
**Gefangener:** Wegen seines Arbeitsentgelts § 850 Rn 7, 8. § 851 ist unanwendbar auf den Anspruch des Untersuchungsgefangenen auf die Auszahlung der für ihn eingezahlten Selbstverpflegungskosten, Hillebrand Rpfleger **86**, 466. Man darf auch nicht verkennen, daß es sich hier um Gelder handelt, die zwar zu einem bestimmten Zweck gezahlt worden sind, aber nicht gebunden wurden, und daß auch ein Fürsorgefall nach § 850 d I Z 3 nicht vorliegen kann, da die ordentliche Verpflegung vor Not schützt.
**Gemeinschaft:** Unübertragbar ist der Anspruch auf die Aufhebung einer Gemeinschaft.
**Getrenntleben:** Unpfändbar ist wegen Zweckbindung der Anspruch des getrennt lebenden Ehegatten auf die Überlassung von Haushaltsgegenständen, § 1361 a I 2 BGB.
**Haftentschädigung:** Der Anspruch auf sie kann vor der Rechtskraft des Entschädigungsurteils unpfändbar 8 sein, Kblz RR **99**, 508.
**Haftpflichtversicherung:** Der Anspruch des Versicherten ist nur dergestalt abtretbar und daher pfändbar, daß der Abtretungsnehmer anstelle des Versicherten eine Befriedigung des Berechtigten verlangen kann.
**Hausrat:** Rn 7 „Getrenntleben".
**Honorar:** Beim Honoraranspruch des Anwalts oder Architekten besteht jedenfalls insoweit eine Pfändbarkeit, als der Auftraggeber einer Abtretung (soweit sie zulässig ist – nicht beim Anwalt) oder Preisgabe von geschützten Daten zustimmt, Diepold MDR **93**, 835 (unter Bezug auf BGH **115**, 123).
**Kontokorrent:** Unübertragbar ist ein einzelner Posten eines Kontokorrents, § 355 HGB, Grdz 87 vor 9 § 704 „Kontokorrent", Mü JB **76**, 969 (zum Teil unklar), LG Stgt Rpfleger **81**, 24. Unübertragbar ist auch der Rechnungslegungsanspruch des Kunden gegen seine Bank, LG Stgt Rpfleger **94**, 472.
**Leasing:** Unpfändbar ist wegen Zweckbindung der Nutzungsanspruch des Leasingnehmers, Düss NJW **88**, 1677 (dann ist § 857 III anwendbar, dort Rn 7).
**Lohnsteuerjahresausgleich:** Der Anspruch auf ihn ist grds pfändbar, § 829 Rn 8, Düss MDR **73**, 414.
**Mietgebrauch:** Unpfändbar ist wegen Zweckbindung der Anspruch des Mieters auf die Überlassung der 10 Mietsache zum vertragsgemäßen Gebrauch.
**Mietnebenkosten:** Unpfändbar ist wegen Zweckbindung der Anspruch des Vermieters auf Erstattung von Nebenkosten, LG Ffm Rpfleger **89**, 294.
**Mitwirkung:** Rn 12 „Steuererklärung".
**Prozeßkostenhilfevorschuß:** Unpfändbar ist wegen Zweckbindung ein Prozeßkostenhilfevorschuß, BGH **94**, 322.
**Rangvorbehalt:** Unübertragbar ist ein Rangvorbehalt.    11
**Rechnungslegung:** Rn 9 „Kontokorrent".
**Rechtsschutzversicherung:** Unpfändbar ist der durch eine sog Direktzahlung des Versicherers an den Versicherungsnehmer gezahlte Betrag (Fortdauer der Zweckbestimmung: Befreiung des Versicherers), LG Stgt VersR **96**, 449.

## §§ 851, 851a    8. Buch. 2. Abschnitt. ZwV wegen Geldforderungen

12 **Schmerzensgeld:** § 851 ist unanwendbar auf einen Anspruch auf Schmerzensgeld, Grdz 101 vor § 704 „Schmerzensgeld".
**Sozialleistung:** Unpfändbar ist wegen Zweckbindung der Anspruch auf Dienst- und Sachleistungen im Sinn von § 53 I SGB I.
**Stammeinlage:** § 851 ist unanwendbar auf den Anspruch der GmbH auf die Leistung der Stammeinlage, soweit sie ihre Zweckbindung, § 19 GmbHG, verloren hat, Köln RR **96**, 939.
**Steuerberater:** Sein Honorar ist grds pfändbar, BGH NJW **99**, 1545.
**Steuererklärung:** Der Anspruch auf eine Mitwirkung an der gemeinsamen Steuererklärung ist unpfändbar, AG Hechingen FamRZ **90**, 1127.
S auch Rn 9 „Lohnsteuerjahresausgleich".
**Subvention:** Unpfändbar ist wegen Zweckbindung eine staatliche Subvention. Das gilt also auch für eine Ausgleichszahlung für Erzeugnisse eines Landwirts wegen der Preisvorschriften der EU (aber nicht dann, wenn sie innerhalb des landwirtschaftlichen Zwecks liegt; eine Unpfändbarkeit ist allerdings selbst dann nach § 851 a möglich).

13 **Unterhalt:** Unpfändbar ist wegen Zweckbindung jeder Unterhalt, BGH **113**, 94. Das gilt auch für den Beitrag der Ehefrau aus ihrer Arbeit zum Familienunterhalt.
**Unterhaltssicherung:** Grdz 108 vor § 704 „Unterhaltssicherung".
**Untermietzins:** § 851 ist unanwendbar auf die Forderung auf Untermietzins, s aber § 850 i Rn 7.

14 **Vermögenswirksame Leistung:** Grdz III vor § 704 „Vermögenswirksame Leistung".
**Vertragliche Zweckbestimmung:** § 851 ist unanwendbar auf den Fall einer bloßen Zweckbestimmung durch eine einfache Abrede zwischen dem Schuldner und dem Drittschuldner, Hillebrand Rpfleger **86**, 466.
**Vertraglicher Ausschluß:** Ein Recht, für das die Übertragbarkeit nur vertraglich ausgeschlossen worden ist, ist pfändbar.
**Vormerkung:** Grdz 113 vor § 704 „Vormerkung".
**Vorschuß:** Unpfändbar ist wegen Zweckbindung ein treuhänderisch gebundener Vorschuß auf ein Architektenhonorar, BGH Rpfleger **78**, 249. Dasselbe gilt bei einem Vorschuß zur Entlohnung eines Unterangestellten oder sonstigen Erfüllungsgehilfen eines Angestellten.
S auch Rn 10 „Prozeßkostenhilfevorschuß".

15 **Wiederkaufsrecht:** Rn 14 „Vertraglicher Ausschluß".
**Wohnbesitz:** Er ist nur auf den berechtigten Erwerber sowie bei einer Verpfändung, bei einer Zwangsvollstreckung in die durch den Wohnbesitz verbürgten Rechte und im Fall des Konkurses des Wohnbesitzberechtigten übertragbar und damit pfändbar, § 62 des 2. WoBauG.

16 **3) Anspruch nach § 399 BGB, II.** Die Vorschrift macht eine Ausnahme von der Regel, daß eine Unübertragbarkeit auch die Unpfändbarkeit nach sich zieht. II gilt in denjenigen Fällen, in denen der geschuldete Gegenstand seiner Art nach pfändbar ist. Hierhin können Geld, Köln RR **93**, 1031, und Forderungen gehören, deren Abtretung den Inhalt der Leistung verändert oder deren Abtretung vertraglich ausgeschlossen ist, Ffm ZMR **91**, 341, Mü MDR **91**, 453, LG Oldb Rpfleger **85**, 449. Dazu gehört nicht schon eine Forderung, die wegen Geheimnisschutzes unabtretbar ist, Stgt NJW **94**, 2838 (Steuerberater). II soll verhindern, daß der Schuldner und der Drittschuldner die Zwangsvollstreckung durch eine Abrede untereinander völlig vereiteln können. Die Vorschrift gestattet daher auch nur eine Einziehung, nicht eine Überweisung an Zahlungs Statt, BGH **56**, 228.
Wenn der Gläubiger der Forderung seine Ansprüche *abredewidrig* abgetreten hat und der Schuldner diesen Vorgang genehmigt, dann wirkt die Genehmigung nicht zurück, BGH **70**, 302. II gilt beim zweckgebundenen Anspruch nicht, Köln RR **93**, 1031. Die Unübertragbarkeit läßt sich nicht einseitig herstellen. Eine höchstpersönliche Forderung wird trotz vertraglicher Unübertragbarkeit unpfändbar, Rn 2, LG Krefeld NJW **73**, 2305 (abl Schmidt NJW **74**, 323). Der Anspruch gegenüber einer Versicherungsgesellschaft ist grundsätzlich pfändbar, LG Ffm VersR **78**, 1059, AG Sinzig RR **86**, 1929. Das gilt aber nicht, soweit die Versicherung Ersatz wegen einer unpfändbaren Sache leisten soll, LG Detm Rpfleger **88**, 154. Wegen des Urlaubsgelds, des Urlaubsentgelts und der Urlaubsabgeltung s § 850a Rn 3. Wenn II anwendbar ist, dann darf der Rpfl keine Interessenabwägung vornehmen, BGH Rpfleger **78**, 248.

17 **4) VwGO:** Vgl Einf §§ 850–852 Rn 9.

**851a** *Pfändungsschutz für Landwirte.* <sup>I</sup> Die Pfändung von Forderungen, die einem die Landwirtschaft betreibenden Schuldner aus dem Verkauf von landwirtschaftlichen Erzeugnissen zustehen, ist auf seinen Antrag vom Vollstreckungsgericht insoweit aufzuheben, als die Einkünfte zum Unterhalt des Schuldners, seiner Familie und seiner Arbeitnehmer oder zur Aufrechterhaltung einer geordneten Wirtschaftsführung unentbehrlich sind.
<sup>II</sup> Die Pfändung soll unterbleiben, wenn offenkundig ist, daß die Voraussetzungen für die Aufhebung der Zwangsvollstreckung nach Absatz 1 vorliegen.

**Schrifttum:** *Eggert,* Der landwirtschaftliche Vollstreckungsschutz, Diss Münster 1952.

1 **1) Systematik, Regelungszweck, I, II.** Vgl zunächst Einf 1 vor §§ 850–852. Die Vorschrift soll Landwirte zusätzlich zu § 811 I Z 4 schützen. Während nach jener Vorschrift die landwirtschaftlichen Erzeugnisse selbst in einem gewissen Umfang der Pfändung entzogen werden, erstreckt § 851a den Schutz auch auf die Forderungen aus dem Verkauf solcher Erzeugnisse, zB auf das Milchgeld, LG Bonn DGVZ **83**, 153. Dieser Schutz geht auch über § 98 Z 2 BGB hinaus, § 865 II, § 851 Rn 3, 4.

**2) Voraussetzungen für die Aufhebung der Pfändung, I.** Zum Begriff des landwirtschaftlichen **2** Betriebs § 811 Rn 27. Vgl die dortigen Ausführungen auch wegen der landwirtschaftlichen Erzeugnisse, die zur Aufrechterhaltung einer geordneten Wirtschaftsführung erforderlich sind, also zu deren Fortführung. Das Vollstreckungsgericht muß insofern notfalls einen Sachverständigen hinzuziehen. Zur Familie gehören außer dem Schuldner und seiner Ehefrau alle diejenigen Familienmitglieder, die mit dem Schuldner zusammen wohnen und von ihm einen Unterhalt beziehen. Es soll, auch soweit der Unterhalt für den Schuldner und seine Familie sowie deren Arbeitnehmer gesichert wird (wegen der sonstigen Unterhaltssicherung für Landwirte § 811 I Z 4), eine geordnete Fortführung des Betriebs sichergestellt werden. Die Regelung geht also über diejenige des § 811 I Z 2 hinaus, begrenzt aber die pfändungsfreien Forderungen auf denjenigen Betrag, der für den geordneten Betrieb und den damit zusammenhängenden Unterhalt unentbehrlich ist. Das ist erheblich weniger als das Angemessene, es muß aber zur Erhaltung der Arbeitskraft sowie dazu ausreichen, daß die Wirtschaft nicht ins Stocken kommt. Soweit der Landwirt üblicherweise Kredit in Anspruch nimmt, etwa für Dünger, werden ihm keine besonderen Geldmittel bereitgestellt.

**3) Verfahren, I, II.** Es bringt keine besonderen Probleme. **3**

**A. Antrag.** Die Aufhebung der Pfändung erfordert einen Antrag. Sie geschieht also nicht von Amts wegen. Zur Aufhebung ist das Vollstreckungsgericht zuständig, §§ 764, 802, das zunächst durch den Rpfl entscheidet. Für die Aufhebung ist der Zeitpunkt der Entscheidung maßgeblich, wie sich aus den Worten „insoweit aufzuheben, als ... unentbehrlich sind" ergibt. Der Zeitpunkt des Pfändungsbeschlusses nach § 829 ist also nicht maßgebend; insofern gilt etwas anderes als bei § 811 Rn 13. Wenn die Voraussetzungen des I für das Vollstreckungsgericht offenkundig vorliegen (es darf keine besonderen Untersuchungen anstellen), dann muß es eine Pfändung unterlassen, II. Bei einer Pfändungskonkurrenz zwischen zwei Gläubigern nach § 811 I Z 4, 851 a ist § 804 III anwendbar, LG Bonn DGVZ **83**, 153.

**B. Rechtsbehelfe.** Der Schuldner kann nach einer Pfändung ohne Anhörung beantragen, sie aufzuheben. **4** Dieser Antrag ist in Wahrheit eine Form der Erinnerung nach § 766. Über diesen Antrag entscheidet also der Richter, § 766 Rn 25. Gegen eine ablehnende Entscheidung des Rpfl gilt § 11 RPflG, Anh § 153 GVG, gegen eine solche des Richters ist die sofortige Beschwerde zulässig, §§ 577, 793 I. Der Gläubiger kann gegen die Aufhebung der Pfändung durch den Rpfl nach Anhörung gemäß § 11 RPflG vorgehen. Vgl im übrigen § 829 Rn 63, § 766 Rn 31.

**C. Kosten.** S § 788 I, IV. Gebühren: Des Gerichts: KV 1953; des RA: §§ 57, 58 III Z 3 BRAGO. **5**

**4) VwGO:** *Vgl Einf §§ 850–852 Rn 9.* **6**

**851b** **Pfändungsschutz für Miet- und Pachtzinsen.** [1] **¹Die Pfändung von Miet- und Pachtzinsen ist auf Antrag des Schuldners vom Vollstreckungsgericht insoweit aufzuheben, als diese Einkünfte für den Schuldner zur laufenden Unterhaltung des Grundstücks, zur Vornahme notwendiger Instandsetzungsarbeiten und zur Befriedigung von Ansprüchen unentbehrlich sind, die bei einer Zwangsvollstreckung in das Grundstück dem Anspruch des Gläubigers nach § 10 des Gesetzes über die Zwangsversteigerung und die Zwangsverwaltung vorgehen würden. ²Das gleiche gilt von der Pfändung von Barmitteln und Guthaben, die aus Miet- oder Pachtzinszahlungen herrühren und zu den in Satz 1 bezeichneten Zwecken unentbehrlich sind.**

[II] **¹Die Vorschriften des § 813 b Abs. 2, 3 und Abs. 5 Satz 1 und 2 gelten entsprechend. ²Die Pfändung soll unterbleiben, wenn offenkundig ist, daß die Voraussetzungen für die Aufhebung der Zwangsvollstreckung nach Absatz 1 vorliegen.**

**Vorbem.** II 1 idF Art 1 Z 25 der 2. ZwVNov v 17. 12. 97, BGBl 3039, in Kraft seit 1. 1. 99, Art 4 I der 2. ZwVNov, ÜbergangsR Einl III 78.

**1) Systematik, Regelungszweck, I, II.** Vgl zunächst Einf 1 vor §§ 850–852. § 851 b soll erreichen, **1** daß die Miet- und Pachtzinsen weiterhin ihrer Hauptzwecke erhalten bleiben, nämlich der Unterhaltung des Grundstücks. Nur der Überschuß soll pfändbar sein, Köln Rpfleger **91**, 427. Die Vorschrift dient insofern dem Schutz des Grundbesitzes. Sie gilt für den Inländer wie für den Ausländer. Der Schutz ist unabhängig davon, ob der Schuldner vorwerfbar handelte. Soweit der Schuldner aber andere Einkommens- und Vermögensquellen zur Verfügung hat, ist § 851 b unanwendbar, Köln Rpfleger **91**, 427, Noack ZMR **73**, 290. Andererseits entfällt der Schutzzweck nicht schon deshalb, weil der Schuldner eine Teilungsversteigerung betreibt, Köln Rpfleger **91**, 427.

**2) Pfändungsbeschränkung wegen Unentbehrlichkeit, I, II.** § 851 b enthält kein unbedingtes Gebot, **2** sondern stellt auf die Verhältnisse des Schuldners ab. Die Pfändung soll von vornherein dann unterbleiben, wenn feststeht, daß die Einkünfte unentbehrlich sind (dafür ist die bloße Kostenmiete ein Indiz), damit der Schuldner zu folgenden Maßnahmen imstande ist:

**A. Laufende Unterhaltung.** Er muß das Grundstück laufend unterhalten können. Er muß also dazu imstande sein, alle notwendigen sachlichen und persönlichen Ausgaben hierzu zu machen. Frühere Aufwendungen, Rückstände, gehören nicht hierher. Die Aufwendungen müssen gerade wegen dieses Grundstücks notwendig sein, nicht für den Schuldner und seine Familie, anders als bei § 851 a.

**B. Instandsetzung.** Er muß dazu imstande sein, die notwendigen Instandsetzungsarbeiten vorzunehmen. **3** Er muß auch die Möglichkeit behalten, für diesen Zweck das erforderliche Kapital anzusammeln.

**C. Vorrangsicherung.** Er muß diejenigen Ansprüche befriedigen können, die im Fall einer Zwangsver- **4** steigerung dem Anspruch des Gläubigers nach § 10 ZVG vorgehen. Das ist nach dem Sinn der Vorschrift nicht auf ein Hypotheken- oder Grundschuldkapital zu beziehen, LG Bln Rpfleger **90**, 377. Es gehen nur die aus den letzten zwei Jahren rückständigen Leistungen und die laufend wiederkehrenden Leistungen vor. Wenn gerade ein bevorrechtigter Gläubiger pfändet, gilt die Rangfolge der §§ 10, 11 I, 155 II ZVG.

5   **3) Pfändungsbeschränkung trotz Entbehrlichkeit, I, II.** Die Pfändung soll in folgenden Fällen unterbleiben:

   **A. Miet- und Pachtzins.** Es geht um Mietzinsforderungen und Pachtzinsforderungen. Wegen Untermietsforderungen Noack ZMR **73**, 290.

6   **B. Bargeld und Guthaben.** Es geht um diejenigen Barmittel und Guthaben, die aus einer Miet- oder Pachtzinszahlung herrühren. In diesem Fall will das Gesetz eine Umgehung verhindern. Wenn das Vollstreckungsgericht die Pfändung ausgesprochen hat, dann muß es die Pfändung aufheben, soweit diese das zulässige Maß überschritten hat.

7   **4) Verfahren, I, II.** Es ist ein Antrag des Schuldners erforderlich. Das Vollstreckungsgericht, §§ 764, 802, schreitet also weder auf Antrag anderer Personen noch von Amts wegen ein. Der Antrag ist eine Erinnerung nach § 766. Daher sind die nach § 766 I zulässigen einstweiligen Maßnahmen statthaft. Die Anwendbarkeit des § 813b II, III, V 1 und 2 ergibt: Das Gericht darf den Antrag nach dem Ablauf der in § 813b II genannten Zweiwochenfrist ohne weitere sachliche Prüfung zurückweisen, wenn eine Verschleppungsabsicht oder eine grob nachlässige Verspätung vorliegt, § 813 b II. Das Gericht darf mehrmals Anordnungen treffen, die eine Abänderung oder eine Aufhebung auf einen Antrag enthalten, § 813b III; das Gericht muß den Antragsgegner anhören, Art 103 I GG, und eine Glaubhaftmachung, § 294 Rn 1, abwarten, § 813 V 1 und 2; sie genügt, Köln Rpfleger **91**, 427. Wenn die Zinsforderungen gegen mehrere Mieter desselben Grundstücks gepfändet worden sind, dann hebt das Gericht die Pfändung bis zur Höhe des erforderlichen Gesamtbetrags anteilsmäßig auf. Das Vollstreckungsgericht entscheidet durch den Rpfl, da § 813b nicht mehr dem Richter vorbehalten ist und insofern für die Zuständigkeit dem § 766 vorgeht, § 20 Z 17 RPflG, Anh § 153 GVG, obwohl der Sache nach eine Erinnerung vorliegt.

8   **5) Rechtsbehelfe, I, II.** Jeder Betroffene hat die wegen Rn 7 gegen die Entscheidung des Rpfl die Möglichkeiten nach § 11 RPflG, Anh § 153 GVG, § 829 Rn 63. Die Beendigung der Vollstreckungsmaßnahmen infolge der Aufhebung der Pfändung steht einem Rechtsbehelf des Gläubigers nicht entgegen.

9   **6) Kosten, I, II.** S § 788 I, IV. Gebühren: Des Gerichts KV 1953; des RA 57, 58 III Z 3 BRAGO.

10  **7) VwGO:** Vgl Einf §§ 850–852 Rn 9.

---

**852** *Pflichtteilsanspruch. Verarmter Schenker.* **I** Der Pflichtteilsanspruch ist der Pfändung nur unterworfen, wenn er durch Vertrag anerkannt oder rechtshängig geworden ist.
**II** Das gleiche gilt für den nach § 528 des Bürgerlichen Gesetzbuchs dem Schenker zustehenden Anspruch auf Herausgabe des Geschenkes sowie für den Anspruch eines Ehegatten auf den Ausgleich des Zugewinns.

**Schrifttum:** *Hannich,* Die Pfändungsbeschränkung des § 852 ZPO usw, 1998; *Zeranski,* Der Rückforderungsanspruch des verarmten Schenkers, 1998.

1   **1) Systematik, Regelungszweck, I, II.** Vgl zunächst Einf 1 vor §§ 850–852. Die Vorschrift schließt die Gruppe der §§ 850–852 mit einer vorrangigen Spezialregelung in ihrem Geltungsbereich zwecks Abstimmung mit den zugehörigen sachlichrechtlichen Vorschriften des BGB ab: Der Pflichtteilsanspruch und der Anspruch des Ehegatten auf einen Ausgleich des Zugewinns sind nach §§ 2317 II, 1378 III BGB unbeschränkt übertragbar. Der Herausgabeanspruch des verarmten Schenkers, § 528 BGB, ist wegen § 399 Hs 1 BGB (Zweckbindung) nur an die in § 528 I 1 BGB genannten Unterhaltsberechtigten abtretbar, Wüllenkemper JR **88**, 357, aM Düss FamRZ **84**, 889.

2   **2) Geltungsbereich, I, II.** Trotz der Erwägungen Rn 1 läßt § 852 nach seinem klaren Wortlaut, den BGH **123**, 185 nicht genug mitbedenkt, eine Pfändung, genauer: eine Verwertung, BGH NJW **97**, 2384, nur in den folgenden Fällen zu.

   **A. Anerkennung.** Der Anspruch muß vertraglich anerkannt worden sein. Damit ist nicht ein Anerkenntnis nach § 781 BGB gemeint, Düss FER **99**, 247. Es genügt vielmehr jede Vereinbarung, die den Willen des Berechtigten erkennen läßt, den Anspruch geltend zu machen, also auch eine bloße Abtretung. Die Vereinbarung muß zwischen dem Pflichtteilsberechtigten und dem Erben bestehen, eine solche zwischen dem Gläubiger und dem Erben reicht nicht, Düss FER **99**, 247.

3   **B. Rechtshängigkeit.** Der Anspruch muß rechtshängig geworden sein, § 261 auch wenn die Rechtshängigkeit zur Zeit der Pfändung nicht mehr andauert. Eine bloße Anhängigkeit des Anspruchs genügt nicht.
   Der Pfändungsbeschluß muß ergeben, daß eine Voraussetzung Rn 2 oder Rn 3 vorliegt. Es ist also nicht ausreichend, daß der Eintritt dieser Voraussetzungen nur möglich ist. Eine Pfändung für den Fall des künftigen Eintritts der Voraussetzungen ist unzulässig, Kuchinke NJW **94**, 1770.

4   **3) Gleichstehende Fälle, I, II.** Den in § 852 genannten Ansprüchen stehen folgende Fälle gleich:
   **A. Abkömmlinge.** Der Anspruch der Abkömmlinge, die von der fortgesetzten Gütergemeinschaft ausgeschlossen worden sind, § 1511 II BGB. Hierher zählt aber nicht ein Vermächtnis zugunsten des Pflichtteilsberechtigten.

5   **B. Schmerzensgeld.** Der Anspruch auf die Zahlung eines Schmerzensgeldes, § 847 BGB.

6   **C. Verlobte.** Der Anspruch der unbescholtenen Verlobten nach § 1300 BGB. Ein Eintritt der Voraussetzungen des § 852 nach dem Zeitpunkt der Pfändung heilt die etwa bis dahin bestehenden Mängel.

1. Titel. Zwangsvollstr. in das bewegl. Vermögen **§§ 852, 853**

4) **Rechtsbehelf, I, II.** Vgl Einf 6 vor §§ 850–852. 7
5) **VwGO:** Vgl Einf §§ 850–852 Rn 9. 8

**853** *Pfändung von Geldforderungen für mehrere Gläubiger.* Ist eine Geldforderung für mehrere Gläubiger gepfändet, so ist der Drittschuldner berechtigt und auf Verlangen eines Gläubigers, dem die Forderung überwiesen wurde, verpflichtet, unter Anzeige der Sachlage und unter Aushändigung der ihm zugestellten Beschlüsse an das Amtsgericht, dessen Beschluß ihm zuerst zugestellt ist, den Schuldbetrag zu hinterlegen.

**1) Systematik, Regelungszweck.** Wenn der Pfändung die Überweisung nachfolgt, dann kommt der 1
Drittschuldner in die Gefahr, an einen nicht oder schlechter Berechtigten zu leisten und deshalb zweimal leisten zu müssen. § 853 soll den Drittschuldner vor dieser Gefahr schützen. §§ 854 ff enthalten ähnliche Regelungen für die dortigen Geltungsbereiche. § 856 nennt die zugehörigen prozessualen Folgemöglichkeiten.

**2) Geltungsbereich.** § 853 setzt die Pfändung einer Geldforderung, § 829 Rn 1, für mehrere Gläubiger 2
voraus. Die Vorschrift ist *nicht* anwendbar, wenn teils gepfändet und teils abgetreten worden ist. In einem solchen Fall verläuft das Verfahren nach § 372 BGB, LG Bln Rpfleger **81**, 453. Wenn für den Abtretungsnehmer hinterlegt worden ist, dann erfaßt § 853 nur denjenigen Teil der Forderung, der von der Abtretung nicht erfaßt worden ist. Wenn der Drittschuldner schon früher nach dem BGB hinterlegt hatte, dann braucht er nicht mehr nach § 853 zu hinterlegen. Wenn er aber nun zahlt, tut er das auf seine Gefahr.

**3) Verfahren des Drittschuldners.** Es sind zahlreiche Aspekte zu beachten. 3
**A. Hinterlegungsbefugnis.** Der Drittschuldner, also im Fall einer entsprechenden Anwendung, § 857 I, evtl der Gerichtsvollzieher, Eickmann DGVZ **84**, 70, darf auf Grund der bloßen Tatsache einer mehrfachen Pfändung hinterlegen. Er darf natürlich auch sämtliche Gläubiger befriedigen, falls die Forderung ihnen allen überwiesen worden ist. Er darf schließlich an den Bestberechtigten zahlen, falls die Forderung diesem überwiesen wurde, wenn der Betrag, über den der Drittschuldner zu verfügen hat, nicht zur Befriedigung sämtlicher Gläubiger ausreicht.

**B. Hinterlegungspflicht.** Der Drittschuldner muß hinterlegen, wenn ein Überweisungsgläubiger die 4
Hinterlegung verlangt. Die Forderung eines bloßen Pfandgläubigers reicht nicht aus, und zwar unerheblich davon, in welcher Weise dieser sein Recht erlangt hat, selbst wenn es sich um den Bestberechtigten handeln mag. Freilich darf der Drittschuldner in einem solchen Fall an den Bestberechtigten zahlen. Der Drittschuldner muß diese Berechtigung aber beweisen. Der Gläubiger kann sein Verlangen formlos stellen. Zweckmäßig ist es aber, die Forderung schriftlich zuzustellen. Die Pflicht des Drittschuldners, an den Schuldner zu leisten, wenn nicht gepfändet wäre, ist eine Voraussetzung der Hinterlegungspflicht des Drittschuldners. Daher muß der Gläubiger dem Drittschuldner zB den Wechsel aushändigen, Art 39 WG.

Der Drittschuldner hat aber *keine Prüfungspflicht*. Er muß den Betrag für die beteiligten Gläubiger hinterlegen; §§ 372, 1281 BGB sind in diesem Falle unanwendbar. Jeder Gläubiger kann den Anspruch gegen den Drittschuldner auf dessen Hinterlegung einklagen, § 856. Im Fall einer früheren Pfändung darf der Gläubiger auf eine Hinterlegung oder auf eine Zahlung an sich und an den Besserberechtigten klagen. Die spätere Pfändung durch einen anderen Gläubiger hindert keinen weiteren Gläubiger daran, die Zahlung zu verlangen. Auch im Fall der Klage des Bestberechtigten kann der Drittschuldner verlangen, nur zur Hinterlegung verurteilt zu werden. Der Gläubiger kann den Einwand dadurch ausräumen, daß er das Einverständnis des früheren Gläubigers mit der Zahlung an ihn nachweist.

**C. Hinterlegungswirkung.** Die Hinterlegung ist eine Erfüllung. Der Betrag scheidet im Zeitpunkt der 5
Hinterlegung aus dem Vermögen des Drittschuldners aus. Eine Hinterlegung mit dem Recht der Rücknahme könnte keine Grundlage des Verteilungsverfahrens sein. Daher ist die Rücknahme des hinterlegten Betrags auch ohne einen Verzicht auf das Recht der Rücknahme unzulässig. Wenn der hinterlegte Betrag nicht zur Befriedigung aller Gläubiger ausreicht, dann wird der Erlös nach §§ 872 ff verteilt.

**D. Kosten.** Die Kosten der Hinterlegung sind Kosten der Zwangsvollstreckung. Der Drittschuldner darf 6
sie bei der Hinterlegung abziehen. Die Kosten müssen notfalls in einem etwa anschließenden Verteilungsverfahren berücksichtigt werden. Wenn ein solches Verteilungsverfahren nicht stattfindet, muß der Berechtigte sie im Klageweg geltend machen, Ffm Rpfleger **77**, 184.

**E. Anzeigepflicht.** Der Drittschuldner muß die Sachlage dem AG in jedem Fall einer Hinterlegung 7
anzeigen, LG Bln Rpfleger **81**, 453. Er muß dem Gericht also eine vollständige Auskunft über die Schuld, die Pfändungen und seine Hinterlegung geben und die zugestellten Pfändungs- und Überweisungsbeschlüsse einreichen.

**F. Weiteres Verfahren.** Es findet auf Grund der Anzeige von Amts wegen ein Verteilungsverfahren nach 8
den §§ 872 ff statt, LG Bln Rpfleger **81**, 453. Nach § 802 ist der Rpfl desjenigen AG ausschließlich zuständig, dessen Beschluß zuerst zugestellt worden ist, mag der Beschluß auch unwirksam gewesen sein. Wenn der Rpfl die Annahme ohne Anhörung des Antragsgegners durch eine bloße Maßnahme ablehnt, ist die Erinnerung nach § 766 statthaft. Gegen eine echte Entscheidung des Rpfl haben der Drittschuldner und sämtliche Pfändungsgläubiger die Möglichkeiten nach § 11 RPflG, Anh § 153 GVG. Zum Verfahren § 104 Rn 41 ff. Wenn der zuerst zugestellte Pfändungsbeschluß in einem Arrestverfahren von einem LG oder einem OLG erlassen worden war, dann kann der Drittschuldner seine Anzeige diesem Gericht gegenüber erstatten. Da dieses Gericht die Sache aber an das AG weitergeben muß, weil es sich um eine Verteilungssache handelt, kann der Drittschuldner die Anzeige auch dem AG unmittelbar zuleiten. Ein Verstoß gegen die Anzeigepflicht macht die Hinterlegung unrechtmäßig und daher unwirksam. Eine Anzeige an den Gläubiger ist nicht vorgeschrieben. § 374 II BGB ist unanwendbar.

§§ 853–855a                    8. Buch. 2. Abschnitt. ZwV wegen Geldforderungen

9    4) *VwGO*: §§ 853–856 sind entsprechend anwendbar in allen Fällen der Vollstreckung, auch nach § 169 I VwGO, § 5 VwVG: § 320 I AO. Notfalls ist bei dem AG zu hinterlegen, in dessen Bezirk das Vollstreckungsgericht oder die Vollstreckungsbehörde, deren Pfändungsanordnung zuerst zugestellt ist, den Sitz hat, § 320 II AO (dessen Rechtsgedanke trifft auch bei sonstiger Vollstreckung durch ein VG zu).

**854** *Mehrere Gläubiger bei Herausgabeanspruch von Fahrnis.* I ¹Ist ein Anspruch, der eine bewegliche körperliche Sache betrifft, für mehrere Gläubiger gepfändet, so ist der Drittschuldner berechtigt und auf Verlangen eines Gläubigers, dem der Anspruch überwiesen wurde, verpflichtet, die Sache unter Anzeige der Sachlage und unter Aushändigung der ihm zugestellten Beschlüsse dem Gerichtsvollzieher herauszugeben, der nach dem ihm zuerst zugestellten Beschluß zur Empfangnahme der Sache ermächtigt ist. ²Hat der Gläubiger einen solchen Gerichtsvollzieher nicht bezeichnet, so wird dieser auf Antrag des Drittschuldners von dem Amtsgericht des Ortes ernannt, wo die Sache herauszugeben ist.

II ¹Ist der Erlös zur Deckung der Forderungen nicht ausreichend und verlangt der Gläubiger, für den die zweite oder eine spätere Pfändung erfolgt ist, ohne Zustimmung der übrigen beteiligten Gläubiger eine andere Verteilung als nach der Reihenfolge der Pfändungen, so hat der Gerichtsvollzieher die Sachlage unter Hinterlegung des Erlöses dem Amtsgericht anzuzeigen, dessen Beschluß dem Drittschuldner zuerst zugestellt ist. ²Dieser Anzeige sind die Schriftstücke beizufügen, die sich auf das Verfahren beziehen.

III In gleicher Weise ist zu verfahren, wenn die Pfändung für mehrere Gläubiger gleichzeitig bewirkt ist.

1    1) *Systematik, Regelungszweck,* I–III. § 854 schließt sich eng an § 853 an. Die Zielsetzung ist ebenfalls vergleichbar, § 853 Rn 1.

2    2) *Herausgabe,* I–III. Der Drittschuldner darf oder muß die Sache allerdings statt einer Hinterlegung an den Gerichtsvollzieher herausgeben. Er muß auch dem Gerichtsvollzieher eine Anzeige machen und die Urkunden aushändigen. Derjenige Gerichtsvollzieher ist zuständig, der in dem zuerst zugestellten Beschluß bezeichnet worden ist. Wenn kein Gerichtsvollzieher bezeichnet wurde, dann muß das AG desjenigen Orts, an dem die Sache herausgegeben werden muß, auf einen Antrag des Drittschuldners einen Gerichtsvollzieher bestimmen. Wenn mehrere Beschlüsse gleichzeitig zugestellt wurden, dann kann der Drittschuldner unter denjenigen Gerichtsvollziehern wählen, die in diesen Beschlüssen genannt wurden. Das AG handelt durch den Rpfl, § 20 Z 17 RPflG, Anh § 153 GVG.

3    3) *Wirkung,* I–III. Mit der Herausgabe der Sache gehen die Pfandrechte an dem Anspruch auf die Sache über, und zwar in der Reihenfolge der Anspruchspfändungen. Der Gerichtsvollzieher verteilt den Erlös. Wenn der Erlös nicht für alle Gläubiger ausreicht und wenn ein späterer Gläubiger einen besseren Rang verlangt, dann ist eine Hinterlegung nach § 827 II notwendig, und es findet ein Verteilungsverfahren statt. Dasselbe gilt bei einer Mehrpfändung nach § 827 III.

4    4) *VwGO:* Vgl § 853 Rn 9.

**855** *Mehrere Gläubiger bei Anspruch auf Herausgabe von Grundstücken.* Betrifft der Anspruch eine unbewegliche Sache, so ist der Drittschuldner berechtigt und auf Verlangen eines Gläubigers, dem der Anspruch überwiesen wurde, verpflichtet, unter Anzeige der Sachlage und unter Aushändigung der ihm zugestellten Beschlüsse an den von dem Amtsgericht der belegenen Sache ernannten oder auf seinen Antrag zu ernennenden Sequester herauszugeben.

1    1) *Systematik, Regelungszweck.* Die Regelung der Mehrpfändung des Anspruchs auf die Herausgabe eines Grundstücks schließt sich eng an § 853 an. Die Zielsetzung ist vergleichbar, § 853 Rn 1.

2    2) *Treuhänder.* Die unbewegliche Sache ist an einen Treuhänder (Sequester) herauszugeben. Das AG der belegenen Sache ernennt den Treuhänder durch den Rpfl, § 20 Z 17 RPflG, Anh § 153 GVG, falls es ihn nicht schon vorher ernannt hatte. Über die Stellung des Treuhänders § 848 Rn 2. In der Reihenfolge der Pfändungen entstehen Sicherungshypotheken, § 848 Rn 8. Ein beanspruchter Vorrang ist durch einen Widerspruch zu sichern. Wenn bei einer Mitberechtigung anderer Gläubiger nur der Anteil des Schuldners gepfändet worden ist, dann muß die Sache an den Sequester und an die anderen Berechtigten gemeinsam herausgegeben werden.

*Gebühren:* Des Gerichts keine; des Anwalts §§ 57, 58 II Z 4 BRAGO.

3    3) *VwGO:* Vgl § 853 Rn 9.

**855a** *Mehrere Gläubiger bei Anspruch auf Herausgabe von Schiffen.* ¹Betrifft der Anspruch ein eingetragenes Schiff, so ist der Drittschuldner berechtigt und auf Verlangen eines Gläubigers, dem der Anspruch überwiesen wurde, verpflichtet, das Schiff unter Anzeige der Sachlage und unter Aushändigung der Beschlüsse dem Treuhänder herauszugeben, der in dem ihm zuerst zugestellten Beschluß bestellt ist.

1. Titel. Zwangsvollstr. in das bewegl. Vermögen  §§ 855a, 856

II **Absatz 1 gilt sinngemäß, wenn der Anspruch ein Schiffsbauwerk betrifft, das im Schiffsbauregister eingetragen ist oder in dieses Register eingetragen werden kann.**

**1) Geltungsbereich, I, II.** I ist ganz dem § 855 nachgebildet. II stellt ein Schiffsbauwerk einem 1 eingetragenen Schiff dann gleich, wenn das Schiffsbauwerk eingetragen ist oder eingetragen werden kann, s § 66 SchiffsregisterO. § 855 a gilt für ein in der Luftfahrzeugrolle eingetragenes Luftfahrzeug sinngemäß, § 99 I LuftfzRG.

**2) VwGO:** *Vgl § 853 Rn 9.* 2

**856** *Klage auf Hinterlegung oder Herausgabe.* ¹**Jeder Gläubiger, dem der Anspruch überwiesen wurde, ist berechtigt, gegen den Drittschuldner Klage auf Erfüllung der nach den Vorschriften der §§ 853 bis 855 diesem obliegenden Verpflichtungen zu erheben.**

II **Jeder Gläubiger, für den der Anspruch gepfändet ist, kann sich dem Kläger in jeder Lage des Rechtsstreits als Streitgenosse anschließen.**

III **Der Drittschuldner hat bei dem Prozeßgericht zu beantragen, daß die Gläubiger, welche die Klage nicht erhoben und dem Kläger sich nicht angeschlossen haben, zum Termin zur mündlichen Verhandlung geladen werden.**

IV **Die Entscheidung, die in dem Rechtsstreit über den in der Klage erhobenen Anspruch erlassen wird, ist für und gegen sämtliche Gläubiger wirksam.**

V **Der Drittschuldner kann sich gegenüber einem Gläubiger auf die ihm günstige Entscheidung nicht berufen, wenn der Gläubiger zum Termin zur mündlichen Verhandlung nicht geladen worden ist.**

**1) Systematik, Regelungszweck, I–V.** Die Vorschrift enthält die prozessualen Möglichkeiten des in 1 den Fällen der §§ 853–855 betroffenen Beteiligten. Das notgedrungen ziemlich aufwendige System I–V soll zur Klärung der durch die Hinterlegung usw eingetretenen Unsicherheiten führen und damit letztendlich die Fortsetzung der ins Stocken geratenen Vollstreckung in demjenigen Umfang ermöglichen, der sich am Ende der Zwischenverfahren nach § 856 als noch zulässig erweist.

**2) Klage, I.** Jeder Überweisungsgläubiger kann gegen den Schuldner die rein prozessuale Leistungsklage 2 des § 856 auf die Erfüllung der Verpflichtungen nach §§ 853, 855 erheben. Der bloße Pfändungsgläubiger hat diese Möglichkeit nicht. Er ist vielmehr darauf angewiesen, dem Rechtsstreit beizutreten, II. Der klagende Gläubiger braucht die anderen Gläubiger nicht beizuladen. Er muß aber dem Schuldner nach § 841 den Streit verkünden. Mehrere klagende Überweisungsgläubiger sind notwendige Streitgenossen, § 62. § 856 beseitigt nicht das Recht eines Gläubigers, auf die Leistung zu klagen.

**3) Beitritt, II.** Jeder Pfändungsgläubiger darf unabhängig davon, ob er auch ein Überweisungsgläubiger 3 ist oder nicht, einem klagenden Überweisungsgläubiger in dessen Prozeß gegenüber dem Schuldner jederzeit beitreten. Er wird dann ein notwendiger Streitgenosse, § 62. Der Beitritt ist mündlich statthaft. Denn er stellt keine Streithilfe nach § 66 dar. Nur der Erstkläger hat ein selbständiges Klagerecht. Spätere Klagen sind wegen der Möglichkeit eines Beitritts mangels Rechtsschutzbedürfnisses abzuweisen, Grdz 14 vor § 253, StJM 2 (der Beklagte hat gegen die Rüge der Rechtshängigkeit ähnliche Einrede).

**4) Beiladung, III.** Der Drittschuldner muß bei dem Prozeßgericht beantragen, daß sämtliche Pfändungs- 4 gläubiger beigeladen werden, die nicht geklagt und sich auch nicht nach II angeschlossen haben, selbst wenn sie später gepfändet haben. Die Beiladung muß in der Form der Streitverkündung nach § 73 erfolgen, obwohl die Beiladung keine Streitverkündung ist. Die Ladung braucht nur zum ersten streitigen Verhandlungstermin jeder Instanz zu erfolgen, und zwar auch dann, wenn eine öffentliche Zustellung, §§ 203 ff, oder eine Zustellung im Ausland erforderlich werden, §§ 199 ff. Man reicht beim Gericht einen Schriftsatz ein. Das Gericht teilt ihn dem Gegner formlos mit.

**5) Einwendungen, IV, V.** Der Drittschuldner kann im Prozeß die folgenden Einwendungen erheben: 5

**A. Sachlichrechtliches Bedenken.** Er kann sich gegen den Anspruch eines jeden Gläubigers auf Grund sachlichrechtlicher Bedenken wenden. Er kann zB vortragen, er habe bereits an einen Besserberechtigten erfüllt; er habe eine Aufrechnung erklärt. Ein Vergleich, ein Erlaß der Forderung, eine Stundung durch einen Pfändungsgläubiger sind nur dann zulässig, wenn die Forderung diesem Pfändungsgläubiger an Zahlungs Statt überwiesen wurde oder wenn im Fall einer Überweisung zur Einziehung der volle Betrag der überwiesenen Forderung auf die beizutreibende Forderung verrechnet worden war.

**B. Einwand gegen einzelne Gläubiger.** Der Schuldner kann sich gegen einen einzelnen Gläubiger 6 etwa mit der Begründung wenden, ihm gegenüber bestehe weder eine Hinterlegungspflicht noch eine Herausgabepflicht. Solche Einwendungen sind aber solange unerheblich, als noch mindestens zwei Gläubiger verbleiben, die von den Einwendungen nicht betroffen werden.

**6) Urteil, IV, V.** Das Urteil wirkt immer für sämtliche Gläubiger. Es wirkt nur gegen diejenigen 7 Gläubiger, die sich am Verfahren beteiligt haben oder die beigeladen worden waren. Die Wirkung erstreckt sich nur auf den „in der Klage erhobenen Anspruch", also auf den Anspruch auf eine Hinterlegung in Höhe des Gesamtbetrags der Pfändungen. Das Urteil erwächst gegenüber dem Schuldner nicht in Rechtskraft. Die Zwangsvollstreckung findet aus dem Urteil für alle Gläubiger statt, Saarbr RR **90**, 1472. Wer am Verfahren nicht teilgenommen hat, der muß das Urteil nach § 727 auf sich umschreiben lassen, Saarbr RR **90**, 1472.

**7) VwGO:** *Vgl § 853 Rn 9.* 8

**§ 857**

**857** *Zwangsvollstreckung in andere Vermögensrechte.* [I] Für die Zwangsvollstreckung in andere Vermögensrechte, die nicht Gegenstand der Zwangsvollstreckung in das unbewegliche Vermögen sind, gelten die vorstehenden Vorschriften entsprechend.

[II] Ist ein Drittschuldner nicht vorhanden, so ist die Pfändung mit dem Zeitpunkt als bewirkt anzusehen, in welchem dem Schuldner das Gebot, sich jeder Verfügung über das Recht zu enthalten, zugestellt ist.

[III] Ein unveräußerliches Recht ist in Ermangelung besonderer Vorschriften der Pfändung insoweit unterworfen, als die Ausübung einem anderen überlassen werden kann.

[IV] [1]Das Gericht kann bei der Zwangsvollstreckung in unveräußerliche Rechte, deren Ausübung einem anderen überlassen werden kann, besondere Anordnungen erlassen. [2]Es kann insbesondere bei der Zwangsvollstreckung in Nutzungsrechte eine Verwaltung anordnen; in diesem Falle wird die Pfändung durch Übergabe der zu benutzenden Sache an den Verwalter bewirkt, sofern sie nicht durch Zustellung des Beschlusses bereits vorher bewirkt ist.

[V] Ist die Veräußerung des Rechtes selbst zulässig, so kann auch diese Veräußerung von dem Gericht angeordnet werden.

[VI] Auf die Zwangsvollstreckung in eine Reallast, eine Grundschuld oder eine Rentenschuld sind die Vorschriften über die Zwangsvollstreckung in eine Forderung, für die eine Hypothek besteht, entsprechend anzuwenden.

[VII] Die Vorschrift des § 845 Abs. 1 Satz 2 ist nicht anzuwenden.

**Schrifttum:** *Banke,* Das Anwartschaftsrecht aus Eigentumsvorbehalt in der Einzelzwangsvollstreckung, 1991; *Behr,* Taktik in der Mobiliarvollstreckung (III), Kontenpfändung, ... Pfändung von sonstigen Vermögensrechten, 1989; *Behr/Eickmann,* Pfändung von Grundpfandrechten und ihre Auswirkungen auf die Zwangsversteigerung, 1989; *Bork,* Vinkulierte Namensaktien in Zwangsvollstreckung und Insolvenz des Aktionärs, Festschrift für *Henckel (1995) 23; Ehlenz/Diefenbach,* Pfändung in Bankkonten und andere Vermögensrechte, 3. Aufl 1990; *Marotzke,* Das Anwartschaftsrecht usw, 1977; *Münzberg,* Abschied von der Pfändung der Auflassungsanwartschaft?, Festschrift für *Schiedermair* (1976) 439; *Schüller,* Die Zwangsvollstreckung in den Nießbrauch, 1978; *Zimmermann,* Immaterialgüterrechte und ihre Zwangsvollstreckung, 1998. Vgl auch Grdz 87 vor § 704 „Kontokorrent", 96 „Notar".

**Gliederung**

| | |
|---|---|
| 1) Systematik, Regelungszweck, I–VII .. 1 | C. Andere Art der Verwertung ........ 11 |
| 2) Anderes Vermögensrecht, I ........ 2 | D. Nutzungsrecht .................. 12 |
| 3) Beispiele zur Frage „anderer Vermögensrechte", I ........ 3 | 7) Reallast usw, VI .............. 13–18 |
| | A. Allgemeines .................. 13 |
| 4) Pfändung, II ................ 4–6 | B. Eigentümerhypothek ............ 14 |
| 5) Unveräußerliches Recht, III ...... 7, 8 | C. Eigentümergrundschuld ........ 15–17 |
| 6) Verwertung, IV, V ............ 9–12 | D. Höchstbetragshypothek ........ 18 |
| A. Überweisung zur Einziehung ...... 9 | 8) Vorpfändung, VII ................ 19 |
| B. Überweisung zum Nennwert ...... 10 | 9) *VwGO* ........................ 20 |

**1** **1) Systematik, Regelungszweck, I–VII.** §§ 857–863 regeln die gesamte Zwangsvollstreckung in das bewegliche Vermögen, soweit die Zwangsvollstreckung nicht körperliche Sachen, § 803 Rn 1, Geldforderungen, § 829 Rn 1, oder Ansprüche auf die Herausgabe von Sachen betrifft, § 846, Bre MDR **83**, 677, vgl Hamm DNotZ **83**, 63. Dabei bleiben die Ziele der Regelung dieselben wie bei jeder Vollstreckung in das bewegliche Vermögen, Üb 1, 2 vor § 803.

**2** **2) Anderes Vermögensrecht, I.** Es handelt sich um einen gesetzlichen Hilfs- oder Auffangbegriff zwecks Erfassung der in §§ 828–856 nicht bereits geregelten Vermögenswerte. Vermögensrecht ist das, was einen Geldwert darstellt, der sich zur Befriedigung des Gläubigers eignet, LG Aurich Rpfleger **97**, 268.

Den *Gegensatz* zu Vermögensrechten bilden folgende Fälle: Ein tatsächlicher oder wirtschaftlicher Zustand, etwa eine Stellung als der Alleinerbe; ein Persönlichkeitsrecht, etwa der Erfindungsgedanke, BGH GRUR **78**, 585. Man darf hier den Ausdruck aber nur im engsten Sinne verstehen. Über Marken Rn 2; eine Handlungsmöglichkeit, AG Sinzig RR **86**, 967, wie das Kündigungsrecht oder das Recht, die Mietaufhebung zu verlangen, oder das Abtretungsrecht. Über das Recht aus einer Vollmacht Grdz 113 vor § 704 „Vollmacht"; ein unselbständiges Recht. Beispiele: das Recht auf die Herausgabe des Hypothekenbriefs oder des Kraftfahrzeugbriefs, BFH BB **76**, 1351; ein Kfz-Schein, KG OLGZ **94**, 114; die Hypothek ohne eine Forderung. Ein solches unselbständiges Recht ist für sich nicht pfändbar, sondern nur zusammen mit dem Hauptrecht, LG Bln Rpfleger **78**, 332. Eine Nebenforderung, etwa der Anspruch auf Zinsen, ist selbständig pfändbar.

In allen vorstehenden Fällen ist eine *Pfändung nicht möglich.* Dasselbe gilt bei einem Rangvorbehalt, BGH **12**, 245. Es ist nicht erforderlich, daß die Zwangsvollstreckung unmittelbar zu einer Befriedigung des Gläubigers führen kann, § 848. Ferner sind alle öffentlichrechtlichen Befugnisse unpfändbar, etwa: Das Wahlrecht; der „Anspruch" auf ein Handeln einer staatlichen Stelle, etwa ein Urteil auf eine Eintragung in das Grundbuch. Der Berichtigungsanspruch nach § 894 BGB ist ein privatrechtlicher Anspruch gegen den Eingetragenen.

§ 857 stellt die Regel auf, nach der die §§ 828–856 anwendbar sind. §§ 858–863 enthalten Sondervorschriften. Die Abgrenzung ist manchmal schwierig.

## 1. Titel. Zwangsvollstr. in das bewegl. Vermögen § 857

**3) Beispiele zur Frage „anderer Vermögensrechte", I**   3
**Abtretung, Übertragung:** I ist anwendbar auf die Zwangsvollstreckung in einen Anspruch auf die Abtretung, Rückabtretung, Übertragung oder Rückübertragung eines Rechts, BGH NJW **98**, 2969 (auch zu Einzelheiten), LG Bln MDR **77**, 59 und 412, LG Verden Rpfleger **86**, 394.
    S auch „Anwartschaftsrecht", „Auseinandersetzung".
**Anwartschaftsrecht:** I ist anwendbar auf die Zwangsvollstreckung in ein Anwartschaftsrecht, BGH **LM** Nr 2, Düss Rpfleger **81**, 199 (abl Eickmann), LG Bonn Rpfleger **89**, 449 (der Nachweis der Auflassung durch eine öffentliche oder öffentlich beglaubigte Urkunde ist notwendig); zum Problem Geißler DGVZ **90**, 81 (ausf).
    S auch „Abtretung, Übertragung".
**Arzneimittelrecht:** I ist anwendbar auf die Zwangsvollstreckung in die Befugnis, ein Arzneimittel in den Verkehr zu bringen (und nur zusammen mit ihr die öffentlichrechtliche Zulassung zu erwerben), BGH NJW **90**, 2932.
**Auseinandersetzung:** I ist anwendbar auf die Zwangsvollstreckung in einen Anspruch auf ein Auseinandersetzungsguthaben, auch ein künftiges, BGH KTS **85**, 321 (auch wegen des Anspruchs auf Rückgewähr einer valutierenden Grundschuld), aM StJM 3.
**Bereicherung:** I ist anwendbar auf die Zwangsvollstreckung in den Anspruch auf den Ausgleich einer Bereicherung nach dem Wegfall ihres Sicherungszwecks (Rückgewähranspruch), BGH NJW **89**, 2538, Ffm VersR **85**, 71, LG Münst Rpfleger **91**, 379.
**Computer:** Grdz 68 „Computer" vor § 704.
**Dienstleistungsmarke:** I ist anwendbar auf eine Dienstleistungsmarke, eine international registrierte Marke (IR-Marke) mit deutscher Basismarke, Repenn NJW **94**, 175.
**Dreidimensionales Zeichen:** I ist anwendbar jetzt auch auf ein solches Zeichen, Repenn NJW **94**, 175.
**Eigentum:** S „Erbteil", „Miteigentum".
**Eintragung:** S „Grundbuch".
**Erbteil:** I ist anwendbar auf die Zwangsvollstreckung in einen Erbteil, auch wenn er aus einem Grundstücksanteil besteht.
    S auch „Miteigentum".
**Erfinderrecht:** § 257 ist auf seine vermögensrechtlichen Teile anwendbar, Zimmermann GRUR **99**, 128.
**Gesellschaftsanteil:** § 859 Rn 2.
**Grundbuch:** I ist anwendbar auf die Zwangsvollstreckung in den Anspruch auf eine Berichtigung, Düss Rpfleger **98**, 436, oder auf die Eintragung eines Grundpfandrechts, Bre NJW **84**, 2478 (nur das „Stammrecht" der Verwendung des Grundstücks zur dinglichen Sicherung ist weder abtretbar noch pfändbar; dazu kritisch Dubischar NJW **84**, 2440).
    S auch „Grundschuld".
**Grundschuld:** I ist anwendbar auf die Zwangsvollstreckung in einen Anspruch auf die Rückgewähr einer nicht valutierenden Grundschuld, BGH KTS **85**, 321, aM StJM 3, oder auf einen Verzicht auf die Grundschuld, Rn 13.
    S auch „Grundbuch", ferner Grdz 76 „Grundschuld" vor § 704.
**Hinterlegung:** I ist anwendbar auf die Zwangsvollstreckung in den Anspruch gegen einen Notar auf die Auszahlung eines bei ihm hinterlegten Geldbetrags, Ffm FGPrax **98**, 80, Hamm DNotZ **83**, 63, Rupp/Fleischmann NJW **83**, 2369.
**Leasing:** Rn 7.
**Marke:** Grdz 95 vor § 704. Zuständig ist das Vollstreckungsgericht, LG Düss Rpfleger **98**, 356.
**Milchkontingent:** I ist auf eine derartige Referenzmenge unanwendbar, LG Aurich Rpfleger **97**, 268.
**Miteigentum:** I ist anwendbar auf die Zwangsvollstreckung in einen Miteigentumsanteil, BGH NJW **93**, 937, BayObLG DB **92**, 1880, Staudinger/Huber12 § 747 BGB Rn 45, aM Marotzke Erlanger Festschrift für Schwab (1990) 299 (er wendet §§ 808 ff entsprechend an). Das gilt auch für einen isolierten Miteigentumsanteil ohne Sondereigentum und ohne Anwartschaft nach dem WEG, Hamm RR **91**, 335.
    S auch „Erbteil".
**Nießbrauch:** I ist auf ihn anwendbar, Rn 8, auch IV 2, Düss Rpfleger **97**, 315.
**Notar:** S „Hinterlegung".
**Nutzungsrecht:** Grdz 97 „Nutzungsrecht" vor § 704.
**Rückabtretung, Rückübertragung:** S „Abtretung, Übertragung", „Bereicherung".
**Rückgewähransprach:** I ist auf ihn anwendbar, Schlesw FGPrax **97**, 54.
**Sicherungsübereignung:** Grdz 102 „Sicherungsübereignung" vor § 704.
**Software:** Grdz 102 „Software" vor § 704.
**Sondernutzungsrecht:** Es ist in beschränktem Rahmen der Vollstreckung unterworfen, Schuschke NZM **99**, 832.
**Übertragung:** S „Abtretung".
**Ungerechtfertigte Bereicherung:** S „Bereicherung".
**Wohnbesitz:** I ist anwendbar auf die Zwangsvollstreckung in den Anspruch auf einen Wohnbesitz, Schopp Rpfleger **76**, 384.
**Zwangsversteigerung:** I ist anwendbar auf die Zwangsvollstreckung in den Anspruch aus dem Meistgebot auf die Erteilung des Zuschlags (es entsteht nach § 848 II 2 eine Sicherungshypothek), Krammer/Riedel Rpfleger **89**, 146.

**4) Pfändung, II.** Wenn ein Drittschuldner vorhanden ist, dann wird die Pfändung nach §§ 828 ff mit der   4
Zustellung des Pfändungsbeschlusses an den Drittschuldner wirksam, § 829 III. Wenn ein Drittschuldner fehlt, dann wird die Pfändung mit der Zustellung des Verfügungsverbots an den Schuldner wirksam. Dieses Verfügungsverbot ist in einem solchen Fall unentbehrlich. Der Begriff Drittschuldner ist hier im weitesten Sinne zu verstehen, noch weiter als bei § 829. Drittschuldner ist jeder, dessen Recht die Pfändung berührt.

## § 857

*Dies trifft zB zu für:* Einen Miterben; einen Miteigentümer; denjenigen, der unter einem Eigentumsvorbehalt veräußert hat (die Pfändung des Anwartschaftsrechts erfolgt bei ihm entsprechend § 829 III). Nach einem Erlöschen gemäß § 91 ZVG ist zunächst kein Drittschuldner wegen des Anspruchs auf ein Anteil am Erlös vorhanden. Daher reicht zur Pfändung dieses Anspruchs eine Zustellung an den Schuldner gemäß II aus. Diese Zustellung ist auch notwendig, während seit dem Zeitpunkt einer Hinterlegung gemäß §§ 120, 124 ZVG die Zustellung an die Hinterlegungsstelle als der Drittschuldnerin nach § 829 III maßgeblich ist, BGH **58**, 298. Die Pfändung des Alleinnacherbrechts berührt das andersartige Recht des Vorerben nicht. Der Gläubiger muß vorsichtig sein. Er sollte lieber zuviel tun. Zu wenige Maßnahmen machten die Pfändung unter Umständen unwirksam.

5 Wenn der Gläubiger das *Anwartschaftsrecht* des Vorbehaltskäufers oder auch des Sicherungsgebers gepfändet hat, muß er auch die Sache selbst nach § 808 pfänden. Denn der Gläubiger erlangt nur auf diesem Weg den Besitz und kann nur so zu seiner Befriedigung kommen, aM Fenn AcP **170**, 460 (es handle sich um eine reine Rechtspfändung). Der Gläubiger kann dann freilich einen späteren Abtretungsnehmer des Anspruchs gegen den Vorbehaltsverkäufer oder den Sicherungsnehmer ausschalten, Grdz 60 vor § 704 „Anwartschaft", Brschw MDR **72**, 57, aM Tiedtke NJW **72**, 1405.

6 Wenn der Zwangsvollstreckung in das *Nutzungsrecht* an einer Sache erfolgt ist, etwa in einen Nießbrauch, und wenn eine Verwaltung angeordnet worden ist, dann kann eine Übergabe der noch zu benutzenden Sache an den Verwalter die Pfändung ersetzen. Die Pfändung eines Wertpapiers, das ein Recht trägt, erfolgt nach § 831. Das Pfandrecht entsteht immer an dem gepfändeten Recht selbst, mag es auch nur zur Ausübung überlassen worden sein. Eine Belastung des Rechts, die im Zeitpunkt der Pfändung bestand, wirkt auch gegenüber dem Gläubiger. Das gilt für eine Löschungsvormerkung bei einer Eigentümerhypothek. Im Zeitpunkt des Erlöschens des Rechts geht das Pfandrecht unter.

*Gebühren:* Des Gerichts KV 1640, 1953; des Anwalts §§ 57, 58 III Z 5 BRAGO.

7 **5) Unveräußerliches Recht, III.** Ein solches Recht ist in seinem Bestand nach § 851 unpfändbar, dort Rn 2. Bei einer Anwendung des § 851 II auf ein solches Recht muß man folgendes beachten: Ein höchstpersönliches Recht ist zB das Wohnrecht aus einem Altenteilsvertrag; eine vertragliche Ausschließung der Übertragbarkeit ist bei einem Recht durch § 137 BGB verboten. Das Firmenrecht hat einen Vermögenswert. Da es aber nur zusammen mit dem Übernehmen übertragbar ist und da das Unternehmen praktisch unpfändbar ist, Grdz 73 vor § 704 „Firma", ist eine Pfändung unmöglich. III läßt die Pfändung der Ausübung nach zu, soweit die Ausübung des Rechts einem anderen überlassen werden kann. Dies ist zB beim Gebrauchsrecht des Mieters möglich, sofern der Vermieter dem Mieter gestattet hat, die Mietsache einem Dritten zu überlassen, § 549 I 1 BGB. Zu einer solchen Überlassung ist also eine Vereinbarung zwischen dem Vermieter und dem Mieter notwendig. Entsprechendes gilt beim Leasingvertrag wegen des Nutzungsrechts usw (die Sache selbst ist nach §§ 808 ff pfändbar), Düss NJW **88**, 1676, AG Neuwied DGVZ **96**, 142, Teubner/Lelley ZMR **99**, 151 (ausf).

8 Der Grundstückseigentümer kann demgemäß ein *dingliches Wohnrecht* seines Schuldners am Grundstück des Eigentümers (Gläubigers) nur pfänden, wenn er dem Berechtigten gestattet hatte, die Ausübung des Wohnungsrechts einem Dritten zu überlassen, und wenn diese Erlaubnis im Grundbuch eingetragen worden war, großzügiger LG Detm Rpfleger **88**, 372, strenger BGH NJW **99**, 644 (grundsätzliche Unpfändbarkeit), Schlesw Rpfleger **97**, 256 (pfändbar sei nur ein Wertersatzanspruch nach Zwangsversteigerung). Manche wenden III auch auf den Anspruch des Miteigentümers eines Grundstücks auf die Aufhebung der Bruchteilsgemeinschaft nach § 749 BGB an, AG Siegen Rpfleger **88**, 250, Gramentz, Die Aufhebung der Gemeinschaft nach Bruchteilen durch den Gläubiger eines Teilhabers (1989) 502; vgl aber auch § 864 Rn 6. Die Pfändung des Nießbrauchs ist zulässig, Grdz 97 vor § 704 „Nutzungsrecht", LG Lübeck Rpfleger **93**, 360, Schüller, Die Zwangsvollstreckung in den Nießbrauch, Diss Bonn 1978. Eine Pfändung ist der Ausübung nach auch immer dann zulässig, wenn sich die Rechtsausübung nicht unbedingt an die Person des Berechtigten knüpft. Deshalb mag die Ausnutzung des schriftstellerischen Urheberrechts gepfändet werden können, vgl Grdz 109 vor § 704 „Urheberrecht". Das Recht auf die Erteilung eines Patents und das Recht aus einem Patent sind pfändbar, Grdz 99 vor § 704 „Patent". Wegen einer Marke Rn 2 „Marke".

9 **6) Verwertung, IV, V.** Es gibt mehrere Möglichkeiten.

**A. Überweisung zur Einziehung.** Diese Form der Überweisung ist dann statthaft, wenn der Gläubiger an die Stelle des Schuldners treten kann. Wenn nur bestimmte Personen dazu imstande sind, dann muß der Gläubiger zu ihrem Kreis zählen. In einem solchen Fall kann der Gläubiger auf Grund der Überweisung dasjenige erreichen, das der Schuldner ohne eine Pfändung erreichen würde. Der Gläubiger darf etwa im Fall einer Grundbuchberichtigung die Eintragung auf den Namen des Schuldners verlangen, nicht aber die Eintragung auf seinen eigenen Namen.

10 **B. Überweisung zum Nennwert.** Diese Form der Überweisung kommt nur bei einem Recht in Frage, das einen bestimmten Nennwert hat, etwa bei einer Eigentümergrundschuld.

11 **C. Andere Art der Verwertung.** Wenn die Verwertung durch eine Einziehung unmöglich oder schwierig ist, dann kann das Vollstreckungsgericht eine andere Art der Verwertung anordnen, je nach der Art des Rechts, § 844, etwa im Fall eines veräußerlichen Rechts die Veräußerung des Rechts durch eine Versteigerung oder durch einen freihändigen Verkauf, zB bei einem Erbteil oder bei einer Eigentümergrundschuld. Die Überweisung an Zahlungs Statt kann zum Schätzungswert in Frage kommen, etwa wenn dadurch eine Erbauseinandersetzung vermieden werden kann und wenn der Wert ersichtlich angemessen ist, § 844 Rn 7.

12 **D. Nutzungsrecht.** Beim Nutzungsrecht, Rn 7, 8, kann das Gericht eine besondere Anordnung treffen. Es kann namentlich eine Verwaltung anordnen. Dann ist die genutzte Sache dem Verwalter zu übergeben. Er liefert dem Gläubiger die Erträge ab, sofern nicht der Drittschuldner nach § 839 hinterlegen müßte. Das Vollstreckungsgericht trifft alle näheren Anordnungen, LG Lübeck Rpfleger **93**, 360. Im Fall des Nutzungsrechts an dem Grundstück ist entsprechend § 848 das Gericht der belegenen Sache zuständig. Auch dieses Gericht entscheidet durch den Rpfl, § 848 Rn 2. Das Gericht kann auch die Ausübung zugunsten des

1. Titel. Zwangsvollstr. in das bewegl. Vermögen **§ 857**

Gläubigers einem Dritten oder dem Gläubiger übertragen, zB an einem Patent durch die Erteilung einer Lizenz. Wegen des Nießbrauchs Rn 8 und Grdz 97 vor § 704 „Nutzungsrecht".

**7) Reallast usw, VI.** Die an sich einfache Regelung zeigt manche Tücken. **13**

**A. Allgemeines.** Eine Reallast, eine Grundschuld oder eine Rentenschuld sind wie eine Hypothek zu pfänden und zu überweisen, §§ 830, 837. Der Grundschuldbrief oder der Rentenschuldbrief sind nur dann nach § 808 zu pfänden und nach § 821 zu verwerten, wenn sie auf den Inhaber ausgestellt worden sind. Eine Reallast steht einer Buchhypothek gleich. Sie ist nur pfändbar, soweit nicht der Anspruch auf die einzelne Leistung unpfändbar ist, § 1111 II BGB, bzw die Reallast zugunsten des jeweiligen Eigentümers bestellt worden ist, § 1110 BGB. Ein Zinsrückstand und eine rückständige Reallastleistung ist wie ein Hypothekenzins selbständig pfändbar. Die Pfändung der Grundschuld usw ergreift diesen Rückstand usw nicht. Wenn die Grundschuld sicherungshalber an einen Dritten abgetreten worden ist, insbesondere an ein Kreditinstitut, dann kann man nur den Anspruch auf die Rückübertragung und einen Verzicht auf sie gemäß § 829 pfänden. Wenn es sich um eine Briefgrundschuld handelt, dann ist die Wirksamkeit der Pfändung nicht vom Briefbesitz abhängig. Nach der Überweisung entsteht ein Anspruch des Pfandgläubigers auf eine Rückübertragung der Grundschuld auf den Grundstückseigentümer im Zeitpunkt der Fälligkeit; er selbst erwirbt ein Ersatzpfandrecht entsprechend § 848 II an der Grundschuld.

Wenn der Anspruch des Grundeigentümers auf eine *Rückübertragung* des nichtvalutierten Teils der Grundschuld gegenüber dem Grundschuldgläubiger gepfändet worden und die Grundschuld in der Zwangsversteigerung erloschen ist, dann bleibt das Pfandrecht an einem entsprechenden Teil des Versteigerungserlöses bestehen. Man kann den Löschungsanspruch durch eine Hilfspfändung erfassen, Köln OLGZ **71**, 151, § 808 Rn 3.

**B. Eigentümerhypothek.** Wenn die Hypothek dem Eigentümer mit der Forderung zusteht, §§ 1143, **14** 1177 II BGB, findet die Pfändung und Überweisung wie bei der gewöhnlichen Hypothek statt, § 830.

**C. Eigentümergrundschuld.** Wenn die Forderung dem Eigentümer nicht zusteht, wie bei § 1163 BGB, **15** dann ist die Hypothek sachlichrechtlich eine Grundschuld, § 1177 BGB. Sie wird dann wie eine Grundschuld nach § 830 gepfändet, ZöStÖ 20, aM Baur/Stürner § 30 IV 2, Peters JZ **85**, 177, StJM 59 ff (die Zustellung des Pfändungsbeschlusses an den Schuldner reiche aus). Diese Lösung hat praktisch sehr viel für sich. Deshalb ist bei einer Briefhypothek ein Besitz am Hypothekenbrief erforderlich, BGH Rpfleger **89**, 248, gegebenenfalls an dem zu bildenden Teilhypothekenbrief. Bei einer Buchhypothek muß eine Eintragung erfolgen. § 1197 I BGB steht einer Vollstreckung durch den Pfändungsgläubiger nicht entgegen, BGH **103**, 37.

Wenn ein *Dritter* eine Sicherungsgrundschuld *tilgt,* dann muß bei der Pfändung des getilgten Teils beim **16** Antrag auf die Bildung eines Teilgrundschuldbriefs nachgewiesen werden, daß der getilgte Grundschuldteil nicht auf den Dritten übergegangen ist. Der Pfändungsbeschluß muß den Pfändungsgläubiger als solche bezeichnen. Die Rechtsnatur ist dem Grundbuchamt nachzuweisen. Das kann schwierig werden. Eine Zustellung des Verbots an den Eigentümer genügt. Denn ein Drittschuldner fehlt. Es ist auch die Pfändung einer zukünftigen Eigentümergrundschuld zulässig, § 829 Rn 1. Allerdings müssen die Voraussetzungen eindeutig bestimmt werden, unter denen die Grundschuld entstehen soll. Dementsprechend kann man auch eine Anwartschaft auf den Erwerb derjenigen Eigentümergrundschuld pfänden, die im Fall eines Ausschlußurteils entsteht, nebst dem Recht, das Aufgebot gegenüber unbekannten Hypothekengläubigern zu betreiben, § 1170 BGB.

Wenn die Eigentümergrundschuld in der Zwangsversteigerung *infolge eines Zuschlags erloschen* ist, dann ist **17** der Anspruch auf den Erlös, der an die Stelle der Eigentümergrundschuld getreten ist, nach § 829 pfändbar. Dasselbe gilt bei einer nicht valutierten Grundschuld. Wenn bei einer Briefhypothek dem Eigentümer nur ein Teil der Hypothek zusteht, dann ist folgendes zu pfänden und zu überweisen: Das Miteigentum am Brief, § 952 BGB; der Anspruch auf die Aufhebung der Gemeinschaft am Brief, § 749 BGB; der Anspruch auf eine Berichtigung des Grundbuchs nach § 894 BGB; der Anspruch auf die Vorlegung des Briefs beim Grundbuchamt zwecks Bildung eines Teilhypothekenbriefs, § 896 BGB; die Teilhypothek. Mit der Übergabe des Teilbriefs entsteht dann das Pfandrecht an der Hypothek. Dieser Weg ist allerdings außerordentlich umständlich. Wenn bei einer Buchhypothek der Gläubiger noch eingetragen ist, dann muß der Gläubiger den Anspruch auf die Berichtigung des Grundbuchs pfänden und überweisen. Daraufhin kann der Gläubiger nach § 836 III eine Auskunft und die Herausgabe der Urkunden erzwingen sowie einen Widerspruch nach § 899 BGB eintragen lassen. Vor einer Umschreibung auf den Eigentümer ist die Eintragung des Pfandrechts wegen § 39 GBO unmöglich. Andernfalls könnten ein Gläubiger des Eigentümers und ein Gläubiger des Hypothekengläubigers gleichzeitig eine Eintragung vornehmen lassen.

**D. Höchstbetragshypothek.** Eine Höchstbetragshypothek nach § 1190 BGB gibt eine auflösend be- **18** dingte Eigentümergrundschuld in Höhe des nicht verbrauchten Teils des Kredits, § 1163 BGB (nach aM nur eine dingliche Anwartschaft). Eine Umschreibung auf den Eigentümer ist jedenfalls erst nach einer endgültigen Feststellung der Forderung zulässig. Demgemäß ist die vorläufige Eigentümergrundschuld zwar pfändbar und überweisbar; die Pfändung ist aber durch die Eintragung aufschiebend bedingt. Mit der Eintragung tritt die Rückwirkung auf den Tag der Zustellung des Pfändungsbeschlusses an den Eigentümer ein, § 830 II. Daher wären Pfändungen, die seitdem erfolgten, dem Gläubiger gegenüber unwirksam. § 39 GBO läßt eine solche Eintragung aber erst nach einer Umschreibung in eine Eigentümergrundschuld zu. Man muß von Fall zu Fall prüfen, welche Bedeutung eine vorher vollzogene Eintragung hat. Denn nicht jeder Verstoß gegen § 39 GBO macht die Eintragung unwirksam. Die Befugnis des Eigentümers zur Ausnutzung des nicht verbrauchten Teils des Kredits, also seine Befugnis, insofern weitere Schulden zu machen, läßt sich nur durch eine einstweilige Verfügung oder durch den Antrag auf die Eröffnung des Konkursverfahrens über das Vermögen des Schuldners unterbinden. Da ein Berichtigungsanspruch vor dem Zeitpunkt, in dem der Betrag feststeht, nicht entstehen kann, kann man keinen solchen Anspruch pfänden.

**8) Vorpfändung, VII.** Der Gerichtsvollzieher darf die Benachrichtigung mit den Aufforderungen nicht **19** selbst anfertigen, was VII durch den Ausschluß des § 845 I 2 klarstellt. Das gilt, soweit die Zwangsvollstreckung gemäß I–VI erfolgt. Selbst ein ausdrücklicher Auftrag des Gläubigers ermächtigt den Gerichtsvollzieher

§§ 857–859    8. Buch. 2. Abschnitt. ZwV wegen Geldforderungen

in solchen Fällen nicht zur Anfertigung der Benachrichtigung usw. Wenn er dennoch nach § 845 I 2 verfahren ist, ist seine Maßnahme als Staatsakt der Zwangsvollstreckung zunächst wirksam, Grdz 56–58 vor § 704.

**20**  9) *VwGO:* Entsprechend anwendbar iRv Grdz § 803 Rn 9. Wenn § 5 VwVG eingreift, gilt § 321 AO.

**858** *Schiffspart.* ¹Für die Zwangsvollstreckung in die Schiffspart (§§ 489 ff. des Handelsgesetzbuchs) gilt § 857 mit folgenden Abweichungen:

II Als Vollstreckungsgericht ist das Amtsgericht zuständig, bei dem das Register für das Schiff geführt wird.

III ¹Die Pfändung bedarf der Eintragung in das Schiffsregister; die Eintragung erfolgt auf Grund des Pfändungsbeschlusses. ²Der Pfändungsbeschluß soll dem Korrespondentreeder zugestellt werden; wird der Beschluß diesem vor der Eintragung zugestellt, so gilt die Pfändung ihm gegenüber mit der Zustellung als bewirkt.

IV ¹Verwertet wird die gepfändete Schiffspart im Wege der Veräußerung. ²Dem Antrag auf Anordnung der Veräußerung ist ein Auszug aus dem Schiffsregister beizufügen, der alle das Schiff und die Schiffspart betreffenden Eintragungen enthält; der Auszug darf nicht älter als eine Woche sein.

V ¹Ergibt der Auszug aus dem Schiffsregister, daß die Schiffspart mit einem Pfandrecht belastet ist, das einem andern als dem betreibenden Gläubiger zusteht, so ist die Hinterlegung des Erlöses anzuordnen. ²Der Erlös wird in diesem Fall nach den Vorschriften der §§ 873 bis 882 verteilt; Forderungen, für die ein Pfandrecht an der Schiffspart eingetragen ist, sind nach dem Inhalt des Schiffsregisters in den Teilungsplan aufzunehmen.

**1** 1) **Systematik, Regelungszweck, I–V.** Die Vorschrift ergänzt den § 857 zwecks auch verfahrenstechnischer Klarstellung der aus der Natur der Schiffspart sich ergebenden notwendigen Besonderheiten der Vollstreckung in solchen Vermögenswert. Obwohl ein eingetragenes Schiff der Liegenschaftszwangsvollstreckung unterliegt, behandelt § 858 den Miteigentumsanteil, die (See-, LG Würzb JB 77, 1289) Schiffspart, § 491 HGB, als bewegliche Sache, andere als bei einem Bruchteilseigentum am Schiff, § 864 II. Die Schiffspart macht zum Mitreeder. Wer die Schiffspart auf Grund der Pfändung erwirbt und damit ein Mitreeder wird, der hat am Gewinn oder Verlust des bisherigen Mitreeders einen Anteil, vgl auch § 504 III HGB. Zwischen dem Pfandrecht an dem ganzen Schiff und dem Pfandrecht an der Schiffspart besteht kein Rangverhältnis. Wenn das Schiff als Ganzes versteigert wird, kann das Pfandrecht an der Schiffspart gegenstandslos werden; Rn 2.

**2** 2) **Pfändung, I–V.** Sie erfolgt ohne besondere Probleme.

**A. Zuständigkeit.** Das AG des Schiffsregisters ist das Vollstreckungsgericht. Es ist ausschließlich zuständig, § 802.

**3** **B. Eintragung.** Die Pfändung ist auf Grund des Pfändungsbeschlusses in das Schiffsregister einzutragen. Eine Eintragung ist für die Wirksamkeit der Pfändung unentbehrlich (die Pfändung „bedarf der Eintragung"). Das Pfandrecht entsteht erst mit der Eintragung. Die Zustellung des Pfändungsbeschlusses an den Schuldner ist für die Entstehung des Pfandrechts unerheblich, § 857 II ist nicht anwendbar.

**4** **C. Zustellung.** Der Gläubiger soll den Beschluß dem Korrespondentreeder, § 492 HGB, als dem Vertreter der Reederei zustellen. Das ist eine Ordnungsvorschrift. Eine Zustellung vor dem Zeitpunkt der Eintragung macht aber die Pfändung gegenüber dem Korrespondentreeder wirksam.

**5** **D. Verwertung.** Die Verwertung erfolgt nur durch eine Veräußerung der Schiffspart nach § 844. Dabei ist § 503 II HGB zu beachten. Eine Überweisung ist unzulässig.

**6** **E. Weitere Einzelfragen.** Dem Antrag muß ein Auszug aus dem Schiffsregister beigefügt werden. Wenn dieser Auszug ein Pfandrecht eines Dritten ausweist, dann muß das Vollstreckungsgericht eine Hinterlegung anordnen. Der Hinterlegung folgt dann ein Verteilungsverfahren. Das Pfändungspfandrecht hat immer den Rang hinter der Schiffshypothek. Durch die Zwangsveräußerung der Schiffspart erlöschen Rechte an ihr.

*Gebühren:* Des Gerichts KV 1640, 1953; des Anwalts § 58 I BRAGO.

**7** 3) *VwGO:* Entsprechend anwendbar in allen Fällen der Vollstreckung wegen Geldforderungen, Grdz § 803 Rn 9, auch nach § 169 I VwGO, § 5 VwVG: § 321 VII AO verweist auf §§ 858–863.

**859** *Gesellschaftsanteile bürgerlichen Rechts und Miterbteil.* ¹¹Der Anteil eines Gesellschafters an dem Gesellschaftsvermögen einer nach § 705 des Bürgerlichen Gesetzbuchs eingegangenen Gesellschaft ist der Pfändung unterworfen. ²Der Anteil eines Gesellschafters an den einzelnen zu dem Gesellschaftsvermögen gehörenden Gegenständen ist der Pfändung nicht unterworfen.

II Die gleichen Vorschriften gelten für den Anteil eines Miterben an dem Nachlaß und an den einzelnen Nachlaßgegenständen.

*Schrifttum: Paschke,* Zwangsvollstreckung in den Anteil eines Gesellschafters am Gesellschaftsvermögen einer Personengesellschaft, Diss Bln 1982; *Schünemann,* Grundprobleme der Gesamthandsgesellschaft unter

1. Titel. Zwangsvollstr. in das bewegl. Vermögen § 859

besonderer Berücksichtigung des Vollstreckungsrechts, 1975; *Sentner,* Die Pfändung und Verpfändung des Miterbenanteils, Diss Köln 1966.

**Gliederung**

| | |
|---|---|
| 1) Systematik, Regelungszweck, I, II .... 1 | 5) Wirkung des Pfandrechts, II ........... 6 |
| 2) Gesellschaftsanteil, I ................... 2 | 6) Verwertung, II ......................... 7, 8 |
| 3) Wirkung der Pfändung, I .............. 3, 4 |    A. Nach § 844 ........................ 7 |
|    A. Gewinnanspruch .................... 3 |    B. Einziehung ........................ 8 |
|    B. Kündigungsrecht .................... 4 | 7) *VwGO* ................................. 9 |
| 4) Miterbenanteil, II ..................... 5 | |

**1) Systematik, Regelungszweck, I, II.** Die Vorschrift enthält eine unvollständige Regelung der Frage **1** der Pfändbarkeit eines Anteils an einer Gesellschaft; zur Lage bei den Handelsgesellschaftsarten Anh nach § 859. Der Grundsatz, daß der Gläubiger in das gesamte Schuldnervermögen vollstrecken darf, muß auch bei einem Gesellschaftsanteil gelten; es würde aber zu uferlosen Problemen führen, wollte man auch eine Vollstreckung in die einzelnen zum Gesellschaftsvermögen zählenden Gegenstand zulassen, selbst wenn er noch so wertvoll wäre, denn er gehört ja nicht dem Schuldner allein. Auf diesen letzteren Gesichtspunkt sollte man bei der Auslegung abstellen. Die Erbengemeinschaft weist vergleichbare Rechtslagen auf und wird daher in II entsprechend einer Gesellschaft behandelt.

**2) Gesellschaftsanteil, I.** Der Gesellschafter einer BGB-Gesellschaft ist am Gesellschaftsvermögen zur **2** gesamten Hand beteiligt. Er darf weder über diesen Anteil noch über den Anteil an den einzelnen Gegenständen des Gesellschaftsvermögens verfügen, § 719 I BGB. Der Anteil an den Gegenständen ist schlechthin unpfändbar, Hamm DB **87**, 574, Zweibr Rpfleger **82**, 413. Dagegen erlaubt § 859 die Pfändung des Gesellschaftsanteils, BGH **97**, 393, Köln RR **94**, 1518, LG Hbg Rpfleger **89**, 519.

Die Pfändung des Gesellschaftsanteils erfolgt durch Zustellung an den Geschäftsführer der Gesellschaft, § 171 II, Köln RR **94**, 1518, nach § 857, Rupp/Fleischmann Rpfleger **84**, 225, aM LG Hbg Rpfleger **89**, 519 (sie erfolge nach § 859), Schmidt JR **77**, 180 (sie erfolge nach § 829). Die übrigen Gesellschafter brauchen nicht zuzustimmen, Köln RR **94**, 1518. Sie sind die Drittschuldner, BGH **97**, 394, aM Schmidt JR **77**, 179 (Drittschuldner sei die Gesellschaft). Es genügt die Zustellung an die geschäftsführenden Gesellschafter, BGH **97**, 395, Schmidt JR **77**, 179, aM Staudinger/Keßler12 § 725 BGB Rn 6. Die Zwangsvollstreckung nach § 736 schließt den § 859 nicht aus, aM Noack MDR **74**, 813. Beim „Und-Konto" liegt nicht stets eine Gesamthandsgemeinschaft vor, LG Oldb Rpfleger **83**, 79.

**3) Wirkung der Pfändung, I.** Sie besteht im wesentlichen in zwei Punkten. **3**

**A. Gewinnanspruch.** Der Gläubiger erlangt den Anspruch auf einen Gewinnanteil und auf ein Auseinandersetzungsguthaben, das einem Gesellschafter nach § 717 BGB zusteht, insofern auch Schmidt AcP **182**, 495. Der Gläubiger darf aber vor einer Kündigung die übrigen gesellschaftlichen Mitgliedsrechte nicht ausüben, BGH **97**, 395, LG Hbg MDR **82**, 1028. Er kann zB nicht das Stimmrecht ausüben, und zwar auch nicht im Fall einer Überweisung, § 725 II BGB. Winnefeld DB **77**, 901 hält den Kapital-Entnahmeanspruch nach § 122 I HGB für pfändbar.

**B. Kündigungsrecht.** Der Gläubiger darf die Gesellschaft fristlos aufkündigen, BGH **97**, 395, Hamm **4** DB **87**, 574, LG Hbg MDR **82**, 1028, aber nur auf Grund eines rechtskräftigen Vollstreckungstitels, § 725 I BGB, Zweibr Rpfleger **82**, 413. Wenn er das tut, dann ergreift das Pfandrecht ohne weiteres alles, was der Gesellschafter im Fall der Auseinandersetzung erhält. Der Gläubiger darf die Auseinandersetzung anstelle des Schuldners betreiben, BGH NJW **92**, 832, Behr Rpfleger **83**, 36, ZöStö 4. Der Gläubiger darf also auch die Teilungsversteigerung beantragen, BGH NJW **92**, 832, (zumindest dann, wenn nur noch ein einziger ermögensgegenstand vorhanden ist; zustm Hintzen Rpfleger **92**, 264), aM LG Hbg Rpfleger **89**, 519 (aber die Auseinandersetzung wird nach der Kündigung nicht von § 725 II BGB erfaßt, PalTh § 725 BGB Rn 3), StJM 7 (er hält eine Klage gegen den Schuldner mit dem Ziel für notwendig, daß der Schuldner die Auseinandersetzung betreibe). Die Pfändung des Anteils an einer bereits aufgelösten Gesellschaft erfaßt die Abfindungsforderung. Denn die Gesellschaft besteht bis zur Vollbeendigung fort, § 730 II BGB. Es schadet nicht, daß ein Grundstück zum Anteil gehört. Die Eintragung der Pfändung in das Grundbuch ist aber unzulässig, Hamm DB **87**, 574, Schmidt AcP **182**, 495. Der Anspruch des Gesellschafters auf eine Auskunft ist unpfändbar. Denn andernfalls würde der Gläubiger einen gefährlichen Einblick in die Verhältnisse Dritter erhalten.

**4) Miterbenanteil, II.** § 2033 BGB erlaubt dem Miterben die Veräußerung seines Anteils an der **5** Erbschaft. Der Miterbe kann aber über den Anteil an den einzelnen Erbschaftsgegenständen nicht verfügen. Deshalb ist der Anteil an diesen einzelnen Erbschaftsgegenständen unpfändbar und auch nicht etwa bedingt pfändbar, BayObLG DB **83**, 708, Ffm Rpfleger **79**, 205. Auch der Anspruch auf die Durchführung der Erbauseinandersetzung ist nicht selbständig pfändbar, § 857 Rn 2. Dagegen ist der Miterbenanteil insgesamt pfändbar, BGH **72**, 41, BayObLG DB **83**, 708, LG Stendal Rpfleger **98**, 122. Die Pfändung dieses Miterbenanteils erfolgt nach § 857, Ffm Rpfleger **79**, 205. Die anderen Erben sind die Drittschuldner, Ffm Rpfleger **79**, 205, Stöber Rpfleger **76**, 197. Der Miterbe kann aber trotz der Pfändung seines Miterbenanteils eine Nachlaßforderung mit dem Antrag geltend machen, für alle Erben zu hinterlegen. Eine ungenaue Bezeichnung, etwa als „Forderung am Nachlaß", schadet nicht. Unschädlich sind auch eine Testamentsvollstreckung, BayObLG DB **83**, 708 (sie bleibt unverändert), eine Nachlaßverwaltung oder eine Nacherbschaft. Nach der Durchführung der Erbauseinandersetzung ist die Pfändung des Miterbenanteils nicht mehr möglich. Man muß zwischen Pfändungs- und Grundpfandrecht unterscheiden, BGH RR **99**, 504.

## § 859, Anh § 859  8. Buch. 2. Abschnitt. ZwV wegen Geldforderungen

**6**  **5) Wirkung des Pfandrechts, II.** Das Pfandrecht ergreift den Miterbenanteil als einen Inbegriff von Rechten und Pflichten, BayObLG DB **83**, 708, Ffm Rpfleger **79**, 205. Das Pfandrecht verschafft dem Gläubiger aber nicht die Stellung eines Miterben, BayObLG DB **83**, 708. Die Eintragung ins Grundbuch ist als eine Verfügungsbeschränkung zulässig, und zwar auch unter einer vorherigen Eintragung sämtlicher Miterben (das letztere ist notwendig, Ffm Rpfleger **79**, 206), selbst ohne deren Zustimmung, Stöber Rpfleger **76**, 201, aM Zweibr Rpfleger **76**, 214. Der Gläubiger kann die Erbauseinandersetzung betreiben, sogar wenn der Erblasser sie ausgeschlossen hatte, BayObLG DB **83**, 708, und zwar auch auf Grund eines nur vorläufig vollstreckbaren Titels, § 86 II FGG. Der Gläubiger hat zu diesem Zweck alle Rechtsbehelfe anstelle des Schuldners. Er kann zB: Eine Teilungsklage erheben; den Auskunftsanspruch geltend machen: im Erbscheinsverfahren die Beschwerde einlegen, BayObLG MDR **73**, 1029. Der Gläubiger erlangt an der Gesamtheit derjenigen Sachen, die auf seinen Miterbenanteil entfallen, kraft Gesetzes ein Pfandrecht. Eine Erbauseinandersetzung, die ohne den Gläubiger vorgenommen wird, ist wegen der Verfügungsbeschränkung der Erben ihm gegenüber unwirksam. Der Gläubiger kann aber nicht eine Zwangsvollstreckung in einzelne Vermögensstücke der Erbschaft betreiben. Ein älteres Vertragspfandrecht bleibt auch am Auseinandersetzungserlös vorrangig, BGH NJW **69**, 1347, aM Lehmann NJW **71**, 1545. Der Schuldner kann nach § 180 II 1 ZVG vorgehen, LG Stendal Rpfleger **98**, 122.

**7**  **6) Verwertung, II.** Sie findet vielmehr folgendermaßen statt.

**A. Nach § 844.** Entweder wird die Erbschaft im ganzen auf Grund einer gerichtlichen Anordnung nach § 844 verwertet. Die Verwertung kann durch eine Versteigerung des Miterbenanteils durch den Gerichtsvollzieher erfolgen.

**8**  **B. Einziehung.** Oder das Gericht überweist dem Gläubiger den Miterbenanteil zur Einziehung, also zur Beitreibung des Auseinandersetzungsguthabens. Wenn eine Nacherbschaft angeordnet worden war, dann ist der Gläubiger nicht daran gehindert, den Miterbenanteil zu veräußern. Zweckmäßiger ist allerdings meist die Anordnung einer Verwaltung nach § 857 IV.

**9**  **7) VwGO:** *Vgl § 858 Rn 7.*

### Anhang nach § 859
### Zwangsvollstreckung in die Gesellschafteranteile von Handelsgesellschaften

**1**  **1) Offene Handelsgesellschaft, Partnerschaftsgesellschaft, Europäische wirtschaftliche Interessenvereinigung, Kommanditgesellschaft**

**Schrifttum:** *Emmerich,* Zur Stellung des Gläubigers im Recht der Personengesellschaften des Handelsrechts. Die Pfändung des „Gesellschaftsanteils" eines persönlich haftenden Gesellschafters, Diss Ffm 1970; *Schiller,* Die Rechtsstellung der offenen Handelsgesellschaft im Zivilprozeß, Diss Ffm 1967; *Ziegler,* Die Wirksamkeit von Abfindungsklauseln bei der Zwangsvollstreckung in die Beteiligung an einer offenen Handelsgesellschaft, Diss Freibg 1966.

**A. Titel.** Vgl zunächst § 50 Rn 8. Eine Zwangsvollstreckung in das Vermögen des einzelnen Gesellschafters setzt einen Vollstreckungstitel gegen diesen voraus. Ein Titel gegen die Gesellschaft genügt nicht. Ein solcher Titel wird auch nach dem Erlöschen der Gesellschaft nicht auf oder gegen die einzelnen Gesellschafter umgeschrieben. Eine Feststellung zur Tabelle in einem Insolvenzverfahren gegen die OHG wirkt nicht gegen die Gesellschafter. Wegen der Rechtsscheinhaftung einer angeblichen OHG oder KG § 736 Rn 2.

**2**  **B. Durchführung.** Für sie gelten § 859 I, dort Rn 2, BFH NJW **87**, 2703, und §§ 105 III, 161 II HGB. Die Gesellschaft ist der Drittschuldner. Die Pfändung des Anteils ist durch § 135 HGB nicht eingeschränkt. Abweichend wirkt die Einengung der Kündigung durch § 135 HGB. Diese verlangt die Pfändung und eine Überweisung des Anspruchs auf das Auseinandersetzungsguthaben. Das gilt aber nur dann, wenn ein rechtskräftiger Vollstreckungstitel vorliegt, wenn binnen 6 Monaten eine Zwangsvollstreckung in das bewegliche Vermögen ergebnislos voraufgegangen war, und nur unter der Einhaltung einer Frist von 6 Monaten zum Schluß des Geschäftsjahrs. Eine kürzere Frist ist dann zulässig, wenn der Gesellschafter selbst vertraglich kürzer aufkündigen darf. Neben dieser Kündigung ist eine Kündigung nach § 725 BGB nicht möglich. Nach einer wirksamen Kündigung beginnt die Abwicklung der Gesellschaft. Der Gläubiger kann die Gesellschaft auf die Vornahme dieser Abwicklung verklagen. Der Gläubiger wird nicht Abwickler. Er gehört aber zu den „Beteiligten" der §§ 146, 147, 152 HGB.

**3**  **2) Aktiengesellschaft.** Die Pfändung der Aktien erfolgt nach § 808. Die Verwertung erfolgt nach § 821. Eine gebundene Namensaktie, § 68 AktG, wird nach § 857 verwertet, ein Bezugsrecht wird nach § 857 verwertet, da es vom Aktienbesitz abtrennbar ist. Nach der Eintragung der Gesellschaft sind die Mitgliedsrechte auch vor der Ausgabe der Aktien pfändbar. Eine etwa notwendige Zustimmung zu der Übertragung hindert eine Pfändung und eine Veräußerung nicht.

**4**  **3) Gesellschaft mit beschränkter Haftung**

**Schrifttum:** *Brennecke,* Zwangsvollstreckung gegen juristische Personen des Privatrechts, Diss Freibg 1969; *Eickhoff,* Die Gesellschaftsklage im GmbH-Recht, 1988.

**A. Pfändung und Veräußerung der Geschäftsanteile,** dazu *Noack* JB **76**, 1603: Die Pfändung und die Veräußerung der Geschäftsanteile erfolgen immer nach § 857, BGH **104**, 353 (zustm Münzberg JZ **89**, 254), LG Bln MDR **87**, 592, LG Köln Rpfleger **89**, 511, und zwar auch ohne eine Einwilligung der Gesellschaft, selbst wenn sie sonst in eine Übertragung einwilligen müßte. Wegen der Zweckgebundenheit der Stammeinlage, § 19 II 1 GmbHG, ist die Forderung auf deren Einzahlung nur insoweit pfändbar, als der Gläubiger

ihr eine volle Gegenleistung erbringt, Ffm GmbHRdsch **77**, 249, LG Augsb Rpfleger **87**, 116, oder wenn die Erhaltung der Kapitalgrundlage nicht mehr nötig ist, BGH NJW **80**, 2253, LG Augsb Rpfleger **87**, 116. Die Gesellschaft ist der Drittschuldner, StJM § 859 Rn 18, aM Noack MDR **70**, 891.
Die *Verwertung* erfolgt nach § 844, BGH **104**, 353, LG Bln MDR **87**, 592, LG Köln Rpfleger **89**, 511. § 817 gilt entsprechend. Die Schätzung erfolgt gemäß § 813 I 3. Außerdem erfolgt evtl eine Hilfspfändung des Auskunftsanspruchs. Der Gläubiger kann außerdem eine Auskunftsklage erheben, Petermann Rpfleger **73**, 388, aM LG Essen Rpfleger **73**, 410. Die Pfändung der Anteilscheine ist nur als eine Hilfspfändung möglich, § 808 Rn 3, nicht als eine Pfändung von Wertpapieren. Die Pfändung des Geschäftsanteils berechtigt im übrigen nicht zur Ausübung der Verwaltungsrechte, LG Essen Rpfleger **73**, 410, insbesondere nicht zur Ausübung des Stimmrechts. Zur Verwertung des gepfändeten Anteils und zu dessen Einziehung unter seinem Wert durch die anderen Gesellschafter BGH **65**, 22 (zustm Mettenheimer BB **75**, 1177), Ffm BB **76**, 1147. Eine Vorausabtretung des Anspruchs des Gesellschafters auf die Abfindung oder das Auseinandersetzungsguthaben gibt dem neuen Gläubiger gegenüber einem Pfändungsgläubiger des Gesellschafters nur ein mit dem Pfändungspfandrecht belastetes Recht, wenn die Pfändung zwar der Abtretung folgte, aber der Entstehung des vorausabgetretenen Anspruchs vorausging, BGH **104**, 353 (zustm Münzberg JZ **89**, 254).

**B. Pfändung des Anspruchs auf die Stammeinlage.** Der Anspruch der GmbH auf eine Leistung der Stammeinlage ist pfändbar. Doch darf sich dadurch der Vermögensstand der Gesellschaft nicht verringern, § 19 GmbHG. Deshalb muß der Anspruch des Gläubigers gegen die Gesellschaft dem gepfändeten Anspruch beim Wirksamwerden des Überweisungsbeschlusses gleichwertig sein. Eine Einforderung durch einen Gesellschafterbeschluß ist dann nicht erforderlich. Der Anspruch auf die Leistung der Stammeinlage ist auch gegenüber dem späteren Erwerber des Geschäftsanteils pfändbar. Allerdings sind dann andere Einreden möglich. Bei der Einforderung, auch durch einen Gläubiger, ist § 19 I GmbHG zu beachten. **5**

4) **Andere Gesellschaften.** In Betracht kommen drei Gesellschaftsformen. **6**

**A. Stille Gesellschaft.** Die Pfändung des Auseinandersetzungsguthabens erfolgt nach § 859, aM Schmidt Rn 1.

**B. Kommanditgesellschaft auf Aktien.** Die Pfändung erfolgt nach § 808. Die Verwertung erfolgt nach § 821. Der Gläubiger eines Kommanditisten darf die Gesellschaft aber nicht aufkündigen, § 289 IV AktG. **7**

**C. Erwerbs- und Wirtschaftsgenossenschaft.** Die Pfändung erfolgt wie bei der Offenen Handelsgesellschaft, Rn 1. Der Anspruch auf Einzahlung der Geschäftsanteile und der anteiligen Fehlbeträge ist unpfändbar. Eine Aufnahmegebühr ist pfändbar. Die Dividende ist pfändbar, jedoch muß der Gläubiger auch das Geschäftsguthaben pfänden, wenn das Statut die Dividende dem Geschäftsguthaben zuschreibt. Wegen der Liquidation § 88a GenG. Die Kündigung nach § 66 GenG erfolgt mit der Wirkung des Austritts des Genossen. **8**

5) **Umwandlung.** Nach einer Umwandlung ist die Zwangsvollstreckung im allgemeinen nur noch gegen den Übernehmer möglich. Denn es liegt meist ein gesetzlicher und kein vertraglicher Vermögensübergang vor, PalH § 419 BGB Rn 9. Maßgeblich ist im allgemeinen die Eintragung im Handelsregister, §§ 4, 5 UmwandlG. **9**

6) *VwGO:* Vgl § 858 Rn 7. **10**

## 860

**Eheliches Gesamtgut.** [I] [1]Bei dem Güterstand der Gütergemeinschaft ist der Anteil eines Ehegatten an dem Gesamtgut und an den einzelnen dazu gehörenden Gegenständen der Pfändung nicht unterworfen. [2]Das gleiche gilt bei der fortgesetzten Gütergemeinschaft von den Anteilen des überlebenden Ehegatten und der Abkömmlinge.

[II] Nach der Beendigung der Gemeinschaft ist der Anteil an dem Gesamtgut zugunsten der Gläubiger des Anteilsberechtigten der Pfändung unterworfen.

**Schrifttum:** *Mansel*, Substitution im deutschen Zwangsvollstreckungsrecht, in: Festschrift für *Lorenz* (1992) 689 (711 ff).

1) **Systematik, Regelungszweck, I, II.** Es gelten dieselben Erwägungen wie bei dem vergleichbaren § 859, dort Rn 1. **1**

2) **Bestehen der Gütergemeinschaft, I.** Der Anteil eines Ehegatten am Gesamtgut und der Anteil an den einzelnen zum Gesamtgut gehörenden Gegenständen sind bei der Gütergemeinschaft und bei der fortgesetzten Gütergemeinschaft unpfändbar. Unzulässig ist auch die Pfändung des dem Schuldner nach der Beendigung der Gemeinschaft zufallenden Anteils. Die praktische Bedeutung des Verbots beschränkt sich außer bei einer gemeinschaftlichen Verwaltung auf die Gläubiger des nicht verwaltenden Ehegatten und der Abkömmlinge, §§ 740 I, 745 I. Diese Gläubiger müssen sich einen nach diesen Bestimmungen vollstreckbaren Titel beschaffen. Der Anspruch des einen Ehegatten gegen den anderen auf die Auseinandersetzung der ehelichen Gütergemeinschaft ist während des Bestehens dieser Gemeinschaft als einer der wichtigsten Bestandteile des Anteils am Gesamtgut, der mit diesem unlösbar verbunden ist, ebenfalls unpfändbar, LG Frankenth Rpfleger **81**, 241. **2**

3) **Beendigung der Gemeinschaft, II.** Nach der Beendigung der Gemeinschaft ist der Anteil am Gesamtgut pfändbar. Damit erwächst demjenigen Gläubiger, der keinen Vollstreckungstitel nach § 743 erlangen konnte, weil seine Forderung nach der Beendigung der Gemeinschaft entstanden war, eine Möglichkeit zur Vornahme einer Pfändung. Der Beschluß ist dem anderen Ehegatten zuzustellen. Der Gläubiger kann nach § 99 I FGG die Auseinandersetzung betreiben. Die Verwertung erfolgt durch eine **3**

Überweisung zur Einziehung. Eine Veräußerung nach § 844 kann nicht stattfinden, §§ 1471 II, 1419 BGB, vgl § 857 V.

**4** 4) *VwGO: Vgl § 858 Rn 7.*

**861** *Verwaltung und Nutznießung des Ehemanns.* (weggefallen)

**862** *Elterliches Nutznießungsrecht.* (weggefallen)

**863** Erbteil bei Beschränkungen in guter Absicht. ¹ ¹Ist der Schuldner als Erbe nach § 2338 des Bürgerlichen Gesetzbuchs durch die Einsetzung eines Nacherben beschränkt, so sind die Nutzungen der Erbschaft der Pfändung nicht unterworfen, soweit sie zur Erfüllung der dem Schuldner seinem Ehegatten, seinem früheren Ehegatten oder seinen Verwandten gegenüber gesetzlich obliegenden Unterhaltspflicht und zur Bestreitung seines standesmäßigen Unterhalts erforderlich sind. ²Das gleich gilt, wenn der Schuldner nach § 2338 des Bürgerlichen Gesetzbuchs durch die Ernennung eines Testamentsvollstreckers beschränkt ist, für seinen Anspruch auf den jährlichen Reinertrag.

II Die Pfändung ist unbeschränkt zulässig, wenn der Anspruch eines Nachlaßgläubigers oder ein auch dem Nacherben oder dem Testamentsvollstrecker gegenüber wirksames Recht geltend gemacht wird.

III Diese Vorschriften gelten entsprechend, wenn der Anteil eines Abkömmlings an dem Gesamtgut der fortgesetzten Gütergemeinschaft nach § 1513 Abs. 2 des Bürgerlichen Gesetzbuchs einer Beschränkung der im Absatz 1 bezeichneten Art unterliegt.

**1** 1) Systematik, Regelungszweck, I–III. Die Vorschrift löst die im Interesse aller Beteiligten liegende schwierige Aufgabe, eine Ausgewogenheit der berechtigten Ansprüche des Gläubigers und derjenigen der übrigen Beteiligten herbeizuführen. Ob diese Lösung gelungen ist, das ist eine sicher sehr unterschiedlich zu beantwortende Frage. Sie entbindet nicht von einer ebenfalls zur Ausgewogenheit bemühten Auslegung zwecks einigermaßen gerechter Handhabung.

**2** 2) Geltungsbereich, I–III. Die Nutzungen des Vorerben sind dem Zugriff der persönlichen Gläubiger und der Nachlaßgläubiger ausgesetzt. Von dieser Gefahr macht § 863 eine Ausnahme für den Fall, daß das Testament einen Nacherben oder einen Testamentsvollstrecker zur Sicherung des Erbes eines Verschwenders oder eines Überschuldeten einsetzt, § 2338 BGB (Beispiel: Bre FamRZ **84**, 213), oder daß eine entsprechende Beschränkung für den Abkömmling im Fall einer fortgesetzten Gütergemeinschaft eintritt, § 1513 II BGB, also für die Fälle einer Enterbung in guter Absicht. Der Grund der Beschränkung muß im Zeitpunkt der Errichtung des Testaments bestehen. Das Testament muß diesen Grund angeben, braucht aber den § 2338 BGB nicht zu erwähnen, Bre FamRZ **84**, 213. Die Beschränkung wirkt nicht gegenüber dem Nachlaßgläubiger, § 1967 BGB, und nicht gegenüber demjenigen Gläubiger, dessen Recht gegen den Nacherben oder gegen den Testamentsvollstrecker wirkt, §§ 2115 S 2, 2213 BGB, 326 II ZPO. Sie wirkt, anders gesagt, nur gegenüber den persönlichen Gläubiger des Erben, Bre FamRZ **84**, 213.

**3** 3) *VwGO: Vgl § 858 Rn 7.*

### Zweiter Titel
### Zwangsvollstreckung in das unbewegliche Vermögen

#### Übersicht

**Schrifttum:** *Balser/Bögner/Ludwig,* Vollstreckung im Grundbuch, 10. Aufl 1994; *Behr/Eickmann,* Pfändung von Grundpfandrechten und ihre Auswirkungen auf die Zwangsversteigerung, 2. Aufl 1989; *Böttcher,* Zwangsversteigerungsgesetz, 2. Aufl 1996; *Classen-Kövel/Keilkäuber,* Zwangsversteigerung von Immobilien, 1992; *Dassler/Schiffhauer/Gerhardt/Muth,* Zwangsversteigerungsgesetz, 12. Aufl 1991; *Eickmann,* Die Teilungsversteigerung usw, 3. Aufl 1993; *Eickmann,* Zwangsversteigerungs- und Zwangsverwaltungsrecht, 1991; *Eickmann,* Die in der Zwangsversteigerung bestehenbleibende Grundschuld, in: Festschrift für *Merz* (1992); *Eickmann,* Immobilvollstreckung und Insolvenz, 1998 (Bespr *Haarmeyer* Rpfleger **99**, 43); *Eickmann/Hagemann/Storz/Teufel,* Zwangsversteigerung und Zwangsverwaltung, 9. Aufl: Bd 1 (§§ 1–104 ZVG) 1984; Bd 2 (§§ 105–185 ZVG) 1986; *Fackler,* Praxis des Versteigerungsrechts, 1991; *Glotzbach,* Immobiliarvollstreckung aus Sicht der kommunalen Vollstreckungsbehörden, 2. Aufl 1999; *Gramentz,* Die Aufhebung der Gemeinschaft nach Bruchteilen durch den Gläubiger eines Teilhabers, 1989; *Hintzen,* Die Immobilarzwangsvollstreckung in der Praxis, 2. Aufl 1995; *Hintzen,* Taktik in der Zwangsvollstreckung I (Vollstreckung in das

2. Titel. Zwangsvollstr. in das unbewegl. Vermögen  **Übers § 864, § 864**

Grundvermögen), 3. Aufl 1995; *Hintzen,* Zwangsversteigerung, 3. Aufl 1999; *Keller,* Grundstücke in Vollstreckung usw, 1998; *Makowski,* Die Rechtsstellung des (Zeit-)Charterers in der Schiffs-Vollstreckung usw, Diss Hbg 1989; *Mohrbutter/Drischler,* Die Zwangsversteigerungs- und Zwangsverwaltungspraxis: Bd 1 (Gang des Zwangsversteigerungsverfahrens bis einschließlich der Zuschlagserteilung) 7. Aufl 1986; Bd 2 (Verteilungsverfahren, Zwangsverwaltung usw), 7. Aufl 1990; *Ott,* Der Schutz des Schuldners ... im Zwangsversteigerungsverfahren, 1998; *Peters,* Die Immobiliarvollstreckung – eine Fundgrube für die Dogmatik der Zwangsvollstreckung, Festschrift für Henckel (1995) 655; *Stadlhofer-Wissinger,* Das Gebot in der Zwangsversteigerung – eine nicht anfechtbare Prozeßhandlung, 1993; *Steiner/Riedel,* s oben bei *Eickmann* pp; *Stöber,* Zwangsvollstreckung in das unbewegliche Vermögen, 7. Aufl 1999; *Storz,* Praxis des Zwangsversteigerungsverfahrens, 7. Aufl 1998 (Bespr *Gaßner* NJW **99**, 1852, *Hintzen* Rpfleger **99**, 104); *Storz,* Praxis der Teilungsversteigerung, 2. Aufl 1999; *Teufel,* Zwangsversteigerung und Zwangsverwaltung, 3. Aufl 1997; *Voßen,* Die aussichtslose Immobiliarvollstreckung, 1999; *Wolff/Hennings,* Zwangsversteigerungs- und Zwangsverwaltungsrecht, 3. Aufl 1990; *Zeller/Stöber,* Zwangsversteigerungsgesetz, 16. Aufl 1999.

**Gliederung**

| | | | |
|---|---|---|---|
| 1) Systematik, Regelungszweck | 1–4 | A. Zwangshypothek | 5 |
| A. Zwangsversteigerungsgesetz | 2 | B. Zwangsverwaltung | 6 |
| B. Zivilprozeßordnung | 3 | C. Zwangsversteigerung | 7 |
| C. Beschränkungen der Liegenschaftsvollstreckung | 4 | 3) *VwGO* | 8 |
| 2) Art der Zwangsvollstreckung | 5–7 | | |

**1) Systematik, Regelungszweck.** Der Grundsatz, daß der Gläubiger auf das Gesamtvermögen des Schuldners zugreifen kann, führt zur Notwendigkeit einer Regelung der Vollstreckung auch in das unbewegliche Vermögen. §§ 864 enthalten eine durch ein ganzes Sondergesetz, das ZVG, ergänzte Regelung mit einem komplizierten Nebeneinander von Beschlagnahme- und Verwertungsmöglichkeiten, das dem Gläubiger eine als stark erscheinende, in Wahrheit aber durch mancherlei Einstellungsmöglichkeiten etwa nach §§ 30 ff ZVG doch wiederum wesentlich zugunsten des Schuldners abgeschwächte Stellung gibt. Ein Leitgedanke ist die Verhinderung der Verschleuderung von großen Sachwerten nur auf Grund einer oder mehrerer noch so berechtigter Einzelvollstreckungen. Damit ist Art 20 I GG mit seinem Sozialstaatsgebot ebenso wie der im Gesamtbereich der Zwangsvollstreckung geltende Grundsatz der Verhältnismäßigkeit, Grdz 34 vor § 704, angesprochen und bei der Auslegung mitzubeachten, ohne daß der Gläubiger durch eine allzu sozial scheinende Anwendung dieser Vollstreckungsart seinerseits am Ende in eine sozial ebenso unvertretbare Notlage aussichtsloser Vollstreckungsversuche mit oft dem hohen Wert der unbeweglichen Vermögens entsprechend hohen Kosten getrieben werden darf. **1**

**A. Zwangsversteigerungsgesetz.** Die Zwangsvollstreckung in Liegenschaften regelt das ZVG, das inzwischen mehrfach abgeändert worden ist. Die ZPO beschränkt sich auf einige allgemeine Vorschriften und die Ordnung der Zwangshypothek, § 867, greift aber auch überall dort ein, wo das ZVG keine Sondervorschriften enthält. §§ 864 ff setzen, wie das ZVG, die Anlegung des Grundbuchs voraus. **2**

**B. Zivilprozeßordnung.** Der Regelung der §§ 864 ff unterliegen folgende Fälle: Grundstücke, § 864 Rn 1, und grundstücksähnliche Berechtigungen, § 865 Rn 1, 2; in Schiffsregister eingetragene Schiffe und Schiffsbauwerke, ebenda; in die Luftfahrzeugrolle eingetragene Luftfahrzeuge, § 99 I LuftfzRG, dazu Haupt NJW **74**, 1457; Hochseekabel, § 24 Gesetz vom 31. 3. 25, RGBl 37; alles, was eine Hypothek, Schiffshypothek oder ein Registerpfandrecht mitumfaßt, also namentlich Zubehör, getrennte Früchte, Miet- und Pachtzinsforderungen. Soweit Liegenschaften dem Landesrecht unterstehen, ist Titel 2 unanwendbar, zB für Bahneinheiten, Art 112 EG BGB. Das folgt aus §§ 2 EG ZVG, 871 ZPO. **3**

**C. Beschränkungen der Liegenschaftszwangsvollstreckung.** Solche Beschränkungen ergeben sich zB aus § 864 II und aus Sondergesetzen. S § 8 ErbbVO. Zum Einfluß des Insolvenzverfahrens Hintzen Rpfleger **99**, 256 (Üb). **4**

**2) Art der Zwangsvollstreckung.** Die Zwangsvollstreckung geschieht auf folgende Arten: **5**

**A. Zwangshypothek.** In Betracht kommt der Eintragung einer Zwangshypothek, § 867. Sie ist eine Sicherungshypothek und verwandelt sich in eine Eigentümergrundschuld, sobald der Schuldtitel oder seine Vollstreckbarkeit aufgehoben, die Zwangsvollstreckung eingestellt oder eine zugelassene Abwendungssicherheit geleistet ist, § 868.

**B. Zwangsverwaltung.** In Betracht kommt auch eine Zwangsverwaltung, § 869, ZVG. **6**

**C. Zwangsversteigerung.** In Betracht kommt schließlich eine Zwangsversteigerung, § 869, ZVG. **7**

**3) *VwGO:*** In allen Fällen der Vollstreckung wegen einer Geldforderung, Grdz § 803 Rn 9, wird nach §§ 864–871 vollstreckt, auch nach § 169 I VwGO, weil § 5 VwVG über § 322 AO auf die Vorschriften über die gerichtliche Zwangsvollstreckung verweist, dazu Wettlaufer S 125 ff. Bei Vollstreckung nach § 169 I VwGO sind Einschränkungen zu beachten, die sich aus § 322 IV AO ergeben. Die Rechtsbehelfe (und der Vollstreckungsschutz) gegen Maßnahmen des Vollstreckungsgerichts und des Grundbuchamtes richten sich nach ZPO bzw ZVG. Vgl zu alledem Gaul JZ **79**, 504–507. **8**

**864** *Geltungsbereich.* [1] Der Zwangsvollstreckung in das unbewegliche Vermögen unterliegen außer den Grundstücken die Berechtigungen, für welche die sich auf Grundstücke beziehenden Vorschriften gelten, die im Schiffsregister eingetragenen Schiffe und die Schiffsbau-

## § 864

werke, die im Schiffsbauregister eingetragen sind oder in dieses Register eingetragen werden können.

<sup>II</sup> Die Zwangsvollstreckung in den Bruchteil eines Grundstücks, einer Berechtigung der im Absatz 1 bezeichneten Art oder eines Schiffes oder Schiffsbauwerks ist nur zulässig, wenn der Bruchteil in dem Anteil eines Miteigentümers besteht oder wenn sich der Anspruch des Gläubigers auf ein Recht gründet, mit dem der Bruchteil als solcher belastet ist.

**Schrifttum:** *Andrae*, Zwangsvollstreckung in Miteigentumsanteile am Grundstück, Diss Freibg 1973; *Mansel*, Substitution im deutschen Zwangsvollstreckungsrecht, in: Festschrift für *Lorenz* (1992) 689 (711 ff).

1   **1) Systematik, Regelungszweck, I, II.** Die Vorschrift nennt in I den Geltungsbereich der Vollstreckung in das unbewegliche Vermögen, Üb 2 vor § 864, und in II eine Grenze der Vollstreckbarkeit bei einem der Art nach an sich dem Zugriff unterliegenden Vermögenswert. Der in Üb 1 vor § 864 dargestellten Zielsetzung entsprechend ist § 864 weder zu Gunsten noch zu Lasten einer Partei allzu weit oder eng auszulegen.

2   **2) Grundstück, I, II.** Nach § 864 unterliegen der Zwangsvollstreckung Grundstücke. Das sind begrenzte Teile der Erdoberfläche. Ein selbständiges Grundstück ist derjenige Teil, der im Grundbuch unter einer besonderen Nummer oder auf einem besonderen Blatt eingetragen worden ist. Die wirtschaftliche Einheit entscheidet nicht. Eine Vereinigung oder eine Zuschreibung nach §§ 890 BGB, 5 GBO hebt die Selbständigkeit auf. Ein Grundstücksbruchteil ist kein selbständiges Grundstück.

3   **3) Wesentlicher Bestandteil eines Grundstücks, I, II.** Alle wesentlichen Bestandteile unterliegen der Liegenschaftszwangsvollstreckung. Wesentliche Bestandteile, §§ 93, 94, 96 BGB, sind:

**A. Wesensveränderung.** Ein Bestandteil, dessen Trennung den Bestandteil oder das Grundstück in seinem Wesen verändert, § 93 BGB.

*Beispiele:* ein Gebäude, nicht allerdings eine Baracke, meist auch nicht eine Wohnlaube oder ein Gartenhaus; auf einem bebauten Grundstück in aller Regel eine Wasser-, Gas- oder Elektrizitätsanlage. Eine Maschine in einem Fabrikgebäude kann ein Bestandteil des Gebäudes sein. Dazu ist eine unmittelbare stärkere oder schwächere Verbindung erforderlich, so daß das Grundstück und die Maschine nach der Verkehrsanschauung eine einheitliche Sache, eben „die Fabrik" bilden. Die Maschine kann Zubehör sein, wenn sie ihre eigentümliche Selbständigkeit als eine bewegliche Sache bewahrt, BGH BB **79**, 1740. Es kann auch der Fall vorliegen, daß kein Bestandteil oder Zubehör angenommen werden darf, wenn sich die Maschine in einem Gebäude befindet, das objektiv betrachtet nicht dauernd zum Betrieb eines Gewerbes eingerichtet ist, BGH **62**, 49.

4   **B. Feste Verbindung.** Ein solcher Bestandteil, der mit dem Grund und Boden fest verbunden ist, etwa der Pflanzenaufwuchs (nicht bei einer Baumschule, LG Bayreuth DGVZ **85**, 42) oder ein Gebäude.

5   **C. Einfügung.** Eine zur Herstellung des Gebäudes in das Gebäude eingefügte Sache, etwa ein Fenster oder eine Badewanne.

6   **D. Recht.** Ein Recht, das mit dem Grundstück verbunden ist. Eine Sache, die nur zu einem vorübergehenden Zweck mit dem Grundstück verbunden oder in das Grundstück eingefügt wurde, § 95 BGB, ist nicht einmal ein unwesentlicher Bestandteil. Solche Sachen und Früchte auf dem Halm sind wie bewegliche Sachen zu pfänden, § 810.

7   **4) Grundstücksähnliche Berechtigung, I, II.** Auch sie unterliegt der Liegenschaftsvollstreckung.

*Hierher zählen zB:* Das Erbbaurecht; das Bergwerkseigentum; eine landesrechtliche Jagd- und Fischereigerechtigkeit oder Kohlenabbaugerechtigkeit und dgl, Artt 67–69, 196 EG BGB. Bei einem Erbbaurecht ist das Gebäude ein Bestandteil des Grundstücks, wenn der Eigentümer es nach der Bestellung des Erbbaurechts errichtet hat, und ein Bestandteil des Erbbaurechts, wenn der Erbbauberechtigte das Gebäude errichtet hat oder wenn es im Zeitpunkt der Bestellung des Erbbaurechts bereits vorhanden war, §§ 93 BGB, 12 ErbbauVO.

8   **5) Schiff, Luftfahrzeug, I, II.** Ein im Schiffsregister eingetragenes Seeschiff oder Binnenschiff oder ein im Schiffsbauregister eingetragenes Schiffsbauwerk unterliegen der Liegenschaftszwangsvollstreckung. Das gilt auch dann, wenn das Objekt zwar nicht eingetragen worden ist, aber bereits hätte eingetragen werden können, § 66 SchiffsregisterO. Dasselbe gilt für ein in der Luftfahrzeugrolle eingetragenes Luftfahrzeug, § 99 I LuftfzRG, Bauer JB **74**, 1. Ein im Register nicht eingetragenes Schiff oder Schiffsbauwerk gilt für die Zwangsvollstreckung als eine bewegliche Sache. Wegen eines ausländischen Schiffs § 171 ZVG. Wegen eines „ausgeflaggten" Seeschiffs Drischler KTS **80**, 111. Bei einem eingetragenen Schiff ist eine Arrestpfändung zulässig, § 931. Die Zwangsvollstreckung erfolgt im übrigen durch die Eintragung einer Zwangshypothek oder durch eine Zwangsversteigerung, § 870 a. S Grdz 101 vor § 704 „Schiff und Schiffsbauwerk". Wegen der Zuständigkeit des AG im Verfahren über die Zwangsversteigerung in *Baden-Württemberg* VO v 23. 2. 87, GBl 74.

9   **6) Bruchteil, II.** Er bringt keine besonderen Probleme.

**A. Grundsatz: Pfändbarkeit nur des Erlöses.** Ein Bruchteil eines Grundstücks, AG Siegen Rpfleger **88**, 249 (zustm Tröster), einer grundstücksähnlichen Berechtigung, eines eingetragenen Schiffs oder eines Schiffsbauwerks der in I bezeichneten Art ist nicht beweglich. Wegen der Pfändung einer Schiffspart vgl § 858. Bruchteile eines in die Luftfahrzeugrolle eingetragenen Luftfahrzeugs gelten ebenfalls als nicht beweglich, da II sinngemäß anwendbar ist, § 99 I LuftfzRG. Der Gläubiger kann solche Bruchteile nicht pfänden, sondern er kann nur den Anspruch auf den Erlös bei einer Auseinandersetzung pfänden.

10  **B. Voraussetzungen.** Die Zwangsvollstreckung in einen Bruchteil setzt folgendes voraus: Entweder besteht der Bruchteil in einem Anteil des Miteigentümers, § 1008 BGB, Ffm RR **88**, 463. Dieser Anteil muß sich aus dem Grundbuch ergeben, § 47 GBO. Das Grundbuch muß daher evtl vorher berichtigt

werden. Oder es besteht eine Belastung des Bruchteils als eines solchen mit einem Recht des Gläubigers, Ffm RR **88**, 463. Dieser Fall kann nur dann vorliegen, wenn der jetzige Alleineigentümer im Zeitpunkt der Belastung eines Bruchteils mit dem Recht des Gläubigers nur Bruchteilseigentümer war.

*In beiden Fällen* gilt: Wenn der Alleineigentümer den Bruchteil in einer Weise erworben hatte, die nach dem AnfG anfechtbar war, dann muß der Alleineigentümer die Zwangsvollstreckung so dulden, als ob der Bruchteil noch dem Veräußerer gehören würde, Ffm RR **88**, 463. Im Falle einer Gemeinschaft zur gesamten Hand ist eine Zwangsvollstreckung höchstens in den Anteil an der ganzen Masse zulässig, §§ 859, 860, Bärmann Rpfleger **77**, 239 (WEG). Die Zwangsvollstreckung in den Bruchteil des Alleineigentümers ist unzulässig, Kblz MDR **78**, 670. Zur Vereinigung mehrerer Anteile infolge Erbfalls Oldb JB **96**, 273. Zum ausländischen Güterrecht Rauscher Rpfleger **88**, 90. **11**

**7) *VwGO:*** *Vgl Üb § 864 Rn 8.* **12**

**865** ***Liegenschaftszwangsvollstreckung in Fahrnis.*** **¹Die Zwangsvollstreckung in das unbewegliche Vermögen umfaßt auch die Gegenstände, auf die sich bei Grundstücken und Berechtigungen die Hypothek, bei Schiffen oder Schiffsbauwerken die Schiffshypothek erstreckt. II ¹Diese Gegenstände können, soweit sie Zubehör sind, nicht gepfändet werden. ²Im übrigen unterliegen sie der Zwangsvollstreckung in das bewegliche Vermögen, solange nicht ihre Beschlagnahme im Wege der Zwangsvollstreckung in das unbewegliche Vermögen erfolgt ist.**

**Schrifttum:** *Schmidt,* Unternehmensexekution, Zubehörbegriff und Zwangsvollstreckung, Festschrift für Gaul (1997) 691.

**Gliederung**

| | |
|---|---|
| 1) Systematik, I, II ............ 1 | F. Recht auf eine wiederkehrende Leistung ............ 9 |
| 2) Regelungszweck, I, II ............ 2 | G. Versicherungsforderung ............ 10 |
| 3) Geltungsbereich, I, II ............ 3 | 5) Sonderfälle, I, II ............ 11, 12 |
| 4) Hypothek, I ............ 4–10 | A. Schiffshypothek ............ 11 |
| A. Vom Boden getrennte Erzeugnisse ..... 4 | B. Luftfahrzeug ............ 12 |
| B. Zubehör ............ 5 | 6) Zwangsvollstreckung, II ............ 13 |
| C. Beispiele zur Frage von Zubehör ...... 6 | 7) Rechtsbehelfe, I, II ............ 14 |
| D. Haftungsbefreiung des Zubehörs ...... 7 | 8) *VwGO* ............ 15 |
| E. Miet- und Pachtzinsen ............ 8 | |

**1) Systematik, I, II.** § 865 ergänzt die Vorschriften des BGB über die Grundstückshaftung. Die Bestimmung entscheidet auch in der Fahrniszwangsvollstreckung über die Eigenschaft einer Sache als beweglich oder als unbeweglich. **1**

**2) Regelungszweck, I, II.** Die Vorschrift soll dem Einzelzugriff dasjenige entziehen, was bereits von einer Zwangsverwaltung oder einer Zwangsversteigerung erfaßt wird und was rechtlich und wirtschaftlich zu deren Masse gehört. Darum muß man die Vorschrift ausdehnend dahin auslegen, daß die Liegenschaftszwangsvollstreckung diejenigen Gegenstände ergreift, die eine Hypothek oder eine Schiffshypothek erfaßt. Hierher gehört zB auch eine Kaufpreisforderung aus einem Kohlenverkauf, den der Zwangsverwalter einer Zeche getätigt hat. **2**

**3) Geltungsbereich, I, II.** Die Vorschrift gilt für alle Grundstücke, Begriff § 865 Rn 1. Bei einer grundstücksähnlichen Berechtigung, einem eingetragenen Schiff, einem Schiffsbauwerk, § 864 Rn 5, und einem in die Luftfahrzeugrolle eingetragenen Luftfahrzeug, § 99 I LuftzRG, vgl auch Rn 11, gilt dasselbe wie bei einem Grundstück. Das Landesrecht kann allerdings eine abweichende Regelung treffen. Bei einem Erbbaurecht erlischt die Haftung eines Bauwerks, das im Zeitpunkt der Bestellung des Erbbaurechts bereits vorhanden war, mit der Eintragung des Erbbaurechts, § 12 ErbbVO. **3**

**4) Hypothek, I.** Es sind zahlreiche Fragen zu klären. **4**

**A. Vom Boden getrennte Erzeugnisse.** Die Hypothek erfaßt nach §§ 1120 ff BGB die vom Boden getrennten Erzeugnisse und die sonstigen Bestandteile, soweit diese nicht mit der Trennung das Eigentum eines anderen werden, etwa des Pächters, wie es bei Früchten geschieht, AG Oldb DGVZ **88**, 79 linke Spalte. Die Erzeugnisse und sonstigen Bestandteile sind frei pfändbar, wenn sie vor dem Zeitpunkt der Beschlagnahme entweder veräußert und vom Grundstück entfernt wurden, oder wenn sie vorher veräußert und nachher vom Erwerber entfernt wurden. In einem solchen Fall wird wegen der Beschlagnahme im Fall des § 23 II ZVG ein schlechter Glaube vom Zeitpunkt der Eintragung des Versteigerungsvermerks an unwiderleglich vermutet. Die freie Pfändbarkeit liegt auch dann vor, wenn die Erzeugnisse usw in den Grenzen einer ordnungsgemäßen Wirtschaft vom Grundstück getrennt und entfernt wurden. Dies darf allerdings weder zu einem bloß vorübergehenden Zweck noch im Rahmen einer wirtschaftlich gebotenen Betriebseinstellung geschehen sein, LG Darmst KTS **77**, 125 (Zubehör). Diese Regel gilt auch im Falle einer Entfernung auf Grund einer Pfändung, §§ 1121 ff BGB. Wenn die Hypothek infolge eines Zuschlags nach § 91 I ZVG erlischt, dann geht das Hypothekenrecht nicht an denjenigen Früchten unter, die von der Zwangsversteigerung ausgeschlossen sind.

**B. Zubehör.** Die Hypothek erfaßt auch das Zubehör außer solchem, das nicht in das Eigentum des Grundstückseigentümers gelangt ist, § 1120 BGB. Es ist unerheblich, ob das Zubehör vor oder nach dem Zeitpunkt der Hypothekenbestellung entstanden ist. Zum Begriff des Zubehörs §§ 97 ff BGB. Das Zubehör **5**

muß dazu bestimmt worden sein, dem wirtschaftlichen Zweck der Hauptsache zu dienen, BGH BB **79**, 1740. Es ist nicht erforderlich, daß dieser Zweck erreicht worden ist oder daß das Zubehör dem Zweck auch wirklich zu dienen geeignet ist. Ebensowenig ist es erforderlich, daß das Zubehör für die Hauptsache unentbehrlich ist, LG Bln DGVZ **77**, 156. Grundsätzlich kann nur eine bewegliche Sache Zubehör sein, BGH BB **79**, 1740. Das Zubehör muß in einer räumlichen Beziehung zu der Hauptsache stehen, die der Zweckbindung entspricht, BGH BB **79**, 1740. Eine bloß vorübergehende Trennung ist unschädlich. Eine anderweitige Verkehrsanschauung ist zu beachten. So sind zB im Rheinland die Öfen kein Zubehör. Zum Scheinbestandteil DGVZ **85**, 161 (Üb).

**6**   **C. Beispiele zur Frage von Zubehör**
**Anwartschaftsrecht:** Es wird miterfaßt, PalBass § 1120 BGB Rn 8.
**Ausstellungsstück:** Es ist kein Zubehör zB eines Möbelgeschäfts, AG Viechtach DGVZ **89**, 30.
**Bau:** Er kann, wenn nur für die Mietzeit errichtet, nach § 808 zu behandeln sein, AG Pirna DGVZ **99**, 63.
**Baumaterial:** Es ist auf dem Baugrundstück dessen Zubehör.
**Bügelmaschine:** Sie ist Zubehör zB einer Bäckerei und Konditorei, AG Elmshorn DGVZ **85**, 191.
**Büroausstattung:** Sie ist Zubehör, LG Mannh MDR **77**, 49.
**Einbauküche,** dazu *Holch* DGVZ **98**, 65 (Üb): Sie ist evtl Zubehör, BGH RR **90**, 586 (regionale Unterschiede!?), LG Lüneb DGVZ **80**, 95, aM Düss RR **94**, 1039 (zustm Jaeger NJW **95**, 432).
**Entschädigungsanspruch:** Ein solcher nach dem BBergG kann miterfaßt sein, LG Saarbr Rpfleger **98**, 552.
**Fertighaus:** Ein demontierbares Fertighaus ist Zubehör, LG Bochum DGVZ **88**, 156. Etwas anderes gilt bei einem festen Fundament, BGH **104**, 303; zur Problematik Gaul NJW **89**, 2509.
    S auch „Wochenendhaus".
**Fuhrpark:** Er ist kein Zubehör zB eines Transportunternehmens, BGH Rpfleger **83**, 167.
**Glocke:** Sie ist nebst Läutewerk Zubehör eines Kapellengebäudes, BGH MDR **85**, 131 (im Ergebnis zustm Gerhardt JR **85**, 103).
**Huhn:** Es ist kein Zubehör zB einer Geflügelfarm.
**Inventar:** Es ist Zubehör, zB bei einer Apotheke oder bei einem Gasthof, aM LG Kiel Rpfleger **83**, 167.
**Maschine:** § 804 Rn 3.
**Mastvieh:** Es ist beim Landgut, § 98 Z 2 BGB, solange Zubehör, wie es ein verständiger Landwirt weiter füttert, AG Itzehoe DGVZ **93**, 61.
**Rohrnetz:** Es ist kein Zubehör zB einer Gasanstalt.
**Rohstoff:** Er ist kein Zubehör zB einer Fabrik.
**Satellitenantenne:** Die fest installierte ist Zubehör eines Wohngrundstücks, LG Nürnb-Fürth DGVZ **96**, 123.
**Sauna:** Eine fest installierte kann Zubehör sein, AG Aschaffenb DGVZ **98**, 158. Eine Sauna in Rasterbauweise ist kein Zubehör, AG Ludwigsb DGVZ **91**, 95.
    S aber auch „Schwimmbecken".
**Schwimmbecken:** Es ist nebst Heiz- und Filteranlage Zubehör zB in einem Saunaclub, AG Betzdorf DGVZ **89**, 189.
    S aber auch „Sauna".
**Waschmaschine, Wäschetrockner:** Sie sind Zubehör zB einer Bäckerei und Konditorei, AG Elmshorn DGVZ **85**, 191.
**Wasserenthärtungsanlage:** § 811 Rn 17.
**Wochenendhaus:** Wegen eines solchen Hauses auf einem Pachtgrundstück LG Hagen DGVZ **78**, 12.
    S auch „Fertighaus".
**Ziegeleiwaren:** Sie sind kein Zubehör einer Ziegelei.
**Zuchthengst:** Er ist auf dem Reiterhof dessen Zubehör, AG Oldb DGVZ **80**, 93 rechte Spalte.

**7**   **D. Haftungsbefreiung des Zubehörs.** Zubehör wird haftfrei nach denselben Regeln wie bei Erzeugnissen, Rn 4, und außerdem dann, wenn das Zubehör nach einer ordnungsgemäßen Wirtschaft die Eigenschaft als Zubehör verliert, § 1122 II BGB, also nicht schon dann, wenn eine Betriebseinstellung wirtschaftlich geboten ist, LG Darmst KTS **77**, 125. Wenn ein Gerichtsvollzieher die Sache im Zuge einer objektiv unberechtigten Pfändung von dem Grundstück entfernt, dann erlischt die Zubehöreigenschaft auflösend bedingt durch eine Aufhebung dieser Pfändung, Grdz 58 vor § 704. Eine Entfernung durch den Gerichtsvollzieher ist regelmäßig keine bloß vorübergehende Entfernung im Sinne des § 1122 BGB. Etwas anderes gilt dann, wenn man nachweislich mit einer baldigen Einlösung rechnen kann.

**8**   **E. Miet- und Pachtzinsen**, § 1123 BGB. Sie werden in folgenden Fällen frei:
    Ein Jahr *nach der Fälligkeit*, wenn sie nicht von einem Hypothekengläubiger vorher beschlagnahmt wurden, sei es durch eine Pfändung auf Grund eines dinglichen Vollstreckungstitels, sei es in einer Zwangsverwaltung, §§ 21, 148 ZVG. Wenn der Zins im voraus zu zahlen ist, dann wirkt die Befreiung nur für den jeweils laufenden Kalendermonat, im Falle einer Beschlagnahme nach dem 15. des Monats auch für den folgenden Kalendermonat, § 1123 II 2 BGB. Wenn über sie vor der Beschlagnahme verfügt worden ist, etwa infolge einer Einziehung, einer Abtretung, einer Pfändung oder eines Erlasses. Es gilt dann dieselbe Beschränkung wie im Fall nach § 1124 BGB.
    Im Fall einer *mehrfachen* Pfändung entscheidet der Rang. Daher geht eine spätere Pfändung des vorstehenden Hypothekengläubigers der früheren Pfändung des nachstehenden Hypothekengläubigers vor, soweit nicht die Befreiung wirkt. Die Pfändung eines persönlichen Gläubigers bewirkt ein Freiwerden nur für die Zeit der Pfändung. Diese Pfändung wirkt dann dem Zeitvorrang nach. Die Bestellung des Nießbrauchs ist keine Verfügung über den Mietzins. Deshalb geht eine spätere Pfändung für den rangbesseren Hypothekengläubiger der Bestellung eines Nießbrauchs für die Zeit der Befreiung vor.

2. Titel. Zwangsvollstr. in das unbewegl. Vermögen    **§§ 865, 866**

**F. Recht auf eine wiederkehrende Leistung.** Ein solches Recht, das mit dem Eigentum an dem  9
Grundstück verbunden ist, § 1126 BGB, zB eine Reallast, wird im wesentlichen ebenso wie eine Miet- oder
Pachtzinsforderung behandelt, §§ 1126 BGB, 21, 148 ZVG.

**G. Versicherungsforderung.** Sie wird von der Hypothek miterfaßt, §§ 1127–1129 BGB. Gemeint ist  10
ein Anspruch aus einem Versicherungsvertrag gegenüber dem Versicherer über einen Gegenstand, der der
Hypothek unterworfen ist. Über eine entsprechende Behandlung des Entschädigungsanspruchs wegen einer
Enteignung Art 52 f EG BGB.

**5) Sonderfälle, I, II.** Es gibt zwei Fallgruppen.  11

**A. Schiffshypothek.** Die Schiffshypothek erfaßt nach §§ 31 ff SchiffsG das Zubehör des Schiffs außer
denjenigen Stücken, die nicht in das Eigentum des Schiffseigentümers gelangt sind. Die Schiffshypothek
umfaßt ferner die Versicherungsforderung, wenn der Eigentümer oder ein anderer für ihn das Schiff versichert haben. Das Freiwerden von Zubehör erfolgt im Falle der Aufhebung der Zubehöreigenschaft nach
einer ordnungsmäßigen Wirtschaft oder mit der Entfernung vom Schiff vor dem Zeitpunkt der Beschlagnahme, § 31 II SchiffsG.

**B. Luftfahrzeug.** Das Registerpfandrecht an einem Luftfahrzeug erfaßt auch das Zubehör, ferner die  12
Versicherungsforderung, §§ 31, 32 LuftfzRG, nicht aber das Ersatzteillager, § 99 I LuftfzRG in Verbindung
mit § 71.

**6) Zwangsvollstreckung, II**  13

**Schrifttum:** *Student,* Das Pfändungsverbot des § 865 II 1 ZPO, Diss Tüb 1969.

Zubehör ist *schlechthin unpfändbar.* Das gilt, soweit das Zubehör der Hypothekenhaftung unterliegt, Rn 4.
Auch in einem solchen Fall darf der Konkursverwalter das Zubehör nicht gesondert verwerten. Eine
trotzdem vorgenommene Pfändung ist unwirksam. Sie kann auch nicht geheilt werden, und zwar auch nicht
dadurch, daß man das Grundstück ohne das Zubehör verkauft. Im übrigen ist die Fahrniszwangsvollstreckung bis zur Beschlagnahme der Liegenschaftszwangsvollstreckung für einen persönlichen und für einen
dinglichen Gläubiger statthaft. Das Vieh ist nach den Regeln der Fahrniszwangsvollstreckung pfändbar, wenn
es zum Verkauf und nicht zur Nahrungsmittel- oder Düngerverwertung dient.

Die *Beschlagnahme ergreift* im Fall einer Zwangsverwaltung alle Sachen und Rechte der Rn 1, 2. Im Fall
einer Zwangsversteigerung ergreift die Beschlagnahme nicht diejenigen Erzeugnisse, die bereits getrennt
wurden, und ferner nicht die Miet- und Pachtzinsen, die Versicherungsforderungen und die wiederkehrenden Leistungen, §§ 21, 148 ZVG. Als eine Beschlagnahme gilt auch die Pfändung auf Grund eines
dinglichen Vollstreckungstitels für den Hypothekengläubiger. Die Pfändung ist nach dem Zeitpunkt der
Beschlagnahme unzulässig. Eine spätere Beschlagnahme berührt die Wirksamkeit der früheren Pfändung
nicht. Sie nötigt aber zu einer Anmeldung, § 37 ZVG. Ein dinglicher Gläubiger kann auf Grund seines
dinglichen Titels wie ein persönlicher Gläubiger pfänden. Er kann auch sein besseres Recht nach § 805
geltend machen. Wenn er bereits gepfändet hat, kann er sein besseres Recht auch im Verteilungsverfahren
geltend machen. Gegenüber der Pfändung der Miet- und Pachtzinsforderungen kann es sich empfehlen, daß
der Hypothekengläubiger einen Antrag auf die Anordnung der Zwangsverwaltung stellt. Köln Rpfleger **74,**
273 hält die Pfändung des Mietzinses aus einer Heimstätte zugunsten des persönlichen Gläubigers für
unzulässig.

**7) Rechtsbehelfe, I, II.** Eine unzulässige Pfändung ist auflösend bedingt wirksam, Grdz 56, 58 vor  14
§ 704. Die Durchführung einer solchen Pfändung ohne Anhörung kann dem Benachteiligten aber neben
der Erinnerung, § 766, AG Viechtach DGVZ **89,** 29, einen Anspruch aus einer ungerechtfertigten Bereicherung oder einen Ersatzanspruch, Gaul NJW **89,** 2515. Der Schuldner (Eigentümer), der dingliche
Gläubiger, der Zwangsverwalter können die Unzulässigkeit der Pfändung durch die Erinnerung nach § 766
geltend machen. Die Praxis eröffnet dem dinglichen Gläubiger außerdem den Weg einer Widerspruchsklage
nach § 771. Diese Lösung ist aber nicht zu rechtfertigen. Denn der dingliche Gläubiger hat kein Recht, das
die Veräußerung hindern könnte.

**8)** *VwGO:* Vgl Üb § 864 Rn 8.  15

**866** **Arten der Zwangsvollstreckung.** ¹Die Zwangsvollstreckung in ein Grundstück erfolgt durch Eintragung einer Sicherungshypothek für die Forderung, durch Zwangsversteigerung und durch Zwangsverwaltung.

ᴵᴵ Der Gläubiger kann verlangen, daß eine dieser Maßregeln allein oder neben den übrigen
ausgeführt werde.

ᴵᴵᴵ ¹Eine Sicherungshypothek (Absatz 1) darf nur für einen Betrag von mehr als eintausendfünfhundert Deutsche Mark eingetragen werden; Zinsen bleiben dabei unberücksichtigt, soweit sie
als Nebenforderung geltend gemacht sind. ²Auf Grund mehrerer demselben Gläubiger zustehender Schuldtitel kann eine einheitliche Sicherungshypothek eingetragen werden.

**Vorbem.** III 1 idF Art 1 Z 26 der 2. ZwVNov v 17. 12. 97, BGBl 3039, in Kraft seit 1. 1. 99, Art 4 I
der 2. ZwVNov. Übergangsrechtlich bestimmt

*2. ZwVNov Art 3.* ⱽᴵᴵ § 866 Abs. 3 Satz 1 und § 867 Abs. 2 der Zivilprozeßordnung in der
Fassung des Artikels 1 Nr. 26 und 27 Buchstabe a gelten nicht für Eintragungen, die vor dem
Inkrafttreten dieses Gesetzes beantragt worden sind.

## §§ 866, 867

**1  1) Systematik, Regelungszweck, I, II.** § 866, ergänzt durch §§ 867 ff, beim Schiff eingeschränkt durch § 870 a, läßt dem Gläubiger, der einen persönlichen oder einen dinglichen Vollstreckungstitel besitzt, in Abwägung der in Üb 1 vor § 864 genannten Erwägungen die Wahl (nur, Saarbr Rpfleger **93**, 81) zwischen folgenden Wegen: Er kann eine Zwangsversteigerung betreiben, § 869. Ihr Erlös befriedigt ihn; er kann auch die Zwangsverwaltung betreiben, § 869. Sie befriedigt ihn aus ihren Erträgnissen; er kann schließlich eine Sicherungshypothek, die Zwangshypothek, eintragen lassen, § 867. Sie gibt dem Gläubiger nur eine Sicherung und wahrt ihm seinen Rang.

**2  2) Geltungsbereich; Wahlrecht, I, II.** Der Gläubiger darf zwei, auch alle drei Maßnahmen miteinander *verbinden*. Das kann für ihn vorteilhaft sein. Denn schon die Zwangshypothek wahrt dem Gläubiger den Rang für den Fall, daß das Zwangsversteigerungsverfahren aufgehoben wird. Um die Zwangsversteigerung mit dem Rang der Hypothek zu betreiben, braucht der Gläubiger allerdings keinen besonderen Duldungstitel mehr, § 867 III. Wenn der Justizfiskus wegen rückständiger Kosten aus einer Sicherungshypothek die Zwangsversteigerung betreiben will, dann braucht er nach § 7 JBeitrO, Hartmann Teil IX A, nur einen Antrag zu stellen, Ffm JB **98**, 49. Eine Zwangshypothek ist auch dann zulässig, wenn der Vollstreckungstitel auf eine Hinterlegung lautet.

**3**  Der Gläubiger kann auf Grund eines nach § 890 festgesetzten *Ordnungsgeldes* keine Liegenschaftszwangsvollstreckung betreiben. Denn das Ordnungsgeld gehört nicht dem Gläubiger, sondern der Staatskasse. In einer Steuersache des Bundes ist die Möglichkeit einer Zwangsvollstreckung in eine Kleinsiedlung beschränkt, § 372 III AO, aM BGH JZ **74**, 292, aber nicht durch den Grundsatz der Verhältnismäßigkeit, Grdz 34 vor § 704. Denn das ZVG und die ZPO (allerdings auch deren § 765 a) gehen diesem Grundsatz vor, Gaul JZ **74**, 282. Der Notar ist wegen einer Gebührenforderung bei der Zwangsvollstreckung in eine Heimstätte nicht bevorzugt, Köln Rpfleger **84**, 280. Eine landesrechtliche Abweichung von § 866 ist im Rahmen der Art 64 ff, 197 EG BGB zulässig. Über die Folgen eines Verstoßes s § 865 Rn 13. Im Fall der Verletzung des § 765 kann eine rückwirkende Heilung eintreten, § 879 II BGB.

**4  3) Mindestbetrag der Zwangshypothek, III.** Er hat sich erhöht.

**A. Grundsatz: Mindestens 1500 DM.** Die Eintragung einer Zwangshypothek ist nur für einen Betrag von mehr als 1500 DM zulässig, BayObLG Rpfleger **82**, 466. Die Vorschrift will nicht etwa den Schuldner schützen, sondern sie will nur das Grundbuch von verwirrenden kleinen Eintragungen freihalten, LG Ellwangen BadWüNotZ **88**, 68, LG Stgt KTS **82**, 500, Gaul JZ **74**, 283. Bei der Berechnung der Mindestsumme bleiben Zinsen unberücksichtigt, wenn sie der Gläubiger als eine Nebenforderung geltend gemacht hat, § 4 Rn 10, 15, Schlesw Rpfleger **82**, 301 (zustm Hellwig). Zinsen neben einer Hauptforderung von über 1500 DM sind also immer eintragungsfähig, BayObLG Rpfleger **82**, 466. Ohne eine solche Hauptforderung sind Zinsen eintragungsfähig, wenn der Gläubiger sie für einen bestimmten Zeitraum kapitalisiert geltend macht und wenn dieser Betrag allein bereits mehr als 1500 DM ausmacht, LG Bonn Rpfleger **82**, 75 mwN. Kosten sind hinzuzurechnen, BayObLG Rpfleger **82**, 466. Wenn das Grundbuchamt versehentlich nur einen Teil eingetragen oder pflichtwidrig statt einer Zwischenverfügung zurückgewiesen hat, dann ist auch ein Rest unter 1500 DM nachzutragen, LG Ellwangen BadWüNotZ **88**, 68 (zustm Böhringer). Die Wertgrenze gilt auch für eine Arresthypothek. Sie gilt ferner für eine Steuerhypothek und für eine Zwangshypothek, die auf Grund eines öffentlich-rechtlichen Vollstreckungstitels eingetragen wird.

**5  B. Ausnahmen.** Die Wertgrenze, Rn 4, gilt in folgenden Lagen nicht: Im Fall einer Verteilung nach § 867 II, § 867 Rn 15; im Fall einer bewilligten Sicherungshypothek, wie der Bauhandwerkerhypothek des § 648 BGB; bei einer Sicherungshypothek aus § 848; im Fall einer solchen Sicherungshypothek, die auf Grund einer einstweiligen Verfügung eingetragen wurde, wenn die einstweilige Verfügung nicht auf eine Geldzahlung lautet.

**6  C. Mehrere Schuldtitel.** Der Gläubiger darf mehrere zu seinen Gunsten ergangene Vollstreckungstitel zusammenrechnen. Es genügt also, daß ihre Hauptforderungen und Kosten zusammen 1500 DM übersteigen. Das reicht aber nur dann aus, wenn der Gläubiger einen einheitlichen Antrag stellt. Eine einheitliche Zwangshypothek ist aber auf einen Antrag des Gläubigers dann einzutragen, wenn das Finanzamt einen Steueranspruch mehrerer Steuergläubiger verwaltet, etwa des Bundes, des Landes und der Kirche, § 372 I 3 AO. Der Gläubiger muß die Zusammenrechnung selbst vornehmen.

**7  4) VwGO:** Vgl Üb § 864 Rn 8.

**867** *Zwangshypothek.* I ¹Die Sicherungshypothek wird auf Antrag des Gläubigers in das Grundbuch eingetragen; die Eintragung ist auf dem vollstreckbaren Titel zu vermerken. ²Mit der Eintragung entsteht die Hypothek. ³Das Grundstück haftet auch für die dem Schuldner zur Last fallenden Kosten der Eintragung.

II ¹Sollen mehrere Grundstücke des Schuldners mit der Hypothek belastet werden, so ist der Betrag der Forderung auf die einzelnen Grundstücke zu verteilen. ²Die Größe der Teile bestimmt der Gläubiger; für die Teile gilt § 866 Abs. 3 Satz 1 entsprechend.

III Zur Befriedigung aus dem Grundstück durch Zwangsversteigerung genügt der vollstreckbare Titel, auf dem die Eintragung vermerkt ist.

**Vorbem.** II geändert, III angefügt durch Art 1 Z 27 a, b der 2. ZwVNov v 17. 12. 97, BGBl 3039, in Kraft seit 1. 1. 99, Art 4 I der 2. ZwVNov. Übergangsrechtlich gilt Art 3 VII der 2. ZwVNov, abgedruckt bei § 866.

## § 867

**Schrifttum:** *Balser/Bögner/Ludwig,* Vollstreckung im Grundbuch, 8. Aufl 1987; *Habermeier,* Die Zwangshypotheken der Zivilprozeßordnung, 1989; *Haselbach,* Die prozessuale Verteidigung gegen die Sicherungsgrundschuld, Diss Bielef 1984.

### Gliederung

| | |
|---|---|
| 1) Systematik, Regelungszweck, I–III ... 1 | B. Wirkung ............................. 13 |
| 2) Eintragung: Doppelnatur, I ............ 2–10 | C. Kosten der Eintragung ............... 14 |
|   A. Vollstreckungsmaßnahme ............ 2 | 4) Mehrheit von Grundstücken, II ....... 15–17 |
|   B. Maßnahme der freiwilligen Gerichtsbarkeit ................................. 3 |   A. Forderungsverteilung ................ 15, 16 |
|   C. Eintragungsantrag .................... 4, 5 |   B. Wirkung ............................. 17 |
|   D. Prüfungsumfang beim Grundbuchamt . 6–9 | 5) Entbehrlichkeit besonderen Duldungstitels, III ................................ 18 |
|   E. Verfahren des Grundbuchamts ........ 10 | 6) Rechtsbehelfe, I–III .................... 19 |
| 3) Zwangshypothek, I .................... 11–14 | 7) *VwGO* ................................ 20 |
|   A. Allgemeines ......................... 11, 12 | |

**1) Systematik, Regelungszweck, I–III.** Von den drei in § 866 dem Gläubiger zur Wahl gestellten **1** Arten der Vollstreckung in unbewegliches Vermögen regelt § 867, ergänzt durch § 868, den einen, nämlich die Eintragung einer Sicherungshypothek. Damit ist der Gläubiger freilich noch nicht am Vollstreckungsziel der Befriedigung; ihm wird nur ein dingliches Grundpfandrecht mit einem oft nur zweifelhaften Rang bewilligt, aus dem er dann in einem weiteren Schritt bis zur Befriedigung vorgehen muß, Rn 2, 13, 18. Damit erweist sich diese Wahl als ein mühsamer, oft im Ergebnis für den Gläubiger trotz § 788 kostspieliger, unsicherer Weg, solange nicht der Druck der Zwangshypothek den Schuldner zur Zahlung veranlaßt. Das sollte man bei der Auslegung mitbeachten. § 867 verstößt nicht gegen Art 14 I GG, Ffm JB **98**, 49.

**2) Eintragung: Doppelnatur, I.** Die Eintragung der Zwangshypothek hat eine rechtliche Doppelnatur, **2** Hamm Rpfleger **85**, 231, LG Neubrandenb MDR **95**, 526, LG Wuppert Rpfleger **88**, 153.

**A. Vollstreckungsmaßnahme.** Die Eintragung ist zum einen eine Vollstreckungsmaßnahme. Das ergibt sich eindeutig aus § 866 I, BGH **130**, 350, BayObLG Rpfleger **95**, 107 (zu § 720 a), Köln Rpfleger **90**, 65. Deshalb müssen alle förmlichen Voraussetzungen der Zwangsvollstreckung vorliegen, Grdz 14 vor § 704, BayObLG Rpfleger **83**, 407. Es muß also ein vollstreckbarer Titel, Grdz 15 vor § 704, in einer vollstreckbaren Ausfertigung vorhanden sein, und ferner müssen die Voraussetzungen des Beginns der Zwangsvollstreckung nach § 750 vorliegen, Grdz 51 vor § 704, BayObLG Rpfleger **83**, 407. Es darf kein Vollstreckungshindernis vorhanden sein, Grdz 32 vor § 704, wie die Eröffnung des Insolvenzverfahrens es darstellen würde. Eine Eintragung ist nur wegen eines fälligen Betrags möglich, namentlich bei einer Rente. Andernfalls ist nur eine Arresthypothek (eine Höchstbetragshypothek) zulässig.

Die Zwangshypothek ist nur eine *Sicherungsmaßnahme,* ähnlich wie eine Arresthypothek. Sie zielt auf eine Fortführung der Vollstreckung durch eine Zwangsverwaltung oder – meist – durch eine Zwangsversteigerung, III, Rn 18. Es hindert auch eine aufschiebende Einrede des Erben nach § 782 die Eintragung nicht. Künftige Zinsen, die als eine Nebenforderung geltend gemacht werden, sind eintragungsfähig. Wenn der Schuldner nur Zug um Zug leisten muß, § 756, dann ist § 765 anzuwenden, Celle Rpfleger **90**, 113 (krit Münzberg Rpfleger **90**, 253), LG Wuppert Rpfleger **88**, 153.

Die *Einstellung* der Zwangsvollstreckung usw, §§ 769, 775, 781, 785, führt dazu, daß die Zwangshypothek nicht mehr eingetragen werden darf, Ffm JB **97**, 664. War sie bereits vorher eingetragen worden, ist § 868 II anwendbar. Das Grundstück muß zu derjenigen Vermögensmasse gehören, in die der Gläubiger vollstrecken darf. Zugunsten eines nicht rechtsfähigen Vereins ist keine Eintragung statthaft. Die Zwangsvollstreckung auf Grund eines Anspruchs einer Berufsgenossenschaft setzt eine vollstreckbare Ausfertigung des Auszugs aus der Heberolle voraus. Die Zulässigkeit des Vollstreckungstitels und der Vollstreckungsklausel ist in diesem Verfahrensstadium nicht nachzuprüfen, Hamm Rpfleger **73**, 441.

**B. Maßnahme der freiwilligen Gerichtsbarkeit.** Die Eintragung ist außerdem eine Maßnahme der **3** freiwilligen Gerichtsbarkeit, BayObLG JB **98**, 381. Denn die Eintragung kann nur nach den förmlichen Vorschriften des Grundbuchrechts geschehen, Köln Rpfleger **90**, 65, LG Aachen Rpfleger **94**, 496, LG Bonn MDR **95**, 747. Deshalb muß der Schuldner als der Eigentümer im Grundbuch eingetragen sein, BayObLG Rpfleger **82**, 466, oder er muß im Fall des § 40 GBO der Erbe des eingetragenen Eigentümers sein. Andernfalls muß der Gläubiger zunächst eine Berichtigung nach § 14 GBO herbeiführen, sofern nicht das Grundbuchamt die Berichtigung nach § 82 GBO von Amts wegen veranlaßt. Der Gläubiger muß notfalls einen Erbschein usw nach § 792 erwirken. Im schlimmsten Fall kann der Gläubiger den Anspruch des Schuldners auf eine Berichtigung des Grundbuchs pfänden und sich überweisen lassen. Der Vollstreckungstitel ersetzt die Eintragungsbewilligung. Bei der Zwangsvollstreckung in ein Erbbaurecht, Rn 8, ersetzt erst die Pfändung und Überweisung des Anspruchs des Erbbauberechtigten gegen den Eigentümer dessen Zustimmung, Hamm MDR **93**, 686.

**C. Eintragungsantrag.** Stets muß der Gläubiger den Antrag auf die Eintragung der Zwangshypothek **4** stellen, BayObLG Rpfleger **82**, 467, Hintzen Rpfleger **91**, 287. Gläubiger ist hier der Titelinhaber, § 750, Rn 7. Bei einer Zwangssicherungshypothek für ein Zwangsgeld nach § 888 sind der Staat als Kläger Gläubiger, die Gerichtskasse Zahlungsempfänger und als solche sämtlich einzutragen, BayObLG Rpfleger **85**, 102, AG Hbg Rpfleger **82**, 32. Weder das Vollstreckungsgericht, §§ 764, 802, aM Düss Rpfleger **89**, 339 (ZVG), noch der Schuldner sind zu einem Eintragungsantrag befugt. Der Antrag ist beim Grundbuchamt einzureichen. Er kann schriftlich oder zum Protokoll der Geschäftsstelle des Grundbuchamts gestellt werden. Das Grundbuchamt vermerkt den Eingang, § 13 GBO. Eine öffentliche Beglaubigung ist nicht erforderlich, § 30 GBO. Das gilt auch dann, wenn der Gläubiger die Eintragung der Zwangshypothek nur wegen eines Teilbetrags verlangt oder wenn der Betrag der Forderung nach II zu verteilen ist. Bei einer Befreiung von einer

§ 867

Verbindlichkeit mag der Gläubiger gehalten sein, auch zB seine Bank als Empfänger eintragen zu lassen, Drsd Rpfleger **98**, 158.

5   Die *Prozeßvollmacht* ermächtigt zum Eintragungsantrag, § 81. Eine Beglaubigung ist nicht erforderlich. Da die Eintragung zugleich auch eine Maßnahme der freiwilligen Gerichtsbarkeit darstellt, muß der Antragsteller seine Vollmacht nachweisen. Wenn die Zwangsvollstreckung auf Grund eines Urteils aus einem Wechsel oder aus einem sonstigen indossablen Papier erfolgt, dann muß der Antragsteller das Papier vorlegen, §§ 765, 756, 726, § 43 GBO, soweit der Gläubiger wegen der durch das Wechselurteil selbst titulierten Forderung vollstreckt, Ffm DGVZ **81**, 85 (bei der Zwangsvollstreckung aus einem Kostenfestsetzungsbeschluß auf Grund eines Wechselurteils ist die Wechselvorlage unnötig). Nach der Eintragung der Zwangshypothek gibt das Grundbuchamt den Vollstreckungstitel dem Gläubiger mit dem Vermerk der Eintragung zurück, I 1 Hs 2, III, mit seinem Einverständnis auch an einen anderen, Saum JZ **81**, 697. Auch die Antragsrücknahme bedarf der in § 29 S 1 GBO vorgeschriebenen Form, Hamm Rpfleger **85**, 231.

*Gebühren:* Des Gerichts nach der KostO, nicht nach dem GKG, Rn 13, Köln Rpfleger **90**, 65 (Kostenfreiheit bei § 64 II 1 SGB X); des Anwalts §§ 57, 58 III Z 6 BRAGO.

6   **D. Prüfungsumfang beim Grundbuchamt.** Das Grundbuchamt hat grundsätzlich eine Reihe von Prüfungen vorzunehmen, BFH BStBl **90** II 44, Hamm Rpfleger **85**, 231, Köln Rpfleger **90**, 65. Zunächst hat das Grundbuchamt zu klären: Liegen die *förmlichen* Voraussetzungen der Zwangsvollstreckung vor?, Grdz 12 vor § 704, Köln Rpfleger **91**, 149, LG Aachen Rpfleger **94**, 496. Das Finanzamt, das eine Eintragung wegen eines Steuerrückstands beantragt, braucht allerdings wegen § 322 III 2, 3 AO den vollstreckbaren Titel und die Zustellungsnachweis nicht vorzulegen, BFH BStBl **90** II 45.

7   Das Grundbuchamt hat ferner zu prüfen: Liegen die *grundbuchmäßigen* Voraussetzungen der Eintragung vor?, Rn 3, Köln Rpfleger **90**, 65, Schlesw MDR **96**, 416, LG Bonn MDR **95**, 747 (je: Bestimmtheitserfordernis). Im Fall des § 78 SachenRBerG ist die Eintragung einer Zwangshypothek weder allein am Grundstück noch allein am Gebäudeeigentum noch an beiden zulässig, LG Chemnitz Rpfleger **95**, 456.

*Nicht* zu prüfen ist, ob der Anspruch sachlichrechtlich besteht, BayObLG Rpfleger **82**, 467, Köln Rpfleger **91**, 149. Das gilt auch bei einer Prozeßstandschaft, Grdz 26 vor § 50, LG Darmst Rpfleger **99**, 125, LG Lüb Rpfleger **92**, 343, aM Celle Rpfleger **86**, 484, Köln Rpfleger **88**, 526, LG Ffm Rpfleger **93**, 238. Ebensowenig ist zu prüfen, ob eine Verfallklausel vorhanden ist und ob ihre Voraussetzungen eingetreten sind, ob etwa der gesamte Restbetrag infolge des Verzugs des Schuldners mit einer Rate fällig geworden ist. Denn diese Prüfung erfolgt bereits im Verfahren zur Erteilung der Vollstreckungsklausel, § 726 I; dort konnte der Schuldner seine etwaigen Einwendungen wegen des Nichtvorliegens des Verfalls nach § 732 vorbringen. Ebenfalls nicht zu prüfen ist der Grundstückswert, schon gar nicht bei einer Anschlußpfändung nach § 826, LG Marbg Rpfleger **84**, 406.

8   Die Eintragung soll die Natur der Hypothek als einer *Zwangshypothek* kenntlich machen. Wenn ein solcher Hinweis aber fehlt, ist die Eintragung trotzdem nicht schon deshalb ungültig. Die Zwangshypothek unterscheidet sich von einer vertraglichen Sicherungshypothek, LG Mü Rpfleger **89**, 96. Denn die Zwangshypothek haftet ohne weiteres für die Kosten der Zwangsvollstreckung mit, § 788, und sie wird auch anders übertragen, § 868. § 1115 BGB ist zu beachten, BayObLG Rpfleger **85**, 102, Hamm MDR **88**, 865 (nicht der Nachlaßverwalter, sondern der Erbe als Berechtigter einzutragen). Zinsen sind als Nebenleistungen anzugeben. Der Antragsteller darf auf den Schuldtitel Bezug nehmen. Wer in Prozeßstandschaft, Grdz 26 vor § 50, einen Titel erwirkt hat, kann die Eintragung auf seinen Namen fordern, LG Bochum Rpfleger **85**, 438. Im übrigen richtet sich die Fassung der Eintragung nach dem Grundbuchrecht, BayObLG Rpfleger **88**, 310 (auch zum Namen). Evtl ist die Zustimmung des Grundeigentümers zur Eintragung der Sicherungshypothek bei einem Erbbaurecht erforderlich, BayObLG Rpfleger **96**, 447.

9   Der *Rang* richtet sich nach dem Zeitpunkt des Eingangs des Antrags beim Grundbuchamt, auch wenn die Eintragung fehlerhaft war und der Fehler erst nachträglich geheilt wird, Schlesw RR **88**, 700 (Zustellung der Vollstreckungsklausel bei § 720 a), aM LG Mainz Rpfleger **91**, 302 (ein Vollstreckungshindernis ist rangstörend). Erst die Eintragung begründet aber das Recht am Grundstück. Der Antrag gibt kein Recht auf die Eintragung für den Fall einer späteren Verfügungsbeschränkung. § 878 BGB betrifft nur rechtsgeschäftliche Eintragungen, aM Wacke ZZP **82**, 395.

Die Eintragung einer *Vormerkung* ist nicht statthaft. Denn der Gläubiger hat keinen privatrechtlichen Anspruch auf die Einräumung einer Vormerkung. Soweit im Verwaltungszwangsverfahren ein Antrag oder ein Ersuchen der Behörde an die Stelle des Schuldtitels tritt, darf das Grundbuchamt nicht prüfen, ob der Schuldner auch sachlichrechtlich zu der Leistung verpflichtet ist, BayObLG Rpfleger **82**, 99. Eine Genehmigung nach dem BauGB ist nicht erforderlich, AG Eschweiler Rpfleger **78**, 187. Beim Eigentümererbbaurecht ist ein in der Form des § 29 GBO zu führender Nachweis einer Zustimmung des Eigentümers oder deren Ersetzung gemäß § 7 III ErbbauVO erforderlich, Hamm DB **85**, 1376.

10   **E. Verfahren des Grundbuchamts.** Das Grundbuchamt hat die Amtspflicht, bei einer Auflage oder im Fall einer Zurückverweisung sämtliche Beanstandungsgründe zu bezeichnen, soweit diese Beanstandungen zu beheben sind, LG Mainz Rpfleger **91**, 302. Auf diese Weise soll die Gefahr einer nochmaligen Ablehnung aus anderen Gründen ausscheiden. Eine Zwischenverfügung nach § 18 I GBO ist dann unzulässig, wenn wesentliche Voraussetzungen der Zwangsvollstreckung fehlen. Andernfalls würde man dem Gläubiger einen Rang vorbehalten, der ihm objektiv nicht zukommt; die Zwangsvollstreckung würde infolgedessen vorzeitig beginnen können. Demgegenüber behält der Gläubiger im Fall einer fehlerhaften Eintragung seinen Rang, Rn 13. Der Zufall läßt sich ja nicht ausschalten, und wenn der Brief des früher beantragenden Gläubigers verlorengeht, dann kommt ihm auch ein anderer zuvor.

11   **3) Zwangshypothek, I.** Es sind zahlreiche Aspekte zu beachten.

**A. Allgemeines.** Die Zwangshypothek entsteht mit ihrer Eintragung, BayObLG Rpfleger **80**, 294, Düss RR **93**, 1430, als eine Buchhypothek. Das Grundbuchamt vermerkt von Amts wegen zugleich, notfalls nachträglich, Rn 12, die Eintragung auf dem vollstreckbaren Titel, I 1 Hs 2, III, LG Mü Rpfleger **89**, 96; dadurch soll der Schuldner geschützt und verhindert werden, daß wegen derselben Forderung an einem

## 2. Titel. Zwangsvollstr. in das unbewegl. Vermögen § 867

anderen Grundstück eine weitere Zwangshypothek eingetragen wird, LG Mü Rpfleger **89**, 96, sowie die mit dem Vermerk direkt nach III statthafte Zwangsversteigerung ermöglicht werden. Das Grundbuchamt darf dem Gläubiger keinen Hypothekenbrief erteilen. Der Gläubiger kann sich nicht zum Beweis seiner Forderung auf die Eintragung berufen, aM BGH NJW **88**, 829. Der Eigentümer hat alle sachlichrechtlichen Einwendungen gegen die Forderung, auch wenn der Eigentümer das Grundstück erst später erworben hat. Der Eigentümer ist bei diesen Möglichkeiten durch die Rechtskraftwirkung des Titels und durch § 767 beschränkt. Die bloße Eintragung im Grundbuch bringt kein Recht zum Entstehen, auch nicht bei einer Zwangshypothek, Hamm Rpfleger **83**, 393. In einem solchen Fall wird aber das Grundbuchamt auch als ein Vollstreckungsorgan tätig, Rn 2.

Deshalb liegt bei einem *prozessualen Mangel*, etwa beim Fehlen der Voraussetzungen der Zwangsvollstrek- **12** kung, Grdz 12 vor § 704, keine Nichtigkeit vor. Es entsteht vielmehr ein auflösend bedingtes Recht, Hamm FGPrax **97**, 87, ZöStö 21, aM BFH BStBl **90** II 45, Schlesw RR **88**, 700, Streuer Rpfleger **88**, 514 (eine unter Verletzung vollstreckungsrechtlicher Vorschriften über den Beginn der Zwangsvollstreckung eingetragene Zwangshypothek gelange nicht zur Entstehung, so daß mit der Eintragung das Grundbuch unrichtig werde). Dieses Recht wahrt dann den Rang, wenn die Bedingung nicht eintritt, nämlich wenn die Eintragung nicht auf Grund eines Rechtsbehelfs aufgehoben wird, Grdz 58 vor § 704. Im Fall eines behebbaren Mangels ist eine Heilung für die Zukunft möglich, s aber § 879 II BGB, den Hagemann Rpfleger **82**, 169 für entsprechend anwendbar hält. Wenn sich die „Nichtigkeit der Eintragung" aus der Eintragung selbst ergibt, wie im Fall einer Verletzung des II, ist zu löschen, BayObLG Rpfleger **86**, 372, aM BayObLG Rpfleger **76**, 68, LG Saarbr Rpfleger **75**, 329. Wenn ein grundbuchmäßiger Mangel vorliegt, entsteht kein Recht.

**B. Wirkung.** Die Zwangshypothek steht rechtlich im wesentlichen (vgl aber Rn 1) einer vertraglich **13** bestellten Sicherungshypothek gleich, Hamm Rpfleger **73**, 440, Köln FGPrax **96**, 14. Sie gewährt dem Gläubiger nur die Erhaltung des Rechts und keine Befriedigung. Deshalb beendet die Zwangshypothek die Zwangsvollstreckung nicht, Grdz 52 vor § 704, (teilweise überholt) BGH **130**, 350, aM Stgt Rpfleger **81**, 158. Deshalb bleiben auch die Möglichkeiten einer Widerspruchsklage nach § 771 oder einer Vollstreckungsabwehrklage nach § 767, BGH NJW **88**, 829, sogar noch nach dem Zeitpunkt der Eintragung erhalten. Die Zwangshypothek wird mit dem Rang vor einer bereits bestehenden Hypothek eingetragen, falls deren Inhaber zustimmt. Eine Einwilligung des Schuldners ist entbehrlich. Andernfalls erhält die Zwangshypothek den Rang der nächstbereiten Stelle. Der Gläubiger kann einen Rangvorbehalt des Schuldners nicht ohne Zustimmung der Inhaber der belasteten Rechte ausnutzen.

Zur *Zwangsversteigerung* mit dem Rang der Hypothek ist nach III kein besonderer Duldungstitel mehr erforderlich, sondern ein Eintragungsvermerk nach 1 Hs 2 ausreichend, Rn 18. Zur Zwangsvollstreckung wegen eines erst nach § 326 BGB entstandenen Schadensersatzanspruchs ist ein neuer Titel erforderlich und gegen den erhobenen Hypothekenanspruch die Vollstreckungsabwehrklage nach § 767 möglich, Düss RR **93**, 1431. Der Eigentümer, der das Grundstück vom Titelschuldner mit der Zwangshypothek belastet erworben hat, kann das Erlöschen der Titelforderung nach § 771 bekämpfen, Düss RR **93**, 1431. Eine vertragliche Sicherstellung beschränkt das Recht des Gläubigers auf die Durchführung der Zwangsvollstreckung nicht. Der Gläubiger darf die Zwangshypothek auch dann eintragen lassen, wenn er wegen derselben Forderung an einem anderen Grundstück des Schuldners bereits eine Vertragsgrundschuld, BayObLG Rpfleger **91**, 53, LG Lüb Rpfleger **85**, 287, aM Soergel § 1132 BGB Rn 5, oder eine Vertragshypothek erhalten hat. Im letzteren Fall entsteht keine Gesamthypothek. Indessen ist die Eintragung einer zweiten (Ausfall-)Zwangshypothek auf demselben Grundstück ebenso unzulässig wie eine Gesamthypothek, Rn 15, Köln FGPrax **96**, 14. Wegen der Vereinigung von Anteilen infolge Erbfalls Oldb JB **96**, 273.

**C. Kosten der Eintragung.** Das Grundstück haftet für die Eintragungskosten ohne weiteres. Deshalb **14** können diese Eintragungskosten nicht eingetragen werden, unabhängig davon, ob es sich um Partei-, Gerichts- oder Anwaltskosten handelt. Die Kosten sind bei der Zwangsverwaltung oder bei der Zwangsversteigerung nach der KostO zu berechnen, Rn 5, Köln Rpfleger **90**, 65, und zu berücksichtigen. Die Kosten des Prozesses oder die Kosten einer früheren ergebnislosen Zwangsvollstreckung sind eintragungsfähig. Die Kosten einer früheren Vollstreckung brauchen nicht gerichtlich festgesetzt zu werden. Vielmehr muß sie das Grundbuchamt als Vollstreckungsorgan auf ihre Entstehung und ihre Notwendigkeit überprüfen. Der Gläubiger muß sie in öffentlich beglaubigter Form nach § 29 GBO nachweisen, Celle NJW **72**, 1902.

**4) Mehrheit von Grundstücken, II.** Die Vorschrift gilt nicht bei § 78 I 1, 2 SachenRBerG, Brdb **15** Rpfleger **97**, 61, Jena Rpfleger **97**, 432, LG Lpz Rpfleger **96**, 285, aM LG FfO Rpfleger **97**, 212.

**A. Forderungsverteilung.** Wenn der Gläubiger mehrere Grundstücke des Schuldners mit der Zwangshypothek belasten will, dann muß er die Forderung auf diese mehreren Grundstücke verteilen, BGH DB **91**, 1117, LG FfO Rpfleger **97**, 212, Hintzen Rpfleger **91**, 288. Er darf die Größe der Teile frei bestimmen, BGH DB **91**, 1117, ohne daß der Schuldner zustimmen müßte, Ffm MDR **89**, 365. Eine Gesamthypothek ist aber (im Gegensatz zu der nachträglichen Eintragung einer Sicherungshypothek auf einem weiteren Grundstück des Schuldners) unzulässig, BGH DB **91**, 117, BayObLG Rpfleger **86**, 372, LG Hechingen Rpfleger **97**, 169. Zum Begriff des Grundstücks § 864 Rn 1. Eine Gesamthypothek ist auch dann unzulässig, wenn die mehreren Grundstücke nacheinander belastet werden sollen, Düss MDR **90**, 62.

Die Verteilung bedarf *keiner Form*, Köln Rpfleger **86**, 91, Schneider MDR **86**, 817, aM ZöStö 3. Wenn **16** der Gläubiger überhaupt keine Verteilung vorgenommen hat, dann muß das Grundbuchamt den Eintragungsantrag grundsätzlich sofort zurückweisen, LG Mannh Rpfleger **81**, 406. Weil die Verteilung der Forderung ist als eine Voraussetzung für den Beginn der Zwangsvollstreckung, Grdz 12, 51 vor § 704, ein notwendiger Bestandteil des Antrags, BGH DB **91**, 1117. Der Gläubiger braucht aber über die Angabe hinaus, wie zu verteilen ist, nicht zusätzlich eine Rangfolge dieser Teile für die Befriedigung anzugeben. Evtl ist § 366 BGB insoweit anwendbar, BGH DB **91**, 1117. Das Grundbuchamt darf auch keine Zwischenverfügung nach § 18 I 1 GBO zur Rangsicherung erlassen. Denn eine Zwangsvollstreckung ist vor der Eintragung ja überhaupt noch nicht zulässig, Düss MDR **90**, 62, Meyer-Stolte Rpfleger **85**, 43. Das Grund-

## §§ 867, 868      8. Buch. 2. Abschnitt. ZwV wegen Geldforderungen

buchamt kann dem Antragsteller vor einer Zurückweisung des Antrags lediglich durch einen Hinweis die Gelegenheit zur Verteilung geben. Es muß den Antrag spätestens dann zurückweisen, wenn ein weiterer Antrag beim Grundbuchamt eingeht. Die Mindestsumme, § 866 III 1, ist bei der Verteilung jetzt nach II 2 Hs 2 ebenfalls einzuhalten; die frühere Streitfrage ist damit erledigt. Der Gläubiger darf die Zinsen einem der Grundstücke zuteilen.

**17**    **B. Wirkung.** Durch die Verteilung der Forderung entstehen entsprechend dem Verteilungsschlüssel des Gläubigers auf den einzelnen Grundstücken Einzelsicherungshypotheken. Eine Gesamthypothek wäre grundbuchrechtlich zulässig. Sie ist aber durch II verboten. Deshalb muß eine Gesamthypothek, die etwa doch eingetragen wurde, auf Grund einer Beschwerde in Einzelhypotheken mit dem Rang der Gesamthypothek zerlegt werden. Wenn das Grundbuchamt unzulässigerweise gleichzeitig auf mehreren Grundstücken desselben Schuldners eine Zwangshypothek eingetragen hat, dann ist diese Zwangshypothek inhaltlich unzulässig, Stgt NJW **71**, 898. Eine nicht gleichzeitige Eintragung läßt die zuerst erfolgte wirksam, vgl Stgt NJW **71**, 899, LG Mannh Rpfleger **81**, 406. Wenn mehrere gesamtschuldnerisch haften, dann darf der Gläubiger die Einzelgrundstücke sämtlicher Schuldner mit der ganzen Forderung belasten. Wenn einer der Schuldner mehrere Grundstücke besitzt, muß der Gläubiger die Forderung auf diese Grundstücke verteilen. Wenn der Gläubiger mehrere Grundstücke des Schuldners hintereinander belastet, dann muß das Grundbuchamt die Eintragung ablehnen, sofern die volle Forderung bereits mit einem anderen Zwangshypothek eingetragen steht und sofern nicht der Gläubiger auf einen Teil der früheren Zwangshypothek verzichtet. Die Eintragung einer bedingten Sicherungshypothek, die gegen einen Ausfall einer Zwangshypothek auf einem anderen Grundstück sichern soll (Ausfallhypothek), kann zwar freiwillig bestellt werden; der Gläubiger hat aber keinen derartigen Anspruch, Stgt NJW **71**, 898.

**18**    **5) Entbehrlichkeit besonderen Duldungstitels, III.** Die Vorschrift klärt eine frühere Streitfrage: Zur Zwangsversteigerung ist ein solcher vollstreckbarer Titel (des alleinigen Erkenntnisverfahrens) ausreichend, auf dem der Gläubiger hat vormerken lassen, daß die Zwangshypothek in das Grundbuch eingetragen wurde. Es ist also nach der Eintragung zur weiteren Vollstreckung zwecks Befriedigung kein zusätzlicher Prozeß mit dem Ziel der Erwirkung eines Duldungstitels mehr notwendig; ihm fehlt daher das Rechtsschutzbedürfnis, Grdz 33 vor § 253. Der Vermerk der Eintragung erfolgt von Amts wegen nach I 1 Hs 2, Rn 5, 11.

**19**    **6) Rechtsbehelfe, I–III.** Manche meinen, es ergingen keine Entscheidungen des Grundbuchamts im Zwangsvollstreckungsverfahren. Sie unterlägen daher der einfachen Beschwerde nach § 71 GBO, BGH **64**, 164, Ffm JB **98**, 382. Diese Ansicht trägt aber der Doppelnatur der Eintragung, Rn 1, keine Rechnung. Das Grundbuchamt handelt sowohl als ein Vollstreckungsorgan, Rn 2, als auch als ein Organ der freiwilligen Gerichtsbarkeit, Rn 3, KG RR **87**, 592. Das Verfahren hat entgegen BayObLG Rpfleger **76**, 67 seine Grundlage in der ZPO. Deshalb ist nach einer Entscheidung des Richters der jeweilige Weg nach § 11 RPflG, Anh § 153 GVG, und nach einer Erstentscheidung des Richters sowohl eine sofortige Beschwerde nach §§ 577, 793 I, als auch eine einfache Beschwerde nach § 71 GBO zulässig, aM KG RR **87**, 592, Streuer Rpfleger **88**, 514 (nur Beschwerde nach 71 II 2 GBO; aber eine Auslegung des Parteiwillens kann auch sonst notwendig sein). Wenn beide Rechtsbehelfe zusammentreffen, wie etwa nach einer angeblich zu Unrecht vorgenommenen Eintragung, dann ist die grundbuchmäßige Beschwerde (mit dem Weisungsrecht nach § 71 II GBO) als der umfassendere Rechtsbehelf zulässig, BayObLG Rpfleger **76**, 67, aM BGH **64**, 195.

Demgemäß sind gegenüber einer Eintragung folgende Rechtsbehelfe statthaft: zum einen der *sachlichrechtliche Widerspruch*. Das Grundbuchamt kann ihn nach § 53 GBO auch von Amts wegen eintragen; zum anderen eine einfache Beschwerde mit dem Antrag, das Grundbuchamt zu einer Löschung oder zur Eintragung eines Widerspruchs anzuweisen, § 71 II GBO, BayObLG Rpfleger **95**, 106. Eine einfache Beschwerde aus § 567 I ist ebenso unzulässig wie eine Erinnerung nach § 766, insofern ebenso KG RR **87**, 592. Das Grundbuchamt darf eine Löschung nur auf Grund eines Amtswiderspruchs vornehmen.

**20**    **7) VwGO:** Vgl Üb § 864 Rn 8; zu dem danach ggf anzuwendenden § 322 AO s BFH BStBl **90** II 45.

---

**868**  *Erwerb der Zwangshypothek durch den Eigentümer.* [I] **Wird durch eine vollstreckbare Entscheidung die zu vollstreckende Entscheidung oder ihre vorläufige Vollstreckbarkeit aufgehoben oder die Zwangsvollstreckung für unzulässig erklärt oder deren Einstellung angeordnet, so erwirbt der Eigentümer des Grundstücks die Hypothek.**

[II] **Das gleiche gilt, wenn durch eine gerichtliche Entscheidung die einstweilige Einstellung der Vollstreckung und zugleich die Aufhebung der erfolgten Vollstreckungsmaßregeln angeordnet wird oder wenn die zur Abwendung der Vollstreckung nachgelassene Sicherheitsleistung oder Hinterlegung erfolgt.**

**1**    **1) Systematik, Regelungszweck, I, II.** Die Vorschrift entspricht dem § 775 Z 1. Sie ergänzt den § 867 durch die in ihrem Geltungsbereich vorrangigen Sonderregeln, § 867 Rn 1.

**2**    **2) Geltungsbereich, I, II.** Die Zwangshypothek hängt in ihrem Bestand von dem Vollstreckungstitel ab. Sie geht kraft Gesetzes auf den Eigentümer über, wenn folgende Voraussetzungen vorliegen:

**A. Aufhebung des Titels usw.** Der Vollstreckungstitel oder dessen vorläufige Vollstreckbarkeit müssen durch ein rechtskräftiges oder seinerseits vorläufig vollstreckbares Urteil aufgehoben werden, BGH MDR **71**, 378; im Falle eines Vollstreckungstitels nach § 794 I Z 3 muß ein entsprechender Beschluß ergehen, § 329. Wegen der Aufhebung einer Arresthypothek § 925 Rn 9, Ffm KTS **84**, 165. Es ist nicht erforderlich, den Vollstreckungstitel vorzulegen.

## 2. Titel. Zwangsvollstr. in das unbewegl. Vermögen §§ 868–870

**B. Unzulässigkeit der Zwangsvollstreckung.** Die Zwangsvollstreckung muß für unzulässig erklärt **3** werden, oder wird endgültig eingestellt §§ 732, 767 ff, 771 ff (nicht § 766).

**C. Einstellung der Zwangsvollstreckung.** Die Zwangsvollstreckung muß eingestellt, gleichzeitig müs- **4** sen die bereits getroffenen Vollstreckungsmaßnahmen aufgehoben werden.

**D. Sicherheitsleistung.** Eine nach § 711 erlaubte Sicherheit oder Hinterlegung muß geleistet werden. **5** Wenn der Schuldner die Bank wählen darf, bei der er zu hinterlegen hat, und wenn er seine Wahl nicht bis zum Zeitpunkt der Anordnung der Eintragung getroffen hat, dann üben im Fall der Zwangsversteigerung der Schuldner oder der Gläubiger das Wahlrecht aus.

**3) Unanwendbarkeit, I, II.** § 868 ist unanwendbar, wenn die Zwangshypothek von vornherein ganz **6** unwirksam ist oder wenn sie von Anfang an in Wahrheit dem Eigentümer zusteht, weil nämlich die Forderung nicht mehr bestand, § 1163 I BGB, oder wenn der Gläubiger durch einen Vergleich auf die Zwangsvollstreckung verzichtet, BayObLG Rpfleger **98**, 437. Ferner erwirbt der Eigentümer die Hypothek nach dem sachlichen Recht, wenn die Forderung erlischt, BGH **LM** Nr 2, also insbesondere dann, wenn der Gläubiger außerhalb der Liegenschaftszwangsvollstreckung befriedigt wird, § 1163 BGB, oder wenn der Gläubiger auf die Forderung verzichtet, § 1168 BGB. Im Fall einer Zwangshypothek auf Grund eines Kostenfestsetzungsbeschlusses geht die Hypothek mit der Aufhebung des Haupttitels auf den Eigentümer über.

**4) Übergang auf den Eigentümer, I, II.** Derjenige erwirbt, der im Zeitpunkt des Eintritts der Voraus- **7** setzungen der Eigentümer ist, auch wenn er nicht der Schuldner ist. Der Übergang macht die Zwangshypothek zu einer Eigentümergrundschuld. Wenn der Vollstreckungstitel wiederhergestellt wird, lebt die Zwangshypothek nicht wieder von sich aus auf, Ffm Rpfleger **81**, 119. Der Gläubiger muß dann eine Zwangsvollstreckung in die Eigentümergrundschuld vornehmen. Gegenüber dem Erwerber besteht kein Bereicherungsanspruch. Wenn die Eigentümergrundschuld dem Vollstreckungsschuldner dann nicht mehr gehört, geht der Gläubiger leer aus. Die Umschreibung erfolgt nach dem Grundbuchrecht. Der Eigentümer trägt die Kosten, ohne beim Gläubiger Rückgriff nehmen zu können.

**5) VwGO:** *Vgl Üb § 864 Rn 8.* **8**

## 869 Zwangsversteigerung und Zwangsverwaltung. Die Zwangsversteigerung und die Zwangsverwaltung werden durch ein besonderes Gesetz geregelt.

**Schrifttum:** *Beisswenger,* Möglichkeiten zum Betrieb eines Gewerbes auf einem unter Zwangsverwaltung stehenden Grundstück, Diss Freibg 1959; *Söllner,* Der Zwangsverwalter nach dem ZVG zwischen Unternehmer und Vollstreckungsorgan, 1992.

**1) Systematik, Regelungszweck.** Von den drei in § 866 dem Gläubiger zur Wahl gestellten Arten der **1** Vollstreckung in unbewegliches Vermögen regelt § 868 nur denjenigen der Zwangshypothek, § 867, die beiden weiteren, nämlich diejenigen einer Zwangsversteigerung bzw Zwangsverwaltung mit deren sehr unterschiedlichen Methoden zur Erzielung desselben Ergebnisses einer Befriedigung. Die ZPO bedient sich der Gesamtverweisungstechnik zwecks Vereinfachung, da die Zwangsverwaltung wie -versteigerung trotz der „Mutter ZPO" doch ein umfangreiches prozessuales Eigenleben führen.

**2) Geltungsbereich.** Das ZVG ist zwar formell ein selbständiges Gesetz, das auch zB selbständig geändert **2** wird. Der Sache nach ist es freilich als ein Teil der ZPO anzusehen, Ffm Rpfleger **83**, 36, Karlsr Rpfleger **95**, 427, Kblz Rpfleger **92**, 169. Deshalb gelten vor allem die allgemeinen Vorschriften über die Zwangsvollstreckung, Grdz 1 ff vor §§ 704, auch in einem Verfahren nach dem ZVG, Ffm Rpfleger **83**, 36. Die Einzelzwangsvollstreckung nach der ZPO ist in ein vom Zwangsverwalter ausgegliedertes Vermögensstück zulässig, zB in die Einnahmen aus einem von ihm verpachteten Betriebs, LG Oldb DGVZ **84**, 90. Nach einstweiliger Einstellung nach dem ZVG oder der ZPO bleibt die Beschlagnahme von Zubehör bestehen. Nach Aufhebung kann man auf Zubehör allenfalls im Wege der Mobiliarvollstreckung zugreifen, Hamm Rpfleger **94**, 176.

**3) VwGO:** *Vgl Üb § 864 Rn 8.* **3**

## 870 Zwangsvollstreckung in ein Liegenschaftsrecht. Auf die Zwangsvollstreckung in eine Berechtigung, für welche die sich auf Grundstücke beziehenden Vorschriften gelten, sind die Vorschriften über die Zwangsvollstreckung in Grundstücke entsprechend anzuwenden.

**1) Systematik, Regelungszweck.** Die Vorschrift enthält eine vorrangige Sondervorschrift für ihren **1** Geltungsbereich, die jedoch kaum praktische Bedeutung hat, da § 870 die §§ 864–869 für entsprechend anwendbar erklärt.

**2) Geltungsbereich.** Zum Begriff der grundstücksähnlichen Berechtigung vgl § 864 Rn 4. Bei ihr sind **2** grundsätzlich sämtliche Arten der Zwangsvollstreckung zulässig. Es bestehen aber mehrere Sondervorschriften.

**3) VwGO:** *Vgl Üb § 864 Rn 8.* **3**

**870a** *Zwangsvollstreckung in ein Schiff.* ¹Die Zwangsvollstreckung in ein eingetragenes Schiff oder in ein Schiffsbauwerk, das im Schiffsbauregister eingetragen ist oder in dieses Register eingetragen werden kann, erfolgt durch Eintragung einer Schiffshypothek für die Forderung oder durch Zwangsversteigerung.

II § 866 Abs. 2, 3, § 867 gelten entsprechend.

III ¹Wird durch eine vollstreckbare Entscheidung die zu vollstreckende Entscheidung oder ihre vorläufige Vollstreckbarkeit aufgehoben oder die Zwangsvollstreckung für unzulässig erklärt oder deren Einstellung angeordnet, so erlischt die Schiffshypothek; § 57 Abs. 3 des Gesetzes über Rechte an eingetragenen Schiffen und Schiffsbauwerken vom 15. November 1940 (Reichsgesetzbl. I S. 1499) ist anzuwenden. ²Das gleiche gilt, wenn durch eine gerichtliche Entscheidung die einstweilige Einstellung der Zwangsvollstreckung und zugleich die Aufhebung der erfolgten Vollstreckungsmaßregeln angeordnet wird oder wenn die zur Abwendung der Vollstreckung nachgelassene Sicherheitsleistung oder Hinterlegung erfolgt.

Schrifttum: *Albert,* Die Zwangsversteigerung von Seeschiffen im internationalen Rechtsverkehr, 1983.

1   1) **Systematik, Regelungszweck, I–III.** Die Vorschrift schränkt als vorrangige Sonderregelung den § 866 in ihrem Geltungsbereich ein: Die Bewachung und die Verwahrung eines Schiffs nach § 165 ZVG sind nur eine Sicherungsmaßnahme und keine Zwangsverwaltung. Die Zwangsvollstreckung in ein eingetragenes Schiff oder in ein eingetragenes eintragungsfähiges Schiffsbauwerk, § 66 SchiffsregisterO, geschieht nur entweder durch die Eintragung einer Schiffshypothek, BayObLG KTS **91**, 625, oder durch eine Zwangsversteigerung nach dem ZVG. Eine Zwangsverwaltung ist unzulässig. Die Zwangsschiffshypothek ist ganz so wie eine Zwangshypothek zu behandeln, II, BayObLG KTS **91**, 625. § 868 ist aber unanwendbar. Der dem § 868 nachgebildete § 870 a III läßt im Fall des § 868 keine Eigentümerschiffshypothek entstehen, sondern die Schiffshypothek erlöschen. Sie ist im Schiffsregister zu löschen. Dem Eigentümer steht das Recht aus § 57 III SchiffsG zu, bis zur Löschung eine entsprechende neue Schiffshypothek zu bestellen.

2   2) **Geltungsbereich, I–III.** Die Vorschrift gilt grundsätzlich für jedes Schiff. Über eine Zwangsvollstreckung in ein Schiff während der Reise § 482 HGB. Wegen des Arrestes in ein Seeschiff Grdz 2 vor § 916, § 931 Rn 1; wegen des Verteilungsverfahrens Üb 1 vor § 872. § 870 a gilt bis auf III 1 Hs 2 sinngemäß auch für ein Luftfahrzeug, das in der Luftfahrzeugrolle eingetragen worden ist, § 99 I LuftfzRG. Wenn noch ein Vollstreckungstitel fehlt, § 938 Rn 13.

Gebühren: Des RA §§ 57, 58 III Z 6 BRAGO.

3   3) **VwGO:** Vgl Üb § 864 Rn 8.

**871** *Vorbehalt für Landesgesetzgebung.* Unberührt bleiben die landesgesetzlichen Vorschriften, nach denen, wenn ein anderer als der Eigentümer einer Eisenbahn oder Kleinbahn den Betrieb der Bahn kraft eigenen Nutzungsrechts ausübt, das Nutzungsrecht und gewisse dem Betriebe gewidmete Gegenstände in Ansehung der Zwangsvollstreckung zum unbeweglichen Vermögen gehören und die Zwangsvollstreckung abweichend von den Vorschriften des Bundesrechts geregelt ist.

1   1) **Systematik, Regelungszweck.** Über die landesgesetzlichen Vorschriften vgl Art 112 EG BGB. Vgl ferner für das frühere preußische Gebiet das G über Bahneinheiten v 7. 8. 02 und das G v 26. 9. 34, RGBl II 811, nebst Änderungen, BGBl **51**, 225, § 3 des G v 7. 3. 34, RGBl II 91.

2   2) **VwGO:** Vgl Üb § 864 Rn 8.

### Dritter Titel
### Verteilungsverfahren

#### Übersicht

Schrifttum: *Lindner,* Das Verteilungsverfahren nach der Zivilprozeßordnung unter besonderer Berücksichtigung der Widerspruchsklage, Diss Erlangen 1960; *Martin,* Pfändungspfandrecht und Widerspruchsklage im Verteilungsverfahren, 1963.

1   1) **Systematik, Regelungszweck.** Vor dem nach §§ 858 II, 873 zuständigen AG als dem für das Verteilungsverfahren mitzuständigen Vollstreckungsgericht, §§ 764, 802, findet ein Verteilungsverfahren statt, wenn bei einer Zwangsvollstreckung ein Geldbetrag hinterlegt worden ist, der nicht zur Befriedigung aller beteiligten Gläubiger ausreicht. Das gilt auch im Fall einer Liegenschaftszwangsvollstreckung, § 115 ZVG. Dann gelten freilich Abweichungen, namentlich für den Teilungsplan. Das Verfahren findet nur dann statt, wenn und soweit sich die Gläubiger nicht untereinander verständigen. Das Verfahren unterliegt dem Amtsbetrieb, Grdz 38 vor § 128. Es ist trotz des Grundsatzes notwendig, einen Pfändungspfandgläubiger nach dem Zeitvorrang zu befriedigen. Denn man kann die Übernahme der Gefahr einer unrichtigen Verteilung weder dem Gerichtsvollzieher noch dem Drittschuldner zumuten. Der Anspruch des Gläubigers an die Verteilungsmasse ist nur zusammen mit seiner Forderung pfändbar und überweisbar.

3. Titel. Verteilungsverfahren **Übers § 872, § 872**

**2) Geltungsbereich.** §§ 872 ff gelten grundsätzlich bei jeder Verteilung. Haftungsbeschränkungen des **2** Reeders usw, §§ 486 ff HGB, 4 ff BinnenschiffahrtsG, führen zu einem Verteilungsverfahren nach der Schiffahrtsrechtlichen Verteilungsordnung. Danach ist auf dieses Verfahren die ZPO hilfsweise entsprechend anwendbar.
**Gebühren:** Des Gerichts KV 5140 (0,5, im Fall der §§ 143, 144 ZVG: 0,25); des RA § 60 BRAGO.

**3) *VwGO*:** Ein Verteilungsverfahren nach dem 3. Titel findet bei Vollstreckung wegen Geldforderungen, Grdz **3** § 803 Rn 9, statt, wenn **a)** ZPO entspr anzuwenden ist oder **b)** in den Fällen des § 169 I VwGO über § 5 VwVG die Regeln des § 308 IV und VAO gelten, die für die Verteilung selbst wieder auf §§ 873–882 verweisen.

**872** *Voraussetzungen.* Das Verteilungsverfahren tritt ein, wenn bei der Zwangsvollstreckung in das bewegliche Vermögen ein Geldbetrag hinterlegt ist, der zur Befriedigung der beteiligten Gläubiger nicht hinreicht.

*SVertO § 2.* [1]Betrifft das Verteilungsverfahren ein Schiff, das in einem Schiffsregister im Geltungsbereich dieses Gesetzes eingetragen ist, so ist das Amtsgericht ausschließlich zuständig, bei dem das Schiffsregister geführt wird.
[II] [1]Betrifft das Verteilungsverfahren
1. ein Schiff, das nicht in einem Schiffsregister im Geltungsbereich dieses Gesetzes eingetragen ist, oder
2. Ansprüche gegen die in § 1 Abs. 3 Satz 1 Nr. 3, Nr. 3 a bezeichneten Personen,

so ist das Amtsgericht ausschließlich zuständig, in dessen Bezirk der Antragsteller seine gewerbliche Niederlassung oder in Ermangelung einer solchen seinen gewöhnlichen Aufenthalt hat. [2]Hat der Antragsteller weder eine gewerbliche Niederlassung noch einen gewöhnlichen Aufenthalt im Geltungsbereich dieses Gesetzes, so ist das Amtsgericht ausschließlich zuständig, in dessen Bezirk ein Gericht seinen Sitz hat, das im ersten Rechtszug für eine Klage gegen den Antragsteller wegen eines solchen Anspruchs, für den dieser seine Haftung beschränken kann, zuständig ist, oder in dessen Bezirk die Zwangsvollstreckung gegen den Antragsteller wegen eines solchen Anspruchs betrieben wird. [3] Sind mehrere Gerichte zuständig, so schließt das Gericht, bei welchem zuerst die Eröffnung des Verfahrens beantragt worden ist, die übrigen aus.
[III] [1]Die Landesregierungen werden ermächtigt, durch Rechtsverordnung die Verteilungsverfahren für die Bezirke mehrerer Amtsgerichte einem von ihnen zuzuweisen, sofern die Zusammenfassung für eine sachdienliche Förderung oder schnellere Erledigung der Verfahren zweckmäßig ist. [2]Die Landesregierungen können die Ermächtigung auf die Landesjustizverwaltungen übertragen.
[IV] Die Länder können vereinbaren, daß die Verteilungsverfahren eines Landes den Gerichten eines anderen Landes zugewiesen werden.

**Bem.** § 2 SVertO gilt für das Seerechtliche Verteilungsverfahren. Für das Binnenschiffahrtsrechtliche Verteilungsverfahren enthält § 34 SVertO eine fast wörtlich gleichlautende Regelung.
**Das Amtsgericht Hamburg** ist im Seerechtlichen Verteilungsverfahren als zuständig vereinbart. Das ergab sich bereits aus dem Abk v 3. 11. 72, SaBl **73**, 697. Dieses ist ersetzt worden durch das Abk v 6. 11. 91, SaBl **92**, 1080, in Kraft seit 1. 3. 93, Bek v 15. 7. 93, HbgGVBl 50. Es ergibt sich insoweit folgende Rechtslage.
**Baden-Württemberg:** G v 25. 2. 92, GBl 126;
**Bayern:** Bek v 17. 7. 73, GVBl 448;
**Berlin:** G v 3. 3. 92, GBl 45;
**Brandenburg:** G v 2. 7. 92, GVBl 217 und v 16. 10. 92, GVBl 424;
**Bremen:** G v 17. 9. 92, GVBl 243;
**Hamburg:** G v 5. 5. 92, GVBl 91;
**Hessen:** G v 4. 4. 73, GVBl 123;
**Mecklenburg-Vorpommern:** G v 21. 6. 92, GVBl 366;
**Niedersachsen:** G v 17. 9. 92, GVBl 243;
**Nordrhein-Westfalen:** Bek v 27. 2. 92, GVBl 95;
**Rheinland-Pfalz:** G v 30. 5. 73, GVBl 115, Bek v 24. 8. 73, GVBl 260;
**Saarland:** G v 21. 3. 73, ABl 265;
**Schleswig-Holstein:** G v 19. 3. 92, GVBl 207;
**Thüringen:** G v 20. 3. 92, GVBl 75.

*SVertO § 3.* [I] [1]Auf das Verteilungsverfahren finden, soweit dieses Gesetz nichts anderes bestimmt, die Vorschriften der Zivilprozeßordnung entsprechende Anwendung. [2]Die Entscheidungen können ohne mündliche Verhandlung ergehen. [3]Die Zustellungen erfolgen von Amts wegen.
[II] [1]Gegen die Entscheidungen im Verteilungsverfahren findet die sofortige Beschwerde statt, soweit nicht in §§ 12, 33 etwas anderes bestimmt ist. [2]Die Frist zur Einlegung der sofortigen Beschwerde beträgt einen Monat. [3]Gegen Entscheidungen des Beschwerdegerichts findet die weitere Beschwerde statt.

**Bem.** § 3 SVertO gilt für das Schiffahrtsrechtliche Verteilungsverfahren. Wegen des Binnenschiffahrtsrechtlichen Verfahrens verweist § 34 II 1 auf § 3 SVertO.

## §§ 872, 873

**1) Systematik, Regelungszweck.** Vgl zunächst Üb 1 vor § 872. Die Vorschrift nennt die Voraussetzung des Verteilungsverfahrens, das in §§ 873 ff in seinem mehrstufigen Ablauf geregelt wird.

**2) Geltungsbereich.** Es sind vier Hauptfragen zu klären.

**A. Fahrnisvollstreckung.** Es muß sich um eine Zwangsvollstreckung in Fahrnis handeln. Eine Arrestvollziehung genügt. Eine Überweisung ist nicht notwendig. Ferner ist folgendes erforderlich:

**B. Hinterlegung.** Es muß eine Hinterlegung nach §§ 827, 853, 854 stattgefunden haben, also auf Grund einer Zwangsvollstreckung, LG Bln Rpfleger **81**, 453, auch auf Grund einer Arrestvollziehung, § 929.

*Fälle:* Der Gerichtsvollzieher hinterlegt den Erlös im Fall einer mehrfachen Pfändung oder einer Mehrpfändung einer beweglichen körperlichen Sache; der Gerichtsvollzieher hinterlegt den Erlös im Fall einer mehrfachen Pfändung des Anspruchs auf die Herausgabe einer beweglichen körperlichen Sache; der Drittschuldner hinterlegt im Fall einer mehrfachen Pfändung einer Geldforderung; es findet eine Hinterlegung nach § 858 V bei der Schiffspart statt.

Der Gläubiger kann die Hinterlegung beim Gerichtsvollzieher und beim Drittschuldner *erzwingen*, §§ 766, 856. Es genügt auch, daß die Hinterlegung ursprünglich nach §§ 769, 805 IV erfolgt war, wenn hinterher ein Grund zur Hinterlegung in einem der oben genannten Fälle eingetreten ist. Eine Hinterlegung nach dem sachlichen Recht genügt in diesem Fall nicht, und zwar auch dann nicht, wenn ein Pfändungspfandrecht und ein Abtretungsrecht zusammentreffen, Hornung Rpfleger **75**, 239. Ein Gläubiger mit einem gesetzlichen oder vertragsmäßigen Pfandrecht nimmt am Verteilungsverfahren nicht teil. Wenn die Pfändung der Finanzbehörde mit einer anderen Pfändung zusammentrifft, gelten §§ 873 ff, § 360 IV AO.

**C. Mehrheit von Pfändungspfandgläubigern.** Ferner muß eine Mehrheit von Pfändungspfandgläubigern vorliegen, LG Münst Rpfleger **95**, 78, anders als bei der Liegenschaftszwangsvollstreckung, § 9 ZVG. Wenn sich eine Anschlußpfändung nach § 826 nur auf einen Teil der Erstpfändung erstreckte, dann findet das Verteilungsverfahren insoweit nicht statt, als sich die Pfändungen decken. Ein Pfand- und ein Vorzugsberechtigter nach § 805, oder ein Dritter im Besitz eines Rechts, das die Veräußerung hindert, müssen nach §§ 805, 771 klagen; sie gehören nicht in das Verteilungsverfahren. Das gilt zB für den Abtretungsnehmer des Schuldners, LG Münst Rpfleger **95**, 78.

**D. Unzulänglichkeit des Betrags.** Schließlich muß der hinterlegte Betrag unzulänglich sein. Es müssen also nicht alle Gläubiger aus ihm befriedigt werden können. Dieses Erfordernis kann im Fall des § 853 fehlen. Denn der Drittschuldner darf auch dann hinterlegen, wenn der Betrag zur Befriedigung aller Gläubiger ausreicht. Dann wird die Verteilung aber ohne ein Verteilungsverfahren vorgenommen, Rn 5. Das Verteilungsverfahren bei der Liegenschaftszwangsvollstreckung findet nach jeder Versteigerung statt und erfaßt alle Gläubiger. Die „Anordnung" des Verfahrens ist keine Äußerung des AG darüber, ob die Voraussetzungen des Verteilungsverfahrens vorliegen. Die Anordnung ist also nur die Einleitung des Verfahrens. Sie hat rechtlich keine besondere Bedeutung.

**3) Verfahren.** Wenn eine der in Rn 2–5 genannten Voraussetzungen fehlt, dann kann kein Verteilungsverfahren stattfinden. Erst wenn sämtliche Voraussetzungen vorliegen, tritt das Verteilungsverfahren kraft Gesetzes ein. Seine Bestimmungen sind dann auch allein für die Entscheidung über den Rang maßgeblich, §§ 878 ff, Kblz DGVZ **84**, 59, Münzberg Rpfleger **86**, 254. Daher wären eine anderweitig erhobene Klage und eine daraufhin ergangene Entscheidung unerheblich, LG Kblz MDR **83**, 676. Das Verfahren wahrt nur die Belange der an ihm beteiligten Gläubiger. Deshalb erübrigt sich das Verteilungsverfahren dann, wenn sich die beteiligten Gläubiger einigen. Wenn sich herausstellt, daß die Masse zur Befriedigung sämtlicher beteiligten Gläubiger ausreicht, dann befriedigt das AG die Gläubiger außerhalb des Verteilungsverfahrens. Das Verteilungsverfahren braucht dann nicht eingestellt zu werden.

**4) Rechtsbehelfe.** Wenn der Rpfl die Anordnung des Verteilungsverfahrens abgelehnt hat, dann kann der Gläubiger die Erinnerung einlegen. § 829 Rn 63, § 873 Rn 4, Ffm Rpfleger **77**, 184. Wenn der Richter entschieden hat, kann der Gläubiger die sofortige Beschwerde nach §§ 577, 793 I einlegen. Der hinterlegende Dritte ist befreit und deshalb nicht beschwert, es sei denn, daß das Vollstreckungsgericht sich weigert, die Anzeige entgegenzunehmen, aM Ffm Rpfleger **77**, 184. Gegen eine Entscheidung des Beschwerdegerichts ist die weitere sofortige Beschwerde statthaft, II 3. Gegen die Anordnung des Verteilungsverfahrens ist kein Rechtsbehelf statthaft, Wieser ZZP **103**, 177; vgl aber § 873 Rn 4.

**5) VwGO:** Vgl Üb § 872 Rn 3.

## 873

*Verteilungsgericht.* **Das zuständige Amtsgericht (§§ 827, 853, 854) hat nach Eingang der Anzeige über die Sachlage an jeden der beteiligten Gläubiger die Aufforderung zu erlassen, binnen zwei Wochen eine Berechnung der Forderung an Kapital, Zinsen, Kosten und sonstigen Nebenforderungen einzureichen.**

**1) Systematik, Regelungszweck.** Vgl zunächst Üb 1 vor § 872. § 873 eröffnet die Gruppe der Vorschriften zu dem eigenartig mehrstufigen Verteilungsverfahren. Vgl auch § 872 Rn 6. Sowohl die Zuständigkeit als auch die verfahrenseinleitende Aufforderung des Gerichts sind um der Rechtssicherheit willen, Einl III 43, in strenger Auslegung zu prüfen.

**2) Zuständigkeit.** Für das Verteilungsverfahren ist dasjenige AG zuständig, das für die Anzeige nach §§ 827, 853, 854 zuständig ist. Ferner ist dasjenige AG zuständig, das sich aus § 858 II ergibt. Das als Vollstreckungsgericht, §§ 764, 802, ausschließlich tätige AG entscheidet nach dem Rpfl, § 20 Z 17 RPflG, Anh § 153 GVG, § 872 Rn 6. Die Zuständigkeit für die Pfändung ist in diesem Zusammenhang unbeachtlich. Das Vollstreckungsgericht bleibt auch nach dem Wegfall der Erstpfändung Vollstreckungsgericht. Der Anzeige muß die Hinterlegungsurkunde beiliegen.

### 3. Titel. Verteilungsverfahren §§ 873, 874

**3) Aufforderung.** Sofort nach dem Eingang der Anzeige erläßt das Gericht von Amts wegen die 3 Aufforderung an alle beteiligten Gläubiger, § 872 Rn 4, binnen 2 Wochen eine Berechnung ihrer Forderungen nach deren Kapital, Zinsen und Kosten einzureichen. Sie leitet das Verteilungsverfahren ein, Wieser ZZP **103**, 172. Das Verfahren ist von dieser Einleitung an ein Amtsverfahren, Grdz 38 vor § 128. Daher ist das Verfahren der Parteiherrschaft nach Grdz 18 vor § 128, Grdz 37 vor § 704 entzogen. Der Gläubiger kann seinen Rang noch im Verteilungstermin darlegen. Das Gericht muß den Rang aber auch von Amts wegen prüfen und beachten. Die Zweiwochenfrist ist eine gesetzliche Frist, aber keine Notfrist, § 224 I 2. Sie wird nach § 222 berechnet. Sie kann weder verlängert noch abgekürzt werden, § 224 I 1. Gegen ihre Versäumung ist keine Wiedereinsetzung in den vorigen Stand zulässig, § 233. Die Berechnung der Forderungen läßt sich bis zum Erlaß des Teilungsplans nachholen, § 874 III. Die Berechnung muß schriftlich oder zum Protokoll der Geschäftsstelle erfolgen. Sie muß alle notwendigen Angaben enthalten. Der Gläubiger muß die etwa erforderlichen Unterlagen beifügen.

**4) Rechtsbehelf.** Jeder Beteiligte kann gegen die Aufforderung des Gerichts ohne Anhörung des 4 Gegners die Erinnerung nach § 766 einlegen. Gegen eine echte Entscheidung des Rpfl nach Anhörung gibt es die Möglichkeiten nach § 11 RPflG, Anh § 153 GVG; zum Verfahren § 104 Rn 41 ff.

**5) VwGO:** *Vgl Üb § 872 Rn 3.* Zuständig ist das AG, nicht etwa das Vollstreckungsgericht, da das AG auch nach 5 § 5 VwVG, § 308 IV AO zu entscheiden hat; s auch § 853 Rn 9.

**874** *Teilungsplan.* ¹Nach Ablauf der zweiwöchigen Fristen wird von dem Gericht ein Teilungsplan angefertigt.

II Der Betrag der Kosten des Verfahrens ist von dem Bestand der Masse vorweg in Abzug zu bringen.

III ¹Die Forderung eines Gläubigers, der bis zur Anfertigung des Teilungsplanes der an ihn gerichteten Aufforderung nicht nachgekommen ist, wird nach der Anzeige und deren Unterlagen berechnet. ²Eine nachträgliche Ergänzung der Forderung findet nicht statt.

**1) Systematik, Regelungszweck, I–III.** Vgl zunächst Üb 1 vor § 872. § 874 regelt die Grundlage der 1 endgültigen Verteilung, den amtlichen Plan, der eine gewisse, entfernte Ähnlichkeit mit der Insolvenztabelle hat. Auch wenn der Teilungsplan nach §§ 875–877 der Kontrolle jedes Beteiligten unterliegt, hat doch das Gericht wegen seiner jedenfalls zunächst alleinigen vollständigen Aktenkenntnis eine so erhebliche Verantwortung für die richtige Anlage des Plans, daß die Vorschrift streng ausgelegt werden muß.

**2) Verfahren des Teilungsplans, I.** Nach dem Ablauf der Zweiwochenfrist des § 873 fertigt das Gericht 2 von Amts wegen ohne eine mündliche Verhandlung einen Teilungsplan an. Grundlage des Teilungsplans sind die Pfändungs- und Hinterlegungsprotokolle und die Rechnungen der einzelnen Gläubiger sowie andere eingereichte Unterlagen. Das Gericht beschafft nichts von Amts wegen. Es stellt auch keinen Teilungsplan auf, wenn die ganze Masse dem ersten Gläubiger zufließt. Denn es können ja Änderungen eintreten. Das Gericht prüft zwar nicht die sachliche Berechtigung nach, wohl aber die Wirksamkeit des Pfandrechts. Für den Rang entscheidet der Zeitvorrang, soweit nicht ein Vorzugsrecht besteht, § 804 Rn 10–12; zum Problem Wieser ZZP **103**, 174.

**3) Inhalt des Teilungsplans, I.** Der Teilungsplan muß diejenige Masse bezeichnen, die nach dem Abzug 3 der Kosten verbleibt. Er muß ferner die Forderung eines jeden Gläubigers und den auf jeden Gläubiger entfallenden Betrag aufweisen. Der Rpfl kann einen Rechnungsbeamten als Rechnungssachverständigen hinzuziehen, etwa einen Urkundsbeamten der Geschäftsstelle. Eine Arrestforderung, §§ 916 ff, ist vorläufig in den Teilungsplan aufzunehmen. Der auf diese Arrestforderung entfallende Betrag muß hinterlegt werden. Es empfiehlt sich, für den Fall des Wegfalls einer Arrestforderung einen Hilfsplan aufzustellen. Wenn der Arrest nach § 925 aufgehoben worden ist oder wenn die Zwangsvollstreckung aus ihm dauernd eingestellt wurde, § 775, dann ist die Pfändung unbeachtlich, und zwar unabhängig davon, wer den Beschluß vorgelegt hat. Im Fall eines fortlaufenden Bezugs ist der Teilungsplan vorbehaltlich späterer Änderungen, § 832, aufzustellen. Das Gericht muß dann über die Zahlungsart entscheiden.

**4) Kosten, II.** Abzuziehen sind die folgenden Kosten. 4

**A. Gemeinsame Kosten.** Abzuziehen sind die gemeinsamen Kosten, namentlich diejenigen der Versteigerung, auch die Kosten der Überführung zum Versteigerungsort, die Kosten der Hinterlegung und die Kosten des Verteilungsverfahrens selbst. Ferner ist dasjenige abzuziehen, was ein einzelner Gläubiger zur Erhaltung der Masse aufgewendet hat.

**B. Besondere Kosten.** Abzuziehen sind ferner die besonderen Kosten der Beteiligung des einzelnen 5 Gläubigers mit dem Rang seiner Hauptforderung.

**5) Säumiger Gläubiger, III.** Wenn ein Gläubiger auf die Aufforderung nach § 873 keine Berechnung 6 oder nur eine unzureichende Berechnung eingereicht hat, dann berechnet das Gericht die Forderung dieses Gläubigers auf Grund seiner Anzeige und der zugehörigen Unterlagen. Der Gläubiger darf seine Berechnung nachholen, ergänzen und berichtigen, bis der Rpfl die Berechnung im Teilungsplan hinausgegeben hat, § 329 Rn 23, aM StJM 5 (bis zur Anfertigung des Teilungsplans. Aber die bloße Anfertigung ist erst ein innerer Vorgang, der den Beschluß des Rpfl noch nicht zum Entstehen, zur Wirksamkeit bringt). Der Gläubiger darf seine Forderung später nur dann ergänzen, wenn sämtliche Beteiligte zustimmen.

**6) VwGO:** *Vgl Üb § 872 Rn 3.* 7

§§ 875, 876　　　　　　　　8. Buch. 2. Abschnitt. ZwV wegen Geldforderungen

**875**　*Terminsbestimmung.* ¹ ¹Das Gericht hat zur Erklärung über den Teilungsplan sowie zur Ausführung der Verteilung einen Termin zu bestimmen. ²Der Teilungsplan muß spätestens drei Tage vor dem Termin auf der Geschäftsstelle zur Einsicht der Beteiligten niedergelegt werden.
II Die Ladung des Schuldners zu dem Termin ist nicht erforderlich, wenn sie durch Zustellung im Ausland oder durch öffentliche Zustellung erfolgen müßte.

1　1) **Systematik, Regelungszweck, I, II.** Vgl zunächst Üb 1 vor § 872. §§ 875–877 regeln den Kern des Verteilungsverfahrens. Da hier die zunächst endgültigen Wertzuweisungen vorgenommen werden, dienen die Vorschriften ungeachtet des natürlich auch hier geltenden Gebots der Prozeßwirtschaftlichkeit, Grdz 14 vor § 128, vor allem der Gerechtigkeit, Einl III 9, und sind entsprechend strikt auszulegen.

2　2) **Amtsverfahren, I, II.** Das Gericht bestimmt von Amts wegen nach § 216 einen Termin zur Erklärung über den Teilungsplan und zur Ausführung der Verteilung, § 128 Rn 4. Die Ladungsfrist, § 217, beträgt 3 Tage. Das Gericht muß sämtliche Beteiligten laden, notfalls mit einer öffentlichen Zustellung, §§ 203 ff. Das Gericht muß ferner den Schuldner laden. Seine Ladung ist allerdings dann entbehrlich, wenn eine öffentliche Zustellung oder eine Zustellung im Ausland erfolgen müßten, §§ 199 ff. Das Gericht braucht dem Ausbleibenden keinen Nachteil anzudrohen, § 231. Der Teilungsplan muß spätestens 3 Tage vor dem Termin auf der Geschäftsstelle ausgelegt werden. Trotz der Mußform ist I 2 eine Sollvorschrift. Im Verfahren nach der SVertO ist eine mündliche Verhandlung nicht erforderlich, § 128 Rn 10, § 3 I 2 SVertO.

3　3) **Verstoß, I, II.** Ein Verstoß gegen die Bestimmung beeinträchtigt daher die Wirksamkeit des Verfahrens nicht. Er gibt aber jedem Beteiligten einen Anspruch auf eine Vertagung nach § 227. Der Betroffene kann auf einen Mangel nach § 295 verzichten.

4　4) *VwGO:* Vgl Üb § 872 Rn 3.

**876**　*Termin.* ¹Wird in dem Termin ein Widerspruch gegen den Plan nicht erhoben, so ist dieser zur Ausführung zu bringen. ²Erfolgt ein Widerspruch, so hat sich jeder dabei beteiligte Gläubiger sofort zu erklären. ³Wird der Widerspruch von den Beteiligten als begründet anerkannt oder kommt anderweit eine Einigung zustande, so ist der Plan demgemäß zu berichtigen. ⁴Wenn ein Widerspruch sich nicht erledigt, so wird der Plan insoweit ausgeführt, als er durch den Widerspruch nicht betroffen wird.

1　1) **Systematik, Regelungszweck, S 1–4.** Vgl zunächst Üb 1 vor § 872, § 875 Rn 1. § 876 regelt nur einen Teil der in Betracht kommenden Rechtsbehelfe. Dem Zweck einer natürlich alsbald erwünschten endgültigen Wertzuweisung entsprechend sollte die Vorschrift nicht zu großzügig ausgelegt werden.
　**A. Widerspruch.** Gegen den vorläufigen Plan, § 874, steht dem Gläubiger der Widerspruch zu. Der Gläubiger kann nur durch den Widerspruch oder durch Klage nach § 878 einen besseren Rang erreichen.

2　**B. Befristete Erinnerung.** Gegen einen endgültigen Plan, den das Gericht nach einer Anhörung der Beteiligten aufgestellt hat, hat jeder Beteiligte die befristete Erinnerung, § 793 Rn 5; zum Problem Wieser ZZP **103**, 178. Denn der endgültige Teilungsplan ist eine Entscheidung des Rpfl als des Vollstreckungsgerichts, §§ 764, 802, 873. Die Erinnerung kann nur auf eine Verletzung einer Verfahrensvorschrift gestützt werden.

3　**C. Klage.** Gegen den endgültigen Teilungsplan hat der widersprechende Gläubiger außerdem die Möglichkeit der Klage nach § 878.

4　2) **Widerspruch, S 1–4.** Gläubiger und Schuldner haben unterschiedliche Rechte.
　**A. Recht des Gläubigers.** Der Widerspruch dient der Geltendmachung eines besseren Rechts eines Gläubigers. Der Gläubiger kann den Widerspruch vor dem Termin schriftlich oder zum Protokoll der Geschäftsstelle einlegen, § 877 I. Er kann den Widerspruch auch im Termin bis zu dessen Schluß mündlich erklären, §§ 136 IV, 296 a. Ein Gläubiger, der keinen Widerspruch eingelegt hat, verliert das Recht auf den besseren Rang mit allen Einwendungen endgültig. Der Gläubiger braucht seinen Widerspruch nicht zu begründen. Er ist an eine etwa abgegebene Begründung des Widerspruchs nicht gebunden. Das Gericht muß aber erkennen können, was der Gläubiger begehrt. Ein vorrangiger Gläubiger darf wegen des Fehlens eines Rechtsschutzbedürfnisses, Grdz 33 vor § 253, der Berücksichtigung eines nachrangigen Gläubigers nicht widersprechen.

5　**B. Verfahren.** Das Gericht darf nur die förmliche Berechtigung des Widerspruchs prüfen. Es hat also die sachlichrechtliche Begründung nicht zu überprüfen. Ein unzulässiger Widerspruch bleibt unbeachtet. Ein zulässiger Widerspruch hat eine Hemmungswirkung, soweit er den Plan berührt. Das Gericht muß zum Widerspruch alle Beteiligten anhören, Art 103 I GG. Sie alle müssen ihre Erklärungen unverzüglich abgeben. Kein Beteiligter hat einen Anspruch auf eine Vertagung nach § 227. Wenn sich alle beteiligten Gläubiger einigen, dann muß der Rpfl den Teilungsplan entsprechend berichtigen. Andernfalls bleibt die sachliche Berechnung in der Schwebe.

6　**C. Recht des Schuldners.** Der Schuldner hat kein Widerspruchsrecht. Er muß seine Rechte außerhalb des Verfahrens nach den §§ 766, 767, 768, 793 wahren. Ein etwa vom Schuldner dennoch erklärter Widerspruch ist unbeachtlich. Der Schuldner kann aber der Klage eines Gläubigers nach § 878 als dessen Streithelfer beitreten, § 66. Ein Dritter kann nur nach den §§ 771, 805 klagen.

7　3) **Ausführung des Teilungsplans, S 1–4.** Das Vollstreckungsgericht führt den endgültigen Teilungsplan insoweit aus, als ihn nicht ein zulässiger Widerspruch beeinträchtigt, dadurch aus, daß es die Hinterlegungs-

3. Titel. Verteilungsverfahren    §§ 876–878

stelle ersucht, entsprechende Auszahlungen vorzunehmen. Damit ist das Verteilungsverfahren beendet. Ein Gläubiger, der keinen Widerspruch eingelegt hat, ist mit jedem Rechtsbehelf ausgeschlossen, und zwar auch im Hinblick auf denjenigen Betrag, der bei der Hinterlegungsstelle verbleibt. Wenn ein Gläubiger, der einen Widerspruch eingelegt hat, in einem Prozeß nach § 878 siegt, dann muß ein neues Verteilungsverfahren stattfinden. In diesem neuen Verfahren bleibt derjenige Gläubiger ausgeschlossen, der im vorangegangenen Verfahren keinen Widerspruch eingelegt hatte. Im Fall eines fortlaufenden Bezugs kann ein Gläubiger auch dann, wenn er keinen Widerspruch eingelegt hat, durch eine Klage die Änderung des Teilungsplans für diejenigen Beträge verlangen, die erst nach dem Termin hinterlegt werden, § 159 ZVG entsprechend. Dann darf das Vollstreckungsgericht den bisherigen Teilungsplan nicht weiter ausführen.

**4) VwGO:** *Vgl Üb § 872 Rn 3.*    8


**877** *Versäumnisverfahren.* **I** Gegen einen Gläubiger, der in dem Termin weder erschienen ist noch vor dem Termin bei dem Gericht Widerspruch erhoben hat, wird angenommen, daß er mit der Ausführung des Planes einverstanden sei.

**II** Ist ein in dem Termin nicht erschienener Gläubiger bei dem Widerspruch beteiligt, den ein anderer Gläubiger erhoben hat, so wird angenommen, daß er diesen Widerspruch nicht als begründet anerkenne.

**1) Systematik, Regelungszweck, I, II.** Vgl zunächst Üb 1 vor § 872. Die Vorschrift regelt den Fall der 1 bei jedem Verfahren mit einem Verhandlungstermin regelungsbedürftigen Säumnis eines Beteiligten, freilich mit ziemlich anderen Rechtsfolgen als im Erkenntnisverfahren bei §§ 330 ff. Im jetzigen Stadium bedarf es zB durchaus keiner Rückversetzung wie bei § 342. Im übrigen kann das Klageverfahren nach §§ 878 ff helfen. Daher kann man § 877 im Sinn der Prozeßwirtschaftlichkeit, Grdz 14 vor § 128, auslegen.

**2) Vermutetes Einverständnis, I.** Die Vorschrift vermutet unwiderleglich, § 292, das Einverständnis 2 desjenigen Gläubigers mit der Ausführung des Teilungsplans, der: entweder vor dem Termin keinen Widerspruch erhoben hat und im Termin ausgeblieben ist, oder im Termin zwar erschienen ist, aber keinen Widerspruch eingelegt hat. Diese Versäumnisfolge ist endgültig. Wer keinen Widerspruch einlegt, gibt allerdings nur zu erkennen, daß er sich der Durchführung des Teilungsplans nicht widersetzen will. Er gibt damit noch nicht einen Verzicht auf weitere Ansprüche zu erkennen, etwa auf Grund einer Amtspflichtverletzung oder nach § 878 II, § 812 BGB. I hat einen rein verfahrensrechtlichen Inhalt.

**3) Vermutetes Bestreiten, II.** Nach II ist an dem Widerspruch eines anderen Gläubigers jeder Gläubiger 3 beteiligt, dessen Befriedigung durch einen Erfolg des Widerspruchs beeinträchtigt werden würde, vgl Celle Rpfleger **93**, 364. Wenn ein Gläubiger demnach als beteiligt anzusehen ist, der ausgeblieben war oder sich nicht erklärt hatte, dann vermutet II unwiderleglich, daß dieser Gläubiger den Widerspruch als nicht begründet betrachtet. Infolgedessen muß man auch diesen Gläubiger nach § 878 verklagen. Dieser Gläubiger hat nur dann einen Klaganlaß im Sinne des § 93 gegeben, wenn sein Gegner annehmen mußte, daß er ohne die Anrufung des Gerichts nicht zu seinem Recht kommen werde.

**4) VwGO:** *Vgl Üb § 872 Rn 3.*    4


**878** *Widerspruchs- und Bereicherungsklage.* **I** ¹Der widersprechende Gläubiger muß ohne vorherige Aufforderung binnen einer Frist von einem Monat, die mit dem Terminstag beginnt, dem Gericht nachweisen, daß er gegen die beteiligten Gläubiger Klage erhoben habe. ²Nach fruchtlosem Ablauf dieser Frist wird die Ausführung des Planes ohne Rücksicht auf den Widerspruch angeordnet.

**II** Die Befugnis des Gläubigers, der dem Plan widersprochen hat, ein besseres Recht gegen den Gläubiger, der einen Geldbetrag nach dem Plan erhalten hat, im Wege der Klage geltend zu machen, wird durch die Versäumung der Frist und durch die Ausführung des Planes nicht ausgeschlossen.

**Schrifttum:** *Martin,* Pfändungspfandrecht und Widerspruchsklage im Verteilungsverfahren usw, 1963.

**Gliederung**

| | | | |
|---|---|---|---|
| 1) Systematik, Regelungszweck, I, II .... | 1 | A. Kein Pfändungspfandrecht ............ | 7 |
| 2) Nachweis der Klagerhebung, I ........ | 2–4 | B. Keine Pfändung .................... | 8 |
|    A. Grundsatz: Gläubigeraufgabe .......... | 2 | C. Vorrang ........................... | 9 |
|    B. Frist ............................. | 3 | D. Vorrang erloschen .................. | 10 |
|    C. Fristversäumung .................... | 4 | 6) Beweislast, I ......................... | 11 |
| 3) Rechtsnatur der Widerspruchsklage, I . | 5 | 7) Entscheidung, I ...................... | 12 |
| 4) Parteien der Widerspruchsklage, I .... | 6 | 8) Bereicherungsklage, II ................ | 13 |
| 5) Beschränkung der Klagegründe, I ..... | 7–10 | 9) VwGO .............................. | 14 |

**1) Systematik, Regelungszweck, I, II.** §§ 878–882 regeln den abschließenden Abschnitt des so eigen- 1 artig gegliederten Verteilungsverfahrens, ein besonderes Klageverfahren, das als solches natürlich vielfach dem in §§ 253 ff geregelten Erkenntnisverfahren ähnelt und insofern ergänzend durch jene Vorschriften

## § 878

### 8. Buch. 2. Abschnitt. ZwV wegen Geldforderungen

mitauszulegen ist. Wie bei jedem Rechtsbehelf, um den es sich ja auch bei § 878 handelt, § 876 Rn 3, gebietet die Rechtssicherheit, Einl III 43, eine strenge Auslegung der Klagefrist usw.

**2** 2) **Nachweis der Klagerhebung, I.** Der Gläubiger muß fristwahrend handeln.

**A. Grundsatz: Gläubigeraufgabe.** Der widersprechende Gläubiger muß dem Verteilungsgericht, § 873, aus eigenem Antrieb nachweisen, daß er die Klage erhoben hat, §§ 253, 261. Diesen Nachweis muß er schriftlich oder zum Protokoll der Geschäftsstelle erbringen. Wenn das AG Prozeßgericht ist, § 879, dann genügt ein Bezug auf die Akten. Die Beteiligten können auch vereinbaren, daß ein schwebender Prozeß die Bedeutung einer Klagerhebung nach § 878 haben soll. § 878 ist auf eine Teilungsversteigerung nach § 180 ZVG unanwendbar, Köln MDR **74**, 240.

**3** **B. Frist.** Die Frist ist eine gesetzliche Frist, Üb 10 vor § 214, aber keine Notfrist, § 224 I 2, ebenso (zum alten Recht) AG Hann Rpfleger **93**, 296. Sie wird nach § 222 berechnet. Sie beginnt mit dem Verteilungstag, und zwar auch dann, wenn früher ein Widerspruch eingelegt wurde, oder dann, wenn der Widerspruch auf Grund einer Beschwerde berücksichtigt wird. Die Frist kann weder verlängert, ebenso AG Hann Rpfleger **93**, 296, noch abgekürzt werden, § 224 II Hs 2. Die Frist wird nur durch den Nachweis der Klagerhebung gewahrt, nicht schon durch die Klagerhebung selbst. Eine Rückbeziehung nach den §§ 270 III, 495 ist zulässig. Denn die Klagezustellung erfolgt von Amts wegen, §§ 209, 270 I, Bre MDR **82**, 762.

**4** **C. Fristversäumung.** Wenn der Gläubiger die Frist versäumt, dann muß der Rpfl die Masse ohne eine Berücksichtigung des Widerspruchs von Amts wegen verteilen. Gegen die Fristversäumung ist keine Wiedereinsetzung in den vorigen Stand zulässig, §§ 224 I 2, 233, (zum alten Recht) AG Hann Rpfleger **93**, 296. Die Wahrung der Frist hat aber nur für das Verteilungsverfahren eine Bedeutung. Die Klageberechtigung hängt von der Fristwahrung nicht ab. Der Gläubiger kann seine Klage vielmehr bis zum Zeitpunkt der Durchführung des Teilungsplans erheben, BGH RR **87**, 891. Nach diesem Zeitpunkt ist die Klage nicht mehr zulässig. Denn die Widerspruchsklage steht mit dem anhängigen Verteilungsverfahren in engstem Zusammenhang. Wenn das Gericht die Verteilung unterläßt, dann muß das Beschwerdegericht auf eine sofortige Beschwerde hin den Rpfl zur Verteilung anhalten. Wenn die Auszahlung erst nach dem Zeitpunkt der Klagerhebung stattfindet, dann muß die Widerspruchsklage in eine Bereicherungsklage aus dem besseren Recht übergeleitet werden. Darin liegt keine Klagänderung. Die Zuständigkeit des Gerichts bleibt bestehen, § 261 III Z 2. Wenn das AG keine Verteilung vorgenommen hat, dann muß es ein Urteil berücksichtigen, das im Widerspruchsverfahren ergeht.

**5** 3) **Rechtsnatur der Widerspruchsklage, I.** Die Widerspruchsklage ist eine rein prozessuale Gestaltungsklage, Grdz 10 vor § 253, § 767 Rn 1. Denn sie verlangt nicht nur eine Feststellung des Rechts, Düss RR **89**, 599, sondern auch die Anordnung einer anderen Verteilung, § 880. Die Widerspruchsklage ist aber eine gewöhnliche Klage. Sie läßt eine Anspruchshäufung zu, § 260, etwa eine Verbindung mit einer Zahlungsklage. Der Rechtsweg ist stets eröffnet, § 13 GVG. Ein Prozeß über den sachlichrechtlichen Anspruch hat mit der Widerspruchsklage nichts zu tun; er gibt dem Beklagten nicht die Rüge der Rechtshängigkeit.

**6** 4) **Parteien der Widerspruchsklage, I.** Klageberechtigt ist der widersprechende Gläubiger. Richtige Beklagte sind sämtliche beteiligten Gläubiger, § 877 Rn 2, Celle FamRZ **96**, 1231, als gewöhnliche Streitgenossen, § 59. Auch der klageberechtigte Gläubiger muß also ein Beteiligter im Sinne von § 9 ZVG sein. Wenn er diese Stellung nicht hat, dann ist seine Widerspruchsklage nicht als unzulässig, sondern mit Rücksicht auf seine fehlende Aktivlegitimation als unbegründet abzuweisen. Eine Klage gegen einzelne Gläubiger ist zulässig, hilft dem Kläger aber nicht. Eine Umkehrung der Parteirollen ist zulässig. Die Prozeßvollmacht für den Hauptprozeß, § 81, genügt auch für die Widerspruchsklage, § 81. Die Klage wird entweder dem ProzBev des Hauptprozesses, § 176, oder dem Beklagten selbst zugestellt. Wenn die Klage fristgemäß erhoben wurde, dann fehlt das Feststellungsinteresse nach § 256 Rn 21 für eine Feststellung, daß der Widerspruch unbegründet sei. Es fehlt auch das Rechtsschutzbedürfnis, Grdz 33 vor § 253, für eine Klage auf die Einwilligung in die Auszahlung des hinterlegten Betrages. Denn die Auszahlung erfolgt von Amts wegen, aM BGH NJW **72**, 1045.

**7** 5) **Beschränkung der Klagegründe, I.** Die Klage darf sich nur auf solche Tatsachen stützen, die bis zum Schluß des Verteilungstermins, §§ 136 IV, 296 a, eingetreten waren. Andernfalls wäre der Gegner benachteiligt, BGH **113**, 174, aM Pieper AcP **166**, 536, StJM 29 f. Der Kläger kann so vorgehen:

**A. Kein Pfändungspfandrecht.** Für den Gegner sei kein Pfändungspfandrecht entstanden. Dieser Einwand spielt bei der von manchen vertretenen, nicht überzeugenden Auffassung vom Entstehen eines wirksamen Pfandrechts, Grdz 55, 56 vor § 704, Üb 6 vor § 803, § 804 Rn 1, eine große Rolle. Namentlich gehört angesichts der vielfach behaupteten abhängigen Natur des Pfändungspfandrechts das Nichtbestehen der Forderung hierher. Was aber gegenüber dem Schuldner bereits nach § 322 rechtskräftig festgestellt worden ist, das muß der widersprechende Gläubiger selbst dann gegen sich gelten lassen, wenn er an jenem Verfahren nicht teilgenommen hat. Denn andernfalls würde er ein fremdes Recht geltend machen, Grdz 16 vor § 704, Batsch ZZP **87**, 9, Krückmann ZZP **47**, 62 (es handelt sich um eine „Vollstreckungsbefangenheit"), aM StJM 25 (der Widersprechende sei im früheren Prozeß ein Dritter gewesen und habe alle Einwendungen, auch wenn in dem früheren Rechtsstreit des Schuldners darüber rechtskräftig entschieden worden sei, mit Ausnahme der Einwendungen, die eine Willenserklärung des Schuldners erfordern würden, zB eine Anfechtung, eine Willenserklärung anstelle des Schuldners, etwa eine Aufrechnung). Der Einwand, die Vollstreckungsforderung stehe einem anderen zu, ist unzulässig. Denn dieser Einwand kann die Stellung des Gläubigers nicht verbessern. Eine Drittwirkung der Rechtskraft, § 325 Rn 3, kann beachtlich sein, vgl Hbg VersR **73**, 564.

**8** **B. Keine Pfändung.** Es fehle überhaupt eine wirksame Pfändung, etwa weil ein sachlich unzuständiger Gerichtsvollzieher gepfändet habe.

**C. Vorrang.** Der widersprechende Gläubiger habe den Vorrang, sei es wegen eines besseren Pfandrechts, sei es aus schuldrechtlichen Gründen, etwa wegen der Einräumung eines Vorrechts oder deshalb, weil der andere Gläubiger den Vorrang nur infolge eines Rechtsmißbrauchs erlangt habe, Einl III 54, Grdz 44 vor § 704, BGH **57**, 108. Der Kläger kann das Recht des Beklagten auch wegen einer Gläubigerbenachteiligung anfechten. **9**

**D. Vorrang erloschen.** Ein Vorrecht des Beklagten sei vor Beginn des Prozesses erloschen (nicht: es sei verjährt), BGH **63**, 61. **10**

**6) Beweislast, I.** Der Kläger muß nachweisen, daß er ein Recht auf die Befriedigung hat und daß die Zuteilung des Erlöses an den Beklagten dieses Recht beeinträchtigt. Er muß ferner beweisen, daß das Recht des Beklagten mangelhaft ist. Die Beendigung des Verteilungsverfahrens, § 876 Rn 7, macht die Klage gegenstandslos. Sie läßt aber den Übergang zur Bereicherungsklage zu, Rn 3, 11. Der Beklagte kann einwenden, daß das Pfandrecht des Klägers nicht bestehe oder daß der Kläger mit seinem Rang zurücktreten müsse, Karlsr VersR **87**, 152. Der Beklagte kann auch eine Anfechtung erklären. **11**

**7) Entscheidung, I.** Das Urteil lautet entweder dahin, daß der Widerspruch unbegründet sei, oder dahin, daß der Widerspruch begründet sei. In diesem letzteren Fall muß das Urteil die Anweisung enthalten, daß in einer bestimmten Weise auszuzahlen sei. Das Urteil kann anstelle einer solchen Anweisung auch anordnen, daß ein neuer Teilungsplan anzufertigen sei. Das Urteil schafft nur zwischen den beteiligten Gläubigern eine Rechtskraft, § 325 Rn 4. Die Entscheidung ist aber ein Anzeichen für das Bestehen der rechtskräftig festgestellten Forderung des Beklagten an seinen Schuldner gegenüber dem Kläger. **12**

**8) Bereicherungsklage, II.** Der widersprechende Gläubiger, der die Klagefrist versäumt hat, hat damit nicht sein besseres sachliches Recht eingebüßt. Er kann die Bereicherung von demjenigen herausverlangen, der auf Grund des Teilungsplans etwas auf Kosten des Klägers erlangt hat, BGH RR **87**, 891. Die Klage wird im ordentlichen Gerichtsstand erhoben, BGH RR **87**, 891. Dasselbe gilt dann, wenn der Widerspruch durch ein Prozeßurteil zurückgewiesen wurde, Grdz 14 vor § 253, Üb 5 vor § 300, oder wenn der widersprechende Gläubiger Tatsachen vorbringen kann, die erst nach dem Verteilungstermin entstanden sind. Wenn der Gläubiger seinen Widerspruch tatsächlich oder kraft einer Unterstellung nach § 877 versäumt hat, dann hat er trotzdem seinen Bereicherungsanspruch nicht verloren, § 877 Rn 1. Wenn der Erlös noch hinterlegt ist, dann muß er die Klage auf eine Einwilligung in die Auszahlung richten. **13**

**9) VwGO:** Vgl Üb § 872 Rn 3. **14**

**879** *Zuständigkeit für die Klage.* ¹Die Klage ist bei dem Verteilungsgericht und, wenn der Streitgegenstand zur Zuständigkeit der Amtsgerichte nicht gehört, bei dem Landgericht zu erheben, in dessen Bezirk das Verteilungsgericht seinen Sitz hat.

ᴵᴵ Das Landgericht ist für sämtliche Klagen zuständig, wenn seine Zuständigkeit nach dem Inhalt der erhobenen und in dem Termin nicht zur Erledigung gelangten Widersprüche auch nur bei einer Klage begründet ist, sofern nicht die sämtlichen beteiligten Gläubiger vereinbaren, daß das Verteilungsgericht über alle Widersprüche entscheiden solle.

**1) Systematik, Regelungszweck, I, II.** Vgl zunächst § 878 Rn 1. § 879 bezieht sich nur auf die Widerspruchsklage des § 878 I, nicht auf die Bereicherungsklage des § 878 II. **1**

**2) Zuständigkeit nach I.** Ausschließlich zuständig, §§ 764, 802, ist nach § 879 das nach § 873 berufene Verteilungsgericht, also dasjenige AG, bei dem das Verteilungsverfahren schwebt, ohne Rücksicht auf die wahre Zuständigkeit, im Fall eines höheren Streitwerts das LG des Bezirks. Der Streitwert, §§ 3 ff, richtet sich nach demjenigen Betrag, für den der Kläger eine bessere Berücksichtigung verlangt. Eine spätere Veränderung ist unerheblich. Ebenso unerheblich ist die Frage, ob die Parteirollen umgekehrt sind. Schließlich ist es unerheblich, ob der Kläger dem Verteilungsgericht den Nachweis nach § 878 I geführt hat. Dagegen gilt § 879 dann nicht, wenn ein Gläubiger unter einer Umgehung des Verteilungsverfahrens klagt. Die Kammer für Handelssachen, §§ 95 ff GVG, ist in keinem Fall zuständig. **2**

**3) Zuständigkeit nach II.** Um alle Widerspruchsprozesse möglichst in einer Hand zu vereinigen, macht II das LG zuständig, sofern der Streitwert bei auch nur einem der Widersprüche 5000 DM übersteigt. In diesem Fall ist es unerheblich, ob der Kläger eine höhere oder eine geringere Forderung hat. Wenn mehrere klagen, dann muß das Gericht die Prozesse nach § 147 verbinden. Eine abweichende Übertragung der Zuständigkeit auf das Verteilungsgericht ist nur dann statthaft, wenn sämtliche Gläubiger zustimmen, die bei irgendeinem Widerspruch beteiligt sind, § 877 Rn 2. Die umgekehrte Vereinbarung der Zuständigkeit des LG statt der Zuständigkeit des Verteilungsgerichts ist unter denselben Voraussetzungen statthaft, vgl § 10 und § 802 Rn 2. **3**

**4) VwGO:** Vgl Üb § 872 Rn 3. **4**

**880** *Urteil.* ¹In dem Urteil, durch das über einen erhobenen Widerspruch entschieden wird, ist zugleich zu bestimmen, an welche Gläubiger und in welchen Beträgen der streitige Teil der Masse auszuzahlen sei. ²Wird dies nicht für angemessen erachtet, so ist die Anfertigung eines neuen Planes und ein anderweites Verteilungsverfahren in dem Urteil anzuordnen.

## §§ 880–882a

**1) Systematik, Regelungszweck, S 1, 2.** Vgl zunächst § 878 Rn 1. Die Eigenart des Verteilungsverfahrens entsprechend und entfernt dem § 590 (Wiederaufnahme-Entscheidung) vergleichbar, regelt die Vorschrift die möglichen Inhalte des jeweiligen Klageverfahrens, ergänzt durch § 881. Für die Auslegung gelten die bei jedem Urteil anerkannten Regeln, Üb 10 ff vor § 300.

**2) Urteilsinhalt, S 1, 2.** Das Urteil hat folgenden Inhalt: Es erklärt entweder den Widerspruch für unbegründet. Dann ist der Teilungsplan so auszuführen, als ob kein Widerspruch eingelegt worden wäre. Oder es erklärt den Widerspruch für begründet. Dann muß ein etwaiger Hilfsplan zum Verteilungsplan ausgeführt werden, soweit nicht auch der Hilfsplan angegriffen worden war. Andernfalls muß das Prozeßgericht selbst bestimmen, an wen auszuzahlen ist, oder es muß zweckmäßigerweise anordnen, daß ein neuer Teilungsplan aufgestellt werden soll. Dazu kann es bestimmte Weisungen geben. Wenn das Prozeßgericht solche Weisungen versäumt hat, dann muß das Verteilungsgericht trotzdem einen neuen Teilungsplan aufstellen und dabei das Urteil so gut wie möglich beachten. Gegen den neuen Teilungsplan kann wiederum der Widerspruch eingelegt werden. Zu diesem Widerspruch ist aber nur noch derjenige Gläubiger berechtigt, der am neuen Teilungsplan beteiligt ist, also nicht derjenige, der zum früheren Teilungsplan geschwiegen hatte. Der neue Widerspruch kann nur mit der Begründung eingelegt werden, der neue Teilungsplan gehorche dem Urteil nicht.

**3) VwGO:** Vgl Üb § 872 Rn 3.

## 881
*Versäumnisurteil.* Das Versäumnisurteil gegen einen widersprechenden Gläubiger ist dahin zu erlassen, daß der Widerspruch als zurückgenommen anzusehen sei.

**1) Systematik, Regelungszweck.** Die Vorschrift ergänzt den § 880 mit einer in § 635 wiederkehrenden Unterstellungswirkung im Interesse der Prozeßwirtschaftlichkeit (Endgültigkeit), Grdz 14 vor § 128.

**2) Geltungsbereich.** Ein Versäumnisurteil nach §§ 330 ff ergeht in diesem Verfahren in folgenden Fällen gegen den Bekl wie sonst, gegen den Kläger nicht dahin, daß die Klage abgewiesen wird, sondern nur dahin, daß der Widerspruch als zurückgenommen gilt. Mit der Rechtskraft des Versäumnisurteils nach § 322 bricht der Widerspruch zusammen. Mit dieser Rechtskraft entfällt auch die Möglichkeit einer Bereicherungsklage nach § 878 II.

**3) VwGO:** Vgl Üb § 872 Rn 3 und § 873 Rn 5.

## 882
*Weiteres Verfahren nach Urteil.* Auf Grund des erlassenen Urteils wird die Auszahlung oder das anderweite Verteilungsverfahren von dem Verteilungsgericht angeordnet.

**1) Systematik, Regelungszweck.** Erst nach der Rechtskraft des Urteils, § 322, ersucht das Verteilungsgericht die Hinterlegungsstelle von Amts wegen um eine Auszahlung. Dieses Ersuchen darf also nicht schon dann erfolgen, wenn das Urteil nur nach §§ 708 ff vorläufig vollstreckbar ist. Der Gläubiger muß die Rechtskraft nachweisen. Ein anderweitiges Verteilungsverfahren ist nur nach einer rechtskräftigen Erledigung sämtlicher Widersprüche statthaft. Es handelt sich dann um ein neues selbständiges Verteilungsverfahren. Die befriedigten Gläubiger oder die sonst ausgeschiedenen Gläubiger nehmen an ihm nicht teil. Neue Berechnungen sind dann nicht mehr notwendig. Jenes Verfahren verläuft im übrigen wie nach den §§ 874 ff.

**2) VwGO:** Vgl Üb § 872 Rn 3.

### Vierter Titel
### Zwangsvollstreckung gegen juristische Personen des öffentlichen Rechts

## 882a
I ¹Die Zwangsvollstreckung gegen den Bund oder ein Land wegen einer Geldforderung darf, soweit nicht dingliche Rechte verfolgt werden, erst vier Wochen nach dem Zeitpunkt beginnen, in dem der Gläubiger seine Absicht, die Zwangsvollstreckung zu betreiben, der zur Vertretung des Schuldners berufenen Behörde und, sofern die Zwangsvollstreckung in ein von einer anderen Behörde verwaltetes Vermögen erfolgen soll, auch dem zuständigen Minister der Finanzen angezeigt hat. ²Dem Gläubiger ist auf Verlangen der Empfang der Anzeige zu bescheinigen. ³Soweit in solchen Fällen die Zwangsvollstreckung durch den Gerichtsvollzieher zu erfolgen hat, ist der Gerichtsvollzieher auf Antrag des Gläubigers vom Vollstreckungsgericht zu bestimmen.

II ¹Die Zwangsvollstreckung ist unzulässig in Sachen, die für die Erfüllung öffentlicher Aufgaben des Schuldners unentbehrlich sind oder deren Veräußerung ein öffentliches Interesse entgegensteht. ²Darüber, ob die Voraussetzungen des Satzes 1 vorliegen, ist im Streitfall nach § 766 zu entscheiden. Vor der Entscheidung ist der zuständige Minister zu hören.

III ¹Die Vorschriften der Absätze 1 und 2 sind auf die Zwangsvollstreckung gegen Körperschaften, Anstalten und Stiftungen des öffentlichen Rechtes mit der Maßgabe anzuwenden, daß an die

4. Titel. ZwV gegen jur. Personen des öffentl. Rechts **§ 882a**

Stelle der Behörde im Sinne des Absatzes 1 die gesetzlichen Vertreter treten. ²Für öffentlichrechtliche Bank- und Kreditanstalten gelten die Beschränkungen der Absätze 1 und 2 nicht.

**IV** (aufgehoben)

**V** Der Ankündigung der Zwangsvollstreckung und der Einhaltung einer Wartefrist nach Maßgabe der Absätze 1 und 3 bedarf es nicht, wenn es sich um den Vollzug einer einstweiligen Verfügung handelt.

**Vorbem:** IV aufgehoben durch Art 6 XXXVIII ENeuOG vom 27. 12. 93, BGBl 2378, mit Wirkung vom 1. 1. 94, Art 11 I 1 ENeuOG. Der Gesetzgeber hat versäumt anzuordnen, daß daher V zu IV werde.

**Schrifttum:** *Bank,* Zwangsvollstreckung gegen Behörden usw, 1982; *Busl,* Ausländische Staatsunternehmen im deutschen Vollstreckungsverfahren usw, 1992; *Goerlich,* Zwangsvollstreckung und Kirchengut, Gedächtnisschrift für *Martens* (1987) 559; *Genuhn,* Zwangsvollstreckung gegen Gemeinden und deren wirtschaftliche Unternehmen in der Bundesrepublik Deutschland, Österreich usw, 1997.

**Gliederung**

| | |
|---|---|
| 1) Systematik, Regelungszweck, I–III, V . 1 | E. Kosten . . . . . . . . . . . . . . . . . . . . . . . 8 |
| 2) Geltungsbereich, I–III . . . . . . . . . . . . . . . . . 2, 3 | F. Vollstreckung durch den Gerichtsvollzieher . . . . . . . . . . . . . . . . . . . . . . . . . . 9 |
| A. Grundsatz: Schuldner öffentliche Hand. 2 | G. Unzulässigkeit, II . . . . . . . . . . . . . . . . 10 |
| B. Besonderheiten . . . . . . . . . . . . . . . . . . . . . . 3 | 4) Einstweilige Verfügung, V . . . . . . . . . . . 11 |
| 3) Verfahren, I–III . . . . . . . . . . . . . . . . . . . . . . 4–10 | 5) Rechtsbehelf, I–III, V . . . . . . . . . . . . . . . . 12 |
| A. Notwendigkeit einer Anzeige . . . . . . . . 4 | 6) *VwGO* . . . . . . . . . . . . . . . . . . . . . . . . . . . . . . 13 |
| B. Einzelfragen . . . . . . . . . . . . . . . . . . . . . . . . . 5 | |
| C. Allgemeine Voraussetzungen . . . . . . . . . 6 | |
| D. Wartefrist . . . . . . . . . . . . . . . . . . . . . . . . . . . 7 | |

**1) Systematik, Regelungszweck, I–III, V.** § 882a, dem § 910 ähnelt, ist eine Erweiterung des Vollstreckungsschutzes der §§ 811 ff, Schneider MDR **85**, 641. Die Vorschrift schafft für den Bund und die Länder ein einheitliches Recht. Das Landesrecht gilt mit Vorrang (Düss MDR **90**, 733), jetzt nur noch für Gemeindeverbände und Gemeinden, § 15 Z 3 EGZPO, BVerfG **60**, 156, Kblz JB **90**, 998 (betr § 64 LKO Rheinland-Pfalz), Nürnb BayVBl **89**, 506, Schmitt-Timmermanns/Schäfer BayVBl **89**, 489 (betr Art 77 I BayGO). Die deutliche Bevorzugung der öffentlichen Hand als Vollstreckungsschuldner ist nur teilweise berechtigt: Es ist überhaupt nicht einzusehen, weshalb ausgerechnet sie mehr Zeit zur Abwendung einer immerhin in einem sicher meist zäh bekämpften Erkenntnisverfahren ergangenen vollstreckbaren Verurteilung haben soll. Darum sollte man I nicht zu großzügig zu Gunsten des Schuldners auslegen.

**2) Geltungsbereich, I–III.** Es sind zwei Aspekte zu prüfen. 2

**A. Grundsatz: Schuldner öffentliche Hand.** Es muß sich um eine Zwangsvollstreckung gegen folgende juristische Personen des öffentlichen Rechts handeln: Den Bund, die Länder, ferner die Körperschaften, BVerfG **66**, 23, Anstalten, Stiftungen des öffentlichen Rechts, also auch die kirchlichen Körperschaften, LG Freibg DGVZ **93**, 12, die Versicherungsträger der Sozialversicherung. Ausgenommen ist das Sondervermögen Bundeseisenbahnvermögen, Art 1 § 1 ENeuOG (Vorbem), das infolge seiner weitgehenden Privatisierung nicht mehr begünstigt ist; § 39 BBahnG ist aufgehoben, Art 8 § 1 Z 2, § 3 ENeuOG. Ausgenommen sind ferner die öffentlichrechtlichen Bank- und Kreditanstalten. Gegen sie findet die Zwangsvollstreckung wie gegen jeden Schuldner statt, III 2. Wegen der Gemeinden § 3 EGZPO und Willenbruch ZIP **98**, 817.

**B. Besonderheiten.** Besonderheiten der Zwangsvollstreckung ergeben sich nur bei einer Vollstreckung 3 wegen einer Geldforderung, §§ 803 ff, I. Auch das gilt dann nicht, wenn ein dingliches Recht verfolgt wird, I; in diesem Fall haben die juristischen Personen des öffentlichen Rechts keine gegenüber anderen Schuldnern bevorzugte Stellung, ebensowenig bei §§ 887, 888, aM LG Freibg DGVZ **93**, 12. Es ist unerheblich, um welche Art von Vollstreckungstitel es sich handelt. Die in I vorgesehene Anzeige und die Einhaltung der Wartefrist entfallen stets dann, wenn eine einstweilige Verfügung zu vollziehen ist, V; vgl §§ 936, 929, § 936 Rn 14. Soweit § 882a keine (eng auszulegenden) Sonderregeln enthält, gelten die allgemeinen Vollstreckungsregeln, auch die Insolvenzregeln, Rn 10, BVerwG NJW **87**, 3018.

**3) Verfahren, I–III.** Es sind zahlreiche Fragen zu klären. 4

**A. Notwendigkeit einer Anzeige.** Der Gläubiger muß die Zwangsvollstreckung vorab anzeigen. Wenn er in das Vermögen des Bundes oder des Landes vollstrecken will, das von einer zur Vertretung berufenen Behörde verwaltet wird, § 18 Rn 5 ff. Dann genügt eine Anzeige der Vollstreckungsabsicht an diese Behörde. Wenn dagegen diese Behörde dasjenige Vermögen nicht verwaltet, in das die Vollstreckung stattfinden soll, dann muß außerdem eine Anzeige auch dem Finanzminister des Bundes oder des Landes übersandt werden. Dann ist eine Anzeige gegenüber der verwaltenden Behörde allerdings nicht erforderlich.

**B. Einzelfragen.** Es genügt eine formlose Anzeige, auch eine telefonische, Schneider MDR **85**, 641. Sie 5 ist evtl an den gemäß § 176 bestellten ProzBev zu richten, Schneider MDR **88**, 807. Die Anzeige ist eine Parteiprozeßhandlung, Grdz 47 vor § 128. Sie braucht nur eine allgemeine Ankündigung der bevorstehenden Zwangsvollstreckung aus dem natürlich kurz zu bezeichnenden Vollstreckungstitel zu enthalten. Der Gläubiger kann sich den Empfang der Anzeige von der Behörde bescheinigen lassen, auch im Fall des Vorhandenseins eines ProzBev zusätzlich. Diese Bescheinigung ist zweckmäßig. Denn der Gläubiger kann dem Gerichtsvollzieher dann im Zeitpunkt seiner Beauftragung den Fristablauf nachweisen. Wenn der Gläubiger gegen eine Körperschaft, gegen eine Anstalt oder gegen eine Stiftung des öffentlichen Rechts vollstrecken will, III, dann muß er die Anzeige an den gesetzlichen Vertreter dieser Institution schicken. Es ist nicht notwendig, den Schuldner vor der Anzeige auf etwaige Bearbeitungsfehler und dgl hinzuweisen, Zweibr Rpfleger **73**, 68, LAG Hamm AnwBl **84**, 162, oder gar mit der Absendung der Anzeige vier Wochen zu warten, Rn 6. Eine Zulassung der Vollstreckung seitens einer Aufsichtsbehörde verlangt § 882 a als Bundesrecht gerade nicht allgemein, aM AG Wiesb DGVZ **97**, 189.

**6** **C. Allgemeine Voraussetzungen.** Außerdem müssen alle sonst notwendigen Voraussetzungen der Zwangsvollstreckung erfüllt sein, Grdz 14 vor § 704, Ffm Rpfleger **81**, 158, AG Hamm JMBl NRW **76**, 138. Das Gericht muß zB eine Vollstreckungsklausel nach §§ 724 ff erteilt haben, Ffm Rpfleger **81**, 158.

**7** **D. Wartefrist.** Der Gläubiger muß vier Wochen abwarten. Die Frist ist keine Notfrist, § 224 I 2. Sie rechnet von dem Tag des Eingangs der Anzeige bei der Behörde oder der gesetzlichen Vertretung der Behörde an, aber auch vom Zeitpunkt einer Anzeige an den gemäß § 176 bestellten ProzBev an, Schneider MDR **85**, 641. Sein etwaiges Verschulden ändert nichts am Fristlauf, § 85 II, Schneider MDR **85**, 641. Wenn mehrere Anzeigen erforderlich waren, dann beginnt die Frist erst mit dem Eingang der letzten Anzeige. Der Gläubiger muß aber nicht etwa schon mit der Absendung der Anzeige warten, sondern nur nach ihr bis zur Vollstreckung, LAG Hamm AnwBl **84**, 161.

**8** **E. Kosten.** Auf die Kosten der Anzeige ist § 788 anwendbar, dort Rn 19 „Anzeige". Gebühren: Des RA §§ 57, 58 II Z 5 BRAGO.

**9** **F. Vollstreckung durch den Gerichtsvollzieher.** Soweit die Zwangsvollstreckung durch den Gerichtsvollzieher erfolgt, muß das Vollstreckungsgericht, §§ 764, 802, 828, den zuständigen Gerichtsvollzieher auf einen Antrag des Gläubigers bestimmen, I 3. Der Gerichtsvollzieher muß insbesondere prüfen, ob die Voraussetzungen nach Rn 2–6 erfüllt sind.

**10** **G. Unzulässigkeit, II.** Die Zwangsvollstreckung ist in die folgenden körperlichen Sachen im Sinn des § 808 unzulässig: *Entweder* muß es sich um Sachen handeln, die für die Erfüllung öffentlicher Aufgaben des Schuldners unentbehrlich sind. Hier muß ein scharfer Maßstab angelegt werden. Eine andere Art der Aufgabenerfüllung muß objektiv gänzlich unmöglich oder völlig unzumutbar sein. Die Unentbehrlichkeit fehlt zB oft bei einem einzelnen von mehreren verfügbaren Behördenwagen, Schneider MDR **85**, 642. *Oder* es muß sich um Sachen handeln, deren Veräußerung ein öffentliches Interesse entgegensteht. Dies gilt zB bei einem Kunstschatz; bei einem Archiv; bei einer Bibliothek. In diesem Fall kommt es auf eine etwaige Unentbehrlichkeit zur Erfüllung öffentlicher Aufgaben nicht an. Zum Kirchenvermögen BVerfG **66**, 23.

*Nicht hierher gehören:* Das Finanzvermögen, BVerfG **64**, 44, und Forderungen sowie andere unkörperliche Gegenstände, BVerfG **64**, 44. Wegen einer Rundfunkanstalt BVerwG NJW **87**, 3018.

Über die Zulässigkeit der Zwangsvollstreckung *entscheidet* auch insofern das gemäß §§ 764, 802, 828 zuständige Vollstreckungsgericht durch den Rpfl, § 20 Z 17 RPflG, Anh § 153 GVG ohne mündliche Verhandlung, § 764 III. Er muß vor seiner Entscheidung denjenigen Minister anhören, dem das Vermögen untersteht, in das die Zwangsvollstreckung erfolgen soll, Art 103 I GG. Er entscheidet durch einen Beschluß, § 329. Der Beschluß ist zu begründen, § 329 Rn 4. Er wird formlos mitgeteilt, § 329 II 1, soweit er die Zwangsvollstreckung für unzulässig erklärt, denn dann ist er gerade kein Vollstreckungstitel; andernfalls wird er förmlich zugestellt, § 329 III Hs 1.

**11** **4) Einstweilige Verfügung, V.** Beim Vollzug einer einstweiligen Verfügung sind weder eine Anzeige noch eine Wartefrist zu beachten, Rn 3. Das gilt aber nicht beim Vollzug eines Arrests nach §§ 829 ff.

**12** **5) Rechtsbehelf, I–III, V.** Gegen eine bloße Maßnahme des Rpfl ohne Anhörung ist die Erinnerung nach § 766 zulässig. Über diese entscheidet der Richter, § 20 Z 17 a RPflG, Anh § 153 GVG. Gegen eine echte Entscheidung des Rpfl nach Anhörung ist der jeweilige Weg nach § 11 RPflG gegeben, gegen eine Erstentscheidung des Richters grundsätzlich sofortige Beschwerde nach §§ 577, 793 I.

**13** **6) VwGO:** *§ 882 a wird im Bereich der Verwaltungsgerichtsbarkeit durch § 170 VwGO ersetzt, welcher der Vollstreckung wegen Geldforderungen, die sich gegen die öffentliche Hand richtet, ein gerichtliches Vollstreckungsverfahren vorschaltet und sich iü an § 882 a anlehnt, aber über ihn hinausgeht, RedOe § 170 Anm 2 (für öff-rechtl Kreditinstitute gelten auch hier die allgemeinen Vorschriften).*

## Dritter Abschnitt
### Zwangsvollstreckung zur Erwirkung der Herausgabe von Sachen und zur Erwirkung von Handlungen oder Unterlassungen

### Übersicht

**Schrifttum:** *Dietrich*, Die Individualvollstreckung: Materielle und methodische Probleme der Zwangsvollstreckung nach den §§ 883–898 ZPO, 1976; *Erdmann*, Die Kostentragung bei Maßnahmen des unmittelbaren Zwangs, 1987; *Müller*, Das Verhältnis der Herausgabe- zur Handlungsvollstreckung usw, 1978.

**1** **1) Systematik, Regelungszweck.** Abschnitt 3 regelt die Zwangsvollstreckung in persönliche Leistungen, soweit solche Leistungen überhaupt erzwingbar sind. Die Zwangsvollstreckung findet gegen den Fiskus und gegen andere Personen des öffentlichen Rechts genau so statt wie gegen Schuldner, § 882 a, § 15 Z 3 EGZPO. Die allgemeinen Vollstreckungsregeln, §§ 704–802, sind anwendbar. Insbesondere §§ 885, 887, 888, 890 bergen (dort jeweils beschriebene) solche Fülle von Problemen, daß man den Gläubiger nicht noch durch eine allzu schuldnerfreundliche Auslegung quälen darf. Freilich setzt Art 20 I GG Grenzen.

**2** **2) Geltungsbereich.** Es sind vier Fallgruppen zu unterscheiden.

**A. Herausgabe.** Es geht zunächst um die Erzwingung der Herausgabe oder Leistung beweglicher oder unbeweglicher körperlicher Sachen, §§ 883 ff. Diese Zwangsvollstreckung ist von der Zwangsvollstreckung in den Anspruch auf die Herausgabe nach §§ 846–849 zu unterscheiden.

zur Erwirkung der Herausgabe von Sachen usw.   **Übers § 883, § 883**

**B. Andere Handlung.** Es geht ferner um die Erzwingung von Handlungen anderer Art. Dabei behandelt die ZPO vertretbare und unvertretbare Handlungen verschieden, §§ 887 ff. Bei einer vertretbaren Handlung, § 887, tritt eine Ersatzhandlung ein. Im Fall einer unvertretbaren Handlung, §§ 888–889, muß ein unmittelbarer Zwang gegen den Schuldner angewandt werden. **3**

**C. Unterlassung, Duldung.** Es geht ferner um die Verpflichtung zur Unterlassung oder Duldung einer Handlung, § 890. Die Zuwiderhandlung wird mit Ordnungsmitteln geahndet. **4**

**D. Willenserklärung.** Es geht schließlich um die Willenserklärungen, §§ 894 ff. Man kann sie nicht erzwingen. Die ZPO unterstellt daher ihre Abgabe. **5**

**3) *VwGO*:** Besondere Regeln gelten für die Vollstreckung zugunsten der öffentlichen Hand, § 169 I VwGO und §§ 6 ff VwVG oder § 169 II VwGO und die entsprechenden Vorschriften der Länder, OVG Lüneb NVwZ-RR *91*, 387, Wettlaufer S 134 ff, ferner für die Vollstreckung von Verpflichtungen der Behörden aus Urteilen (§ 113 IV u V VwGO), einstw Anordnungen (§ 123 VwGO) und Entscheidungen nach §§ 80, 80 a VwGO (VGH Mannh NVwZ *93*, 383), § 172 VwGO, also nur dann, wenn der Vollstreckende gegenüber der Behörde in einem Unterordnungsverhältnis steht, VGH Mü BayVBl *82*, 757; ob diese Vorschrift auch für gerichtliche Vergleiche gilt, ist str, dafür OVG Münst NVwZ *98*, 534 mwN (zustm Correll NVwZ *98*, 469), RedOe Anm 3 u Kopp/Schenke Rn 2 zu § 172, dagegen ua OVG Münst NVwZ *92*, 897), offen VGH Mannh NJW *98*, 3291 (Anm Münch DNotZ *99*, 658), OVG Münst NJW *98*, 3291 mwN. Die entsprechende Anwendung des 3. Abschnitts, § 167 I VwGO, ist danach auf die Vollstreckung für und gegen Private und gegen die öffentliche Hand außerhalb der zuletzt genannten Fälle beschränkt, Kopp § 172 Rn 9 und 10, also zB aus Titeln aufgrund einer allgemeinen Leistungsklage, OVG Kblz NJW *87*, 1220 mwN, etwa auf Unterlassung, VGH Mü NVwZ-RR *89*, 669, VGH Mannh DVBl *77*, 211, oder aus einem verwaltungsgerichtlichen Vergleich, s o, namentlich über eine privatrechtliche Verpflichtung, VGH Mannh NVwZ-RR *90*, 447, OVG Lüneb NJW *69*, 205, VG Freiburg NJW *65*, 2073 (aM Renck/Laufke BayVBl *76*, 621), vgl § 794 Rn 61. Wegen vollstreckbarer öffentlich-rechtlicher Verträge s § 61 VwVfG u § 60 SGB X, vgl § 794 Rn 61 und § 797 Rn 13. **6**

## 883 Herausgabe bestimmter beweglicher Sachen.

I Hat der Schuldner eine bewegliche Sache oder eine Menge bestimmter beweglicher Sachen herauszugeben, so sind sie von dem Gerichtsvollzieher ihm wegzunehmen und dem Gläubiger zu übergeben.

II Wird die herauszugebende Sache nicht vorgefunden, so ist der Schuldner verpflichtet, auf Antrag des Gläubigers zu Protokoll an Eides Statt zu versichern,
daß er die Sache nicht besitze, auch nicht wisse, wo die Sache sich befinde.

III Das Gericht kann eine der Sachlage entsprechende Änderung der eidesstattlichen Versicherung beschließen.

IV Die Vorschriften der §§ 478 bis 480, 483 gelten entsprechend.

### Gliederung

| | | | |
|---|---|---|---|
| 1) Systematik, Regelungszweck, I–IV ... | 1 | 5) Persönliche Abgabe, IV ........... | 12 |
| 2) Direkte Anwendbarkeit, I–IV ......... | 2–4 | 6) Entsprechende Anwendbarkeit, I–IV . | 13, 14 |
|   A. Bewegliche Sache ............. | 2, 3 |   A. Sachvorlage ................... | 13 |
|   B. Herausgabe ................... | 4 |   B. Strafurteil, Bußgeldbescheid ..... | 14 |
| 3) Durchführung, I .................... | 5–7 | 7) Unanwendbarkeit, I–IV ............ | 15–17 |
| 4) Eidesstattliche Versicherung, II, III .... | 8–11 |   A. Kindesherausgabe ............. | 15, 16 |
|   A. Voraussetzungen .............. | 8 |   B. Weitere Fälle ................. | 17 |
|   B. Formel ....................... | 9 | 8) Rechtsbehelfe, I–IV ................ | 18 |
|   C. Verfahren .................... | 10 | 9) VwGO ........................... | 19 |
|   D. Testamentsbesitzer ............ | 11 | | |

**1) Systematik, Regelungszweck, I–IV.** Die Vorschrift regelt, ergänzt durch §§ 884, 886, die Vollstreckung *auf Grund* eines Herausgabetitels des *Gläubigers*, während §§ 846–849 die Vollstreckung *in* einen Herausgabeanspruch des *Schuldners* betreffen. In den Fällen II, III führt nach hM § 883 zur Befriedigung, sondern erst ein sich an §§ 807, 900 ff anschließendes Verfahren. Die Gesamtregelung ist so einfach wie möglich gefaßt, aber leider in II–IV immer noch notgedrungen kompliziert. Diesen Umstand sollte man bei der Auslegung nicht noch zusätzlich zu Lasten des Gläubigers erschweren, Üb 1 vor § 883. **1**

**2) Direkte Anwendbarkeit, I–IV.** § 883 ist im nachstehend beschriebenen Umfang direkt, in dem in Rn 13 genannten Umfang entsprechend anwendbar, in den Fällen Rn 14–16 unanwendbar. **2**

**A. Bewegliche Sache.** § 883 ist dann anwendbar, wenn der Schuldner entweder eine bestimmte bewegliche Sache, § 90 BGB, Köln MDR *93*, 83, körperlich hingeben muß, Köln DGVZ *83*, 74, oder wenn er eine bestimmte Menge beweglicher Sachen aus einer greifbar bestimmten Gesamtheit herauszugeben hat. Als eine bewegliche Sache ist hier nur eine körperliche Sache anzusehen. Denn der Gerichtsvollzieher kann nur eine körperliche Sache wegnehmen. Hierzu kann auch eine Sache zählen, die erst durch ihre Wegnahme beweglich wird, falls der Gerichtsvollzieher diese Sache abtrennen kann.
*Nicht hierher zählen:* Ein Bruchteil; ein Recht an einer Sache; der elektrische Strom.
Eine greifbar bestimmte *Gesamtheit* kann sich aus bestimmten beweglichen Sachen zusammensetzen. Das kann etwa das Büchereí oder Ladeninventar beim Hausrat der Fall sein, vgl aber auch Köln MDR *93*, 83 (Urkundenmehrheit), LG Essen JB *75*, 962. Die greifbar bestimmte Gesamtheit kann auch aus vertretbaren Sachen bestehen, Schilken DGVZ *88*, 51. Es muß aber die Pflicht bestehen, aus einem bestimmten Bestand herauszugeben, etwa 10 Tonnen Kohle aus der Halde X. Wenn der Schuldner schlecht-

## § 883

### 8. Buch. 3. Abschnitt. Zwangsvollstreckung

hin vertretbare Sachen herauszugeben hat, also zB 10 Tonnen Kohle ohne eine nähere Begrenzung, dann ist § 884 anwendbar. Das gilt namentlich dann, wenn der Schuldner eine vertretbare Sache erst beschaffen muß. Wenn er eine unvertretbare Sache zu beschaffen oder herzustellen hat, gelten §§ 887 ff, LAG Hamm DB **81**, 535, StJM 9, aM Schilken DGVZ **88**, 53 (evtl auch § 883), ZöStö 9.

Wenn die Herausgabe zu einer *Auskunft* gehört, dann ist § 888 anzuwenden, BayObLG **75**, 329. Wenn sie aber nur zu einer vorübergehenden Überlassung ohne Besitzaufgabe zu erfolgen hat, zB zu einer Einsicht oder Vorlegung ohne weitergehende Auskunft, ist § 883 anwendbar, Hamm NJW **74**, 65, Köln DGVZ **88**, 41. Ein Streit über die Nämlichkeit der Sache, Rn 5, muß nach § 766 ausgetragen werden.

**3** Bei einem *Wahlrecht* des Gläubigers läßt der Gerichtsvollzieher ihm an Ort und Stelle oder vorher die Auswahl und wählt mangels näherer Anweisung, § 753, selbst für den Gläubiger. Bei einem Wahlrecht des Schuldners kann sich dieser bis zur Empfangnahme durch den Gläubiger durch Leistung anderer Stücke befreien, §§ 261, 262 BGB. § 883 ist auch dann anwendbar, wenn der Schuldner die Sache zu hinterlegen oder an einen Dritten herauszugeben hat, etwa an eine Behörde oder an einen Sequester, LG Heidelb DGVZ **77**, 44, Schilken DGVZ **88**, 52. Die Vorschrift gilt auch dann, wenn eine Urkunde herauszugeben ist, Hamm NJW **74**, 653, LG Bielef DGVZ **96**, 76 (über §§ 1, 6 JBeitrO: eingezogener Führerschein), LG Itzehoe DGVZ **82**, 187. Es schadet nichts, wenn der Gerichtsvollzieher die Sache versenden muß; die Gegenmeinung wäre praktisch unerträglich, Ffm NJW **83**, 1686, Schilken DGVZ **88**, 52, ThP 3, aM Schneider MDR **83**, 287. Wenn der Schuldner die Sache aufstellen muß, etwa eine Maschine, dann ist die Zwangsvollstreckung nach § 887 vorzunehmen. Wegen der Arbeitspapiere und weiterer Einzelfälle § 887 Rn 20. § 89 InsO hindert nicht, LG Hann DGVZ **90**, 170.

**4** **B. Herausgabe.** Unter einer Herausgabe versteht man die körperliche Übergabe der Sache an den Gläubiger, Köln DGVZ **83**, 75. Die Herausgabepflicht kann auf einem beliebigen Vollstreckungstitel beruhen, etwa: Auf einem Urteil, § 300; auf einer einstweiligen Verfügung, §§ 935 ff; auf einem Überweisungsbeschluß, § 835. Der Rechtsgrund der Herausgabepflicht ist unerheblich. Der Gläubiger mag zB der Eigentümer der Sache sein, oder er mag zu ihrem Eigen- oder Fremdbesitz aus einem dinglichen oder aus einem persönlichen Grund berechtigt sein; der Schuldner mag zur Übertragung des Eigentums oder zur Bestellung eines Rechts verpflichtet sein, § 897.

*Duldung der Wegnahme* ist etwas anderes als Herausgabe und nach § 890 zu vollstrecken, AG Peine DGVZ **99**, 140.

**5** **3) Durchführung, I.** Der Gerichtsvollzieher muß die Voraussetzungen der Zwangsvollstreckung, Grdz 14 vor § 704, und insbesondere des § 883 von Amts wegen prüfen. Der Vollstreckungstitel ist auszulegen, Grdz 21 vor § 704, und zwar auch nach dem Vollstreckungszweck, LG Frankenth DGVZ **85**, 184, Schilken DGVZ **88**, 53. Dazu gehört auch, ob die herauszugebende Sache genügend bestimmt im Vollstreckungstitel bezeichnet ist, Grdz 23 vor § 704, Köln RR **89**, 568 rechts und links, und ob der Schuldner Gewahrsam, § 808, an ihr hat, § 886, Köln DGVZ **83**, 74. Der Gerichtsvollzieher kann bei drohenden Zweifeln oder Meinungsverschiedenheiten verlangen, daß der Gläubiger die Nämlichkeit des Vollstreckungsgegenstands selbst oder durch einen kundigen Beauftragten für den Gerichtsvollzieher klären hilft, Grdz 22 vor § 704, LG Lübeck DGVZ **89**, 30, AG Oldb DGVZ **89**, 30. Im übrigen ist die Räumung aber nicht von der Anwesenheit des Gläubigers abhängig, LG Osnabr DGVZ **97**, 13.

**6** Freilich behält der Gerichtsvollzieher auch insofern die Verantwortung, zieht notfalls einen Sachverständigen hinzu, dessen Kosten der Schuldner nach § 788 trägt, LG Münster DGVZ **95**, 184, und *nimmt* die Sachen dem Schuldner, § 808, oder einem zur Herausgabe bereiten Dritten, § 809, nach den allgemeinen Grundsätzen der §§ 758 ff *weg*, dort Rn 1, LG Bln DGVZ **92**, 11, LG Kiel DGVZ **85**, 185 (Art 13 II GG steht der Räumung nicht entgegen), LG Kaiserl DGVZ **81**, 87. Der Gerichtsvollzieher verwahrt die Sachen für eine möglichst kurze Zeit und übergibt sie dem Gläubiger möglichst sofort an Ort und Stelle. Die Wegnahme wirkt wie bei einer Pfändung als Beschlagnahme, Üb 6 vor § 803. Abgesehen von ihrer Wirkung für den Eigentümerübergang §§ 897 ff. Sie verschafft dem Gläubiger den Besitz und befreit den Schuldner.

Der Gerichtsvollzieher kann die Sache *übersenden*, § 179 Z 2 GVGA. Dazu ist er allerdings nicht verpflichtet, AG Ffm DGVZ **89**, 47, Alisch DGVZ **84**, 87, StJM 31, aM Düss DGVZ **95**, 86 (stellt auf den Vollstreckungstitel ab), Kblz DGVZ **90**, 40 (der Kostenlast wegen des Transports müsse in Erkenntnisverfahren geklärt werden). Dann sind die Kosten der Verpackung und des Versendung Kosten der Zwangsvollstreckung, § 788, LG Bln DGVZ **86**, 42. In diesem Fall ist die Voraussetzung wie bei §§ 808, 809 der Gewahrsam des Schuldners oder die Bereitschaft eines Dritten, der die Sache besitzt, zur Herausgabe. Im übrigen mag im Fall der Verpflichtung der „Herausgabe" an einem vom Schuldner(wohn)sitz weit entfernten Ort nach § 888 zu vollstrecken sein, Schneider MDR **83**, 287, ZöStö 9, aM Ffm DGVZ **93**, 153. Die Herausgabe an den Gerichtsvollzieher oder an einen Sequester beendet die Vollstreckung gerade noch nicht, Grdz 53 vor § 704, aM Hamm JB **97**, 160.

**7** Dagegen bleibt eine etwaige *Unpfändbarkeit* der Sache nach § 811 hier *unbeachtlich*. Wegen des Zusammentreffens mit einem Pfändungsauftrag § 179 Z 4, 5 GVGA, und mit § 887 LAG Bln DB **98**, 684 (evtl zunächst nach § 883 vollstrecken). Im Fall einer Zwangsvollstreckung gegen Ehegatten gilt § 739. Ein Dritter kann die Widerspruchsklage nach § 771 schon vor dem nach Grdz 51 vor § 704 zu ermittelnden Beginn der Zwangsvollstreckung erheben. Denn das Ziel dieser Klage steht fest, und der Dritte würde sonst auch rechtlos. Mit der (ersten) Wegnahme ist die Zwangsvollstreckung aus diesem Titel beendet, Grdz 52 vor § 704. Zur strafrechtlichen Beurteilung einer Veräußerung vor der Wegnahme Haas JR **91**, 272.

*Kosten:* § 22 GVKostG.

**8** **4) Eidesstattliche Versicherung, II, III.** Sie ist dem § 807 bedingt vergleichbar.

**A. Voraussetzungen.** Der Schuldner muß die eidesstattliche Versicherung dann leisten, wenn die Zwangsvollstreckung überhaupt zulässig ist und wenn der Gerichtsvollzieher die herauszugebende Sache nicht im Gewahrsam des Schuldners vorfindet, Ffm NJW **83**, 1686. Ein erfolgloser Versuch in einem Verfahren auf eine einstweilige Verfügung reicht als Voraussetzung, Karlsr Rpfleger **93**, 79. Wenn ein Dritter die Sache im Gewahrsam hat und zur Herausgabe nicht bereit ist (sonst gelten Rn 5–7), dann gilt § 886,

zur Erwirkung der Herausgabe von Sachen usw. **§ 883**

Köln DGVZ **83**, 75. Die eidesstattliche Versicherung ist das einzige zulässige Zwangsmittel. §§ 887ff sind nicht anwendbar, Köln DGVZ **83**, 75, LG Frankenth DGVZ **85**, 185. Der Gerichtsvollzieher ermittelt nicht von Amts wegen den Verbleib, Grdz 39 vor § 128, AG Rotenbg DGVZ **91**, 94. Der Schuldner muß in der eidesstattlichen Versicherung alle diejenigen Angaben machen, die ihm möglich sind, um dem Gläubiger das Auffinden der Sache zu ermöglichen.

Wenn der *Gläubiger weiß, wo* sich die Sache befindet, dann kann ihm eine eidesstattliche Versicherung nichts verraten; deshalb fehlt dem Gläubiger in einem solchen Fall das Rechtsschutzbedürfnis für den Antrag auf die Abnahme der eidesstattlichen Versicherung. Wenn der eine Schuldner eine Leistung zu erbringen hat, der andere Schuldner etwas zu dulden hat, dann müssen beide Schuldner die eidesstattliche Versicherung abgeben. Die eidesstattliche Versicherung ist auch in einem Verfahren zur Erwirkung eines Arrests oder einer einstweiligen Verfügung zu leisten, §§ 916ff, 935ff.

**B. Formel.** Der Rpfl kann die Formel der eidesstattlichen Erklärung der Sachlage nach seinem Ermessen **9** anpassen, III. Er kann vor allem die Fassung wählen, daß der Schuldner lediglich seine persönliche Überzeugung zu versichern habe, wenn man dem Schuldner nicht zumuten kann, eine Versicherung dahin abzugeben, seine Angaben seien auch objektiv wahr.

**C. Verfahren.** Für die Entgegennahme der eidesstattlichen Versicherung nach §§ 899ff ist auf Auftrag des **10** Gläubigers, § 900 I 1, der Gerichtsvollzieher beim Wohnsitzes oder Aufenthaltsorts bei Auftragserteilung zuständig, § 899 I. Die Anordnung erfolgt durch einen Beschluß, § 329. Er ist zu begründen. § 329 Rn 4. Wenn der Gläubiger nach § 294 glaubhaft macht, daß der Schuldner die Sache erst nach dem Zeitpunkt der Abgabe seiner eidesstattlichen Versicherung erlangt hat, dann muß der Schuldner eine weitere eidesstattliche Versicherung abgeben; § 903 ist unanwendbar. Nach der Abgabe der eidesstattlichen Versicherung behält der Gläubiger einen Anspruch auf das Interesse, § 893.

**D. Testamentsbesitzer.** II, III sind auf eine eidesstattliche Versicherung entsprechend anwendbar, die **11** ein vermutlicher Testamentsbesitzer nach § 83 II FGG ableisten muß.

**5) Persönliche Abgabe, IV.** Der Schuldner muß die eidesstattliche Versicherung persönlich abgeben. **12** Ein gesetzlicher Vertreter, § 51 Rn 12, hat eigene Kenntnisse und die ihm bekannten des Vertretenen zu offenbaren. Der Offenbarende muß die Erklärung zum Protokoll des Gerichtsvollziehers, Rn 10, oder dann, wenn er dazu nicht imstande ist oder vom Vollstreckungsgericht weit entfernt wohnt, zum Protokoll eines Gerichtsvollziehers beim ersuchten AG ableisten, §§ 478, 479 entsprechend. Der Schuldner kann beim Gerichtsvollzieher den Antrag stellen, es möge einen Kollegen bei einem auswärtigen AG ersuchen. Falls dieser Antrag begründet ist, muß der Gerichtsvollzieher des Vollstreckungsgerichts stattgeben. Derjenige Gerichtsvollzieher, der dem Schuldner die eidesstattliche Versicherung abnimmt, muß ihn über deren Bedeutung belehren, § 480 entsprechend. Bei einem Stummen gilt § 483 entsprechend.

**6) Entsprechende Anwendbarkeit, I–IV.** § 883 ist in den folgenden Fällen entsprechend anwendbar. **13**

**A. Sachvorlage.** Es geht um den Fall, daß der Schuldner eine Sache, zB Geschäftsunterlagen, vorzulegen hat. Denn die Vorlegung ist eine Herausgabe nur zur Ansicht oder zur Einsicht. § 888 führt außerdem oft nicht zum Ziel, Ffm RR **92**, 171, Köln RR **89**, 568 rechts und links, Schilken DGVZ **88**, 52, aM PalTh § 809 BGB Rn 6. Das gilt selbst dann, wenn die Sache bei einer Behörde vorzulegen ist, etwa beim Grundbuchamt.

**B. Strafurteil, Bußgeldbescheid.** Es geht um eine Herausgabe auf Grund eines Strafurteils, das eine **14** Einziehung verfügt hat, AG Büdingen DGVZ **97**, 14, oder auf Grund eines entsprechenden Bußgeldbescheids, § 90 III OWiG.

**7) Unanwendbarkeit, I–IV.** § 883 ist in den folgenden Fällen unanwendbar. **15**

**A. Kindesherausgabe,** dazu *Geißler* DGVZ **97**, 145 (ausf); *Klußmann,* Das Kind im Rechtsstreit des Erwachsenen, 1981: Bei der Herausgabe durch einen *Elternteil* gilt: Die Herausgabe eines Kindes wurde früher stets nach § 883 in dessen entsprechender Anwendung erzwungen. Richtig erfolgt die Zwangsvollstreckung der Herausgabe eines Kindes jetzt dann, wenn der andere Elternteil das Kind herausgeben soll, durch ein vom Familiengericht verhängtes Zwangsgeld und notfalls durch Gewalt, § 1632 III BGB, 33 II 1 (anders bei II 2) FGG, vgl auch das Gesetz v 5. 4. 90, BGBl 701 (zum internationalen Recht), BGH **88**, 113, Hamm FamRZ **85**, 86 (wegen des Umgangsrechts), Oldb DGVZ **83**, 75, aM Ffm FamRZ **80**, 1039, Mü FamRZ **79**, 318, Diercks FamRZ **94**, 1226.

Das Familiengericht bzw der Gerichtsvollzieher dürfen aber *keine Gewalt* direkt gegenüber dem Kind anwenden, Hamm NJW **79**, 988. Eine solche Gewaltanwendung ist insbesondere dann verboten, wenn das Kind nicht mehr ganz klein ist, AG Springe NJW **78**, 834. Vgl wegen einer einstweiligen Anordnung auch § 794 I Z 3 Hs 2.

Wenn ein *Dritter* das Kind herausgeben soll, erfolgt die Zwangsvollstreckung durch das Familiengericht **16** nach 1632 I BGB, § 33 II 1 (anders bei II 2) FGG, BayObLG **91**, 49, Bittmann DGVZ **87**, 134, Knöpfel FamRZ **85**, 1215. Das gilt auch dann, wenn es um die Vollstreckung einer einstweiligen Anordnung geht, Karlsr MDR **82**, 678, Oldb DGVZ **83**, 75, Schüler DGVZ **80**, 92.

*Kosten:* § 23 GVKostG.

**B. Weitere Fälle.** Wer eine Zwangsvollstreckung böswillig vereitelt, begeht eine unerlaubte Handlung. **17** Der Anspruch auf die Beseitigung eines Zustandes, der die Zwangsvollstreckung behindert, wird nach § 888 vollstreckt und kann durch eine einstweilige Verfügung nach §§ 935ff gesichert werden. Die Zuweisung einer Wohnung nach § 620 Z 7 ist kein Räumungstitel, LG Bückeb DGVZ **77**, 121.

**8) Rechtsbehelfe, I–IV.** Gegen das Verfahren des Gerichtsvollziehers hat jeder Betroffene die Erinne- **18** rung, § 766. Einwendungen gegen die Pflicht nach II, III sind gemäß § 900 IV durch Widerspruch geltend zu machen. Gegen den auf Grund einer Anhörung ergangenen Beschluß des Rpfl nach II, III ist der jeweilige Weg nach § 11 RPflG, Anh § 153 GVG, gegeben; zum Verfahren § 104 Rn 41ff. Gegen eine richterliche Erstentscheidung ist sofortige Beschwerde statthaft, §§ 577, 793 I. Der eine Erfüllung behauptende Schuldner kann und muß nach § 767 vorgehen, LG Münster DGVZ **95**, 184. Ein Dritter kann auch die Drittwiderspruchsklage erheben, § 771. Der Gläubiger kann im Fall der Erfolglosigkeit der Herausgabevollstreckung nach § 893 vorgehen. Soweit der Schuldner zB bei einem Abzahlungskauf schon eine Rate gezahlt hatte, kann eine Vollstreckungsabwehrklage nach § 767 in Betracht kommen.

19 9) *VwGO:* Entsprechend anwendbar iRv Üb § 883 Rn 6, zB auf die Vollstr wegen Einsicht in Unterlagen, wenn zweifelhaft ist, ob sie vorhanden oder vollständig sind, OVG Kblz NJW **87**, 1220.

## 884 *Leistung vertretbarer Sachen.* Hat der Schuldner eine bestimmte Menge vertretbarer Sachen oder Wertpapiere zu leisten, so gilt die Vorschrift des § 883 Abs. 1 entsprechend.

1   1) **Systematik, Regelungszweck.** Vgl zunächst Üb 1 vor § 883. Zur Abgrenzung des § 884 gegen den § 883 s dort Rn 2 und Jahnke ZZP **93**, 57, aM Schilken DGVZ **88**, 51. Ergänzend gilt § 886.

2   2) **Geltungsbereich.** Unter § 884 fällt namentlich nicht ein Anspruch auf eine bewegliche Sache, die der Schuldner erst noch anschaffen oder herstellen muß. Hierher gehört auch ein Anspruch auf eine Sache, die der Schuldner an einen Spediteur oder dgl zu liefern hat. Zum Begriff der vertretbaren Sache § 91 BGB, zum Begriff des Wertpapiers § 821 Rn 2.

3   3) **Durchführung.** Der Gerichtsvollzieher darf nur eine Sache wegnehmen, die sich im Besitz des Schuldners befindet. Ob das zutrifft, muß der Gerichtsvollzieher notfalls unter Hinzuziehung eines Sachverständigen feststellen. Die Kosten des Sachverständigen sind Kosten der Zwangsvollstreckung. Wenn der Schuldner eine derartige Sache nicht im Besitz hat, dann ist nicht etwa § 883 II, III entsprechend anwendbar, auf den § 884 nicht mit verweist; vielmehr bleibt dem Gläubiger dann nur eine Klage auf das Interesse nach § 893 übrig, soweit nicht § 886 hilft, Jordan VersR **78**, 692, Schilken DGVZ **88**, 51. Der Gläubiger kann den Schuldner also nicht durch die Androhung von Ordnungs- oder Zwangsmitteln zur Anschaffung der Sache oder zu einem Tauschangebot zwingen, ganz abgesehen davon, daß man den Anspruch im Urteil auch nicht genügend genau bezeichnen könnte. Auch die §§ 887, 888 sind unanwendbar, § 887 III. Die Wegnahme beschränkt die Leistungspflicht auf die weggenommenen Stücke, §§ 243 II BGB, 897 ZPO. Die Abgabe der eidesstattlichen Versicherung nach § 883 II, III kommt dann nicht in Frage.

4   4) *VwGO:* Entsprechend anwendbar iRv Üb § 883 Rn 6.

## 885 *Herausgabe von Grundstücken oder Schiffen.* ¹Hat der Schuldner eine unbewegliche Sache oder ein eingetragenes Schiff oder Schiffsbauwerk herauszugeben, zu überlassen oder zu räumen, so hat der Gerichtsvollzieher den Schuldner aus dem Besitz zu setzen und den Gläubiger in den Besitz einzuweisen.

II Bewegliche Sachen, die nicht Gegenstand der Zwangsvollstreckung sind, werden von dem Gerichtsvollzieher weggeschafft und dem Schuldner oder, wenn dieser abwesend ist, einem Bevollmächtigten des Schuldners oder einer zu seiner Familie gehörigen oder in dieser Familie dienenden erwachsenen Person übergeben oder zur Verfügung gestellt.

III ¹Ist weder der Schuldner noch eine der bezeichneten Personen anwesend, so hat der Gerichtsvollzieher die Sachen auf Kosten des Schuldners in das Pfandlokal zu schaffen oder anderweit in Verwahrung zu bringen. ²Unpfändbare Sachen und solche Sachen, bei denen ein Verwertungserlös nicht zu erwarten ist, sind auf Verlangen des Schuldners ohne weiteres herauszugeben.

IV ¹Fordert der Schuldner nicht binnen einer Frist von zwei Monaten nach der Räumung ab oder fordert er ab, ohne die Kosten zu zahlen, verkauft der Gerichtsvollzieher die Sachen und hinterlegt den Erlös; Absatz 3 Satz 2 bleibt unberührt. ²Sachen, die nicht verwertet werden können, sollen vernichtet werden.

Vorbem. III 2 angefügt, IV idF Art 1 Z 28 a, b der 2. ZwVNov v 17. 12. 97, BGBl 3039, in Kraft seit 1. 1. 99, Art 4 I der 2. ZwVNov, Übergangsrechtlich bestimmt

*2. ZwVNov Art 3.* VIII **Die Frist des § 885 Abs. 4 Satz 1 der Zivilprozeßordnung in der Fassung des Artikels 1 Nr. 28 Buchstabe b beginnt nicht vor dem Tag des Inkrafttretens dieses Gesetzes.**

**Schrifttum:** *Erchinger,* Probleme bei der Zwangsvollstreckung gegen die Partner einer eheähnlichen Gemeinschaft und einzelne Mitglieder einer Wohngemeinschaft, Diss Tüb 1987; *Honsel,* Die Räumungsvollstreckung gegen Personenmehrheiten, 1992; *Kaemmerer,* Die Aufnahme eines Dritten in die Mietwohnung, Diss Mainz 1991; *Kleffmann,* Unbekannt als Parteibezeichnung, zivilprozessuale Möglichkeiten und Grenzen, dargestellt am Beispiel einer auf Räumung gerichteten einstweiligen Verfügung gegen Hausbesetzer, 1983; *Münzberg,* Räumung gegen Familienmitglieder ohne entsprechenden Vollstreckungstitel?, Festschrift für Gernhuber (1993) 781; *Nies* MDR **99**, 1113 (Üb).

### Gliederung

| | |
|---|---|
| 1) Systematik, Regelungszweck, I–IV ... 1 | 3) Unmittelbarer Zwang, I ............ 5–18 |
| 2) Unbewegliche Sache, I .............. 2–4 |   A. Grundsatz: Zulässigkeit bei möglichster |
|   A. Räumung .......................... 2 |      Schonung ........................ 5–8 |
|   B. Sachbegriff ........................ 3 |   B. Familienangehöriger ............. 9–14 |
|   C. Weitere Voraussetzungen ............ 4 |   C. Anderer Mitbewohner ........... 15–17 |
| |   D. Weitere Einzelfragen ............. 18 |

zur Erwirkung der Herausgabe von Sachen usw.  **§ 885**

| | | | | |
|---|---|---|---|---|
| 4) **Bewegliche Sache, II, III** ............... | 19–31 | B. Vernichtung, IV 2 .................... | | 33 |
| A. Grundsatz: Wegschaffung, Übergabe .. | 19, 20 | C. Weitere Einzelfragen, IV 1, 2 .......... | | 34 |
| B. Öffentliche Ordnung ................ | 21 | 6) **Rechtsbehelfe, I–IV** .................. | | 35 |
| C. Beispiele zur Frage der Räumung ..... | 22–31 | 7) *VwGO* ............................... | | 36 |
| 5) **Verzögerung der Abforderung, IV** .... | 32–34 | | | |
| A. Verkauf und Hinterlegung; Herausgabe, IV 1 ............................... | 32 | | | |

**1) Systematik, Regelungszweck, I–IV.** Während §§ 883, 884 bewegliche Sachen betreffen, regelt **1** § 885, ergänzt durch § 886, die Vollstreckung *auf Grund* eines Herausgabeanspruchs des *Gläubigers* wegen einer unbeweglichen Sache, nicht zu verwechseln mit den in §§ 846–849 geregelten Vollstreckung in einen Herausgabeanspruch des *Schuldners*. Die Räumung führt zu den im folgenden ausführlich erläuterten zahlreichen auch sozialen Begleitproblemen. Sie sind teilweise in §§ 721, 765 a usw durch Spezialvorschriften geregelt, müssen aber im übrigen durch eine Auslegung gelöst werden, die den berechtigten Wunsch des Räumungsgläubigers, oft nach der selbst dringend benötigten Wohnung, ebenso beachtet wie den ebenfalls aus Art 20 I GG abzuleitenden Schutz des Räumungsschuldners und vor allem seiner Angehörigen. Das kann nur unter Abwägung aller Umstände des Einzelfalls behutsam geschehen.

**2) Unbewegliche Sache, I.** Die Vorschrift verstößt nicht gegen Art 13, 14 GG, BVerfG WoM **91**, 466. **2** **A. Räumung.** Hierher gehört die Herausgabe, Räumung und Überlassung des Allein- oder Mitbesitzes. Im Gegensatz zu dem nach §§ 887, 888 zu beurteilenden bloßen Verlassen eines Raumes, AG Gladbek FamRZ **92**, 589, ist Räumung die Entsetzung des Schuldners aus dem Besitz mit der folgenden Einweisung des Gläubigers in den Besitz, § 854 BGB. Das geschieht meist durch Schlüsselübergabe, evtl nach einer Auswechslung der Schlösser. Beim Grundstück ohne verschließbaren Raum kann die Erklärung des Gerichtsvollziehers zu seinem Protokoll reichen, LG Trier DGVZ **72**, 93. Wegen einer symbolischen Räumung Rn 21. Räumungspflicht bedeutet stets auch Herausgabepflicht, AG Ehingen DGVZ **79**, 77. Eine Übereignung fällt unter § 894. § 885 enthält keine Ermächtigung an den Gläubiger, die auf dem Grundstück befindlichen Gegenstände zu entfernen, AG Leverkusen DGVZ **96**, 44.

**B. Sachbegriff.** Anders als bei § 864 umfaßt der Begriff der unbeweglichen Sache hier nur ein Grund- **3** stück oder einen körperlichen Teil eines solchen Grundstücks, zB eine Wohnung, einen Geschäftsraum, Schilken DGVZ **88**, 56, oder ein vom Schuldner errichtetes Gebäude, LG Bln DGVZ **71**, 116, also einen nicht bloß gedachten Teil. Die Einräumung eines nur gedachten Teils ist nach §§ 887 ff zu vollstrecken, StJM 3, aM Eickmann DGVZ **79**, 179 (differenzierend).

Unter § 885 *fallen ferner:* Ein eingetragenes Schiff, und zwar unabhängig davon, ob es bewohnt ist oder nicht; ein eingetragenes Schiffsbauwerk. Ein nicht eingetragenes Schiff sowie ein nicht eingetragenes Schiffsbauwerk fallen unter § 883, selbst wenn diese schon eintragungsfähig sein mögen. § 885 betrifft insbesondere die Räumung des Grundstücks oder des Schiffs oder einzelner Räume (s dazu §§ 721, 794 a) oder die Räumung eines Pachtgrundstücks. Die Räumung einer beweglichen Sache, etwa die Räumung eines Wohnwagens oder Behelfsheimes oder diejenige eines nicht eingetragenen bewohnten Schiffes, ist entsprechend zu behandeln. Wenn bewegliches Zubehör, § 865 Rn 4, mit dem Grundstück usw herausgegeben werden muß, dann fällt es unter § 885, § 180 Z 3 GVGA.

**C. Weitere Voraussetzungen.** Die allgemeinen Voraussetzungen der Zwangsvollstreckung, Grdz 14 vor **4** § 704, müssen vorliegen, insbesondere ein Vollstreckungstitel (er ist wie stets auslegbar, LG Bonn DGVZ **98**, 142, und braucht neben Räumung nicht auf Herausgabe zu lauten, Rn 2, Mü DGVZ **99**, 56), auch ein Zuschlagsbeschluß, § 93 I ZVG, LG Darmst DGVZ **96**, 72, LG Lüb DGVZ **90**, 91, AG Bad Segeberg DGVZ **92**,125 (freilich nicht gegenüber dem Mieter usw des bisherigen Eigentümers). Vorliegen mag auch ein Räumungsbeschluß bei einer Zwangsverwaltung, § 149 II ZVG, ZöSt 3. Es ist unerheblich, ob der Vollstreckungstitel dinglich oder persönlich ist. Er muß aber gegen den Gewahrsamsinhaber lauten, notfalls auch gegen den Untermieter. Besitzt ein Dritter außerhalb des Kreises der in Rn 9 ff Genannten, so ist ein neuer Titel nötig, LG Darmst DGVZ **96**, 72 (auch keine automatische Umschreibung der Klausel). Wegen unbekannter Hausbesetzer § 750 Rn 6. Eine „Verpflichtung zum Auszug" bedeutet stets eine Räumungspflicht, AG Bensheim DGVZ **78**, 122 (sehr streng). Wenn ein Prozeßvergleich abgeschlossen wurde, Anh § 307, ist er auszulegen, AG Bln-Schöneberg DGVZ **91**, 93. Eine Formulierung, der Schuldner werde die Wohnung „zur alleinigen Nutzung überlassen" oder er „werde räumen", kann ausreichen, KG FamRZ **87**, 129 (für die Zeit vor Rechtskraft der Scheidung), AG Bruchsal DGVZ **78**, 121, Geißler DGVZ **87**, 66, aM Hbg FamRZ **83**, 1151, LG Itzehoe FamRZ **87**, 176.

**3) Unmittelbarer Zwang, I.** Es besteht eine Fülle von Streitfragen. **5** **A. Grundsatz: Zulässigkeit bei möglichster Schonung.** Vgl §§ 180, 181 GVGA; Üb Dorn Rpfleger **89**, 262. Die Zwangsvollstreckung in die Herausgabe, die Überlassung und die Räumung geschehen natürlich nicht durch verbotene Eigenmacht des Vermieters, Celle WoM **95**, 188, sondern nur durch den Gerichtsvollzieher, LG Lpz DGVZ **96**, 40 (allgemein), AG Leverkusen DGVZ **96**, 44 (speziell), und zwar möglichst schonend, Geißler DGVZ **87**, 66, jedoch notfalls durch einen unmittelbaren Zwang, § 758 III, und zwar grundsätzlich einschließlich der Räumung der beweglichen Sachen des Schuldners (Ausnahmen: Rn 18), aber ohne einen Eingriff in die zu räumende Sache selbst. Der Gerichtsvollzieher darf also nicht etwa eine Mauer niederreißen. Demgemäß reicht ein Vollstreckungstitel, nach dem ein Grundstück zu räumen ist, auch nicht zur „Räumung" desjenigen bebauten Grundstücksteils aus, auf den sich ein festes Wohnhaus des Schuldners befindet.

In einem solchen Fall kann der Gläubiger nur nach § 887 vorgehen, falls auch die *Beseitigung* mit unter die „Räumung" im Sinne des Urteils fällt. Im übrigen ergeben die Sachlage und das sachliche Recht, was geboten ist. Auf jeden Fall beinhaltet aber der Räumungstitel die Befugnis des Gerichtsvollziehers, den Schuldner aus einem Gebäude zu entfernen, das der Schuldner auf dem Grundstück erbaut hat, LG Bln DGVZ **71**, 116.

## § 885

**6** Der Gerichtsvollzieher muß die Frist des § 181 Z 1 S 1 GVGA abwarten und kann den viel früher gestellten Räumungsantrag evtl derzeit zurückweisen, AG Oberkirch DGVZ **95**, 92; besser läßt er ihn bis zum Fristablauf liegen. Er muß den *Räumungstermin* dem Gläubiger stets, dem Schuldner in der Regel mitteilen, § 180 Z 2 GVGA, und zwar so rechtzeitig, daß dieser sich darauf einrichten kann, AG Ffm WoM **83**, 87. Freilich darf der Schuldner grundsätzlich keine wochenlange Zwischenfrist beanspruchen. Der Gerichtsvollzieher braucht auch nicht ein Räumungsfristverfahren nach § 721 abzuwarten, solange das Gericht keine andere einstweilige Anordnung nach §§ 721 IV 4, 732 II getroffen hat. Der Schuldner kann nach §§ 765 a, 766 vorgehen.

**7** Eine drohende *Obdachlosigkeit* des Schuldners und seiner Familie darf zwar grundsätzlich die Räumung durch den Gerichtsvollzieher nicht beeinträchtigen, auch nicht bei einem Vollstreckungstitel der früheren DDR, KG DtZ **91**, 349, LG Bln DtZ **91**, 410. Der Gerichtsvollzieher hat nur die zuständige Behörden nach § 181 Z 2 GVGA zu benachrichtigen. Zur Praxis polizeilicher Zwangseinweisung des Räumungsschuldners in die zu räumende Wohnung mit Recht krit Pawlowski DGVZ **92**, 97, Schlink NJW **88**, 1689; zur behördlichen Räumungsverfügung gegen den zunächst wieder Eingewiesenen BGH DGVZ **96**, 112. Zu ihrem Verhältnis zu § 765 a VG Kblz WoM **93**, 474. Indessen hat er zu prüfen, ob eine vom Schuldner beantragte Gerichtsentscheidung, zB nach § 765 a, direkt bevorsteht. Der Gerichtsvollzieher kann begrenzt nach § 765 a II Aufschub geben. Nach dem Ablauf der ordnungsbehördlichen Einweisungsfrist darf und muß der Gerichtsvollzieher auf Grund des nicht verbrauchten Vollstreckungstitels weiter vollstrecken, LG Darmst DGVZ **93**, 154, LG Ellwangen DGVZ **93**, 11, LG Heilbr MDR **92**, 910, aM Pawlowski DGVZ **92**, 100 (das öffentlichrechtliche Beschlagnahmeverhältnis müsse abgewickelt sein, notfalls im Verwaltungsrechtsweg. Damit würde aber die ZPO im Ergebnis ausgehebelt).

Freilich kann die *sofortige Vollziehbarkeit* einer Einweisungsverfügung auch bei deren Verlängerung fortgelten, LG Gießen DGVZ **90**, 74. Will die Obdachlosenbehörde den Schuldner aus der Wohnung setzen lassen, so ist eine rechtskräftige oder sofort vollziehbare Verfügung notwendig, in der die Räumungsverpflichtung ausdrücklich ausgesprochen ist, AG Reutlingen DGVZ **90**, 79. Der Schuldner kann den Einwand des Abschlusses eines neuen Nutzungsverhältnisses nur nach § 767 geltend machen, LG Freib DGVZ **89**, 156 mwN. Die Obdachlosenbehörde haftet für Kosten des Gläubigers infolge verspäteter Ankündigung der Wiedereinweisung, LG Lünebg DGVZ **91**, 75.

**8** Zum *Rechtsmißbrauch* Einl III 54 und Grdz 44 vor § 704, LG Hann MDR **79**, 495 und 589. Die Anwesenheit des *Gläubigers* ist zwar nicht erforderlich, oft aber zweckmäßig. Der Gläubiger hat wegen der Art und Weise der Durchführung der Räumung kein Weisungs- oder Mitbestimmungsrecht, AG Itzehoe DGVZ **83**, 142. Die Anwesenheit des Schuldners ist nicht erforderlich, § 180 Z 2 GVGA.

**9 B. Familienangehöriger**, dazu *Schuschke* NZM **98**, 58 (Üb, auch rechtspolitisch): Soweit ein Angehöriger des Schulders ein *eigenes Nutzungsrecht* an Gewerberaum, AG Essen DGVZ **98**, 44, oder ein eigenes *Wohnrecht* hat, etwa auf Grund eines eigenen Mietvertrags über eine eigene abgeschlossene Wohnung, muß der Gläubiger auch gegen ihn einen Räumungstitel erwirken, zB AG Bergisch Gladb DGVZ **94**, 46, LG Köln DGVZ **94**, 46. Im übrigen gilt: Der Gerichtsvollzieher muß neben oder nach dem Schuldner auch dessen Familienangehörigen entfernen, soweit sie kraft Gesetzes der Wohnsitz des Schuldners oder seines Ehegatten teilen, § 739 ist also unanwendbar, BVerfG RR **91**, 1101, Karlsr WoM **92**, 494, LG Detm DGVZ **99**, 27, aM Düss DGVZ **98**, 140, LG Lüneb NZM **98**, 232 = 662 (aber eine bloße Nichterwähnung im Titel läßt gerade eine vernünftige und erforderliche Auslegbarkeit unberührt; Auslegung ist entgegen Köln WoM **94**, 286 fast stets zulässig, Einl III 35 ff), Braun AcP **196**, 592 (alle, die hinter der Wohnungstür leben, seien vollstreckungsrechtlich gleichzubehandeln. Das ist ein glatter Verstoß gegen Art 13 GG und gegen § 325 I 1 Hs 1). Der Gerichtsvollzieher muß auch die etwaigen Hausangestellten entsetzen.

**10** Wenn ein *Ehegatte* der *Alleinmieter* ist, dann muß der Gerichtsvollzieher auch den anderen entsetzen, der seine Wohnung mit dem Schuldner in nichtehelicher Gemeinschaft teilt, Karlsr WoM **92**, 494, LG Detm DGVZ **99**, 27, AG Neunkirchen NZM **98**, 885, aM Oldb RR **94**, 715 (ein Vollstreckungstitel nur gegen einen Ehegatten reiche bei ungestörter Ehe weder gegen diesen noch gegen den anderen Ehegatten), LG Mü WoM **97**, 633 (maßgeblich sei die tatsächliche Sachherrschaft), Wunderlich ZMR MDR **90**, 130 (es sei auch dann ein Titel gegen den anderen Ehegatten notwendig).

**11** Wenn die Ehefrau vom Ehemann *getrennt* lebt und die Wohnung allein innehat (und umgekehrt), dann ist ein Räumungstitel gegen sie erforderlich. Denn jetzt ist sie die Alleinbesitzerin, LG Münst DGVZ **88**, 77, LG Regensb WoM **98**, 235, aM AG Dortm DGVZ **96**, 77. Indessen genügt die Umschreibung des Räumungstitels, der gegen den Ehemann ergangen war, nach § 727, 325, wenn der Alleinbesitz der Ehefrau erst nach dem Eintritt der Rechtshängigkeit eingetreten ist, LG Münster MDR **73**, 934.

**12** Entsprechendes gilt dann, wenn der *Ehemann* von der Ehefrau *getrennt* lebt und die Wohnung allein inne hat und wenn ein Vollstreckungstitel gegen die Ehefrau ergangen war, auch wenn sie räumte, AG Ffm DGVZ **98**, 14. Hat das FamG einem Ehegatten die Wohnung allein zugewiesen und den anderen zur Räumung verpflichtet, kann gegen den letzteren die Zwangsvollstreckung erfolgen, AG Karlsr-Durlach DGVZ **93**, 62, AG Tüb DGVZ **94**, 14 (der Gerichtsvollzieher entfernt nur die persönliche Habe des Räumungsschuldners).

**13** Wenn *beide* (damaligen oder späteren) *Ehegatten* den *Mietvertrag* unterzeichnet hatten, dann erfolgt die Räumung nur auf Grund eines Vollstreckungstitels gegen beide, Oldb ZMR **91**, 268, LG Oldb DGVZ **98**, 10, Scholz WoM **90**, 100, aM Ffm MDR **69**, 852 (ein Vollstreckungstitel sei nicht gegen den bloßen Mitunterzeichner erforderlich. Aber auch dieser ist ja ein Besitzer.

**14** Wenn beide als Vertragspartner genannt sind, aber *nur einer* unterschrieben hat, kann er zugleich den anderen vertreten haben, Düss WoM **89**, 363. Wenn Ehegatten als Miteigentümer des Grundstücks die Wohnung bewohnen, ist ein Titel gegen beide erforderlich, AG Oldb DGVZ **89**, 189.

**15 C. Anderer Mitbewohner.** Der Gerichtsvollzieher darf gegen andere als die oben genannten Familienangehörigen, die die Wohnung mit dem Schuldner teilen, grundsätzlich nur auf Grund eines *besonderen Vollstreckungstitels* vorgehen, KG MDR **94**, 163, Scherer DGVZ **93**, 163 (anders aber Rpfleger **97**, 278),

zur Erwirkung der Herausgabe von Sachen usw. **§ 885**

ZöStö 5, aM LG Detm DGVZ **99**, 27, Artzt/Schmidt ZMR **94**, 93 (maßgeblich sei die tatsächliche Sachherrschaft).

Ein besonderer Vollstreckungstitel ist ferner gegenüber einem *außerehelichen Lebensgefährten* erforderlich, Köln WoM **97**, 281, LG Detm DGVZ **99**, 27, AG Mönchengladb DGVZ **99**, 140, aM MüKoSchi 9, 11, ThP 4.

Ein besonderer Vollstreckungstitel ist ferner gegenüber der *Verlobten* ohne eigenen Mietvertrag notwendig, **16** AG Sobernheim DGVZ **95**, 47, AG Stgt DGVZ **83**, 190, ZöStö 5.

Ein besonderer Vollstreckungstitel ist ferner gegenüber einem *Untermieter* notwendig, Köln WoM **94**, 286, **17** LG Hbg WoM **92**, 549, AG Leverkusen DGVZ **96**, 126, aM AG Lübeck DGVZ **95**, 92, Schilken DGVZ **88**, 56.

Notfalls ist eine *Umschreibung* des Titels nach § 727 vorzunehmen, soweit zulässig, § 325 Rn 34, aM Schilken DGVZ **88**, 56 (nur bei Alleinbesitznachfolge). § 885 und nicht § 888 ist auch dann anwendbar, wenn es um die Vollstreckung einer Wohnungszuweisung an einen Ehepartner durch das Familiengericht entsprechend § 18 a HausrVO geht, aM Köln FamRZ **83**, 1231. Einen bloßen Besucher des Schuldners entsetzt der Gerichtsvollzieher mit aus dem „Besitz", AG Hann DGVZ **73**, 158. Hbg NJW **92**, 3308 gibt dem Gerichtsvollzieher solche Befugnis auch gegenüber demjenigen, der ohne oder gegen den Willen des Vermieters einen Mitbesitz begründet und wider Treu und Glauben über einen erheblichen Zeitraum gegenüber dem Vermieter verheimlicht hat (Vorsicht! Wo liegen die Grenzen?).

**D. Weitere Einzelfragen.** Das Inventar einer Gaststätte und andere Sachen, an dem der Gläubiger ein **18** nach §§ 559, 561 BGB vorrangiges Vermieterpfandrecht geltend gemacht hat, können bei der Räumung an Ort und Stelle verbleiben, LG Darmst DGVZ **77**, 89, AG Offenb DGVZ **77**, 46, Schneider MDR **82**, 984. Bei einer Räumungsvollstreckung Zug um Zug gegen eine Gegenleistung geht der Gerichtsvollzieher nach § 756 vor, AG Neustadt DGVZ **76**, 73.

**4) Bewegliche Sache, II, III.** Es sind zahlreiche schwierige Punkte zu beachten. **19**

**A. Grundsatz: Wegschaffung, Übergabe.** Wenn sich auf dem Grundstück oder auf dem Schiff Fahrnis befindet, die nicht Gegenstand der Zwangsvollstreckung ist, also nicht als Zubehör des Grundstücks oder des Schiffs angesehen werden kann, dann muß der Gerichtsvollzieher diese wegschaffen und muß sie dem Schuldner, seinem Bevollmächtigten, seinen Familienangehörigen, den erwachsenen Hausangestellten, s § 181 Rn 10, übergeben oder zur Verfügung stellen, AG Hann ZMR **87**, 27. Der ProzBev, § 81, ist nicht ohne weiteres ein Bevollmächtigter in diesem Sinn. Wenn der Gerichtsvollzieher nicht derart vorgehen kann oder wenn der Vermieter oder der Verpächter auf Grund eines gesetzlichen Pfandrechts dieser Maßnahme widersprechen oder der Schuldner die (Wieder-) Entgegennahme der mit der Räumung entfernten Habe verweigert, LG Essen DGVZ **74**, 118, dann muß der Gerichtsvollzieher die Fahrnis in die Pfandkammer schaffen oder sie an einer anderen Stelle verwahren, Köln DGVZ **94**, 171, LG Ffm DGVZ **83**, 173, LG Freibg WoM **89**, 445, aM LG Köln DGVZ **96**, 75 (Zurücklassung). Der Gerichtsvollzieher darf die Fahrnis auch dem Gläubiger in dessen Verwahrung geben oder sie an einem Ort und Stelle lassen, LG Darmst DGVZ **77**, 90, AG Bln-Schöneb DGVZ **86**, 156, AG Düss DGVZ **94**, 141 (später dann kein Entfernungsanspruch des Gläubigers mehr), aM AG Königswinter MDR **82**, 1029, Christmann DGVZ **86**, 178.

Jedenfalls ist der Schuldner grundsätzlich, Karlsr FamRZ **94**, 1125 (Ausnahme evtl bei einer einstweiligen **20** Anordnung), erst dann aus dem Besitz der Wohnung gesetzt, und erst dann ist der Vollstreckungstitel auch erst dann verbraucht, wenn der Gerichtsvollzieher die *sämtlichen Möbel* des Schuldners auf die vorstehende Art und Weise behandelt hat, LG Düss DGVZ **84**, 79, LG Hbg DGVZ **81**, 157, AG Bln-Wedding DGVZ **86**, 124, aM LG Arnsb DGVZ **84**, 31.

**B. Öffentliche Ordnung.** Der Gerichtsvollzieher darf die öffentliche Ordnung nicht stören. Zu seinen **21** Sonderrechten im Straßenverkehr Grohmann DGVZ **97**, 177. Er darf die aus der Wohnung entfernten Sachen zB nicht auf der Straße stehen lassen, Karlsr Rpfleger **74**, 408, LG Essen MDR **74**, 762, LG Mannh ZMR **74**, 178. Der Gerichtsvollzieher darf den Abtransport nicht ohne weiteres dem Gläubiger überlassen, AG Brakel DGVZ **84**, 158. Wenn eine solche Gefahr aber nicht droht, darf der Gerichtsvollzieher jedenfalls nicht gegen den Willen des Gläubigers nach III vorgehen, Hamm DGVZ **81**, 186; er darf und muß darüber hinaus die Sachen dann auch mittels des unten erörterten und etwa auch gezahlten Vorschusses des Gläubigers in die neue Wohnung des Schuldners bringen, Hamm DGVZ **80**, 187. Freilich besteht keine derartige Vorschußpflicht des Gläubigers, LG Essen MDR **74**, 762. Mangels Gläubigerauftrags haftet der Gläubiger auch nicht für die Kosten dieser Verbringung in die Ersatzwohnung des Schuldners, LG Bochum Rpfleger **68**, 127. Eine nur symbolische Räumung durch die Entfernung nur einzelner Möbelstücke wegen einer sofortigen polizeilichen Einweisung verbraucht den Vollstreckungstitel nicht, LG Freibg DGVZ **89**, 155, LG Heilbr MDR **92**, 910, AG Villingen DGVZ **89**, 77, aM AG Langen DGVZ **88**, 47, Pawlowski ZZP **102**, 448 (aber dann müßte der Gläubiger oft endlos weiter kämpfen, Tenbieg DGVZ **88**, 187).

Der Gläubiger kann nach dem Ablauf der Einweisungsfrist von der *Einweisungsbehörde* die Entfernung des zwangseingewiesenen Schuldners fordern, VGH Mannh DGVZ **88**, 191.

**C. Beispiele zur Frage der Räumung** **22**
**Ausfallbetrag:** Rn 23 „Gläubigerhaftung".
**Beitreibung:** Die notwendigen Kosten, Rn 25 „Kostensparsamkeit", werden nach § 788 beigetrieben, LG Heilbr MDR **92**, 910 (Aufhebung einer Zwangseinweisung), LG Kleve DGVZ **87**, 90, LG Limburg DGVZ **83**, 127. Das gilt auch für die Kosten der Bereitstellung eines Spediteurs, Rn 27 „Spediteur", oder für die Kosten einer Einlagerung bzw Verwahrung.
S auch Rn 23 „Gläubigerhaftung", Rn 24 „Kostenfestsetzung".
**Bereitstellungskosten:** Der Gläubiger muß für die voraussichtlichen Bereitstellungskosten aufkommen, vgl LG Siegen DGVZ **94**, 76, AG Ettlingen DGVZ **98**, 15.
S auch Rn 30 „Vorschuß".

## § 885

**Besitz:** Rn 29 „Verwahrungsvertrag".

**23 Dritter:** Ein Dritter kann auf Grund eines die Veräußerung hindernden Rechts nicht aus § 771 vorgehen. Denn die verwahrten Sachen sind nicht (mehr) Gegenstand der Zwangsvollstreckung. Der Dritte ist vielmehr auf eine Erinnerung nach § 766 angewiesen. Der Gerichtsvollzieher darf die Schuldnersachen einem Dritten nur mit Einwilligung des Schuldners herausgeben, AG Bln-Wedding DGVZ **75**, 159.

**Einlagerung:** „Gläubigerhaftung", Rn 29 „Verwahrungsvertrag", Rn 30 „Vorschuß".

**Getrenntleben:** Es ist nicht Aufgabe des Vollstreckungsgerichts oder des Gerichtsvollziehers, das Eigentum aufzuteilen, AG Siegb DGVZ **98**, 191.

**Gewalt:** Rn 31 „Widerstand".

**Gläubigerhaftung:** Neben dem Schuldner, § 3 I Z 2 GVKostG, haftet der Gläubiger für diejenigen Kosten, die infolge seines Auftrags notwendigerweise entstehen, § 3 I Z 1 GVKostG, LG Kblz DGVZ **92**, 30, AG Hanau DGVZ **90**, 175, AG Lahnstein DGVZ **92**, 30. Der Gläubiger haftet also auch für die Kosten der Räumung und dafür, daß die dabei herausgeholten Tiere, AG Brake DGVZ **95**, 44, aM LG Oldb DGVZ **95**, 45, und Gegenstände in eine geeignete Verwahrung überführt werden, I–III, AG Bln-Tempelhof DGVZ **92**, 141. Denn erst anschließend ist die Räumung vollendet, Brossette NJW **89**, 965.

Der Gläubiger haftet *aber nicht* für die Kosten der an diese Überführung anschließenden eigentlichen *Einlagerung*. Denn das ist durch III eindeutig nicht mitangeordnet und ergibt sich auch nicht gemäß IV, LG Mannh DGVZ **97**, 186, AG Ffm DGVZ **87**, 159, ZöStö 13, aM LG Kblz DGVZ **95**, 91, LG Duisb NZM **98**, 303, AG Bln-Wedding DGVZ **98**, 159.

**Haustier:** Rn 27 „Tier".

**24 Kostbarkeit:** Soweit zum Räumungsgut eine Kostbarkeit gehört, hat der Gerichtsvollzieher natürlich auch einen Hinweis des Schuldners auf die Notwendigkeit einer besonderen Vorsicht zur Vermeidung mindestens von Staatshaftung zu beachten.

**Kosten:** S „Kostensparsamkeit".
S im übrigen bei den einzelnen Spezialstichwörtern.

**Kostenabzug:** Nur der Gerichtsvollzieher und nicht der Gläubiger können vom Verkaufserlös des IV offene Kosten der Räumung vor der Hinterlegung des Erlöses abziehen.

**Kostenfestsetzung:** Es kann eine Festsetzung der notwendigen Kosten, Rn 25 „Kostensparsamkeit", erfolgen, §§ 104 ff, 788, auch zB unter Einbeziehung der Spediteurkosten, LG Hann DGVZ **89**, 42.
S auch Rn 23 „Gläubigerhaftung".

**Kostensparsamkeit:** Wie stets, § 91 Rn 34, ist auch in der Zwangsvollstreckung jeder unnötige Aufwand zu vermeiden, § 788 Rn 4. Daher muß der Gerichtsvollzieher auch bei der Räumung die Kosten möglichst gering halten, §§ 104 I 2, 140 Z 1 GVGA, LG Osnabr DGVZ **97**, 13, LG Saarbr DGVZ **85**, 92, LG Stgt DGVZ **90**, 173.
S auch Rn 27 „Spediteur".

**25 Müll:** Rn 28 „Unrat".

**Nachschuß:** Rn 30 „Vorschuß".

**Obdachlosenbehörde:** Rn 30 „Vorschuß".

**Öffnungskosten:** Der Gläubiger muß für die voraussichtlichen aufkommen, LG Siegen DGV **94**, 76.
S auch Rn 30 „Vorschuß".

**26 Polizeieinsatz:** Rn 31 „Widerstand".

**Rückschaffung:** Soweit das Gericht die bereits in Gang befindliche Räumung einstellt, läßt AG Bochum DGVZ **92**, 31 den Gläubiger nicht für die Kosten der Rückschaffung des Räumungsguts haften.

**Schuldnerrechte:** Der Schuldner kann gegenüber dem Gläubiger weder nach §§ 811, 812 noch nach §§ 765 a, 813 vorgehen, LG Bln MDR **72**, 249, LG Essen MDR **74**, 762.
S auch Rn 35.

**Schuldnerpapiere:** Rn 29 „Verwahrungsvertrag".

**27 Spediteur:** Der Gerichtsvollzieher darf einen Spediteur hinzuziehen, LG Kblz DGVZ **93**, 94, AG Montabaur DGVZ **93**, 73. Der Gerichtsvollzieher wählt den Spediteur grds selbst aus, LG Kblz DGVZ **97**, 30, LG Stgt DGVZ **90**, 173, und muß einen Wunsch des Gläubigers nur bei durchgreifenden Gründen beachten, LG Hann DGVZ **85**, 76, AG Mönchengladb ZMR **89**, 312. Er braucht angesichts marktüblicher Preise kein Vergleichsangebot einzuholen, LG Saarbr DGVZ **85**, 92, strenger LG Mannh DGVZ **97**, 154 (Beamtenpflichten bei Auftragsvergabe. Aber das ist meist schon zeitlich undurchführbar). Der Spediteur haftet nicht nach Art 34 GG, § 839 BGB, LG Bln DGVZ **97**, 168.
S aber auch Rn 24 „Kostbarkeit", Rn 25 „Kostensparsamkeit".

**Sperrmüll:** Rn 28 „Unrat".

**Tier:** Geißler DGVZ **95**, 148 hält den Gerichtsvollzieher nicht für verpflichtet, für ein Haustier des Schuldners zu sorgen. Das kann aber auf evtl sogar strafbare Tierquälerei und außerdem auf einen Verstoß gegen die öffentliche Ordnung, Rn 21, hinauslaufen. Deshalb ist es Fallfrage, wieweit der Gerichtsvollzieher vorsorgen muß. Er kann die Gemeinde bitten, für die Tiere zu sorgen, AG Gött DGVZ **96**, 14 (mangels Anweisung kein Erinnerungsrecht der Gemeinde, aM Karlsr NJW **97**, 1789 (bloße Mitteilung an Polizei, die für das Tier sorgen müsse; krit Stollenwerk JB **97**, 621, abl Braun JZ **97**, 574), VGH Mannh DGVZ **98**, 90 (keine Unterbringungspflicht der Behörde). Zum Drittschutz Loritz DGVZ **97**, 150.

**Transportkosten:** Der Gläubiger muß für die voraussichtlichen aufkommen, LG Siegen DGVZ **94**, 76.
S auch „Spediteur", Rn 30 „Vorschuß".

**Überführung:** Der Gläubiger muß für die voraussichtlichen Kosten einer Überführung des Räumungsguts zwecks Einlagerung aufkommen, LG Siegen DGVZ **94**, 76.
S auch Rn 23 „Einlagerung".

**28 Unpfändbare Sache:** Es gelten dieselben Regeln wie beim „Unrat", III 2, IV 2.

**Unrat:** Der Gerichtsvollzieher darf und muß im Rahmen der Räumung auch Unrat, Müll und wertloses Gerümpel aus dem Raum entfernen und vernichten, Zweibr DGVZ **98**, 9, AG Leverkusen DGVZ **96**, 44, aM LG Mü WoM **98**, 500, AG Bre DGVZ **99**, 63 (aber vor der Entfernung aller Sachen liegt keine

zur Erwirkung der Herausgabe von Sachen usw. **§ 885**

vollständige Besitzaufgabe = Räumung vor). Das gilt sogar entgegen einer Dienstanweisung des Vorgesetzten, LG Bln DBVZ **80**, 155 (dort auch zu weiteren Einzelheiten), LG Karlsr DGVZ **80**, 14. Er hat Unrat dem Schuldner auf dessen Verlangen nach III 2 „ohne weiteres", also ohne Kostenvorschuß und ohne Zurückbehaltungsrecht herauszugeben und Unrat nach dem Ablauf der 2-Wochen-Frist des IV 1 zu vernichten, IV 2.

**Verwahrungsvertrag:** Der Gerichtsvollzieher braucht nicht den Gläubiger verwahren zu lassen, zumindest **29** dann nicht, wenn keine sichere Verwahrung usw feststeht, AG Siegb DGVZ **99**, 13. Er schließt den Verwahrungsvertrag nicht als Vertreter des Gläubigers ab, selbst wenn der Gläubiger mit der Verwahrung einverstanden ist, LG Mannh ZMR **74**, 179. Der Gerichtsvollzieher schließt den Verwahrungsvertrag auch nicht als Vertreter des Schuldners ab, sondern er handelt kraft öffentlichen Rechts für den Staat, wenn auch formell, scheinbar oft im eigenen Namen, § 753 Rn 1, 4, § 808 Rn 18, BGH NJW **99**, 2598, Köln DGVZ **94**, 171, LG Essen DGVZ **89**, 154, aM Brdb DGVZ **97**, 123. Der Gerichtsvollzieher muß mindestens den mittelbaren Besitz der verwahrten Sachen behalten. Wenn er die Gegenstände in einem Raum verwahrt, zu dem nur er den Schlüssel hat, dann ist der Gerichtsvollzieher wegen eines kraft Gesetzes entstandenen Verwahrungsverhältnisses zwischen ihm und dem Schuldner der unmittelbare Besitzer. Der Gerichtsvollzieher braucht lose Schuldnerpapiere nicht besonders zu ordnen und zu verpakken, AG Siegen DGVZ **89**, 44. Freilich darf er auch nicht alles vermeidbar achtlos wüst durcheinanderwerfen. Jedenfalls braucht er keine diesbezüglichen besonderen Kosten aufzuwenden.
S auch Rn 23 „Dritter".

**Vorschuß:** Der Gläubiger muß mit Ausnahme der in III 2, IV 1 Hs 1 genannten Situation (Unrat, Rn 28) **30** einen nach § 5 GVKostG nach dem pflichtgemäßen Ermessen des Gerichtsvollziehers zu berechnenden Vorschuß zahlen, Karlsr Rpfleger **74**, 408, LG Hbg DGVZ **83**, 124, AG Bln-Tempelhof DGVZ **92**, 141. Das gilt selbst dann, wenn sich der Gläubiger erbietet, den Transport durchzuführen, LG Ansbach DGVZ **84**, 158, AG Stockach DGVZ **93**, 31, Brossette NJW **89**, 965, oder wenn die Wiedereinweisung des Schuldners durch die Obdachlosenbehörde zu erwarten ist, AG Schönau DGVZ **89**, 45. Wenn der Gerichtsvollzieher aber diesen Vorschuß verbraucht hat, dann braucht der Gläubiger keine weiteren Vorschüsse nachzuschießen, LG Bln MDR **72**, 249, Karlsr Rpfleger **74**, 409 (keine Nachschußpflicht, wenn eine unangemessen lange Zeit in Betracht komme). Freilich kann am Schluß ein Rest nachzuzahlen sein, AG Bln-Pankow DGVZ **97**, 92.

**Widerstand:** wegen Widerstands des Schuldners ein Polizeieinsatz notwendig und entstehen dadurch **31** Schäden am Haus, so können sie im Sinn von § 788 notwendige Kosten verursachen, AG Kenzingen DGVZ **92**, 93 (aber Vorsicht: da*durch* ist mehr als da*bei*!).

**Wiedereinweisung:** „Vorschuß".

**Zurückbehaltungsrecht:** Rn 28 „Unrat".

**5) Verzögerung der Abforderung, IV.** Es sind zwei Möglichkeiten vorhanden. **32**

**A. Verkauf und Hinterlegung; Herausgabe, IV 1.** Wenn der Schuldner oder ein Dritter als Eigentümer, LG Bln Rpfleger **74**, 409, die Abforderung seiner beweglichen Habe nicht binnen zwei Monaten seit Beendigung der Räumung erklärt oder sie zwar fristgerecht abfordert, jedoch nicht die zur Übergabe notwendigen Kosten zahlt, LG Aschaffenb DGVZ **77**, 155, dann darf und muß der Gerichtsvollzieher unter Abwägung der Lagerkosten, des etwaigen Versteigerungserlöses und des Wiederbeschaffungswerts für den Schuldner, LG Hbg MDR **73**, 593, AG Bln-Tempelhof DGVZ **77**, 30 (je zum alten Recht), den Verkauf aus freier Hand oder im Weg einer Versteigerung, und die Hinterlegung des Erlöses von Amts wegen, natürlich erst recht auf Antrag bzw Anregung des Gläubigers vornehmen, IV 1 Hs 1. Der Rpfl des Vollstreckungsgerichts ist nicht (mehr) einzuschalten. Der Gerichtsvollzieher braucht den Verkauf nicht anzudrohen und den Schuldner nicht anzuhören. Die Zweiwochenfrist ist keine Notfrist nach § 224 I 2. Sie wird nach § 222 berechnet. Der Schuldner kann nicht fordern, ihm das Räumungsgut zu überbringen, § 697 BGB entsprechend, LG Wuppert DGVZ **90**, 189. Unpfändbare Sachen werden auch bei IV wegen seiner Verweisung auf III 2 wie dort behandelt, Rn 28.

**B. Vernichtung, IV 2.** Der Gerichtsvollzieher darf und „soll" sogar, muß also in Wahrheit schon aus **33** Kostengründen unverkäufliches und daher unverwertbares Räumungsgut vernichten, IV 2. Das gilt zB dann, wenn es sich um bloßes Gerümpel handelt, Rn 28, LG Karlsr DGVZ **90**, 11, LG Lampertheim DGVZ **88**, 125. Höchstpersönliche, im übrigen aber wertlose Sachen gehen trotz IV 2 besser per Post an den Schuldner, Rn 22, 23, LG Lampertheim DGVZ **88**, 125, Geißler DGVZ **87**, 68. Auch im Fall der Vernichtung ist der Rpfl des Vollstreckungsgerichts nicht (mehr) einzuschalten. Art 14 I GG ist durch die Wartefrist ausreichend beachtet.

**C. Weitere Einzelfragen, IV 1, 2.** Der Gerichtsvollzieher benachrichtigt die Beteiligten formlos von **34** seinen Maßnahmen nach IV. Soweit eine Maßnahme nach IV unzulässig ist, etwa wegen gesetzlicher Aufbewahrungspflichten des Schuldners, die der Gerichtsvollzieher wegen seines unbekannten Aufenthalts beachten muß, verwahrt die Geschäftsstelle des Vollstreckungsgerichts, §§ 764, 802, die Sachen auf Kosten der Landeskasse, AG Bad Oldesloe DGVZ **82**, 14. Eine Maßnahme nach IV ist auch dann nicht mehr statthaft, wenn der Schuldner die bisherigen Lagerkosten zahlt und die weitere Verwahrung übernimmt. Dazu ist aber ein Vertrag zwischen ihm und dem Einlagerer und nicht nur eine einseitige Bereitschaftserklärung erforderlich, LG Karlsr DGVZ MDR **90**, 11.

**6) Rechtsbehelfe, I–IV.** Vgl zunächst § 883 Rn 17. Der Betroffene kann gegen die Maßnahme des **35** Gerichtsvollziehers nach IV die einfache Erinnerung einlegen, § 766. Zum weiteren Erinnerungsverfahren § 766 Rn 24. Wenn der Richter über die Erinnerung entschieden hatte, dann ist die sofortige Beschwerde nach §§ 577, 793 I statthaft. Wegen der Rechte eines Dritten Rn 23 „Dritter".

*Gebühren:* Des Gerichts KV 1640, 1952; des Anwalts §§ 57, 58 I BRAGO.

**7) VwGO:** *Entsprechend anwendbar iRv Üb § 883 Rn 6.* **36**

## §§ 886, 887

**886** *Herausgabe bei Gewahrsam eines Dritten.* Befindet sich eine herauszugebende Sache im Gewahrsam eines Dritten, so ist dem Gläubiger auf dessen Antrag der Anspruch des Schuldners auf Herausgabe der Sache nach den Vorschriften zu überweisen, welche die Pfändung und Überweisung einer Geldforderung betreffen.

1 **1) Systematik, Regelungszweck.** Die Vorschrift ergänzt sowohl die §§ 883, 884 als auch den § 885 durch eine in ihrem Geltungsbereich vorrangige Sonderregelung, die sich der Verweisungstechnik bedient, sodaß die in Bezug genommenen Vorschriften nach den bei ihnen erläuterten Maßstäben auszulegen sind.

2 **2) Geltungsbereich: Herausgabebereitschaft oder Prozeßeintritt.** Wenn ein Dritter den Alleingewahrsam, Schlesw ZMR **83**, 16, Braun AcP **196**, 592 (zum Gewahrsamsbegriff § 808 Rn 10), aM Schilken DGVZ **88**, 50 (auch Mitgewahrsam), an der herauszugebenden beweglichen oder unbeweglichen Sache hat, dann ist eine Zwangsvollstreckung nach §§ 883–885 nur unter folgenden Voraussetzungen zulässig: Entweder ist der Dritte zur Herausgabe der Sache bereit, § 809 Rn 5, Schilken DGVZ **88**, 50, oder der benannte mittelbare Besitzer tritt in den Prozeß ein, § 76 IV. Wenn der Vollstreckungstitel nach § 727 auf den Besitzer umgeschrieben worden ist, dann ist der Besitzer kein Dritter mehr.

3 **3) Durchführung der Zwangsvollstreckung.** Zulässig ist nur die Überweisung des Anspruchs auf die Herausgabe zur Einziehung. Eine Überweisung an Zahlungs Statt ist deshalb unzulässig, weil ein Nennwert fehlt. Es kommt nicht darauf an, ob die Sache etwa unpfändbar ist. § 886 gilt auch für die Herausgabe einer bestimmten Menge vertretbarer Sachen oder Wertpapiere, § 884. Die Vorschrift gilt ferner dann, wenn der Vollstreckungstitel auf eine Verschaffung lautet, und weiter bei der Pfändung einer Briefhypothek hinsichtlich des Hypothekenbriefes. Daher erhält der Gläubiger den Brief auch tatsächlich, notfalls im Klageweg. Die Pfändung und die Überweisung des Anspruchs auf die Herausgabe (auch wenn er bedingt, betagt oder erst künftig ist, BGH **53**, 32), erfolgt nach §§ 829, 835. Die Zwangsvollstreckung richtet sich in einem solchen Fall nicht nach der Vollstreckung in einen Anspruch auf die Herausgabe; §§ 846–848 sind also unanwendbar. Deshalb braucht man die Sache nicht an den Gerichtsvollzieher oder an einen Sequester herauszugeben, sondern nur an den Gläubiger. Dieser kann dementsprechend gegenüber dem Drittschuldner einen Herausgabetitel erstreiten und dann erst nach §§ 883–885 vollstrecken.

Wie in den Fällen der §§ 829, 835 *entscheidet der Rpfl,* § 20 Z 17 RPflG, Anh § 153 GVG, des Vollstreckungsgerichts, §§ 764, 802. Ein Antrag ist erforderlich. Er ist schriftlich oder zu Protokoll der Geschäftsstelle zulässig. Es findet keine mündliche Verhandlung statt, § 764 III. Es besteht kein Anwaltszwang, § 78 II. Der Rpfl entscheidet durch einen Beschluß, § 329. Dieser ist zu begründen, § 329 Rn 4. Er ist förmlich zuzustellen, § 329 III.

4 **4) Rechtsbehelfe.** Gegen eine Maßnahme des Rpfl ohne Anhörung des Gegners ist die Erinnerung, § 766, statthaft. Gegen eine echte Entscheidung des Rpfl ist der jeweilige Weg nach § 11 RPflG, Anh § 153 GVG, gegeben; vgl § 829 Rn 63.

*Gebühren:* Des Gerichts KV 1640, 1952; des Anwalts §§ 57, 58 I BRAGO.

5 **5) *VwGO:*** Entsprechend anwendbar iRv Üb § 883 Rn 6.

**887** *Zwangsvollstreckung bei vertretbaren Handlungen.* I Erfüllt der Schuldner die Verpflichtung nicht, eine Handlung vorzunehmen, deren Vornahme durch einen Dritten erfolgen kann, so ist der Gläubiger von dem Prozeßgericht des ersten Rechtszuges auf Antrag zu ermächtigen, auf Kosten des Schuldners die Handlung vornehmen zu lassen.

II Der Gläubiger kann zugleich beantragen, den Schuldner zur Vorauszahlung der Kosten zu verurteilen, die durch die Vornahme der Handlung entstehen werden, unbeschadet des Rechts auf eine Nachforderung, wenn die Vornahme der Handlung einen größeren Kostenaufwand verursacht.

III Auf die Zwangsvollstreckung zur Erwirkung der Herausgabe oder Leistung von Sachen sind die vorstehenden Vorschriften nicht anzuwenden.

**Schrifttum:** *Lüke,* Die Vollstreckung des Anspruchs auf Arbeitsleistung, Festschrift für *Wolf* (1985) 459; *Schilken,* Die Geltendmachung des Erfüllungseinwands usw, Festschrift für *Gaul* (1997) 667.

### Gliederung

| | | | | |
|---|---|---|---|---|
| 1) Systematik, Regelungszweck, §§ 887–890 | | 1–3 | C. Weiteres Verfahren | 15 |
| 2) Geltungsbereich, I–III | | 4–6 | 5) Rechtsbehelfe, I–III | 16 |
| A. Allgemeines | | 4, 5 | A. Sofortige Beschwerde | 16 |
| B. Vertretbare Handlung | | 6 | B. Erinnerung | 16 |
| 3) Ermächtigung, I | | 7–9 | C. Vollstreckungsabwehrklage | 16 |
| A. Auf Kosten des Schuldners | | 7, 8 | D. Schadensersatzklage | 16 |
| B. Duldungspflicht | | 9 | 6) Kostenvorschuß, II | 17–19 |
| 4) Verfahren, I | | 10–15 | 7) Beispiele zur Frage der Vertretbarkeit oder Unvertretbarkeit, §§ 887, 888 | 20–43 |
| A. Zuständigkeit | | 10, 11 | 8) *VwGO* | 44 |
| B. Antrag | | 12–14 | | |

1 **1) Systematik, Regelungszweck, §§ 887–893.** Vgl zunächst Üb 1 vor § 883. §§ 887–893 behandeln die Zwangsvollstreckung zur Erzwingung einer Handlung oder einer Unterlassung auf Grund eines vollstreckbaren rechtskräftigen Titels, also nach dem Abschluß des Erkenntnisverfahrens, Celle NJW **90**, 262. Die systematischen Abgrenzungsfragen erweisen sich in der Praxis als oft ungemein schwierig. Man muß

versuchen, eine praktikable Lösung dadurch zu erreichen, daß man auf den Kern der zu erbringenden Leistung des Schuldners, das Wesentliche, abstellt und sich nicht durch scheinbar ganz andersartige bloße Nebenpflichten verwirren läßt.

Zu §§ 887–890 rechnen nicht die Herausgabe von Sachen, §§ 883, 885, 886, LG Bln DGVZ **80**, 156 (also auch nicht für die Entfernung von Unrat, Müll und wertlosem Gerümpel anläßlich einer Räumung), und die Herausgabe von Personen, § 883 Rn 14. Ebensowenig zählen hierher die Leistung einer bestimmten Menge vertretbarer Sachen, § 884, oder die Leistung einer bestimmten Menge unvertretbarer Sachen, die der Schuldner erst beschaffen muß, III. Bei solchen Sachen erfolgt also keine Ermächtigung zur Vornahme, sondern es ist eine Ersatzklage notwendig, § 893, es sei denn, daß die Vornahme der Handlung im Vordergrund steht.

Eine Zwangsvollstreckung auf eine *Zahlung* oder eine Hinterlegung von Geld ist in den §§ 803ff geregelt, **2** vgl § 887 III. Die Zwangsvollstreckung in eine Abgabe einer Willenserklärung erfolgt nach § 894. Der Anspruch auf die Befreiung von einer Geldschuld wird nach § 887 vollstreckt, ebenso wie der Anspruch auf eine Befreiung von einer anderen Verbindlichkeit, Rn 22 „Befreiung von einer Schuld". Eine Handlung wird von der ZPO unterschiedlich erzwungen, nämlich dann, wenn sie vertretbar ist, nach § 887, wenn sie aber unvertretbar, nach § 888 Rn 20. Die Erzwingung einer Unterlassung erfolgt nach § 890. Es ist unzulässig, das Begehrte durch die Festsetzung einer Geldstrafe auf Grund einer Parteivereinbarung zu erwirken. Denn § 887 ist zwingendes Recht, Grdz 24 vor § 704, Oldb MDR **85**, 855, Schneider MDR **75**, 279. Im Fall des § 510b sind gemäß § 888a die §§ 887–888 unanwendbar.

Stets müssen auch in den Fällen der §§ 887–890 die *Voraussetzungen einer Zwangsvollstreckung* vorliegen, **3** Grdz 14 vor § 704, unter anderem die Prozeßfähigkeit des Schuldners, Grdz 40 vor § 704, Ffm Rpfleger **75**, 441, und die ausreichende Bestimmtheit des zu vollstreckenden Anspruchs, Grdz 21 vor § 704, Mü FamRZ **99**, 944, Saarbr JB **93**, 27. Das Prozeßgericht muß vor allem prüfen, ob die Vollstreckungsklausel, Düss OLGZ **76**, 377, und die nötigen Urkunden zugestellt worden sind, soweit § 750 das vorsieht, dort Rn 12. Der Aktenvermerk der Geschäftsstelle über die Erteilung einer vollstreckbaren Ausfertigung nach § 724 genügt nicht. Denn er beweist nicht, daß die Vollstreckungsklausel auch zugestellt worden ist.

**2) Geltungsbereich, I–III.** Vgl zunächst zur Abgrenzung Rn 1–3. **4**

**A. Allgemeines.** § 887 setzt voraus, daß der Schuldner eine vertretbare Handlung nicht vornimmt, die er auf Grund eines vollstreckbaren Titels im Inland vornehmen müßte. Der Gläubiger muß in diesem Fall die Nichterfüllung trotz objektiver Möglichkeit einer Erfüllung behaupten. Das Gericht prüft nur nach, ob die Voraussetzungen der Zwangsvollstreckung vorliegen, Rn 3, Bbg RR **98**, 717, und ob der Schuldner zeitlich imstande war, die Verpflichtung zu erfüllen, Gursky NJW **71**, 785, Köln ZMR **73**, 253. Eine bloße Erklärung des Schuldners über seine jetzige Erfüllungsbereitschaft ist unbeachtlich, wenn er längst hätte erfüllen können, Düss MDR **82**, 62, Ffm RR **89**, 59, Hbg WoM **89**, 587.

Wenn der Schuldner die *Erfüllung* behauptet, dazu Schilken (vor Rn 1), und der Gläubiger diese aus- **5** reichend bestreitet, § 138 Rn 27, dann muß das Gericht allerdings statt einer Verweisung auf § 767 selbst nachprüfen, ob der Schuldner tatsächlich erfüllt hat. Denn Wortlaut und Prozeßwirtschaftlichkeit, Grdz 14 vor § 128, sprechen für diese Lösung, Köln RR **96**, 100, Nürnb OLGZ **94**, 598, LG Bielef MDR **91**, 903, aM Düss MDR **96**, 309, LG Bln ZMR **98**, 773, ThP 4.

In einem solchen Fall *muß* der *Schuldner* allerdings die erforderlichen Tatsachen *beweisen*, KG Rpfleger **87**, 369 (abl Demharter) betr WEG, Nürnb OLGZ **94**, 598, LG Bln ZMR **85**, 343, aM Düss OLGZ **76**, 379, ZöStö § 888 Rn 11 (wegen § 888). Arglist ist wie stets schädlich, Einl III 54, Düss MDR **96**, 848.

**B. Vertretbare Handlung.** Das ist eine solche Handlung, bei der es rechtlich und wirtschaftlich **6** betrachtet für den Gläubiger vernünftiger Betrachtungsweise unerheblich ist, ob der Schuldner oder ein Dritter erfüllen, Bbg DGVZ **99**, 136, Köln MDR **75**, 586 Nr 71 und 72, LG Hbg ZMR **85**, 303. Es muß auch für den Gläubiger unerheblich sein, ob der Schuldner die Handlung auch vornehmen darf. Die Verteuerung für den Schuldner ist eine Folge seines Ungehorsams und bleibt außer Betracht. Die Abgrenzung gegenüber der unvertretbaren Handlung, § 888 Rn 1, ist oft schwierig. Ob eine vertretbare oder eine unvertretbare Handlung anzunehmen sind, kann von der allgemeinen Wirtschaftslage abhängen, etwa zB von einer auftretenden Schwierigkeit, Rohstoffe zu beschaffen, durch die eine andere Situation als bei normalen Verhältnissen eintreten mag.

Eine an sich vertretbare Handlung kann *unvertretbar* sein, soweit der Gläubiger Wert darauf legen darf und ersichtlich auch darauf legt, daß der Schuldner die Verpflichtung *in eigener Person* und nicht durch einen Dritten erfüllt, Köln BB **81**, 393, Schmidt MDR **89**, 1068. Es ist unerheblich, ob das Urteil auf § 887 oder auf § 888 verweist. Wenn es zweifelhaft ist, ob die Handlung als eine vertretbare oder als eine unvertretbare anzusehen ist, etwa bei einer Verurteilung zu einer Bilanzierung, dann muß das Gericht zunächst § 887 verfahren. Wenn diese Vorschrift den Schuldner weniger drückt, LG Hbg ZMR **85**, 303. Wenn sich dann die Notwendigkeit einer Mitwirkung des Schuldners herausstellt, ist nunmehr § 888 anzuwenden, LG Hbg ZMR **85**, 203. *Einzelfälle* sind in Rn 20ff aufgezählt.

**3) Ermächtigung, I.** Erteilung und Wirkung haben erhebliche Bedeutung. **7**

**A. Auf Kosten des Schuldners,** dazu *Mümmler* JB **78**, 1132: Das Gericht ermächtigt den Gläubiger durch einen Beschluß, § 329, die Handlung auf Kosten des Schuldners vornehmen zu lassen oder selbst vorzunehmen. Der Beschluß braucht diese Wahl nicht selbst zu treffen, Rimmelspacher JR **76**, 91. Wenn der Beschluß eine allgemeine Ermächtigung ausspricht, hat der Gläubiger noch hinterher ein Wahlrecht. Der Beschluß braucht erst recht nicht einen bestimmten Dritten zu benennen. Es wäre sogar zweckwidrig, eine solche Benennung vorzunehmen.

Das Gericht bezeichnet im Beschluß grundsätzlich die *vorzunehmende Handlung* entsprechend dem Gläubi- **8** gerantrag, Rn 12, in den einzelnen genau, Kblz RR **98**, 1770, Zweibr MDR **74**, 409, ZöStö 7, aM Hamm MDR **83**, 850. Es kann zB nähere Vorschriften über seine Ausführung erlassen, Köln NJW **85**, 275. Eine Strafandrohung ist unzulässig. Der Beschluß ist der Beginn der Zwangsvollstreckung, Grdz 51 vor § 704.

§ 887

Die Ermächtigung ergeht auf Kosten des Schuldners, § 788 I. Sie berührt die Pflicht des Schuldners und sein Recht zur Erfüllung nicht. Etwas anderes gilt allenfalls dann, wenn der Gläubiger an der Durchführung der Ermächtigung ein berechtigtes Interesse haben würde. Der Gläubiger schließt zur Ausführung des Beschlusses die erforderlichen Verträge mit Dritten im eigenen Namen. Er haftet für das etwaige Verschulden eines Dritten nach § 831 BGB. Ein Mitverschulden des Gläubigers ist kostenmindernd zu beachten, BGH NJW **97**, 2335. Eine sachlichrechtliche Befugnis, etwa infolge eines Vergleichs, zählt nicht hierher, Hbg MDR **73**, 768.

Die vom Gläubiger aufzuwendenden *Kosten* sind nach § 891 S 3 in Verbindung mit §§ 91–93, 95–100 beizutreten. Eine Kostenfestsetzung ist zulässig, § 782 Rn 10, KG Rpfleger **94**, 31, Mü MDR **97**, 1069, Nürnb JB **93**, 240. Der Schuldner trägt allerdings nur die notwendigen Kosten, § 891 S 3 in Verbindung mit § 91, dort Rn 28 ff. Kosten, die durch sachwidrige Maßnahmen eines Dritten erwachsen sind, brauchen weder der Gläubiger noch der Schuldner zu tragen. Es ist evtl ein Kostentitel zu erstreiten, Hbg MDR **73**, 768.

9 **B. Duldungspflicht.** Der Schuldner muß die Ausführung dulden, zumindest dann, wenn das Vertrauen des Gläubigers auf eine ordnungsgemäße und zuverlässige Vornahme der Handlung durch den Schuldner mit Recht erschüttert ist, Düss MDR **82**, 62. Der Schuldner muß dem Gläubiger daher auch gestatten, seine Räume im erforderlichen Umfang zu betreten. Das Gericht kann dieses Zutrittsrecht und weitere Einzelheiten darüber, in welchem Umfang der Schuldner die Ausführung dulden muß, im Beschluß anordnen, um dem Gläubiger die Vornahme der Handlung zu ermöglichen oder zu erleichtern, Hamm NJW **85**, 275 mwN, Leppin GRUR **84**, 712. Das Gericht kann demgegenüber keinen Dritten in dieser Weise unmittelbar verpflichten. Der Gläubiger muß sich eine zur Ausführung etwa erforderliche behördliche Erlaubnis selbst beschaffen, etwa eine Baugenehmigung. Das Gericht darf eine Anordnung nach § 887 nur dann ablehnen, wenn eine etwa notwendige behördliche Erlaubnis bereits versagt worden ist, also nicht schon dann, wenn sie zwar noch nicht erteilt wurde, aber immerhin noch erteilt werden kann. Köln RR **88**, 832 vollstreckt das Zutrittsrecht nach § 890. Das ist nicht überzeugend: Der Schuldner muß mehr tun als dulden: Er muß öffnen.

Ein *Widerstand* des Schuldners wird gemäß § 892 gebrochen, Köln RR **88**, 832. Wenn der Schuldner zulässigerweise, BGH NJW **95**, 3190, zB die Erfüllung in einer ernstzunehmenden Erklärung übernimmt, nachdem der zur Ausführung der Handlung ermächtigte Gläubiger bereits diesbezügliche Aufwendungen gemacht hatte, dann muß der Schuldner diese Aufwendungen dem Gläubiger ersetzen und den Gläubiger von seinen noch bestehenden Verbindlichkeiten befreien. Wegen der Nachprüfung der Erfüllung Rn 5. Wenn der Schuldner prozeßunfähig ist, § 52, Grdz 40 vor § 704, dann ändert sich am vorstehenden Verfahren grundsätzlich nichts. Es genügt dann, daß der gesetzliche Vertreter des Schuldners, § 51 Rn 12, die Erfüllung verweigert.

10 **4) Verfahren, I.** Es bereitet der Praxis oft Probleme.

**A. Zuständigkeit.** Ausschließlich zuständig, § 802, ist das Prozeßgericht der ersten Instanz, also evtl der nach § 348 bestellte Einzelrichter, Ffm FamRZ **87**, 1293, Mü MDR **83**, 499, auch die Kammer für Handelssachen, §§ 95 ff GVG, oder das ArbG, LAG Hamm DB **73**, 1951, durch seinen Vorsitzenden, § 53 I ArbGG. Es muß nicht unbedingt diejenige Stelle nach § 887 entscheiden, die im Erkenntnisverfahren entschieden hat, Düss FamRZ **81**, 577. Der Rpfl ist nicht zuständig. Denn § 20 Z 17 RPflG hat ihm keine derartigen Funktionen des Prozeßrechts übertragen. Bei der Zwangsvollstreckung auf Grund eines Schiedsspruchs, § 1060, oder eines ausländischen Urteils, §§ 722, 723, ist das Gericht zuständig, das diesen Vollstreckungstitel für vollstreckbar erklärt hat. Wenn es um einen Vergleich geht, der vor einer Gütestelle geschlossen wurde, § 794 I Z 1, dann ist das nach § 795 zuständige Gericht der Vollstreckungsklausel zuständig. In einer Familiensache, §§ 606 ff, ist das FamG zuständig, Düss FamRZ **81**, 577, Ffm FamRZ **87**, 1293, Hbg FamRZ **83**, 1252. Das Familiengericht erster Instanz ist auch dann zuständig, wenn das OLG eine einstweilige Anordnung nach § 620 erlassen hatte.

11 Im Fall einer *einstweiligen Verfügung*, §§ 935 ff, ist stets das Gericht der ersten Instanz zuständig, auch wenn die einstweilige Verfügung in jenem Verfahren vom Berufungsgericht erlassen wurde. Wenn der Einzelrichter den Vollstreckungstitel erlassen hatte, ist er zuständig, § 348, Ffm MDR **81**, 504. Wenn das AG eine Anordnung nach § 942 getroffen hatte, dann ist das Gericht der Hauptsache zuständig. Denn das AG ist nur aushilfsweise zuständig. Es ist unerheblich, ob der Streit inzwischen in höherer Instanz anhängig ist. Das Urteil selbst darf noch keine Ermächtigung geben. Die Ermächtigung gehört nämlich zur Zwangsvollstreckung. In einer FGG-Sache ist das Gericht der freiwilligen Gerichtsbarkeit zuständig, BayObLG Rpfleger **75**, 130. In einer WEG-Sache ist dasjenige Gericht zuständig, das im ersten Rechtszug entschieden hat, BayObLG MDR **88**, 498, Ffm OLGZ **80**, 163.

12 **B. Antrag.** Unentbehrlich ist ein Antrag des Gläubigers. Soweit das AG sachlich zuständig ist, Rn 10, 11, ist der Antrag auch zum Protokoll der Geschäftsstelle zulässig. § 432 BGB ist anwendbar, LG Hbg WoM **99**, 415. Ein Anwaltszwang besteht im übrigen wie sonst, § 891 Rn 2.

13 Der Gläubiger muß die vorzunehmende Handlung in seinem Antrag grundsätzlich genau bezeichnen, Bbg DGVZ **99**, 136, Stgt RR **99**, 792, auch wenn der Schuldner wählen könnte, wie er erfüllt (in einem solchen Fall muß das Gericht seinen Gegenvorschlag von Amts wegen prüfen), Stgt RR **99**, 792.

Freilich braucht der Gläubiger nicht jeden einzelnen Arbeitsschritt anzugeben, Stgt RR **99**, 792. *Notfalls* ist eine neue *Klage* notwendig, Schneider MDR **75**, 279. Der Gläubiger kann zwar, braucht aber im Antrag nicht eine bestimmte Person vorzuschlagen. Er muß freilich darlegen, daß er überhaupt imstande wäre, die Handlung vorzunehmen. Weitere Voraussetzung ist auch hier ein Rechtsschutzbedürfnis, Grdz 33 vor § 253, LG Frankenth Rpfleger **84**, 29. Eine Abnahmepflicht, Rn 20 „Abnahme", ermächtigt nur zur Abnahme, nicht zur Versteigerung, letztere kommt erst bei Nichtzahlung des nach II festgesetzten Vorschusses in Betracht, Rn 19.

Die *Erfüllung* durch den Schuldner beseitigt das Rechtsschutzbedürfnis an einer Ermächtigung, vgl **14**
Schneider MDR **75**, 279. Es fehlt natürlich, soweit der Gläubiger die Ersatzvornahme schon getätigt hat. Ein
Antrag nach § 888 ist in einen solchen nach § 887 umdeutbar, soweit erkennbar ist, daß dies dem Willen des
Gläubigers entspricht, Hamm NJW **85**, 274. Das Gericht muß ihn notfalls fragen, § 139. Wenn sich der
Gläubiger die Erfüllung ohne weiteres kostenlos selbst verschaffen kann, wenn er etwa die Urkunden selbst
besorgen kann, die ihm der Schuldner liefern soll, und wenn der Gläubiger entsprechend gehandelt hat,
dann ist sein Antrag unzulässig. Im Fall einer solchen Selbstvornahme hat der Gläubiger zumindest vor einer
Ermächtigung gemäß I keinen Bereicherungsanspruch, Gursky NJW **71**, 787, aM PalTh § 812 BGB Rn 27,
Schneider MDR **75**, 281. Der Gläubiger kann den Antrag bis zur Rechtskraft des Beschlusses nach § 322
zurücknehmen. Die etwa erforderliche Zustimmung eines Dritten zur Ersatzvornahme muß bis zum Ermächtigungsbeschluß vorliegen.

**C. Weiteres Verfahren.** Kosten, die während der Durchführung gemäß I notwendigerweise entstanden, **15**
sind (nur) grundsätzlich Kosten der Zwangsvollstreckung, § 788, Zweibr MDR **94**, 1044, können aber
ausnahmsweise nach §§ 91 ff zu behandeln sein, § 891 Rn 6. Entsprechendes gilt auch für die Kosten, die
der Gläubiger für den vom Schuldner erbetenen Transport der Sache in dessen Herrschaftsbereich zwecks
Vornahme der Handlung aufwendet, Ffm MDR **81**, 1025. Wenn der Schuldner einwendet, er habe alles bis
bisher Mögliche zur Erfüllung getan, dann leugnet er das Verstreichen einer angemessenen Frist, Rn 5. Über
diese Frage muß das Gericht im Verfahren nach § 887 entscheiden, LG Frankenth Rpfleger **84**, 29. Wenn
der Schuldner die Art der angeordneten Sicherheitsleistung nicht bestimmt hatte, muß der Gläubiger seine
Wahl im Antrag treffen, Kblz FamRZ **73**, 382. Wenn ein Fall des § 775 Z 1–3 vorliegt, dann ist der Antrag
unzulässig. Das Verfahren verläuft im übrigen nach § 891.

**5) Rechtsbehelfe, I–III.** Es gelten die folgenden Regeln: **16**

**A. Sofortige Beschwerde.** Der Gläubiger und der Schuldner können gegen eine Entscheidung des
Gerichts die sofortige Beschwerde einlegen, §§ 577, 793 I, Bbg RR **98**, 716, BayObLG **83**, 17. Eine
Aussetzung der Vollziehung erfolgt nach § 572 II, III. Hat das AG einen Antrag auf Ermächtigung zur
Ersatzvornahme abgewiesen, das LG als Beschwerdegericht diesem aber stattgegeben, kommt eine weitere
sofortige Beschwerde des Schuldners in Betracht, Ffm NJW **96**, 1219.

**B. Erinnerung.** Gegen eine Maßnahme oder Verfahrensweise des Gerichtsvollziehers ist die Erinnerung
nach § 766 zulässig.

**C. Vollstreckungsabwehrklage.** Der Schuldner kann mit der Behauptung, erfüllt zu haben, stets eine
Vollstreckungsabwehrklage nach § 767 erheben, Düss OLGZ **76**, 379, Hamm RR **88**, 1088 (je wegen
§ 888), Köln JB **93**, 242. Er muß diesen Weg gehen, sobald das Verfahren nach § 887 formell rechtskräftig
beendet ist, Bbg Rpfleger **83**, 79, Ffm Rpfleger **81**, 152, LG Erfurt RR **98**, 428. Er kann natürlich auch im
Hauptsacheverfahren vorgehen, solange dieses noch nicht nach § 322 rechtskräftig beendet ist, Ffm Rpfleger
**81**, 152. Eine Entscheidung im Vollstreckungsverfahren bindet den Richter der Vollstreckungsabwehrklage
nicht.

Der Einwand des Schuldners, ihm sei die *Erfüllung unmöglich* geworden, gehört grundsätzlich in das
Verfahren nach § 767, Hamm RR **88**, 1088, aM Zweibr JB **98**, 382. In einem solchen Fall fehlt das
Rechtsschutzbedürfnis, Grdz 33 vor § 253. Im Fall einer wiederkehrenden Leistung sind deren urteilsmäßige
Voraussetzungen jedesmal nachzuweisen. Eine gerichtliche Aufforderung an den Schuldner zur Erfüllung
und eine Fristsetzung sind unzulässig. Wenn der Schuldner nach § 769 eine Einstellung der Zwangsvollstreckung beantragt, dann muß das Gericht zwar unter den weiteren Voraussetzungen des § 887 einen Beschluß
nach dieser Vorschrift erlassen, die Vollstreckung aber unter Umständen aussetzen. Eine bloße Einwendung
gegen eine Anordnung nach II gehört aber nicht nach § 767, BGH NJW **93**, 1395.

**D. Schadensersatzklage.** Unberührt bleibt nach § 893 die Möglichkeit, Schadensersatz zu fordern.

*Gebühren:* Des Gerichts KV 1906 (Beschwerdegebühr); des RA §§ 57, 58 I BRAGO.

**6) Kostenvorschuß, II**, dazu *Mümmler* JB **78**, 1132: Der Gläubiger kann beantragen, den Schuldner dazu **17**
anzuhalten, dem Gläubiger die voraussichtlichen Kosten vorzuschießen. Der Gläubiger braucht diesen Antrag
nicht „zugleich" mit dem Antrag auf seine Ermächtigung zu stellen. Das Gericht entscheidet durch einen
Beschluß, § 329. Es muß ihn nachprüfbar begründen, § 329 Rn 4, Ffm JB **76**, 398. Die Anordnung ist eine
Vollstreckungsmaßnahme, BGH NJW **93**, 1395. Eine Vollstreckungsabwehrklage nach § 767 ist insoweit
unzulässig, BGH NJW **93**, 1395. Wenn der Gläubiger mehrmals einen Vorschuß beantragt, müssen unter
Umständen mehrere Entscheidungen ergehen. Das Gericht muß den Schuldner auch in diesem Verfahren
anhören, § 891. Der Schuldner darf gegenüber dem Betrag, zu dessen Vorschußleistung ihn der Beschluß
anhält, eine Aufrechnung erklären, § 145 Rn 9. Der Antrag des Gläubigers ist aber nicht zurückzuweisen,
soweit er sich aus einer Gegenforderung des Schuldners noch nicht befriedigen kann, Hamm MDR **84**, 591.
Wegen der Tilgung der Forderung kann er nach §§ 767, 769 vorgehen. Nach der Vornahme der Handlung
kommt kein (weiterer) Vorschuß mehr in Betracht, Hamm MDR **72**, 615.

Die *Höhe* des Vorschusses ist im pflichtgemäße *Ermessen* des Gerichts gestellt. Es darf über den Antrag **18**
nicht hinausgehen, § 308 I, und muß ein Mitverschulden des Gläubigers vorschußmindernd beachten, BGH
NJW **97**, 2335. Wird der Gläubiger zur Vornahme einer Handlung ermächtigt, für die er eine Gegenleistung
schuldet, etwa bei einer Handwerkerarbeit, BGH **90**, 360, so kann er als Vorschuß nur die Mehrkosten der
Ersatzvornahme verlangen, LG Würzb Rpfleger **80**, 160. Diese sind möglichst genau darzulegen, Köln JB **97**,
159 (zB durch einen Voranschlag; keine Ermittlung durch das Gericht). Das Gericht muß die Zuschußpflicht
des Auftraggebers bei einer entsprechenden Zug-um-Zug-Verurteilung berücksichtigen, BGH **90**, 360. Zu
den Kosten können diejenigen einer Finanzierung, Düss MDR **84**, 323, zB diejenigen einer vorbereitenden
Schätzung durch einen Sachverständigen zählen, Ffm VersR **83**, 90.

Die *Zwangsvollstreckung* aus dem Beschluß erfolgt nach § 794 I Z 3, §§ 803 ff, Köln FamRZ **83**, 710, **19**
Schmidt MDR **89**, 1068. Der Schuldner muß notfalls gegen den Gläubiger auf eine Rückerstattung des etwa
nicht verbrauchten Vorschußteils klagen. Wenn der Gläubiger einen Mehrbedarf hat, kann er ihn im Verfahren

§ 887

nach II mit einem neuen Antrag nachfordern, Ffm JB **76**, 398, Hbg FamRZ **83**, 1253. Wenn das Verfahren nach § 887 beendet ist, dann darf das Gericht auch keinen Vorschuß nach II mehr festsetzen, Hamm OLGZ **72**, 311. Vielmehr ist die Prüfung der Notwendigkeit solcher Kosten dann im Verfahren nach § 788 vorzunehmen, insofern richtig Hamm MDR **84**, 591, aM LG Kblz MDR **84**, 592.

Der Gläubiger muß den Schuldner notfalls *verklagen,* Hbg MDR **73**, 768, Hamm MDR **72**, 615, Schneider MDR **75**, 279. Eine Klage ist vor der Beendigung des Verfahrens nach II grundsätzlich unzulässig, Oldb MDR **85**, 855. KG WoM **88**, 143 billigt dem nach § 538 II BGB zur Selbsthilfe berechtigten Mieter ein klagbares Recht auf Vorschuß schon vor dem Verfahren nach § 887 II zu.

*Gebühren:* Des RA § 58 III Z 7 BRAGO.

20 **7) Beispiele zur Frage der Vertretbarkeit oder Unvertretbarkeit, §§ 887, 888.** Bei einer vertretbaren Handlung erfolgt die Zwangsvollstreckung nach § 887, bei einer unvertretbaren Handlung erfolgt die Zwangsvollstreckung nach § 888, § 888 Rn 5, 6 sowie Zwangsvollstreckungsschlüssel in Grdz 59 vor § 704.

**Abbruch:** Solche Leistung ist vertretbar, Köln JB **92**, 703.
**Ablösungsverpflichtung:** Rn 36 „Stellplatzverpflichtung".
**Abnahme der Kaufsache:** Sie ist ungeachtet der zu ihrer Vornahme erforderlichen Willenserklärung, auf die an sich § 894 anwendbar wäre, wegen der weitergehenden Pflicht zur Befreiung des Gläubigers vom Besitz, PalTh § 433 BGB Rn 35, als vertretbare Handlung einzustufen, Köln MDR **75**, 686.
**Anmeldung zum Insolvenzverfahren** und dgl: Sie ist vertretbar.
**Annahme als Erfüllung:** Sie ist unvertretbar. Denn zu ihr gehört eine Prüfung der Ware.
**Arbeitsleistung,** dazu *Lüke,* Die Vollstreckung des Anspruchs auf Arbeitsleistung, Festschrift für *Wolf* (1985) 459; *Pallasch,* Der Weiterbeschäftigungs- bzw Beschäftigungsanspruch usw (1993) 98, 114:
Sie ist grds vertretbar. S freilich auch Rn 24 „Dienste". Die Beschäftigung des Arbeitnehmers bzw der Anspruch auf sie kann unvertretbar sein, LAG Bln BB **86**, 1368, LAG Mü BB **94**, 1083, Brill BB **82**, 625, Pallasch 98, 114 (auch bei einstweiliger Verfügung). Die (vergleichsweise) Pflicht, unter bestimmten Voraussetzungen einem Mitarbeiter oder Vertreter zu kündigen, kann unvertretbar sein. S auch Rn 40 „Weiterbeschäftigung".
**Arbeitspapiere:** Soweit sie bereits vollständig ausgefüllt sind, erfolgt die Vollstreckung nach § 883, andernfalls nach § 888, LAG Hamm DB **81**, 535.

21 **Auskunft, Einsicht, Rechnungslegung:** Sie ist unvertretbar, soweit sie nur der Schuldner erbringen kann, BGH MDR **86**, 657 (wegen §§ 1587 e I, 1580 BGB zu Lebzeiten des Verpflichteten), Brdb FamRZ **98**, 178, Köln WoM **98**, 376. Die Auskunft usw ist auch sonst unvertretbar, BayObLG DB **96**, 977, Köln WoM **97**, 245, Nies NZM **99**, 832 (zu § 28 IV WEG). Denn mit jeder Rechnungslegung wird deren Richtigkeit und Vollständigkeit erklärt, und diese muß notfalls im Weg einer eidesstattlichen Versicherung zur Offenbarung bekräftigt werden, LG Kiel DGVZ **83**, 155. Das übersieht Düss ZMR **99**, 426. Wenn der Schuldner die Rechnung gelegt hat, kann er evtl die Beseitigung des Titels fordern, Bbg FamRZ **99**, 111. Wenn der Gläubiger die Rechnungslegung aber als unvollständig angesehen hat, weil der Schuldner angeblich nicht alles geleistet habe, dann kann das Gericht nach § 888 prüfen, ob es den Schuldner anhalten kann, die Rechnung besser und vollständiger zu legen, BGH GRUR **94**, 632, Zweibr GRUR **97**, 829. Ein Urteil auf eine Rechnungslegung muß dann aber auch in diese Richtung gehen.

Wenn der Gläubiger die *Unrichtigkeit* der abgelegten Rechnung behauptet, dann muß er eine entsprechende Klage erheben. Der Rechnungspflichtige braucht die zugehörigen Belege dem Anwalt des Gegners nicht zu treuen Händen zu überlassen, BayObLG **88**, 417, Zweibr RR **98**, 714, aM Köln RR **96**, 382. Vgl auch § 132 IV 2 AktG, dazu BayObLG **74**, 214. Der Schuldner darf und muß notfalls eine Hilfskraft zuziehen, BayObLG **88**, 417 (Sachverständiger, der nicht alle Erkenntnisse preisgeben darf, Ffm BB **96**, 2433 (Sozius ohne EDV-Paßwort und ohne Mitwirkung der anderen). Notfalls muß er ohne die Hilfskraft so gut wie möglich Auskunft geben, BayObLG NJW **75**, 741 und BB **75**, 1036. Bei einer zwecks Auskunft erforderlichen Vorlegung kommt § 883 entsprechend in Betracht, § 883 Rn 13, Ffm RR **92**, 171, Köln DGVZ **88**, 41, aM Mü RR **94**, 724 (nicht vollstreckbar ?).

Vgl Rn 38 „Vermieter", Rn 39 „Versorgungsausgleich", „Vorlegung".

22 **Bankbürgschaft:** Rn 36 „Sicherheitsleistung".
**Baumangel:** Rn 28 „Handwerksmäßige Leistung".
**Beendigung der Zuwiderhandlung:** Sie macht § 888 unanwendbar, Karlsr RR **89**, 190.
**Befreiung von einer Schuld,** etwa einer Bürgschaft, dazu *Gerhardt,* Der Befreiungsanspruch, 1966; *Görmer,* Die Durchsetzung von Befreiungsansprüchen im zivilprozessualen Erkenntnis- und Vollstreckungsverfahren, 1992:
Sie ist vertretbar, soweit die Schuld der Höhe nach genau feststeht, § 253 Rn 65 „Freistellung", KG MDR **99**, 118, Saarbr FamRZ **99**, 110, Stgt JB **98**, 324, und auch von einem Dritten gleichwertig erfüllt werden kann, BGH JR **83**, 499, BAG KTS **76**, 143, Hamm DB **84**, 1824. Zur Durchsetzung Rimmelspacher JR **76**, 183.
**Beglaubigung, öffentliche,** einer Urkunde des Schuldners: Sie ist unvertretbar, BayObLG **97**, 91.
**Bilanzierung:** Sie ist richtigerweise vertretbar, wenn ein Sachverständiger die Bilanz anhand der Geschäftsbücher und Geschäftspapiere zuverlässig fertigen kann, jedoch unvertretbar, wenn der Unternehmer mitwirken muß, Mü VersR **97**, 723, Zweibr JB **98**, 105.

23 **Buchauszug:** Die Erteilung eines Buchauszugs ist vertretbar. Denn jeder Buchsachverständige, der die Unterlagen einsieht, kann einen brauchbaren Buchauszug fertigen, Kblz MDR **94**, 199, Köln MDR **95**, 1065, Zweibr MDR **86**, 1034. Bei einem Handelsvertreter werden die Ersatzvornahme seines Anspruchs auf die Erteilung eines Buchauszugs und die Mitteilung der näheren Vertragsumstände, § 87 c II und III HGB, zwar nicht durch das Recht auf die eigene Bucheinsicht oder durch die Vornahme durch einen Wirtschaftsprüfer oder einen vereidigten Buchsachverständigen nach § 87 c IV HGB ausgeschlossen. Jedoch erfolgt eine Ersatzvornahme nicht schon wegen eines jeden Mangels des bereits erteilten Auszugs,

sondern erst dann, wenn der erteilte Auszug gänzlich unbrauchbar ist, BGH **LM** § 87 c HGB Nr 4 a, Mü RR **88**, 290, Nürnb JB **98**, 666.
    Das Vollstreckungsgericht prüft, ob der Auszug völlig *unbrauchbar* ist, Zweibr MDR **86**, 1034. Insofern findet also kein Verfahren nach § 767 statt, Karlsr OLGZ **73**, 375. Die erforderlichen Auskünfte, § 87 c III HGB, sind grundsätzlich schon im Urteil näher benannt worden, müssen aber spätestens zu Beginn der Zwangsvollstreckung bestimmt werden. Denn der Antrag müßte sonst mangels Bestimmtheit zurückgewiesen werden.
**Bürgschaft:** Rn 36 „Sicherheitsleistung".
**Dienste:** Dienste höherer Art sind unvertretbar. Andere Dienste sind regelmäßig vertretbar, etwa: Eine Transportleistung; ein Beheizen, dazu Dietrich (Üb vor § 883) 133, aM Peters ZZP **91**, 340 (er wendet § 890 an); das Beleuchten; ein Abbruch eines Behelfsheims. In diesem Fall findet regelmäßig § 887 Anwendung. Vgl § 888 Rn 22, auch wegen des Beschäftigungsanspruchs.
**Duldung:** § 890, AG Peine DGVZ **99**, 140.
**Drucklegung:** Sie ist dann vertretbar, wenn sie keine Einbuße in ihrem Wesen erleidet, falls sie ein anderer Verlag vornimmt. So ist auch im Zweifel zu verfahren, Rn 6. Andernfalls handelt es sich um eine unvertretbare Handlung. Die Befreiung eines Gesamtschuldners vom Befreiungsanspruch des anderen ist vertretbar, Rn 27 „Gegendarstellung".
**Einsicht und Auskunft** wegen einer Gehaltsliste: Sie sind unvertretbar, LAG Hamm DB **73**, 1951. Wegen der Einsicht in Geschäftsunterlagen usw § 883 Rn 13.
**Eintragung ins Grundbuch:** Die Bewirkung ist vertretbar.
**Einzelhandelsgeschäft:** Sein Betrieb ist vertretbar, Hamm NJW **73**, 1135, aM ThP § 888 Rn 2. Vgl aber auch § 893.
**Entfernung:** Die Entfernung eines Gegenstands, zB aus einem Geschäftsraum oder eines Pkw, ist vertretbar, AG Erkelenz DGVZ **94**, 13, AG Wuppert DGVZ **98**, 159.
**Erbvertrag:** § 888 Rn 22.
**Fernsehen:** Rn 35 „Rundfunk".
**Freistellungsanspruch:** Rn 22 „Befreiung von einer Schuld".
**Fristeinhaltung:** Vgl §§ 510 b, 888 a (§§ 887–888 sind dann unanwendbar).
**Gaststätte:** Ihr Betrieb ist oft unvertretbar, aM Düss RR **97**, 648 (§ 890), Naumb RR **98**, 873 (weder § 887 noch § 888), Peters ZMR **99**, 371 (§ 890. Aber es kommt auf den Stil des Chefs an).
**Gegendarstellung:** Der Abdruck ist unvertretbar, LG Ffm RR **88**, 1022.
**Geistige Leistung:** Die geistige, künstlerische, wissenschaftliche, schriftstellerische Leistung ist regelmäßig unvertretbar; das übersieht LG Erfurt RR **98**, 428. Eine geistige Leistung kann aber dann vertretbar sein, wenn genügend sachlich oder allgemein gebildete Personen zur Leistung vorhanden sind. Das kann zB je nach der Sachlage anzunehmen sein, wenn etwa die Inhaltsangabe eines wissenschaftlichen Werks angefertigt werden soll oder wenn es um die Anfertigung eines Sachregisters oder eines Warenverzeichnisses geht. Die Übersetzung einer Urkunde ist vertretbar. Die Tätigkeit des Verlegers kann vertretbar, Schneider MDR **75**, 279, ZöStö 3, aber auch nach den Gesamtumständen unvertretbar sein. Die Übersetzung eines Werks ist unvertretbar, § 888 Rn 5, 6.
    § 888 kann aber zB in folgender Lage *unanwendbar* sein: Es geht darum, daß mehrere zusammen leisten müssen, daß die Zwangsvollstreckung aber nur gegen einen einzelnen geht und daß die anderen ihre Mitwirkung verweigern; es geht darum, daß besondere Fähigkeiten notwendig sind. Denn dann läßt sich nicht feststellen, daß sie der Schuldner gerade jetzt oder überhaupt hat. Ein Schriftsteller oder ein Tonsetzer kann zB nicht jederzeit auf Verlangen ein bedeutendes Werk schreiben; es geht um die Aufführung einer Oper an einer bestimmten Bühne.
**Geschäftsbetrieb:** Die Pflicht zu seiner Vornahme kann unvertretbar sein, selbst wenn man dazu zB Lieferantenverträge abschließen muß, Celle RR **96**, 585.
**Handwerksmäßige Leistung:** Eine handwerkliche Leistung ist vertretbar, wenn sie keine besondere geistige oder körperliche Befähigung verlangt. Das gilt im allgemeinen für die Arbeit eines Handwerkers, Düss MDR **96**, 848 (Zaun) und MDR **98**, 734 (Feuchtigkeit), Stgt RR **99**, 792 (Schallschutz), LG Bonn WoM **92**, 32. Vertretbar ist ferner eine gärtnerische Arbeit, auch wenn sie der Grundeigentümer durchführen kann, LG Mannh ZMR **78**, 152, oder soll, Karlsr OLGZ **91**, 450, Zweibr JB **82**, 939, AG Mönchengladb DGVZ **98**, 92. Vertretbar ist auch eine handwerksmäßige Leistung, etwa am Bau, oder im Haus, Stgt RR **99**, 792, auf Grund eines Werk(lieferungs)vertrags, BGH NJW **93**, 1395, oder auf Grund eines Mietvertrags, LG Bln WoM **94**, 552 (selbst wenn mehrere technische Durchführungsarten möglich sind), zB Schönheitsreparaturen, Hummel ZMR **90**, 366, oder auf Grund eines Dienstvertrags, und zwar auch dann, wenn ein Sachverständiger mitwirken muß, Zweibr MDR **74**, 410. § 888 II betrifft nur unvertretbare Dienstleistungen. Die Errichtung eines schlüsselfertigen Hauses durch einen Architekten kann eine vertretbare Handlung sein, Köln ZMR **73**, 253. Dasselbe gilt für die Herstellung einer Straße, LG Mannh ZMR **74**, 350. Soweit eine an sich vertretbare Handlung gegen den früheren Eigentümer einer Wohnung zu vollstrecken ist, deren neuer Eigentümer nicht einverstanden ist, kann § 888 anwendbar sein, § 888 Rn 2, BayObLG **88**, 442.
**Haustier, Beseitigung:** Die Handlung ist im allgemeinen vertretbar und nur unter besonderen Umständen unvertretbar, LG Hbg ZMR **85**, 303, AG Meschede DGVZ **97**, 91, ZöStö 3. Eine Verurteilung zur „Verhinderung von Geruchsbelästigungen" kann besonders dann nach § 888 (und nicht nach § 890) zu vollstrecken sein, wenn die Urteilsgründe von einer „Störungsbeseitigung" sprechen, Mü OLGZ **82**, 101.
**Herausgabe:** § 883 Rn 4–8.
**Hinterlegung von Geld:** Sie ist vertretbar, Rn 2. Sie ist aber wegen der Berechnung dann unvertretbar, wenn der Betrag nicht ziffernmäßig feststeht. Das kann zB bei dem Erlös aus der Aberntung eines Ackers der Fall sein.
**Immission:** Rn 43 „Zuführung".
**Instandsetzung:** Rn 38 „Vermieter".

## § 887

**30 Kaufverpflichtung** nach einer Liste: Sie ist vertretbar, Köln MDR **75**, 586.
**Klage:** Ihre Erhebung und Durchführung ist unvertretbar.
**Komplexe Handlungen:** Wen bei ihnen mehrere zusammenwirken müssen und Eingriffe in sonstige Rechtsgüter unvermeidbar sind, kann schon deshalb eine Unvertretbarkeit vorliegen, Mü RR **92**, 768.
**Kontoüberziehung:** Die Ausnutzung des Anspruchs auf eine Überziehung des Kreditrahmens ist unvertretbar, Grunsky ZZP **95**, 280.

**31 Lieferung** von elektrischer Kraft und dgl: Sie ist vertretbar.
**Lohnabrechnung:** Sie ist grundsätzlich vertretbar, LAG Köln MDR **91**, 651, und nur beim Kleinstbetrieb, der nur flüchtige Notizen als Unterlagen hat, unvertretbar, LAG Hamm DB **83**, 2257.
**Löschung** der Hypothek oder Grundschuld eines Dritten: Sie ist vertretbar, Düss MDR **80**, 410, LG Darmst MDR **58**, 110.

**32 Mieter:** Rn 28 „Handwerksmäßige Leistung", Rn 38 „Vermieter".
**Mitwirkung:** Sie kann unvertretbar sein, KG FamRZ **84**, 1122, LG Zweibr MDR **76**, 145 (Steuerklasse). Wenn ein Dritter mitwirken muß, dann ist die Leistung für den Schuldner im allgemeinen unvertretbar. Das gilt zB dann, wenn die Leistung ausschließlich vom Willen des Schuldners abhängt. Wenn der Dritte nicht zur Mitwirkung verpflichtet und auch nicht dazu bereit ist, dann ist auch § 888 unanwendbar, § 888 Rn 2, Ffm MDR **83**, 141. Der Schuldner muß den Ausfall des Dritten behaupten, Schilken JR **76**, 322. Ein herauszugebendes Kind ist kein Dritter (wegen der derzeitigen rechtlichen Behandlung § 883 Rn 14). Das gilt auch dann, wenn der Schuldner seine Mitwirkung durch einen Prozeß erzwingen kann, KG NJW **73**, 1153, Grunsky JuS **73**, 553, Schilken JR **76**, 320. Etwas anderes gilt dann, wenn der Dritte eine Behörde ist, die die Amtspflicht zu einer Mitwirkung hat.
**Nachbarrecht:** Rn 37 „Überbau, Überhang", „Unterlassung".
**Nachbesserung:** Rn 28 „Handwerksmäßige Leistung".

**33 Nachlaßverzeichnis,** Herstellung: Sie ist unvertretbar, Hamm JMBl NRW **77**, 67. Dasselbe gilt für eine Urkundenvorlage an den Pflichtteilsberechtigten, BGH NJW **75**, 1777.
**Namensrecht:** Die, auch vergleichsweise bei der Scheidung, übernommene Verpflichtung, den früheren Familiennamen wieder anzunehmen, ist unvertretbar.

**34 Person, Entfernung** S zunächst § 885 Rn 9–17. Im übrigen ist sie unvertretbar.
**Presse:** Rn 24 „Drucklegung", Rn 27 „Gegendarstellung".
**Provisionsabrechnung:** Sie ist durchweg vertretbar, Köln MDR **95**, 1065, LAG Hamm DB **83**, 2257, kann aber ausnahmsweise unvertretbar sein, Zweibr JB **98**, 327.
**Prozeß:** Die Einleitung und die Führung des Rechtsstreits sind wegen der grundlegenden Bedeutung der persönlichen Einwirkung grundsätzlich unvertretbar und nur im Einzelfall ausnahmsweise vertretbar.

**35 Rechnungslegung:** Rn 21 „Auskunft".
**Rechtsgeschäft:** Rn 41 „Willenserklärung".
**Reparatur:** Rn 28 „Handwerksmäßige Leistung".
**Rundfunk:** Die Ausstrahlung eines Werbespots ist unvertretbar, LG Hann NJW **94**, 2237.
**Sachverständiger:** Seine Leistung kann bei ungewöhnlichen Fachkenntnissen unvertretbar sein, ist aber grundsätzlich vertretbar, weil er auswechselbar ist, Hamm JMBl NRW **77**, 67.
**Schönheitsreparatur:** Rn 28 „Handwerksmäßige Leistung".

**36 Sicherheitsleistung:** Die Verpflichtung zur Leistung einer Sicherheit, zB durch eine Bankbürgschaft usw, ist vertretbar, Düss FamRZ **84**, 704, Hbg FamRZ **82**, 284, Karlsr MDR **91**, 454, 169, aM Schmidt MDR **89**, 1068. Der Schuldner ist auch zu verurteilen, diejenigen Kosten vorauszuzahlen, die der Gläubiger aufwenden muß, um seinerseits die vom der Bank verlangte Sicherheit zu erbringen, Köln MDR **89**, 169. Bei einer Sicherheitsleistung nach § 232 BGB gilt: Der Gläubiger darf sofort aus einer Bürgschaft vollstrecken, § 232 I BGB dient nur seinem Schutz, Zweibr MDR **86**, 1034; zu den Kosten gehört die Vergütung des Bürgen.
S auch Rn 39 „Versorgungsausgleich".
**Stellplatzverpflichtung:** Eine Ablösepflicht nach einer LBauO ist vertretbar, wenn der Gläubiger eine öffentlichrechtliche entsprechende Baulast übernommen hat, Zweibr OLGZ **92**, 79.
**Steuererklärung, Steuerkarte:** Die Mitwirkung des anderen Ehegatten ist meist unvertretbar, LG Zweibr MDR **76**, 145. Freilich ist grds der vorrangige § 894 anwendbar, Ffm FamRZ **89**, 1321. Einzelheiten Tiedtke FamRZ **77**, 689. Eine Eintragung in einer Steuer- oder Versicherungskarte ist grds vertretbar. LAG Hamm MDR **72**, 900, aM LAG Düss MDR **90**, 1044, Müller DB **73**, 572.

**37 Überbau, Überhang:** Seine Beseitigung ist vertretbar, Karlsr OLGZ **91**, 450, Köln NJW **85**, 274.
**Umgangsrecht:** Es ist unvertretbar, Kblz FamRZ **78**, 605, Zweibr FamRZ **79**, 842.
**Unterhaltsleistung:** Sie ist bei Erfüllung durch Geldzahlung stets, bei Erfüllung durch Naturalleistung meist vertretbar, Hbg FamRZ **83**, 212, aM auch BayObLG **96**, 132.
**Unterlassung:** Eine Unterlassungspflicht ist auch dann nach § 890 zu vollstrecken, wenn der Schuldner dazu etwas tun, zB Maßnahmen gegenüber einem Dritten ergreifen, muß, BayObLG NZM **99**, 769, Kblz ZMR **99**, 253, Köln OLGZ **94**, 602.
**Unterzeichnung** eines Wechsels und dgl: Sie ist unvertretbar.
**Urkunde:** Rn 21 „Auskunft", Rn 39 „Vorlegung".
**Urteil:** Die Veröffentlichung eines Urteils gegen den Bekl ist seinerseits unvertretbar.

**38 Veräußerungsverpflichtung:** Sie ist unvertretbar. Denn man muß die Bedingungen im einzelnen aushandeln und muß einen Kaufvertrag abschließen.
**Vermieter,** Handlungen des: Grundsätzlich ist bei einer Notwendigkeit der Mitwirkung eines Dritten § 888 anzuwenden, Hamm WoM **96**, 568, KG ZMR **90**, 338. Die Vorschrift gilt auch bei verbotener Raumüberlassung statt an den Mieter, LG Bln WoM **95**, 123. Das Gebot dafür zu sorgen, daß ein Mieter seine Arzttätigkeit zwecks Konkurrenzschutz eines anderen Mieters begrenze, ist nach § 888 zu beurteilen, BGH RR **96**, 460. Das Inbetriebsetzen des Fahrstuhls, der Licht- oder der Staubsaugeranlage ist vertretbar. Dasselbe gilt bei der Treppenhausreinigung, aM LG Bln WoM **94**, 552 rechts,

zur Erwirkung der Herausgabe von Sachen usw. **§ 887**

oder bei der Beseitigung von Feuchtigkeitsschäden, Ffm RR **90**, 20. Die Instandsetzung und der Betrieb der *Sammelheizung* sind grds vertretbar, AG Köln WoM **74**, 188, aM Hamm WoM **96**, 568 (Vermieter einer Eigentumswohnung), LG Bln WoM **94**, 552 (auch bei mehreren Arten von Durchführungsmöglichkeiten), ZöStö 3 (sie wenden zum Teil § 888, zum Teil § 890 an, weil eine Dauerverpflichtung vorliege und weil mit dieser Dauerverpflichtung die Schwierigkeiten der Wartung zusammenhingen. Damit verkehrt man aber den § 890 in sein Gegenteil. Denn die Maschinerie dieser Vorschrift arbeitet viel zu langsam, und der Gläubiger wird hier der Dauerschikane des Schuldners überantwortet, während er nach § 887 selbst energisch eingreifen könnte. Der Schuldner muß sich die entstehenden Mehrkosten selbst zuschreiben).

Der Gerichtsvollzieher bricht einen Widerstand des Schuldners beim Betreten des Grundstücks, Rn 9. Es ist aber auch möglich, nach § 890 vorzugehen, um den Vermieter zu veranlassen, seinen Widerstand gegen das Betreten und evtl gegen das Offenhalten der fraglichen Räume aufzugeben. Eine *Nebenkostenabrechnung* ist wohl meist unvertretbar, Brschw NZM **99**, 752, LG Kiel WoM **96**, 632, LG Saarbr WoM **87**, 234, aM LG Dortm WoM **86**, 351, LG Hann WoM **93**, 476, LG Wuppertal WoM **89**, 330.

**Vernichtung:** Der Anspruch auf Vernichtung einer schutzrechtsverletzenden Ware ist nach § 887 vollstreckbar, Retzer Festschrift für Piper (1996) 437.
**Versicherungsrecht:** Die Benennung des Begünstigten einer Lebensversicherung ist unvertretbar, Köln MDR **75**, 586. Wegen der Eintragung in einer Versicherungskarte Rn 36 „Steuererklärung, Steuerkarte".
**Versorgungsausgleich:** Die Zwangsvollstreckung aus einem Beschluß des Familiengerichts betreffend eine 39 Auskunft über die Voraussetzungen des Versorgungsausgleichs erfolgt wegen § 53 g III FGG nach der ZPO, und zwar nach § 888, Ffm (3. FamS) FamRZ **80**, 899 und (1. FamS) FamRZ **81**, 181, Hamm FamRZ **80**, 899, aM Ffm (4. FamS) FamRZ **80**, 266. Der Anspruch auf eine Sicherheitsleistung, § 1389 BGB, ist nach § 887 vollstreckbar, Düss FamRZ **84**, 704. Der durch die Ausübung des Wahlrechts des Gläubigers entstandene Anspruch auf Hinterlegung von Geld ist sodann wie eine Geldforderung zu vollstrecken, Grdz 2 vor § 803, Düss FamRZ **84**, 704.
**Vertrag:** Sein schriftlicher Abschluß ist unvertretbar, Bbg MDR **83**, 499. Allerdings kann auch § 888 unanwendbar sein, § 888 Rn 1; s auch Kaufverpflichtung, Willenserklärung, auch wegen der Vollmacht. Vgl auch § 893, Bbg MDR **83**, 500.
**Vollmacht:** Rn 41 „Willenserklärung".
**Vorlegung:** Sie ist zwar grds entsprechend § 883 zu vollstrecken, Köln DGVZ **88**, 41, aM Mü RR **94**, 724 (nicht vollstreckbar –?–), kann aber im Rahmen einer Pflicht zur Auskunft und Rechnungslegung nach § 888 zu vollstrecken sein, Rn 21, Köln RR **96**, 382.
**Wechsel:** Seine Ausstellung ist unvertretbar. 40
**Weiterbeschäftigung:** Die Vollstreckung des Anspruchs auf die Weiterbeschäftigung ist nach § 888 statthaft, jedoch naturgemäß nur bis zur Rechtskraft, LAG Köln DB **88**, 660, und nicht bei Unmöglichkeit, LAG Köln MDR **99**, 303.
S auch Rn 20 „Arbeitsleistung".
**Wertermittlung:** Rn 43 „Zugewinnausgleich".
**Widerruf:** Er ist unvertretbar, die Zwangsvollstreckung erfolgt nach § 888 und nicht nach § 894, BVerfG NJW **70**, 652, Ffm (16. ZS) MDR **98**, 986, ThP § 894 Rn 5, aM Ffm (13. ZS) NJW **82**, 113, Hamm OLGZ **92**, 66, ZöStö § 894 Rn 2 (aber Erforderlichkeit und Zumutbarkeit müssen nach I prüfbar sein).
**Willenserklärung:** Soweit nicht der vorrangige § 894 anwendbar ist, zB bei der Zustimmung zu einer 41 Zusammenveranlagung zur Steuer, Ffm FamRZ **89**, 1321, ist ihre Abgabe oder Entgegennahme vertretbar, wenn die Parteien auf den Inhalt überhaupt keinen oder nahezu keinen Einfluß haben, Köln MDR **75**, 586. Auch kann § 888 anwendbar sein, BGH NJW **95**, 464 (Vollmacht nur auf eine noch auszuwählende Person), Kblz DGVZ **86**, 138, LG Kblz DGVZ **86**, 44, aM StJM 13. Andernfalls ist eine neue Klage erforderlich, aM Hamm MDR **71**, 401, Köln MDR **75**, 586, ZöStö 3 (Abnahme der Kaufsache).
*Beispiel:* Eine Auflassung, auch an einen Sequester, aM Köln MDR **75**, 586.
Eine richterliche *Ermächtigung* ersetzt die fehlende Befugnis. Der Umstand, daß zur Abgabe der Willenserklärung eine Vollmacht des Schuldners erforderlich ist, macht die Abgabe nicht zu einer unvertretbaren Handlung. Die Ermächtigung ersetzt auch die Vollmacht, aM StJM 13, ZöStö 2. Das gilt bei der Verschaffung des Eigentums, wenn der Eigentümer zur Veräußerung an den Gläubiger zu noch angemessenen Bedingungen bereit ist; vgl aber § 894 Rn 1, 2. Die Anpassung einer betrieblichen Altersversorgung muß durch ein Urteil geschehen, BAG DB **77**, 117, aM Lieb/Westhoff DB **76**, 1971 (es handle sich um eine unvertretbare Handlung).
S auch Rn 38 „Versicherungsvertrag".
**Wohnungszuweisung:** § 885 Rn 7. Die Vollstreckung einer einstweiligen Anordnung auf Überlassung der Ehewohnung erfolgt nach § 888, LG Aachen DGVZ **94**, 175.
**Zeugnis:** Seine Ausstellung ist unvertretbar, LAG Nürnb BB **93**, 366, Geißler DGVZ **88**, 19. Zu der Frage, 42 ob eine Zwangsvollstreckung möglich ist oder ob eine neue Klage erforderlich ist, LAG Düss DB **73**, 1853, LAG Ffm BB **89**, 1761.
**Zuführung** (Immission): Der Gläubiger muß in seinem Antrag diejenigen Maßnahmen genau angeben, die 43 der Schuldner vorzunehmen hat, sofern diese Maßnahmen nicht schon durch das Urteil festgelegt wurden. Zweibr OLGZ **74**, 317, ZöStö 2, aM Düss RR **88**, 63. Die Zwangsvollstreckung erfolgt je nach der Sachlage entweder nach § 887, Düss MDR **77**, 931, Ffm Rpfleger **75**, 445, Hamm MDR **83**, 850 (nur nach dieser Vorschrift), oder nach § 888, Düss RR **88**, 63, ThP 2, nicht jedoch nach § 890, Ffm Rpfleger **75**, 445, Hamm NJW **73**, 1135 (betreffend eine Untätigkeit des Schuldners gegenüber einer Beseitigungspflicht), aM Düss OLGZ **76**, 378.
§ 890 gilt aber zB im Falle einer Verpflichtung zur „Unterlassung eines vermeidbaren ruhestörenden Lärms", Brschw OLGZ **74**, 297, auch durch quakende Frösche, LG Lüneb RR **86**, 502. Wer den Rechtsfrieden gebrochen hat, der darf nicht dem Geschädigten die oft unmögliche Aufgabe zumuten, im

einzelnen aufzuzeigen, wie der Schaden beseitigt werden soll. Oft weiß nur der Schuldner den richtigen Weg, etwa dann, wenn es um eine große Fabrik mit verwickelten technischen Einrichtungen geht. Die Beseitigung von Zuführungen wird nicht dadurch zu einer unvertretbaren Handlung, daß der Gläubiger und seine Hilfspersonen das Grundstück des Schuldners betreten müssen, um die erforderlichen Maßnahmen zu treffen. Notfalls gilt § 892. Wenn es sich allerdings um größere Änderungen handelt, die den ganzen Betrieb oder wesentliche Teile betreffen, dann ist doch wieder § 888 anwendbar.
**Zugewinnausgleich:** Der Anspruch aus § 1379 I 2 BGB ist nach § 887 vollstreckbar, Bbg FamRZ **99**, 312.
**Zug-um-Zug-Leistung:** Soweit sie vertretbar ist, muß der Schuldner im Fall der Verweigerung, zB einer Nachbesserung, die Vollstreckung nach § 887 dulden, soweit der Gläubiger die Gegenleistung gemäß § 756 anbietet, BGH **90**, 360.
**Zutritt:** Eine Sperrung der Zufahrt auf dem Schuldnergrundstück ist vertretbar, Bbg DGVZ **99**, 136.
S auch Rn 38 „Vermieter" und Rn 6.

44  **8) VwGO:** Entsprechend anwendbar iRv Üb § 883 Rn 6, vgl VGH Mannh VBlBW **98**, 105, OVG Münst NVwZ-RR **96**, 126 u NVwZ **92**, 897, OVG Kblz DVBl **86**, 288 u OVG Mü NVwZ **82**, 563, bei der Vollstreckung zugunsten eines Privaten, OVG Lüneb AS **31**, 491 (bei Vollstreckung zugunsten der öffentlichen Hand gilt § 169 VwGO, dazu OVG Lüneb NdsRpfl **91**, 98).

**888** *Unvertretbare Handlungen.* ^I ^1Kann eine Handlung durch einen Dritten nicht vorgenommen werden, so ist, wenn sie ausschließlich von dem Willen des Schuldners abhängt, auf Antrag von dem Prozeßgericht des ersten Rechtszuges zu erkennen, daß der Schuldner zur Vornahme der Handlung durch Zwangsgeld und für den Fall, daß dieses nicht beigetrieben werden kann, durch Zwangshaft oder durch Zwangshaft anzuhalten sei. ²Das einzelne Zwangsgeld darf den Betrag von fünfzigtausend Deutsche Mark nicht übersteigen. ³Für die Zwangshaft gelten die Vorschriften des Vierten Abschnitts über die Haft entsprechend.

^II Eine Androhung der Zwangsmittel findet nicht statt.

^III Diese Vorschriften kommen im Falle der Verurteilung zur Eingehung einer Ehe, im Falle der Verurteilung zur Herstellung des ehelichen Lebens und im Falle der Verurteilung zur Leistung von Diensten aus einem Dienstvertrag nicht zur Anwendung.

**Vorbem.** II eingefügt, bisheriger II zu III und geändert dch Art 1 Z 29 a, b der 2. ZwVNov v 17. 12. 97, BGBl 3039, in Kraft seit 1. 1. 99, Art 4 I der 2. ZwVNov, ÜbergangsR Einl III 78.

**Schrifttum:** *Bier,* „Willensabhängigkeit" unvertretbarer Handlungen und Beugezwang (§ 888 Abs. 1 ZPO), Diss Bonn 1987; *Peters,* Restriktive Auslegung des § 888 I ZPO?, Gedächtnisschrift für *Bruns* (1980) 285; *Remien,* Rechtsverwirklichung durch Zwangsgeld, 1991 (auch rechtsvergleichend); *Schoenthal,* Die Stellung gesetzlicher Vertreter des Schuldners im Verfahren nach den §§ 888, 890 ZPO, Diss Freibg 1972; *Smid,* Zur Dogmatik der Klage auf Schutz des „räumlich gegenständlichen Bereichs" der Ehe usw, 1983; *Winter,* Vollzug der Zivilhaft, 1987.

**Gliederung**

| | |
|---|---|
| 1) Systematik, Regelungszweck, I–III … | 1 |
| 2) Geltungsbereich, I–III … | 2–6 |
|    A. Abhängigkeit vom Schuldnerwillen …. | 2–5 |
|    B. Beispiele zur Frage der Anwendbarkeit . | 6 |
| 3) Vollstreckung, I, II … | 7–14 |
|    A. Verfahren … | 7–9 |
|    B. Entscheidung … | 10, 11 |
|    C. Anhalten: Sogleich Festsetzung … | 12, 13 |
|    D. Rechtsbehelfe … | 14 |
| 4) Zwangsmittel, I, II … | 15–20 |
|    A. Allgemeines … | 15 |
|    B. Keine Schuldprüfung … | 16 |
|    C. Keine Stundung usw … | 17 |
|    D. Vollstreckung … | 18 |
|    E. Rechtsbehelfe … | 19 |
|    F. Aufhebung des Titels … | 20 |
| 5) Nicht erzwingbare Handlung, III … | 21–25 |
|    A. Eingehung der Ehe … | 21 |
|    B. Eheliches Leben … | 22 |
|    C. Religiöses Verhalten … | 23 |
|    D. Unvertretbarer Dienst … | 24 |
|    E. Sonstige Fälle … | 25 |
| 6) Zulässigkeit der Verurteilung, III … | 26 |
| 7) VwGO … | 27 |

1  **1) Systematik, Regelungszweck, I–III.** Vgl zunächst § 887 Rn 1–3. Das Verfahren nach § 888 ist ein selbständiges Nebenverfahren, BayObLG DB **96**, 977. Auch hier gilt zur richtigen Einordnung das Gebot der Konzentration auf den Kern, das Wesentliche der vom Schuldner zu erbringenden Leistung.

2  **2) Geltungsbereich, I–III.** Die Abgrenzung ist schwierig, aber unentbehrlich.

**A. Abhängigkeit vom Schuldnerwillen.** § 888 setzt eine Handlung des Schuldners voraus, die im Zeitpunkt eines Beschlusses nach I ausschließlich vom Willen des Schuldners abhängt, Bbg MDR **83**, 499, Düss FamRZ **97**, 830, Köln MDR **84**, 505. Es muß sich um eine Maßnahme handeln, die ein Dritter bei vernünftiger Betrachtung nicht vornehmen kann oder darf, jedenfalls nicht so, wie es dem Schuldner möglich ist, im Grundsatz richtig Naumb RR **98**, 874. Wegen des bei § 888 im Inland auszuübenden Zwanges reicht auch eine im Ausland vorzunehmende unvertretbare Handlung. Die Abgrenzung zwischen einer vertretbaren und einer unvertretbaren Handlung ist schwierig und umstritten, § 887 Rn 4, 20. Der Beugezwang nach I ist sinnvoll und rechtens, solange der Schuldner seine Möglichkeiten nicht ausgeschöpft hat. Die Handlung darf nicht etwa eine Geldzahlung oder eine Hinterlegung oder eine Herausgabe von Personen oder Sachen betreffen, § 887 Rn 1. Die Handlung darf auch nicht etwa auf eine Willenserklärung hinauslaufen, außer wenn der vorrangige § 894 unanwendbar ist, § 887 Rn 41 „Willenserklärung". Es darf sich auch nicht um eine bloße Unterlassung handeln, § 890. Entscheidend ist der Inhalt und nicht die Fassung des Urteils, Mü OLGZ **82**, 102. Er ist durch Auslegung zu ermitteln, Mü OLGZ **82**, 101, Stgt OLGZ **90**, 354. Ein Zwang ist nur im Rahmen des § 888 gestattet. Der Titel muß vollstreckungsfähig genau sein, Grdz 22, 23 vor § 704, BGH **98**, 129, Karlsr FamRZ **83**, 631, Bbg FamRZ **94**, 1048.

Darüber hinaus und auch bei Handlungen, die nicht ausschließlich im Willen des Schuldners liegen, bleibt dem Gläubiger nur übrig, eine *Klage auf das Interesse* zu erheben, § 893, etwa im Fall der Verurteilung zum Abschluß eines Vertrags oder bei einer Verurteilung zum Betrieb eines Einzelhandelsgeschäfts, Hamm NJW **73**, 1135. Wenn das Verfahren nach § 888 zur Beseitigung von Zweifeln bei der Urteilsauslegung nicht ausreicht, dann können der Gläubiger sowie der Schuldner eine Feststellungsklage erheben. Wenn das Gericht einen Sachverhalt beurteilen soll, der über die bisherige Verurteilung hinausgeht, dann ist eine ganz neue Klage erforderlich.

§ 888 *ist unanwendbar,* wenn es um § 510b geht; das bestimmt § 888a. § 888 ist ferner unanwendbar, **3** wenn der Vollstreckungstitel trotz der nach Rn 1 statthaften Auslegung, die sich freilich nicht mehr auf die rechtliche Zulässigkeit der fraglichen Handlung erstrecken darf, nicht vollstreckungsfähig genau ist, Rn 2, oder wenn die Handlung dem Schuldner schon oder noch unmöglich ist, Celle MDR **98**, 923, Düss FamRZ **97**, 830, LG Heilbr JB **93**, 175 (strenger Maßstab), oder wenn sie von einem fremden Willen abhängt, wenn also der ernstlich gewollten Vornahme unüberwindliche Hindernisse entgegenstehen, mögen sie auf einem Verschulden des Schuldners beruhen oder nicht, BayObLG **88**, 442, Hamm RR **88**, 1088, LG Hann WoM **93**, 476, aM ThP 3.

Der Gläubiger kann dem Einwand des Schuldners, er könne die Handlung *nicht mehr selbst* vornehmen, Brdb FamRZ **98**, 178, Kblz VersR **93**, 379, Stgt OLGZ **90**, 355, wofür er darlegen und beweisen muß, Hamm RR **88**, 1088, mit einem Gegenbeweis entgegentreten, Hamm FamRZ **97**, 1095. Der Schuldner kann auch nach § 767 klagen, vgl Rn 31 „Unmöglichkeit". Ein zum Abdruck einer Gegendarstellung verurteilter verantwortlicher Redakteur kann aber, solange er die Stellung innehat, nicht mit der Behauptung gehört werden, er könne den Abdruck mit Rücksicht auf seine Stellung nicht durchsetzen. Ein „Redaktionsschwanz" entwertet die Gegendarstellung und eröffnet eine weitere, LG Ffm RR **88**, 1022.

Der Schuldner darf und muß evtl *Hilfskräfte* hinzuziehen, Hamm FamRZ **98**, 179 und 180, Kblz VersR **93**, **4** 379. Er muß ihre Hinzuziehung zumindest versuchen, Ffm RR **92**, 172, Kblz VersR **93**, 379, Köln ZMR **91**, 437. Der Schuldner muß also dann, wenn er über seine Einkommens- und Vermögensverhältnisse eine Auskunft geben muß, einen Sachverständigen hinzuziehen oder einen Steuerberater um seine Hilfe bitten, Hamm FamRZ **97**, 1095, muß das Finanzamt um dessen Hilfe bitten, soweit diese zulässig ist, LG Lahn-Gießen MDR **79**, 64. Wenn die Rechnungslegung davon abhängt, daß ein Dritter Bücher vorlegt, dann kann sich der Gläubiger den Anspruch des Schuldners gegen den Dritten abtreten lassen. Trotzdem kann § 888 in solchen Fällen anwendbar bleiben, Köln BB **81**, 393.

Der *Gläubiger muß beweisen,* daß die Voraussetzungen des § 888 vorliegen, § 887 Rn 5, Hamm FamRZ **5** **97**, 1095, aM Schilken JR **76**, 322. Maßgeblich ist der Zeitpunkt der Zwangsvollstreckung, KG NJW **72**, 2094. Der Schuldner muß also auch die geschuldete Handlung unterlassen oder verweigert haben. Das Gericht muß eine Beweiserhebung beschließen, wenn ein Beweis erforderlich war und wenn der zugehörige Beweis angetreten worden ist. Zur Zwangsvollstreckung gegen den Betriebsrat Rewolle BB **74**, 888.

**B. Beispiele zur Frage der Anwendbarkeit.** Vgl das ABC in § 887 Rn 20ff. **6**

**3) Vollstreckung, I, II.** Sie verläuft kompliziert. **7**

**A. Verfahren.** Vgl zunächst Rn 1. Zuständig ist gemäß § 802, abweichend von § 764, das Prozeßgericht der ersten Instanz, § 887 Rn 10, KG NJW **91**, 989, Saarbr OLGZ **90**, 486, Schlesw SchlHA **81**, 190. Zuständig ist also das Gericht desjenigen Verfahrens, in dem der Vollstreckungstitel ergangen ist, BGH Rpfleger **80**, 182, BayObLG **88**, 415. In einer Familiensache, §§ 606ff, ist das FamG zuständig, Düss FamRZ **78**, 130, Ffm OLGZ **91**, 340, Saarbr OLGZ **90**, 486. Dabei bedeutet das, daß eine nicht gehörige Erfüllung eine Nichterfüllung, § 887 Rn 41 „Willenserklärung", Düss GRUR **79**, 276, Hamm RR **92**, 1029. Ein Zurückbehaltungsrecht ist im Verfahren nach § 888 unbeachtlich, aM Jauernig FamRZ **77**, 763. Wenn der Einzelrichter den Vollstreckungstitel erlassen hatte, ist er zuständig, § 348, Ffm MDR **81**, 504. Nach altem FGG-Erkenntnisverfahren ist dennoch grundsätzlich jetzt das ordentliche Gericht zuständig, BayObLG **88**, 415.

Der *Erfüllungseinwand,* dazu Schilken (vor § 887 Rn 1), ist zulässig; das Gericht muß das Fehlen der **8** Erfüllung statt einer Verweisung auf § 767 selbst in jeder Lage des Verfahrens von Amts wegen feststellen, § 887 Rn 4, 5, Bbg FamRZ **81**, 581, LAG Ffm MDR **98**, 544, Schulz FamRZ **97**, 1329, aM Köln FamRZ **92**, 1328, Mü OLGZ **94**, 486, Reischl JR **97**, 407.

Das Gericht schreitet nur auf einen *Antrag des Gläubigers* ein, wie bei § 887 Rn 12. Er braucht weder das **9** Zwangsmittel noch das Zwangsmaß anzugeben, Köln MDR **82**, 589. Ein auch diesbezüglicher „Antrag" ist nur eine Anregung, aM ZöStö 4 (er wendet § 308 I an). Zur Umdeutbarkeit eines Antrags § 887 Rn 14. Ein Anwaltszwang besteht wie sonst, § 891 Rn 1. Bei einer entsprechenden Anwendung durch das Vollstreckungsgericht gemäß § 889 II besteht kein Anwaltszwang, Habscheid NJW **70**, 1672. Das Verfahren verläuft nach § 891. Die allgemeinen Voraussetzungen der Zwangsvollstreckung, Grdz 14 vor § 704, müssen vorliegen. Die etwaige Prozeßunfähigkeit des Schuldners nach §§ 51, 52 hindert den Fortgang des Verfahrens nicht. Die Entscheidung ergeht dann gegen den Prozeßunfähigen, vertreten durch seinen gesetzlichen Vertreter, Dietrich Üb vor § 883, 185, Peters ZZP **91**, 341 (evtl ist die Entscheidung also auch gegen einen minderjährigen Schuldner vollstreckbar).

**B. Entscheidung.** Das Prozeßgericht entscheidet nach freigestellter mündlicher Verhandlung, § 128 **10** Rn 10, stets durch einen Beschluß, § 329. Es muß den Antrag zurückweisen oder den Schuldner zur Vornahme der Handlung anhalten, vgl Rn 12. Zu diesem Zweck verhängt das Gericht: entweder ein Zwangsgeld. Dann muß das Gericht zugleich ersatzweise, nämlich für den Fall der Nichtbeitreibbarkeit, eine Zwangshaft anordnen, LAG Ffm DB **93**, 1248, AG Bln-Charlottenb DGVZ **79**, 28, Geißler DGVZ **88**, 20;

## § 888

### 8. Buch. 3. Abschnitt. Zwangsvollstreckung

oder das Gericht verhängt sogleich eine Zwangshaft, falls nämlich die Anordnung eines Zwangsgelds in der Verbindung mit einer nur ersatzweisen Zwangshaft unzureichend wäre. Welchen dieser Wege das Gericht wählt, steht in seinem pflichtgemäßen Ermessen, Köln MDR **82**, 589. Der Beschluß ist zu begründen, § 329 Rn 4. Die Festsetzung kann der Beginn der Zwangsvollstreckung sein, Grdz 51 vor § 704, LG Bln Rpfleger **75**, 374. Auch in diesem Stadium muß ein Rechtsschutzbedürfnis des Gläubigers vorliegen, Grdz 33 vor § 253. Es fehlt dann, wenn sich der Gläubiger selbst helfen kann, etwa nach § 792 und bei einer Wahlschuld. Denn bei einer solchen Schuldart kann der Gläubiger die Wahl nach § 264 BGB selbst treffen. Eine wiederholte Festsetzung setzt volle Durchführung der bisherigen Zwangsmittel voraus, Brdb FamRZ **98**, 180.

**11** Das Gericht entscheidet über die *Kosten* jetzt wegen § 891 S 3 nach §§ 91 ff. Das gilt auch bei einer *Antragsrücknahme* und bei einer Zurückweisung. Wert: Anh § 3 Rn 144.

**12** **C. Anhalten: Sogleich Festsetzung.** Das „Anhalten" darf nicht (mehr) so erfolgen, daß das Gericht für den Fall des fruchtlosen Fristablaufs die Zwangsmittel androht, II (durch diese Regelung ist die frühere Streitfrage erledigt). Vielmehr darf und muß das Gericht *sofort* ein Zwangsmittel *festsetzen*. Das Verfahren ist nämlich schon schleppend genug, Kblz RR **97**, 1337. Der Schuldner kann die Vollstreckung ja durch seine Erfüllung abwenden, Rn 18.

Das Gericht darf natürlich nicht nur das *Höchstmaß* festsetzen. Eine Klage auf Rechnungslegung ist unzulässig, wenn das Vollstreckungsgericht den Antrag auf Erzwingung rechtskräftig abgewiesen hat.

**13** Im Festsetzungsbeschluß darf das Gericht evtl eine *Frist zur Vornahme* der Handlung setzen, zB wenn der Schuldner eine angemessene Zeit für eine streitig gewesene Rechnungslegung braucht. Dadurch wahrt das Gericht auch den Verhältnismäßigkeitsgrundsatz, Grdz 34 vor § 704. Ein fälschlich ergangener bloßer Androhungsbeschluß ist nicht in eine Festsetzung umdeutbar.

**14** **D. Rechtsbehelfe.** Der Schuldner kann gegen eine Festsetzung die sofortige Beschwerde nach §§ 577, 793 I einlegen. Vgl ferner § 893. Kosten: § 97.

Gegen eine fälschlich ergangenen bloßen *Androhungsbeschluß* ist ebenfalls die sofortige Beschwerde statthaft.

*Gebühren*: Des Gerichts KV 1953; des RA §§ 57, 58 III Z 8 BRAGO. Wert: § 3 Anh Rn 144.

**15** 4) **Zwangsmittel, I, II.** Seine Anordnung erfordert große Aufmerksamkeit.

**A. Allgemeines.** Wenn der Schuldner entweder nicht innerhalb derjenigen Frist erfüllt hat, die ihm gesetzt worden war, oder mangels einer solchen Frist nicht innerhalb einer angemessenen Frist, dann muß das Prozeßgericht ein Zwangsmittel festsetzen. Der Gläubiger kann zwar ein bestimmtes Zwangsmittel anregen; das Gericht muß seine Wahl aber nach pflichtgemäßem Ermessen selbst ausüben. Die Parteien können auch nicht vereinbaren, daß ein Zwangsmittel des § 888 bei einer vertretbaren Handlung anzuwenden sei.

Das Gericht wählt zwischen der Möglichkeit, dem Schuldner ein *Zwangsgeld* aufzuerlegen, das stets mit einer ersatzweisen *Zwangshaft* verbunden werden muß, Rn 10, oder der Möglichkeit, sogleich eine Zwangshaft zu verhängen. Neben einem Zwangsgeld ist eine Zwangshaft zunächst immer nur ersatzweise zulässig. Das Gericht kann aber zunächst ein Zwangsgeld, ersatzweise eine Zwangshaft festsetzen, dann eine Haft, auch umgekehrt vorgehen, und es kann auch ohne Verstoß gegen Art 103 III GG jede Art von Zwangsmitteln wiederholt verhängen, Hamm DGVZ **77**, 41, also zB zunächst Zwangsgeld, ersatzweise Zwangshaft, dann mangels Zahlung oder bisheriger Beitreibbarkeit erneut Zwangsgeld, ersatzweise Zwangshaft und so weiter, Karlsr FamRZ **94**, 1275. Eine Ersatzhaft oder Zwangshaft kann auch nachträglich gesondert festgesetzt werden.

Eine Vollstreckung der nur ersatzweise verhängten *Zwangshaft* ist natürlich erst dann zulässig, wenn feststeht, daß das zunächst festgesetzte Zwangsgeld nicht beigetrieben werden kann. Eine mehrmalige Anordnung wegen desselben Ungehorsams ist nur dann zulässig, wenn der Ungehorsam trotz der früheren Anordnung fortdauert, wenn der Schuldner also eine neue Zuwiderhandlung begangen hat. Das Gesamtmaß der Zwangshaft darf 6 Monate nicht übersteigen, I 3, § 913. Zweckmäßig ist es, einfach „Zwangshaft" zu verhängen. Sie dauert dann bis zu 6 Monaten. Das *Zwangsgeld* muß auf eine bestimmte Höhe lauten, wenn es endgültig festgesetzt wird. Das Gericht muß den Verhältnismäßigkeitsgrundsatz, Grdz 34 vor § 704, auch hier beachten und darf zB nicht das Zehnfache des Vertretbaren anordnen, LAG Ffm DB **93**, 1248. Es muß sich am Interesse des Gläubigers an der Durchsetzung der titulierten Forderung zumindest mitorientieren, LAG Ffm DB **93**, 1248. Der Mindestbetrag des Zwangsgeldes ist 5 DM, Art 6 I EGStGB, Vorbem B vor § 380, der einzelne Höchstbetrag ist 50 000 DM, I 2. Es können zB 20 000 DM bei der verweigerten „Verschleppung" einer Auskunft über die Verbreitung von Videobändern gerechtfertigt sein, Mü RR **92**, 704. Die Haft steht nicht im Widerspruch zur Europäischen Menschenrechtskonvention. Gegen ein Mitglied der alliierten Streitkräfte ist keine Zwangshaft zulässig, Art 34 II ZAbkNTrSt, SchlAnh III; wegen der Erzwingung dort Art 12.

**16** **B. Keine Schuldprüfung.** Das Zwangsgeld und die Zwangshaft sind reine Zwangs- bzw Beugemittel, Ffm MDR MDR **90**, 452, Hamm RR **88**, 1088, OVG Bln JB **99**, 441, keine Strafen oder ähnliche Ahndungen, Göhler NJW **74**, 825, sondern andersartige Rechtsnachteile, Art 5 EGStGB, Vorbem B bei § 380. Sie sollen nur die Erfüllung herbeiführen, Ffm Rpfleger **81**, 152, Mü OLGZ **82**, 102. Daraus folgt: Hier gelten keine strafrechtlichen Grundsätze. Es braucht also, abgesehen vom Fall Rn 3 (Unmöglichkeit), weder eine vorsätzliche noch eine fahrlässige Verhaltensweise des Schuldners vorzuliegen, Hamm RR **87**, 766, Köln VersR **97**, 723. Ein Zwangsmittel darf nicht mehr festgesetzt werden, wenn der kein Durchsetzungsinteresse mehr hat, OVG Bln JB **99**, 441 (Zeitablauf).

**17** **C. Keine Stundung usw.** Das Gericht darf dem Schuldner weder eine Stundung noch eine Ratenzahlung gewähren, denn Art 7 EGStGB, Vorbem B bei § 380, nennt nur das Ordnungsgeld, nicht ein Zwangsgeld. Deshalb sind auch dessen Art 8, 9 EGStGB unanwendbar.

**18** **D. Vollstreckung.** Die Vollstreckung des Zwangsgeldes erfolgt von Amts wegen § 1 I Z 3 JBeitrO, Mü NJW **83**, 947, LG Kblz MDR **83**, 851, ThP 15, aM BGH NJW **83**, 1859, Stgt FamRZ **97**, 1495, ZöStö 14 (sie erfolge auf Antrag des Gläubigers nach den allgemeinen Vorschriften der §§ 803 ff. Aber die JBeitrO gilt

zur Erwirkung der Herausgabe von Sachen usw. **§ 888**

keineswegs nur für Strafen usw, die von Amts wegen zu vollstrecken sind. Der BGH setzt sich über das Wort „Zwangsgeld" in I, das in § 1 I Z 3 JBeitrO wiederkehrt, hinweg). Eine *Vollstreckungsklausel* im Sinn von §§ 724 ff ist entbehrlich, LG Kiel DGVZ 83, 156, AG Lindau DGVZ 97, 44. Das Zwangsgeld fällt der Staatskasse zu, BGH NJW 83, 1859. Bis zur Beitreibung darf der Schuldner das Zwangsgeld durch eine Erfüllung abwenden, Hbg FamRZ 88, 1213, LG Oldb Rpfleger 82, 351 (krit Uhlenbruck), Schockenhoff NJW 90, 154.

Das Gericht muß den Schuldner dann, wenn er seine Schuld erfüllt, sofort aus der Zwangshaft *entlassen*, Ffm JB 91, 1557. Die Geldvollstreckung muß in diesem Fall sofort eingestellt werden, Ffm Rpfleger 81, 152. Das Gericht darf den Schuldner nicht begnadigen. Denn der Gläubiger könnte jederzeit von der weiteren Vollstreckung absehen. Er ist der Herr der Zwangsvollstreckung, Grdz 37 vor § 704. Das Gericht darf den Gläubiger nicht zunächst darauf verweisen, zum Zweck der Herbeiführung einer eidesstattlichen Versicherung eine Zwangshaft durchführen zu lassen, selbst wenn der Gläubiger einen dementsprechenden Vollstreckungstitel besitzt. Die Haft wird nach § 909 vollstreckt, AG Krefeld MDR 77, 322. Bei einem nach §§ 51, 52 Prozeßunfähigen ist ein Zwangsgeld in sein Vermögen, eine Zwangshaft gegen den gesetzlichen Vertreter, § 51 Rn 12, zu vollstrecken, § 890 Rn 30.

**E. Rechtsbehelfe.** Der Gläubiger hat gegen eine die Vollstreckung ablehnende Entscheidung die sofortige Beschwerde, §§ 577, 793 I entsprechend, 6 I Z 1 JBeitrO (Hartmann Teil IX A), Mü NJW 83, 947. Jeder Betroffene kann gegen die Art der Vollstreckung die Erinnerung nach § 766 einlegen. Vgl §§ 767, 893. Für eine Klage nach § 767 fehlt nach Erfüllung das Rechtschutzbedürfnis, Zweibr FamRZ 98, 384. **19**

**F. Aufhebung des Titels.** Wenn der Vollstreckungstitel aufgehoben wird oder wenn die Zwangsvollstreckung eingestellt wird, dann werden die Festsetzung der Zwangsmittel und die weitere Vollstreckung unzulässig, LAG Ffm DB 85, 1139. Wenn die Zwangsvollstreckung anschließend wieder ihren Fortgang nimmt, dann können auch die Zwangsmittel weiter vollstreckt werden. Ein aufgehobener Beschluß lebt nicht wieder auf. Die Aufhebung des Vollstreckungstitels stellt fest, daß die Festsetzung, die seiner Durchführung diente, unberechtigt erfolgt war. Deshalb hat der Schuldner insoweit gegen den Gläubiger einen Anspruch nach § 717 II. Der Schuldner hat auch einen Anspruch gegen den Staat auf die Zurückzahlung eines bereits beigetriebenen Zwangsgeldes. Denn der Staat ist ungeachtet der öffentlichrechtlichen Elemente des Gesamtvorgangs nun ohne einen Rechtsgrund bereichert, § 812 BGB entsprechend, BAG NJW 90, 2580, Ffm JB 91, 1556. **20**

**5) Nicht erzwingbare Handlung, III.** I, II sind mit Rücksicht auch auf Artt 1, 2 GG, vgl MüKoSchi 10, in fünf Fallgruppen unanwendbar. **21**

**A. Eingehung der Ehe.** Es muß sich um ein Urteil auf die Eingehung der Ehe handeln, § 1297 BGB. Ein solches Urteil kommt allerdings nach deutschem Recht nicht vor.

**B. Eheliches Leben.** Es muß sich um ein Urteil auf die Herstellung des ehelichen Lebens (Begriff § 606 Rn 7) handeln. Hierhin zählen alle Verurteilungen, die in diesen Bereich gehören, vgl auch KG OLGZ 76, 27, LG Stgt FamRZ 77, 201, also auch evtl eine Verurteilung zu einer Unterlassung im Sinn von § 890, Zettel MDR 81, 212. Alles das ist nicht erzwingbar, und zwar auch nicht mittelbar, etwa durch die Entfernung des Störers aus der Ehewohnung, um selbst dort wieder einzuziehen, Celle NJW 80, 713. Unerzwingbar ist ferner ein Verbot gegen einen Dritten, mit dem Ehegatten des Klägers geschlechtlich zu verkehren oder überhaupt zu sprechen, Löwisch JZ 73, 670. Etwas anderes gilt allenfalls bei der Erfassung des äußeren Rahmens, aM Struck JZ 76, 163. Die Bedeutung des Urteils erschöpft sich daher in der Vorbereitung eines Scheidungsantrags. III ist entsprechend anwendbar, wenn es sich um einen Schuldvertrag wegen eines Ehe- oder Familiennamens handelt, Diederichsen NJW 76, 1170, oder wenn es um einen Anspruch wegen einer Namensänderung geht. Denn eine solche Entscheidung der Ehegatten ist höchstpersönlich. III ist keine vermögensrechtliche Streit unanwendbar, BGH FamRZ 88, 144, Tiedtke FamRZ 78, 386, aM LG Oldb FamRZ 92, 944, ebenso bei einem Anspruch, dessen Durchsetzung mit den sittlichen Anschauungen vereinbar ist, LG Zweibr MDR 76, 145. **22**

**C. Religiöses Verhalten.** Es muß um ein kultisches bzw religiöses Verhalten gehen. Die Unanwendbarkeit von I, II resultiert hier aus Art 4 GG, BVerfG 33, 28, Ffm Rpfleger 80, 117, Köln MDR 73, 768. **23**

**D. Unvertretbarer Dienst.** Es muß um die Ableistung von unvertretbaren Diensten auf Grund eines Dienstvertrags gehen, BGH 78, 86 (betr den Geschäftsführer einer KG). Bei vertretbaren Diensten gilt § 887. Es kann sich auch um unvertretbare Dienste aus einem Vertrag über eine entgeltliche Geschäftsbesorgung nach § 675 BGB oder um einen Auftrag nach § 662 BGB handeln. Über das Unterlassen der Dienstleistung bei anderen § 890 Rn 2. Die Wettbewerbsklausel im Dienstvertrag enthält keine Verpflichtung zu einer wirklichen Leistung, ArbG Gött DB 74, 633. Der Beschäftigungs- bzw Weiterbeschäftigungsanspruch des Arbeitnehmers ist nach I, II vollstreckbar, LAG Bln BB 79, 1404, LAG Hamm BB 80, 160, ArbG Münster BB 81, 243. Der Arbeitgeber kann sich der Verpflichtung nicht durch eine weitere vorsorgliche Kündigung entziehen, sondern ist auf eine Vollstreckungsabwehrklage nach § 767 angewiesen, ArbG Münster BB 81, 243. **24**

**E. Sonstige Fälle.** III ist entsprechend anwendbar auf den Abschluß eines Erbvertrags, Ffm Rpfleger 80, 117. **25**

**6) Zulässigkeit der Verurteilung, III.** Die Vorschrift verbietet nur die Erzwingung, also nicht die Verurteilung. Deshalb ist eine Klage auf die Ableistung der vertraglichen Dienste zulässig. Die Klage kann nämlich trotz III als eine vorläufige Entscheidung dem Gläubiger wertvoll sein. Deshalb ist auch eine einstweilige Verfügung auf die Leistung der vertraglichen Dienste zulässig. Allerdings darf das Gericht in der einstweiligen Verfügung kein Zwangsmittel androhen, wenn III anwendbar ist, und die einstweilige Verfügung ist insofern auch nicht vollstreckbar. Die Zustellung zum Zweck der Vollziehung ist keine Zwangsvollstreckung, Grdz 19 vor § 916. **26**

*Hartmann* 2119

**27**   7) *VwGO:* Entsprechend anzuwenden im Rahmen der Üb § 883 Rn 6, also nicht bei der Vollstreckung aus Titeln aufgrund einer Verpflichtungsklage, für die § 172 VwGO gilt (zur Vollstr aus Vergleichen, wenn es nicht um eine Geldleistung geht, s Üb § 883 Rn 6), wohl aber bei der Vollstreckung aus Titeln, die ein sonstiges Handeln der Behörde zum Gegenstand haben, § 890 Rn 44, OVG Bln NVwZ-RR *99*, 411 mwN, ua VGH Mannh NVwZ-RR *93*, 520 u OVG Kblz NJW *87*, 1221, vgl VGH Mü NVwZ-RR *97*, 69 (VerwVollstr).

**888a** *Entschädigung bei Nichtvornahme einer Handlung.* Ist im Falle des § 510 b der Beklagte zur Zahlung einer Entschädigung verurteilt, so ist die Zwangsvollstreckung auf Grund der Vorschriften der §§ 887, 888 ausgeschlossen.

**1**   1) **Systematik, Regelungszweck.** Es handelt sich um eine Klarstellung im Interesse der Vermeidung einer doppelten Vollstreckung, Einl III 9.

**2**   2) **Geltungsbereich.** Über die Anwendbarkeit des § 888 a vgl § 510 b Rn 2, 7. Dort ist auch § 889 II unanwendbar. Denn die Erzwingung der eidesstattlichen Versicherung nach § 889 II ist ein Unterfall von § 888. Im Fall einer Arbeitssache gilt § 61 II ArbGG.

**3**   3) **Rechtsbehelf.** Bei einer Zwangsvollstreckung aus §§ 887–889 hat der Betroffene die Möglichkeit der sofortigen Beschwerde nach § 793 I.

**4**   4) *VwGO:* Unanwendbar, weil § 510 b im VerwProzeß nicht entsprechend gilt.

**889** *Eidesstattliche Versicherung nach bürgerlichem Recht.* I ¹Ist der Schuldner auf Grund der Vorschriften des bürgerlichen Rechts zur Abgabe einer eidesstattlichen Versicherung verurteilt, so wird die Versicherung vor dem Amtsgericht als Vollstreckungsgericht abgegeben, in dessen Bezirk der Schuldner im Inland seinen Wohnsitz oder in Ermangelung eines solchen seinen Aufenthaltsort hat, sonst vor dem Amtsgericht als Vollstreckungsgericht, in dessen Bezirk das Prozeßgericht des ersten Rechtszuges seinen Sitz hat. ²Die Vorschriften der §§ 478 bis 480, 483 gelten entsprechend.

II Erscheint der Schuldner in dem zur Abgabe der eidesstattlichen Versicherung bestimmten Termin nicht oder verweigert er die Abgabe der eidesstattlichen Versicherung, so verfährt das Vollstreckungsgericht nach § 888.

**Gliederung**

| | | | | |
|---|---|---|---|---|
| 1) Systematik, Regelungszweck, I, II | 1 | 4) Säumnis und Weigerung, II | | 5–7 |
| 2) Titelfassung, I | 2 | A. Allgemeines | | 5 |
| 3) Abgabe der eidesstattlichen Versicherung, I | 3, 4 | B. Zuständigkeit | | 6 |
| A. Verfahren | 3 | C. Einzelfragen | | 7 |
| B. Pflicht zur persönlichen Abgabe | 4 | 5) VwGO | | 8 |

**1**   1) **Systematik, Regelungszweck, I, II.** Die eidesstattliche Versicherung des sachlichen Rechts, namentlich diejenige im Fall einer Verpflichtung zur Erteilung einer Auskunft und einer Rechnungslegung, ist eine unvertretbare Handlung. Sie hat mit der prozessualen eidesstattlichen Versicherung nichts gemeinsam, Düss MDR *94*, 306. Wenn der Schuldner die Versicherung freiwillig abgibt, dann nimmt das Gericht der freiwilligen Gerichtsbarkeit die eidesstattliche Versicherung ab, §§ 163, 79 FGG, und zwar auch nach dem Landesrecht. Andernfalls muß der Gläubiger den Schuldner auf die Abgabe der eidesstattlichen Versicherung verklagen. In einem solchen Fall kann das Rechtsschutzinteresse nach Grdz 33 vor § 253 fehlen, BGH *55*, 206. Wenn das Gericht dem Schuldner die Abgabe der eidesstattlichen Versicherung in einem Urteil auferlegt hat, dann ist nur eine Zwangsvollstreckung nach § 889 statthaft. Es ist allerdings zulässig, daß sich die Parteien dahin einigen, daß der Schuldner auch in einem solchen Fall die eidesstattliche Versicherung vor dem Gericht der freiwilligen Gerichtsbarkeit abgeben solle.

Das Verfahren gehört *nicht mehr* zum *Erkenntnisverfahren* nach §§ 253 ff. Es ist zwar noch nicht von Anfang an, Rn 3 (Terminsbestimmung), wohl aber im weiteren Verlauf ein besonderes Verfahren der Zwangsvollstreckung. Deshalb sind die Kosten dieses Verfahrens Kosten der Zwangsvollstreckung, § 788, falls der Schuldner die eidesstattliche Versicherung nicht freiwillig leistet. Andernfalls ist § 261 III BGB anwendbar. Die Umständlichkeit des Verfahrens nach § 889 sollte nicht durch eine allzu schuldnerfreundliche Auslegung gesteigert werden, Üb 1 vor § 883.

**2**   2) **Titelfassung, I.** Oft gibt das Urteil keine Fassung der eidesstattlichen Versicherung, obwohl es sie geben sollte. Dann muß das Gericht die erforderliche Fassung der eidesstattlichen Versicherung im Vollstreckungsverfahren durch einen Beschluß festlegen. Auch ein nach §§ 708 ff nur vorläufig vollstreckbares Urteil darf eine eidesstattliche Versicherung auferlegen. Dieser Weg ist aber nicht zulässig, wenn das Gericht lediglich eine einstweilige Verfügung erläßt, §§ 935 ff.

Soweit ein (dem Urteil gleichstehender) *Prozeßvergleich* usw vorliegt, Anh § 307, § 794 I Z 1, kommt es nicht darauf an, ob er vor dem eigentlich zuständigen Gericht zustande kam, denn es reicht sein Abschluß vor „einem" deutschen Gericht; daher sind insofern §§ 40 II, 764, 802 unbeachtlich. Natürlich muß der

zur Erwirkung der Herausgabe von Sachen usw. **§ 889**

Inhalt vollstreckungsfähig sein; die „Verpflichtung zur Abgabe der eidesstattlichen Versicherung vor einem Gericht bis zum ..." kann nach Fristablauf nach § 894 ausreichend sein (Fallfrage).

**3) Abgabe der eidesstattlichen Versicherung, I.** Sie ähnelt dem § 807. **3**

**A. Verfahren.** Ausschließlich zuständig, § 802, ist sachlich stets das AG als Vollstreckungsgericht, § 764, also nicht etwa der Gerichtsvollzieher (§ 899 I nennt § 889 nicht mit), sondern der Rpfl, § 20 Z 17 RPflG, Anh § 153 GVG, Düss FamRZ **97**, 1496, LG Bochum Rpfleger **99**, 404, und zwar auch in einer Familienrechtssache, § 764 Rn 3, und auch bei einem arbeitsgerichtlichen Titel, § 62 II 1 ArbGG, denn das AG wird eben „als Vollstreckungsgericht" tätig, I 1, § 764 Rn 3; örtlich das AG des inländischen Wohnsitzes, hilfsweise das AG des Aufenthaltsorts, § 13 Rn 1–3, § 16 Rn 1, bei einer juristischen Person das AG des Sitzes, § 17 Rn 2; ganz hilfsweise dasjenige AG, in dessen Bezirk das Prozeßgericht des ersten Rechtszuges seinen Sitz hat, also zB das AG am Ort des LG. Das Verfahren beginnt mit einem Antrag des Gläubigers. Die Terminsbestimmung, § 216, ist noch keine Maßnahme der Zwangsvollstreckung, Düss MDR **94**, 306, LG Heilbr DGVZ **94**, 140. Sie steht einer Aufforderung zur Erfüllung gleich, Düss MDR **94**, 306, LG Heilbr DGVZ **94**, 140. Deshalb braucht der Gläubiger die Voraussetzungen der Zwangsvollstreckung erst im Termin nachzuweisen, so vor allem die Zustellung nach § 750.

Für einen nach §§ 51, 52 *Prozeßunfähigen* muß derjenige gesetzliche Vertreter, § 51 Rn 12, die eidesstattliche Versicherung abgeben, der für das Vermögen sorgen muß, § 807 Rn 52. Das gilt auch dann, wenn er im Urteil nicht benannt worden ist. Der Termin gilt nur der Abgabe der eidesstattlichen Versicherung, LG Bln Rpfleger **75**, 374. Eine Berichtigung der Fassung kann in einem Beschluß erfolgen, § 329. Er ist zu begründen, § 329 Rn 4. Eine sachliche Änderung kann nur dann erfolgen, wenn das Gericht ein späteres Ereignis berücksichtigen muß, etwa den Eintritt eines gesetzlichen Vertreters. Der Schuldner muß eine etwaige Einwendung gegen den Anspruch nach § 767 geltend machen; er kann mangels Beginns der Zwangsvollstreckung, Grdz 51 vor § 704, nicht nach § 766 vorgehen, solange kein Antrag auch nach § 888 gestellt wurde, LG Heilbr DGVZ **94**, 140. Die Vollstreckungsklausel besagt im einzelnen, wer die eidesstattliche Versicherung abgeben muß. Ein Streit über diese Frage gehört nicht in dieses Verfahren.

*Gebühren:* Des Gerichts KV 1953 (Beschwerdegebühr); des RA §§ 57, 58 I BRAGO.

**B. Pflicht zur persönlichen Abgabe.** Es besteht eine Pflicht zur persönlichen Abgabe der eidesstattli- **4** chen Versicherung zum Protokoll des Rpfl des Vollstreckungsgerichts, I 2. Wenn der Schuldner verhindert ist, dort zu erscheinen, oder wenn er sich an einem entfernten Ort aufhält, dann kann er beantragen, daß ihm die eidesstattliche Versicherung von dem Rpfl des für seinen Aufenthaltsort zuständigen AG abgenommen wird, §§ 478, 479 entsprechend. Wenn dieser Antrag berechtigt ist, dann muß das Vollstreckungsgericht ihm stattgeben. Wenn es diesen Antrag zurückweist, kann der Schuldner wie bei § 793 Rn 5, 8 vorgehen. Der Rpfl, der die eidesstattliche Versicherung abnimmt, muß den Schuldner über die Bedeutung dieser Versicherung belehren, § 480 entsprechend. Bei einem Stummen gilt § 483 entsprechend.

**4) Säumnis und Weigerung, II.** Es sollten drei Aspekte beachtet werden. **5**

**A. Allgemeines.** Eine Vertagung ist zulässig, § 227 I; § 900 II, III ist wegen der Besonderheit des Verfahrens, Rn 1, unanwendbar, Düss MDR **94**, 306. Wenn der Gläubiger im Termin ausbleibt, dann ist das unerheblich. Wenn der Schuldner ausbleibt oder wenn der Schuldner objektiv unberechtigt die Abgabe der eidesstattlichen Versicherung verweigert, dann muß das Gericht auf Grund eines Antrags des Gläubigers nach § 888 I verfahren, dort Rn 7, 15, Düss FamRZ **97**, 15, LG Heilbr DGVZ **94**, 140. Das Gericht darf und muß den Gläubiger dazu anregen, diesen Antrag zu stellen. Schon im Zeitpunkt der Androhung, auch im Zeitpunkt der Festsetzung eines Zwangsgeldes muß das Gericht zugleich ersatzweise eine Zwangshaft vorschreiben.

**B. Zuständigkeit.** Da diese Zwangshaft aber trotz ihres Charakters als eines reinen Zwangsmittels eine **6** Freiheitsentziehung ist, darf der Rpfl diese Maßnahme nicht vornehmen. Vielmehr muß dazu der Richter tätig werden. Das ergibt sich aus §§ 3 Z 4 c, 31 III RPflG bzw 6 EGStGB, Vorbem A bei § 380. Der Richter muß erst dann entscheiden, wenn er sich nach diesen Vorschriften der Vollstreckung ohnehin vorbehalten hat, § 31 III letzter Hs RPflG, Anh § 153 GVG. Wegen des Richtervorbehalts des § 4 II Z 2 a RPflG idF des Art 94 Z 2 EGStGB, Vorbem A bei § 380, muß also der Rpfl die Sache stets schon vor der ersten Androhung eines Zwangsgeldes gemäß § 4 III RPflG dem Richter vorlegen, Brehm NJW **75**, 250. Der Richter ist erst recht dann zuständig, wenn auf Grund der vorgenannten Bestimmung eine Zwangshaft angedroht oder angeordnet werden muß, wenn das Gericht also bei der Ausübung seines Ermessens Zwangshaft sogleich und nicht nur ersatzweise für notwendig hält.

**C. Einzelfragen.** Der Schuldner darf sich nicht darauf berufen, er könne die von seinem Steuerberater **7** gefertigte Auskunft nicht überprüfen, LG Köln RR **86**, 360. Wenn eine Zwangsmaßnahme dieser Art verweigert wird, hat der Betroffene die in § 793 Rn 5, 8 genannten Möglichkeiten. Der Rpfl darf und muß daher evtl eine richterliche Haftanordnung dann aufheben, wenn sich die Sachlage geändert hat, soweit sich nicht der Richter die Vollstreckung insgesamt vorbehalten hat. Der Schuldner darf jederzeit die Abnahme der eidesstattlichen Versicherung beim AG des Haftorts verlangen, § 902. Das Gericht hat dem Schuldner das rechtliche Gehör schon dadurch gewährt, daß es ihn zum Termin zwecks Abgabe der eidesstattlichen Versicherung geladen hat.

**5) VwGO:** *Entsprechend anwendbar iRv Üb § 883 Rn 6, wenn der Schuldner aufgrund der Vorschriften des öff* **8** *Rechts zur Abgabe einer eidesstattlichen Versicherung verurteilt worden ist (was allenfalls in Parteistreitigkeiten über öffentlich-rechtliche Verträge denkbar ist).*

**§ 890**

**890** *Duldungen und Unterlassungen.* ¹ ¹Handelt der Schuldner der Verpflichtung zuwider, eine Handlung zu unterlassen oder die Vornahme einer Handlung zu dulden, so ist er wegen jeder Zuwiderhandlung auf Antrag des Gläubigers von dem Prozeßgericht des ersten Rechtszuges zu einem Ordnungsgeld und für den Fall, daß dieses nicht beigetrieben werden kann, zur Ordnungshaft oder zur Ordnungshaft bis zu sechs Monaten zu verurteilen. ²Das einzelne Ordnungsgeld darf den Betrag von fünfhunderttausend Deutsche Mark, die Ordnungshaft insgesamt zwei Jahre nicht übersteigen.

II Der Verurteilung muß eine entsprechende Androhung vorausgehen, die, wenn sie in dem die Verpflichtung aussprechenden Urteil nicht enthalten ist, auf Antrag von dem Prozeßgericht des ersten Rechtszuges erlassen wird.

III Auch kann der Schuldner auf Antrag des Gläubigers zur Bestellung einer Sicherheit für den durch fernere Zuwiderhandlungen entstehenden Schaden auf bestimmte Zeit verurteilt werden.

**Schrifttum:** *Ahrens/Spätgens*, Einstweiliger Rechtsschutz und Vollstreckung aus UWG-Sachen, 2. Aufl 1990; *Kramer*, Der richterliche Unterlassungstitel im Wettbewerbsrecht, 1982; *Lindacher*, Internationale Unterlassungsvollstreckung, Festschrift für *Gaul* (1997) 399; *Oppermann*, Unterlassungsanspruch und materielle Gerechtigkeit im Wettbewerbsrecht, 1993; *Pastor*, Die Unterlassungsvollstreckung nach § 890 ZPO, 3. Aufl 1982; *Pastor/Ahrens*, Der Wettbewerbsprozeß usw, 4. Aufl 1999; *Ritter*, Zur Unterlassungsklage: Urteilstenor und Klageantrag, 1994; *Rüßmann*, Die Bindungswirkung rechtskräftiger Unterlassungsurteile, Festschrift für *Lüke* (1997) 675; *Schilken*, Die Geltendmachung des Erfüllungseinwands usw, Festschrift für *Gaul* (1997) 667; *Schoenthal*, Die Stellung gesetzlicher Vertreter des Schuldners im Verfahren nach den §§ 888, 890 ZPO, Diss Freibg 1972; *Teplitzky*, Wettbewerbsrechtliche Ansprüche, Unterlassung usw, 7. Aufl 1997 (Bespr *Vogt* NJW **98**, 2887); *Wilke/Jungeblut*, Abmahnung, Schutzschrift und Unterlassungserklärung im gewerblichen Rechtsschutz, 2. Aufl 1995; *Winter*, Vollzug der Zivilhaft, 1987.

**Gliederung**

| | |
|---|---|
| 1) Systematik, Regelungszweck, I–III ... 1 | I. Beispiele zur Frage der Zulässigkeit eines Ordnungsmittels ............... 26–29 |
| 2) **Verbotsurteil**, I ........................... 2–7 | 5) **Vollstreckung**, I ........................... 30, 31 |
|   A. Verständlichkeit (sog Kerntheorie) ... 2–5 |   A. Von Amts wegen ....................... 30 |
|   B. Unerzwingbarkeit der Handlung ..... 6 |   B. Staatskasse als Empfänger ............. 31 |
|   C. Vergleich ............................. 7 | 6) **Androhung**, II ........................... 32–35 |
| 3) **Zuwiderhandlung**, I ..................... 8–11 |   A. Zeitliche Reihenfolge .................. 32 |
|   A. Begriff ................................. 8, 9 |   B. Verfahren .............................. 33 |
|   B. Rechtsnatur ........................... 10 |   C. Entscheidung .......................... 34 |
|   C. Rechtsnachfolge ...................... 11 |   D. Abänderung .......................... 35 |
| 4) **Ordnungsmittel**, I ....................... 12–29 | 7) **Sicherheitsleistung**, III ................... 36 |
|   A. Antrag des Gläubigers ................ 12, 13 | 8) **Rechtsbehelfe**, I–III ....................... 37–42 |
|   B. Zuständigkeit usw ..................... 14–16 |   A. Sofortige Beschwerde .................. 37–40 |
|   C. Ordnungsgeld ......................... 17 |   B. Erinnerung ............................ 41 |
|   D. Ordnungshaft ......................... 18 |   C. Sonstige Fälle ......................... 42 |
|   E. Zuwiderhandlung nach Androhung .. 19 | 9) **Kosten**, I–III ............................. 43 |
|   F. Beweisaufnahme ...................... 20 | 10) *VwGO* ................................... 44 |
|   G. Keine Schuldprüfung ................. 21–24 | |
|   H. Wirksamkeitszeitpunkt von Urteil und Androhung ............................ 25 | |

**1** **1) Systematik, Regelungszweck, I–III.** Vgl zunächst Üb 1 vor § 883. § 890 betrifft den Fall, daß der Schuldner nach dem Vollstreckungstitel eine Handlung unterlassen oder dulden muß, zB nach §§ 823, 1004 BGB, Köln ZMR **94**, 325 (Gegensatz: Vornahme der Handlung), LG Bln NJW **88**, 346, AG Peine DGVZ **99**, 140 (Entfernung eines Zählers). Ein solcher Vollstreckungstitel ist auch gegenüber einer juristischen Person, einer Offenen Handelsgesellschaft oder einer Kommanditgesellschaft zulässig, Hamm MDR **86**, 1035, auch gegenüber einer Vor-GmbH, Stgt RR **89**, 638. Auf diese Weise kann ein Gläubiger eine Verpflichtung aus dem Gesellschaftsvertrag erzwingen. Man muß durch eine Auslegung der Urteilsformel ermitteln, ob es sich um dergleichen handelt, § 888 Rn 1, BGH NJW **94**, 246, Ffm Rpfleger **75**, 445, Mü OLGZ **82**, 102. Wenn eine greifbare Handlung vorzunehmen ist, gelten §§ 887, 888, Ffm Rpfleger **75**, 446, Mü OLGZ **82**, 102.

Dieselbe Handlung kann grundsätzlich nicht gleichzeitig einerseits unter § 890 und andererseits unter § 887 oder unter § 888 fallen, Köln ZMR **94**, 325, LG Brschw DGVZ **88**, 140. Das gesamte Verhalten des Schuldners kann aber eine Maßnahme nach §§ 887 ff rechtfertigen, Jauernig NJW **73**, 1672. Hauptanwendungsfall des § 890 ist eine Verurteilung auf Grund einer Abwehrklage nach § 1004 BGB zu einer Unterlassung in einem Eigentums-, Wettbewerbs-, Patent- oder Urheberprozeß und dgl. Es kann aber auch in einem solchen Fall eine Beseitigungspflicht nach §§ 887 ff in Frage kommen. Zur Problematik Lindacher GRUR **85**, 425. Zur Zwangsvollstreckung gegenüber einem Betriebsrat Rewolle BB **74**, 888. Zumindest II ist in Verbindung mit § 198 SGG auch gegenüber einer bundesunmittelbaren Körperschaft anwendbar, BSG NJW **89**, 798. Beim Unterlassungstitel kommt eine Zwangsvollstreckung im engeren Sinn nicht in Betracht. § 890 sieht nur einen mittelbaren, psychischen Zwang vor, das Ordnungsmittel, Bork WRP **89**, 360.

Die ganze Regelung des § 890 ist so kompliziert, daß man sie nicht auch noch durch eine allzu schuldnerfreundliche *Auslegung* zusätzlich erschweren sollte. Insbesondere darf nicht der Schuldner durch Umgehung versuchen, sich dem Verbot zu entziehen, Rn 2 ff.

**2** **2) Verbotsurteil, I.** Seine Anforderungen sind praktisch nicht gering.

**A. Verständlichkeit (sog Kerntheorie).** Das Verbotsurteil muß zur Vollstreckung geeignet sein, Grdz 23 vor § 704, Bbg MDR **98**, 1370, BayObLG RR **87**, 1040. Es muß aus sich heraus klar und für

zur Erwirkung der Herausgabe von Sachen usw. § 890

jedermann verständlich sein, § 253 Rn 89 „Unterlassungsklage", Zweibr GRUR **87**, 854. Seine Fassung darf also nicht so kompliziert sein, daß sie nur die Parteien verstehen können, Düss Rpfleger **98**, 530. Es reicht nicht aus, daß das Gericht in dem Vollstreckungstitel auf ein Schriftstück außerhalb des Titels verweist. Das Verbotsurteil verbietet alles, was sich aus seiner Formel ergibt. Verboten ist also nicht nur etwas Identisches, sondern alles das, was man im Verkehr als gleichwertig ansieht, krit Schubert ZZP **85**, 51.

Die Entscheidungsgründe des Urteils können und müssen notfalls zur *Auslegung* seiner Formel und auch **3** zur Ermittlung etwaiger Umgehungstatbestände herangezogen werden, wie bei § 322 Rn 9 ff, BGH NJW **94**, 246, Düss Rpfleger **98**, 530, Stgt WettbR **96**, 234.

Der Verletzer kann sich also nicht durch jede Änderung der Verletzungsform dem Verbotsurteil entziehen. **4** Eine *Änderung*, die den Kern der Verletzungsform unberührt läßt, wird ebenso wie bei § 253, dort Rn 89 „Unterlassungsklage", *vom Verbotsurteil mitumfaßt* (sog Kerntheorie), § 2 Rn 3, § 322 Rn 67 „Unterlassungsanspruch", BGH NJW **93**, 334, Hbg GRUR **99**, 429 (auch zur Abgrenzung der Rechtshängigkeit), KG RR **99**, 789, aM Ffm NJW **95**, 892 (erörtert das Problem nicht). Dabei ist eine gewisse Verallgemeinerung zulässig, aM Ffm GRUR **78**, 532 (betr ein glattes Äquivalent), Kramer, Der richterliche Unterlassungstitel im Wettbewerbsrecht, 1982. Die Kerntheorie ist keineswegs ein bloßes Instrument der Zwangsvollstreckung. Man darf den Zusammenhang mit der Rechtskraft nicht so auflockern, daß man im Ergebnis dem Gläubiger evtl ein Wahlrecht zwischen einer neuen Klage und einem Vorgehen nach § 890 gibt, § 322 Rn 67 „Unterlassungsanspruch", aM Düss GRUR **94**, 82, Stgt WettbR **97**, 59. Schubert ZZP **85**, 51 hält die Kerntheorie für verfassungswidrig.

Die Kerntheorie gilt auch bei einer *Vertragsstrafe* nach § 339 BGB, Ffm GRUR **88**, 563. Ein Verbotsurteil **5** ist auch dann genügend bestimmt, wenn sich das Verbot auf Waren bezieht, die beim Bundeskartellamt angemeldet sind und daher auf diesem Weg festgestellt werden können. Ausreichend ist auch zB ein Urteil, das dem Bekl aufgibt, in dort genannten Zeiten geeignete Maßnahmen gegen störende Geräusche (Hundegebell) zu treffen, § 253 Rn 89 „Unterlassungsklage". Dagegen ist ein Verbotsurteil, das lediglich die Verpflichtung zur Unterlassung „ähnlicher Handlungen" ausspricht, nicht vollstreckbar, ebensowenig ein Titel auf „Wahrung des Hausfriedens" ohne nähere Bestimmung, AG Münster WM **87**, 235. Es ist ratsam, im Urteil auch den Versuch ausdrücklich zu verbieten und unter eine Ordnungsmittelandrohung stellen zu lassen, Rn 19.

**B. Unerzwingbarkeit der Handlung.** Eine Maßnahme nach I wird nicht dadurch unzulässig, daß die **6** Handlung selbst unerzwingbar wäre. Man kann zwar einen Angestellten nicht dazu zwingen, seine Arbeitskraft brach liegenzulassen; trotzdem ist ein Wettbewerbs-verbot des Inhalts zulässig, daß er nicht bei bestimmten Firmen arbeiten darf, ArbG Gött DB **74**, 633. Über die Zwangsvollstreckung bei einer Sammelheizung und bei Zuführungen (Immissionen) § 887 Rn 32 „Zuführung".

**C. Vergleich.** § 890 ist auch im Fall der Zwangsvollstreckung auf Grund eines Vergleichs nach § 779 **7** BGB anwendbar, Köln OLGZ **92**, 378, AG Münster WoM **87**, 235. Der Vergleich kann keine wirksame Androhung eines Ordnungsmittels, sondern nur die Androhung einer Vertragsstrafe enthalten, Hamm MDR **88**, 506, AG Münster WoM **87**, 235. Das gilt auch bei einem Prozeßvergleich, Anh § 307. Denn die Androhung eines Ordnungsmittels ist der Parteiherrschaft im Sinn von Grdz 18 vor § 128 entzogen, weil sie als die Vorbereitung einer hoheitlichen Maßnahme, Rn 10, anzusehen ist. Daran ändert auch der Umstand nichts, daß ein Ordnungsmittel nur auf Grund eines Antrags angedroht und festgesetzt werden darf. Vgl zum Problem Anh § 307 Rn 8, 9, Hamm FamRZ **80**, 933 (zum isolierten Verfahren vor dem FamG), LG Wuppertal MDR **78**, 236, aM Hamm GRUR **85**, 82 (aber die Zugehörigkeit zur Zwangsvollstreckung ist unerheblich), Schlosser JZ **72**, 639.

Eine sonstige Verpflichtung, etwa eine *Erklärung zum Protokoll* während des Rechtsstreits, genügt in einem solchen Fall nicht. Vielmehr muß trotz einer im Vergleich enthaltenen Unterwerfungsklausel, § 794 I Z 5, ein besonderer gerichtlicher Androhungsbeschluß ergehen, strenger Hamm MDR **88**, 506. Deshalb empfiehlt es sich dringend, den Androhungsbeschluß alsbald nach dem Vergleich zu erwirken und nicht abzuwarten, bis der Schuldner eine Zuwiderhandlung begangen hat.

**3) Zuwiderhandlung, I.** Ihre Rechtsnatur ist umstritten. **8**

**A. Begriff.** § 890 setzt eine, aber auch nur eine einzige, Zuwiderhandlung gerade des Schuldners gegen das Verbot voraus, Hamm MDR **86**, 418, also nicht stets nur eine Zuwiderhandlung eines Dritten, sei es auch eines Angehörigen, LG Freibg/Br FamRZ **92**, 1208, aM Hbg WettbR **97**, 135. Die Zuwiderhandlung kann schon darin liegen, daß der Schuldner, der nur zu einer Unterlassung verurteilt wurde, den urteilswidrigen Zustand nicht durch eine positive Handlung beseitigt, Hbg GRUR **89**, 150 (Rückruf von Werbematerial), KG GRUR **89**, 707 (Zeitungswerbung), Zweibr RR **88**, 1342. Das gilt jedenfalls, soweit die positive Handlung noch vom Willen des Schuldners abhängig ist, Stgt BB **73**, 14.

Es kann ungeachtet strafrechtlicher Betrachtungsweisen ein *Fortsetzungszusammenhang* vorliegen und damit **9** nur eine Zuwiderhandlung, insoweit KG MDR **98**, 676, Zweibr OLGZ **89**, 362 (sogar bei bloßer Fahrlässigkeit), aM Nürnb MDR **98**, 1498. Das hängt aber von den Gesamtumständen ab, Ffm GRUR **90**, 638, Hamm GRUR **91**, 708 (Unterbrechung durch Ordnungsbeschluß). Der Schuldner kann das Verbot auch nicht dadurch umgehen, daß er einen Dritten einschaltet. Der Schuldner haftet für den Dritten, soweit sein eigenes Verhalten für das Verhalten des Dritten ursächlich ist. Er hat, zB seinen Mitarbeiter gegenüber, alle nur irgendwie zumutbaren Maßnahmen zu treffen, um einen Verstoß zu verhindern, Düss GRUR **93**, 854 (er muß darlegen, was er zur Vermeidung eines Verstoßes unternommen hat), Ffm MDR **90**, 452, Hbg RR **93**, 1392. Freilich gilt das nur für eine Handlung, die beim Verstoß im Geschäftsverkehr auch diesem zur Kenntnis kommen kann, Hbg GRUR **90**, 637 linke Spalte. Der Schuldner hat keine Überlegungsfrist, Köln BB **77**, 220, jedoch evtl eine sogenannte Aufbrauchsfrist. Er darf aber eine vom Gläubiger zu erbringende Sicherheitsleistung abwarten, Rn 25.

**B. Rechtsnatur.** Eine Zuwiderhandlung ist nur ein Verstoß gegen ein *zivilprozessuales* Verbot, das vom **10** Gericht durch die Androhung eines Ordnungsmittels als eines bloßen Beugemittels verstärkt wurde, Rn 21.

## § 890

Der frühere Streit darüber, ob eine Zuwiderhandlung auch oder sogar nur eine Straftat sei, BVerfG **20**, 323, Brschw OLGZ **74**, 297, ist gegenstandslos geworden, Art 5 EGStGB, Vorbem B bei § 380. Daher sind auch die frühere Rechtsprechung und die frühere Lehre zu den zahlreichen Einzelfragen weitgehend überholt, insbesondere dazu, ob und wie weit strafrechtliche Regeln direkt oder entsprechend anwendbar seien, Düss RR **88**, 1216, Zweibr OLGZ **89**, 362, StJM 1, aM BVerfG **84**, 87 ohne eigene Begründung und inkonsequent (Zulassung des AnschBew), BGH **138**, 69 (krit Windel JR **98**, 377), Kblz ZMR **99**, 253, *Doppelcharakter* (Es handle sich um eine Strafe bzw strafähnliche Maßnahme und zugleich um eine Zwangsmaßnahme), Vertragsstrafe und § 890 haben nichts gemeinsam, BGH NJW **98**, 1139, Köln GRUR **86**, 688.

**11** C. **Rechtsnachfolge.** Wer als eine Einzelperson zu einer Unterlassung verurteilt wurde und nun als ein Organ einer Handelsgesellschaft oder einer juristischen Person, gegenüber der der Vollstreckungstitel als der Rechtsnachfolgerin wirkt, einen Verstoß begeht, der haftet selbst, Ffm DB **94**, 1614, Zweibr RR **88**, 1341. Es ist auch eine Haftung sowohl der GmbH als auch des Geschäftsführers persönlich denkbar, Ffm DB **94**, 1614, Hbg GRUR **89**, 458. Wenn die Inhaber einer verurteilten GmbH eine neue GmbH gründen, mag die neue nicht nach § 890 (mit)haften, Ffm DB **94**, 1614 (vgl aber Einl III 54).

**12** 4) **Ordnungsmittel, I.** Es sind zahlreiche Bedingungen zu klären.

A. **Antrag des Gläubigers.** Das Gericht darf ein Ordnungsmittel nur auf Grund eines Antrags des Gläubigers festsetzen, Düss RR **88**, 1216. Ein Anwaltszwang herrscht wie sonst, § 78 Rn 1, Düss MDR **87**, 506. Das gilt auch dann, wenn der Vollstreckungstitel als Eilmaßnahme ohne mündliche Verhandlung ergangen war, Düss MDR **87**, 506, aM ThP § 891 Rn 2. Der Gläubiger darf die Art und/oder die Höhe des Ordnungsmittels anregen. Das Gericht entscheidet jedoch stets nach seinem eigenen pflichtgemäßen Ermessen, Ffm GRUR **87**, 940. Der Antrag ist ein Zwangsvollstreckungsantrag, Brschw OLGZ **74**, 297, jedenfalls wenn er dem Unterlassungstitel nachfolgt, Bork WRP **89**, 361. Die Festsetzung ist eine Zwangsvollstreckungsmaßnahme, Bork WRP **89**, 361, aM Borck WRP **77**, 561. Deshalb müssen die Voraussetzungen der Zwangsvollstreckung vorliegen, Grdz 14 vor § 704, § 887 Rn 3, Düss RR **88**, 1216, Hamm NJW **77**, 1205 (das OLG meint irrig, der Verfasser sei aM), Stgt RR **89**, 836. Es ist ratsam, den Antrag zu stellen, sobald er zulässig ist, damit der Gläubiger schon eine solche Zuwiderhandlung des Schuldners ahnden lassen kann, die der Schuldner etwa alsbald nach der Entstehung des Vollstreckungstitels begeht. Der Antrag bleibt solange zulässig, wie der Vollstreckungstitel wirksam ist, Köln GRUR **87**, 652. Der Gläubiger kann nach § 890 oder nach § 892 vorgehen, LG Karlsr DGVZ **84**, 12, aM AG Bln-Wedding DGVZ **87**, 63 (zunächst sei nach § 890 vorzugehen). Ein Antrag nach § 888 ist evtl in einen solchen nach § 890 umdeutbar, BayObLG NZM **99**, 769.

**13** Der Antrag ist bei Rechtsmißbrauch unzulässig, Einl III 54, Grdz 44 vor § 704, Stgt WettbR **98**, 20, LG Essen MDR **82**, 587. Der Gläubiger kann ihn solange *zurücknehmen,* Grdz 37 vor § 704, bis das Gericht ein Ordnungsmittel rechtskräftig festgesetzt hat, Hamm NJW **77**, 1204. Die Rücknahme des Antrags schließt eine Haftung für den bisherigen Gläubiger aus, auch nicht aber für weitere Gläubiger, Hamm NJW **77**, 1204. Natürlich kann der Gläubiger im Anschluß an die Rücknahme eines Antrags auf Grund desselben Vollstreckungstitels einen neuen Antrag stellen, und zwar auch dann, wenn der Schuldner inzwischen keine (erste oder weitere) Zuwiderhandlung begangen hat.

**14** B. **Zuständigkeit usw.** Das Verfahren verläuft nach § 891. Ausschließlich zuständig, § 802, ist das Prozeßgericht der ersten Instanz, wie bei § 887 Rn 10, BPatG GRUR **96**, 402, Schockenhoff NJW **90**, 155. Wenn der Einzelrichter den Vollstreckungstitel erlassen hatte, ist er zuständig, Ffm MDR **81**, 504. Das Gericht nimmt keine Amtsermittlung im Sinn von Grdz 38 vor § 128 vor. Das Gericht prüft das Rechtsschutzbedürfnis, Grdz 33 vor § 253, Ffm MDR **90**, 452, Saarbr NJW **80**, 461, aM Bbg MDR **79**, 680, Karlsr MDR **94**, 728, Zieres NJW **72**, 699.

**15** Es ist erforderlich und ausreichend, daß der Gläubiger *im Zeitpunkt der Zuwiderhandlung* ein Interesse an der Anordnung eines Ordnungsmittels hat, Ffm NJW **77**, 1204, Karlsr GRUR **92**, 207, VGH Mannh NJW **73**, 1518, aM LG Mannh ZMR **72**, 285, Böhmer JZ **74**, 656, Peters ZZP **91**, 338 (maßgeblich sei nicht der Zeitpunkt der Zuwiderhandlung, sondern derjenige der Entscheidung. Aber zu ahnden war und bleibt eine Auflehnung gegen das Interesse des Gläubigers zum Zeitpunkt der Zuwiderhandlung).

Der Gläubiger muß etwaige *Beweise* wie in einem Erkenntnisverfahren antreten. Vgl im übrigen Rn 8, 9.

**16** Das Rechtsschutzbedürfnis kann bei einer strafbewehrten Unterlassungserklärung des Schuldners fehlen, entsteht aber neu, wenn er sich schon bei der ersten Gelegenheit nicht mehr an sie hält, selbst wenn er anschließend ein höher strafbewehrtes Gelöbnis ablegt, Nürnb GRUR **83**, 399. Hamm Rpfleger **86**, 488 verhängt nur ein einheitliches Ordnungsmittel wegen Verstoßes gegen das Titelgebot gegen die KG, ihre GmbH und deren Geschäftsführer.

*Gebühren:* Des Gerichts KV 1953 (Beschwerdegebühr); des RA §§ 57, 58 III Z 9 BRAGO.

**17** C. **Ordnungsgeld.** Das Gericht ist unter den gesetzlichen Voraussetzungen dem Grunde nach zu einem Ordnungsgeld bzw zu einer Ordnungshaft, Rn 18, von Amts wegen verpflichtet. Das ergibt sich schon aus dem Wortlaut von I 1 („... so *ist* er ... zu verurteilen"), BGH NJW **92**, 1454, Düss RR **88**, 1216. Bei der Bemessung der Art und Höhe nach wählt das Gericht dann im Rahmen seines pflichtgemäßen Ermessens, Düss RR **88**, 1216, und unter Beachtung des Unwertgehalts der Verletzungshandlung und ihrer Gefährlichkeit sowie des Zwecks, die Verbotsbeachtung zu erreichen, Hbg ZMR **98**, 585, aber ohne schematische Abhängigkeit vom Streitwert des Unterlassungsprozesses, BGH NJW **94**, 46, zwischen folgenden Möglichkeiten:

Es kann ein *Ordnungsgeld* verhängen. Der Mindestbetrag ist 5 DM, Art 6 I EGStGB, Vorbem B bei § 380, der Höchstbetrag ist je Zuwiderhandlung 500 000 DM, I 2. Das Gericht muß bei jeder Festsetzung eines Ordnungsgelds zugleich von Amts wegen, BGH RR **92**, 1454, eine Ordnungshaft für den Fall mitfestsetzen, daß das Ordnungsgeld nicht beigetrieben werden kann (wegen eines Verstoßes Rn 34). Die Festsetzung der Ordnungshaft erfolgt also „ersatzweise". Die Ordnungshaft beträgt mindestens 1 Tag, Art 6 II EGStGB,

zur Erwirkung der Herausgabe von Sachen usw. **§ 890**

Vorbem B bei § 380, höchstens je Zuwiderhandlung sechs Wochen, Art 6 II EGStGB, Vorbem B bei § 380; die Worte „bis zu sechs Monaten" in I 1 beziehen sich nur auf eine Verurteilung, die von Anfang an sogleich (nur) eine Ordnungshaft verhängt. Es gibt keine gesetzliche Vorschrift dazu, auf wieviele DM 1 Tag Haft zu verhängen ist. Die Dauer der Ordnungshaft darf nicht zu krass von der Höhe des Ordnungsgelds abweichen, Ffm GRUR **87**, 940 (3 Tage bei 7500 DM). Freilich sind Tagessatzgrundsätze des Strafrechts unanwendbar, Ffm GRUR **87**, 940.

Wegen der *Einzelheiten* der Festsetzung, der Möglichkeit zur Gewährung einer Stundung oder zur Zubilligung von Raten, auch der nachträglichen Anordnung oder Änderung solcher Entscheidungen gilt dasselbe wie bei § 380, dort Rn 6, 7, und Vorbem B bei § 380. Eine titulierte Vertragsstrafe kann auch insoweit zu berücksichtigen sein, als sie an einen Dritten zu leisten ist, Düss RR **88**, 1216.

**D. Ordnungshaft.** Das Gericht kann auch anstelle eines Ordnungsgeldes, Rn 17, sogleich und nicht nur **18** ersatzweise eine Ordnungshaft verhängen. Sie beträgt mindestens 1 Tag, Art 6 II EGStGB, Vorbem B bei § 380, höchstens je Zuwiderhandlung sechs Monate, I 1, insgesamt jedoch auf Grund desselben Vollstreckungstitels höchstens zwei Jahre, I 2. In diesen Fällen sind die Art 7, 8 EGStGB nicht anwendbar, abw Brehm NJW **75**, 250 (er wendet 8 II EGStGB entsprechend an). Die Verjährung richtet sich nach Art 9 EGStGB, Vorbem B bei § 380, aM Ott NJW **77**, 288 betr ein Pressedelikt (er geht von einer Verjährungsfrist von sechs Monaten seit dem ersten Verbreitungsakt aus). Die Person der zu Verhaftenden ist eindeutig zu bezeichnen, Düss MDR **92**, 411. Gegen ein Mitglied der alliierten Streitkräfte darf eine Ordnungshaft weder sogleich noch ersatzweise verhängt werden, Art 34 II ZAbkNTrSt, SchlAnh III. Die Zwangsvollstreckung erfolgt in einem solchen Fall nach Art 34 I des Abkommens.

**E. Zuwiderhandlung nach Androhung.** Die Androhung II, erfordert keine schon erfolgte Zuwider- **19** handlung, BayObLG NZM **99**, 770 rechts. Hamm MDR **88**, 506. Die Zuwiderhandlung muß der Androhung der jeweiligen Maßnahmenart, Hamm OLGZ **93**, 450, vielmehr nachfolgen, Hamm MDR **91**, 454. Es reicht aus, daß der Schuldner auch nur ein Tatbestandsmerkmal nach demjenigen Zeitpunkt verwirklicht hat, in dem die Androhung ihm gegenüber wirksam wurde, falls die weiteren Tatbestandsmerkmale nach dem Erlaß des Urteils erfüllt wurden. Ein bloßer Versuch reicht nur, falls schon er verboten war. Weil die Androhung also der Zuwiderhandlung vorangehen muß, ist es ratsam, den Antrag auf den Erlaß des Androhungsbeschlusses zu stellen, sobald die in Grdz 14 ff vor § 704 genannten Voraussetzungen der Zwangsvollstreckung vorliegen, Rn 8, 9, BayObLG NZM **99**, 770 rechts. Köln RR **92**, 874 läßt den Gesichtspunkt des strafrechtlichen Fortsetzungszusammenhangs auch hier zu. Das Urteil muß zwar zugestellt werden, bevor das Gericht das Ordnungsmittel festsetzen kann, aM Bork WRP **89**, 366 (das Verfügungsurteil auf eine Unterlassung sei schon ab seiner Verkündung im Hinblick auf eine Zuwiderhandlung wirksam); für die bloße Androhung des Ordnungsmittels ist die Zustellung des Urteils aber nicht erforderlich, vielmehr genügt es, daß die Zuwiderhandlung nach der Verkündung des Urteils, § 311, und nach dem Zeitpunkt der Wirksamkeit des Androhungsbeschlusses erfolgt ist, Hbg RR **86**, 1501, also unter Umständen alsbald nach der Verkündung des Urteils, Hbg BB **73**, 1189, aM Hamm BB **78**, 1283, LG Ffm BB **80**, 1553, Bork WRP **89**, 361.

Wenn überhaupt *keine* Verkündung des Vollstreckungstitels erfolgt ist, wie etwa dann, wenn er in einer einstweiligen Verfügung ohne mündliche Verhandlung durch einen Beschluß erlassen wurde, §§ 936 Rn 3 „§ 922, Beschluß oder Urteil", LG Flensb SchlHA **79**, 215, dann muß zunächst die Zustellung der Androhung der Zuwiderhandlung vorangehen, Bork WRP **89**, 363.

**F. Beweisaufnahme.** Die objektive Zuwiderhandlung muß im Sinn von § 286 Rn 16 zur Gewißheit des **20** Gerichts bewiesen, Ffm GRUR **94**, 918, Zweibr GRUR **86**, 840, Bischoff NJW **88**, 1958, nicht nur nach § 294 glaubhaft sein, KG GRUR **87**, 707. Alle prozeßrechtlich zulässigen Beweismittel sind erlaubt, auch die Parteivernehmung, §§ 445 ff. Die Grundsätze des § 244 StPO, vgl § 286 Rn 27, sind auch hier beachtlich, aM Bre NJW **72**, 1286 (aber warum nicht?). KG GRUR **91**, 707 lehnt eine AnschBew des Verstoßes grundsätzlich ab. Wenn aber alle Anzeichen für einen Verstoß sprechen und nur der Schuldner sein Fehlen nachweisen kann, mag er dazu beweispflichtig werden, Ffm GRUR **99**, 372. Eine Unterbrechung des Verfahrens zwecks Prüfung der Zurechnungsfähigkeit des Schuldners ist unzulässig, Celle NJW **73**, 1106.

**G. Keine Schuldprüfung.** Eine Schuldprüfung findet nicht statt. **21**

Diese Frage ist **streitig.** Nach der *hier vertretenen absoluten Mindermeinung* (Musielak NJW **86**, 1739; zur Problematik des Begriffs der herrschenden Meinung Einl III 47, Zasius DGVZ **87**, 80) ist zwar weder eine Strafe, noch eine Ordnungsstrafe des früheren Rechts ohne Schuld zulässig, BVerfG **20**, 331; aber schon dort (332) wird zwischen der Strafe und einem bloßen Zwangsmittel unterschieden. Wie Art 6 I EGStGB, Vorbem B bei § 380, zeigt, liegen bei I noch nicht einmal Zwangsmittel, sondern bloße Ordnungsmittel vor, „Rechtsnachteile, die nicht bei Straftaten angedroht werden", Art 5 EGStGB. Zwar scheint BVerfG **20**, 331 alle diejenigen staatlichen Maßnahmen dem Schuldprinzip zu unterstellen, die auf eine „Repression und Vergeltung für ein rechtlich verbotenes Verhalten" abzielen, durch die „dem Täter ein Rechtsverstoß vorgehalten und zum Vorwurf gemacht" wird. Auch in I nF reagiert der Staat auf eine Zuwiderhandlung gegen sein Verbot, also auf einen Rechtsverstoß. In diesem Zusammenhang ist es auch unerheblich, daß das Ordnungsmittel nur auf einen Antrag des Gläubigers erfolgt.

Indessen läßt das EGStGB so klar die Tendenz, die Ordnungs- und Zwangsmittel noch nicht einmal als Ordnungswidrigkeitsfolgen einzustufen, daß aus denselben Gründen wie bei den §§ 380, 888 keinerlei auch nur strafähnlicher Charakter mehr vorliegt, Rn 10, Bbg MDR **79**, 680, Zweibr OLGZ **89**, 362, LAG Hamm MDR **75**, 696.

**Demgegenüber** hält die ganz hM (Musielak NJW **86**, 1739; zur Problematik des Begriffs Einl III 47, **22** Zasius DGVZ **87**, 80) eine **Schuldprüfung** mit unterschiedlicher Begründung, teilweise wegen eines angeblich zumindest auch vorhandenen strafähnlichen Charakters, dazu allerdings Rn 10, für *erforderlich*.

*In diesem letzteren Sinne* zB BVerfG **84**, 87 (ohne eigene Begründung und inkonsequent: Zulassung eines AnschBew), BGH JR **91**, 69, BFH BB **84**, 452, Düss RR **96**, 211 (danach wäre sogar die Unterlassungsklage gegen einen Schuldunfähigen unzulässig), Ffm GRUR **94**, 918, offenbar auch Hbg WettbR **97**, 135, ferner Köln OLGZ **94**, 601, Zweibr OLGZ **78**, 373, Fischötter/Wrage-Molkenthin Festschrift für Gaedertz (1992)

## § 890

8. Buch. 3. Abschnitt. Zwangsvollstreckung

182 (auch zur Streitfrage, wer bewpfl sei – sie halten die Regeln zum AnschBew für anwendbar, aaO 195), Ullmann NJW **98**, 2582 (unvollständig zitierend), ZöStö 5.

**23** Freilich wird *durch die hier vertretene Ansicht* die *Sanktion* des I im Ergebnis erheblich *verschärft*, zumal eine dem § 381 vergleichbare Regelung fehlt und zumal § 381 auch nicht entsprechend anwendbar ist. Das ist ein rechtspolitisch problematisches Ergebnis, auch angesichts des Höchstmaßes von Ordnungsgeld wie Ordnungshaft. Eine weitere Folge ist: Es besteht für den Betriebsinhaber dann, wenn sein Personal objektiv eine Zuwiderhandlung begangen hat, keine Entlastungsmöglichkeit, aM BVerfG **58**, 162, AG Wiesb WoM **81**, 214 (mit strengen Anforderungen). Selbst ein unvermeidbarer Verbotsirrtum ist allenfalls bei der Frage beachtlich, in welcher Höhe ein Ordnungsmittel verhängt werden muß. Die Verhängung eines Ordnungsmittels nach I unterbleibt nicht schon deshalb, weil der Schuldner nach der Zuwiderhandlung eine „Entschuldigung" vorgebracht hat.

**24** Ein nach §§ 51, 52 *Prozeßunfähiger* kann freilich nur nach prozessualen Grundsätzen haften; sonst wäre der Vollstreckungszweck unerreichbar, Grdz 40 vor § 704. Infolgedessen erfolgt die Zwangsvollstreckung wegen des Ordnungsgeldes in das Vermögen auch des Prozeßunfähigen, die Zwangsvollstreckung wegen einer Ordnungshaft gegen den gesetzlichen Vertreter, § 51 Rn 12, BVerfG 20, 335, BGH NJW **92**, 750 (zulässig auch die Androhung, bei „einem" von mehreren Vertretern zu vollziehen), StJM 61, ZöStö 6, aM KG GRUR **83**, 796; zur Stellung des Vertreters Schoenthal Diss Freibg 1972 (vor Rn 1). Wenn Zwangsmaßnahmen gegen eine Personalgesellschaft und gegen die Gesellschafter notwendig werden, dann kann eine Haft nur gegen die Gesellschafter vollzogen werden. Dasselbe gilt bei Ordnungsmitteln gegen eine Kommanditgesellschaft. Eine weitere Auswirkung besteht darin, daß das Gericht nicht an den strafrechtlichen Grundsatz „ne bis in idem" gebunden ist, Ffm GRUR **83**, 687, Tetzner GRUR **81**, 811. Freilich kann das Rechtsschutzbedürfnis für mehrere Ordnungsmaßnahmen wegen desselben Verstoßes auch dann fehlen, wenn mehrere Gläubiger sie beantragen.

**25 H. Wirksamkeitszeitpunkt von Urteil und Androhung.** Das Urteil und der Androhungsbeschluß müssen im Zeitpunkt der Festsetzung des Ordnungsmittels wirksam sein. Die Wirksamkeit tritt mit der Zustellung ein, aM StJM 20 (ausreichend sei die Verkündung). Ein Wegfall des sachlichrechtlichen Anspruch nach der Zuwiderhandlung, aber ohne Titelaufhebung, ist unbeachtlich, Rüßmann (vor Rn 1) 692, aM Kblz RR **90**, 1086. Der Grund der Festsetzung des Ordnungsmittels ist ein Ungehorsam gegenüber dem staatlichen Verbot, Hamm MDR **86**, 156, aM Bbg MDR **79**, 680 (das OLG betont den zumindest auch allgemein abschreckenden Charakter der Festsetzung), Hamm NJW **80**, 1399, LG Essen MDR **83**, 501 (Kombination von Beugemittel und Ahndung).

**26 I. Beispiele zur Frage der Zulässigkeit eines Ordnungsmittels**
**Abänderungsklage:** S „Aufhebung".
**Ablauf der Verbotszeit:** Rn 29 „Zeitablauf".
**Antragsrücknahme:** Ab Eingang einer wirksamen Zurücknahme des Antrags des Gläubigers auf die Festsetzung eines Ordnungsmittels ist seine Verhängung unzulässig.
**Arrest, einstweilige Verfügung:** Der Titel muß im Zeitpunkt der Zuwiderhandlung bereits im Parteibetrieb zugestellt sein, von der Groeben GRUR **99**, 675. Rn 28 „Sicherheitsleistung".
**Aufhebung:** Ein Ordnungsmittel ist nur insoweit unzulässig, als der Vollstreckungstitel aufgehoben worden ist, Brschw WoM **95**, 197, Hamm JR **90**, 469 (Erlöschen), zB auf Grund eines Rechtsbehelfs, Stgt WettbR **97**, 24, oder wegen einer Veränderung der Verhältnisse etwa auf Grund einer Klage nach § 323 oder nach § 767, Köln GRUR **87**, 652.

Ein bereits ergangener Ordnungsmittelbeschluß wird aber keineswegs automatisch wegen einer Aufhebung der *Hauptsacheentscheidung*, Üb 19 vor § 300, BGH RR **88**, 1530. Vor seiner Aufhebung kommt eine Rückzahlung von Ordnungsmitteln nicht in Betracht, BGH RR **88**, 1530. Nach der Rechtskraft des Anordnungsbeschlusses erfolgt keine Aufhebung nicht mehr, LG Kblz JB **97**, 50.

**27 Einstweilige Einstellung:** Eine nur einstweilige Einstellung der Zwangsvollstreckung verhindert zunächst die Festsetzung eines Ordnungsmittels. Es kann dann erst nach dem Wegfall der Einstellung festgesetzt werden. Das Verfahren zur Festsetzung eines Ordnungsmittels wird auch dann fortgesetzt, wenn der aufgehobene Vollstreckungstitel wiederhergestellt wird.
**Endgültige Einstellung:** Ein Ordnungsmittel ist unzulässig, soweit die Zwangsvollstreckung aus diesem Vollstreckungstitel dauernd eingestellt worden ist.
S auch „Einstweilige Einstellung".
**Erledigung:** Wenn beide Parteien die Hauptsache wirksam für erledigt erklären, dann wird eine ergangene, noch nicht rechtskräftige Entscheidung zur Hauptsache rückwirkend wirkungslos, sodaß ein Ordnungsmittel unzulässig wird, § 91a Rn 108, KG GRUR **99**, 191, Köln OLGZ **92**, 452 (setzt ziemlich kühn den Titelverzicht gleich), aM Ffm OLGZ **94**, 603, Melullis GRUR **93**, 246 (er stellt auf den Umfang der Erledigterklärung des Gläubigers ab), ThP 10. Wenn nur der Kläger die Hauptsache für erledigt erklärt, dann fehlt meist das Rechtsschutzbedürfnis. Wegen einer Ausnahme s „Rechtsschutzbedürfnis".
**Erlöschen:** Ein Ordnungsmittel ist unzulässig, soweit der Vollstreckungstitel erloschen ist, Brschw WoM **95**, 197, Hamm JR **90**, 469.
S auch Rn 26 „Aufhebung", Rn 29 „Wegfall".
**Juristische Person:** Das Ordnungsmittel ergeht gegen ihren gesetzlichen Vertreter, Karlsr RR **98**, 1571 (evtl stellvertretender Geschäftsführer?), Kblz VersR **97**, 1557 (AG, Vorstand).
**Rechtsbehelf:** Rn 29 „Wegfall des Titels".
**Rechtsmißbrauch:** Rechtsmißbrauch wird, wie stets, Einl III 54, auch in der Zwangsvollstreckung von Amts wegen beachtet, Grdz 44 vor § 704, Körner GRUR **85**, 915, Völp GRUR **84**, 490.
**Rechtsschutzbedürfnis:** Ein Ordnungsmittel ist (nur) zulässig, soweit und solange der Gläubiger ein Rechtsschutzbedürfnis hat, Hamm MDR **86**, 418. Es kann freilich noch nach der Abgabe einer einseitigen Erledigterklärung ausnahmsweise gegeben sein, falls der Gläubiger den Ordnungsmittelantrag aufrecht erhält.

zur Erwirkung der Herausgabe von Sachen usw. **§ 890**

**Rechtsstreit:** Ein Ordnungsmittel ist unzulässig, soweit der Schuldner eine ihm verbotene Behauptung im späteren Prozeß mit einem Dritten zur Rechtsverfolgung erneut aufstellt, LG Hann MDR **98**, 987.
**Sachlichrechtlicher Anspruch:** Rn 29 „Wegfall des Anspruchs". 28
**Sicherheitsleistung:** Ein Ordnungsmittel ist unzulässig, solange der Gläubiger eine Sicherheitsleistung nach § 709 noch nicht erbracht hat, BGH **131**, 235, oder soweit der Schuldner nach § 711 eine Sicherheitsleistung erbracht hat, während der Gläubiger die „Gegen-Sicherheitsleistung" noch nicht erbrachte, Ffm GRUR **89**, 458, Mü GRUR **90**, 638.
    Keine solche Lage liegt vor, soweit das Gericht im Widerspruchsverfahren nach § 924 die Vollziehung von einer Sicherheitsleistung abhängig macht, Hamm RR **86**, 679.
**Veränderung der Verhältnisse:** Rn 26 „Aufhebung".
**Verbotszeit:** Rn 29 „Zeitablauf".
**Vergleich:** Rn 29 „Wegfall".
**Verjährung:** Die Verjährung und deren Ruhen richtet sich nach Art 9 I EGStGB, Vorbem B bei § 380, soweit es um die Vollstreckung des Ordnungsmittels geht, BayObLG WoM **95**, 443, Hamm BB **78**, 574. Wegen der Zuwiderhandlung § 218 BGB, Brehm NJW **75**, 250 (das gilt aber nicht bei einer einstweiligen Verfügung, Hamm BB **78**, 574). Die Verjährung beginnt nicht, solange der Schuldner das Verbot beachtet, sei es auch 30 Jahre hindurch, BGH **59**, 74.
**Vollstreckungsabwehrklage:** Rn 26 „Aufhebung".
**Wegfall des Anspruchs:** Das Gericht prüft grds nicht, ob der sachlichrechtliche Anspruch weggefallen ist, 29 Hbg WRP **73**, 276, Nürnb WRP **85**, 177, Völp GRUR **84**, 490.
S aber auch Rn 27 „Rechtsmißbrauch".
**Wegfall des Titels:** Ein Ordnungsmittel ist unzulässig, soweit der Vollstreckungstitel rückwirkend weggefallen ist, Ffm NJW **82**, 1056, Köln GRUR **92**, 476, Peters ZZP **91**, 338, aM BayObLG **95**, 114. Das gilt zB auf Grund eines Rechtsbehelfs, Stgt BB **72**, 1025, oder eines Vergleichs, Stgt RR **86**, 1255.
S auch Rn 26 „Aufhebung", Rn 27 „Erlöschen".
**Wiederholung des Verbots:** Es liegt keine ein Ordnungsmittel unzulässig machende Aufhebung des Titels vor, soweit das Gericht im Urteil des Hauptprozesses ein Verbot wiederholt, das im Weg einer einstweiligen Verfügung ergangen war.
**Zeitablauf:** Ein Ordnungsmittel ist unzulässig, soweit die Verbotszeit abgelaufen ist. Denn dann liegt keinerlei Sinn und Notwendigkeit eines Ordnungsmittels mehr vor, Düss DB **92**, 1084, Köln JB **95**, 269, LAG Hbg MDR **90**, 365, aM Bbg MDR **79**, 680, Hamm RR **90**, 1086, LG Essen MDR **83**, 501.
**Zurücknahme des Antrags:** Rn 26 „Antragsrücknahme".

**5) Vollstreckung, I.** Sie folgt zwei Gesichtspunkten. 30

**A. Von Amts wegen.** Die Vollstreckung des Ordnungsmittels erfolgt von Amts wegen. Sie ist sofort zulässig, § 794 I Z 3. Zur Vollstreckung ist grundsätzlich der Rpfl zuständig, soweit sich nicht der Richter im Einzelfall der Vollstreckung ganz oder teilweise vorbehalten hat, § 31 III RPflG idF Art 94 Z 6 g EGStGB, Vorbem A bei § 380. Der Rpfl ist insoweit auch ausnahmsweise zur Androhung oder Anordnung einer Ordnungshaft zuständig, § 4 II Z 2 a RPflG idF Art 94 Z 2 a EGStGB, Vorbem A bei § 380. Zuständig ist der Rpfl des Prozeßgerichts, nicht der Staatsanwaltschaft, Köln OLGZ **89**, 476, Mü MDR **88**, 784. Eine Rücknahme des Antrags nach I oder ein Wegfall des sachlichrechtlichen Anspruchs, insbesondere infolge Erfüllung, erst recht nach dem Eintritt der Rechtskraft des Ordnungsmittelbeschlusses, sind unbeachtlich, Schockenhoff NJW **90**, 154, aM Karlsr MDR **79**, 150. Eine solche Rücknahme bzw ein derartiger Wegfall führen deshalb anders als bei § 888 Rn 20 weder zur Aufhebung des Beschlusses noch zu einer Rückzahlung des Ordnungsgeldes, Ffm Rpfleger **80**, 200, noch zu einem Schadensersatzanspruch. §§ 717, 945 sind unanwendbar, schon weil das Ordnungsmittel jedenfalls durch einen Ungehorsam begründet wird, Jauernig NJW **73**, 1673. Eine Begnadigung ist unzulässig, Brehm NJW **75**, 250. Die Vollstreckung ist auch gegenüber einem Minderjährigen grundsätzlich zulässig. Das Gericht muß Art 7, 8 EGStGB beachten, Köln OLGZ **89**, 476.

**B. Staatskasse als Empfänger.** Das Ordnungsgeld fließt in die Staatskasse. Die Beitreibung des Ord- 31 nungsgelds erfolgt nach § 1 Z 3, 4 JBeitrO, Vorbem A bei § 380, Karlsr RR **97**, 1567, Mü MDR **88**, 784. Es sind keinerlei strafprozessuale Grundsätze mehr beachtlich, Rn 21. Deshalb ist es zulässig, den Festsetzungsbeschluß nach der Zahlung des Ordnungsgeldes aufzuheben, LG Ffm NJW **77**, 302. Deshalb sind auch wegen desselben Verstoßes Ordnungsmittel auf Grund der Anträge mehrerer Gläubiger vollstreckbar, zB in Wettbewerbssachen, aM Hamm NJW **77**, 1204. Die Vollstreckungsverjährung und deren Ruhen richtet sich nach Art 9 II EGStGB, Vorbem B bei § 380.

**6) Androhung, II.** Man muß vier Aspekte beachten. 32

**A. Zeitliche Reihenfolge.** Der Festsetzung eines Ordnungsmittels muß unbedingt eine entsprechende Androhung vorausgehen, BayObLG WoM **92**, 163, Hamm RR **87**, 766. Die Androhung ist ein wesentlicher Bestandteil des Verfahrens. Deshalb können weder der Gläubiger noch der Schuldner auf die Androhung wirksam verzichten. Die Androhung soll möglichst frühzeitig Druck auf den Schuldner ausüben, VGH Mannh JB **91**, 114. Sie kann bereits im Urteil erfolgen, wenn der Gläubiger einen entsprechenden Antrag gestellt hat, Ffm RR **92**, 400, und wenn das Gericht die Androhung dort bereits für ratsam hält, BGH NJW **93**, 1077, Mü GRUR **90**, 678, VGH Mannh JB **91**, 114. Sie ist dann noch keine Vollstreckungshandlung, BGH NJW **93**, 1077, Mü GRUR **90**, 678. Sie setzt dann nur die Unterlassungspflicht und die bloße Möglichkeit einer Zwangsvollstreckung voraus, BPatG GRUR **96**, 402, Mü GRUR **90**, 678.

In einem *Prozeßvergleich* ist eine Androhung unzulässig, KG RR **87**, 507, LAG Mü MDR **87**, 348, Pfeilschifter WoM **86**, 201, und dann, wenn sie gleichwohl erfolgt ist, insofern unwirksam, Rn 7. Wenn die Androhung noch nicht im Urteil erfolgt ist, dann wird sie auf Grund eines Antrags des Gläubigers in besonderen Beschluß ausgesprochen, BGH NJW **93**, 1077, BayObLG WoM **92**, 163. Der Antrag unterliegt dem Anwaltszwang wie sonst, § 78 Rn 1. Erst dieser Beschluß, § 329, stellt eine Vollstreckungshandlung dar, BayObLG WoM **96**, 375, Köln VersR **92**, 723, Mü GRUR **90**, 678. Dann müssen auch die Voraussetzungen der Zwangsvollstreckung vorliegen, Grdz 14 vor § 704, zB nach §§ 724, 750, Köln VersR **92**, 723, VGH Mannh JB **91**, 114.

33   **B. Verfahren.** Für das Verfahren ist das Prozeßgericht der ersten Instanz zuständig, § 887 Rn 10. Das Verfahren richtet sich nach § 891. Der Antrag auf ein Zwangsmittel und auf eine Vertragsstrafe auf Grund eines gerichtlichen Vergleichs schließen sich zwar grundsätzlich nicht gegenseitig aus, BGH **LM** § 343 BGB Nr 1 c. Daher wird im Antrag nach § 890 durch die frühere Vereinbarung einer Vertragsstrafe nicht berührt, Saarbr NJW **80**, 461, zumal die Vertragsstrafe auch der Schadloshaltung des Gläubigers dient, BVerfG **20**, 332. Der Gläubiger kann allerdings nur zwischen beiden Möglichkeiten wählen, aber nicht beide ausüben, LG Saarbr MDR **92**, 362, aM Köln GRUR **86**, 588, Saarbr NJW **80**, 461.

Natürlich kann der Gläubiger schlechthin auf die Möglichkeit eines Weges nach § 890 *verzichten*. Dieser Verzicht ist von dem Verzicht auf eine besondere Androhung für den Fall zu unterscheiden, daß der Gläubiger nach § 890 vorgehen will. Der gänzliche Verzicht auf die Möglichkeit, ein Ordnungsmittel zu erwirken, liegt aber noch nicht darin, daß die Parteien eine Vertragsstrafe vereinbart haben. Vielmehr muß der Gläubiger den völligen Verzicht ausdrücklich erklären, Saarbr NJW **80**, 461. Das Rechtsschutzbedürfnis, Grdz 33 vor § 253, ist zu begründen, § 329 Rn 4. Er ist förmlich zuzustellen, § 329 III. Er ergibt sich grundsätzlich schon aus dem titulierten Duldungsanspruch und der ständigen Möglichkeit einer Zuwiderhandlung des Schuldners; es ist daher nicht notwendig, die Erfolgsaussicht einer Zwangsvollstreckung zu prüfen, Zweibr MDR **90**, 258, und entfällt nicht schon wegen des höheren Alters des Vollstreckungstitels, KG RR **87**, 165.

34   **C. Entscheidung.** Der Androhungsbeschluß, § 329, braucht das Ordnungsmittel weder nach seiner Art noch nach seiner Höhe bestimmt anzugeben. Es reicht aus, daß das Gericht auf den gesetzlichen Rahmen Bezug nimmt. Das ist sogar ratsam, Hamm RR **88**, 960 (keine Einengung von vornherein); das alles verkennt BGH NJW **95**, 3181 mit der nicht näher begründeten Ansicht, das Gericht müsse Art und Höchstmaß des Ordnungsmittels „konkretisieren" (s freilich auch unten). Das Gericht muß aber die generelle Art des angebotenen Ordnungsmittels angeben, also bestimmen, ob ein Ordnungsgeld mit einer ersatzweisen Ordnungshaft oder ob sogleich eine Ordnungshaft angedroht wird. Freilich kann auch dann, wenn das Gericht fälschlich nur ein Ordnungsgeld (ohne Ersatz-Ordnungshaft) angedroht hatte, später das angedrohte Ordnungsgeld auch festgesetzt werden, Hamm MDR **92**, 411. Das Gericht muß ferner das gesetzliche Höchstmaß nennen, BGH NJW **95**, 3181, Hamm NJW **80**, 1289.

Wenn das Gericht das Ordnungsmittel nach seiner Art und Höhe angedroht hat, dann ist es bei einer anschließenden *Festsetzung* des Ordnungsmittels an diesen Rahmen gebunden. Das Gericht darf also insbesondere keine andere als die angedrohte Art des Ordnungsmittels verhängen. II soll nämlich nicht nur den Schuldner schützen, sondern auch dem Gläubiger diejenigen Maßnahmen zur Verfügung stellen, die für die Durchsetzung seiner Ansprüche notwendig sind. Die Kosten können in einem etwa zugrundeliegenden Vergleich mitgeregelt worden sein. Wenn das nicht geschehen ist, dann folgen die Kosten der übrigen Kostenregelung im Vergleich, wenn im Zeitpunkt des Vergleichsbeschlusses bereits ein Antrag nach II gestellt worden war. Andernfalls ist § 788 anwendbar, § 891 Rn 6. Soweit die Androhung ein gesetzlich überhöhtes Ordnungsmittel kannte, bleibt eine Festsetzung in gesetzlicher Höhe zulässig, Hamm GRUR **83**, 607.

*Gebühren:* Des Anwalts §§ 57, 58 II Z 6 BRAGO.

35   **D. Abänderung.** Das Gericht darf die Androhung jederzeit wegen veränderter Umstände abändern. Die Androhung ist schon vor der ersten Zuwiderhandlung statthaft, wie die Möglichkeit der Aufnahme der Androhung in das Urteil ergibt, BGH NJW **79**, 217. Die Androhung verlangt auch nicht, daß das Urteil bereits nach § 322 rechtskräftig geworden ist. Die Androhung wird mit der Zustellung an den Schuldner wirksam. Eine einmalige Androhung genügt für alle Zukunft, KG GRUR **83**, 796. Wenn das Gericht das Ordnungsmittel in einem besonderen Beschluß androht, also auch im Anschluß an einen Prozeßvergleich, Anh § 307, Bre NJW **71**, 58, dann ist die Zustellung dieses Beschlusses nach § 750 I der Beginn der Zwangsvollstreckung, Grdz 51 vor § 704, BGH NJW **79**, 217. Wenn das Gericht die Androhung in das Urteil aufgenommen hat, dann ist die Urteilszustellung nach § 750 I der Beginn der Zwangsvollstreckung, Baur ZwV § 35 III 2, Borck WRP **77**, 558, aM BGH NJW **79**, 217 (die Zwangsvollstreckung beginne dann erst mit der Festsetzung des Ordnungsmittels), Bork WRP **89**, 361 (aber für einen solchen Unterschied ist kein Grund ersichtlich). Deshalb müssen im Zeitpunkt der Zustellung der Androhung die Voraussetzungen der Zwangsvollstreckung, § 750, Grdz 14 vor § 704, erfüllt sein. Wenn die Androhung auf Grund einer einstweiligen Verfügung erfolgt, ist die Rechtslage ebenso zu beurteilen. Die Zustellung der einstweiligen Verfügung ist ihr Vollzug, nicht ihre Vollstreckung, Grdz 19, 20 vor § 916, § 936. §§ 775 Z 1, 776 bleiben beachtlich, LAG Mainz BB **99**, 1767.

36   **7) Sicherheitsleistung, III.** Auf Grund eines Antrags des Gläubigers, für den ein Anwaltszwang wie sonst besteht, § 78 Rn 1, kann das Prozeßgericht der ersten Instanz, § 887 Rn 10, dem Schuldner nach seinem pflichtgemäßen Ermessen eine Sicherheitsleistung zur Absicherung desjenigen Schadens auferlegen, der durch eine fernere Zuwiderhandlung drohen mag. Voraussetzung ist zwar nicht, daß bereits vorher ein Ordnungsmittel festgesetzt worden war; der Schuldner muß aber bereits mindestens einmal nach dem Wirksamwerden der Androhung eines Ordnungsmittels eine Zuwiderhandlung begangen haben. Das Urteil braucht allerdings keine Sicherheitsleistung aufzuerlegen, Ffm Rpfleger **78**, 267 Rn 28 „Sicherheitsleistung". Zur Art und Höhe der Sicherheit § 108. Die Sicherheit haftet dem Gläubiger für etwaige Schäden und Kosten weiterer Zuwiderhandlungen, Ffm Rpfleger **78**, 267, nicht aber dafür, daß der Schuldner das Ordnungsgeld zahlt. Der Gläubiger muß seinen etwaigen Schaden nach § 893 einklagen, Ffm Rpfleger **78**, 267. Die Rückgabe der Sicherheit richtet sich nach § 109, auch im Fall des Ablaufs der etwa im Beschluß bestimmten Zeitspanne.

*Gebühren:* Des RA §§ 57, 58 III Z 10 BRAGO.

zur Erwirkung der Herausgabe von Sachen usw. **§§ 890, 891**

**8) Rechtsbehelfe, I–III.** Beim Rpfl gilt nach einer echten Entscheidung § 11 RPflG, Anh § 153 GVG; **37** zum Verfahren vgl § 104 Rn 41 ff. Im übrigen:

**A. Sofortige Beschwerde.** Die sofortige Beschwerde nach §§ 577, 793 I, BVerfG NJW **82**, 1635, KG NJW **91**, 989, ist zulässig, wenn das Gericht ein Ordnungsmittel durch einen besonderen Beschluß angedroht hat, Hamm RR **88**, 960. Wenn die Androhung bereits im Urteil enthalten war, dann kann der Schuldner gegen diese Entscheidung nur das gegen das Urteil zulässige Rechtsmittel einlegen, §§ 511 ff, 545 ff, LAG Hamm MDR **77**, 699, aM Hamm RR **88**, 960 (sofortige Beschwerde). Die Festsetzung eines Ordnungsmittels führt nicht dazu, daß die sofortige Beschwerde gegen den Androhungsbeschluß erledigt wäre.

Die sofortige Beschwerde ist ferner zulässig, wenn das Gericht vor oder nach der Rechtskraft des Verbots- **38** titels, § 322, Hamm GRUR **83**, 607, durch einen Beschluß ein Ordnungsmittel *festgesetzt* hat, Mü MDR **84**, 592. In diesem Fall kann der Gläubiger die sofortige Beschwerde dann einlegen, wenn das Gericht das Ordnungsmittel seiner Meinung nach zu niedrig bemessen hat. Denn er hat ein schutzwürdiges Interesse daran, daß eine genügend wirksame Art und Höhe festgesetzt wird, Ffm GRUR **87**, 940, Hamm RR **88**, 960. Der Schuldner kann die sofortige Beschwerde gegen eine zu hohe Bemessung, Hamm GRUR **83**, 607, oder gegen Versagung einer Ratenherabsetzung einlegen, Karlsr RR **97**, 1567, ferner insoweit, als das LG über die Beschwerde entschieden hat, (jetzt) § 793 II.

Die sofortige Beschwerde ist ferner zulässig, wenn das Gericht über einen Antrag des Gläubigers auf eine **39** *Sicherheitsleistung* nach III entschieden hat. In diesem Fall kann der Gläubiger sich gegen die Zurückweisung des Antrags beschweren.

Wenn gleichzeitig gegen eine *einstweilige Anordnung*, gegen die Anordnung eines Ordnungsmittels und **40** gegen eine Festsetzung Rechtsbehelfe eingelegt worden sind, sind sie in dieser Reihenfolge zu prüfen.

**B. Erinnerung.** Gegen eine fehlerhafte Art und Weise der Durchführung der Vollstreckung ist die **41** Erinnerung nach § 766 gegeben, Art 7 IV EGStGB, Vorbem B bei § 380, Brehm NJW **75**, 250.

**C. Sonstige Fälle.** Gegen die ablehnende Entscheidung über einen Antrag des Schuldners, ein rechts- **42** kräftig festgesetztes Ordnungsgeld entfallen zu lassen, ist kein Rechtsmittel zulässig, Mü MDR **84**, 592.

**9) Kosten, I–III.** Vgl § 891 Rn 6. **43**

**10) VwGO:** Entsprechend anwendbar iRv Üb § 883 Rn 6, VGH Mannh NVwZ-RR **95**, 619 u **90**, 447, vgl **44** dazu OVG Bln NVwZ-RR **99**, 411. Danach ist auf die Vollstreckung gegen die öffentliche Hand nicht § 172 VwGO, sondern § 890 entsprechend anzuwenden, wenn der Vollstreckende gegenüber der Behörde nicht in einem Unterordnungsverhältnis steht, VGH Mü NVwZ **83**, 478, oder wenn der Anspruch auf einem Leistungsurteil beruht und auf eine Unterlassung gerichtet ist, VGH Mannh NVwZ-RR **93**, 520, VGH Mü NVwZ **82**, 563, VGH Mannh DVBl **77**, 211, VGH Kassel LS NJW **76**, 1766, RedOe § 172 Rn 3, und zwar auch aufgrund einer einstw AnO, BGH NJW **93**, 1078 mwN, VGH Mü NVwZ-RR **89**, 669, OVG Münster NJW **74**, 917. Dagegen ist § 890 auf die Vollstreckung aus einer Entscheidung nach § 80 VwGO nicht anzuwenden, OVG Lüneb DVBl **74**, 470. Für die nachträgliche Androhung, II, genügt die bloße Möglichkeit einer Zuwiderhandlung, VGH Mannh NVwZ-RR **90**, 448 (außerdem müssen die allg VollstrVoraussetzungen vorliegen, VGH Mannh NVwZ-RR **93**, 520); über sie ist durch selbständigen Beschluß zu entscheiden, VGH Mannh NVwZ-RR **95**, 619 (keine Androhung von Ordnungshaft gegenüber jur Personen des öff Rechts, vgl § 172 VwGO).

**891** **Verfahren.** ¹Die nach den §§ 887 bis 890 zu erlassenden Entscheidungen können ohne mündliche Verhandlung ergehen. ²Vor der Entscheidung ist der Schuldner zu hören. ³Für die Kostenentscheidung gelten die §§ 91 bis 93, 95 bis 100, 106, 107 entsprechend.

**Vorbem.** S 3 angefügt dch Art 1 Z 30 der 2. ZwVNov v 17. 12. 97, BGBl 3039, in Kraft seit 1. 1. 99, Art 4 I der 2. ZwVNov, ÜbergangsR Einl III 78.

**Schrifttum:** *Schoenthal,* Die Stellung gesetzlicher Vertreter des Schuldners im Verfahren nach den §§ 888, 890 ZPO, Diss Freibg 1972.

**1) Systematik, Regelungszweck, S 1–3.** Die Vorschrift ergänzt die in ihr genannten Vorschriften und **1** wird ihrerseits durch §§ 892, 893 ergänzt. Sie enthält einerseits zur Beschleunigung und Vereinfachung, also im Interesse der Prozeßwirtschaftlichkeit, Grdz 14 vor § 128, eine erhebliche Erleichterung (kein Verhandlungszwang, Rn 2), andererseits in S 2 durch das Anhörungsgebot, Art 103 I GG, eine zwecks Rechtsstaatlichkeit des Verfahrens gebotene Mindestanforderung. Die Auslegung sollte alledem folgen.

**2) Verfahren, S 1–3.** Es ist dem Erkenntnisverfahren bedingt vergleichbar. **2**

**A. Kein Verhandlungszwang, S 1.** Entscheidungen nach §§ 887, 888, 890 durch das Prozeßgericht, § 887 Rn 10, erfordern keine mündliche Verhandlung, § 128 Rn 10, BVerfG NJW **82**, 1635 (zu § 890), BayObLG WoM **96**, 375 (WEG). Wenn das Gericht einen Termin nach § 889 bestimmt, dann handelt es sich nicht um eine Vollstreckungsmaßnahme. Wenn das Gericht eine mündliche Verhandlung anordnet, § 216, dann muß es die Beteiligten laden, §§ 209, 270 I. Ein Anwaltszwang herrscht wie sonst, § 78 Rn 1, Kblz RR **88**, 1279, Köln FamRZ **95**, 312, StJM 2, aM LG Bln WPR **76**, 194 (aber hier handelt es sich oft um schwierige, vor dem Prozeßgericht zu verhandelnde Fragen). Eine Zustellung muß an den etwa bestellten ProzBev erfolgen, § 178. Das Gericht muß aber eine Aufforderung zum Haftantritt der Partei persönlich zustellen.

**B. Anhörung des Schuldners, S 2.** Das Gericht muß den Schuldner vor seiner Entscheidung anhören, **3** Art 103 I GG, Schockenhoff NJW **90**, 155. Es muß also dem Schuldner eine Gelegenheit zur mündlichen oder schriftlichen Äußerung geben. Es genügt, daß der Vorsitzende dem Schuldner eine ausreichende Frist setzt. Wenn die Äußerung des Schuldners erst nach dem Fristablauf eingeht, dann muß das Gericht sie grundsätzlich berücksichtigen, falls seine Entscheidung bei ihrem Eingang noch nicht herausgegangen war. Freilich kann und muß das Gericht einen verspäteten Vortrag evtl entsprechend §§ 282, 296 zurückweisen, KG OLGZ **79**, 367, aM Mü MDR **81**, 1025. Das Gericht muß den Schuldner auch vor einer Androhung anhören, soweit die Androhung in einem besonderen Beschluß ergehen soll. Wenn die Androhung bereits in einem Urteil enthalten war, dann hat der Schuldner das Gehör im Verfahren bis zum Urteil erhalten. Wenn die Androhung in einer einstweiligen Verfügung enthalten war und wenn diese auf Grund einer mündlichen Verhandlung durch ein Urteil erging, dann gilt dasselbe; soll die einstweilige Verfügung wegen ihrer besonderen Eilbedürftigkeit ohne eine mündliche Verhandlung und ohne eine Anhörung des Schuldners ergehen, § 937 II, so braucht er nicht bloß wegen der in ihr beabsichtigten Androhung angehört zu werden.

**4**    **C. Weiteres Verfahren, S 1–3.** Es ist immer ein voller Beweis notwendig, § 286 Rn 16. Eine Glaubhaftmachung nach § 294 genügt nicht, und zwar auch nicht dann, wenn ein Arrest oder eine einstweilige Verfügung, §§ 916 ff, 935 ff, die Grundlage der Zwangsvollstreckung bilden, MüKoSchi § 890 Rn 19, StJBr 2, ZöStö 1, aM Dahm MDR **96**, 1101 (aber die Vollstreckung hat andere Regeln als das Eil-Erkenntnisverfahren). In der Beschwerdeinstanz gelten § 573 und nicht § 891 S 2, § 890 Rn 34, 35.

**5**    **3) Entscheidung, S 1–3.** Man muß jetzt zwei Arten beachten.

     **A. Sachentscheidung, S 1, 2.** Das Gericht entscheidet stets durch einen Beschluß, § 329. Es muß den Pflichtigen wenigstens jetzt benennen, KG MDR **97**, 195. Es muß den Beschluß grundsätzlich begründen, § 329 Rn 4. Es verkündet den Beschluß, § 329 I 1, oder teilt ihn dem Sieger formlos mit, § 329 II 1, während es ihn dem Verlierer von Amts wegen zustellt, § 329 III. Streitwert: Anh § 3 Rn 144. Eine Rechtsmittelbelehrung ist unnötig, § 231, § 890 Rn 34, Hamm MDR **75**, 409 (zum alten Recht).

**6**    **B. Kostenentscheidung, S 3.** Infolge der Verweisung in S 3 auf die dort genannten Vorschriften, insbesondere auch auf § 91, ist (jetzt) eine Kostengrundentscheidung, Üb 35 vor § 91, stets geboten, und zwar von Amts wegen, wie bei § 308 II, Grdz 37, 38 vor § 704. Danach trägt der Schuldner die Kosten nur, soweit sie notwendig waren, § 91 I 1; dazu bedarf es nicht (mehr) der Heranziehung des § 788. Im übrigen gilt: Das Gericht muß die Kosten dann dem Gläubiger nach § 91 ff auferlegen, wenn der Schuldner Kosten erlitten hat, die durch objektiv nicht notwendige Vollstreckungsmaßnahmen des Gläubigers entstanden sind, KG Rpfleger **81**, 319, Saarbr JB **93**, 27, Zweibr MDR **90**, 258. Das kann zB in folgenden Fällen der Fall sein: Das Gericht mußte auf Grund einer Beschwerde des Schuldners eine Vollstreckungsmaßnahme aufheben; der Gläubiger hat seinen Antrag zurückgenommen, § 269 III 2, Ffm MDR **78**, 411, ZöStö § 887 Rn 9; das Gericht hat einen Antrag nach §§ 887, 888, 890 zurückgewiesen; die Hauptsache des Verfahrens nach §§ 887 ff hat sich nach unberechtigtem Vollstreckungsantrag erledigt, Mü MDR **91**, 357, Zweibr MDR **90**, 258. Wert: § 3 Anh Rn 144, 145. Ferner kommen Kostenteilungen usw nach § 92 ff in Betracht, soweit zB ein Vollstreckungsantrag nur teilweise Erfolg hat, etwa wegen Titelerfüllung oder bei einmaligem Verstoßes. Vgl bei den einzelnen in S 3 in Bezug genommenen Vorschriften. § 97 II ist anwendbar, Mü FamRZ **98**, 180. Die Kostenentscheidung ist kurz zu begründen, § 329 Rn 4.

**7**    **4) Rechtsbehelfe, S 1–3.** Gegen die Entscheidung ist nur eine sofortige Beschwerde nach §§ 577, 793 I statthaft, BVerfG NJW **82**, 1635, nicht etwa eine Erinnerung nach § 766. Das gilt auch dann, wenn das Gericht fälschlich statt eines Beschlusses ein Urteil erlassen hat oder wenn es gegen S 2 verstoßen oder eine falsche Kostenentscheidung getroffen hat, Hamm MDR **85**, 590. Die Entscheidung hat keine aufschiebende Wirkung. Eine Aussetzung erfolgt nach § 572. § 570 II ist anwendbar, § 296 ist unanwendbar, BVerfG NJW **82**, 1635 (krit Schumann NJW **82**, 1613). Das Gericht muß dem Betroffenen vor einer Aufhebung des angefochtenen Beschlusses das rechtliche Gehör gewähren, Art 103 I GG, vgl BVerfG **30**, 408.

     Eine *weitere sofortige Beschwerde* ist nach § 793 II zulässig, Ffm (12. ZS) NJW **96**, 1219, Jost NJW **90**, 214, ZöStö § 887 Rn 13, aM Ffm (20. ZS) MDR **92**, 1000, KG NJW **91**, 989, Pentz NJW **97**, 443 (nur, wenn die Hauptsache an das OLG gelangen kann; aber das Vollstreckungsgericht ist eigenständig). Die weitere sofortige Beschwerde erfordert, wie stets, einen neuen, selbständigen Beschwerdegrund, § 568 II, auch in einer WEG-Sache, BayObLG RR **86**, 1446. Die Rechtskraft, § 322, Zweibr JB **96**, 443, hat zur Folge, daß der Schuldner nicht mehr zu leisten, zB keine bessere Rechnung mehr zu legen braucht.

**8**    **5) VwGO:** *Entsprechend anwendbar iRv Üb § 883 Rn 6, BVerwG NJW **86**, 1125 (kein weiteres Rechtsmittel gegen die Entscheidung des OVG, auch wenn irrig durch Urteil entschieden ist), VGH Mü NVwZ-RR **97** 69, VGH Kassel NJW **76**, 1766. An die Stelle der in S 3 genannten Vorschriften, oben Rn 6, treten die §§ 154 ff VwGO.*

## 892

**Widerstand des Schuldners.** Leistet der Schuldner Widerstand gegen die Vornahme einer Handlung, die er nach den Vorschriften der §§ 887, 890 zu dulden hat, so kann der Gläubiger zur Beseitigung des Widerstandes einen Gerichtsvollzieher zuziehen, der nach den Vorschriften des § 758 Abs. 3 und des § 759 zu verfahren hat.

**1**    **1) Systematik, Regelungszweck.** Die Vorschrift ergänzt den § 891 in einer praktisch wichtigen, wenn auch nicht sehr häufig vorkommenden Frage. Sie dient der Rechtssicherheit, Einl III 43, zumal hinter ihr § 113 StGB (Widerstand gegen Vollstreckungsbeamte) steht. Deshalb ist sie strikt auszulegen.

**2**    **2) Geltungsbereich.** Wenn der Schuldner gegen eine Handlung Widerstand leistet, die er nach den §§ 887, 890 dulden muß, dann darf der Gläubiger nur im Rahmen des § 229 BGB zu einer Selbsthilfe greifen. Im übrigen darf und muß der Gläubiger einen Gerichtsvollzieher ohne Anrufung des Gerichts, Rn 14 ff, von sich aus direkt hinzuziehen, Hbg OLGZ **91**, 441.

zur Erwirkung der Herausgabe von Sachen usw. **§§ 892–894**

Der *Gerichtsvollzieher* darf zwar nur insoweit tätig werden, als überhaupt eine Zwangsvollstreckung schon und noch zulässig ist, Grdz 14 vor § 704, § 185 GVGA; er darf dann aber nicht verlangen, daß ihm der Widerstand des Schuldners nachgewiesen wird, LG Bln DGVZ **92**, 92, LG Brschw DGVZ **88**, 141, AG Münst DGVZ **79**, 29. Der Gerichtsvollzieher verfährt nach den §§ 758 III, 758 a, 759, Hbg OLGZ **91**, 442, oder wenn es nur um eine Besichtigung durch einen Bietinteressenten in der Zwangsversteigerung geht, LG Ellwangen DGVZ **95**, 125. Der Gerichtsvollzieher darf trotz des Fehlens der Verweisung auch auf § 758 II dennoch auch Türen öffnen lassen, LG Brschw DGVZ **88**, 142. Eine zusätzliche Durchsuchungsanordnung ist nicht erforderlich, AG Heidelb DGVZ **86**, 190. Der Gerichtsvollzieher darf das zur Beseitigung des Widerstands erforderliche Maß nicht überschreiten, AG Meschede DGVZ **97**, 91. Er ist für den Schutz der besichtigenden Personen vor Angriffen Dritter nicht zuständig, Hbg OLGZ **91**, 442. Er nimmt ein Protokoll wie bei jeder Vollstreckungsmaßnahme auf, § 762. Seine Kosten, § 24 Z 3 GVKostG, sind Kosten der Zwangsvollstreckung, § 788. Der Schuldner muß sie ersetzen, soweit die Hinzuziehung des Gerichtsvollziehers objektiv notwendig war, LG Brschw DGVZ **88**, 141, AG Münster DGVZ **79**, 29.

Der Gläubiger kann nach § 890 *oder* nach § 892 vorgehen, LG Brschw DGVZ **88**, 140, LG Karlsr DGVZ **84**, 12, aM AG Bln-Wedding DGVZ **87**, 63 (zunächst sei nach § 890 vorzugehen).

**3) Rechtsbehelf.** Gegen die Ablehnung des Gerichtsvollziehers kann der Gläubiger, gegen eine Maß- 3 nahme des Gerichtsvollziehers kann der Schuldner die Erinnerung nach § 766 einlegen; anschließend kommt die sofortige Beschwerde nach §§ 577, 793 I in Betracht. Einem statt solcher Rechtsbehelfe sogleich gestellten Antrag, die Hinzuziehung des Gerichtsvollziehers zu gestatten usw, fehlt daher das Rechtsschutzbedürfnis, Grdz 33 vor § 253. Er ist notfalls auf Kosten des Gläubigers durch Beschluß zurückzuweisen, § 329. Zuständig dafür ist bei Anrufung des Prozeßgerichts der Richter, bei Anrufung des Vollstreckungsgerichts dessen Rpfl, § 764 Rn 5. Im Zweifel ist hier wohl meist das Prozeßgericht anzurufen.

**4)** *VwGO: Entsprechend anwendbar iRv Üb § 883 Rn 6.* 4

**893** *Ersatzklage.* ¹Durch die Vorschriften dieses Abschnitts wird das Recht des Gläubigers nicht berührt, die Leistung des Interesses zu verlangen.
**II Den Anspruch auf Leistung des Interesses hat der Gläubiger im Wege der Klage bei dem Prozeßgericht des ersten Rechtszuges geltend zu machen.**

**1) Systematik, Regelungszweck, I, II.** I besagt nur zur Klarstellung, damit zwecks Rechtssicherheit, 1 Einl III 43, daß er einen Ersatzanspruch, der etwa nach dem sachlichen Recht besteht, in den Fällen der §§ 883–892 unberührt läßt. I begründet nicht etwa einen prozessualen Anspruch, wenn kein sachlichrechtlicher Anspruch besteht, Kblz FamRZ **82**, 508. Der Fall des § 894 fällt nicht unter § 893. Für einen Ersatzanspruch gelten die §§ 280, 283, 286, 325, 326 BGB. Nach diesen Vorschriften richtet sich auch die Frage, wann der Gläubiger zu einer Schadensersatzforderung übergehen darf. Er darf zB dann so vorgehen, wenn der Schuldner eine herauszugebende Sache nicht herausgeben kann oder wenn der Gläubiger die Handlung nicht erzwingen kann, zu der der Schuldner verurteilt worden ist. Der Anspruch ist nicht von der vorherigen Durchführung der Zwangsvollstreckung abhängig. Ein nachträgliches Angebot der Leistung beseitigt den bereits entstandenen Schadensersatzanspruch nicht. Der Anspruch läßt sich auch im Weg einer Einrede geltend machen, etwa im Weg einer Aufrechnung, § 145 Rn 9. Die Aufrechnung begründet aber den Gerichtsstand nach II nicht. Angesichts der gerade im Einzelfall auftretenden Schwierigkeiten der Schadensberechnung muß eine weiterherzige Anwendung des § 287 helfen.

**2) Zuständigkeit, II.** Für die Ersatzklage ist das Prozeßgericht der ersten Instanz örtlich, auch internatio- 2 nal, BGH NJW **97**, 2245, und sachlich zuständig, § 887 Rn 10, also dasjenige Gericht, das früher entschieden hat. Es handelt sich um eine ausschließliche Zuständigkeit, § 802. Die §§ 10, 11 sind anwendbar. Für eine Klage auf einen Schadensersatz statt der ursprünglich geschuldeten Herausgabe von Hausrat ist das Prozeßgericht zuständig und nicht das FamG zuständig, Düss FamRZ **85**, 406, aM LG Mü FamRZ **92**, 335 (aber man darf den Begriff des Zusammenhangs nicht zu eng verstehen). Eine Voraussetzung der Anwendbarkeit von II ist, daß der Kläger statt der Leistung jetzt einen Schadensersatz fordert. Wenn der Kläger den Schadensersatz neben der Leistung begehrt, dann sind die gewöhnlichen Gerichtsstände anwendbar. Das gilt auch dann, wenn der Kläger zunächst ein Urteil auf eine Leistung erwirkt hat, nun aber daneben einen Ersatz fordert, und es gilt auch dann, wenn der Kläger zunächst eine Unterlassung verlangt hat und dann wegen einer vor dem Erlaß des Urteils begangenen Handlung einen Schadensersatz fordert.

**3)** *VwGO: Entsprechend anwendbar iRv Üb § 883 Rn 6.* 3

**894** *Abgabe einer Willenserklärung.* ¹ ¹Ist der Schuldner zur Abgabe einer Willenserklärung verurteilt, so gilt die Erklärung als abgegeben, sobald das Urteil die Rechtskraft erlangt hat. ²Ist die Willenserklärung von einer Gegenleistung abhängig gemacht, so tritt diese Wirkung ein, sobald nach den Vorschriften der §§ 726, 730 eine vollstreckbare Ausfertigung des rechtskräftigen Urteils erteilt ist.
**II Die Vorschrift des ersten Absatzes ist im Falle der Verurteilung zur Eingehung einer Ehe nicht anzuwenden.**

## § 894

*SachenRBerG § 106. Entscheidung.* II ¹Im Urteil sind die Rechte und Pflichten der Parteien festzustellen. ²Die rechtskräftige Feststellung ist für die Parteien in gleicher Weise verbindlich wie eine vertragsmäßige Vereinbarung.

III ¹Das Gericht kann auf Antrag einer Partei im Urteil einen Notar und eine andere geeignete Person im Namen der Parteien beauftragen, die zur Erfüllung notwendigen Rechtshandlungen vorzunehmen, sobald die hierfür erforderlichen Voraussetzungen vorliegen. ²Die Beauftragten sind für beide Parteien vertretungsberechtigt.

IV ¹Der Urkundsbeamte der Geschäftsstelle teilt dem Notar, der das Vermittlungsverfahren durchgeführt hat, nach Eintritt der Rechtskraft den Inhalt der Entscheidung mit. ²Der Notar hat entsprechend § 98 Abs. 2 Satz 2 zu verfahren.

**Schrifttum:** *Pantaleon,* Probleme bei der Anwendung der Fiktion von Willenserklärungen in der Zwangsvollstreckung, Diss Freibg 1977; *Frhr vom Holtz,* Die Erzwingung von Willenserklärungen im einstweiligen Rechtsschutz, 1995; *Wieser,* Das Urteil auf Abgabe einer Willenserklärung – ein Vollstreckungsakt?, Freundesgabe für *Söllner* (1990) 629.

### Gliederung

| | | | |
|---|---|---|---|
| 1) Systematik, Regelungszweck, I, II .... | 1 | 5) Unterstellung, I 1 .................. | 11–14 |
| 2) Geltungsbereich, I, II ................ | 2, 3 | A. Rechtswirkung ................... | 11, 12 |
| 3) Beispiele zur Frage der Anwendbarkeit | | B. Kein Ersatz weiterer Erfordernisse .... | 13 |
| von I ................................. | 4–6 | C. Notwendig bleibende Handlung ...... | 14 |
| 4) Vollstreckungswirkung, I .............. | 7–10 | 6) Gegenleistung, I 2 ................... | 15 |
| A. Abgabe der Erklärung ............ | 7, 8 | 7) Eingehung der Ehe, II ................ | 16 |
| B. Zeitpunkt der Erklärung .......... | 9 | 8) *VwGO* ............................. | 17 |
| C. Wahlrecht ...................... | 10 | | |

**1** **1) Systematik, Regelungszweck, I, II.** § 894, ergänzt durch §§ 895–897, betrifft die Zwangsvollstreckung auf Grund eines Urteils, das den Schuldner lediglich dazu verurteilt, eine Willenserklärung, Köln MDR **92**, 184, mit einem nach der Person des Bevollmächtigten, BGH NJW **95**, 464, wie nach der Sache ganz bestimmten Inhalt abzugeben, Bbg MDR **83**, 500, BayObLG NZM **99**, 768, KG FamRZ **84**, 1123. Es richtet sich nicht nach der Form, sondern nach dem Inhalt des Urteils, ob eine derartige Entscheidung vorliegt, von Gerkan ZGR **85**, 182. Es ist unerheblich, ob zu der Willenserklärung eine Leistung des Schuldners hinzutreten muß, etwa die Übergabe einer Sache. Auch die Abgrenzung zu §§ 887, 888 kann schwierig sein. Man sollte, wie auch bei jenen Vorschriften, auf den Kern der Verurteilung achten, auf die wesentliche Leistung, die der Schuldner erbringen muß. Natürlich kann auch eine teilweise nach § 894, teilweise nach anderen Vorschriften zu beurteilende Verurteilung vorliegen.

**2** **2) Geltungsbereich, I, II.** Unter § 894 fallen nicht nur sachlichrechtliche Willenserklärungen, sondern auch Willenserklärungen gegenüber einer deutschen Behörde, BGH **120**, 248, namentlich gegenüber einer Registerbehörde, BayObLG Rpfleger **83**, 480, Köln OLGZ **83**, 268. Der Empfänger der Erklärung ist unerheblich. § 894 gilt auch dann, wenn der Schuldner die Willenserklärung gegenüber einem Dritten oder wenn er sie im Ausland abgeben muß. Wenn das Urteil im Ausland nicht anerkannt wird, dann muß der Gläubiger den Schuldner nach § 888 zur Abgabe einer entsprechenden Erklärung anhalten.

Das Urteil muß eindeutig ergeben, *welche* Erklärung der Schuldner abgeben soll. Man muß notfalls die Entscheidungsgründe des Urteils zur Auslegung hinzuziehen, wie bei § 322 Rn 9 ff. Wenn auch sie keine Klarheit verschaffen, dann bleibt nur übrig, im Vollstreckungsverfahren nach § 888 eine Klärung herbeizuführen. Wenn die Klärung auch in jenem Verfahren nicht möglich ist, dann muß der Gläubiger eine neue Klage erheben, BGH **98**, 128, Kblz OLGZ **76**, 381. Ein Antrag mit dem Inhalt, den Bekl zu verurteilen, alle für die Übertragung des Geschäfts des Bekl notwendigen Rechtsgeschäfte mit dem Kläger abzuschließen, ist zu unbestimmt, ebenso die Verpflichtung, ein Drittel des Grundbesitzes auf den Gläubiger zu übertragen, Kblz OLGZ **76**, 381, oder einem erst abzugebenden Angebot schon jetzt zuzustimmen, Rn 4 „Vertragsangebot". In WEG-Sachen ist § 894 anwendbar, BayObLG WoM **88**, 92, KG OLGZ **91**, 436. Wegen des SachenRBerG vgl dessen § 106 II–IV, abgedruckt vor Rn 1.

**3** Das Urteil, das den Schuldner zur Abgabe einer Willenserklärung verurteilt, ist ein *Leistungsurteil,* Grdz 8 vor § 253. Denn nicht das Urteil gestaltet, sondern die unterstellte Willenserklärung, BayObLG RR **89**, 1172, StJM **3**, ThP 1, Wieser 629, aM Larenz NJW **51**, 499 (Gestaltungsurteil).

**4** **3) Beispiele zur Frage der Anwendbarkeit von I**
**Abnahmepflicht:** I ist auf das Angebot des Geschäftsnachfolgers an die Brauerei anwendbar, wenn er mit dem bisherigen Gastwirt den Eintritt in dessen Abnahmepflicht vereinbart hat, BGH NJW **63**, 900.
**Angebot:** Rn 6 „Vertragsangebot".
**Arbeitnehmererfindung:** S „Einwilligung".
**Arrest, einstweilige Verfügung:** § 940 Rn 46 „Willenserklärung".
**Auflassung:** Rn 5 „Grundbuchmäßige Erklärung".
**Bruchteilsgemeinschaft:** Im Fall der Aufhebung einer Bruchteilsgemeinschaft wendet Schmidt JR **79**, 317 zugunsten eines Gläubigers unmittelbar den § 751 S 2 BGB an.
**Drittwiderspruchsklage:** I ist unanwendbar, soweit ein Urteil im Prozeß nach § 771 objektiv unrichtig zu einer Freigabe verurteilt.
**Eherecht:** I ist anwendbar auf die Zustimmung des Ehegatten bei §§ 1477 II 2, 1478 BGB, BGH RR **86**, 1066, oder zum Realsplitting, BFH NJW **89**, 1504, oder auf die Mitwirkung nach § 1561 BGB, Köln OLGZ **83**, 480.
**Eintragung:** Rn 5 „Grundbuchmäßige Erklärung", Rn 6 „Registermäßige Erklärung".
**Entlastung:** I ist auf eine Entlastung des Vorstands, zB einer Aktiengesellschaft, anwendbar.

zur Erwirkung der Herausgabe von Sachen usw.                                              **§ 894**

**Einwilligung:** I ist auf eine Einwilligung anwendbar, zB nach § 12 IV ArbEG, BGH **LM** § 12 ArbEG Nr 5.
**Genehmigung:** I ist auf eine (verweigerte) Genehmigung anwendbar, zB bei bisher schwebender Unwirk- 5
samkeit, Schmidt AcP **189**, 18.
**Gesellschafterbeschluß:** I ist auf die Zustimmung zu einem Gesellschafterbeschluß anwendbar, BGH RR **87**, 285.
**Grundbuchmäßige Erklärung:** I ist auf jede grundbuchmäßige Erklärung anwendbar, zB auf die Eintragung, BayObLG Rpfleger **99**, 271, die Löschung, BayObLG Rpfleger **83**, 480, die Auflassung, LG Kblz DGVZ **89**, 43, die Eintragungsbewilligung wegen eines Teilgrundstücks vor dem Zeitpunkt der grundbuchlich vollzogenen Teilung, wenn schon ein Veränderungsnachweis vorliegt, auf den das Urteil Bezug nehmen kann, BGH NJW **86**, 1868 (anderenfalls wäre aber die Erklärung noch zu unbestimmt, BGH Rpfleger **82**, 153).
**Handlung:** I ist unanwendbar, soweit der Schuldner eine Handlung vornehmen muß, zB eine Unterschrift, etwa unter eine Vollmachtsurkunde, § 887 Rn 37 „Unterzeichnung".
 S aber wegen der zugehörigen Erklärung Rn 6 „Vollmacht".
**Klagerücknahme:** S „Öffentlichrechtliche Erklärung".
**Löschung:** S „Grundbuchmäßige Erklärung", S „Registermäßige Erklärung".
**Mehrwertsteuer:** I ist unanwendbar, soweit es um die Erteilung einer Rechnung mit gesondertem Ausweis der Mehrwertsteuer geht, BFH BStBl II **82**, 310, OFD Saarbr BB **87**, 1657.
**Mieterhöhung:** I ist auf die Zustimmung zur Mieterhöhung nach § 2 MHG anwendbar, BayObLG RR **89**, 1173, LG Mannh WoM **77**, 124 (auch zur Abgrenzung).
**Öffentlichrechtliche Erklärung:** I ist auf eine im Zivilprozeß erzwingbare öffentlichrechtliche Erklärung anwendbar, etwa auf die Zustimmung zu einer steuerlichen Zusammenveranlagung, Ffm FamRZ **89**, 1321, oder auf die Rücknahme eines Strafantrags bei einem Delikt, das nur auf Grund eines Antrags des Verletzten verfolgt wird, oder auf die Rücknahme einer Privatklage, oder auf die Klagerücknahme, § 269.
**Privatklage:** S „Öffentlichrechtliche Erklärung".
**Realsplitting:** I ist auf eine Zustimmung zum Realsplitting anwendbar, BFH NJW **89**, 1504, KG FamRZ 6 **84**, 1122.
**Rechnung:** Rn 5 „Mehrwertsteuer".
**Rechtsgeschäft:** I ist auf jede rechtsgeschäftliche Erklärung anwendbar, Köln MDR **92**, 184. Vgl bei den einzelnen Stichwörtern.
**Registermäßige Erklärung:** I ist auf jede registermäßige Erklärung anwendbar, zB auf die Mitwirkung nach § 1561 BGB, Köln OLGZ **83**, 268.
**Stimmrechtsbindung:** I ist auf eine Stimmrechtsbindung anwendbar, Köln RR **89**, 352, Zöllner ZHR **91**, 186, Zutt ZHR **91**, 196 (ausf).
**Strafantrag:** Rn 5 „Öffentlichrechtliche Erklärung".
**Teilgrundstück:** Rn 5 „Grundbuchmäßige Erklärung".
**Umsatzsteuer:** Rn 5 „Mehrwertsteuer".
**Unterschrift:** Rn 5 „Handlung".
**Vertragsangebot:** I ist auf ein Angebot anwendbar, zB auf den Abschluß eines Hauptvertrags, oder auf dessen Annahme, BGH NJW **84**, 479, Karlsr RR **96**, 997, oder auf ein Darlehen, BGH NJW **75**, 444, vgl aber auch § 726 Rn 11.
 I ist *unanwendbar*, wenn man einem erst abzugebenden Angebot schon jetzt zustimmen soll, BayObLG NZM **99**, 768.
**Vertragsänderung:** I ist auf die zur Änderung des Vertrags erfolgende Erklärung anwendbar, zB beim Gesellschaftsvertrag, Bre NJW **72**, 1952.
**Vertragsaufhebung:** I ist auf die Zustimmung zu einer Vertragsaufhebung anwendbar, BAG VersR **89**, 767.
**Vollmacht:** I ist auf eine Vollmacht anwendbar, soweit die Person des Bevollmächtigten, BGH NJW **95**, 464, und die Sache ganz genau feststeht, Rn 1. Andernfalls kann § 888 anwendbar sein, BGH NJW **95**, 464.
 S auch wegen der Unterschrift Rn 5 „Handlung".
**Vormerkung:** I ist unanwendbar, soweit der Hinweis auf eine Vormerkung fehlt, deren Rang ausgenutzt werden soll, LG Ffm Rpfleger **77**, 301.
**Wandlung:** I ist auf die Wandlungserklärung und auf das Einverständnis mit der Wandlung anwendbar, § 465 BGB, Düss MDR **90**, 628.
**Widerruf:** I ist unanwendbar, soweit der Schuldner zum Widerruf einer nachteiligen Behauptung verurteilt worden ist, § 887 Rn 40 „Widerruf" (Streitfrage, bitte dort nachlesen).

**4) Vollstreckungswirkung, I.** Es gelten die folgenden Regeln:                                  7

**A. Abgabe der Erklärung.** § 894 ersetzt den Zwang durch eine reine Unterstellung. Die Erklärung gilt vom Zeitpunkt der Rechtskraft des Urteils an als abgegeben. Diese Unterstellung ist eine wirkliche echte Vollstreckungswirkung. Soweit § 894 anwendbar ist, ist jede weitere Zwangsvollstreckung ausgeschlossen, etwa diejenige nach § 756, LG Kblz DGVZ **89**, 43, oder diejenige nach §§ 887 ff, Meyer-Stolte Rpfleger **76**, 7. Das letztere gilt grundsätzlich auch vor dem Eintritt der Rechtskraft des Urteils nach § 322. Eine vorläufige Vollstreckbarkeit aus dem Urteil nach §§ 708 ff ist nur wegen der Kosten des Rechtsstreits zulässig. Ein Recht aus dem Urteil ist nicht übertragbar.

Da die Wirkung erst im Zeitpunkt der Rechtskraft eintritt, ist § 894 *nicht anwendbar,* soweit die Rechts- 8
kraft gar nicht eintreten kann, also beim *Prozeßvergleich,* Anh § 307, § 322 Rn 69 „Vergleich", BGH **98**, 127, BSG FamRZ **73**, 648, Ffm Rpfleger **80**, 291. § 894 ist ferner unanwendbar im Fall einer vollstreckbaren Urkunde, § 794 I Z 1, 5. In diesen Fällen findet die Zwangsvollstreckung nach §§ 887 ff statt, dort Rn 41 „Willenserklärung". Am besten nimmt man die Willenserklärung gleich in den Text des Vergleichs oder der vollstreckbaren Urkunde mit auf. Dabei muß man die Nämlichkeit und die Verfügungsfähigkeit der Erklärenden prüfen.

**§ 894** 8. Buch. 3. Abschnitt. Zwangsvollstreckung

9 **B. Zeitpunkt der Erklärung.** Die Erklärung gilt nach den allgemeinen Rechtsgrundsätzen als abgegeben. Wenn das Urteil erst im Zeitpunkt seiner Zustellung rechtskräftig wird, dann ist die Erklärung in diesem Zeitpunkt abgegeben. Wenn die Rechtskraft bereits mit der Verkündung des Urteils eintritt, § 705 Rn 3, dann muß der Empfänger von dem Inhalt der Verurteilung eine volle Kenntnis haben, damit die Erklärung als abgegeben angesehen werden kann. Die Empfangsbedürftigkeit der Erklärung ist unerheblich, soweit zumindest auch der Gläubiger ihr Empfänger ist, Hbg MDR **98**, 1051. Wenn nur ein Dritter der Empfänger der Erklärung ist namentlich wenn eine Behörde der Empfänger ist, dann muß der Gläubiger die Erklärung dem Dritten zuleiten, ihm also das rechtskräftige Urteil vorlegen, BayObLG Rpfleger **83**, 480 mwN. Im Fall einer ausländischen Entscheidung und bei einem Schiedsspruch tritt die Wirkung der Abgabe der Erklärung erst dann ein, wenn die zugehörige Vollstreckbarerklärung rechtskräftig wird, §§ 722, 1042. Denn es handelt sich um eine Vollstreckungswirkung.

Die Erklärung gilt *in keinem Fall* auf Grund eines nach §§ 708 ff bloß *vorläufig* vollstreckbaren Urteils als abgegeben, und zwar auch dann nicht, wenn auf Grund des Urteils eine Sicherheit geleistet worden ist, vgl § 895. Wegen der Situation im Fall einer einstweiligen Verfügung vgl § 938 Rn 11. Die Erklärung gilt nicht als abgegeben, solange das Urteil nach § 780 nur unter dem Vorbehalt der beschränkten Erbenhaftung ergangen ist. Denn in einem solchen Fall würde der Vorbehalt durch die Erklärung praktisch entwertet werden. Dort und im Fall der Umschreibung der Vollstreckungsklausel auf die Erben des Verurteilten muß die Zwangsvollstreckung nach § 888 erfolgen.

10 **C. Wahlrecht.** Gibt das Urteil die Wahl zwischen mehreren Willenserklärungen oder zwischen der Erklärung und der Leistung, dann kann die Unterstellung erst im Zeitpunkt der Ausübung des Wahlrechts eintreten: Wenn der Gläubiger wählen darf und wenn er sein Wahlrecht nicht etwa schon früher ausgeübt oder verloren hatte, § 264 II BGB, dann darf er die Wahl schon dann ausüben, wenn ein lediglich vorläufig vollstreckbares Urteil ergangen ist. Die Wirkung tritt aber erst im Zeitpunkt der Rechtskraft des Urteils nach § 322 ein. Wenn der Schuldner die Wahl hat, dann muß er sie bis zum Beginn der Zwangsvollstreckung ausüben, Grdz 51 vor § 704. Andernfalls darf der Gläubiger die Wahl treffen, § 264 BGB. Der Gläubiger muß dem Schuldner gegenüber erklären, daß er nunmehr sein Wahlrecht ausübe. Mit dieser Erklärung tritt die Vollstreckungswirkung ein, Grdz 52, 53 vor § 704.

11 **5) Unterstellung, I 1.** Ihre Abgrenzung gelingt praktisch nicht stets befriedigend.

**A. Rechtswirkung.** Im Zeitpunkt der Rechtskraft des Urteils nach § 322 gilt die Willenserklärung als abgegeben und ist die Zwangsvollstreckung beendet, Hbg MDR **98**, 1051. Es treten dieselben Folgen wie dann ein, wenn der Verurteilte im Zeitpunkt der Rechtskraft und nicht etwa schon vorher (bedingt), BAG BB **77**, 896, die Erklärung formgerecht und wirksam abgegeben hätte. Die Rechtskraft ersetzt jede beliebige sachlichrechtlich notwendige Form der Erklärung, und zwar grundsätzlich des Schuldners, BayObLG Rpfleger **83**, 391 (zustm Meyer-Stolte), ausnahmsweise, zB bei einer Zug-um-Zug-Leistung, § 756, auch des Gläubigers, LG Kblz DGVZ **89**, 43. Es gilt zB eine Auflassung als vor dem zuständigen Notar erklärt, BayObLG Rpfleger **83**, 391 (zustm Meyer-Stolte), LG Kblz DGVZ **89**, 43; eine löschungsfähige Quittung gilt als in öffentlicher Form erteilt. Die Verurteilung zur Abgabe einer öffentlich beglaubigten Erklärung ersetzt auch die Beglaubigung.

12 Demgegenüber ist die Verurteilung dahin, nur die *Beglaubigung* vornehmen zu lassen, lediglich nach § 888 erzwingbar. Zweckmäßiger und einfacher ist aber eine Verurteilung zur Abgabe der Erklärung. Denn diese Verurteilung ersetzt mit dem Eintritt ihrer Rechtskraft auch die Beglaubigung. Es ersetzt ja ein Urteil auf die Wiederholung der Abtretung der Hypothek die formgerechte Eintragungsbewilligung in einer grundbuchmäßigen Form. Das gilt auch zu Lasten des Gläubigers. Es gilt ferner gegenüber einem Dritten. Mit der Rechtskraft des Urteils gilt die Erklärung auch dem etwa mitbetroffenen oder sogar allein betroffenen Dritten gegenüber als abgegeben. Eine etwaige Prozeßunfähigkeit des Schuldners, §§ 51, 52, im Zeitpunkt des Eintritts der Rechtskraft des Urteils ist unschädlich. Bei einer juristischen Person gilt der Vertretungsberechtigte, § 51 Rn 12, als der Erklärende, selbst wenn im Zeitpunkt des Eintritts der Rechtskraft des Urteils ein Vertretungsberechtigter fehlt.

13 **B. Kein Ersatz weiterer Erfordernisse.** Die Rechtskraft kann allerdings keine etwaigen weiteren Erfordernisse ersetzen. Sie kann zB nicht eine etwa notwendige Erklärung des Gläubigers oder eines Dritten ersetzen, BayObLG Rpfleger **83**, 391 (zustm Meyer-Stolte), KG WM **86**, 108. Der Gläubiger muß zB im Fall eines Urteils auf die Auflassung seinerseits die Einigung erklären, und zwar anschließend an die Rechtskraft, nicht vorher, BayObLG Rpfleger **83**, 391 (zustm Meyer-Stolte). Wenn die Auflassung einem Dritten gegenüber erfolgen soll, dann muß der Dritte die Einigung erklären, und der Gläubiger muß das rechtskräftige Urteil dem Grundbuchamt vorlegen. Der Dritte kann das Urteil nicht vorlegen. Denn das Urteil wirkt ihm gegenüber nicht. Wenn es um die Zustimmung nur eines oder mehrerer Gesellschafter geht, ist damit noch nicht stets der erforderliche Gesellschaftsbeschluß herbeigeführt, BGH RR **89**, 1056. Wenn es sich um eine Zustimmung zu einer Änderung des Gesellschaftsvertrags einer BGB-Gesellschaft handelt, dann braucht keine Gesellschafterversammlung stattzufinden, Bre NJW **72**, 1953.

Es ist *unerheblich*, ob auch eine *Handlung des Schuldners* hinzutreten muß. Denn nur für die Erklärung gilt § 894, BGH KTS **86**, 671, für die etwa notwendige Handlung des Schuldners gelten die §§ 883–888. Freilich muß das Urteil insofern klar gefaßt sein, BGH KTS **86**, 671. Wenn beide eine einheitliche Handlung bilden, etwa bei einem Indossieren eines Wechsels, dann ist § 888 anwendbar. Eine an sich nach dem sachlichen Recht notwendige vormundschaftsgerichtliche Genehmigung ist entbehrlich, ZöStö 7, aM StJM 24. Eine sonst etwa notwendige behördliche Genehmigung bleibt erforderlich, etwa diejenige nach § 15 StFG.

14 **C. Notwendig bleibende Handlung.** Alle weiterhin gebotenen Handlungen bleiben dem Gläubiger überlassen. Was der Verwertung der Willenserklärung dient, steht außerhalb der Zwangsvollstreckung und bedarf des Nachweises ihrer Voraussetzungen nach Grdz 14 vor § 704 nicht. Das gilt etwa für eine grundbuchmäßige Eintragung. Anders ist die Lage, wenn ein Rechtsnachfolger des Gläubigers oder des Schuldners

zur Erwirkung der Herausgabe von Sachen usw. **§§ 894, 895**

beteiligt ist. Dann ist ein Nachweis der erfolgten Umschreibung erforderlich, BayObLG Rpfleger 83, 481. Der Schuldner kann die Eintragung nicht schon auf Grund einer Vollstreckungsabwehrklage oder auf Grund einer Wiederaufnahmeklage nach §§ 769, 707 unterbinden. Die Eintragung ist nämlich keine Vollstreckungsmaßnahme. Deshalb bleibt der Schuldner darauf angewiesen, eine einstweilige Verfügung zu erwirken, §§ 935 ff. Im Fall einer Wiedereinsetzung gegen den Ablauf der Rechtsmittelfrist nach §§ 233 ff fällt die Unterstellung rückwirkend weg.

**6) Gegenleistung, I 2.** Wenn das Urteil die Abgabe der Willenserklärung von einer Gegenleistung **15** abhängig macht, dann wird die Unterstellung entsprechend § 726 II erst in demjenigen Zeitpunkt wirksam, in dem der Gläubiger eine vollstreckbare Ausfertigung des Urteils, § 724 I, in Händen hat, BFH NJW 89, 1504 (Sicherheitsleistung des Gläubigers), BayObLG Rpfleger 83, 481, Wieser 629, aM Ffm JB 95, 159. Diese Ausfertigung kann erst dann erteilt werden, wenn der Nachweis der Erfüllung oder der Nachweis des Annahmeverzugs des Gläubigers erbracht sind. In solchem Fall tritt die Vollstreckungswirkung genau in demjenigen Augenblick ein, in dem der Urkundsbeamte der Geschäftsstelle die vollstreckbare Ausfertigung hinausgibt, § 329 Rn 23. Wenn der Gläubiger zunächst auf die Erteilung der Vollstreckungsklausel klagen muß, § 731, dann tritt die Unterstellung im Zeitpunkt der Rechtskraft desjenigen Urteils ein, das die Erteilung der Vollstreckungsklausel anordnet.

**7) Eingehung der Ehe, II.** Das Recht der BRep kennt keine Verurteilung zur Eingehung einer Ehe, **16** § 888 Rn 21; vgl dort auch wegen einer Namensänderung bei Eheleuten. Entgegen dem gegenüber § 888 II scheinbar engeren Wortlaut gilt § 894 II auch für die Eheherstellungsklage, § 888 Rn 21, Reinhart JZ 83, 187.

**8) *VwGO*:** Entsprechend anwendbar iRv Üb § 883 Rn 6, aM *Hoffmann-Becking VerwArch* 71, 198. Für Urteile, **17** die zum Erlaß eines VerwAktes oder zur Folgenbeseitigung verpflichten, und in diesem Rahmen ergehende einstwAnOen gilt ausschließlich § 172 VwGO (Zwangsgeld).

**895** *Vorläufig vollstreckbares Urteil und Willenserklärung.* ¹Ist durch ein vorläufig vollstreckbares Urteil der Schuldner zur Abgabe einer Willenserklärung verurteilt, auf Grund deren eine Eintragung in das Grundbuch, das Schiffsregister oder das Schiffsbauregister erfolgen soll, so gilt die Eintragung einer Vormerkung oder eines Widerspruchs als bewilligt. ²Die Vormerkung oder der Widerspruch erlischt, wenn das Urteil durch eine vollstreckbare Entscheidung aufgehoben wird.

**1) Systematik, Regelungszweck, S 1, 2.** Die Vorschrift ergänzt den § 894 durch eine in ihrem **1** Geltungsbereich, Rn 2, vorrangige Sonderregelung. Zweck ist eine Überbrückung des für den Gläubiger sonst zu gefährlichen Zeitraums zwischen dem Erlaß eines Urteils auf eine Willenserklärung und dem Eintritt der Rechtskraft, mit dem ja erst die Unterstellung der Abgabe dieser Willenserklärung erfolgt. Zwar darf ein Urteil nach § 894 grundsätzlich überhaupt nicht für vorläufig vollstreckbar erklärt werden, Einf 5 vor §§ 708–720; indessen ergibt sich aus § 895 eine Ausnahme. Dem Charakter einer nur vorläufigen Vollstreckbarkeit entspricht die Vormerkung bzw der Widerspruch als bloße Rangsicherungsmaßnahme. Das alles dient auch der beim Grundbuch notwendigen Rechtssicherheit, Einl III 43, und sollte entsprechend strikt ausgelegt werden.

**2) Geltungsbereich, S 1, 2.** Im allgemeinen hat ein nur vorläufig vollstreckbares Urteil auf die Abgabe **2** einer Willenserklärung keine Vollstreckungswirkung im engeren Sinne. Es ist lediglich wegen der Kosten vollstreckbar, Einf 5 vor §§ 708–720. Von diesem Grundsatz macht § 895 eine Ausnahme für ein Urteil, das zu einer Eintragung im Grundbuch, im Schiffsregister oder im Schiffsbauregister verurteilt. Eine entsprechende Regelung gilt dann, wenn ein Urteil zur Eintragung eines Registerpfandrechts an einem Luftfahrzeug in die Luftfahrzeugrolle verurteilt, § 99 I LuftfzRG. Zwar entsteht auch in diesen Fällen nicht die Wirkung, daß die Erklärung als abgegeben gilt; das Urteil wahrt dem Gläubiger aber seinen Rang. Das Grundbuchamt wird als Vollstreckungsorgan tätig, um einer Durchkreuzung des ausgeurteilten Anspruchs durch eine Verfügung des eingetragenen Titelschuldners vorzubeugen, KG Rpfleger 81, 22. Unter § 895 fallen alle Arten von Anträgen und Bewilligungen auf eine Eintragung. Die Vorschrift ist aber als eine Sonderregelung nicht etwa auf andere Register ausdehnend anwendbar. Es ist unerheblich, ob das Urteil unmittelbar oder nur mittelbar vorläufig vollstreckbar ist, etwa weil ein Urteil vorläufig vollstreckbar ist, das den Einspruch zurückweist. Unter § 895 fällt auch ein vorläufig vollstreckbares Feststellungsurteil nach § 256, das den Inhalt und die Tragweite eines rechtskräftigen Urteils auf die Abgabe einer Willenserklärung feststellt.

§ 895 ist *unanwendbar*, wenn die Verurteilung des Schuldners nicht durch ein Urteil, sondern durch einen Beschluß auf den Erlaß einer einstweiligen Verfügung ohne eine mündliche Verhandlung erfolgt ist, § 937 II, Ffm FGPrax 95, 180. BayObLG Rpfleger 97, 525 hält S 1 auch bei Verurteilung zur Bewilligung einer bloßen Vormerkung für unanwendbar.

**3) Unterstellung, S 1.** Mit der Verkündung eines Urteils, § 311, das den Beklagten zur Abgabe einer **3** Willenserklärung, § 894 Rn 1, verurteilt und vorläufig vollstreckbar ist, gilt die Eintragung einer Vormerkung oder eines Widerspruchs als bewilligt, Kblz Rpfleger 92, 102. Zur Eintragung genügt daher die Vorlage einer Ausfertigung des vorläufig vollstreckbaren Urteils. Die Vorlage einer vollstreckbaren Ausfertigung des Urteils ist nicht erforderlich. Das Grundbuchamt prüft wie andere Vollstreckungsorgane nicht, ob das Urteil sachlichrechtlich richtig ist oder ob eine Vollstreckungsabwehrklage nach § 767 Erfolg haben müßte, KG Rpfleger 81, 23. Der Schuldner kann aber eine Eintragung dadurch verhindern, daß er eine Sicherheit leistet. Das Urteil kann nun allerdings auch die vorläufige Vollstreckbarkeit von einer Sicherheitsleistung des Gläubigers abhängig machen, §§ 709 ff, Zawar JZ 75, 168. In einem solchen Fall tritt die Vollstrek-

§§ 895–897   8. Buch. 3. Abschnitt. Zwangsvollstreckung

kungswirkung nicht vor der Leistung der Sicherheit ein. Der Gläubiger muß also vor der Eintragung nachweisen, daß er die Sicherheit geleistet hat. Es richtet sich nach der Art des Anspruchs, ob eine Vormerkung oder ein Widerspruch einzutragen sind. Die Vormerkung sichert einen persönlichen Anspruch, der Widerspruch sichert einen dinglichen Anspruch, §§ 883, 899 BGB.

Die Eintragung erfolgt nur auf Grund eines *Antrags des Gläubigers.* Der Gläubiger kann den Antrag allerdings auch zu Gunsten eines Dritten stellen, KG ZMR **79**, 219. Der Gläubiger muß das Urteil vorlegen, § 894 Rn 9, 14. Auch in diesem Fall ist die Eintragung keine Maßnahme der Zwangsvollstreckung. Deshalb ist eine Beschwerde nur nach dem Grundbuchrecht zulässig, KG ZMR **79**, 218.

4  **4) Abändernde Entscheidung, S 1, 2.** Es sind drei Möglichkeiten vorhanden.

**A. Rechtskraft des Urteils.** Wenn das Urteil nach § 322 rechtskräftig wird, dann muß das Grundbuchamt auf Grund eines Antrags des Gläubigers die Eintragung in eine endgültige umwandeln.

5  **B. Aufhebung.** Wenn das Urteil oder seine Vollstreckbarkeit durch eine vollstreckbare Entscheidung aufgehoben werden, dann erlöschen die Vormerkung oder der Widerspruch. Die Eintragung ist dann auf Grund des einseitigen Antrags des Schuldners im Weg einer Grundbuchberichtigung zu löschen, § 25 GBO. Auch in diesem Fall prüft das Grundbuchamt nur den prozessualen Vorgang, nicht seine sachlichrechtliche Richtigkeit, KG Rpfleger **81**, 23. Der Schuldner hat dann einen Ersatzanspruch nach § 717. Wenn das aufgehobene Urteil anschließend wiederhergestellt wird, kann der zuvor verlorene Rang der Grundbucheintragung nicht wiederhergestellt werden.

6  **C. Einstellung der Zwangsvollstreckung.** Eine bloße Einstellung der Zwangsvollstreckung läßt allerdings die Eintragung unberührt. Denn die Eintragung ist keine Maßnahme der Zwangsvollstreckung im engeren Sinn, § 894 Rn 14. Solange der Vollstreckungstitel nicht aufgehoben worden ist, bedarf eine Löschung des Widerspruchs auch dann der Bewilligung des berechtigten Gläubigers oder seiner Erben, wenn der ausgeurteilte Anspruch nicht vererblich ist und der Schuldner den Tod des eingetragenen Berechtigten nachweist, KG Rpfleger **81**, 23.

7  **5)** *VwGO: Entsprechend anwendbar iRv Üb § 883 Rn 6, § 894 Rn 17.*

**896** *Urteil auf Willenserklärung. Urkundenbeschaffung.* Soll auf Grund eines Urteils, das eine Willenserklärung des Schuldners ersetzt, eine Eintragung in ein öffentliches Buch oder Register vorgenommen werden, so kann der Gläubiger an Stelle des Schuldners die Erteilung der im § 792 bezeichneten Urkunden verlangen, soweit er dieser Urkunden zur Herbeiführung der Eintragung bedarf.

1  **1) Systematik, Regelungszweck.** § 896 ergänzt den § 894 neben § 895 durch eine in ihrem Geltungsbereich, Rn 2, vorrangige weitere Sonderregelung zwecks Beschleunigung und Erleichterung für den Gläubiger. Die Vorschrift sollte entsprechend gläubigerfreundlich ausgelegt werden. Sie wiederholt die Regelung des § 792. Denn die Eintragung in das Grundbuch oder in ein öffentliches Register nach §§ 894 ff ist keine Maßnahme der Zwangsvollstreckung, § 894 Rn 14.

2  **2) Geltungsbereich.** § 896 wird namentlich dann erheblich, wenn der Schuldner nicht als ein Berechtigter eingetragen ist. Gegen den Schuldner darf kein Zwang zur Beschaffung der Urkunden angewendet werden. Vgl im übrigen bei § 792, auch zu den Rechtsbehelfen, zB eines Vermächtnisnehmers, BayObLG RR **99**, 446.

3  **3)** *VwGO: Entsprechend anwendbar iRv Üb § 883 Rn 6, § 894 Rn 17.*

**897** *Übertragung des Eigentums usw.* ¹Ist der Schuldner zur Übertragung des Eigentums oder zur Bestellung eines Rechtes an einer beweglichen Sache verurteilt, so gilt die Übergabe der Sache als erfolgt, wenn der Gerichtsvollzieher die Sache zum Zwecke der Ablieferung an den Gläubiger wegnimmt.

II Das gleiche gilt, wenn der Schuldner zur Bestellung einer Hypothek, Grundschuld oder Rentenschuld oder zur Abtretung oder Belastung einer Hypothekenforderung, Grundschuld oder Rentenschuld verurteilt ist, für die Übergabe des Hypotheken-, Grundschuld- oder Rentenschuldbriefs.

1  **1) Systematik, Regelungszweck, I, II.** Auch diese Vorschrift ergänzt den § 894 durch eine in ihrem Geltungsbereich vorrangige Sonderregelung, der gegenüber wiederum § 898 Vorrang hat. Ziel ist auch hier eine Klärung des Befriedigungszeitpunkts im Interesse aller Beteiligten. Die Vorschrift dient also wesentlich auch der Rechtssicherheit, Einl III 43, und sollte entsprechend strikt ausgelegt werden.

2  **2) Geltungsbereich, I, II.** Man erwirbt das Eigentum oder ein dingliches Recht an einer beweglichen Sache auch auf Grund eines Urteils durch eine Einigung und die Übergabe der Sache, §§ 929, 1032, 1205 BGB. Die Einigung vollzieht sich nach § 894. Das Urteil unterstellt die Erklärung des Schuldners als im Zeitpunkt der Rechtskraft des Urteils, § 322, abgegeben. Wenn das Urteil zur Erklärung nur Zug um Zug gegen eine Gegenleistung des Gläubigers verurteilt, dann gilt die Erklärung des Schuldners als in demjenigen Zeitpunkt abgegeben, in dem der Gläubiger die Vollstreckungsklausel erwirkt. Der Gläubiger braucht daher nun nur noch die seinerseits etwa notwendige Erklärung abzugeben. § 897 ersetzt die nun noch erforderliche Übergabe durch eine Wegnahme, die der Gerichtsvollzieher vornimmt, § 808 Rn 18. In

einem solchen Fall darf der Gerichtsvollzieher die Sache nicht im Gewahrsam des Schuldners belassen. Der Gerichtsvollzieher wäre nicht zum Abschluß einer Besitzabrede (Konstitut) befugt. Auch hier handelt der Gerichtsvollzieher nicht als ein Vertreter des Gläubigers, sondern als eine Amtsperson in Ausübung staatlicher Hoheitsrechte. Das gilt auch dann, wenn der Schuldner die Sache dem Gerichtsvollzieher freiwillig übergibt. Denn die Ermächtigung des Gerichtsvollziehers zur Annahme der Sache beruht nicht auf dem „Auftrag" des Gläubigers, sondern auf dem Gesetz, § 754.

3) **Maßgeblicher Zeitpunkt, I.** Die Sache gilt in demjenigen Augenblick als dem Gläubiger übergeben, 3 in dem sie der Gerichtsvollzieher dem Schuldner wegnimmt oder sie vom Schuldner empfängt. Der Gläubiger trägt von diesem Augenblick an die Gefahr. Der Schuldner ist von diesem Zeitpunkt an befreit. Das Eigentum erst bei Ablieferung der Sache an den Gläubiger übergehen zu lassen, widerspricht dem Gesetz.

4) **Bestellung einer Hypothek usw, II.** Der Erwerb, die Abtretung und die Verpfändung einer Hypo- 4 thek, einer Grundschuld oder einer Rentenschuld, für die ein Brief erteilt werden muß, erfolgen durch eine Einigung und durch die Übergabe des Briefs, §§ 1117, 1154, 1192, 1199, 1274 BGB. Deshalb gilt I in solchen Fällen entsprechend. Wenn der Schuldner überflüssigerweise, BayObLG Rpfleger **98**, 32, auch dazu verurteilt worden ist, in die Aushändigung des noch zu bildenden Hypothekenbriefs einzuwilligen, § 1117 II BGB, dann ist eine Wegnahme unnötig.

5) *VwGO*: Entsprechend anwendbar iRv Üb § 883 Rn 6. 5

**898** *Erwerb vom Nichtberechtigten.* **Auf einen Erwerb, der sich nach den §§ 894, 897 vollzieht, sind die Vorschriften des bürgerlichen Rechts zugunsten derjenigen, die Rechte von einem Nichtberechtigten herleiten, anzuwenden.**

1) **Systematik, Regelungszweck.** Die Vorschrift ergänzt die §§ 894, 897 durch eine in ihrem Geltungs- 1 bereich vorrangige Sondervorschrift zwecks Schutzes des guten Glaubens und damit zwecks Rechtssicherheit, Einl III 43, in einem Bereich der Vollstreckung, von dessen Rechtswirkungen Dritte andernfalls schuldlos nachteilig mitbetroffen sein könnten. Dieser Schutzzweck ist bei der Auslegung mitzubeachten. Im allgemeinen nutzt zwar ein guter Glaube in der Zwangsvollstreckung nichts. Etwas anderes gilt aber dann, wenn ein rechtskräftiges Urteil eine Willenserklärung ersetzt. Sie steht im Hinblick auf einen guten Glauben einer rechtsgeschäftlich abgegebenen Willenserklärung gleich. Daher muß man einen Erwerb auf Grund einer solchen Erklärung wie einen rechtsgeschäftlichen Erwerb behandeln.

2) **Geltungsbereich.** Im Fall einer Wegnahme nach § 897 handelt der Gerichtsvollzieher als eine Amts- 2 person. Daher entscheidet nicht sein persönlicher guter oder schlechter Glaube, sondern allein derjenige des Gläubigers. Das gilt auch dann, wenn der Schuldner die Sache dem Gerichtsvollzieher freiwillig übergibt, § 897 Rn 2, aM StJM 4 (wie hier nur, soweit der Gerichtsvollzieher bloßer Besitzmittler sei), aM Baur ZwV § 36 IV (in einem solchen Fall komme es auf den guten oder schlechten Glauben des Gerichtsvollziehers an, § 166 I BGB). Bei Fahrnis muß der gute Glaube im Zeitpunkt der Einigung vorliegen, also dann, wenn dasjenige Urteil rechtskräftig wird, das zur Abgabe der Willenserklärung verurteilt, und der gute Glaube muß außerdem noch im Zeitpunkt der Übergabe vorhanden sein, also im Zeitpunkt der Wegnahme nach § 897. Beide Zeitpunkte ergeben sich aus § 932 BGB. Auf den Fall des § 895 ist § 898 nicht anwendbar.

3) *VwGO*: Entsprechend anwendbar iRv Üb § 883 Rn 6. 3

**Vierter Abschnitt
Eidesstattliche Versicherung und Haft**

**Übersicht**

**Schrifttum:** *Hippler/Winterstein,* Die eidesstattliche Versicherung durch den Gerichtsvollzieher, 1999; *Keller,* Die eidesstattliche Versicherung nach §§ 807, 899 ZPO, 1998.

**Gliederung**

| | | | |
|---|---|---|---|
| 1) Systematik, Regelungszweck | 1, 2 | A. Zwangshaft | 4 |
| 2) Geltungsbereich | 3 | B. Ordnungshaft | 5 |
| 3) Haftarten | 4, 5 | 4) VwGO | 6 |

1) **Systematik, Regelungszweck.** Die Pflicht zur Abgabe einer eidesstattlichen Versicherung kann sich 1 aus bürgerlichrechtlichen, konkursrechtlichen oder prozeßrechtlichen Gründen ergeben. § 889 betrifft die bürgerlichrechtliche eidesstattliche Versicherung. § 807 betrifft die öffentlichrechtliche eidesstattliche Versicherung im Fall einer fruchtlosen Pfändung die sog Offenbarungsversicherung (früher: Offenbarungseid, zur Rechtsänderung Schmidt Rpfleger **71**, 134). § 883 betrifft die öffentlichrechtliche eidesstattliche Versicherung im Fall des fruchtlosen Versuchs der Wegnahme einer Sache, die der Schuldner herausgeben soll. § 98 InsO betrifft die eidesstattliche Versicherung des Schuldners nach der Eröffnung des Insolvenzverfahrens. Auf die eidesstattliche Versicherung des vermutlichen Testamentsbesitzers sind die §§ 883 II–IV, 900 I, 901, 902, 904–910, 913 entsprechend anzuwenden, §§ 33 II, 83 II FGG. Nach § 90 III OWiG sind ferner

## Übers § 899, § 899

die §§ 883 II–IV, 899, 900 I, III, V, 901, 902, 904–910, 913 entsprechend anzuwenden, wenn auf Grund eines Bußgeldbescheids eine Einziehung erfolgt. Dagegen sind §§ 899 ff auf eine Erzwingungshaft nach § 96 OWiG unanwendbar. § 97 OWiG, LG Tüb NJW **82**, 836 (zustm Weber). § 761 ist anwendbar, LG Brschw DGVZ **87**, 58. Neben §§ 899 ff sind (hilfsweise) §§ 916 ff anwendbar, Mü RR **88**, 382.

**2** Der in § 807 Rn 1 dargestellte *Regelungszweck* beherrscht natürlich auch das Verfahren der §§ 900 ff. Wegen seiner teilweise einschneidenden Maßnahmen (durch Art 2 II 3 GG gedeckte Freiheitsbeschränkungen) ist allerdings eine trotz aller notwendigen Prozeßwirtschaftlichkeit, Grdz 14 vor § 128, doch auch (§§ 899–914) behutsame Auslegung geboten: So wenig der trödelnde, unehrliche Schuldner schutzwürdig ist, so sehr ist es der evtl sehr gefährlich bedrohte (Unverhältnismäßigkeit, Grdz 34 vor § 704).

**3** **2) Geltungsbereich.** Das Verfahren in den Fällen der §§ 807, 883 wird von §§ 899 ff geregelt. §§ 899 ff sind entgegen der insoweit ungenauen Überschrift des 4. Abschnitts nicht auf die freigestellte eidesstattliche Versicherung als eines Mittels der Glaubhaftmachung im Erkenntnis- oder Vollstreckungsverfahren anwendbar; insofern gilt § 294, evtl in Verbindung mit §§ 704 ff. §§ 899 ff sind auch im Fall des § 836 III 2 anwendbar. Im Steuerverfahren gelten §§ 284 ff AO, Köln OLGZ **94**, 372. Daneben sind §§ 904–913 anwendbar, Bowitz DGVZ **78**, 177. Wegen eines Auslandsbezugs Heß Rpfleger **96**, 89 (ausf).

**4** **3) Haftarten.** Die ZPO und die KO unterscheiden zwei Haftarten.
**A. Zwangshaft.** Sie ist eine bloße Freiheitsentziehung zur Erzwingung eines vom Gesetz befohlenen Verhaltens. Hierher zählen: Die Haft zur Erzwingung einer unvertretbaren Handlung nach § 888 I; die Haft zur Erzwingung einer eidesstattlichen Versicherung nach §§ 889 I, 901; der Vollzug eines persönlichen Arrests nach §§ 918, 933; die Haft gegen den Schuldner nach §§ 4, 21 III, 98 III InsO.

**5** **B. Ordnungshaft.** Sie ist eine Freiheitsentziehung als Ahndung eines Verstoßes gegen die Rechtsordnung. Hierher gehören folgende Fälle: Ein Zeuge ist unentschuldigt ausgeblieben oder hat das Zeugnis unentschuldigt verweigert. Dann darf die Ordnungshaft nur für den Fall festgesetzt werden, daß ein zunächst festgesetztes Ordnungsgeld nicht beigetrieben werden kann, §§ 380, 390 II, 613, 653 II; oder: Es handelt sich um die Zwangsvollstreckung wegen der Pflicht zu einer Unterlassung oder zu einer Duldung, § 890. In diesem Fall mag die Ordnungshaft nur ersatzweise verhängt oder sogleich festgesetzt worden sein. §§ 904 ff gelten nur für die Zwangshaft, nicht für die Ordnungshaft. Vgl aber auch Rn 1.

**6** **4) VwGO:** Für die Vollstreckung zugunsten der öff Hand gelten nach § 169 I VwGO das VwVG und damit §§ 284, 315 AO (idF der 2. ZwVNov), die wieder auf die §§ 901, 902, 904–906, 909 I 2 u II, 910 u 913–915 h verweisen, oder die entsprechenden Vorschriften der Länder, § 169 II VwGO. Für die Vollstreckung gegen die öff Hand, § 170 VwGO, sowie für die Vollstreckung für und gegen Private ist Abschnitt 4 entsprechend anwendbar, § 167 I VwGO. Vgl dazu Gaul JZ **79**, 508 ff.

## 899

**Zuständigkeit.** [1] Für die Abnahme der eidesstattlichen Versicherung in den Fällen der §§ 807, 836 und 883 ist der Gerichtsvollzieher bei dem Amtsgericht zuständig, in dessen Bezirk der Schuldner im Zeitpunkt der Auftragserteilung seinen Wohnsitz oder in Ermangelung eines solchen seinen Aufenthaltsort hat.

II [1] Ist das angegangene Gericht nicht zuständig, gibt es die Sache auf Antrag des Gläubigers an das zuständige Gericht ab. [2] Die Abgabe ist nicht bindend.

**Vorbem.** Fassung Art 1 Z 31 a, b der 2. ZwVNov v 17. 12. 97, BGBl 3039, in Kraft seit 1. 1. 99, Art 4 I der 2. ZwVNov, ÜbergangsR Einl III 78.

**Schrifttum:** *Gilleßen/Polzius* DGVZ **98**, 97 (Üb); vgl auch vor Üb 1 vor § 899.

**1** **1) Systematik, Regelungszweck, funktionelle Zuständigkeit I, II.** *I, II* regeln die nach § 802 ausschließlich, Mü MDR **91**, 796 von Amts wegen zu prüfende und wie jede Zuständigkeitsregel streng auszulegende sachliche und örtliche Zuständigkeit zur Abnahme einer eidesstattlichen Versicherung nach den §§ 807, 836, 883 grundsätzlich (vgl. ZPO, teilweise auch nach § 98 I InsO. Für die Fälle des § 889 enthält jene Vorschrift ihre eigene Zuständigkeitsregelung. Für die Zuständigkeit ist der Zeitpunkt der Erteilung (Eingang) des Auftrags an den Gerichtsvollzieher maßgeblich, I. Funktionell zuständig ist in den Fällen §§ 807, 836, 883 grundsätzlich (vgl freilich Rn 3) der Gerichtsvollzieher, Steder Rpfleger **98**, 409 (Üb), und zwar beim AG des inländischen Wohnsitzes des Schuldners, bei mehreren nach der Wahl des Gläubigers, § 35, hilfsweise des inländischen Aufenthaltsorts, I, § 13 Rn 1, 2, § 16 Rn 2, 3, Ffm JB **78**, 131 fordert ein Zusammenlaufen der Interessen, derentwegen sich der Schuldner von seinem Wohnsitz entfernt. Soweit I nicht den Gerichtsvollzieher als funktionell zuständig bestimmt, ist der Rpfl als Vollstreckungsgericht funktionell zuständig. Im folgenden wird jeweils nur auf die nach I gegebenen Fälle der funktionellen Zuständigkeit des Gerichtsvollziehers abgestellt.

**2** **2) Örtliche Zuständigkeit, I, II.** Je nach dem Ergebnis ist unterschiedlich zu verfahren.
**A. Bejahung, I.** Die Zuständigkeitsregelung nach I, II gilt auch bei einem nach §§ 51, 52 Prozeßunfähigen. Auch in diesem Fall entscheidet wie sonst auch nicht der Wohnsitz usw des gesetzlichen Vertreters, § 51 Rn 12, sondern der Wohnsitz usw des Vertretenen. Bei einer juristischen Person oder bei einer Gesellschaft tritt an die Stelle des Wohnsitzes der Sitz, § 17 Rn 2, Stgt Rpfleger **77**, 220, also nicht der Wohnsitz des Organs. Das kann auch zur inländischen Zuständigkeit bei hiesiger Niederlassung führen, LG Zwickau Rpfleger **95**, 371. Das gilt auch dann, wenn ein Abwickler die eidesstattliche Versicherung abgeben soll. Der letzte Wohnsitz kommt nicht in Frage. Im Verfahren gegen die unbekannten Erben ist der Gerichtsvollzieher desjenigen Gerichts zuständig, das die Nachlaßpflegschaft angeordnet hat, LG Bln JR **54**, 464, aM ZöStö 2 (das Wohnsitzgericht des Nachlaßpflegers). Im Zuständigkeitsstreit gilt § 900 IV.

### 4. Abschnitt. Eidesstattliche Versicherung und Haft §§ 899, 900

Der Gerichtsvollzieher handelt als Organ des *Vollstreckungsgerichts,* § 764, aM Hintzen Rpfleger **99**, 224 (aber er ist ungeachtet einer gewissen Selbständigkeit „bei" dem Gericht tätig). Teilweise kann auch der Rpfl zuständig sein, § 20 Z 17 S 1 RPflG, Anh § 153 GVG. Nur der Haftbefehl nach § 901 ist dem Richter vorbehalten, § 4 II Z 2 RPflG. Eine eidesstattliche Versicherung vor dem verordneten Gerichtsvollzieher ist nach § 899 nicht verboten. Ein Notar ist keine zur Aufnahme zuständige Stelle im Sinn von § 156 StGB, vgl § 22 BNotO, Eckardt DNotZ **86**, 511. In einer Steuersache ist (zunächst) das Finanzamt zuständig, jedoch ist der Richter des AG für den Haftbefehl zuständig, § 284 VII AO.

**B. Verneinung, II.** Soweit das angegangene Gericht nicht zuständig ist, hat es die Sache unverzüglich **3** von Amts wegen ohne Notwendigkeit einer Anhörung der Betroffenen formlos an das zuständige Gericht abzugeben, II 1, und den Beteiligten davon formlos Mitteilung zu machen. Die Abgabe erfolgt durch Verfügung oder Beschluß, und zwar des Rpfl, Hintzen Rpfleger **99**, 44, Zi 4 (also ausnahmsweise nicht etwa des Gerichtsvollziehers), mit kurzer Begründung, § 329 Rn 4. Sie ist nicht bindend, II 2. Eine weitere Abgabe ist zulässig. §§ 36, 37 sind entsprechend anwendbar, soweit wirklich unvermeidbar.

**3) Verstoß, I, II.** Es sind zwei Zeitabschnitte zu unterscheiden. **4**

**A. Vor Abgabe der Versicherung.** Wenn der Gläubiger den nach Rn 1 unzuständigen Gerichtsvollzieher beauftragt, muß er, evtl nach einem Hinweis, Art 103 I GG, den Auftrag ablehnen oder auf Grund eines etwaigen (Hilfs-)Auftrags das Verfahren an seinen Rpfl leiten. Dieser, Rn 3, ThP 4, aM Hintzen Rpfleger **98**, 544 (der Gerichtsvollzieher), muß dann das Verfahren an das zuständige Gericht abgeben, II 1. § 281 gilt entsprechend, auch wegen der Bindungswirkung und ihrer Grenzen, II 2, BayObLG MDR **80**, 583, Düss Rpfleger **75**, 102, Behr Rpfleger **88**, 1 (Verletzung des Rechts auf rechtliches Gehör).

**B. Nach Abgabe der Versicherung.** Wenn der Schuldner die eidesstattliche Versicherung vor einem **5** nach Rn 1 unzuständigen Gerichtsvollzieher abgegeben hat, dann ist sie trotzdem wirksam, Düss JMBlNRW **71**, 211, Behr Rpfleger **88**, 1. Wenn sich die Unzuständigkeit erst nach der Abgabe der eidesstattlichen Versicherung herausstellt, dann muß das unzuständige Gericht das zuständige benachrichtigen. Das zuständige Gericht muß dann die Eintragung in der Schuldnerliste nach § 915 vornehmen.

**4) Rechtsbehelfe, I, II.** Es ist die Erinnerung nach § 766 gegeben. § 512a ist nicht entsprechend **6** anwendbar, aM LG Verden NdsRpfl **76**, 116, ThP 3.

**5) *VwGO*:** Entsprechend anzuwenden im Rahmen der Üb § 899 Rn 6. Zuständig ist nicht das AG, sondern in **7** allen Fällen das VG als Vollstreckungsgericht, § 167 I 2 VwGO, OVG Münst NJW **84**, 2484 mwN, VG Bre NVwZ-RR **98**, 789. AG Obernberg Rpfleger **79**, 112, Sommer Rpfleger **78**, 406 (bei einer Vollstreckung nach §§ 169 I VwGO, 5 VwVG und 284 IV AO, dessen Vorsitzender, vgl AG Würzb DGVZ **78**, 123), weil es (bzw er) insoweit VollstrBehörde ist, § 169 I 2 VwGO, Wettlaufer S 120 ff. Auch für die Vollstreckung aGrd § 19 BRAGO ist das VG zuständig, str, § 794 Rn 61. Keine Übertragung auf den Rpfl: § 20 RPflG gilt nur für bürgerliche Rechtsstreitigkeiten, Anh § 153 GVG Rn 1. Im Verfahren des VG wirken nur die Berufsrichter mit, weil es sich außerhalb der mdl Verh iSv § 5 III VwGO abspielt, vgl § 900 Rn 52. Entspr anwendbar ist auch II.

**900** *Verfahren bei der eidesstattlichen Versicherung.* **I** ¹Das Verfahren beginnt mit dem Auftrag des Gläubigers auf Bestimmung eines Termins zur Abgabe der eidesstattlichen Versicherung. ²Der Gerichtsvollzieher hat für die Ladung des Schuldners zum Termin Sorge zu tragen. ³Er hat ihm die Ladung zuzustellen, auch wenn dieser einen Prozeßbevollmächtigten bestellt hat; einer Mitteilung an den Prozeßbevollmächtigten bedarf es nicht. ⁴Dem Gläubiger ist die Terminbestimmung nach Maßgabe des § 357 Abs. 2 mitzuteilen.

**II** ¹Der Gerichtsvollzieher kann die eidesstattliche Versicherung abweichend von Absatz 1 sofort abnehmen, wenn die Voraussetzungen des § 807 Abs. 1 vorliegen. ²Der Schuldner und der Gläubiger können der sofortigen Abnahme widersprechen. ³In diesem Fall setzt der Gerichtsvollzieher einen Termin und den Ort zur Abnahme der eidesstattlichen Versicherung fest. ⁴Der Termin soll nicht vor Ablauf von zwei Wochen und nicht über vier Wochen hinaus angesetzt werden. ⁵Für die Ladung des Schuldners und die Benachrichtigung des Gläubigers gilt Absatz 1 entsprechend.

**III** ¹Macht der Schuldner glaubhaft, daß er die Forderung des Gläubigers binnen einer Frist von sechs Monaten tilgen werde, so setzt der Gerichtsvollzieher den Termin zur Abgabe der eidesstattlichen Versicherung abweichend von Absatz 2 unverzüglich nach Ablauf dieser Frist an oder vertagt bis zu sechs Monaten und zieht Teilbeträge ein, wenn der Gläubiger hiermit einverstanden ist. ²Weist der Schuldner in dem neuen Termin nach, daß er die Forderung mindestens zu drei Vierteln getilgt hat, so kann der Gerichtsvollzieher den Termin nochmals bis zu zwei Monaten vertagen.

**IV** ¹Bestreitet der Schuldner im Termin die Verpflichtung zur Abgabe der eidesstattlichen Versicherung, so hat das Gericht durch Beschluß zu entscheiden. ²Die Abgabe der eidesstattlichen Versicherung erfolgt erst nach dem Eintritt der Rechtskraft der Entscheidung; das Vollstreckungsgericht kann jedoch die Abgabe der eidesstattlichen Versicherung vor Eintritt der Rechtskraft anordnen, wenn bereits ein früherer Widerspruch rechtskräftig verworfen ist, wenn nach Vertagung nach Absatz 3 der Widerspruch auf Tatsachen gestützt wird, die zur Zeit des ersten Antrags auf Vertagung bereits eingetreten waren, oder wenn der Schuldner den Widerspruch auf Einwendungen stützt, die den Anspruch selbst betreffen.

## § 900

8. Buch. Zwangsvollstreckung

**V** Der Gerichtsvollzieher hat die von ihm abgenommene eidesstattliche Versicherung unverzüglich bei dem Vollstreckungsgericht zu hinterlegen und dem Gläubiger eine Abschrift zuzuleiten.

**Vorbem.** Zunächst Fassung Art 1 Z 32 der 2. ZwVNov v 17. 12. 97, BGBl 3039, in Kraft seit 1. 1. 99, Art 4 I der 2. ZwVNov, Altverfahren Müller DGVZ **98**, 130. Sodann I 2, 3 neugefaßt durch Art 8 Z 1 EGInsOÄndG v 19. 12. 98, BGBl 3836, in Kraft ebhenfalls seit 1. 1. 99, Art 12 EGInsOÄndG, ÜbergangsR Einl III 78 sowie als vorrangige Sondervorschrift

**EGInsOÄndG Art 8 Z 2.** Auf Anträge auf Bestimmung eines Termins zur Abnahme der eidesstattlichen Versicherung, die vor dem 1. Januar 1999 gestellt worden sind, finden die §§ 807, 899, 900 der Zivilprozeßordnung und § 20 Nr. 17 des Rechtspflegergesetzes in der jeweils bis zum 1. Januar 1999 geltenden Fassung Anwendung.

Das gilt auch bei § *903*, Hornung DGVZ **99**, 34, Seip DGVZ **99**, 37 und bei mehreren Aufträgen für jeden gesondert, Hornung DGVZ **99**, 36. Auf § *902* findet Art 8 Z 2 EGInsOÄndG *keine* Anwendung, § 902 Vorbem. Maßgeblich ist der Auftragseingang, LG Bln DGVZ **99**, 78, LG Ffm DVGZ **99**, 78, LG Kassel DGVZ **99**, 77, Winter DGVZ **99**, 73 (ausf). Eine fälschlich vom Gerichtsvollzieher aufgenommene Versicherung bleibt wirksam, Grdz 56 vor § 704, LG Kassel DGVZ **99**, 77.

**Schrifttum:** Vgl bei § 807 sowie *Harnacke* DGVZ **99**, 81 (Üb zu III).

### Gliederung

| | |
|---|---|
| 1) Systematik, Regelungszweck, I–V .... 1 | E. Unfähigkeit .................... 28 |
| 2) Beginn und Ende des Verfahrens, I, II ........................................ 2–5 | F. Berufsgeheimnis .................. 29 |
| A. Beginn: Auftrag ................... 2–4 | 6) Vertagung, I–III .................. 30–35 |
| B. Ende ............................. 5 | A. Zahlungsbereitschaft ............. 30 |
| 3) Terminsbestimmung und Ladung, I, II ............................................ 6–19 | B. Weiterer Aufschub ............... 31 |
| A. Allgemeine Voraussetzungen ....... 6 | C. Erheblicher Grund, § 227, I ....... 32 |
| B. Rechtsschutzbedürfnis ............ 7 | D. Verfahren ....................... 33 |
| C. Bisherige Versicherung .......... 8 | E. Entscheidung .................... 34 |
| D. Unfähigkeit zur Versicherungsabgabe . 9 | F. Rechtsbehelfe .................... 35 |
| E. Vorwegleistung .................. 10 | 7) Keine Einwendungen im Termin, IV . 36 |
| F. Unzulässigkeit des Auftrags ....... 11 | 8) Einwendungen im Termin, IV ........ 37–42 |
| G. Sofortige Abnahme, II ........... 12, 13 | A. Notwendigkeit einer Begründung .... 37 |
| H. Sogleich Terminsbestimmung, Ladung, I 2, 3 ....................... 14–16 | B. Bloße schriftliche Begründung .... 38 |
| | C. Nachholung einer Begründung ...... 39 |
| I. Terminsänderung ................. 17 | D. Entscheidung .................... 40, 41 |
| J. Rechtshilfe ...................... 18 | E. Rechtsbehelfe .................... 42 |
| K. Rechtsbehelfe ................... 19 | 9) Verweigerung ohne Grundangabe, IV. 43 |
| 4) Termin, III ....................... 20–23 | 10) Kosten, IV ...................... 44 |
| A. Person des Pflichtigen ........... 20 | 11) Säumnisverfahren, IV ............. 45–48 |
| B. Terminsablauf ................... 21, 22 | A. Säumnis des Gläubigers .......... 45 |
| C. Protokoll ....................... 23 | B. Säumnis des Schuldners .......... 46, 47 |
| 5) Einwendungsmöglichkeiten des Schuldners, I–IV ................ 24–29 | C. Säumnis beider Parteien ......... 48 |
| | 12) Eidesstattliche Versicherung vor der Rechtskraft, IV ................. 49, 50 |
| A. Unzulässigkeit der Zwangsvollstreckung ........................... 24 | A. Allgemeines ..................... 49 |
| B. Unzulässigkeit des Offenbarungsverfahrens ............................ 25 | B. Rechtsbehelf .................... 50 |
| | 13) Hinterlegung der Versicherung, V . 51 |
| C. Unzulässigkeit derzeit ........... 26 | 14) VwGO .......................... 52 |
| D. Kein Anspruch; keine Klausel ..... 27 | |

**1** **1) Systematik, Regelungszweck, I–V.** Das Verfahren zur Abnahme der eidesstattlichen Versicherung, §§ 807, 836 III 2, 883 II, ist eigenartig geregelt. Es verlangt weder für *beide* Parteien eine mündliche Verhandlung, § 764 III, Ffm Rpfleger **74**, 274, noch ist es auf eine freigestellte mündliche Verhandlung im Sinn von § 128 Rn 10 zugeschnitten. Die Verhandlung ist vielmehr für den Schuldner notwendig mündlich, § 128 Rn 4, für den Gläubiger aber freigestellt, § 128 Rn 10. Im übrigen enthält § 900, durch Rechtsprechung und Lehre erheblich weiter ausgeformt, eine auf Abwägung bedachte Fülle von Einzelanweisungen bald an den Gläubiger, bald an den Schuldner, bald an den Gerichtsvollzieher bzw an das Gericht, das wiederum infolge der funktionellen Zuständigkeit bald des Gerichtsvollziehers, bald des Rpfl, § 20 Z 17 S 1 RPflG, Anh § 153 GVG, bald des Richters auch nicht gerade übersichtlich eingesetzt wird. Das alles darf nicht durch eine allzu schuldnerfreundliche Auslegung noch weiter erschwert und gehandhabt werden, zumal das ganze Offenbarungsverfahren ja nur einen mühsamen weiteren Zwischenschritt zwecks Befriedigung darstellen.

**2** **2) Beginn und Ende des Verfahrens, I, II.** Der Auftrag hat zentrale Bedeutung.

**A. Beginn: Auftrag,** dazu Nies MDR **99**, 527 (Üb): Das Verfahren beginnt sowohl bei I als auch bei II mit dem Auftrag des Gläubigers an den Gerichtsvollzieher, § 754, zur Bestimmung eines Termins zur Abnahme der eidesstattlichen Versicherung, so schon LG Arnsberg Rpfleger **97**, 207. Er ist eine Parteiprozeßhandlung, Grdz 47 vor § 128. Er unterliegt keinem Anwaltszwang, § 78 III. In einem bloßen Terminsantrag liegt der Auftrag zur Abnahme der Versicherung. Der Gläubiger kann den Auftrag entweder schriftlich oder zum Protokoll des Gerichtsvollziehers oder sonst mündlich nach § 754 erteilen, aber auch beim Gericht des § 899 I einreichen, das ihn unverzüglich weiterleitet. Eine Faksimile-Unterschrift reicht nicht aus, § 129 Rn 34 „Namensstempel", BFH DB **75**, 88 linke Spalte, LG Aurich Rpfleger **84**, 323, StJM **15**, aM LG Bln MDR **76**, 407, Dempewolf MDR **77**, 803, ZöStö 2 (freie Würdigung). Ein Telefax reicht aus, § 129 Rn „Fernschreiben". Die Behörde unterzeichnet auch durch eine beglaubigte maschinenschrift-

### 4. Abschnitt. Eidesstattliche Versicherung und Haft § 900

liche Angabe des Namens des Verfassers, BGH **75**, 340, LG Köln JB **91**, 1410. Ein Bevollmächtigter muß seine Vollmacht beifügen, soweit sie sich nicht bereits aus dem Vollstreckungstitel ergibt, §§ 80 I, 88 II. Wegen § 835 I, II dort Rn 10 „Offenbarungsversicherung".

Dem Auftrag müssen gemäß § 754 der *Vollstreckungstitel,* und zwar in vollstreckbarer Ausfertigung, § 724, **3** LG Ffm Rpfleger **87**, 424, berichtigt 513, und die sonstigen Urkunden beigelegt werden, die zum Beginn der Zwangsvollstreckung notwendig sind, §§ 750 ff, also evtl der Nachweis der Sicherheitsleistung, § 751 II, und der Befriedigung usw bei einer Leistung Zug um Zug, §§ 756, 765. Im Fall einer eidesstattlichen Versicherung nach § 98 I InsO ist der Nachweis der Forderung nicht mehr erforderlich. Im Fall einer eidesstattlichen Versicherung nach §§ 807, 836 III 2, 883 II muß der Auftraggeber, auch als Drittgläubiger, LG Kiel JB **97**, 271, den Nachweis führen, daß die Voraussetzungen dieser Vorschriften erfüllt sind, also auch den Nachweis der Erfolglosigkeit der Pfändung, § 807 Rn 4, bzw die Glaubhaftmachung, § 294, der Sinnlosigkeit einer Pfändung, § 807 Rn 12, oder den Nachweis der Unauffindbarkeit, § 883 Rn 8. Man kann zB eine beglaubigte Abschrift des Protokolls des Gerichtsvollziehers beifügen, §§ 760, 762. Der Schuldner muß nach seiner Person und nach seiner Anschrift ausreichend bezeichnet werden. Es ist auch der gesetzliche Vertreter anzugeben, § 51 Rn 12, LG Essen JB **72**, 76. Der Gerichtsvollzieher muß allerdings auch diesen Punkt von Amts wegen überprüfen, Grdz 39 vor § 128, Ffm Rpfleger **76**, 27. Die Forderung darf maschinell ausgedruckt sein, soweit sie einen Klartext und nicht bloß Schlüsselzahlen usw enthält, AG Kassel Rpfleger **79**, 272.

Der Gläubiger, auch zB das Finanzamt, muß die *Forderung* grundsätzlich angeben, LG Landau DGVZ **88**, **4** 28, AG Wetzlar DGVZ **87**, 46. Eine besondere Forderungsaufstellung braucht freilich grundsätzlich nicht beizuliegen, LG Oldb Rpfleger **80**, 353, StJM 18, ThP 7, aM LG Essen MDR **76**, 1026, ZöStö 2. Der Auftrag kann auch dahin gehen, die eidesstattliche Versicherung solle sich nur auf einen Teilbetrag der vollstreckbaren Forderung erstrecken, § 754 Rn 4, Schlesw Rpfleger **76**, 225, LG Hanau DGVZ **93**, 113, LG Stade DGVZ **88**, 29. Der Gläubiger darf schon jetzt einen Haftantrag nach § 901 für den Fall stellen, daß der Schuldner im Termin ausbleibe oder daß er sich grundlos weigere, die eidesstattliche Versicherung abzugeben.

*Mehrere Aufträge* leiten gesonderte Verfahren ein, Hornung DGVZ **99**, 36. Vgl freilich § 903.

**B. Ende.** Das Verfahren endet in folgenden Fällen: Der Schuldner gibt die eidesstattliche Versicherung ab, **5** LG Bln Rpfleger **99**, 188, MüKoEi § 902 Rn 14, StJM § 901 Rn 11, aM AG Oberhausen DGVZ **99**, 31, ZöStö § 901 Rn 10; der Schuldner hat die Haft verbüßt oder es sind 6 Monate seit seiner Einlieferung vergangen, § 913 S 2; der Gläubiger nimmt den Auftrag zurück, was ihm jederzeit bis zur Rechtskraft eines Haftbefehls bzw bis zur Abgabe der eidesstattlichen Versicherung freisteht, KG OLGZ **91**, 103, ThP 8, aM StJM 20 (nur bis zur Widerspruchsbegründung); die Zwangsvollstreckung endet insgesamt, also vor allem dann, wenn der Gerichtsvollzieher die Schuldsumme an den Gläubiger abführt und dem Schuldner den Vollstreckungstitel und den Haftbefehl aushändigt. Der Erlaß des Haftbefehls hat nur die Wirkung § 901 Rn 6.

*Keine Beendigung* liegt im Erlaß des Haftbefehls, § 901 Rn 5, 6.

**3) Terminsbestimmung und Ladung, I, II.** Schon dieser Abschnitt enthält viele Probleme. **6**

**A. Allgemeine Voraussetzungen.** Nicht der Schuldner, sondern der Gerichtsvollzieher bestimmt (in den Grenzen seines Auftrags) den Verfahrensgang, LG Stade DGVZ **99**, 10. Nach dem Eingang des Auftrags prüft der Gerichtsvollzieher dessen Zulässigkeit. Es müssen die förmlichen Voraussetzungen und die Prozeßvoraussetzungen der Zwangsvollstreckung vorliegen, Grdz 14, 39 vor § 704. Ferner müssen die Voraussetzungen der Pflicht zur Abgabe der eidesstattlichen Versicherung gegeben sein, § 807 Rn 2 ff. Unter anderem muß der Nachweis vorliegen, daß der Gläubiger nicht befriedigt wurde, § 807 Rn 4. Das alles gilt bei einem Ersuchen nach § 284 AO nur eingeschränkt, § 901 Rn 5. § 147 ist anwendbar, LG Stgt Rpfleger **96**, 167.

**B. Rechtsschutzbedürfnis.** Ferner muß das Rechtsschutzbedürfnis, Grdz 33 vor § 253, gegeben sein. **7** Das Rechtsschutzbedürfnis kann auch bei einer kleinen Fordeung bestehen, LG Düss JB **97**, 325. Es fehlt, wenn der Gläubiger das gesamte Vermögen des Schuldners schon zuverlässig kennt, LG Frankenth Rpfleger **81**, 363, LG Köln Rpfleger **87**, 511, LG Mü Rpfleger **74**, 372, wenn er zB bestimmt weiß, daß die Angaben des Schuldners über sein Vermögen vollständig und richtig sind oder daß der Schuldner kein Vermögen hat, BVerfG **48**, 401, LG Köln MDR **87**, 944, oder auch dann, wenn der Gläubiger seine Befriedigung auf einem einfacheren Weg erreichen könnte, LG Mannh MDR **74**, 148. Wenn der Schuldner im Handelsregister gelöscht wurde, besteht eine widerlegbare Vermutung dafür, daß er kein Vermögen hat, Ffm Rpfleger **76**, 329. Das Rechtsschutzbedürfnis kann wegen III auch dann bestehen, wenn der Gläubiger durch einen Druck auf den Schuldner mit der Ladung zum Offenbarungstermin eine Teilleistung erzielen will.

Das Gericht und sein Gerichtsvollzieher sind freilich *keine Beitreibungsstelle,* LG Köln JB **77**, 414, aM LG Nürnb-Fürth Rpfleger **85**, 309 (abl Limberger), Pawlowski DGVZ **92**, 178 (aber Rechtsmißbrauch, Einl III 54, kann bei jeder Art von Zwangsvollstreckung vorliegen, Grdz 44 vor § 704). Das Rechtsschutzbedürfnis fehlt nicht schon deshalb, weil der Gläubiger aus dem Prozeß bzw dem Prozeßkostenhilfeverfahren nach §§ 114 ff das Vermögen des Schuldners kennen müßte, LG Verden Rpfleger **86**, 186, Behr Rpfleger **88**, 2, oder wenn wegen einer Teilforderung ein Haftbefehl bestand, der nach ihrer Zahlung ausgehändigt wurde, LG Darmst DGVZ **87**, 74.

**C. Bisherige Versicherung.** Zu denjenigen Tatsachen, die der Gerichtsvollzieher nach § 903 von Amts **8** wegen beachten und aus Listen ermitteln muß, Grdz 38 vor § 128, gehört der Umstand, ob der Schuldner innerhalb der letzten drei Jahre eine eidesstattliche Versicherung geleistet hatte. Das Verfahren findet dann nur statt, wenn der Gläubiger die Fortsetzung beantragt. Er kann die Fortsetzung dann aber nur unter den besonderen Voraussetzungen des § 903 verlangen, dort Rn 9, oder er kann nach § 914 verfahren.

**D. Unfähigkeit zur Versicherungsabgabe.** Das Verfahren darf ferner dann nicht stattfinden, wenn der **9** Schuldner körperlich oder seelisch unfähig ist, derzeit die eidesstattliche Versicherung abzugeben, Ffm JB **77**, 1463, Rn 19. Zur Pflegerbestellung § 807 Rn 53. Ein Rechtsmißbrauch, Einl III 54, Grdz 44 vor § 704, führt ebenfalls zur Unzulässigkeit des Verfahrens. Wenn der Gläubiger den Auftrag aber erteilt,

§ 900 8. Buch. Zwangsvollstreckung

obwohl seine Forderung nur klein ist, dann bedeutet dieses Vorgehen keineswegs stets einen Rechtsmißbrauch, BVerfG **48**, 401. Der Gerichtsvollzieher muß den Schuldner schon vor einer etwaigen Abgabe des Verfahrens an ein anderes Gericht anhören, Art 103 I GG, Düss Rpfleger **75**, 102.

10   **E. Vorwegleistung.** Die Abnahme oder Erteilung von Abschriften usw soll von der Zahlung eines Vorschusses, § 5 GVKostG, und der Zustellungsauslagen, § 35 I Z 3 GVKostG, abhängig gemacht werden, Hartmann Teil XII.

11   **F. Unzulässigkeit des Auftrags.** Soweit der Auftrag unzulässig ist, muß ihn der Gerichtsvollzieher evtl nach einer vergeblichen Aufforderung zur Mangelbeseitigung nebst angemessener Frist durch einen Beschluß oder eine Verfügung zurückweisen bzw im Fall der Unzuständigkeit verweisen. Der zurückweisende Beschluß usw ist zu begründen, § 329 Rn 4. Er ist dem Gläubiger bzw dessen Vertreter oder Bevollmächtigten formlos mitzuteilen, § 329 II 1.

12   **G. Sofortige Abnahme, II.** Der Gerichtsvollzieher „kann", also muß nach pflichtgemäßem Ermessen, auch ohne ausdrücklichen *diesbezüglichen* Auftrag unter den ohnehin zu prüfenden Voraussetzungen des § 807 I (überflüssig in II 1 erwähnt) die eidesstattliche Versicherung „sofort", also nicht nur unverzüglich, sondern wirklich sogleich nach dem Eingang des Auftrags nach I vom Schuldner abnehmen, zB anläßlich eines Vollstreckungsversuchs, solange nicht Gläubiger und/oder Schuldner widersprechen, II 2. Der Widerspruch bedarf keiner Begründung. Er braucht nicht ausdrücklich zu erfolgen, muß aber der Sache nach eindeutig sein. Ob er vorliegt, ist wie bei jeder Parteiprozeßhandlung auszulegen, Grdz 47 ff vor § 128. Er kann zB darin liegen, daß der Gläubiger (dann zweckmäßigerweise) schon im Auftrag nach I miterklärt, er wünsche eine Abnahme erst in einem (nur) nach II anzuberaumenden Termin.

13   *Ab Widerspruch* erlischt die Befugnis zur sofortigen Abnahme und tritt das Verfahren nach II 3 und nur in diesem Rahmen das in II 5 in Bezug genommene Verfahren nach I 2–4 ein, Rn 15, 16. Der Gerichtsvollzieher „soll" wiederum nach pflichtgemäßem Ermessen gemäß II 4 eine Mindestfrist von 2 Wochen und eine Höchstfrist von 4 Wochen, je seit Zustellung der Ladung, beachten; Unterschreitung der Mindestfrist wäre bei Ermessensmißbrauch ein Verstoß gegen Art 103 I GG, Überschreitung der Höchstfrist zumindest eine mit Erinnerung anfechtbare Fehlhandlung des Gerichtsvollziehers. In beiden Fällen von Fristverstoß kommt außerdem eine Dienstaufsichtsbeschwerde in Betracht. Der Gerichtsvollzieher tut daher gut daran, eine Abweichung von vorstehenden Fristen zumindest in seinen Akten nachprüfbar zu begründen.

War *schon nach I terminiert*, so kommt II nicht mehr zur Anwendung; beim Verstoß gilt Rn 13 entsprechend.

14   **H. Sogleich Terminsbestimmung, Ladung I 2, 3.** Wenn der Auftrag zulässig ist und der Gerichtsvollzieher nicht nach Rn 12 vorgeht oder wegen Rn 13, 14 nicht mehr weiter nach Rn 12 vorgehen darf, dann muß der Gerichtsvollzieher einen Termin nach I anberaumen, und zwar hier im Gegensatz zu II 1 nicht sofort, wohl aber unverzüglich, § 216, auch für die Zeit vom 1. 7 bis 31. 8. ohne nachträgliche Verlegungsmöglichkeit, Rn 11. Das alles gilt unabhängig von einem schon vorliegenden Haftbefehl. Der Gerichtsvollzieher läßt den Schuldner mit Zustellungsurkunde laden, §§ 193 ff, nicht § 175, Hornung DGVZ **99**, 34, I 2; das ist nach dem Gesetzestext (vgl Vorbem) nicht Aufgabe der Geschäftsstelle, so schon Schilken DGVZ **98**, 129, zumal der Gerichtsvollzieher ja stets von Amts wegen und beim Gericht tätig wird.

15   Es handelt sich *nicht* um eine Zustellung *„auf Betreiben der Parteien"* nach § 166 I. Zwar hängt das ganze Verfahren zunächst von einem „Auftrag" des Gläubigers ab, I 1. Er beauftragt aber nicht (nur) zu einer Zustellung, sondern zum ganzen Verfahren, das der Gerichtsvollzieher, Rpfl und Richter dann in mancherlei Hinsicht nach gesetzlichen Regeln abwickeln, die gerade nicht der Parteiherrschaft unterliegen. Außerdem wird der Gerichtsvollzieher als zum AG gehöriges staatliches Vollstreckungsorgan tätig. Die Entstehungsgeschichte hat demgegenüber weder Bindungswirkung, Einl III 42, noch Überzeugungskraft. Daher entsteht auch keine Zustellungsgebühr, Hartmann Teil XI § 16 GVKostG Rn 1, 5; zu alledem aM Hornung DGVZ **99**, 34, Winterstein DGVZ **99**, 41.

Die *Ladungsfrist* beträgt 3 Tage, § 217. Der Termin findet evtl im Krankenhaus oder in der Wohnung des kranken Schuldners statt, § 219 I, Ffm JB **77**, 1463. Das gilt auch zB bei einer erheblichen Gehbehinderung, LG Nürnb-Fürth JB **82**, 140. Im Fall einer ernsthaften Erkrankung ist ein Termin auch am Krankenbett zulässig.

Die Zustellung erfolgt immer an den *Schuldner persönlich*, I 3, selbst wenn eine Ersatzzustellung nach §§ 181 ff notwendig wird, Ffm Rpfleger **75**, 67 (wegen einer längeren Abwesenheit des Schuldners § 181 Rn 4–9), LG Bln Rpfleger **78**, 30. Die Zustellung erfolgt also wegen I 3 Hs 1 entgegen § 176 nicht an einen ProzBev. Der Gerichtsvollzieher braucht den etwaigen ProzBev überhaupt nicht von dem Termin zu benachrichtigen, I 3 Hs 2. Es ist vielmehr die Sache des Schuldners, seinen ProzBev zum Termin hinzuzuziehen. Wenn ein gesetzlicher Vertreter § 51 Rn 12, § 807 Rn 52, die eidesstattliche Versicherung abgeben soll, dann muß natürlich er geladen werden, LG Bln Rpfleger **78**, 30, LG Köln DGVZ **78**, 28. Auch dann ist eine Ersatzzustellung zulässig, LG Bln Rpfleger **78**, 30.

16   Zweckmäßigerweise verbindet der Gerichtsvollzieher mit der Ladung die Aufforderung an den Schuldner, ein *Vermögensverzeichnis* vorzulegen, § 807, und legt ihm das zugehörige Formblatt bei; ein Fehlen macht allerdings die Ladung nicht unwirksam, Karlsr DGVZ **79**, 72. Da der Schuldner über denjenigen Vollstreckungstitel unterrichtet werden muß, aus dem der Gläubiger die Abgabe der eidesstattlichen Versicherung verlangt, teilt der Gerichtsvollzieher dem Schuldner zweckmäßigerweise, wenn auch nicht notwendigerweise, eine Abschrift des Auftrags mit, Ffm Rpfleger **77**, 417. Eine öffentliche Zustellung nach §§ 203 ff ist zulässig, falls der Wohnsitz des Schuldners fortbesteht. Der Gerichtsvollzieher ist nicht dazu befugt, das persönliche Erscheinen des Schuldners nach § 141 II anzuordnen, insofern richtig LG Landshut Rpfleger **75**, 330. Dem Gläubiger teilt der Gerichtsvollzieher die Terminsbestimmung formlos mit, kann allerdings auch die Zustellung dieser Nachricht anordnen, I 4 in Verbindung mit § 357 II (dort auch zu den Einzelheiten der Unterstellung des Zugangszeitpunkts). Er hat ja im Termin ein Anwesenheits- und Fragerecht, Rn 15.

## 4. Abschnitt. Eidesstattliche Versicherung und Haft § 900

**I. Terminsänderung.** Eine Terminsänderung ist abgesehen von Fall III in Abweichung von der Regelung des § 227 nur zulässig, soweit der Gläubiger zustimmt (zwar ist III 4 aF entfallen, aber der Gläubiger bleibt Herr der Zwangsvollstreckung, § 754 Rn 3). Eine Terminsänderung ist nur aus erheblichen Gründen möglich. Dabei sind die zu § 227 I 2 Z 1, 2 entwickelten Regeln schon wegen der Ähnlichkeit der Vorschriften mit III 4 mitzubeachten. Insgesamt hat der Gerichtsvollzieher nach pflichtgemäßem Ermessen abzuwägen, ob das Verfahren durch eine Terminsänderung eher gefördert oder nur weiter verzögert wird, und dabei auch zu prüfen, ob der Gläubiger das Verfahren als Druckmittel mißbraucht, Einl III 54. Ein Urlaub des Schuldners kann eine Vertagung notwendig machen, Rn 37. Einzelheiten Rn 21, 22. Im Fall erheblicher Teilzahlungen und des Einverständnisses des Gläubigers kann eine mehrfache Terminsänderung zulässig sein, LG Detm Rpfleger **91**, 212 (zustm Schauf). Wenn der Schuldner im Termin nicht erscheint und wenn der Termin daraufhin vertagt wird, dann muß der Gerichtsvollzieher den Schuldner neu laden lassen, selbst wenn er den neuen Termin mündlich verkündet. Denn § 218 ist auf den Prozeßbetrieb zugeschnitten und daher hier nicht anwendbar, Nürnb Rpfleger **77**, 417, LG Würzb Rpfleger **80**, 160, ZöStö 10, aM LG Landshut Rpfleger **75**, 330, ThP 18. Wenn der Schuldner erschienen war und wenn eine Vertagung verkündet worden war, dann braucht der Gerichtsvollzieher den Schuldner zu dem verkündeten Termin nicht nochmals zu laden, § 218 entsprechend, Rn 30.

**J. Rechtshilfe.** Der Gerichtsvollzieher darf anstelle einer Terminsbestimmung insoweit, als nicht § 899 II anwendbar ist (Abgabe wegen Unzuständigkeit), auch ein auswärtiges AG, auch ein ausländisches Gericht, um die Abnahme der eidesstattlichen Versicherung ersuchen, § 479 entsprechend, §§ 156, 157 I GVG, wenn das zweckmäßig oder notwendig ist, etwa wegen einer Erkrankung des auswärts befindlichen Schuldners. Der Gerichtsvollzieher benachrichtigt den Gläubiger und den Schuldner formlos von seinem Ersuchen. Der ersuchte Gerichtsvollzieher beraumt Termin an, lädt und hält den Termin ab, und zwar grundsätzlich ohne eine Prüfung der Voraussetzungen der Zwangsvollstreckung, § 158 GVG.

**K. Rechtsbehelfe.** Gegen die Terminsbestimmung ist kein Rechtsbehelf statthaft, so schon AG (= LG) Ulm Rpfleger **82**, 480, Jelinsky Rpfleger **91**, 410. Gegen die Ablehnung der Terminsbestimmung kann der Gläubiger die Erinnerung nach § 766 einlegen. Über sie entscheidet der Richter, denn das Gericht handelt als Vollstreckungsgericht, § 766, § 20 Z 17 S 2 RPflG, Anh § 153 GVG. Gegen seine Entscheidung ist sofortige Beschwerde gegeben, § 793. Gegen ein Ersuchen an ein auswärtiges Gericht können der Gläubiger und der Schuldner die Erinnerung nach § 766 einlegen. Der ersuchte Gerichtsvollzieher kann nur gemäß § 158 II GVG vorgehen.

**4) Termin, III.** Er enthält sehr viele Tücken.

**A. Person des Pflichtigen.** An den einschlägigen Stellen dieses Kommentars, zB § 807 Rn 51ff, ist jeweils vermerkt, *wer* dazu verpflichtet ist, die eidesstattliche Versicherung abzugeben, wer also der Schuldner ist. Kein gesetzlicher Vertreter kann sich seiner Pflicht zur Abgabe der Versicherung dadurch entziehen, daß er sein Amt eigens aus diesem Anlaß niederlegt. Als gesetzlicher Vertreter einer juristischen Person oder einer Handelsgesellschaft gilt derjenige, der im Zeitpunkt der Zustellung der Ladung der gesetzliche Vertreter ist, § 51 Rn 12, KG Rpfleger **96**, 253 (zustm Gleißner), Stgt MDR **84**, 239, aM Schlesw Rpfleger **79**, 73 (maßgeblich sei der Terminstag). Der Schuldner muß nach den allgemeinen Vorschriften ordnungsgemäß geladen werden, LG Aschaffenb DGVZ **91**, 13.

**B. Terminsablauf.** Das Verfahren ist nicht öffentlich. Denn es findet zwar vor Gericht, zB LG Detm Rpfleger **87**, 165, LG Frankenth Rpfleger **85**, 33, aber vor seinem Gerichtsvollzieher als Teil des Vollstreckungsgerichts, § 899 Rn 2, also nicht vor dem „erkennenden Gericht" statt, § 169 GVG, nicht vor dem Notar, LG Detm Rpfleger **87**, 165.

Deshalb sind die Vorschriften über die mündliche Verhandlung grundsätzlich *unanwendbar*, so schon LG Düss Rpfleger **80**, 484, AG Obernburg Rpfleger **79**, 112, ZöStö 11, aM LG Arnsberg Rpfleger **97**, 207, ThP 16. Natürlich lassen sich ihre Regeln ergänzend beachten; eine Entscheidung ist auch durch Verkündung mitteilbar. Der Gläubiger kann sich durch einen Bevollmächtigten vertreten lassen. Der Gläubiger kann dem Termin aber auch ganz fernbleiben, (zu III 3 aF) Ffm Rpfleger **74**, 274, LG Düss Rpfleger **80**, 484. Der Schuldner muß grundsätzlich persönlich erscheinen, §§ 478, 807 II, 836 III 2, 883 IV. Er darf sich im übrigen im Termin dann vertreten lassen, wenn er einen Widerspruch erhebt, nicht aber dann, wenn er die eidesstattliche Versicherung abgeben will, § 478 in Verbindung mit § 807 II 2, 836 III 2; § 883 IV. Der ProzBev des Schuldners, § 81, darf zwar immer anwesend sein, ist aber in keinem Fall zur Anwesenheit verpflichtet. Wenn der Schuldner wegen einer Erkrankung nicht vor dem Gerichtsvollzieher erscheinen kann, dann kann und muß der Gerichtsvollzieher dem Schuldner die eidesstattliche Versicherung notfalls in der Wohnung des Schuldners oder im Krankenhaus abnehmen, Rn 10. Der Schuldner muß dem Gläubiger die Anwesenheit gestatten, § 219 Rn 6.

*Der Gläubiger* kann alle diejenigen *Fragen* stellen, die zur Klärung des Vermögens, des Einkommens und der Lebensumstände dienen, LG Freibg DGVZ **94**, 118, LG Gött NJW **94**, 1164, LG Mannh DGVZ **94**, 119. Freilich braucht er nicht zu erscheinen; er kann die vom Schuldner im Termin zu beantwortenden Fragen aber vorher schriftsätzlich stellen, LG Arnsberg Rpfleger **97**, 207, und ist an ein etwa eingeführte Formulare dazu nicht gebunden, LG Gött NJW **94**, 1164, Sprung NJW **94**, 1108. Der Gerichtsvollzieher darf einen Fragenkatalog nicht schon vor dem Termin zurückweisen, LG Brschw JB **99**, 46.

**C. Protokoll.** Über den Ablauf des Termins ist in einer entsprechenden Anwendung der §§ 159 ff, LG Düss Rpfleger **80**, 484, ein Protokoll aufzustellen. Zu den dort aufzunehmenden rechtserheblichen Erklärungen des Schuldners zählen die von ihm vorgebrachten Gründe, aus denen er die eidesstattliche Versicherung nicht abgeben will, LG Düss Rpfleger **80**, 484. Ein im Termin ergehender Beschluß gehört ins Protokoll. Ein nicht verkündeter Beschluß ist formlos mitzuteilen, §§ 329 II 1, 766. Auch Vorhalte des Gerichtsvollzieher oder des Gläubigers sind zu protokollieren, § 160 II.

**5) Einwendungsmöglichkeiten des Schuldners, I–IV.** Es sind folgende Einwendungen möglich.

## § 900

**A. Unzulässigkeit der Zwangsvollstreckung.** Der Schuldner kann die Zulässigkeit der Zwangsvollstreckung überhaupt bestreiten. Er behauptet etwa, die Vollstreckungsklausel nach §§ 724 ff fehle; der Vollstreckungstitel sei nicht ordnungsgemäß nach § 750 zugestellt worden, Düss Rpfleger **93**, 412 (zur öffentlichen Zustellung, aM BGH **57**, 108, StJSchu § 204 Rn 6); er sei aufgehoben worden, zB im Rechtsmittelverfahren; es liege ein Mangel der Prozeßfähigkeit vor, § 51, Grdz 40 vor § 704; die Zwangsvollstreckung sei dauernd eingestellt oder abgewendet worden, § 775 Z 1–3.

25 **B. Unzulässigkeit des Offenbarungsverfahrens.** Der Schuldner kann die Zulässigkeit des Verfahrens zur Abgabe der eidesstattlichen Versicherung bestreiten. Er behauptet etwa, der Gläubiger habe auf die Möglichkeit verzichtet, dem Schuldner die eidesstattliche Versicherung abnehmen zu lassen, Fraeb ZZP **50**, 103; die Bescheinigung über die Fruchtlosigkeit der Pfändung nach § 807 Rn 4 ff sei unzulässig gewesen, LG Lüb DGVZ **91**, 191; das Rechtsschutzbedürfnis des Gläubigers fehle, Rn 7, LG Limburg Rpfleger **82**, 435; es fehle überhaupt an einer Prozeßvoraussetzung, Grdz 12 vor § 253, etwa sei eine Minderjährigkeit übersehen worden; die Pfändung sei erfolgreich verlaufen; die herauszugebende Sache sei herausgegeben oder doch aufgefunden worden; die Voraussetzungen einer Maßnahme nach § 765 a seien eingetreten, dort Rn 7–12, LG Lüb DGVZ **80**, 26, LG Kblz JB **97**, 547; es sei eine Übersicherung eingetreten, § 777, LG Detm Rpfleger **90**, 433.

26 **C. Unzulässigkeit derzeit.** Der Schuldner kann meinen, das Verfahren sei jedenfalls im Augenblick unzulässig. Er stützt dies zB darauf, die Schuld sei ihm gestundet worden (vgl aber Rn 27); es liege ein die Zwangsvollstreckung einschränkender Vertrag vor, Grdz 24 vor § 704; die Zwangsvollstreckung sei einstweilig eingestellt worden, §§ 707, 719, 769, 775; es liege bereits ein rechtskräftiger Beschluß vor, wonach ein früherer Widerspruch Erfolg gehabt habe; der Schuldner habe bereits zu einem früheren Zeitpunkt eine eidesstattliche Versicherung abgegeben, § 903 (dann muß der Gerichtsvollzieher zunächst den etwa abwesenden Gläubiger zu dieser Frage hören). Wenn der Schuldner allerdings wegen eines Meineids verurteilt worden ist, dann kann er nicht derart vorgehen. Denn § 452 IV ist in diesem Fall nicht anwendbar, und der Schuldner wäre sonst besser als andere gestellt.

27 **D. Kein Anspruch; keine Klausel.** Der Schuldner kann scheinbar auch bestreiten, daß der sachlichrechtliche Anspruch bestehe oder daß die Vollstreckungsklausel nach §§ 724 ff korrekt erteilt worden sei, LG Limburg Rpfleger **82**, 435. Diese beiden Einwendungen sind allerdings bei genauer Betrachtung nicht statthaft. Der Schuldner kann sich auf solche Umstände nur im Rahmen der §§ 767 ff, 732, 785 berufen (etwas anderes gilt für die Fälle des § 775), Ffm JB **77**, 1463, Hamm FamRZ **81**, 200. Bei genauer Prüfung ist auch der Einwand unzulässig, die Forderung sei nicht fällig. Denn diese Frage war bereits im Verfahren zum Zweck der Erteilung der Vollstreckungsklausel zu prüfen. Eine Ausnahme gilt im Falle des § 751.

28 **E. Unfähigkeit.** Der Schuldner kann erklären, er sei körperlich oder seelisch unfähig, die eidesstattliche Versicherung abzugeben, Rn 8. Allerdings ist eine Haftunfähigkeit nach § 906 nicht mit der Unfähigkeit zur Abgabe der eidesstattlichen Versicherung gleichzusetzen. Die eidesstattliche Versicherung darf aber nicht dazu führen, daß die Gesundheit oder gar das Leben des Schuldners gefährdet werden, § 906 Rn 2 ff. Immerhin muß der Gerichtsvollzieher an den Nachweis der Unfähigkeit des Schuldners zur Abgabe der eidesstattlichen Versicherung erhebliche Anforderungen stellen, Köln MDR **78**, 59, Schneider DGVZ **77**, 1673. Wenn eine seelische Erregtheit des Schuldners ihre Ursache in einer bestimmten Einstellung des Schuldners zur Umwelt hat, so mag diese Begründung nicht zur Annahme der Unfähigkeit des Schuldners ausreichen.

29 **F. Berufsgeheimnis.** Der Schuldner mag erklären, er dürfe die eidesstattliche Versicherung nicht abgeben, da er dann ein Berufsgeheimnis preisgeben müsse, ähnlich dem § 384 Z 3. Das Berufsgeheimnis kann in der Tat je nach der Lage des Falls vorrangig sein, etwa dann, wenn ein Arzt auch nur den Namen eines Patienten preisgeben müßte, LG Aurich NJW **71**, 252.

30 **6) Vertagung, I–III,** dazu *Schilken* DGVZ **98**, 145 (Üb): Es sind mehrere Bedingungen zu erfüllen.
**A. Zahlungsbereitschaft.** Der Gerichtsvollzieher kann nach III 1 einen Anlaß zu einer Vertagung haben, Rn 11, wenn der Schuldner seine Bereitschaft erklärt, die Schuld alsbald abzuleisten. Die Vertagung ist allerdings zunächst nur bis zu sechs Monaten und nur dann zulässig, wenn der Schuldner in seinem Vertagungsantrag oder im Termin nach § 294 glaubhaft macht, daß er die Schuld innerhalb dieser sechs Monate tilgen wolle und könne, gerechnet von dem Terminstag an. Insofern kann es ausreichen, daß der Schuldner die Zahlungszusicherung eines Dritten einreicht.
*Nicht ausreichend* wäre aber irgendeine unsichere und nicht ihrerseits glaubhafte derartige Zusicherung, LG Frankenth Rpfleger **81**, 363. Bei IV reicht auch nicht eine Bereitschaft des Schuldners, sich einen neuen Termin zu stellen, falls er eine Rate nicht zahlt, LG Essen JB **72**, 925. Wenn der Schuldner außerdem einen Widerspruchsgrund hat, dann sollte er ihn zweckmäßigerweise ebenfalls geltend machen, um dem Verdacht einer Verschleppung zu entgehen, vgl Rn 39.

31 **B. Weiterer Aufschub.** Der Schuldner kann nach dem Ablauf dieser Frist einen einmaligen weiteren Aufschub bis zu zwei Monaten verlangen, wenn er in dem neuen Termin eine Tilgung der Schuld, also der Vollstreckungsforderung (Hauptsache), der Zinsen, weiteren Nebenleistungen und der Kosten, in Höhe von wenigstens drei Vierteln nachweist. Hier reicht also eine Glaubhaftmachung nicht aus, III 2. Der Gerichtsvollzieher darf den endgültigen Termin zur Abgabe der eidesstattlichen Versicherung keineswegs nochmals weiter hinausschieben als um diese eben genannten zwei Monate. Es können aber die Voraussetzungen des § 765 a vorliegen, wenn zB die Schuld bis auf einen kleinen Rest erfüllt wurde und wenn der Schuldner andererseits durch die Abgabe einer eidesstattlichen Versicherung unverhältnismäßig geschädigt würde, vgl Morgenstern NJW **79**, 2278.

32 **C. Erheblicher Grund, § 227 I.** III dient nicht so sehr einer Verzögerung von Zahlungen, sondern eher dem Schutz des Gläubigers vor einer immerwährenden Hinausschiebung des Verfahrens. Trotzdem ist auch hier eine Vertagung nach § 227 I nicht völlig ausgeschlossen, sie kommt etwa dann in Betracht, wenn der

4. Abschnitt. Eidesstattliche Versicherung und Haft § 900

Schuldner erkrankt ist, LG Düss Rpfleger **89**, 73, Schneider JB **77**, 1673, oder wenn man ihm wegen einer objektiv mangelhaften Ausfüllung des Vermögensverzeichnisses keinen Vorwurf machen kann, LG Düss Rpfleger **89**, 73. In einem solchen Fall darf und muß der Gerichtsvollzieher den Termin unter Umständen auch gegen den Willen des Gläubigers ändern, ZöStö 9, aM Karlsr DGVZ **79**, 72. Urlaubsabwesenheit usw sind zwar nicht schlechthin unbeachtlich, § 233 Rn 28 „Partei", Hamm Rpfleger **77**, 111, aber nur mit Zurückhaltung als Verlegungsgrund zu bejahen, LG Bln Rpfleger **73**, 374. Es reicht nicht aus, daß ein ärztliches Gutachten vor der Anwendung von Zwang warnt, weil Kurzschlußreaktionen des Schuldners, zB eine Tätlichkeit gegenüber dem Gerichtsvollzieher, möglich seien, LG Düss Rpfleger **89**, 73.

**D. Verfahren.** Der Gerichtsvollzieher muß bei der Entscheidung über eine Vertagung sein pflichtgemäßes **33** Ermessen ausüben. Es sollte nicht zu rasch vertagen. Der Gläubiger mußte schon lange genug kämpfen, vgl Rn 23. Zur Entscheidung ist der Gerichtsvollzieher beim Vollstreckungsgericht, §§ 764, 802, 899 I, nicht derjenige beim ersuchten Gericht zuständig. Denn es handelt sich der Sache nach um die Bewilligung eines Schuldnerschutzes. Der Gerichtsvollzieher darf einen neuen Termin, den er sofort bestimmen muß, um höchstens drei Monate hinausschieben.

**E. Entscheidung.** Der Gerichtsvollzieher entscheidet durch einen Beschluß oder eine Verfügung, **34** §§ 227 II, 329. Er verkündet die Entscheidung, § 329 I 1. Er muß sie schriftlich begründen, § 329 Rn 4. Er muß sofort von Amts wegen einen neuen Termin anberaumen, § 216. Er darf also einen neuen Termin nicht von einem weiteren Antrag des Gläubigers abhängig machen. Er darf den neuen Termin auch nicht mehr von einer Vorwegleistung abhängen lassen, Rn 8. Der anwesende Schuldner ist gemäß § 218 geladen; den abwesenden muß der Gerichtsvollzieher von Amts wegen förmlich laden, Nürnb Rpfleger **77**, 417.

**F. Rechtsbehelfe.** Die Entscheidung des Gerichtsvollziehers ist mit der Erinnerung anfechtbar, § 766. **35** Über sie entscheidet der Richter, § 20 Z 17 S 2 RPflG, Anh § 153 GVG. Seine Entscheidung ist mit sofortiger Beschwerde anfechtbar, § 793.

**7) Keine Einwendungen im Termin, IV.** Wenn der Schuldner keine Einwendungen macht, dann **36** nimmt der Gerichtsvollzieher ihm bzw seinem gesetzlichen Vertreter, § 51 Rn 12, nach einer angemessenen Belehrung, § 480 in Verbindung mit § 807 II, 836 III 2, § 883 II, und nach der vollständigen Ausfüllung des Vermögensverzeichnisses die eidesstattliche Versicherung ab, sofern er von Amts wegen keine Bedenken hat. Der Gerichtsvollzieher muß das Vermögensverzeichnis intensiv mit dem Schuldner durchsprechen, § 807 Rn 45, Behr Rpfleger **88**, 7, und muß dem Gläubiger unter allen Umständen die Möglichkeit geben, Fragen zu stellen und dem Schuldner Vorhaltungen zu machen, Rn 15. Der Gerichtsvollzieher entscheidet auch erst im Termin über die etwaige Notwendigkeit ergänzender Fragen, LG Bln Rpfleger **95**, 75. Die übereilte Abnahme der eidesstattlichen Versicherung wäre gegenüber allen Beteiligten ein Unrecht. Ein vom Gerichtsvollzieher mangelhaft aufgenommenes Vermögensverzeichnis kann eine Amtshaftung auslösen, LG Gött NJW **94**, 1164, Sprung NJW **94**, 1108. Wenn für den Schuldner nur dessen ProzBev erscheint, § 81, ohne einen Widerspruch zu erheben, oder wenn der Gerichtsvollzieher den Widerspruch zurückweist, dann ist der Schuldner säumig, Rn 14. In diesem Fall muß der Gerichtsvollzieher die Akten auf Gläubigerantrag unverzüglich dem Amtsrichter zum Zweck eines Haftbefehls vorlegen, § 901 ZPO. Freilich ist IV 2 zu beachten. Im übrigen ist das Verfahren mit der ordnungsgemäßen Abgabe der eidesstattlichen Versicherung beendet.

**8) Einwendungen im Termin, IV.** Ihre Begründung hat zentrale Bedeutung. **37**

**A. Notwendigkeit einer Begründung.** Wenn der Schuldner im streitmäßigen Verfahren im Termin, IV 1, (sonst gilt Rn 46, 47) die Verpflichtung zur Offenlegung nach § 807 oder die Verpflichtung zur Abgabe der eidesstattlichen Versicherung bestreitet, dann muß das als „Gericht", also jetzt wie bisher durch den Rpfl, § 20 Z 17 S 1 RPflG, Anh § 153 GVG, der Gerichtsvollzieher der Akten vorlegen muß, auch ohne einen (nicht mehr notwendigen) Widerspruch des Schuldners über seine Einwendungen entscheiden, IV 1. Sein Bestreiten ist freilich nur für den Fall beachtlich, daß er einen Grund angibt, § 901 S 1 Hs 2. Das Gericht darf bei der Prüfung, ob der Schuldner überhaupt einen Grund angibt, großzügig sein, LG Wuppertal Rpfleger **81**, 25. Einen Grund gibt der Schuldner dann an, wenn er Umstände vorbringt, die nach seiner Meinung seine Verpflichtung zur Abgabe der eidesstattlichen Versicherung aufheben oder ihr entgegenstehen, sofern das nicht bei einer vernünftigen, dem Schuldner zumutbaren Erwägung abwegig ist, LG Düss Rpfleger **80**, 484. Das Bestreiten nach IV 1 ist eine Parteiprozeßhandlung, Grdz 47 vor § 128.

**B. Bloße schriftliche Begründung.** Ein Vertagungsantrag nach III, Rn 30, gehört nicht hierher. Ein **38** nur vor dem Termin eingereichtes schriftliches Bestreiten ist beachtlich, soweit es von Amts wegen zu beachtende Verfahrensmängel hinweist oder hinausläuft, Rn 36, im übrigen aber unbeachtlich, LG Kblz JB **97**, 547. Denn der Schuldner kann nur im Termin mündlich wirksam bestreiten, IV 1, LG Hann DGVZ **99**, 90. Der Rpfl, Rn 28 (IV 1 ist keine Erinnerung nach § 20 Z 17 S 2 RPflG) muß den daraufhin ergehenden Beschluß von Amts wegen zustellen, §§ 270 I, 329 III, Ffm NJW **74**, 1389. Der verordnete Rpfl darf aber nur den Widerspruch beurkunden und nicht über ihn entscheiden.

**C. Nachholung einer Begründung.** Wenn der Schuldner nicht nach IV 1 bestreitet, sondern überhaupt **39** schweigt, dann sollte er nicht anders behandelt werden, als wenn er nur zu einzelnen Gründen schweigt, § 901 Rn 14, ZöStö § 901 Rn 13. Das Gesetz hat die Möglichkeiten des Schuldners durch IV 1 besonders geordnet. Daher ist § 570 in diesen Fällen nicht anwendbar.

**D. Entscheidung.** Hat der Schuldner einen solchen Grund angegeben, dann muß der Rpfl, Rn 37 **40** (keine Erinnerung nach § 20 Z 17 S 2 RPflG), über das Bestreiten verhandeln und durch einen Beschluß entscheiden, § 329, Düss Rpfleger **96**, 359, falls nicht der Gläubiger das Ruhen des Verfahrens beantragt, LG Kblz MDR **72**, 789, LG Oldb Rpfleger **81**, 363. Der Beschluß ist grundsätzlich zu begründen, § 329 Rn 4. Er ist zu verkünden, § 329 I 1, und/oder schriftlich abzufassen, Ffm Rpfleger **74**, 272. Er ist von Amts wegen zuzustellen, §§ 270 I, 329 III, Ffm Rpfleger **74**, 272, und zwar in Ausfertigung oder beglaubigter Abschrift, Ffm Rpfleger **91**, 449. Die bloße Protokollübersendung genügt nicht, Ffm Rpfleger **91**,

## § 900

449, insbesondere wenn die Entscheidung nur im Ankreuzen eines Formulars bestand, Ffm Rpfleger **91**, 449.

Der Rpfl muß über *sämtliche* vorgebrachten Gründe entscheiden, mögen sie zulässig oder unzulässig sein, LG Wuppertal Rpfleger **81**, 25. Eine Einwendung gegen den sachlichrechtlichen Anspruch ist aber nur in einem Verfahren nach den §§ 767, 785, 786, 732 beachtlich. Auch bei einem geringen Restbetrag der Schuld reicht ein bloßes Zahlungsversprechen nicht zur Angabe eines Grundes aus, LG Wuppertal Rpfleger **81**, 25. Der Rpfl kann bei einem nur teilweisen Bestreitens entsprechend § 145 verfahren, LG Oldb Rpfleger **81**, 363.

**41** Die Entscheidung über das Bestreiten kann wie folgt lauten: *Entweder:* Das Gericht gibt dem Bestreiten statt. Dann darf der Gläubiger die Abgabe der eidesstattlichen Versicherung nur auf Grund neuer Tatsachen verlangen, § 322. *Oder:* Das Gericht verwirft das Bestreiten. Im Zeitpunkt der Rechtskraft dieser Entscheidung, §§ 322, 705, steht fest, daß der Schuldner die eidesstattliche Versicherung seit dem Termin bzw dem Erlaß der Beschwerdeentscheidung abgeben muß. Alle Einwendungen, die der Schuldner bis zum Schluß der mündlichen Verhandlung erheben konnte, sind abgeschnitten. Der Gerichtsvollzieher, dem der Rpfl die Akten zurückgibt, muß nun von Amts wegen einen neuen Termin zur Abgabe der eidesstattlichen Versicherung bestimmen, IV 2 Hs 1, § 216, und den Schuldner dazu erneut laden, §§ 209, 270 I. Wenn der Schuldner im neuen Termin erneut die Pflicht bestreitet und das nur mit solchen Tatsachen begründen kann, die nach dem Schluß des letzten Termins entstanden sind, Baur/Stürner § 42 V 2, oder wenn der Schuldner das erneute Bestreiten auf Einwendungen stützt, die den Anspruch selbst betreffen, vgl § 767, dann muß der Rpfl auch über diesen neuen Widerspruch entscheiden. Das Gericht kann dann anordnen, daß der Schuldner die eidesstattliche Versicherung vor der Rechtskraft des neuen Beschlusses abgeben muß, IV 2 Hs 2.

**42** **E. Rechtsbehelfe.** Gegen den Beschluß, durch den der Rpfl über ein Bestreiten entscheidet, ist die Erinnerung nach § 766 zulässig, aM Hintzen Rpfleger **99**, 244 (bereits jetzt sofortige Beschwerde). Über sie entscheidet der Richter, § 20 Z 17 S 2 RPflG, Anh § 153 GVG. Gegen seine Entscheidung ist sofortige Beschwerde statthaft, §§ 577, 793 I. Die Frist, § 577 II, beginnt mit der Verkündung bzw mit der Zustellung des Beschlusses, § 329 III.

**43** **9) Verweigerung ohne Grundangabe, IV.** Wenn der Schuldner die eidesstattliche Versicherung im streitmäßigen Verfahren verweigert, ohne dafür einen Grund anzugeben, § 901 S 1, und obwohl der Gerichtsvollzieher seine Fragepflicht nach § 139 ausgeübt hat, LG Düss Rpfleger **80**, 484, dann muß der Amtsrichter auf Grund eines Antrags des Gläubigers einen Haftbefehl erlassen, § 901. Zu diesem Zweck muß der Gerichtsvollzieher die Akten dem Amtsrichter vorlegen.

**44** **10) Kosten, IV.** Die Kosten des Verfahrens vor dem Gerichtsvollziehr richten sich nach §§ 27 a, 35 ff GVKostG, Hartmann Teil XI. Die Kosten des etwa anschließenden Verfahrens vor Gericht zählen grundsätzlich zu den Kosten der Zwangsvollstreckung, § 788 I, KG DGVZ **91**, 170, Mü Rpfleger **74**, 320, jetzt auch LG Bln DGVZ **92**, 28. Sie sind evtl gemäß § 788 IV dem Gläubiger aufzuerlegen, etwa dann, wenn § 765 a anwendbar ist, Rn 16. Wenn der Gläubiger den Auftrag zurücknimmt, was ihm jederzeit freisteht, Rn 5, dann verfährt das Gericht wie bei einer Klagerücknahme entsprechend § 269 III, StJM 68, aM ThP § 788 Rn 6, ZöStö 24 (sie wenden § 788 an). Streitwert: Anh § 3 Rn 33 „Eidesstattliche Versicherung".

**Gebühren:** Des Gerichtsvollziehers: § 27 a GVKostG; es entsteht bei I 2 keine Zustellgebühr, da eine Amtszustellung erfolgt, Rn 15; des Gerichts: keine (KV 1643 ist aufgehoben); des RA §§ 57, 58 III Z 11 BRAGO.

**45** **11) Säumnisverfahren, IV.** Es kommt auf die Person des Säumigen an.

**A. Säumnis des Gläubigers.** Wenn eine von Amts wegen zu beachtende Voraussetzung fehlt, zB Grdz 14 vor § 704, Rn 6, dann muß der Gerichtsvollzieher den Auftrag ablehnen. Andernfalls muß er dem Schuldner die eidesstattliche Versicherung dann abnehmen, wenn der Schuldner dazu bereit ist. Wenn der Schuldner widerspricht, muß auf Grund der mündlichen Angaben des Schuldners vorm Gerichtsvollzieher und der etwaigen schriftlichen Angaben des Gläubigers der Rpfl, Rn 37, über den Widerspruch durch Beschluß oder Verfügung entscheiden, § 329. Eine Vertagung ist nur nach III 1, 2 zulässig. Die Entscheidung ist grundsätzlich zu begründen, § 329 Rn 4. Sie ist zu verkünden, § 329 I 1. Die verbreitete Übung, sie nicht zu verkünden, mag zwar praktisch sein, ist aber dennoch falsch. Gegen die Entscheidung ist die Erinnerung nach § 766 zulässig, Rn 40.

**46** **B. Säumnis des Schuldners.** In diesem Fall muß der Gerichtsvollzieher die Akten seinem Gericht übersenden und muß der Amtsrichter einen Haftbefehl erlassen, § 901, wenn folgende Voraussetzungen vorliegen: Der Schuldner war ordnungsgemäß geladen worden, Rn 10; der Gläubiger hat einen Haftantrag gestellt, § 901; die von Amts wegen zu beachtenden Voraussetzungen liegen vor, Hamm Rpfleger **87**, 362; es liegen also auch keine nach Rn 24–29 beachtlichen Entscheidungen des Schuldners vor; es liegt kein Vertagungsgrund vor, Rn 30; ein etwaiger ProzBev des Schuldners hat keinen mit einer Begründung versehenen Widerspruch erhoben.

**47** Für den Erlaß des Haftbefehls ist der *Amtsrichter* zuständig, § 4 II Z 2 RPflG, Anh § 153 GVG. Ein schriftlicher Vertagungsantrag oder Widerspruch ist beachtlich, soweit er auf von Amts wegen zu beachtende Verfahrensmängel hinweist oder hinausläuft, Ffm Rpfleger **74**, 274, Hamm Rpfleger **83**, 362. Er ist im übrigen aber unbeachtlich, Rn 28 ff, Hamm Rpfleger **83**, 362, LG Lübeck SchlHA **85**, 193. Als eine etwaige Entschuldigung des Schuldners für sein Ausbleiben kommt abgesehen von den Fällen III 1, 2 nur ein dem § 337 entsprechender Fall in Betracht, § 337 Rn 3–6, Ffm JB **77**, 1463, KG OLGZ **93**, 360, LG Bln Rpfleger **73**, 374 (bei einem böswilligen Schuldner ist keine Rücksicht angebracht), großzügiger Hamm MDR **75**, 939 (der Vollzug sei dann auszusetzen, wenn der Schuldner glaubhaft mache, die Ladung sei ihm verheimlicht worden oder er habe sonstwie schuldlos keine Kenntnis vom Termin gehabt). Eine Erkrankung reicht als Entschuldigung nur dann aus, wenn sie dem Schuldner das Erscheinen im Termin unmöglich macht, Ffm Rpfleger **77**, 146, aM

ZöStö 20 (großzügiger), LG Bln Rpfleger **97**, 34, AG Kiel DGVZ **79**, 78 (strenger). In diesem Zusammenhang ist zu berücksichtigen, daß der Gerichtsvollzieher den Termin unter Umständen in der Wohnung des Schuldners durchführen darf und muß, § 219. Wenn der Schuldner sich weigern würde, diesem Verfahren zuzustimmen, dann würde er als säumig anzusehen sein. Eine Entscheidung nach Aktenlage ist wegen IV nicht statthaft.

**C. Säumnis beider Parteien.** Der Gerichtsvollzieher verständigt dann den Gläubiger vom Ausbleiben **48** des Schuldners und wartet dann bis zum Eingang eines neuen Auftrags des Gläubigers. Die §§ 251, 251 a sind in einem solchen Fall nicht anwendbar, LG Paderb Rpfleger **93**, 254, ThP 27, aM ZöStö 11 (anders ZöStö 23). Eine etwa im Termin ergehende Entscheidung wird verkündet, § 329 I 1, KG OLGZ **71**, 429.

**12) Eidesstattliche Versicherung vor der Rechtskraft, IV.** Sie bringt kaum Probleme. **49**

**A. Allgemeines.** Eine Erinnerung nach § 766 hat eine aufschiebende Wirkung. Der Richter des Vollstreckungsgerichts, § 20 Z 17 S 2 RPflG, Anh § 153 GVG, kann jedoch im Rahmen seiner Entscheidung über eine Erinnerung nach IV 2 Hs 2 anordnen, daß der Schuldner die eidesstattliche Versicherung schon vor dem Eintritt der Rechtskraft der Entscheidung über die Erinnerung abzugeben habe, wenn schon ein früherer Widerspruch rechtskräftig verworfen worden ist oder wenn eine Vertagung nach III erfolgt war, Rn 30, der Schuldner aber diejenigen Tatsachen, die seinen Widerspruch begründen sollen, schon im ersten Vertagungsantrag hätte geltend machen können, oder wenn der Schuldner den Widerspruch auf Einwendungen stützt, die den Anspruch selbst betreffen. Der Richter kann solche Anordnung auch dann treffen, wenn Rechtsmißbrauch vorliegt, Einl III 54, Grdz 44 nr § 704, AG Groß Gerau Rpfleger **85**, 246. Die Voraussetzungen jedes dieser Fälle müssen aber in demselben Verfahren gegenüber demselben Gläubiger eingetreten sein. Der Gerichtsvollzieher kann im Termin oder außerhalb des Termins mit oder ohne mündliche Verhandlung entscheiden.

**B. Rechtsbehelf.** Der Betroffene kann die Erinnerung nach § 766 einlegen. Über sie entscheidet der **50** Richter, § 20 Z 17 S 2 RPflG, Anh § 153. Gegen seine Entscheidung ist die sofortige Beschwerde nach §§ 577, 793 statthaft.

**13) Hinterlegung der Versicherung, V.** Die Vorschrift stellt klar, daß der Gerichtsvollzieher die **51** eidesstattliche Versicherung zwar in Kopie in seinen Handakten behalten darf und sollte, sie aber im Original unverzüglich, also ohne schuldhaftes Zögern, § 121 I 1 BGB, bei dem Vollstreckungsgericht zu hinterlegen und dem Gläubiger von Amts wegen eine Abschrift zuzuleiten hat, dem Schuldner nur auf dessen Antrag. Auflagenersatz *beider* Abschriften: § 36 I Z 1 a GVKostG.

**14) VwGO:** *Entsprechend anwendbar iRv Üb § 899 Rn 6, § 899 Rn 7. Zur Anwendung von § 284 AO s* **52** *Köln OLGZ* **94**, *372, vgl § 807 Rn 61.*

**901** *Anordnung der Haft.* ¹**Gegen den Schuldner, der in dem zur Abgabe der eidesstattlichen Versicherung bestimmten Termin nicht erscheint oder die Abgabe der eidesstattlichen Versicherung ohne Grund verweigert, hat das Gericht zur Erzwingung der Abgabe auf Antrag einen Haftbefehl zu erlassen.** ²**In dem Haftbefehl sind der Gläubiger, der Schuldner und der Grund der Verhaftung zu bezeichnen.** ³**Einer Zustellung des Haftbefehls vor seiner Vollziehung bedarf es nicht.**

**Vorbem.** Fassg Art 1 Z 33 der 2. ZwVNov v 17. 12. 97, BGBl 3039, in Kraft seit 1. 1. 99, Art 4 I der 2. ZwVNov, ÜbergangsR Einl III 78.

**Schrifttum:** *Matschke,* Die Haft des Schuldners im Offenbarungseidverfahren und das Grundgesetz, Diss Ffm 1969.

**Gliederung**

| | | | | |
|---|---|---|---|---|
| 1) **Systematik, Regelungszweck, S 1–3** | 1 | | D. Stattgabe | 8–10 |
| 2) **Geltungsbereich, S 1–3** | 2 | | E. Aufhebung | 11 |
| 3) **Voraussetzungen, S 1** | 3, 4 | | 5) **Sofortige Beschwerde bzw Erinnerung, S 1–3** | 12–15 |
| A. Nichterscheinen; Nichtverhandeln | 3 | | A. Zulässigkeit | 12 |
| B. Verweigerung | 4 | | B. Frist | 13 |
| 4) **Haftbefehl, S 2, 3** | 5–11 | | C. Einzelfragen | 14 |
| A. Antrag | 5 | | D. Begründung | 15 |
| B. Verfahren | 6 | | 6) **Vollstreckungsabwehrklage, S 1–3** | 16 |
| C. Antragszurückweisung | 7 | | 7) *VwGO* | 17 |

**1) Systematik, Regelungszweck, S 1–3.** Es handelt sich um die räumlich erste einer ganzen Reihe von **1** Vorschriften, §§ 902, 904–914, die alle der Klärung dienen, unter welchen Voraussetzungen und mit welchen Folgen das Gericht für den Gläubiger die von diesem benötigte Zwischenauskunft des Schuldners wenigstens indirekt, auf dem Weg über physischen wie psychischen Druck, zwar nicht erzwingen, wohl aber eher herbeiführen kann. Als freiheitsbeschränkende Maßnahme, wenn auch durch Art 2 II 3 GG gedeckt, Karlsr MDR **99**, 567, muß jede Haftanordnung streng geprüft werden und darf jede Haftaufhebung an sich großzügiger gehandhabt werden; dabei darf man aber das durch den Vollstreckungstitel eröffnete, in diesem Haftstadium aber meist noch weit entfernte Ziel der Gläubigerbefriedigung nicht nahezu ganz aus den Augen verlieren. Die Vorschrift ist zumindest in ihrer ersten Alternative mit dem GG vereinbar, BVerfG **61**, 134, Mü VersR **92**, 875; zum Problem Bittmann Rpfleger **83**, 261.

## § 901

**2**  **2) Geltungsbereich, S 1–3.** Die Vorschrift gilt in allen Arten von Verfahren zwecks Offenbarungsversicherung nach der ZPO.

**3**  **3) Voraussetzungen, S 1.** Der Amtsrichter muß gegen den Schuldner einen Haftbefehl erlassen (die frühere Unterscheidung zwischen Haftanordnung und Haftbefehl ist entfallen), wenn eine der beiden folgenden Voraussetzungen vorliegt.

**A. Nichterscheinen, Nichtverhandeln.** Ein Haftbefehl ergeht, wenn der Schuldner in dem ersten Termin zur Abgabe der eidesstattlichen Versicherung trotz seiner ordnungsmäßigen Ladung, vgl auch § 218, KG Rpfleger **96**, 253 (zustm Gleußner), unentschuldigt nicht erschienen ist oder nicht verhandelt hat. Ein nur vor dem Termin eingereichter schriftlicher Widerspruch ist grundsätzlich unerheblich, § 900 Rn 32. Eine Haftunfähigkeit ist erst im Rahmen von § 906 zu beachten, dort Rn 2. Eine Entschuldigung des Schuldners wirkt nur nach den in § 900 Rn 46, 47 genannten Grundsätzen. Dabei kommt es auf die Lage im Zeitpunkt der Entscheidung über den Haftantrag an. Allerdings muß das Gericht alle von Amts wegen zu beachtenden Voraussetzungen, § 900 Rn 6, Zweibr RR **88**, 696, Jelinsky Rpfleger **91**, 410, zB das Rechtsschutzinteresse prüfen, Grdz 33 vor § 253, und den Grundsatz der Verhältnismäßigkeit beachten, Grdz 34 vor § 704, BVerfG **61**, 134, Morgenstern NJW **79**, 2277. Bei feststehender Leistungsunfähigkeit des Schuldners darf das Gericht keinen Haftbefehl erlassen, wohl aber bei einer Ungewißheit über seine Vermögensverhältnisse, BVerfG **61**, 134 (zustm Bittmann Rpfleger **83**, 261). Das Gericht muß notfalls durch eine Beweiserhebung nach §§ 355 ff feststellen, ob die Entschuldigung des Schuldners zutrifft. Der Schuldner braucht sie nicht nach § 294 glaubhaft zu machen. Ein Widerspruch des Schuldners in einem früheren Termin ist dann unbeachtlich, wenn der Schuldner im nächsten Termin unentschuldigt ausbleibt.

**4**  **B. Verweigerung.** Ein Haftbefehl wird auch dann erlassen, wenn der Schuldner zwar im Termin erschienen ist und auch keinen Widerspruch eingelegt oder diesen nicht oder nur unzulänglich begründet hat, LG Bln Rpfleger **98**, 167 (Gefälligkeitsattest), LG Wuppert Rpfleger **81**, 25, oder wenn dieser nach § 322 rechtskräftig verworfen worden ist oder wenn der Rpfl bzw Richter gemäß § 900 IV 2 die Abgabe der eidesstattlichen Versicherung vor der Rechtskraft der Entscheidung über den Widerspruch des Schuldners angeordnet hat, § 900 Rn 49, und zwar nur dann, wenn dies in (und nicht nur vor oder nach) dem Termin geschehen ist und wenn der Schuldner aber nun die eidesstattliche Versicherung demgemäß im Termin grundlos verweigert, LG Bln Rpfleger **91**, 467 (abl Jelinsky Rpfleger **92**, 75). So oft der Schuldner einen neuen Verweigerungsgrund vorbringt, muß das Gericht über diesen neuen Grund entscheiden. Wenn der Schuldner aber einfach sein bisheriges Vorbringen wiederholt oder wenn man den vom Schuldner vorgebrachten Grund nicht ernst nehmen darf, dann braucht über den Widerspruch keine weitere Entscheidung zu erfolgen. Vielmehr muß der Amtsrichter dann den Haftbefehl erlassen. Eine Weigerung des Schuldners, ein Vermögensverzeichnis vorzulegen, steht im Fall des § 807 der Verweigerung der eidesstattlichen Versicherung gleich.

**5**  **4) Haftbefehl, S 2, 3.** Es sind zahlreiche Fragen zu klären.

**A. Antrag.** Der Amtsrichter, § 4 II Z 2 a RPflG, Anh § 153 GVG, muß auf Grund eines Antrags des Gläubigers einen Haftbefehl gegen den Schuldner erlassen. Er gilt, wenn nur gegen diesen verhängt, nicht auch gegen seinen Pfleger, Köln RR **88**, 698. Ein Antrag auf eine Haft nach Rn 1 genügt auch im Fall Rn 2. Der Antrag ist eine Parteiprozeßhandlung, Grdz 47 vor § 128. Der Gläubiger kann den Antrag als einen Hilfsantrag schon vor dem Termin schriftlich stellen. Freilich genügt der Verfahrensauftrag nach § 900 I 1 nicht. Der Gläubiger kann den Haftantrag auch im oder nach dem Termin stellen. Es besteht kein Anwaltszwang, § 78 III. Das Hauptzollamt hat als Gläubiger keine stärkere Stellung als ein anderer Gläubiger, abw LG Bochum DGVZ **98**, 63 (aber warum eigentlich?).

**6**  **B. Verfahren.** Für die Frage, ob der Haftbefehl ergehen muß, ist jeweils die Sachlage im Termin maßgeblich, Ffm Rpfleger **91**, 449, LG Bln Rpfleger **91**, 467. Wenn der Richter aber eine Tatsache kennt, die nach dem Schluß des Termins eingetreten ist und die einem Haftbefehl entgegensteht, dann darf er ihn nicht erlassen. § 761 ist nicht anwendbar, LG Brschw DGVZ **87**, 58. In einer Steuersache ist ebenfalls der Amtsrichter für den Haftbefehl zuständig, § 284 VII AO, und zwar auf Grund der Durchschrift der Anordnung der Vollstreckungsbehörde, LG Kassel DGVZ **96**, 27. Er prüft nur die formelle Zulässigkeit und die Einhaltung des Grundsatzes der Verhältnismäßigkeit, Grdz 34 vor § 704, LG Ffm Rpfleger **79**, 74, abw ThP 7. Ein in anderer Zwangsvollstreckungssache verhafteter Schuldner darf nachverhaftet werden, ein in Untersuchungs- oder Strafhaft befindlicher nicht, AG Essen DGVZ **95**, 28.

Mit dem Erlaß des Haftbefehls *endet* das Verfahren auf die Offenbarungsversicherung nur insofern, als der Gläubiger danach keinen neuen Termin beantragen kann, LG Bln Rpfleger **99**, 188 (abl Juling), LG Saarbr DGVZ **99**, 91, aM Hornung DGVZ **99**, 35 (aber der Haftbefehl bezweckt die Abgabe gerade der bisher beantragten Versicherung). Das Offenbarungsverfahren ist bis zur Beendigung des Haftverfahrens wegen dessen Vorrang nicht weiter zu bearbeiten und in diesem weiteren Sinn „unterbrochen" und nicht etwa erledigt.

**7**  **C. Antragszurückweisung.** Eine Antragszurückweisung kann auch und muß grundsätzlich nach wie vor durch das „Gericht", also wie bei § 900 Rn 37 den Rpfl erfolgen, § 20 Z 17 S 1 RPflG (keine dem Richter vorbehaltene Freiheitsentziehung); der Gerichtsvollzieher kann nicht irgendwie über einen Haftantrag auch nur abweisend entscheiden.

**8**  **D. Stattgabe.** Der Haftbefehl erfolgt durch den Richter, § 4 II Z 2 RPflG, und zwar durch einen Beschluß, § 329. Der Haftbefehl muß den in S 2 bezeichneten Inhalt haben, LG Bonn DGVZ **80**, 87. Er enthält evtl auch die Namen der gesetzlichen Vertreter, § 51 Rn 12, insbesondere wenn er zu verhaften ist, LG Freibg Rpfleger **80**, 117, AG Bbg DGVZ **79**, 31, und die Namen der ProzBev, § 81, § 750 Rn 3, ferner den Vollstreckungstitel, MüKoEi 3, ThP 2, ZöStö 2, aM StJM 3. Der Haftbefehl muß ferner den Haftgrund angeben. Dagegen ist die Angabe einer sog Lösungssumme, durch die der Schuldner die Vollstreckung abwenden könnte, weder vorgeschrieben, noch sinnvoll, aM ZöStö 2. Der Haftbefehl ist grundsätzlich zu begründen, § 329 Rn 4. Vorsicht mit Textbausteinen, noch dazu durch Blanko-Formular, Köln MDR **90**, 346. Er wird in einem etwaigen Termin auch dann verkündet, § 329 I 1, wenn die eine oder die andere oder beide Parteien abwesend sind, KG MDR **71**, 496.

4. Abschnitt. Eidesstattliche Versicherung und Haft  **§ 901**

Der Gläubiger erhält die Urschrift. Das *Protokoll* braucht den Erlaß des Haftbefehls nicht zu erwähnen, **9** wenn der Haftbefehl als eine Anlage zum Protokoll genommen worden ist, § 160 III Z 6, 7, V. Eine vollstreckbare Ausfertigung des Haftbefehls bzw eine Vollstreckungsklausel, § 725, ist nicht erforderlich. Im Fall einer Anordnung nach § 807 genügt als Haftgrund die Verweisung auf diese Vorschrift. Der Haftbefehl muß ergeben, ob die eidesstattliche Versicherung nach § 807 oder nach § 903 abzugeben ist, LG Bonn DGVZ **80**, 88. Im Fall des § 902 muß der Haftbefehl den Inhalt der eidesstattlichen Versicherung angeben.

Wenn der Haftbefehl nicht verkündet worden ist, wird er dem Gläubiger formlos, § 329 II 1, und dem Schuldner überhaupt nicht *mitgeteilt,* S 3. Der Gläubiger kann aber auch beantragen, den Haftbefehl dem Schuldner zuzustellen. Diese Zustellung tritt dann an die Stelle der in § 909 I 2 genannten Übergabe des Haftbefehls und setzt die Beschwerdefrist in Gang, LG Düss Rpfleger **80**, 75, Rn 13. Der Erlaß des Haftbefehls schließt das Verfahren in dieser Instanz ab, § 900 Rn 5. Der Schuldner darf seine Pflicht zur Abgabe der eidesstattlichen Versicherung weder auf Grund älterer noch mit Hilfe jüngerer Gründe anders als im Weg einer sofortigen Beschwerde bemängeln. Der Gläubiger kann also auch nicht etwa einen neuen Termin zur Abnahme der eidesstattlichen Versicherung beantragen. Im Haftbefehl darf trotz § 913 keine Zeitdauer für die Haft bestimmt werden.

Der Haftbefehl ist nicht schon dann *erledigt,* wenn der Schuldner zur eidesstattlichen Versicherung **10** vorgeführt wird, aM LG Kblz Rpfleger **87**, 255. Er ist erst dann erledigt, wenn der Schuldner die eidesstattliche Versicherung abgibt oder wenn er zahlt, AG Kirchheim DGVZ **83**, 63. In diesem Fall wird der Haftbefehl als eine behördliche Anordnung nicht etwa dem Schuldner ausgehändigt, sondern der Gerichtsvollzieher reicht ihn dem Vollstreckungsgericht als nicht mehr ausführbar zurück.

**E. Aufhebung.** Wenn ein Rechtsbehelf des Schuldners Erfolg hat oder wenn er leistet oder wenn der **11** Gläubiger freiwillig, KG NJW **73**, 860, mit der Aufhebung des Haftbefehls einverstanden ist oder wenn er auf das weitere Verfahren verzichtet, Hamm Rpfleger **74**, 31, oder den Antrag zurücknimmt, dann muß das Vollstreckungsgericht den Haftbefehl aufheben, LG Frankenth Rpfleger **86**, 268. Eine Aufhebung kommt ferner aus den in § 900 Rn 46, 47 genannten Gründen in Betracht, Hamm MDR **75**, 939, LG Kblz MDR **85**, 418. Sie erfolgt auch noch nach dem Eintritt der Rechtskraft, § 705. Diese Aufhebung erfolgt durch den Rpfl, Rn 7. Der Haftbefehl wird aber nicht schon dann aufgehoben, wenn der Schuldner in einer anderen Sache die eidesstattliche Versicherung abgibt, unabhängig davon, ob er diese Versicherung vor oder nach dem Erlaß des hier fraglichen Haftbefehls abgegeben hat. Ein solcher Umstand hindert nur die weitere Vollziehung des hier erlassenen Haftbefehls, LG Bln Rpfleger **77**, 35.

Ein *Verbrauch* des Haftbefehls kann infolge der Zahlung jenes Teils der Gesamtforderung eintreten, auf den der Gläubiger das Verfahren zulässigerweise, § 753 Rn 3, beschränkt hatte, LG Freibg/Br DGVZ **92**, 15, LG Lüb DGVZ **89**, 72, AG Kenzingen DGVZ **92**, 15, aM LG Aurich DGVZ **88**, 1469, LG Stade DGVZ **88**, 28. Wegen der Löschung in der Schuldnerliste § 915 Rn 4. Wegen der Unanwendbarkeit des § 901 bei einer Erzwingungshaft nach dem OWiG Üb 1 vor § 899.

*Gebühren:* Keine besonderen, vgl § 900 Rn 34.

**5) Sofortige Beschwerde bzw Erinnerung, S 1–3.** Soweit der Rpfl eine Entscheidung getroffen hat, **12** gilt § 11 RPflG, Anh § 153 GVG, zum Verfahren vgl § 104 Rn 41 ff. Im übrigen:

**A. Zulässigkeit.** Der Gläubiger kann gegen eine Ablehnung eines Haftbefehls durch den Richter wie bei einer Ablehnung durch den Rpfl die sofortige Beschwerde nach §§ 577, 793 I einlegen. Der Schuldner kann gegen den Haftbefehl die sofortige Beschwerde nach §§ 577, 793 I einlegen. Denn ihm ist vorher bei einem ordnungsmäßigen Verfahren das rechtliche Gehör grundsätzlich zugebilligt worden, Mü DGVZ **87**, 73, LG Lüb Rpfleger **81**, 153, LG Münst MDR **99**, 890, aM Mü DGVZ **87**, 73, Wieser Rpfleger **90**, 102, ZöStö 11 (Erinnerung nach § 766). Ein Rechtsbedürfnis (Beschwer) ist wie stets erforderlich, Grdz 38 vor § 704, Düss MDR **95**, 313.

**B. Frist.** Die Einlegungsfrist, § 577 II 1, eine Notfrist, § 224 I 2, beginnt mit der Verkündung der **13** Entscheidung nach § 329 I 1, und zwar auch dann, wenn der ordnungsgemäß geladene und belehrte Schuldner abwesend war, KG MDR **71**, 496. Wenn die Entscheidung nicht verkündet worden war, dann beginnt die Beschwerdefrist mit der Übergabe des Haftbefehls nach § 909 I 2. Denn der Haftbefehl wird dem Schuldner in der Regel nicht förmlich zugestellt, II. Wenn aber der Gläubiger den Haftbefehl dem Schuldner zustellen läßt, dann beginnt die Beschwerdefrist für den Schuldner mit der Zustellung, und zwar evtl an seinen ProzBev, § 176, 178, 81, LG Kaisersl Rpfleger **89**, 116. Die §§ 516, 552 sind wie bei § 577, dort Rn 4, entsprechend anwendbar. Die Frist beginnt aber erst mit Kenntnis des Schuldners von dem Haftbefehl, KG MDR **71**, 496.

**C. Einzelfragen.** Wenn der Schuldner die eidesstattliche Versicherung mittlerweile abgegeben hat, dann **14** fehlt von nun an seine Beschwer, aM Hamm Rpfleger **77**, 111, Stgt OLGZ **79**, 116, LG Limbg DGVZ **85**, 44. Die Unkenntnis des ordnungsgemäß verkündeten Haftbefehls ist kein Grund zu einer Wiedereinsetzung in den vorigen Stand nach § 233, KG MDR **71**, 496. Das Gericht muß von Amts wegen beachten, ob der Schuldner die eidesstattliche Versicherung schon früher abgegeben hatte, § 900 Rn 8. Wenn das Gericht den Schuldner versehentlich entlassen hat, dann muß es auf Grund eines Antrags des Gläubigers einen neuen Haftbefehl erlassen. Die Zustellung erfolgt an den ProzBev der ersten Instanz, §§ 176, 178, 81. Ein Schuldnerkonkurs ist für die Zulässigkeit des Rechtsmittels unschädlich, LG Frankenth MDR **86**, 64.

**D. Begründung.** Es sind bis zur Rechtskraft, § 900 Rn 17, folgende Begründungen denkbar. Der **15** Schuldner kann zunächst angeben, der Haftbefehl sei nach § 901 unzulässig gewesen, Hamm Rpfleger **77**, 111, etwa weil der ausgebliebene Schuldner nicht gehörig geladen worden sei oder weil sich der im Weg einer Ersatzzustellung geladene Schuldner im Ausland aufgehalten habe oder weil man dem Schuldner die Ladung verheimlicht habe, Ffm Rpfleger **75**, 68.

Der Schuldner kann ferner angeben, er sei zur Abgabe der eidesstattlichen Versicherung nach § 807 *nicht verpflichtet.* Dieser Einwand ist insoweit unzulässig, als ihn der Schuldner im Termin durch einen Wider-

§§ 901, 902                                                           8. Buch. Zwangsvollstreckung

spruch gegenüber dem Antrag des Gläubigers auf die Abgabe der eidesstattlichen Versicherung hätte geltend machen können, § 900 Rn 37, aM Ffm Rpfleger **76**, 27, LG Hann Rpfleger **86**, 187. Der Einwand ist natürlich auch insoweit unzulässig, als der Widerspruch vielleicht inzwischen verworfen worden ist, § 900 Rn 40, 41.

Der Schuldner kann schließlich angeben, es seien nach dem Widerspruchstermin *neue* Tatsachen eingetreten, die eine Einwendung begründen könnten.

**16**  6) **Vollstreckungsabwehrklage, S 1–3.** Soweit der Gläubiger sich weigert, die Aufhebung des Haftbefehls zu bewilligen, obwohl der Schuldner an ihn geleistet hat, kommt für den Schuldner (nur) die Vollstreckungsabwehrklage nach § 767 in Betracht.

**17**  7) **VwGO:** *Entsprechend anwendbar iRv Üb § 899 Rn 6.* Zuständig ist stets das VG, § 899 Rn 7, auch bei einer Vollstreckung nach §§ 169 I VwGO, 5 VwVG und 284 AO, weil § 284 VII AO nur den Fall regelt, daß eine VerwBehörde für die Abnahme der Versicherung zuständig ist, abw Wettlaufer S 122. Unberührt bleibt die Zuständigkeit des AG im Sofortverfahren des § 902. Zur Anwendung von § 284 AO s Köln OLGZ **94**, 372.

**902** **Eidesstattliche Versicherung des Verhafteten.** [I] [1]Der verhaftete Schuldner kann zu jeder Zeit bei dem zuständigen Gerichtsvollzieher des Amtsgericht des Haftorts verlangen, ihm die eidesstattliche Versicherung abzunehmen. [2]Dem Verlangen ist ohne Verzug stattzugeben. [3]Dem Gläubiger ist die Teilnahme zu ermöglichen, wenn er dies beantragt hat und die Versicherung gleichwohl ohne Verzug abgenommen werden kann.

[II] Nach Abgabe der eidesstattlichen Versicherung wird der Schuldner aus der Haft entlassen und der Gläubiger hiervon in Kenntnis gesetzt.

[III] [1]Kann der Schuldner vollständige Angaben nicht machen, weil er die dazu notwendigen Unterlagen nicht bei sich hat, so kann der Gerichtsvollzieher einen neuen Termin bestimmen und die Vollziehung des Haftbefehls bis zu diesem Termin aussetzen. [2]§ 900 Abs. 1 Satz 2 bis 4 gilt entsprechend.

**Vorbem.** I idF, III angefügt dch Art 1 Z 34 a, b der 2. ZwVNov v 17. 12. 97, BGBl 3039, in kraft seit 1. 1. 99, Art 4 I der 2. ZwVNov, ÜbergangsR Einl III 78, denn die in § 900 vor Rn 1 abgedruckte Spezialregel nennt § 902 nicht mit, LG Dortm DGVZ **99**, 57, LG Heilbr DGVZ **99**, 58, Hornung DGVZ **99**, 35, LG Mü DGVZ **99**, 57, aM Seip DGVZ **99**, 38 (aber die aaO abgedruckte Übergangsvorschrift spricht nur von Anträgen auf Terminsbestimmung und nicht vom Verlangen auf Versicherungsabnahme nach § 902 I 1 auch meint daher nur den Auftrag nach § 900 I 1).

**1**  1) **Systematik, Regelungszweck, I–III.** Die Haft ist noch weniger als der ganze Zivilprozeß ein Selbstzweck, Einl III 10. Sie dient ausschließlich der Herbeiführung der ernsthaften Bereitschaft (nicht einmal der Fähigkeit) zur Abgabe der vom Gläubiger benötigten Auskunft des Schuldners in strafbewehrter Form. Demgemäß ist auch § 902 auszulegen.

**2**  2) **Verhafteter Schuldner, I–III.** Es sind drei Situationen zu unterscheiden.

A. **Abnahmeverlangen, I 1.** Nur der Schuldner (nicht der Gläubiger, AG Essen DGVZ **95**, 28) kann jederzeit die Abnahme der Offenbarungsversicherung verlangen, § 187 Z 3 GVGA. Ihm ist auf seinen Antrag die Versicherung von dem nach der Geschäftsverteilung zuständigen Gerichtsvollzieher beim AG des Haftorts, I 1 (Ort der Verhaftung oder nach Einlieferung der Haftanstalt) abzunehmen, bei einer nach § 284 AO zu leistenden Versicherung beim Finanzamt, § 187 Z 4 GVGA. Das muß unverzüglich geschehen, I 2. Der Gläubiger hat ein umfassendes Fragerecht. Deshalb muß der Gerichtsvollzieher den Gläubiger auf dessen Wunsch wenn möglich vom Termin verständigen und ihm auf dessen (auch stillschweigenden, aber keineswegs stets zu unterstellenden) Antrag die Teilnahme am Termin nach I 3 ermöglichen, sofern eine Benachrichtigung des Gläubigers ohne Verzögerungen erfolgen kann, sofern der Gläubiger also zB telefonisch benachrichtigt werden kann, KG MDR **81**, 413, Behr Rpfleger **88**, 6, und soweit die Abnahme der Offenbarungsversicherung ohne Verzug (schuldhaftes Zögern) erfolgen kann. Der Gerichtsvollzieher braucht nicht alles stehen und liegen zu lassen, um dem Gläubiger die Teilnahme zu ermöglichen, muß dazu aber in zumutbarem Umfang tätig werden.

Der Gerichtsvollzieher muß dem Gläubiger jedenfalls dann eine Gelegenheit zur Ausübung des *Fragerechts* nach den vorstehenden Regeln geben, wenn der Schuldner seine Versicherung wegen Unklarheiten oder Unvollständigkeit in einem weiteren Termin ergänzen muß, KG MDR **81**, 413. Wenn der Gerichtsvollzieher eine nach dieser Regel erforderliche Teilnahmemöglichkeit des Gläubigers unterläßt, kann darin unter Umständen eine Amtspflichtverletzung liegen. Freilich erlaubt der Verhältnismäßigkeitsgrundsatz, Grdz 34 vor § 704, nur eine angemessene Wartezeit, KG MDR **81**, 413. Zur Ermöglichung einer gesetzmäßigen Ausfüllung des Vermögensverzeichnisses sind die erforderlichen Unterlagen herbeizuschaffen, vgl Finkelnburg DGVZ **77**, 1.

**3**  B. **Aussetzung, III.** Soweit der Schuldner wegen seiner Verhaftung oder aus sonstigen Gründen schuldlos keine vollständigen Angaben machen „kann", weil er eben die notwendigen Unterlagen nicht bei sich hat, ist der Gerichtsvollzieher berechtigt und im allgemeinen auch verpflichtet, einen neuen Termin zu bestimmen und die Weitervollziehung des Haftbefehls auszusetzen, III 1. Den Zeitpunkt des neuen Termins bestimmt der Gerichtsvollzieher nach pflichtgemäßem Ermessen unter Beachtung der vom Schuldner verständigerweise benötigten Zeit zur Beschaffung seiner Unterlagen usw. Weder der Schuldner noch der Gerichtsvollzieher dürfen dabei trödeln. Im neuen Termin hat der Gläubiger dasselbe Teilnahmerecht wie im vorangegangenen. Notfalls ist mehrfach auszusetzen usw oder der neue Termin zu verlegen. Im Verfahren gelten gemäß III 2 die Regeln des § 900 I 2–4 entsprechend; vgl dort.

**C. Entlassung, II.** Wenn der Schuldner die eidesstattliche Versicherung abgelegt hat, sei es auch auf 4 Antrag eines anderen Gläubigers, muß er vom Gerichtsvollzieher sofort entlassen werden II, LG Bln Rpfleger **77**, 35. Außerdem muß dann der Gerichtsvollzieher den nichterschienenen Gläubiger von dem Vorgang verständigen. Wenn das Vermögensverzeichnis nach § 807 unzulänglich ist, dann darf der Gerichtsvollzieher die eidesstattliche Versicherung nicht abnehmen und muß die Haft fortdauern lassen und das Protokoll evtl an das nach § 899 zuständige Gericht senden, und dann darf der Gläubiger bei dem nach § 899 zuständigen Gerichtsvollzieher die erneute Abnahme der eidesstattlichen Versicherung bzw die Ergänzung der bisherigen, § 807 Rn 45, beantragen. War der Schuldner noch nicht entlassen, muß er auch nach der Vorführung zunächst noch die Ergänzung vornehmen, Finkelnburg DGVZ **77**, 5. Über einen Widerspruch entscheidet der Gerichtsvollzieher des AG des Haftorts nicht, er kann aber wegen begründet erscheinender Einwendungen den Vollzug aussetzen, §§ 572 II, 576 entsprechend, ZöStö 3. Der Gerichtsvollzieher des AG des Haftorts, muß in diesem Falle ein ausreichendes Vermögensverzeichnis anfordern. Er übersendet das Protokoll über die Abnahme der eidesstattlichen Versicherung dem Vollstreckungsgericht. Der Haftbefehl wird auch ohne die Notwendigkeit seiner förmlichen Aufhebung wirkungslos, LG Kblz MDR **87**, 944. Er verbleibt in den Händen des Beamten der Vollzugsanstalt oder des Gerichts, da er verbraucht ist, LG Kblz MDR **87**, 944, AG Rotenbg/Wümme DGVZ **79**, 47.

**3) Noch nicht verhafteter Schuldner, I–III.** Der jedenfalls in dieser Sache noch nicht verhaftete 5 Schuldner kann die Vollstreckung dieses Haftbefehls dadurch abwenden, daß er die eidesstattliche Versicherung abgibt, sei es auch auf Verlangen eines anderen Gläubigers, LG Bln Rpfleger **77**, 35. Der Schuldner kann den Offenbarungstermin jederzeit beim Gerichtsvollzieher, § 899, beantragen. Der Gerichtsvollzieher muß zu diesem Termin den Gläubiger laden, § 900 I 4, aM Finkelnburg DGVZ **77**, 1. Wenn der Gerichtsvollzieher den Gläubiger nicht hinzugezogen hat, kann der Gläubiger verlangen, dem Schuldner die eidesstattliche Versicherung erneut abzunehmen. Der Gläubiger kann in diesem Fall aber nicht die Verhaftung des Schuldners verlangen.

**4) Rechtsbehelf, I–III.** Gläubiger und Schuldner haben grundsätzlich die Erinnerung, § 766. Der 6 Gläubiger hat jedoch gegen die Entlassung des Schuldners keinen Rechtsbehelf; die Entlassung ist eine prozeßleitende Verfügung.

**5) VwGO:** Entsprechend anwendbar iRv Üb § 899 Rn 6. Zuständig ist hier das AG des Haftortes (Sofortver- 7 fahren), nicht wie sonst das VG, § 899 Rn 7, es sei denn, der Sitz des VG liegt dem Haftort näher (Schutz des Schuldners).

**903** **Wiederholte eidesstattliche Versicherung.** ¹Ein Schuldner, der die in § 807 dieses Gesetzes oder in § 284 der Abgabenordnung bezeichnete eidesstattliche Versicherung abgegeben hat, ist, wenn die Abgabe der eidesstattlichen Versicherung in dem Schuldnerverzeichnis noch nicht gelöscht ist, in den ersten drei Jahren nach ihrer Abgabe zur nochmaligen eidesstattlichen Versicherung einem Gläubiger gegenüber nur verpflichtet, wenn glaubhaft gemacht wird, daß der Schuldner später Vermögen erworben hat oder ein bisher bestehendes Arbeitsverhältnis mit dem Schuldner aufgelöst ist. ²Der in § 807 Abs. 1 genannten Voraussetzungen bedarf es nicht.

**Vorbem.** S 2 angefügt dch Art 1 Z 35 der 2. ZwVNov v 17. 12. 97, BGBl 3039, in kraft seit 1. 1. 99, Art 4 I der 2. ZwVNov, ÜbergangsR Einl III 78.

### Gliederung

| | |
|---|---|
| 1) Systematik, Regelungszweck, S 1, 2 .. | 1 |
| 2) Geltungsbereich, S 1, 2 ................ | 2–6 |
|   A. Anwendbarkeit bei nochmaliger Versicherung ............ | 2 |
|   B. Unanwendbarkeit bei ergänzender Versicherung ............ | 3–6 |
| 3) Frühere Versicherung, S 1, 2 ......... | 7, 8 |
|   A. Erklärung nach § 807 ............... | 7 |
|   B. Keine Löschung ..................... | 8 |
| 4) Nochmalige Versicherung bei Vermögenserwerb ............ | 9–12 |
|   A. Notwendigkeit der Pfändbarkeit ..... | 9 |
|   B. Gläubigerangaben ................... | 10, 11 |
|   C. Schuldnerangaben .................. | 12 |
| 5) Nochmalige Versicherung bei Wechsel des Arbeitsplatzes, S 1, 2 ............. | 13–17 |
|   A. Grundsatz: Keine enge Auslegung ... | 13 |
|   B. Beispiele zur Frage eines Arbeitsplatzwechsels .................... | 14–17 |
| 6) Nochmalige Versicherung bei Zeitablauf, S 1, 2 ............ | 18 |
| 7) Rechtsbehelfe, S 1, 2 ................. | 19 |
| 8) VwGO ............................... | 20 |

**1) Systematik, Regelungszweck, S 1, 2** dazu *Zimmermann* Rpfleger **96**, 441: Die Vorschrift ergänzt 1 den § 807 durch eine in ihrem Geltungsbereich, Rn 2, vorrangige Sonderregelung, auf die wiederum für das Verfahren neben § 807 die §§ 900 ff anwendbar sind. Dem fortbestehenden Zweck, dem Gläubiger eine (weitere) Vollstreckung zu erleichtern oder zu ermöglichen, sollte eine nicht allzu schuldnerfreundliche Auslegung entsprechen, ähnlich LG Augsb JB **98**, 325. Sie darf freilich nicht dazu führen, daß der Gläubiger den Schuldner und mit diesem das Gericht aus Anlaß irgendwelcher vager neuer Ausnahmen mit immer neuen Verfahren nach § 903 quälen will.

**2) Geltungsbereich, S 1, 2.** Er enthält viele Abgrenzungsprobleme. 2

**A. Anwendbarkeit bei nochmaliger Versicherung.** § 903 geht davon aus, daß eine abgegebene eidesstattliche Versicherung gegen alle Gläubiger wirkt, LG Bonn Rpfleger **93**, 354. Darum bestimmt die Vorschrift, daß ein Gläubiger die nochmalige Abgabe der eidesstattlichen Versicherung nach § 807 oder nach

## § 903

§ 284 AO nur dann verlangen kann, LG Oldb Rpfleger **81**, 70, wenn er nach § 294 glaubhaft macht, daß der Schuldner nach der Abgabe der ersten eidesstattlichen Versicherung Vermögen erworben hat oder daß der Arbeitsverhältnis des Schuldners nach der Abgabe der ersten eidesstattlichen Versicherung aufgelöst worden ist. Es kommt also darauf an, ob der Schuldner inzwischen in den Besitz von pfändbaren Vermögensstücken gelangt ist, LG Krefeld BB **80**, 602, LG Schweinfurt Rpfleger **95**, 425.

Soweit diese Voraussetzungen zutreffen, hängt das stets erforderliche *Rechtsschutzbedürfnis* des Gläubigers, Grdz 33 vor § 253, AG Hagen DGVZ **96**, 15, nicht davon ab, ob und in welchem Umfang der Gläubiger ihn über die zwischenzeitlichen Veränderungen seiner Lage informiert hat, ZöStö 12, aM LG Limbg DGVZ **72**, 11. Freilich forscht das Gericht nicht aus. Wenn der Gläubiger eine nochmalige eidesstattliche Versicherung fordern kann und sie auch unbeschränkt fordert (er kann sie auf einzelne Angaben beschränken, ZöStö 10), also einen neuen Auftrag erteilt, oder wenn ein anderer Gläubiger den Auftrag erteilt, dann beginnt ein neues Verfahren zu ihrer Abnahme bei § 900, LG Stgt Rpfleger **89**, 379, LG Tüb Rpfleger **84**, 70. Seine Voraussetzungen sind von Amts wegen vor einer Terminsbestimmung zu prüfen, Stgt Just **70**, 52, und zwar gegenüber allen Gläubigern.

Zuständig ist der Gerichtsvollzieher beim das Gericht des § 899. Der Vollstreckungstitel und die zur erneuten eidesstattlichen Versicherung nötigen Urkunden sind vorzulegen, LG Stgt Rpfleger **89**, 379. Der Schuldner braucht aber *kein neues vollständiges Vermögensverzeichnis* nach § 807 usw auszufüllen, I 2. § 903 schützt nur vor einer nochmaligen eidesstattlichen Versicherung, nicht vor anderen Vollstreckungsmaßnahmen, AG Königstein DGVZ **87**, 94, Hintzen Rpfleger **99**, 424.

**3 B. Unanwendbarkeit bei ergänzender Versicherung.** Eine bloße Ergänzung der eidesstattlichen Versicherung fällt nicht unter § 903, LG Kblz MDR **85**, 63, Schneider MDR **76**, 535. Das Verfahren zur Ergänzung einer vorhandenen eidesstattlichen Versicherung setzt das alte Abnahmeverfahren fort, LG Aachen Rpfleger **91**, 327 rechts, LG Bielef Rpfleger **91**, 327 (je aber zur Zuständigkeit bei § 284 IV AO), Behr Rpfleger **88**, 2. Es kommt auf Grund eines Antrags des bisherigen Gläubigers oder eines weiteren Gläubigers in Gang, LG BadBad JB **90**, 1348, LG Kref JB **90**, 1347. Voraussetzung ist, daß sich das bisherige Vermögensverzeichnis als formell unvollständig oder ungenau erweist, Ffm Rpfleger **89**, 116, LG Bln Rpfleger **95**, 370, LG Saarbr DGVZ **98**, 77. Dazu hat der Gläubiger, auch ein weiterer, ein Partei-Akteneinsichtsrecht, § 299 Rn 9, LG BadBad JB **90**, 1348, LG Kref JB **90**, 1347.

**4** Das Verfahren zur Ergänzung der eidesstattlichen Versicherung findet *nicht* statt, *wenn* die bisherigen Angaben *formell vollständig* sind und lediglich ihre Richtigkeit unwahrscheinlich ist, Ffm MDR **76**, 320, LG Oldb Rpfleger **82**, 231, LG Oldb Rpfleger **83**, 163, aM LG Aschaffenb JB **98**, 552, LG Aurich JB **98**, 553, LG Düss JB **98**, 553. Ein Ergänzungsverfahren unterbleibt auch dann, wenn herauskommt, daß der Schuldner falsche Angaben gemacht hat, aM KG MDR **90**, 1124, Köln MDR **75**, 488, LG Kblz MDR **90**, 1124.

**5** Auch ein Auftrag des Gläubigers, auch eines bisher Unbeteiligten, LG Saarbr DGVZ **98**, 77, auf die Abgabe einer ergänzenden eidesstattlichen Versicherung kann ohne die Beifügung einer Unpfändbarkeitsbescheinigung *jüngeren Datums* gestellt werden, Schneider MDR **76**, 536. Der Gläubiger hat die Voraussetzungen einer Ergänzungspflicht darzulegen und evtl glaubhaft zu machen, § 294, LG Mainz JB **96**, 327 (spricht von Beweispflicht). Eine Ausforschung ist unzulässig, Einl III 54, LG Mainz JB **96**, 327. Zuständig bleibt der Gerichtsvollzieher des bisherigen Verfahrens, § 899, Behr Rpfleger **88**, 2, auch wenn der Schuldner die beanstandete eidesstattliche Verweisung vor dem Gericht des Haftorts nach § 902, oder vor einem ersuchten Gericht abgegeben hatte, oder wenn ein anderer Gläubiger zulässigerweise die Ergänzung beantragt, Ffm MDR **76**, 320, Behr Rpfleger **88**, 2, aM Köln Rpfleger **75**, 180.

**6** Das *Rechtsschutzbedürfnis*, Grdz 33 vor § 253, kann bei Kenntnis des Gläubigers von dem „Fehlenden" zu verneinen sein, LG Bln Rpfleger **79**, 112. Der Gerichtsvollzieher (zum Übergangsrecht § 900 vor Rn 1: maßgeblich ist wegen Rn 3 der frühere Antrag) beraumt einen Termin zur Ergänzung der Angaben an und darf den Gläubiger nicht darauf verweisen, er könne den Schuldner auf Grund des bisherigen Haftbefehls vorführen lassen, zumal dieser ja meist verbraucht ist, § 902 Rn 4, LG Kblz MDR **87**, 944. Der Schuldner darf keine Einwendungen nach § 903 geltend machen. Eine Verweisung auf seine schon abgegebene eidesstattliche Versicherung ist unstatthaft. Es kann auch zu mehreren Ergänzungsverfahren nacheinander kommen, LG Freibg MDR **81**, 151, LG Hann MDR **79**, 237, freilich nur bei einer jetzt anderen Art von Unvollständigkeit, LG Kassel Rpfleger **91**, 118.

**7** **3) Frühere Versicherung, S 1, 2.** Sie kann vereinfachend wirken.

**A. Erklärung nach § 807.** Es muß sich um eine Erklärung nach § 807 handeln. § 903 bezieht sich also nicht auf eine eidesstattliche Versicherung nach § 98 I InsO. Der Schuldner kann sich nicht auf diese Erklärung berufen. Der Gerichtsvollzieher muß eine frühere eidesstattliche Versicherung des Schuldners von Amts wegen beachten, selbst wenn sie der Schuldner im Termin nicht durch einen Widerspruch geltend macht oder wenn er nicht erscheint. Wenn der Schuldner den Einwand aus Böswilligkeit erst in der zweiten Instanz erhebt, dann muß er die Kosten dieser Instanz tragen, § 97 II. Er darf sich nicht auf eine frühere Versicherung berufen.

Die Abgabepflicht des Schuldners kann dann *entfallen,* wenn der Schuldner in dem früheren Verfahren ein ausreichendes Vermögensverzeichnis vorgelegt hatte, selbst wenn der Gläubiger damals keinen Mangel gerügt hatte. Um das feststellen zu können, darf auch ein anderer Gläubiger die früheren Akten einsehen. Denn er ist kein Dritter, weil das Verfahren auch gegen ihn eine Wirkung hat, § 299 Rn 20 (dort zu dieser Streitfrage). Die eidesstattliche Versicherung muß vor einem Gerichtsvollzieher der BRep geleistet worden sein. Über eine Ableistung vor einem unzuständigen Gerichtsvollzieher § 899 Rn 3.

**8 B. Keine Löschung.** Die frühere eidesstattliche Versicherung darf im Schuldnerverzeichnis noch nicht gelöscht worden sein, § 915 II. Der Gerichtsvollzieher muß von Amts wegen in dem Verzeichnis nachprüfen, ob die frühere Erklärung dort nicht eingetragen ist, Beler JB **98**, 233, Steder Rpfleger **98**, 413, aM Hintzen Rpfleger **99**, 424, MusVo § 900 Rn 8 (aber es muß ein gesetzwidriges Verfahren verhindert werden).

## 4. Abschnitt. Eidesstattliche Versicherung und Haft § 903

**4) Nochmalige Versicherung bei Vermögenserwerb.** Der Gläubiger kann eine nochmalige eidesstatt- 9
liche Versicherung des Schuldners fordern, wenn der Schuldner nach der Abgabe der früheren Versicherung
Vermögen erworben hat.
   **A. Notwendigkeit der Pfändbarkeit.** Als Vermögen in diesem Sinne kommt nur ein pfändbares
Vermögen in Frage, LG Krefeld BB **80**, 602. Wenn es um einen Unterhaltsanspruch geht, muß man aber die
erweiterte Pfändbarkeit nach §§ 850 ff beachten. Dieses Vermögen muß auch gerade dem Schuldner
gehören. Die Glaubhaftmachung, § 294, ist von Amts wegen zu prüfen, Stgt Just **70**, 52. Man darf die
Anforderungen an die Glaubhaftmachung nicht überspannen, LG Krefeld BB **80**, 602.
   **B. Gläubigerangaben.** Eine nochmalige Fruchtlosigkeits- bzw Unpfändbarkeitsbescheinigung ist nicht 10
nötig, I 2, Rn 2, LG Kblz DGVZ **98**, 11. Es genügt, daß der Gläubiger einen Umstand nach § 294 glaubhaft
macht, der nach der Lebenserfahrung auf einen Vermögenserwerb des Schuldners schließen läßt.
   *Beispiele:* Der Schuldner war bisher nur saisonbedingt einkommenslos; der Arbeitgeber hat gewechselt, LG
Potsdam JB **97**, 490; der Schuldner führt nach eigener Angabe jetzt Gelegenheitsarbeiten aus, LG Osnabr JB
**96**, 213; erhält jetzt eine Arbeitslosenunterstützung, LG Kblz MDR **77**, 323; der Schuldner ist jetzt vermutlich als selbständiger Unternehmer tätig, LG Kblz JB **97**, 272, LG Passau DGVZ **89**, 44, bzw jetzt sonstwie
freiberuflich tätig ist, LG Frankenth Rpfleger **85**, 450; der Schuldner hat ein Haus verkauft, so daß jetzt eher
pfändbares Barvermögen vorliegt; der Sicherungsnehmer erklärt, das Sicherungsgut befinde sich nicht mehr
in seinem Eigentum bzw Besitz, LG Bielef MDR **87**, 416. Der Gläubiger hat aber die erforderlichen
Angaben nicht genügend glaubhaft gemacht, wenn er lediglich einen Antrag dahin stellt, der Schuldner
möge eine nochmalige eidesstattliche Versicherung abgeben, „falls der Schuldner nicht arbeitslos ist", oder
wenn es um noch nicht fällige Renten geht, LG Hildesh JB **90**, 1055, oder wenn es nur häufig vorkommt,
daß die Berufsgruppe des Schuldners Schwarzarbeit leistet, Köln Rpfleger **95**, 469, oder wenn der Auftrag
damit begründet wird, die allgemeine Entwicklung der Wirtschaftslage lasse auf einen neuen Vermögenserwerb schließen, LG Kblz DGVZ, aM Stgt JB **78**, 1726, LG Hann Rpfleger **91**, 410, LG Heilbr JB **79**, 292
(aber die derzeitige Wirtschaftslage gibt keineswegs solche Lebenserfahrung).
   Es genügt zur Glaubhaftmachung auch nicht, daß seit der letzten eidesstattlichen Versicherung *mehr als* 11
*zwei Jahre vergangen* sind, aM LG Konst JB **96**, 661, LG Krefeld BB **80**, 602. Der Gläubiger kann seine Pflicht
zur Glaubhaftmachung einer Verbesserung der Verhältnisse des Schuldners auch nicht dadurch erfüllen, daß
er auf eine Vernehmung des Schuldners Bezug nimmt. Denn § 903 macht eine Pflicht des Schuldners zur
Abgabe einer vollständigen weiteren eidesstattlichen Versicherung gerade davon abhängig, daß der Gläubiger
auf andere Weise eine wirtschaftliche Veränderung beim Schuldner glaubhaft machen kann. Das bloße
Schweigen des Arbeitgebers des Schuldners genügt nicht, LG Mainz DGVZ **74**, 41, ebensowenig der Wegfall
eines Kontos, LG Kassel JB **97**, 48.
   **C. Schuldnerangaben.** Der Schuldner darf sich nicht auf Schutz vor Strafbarkeit berufen, LG Kblz JB 12
**98**, 212, AG Hbg JB **98**, 212. Er muß beweisen, daß er das Erworbene bereits wieder verbraucht hat. Dieser
Verbrauch kann aber nach der Lebenserfahrung glaubhaft sein. Was gerade zum Lebensunterhalt dient, also
zu einem Leben von der Hand in den Mund, das ist kein neues Vermögen. Deshalb liegt kein neues
Vermögen vor, wenn der Schuldner Außenstände, die er im früheren Vermögensverzeichnis nicht angegeben
hatte, zwar inzwischen eingezogen, jedoch auch wieder bereits zum Unterhalt verbraucht hat. Andererseits
braucht der Schuldner nicht reicher geworden zu sein. Angesichts der heutigen Wirtschaftslage ist es auch
bei einem jungen Schuldner keineswegs ohne weiteres glaubhaft, wenn der Gläubiger meint, der Schuldner
habe nach zehn Monaten wieder Arbeit gefunden, aM LG Kleve MDR **75**, 766.
   **5) Nochmalige Versicherung bei Wechsel des Arbeitsplatzes, S 1, 2.** Der Gläubiger kann unabhän- 13
gig von der Lage Rn 9–12 auch dann eine nochmalige eidesstattliche Versicherung des Schuldners fordern,
wenn eine Auflösung desjenigen Arbeitsverhältnisses des Schuldners eingetreten ist, das im Zeitpunkt der
Ableistung der eidesstattlichen Versicherung bestand, LG Augsb JB **98**, 325, LG Osnabr JB **96**, 661.
   **A. Grundsatz: Keine enge Auslegung.** Arbeitsverhältnis ist jede nachhaltige Erwerbstätigkeit durch
den Einsatz der Arbeitskraft, § 850 Rn 2, Hamm Rpfleger **83**, 322, LG Bln Rpfleger **91**, 118, LG Darmst JB
**96**, 274. Man darf die Vorschrift nicht eng auslegen, Hamm Rpfleger **83**, 323, LG Mü JB **90**, 1522. Das
Gesetz sieht den Wechsel des Arbeitsplatzes als einen neuen Vermögenswert an. Außerdem liegt in der
Möglichkeit, in einem solchen Fall einen Antrag auf eine weitere eidesstattliche Versicherung zu stellen, ein
geeignetes Mittel, um den neuen Arbeitsplatz des Schuldners zu erfahren, den er oft verschweigt. Natürlich
darf die Auslegung nicht dazu führen, daß eine bloße Ausforschungsbehauptung des Gläubigers reicht, LG
Gießen DGVZ **95**, 42; vgl aber auch Rn 17 „Wahrscheinlichkeit".
   **B. Beispiele zur Frage eines Arbeitsplatzwechsels** 14
**Abhängigkeit:** Rn 16 „Selbständigkeit".
**Alter:** Es reicht nicht allein zur Ergänzungspflicht, AG Flensb DGVZ **99**, 45.
**Angehöriger:** Von einem Wechsel des Arbeitsplatzes ist auszugehen, wenn ein naher Angehöriger des
   Schuldners erklärt, der Schuldner sei wieder in Arbeit, LG Kassel MDR **85**, 63.
**Arbeitslosenunterstützung:** Macht der Gläubiger glaubhaft, § 294, daß der bei der Abgabe der eidesstatt- 15
   lichen Versicherung arbeitslos gewesene Schuldner keine Arbeitslosenunterstützung (mehr) erhält, LG
   Paderb JB **91**, 1707, oder gar nicht beantragt hat, dann kann man annehmen, daß er wieder einen
   Arbeitsplatz gefunden hat, Hamm Rpfleger **83**, 322, AG Flensb DGVZ **99**, 45, ZöStö 8, aM LG Bln
   Rpfleger **91**, 118.
   *Nicht ausreichend:* ist das Fehlen der Angabe der Stamm-Nr beim Arbeitsamt, AG Flensb DGVZ **99**,
   44.
**Arbeitsmarkt:** Die Lage am Arbeitsmarkt, insbesondere seine Chance, ist mitzubeachten, LG Detm DGVZ
   **90**, 90, LG Kblz JB **98**, 44.
**Aushilfskraft:** Bei einem ständigen Wechsel der Arbeitgeber, zB bei einem Aushilfskellner, kann eine bloße
   Ergänzung des Vermögensverzeichnisses notwendig und ausreichend sein, LG Heilbr MDR **92**, 711, LG

## §§ 903, 904

Mü Rpfleger **82**, 231, ebenso dann, wenn Aushilfe im neuen Geschäft des Ehegatten erfolgt, LG Kblz JB **98**, 212.

**Beamter:** Wenn der Schuldner aus einem Beamtenverhältnis ausscheidet, ist § 903 entsprechend anwendbar, Hamm Rpfleger **83**, 323.

16 **Dauer der Arbeitslosigkeit:** Sie reicht nicht allein zur Ergänzungspflicht, AG Flensb DGVZ **99**, 45.

**Handelsvertreter:** Um ein Arbeitsverhältnis, aus dem ein Arbeitseinkommen im Sinn von § 850 II erzielt wurde, handelt es sich dann, wenn es um einen Handelsvertreter geht, unabhängig davon, ob er in einer selbständigen Weise tätig war, Bre JB **78**, 608, oder in einer abhängigen Stellung. S auch „Selbständigkeit".

**Hotelschließung:** Ein Wechsel des Arbeitsplatzes ist anzunehmen, wenn ein Hotelier sein Hotel schließt. Denn das Arbeitsverhältnis ist in diesem Zusammenhang nicht im arbeitsrechtlichen Sinn zu verstehen.

**Löschung:** Wenn eine GmbH, deren Alleingesellschafter und Geschäftsführer der Schuldner war, gelöscht wird, muß der Schuldner ein vollständig neues Vermögensverzeichnis vorlegen, LG Hbg Rpfleger **90**, 31.

**Lohnsteuerjahresausgleich:** § 807 Rn 43.

**Nebentätigkeit:** Ein Wechsel des Arbeitgebers fehlt, wenn ein Arbeitnehmer nur eine Nebentätigkeit von beschränktem Umfang aufgibt.

**Selbständigkeit:** Ein Wechsel des Arbeitsplatzes liegt vor, wenn ein bisher selbständiger Unternehmer diese Selbständigkeit aufgegeben hat und daher (vermutlich) jetzt in einer mehr oder minder abhängigen Stellung arbeitet, zB als Handelsvertreter, Ffm Rpfleger **90**, 174, LG Ffm Rpfleger **98**, 167.

17 **Überhaupt Arbeit:** Der Gläubiger muß angesichts der hohen Arbeitslosigkeit jetzt glaubhaft machen, daß der Schuldner überhaupt eine (neue) Arbeit habe, LG Dresd JB **98**, 214, LG Kblz JB **98**, 44.

**Überspannung:** An die Glaubhaftmachung, § 294, sind keine überspannten Anforderungen zu stellen, Karlsr DGVZ **92**, 28, LG Kref MDR **88**, 418, Jelinsky Rpfleger **91**, 411.

**Umschulung:** Wenn nur eine Umschulung beendet wurde, liegt nicht die Auflösung eines Arbeitsverhältnisses vor, LG Hbg MDR **74**, 850, AG Hbg Rpfleger **85**, 499.

**Verschleierung:** Bei einer Verschleierung des Arbeitseinkommens kann eine bloße Ergänzung des Vermögensverzeichnisses notwendig und ausreichend sein, LG Bielef JB **96**, 441, LG Heilbr MDR **92**, 711.

**Wahrscheinlichkeit:** Eine nach den Gesamtumständen ganz erhebliche Wahrscheinlichkeit für einen zwischenzeitlichen neuen Arbeitsplatz kann ausreichen, LG Chemnitz Rpfleger **95**, 512.

**Wechsel der Tätigkeit:** Ein Wechsel des Arbeitgebers fehlt, wenn ein Arbeitnehmer lediglich eine andere Tätigkeit bei demselben Arbeitgeber ausführt, LG Bln Rpfleger **79**, 149.
S auch Rn 16 „Nebentätigkeit".

**Witwenpension:** Bei ihrem Verlust ist § 903 entsprechend anwendbar, Hamm Rpfleger **83**, 323.

18 **6) Nochmalige Versicherung bei Zeitablauf, S 1, 2.** Der Gläubiger kann unabhängig von den Lagen Rn 9–12 und Rn 13–17 auch dann eine nochmalige eidesstattliche Versicherung des Schuldners fordern, wenn beim Auftragseingang, § 900 I 1 (zum Übergangsrecht § 900 vor Rn 1), 3 Jahre seit dem Zeitpunkt der ersten tatsächlichen Abgabe der früheren eidesstattlichen Versicherung vergangen sind, also gerechnet seit dem Schluß des Jahres der Abgabe, LG Mönchengladb JB **79**, 612; auf eine schon erfolgte Ergänzungsversicherung kommt es für den Fristablauf nicht an, LG Lüb Rpfleger **91**, 119. Die Frist ist eine uneigentliche, Üb 11 vor § 214. Sie ist keine Notfrist, § 224 I 2. Sie wird nach § 222 berechnet. Der Antrag leitet ein neues Verfahren ein. Der Gerichtsvollzieher muß vor der Bestimmung eines Termins von Amts wegen feststellen, ob 3 Jahre verstrichen sind, § 900 II. Wenn gegen den Schuldner bereits zur Erzwingung einer eidesstattlichen Versicherung eine sechsmonatige Haft vollstreckt worden war, dann darf eine neue Haft erst 3 Jahre nach der Beendigung der früheren Vollstreckung angeordnet werden, § 914.

19 **7) Rechtsbehelfe, S 1, 2.** Der Schuldner, der die Pflicht zur nochmaligen eidesstattlichen Versicherung oder zur ergänzenden Auskunft bestreitet, hat den Widerspruch nach § 900 IV. Vgl auch im übrigen bei § 900.

20 **8)** *VwGO:* Entsprechend anwendbar iRv Üb § 899 Rn 6.

## 904 *Unzulässigkeit der Haft.* Die Haft ist unstatthaft:

1. gegen Mitglieder des Bundestages, eines Landtages oder einer zweiten Kammer während der Tagung, sofern nicht die Versammlung die Vollstreckung genehmigt;
2. (weggefallen)
3. gegen den Kapitän, die Schiffsmannschaft und alle übrigen auf einem Seeschiff angestellten Personen, wenn sich das Schiff auf der Reise befindet und nicht in einem Hafen liegt.

1 **1) Systematik, Regelungszweck, Z 1–3.** Die Einzelvollstreckung findet eine Grenze im Verhältnismäßigkeitsgebot, Grdz 34 vor § 704. Eine Ausprägung dieses Gebots ist § 904. Immerhin handelt es sich um eine (notwendige) Einschränkung einer Vollstreckung, deren Ziel die Befriedigung des Gläubigers ist. Ausnahmevorschriften sind stets eng auszulegen.

2 **2) Geltungsbereich, Z 1–3.** § 904 betrifft nur die Zwangshaft, Üb 4 vor § 899, und nur deren Vollstreckung, nicht den Erlaß des Haftbefehls, § 901. *Z 1:* Wegen der 2. Kammer vgl § 382. Die Verhaftung eines Bundestagsabgeordneten darf nur mit einer Genehmigung des Bundestags vorgenommen werden, Art 46 III GG. Wegen der Landtagsabgeordneten vgl die Landesverfassungen. Fremde Konsuln sind gemäß Art 41 II Wiener Übk v. 24. 4. 63, BGBl **69** II 1585, grundsätzlich vor einer Haft geschützt; vgl im übrigen § 18 GVG. Ein Mitglied der Ständigen Vertretung der früheren DDR durfte nicht verhaftet werden, § 9 VO v 24. 4. 74, BGBl 1022, dazu Bek v 10. 6. 74, BGBl II 933. Auch ein Mitglied der alliierten Streitkräfte oder

## 4. Abschnitt. Eidesstattliche Versicherung und Haft §§ 904–906

dessen Angehörigen dürfen nicht verhaftet werden, Art 34 II ZAbkNTrSt, SchlAnh III. Im letzteren Fall wird die eidesstattliche Versicherung nach Art 34 I des Abkommens erzwungen. Wegen der Personalhaft gegen einen Ausländer Art 26 HZPrÜbk, Anh § 918. §§ 904–906, 909, 910 sind auf eine Ersatzzwangshaft gegen einen Steuerberater anwendbar, § 159 VIII StBG. Vgl ferner § 334 III AO.

*Z 3:* Die Vorschrift gilt nicht für diejenigen Personen, die auf einem Flußschiff angestellt sind, wohl aber für die Angehörigen der Marine, wenn die Voraussetzungen des Erlasses v 16. 3. 82 Z 39–44, SchlAnh II, vorliegen. Eine Segelfertigkeit ist nur noch dann erforderlich, wenn das Schiff den Heimathafen trotz der Reisevorbereitungen noch nicht verlassen hat.

3) **Rechtsbehelf, Z 1–3.** Der Betroffene hat die Erinnerung nach § 766.     3

4) *VwGO:* Entsprechend anwendbar iRv Üb § 899 Rn 6.     4

**905** *Unterbrechung der Haft.* **Die Haft wird unterbrochen:**
1. **gegen Mitglieder des Bundestages, eines Landtages oder einer zweiten Kammer für die Dauer der Tagung, wenn die Versammlung die Freilassung verlangt;**
2. **(weggefallen)**

1) **Systematik, Regelungszweck.** Es gelten dieselben Erwägungen wie bei § 904. Vgl daher dort Rn 1.     1

2) **Geltungsbereich.** Auch insoweit gelten dieselben Regeln wie bei § 904. Vgl daher zunächst dort Rn 2. Das AG des Haftortes muß im Fall der Z 1 dem Ersuchen sofort und nur unter vorherige Anhörung des Gläubigers nachkommen. Entsprechende Bestimmungen gelten für die Bundestagsabgeordneten, jedoch ohne eine zeitliche Beschränkung, Art 46 IV GG.     2

3) *VwGO: Entsprechend anwendbar iRv Üb § 899 Rn 6.*     3

**906** *Haftaufschub.* **Gegen einen Schuldner, dessen Gesundheit durch die Vollstreckung der Haft einer nahen und erheblichen Gefahr ausgesetzt wird, darf, solange dieser Zustand dauert, die Haft nicht vollstreckt werden.**

### Gliederung

| | | | |
|---|---|---|---|
| 1) Systematik, Regelungszweck | 1 | C. Beispiele zur Frage eines Haftaufschubs. | 4–9 |
| 2) Geltungsbereich | 2–9 | 3) Rechtsbehelfe | 10 |
| A. Grundsatz: Keine besondere Schonung | 2 | 4) *VwGO* | 11 |
| B. Gesundheitsgefährdung | 3 | | |

1) **Systematik, Regelungszweck.** Die Einzelvollstreckung findet Grenzen nicht nur im Verhältnismäßigkeitsgebot, Grdz 34 vor § 704, sondern auch im Grundrecht der Menschenwürde, Art 1 GG. Zu dessen Beachtung gehört auch der Schutz des Schuldners vor einer ernsthaften Gefährdung eines im Rang über den Vermögensinteressen des vollstreckenden Gläubigers stehenden Rechtsguts, der Gesundheit: Es reicht schon, daß die Freiheit des Schuldners im an sich kaum noch zeitgemäßen Schuldturm (theoretisch) vorübergehend eingeschränkt werden kann.     1
*Andererseits* darf § 906 aber nun auch nicht zusammen mit rasch erteilten Attesten zu einer bequemen immer neuen Blockierung des genügend mühsamen Wegs des Gläubigers in diesem bloßen Zwischenstadium einer Vollstreckungsbemühung werden. Auch das ist bei der Auslegung mitzubeachten. Sie sollte daher um gelassene Abwägung bemüht sein.

2) **Geltungsbereich.** Es ist eine behutsame Abwägung geboten.     2

**A. Grundsatz: Keine besondere Schonung.** Vgl wegen einer Gesundheitsgefährdung beim Offenbarungstermin § 900 Rn 8. § 906 verbietet mit Rücksicht auf Art 2 GG, BVerfG **52**, 214, im Fall einer Gesundheitsgefährdung des Schuldners den Vollzug der Haft, nicht aber die Pflicht des Schuldners zur Abgabe der eidesstattlichen Versicherung, Jena Rpfleger **97**, 446, und auch nicht den Erlaß des Haftbefehls, Karlsr MDR **99**, 567. Auch eine erhebliche seelische Schädigung kann eine Gesundheitsgefährdung bedeuten, Mü NJW **77**, 1822. Gerichtsvollzieher wie dem Richter ist der Schuldner aber nicht besonders schonen, insofern richtig AG Bln-Schöneb DGVZ **82**, 14. Sie dürfen die Vorschrift auch nicht ausdehnend auslegen, Jena Rpfleger **97**, 446, ThP 2, aM AG Bln-Schöneb DGVZ **82**, 14. Das gilt etwa für den Fall, daß der Schuldner Familienangehörige versorgen müsse. Denn der Schuldner kann sich ja, anders als bei § 456 StPO, jederzeit der Gefahr einer Haft entziehen, daß er die eidesstattliche Versicherung abgibt. Deshalb ist § 765 a auch nur in den seltensten Fällen anwendbar, Mü NJW **77**, 1822 (es wendet § 910 entsprechend an).

**B. Gesundheitsgefährdung.** Der Gerichtsvollzieher hat eine Gesundheitsgefährdung des Schuldners von Amts wegen zu beachten, Grdz 39 vor § 128. Wenn sie nachgewiesen oder auf Grund eines Augenscheins offensichtlich ist, dann darf der Gerichtsvollzieher die Verhaftung nicht ausführen, Karlsr DGVZ **93**, 9, LG Brschw DGVZ **89**, 29, ZöStö 2, aM LG Hann DGVZ **82**, 119.     3

**C. Beispiele zur Frage eines Haftaufschubs**     4
**Altersleiden:** Allgemeine Altersbeschwerden eines Hochbetagten können ausreichen, AG Kblz DGVZ **86**, 126.

**Amtsarzt:** Ein amtsärztliches Attest ist grds nicht erforderlich, LG Hann DGVZ **82**, 119, AG Fürth/Odw DGVZ **93**, 191, aM Midderhoff DGVZ **82**, 83, ThP 2.
S auch „Arzt", „Attest".
**Anstaltskrankenhaus:** Das Verbot einer Verhaftung besteht auch dann, wenn der Haftvollzug etwa in einem Anstaltskrankenhaus erfolgen müßte, Jena Rpfleger **97**, 446, Karlsr DGVZ **93**, 9.
**Arzt:** Der Gerichtsvollzieher braucht mangels ausreichender Anhaltspunkte, Rn 5 „Ermessen", oder eines Attests den Schuldner weder von Amts wegen noch auf Antrag einem Arzt vorzuführen, AG Hochheim DGVZ **81**, 15, Midderhoff DGVZ **82**, 83.
S auch „Amtsarzt", „Attest".
**Attest:** Ungeachtet der Notwendigkeit einer strengen Prüfung, Rn 8 „Strenge Prüfung", kann ein Amtsarzttattest ausreichen, selbst nach einem Jahr, LG Aachen DGVZ **99**, 43. Auch ein privatärztliches Attest kann ausreichen, LG Brschw DGVZ **89**, 29, LG Hann DGVZ **90**, 59 (notfalls weitere Atteste anfordern), AG Wolfenbüttel DGVZ **89**, 29, strenger AG Mönchengladb DGVZ **86**, 127. Der Schuldner muß die Kosten eines Attests selbst tragen, § 788, Schneider JR **78**, 183, aM AG Bln-Schöneb DGVZ **82**, 15.
S auch Rn 3 „Amtsarzt", „Arzt".
**Äußere Anzeichen:** Eine Gesundheitsgefährdung im Sinn von § 906 ist grds erst dann offensichtlich, wenn äußere Anzeichen auch für einen Laien zwingend einen Haftaufschub gebieten, LG Kblz MDR **72**, 790, vgl auch AG Eschwege DGVZ **92**, 139, ferner AG Hochheim DGVZ **81**, 15.
S auch Rn 8 „Strenge Prüfung".
**Bluthochdruck:** Er kann bei Lebensbedrohung ausreichen, selbst wenn es dem Schuldner nur darum geht, die eidesstattliche Versicherung zu vermeiden, Düss DGVZ **96**, 27.
5 **Dialyse:** Ihre Notwendigkeit dreimal wöchentlich kann ausreichen, AG Pirmasens DGVZ **83**, 127.
**Ermessen:** Ungeachtet der Notwendigkeit bestimmter tatsächlicher Feststellungen zur Haftunfähigkeit, s „Feststellungen", handelt der Gerichtsvollzieher doch praktisch nach pflichtgemäßem Ermessen, LG Gött DGVZ **81**, 10, LG Hann DGVZ **82**, 119, AG Hochheim DGVZ **81**, 15, aM Köln DGVZ **95**, 8, StJM 6, ZöStö 4 (es handle sich um unbestimmte Rechtsbegriffe. Aber das ändert nichts an der Notwendigkeit, sie vor Ort abzuwägen, und zwar durch einen medizinischen Nichtfachmann).
**Feststellungen:** Der Gerichtsvollzieher hat zur Haftunfähigkeit schriftliche, bestimmte Feststellungen zu treffen, LG Bln DGVZ **75**, 167.
S auch „Ermessen".
**Gleichheitsgrundsatz:** Der Gerichtsvollzieher muß stets den Gleichheitsgrundsatz beachten, Art 3 GG, Schneider JB **77**, 1674.
6 **Haustermin:** Rn 9 „Wohnung".
**Herzerkrankung:** Eine schwere Herzkrankheit kann ausreichen, Bbg DGVZ **90**, 39, noch gar bei einem 81jährigen, AG Bln-Schöneb DGVZ **82**, 14.
**Menschenwürde:** Der Gerichtsvollzieher muß stets die Menschenwürde beachten, Art 1 GG, Schneider JB **77**, 1674.
7 **Physische Erkrankung:** Sie ist ebenso zu beachten wie eine psychische, Mü OLGZ **77**, 21.
**Psychische Erkrankung:** Sie ist ebenso zu beachten wie eine physische, Mü DGVZ **77**, 21.
8 **Strenge Prüfung:** Ob eine Haftunfähigkeit vorliegt, ist nach einem strengen Maßstab zu prüfen, Hamm DGVZ **83**, 138, Jena Rpfleger **97**, 446, AG Wolfenbüttel DGVZ **89**, 29.
S auch Rn 3 „Äußere Anzeichen", aber auch „Attest".
9 **Vorführung:** Der Gerichtsvollzieher darf einen nach seiner pflichtgemäßen Ermessensentscheidung haftunfähigen Schuldner nicht mehr zur Ableistung der eidesstattlichen Versicherung bei (jetzt:) sich selbst vorführen, (je zum alten Recht) Bbg DGVZ **90**, 39, Hamm DGVZ **83**, 138, ZöStö 2, aM LG Hildesh DGVZ **74**, 30, AG Mü MDR **93**, 471.
S aber auch „Wohnung".
**Wohnung:** Dem Schuldner, der zum Erscheinen beim Gerichtsvollzieher nicht fähig ist, die eidesstattliche Versicherung aber in seiner Wohnung abgeben kann und will, ist sie dort abzunehmen, vgl § 219, Köln DGVZ **95**, 8.
10 **3) Rechtsbehelfe.** Der Betroffene kann die Erinnerung nach § 766 einlegen, LG Düss DGVZ **81**, 171, AG Bln-Schöneb DGVZ **82**, 14, AG Fürth/Odw DGVZ **93**, 191. Über sie entscheidet der Richter des Vollstreckungsgerichts, §§ 764, 802, § 20 Z 17 S 2 RPflG, Anh § 153 GVG. Der Schuldner kann die Erinnerung schon einlegen, wenn ihm die Vollstreckung nur unmittelbar droht, Hamm DGVZ **83**, 137 mwN. Das Gericht nimmt eine freie Beweiswürdigung vor. Das Fehlen der Überprüfungsmöglichkeit geht nicht zu Lasten des Schuldners, LG Hann DGVZ **82**, 119. Es darf den Haftbefehl nicht aufheben, sondern nur dessen Vollstreckung aussetzen. Wenn das Hindernis weggefallen ist, wird das Haftverfahren von Amts wegen fortgesetzt. Gegen die Entscheidung des Richters ist die sofortige Beschwerde statthaft, §§ 577, 793 I.

11 **4) VwGO:** Entsprechend anwendbar iRv Üb § 899 Rn 6.


# 907 *Haftvollzug* (aufgehoben)


# 908 *Haftbefehl* (aufgehoben)

4. Abschnitt. Eidesstattliche Versicherung und Haft **§ 909**

**909** *Verhaftung.* ¹ ¹Die Verhaftung des Schuldners erfolgt durch einen Gerichtsvollzieher. ²Dem Schuldner ist der Haftbefehl bei der Verhaftung in beglaubigter Abschrift zu übergeben.

II Die Vollziehung des Haftbefehls ist unstatthaft, wenn seit dem Tage, an dem der Haftbefehl erlassen wurde, drei Jahre vergangen sind.

**Vorbem.** Bisheriger S 1, 2 zu I und geändert, II angefügt dch Art 1 Z 37 a–c der 2. ZwVNov v 17. 12. 97, BGBl 3039, in Kraft seit 1. 1. 99, Art 4 I der 2. ZwVNov, ÜbergangsR Einl III 78.

**1) Systematik, Regelungszweck, I, II.** Die Vorschrift ergänzt zusammen mit § 910 den § 906 durch **1** Bestimmungen, die nicht nur als (funktionelle) Zuständigkeitsregel (I 1), sondern auch zur Verringerung des Risikos irgendwelcher Irrtümer bei einer Freiheitsbeschränkung (I 2, II) und entsprechend zB § 114a StPO (Bekanntgabe eines Haftbefehls) streng auszulegen sind. Pfändungs- und Verhaftungsauftrag sind verbindbar, LG Kblz JB **98**, 214.

**2) Verhaftung, I 1.** Vorbereitung und Durchführung erfordern große Sorgfalt. **2**

**A. Antrag; Zuständigkeit.** Der Schuldner ist von demjenigen Gerichtsvollzieher zu verhaften, bei dem der Gläubiger eigens erstmalig oder wiederholt einen entsprechenden Antrag stellt, Celle DGVZ **99**, 74, Schilken DGVZ **89**, 33. Ein solcher Antrag kann auch darin liegen, daß der Gläubiger den Gerichtsvollzieher nach § 900 I 1 beauftragt, wenn der Gläubiger zugleich einen Haftkostenvorschuß bezahlt, so schon Schlesw Rpfleger **76**, 224 (es hält eine Beschränkung des Antrags auf einen Teil des Vollstreckungstitels für zulässig; zum Problem Schilken DGVZ **89**, 35 ausf). Ein Haftkostenvorschuß kommt freilich allenfalls nach § 68 GKG, KV 9010, § 5 GVKostG in Betracht; zu seiner Höhe Hartmann Teil XI § 5 GVKostG Rn 9ff. Die Verbindung eines (auch stillschweigenden) Pfändungsauftrags mit dem Haftauftrag ist zulässig, § 803 Rn 3.

Der Gerichtsvollzieher ist nicht zuständig, wenn es um den Haftbefehl auf Grund des Antrags eines *Finanzamts* geht, § 284 AO, LG Duisb DGVZ **81**, 184, LG Kassel DGVZ **93**, 189, AG Bad Segeberg DGVZ **94**, 11 (Vorführung beim Hauptzollamt), aM AG Bln-Schöneb DGVZ **89**, 190 (zuständig sei der Vollziehungsbeamte der Vollstreckungsbehörde des Finanzamts), oder beim Vollzug von Zwangshaft wegen Nichtauskunft nach dem BAföG, AG Waiblingen DGVZ **97**, 78, oder beim Vollzug nach der JBeitrO, AG Rastatt DGVZ **97**, 190. Im übrigen ist eine Rechtshilfe nicht erforderlich und auch nicht statthaft. Das gilt auch bei einem Soldaten, SchlAnh II. Soweit sich der Schuldner bereits in Untersuchungs- oder Strafhaft befindet, ist eine Zwangshaft nach § 909 unzulässig, LG Bln DGVZ **95**, 89, AG Bln-Charlottenb DGVZ **94**, 11.

**B. Verfahren.** Das Übegangsrecht, § 900 vor Rn 1, erfaßt nicht auch §§ 901 ff ZPO, Hornung DGVZ **3** **99**, 35. Der Gerichtsvollzieher muß das Vorliegen aller Voraussetzungen der Verhaftung von Amts wegen prüfen, soweit er dazu überhaupt imstande ist. Wenn sich der Schuldner darauf beruft, er habe bereits in einem früheren Zeitpunkt eine eidesstattliche Versicherung im Sinne von § 903 abgeleistet, dann muß der Gerichtsvollzieher zunächst den Gläubiger hiervon benachrichtigen, bevor er den Schuldner verhaftet. Wenn der Schuldner zahlt, sei es auch nur denjenigen Teilbetrag, bei dessen Zahlung der Gläubiger den (restlichen) Haftauftrag zurücknehmen will, dann ist der Haftbefehl verbraucht und unterbleibt die Verhaftung, LG Bielef DGVZ **88**, 14, AG Landau DGVZ **93**, 62, AG Wiesb DGVZ **97**, 141, aM LG Stade JB **88**, 927, AG Blomberg JB **93**, 32, Behre Rpfleger **88**, 10. Er muß ferner prüfen, ob die Vollziehung wegen Zeitablaufs unzulässig geworden ist, Rn 6.

Die *Verhaftung* wird nach den §§ 758, 759, 762 ausgeführt. Vgl im übrigen § 187 GVGA. Weisungen des Gläubigers sind nur begrenzt beachtlich, AG Kassel DGVZ **73**, 29 (abl Seip), großzügiger ThP 3. Der Gerichtsvollzieher muß die Verhaftung schonend vornehmen und dabei die öffentliche Sicherheit beachten. Er muß zB veranlassen, daß sich das Jugendamt um ein kleines Kind der Schuldnerin kümmert, Mü NJW **77**, 1822, AG Mü DGVZ **84**, 30. Wegen der Verhaftung in der Wohnung eines den Zutritt nicht erlaubenden Dritten Christmann DGVZ **88**, 91. Der Gerichtsvollzieher muß zum Transport nicht den eigenen Wagen benutzen und kann Vorschuß fordern, AG Ffm DGVZ **98**, 15.

Mit der Verhaftung ist die Aufgabe des Gerichtsvollziehers *zunächst* beendet. Der Gerichtsvollzieher ist nicht dazu verpflichtet, den Schuldner zwecks Nachforschungen in seine Wohnung zurückzuführen und den Schuldner anschließend erneut bei sich vorzuführen. Wenn der Schuldner Geschäftsbücher und dgl einsehen muß, dann muß er sie herbeischaffen lassen. Wenn das nicht möglich ist oder wenn der Schuldner offenbarungsbereit ist, dann muß der Gerichtsvollzieher den Schuldner bei sich vorführen, aM Finkelnburg DGVZ **77**, 3 (er meint, man müsse abwarten, ob der Gläubiger in einem solchen Fall eine Ergänzung des Vermögensverzeichnisses fordere).

**3) Haftbefehl, I 2.** Der Gerichtsvollzieher muß dem Schuldner im Zeitpunkt der Verhaftung den Haft- **4** befehl von Amts wegen in beglaubigter Abschrift übergeben, und zwar auch ohne Antrag des Schuldners. Ein bloßes Vorzeigen reicht keineswegs (mehr). Die Übergabe ist für die Rechtmäßigkeit der Verhaftung wesentlich. Denn die Übergabe ersetzt die formlose Zustellung des Haftbefehls. Eine förmliche zusätzliche Zustellung ist aber zulässig und dann von Amts wegen vorzunehmen, §§ 209, 270 I, und zwar evtl an den ProzBev, § 176, LG Kaisersl Rpfleger **89**, 116. I 2 ist eine Sondervorschrift gegenüber § 329 III. Das ergibt schon sein Wortlaut; er bezieht sich nicht nur auf die Zwangsvollstreckung, aM LG Düss Rpfleger **80**, 75, LG Lübeck Rpfleger **81**, 153 (aber dann könnte der Schuldner leicht fliehen).

Der Gerichtsvollzieher muß im Zeitpunkt der Verhaftung eine *vollstreckbare Ausfertigung* des Vollstrec- **5** kungstitels *in Händen* haben, LG Ludwigsh DGVZ **77**, 191, AG Würzb DGVZ **78**, 139, Birmanns DGVZ **80**, 119. Der Gerichtsvollzieher muß auch die Übergabe des Haftbefehls protokollieren, § 762 I, II Z 2, § 186 Z 2 GVGA. Der Gerichtsvollzieher muß dem Schuldner auch erklären, was nun geschehen werde, notfalls durch die Einschaltung eines Dolmetschers, § 185 GVG, LG Wuppertal DGVZ **83**, 60 (entgegen seiner Ansicht ist aber eine Rechtsbehelfsbelehrung usw nicht notwendig).

**4) Unzulässigkeit wegen Zeitablaufs, II.** Die Vollziehung des Haftbefehls ist unzulässig, wenn seit dem **6** Tage, an dem der Haftbefehl erlassen wurde, drei Jahre vergangen sind, aM AG Gelsenk JB **99**, 214 (aber II

## §§ 909–911

lautet eindeutig anders). Damit beugt II der Gefahr zeitlich endloser Drohung vor und nimmt den überall im Recht geltenden Verwirkungsgedanken auf, Grdz 13 vor § 704. Jedes Vollstreckungsorgan hat diese Unzulässigkeit von Amts wegen zu beachten. „Erlassen" ist der Haftbefehl mit der Unterschrift des Richters; sie gilt als an demjenigen Tag erfolgt, unter dem er unterzeichnet hat und der auf der vollstreckbaren Ausfertigung steht. Der Nachweis unrichtiger Datierung bzw eines Abschreibefehlers usw ist (nur) nach § 418 II statthaft, dort Rn 7 ff. Die 3-Jahres-Frist wird nach § 222 berechnet.

7 **5) Rechtsbehelf, I, II.** Jeder Betroffene hat die Erinnerung nach § 766, AG Hann DGVZ 97, 76. Das gilt für den Schuldner auch beim Vorliegen eines Vollstreckungshindernisses nach §§ 765 a, 903, 904, 906, Mü MDR 77, 413. Über die Erinnerung entscheidet der Richter, § 20 Z 17 S 2 RPflG, Anh § 153 GVG. Gegen seine Entscheidung ist die sofortige Beschwerde statthaft, §§ 577, 793 I.

8 **6) VwGO:** *Entsprechend anwendbar iRv Üb § 899 Rn 6.*

**910** *Anzeige vor Verhaftung.* ¹Vor der Verhaftung eines Beamten, eines Geistlichen oder eines Lehrers an öffentlichen Unterrichtsanstalten ist der vorgesetzten Dienstbehörde von dem Gerichtsvollzieher Anzeige zu machen. ²**Die Verhaftung darf erst erfolgen, nachdem die vorgesetzte Behörde für die dienstliche Vertretung des Schuldners gesorgt hat.** ³Die Behörde ist verpflichtet, ohne Verzug die erforderlichen Anordnungen zu treffen und den Gerichtsvollzieher hiervon in Kenntnis zu setzen.

1 **1) Systematik, Regelungszweck, S 1–3.** Die Vorschrift dient dem möglichst ungestörten Weiterfunktionieren der Institution, aus der der verhaftete Schuldner vorübergehend tatsächlich ausscheiden muß. Das liegt im öffentlichen Interesse. Die Vorschrift ähnelt dem § 882 a. Die dortige Problematik tritt auch hier zumindest im Kern bei S 2 entsprechend auf; vgl daher § 882 a Rn 1. Die Anordnung der Haft ist auch gegenüber einem Beamten, § 376 Rn 3, oder gegenüber dem Lehrer an einer öffentlichen Unterrichtsanstalt (Gegensatz zur privaten Unterrichtsanstalt) nicht beschränkt. Ebensowenig ist es verboten, gegen solche Personen einen Haftbefehl zu erlassen.

2 **2) Voraussetzungen, S 1–3.** Der Gerichtsvollzieher darf einen solchen Schuldner aber erst dann verhaften, wenn alle folgenden Voraussetzungen erfüllt sind.

**A. Anzeige.** Der Gerichtsvollzieher muß der vorgesetzten Dienstbehörde von der bevorstehenden Verhaftung eine Anzeige gemacht haben.

3 **B. Dienstvertretung.** Die Behörde muß für eine ausreichende Vertretung des Schuldners im Dienst gesorgt haben.

4 **C. Vertretungsanzeige.** Die Behörde muß den Gerichtsvollzieher davon in Kenntnis gesetzt haben, daß sie zur Vertretung erforderlichen Anordnungen getroffen habe. Der Gerichtsvollzieher kann nicht überprüfen, ob diese Vorsorge tatsächlich erfolgt ist. Er muß aber rückfragen und evtl abwarten, wenn ihm zB der Schuldner Umstände darlegt, die gegen die ordnungsmäßige Vertretungsanordnung sprechen.

5 **D. Weitere Einzelfragen.** Die Regelung ist bei einem Soldaten entsprechend anwendbar. Der Gerichtsvollzieher muß dann dem Vorgesetzten die Anzeige von der bevorstehenden Verhaftung machen. Der Vorgesetzte muß für eine Vertretung sorgen, SchlAnh II. Mü NJW 77, 1822 hält § 910 wegen Art 6 GG für entsprechend auf die Mutter eines kleinen Kindes anwendbar (der Gerichtsvollzieher muß das Jugendamt von der bevorstehenden Verhaftung benachrichtigen, § 187 Z 1 III GVGA).

6 **3) Verstoß, S 1–3.** Ein Verstoß gegen § 910 macht die Verhaftung nicht rechtswidrig, ist aber eine Verletzung der Amtspflicht, Art 34 GG, § 839 BGB.

7 **4) Rechtsbehelf, S 1–3.** Es gilt dasselbe wie bei § 909 Rn 7.

8 **5) VwGO:** *Entsprechend anwendbar iRv Üb § 899 Rn 6.*

**911** *Keine Hafterneuerung.* **Gegen den Schuldner, der ohne sein Zutun auf Antrag des Gläubigers aus der Haft entlassen ist, findet auf Antrag desselben Gläubigers eine Erneuerung der Haft nicht statt.**

1 **1) Systematik, Regelungszweck.** Der Gläubiger darf mit dem Schuldner nicht Katz und Maus spielen, Grdz 44 vor § 704. Das gilt erst recht im so empfindlichen Bereich einer Freiheitsbeschränkung (nur) wegen einer Einzelvollstreckung aus meist (nur) vermögensrechtlichem Gläubigerinteresse. Diesem Ziel dient die vorrangige Sondervorschrift des § 911. Sie zieht aus der auch in der Vollstreckung begrenzt geltenden Parteiherrschaft, Grdz 37 vor § 704, die Konsequenz. Demgegenüber behandelt § 914 einen anderen Fall.

2 **2) Unzulässigkeit.** Das Gericht darf gegen einen Schuldner nach seiner Haftentlassung keine erneute Haft zulassen, wenn die folgenden Voraussetzungen gegeben sind.

**A. Entlassung ohne Zutun des Schuldners.** Der Schuldner muß aus der bisherigen Haft ohne sein Zutun entlassen worden sein. Es darf die Entlassung also nicht etwa wegen einer Haftunfähigkeit, § 906, oder zB wegen eines Erfüllungsversprechens des Schuldners erfolgt sein.

3 **B. Entlassung auf Gläubigerantrag.** Die Entlassung muß vielmehr auf Grund eines Antrags des Gläubigers geschehen sein.

4 **C. Neuer Haftantrag.** Nunmehr muß derselbe Gläubiger eine neue Haft beantragen.

4. Abschnitt. Eidesstattliche Versicherung und Haft §§ 911–914, Übers §§ 915–915h

**3) Zulässigkeit.** Die Hafterneuerung ist also statthaft, wenn das Gericht den Schuldner auf seinen Antrag 5
oder von Amts wegen entlassen hatte, AG Kirchheim/Teck DGVZ **83**, 63, oder wenn ein weiterer Gläubiger
die erneute Verhaftung beantragt. Natürlich ist eine weitere Verhaftung auch dann statthaft, wenn ein ganz
neuer Haftgrund vorliegt. In einem solchen Fall reicht auch ein Antrag des bisherigen Gläubigers aus. Denn
dann liegt ja bei genauer Betrachtung keine Erneuerung der Haft vor, sondern es beginnt ein ganz neues
Verfahren. Im Fall des § 903 liegt keine Hafterneuerung vor, LG Freibg MDR **81**, 151.
    **4) Kein Haftkostenvorschuß mehr.** § 911 enthält keine Regelung eines Haftkostenvorschusses mehr. 6
    **5) VwGO:** *Entsprechend anwendbar iRv Üb § 899 Rn 6.* 7

**912** *Haft bei Militärpersonen* (weggefallen)

**913** *Haftdauer.* ¹Die Haft darf die Dauer von sechs Monaten nicht übersteigen. ²Nach Ablauf der sechs Monate wird der Schuldner von Amts wegen aus der Haft entlassen.

    **1) Systematik, Regelungszweck.** Der Verhältnismäßigkeitsgrundsatz, Grdz 34 vor § 704, zwingt zur 1
Begrenzung einer Haft nicht nur beim Ob, sondern auch beim Wie, genauer: Beim Wie lange. 6 Monate
sind eine lange Zeit als Beugemittel. Sie sollten nur bei hohen Werten verhängt werden. In der Praxis dauert
der Freiheitsentzug übrigens meist nur wenige Stunden (vom Auftritt des Gerichtsvollziehers nach § 909 bis
zum Auftritt des nun auskunftsbereiten Schuldners beim Rpfl).
    **2) Höchstdauer, S 1, 2.** Der Schuldner darf auf Grund desselben Schuldtitels höchstens sechs Monate 2
inhaftiert bleiben. Bei einer Mehrheit von Schuldtiteln kommt eines jeden die Haft von 6 Monaten in
Betracht (freilich § 914), aM LG Lüneb DGVZ **99**, 43 (unvollständig zitierend. Das Gesetz gibt aber keinen
Mengenrabatt, und es liegt auch keine Art Tateinheit vor). Im Falle eines Zeugniszwangs gilt § 390 II, § 913
ist dann unanwendbar, Üb 2 von § 899.
    **3) Rechtsbehelf, S 1, 2.** Es gilt dasselbe wie bei § 909 Rn 7. 3
    **4) VwGO:** *Entsprechend anwendbar iRv Üb § 899 Rn 6.* 4

**914** *Wiederholte Verhaftung.* ¹Ein Schuldner, gegen den wegen Verweigerung der Abgabe der eidesstattlichen Versicherung nach § 807 dieses Gesetzes oder nach § 284 der Abgabenordnung eine Haft von sechs Monaten vollstreckt ist, kann auch auf Antrag eines anderen Gläubigers von neuem zur Abgabe einer solchen eidesstattlichen Versicherung durch Haft nur angehalten werden, wenn glaubhaft gemacht wird, daß der Schuldner später Vermögen erworben hat oder daß ein bisher bestehendes Arbeitsverhältnis mit dem Schuldner aufgelöst ist.
    ᴵᴵ Diese Vorschrift ist nicht anzuwenden, wenn seit der Beendigung der Haft drei Jahre verstrichen sind.

    **1) Systematik, Regelungszweck, I, II.** Zwar muß sich der Gläubiger wegen § 911 überlegen, ob er 1
den Schuldner aus der Haft entläßt. Ist die Haft jedoch vollstreckt worden und hat nicht zur Befriedigung des
Gläubigers beitragen können, so kommt bei veränderten Umständen evtl eine weitere Haft in Betracht. Die
Vorschrift hat gewisse entfernte Ähnlichkeit mit § 323. Sie dient der (späten) Gerechtigkeit, Einl III 9, und
sollte entsprechend gläubigerfreundlich ausgelegt werden.
    **2) Neue Haft, I.** Die Vorschrift gibt dem Schuldner eine Schonfrist. Sie ergänzt den § 903. Eine neue 2
Haft, § 901, ebenso eine Vollstreckung auf Grund eines früheren Haftbefehls, ist erst dann zulässig, wenn der
Schuldner eine vorangegangene sechsmonatige Haft verbüßt hat. Sie erfordert ein neues Verfahren nach
§ 900, wenn es sich um denselben Gläubiger handelt. Selbst wenn nun ein anderer Gläubiger den
Haftantrag stellt, muß dieser neue Gläubiger nach § 294 glaubhaft machen, daß der Schuldner entweder
nach der Haftentlassung irgendwelches Vermögen erworben hat, § 903 Rn 9, oder daß der Schuldner ein
Arbeitsverhältnis vor oder nach der Haftentlassung aufgelöst hat, § 903 Rn 13.
    **3) Zeitablauf, II.** Nach Ablauf von drei Jahren darf auch dann keine Haft mehr angeordnet werden, 3
wenn die Voraussetzungen Rn 2 vorliegen. Die Frist ist nach § 222 zu berechnen. Ein neuer Antrag ist
schon vor dem Fristablauf zulässig. Auch das weitere Verfahren kann schon vor dem Fristablauf stattfinden,
nur eben nicht die Entscheidung.
    **4) Rechtsbehelfe, I, II.** Vgl § 901 Rn 10. Im Fall einer Verhaftung auf Grund eines früheren Haftbefehls 4
gilt dasselbe wie bei § 909 Rn 7.
    **5) VwGO:** *Entsprechend anwendbar iRv Üb § 899 Rn 6.* 5

### Übersicht vor §§ 915–915 h

    **1) Systematik.** Die Vorschriften enthalten in einer Verknüpfung von Justizverwaltungs- und Verfahrens- 1
recht die Regeln zur Einrichtung und Benutzung der sog Schwarzen Liste. Zu ihnen gehören die in den

Verordnungen des Bundes und der Länder auf Grund von § 915 h enthaltenen näheren Bestimmungen. Als Akte der gerichtlichen Verwaltung, Anh I nach § 21 GVG, unterliegen die Maßnahmen nach §§ 915 ff ungeachtet der Unstatthaftigkeit einer Beschwerde im Sinn von §§ 567 ff, wie sie durch § 915 c festgelegt wird, der Überprüfung. Dem § 299 gehen §§ 915–915 h als Spezialregeln vor; die erstere Vorschrift kann hilfsweise anwendbar sein.

2   *Kostenrechtlich* gelten nicht etwa KV 1643–1645 (dort werden nur der Antrag auf Abnahme der eidesstattlichen Versicherung und auf Einsicht in das Vermögensverzeichnis nach § 807 geregelt), theoretisch auch nicht die JVerwKO (denn die Materie ist im Prozeßrecht geregelt), sondern herrscht mangels ausdrücklicher Bestimmung Gebührenfreiheit, § 1 I GKG, nicht aber auch Auslagenfreiheit: Es sind KV 9000 ff anzuwenden. Freilich sieht § 915 h landesrechtliche Regelungen durch Kostenvorschriften (indirekt mit) vor, Hartmann Teil VIII Vorbem 3 ff, 8 vor § 1 JVerwKO.

3   **2) Regelungszweck.** Viele am Rechtsverkehr Beteiligte haben ein nicht nur wirtschaftlich, sondern auch rechtlich schutzwürdiges Interesse daran, rechtzeitig einigermaßen zuverlässig die Bonität eines künftigen oder gegenwärtigen Partners oder Schuldners zu erkennen, sich vor schwarzen Schafen und faulen Schuldnern zu schützen. Auch der Staat hat ein Interesse daran, wirtschaftlichen Leerlauf der Bürger untereinander und wirtschaftlich sinnlose Prozesse sowie Vollstreckungsversuche usw vermeiden zu helfen.

4   §§ 915–915 h dienen nicht nur diesen Zielen, sondern auch dem *Schuldnerschutz.* Nicht nur aus der Menschenwürde, Art 1 GG, dem Grundrecht auf informationelle Selbstbestimmung, Art 2 GG, LG Magdeb *Rpfleger* **96**, 365, und dem Grundrecht der Berufsfreiheit, Art 12 I GG, ergeben sich Grenzen gegenüber dem Bestreben, den zahlungsschwachen Bürger als gläsernen Schuldner an einen modernen Pranger zu stellen, der ihn und mittelbar seine Familie, Firma usw bundesweit bloßstellen kann.

5   Die Vorschriften lassen das Bestreben erkennen, eine beide Interessengruppen berücksichtigende Mittellösung zu finden. Das ist bei der *Auslegung* des Gesetzes stets mitzubeachten und sollte vor einseitiger Gesetzesanwendung bewahren.

6   **3) Kritik.** Ob die gesetzliche Regelung geglückt ist, kann sehr bezweifelt werden. Was in deutscher Perfektion theoretisch gut ausgewogen scheint, dürfte in der Praxis vor allem der Abdrucke von laufenden Bezug nach § 915 d–g vielfach kaum so steuerbar sein, wie Gesetz und zu erwartende Verordnungen sich das gedacht haben. Befehle wie derjenige in § 915 g II 3 zum unverzüglichen Löschen gegenüber Beziehern von laufenden Abdrucken sind juristische Feigenblätter, selbst wenn Verstöße streng geahndet werden können. Bezieherkreise, die so vage umschrieben sind wie in § 915 e I c, und Verwendungszwecke, die so weit gefaßt sind wie in § 915 II 1 „... um wirtschaftliche Nachteile abzuwenden ...", sind besonders dann problematisch, wenn der Urkundsbeamte bzw der Rpfl zunächst allein über die Befugnis entscheiden müssen.

7   Auch der Grundsatz der *Verhältnismäßigkeit,* Grdz 34 vor § 704, den alle staatliche Gewalt zu beachten hat, dürfte kaum noch zuverlässig zu wahren sein, wenn zumindest praktisch die Mißbrauchgefahr, Einl III 54, Grdz 44 vor § 704, derart auf der Hand liegt, vor allem bei Massenbeziehern, daß auch die relativ kleine Schuld auf die bundesweite Bühne der Durchleuchtung führt. Es bleibt abzuwarten, ob und in welchem Umfang sich §§ 915–915 h verfassungskonform auslegen lassen. Die nach § 915 h zulässigen Verordnungen dürfen weder im Gläubiger- noch im Schuldnerinteresse ihren Ermächtigungsbereich verlassen.

8   Zumindest sollte man im Bereich der zulässigen *Ahndungen* von Verstößen den Mut zum harten Durchgreifen haben, auch wenn „nur" die zu erwartenden Nachlässigkeiten eintreten, sei es bei Mitteilungen an Unbefugte, sei es bei Unterlassung gebotener Löschungen usw.

9   **4) VwGO:** S § 915 Rn 14.

## 915

*Schuldnerverzeichnis.* I ¹Das Vollstreckungsgericht führt ein Verzeichnis der Personen, die in einem bei ihm anhängigen Verfahren die eidesstattliche Versicherung nach § 807 abgegeben haben oder gegen die nach § 901 die Haft angeordnet ist. ²In dieses Schuldnerverzeichnis sind auch die Personen aufzunehmen, die eine eidesstattliche Versicherung nach § 284 der Abgabenordnung abgegeben haben. ³Die Vollstreckung einer Haft ist in dem Verzeichnis zu vermerken, wenn sie sechs Monate gedauert hat. ⁴Geburtsdaten der Personen sind, soweit bekannt, einzutragen.

II Wer die eidesstattliche Versicheurng vor dem Gerichtsvollzieher eines anderen Amtsgerichts abgegeben hat, wird auch in das Verzeichnis dieses Gerichts eingetragen, wenn er im Zeitpunkt der Versicherung in dessen Bezirk seinen Wohnsitz hatte.

III ¹Personenbezogene Informationen aus dem Schuldnerverzeichnis dürfen nur für Zwecke der Zwangsvollstreckung verwendet werden, sowie um gesetzliche Pflichten zur Prüfung der wirtschaftlichen Zuverlässigkeit zu erfüllen, um Voraussetzungen für die Gewährung von öffentlichen Leistungen zu prüfen oder um wirtschaftliche Nachteile abzuwenden, die daraus entstehen können, daß Schuldner ihren Zahlungsverpflichtungen nicht nachkommen, oder soweit dies zur Verfolgung von Straftaten erforderlich ist. ²Die Informationen dürfen nur für den Zweck verwendet werden, für den sie übermittelt worden sind. ³Nichtöffentliche Stellen sind darauf bei der Übermittlung hinzuweisen.

**Vorbem.** II eingefügt, bisheriger II zu III dch Art 1 Z 38 a, b der 2. ZwVNov v 17. 12. 97, BGBl 3039, in Kraft seit 1. 1. 99, Art 4 I der 2. ZwVNov, ÜbergangsR Einl III 78.

**Schrifttum:** *Hornung* Rpfleger **95**, 233, *Lappe* NJW **95**, 1657 (je: Üb); *Liebscher,* Datenschutz bei der Datenübermittlung im Zivilverfahren, 1994; *Wagner* ZZP **108**, 193 (ausf).

4. Abschnitt. Eidesstattliche Versicherung und Haft  § 915

### Gliederung

| | | | | |
|---|---|---|---|---|
| 1) **Systematik, Regelungszweck, I–III** ... | 1 | A. Zwangsvollstreckung, III 1 ............ | | 8 |
| 2) **Schwarze Liste, I, II** ................... | 2–6 | B. Wirtschaftliche Zuverlässigkeit, III 1 ... | | 9 |
| A. Gläubiger; abgegebene Erklärung ..... | 2 | C. Abwendung wirtschaftlicher Nachteile, III 1 ............ | | 10, 11 |
| B. Haftanordnung ........................ | 3 | D. Verfolgung von Straftaten, III 1 ...... | | 12 |
| C. Sechsmonatsvollstreckung ............ | 4 | E. Nur gemäß Übermittlung, III 2, 3 ..... | | 13 |
| D. Einzelheiten .......................... | 5, 6 | 4) *VwGO* ............................. | | 14 |
| 3) **Verwendungszwecke, III** .............. | 7–13 | | | |

**1) Systematik, Regelungszweck, I–III.** Vgl zunächst Üb 1–8 vor § 915. Die Grundidee der Schwarzen **1** Liste ist alt. Sie zwar nicht begeisternd, aber kaum entbehrlich. Das Schuldnerverzeichnis dient öffentlichen Interessen, LG Freibg Rpfleger **86**, 187, vor allem dem Schutz des Geschäftsverkehrs vor unzuverlässigen Schuldnern, LG Arnsb Rpfleger **94**, 76, aber auch dem Schuldner, §§ 900 II, 903, 914. Die eigentlichen Probleme treten bei der Durchführung in §§ 915 a ff auf. Gleichwohl sollte man schon II streng auslegen.

**2) Schwarze Liste, I, II.** Das Vollstreckungsgericht, §§ 764, 802, 899, evtl das andere AG im Sinn von II **2** zusätzlich, nicht etwa die Justizverwaltung, führt von Amts wegen ein Schuldnerverzeichnis nach den Regeln der SchuVVO, abgedruckt § 915 h Rn 1. Es ist nicht mit dem Vermögensverzeichnis nach § 807 zu verwechseln, Hamm NJW **89**, 533, KG NJW **89**, 534. Zur Eintragung ist wegen des Schutzzwecks, Rn 1, kein Antrag des Gläubigers erforderlich. Er ist nicht verpflichtet, eine Eintragung etwa wegen inzwischen erfolgter Befriedigung zu verhindern, KG NJW **73**, 860. Seine Einwilligung mit dem Unterbleiben einer Eintragung ist bis zu einem Schulderlaß unerheblich, LG Freibg Rpfleger **86**, 187. Das Verzeichnis enthält folgende Angaben:

**A. Gläubiger: abgegebene Erklärung.** Das Verzeichnis nennt den oder die Gläubiger, LG Arnsb Rpfleger **94**, 76, Brinkmann Rpfleger **94**, 93, sowie diejenigen Personen, die eine eidesstattliche Versicherung nach § 807 oder nach § 284 AO geleistet haben (Manifestanten). Erklärungen nach den §§ 883 II, 889 ZPO, 98 I InsO bleiben hier außer Betracht. Aufzunehmen sind nur die Vertretenen, nicht die gesetzlichen Vertreter oder zB Pfleger, LG Brschw NdsRpfl **82**, 139, LG Frankenth Rpfleger **87**, 380, LG Ffm Rpfleger **88**, 529. Es reicht auch die Abgabe vor dem Gericht des Haftorts, § 902.

**B. Haftanordnung.** Das Verzeichnis nennt auch diejenigen Personen, gegen die das Gericht eine Haft **3** angeordnet hatte, selbst wenn die Haft nicht vollstreckt worden ist, § 901.

**C. Sechsmonatsvollstreckung.** Das Verzeichnis nennt schließlich auch diejenigen Haftvollstreckungen, **4** die sechs Monate angedauert haben.

**D. Einzelheiten.** Vgl die VOen nach § 915 h Z 1, II, dort Rn 1, 2. § 17 AktO, die ergänzend als **5** Verwaltungsvorschrift gilt, ist zum 1. 1. 95 bundeseinheitlich durch Ländervorschriften angepaßt worden, zB in Schleswig-Holstein durch Erlaß des JM vom 15. 12. 94 – V 120 a/1454 – 236 SH –. Das Bundesrecht ist freilich vorrangig.

*Nach fünf Jahren* seit dem Schluß des Eintragungsjahres werden das Heft oder die Karten vernichtet, § 17 **6** Zusatzbestimmung Z 4 S 2 Aktenordnung, I Z 4 III RV JMNW vom 8. 8. 66 (1454–I B 96). Diese 5-Jahres-Frist paßt nicht einwandfrei zum vorrangigen § 915 a. Die technische Führung der Listen erfolgt durch den Urkundsbeamten der Geschäftsstelle in seiner Ausübung der öffentlichen Gewalt, § 915 b I 1. Über Anträge auf eine vorzeitige Löschung, Einsichtsanträge usw entscheidet aber der Rpfl. Der Staat haftet im Fall einer unrichtigen Eintragung. Angesichts des Umfangs eines drohenden Schadens ist also Vorsicht geboten. Die Liste genießt keinen öffentlichen Glauben. Ein Irrtum ist leicht möglich. Wer es unterläßt, den Inhalt der Liste nachzuprüfen, obwohl ihm die Nachprüfung zumutbar wäre, trägt an den Folgen einer unrichtigen Eintragung deshalb ein Mitverschulden, § 254 BGB.

**3) Verwendungszwecke, III.** Die Vorschrift zählt abschließend („nur") diejenigen Zwecke auf, zu denen **7** personenbezogene Informationen verwendet werden dürfen. Sie dient dem verbleibenden Schuldnerschutz. Das ist bei ihrer Auslegung mitzubeachten. Die Aufzählung der erlaubten Zwecke ist schon weit genug.

**A. Zwangsvollstreckung, III 1.** Zum Zweck aller Arten von Vollstreckung und während aller Stadien **8** von ihrem Beginn bis zu ihrem Ende, Grdz 51 vor § 704, ist die Verwendung statthaft. Die Zwangsvollstreckung muß gerade vom Antragsteller beabsichtigt werden. Er muß aber im Einzelfall ein gerade vollstreckungsbedingtes Verwendungsinteresse haben.

**B. Wirtschaftliche Zulässigkeit, III 1.** Zum Zweck der Erfüllung einer gesetzlichen, nicht nur **9** vertraglichen, Pflicht und nicht nur Befugnis oder Absicht, eine wirtschaftliche Zuverlässigkeit, gemeint gerade des Eingetragenen, zu prüfen, ist die Verwendung ebenfalls statthaft. Hier arbeitet das Gesetz mit gefährlich vagen Umschreibungen. Sie müssen, um verfassungskonform zu bleiben, ziemlich eng ausgelegt werden, vgl auch Üb 4, 6 ff vor §§ 915–915 h. Es muß zB feststehen, daß sich die gesetzliche Pflicht gerade auch auf die wirtschaftliche Prüfung erstreckt und dort gerade auch die Zuverlässigkeit und nicht nur die allgemeine Zahlungsfähigkeit erfassen soll. Es reicht nicht aus zu klären, ob jemand Geld hat, sondern es muß kraft Gesetzes nötig sein zu klären, ob er auch zahlungswillig ist. Aber auch solche Eingrenzungsversuche helfen kaum vor der Gefahr zu weiter Auslegung, mag mancher Verband auch noch so harmlos auftreten.

**C. Anwendung wirtschaftlicher Nachteile, III 1.** Die Verwendung ist ferner zulässig, um wirtschaft- **10** liche Nachteile abzuwenden, die gerade daraus entstehen können, daß Schuldner ihren Zahlungspflichten nicht nachkommen. Die Verwendung der Mehrzahl läßt erkennen, daß offenbar gar nicht nur der Eingetragene gemeint ist oder daß zumindest beim laufenden Listenbezug nach § 915 f jeder Eingetragene als fauler Schuldner verdächtig sein kann.

**11** Noch stärker als in den Fällen Rn 9 wird hier die *Unschärfe* und damit Gefährlichkeit gesetzlicher Formulierungen deutlich, hinter denen eine mächtige Lobby erkennbar wird. Es ist dringend ratsam, zwecks Vereinbarkeit solcher Vorschriften mit dem GG eine deutlich zurückhaltende Auslegung der Verwendbarkeit vorzunehmen und den Verhältnismäßigkeitsgrundsatz, Üb 7 vor §§ 915–915 h, mitzubeachten. Man kann nicht auf dem Wege der Zulassung des laufenden Listenbezugs, der bei Bejahung der Verwendbarkeit nach II ja jedem Auskunftsberechtigten unter den Voraussetzungen des § 915 f offensteht, das ganze Volk der in der Schwarzen Liste Eingetragenen zu Menschen mit schlechter Zahlungsmoral zu machen (im Zweifel *gegen* den Verdächtigen!), nur weil sie einmal die Offenbarungsversicherung ableisten mußten. Es kann genug Gründe für vorübergehende Zahlungsschwäche geben, ohne daß deshalb pauschal von drohendem Verstoß gegen spätere Zahlungspflichten gesprochen werden kann. Die Vereinbarkeit dieses Teils der Vorschrift mit dem GG erscheint als ziemlich problematisch.

**12** **D. Verfolgung von Straftaten, III 1.** Die Verwendung ist schließlich zulässig, soweit dies zur Verfolgung von Straftaten erforderlich ist. Es reicht nicht aus, wirtschaftsrechtliche Ordnungswidrigkeiten zu verfolgen; es reicht nicht aus, daß die Verwendung nur wünschenswert, förderlich oder nützlich wäre. Selbst bei solcher Eingrenzung der Verwendbarkeit bleiben aber auch bei dieser Bestimmung erhebliche Zweifel bestehen. Natürlich mag es erforderlich sein, die zivilprozessuale Vorgeschichte eines Beschuldigten bis in seine Eintragung in die Schwarze Liste mitermitteln zu können, um die strafrechtliche Beurteilung einer gleichzeitigen oder späteren Verhaltensweise präziser gestalten zu können. Ob dergleichen Durchleuchtung aber wiederum mit dem GG vereinbar ist und ob nicht in Wahrheit eine Art Anscheinsbeweis gegen einen Beschuldigten im Strafrecht erzeugt oder begünstigt wird, ist immerhin offen.

**13** **E. Nur gemäß Übermittlung, III 2, 3.** Jede Information nach II 1 darf nur in denjenigen Grenzen verwendet werden, für die sie übermittelt wurde. Damit stellt II 2 klar, daß ein Austausch selbst innerhalb an sich gesetzlich zulässiger Verwendungszwecke zuvor vom Gericht genehmigt werden muß. Das zwingt den Urkundsbeamten bzw Rpfl, den jeweils nach II 1 erlaubten Teilzweck genau zu bestimmen. Das dürfte in der Praxis selten in der erforderlichen Präzision geschehen. Im Zweifel ist kein weiterer Zweck als der eindeutig angekündigte genehmigt worden. Das verleitet zur allgemeinen Beantragung nach II 1. Alles das zeigt auch an dieser Stelle die Unschärfe und Gefährlichkeit des Gesetzes.

**14** 4) *VwGO:* Entsprechend anwendbar iRv Üb § 899 Rn 6. Das VG, § 899 Rn 7, hat das nach § 899 zuständige AG entsprechend § 284 VI AO zu benachrichtigen, weil diese Vorschrift für die Vollstr zugunsten der öff Hand kraft Verweisung gilt, § 169 I 1 VwGO iVm § 5 VwVG, und in den (seltenen) anderen Fällen sinnvollerweise entspr angewendet werden muß, damit nicht mehrere Schuldnerverzeichnisse geführt werden, vgl auch OVG Münst NJW 84, 2484.

## 915a *Löschung.* 
¹ ¹Eine Eintragung im Schuldnerverzeichnis wird nach Ablauf von drei Jahren seit dem Ende des Jahres gelöscht, in dem die eidesstattliche Versicherung abgegeben, die Haft angeordnet oder die sechsmonatige Haftvollstreckung beendet worden ist. ²Im Falle des § 915 Abs. 2 ist die Eintragung auch im Verzeichnis des anderen Gerichtes zu löschen.

II Eine Eintragung im Schuldnerverzeichnis wird vorzeitig gelöscht, wenn

1. die Befriedigung des Gläubigers, der gegen den Schuldner das Verfahren zur Abnahme der eidesstattlichen Versicherung betrieben hat, nachgewiesen worden ist oder
2. der Wegfall des Eintragungsgrundes dem Vollstreckungsgericht bekanntgeworden ist.

**Vorbem.** I 2 angefügt dch Art 1 Z 39 der 2. ZwVNov v 17. 12. 97, BGBl 3039, in Kraft seit 1. 1. 99, Art 4 I der 2. ZwVNov, ÜbergangsR Einl III 78.

**1** **1) Systematik, Regelungszweck, I, II.** Vgl zunächst Üb 1–8 vor § 915. Eine zeitliche Begrenzung der Eintragung ist schon zwecks Beachtung des Verhältnismäßigkeitsgebots, Grdz 34 vor § 704, notwendig. Man muß zwei Gruppen von Löschungsvoraussetzungen unterscheiden: Die Löschung findet statt, sobald drei Jahre seit einem der in II genannten Ereignisse verstrichen sind; sie findet unabhängig davon auch dann statt, wenn eines der in II genannten Ereignisse eingetreten ist. § 915 f I verweist auf § 915 a I.

**2** **2) Löschung von Amts wegen, I, II.** Eine Löschung erfolgt beim Vorliegen der Voraussetzungen (jetzt) stets von Amts wegen: Die Eintragung „wird ... gelöscht". Ein Antrag ist also nicht (mehr) erforderlich, aber natürlich als Anregung statthaft; er zwingt zur unverzüglichen Prüfung der Löschungsvoraussetzungen, obwohl diese Prüfung ohnehin erforderlich wäre. Der Antrag kann in Zweifelsfällen ratsam sein. Evtl ist gemäß I 2 auch beim „anderen Gericht" im Sinn von § 915 II zu löschen.

**3** **3) Dreijahresablauf, I.** Die Dreijahresfrist wird nach der Methode § 915 b Rn 7 berechnet, also nicht so, daß sie immer erst am folgenden 31. 12. ablaufen würde. Im Insolvenzverfahren gilt eine Fünfjahresfrist, § 26 II 2 Hs 2 InsO.

**A. Seit eidesstattlicher Versicherung, I Hs 1.** Bei einer bloß ergänzenden Versicherung läuft keine neue Dreijahresfrist, denn die bloße Ergänzung fällt nicht unter § 903, dort Rn 3, 18. Bei der nochmaligen Versicherung, § 903 Rn 9, gilt im Ergebnis dasselbe, § 903 Rn 18. Einzelheiten der Abgabe § 915 Rn 2.

**4** **B. Seit Haftanordnung, I Hs 2.** Es reicht auch der Ablauf der Dreijahresfrist seit der Anordnung einer Haft, § 901, selbst wenn sie nicht vollstreckt worden ist, § 915 Rn 3.

**5** **C. Seit Haftvollstreckung, I Hs 3.** Es reicht schließlich auch der Ablauf der Dreijahresfrist seit der Beendigung einer sechsmonatigen Haftvollstreckung, § 915 Rn 4.

4. Abschnitt. Eidesstattliche Versicherung und Haft §§ 915a, 915b

**4) Vorzeitige Löschung, II.** Die Vorschrift nennt zwei Fallgruppen, von denen bisher nur diejenige Z 1 **6**
in § 915 II 1 aF ausdrücklich geregelt, die andere aber durch Rechtsprechung und Lehre bereits anerkannt
war. Eine Löschung nach II ist vom Zeitablauf nach I unabhängig. Wegen vorzeitiger Listenlöschung § 915 f
Rn 2.

**A. Befriedigungsnachweis, II Z 1.** Eine vorzeitige Löschung von Amts wegen, Rn 2, erfolgt, wenn die **7**
Befriedigung desjenigen Gläubigers, der gegen den Schuldner das Verfahren zur Abnahme der eidesstattlichen Versicherung betrieben hat, nachgewiesen worden ist, so schon AG Nordenham DGVZ 93, 63. Der
Nachweis erfolgt gemäß § 775 Z 4, 5, insbesondere durch eine Quittung. Die bloße Behauptung, man
besitze eine Quittung usw, reicht nicht aus, ist auch nicht eine Glaubhaftmachung, denn sie macht nur
überwiegend wahrscheinlich, § 294, statt wie erforderich voll nachzuweisen.
  Es muß eine *volle Befriedigung* vorliegen; bloße Teilleistungen reichen selbst dann nicht aus, wenn der Rest **8**
gering ist. Bei absolut verschwindend geringer Restschuld mag die Verweigerung der Quittung als prozessuale Arglist unbeachtlich sein, Einl III 54, Grdz 44 vor § 704; aber Vorsicht, Grdz 48 vor § 704!

**B. Bekanntwerden eines Wegfallgrundes, II Z 2.** Statt der Voraussetzungen Rn 7, 8 reicht es zur **9**
vorzeitige Löschung von Amts wegen, Rn 2, auch aus, daß der Wegfall des Eintragungsgrundes dem
Vollstreckungsgericht, § 764, bekanntgeworden ist.
  *In Betracht kommen zB:* Die Aufhebung der Haftanordnung durch das Vollstreckungs- oder das Beschwer- **10**
degericht, vgl schon Düss MDR 95, 313; das Gericht hat einen Widerspruch erst nach der Abgabe der
eidesstattlichen Versicherung für gerechtfertigt erklärt, § 900 V 2 Hs 2; die Aufhebung des Titels, die der
Schuldner durch die Vorlage einer vollstreckbaren Entscheidung nach § 775 Z 1 nachweist, Ffm Rpfleger
81, 118, LG Bln Rpfleger 89, 206 (je zum alten Recht; der früher umstrittene Antrag ist nicht mehr nötig,
Rn 2); das Gericht hat die Zwangsvollstreckung nach § 767 für dauernd unzulässig erklärt; es liegt einer
der Fälle der §§ 775 Z 1, 776 S 1 vor, LG Münst Rpfleger 96, 168; der Gläubiger hat auf seine Rechte aus dem
Haftbefehl verzichtet, und das Gericht hat den Haftbefehl daher für kraftlos erklärt, der Gläubiger hat dem
Schuldner die (Rest-)Schuld erlassen, soweit es um denjenigen Vollstreckungstitel geht, dessentwegen der
Gläubiger das Verfahren auf die eidesstattliche Versicherung betrieben hat, LG Freibg Rpfleger 86, 187, LG
Hamm Rpfleger 70, 442.
  *Nicht ausreichend* sind zB: Eine bloße Stundung, selbst wenn der Gläubiger mit einer vorzeitigen Löschung **11**
einverstanden ist, denn das Schuldnerverzeichnis dient da auch öffentlichen Belangen, § 915 Rn 1, LG
Freibg Rpfleger 86, 187, LG Tüb Rpfleger 86, 25 (je zum alten Recht); eine Haftfortdauer; eine Ein-
willigung des Gläubigers, abgesehen von den Fällen Rn 10. Wegen des Insolvenzverfahrens § 26 II InsO.

**5) Verstoß, I, II.** Vgl § 915 b Rn 9. **12**
**6) VwGO:** s § 915 Rn 14. **13**

## 915b Auskunft.
¹¹Der Urkundsbeamte der Geschäftsstelle erteilt auf Antrag Auskunft,
welche Angaben über eine bestimmte Person in dem Schuldnerverzeichnis eingetragen sind, wenn dargelegt wird, daß die Auskunft für einen der in § 915 Abs. 2 bezeichneten
Zwecke erforderlich ist. ²Ist eine Eintragung vorhanden, so ist auch das Datum des in Absatz 2
genannten Ereignisses mitzuteilen.
  II Sind seit dem Tage der Abgabe der eidesstattlichen Versicherung, der Anordnung der Haft
oder der Beendigung der sechsmonatigen Haftvollstreckung drei Jahre verstrichen, so gilt die
entsprechende Eintragung als gelöscht.

**1) Systematik, Regelungszweck, I, II.** Vgl zunächst Üb 1–8 vor § 915. § 915 b nennt eine Zuständig- **1**
keit für eine Auskunft. Er ist wie jede Zuständigkeitsregel streng auszulegen, Rn 2. Ob es sonderlich
glücklich war, statt des Rpfl dem Urkundsbeamten zu betrauen, das läßt sich trefflich bestreiten.

**2) Zuständigkeit des Urkundsbeamten, I 1.** Die Zuständigkeit obliegt dem Urkundsbeamten der **2**
nach der Geschäftsverteilung zuständigen Geschäftsstelle. Er wird in der Eigenschaft des Urkundsbeamten
und nicht in derjenigen eines Rpfl tätig. Das ergibt sich aus dem zwingenden klaren Wortlaut von I 1. Er
entscheidet (zunächst) sowohl über die Frage, ob überhaupt die Voraussetzungen einer Auskunft vorliegen,
als auch über die anschließende Frage, in welchem Umfang und mit welchen zusätzlichen Hinweisen eine
Auskunft zu erteilen ist.

**3) Darlegung eines ausreichenden Verwendungszwecks, I 1.** Zwingende Voraussetzung einer Aus- **3**
kunft ist die Darlegung, daß die Auskunft für einen der in § 915 II bezeichneten Zwecke erforderlich und
nicht nur förderlich oder nützlich ist. Über die daher darzulegenden Verwendungszwecke § 915 Rn 7–13.
Die dortigen Anmerkungen zeigen, wie schwierig und heikel es sein kann, einen der in § 915 II genannten
Zwecke zu bejahen. Eine solche Entscheidung jedenfalls zunächst dem Urkundsbeamten aufzuerlegen ist
eine der bedenklichsten Neuregelungen in §§ 915–915 h; er dürfte oft insoweit völlig überfordert sein; das
dürfte entweder zu allzu strenger Auskunftsablehnung oder zu praktisch kaum noch kontrollierter Auskunftserteilung führen; beides ist mit dem Gesetzeszweck, § 915 Rn 3, nicht vereinbar.
  Eine bloße *Darlegung genügt* nach dem klaren Wortlaut von I 1. Eine Glaubhaftmachung, § 294, ist also **4**
nicht erforderlich. Damit entfällt auch eine strafrechtlich wenigstens theoretisch mögliche Absicherung über
§ 156 StGB. Das verstärkt die Bedenken Rn 3. Angesichts der Weite der in § 915 II genannten Zwecke
muß sich der Urkundsbeamte überdies praktisch ohne Überprüfungsmöglichkeit mit der Behauptung des
Antragstellers begnügen, die Auskunft sei auch gerade „erforderlich".
  Andererseits ist die frühere Möglichkeit, daß jedermann *ohne Grundangabe* Auskunft fordern konnte, immerhin eindeutig abgeschafft. Auch ein allgemeines wirtschaftliches oder rechtliches Interesse genügt nicht mehr,

§§ 915b–915d                        8. Buch. Zwangsvollstreckung

soweit nicht gerade einer der Zwecke nach § 915 II den Erhalt der Auskunft erfordert. Bedenkt man freilich, daß §§ 915 d–f in weitem Umfang Auskünfte nach Art des laufenden Bezugs einer Zeitung usw ermöglichen, so überzeugt die scheinbare Eingrenzung des Kreises der Auskunftsberechtigten in I 1 praktisch kaum.

5  **4) Voraussichtliches Löschdatum, I 2.** Der Urkundsbeamte hat von Amts wegen einer Auskunft das Datum desjenigen Ereignisses beizufügen, anläßlich dessen eine Eintragung nach II als gelöscht gelten wird, sodaß niemand sie mehr benutzen darf. Ob der Auskunftsempfänger sich freilich an solche zeitlichen Verwendungsgrenzen halten wird, läßt sich mit Hilfe von I 2 nicht annähernd sicher voraussagen: Der Empfänger ist nicht etwa verpflichtet, vom voraussichtlichen Löschdatum schriftlich quittiert Kenntnis zu nehmen oder gar zu versichern, er werde von diesem Datum ab keine Verwendung nehmen oder gestatten.

6  Es empfiehlt sich für den Urkundsbeamten dringend, über Art und Umfang der Auskunft und Mitteilung nach I 1, 2 in den Akten *Notizen* zu machen, da er andernfalls (und zunächst für ihn der Staat) bei unberechtigt später Verwendung usw haften könnte.

7  **5) Unterstellte Löschung, II.** Unter den Voraussetzungen II gilt eine Eintragung als gelöscht, darf also von niemandem mehr verwendet werden. Der Dreijahreszeitraum endet mit Ablauf desjenigen Tages, der durch seine Benennung bzw Zahl dem Tag entspricht, in den der in II genannte Vorgang fiel, weil der im Laufe jenes früheren Tages erfolgte, §§ 187 I, 188 II Hs 1 BGB. Beispiel: Abgabe der eidesstattlichen Versicherung am 28. 2. eines Nicht-Schaltjahres; Ende der Dreijahresfrist am 28. 2. des Schaltjahres um 24 Uhr, denn § 188 III BGB gilt ohnehin nicht bei einer Jahresfrist. Bei der Haftanordnung ist derjenige Tag maßgebend, unter dem sie erfolgt ist, solange dieses Datum nicht nachweislich falsch war. Beendigung der Haftvollstreckung meint: tatsächliche endgültige Haftentlassung.

8  **6) Abschriften usw, I, II.** § 915 b erwähnt eine Abschrift, Kopie, ein Telefax usw nicht. §§ 915 d–f erwähnen nur Abdrucke zum laufenden Bezug und zugehörige Listen. Die Zulässigkeit einer bloßen Abschrift oder Kopie usw ist daher nach dem Sinn und Zweck der §§ 915–915 h zu beurteilen. Da die AV BJM vom 1. 8. 55, BAnz 156, zumindest nicht mehr zur umfassenden Neuregelung im Gesetz paßt, ist sie unabhängig davon, wann sie formell aufgehoben oder geändert wird, kaum noch anwendbar. Es bleibt die Erkenntnis, daß eine Abschrift zugunsten eines Auskunftsberechtigten kaum verboten sein kann, wenn das Gesetz in ganz anderem Ausmaß laufenden Bezug von Abdrucken und Listen gestattet. Im einzelnen ist § 299 unter Beachtung der vorstehenden Umstände entsprechend anwendbar, LG Stgt Rpfleger 96, 167.

9  **7) Verstoß, I, II.** Soweit der Urkundsbeamte gegen I, II verstößt, gelten die allgemeinen Regeln, auch zur Amtshaftung, Üb 3 vor § 153 GVG, § 153 GVG Rn 3, 4. Wegen der Rechtsbehelfe vgl § 915 c Rn 2.

10  **8) Kosten, I, II.** Gebühren des Gerichts: Für die Einsicht keine, § 1 GKG, Üb 2 vor § 915, Meyer JB **99**, 408. Auslagen des Gerichts: KV 1644 (Drittgläubiger), 9000 (Gläubiger), Meyer JB **99**, 408. Gebühren des Anwalts: § 58 III Z 12 BRAGO (wegen der Löschung und der Eintragung).

11  **9) VwGO:** s § 915 Rn 14.


**915c** *Keine Beschwerde.* Gegen Entscheidungen über Eintragungen, Löschungen und Auskunftsersuchen findet die Beschwerde nicht statt.

1  **1) Systematik, Regelungszweck.** Vgl zunächst Üb 1–8 vor § 915. Es handelt sich um eine vorrangige Spezialregelung zwecks Prozeßwirtschaftlichkeit bei diesem Nebenverfahren, vgl Grdz 14 vor § 128. Entsprechend weit ist die in § 915 e genannten Begriffe auszulegen, zumal eine zweite Instanz verfassungsrechtlich nicht zwingend geboten ist. *Ein* rechtliches Gehör reicht.

2  **2) Rechtsbehelfe.** Es kommt auf die Entscheidungsrichtung an.

**A. Gegen Eintragung, Löschung.** Die Eintragung und die Löschung in der schwarzen Liste sind keine Maßnahmen der Zwangsvollstreckung. Denn sie berühren die Durchführung des Anspruchs des Gläubigers nicht, OVG Münster NJW **84**, 2485. Sie dienen vielmehr lediglich der allgemeinen Sicherheit im Geschäftsverkehr, KG NJW **71**, 849, Wieser Rpfleger **90**, 98, aM Oldb Rpfleger **78**, 267, ThP 11. Deshalb sind die Rechtsbehelfe des Achten Buchs, insbesondere §§ 766, 793, unanwendbar. Es handelt sich zwar um einen Akt der gerichtlichen Verwaltung, Anh § 21 GVG, OVG Münster NJW **84**, 2485. Er ist aber dem Vollstreckungsgericht übertragen, I.

3  Deshalb ist im Fall einer Ablehnung der Eintragung durch den Urkundsbeamten die *Erinnerung*, § 576, § 153 GVG Rn 4, und gegen die Entscheidung durch den Rpfl sofortige Erinnerung § 11 II 1 RPflG, Anh § 153 GVG, zulässig; zum Verfahren § 104 Rn 41 ff. Jedenfalls ist gegen die Entscheidung des Richters keine Beschwerde statthaft, § 915 c, erst recht keine weitere Beschwerde, Köln Rpfleger **95**, 370.

4  **B. Gegen Einsichtsverweigerung.** Wenn der Rpfl eine Einsicht in die schwarze Liste oder eine Auskunft über ihren Inhalt verweigert, ist, wie bei Rn 3, § 11 II RPflG anwendbar. Soweit der Urkundsbeamte entschieden hat, ist die Erinnerung an sein Gericht statthaft, § 576, § 153 GVG Rn 4.

5  **3) VwGO:** s § 915 Rn 14.


**915d** *Zulässigkeit von Abdrucken.* ¹Aus dem Schuldnerverzeichnis können nach Maßgabe des § 915 e auf Antrag Abdrucke zum laufenden Bezug erteilt werden, auch durch Übermittlung in einer nur maschinell lesbaren Form. ²Bei der Übermittlung in einer nur maschinell lesbaren Form gelten die von der Landesjustizverwaltung festgelegten Datenübertragungsregeln.

4. Abschnitt. Eidesstattliche Versicherung und Haft **§§ 915d, 915e**

II **Die Abdrucke sind vertraulich zu behandeln und dürfen Dritten nicht zugänglich gemacht werden.**

III **Nach der Beendigung des laufenden Bezugs sind die Abdrucke unverzüglich zu vernichten; Auskünfte dürfen nicht mehr erteilt werden.**

**1) Systematik, Regelungszweck, I–III.** Vgl zunächst Üb 1–8 vor § 915. Die Vorschrift regelt in I die **1** grundsätzliche Zulässigkeit von sog Abdrucken des Schuldnerverzeichnisses, während § 915 e den Kreis der diesbezüglichen Antragsberechtigten bestimmt und in seinem III die Sonderform einer Zusammenfassung von Abdrucken in Listen regelt, die nach § 915 f zum laufenden Bezug versandt werden dürfen.

**2) Begriff des Abdrucks, I–III.** Der Begriff Abdruck, wie er sich zunehmend auch in anderen neuen **2** Vorschriften findet, meint im Gegensatz zur Abschrift bzw Kopie ein von vornherein für größere Stückzahlen hergestelltes Doppel, sei es in herkömmlicher, sei es in einer nur maschinell lesbaren Form. Wegen des Inhalts des Abdrucks und seiner Übersendung vgl §§ 9, 10 SchuVVO, abgedruckt bei § 915 h Rn 1. Damit wird der zunehmend erforderlichen Massenproduktion in Verfahren beliebiger technischer Art Rechnung getragen. Kostenmäßig ist die Art der Herstellung unerheblich: Es entstehen Antragsprüfungsgebühren, zB nach § 9 I des Hbg LJKostG idF v 11. 4. 95, GVBl 84 (800 DM), und Schreibauslagen, § 137 Z 2, 3 KostO, bzw nach Länderrecht, zB nach § 9 II des Hbg LJKostG idF v 11. 4. 95, GVBl 84 (1 DM je Seite).

**3) „Nach Maßgabe des § 915 e":** Begrenzung der Antragsberechtigten, I. Nur der Kreis der in **3** § 915 e Genannten darf Abdrucke zum laufenden Bezug erhalten. Vgl dort. Wegen der Zuständigkeit vgl § 3 SchuVVO, abgedruckt bei § 915 h Rn 1. Wegen der Einzelheiten des Antrags vgl §§ 4, 5 SchuVVO, abgedruckt bei § 915 h Rn 1. Wegen der Einzelheiten der Bewilligung und des einstweiligen Ausschlusses vom Bezug vgl §§ 6–8, 11 SchuVVO, abgedruckt bei § 915 h Rn 1.

**4) Datenübertragungsregeln, I 2.** Soweit eine Übermittlung der Abdrucke in einer nur maschinell **4** lesbaren Form erfolgt, sind die von der Landesjustizverwaltung festgelegten Datenübertragungsregeln einzuhalten. Zu beachten sind in

Baden-Württemberg:                   Niedersachsen:
Bayern:                                 Nordrhein-Westfalen:
Berlin:                                  Rheinland-Pfalz:
Brandenburg:                    Saarland:
Bremen:                               Sachsen:
Hamburg:                          Sachsen-Anhalt:
Hessen:                                Schleswig-Holstein:
Mecklenburg-Vorpommern:      Thüringen:

**5) Vertrauliche Behandlung usw, II.** Jeder Bezieher und/oder Verwender eines Abdrucks ist kraft **5** Gesetzes verpflichtet, ihn vertraulich zu behandeln und nicht Dritten zugänglich zu machen, II. Was das heißen soll, ist umso schwerer verständlich, als die nach § 915 e Antragsberechtigten die Abdrucke ja gerade zum Zweck praktisch unbegrenzter Benutzung erwerben können, zumindest die in § 915 e I a Genannten. Gemeint ist danach allenfalls: Der Berechtigte darf nicht über den gesetzlichen Nutzungszweck hinaus Auskunft oder Einsicht erteilen. Zwar kann nach § 915 e IV 1, 2 in Verbindung mit § 30 BDSG eine Aufsicht ausgeübt werden; ob sie praktisch funktioniert, ist abzuwarten. Beim Verstoß gelten im übrigen nur die allgemeinen Regeln zum Bruch von Vertraulichkeitspflichten im Zivil-, Standes- und Strafrecht usw. Wegen der Einzelheiten der Aufbewahrung usw vgl § 10 SchuVVO, abgedruckt bei § 915 h Rn 1.

**6) Vernichtung usw, III.** Die gesetzliche Pflicht, Abdrucke unverzüglich zu vernichten und von (weite- **6** ren) Auskünften abzusehen, beginnt mit der Beendigung des laufenden Bezugs. Soweit dazu Kündigungsfristen zu beachten sind, ist das Ende der Frist maßgeblich; bei vorzeitiger Vertragsbeendigung ist dieser Zeitpunkt maßgeblich. Auf den etwaigen Fortbestand der Eintragung im Originalverzeichnis kommt es nur insofern an, daß nach der dortigen Löschung auch der laufende Bezieher nicht mehr verwenden darf.

**7) Verstoß, I–III.** Es gelten die Regeln des BDSG. **7**

**8) Rechtsbehelf.** Gegen die Entscheidung des Präsidenten des AG usw ist der Weg nach §§ 23 ff **8** EGGVG gegeben; das wird in § 20 SchuVVO, abgedruckt bei § 915 h Rn 1, bestätigt.

**9) VwGO:** s § 915 Rn 14. **9**

# 915e Antragsberechtigte. I Abdrucke erhalten

a) Industrie- und Handelskammern sowie Körperschaften des öffentlichen Rechts, in denen Angehörige eines Berufes kraft Gesetzes zusammengeschlossen sind (Kammern),

b) Antragsteller, die Abdrucke zur Errichtung und Führung zentraler bundesweiter oder regionaler Schuldnerverzeichnisse verwenden, oder

c) Antragsteller, deren berechtigtem Interesse durch Einzelauskünfte, insbesondere aus einem Verzeichnis nach Buchstabe b, oder durch den Bezug von Listen (§ 915 f) nicht hinreichend Rechnung getragen werden kann.

II ¹**Die Kammern dürfen ihren Mitgliedern oder den Mitgliedern einer anderen Kammer Auskünfte erteilen.** ²**Andere Bezieher von Abdrucken dürfen Auskünfte erteilen, soweit dies zu ihrer ordnungsgemäßen Tätigkeit gehört.** ³**§ 915 d gilt entsprechend.** ⁴**Die Auskünfte dürfen auch im automatisierten Abrufverfahren erteilt werden, soweit diese Form der Datenübermittlung unter**

§ 915e

Berücksichtigung der schutzwürdigen Interessen der Betroffenen wegen der Vielzahl der Übermittlungen oder wegen ihrer besonderen Eilbedürftigkeit angemessen ist.

III ¹Die Kammern dürfen die Abdrucke in Listen zusammenfassen oder hiermit Dritte beauftragen. ²Sie haben diese bei der Durchführung des Auftrages zu beaufsichtigen.

IV ¹In den Fällen des Absatzes 1 Satz 1 Buchstabe b und c gilt für nicht-öffentliche Stellen § 38 des Bundesdatenschutzgesetzes mit der Maßgabe, daß die Aufsichtsbehörde auch die Verarbeitung und Nutzung dieser personenbezogenen Daten in oder aus Akten überwacht und auch überprüfen kann, wenn ihr keine hinreichenden Anhaltspunkte dafür vorliegen, daß eine Vorschrift über den Datenschutz verletzt ist. ²Entsprechendes gilt für nicht-öffentliche Stellen, die von den in Absatz 1 genannten Stellen Auskünfte erhalten haben.

BDSG § 38. *Aufsichtsbehörde.* ¹Die Aufsichtsbehörde überprüft im Einzelfall die Ausführung dieses Gesetzes sowie anderer Vorschriften über den Datenschutz, soweit diese die Verarbeitung oder Nutzung personenbezogener Daten in oder aus Dateien regeln, wenn ihr hinreichende Anhaltspunkte dafür vorliegen, daß eine dieser Vorschriften durch nicht-öffentliche Stellen verletzt ist, insbesondere wenn es der Betroffene selbst begründet darlegt.

II ¹Werden personenbezogene Daten geschäftsmäßig
1. zum Zwecke der Übermittlung gespeichert,
2. zum Zwecke der anonymisierten Übermittlung gespeichert oder
3. im Auftrag durch Dienstleistungsunternehmen verarbeitet,

überwacht die Aufsichtsbehörde die Ausführung dieses Gesetzes oder anderer Vorschriften über den Datenschutz, soweit diese die Verarbeitung oder Nutzung personenbezogener Daten in oder aus Dateien regeln. ²Die Aufsichtsbehörde führt das Register nach § 32 Abs. 2. ³Das Register kann von jedem eingesehen werden.

III ¹Die der Prüfung unterliegenden Stellen sowie die mit deren Leitung beauftragten Personen haben der Aufsichtsbehörde auf Verlangen die für die Erfüllung ihrer Aufgaben erforderlichen Auskünfte unverzüglich zu erteilen. ²Der Auskunftspflichtige kann die Auskunft auf solche Fragen verweigern, deren Beantwortung ihn selbst oder einen der in § 383 Abs. 1 Nr. 1 bis 3 der Zivilprozeßordnung bezeichneten Angehörigen der Gefahr strafgerichtlicher Verfolgung oder eines Verfahrens nach dem Gesetz über Ordnungswidrigkeiten aussetzen würde. ³Der Auskunftspflichtige ist darauf hinzuweisen.

IV ¹Die von der Aufsichtsbehörde mit der Überprüfung oder Überwachung beauftragten Personen sind befugt, soweit es zur Erfüllung der der Aufsichtsbehörde übertragenen Aufgaben erforderlich ist, während der Betriebs- und Geschäftszeiten Grundstücke und Geschäftsräume der Stelle zu betreten und dort Prüfungen und Besichtigungen vorzunehmen. ²Sie können geschäftliche Unterlagen, insbesondere die Übersicht nach § 37 Abs. 2 sowie die gespeicherten personenbezogenen Daten und die Datenverarbeitungsprogramme, einsehen. ³§ 24 Abs. 6 gilt entsprechend. ⁴Der Auskunftspflichtige hat diese Maßnahmen zu dulden.

V ¹Zur Gewährleistung des Datenschutzes nach diesem Gesetz und anderen Vorschriften über den Datenschutz, soweit diese die Verarbeitung oder Nutzung personenbezogener Daten in oder aus Dateien regeln, kann die Aufsichtsbehörde anordnen, daß im Rahmen der Anforderungen nach § 9 Maßnahmen zur Beseitigung festgestellter technischer oder organisatorischer Mängel getroffen werden. ²Bei schwerwiegenden Mängeln dieser Art, insbesondere, wenn sie mit besonderer Gefährdung des Persönlichkeitsrechts verbunden sind, kann sie den Einsatz einzelner Verfahren untersagen, wenn die Mängel entgegen der Anordnung nach Satz 1 und trotz der Verhängung eines Zwangsgeldes nicht in angemessener Zeit beseitigt werden. ³Sie kann die Abberufung des Beauftragten für den Datenschutz verlangen, wenn er die zur Erfüllung seiner Aufgaben erforderliche Fachkunde und Zuverlässigkeit nicht besitzt.

VI Die Landesregierungen oder die von ihnen ermächtigten Stellen bestimmen die für die Überwachung der Durchführung des Datenschutz im Anwendungsbereich dieses Abschnittes zuständigen Aufsichtsbehörden.

VII Die Anwendung der Gewerbeordnung auf die den Vorschriften dieses Abschnitts unterliegenden Gewerbebetriebe bleibt unberührt.

**1** 1) **Systematik, Regelungszweck, I–IV.** Vgl zunächst Üb 1–8 vor § 915. Der Kreis der Antragsberechtigten erweckt schwere Bedenken. Denn praktisch ist er kaum noch kontrollierbar, und schon deshalb dürfte zumindest der Verhältnismäßigkeitsgrundsatz, Grdz 34 vor § 704, ganz erheblich gefährdet sein. Man sollte dem nicht auch noch durch eine allzu gläubigerfreundliche Auslegung Vorschub leisten.

**2** 2) **Antragsberechtigung, I.** Zum Bezug von Abdrucken, auch zum laufenden, sind die in II a–c Genannten berechtigt. Sie erhalten Abdrucke jedoch nicht von Amts wegen, sondern natürlich nur auf Antrag, wie § 915 d I 1 klarstellt. Deshalb entsteht auch die Auslagenverpflichtung, KV 9000 II a.

**A. Kammern, I 1 a.** Die bezugsberechtigten Kammern müssen Körperschaften des öffentlichen Rechts sein und außerdem einen Zusammenschluß von Angehörigen eines Berufes kraft Gesetzes darstellen. *Beispiele:* Apothekerkammern, Architektenkammern, Ärztekammern, Handwerkskammern, Rechtsanwaltskammern, Zahnärztekammern.

**3** **B. Führer von privaten Schuldnerverzeichnissen, I 1 b.** Es muß sich um einen Antragsteller handeln, der Abdrucke gerade zur Errichtung und Führung eines privaten Schuldnerverzeichnisses verwenden will und verwendet, mag dieses Verzeichnis bundesweit oder zumindest zunächst regional wie immer beschränkt geplant oder angelegt sein.
*Beispiel:* Die sog Schufa und vergleichbare Einrichtungen.

4. Abschnitt. Eidesstattliche Versicherung und Haft  **§§ 915e, 915f**

**C. Berechtigtes sonstiges Interesse nach Abdrucken, I 1 c.** Es reicht schließlich ein berechtigtes, nicht nur wirtschaftliches, aber nicht notwendig rechtliches Interesse aus (zu diesen ineinander übergehenden Begriffen vgl § 299 Rn 23 ff), das sich durch Einzelauskünfte usw oder durch bloßen Listenbezug nach § 915 f nicht hinreichend befriedigen läßt. Das ist wiederum eine der gefährlich vage gefaßten Umschreibungen in §§ 915–915 h, zum Problem § 915 Rn 6–8. Der Listenbezug mag deshalb unzureichend sein, weil der Listenbezieher eine Auskunft nur dem in § 915 f II abschließend genannten Interessentenkreis erteilen darf. Gerade jener Schutzzweck kann aber über § 915 e I 1 c praktisch weitgehend unterhöhlt werden. 4

**3) Auskunftsbefugnisse, automatisiertes Abrufverfahren, II.** Die Vorschrift grenzt die Auskunftsbefugnis der Abdrucksbezieher nach I a nur personell ein, nicht sachlich. Insofern gilt ergänzend § 915 II. Damit verlagert sich indes im Bereich von § 915 e II die Kontrollbefugnis vom Urkundsbeamten bzw Rpfl auf denjenigen Mitarbeiter einer Kammer, der die dort eingehenden Auskunftsanträge bearbeitet. Das ist insbesondere dort enorm „großzügig", wo das automatisierte Abrufverfahren nach II 2 praktisch überhaupt keine Kontrolle seitens der Kammern mehr zuläßt, von der einmal anfangs erfolgten Prüfung der vagen Voraussetzungen von II 2 abgesehen. Wie soll aber zB die dort vorausgesetzte besondere Eilbedürftigkeit automatisch geklärt werden? Vgl daher auch insoweit zum Problem § 915 Rn 6–8. Zu den Einzelheiten des automatisierten Abrufverfahrens §§ 17 ff SchuVVO, abgedruckt bei § 915 h Rn 1. 5

**4) Listenbefugnis, III.** (Nur) Kammern im Sinn von I a dürfen Abdrucke in Listen zusammenfassen oder damit Dritte beauftragen. Sie müssen Dritte zwar beaufsichtigen, III 2; das ändert nichts an der erheblichen Problematik dieser Befugnis zur Einschaltung irgendwelcher privater Dritter, bei denen der Mißbrauch nun praktisch überhaupt kaum noch überprüft werden könnte, zumal der in IV 1 in Bezug genommene, oben abgedruckte § 38 BDSG für die Kammern und ihre Befugnisse nach III nach dem klaren Wortlaut von IV 1 nicht mitgilt (Bezugnahme nur auf I b, c). 6

**5) Aufsicht der Datenschutzbehörde, IV.** In den von IV 1 und § 915 f IV (Verweisung auf § 915 e IV) begrenzten Fällen, vgl Rn 6, ist die nach § 38 BDSG bestellte Aufsichtsbehörde in dem erheblichen Umfang jener, oben abgedruckten, Vorschrift berechtigt und verpflichtet, eine Mißbrauchsverhütung durch Aufsicht zu versuchen. Ob sie dazu praktisch angesichts der Weite der Befugnisse der Verwender und Unterverwender nach §§ 915–915 h imstande sein wird, bleibt kritisch abzuwarten. Der Betroffene kann sich immerhin antragstellend an sie wenden, obwohl sie von Amts wegen tätig zu werden hat. Die in § 38 VI BDSG landesrechtlich bestimmten Aufsichtsbehörden sind: 7

| | |
|---|---|
| **Baden-Württemberg:** | **Niedersachsen:** |
| **Bayern:** | **Nordrhein-Westfalen:** |
| **Berlin:** | **Rheinland-Pfalz:** |
| **Brandenburg:** | **Saarland:** |
| **Bremen:** | **Sachsen:** |
| **Hamburg:** | **Sachsen-Anhalt:** |
| **Hessen:** | **Schleswig-Holstein:** |
| **Mecklenburg-Vorpommern:** | **Thüringen:** |

**6) Verstoß, I–IV.** Es gelten die Regeln des gesamten BDSG. 8
**7) VwGO:** s § 915 Rn 14. 9

**915f** *Listenbezug.* I ¹Die nach § 915 e Abs. 3 erstellten Listen dürfen den Mitgliedern von Kammern auf Antrag zum laufenden Bezug überlassen werden. ²Für den Bezug der Listen gelten die §§ 951 d und 915 e Abs. 1 Buchstabe c entsprechend.

II Die Bezieher der Listen dürfen Auskünfte nur jemandem erteilen, dessen Belange sie kraft Gesetzes oder Vertrags wahrzunehmen haben.

III Listen sind unverzüglich zu vernichten, soweit sie durch neue ersetzt werden.

IV § 915 e Abs. 4 gilt entsprechend.

**1) Systematik, Regelungszweck, I–IV.** Vgl zunächst Üb 1–8 vor § 915. Es gelten die Ausführungen § 915 e Rn 1 hier verstärkt. 1

**2) Geltungsbereich, I.** Die Vorschrift stellt klar, daß die in § 915 e I 1 a, III genannten Kammern die in Listen zusammengefaßten Abdrucke zum laufenden Bezug anfordern dürfen und daß für ein solches Abonnementsverhältnis die Vorschriften gelten, die auch für Abdrucke vorhanden sind, die nicht in Listen zusammengestellt sind. Zu den Einzelheiten des Inhalts der Listen, ihrer Anfertigung, Erteilung und Verwendung usw § 12 ff SchuVVO, abgedruckt bei § 915 h Rn 1. 2

**3) Auskünfte, II.** In Abweichung von § 915 e II sind die Bezieher von Listen zu Auskünften nur gegenüber demjenigen berechtigt, dessen Belange sie kraft Gesetzes oder Vertrags wahrzunehmen haben. Da sie Verträge der letzteren Art jederzeit schließen können, verpufft die mit der ersten Alternative beabsichtigte Schutzwirkung praktisch fast völlig. 3

**4) Vernichtung, III.** Die Vernichtung der bisherigen Liste beim Eingang der nächsten gilt nur, soweit die nächste die bisherige „ersetzt". Ob das auch dann der Fall ist, wenn die nächste räumlich enger gefaßt ist, ist zweifelhaft. 4

**5) Aufsicht, IV.** Vgl § 915 e Rn 7. 5
**6) VwGO:** s § 915 Rn 14. 6

Hartmann 2167

## §§ 915g, 915h

**915g** *Löschung bei Listen.* ¹Für Abdrucke, Listen und Aufzeichnungen über eine Eintragung im Schuldenverzeichnis, die auf der Verarbeitung von Abdrucken oder Listen oder auf Auskünften über Eintragungen im Schuldnerverzeichnis beruhen, gilt § 915a Abs. 1 entsprechend.

II ¹Über vorzeitige Löschungen (§ 915a Abs. 2) sind die Bezieher von Abdrucken innerhalb eines Monats zu unterrichten. ²Sie unterrichten unverzüglich die Bezieher von Listen (§ 915f Abs. 1 Satz 1). ³In den auf Grund der Abdrucke und Listen erstellten Aufzeichnungen sind die Eintragungen unverzüglich zu löschen.

1  **1) Systematik, Regelungszweck, I, II.** Vgl zunächst Üb 1–8 vor § 915. Angesichts der Gefahren infolge eines übergroßen Kreises von praktisch Einsichts- bzw Auskunftsberechtigten sind I großzügig, II streng auszulegen.

2  **2) Löschung, I.** Die Vorschrift verweist für Listen usw auf die Löschungsregeln für Eintragungen in § 915a I, dort Rn 1–5.

3  **3) Vorzeitige Löschung, II.** Die Vorschrift zwingt den Versender von Abdrucken zur Unterrichtung der Bezieher über vorzeitige Löschungen nach § 915a II und den letzteren zur unverzüglichen Unterrichtung seiner Listenbezieher sowie alle Beteiligten zur unverzüglichen Löschung in ihren Abdrucken und Listen. Ob alles das in der Praxis funktioniert und ausreichend überwacht wird, bleibt abzuwarten. Vgl zum Problem § 915 Rn 6–8.

4  **4) VwGO:** s § 915 Rn 14.

**915h** *Ermächtigung zu Verordnungen.* ¹Das Bundesministerium der Justiz wird ermächtigt, durch Rechtsverordnung mit Zustimmung des Bundesrates

1. Vorschriften über den Inhalt des Schuldnerverzeichnisses, über den Bezug von Abdrucken nach den §§ 915d, 915e und das Bewilligungsverfahren sowie den Bezug von Listen nach § 915f Abs. 1 zu erlassen,
2. Einzelheiten der Einrichtung und Ausgestaltung automatisierter Abrufverfahren nach § 915e Abs. 2 Satz 4, insbesondere der Protokollierung der Abrufe für Zwecke der Datenschutzkontrolle, zu regeln,
3. die Erteilung und Aufbewahrung von Abdrucken aus dem Schuldnerverzeichnis, die Anfertigung, Verwendung und Weitergabe von Listen, die Mitteilung und den Vollzug von Löschungen und den Ausschluß vom Bezug von Abdrucken und Listen näher zu regeln, um die ordnungsgemäße Behandlung der Mitteilungen, den Schutz vor unbefugter Verwendung und die rechtzeitige Löschung von Eintragungen sicherzustellen,
4. zur Durchsetzung der Vernichtungs- und Löschungspflichten im Falle des Widerrufs der Bewilligung die Verhängung von Zwangsgeldern vorzusehen; das einzelne Zwangsgeld darf den Betrag von 50 000 Deutsche Mark nicht übersteigen.

II ¹Die Landesregierungen werden ermächtigt, durch Rechtsverordnung zu bestimmen, daß

1. anstelle des Schuldnerverzeichnisses bei den einzelnen Vollstreckungsgerichten oder neben diesen ein zentrales Schuldnerverzeichnis für die Bezirke mehrerer Amtsgerichte bei einem Amtsgericht geführt wird und die betroffenen Vollstreckungsgerichte diesem Amtsgericht die erforderlichen Daten mitzuteilen haben,
2. bei solchen Verzeichnissen automatisierte Abrufverfahren eingeführt werden, soweit dies unter Berücksichtigung der schutzwürdigen Belange des betroffenen Schuldners und der beteiligten Stellen angemessen ist; die Rechtsverordnung hat Maßnahmen zur Datenschutzkontrolle und Datensicherung vorzusehen.

²Sie werden ermächtigt, diese Befugnisse auf die Landesjustizverwaltungen zu übertragen.

1  **1) Schuldnerverzeichnisverordnung (SchuVVO) des Bundes.** Sie ist am 15.12.94 erlassen worden, BGBl 3822, und am 1.1.95 in Kraft getreten, § 21 S 1 SchuVVO. Gleichzeitig sind die allgemeinen Vorschriften vom 1.8.55, BAnz Nr 156, außer Kraft getreten, § 21 S 2 SchuVVO. Sie lautet wie folgt:

Erster Abschnitt
Das Schuldnerverzeichnis

*SchuVVO § 1. Inhalt des Schuldnerverzeichnisses.* ¹In das Schuldnerverzeichnis werden gemäß § 915 Abs. 1 der Zivilprozeßordnung eingetragen:
1. die Bezeichnung des Schuldners wie in dem Titel, der dem Vollstreckungsverfahren zugrunde liegt;
2. das Geburtsdatum, soweit bekannt;
3. das Datum der Abgabe der eidesstattlichen Versicherung; das Datum der Anordnung der Haft gemäß § 901 der Zivilprozeßordnung; die Vollstreckung der Haft gemäß § 915 Abs. 1 Satz 3 der Zivilprozeßordnung;
4. das Aktenzeichen der Vollstreckungssache; die Bezeichnung des Vollstreckungsgerichts oder der Vollstreckungsbehörde.

## 4. Abschnitt. Eidesstattliche Versicherung und Haft § 915h

ᴵᴵ In das Schuldnerverzeichnis werden gemäß *§ 107 Abs. 2 der Konkursordnung* [jetzt: § 26 II InsO] eingetragen:
1. die Bezeichnung des Schuldners wie in dem Beschluß, durch den der Antrag auf Eröffnung des Konkursverfahrens gemäß *§ 107 Abs. 1 der Konkursordnung* [jetzt: § 26 II InsO] abgewiesen wurde;
2. das Datum dieses Beschlusses;
3. die Bezeichnung des Gerichts, das diesen Beschluß erlassen hat; das Aktenzeichen der Konkurssache.

ᴵᴵᴵ Vertreter des Schuldners werden nicht in das Schuldnerverzeichnis eingetragen.

ᴵⱽ Offenbare Unrichtigkeiten der Bezeichnung des Schuldners in dem Titel nach Absatz 1 Nr. 1 oder dem Beschluß nach Absatz 2 Nr. 1 sind bei der Eintragung im Schuldnerverzeichnis zu berichtigen. Die Berichtigung ist kenntlich zu machen.

Zweiter Abschnitt
Bewilligungsverfahren

*SchuVVO § 2. Bewilligung als Voraussetzung des Bezugs von Abdrucken und der Erteilung von Listen.*
ᴵ Abdrucke aus Schuldnerverzeichnissen dürfen nur Inhabern einer Bewilligung nach den Vorschriften dieses Abschnitts erteilt werden.

ᴵᴵ Die Bewilligung ist zu erteilen, wenn die Voraussetzungen des § 915 Abs. 2, § 915 d Abs. 1 und § 915 e Abs. 1 der Zivilprozeßordnung und dieser Verordnung erfüllt sind.

ᴵᴵᴵ Die Bewilligung ist zu versagen, wenn
1. der Antragsteller schuldhaft unrichtige Angaben macht,
2. Voraussetzungen vorliegen, unter denen die Bewilligung gemäß § 8 widerrufen werden könnte,
3. Tatsachen vorliegen, welche die Unzuverlässigkeit des Antragstellers in bezug auf die Verarbeitung und Nutzung personenbezogener Daten begründen, oder
4. dem Antragsteller oder einer Person, die im Auftrag des Antragstellers die aus dem Schuldnerverzeichnis zu beziehenden Daten verarbeitet oder nutzt, der Betrieb eines Gewerbes untersagt ist.

ᴵⱽ ¹Die Bewilligung des Bezugs von Abdrucken berechtigt Kammern, die Abdrucke in Listen zusammenzufassen oder hiermit Dritte zu beauftragen und die Listen ihren Mitgliedern oder Mitgliedern anderer Kammern auf Antrag zum laufenden Bezug zu überlassen. ²Die Überlassung von Listen ist unzulässig, wenn bei den Listenbeziehern die Voraussetzungen des § 915 Abs. 2, § 915 d Abs. 1 und § 915 e Abs. 1 Buchstabe c der Zivilprozeßordnung nicht erfüllt sind oder Versagungsgründe entsprechend Absatz 3 vorliegen.

*SchuVVO § 3. Zuständigkeit.* ¹Über Anträge nach § 915 d Abs. 1 Satz 1 der Zivilprozeßordnung entscheidet der Präsident des Amtsgerichts, bei dem das Schuldnerverzeichnis geführt wird. ²Ist das Amtsgericht nicht mit einem Präsidenten besetzt, so entscheidet der Präsident des Landgerichts. ³Ist durch Rechtsverordnung gemäß § 915 h Abs. 2 Nr. 1 der Zivilprozeßordnung die Führung eines zentralen Schuldnerverzeichnisses bestimmt, so entscheidet der Präsident des Amtsgerichts, bei dieses geführt wird; Satz 2 gilt entsprechend.

*SchuVVO § 4. Antrag.* ᴵ ¹Der Antrag ist schriftlich bei dem nach § 3 zuständigen Präsidenten des Amts- oder Landgerichts anzubringen. ²Die zur Entscheidung über den Antrag erforderlichen Angaben sind auf Verlangen glaubhaft zu machen.

ᴵᴵ ¹Der Antrag muß die Angaben enthalten, aus denen sich das Vorliegen der in § 915 Abs. 2 und § 915 e Abs. 1 der Zivilprozeßordnung geforderten Voraussetzungen ergibt. ²Darüber hinaus muß er enthalten:
1. die Angabe von Wohn- oder Geschäftssitz des Antragstellers; die Angabe von Gewerbe- oder Handelsregistereintragung oder des ausgeübten Berufs;
2. die Angabe, ob, wann, bei welchem Gericht und mit welchem Ergebnis bereits Anträge im Sinne dieses Abschnittes gestellt wurden;
3. die Erklärung, in welcher der dem Gericht möglichen Formen die Abdrucke erteilt werden sollen;
4. die Erklärung, ob Listen gefertigt werden sollen;
5. die Erklärung, von wem die Listen gefertigt und an wen oder welchen Personenkreis diese weitergegeben werden sollen;
6. die Erklärung, ob Einzelauskünfte im automatisierten Abrufverfahren erteilt werden sollen.

*SchuVVO § 5. Speicherung von Daten des Antragstellers im Falle der Nichterteilung der Bewilligung.*
ᴵ ¹Im Falle der Ablehnung oder Rücknahme des Antrages werden der Name des Antragstellers, das Datum des Antrages sowie die Angaben des Antragstellers nach § 4 Abs. 2 Nr. 1 von der nach § 3 zuständigen Stelle erfaßt und aufbewahrt oder maschinell lesbar gespeichert. ²Diese Angaben dürfen nur dazu erhoben, verarbeitet und verwendet werden, Mehrfachanträge und Bewilligungshindernisse zu erkennen.

ᴵᴵ ¹Die Frist für die Aufbewahrung oder Speicherung beträgt drei Jahre ab dem Ende des Jahres, in dem der Antrag gestellt wurde. ²Nach Ablauf der Frist sind die Angaben zu löschen.

§ 915h

*SchuVVO § 6. Bewilligung.* ¹ ¹Die Bewilligung ist nur für und gegen den Antragsteller wirksam. ²Sie ist nicht übertragbar.

ᴵᴵ Gegenstand der Bewilligung ist die Entscheidung über den Antrag, Befristungen, Auflagen, Bedingungen und der Vorbehalt des Widerrufs.

ᴵᴵᴵ ¹Die Bewilligung enthält die Belehrung über die vom Begünstigten zu beachtenden datenschutzrechtlichen Vorschriften, insbesondere der Zivilprozeßordnung und dieser Verordnung. ²In den Fällen des § 10 Abs. 4 Satz 1 ist weiterhin über die anzuwendenden Datenübertragungsregeln zu belehren. ³Auf § 8 ist gesondert hinzuweisen. ⁴Der Bewilligung ist eine Rechtsmittelbelehrung beizufügen.

ᴵⱽ Die Bewilligung wird der nach den jeweils maßgeblichen datenschutzrechtlichen Vorschriften für die Kontrolle über den Bezieher der Abdrucke zuständigen Stelle mitgeteilt.

*SchuVVO § 7. Befristungen, Auflagen und Bedingungen.* ¹ Die Bewilligung ist auf mindestens ein und höchstens sechs Jahre zu befristen.

ᴵᴵ Zum Zwecke der Einhaltung der Vorschriften des § 915 Abs. 2, der §§ 915 a, 915 b und 915 d Abs. 2 und 3 und der §§ 915 e bis 915 g der Zivilprozeßordnung, der anzuwendenden Vorschriften der Datenschutzgesetze und dieser Verordnung kann die Bewilligung mit
1. Bestimmungen, durch die dem Begünstigten ein Tun, Dulden oder Unterlassen vorgeschrieben wird (Auflagen),
2. Bestimmungen, nach denen der Eintritt oder der Wegfall einer Vergünstigung oder Belastung von dem ungewissen Eintritt eines zukünftigen Ereignisses abhängt (Bedingung), ergehen.

*SchuVVO § 8. Widerruf und Rücknahme von Bewilligungen.* ¹ Für den Widerruf von Bewilligungen gilt § 49 Abs. 2, 3 und 5 Satz 1 und 2 des Verwaltungsverfahrensgesetzes entsprechend.

ᴵᴵ Für die Rücknahme von Bewilligungen gilt § 48 Abs. 1, 3 und 4 des Verwaltungsverfahrensgesetzes entsprechend.

ᴵᴵᴵ ¹Über Widerruf und Rücknahme von Bewilligungen entscheidet die nach § 3 zuständige Stelle. ²Wenn die Bewilligung widerrufen oder zurückgenommen wird, ist die Entscheidung dem ehemaligen Inhaber der Bewilligung mit Rechtsmittelbelehrung zuzustellen. ³Die Entscheidung ist den Präsidenten der Gerichte, bei denen weitere Anträge auf Erteilung einer Bewilligung zugunsten des ehemaligen Inhabers der Bewilligung gestellt wurden, mitzuteilen. ⁴Sind aus den Abdrucken Listen gefertigt und weitergegeben worden, so ist die rechtskräftige Entscheidung den Beziehern der Listen unter Hinweis auf ihre Pflichten nach Absatz 4 bekanntzugeben. ⁵Betrifft die Entscheidung eine Kammer, erfolgen die Mitteilungen nach Satz 3 durch diese, ansonsten das entscheidende Gericht. ⁶Benachrichtigungen nach Satz 4 erfolgen durch die betroffene Kammer.

ᴵⱽ ¹Ist eine Bewilligung rechtskräftig widerrufen oder zurückgenommen, so sind Abdrucke sowie daraus gefertigte Dateien, Listen und sonstige Aufzeichnungen unverzüglich ordnungsgemäß zu löschen oder zu vernichten. ²Der Bezieher der Abdrucke und die Inhaber von Listen können dazu durch Zwangsgeld angehalten werden. ³Das einzelne Zwangsgeld darf den Betrag von fünfzigtausend Deutsche Mark nicht übersteigen. ⁴Ist die Verhängung von Zwangsgeld untunlich oder erfolglos, so ist die Ersatzvornahme anzuordnen.

### Dritter Abschnitt
### Abdrucke und Listen

*SchuVVO § 9. Inhalt von Abdrucken.* ¹ ¹Abdrucke werden als Vollabdruck oder als Teilabdruck erteilt. ²Der Vollabdruck enthält alle Eintragungen im Schuldnerverzeichnis. ³Der Teilabdruck enthält nur die in dem Antrag auf Bewilligung des Bezugs von Abdrucken bezeichneten Eintragung im Schuldnerverzeichnis.

ᴵᴵ ¹An gut sichtbarer Stelle ist auf die sich aus § 915 Abs. 2 und den §§ 915 a, 915 b und 915 d bis 915 g der Zivilprozeßordnung ergebenden Pflichten des Inhabers von Abdrucken hinzuweisen. ²Dieser Hinweis kann den Abdrucken auch in Form eines Merkblattes beigefügt werden.

ᴵᴵᴵ Die Abdrucke dürfen keine weiteren Mitteilungen enthalten.

*SchuVVO § 10. Erteilung und Aufbewahrung von Abdrucken.* ¹ ¹Die Abdrucke werden dem Bezieher in verschlossenem Umschlag gegen Empfangsnachweis übersandt oder auf Antrag ausgehändigt. ²Ersatzzustellung nach § 181 und Zurücklassung nach § 186 der Zivilprozeßordnung sowie öffentliche Zustellung sind ausgeschlossen.

ᴵᴵ Die Abdrucke dürfen, außer mit dem Merkblatt nach § 9 Abs. 2, nicht mit anderen Druckerzeugnissen verbunden werden.

ᴵᴵᴵ ¹Der Inhaber der Bewilligung hat dafür Sorge zu tragen, daß ihm ausgehändigte oder übersandte Abdrucke
1. gesondert aufbewahrt werden,
2. bis zu ihrer Vernichtung jederzeit auffindbar sind und
3. gegen unbefugten Zugriff gesichert sind.
²Satz 1 gilt auch für Vervielfältigungen und jede andere Form der Bearbeitung der Abdrucke, insbesondere zum Zwecke der Maschinenlesbarkeit der Abdrucke.

## 4. Abschnitt. Eidesstattliche Versicherung und Haft § 915h

**IV** ¹Werden die Abdrucke gemäß § 915 d Abs. 1 der Zivilprozeßordnung in maschinell lesbarer Form übermittelt, gelten die Datenübertragungsregeln der Landesjustizverwaltung des Landes, in dem das Schuldnerverzeichnis geführt wird. ²Darüber hinaus hat der Empfänger der Daten durch geeignete Vorkehrungen sicherzustellen, daß die Anforderungen des Absatzes 3 auch bezüglich der übermittelten Daten erfüllt werden.

*SchuVVO § 11. Einstweiliger Ausschluß vom Bezug von Abdrucken.* ¹Der Inhaber einer Bewilligung kann von dem Bezug von Abdrucken einstweilen ausgeschlossen werden, wenn Tatsachen bekannt werden, die eine hinreichende Wahrscheinlichkeit begründen, daß die Bewilligung alsbald widerrufen oder zurückgenommen wird.

**II** ¹Über den einstweiligen Ausschluß entscheidet die nach § 3 zuständige Stelle. ²Die Entscheidung ist mit einer Rechtsmittelbelehrung zu versehen und zuzustellen; § 8 Abs. 3 Satz 3 und 5 gilt entsprechend. ³Die Wirksamkeit der Entscheidung entfällt, wenn nicht binnen eines Monats ab Zustellung eine Entscheidung nach § 8 ergeht.

**III** ¹Ein nach Absatz 2 Satz 3 unwirksam gewordener oder alsbald unwirksam werdender einstweiliger Ausschluß kann wiederholt erlassen werden, wenn während der Dauer der Wirksamkeit des zuerst erlassenen einstweiligen Ausschlusses ein Verfahren mit dem Ziel des Widerrufs oder der Rücknahme der Bewilligung gemäß § 8 zwar eingeleitet, aber noch nicht abgeschlossen wurde. ²Die Gesamtdauer des einstweiligen Ausschlusses darf in einem Verfahren nicht mehr als drei Monate betragen. ³Für den wiederholten einstweiligen Ausschluß gelten im übrigen die Absätze 1 und 2.

*SchuVVO § 12. Inhalt von Listen.* **I** ¹Listen sind Zusammenstellungen von Angaben aus einem oder mehreren Abdrucken. ²Die Aufnahme anderer Angaben als solchen aus rechtmäßig bezogenen Abdrucken oder die Verknüpfung mit anderen Angaben ist unzulässig.

**II** ¹Die Zusammenstellung der Angaben erfolgt aufgrund von Merkmalen, die diesen Angaben gemeinsam sind und aufgrund derer sie aus den Abdrucken ausgewählt werden (Auswahlmerkmale) sowie aufgrund von Sortieranweisungen, nach denen die Angaben in den Listen zu ordnen sind (Ordnungsmerkmale). ²Auswahlmerkmale dürfen sich nur auf Eintragungen nach § 1 Abs. 1 und 2 beziehen.

**III** ¹Listen müssen das Datum ihrer Erstellung tragen, den Ersteller benennen und mit Quellenangaben versehen sein. ²In den Listen ist an gut sichtbarer Stelle auf die sich aus § 915 Abs. 2 und den §§ 915 a, 915 b und 915 d bis 915 g der Zivilprozeßordnung ergebenden Pflichten des Beziehers von Listen hinzuweisen. ³§ 9 Abs. 2 Satz 2 findet Anwendung.

**IV** Die Listen dürfen keine weiteren Mitteilungen enthalten.

*SchuVVO § 13. Anfertigung, Erteilung und Verwendung von Listen.* ¹Listen sind unverzüglich nach dem Eingang der Abdrucke zu erstellen und den Beziehern zu überlassen.

**II** ¹Die Listen werden dem Bezieher in verschlossenem Umschlag gegen Empfangsnachweis übersandt oder persönlich ausgehändigt. ²§ 10 Abs. 2 und 3 gilt entsprechend.

*SchuVVO § 14. Ausschluß vom Bezug von Listen.* **I** ¹Die Kammern sind verpflichtet, einen Bezieher von Listen von dem Bezug auszuschließen, wenn diesem die Bewilligung zum Bezug von Abdrucken zu versagen wäre. ²Diesen Ausschluß teilen die Kammern ihren Aufsichtsbehörden mit.

**II** Die Aufsichtsbehörden der Kammern teilen Verstöße gegen Absatz 1 den Präsidenten der Gerichte mit, die Bewilligungen zum Bezug von Abdrucken zugunsten der Kammern erteilt haben.

**III** Bei Verstößen gegen Absatz 1 kann die Bewilligung zum Bezug von Abdrucken gemäß § 8 widerrufen werden.

*SchuVVO § 15. Löschungen in Abdrucken und Listen.* ¹Löschungen gemäß § 915 g Abs. 1 der Zivilprozeßordnung führen die Bezieher von Abdrucken und Listen sowie die Inhaber sonstiger Aufzeichnungen im Sinne des § 915 g Abs. 1 der Zivilprozeßordnung eigenverantwortlich durch.

**II** ¹Löschungsmitteilungen gemäß § 915 g Abs. 2 der Zivilprozeßordnung werden in der gleichen Weise wie die zugrundeliegenden Abdrucke übermittelt. ²§ 9 Abs. 3 und § 10 finden entsprechende Anwendung.

**III** ¹Die Kammern unterrichten die zur Umsetzung der Löschungsmitteilungen verpflichteten Listenbezieher in der Form, in der die zugrundeliegenden Listen erteilt werden. ²Kammern oder von ihnen gemäß § 915 e Abs. 3 der Zivilprozeßordnung beauftragte Dritte, die Listen ohne Einsatz von Techniken der automatisierten Datenverarbeitung erstellen, dürfen alle Listenbezieher unterrichten, die zu diesem Zeitpunkt Listen beziehen; davon ausgenommen sind die Listenbezieher, von denen die Kammer oder die beauftragte Dritte ohne unverhältnismäßigen Aufwand feststellen können, daß ihnen die zu löschende Eintragung bis zu diesem Zeitpunkt nicht durch eine Liste oder eine Auskunft der Kammer bekannt geworden ist.

**IV** ¹Löschungsmitteilungen nach Absatz 2 sind zu vernichten oder zu löschen, sobald sie umgesetzt sind. ²Satz 1 gilt entsprechend für die Mitteilungen an die Listenbezieher nach Absatz 3.

*SchuVVO § 16. Kontrolle von Löschungen in Abdrucken und Listen.* ¹Werden öffentlichen Stellen Tatsachen bekannt, die die Annahme rechtfertigen, daß einer Löschungspflicht nach § 915 g

§ 915h

der Zivilprozeßordnung nicht nachgekommen wurde, haben sie diese dem Amtsgericht mitzuteilen, bei dem das Schuldnerverzeichnis geführt wird, dem die zu löschende Eintragung entnommen wurde. ²Dieses legt die Angelegenheit der nach § 3 zuständigen Stelle vor, die Maßnahmen nach dieser Verordnung ergreifen und die zur Kontrolle über die Einhaltung der Datenschutzvorschriften zuständigen Stellen benachrichtigen kann.

### Vierter Abschnitt
### Automatisiertes Abrufverfahren

**SchuVVO § 17. Einrichtung.** ¹Bezieher von Abdrucken dürfen unter den Voraussetzungen des § 915 e Abs. 2 der Zivilprozeßordnung Einzelauskünfte aus den Abdrucken im automatisierten Abrufverfahren nach Maßgabe der folgenden Vorschriften erteilen.

II ¹Im automatisierten Abrufverfahren dürfen nur die nach § 1 Abs. 1 oder 2 in das Schuldnerverzeichnis aufzunehmenden Eintragungen übermittelt werden. ²Die Verknüpfung zu übermittelnder Daten mit anderen Daten ist nur zulässig, wenn
1. die Verknüpfung notwendig ist, um die Zwecke des § 915 Abs. 2 der Zivilprozeßordnung zu erreichen,
2. die Daten, mit denen die Daten aus dem Schuldnerverzeichnis verknüpft werden sollen, rechtmäßig und ausschließlich zu den in § 915 Abs. 2 der Zivilprozeßordnung genannten Zwecken erhoben, verarbeitet und verwendet werden,
3. die Herkunft der Daten durch den Bezieher der Abdrucke nachgewiesen werden kann und
4. der Bezieher der Abdrucke sicherstellt, daß der Empfänger der Auskunft nicht im Wege des Abrufs von mit Daten aus dem Schuldnerverzeichnis verknüpften Daten Kenntnis von Daten aus Schuldnerverzeichnissen erhält, ohne dazu berechtigt zu sein oder ohne daß dies zur Erfüllung der Zwecke des § 915 Abs. 2 der Zivilprozeßordnung notwendig ist.

III Für Anfragen im automatisierten Abrufverfahren dürfen nur Angaben verwendet werden, deren Eintragung in das Schuldnerverzeichnis nach § 1 Abs. 1 oder 2 zu erfolgen hätte.

**SchuVVO § 18. Ausgestaltung, insbesondere Protokollierung.** I ¹Der Bezieher von Abdrucken, der Einzelauskünfte im automatisierten Abrufverfahren erteilt (Auskunftsstelle), darf einen Abruf nur zulassen, wenn dessen Durchführung unter Verwendung von Benutzerkennung und Paßwort (Authentifikation) des zum Abruf Berechtigten (Abrufberechtigter) und einer davon unabhängigen, selbständigen Kennung des zum Abruf zugelassenen Endgerätes (Endgerätekennung) erfolgt. ²Ist der Abruf zulässig, wird die Auskunft im Wege des automatischen Rückrufs erteilt.

II ¹Das Paßwort ist jeweils spätestens nach 120 Tagen zu ändern. ²Erfolgt die Änderung nicht rechtzeitig, ist durch ein selbsttätiges Verfahren sicherzustellen, daß mit dem Paßwort keine Abrufe mehr erfolgen können. ³Ein Paßwort darf nicht bereits an Abrufberechtigte derselben Auskunftsstelle vergeben sein oder gewesen sein, muß mindestens sechs Stellen lang sein und aus Buchstaben, Zahlen und Zeichen bestehen. ⁴Die Auskunftsstelle speichert die Paßwörter, die innerhalb der zurückliegenden drei Jahre benutzt wurden. ⁵Die Speicherung dient der Kontrolle der Ordnungsgemäßheit der Paßwörter, insbesondere zur Vermeidung unzulässiger wiederholter oder mehrfacher Verwendung.

III ¹Wird eine Benutzerkennung innerhalb von 120 Tagen nicht benutzt, ist sie umgehend zu sperren. ²Sie darf als Teil der Authentifikation erst wieder zugelassen werden, wenn die Berechtigung zum Abruf der Auskunftsstelle erneut nachgewiesen wurde.

IV Die Auskunftsstelle hat durch ein selbsttätiges Verfahren zu gewährleisten, daß keine Abrufe erfolgen können, sobald die Benutzerkennung, das Paßwort oder die Endgerätekennung mehr als zweimal hintereinander unrichtig eingegeben wurde.

V ¹Sind bei einem Abrufberechtigten mehrere Nutzer vorhanden, darf der Abrufberechtigte diesen den Zugang zum automatisierten Abrufverfahren nur unter Verwendung jeweils eigener Authentifikation eröffnen. ²Sind bei einem Abrufberechtigten mehrere Endgeräte vorhanden, ist zusätzlich eine Endgerätekennung zu verwenden. ³Für die Authentifikation der Nutzer und die Endgerätekennung nach den Sätzen 1 und 2 gelten die Absätze 2, 3 und 4 mit der Maßgabe, daß an die Stelle der Auskunftsstelle der Abrufberechtigte und an die Stelle des Abrufberechtigten die Nutzer treten. ⁴Bei den von den Nutzern verwendeten Endgeräten hat der Abrufberechtigte durch geeignete technische Vorkehrungen sicherzustellen, daß eine Weiterverbreitung von Paßwörtern, Benutzer- oder Endgerätekennungen nicht möglich ist. ⁵Der Abrufberechtigte hat der Auskunftsstelle die Einhaltung der Vorschriften dieses Absatzes jederzeit auf Anforderung nachzuweisen und die gefertigten Protokolle zu diesem Zweck vorzulegen.

VI ¹Die Auskunftsstelle hat sicherzustellen, daß Abrufe selbsttätig aufgezeichnet werden, wobei
1. die bei der Durchführung der Abrufe verwendeten Daten,
2. der Tag und die Uhrzeit der Abrufe,
3. die Authentifikation und die Endgerätekennung und
4. die abgerufenen Daten festgehalten werden und daß Abrufe bei nicht ordnungsgemäßer Aufzeichnung unterbrochen werden.

²Mindestens aufzuzeichnen sind
1. alle Abrufe in der Zeit von 20 bis 8 Uhr, an Sonn- und allgemeinen Feiertagen oder außerhalb der normalen Geschäftszeit der Auskunftsstelle,

4. Abschnitt. Eidesstattliche Versicherung und Haft     § 915h

2. zehn Prozent der Abrufe der Abrufberechtigten, die innerhalb von 24 Stunden mehr als zehnmal abrufen,
3. zehn Prozent der nicht bereits nach Nummer 1 oder 2 aufzuzeichnenden Abrufe, die nach dem Zufallsprinzip auszuwählen sind,
4. alle Abrufe, bei denen datensicherheitsrelevante Ereignisse auftreten, und
5. alle versuchten Abrufe, die unter Verwendung von fehlerhafter Authentifikation oder Endgerätekennung mehr als einmal vorgenommen werden.

³Die Aufzeichnungen dürfen nur zur Datenschutzkontrolle, insbesondere zur Kontrolle der Zulässigkeit der Abrufe, zur Sicherstellung eines ordnungsgemäßen Betriebes der Datenverarbeitungsanlage sowie in gerichtlichen Verfahren verwendet werden. ⁴Sie sind nach drei Jahren zu löschen, es sei denn, sie werden noch bis zum Abschluß eines bereits eingeleiteten Verfahrens der Datenschutzkontrolle oder eines anhängigen gerichtlichen Verfahrens benötigt.

VII ¹Zwischen der Auskunftsstelle und dem Abrufberechtigten kann vertraglich vereinbart werden, daß
1. das Paßwort und die Endgerätekennung abweichend von Absatz 1 nur beim Abrufberechtigten interne Zugangsvoraussetzungen zum Abrufverfahren sind;
2. die Paßwortspeicherung nach Absatz 2 vom Abrufberechtigten statt von der Auskunftsstelle durchgeführt wird;
3. die Abrufsperre nach Absatz 4 bei mehr als zweimal hintereinander unrichtiger Eingabe von Paßwort oder Endgerätekennung durch ein selbsttätiges Verfahren beim Abrufberechtigten gewährleistet wird;
4. das Paßwort und die Endgerätekennung nach Absatz 6 beim Abrufberechtigten protokolliert werden.

²Der Vertrag bedarf der Schriftform. ³In ihm muß sich der Abrufberechtigte verpflichten, seine Aufzeichnungen der Auskunftsstelle zu Kontrollzwecken jederzeit zur Verfügung zu stellen.

*SchuVVO § 19. Ausschluß von der Abrufberechtigung.* ¹ ¹Werden der Auskunftsstelle Tatsachen bekannt, die erkennen lassen, daß
1. die abgerufenen Daten vom Abrufberechtigten nicht zu den in § 915 Abs. 2 der Zivilprozeßordnung genannten Zwecken verwendet werden,
2. ein berechtigtes Interesse nach § 915 e Abs. 1 Buchstabe c der Zivilprozeßordnung bei dem Abrufberechtigten nicht vorliegt und dennoch wiederholt Daten abgerufen wurden,
3. die abgerufenen Daten vom Abrufberechtigten in unzulässiger Weise genutzt, insbesondere weitergegeben werden,
4. der Abrufberechtigte seinen Pflichten nach § 18 Abs. 5 nicht oder nicht hinreichend nachkommt,
5. der Abrufberechtigte vertraglichen Pflichten nach § 18 Abs. 7 nicht oder nicht hinreichend nachkommt oder
6. bei dem Abrufberechtigten aus sonstigen Gründen die Unzuverlässigkeit in bezug auf die Verarbeitung und Nutzung personenbezogener Daten begründet ist, ist die Auskunftsstelle verpflichtet, den Abrufberechtigten vom Abrufverfahren auszuschließen.

²Diesen Ausschluß teilt sie der für die Kontrolle der datenschutzrechtlichen Vorschriften zuständigen Stelle mit.

II Die Aufsichtsbehörde teilt Verstöße gegen Absatz 1 den Präsidenten der Gerichte mit, die Bewilligungen zum Bezug von Abdrucken zugunsten der Auskunftsstelle erteilt haben.

III Bei Verstößen gegen Absatz 1 kann die Bewilligung gemäß § 8 widerrufen werden.

Fünfter Abschnitt
Schlußvorschriften

*SchuVVO § 20. Rechtsweg.* ¹ In Ansehung von Entscheidungen des Präsidenten des Amtsgerichts oder des Präsidenten des Landgerichts nach dieser Verordnung finden die §§ 23 bis 30 des Einführungsgesetzes zum Gerichtsverfassungsgesetz Anwendung.

II Die Entscheidung über den Antrag, Befristungen, Auflagen, Bedingungen und der Vorbehalt des Widerrufs, die gemäß § 6 Abs. 2 Gegenstand der Bewilligung sind, sind nicht isoliert anfechtbar und einklagbar.

2) **Landes-VO**, II. Es gelten die jeweiligen VOen der Landesregierungen, II 1, bzw der von diesen dazu 2 ermächtigten Landesjustizverwaltungen, II 2:

**Baden-Württemberg:**
**Bayern:**
**Berlin:** VO v 1. 2. 97, GVBl 21;
**Brandenburg:**
**Bremen:**
**Hamburg:** VO v 20. 9. 94, GVGl 263;
**Hessen:**
**Mecklenburg-Vorpommern:**
**Niedersachsen:**
**Nordrhein-Westfalen:**

**Rheinland-Pfalz:**
**Saarland:**
**Sachsen:**
**Sachsen-Anhalt:**
**Schleswig-Holstein:** VO v 4. 12. 96, GVBl 720
 (Zuständigkeit des JustMin);
**Thüringen:**

3) *VwGO:* s § 915 Rn 14.

## Fünfter Abschnitt
## Arrest und einstweilige Verfügung

### Grundzüge

**Schrifttum:** *Ahrens,* Das Verfahren in UWG-Sachen unter besonderer Berücksichtigung außergerichtlicher Streiterledigung, 1985; *Ahrens,* Rechtspolitische Überlegungen zum summarischen Rechtsschutz, in: Festschrift für *Nakamura* (1996); *Ahrens/Spätgens,* Einstweiliger Rechtsschutz und Vollstreckung in UWG-Sachen, 3. Aufl 1997; *Albrecht,* Das EuGVÜ und der einstweilige Rechtsschutz in England und in der Bundesrepublik Deutschland, 1991; *Bernecke,* Die einstweilige Verfügung in Wettbewerbssachen, 1995; *Blankenburg/Leipold/Wollschläger,* Neue Methoden im Zivilverfahren, 1991 (rechtspolitisch); *Bölling,* Konkurrenz einstweiliger Anordnungen mit einstweiligen Verfügungen in Unterhaltssachen, Diss Gött 1981; *Compensis,* Die einstweilige Verfügung auf Unterhaltsleistung, 1991; *Crückeberg,* Vorläufiger Rechtsschutz, 1998; *Deguchi,* Die prozessualen Grundrechte im japanischen und deutschen einstweiligen Rechtsschutz, 1992; *Dinstühler,* Rechtsnachfolge und einstweiliger Rechtsschutz, 1995; *Dunkl/Moeller/Baur/Feldmeier,* Handbuch des vorläufigen Rechtsschutzes, 3. Aufl 1999; *Ebmeier/Schöne,* Der einstweilige Rechtsschutz, Handbuch zu Arrest und einstweiliger Verfügung, 1997; *Eilers,* Maßnahmen des einstweiligen Rechtsschutzes im Europäischen Zivilrechtsverkehr, 1991; *Eschmann,* Der Einstweilige Rechtsschutz des Akkreditiv-Auftraggebers in Deutschland, England und der Schweiz, 1994; *Finkelburg/Jank,* Vorläufiger Rechtsschutz im Verwaltungsstreitverfahren, 4. Aufl 1999; *Flessner,* Ausländischer Konkurs und inländischer Arrest, in: Festschrift für *Merz* (1992); *Ganslmayer,* Die einstweilige Verfügung im Zivilverfahren, 1991; *Gießler,* Vorläufiger Rechtsschutz in Ehe-, Familien- und Kindschaftssachen, 2. Aufl 1993; *Gloge,* Die Darlegung und Sachverhaltsuntersuchung im einstweiligen Rechtsschutzverfahren, 1991; *Gottwald,* Einstweiliger Rechtsschutz in Verfahren nach der ZPO, Kommentierung der §§ 916–945, 1998; *Gronstedt,* Grenzüberschreitender einstweiliger Rechtsschutz, 1994; *Heinze,* Einstweiliger und vorläufiger Rechtsschutz in Streitfällen des Arbeits-, Sozial- und Wirtschaftsrechts, in: Festschrift für *Zeuner* (1994); *Hilgard,* Die Schutzschrift im Arrest- und Einstweiligen-Verfügungs-Verfahrens, 1983; *Frhr vom Holtz,* Die Erzwingung von Willenserklärungen im einstweiligen Rechtsschutz, 1995; *Jeong-Ha,* Einstweilige Maßnahmen der Schiedsgerichtsbarkeit, 1991; *Kargados,* Zur Verfassungsmäßigkeit von gesetzlichen Verboten einstweiligen Rechtsschutzes usw, Festschrift für *Gaul* (1997) 265; *Knothe,* Einstweiliger Rechtsschutz im spanischen und deutschen Zivilprozeß, 1999; *Kohl,* Vorläufiger Rechtsschutz in internationalen Handelsschiedsverfahren, 1990; *Krieger,* Die vorläufige Durchsetzung von Unterlassungsansprüchen wegen Patentverletzung, Festschrift für *Preu* (1988) 165; *Kuchinke,* Zur Sicherung des erbvertraglich oder letztwillig bindend Bedachten durch ... Gewährung einstweiligen Rechtsschutzes, Festschrift für *Henckel* (1995) 475; *Kußmaul,* Zur Vorgeschichte der Vorschriften der ZPO über einstweiligen und beschleunigten Rechtsschutz, Diss Tüb 1989; *Leipold,* Grundlagen des einstweiligen Rechtsschutzes usw, 1971; *Littbarski,* Einstweiliger Rechtsschutz im Gesellschaftsrecht, 1996; *Littbarski,* Einstweiliger Rechtsschutz im Gesellschaftsrecht, 1997; *Lübbert,* Vorläufiger Rechtsschutz und einheitliche Auslegung des Gemeinschaftsrechts, Festschrift für *von Caemmerer* (1978) 933; *Lücke,* Inwiefern dürfen Parlamente, Gerichte und Behörden vorläufige Staatsakte erlassen?, 1991; *Mantzourani-Tschaschnig,* Die Befriedigungsverfügung usw, 1986 (rechtsvergleichend); *May,* Die Schutzschrift im Arrest- und Einstweiligen-Verfügungs-Verfahren, 1983; *Michel,* Der Schriftsatz des Anwalts im Zivilprozeß, 3. Aufl 1991; *Morbach,* Einstweiliger Rechtsschutz in Zivilsachen, 1988 (rechtsvergleichend); *Müller-Christmann,* Arrest und einstweilige Verfügung, Rechtspfleger-Studien (1991) 97; *Nieschulz,* Der Arrest in Seeschiffe (rechtsvergleichend), 1997; *Nirk/Kurtze,* Wettbewerbsstreitigkeiten, 2. Aufl 1992; *Nordemann,* Taktik im Wettbewerbsprozeß, 2. Aufl 1984; *Pastor/Ahrens,* Der Wettbewerbsprozeß usw, 4. Aufl 1999; *Piehler,* Einstweiliger Rechtsschutz und materielles Recht (rechtsvergleichend), 1980; *Rhode,* Vorläufiger Rechtsschutz unter dem Einfluß des Gemeinschaftsrechts, 1997; *Saenger,* Einstweiliger Rechtsschutz und materiellrechtliche Selbsterfüllung, 1998; *Schilken,* Die Befriedigungsverfügung usw, 1976; *Schlosser,* Die Durchsetzung von Schiedssprüchen und ausländischen Urteilen ... mittels eines inländischen Arrests, Festschrift für *Schwab* (1990) 435; *Schlosser,* Einstweiliger Rechtsschutz und materielles Zwischenrecht – ein Gegensatz?, Festschrift für *Henckel,* (1995) 737; *Schlosser,* Auf dem Wege zu neuen Dimensionen des Einstweiligen Rechtsschutzes, in: Festschrift für *Odersky,* 1996; *Schmidt-Diemitz,* Einstweiliger Rechtsschutz gegen rechtswidrige Gesellschafterbeschlüsse, Diss Tüb 1993; *Schuschke/Walker,* Vollstreckung und Vorläufiger Rechtsschutz (Kommentar), Bd II: Arrest, Einstweilige Verfügung (§§ 916–945 ZPO), 2. Aufl 1999; *Schwarze,* Vorläufiger Rechtsschutz im Widerstreit von Gemeinschaftsrecht und nationalem Verwaltungsverfahrens- und Prozeßrecht, 1993; *Stickler,* Das Zusammenwirken von Art. 24 EuGVÜ § 916 ff. ZPO, 1992; *Stürner,* Einstweilige Verfügung auf Durchführung von Austauschverträgen, in: Festschrift für *Zeuner* (1994); *Tempel,* Mustertexte zum Zivilprozeß, Bd II: Arrest, einstweilige Verfügung usw, 4. Aufl 1996; *Teplitzky,* Wettbewerbsrechtliche Ansprüche usw, 5. Aufl 1986; *Vogg,* Einstweiliger Rechtsschutz und vorläufige Vollstreckbarkeit: Gemeinsamkeiten und Wertungswidersprüche, 1991; *Walker,* Der einstweilige Rechtsschutz im Zivilprozeß und im arbeitsgerichtlichen Verfahren, 1993; *Weber,* Die Verdrängung des Hauptsacheverfahrens durch den einstweiligen Rechtsschutz in Deutschland und Frankreich usw, Diss Freibg/Br 1992; *Werner/Pastor,* Der Bauprozeß, 9. Aufl 1998; *Wohlleben,* Einstweiliger Rechtsschutz im Personengesellschaftsrecht, 1990.

### Gliederung

| | |
|---|---|
| 1) Systematik .................. 1 | 3) Geltungsbereich .................. 4 |
| 2) Regelungszweck .................. 2, 3 | 4) Abgrenzung zum Hauptprozeß ...... 5–9 |
|   A. Arrest .................. 2 |   A. Grundsatz: Vorläufigkeit ......... 5 |
|   B. Einstweilige Verfügung .......... 3 | |

## 5. Abschnitt. Arrest und einstweilige Verfügung **Grundz § 916**

| | | | |
|---|---|---|---|
| B. Ausnahmen bei der Leistungsverfügung | 6–9 | 8) **Rechtsbehelfe** | 17, 18 |
| | | A. Gläubiger | 17 |
| 5) **Andersartige vorläufige Regelungen** | 10 | B. Schuldner | 18 |
| 6) **Streitgegenstand** | 11 | 9) **Arrestvollzug und Arrestvollstreckung** | 19, 20 |
| 7) **Arrest- und Verfügungsprozeß** | 12–16 | A. Arrestvollzug | 19 |
| A. Verfahrensgrundsätze | 12 | B. Arrestvollstreckung | 20 |
| B. Aussetzung | 13, 14 | 10) **VwGO** | 21 |
| C. Entscheidung | 15 | | |
| D. Außenwirtschaft | 16 | | |

**1) Systematik.** Der Abschnitt „Arrest und einstweilige Verfügung" gehört nicht ins 8. Buch, BVerfG **46**, 182. Zur Zwangsvollstreckung zählt nur die Arrestvollstreckung genau so wie die des Urteils; das Arrestverfahren, der Arrestprozeß, das Anordnungsverfahren, §§ 916–927, ist ein besonders geregelter, abgekürzter und vorläufiger Prozeß, der zu den besonderen Verfahrensarten zu rechnen ist und dessen Selbständigkeit gegenüber dem Hauptsacheverfahren, auch dem gleichzeitigen, Ffm MDR **84**, 58, Köln GRUR **88**, 646, auch eine Verfassungsbeschwerde unabhängig vom Hauptsacheverfahren zulässig machen kann, BVerfG **42**, 167; zur Vorlage gemäß Art 100 I GG BVerfG **46**, 51. Freilich ordnet § 928 grundsätzlich die entsprechende Anwendbarkeit der Vorschriften zur Zwangsvollstreckung an, aber eben nur für die Vollziehung, §§ 929 ff, nicht für das Verfahren auf den Erlaß. §§ 620 ff regeln als vorrangige Spezialvorschriften die einstweilige „Anordnung" in Familiensachen, dazu zB Bernreuther FamRZ **99**, 69 (Üb).

**2) Regelungszweck.** Jede der beiden Arten dient eigenen Zwecken. **2**

**A. Arrest.** Der Arrest sichert eine künftige Zwangsvollstreckung in das bewegliche und unbewegliche Vermögen wegen einer im ordentlichen Rechtsweg durchsetzbaren Geldforderung, Grdz 1 vor § 803, Düss FamRZ **94**, 113 (vgl wegen des dort erörterten Unterhalts vor allem Rn 7), oder eines Anspruchs, der in eine entsprechende Geldforderung übergehen kann, § 916, also einen Vermögensowert. Unerheblich ist dabei, ob ein sachlichrechtlicher Anspruch auf eine Sicherheitsleistung besteht und, wie zB bei § 1051 BGB, durch eine Klage geltend zu machen ist. Nicht etwa bezweckt der Arrest die Aufklärung der Vermögensverhältnisse des Schuldners, BGH **68**, 293.

**B. Einstweilige Verfügung.** Die einstweilige Verfügung dient zwei ganz verschiedenen Zwecken, nämlich einerseits der Sicherung des Anspruchs auf eine gegenständliche Leistung, § 935 (Sicherungsverfügung), LG Ffm NJW **81**, 56, andererseits der Regelung eines einstweiligen Zustandes in bezug auf ein streitiges Rechtsverhältnis, § 940 (Regelungsverfügung), Jauernig ZZP **79**, 325. Für den Hauptanspruch muß der ordentliche Rechtsweg gegeben sein, § 13 GVG. Soweit der Arrest zulässig ist, ist eine einstweilige Verfügung unzulässig, Düss FamRZ **80**, 1116, außer bei Ansprüchen, die in eine Geldforderung übergehen können, aber noch nicht übergegangen sind. Eine Umdeutbarkeit ist nur ausnahmsweise zulässig, § 916 Rn 2, Köln NJW **70**, 1883. Wegen des Verfahrensübergangs durch eine Beschwerde § 916 Rn 2. **3**

**3) Geltungsbereich.** §§ 916 ff gelten umfassend, auch neben §§ 1025 ff, Wolf DB **99**, 1101. Abschnitt 5 gilt auch im arbeitsgerichtlichen Verfahren, §§ 62 II, 85 II ArbGG, LAG Hamm DB **77**, 1420. Zuständig ist das ArbG, in dringenden Fällen, § 942, und als Gericht der Verbleibs, § 919, daneben das AG. Ähnliche Verfahren kennen für Steuersachen §§ 324 ff AO, BGH **114**, 325 (Schriftform nötig), BFH DB **83**, 1854, Bruschke BB **96**, 81. § 89 I InsO verbietet nur den Arrestvollzug, Rn 1, nicht schon den Erlaß des Arrests während des Insolvenzverfahrens; dasselbe gilt für eine einstweilige Verfügung auf die Eintragung einer Vormerkung; vgl freilich § 174 InsO. Wegen der einstweiligen Anordnung vorm BVerfG § 32 BVerfGG, Granderath NJW **71**, 542. **4**

Wegen des Arrests in *Seeschiffe*, dazu *Nieschulz*, Der Arrest in Seeschiffe (rechtsvergleichend), 1997, s das Internationale Übk v 10. 5. 52, BGBl **72** II 655, insbesondere Art 6 II, in Kraft seit 6. 4. 73, Bek v 8. 3. 73, BGBl II 172, für Polen gemäß Bek v 22. 9. 76, BGBl II 1702, Tonga, Bek v 19. 12. 78, BGBl II 20, Italien, Bek v 10. 1. 80, BGBl II 52, Salomonen, Bek v 30. 12. 81, BGBl **82** II 69, Togo, Bek v 10. 3. 82, BGBl II 295, Niederlande (einschließ Niederländischen Antillen), Bek v 21. 3. 83, BGBl II 240, Kuba, Bek v 14. 2. 84, BGBl II 209, berichtigt 276, Côte d'Ivoire, Bek v 26. 6. 89, BGBl II 624, Dänemark (ohne Färöer und Grönland), Irland, Luxemburg, Marokko, St. Lucia, Vereinigtes Königreich, Bek v 4. 11. 91, BGBl II 1129, Slowenien, Bek v 7. 3. 94, BGBl II 399, Guinea, Rumänien, Bek v 11. 1. 96, BGBl II 239, Finnland, Bek v 3. 9. 96, BGBl II 376, Norwegen, Bek v 6. 5. 96, BGBl II 935; ferner § 35 Seerechtl VertO v 21. 6. 72, BGBl 953, in Kraft seit 6. 4. 73, Bek v 21. 3. 73, BGBl 267. Danach sind §§ 916 ff grundsätzlich anwendbar.

Wegen *Eisenbahnen* s Art 56 CIM, 52 CIV, vgl Einl IV 3 E. Bei der Deutschen Genossenschaftsbank besteht eine Arrestbeschränkung auf einen Einf 8 vor § 850. §§ 916 ff sind unanwendbar in SGG-Sachen, § 198 II SGG (vielmehr gilt evtl § 123 VwGO entsprechend, BVerfG **46**, 181).

**4) Abgrenzung zum Hauptprozeß.** Ein Grundsatz hat eine gewichtige Ausnahme. **5**

**A. Grundsatz: Vorläufigkeit.** Es handelt sich, wenn man von der (zu) hauchfeinen Unterscheidung von Einstweiligkeit (Offenhalten der Entscheidungsfähigkeit in der Hauptsache) und Vorläufigkeit (Verbleiben von Aufhebbarkeit oder Abänderbarkeit) bei MüKoHe § 916 Rn 15 ff absieht, nur um vorläufige Maßnahmen, LAG Düss DB **78**, 211, die sich innerhalb des zu erreichenden Zweckes halten und binnen Monatsfrist vollzogen sein müssen, § 929 II, insofern also um ein Weniger gegenüber dem ordentlichen Verfahren, aber auch um ein aliud; denn in diesem läßt sich zB eine Verhaftung, § 918, nicht erreichen. Das Rechtsschutzbedürfnis, Grdz 33 vor § 253, kann unabhängig vom Hauptprozeß oder seinem Fehlen vorliegen, Grdz 38 vor § 253 „Arrest, einstweilige Verfügung". Vorläufige Maßnahmen können auf Widerspruch, § 924, und wegen veränderter Umstände, § 927, bei der einstweiligen Verfügung gemäß § 936 anwendbar, aufgehoben werden. Unter den Voraussetzungen des § 945 verpflichten sie die Partei, die die Maßnahmen veranlaßt hat, zum Schadensersatz. Die gerichtlichen Maßnahmen bedeuten also grundsätzlich nicht ein endgültiges Ergebnis, BGH **68**, 292, Hbg MDR **77**, 688, dürfen daher die Erledigung der Hauptsache grundsätzlich nicht vorwegnehmen, Köln BB **98**, 2131, und schon gar nicht mehr geben, als sich im Hauptprozeß erreichen ließe, ArbG Düss DB **83**, 2093. Ein Übergang vom vorläufigen Verfahren in den Hauptsacheprozeß ist wie eine Klagänderung, §§ 263, 264, zu beurteilen, Hamm NJW **78**, 58, Karlsr Just **77**, 98, StJGr § 920 Rn 3, aM Ffm FamRZ **89**, 297, StJGr 46 vor § 916, ZöV 3 vor § 916 (je: der Übergang sei zulässig).

**6**   **B. Ausnahmen bei der Leistungsverfügung.** Trotz dieses vorläufigen Charakters auch der einstweiligen Verfügung hat die Rechtsprechung aus der praktischen Notwendigkeit heraus, § 1615 o BGB, ausnahmsweise die vorläufige Regelung der Befriedigung des Gläubigers zugelassen, also ein summarisches Erkenntnisverfahren (Baur; gegen diese Charakterisierung generell zB Schwab Festschrift für Baur, 1981, 638) entwickelt, wenn andere erfolgversprechende Maßnahmen nicht zumutbar sind, Düss RR **96**, 124 (Messezugang), zB um einem bestehenden Notstand abzuhelfen und einem künftigen vorzubeugen, Drsd MDR **96**, 1183, Köln BB **98**, 2131, LAG Hamm MDR **90**, 657.

**7**   Es sind das vor allem vorläufige Regelungen des *Unterhalts,* soweit es sich dabei um die Befriedigung dringender Lebensbedürfnisse handelt, § 940 Rn 22 „Ehe, Familie", Düss FamRZ **94**, 113, Hbg FamRZ **88**, 964, LG Mü RR **87**, 958, Hbg FamRZ **81**, 161 (das OLG billigt für eine Übergangszeit den vollen angemessenen Unterhaltsbetrag zu).

**8**   Es geht insofern auch um *Unterlassungsansprüche,* § 940 Rn 31–33 „Gewerblicher Rechtsschutz" (Leistungsverfügungen, Jauernig ZZP **79**, 321, eine besondere Art der Regelungsverfügung, die mit dem Sicherungszweck nichts mehr zu tun haben), ArbG Bielef BB **85**, 666, Hadding ZHR **130**, 18 ff und § 936 Rn 14, § 938 Rn 1. Zwar handelt es sich auch hier um eine vorläufige Befriedigung, ArbG Bielef BB **85**, 666, die der endgültigen Entscheidung nicht vorgreifen soll und bei einer Aufhebung für Geldleistungen unter den Voraussetzungen des § 945 die Rückzahlung zur Folge hat, die freilich nur in den seltensten Fällen wird erwirkt werden können, und gebotene Unterlassungen für die Zukunft entfallen läßt, den früheren Zustand also ohne weiteres wiederherstellt, während die bereits unterlassene Handlung allerdings nicht mehr wiederhergestellt werden kann; das Hauptsacheverfahren wird oft zum bloßen „Schuß über das Grab" (Baur BB **64**, 607).

**9**   In solchen Fällen bleibt nur der Ersatzanspruch aus § 945. Daher muß man bei der Leistungsverfügung an den Nachweis des Verfügungsgrundes, die Schlüssigkeit und die Glaubhaftmachung stets *scharfe Anforderungen* stellen, Celle VersR **90**, 212, Hamm RR **90**, 1236, Köln FamRZ **83**, 412.

*Kaum ausreichend* ist zB die eidesstattliche Versicherung der Partei, sie „komme sonst in Bedrängnis", OLGZ **71**, 440, nicht ausreichend ist das Bestreben, ein in Händen des Prozeßgegners befindliche Beweismittel schon vor dem Beginn des Hauptprozesses einzuziehen, LG Karlsr VersR **82**, 1165. Ähnliches gilt bei einer angeordneten Duldung und beim Beseitigungsanspruch. Hier und bei den vorher genannten Ansprüchen auf Unterlassung und Duldung wird auch, da die Wirkung hinter der des Hauptprozesses zurückbleiben soll, untersucht werden müssen, ob nicht geringere Maßnahmen genügen, LG Gött MDR **80**, 324. Dafür gibt § 938 dem Richter freie Hand. Würde die einstweilige Verfügung einer endgültigen Regelung allzu nahe kommen, fehlt die Vorläufigkeit; eine solche einstweilige Verfügung erweist sich dann als unzulässig. Das kann bei einem nicht auf Besitzstörung beruhenden Herausgabeanspruch der Fall sein, zu großzügig Köln RR **97**, 58, oder bei der Gestaltung eines Rechtsverhältnisses, so daß zB ein Gesellschafter nicht durch einstweilige Verfügung ausgeschlossen werden kann, da es zu seiner Wiederaufnahme eines neuen Vertrages bedürfte, während die Geschäftsführungsbefugnis vorläufig entzogen werden kann. Auch ein sehr zeitgebundener sonstiger Anspruch mag einmal im Eilverfahren endgültig behandelbar sein, LG Lüb RR **88**, 124.

**10**   **5) Andersartige vorläufige Regelungen.** Keine einstweiligen Verfügungen, sondern Anordnungen im Prozeß, sind die Einstellung der Zwangsvollstreckung, Grdz 49 vor § 704, und die einstweiligen Anordnungen in Unterhaltssachen außerhalb von Ehe- oder Familiensachen, § 127 a, im Eheverfahren, §§ 620 ff, in anderen Familiensachen, § 621 f, im Kindschaftsprozeß, § 641 d. Soweit eine solche einstweilige Anordnung zulässig ist, fehlt wegen ihres Vorrangs als Sonderregel meist das stets für einen Arrest wie für eine einstweilige Verfügung nach Grdz 33 vor § 253 erforderliche Rechtsschutzbedürfnis, zB bei §§ 127 a, 620 ff, § 940 Rn 7, oder bei § 43 WEG, BayObLG Rpfleger **75**, 245. Wegen der HausrVO Düss Rpfleger **79**, 426.

**11**   **6) Streitgegenstand.** Streitgegenstand, § 2 Rn 3, ist also nicht der sachlichrechtliche Anspruch, der deshalb auch nicht rechtshängig wird, § 920 Rn 6, 7, und nicht an einer inneren Rechtskraft einer Entscheidung in diesem Verfahren teilnimmt, § 322 Rn 29, 30. Vielmehr ist Streitgegenstand die Zulässigkeit einer, auch zwangsweisen, vorläufigen Regelung oder Sicherung des sachlichrechtlichen Anspruchs, Ffm FamRZ **89**, 297, Hamm MDR **87**, 589, Mü MDR **86**, 681. Deshalb bezieht sich ein Anerkenntnis nach § 307 im Zweifel nur auf diesen Streitgegenstand, Hamm Rpfleger **86**, 310, Mü MDR **86**, 681, ebenso eine Erledigterklärung nach § 91 a, Hamm MDR **87**, 589. Deshalb ist das vorläufige Verfahren nach Rechtskraft der Entscheidung des Hauptprozesses nicht (mehr) zulässig.

**12**   **7) Arrest- und Verfügungsprozeß.** Er hat ganz eigenes Gepräge.

**A. Verfahrensgrundsätze.** Beide kann man unter dem Begriff vorläufiges, summarisches Verfahren zusammenfassen. Hauptkennzeichen dieses Verfahrens ist die Entbehrlichkeit einer mündlichen Verhandlung, § 128 Rn 10, § 921 I, § 937 II, und der vollen Beweisführung, an deren Stelle die Glaubhaftmachung nach § 294 tritt, § 920 II, § 936 Rn 2 „§ 920, Gesuch". Es ergeht eine vorläufige Entscheidung durch einen Beschluß, § 329, § 922 I 1 Hs 2 (ohne Verhandlung), § 936 Rn 1 „§ 922, Urteil oder Beschluß", bzw durch Urteil, § 300, § 922 I 1 Hs 1 (nach Verhandlung), § 936 Rn 1 „§ 922, Urteil oder Beschluß", nach beschleunigter vorläufiger Prüfung. Davon abgesehen, unterliegt der Arrestprozeß den fürs ordentliche Verfahren geltenden Vorschriften, §§ 128 ff, 253 ff, freilich mit einem Vorrang derjenigen Abweichungen, die Abschnitt 5 vorschreibt, Jestaedt GRUR **81**, 153, oder die sich aus der Natur des Verfahrens ergeben, Düss NJW **82**, 2452. Die Prozeßvoraussetzungen müssen wie im ordentlichen Verfahren vorliegen, Grdz 12 vor § 253, Hamm MDR **97**, 972. Der Arrestgrund ist keine Prozeß-, sondern eine Sachurteilsvoraussetzung. Es ist also beim Fehlen als unbegründet und nicht etwa nach den Regeln Grdz 14 vor § 253 als unzulässig

5. Abschnitt. Arrest und einstweilige Verfügung **Grundz § 916**

abzuweisen, StJGr § 917 Rn 2, aM ThP § 916 Rn 1. Ist das ArbG für die Hauptsache zuständig, so auch fürs vorläufige Verfahren.

**B. Aussetzung.** Mit Rücksicht auf den Eilcharakter dieses Verfahrens verbietet sich sowohl im Anordnungs- als auch im Aufhebungsverfahren, § 927 Rn 9, grundsätzlich eine Aussetzung, Einf 6 vor §§ 148–155, § 148 Rn 35, § 153 Rn 2, Ffm OLGZ **94**, 245, Hamm FamRZ **87**, 1189, ZöV 7 vor § 916, aM Düss NJW **85**, 1967, RoSGo § 127 II 4. **13**

Das ist auch dann nicht anders, wenn die Aussetzung nicht eine Ermessensfrage, sondern gesetzlich geboten ist, § 96 GWB. Der kartellrechtliche Einwand des Antragsgegners ist dann nicht zu beachten. Ihm ist vielmehr zu überlassen, seinerseits eine einstweilige Anordnung der Kartellbehörde mit dem Inhalt des § 17 GWB zu erwirken, § 56 GWB, nachdem er den Antragsteller zur Klage gezwungen hat, §§ 936, 926, die dann wegen § 96 II GWB zur Aussetzung führt, aM StJGr Rn 26 vor § 916 (das Arrestgericht müsse in entsprechender Anwendung von § 926 dem Gläubiger die Einholung einer Entscheidung des Kartellamts aufgeben und andernfalls den Arrest aufheben). Mit Rücksicht auf die Eilbedürftigkeit einstweiliger Verfügungen kann man bei diesen auch eine Vorlagepflicht gemäß Art 177 III EWGVertrag verneinen, Ffm OLGZ **94**, 245, Mankowski JR **93**, 406 (ausf), StJGr Rn 27 vor § 916 und wegen Art 85 EWGVertrag Ffm RR **90**, 191. Zudem wird es sich hier meist nicht um Entscheidungen handeln, die mit den Rechtsmitteln des innerstaatlichen Rechts nicht mehr angefochten werden können. Immerhin kann eine Aussetzung zB bei int Anwendbarkeit notwendig sein, Ffm Rpfleger **82**, 302. Eine Vorlage nach Art 100 I GG ist zulässig, BVerfG **63**, 140. Zum EG-Recht auch Brinker NJW **96**, 2851. **14**

**C. Entscheidung.** Die Entscheidung im vorläufigen Verfahren ergeht meistens durch einen Beschluß, Rn 12; wird indes eine mündliche Verhandlung angeordnet, so ergeht die Entscheidung durch ein Urteil, § 922. Die stattgebende Entscheidung gibt einen Vollstreckungstitel, § 794 Rn 45 „Arrest, einstweilige Verfügung". Über die sachliche Rechtskraftwirkung § 322 Rn 29 „Arrest und Einstweilige Anordnung oder Verfügung". **15**

*Gebühren:* Des Gerichts: KV 1310 ff; des RA: § 40 BRAGO. Wert: Anh § 3 Rn 11 „Arrest".

**D. Außenwirtschaft.** Nach § 32 I AWG bedürfen Arreste und einstweilige Verfügungen, die lediglich der Sicherung dienen, keines Vorbehalts. Vgl SchlAnh IV. **16**

**8) Rechtsbehelfe.** Gegen die Entscheidung sind die folgenden Rechtsbehelfe statthaft. **17**

**A. Gläubiger.** Er kann wie folgt vorgehen: Gegen einen zurückweisenden Beschluß hat der Gläubiger die einfache Beschwerde, § 567. Gegen ein den Arrest ablehnendes Urteil, auch wenn es einen stattgebenden Beschluß aufhebt, ist die Berufung zulässig, §§ 511 ff.

**B. Schuldner.** Er kann wie folgt vorgehen: Gegen den ohne mündliche Verhandlung stattgebenden Beschluß ist der Widerspruch zulässig, § 924. Er führt, ähnlich dem Einspruch, zur Nachprüfung der gesamten Grundlagen. In allen Fällen kann der Schuldner einen Antrag auf Aufhebung wegen Versäumung der Klagfrist stellen, § 926. In allen Fällen kann der Schuldner einen Antrag auf Aufhebung wegen veränderter Umstände, wegen Sicherheitsleistung oder wegen Nichtvollziehung oder aus anderen erheblichen Gründen stellen, § 927. Er ist noch nach der Bestätigung zulässig und führt zur Prüfung der Aufhebungsgründe. Gegen ein den Arrest anordnendes oder bestätigendes Urteil ist die Berufung statthaft, §§ 511 ff. Dem Schuldner ist in allen Fällen eine Beschwerde versagt. Revision ist im vorläufigen Verfahren zum Schaden der Rechtseinheit) unzulässig, § 545. Eine Verfassungsbeschwerde ist zwar von der Erschöpfung des Rechtswegs, Einl III 17, nicht aber von einer Anordnung nach §§ 926 I, 936 abhängig, BVerfG **42**, 167. **18**

**9) Arrestvollzug und Arrestvollstreckung.** Beide sind sorgfältig zu unterscheiden. **19**

**A. Arrestvollzug.** Man muß zwischen dem Anordnungsverfahren einerseits und sodann andererseits zwischen dem Arrestvollzug und der Arrestvollstreckung unterscheiden, Hamm MDR **82**, 763, Bennert Rpfleger **96**, 485 (auch zur Unterbrechung der Verjährung), aM Borck MDR **83**, 181, StJGr 37 vor § 916). Der Arrestvollzug hat nämlich nur die Bedeutung, den Arrest oder die einstweilige Verfügung dem Schuldner gegenüber wirksam zu machen. Bis zum Vollzug gibt der Arrest oder die einstweilige Verfügung dem Gläubiger nur die Möglichkeit, nach Ablauf der Vollzugsfrist auch das nicht mehr, § 929 II.

**B. Arrestvollstreckung.** Sie gewährt dem Gläubiger erst die gewünschte Sicherung. Beide fallen meist, aber keineswegs immer, zusammen. So ist eine einstweilige Verfügung auf eine Eintragung ins Grundbuch vollzogen, sobald der Eintragungsantrag beim Grundbuchamt eingegangen ist, §§ 936, 932 III; vollstreckt ist sie erst mit geschehener Eintragung. Weiter ist eine einstweilige Verfügung, die ein Verbot enthält, vollzogen mit der Zustellung, §§ 929, 936 Rn 8 ff, Schlesw NJW **72**, 1057. Die Zwangsvollstreckung beginnt erst in den § 890 Rn 35 genannten Zeitpunkten. Nur die Zwangsvollstreckung unterbricht laut § 209 BGB die Verjährung. Über den Arrestvollzug §§ 928, 936. **20**

**10) VwGO** (Schrifttum: Schoch, Erl zu § 123 in Sch/SchmA/P, 1996; Schoch, Vorläufiger Rechtsschutz im VerwR, 1988; Finkelnburg/Jank Rn 55–636; Bender F Menger, 1985, S 657 = VBlBW **86**, 321; Dunkl/ Moeller/Baur/Feldmeier, Handbuch des vorl. Rechtsschutzes, 3. Aufl 1999, Abschn K Rn 75 ff): Abschnitt 5 ist auf die einstweilige Anordnung entsprechend anwendbar, soweit dies § 123 III VwGO bestimmt (§§ 920, 921, 923, 926, 928–932, 938, 939, 941 u 945; wegen der §§ 924, 927 u 934 s dort). Dagegen kennt die VwGO kein Arrestverfahren, oben Rn 2, hM, Finkelnburg/Jank Rn 17 mwN. Das Gegenteil folgt nicht etwa aus § 167 I VwGO; denn der Arrest ist in §§ 168 I, 170 V u 172 VwGO nicht neben der einstwAnO genannt. Auch § 169 I VwGO ermöglicht über § 5 VwVG iVm §§ 324 bis 326 AO unter landesrechtlichen Bestimmungen keinen gerichtlichen Arrest, da § 169 VwGO ausschließlich an die Titel des § 168 anknüpft; Ersatz bietet die einstwAnO zur Sicherung von Geldansprüchen, Sch/SchmA/P § 123 Rn 55, Finkelnburg/Jank Rn 180 mwN, RedOe § 123 Anm 5, OVG Hbg NVwZ-RR **93**, 367, VGH Mannh NVwZ-RR **89**, 588 mwN. Zur einstwAnO im Normenkontrollverfahren, § 47 VI VwGO, vgl BVerfG NVwZ **98**, 1065, OVG Münst NVwZ-RR **99**, 473, RedOe Anm 49–55, Ey Rn 106–113 und Kopp Rn 104 ff, alle zu § 47, Schoch S 453–508, Finkelnburg/Jank Rn 589–635. Wegen des dinglichen Arrests nach VwVfG iVm § 324 AO s OVG Hbg HbgJVBl **96**, 85. **21**

## § 916

**916** *Arrestanspruch.* ¹Der Arrest findet zur Sicherung der Zwangsvollstreckung in das bewegliche oder unbewegliche Vermögen wegen einer Geldforderung oder wegen eines Anspruchs statt, der in eine Geldforderung übergehen kann.

II Die Zulässigkeit des Arrestes wird nicht dadurch ausgeschlossen, daß der Anspruch betagt oder bedingt ist, es sei denn, daß der bedingte Anspruch wegen der entfernten Möglichkeit des Eintritts der Bedingung einen gegenwärtigen Vermögenswert nicht hat.

**Schrifttum:** *Ullmann,* Sicherung künftiger Ansprüche durch Arrest und einstweilige Verfügung, Diss Heidelb 1970.

### Gliederung

| | |
|---|---|
| 1) Systematik, Regelungszweck, §§ 916–918 ............................................. 1 | A. Betagter Anspruch ................... 5 |
| 2) Geltungsbereich, §§ 916–918 ......... 2 | B. Bedingter Anspruch .................. 6 |
| 3) Prozeßführungsrecht, §§ 916–918 ..... 3 | C. Beispiele ............................ 7 |
| 4) Arrestanspruch im allgemeinen, I ..... 4 | D. Künftiger Anspruch .................. 8 |
| 5) Betagter und bedingter Anspruch, II . 5–8 | 6) *VwGO* ............................. 9 |

**1** **1) Systematik, Regelungszweck, §§ 916–918.** Vgl zunächst Grdz 1–3 vor § 916. Man muß auch im Arrestverfahren zwischen der Zulässigkeit und Begründetheit des Antrags unterscheiden. Zur Zulässigkeit gehören zunächst die allgemeinen Prozeßvoraussetzungen, Grdz 12 vor § 253. §§ 916–918 enthalten die besonderen Voraussetzungen des Arrests, nämlich den Arrestanspruch, § 916, und den Arrestgrund, §§ 917–918. Der Gläubiger muß deren Vorliegen behaupten, Teplitzky DRiZ 82, 41. Das Gericht muß von Amts wegen unter einer Würdigung aller Umstände prüfen, ob diese besonderen Voraussetzungen nach §§ 294, 920 II glaubhaft gemacht sind. Wenn das der Fall ist, dann muß das Gericht den damit auch begründeten Arrest erlassen. Über den Unterschied zwischen dem Arrest und der einstweiligen Verfügung Grdz 3, 4 vor § 916.

**2** **2) Geltungsbereich, §§ 916–918.** Eine einstweilige Verfügung zur Sicherung der Zwangsvollstreckung wegen einer Geldforderung, etwa durch die Anordnung einer Arresthypothek oder einer Vormerkung, ist unzulässig, Düss NJW 77, 1828, StJGr 44 vor § 916. Der Anspruch auf die gegenständliche Leistung kann aber mit einem Hilfsanspruch auf die Zahlung einer Geldsumme als Schadensersatz verbunden sein. Im Fall einer Anfechtung mag der Gläubiger zB in erster Linie die Rückgewähr der Sache verlangen, hilfsweise aber einen Schadensersatz in Geld. In diesen Fällen läßt sich die Hauptleistung durch eine einstweilige Verfügung sichern, die Hilfsleistung durch einen Arrest.

Ein *Übergang* vom Arrestverfahren zum Verfahren der einstweiligen Verfügung und umgekehrt ist wie eine Klagänderung zu behandeln, Grdz 5 vor § 916. Wenn für den Hauptprozeß der ordentliche Rechtsweg nach § 13 GVG unzulässig ist, dann ist er auch für den Arrest unzulässig. Wenn freilich für die Hauptsache ein Verfahren nach §§ 1025 ff vereinbart worden ist, dann ist das staatliche Gericht noch für die Anordnung eines Arrests zuständig. Wegen des Insolvenzverfahrens Grdz 4 vor § 916. Unzulässig ist ein Arrest ferner in ein segelfertiges Schiff (Ausnahme § 482 II HGB sowie Hbg MDR 73, 142) sowie während der Abwicklung eines Sondervermögens eines Kreditinstituts usw, §§ 13, 27 G v 21. 3. 72, BGBl 465.

**3** **3) Prozeßführungsrecht, §§ 916–918.** Das Prozeßführungsrecht im Arrestprozeß entspricht demjenigen des ordentlichen Prozesses, Grdz 21 vor § 50. Ein Pfändungspfandgläubiger, Üb 7 vor § 803, kann einen Arrest auch ohne eine Überweisung ausbringen. Dieselbe Befugnis hat der Miterbe schon vor einer Auseinandersetzung. Gegen den Erben ist ein Arrest erst nach der Annahme der Erbschaft statthaft, § 1958 BGB; vorher muß dem Miterben ein Nachlaßpfleger bestellt werden. Ein Arrest kann auch gegen einen Ausländer verhängt werden, § 917 Rn 9.

**4** **4) Arrestanspruch im allgemeinen, I.** Ein Arrest setzt voraus, daß der Gläubiger eine Geldforderung, Grdz 1 vor § 803, oder einen Anspruch besitzt, der in eine Geldforderung übergehen kann, Celle FamRZ **96,** 1429, Hbg FamRZ **82,** 284. Das trifft bei allen vermögensrechtlichen Ansprüchen (Begriff Grdz 10 vor § 1) zu. Hierher gehören zB: Ein Anspruch auf Sicherheitsleistung wegen § 887 II, Celle FamRZ **96,** 1429; ein Anspruch auf künftigen Zugewinnausgleich, Hamm FER **97,** 44, Karlsr FamRZ **99,** 663 (nur bei Erfolgsaussicht); aM Kblz FER **98,** 67; wenn gegenständlicher Anspruch, dann hilfsweise eine Geldersatzforderung zu sichern ist, Rn 1, Hbg MDR **73,** 242 (Anspruch auf die Ausstellung von Konnossementen). Bei einem Anspruch gegen den Begünstigten wegen einer Gläubigerbenachteiligung läßt sich die Forderung auf eine Rückgewähr durch eine einstweilige Verfügung sichern, die Forderung auf einen hilfsweisen Ersatzanspruch durch einen Arrest. Wegen eines Anfechtungsanspruches Düss NJW **77,** 1828. Ein Arrest wird grundsätzlich nicht dadurch gehindert, daß der Gläubiger seine Gegenleistung im Fall eines zweiseitigen Vertrags noch nicht oder nur unvollständig erbracht hat.

Der Anspruch auf die *Duldung der Zwangsvollstreckung* ist auch hier als ein Anspruch auf eine Zahlung in bar zu behandeln. Ein dinglicher Gläubiger kann einen Arrest gegen den dinglichen Schuldner ausbringen. Dieser Weg kann ihm nützen, weil er damit einen Pfändungstitel für seinen Mietzins usw erhält.

*Unzulässig* ist ein Arrest gegen den Erben vor der Annahme der Erbschaft (der Gläubiger kann aber gegen einen Nachlaßpfleger vorgehen) oder wegen einer familienrechtlichen Leistung (vgl aber Rn 8), oder einer unschätzbaren Leistung. Zulässig ist er aber wegen einer vermögensrechtlichen Leistung, die auf einer familienrechtlichen Grundlage beruht.

**5** **5) Betagter und bedingter Anspruch, II.** Beide folgen teils unterschiedlichen Regeln.

5. Abschnitt. Arrest und einstweilige Verfügung §§ 916, 917

**A. Betagter Anspruch.** Er ist entstanden, wird aber erst durch einen Zeitablauf oder infolge einer Kündigung fällig. Er läßt stets einen Arrest zu, KG FamRZ 85, 731, selbst wenn der Gläubiger schon einen Vollstreckungstitel hat, weil die Zwangsvollstreckung aus ihm nach § 751 noch nicht zulässig ist.

**B. Bedingter Anspruch.** Ein auflösend bedingter Anspruch läßt stets einen Arrest zu. Ein aufschiebend bedingter Anspruch reicht nur dann aus, wenn die Möglichkeit des Eintritts der Bedingung nicht so weit entfernt ist, daß gegenwärtig kein Vermögenswert besteht. Der Schuldner muß notfalls nach §§ 294, 920 II glaubhaft machen, daß der gegenwärtige Vermögenswert fehle, wie die Worte des Gesetzes „es sei denn" ergeben. Man muß alle Fallumstände zur Beurteilung dieser Frage heranziehen, Hbg MDR 71, 402. 6

**C. Beispiele.** Einen Arrest lassen zu: Künftige Teilbeträge einer Rente oder eines Unterhalts, auch auf zehn Jahre im voraus, ähnlich wie bei § 829 Rn 1, KG FamRZ 85, 731 (sehr großzügig); der Anspruch auf eine Kostenerstattung im Fall des künftigen Unterliegens des Gegners; der Anspruch der Staatskasse auf eine Erstattung der Kosten eines Strafprozesses; ein Anspruch auf eine Leistung Zug um Zug; der Anspruch auf eine Rückzahlung eines Betrages, den der Gläubiger auf Grund eines vorläufig vollstreckbaren Urteils oder eines Vorbehaltsurteils beigetrieben hat, oder den der Versicherer auf Grund vorgetäuschter Angaben des Versicherungsnehmers geleistet hat, Hamm VersR 83, 1174; ein Anspruch, bei dem die Bedingung bereits eingetreten, der Erfolg aber noch unbekannt ist; ein drohender Anspruch, den man nach § 287 bereits schätzen kann, Hbg MDR 71, 402. Wegen der Problematik beim Wechsel Beisswingert/Vossius BB 86, 2364 (ausf). 7

**D. Künftiger Anspruch.** Er läßt einen Arrest dann zu, sobald er einklagbar ist, ähnlich wie bei §§ 257– 259, § 829 Rn 1, Hbg FamRZ 82, 284, Karlsr FamRZ 95, 823, Schlesw RR 92, 318. Das gilt etwa: Für einen Unterhaltsanspruch, Düss FamRZ 81, 69; für künftigen Scheidungsunterhalt, Hamm FamRZ 95, 1427; für die Sicherungsleistung wegen eines Anspruchs auf eine zukünftige Zugewinnausgleich; § 935 Rn 4, Hamm FamRZ 85, 71, Karlsr FamRZ 97, 623, Köln FamRZ 83, 710 (vom Zeitpunkt des Verzugs an), aM Düss FamRZ 91, 351, KG FamRZ 94, 1479, Stgt FamRZ 95, 1437. In anderen Fällen ist ein Arrest nicht zulässig. Das folgt daraus, daß eine Erfüllung des § 926 unmöglich ist, Hbg FamRZ 82, 284, ThP 5, aM MüKoHe 12, StJGr 10, ZöV 8 (der Arrest ist zulässig, soweit eine Feststellungsklage möglich sei und ein schutzwertes Interesse vorliege). Eine Feststellungsklage nach § 256 genügt, soweit eine Leistungsklage im Sinn von Grdz 8 vor § 253 nicht möglich ist, § 926 Rn 9. Zum Schutz der Leibesfrucht läßt § 1615 o BGB eine einstweilige Verfügung zu, vgl Grdz 6, 7 vor § 916, § 940 Rn 22 „Ehe, Familie". 8

6) *VwGO:* Unanwendbar, Grdz § 916 Rn 21. 9

## 917

*Arrestgrund. Dinglicher Arrest.* [I] Der dingliche Arrest findet statt, wenn zu besorgen ist, daß ohne dessen Verhängung die Vollstreckung des Urteils vereitelt oder wesentlich erschwert werden würde.

[II] [1] Als ein zureichender Arrestgrund ist es anzusehen, wenn das Urteil im Ausland vollstreckt werden müßte. [2] Dies gilt nicht, wenn das Urteil nach dem Übereinkommen vom 27. September 1968 über die gerichtliche Zuständigkeit und die Vollstreckung gerichtlicher Entscheidungen in Zivil- und Handelssachen und den Beitrittsübereinkommen dazu oder dem Übereinkommen vom 16. September 1988 über die gerichtliche Zuständigkeit und die Vollstreckung gerichtlicher Entscheidungen in Zivil- und Handelssachen (BGBl. 1994 II S. 2658, 3772) vollstreckt werden müßte.

**Vorbem.** II 2 angefügt dch Art 2 c Z 2 G v 6. 8. 98, BGBl 2030, in Kraft seit 1. 10. 98, Art 3 G, ÜbergangsR Einl III 78.

**Schrifttum:** *Hoefler,* Die drohende Konkurrenz anderer Gläubiger als Arrestgrund, Diss Erlangen/Nürnb 1992; *Kropholler/Hartmann,* Die Europäisierung des Arrestgrundes der Auslandsvollstreckung, Festschrift für *Drobnig* (1998) 337; *Nieschulz,* Der Arrest in Seeschiffe (rechtsvergleichend), 1997; *Prévault,* Zwangsvollstreckung in den Staaten der Europäischen Union, in: Festschrift für *Deutsch* (1999).

### Gliederung

| | | | | |
|---|---|---|---|---|
| 1) Systematik, Regelungszweck, I, II …. | 1 | A. Urteil, II 1, 2 …………………… | 10 |
| 2) Geltungsbereich, I, II ………………… | 2 | B. „… müßte vollstreckt werden", II 1, 2 . | 11 |
| 3) Besorgnis der Vereitelung oder wesentlichen Erschwerung, I …………… | 3–8 | 5) Vollstreckung im „Ausland", II 1 ….. | 12–15 |
| A. Beurteilungsmaßstab ………………… | 3 | A. Nur Auslandsvermögen ……………… | 13 |
| B. Beispiele zur Frage des Vorliegens eines Arrestgrunds, I ……………………… | 4–7 | B. Auch Inlandsvermögen ……………… | 14 |
| C. Sicherungsbedürfnis …………………… | 8 | C. Weitere Einzelheiten ………………… | 15 |
| 4) Vollstreckung außerhalb Deutschlands, II ……………………………… | 9–11 | 6) Vollstreckung in Vertragsstaaten, II 2 .. | 16 |
| | | 7) *VwGO* ……………………………… | 17 |

**1) Systematik, Regelungszweck, I, II.** Vgl zunächst Grdz 1–3 vor §§ 916–918. Zum Arrestanspruch, § 916, muß ein Arrestgrund als eigentliche Voraussetzung eines Arrests treten. Ihn regelt § 917. Da der Arrest in einem Verfahren ohne stets notwendige Verhandlung und oft ohne rechtliches Gehör des Schuldners ergehen kann, ist er nur unter strenger Prüfung der Voraussetzungen vor allem beim Arrestgrund zu erlassen. Dabei ist II 1 als gesetzliche unwiderlegbare Rechtsvermutung, § 292 Rn 5, eben des Vorliegens 1

## § 917

eines Arrestgrundes und nicht etwa als Ausnahme von der Notwendigkeit seines Vorliegens konstruiert, bringt freilich eine Erleichterung für den Antragsteller und darf daher nicht zu eng ausgelegt werden. Einerseits ist das Gebot der Rechtssicherheit, Einl III 43, gerade im Eilverfahren, noch gar ohne mündliche Verhandlung, zu beachten. Andererseits gebietet die für den Rechtsstaat unentbehrliche Schnelligkeit, mit der manchmal ein jedenfalls zunächst wirksamer vorläufiger Rechtsschutz zu gewähren ist, also die Prozeßwirtschaftlichkeit, Grdz 14 vor § 128, eine auch nicht zu formalistisch enge Auslegung. Beides ist in der Praxis manchmal binnen weniger Minuten abzuwägen. Das alles gilt auch bei II 2 mit seiner formellen Rückkehr zum uneingeschränkten Prüfungsgebot nach I.

**2) Geltungsbereich, I, II.** Die Vorschrift filt mit ihren unten dargestellten Differenzierungen in allen Eilverfahren nach der ZPO, §§ 917, 928, 930–932, 934 I gelten nach § 111 o II StPO bei dringendem Verdacht der Verhängung einer Vermögensstrafe entsprechend.

**3) Besorgnis der Vereitelung oder wesentlichen Erschwerung, I.** Neben dem Arrestanspruch, § 916, muß ein Arrestgrund vorliegen. Für einen dinglichen Arrest ist die Besorgnis einer direkt bevorstehenden Vereitelung oder wesentlichen Erschwerung der Zwangsvollstreckung, Ffm FamRZ **96**, 748, Mü NJW **83**, 2578, aus einem vorhandenen, aber noch nicht ohne eine Sicherheitsleistung vollstreckbaren, oder einem demnächst ergehenden Vollstreckungstitel der Arrestgrund. Soweit er fehlt, ist der Antrag als unbegründet, nicht als unzulässig, abzuweisen, Grdz 12 vor § 916.

**A. Berurteilungsmaßstab.** Es entscheidet der sachliche Maßstab eines ruhigen, verständigen, gewissenhaft prüfenden Menschen, BFH BB **78**, 1203, Karlsr FamRZ **97**, 623, nicht schon die persönliche Meinung des Gläubigers. Eine Rechtswidrigkeit ist nicht erforderlich, Karlsr FamRZ **97**, 623, erst recht kein Verschulden des Schuldners, BFH BB **78**, 1203. Eine Tatsache der Vergangenheit genügt nur dann, wenn gerade sie die Besorgnis einer künftigen Vereitelung usw begründet, BGH VersR **75**, 764.

**B. Beispiele zur Frage des Vorliegens eines Arrestgrunds, I**
**Andere Gläubiger:** Ein Arrestgrund liegt nicht schon wegen des Ansturms anderer Gläubiger vor. Denn der Arrest darf den Gläubiger nicht besser stellen, als ihn eine sofortige Zwangsvollstreckung stellen würde, Düss Rpfleger **91**, 217, und der Arrest soll dem Gläubiger insbesondere keinen Vorrang vor einem anderen Gläubiger sichern. Es muß vielmehr eine besondere Verschlechterung der Vermögenslage oder eine wesentliche Erschwerung des Zugriffs bevorstehen, BGH **131**, 105, Düss Rpfleger **91**, 217, Karlsr FamRZ **93**, 508, aM MüKoHei 8, StJGr 1.
**Auskunft:** Ein Arrestgrund liegt vor, soweit der auf Zugewinnausgleich in Anspruch genommene Ehegatte wissentlich eine grob falsche Auskunft über sein Endvermögen gibt und dadurch den anderen Ehegatten von einer Klage auf Zugewinnausgleich abhält, Ffm FamRZ **96**, 748.
**Auswanderung:** Vgl zunächst Rn 9–15. Für die danach verbleibenden Fälle gilt: Ein Arrestgrund liegt vor, wenn der Schuldner Vorbereitungen zu einer Auswanderung oder zum Wegzug ins Ausland trifft, KG FamRZ **85**, 731. Ein Arrestgrund fehlt, soweit nur der Drittschuldner im Ausland wohnt, Ffm MDR **76**, 321.
S auch Rn 5 „Wohnsitz" sowie Rn 9 ff.
**Drittschuldner:** S „Ausland".
**Durchsetzbarkeit:** Rn 5 „Verkauf".
**Erbteil:** Ein Arrestgrund liegt vor, wenn sich der Schuldner durch eine Übertragung seines Erbteils seines einzigen wesentlichen Vermögensgegenstands begibt, AG Steinfurt FamRZ **88**, 1083.
**Erschwerung des Zugriffs:** S „Andere Gläubiger".
**Firma:** Ein Arrestgrund fehlt, wenn der Gläubiger seine Absicht, eine Firma aufzulösen, monatelang nicht durchgeführt hat, KG MDR **79**, 64.
**Geschäftsführung:** Ein Arrestgrund liegt vor, wenn zu befürchten ist, daß der Schuldner jeden Zugriff auf sein persönliches Vermögen mit derselben Entschlossenheit und Zielstrebigkeit zu verhindern versuchen wird, wie er es wegen des Vermögens einer Firma als Geschäftsführer tat, Ffm GRUR **84**, 373.
**Gläubigerkonkurrenz:** Rn 2 „Andere Gläubiger".
**Gläubigerrisiko:** Ein Arrestgrund kann fehlen, wenn sich der Gläubiger bewußt mit einem unsicheren Schuldner eingelassen hat; zum Problem Schwerdtner NJW **70**, 223.
**Grundeigentum:** Ein Arrestgrund liegt vor, wenn der Schuldner sein Grundeigentum auffallend stark belastet oder es vor der Eintragung einer bereits zugesicherten Sicherungshypothek veräußert, Schwerdtner NJW **70**, 225. Im Fall eines gesetzlichen Anspruchs auf die Eintragung besteht ein Arrestgrund aber nur unter zusätzlichen Umständen, Hamm MDR **75**, 587, aM ZöV 8.
**Haft:** Ein Arrestgrund liegt nicht schon deshalb vor, weil der Schuldner inhaftiert ist, Köln MDR **86**, 595.
**Konnossement:** Ein Arrestgrund liegt nicht schon deshalb vor, weil der Schuldner ein Konnossement vorsätzlich falsch ausgestellt hat, Hbg VersR **82**, 341.
S aber auch „Straftat".
**Leichtfertigkeit:** Ein Arrestgrund liegt vor, wenn der Schuldner seine Geschäfte leichtfertig führt.
S auch Rn 3 „Gläubigerrisiko", Rn 5 „Verschwendung".
**Naturereignis:** Ein Arrestgrund kann vorliegen, wenn der Schuldner infolge eines Naturereignisses einen großen Schaden erleidet.
**Prozeßverschleppung:** Es gelten dieselben Regeln wie bei Rn 2 „Andere Gläubiger".
**Religiöses Verhalten:** Ein Arrestgrund liegt vor, wenn der Verdacht besteht, der Schuldner werde seine letzten Vermögenswerte einer religiösen Bewegung usw, zB derjenigen von Hare-Krishna, zuwenden, Mü NJW **83**, 2578.
**Scheckrecht:** Ein Arrestgrund liegt nicht schon deshalb vor, weil der Schuldner zwei Schecks nicht eingelöst hat, KG OLGZ **78**, 452.
**Schenkung:** „Religiöses Verhalten", Rn 5 „Verschwendung".

**Schlechte Vermögenslage:** Ein Arrestgrund liegt nicht schon wegen derzeit schlechter Vermögenslage des Schuldners vor, auch nicht wegen seiner dadurch (mit)bedingten unregelmäßigen Zahlungsweise, Köln FamRZ **83**, 1260.
S aber auch Rn 2 „Andere Gläubiger".
**Sicherung des Gläubigers:** Ein Arrestgrund fehlt, wenn der Gläubiger schon hinreichend gesichert ist, Schwerdtner NJW **70**, 223. Ein Vollstreckungstitel, der nur gegen eine klägerische Sicherheitsleistung vorläufig vollstreckbar ist, sichert den Gläubiger bis zu demjenigen Zeitpunkt, in dem die Sicherheit erbracht worden ist, nicht genügend, LG Augsb NJW **75**, 2350 sieht ein Vermieterpfandrecht trotz § 561 BGB nicht als eine ausreichende Sicherheit an. Vgl auch Rn 6.
**Straftat:** Ein Arrestgrund liegt vor, soweit der Schuldner das Vermögen des Gläubigers vorsätzlich durch eine Straftat schädigt, Drsd MDR **98**, 795, Köln MDR **86**, 595, aM Fischer MDR **95**, 990. Das gilt zumindest dann, wenn die Vermögensverhältnisse des Schuldners unklar sind, Mü MDR **70**, 934, aM Düss RR **86**, 1192, Schlesw MDR **83**, 141 (fordert glaubhafte Wiederholungsgefahr).

Ein Arrestgrund *fehlt* trotz Verdachts eines Eingehungsbetrugs, soweit die Parteien jahrelang über die Erfüllung der streitigen Forderung verhandelt haben, Saarbr RR **99**, 143.
S aber auch Rn 3 „Konnossement".
**Umzug, Wegzug:** Rn 2 „Ausland".
**Unlauterkeit:** Rn 5 „Verschleuderung", „Verschwendung".
**Verfügungsbeschränkung:** Eine Verfügungsbeschränkung beseitigt einen Arrestgrund keineswegs automa- **6** tisch, Baer-Henney NJW **75**, 1368, aM LG Düss NJW **75**, 1367.
**Verkauf:** Ein Arrestgrund liegt vor, soweit der Verdacht besteht, der Schuldner werde seine letzten Vermögenswerte verkaufen, Hamm FamRZ **80**, 391, Karlsr FamRZ **97**, 623.

Ein Arrestgrund *fehlt*, soweit der Schuldner zwar im Begriff steht, die Sache zu verkaufen, der Gläubiger oder zB der Bauhandwerker aber die Forderung auf die Zahlung höchstwahrscheinlich durchsetzen kann, Thümer MDR **96**, 334.
**Vermögensnachteil:** Ein Arrestgrund liegt bei jeder für den Gläubiger nachteiligen Einwirkung auf das Vermögen des Schuldners vor, auch auf Grund einer vergangenen Tatsache, Düss FamRZ **80**, 1116, mag sie vom Schuldner, einem Dritten oder vom Zufall ausgehen.
S auch bei den weiteren Stichwörtern dieses ABC.
**Vermögensübernahme:** Ein Arrestgrund liegt bei ihrer Vortäuschung vor, LG Lüneb MDR **98**, 241, Thümer MDR **98**, 199.
**Verschleuderung:** Ein Arrestgrund liegt vor, wenn der Schuldner aus Unlauterkeit wesentliche Vermögensstücke verschiebt oder veschleudert oder dergleichen auch nur ernsthaft androht.
S auch „Verkauf".
**Verschwendung:** Ein Arrestgrund liegt vor, wenn der Schuldner verschwenderisch ist.
S auch Rn 3 „Leichtfertigkeit".
**Vorsatz:** Eine Böswilligkeit oder direkte Schädigungsabsicht des Schuldners ist keineswegs stets Voraussetzung eines Arrestgrundes.
**Wiederholungsgefahr:** Ein Arrestgrund liegt vor, wenn sich der Schuldner derart vertragswidrig verhält, **7** daß eine Wiederholungsgefahr und damit eine Gefahr für die Vollstreckbarkeit droht.
S auch Rn 4 „Straftat".
**Wohnsitz:** Ein Arrestgrund liegt vor, wenn der Schuldner seinen (inländischen) Wohnsitz aufgibt, ohne einen neuen zu begründen, Düss Rpfleger **91**, 217, oder wenn er einen unsteten Wohnsitz hat, Karlsr FamRZ **85**, 508, oder gar einen unsteten Aufenthalt.

Ein Arrestgrund *fehlt*, wenn nur der Drittschuldner im Ausland wohnt, Ffm MDR **76**, 321.
S auch Rn 2 „Ausland".
**Zahlungsweise:** Rn 4 „Schlechte Vermögenslage".

**C. Sicherungsbedürfnis.** Ein besonderes Rechtsschutzbedürfnis, Grdz 33 vor § 253, kann fehlen. Es **8** entscheidet vielmehr das Sicherungsbedürfnis, Düss FamRZ **81**, 45, also die Frage, ob ein Arrestgrund besteht oder nicht.

Das Sicherungsbedürfnis *fehlt* grundsätzlich, soweit der Gläubiger bereits eine genügende Sicherheit in Händen hat, zB durch einen Eigentumsvorbehalt oder durch ein Pfandrecht, § 777. In diesem Fall muß man aber prüfen, ob diese Sicherheit mindestens denselben Schutz gewährt wie ein Arrest. Eine im Sinn von II 1 im Ausland bestehende Sicherheit, etwa eine Hypothek, muß in ihrer Verwertbarkeit einer Sicherung durch einen Arrest im wesentlichen gleichkommen, so schon (zum alten Recht) BGH **LM** § 676 BGB Nr 10. Das Sicherungsbedürfnis fehlt grundsätzlich ferner, soweit der Gläubiger schon einen ohne eine Sicherheitsleistung vorläufig oder endgültig vollstreckbaren Titel besitzt, der ihm praktisch mindestens dasselbe gewährt. Ein Urteil, das nur gegen eine Sicherheitsleistung des Gläubigers vollstreckbar ist, § 709 S 1, 2, steht einem ohne eine Sicherheitsleistung zu gewährenden Arrest nicht entgegen, Hamm GRUR **90**, 1536, ZöV 13, aM Maurer FamRZ **89**, 245, RoGSch § 75 II 2, StJGr 24. Das gilt auch dann, wenn der Gläubiger die Sicherheitsleistung nicht erbringen kann.

Auch ein *Unterhaltstitel*, der keinen bestimmten Betrag nennt, steht dem Arrest nicht entgegen, AG Steinfurt FamRZ **88**, 1083, Rn 4. Das Sicherungsbedürfnis fehlt ferner, soweit der Gläubiger bereits einen dem jetzigen Antrag entsprechenden Arrest erwirkt und vollzogen oder vollziehen lassen hat. Das Sicherungsbedürfnis fehlt schließlich, soweit ein Veräußerungsverbot besteht und der Arrest nicht vollzogen werden kann. Das Sicherungsbedürfnis kann aber zB vorhanden sein, wenn der Gläubiger trotz des Besitzes eines Vollstreckungstitels die Zwangsvollstreckung insbesondere aus einem rechtlichen Grund derzeit noch nicht durchführen kann, Düss FamRZ **81**, 45. Das Sicherungsbedürfnis fällt auch nicht dadurch fort, daß der Gläubiger durch die Maßnahme einer anderen Behörde oder der freiwilligen Gerichtsbarkeit eine ausreichende Sicherung erhalten könnte.

## § 917

**9  4) Vollstreckung außerhalb Deutschlands, II**, dazu *Kropholler/Hartmann* (vor Rn 1): Zwecks Umsetzung des in Art 6 EGV angeordneten und von EuGH NJW **94**, 1271 bestätigten Diskriminierungsverbots innerhalb der EU, das den deutschen Richter schon wegen der Notwendigkeit, vor einer Abweichung den EuGH nach Art 177 III EGV anzurufen, praktisch band, ist II 2 angefügt worden; zur Systematik Rn 1. Daher gelten die Erfordernisse nach I uneingeschränkt im Anwendungsbereich von II 2 und erleichtert nur noch im Anwendungsbereich von II 1; dessen Auslandsbegriff ist entsprechend eingeengt worden. Es gibt aber Gemeinsamkeiten von II 1 und 2.

**10  A. Urteil, II 1, 2.** Beide Sätze von II setzen zunächst ein „Urteil" voraus, mag es bereits vorliegen oder zu erwarten sein, Rn 3. Der Urteilsbegriff ist hier nicht näher gesetzlich festgelegt. Natürlich zählt ein Urteil im Sinn von §§ 300 ff hierher. Gemeint ist aber jeder Vollstreckungstitel, denn es kommt ja bei der ganzen Regelung auf die Vollstreckbarkeit an, Rn 11. Daher kommt auch zB jeder weitere Vollstreckungstitel nach §§ 794 ff in Betracht.

Auch ein Titel aus einem Vertragsstaat des *EuGVÜ* oder des *LugÜbk* reicht aus, LG Hbg RIW **97**, 68. Das ergibt sich aus dem vom EuGH NJW **94**, 1271 mitbetonten auch nur versteckten Benachteiligungsverbot, Kropholler/Hartmann (vor Rn 1) 344 ff (ausf, auch zum bisherigen Meinungsstand). Das gilt unabhängig davon, ob die Vollstreckung im Sinn von II 1 oder II 2 erfolgen müßte.

Ein Titel aus dem danach verbleibenden *restlichen „Ausland"* reicht dagegen *nicht* aus, Kropholler/Hartmann (vor Rn 1) 344 ff (ausf), und zwar schon wegen der Notwendigkeit eines nicht erleichterten inländischen Anerkennungs- und Vollstreckungsverfahrens.

**11  B. „... müßte vollstreckt werden", II 1, 2.** Beide Sätze von II setzen ferner voraus, daß die in Rn 9 erörterte Entscheidung (entweder im Bereich von II 1 oder in demjenigen von II 2) vollstreckt werden „müßte" (nicht: könnte). Eine inländische Vollstreckung muß also ganz oder teilweise erfolglos gewesen sein oder zu werden drohen, und zwar im Zeitpunkt der Entscheidung über den Arrestantrag und bei vernünftiger Abwägung durch den Richter unter Beachtung des regelmäßigen Fortgangs der Entwicklung, Kropholler/Hartmann (vor Rn 1) 342 (zu Drittstaaten).

**12  5) Vollstreckung im „Ausland", II 1.** Die Bedeutung des früher alleinigen Satzes von II ist seit der Anfügung von II 2 erheblich gesunken, aber keineswegs ganz entwertet. Zur Systematik vgl wiederum zunächst Rn 1. Trotz der scheinbar auch für die Prüfungsreihenfolge maßgeblichen Stellung von II 1 vor II 2 hat II 1 zumindest praktisch wahrscheinlich oft nur eine bloße Auffangfunktion: Erst wenn kein Fall nach II 2 vorliegt, wird II 1 erheblich, so daß man die Vorschrift bei einem in den Anwendungsbereich der in II 2 genannten Verträge fallenden Urteil bei genauer Betrachtung so lesen muß: Als ein zureichender Arrestgrund ist es anzusehen, wenn das Urteil „außerhalb der Vertragsstaaten des EuGVÜ oder des LugÜbk vollstreckt werden müßte". In diesem Sinne könnte man auch vom „restlichen Ausland" oder von einem „Drittstaat" sprechen. Dabei kommt es auf den Zeitpunkt der Entscheidung über den Arrestantrag an, denn in diesem Zeitpunkt muß der Richter seine abschließende Prognose über die Vollstreckbarkeit stellen, deren Beginn ja noch ungewiß sein kann, mag er auch schon wegen des ohnehin erforderlichen Sicherungsbedürfnisses, Rn 8, meist alsbald beabsichtigt sein.

**13  A. Nur Auslandsvermögen.** Nur für die verbliebenen Fälle der Vollstreckung in solchem *Drittstaat* gilt unverändert: Das Gericht darf nicht prüfen, ob im Inland oder Ausland eine besondere Gefahr besteht. Das gilt auch dann, wenn der Schuldner ein Ausländer ist und sich in seinem Heimatland aufhält oder dorthin übersiedeln will oder wenn er schon zum Zeitpunkt der Begründung des Schuldverhältnisses im Ausland war oder wenn diese Gesichtspunkte für den Gläubiger oder für beide Teile zutreffen, so schon (zum alten Recht) Ffm AWD **80**, 800, ThP 3, aM StJGr 13 (aber man kann dem Gesetz nicht entnehmen, daß ein im Ausland befindlicher Ausländer keinen Arrest im Inland ausbringen könnte, wenn im Inland Vermögen vorhanden ist, § 23). Das gilt zumindest dann, wenn bei der Verwirklichung des Anspruchs schon weitere Schwierigkeiten aufgetreten oder abzusehen sind, so schon Ffm MDR **81**, 62. Freilich muß überhaupt ein vollstreckbarer Haupttitel möglich sein, so schon LG Köln KTS **89**, 723 (zustm Werres 728). Ein Arrestgrund kann beim Vorliegen ausreichender, wenn auch im Ausland befindlicher Sicherheiten fehlen, so schon BGH NJW **72**, 1044.

**14  B. Auch Inlandsvermögen.** Mit den Einschränkungen Rn 12 gilt ferner (nachfolgende Belege durchweg noch zum alten Recht): Ein Vermögen im Inland steht dem Arrest entgegen, falls es ausreicht und falls keine Gefahr besteht, daß der Schuldner den Zugriff des Gläubigers vereiteln könnte, Düss NJW **77**, 2034, Stgt RR **96**, 775, Dittmar NJW **78**, 1722.

*Beispiele:* Der ausländische Schädiger hat eine grüne Versicherungskarte; er hält sich jeweils vorhersehbar, wenn auch nur kurzfristig, im Inland auf, Mü RR **88**, 1023.

Ein Arrest darf aber *nicht etwa nur dann* verhängt werden, wenn Vermögen im Inland vorhanden ist, Düss FamRZ **81**, 45, Dittmar NJW **78**, 1722, Schütze BB **79**, 349. Wenn eine ausländische Reederei mit einem eigenen Schiff voraussichtlich innerhalb eines Liniendienstes, der allein noch nicht reichen würde, AG Hbg VersR **87**, 1237, nun aber auch voraussichtlich wenigstens einigermaßen regelmäßig weiterhin einen deutschen Hafen anlaufen wird, dann liegen die Voraussetzungen nach II selbst für den Fall nicht vor, daß der Gläubiger im Inland kein Inkasso vornehmen kann, Hbg MDR **71**, 767, ebensowenig dann, wenn sie ständig wiederkehrende Forderungen gegen ihre inländische Agentin hat, Hbg VersR **82**, 341. Im Zweifel liegt aber doch eine Vollstreckungsgefährdung vor, Grdz I vor § 916, Bre OLGZ **72**, 247, AG Hbg VersR **87**, 1237. Die bloße Ausländereigenschaft ist kein Arrestgrund.

**15  C. Weitere Einzelheiten.** Ebenfalls mit den Einschränkungen Rn 12 gilt schließlich. Es stellt keine Vollstreckung im Ausland dar, wenn dort (nur) der Drittschuldner wohnt, Ffm MDR **76**, 321. Es ist unerheblich, ob im Fall einer Zwangsvollstreckung im Ausland die Rechtshilfe verbürgt ist. Es genügt bereits, daß der Gläubiger wahrscheinlich im Ausland vollstrecken müßte, etwa deswegen, weil der Schuldner schon einen großen Teil seines Vermögens ins Ausland geschafft hat oder weil er Anstalten trifft, in das Ausland zu verziehen, es sei denn, er behält ausreichendes Inlandsvermögen, Rn 11.

**6) Vollstreckung in Vertragsstaaten, II 2.** Wegen der Systematik vgl zunächst Rn 1, 12. In den **16** praktisch häufigen Fällen des Anwendungsbereichs von II 2 gilt wegen seines Ausschlusses von II 1 („... gilt nicht") wiederum uneingeschränkt I mit seiner Notwendigkeit, die dort genannte Besorgnis im Einzelfall darzulegen und glaubhaft zu machen, § 920 II.
*Übereinkommen vom 27. 9. 68* ist das im SchlAnh V C 1 abgedruckte und erläuterte *EuGVÜ*, räumlicher Geltungsbereich dort Üb 5. Das in II 2 mitgenannte Beitrittsübereinkommen vom 26. 5. 89, BGBl **94** II 519, ist im SchlAnh V C 1 mitberücksichtigt.
*Übereinkommen vom 16. 9. 88* ist das im SchlAnh V D auszugsweise abgedruckte und erläuterte sog Lugano-Übereinkommen (LugÜbk), räumlicher Geltungsbereich dort Üb 3.

**7) VwGO:** Unanwendbar, *Grdz § 916 Rn 21.* **17**

## 918 *Arrestgrund. Persönlicher Arrest.* Der persönliche Sicherheitsarrest findet nur statt, wenn er erforderlich ist, um die gefährdete Zwangsvollstreckung in das Vermögen des Schuldners zu sichern.

**Schrifttum:** *Schuschke,* DGVZ **99**, 129 (Üb).

**1) Systematik, Regelungszweck.** Vgl zunächst Grdz 1–3 vor § 916. Der persönliche Arrest ist ein **1** hilfsweiser Rechtsbehelf, Mü RR **88**, 383. Er ist nur dann zulässig, wenn der Schuldner überhaupt noch pfändbares Vermögen hat; der „Schuldturm" ist keine Ersatzvollstreckung. Der persönliche Arrest ist außerdem nur dann zulässig, wenn andere Mittel zur Sicherung der Zwangsvollstreckung, namentlich ein dinglicher Arrest, §§ 916, 917, bisher versagen. Der persönliche Arrest ist auch gegen einen Ausländer statthaft, der sich im Inland aufhält, Anh § 918. Ritter ZZP **88**, 155 hat vor allem gegen eine Anordnung des persönlichen Arrests ohne eine mündliche Verhandlung verfassungsrechtliche Bedenken und fordert stets die Beachtung des Art 104 IV GG; vgl aber auch § 921 Rn 4. Jedenfalls gilt der Verhältnismäßigkeitsgrundsatz, Grdz 34 vor § 704, Karlsr FamRZ **96**, 1430, Mü RR **88**, 383.

**2) Arrestgrund.** Neben dem Arrestanspruch, § 916, muß auch beim persönlichen Arrest ein Arrest- **2** grund vorliegen. Er ist im wesentlichen derselbe wie beim dinglichen Arrest, § 917. Der Zweck des § 918 besteht nicht darin, den Schuldner dazu zu zwingen, Vermögensstücke zu beschaffen, Ritter ZZP **88**, 138, oder sie aus dem Ausland herbeizuschaffen, sondern nur darin, eine Verschiebung derjenigen glaubhafterweise bereits vorhandenen inländischen Vermögensstücke des Schuldners zu verhindern, deren Pfändung im Weg des dinglichen Arrests möglich werden soll.
*Beispiele:* Der Schuldner steht im Begriff, mit seinem Vermögen in das Ausland zu ziehen, Kblz JB **92**, 191; man kann nicht ermitteln, wo das Vermögen des Schuldners geblieben ist, Karlsr FamRZ **96**, 1429; der Schuldner will sich der Abgabe einer eidesstattlichen Versicherung zwecks Offenbarung entziehen, Mü RR **88**, 382 (natürlich müssen auch die Voraussetzungen des § 916 vorliegen). Das Vermögen mag sich im Ausland befinden; es reicht aus, daß der Gläubiger glaubhaft macht, daß der Schuldner ein pfändbares Vermögen in einer beliebigen Höhe besitzt. Der Gläubiger kann aber nicht schon zum Zweck der Glaubhaftmachung seiner Behauptungen nach §§ 294, 920 II verlangen, daß der Schuldner eine eidesstattliche Versicherung zwecks Offenbarung abgibt. Der Schuldner kann seinerseits nicht zum Zweck der Widerlegung der Glaubhaftmachung des Gläubigers anbieten, die eidesstattliche Versicherung abzuleisten. Vgl im übrigen § 917.

**3) Entscheidung.** Das Gericht muß zur Vermeidung der Unvollziehbarkeit wegen Unbestimmtheit **3** mangels Auslegbarkeit die Art und Weise des Arrests im Arrestbeschluß genau festlegen, § 933 Rn 2, Schuschke DGVZ **99**, 131. Wegen des etwa zusätzlich nötigen Haftbefehls § 933 Rn 1. Der Beschluß ist zu begründen, § 329 Rn 4.

**4) Vollzug.** Der Vollzug des persönlichen Arrests erfolgt nach § 933. Das Arrestgericht des § 919 muß **4** die Vollzugsart bereits im Haftbefehl angeben oder später durch einen Beschluß ergänzend anordnen.

**5) VwGO:** Unanwendbar, *Grdz § 916 Rn 21.* **5**

### Anhang nach § 918
### Persönlicher Arrest nach zwischenstaatlichem Recht

**1) Geltungsbereich.** Für den persönlichen Arrest ist es unerheblich, ob der Schuldner *Inländer oder* **1** *Ausländer* ist. Art 26 HRPrÜbk (wg der derzeitigen Geltung Einl IV) verbietet nur die Schlechterstellung von Angehörigen der Verbandsstaaten, die in der BRep nicht eintritt. Er lautet:

**VI. Personalhaft**

**HZPrÜbk Art 26.** [1]In Zivil- oder Handelssachen darf die Personalhaft als Mittel der Zwangsvollstreckung oder auch nur als Sicherungsmaßnahme gegen die einem Vertragsstaat angehörenden Ausländer nur in den Fällen angewendet werden, in denen sie auch gegen eigene Staatsangehörige anwendbar sein würde. [2]Ein Grund, aus dem ein im Inland wohnhafter eigener Staatsangehöriger die Aufhebung der Personalhaft beantragen kann, berechtigt auch den Angehörigen eines Vertragsstaates zu einem solchen Antrag, selbst wenn der Grund im Ausland eingetreten ist.

## 919 *Arrestgericht.* Für die Anordnung des Arrestes ist sowohl das Gericht der Hauptsache als das Amtsgericht zuständig, in dessen Bezirk der mit Arrest zu belegende Gegenstand oder die in ihrer persönlichen Freiheit zu beschränkende Person sich befindet.

## § 919

**Schrifttum:** *Schmitt,* Die Einrede des Schiedsvertrages im Verfahren des einstweiligen Rechtsschutzes, Diss Gießen 1987.

**Gliederung**

| | |
|---|---|
| 1) Systematik, Regelungszweck ......... 1 | C. Anhängigkeit der Hauptsache ......... 5 |
| 2) Geltungsbereich ...................... 2 | D. Zuständigkeitsprüfung ................ 6 |
| 3) Gerichtsstand der Hauptsache ........ 3–6 | 4) Gerichtsstand des Verbleibs oder der |
|    A. Hauptsache ........................ 3 |     Arrestbereitschaft ................... 7 |
|    B. Anhängigkeit des Arrestanspruchs .... 4 | 5) VwGO ............................... 8 |

**1** **1) Systematik, Regelungszweck.** § 919 regelt die Zuständigkeit des Gerichts für die Anordnung des Arrestes. Die Zuständigkeit für die Vollstreckung ist mit der Ausnahme des § 930 I dieselbe wie bei jeder anderen Zwangsvollstreckung. Die §§ 930 III, 943 I, II regeln Ausnahmen von § 919. Die beiden Gerichtsstände des § 919, derjenige der Hauptsache und derjenige des Verbleibs, stehen dem Gläubiger zur Wahl, Ffm FamRZ **88**, 184. Beide sind ausschließlich, § 802. In einem dringenden Fall darf der Vorsitzende ohne eine mündliche Verhandlung entscheiden, § 944. Wegen des Einzelrichters § 348 Rn 1. Das Gericht muß seine Zuständigkeit von Amts wegen prüfen, Grdz 39 vor § 128. Wenn freilich die Hauptsache im Zeitpunkt des Eingangs des Arrestgesuchs bereits anhängig ist, Rn 3, dann erstreckt sich die Zuständigkeitsprüfung nur auf die Anhängigkeit. Wie jede Zuständigkeitsregel ist auch der der Rechtssicherheit, Einl III 43, dienende § 919 strikt auszulegen.

**2** **2) Geltungsbereich.** Eine einmal begründete Zuständigkeit *dauert fort*. Sie umfaßt das Widerspruchsverfahren, § 925, und die Arrestaufhebung, §§ 926, 927 I (Ausnahme: § 927 II), die Anordnung der Rückgabe einer Sicherheit, § 109 (Ausnahme: § 943 II), die Klage auf die Erteilung der Vollstreckungsklausel, §§ 731, 929 I, die Pfändung von Forderungen und anderen Rechten, §§ 930 I 3, 934. Sie braucht nur im Zeitpunkt der Entscheidung über den Widerspruch nach § 925 zu bestehen. Der Arrest eines unzuständigen Gerichts bleibt bis zu seiner Aufhebung auf Grund eines Rechtsbehelfs voll wirksam. Dasselbe gilt für eine aus ihm vorgenommene Zwangsvollstreckung.

Die *internationale* Unzuständigkeit eines inländischen Gerichts für die Hauptsache, Üb 5 vor § 12, ist unschädlich, vgl freilich ohnehin § 23, Karlsr OLGZ **73**, 58, LG Ffm NJW **90**, 652, Geimer WertpMitt **75**, 912. Wegen des *EuGVÜ* SchlAnh V C 1, besonders Art 24, BGH **74**, 279, Kblz IPRax **91**, 241, Hanisch IPRax **91**, 225, aM Kblz NJW **76**, 2082 (abl Schlafen).

**3** **3) Gerichtsstand der Hauptsache.** Es sind vier Hauptaspekte zu beachten.

**A. Hauptsache.** Das ist im Sinn des § 919 der zu sichernde Anspruch selbst, bei § 940 das zu regelnde Rechtsverhältnis, Düss FamRZ **79**, 155. Im Fall einer Anspruchshäufung, § 260, ist entscheidend, welchen Anspruch der Arrest unmittelbar sichern soll, LG Stgt MDR **77**, 676. Es kann sich um einen Anspruch handeln, den der Klaganspruch nur vorbereitet, etwa einen Antrag auf einen Prozeßkostenvorschuß oder einen Ersatzanspruch für den Fall der Nichterfüllung des Klaganspruchs. Die Parteirollen, Grdz 1 vor § 50, entscheiden nicht. Im Zusammenhang mit einer Sicherung des Bekl muß in der Hauptsache der Bekl zuvor eine Widerklage erhoben haben, Anh § 253, da sonst der besondere Gerichtsstand hierfür fehlt, § 33. Eine Einrede macht den Anspruch nicht anhängig, ebensowenig eine Aufrechnung, § 145 Rn 9. Deshalb bestimmen weder eine Einrede noch eine Aufrechnung ein Gericht zu dem Gericht der Hauptsache.

**4** **B. Anhängigkeit des Arrestanspruchs.** Es kommt darauf an, bei welchem Gericht der zu sichernde Anspruch im Sinn von § 261 Rn 1 anhängig ist oder anhängig werden kann. Der Gläubiger darf zwischen mehreren zuständigen Gerichten wählen. Wenn die Parteien einen Schiedsvertrag vereinbart hatten, § 1025, dann ist dasjenige Staatsgericht zuständig, das ohne den Schiedsvertrag zuständig wäre, § 943, § 1034 Rn 8 „Arrest", ZöV 3, aM Hbg NJW **97**, 749, Schmitt 75, StJGr 25 vor § 916 (aber die Schiedsgerichtsabrede ist nicht einfach auf den staatlichen Prozeß übertragbar, den die Parteien ja gerade vermeiden wollen). Die Zuständigkeit des Staatsgerichts ist in diesem Fall zwingend. Andernfalls würde man die Partei dieses Rechtsschutzes gänzlich berauben, LG Ffm NJW **83**, 762, Vollkommer NJW **83**, 727, rechtsvergleichend krit Schlosser ZZP **99**, 268. Eine zulässige Vereinbarung der Parteien über die Zuständigkeit in der Hauptsache nach § 38 wirkt auch für das vorläufige Verfahren. Wenn für die Hauptsache die Kammer für Handelssachen zuständig ist, §§ 95 ff GVG, dann ist sie auch für einen Arrest, den der Gläubiger beantragt, § 96 GVG.

Wenn das *Familiengericht* für die Hauptsache zuständig ist, §§ 606 ff, dann ist es auch für den zugehörigen Arrest zuständig, BGH NJW **80**, 191, Ffm FamRZ **88**, 184 (es kann auch der Gerichtsstand des Verbleibs gewählt werden, § 621 II hindert nicht), StJGr 29 vor § 916, ThP 5, aM Hamm NJW **78**, 57. Das AG ist in keinem Fall neben einem *ArbG* zuständig, s aber Rn 6.

**5** **C. Anhängigkeit der Hauptsache.** Wenn die Hauptsache schon im Sinn von § 261 Rn 1 anhängig ist, dann ist entscheidend, bei welchem Gericht sie zur Zeit des Eingangs des Arrestantrags schwebt, Zweibr JZ **89**, 103. Es ist nicht erforderlich, daß die Hauptsache bereits rechtshängig ist, § 261 Rn 1, § 922 Rn 3, Zweibr JZ **89**, 103. Es genügt deshalb, daß die Hauptsache im Mahnverfahren anhängig ist, § 261 Rn 1, selbst wenn die Zuständigkeit des AG überschritten worden ist; Hauptsachegericht ist also auch dann dasjenige AG, dessen Rpfl den Mahnantrag nach § 689 zu bearbeiten hat. Wegen des Familiengerichts BGH Rpfleger **80**, 14. Wenn die Hauptsache in der zweiten Instanz schwebt, dann ist für den Arrest das Berufungsgericht zuständig, § 943 I Hs 2. Seine Zuständigkeit endet und die Zuständigkeit der ersten Instanz beginnt (entsprechend § 176, dort Rn 17) wieder im Zeitpunkt der Rechtskraft des Berufungsurteils nach § 322 oder im Zeitpunkt der Einlegung der Revision, § 552, BGH Rpfleger **76**, 178, Köln GRUR **77**, 221.

Wenn im Fall einer *Berufung* gegen eine *Vorabentscheidung* nach § 304 das Verfahren über den Betrag in der ersten Instanz schwebt, dann ist die erste Instanz für den Arrest zuständig. Denn man muß in einem solchen

## 5. Abschnitt. Arrest und einstweilige Verfügung §§ 919, 920

Fall die Zuständigkeit des Berufungsgerichts einschränkend auslegen, RoGSch § 77 I 1 a, StJGr 6, aM Köln ZZP **71**, 243, MüKoHe 10, ZöV 7 (es seien dann die Gerichte beider Instanzen zuständig). Dasselbe gilt im Fall eines Zwischenurteils nach § 280 II. Während eines Wiederaufnahmeverfahrens nach §§ 578 ff gegen ein Urteil des OLG ist das OLG für einen Arrest zuständig. Im Fall eines Teilurteils, § 301, entscheidet der zu sichernde Teil des Anspruchs.

**D. Zuständigkeitsprüfung.** Das Gericht der Hauptsache darf zwar prüfen, ob die Hauptsache anhängig **6** ist; es darf aber grundsätzlich seine Zuständigkeit für die Hauptsache nicht prüfen, Hbg MDR **81**, 1027, es sei denn, der ordentliche Rechtsweg fehlt, §§ 13 ff, 17 a, b GVG, KG DB **98**, 1340, ZöV 8, aM Otte ZIP **91**, 1048. Solange die Unzuständigkeit nicht rechtskräftig feststeht, ist das Gericht der Hauptsache für den Arrestantrag zuständig. Diese Zuständigkeit bleibt auch dann bestehen, wenn das Gericht der Hauptsache die Klage wegen Unzuständigkeit abweist oder den Rechtsstreit wegen der Hauptsache an ein anderes Gericht verweist, § 261 III Z 2. Es kommt dann § 927 in Betracht. Die nachträgliche Erhebung der Hauptklage nach §§ 253, 261, macht das Gericht für den Arrestantrag zuständig. Eine Verweisung nach §§ 281, 506 ist zulässig. Keinesfalls kann eine spätere Unzuständigkeit schaden, die auf einer Klagänderung, §§ 263, 264, einer Widerklage, Anh § 253, usw beruht. Maßgeblich ist der Zeitpunkt des Eingangs des Arrestgesuchs, § 920 Rn 3. Es ist nicht erforderlich, daß dieselbe Abteilung oder Kammer wie im Hauptprozeß entscheidet.

**4) Gerichtsstand des Verbleibs oder der Arrestbereitschaft.** Für den Arrestantrag ist stets *auch* (dieses **7** Wort ist natürlich im Gesetzestext hinter dessen Wort „als" zu ergänzen), nach der Wahl des Gläubigers dasjenige AG zuständig, in dessen Bezirk sich der vom Arrest betroffene Gegenstand oder die vom Arrest betroffene Person bereits befinden, abw Braun VersR **88**, 879 (es müsse zB beim Lkw genügen, daß er sich dort demnächst befinden werde. Aber das Eilverfahren ist schon gefährlich genug). Diese Zuständigkeit gilt ohne Rücksicht auf den Streitwert, auf die Anhängigkeit der Hauptsache und beim Arrest auch ohne Rücksicht auf die Dringlichkeit, insofern anders als bei der einstweiligen Verfügung, vgl § 942 I. Dieses AG ist auch dann zuständig, wenn für die Hauptsache kein inländisches Gericht zuständig wäre. „Gegenstand" ist hier auch eine Forderung. Sie befindet sich am Wohnsitz des Drittschuldners und am Ort der Pfandsache, § 23 S 2. Man kann weder aus dem Gesetzestext noch aus der Natur der Sache ableiten, daß der Arrest nur diejenigen Gegenstände oder Personen ergreife, die sich im Bezirk dieses AG befinden. Vielmehr ist eine gegenteilige Auslegung vernünftig und entsprechend § 23 S 1 möglich, Thümmel NJW **85**, 472, StJGr § 922 Rn 31, ZöV § 926 Rn 2, aM RoGSch § 77 I 4 d. Diese Zuständigkeit gilt auch in einer Arbeitsgerichtssache, LG Fulda NJW **96**, 266, aM RoGSch § 77 I 1 b. Maßgeblich ist der Zeitpunkt des Eingangs des Arrestgesuchs. Ein späterer Wechsel des Verbleibs der Sachen ist unerheblich, aM ThP 7 (ausreichend sei auch ein Verbleib im Zeitpunkt der Entscheidung im Bezirk des AG).

**5) VwGO:** Unanwendbar, Grdz § 916 Rn 21. Für die einstwAnO enthält § 123 II VwGO eine eigene **8** Zuständigkeitsregelung (auch danach ist an Stelle des Revisionsgerichts das erstinstanzliche Gericht zuständig, oben Rn 5, RedOe § 123 Anm 15; die Zuständigkeit des Berufungsgerichts bleibt im Fall der Nichtzulassungsbeschwerde erhalten, solange es sie nicht dem BVerwG vorgelegt hat, Finkelnburg/Jank Rn 81, VGH Mü DVBl **81**, 687 mwN, str, vgl Kopp/Schenke § 123 Rn 19 mwN, diff VGH Mü NVwZ-RR **93**, 221: Zuständigkeit des Berufungsgerichts mindestens bis zur Entscheidung des BVerwG über die Beschwerde.

## 920 *Arrestgesuch.* ¹ Das Gesuch soll die Bezeichnung des Anspruchs unter Angabe des Geldbetrages oder des Geldwertes sowie die Bezeichnung des Arrestgrundes enthalten.
**II** Der Anspruch und der Arrestgrund sind glaubhaft zu machen.
**III** Das Gesuch kann vor der Geschäftsstelle zu Protokoll erklärt werden.

**Schrifttum:** *Fuchs,* Die Darlegungs- und Glaubhaftmachungslast im zivilprozessualen Eilverfahren, Diss Bonn 1993; *Hilgard,* Die Schutzschrift im Arrest- und Einstweiligen-Verfügungs-Verfahren, 1983; *Scherer,* Das Beweismaß bei der Glaubhaftmachung, 1996; *Walter,* Die Darlegungs- und Glaubhaftmachungslast in den Verfahren von Arrest und einstweiliger Verfügung nach §§ 716 ff ZPO 1992.

**Gliederung**

| | | | | |
|---|---|---|---|---|
| 1) Systematik, Regelungszweck, I–III ... | 1 | A. Grundsatz: Erforderlichkeit bei Arrestanspruch, Arrestgrund, Prozeßvoraussetzungen | | 8 |
| 2) Gesuch, I | 2–7 | B. Mittel der Glaubhaftmachung | | 9 |
| A. Arrestanspruch | 2 | C. Ausnahme: Entbehrlichkeit beim Arrestgrund | | 10 |
| B. Gläubiger, Schuldner | 3 | 4) Form, III | | 11 |
| C. Arrestgrund | 4 | 5) Antragsrücknahme, I–III | | 12 |
| D. Arrestgegenstand | 5 | 6) VwGO | | 13 |
| E. Einzelheiten | 6 | | | |
| F. Rechtshängigkeit | 7 | | | |
| 3) Glaubhaftmachung, II | 8–10 | | | |

**1) Systematik, Regelungszweck, I–III.** § 920 regelt den das Arrestverfahren einleitenden Antrag, der **1** einer Klageschrift nach § 253 nicht dem vollen Inhalt nach, wohl aber der Funktion nach im Kern entspricht. Ergänzend sind die Regelungen über bestimmte Schriftsätze anwendbar, §§ 129 ff. Die Beschränkung in II auf eine bloße Glaubhaftmachung statt eines Vollbeweises entspricht dem Zweck, so rasch wie irgend möglich im Eilverfahren voranzukommen, also der Prozeßwirtschaftlichkeit zu dienen, Grdz 14 vor § 128.

## § 920

**2**  **2) Gesuch, I.** Das Verfahren beginnt mit dem Eingang eines Gesuchs, eines Antrags des Gläubigers. Das Wort „soll" in I bedeutet nur die Zulässigkeit einer Ergänzung im weiteren Verfahren, ZöV 6. Der Antrag muß also eigentlich bereits die folgenden Einzelheiten enthalten. Das Gericht hat die Anstandspflicht, dem Gläubiger in einem nicht ganz aussichtslosen Fall eine Ergänzung seiner etwa unvollständigen Angaben anheimzustellen oder eine mündliche Verhandlung anzuordnen, § 128 Rn 4.

**A. Arrestanspruch.** Der Gläubiger muß den Anspruch bezeichnen, §§ 253 II Z 2, 916. Dabei muß der Gläubiger den Geldbetrag oder den Geldwert angeben, auch wegen § 923.

**3**  **B. Gläubiger, Schuldner.** Außerdem muß der Gläubiger natürlich sich selbst, BGH MDR **92**, 1178, Ffm NJW **92**, 1178, und den Schuldner ausreichend bezeichnen. Dazu genügen ausreichende Umschreibungen der Identität, wenn dem Gläubiger den (wahren) Namen des Schuldners nicht zumutbar ermitteln kann, Raeschke-Kessler NJW **81**, 663 (Hausbesetzer), vgl aber auch § 253 Rn 24, 25.

**4**  **C. Arrestgrund.** Der Gläubiger muß den Arrestgrund angeben, §§ 917 ff. Ein Anwalt darf solche ihm anvertrauten Tatsachen nicht angeben, die er zur Darlegung seines Vergütungsanspruchs in einem Hauptprozeß nicht offenbaren müßte; andernfalls tritt Unverwertbarkeit ein, Üb 10 ff vor § 371, KG NJW **94**, 462.

**5**  **D. Arrestgegenstand.** I erwähnt den Arrestgegenstand nicht. Da der Arrest immer „in das Vermögen" des Schuldners erlassen werden muß, braucht der Gläubiger den Gegenstand nur dann anzugeben, wenn erst dessen Verbleib die Zuständigkeit des angerufenen Gerichts begründet, § 919 Rn 5, oder wenn der Gläubiger einen persönlichen Arrest beantragt. Wegen einer Verbindung mit einer Forderungspfändung § 930 Rn 4, 5.

**6**  **E. Einzelheiten.** Ein Schiedsverfahren braucht anders als vor einer Klagerhebung, § 253 Rn 7, dann nicht vorangegangen zu sein, wenn der Gläubiger ein Recht oder ein Rechtsverhältnis von § 37 IV ArGNEG geltend macht. Den evtl nach § 923 festzustellenden Betrag braucht der Gläubiger nicht anzugeben, denn das Gericht hat ihn von Amts wegen zu ermitteln, § 923 Rn 1. Der Gläubiger kann ihn insofern nur anregen, aM ThP 1 (er müsse ihn angeben).

**7**  **F. Rechtshängigkeit.** Der Eingang des Gesuchs macht den Arrestprozeß, nicht aber auch die Hauptsache (zur letzteren § 261 Rn 1), nicht nur anhängig, sondern darüber hinaus auch bereits rechtshängig, vgl vor § 91 Rn 192 „Schutzschrift", Grdz 7 vor § 128, BGH JZ **95**, 316, Brdb MDR **99**, 570, Kblz GRUR **95**, 171.

Rechtsgrund dieser Abweichung vom grundsätzlich nach §§ 253 I, 261 I gebotenen Zustellen ist die im Eilverfahren eintretende *Prozeßtreuhänderstellung* des Gerichts als Ausfluß seiner Fürsorgepflicht, Einl III 27; sie begründet hier bereits auch für den Antragsgegner das Prozeßrechtsverhältnis im Sinn von Grdz 4 vor § 128, § 261 Rn 8. Die Rechtshängigkeit steht einem neuen Gesuch mit demselben Ziel entgegen, Kblz GRUR **81**, 93, s aber auch § 322 Rn 29, 30 „Arrest und Einstweilige Anordnung oder Verfügung". Es treten grundsätzlich alle prozessualen Wirkungen der Rechtshängigkeit ein, § 91 a, § 261 Rn 3, Düss NJW **81**, 2824, Kblz GRUR **81**, 93, Mü NJW **93**, 1604. Die sachlichrechtlichen Wirkungen der Rechtshängigkeit treten nur ein, soweit das sachliche Recht diese Wirkungen an das Arrestgesuch oder an jede gerichtliche Geltendmachung knüpft, wie im Fall des § 941 BGB. Man kann vom Arrestverfahren zum Hauptprozeß übergehen nur nach den Regeln der Klagänderung, §§ 263, 264, übergehen, Grdz 5 vor § 916. Unzulässig, da auch nicht durch eine Klage-„Änderung" durchführbar, ist ein Übergang vom Hauptprozeß zum Arrestverfahren, schon gar in der höheren Instanz, Düss FamRZ **81**, 70. Wegen der Kosten § 91 a Rn 32, Bülow ZZP **98**, 274.

**8**  **3) Glaubhaftmachung, II.** Sie erfolgt nach § 294, BayObLG Rpfleger **95**, 476 (StPO), Hirtz NJW **86**, 111, strenger Scherer (vor Rn 1). Die im Hauptprozeß geltenden Regeln zur Beweislast, Anh § 286, gelten also im übrigen nicht, auch nicht bei mündlicher Verhandlung, Düss FamRZ **80**, 158, StJGr 10, aM Ffm DB **90**, 2260, Karlsr GRUR **87**, 847 (aber StJGr erörtert aaO nur die Beweislast), ZöV 9.

**A. Grundsatz: Erforderlichkeit bei Arrestanspruch, Arrestgrund, Prozeßvoraussetzungen.** Die Glaubhaftmachung muß sich grundsätzlich (Ausnahme: Rn 10) auf den Arrestanspruch, § 916, und auf den Arrestgrund erstrecken, § 917, Hamm FamRZ **86**, 696 (strenge Anforderungen beim Notunterhalt). Je unwahrscheinlicher aber der Bestand des zu sichernden sachlichrechtlichen Anspruchs ist, desto höhere Anforderungen muß man an die Wahrscheinlichkeit einer dem Antragsteller drohenden Gefahr stellen, Jestaedt GRUR **81**, 155, bei einer sog Leistungsverfügung Celle FamRZ **94**, 386 (Unterhalt). Sie genügt zur Begründung des Gesuchs, Dittmar NJW **78**, 1721. Wenn ein Gesuch rechtskräftig abgewiesen wurde, kann der Gläubiger ein neues Gesuch einreichen und durch eine neue Glaubhaftmachung nunmehr ausreichend begründen.

Er muß auch die *Prozeßvoraussetzungen*, Grdz 12 vor § 253, von vornherein glaubhaft machen, Hamm FamRZ **98**, 687, Thümmel NJW **96**, 1931, namentlich die Zuständigkeit nach § 919. Gegenüber einem Vollbeweis des Gläubigers, § 286 Rn 16, reicht die eidesstattliche Versicherung nicht als Gegenbeweis im Sinn von Einf 12 vor § 284 aus, Köln FamRZ **81**, 780. Im übrigen darf das Gericht aber überhaupt in keinem Punkt einen vollen Beweis verlangen, Ffm MDR **81**, 238, auch nicht in einer mündlichen Verhandlung. Es ist überhaupt keine allzu große Strenge geboten, Hbg GRUR **89**, 1164. Das Gericht prüft von Amts wegen, ob eine erforderliche Vollmacht vorliegt und nachgewiesen ist, §§ 88 II, 80. Eine Prozeßvollmacht für den Hauptprozeß genügt, wenn sie im Hauptprozeß nachgewiesen worden ist, § 82. § 1585 a BGB hat das Erfordernis der Glaubhaftmachung nicht beseitigt, Düss FamRZ **80**, 1116.

**9**  **B. Mittel der Glaubhaftmachung.** Grundsätzlich kann sich der Gläubiger zur Glaubhaftmachung auf seine eigene eidesstattliche Versicherung beziehen, Celle RR **87**, 448. Indessen muß eine solche eidesstattliche Versicherung gerade im Arrestverfahren mit äußerster Vorsicht bewertet werden. Das gilt insbesondere deshalb, weil eine falsche eidesstattliche Versicherung der Partei zum Teil straflos sein kann, Blomeyer JR **76**, 441. Zum Problem des Telefax BayObLG (4. StS) JR **96**, 292 (krit Vormbaum/Zwiehoff). Zum Gebot einer

ebenso zurückhaltenden Bewertung der bloßen Bezugnahme auf einen Anwaltsschriftsatz in der eigenen eidesstattlichen Versicherung § 294 Rn 7, Ffm FamRZ **84**, 313.
   Der Gläubiger kann sich aber zur Glaubhaftmachung auch der (oft ebenfalls zurückhaltend zu bewertenden) eidesstattlichen Versicherung eines Dritten und *aller* anderen *Beweismittel* bedienen, § 294 I, sofern sie nur sogleich beigefügt werden oder in einer etwaigen Verhandlung zur Verfügung stehen, § 294 II. Der Antragsteller kann daher zB einen Sachverständigen gestellen, Nürnb MDR **77**, 849, und dessen Kosten als Prozeßkosten nach § 91 geltend machen, Düss DB **81**, 785. Auch ein ausländisches Urteil kann ausreichen, Schlosser Festschrift für Schwab (1990) 445, ebenso ein in- oder ausländischer Schiedsspruch. Ein gerichtliches Geständnis nach § 288 reicht zur Glaubhaftmachung in aller Regel aus. Wenn der Gläubiger seine Behauptungen nicht glaubhaft machen kann, dann kann er eine Sicherheitsleistung nach § 108 anbieten; sie mag dem Gericht nach § 921 II genügen. Zur Glaubhaftmachung kann auch eine Verweisung auf die Akten des Hauptprozesses und seiner Beiakten genügen, namentlich in all dort bereits ergangenes Urteil. Zur Glaubhaftmachung bei einer wettbewerbsrechtlichen Abnehmerverwarnung Brandi-Dohrn GRUR **81**, 684. Die Glaubhaftmachung erstreckt sich, wie stets, nur auf Tatsachen, Hirtz NJW **86**, 111. Sie erspart dem Gericht nicht die volle rechtliche Prüfung, aM Hbg GRUR **89**, 1164 (zum ausländischen Recht). Es gibt keine Nachfrist, Hamm FamRZ **98**, 687.
   **C. Ausnahme: Entbehrlichkeit beim Arrestgrund.** Der Gläubiger braucht in den Fällen der **10** §§ 691 II, 698 III HGB, 25 UWG sowie § 921 II, dort Rn 5, den Arrestgrund nicht glaubhaft zu machen.
   **4) Form, III.** Der Gläubiger kann sein Gesuch schriftlich oder zum Protokoll der Geschäftsstelle erklären. **11** Deshalb besteht (nur) für das Gesuch kein Anwaltszwang, § 78 III, Ffm MDR **99**, 186, Saarbr RR **98**, 1012, Stgt RR **94**, 624. Der Gläubiger kann das Gesuch mit einer Klageschrift nach § 253 verbinden. Das ist allerdings unzweckmäßig. Ein lediglich mündlicher Antrag in einem Verhandlungstermin ist unzulässig. Der Gläubiger kann auch seine etwaigen Nebenanträge, die zur Wirksamkeit des Arrests notwendig sind, ohne einen Anwaltszwang stellen. Das gilt zB: Für den Antrag auf eine öffentliche Zustellung nach §§ 203 ff; für den Antrag auf die Zulassung einer anderen Sicherheit. Ein Anwaltszwang besteht aber für das an das Gesuch anschließende Verfahren wie sonst, § 78 Rn 1, Köln FamRZ **88**, 1274, und ebenso § 78 auch für andere Anträge, Ffm MDR **89**, 460, für Widerspruch nach § 924 beim LG und beim OLG, Düss OLGZ **83**, 358, Ffm JB **95**, 490 (spricht irrig von „Beschwerde"), Hamm GRUR **92**, 887, oder für das zugehörige Vollstreckungsverfahren, §§ 929 ff, Ffm MDR **89**, 460.
   **5) Antragsrücknahme, I–III.** Der Gläubiger kann das Gesuch jederzeit einseitig zurücknehmen, Ull- **12** mann BB **75**, 236, und zwar auch noch nach Widerspruch des Schuldners nach § 924, beim LG dann unter Anwaltszwang, § 78 Rn 1, und auch noch nach einer mündlichen Verhandlung (§ 269 I ist insoweit unanwendbar), Düss NJW **82**, 2452, ZöGre § 269 Rn 1, aM Fürst BB **74**, 890. Die Rücknahme löst freilich in jedem Fall auf Grund eines Antrags des Schuldners die Wirkungen aus, die sich aus einer entsprechenden Anwendung des § 269 III 2 ergeben, § 269 Rn 6, Düss FamRZ **74**, 962, Mü Rpfleger **82**, 115. § 269 III 3 ist ebenfalls entsprechend anwendbar, ThP 2, aM Fürst BB **74**, 890.
   **6) VwGO.** Gilt entsprechend für die einstwAnO, § 123 III VwGO, so daß sie abzulehnen ist, wenn der Antrag- **13** steller die zur Begründung des Anspruchs und der Regelungsbedürftigkeit nötigen Tatsachen nicht glaubhaft macht, Reimer VBlBW **86**, 295 u Jakobs VBlBW **84**, 134, beide mwN, OVG Schlesw NVwZ-RR **92**, 387 mwN, VGH Kassel NVwZ **85**, 765, OVG Bre FEVS **34**, 322, OVG Münst NJW **82**, 2517, OVG Lüneb DVBl **71**, 881; dieser Grundsatz gilt jedenfalls dann, wenn die Gewährung einer Leistung erstrebt wird, BFH BStBl **71** II 633, OVG Lüneb NJW **73**, 73 (für die uneingeschränkte Geltung des Untersuchungsgrundsatzes, § 86 I VwGO, Schoch S 1646, Baur 39 u Burkholz, Der Untersuchungsgrundsatz im verwaltungsgerichtlichen Eilverfahren, 1988, diff Finkelnburg/Jank Rn 341, Kopp/Schenke § 123 Rn 24). Demgemäß auch nur eine sofortige Beweisaufnahme, § 294 II, zulässig, aM Kopp/Schenke § 123 Rn 32, Wolf BayVBl **89**, 192. Nur bei Unmöglichkeit oder Unzumutbarkeit der Darlegung hat das Gericht den Sachverhalt vAw aufzuklären, OVG Magdeb NVwZ-RR **98**, 694 u OVG Bln DVBl **77**, 647 (zum Hochschulzulassungsrecht, dazu Schoch S 787–791. Durch ein stattgebendes erstinstanzliches Urteil wird der Anspruch glaubhaft gemacht, falls es nicht offensichtlich fehlerhaft (oder durch die weitere Entwicklung überholt) ist, aM Hbg LS FamRZ **82**, 746. Wenn der Anspruch eine Ermessensentscheidung der Verwaltung betrifft, genügt zur Glaubhaftmachung die Darlegung einer gewissen Wahrscheinlichkeit des Erfolgs im Hauptverfahren, OVG Münst DÖV **74**, 750, vgl BFH BStBl **77** II 587. Eine bestimmte Maßnahme braucht das Gesuch nicht zu bezeichnen, § 938, Baur 75.

## 921

*Entscheidung über das Arrestgesuch.* [I] Die Entscheidung kann ohne mündliche Verhandlung ergehen.

[II] [1] Das Gericht kann, auch wenn der Anspruch oder der Arrestgrund nicht glaubhaft gemacht ist, den Arrest anordnen, sofern wegen der dem Gegner drohenden Nachteile Sicherheit geleistet wird. [2] Es kann die Anordnung des Arrestes von einer Sicherheitsleistung abhängig machen, selbst wenn der Anspruch und der Arrestgrund glaubhaft gemacht sind.

**Schrifttum:** *Ahrens,* Ausländersicherheit im einstweiligen Verfügungsverfahren, in: Festschrift für *Nagel* (1978); *Baumgärtel,* Die Verteilung der Glaubhaftmachungslast in Verfahren des einstweiligen Rechtsschutzes nach der ZPO, Festschrift für *Gaul* (1997) 27; *Hilgard,* Die Schutzschrift im Arrest- und Einstweiligen-Verfügungs-Verfahren, 1983.

**Gliederung**

| | | | |
|---|---|---|---|
| 1) Systematik, Regelungszweck, I, II .... | 1 | A. Ermessen ........................... | 2, 3 |
| 2) Mündliche Verhandlung, I ............ | 2–6 | B. Weiteres Verfahren ................. | 4 |

## § 921

|   |                                      |      |   |                                       |     |
|---|--------------------------------------|------|---|---------------------------------------|-----|
|   | C. Entscheidung                      | 5    |   | D. Arrest nebst Sicherheitsleistung   | 11  |
|   | D. Rechtsbehelfe, I                  | 6    |   | E. Frist vor der Vollziehung          | 12  |
|   | 3) Sicherheitsleistung, II           | 7–14 |   | F. Frist nach der Vollziehung         | 13  |
|   | A. Ersatz der Glaubhaftmachung       | 7, 8 |   | G. Rechtsbehelfe, II                  | 14  |
|   | B. Zusatz zur Glaubhaftmachung       | 9    |   | 4) *VwGO*                             | 15  |
|   | C. Sicherheitsleistung als Bedingung | 10   |   |                                       |     |

**1** **1) Systematik, Regelungszweck, I, II.** Im Anschluß an die Zuständigkeit, § 919, und den Antrag, § 920, regelt § 921 den weiteren Gang des Arrestverfahrens bis zur Entscheidung, darüber hinaus aber auch schon einen Teil der Entscheidungsinhalte. Die Befreiung vom Verhandlungszwang dient dem Tempo des oft außerordentlich eilbedürftigen Verfahrens, bei dem es – zB zwecks Verhinderung des Auslaufens eines Seeschiffs – um Minuten gehen kann, also nicht nur der Prozeßwirtschaftlichkeit, Grdz 14 vor § 128, sondern auch der evtl nur so erzielbaren vorläufigen Gerechtigkeit, Einl III 9. Aus „kann" mag also durch Auslegung oft ein „muß" werden. II schließt an das komplizierte System der §§ 709 ff an und ermöglicht eine oft schwierige und nicht leichtfertig zu leistende, gleichwohl dem Zeitdruck mitunterworfene Abwägung, die bei § 945 mitbeachten darf und muß.

**2** **2) Mündliche Verhandlung, I.** Sie zeigt begrenzt Ähnlichkeit zum Hauptprozeß.

**A. Ermessen.** Im Arrestverfahren entscheidet das Gericht anders als bei der einstweiligen Verfügung, § 937 II, stets nach seinem pflichtgemäßen Ermessen darüber, ob eine mündliche Verhandlung stattfinden soll, § 128 Rn 4, LG Zweibr RR **87**, 1199. Die Entscheidung steht dem gesamten Gericht und nicht dem Vorsitzenden zu. § 944 gibt dem Vorsitzenden nur ein beschränktes Recht zur eigenen Entscheidung. Das Gericht entscheidet dann, wenn keine mündliche Verhandlung stattgefunden hat, durch einen Beschluß, § 922. Ein Termin ist unverzüglich zu bestimmen, § 216, und zwar auch für die Zeit vom 1. 7. bis 31. 8. ohne spätere Verlegungsmöglichkeit, § 227 III 2 Hs 1 Z 1. Der Gläubiger kann zu der Frage, ob eine mündliche Verhandlung stattfinden soll oder nicht, nur eine Anregung geben. Schon wegen der Gefahr eines sachlichrechtlich unrichtigen Vollstreckungstitels und wegen der Risiken der bloßen Glaubhaftmachung sollte das Gericht trotz der Möglichkeiten des II durchaus eine mündliche Verhandlung anberaumen, um auch das „rechtliche Gehör" im echten Sinn zu gewähren, Einl III 16. Eine Verhandlung sollte nur dann unterbleiben, wenn durch die mit ihr verbundene längere Verfahrensdauer der Zweck des Arrests vereitelt würde, § 937 Rn 4, BVerfG **57**, 358, Kblz RR **87**, 511, Ritter ZZP **88**, 121.

**3** Ein Arrestgesuch, das nur für denjenigen Fall gestellt wird, daß das Gericht ohne eine mündliche Verhandlung entscheidet, stellt eine *unwirksame Einschränkung* des richterlichen Ermessens dar. Denn es enthält eine bedingte Rücknahme des Gesuchs für den Fall der Notwendigkeit einer mündlichen Verhandlung. Eine solche Bedingung ist unzulässig, ThP 1, ZöV 1, aM StJGr 2. Das Gericht braucht aber deshalb das Gesuch nicht unbedingt gänzlich zurückzuweisen, aM ZöV 1. Es kann vielmehr zu einer Auslegung dahin kommen, daß die Bedingung nicht aufrecht erhalten werde. Zweckmäßig ist allerdings eine Rückfrage beim Antragsteller. Er kann beantragen, ihm vor einer Zurückweisung des bedingten Gesuchs die Gelegenheit zur Beseitigung der gerichtlichen Bedenken zu geben.

**4** **B. Weiteres Verfahren.** Über die Anordnung einer mündlichen Verhandlung und über das weitere Verfahren nach einer solchen Anordnung § 128 Rn 11, 13, § 922 Rn 14. Zu weit gehen Hamm Rpfleger **73**, 29, LAG Mü DB **78**, 260, Ritter ZZP **88**, 170, nach denen die mündliche Verhandlung wegen Art 103 I GG nur dann entbehrlich sei, wenn der Gläubiger an einer Entscheidung ohne eine mündliche Verhandlung ein ganz besonderes Interesse habe.

**5** **C. Entscheidung.** Das Gericht darf das Arrestgesuch auch ohne eine mündliche Verhandlung als unzulässig oder als unbegründet zurückweisen. Dies ergibt sich aus dem Vergleich des Wortlauts von I einerseits, § 937 II anderseits: Nur die letztere Bestimmung schränkt die Möglichkeit zur Entscheidung ohne eine mündliche Verhandlung auf „dringende Fälle" ein. Wegen der Entscheidung über das Gesuch selbst § 922 Rn 22, 25–29. Nach einer Antragsrücknahme, § 920 Rn 12, muß das Gericht auf Grund eines Antrags des Schuldners durch einen Beschluß aussprechen, daß der Gläubiger verpflichtet ist, die Kosten des Verfahrens zu tragen, soweit nicht bereits rechtskräftig über sie erkannt ist, § 269 III 2–5 entsprechend, § 920 Rn 12. Der Schuldner kann diesen Feststellungsantrag auch dann stellen, wenn das Gericht das Arrestgesuch dem Schuldner im Zeitpunkt der Rücknahme des Arrestgesuchs noch nicht zugestellt hatte, Düss NJW **81**, 2824, Hbg NJW **77**, 813, oder wenn das Arrestgesuch zwar bereits zugestellt worden war, das Gericht aber noch keinen Verhandlungstermin angesetzt hatte. Vgl im übrigen § 326 III AO.

**6** **D. Rechtsbehelfe, I.** Gegen die Anordnung der mündlichen Verhandlung besteht kein Rechtsbehelf. Gegen die Zurückweisung des Antrags auf eine Terminsbestimmung besteht anders als bei einer notwendigen mündlichen Verhandlung ebenfalls kein Rechtsbehelf, § 128 Rn 10. Gegen die Wahl des Termins ist grundsätzlich nur die Dienstaufsichtsbeschwerde statthaft, § 216 Rn 28.

**7** **3) Sicherheitsleistung, II.** Das Gericht kann den Arrest ohne eine Sicherheitsleistung erlassen. Es kann aber auch vom Antragsteller, freilich nicht schon nach § 110, sondern nur in folgenden Fällen eine Sicherheitsleistung verlangen:

**A. Ersatz der Glaubhaftmachung.** Das Gericht kann verlangen, daß der Gläubiger einen Ersatz dafür biete, daß er den Arrestgrund oder den Arrestanspruch oder beide Voraussetzungen nicht genügend nach §§ 294, 920 II glaubhaft gemacht hat. Deshalb muß das Gericht vor einer Zurückweisung des Arrestgesuchs prüfen, ob es dem Gesuch nicht wenigstens unter der Auflage einer Sicherheitsleistung des Gläubigers entsprechen kann. In diesem Fall muß das Gericht die Fähigkeit und den Willen des Gläubigers berücksichtigen, eine ausreichende Sicherheit zu leisten. Es ist nicht erforderlich, daß der Gläubiger von sich aus eine Sicherheitsleistung angeboten hat. Das Gericht sollte vor einer Entscheidung stets insoweit beim Gläubiger anfragen. Wenn schon nach dem bloßen Tatsachenvortrag des Gläubigers der Arrestgrund oder der Arrestanspruch fehlen, dann fehlen die Voraussetzungen eines Arrests, und das Gesuch muß unabhängig davon zurückgewiesen werden, ob der Gläubiger eine Sicherheit leisten kann und will, Düss VersR **80**, 50.

Die Sicherheitsleistung des Gläubigers kann *nicht* jede *Glaubhaftmachung* und schon gar nicht die Notwendigkeit der Angabe der zum Arrestanspruch nach § 916 und zum Arrestgrund nach § 917 erforderlichen Tatsachen, also der Schlüssigkeitstatsachen, *ersetzen*; sie kann nur einen schwachen Teil seiner Darlegungen verstärken und wirkt also nur ergänzend, Karlsr OLGZ **73**, 60. Wegen der schweren Folgen, die ein Arrest haben kann, muß das Gericht die Höhe der Sicherheitsleistung eher zu hoch als zu niedrig bemessen. Dabei muß das Gericht auch die Kosten berücksichtigen. 7

**B. Zusatz zur Glaubhaftmachung.** Das Gericht kann auch eine Sicherheit trotz einer ausreichenden Glaubhaftmachung für erforderlich halten. Dieser Weg empfiehlt sich vor allem dann, wenn der endgültige Ausgang des Arrestverfahrens ungewiß ist und wenn dem Schuldner durch den Erlaß des Arrests ein erheblicher Schaden droht, Köln MDR **89**, 920, oder wenn der Gläubiger wegen schlechter Vermögenslage einen Schadensersatzanspruch möglicherweise nicht erfüllen kann, aber auch dann, wenn die Glaubhaftmachung nur mühsam zu bejahen ist oder wenn umstrittene Rechtsfragen entscheidungserheblich sind. 9

**C. Sicherheitsleistung als Bedingung.** Das Gericht kann die Anordnung des Arrests, sowohl auch Mü GRUR **88**, 711 (das OLG spricht nur von der Vollziehbarkeit), von einer Sicherheitsleistung des Gläubigers abhängig machen. Diese Entscheidung kann auch nach einer mündlichen Verhandlung ergehen. Das Gericht erläßt den Arrest in diesen Fällen erst dann, wenn der Gläubiger die Sicherheitsleistung nachgewiesen hat. Die Entscheidung über die Sicherheitsleistung ergeht durch einen Beschluß, §§ 329, 922 I Hs 2. Er ist zu begründen, § 329 Rn 4. Er wird dem Gläubiger, nicht aber dem Schuldner, § 922 III, von Amts wegen formlos mitgeteilt, § 329 II 1. Der Nachweis der Sicherheitsleistung gibt dem Gläubiger indes keinen Anspruch auf den Arrest. Das Gericht sollte freilich nicht einen Arrest trotz der Sicherheitsleistung des Gläubigers nur deshalb zurückweisen, weil der Antrag in einem Punkte mangelhaft ist, der schon vor der Anordnung der Sicherheitsleistung bestanden hatte. 10

**D. Arrest nebst Sicherheitsleistung.** Das Gericht kann auch zwar den Arrestbefehl erlassen, aber zugleich eine Sicherheitsleistung des Gläubigers anordnen. Hier dient die Sicherheit nicht dem Erlaß des Arrests, sondern seiner Vollziehung und seiner Vollstreckung, Hamm GRUR **84**, 603. Manche lassen nur entweder die Möglichkeit Rn 10 oder nur den Weg Rn 11 zu. Jedenfalls ist die Lösung Rn 11 vorzuziehen, denn der Schuldner erleidet in einem solchen Fall durch die bloße Anordnung keinen Schaden. Wegen des Beschwerdeverfahrens vgl freilich § 922 Rn 24. Jedenfalls ist § 710 unanwendbar, Köln MDR **89**, 920. Die Art und die Höhe der Sicherheitsleistung sind nach § 108 zu bestimmen. In Betracht kommen auch ein Pfand oder eine Bürgschaft, § 108 Rn 7, 10. Die Höhe soll den etwaigen Schadensersatzanspruch nach § 945 absichern, also nicht die Höhe des Hauptanspruchs, § 923 Rn 1. 11

**E. Frist vor der Vollziehung.** Wenn das Gericht die Sicherheitsleistung vor der Vollziehung des Arrestbefehls anordnet, dann braucht es keine Frist zu setzen. Denn die Vollziehungsfrist läuft nach § 929 II. Sie gilt ohne weiteres auch für den Nachweis der Sicherheitsleistung. Dieser Nachweis ist dem Schuldner in der Frist des § 929 III zuzustellen. 12

**F. Frist nach der Vollziehung.** Wenn das Gericht die Sicherheitsleistung nach der Vollziehung des Arrestbefehls anordnet, dann steht der Arrest unter der auflösenden Bedingung, daß der Nachweis der Sicherheitsleistung nicht in derjenigen Frist erbracht wird, die das Gericht nunmehr setzen muß. Das Ende der Frist muß einwandfrei feststehen. Wenn dieses Ende nicht kalendermäßig bestimmt ist, dann muß das Gericht den Anfangstag festsetzen. Wenn die Frist entweder überhaupt nicht gesetzt oder ungenau bestimmt wurde, dann ist der Betroffene auf eine Berufung oder auf einen Antrag nach § 321 angewiesen. Die Fristen des § 929 sind in diesem Zusammenhang unerheblich, KG RR **86**, 1127. Wenn die Frist ergebnislos verstrichen ist, dann muß das Gericht den Arrest auf Grund eines Antrags des Schuldners wegen der Unzulässigkeit seiner Vollziehung aufheben, § 927. 13

**G. Rechtsbehelfe, II.** Gegen die Anordnung einer Sicherheitsleistung im Arrestbefehl kann der Gläubiger die einfache Beschwerde nach § 567 I einlegen. Denn es liegt eine teilweise Zurückweisung seines Gesuchs vor, selbst wenn der Gläubiger eine Sicherheitsleistung angeboten hatte. Wegen des Beschwerdeverfahrens § 922 Rn 13 entsprechend; wegen der Beschwer, § 567 Rn 10. Gegen eine Änderung der Höhe der Sicherheitsleistung nach dem rechtskräftigen Ende des Arrestverfahrens ist die einfache Beschwerde zulässig. Der Schuldner kann nur einen Widerspruch nach § 924 einlegen, § 922 Rn 24. 14

4) **VwGO:** Gilt entsprechend für die einstweilige AnO, § 123 III VwGO. Die Entscheidung, I, ergeht stets durch Beschluß, § 123 IV VwGO; gegen den Beschwerde stattfindet, § 146 VwGO, es sei denn, sie ist durch Gesetz ausgeschlossen, § 252 Rn 7; die Beschwerde bedarf der Zulassung, § 924 Rn 13. Zuständig für die Entscheidung, I, ist das Gericht, ggf der Einzelrichter, § 6 VwGO (abgesehen von dringenden Fällen, § 123 II iVm § 80 VIII VwGO, bei Einverständnis der Beteiligten auch der Vorsitzende oder Berichterstatter, § 87 a VwGO, hM, Ey § 87 a Rn 2, RedOe § 87 a Rn 1, diff Sch/SchmA/P § 123 Rn 117 u 118), aM Goerlich NVwZ **91**, 541 mwN, ebenso 57. Aufl. Sicherheitsleistung, II, kommt bei ungewissem Ausgang der Hauptsache und Mittellosigkeit des Antragstellers in Betracht, OVG Lüneb FEVS **29**, 369, wenn nach § 945 zu ersetzende Schäden drohen, Finkelnburg/Jank Rn 256. 15

**922** *Arresturteil und Arrestbeschluß.* ¹¹Die Entscheidung über das Gesuch ergeht im Falle einer mündlichen Verhandlung durch Endurteil, andernfalls durch Beschluß. ²Die Entscheidung, durch die der Arrest angeordnet wird, ist zu begründen, wenn sie im Ausland geltend gemacht werden soll.

## § 922

**II** Den Beschluß, durch den ein Arrest angeordnet wird, hat die Partei, die den Arrest erwirkt hat, zustellen zu lassen.

**III** Der Beschluß, durch den das Arrestgesuch zurückgewiesen oder vorherige Sicherheitsleistung für erforderlich erklärt wird, ist dem Gegner nicht mitzuteilen.

**Schrifttum:** *Fritze,* Fehlerhafte Zustellung von Arresten und einstweiligen Verfügungen, Festschrift für *Schiedermair* (1976) 141; *Irmen,* Die Zurückweisung verspäteten Vorbringens im einstweiligen Verfügungs- und Arrestverfahren, Diss Köln 1990; *Nink,* Die Kostenentscheidung nach § 93 ZPO im Urteilsverfahren des einstweiligen Rechtsschutzes, Diss Gießen 1991; *Vogg,* Einstweiliger Rechtsschutz und vorläufige Vollstreckbarkeit, 1991; *Werner,* Rechtskraft und Innenbindung zivilprozessualer Beschlüsse im Erkenntnis- und summarischen Verfahren (1983) 123 ff.

### Gliederung

| | | | |
|---|---|---|---|
| 1) **Systematik, Regelungszweck, I–III** ... | 1 | A. Streitige Entscheidung ............... | 16 |
| 2) **Entscheidungsform, I** ................ | 2–4 | B. Versäumnisverfahren ................ | 17 |
| A. Beschluß ........................ | 2 | C. Anerkenntnis; Verzicht ............ | 18 |
| B. Urteil ........................... | 3 | D. Berufung ........................... | 19 |
| C. Gemeinsames .................... | 4 | E. Revision ............................ | 20 |
| 3) **Entscheidungsinhalt, I** ............ | 5, 6 | F. Wiederaufnahme .................. | 21 |
| A. Ohne Verhandlung ............. | 5 | 7) **Beschluß, I** ............................ | 22–28 |
| B. Nach Verhandlung ............. | 6 | A. Begründung ....................... | 22 |
| 4) **Arrestanordnung im einzelnen, I** ..... | 7–13 | B. Beschwerde gegen Arrest ......... | 23 |
| A. Anspruch ........................ | 7 | C. Beschwerde gegen Abweisung ... | 24, 25 |
| B. Arrestart ......................... | 8 | D. Widerspruch gegen Abänderung ... | 26 |
| C. Lösungssumme .................. | 9 | E. Kein Rechtsbehelf gegen Anweisung . | 27 |
| D. Begründung ..................... | 10 | F. Kein Rechtsbehelf gegen Beschluß des höheren Gerichts .................. | 28 |
| E. Kosten ............................ | 11 | | |
| F. Vorläufige Vollstreckbarkeit .... | 12 | 8) **Mitteilung, II, III** ..................... | 29–31 |
| G. Einzelfragen ..................... | 13 | A. Anordnender Beschluß, II ...... | 29 |
| 5) **Mündliche Verhandlung, I** .......... | 14, 15 | B. Zurückweisender Beschluß, III ... | 30 |
| A. Allgemeines ..................... | 14 | 9) **Rechtsbehelfe, I–III** .................. | 31 |
| B. Neue Tatsachen und Beweismittel .... | 15 | 10) *VwGO* ................................ | 32 |
| 6) **Endurteil, I** ........................... | 16–21 | | |

**1  1) Systematik, Regelungszweck, I–III.** Die Vorschrift regelt zusammen mit den ergänzenden §§ 921, 923 die im Arrestverfahren möglichen Entscheidungen der ersten Phase (vor einem etwaigen Widerspruch). Natürlich gelten zusätzlich die allgemeinen Vorschriften über das Urteil, §§ 300 ff, oder den Beschluß, § 329, und die sonstigen allgemeinen Vorschriften über die Kosten, §§ 91 ff, freilich teilweise nur hilfsweise, zB zur Frage eines Begründungszwangs. Die Möglichkeit, einen Arrestbeschluß ohne die Anhörung des Gegners, ohne Verhandlung und sogar ohne Begründung zu erlassen, mag zunächst als kaum noch hinnehmbar betrachtet werden, ergibt sich aber aus der oft wirklich besonderen Eilbedürftigkeit. Immerhin gibt es ja zumindest den Widerspruch nach §§ 924, 925 und die Möglichkeit, den Gläubiger nach § 926 zur Klagerhebung zu zwingen, um vorläufige Unhaltbarkeiten eines Arrestbeschlusses zu korrigieren.

**2  2) Entscheidungsform, I.** Es stehen zwei Wege zur Verfügung.

**A. Beschluß.** Wenn das Gericht nach seinem pflichtgemäßen Ermessen, § 921 Rn 2, ohne mündliche Verhandlung entscheidet, erläßt es einen Beschluß, § 329. Es ist zumindest ratsam, ihn auch im Inlandsfall (wegen eines Auslandsfalls Rn 3) wenigstens kurz zu begründen, § 329 Rn 4, auch beim Stattgeben, Rn 22, Nürnb NJW **76**, 1101, Lippold NJW **94**, 1110, aM Herr NJW **93**, 2287, ThP 2, ZöV 10. Eine vorherige schriftliche Anhörung des Gegners, für die kein Anwaltszwang besteht, § 573 II 2 entsprechend, ist zwar nicht ausdrücklich verboten, schon gar nicht nach III; sie ist aber dann unzweckmäßig, wenn der Arrestzweck durch die Anhörung vereitelt und der Gläubiger durch die Anhörung geschädigt würde, und deshalb auch trotz Art 103 I GG nicht notwendig, III, § 937 Rn 3.

**3  B. Urteil.** Wenn das Gericht auf Grund einer mündlichen Verhandlung entscheidet, so fällt es ein Urteil, § 300.

**4  C. Gemeinsames.** In beiden Fällen muß das Gericht den Streitstoff rechtlich erschöpfend prüfen, § 286 Rn 13. Das vorläufige Verfahren erleichtert nämlich nur die Stellung des Gläubigers, nicht aber die Stellung des Gerichts, KG MDR **80**, 677. Gegen die meist zur Glaubhaftmachung verwendeten eidesstattlichen Versicherungen entweder der Parteien oder von Zeugen ist ein gesundes Mißtrauen am Platz, § 294 Rn 5. Das Gericht muß die Prozeßvoraussetzungen, Grdz 12 vor § 253, den Arrestanspruch, § 916, den Arrestgrund, § 917 und die Glaubhaftmachung prüfen, §§ 294, 920 II.

**5  3) Entscheidungsinhalt, I.** Er hängt davon ab, ob verhandelt wurde.

**A. Ohne Verhandlung.** Wenn das Gericht bisher ohne eine mündliche Verhandlung entschieden hat, gilt folgendes: Das Arrestgesuch kann zurückgewiesen werden. Das Gericht kann eine mündliche Verhandlung anordnen. Der Arrest kann ohne eine Sicherheitsleistung angeordnet werden. Der Arrest kann auch (nur) gegen eine Sicherheitsleistung angeordnet werden.

**6  B. Nach Verhandlung.** Wenn das Gericht eine mündliche Verhandlung durchgeführt hat, bestehen drei Möglichkeiten: Das Arrestgesuch kann zurückgewiesen werden. Der Arrest kann ohne eine Sicherheitsleistung angeordnet werden. Der Arrest kann auch (nur) gegen eine Sicherheitsleistung angeordnet werden.

**7  4) Arrestanordnung im einzelnen, I.** Jede Arrestanordnung muß die folgenden Punkte enthalten:

## 5. Abschnitt. Arrest und einstweilige Verfügung    § 922

**A. Anspruch.** Sie muß den Anspruch enthalten, also die Geldforderung, nach ihrem Grund und Betrag. Falls es beantragt wurde: Ein Kostenpauschquantum zur Sicherung der Kosten im Arrest- und im Hauptprozeß, Stöber Forderungspfändung Rn 822. Eine Festsetzung desjenigen Betrags, der nach § 923 hinterlegt werden muß, kann die Angabe nach Rn 7 nicht ersetzen.

**B. Arrestart.** Sie muß die Arrestart enthalten, also die Entscheidung darüber, ob ein dinglicher oder ein **8** persönlicher Arrest angeordnet wird, §§ 917, 918.

**C. Lösungssumme.** Sie muß von Amts wegen eine Summe nennen, durch deren Hinterlegung die **9** Vollziehung des Arrests gehemmt und der Schuldner zu dem Antrag auf die Aufhebung des vollzogenen Arrests berechtigt wird, § 923.

**D. Begründung.** Soweit ein angeordneter Arrest im Ausland geltend gemacht werden soll, ist eine **10** Begründung notwendig, I 2, AVAG, SchlAnh V D, mindestens ratsam, Rn 2, 22.

**E. Kosten.** Sie muß die Entscheidung über die Kosten enthalten, § 91 Rn 74 „Arrest, einstweilige **11** Verfügung", § 91 a Rn 6. § 788 ist unanwendbar. Die Kostenentscheidung ist vollstreckbar, obwohl der Arrest den Hauptanspruch nur sichert, Ffm DGVZ **82**, 60. Soweit das Gericht den Arrest ablehnt, ist die Kostenentscheidung des Beschlusses aus denselben Gründen kraft Gesetzes vorläufig vollstreckbar, außerdem nach § 794 I Z 3. Dasselbe gilt an sich auch im Urteilsfall; hier ergibt sich aber die Notwendigkeit einer besonderen Vollstreckbarerklärung nach § 708 Z 6.

**F. Vorläufige Vollstreckbarkeit.** Sie ergibt sich aus der Natur des Verfahrens, soweit das Gericht den **12** Arrest anordnet, § 708 Rn 7, und braucht deshalb in der Entscheidungsformel nicht erwähnt zu werden, § 929 Rn 1.

**G. Einzelfragen.** Eine Entscheidung ohne Rn 7, 8 ist keine wirksame Arrestanordnung. Sie ist nicht **13** vollziehbar und nach § 927 oder auf Grund eines Rechtsbehelfs aufzuheben. Das Gericht kann seine Entscheidung im Rahmen des § 321 ergänzen, und zwar auch wegen der Lösungssumme, § 923 Rn 1, und wegen der Kosten, wegen der letzteren auch auf Grund einer Kostenbeschwerde nach § 567. Das gilt auch dann, wenn es durch einen Beschluß zur Sache entschieden hat. Die Angabe bestimmter Gegenstände, in die der Arrest erlassen sein soll, ist aber unwirksam. Das gilt auch dann, wenn das AG des Verbleibs der Sache den Arrest anordnet, § 919 Rn 6. Wenn der Haftung des Schuldners beschränkt ist, etwa weil er der Erbe ist, dann muß das Gericht in der Arrestanordnung die haftende Masse bezeichnen. Wegen der Rechtskraft § 322 Rn 29 „Arrest und Einstweilige Anordnung oder Verfügung".

**5) Mündliche Verhandlung, I.** Sie ähnelt derjenigen des Erkenntnisverfahrens. **14**

**A. Allgemeines.** Das Gericht ordnet auf Grund eines pflichtgemäßen Ermessens eine mündliche Verhandlung an, wenn es sie für ratsam hält. Diese Anordnung hat zur Folge, daß die Entscheidung über das Arrestgesuch durch ein Urteil ergehen muß, und zwar auch dann, wenn das Beschwerdegericht so entschieden hat. Insofern liegt eine Abweichung von der Regel vor, daß die Anordnung einer dem Gericht freigestellten mündlichen Verhandlung auf die Form seiner anschließenden Entscheidung keinen Einfluß habe, § 128 Rn 12. Wegen dieser Abweichung gelten für die einmal angeordnete mündliche Verhandlung auch alle Grundsätze einer notwendigen mündlichen Verhandlung im normalen Erkenntnisverfahren, §§ 128 ff. Das Gericht muß beide Parteien zur angeordneten mündlichen Verhandlung von Amts wegen laden, §§ 209, 270 I. Dabei ist die Ladungsfrist des § 217 einzuhalten; wegen ihrer Abkürzung § 226. Nur die Einlassungsfrist, § 274 III, braucht nicht eingehalten zu werden, § 274 Rn 8. Ein Anwaltszwang herrscht wie sonst, § 78 Rn 1. Das Gericht muß dann den Schuldner zur Anwaltsbestellung nach § 215 auffordern, falls er nicht schon im Hauptprozeß einen Anwalt hat, §§ 82, 178. Das Gericht muß den Antrag dem Antragsgegner zustellen, und zwar einschließlich der zugehörigen Unterlagen, am besten einer Abschrift des Arrestgesuchs. Andernfalls darf kein Versäumnisurteil gegen den Antragsgegner ergehen, § 335 I Z 3, Noack JB **77**, 165.

Der Antragsteller ist nicht zur Vorwegleistung der Verfahrensgebühr nach § 65 GKG verpflichtet, Anh § 271, Hartmann Teil I § 65 GKG Rn 3. *Beide Parteien,* Grdz 3 vor § 50, können ihre tatsächlichen Behauptungen nach § 294 *glaubhaft* machen. Der Antragsteller kann also in dieser Weise sowohl wegen des Arrestanspruchs, § 916, als auch wegen des Arrestgrunds vorgehen, § 917, der Antragsgegner wegen seiner Einwendungen. Das Gericht darf keinen Beweis zulassen, den es nicht sofort erheben kann, §§ 294 II, 920 II. Es ist also insbesondere grundsätzlich keine Vertagung nach § 227 zum Zweck einer Beweisaufnahme oder dgl zulässig, Kblz RR **87**, 510, und zwar auch dann nicht, wenn zB ein Zeuge, der eigentlich erscheinen wollte, erkrankt ist, es sei denn, daß ohnehin ein neuer Termin nötig wird, etwa weil die Anträge im ersten nicht ordnungsgemäß gestellt worden waren. Andererseits darf das Gericht keinen vollen Beweis im Sinn von § 286 Rn 16 fordern. Sobald eine Tatsache glaubhaft gemacht ist, sind insofern die Voraussetzungen einer Entscheidung erfüllt.

**B. Neue Tatsachen und Beweismittel.** Beide Parteien dürfen bis zum Schluß der mündlichen Ver- **15** handlung, §§ 136 IV, 296 a, grundsätzlich neue Tatsachen und Beweismittel vorbringen, Hbg RR **87**, 36, Kblz RR **87**, 510. Das gilt für solche neuen Tatsachen und Beweismittel, die schon vor der mündlichen Verhandlung vorhanden waren, wie auch für solche, die jetzt erst entstanden oder bekannt geworden sind. Keine Partei hat auf Grund solcher neuen Tatsachen oder Beweismittel einen Anspruch auf eine Vertagung, Hbg RR **87**, 36. Allerdings hat auch keine Partei ein Recht darauf, den Gegner zu überrumpeln, wie es insbesondere in Wettbewerbsstreitigkeiten immer wieder versucht wird und schwere Folgen haben würde, Lipps NJW **70**, 226. Das Gericht kann angesichts eines offenbar unlauteren Verhaltens entweder nach § 227 vertagen oder den Vortrag nach § 296 zurückweisen, § 296 Rn 28, Schneider MDR **88**, 1025, aM Hbg RR **87**, 36. Vgl im übrigen §§ 920 II, 936, 294 II. Eine Verweisung ist nach den §§ 281, 506 zulässig, ebenso eine Übertragung auf den Einzelrichter, § 348.

Es herrscht der *Parteibetrieb,* Grdz 20 ff vor § 128. Das Gericht darf von Amts wegen weder einen Augenschein noch einen Sachverständigenbeweis erheben, falls diese Beweisaufnahme nicht sofort möglich ist. Das

§ 922  8. Buch. Zwangsvollstreckung

Gericht muß seine Fragepflicht nach §§ 139, 278 III erfüllen. Eine Widerklage, Anh § 253, und eine Zwischenklage, § 280 usw, sind wegen der Besonderheiten des Eilverfahrens beim Fehlen der Rechtshängigkeit des Hauptanspruchs, § 920 Rn 6, nicht zulässig, ebensowenig ein Gegenantrag des Schuldners auf einen Arrest.

16   **6) Endurteil, I.** Es sind sechs Situationen zu unterscheiden.

**A. Streitige Entscheidung.** Das streitige Endurteil ergeht nur über den Arrestanspruch, also nicht über den Hauptanspruch, den sachlichrechtlichen Anspruch. Die Entscheidung ergeht ganz nach denjenigen Vorschriften, die für ein Endurteil gelten, §§ 300 ff. Das Urteil wird nur dann ausdrücklich für vorläufig vollstreckbar erklärt, wenn das Arrestgesuch zurückgewiesen werden muß, § 708 Z 6. Wenn der Arrest angeordnet wird, versteht sich die vorläufige Vollstreckbarkeit von selbst, § 929 Rn 1. Das Urteil wirkt rechtsgestaltend, Üb 6 vor § 300. Seine Wirkung ist aber nur vorläufig. Sie ist durch eine endgültige Regelung bedingt. Das Gericht muß das Urteil von Amts wegen beiden Parteien zustellen lassen, § 317 I (anders als im Fall einer Entscheidung ohne mündliche Verhandlung durch einen Beschluß, Rn 25), Hamm GRUR **78**, 612, Bischof NJW **80**, 2236. Diese Zustellung bedeutet noch nicht den Vollzug, § 929 Rn 14. Die Wirksamkeit dieser Zustellung ist nicht von einer gleichzeitigen Zustellung der Antragsschrift abhängig, LG Köln GRUR **89**, 77.

*Gebühren:* Des Gerichts KV 1310 ff; des RA § 40 BRAGO. Wert: Anh § 3 Rn 11 „Arrest".

In der *zweiten Instanz* wird das Endurteil in keinem Fall für vollstreckbar erklärt. Denn das Urteil wird mit seinem Erlaß rechtskräftig, § 545.

17   **B. Versäumnisverfahren.** Das Versäumnisverfahren ist wie sonst zulässig, §§ 330 ff. Wenn der Antragsteller säumig ist, muß das Arrestgesuch durch ein Versäumnisurteil abgewiesen werden, § 330. Wenn der Antragsgegner säumig ist, muß das Gericht prüfen, ob die vom Antragsteller vorgebrachten und dem Antragsgegner rechtzeitig mitgeteilten Tatsachen den Arrestanspruch rechtfertigen, § 331 I 1, II Hs 1. Diese Tatsachen gelten als glaubhaft zugestanden, LG Ravensb NJW **87**, 139, nicht etwa als bewiesen, § 331 entsprechend. Je nach dem Ergebnis dieser Prüfung wird das Arrestgesuch entweder abgewiesen, oder der Arrest wird angeordnet. Auch das anordnende Versäumnisurteil ist zu begründen, soweit der Arrest im Ausland geltend gemacht werden soll, I 2, § 313 b Rn 7. Ein Einspruch gegen die Versäumnisentscheidung ist wie sonst zulässig, §§ 338 ff. Eine Entscheidung nach der Aktenlage, §§ 251 a, 331 a, ist zwar gedenklich möglich, wird sich in der Praxis aber kaum je ergeben.

18   **C. Anerkenntnis; Verzicht.** Beide Erklärungen sind wie im sonstigen Erkenntnisverfahren zulässig und haben dieselben Rechtsfolgen, §§ 306, 307. Lediglich das schriftliche Anerkenntnisverfahren nach § 307 II findet hier nicht statt, da der Arrestprozeß kein schriftliches Vorverfahren kennt.

19   **D. Berufung.** Sie ist nach den allgemeinen Grundsätzen zulässig, §§ 511 ff. Wenn die erste Instanz ein Urteil erlassen hat, dann muß auch die Berufungsinstanz durch ein Urteil entscheiden. Wenn die erste Instanz im Weg eines Beschlusses entschieden hat, dann darf die zweite Instanz eine mündliche Verhandlung anordnen, muß in diesem Fall aber durch ein dann unanfechtbares Urteil entscheiden, Hamm MDR **87**, 942, Zweibr FamRZ **85**, 928. Wegen der Begründung der Berufung § 519 Rn 2, 3. Eine Einstellung der Zwangsvollstreckung, § 924 III 2, § 707 Rn 22, ist in der Berufungsinstanz wie sonst zulässig, §§ 719, 572 II, III.

Das *Verfahren* in der Berufungsinstanz verläuft wie sonst, §§ 516 ff. Allerdings muß das Gericht die Besonderheiten des Arrestverfahrens berücksichtigen. Es darf daher das Verfahren nicht nach §§ 538, 539 an die untere Instanz zurückverweisen, Karlsr GRUR **78**, 116. Wenn der Arrest unvollziehbar geworden ist, dann muß das Berufungsgericht der Berufung des Antragsgegners stattgeben und den Arrest aufheben. Dasselbe gilt dann, wenn die Hauptsache des Arrestverfahrens erledigt ist. In diesem Fall muß der Antragsteller den Arrestantrag zurücknehmen. Für die Frage, wer die Kosten zu tragen hat, §§ 91 ff, 97, ist maßgebend, ob der Arrestantrag begründet war, nicht, ob die Klage begründet war. Wenn das Gericht statt eines Beschlusses ein Urteil erlassen hat, dann ist als Rechtsmittel die Berufung statthaft. Wenn statt eines Urteils ein Arrestbeschluß erlassen wurde, dann ist der Widerspruch zulässig, Grdz 28 vor § 511, aM Karlsr NJW **87**, 509. Wenn das Gericht den Arrestantrag statt durch ein Urteil durch einen Beschluß abgewiesen hat, ist die Beschwerde statthaft, aM StJGr IV 3 (er gibt in beiden Fällen wahlweise auch die Möglichkeit der Berufung). Gegen ein Urteil des LG oder OLG als Berufungsgericht der Hauptsache, § 943 I, ist kein Rechtsmittel statthaft.

*Gebühren:* Des Gerichts KV 1320 ff; des RA § 40 BRAGO. Wert: Anh § 3 Rn 11 „Arrest".

20   **E. Revision.** Sie ist unzulässig, § 545 II. Das gilt auch dann, wenn erst das Berufungsgericht ein Urteil erlassen hatte oder wenn es nach der Erledigung der Hauptsache gemäß § 91 a entschied. Die Revision ist ebenfalls unzulässig, wenn das Berufungsgericht die Berufung als unzulässig verworfen hatte, § 545 Rn 4.

21   **F. Wiederaufnahme.** Die Wiederaufnahmeklage gegen ein Urteil, das den Arrest aufgehoben hat, ist nach §§ 578 ff statthaft.

22   **7) Beschluß, I.** Die Begründung kommt oft zu kurz.

**A. Begründung.** Das Gesetz schreibt zwar in I 1 für das Verfahren ohne einen Auslandsbezug nicht ausdrücklich vor, daß das Gericht seine Entscheidung begründen müsse, Nürnb NJW **76**, 1101 mwN, Noack JB **77**, 164; vgl aber die in § 329 Rn 4 dargelegten Pflichten, sowie Rn 1, Ffm DGVZ **81**, 77, Nägele NJW **93**, 1047, aM Hess Rpfleger **93**, 2287. Das Gericht muß seinen Beschluß zumindest dann begründen, wenn es den Arrestantrag zurückweist, Roelleke JZ **75**, 245. Denn der Beschluß wäre sonst nicht nachprüfbar, Gießler FamRZ **99**, 695 (auch 698 zu einer Einschränkung bei einer einstweiligen Anordnung des FamG). Soweit das Gericht zur Begründung anstelle besonderer Ausführungen auf die Antragsschrift usw Bezug nimmt, empfiehlt sich eine gleichzeitige Zustellung dieser Schriftstücke, wenn sie noch nicht erfolgt war, Bischof NJW **80**, 2236. Notwendig ist diese Zustellung aber nicht, § 317 Rn 4. Soweit der Beschluß weder eine besondere Begründung noch eine Verweisung auf die Antragsschrift enthält, ist deren Zustellung nur dann entbehrlich, wenn der Beschluß aus sich heraus verständlich ist, Ffm DGVZ **81**, 77. Der Beschluß muß eine Kostenentscheidung enthalten, Rn 11. Wenn sie fehlt, sind die Kosten des Verfahrens ein Teil der Kosten des etwaigen Hauptprozesses. Wenn es nicht zu einem solchen Hauptprozeß kommt, dann ist zunächst das Verfahren nach § 321 durchzuführen. Falls das Gericht in jenem Verfahren eine Ergänzung des Beschlusses ablehnt, Rn 13, muß der Gläubiger eine besondere Klage erheben.

**B. Beschwerde gegen Arrest.** Wenn das Gericht den Arrest ohne oder gegen eine Sicherheitsleistung 23 durch einen Beschluß angeordnet hat, ist für den Schuldner gegen den Arrest nur der Widerspruch statthaft. Das gilt selbst dann, wenn im Zeitpunkt der Entscheidung wesentliche Prozeßvoraussetzungen fehlten. Gegen eine Sicherheitsleistungsanordnung kann der Gläubiger die einfache Beschwerde nach § 567 I nach § 567 I einlegen, § 921 Rn 14. Wegen einer Kostenbeschwerde Rn 3. Soweit das Gericht eine Sicherheitsleistung des Gläubigers angeordnet hat, kann er die einfache Beschwerde einlegen, § 921 Rn 14.

**C. Beschwerde gegen Abweisung.** Wenn das Gericht den Arrestantrag durch einen Beschluß zurück- 24 gewiesen hat, kann der Antragsteller grundsätzlich die einfache Beschwerde nach § 567 I einlegen, Ffm JB **95**, 490 (auch zu einer Ausnahme). Denn der zurückweisende Beschluß ist keine Maßnahme der Zwangsvollstreckung, Hamm FamRZ **86**, 75, Karlsr FamRZ **88**, 87, Zweibr FamRZ **85**, 928. Für die Einlegung der Beschwerde besteht kein Anwaltszwang, §§ 78 III, 569 II 2, BGH NJW **80**, 2413, Drsd WettbR **97**, 184, Karlsr GRUR **93**, 697, Hamm (8. ZS) MDR **97**, 395, ZöV 13 (aber auch die Beschwerde ist eilbedürftig).

Die *Berufungssumme* des § 511a I braucht nicht erreicht zu werden, LG Zweibr RR **87**, 1199, ZöV 13, aM LG Köln MDR **86**, 245, LG Konst RR **95**, 1102. Wegen des Anwaltszwangs im Beschwerdeverfahren Ffm GRUR **87**, 574. Das Rechtsschutzbedürfnis fehlt nach ergebnislosem Ablauf der Vollzugsfrist, Mü OLGZ **78**, 1781.

Das untere Gericht darf der Beschwerde *abhelfen,* § 571. Es darf aber auf Grund einer Beschwerde keine 25 mündliche Verhandlung anordnen. Denn eine solche Maßnahme wäre keine Abhilfe, sondern die Vorbereitung einer im Ergebnis ungewissen neuen, andersartigen Entscheidung. Eine solche Entscheidung ist aber infolge der Anfallswirkung, Grdz 3 vor § 511, unstatthaft. Das Beschwerdegericht braucht den Beschwerdegegner nicht anzuhören, wenn es die Beschwerde als gänzlich aussichtslos zurückweist, Ffm Rpfleger **80**, 396. Es darf ihn aber stets schriftlich anhören und ihm zu diesem Zweck natürlich auch den angefochtenen Beschluß mitteilen, Mü NJW **74**, 1517, anders als vorher, Rn 15. Das Beschwerdegericht kann auch eine mündliche Verhandlung anordnen. Es muß dann durch ein Urteil entscheiden, § 300, Rn 19. Es kann auch ein Versäumnisurteil erlassen, §§ 330 ff, Ffm FamRZ **87**, 1164, Stgt NJW **73**, 1137.

**D. Widerspruch gegen Abänderung.** Wenn das Beschwerdegericht in einer Abänderung des angefoch- 26 tenen Beschlusses den Arrest ohne eine mündliche Verhandlung durch einen Beschluß anordnet, dann kann der Antragsgegner den Widerspruch einlegen, § 924.

**E. Kein Rechtsbehelf gegen Anweisung.** Wenn das Beschwerdegericht das erstinstanzliche Gericht zu 27 einer anderweitigen Entscheidung anweist, § 575, dann ist kein Rechtsbehelf zulässig.

**F. Kein Rechtsbehelf gegen Beschluß des höheren Gerichts.** Gegen einen Beschluß des LG als 28 Berufungsgericht der Hauptsache oder als Beschwerdegericht im Arrestverfahren oder gegen einen abweisenden Beschluß des OLG ist keine (evtl weitere) Beschwerde statthaft, §§ 567 III, IV 1, 568 II 1.

**8) Mitteilung, II, III.** Es kommt auf die Entscheidungsrichtung an. 29

**A. Anordnender Beschluß, II.** Das Gericht muß den Arrestbeschluß dem Antrag*steller* von Amts wegen in einer Ausfertigung oder in beglaubigter Abschrift zustellen, §§ 929 II, 329 II 2, Bischof NJW **80**, 2236. Eine formlose Aushändigung des Beschlusses an den Antragsteller macht den Beschluß nicht unwirksam. Die Vollzugsfrist nach § 929 wird dann vom Zugang an berechnet. Das Gericht stellt den Arrestbeschluß dem Antrag*gegner* nicht von Amts wegen zu. Vielmehr ist es Sache des Antragstellers, den Arrestbeschluß in beglaubigter Abschrift durch die Vermittlung des Gerichtsvollziehers im Parteibetrieb dem Antragsgegner zuzustellen, § 166 ff, Düss GRUR **84**, 79. Denn II hat gegenüber § 317 I 1 den Vorrang, Hamm FamRZ **81**, 583, Kblz GRUR **84**, 611.

Die *Zustellung im Parteibetrieb* erfolgt an den Antragsgegner oder an seinen etwaigen ProzBev im Arrestverfahren, § 176, unabhängig von dessen Zulassung beim Arrestgericht, Stgt WettbR **96**, 281, aber auch an den ProzBev des etwaigen Hauptprozesses, §§ 82, 178. Anlagen, auf die der Beschluß Bezug nimmt, brauchen nur dann nicht zugestellt zu werden, wenn der Beschluß auch ohne sie verständlich ist und die Art sowie den Umfang des Gebots oder Verbots zweifelsfrei vermittelt, Düss GRUR **84**, 78. Eine öffentliche Zustellung nach §§ 203 ff und eine Zustellung im Ausland erfolgen wie sonst, §§ 199 ff. § 829 II 4 ist unanwendbar. Wenn ein Arrestbeschluß und ein Pfändungsbeschluß nach § 930 verbunden worden sind, dann ist § 829 III auf den Arrestbeschluß nicht anzuwenden.

**B. Zurückweisender Beschluß, III.** Dieser Beschluß wird dem Antrags*gegner* nicht bekanntgegeben. 30 Das Gericht teilt den zurückweisenden Beschluß lediglich dem Antragsteller formlos mit, § 329 II 1, Ffm Rpfleger **80**, 396. Das gilt auch für einen Beschluß, durch das Gericht eine Sicherheitsleistung fordert. Denn ein solcher Beschluß weist ja den Arrestantrag der Sache nach teilweise zurück. Eine Mitteilung an den Antragsgegner ist dann nicht erforderlich, wenn das Gericht ihn angehört hatte, Bischof NJW **80**, 2236, aM StJGr 6, ZöV 12.

**9) Rechtsbehelfe, I–III.** Vgl Rn 12, 13, 23, 28. 31

**10)** *VwGO: Auf die einstwAnO nicht entspr anzuwenden,* § 123 III. Statt I gilt § 123 IV VwGO (Entscheidung 32 *stets durch Beschluß*), s § 921 Rn 15, statt II u III § 56 II VwGO (*Zustellung vAw an alle Beteiligte*), VGH Mannh NVwZ **86**, 489.

## § 923

**923** *Abwendungsbefugnis.* In dem Arrestbefehl ist ein Geldbetrag festzustellen, durch dessen Hinterlegung die Vollziehung des Arrestes gehemmt und der Schuldner zu dem Antrag auf Aufhebung des vollzogenen Arrestes berechtigt wird.

**1** **1) Systematik, Regelungszweck.** Die Vorschrift ergänzt § 922. Während § 921 die Anordnung einer Sicherheitsleistung zu Lasten des *Gläubigers* ermöglicht, zwingt § 923 zur Anordnung einer Möglichkeit (nicht Pflicht) des *Schuldners,* die Arrestanordnung oder deren Folgen unabhängig davon zu bekämpfen, ob er überhaupt Widerspruch nach § 924 einlegt oder eine Klage des Gegners erzwingt, § 926. Damit dient § 923 dem Schutz des Schuldners und ist entsprechend auszulegen.

Der Arrestbefehl (nicht eine einstweilige Verfügung, § 939) muß *von Amts wegen* die Sicherheit angeben, deren Hinterlegung nach der HO, auch durch einen Dritten, die Vollziehung des Arrests hemmt und den Antrag auf eine Aufhebung des Arrests begründet (Lösungssumme). Das Gericht muß die Art und Höhe der Sicherheitsleistung nach § 108 bestimmen. Es wäre eine sachlich ungerechtfertigte Wortauslegung, nur einen Geldbetrag als Sicherheitsleistung ausreichen zu lassen. Vielmehr ist zB die Bürgschaft einer Großbank grundsätzlich zulässig, § 108 Rn 10 ff. Diese Form der Sicherheitsleistung reicht jedoch unter Umständen dann nicht aus, wenn durch den Arrest die Eintragung einer Vormerkung zwecks Sicherung des Rangs für eine Bauhandwerkerhypothek nach § 648 BGB erwirkt wird, LG Hbg MDR **71**, 851.

**2** **2) Regelungszweck.** Der Zweck der Regelung besteht darin, dem Antragsgegner eine Möglichkeit zu verschaffen, den Antragsteller anderweitig sicherzustellen. Deshalb ist auch jede Einigung der Parteien über eine bestimmte Art oder Höhe der Sicherheitsleistung wirksam. Die Lösungssumme muß eine volle Sicherheit für die Arrestforderung einschließlich der Nebenforderungen, also der Zinsen und Kosten, gewähren. Der Wert der von der Vollziehung ergriffenen Gegenstände ist aber unerheblich. Wenn der Antragsteller schon anderweitig abgesichert ist, dann muß das Gericht diesen Umstand berücksichtigen. Die Sicherung kann auch durch einen Dritten erfolgen.

**3** **3) Pfandrecht.** Am Hinterlegten oder an dem Anspruch auf die Rückgewähr der Sicherheit erwächst dem Antragsteller ein Pfandrecht für die gesamte Forderung, § 233 BGB. Das gilt auch dann, wenn sich der Gläubiger aus dem Arrestgegenstand nicht voll hätte befriedigen können. Das Pfandrecht entsteht schließlich auch dann, wenn ein Dritter die Sicherheit geleistet hat. Bis zur Arrestaufhebung (eine vorläufig vollstreckbare Entscheidung genügt) können nur Gläubiger und Schuldner gemeinsam die Rückzahlung fordern; anschließend ist der Schuldner auch dann zur Rückforderung berechtigt, wenn der Gläubiger Berufung einlegt oder bereits zur Hauptsache klagt, Düss RR **87**, 512. § 109 ist anwendbar, Düss RR **87**, 512.

**4** **4) Wirkung der Hinterlegung.** Die Hinterlegung hat zwei Wirkungen.

**A. Hemmung der Vollziehung.** Die Hinterlegung hemmt die Vollziehung, vgl auch Karlsr MDR **83**, 678. Ihr Nachweis erfolgt im Verfahren nach § 766 durch eine öffentliche Urkunde, §§ 775 Z 3, 928. Die Kostenfestsetzung, §§ 103 ff, und Vollziehung der Kostenentscheidung, § 929, bleibt immer ungehemmt. Die Lösungssumme vermindert sich nicht etwa um den Wert einer im Vollzug gepfändeten Sache.

**5** **B. Aufhebungsrecht.** Die Hinterlegung berechtigt zu einem Antrag nach § 766 auf die Aufhebung der Vollziehung des Arrests, sobald die Vollziehung erfolgt ist, § 934. Der Arrestbefehl selbst bleibt solange bestehen, bis er auf Grund eines Rechtsbehelfs aufgehoben wird, §§ 926, 927. Seine Aufhebung ist die Voraussetzung dafür, daß die Sicherheit zurückgegeben werden darf.

**6** **5) Rechtsbehelfe.** Gegen die Bestimmung der Art und Höhe der Sicherheitsleistung sind für beide Parteien die gegen den Arrestbefehl zulässigen Rechtsbehelfe gegeben, §§ 924 ff. Das Fehlen einer Lösungssumme macht den Arrestbefehl nicht unwirksam. Die Lösungssumme kann im Weg einer Ergänzung nach §§ 321, 329 oder auf Grund eines Rechtsbehelfs des Schuldners hinzugefügt werden.

**7** **6) VwGO:** Bei der durch § 123 III VwGO gebotenen entsprechenden Anwendung auf die einstwAnO ist zu beachten, daß § 923 bei der einstw Vfg wegen § 939 unanwendbar ist, oben Rn 1, daß aber in § 123 III VwGO auch § 939 genannt wird. Eine Lösungssumme kommt deshalb nur dann in Betracht, wenn die einstwAnO (wie der Arrest) die künftige Zwangsvollstreckung wegen eines Vermögenswertes sichern soll, Grdz § 916 Rn 21, Finkelnburg/Jank Rn 256.

## § 924

**924** *Widerspruch.* ¹Gegen den Beschluß, durch den ein Arrest angeordnet wird, findet Widerspruch statt.

II ¹Die widersprechende Partei hat in dem Widerspruch die Gründe darzulegen, die sie für die Aufhebung des Arrestes geltend machen will. ²Das Gericht hat Termin zur mündlichen Verhandlung von Amts wegen zu bestimmen. ³Ist das Arrestgericht ein Amtsgericht, so ist der Widerspruch unter Angabe der Gründe, die für die Aufhebung des Arrestes geltend gemacht werden sollen, schriftlich oder zum Protokoll der Geschäftsstelle zu erheben.

III ¹Durch Erhebung des Widerspruchs wird die Vollziehung des Arrestes nicht gehemmt. ²Das Gericht kann aber eine einstweilige Anordnung nach § 707 treffen; § 707 Abs. 1 Satz 2 ist nicht anzuwenden.

**Schrifttum:** *Mädrich,* Das Verhältnis der Rechtsbehelfe des Antragsgegners im einstweiligen Verfügungsverfahren, 1980; *Schmidt,* Die Gegenvorstellung im Erkenntnis- und summarischer Verfahren der ZPO, Diss Bonn 1971; *Werner,* Rechtskraft und Innenbindung zivilprozessualer Beschlüsse im Erkenntnis- und summarischen Verfahren (1983) 123 ff.

5. Abschnitt. Arrest und einstweilige Verfügung **§ 924**

**Gliederung**

| | | | | |
|---|---|---|---|---|
| 1) **Systematik, Regelungszweck, I–III** ... | 1–4 | C. Widerspruchsberechtigte ............. | 7 |
| A. Widerspruch ........................ | 1 | D. Form ................................ | 8 |
| B. Fristablauf .......................... | 2 | E. Frist ................................. | 9 |
| C. Wichtiger Grund usw ............... | 3 | F. Rücknahme; Verzicht ................ | 10 |
| D. Weitere Einzelheiten ................ | 4 | 3) **Verfahren, II** ...................... | 11 |
| 2) **Widerspruch, I, II** ...................... | 5–10 | 4) **Einfluß auf die Vollziehung, III** ........ | 12 |
| A. Allgemeines ........................ | 5 | 5) *VwGO* ................................ | 13 |
| B. Zuständigkeit ....................... | 6 | | |

**1) Systematik, Regelungszweck, I–III.** §§ 924, 925 regeln nur eine der Möglichkeiten des Schuld- **1** ners, einen Arrestbeschluß (nicht ein Arresturteil) zu bekämpfen. § 924 ähnelt entfernt dem § 339 (Einspruch gegen ein Versäumnisurteil). Das zeigt sich auch vor allem darin, daß der bisherige Richter (judex a quo) zuständig bleibt, Rn 6, daß der Widerspruch also kein Rechtsmittel ist (keine sog Anfallwirkung, Grdz 3 vor § 511), sondern ein Rechtsbehelf, Grdz 1 vor § 511. Das ist im Interesse der gerade bei dieser Verfahrensart gebotenen Beschleunigung durchaus sinnvoll, Kblz MDR **96**, 1293 (Kostenwiderspruch). Es muß sich jedenfalls zunächst nicht ein weiteres Gericht einarbeiten usw. Die jetzt notwendige Verhandlung, II 2, sollte entsprechend rasch anberaumt und zügig durchgeführt werden. III 2 sollte wegen der Nichtanwendbarkeit des § 707 I 2 nicht zu Lasten des Schuldners ausgelegt werden. Das Gericht darf und muß einen Arrestbeschluß, den es ohne eine mündliche Verhandlung erlassen hat, unter folgenden Voraussetzungen aufheben:

**A. Widerspruch.** Der Schuldner hat einen Widerspruch eingelegt, und es ergibt sich auf Grund einer nochmaligen, genauen Prüfung, daß der Arrestantrag entweder von Anfang an unbegründet war oder jedenfalls im Zeitpunkt des Schlusses der mündlichen Verhandlung über den Widerspruch, §§ 136 IV, 296 a, nicht mehr begründet war. Der Widerspruch ist zwar ein Rechtsbehelf, aber mangels einer sog Anfallwirkung kein Rechtsmittel, § 99 Rn 28, Hamm OLGZ **89**, 340, Kblz MDR **96**, 1293. Wenn das Gericht den Arrest durch einen Beschluß erlassen hatte, § 922 I 1 Hs 2, ist der Widerspruch der alleinige Rechtsbehelf, Hamm OLGZ **89**, 340, und zwar ohne Rücksicht darauf, welche Instanz den Arrest angeordnet hat.

**B. Fristablauf.** Der Schuldner hat beantragt, den Arrestbeschluß aufzuheben, weil der Gläubiger trotz **2** einer Auflage nicht fristgemäß eine Klage erhoben habe, § 926 II.

**C. Wichtiger Grund usw.** Der Schuldner hat beantragt, den Arrestbeschluß aufzuheben, weil sich die **3** Umstände seit dessen Anordnung verändert hätten oder weil ein sonstiger wichtiger Grund vorliege, § 927.

**D. Weitere Einzelheiten.** Alle drei Wege sind gleichzeitig nebeneinander zulässig, LG Freibg RR **88**, **4** 250 (zu § 926 II). Das gilt freilich nur dann, wenn ein nach Grdz 33 vor § 253 zu prüfendes Rechtsschutzbedürfnis für jeden dieser Wege vorliegt, Hamm GRUR **78**, 612, Kblz GRUR **89**, 374. Das Rechtsschutzbedürfnis kann für den Weg nach § 927 fehlen, wenn bereits im Widerspruchs- oder Berufungsverfahren anhängig ist, Kblz GRUR **89**, 374. Das kann zB dann, wenn die Hauptsache des Arrestverfahrens für erledigt erklärt wird oder wenn der Arrest bzw die einstweilige Verfügung endgültig aufgehoben werden, Düss NJW **71**, 812, Hbg MDR **77**, 148, und zwar unanhängig davon, ob diese Aufhebung rückwirkend erfolgt. Der Arrestschuldner kann sich insbesondere im Widerspruchsverfahren nach § 927 mit Einreden verteidigen, ThP § 927 Rn 12, aM Teplitzky DRiZ **82**, 45.
Es hängt von der Lage des *Einzelfalls* ab, insbesondere von den evtl unterschiedlichen Kostenfolgen, welcher der Wege Rn 1 am empfehlenswertesten ist. Man sollte beachten, daß eine Aufhebung nach Rn 3 dem Schuldner keinen Ersatzanspruch eröffnet, § 945. Andererseits können die Möglichkeiten Rn 2, 3 mit einer Berufung gegen ein Arresturteil zusammentreffen. Denn diese Möglichkeiten sind sowohl gegenüber einem Beschluß als auch gegenüber einem Urteil vorhanden. Mit dem Eintritt der Rechtskraft, einer Aufhebung des Arrests, § 322, endet natürlich das Wahlrecht, Düss NJW **71**, 812. Vgl im übrigen § 322 Rn 29 „Arrest, Einstweilige Anordnung und Verfügung". Ein Dritter kann nur nach § 766 oder § 771 vorgehen.
Eine *Vollstreckungsabwehrklage* nach § 767 ist ebensowenig wie eine andere Klage, etwa nach § 323 oder eine Wiederaufnahmeklage nach §§ 578ff (außer gegen ein arrestaufhebendes Urteil), zu dem Zweck zulässig, die Aufhebung des Arrests zu erreichen. Denn die §§ 926, 927 treffen Sonderregelungen, Karlsr GRUR **79**, 571.

**2) Widerspruch, I, II.** Es sind zahlreiche Aspekte zu beachten. **5**
**A. Allgemeines.** Der Widerspruch ist nur dann statthaft, wenn das Gericht den Arrest nach § 922 I 1 Hs 2 ohne eine mündliche Verhandlung erlassen hat, Kblz MDR **96**, 1293. Der Widerspruch ist kein Rechtsmittel, Rn 1. Deshalb entstehen weder die Hemmungswirkung noch die Anfallwirkung, Grdz 2, 3 vor § 511. Der Widerspruch richtet sich grundsätzlich gegen die Anordnung des Arrests, nicht gegen seine Vollziehung. Gegen die Vollziehung richtet sich vielmehr § 923.
Der Schuldner kann den Widerspruch ausnahmsweise auch *auf die Kostenentscheidung beschränken,* und zwar schon wegen § 93, sog „Kostenwiderspruch", BGH NJW **86**, 1815, Ffm RR **96**, 1535, Kblz MDR **96**, 1293. § 99 I steht dieser Lösung nicht entgegen. Denn in jener Vorschrift ist eine auf Grund einer mündlichen Verhandlung ergangene streitige Entscheidung der Grundlage, Düss NJW **72**, 1956, Mü NJW **72**, 954. Die Beschränkung auf die Kostenfrage stellt der Sache nach ein Anerkenntnis des Verfügungsanspruchs dar, Ffm RR **96**, 1535, muß aber von vornherein erfolgen und eindeutig sein, Düss RR **86**, 87, Stgt WRP **81**, 116, LG Brschw WRP **84**, 363 (also keine Verbindung mit einem Aufhebungsantrag). Man muß notfalls durch eine Auslegung ermitteln, ob ein derartiger bloßer „Kostenwiderspruch" vorliegt, Grdz 52 vor § 128, KG MDR **82**, 853. Eine Ankündigung eines Anerkenntnisses nach § 307 bedeutet keineswegs stets die Beschränkung auf die Kostenfrage, Hamm MDR **89**, 1001, Rn 8. In einer solchen Beschränkung kann

**§ 924**

ein Verzicht auf das Recht aus § 926 liegen, dort Rn 5 aE. Die spätere Erweiterung des Kostenwiderspruchs auf einen Vollwiderspruch ist daher unzulässig, Hamm MDR **91**, 357.

Der Widerspruch ist *keine Beschwerde*. Er ist auch dann statthaft, wenn das Gericht nach § 85 II ArbGG ohne eine Anhörung des Gegners entschieden hat, LAG Hamm DB **73**, 1024. Eine Verwirkung ist denkbar, Schlesw MDR **79**, 764, Nieder WRP **79**, 350. Die Rücknahme ist bis zur Rechtskraft der Widerspruchsentscheidung zulässig. In einer erst im Laufe des Widerspruchsverfahrens erfolgten Beschränkung auf den Kostenpunkt liegt eine teilweise Widerspruchsrücknahme, auf die § 99 II unanwendbar ist, Mü WettbR **96**, 140. Einwendungen gegen die Vollziehung des Widerspruchs sind im Weg der Erinnerung nach § 766 geltend zu machen. Einwendungen gegen den Arrestanspruch selbst müssen nach § 927 erhoben werden. Wenn der Widerspruch zurückgenommen wird, dann trifft das Gericht eine Kostenentscheidung entsprechend §§ 515 III, 346, Mü JB **77**, 93.

**6**   **B. Zuständigkeit.** Grundsätzlich ist das Gericht des Arrestbeschlusses, § 919, zur Entscheidung über den Widerspruch des Schuldners örtlich und sachlich ausschließlich zuständig, § 802, Jacobs NJW **88**, 1365. Da gerade dieses Gericht entscheiden soll, ist § 10 unanwendbar. Wenn allerdings das Beschwerdegericht, nicht das Berufungsgericht der Hauptsache, § 943, den Arrestbeschluß erlassen oder das erstinstanzliche Gericht zu seinem Erlaß angewiesen hat, dann geht der Widerspruch ausnahmsweise an das Gericht der ersten Instanz. Denn das Beschwerdegericht hat nur anstelle des erstinstanzlichen Gerichts entschieden, und die Partei würde sonst auch grundlos eine Instanz verlieren, Düss MDR **84**, 324. Deshalb tritt auch (zunächst) anders als zB bei § 538 keine Bindungswirkung ein, aM Ule/Bahls MDR **73**, 892. Wenn das angerufene Gericht unzuständig ist, darf und muß es auf Grund eines evtl nach den §§ 139, 278 III herbeizuführenden Antrags das Verfahren an das zuständige Gericht verweisen, §§ 281, 506, Hamm OLGZ **89**, 340, ZöV 6, aM LG Bln BB **72**, 337, Bernaerts MDR **79**, 98.

**7**   **C. Widerspruchsberechtigte.** Zum Widerspruch berechtigt sind lediglich der Schuldner oder dessen Rechtsnachfolger, § 727 Rn 2, der Insolvenzverwalter auch auf Grund derjenigen Rechte, die dem Schuldner auf Grund der Eröffnung des Insolvenzverfahrens zustehen. Der Gläubiger ist in keinem Fall zum Widerspruch berechtigt. Ein Dritter ist darauf angewiesen, nach den §§ 766, 771 vorzugehen und dann, wenn der Arrest angefochten werden soll, eine Anfechtungsklage zu erheben.

**8**   **D. Form.** Der Schuldner muß den Widerspruch bei demjenigen Gericht einlegen, das den Arrestbeschluß nach § 922 erlassen hat, aM Hamm BB **79**, 1378 (betr einen von zwei Streitgenossen). Wenn das Arrestgericht ein LG ist, muß das schriftlich und unter Anwaltszwang geschehen, § 78 Rn 1, § 920 Rn 11. War das LG Beschwerdegericht beim Erlaß, Rn 6, dann ist das nun wieder zuständige AG maßgeblich. In diesem Fall und dann, wenn das AG den Arrest erlassen hatte, kann man den Widerspruch bei jedem AG zum Protokoll der Geschäftsstelle einlegen, II 2, § 129 a. Insoweit besteht kein Anwaltszwang, § 78 II, Kblz NJW **80**, 2588. Der Schuldner braucht das Wort Widerspruch nicht zu benutzen. Es genügt vielmehr eine Äußerung seines Willens, eine Entscheidung derselben Instanz über die Berechtigung des Arrests herbeizuführen. Vgl auch Rn 5. Eine Begründung ist ratsam, aber nicht formell zwingend notwendig.

**9**   **E. Frist.** Ein Widerspruch ist ab Erlaß des Arrestbefehls § 329 Rn 26, also schon vor seiner Zustellung und vor dem Vollzugsbeginn nach § 929, und ist solange zulässig, wie der Arrestbeschluß wirksam besteht, also unter Umständen auch noch nach dem Ablauf der Vollziehungsfrist des § 929 II, Düss NJW **70**, 618, oder nach der Erledigung der Hauptsache, § 91 a, oder nach der Freigabe der gepfändeten Sachen. Jedoch gilt das in § 567 Rn 12 Ausgeführte auch hier. Es ist durchaus gerechtfertigt und mit dem Zweck des Arrests vereinbar, wenn man den Hauptprozeß abwartet, selbst wenn dieser recht lange dauert, KG NJW **62**, 816, aM Saarbr RR **89**, 1513. Das evtl vorrangige fristschaffende WTO-Recht bleibt beachtlich, von Bogdandy NJW SW **99**, 2088.

**10**   **F. Rücknahme: Verzicht.** Der Schuldner kann den Widerspruch zurücknehmen. Er kann auch auf den Widerspruch wie auf die Anträge nach §§ 926, 927 verzichten, der Gläubiger kann den Schuldner durch ein sog Abschlußschreiben, § 93 Rn 77, dazu eine angemessene Frist setzen, zB einen Monat, vgl auch KG WRP **78**, 451. Der Verzicht führt zum Wegfall eines Rechtsschutzbedürfnisses für eine Klage in der Hauptsache, Grdz 33 vor § 253, Hamm WRP **76**, 252.

**11**   **3) Verfahren, II.** Das Gericht bestimmt unverzüglich nach dem Eingang des Widerspruchs einen Termin zur mündlichen Verhandlung, § 216, und lädt dazu beide Parteien von Amts wegen, §§ 209, 270, 274. Es gibt keine Ladung durch die Partei. Das Gericht muß die Ladungsfrist nach § 217 beachten. Der Schuldner soll die Gründe seines Widerspruchs mitteilen. Er ist zu dieser Mitteilung aber nicht gezwungen. Es ist zulässig, in der mündlichen Verhandlung weitere Gründe nachzuschieben, § 922 Rn 15. Der Vorsitzende darf die Bestimmung des Verhandlungstermins nicht etwa deswegen ablehnen, weil der Schuldner den Widerspruch nicht begründet hätte.

**12**   **4) Einfluß auf die Vollziehung, III.** Der Widerspruch hemmt die Vollziehung und die Vollstreckung des Arrests nicht. Insofern hat er eine andere Wirkung als eine Hinterlegung nach § 923. Das Gericht kann aber nach § 707 eine einstweilige Anordnung treffen, ohne an die Beschränkungen des § 707 I 2 gebunden zu sein, Düss NJW **70**, 254, freilich nur, wenn dadurch nicht der Arrest seinen Sinn verliert, vgl auch Ffm GRUR **89**, 932. Das Gericht kann also auch ohne besondere Voraussetzungen davon absehen, eine Sicherheitsleistung zu verlangen. Vgl aber auch § 936 Rn 4 „§ 924, Widerspruch". Die einstweilige Anordnung ist keine einstweilige Verfügung. Wenn der Widerspruch nicht statthaft ist, dann bleibt dem Schuldner nur die Möglichkeit einer Aufhebungsklage übrig. Sie läßt eine Einstellung zu, § 927 Rn 13. Eine Vollstreckungsabwehrklage nach § 767 ist nicht statthaft, Rn 4. III gilt auch für die dem Schuldner im Arrestbeschluß auferlegten Kosten.

**13**   **5) VwGO:** *Gegen den Beschluß, durch den das VG (auch nach mündlicher Verhandlung) eine einstwAnO erläßt, ist die Beschwerde gegeben,* es sei denn, sie ist durch ein Spezialgesetz ausgeschlossen, zB § 80 AsylVfG oder § 37 VermG, VGH Mü BayVBl **94**, 411 mwN (vgl § 252 Rn 7); die Beschwerde bedarf der Zulassung durch das Beschwerdegericht, § 146 IV–VI VwGO idF des 6. ÄndG, vgl § 127 Rn 107, dazu Rennert NVwZ **98**, 665 u Schmidt NVwZ **98**, 698, beide mwN, Schenke NJW **97**, 91 (das gilt auch für die Beschwerde gegen eine Zwischenent-

*scheidung, OVG Münst NVwZ **99**, 785). Die Beschwerde, der nicht abgeholfen werden darf, hat keine aufschiebende Wirkung; aber die Aussetzung der Vollziehung ist möglich, § 173 VwGO iVm § 572 III, OVG Hbg NVwZ **97**, 691, VG Bln NVwZ **97**, 514: schon mit dem Zulassungsantrag wird die Entscheidung „angefochten"; das gleiche gilt für die einstw Einstellung der Vollstreckung nach III 2, obwohl § 924 in § 123 VwGO nicht genannt wird. Ein Beschluß des OVG (VGH) ist unanfechtbar, § 152 VwGO, soweit es sich nicht um eine Entscheidung nach § 17 a GVG handelt, § 152 I VwGO; dies gilt auch für Eilentscheidungen nach § 47 VI VwGO, Schoch S 504 mwN. Zum Verf des VerwGerichts, an das ein Zivilgericht die Sache nach Widerspruch verwiesen hat, vgl VGH Mü BayVBl **83**, 569.*

## 925 Entscheidung auf Widerspruch.
<sup>I</sup> Wird Widerspruch erhoben, so ist über die Rechtmäßigkeit des Arrestes durch Endurteil zu entscheiden.

<sup>II</sup> Das Gericht kann den Arrest ganz oder teilweise bestätigen, abändern oder aufheben, auch die Bestätigung, Abänderung oder Aufhebung von einer Sicherheitsleistung abhängig machen.

### Gliederung

| | | | | |
|---|---|---|---|---|
| 1) Systematik, Regelungszweck, I, II .... | 1 | D. Wirkung ........................... | 7 |
| 2) Notwendigkeit mündlicher Verhandlung, I ............................... | 2 | E. Kosten ............................. | 8 |
| | | F. Versäumnisverfahren ............... | 9 |
| 3) Einzelfragen zum Verfahren, I ........ | 3 | G. Vollstreckbarkeit .................. | 10 |
| 4) Endurteil, I, II ....................... | 4–10 | 5) Berufung, I, II ..................... | 11 |
| A. Abschließende Inhaltsregelung ...... | 4 | 6) Einspruch, I, II ..................... | 12 |
| B. Unzulässigkeit ...................... | 5 | 7) VwGO ............................. | 13 |
| C. Zulässigkeit ........................ | 6 | | |

**1) Systematik, Regelungszweck, I, II.** Die Vorschrift ergänzt § 924. Vgl daher zunächst § 924 Rn 1. **1** Der Widerspruch, auch der auf die Kostenentscheidung beschränkte sog „Kostenwiderspruch", § 924 Rn 5, leitet ein streitiges Urteilsverfahren wie nach §§ 253 ff ein, Roelleke JZ **75**, 245. Der Gläubiger wird zum Arrestkläger, der Schuldner wird zum Arrestbekl, Hamm JB **76**, 917. Eine Vertauschung dieser Rollen kann nicht eintreten. Deshalb muß ein Versäumnisurteil gegenüber dem Gläubiger nach § 330, ein solches gegenüber dem Schuldner nach § 331 ergehen. Wenn der Gläubiger seinen Antrag zurücknimmt, dann entspricht das der Klagrücknahme oder dem Verzicht, §§ 269, 306. Beide Parteien können ihre Anträge erweitern, Ffm RR **88**, 319, oder beschränken, §§ 263, 264, und zwar auch in einer Wettbewerbssache (vgl aber § 922 Rn 15), aM Lipps NJW **70**, 226 (aber für seine Auffassung gibt es keine gesetzliche Grundlage). Eine Verbindung des Widerspruchs mit Anträgen nach §§ 926 II, 927 ist zulässig. Der Widerspruch hemmt den Arrestvollzug nicht, § 924 III. Allerdings kann der Arrestkläger jetzt den bisherigen Anspruch – anders als einzelne von dessen Grundlagen – nicht mehr wirksam gegen einen neuen austauschen, Ffm RR **88**, 319.

**2) Notwendigkeit mündlicher Verhandlung, I.** Die nach § 128 Rn 4 notwendige mündliche Ver- **2** handlung verläuft wie bei §§ 278, 922 I. Auch hier handelt es sich nur um den Arrestanspruch, nicht um den Hauptanspruch. Der Gläubiger kann also nicht etwa im Weg einer Klagänderung auf eine Leistung klagen. Denn es liegt eine ganz andere Verfahrensart vor, Hamm NJW **71**, 387. Etwas anderes gilt allenfalls dann, wenn beide Parteien mit der Klagänderung einverstanden sind, Brschw MDR **71**, 1017. Es genügt immer, die streitigen Behauptungen nach § 294 glaubhaft zu machen. Das Gericht darf an keiner Stelle einen vollen Beweis im Sinn von § 286 Rn 16 verlangen, solange das Verfahren nicht in einen Hauptprozeß übergeht. In der zweiten Instanz ist es zulässig, verspätetes neues Vorbringen nach § 528 zurückzuweisen. Gegen die Nachteile einer Überrumpelung kann auch eine Sicherheitsleistung schützen. Maßgebender Zeitpunkt ist derjenige der mündlichen Verhandlung. Das Gericht muß prüfen, ob der Arrest am Schluß der mündlichen Verhandlung, §§ 136 IV, 296 a, (noch) rechtmäßig ist. Es darf und muß auf Grund einer Einrede diejenigen Umstände zu prüfen, die erst seit dem Erlaß des Arrests eingetreten sind, § 927 Rn 9. Jedoch tritt keine Bindung wegen des Arrestgrunds des § 917 ein, selbst wenn der Erlaß des Arrests vertretbar gewesen war. Sonst wäre der Widerspruch weitgehend sinnlos, aM Schwerdtner NJW **70**, 599.

**3) Einzelfragen zum Verfahren, I.** Ein etwaiges Anerkenntnis nach § 307 bezieht sich nur auf den **3** Arrestanspruch, § 916 und nicht auf den Hauptanspruch. Ein Verzicht auf die Vollziehung des Arrests ist kein Verzicht auf den Hauptanspruch im Sinn von § 306. Ein solcher Verzicht zwingt aber nach § 927 eine Aufhebung vorzunehmen. Der Schuldner kann den Verzicht im Widerspruchsverfahren geltend machen, ebenso den Aufhebungsgrund nach § 926 II. Wenn der Gläubiger einen Vollstreckungstitel erwirkt und aus ihm die Zwangsvollstreckung betreibt, dann ist das im Arrestverfahren kein Erledigungsgrund nach § 91 a; eine Klage nach § 927 wirkt aber als eine Erledigung, vgl allerdings § 927 Rn 4. Eine Aussetzung des Arrestverfahrens bis zur Erledigung der Hauptsache ist mit dem Eilcharakter des Arrestverfahrens unvereinbar. Das Gericht muß auch eine Aussetzung aus anderen Gründen, § 148, vermeiden. Denn auch eine solche Aussetzung stünde mit dem Eilcharakter des Arrestverfahrens nicht im Einklang, Grdz 13, 14 vor § 916. Wenn über das Vermögen des Schuldners das Insolvenzverfahren eröffnet wird, dann darf das Gericht auf Grund eines Widerspruchs des Insolvenzverwalters den Arrest bestätigen oder abändern, falls der Gläubiger bereits gepfändet oder der Schuldner hinterlegt hatte, Grdz 4 vor § 916.

Wenn aber mit dem *Vollzug* des Arrestbefehls bisher *noch nicht begonnen* war, dann kann er auch für die Zukunft keine Wirkung mehr haben und ist für die Vergangenheit bedeutungslos. Deshalb muß der Arrest auf Grund eines Widerspruchs des Insolvenzverwalters in solchem Fall aufgehoben werden. § 406 ist unanwendbar, § 487 Rn 6, aM Nürnb **78**, 954.

**§ 925**

**4) Endurteil, I, II.** Es gibt Gemeinsamkeiten und je nach Entscheidungsrichtung Unterschiede.

**A. Abschließende Inhaltsregelung.** Das Gericht muß auf Grund des Widerspruchs, auch des sog Kostenwiderspruchs, Rn 1, Kblz MDR **96**, 1293, des Schuldners nach einer mündlichen Verhandlung über den Arrest durch ein Endurteil nach §§ 300ff entscheiden. II regelt den möglichen Inhalt des Endurteils abschließend, von der Frage der Zulässigkeit der mündlichen Verhandlung und dem Angriff auf die Kostenentscheidung abgesehen, BFH BB **81**, 1825. Dieses Endurteil kann wie folgt lauten:

**B. Unzulässigkeit.** Das Gericht verweist auf Grund eines Antrags des Arrestklägers im Fall der bloßen Unzuständigkeit das Arrestverfahren an das zuständige Gericht, ohne den Arrest aufzuheben, ThP 1, aM LG Arnsberg RR **93**, 318, Teplitzky DRiZ **82**, 41 (sie heben zuvor auf). Mangels Antrags oder bei einem anderen Unzulässigkeitsgrund verwirft das Gericht den Widerspruch als unzulässig, Grdz 14 vor § 253, Celle GRUR **80**, 946.

**C. Zulässigkeit.** Bei einem zulässigen Widerspruch gilt: Das Gericht kann den Arrestbeschluß bestätigen. Das Gericht kann den Arrestbeschluß auch abändern, ihn also teilweise bestätigen und teilweise aufheben. Es kann dem Arrest auch einen gänzlich oder teilweise anderen Inhalt geben. Eine Abänderung ist auch in einer Wettbewerbssache grundsätzlich zulässig, § 938 Rn 1, aM Lipps NJW **70**, 226. Sie ist jedoch nicht zulässig, sofern dadurch die Instanz entzogen würde. Wenn der Arrestgrund im Zeitpunkt des Schlusses der mündlichen Verhandlung, §§ 136 IV, 296a, LG Düss NJW **75**, 1367, nicht oder nicht mehr besteht, dann müssen der Arrestbeschluß und nicht nur seine Vollziehung aufgehoben werden. Das gilt auch in der zweiten Instanz, wenn nach dem Zeitpunkt der Bestätigung der ersten Instanz veränderte Umstände eingetreten sind. Wenn andererseits gegen ein den Arrest aufhebendes Urteil eine Berufung erfolgreich war, dann muß der aufgehobene Arrest unter einer Abänderung des aufhebenden Urteils bestätigt werden und darf nicht neu erlassen werden, Düss BB **81**, 394. Eine andere Frage ist diejenige, welche Wirkung die vorläufige Aufhebung durch eine nach §§ 708ff vorläufig vollstreckbare Entscheidung des erstinstanzlichen Gerichts hat, dazu Hbg MDR **77**, 148. Das Gericht kann den Arrestbeschluß auch aufheben und muß dann zugleich den Arrestantrag zurückweisen. Das Gericht kann die Bestätigung, die Änderung oder die Aufhebung des Arrests davon abhängig machen, daß der Gläubiger oder der Schuldner erstmals oder zusätzlich eine Sicherheit nach § 108 leisten.

**D. Wirkung.** Das Urteil wirkt rechtsgestaltend, Grdz 10 vor § 253, § 922 Rn 7. Ein aufhebendes Urteil schafft den Arrest oder die einstweilige Verfügung noch nicht aus der Welt, Ffm BB **82**, 832 (evtl Rückwirkung), Hbg MDR **77**, 148, aM Hbg MDR **97**, 394, StJGr 19, ZöV 10. Wegen der vorläufigen Vollstreckbarkeit Rn 9. Das Gericht muß von Amts wegen klären, ob eine Sicherheitsleistung notwendig ist, KG DB **80**, 301. Das Gericht muß die Art und die Höhe einer erforderlichen Sicherheitsleistung nach § 108 bestimmen. Wenn der Schuldner die verlangte Sicherheit geleistet hat, dann kann er nach § 766 die Aufhebung der Vollziehungsmaßnahmen fordern. Celle NJW **70**, 54 wendet in einem solchen Fall § 717 I entsprechend an; es verkennt aber das zB in § 929 I zum Ausdruck kommende besondere Schutzbedürfnis des Gläubigers, § 939. Wenn der Anspruch des Gläubigers im Hauptprozeß rechtskräftig abgewiesen wird, muß das Arrestgericht den Arrest zwangsläufig aufheben.

Wenn der Gläubiger im *Hauptprozeß gewinnt*, dauert oft das Sicherungsbedürfnis im Arrestverfahren fort, vor allem dann, wenn der im Hauptprozeß erstrittene Titel nicht vollstreckbar oder nur unter wesentlich schlechteren Voraussetzungen vollstreckbar ist, § 927 Rn 4. Wenn solche Gefahren nicht bestehen und wenn der Gläubiger auf Grund einer Aufforderung des Schuldners auf den Arrestanspruch unverzüglich verzichtet, da sich der Arrest erledigt habe, dann muß das Gericht der Gläubiger die Kosten des Arrestverfahrens demjenigen auferlegen, der ohne diese Erledigungswirkung unterlegen wäre, § 93 Rn 33, 34, Düss NJW **72**, 1956, Schulze zur Wiesche NJW **72**, 1928. Im Fall beiderseitiger Erledigterklärungen ist § 91a anwendbar, dort Rn 96. Wenn die Erledigung durch eine Zahlung des Schuldners eingetreten ist und dieser gleichwohl der Erledigterklärung des Gläubigers widerspricht, dann kommt es darauf an, ob der Arrest nunmehr noch berechtigt ist, § 91a Rn 192, aM Schlüter ZZP **80**, 452.

**E. Kosten.** Eine Kostenentscheidung ist stets notwendig, §§ 91ff, nicht § 788. Sie umfaßt die gesamten Kosten des Arrestverfahrens, auch bei der Kombination mit einem Aufhebungsverfahren (anders beim isolierten), Ffm JB **92**, 422. Sie ist evtl nach § 321 nachzuholen. Im Aufhebungsfall muß der Gläubiger auch die Vollzugskosten tragen. Wenn der Arrest bzw eine einstweilige Verfügung nur zum Teil angefochten wird, dann ist eine Kostenentscheidung über diesen Teil des Verfahrens erforderlich. Diese Kosten müssen bei einer etwaigen späteren Anfechtung des Rests in die daraufhin ergehende Kostenentscheidung unverändert einbezogen werden, Düss NJW **70**, 618. Wegen der Widerspruchsrücknahme § 924 Rn 5. Eine Erledigterklärung ist möglich, Rn 7.

*Gebühren:* Des Gerichts KV 1310 ff; beim bloßen Kostenwiderspruch, § 924 Rn 2, KV 1312b, Ffm RR **96**, 1535; des RA § 40 BRAGO. Wert: Anh § 3 Rn 11 „Arrest".

**F. Versäumnisverfahren.** Das Versäumnisverfahren verläuft wie bei § 922 Rn 8.

**G. Vollstreckbarkeit.** Ein Urteil, das den Arrest bestätigt, ist ebenso wie der Arrest ohne weiteres vollstreckbar, auch wegen der Kosten. Deshalb wird es nicht ausdrücklich für vollstreckbar erklärt, § 929 Rn 1. Ein Urteil, das den Arrestbefehl aufhebt, abändert oder von einer Sicherheitsleistung abhängig macht, ist von Amts wegen ohne eine Sicherheitsleistung für vorläufig vollstreckbar zu erklären, § 708 Z 6. Jedoch tritt mit der Verkündung des aufhebenden Urteils die Vollstreckbarkeit des Arrests bzw der einstweiligen Verfügung außer Kraft, § 717, Düss NJW **70**, 54. Eine Einstellung der Zwangsvollstreckung ist wie bei § 719 Rn 2 zulässig, im übrigen evtl auf Grund der Vorlegung eines Urteils in den Fällen § 775 Z 1 und 3, § 776, vgl aber Rn 1. Die Zustellung des Urteils ist keine Voraussetzung der Einstellung der Zwangsvollstreckung. Wenn der Gläubiger eine Sicherheit leisten soll, dann stellt das Vollstreckungsgericht die Vollstreckung des Arrests ein, solange die Sicherheit nicht erbracht ist, § 766. Wenn der Schuldner die Sicherheit leisten soll, dann muß er die Sicherheitsleistung nachweisen, § 775 Z 3.

**5) Berufung, I, II.** Vgl zunächst § 922 Rn 19. Auch jetzt gelten §§ 920 II, 294 II. Wenn das Gericht **11** den Arrest aufgehoben hat und der Gläubiger die Berufung einlegt, dann ist ihm dringend zu empfehlen, einen Antrag auf eine Einstellung der Vollziehung zu stellen, §§ 719, 707, aM Bre MDR **98**, 678, KG RR **96**, 1088. Denn eine aufgehobene Zwangsvollstreckungsmaßnahme lebt nicht wieder auf, Schlesw RR **92**, 318, StJGr 19, ZöV 11, aM Hbg MDR **77**, 148 (freilich ist die gelegentlich anzutreffende Meinung unrichtig, sogar die Unmöglichkeit einer neuen Vollziehung mache die Berufung gegenstandslos).

In der *Berufungsinstanz* kann man auch solche Tatsachen vorbringen, die erst nach dem Erlaß des erstinstanzlichen Urteils eintraten, auch solche, die zum Antrag nach § 626 II oder § 627 berechtigen. Wenn auf Grund des Widerspruchs nur wegen der Kosten ein Urteil ergangen ist, dann sind weder die Berufung, § 99 I, noch die Beschwerde statthaft, und zwar schon deshalb nicht, weil mangels Anfallwirkung überhaupt kein Rechtsmittel vorliegt, § 99 Rn 28, Hamm OLGZ **89**, 340, Kblz Rpfleger **86**, 408, folglich auch keine Anfechtung im Sinn von § 99 erfolgt, dort Rn 5 „Arrest, einstweilige Verfügung"; darüber hinaus ist die Beschwerde auch deshalb unstatthaft, weil weder eine Erledigung nach § 91 a eingetreten ist noch ein Anerkenntnisurteil nach § 99 II vorliegt, Hamm OLGZ **89**, 340, Kblz Rpfleger **86**, 408, Mü GRUR **85**, 327, aM (§ 99 II sei entsprechend anwendbar) Ffm OLGZ **93**, 237, Kblz MDR **96**, 1293, ZöV 11.

**6) Einspruch, I, II.** Wegen seiner Zulässigkeit nach einem Versäumnisurteil § 922 Rn 8. **12**

**7) VwGO:** Unanwendbar, § 123 III VwGO, s § 924 Rn 13. **13**

## 926

*Anordnung der Klageerhebung.* I Ist die Hauptsache nicht anhängig, so hat das Arrestgericht auf Antrag ohne mündliche Verhandlung anzuordnen, daß die Partei, die den Arrestbefehl erwirkt hat, binnen einer zu bestimmenden Frist Klage zu erheben habe.

II Wird dieser Anordnung nicht Folge geleistet, so ist auf Antrag die Aufhebung des Arrestes durch Endurteil auszusprechen.

**Schrifttum:** *Mädrich,* Das Verhältnis der Rechtsbehelfe des Antragsgegners im einstweiligen Verfügungsverfahren, 1980.

### Gliederung

| | | | |
|---|---|---|---|
| 1) Systematik, I, II | 1 | B. Schuldner | 9 |
| 2) Regelungszweck, I, II | 2 | C. Richterliche Entscheidung | 10 |
| 3) Anordnung, I | 3–5 | 7) Klageerhebung, I | 11, 12 |
| A. Keine Anhängigkeit der Hauptsache | 3 | A. Allgemeines | 11 |
| B. Arrest | 4 | B. Fristversäumung | 12 |
| C. Antrag | 5 | 8) Aufhebung, II | 13–16 |
| 4) Verfahren, I | 6 | A. Verfahren | 13, 14 |
| 5) Entscheidung, I | 7 | B. Entscheidung | 15 |
| 6) Rechtsbehelfe, I | 8–10 | C. Rechtsmittel | 16 |
| A. Gläubiger | 8 | 9) VwGO | 17 |

**1) Systematik, I, II.** Der Schuldner hat zwei Möglichkeiten: Er kann nach § 926 vorgehen; er kann **1** außerdem, BGH NJW **78**, 2158, eine leugnende Feststellungsklage nach § 256 erheben, Kblz GRUR **86**, 95, Zweibr FamRZ **80**, 1042, und auf Grund eines siegreichen Urteils nach § 927 vorgehen, Klauser MDR **81**, 716, StJGr 2, ZöV 3. Denn § 926 ändert nichts an dem Grundsatz, daß außer dem dort gegebenen Weg die Feststellungsklage möglich ist. Ihr steht nicht etwa die Rechtskraft des Arrests nach § 322 entgegen. Denn über seine Berechtigung wird durch die Klage ja gerade entschieden. Dieser Weg kann Vorteile bieten. Freilich kann für ihn das Feststellungsinteresse nach § 256 Rn 21 ff fehlen, Kblz GRUR **86**, 95. Vielmehr kann ein Feststellungsinteresse des Gläubigers entstehen, Mü MDR **92**, 864. Über das Zusammentreffen von § 926 und einem Widerspruch vgl § 924 Rn 4. Man kann gegen den Arrest nur mit dem zulässigen Rechtsbehelf vorgehen. Eine Unterlassungsklage ist unzulässig. Denn das Verhalten des Bekl kann wegen der Existenz des Arrests nicht rechtswidrig sein. § 494 a enthält eine teilweise ähnliche Regelung, dort Rn 1. Das evtl vorrangige fristschaffende WTO-Recht bleibt beachtlich, von Bogdandy NJW, **99**, 2088.

**2) Regelungszweck, I, II.** Das Gesetz wahrt dem Schuldner die Möglichkeit, immer eine Entscheidung **2** zur Hauptsache nach §§ 253 ff herbeizuführen, BGH **68**, 293. Es soll verhindern, daß der Gläubiger mit dem Arrest oder der einstweiligen Verfügung dadurch Mißbrauch treibt, Einl III 54, daß er den Titel als Druckmittel ohne eine ernsthafte Absicht weiterer Rechtsverfolgung beliebig lange aufrechterhält, Düss RR **88**, 696 mwN. Der Schuldner soll auch die Möglichkeit haben, gegen einen unbegründeten Arrest anzugehen, der ihn in den meisten Fällen überrascht hat, § 945, Mü MDR **92**, 864. Es soll aber auch verhindern, daß der Gläubiger gezwungen wird, eine Hauptsacheklage zu erheben, die, zB wegen einer anderweitigen Rechtshängigkeit, unzulässig wäre, § 261 Rn 24, Ffm MDR **81**, 237.

*Sinn von II* ist im Interesse der Gerechtigkeit, Einl III 9, wie der Prozeßwirtschaftlichkeit, Grdz 24 vor § 128, die Herbeiführung einer Entscheidung zur Hauptsache, BGH **68**, 239, Düss RR **88**, 696, Schlüter ZZP **80**, 462, und die Verhinderung eines beliebig langen Drucks auf den Schuldner, Rn 1. Freilich müssen die Streitgegenstände nämlich sein, Düss ZMR **97**, 24.

**3) Anordnung, I.** Das Arrestgericht darf eine Anordnung unter den folgenden Voraussetzungen treffen. **3**

**A. Keine Anhängigkeit der Hauptsache.** Die Hauptsache darf noch nicht bzw nicht mehr vor einem inländischen oder vor einem ausländischen Gericht, dessen Urteil nach § 328 anerkennungsfähig ist, Ffm

## § 926  8. Buch. Zwangsvollstreckung

Rpfleger **81**, 118, anhängig sein, § 261 Rn 1, Ffm MDR **89**, 272. Eine Rechtshängigkeit, § 261 Rn 1, darf natürlich erst recht nicht eingetreten sein, Ffm MDR **81**, 238. Schon das Mahnverfahren nach §§ 688 ff hindert, Köln OLGZ **79**, 119, ebenso das Prozeßkostenhilfeverfahren nach §§ 124 ff, aber eben jeweils nur während deren Dauer, also zB nicht nach der Rücknahme oder Zurückweisung des Gesuchs ohne Rechtsmittel, Ffm MDR **89**, 272. Der Gläubiger muß die Anhängigkeit der Hauptsache nachweisen. Der Schuldner braucht nicht etwa das Gegenteil nachzuweisen, Ffm MDR **81**, 238.

**4**  **B. Arrest.** Es muß ein Arrest in Urteils- oder Beschlußform vorliegen, § 922. Er braucht weder zugestellt noch gar nach § 929 vollzogen worden zu sein. Ein bereits eingelegter Widerspruch ist unschädlich, ebenso eine zulässige oder erfolgte Abwendung nach § 923.

**5**  **C. Antrag.** Der Schuldner muß einen Antrag gestellt haben. Dieser Antrag ist zulässig, sobald und solange für ihn ein Rechtsschutzbedürfnis besteht, Grdz 33 vor § 253, Hbg GRUR **86**, 564, LG Freibg RR **88**, 250. Das ist nach § 923 beseitigt das Rechtsschutzbedürfnis natürlich nicht. ZöV 9 lassen den Antrag sogar schon vor dem Erlaß des Arrests zu.

*Kein Rechtsschutzbedürfnis* besteht nach einem umfassenden Gläubigerverzicht, § 306, Karlsr WRP **80**, 713, Kblz GRUR **86**, 95, oder bei einer Teilaufhebung und restlichen Teilerledigung, § 91 a Rn 200, BGH NJW **73**, 1329. Das Rechtsschutzbedürfnis muß ferner verneint und der Antrag nach I demgemäß zurückgewiesen werden, wenn der Schuldner inzwischen geleistet hat, Ffm NJW **72**, 1330, LG Mainz NJW **73**, 2295, Klauser MDR **81**, 716, und wenn der Gläubiger ihn von jeder künftigen Inanspruchnahme sichergestellt hat, § 927 Rn 6, BGH **LM** Nr 4, LG Freibg RR **88**, 250. Der Antrag ist auch dann zurückzuweisen, wenn der Gläubiger wegen Erledigung des Arrestverfahrens nicht Klage in der Hauptsache erhoben hat (für sie besteht dann ebenfalls kein Rechtsschutzbedürfnis).

Deshalb gibt es auch keine Hauptsacheklage nach einer einstweiligen Verfügung auf eine *Unterlassung* oder hilfsweise auf die Feststellung einer Berechtigung des Unterlassungsanspruchs, wenn die Wiederholungsgefahr entfallen ist und damit ein Rechtsschutzbedürfnis fehlt, Grdz 33 vor § 253, BGH **LM** Nr 4, Hbg GRUR **86**, 564, Karlsr RR **88**, 252. Wenn der Schuldner seine Verpflichtung erfüllt hat und wenn der Gläubiger den Schuldner von der Arrestlast befreit hat, dann würde der Gläubiger eine neue Klage erheben müssen, deren Hauptsache schon vorher erledigt ist, Saarbr NJW **89**, 1514. Im Streitfall erfolgt eine Feststellung, ob eine Erledigung eingetreten ist, § 91 a Rn 173, und nicht eine Aufhebung nach II, LG Aachen MDR **73**, 506. Wenn der Schuldner nach dem Zeitpunkt der Klagerhebung zahlt, §§ 253, 261, dann muß er (im Aufhebungsprozeß der Kläger, Rn 14) die Sache nach § 91 a für erledigt erklären, falls der Gläubiger ihn von jeder weiteren Inanspruchnahme sichert. Der Antrag ist schriftlich zu stellen. Es herrscht kein Anwaltszwang, § 13 RPflG, Anh § 153 GVG, Bergerfurth Rpfleger **78**, 205. Man kann den Antrag zum Protokoll des Urkundsbeamten der Geschäftsstelle eines jeden AG stellen, § 129a. Der Schuldner kann auf den Antrag verzichten, § 924 Rn 10. In einer Beschränkung des Widerspruchs auf die Kostenfrage, § 924 Rn 5, kann ein Verzicht auf einen Anspruch nach § 926 liegen, Stgt WRP **80**, 102.

**6**  **4) Verfahren, I.** Ausschließlich zuständig, § 802, ist das Arrestgericht, also dasjenige Gericht, das den Arrest durch einen Beschluß oder durch ein Urteil angeordnet hat, §§ 919, 922. Das gilt unabhängig davon, wo das Widerspruchs- oder Aufhebungsverfahren nach § 927 derzeit schwebt, Schlesw MDR **97**, 392 (das AG des § 942 ist nicht zuständig). Der Antrag wird dem ProzBev des Antragstellers des Arrestverfahrens zugestellt, § 176, LG Köln GRUR **87**, 657. Die Anordnung der Klagerhebung erfolgt durch den Rpfl, § 20 Z 14 RPflG, Anh § 153 GVG. Wenn das Beschwerdegericht oder das Berufungsgericht den Arrest angeordnet haben, dann ist das untere Gericht zuständig, § 924 Rn 6, StJGr 5, ThP 10, ZöV 6, aM Karlsr NJW **73**, 1509. Das Gericht darf grundsätzlich nur die förmliche Zulässigkeit des Antrags prüfen, also nicht etwa (wie bei § 114 Rn 80) die Erfolgsaussicht der anzuordnenden Klage, Köln Rpfleger **81**, 26. Nur bei einer offenkundigen Aussichtslosigkeit der Klage mag der Antrag zurückzuweisen sein, BGH NJW **74**, 503. Grundsätzlich muß der Rpfl die allgemeinen Prozeßvoraussetzungen prüfen, Grdz 12 vor § 253. Für den Fall, daß die Hauptsacheklage anhängig ist, hat er allerdings nicht zu prüfen, ob die Prozeßvoraussetzungen erfüllt sind, Ffm MDR **81**, 238. Wenn sie gegeben sind und wenn nicht schon vorher eine Klage erhoben wurde, dann darf das Gericht den Antrag nicht mehr zurückweisen. Wenn keine Klage möglich ist, sind weder Arrest noch einstweilige Verfügung zulässig.

**7**  **5) Entscheidung, I.** Die Entscheidung ergeht durch einen Beschluß, § 329, und zwar stets ohne eine mündliche Verhandlung. Die Formel des Beschlusses lautet etwa: „Der Gläubiger habe bis zum … bei dem Gericht der Hauptsache Klage zu erheben" (Rn 9); „nach einem erfolglosen Fristablauf ist der Arrestbefehl aufzuheben". Im Beschluß braucht das Gericht nicht mitzuteilen, welches Gericht dasjenige der Hauptsache sei. Es sollte auch dazu keine Erläuterung geben. Der Beschluß ist zu begründen, § 329 Rn 4. Ein ablehnender Beschluß wird nur dem Schuldner formlos mitgeteilt, § 329 II 1. Der anordnende Beschluß wird dem Schuldner formlos mitgeteilt, § 329 II 1, und dem Gläubiger von Amts wegen zugestellt, § 329 II 2. Mit dieser Zustellung beginnt der Fristlauf. Die Frist wird nach § 222 berechnet. Sie kann nach § 224 II verlängert werden. Eine Klagerhebung vor einem unzuständigen Gericht wahrt die Frist deshalb, weil das unzuständige Gericht die Sache nach § 281 an das zuständige Gericht verweisen darf, Karlsr NJW **73**, 1509. In einer Arbeitnehmererfindungssache ist keine besondere Fristerstreckung notwendig. Denn in einem solchen Fall ist das im allgemeinen vorgeschaltete Schiedsverfahren, § 253 Rn 6, nicht erforderlich, § 920 Rn 6.

*Gebühren:* Des Gerichts: keine; des RA § 40 BRAGO. Wegen der ausnahmsweise zulässigen isolierten Kostenentscheidung nach beiderseitigen Erledigterklärungen Ffm Rpfleger **86**, 281.

**8**  **6) Rechtsbehelfe, I.** Es ist wie folgt zu unterscheiden.

**A. Gläubiger.** Er hat gegen den stattgebenden Beschluß mit Rücksicht auf Rn 10 die sofortige Erinnerung nach § 11 II 1 RPflG, Anh § 153 GVG. Denn es liegt keine Entscheidung in der Zwangsvollstreckung vor, Grdz 1 vor § 916, BGH RR **87**, 685, Köln Rpfleger **90**, 452, ZöV 19, aM Karlsr WRP **83**, 104 (kein

## 5. Abschnitt. Arrest und einstweilige Verfügung § 926

Rechtsbehelf). Daher ist § 793 unanwendbar, Schlesw SchlHA **82**, 44. Wegen des weiteren Verfahrens vgl § 104 Rn 69ff. Der Gläubiger muß die Rechtshängigkeit, § 261, oder den Besitz eines Vollstreckungstitels in der mündlichen Verhandlung nach II einwenden. Gegen die Verweigerung einer Fristverlängerung ist gemäß § 225 III in Verbindung mit § 11 II 1 RPflG im Fall einer echten Entscheidung des Rpfl ebenfalls die sofortige Erinnerung statthaft.

**B. Schuldner.** Er kann gegen einen zurückweisenden Beschluß oder gegen die Gewährung einer zu **9** langen Frist durch den Rpfl aus denselben Gründen wie bei Rn 8 die sofortige Erinnerung einlegen.

**C. Richterliche Entscheidung.** Gegen die Entscheidung des Richters nach § 11 II 3 RPflG ist kein **10** Rechtsmittel statthaft, § 104 Rn 92ff. Es ist ja außerdem keine Entscheidung in der Zwangsvollstreckung ergangen (§ 928 gilt nur für die Vollziehung, nicht vorher), und es liegt auch keine der Voraussetzungen des § 567 vor, Rn 8, LG Gött Rpfleger **93**, 440, aM ThP 6, ZöV 19, 20. Es handelt sich auch nicht um ein das Verfahren betreffendes Gesuch. Infolgedessen wäre gegen eine richterliche Fristsetzung kein Rechtsmittel statthaft, Köln Rpfleger **90**, 452.

**7) Klagerhebung, I.** Sie steht unter richterlicher Frist. **11**

**A. Allgemeines.** Nur der Gläubiger oder sein Rechtsnachfolger, § 727 Rn 1, LG Ffm NJW **72**, 955, können die Klage nach § 926 zulässig erheben. Die Klage muß die Hauptsache betreffen, also den unmittelbar gesicherten Anspruch, Ffm NJW **83**, 1130. Das tut sie zB dann nicht, wenn eine einstweilige Verfügung auf die Eintragung einer Sicherungshypothek erging, die Klage jedoch eine Zahlung zum Ziel hat, Düss RR **86**, 322. Die Klage muß wenn möglich auf eine Leistung lauten, § 253, und darf nur andernfalls auf eine Feststellung ergehen, § 256. Man darf aber auch hier nicht förmlich eine Feststellungsklage als ungenügend abtun, Düss MDR **88**, 976. Ein Feststellungsinteresse ist nach § 256 zu beurteilen. Celle FamRZ **97**, 182 lehnt eine Klage nach § 323 als unzureichend ab. Eine Klage vor dem vereinbarten Schiedsgericht nach §§ 1025ff reicht aus. Wenn das Schiedsgericht erst noch gebildet werden muß, §§ 1034ff, dann muß man die Frist reichlich bemessen. Sie ist keine Notfrist, § 224 I 2. Als eine Klage gilt auch die Einleitung des Verfahrens vor einem gebildeten Schiedsgericht. Eine Klage vor einem ausländischen Gericht genügt nur dann, wenn die Anerkennung des Urteils nach § 328 gesichert ist. Ein Antrag auf den Erlaß eines Mahnbescheids nach § 690 reicht aus, Köln OLGZ **79**, 119, LG Mainz NJW **73**, 2295. Er leitet ein Verfahren ein, bei dem es von dem Willen der Parteien abhängt, einen rechtskräftigen Titel zu erlangen. Der Gläubiger kann im Fall der Zuständigkeit mehrerer Gerichte die Hauptsacheklage auch bei einem anderen Gericht als demjenigen erheben, das (auch oder nur) für den Arrest zuständig war, Karlsr NJW **73**, 1509.

Die Klagerhebung bei einem *unzuständigen Gericht* wahrt die Frist, Nürnb BayJMBl **57**, 428. Es reicht auch aus, daß die Klage rechtzeitig eingereicht wurde, wenn das Gericht die Klage gemäß § 270 III demnächst zustellen läßt, Hamm OLGZ **89**, 323, StJGr 12, ZöV 32, aM Kblz RR **95**, 444, KG WRP **76**, 378. Dieser Weg setzt allerdings voraus, daß der Kläger seinerseits alles getan hat, um eine baldige Zustellung zu ermöglichen. Der Kläger muß bis zum Schluß der letzten mündlichen Verhandlung darlegen, daß er solche Bemühungen angestellt hat, §§ 136 IV, 296 a.

Ein Antrag auf die Bewilligung einer *Prozeßkostenhilfe* nach § 117 reicht aus, Hamm FamRZ **99**, 1152, Schneider MDR **82**, 722, StJGr 11, aM Düss MDR **87**, 771, Hamm OLGZ **89**, 323, MüKoHe 17. Nicht ausreichend ist eine einseitige Erledigterklärung des Arrestprozesses durch den Kläger, § 91 a Rn 168. Es muß ein Rechtsschutzbedürfnis vorliegen, Grdz 33 vor § 253. Es wird für die Hauptsacheklage natürlich nicht durch das Vorhandensein des, auch bestätigten, Arrests beseitigt, Hbg GRUR **71**, 282. Ebenso natürlich müssen die sachlichrechtlichen Voraussetzungen erfüllt sein, Hbg MDR **70**, 935. Die Aussichten der Klage sind unerheblich. Der Gläubiger muß immer in voller Höhe klagen, wenn er den Arrest voll aufrechterhalten will. Eine Teilklage ermöglicht nur eine teilweise Erhaltung. Die Frist kann trotz Widerspruchs gegen den Arrest, dessen Aufhebung und Rechtsmittels gegen dieses Urteil laufen, LG Arnsbg MDR **86**, 328. Wenn die Klage auch nur durch ein Prozeßurteil, Grdz 14 vor § 253, Üb 5 vor § 300, rechtskräftig abgewiesen worden ist, dann ist die Frist versäumt und muß der Arrest aufgehoben werden, wenn nicht der Gläubiger vor dem Schluß der mündlichen Verhandlung neu geklagt hat, NJW Rn 3, § 109 Rn 7. Wenn der Gläubiger einen vollstreckbaren Titel in Händen hat, dann erklärt das Gericht die Auflage in der mündlichen Verhandlung für erledigt. Die Klage eines Rechtsnachfolgers, § 727 Rn 1, reicht aus, LG Ffm NJW **72**, 955.

**B. Fristversäumung.** Wenn der Schuldner im Fall einer Fristversäumung keinen Aufhebungsantrag stellt **12** oder wenn die Klage zur Hauptsache bis zum Schluß der mündlichen Verhandlung über den Aufhebungsantrag, §§ 136 IV, 296 a, mündlich erhoben oder doch zugestellt ist, dann schadet die Verspätung nicht, § 231 II, Rn 13, Ffm RR **90**, 190, KG WettbR **98**, 111.

**8) Aufhebung, II.** Das Verfahren ähnelt etwas demjenigen nach Einspruch, §§ 339ff. **13**

**A. Verfahren.** Es handelt sich nicht schon um einen Teil des künftigen Verfahrens zur Hauptsache, sondern noch um einen unselbständigen Teil des Eilverfahrens, gerichtet auf die beschleunigte Klärung des Fortbestands des Arrests, also um einen neuen Verfahrensabschnitt, nicht um ein neues Prozeßrechtsverhältnis im Sinn von Grdz 3 vor § 128, Ffm GRUR **87**, 651. Deshalb handelt es sich um eine Sommersache, § 227 III 2 Hs 1 Z 1, so schon Hamm GRUR **85**, 396. Der Schuldner muß einen Verhandlungstermin schriftlich oder beim AG auch zum Protokoll des Urkundsbeamten beantragen. Anwaltszwang herrscht wie sonst, § 78 Rn 1, Bergerfurth Rpfleger **78**, 205. Zuständig ist grundsätzlich das Arrestgericht, § 919, jedoch das Berufungsgericht, wenn der Arrestprozeß dort bereits anhängig ist, Kblz RR **95**, 444, ZöV 22, aM Karlsr NJW **73**, 1509 (zuständig sei das Berufungsgericht, wenn es den Arrest erlassen hatte). Das Gericht lädt die Parteien von Amts wegen, §§ 209, 270, 274. Zur Stellung des Schuldners im Verfahren § 927 Rn 8. Es muß ein Rechtsschutzbedürfnis bestehen, Grdz 33 vor § 253, BGH NJW **74**, 503, Düss RR **88**, 696. Dieses besteht auch dann, wenn der Antragsteller nur auf den Hauptsacheanspruch, nicht aber auf das Recht aus dem Kostenanspruch verzichtet hat, LG Köln RR **86**, 552, aM Düss RR **88**, 697 (aber jeder der dort genannten weiteren Wege ist komplizierter), und meist wohl auch dann, wenn kein Verstoß gegen den Arrest usw mehr droht, AG Lauenb MDR **95**, 747. Das ist aber eine Fallfrage.

**14** Es ist eine mündliche *Verhandlung* notwendig, § 128 Rn 4. Der Aufhebungsantrag ist schon vor dem Ablauf der Rechtsmittelfrist zulässig, Hbg MDR **77**, 148, LG Freibg RR **88**, 250. Das Gericht muß dem Gläubiger den Aufhebungsantrag zustellen. Andernfalls darf keine Versäumnisentscheidung ergehen, § 335 I Z 3. Der Antrag kann auch noch in der Berufungsinstanz gestellt werden, Karlsr NJW **73**, 1509. Der Gläubiger muß eine rechtzeitige Klagerhebung, §§ 253, 261, nach § 294 glaubhaft machen. Wenn das Arrestgericht ohnedies über einen Einspruch oder über einen Aufhebungsantrag nach § 927 verhandelt, dann darf der Schuldner den Antrag in diesem Termin stellen. Die Gegenmeinung müßte zur Aufrechterhaltung eines Arrests führen, der aus einem anderen Grund unhaltbar geworden ist. Der Schuldner muß glaubhaft machen, daß die Frist nach I ergebnislos verstrichen ist. Der Gläubiger kann nach dem Fristablauf, aber vor dem Schluß der Verhandlung der ersten Instanz klagen, § 231 II, Rn 12, Ffm GRUR **87**, 651, Köln OLGZ **79**, 119 (später ist die Klage unzulässig, Hbg MDR **77**, 237). In solchem Fall muß allerdings der Gläubiger entsprechend § 93 die Kosten tragen, falls der Schuldner den Antrag im Termin zurücknimmt bzw für erledigt erklärt, Ffm MDR **82**, 328. Wenn der Schuldner gezahlt hat, Rn 5. §§ 924 III, 707, 719 sind entsprechend anwendbar, Ffm FamRZ **85**, 723.

Wenn das Arrestgericht den Arrestantrag für *erledigt* erklärt, BGH NJW **73**, 1329, Ffm GRUR **87**, 651, oder den Arrest aufgehoben hat, ist der Antrag nach II unzulässig, ThP 11, ZöV 23, aM Hbg WRP **76**, 777. Auch wenn der Gläubiger im Hauptverfahren siegt, ist ein Antrag unzulässig, Ffm NJW **72**, 1331. Die Parteien können aber das Aufhebungsverfahren für erledigt erklären, § 91a, Ffm AnwBl **86**, 407. Das Versäumnisverfahren verläuft wie sonst, §§ 330ff. Bleibt der Gläubiger aus, dann gilt die Nichtanhängigkeit der Hauptsache als zugestanden, § 331 I 1 (Angreifer ist ja der Schuldner), Ffm MDR **81**, 238. Die Aufhebung des Arrests erfolgt immer durch ein Urteil, § 300, unabhängig davon, ob der Arrest durch Beschluß oder Urteil angeordnet worden war.

**15** **B. Entscheidung.** Das Urteil ergeht auf eine Zurückweisung des Antrags oder auf die Aufhebung des Arrests. Das aufhebende Urteil wird sofort wirksam. Man kann in diesem Verfahren keinen Schadensersatz nach § 945 verlangen. Die Aufhebung des Arrests wirkt zurück, Ffm NJW **82**, 1056. Wenn man einen neuen Arrestantrag damit begründen kann, daß man eine gegenwärtige Gefährdung glaubhaft macht, dann ist ein solcher neuer Antrag zulässig. Die Kostenentscheidung ergeht nach §§ 91ff, nicht nach § 788. Sie darf und muß nur bei II, Karlsr MDR **89**, 826, grundsätzlich das gesamte Arrestverfahren betreffen und darf nicht nur auf das Aufhebungsverfahren beschränkt sein, Mü MDR **97**, 508. Deshalb trägt der Gläubiger die Kosten, selbst wenn der Arrest im Zeitpunkt seiner Anordnung begründet war, § 921 Rn 3, Ffm GRUR **87**, 651, LG Köln RR **86**, 552. Das gilt auch bei einer einseitigen Erledigterklärung wegen der Hauptsache, § 91a Rn 168, selbst wenn der Aufhebungsantrag noch nicht zugestellt war. Nur bei Erledigung des Aufhebungsverfahrens nach II kommt insofern eine besondere Kostenentscheidung in Betracht; sie führt zur Erstattungspflicht aus der dort zusätzlich entstandenen Kosten, Ffm AnwBl **86**, 407. Eine Sicherheitsleistung ist zurückzugeben, § 109 Rn 7, Köln MDR **76**, 939. Die vorläufige Vollstreckbarkeit ergibt sich im Fall der Aufhebung aus § 708 Z 6, sonst aus §§ 708 Z 11, 709 S 1.

*Gebühren:* Des Gerichts KV 1310 ff; des Anwalts § 40 BRAGO. Wert: Anh § 3 Rn 12 „Arrest".

**16** **C. Rechtsmittel.** Gegen das Urteil ist Berufung statthaft, §§ 511 ff, Revision unzulässig, § 545 II 1.

**17** **9) VwGO:** Gilt entsprechend für die einstwAnO, § 123 III VwGO, dazu VGH Mü NVwZ-RR **98**, 686 mwN, ua Sch/SchmA/P § 123 Rn 191 u 192, RedOe § 123 Anm 28, Finkelnburg/Jank Rn 255. Nötig ist stets der Antrag eines betroffenen Beteiligten, Kopp/Schenke § 123 Rn 38. Gegen die Aufforderung, **I**, ist Beschwerde nach § 146 IV VwGO gegeben, § 924 Rn 13, ebenso gegen ihre Ablehnung, ScbCl § 123 Anm 4 d hh, aM wohl RedOe § 123 Anm 28 (Ausschluß der Beschwerde in § 146 III VwGO, § 921 Rn 15, und in Sondergesetzen, § 252 Rn 7). Der Antrag ist unzulässig, wenn für die Klage offensichtlich kein Rechtsschutzbedürfnis mehr besteht, OVG Münst AS **29**, 316. Im Bereich der Anfechtungs- und Verpflichtungsklage kann nur aufgegeben werden, den zulässigen Rechtsbehelf (Widerspruch oder Klage) zu ergreifen bzw bei dem nötigen Antrag zu stellen, Sch/SchmA/P § 123 Rn 191, Kopp/Schenke § 123 Rn 38, abw VGH Kassel NJW **80**, 1180 (stets Klage, ggf mit Frist für das Vorverfahren). Die Aufhebung der einstwAnO, **II**, ist durch Beschluß auszusprechen, § 123 IV VwGO (daß diese Bestimmung nur für den Erlaß einer einstwAnO gelten soll, BT-Drs 11/7030 S 31, hat im Wortlaut der Vorschrift keinen Ausdruck gefunden). Aufzuheben ist auch dann, wenn die Klage zwar fristgerecht erhoben ist, dann aber zurückgenommen wird; bei nachträglicher Erledigung muß der Kläger, um die Folge des II zu vermeiden, ggf zur Fortsetzungsfeststellungsklage übergehen, OVG Hbg VerwRspr **30**, 881.

---

**927** *Aufhebung wegen veränderter Umstände.* [1] Auch nach der Bestätigung des Arrestes kann wegen veränderter Umstände, insbesondere wegen Erledigung des Arrestgrundes oder auf Grund des Erbietens zur Sicherheitsleistung die Aufhebung des Arrestes beantragt werden.

[II] Die Entscheidung ist durch Endurteil zu erlassen; sie ergeht durch das Gericht, das den Arrest angeordnet hat, und wenn die Hauptsache anhängig ist, durch das Gericht der Hauptsache.

**Schrifttum:** *Mädrich,* Das Verhältnis der Rechtsbehelfe des Antragsgegners im einstweiligen Verfügungsverfahren, 1980.

**Gliederung**

| | |
|---|---|
| 1) Systematik, I, II ............ 1 | 3) Geltungsbereich, I, II ............ 3–7 |
| 2) Regelungszweck, I, II ............ 2 | A. Arrestanspruch ............ 3 |

## 5. Abschnitt. Arrest und einstweilige Verfügung § 927

| | | | |
|---|---|---|---|
| B. Arrestgrund | 4 | C. Einreden | 9 |
| C. Vollziehbarkeit | 5 | D. Entscheidung | 10, 11 |
| D. Sicherheitsleistung | 6 | E. Rechtsmittel | 12 |
| E. Unanwendbarkeit | 7 | 5) Einstweilige Maßnahmen, I, II | 13 |
| 4) **Verfahren, I, II** | 8–12 | 6) *VwGO* | 14 |
| A. Antrag | 8 | | |
| B. Weiteres Verfahren | 9 | | |

**1) Systematik, I, II.** § 927 gibt dem Schuldner als Ausnahme von § 318, Mü RR **87**, 762, die **1** Möglichkeit, wegen einer Veränderung der Umstände die Aufhebung des Arrests herbeizuführen, da dessen Fortdauer nunmehr unbegründet wäre, da der Arrest also nunmehr nicht mehr erlassen würde, Mü RR **87**, 762. Nur die Fortdauer des Arrests ist also im Streit, Mü RR **87**, 762, Nürnb GRUR **85**, 238. Gegen die ursprüngliche Rechtmäßigkeit des Arrests richtet sich allenfalls ein Widerspruch nach § 924. Wenn das Gericht diesem Widerspruch nicht stattgibt oder wenn der Arrest durch ein Urteil erlassen wurde, § 922, dann ist gegen diese Entscheidung die Berufung nach §§ 511ff auch mit der Begründung zulässig, die Umstände hätten sich verändert, Ffm GRUR **88**, 847, Hamm GRUR **90**, 714. Infolgedessen kann der Schuldner im Verfahren nach § 927 nicht vortragen, der Arrest sei von vornherein unbegründet gewesen.
Das Aufhebungsverfahren ist eine Art *Nachverfahren*, Düss RR **88**, 188. Der Antrag nach § 927 verlangt namentlich eine Veränderung nach dem Zeitpunkt der Bestätigung des Arrests. Das ergibt sich auch aus den Worten „auch nach der Bestätigung". Der Antrag ist also auch nach einer Durchführung des Widerspruchsverfahrens zulässig, Ffm MDR **90**, 452. Da es sich bei § 927 lediglich um die Fortdauer des Arrests handelt, ist kein Verzicht im Sinn von § 306 möglich, aM KG RR **87**, 814, ThP 2. Deshalb ist der Antrag im Fall einer einstweiligen Verfügung unzulässig, wenn sie sich so vollständig erledigt hat, daß ihre formelle Aufhebung offenkundig überflüssig ist, Mü GRUR **82**, 322, LG Mainz NJW **73**, 2295. Bei einem Arrest dauert freilich das Rechtsschutzbedürfnis nach Grdz 33 vor § 253 an, solange der Arrest noch äußerlich besteht.
Das *Rechtsschutzbedürfnis* kann allerdings während des Berufungsverfahrens über den Arrest, Hamm FamRZ **95**, 824, oder dann fehlen, wenn aus dem Arrest keine weiteren Auswirkungen mehr drohen, Ffm MDR **90**, 452, in dem Fall, wenn der Gläubiger darauf verzichtet, Rechte aus dem Arrest geltend zu machen, es sei denn, er hätte auf die Rechte aus dem Kostenanspruch nicht mitverzichtet, Köln GRUR **85**, 459, § 936 Rn 5 „§ 927", oder er gäbe den Titel nicht heraus, Hamm GRUR **92**, 888. Düss RR **88**, 188, Kblz GRUR **89**, 76, halten das Aufhebungsverfahren sogar dann für unzulässig, wenn es gleichzeitig mit oder erst nach einem Widerspruch oder unter Umständen erst während der Berufung läuft. Die Möglichkeit eines Aufhebungsantrags schließt die Berufung nicht aus, Düss RR **88**, 188, Hamm GRUR **89**, 931. Eine anderweitige Rechtshängigkeit, § 261, oder Rechtskraft, § 322, kann zu beachten sein. Über das Zusammentreffen mit den §§ 924, 926 vgl § 924 Rn 4, dort auch über die Vollstreckungsabwehrklage und über die Notwendigkeit eines Rechtsschutzinteresses. Das evtl vorrangige fristgerechte WTO-Recht bleibt beachtlich, von Bogdandy NJW **99**, 2088.

**2) Regelungszweck, I, II.** Das Ziel des § 927 läßt sich nicht mit einer Klage, etwa aus § 323, erreichen. **2** Die Vorschrift dient, ähnlich wie § 323, der Verhinderung einer Entwicklung, die sich nicht mehr verantworten läßt, weil die ursprünglichen Voraussetzungen nicht mehr vorliegen. Das ist bei der Auslegung mitzubeachten.

**3) Geltungsbereich, I, II.** § 927 setzt voraus, daß sich die Umstände verändert haben, daß also, und **3** zwar abweichend von § 323, vor der Bestätigung des Arrestbefehls oder dem Erlaß des Arrestbefehls eine Änderung eingetreten ist, Kblz GRUR **86**, 95, die der Schuldner erst nach dem Erlaß erfahren hat. Die Veränderung kann in folgenden Punkten vorliegen:
**A. Arrestanspruch.** Die Veränderung kann im Arrestanspruch nach § 916 eingetreten sein. Das gilt zB dann, wenn die Hauptklage abgewiesen wurde, unabhängig davon, ob diese Entscheidung nach § 322 rechtskräftig geworden ist, BGH GRUR **87**, 126, BayObLG Rpfleger **80**, 294, aber natürlich erst recht nach Rechtskraft der Abweisung, Hamm GRUR **92**, 888. Es kommt vor solcher Rechtskraft auf die Lage des Falls an, BGH WertpMitt **76**, 134, Düss RR **87**, 993, Mü MDR **86**, 681. Auch ein den Hauptanspruch nach § 256 verneinendes Feststellungsurteil genügt. Es kann auch eine Abweisung wegen des Fehlens einer Prozeßvoraussetzung genügen, Grdz 12 vor § 253, etwa wegen des Fehlens der Zuständigkeit des Gerichts. Dann bleibt allerdings die Zuständigkeit des Arrestgerichts bestehen, § 919 Rn 5. Deshalb kommt es in solchem Fall darauf an, daß der Gläubiger nicht neu geklagt hat. Es kann auch der Umstand eingetreten sein, daß der Anspruch erloschen, Karlsr RR **88**, 1470, oder verjährt ist, Hamm BB **78**, 574, auch daß die anspruchstragende Vorschrift für verfassungswidrig erklärt worden ist, BGH NJW **89**, 107, KG GRUR **85**, 236. Freilich kann Verwirkung vorliegen, KG GRUR **85**, 237. Der Arrestanspruch mag auch nicht mehr glaubhaft sein, auch zB wegen einer Änderung der Gesetzgebung oder Rechtsprechung, Ffm RR **90**, 191, KG WettbR **96**, 162 (keine Änderung außerhalb von § 767 nach Abschlußschreiben), Köln GRUR **85**, 459. Es müssen alle Anspruchsgrundlagen weggefallen sein, Mü RR **87**, 762, Saarbr NJW **71**, 946.

**B. Arrestgrund.** Es kann eine Veränderung im Arrestgrund nach § 917 eingetreten sein. **4**
*Beispiele:* Der Schuldner hat fast eineinhalb Jahre hindurch den titulierten Unterhalt „freiwillig" gezahlt, Zweibr FamRZ **83**, 415 (selbst wenn er wegen des inzwischen anhängigen Scheidungsverfahrens jetzt nicht mehr zahlt); er hat jetzt ein Vermögen im Inland, das der Zwangsvollstreckung zugänglich ist, § 917 II; er hat im Fall des § 918 eine eidesstattliche Versicherung abgegeben; der Gläubiger kann jetzt auf Grund eines nach § 322 rechtskräftigen Leistungsurteils vollstrecken, Hamm OLGZ **88**, 322 (eine vorläufige Vollstreckbarkeit genügt nicht, § 917 Rn 8, KG WRP **79**, 547); er mag freilich noch nach § 890 aus dem Arresttitel vorgehen wollen, Düss MDR **90**, 732.
Das Gericht muß jedoch auch dann beachten, ob der *Rang* des Pfandrechts erhalten bleibt, Hbg RR **88**, 1279, KG WRP **79**, 547. Das Gericht muß in einem solchen Fall die Prinzipien der Prozeßwirtschaft-

## § 927

**5** **C. Vollziehbarkeit.** Die Veränderung kann bei der Vollziehbarkeit eingetreten sein.
*Beispiele:* Die Vollziehungsfrist des § 929 II ist verstrichen, Hbg GRUR **97**, 148, Hamm RR **94**, 521, Karlsr Rpfleger **97**, 17; der Gläubiger hat die Hauptsache nicht nach § 926 anhängig gemacht; die den Arrest bedingende Sicherheit ist nicht geleistet worden, Ffm WRP **80**, 423; über das Vermögen des Schuldners ist das Insolvenzverfahren eröffnet worden, Grdz 4 vor § 916 (jetzt noch kein Vollzug und daher noch keine Zwangsvollstreckung, § 928, § 89 I InsO; zum Vollzugsbeginn § 929 Rn 10). Das Gericht hebt nicht nur die Vollziehbarkeit auf, sondern den *ganzen Arrest,* Hbg GRUR **97**, 148.

**6** **D. Sicherheitsleistung.** Die Veränderung kann darin liegen, daß der Schuldner jetzt eine Sicherheit nach § 108 leistet. Ein „Erbieten zur Sicherheitsleistung" genügt nur für den Antrag, nicht für die Aufhebung. Deshalb muß das Gericht die Aufhebung in einem solchen Fall unter die aufschiebende Bedingung einer fristgemäßen Sicherheitsleistung stellen. Das Gericht muß die Art und die Höhe der Sicherheitsleistung nach § 108 bestimmen. Zur Bedeutung der Sicherheitsleistung § 923 Rn 1.

**7** **E. Unanwendbarkeit.** Keine veränderten Umstände liegen zB in folgenden Fällen vor: Ein neues Sachverständigengutachten kommt auf Grund unveränderter Tatsachen zu einer anderen Würdigung; die rechtliche Beurteilung ändert sich (etwas anderes gilt aber dann, wenn sich die gesamte Rechtsanschauung gewandelt hat); der Arrest kann jetzt nicht mehr vollzogen werden, etwa weil der Schuldner erfüllt hat, Mü GRUR **94**, 83; es ist nach dem AnfG eine Anfechtung des durch die Vollziehung erlangten Pfandrechts erfolgt; es ergeht zugunsten des Antragstellers ein, wenn auch nur gegen Sicherheitsleistung vorläufig vollstreckbares, Urteil zur Hauptsache, Kblz RR **91**, 491.

**8** **4) Verfahren, I, II.** Es ähnelt entfernt demjenigen auf Abänderung nach § 323.
**A. Antrag.** Antragsberechtigt, also Kläger, können nur sein: Der Schuldner; sein Gesamtrechtsnachfolger, § 727 Rn 1; der Insolvenzverwalter. Nicht antragsberechtigt sind zB: Der Erwerber einer auf Grund des Arrests gepfändeten Sache; der Gläubiger, denn er ist hier der Bekl und kann nur auf die Vollziehung verzichten, worauf dann der Schuldner den Antrag stellen darf; ein Dritter. Im Verfahren, vor dem AG ist der Antrag auch zum Protokoll der Geschäftsstelle, auch jedes anderen AG, § 129 a, zulässig. Sonst ist Schriftform nötig. Das Gericht ordnet in keinem Fall von Amts wegen das Aufhebungsverfahren an.

**9** **B. Weiteres Verfahren.** Ausschließlich zuständig, § 802, ist das Gericht der Hauptsache, § 943, wenn die Hauptsache anhängig ist, unabhängig davon, in welcher Instanz, und unabhängig davon, wer den Arrest angeordnet hat, Hamm MDR **87**, 593. Die Zuständigkeit nach § 621 II geht allerdings vor, Zweibr FamRZ **83**, 415. Das Berufungsgericht ist solange zuständig, bis Revision eingelegt worden ist, § 919 Rn 4, Schlesw NJW **72**, 1056, aM Düss MDR **84**, 324 (der Fall sei ebenso wie bei § 924 Rn 6 zu behandeln). Ausschließlich zuständig ist aber das Arrestgericht, § 919, falls die Hauptsache noch nicht oder nicht mehr anhängig ist, Hamm JB **91**, 1411. Wenn die zweite Instanz die Anordnung des Arrests von einer Sicherheitsleistung abhängig gemacht hatte, § 921, und wenn es die Sicherheit später hat wegfallen lassen, so hatte es sie angeordnet. Der Gläubiger muß die Anhängigkeit nachweisen. Der Schuldner könnte auch kaum das Gegenteil beweisen.

Es müssen die *allgemeinen Prozeßvoraussetzungen* vorliegen, Grdz 12 vor § 253. Der Schuldner muß den Antrag auch in Verhandlungstermin stellen. Es handelt sich um eine Sommersache, § 227 III Z 1. Ein Anwaltszwang herrscht wie sonst, § 78 Rn 1. Das Gericht muß die Ladungsfrist des § 217 beachten. Der Schuldner hat im Verfahren nach § 927 und § 926 II anders als im Verfahren des § 925 die Stellung des Arrestklägers. Das ist für den Fall eines Versäumnisverfahrens nach §§ 330 ff wichtig. Der Schuldner muß die Veränderung glaubhaft machen, §§ 920 II, 294. Eine Widerklage, Anh § 253, ist infolge der besonderen Verfahrensart unstatthaft. Eine Aussetzung kommt ebensowenig wie im Anordnungsverfahren, Grdz 13, 14 vor § 916, in Betracht, Mü MDR **86**, 681.

**C. Einreden.** Der Schuldner kann den Antrag auch einredeweise im Termin zur Verhandlung über den Widerspruch stellen, § 925.

**10** **D. Entscheidung.** Das Gericht entscheidet über die Rechtmäßigkeit der Fortdauer des Arrests stets durch ein Endurteil, § 300, und zwar auch dann, wenn es den Arrest nach § 922 I 1 Hs 2 durch einen Beschluß angeordnet hatte. Das Urteil kann lauten: auf eine Zurückweisung des Antrags; auf eine Aufhebung des Arrests; auf eine Abänderung des Arrests, etwa auf die Anordnung einer Sicherheitsleistung. Eine Aufhebung hat keine Rückwirkung. Das Gericht entscheidet über die Kosten des isolierten Aufhebungsverfahrens nach §§ 91 ff anders als in den Fällen der §§ 925, 926 grundsätzlich nur insoweit, als die Kosten das Aufhebungsverfahren betreffen. Denn im Streit ist nur der Fortdauer der Rechtmäßigkeit, nicht die Rechtmäßigkeit selbst, Ffm JB **92**, 422, Kblz GRUR **89**, 75, Schlesw SchlHA **89**, 74, aM Hbg GRUR **79**, 190. Wenn der Arrest jetzt unbegründet ist, dann muß der Gläubiger die Kosten des Aufhebungsverfahrens tragen, Hbg WRP **79**, 141.

Soweit allerdings die Aufhebungsgründe rückblickend *von Anfang an* bestanden, muß das Gericht über die Kosten des gesamten Arrestverfahrens entscheiden, Düss RR **88**, 697, Hamm GRUR **92**, 888, Schlesw RR **95**, 896. Wenn der Gläubiger den Aufhebungsanspruch des Schuldners sofort anerkennt, § 93 Rn 85, und wenn der Gläubiger die Aufhebung des vollzogenen Arrests bewirkt und dem Schuldner auch eine Quittung erteilt hat, dann muß der Schuldner die Kosten tragen, § 93 Rn 107, Köln Rpfleger **82**, 154, Hees MDR **94**, 438. Wenn der Gläubiger aber die Freigabeerklärung bei der Pfändung einer beweglichen Sache oder im Fall einer Forderungspfändung, § 843, den Verzicht auf die erworbenen Rechte nicht ausspricht, dann bleibt die Klage des Schuldners ebenso berechtigt wie in dem Fall, daß der Gläubiger nur einen Verzicht auf die Rechte aus dem Arrestbefehl erklärt und dem Schuldner lediglich den Arrestbefehl ausgehändigt hat, Hamm GRUR **85**, 84. Denn der Gläubiger könnte sich weitereVollstreckungstitel beschaffen, die ja keiner Vollstreckungsklausel bedürfen, § 929 I, Schlüter ZZP **80**, 459.

5. Abschnitt. Arrest und einstweilige Verfügung  §§ 927, 928

Wenn der Gläubiger den Arrest auf Grund einer Sicherheitsleistung des Schuldners sofort nach § 91 a für **11** *erledigt* erklärt, dann fallen die Kosten ebenfalls dem Schuldner zur Last, § 93 Rn 9 „Arrest, einstweilige Verfügung", aM StJGr 17. Wenn der Gläubiger die Vollzugsfrist verstreichen ließ, dann treffen ihn die gesamten Kosten des Arrestverfahrens, ohne daß das Gericht prüfen darf, ob der Arrest mit Recht erlassen war, Kblz GRUR **81**, 93. Das gilt auch dann, wenn der Gläubiger die Sache nach der Einlegung des Widerspruchs nicht sofort für erledigt erklärt hat, Ffm OLGZ **80**, 258, Köln Rpfleger **82**, 154. Mü GRUR **85**, 161 fordert, daß der Schuldner einer auf Unterlassung lautenden einstweiligen Verfügung vor dem Aufhebungsantrag den Gläubiger zur Abgabe einer Verzichtserklärung auffordert. Soweit die Klage zur Hauptsache rechtskräftig abgewiesen wurde, muß der Kläger auch die Kosten des Arrestverfahrens evtl voll tragen, Hbg WRP **79**, 141. Die vorläufige Vollstreckbarkeit richtet sich im Fall der Aufhebung des Arrests nach § 708 Z 6, in den übrigen Fällen nach §§ 708 Z 11, 709 S 1.

Das *Versäumnisverfahren* verläuft wie gewöhnlich, §§ 330 ff. Das Versäumnisurteil gegenüber dem Gläubiger (Bekl) lautet darin dahin, daß dem Antrag stattgegeben wird, wenn das tatsächliche Vorbringen den Antrag rechtfertigt, § 331 I 1, II. Ein Versäumnisurteil gegenüber dem Schuldner (Kläger) lautet auf eine Zurückweisung des Antrags, § 330. Unter den Voraussetzungen des § 331 a kommt auch eine Entscheidung nach Aktenlage in Betracht.

*Gebühren:* Des Gerichts KV 1310 ff; des Anwalts § 40 BRAGO. Wert: Anh § 3 Rn 12 „Arrest".

**E. Rechtsmittel.** Die Berufung ist wie bei einem Bestätigungsurteil zulässig, § 922 Rn 19. Die Revision **12** ist unstatthaft, § 545 II 1. KG RR **87**, 381 wendet § 99 II entsprechend an, wenn es nur noch um die Kosten geht; aM Hbg WRP **79**, 141 (kein Rechtsmittel).

**5) Einstweilige Maßnahmen, I, II.** § 927 sieht keine Möglichkeit zum Erlaß einer einstweiligen Maß- **13** nahme vor. Der Antrag ist kein Widerspruch. § 924 III ist deshalb nicht unmittelbar anwendbar. Trotzdem darf der Schuldner nicht bis zum Erlaß des Urteils einer Zwangsvollstreckung aus einer objektiv ungerechtfertigten Entscheidung preisgegeben werden. Deshalb ist § 924 III entsprechend anwendbar, zumal der Antrag nichts anderes als ein zugelassener verspäteter Widerspruch ist, Zweibr FamRZ **81**, 699.

**6) *VwGO*:** Zwar wird § 927 in § 123 III VwGO nicht genannt, sondern nur § 939. Die Lücke ist aber im **14** Hinblick auf diese Vorschrift, die § 927 voraussetzt, sowie auf § 80 VII VwGO, der den gleichen Rechtsgedanken enthält, durch entspr Anwendung entweder von § 80 VII VwGO, Sch/SchmA/P § 123 Rn 174–177, Kopp/Schenke § 123 Rn 35, oder von § 927 zu schließen, so die hM, Finkelnburg/Jank Rn 255, Redeker NVwZ **91**, 531, alle mwN, OVG Lüneb NVwZ-RR **98**, 421, VGH Kassel NVwZ-RR **96**, 713, VGH Mannh DVBl **95**, 229 (Melullis MDR **96**, 30 mwN), OVG Hbg NVwZ-RR **95**, 180 mwN, VGH Kassel bei Melullis MDR **90**, 595, OVG Kblz DÖV **91**, 388, OVG Münst DÖV **90**, 795, VGH Mannh AS **31**, 148, VGH Mü BayVBl **84**, 664, OVG Lüneb DVBl **82**, 902, VGH Kassel NJW **77**, 774, ebenso auch BFH NVwZ-RR **89**, 63. Wegen der Anwendbarkeit von § 939 s dort Rn 5. Eine einstwAnO kann danach nur dann ganz oder teilweise aufgehoben werden, wenn sich die Umstände verändert haben, zB die Sachlage sich geändert hat oder eine einschlägige Entscheidung des BVerfG ergangen ist; das gleiche gilt für die Ablehnung einer einstw AnO, VGH Kassel NVwZ-RR **96**, 713 gg VGH Kassel NJW **87**, 1354. Erforderlich ist stets ein Antrag, hM, Schoch S 1704 mwN, Reimer VBlBW **86**, 296, VGH Kassel NJW **87**, 1354, durch den das Aufhebungsverf eingeleitet wird (keine Anwendung von § 927 im VollstrVerf nach § 172 VwGO, offen gelassen OVG Lüneb NdsRpfl **88**, 40). Zu entscheiden hat das nach II zuständige Gericht, also ggf das OVG, OVG Münst NVwZ-RR **90**, 591 mwN u DVBl **87**, 699, Kopp/Sch § 123 Rn 35, aM OVG Kblz NVwZ-RR **91**, 390 mwN, OVG Münst NVwZ-RR **89**, 589, OVG Saarl AS **18**, 147: stets das Gericht 1. Instanz. Die Entscheidung ergeht durch Beschluß, § 123 IV VwGO (dazu § 926 Rn 17), vgl VGH Kassel AS **31**, 149.

## 928 Vollziehung des Arrests. Allgemeines.

Auf die Vollziehung des Arrestes sind die Vorschriften über die Zwangsvollstreckung entsprechend anzuwenden, soweit nicht die nachfolgenden Paragraphen abweichende Vorschriften enthalten.

**1) Systematik.** Der Arrestvollzug ist die Klippe, an der der sorglose oder vom Mißgeschick verfolgte **1** Gläubiger scheitern kann. Da hier der Rechtsverlust endgültig ist, ist größte Vorsicht geboten. Die Vorschriften über die Vollziehung sind in den §§ 929–933 enthalten. Ergänzend gelten die Vorschriften über die Zwangsvollstreckung, §§ 704 ff. Man muß die Anordnung und die Aufhebung des Arrests scharf von seiner Vollziehung trennen. Die Vorschriften über die Anordnung nach § 922 und über die Aufhebung des Arrests nach §§ 925, 927 geben und nehmen einen bloßen Vollstreckungstitel.

**2) Regelungszweck.** Erst der Vollzug gibt dem Gläubiger in Verbindung mit der Vollstreckung die **2** gewünschte Sicherung, allerdings auch noch nicht die im Arrestverfahren grundsätzlich nicht erreichbare Befriedigung, Grdz 5 vor § 916. Die letztere ist nur bei der sog Leistungsverfügung erreichbar, Grdz 6 vor § 916. Über den Unterschied zwischen Arrestvollzug und -vollstreckung Grdz 19 vor § 916.

**3) Geltungsbereich.** Eine Eröffnung des Insolvenzverfahrens, § 89 I InsO, macht die Vollziehung für **3** den einzelnen Arrestgläubiger unzulässig. Wegen der Unzulässigkeit des Vollzugs in ein auf der Reise befindliches Seeschiff § 482 I HGB. Ein Vollzug nach dem Eintritt des Erbfalls gibt im Nachlaßinsolvenzverfahren kein Absonderungsrecht, § 321 InsO. Über die Vollziehung einer einstweiligen Verfügung s § 936 Rn 6. §§ 928 ff gelten auch im arbeitsgerichtlichen Verfahren. Wegen einer Vermögensstrafe § 111 o II StPO.

**4) Verfahren.** Auf den Arrestvollzug ist das Recht der Zwangsvollstreckung nach §§ 704 ff entsprechend **4** anzuwenden. Diese Vorschriften sind also nicht unmittelbar anwendbar. Denn der Arrestvollzug ist keine Zwangsvollstreckung, weil er nicht die Befriedigung des Gläubigers bezweckt, sondern nur seine Sicherung,

Grdz 5 vor § 916. Das Gericht muß immer prüfen, ob eine Vorschrift des Zwangsvollstreckungsrechts der bloßen Sicherung dient oder darüber hinaus der Befriedigung. Nur im ersten Fall ist sie anwendbar, BGH **121**, 101, Schultes JR **95**, 136.

*Anwendbar sind zB*: Die Vorschriften über die sachlichen Voraussetzungen der Zwangsvollstreckung, Grdz 14 vor § 704; die Regeln über die förmlichen Voraussetzungen mit den Abweichungen des § 929; die Vorschriften über die Arten der Zwangsvollstreckung, §§ 803 ff. Stets ist allenfalls eine Pfändung nach § 929 erlaubt, BayObLG Rpfleger **85**, 59, nicht die Überweisung nach § 835, BGH **121**, 101, Schultes JR **95**, 136, oder eine andere Pfandverwertung. Der Gläubiger kann eine eidesstattliche Versicherung des Schuldners fordern, § 807 Rn 2. Der Gläubiger ist an einem Verteilungsverfahren als ein bedingt Berechtigter beteiligt. Für eine Liegenschaftszwangsvollstreckung gelten §§ 931 ff.

Die *Zuständigkeit* für eine Forderungspfändung ist in § 930 I abweichend geregelt. Ihre Wirksamkeit richtet sich nach § 829 III, BayObLG Rpfleger **85**, 59. § 720 a ist nicht entsprechend anwendbar, Mü RR **88**, 1466.

**5** **5) Rechtsbehelfe.** Im Vollzug gelten wegen der Verweisung von § 928 auch §§ 704 ff: Bei einer bloßen Vollzugsmaßnahme ohne Anhörung des Gegners die Erinnerung, § 766; bei einer echten Entscheidung das Rpfl die sofortige Beschwerde nach § 11 I RPflG, Anh § 153, zum Verfahren § 104 Rn 41 ff; bei einer echten Entscheidung des Richters die sofortige Beschwerde nach §§ 577, 793 I; die Widerspruchsklage, § 771; die Klage auf eine vorzugsweise Befriedigung, § 805; die Vollstreckungsabwehrklage, § 767, vgl aber § 924 Rn 1–3. Über eine Einstellung der Zwangsvollstreckung s §§ 924 III, 927 Rn 13.

**6** **6) Vollzugskosten.** Die Vollzugskosten sind nach § 788 zu behandeln. Sie sind vom Schuldner beizutreiben. Im Fall der Aufhebung des Arrests sind sie weiter festsetzbar, aM Hamm NJW **76**, 1409, und zu erstatten. Ein Anspruch auf den Ersatz solcher Kosten ergibt sich evtl aus § 945.

*Gebühren des Anwalts:* § 59 BRAGO.

**7** **7) *VwGO*:** Gilt entsprechend für die einstwAnO, § 123 III VwGO, die Vollstreckungstitel ist, § 168 I Z 2 VwGO. Die anzuwendenden Vorschriften über die Zwangsvollstreckung ergeben sich aus §§ 167 ff VwGO, vgl § 803 Rn 9, Sch/SchmA/P § 123 Rn 170–173. Besonderheiten enthalten § 170 V VwGO (bei Vollstreckung wegen Geldforderungen gegen die öffentliche Hand keine Ankündigung und keine Wartefrist) und § 172 VwGO (Vollstreckung der Verpflichtung einer Behörde zum Erlaß eines VerwAkts oder zur Folgenbeseitigung durch Zwangsgeld), VGH Mannh LS DÖV **76**, 606, Kopp § 172 Rn 1. Einzelheiten s Finkelnburg/Jank Rn 560 ff.

## 929 *Vollstreckungsklausel. Vollziehungsfrist.* ¹Arrestbefehle bedürfen der Vollstreckungsklausel nur, wenn die Vollziehung für einen anderen als den in dem Befehl bezeichneten Gläubiger oder gegen einen anderen als den in dem Befehl bezeichneten Schuldner erfolgen soll.

II Die Vollziehung des Arrestbefehls ist unstatthaft, wenn seit dem Tage, an dem der Befehl verkündet oder der Partei, auf deren Gesuch er erging, zugestellt ist, ein Monat verstrichen ist.

III ¹Die Vollziehung ist vor der Zustellung des Arrestbefehls an den Schuldner zulässig. ²Sie ist jedoch ohne Wirkung, wenn die Zustellung nicht innerhalb einer Woche nach der Vollziehung und vor Ablauf der für diese im vorhergehenden Absatz bestimmten Frist erfolgt.

*Schrifttum: Fritze,* Fehlerhafte Zustellung von Arresten und einstweiligen Verfügungen, Festschrift für *Schiedermair* (1976) 141; *Gleußner,* Die Vollziehung von Arrest und einstweiliger Verfügung in ihren zeitlichen Grenzen, 1999; *Vogg,* Einstweiliger Rechtsschutz und vorläufige Vollstreckbarkeit, 1991.

### Gliederung

| | |
|---|---|
| 1) Systematik, I–III ................ 1 | C. Vollzug nach dem Fristablauf ........ 7 |
| 2) Regelungszweck, I–III ............. 2 | D. Beispiele zur Frage der Vollzugsfrist, II . 8–18 |
| 3) Geltungsbereich, I–III ............ 3 | 6) Vollzug vor der Zustellung, III ........ 19–23 |
| 4) Vollstreckungsklausel, I ........... 4 | A. Allgemeines ....................... 19–21 |
| 5) Vollzugsfrist, II ................ 5–18 | B. Verstoß ......................... 22 |
|    A. Erklärung der Vollsteckungsabsicht .... 5 | C. Rechtsbehelf ..................... 23 |
|    B. Fristversäumnis ................. 6 | 7) *VwGO* ........................... 24 |

**1** **1) Systematik, I–III.** §§ 926, 929 (zu ihrer Anwendbarkeit auf die einstweilige Verfügung § 936 Rn 5, 7) binden die Möglichkeit des an sich noch zulässigen Vollzugs, LG Zweibr MDR **92**, 1081 (anders bei Erfüllung) einer Entscheidung, die im vorläufigen Verfahren ergangen ist, an die Einhaltung einer Monatsfrist, dazu Pohlmann KTS **94**, 49 (ausf).

**2** **2) Regelungszweck, I–III.** Damit soll das Gesetz zwar im Interesse der Prozeßwirtschaftlichkeit, Grdz 14 vor § 128, die alsbaldige Durchsetzung des erwirkten Arrests sicherstellen, LAG Hamm MDR **87**, 1052, aber zugleich auch den Gläubiger warnen, Hamm FamRZ **81**, 584, Zweibr OLGZ **83**, 468, und ihm im Interesse der Gerechtigkeit, Einl III 9, eine Bevorratung von Vollstreckungstiteln verwehren, Mü GRUR **94**, 83, LAG Hamm MDR **87**, 1052. Es soll ferner dem Schuldner zuverlässige Kenntnis über die gegen ihn ergangenen Maßnahmen geben, Düss GRUR **89**, 542, Mü MDR **86**, 944, und einen Ausgleich dafür geben, daß der Gläubiger in einem vereinfachten Verfahren einen Vollstreckungstitel unter erleichterten Umständen erlangen kann, Kblz GRUR **80**, 1023, Zweibr OLGZ **83**, 469, ferner den Vollzug unter wesentlich veränderten Verhältnissen verhüten, BVerfG NJW **88**, 3141, Karlsr Rpfleger **98**, 255, LG Münst Rpfleger **97**, 75. Auch soll der Schuldner vor später Vollstreckung geschützt werden, Celle FamRZ **84**, 1248, Karlsr Rpfleger **98**, 255. Das alles ist bei der Auslegung mitzubeachten.

5. Abschnitt. Arrest und einstweilige Verfügung § 929

**3) Geltungsbereich, I–III.** Schon daraus folgt, daß die Frist nur für eine Entscheidung über den Arrest 3
oder über eine einstweilige Verfügung selbst gelten kann, nicht für eine Entscheidung über die zugehörigen
Kosten. Der Gläubiger kann die Kosten vielmehr auch nach dem Ablauf der Frist festsetzen lassen und
beitreiben. Der Gläubiger muß die Kosten aber dem Schuldner zurückerstatten, wenn der Arrest samt der
Kostenentscheidung aufgehoben wird. Dann muß der Gläubiger dem Schuldner auch den Schaden der
Beitreibung erstatten, § 926 Rn 15. Die Parteien können die Kostenerstattung natürlich in einem Vergleich
(mit)regeln, Hamm Rpfleger **76**, 260. Die Vorschriften über den Vollzug begrenzen die Wirkung eines
Staatshoheitsaktes, Kblz GRUR **81**, 92.
 Die Versäumung der Vollzugsfrist macht den Arrestbefehl ungeachtet der Rechtsfolgen Rn 16, 17 *ohne
weiteres wirkungslos*, BGH MDR **99**, 1083, Düss GRUR **84**, 385, Hamm VersR **82**, 1058. II zwingt also den
Gläubiger dazu, sich innerhalb einer kurzen Zeit darüber klar zu werden, ob er auf einer Durchführung des
Arrestbefehls besteht, Düss GRUR **84**, 77. Die Vorschriften sind mit dem GG vereinbar, BVerfG NJW **88**,
3141. Sie sind zwingendes Recht und von Amts wegen zu beachten, Grdz 39 (nicht 38) vor § 128, Mü FamRZ
**93**, 1101, Zweibr MDR **98**, 123, aM Hamm FamRZ **97**, 1168 links (LS). Die Parteien können auf ihre
Einhaltung nicht verzichten, Kblz RR **87**, 510, Köln RR **87**, 576. II gilt im Steuerprozeß entsprechend, BFH
NJW **74**, 1216. Der Verzicht kann in keinem Fall ein Recht eines Dritten beeinträchtigen.
 **4) Vollstreckungsklausel, I.** Jeder Arrestbefehl ist ohne weiteres vollstreckbar, § 922 Rn 12. Er bedarf 4
grundsätzlich keiner Vollstreckbarerklärung. Das Gericht darf aber auch nicht etwa gestatten, die
Zwangsvollstreckung durch eine Sicherheitsleistung abzuwenden, Karlsr MDR **83**, 677. Der Arrestbefehl
bedarf auch grundsätzlich keiner Vollstreckungsklausel nach § 724. Eine Vollstreckungsklausel ist nur dann
ausnahmsweise notwendig, wenn der Arrest für oder gegen einen Dritten vollzogen werden soll, §§ 727,
729, 738, 742, 744, 745, 749, oder wenn die Zwangsvollstreckung in einem ausländischen Staat stattfinden
soll, zB gemäß § 35 AusfG EuGVÜ, SchlAnh V B, C 2, oder wenn im Arrestverfahren ein Prozeßvergleich
zustandekommt, LAG Düss MDR **97**, 660.
 **5) Vollzugsfrist, II**, dazu *Treffer* MDR **98**, 951 (Üb). Die Frist ist reichlich kurz. Man braucht größte 5
Aufmerksamkeit.
 **A. Erklärung der Vollstreckungsabsicht.** Erst durch den Vollzug bekundet der Gläubiger die Absicht,
notfalls zwangsweise vorzugehen, und geht damit das Risiko einer Haftung nach § 945 ein, Hgb GRUR **97**,
148. Daher reicht die (notwendige) Zustellung ohne Androhung bzw Vollstreckungsantrag nicht aus, die
Vollzugsfrist zu wahren, BGH WRP **96**, 104, Ffm Rpfleger **98**, 84, Hbg GRUR **97**, 148. Selbst Androhung
reicht evtl nicht, Rn 8.
 **B. Fristversäumung.** Die Folgen einer Fristversäumung sind nach der Verfahrenswahl des Antragsgeg- 6
ners, Düss GRUR **84**, 385, die folgenden: Der Arrestbefehl darf nicht mehr vollzogen werden, Brdb FamRZ
**97**, 624; er wird grundsätzlich aufgehoben, und zwar ohne eine (nochmalige) Prüfung der Begründetheit des
Arrests, Düss GRUR **84**, 385, Schlesw NJW **72**, 1056, auf Grund eines Widerspruchs, § 924, Ffm OLGZ
**86**, 120, Mü RR **88**, 1466, LG Düss RR **99**, 383, oder im Berufungsverfahren, §§ 511 ff, Düss GRUR **84**,
385, sofern eine Vollziehung mehr möglich ist, Schlesw FamRZ **81**, 456, LG Düss RR **99**, 383. Das gilt
auch, soweit später fällig werdende Leistungen betroffen werden, Hbg FamRZ **88**, 523, aM Bbg FamRZ **85**,
509, StJGr **938** Rn 38, ZöV 19. Der Arrestbefehl wird nach § 927 in demselben Fall aufgehoben, Düss
GRUR **84**, 385. Vollstreckungsmaßnahmen werden auf Grund einer Erinnerung nach § 766 aufgehoben,
Hamm GRUR **90**, 714, Schlesw SchlHA **89**, 74.
 Der Gläubiger trägt alle *Kosten*, Wedemeyer NJW **79**, 294, und muß einen neuen Arrest erwirken, Düss
DB **81**, 1926, Köln WRP **79**, 817, LG Wuppert RR **92**, 319. Der neue Arrest gibt ihm den verlorenen
Rang nicht wieder. Für den neuen Arrest ist das erstinstanzliche Gericht zuständig, § 919, Ffm MDR **86**,
768, Schlesw SchlHA **89**, 74, aM Hamm MDR **70**, 936. Dem Erlaß eines neuen Arrests vor der formellen
Rechtskraft der Aufhebung steht die Rechtshängigkeit entgegen, § 261 Rn 16 (dort zur Streitfrage). Dem
Erlaß eines neuen Arrests nach der formellen Rechtskraft der Aufhebung braucht nicht entgegenzustehen,
daß schon einmal ein Arrest erlassen worden war, falls auch jetzt eine Arrestforderung und ein Arrestgrund
vorliegen. Allerdings kann der Gläubiger den erneuten Erlaß des Arrests nicht schon durch eine Anschlußberufung nach § 521 erreichen, Schlesw SchlHA **89**, 74, aM Celle NJW **86**, 2441, ZöV 23. Der Gegner, der
eine fristgemäße Vollziehung vereitelt, haftet nach § 826 BGB. Die Aufhebung wegen Fristablaufs ist
unzulässig, wenn das Gericht dem Schuldner im Arresturteil fälschlich gestattet hatte, die Zwangsvollstrekkung durch eine dann in der Vollziehungsfrist auch erfolgte Sicherheitsleistung abzuwenden, Karlsr MDR
**83**, 677.
 **C. Vollzug nach dem Fristablauf.** Ein solcher Vollzug ist, sofern eine Vollstreckungsmaßnahme 7
stattfindet, wie eine Zwangsvollstreckung zu erachten, deren Voraussetzungen fehlen, Grdz 56 vor § 704.
Die Maßnahme ist auflösend bedingt wirksam, Grdz 58 vor § 704, BGH **112**, 358 (krit Stürner JZ **91**, 406),
StJGr 17, ZöV 4 (sie sei unwirksam). Das Widerspruchsverfahren nach § 924 oder das Aufhebungsverfahren
wegen veränderter Umstände nach § 927 sind also auch dann, wenn inzwischen ein neuer Vollstreckungstitel
erwirkt worden ist, erst nach der Herausgabe des Titels, nach der Erfüllung oder nach dem Verzicht in der
Hauptsache erledigt.
 **D. Beispiele zur Frage der Vollzugsfrist, II** 8
**Abkürzung:** Rn 13 „Fristberechnung".
**Von Amts wegen:** Der Ablauf der Monatsfrist ist von Amts wegen zu beachten, Karlsr FamRZ **79**, 733, Kblz
 GRUR **81**, 92, Wedemeyer NJW **79**, 294. Das gilt auch im Berufungsverfahren, Köln FamRZ **85**, 1062.
 S auch Rn 12 „Fristablauf", Rn 13 „Fristberechnung".
**Androhung:** Zur Wahrung der Vollzugsfrist ist die Androhung einer Vollzugsmaßnahme zwar erforderlich,
 Rn 5; sie reicht aber jedenfalls bei einer Inlandszustellung nicht aus, Grdz 51 vor § 704, BGH **112**, 358.
 Wegen einer Auslandszustellung § 207 Rn 2.
 S auch Rn 9 „Antrag", Rn 10 „Beginn des Vollzugs", Rn 18 „Zustellung".

## § 929

**9 Antrag:** Zur Wahrung der Vollzugsfrist durch den Beginn des Vollzugs reicht es nicht aus, daß der Gläubiger nur einen Vollstreckungsantrag stellt, Kblz RR **87**, 760, Zweibr OLGZ **83**, 468, Lang AnwBl **81**, 236, aM BGH **112**, 358, Hamm FamRZ **94**, 1540, LG Konst DGVZ **93**, 141 (aber der Schuldner muß Kenntnis vom Vollzugswillen haben).
S auch Rn 8 „Androhung", Rn 10 „Beginn des Vollzugs".
**Arresthypothek:** § 932 Rn 6.
**Aufhebung:** Mit der Rechtskraft der Aufhebung des Arrests verliert eine etwa im Anschluß an seinen Erlaß vorgenommene Vollzugsmaßnahme ihre Grundlage.
**Auskunft:** Ein Antrag nach §§ 887, 888 muß zur Fristwahrung nicht hinzutreten, Ffm RR **98**, 1007.
**Auslandszustellung:** Zur Fristwahrung genügt der Eingang des Zustellungsgesuches nebst folgender Zustellung, § 207 I, Köln GRUR **99**, 67 (1,5 Monate genügen nach Dänemark).
**Beendigung des Vollzugs:** Rn 17 „Vollzugsbeendigung".
**Beginn der Frist:** Rn 13 „Fristbeginn".

**10 Beginn des Vollzugs:** Der Gläubiger wahrt die Vollzugsfrist durch den Beginn des Vollzugs, auch wenn der erste Versuch zu keinem Erfolg führt, Düss MDR **98**, 1180, Hamm RR **94**, 521, ZöV 11, aM Köln FamRZ **85**, 1062.
S aber auch Rn 8 „Androhung", Rn 9 „Antrag", Rn 18 „Zustellung".
**Berechnung:** Rn 14 „Fristberechnung".
**Berichtigung:** Eine Berichtigung nach § 319 setzt keine neue Vollzugsfrist in Lauf, Düss DB **81**, 1926.
**Beseitigung:** Eine Wiederholung der Vollzugsmaßnahme ist ausnahmsweise dann notwendig, wenn die ursprüngliche Vollstreckungsmaßnahme nach der Aufhebung des Arrests schon vollständig beseitigt worden war, KG Rpfleger **81**, 119, LG Dortm Rpfleger **82**, 276.

**11 Bestätigung nach Aufhebung:** Wenn der Arrest zunächst auf Grund eines Widerspruchs aufgehoben worden und dann durch das Berufungsgericht bestätigt worden war, dann beginnt eine neue Vollzugsfrist zu laufen, Celle GRUR **87**, 64, Hamm OLGZ **94**, 244, KG Rpfleger **81**, 119, aM Finger NJW **71**, 1242.
**Bestätigung nach Fristablauf:** LG Hbg NJW **65**, 1769 (zustm Wolereck) bestätigt als Berufungsgericht den auf Grund eines Widerspruchs aufgehobenen Arrest noch dann, wenn eine Vollziehung bis zum Ablauf der Vollzugsfrist nicht stattgefunden hat; mit der Bestätigung beginne eine neue Vollzugsfrist zu laufen, da das Verfahren sonst auf Grund eines neuen Arrestantrags nochmals ablaufen würde, Kblz GRUR **81**, 92 (die Prüfung sei unzulässig, da kein Titel mehr vorhanden sei), Finger NJW **71**, 1245 (eine neue Frist komme nur dann in Betracht, wenn eine frühere Frist trotz einer Bemühung erfolglos geblieben sei).
**Bestätigung gegen Sicherheitsleistung:** Wenn das Gericht den Arrest gegen eine Sicherheitsleistung bestätigt hat, § 925 II, dann hat es in Wahrheit einen neuen Arrest erlassen, Ffm OLGZ **80**, 259. Das gilt auch dann, wenn sonst eine wesentliche inhaltliche Veränderung erfolgte, Schlesw RR **86**, 1128, Wedemeyer NJW **79**, 294. Nur in diesen Fällen beginnt eine neue Vollzugsfrist, Hbg RR **95**, 1055, Schlesw RR **86**, 1128, LAG Düss BB **81**, 435, aM LG Münst Rpfleger **97**, 75, Grunsky ZZP **104**, 9 (die Vollzugsfrist beginne auch bei einer vollen Bestätigung des Arrests neu).
**Bestätigung nach Widerspruch:** Wird die einstweilige Verfügung auf Grund eines Widerspruchs durch ein Urteil bestätigt, jedoch dabei wesentlich inhaltlich geändert, so muß man sie erneut vollziehen, II, Hamm Rpfleger **95**, 468.

**12 Eidesstattliche Versicherung** zwecks Offenbarung: Es genügt die Einreichung des Auftrags zur Abnahme der eidesstattlichen Versicherung bei dem nach §§ 899, 928 zuständigen Gerichtsvollzieher, § 270 III, Treysse Rpfleger **81**, 340. Der Gläubiger muß die nötigen Nachweise beilegen. Da der Fristablauf die weitere Zwangsvollstreckung ausschließt, ist das Verfahren oft wertlos.
**Einstweilige Einstellung:** Eine einstweilige Einstellung der Zwangsvollstreckung unterbricht die Monatsfrist, Düss FamRZ **87**, 490.
**Einstweilige Verfügung:** § 936 Rn 7 ff.
**Frist zur Sicherheitsleistung:** Eine etwa angeordnete Sicherheit ist innerhalb der Vollzugsfrist zu leisten, Ffm OLGZ **80**, 259, Christmann DGVZ **93**, 109.
**Frist zum Vollzugsbeginn:** Der Gläubiger muß den Vollzug innerhalb der Vollzugsfrist wenigstens beginnen, LG Aachen RR **90**, 1344.
**Fristablauf:** Nach dem Ablauf der Monatsfrist darf das Gericht keine *neuen* Vollzugsmaßnahmen mehr treffen, auch nicht, falls noch ein enger zeitlicher Zusammenhang vorliegt, BFH NJW **74**, 1216.
S auch Rn 14 „Fristberechnung".

**13 Fristbeginn beim Arrestbeschluß:** Die Monatsfrist beginnt bei einem Arrestbeschluß, der nicht zu verkünden ist, mit der Zustellung, Rn 18, der vollständigen Entscheidung in Ausfertigung, Köln RR **87**, 575, an den Gläubiger. Das Gericht kann weitere Zustellungsvoraussetzungen anordnen, etwa die gleichzeitige Zustellung bestimmter Schriftstücke, Nürnb GRUR **92**, 564. Wenn eine formelle Zustellung unterblieben ist, dann ist die formlose Aushändigung an den Gläubiger maßgeblich. Denn der Gläubiger kann auch in diesem Fall vollziehen, Düss GRUR **84**, 76, Lang AnwBl **81**, 236, ZöV 5, aM Fritze Festschrift für Schiedermair (1976) 146, Wedemeyer NJW **79**, 294.
Zwecks einwandfreier Feststellung des Fristbeginns ist dann aber eine *Quittung* ratsam. Eine Kenntnisnahme ohne Besitzerlangung reicht nicht aus, Köln RR **87**, 576.
**Fristbeginn beim Arresturteil:** Die Monatsfrist beginnt bei einem Arresturteil mit seiner Verkündung, §§ 310 ff, Hamm FamRZ **91**, 583, wenn das Gericht auf Grund einer mündlichen Verhandlung entschieden hat, § 922 V, Düss GRUR **84**, 76. Soweit eine Verkündung stattgefunden hat, ist nur sie maßgeblich, nicht aber eine folgende Zustellung, LAG Bre Rpfleger **82**, 481.

**14 Fristberechnung:** Die Monatsfrist ist eine gesetzliche Frist. Ihre Berechnung erfolgt nach § 222 in Verbindung mit den dort abgedruckten Vorschriften des § 187 I BGB, Köln RR **87**, 575, LG Köln RR **89**, 191, und § 188 II, III BGB. Sie kann nicht abgekürzt oder verlängert werden, Kblz GRUR **81**, 92, Lang AnwBl **81**, 236. Es handelt sich nicht um eine Notfrist, § 224 I 2, Ffm OLGZ **81**, 100, LG Brschw DGVZ **82**, 75. Deshalb kann gegen die Versäumung der Frist keine Wiedereinsetzung in den vorigen

## 5. Abschnitt. Arrest und einstweilige Verfügung § 929

Stand gewährt werden, Düss DB **81**, 1926, Schneider MDR **85**, 112. § 187 S 2 ist unanwendbar, § 187 Rn 15. Die Fristversäumung ist also unheilbar, Hamm MDR **76**, 407, Kblz GRUR **81**, 92, Wedemeyer NJW **79**, 294, aM Fritze GRUR **80**, 876. Freilich ist Rechtsmißbrauch beachtlich, Einl III 54, Grdz 44 vor § 704, Celle OLGZ **86**, 490.

S auch Rn 8 „Von Amts wegen".
**Fristunterbrechung:** Rn 12 „Einstweilige Einstellung".
**Fristversäumung:** Rn 5, 6.
**Haftantrag:** Er kann zur Frist genügen, Celle DGVZ **99**, 74.
**Hypothek:** § 932 Rn 6.
**Inhaltserweiterung:** Eine Wiederholung der Vollzugsmaßnahme ist ausnahmsweise dann notwendig, wenn **15** das im Widerspruchsverfahren neugefaßte Verbot eine inhaltliche Erweiterung enthält, Düss GRUR **84**, 77, Hamm GRUR **89**, 931.
**Neue Frist:** Rn 11 „Bestätigung nach Fristablauf".
**Ordnungsmittel:** Es genügt zur Fristeinteilung, daß der Gläubiger ein Ordnungsmittel beantragt, Celle DGVZ **99**, 74.
**Parteibetrieb:** Rn 18 „Zustellung". **16**
**Persönlicher Arrest:** Notwendig ist die Durchführung der angeordneten Freiheitsbeschränkung.
**Pfändung:** Ein vor dem Fristablauf gestellter Pfändungsantrag reicht aus, Celle DGVZ **99**, 74, aM 57. Aufl. Im Fall einer Pfändung durch das Vollstreckungsgericht genügt ein Pfändungsbeschluß jedenfalls dann, wenn die Zustellung unverzüglich betrieben wird, BGH NJW **91**, 496, Celle DGVZ **99**, 74, Karlsr Rpfleger **98**, 255. Eine mangelhafte, aber rechtzeitige Pfändung reicht dann aus, wenn der Mangel später behoben wird. Eine Zustellung des Arrests an den Schuldner reicht nicht aus, LG Bln Rpfleger **71**, 445, Schaffer NJW **72**, 1177. Im Fall einer Buchhypothek genügt jedenfalls der Eingang des Umschreibungsantrags. Auch die Pfändung eines Anspruchs auf eine Herausgabe erfolgt nur innerhalb der Frist. Eine erfolglose Pfändung ist ein Vollzug. Man darf eben den Vollzug und die Vollstreckung nicht gleichstellen, Grdz 19 vor § 916.
**Prozeßbevollmächtigter:** Für die Zustellung ist § 176 anwendbar, dort Rn 3. Im Anwaltsprozeß, § 78 Rn 1, ist eine Zustellung an den ProzBev des Schuldners notwendig, Hamm MDR **76**, 407. Freilich kann eine Zustellung direkt an den Gegner in unverschuldeter Unkenntnis des Umstands, daß inzwischen dessen ProzBev im Sinn von § 176 bestellt worden war, trotz grundsätzlicher Bedenken, § 176 Rn 20, Hbg OLGZ **94**, 216, ausnahmsweise ausreichen, Hbg GRUR **87**, 66.

S auch Rn 18 „Zustellung".
**Prozeßstandschaft:** Eine Wiederholung der Vollzugsmaßnahme kann entbehrlich sein, wenn statt des Prozeßstandschafters nun der wahre Rechtsinhaber in das Verfahren eintritt, KG WettbR **96**, 161.
**Unterbrechung:** Rn 12 „Einstweilige Einstellung".
**Verkündung:** Rn 13 „Fristbeginn beim Arresturteil".
**Verlängerung:** Rn 14 „Fristberechnung".
**Vollzugsbeendigung:** Eine Beendigung des Vollzugs innerhalb der Vollzugsfrist ist nicht erforderlich. **17** Denn sie ist oft unmöglich. Es reicht daher aus, daß sich der Gläubiger nach Kräften bemüht hat, LG Hbg DGVZ **91**, 11, LG Kassel DGVZ **85**, 142, Finger NJW **71**, 1244 (kein Trödeln), aM Köln FamRZ **85**, 1065. Beendende Vollzugsmaßnahmen müssen aber mit den vor dem Fristablauf begonnenen eine Einheit darstellen, Düss MDR **83**, 239, Mü FamRZ **93**, 1101, LG Konst DGVZ **93**, 142, aM App BB **84**, 273 (auch zu § 324 III 1 AO), Schneider MDR **85**, 114.
**Vormerkung:** Auch bei Eintragung einer Vormerkung bleibt zwecks Vollzugs die Notwendigkeit der Zustellung, Rn 18, LG Düss RR **99**, 383.
**Vorpfändung:** Eine Zustellung an den Drittschuldner ist notwendig und ausreichend, § 845 Rn 6, AG Bln-Charlottenb RR **88**, 639, Schaffer NJW **72**, 1177. Jedoch muß die Pfändung innerhalb der 1-Monats-Frist des § 845 II erfolgen, § 845 Rn 9, AG Bln-Charlottenb RR **88**, 639.
**Wiedereinsetzung:** Rn 14 „Fristberechnung".
**Wiederholung:** Der Gläubiger braucht eine Vollzugsmaßnahme nach der Bestätigung des Arrests grds nicht zu wiederholen, insbesondere nicht bei unverändertem Inhalt, Celle GRUR **87**, 66, Düss GRUR **84**, 77, Hamm RR **99**, 631.

S aber auch Rn 10 „Beseitigung", Rn 15 „Inhaltserweiterung".
**Zustellung:** Zur Wahrung der Vollzugsmaßnahme ist im Rahmen des Vollzugsbeginns die Zustellung des Arrests **18** erforderlich, LG Düss RR **99**, 303 (auch bei Vormerkung), wenn auch nicht stets ausreichend, Rn 5. Sie erfolgt grds durch Übermittlung der vollständigen Fassung, Düss RR **99**, 795, Ffm Rpfleger **93**, 31, eines Arrestbeschlusses; beim Arresturteil genügt die abgekürzte Fassung, BVerfG NJW **88**, 3141. Die zB zum Arrestbeschluß gehörigen, in Bezug genommenen Anlagen sind beizufügen, Ffm Rpfleger **93**, 31 (auch zu einer Ausnahme). Die Zustellung ist im Parteibetrieb vom Gläubiger zu betreiben. Denn die Amtszustellung ergibt noch nicht den jetzigen Vollzugswillen des Gläubigers eindeutig genug, Brdb FamRZ **97**, 624, Düss RR **97**, 795, Köln GRUR **99**, 90, aM Celle RR **90**, 1088, Stgt WRP **97**, 350.

Die Zustellung muß im übrigen *gesetzmäßig* erfolgen, also meist den ProzBev der Instanz, § 176, Düss RR **99**, 795. Eine Zustellung nach § 198 sechs Tage vor dem Ablauf der Vollzugsfrist reicht aus, Düss NJW **73**, 2030.

Eine gesetzmäßige Zustellung *reicht* für die Wahrung der Vollzugsfrist auch dann, wenn weitere Vollstreckungsmaßnahmen hinzutreten müssen, AG Flensb DGVZ **95**, 60.

S auch Rn 9 „Antrag", Rn 13 „Fristbeginn", Rn 16 „Prozeßbevollmächtigter".

**6) Vollzug vor der Zustellung, III.** Auch diese Vorschrift erfordert große Sorgfalt. **19**

**A. Allgemeines.** Der Gläubiger kann die Vollziehung abweichend von §§ 750, 751 und ähnlich wie bei § 845 I 3, BayObLG Rpfleger **85**, 59, sofort nach dem Erlaß des Arrests bzw der Urteilsverkündung, also schon vor dem Zeitpunkt der Parteizustellung des Arrests an den Schuldner oder seinen ProzBev, § 176,

§§ 929, 930

auch an demjenigen des Hauptsacheprozesses betreiben, Hbg RR 88, 1277. Der Vollzug wirkt dann aber auflösend bedingt. Die Bedingung tritt ein, wenn nicht der Gläubiger innerhalb einer Woche seit der Vollziehung und außerdem vor dem Ablauf eines Monats seit der Verkündung des Arrests oder seiner Zustellung oder der Aushändigung an den Gläubiger, Rn 3 ff, dem Drittschuldner, Ffm Rpfleger 99, 85, und außerdem dem Schuldner zustellt, III 2, Celle FamRZ 88, 525, LG Ffm NJW 90, 652. Die Zustellung des Protokolls, das die verkündete Urteilsformel enthält, reicht wegen § 317 II nicht, Hamm GRUR 87, 853.

**20** Die *Wochenfrist* beginnt dann, wenn es sich um eine Eintragung in das Grundbuch oder in ein Register handelt, mit dem Antrag nach § 932 III, § 936 Rn 13 „§ 932, Arresthypothek", Ffm Rpfleger 82, 32, RoGSch § 79 II 1. Eine notwendige Sicherheitsleistung muß vor der Vollziehung erbracht werden. Der Gläubiger kann die Urkunden über die Leistung innerhalb der Frist des III zustellen. Es kann notwendig sein, zugleich einer Partei und ihrem gesetzlichen Vertreter zuzustellen, § 51 Rn 12, Hbg RR 93, 1449.

**21** Im Fall einer *öffentlichen* Zustellung nach §§ 203 ff oder im Fall der Zustellung im Ausland nach § 199 ff genügt der Eingang des Gesuchs vor oder nach der Vollziehung, wenn die Zustellung demnächst stattfindet, § 207. § 270 III ist unanwendbar, Hbg RR 88, 1277, Köln MDR 87, 593. Es handelt sich um eine gesetzliche Frist, Rn 2, und nicht um eine Notfrist, § 224 I 2. Nach einem ergebnislosen Ablauf der Frist gilt für die Zwangsvollstreckung, was in Rn 18 ausgeführt worden ist. „Sie ist ohne Wirkung" bedeutet nur: Sie steht einer unzulässigen Zwangsvollstreckung gleich; das Grundbuchamt muß eine Vormerkung löschen, Köln MDR 87, 593. Der Schuldner kann auf die Einhaltung der Frist des III nicht wirksam verzichten, Ffm Rpfleger 82, 32.

**22 B. Verstoß.** Ein Verstoß gegen III 2 führt zur Unwirksamkeit der jeweiligen Vollzugsmaßnahme, zB einer Pfändung, LG Ffm NJW 90, 652. Er berührt aber die Wirksamkeit des Arrests selbst nicht; nun wenn auch die Frist nach II versäumt worden ist, hat der Schuldner die Möglichkeit eines Antrags nach § 927. Wenn vor der Vollziehung zugestellt worden ist bzw wenn die Zustellung fehlerhaft war, dann ist III nicht anwendbar, denn nach S 1 ist eine Voraussetzung seiner Anwendbarkeit der Umstand, daß überhaupt keine Zustellung erfolgte, LG Aachen RR 90, 1344, aM StJGr 20.

**23 C. Rechtsbehelf.** Der Betroffene hat bei einer bloßen Vollzugsmaßnahme ohne Anhörung des Gegners die Erinnerung nach § 766, BGH Rpfleger 89, 248, und bei einer echten richterlichen Entscheidung des Richters die sofortige Beschwerde nach §§ 577, 793 I, 828, bei einer solchen des Rpfl deshalb die sofortige Beschwerde nach § 11 I RPflG, Anh § 153 GVG, zum Verfahren § 104 Rn 41 ff. Innerhalb der Monatsfrist nach II kann der Gläubiger den Vollzug wiederholen.

**24** 7) *VwGO: Auf die einstwAnO entsprechend anzuwenden, § 123 III VwGO, Sch/SchmA/P § 123 Rn 172 u 173, Finkelnburg/Jank Rn 560 ff (aM hinsichtlich III RedOe § 123 Anm 23, VGH Mannh NVwZ 86, 489). Eine Vollstreckungsklausel ist auch in den Fällen des I unnötig, wenn die Voraussetzungen des § 171 VwGO gegeben sind, vgl Einf §§ 727–729 Rn 7, Kopp/Schenke § 171 Rn 2, aM VGH Mannh NJW 82, 902. Entspr anwendbar ist auch II, OVG Lüneb NdsRpfl 88, 40 mwN; ob auch der (notwendig) Beigeladene sich auf II berufen darf, ist fraglich, VGH Kassel NVwZ 90, 977 (verneinend), dazu Melullis MDR 90, 594 (keine Aufhebung der einstwAnO nach Erfüllung). Die Frist beginnt grds mit der Zustellung an den Antragsteller, hM, OVG Münst NVwZ-RR 92, 388, Sch/SchmA/P § 123 Rn 172, Finkelnburg/Jank Rn 562 (aM OVG Lüneb aaO, VGH Mannh VBlBW 84, 150, VG Bln NJW 77, 2369: Fristbeginn erst dann, wenn der Antragsteller erkennen kann, daß die Behörde der AnO nicht oder nicht unzureichend folgen werde). Bei der Vollstreckung gegen die öffentliche Hand wahrt der Gläubiger die Vollziehungsfrist durch den Antrag auf Erlaß der Vollstreckungsanordnung beim Gericht erster Instanz, §§ 170 und 172 VwGO; ist Inhalt der einstwAnO ein Verbot oder ein Unterlassungsgebot, so genügt die Vollziehungszustellung durch die Partei an den Gegner innerhalb der Frist, vgl BGH NJW 93, 1078 (die Amtszustellung, § 922, reicht nicht aus), Anm Grunsky LM § 945 Rn 27, aM Sch/SchmA/P § 123 Rn 173 (Amtszustellung reicht aus). Ebenso genügt eine Vollziehungszustellung immer dann, wenn es sich um eine einstwAnO auf wiederkehrende Leistungen handelt, vgl § 935 Rn 20. Wegen der Folgen der Fristversäumung s oben Rn 5 ff, OVG Münst aaO.*

**930** *Vollziehung in Fahrnis und Forderungen.* ¹ ¹Die Vollziehung des Arrestes in bewegliches Vermögen wird durch Pfändung bewirkt. ²Die Pfändung erfolgt nach denselben Grundsätzen wie jede andere Pfändung und begründet mit den im § 804 bestimmten Wirkungen. ³Für die Pfändung einer Forderung ist das Arrestgericht als Vollstreckungsgericht zuständig.

II Gepfändetes Geld und ein im Verteilungsverfahren auf den Gläubiger fallender Betrag des Erlöses werden hinterlegt.

III Das Vollstreckungsgericht kann auf Antrag anordnen, daß eine bewegliche körperliche Sache, wenn sie der Gefahr einer beträchtlichen Wertverringerung ausgesetzt ist oder wenn ihre Aufbewahrung unverhältnismäßige Kosten verursachen würde, versteigert und der Erlös hinterlegt werde.

### Gliederung

| | |
|---|---|
| 1) Systematik, Regelungszweck, I–III ... 1 | 4) Pfändung einer Forderung, I .......... 4–6 |
| 2) Unterliegen des Schuldners in der Hauptsache, I ............... 2 | A. Verfahren ................. 4 |
| | B. Verbindung der Beschlüsse ....... 5 |
| 3) Sieg des Schuldners in der Hauptsache, I ................. 3 | C. Stellung des Drittschuldners ...... 6 |
| | 5) Hinterlegung, II ............... 7 |

5. Abschnitt. Arrest und einstweilige Verfügung § 930

| 6) Versteigerung, III | 8–10 | C. Rechtsbehelf | 10 |
| A. Zuständigkeit | 8 | 7) VwGO | 11 |
| B. Voraussetzungen | 9 | | |

**1) Systematik, Regelungszweck, I–III.** Der Arrest in Fahrnis wird durch eine Pfändung vollzogen, **1** §§ 803 ff. Demgegenüber wird der Arrest in das unbewegliche Vermögen nach § 932 vollzogen. Die Pfändung bringt ein Pfändungspfandrecht nach §§ 804, 829 zum Entstehen, BayObLG Rpfleger 85, 59. Mit dem Pfändungspfandrecht hat es sein Bewenden. Da der Arrest grundsätzlich nur der Sicherung des Gläubigers und nicht seiner Befriedigung dient, Grdz 5 vor § 916, darf der Gläubiger dieses Pfandrecht nicht verwerten. Er darf also weder eine Versteigerung (Ausnahme III) noch grundsätzlich eine Überweisung nach § 935 betreiben, BGH 68, 292. Die Überweisung ist allerdings ausnahmsweise dann zulässig, wenn es um einen Anspruch auf die Herausgabe eines Hypothekenbriefs geht, der sich im Besitz eines Dritten befindet. Denn dann ist die Überweisung ein Teil des Pfandrechts, das durch die Überweisung erst zur Entstehung kommt. Eine Überweisung mit einer Hinterlegungsanordnung ist nicht statthaft. Im Fall der Pfändung des Anspruchs auf die Herausgabe einer Sache kommt ihre Herausgabe nach § 847 I an den Gerichtsvollzieher oder einen Sequester in Betracht.

Der Gläubiger darf *keine rechtsgestaltenden Erklärungen* abgeben. Er darf zB nicht die Begünstigung eines Dritten durch einen Versicherungsvertrag widerrufen. Ein Antrag nach § 807 ist statthaft, Behr Rpfleger **88**, 2. Der Gläubiger kann den Drittschuldner nicht auf eine Auskunft wegen Nichtabgabe der Erklärung nach § 840 verklagen, BGH **68**, 289, § 840 Rn 2, 15. Für die Vollzugskosten ist der Arrest die Festsetzungsgrundlage, KG Rpfleger **77**, 372. Vgl ferner § 324 III AO. Wegen einer Vermögensstrafe § 111 o II StPO.

**2) Unterliegen des Schuldners in der Hauptsache, I.** Unterliegt der Schuldner in der Hauptsache, so **2** wird das Arrestpfandrecht kraft Gesetzes (die Wiederholung der Pfändung ist zumindest eine zwecklose Förmelei, LG Köln Rpfleger **74**, 121) zu einem Vollstreckungspfandrecht mit dem Rang des Zeitpunkts der Arrestpfändung, BGH **66**, 394. Es läßt die Verwertung zu, sobald eine vollstreckbare Ausfertigung des Urteils, evtl nebst Hinterlegungsbescheinigung, zugestellt worden ist. Auch in einem solchen Fall besteht noch kein Rechtsschutzbedürfnis, Grdz 33 vor § 253, für eine Einstellung der Zwangsvollstreckung aus dem Arrestbefehl, solange die Verurteilung in der Hauptsache wieder wegfallen kann.

**3) Sieg des Schuldners in der Hauptsache, I.** Wenn der Schuldner in der Hauptsache siegt, dann kann **3** er die Aufhebung des Arrests, § 927, und seiner Vollziehung verlangen, § 776. Das Pfandrecht gibt den Rang nach dem Tag der Arrestpfändung, BGH **68**, 292. Jede Aufhebung des Arrests läßt nur denjenigen Rang bestehen, der seit der Zustellung eines vollstreckbaren Titels in der Hauptsache besteht.

**4) Pfändung einer Forderung, I.** Es sind drei Aspekte zu beachten. **4**

**A. Verfahren.** Für die Pfändung einer Forderung ist das Arrestgericht des § 919 das ausschließlich zuständige Vollstreckungsgericht, § 802, BGH **66**, 395, Ffm Rpfleger **80**, 485. Das gilt aber nur für diese Maßnahme, insoweit in Abweichung von § 828 II, der aber grundsätzlich anwendbar ist, BVerfG **64**, 18. Das Arrestgericht entscheidet durch den Rpfl, falls der Pfändungsbeschluß nicht schon mit dem Arrestbeschluß verbunden worden war, § 20 Z 16 RPflG, Anh § 153 GVG, Rn 5, Ffm Rpfleger **80**, 485, Mü Rpfleger **75**, 35. Eine Pfändung des Herausgabeanspruchs und anderer Vermögensrechte steht gleich, §§ 846, 857. Das Arrestgericht entscheidet nach bloßer Maßnahme ohne Anhörung des Gegners (bei echter Entscheidung gilt § 11 RPflG) auch über die Erinnerung nach § 766, BGH **66**, 394, Ffm Rpfleger **80**, 485, jetzt durch den Richter, § 20 Z 17 a RPflG. Es erfolgt nie eine Weitergabe, so schon Düss RR **93**, 831, Ffm Rpfleger **80**, 485. Falls sie dennoch erfolgt, wird die Sache zurückverwiesen, Düss RR **93**, 831, und zwar notfalls auf Grund einer sofortigen weiteren Beschwerde durch das OLG, Köln MDR **72**, 333. Das Arrestgericht entscheidet durch den Richter auch über weitere Anträge wegen derselben Forderung bzw wegen irgendwelcher Klarstellungen usw, Mü Rpfleger **75**, 35, aM LG Mü Rpfleger **89**, 101, oder über eine Aufhebung des Pfändungsbeschlusses nach §§ 775 ff, BGH NJW **76**, 1453, sowie über eine Aufhebung nach § 934. Für eine Überweisung der gepfändeten Forderung nach § 835 ist immer das AG als Vollstreckungsgericht des § 764 zuständig. Ein Arrest und eine Zwangsvollstreckung in eine im Deckungsregister eingetragene und durch ein Schiffspfandrecht gesicherte Darlehnsforderung und in Wertpapiere sind nur auf Grund von Ansprüchen aus einem Schiffspfandbrief zulässig, § 35 SchiffsbankG.

**B. Verbindung der Beschlüsse.** Das Arrestgericht, Rn 4, kann den Pfändungsbeschluß nach § 930 mit **5** dem Arrestbeschluß nach § 922 verbinden, nicht aber mit einem Arresturteil, aM StJGr 5, ZöV 2. In diesem Fall ist der Rpfl nicht zuständig, Rn 4. Wenn der Arrest allerdings von einer Sicherheitsleistung abhängig gemacht worden ist, dann ist eine derartige Verbindung unzulässig, Düss Rpfleger **84**, 161. Die Verbindung bleibt rein äußerlich, BayObLG Rpfleger **85**, 59. Die Rechtsbehelfe und die Zustellungserfordernisse richten sich nach dem jeweiligen Einzelbeschluß. Auch die Anträge lassen sich verbinden. Ein Anwaltszwang besteht für den Pfändungsantrag ebensowenig wie für den Arrestantrag, § 920 III, § 13 RPflG, Anh § 153 GVG, Bergerfurth Rpfleger **78**, 205. Eine einmal begründete Zuständigkeit bleibt trotz späterer Änderungen, etwa nach §§ 775 ff, bestehen. Freilich wird im Fall einer neuen Forderung oder bei einem Drittschuldner für den bloßen Pfändungsbeschluß wieder der Rpfl zuständig, Mü Rpfleger **75**, 35. Wenn ein ArbG den Arrest erlassen hat, ist es auch für den Pfändungsbeschluß zuständig.

**C. Stellung des Drittschuldners.** Er darf nur noch an den Pfändungsgläubiger und an den Arrestschuld- **6** ner gemeinschaftlich zahlen.

**5) Hinterlegung, II.** Da der Arrest den Gläubiger grundsätzlich nur sichern soll, Grdz 5 vor § 916, sind **7** gepfändetes Geld und der Anteil des Gläubigers an der Verteilungsmasse zu hinterlegen. Man muß notfalls auf die Hinterlegung klagen, § 253. Wegen der Rechte am Hinterlegten § 805 Rn 7. Wegen des Verteilungsverfahrens §§ 872 ff.

**6) Versteigerung, III.** Sie bringt keine besonderen Probleme. **8**

Hartmann 2211

## §§ 930, 931

**A. Zuständigkeit.** Nur das Vollstreckungsgericht der §§ 764 II, 802, 847 II, also nicht das Arrestgericht des § 919, darf auf Grund eines Antrags des Gläubigers oder des Schuldners, nicht des Gerichtsvollziehers, BGH **89**, 86, durch den Rpfl, § 20 Z 17 RPflG, Anh § 153 GVG, ohne eine mündliche Verhandlung und nach pflichtgemäßem Ermessen durch einen Beschluß, § 329, anordnen, daß eine bewegliche körperliche Sache zu versteigern und ihr Erlös zu hinterlegen sei. Der Beschluß ist zu begründen, § 329 Rn 4. Er ist förmlich zuzustellen, § 329 III.

**9** **B. Voraussetzungen.** Voraussetzungen für eine solche Anordnung sind: Es muß zum einen die Gefahr einer beträchtlichen Wertverringerung bestehen. Sie muß in der Beschaffenheit der Sache liegen. Das kann zB bei einem Wertpapier zutreffen, weniger bei einem Wein, Sekt usw, LG Bln DGVZ **77**, 60. Andernfalls ist § 766 anwendbar.

Es müssen zum anderen unverhältnismäßig *hohe Verwahrkosten* drohen. Transportkosten sind unerheblich, LG Bln DGVZ **77**, 60. Diese Gefahr besteht nicht, wenn nur der Anspruch auf die Herausgabe gepfändet wurde und die Herausgabe selbst nicht erfolgt ist oder wenn zB bei einem Wert von 15 000 DM Verwahrkosten von monatlich 120 DM entstehen, LG Kblz DGVZ **90**, 42. Man kann die Herausgabe freiwillig im Klagewege erzwingen.

**10** **C. Rechtsbehelf.** Gegen eine Maßnahme des Rpfl ohne Anhörung des Gegners ist die Erinnerung nach § 766 zulässig, über die der Richter entscheidet, § 20 Z 17 S 2 RPflG, Anh § 153 GVG. Gegen eine echte Entscheidung des Rpfl gilt § 11 I RPflG. Gegen einen (fälschlich erfolgten) anfänglichen Beschluß des Richters ist die sofortige Beschwerde zulässig, §§ 577, 793 I.

**11** 7) *VwGO: Auf die einstwAnO entsprechend anzuwenden ist, § 123 III VwGO, wenn die AnO die künftige Vollstreckung wegen einer Geldforderung sichern soll, Grdz § 916 Rn 21. Die Vollstreckung gegen die öffentliche Hand setzt eine gerichtliche Vollstreckungsverfügung voraus, § 170 VwGO. Wegen des Vollstreckungsgerichts, III, vgl § 764 Rn 9.*

**931** *Vollziehung in ein eingetragenes Schiff.* ¹Die Vollziehung des Arrestes in ein eingetragenes Schiff oder Schiffsbauwerk wird durch Pfändung nach den Vorschriften über die Pfändung beweglicher Sachen mit folgenden Abweichungen bewirkt:

II Die Pfändung begründet ein Pfandrecht an dem gepfändeten Schiff oder Schiffsbauwerk; das Pfandrecht gewährt dem Gläubiger im Verhältnis zu anderen Rechten dieselben Rechte wie eine Schiffshypothek.

III Die Pfändung wird auf Antrag des Gläubigers vom Arrestgericht als Vollstreckungsgericht angeordnet; das Gericht hat zugleich das Registergericht um die Eintragung einer Vormerkung zur Sicherung des Arrestpfandrechts in das Schiffsregister oder Schiffsbauregister zu ersuchen; die Vormerkung erlischt, wenn die Vollziehung des Arrestes unstatthaft wird.

IV Der Gerichtsvollzieher hat bei der Vornahme der Pfändung das Schiff oder Schiffsbauwerk in Bewachung und Verwahrung zu nehmen.

V Ist zur Zeit der Arrestvollziehung die Zwangsversteigerung des Schiffes oder Schiffsbauwerks eingeleitet, so gilt die in diesem Verfahren erfolgte Beschlagnahme des Schiffes oder Schiffsbauwerks als erste Pfändung im Sinne des § 826; die Abschrift des Pfändungsprotokolls ist dem Vollstreckungsgericht einzureichen.

VI ¹Das Arrestpfandrecht wird auf Antrag des Gläubigers in das Schiffsregister oder Schiffsbauregister eingetragen; der nach § 923 festgestellte Geldbetrag ist als der Höchstbetrag zu bezeichnen, für den das Schiff oder Schiffsbauwerk haftet. ²Im übrigen gelten der § 867 Abs. 1 und 2 und der § 870 a Abs. 3 entsprechend, soweit nicht vorstehend etwas anderes bestimmt ist.

**Vorbem.** VI 2 idF Art 1 Z 40 der 2. ZwVNov v 17. 12. 97, BGBl 3039, in Kraft seit 1. 1. 99, Art 4 I der 2. ZwVNov. Übergangsrecht (des in Bezug genommenen § 867 II nF) bei § 866.

**1** 1) **Systematik, Regelungszweck, I–VI.** Ein eingetragenes Schiff oder Schiffsbauwerk gilt für die gewöhnliche Zwangsvollstreckung als eine Liegenschaft, § 864, § 162 ZVG, für den Arrestvollzug jedoch als Fahrnis. Wegen eines Seeschiffs vgl zunächst Grdz 2 vor § 916. § 931 bezieht sich nicht auf ein lediglich eintragungsfähiges Schiffsbauwerk. Ein nichteingetragenes Schiff oder ein ausländisches Schiff sind ganz wie Fahrnis zu behandeln, LG Hbg MDR **78**, 764. Es gibt keine Arrestschiffshypothek. Der Vollzug erfolgt durch eine Pfändung. Einzelheiten Noack DGVZ **73**, 65. Wegen einer Vermögensstrafe § 111 o II StPO.

**2** 2) **Pfändung, I–VI.** Die Pfändung geschieht nach § 808, nachdem das Vollstreckungsgericht durch den Rpfl, § 20 Z 16 RPflG, Anh § 153 GVG, sie auf Grund eines Gläubigerantrags angeordnet hat, § 920 Rn 4, 5. Das Vollstreckungsgericht, §§ 764, 802, ersucht das Grundbuchamt gleichzeitig von Amts wegen um die Eintragung einer Vormerkung nach III. Der Gerichtsvollzieher nimmt das Schiff oder das Schiffsbauwerk in seine Bewachung und Verwahrung, IV, §§ 808, 928. Das Gericht stellt die Pfändungsanordnung dem Schuldner zu, § 329 III. Eine Zustellung innerhalb der Frist des § 929 III reicht aus. Mit der Zustellung entsteht das Arrestpfandrecht, II. Die Beschlagnahme in der Zwangsversteigerung wirkt nur dahin, daß die Pfändung als eine Anschlußpfändung nach § 826 oder als eine zweite Hauptpfändung nach § 808 stattfindet, V. Die Pfändung eines segelfertigen Schiffs ist nur dann statthaft, wenn die Arrestschuld gerade im Zusammenhang mit der bevorstehenden Reise gemacht worden ist, § 482 II HGB. Wenn das Vollstreckungsgericht die Versteigerung nach § 930 III anordnet, dann erfolgt die Versteigerung nach den §§ 816 ff. Die eingetragenen Schiffspfandrechte bleiben unberührt.

**3) Arrestpfandrecht, II.** Die Pfändung gibt dem Gläubiger ein Arrestpfandrecht mit dem Inhalt und dem Rang einer Schiffshypothek. Das Arrestpfandrecht entsteht entgegen § 8 SchiffsG immer ohne eine Registereintragung. Die Eintragung findet nur auf Grund eines Antrags des Gläubigers nur zur Berichtigung des Registers statt. Die Eintragung muß den Arrestbetrag als den Höchstbetrag angeben, § 75 SchiffsG. Ohne die Eintragung hat aber das Pfandrecht gegenüber einem guten Glauben des Erwerbers des Schiffs wegen des öffentlichen Glaubens des Registers nach § 16 SchiffsG keine Wirksamkeit. Die §§ 867 I, II, 870 a III sind im übrigen entsprechend anwendbar. Das Schiffspfandrecht erlischt namentlich im Zeitpunkt der Aufhebung der Entscheidung oder ihrer Vollstreckbarkeit. Bei einer Zwangsvollstreckung ist der Arrestgläubiger Beteiligter, § 9 ZVG. 3

**4) Luftfahrzeug, I–VI.** Ähnlich ist die Vollstreckung des Arrest in ein eingetragenes Luftfahrzeug geregelt. Sie wird dadurch bewirkt, daß der Gerichtsvollzieher das Luftfahrzeug in seine Bewachung und Verwahrung nimmt und daß für die Forderung ein Registerpfandrecht eingetragen wird. Der Antrag auf die Eintragung des Registerpfandrechts gilt als Vollzug im Sinne von § 929 II und III, § 99 II LuftfzRG. 4

**5) VwGO:** Gilt entsprechend für die einstwAnO, § 123 III VwGO, in dem in § 930 Rn 11 bezeichneten Umfang. 5

## 932 *Arresthypothek.* I ¹Die Vollziehung des Arrestes in ein Grundstück oder in eine Berechtigung, für welche die sich auf Grundstücke beziehenden Vorschriften gelten, erfolgt durch Eintragung einer Sicherungshypothek für die Forderung; der nach § 923 festgestellte Geldbetrag ist als der Höchstbetrag zu bezeichnen, für den das Grundstück oder die Berechtigung haftet. ²Ein Anspruch nach § 1179 a oder § 1179 b des Bürgerlichen Gesetzbuchs steht dem Gläubiger oder im Grundbuch eingetragenen Gläubiger der Sicherungshypothek nicht zu.

II Im übrigen gelten die Vorschriften des § 866 Abs. 3 Satz 1, des § 867 Abs. 1 und 2 und des § 868.

III Der Antrag auf Eintragung der Hypothek gilt im Sinne des § 929 Abs. 2, 3 als Vollziehung des Arrestbefehls.

**Vorbem.** II idF Art 1 Z 41 der 2. ZwVNov v 17. 12. 97, BGBl 3039, in Kraft seit 1. 1. 99, Art 4 I der 2. ZwVNov. Übergangsrecht (des in Bezug genommenen § 867 I, II nF) bei § 866.

**Schrifttum:** *Gees,* Die Arresthypothek, Diss Hbg 1951; *Schniewind,* Das Schicksal der Arresthypothek im weiteren Rechtsstreit, Diss Köln 1950.

### Gliederung

| | |
|---|---|
| 1) Systematik, Regelungszweck, I–III ... 1 | 3) Eintragung, I–III .................... 5, 6 |
| 2) Geltungsbereich: Arresthypothek, I–III ................................ 2–4 | A. Stellung des Grundbuchamts .......... 5 |
| | B. Wahrung der Vollzugsfrist, III ........ 6 |
| A. Rechtsnatur: Höchstbetragshypothek .. 2 | 4) Entstehung, II .......................... 7 |
| B. Stattgabe im Hauptprozeß ............ 3 | 5) VwGO ................................. 8 |
| C. Abweisung im Hauptprozeß .......... 4 | |

**1) Systematik, Regelungszweck, I–III.** Der Arrestvollzug in ein Grundstück oder in eine grundstücksähnliche Berechtigung, § 864 Rn 4, erfolgt ausschließlich durch die Eintragung einer Sicherungshypothek, (nur) ähnlich den §§ 866, 867, der Arresthypothek. Er geschieht also nicht durch eine Zwangsverwaltung oder durch eine Vormerkung, KG OLGZ 78, 452. Man kann über die Frage, ob der Ausschluß der Möglichkeit, eine Vormerkung einzutragen, zweckmäßig ist, durchaus streiten. Indessen ist das Gesetz eindeutig und darf nicht erweiternd ausgelegt werden. 1

*Regelungszweck* ist eine rangwahrende Sicherung aus der man auf die Bildung der Zwangsvollstreckung klagen kann und muß, BGH NJW 97, 3233.

**2) Geltungsbereich: Arresthypothek, I–III.** Es sind mehrere Fallgruppen zu unterscheiden. 2

**A. Rechtsnatur: Höchstbetragshypothek.** Die Hypothek ist eine Höchstbetrags-Sicherungshypothek, BGH NJW 97, 3233. Höchstbetrag ist der Abwendungsbetrag des § 923, also einschließlich Zinsen und Kosten, § 923 Rn 1. Liegt er nicht in DM vor, ist er in sie umzurechnen. Bei einem Arrest zur Sicherung einer Unterhaltsrente muß der Zinsertrag den Rentenbedarf decken. Wegen einer Vermögensstrafe § 111 o II StPO. Die Forderung ist zusammen mit ihren Nebenansprüchen in *einer* Summe anzugeben, § 1190 II BGB. Wenn der Höchstbetrag im Arrestbefehl fehlt, ist der Eintragungsantrag zurückzuweisen. Wenn die Hypothek fälschlich auf einen Betrag „mit laufenden Zinsen" eingetragen worden ist, dann ist nur die Zinseintragung unwirksam. Die Eintragung eines anderen Geldbetrags als desjenigen der Lösungssumme nach § 923 macht die Eintragung zwar unrichtig, aber nicht unzulässig.

Die *Wertgrenze* von 1500 DM, § 866 III, gilt auch hier. Das ergibt sich aus § 928 und dadurch, daß die Neufassung von II auf § 866 III 1 Bezug nimmt. Der Arrestgläubiger darf eben nicht besser dastehen als ein Vollstreckungsgläubiger. Wenn mehrere Grundstücke zu belasten sind, dann ist die Forderung zu verteilen, § 867 II. Allerdings macht eine ungeteilte Eintragung ohne eine Bezeichnung als Gesamthypothek die Eintragung nur unrichtig und nicht unzulässig. Die Arrestforderung ist ohne die Hypothek übertragbar, § 1190 BGB. Im Fall einer Zwangsversteigerung oder Zwangsverwaltung gelten die §§ 14, 146 ZVG, beim geringsten Gebot § 48 ZVG, beim Teilungsplan §§ 114, 119, 124 ff ZVG.

**B. Stattgabe im Hauptprozeß.** Wenn das Gericht die Arrestforderung dem Gläubiger im Hauptprozeß durch ein Urteil zuspricht, dann wird nicht etwa kraft Gesetzes aus der Arresthypothek die rechtlich andersartige Zwangshypothek des § 866. Zu einer solchen Umwandlung muß der Arrestgläubiger vielmehr einen formlosen Antrag stellen und außerdem den vollstreckbaren Titel aus dem Hauptprozeß vorlegen, Ffm 3

## § 932

Rpfleger **75**, 103. Für die Zwangshypothek mit dem Rang der Arresthypothek ist der vollstreckbare Titel und nicht etwa der Arrest die Grundlage, LG Zweibr RR **95**, 512 („latente Verwertungsbefugnis"). Deshalb ist keine Umwandlung möglich, wenn der Betrag von 1500 DM nur von der Lösungssumme überstiegen wird, nicht aber von der Urteilssumme. Ein vorläufig vollstreckbares Urteil läßt nur die Eintragung einer Vormerkung zu, § 895. Die Umschreibung verbindet die Hypothek unlöslich mit der Forderung. Wenn mehrere Grundstücke zu belasten sind, dann darf der Gläubiger die Verteilung jetzt anders vornehmen. Eine Umschreibung ist nach der Eröffnung des Insolvenzverfahrens selbst dann unzulässig, wenn der Gläubiger einen Duldungstitel vorher erworben hatte, Ffm Rpfleger **75**, 103.

**4** **C. Abweisung im Hauptprozeß.** Wenn das Urteil die Forderung im Hauptprozeß abweist, dann ist § 868 II anwendbar. Der Eigentümer erwirbt also die Hypothek als Eigentümergrundschuld. Die Art der Aufhebung des Arrests ist unerheblich. Die Aufhebung der Vollstreckbarkeit hat keine Bedeutung. Der Eigentümer erwirbt die Hypothek schon im Zeitpunkt der Hinterlegung nach § 923. Wenn das Urteil die Forderung im Hauptprozeß teilweise abweist, dann muß der Gläubiger auf einen entsprechenden Teil der Arresthypothek verzichten. Dieser Teil der Arresthypothek wird eine Eigentümergrundschuld im Range hinter der Zwangshypothek, § 1176 BGB. Der Schuldner trägt die Kosten der Umschreibung. Denn es handelt sich der Sache nach um eine Vollstreckungsmaßnahme, § 788, § 867 Rn 14.

**5** **3) Eintragung, I–III.** Man muß zwei Punkte beachten.
**A. Stellung des Grundbuchamts.** Das Grundbuchamt handelt hier, ebenso wie bei einer Zwangshypothek, teilweise als Vollstreckungsgericht, teilweise als eine Behörde der freiwilligen Gerichtsbarkeit, § 867 Rn 2, 3. Das Grundbuchamt prüft die Voraussetzungen einer Eintragung deshalb sowohl nach dem Grundbuchrecht als auch nach dem Vollstreckungs- bzw Vollziehungsrecht, Düss Rpfleger **78**, 216, KG MDR **91**, 66 (die Bezeichnung bestimmter zu arretierender Gegenstände im Arrestbefehl ist weder erforderlich noch erheblich). Es muß prüfen, ob der eingetragene Eigentümer und der Arrestschuldner dieselbe Person sind. Eine im Arrestbeschluß als Gläubigerin genannte Vor-GmbH darf nicht inzwischen aufgelöst worden sein, Düss DB **93**, 1815. Das Grundbuchamt muß von Amts wegen prüfen, ob die Vollzugsfrist eingehalten wurde, § 929 Rn 3 ff, LG Essen Rpfleger **85**, 489. Das Grundbuchamt prüft aber nicht, ob auch die Wochenfrist des § 929 III 2 eingehalten wurde, aM Streuer Rpfleger **88**, 514.

**6** **B. Wahrung der Vollzugsfrist, III.** Schon der Eingang des Eintragungsantrags zumindest auch beim Grundbuchamt wahrt die Vollzugsfrist nach § 929 II, III 2, Karlsr Rpfleger **98**, 255, LG Lübeck Rpfleger **95**, 67, KrG Bad Salzungen DtZ **91**, 148. Das gilt aber nur dann, wenn der Eintragungsantrag sachlich und förmlich ausreicht, Düss Rpfleger **93**, 488. III ist im übrigen als Ausnahmevorschrift eng auszulegen, Hbg FamRZ **88**, 523. Wenn das Grundbuchamt nach § 18 GBO eine Ergänzung verlangt, dann muß die Ergänzung innerhalb der Monatsfrist eingehen, LG Essen Rpfleger **85**, 489. Außerdem muß natürlich die Eintragung stattfinden, wenn vielleicht auch erst nach dem Ablauf der Frist; zum Problem Streuer Rpfleger **88**, 514. Im Fall einer Zwischenverfügung nach § 18 GBO muß das Grundbuchamt von Amts wegen eine Vormerkung eintragen. Freilich ist eine Zwischenverfügung keineswegs stets zulässig, Düss Rpfleger **78**, 216. Bei rechtzeitiger Behebung des Hindernisses gilt der Arrest als mit der Behebung vollzogen. Andernfalls ist der Eintragungsantrag zurückzuweisen, LG Essen Rpfleger **85**, 488.
Da die Arresthypothek nur eine vorläufige Sicherungsmaßnahme darstellt, besteht *kein Löschungsanspruch* nach § 1179 a und b BGB, I 2. Etwas anderes gilt bei einer Zwangshypothek, §§ 866 ff. Wegen dieser Schlechterstellung des Arrestgläubigers hat Stöber Rpfleger **77**, 426 verfassungsrechtliche Bedenken. Die Zuständigkeit des Arrestgerichts wird nicht nachgeprüft. Ebensowenig prüft das Grundbuchamt die Frage, ob der Vollstreckungstitel und die zugehörigen Urkunden nach § 750 zugestellt worden sind. Denn diese Zustellung darf nachfolgen, § 929 III, BayObLG Rpfleger **93**, 398. Eine Sicherheitsleistung muß dem Grundbuchamt gegebenenfalls nachgewiesen werden. Die Zustellung muß innerhalb einer Wochenfrist seit dem Eingang des Eintragungsantrags erfolgen. Wegen der mangelnden Abstimmung mit § 15 ErbbauVO muß man dem Gläubiger, dem der Eigentümer die erforderliche Zustimmung zur Belastung des Erbbaurechts verweigert, eine angemessene Frist zur Durchführung eines gerichtlichen Verfahrens zur Ersetzung der Zustimmung einräumen, Celle MDR **85**, 331.

**7** **4) Entstehung, II.** Die Arresthypothek entsteht nicht schon im Zeitpunkt des Eingangs des Antrags (er wahrt nur die Vollzugsfrist, Rn 6), sondern erst im Zeitpunkt der Eintragung, § 867 I, II. § 932 III ist also für die grundbuchliche Wirkung unerheblich. Die Hypothek gibt dem Gläubiger nur eine vorläufige Sicherung und wahrt einen Rang. Sie befriedigt den Gläubiger also nicht. Sie sichert die Forderung des Gläubigers in der Höhe ihrer endgültigen Feststellung. Der Arrestgläubiger kann aus der Arresthypothek nur auf eine Duldung der Zwangsvollstreckung klagen, § 1147 BGB. Das Mahnverfahren ist zulässig, § 688 I 2. Der Eigentümer kann die vorzeitige Befriedigung des Gläubigers nach § 1184 BGB verhindern. Daher wird die Grenze einer bloßen Sicherung des Arrestgläubigers auch insofern nicht überschritten.
Wenn eine grundbuchmäßige *Voraussetzung der Eintragung fehlt*, wenn zB die Vollzugsfrist nicht gewahrt wurde oder wenn nach dem Eingang des Antrags die Frist des § 929 III versäumt worden ist, dann ist keine Arresthypothek entstanden, ebensowenig ein Eigentümergrundpfandrecht, Wittmann MDR **79**, 550. Das Grundbuch ist dann von Anfang an unrichtig, §§ 894, 899 BGB, 22 GBO, und muß berichtigt werden. Das Grundbuchamt kann einen Widerspruch von Amts wegen eintragen, § 53 I GBO, aM ThP 4.
Wenn dagegen eine *Voraussetzung der Zwangsvollstreckung fehlt*, Grdz 14 vor § 704, dann entsteht ein auflösend bedingt wirksames Recht, Grdz 58 vor § 704, BayObLG Rpfleger **93**, 398. Wenn das Grundbuchamt eine objektiv unwirksame Arresthypothek wirksam einträgt, dann muß es wegen des formellen Grundbuchrechts zunächst die unwirksame frühere Eintragung beseitigen. Das geschieht auf Grund eines formlosen Antrags des Gläubigers durch eine Löschung, §§ 29, 30 GBO, BayObLG Rpfleger **93**, 398. Der Gläubiger braucht nur die Zeitpunkte des Eingangs des ersten Eintragungsantrags und der Zustellung des Arrestbefehls nachzuweisen, Wittmann MDR **79**, 550.

**8** **5) VwGO:** Gilt entsprechend für die einstwAnO, § 123 III, in dem in § 930 Rn 11 bezeichneten Umfang.

**933** *Vollziehung des persönlichen Arrestes.* ¹Die Vollziehung des persönlichen Sicherheitsarrestes richtet sich, wenn sie durch Haft erfolgt, nach den Vorschriften der §§ 901, 904 bis 913 und, wenn sie durch sonstige Beschränkung der persönlichen Freiheit erfolgt, nach den vom Arrestgericht zu treffenden besonderen Anordnungen, für welche die Beschränkungen der Haft maßgebend sind. ²In den Haftbefehl ist der nach § 923 festgestellte Geldbetrag aufzunehmen.

**Vorbem.** S 1 ergänzt dch Art 1 Z 42 der 2. ZwVNov v 17. 12. 97, BGBl 3039, in Kraft seit 1. 1. 99, Art 4I der 2. ZwVNov, ÜbergangsR Einl III 78.

**Schrifttum:** *Schuschke,* DGVZ **99**, 131 (Üb).

**1) Systematik, Regelungszweck, S 1, 2.** Vgl zunächst § 918 Rn 3. Der Vollzug des persönlichen **1** Arrests ist naturgemäß (nur) auf die folgende Weise möglich.

**A. Haft.** Das Vollstreckungsgericht, §§ 764, 802, kann im Rahmen der §§ 901, 904–913 (nur) durch den Richter eine Haft von längstens 6 Monaten als ein Höchstmaß der Freiheitsbeschränkung verhängen und muß alle Umstände abwägen, Karlsr FamRZ **96**, 1430. Das Gericht muß den Abwendungsbetrag des § 923 von Amts wegen in den Haftbefehl aufnehmen. Wenn der Schuldner den Betrag zahlt, dann muß er mit Zwangsmaßnahmen verschont werden. Er hat nur dann ein Recht darauf, im Anschluß an die Abgabe der eidesstattlichen Versicherung zwecks Offenbarung nach §§ 807, 900 aus der Haft entlassen zu werden, wenn sie gerade die Abgabe dieser Versicherung erzwingen sollte. Sicherungshaft und Vollstreckungshaft dürfen nicht zusammengerechnet werden. Denn § 914 ist in S 1 nicht mit anwendbar gemacht. Bei einer Haftanordnung ist ein zusätzlicher Haftbefehl nicht erforderlich, soweit diese Vollzugsart klar im Arrest steht.

**B. Andere Freiheitsbeschränkungen.** Das Gericht kann nach seinem pflichtgemäßem Ermessen son- **2** stige geringe Freiheitsbeschränkungen verhängen, auch im Weg einer Ergänzung des Arrests, § 918 Rn 3. Es darf zB folgendes anordnen: Einen Hausarrest; eine Überwachung; die Wegnahme von Ausweispapieren oder eines Visums; eine Meldepflicht in zu bestimmenden Abständen. Der Arrestbefehl muß die Art der Vollziehung angeben. Im Zweifel hat das Gericht eine Haft verhängt, aM Schuschke DGVZ **99**, 131 (aber gerade wegen der Hilfsfunktion der Haft sollte man dieses klare Wort nicht flugs wieder verwässern, obwohl das Gericht es nun einmal benutzt hat, statt die anderen Möglichkeiten zu nennen).

**2) Durchführung, S 1, 2.** Der Gerichtsvollzieher vollzieht eine wirkliche Haftanordnung des Gerichts **3** und muß sie genau beachten. Der Gläubiger muß die Kosten vorschießen. Andernfalls muß das Vollstreckungsgericht nach § 934 II verfahren. Wenn das ArbG den Arrest erläßt, dann muß auch das ArbG die „besonderen Anordnungen" treffen. Wenn der Schuldner prozeßunfähig ist, dann werden die Anordnungen gegen ihn oder gegen den gesetzlichen Vertreter vollzogen, je nachdem, ob der Arrestgrund in der Person des einen oder des anderen liegt. Der Schuldner kann durch die Zahlung oder Hinterlegung der Lösungssumme nach § 923 den Vollzug abwenden. Soweit das Gericht mildere Maßnahmen als die Haft anordnet, gelten die für die jeweilige Art der Maßnahme vorhandenen Vorschriften, Schuschke DGVZ **99**, 132 (Üb).

**3) Rechtsbehelf, S 1, 2.** Gegen das Verfahren des Gerichtsvollziehers ist die Erinnerung nach § 766 an **4** das Vollstreckungsgericht zulässig, §§ 764, 802, also nicht an das Arrestgericht des § 919. Gegen eine Entscheidung des Richters ist sofortige Beschwerde statthaft, §§ 577, 793 I.

**4)** *VwGO: Unanwendbar, Grdz* § 916 Rn 21 und § 918 Rn 4. **5**

**934** *Aufhebung der Arrestvollziehung.* ¹Wird der in dem Arrestbefehl festgestellte Geldbetrag hinterlegt, so wird der vollzogene Arrest von dem Vollstreckungsgericht aufgehoben.

II Das Vollstreckungsgericht kann die Aufhebung des Arrestes auch anordnen, wenn die Fortdauer besondere Aufwendungen erfordert und die Partei, auf deren Gesuch der Arrest verhängt wurde, den nötigen Geldbetrag nicht vorschießt.

III Die in diesem Paragraphen erwähnten Entscheidungen können ohne mündliche Verhandlung ergehen.

IV Gegen den Beschluß, durch den der Arrest aufgehoben wird, findet sofortige Beschwerde statt.

**1) Systematik, Regelungszweck, I–IV.** § 934 betrifft die Aufhebung des Arrestvollzugs, „eines voll- **1** zogenen Arrests", nicht die Aufhebung der Arrestanordnung. Für die letztere gelten die §§ 924–927. Eine Aufhebung nach § 934 läßt den Arrestbefehl bestehen und macht die Zwangsvollstreckung wegen der Kosten des Arrestbefehls nicht unzulässig. Deshalb ist die Aufhebung auch vertretbar und notwendig, denn infolge der Hinterlegung besteht kein weitergehendes Sicherungsbedürfnis mehr. Wegen einer Vermögensstrafe § 111 o II StPO.

**2) Voraussetzungen, I, II.** Die Aufhebung ist unter jeder der folgenden Voraussetzungen zulässig. **2**

**A. Hinterlegung.** Der Schuldner oder ein Dritter müssen den Abwendungsbetrag des § 923, die Lösungssumme, hinterlegt haben. Bei Belastung mehrerer Grundstücke reicht je Grundstück der eingetragene Höchstbetrag; die Gesamtsumme ist zwecks Aufhebung der Vollziehung wegen nur eines der Grund-

## §§ 934, 935
### 8. Buch. Zwangsvollstreckung

stücke nicht notwendig, LG Bre Rpfleger **94**, 163. Im schiffahrtsrechtlichen Verteilungsverfahren gilt § 51 SVertO.

**3**  **B. Kein Vorschuß.** Der Gläubiger darf den notwendigen Kostenvorschuß, etwa für die Haft, für eine Fütterung, für eine Lagerung, für eine Sequestration nicht gezahlt haben.

Bei einer Arresthypothek wirkt die Aufhebung entsprechend dem § 868 II, § 932 Rn 4. Die Löschung erfolgt nach der GBO.

**4**  **3) Verfahren, III, IV.** Ausschließlich zuständig, § 802, ist das Vollstreckungsgericht, § 764. Im Fall I wird der Rpfl tätig, § 20 Z 15 RPflG, Anh § 153 GVG, und zwar nur auf Grund eines Antrags, ThP 2, aM ZöV 1. Zum Antrag ist nur der Schuldner berechtigt, nicht der Gerichtsvollzieher, BGH **89**, 86. Der Gläubiger braucht ja nur einen Verzicht zu erklären. Es besteht kein Anwaltszwang, § 930 Rn 5. Bei II erfolgt eine Aufhebung durch den Richter, und zwar auch von Amts wegen. Eine mündliche Verhandlung ist dem Gericht freigestellt, § 128 Rn 10. Die Entscheidung erfolgt durch einen Beschluß, § 329. Der Beschluß ist grundsätzlich zu begründen, § 329 Rn 4. Er wird dem Gläubiger förmlich zugestellt, § 329 III, und dem Schuldner formlos mitgeteilt, § 329 I 1. Kosten: § 788.

*Gebühren:* §§ 57–59 BRAGO.

**5**  **4) Rechtsbehelfe, I–IV.** Im Fall einer bloßen Maßnahme ohne Anhörung des Gegners ist Erinnerung nach § 766 statthaft. Bei einer echten Entscheidung auf Aufhebung durch den Rpfl gilt nach Anhörung § 11 RPflG, Anh § 153 GVG; zum weiteren Verfahren § 104 Rn 41 ff. Gegen den aufhebenden Beschluß des Richters ist die sofortige Beschwerde statthaft, §§ 577, 793 I. Gegen den ablehnenden Beschluß des Richters ist die einfache Beschwerde nach § 567 I zulässig.

**6**  **5) VwGO:** Obwohl § 934 in § 123 III VwGO nicht genannt ist, muß I entsprechend für die einstwAnO gelten, soweit er sich auf § 923 bezieht und dieser (eingeschränkt) anwendbar ist, § 923 Rn 7. Vollstreckungsgericht: § 764 Rn 9. Rechtsbehelf, IV, ist die Beschwerde, §§ 146 ff VwGO, wenn das VG Vollstreckungsgericht ist und die Beschwerde nicht beschränkt oder ausgeschlossen ist, § 921 Rn 15, § 732 Rn 11. Im übrigen wird § 934 durch § 939 ersetzt.

## 935

*Sicherungsverfügung.* Einstweilige Verfügungen in bezug auf den Streitgegenstand sind zulässig, wenn zu besorgen ist, daß durch eine Veränderung des bestehenden Zustandes die Verwirklichung des Rechtes einer Partei vereitelt oder wesentlich erschwert werden könnte.

*Schrifttum: Ahrens,* Wettbewerbsverfahrensrecht, 1983; *Ahrens,* Verfügungsanpruch und Interessenabwägung beim Erlaß einstweiliger Verfügungen, Festschrift für *von Caemmerer* (1978) 75; *Hobbeling,* Die Rechtstypen der zivilprozessualen einstweiligen Verfügung usw, Diss Münster 1974; *Pastor/Ahrens,* Der Wettbewerbsprozeß, 4. Aufl 1999; s auch Grdz vor § 916.

### Gliederung

| | | | | |
|---|---|---|---|---|
| 1) Systematik, Regelungszweck | 1 | A. Gefährdung | | 16 |
| 2) Geltungsbereich | 2 | B. Beispiele | | 17 |
| 3) Beispiele zur Frage des Vorliegens eines Verfügungsanspruchs | 3–15 | 5) Verfahren | | 18 |
| | | 6) Streitwert | | 19 |
| 4) Verfügungsgrund | 16, 17 | 7) *VwGO* | | 20 |

**1**  **1) Systematik, Regelungszweck.** Vgl zunächst Grdz 1–3 vor § 916. § 935 betrifft die einstweilige Verfügung wegen einer gegenständlichen Leistung, einer Individualleistung, Grdz 4 vor § 916. Der ordentliche Rechtsweg muß eröffnet sein, § 13 GVG, KG MDR **92**, 197. Die einstweilige Verfügung nach § 935 sichert einen Streitgegenstand, § 2 Rn 3, sog Sicherungsverfügung. Das bedeutet nicht, daß ein ordentlicher Rechtsstreit schweben muß. Es genügt vielmehr ein sicherungsbedürftiger Anspruch, BVerfG **44**, 119, aus einem bestimmten Streitverhältnis, LG Ffm NJW **81**, 56. Die einstweilige Verfügung kann aber auch dann zulässig sein, wenn das Revisionsgericht die Zwangsvollstreckung aus einem Unterlassungsurteil einstweilen eingestellt hat. Es ist auch denkbar, daß der Antragsgegner im Verfahren auf den Erlaß einer einstweiligen Verfügung einen Gegenantrag nach der Art einer Widerklage nach Anh § 253 stellt, wenn dafür die Voraussetzungen der §§ 935 ff ebenfalls vorliegen und wenn es sich um dasselbe Rechtsverhältnis handelt. Die allgemeinen Prozeßvoraussetzungen, Grdz 12 vor § 253, müßten vorliegen. Wegen des besonderen Rechtsschutzbedürfnisses § 917 Rn 8, § 940 Rn 8 ff.

**2**  **2) Geltungsbereich.** Die Abgrenzung des § 935 gegen den § 940 ist unsicher; s auch dort und Redeker ZRP **83**, 150. Zur Anwendbarkeit bei §§ 13 ff AGBG Düss NJW **89**, 1487, Ffm NJW **89**, 1489, Marly NJW **89**, 1475, aM Koch BB **78**, 1638. Wegen der Anwendbarkeit bei den §§ 80 ff ArbGG LAG Ffm NJW **71**, 165, ArbG Wetzlar BB **89**, 1488 (zum alten Recht). Im Verfahren nach dem WEG ist keine einstweilige Verfügung zulässig, sondern vielmehr § 44 III WEG anwendbar, BayObLG **77**, 48. Wegen der Anwendbarkeit der §§ 935 ff in einer Patentverletzungssache Hbg GRUR **84**, 105, im Verfahren nach dem SGG LSG BaWü BB **76**, 1611. Zu Einzelbeispielen § 940 Rn 12.

**3**  **3) Beispiele zur Frage des Vorliegens eines Verfügungsanspruchs**
**Auflassungsvormerkung:** Rn 13 „Vormerkung".
**Augenschein:** Ein Verfügungsanspruch kann fehlen, soweit es um einen Augenschein ohne einen derartigen sachlich-rechtlichen Anspruch geht, Stgt RR **86**, 1448.

**4**  **Bauhandwerkerforderung:** Rn 12 „Vormerkung".

## 5. Abschnitt. Arrest und einstweilige Verfügung § 935

**Bauunterlagen:** Die zum Weiterbau notwendigen lassen sich herausverlangen, Köln RR **98**, 1097.
**Bedingung, Betagung:** Ein Verfügungsanspruch kann vorliegen, soweit es um einen bedingten oder betagten Anspruch geht, § 916 Rn 6. Zum Problem der Gesamthypothek Ffm MDR **75**, 578.
**Besitzstörung:** Sie kann ausreichen, zB beim Briefkasteneinwurf trotz dort angebrachten Verbots, LG Bochum MDR **74**, 851, aM AG Bln-Charlottenb MDR **99**, 565 (aber auch die „kleine" Beeinträchtigung kann alsbald zu beseitigen sein, etwa wegen diebstahlsfördernder Briefkastenverstopfung im Urlaub usw).
**Besichtigung:** Der Programmentwickler kann über § 809 BGB in Verbindung mit § 935 vorgehen, Bork NJW **97**, 1671.
**Eigentumsvorbehalt:** Ein Verfügungsanspruch kann vorliegen, soweit der Gläubiger vom Schuldner eine Herausgabe auf Grund eines Eigentumsvorbehalts verlangt, Hbg MDR **70**, 506. Die bloße, nicht übermäßige, Weiterbenutzung nach Rücktritt des Vorbehaltskäufers reicht nicht, Köln VersR **97**, 597.
S auch Rn 6 „Leasing", Rn 9 „Sicherungsübereignung".
**Gefährdung:** Ein Verfügungsanspruch kann vorliegen, soweit der Gläubiger die Gefährdung eines Rechts 5 glaubhaft machen kann, §§ 294, 920 II.
**Grundbuch:** S „Hypothek", Rn 8 „Rechtshängigkeit", Rn 12 „Vormerkung", „Widerspruch".
**Handelsregister:** Ein Verfügungsanspruch kann vorliegen, soweit der Gläubiger eine Löschung im Handelsregister verlangt. Denn sie kann die Rechte eines Dritten berühren.
**Hypothek:** Ein Verfügungsanspruch kann vorliegen, soweit der Gläubiger die Herausgabe eines Hypothekenbriefs an das Grundbuchamt fordert, damit dort ein Teilhypothekenbrief gebildet werden kann. Zum Problem einer Gesamthypothek Ffm MDR **75**, 578.
**Kauf:** Ein Verfügungsanspruch kann vorliegen, soweit es um die Lieferung einer Kaufsache geht. 6
S auch Rn 4 „Eigentumsvorbehalt".
**Kindesherausgabe:** Ein Verfügungsanspruch kann fehlen, soweit ein Elternteil vom anderen die Herausgabe eines Kindes fordert, Düss FamRZ **82**, 431, Zweibr FamRZ **82**, 1093.
**Leasing:** Ein Verfügungsanspruch kann vorliegen, soweit es um die Rückgabe eines geleasten Kraftfahrzeugs nach dem Vertragsende geht und soweit es übermäßig benutzt und in der Substanz verändert wird, Köln VersR **88**, 1052.
S auch Rn 4 „Eigentumsvorbehalt", Rn 7 „Mietrecht".
**Löschung:** Rn 5 „Handelsregister", Rn 12, 13 „Vormerkung".
**Mietrecht:** Ein Verfügungsanspruch kann vorliegen, soweit es um ein Vermieterpfandrecht geht; dabei 7 schadet ein Selbsthilferecht nach § 561 I BGB nicht, Celle RR **87**, 447.
S auch Rn 6 „Leasing".
**Notar:** Ein Verfügungsanspruch kann fehlen, soweit der Gläubiger ein bestimmtes Tätigwerden eines Notars fordert, Hamm DNotZ **76**, 312.
**Rechtshängigkeit:** Ein Arrestanspruch kann vorliegen, soweit der Gläubiger die Eintragung der Rechts- 8 hängigkeit eines Anspruchs im Grundbuch verlangt, § 325 Rn 8 ff.
**Rechtsnachfolge:** Rn 10 „Umschreibung".
**Rückauflassung, Rückgewähr:** Rn 12 „Vormerkung".
**Sequester:** Ein Verfügungsanspruch kann vorliegen, soweit der Gläubiger die Herausgabe der Sache an 9 einen Sequester fordert, § 938 Rn 12 ff.
**Sicherungsübereignung:** Ein Verfügungsanspruch kann vorliegen, soweit der Gläubiger vom Schuldner eine Herausgabe auf Grund einer Sicherungsübereignung verlangt.
S auch Rn 4 „Eigentumsvorbehalt".
**Sportrecht:** Ein Verfügungsanspruch kann vorliegen, soweit es um die vorläufige Zulassung eines Sportvereins zur Bundesliga geht, LG Ffm NJW **83**, 761.
**Steuerberater:** Ein durch § 273 III BGB eingeschränkter Verfügungsanspruch kann wegen der Kundenunterlagen bei Sicherheitsleistung vorliegen, LG Heidelb MDR **98**, 188.
**Umschreibung:** Ein Verfügungsanspruch kann vorliegen, soweit es um die Umschreibung eines Vollstrek- 10 kungstitels nach §§ 727 ff geht.
**Unterhalt:** Ein Verfügungsanspruch kann vorliegen, wenn es um eine Unterhaltsforderung geht, solange im Anfechtungsprozeß nach Art 12 § 3 II NEG usw keine rechtskräftige Entscheidung vorliegt. Eine einstweilige Anordnung nach § 641 d I schadet also nicht, Düss NJW **73**, 1331, aM Ffm FamRZ **80**, 478.
**Unterlassung:** Ein Verfügungsanspruch kann vorliegen, soweit der Gläubiger die Unterlassung einer Wettbewerbsverletzung fordert, § 25 UWG (der Verfügungsgrund braucht in diesem Fall nicht glaubhaft gemacht zu werden), oder soweit er die Unterlassung einer bestimmten anderen Handlung fordert, etwa einer Namensführung, Köln DtZ **91**, 28. Der Schuldner kann zwischen Abschlußerklärung und Unterwerfung wählen, Karlsr WettbR **98**, 140.
**Vereitelung:** Ein Verfügungsanspruch kann vorliegen, soweit der Gläubiger mit dem Antrag eine Sicherung 11 der Zwangsvollstreckung gegen eine böswillige Vereitelung bezweckt.
**Vermieterpfandrecht:** Rn 7 „Mietrecht".
**Vormerkung:** Ein Verfügungsanspruch kann vorliegen, soweit der Gläubiger die Bewilligung einer Vormer- 12 kung fordert, auch wegen eines Vorvertrags, von Barby NJW **72**, 9, soweit die Forderung bereits einklagbar ist, § 916 Rn 8. Das gilt auch zwecks Sicherung einer Rückauflassung, Karlsr WoM **92**, 311, oder zwecks Sicherung eines Rückgewähranspruchs, etwa nach § 7 I AnfG, Kblz Rpfleger **93**, 170, oder zwecks Eintragung einer Sicherungshypothek für eine Bauhandwerkerforderung, Celle NJW **77**, 1731 (das Gericht prüft, ob sich der Schuldner im Verzug befindet), Hamm MDR **66**, 236, PalBass § 885 BGB Rn 5, zu eng Hamm NJW **76**, 1460, oder im Erbbau- und Wohnungsgrundbuch (und zwar ohne Zustimmung des Grundeigentümers). Denn alle diese Eintragungen sind allgemein auch gegen den Willen des Schuldners erzwingbar.
Ein Verfügungsanspruch kann *fehlen*, soweit der Gläubiger die Löschung einer Auflassungsvormerkung 13 fordert, KG MDR **77**, 500.

**§§ 935, 936**

14 **Vorvertrag:** Rn 12 „Vormerkung".
**Widerruf:** Ein Verfügungsanspruch kann fehlen, soweit der Gläubiger den Widerruf einer Behauptung fordert, § 940 Rn 39 „Presserecht".
**Widerspruch:** Ein Verfügungsanspruch kann vorliegen, soweit der Gläubier die Bewilligung eines Widerspruchs im Grundbuch fordert.

15 **Zugewinnausgleich:** Ein Verfügungsanspruch kann vorliegen, soweit der Gläubiger eine Sicherung des künftigen Anspruchs auf den Zugewinnausgleich fordert und soweit er nach den §§ 926, 259 nicht ausreichend vorgehen kann, § 916 Rn 8, BayObLG MDR **75**, 491, Hbg FamRZ **88**, 964, Köln FamRZ **83**, 109, aM Celle FamRZ **84**, 1231 (abl Schröder FamRZ **85**, 392), Hamm FamRZ **85**, 71 (aber dann bestünde kein wirksamer Rechtsschutz).
**Zurückbehaltungsrecht:** Ein Verfügungsanspruch kann fehlen, soweit es um ein Zurückbehaltungsrecht geht, denn dieses Recht stellt keinen selbständigen Anspruch dar.

16 **4) Verfügungsgrund.** Man muß zwischen § 935 und § 940 unterscheiden.
**A. Gefährdung.** § 935 setzt voraus, daß eine bevorstehende Veränderung des bestehenden Zustands die Verwirklichung eines gegenständlichen Anspruchs objektiv gefährdet, und zwar konkret, Ffm GRUR **78**, 636. Es braucht im allgemeinen anders als beim Arrest keine Gefährdung der Zwangsvollstreckung zu drohen. Deshalb ist eine einstweilige Verfügung auch dann zulässig, wenn der Schuldner zahlungsfähig ist. Unerheblich ist, ob der Schuldner Schadensersatz leisten könnte und müßte, Mü DB **86**, 2595.

17 **B. Beispiele:** Ein Dritter beansprucht eine Sache, die der Gläubiger herausverlangt; einer schlecht verwahrten Sache droht die Vernichtung (ein bloßer Wertverlust reicht aber nicht, Düss MDR **95**, 635); ein zur Sicherung übereignetes Kraftfahrzeug wird übermäßig benutzt, so daß sein Wert schon unter den Rest der Schuld gesunken ist. Ein bloßer Ratenverzug reicht aber nicht; der Schuldner will eine Sache verkaufen; er will ein Inventar wegschaffen, das er dem Recht des dinglichen Gläubigers unterworfen hat; er will eine Sache belasten, verarbeiten, zerstören; es droht ein Eingriff in ein Recht, etwa durch die Presse. Im Verzug des Schuldners ist ein Anzeichen für dessen wirtschaftlichen Zusammenbruch, BGH **54**, 220; ein Unternehmer beginnt einen vertragswidrigen Bau, Mü DB **86**, 2595.

18 **5) Verfahren.** Auch ein Antrag eines Verbandes kann zulässig sein, Hbg NJW **81**, 2420, aM Düss NJW **78**, 2512, Löwe BB **78**, 1433. Das Gericht entscheidet nach seinem pflichtgemäßen Ermessen darüber, ob eine Gefährdung des Anspruchs vorliegt. Der Gläubiger braucht eine solche Gefährdung nicht nach § 294 glaubhaft zu machen, wenn er mit dem Antrag auf den Erlaß der einstweilen Verfügung lediglich die Eintragung einer Vormerkung, § 942 II, vgl aber Rn 2, oder die Eintragung eines Widerspruchs in das Grundbuch oder in das Schiffsregister nach den §§ 885 I 2, 899 II 2 BGB, 11 I 2, 21 II 2 SchiffsG, fordert. Eine Glaubhaftmachung ist ferner in den Fällen der §§ 489, 1615o III BGB, 61 VI 2 UrhG, 25 UWG grundsätzlich entbehrlich; vgl aber § 940 Rn 6. Hbg GRUR **99**, 91 (LS) verneint die Anwendbarkeit von § 25 UWG bei §§ 69 a, c, 97 I UrhG. Zur sog Schutzschrift § 91 Rn 192 „Schutzschrift", Grdz 7 vor § 128, § 920 Rn 7.

19 **6) Streitwert.** Vgl Anh § 3 Rn 35 „Einstweilige Verfügung".

20 **7) VwGO:** An die Stelle der einstwVfg tritt die einstwAnO, § 123 VwGO, deren Voraussetzungen in Anlehnung an §§ 935 und 940 geregelt sind. Auf sie sind von den Bestimmungen über die einstwVfg nur die §§ 938, 939, 941 und 945 entsprechend anwendbar, § 123 III VwGO, ferner die dort genannten Vorschriften über den Arrest, vgl Grdz § 916 Rn 21 (auch zur Zulässigkeit einer einstwAnO zur Sicherung eines Geldanspruchs).

## 936 Anwendbarkeit der Arrestvorschriften.
Auf die Anordnung einstweiliger Verfügungen und das weitere Verfahren sind die Vorschriften über die Anordnung von Arresten und über das Arrestverfahren entsprechend anzuwenden, soweit nicht die nachfolgenden Paragraphen abweichende Vorschriften enthalten.

**Schrifttum:** *Gleußner*, Die Vollziehung von Arrest und einstweiliger Verfügung in ihren zeitlichen Grenzen, 1999; *Ullmann*, Sicherung künftiger Ansprüche durch Arrest und einstweilige Verfügung, Diss Heidelb 1970.

### Gliederung

| | | | | |
|---|---|---|---|---|
| 1) Verfügungsverfahren | 1–5 | A. Wiederkehrende Leistungen | | 14 |
| 2) Verfügungsvollzug bei gewöhnlicher einstweiliger Verfügung | 6–13 | B. Weiteres Verfahren | | 15 |
| | | C. Einmalige Leistung | | 16 |
| 3) Verfügungsvollzug bei einer Zahlungsverfügung | 14–16 | 4) Vollstreckungsabwehrklage | | 17 |
| | | 5) VwGO | | 18 |

1 **1) Verfügungsverfahren.** Im Verfahren auf den Erlaß einer einstweiligen Verfügung sind die Vorschriften des Arrestverfahrens in dem folgenden Umfang beachtlich.

**§ 916, Zulässigkeit:** I ist unanwendbar. An seiner Stelle gelten die §§ 935, 940. Auch sie fordern einen sachlichrechtlichen Anspruch, Köln VersR **96**, 734.
II ist unanwendbar. Auch ein betagter oder bedingter Anspruch kann im Weg einer einstweiligen Verfügung verfolgt werden, § 935 Rn 4, Hamm MDR **77**, 491.
**§ 917, Begründetheit:** Die Vorschrift ist unanwendbar. An ihrer Stelle gelten §§ 935, 940.

5. Abschnitt. Arrest und einstweilige Verfügung **§ 936**

§ 918, *Persönlicher Arrest:* Die Vorschrift ist unanwendbar. An ihrer Stelle gelten §§ 935, 940 (evtl Haft- **2**
androhung beim Herausgabeanspruch).
§ 919, *Zuständigkeit:* Die Vorschrift ist unanwendbar; es gelten §§ 937, 942, 944.
§ 920, *Gesuch:* Die Vorschrift ist anwendbar. Der Antrag muß eindeutig eine einstweilige Verfügung fordern. Der Gläubiger braucht allerdings wegen § 938 nicht unbedingt einen auch im übrigen inhaltlich bestimmten Antrag zu stellen. Er braucht nicht anzugeben, ob er § 935 und/oder § 940 für anwendbar hält. Er muß den Verfügungsanspruch und den Verfügungsgrund grds glaubhaft machen, OVG Münster NJW **82**, 2517. Das gilt auch in einer Patentsache, auf die § 25 UWG unanwendbar ist, Düss GRUR **83**, 80. Bei § 935 ist eine Gefährdung des Verfügungsgrund. Bei § 940 ist die Notwendigkeit einer einstweiligen Regelung der Verfügungsgrund.
    Zur *Glaubhaftmachung* § 920 Rn 8. Wenn das sachliche Recht ausnahmsweise keine Glaubhaftmachung des Grundes verlangt, § 935 Rn 9, dann darf das Gericht auch nicht Sicherheitsleistung fordern. Denn eine Sicherheitsleistung soll ja nur eine an sich notwendige Glaubhaftmachung ersetzen. Man muß aber die Notwendigkeit der Glaubhaftmachung des Verfügungsanspruchs streng von der Glaubhaftmachung des Verfügungsgrunds unterscheiden. Wenn der Gläubiger die Unterlassung einer Handlung fordert, dann muß er unter anderem die Wiederholungsgefahr glaubhaft machen, also die Gefahr weiterer Störungen.
    Der Gläubiger braucht weder einen Geldbetrag noch einen Geldwert zu nennen. Freilich kann es erforderlich sein, den *Streitwert* anzugeben, sei es wegen der Zuständigkeitsfrage, §§ 3 ff, sei es wegen des Kostenstreitwerts, § 25 GKG. Köln ZMR **84**, 281 hält beim Vermieterpfandrecht insbesondere am Warenlager des Mieters hohe Anforderungen für unberechtigt. Wenn es um ein Recht oder ein Rechtsverhältnis auf Grund des Gesetzes über Arbeitnehmererfindungen geht, braucht kein Schiedsverfahren vorausgegangen zu sein, § 920 Rn 6. Zum Anwaltszwang gilt dasselbe wie bei § 920 III. Es besteht also zunächst kein Anwaltszwang, Ffm MDR **89**, 460, Saarbr RR **98**, 1012, Stgt RR **94**, 624. Ein Gegenantrag, entsprechend einer Widerklage, ist grds zulässig.
§ 921, *Entscheidung:* Statt I gilt § 937 II. Wegen der Kosten § 91 Rn 74, § 938 Rn 6. **3**
    II, Sicherheit: Die Vorschrift ist anwendbar, Lidle GRUR **78**, 96, vgl aber Rn 2 „§ 920, Gesuch". Zum Inhalt § 938.
§ 922, *Urteil oder Beschluß:* Die Vorschrift ist voll anwendbar. Wegen der vorläufigen Vollstreckbarkeit § 708 Rn 7, § 922 Rn 12. Allerdings geht Art 103 I GG gegenüber § 922 IV vor, soweit der Gläubigerschutz bestehen bleibt, zB bei einem Antrag auf die Unterlassung einer Handlung, Mü NJW **74**, 1517. II ist anwendbar, BayObLG Rpfleger **78**, 306. Nach der Zurückweisung eines Antrags auf eine einstweilige Verfügung (fälschlich) durch einen Beschluß kann man mit der Beschwerde grds keinen Arrest beantragen, § 916 Rn 2. In den Fällen des § 942 entscheidet das Gericht stets durch einen Beschluß.
§ 923, *Abwendungsbefugnis:* Die Vorschrift ist wegen § 939 unanwendbar.
§ 924, *Widerspruch:* Die Vorschrift ist grundsätzlich anwendbar. In den Fällen des § 942, also bei einer **4** einstweiligen Verfügung des AG der belegenen Sache, ist sie unanwendbar; es ist dann das dort bestimmte Verfahren zulässig. Das Gericht darf die Zwangsvollstreckung auch ohne eine Sicherheitsleistung einstellen, § 924 Rn 11, Karlsr MDR **75**, 324, Kblz GRUR **89**, 934, jedoch nur dann, wenn es damit nicht den Sinn der einstweiligen Verfügung aufhebt, § 939, BGH RR **97**, 1155, KG MDR **94**, 727, ZöV § 924 Rn 13, strenger Klette GRUR **82**, 474, großzügiger Celle RR **87**, 190, StJGr § 924 Rn 23.
§ 925, *Entscheidung auf Widerspruch:* Die Vorschrift ist anwendbar. Die Möglichkeit einer Aufhebung der einstweiligen Verfügung gegen eine Sicherheitsleistung des Schuldners ist allerdings durch § 939 begrenzt. Für die Anwendbarkeit des § 93 (Kostenfreiheit des Schuldners) gelten bei einer entsprechenden Sachlage dieselben Grundsätze wie bei der Widerspruchsklage des § 771, § 93 Rn 82 „Widerspruchsklage".
§ 926, *Anordnung der Klagerhebung:* Die Vorschrift ist grundsätzlich anwendbar, Ffm MDR **89**, 272. Der **5** Antrag nach § 926 II ist schon vor dem Eintritt der Rechtskraft der Verfügung statthaft, LG Freibg RR **88**, 250. Zuständig ist der Rpfl, § 20 Z 14 RPflG, Anh § 153 GVG. Die Vorschrift ist bei § 1615 o BGB (Leibesfrucht) deshalb unanwendbar, weil in einem solchen Fall keine Klage möglich, sondern nur eine einstweilige Verfügung zulässig ist. Zur Problematik vor der Feststellung der Vaterschaft Göppinger FamRZ **75**, 196. Das Rechtsschutzbedürfnis, Grdz 330 vor § 253, kann wegen Zeitablaufs der einstweiligen Verfügung erloschen sein, Hamm MDR **86**, 418. Wegen einer Klage nach dem Arbeitnehmererfindungsgesetz vgl § 926 Rn 7.
§ 927, *Aufhebung wegen veränderter Umstände:* Die Vorschrift ist anwendbar, BGH NJW **78**, 2158, Düss RR **88**, 188. Wegen des Zusammentreffens mit einer Berufung § 927 Rn 1. Die Möglichkeit des Gerichts zur Aufhebung der einstweiligen Verfügung gegen eine Sicherheitsleistung ist durch § 939 eingeschränkt.
§ 927 ist auch im Fall einer einstweiligen Verfügung mit dem Ziel einer Zahlung anwendbar, Rn 14, sofern eine Aufhebung den § 323 ersetzt. § 927 ist aber nicht zulässig, wenn es um eine einmalige Zahlung nach der Aufhebung geht (Arztkosten).
    Überhaupt ist die Aufhebung einer einstweiligen Verfügung durch eine *weitere* einstweilige Verfügung grundsätzlich *nicht* zulässig. Es gibt auch keine Aufhebungsklage gegen eine einstweilige Verfügung, BGH LM § 926 Nr 1. Wenn die Parteien über den Gegenstand der einstweiligen Verfügung einen Vergleich nach § 779 BGB bzw Anh § 307 geschlossen haben, dann ist § 323 anzuwenden. Ein vorläufig vollstreckbares, aber anfechtbares Urteil im Hauptprozeß reicht selbst dann nicht aus, wenn es mindestens denselben Inhalt wie die einstweilige Verfügung hat, KG WRP **79**, 547. Nach dem Ablauf der Vollzugsfrist und einem Verzicht des Gläubigers auf die Rechte aus der einstweiligen Verfügung kann der Schuldner trotzdem ein Rechtsbedürfnis haben, Mü RR **86**, 998.

**2) Verfügungsvollzug bei gewöhnlicher einstweiliger Verfügung.** In diesem Bereich sind die Vor- **6** schriften des Arrestverfahrens in dem folgenden Umfang beachtlich.
§ 928, *Grundsatz:* Die Vorschrift ist anwendbar, BGH **131**, 143, Mü MDR **98**, 1243. Eine Pfändung von Fahrnis und eine eidesstattliche Versicherung zwecks Offenbarung nach § 807 kommen nach einer einstweiligen Verfügung kaum vor. Die Wegnahme einer Sache wird nach §§ 883 ff vollstreckt. Eine eidesstatt-

liche Versicherung nach § 883 sowie eine Pfändung und Überweisung nach § 886 bedürfen keiner neuen einstweiligen Verfügung. Eine solche Herausgabe macht eine Wegnahme in der Frist notwendig. Die Erzwingung einer Handlung oder Unterlassung erfolgt nach §§ 887, 888, 890, BGH **131**, 143.

Das Vollstreckungsgericht wird nach *§ 764* bestimmt. In den Fällen der §§ 887 ff ist das Gericht der Hauptsache als Prozeßgericht zugleich das Vollstreckungsgericht. Einwendungen nach den §§ 732, 766 sind wie sonst zulässig. Wegen der Möglichkeit einer Vollstreckungsabwehrklage nach § 767 vgl Rn 17. Wegen der Möglichkeit einer Einstellung der Zwangsvollstreckung § 924 III. Die Lage des Einzelfalls ergibt, wann die Zwangsvollstreckung beendet ist, Grdz 52 vor § 704. Die Vollzugskosten sind nach § 788 zu behandeln. Sie sind also dem Schuldner beizutreiben. Wenn die einstweilige Verfügung aufgehoben worden ist, muß der Gläubiger die Vollzugskosten erstatten.

**7** *§ 929, Vollstreckungsklausel, Vollziehungsfrist:* Die Vorschrift ist grundsätzlich anwendbar, Brdb FamRZ **97**, 624, Hbg RR **95**, 444, auch auf die sog Leistungsverfügung, Grdz 6 vor § 916, Köln FamRZ **92**, 77, Zweibr OLGZ **83**, 467. Die Amtszustellung reicht nicht, weil sie nicht den Vollzugswillen des Gläubigers erkennen läßt, Ffm MDR **97**, 394, Hbg WettbR **97**, 93. Das alles gilt für Urteils- wie Beschlußverfügungen, Düss MDR **98**, 1180, KG RR **99**, 72, Mü MDR **98**, 1243, aM Stgt WettbR **97**, 43 (eine Urteilsverfügung nach § 890 werde mit Verkündung der Androhung vollzogen. Aber Erkenntnis und sein Vollzug sind zweierlei).

Es gilt eine *Vollzugsfrist von einem Monat* seit dem Zeitpunkt der Verkündung der einstweiligen Verfügung, Düss RR **87**, 764, Hbg FamRZ **88**, 522, Hamm FamRZ **97**, 1496, und nur dann, wenn keine Verkündung stattfand, seit dem Zeitpunkt ihrer Zustellung, LG Kassel WoM **93**, 418, LAG Bre Rpfleger **82**, 481, aM Hamm BB **88**, 1844, hilfsweise seit dem Zeitpunkt ihrer Aushändigung, jeweils an den Gläubiger, AG Bln-Charlottenb DGVZ **79**, 29. Die Zustellung einer vollstreckbaren (statt einer einfachen) Ausfertigung ist nur im Fall der Rechtsnachfolge einer Partei nötig, §§ 727 ff; zum Problem Loritz ZZP **106**, 3 (ausf). Alles das gilt auch, soweit das Gericht weniger oder etwas anderes, als beantragt, zugesprochen hat, aM Kblz FamRZ **88**, 143 (aber auch eine hochgradige Möglichkeit eines Rechtsmittels besagt noch nicht eindeutig, daß es auch eingelegt wird). Eine Berichtigung nach §§ 319, 329 erfordert keine erneute Vollzugszustellung, Celle WettbR **98**, 19. Ein „Bestätigungsurteil" muß nur nach inhaltlicher Änderung wiederum zwecks erneuter Vollziehung zugestellt werden, Köln GRUR **99**, 90.

**8 A. Gebot und Verbot.** Auch eine Unterlassungsverfügung ist (mittelbar durch Ordnungsmittel) vollziehbar, BGH **131**, 143. Wenn die einstweilige Verfügung ein Gebot oder ein Verbot enthält, kommt es darauf an, daß der Gläubiger seinen Willen zur Durchsetzung der einstweiligen Verfügung klar zum Ausdruck bringt, Karlsr RR **88**, 1470, aM Oldb JB **92**, 495. Das kann an sich auf beliebigem Weg geschehen, Karlsr RR **88**, 1470.

**9** Meist ist erforderlich und genügt die fristgemäße Zustellung der einstweiligen Verfügung in beglaubigter Abschrift oder Ausfertigung, Hbg GRUR **98**, 175, durch den Gläubiger an den Schuldner nach §§ 166 ff, also die sog *Parteizustellung,* BGH Rpfleger **82**, 306, Hbg GRUR **98**, 175 (an den ProzBev nur nach dessen Bestellung, § 176), Köln GRUR **99**, 90. Denn es handelt sich dann nur um die Vollziehung. Eine Urteilsverfügung, erst recht aber eine Beschlußverfügung, sind jedenfalls bei einer Inlandszustellung (wegen einer solchen im Ausland § 207 Rn 3) nur im Zeitpunkt der Zustellung wirksam, nach § 317 I erst dann, wenn der Gläubiger unter Beachtung des § 176, Celle WettbR **98**, 1, Hbg RR **95**, 445 (betr den Verfasser einer Schutzschrift), die Zustellung im Parteibetrieb durchführt, BGH NJW **93**, 1076, Hbg OLGZ **94**, 474, Köln FamRZ **92**, 77 (zur Leistungsverfügung), aM BGH (9. ZS) NJW **90**, 124, Karlsr FamRZ **92**, 581, Stgt WettbR **96**, 84 (§ 929 II sei auf Unterlassungsverfügungen unanwendbar. Aber der Gläubiger muß den Vollzugswillen selbst direkt erkennen lassen.

**10** Außerdem darf eine *Zwangsvollstreckung* zunächst nicht in Frage stehen, Grdz 20 vor § 916. Bei § 887 ist auch ein rechtzeitiger Vollstreckungsantrag erforderlich, Hamm RR **93**, 960. Bei § 888 genügt auch eine Vollstreckung nach § 890 innerhalb der Monatsfrist, Zweibr OLGZ **83**, 470. Ein Anerkenntnisurteil nach § 307 bedarf jedenfalls dann der Parteizustellung, wenn es sich nicht eindeutig auch auf den sachlich-rechtlichen Anspruch erstreckt, Hamm Rpfleger **86**, 310. Wenn die einstweilige Verfügung ein Verbot gegenüber jeder Partei ausspricht, dann muß also jede Partei der anderen zustellen. Das gilt auch dann, wenn eine eigentliche Zwangsvollstreckung nicht in Frage kommt. Bei § 890 muß außerdem die Androhung eines Ordnungsmittels im Titel enthalten sein, BGH MDR **96**, 452, aM Celle GRUR **87**, 66.

**11** Die vorstehenden Grundsätze gelten auch, wenn die einstweilige Verfügung ein einzutragendes *Veräußerungsverbot* ausspricht, Ffm Rpfleger **78**, 269. Die Eintragung ist nicht an eine Frist gebunden. Soweit im übrigen eine Eintragung im Grundbuch notwendig ist, wendet die Praxis überwiegend § 932 III entsprechend an. Die Frist ist aber nur dann gewahrt, wenn das Eintragungsgesuch innerhalb der Frist eingeht und wenn der Eintragung am Ende der Frist keine Hindernisse mehr entgegenstehen. In diesem Fall ist es unerheblich, ob anfänglich Hindernisse vorhanden waren und ob diese erst durch eine Zwischenverfügung innerhalb der Frist beseitigt wurden. Ein Verschulden des Grundbuchamts hilft dem Gläubiger nicht. Wenn die einstweilige Verfügung im Zeitpunkt des Eingangs des Eintragungsantrags nicht zugestellt worden ist, dann muß der Gläubiger die Zustellung innerhalb der Frist des § 929 nachholen. Diese Frist beginnt mit dem Eingang des Eintragungsantrags, aM LG Ffm Rpfleger **93**, 254. Andernfalls ist die Vollzugsmaßnahme unwirksam, § 929 Rn 22.

**12 B. Andere Fälle.** In anderen Fällen muß die einstweilige Verfügung innerhalb der Frist voll durchgeführt worden sein, aM LAG Hamm BB **87**, 1536 wegen der Entbindung vom Weiterbeschäftigungsanspruch. Wenn also die einstweilige Verfügung von einer Sicherheitsleistung abhängig gemacht worden ist, dann muß der Gläubiger die Sicherheit im Zweifel vor der Vollziehung leisten, § 921 Rn 12, 13. Außerdem muß der Gläubiger die Bestätigung der Hinterlegungsstelle innerhalb der Frist des § 929 III 2 zustellen, § 751 II. Bei einer Grundbucheintragungs-Verfügung ist der Eingang des Eintragungsantrags beim Grundbuchamt erforderlich und ausreichend, Düss FGPrax **97**, 51. Verfehlt ist aber dessen Ansicht, der Eingang auf der Posteinlaufstelle des AG reiche nicht, denn er reicht stets, § 233 Rn 22 „(Nachtbriefkasten)".

5. Abschnitt. Arrest und einstweilige Verfügung § 936

Wegen der sog *Leistungsverfügung* Grdz 6 vor § 916, Rn 14. Diese Voraussetzungen lassen sich oft nicht rechtzeitig erfüllen. Dann kann jedenfalls bei einer fortlaufenden Geldleistung ein fristgemäßer Beginn der Durchführung und eine Einheit der späteren Maßnahmen damit vorliegen, § 929 Rn 3, etwa dann, wenn es um eine eidesstattliche Versicherung zwecks Offenbarung nach § 807 geht, die nach § 883 II auch im Verfahren auf den Erlaß einer einstweiligen Verfügung zulässig ist (Rn 6 „§ 928"). Bei wiederkehrenden Leistungen muß für die jeweils fällige Teilleistung die Monatsfrist jeweils neu durch einen Vollzugsbeginn eingehalten werden, Hamm FamRZ 91, 583 linke und rechte Spalte, aM Oldb FamRZ 86, 367. Soweit Gläubiger und Schuldner zusammenwirken müssen, genügt statt einer Zustellung die Mitwirkung des Gläubigers, LAG Bln DB 86, 976. 13

§ 930, *Vollzug in Fahrnis*: Die Vorschrift ist unanwendbar, soweit sie das Arrestgericht zur Pfändung zuständig macht.

§ 931, *Vollzug in ein Schiff*: Die Vorschrift ist unanwendbar.

§ 932, *Arresthypothek*: Die Anwendung der Vorschrift ist grds nicht möglich. Denn es fehlt ein Geldbetrag im Sinne des § 923. Allerdings wendet die Praxis mit Recht den III (Eingang des Antrags als Vollzug) auf alle durch eine einstweilige Verfügung angeordneten Grundbuch- und Registereintragungen an, KG Rpfleger 91, 433, KrG Bad Salzungen DtZ 91, 148. Ein etwaiges Ersuchen nach § 941 gilt dann als dem Eintragungsantrag, § 39 GBO. Wenn aber die Zustellung nicht in der Wochenfrist des § 929 III, die unabhängig von einer Kenntnis des Gläubigers mit dem Eingang des Ersuchens beginnt, nachfolgt, vglGsuchens beginnt, nachfolgt, Rn 7 ff „§ 929", dann hält ZöV § 932 Rn 9 die Eintragung für unwirksam und den Gläubiger für verpflichtet, eine Löschungsbewilligung zu erteilen. Das Grundbuchamt prüft auch die Voraussetzungen einer Eintragung nach dem Grundbuchrecht, Düss Rpfleger 78, 216. Ein Belastungsverbot wird erst mit der Zustellung an den Schuldner wirksam. Wenn auf Grund einer einstweiligen Verfügung eine Vormerkung eingetragen worden war und wenn diese Vormerkung nun durch eine vollstreckbare Entscheidung aufgehoben worden ist, dann ist damit bereits die Vormerkung ebenfalls erloschen; die Löschung stellt nur eine Berichtigung des Grundbuchs dar.

§ 933, *Persönlicher Arrest*: Die Vorschrift ist anwendbar, ThP 1, aM ZöV § 933 Rn 2. Denn auch eine Freiheitsbeschränkung kann durch eine einstweilige Verfügung angeordnet werden.

§ 934, *Aufhebung des Vollzugs*: I ist durch § 939 ersetzt. II–IV sind ebenfalls unanwendbar, ThP 12, aM RoGSch § 79 II 3, ZöV 4.

**3) Verfügungsvollzug bei einer Zahlungsverfügung.** Wenn die einstweilige Verfügung den Schuldner vorläufig zu einer Zahlung verurteilt, dann steht sie für die Zwangsvollstreckung ganz einem vorläufig vollstreckbaren Endurteil auf die Leistung gleich, Grdz 6 vor § 916, Hintzen Rpfleger 93, 255. 14

**A. Wiederkehrende Leistungen.** Eine einstweilige Verfügung mit der Verurteilung zu einer wiederkehrenden Leistung, etwa zur Zahlung eines laufenden oder künftigen Unterhalts (also nicht wegen eines in der Vergangenheit entstandenen Unterhaltsanspruches, Bre FamRZ 80, 1146), § 940 Rn 42 „Ehe, Familie", Rn 42 „Rente", kann wegen der künftigen Raten nicht innerhalb der Monatsfrist vollzogen werden, § 929 II kann deshalb nicht anwendbar sein, Bbg FamRZ 85, 510, AG Sinzig RR 86, 744, aM Hamm FamRZ 80, 1145, Köln FamRZ 85, 509. Infolgedessen erfolgt die Vollstreckung ohne die Zeitgrenze, § 929 Rn 4 ff. Man muß aber auch in diesem Fall eine Bindung des Willens des Schuldners durch mehr als die bloße Anordnung verlangen. Der Gläubiger muß die einstweilige Verfügung dem Schuldner innerhalb eines Monats seit der Verkündung des Urteils im Parteibetrieb zustellen, §§ 166 ff, Hbg FamRZ 88, 522, Kblz FamRZ 88, 191, Köln FamRZ 85, 509, aM Celle FamRZ 84, 1248 (als eigentliche Vollzugsmaßnahme müsse hinzukommen, daß der Gläubiger innerhalb eines Monats ab Eintritt der jeweiligen Fälligkeit wegen der konkreten Teilforderung, zB der Monatsrente, mit der Vollstreckung beginne), Celle FamRZ 88, 524, (es reiche aus, wenn die Leistungsverfügung innerhalb der Monatsfrist, gerechnet ab dem Zeitpunkt der jeweiligen Fälligkeit der konkreten Einzelleistung, vollzogen oder der Vollzug eingeleitet werde).

Wenn der Gläubiger die Zwangsvollstreckung vor dem Zeitpunkt der Zustellung einleitet, dann muß die Zustellung der ersten Vollstreckungsmaßnahme innerhalb der Wochenfrist *nachfolgen*, § 929 III.

**B. Weiteres Verfahren.** Mit den in Rn 14 genannten Maßnahmen ist die Vollziehung beendet. Das weitere gehört zur Vollstreckung, Grdz 20 vor § 916. Die Zwangsvollstreckung erfolgt durch eine Pfändung nach §§ 803–871 und nicht, wie im Fall eines Gebots, nach § 887. Hier bezweckt die Vollziehung nicht die Sicherung, sondern die Befriedigung des Gläubigers. Es ist also eine vollstreckungspfändung und nicht eine Arrestpfändung. Die §§ 930–932 sind der Natur der Sache nach unanwendbar. Deshalb pfändet nicht das Arrestgericht des § 919 die Forderung, sondern das Vollstreckungsgericht der §§ 802, 828 ist zuständig, und zwar durch seinen Rpfl, § 20 Z 17 RPflG, Anh § 153 GVG. Deshalb ist hier auch eine Überweisung zulässig. Die Zwangsvollstreckung in ein eingetragenes Schiff und in eine Liegenschaft erfolgt nach § 864 ff, nicht nach § 931 ff. Es gibt also keine Arresthypothek, sondern eine Zwangshypothek, ferner eine Zwangsverwaltung oder eine Zwangsversteigerung. 15

**C. Einmalige Leistung.** Wenn die einstweilige Vollstreckung den Schuldner zu einer einmaligen Geldleistung verurteilt, zB wegen der §§ 1615k oder 1615o BGB, dann kann der Gläubiger die einstweilige Verfügung nur durch eine Pfändung vollziehen. Die Zahlung des Schuldners zur Abwendung der Pfändung genügt. Auch in diesem Fall ist eine Überweisung zulässig. Denn eine solche einstweilige Verfügung bezweckt ausnahmsweise eine Befriedigung des Gläubigers, Grdz 6 vor § 916. 16

**4) Vollstreckungsabwehrklage.** Der Schuldner kann gegenüber einer gewöhnlichen einstweiligen Verfügung keine Vollstreckungsabwehrklage nach § 767 erheben. Denn § 927 hilft ihm ausreichend und schließt die Anwendbarkeit anderer Vorschriften aus, § 924 Rn 4. Anders verhält es sich im Fall einer sog Leistungsverfügung, Rn 14. Denn eine solche einstweilige Verfügung steht in Wirkung einem Leistungsurteil gleich. Außerdem ist § 927 in einem solchen Fall nicht für fällige, aber rückständige Leistungen anwendbar. Deshalb kann der Schuldner in solcher Situation nach § 767 klagen, soweit er das gewünschte 17

§§ 936, 937                                                              8. Buch. Zwangsvollstreckung

Ergebnis nicht auf dem Weg des § 927 erreichen kann. Zum Verhältnis zwischen §§ 936 ff und § 769 Düss OLGZ **85**, 494.

18   **5) VwGO:** Vgl § 935 Rn 20.

## 937 Zuständiges Gericht. ¹Für den Erlaß einstweiliger Verfügungen ist das Gericht der Hauptsache zuständig.
**II** Die Entscheidung kann in dringenden Fällen sowie dann, wenn der Antrag auf Erlaß einer einstweiligen Verfügung zurückzuweisen ist, ohne mündliche Verhandlung ergehen.

1   **1) Systematik, I, II.** § 937 ersetzt in Verbindung mit § 942 den § 919 im Bereich des Verfahrens auf den Erlaß einer einstweiligen Verfügung. Das bedeutet freilich nicht, daß im Fall eines Antrags *vor* Anhängigkeit der Hauptsache nach § 261 Rn 1, keine Zuständigkeitsregelung bestünde. Vielmehr ist dann als Gericht der Hauptsache wie bei § 919, dort Rn 3, dasjenige Gericht zuständig, das für die künftige bzw etwaige Hauptsache zuständig wäre. In einem dringenden Fall können das AG des § 942 bzw der Vorsitzende des Kollegialgerichts oder des AG des § 937 allein entscheiden, § 944.

2   **2) Regelungszweck, I, II.** Die Vorschrift soll allerdings im Interesse der Prozeßwirtschaftlichkeit, Grdz 14 vor § 128, insbesondere gewährleisten, daß dasjenige Gericht, das über eine bei ihm anhängige Klage zu entscheiden hat und die Sache schon kennt, auch im Verfügungsverfahren entscheidet, Hbg MDR **81**, 1027. Deshalb ist das Hauptsachegericht (abgesehen von § 942) ausschließlich zuständig, soweit die Hauptsache bei ihm schon und noch anhängig ist, Hamm OLGZ **89**, 338. Deshalb muß auch dasjenige Gericht, bei dem eine zweite Klage über denselben Anspruch erhoben wird, die Rechtshängigkeit vor dem anderen Hauptsachegericht auch im Rahmen von § 937 beachten, Hbg MDR **81**, 1027.

3   **3) Zuständigkeit: Gericht der Hauptsache, I.** Für die Anordnung der einstweiligen Verfügung ist örtlich und sachlich, Hbg WettbR **96**, 78, und zwar ausschließlich, § 802, grundsätzlich (Ausnahmen §§ 942, 944) das Gericht der Hauptsache zuständig, § 919 Rn 2, 3, Zweibr JZ **89**, 103. Hauptsache ist dabei die zu sichernde Leistung oder das zu befriedigende Rechtsverhältnis, nicht der in einer etwa zugehörigen Klagebegründung dazu vorgetragene Streitstoff, Hbg WettbR **96**, 78. Wegen des Prozeßkostenvorschusses § 127 a. In einer Familiensache, §§ 606 ff, ist das Familiengericht zuständig, Stgt FamRZ **78**, 704. Im Verfahren nach § 1615 o BGB ist das Gericht der Kindschaftsprozesse nach §§ 640 ff zuständig, Köln NJW **72**, 829, Büdenbender FamRZ **84**, 514 (auch wenn der Kindschaftsprozeß noch nicht abhängig ist oder wenn dort noch kein Antrag auf die Zahlung des Regelunterhalts gestellt worden ist), aM Ffm FamRZ **84**, 512, LG Düss FamRZ **72**, 48, Brühl FamRZ **75**, 241 (nur das Gericht des bloßen Unterhaltsprozesses sei zuständig).

Über die Zuständigkeit für eine einstweilige Verfügung in einer *Wettbewerbssache* vgl §§ 24, 25 UWG. Daneben ist das AG des Tatorts zuständig, § 32 Rn 17. Für die Zwangsvollstreckung ist das Vollstreckungsgericht der §§ 764, 802 zuständig, für die Forderungspfändung § 936 Rn 6, 14. Beim Kollegialgericht ist sein Vorsitzender im Rahmen von § 944 zuständig. Nicht Hauptsachegericht ist das Gericht einer leugnenden Feststellungsklage, Fritze GRUR **96**, 574, aM Ffm GRUR **97**, 485 (freilich auch zum Unterlaufen solchen Gerichtsstands).

4   **4) Verfahren, II.** Keineswegs stets ist eine Verhandlung notwendig.

   **A. Grundsatz: Notwendigkeit mündlicher Verhandlung.** In Abweichung von § 921 ist im Verfahren auf den Erlaß einer einstweiligen Verfügung grundsätzlich eine mündliche Verhandlung notwendig, § 128 Rn 4, Hamm FamRZ **86**, 75, KG MDR **91**, 1195, Schockenhoff NJW **90**, 156. Der Termin ist unverzüglich zu bestimmen, § 216, und zwar auch für die Zeit vom 1. 7. bis 31. 8. ohne spätere Verlegungsmöglichkeit, § 227 III 2 Hs 1 Z 1.

5   **B. Entbehrlichkeit in einem dringenden Fall.** Ausnahmsweise ist eine mündliche Verhandlung zunächst dann entbehrlich, wenn ein dringender Fall vorliegt, Ffm MDR **78**, 315, Hamm FamRZ **86**, 75, LG Ffm NJW **80**, 1758. Eine Dringlichkeit macht eine mündliche Verhandlung auch dann entbehrlich, wenn in derselben Sache schon eine mündliche Verhandlung oder eine Verweisung stattgefunden hatte. Nun setzt allerdings jede einstweilige Verfügung eine Dringlichkeit voraus. Denn sonst würde der Verfügungsgrund fehlen. Deshalb meint II mit dem Ausdruck „in dringenden Fällen" eine gesteigerte, zusätzliche Dringlichkeit, Karlsr RR **87**, 1206, Teplitzky GRUR **78**, 286, Fritze GRUR **79**, 292, aM Pietzcker GRUR **78**, 526. Das Gericht prüft nach seinem pflichtgemäßen Ermessen, ob eine besondere Dringlichkeit vorliegt und ob es dann von der mündlichen Verhandlung absehen will. Denn „kann" stellt nicht nur in die Zuständigkeit, KG MDR **91**, 1195.

Ein (besonders) dringender Fall *liegt vor*, wenn der Zeitverlust oder die Benachrichtigung des Gegners den Zweck der einstweiligen Verfügung gefährden könnten und deshalb nicht hinnehmbar wären, § 921 Rn 2, Karlsr RR **87**, 1206, Lempp NJW **75**, 1920, Teplitzky NJW **80**, 1666. Die (besonders) dringliche Situation muß auch in einem Fall des § 25 UWG geprüft werden. Denn diese Vorschrift befreit nicht von II, KG DB **79**, 642, Teplitzky GRUR **78**, 286. Allerdings kann die Dringlichkeit bei § 25 UWG großzügiger bejaht werden, KG DB **79**, 672. Ein öffentliches Interesse bleibt allerdings auch hier unberücksichtigt, Drettmann GRUR **79**, 604.

6   Der Gläubiger muß die (besondere Dringlichkeit) als eine Voraussetzung zum Erlaß der einstweiligen Verfügung *glaubhaft* machen, § 294, Teplitzky GRUR **78**, 286 (er stellt strenge Anforderungen); das Gericht kann auch insofern bei § 25 UWG großzügiger sein, KG DB **79**, 672. Das Gericht muß das Vorliegen der (besonderen) Dringlichkeit in der einstweiligen Verfügung feststellen. Zur sog Schutzschrift Grdz 7 vor § 128, § 920 Rn 7; wegen ihrer Kosten § 91 Rn 192 „Schutzschrift".

## 5. Abschnitt. Arrest und einstweilige Verfügung §§ 937, 938

**C. Entbehrlichkeit bei einer Zurückweisung.** Ausnahmsweise ist eine mündliche Verhandlung ferner **7** dann entbehrlich, wenn und soweit das Gericht den Antrag zurückweisen muß. Das stellt II Hs 2 klar, auch dahin, daß dann keine Dringlichkeit vorliegen muß, aM LAG Drsd MDR **97**, 855 (überliest „sowie dann, wenn"). Die Zurückweisung mag wegen Unzulässigkeit oder wegen Unbegründetheit erfolgen; letztere kann hilfsweise zu erörtern sein, Grdz 17 vor § 253. Die Zurückweisung erfolgt mangels mündlicher Verhandlung durch einen nach § 329 Rn 4 zu begründenden Beschluß nebst Kostenentscheidung, § 329; ihre Vollstreckbarkeit richtet sich nicht nach § 708 Z 6 (dort sind nur Urteile genannt), sondern nach § 794 I Z 3.

**D. Einzelfragen.** Das Gericht kann den Schuldner auch schriftlich anhören. Wenn der Gläubiger auf **8** Grund einer Äußerung des Schuldners den Antrag zurücknimmt, dann muß der Gläubiger die Kosten des Schuldners tragen, § 269 III 2 entsprechend. Wegen eines Gegenantrags § 935 Rn 1. Zu dem teilweise hochproblematischen Verfahren eines sog Messebereitschaftsdienstes Lidle GRUR **78**, 93.
*Gebühren:* Des Gerichts KV 1310 ff; des Anwalts §§ 40, 59 BRAGO. Wert: Anh § 3 Rn 35.

**5) Rechtsbehelfe, I, II.** Gegen die Anordnung einer mündlichen Verhandlung oder gegen ihre Ableh- **9** nung ist grundsätzlich kein Rechtsbehelf statthaft. Soweit das Gericht einen Antrag ohne mündliche Verhandlung abgewiesen hat, kommt eine einfache Beschwerde nach § 567 in Betracht, zB LG Kiel WoM **92**, 636. Dann kann das Beschwerdegericht die Sache evtl zur erneuten Entscheidung mit mündlicher Verhandlung zurückverweisen, LAG Hamm BB **84**, 409. Die Beschwerde bloß zwecks Erledigterklärung ist freilich unzulässig, Stgt WettbR **98**, 91. Wegen einer allzu späten Terminsanberaumung ist allenfalls eine Dienstaufsichtsbeschwerde zulässig, § 216 Rn 28.

**6) VwGO:** Vgl § 935 Rn 20. **10**

**938** *Inhalt der einstweiligen Verfügung.* ¹Das Gericht bestimmt nach freiem Ermessen, welche Anordnungen zur Erreichung des Zweckes erforderlich sind.

II Die einstweilige Verfügung kann auch in einer Sequestration sowie darin bestehen, daß dem Gegner eine Handlung geboten oder verboten, insbesondere die Veräußerung, Belastung oder Verpfändung eines Grundstücks oder eines eingetragenen Schiffes oder Schiffsbauwerks untersagt wird.

**Schrifttum:** *Augustin,* Der Gerichtsvollzieher als Sequester, Diss Bonn 1995/6; *Du Mesnil de Rochemont,* Die Notwendigkeit eines bestimmten Antrags bei der Unterlassungsverfügung..., § 308 Abs. 1 ZPO contra § 938 Abs. 1 ZPO?, 1993; *Kargados,* Zur Verfassungsmäßigkeit des einstweiligen Verboten einstweiligen Rechtsschutzes inklusive eines generellen Ausschlusses der Hauptsachevorwegnahme, Festschrift für *Gaul* (1997) 265; *Kohler,* Das Verfügungsverbot gemäß § 938 Abs. 2 ZPO im Liegenschaftsrecht, 1984.

### Gliederung

| | |
|---|---|
| 1) Systematik, I, II .................... 1 | 5) Sequestration, II .................... 21–25 |
| 2) Regelungszweck, I, II ............... 2 | A. Zulässigkeit .................... 21 |
| 3) Voraussetzungen, I .................. 3–7 | B. Unzulässigkeit .................... 22 |
|   A. Erforderlichkeit .................. 3 | C. Stellung des Sequesters .......... 23 |
|   B. Im Rahmen des Antrags ........... 4 | D. Vergütung .................... 24 |
|   C. Im Rahmen des Hauptanspruchs ..... 5 | E. Rechtsbehelfe .................... 25 |
|   D. Grenzen der Zwangsvollstreckung ... 6 | 6) Gebot und Verbot, II ............... 26 |
|   E. Gebot der Zurückhaltung ......... 7 | 7) VwGO .................... 27 |
| 4) Beispiele zur Frage der Zulässigkeit einer Anordnung, I .................... 8–20 | |

**1) Systematik, I, II.** Die Vorschrift enthält eine dem § 721 bedingt vergleichbare Regelung, LAG Hann **1** DB **89**, 2234. Das Gericht bestimmt nach seinem pflichtgemäßen Ermessen, welche Maßnahme angeordnet werden muß, und zwar grundsätzlich auch bei der Unterlassungsverfügung, Borck WRP **77**, 457. Entgegen Lipps NJW **70**, 226 gibt es auch bei einer Wettbewerbssache keine gesetzliche Grundlage dafür, daß das Gericht in der Auswahl seiner Anordnungen beschränkt wäre, obwohl § 25 UWG mit seinen Erleichterungen für den Erlaß einer einstweiligen Verfügung Gefahren mit sich bringt. Das Gericht darf sich auch nicht darauf beschränken, etwa allgemein die „Beseitigung der Beeinträchtigung" anzuordnen, sondern muß bestimmte Maßnahme treffen.

**2) Regelungszweck, I, II.** Die Vorschrift dient der Prozeßförderung, Grdz 12, 13 vor § 128, und der **2** Prozeßwirtschaftlichkeit, Grdz 14, 15 vor § 128. Daher ist das Ermessen in I weit auszulegen.

**3) Voraussetzungen, I.** Allerdings muß das Gericht die Grenzen seiner Befugnisse nach Rn 3–5 **3** beachten.

**A. Erforderlichkeit.** Die Maßnahme muß erforderlich, freilich auch ausreichend sein, um den Zweck der einstweiligen Verfügung zu erreichen. Sie muß hinreichend bestimmt sein, Düss MDR **86**, 328. Die einstweilige Verfügung darf aber grundsätzlich nicht eine Entscheidung in der Hauptsache vorwegnehmen. Sie soll möglichst keine endgültigen Verhältnisse schaffen. Denn die einstweilige Verfügung dient lediglich der Sicherung und grundsätzlich nicht der Befriedigung des Gläubigers, Ffm NJW **85**, 1295, KG MDR **77**, 500, LAG DB **78**, 211. Zum Problem Schilken, Die Befriedigungsverfügung usw, 1976 (krit Grunsky ZZP **90**, 208). Freilich ist eine einstweilige Verfügung insofern zulässig, als keine Aussicht besteht, wegen der Hauptsache in einer sinnvoll nahen Zukunft eine Entscheidung zu erreichen, Ffm NJW **75**, 393, oder

§ 938

soweit zB der Gläubiger den herausverlangten Gegenstand glaubhaft in einem eigenen, geeigneten Lagerraum billiger und gegen Sicherheitsleistung unterbringen kann, Düss MDR **84**, 411. Das Gericht darf den Schuldner aber nicht schon auf Grund ungenügend geprüfter Behauptungen unwiederbringlich schädigen, § 940 Rn 12 ff. Demgegenüber liegt es in der Natur einer einstweiligen Verfügung, die auf eine Geldzahlung ausgerichtet ist, Grdz 6 vor § 916, § 936 Rn 14, auch der Befriedigung des Gläubigers zu dienen. Der Schuldner ist dann auf einen Ersatzanspruch angewiesen, der praktisch freilich meist wertlos ist.

**4** **B. Im Rahmen des Antrags.** Die Maßnahme des Gerichts darf nicht über den Antrag des Gläubigers hinausgehen, §§ 308 I, 536, Düss GRUR **78**, 610, Karlsr GRUR **82**, 171, LAG Düss DB **78**, 212. Das Gericht kann nur innerhalb dieses Rahmens wählen. Der Gläubiger braucht innerhalb des von ihm gesetzten Rahmens keine bestimmten Maßnahmen anzuregen, und das Gericht ist an die etwa angeregten Maßnahmen innerhalb des Rahmens nicht gebunden. Die einstweilige Verfügung kann auf eine Leistung, eine Feststellung oder eine Gestaltung gehen. Wenn der Gläubiger zB die Zwangsverwaltung eines Grundstücks beantragt, dann wird das Gericht vielleicht eine Sequestration nach Rn 21 anordnen. Grundsätzlich ist ein bestimmter Antrag notwendig, ähnlich wie bei § 253 II Z 2. Eine Verallgemeinerung im Antrag ist nur insoweit zulässig, als er einen klar bestimmten Inhalt behält, Düss GRUR **78**, 610. Der Vermieter braucht aber zB seinem Pfandrecht unterliegenden Gegenstände nicht einzeln zu bezeichnen, AG BadBad WoM **85**, 123.

**5** **C. Im Rahmen des Hauptanspruchs.** Die Maßnahme muß im Rahmen des Hauptanspruchs bleiben. Sie darf keinesfalls mehr, ArbG Düss DB **83**, 2093, sondern soll ja grundsätzlich weniger als die Verwirklichung des Hauptanspruchs bringen, Grdz 5 vor § 916, Schockenhoff NJW **90**, 155. Die einstweilige Anordnung ist ja außerdem ein aliud. Das Gericht darf vor allem nicht in das Recht eines Dritten eingreifen, LG Mü WoM **91**, 577, und dem Dritten keine Pflicht auferlegen, Düss WertpMitt **78**, 359. Eine Eintragung ins Grundbuch oder in ein Register muß sachlichrechtlich und auch grundbuchrechtlich zulässig sein.

**6** **D. Grenzen der Zwangsvollstreckung.** Das Gericht darf mit seinen Anordnungen die Grenzen einer zulässigen Zwangsvollstreckung nicht überschreiten, Grdz 34 vor § 704, Grein DGVZ **82**, 178. Es darf zB dem Grundbuchamt nicht gebieten, einem Antrag stattzugeben. Es darf nicht im Fall einer nach § 890 zu vollstreckenden Anordnung eine Maßnahme nach den §§ 883–888 androhen, LAG Hamm DB **77**, 1272. Über eine einstweilige Verfügung zum Zweck einer nicht erzwingbaren Leistung § 888 Rn 21. Das Betreten der Wohnung eines Dritten durch einen gerichtlichen Sachverständigen zB zwecks Schallmessungen ist grundsätzlich erst nach dessen vorheriger Anhörung statthaft, BVerfG **75**, 326.

**7** **E. Gebot der Zurückhaltung.** Das Gericht sollte sich mit seiner Anordnung zurückhalten, wenn die vorläufige Prüfung im Verfahren auf den Erlaß der einstweiligen Verfügung ungewöhnlich mangelhaft bleiben muß, Schockenhoff NJW **90**, 155. So liegt es oft bei einer Patentverletzung, § 940 Rn 32 „Gewerblicher Rechtsschutz". Allerdings darf das Gericht auch zB im Bereich des gewerblichen Rechtsschutzes keineswegs von vornherein zurückhaltender verfahren als etwa im Bereich des bürgerlichen Rechts, Jestaedt GRUR **81**, 193. Der Gläubiger darf alle Mittel der Zwangsvollstreckung ausnutzen, § 936 Rn 6. Über die Kostenverteilung im Fall einer teilweisen Zurückweisung § 92 Rn 6 „Arrest, einstweilige Verfügung". Die Frage, ob der Antrag teilweise zurückgewiesen worden ist, ist danach zu entscheiden, ob der Gläubiger der Wirkung nach das Begehrte erreicht hat.

**8** **4) Beispiele zur Frage der Zulässigkeit einer Anordnung, I**
**Amtshandlung:** S „Behörde", Rn 12 „Notar", Rn 16 „Verwaltungsvollstreckung".
**Arbeitsrecht:** Unzulässig ist die Anordnung einer Zustimmung nach § 103 BetrVG, Lepke BB **73**, 900. S auch Rn 17 „Willenserklärung".
**Behörde:** Unzulässig ist das Gebot an eine Behörde, damit sie etwa eine Amtshandlung herbeiführe oder unterlasse, KG MDR **93**, 1234 (Herausgabe nach Aufhebung einer Beschlagnahme).
S auch Rn 12 „Notar", Rn 16 „Verwaltungsvollstreckung".
**Beschlagnahme:** S „Behörde".
**Beschlußfassung:** Rn 10 „Gesellschaft".
**Buchhaltungsunterlagen:** Zulässig ist die Anordnung der Herausgabe von Buchhaltungsunterlagen aus dem Besitz des Steuerberaters des Schuldners an den Insolvenzverwalter (und nicht an einen vorläufigen Insolvenzverwalter, § 22 InsO), Düss KTS **83**, 146.
**9** **Eherecht:** Unzulässig ist in einer Ehe- oder Familiensache eine Maßnahme, die auch mit Hilfe der §§ 127 a, 620 ff, 621 f oder mit Hilfe der HausrVO getroffen werden kann, Schlesw SchlHA **78**, 120. Wenn die einstweilige Verfügung vor der Anhängigkeit der Ehesache beantragt oder sogar erlassen worden war, bleibt das Rechtsschutzbedürfnis schon aus Kostengründen bestehen, Hamm FamRZ **80**, 816.
S auch Rn 14 „Steuerveranlagung", Rn 18 „Zugewinnausgleich".
**Erwerbsverbot:** Rn 26.
**Firma:** Unzulässig ist die Anordnung der Löschung einer Firma.
**Flugzeug:** Zulässig ist die Anordnung der Rückgabe eines Flugzeugs, das der Schuldner dem Besitzer widerrechtlich entzogen hatte.
S auch Rn 16 „Verbotene Eigenmacht".
**Geschäftsbetrieb:** Rn 15 „Unterlassung".
**10** **Gesellschaft:** Zulässig ist die Entziehung der Vertretung oder der Geschäftsführung eines Gesellschafters. Unzulässig ist die Anordnung des Entzugs oder einer Beschränkung des Stimmrechts in der Hauptversammlung, § 940 Rn 29 „Gesellschaft", Kblz NJW **91**, 1119. Unzulässig ist die Anordnung im Zusammenhang mit einer Beschlußfassung in der Gesellschafterversammlung, § 940 Rn 30 „Gesellschaft".
**Gewerbebetrieb:** Zulässig ist ein Verbot, den Gewerbebetrieb des Gläubigers zu stören.
**Grundbuch:** S „Grundschuldbrief", Rn 15 „Unterlassung".
**Grundschuldbrief:** Zulässig ist wegen § 41 GBO die Anordnung der Herausgabe eines Grundschuldbriefs an den Gerichtsvollzieher, § 940 Rn 34 „Grundbuch". Die einstweilige Verfügung ist im Zeitpunkt der

Zutellung an den Gläubiger wirksam. Eine Eintragung in das Grundbuch ist nur für den Ausschluß des guten Glaubens notwendig.

**Handelsregister:** Zulässig ist ein Gebot, einen Vorgang zum Handelsregister anzumelden, etwa den Eintritt **11** in die Abwicklung der Firma. Eine Eintragung ist aber nur zum Ausschluß des guten Glaubens auch geradezu notwendig.

**Herausgabe:** S bei den herauszugebenden Gegenständen sowie Rn 8 „Behörde".

**Hypothek:** Unzulässig ist die Anordnung der Löschung einer Hypothek.

**Insolvenz:** Rn 8 „Buchhaltungsunterlagen".

**Kraftfahrzeugbrief:** Rn 16 „Verbotene Eigenmacht".

**Leasing:** Zulässig ist die Anordnung der Herausgabe einer verleasten Sache an einen Sequester, Rn 12 ff, LG Ravensb NJW **87**, 139.

**Liquidation:** S „Handelsregister".

**Löschung:** Rn 9 „Firma", Rn 11 „Hypothek".

**Mietrecht:** Zulässig sind: Die Anordnung der Rückschaffung von Sachen des Mieters in die Mieträume; **12** ausnahmsweise auch die Anordnung der Räumung einer Wohnung, § 940 a, oder die Anordnung eines Zutritts, § 541 a BGB, AG Wuppert MDR **73**, 409.

S auch Rn 16 „Verbotene Eigenmacht" sowie Grdz 6 vor § 916.

**Notar:** Unzulässig ist die Anordnung eines Gebots an einen Notar, Hamm NJW **76**, 975.

S auch Rn 8 „Behörde".

**Reisepaß:** Zulässig ist die Anordnung der Herausgabe des Reisepasses des Schuldners, den er dem Gläubiger **13** zur Sicherheit übergeben hatte und den der Schuldner nun wieder braucht, AG Heilbr NJW **74**, 2183.

**Sequester:** Rn 21 ff. **14**

**Sicherheitsleistung:** Rn 13 „Reisepaß", Rn 19 „Zugewinnausgleich".

**Steuerveranlagung:** Zulässig ist ein Verbot gegenüber dem Ehegatten des Gläubigers, eine getrennte Steuerveranlagung zu beantragen, Tiedtke FamRZ **77**, 689.

**Stimmrecht:** Rn 10 „Gesellschaft".

**Unterlassung:** Zulässig ist das Gebot, einen bestimmten Wettbewerbsverstoß zu unterlassen, Grdz 8 vor **15** § 916. Zulässig ist das Gebot, keinen Antrag auf eine Eintragung des Eigentumserwerbs beim Grundbuchamt zu stellen. Ein solches Gebot wirkt sachlichrechtlich als ein Erwerbsverbot. Das Grundbuchamt muß dieses Gebot beachten, BayObLG Rpfleger **78**, 306, KG MDR **77**, 500. Das Gebot darf aber nicht eingetragen werden. Eine Eintragung entgegen dem Verbot läßt kein Eigentum übergehen.

*Unzulässig* ist die Anordnung der Unterlassung oder Untersagung eines Geschäftsbetriebs, außer etwa in einem ganz krassen Verletzungsfall.

**Verbotene Eigenmacht:** Zulässig ist die Anordnung der Rückschaffung von Sachen, der der Schuldner **16** mittels einer verbotenen Eigenmacht erlangt hat, Düss MDR **71**, 1011, Schlesw SchlHA **75**, 49, Schopp MDR **74**, 851. Zulässig ist ferner die Anordnung der Herausgabe eines durch eine verbotene Eigenmacht erlangten Kfz-Briefes, LAG Bln BB **82**, 1428.

S auch Rn 9 „Flugzeug".

**Verwaltungsvollstreckung:** Unzulässig ist die Anordnung des Ge- oder Verbots einer Verwaltungsvollstreckung.

S auch Rn 8 „Behörde".

**Willenserklärung:** Rn 8 „Arbeitsrecht", § 940 Rn 46 „Willenserklärung". **17**

**Zugewinnausgleich:** Zulässig ist die Anordnung einer Sicherheitsleistung nach § 1389 BGB, KG FamRZ **18** **74**, 310.

**Zustimmung:** Rn 8 „Arbeitsrecht", Rn 17 „Willenserklärung".

**Zutritt:** Rn 12 „Mietrecht".

**Zwangsverwaltung:** Zulässig ist ausnahmsweise die Anordnung einer Zwangsverwaltung. Denn sie sichert **19** den Gläubiger mit denjenigen Rechtsfolgen, die sich aus dem ZVG ergeben. Das gilt auch wegen eines Hpothekenbriefs. Der Gläubiger erwirkt die Anordnung der bloßen Verwahrung, nicht auch einer Verwaltung (und deshalb auch keiner Sequestration, Rn 12 ff) durch den Gerichtsvollzieher, soweit diese Verwahrung mit den im Einzelfall zulässigen Grenzen der Zwangsverwaltung vereinbar ist, Grein DGVZ **82**, 178.

S aber auch Rn 20 „Zwangsvollstreckung".

**Zwangsvollstreckung:** Unzulässig ist grds eine Anordnung der Zwangsvollstreckung oder ihrer Duldung **20** oder die Einstellung der Zwangsvollstreckung, wenn eine andere gesetzliche Maßnahme möglich ist, zB nach §§ 767, 769, Grdz 49, 50 vor § 704, Köln RR **95**, 576.

S aber auch Rn 19 „Zwangsverwaltung".

**5) Sequestration, II,** dazu *Gleußner* DGVZ **96**, 33 (ausf): **21**

**A. Zulässigkeit.** Die Sequestration ist grundsätzlich eine Verwahrung und eine Verwaltung durch eine hierfür bestimmte Person, Kblz MDR **81**, 855, Mü MDR **84**, 62, Nies MDR **93**, 937. Sie findet regelmäßig bei einer Liegenschaft statt, ist aber auch bei einer Fahrnis möglich, Drsd MDR **98**, 305, LG Brschw MDR **93**, 757, LG Heidelb DGVZ **77**, 44, zB dann, wenn die Möglichkeit einer Hinterlegung oder einer Herausgabe an den Gerichtsvollzieher entfällt. Die Sequestration ist ferner bei einem andauernden Recht oder etwa bei einem Minderjährigen möglich. Sie ist nur dann im Grundbuch einzutragen, wenn und soweit sie eine Verfügungsbeschränkung enthält. Sie bleibt trotz angeblicher Besitzverlustes des Gegners zulässig, Hamm GRUR **84**, 503. Sie führt bei einem Grundstück zu einer Zwangsverwaltung herbei. Das Gericht des § 937 darf aber eine Zwangsverwaltung anordnen, Rn 7, und es ernennt dann auch den Zwangsverwalter (nach anderen wird der Zwangsverwalter durch das Vollstreckungsgericht ernannt). Auch im übrigen wendet das Gericht in der Regel das ZVG entsprechend an, soweit nicht eine Befriedigung des Gläubigers in Frage kommt. KG DGVZ **86**, 183 legt „Sequestration" unter Umständen als bloße Verwahrung ohne Verwaltung aus.

## §§ 938, 939

**22** **B. Unzulässigkeit.** Ein gewerbliches Unternehmen unterliegt als solches praktisch nicht einer Zwangsvollstreckung, Grdz 108 vor § 704 „Unternehmen". Daher unterliegt es auch nicht einer Sequestration, aM Mü MDR **84**, 62, StJGr 23, ZöV 7. Die Tätigkeit eines Sequesters ist auch insoweit unzulässig, als ein dinglicher Arrest nach §§ 916, 917 ausreicht. Etwas Entsprechendes gilt auch bei einem in die Luftfahrzeugrolle eingetragenen Luftfahrzeug, § 99 I LuftfzRG. In einem solchen Fall ist dann, wenn ein Arrest unzulässig ist, eine einstweilige Verfügung mit dem Ziel der Eintragung einer Verfügungsbeschränkung im Register für Pfandrechte an Luftfahrzeugen beim AG Braunschweig und zugleich eine einstweilige Verfügung mit dem Ziel einer Beschlagnahme zulässig und ratsam, Haupt NJW **74**, 1457.

**23** **C. Stellung des Sequesters.** Der Sequester ist als solcher kein Beamter und übt keine staatliche Funktion aus. Er übt eine genehmigungspflichtige Nebentätigkeit im beamtenrechtlichen Sinn aus, Kblz MDR **81**, 855, VG Düss DGVZ **99**, 29 (auch zu der zu engen Voraussetzung einer Versagung der Genehmigung). Die Vollstreckung nach § 929 beginnt noch nicht mit dem Auftrag an ihn. Der Sequester ist keiner Weisung einer Partei unterworfen und braucht den Parteien über sein Amt auch keine Auskunft zu geben, LG Bre DGVZ **78**, 140 (das gilt aber nur bis zur Aufhebung der einstweiligen Verfügung). Soweit das Prozeßgericht nicht etwas anderes bestimmt, untersteht der Sequester der Aufsicht des die Sequestration anordnenden Gerichts, Düss GRUR **83**, 743, Mü MDR **84**, 62. Das Gericht wendet für die Aufsicht das Betreuungs- bzw Pflegschaftsrecht entsprechend an. Das Gericht muß die Rechte und Pflichten des Sequesters bestimmen, Mü MDR **84**, 62. Soweit es ihn als solchen eingesetzt hat, ist er grundsätzlich auch als solcher zu behandeln, LG Trier DGVZ **96**, 29.

**24** **D. Vergütung.** Das Prozeßgericht, nicht der Rpfl, Bre DGVZ **93**, 9, Köln MDR **97**, 690, LG Saarbr DGVZ **95**, 187, setzt auch nach seinem pflichtgemäßen Ermessen nach § 11 der Insolvenzrechtlichen Vergütungsverordnung vom 19. 8. 98, BGBl 2205, die Vergütung des vorläufigen Insolvenzverwalters fest, Köln MDR **97**, 690, LG Gött DGVZ **95**, 43 (Wert und Zeitaufwand), LG Heilbr DGVZ **95**, 75 (Verantwortung), LG Nürnb-Fürth DGVZ **97**, 127 (auch beim Gerichtsvollzieher), LG Wuppert DGVZ **97**, 13 (Wert und Dauer), aM Bre DGVZ **99**, 138 (nach BGB). Die Vergütung des Sequesters wird den Einkünften entnommen. Wenn aber der Antragsteller und der Sequester die Höhe der Vergütung vereinbart haben, dann darf das Gericht eine Vergütung des Sequesters nicht gegenüber dem Antragsteller festsetzen, Hbg KTS **77**, 176, Karlsr DGVZ **93**, 27. Wegen der Erstattungsfähigkeit der Kosten der Sequestration und der daraus folgenden Festsetzbarkeit gegenüber dem Schuldner § 788 Rn 37 „Sequestration". Der Festsetzungsbeschluß ist vollstreckbar, § 794 I Z 3. Der Staat haftet für die Vergütung nicht, LG Köln KTS **83**, 634, aM Hbg KTS **77**, 176, auch nicht im Fall einer Prozeßkostenhilfe nach §§ 114 ff.

**25** **E. Rechtsbehelfe.** Die Bestellung des Sequesters und die Festsetzung seiner Vergütung sind Maßnahmen der Zwangsvollstreckung. Gegen sie sind, je nach dem Verfahren des Gerichts, die Erinnerung nach § 766 oder die sofortige Beschwerde, §§ 577, 793 I, zulässig, § 766 Rn 31, § 928 Rn 3, Köln Rpfleger **86**, 268. Auch der Sequester kann sich gegen die Festsetzung der Vergütung beschweren, Saarbr DGVZ **77**, 189. Dafür besteht kein Anwaltszwang, § 78 Rn 1. Der Betroffene kann sich gegen einzelne Maßnahmen des Sequesters mit der Erinnerung wenden, § 766, aM LG Mönchengladb DGVZ **82**, 122.

**26** **6) Gebot und Verbot, II.** Das Verfügungsgericht darf tatsächliche oder rechtliche Handlungen jeder Art gebieten oder verbieten. Das darf aber nur gegenüber dem Schuldner und ohne einen Eingriff in ein Recht eines Dritten geschehen. Das Gericht darf namentlich einen Erwerb oder eine Veräußerung verbieten, BVerfG RR **92**, 898, BayObLG **97**, 57, Heydrich MDR **97**, 796. Eine Eintragung in das Grundbuch oder in ein Register hat nur für den Ausschluß des guten Glaubens eine Bedeutung. Ein Verfügungsverbot kommt erst ab Erlaß des Pfändungsbeschlusses in Betracht, Düss RR **88**, 266. In der Regel ist dem Verfügungsverbot, vgl BVerfG RR **92**, 898, und ein Widerspruch vorzuziehen, zB nach §§ 885 I 1, 899 II 1 BGB, 21 SchiffsG. Eine einstweilige Verfügung zum Nachteil des Gläubigers ist unzulässig. Der Vollzug der einstweiligen Verfügung erfolgt nach § 936 Rn 7 „§ 929, Vollstreckungsklausel, Vollziehungsfrist". Wegen der Wiederaufnahme der Arbeit und des Verbots eines anderen Arbeitsplatzes § 940 Rn 16 „Arbeitsrecht".

**27** **7) VwGO:** Auf die einstwAnO entsprechend anwendbar, § 123 III VwGO, VGH Kassel NJW **87**, 1571 u AS **5**, 228, vgl Kopp/Schenke § 123 Rn 28, Schoch S 1668 ff (zur einstwAnO bei behördlicher Ermessensentscheidung S 1673 ff), Finkelnburg/Jank Rn 248 ff. Ihr Inhalt bestimmt sich in erster Linie nach den Grundsätzen der Rn 1 ff, nicht nach der betreffenden (außerprozessualen) materiellrechtlichen Regelung, VGH Mü BayVBl **83**, 406, Finkelnburg/Jank Rn 251.

## 939 *Aufhebung einer einstweiligen Verfügung.* Nur unter besonderen Umständen kann die Aufhebung einer einstweiligen Verfügung gegen Sicherheitsleistung gestattet werden.

**1** **1) Systematik, Regelungszweck.** Es sind drei Aspekte zu beachten.

**A. Sonderregel.** § 939 ersetzt die §§ 923, 934 I, 925 II, zum Teil auch den § 927. Denn eine Geldleistung kann einen gegenständlichen Anspruch in aller Regel nicht sichern, LG Aachen VersR **92**, 338. Die einstweilige Verfügung darf nur auf Grund eines Widerspruchs, §§ 924, 936, oder nach § 939 aufgehoben werden, LG Aachen VersR **92**, 338. Das darf aber nicht durch eine zweite einstweilige Verfügung geschehen. Nicht nur der Vollzug, sondern die eigentliche einstweilige Verfügung ist aufzuheben.

**2** **B. Besondere Umstände** sind notwendig, Ffm MDR **83**, 586. Eine gewöhnliche Schädigung des Schuldners infolge der Vollstreckung der einstweiligen Verfügung genügt also nicht, LG Hbg MDR **71**, 851, ebensowenig meist eine Schuldnerbürgschaft, Hamm OLGZ **93**, 331. Das Gericht muß darüber, ob besondere Umstände vorliegen, nach pflichtgemäßem Ermessen entscheiden.

**5. Abschnitt. Arrest und einstweilige Verfügung** **§§ 939, 940**

**C. Sicherheitsleistung.** Die Aufhebung nach § 939 darf nur gegen eine nach Art und Höhe gemäß **3** § 108 genau zu bezeichnende Sicherheitsleistung geschehen. Die Sicherheitsleistung muß nach Art und Höhe voll gewährleisten, daß der Zweck der einstweiligen Verfügung erreicht werden kann, Köln NJW **75**, 454, LG Aachen VersR **92**, 338, OVG Kblz NJW **72**, 303. Diese Gewährleistung ist meist nicht möglich, immerhin auch im Fall des § 648 BGB denkbar, Köln NJW **75**, 454, aM LG Hbg MDR **71**, 851. Freilich muß das Gericht die Tauglichkeit der Sicherheit prüfen. Es kann zB eine Bankbürgschaft ausreichen, § 108 Rn 10, Köln NJW **75**, 454, LG Aachen VersR **92**, 338, ZöV 1, aM LG Hbg MDR **71**, 851. Das Einverständnis des Gläubigers genügt. Es fehlt aber dann, wenn der Kläger eine Abweisung, hilfsweise eine Aufrechterhaltung gegen eine Sicherheitsleistung beantragt.

**2) Verfahren.** Die Sicherheitsleistung braucht im Zeitpunkt der Gestattung noch nicht vorzuliegen, Köln **4** NJW **75**, 455. Sie wird in folgender Weise gestattet: In der einstweiligen Verfügung selbst und nicht etwa in einer zweiten einstweiligen Verfügung; auf Grund eines Widerspruchs im Urteil wie in den Fällen der §§ 924 ff; im Berufungsrechtszug, Ffm MDR **83**, 586. Dann ist die mündliche Verhandlung notwendig, § 128 Rn 4, Celle OLGZ **78**, 490 (bei einem Verstoß ist kein Rechtsmittel gegeben); durch ein Urteil wegen veränderter Umstände, § 927. Der Schuldner ist dann der Kläger, § 927. Das Gericht entscheidet auf Grund einer mündlichen Verhandlung im Verfahren nach § 924 oder nach § 927, auch im Berufungsrechtszug, Köln NJW **75**, 454. Nach der Sicherheitsleistung wird die Zwangsvollstreckung gemäß § 775 Z 1 und 3, § 776 eingestellt, ZöV 2, aM Köln NJW **75**, 455 (die Zwangsvollstreckung dürfe ohne weiteres eingestellt werden), LG Aachen VersR **92**, 339 (mit der Sicherheitsleistung erfolge die Aufhebung ohne weiteres Verfahren).

**3) *VwGO*:** Gilt entsprechend für die einstwAnO, § 123 III VwGO, Finkelnburg/Jank Rn 524; die Vorschrift **5** bedeutet eine Einschränkung der durch § 927 eröffneten Möglichkeiten, Schoch S 1702. Im Hinblick auf § 80 IV VwGO, § 927 Rn 14, ist jedoch eine Aufhebung auch ohne Sicherheitsleistung zuzulassen, wenn die Interessenabwägung dies fordert, aM OVG Lüneb NJW **71**, 110.

**940** *Einstweilige Verfügung zur Sicherung des Rechtsfriedens.* Einstweilige Verfügungen sind auch zum Zwecke der Regelung eines einstweiligen Zustandes in bezug auf ein streitiges Rechtsverhältnis zulässig, sofern diese Regelung, insbesondere bei dauernden Rechtsverhältnissen zur Abwendung wesentlicher Nachteile oder zur Verhinderung drohender Gewalt oder aus anderen Gründen nötig erscheint.

**Schrifttum:** *Compensis*, Die einstweilige Verfügung auf Unterhaltsleistung, 1991; *Gießler*, Vorläufiger Rechtsschutz in Ehe-, Kindschafts- und Familiensachen, 2. Aufl 1993; *Kininger*, Einstweilige Verfügungen zur Sicherung von Rechtsverhältnissen, Wien 1991; *Kleffmann*, Unbekannt als Parteibezeichnung, Zivilprozessuale Möglichkeiten und Grenzen, dargestellt am Beispiel einer auf Räumung gerichteten einstweiligen Verfügung gegen Hausbesetzer, 1983; *Kopoulos*, Die Grenzen der Befriedigungsverfügung usw, 1983; *Schilken*, Die Befriedigungsverfügung usw, 1976; *Traub*, Verlust der Eilbedürftigkeit durch prozessuales Verhalten des Antragsgegners, Festschrift für *Hefermehl* (1996) 707; *Weiland*, Die Sicherung konkurrierender Sachleistungsansprüche im Wege einstweiliger Verfügung durch Vormerkung und Verfügungsverbot, 1992; s auch Grdz vor § 916 sowie die Hinweise vor § 935 Rn 1.

**Gliederung**

| | | | |
|---|---|---|---|
| 1) Systematik | 1 | 4) Ernstliches Bedürfnis | 6–11 |
| 2) Regelungszweck | 2 | 5) Beispiele zur Frage der Zulässigkeit | 12–46 |
| 3) Geltungsbereich | 3–5 | 6) *VwGO* | 47 |

**1) Systematik.** Die Abgrenzung gegenüber § 935 ist unsicher, Held DB **85**, 1691, aber praktisch **1** unerheblich, Schopp MDR **74**, 851. Denn beide Fälle unterliegen derselben Behandlung nach den §§ 936–939, Ffm NJW **75**, 392, aM Schilken 126 (bei § 935 erfolge keine Interessenabwägung). § 940 setzt voraus, daß die einstweilige Verfügung zur Regelung eines einstweiligen Zustands notwendig scheint. Soweit ein selbständiges Beweisverfahren nach §§ 485 ff in Betracht kommt, ist ein Verfahren nach §§ 935 ff unzulässig, Köln VersR **96**, 734. Es muß ein streitiges Rechtsverhältnis vorliegen, Düss WertpMitt **77**, 359. Es braucht nicht notwendig ein dauerndes Rechtsverhältnis zu sein, also nicht etwa ein Besitz. Das ergibt sich schon aus dem Gesetzesausdruck „insbesondere". Das Gericht muß dabei die Gesamtheit der rechtlichen Beziehungen zwischen den Parteien beachten. Es genügt, daß der Antragsgegner das Recht des Antragstellers bestreitet. Das Recht des Antragstellers braucht also nicht bereits verletzt zu sein. Es genügt auch, daß das Recht des Antragstellers zwar nicht bestritten, wohl aber verletzt wird.

Die bloße *Besorgnis* eines unerlaubten Eingriffs reicht dann aus, wenn diese Besorgnis schon erheblich ist. Eine allgemeine Ungewißheit, wie jeder Streit sie mit sich bringt, reicht also nicht aus. § 940 setzt nicht unbedingt voraus, daß der Gläubiger einen sachlichrechtlichen Anspruch hat, BFH NJW **70**, 1392. Es reicht vielmehr aus, daß der Gläubiger im Gegensatz zum Schuldner einen Anspruch beliebiger Art haben kann, Kblz RR **86**, 1039, ThP 2, großzügiger ZöV 2. Der Anspruch wird aber nicht schon durch das Prozeßrechtsverhältnis dieses Verfahrens geschaffen, Grdz 3 vor § 128, Stgt RR **86**, 1448. Der Anspruch braucht kein vermögensrechtlicher zu sein. Es reicht aus, daß der ordentliche Rechtsweg zulässig ist, § 13 GVG.

**2) Regelungszweck.** Die einstweilige Verfügung nach § 940 dient weniger der künftigen Verwirkli- **2** chung eines Anspruchs als vielmehr der Sicherung des Rechtsfriedens Einl III 43, durch eine vorläufige Regelung eines Zustands (Regelungsverfügung, Jauernig ZZP **79**, 331).

## § 940

**3) Geltungsbereich.** Die einstweilige Verfügung ist grundsätzlich in allen Verfahren nach der ZPO statthaft. Sie ist ausnahmsweise in einer Reihe von Situationen unstatthaft, in denen der Grundgedanke nicht paßt oder ähnliche spezielle Sonderregeln Vorrang haben, Rn 12 ff. Die wichtigsten werden im folgenden vorab zusammengefaßt:

4 Eine einstweilige Verfügung ist zB unstatthaft, soweit in einer *Unterhaltssache* außerhalb einer Ehe- oder Familiensache § 127 a oder in einer Ehe- oder Familiensache die §§ 620 ff, 644 anwendbar sind, Rn 26 „Unterhalt", BGH FamRZ **80**, 175, Karlsr FER **99**, 231 (auch zur Abgrenzung), Kblz FamRZ **97**, 1412, aM Karlsr FamRZ **84**, 53 für den Fall einer bloßen Wohnungsaufteilung (vgl aber § 940 a), Kblz FamRZ **89**, 196 (für den Fall einer erst nach dem Antrag möglichen Verfahrens nach §§ 620 ff. Aber auch so manche Klage kann ebenfalls nachträglich zB wegen Wegfall des weiteren Rechtsschutzbedürfnisses unzulässig werden). Es ist aber in das Zulässige umzudeuten, Brdb FamRZ **96**, 1222. Eine einstweilige Verfügung ist ferner unstatthaft, soweit in einer sonstigen Familiensache der § 621 f, Hamm NJW **78**, 2515, oder in einer Kindschaftssache der § 641 d anwendbar sind (die einstweilige Verfügung nach § 1615 o BGB bleibt zulässig), Hamm NJW **72**, 261. Wenn es um die Herausgabe eines Kindes geht, § 883 Rn 14, ist eine einstweilige Verfügung nur in seltenen Ausnahmefällen zulässig, LG Köln FamRZ **72**, 377. Die Herausgabe erfolgt dann an einen Beansprucher, am ehesten an einen Pfleger oder einen beiderseitigen Angehörigen.

5 Die einstweilige Verfügung ist *ferner unanwendbar,* soweit die HausratsVO anwendbar ist, Ffm FamRZ **79**, 516, Schlesw SchlHA **78**, 120. Soweit eine einstweilige Verfügung danach zulässig bleibt, dazu Stgt FamRZ **78**, 687, ist für sie das Familiengericht zuständig, Düss FamRZ **78**, 523, Ffm FamRZ **79**, 516, aM Düss Rpfleger **79**, 75. Die §§ 28 ff, 180 ZVG beseitigen nicht stets die Zulässigkeit einer einstweiligen Verfügung nach den §§ 935, 940, LG Bonn NJW **70**, 2303, aM Schlesw SchlHA **89**, 44. Trotz der Vereinbarung eines Schiedsgerichts bleibt das staatliche Gericht für eine etwa notwendige einstweilige Verfügung zuständig, sofern die jeweilige Schiedsgerichtsordnung kein entsprechendes Verfahren kennt, so schon Hamm MDR **72**, 521, oder soweit dieses nicht genug helfen könnte, Hamm MDR **71**, 56.

6 **4) Ernstliches Bedürfnis.** Für den Antrag genügt jedes ernstliche Bedürfnis des Gläubigers, Düss FamRZ **91**, 1181. Er muß bei einem Unterlassungsanspruch die Wiederholungsgefahr glaubhaft machen (bei § 25 UWG, der auch im Bereich des RabattG gilt, Hamm GRUR **80**, 929, genügt allerdings die bloße Behauptung der Wiederholungsgefahr, Hamm GRUR **80**, 929), Mü MDR **74**, 577, Fritze GRUR **79**, 292. Das Gesetz nennt als Beispiel die Abwendung wesentlicher Nachteile. Hierher gehört eine einstweilige Verfügung auf eine Zahlung. Sie enthält eine vorläufige Verurteilung, Grdz 5 vor § 916. Das Gesetz nennt ferner als Beispiel eine drohende Gewalt. Sie kann zB bei einem Grenzstreit vorliegen. Ein wiederholter Antrag kann nur dann ausreichen, wenn die vorausgegangene Anordnung noch nicht ausreichte, KG RR **92**, 318. Stets muß eine Gefährdung gerade des Gläubigers vorliegen, KG NJW **93**, 1480. Es genügt also nicht, daß nur dem Schuldner ein Nachteil droht. Das Gericht bestimmt nach pflichtgemäßem Ermessen, § 938, welche Maßnahmen notwendig sind. Verzögerung kann die Eilbedürftigkeit entfallen lassen, Traub (vor Rn 1 und) GRUR **96**, 707. § 25 UWG schafft eine Dringlichkeitsvermutung, Köln WettbR **98**, 247 (auch zu den Grenzen), § 935 Rn 18.

7 Die einstweilige Verfügung darf grundsätzlich nicht die Hauptsache vorwegnehmen, Grdz 5 vor § 916, LG Gera WoM **98**, 496. Sie darf keinesfalls einer *Gesetzesumgehung* dienen, Einl III 39, 54. Das Gericht darf nicht einen *Dritten* verpflichten oder entrechten. Die Erwägung, daß der Schuldner dem Gläubiger ja den Schaden ersetzen könne, ist kein Ablehnungsgrund, Fritze GRUR **79**, 292. Wenn der Gläubiger längere Zeit hindurch abgewartet hat und nun erst den Antrag auf den Erlaß einer einstweiligen Verfügung stellt, dann kommt es darauf an, ob das Rechtsschutzbedürfnis nach Grdz 33 vor § 253 weggefallen ist, Oldb FamRZ **97**, 182, AG Neuss RR **91**, 1168, oder ob der sachlichrechtliche Anspruch gegen wegen dieses Abwartens erloschen ist, Ffm GRUR **76**, 664. Es kommt also zB darauf an, ob der Gläubiger sein Recht *verwirkt* hat oder ob er nunmehr arglistig handelt, ob er also einen Rechtsmißbrauch treibt, Einl III 54. Er darf auch eine einstweilige Verfügung nicht erneut beantragen, wenn er zuvor nicht nach einem Erfolg im Eilverfahren dann auch zur Hauptsache geklagt hatte, AG Groß Gerau MDR **85**, 593.

8 Es kann für den Gläubiger schädlich sein, wenn er eine *Frist zur Begründung* seines Rechtsmittels voll ausnutzt, Düss WettbR **97**, 22 (Fallfrage) Mü GRUR **76**, 151, oder wenn er gar die zweimonatige Verlängerung der Rechtsmittelbegründungsfrist fast voll ausschöpft, Mü GRUR **80**, 330. Der Arbeitgeber darf als Verfügungskläger den Gütetermin abwarten, LAG Düss DB **78**, 1283.

9 Wenn der Gläubiger den mit dem Antrag auf den Erlaß der einstweiligen Verfügung verfolgten Zweck anders billiger und rascher erreichen kann, Karlsr RR **96**, 960 (schon Haupttitel), Habscheid NJW **73**, 376, aM Nürnb NJW **72**, 2138 (wegen eines selbständigen Beweisverfahrens), dann fehlt das *Rechtsschutzbedürfnis,* Grdz 33 vor § 253, das auch in diesem Verfahren stets erforderlich ist, Ffm NJW **75**, 393. Das Rechtsschutzbedürfnis fehlt auch dann, wenn eine Wiederholungsgefahr dadurch gebannt ist, daß der Schuldner dem Gläubiger eine Vertragsstrafe versprochen hat. Ein derartiges Versprechen zugunsten eines Dritten würde das Rechtsschutzbedürfnis des Gläubigers allerdings nicht beseitigen, Stgt GRUR **78**, 540. BGH GRUR **80**, 242, Sommerlad NJW **84**, 1490 verneinen schon die Tatbestandsmäßigkeit. Wenn eine Vertragsstrafe zugunsten des Gläubigers versprochen wurde, dann entfällt ein Rechtsschutzbedürfnis des Gläubigers für eine einstweilige Verfügung selbst dann nicht stets, wenn der Schuldner gegen sein Versprechen verstößt, sofern unverändert anzunehmen ist, daß er sein Versprechen an sich ernst genommen hat, Hbg MDR **71**, 1016. Wenn der Schuldner kein Vertragsstrafversprechen abgegeben hatte, dann entsteht ein Rechtsschutzbedürfnis für den Gläubiger nicht schon durch jeden Verstoß des Schuldners, solange der Verstoß nur infolge des Irrtums eines Werbeträgers erfolgte, Ffm OLGZ **70**, 40. Dagegen bleibt ein Rechtsschutzbedürfnis bestehen, wenn ein gezielter neuer Verstoß erfolgt, und zwar selbst dann, wenn der Geschädigte ein vorangegangenes Unterlassungsversprechen zu Unrecht zurückgewiesen hat, Hamm NJW **79**, 1573.

10 Der Gläubiger muß in seinem Antrag das zugrundeliegende Rechtsverhältnis *darlegen,* wie bei § 253 Rn 32. Die einstweilige Verfügung wahrt die Belange des Gläubigers. Das Gericht muß aber die Interessen

## 5. Abschnitt. Arrest und einstweilige Verfügung § 940

des Schuldners wenigstens insoweit mitberücksichtigen, als sein Nachteil nicht außer jedem Verhältnis zum Vorteil des Gläubigers stehen darf, Grdz 34 vor § 704, Hamm RR **90**, 1236 (betr ein Mietverbot). Wenn der Schuldner eine rechtswidrige Behauptung unterlassen soll, dann muß er ihre Berechtigung nach §§ 294, 920 II, 936 glaubhaft machen, falls er erreichen will, daß der Antrag des Gläubigers zurückgewiesen wird. Der Schuldner muß also zB dann, wenn ihm eine objektiv beleidigende Behauptung vorgeworfen wird, deren Wahrheit glaubhaft machen. Die Gegenmeinung trägt dem praktischen Bedürfnis und den prozessualen Möglichkeiten keine Rechnung.

Die einstweilige Verfügung berührt weder den sachlichrechtlichen Anspruch noch die Parteistellung im **11** Hauptprozeß, Grdz 15 vor § 50. Das Verfahren auf den Erlaß der einstweiligen Verfügung und der *Hauptprozeß* können *gleichzeitig* zulässig sein, Hbg MDR **71**, 1016. Die einstweilige Verfügung kann kaum der Weg sein, komplizierte tatsächliche und/oder rechtliche Fragen auch nur vorläufig zu klären, Ffm NJW **89**, 409.

**5) Beispiele zur Frage der Zulässigkeit**, vgl auch § 935 Rn 3–6: **12**
**Allgemeine Geschäftsbedingungen:** Der Gesetzgeber hat es abgelehnt, eine dem § 25 UWG vergleichbare Erleichterung zu schaffen, Bunte DB **80**, 484. Nach einer erfolgosen Abmahnung ist eine einstweilige Verfügung zulässig, Bunte DB **80**, 485. Eine einstweilige Verfügung ist auch bei § 13 AGBG möglich, Düss NJW **89**, 1487, Marly NJW **89**, 1473. Die Dringlichkeit ist auch dann von Fall zu Fall zu prüfen, Düss NJW **89**, 1487, Ffm NJW **89**, 1489, großzügiger Marly NJW **89**, 1474.
**Altenheim:** Das Zutrittsverbot gegen nahe Angehörige schafft ein Regelungsbedürfnis, Rn 11, Düss FamRZ **91**, 1181, Köln VersR **97**, 468.
**Anfechtungsgesetz:** Ein Verfügungsverbot kann zur Sicherung eines Anspruchs nach § 7 I AnfG zulässig sein, BGH FamRZ **92**, 663.
**Arbeitsrecht,** dazu *Schaub* NJW **81**, 1807, *Vossen* RdA **91**, 216; *Dorndorf/Weiss,* Warnstreiks und vorbeu- **13** gender Rechtsschutz gegen Streiks, 1983: Bei einem Streit auf Grund eines Arbeitsrechtsverhältnisses ist eine einstweilige Verfügung grundsätzlich zulässig, ArbG Detmold BB **79**, 218, ArbG Herne DB **74**, 1487, ArbG Wetzlar DB **87**, 1899 (Herausgabe des Firmenwagens). Eine einstweilige Verfügung kann im allgemeinen nicht als zulässig angesehen werden, wenn, abgesehen von den oben erörterten Fällen, unsicher ist, ob das Arbeitsrechtsverhältnis besteht.
– **(Abmahnung):** Unzulässig ist eine Untersagung der Erteilung einer Abmahnung, LAG Köln BB **96**, 2255.
– **(Abbruch der Betriebsratswahl):** Zulässig ist eine Maßnahme zwecks Abbruch einer Betriebsratswahl, LAG Hamm DB **94**, 992.
– **(Arbeitskampf):** Zulässig ist eine einstweilige Verfügung grds im Arbeitskampf, soweit er rechtmäßig ist, BAG NJW **78**, 2116, LAG Ffm BB **85**, 2109, LAG Hamm BB **91**, 843 (wegen Fortführung). Unzulässig sein kann ein Verbot des Warnstreiks, LAG Hamm DB **87**, 846, aM LAG Hann DB **88**, 714.
– **(Arbeitslosengeld):** Man muß bei der Bemessung des Anspruchs auch im Eilverfahren stets das Arbeitslosengeld mitberücksichtigen. Es reicht in diesen Fällen aus, daß die Kündigung des Arbeitgebers nicht offenkundig rechtswirksam ist, LAG Hbg DB **74**, 2048, aM ArbG Bln DB **76**, 2165.
S auch Rn 15 „– (Früheres Arbeitsverhältnis)".
– **(Arbeitsversäumnis):** Wegen einer Arbeitsversäumnis Dütz DB **76**, 1431.
– **(Arbeitszeit):** Zulässig ist eine Maßnahme usw wegen einer Neuregelung der Arbeitszeit, ArbG Münst BB **87**, 61, aM ArbG Kblz DB **86**, 487.
– **(Auskunft):** Wegen einer Auskunft des Arbeitgebers an einen Betriebsrat und an die Gewerkschaft LAG Bln DB **84**, 1937, LAG Hamm BB **77**, 1606.
– **(Bankkredit):** Rn 15 „– (Darlehen)". **14**
– **(Beschäftigungsanspruch),** dazu *Pallasch,* Der Beschäftigungsanspruch des Arbeitnehmers (1993) 115: Zulässig ist grds eine Maßnahme zur Sicherung des Anspruchs auf Beschäftigung oder Weiterbeschäftigung bis zum Zeitpunkt der Rechtskraft einer Entscheidung im Hauptprozeß (zu diesem Zeitpunkt BAG NJW **85**, 2968, Löwisch VersR **86**, 404), LAG Bln BB **91**, 1198 (Ausnahme bei erneuter vertragsgemäßer Beschäftigung), ArbG Lpz BB **97**, 366, aM LAG Hamm MDR **98**, 1036 (nur in Not), KrG Schwerin-Stadt BB **91**, 843 (wegen eines früheren Stasi-Mitarbeiters).
– **(Beschluß- oder Urteilsverfahren):** Zu dem Problem, ob das Beschluß- oder das Urteilsverfahren stattfindet, BAG BB **73**, 847 und 1071, LAG Düss DB **74**, 2112, ArbG Wetzlar BB **89**, 1488, aM Hinz BB **74**, 1253.
– **(Betriebsänderung):** Unzulässig ist eine Maßnahme zwecks Betriebsänderung, LAG Hbg DB **83**, 2369, ArbG Herne DB **91**, 2296, Bengelsdorf DB **90**, 1238 und 1282.
– **(Betriebsbedingte Entlassung):** Zulässig ist eine Maßnahme gegen eine betriebsbedingte Entlassung vor dem Abschluß der Verhandlungen über einen Interessenausgleich, ArbG Jena BB **92**, 2223, Ehler BB **94**, 2273, aM LAG Ffm BB **84**, 145.
– **(Betriebsrat):** S bei den einzelnen Arten seiner Tätigkeit.
– **(Betriebsratsmitglied):** Zulässig ist eine einstweilige Verfügung zwar gegen ein einzelnes Mitglied des Betriebsrats, LAG Mü BB **93**, 2168, oder gegen mehrere oder sämtliche Mitglieder, nicht aber gegen den Betriebsrat als solchen, LAG Hbg BB **77**, 846.
Unzulässig ist grds ein Verbot der Ausübung des Amts, LAG Mü BB **93**, 2168.
S auch Rn 16 „– Schulungsveranstaltung)", Rn 17 „– (Wahlvorstand)", „– (Zustimmung zur Entlassung)".
– **(Betriebsverfassung):** Wegen § 2 II *BetrVG* LAG Düss BB **89**, 286 (sehr großzügig); wegen § 87 I *BetrVG* LAG Ffm BB **88**, 68, LAG Köln BB **85**, 1332; wegen § 102 V 2 *BetrVG* LAG Düss BB **89**, 618 (der Arbeitgeber kann und muß eine einstweilige Verfügung selbst beantragen), aM Dütz DB **78**, Beilage 13, S 9; wegen § 111 S 1 *BetrVG* LAG Düss BB **97**, 1315, ArbG Köln BB **93**, 2311, Ehrich

**§ 940**

BB **93**, 356 (ausf); wegen *§ 112 BetrVG* ArbG Düss DB **83**, 2093; wegen *§ 112 a BetrVG* ArbG Passau BB **97**, 1315; wegen *§ 113 BetrVG* BAG DB **92**, 380, ArbG Neustrelitz BB **95**, 206.

15 – **(Darlehen):** Das Gericht darf den Arbeitnehmer nicht stets auf die Möglichkeit der Aufnahme eines Darlehens (Bankkredit) verweisen, ArbG Herne DB **74**, 1487.
– **(Einigungsstelle):** Zulässig ist eine Maßnahme zur Durchführung, LAG Bln BB **91**, 206, zur Verhinderung, Kürtner DB **88**, 707, oder zur Aussetzung des Spruches einer Einigungsstelle, LAG Bln BB **85**, 1199.
– **(Entlassung):** S bei den einzelnen Umständen der Entlassung.
– **(Früheres Arbeitsverhältnis):** Unzulässig ist grds eine Maßnahme, soweit sich die Partner eines früheren Arbeitsverhältnisses nach dem Ablauf der Kündigungsfrist über deren Wirksamkeit noch streiten, zumal der frühere Arbeitnehmer dann einen Anspruch auf die Zahlung eines Arbeitslosengeldes haben dürfte.
 S auch Rn 13 „– (Arbeitslosengeld)".
– **(Lehre):** Wegen eines Weiterbeschäftigungsanspruchs nach Lehrabschluß LAG Kiel BB **85**, 2412.
– **(Lohnzahlung):** Eine einstweilige Verfügung auf Lohnzahlung setzt als sog Leistungsverfügung, Grdz 6 vor § 916, Notlage und hohe Erfolgsaussicht des Hauptanspruchs voraus, LAG Ffm DB **96**, 48, ArbG Ffm DB **99**, 259 (strenge Anforderungen).
– **(Mitbestimmung):** Vgl *Schwonberg*, Die einstweilige Verfügung des Arbeitgebers in Mitbestimmungsangelegeheiten usw, 1997 (Bespr *Loritz* ZZP **112**, 125).
– **(Neuer Arbeitsplatz):** Rn 17 „– (Wiederaufnahme der Arbeit)".
– **(Notlage):** Zulässig ist eine Maßnahme gegen eine (auch betriebsbedingte) Entlassung, soweit sich der Arbeitnehmer dadurch in einer Notlage befindet und soweit die überwiegende Wahrscheinlichkeit dafür spricht, daß die Entlassung unwirksam ist, LAG Ffm NJW **78**, 76, LAG Kiel DB **76**, 826, ArbG Aachen BB **78**, 1415.
– **(Persönlichkeitsrecht):** Zulässig ist eine Maßnahme zur Verhinderung einer Beeinträchtigung des Persönlichkeitsrechts des Gegners, LAG Drsd MDR **99**, 812.

16 – **(Schulungsveranstaltung):** Unzulässig ist eine Freistellung eines Mitglieds des Betriebsrats für eine Schulungsveranstaltung, ArbG Bln DB **76**, 2483.
– **(Sozialhilfe):** Das Gericht darf den Arbeitnehmer nicht auf etwaige Ansprüche nach dem BSHG verweisen, vgl auch ArbG Herne DB **74**, 1487 (Bankkredit).
– **(Streik):** Rn 13 „– (Arbeitskampf)".
– **(Unterlassung):** Zulässig ist eine Maßnahme mit dem Ziel, einen Unterlassungsanspruch durchzusetzen, etwa um zu verhindern, daß der Arbeitnehmer mit dem Unternehmen in den Wettbewerb eintritt, LAG Mü NJW **80**, 957, ArbG Gött DB **74**, 633, aM ArbG Mü DB **78**, 1649 (es müsse eine offenbare Rechtswidrigkeit vorliegen oder die Existenz des Arbeitnehmers bedroht sein). Meist unzulässig ist eine Maßnahme auf Unterlassung von Mehrarbeit, ArbG Bielef BB **96**, 1115.
– **(Unwirksamkeit der Entlassung):** Rn 15 „– (Notlage)".
– **(Urlaub):** Unzulässig ist eine Urlaubsgewährung, soweit der Urlaubsanspruch zwar wegen Zeitablaufs scheinbar zu erlöschen droht, in Wahrheit aber zu einem späteren Zeitpunkt als Schadensersatzanspruch genommen werden und insofern auch in einem Hauptprozeß geltend gemacht werden kann, LAG Hamm MDR **90**, 657. Freilich mag der Arbeitnehmer aus persönlichen Gründen gerade im nahen Zeitpunkt Urlaub haben wollen, auf den er ja grds Anspruch zum Zeitpunkt seiner (und nicht des Arbeitgebers) Wahl hat, sofern nicht zwingende betriebliche Gründe entgegenstehen. Unzulässig ist die Feststellung, ein vom Arbeitgeber bestimmter Zeitraum dürfe nicht als Urlaub behandelt werden, LAG Mainz BB **97**, 1643.
– **(Urteils- oder Beschlußverfahren):** Rn 14 „– (Beschluß- oder Urteilsverfahren)".

17 – **(Wahlordnung):** Unzulässig ist eine Maßnahme zwecks Herbeiführung oder Anwendung einer bestimmten Wahlordnung bei der Wahl zum Betriebsrat, LAG Düss DB **78**, 211.
– **(Wahlvorstand):** Zur einstweiligen Verfügung gegen den Wahlvorstand nach der Einleitung einer Betriebsratswahl LAG Hamm BB **95**, 260, LAG Köln DB **87**, 1996, Held DB **85**, 1691.
– **(Warnstreik):** Rn 13 „– (Arbeitskampf)".
– **(Weiterbeschäftigung):** Rn 14 „– (Beschäftigungsanspruch)".
– **(Wiederaufnahme der Arbeit):** Unzulässig ist ein Gebot zur Wiederaufnahme der Arbeit. Denn die Zwangsvollstreckung ist wegen § 888 II nicht möglich, Jauernig ZZP **79**, 345 (er hält aber ein Verbot für zulässig, am neuen Arbeitsplatz zu arbeiten, allerdings nur nach § 940).
– **(Willkür):** Zulässig ist eine Maßnahme zugunsten des fristlos mit Zustimmung des Betriebsrats Entlassenen, soweit die Entlassung willkürlich war, LAG Düss DB **75**, 700.
– **(Zustimmung zur Entlassung):** Unzulässig ist grds eine Maßnahme mit dem Ziel, die notwendige Zustimmung des Betriebsrats zur Entlassung eines Mitglieds zu ersetzen, ArbG Hamm BB **75**, 1065.
– **(Zutritt):** Zulässig ist eine Maßnahme mit dem Ziel, dem Arbeitnehmer während des Kündigungsprozesses den Zutritt zur Arbeitsstelle zu gewähren, LAG Düss DB **77**, 1054.

**Augenschein:** Er setzt einen sachlichrechtlichen derartigen Anspruch voraus; dieser entsteht nicht schon durch das Verfahren, Stgt RR **86**, 1448.

**Auskunft, Rechnungslegung:** Sie kann grundsätzlich nicht durch eine einstweilige Verfügung erzwungen werden. Denn die Auskunft oder Rechnungslegung stellt bereits die Erfüllung dar, Hamm RR **92**, 640 mwN, und führt oft zu einem dauernden Schaden für den Schuldner. Davon kann aber eine Ausnahme gelten, soweit die Existenz des Gläubigers gefährdet, ausreichender Rechtsschutz durch Klage nicht erreichbar und die Durchsetzbarkeit des Hauptanspruchs von der Auskunft abhängt, KG GRUR **88**, 404.

18 **Bank**, dazu *Heinze*, Der einstweilige Rechtsschutz im Zahlungsverkehr der Banken, 1984; *Mülbert*: Mißbrauch von Bankgarantien und einstweiliger Rechtsschutz, 1974:
 Die Auszahlung einer Bankgarantiesumme darf grds nicht durch eine einstweilige Verfügung verboten werden, Ffm NJW **81**, 1914, Stgt NJW **81**, 1913, aM LG Ffm NJW **81**, 56. Es kann ein seltener

5. Abschnitt. Arrest und einstweilige Verfügung                                                              § 940

Ausnahmefall vorliegen, LG Aachen RR **87**, 1207, etwa beim Rechtsmißbrauch, Stgt MDR **98**, 435, Graf von Westphalen, Die Bankgarantie im internationalen Handelsrecht (1990) 286ff (wohl zustm Schweitzer KTS **90**, 692).
  S auch „Bürgschaft".

**Behörde:** Die Versetzung eines Behördenangestellten läßt sich nicht durch eine einstweilige Verfügung regeln. Zulässig ist eine einstweilige Verfügung zum Schutz vor einer Zwangsvollstreckung wegen einer Fernmeldegebühr, BVerwG NJW **78**, 335. Zulässig ist eine einstweilige Verfügung mit dem Ziel einer vorläufigen Deckungszusage gegenüber der Behörde, Hamm VersR **76**, 724.

**Beseitigung:** Zulässig ist grds ein Anspruch auf eine Beseitigung, Naumb WettbR **96**, 155. Vgl freilich die sog Kerntheorie, § 890 Rn 2.

**Besitzstörung,** dazu *Münzberg,* Einstweilige Verfügungen auf Herausgabe gepfändeter Sachen bei verbotener Eigenmacht?, Festschrift für *Schneider* (1997) 223: Bei verbotener Eigenmacht kann eine Herausgabeverfügung zulässig sein, Hamm RR **92**, 640, und braucht man die Eilbedürftigkeit nicht gesondert darzulegen, Stgt RR **96**, 1516, LG Bre MDR **89**, 1111. Bei § 861 BGB kann sogar evtl eine (Zurück-) Herausgabe verfügt werden, Köln JB **96**, 218. Wegen Briefkastenmißbrauchs § 935 Rn 4 „Besitzstörung".

**Bürgschaft:** Eine einstweilige Verfügung des Schuldners gegen den Gläubiger auf die Unterlassung der Inanspruchnahme des Bürgen ist grds zulässig, Ffm DB **90**, 2259 (auch zu Grenzfällen). Der Hauptschuldner kann die Inanspruchnahme des „Bürgen auf erstes Anfordern" nach §§ 935ff nur beim Rechtsmißbrauch des Gläubigers verhindern, Hamm MDR **91**, 636, Stgt RR **94**, 1204.
  S auch „Bank".

**Dienstleistung:** Die Regelung auf Grund eines Dienstvertrags läßt sich grundsätzlich durch eine einstweilige Verfügung klären. 19

**Ehe, Familie,** dazu *Bölling,* Konkurrenz einstweiliger Anordnungen mit einstweiligen Verfügungen in Unterhaltssachen, Diss Gött 1981; *Borgmann* FamRZ **85**, 337 (Rspr-Üb); *Gießler,* Vorläufiger Rechtsschutz in Ehe-, Familien- und Kindschaftssachen, 2. Aufl 1993: 20
 – **(Abfindung):** Unzulässig ist eine Maßnahme zwecks Vermögensabfindung nach der Scheidung. In einem solchen Fall kann man auch keine Unterhaltsrente bis zur Entscheidung durch eine einstweilige Verfügung erreichen.
 – **(Anhängigkeit):** Rn 23 „– (Prozeßkostenvorschuß)".
 – **(Ausländer):** Unzulässig ist eine Unterhaltsregelung zugunsten einer getrennt unberechtigt in Deutschland lebenden Ausländerin, Kblz FamRZ **80**, 355.
 – **(BAföG):** Unzulässig ist eine Maßnahme auf Unterhalt trotz Vorauszahlungen nach dem BAföG, Düss FamRZ **86**, 78.
 – **(Belästigung):** Zulässig ist ein Belästigungsverbot, Düss FamRZ **95**, 183.
 – **(Dringender Lebensbedarf):** Zulässig ist eine einstweilige Verfügung nur zur Sicherung des dringenden Lebensbedarfs, Grdz 6, 7 vor § 916, Düss FamRZ **95**, 1215 (bis 6 Monate), Karlsr FamRZ **97**, 624, Köln FamRZ **96**, 1431, Oldb FamRZ **97**, 182 (nicht erst nach 6 Monaten), aM Hbg FamRZ **81**, 161, AG Groß Gerau MDR **81**, 1027 (diese Gerichte billigen vollen angemessenen Lebensunterhalt zu). Der Bedarf fehlt, soweit man anderweitig prozessual Unterhalt besorgen kann, Köln FamRZ **99**, 245. Das muß freilich zumutbar sein. Notbedarf fehlt auch, soweit Vermögen ausreicht, Stgt FER **97**, 90, oder soweit ein Dritter ein Darlehen gibt, Karlsr FamRZ **99**, 244. Auch das muß freilich zumutbar sein.
    S auch „– (BAföG)", Rn 21 „– (Erziehungsgeld)", Rn 22 „Gesamtgut", Rn 25 „– (Sozialhilfe)", Rn 26 „– Übergangszeit)", „,– (Unterhalt)", Rn 27 „– (Verzögerung)". 21
 – **(Ehegattenunterhalt):** Eine Regelung zwischen Ehegatten durch eine einstweilige Verfügung vor Anhängigkeit eines Scheidungsantrags ist mit dem GG vereinbar, BVerfG FamRZ **80**, 872. Soweit der begehrte Unterhalt bereits gezahlt wird, Düss FamRZ **79**, 801, KG FamRZ **98**, 688.
 – **(Ehewohnung):** Unzulässig ist eine Maßnahme zwecks Herausgabe der Ehewohnung an den anderen Ehegatten, Zweibr FamRZ **83**, 1254, oder auf ein Verbot des notwendigen Umräumens, wenn dem getrenntlebenden Partner nur der Termin nicht paßt, Ffm FamRZ **87**, 726.
    S auch Rn 22 „– (Hausrat)", Rn 27 „– (Zutritt)".
 – **(Einstweilige Anordnung),** dazu *Bernreuther* FamRZ **99**, 69 (Üb): Vor Anhängigkeit eines Scheidungsverfahrens ist eine einstweilige Verfügung zulässig, Düss FamRZ **83**, 1121, Karlsr FamRZ **81**, 983. Soweit eine einstweilige Anordnung nach §§ 127a, 620ff zulässig ist, fehlt einem Antrag auf eine einstweilige Verfügung das Rechtsschutzbedürfnis, Rn 4. Er ist undeutbar, Brdb FamRZ **96**, 1222.
    S auch R 23 „– (Prozeßkostenvorschuß)".
 – **(Entbindungskosten):** Rn 26 „– (Unterhalt)".
 – **(Erziehungsgeld):** Auch Erziehungsgeld beseitigt, wie Sozialhilfe, s dort, den Notbedarf, Hamm FamRZ **92**, 582, Stgt FamRZ **88**, 305, LG Stgt FER **99**, 18, aM Köln FamRZ **96**, 1431.
 – **(Freiwillige Gerichtsbarkeit):** Unzulässig ist eine Maßnahme, soweit die Sache zur freiwilligen Gerichtsbarkeit gehört, BGH NJW **83**, 48 (Hausrat). 22
 – **(Gesamtgut):** Zulässig ist eine Regelung über Einkünften aus dem Gesamtgut für die Zeit zwischen Scheidung und Auseinandersetzung. Beim Notunterhalt kann man nur die Mitwirkung an einer ordnungsgemäßen Verwaltung des Gesamtguts fordern, Mü FamRZ **96**, 557.
 – **(Hausrat):** Unzulässig ist eine Maßnahme, soweit sie der Sache nach, zB beim Streit um Hausrat, zur freiwilligen Gerichtsbarkeit gehört, BGH NJW **83**, 48.
 – **(Herausgabe):** Rn 21 „– (Ehewohnung)", Rn 22 „– (Kind)", „– (Krankenschein)".
 – **(Kind):** Unzulässig ist eine Maßnahme zwecks Herausgabe eines Kindes von dem einen an den anderen Elternteil, Düss FamRZ **82**, 431.
 – **(Krankenschein):** Ein Antrag des mitversicherten Antragstellers auf Herausgabe eines Krankenscheins ist seit der Einführung eines eigenen Anspruchs des Unterhaltsberechtigten (1. 1. 89) nicht mehr zulässig, AG Altena FamR **89**, 1313.

## § 940

**23** – **(Nachehelicher Unterhalt):** Soweit der Gegner schon vor der Scheidung einen nachehelichen Unterhalt abgelehnt hat und soweit der Antragsteller diesen Unterhalt im Verbundverfahren nicht verlangt hat, kann er ihn auch nicht durch eine einstweilige Verfügung erlangen, Düss FamRZ **89**, 881, Hamm FamRZ **85**, 412.
– **(Notbedarf):** Rn 21 „,– (Dringender Lebensbedarf)", Rn 25 „,– (Sozialhilfe)".
– **(Prozeßkostenhilfe):** Rn 21 „,– (Einstweilige Anordnung)", Rn 23 „,– (Prozeßkostenvorschuß)".
– **(Prozeßkostenvorschuß):** Zulässig ist eine einstweilige Regelung zwecks Zahlung eines Prozeßkostenvorschusses, solange noch keine Ehesache anhängig ist oder solange noch kein Antrag auf Prozeßkostenhilfe gestellt wurde, Düss FamRZ **85**, 299, aM Oldb FamRZ **78**, 526, oder wenn der Scheidungsantrag erst nach dem Erlaß der einstweiligen Verfügung eingeht, Einf 1 vor §§ 620–620 g, Düss FamRZ **87**, 498, Hbg FamRZ **82**, 409, Karlsr FamRZ **89**, 523 (andernfalls evtl Weiterführung als einstweilige Anordnung), aM Zweibr FamRZ **86**, 76. Bosch FamRZ **86**, 692 fordert eine gesetzliche Klärung des Problems.
S auch Rn 21 „,– (Einstweilige Anordnung)".

**24** – **(Rückstand):** Unzulässig ist eine einstweilige Verfügung wegen eines Rückstands, insbesondere von Unterhalt, für die Zeit vor dem Urteilserlaß; das gilt bei § 940 wie bei § 1615 a BGB, Celle RR **96**, 257, Düss FamRZ **87**, 612, StJGr 42 vor § 935, aM Köln FamRZ **80**, 351 (es hält sogar eine Regelung für 2 Jahre im Einzelfall für zulässig), Stgt FamRZ **80**, 1117 (das OLG billigt ausnahmsweise sogar eine zeitlich unbegrenzte Rente zu), Schlesw SchlHA **79**, 41 (Dauerregelung bei bescheidenen Verhältnissen).
S aber auch „,– (Rückwirkung)".
– **(Rückwirkung):** Eine rückwirkende Bewilligung von Unterhalt kann entsprechend derjenigen von Prozeßkostenhilfe, § 119 Rn 16, nur bei einer dem Gericht vorwerfbaren Verfahrensverzögerung und nur ab dem Zeitpunkt infragekommen, zu dem das Gericht frühestens hätte entscheiden dürfen.
– **(Scheidung):** S bei den einzelnen Arten von Auswirkungen des Scheidungsverfahrens.

**25** – **(Sozialhilfe):** Vgl zunächst Rn 26 „Unterhalt". Eine ausreichende, bereits für den gesamten streitigen Zeitraum *gezahlte* Sozialhilfe beseitigt den Notbedarf, Ffm FamRZ **97**, 1090, KG FamRZ **98**, 690, AG Groß Gerau FamRZ **98**, 1378, aM Köln FamRZ **96**, 1431, Stgt FamRZ **89**, 198.
Ein bloßer Anspruch auf eine noch *nicht* gezahlte Sozialhilfe beseitigt den Notbedarf noch nicht, Hbg FamRZ **88**, 1182, Kblz FamRZ **88**, 1073.
S auch Rn 21 „,– (Erziehungsgeld)".

**26** – **(Übergangszeit):** Zulässig ist eine Regelung stets nur für eine Übergangszeit, insofern auch Hbg FamRZ **81**, 161 (das OLG stellt sehr großzügig darauf ab, wann im Hauptprozeß ein Urteil zu erwarten ist), Hamm FamRZ **86**, 696, freilich höchstens für etwa 6 Monate und keineswegs für Jahr und Tag, Düss RR **91**, 1029 (Ausnahme bei Notlage; zweimal 6 Monate), Oldb FamRZ **87**, 1163, LG Bonn JB **90**, 1318, aM Düss FamRZ **94**, 113 (bis zu 5 Jahre) (aber das ist nun wirklich keine bloße Übergangszeit).
S auch Rn 21 „,– (Dringender Lebensbedarf)", Rn 26 „,– (Unterhalt)".
– **(Unterhalt):** Vgl zunächst § 644; seinetwegen versagt Zweibr MDR **99**, 486 sogar eine einstweilige Verfügung auf Notbedarf und geben Köln FamRZ **99**, 662, Nürnb NJW **98**, 3788, AG Bergisch-Gladb FamRZ **99**, 659 eine Leistungsverfügung nur bis zur Möglichkeit, die Hauptsache geltend zu machen. Düss AnwBl **99**, 296 macht sogar schon einen Eilantrag vor Vorschuß vom Fehlen der Möglichkeit nach §§ 127 a, 620 abhängig. Zulässig ist eine Regelung nur für die Zeit seit Antragseingang, Köln FamRZ **98**, 1384. Zulässig ist die Verpflichtung des Vaters zur Zahlung eines Unterhalts für ein Kind während 3 Monaten nach § 1615 o I BGB oder zur Zahlung der Entbindungskosten und eines Unterhalts für die Mutter während 8 Wochen nach § 1615 o II BGB.
S auch bei den einzelnen Vorgängen wegen Unterhalts.
– **(Unterhaltsvergleich):** Ein im Verfahren der einstweiligen Verfügung geschlossener Unterhaltsvergleich kann eine nur vorläufige Regelung, Hbg FamRZ **83**, 904, aber auch eine endgültige Regelung bedeuten, Köln FamRZ **83**, 1122.

**27** – **(Verzögerung):** Wegen einer Rückwirkung bei gerichtlich verschuldeter Verzögerung vgl Rn 24 „,– (Rückwirkung)". Soweit die Partei zB das Hauptverfahren verzögert, kommt zumindest keine weitere einstweilige Verfügung in Betracht, auch nicht wegen Notbedarfs, Düss FamRZ **92**, 80. Ein Jahr nach dem Eintritt der Bedürftigkeit ist selbst „auf Weisung des Sozialamtes" eine zu lange Zeit des Zuwartens, Düss FamRZ **88**, 636. Unzulässig ist eine erneute einstweilige Verfügung auf Unterhalt, auf den der Antragsteller nach einem Erfolg des vorangegangenen Eilverfahrens nicht zur Hauptsache geklagt hatte, Zweibr FamRZ **86**, 921, AG Groß Gerau MDR **85**, 593, oder nicht nach § 711 S 2 vorgegangen ist, Karlsr FamRZ, **96**, 1431.
– **(Weitere Verfügung):** S „,– (Verzögerung)".
– **(Zeitablauf):** Eine einstweilige Verfügung wird nicht schon wegen Zeitablaufs bis zum Berufungsurteil unzulässig, Düss FamRZ **93**, 962.
S auch „,– (Verzögerung)".
– **(Zugewinnausgleich):** Eine einstweilige Verfügung kann auch zur Sicherung wegen des künftigen Zugewinnausgleichs erlassen werden, § 935 Rn 4.
– **(Zutritt):** Zulässig sein kann das Verbot des Betretens der Ehewohnung gegenüber dem lebensgefährlich mit einem Messer verletzten Ehegatten-Mitmieter, LG Bochum RR **90**, 896.

**28 Ehre:** Der Unterlassungsanspruch wegen ehrverletzender Äußerung gegenüber einem Dritten beläßt dem Schuldner seine Rechte nach § 193 StGB, Kblz OLGZ **90**, 246. Wegen einer Antragswiederholung Rn 11. Auch die Ehre des Verstorbenen kann schutzwürdig sein, Köln FamRZ **99**, 954 (Adenauer).

**Eigentum:** Der Antragsteller muß darlegen und glaubhaft machen, daß sein Herausgabeanspruch gefährdet ist, Drsd MDR **98**, 305 (nicht schon bei Abnutzung), KG NJW **93**, 1480.

**Enteignung:** Wegen eines Anspruchs öffentlichrechtlicher Art zB nach dem VermG ist mangels Eröffnung des ordentlichen Rechtswegs keine einstweilige Verfügung statthaft. KG MDR **92**, 197.

5. Abschnitt. Arrest und einstweilige Verfügung  **§ 940**

**Feststellung:** Eine einstweilige Verfügung mit einem feststellenden Inhalt kommt nur in ganz engen Grenzen in Betracht, Celle NJW **90**, 583, Kohler ZZP **103**, 208 (ausf), großzügiger Vogg NJW **93**, 1365 (ausf).

**Gegendarstellung:** Rn 40 „Presserecht".     29

**Gesellschaft,** dazu *Wohlleben,* Einstweiliger Rechtsschutz im Personengesellschaftsrecht, 1990 (je ausf):
- **(Abberufung):** S „– (Abwicklung)", „– (Geschäftsführer)".
- **(Abwicklung):** Unzulässig ist eine Maßnahme zwecks Ernennung oder Abberufung eines Abwicklers. Denn dergleichen gehört in die freiwillige Gerichtsbarkeit, § 145 I FGG, Ffm RR **89**, 99, Kblz DB **90**, 2413, Semler BB **79**, 1536, aM Ffm RR **92**, 935, von Gerkan ZGR **85**, 190, Zutt ZHR **91**, 208. Das Prozeßgericht kann lediglich die Überschreitung der Befugnisse eines Abwicklers untersagen, Ffm RR **89**, 99.
- **(Anmeldung):** S „– (Gesellschafterbeschluß)".
- **(Befriedigung):** Zu ihren engen Möglichkeiten Rostock MDR **96**, 1183.
- **(Dritter):** S „– (Geschäftsführer)".
- **(Entziehung):** Unzulässig ist eine Maßnahme, in einer Zweipersonengesellschaft dem anderen geschäftsführenden Gesellschafter die Befugnisse bis zur Entscheidung in der Hauptsache zu entziehen, soweit auch der Antragsgegner schon entsprechend vorgeht, Düss NJW **89**, 172.
- **(Gegenantrag):** Zulässig ist die Erzwingung der Mitteilung eines Gegenantrags nach (jetzt) § 126 II AktG, Ffm NJW **75**, 392.
- **(Geschäftsführer):** Zulässig sein können: Die Entziehung der Befugnis eines Geschäftsführers gegenüber dem bisher alleinvertretungsberechtigten Gesellschafter einer Offenen Handelsgesellschaft sowie die Übertragung dieser Befugnis auf einen Dritten, Köln BB **77**, 465, Stgt BB **85**, 879 (betr eine GmbH bzw eine KG); ein Geschäftsführungsverbot bis zur Abberufung durch die Gesellschafter, Ffm BB **98**, 2440.
  *Unzulässig* ist es, dem Antragsgegner zu verbieten, den Antragsteller als Geschäftsführer auf einer Versammlung abzuberufen, Ffm Rpfleger **81**, 154, oder wiederzuberufen, aM Ffm RR **92**, 935.
- **(Gesellschafterbeschluß):** Zulässig ist das Verbot, einen Gesellschafterbeschluß zu vollziehen, Kblz RR **86**, 1039, zB einen Beschluß mit dem Inhalt, eine Umwandlung beim Registergericht anzumelden.
  *Unzulässig* ist eine Maßnahme mit dem Ziel, auf die Beschlußfassung (Willensbildung) der Gesellschafter einzuwirken, § 938 Rn 10, Kblz NJW **91**, 1119. S dazu bei den einzelnen Arten solcher Maßnahmen.
- **(Gesellschafterversammlung):** Zulässig sein kann das Verbot, eine Gesellschafterversammlung abzuhalten, Ffm Rpfleger **82**, 154.
  S aber auch „– (Beschlußfassung)".
- **(Letztwillige Verfügung):** S „– (Testament)".     30
- **(Pacht):** Zulässig ist die Untersagung der weiteren Nutzung einer Sache, die ein Gesellschafter der Gesellschaft verpachtet hat, nach der Kündigung des Pachtvertrags, Karlsr NJW **94**, 3362.
- **(Prokura):** S „– (Testament)".
- **(Registergericht):** Rn 29 „– (Gesellschafterbeschluß)", Rn 30 „– (Testament)".
- **(Stimmrechtsausübung):** Unzulässig ist eine Maßnahme mit dem Ziel einer Unterbindung der Ausübung des Stimmrechts durch einen anderen Gesellschafter, Ffm BB **82**, 274, Kblz NJW **91**, 1119, ZöV 8 „Gesellschaftsrecht", aM Hbg NJW **92**, 186, Kblz NJW **86**, 1693.
- **(Testament):** Unzulässig ist eine Eintragung des entgegen einer Testamentsauflage, aber trotzdem wirksam bestellten Prokuristen, Kblz RR **86**, 1039.
- **(Umwandlung):** Rn 29 „– (Gesellschafterbeschluß)".
- **(Vollzug):** Rn 29 „– (Gesellschafterbeschluß)".
- **(Wiederberufung):** Rn 29 „– (Geschäftsführer)".
- **(Willensbildung):** Rn 29 „– (Gesellschafterbeschluß)".
- **(Zweipersonengesellschaft):** Rn 29 „– (Entziehung)".

**Gewerblicher Rechtsschutz,** dazu *Pastor/Ahrens,* Der Wettbewerbsprozeß, 4. Aufl 1999:     31
- **(Allgemeine Geschäftsbedingungen):** Zulässig sein kann der Antrag eines Verbandes auf die Unterlassung der Verwendung bestimmter Allgemeiner Geschäftsbedingungen, Hbg NJW **81**, 2420.
- **(Aufbrauchsfrist):** Unzulässig ist die Zubilligung einer Aufbrauchsfrist durch das erstinstanzliche Gericht, Düss RR **87**, 572.
- **(Aussetzung):** Zulässig ist eine Aussetzung nach § 96 II GWB, Köln GRUR **77**, 222 (das OLG läßt eine einstweilige Verfügung aber nicht mehr in einem Verfahren gegenüber einem Preisbrecher zu, vgl Grdz 9 vor § 916).
  *Unzulässig* ist eine Aussetzung nach § 148, Grdz 13 vor § 916, Düss GRUR **83**, 80 (stattdessen kommt eine Zurückweisung des Antrags in Betracht).
- **(Belieferung):** Rn 32 „– (Kartellrecht)".
- **(Beseitigung):** Zulässig sein kann ein Gebot der Beseitigung, soweit diese keine endgültigen, nicht wiedergutzumachenden Verhältnisse schafft, Kblz GRUR **87**, 731.
  S auch „– (Folgenbeseitigung)".
- **(Bierlieferung):** S „(– Getränkelieferung)".
- **(Dringlichkeitsvermutung):** § 25 UWG und Rn 6.
- **(Firmenrechtsverletzung):** In einem solchen Fall besteht grds ein Verfügungsgrund, weil ein Schadensersatz nachträglich nur schwer geltend gemacht werden könnte, Stgt WettbR **96**, 112.
- **(Folgenbeseitigung):** Zulässig sein kann eine Maßnahme zur Folgenbeseitigung, Ffm GRUR **89**, 74.
- **(Fristverlängerung):** Rn 33 „– (Zögern)".
- **(Gebrauchsmuster):** Rn 32 „– (Herstellungs- und Vertriebsverbot)".

## § 940

- **(Getränkelieferung):** Zulässig sein kann das Verbot, Getränke, insbesondere Bier, bei einem anderen als dem im Lieferungsvertrag Genannten zu beziehen, sogar für die gesamte restliche Vertragsdauer, Ffm GRUR **89**, 71.
    S auch Rn 32 „– (Lieferstop)".
32 - **(Herstellungs- und Vertriebsverbot):** In einer Patent- oder Gebrauchsmustersache, die auf ein Herstellungs- oder Vertriebsverbot abzielt, ist große Vorsicht geboten. Das gilt insbesondere dann, wenn die einstweilige Verfügung den Betrieb des Gegners gefährden würde. Denn das Gericht kann im vorläufigen Verfahren oft den Stand der Technik und andere Voraussetzungen nicht genügend feststellen. Deshalb muß man in solcher Lage eine einstweilige Verfügung im allgemeinen als unzulässig ansehen, LG Düss GRUR **80**, 990, großzügiger Karlsr GRUR **79**, 700, Schulz-Süchting GRUR **88**, 571.
- **(Kartellrecht):** Beim Belieferungsanspruch nach § 26 II GWB ist Zurückhaltung ratsam, § 938 Rn 6, Schockenhoff NJW **90**, 155, aM Kblz RR **87**, 292.
    S auch Rn 31 „– (Aussetzung)".
- **(Kenntnisnahme):** Zum Begriff der Kenntnisnahme vom Verstoß Ffm NJW **85**, 1295.
- **(Kundenkontakt):** Zulässig ist das Verbot, daß der Gegner mit Kunden des Antragstellers in Kontakt tritt, selbst wenn sie nicht im einzelnen benannt werden, Kblz RR **87**, 95.
- **(Lieferstop):** Unzulässig ist eine einstweilige Verfügung, soweit ein Verstoß des Antragsgegners dadurch abgewendet werden kann, daß der Antragsteller gegenüber dem Antragsgegner einen Lieferstop verhängt, Hamm DB **77**, 2134.
    S auch Rn 31 „– (Getränkelieferung)".
- **(Markenrecht):** § 25 UWG (Dringlichkeitsvermutung) ist entsprechend anwendbar, Drsd WettbR **99**, 134 mwN (Streitfrage).
- **(Messeverstoß):** Eine Leistungsverfügung, Grdz 6 vor § 916, zB die Zulassung zum Stand, kann möglich sein, Düss RR **96**, 124.
    S auch Rn 33 „– (Zögern)".
- **(Patent),** dazu *Marschall*, Die einstweilige Verfügung in Patentsachen, Festschrift für *Klaka* (1987) 99 (ausf): Zulässig ist ein Verbot der Verbreitung einer Behauptung, die den Antragsteller einer Patentverletzung usw beschuldigt, LG Düss GRUR **80**, 989. Auch in einer Patentverletzungssache kommt eine einstweilige Verfügung in Betracht, wenn auch nur selten, Hbg GRUR **84**, 105. § 25 UWG ist unanwendbar, Düss GRUR **94**, 508. Freilich kann eine einschränkende Veränderung des Schutzbegehrens im Erteilungsverfahren das Rechtsschutzbedürfnis beseitigen, Ffm GRUR **88**, 686.
    S auch „– (Herstellungs- und Vertriebsverbot)".
- **(Preisbrecher):** Rn 31 „– (Aussetzung)".
- **(Rechtsberatung über Hotline):** Zulässig sein kann eine einstweilige Verfügung auf Unterlassung; zum Problem Berger NJW **99**, 1353, Büring/Edenfeld MDR **99**, 534.
- **(Rückgabeempfehlung):** Unzulässig ist eine einstweilige Verfügung, die den Gegner zu einer Rückgabeempfehlung gegenüber seinen Abnehmern verpflichten soll, Hbg GRUR **86**, 564.
33 - **(Schadensersatz):** Ein Schadensersatzanspruch kann trotz der damit verbundenen Vorwegnahme der Hauptsache durchsetzbar sein, wenn ein ausreichender Rechtsschutz nur im Eilverfahren erzielbar ist, Grdz 6 vor § 916, Düss GRUR **84**, 77.
- **(Terminsverlegung):** Unzulässig ist eine einstweilige Verfügung wegen Wegfalls der Bezüglichkeit, § 25 UWG, wenn der Antragsteller sich mit einer vom Antragsgegner erbetenen Terminsverlegung um mehrere Wochen einverstanden erklärt, Hamm WettbR **96**, 164.
- **(Unterlassung):** Besondere Schwierigkeiten ergeben sich oft bei der Angabe des Gegenstands eines Unterlassungsgebots. Der Antragsteller muß diesen Gegenstand einerseits deutlich genug machen, damit nicht etwa die eigentliche Entscheidung erst in der Vollstreckungsinstanz ergehen kann, nämlich auf die Frage, ob eine angebliche Zuwiderhandlung noch unter das Verbot fällt oder nicht.
    Die Angaben des Antragstellers dürfen aber andererseits auch nicht so eng begrenzt verlangt werden, daß sich der Schuldner dem Antrag durch eine verhältnismäßig *geringfügige Änderung* seiner bisherigen Verhaltensweise entziehen kann. Das übersieht Lipps NJW **70**, 226 (er meint, in einer Wettbewerbssache bestehe kaum eine Befugnis nach den §§ 938, 925 II). Zulässig kann eine weitere einstweilige Verfügung mit dem Ziel sein, denselben Erfolg auf einem anderen Weg zu erreichen, etwa die Unterlassung einer bestimmten Kennzeichnung nunmehr durch die Herausgabe der Bestände statt durch die Androhung eines Ordnungsmittels zu erreichen. Der Schuldner kann zwischen Abschlußerklärung und Unterwerfung wählen, Karlsr WettbR **98**, 140.
- **(Urheberrecht):** In einer Urheberrechtssache ist § 25 UWG unanwendbar, KG BB **94**, 1596. Die Veröffentlichung des Tenors einer Unterlassungsverfügung kann nicht nach § 103 UrhG durch eine einstweilige Verfügung verfolgt werden, Ffm RR **96**, 423.
- **(Verband):** Rn 31 „– (Allgemeine Geschäftsbedingungen)".
- **(Veröffentlichung):** Soweit es um eine Befugnis zur Veröffentlichung geht, ist große Vorsicht ratsam, § 25 UWG.
- **(Vertriebsverbot):** Rn 32 „– Herstellungs- und Vertriebsverbot)".
- **(Wiederaufleben der Dringlichkeit):** Auf diese Rechtsfigur kommt es nicht bei einer völlig neuen Verletzungslage an, Kblz WettbR **96**, 45.
- **(Zögern),** dazu *Traub* (vor Rn 1): Unzulässig kann eine einstweilige Verfügung sein, wenn der Gläubiger bis zu ihrer Beantragung zu lange gewartet hat, Karlsr GRUR **93**, 697, Traub GRUR **96**, 707. Im einzelnen: *2 Tage:* Schädlich beim Messeverstoß, Ffm GRUR **84**, 693; *4 Wochen:* Unschädlich, Mü MDR **94**, 152; *1 Monat:* Schädlich, Mü GRUR **80**, 1018; *6 Wochen:* Unschädlich, Stgt GRUR **78**, 540; *2 Monate:* Gerade noch unschädlich, Düss WettbR **99**, 15, Hbg GRUR **83**, 437, KG DB **80**, 1395; *Monatelang:* Schädlich, Köln GRUR **78**, 719; *3 Monate:* Evtl unschädlich, Hamm RR **90**, 1236; schädlich, Köln GRUR **78**, 719; *Über 3 Monate:* Schädlich, Köln GRUR **78**, 719; *4 Monate:* Evtl unschädlich, LG Düss GRUR **80**, 993; *5 Monate:* Schädlich, Bre RR **91**, 44 (bei Verhandlungen);

*6 Monate usw:* Schädlich, Ffm BB **79**, 238, Hbg MDR **76**, 1028, LG Ffm RR **91**, 45; *2 Jahre:* Schädlich, Ffm OLGZ **88**, 99; Jahrelang: Schädlich, Hbg MDR **73**, 939, Mü GRUR **80**, 330.

Freilich setzen diese Fristen die Kenntnis des Gläubigers von allen *maßgeblichen Umständen* voraus, Ffm NJW **85**, 1295, Hbg RR **86**, 716. Unzulässig werden kann die einstweilige Verfügung, wenn der Antragsteller vermeidbar das Verfahren verzögert, Hamm WettbR **96**, 164 links und rechts.

**Gewerkschaft:** Rn 17 „Arbeitsrecht". 34

**Grundbuch**, dazu *Foerste*, Grenzen und Durchsetzung von Verfügungsbeschränkung und Erwerbsverbot im Grundstücksrecht, 1986:
Zulässig ist eine einstweilige Verfügung dahin, dem Grundschuldgläubiger zu untersagen, über die Grundschuld zu verfügen, LG Ffm Rpfleger **83**, 250. Im Fall einer Briefgrundschuld sollte man gemäß § 938 beantragen, dem Antragsgegner aufzugeben, den Brief an den Gerichtsvollzieher herauszugeben, da das Grundbuchamt ihn vor der Eintragung der Verfügungsbeschränkung nach § 41 GBO benötigt, Meyer-Stolte Rpfleger **83**, 250. Ein gesetzliches Vorkaufsrecht stört erst ab Rechtsbeständigkeit, Hamm RR **94**, 1042. Eine Vormerkung muß bei der Entscheidungsreife notwendig sein, KG MDR **94**, 1012. Die Voraussetzungen des § 867 II sind hier entbehrlich, Ffm FGPrax **95**, 138.

*Unzulässig* ist eine einstweilige Verfügung mit dem Ziel, im Grundbuch einen Vermerk der Rechtshängigkeit des Hauptprozesses eintragen zu lassen, Stgt MDR **79**, 855, oder eine Untersagung einer „Behinderung an der Ausübung der Grunddienstbarkeit", weil das zu unbestimmt formuliert ist, Düss MDR **86**, 328. Vgl aber § 938.

**Herausgabe:** Rn 18 „Besitzstörung". Im übrigen ist große Zurückhaltung geboten, § 916 Rn 9. 35

**Krankenschein:** Rn 27 „Ehe, Familie".

**Leasing:** Zulässig ist die Anordnung der Herausgabe verleaster Sachen an einen Sequester, LG Ravensb NJW **87**, 139. Nach Vertragsende ist eine Herausgabe nicht schon wegen einfacher Weiternutzung zulässig, sondern erst wegen übermäßiger Abnutzung, Köln VersR **88**, 1052.

**Miete:** Auch hier ist eine sog Befriedigungsverfügung, Grdz 6 ff vor § 916, nur ganz ausnahmsweise zulässig, 36 AG Warendorf WoM **92**, 599:
– **(Aushang):** Zulässig ist ein Verbot der Mahnung zur Mietzahlung durch „Aushang" am Hausbriefkasten, LG Dortm WoM **90**, 287.
S auch Rn 37 „,– (Mietzinszahlung)".
– **(Baumaßnahme):** Zulässig ist das Gebot an den Vermieter, unberechtigte, die Wohnqualität beeinträchtigende Baumaßnahmen rückgängig zu machen, AG Wolgast WoM **94**, 265. Das Rechtsschutzbedürfnis für eine einstweilige Verfügung des Mieters nur zwecks Erzwingung einer Duldungsklage des Vermieters kann fehlen, LG Bln WoM **96**, 407.
S auch Rn 37 „,– (Modernisierung)".
– **(Besichtigung):** Ob Besichtigungen durch Mietinteressenten trotz Widerspruchs des Mieters gegen die Vermieterkündigung zulässig sind, ist eine Fallfrage, AG Ibbenbüren WoM **91**, 360.
– **(Doppelvermietung):** Es kommt auf die Gesamtumstände an, auch zeitlich, Wichert ZMR **97**, 16, aM Ffm ZMR **97**, 23.
– **(Gasversorgung):** *Unzulässig* ist ein Gebot an den Versorger zum Vertragsabschluß (Vorwegnahme der Hauptsache), LG Gera WoM **98**, 496.
– **(Heizung):** Zulässig ist das Gebot, ordnungsgemäß zu heizen, LG Mannh WoM **75**, 12; es muß aber mehr als eine technische Störung vorliegen, LG Osnabr WoM **80**, 198. Zulässig ist grds das Gebot, Zutritt zum Heizkeller zu verschaffen, und zwar auch im Sommer, LG Mannh ZMR **78**, 140, etwa zu Renovierungen, AG Münst WoM **87**, 256, sowie das Gebot ordnungsgemäßer Energiebezahlung, soweit das zur Versorgung nötig ist, AG Ludwigsb NZM **97**, 122.
*Unzulässig* ist das Gebot, mit dem der Vermieter Zutritt nur zu dem Zweck erzwingen will, die Heizung dort abzustellen, Hbg WoM **78**, 170, oder auch dort Thermostatventile anzubringen, AG Köln WoM **89**, 88.
– **(Herausgabe):** Rn 38 „,– (Rückgabe)".
– **(Kinderwagen):** Zulässig ist das Gebot der Duldung des Abstellens eines Kinderwagens an einer nicht störenden Stelle des Hausflurs, AG Landau WoM **88**, 52, freilich nur vorübergehend, Grdz 9 vor § 916.
– **(Kündigung):** S „,– (Besichtigung)".
– **(Mahnung):** Rn 36 „,– (Aushang)". 37
– **(Mangelbeseitigung):** Ist der Mieter zur sofortigen Beseitigung eines Mangels ohne Mitwirkung des Vermieters berechtigt, so fehlt es am Verfügungsgrund für die Forderung zur Beseitigung, AG Lörrach WoM **90**, 204.
– **(Mietzinszahlung):** Unzulässig ist eine einstweilige Verfügung auf die Zahlung von Miet- oder Pachtzins, oder auf Minderung des Mietzinses, LG Mannh WoM **74**, 189.
S auch Rn 36 „,– (Aushang)".
– **(Minderung):** S „,– (Mietzinszahlung)".
– **(Modernisierung):** Zulässig ist das Verbot gegenüber dem Vermieter, mit einer in ihrer Berechtigung umstrittenen Modernisierung zu beginnen, BezG Potsdam WoM **93**, 599.
*Unzulässig*, ist eine Maßnahme nur mit dem Ziel einer nicht schon aus Sicherheitsgründen geplanten endgültigen Renovierung durch den Antragsteller, LG Hbg WoM **86**, 243, AG Görlitz WoM **93**, 390, AG Neuss RR **86**, 314, oder durch den Antragsgegner, AG Wuppert WoM **80**, 180.
S auch Rn 36 „,– (Baumaßnahme)" oder „,– (Heizung)".
– **(Plakat):** Zulässig ist das Gebot der Entfernung eines vom Mieter im Haus angebrachten, den Hausfrieden störenden Plakats, AG Ludwigsb WoM **89**, 618.
– **(Renovierung):** Rn 37 „,– (Modernisierung)". 38
– **(Rückgabe):** Die Rückgabe einer Sache kann von dem früheren Besitzer nur ganz ausnahmsweise durch einstweilige Verfügung erzwungen werden. Denn es handelt sich um eine Erfüllung. Eine einstweilige Verfügung mag etwa dann in Betracht kommen, wenn die Sache durch eine verbotene

## § 940

Eigenmacht weggenommen worden war, § 940a, Ffm FamRZ **79**, 516, LG Frankenth WoM **92**, 185, AG Waldshut-Tiengen FamRZ **94**, 523, aM Hbg MDR **70**, 770.
– **(Schlüssel):** Zulässig ist das Gebot einer Überlassung, AG Bad Neuenahr WoM **96**, 331.
– **(Thermostatventil):** Rn 36 „– (Heizung)".
– **(Veräußerungsverbot):** Zulässig ist ein Veräußerungsverbot wegen des Mietgrundstücks zwecks Schadensersatzanspruchs nach einer unberechtigten Eigenbedarfskündigung, LG Bonn WoM **88**, 402.
– **(Verbotene Eigenmacht):** Rn 37 „– (Rückgabe)".
– **(Vermieterpfandrecht):** An die Bestimmtheit des Antrags auf Unterlassung der Entfernung sind keine zu hohen Anforderungen zu stellen, Stgt RR **97**, 521.
– **(Vorvertrag):** Unzulässig ist eine einstweilige Verfügung zwecks Besitzeinräumung und Abschluß des Hauptvertrags nur auf Grund eines Vorvertrags, AG Bln-Schöneb ZMR **99**, 643.
– **(Wasserversorgung):** Zulässig ist ein Liefergebot, AG Lpz WoM **98**, 495.
– **(Zutritt):** Rn 36 „– (Heizung)".
– **(Zweckentfremdung):** Unzulässig ist ein Verbot solcher Nutzungsart, die der Vermieter nach Treu und Glauben hinnehmen muß, Düss MDR **96**, 467.
**Nachbarrecht:** Nächtliche Tiergeräusche können ausreichen, Ffm RR **87**, 1166.
**Nichteheliche Gemeinschaft:** Zulässig sein kann die Durchsetzung des Unterlassungsanspruchs, Schuschke NZM **99**, 484.

**39 Notar:** Unzulässig ist die Anweisung, in bestimmter Weise mit verwahrtem Geld zu verfahren, Hamm MDR **96**, 1182.
**Patentrecht:** Rn 32 „Gewerblicher Rechtsschutz: Patent".
**Politische Partei:** Eine Ordnungsmaßnahme kann beschränkt überprüfbar sein, LG Düss RR **90**, 832. Die Ausstrahlung eines Wahlwerbespots kann durch einstweilige Verfügung anzuordnen sein, Celle NJW **94**, 2237, LG Hann NJW **94**, 2236.
**Presserecht,** dazu *Hösl,* Die Anordnung einer einstweiligen Verfügung in Pressesachen, 1974: Die Pressefreiheit, vgl auch *Hösl,* Die Anordnung einer einstweiligen Verfügung in Pressesachen, Diss Würzb 1974, steht einer solchen einstweiligen Verfügung nicht entgegen.

**40** – **(Beleidigung):** Zulässig ist das Verbot einer ehrenrührigen Behauptung.
S auch „– (Patentverletzung)".
– **(Falschaussage):** Zulässig ist eine Maßnahme zur Verhinderung bzw Beseitigung der Falschaussage eines Zeugen, Ffm MDR **78**, 315.
– **(Fotografieren):** Zulässig ist das Verbot des Fotografierens, soweit eine Wiederholungsgefahr besteht, LG Mannh ZMR **78**, 140.
– **(Gegendarstellung):** Grds zulässig ist eine einstweilige Verfügung zwecks Gegendarstellung, Mü OLGZ **90**, 244. Das gilt zumindest dann, wenn der Ruf oder das Vermögen des Betroffenen schwerwiegend geschädigt wurden oder bedroht sind. Der Erlaß einer einstweiligen Verfügung auf eine Gegendarstellung erfordert grds eine mündliche Verhandlung, Mü OLGZ **90**, 245. Man sollte auf den vorläufigen Charakter der Entscheidung hinweisen, etwa mit den Worten, die Veröffentlichung erfolge auf Grund einer einstweiligen Verfügung. Die Abgabe einer Gegendarstellung erledigt den Antrag, den Gegner zur Abgabe zu verurteilen, Hbg MDR **73**, 1028.
S auch „– (Widerruf)".
– **(Karikatur):** Zulässig ist ein Verbot der Verbreitung einer Karikatur, die das Persönlichkeitsrecht verletzt, Mü NJW **71**, 844.
– **(Patentverletzung):** Zulässig ist das Verbot einer Behauptung, die den Antragsteller einer Patentverletzung usw beschuldigt.
S auch „– (Beleidigung)".
– **(Persönlichkeitsrecht):** S „– (Karikatur)".
– **(Rufschädigung):** S „– (Gegendarstellung)".
– **(Verwirkung):** S „– (Zögern)".
– **(Widerruf):** Man kann einen Widerruf nicht schon in einer einstweiligen Verfügung ausreichend erklären. Daher ist auch eine Formulierung, eine beanstandete Behauptung werde im gegenwärtigen Zeitpunkt nicht aufrechterhalten, unzulässig, aM Schneider AfP **84**, 131.
– **(Zögern):** Bei einer Tageszeitung ist die erforderliche Aktualität nach fast 3 Monaten in der Regel nicht mehr vorhanden. Ein Zuwarten kann umso länger unschädlich sein, je länger der Gegner auf ein Veröffentlichungsverlangen schweigt, Mü OLGZ **90**, 244. Freilich darf man auch dann nicht allzu lange warten (Verwirkung).

**41 Rechtsgeschäft:** Zulässig ist eine einstweilige Verfügung mit dem Ziel der Untersagung eines Rechtsgeschäfts, das gegen § 1365 BGB verstößt, Celle NJW **70**, 1882. Beim Fixgeschäft usw ist auch eine Leistungsverfügung denkbar, LG Mü RR **87**, 958.
*Unzulässig* ist eine einstweilige Verfügung mit dem Ziel der Anordnung einer Abschlagszahlung auf eine Kapitalschuld. Unzulässig ist eine einstweilige Verfügung mit dem Ziel der Rückgabe einer widerrufenen Schenkung. Unzulässig ist eine einstweilige Verfügung, durch die eine vertragliche Bankgarantie beeinträchtigt wird, nur weil der Auftraggeber gegen den Begünstigten einen Rückforderungsanspruch haben könnte, Ffm DB **74**, 974.

**42 Rente:** Grundsätzlich kann man eine Haftpflichtrente bis zur Entscheidung des Hauptprozesses auch im Weg einer einstweiligen Verfügung erzwingen. Weil durch eine solche Entscheidung aber in aller Regel eine endgültige Belastung eintritt, darf die einstweilige Verfügung grds nur innerhalb verständiger Grenzen erlassen werden. Zulässig ist die Verurteilung einer Abschlagszahlung auf Grund eines fortlaufenden Anspruchs, also im Rahmen eines Dauerrechtsverhältnisses, nur dann, wenn der notwendige Bedarf zur Abwendung einer dringenden Notlage gedeckt werden muß, LG Aachen VersR **91**, 1306. Das Gericht der einstweiligen Verfügung prüft nicht, jedenfalls nicht abschließend, in welcher Höhe ein Unterhaltsanspruch gegeben ist, und berücksichtigt auch keine Rückstände, Celle FamRZ **79**, 802.

5. Abschnitt. Arrest und einstweilige Verfügung    §§ 940, 940a

Zulässig ist eine einstweilige Verfügung mit dem Ziel der Erstattung von *Arztkosten* und Kurkosten, die der Antragsteller nach einem Unfall zur Abwendung ernster Gesundheitsschäden aufgewendet hat. Das gilt auch dann, wenn bereits ein vorläufig vollstreckbares Urteil ergangen war, in dem das Gericht dem Schuldner nachgelassen hatte, die Vollstreckung durch eine Sicherheitsleistung abzuwenden. Zulässig ist auch eine einstweilige Verfügung zur Sicherung der Versorgung eines schwer arztgeschädigten Patienten, LG Aachen VersR **91**, 1306, oder zur Abwendung von Vermögensschäden eines besonders ernsten Ausmaßes (etwa Verurteilung zur Zahlung einer Patentanwaltsgebühr, damit die Berufstätigkeit nicht eingestellt werden müsse). Überhaupt darf das Gericht einem Unfallgeschädigten auch im Weg einer einstweiligen Verfügung nur dasjenige zusprechen, was zur Abwendung eines befürchteten ernsten Dauerschadens oder zur Abwendung der Vernichtung seiner wirtschaftlichen Existenz dienen soll, Grdz 6 vor § 916, Celle VersR **90**, 212, Düss JR **70**, 143, Honsell VersR **74**, 207.

**Selbständiges Beweisverfahren:** Soweit ein Verfahren nach §§ 485 ff in Betracht kommt, ist ein Verfahren nach §§ 935 ff unzulässig, Köln VersR **96**, 734.

**Sozialhilfe:** Rn 25 „Ehe, Familie". 43

**Staatsanwaltschaft:** Eine einstweilige Verfügung gegen die Staatsanwaltschaft zwecks Verbots der Rückgabe einer beschlagnahmten Sache kann zwar zulässig sein, ist aber oft erfolglos, weil man gegen den letzten vorangegangenen Gewahrsamsinhaber vorgehen kann, KG RR **95**, 62.

**Unterhalt:** Rn 20–25 „Ehe, Familie", Rn 42 „Rente". 44

**Urheberrecht:** Die einstweilige Verfügung kann kaum der Weg sein, komplizierte tatsächliche und/oder rechtliche Fragen auch nur vorläufig zu klären, KG BB **94**, 1596. § 25 UWG ist unanwendbar, KG NJW **97**, 331, Gutsche Festschrift für Nordemann (1999), 81, ZöV 8 „Verkehrsrecht", aM Karlsr RR **95**, 176.

**Verein:** Zulässig ist eine einstweilige Verfügung zwecks Aufrechterhaltung der Mitgliedsrechte, Düss RR 45 **88**, 1272, oder der Feststellung des Ruhens einer Mitgliedschaft, Celle BB **73**, 1190. Es kann unschädlich sein, erst nach 6 Wochen den vereinsinternen Rechtsweg eingeschlagen zu haben, Köln RR **93**, 891.

**Versicherung:** Eine einstweilige Verfügung auf sofortige Durchführung einer dreimonatigen stationären Behandlung kann wegen Vorwegnahme der Hauptsache unzulässig sein, Köln RR **95**, 546.

**Verwahrung:** Rn 39 „Notar".

**Wechsel:** Eine einstweilige Verfügung ist nur eingeschränkt zulässig, etwa beim Rechtsmißbrauch, Beiss- 46 wingert/Vossius BB **86**, 2364 (ausf). In Betracht kommt eine Herausgabe an einen Sequester, LG Köln RR **87**, 1530, aber nicht mehr nach Protest oder nach Ablauf der Protestfrist, Hamm MDR **88**, 977.

**Werkvertrag:** Zulässig ist eine einstweilige Verfügung, wenn der Unternehmer mit einem vertragswidrigen Bau beginnt, Mü DB **86**, 2595.

**Willenserklärung,** dazu *Frhr von Holtz*, Die Erzwingung von Willenserklärungen im einstweiligen Rechtsschutz, 1995: Eine einstweilige Verfügung ist grds unzulässig, weil die Willenserklärung nach § 894 erst mit der Rechtskraft als abgegeben gilt, Hbg MDR **90**, 1022, Hamm MDR **71**, 401, LG Bochum RR **98**, 1372. Nur ganz ausnahmsweise kommt wegen einer Willenserklärung zwecks nur vorläufiger Regelung eine einstweilige Verfügung in Betracht, Köln RR **97**, 60 (drohende Rechtsverweigerung), Stgt NJW **73**, 908.

**6)** *VwGO:* Vgl § 935 Rn 20. 47

## 940a  Räumung von Wohnraum. Die Räumung von Wohnraum darf durch einstweilige Verfügung nur wegen verbotener Eigenmacht angeordnet werden.

**1) Systematik, Regelungszweck.** § 940a behandelt die Räumung von jeder Art von Wohnraum, 1 § 721 Rn 3, unabhängig vom etwaigen Vorliegen eines Mietvertrags, also zB auch dann, wenn die Überlassung auf einer Unterhaltspflicht beruht, LG Bln ZMR **91**, 182, LG Mannh WoM **86**, 351, aM Hamm MDR **80**, 856 (bloßer Mietraum), oder wenn es um eine nichteheliche Gemeinschaft geht, AG Menden NZM **99**, 417, Schuschke NZM **99**, 484, vgl freilich Rn 2. § 940a ist unabdingbar, aM LG Wiesb RR **93**, 1293 (aber das widerspräche dem Sozialzweck der Vorschrift).

*Neben dieser Vorschrift* ermöglichen auch die §§ 935, 940 eine einstweilige Verfügung, wenn der Besitz dem 2 Besitzer durch eine verbotene Eigenmacht nach § 858 I BGB entzogen wurde, LG Brschw RR **91**, 832. Wenn wegen der Wohnräume bereits eine Kündigung ausgesprochen wurde, dann bleibt § 940 a anwendbar, solange das Vertragsverhältnis nicht beendet ist, LG Mannh WoM **73**, 43, § 940 Rn 32 „Miete". Eine verbotene Eigenmacht kann trotz der grundsätzlichen Anwendbarkeit von § 940 a beim „Lebensgefährten", Rn 1, im Einzelfall fehlen, LG Bln ZMR **91**, 182, Helle NJW **91**, 212. Sie fehlt bei freiwilliger Besitzaufgabe, Köln MietR **97**, 227.

Das *Vorliegen einer verbotenen Eigenmacht,* § 858 I BGB, reicht nicht stets zum Erlaß der einstweiligen 3 Verfügung aus, LG Ffm NJW **80**, 1758. Es müssen vielmehr die Voraussetzungen des § 940 vorliegen, also muß die Räumung zur Abwendung wesentlicher Nachteile oder zur Verhinderung drohender Gewalt oder aus anderen Gründen notwendig sein. Freilich kann eine verbotene Eigenmacht ein „anderer Grund" im Sinn von § 940 sein, Ffm BB **81**, 148, Wolf NJW **80**, 1759. Es kann aber evtl sogar ohne verbotene Eigenmacht ein „anderer Grund" vorliegen, LG Brschw RR **91**, 832, Stellwaag ZMR **91**, 289.

**2) Geltungsbereich.** Vgl zunächst Rn 1. Die Vorschrift gilt *nicht,* wenn es um ein Verbot des *Betretens* 4 des Wohnraums geht, Schuschke NZM **99**, 484, aM LG Brschw RR **91**, 832, LG Mannh WoM **86**, 351, AG Waldshut-Tiengen FamRZ **94**, 523 (aber es besteht auch bei Lebensgefahr kein Bedürfnis, weil ein „anderer Grund" vorliegen kann, s oben).

Die Vorschrift gilt ferner nicht, wenn die bisherige *Ehewohnung* einem der Benutzer zugewiesen wird, soweit nicht dann ohnehin nur § 620 Z 7 anwendbar ist, Hamm MDR **80**, 857, Karlsr FamRZ **84**, 53

(Aufteilung der Wohnung nach §§ 935 ff), AG Lörrach NJW **78**, 1330, aM ThP 1. Soweit § 940a unanwendbar ist, muß der Gläubiger den Anspruch auf die Räumung von Wohnraum einklagen.

5  **3)** *VwGO:* Unanwendbar, weil im VerwProzeß die Räumung einer Wohnung durch einstwAnO nicht angeordnet werden kann.

## 941 Amtliche Eintragung.
Hat auf Grund der einstweiligen Verfügung eine Eintragung in das Grundbuch, das Schiffsregister oder das Schiffsbauregister zu erfolgen, so ist das Gericht befugt, das Grundbuchamt oder die Registerbehörde um die Eintragung zu ersuchen.

**Schrifttum:** *Demharter* Rpfleger **98**, 133 (ausf); *Weiland,* Die Sicherung konkurrierender Sachleistungsansprüche im Wege einstweiliger Verfügung durch Vormerkung und Verfügungsverbot, 1992.

1  **1) Systematik, Regelungszweck.** Die Vorschrift stellt eine Verbindung zwischen der Anordnung durch das Prozeßgericht und der Folge im Grundbuch usw her. Im Arrestverfahren muß der Gläubiger die etwa notwendigen Eintragungen in das Grundbuch, in das Schiffsregister oder in das Schiffsbauregister selbst herbeiführen. § 941 ermöglicht im Verfahren auf den Erlaß einer einstweiligen Verfügung dem Gericht, die entsprechenden Maßnahmen von Amts wegen herbeizuführen. Das dient der Beschleunigung, Grdz 14 vor § 128, und Rechtssicherheit, Einl III 43. Daher ist die Vorschrift großzügig auszulegen.

2  **2) Geltungsbereich.** Die Vorschrift darf nicht auf andere Register entsprechend angewandt werden, etwa auf das Handelsregister, obwohl das eigentlich sachlich gerechtfertigt wäre. § 941 ist aber auf das Register für ein Pfandrecht an Luftfahrzeugen entsprechend anzuwenden, § 99 I LuftfzRG. § 941 setzt voraus, daß die einstweilige Verfügung nach ihrem Inhalt gerade eine Eintragung ermöglicht, zB die Eintragung einer Vormerkung; eines Veräußerungsverbots; eines Widerspruchs gegen eine Vormerkung, AG Freudenstadt MDR **72**, 1033.

Die Vorschrift ist *ferner nicht anwendbar,* wenn die einstweilige Verfügung auf eine Zahlung lautet und wenn der Gläubiger seinen Zahlungsanspruch durch die Eintragung einer Sicherungshypothek vollstrecken will. § 941 ist aber dann anwendbar, wenn eine Eintragung nach der Aufhebung der einstweiligen Verfügung zu löschen ist.

3  **3) Ermessen.** Das Gericht kann in Ausübung eines ganz freien, zwar pflichtgemäßen, aber grundsätzlich nicht nachprüfbaren Ermessens entscheiden, ob es das Registergericht bzw das Grundbuchamt um eine Eintragung ersuchen will, Kblz NJW **80**, 949. Das Gericht der einstweiligen Verfügung sollte von seiner Befugnis grundsätzlich nur dann einen Gebrauch machen, wenn der Gläubiger einen entsprechenden ausdrücklichen Antrag stellt, und sollte auch dann nur in Ausnahmefällen selbst um die Eintragung ersuchen; das übersieht Düss VersR **88**, 861. Allerdings ist ein Antrag des Gläubigers nach dem Gesetz entbehrlich. In einem dringenden Fall können das AG des § 942 bzw der Vorsitzende allein entscheiden, § 944. Das Ersuchen muß von dem Vorsitzenden unterschrieben werden, § 129 Rn 9. Ein Ersuchen des Urkundsbeamten der Geschäftsstelle reicht also nicht aus. Das Gericht handelt kraft seines Amts, also nicht als Vertreter des Gläubigers, Bbg JB **76**, 637, aM ThP 1. Trotzdem muß der Eingang des Ersuchens nach dem Willen des Gesetzes die Vollziehungsfrist wahren, §§ 929 II, 932 III, Kblz NJW **80**, 949. Da diese Frist gewahrt werden muß, muß das Gericht den Gläubiger sofort von dem Ersuchen benachrichtigen. Denn die Zustellung der einstweiligen Verfügung ist unverändert notwendig, § 929 III 2. Das Grundbuchamt kann den Nachweis der Zustellung nicht fordern. Da der Gläubiger über den Fortgang der Zwangsvollstreckung zu bestimmen hat, darf der Gläubiger das Ersuchen des Gerichts wirksam zurücknehmen. Das Gericht verständigt den Gläubiger auch dann, wenn es von der Befugnis zum Ersuchen keinen Gebrauch macht, damit er selbst den Eintragungsantrag stellen kann, § 13 GBO.

4  **4) Eintragung.** Die ersuchte Behörde darf nur die Zulässigkeit der Eintragung nach dem förmlichen Recht des Grundbuchs bzw des Registers prüfen. Wenn die ersuchte Behörde die Eintragung ablehnt, dürfen der Gläubiger und das ersuchende Gericht nach § 71 GBO die Beschwerde einlegen. Wenn der Gläubiger den Antrag zurücknimmt, ist eine etwa eingelegte Beschwerde des Gerichts gegenstandslos.

5  **5)** *VwGO:* Gilt entsprechend für die einstwAnO, § 123 III VwGO.

## 942 Einstweilige Verfügung des Amtsrichters.
¹In dringenden Fällen kann das Amtsgericht, in dessen Bezirk sich der Streitgegenstand befindet, eine einstweilige Verfügung erlassen unter Bestimmung einer Frist, innerhalb der die Ladung des Gegners zur mündlichen Verhandlung über die Rechtmäßigkeit der einstweiligen Verfügung bei dem Gericht der Hauptsache zu beantragen ist.

II ¹Die einstweilige Verfügung, auf Grund deren eine Vormerkung oder ein Widerspruch gegen die Richtigkeit des Grundbuchs, des Schiffsregisters oder des Schiffsbauregisters eingetragen werden soll, kann von dem Amtsgericht erlassen werden, in dessen Bezirk das Grundstück belegen ist oder der Heimathafen oder der Heimatort des Schiffes oder der Bauort des Schiffsbauwerks sich befindet, auch wenn der Fall nicht für dringlich erachtet wird; liegt der Heimathafen des Schiffes nicht im Inland, so kann die einstweilige Verfügung vom Amtsgericht in Hamburg erlassen werden. ²Die Bestimmung der im Absatz 1 bezeichneten Frist hat nur auf Antrag des Gegners zu erfolgen.

5. Abschnitt. Arrest und einstweilige Verfügung § 942

**III** Nach fruchtlosem Ablauf der Frist hat das Amtsgericht auf Antrag die erlassene Verfügung aufzuheben.
**IV** Die in diesem Paragraphen erwähnten Entscheidungen des Amtsgerichts können ohne mündliche Verhandlung ergehen.

**Gliederung**

| | |
|---|---|
| 1) Systematik, Regelungszweck, I–IV ... 1 | A. Ladung vor das Gericht der Hauptsache ................... 8 |
| 2) Geltungsbereich: Dringender Fall, I .. 2, 3 | B. Weiteres Verfahren .................. 9, 10 |
| 3) Eintragung, II ........................ 4 | 6) Aufhebung, III ....................... 11, 12 |
| 4) Verfahren, I, IV ..................... 5–7 | A. Allgemeines ........................ 11 |
|   A. Verhandlung ...................... 5 | B. Rechtsbehelfe ....................... 12 |
|   B. Entscheidung ...................... 6 | 7) VwGO ............................... 13 |
|   C. Rechtsbehelfe .................... 7 | |
| 5) Rechtfertigungsverfahren, I, II ....... 8–10 | |

**1) Systematik, Regelungszweck, I–IV.** § 942 weicht von den §§ 919, 937 I ab, indem er neben dem **1** Gericht der Hauptsache für eine einstweilige Verfügung nach § 935 oder nach § 940 in einem dringenden Fall das AG der Belegenheit, der „Zwangsbereitschaft" Wenzel BB 83, 1226, als „Notgericht" zuständig macht. Dieses AG ist aber nicht etwa das Verfügungsgericht des § 937 I, Schlesw MDR 97, 392, etwa wie es bei § 919 das Arrestgericht ist. Das AG der Belegenheit ist vielmehr nur für die Anordnung, die Aufhebung wegen des erfolglosen Ablaufs einer Auflagefrist nach III und für ein Eintragungsersuchen nach § 941 zuständig, LG Saarbr DGVZ 95, 187. Für eine Aufhebung nach den §§ 924–927, 939 ist nur das Gericht der Hauptsache zuständig, auch für die Vergütung des Sequesters nach § 938, LG Saarbr DGVZ 95, 187. Das letztere Gericht ist auch das Prozeßgericht im Sinne der §§ 887 ff. Nur das Prozeßgericht ist zur Kostenfestsetzung nach §§ 103 ff berufen, und zwar bis zur Festsetzung derjenigen Kosten, die vor dem AG der Belegenheit entstanden sind, Wenzel BB 83, 1226. Das AG der Belegenheit ist allerdings nach den §§ 25 UWG, 23 BauforderungsG erweitert zuständig. Die Zuständigkeit nach § 942 ist eine ausschließliche, § 802, Jacobs NJW 88, 1365. Das AG der Belegenheit ist auch in einer Arbeitssache und dann funktional als Arbeitsgericht zuständig, LAG Bre BB 82, 2188, LAG Stgt BB 89, 851, Wenzel BB 83, 1226 (sie weisen zutreffend auf das Fehlen einer Erstattungsfähigkeit von Anwaltskosten hin).

*Regelungszweck* ist die Erleichterung des Zugangs zum Gericht: Das Eilbedürfnis erfordert das Unterbleiben irgendwelcher bloßer Zuständigkeitsprobleme. Die Vorschrift dient damit nicht nur der Prozeßwirtschaftlichkeit, Grdz 14 vor § 128, sondern auch der (sonst evtl wegen bloßer Zuständigkeitsprobleme nicht mehr erreichbaren vorläufigen) Gerechtigkeit, Einl III 9. Das ist bei der Auslegung mitzubeachten.

**2) Geltungsbereich: Dringender Fall, I.** Neben dem Verfügungsgericht des § 937 ist in einem drin- **2** genden Fall grundsätzlich das AG des Verbleibs der Sache örtlich und sachlich zuständig. Es kommt darauf an, wo sich der Streitgegenstand befindet, § 2 Rn 3, also der Gegenstand der einstweiligen Regelung, vgl Lempp NJW 75, 1920. Bei einer Forderung gilt § 23 S 2 entsprechend. Wenn es um eine Handlung oder Unterlassung geht, kommt es darauf an, wo diese begangen worden ist oder wo sie vorgenommen werden soll. Maßgebender Zeitpunkt ist derjenige der Anordnung der einstweiligen Verfügung. Wenn sich die Sache nicht im Bezirk des AG befindet, dann ist eine von diesem AG erlassene einstweilige Verfügung fehlerhaft. Sie bleibt aber trotzdem als ein Staatsakt bis zum Zeitpunkt ihrer etwaigen Aufhebung wirksam, s § 919 Rn 1.

Ein „dringender Fall" liegt hier anders als bei § 937 dann vor, wenn eine Anrufung des Gerichts der **3** Hauptsache, § 919 Rn 2, das Verfahren für den Gläubiger *nachteilig verzögern würde*, Jacobs NJW 88, 1365, Lempp NJW 75, 1920. Das kann auch dann der Fall sein, wenn sich das zuständige LG am Sitz des AG befindet. Denn der Geschäftsbetrieb ist bei einem Kollegialgericht unter Umständen langsamer, und § 944 bietet praktisch keine Hilfe. Freilich muß der Gläubiger die Dringlichkeit nach §§ 294, 920 II, 936 glaubhaft machen. Er muß also auch glaubhaft machen, daß das LG auch im konkreten Einzelfall langsamer arbeiten werde. Die bloße Behauptung oder die bloße Berufung auf einen angeblichen Erfahrungssatz dürften nur in Ausnahmefällen ausreichen. Schließlich muß auch ein LG jederzeit einsatzbereit sein. Wenn die Dringlichkeit fehlt, kann das angerufene AG das Verfahren auf Grund eines Antrags auch nach § 281 an das Gericht der Hauptsache verweisen, Jacobs NJW 88, 1365, Lempp NJW 75, 1920. Wenn das AG die einstweilige Verfügung trotz des Fehlens der Dringlichkeit erlassen hat, bleibt die einstweilige Verfügung als ein Staatsakt wirksam, bis sie etwa aufgehoben wird, Üb 19 vor § 300. Wenn es sich um die Eintragung einer Vormerkung oder eines Widerspruchs in das Register für Pfandrechte an Luftfahrzeugen handelt, dann kann die beantragte einstweilige Verfügung von demjenigen AG erlassen werden, in dessen Bezirk das Luftfahrt-Bundesamt seinen Sitz hat, § 99 III LuftfzRG.

**3) Eintragung, II.** Neben dem Verfügungsgericht des § 937 I ist für eine einstweilige Verfügung mit **4** dem Ziel der Eintragung einer Vormerkung oder eines Widerspruchs im Grundbuch, im Schiffsregister oder im Schiffsbauregister nach §§ 885, 899 BGB, §§ 11, 21 SchiffsG, örtlich und sachlich dasjenige AG zuständig, in dessen Bezirk die Sache belegen ist oder der Heimathafen liegt, § 480 HGB, oder sich der Heimatort befindet, § 6 BinnSchG, oder der Bauort des Schiffsbauwerks liegt. Wenn der Heimathafen im Ausland liegt, ist das AG Hamburg örtlich zuständig. In einem solchen Fall braucht der Gläubiger weder die Gefährdung nach dem sachlichen Recht noch die Dringlichkeit glaubhaft zu machen, Jacobs NJW 88, 1365. „Kann erlassen werden" bedeutet: Das zuständige AG hat kein freies Ermessen, sondern ist zuständig und muß daher die einstweilige Verfügung erlassen, sobald deren übrige Voraussetzungen vorliegen, Jacobs NJW 88, 1365. Während I eine Fristbestimmung für den Antrag der Ladung vor das Gericht der Hauptsache verlangt, ist eine solche Fristbestimmung im Fall II nicht erforderlich. Denn dann ist ein Antrag des Gegners notwendig. Für ein Luftfahrzeug gilt Rn 2 aE entsprechend.

## § 942

**5**   **4) Verfahren, I, IV.** Es sind drei Stadien zu unterscheiden.
   **A. Verhandlung.** Eine mündliche Verhandlung ist freigestellt, also nicht erforderlich, § 128 Rn 10. Das Gericht entscheidet auch dann, wenn es eine Dringlichkeit verneint, nach pflichtgemäßem Ermessen darüber, ob es in eine mündliche Verhandlung eintreten will. Deshalb findet kein Versäumnisverfahren nach §§ 330 ff statt. Eine Glaubhaftmachung genügt, §§ 294, 920 II, 936.

**6**   **B. Entscheidung.** Das AG entscheidet stets durch einen Beschluß, § 329, ThP 4, aM Lempp NJW **75**, 1921 (er will im Fall einer Zurückweisung ein Urteil zulassen). Der Beschluß ist zu begründen, § 329 Rn 4. Die einstweilige Verfügung muß dem Gläubiger im Fall I von Amts wegen, im Sonderfall II nur auf Antrag des Gegners, eine Frist setzen, innerhalb der der Gläubiger die Ladung des Schuldners zu einer Verhandlung über die Rechtmäßigkeit der einstweiligen Verfügung vor das Gericht der Hauptsache, § 919 Rn 2, zu beantragen hat. Es handelt sich um eine richterliche Frist, § 224 Rn 7. Sie wird nach § 222 berechnet. Am zweckmäßigsten wird die Frist nach dem Kalender bestimmt. Im Zweifel beginnt die Frist mit der Zustellung der einstweiligen Verfügung an den Gläubiger. Wenn eine solche Zustellung nicht stattgefunden hat, beginnt die Frist mit der Aushändigung der einstweiligen Verfügung an den Gläubiger. Die Frist kann nach § 224 verlängert werden. Es handelt sich nicht um eine Notfrist nach § 224 I 2. Deshalb ist gegen die Versäumung der Frist keine Wiedereinsetzung in den vorigen Stand nach § 233 zulässig. Der Gläubiger wahrt die Frist durch den Eingang seines etwaigen Antrags auf die Bestimmung des Verhandlungstermins beim Gericht der Hauptsache.
   Wenn das Gericht es *unterlassen* hat, dem Gläubiger die Frist zu setzen, dann bleibt die etwa ergangene einstweilige Verfügung trotzdem als ein Staatsakt wirksam, Üb 19 vor § 300. Das Gericht muß seinen Beschluß auf Grund eines Antrags nach § 321 ergänzen. Der Rpfl ist weder zur Fristsetzung in der einstweiligen Verfügung noch zur Fristsetzung im Fall eines nachträglichen Beschlusses zuständig. Denn § 20 Z 14 RPflG, Anh § 153 GVG, nennt den § 942 nicht und muß als eine Ausnahmevorschrift, § 3 Z 3 RPflG, eng ausgelegt werden. Wenn das AG in der Hauptsache zuständig war, § 937 I, dann ist die Frist ebenfalls einzuhalten. Denn die einstweilige Verfügung ist nur unter solcher Bedingung ergangen.
   *Gebühren:* Des Gerichts KV 1310 ff; des Anwalts § 40 BRAGO. Wert: Anh § 3 Rn 35 „Einstweilige Verfügung".

**7**   **C. Rechtsbehelfe.** Der Gläubiger kann gegen einen zurückweisenden Beschluß die einfache Beschwerde einlegen, § 567 I, Kblz NJW **80**, 2589. Der Schuldner kann gegenüber einem stattgebenden Beschluß nach I Widerspruch (nur) zum Gericht der Hauptsache einlegen, Hamm OLGZ **89**, 340, 270, AG Düss MDR **85**, 151, ZöV 4, aM ThP 5 (kein Rechtsbehelf). Gegenüber einem stattgebenden Beschluß nach II kann der Schuldner den Antrag auf die Bestimmung eines Termins stellen, Rn 8.

**8**   **5) Rechtfertigungsverfahren, I, II.** Es sind zwei Zeitabschnitte zu trennen.
   **A. Ladung vor das Gericht der Hauptsache.** Die Ladung vor das Gericht der Hauptsache, Jacobs NJW **88**, 1365, leitet das sog Rechtfertigungsverfahren ein. Der Antrag auf die Bestimmung des Termins enthält stillschweigend den Antrag, die einstweilige Verfügung zu bestätigen. Wenn der Schuldner bei dem Gericht des § 942 einen Widerspruch einlegt, dann muß dieses Verfahren auf Grund eines Antrags nach § 281 an das Gericht der Hauptsache verwiesen werden, LG Ffm NJW **75**, 1933, aM Lempp NJW **75**, 1921. Der Schuldner ist zwar nicht Kläger, aber er betreibt das Verfahren und steht daher einem Kläger gleich. Die Ladung zur Hauptsache ist keine Ladung im Rechtfertigungsverfahren. Wenn die Sache nicht anhängig ist, dann bestimmt sich die Zuständigkeit des Gerichts der Hauptsache nach dem Zeitpunkt der Ladung. Die Zustellung erfolgt an den ProzBev, § 176. Denn sie geschieht innerhalb eines anhängigen Verfahrens, aM StJGr 13 (die Zustellung erfolge nur an den für das Verfahren vor dem Gericht der Hauptsache bestellten ProzBev). Die Ladungsfrist ist nach § 217 zu bestimmen. Eine Einlassungsfrist, § 274 III, ist nicht notwendig, denn es liegt keine Klage vor.

**9**   **B. Weiteres Verfahren.** Das weitere Verfahren verläuft wie sonst, § 925. Für die Entscheidung ist die Sach- und Rechtslage im Zeitpunkt des Schlusses der mündlichen Verhandlung maßgebend, §§ 136 IV, 296 a. Daher darf das Gericht die einstweilige Verfügung nur dann bestätigen, wenn sie berechtigt ist. Die Aufhebung der einstweiligen Verfügung ist auch auf Grund veränderter Umstände oder wegen des Ablaufs der Vollzugsfrist zulässig. Das Gericht kann sie auch gegen eine Sicherheitsleistung entsprechend § 939 aufheben. Die Aufhebung ist aber nicht schon deshalb zulässig, weil die Ladung verspätet ergangen sei. Denn der Gläubiger kann die Ladung bis zum Zeitpunkt der Aufhebung wirksam nachholen, § 231 II. Die Entscheidung erfolgt nur durch ein Urteil, § 300. Denn das Gericht muß eine mündliche Verhandlung durchführen, § 128 Rn 4. Gegen das Urteil ist wie bei § 925 die Berufung zulässig, §§ 511 ff. Wenn irrig das AG des § 942 entschieden hat, ist das Verfahren unter Umständen an das Gericht der Hauptsache zurückzuverweisen, § 539, LG Ffm NJW **75**, 1933, Jacobs NJW **88**, 1366, StJGr 11, aM LG Karlsr NJW **80**, 1759.

**10**   Die *Einstellung der Zwangsvollstreckung* erfolgt gemäß § 924 III durch das Gericht der Hauptsache, Düss NJW **70**, 254. Diese Einstellung ist unanfechtbar, § 707 II. Falls das Gericht des Verbleibs entschieden hat, ist die Beschwerde nach § 567 I zulässig, nicht die sofortige Beschwerde der §§ 577, 793 I, aM Düss NJW **70**, 254 (aber es liegt keine Zwangsvollstreckung vor, Grdz 1, 12 vor § 916). Das Gericht der Hauptsache muß die Kosten für das gesamte Verfahren nach §§ 91 ff festsetzen, auch die Kosten für das Verfahren vor dem AG des 942, Wenzel BB **83**, 1226, aM Lempp NJW **75**, 1922.

**11**   **6) Aufhebung, III.** Es sind zwei Verfahrensabschnitte zu beachten.
   **A. Allgemeines.** Nach einem ergebnislosen Ablauf der nach I gesetzten Ladungsfrist muß das AG die einstweilige Verfügung auf Grund eines Antrags des Schuldners oder auf Grund eines Verzichts des Gläubigers aufheben. Das Gericht spricht also eine Aufhebung nicht von Amts wegen aus. Die ordnungsmäßige Einreichung und demnächst nachfolgende Zustellung wahrt die Frist. Es genügt aber, daß der Gläubiger den Antrag verspätet eingereicht hat, wenn sein Antrag nur noch vor dem Zeitpunkt der Entscheidung eingeht, § 231 II. Es genügt ebenfalls, daß der Schuldner den Antrag eingereicht hat, Rn 8, Düss NJW **70**, 254. Eine

## 5. Abschnitt. Arrest und einstweilige Verfügung §§ 942–944

Anhörung des Gläubigers ist nicht hier ausdrücklich vorgeschrieben, aber schon auf Grund des Art 103 I GG notwendig. Die Entscheidung erfolgt auf Grund einer freigestellten mündlichen Verhandlung, § 128 Rn 10, stets durch einen Beschluß, § 329. Das Gericht muß ihn grundsätzlich begründen, § 329 Rn 4. Der Gläubiger trägt im Fall einer Aufhebung die Kosten. Der Beschluß ist formlos zu übersenden, § 329 II 1, bzw im Fall der befristeten Anfechtbarkeit, Rn 12, förmlich zuzustellen, § 329 III.

*Gebühren:* Des Gerichts: keine, des Anwalts: § 40 BRAGO.

**B. Rechtsbehelfe.** Gegen die Zurückweisung des Aufhebungsantrags ist die einfache Beschwerde nach **12** § 567 I zulässig. Gegen die Aufhebung ist die sofortige Beschwerde zulässig, § 934 IV entsprechend, auch wenn die Aufhebung fälschlich durch ein Urteil erfolgte. In diesen Fällen ist eine einfache Beschwerde unzulässig. Denn das Gericht hat kein Gesuch zurückgewiesen. Ein Rechtsbehelf ist aber unentbehrlich. Denn die Aufhebung macht den Gläubiger ersatzpflichtig, § 945. Eine weitere Beschwerde ist unstatthaft, Brdb MDR **95**, 745. Solange der Schuldner keinen Aufhebungsantrag stellt, bleibt die einstweilige Verfügung wirksam. Das AG ist zu keinerlei weiteren Entscheidungen berufen, namentlich nicht zu einer Aufhebung aus anderen Gründen, Rn 8.

**7) VwGO:** Unanwendbar auch auf die einstwAnO, RedOe § 123 Anm 15, vgl § 935 Rn 20. **13**

**943** *Gericht der Hauptsache, Rückgabe einer Sicherheit.* I Als Gericht der Hauptsache im Sinne der Vorschriften dieses Abschnitts ist das Gericht des ersten Rechtszuges und, wenn die Hauptsache in der Berufungsinstanz anhängig ist, das Berufungsgericht anzusehen.
II Das Gericht der Hauptsache ist für die nach § 109 zu treffenden Anordnungen ausschließlich zuständig, wenn die Hauptsache anhängig ist oder anhängig gewesen ist.

**1) Gericht der Hauptsache, I.** Vgl § 919 Rn 2, § 937 Rn 2. Das Berufungsgericht ist funktionell nur **1** insoweit zuständig, als der Verfügungsanspruch bereits in erster Instanz geltend gemacht worden war, Hamm GRUR **89**, 457, 925 und 933. In einem dringenden Fall hat § 944 Vorrang.

**2) Rückgabe einer Sicherheit, II.** Es kommt auf die Person an. **2**

**A. Zuständigkeit.** Zur Anordnung der Rückgabe der Sicherheit ist ausschließlich das Gericht der Hauptsache zuständig, § 919 Rn 2, wenn die Hauptsache anhängig ist oder anhängig war. Im letzteren Fall ist also immer das Gericht der ersten Instanz zuständig. In einem dringenden Fall kann der Vorsitzende allein entscheiden, § 944. In einer Schiedsgerichtssache, §§ 1025 ff, entscheidet dasjenige Gericht, das die Sicherheitsleistung angeordnet hat. Wer sich darauf beruft, daß die Sache anhängig (nicht notwendig rechtshängig, § 261 Rn 1) sei, der muß die Anhängigkeit beweisen. Über den Wegfall der Veranlassung § 109 Rn 5.

**B. Sicherheitsleistung des Gläubigers.** Eine solche Sicherheitsleistung sichert die Ansprüche des **3** Schuldners nach § 945. Es ergeben sich folgende Möglichkeiten: Der Arrest bleibt ungefochten oder wird nicht vollzogen. Der Gläubiger kann dann die Rückgabe verlangen, weil er nicht vollzogen habe oder weil dem Schuldner trotz des Vollzugs kein Schaden erwachsen sei. Der Schuldner muß das Gegenteil behaupten. Wenn der Arrest nach § 322 rechtskräftig bestätigt worden ist, handelt es sich nur um eine vorläufige Entscheidung; die endgültige Entscheidung fällt erst im Hauptprozeß. Die Veranlassung zur Sicherheitsleistung entfällt daher erst im Zeitpunkt der Rechtskraft einer dem Gläubiger günstigen Entscheidung im Hauptprozeß. Eine Befriedigung des Gläubigers steht der rechtskräftigen Entscheidung gleich. Der Schuldner kann das Fehlen eines Arrestgrunds nach der Rechtskraft der Bestätigung nicht mehr bemängeln. Denn die Rechtskraft bindet insoweit, § 945 Rn 11.

**C. Sicherheitsleistung des Schuldners.** Eine solche Sicherheitsleistung berührt die Arrestanordnung **4** nicht, sondern dient nur der Abwendung oder der Aufhebung des Vollzugs und der Zwangsvollstreckung. Diese Sicherheitsleistung wird frei, wenn der Gläubiger befriedigt worden ist oder wenn das Gericht des Hauptprozesses seinen Anspruch dort rechtskräftig als unbegründet abgewiesen hat, Mü BB **75**, 764. Auch eine Aufhebung wegen einer Versäumung der Klagefrist, § 926, wegen veränderter Umstände, § 927, oder aus einem sonstigen Grund, zB wegen Widerspruchs, macht die Sicherheitsleistung frei, Düss RR **87**, 512.

**3) VwGO:** Unanwendbar, vgl § 935 Rn 20. **5**

**944** *Entscheidung des Vorsitzenden.* In dringenden Fällen kann der Vorsitzende über die in diesem Abschnitt erwähnten Gesuche, sofern deren Erledigung eine mündliche Verhandlung nicht erfordert, anstatt des Gerichts entscheiden.

**1) Systematik, Regelungszweck.** Es handelt sich um eine im Interesse der oft dringend gebotenen **1** Beschleunigung des Verfahrens erlassene, weder zu ängstlich noch zu großzügig auszulegende, gegenüber den sonstigen Zuständigkeitsregeln vorrangige Sondervorschrift.

**2) Geltungsbereich: Entbehrlichkeit von Verhandlung.** Der Vorsitzende eines Kollegialgerichts darf **2** im Gesamtbereich der §§ 916 ff statt des Kollegiums über alle Anträge im vorläufigen Verfahren entscheiden, soweit keine mündliche Verhandlung notwendig ist, § 128 Rn 10, und soweit der Fall dringlich ist. Es scheiden also die §§ 924 II, 925, 926 II, 927, 942 I aus. Eine einstweilige Verfügung muß außerdem schon an sich gesteigert dringlich sein, wenn sie ohne eine mündliche Verhandlung ergehen soll, § 937 Rn 4, 5, Karlsr RR **87**, 1206. Die Dringlichkeit ist demgegenüber hier ebenso wie bei § 942 Rn 2 zu verstehen. Es muß also zu befürchten sein, daß die Entscheidung des Kollegiums nur unter einer Verzögerung ergehen

## §§ 944, 945   8. Buch. Zwangsvollstreckung

könnte, die für den Gläubiger nachteilig wäre. KrG Saalfeld DB **91**, 919 zählt für eine Übergangszeit in den neuen Bundesländern auch den Fall hierher, daß (im Arbeitsgerichtsverfahren) Vorschläge zur Benennung erforderlicher Beisitzer ausbleiben. Der Vorsitzende darf auch über eine Forderungspfändung nach § 930 I entscheiden, nicht aber über eine gegen diese Forderungspfändung eingelegte Erinnerung.

**3** Der Vorsitzende *entscheidet* durch einen Beschluß, § 329, ohne stete Notwendigkeit einer mündlichen Verhandlung, § 128 Rn 10. Der Vorsitzende darf auch eine mündliche Verhandlung anordnen, § 128 Rn 10, auch im Rahmen von § 349, Bergerfurth NJW **75**, 334. Er entscheidet anstelle des Kollegiums. Deshalb unterliegt seine Entscheidung denselben Rechtsbehelfen wie eine Entscheidung des Kollegiums. Der Beschluß ist zu begründen, § 329 Rn 4. Die Vorschrift ist im Verfahren nach § 85 II ArbGG unanwendbar, Simitis-Weiß DB **73**, 1252.

**4** 3) *VwGO: Unanwendbar, s § 935 Rn 20. Für die einstwAnO gilt § 123 II 3 iVm § 80 VIII VwGO, vgl Finkelnburg/Jank Rn 322–327.*

**945** *Schadensersatz.* Erweist sich die Anordnung eines Arrestes oder einer einstweiligen Verfügung als von Anfang an ungerechtfertigt oder wird die angeordnete Maßregel auf Grund des § 926 Abs. 2 oder des § 942 Abs. 3 aufgehoben, so ist die Partei, welche die Anordnung erwirkt hat, verpflichtet, dem Gegner den Schaden zu ersetzen, der ihm aus der Vollziehung der angeordneten Maßregel oder dadurch entsteht, daß er Sicherheit leistet, um die Vollziehung abzuwenden oder die Aufhebung der Maßregel zu erwirken.

**Schrifttum:** *Ahrens,* Der Schadensersatzanspruch nach § 945 ZPO im Streit der Zivilsenate, Festschrift für *Piper* (1996) 31; *Fischer,* Hat das im einstweiligen Rechtsschutz ergangene rechtskräftige Urteil Bedeutung für den Schadensersatzanspruch aus § 945 ZPO?, in: Festschrift für *Merz* (1992); *Luh,* Die Haftung des aus einer vorläufigen, auf Grund verfassungswidrigen Gesetzes ergangenen Entscheidung vollstreckenden Gläubigers, Diss Ffm 1979; *Münzberg,* Der Schutzbereich der Normen §§ 717 Abs. 2, 945 ZPO, Festschrift für *Lange* (1992) 599; *Rabback,* Die entsprechende Anwendbarkeit des den § 945 usw zugrunde liegenden Rechtsgedankens auf die einstweiligen Anordnungen der ZPO, 1999; *Schmitz,* Inhalt und Umfang des Schadensersatzanspruches nach § 945 ZPO usw, Diss Osnabr 1989; *Stolz,* Einstweiliger Rechtsschutz und Schadensersatzpflicht: der Schadensersatzanspruch nach § 945 der Zivilprozeßordnung, 1989.

**Gliederung**

| | |
|---|---|
| 1) Systematik, Regelungszweck ........... 1 | B. Wirkung der Entscheidung des Hauptprozesses ............................................ 9 |
| 2) Geltungsbereich ............................ 2–4 | C. Wirkung bei Aufhebung des Arrests ... 10 |
|   A. Anwendbarkeit ........................... 2 | D. Wirkung bei Bestätigung des Arrests ... 11 |
|   B. Unanwendbarkeit ....................... 3 | E. Fehlen einer Entscheidung im Hauptprozeß ................................................ 12 |
|   C. Sachliches Recht; Verjährung ...... 4 | F. Besondere Klage ............................. 13 |
| 3) Voraussetzungen .......................... 5–7 | 5) Schadensersatz ............................ 14–18 |
|   A. Ungerechtfertigte Anordnung, oder: Aufhebung der angeordneten Maßregel ........................................... 5 |   A. Freie Würdigung ........................ 14 |
|   B. Versäumung der angeordneten Klage oder Ladung ................................. 6 |   B. Schaden durch Vollziehung ........... 15, 16 |
|   C. Verspäteter Vollzug ....................... 7 |   C. Schaden durch Sicherheitsleistung ..... 17 |
| 4) Verfahren ...................................... 8–13 |   D. Weitere Einzelfragen; mitwirkendes Verschulden ..................................... 18 |
|   A. Selbständige Prüfung der Berechtigung des Arrests usw ....................... 8 | 6) *VwGO* ............................................ 19 |

**1** 1) **Systematik, Regelungszweck.** § 945 ist dem § 717 II nachgebildet, BGH MDR **96**, 452, ähnlich den §§ 302 IV, 600 II. Die Anwendung des § 945 kommt aber eher als die Anwendung der vergleichbaren anderen Vorschriften in Betracht. Denn im vorläufigen Verfahren kann notwendigerweise nur eine mangelhafte sachlichrechtliche Prüfung stattfinden, BGH **68**, 180. Deshalb soll derjenige, der einen noch nicht endgültigen Titel erwirkt hat, das Risiko tragen, daß sich sein Vorgehen nachträglich als unberechtigt erweist, BGH RR **98**, 1039. Der Sache nach liegt ein Anspruch auf einen Schadensersatz, §§ 249 ff BGB, KG WoM **91**, 315, auf Grund einer unerlaubten Handlung vor, BGH NJW **93**, 864, aM Köln NJW **96**, 1292. Allerdings setzt dieser Anspruch kein Verschulden des Gegners voraus, KG RR **92**, 211, Saenger JZ **97**, 224. Es ist eine enge Auslegung geboten, BGH **122**, 177 und NJW **92**, 998.

**2** 2) **Geltungsbereich.** Er ist weit, aber doch begrenzt.

**A. Anwendbarkeit.** Das Anwendungsgebiet des § 945 ist auch begrenzter. Es genügt nicht schon eine Aufhebung oder eine Abänderung des Titels; vielmehr muß die Anordnung von Anfang an ganz oder teilweise unberechtigt gewesen sein, oder die einstweilige Verfügung muß auf Grund der §§ 926 II, 942 III aufgehoben worden sein und der Betroffene darf auch nicht sachlichrechtlich verpflichtet gewesen sein, etwa die durch die einstweilige Verfügung untersagte Handlung zu unterlassen, BGH NJW **81**, 2580, KG RR **87**, 448.

§ 945 ist in folgenden Fällen *entsprechend* anwendbar: Auf einen Steuerarrest, BGH **63**, 277 und NJW **78**, 2025 (nicht auf die Aufhebung eines vollziehbaren Steuerbescheids, BGH **39**, 77), aM Schwarz NJW **76**, 219; auf einen Bardepotheranziehungsbescheid, Hübner NJW **73**, 354; auf die einstweilige Anordnung, etwa im WEG-Verfahren, BGH **120**, 263, Düss OLGZ **90**, 226, KG WoM **91**, 315, aM KG RR **92**, 211, oder eines VG, BGH LM Nr 4, Rn 19; auf eine einstweilige Verfügung, deren Gesetzesgrundlage für verfassungs-

5. Abschnitt. Arrest und einstweilige Verfügung § 945

widrig erklärt worden ist, BGH **54**, 76; auf eine einstweilige Verfügung wegen der Verletzung eines später für nichtig erklärten Patents, BGH GRUR **79**, 869 Jauernig § 36 V, aM Kroitzsch GRUR **76**, 512, Pietzcker GRUR **80**, 442, oder wegen der Verletzung eines später gelöschten Gebrauchsmusters, BGH **75**, 118, BPatG GRUR **81**, 125.

**B. Unanwendbarkeit.** § 945 ist in folgenden Fällen unanwendbar: Bei einem Rechtsmißbrauch, Einl **3** III 53 ff, BGH **120**, 268; bei einer einstweiligen Anordnung nach § 127 a oder innerhalb der Zwangsvollstreckung, etwa dahin, daß sie einzustellen sei; bei einer einstweiligen Anordnung im Eheverfahren nach den §§ 620 ff, BGH NJW **84**, 2097, Kohler ZZP **99**, 36, aM Olzen FamRZ **86**, 1775. § 945 ist ferner bei einem Prozeßvergleich nach Anh § 307 unanwendbar, Karlsr OLGZ **79**, 372, LG Kiel MDR **58**, 928, StJGr 3, aM Ffm FamRZ **88**, 88. § 945 ist ferner bei einem Verfahren mit dem Ziel einer presserechtlichen Gegendarstellung unanwendbar, Hbg MDR **72**, 333, aM BGH **62**, 9, ThP 5, ZöV 4. § 945 ist ferner bei einem Verfahren nach § 102 V 2 BetrVG, § 85 II 2 ArbGG unanwendbar, BAG DB **79**, 653. § 945 ist unanwendbar, soweit es um eine Eilmaßnahme im Ausland geht, Sturm NJW **96**, 504.

**C. Sachliches Recht; Verjährung.** Die Haftung des Schuldners, der eine Aufhebung des Arrests bzw **4** der einstweiligen Verfügung durch eine Sicherheitsleistung erwirkt hat, richtet sich nach dem sachlichen Recht. Die Verjährung tritt nach § 852 BGB ein, BGH NJW **92**, 2297, Karlsr OLGZ **79**, 374. Wegen der Verjährungsfrist im einzelnen Rn 14.

**3) Voraussetzungen.** Es sind drei verschiedene Lagen zu trennen. **5**

**A. Ungerechtfertigte Anordnung, oder: Aufhebung der angeordneten Maßregel.** Die Anordnung des Arrests oder der einstweiligen Verfügung muß von Anfang an objektiv sachlichrechtlich ungerechtfertigt gewesen sein, Hs 1, BGH **120**, 264 und MDR **96**, 452, oder die angeordnete Maßregel muß aufgehoben worden sein, Hs 2. Das erstere trifft dann zu, wenn ihre Voraussetzungen auf Grund des Sachverhalts, den das Gericht des Schadensersatzprozesses am Schluß seiner mündlichen Verhandlung zu beurteilen hat, §§ 136 IV, 296 a, rückschauend betrachtet vom Standpunkt eines damals objektiv richtig entscheidenden Arrestgerichts aus bereits im Zeitpunkt des Erlasses des Arrests tatsächlich oder rechtlich fehlten, BGH JZ **88**, 979 (zustm Stolz), sei es ein sachlichrechtlicher Anspruch oder Grund, seien es die allgemeinen Prozeßvoraussetzungen, Grdz 12 vor § 253, zB die Glaubhaftmachung, §§ 294, 920 II, 936, aM StJGr 22, ZöV 8. Der Arrest oder die einstweilige Verfügung waren nicht schon deshalb unberechtigt, weil sich die Voraussetzungen seines Erlasses, insbesondere die Gefährdung und damit die Besorgnis im Sinne von § 917, später als nicht vorhanden erwiesen. Denn es ist immer unsicher, ob später ein Ereignis eintritt, dessen Eintritt man zunächst befürchtet, BGH NJW **89**, 107, Kohler ZZP **99**, 35, Kroitzsch GRUR **76**, 509, aM Düss GRUR **87**, 573, KG GRUR **87**, 571 (Verfassungswidrigkeit genüge).

Inwieweit eine Bestätigung oder eine Aufhebung (keine ausdehnende Auslegung, BGH GRUR **92**, 205) *binden*, ist in Rn 10, 11 dargelegt.

**B. Versäumung der angeordneten Klage oder Ladung.** Wenn das Gericht den Arrest auf Grund der **6** §§ 926 II, 942 III aufheben muß, also wegen einer Versäumung der angeordneten Klage oder Ladung, dann muß der Gläubiger dem Schuldner unbedingt einen Schadensersatz leisten. Es nützt dem Gläubiger in einem solchen Fall auch nichts, daß sein sachlichrechtlicher Anspruch festgestellt worden ist. Für die Ersatzpflicht des Gläubigers kommt es nicht darauf an, ob er schuldhaft handelte, Ffm NJW **72**, 1331.

**C. Verspäteter Vollzug.** Vollzieht der Gläubiger verspätet, dann kann er auf Grund dieses Umstands **7** ebenso wie auf Grund einer anderen objektiv rechtswidrigen Maßnahme der Zwangsvollstreckung haften. In einem solchen Fall ist eine Voraussetzung seiner Ersatzpflicht, daß die fragliche Vollzugsmaßnahme auf Grund eines Rechtsbehelfs des Schuldners aufgehoben worden mußte, Grdz 58 vor § 704, MüKoHe 31, ZöV 12, aM StJGr 34 (er will in diesem Fall § 945 entsprechend anwenden. Aber die Fälle liegen verschieden. Es kann insbesondere eine objektiv fristmäßige Vollziehung unzulässig sein. Eine fristmäßige Klage ist immer zulässig, notfalls auf Grund einer Fristverlängerung).

**4) Verfahren.** Es zeigen sich verschiedene Wirkungskreise. **8**

**A. Selbständige Prüfung der Berechtigung des Arrests usw.** Das Prozeßgericht muß von sich aus prüfen, ob die Anordnung des Arrests oder der einstweiligen Verfügung berechtigt war oder nicht. Das gilt selbst dann, wenn der Gläubiger auf den Arrest verzichtet hat. Indessen ist die Prüfungspflicht des Prozeßgerichts zur Wahrung einer einheitlichen Rechtsprechung im Rahmen von Rn 9–12 eingeschränkt, Schwerdtner NJW **70**, 597.

**B. Wirkung der Entscheidung des Hauptprozesses.** Ist im Hauptprozeß nach § 322 rechtskräftig **9** entschieden worden, so bindet diese Entscheidung das Gericht im Rahmen des § 945 zur Frage der Berechtigung des Arrests usw, BGH **122**, 175. Das gilt selbst dann, wenn sich die Rechtsauffassung inzwischen geändert hat oder wenn die zugrunde liegende Vorschrift verfassungswidrig war, BGH MDR **88**, 936. Wenn das Gericht den Hauptanspruch als im Zeitpunkt der Anordnung des Arrests unbegründet abgewiesen hat, dann fehlte auch der Arrestanspruch im § 916, so daß der Arrest unberechtigt war, BGH JZ **88**, 978, Karlsr GRUR **84**, 157, Ahrens (vor Rn 1) 34. Es ist dann unerheblich, ob der Arrest im Widerspruchsverfahren bestätigt worden ist. Der Arrestgrund des § 917 mag trotzdem vertretbar gewesen sein, Schwerdtner NJW **70**, 599, aM ThP 7. Hat das Gericht dem Hauptanspruch im Hauptprozeß stattgegeben, dann steht auch der Arrestanspruch fest. Der Arrestgrund kann aber selbst in diesem Fall gefehlt haben. Deshalb muß das Gericht im Verfahren nach § 945 insofern eine selbständige Prüfung vornehmen.

**C. Wirkung bei Aufhebung des Arrests.** Sie bindet grundsätzlich den Prozeßrichter, BGH NJW **92**, **10** 2298, Schwerdtner NJW **70**, 599, aM KG RR **87**, 448, MüKoHe 27, Teplitzky RR **98**, 1652.

Das gilt freilich nur dann, wenn der Arrest als *von Anfang an* unberechtigt aufgehoben worden ist, BGH VersR **85**, 335, Hbg VersR **87**, 356. Ob dieser Fall vorliegt, das ergibt sich aus den Entscheidungsgründen des aufhebenden Urteils, § 313 Rn 31. Ein aufhebendes Verzichts- oder Versäumnisurteil ohne Gründe

§ 945

ergibt dazu nichts, BGH RR **98**, 1652. Es handelt sich um eine Folge der Rechtskraftwirkung des Arresturteils, § 322 Rn 29, 30. Deshalb ist ein neues Vorbringen des Gläubigers zur Rechtmäßigkeit des Arrests unbeachtlich. Der Grund der Aufhebung des Arrests ist unerheblich. Baur 106 wendet sich gegen die Bindung des Prozeßrichters mit dem Argument, wenn die Parteien im Aufhebungsverfahren nach § 927 die Arrestentscheidung mit allen Mitteln angreifen dürften, so müsse ihnen das umso mehr im Hauptprozeß gestattet sein. Wenn das Gericht durch die einstweilige Verfügung eine Unterlassung angeordnet hat, dann ist nunmehr eine Nachprüfung der sachlichrechtlichen Rechtslage zulässig, also der Frage, ob der Kläger verpflichtet gewesen wäre, die Handlung, die ihm die einstweilige Verfügung zunächst untersagt hatte, zu unterlassen, auch wenn die einstweilige Verfügung in der Berufungsinstanz aufgehoben wurde. Denn niemand kann sich auf dem Umweg über eine Schadensersatzforderung einen Vorteil verschaffen, den die Rechtsordnung mißbilligt, Einl III 54. Die Rechtskraft des aufhebenden Urteils steht diesem Ergebnis nicht entgegen. Denn das aufhebende Urteil enthält nichts darüber, ob ein Schaden entstanden ist.

**11**   **D. Wirkung bei Bestätigung des Arrests.** Sie stellt bindend fest, daß der Arrestgrund des § 917 vorhanden war, BGH FamRZ **92**, 663, aM StJGr 32, ThP 10, ZöV 9. Die Bestätigung läßt aber offen, ob der zu sichernde sachlichrechtliche Anspruch nach § 916 bestand. Denn die Bestätigung wirkt ja nur vorläufig, § 322 Rn 29 „Arrest und Einstweilige Anordnung oder Verfügung". Wenn der sachlichrechtliche Anspruch nicht bestand, dann durfte auch kein Arrestbefehl ergehen. Deshalb muß das Bestehen des sachlichrechtlichen Anspruchs nachgeprüft werden. Wenn der Hauptprozeß anhängig ist, dann muß das Gericht zB das Widerspruchsverfahren nach § 148 ausnahmsweise aussetzen. Denn die Entscheidung im Hauptprozeß ist für die Entscheidung im Widerspruchsverfahren vorgreiflich. Eine einseitige Erledigterklärung, § 91a Rn 168, läßt den Anspruch unberührt, Düss NJW **71**, 813.

**12**   **E. Fehlen einer Entscheidung im Hauptprozeß.** Fehlt eine Entscheidung im Hauptprozeß und fehlt auch eine aufhebende Entscheidung im Arrestprozeß, so ist das Gericht ganz frei, Klauser MDR **81**, 716. Das gilt auch dann, wenn der Gläubiger die Unrechtmäßigkeit des Arrests in einem Vergleich anerkannt hat. Denn der Vergleich wirkt nicht wie ein Urteil.

**13**   **F. Besondere Klage.** Der Ersatzanspruch läßt sich nicht im vorläufigen Verfahren durchsetzen, und zwar schon deshalb nicht, weil im Verfahren über den Ersatzanspruch ein voller Beweis statt einer bloßen Glaubhaftmachung notwendig ist, § 286 Rn 16. Im vorläufigen Verfahren läßt sich nur die Sicherung durchführen. Es ist also eine besondere Klage nach §§ 253 ff erforderlich. Sie muß vor demjenigen Gericht erhoben werden, das nach den Regeln über die ordentlichen Gerichtsstände zuständig ist, selbst wenn im Ausgangsverfahren ein VG nach § 123 VwGO entschieden hatte, aM Kopp MDR **81**, 132. Sie kann auch bei dem Gericht des Tatorts erhoben werden, § 32 Rn 17. Der Bekl kann im Hauptsachenprozeß eine Widerklage erheben, Anh § 253, oder die Aufrechnung erklären, § 145 Rn 9. Der Gerichtsstand ergibt sich wie bei einer unerlaubten Handlung, § 32, BGH **75**, 1.

**14**   **5) Schadensersatz.** Ein weites Ermessen hat dreierlei Grenzen.

**A. Freie Würdigung.** Für den Schadensersatzanspruch gilt grundsätzlich dasselbe, was bei § 717 Rn 3–10 ausgeführt worden ist. Den Schaden und seine Verursachung durch die ungerechtfertigte Anordnung stellt das Gericht stets in freier Würdigung nach § 286, 287 fest. Der Anspruch entsteht in dem Zeitpunkt, in dem der Gläubiger von seinem Schaden und davon Kenntnis erlangt, daß der Hauptanspruch nicht besteht. In diesem Zeitpunkt beginnt auch die Verjährungsfrist zu laufen, BGH NJW **92**, 2297. Das gilt, auch wenn die vorläufige Entscheidung (noch) nicht aufgehoben worden ist oder wenn die Klage in der Hauptsache bereits abgewiesen worden ist. BGH **75**, 6 läßt die Verjährung grundsätzlich erst mit dem Abschluß des vorläufigen Verfahrens beginnen, BGH NJW **93**, 864 grundsätzlich erst mit der Rechtskraft des Urteils im Hauptprozeß nach § 322. Man muß nur dem Gegner einen Schadensersatzanspruch leisten, nicht einem Dritten. Solange eine Entscheidung dazu, ob die einstweilige Verfügung von Anfang an ungerechtfertigt war, möglich bleibt, beginnt die Verjährungsfrist nicht mit der Aufhebung des Vollzugs, BGH NJW **92**, 2297. Ein Dritter ist auf diejenigen Ansprüche angewiesen, die das bürgerliche Recht etwa gibt, BGH MDR **81**, 132, aM StJGr 12, ThP 13.

Wenn die Anordnung des Arrests oder der einstweiligen Verfügung *nur zum Teil* objektiv unberechtigt war oder wenn sie teilweise aufgehoben wurde, dann braucht man nur denjenigen Schaden zu ersetzen, den die übermäßige Vollziehung verursacht hat. Wenn das Gericht den Antrag auf den Erlaß einer einstweiligen Verfügung kostenpflichtig zurückgewiesen hatte und wenn der Antragsteller dann im Hauptprozeß gesiegt hat, dann kann der Antragsteller die Kosten des Verfahrens auf den Erlaß der einstweiligen Verfügung trotzdem nicht ersetzt verlangen. Denn das Eilverfahren ist beendet.

Die Pflicht zum Schadensersatz ergibt sich im *Umfang* aus §§ 249 ff BGB, Düss OLGZ **90**, 226, KG WoM **91**, 315. § 287 ist anwendbar, BGH RR **89**, 1401.

**15**   **B. Schaden durch Vollziehung.** Man muß (nur) denjenigen Schaden ersetzen, den der Gegner gerade auf Grund der Vollziehung nach §§ 928 ff, 936 erlangt hat, Rn 16, also nicht den Schaden auf Grund einer bloßen Anordnung, BGH **131**, 143, neue Rechtslage wegen des JZ **88**, 979, daher auch nicht diejenigen Kosten, die der Schuldner im Widerspruchsverfahren nach §§ 924, 936 aufwenden mußte, BGH **122**, 177, Düss GRUR **87**, 574, Kblz NJW **80**, 949, aM Löwer ZZP **75**, 232 (er weist darauf hin, daß in den ähnlich liegenden Fällen der §§ 302, 600, 717, Rn 1, der schließlich siegende Bekl nicht die Kosten des „Vorverfahrens" trage). Man muß aber diejenigen Kosten ersetzen, die vom Gläubiger beigetrieben wurden, sowie diejenigen, deren Zahlung zur Abwendung der Zwangsvollstreckung erfolgte, § 717 Rn 7.

Der *Beginn der Vollziehung* ist erforderlich, BGH MDR **96**, 452, und kann, anders als bei § 929 II, genügen, BGH MDR **96**, 452. Eine Androhung von Ordnungsmitteln muß dazu bereits in der Unterlassungsverfügung vorgenommen worden sein, BGH MDR **96**, 452 (zustm Gleußner 454), aM Celle GRUR **87**, 66. Man kann den Ersatz derjenigen Kosten, die schon auf Grund der bloßen Anordnung des Arrests oder der einstweiligen Verfügung entstanden sind, nur nach den §§ 823 ff BGB ersetzt fordern,

## 5. Abschnitt. Arrest und einstweilige Verfügung § 945

großzügiger Saarbr RR **98**, 1039. Vgl §§ 929–933, 936. Auch durch eine zu weite Fassung eines an sich berechtigten Unterlassungsgebots kann ein Schaden erwachsen sein, BGH NJW **81**, 2580, strenger Hamm MDR **89**, 466. Das ist nach den tatsächlich vorhandenen und hypothetisch im nachhinein zu beurteilen; dabei kann es auf bestimmte Behauptungen des Klägers im Schadensersatzprozeß darüber, wie er sich verhalten haben würde, nicht allein und jedenfalls solange nicht ankommen, als der genaue Umfang und Inhalt eines „richtigen" Verbots nicht feststeht, BGH GRUR **85**, 397. Eine Beschlußverfügung die im Ausland zugestellt wurde, ist vollzogen, Mü MDR **95**, 1167.

*Kein solcher Schaden* erwächst demjenigen, der sachlichrechtlich ohnehin verpflichtet war, BGH **126**, 374. Auch durch die Beitreibung eines Ordnungsgelds nach § 890 entsteht kein derartiger Schaden, KG GRUR **87**, 571. Etwas anderes gilt dann, wenn es um das Verbot eines bestimmten Verhaltens geht und wenn sich zwar der Betroffene über das Verbot hinwegsetzt, ein zur Mitwirkung verpflichteter Dritter aber dem Verlangen des Betroffenen nicht mehr entspricht.

**C. Schaden durch Sicherheitsleistung.** Man muß auch denjenigen Schaden ersetzen, der gerade auf 17 Grund einer Sicherheitsleistung nach den §§ 923, 927, 939 entstanden ist. Der Schaden kann auch in der Entziehung eines Vermögenswerts oder in einer Kreditschädigung bestehen. Wenn es um den Ersatz eines Vermögensschadens infolge einer seelischen Beeinträchtigung geht, sollte man einen Schaden eher als bei § 717 bejahen. Denn im Verfahren auf den Erlaß eines Arrests oder einer einstweiligen Verfügung beruht das Urteil ja nicht auf einer vollen Sachprüfung, Grdz 5 vor § 916. Trotzdem darf man eine so weit gehende Haftung nur dann bejahen, wenn eine unerlaubte Handlung vorliegt, wenn der Gegner also schuldhaft handelte.

**D. Weitere Einzelfragen; mitwirkendes Verschulden.** Zu ersetzen sind der unmittelbare und der 18 mittelbare Schaden, BGH **96**, 2. Ein nach § 254 BGB usw mitwirkendes Verschulden des Schuldners ist beachtlich, BGH NJW **78**, 2025, KG GRUR **87**, 572, Karlsr GRUR **84**, 158. Das mitwirkende Verschulden kann darin liegen, daß der Schuldner vorwerfbar einen Anlaß zum Arrest oder der einstweiligen Verfügung gab ähnlich wie bei § 93 Rn 28, BGH **LM** Nr 8, Tilmann NJW **75**, 1918, oder daß es einen Widerspruch nach §§ 924, 936 unterließ, Mü WettbR **96**, 257. Ein mitwirkendes Verschulden fehlt, wenn der Schuldner in einer objektiv zweifelhaften Rechtslage keine Vorkehrungen zur vorläufigen Befriedigung oder Sicherstellung des Gläubigers getroffen hat, oder wenn der Geschädigte auf eine Verwarnung unverzüglich geantwortet, dabei seine Verhandlungsbereitschaft bekundet und durch die Hinterlegung einer Schutzschrift, Grdz 7 ff vor § 128, bei dem Gericht der Hauptsache zusätzlich eine überstürzte Eilentscheidung zu verhindern versucht hat, Karlsr GRUR **84**, 158. Der Grundsatz einer Vorteilsausgleichung ist auch bei § 945 beachtlich, BGH **77**, 155.

6) *VwGO* (Huba JuS **90**, 990): Gilt entsprechend für die einstwAnO, § 123 III VwGO, SchSchmA/P § 123 19 Rn 193–200, Finkelnburg/Jank Rn 573 ff, BGH NJW **93**, 1076 (ausf, auch zur Bedeutung der Vollziehung), Anm Grunsky LM Nr 27, nicht dagegen auch für die Maßnahmen nach § 80 V und § 80 a VwGO, § 123 V VwGO, BVerwG NVwZ **91**, 270 mwN (stRspr), Sch/SchmA/P § 80 Rn 409, RedOe § 80 Anm 71 mwN, Kopp/Sch § 80 Rn 233, aM Renck NVwZ **94**, 1177. Die Vorschrift schließt Ansprüche nach Sonderregelungen des materiellen Rechts, zB § 12 II BBesG, nicht aus, BVerwG NVwZ **85**, 906 gegen VGH Mannh VBlBW **84**, 86 u 83, 309, krit Finkelnburg/Jank Rn 584; diese Ansprüche, zB auf Erstattung von Geldleistungen nach §§ 48 II VwVfG u 50 II SGB-X, können durch Leistungsbescheid geltend gemacht werden, nicht aber der Anspruch aus § 945, OVG Hbg NVwZ **90**, 687 mwN, aM VGH Mannh aaO, *offen gelassen vom BVerwG aaO*. Gegner iSv § 945 ist der im Eilverfahren erfolgreiche Antragsteller, nicht der (einfache oder notwendige) Beigeladene des AnO-Verfahrens, Schoch S 1745, Finkelnburg/Jank Rn 578, BGH NJW **78**, 127 mwN (mit dem Hinweis darauf, daß der betroffene Dritte im vergleichbaren Verfahren nach § 769 VwGO keinen Ersatz erhält), str, aM Schenke DVBl **86**, 15, Grunsky JuS **82**, 179, Ule VPrR § 67 IV 2. Zuständig ist das Zivilgericht, BGH in stRspr, NJW **81**, 349 mwN, zustm ua Kopp § 123 Rn 45 mwN, Ey § 123 Rn 85, Ule VPrR § 67 IV 2, Lemke DVBl **82**, 989 mwN, aM (stets VG zuständig) ua VGH Mannh VBlBW **83**, 310, Grunsky JuS **82**, 177, Finkelnburg/Jank Rn 587. Zur Bindung an die aufhebende Entscheidung im Anordnungsverf, Rn 10, s RedOe § 123 Anm 32, VGH Mannh VBlBW **84**, 86, aM Sch/SchmA/P § 123 Rn 196, Finkelnburg/Jank Rn 575, *offen gelassen OVG Hbg FamRZ **84**, 730 mwN.* – Auf die Vollziehung eines VerwAktes ist § 945 nicht entspr anwendbar, BGH NJW **82**, 270 BVerwG NVwZ **81**, 270, BSG MDR **96**, 848.

# Neuntes Buch
# Aufgebotsverfahren

Bearbeiter: Dr. Dr. Hartmann

### Grundzüge

**Schrifttum:** *Daude,* Das Aufgebotsverfahren, 5. Aufl 1930.

#### Gliederung

| | | | | |
|---|---|---|---|---|
| 1) Systematik, Regelungszweck | 1 | 4) Aussetzung und Unterbrechung | 4 |
| 2) Geltungsbereich | 2 | 5) Mehrheit von Antragsberechtigten | 5 |
| 3) Zuständigkeit | 3 | 6) VwGO | 6 |

**1**  **1) Systematik, Regelungszweck.** Aufgebot heißt die Aufforderung an unbestimmte oder unbekannte Beteiligte (die Öffentlichkeit), Rechte oder Ansprüche anzumelden. Solche Aufforderung ist zwecks endlicher Rechtssicherheit, Einl III 43, unentbehrlich. Wegen des endgültigen Rechtsuntergangs ist freilich eine strenge Auslegung geboten. Solche Aufforderung kennt das sachliche Recht vielfach. Nicht immer handelt es sich dabei um einen Ausschluß mit Rechten; so nicht beim Eheaufgebot des PStG. Andererseits verlangt nicht jede Kraftloserklärung einer Urkunde ein Aufgebot, § 176 BGB. Das 9. Buch regelt nur Fälle gerichtlicher Aufgebots, bei denen das Unterlassen der Anmeldung einen Rechtsnachteil nach sich zieht, und auch für sie nur das Verfahren, nicht das sachliche Recht.

Das Verfahren gehört lehrmäßig zur freiwilligen Gerichtsbarkeit, LG Frankenth Rpfleger *83*, 413, Meyer-Stolte Rpfleger *81*, 331, Wenckstern DNotZ *93*, 556. Die ZPO behandelt es aber als Teil der *streitigen Gerichtsbarkeit,* LG Frankenth Rpfleger *83*, 413, aM LG Weiden Rpfleger *98*, 532. Darum sind nur die für diese geltenden Vorschriften heranzuziehen und nicht solche des FGG. Etwas anderes gilt nur für die Todeserklärung, die nunmehr auch dem Verfahren nach in die freiwillige Gerichtsbarkeit verwiesen ist, §§ 13 ff VerschG, Düss Rpfleger *96*, 207. Im Verfahren nach ZPO anwendbar sind Buch I–III, soweit Buch IX nicht auf andere Vorschriften verweist, und zwar für das gesamte Verfahren, aM LG Mosbach Rpfleger *92*, 174, LG Weiden Rpfleger *98*, 532 (je: zumindest teilweise Unanwendbarkeit der §§ 91 ff, 103 ff). Anwendbar ist auch § 281 (Verweisung); dabei ist eine mündliche Verhandlung nicht Voraussetzung, § 281 II 2.

**2**  **2) Geltungsbereich.** Die allgemeinen Vorschriften, §§ 946–959, gelten für alle Arten des Aufgebotsverfahrens, nämlich: Für die Ausschließung dieses Grundeigentümers, §§ 977–981 a; für die Ausschließung eines Grundpfandgläubigers oder eines anderen dinglich Berechtigten, §§ 982–988; für die Ausschließung eines Nachlaß-, Gesamtgut- oder Schiffsgläubigers, §§ 989–1002; für die Kraftloserklärung einer Urkunde, §§ 1003–1023.

**3**  **3) Zuständigkeit.** Sachlich zuständig ist grundsätzlich das AG, § 23 Z 2 h GVG; und zwar funktionell der Rpfl, soweit es sich nicht um die Wahrnehmung des Termins und die darin ergehende Entscheidung handelt, § 20 Z 2 RPflG, Anh § 153 GVG; für Anfechtungsklagen ist das LG zuständig. Das Landesrecht darf für landesrechtliche Aufgebotsfälle die Zuständigkeit anders ordnen, § 946 Rn 2. Für das Aufgebotsverfahren nach § 10 I 1 Z 7 EntschädigungsG ist seit 23. 12. 97 das Bundesamt zur Regelung offener Vermögensfragen zuständig, auch für bisher vor Gericht laufende Verfahren, Art 2 XVII Abs I, IV der 2. ZwVNov v 17. 12. 97, BGBl 3039, in kraft seit 23. 12. 97, Art 4 II der 2. ZwVNov, ÜbergangsR Einl III 78.

**4**  **4) Aussetzung und Unterbrechung.** Die Vorschriften über eine Aussetzung und Unterbrechung, §§ 148 ff, 239 ff, sind nur anwendbar, soweit es die Belange des Antragstellers unbedingt verlangen. Darum darf das Gericht über das Aufgebotsgesuch noch nach ihrem Eintritt entscheiden. Überhaupt ist bis zum Aufgebotstermin eine Mitwirkung des Antragstellers entbehrlich. Mit dem Termin beginnt die Frist des § 954 S 2; nunmehr muß der Antragsteller seine Rechte wahren. Sein Tod unterbricht daher von jetzt an, soweit es sich um prozessuale Pflichten handelt. Ein ProzBev darf eine Aussetzung beantragen. Stirbt der Antragsteller vor diesem Zeitpunkt, beginnt die Frist nicht zu laufen. Eine Aussetzung erfolgt auch nach dem Erlaß eines zurückweisenden Beschlusses. Die Aufnahme erfolgt durch eine Anzeige an das Gericht.

**5**  **5) Mehrheit von Antragsberechtigten.** Sind mehrere Personen antragsberechtigt, treten sie neben dem Antragsteller oder statt seiner in das Verfahren ein. Das bestimmte § 967, jetzt bestimmt § 17 VerschG dies für die Todeserklärung ausdrücklich; es ist überall richtig, weil das Verfahren einheitlich sein muß. Das gilt auch für den einem Verfahren Beitretenden, das von einem Nichtberechtigten begonnen war.

**6**  **6) VwGO:** Ein Aufgebotsverfahren ist dem Verwaltungsprozeß unbekannt, so daß das 9. Buch nicht entsprechend anzuwenden ist, § 173 VwGO, Falk (Üb § 1 FN 61).

**946** *Allgemeine Vorschriften. Zulässigkeit eines Aufgebots.* <sup>I</sup>Eine öffentliche gerichtliche Aufforderung zur Anmeldung von Ansprüchen oder Rechten findet mit der Wirkung, daß die Unterlassung der Anmeldung einen Rechtsnachteil zur Folge hat, nur in den durch das Gesetz bestimmten Fällen statt.

<sup>II</sup> Für das Aufgebotsverfahren ist das durch das Gesetz bestimmte Gericht zuständig.

**1) Systematik, Regelungszweck, I, II.** Vgl zunächst Grdz 1 vor § 946. **1**

**2) Voraussetzungen, I.** Ein Aufgebot nach der ZPO verlangt folgende Voraussetzungen: **2**

**A. Öffentlichkeit.** Erforderlich ist eine Öffentlichkeit. Das Aufgebot wendet sich an einen unbekannten und unbestimmten Gegner, nie nur an bekannte Personen.

**B. Gerichtserlaß.** Erforderlich ist ferner ein Erlaß durch das Gericht in einer Sache der streitigen oder **3** der freiwilligen Gerichtsbarkeit.

**C. Aufforderung.** Erforderlich ist ferner die Aufforderung zu einer Anmeldung bei diesem Gericht. **4**

**D. Anspruch, Recht.** Erforderlich sind ferner Ansprüche oder Rechte, auch wenn diese bloß bedingt **5** oder betagt sind, oder bloße Anwartschaften. Das Aufgebot macht aber nicht das Recht geltend, sondern will nur sein etwaiges Bestehen sichern.

**E. Rechtsnachteil.** Erforderlich ist weiter der Eintritt eines Rechtsnachteils, falls die Anmeldung unter- **6** lassen würde. Dieser Nachteil tritt nach dem Landesrecht gelegentlich auch ohne Ausschlußurteil ein.

**F. Gesetzliche Grundlage.** Erforderlich ist ferner die Anordnung des Aufgebotsverfahrens durch ein **7** Gesetz, dh eine beliebige Rechtsvorschrift, § 12 EG ZPO, nicht die Satzung einer autonomen Körperschaft, soweit es sich nicht etwa um die Satzung einer öffentlichrechtlichen Körperschaft handelt, die auf dem Gesetz beruht, § 549 Rn 13, oder die Anordnung des Aufgebotsverfahrens durch einen Vertrag. In dem in § 1008 Rn 2 genannten Fall der Besitzverhinderung findet kein Aufgebot statt.

**3) Zuständigkeit, II.** Sachlich zuständig ist für das Aufgebotsverfahren grundsätzlich (Ausnahme: Grdz 3 **8** vor § 946) das Amtsgericht, § 23 Z 2 h GVG, wenn man von der landesrechtlichen Regelung absieht, die nach den §§ 11 EG ZPO, 3 EG GVG zulässig ist. Funktionell bei § 2061 BGB nicht das Nachlaßgericht, sondern das Prozeßgericht, LG Deggendorf Rpfleger **95**, 426. Wegen der Zuständigkeit des Rpfl Grdz 2 vor § 946. Die örtliche Zuständigkeit ist den einzelnen Gesetzen zu entnehmen, §§ 983, 988, 990, 1001, 1006. §§ 12 ff sind unanwendbar. Das zuständige Gericht kann nach § 36 bestimmt werden. Wenn an dem an sich zuständigen Gerichtsort die deutsche Gerichtsbarkeit nicht mehr ausgeübt wird, dann ist das AG Bln-Schöneberg zuständig, in den Fällen der §§ 989–1001 ist das in § 7 ZustErgG bestimmte Gericht zuständig, § 11 ZustErgG. Über eine Verweisung Grdz 2 vor § 946. Für eine Anfechtungsklage nach § 957 ist das LG örtlich und sachlich ausschließlich zuständig, § 957 Rn 2.

**947** *Antrag. Inhalt des Aufgebots.* ¹ ¹Der Antrag kann schriftlich oder zum Protokoll der Geschäftsstelle gestellt werden. ²Die Entscheidung kann ohne mündliche Verhandlung ergehen.

II ¹Ist der Antrag zulässig, so hat das Gericht das Aufgebot zu erlassen. ²In das Aufgebot ist insbesondere aufzunehmen:

1. die Bezeichnung des Antragstellers;
2. die Aufforderung, die Ansprüche und Rechte spätestens im Aufgebotstermin anzumelden;
3. die Bezeichnung der Rechtsnachteile, die eintreten, wenn die Anmeldung unterbleibt;
4. die Bestimmung eines Aufgebotstermins.

**1) Systematik, Regelungszweck, I, II.** Vgl zunächst Grdz 1 vor § 946. **I.** Wer antragsberechtigt ist, **1** bestimmt das für den Einzelfall geltende sachliche Recht. Vgl §§ 979, 984, 988, 991, 1000, 1001, 1002 III, 1004. Unter Umständen ist auch ein anderer als der letzte Urkundeninhaber im Sinne von § 808 II 2 BGB antragsberechtigt, LG Ffm Rpfleger **86**, 187. Der Antrag ist eine Parteiprozeßhandlung, Grdz 47 vor § 128. Die Form des Antrags richtet sich nach § 496. Über das Antragsrecht mehrerer Personen vgl Grdz 5 vor § 946. Ein Anwaltszwang besteht nicht, § 78 III. Man kann zugleich das Ausschlußurteil beantragen, ZöGei 1. Maßgebender Zeitpunkt ist der Eingang des Antrags. Eine Rücknahme des Antrags ist bis zum Erlaß des Ausschlußurteils, § 952 I, statthaft. Wenn sie nach dem Erlaß des Aufgebots erfolgt, dann beendet sie das Verfahren; da auch der Aufgebotstermin aufgehoben wird, kann auch kein neuer Termin beantragt werden, § 954. Das Verfahren ist also auf Kosten des Antragstellers einzustellen, ZöGei 1.

**2) Verfahren, I, II.** Das Gericht hat von Amts wegen zu prüfen, Grdz 39 vor § 128, ob der Antrag **2** formgerecht gestellt worden ist, ob er den richtigen Inhalt hat und ob die allgemeinen Prozeßvoraussetzungen vorliegen, Grdz 12 vor § 253, zB die Prozeßfähigkeit des Antragstellers, § 51, die Berechtigung des gesetzlichen Vertreters, die Prozeßvollmacht, § 80. Für den sachlichen Inhalt genügen die Behauptungen des Antragstellers, soweit das Gesetz nichts anderes vorschreibt, LG Mannh MDR **76**, 587. Eine Glaubhaftmachung nach § 294 ist nur vereinzelt vorgeschrieben, §§ 980, 985, 986 III, 1007 Z 2; dann ist sie aber eine Bedingung für die Zulässigkeit des Antrags. Bei einem behebbaren Mangel darf und sollte das Gericht dem Antragsteller eine entsprechende Auflage machen, Einl III 27.

**3) Entscheidung, I, II.** Sie erfolgt ausnahmslos durch einen Beschluß des Rpfl, § 329, § 20 Z 2 RPflG, **3** Anh § 153 GVG. Er muß den Beschluß grundsätzlich begründen, § 329 Rn 4. Der Beschluß ist dem Antragsteller förmlich zuzustellen, weil er eine Ladung zum Aufgebotstermin ersetzt, § 329 II 2. Das Gericht kann den Beschluß von Amts wegen aufheben, falls sich Mängel ergeben. Die Partei darf einen zurückgewiesenen Antrag mit einer besseren Begründung wiederholen.

**4) Rechtsbehelfe, I, II.** Gegen die Zurückweisung des Antrags ist die einfache Beschwerde nach § 11 I **4** RPflG, Anh § 153 GVG, statthaft; gegen den Beschluß des Amtsrichters ist einfache Beschwerde nach § 567 I zulässig; gegen eine Auflage ist mangels echter Entscheidung kein Rechtsbehelf statthaft.

Gebühren: Des Gerichts: KV 1620; des RA § 45 BRAGO.

**5**   5) **Inhalt des Antrags**, II Z 1–4. Der Antrag muß zumindest eindeutig erkennbar diejenigen Tatsachen, die für die jeweilige Aufgebotsart formell vorliegen müssen, angeben. Was II unter „insbesondere" aufzählt, ist wesentlich. Das übrige steht im Ermessen des Gerichts. „Spätestens im Aufgebotstermin" II Z 2, bedeutet: vor dem Erlaß des Ausschlußurteils, § 951. Ein unbestimmtes oder unverständliches Datum des Aufgebotstermins, II Z 4, macht das Aufgebot unwirksam. Das Fehlen oder eine Formfehlerhaftigkeit des Antrags begründen nicht eine Anfechtungsklage; anders liegt es bei einem Verstoß gegen § 947 II, § 957 Rn 3.

## 948 *Öffentliche Bekanntmachung.* 

I Die öffentliche Bekanntmachung des Aufgebots erfolgt durch Anheftung an die Gerichtstafel und durch einmalige Einrückung in den Bundesanzeiger, sofern nicht das Gesetz für den betreffenden Fall eine abweichende Anordnung getroffen hat.

II Das Gericht kann anordnen, daß die Einrückung noch in andere Blätter und zu mehreren Malen erfolge.

**1**   1) **Bekanntmachung, I, II.** Die öffentliche Bekanntmachung des Aufgebots (ein Auszug genügt nicht) geschieht durch den Urkundsbeamten der Geschäftsstelle auf Grund des Beschlusses des Rpfl, § 947. Eine besondere Mitteilung erfolgt nur bei §§ 986 V, 994 II, 1001, § 4 II G v 18. 4. 50, Anh § 1024. Nötig sind: die Anheftung an der Gerichtstafel; eine einmalige Einrückung in den BAnz, vgl auch § 1 BekG v 17. 5. 50, BGBl 183; auf eine freigestellte Anordnung die mehrmalige Einrückung in den BAnz oder in andere Blätter, zB in den WertPMitt, aM ZöGei 1 (bei Aktien und Inhaberschuldverschreibungen statt im BAnz nur dort). Landesrechtlich bestehen mehrfach Abweichungen, § 1024. Auslagen: KV 9004.

**2**   2) **Verstoß, I, II.** Wenn die gesetzliche Form nicht beachtet wird, ist eine Anfechtungsklage statthaft, § 957 II Z 2.

## 949 *Gültigkeit der öffentlichen Bekanntmachung.*

Auf die Gültigkeit der öffentlichen Bekanntmachung hat es keinen Einfluß, wenn das anzuheftende Schriftstück von dem Ort der Anheftung zu früh entfernt ist oder wenn im Falle wiederholter Bekanntmachung die vorgeschriebenen Zwischenfristen nicht eingehalten sind.

**1**   1) **Systematik, Regelungszweck.** Über eine zu frühe Entfernung s § 206 III. Zwischenfristen, Üb 10 vor § 214, sind nur die Fristen zwischen etwaigen mehreren Bekanntmachungen; andere Fristen, wie die Aufgebotsfrist nach §§ 950, 987 III, 1002 V, 1015 oder die Fristen der §§ 1010–1014, sind keine Zwischenfristen.

## 950 *Aufgebotsfrist.*

Zwischen dem Tage, an dem die Einrückung oder die erste Einrückung des Aufgebots in den Bundesanzeiger erfolgt ist, und dem Aufgebotstermin muß, sofern das Gesetz nicht eine abweichende Anordnung enthält, ein Zeitraum (Aufgebotsfrist) von mindestens sechs Wochen liegen.

**1**   1) **Systematik, Regelungszweck.** Die Aufgebotsfrist des § 950 gilt nur hilfsweise. Häufig schreiben Bundesgesetze, zB §§ 987 II, 988 I, 994 I, 1002 V, 1010–1015, 1023, 1024, und Landesgesetze andere Fristen vor. Die Fristberechnung erfolgt nach § 222 wie bei einer Ladungsfrist, § 222 Rn 2. Der Tag der Bekanntmachung im BAnz und der Tag des Aufgebotstermins werden nicht mitgerechnet, ZöGei 1. Die Frist ist keine Notfrist, § 224 I 2. Die Verlängerung der Frist erfolgt nach § 224 II. Es handelt sich um eine uneigentliche Frist, Üb 11 vor § 214. Gegen ihre Versäumung ist keine Wiedereinsetzung zulässig, § 233. Die Frist ist eine Mindestfrist; das Gericht kann eine längere Frist bestimmen. Eine Höchstfrist kennen nur §§ 994 I, 1015 S 2. Wegen der öffentlichen Bekanntmachung im BAnz § 948 Rn 1.

**2**   2) **Verstoß.** Bei einem Verstoß ist eine Anfechtungsklage zulässig, § 957 II Z 3.

## 951 *Anmeldung nach Fristablauf.*

Eine Anmeldung, die nach dem Schluß des Aufgebotstermins, jedoch vor Erlaß des Ausschlußurteils erfolgt, ist als rechtzeitig anzusehen.

**1**   1) **Systematik, Regelungszweck.** Die Anmeldung, § 947 II Z 2, ist eine Parteiprozeßhandlung, Grdz 47 vor § 128, LG Frankenth Rpfleger 83, 412. Sie muß das angemeldete Recht oder den Anspruch ersichtlich machen. § 996 schreibt (nur) für den dortigen Fall einen bestimmten Mindestinhalt vor. Eine Begründung und Nachweise sind unnötig, von Ausnahmen abgesehen, § 1008. Die Anmeldung kann im Termin mündlich erfolgen und ist dann in das Sitzungsprotokoll aufzunehmen, § 159 ff. Im übrigen erfolgt sie schriftlich oder zum Protokoll des Urkundsbeamten der Geschäftsstelle. Wenn landesrechtlich ein LG zuständig ist, herrscht für die Anmeldung Anwaltszwang, § 78 Rn 1. Rechtzeitig ist auch diejenige Anmeldung, die nach einer Vertagung, aber vor der Verkündung des Urteils erfolgt. Nur eine Anmeldung beim Aufgebotsgericht wahrt die Frist.

## 952 Ausschlußurteil.
I Das Ausschlußurteil ist in öffentlicher Sitzung auf Antrag zu erlassen.

II Einem in der Sitzung gestellten Antrag wird ein Antrag gleichgeachtet, der vor dem Aufgebotstermin schriftlich gestellt oder zum Protokoll der Geschäftsstelle erklärt worden ist.

III Vor Erlaß des Urteils kann eine nähere Ermittlung, insbesondere die Versicherung der Wahrheit einer Behauptung des Antragstellers an Eides Statt angeordnet werden.

IV Gegen den Beschluß, durch den der Antrag auf Erlaß des Ausschlußurteils zurückgewiesen wird, sowie gegen Beschränkungen und Vorbehalte, die dem Ausschlußurteil beigefügt sind, findet sofortige Beschwerde statt.

**1) Systematik, Regelungszweck, I–III.** Das Verfahren in Aufgebotssachen verlangt eine öffentliche 1 Sitzung, §§ 169 ff GVG, und eine notwendige, nicht eine freigestellte, mündliche Verhandlung, § 128 Rn 4. S auch Grdz 2 vor § 946. Die Vorbereitung des Termins obliegt dem Rpfl bis auf die Terminsbestimmung; nur die eigentliche Wahrnehmung der Sitzung (und daher die Terminsbestimmung) und die Entscheidung auf Grund der Sitzung erfolgen durch den Richter, Grdz 3 vor § 946. Die Zulassung des Aufgebots durch das Gericht (den Rpfl, § 947 Rn 3) bindet jetzt nicht mehr. Die Zulässigkeit ist erneut von Amts wegen zu klären, Grdz 38 vor § 128, da Amtsermittlung herrscht, Rn 3. Sie muß beim Schluß der mündlichen Verhandlung vorliegen, §§ 136 IV, 296 a. Die sachlichrechtlichen Voraussetzungen einer Ausschließung müssen vorliegen. Etwaige Anmeldungen sind nur auf ihre Zulässigkeit zu prüfen, nicht auf ihre sachliche Berechtigung. Sie führen zu einer Beschränkung bzw einem Vorbehalt, IV, soweit sie nur teilweise bestehen. Ein Ausschlußurteil darf nur auf Antrag ergehen.

**2) Verfahren, I–IV.** Der Antrag ist im *Termin* mündlich oder schon vorher schriftlich oder zum Protokoll 2 des Urkundsbeamten der Geschäftsstelle zu stellen. Beim Aufgebot der Nachlaßgläubiger gilt der Antragsteller nur dann als säumig, wenn er weder erschienen ist noch den Antrag schriftlich gestellt hat, § 2015 II BGB. Ein Aufgebotsantrag genügt als Antrag im Sinn des § 952 nicht; freilich kann man mit dem Aufgebotsantrag denjenigen auf ein Ausschlußurteil verbunden haben, § 947 Rn 1.

Das Verfahren findet mit *Amtsermittlungsgrundsatz* statt, III, Grdz 38 vor § 128. Das Gericht darf den 3 Nachweis für sämtliche Voraussetzungen verlangen, aber auch selbst Ermittlungen anstellen, zB Zeugen und Sachverständige hören. Die Zulassung der eidesstattlichen Versicherung des Antragstellers zeigt, daß nicht stets ein voller Beweis notwendig ist, sondern daß sich das Gericht mit einer Glaubhaftmachung, § 294, begnügen darf. Der Richter kann das Verfahren aussetzen, § 953, oder den Termin vertagen, § 955.

**3) Entscheidung, III.** Ein unbegründeter Antrag ist durch Beschluß nach § 329 zurückzuweisen, 4 ebenso ein unbegründeter Widerspruch. Ist der Antrag begründet, so ergeht ein Ausschlußurteil. Es ist rechtsgestaltend, Üb 6 vor § 300. Es stellt fest, daß andere Berechtigte als diejenigen, deren Rechte es vorbehält, fehlen, und bringt ihre etwaigen Rechte zum Erlöschen. Der Vorbehalt erhält das wirklich bestehende Recht. Die Urteilsformel richtet sich nach dem jeweiligen sachlichen Recht, zB §§ 927, 1170 BGB.

Die Entscheidung, auch ein zurückweisender Beschluß, § 329 I 1, ist zu begründen, § 329 Rn 4, und zu 5 *verkünden*, LG Ffm Rpfleger 76, 257. Das Gericht kann das Urteil nach § 956 veröffentlichen. §§ 309–321 sind anwendbar. Die Entscheidung wird mit der Verkündung wirksam. Sie muß eine Kostenregelung enthalten, §§ 91 ff, Grdz 1 vor § 946, aM LG Frankenth Rpfleger 83, 413, LG Weiden Rpfleger 98, 532. Die Kosten werden dem Antragsteller oder dem Nachlaß auferlegt, § 34 II VerschG, soweit sie nicht infolge eines unbegründeten Einwendung eines Anmelders diesem aufzuerlegen sind, § 92, ZöGei 3. Der Streitwert bemißt sich nach den Belangen des Antragstellers, Anh § 3 Rn 14 „Aufgebot". Der Antragsteller kann das Urteil dem zur Anfechtungsklage evtl Berechtigten durch den Gerichtsvollzieher zustellen lassen, um die Anfechtungsfrist des § 958 in Gang zu setzen, ZöGei 3.

*Gebühren*: Des Gerichts: KV 1620; des RA: § 45 BRAGO.

**4) Rechtsbehelfe, IV.** Gegen das Ausschlußurteil ist nur eine Anfechtungsklage zulässig, §§ 957, 958, 6 BGH DtZ **94**, 214. Darum ist das Ausschlußurteil dann, wenn es antragsgemäß ergeht, mit seiner Verkündung bereits rechtskräftig, § 957 Rn 1. Gegen einen zurückweisenden Beschluß und gegen Beschränkungen und Vorbehalte im Ausschlußurteil ist sofortige Beschwerde nach § 577 bzw im ersteren Fall nach § 11 I RPflG, Anh § 153 GVG, zulässig; die Frist zu ihrer Einlegung beginnt mit der Verkündung, § 577 II.

## 953 Verfahren bei Vorliegen einer Anmeldung.
Erfolgt eine Anmeldung, durch die das von dem Antragsteller zur Begründung des Antrags behauptete Recht bestritten wird, so ist nach Beschaffenheit des Falles entweder das Aufgebotsverfahren bis zur endgültigen Entscheidung über das angemeldete Recht auszusetzen oder in dem Ausschlußurteil das angemeldete Recht vorzubehalten.

**1) Systematik, Regelungszweck.** Eine Anmeldung kann Mängel des Verfahrens rügen. Dann ist der 1 Antrag evtl zurückzuweisen. Sie kann ferner Rechte des Anmeldenden behaupten. Wenn das Rechte sind, die das Recht des Antragstellers nur beschränken, dann ergeht ein Ausschlußurteil mit dem Vorbehalt des behaupteten Rechts, BGH **76**, 170. Wenn die Rechte das Recht des Antragstellers ausschließen, dann erfolgt eine Aussetzung des Verfahrens. Alles das dient der Verhinderung einer endgültig unrichtigen Entscheidung. Einl III 9.

2  **2) Verfahren.** Jede Anmeldung wird nach den Regeln § 952 Rn 3 nur auf die Einhaltung der Form und der Frist und auf die Schlüssigkeit ihres Inhalts geprüft, nicht auch darauf, ob dieser Inhalt auch wirklich objektiv sachlichrechtlich begründet ist, BGH **76**, 170. Die Anmeldung will und kann nicht mehr erreichen als den Schutz gegen die angedrohten Rechtsnachteile. Die endgültige sachlichrechtliche Entscheidung über das behauptete Recht kann nur notfalls im Prozeßweg ergehen. Wenn dort das Recht verneint und der Vorbehalt nur beseitigt werden, gilt das Ausschlußurteil als vorbehaltloses.

3  **3) Entscheidung.** Der Antragsteller kann eine endgültige Entscheidung auch durch eine leugnende Feststellungsklage nach § 256 herbeiführen. Der Antrag ist auch dann zurückzuweisen, wenn die Anmeldung das Verfahren erledigt, der Antragsteller den Antrag aber nicht zurücknimmt. Wenn die Anmeldung unter prozessualen Mängeln leidet, ist sie im Ausschlußurteil zurückzuweisen.

4  **4) Aussetzung und Vorbehalt.** Eine Aussetzung des Verfahrens setzt voraus, daß die Zulässigkeit des ganzen Aufgebotsverfahrens in Frage gestellt wird. Sie erfolgt durch einen Beschluß. Das Gericht muß ihn grundsätzlich begründen, § 329 Rn 4, und teilt ihn gemäß § 329 II 1. Gegen die Aussetzung ist einfache Beschwerde nach § 567 zulässig, gegen die Ablehnung der Aussetzung ist sofortige Beschwerde zulässig, §§ 252, 577. Das Ausschlußurteil erledigt die Beschwerde. Es ergeht gegen alle, die sich nicht gemeldet haben. Der Vorbehalt läßt sich nur durch einen Verzicht oder durch eine Verurteilung zum Verzicht beseitigen. Wegen der Zuständigkeit des Rpfl Grdz 2 vor § 946.

## 954 *Fruchtloser Termin.* ¹Wenn der Antragsteller weder in dem Aufgebotstermin erschienen ist noch vor dem Termin den Antrag auf Erlaß des Ausschlußurteils gestellt hat, so ist auf seinen Antrag ein neuer Termin zu bestimmen. ²Der Antrag ist nur binnen einer vom Tage des Aufgebotstermins laufenden Frist von sechs Monaten zulässig.

1  **1) Voraussetzungen.** Ein Ausschlußurteil darf nicht ergehen, wenn der Antragsteller ausbleibt und wenn er auch vorher kein Urteil beantragt hat oder wenn er zwar erscheint, aber kein Urteil beantragt (der Text ist unvollständig, § 952 I). Wenn der Antrag versäumt worden ist, kann das Ausschlußurteil nur in einem neuen Termin ergehen, der auf Antrag zu bestimmen ist. Ein Versäumnisverfahren nach §§ 330 ff ist also unzulässig. Eine Entscheidung ohne einen Antrag ist nicht statthaft. Der Antragsteller darf einen neuen Termin nur binnen 6 Monaten seit dem ersten Aufgebotstermin, § 947 Z 4, stellen. Es handelt sich um eine uneigentliche Frist, Üb 11 vor § 214, keine Notfrist nach § 224 I 2. Sie wird nach § 222 berechnet. Sie kann nicht nach § 224 verlängert werden („nur" in S 2). Gegen ihre Versäumung ist keine Wiedereinsetzung zulässig, § 233. Der Antrag läßt keine Wiederholung zu; nach dem Fristablauf ist ein ganz neues Verfahren notwendig und zulässig, § 947.

## 955 *Neuer Termin.* Wird zur Erledigung des Aufgebotsverfahrens ein neuer Termin bestimmt, so ist eine öffentliche Bekanntmachung des Termins nicht erforderlich.

1  **1) Geltungsbereich.** § 955 betrifft nicht nur den Fall des § 954; er gilt auch für die §§ 952 III, 953. Der neue Termin ist gemäß § 216 zu bestimmen. Er ist zu verkünden oder dem Antragsteller und denjenigen, die sich gemeldet haben, von Amts wegen durch Zustellung bekannt zu geben, § 329 II 2.

## 956 *Öffentliche Bekanntmachung des Ausschlußurteils.* Das Gericht kann die öffentliche Bekanntmachung des wesentlichen Inhalts des Ausschlußurteils durch einmalige Einrückung in den Bundesanzeiger anordnen.

1  **1) Ermessen.** Die öffentliche Bekanntmachung des wesentlichen Inhalts des Ausschlußurteils erfolgt grundsätzlich nach dem pflichtgemäßen Ermessen des Gerichts, bei Urkunden in Amtspflicht, § 1017 II 1, im BAnz, geeignetenfalls in Listenform wiederkehrend. S auch §§ 1023 f. § 205 ist unanwendbar; was die Bekanntmachung enthalten soll, bestimmt das Gericht. Wegen der Einzelheiten der Veröffentlichung § 948 Rn 1, 2.

## 957 *Anfechtungsklage. Zulässigkeit.* ¹Gegen das Ausschlußurteil findet ein Rechtsmittel nicht statt.

ᴵᴵ Das Ausschlußurteil kann bei dem Landgericht, in dessen Bezirk das Aufgebotsgericht seinen Sitz hat, mittels einer gegen den Antragsteller zu erhebenden Klage angefochten werden:

9. Buch. Aufgebotsverfahren § 957

1. wenn ein Fall nicht vorlag, in dem das Gesetz das Aufgebotsverfahren zuläßt;
2. wenn die öffentliche Bekanntmachung des Aufgebots oder eine in dem Gesetz vorgeschriebene Art der Bekanntmachung unterblieben ist;
3. wenn die vorgeschriebene Aufgebotsfrist nicht gewahrt ist;
4. wenn der erkennende Richter von der Ausübung des Richteramts kraft Gesetzes ausgeschlossen war;
5. wenn ein Anspruch oder ein Recht ungeachtet der Anmeldung nicht dem Gesetz gemäß in dem Urteil berücksichtigt ist;
6. wenn die Voraussetzungen vorliegen, unter denen die Restitutionsklage wegen einer Straftat stattfindet.

**1) Ausschlußurteil, I.** Das Ausschlußurteil wird mit seiner Verkündung äußerlich rechtskräftig, Einf 1 vor §§ 322–327, BGH DtZ **94**, 214. Gegen das Urteil ist kein Rechtsmittel, § 511, und keine Wiederaufnahmeklage nach §§ 578 ff statthaft, § 952 Rn 3, BGH DtZ **94**, 214. Das gilt aber nicht für den Fall, daß das Ausschlußurteil einen behaupteten Vorbehalt eines Rechts ausspricht, BGH **76**, 170. Die innere Rechtskraft, Einf 2 vor §§ 322–327, wirkt gegen jeden, der keine Anfechtungsklage erhoben hat, obwohl er sie erheben konnte. Sie erstreckt sich nicht nur auf die Feststellung der angedrohten Rechtsnachteile, sondern auch auf die Rechtmäßigkeit des Aufgebots selbst und auf die Rechtmäßigkeit der auf das Ausschlußurteil hin ergriffenen Maßnahmen, zB Eintragungen im Grundbuch. Der mit dem Eigentum Ausgeschlossene kann daher auch keine ungerechtfertigte Bereicherung eines andern geltend machen. Die innere Rechtskraft erstreckt sich nicht auf sachlichrechtliche Rechtsveränderungen, die das Urteil nicht berücksichtigt. **1**

**2) Klage, II.** Die Klage ist eine Gestaltungsklage, Grdz 10 vor § 253, der einzige zulässige Rechtsbehelf gegen das Ausschlußurteil und duldet wegen des verschiedenartigen Inhalts keine Verbindung mit einer Ersatzklage. Örtlich und sachlich ausschließlich zuständig ist das LG des Bezirks des Aufgebotsgerichts, selbst wenn das Aufgebotsgericht unzuständig war. Es besteht Anwaltszwang, § 78 I. Klageberechtigt ist jeder, gegen den sich das Aufgebot gerichtet hat, BGH **LM** Nr 1. Auch hier ist ein Rechtsschutzbedürfnis, Grdz 33 vor § 253, nötig. Daher ist die Klage trotz II Z 1 abzuweisen, wenn der Kläger nur den dem Bekl rechtskräftig zuerkannten Löschungsanspruch vereiteln will. Der Klage eines Berechtigten können die übrigen als notwendige Streitgenossen beitreten, § 59. Die Anfechtungsfristen des § 958 sind als besondere Prozeßvoraussetzung im Sinn von Grdz 23 vor § 253 zu beachten. Zu entscheiden ist nur über das förmliche Widerspruchsrecht, nicht über die sachliche Berechtigung, BGH NJW **80**, 2529. Alleinige Klagegründe sind die in Z 1–6 angeführten, BGH NJW **80**, 2529. Es ist also unbeachtlich, wem das Recht in Wahrheit zusteht. Man kann zB die Klage damit begründen, daß sich eine Urkunde hinterher wiederfindet oder daß sich ein vom AG als feststehend angenommener Umstand in Wahrheit anders verhielt. Bereicherungs- und Ersatzansprüche bleiben erhalten. Das Verfahren verläuft wie bei einem ordentlichen Prozeß, §§ 253 ff. Die Vollmacht für das Aufgebotsverfahren genügt hier als Prozeßvollmacht. **2**

**3) Entscheidung, II.** Das Urteil lautet auf Abweisung oder auf Aufhebung des Ausschlußurteils, soweit jenes dem Kläger mit seinem darin genannten Anspruch oder Recht zu unrecht ausgeschlossen hatte; der etwa übrige Teil des Ausschlußurteils bleibt bestehen. Denn das Urteil schafft nur unter den Parteien Rechtskraft, § 325 Rn 4. Inwieweit das Urteil die Rechte Dritter berührt, richtet sich nach dem sachlichen Recht. Eine Aufhebung wirkt zurück. Die Kostenentscheidung richtet sich nach §§ 91 ff. Wert: § 3 Anh Rn 14 „Aufgebot". Das Urteil ist zu verkünden, § 310. In den Fällen §§ 1017 II, 1023, 1024 kommt außerdem eine Bekanntmachung in Betracht bzw ist notwendig. **3**

**4) Unzulässigkeit des Aufgebots, II Z 1.** Dahin gehört nicht, ob das AG die tatsächlichen Verhältnisse richtig gewürdigt und rechtlich richtig entschieden hat, sondern allein die Frage, ob ein das Aufgebotsverfahren als Ganzes rechtfertigendes sachlichrechtliches Aufgebotsgesetz gefehlt hat, BGH NJW **80**, 2529. Ein Verstoß in anderen Fragen fällt evtl unter II Z 2–6, BGH NJW **80**, 2529. Unzureichend sind: Das Fehlen eines dem § 947 genügenden Antrags; Beschränkungen zum Nachteil des Antragstellers, § 952 IV; das Vorliegen eines nicht angemeldeten Rechts, BGH NJW **80**, 2529. **4**

**5) Unterbliebene Bekanntmachung, II Z 2.** Dieser Klagegrund kommt nur dann in Betracht, wenn die Bekanntmachung zwingend vorgeschrieben war, sei es auch landesrechtlich. Die Vorschrift ist auch dann anwendbar, wenn zwar die Bekanntmachung äußerlich ordnungsmäßig war, wenn sie aber nicht den nötigen Inhalt hatte, oder wenn sie ein unmögliches Datum angab. II Z 2 ist auch dann anwendbar, wenn bekannte Beteiligte nicht nach den landesrechtlichen Vorschriften benachrichtigt worden sind. Das Unterbleiben der besonderen Zustellung der §§ 994 II, 1001 genügt nicht, weil es sich hier um bloße Sollvorschriften handelt, aM RoSGo § 170 II 9 a, ThP 5. **5**

**6) Nichtwahrung der Aufgebotsfrist, II Z 3.** Gemeint ist die Nichtwahrung der Mindestfrist, § 950. **6**

**7) Ausschließung des erkennenden Richters, II Z 4.** Gemeint ist derjenige Richter, der das Urteil erlassen hat, nicht ein anderer, § 41. **7**

**8) Nichtberücksichtigung eines Rechts, II Z 5.** Gemeint ist ein Recht, das form- und fristgerecht angemeldet worden war, §§ 951, 953. **8**

**9) Voraussetzungen der Restitutionsklage, II Z 6.** Vgl § 580 Z 1–5. § 581 ist entsprechend anwendbar. **9**

**10) Weitere Fälle, II.** Wegen der Anfechtung im Fall der Besitzverhinderung, Einf 2 vor § 1003, und zwar auch dann, wenn das Gericht eine Anmeldung zu Unrecht als nicht wirksam angesehen hat oder wenn das Gericht die Voraussetzungen für den Erlaß des Urteils ohne ein Aufgebot, § 1008 Rn 2, als gegeben angesehen hat, Anh 1024 § 10. **10**

**11) Rechtsmittel, I, II.** Es sind die gewöhnlichen Rechtsmittel gegen ein Urteil statthaft, also Berufung, § 511, evtl Revision, § 546 I. **11**

§§ 958–979

**958** *Anfechtungsklage. Frist.* I ¹Die Anfechtungsklage ist binnen der Notfrist eines Monats zu erheben. ²Die Frist beginnt mit dem Tage, an dem der Kläger Kenntnis von dem Ausschlußurteil erhalten hat, in dem Falle jedoch, wenn die Klage auf einem der im § 957 Nr. 4, 6 bezeichneten Anfechtungsgründe beruht und dieser Grund an jenem Tage noch nicht zur Kenntnis des Klägers gelangt war, erst mit dem Tage, an dem der Anfechtungsgrund dem Kläger bekannt geworden ist.

II Nach Ablauf von zehn Jahren, von dem Tage der Verkündung des Ausschlußurteils an gerechnet, ist die Klage unstatthaft.

1   1) **Monatsfrist, I.** Für die Anfechtungsklage läuft eine Notfrist, § 224 I 2, von 1 Monat. Die Einhaltung der Notfrist ist von Amts wegen zu prüfen, § 952 Rn 2. Eine Glaubhaftmachung des Grunds nach § 294 ist unnötig. Ein Kennenmüssen des Ausschlußgrunds steht dem Kennen nicht gleich. Deshalb ist die Veröffentlichung im BAnz weder ein Anscheinsbeweis noch gar ein Beweis für die Kenntnis. Bei einem Prozeßfähigen, § 51, entscheidet die Kenntnis des gesetzlichen Vertreters. Die Frist wird nach § 222 berechnet. Ein Fristablauf, § 61, macht das Ausschlußurteil unanfechtbar. Deshalb muß der Kläger die Fristwahrung in der Klage darlegen. Eine Wiedereinsetzung ist zulässig, § 233.

2   2) **Zehnjahresfrist, II.** Die Zehnjahresfrist, II, ist eine uneigentliche Frist, Üb 11 vor § 214. Sie wird nach § 222 berechnet. Sie ist keine Notfrist nach § 224 I 2. Gegen ihre Versäumung ist deshalb keine Wiedereinsetzung nach § 233 zulässig. Sie unterliegt nicht der Ablaufhemmung entsprechend § 203 BGB, BGH DtZ **94**, 214.

**959** *Verbindung von Aufgeboten.* Das Gericht kann die Verbindung mehrerer Aufgebote anordnen, auch wenn die Voraussetzungen des § 147 nicht vorliegen.

1   1) **Ermessen.** § 959 geht zur Sicherung der einheitlichen Behandlung über § 147 hinaus. Die Antragsteller werden nach dem pflichtgemäßen Ermessen des Gerichts angehört, vgl aber auch Art 103 I GG. Zulässig ist ein Sammelaufgebot, dh ein Gesamtaufgebot für verschiedene Antragsteller. Eine Verbindung ist nur bei einer Gleichartigkeit der Aufgebote ratsam. Die Wiederaufhebung der Verbindung der Verfahren erfolgt nach § 150.

**960–976** (weggefallen)

**977** *Aufgebot des Grundeigentümers.* Für das Aufgebotsverfahren zum Zwecke der Ausschließung des Eigentümers eines Grundstücks nach § 927 des Bürgerlichen Gesetzbuchs gelten die nachfolgenden besonderen Vorschriften.

1   1) **Vorbemerkung zu §§ 977–981.** Die Vorschriften betreffen den Ausschluß des Eigentümers eines Grundstücks, das sich seit 30 Jahren in fremdem Eigenbesitz befindet, § 927 BGB. Das Ausschlußurteil muß jeden Eigentümer ausschließen, auch den nichteingetragenen Rechtsnachfolger, nicht nur bestimmte Personen. Bei einer Verschollenheit kommt es nicht auf die Voraussetzungen der Todeserklärung an. Das Urteil macht das Grundstück herrenlos. Der Antragsteller hat ein Aneignungsrecht und erwirbt das Eigentum durch Eintragung § 927 II BGB, § 979 ZPO.

**978** *Zuständigkeit.* Zuständig ist das Gericht, in dessen Bezirk das Grundstück belegen ist.

1   1) **Ausschließliche Zuständigkeit.** Das AG der belegenen Sache ist ausschließlich zuständig, vgl auch § 29 a Rn 13. Liegt das Grundstück in mehreren Gerichtsbezirken, so ist § 36 Z 4 anwendbar.

**979** *Antrag.* Antragsberechtigt ist derjenige, der das Grundstück seit der im § 927 des Bürgerlichen Gesetzbuchs bestimmten Zeit im Eigenbesitz hat.

1   1) **Antrag.** Antragsberechtigt ist der Eigenbesitzer, § 872 BGB. Wenn der Eigenbesitz auf einen Käufer übergegangen ist, so ist nur dieser antragsberechtigt. Die Berechnung der 30 Jahre erfolgt nach §§ 927 I, 939 ff BGB. Das Grundstück ist grundbuchmäßig zu bezeichnen.

## 980 Glaubhaftmachung.
Der Antragsteller hat die zur Begründung des Antrags erforderlichen Tatsachen vor der Einleitung des Verfahrens glaubhaft zu machen.

**1) Glaubhaftmachung.** Sie erfolgt nach § 294. Sie genügt für alle nach § 927 BGB zur Begründung notwendigen Tatsachen, auch für den Tod oder die Verschollenheit. Unnötig sind ein Erwerbstitel und ein guter Glaube. Eine Todeserklärung ist nicht erforderlich.

## 981 Bekanntmachung.
In dem Aufgebot ist der bisherige Eigentümer aufzufordern, sein Recht spätestens im Aufgebotstermin anzumelden, widrigenfalls seine Ausschließung erfolgen werde.

**1) Verfahren.** Auf das Aufgebot ist neben dem § 981 der § 947 II voll anwendbar, auch hinsichtlich der Zuständigkeit des Rpfl, Grdz 2 vor § 946, und wegen der Fristbestimmung vorbehaltlich landesrechtlicher Abweichungen, § 1024, nach § 950 (für die früheren preußischen Gebiete gilt § 8 AG ZPO). Wenn sich der Eigentümer meldet, gilt § 953. Ein Dritter, der vor dem Erlaß des Ausschlußurteils seine Eintragung im Grundbuch oder einen Widerspruch gegen das Grundbuch beantragt hat, § 899 BGB, braucht sich nicht zu melden, ZöGei 1. Wenn das Urteil demjenigen, der sich meldet, ein Recht vorbehält, dann ist die Eintragung des Antragstellers erst nach einem Verzicht oder nach einem leugnenden Feststellungsurteil auf dieses Recht möglich. Der Verzicht ist notfalls durch eine Klage zu erzwingen. Das Ausschlußurteil beseitigt jedes Eigentum an dem Grundstück, sofern es nicht nur bestimmte Personen ausschließt, was aber fehlerhaft wäre, § 977 Rn 1. Wer das Ausschlußurteil erwirkt hat, kann sich als Eigentümer eintragen lassen, § 927 II, III BGB. S auch § 977 Rn 1.

## 981a Aufgebot von Schiffseigentümern.
¹Für das Aufgebotsverfahren zum Zwecke der Ausschließung des Eigentümers eines eingetragenen Schiffes oder Schiffsbauwerks nach § 6 des Gesetzes über Rechte an eingetragenen Schiffen und Schiffsbauwerken vom 15. November 1940 (Reichsgesetzbl. I S. 1499) gelten die §§ 979 bis 981 entsprechend. ²Zuständig ist das Gericht, bei dem das Register für das Schiff oder Schiffsbauwerk geführt wird.

**1) Geltungsbereich.** § 981a betrifft den Ausschluß des Eigentümers eines eingetragenen Schiffs oder eines eingetragenen, nicht nur eintragsfähigen, Schiffsbauwerks nach § 6 SchiffsG. §§ 979–981 gelten dann entsprechend. Ausschließlich zuständig ist das AG des Registers.

## 982 Aufgebot von Hypothekengläubigern.
Für das Aufgebotsverfahren zum Zwecke der Ausschließung eines Hypotheken-, Grundschuld- oder Rentenschuldgläubigers auf Grund der §§ 1170, 1171 des Bürgerlichen Gesetzbuchs gelten die nachfolgenden besonderen Vorschriften.

**Schrifttum:** Hallermann, Die Löschung von Reichs- und Goldmarkhypotheken sowie -grundschulden im Grundbuch; zugleich ein Beitrag zum Aufgebotsverfahren, 1992.

**1) Systematik, Regelungszweck, §§ 982–987.** Das Aufgebot aus diesen Vorschriften ist nicht zu verwechseln mit dem Aufgebot eines Hypotheken- usw -briefs, §§ 1003 ff. Das Antragsrecht ergibt sich aus § 984 I, II. Die Aufgebotsfrist wird nach § 950 berechnet, vorbehaltlich, daß das Landesrecht etwas anderes bestimmt, § 1024. Wenn sich der Gläubiger meldet, ist § 953 anwendbar. Das Ausschlußurteil macht auch den Hypothekenbrief ohne ein besonderes Aufgebot gemäß § 1162 BGB kraftlos. Wegen der sonstigen Wirkungen s §§ 1170 II, 1171 II, 1175 BGB, § 986 Rn 2. Das Urteil erstreckt sich nicht auf ein Trennstück, das vor dem Aufgebot, wenn auch nach der Antragstellung, abgeschrieben wurde. Die folgenden Bestimmungen, vgl die dortigen Anmerkungen, gelten teilweise sinngemäß, teilweise entsprechend abgewandelt, auch bei unbekannten Gläubigern an einem Registerpfandrecht nach dem LuftfzRG. Für Schiffe gilt § 987a.

## 983 Zuständigkeit.
Zuständig ist das Gericht, in dessen Bezirk das belastete Grundstück belegen ist.

**1) Ausschließliche Zuständigkeit.** Das AG des belasteten Grundstücks ist ausschließlich zuständig, § 29a Rn 14, §§ 24, 36, 1005 II. Wegen der Zuständigkeit des Rpfl Grdz 2 vor § 946. Kommen mehrere Gerichte in Frage, zB bei einer Gesamthypothek, § 36 Rn 23, so ist das zuständige AG nach § 36 Z 4 zu bestimmen. Wenn ein unbekannter Gläubiger aufgeboten werden soll, dessen Ansprüche nach § 10 LuftfzRG durch eine Vormerkung im Register gesichert sind, dann ist dasjenige AG zuständig, bei dem das Register geführt wird, § 13 II 2 LuftfzRG. Dasselbe gilt bei einem unbekannten Gläubiger eines Registerpfandrechts, §§ 66 III, 67 IV LuftfzRG.

## 984
*Antrag.* ¹ Antragsberechtigt ist der Eigentümer des belasteten Grundstücks.

II Im Falle des § 1170 des Bürgerlichen Gesetzbuchs ist auch ein im Range gleich- oder nachstehender Gläubiger, zu dessen Gunsten eine Vormerkung nach § 1179 des Bürgerlichen Gesetzbuchs eingetragen ist oder ein Anspruch nach § 1179a des Bürgerlichen Gesetzbuchs besteht, und bei einer Gesamthypothek, Gesamtgrundschuld oder Gesamtrentenschuld außerdem derjenige antragsberechtigt, der auf Grund eines im Range gleich- oder nachstehenden Rechtes Befriedigung aus einem der belasteten Grundstücke verlangen kann, sofern der Gläubiger oder der sonstige Berechtigte für seinen Anspruch einen vollstreckbaren Schuldtitel erlangt hat.

1  1) **Antragsberechtigung, I, II.** Antragsberechtigt ist immer der Eigentümer des belasteten Grundstücks. Bei einer Gesamthypothek ist jeder Eigentümer antragsberechtigt, und zwar bei § 1170 BGB nur mit Wirkung für sein Grundstück, § 1175 I 2, II BGB, bei § 1171 BGB mit Wirkung für alle Grundstücke, Staudinger-Scherübl § 1171 BGB Anm 2 a. Im Fall des § 1170 BGB sind auch die dinglichen Gläubiger antragsberechtigt, soweit sie ihrem Rang nach bei einer Zwangsversteigerung ein Interesse daran haben, daß der Eigentümer die Hypothek erwirbt. Dieses Antragsrecht besteht aber nur dann, wenn die dinglichen Gläubiger durch eine Vormerkung aus § 1179 BGB gesichert sind oder wenn sie einen Löschungsanspruch aus § 1179a BGB haben. Bei einer Gesamthypothek usw ist ferner jeder dingliche Berechtigte antragsberechtigt, der ein der Gesamthypothek gleichstehendes oder nachstehendes Recht auf eine Befriedigung an den belasteten Grundstücke hat, §§ 10, 11 ZVG. Bei II ist ein vollstreckbarer Titel eines jeden dort genannten Berechtigten notwendig.

2  2) **Luftfahrzeug, I, II.** Bei einem unbekannten Gläubiger eines Registerpfandrechts an einem Luftfahrzeug gilt I sinngemäß. Wenn der Anspruch eines Gläubigers hinsichtlich eines solchen Pfandrechts, § 10 I LuftfzRG und § 985 Rn 1, durch eine Vormerkung gesichert ist und wenn der Gläubiger unbekannt ist, dann ist außer dem Eigentümer jeder antragsberechtigt, der auf Grund eines im Range gleichstehenden oder nachstehenden Rechts eine Befriedigung aus dem Luftfahrzeug verlangen kann, sofern er für seinen Anspruch einen vollstreckbaren Titel erlangt hat. Ein solches Aufgebot ist dem Eigentümer des Luftfahrzeugs mitzuteilen, § 13 II 3 und 4 LuftfzRG.

## 985
*Glaubhaftmachung.* Der Antragsteller hat vor der Einleitung des Verfahrens glaubhaft zu machen, daß der Gläubiger unbekannt ist.

1  1) **Unbekanntheit.** Ein Gläubiger ist „unbekannt", wenn trotz nachweisbarer Bemühungen nicht feststeht, wer Gläubiger oder dessen Rechtsnachfolger ist, KG OLGZ 70, 323, LG Erfurt Rpfleger 94, 311, Wenckstern DNotZ 93, 549 mwN, wenn sich der Gläubiger nicht als solcher grundbuchmäßig ausweisen kann oder wenn sein Aufenthalt unbekannt ist, LG Erfurt Rpfleger 94, 311, MüKoEi § 1170 BGB Rn 2 ff, StJSchl 2, aM PalBass § 1170 BGB Rn 2, ZöGei 1 (dies letztere genüge nicht, da der Gläubiger als solcher dann nicht unbekannt sei; diese Auffassung ist aber unpraktisch).

Die Voraussetzung der Unbekanntheit muß nur bei der *Verkündung* des Ausschlußurteils vorliegen. Im Anschluß an die Erwirkung eines Urteils gegen den Gläubiger auf eine Bewilligung der Grundbuchberichtigung kann der Schuldner das Aufgebot des etwa benötigten Hypothekenbriefs gemäß § 1162 BGB, § 1003 ZPO beantragen, ZöGei 1.

§ 985 *gilt sinngemäß* für den unbekannten Gläubiger eines Registerpfandrechts an einem Luftfahrzeug und für solche Gläubiger, deren Ansprüche auf Einräumung oder auf Aufhebung eines derartigen Rechts oder eines Rechts an einem Registerpfandrecht oder auf eine Änderung des Inhalts oder des Ranges eines dieser Rechte durch eine Vormerkung im Register gesichert sind, §§ 66 III, 67 IV, 13 II in Verbindung mit § 10 LuftfzRG.

2  2) **Antrag.** Vgl zunächst § 984 Rn 1. Man muß das belastete Grundstück und die Forderung so genau wie zumutbar bezeichnen.

3  3) **Glaubhaftmachung.** Sie erfolgt nach § 294, also auch durch eine eidesstattliche Versicherung.

## 986
*Vorschriften für § 1170 BGB.* ¹ Im Falle des § 1170 des Bürgerlichen Gesetzbuchs hat der Antragsteller vor der Einleitung des Verfahrens auch glaubhaft zu machen, daß nicht eine das Aufgebot ausschließende Anerkennung des Rechtes des Gläubigers erfolgt ist.

II ¹Ist die Hypothek für die Forderung aus einer Schuldverschreibung auf den Inhaber bestellt oder der Grundschuld- oder Rentenschuldbrief auf den Inhaber ausgestellt, so hat der Antragsteller glaubhaft zu machen, daß die Schuldverschreibung oder der Brief bis zum Ablauf der im § 801 des Bürgerlichen Gesetzbuchs bezeichneten Frist nicht vorgelegt und der Anspruch nicht gerichtlich geltend gemacht worden ist. ²Ist die Vorlegung oder die gerichtliche Geltendmachung erfolgt, so ist die im Absatz 1 vorgeschriebene Glaubhaftmachung erforderlich.

III Zur Glaubhaftmachung genügt in den Fällen der Absätze 1, 2 die Versicherung des Antragstellers an Eides Statt, unbeschadet der Befugnis des Gerichts, anderweitige Ermittlungen anzuordnen.

**IV** In dem Aufgebot ist als Rechtsnachteil anzudrohen, daß der Gläubiger mit seinem Recht ausgeschlossen werde.

**V** Wird das Aufgebot auf Antrag eines nach § 984 Abs. 2 Antragsberechtigten erlassen, so ist es dem Eigentümer des Grundstücks von Amts wegen mitzuteilen.

**1) Glaubhaftmachung, I–III.** Im Fall des § 1170 BGB muß der Antragsteller folgende Voraussetzungen glaubhaft machen, § 294: Die Unbekanntheit des Gläubigers, § 985; die Berechtigung des Antragstellers; die Nichtanerkennung des Rechts, also auch das Fehlen einer Teilzahlung, Zinszahlung oder Stundung, ZöGei 1. Darum erfolgt kein Aufgebot vor dem Ablauf der zehnjährigen Frist; bei II den Ablauf der regelmäßig dreißigjährigen Vorlegungsfrist oder den Eintritt der Verjährung, § 801 BGB. Die Besitzzeit der Rechtsvorgänger ist einzurechnen. Bei den letzteren beiden Voraussetzungen genügt eine eidesstattliche Versicherung des Antragstellers; doch wird das Gericht regelmäßig weitere Ermittlungen anstellen.

**2) Aufgebot, IV, V.** Die Frist, § 950, und die Veröffentlichung, §§ 948, 956, dürfen durch Landesrecht abweichend geregelt werden, § 1024. Die Mitteilung aus V erfolgt formlos. Das unvorbehaltliche Ausschlußurteil führt zum Erwerb der Hypothek, nun als Grundschuld, § 1177 I BGB, auch vor der entsprechenden Eigentumseintragung. Der Eigentümer kann die Berichtigung des Grundbuchs beantragen; das Ausschlußurteil aus § 1170 BGB wirkt nämlich gegen jeden Gläubiger, auch gegen einen nicht eingetragenen, auch gegen den an der Hypothek dinglich Berechtigten. Nur die persönliche Forderung bleibt bestehen. Wenn das Urteil einen Vorbehalt macht, dann setzt eine Eintragung in das Grundbuch die vorherige Beseitigung dieses Vorbehalts durch einen Verzicht oder ein rechtskräftiges Urteil voraus.

**3) Luftfahrzeug, I–V.** Bei einem unbekannten Gläubiger eines Registerpfandrechts an einem Luftfahrzeug gelten I, III und IV entsprechend, § 66 III LuftfzRG. Dasselbe gilt bei einem solchen Gläubiger, dessen Anspruch an einem derartigen Recht durch Vormerkung gesichert worden ist, § 13 II LuftfzRG.

**987** *Vorschriften für § 1171 BGB.* **¹** Im Falle des § 1171 des Bürgerlichen Gesetzbuchs hat der Antragsteller sich vor der Einleitung des Verfahrens zur Hinterlegung des dem Gläubiger gebührenden Betrages zu erbieten.

**II** In dem Aufgebot ist als Rechtsnachteil anzudrohen, daß der Gläubiger nach der Hinterlegung des ihm gebührenden Betrages seine Befriedigung statt aus dem Grundstück nur noch aus dem hinterlegten Betrag verlangen könne und sein Recht auf diesen erlösche, wenn er sich nicht vor dem Ablauf von dreißig Jahren nach dem Erlaß des Ausschlußurteils bei der Hinterlegungsstelle melde.

**III** Hängt die Fälligkeit der Forderung von einer Kündigung ab, so erweitert sich die Aufgebotsfrist um die Kündigungsfrist.

**IV** Das Ausschlußurteil darf erst dann erlassen werden, wenn die Hinterlegung erfolgt ist.

**1) Antrag und Aufgebot, I–III.** Im Fall des § 1171 BGB muß sich der Antragsteller vor der Einleitung des Verfahrens zur Hinterlegung der Restschuld nebst Zinsen, soweit auch sie im Grundbuch eingetragen sind, erbieten, bis zum Erlaß des Ausschlußurteils zu hinterlegen, IV. Wenn das Recht am Hinterlegten gemäß II erlischt, dann kann der Hinterleger trotz eines Rücknahmeverzichts die Rückzahlung verlangen. Das Landesrecht kann die Frist, § 550, und Bekanntmachung, §§ 948, 956, abweichend anordnen, § 1024 (für die früheren preußischen Gebiete § 8 AG ZPO).

**2) Ausschlußurteil, IV.** Das Gericht darf das Ausschlußurteil erst dann erlassen, wenn eine Hinterlegung gemäß § 376 II BGB nachgewiesen worden ist. Bei Zinsen genügt der Nachweis der Zahlung im Weg einer freien Beweiswürdigung, § 286, und gilt § 1171 I 2 BGB. Die Wirkung des Ausschlußurteils ergibt sich aus § 1171 II, III BGB. Ein Hypotheken- usw -Brief wird infolge des Ausschlußurteils von selbst kraftlos, ZöGei 2. Der Gläubiger darf nur aus dem hinterlegten Betrag befriedigen.

**3) Luftfahrzeug, I–IV.** Für einen unbekannten Gläubiger eines Registerpfandrechts an einem Luftfahrzeug gilt § 987 entsprechend, § 67 IV LuftfzRG.

**987a** *Aufgebot von Schiffshypothekengläubigern.* **¹** Für das Aufgebotsverfahren zum Zwecke der Ausschließung eines Schiffshypothekengläubigers auf Grund der §§ 66, 67 des Gesetzes über Rechte an eingetragenen Schiffen und Schiffsbauwerken vom 15. November 1940 (Reichsgesetzbl. I S. 1499) gelten die §§ 984 bis 987 entsprechend; an die Stelle der §§ 1170, 1171, 1179 des Bürgerlichen Gesetzbuchs treten die §§ 66, 67, 58 des genannten Gesetzes. ² Zuständig ist das Gericht, bei dem das Register für das Schiff oder Schiffsbauwerk geführt wird.

**1) Systematik, Regelungszweck.** § 987a regelt das Aufgebot von Schiffshypothekengläubigern nach §§ 66, 67 SchiffsG. § 984–987 gelten entsprechend mit den Abweichungen des Textes. Wenn der Gläubiger unbekannt ist, erlischt die Schiffshypothek mit dem Ausschlußurteil, § 66 SchiffsG. Wenn der kündigungsberechtigte oder befriedigungsberechtigte Eigentümer nach § 67 SchiffsG hinterlegt hat, dann erlischt das Recht auf den hinterlegten Betrag 30 Jahre nach dem Ausschlußurteil. Wenn das Registergericht jenseits der Oder-Neiße-Linie lag, ergibt sich die Zuständigkeit wie bei § 946 Rn 2.

## §§ 988–991

**988** *Aufgebot von Vormerkungsberechtigten usw.* ¹Die Vorschriften des § 983, des § 984 Abs. 1, des § 985, des § 986 Abs. 1 bis 4 und der §§ 987, 987 a gelten entsprechend für das Aufgebotsverfahren zum Zwecke der in den §§ 887, 1104, 1112 des Bürgerlichen Gesetzbuchs, § 13 des Gesetzes über Rechte an eingetragenen Schiffen und Schiffsbauwerken vom 15. November 1940 (Reichsgesetzbl. I S. 1499) für die Vormerkung, das Vorkaufsrecht und die Reallast bestimmten Ausschließung des Berechtigten. ²Antragsberechtigt ist auch, wer auf Grund eines im Range gleich- oder nachstehenden Rechtes Befriedigung aus dem Grundstück oder dem Schiff oder Schiffsbauwerk verlangen kann, sofern er für seinen Anspruch einen vollstreckbaren Schuldtitel erlangt hat. ³Das Aufgebot ist dem Eigentümer des Grundstücks oder des Schiffes oder Schiffsbauwerks von Amts wegen mitzuteilen.

1 **1) Systematik, Regelungszweck, S 1–3.** Alle Fälle des § 988 verlangen folgende Voraussetzungen: Die Unbekanntheit des Berechtigten, s § 985 Rn 1; die Voraussetzungen für den Ausschluß eines Hypothekengläubigers, § 1170 BGB, oder eines Schiffshypothekengläubigers, § 66 SchiffsG, vgl §§ 887, 1104, 1112 BGB, 13 SchiffsG. Die Zuständigkeit ergibt sich aus §§ 983, 987 a. Bei dem Aufgebot eines Kabelpfandgläubigers, das entsprechend zu behandeln ist, ist immer das AG Bln-Schöneberg zuständig, § 16 G v 31. 3. 25, RGBl 37, vgl auch VOBl für Großberlin 49 I 128 Abs B 4. Das Landesrecht darf die Frist, § 950, und die Bekanntmachung, §§ 948, 956, bei einem Aufgebot nach §§ 887, 1104, 1112 BGB abweichend regeln, § 1024. Das Ausschlußurteil bewirkt in allen Fällen, daß das Recht erlischt. Das Ausschlußurteil ersetzt die Löschungsbewilligung. Bei einem Kabelpfandrecht erlischt das Recht auf den hinterlegten Betrag nach 30 Jahren, § 15 G v 31. 3. 25.

**989** *Aufgebot von Nachlaßgläubigern.* Für das Aufgebotsverfahren zum Zwecke der Ausschließung von Nachlaßgläubigern auf Grund des § 1970 des Bürgerlichen Gesetzbuchs gelten die nachfolgenden besonderen Vorschriften.

1 **1) Systematik, Regelungszweck, §§ 989–1000.** Das Aufgebot des Nachlaßgläubigers ist nicht mit der gerichtlichen Aufforderung zur Anmeldung unbekannter Erben nach §§ 1965, 2353 BGB zu verwechseln. Es soll den Erben über die Notwendigkeit der Haftungsbeschränkung unterrichten, ihm die Erschöpfungseinrede geben, § 1973 BGB, ihn gegen einen Rückgriff sichern, § 1980 BGB, und die Gesamthaftung der Miterben in Kopfteilhaftung verwandeln, § 2060 Z 1 BGB. Das Aufgebot erstreckt sich auf alle Nachlaßgläubiger, §§ 1967–1969 BGB, auch soweit sie und ihre Ansprüche rechtskräftig feststehen, rechtshängig oder dem Antragsteller bekannt sind, mit Ausnahme: des Pfandgläubigers und der ihnen im Konkurs nach § 49 KO Gleichstehenden; der Liegenschaftsgläubiger des § 10 ZVG; der Erben, die einen Anspruch gegen den Nachlaß haben und nicht Antragsteller sind; der Pflichtteilsberechtigten; der Vermächtnisnehmer; der Auflageberechtigten, § 1972 BGB; der Gläubiger, denen der Erbe schon unbeschränkt haftet, §§ 1994 I 2, 2006 III BGB, vgl § 780. Die Einzelheiten ergeben sich aus §§ 1971 f, 2013, 2060 Z 1 BGB.

2 **2) Verfahren.** Es gelten zunächst §§ 990–1000, hilfsweise §§ 946–959, ganz hilfsweise Buch I–III, Grdz 2 vor § 946. Kostenschuldner ist der Antragsteller, § 49 GKG, bei einem Antrag des Testamentsvollstreckers nur der Nachlaß, Hartmann Teil I § 49 GKG Rn 3. Im Nachlaßinsolvenzverfahren sind die Kosten Masseschuld, § 324 I Z 4 InsO. Die Wirkung des Ausschlußurteils besteht in einer Unterwerfung unter die Erschöpfungseinrede und in der Benachteiligung im Nachlaßinsolvenzverfahren, §§ 1973 BGB, 327 III InsO.

**990** *Zuständigkeit.* ¹Zuständig ist das Amtsgericht, dem die Verrichtungen des Nachlaßgerichts obliegen. ²Sind diese Verrichtungen einer anderen Behörde als einem Amtsgericht übertragen, so ist das Amtsgericht zuständig, in dessen Bezirk die Nachlaßbehörde ihren Sitz hat.

1 **1) Ausschließliche Zuständigkeit, S 1, 2.** Das Nachlaßgericht, § 73 FGG, LG Darmst Rpfleger 96, 159 mwN, also dasjenige AG, in dessen Bezirk der Erblasser zur Zeit des Erbfalls seinen Wohnsitz, bei dessen Fehlen seinen Aufenthalt hatte, ist ausschließlich zuständig. Bei einer Ungewißheit wird das zuständige Gericht nach § 5 FGG bestimmt. Auch § 36 Z 6 ist anwendbar. Eine Übertragung auf eine andere Behörde erfolgt nach Art 147 I EG BGB. Wegen der Zuständigkeit des Rpfl Grdz 2 vor § 946.

**991** *Antragsrecht.* I Antragsberechtigt ist jeder Erbe, sofern er nicht für die Nachlaßverbindlichkeiten unbeschränkt haftet.

II Zu dem Antrag sind auch ein Nachlaßpfleger und ein Testamentsvollstrecker berechtigt, wenn ihnen die Verwaltung des Nachlasses zusteht.

III Der Erbe und der Testamentsvollstrecker können den Antrag erst nach der Annahme der Erbschaft stellen.

1 **1) Erbe, I.** Antragsberechtigt ist jeder beliebige Erbe, auch als Miterbe, Vorerbe, Nacherbe, sofern er nicht schon allen Nachlaßgläubigern unbeschränkt haftet; das letztere schadet nur im Fall § 997 II nicht.

Eine unbeschränkte Haftung gegenüber einem einzelnen Nachlaßgläubiger hindert aber nicht. Wenn das Antragsrecht wegen der Errichtung eines falschen Inventars erloschen war, § 2005 BGB, was das Gericht regelmäßig nicht wissen kann, ist eine Anfechtungsklage aus § 957 II Z 1 zulässig. Ob das Antragsrecht nach § 1994 I BGB erloschen ist, ergeben die Nachlaßakten. Wenn vor dem Erlaß des Ausschlußurteils eine unbeschränkte Haftung gegenüber allen Nachlaßgläubigern eintritt, dann ist der Antrag auf den Erlaß des Ausschlußurteils abzulehnen, § 952 Rn 1, vgl auch § 2013 I BGB. Zeitlich begrenzt ist das Antragsrecht nicht, abgesehen von III. Ein Inventar braucht nicht errichtet worden zu sein. Das Verfahren verläuft wie bei §§ 947 ff. Jeder Miterbe ist unabhängig vom anderen antragsberechtigt, § 997 I.

**2) Andere Antragsberechtigte, II.** Antragsberechtigt sind auch: der Nachlaßpfleger, §§ 1960 ff BGB. **2** Als solcher im Sinne der Vorschrift gilt auch der Nachlaßverwalter, § 1975 BGB, der den Antrag vor allem dann stellen muß, wenn er unbekannte Nachlaßgläubiger vermutet; der Testamentsvollstrecker, wenn ihm die Verwaltung des Nachlasses zusteht, § 2213 BGB, seit der Annahme der Erbschaft, III. Diese Personen sind berechtigt, auch wenn der Erbe unbeschränkt haftet; ein Rechtsschutzbedürfnis besteht wegen § 1985 BGB.

**3) Beginn des Antragsrechts, III.** Während der Erbe und der Testamentsvollstrecker den Antrag erst ab **3** Annahme der Erbschaft stellen können, sind der Nachlaßpfleger und der Nachlaßverwalter schon vorher antragsberechtigt (Umkehrschluß aus III), zumal gerade sie schon vorher grds ein Rechtsschutzbedürfnis zur Klärung ihrer Entscheidungen haben. Der Antrag ist unbefristet zulässig.

## 992 Verzeichnis der Nachlaßgläubiger. Dem Antrag ist ein Verzeichnis der bekannten Nachlaßgläubiger mit Angabe ihres Wohnortes beizufügen.

**1) Verzeichnis.** Das Aufgebot umfaßt auch die bekannten Nachlaßgläubiger. Deshalb ist dem Antrag ein **1** Verzeichnis dieser Nachlaßgläubiger in der Form der §§ 996, 947 beizugeben. Anzugeben ist der tatsächliche Wohnort, nicht der rechtliche Wohnsitz. Den bekannten Nachlaßgläubigern soll das Aufgebot von Amts wegen zugestellt werden, § 994 II. Sie sind aber nicht Antragsgegner, LG Frankenth Rpfleger **83**, 412. Das Gericht kann vor dem Erlaß des Ausschlußurteils Ermittlungen über die Vollständigkeit des Verzeichnisses anstellen. Es empfiehlt sich, mindestens eine eidesstattliche Versicherung des Antragstellers einzuholen.

**2) Verstoß.** Fehlt das Verzeichnis, so wird der Erlaß des Aufgebots abgelehnt. Ein trotzdem erlassenes **2** Aufgebot ist aber wirksam. Der Antragsteller ist dann ersatzpflichtig.

## 993 Nachlaßinsolvenzverfahren. ¹Das Aufgebot soll nicht erlassen werden, wenn die Eröffnung des Nachlaßinsolvenzverfahrens beantragt ist.
**II** Durch die Eröffnung des Nachlaßinsolvenzverfahrens wird das Aufgebotsverfahren beendigt.

**Vorbem.** Fassg Art 18 Z 9 EGInsO v 5. 10. 94, BGBl 2911, in Kraft seit 1. 1. 99, Art 110 I EGInsO, ÜbergangsR Artt 103, 104 EGInsO, abgedruckt bei § 19 a.

**1) Nachlaßinsolvenzverfahren, I.** Dieses Verfahren, §§ 315 ff InsO, beschränkt die Haftung des Erben, **1** § 1975 BGB. Einem Aufgebot fehlt dann das Rechtsschutzbedürfnis, Grdz 33 vor § 253. Das Gericht braucht aber keinen Nachweis zu verlangen, daß kein Insolvenzverfahren beantragt worden ist. Nach der Einstellung des Verfahrens ist der Antrag statthaft, wenn nicht ein Fall des § 1989 BGB vorliegt. Über die Wirkung der Anmeldung im Aufgebotsverfahren auf das Nachlaßinsolvenzverfahren vgl § 327 III InsO. Eine Nachlaßverwaltung hindert das Aufgebotsverfahren nicht, § 991 Rn 2.

**2) Verfahrensbeendigung, II.** Der Rpfl muß nach der Eröffnung des Nachlaßinsolvenzverfahrens die **2** Beendigung des Aufgebotsverfahrens durch einen zu begründenden Beschluß, § 329 Rn 4, feststellen.

**3) Verstoß, I, II.** Ein Ausschlußurteil, das trotz eines Nachlaßkonkurses ergangen ist, ist nach § 957 II **3** Z 1 anfechtbar.

## 994 Aufgebotsfrist. ¹Die Aufgebotsfrist soll höchstens sechs Monate betragen.
**II** ¹Das Aufgebot soll den Nachlaßgläubigern, die dem Nachlaßgericht angezeigt sind und deren Wohnort bekannt ist, von Amts wegen zugestellt werden. ²Die Zustellung kann durch Aufgabe zur Post erfolgen.

**1) Fristen, I, II.** I bestimmt eine Höchstfrist. Diese Bestimmung ist aber kein zwingendes Recht. Die **1** Frist ist keine Notfrist, § 224 I 2. Ein Verstoß ist prozessual belanglos. Zwingend ist nur die Mindestfrist des § 950. Auch II gibt nur eine Sollvorschrift. Auch seine Verletzung eröffnet nicht eine Anfechtungsklage nach § 957 II Z 2. Eine öffentliche Zustellung nach §§ 203 ff wird nicht vorgenommen; sie wird durch die öffentliche Bekanntmachung nach § 948 ersetzt. Die Aufgabe zur Post erfolgt nach §§ 213, 175, 192.

**995 Rechtsnachteil.** In dem Aufgebot ist den Nachlaßgläubigern, die sich nicht melden, als Rechtsnachteil anzudrohen, daß sie, unbeschadet des Rechtes, vor den Verbindlichkeiten aus Pflichtteilsrechten, Vermächtnissen und Auflagen berücksichtigt zu werden, von dem Erben nur insoweit Befriedigung verlangen können, als sich nach Befriedigung der nicht ausgeschlossenen Gläubiger noch ein Überschuß ergibt.

1 **1) Rechtsnachteil.** Der Rechtsnachteil erstreckt sich auf alle nicht angemeldeten Ansprüche, auch diejenigen der dem Antragsteller bekannten Gläubiger. Er erstreckt sich auch auf diejenigen Gläubiger, die nur beim Nachlaßverwalter usw, nicht aber im Aufgebotsverfahren angemeldet haben.

**996 Anmeldung.** ¹ ¹Die Anmeldung einer Forderung hat die Angabe des Gegenstandes und des Grundes der Forderung zu enthalten. ²Urkundliche Beweisstücke sind in Urschrift oder in Abschrift beizufügen.

II Das Gericht hat die Einsicht der Anmeldungen jedem zu gestatten, der ein rechtliches Interesse glaubhaft macht.

1 **1) Anmeldung, I.** Die Anmeldung einer Forderung muß ihren Gegenstand und ihren Grund insoweit angeben, daß das Ausschlußurteil die Forderung unzweideutig bezeichnen kann. Eine Einzelbegründung iSv § 253 ist hier nicht erforderlich. Urkundliche Beweisstücke sind nach der Erledigung zurückzugeben. Es genügen unbeglaubigte Abschriften.

2 **2) Einsicht, II.** II ist dem § 299 II nachgebildet, dort Rn 23.

**997 Mehrheit von Erben.** ¹ ¹Sind mehrere Erben vorhanden, so kommen der von einem Erben gestellte Antrag und das von ihm erwirkte Ausschlußurteil, unbeschadet der Vorschriften des Bürgerlichen Gesetzbuchs über die unbeschränkte Haftung, auch den anderen Erben zustatten. ²Als Rechtsnachteil ist den Nachlaßgläubigern, die sich nicht melden, auch anzudrohen, daß jeder Erbe nach der Teilung des Nachlasses nur für den seinem Erbteil entsprechenden Teil der Verbindlichkeit haftet.

II Das Aufgebot mit Androhung des im Absatz 1 Satz 2 bestimmten Rechtsnachteils kann von jedem Erben auch dann beantragt werden, wenn er für die Nachlaßverbindlichkeiten unbeschränkt haftet.

1 **1) Miterben, I.** Die Haftungsbeschränkung kann für jeden Miterben getrennt eintreten. Darum kann das Ausschlußurteil nicht für einen Miterben wirken, der schon aus Gründen unbeschränkt haftet, die in seiner Person liegen. Davon abgesehen wirkt es für alle Miterben. Außerdem haftet jeder Miterbe von der Teilung an dem Ausgeschlossenen nur kopfteilmäßig, § 2060 Z 1 BGB. Darum ist auch diese Androhung notwendig. Das betrifft auch Pflichtteilsgläubiger, Vermächtnisnehmer und Auflagebegünstigte sowie diejenigen, denen der Erbe unbeschränkt haftet. Darum sind auch diese Gläubiger zu verzeichnen und zu benachrichtigen, §§ 992, 994.

Die *Haftung* gestaltet sich also folgendermaßen: Vor der Auseinandersetzung hat jeder Miterbe die Erschöpfungseinrede, auch der am Verfahren Unbeteiligte, § 1973 BGB. Bei einer unbeschränkten Haftung gilt § 2059 BGB; nach der Auseinandersetzung haftet jeder Miterbe nur entsprechend seinem Erbteil, § 2060 BGB. Wenn seine Haftung beschränkbar ist, haftet er nur mit der Bereicherung. Wenn seine Haftung unbeschränkbar ist, haftet er auch mit seinem übrigen Vermögen.

2 **2) Beschränktes Aufgebot, II.** Diese Vorschrift ist eine Folgerung aus § 2060 Z I BGB und eine vorrangige Ausnahme von § 991 I. Der unbeschränkt haftende Miterbe kann seine Haftung durch das Aufgebot auf denjenigen Teil der Schuld beschränken, der seinem Erbteil entspricht. Er kann also die Gesamthaftung beseitigen. Daneben bleibt ihm die öffentliche Aufforderung nach § 2061 BGB möglich. Auch hier kommt das Ausschlußurteil den anderen Miterben zugute. Auch für sie tritt eine Teilhaftung ein. Jeder Miterbe, der nicht unbeschränkt haftet, darf dem Verfahren beitreten und ein Aufgebot nach I verlangen. Wenn ein beschränktes Aufgebot erlassen worden ist, ist ein neues Verfahren erforderlich.

**998 Nacherbe.** Im Falle der Nacherbfolge ist die Vorschrift des § 997 Abs. 1 Satz 1 auf den Vorerben und den Nacherben entsprechend anzuwenden.

1 **1) Nacherbe.** Zur Nacherbschaft §§ 2100 ff BGB. Der Nacherbe kann neben dem Vorerben nach der Annahme der Nacherbschaft, PalEdenh § 2142 BGB Rn 4, das Aufgebot beantragen. Das vom Vorerben veranlaßte Aufgebot wirkt aber ohne weiteres für den Nacherben, § 2144 II BGB.

**999** *Nachlaß im Gesamtgut.* ¹Gehört ein Nachlaß zum Gesamtgut der Gütergemeinschaft, so kann sowohl der Ehegatte, der Erbe ist, als auch der Ehegatte, der nicht Erbe ist, aber das Gesamtgut allein oder mit seinem Ehegatten gemeinschaftlich verwaltet, das Aufgebot beantragen, ohne daß die Zustimmung des anderen Ehegatten erforderlich ist. ²Die Ehegatten behalten diese Befugnis, wenn die Gütergemeinschaft endet. ³Der von einem Ehegatten gestellte Antrag und das von ihm erwirkte Ausschlußurteil kommen auch dem anderen Ehegatten zustatten.

1) **Geltungsbereich, S 1–3.** Gehört der Nachlaß zum Vorbehaltsgut, so gelten die allgemeinen Regeln. 1 Gehört der Nachlaß zum Gesamtgut der Gütergemeinschaft, so kann der Erbe das Aufgebot selbständig beantragen, unabhängig davon, ob er gleichzeitig Verwalter oder Mitverwalter des Gesamtguts ist. Das Antragsrecht steht dann ferner dem Verwalter oder Mitverwalter zu, auch wenn dieser nicht Erbe ist. Der Grund für die Vorschrift liegt in der persönlichen Haftung des Ehegatten, der nicht Erbe ist, aber das Gesamtgut allein verwaltet oder mitverwaltet, §§ 1437 II, 1459 II BGB.

**1000** *Erbschaftskäufer.* ᴵ ¹Hat der Erbe die Erbschaft verkauft, so kann sowohl der Käufer als der Erbe das Aufgebot beantragen. ²Der von dem einen Teil gestellte Antrag und das von ihm erwirkte Ausschlußurteil kommen, unbeschadet der Vorschriften des Bürgerlichen Gesetzbuchs über die unbeschränkte Haftung, auch dem anderen Teil zustatten.

ᴵᴵ Diese Vorschriften gelten entsprechend, wenn jemand eine durch Vertrag erworbene Erbschaft verkauft oder sich zur Veräußerung einer ihm angefallenen oder anderweit von ihm erworbenen Erbschaft in sonstiger Weise verpflichtet hat.

1) **Erbschaftskäufer, I, II.** Er haftet wie ein Erbe, § 2382 BGB, und kann seine Haftung wie ein Erbe 1 beschränken, § 2382 BGB. Der Erbschaftsverkäufer haftet weiterhin. Darum behandelt § 1000 beide Teile für das Aufgebot als Miterben.

**1001** *Aufgebot der Gesamtgutsgläubiger.* Die Vorschriften der §§ 990 bis 996, 999, 1000 sind im Falle der fortgesetzten Gütergemeinschaft auf das Aufgebotsverfahren zum Zwecke der nach dem § 1489 Abs. 2 und dem § 1970 des Bürgerlichen Gesetzbuchs zulässigen Ausschließung von Gesamtgutsgläubigern entsprechend anzuwenden.

1) **Fortgesetzte Gütergemeinschaft.** Bei ihr haftet der Überlebende, soweit er nur wegen deren 1 Eintritts persönlich haftet, wie ein Erbe. Darum sind auf das Aufgebot von Gesamtgutsgläubigern §§ 990 bis 996, 999, 1000, entsprechend anwendbar. Unanwendbar sind die §§ 997, 998, 991 II. Denn sie betreffen andere Voraussetzungen.

**1002** *Aufgebot der Schiffsgläubiger.* ᴵ Für das Aufgebotsverfahren zum Zwecke der Ausschließung von Schiffsgläubigern auf Grund des § 110 des Gesetzes, betreffend die privatrechtlichen Verhältnisse der Binnenschiffahrt, gelten die nachfolgenden besonderen Vorschriften.

ᴵᴵ Zuständig ist das Gericht, in dessen Bezirk sich der Heimathafen oder der Heimatort des Schiffes befindet.

ᴵᴵᴵ Unterliegt das Schiff der Eintragung in das Schiffsregister, so kann der Antrag erst nach der Eintragung der Veräußerung des Schiffes gestellt werden.

ᴵⱽ Der Antragsteller hat die ihm bekannten Forderungen von Schiffsgläubigern anzugeben.

ⱽ Die Aufgebotsfrist muß mindestens drei Monate betragen.

ⱽᴵ In dem Aufgebot ist den Schiffsgläubigern, die sich nicht melden, als Rechtsnachteil anzudrohen, daß ihre Pfandrechte erlöschen, sofern nicht ihre Forderungen dem Antragsteller bekannt sind.

1) **Systematik, Regelungszweck, I–VI.** Das Aufgebot der Schiffsgläubiger soll bei einer freiwilligen 1 Veräußerung eines Schiffs dem Erwerber die Möglichkeit geben, die Schiffsgläubiger zu erfahren, § 110 BinnSchG. Über die Schiffshypothekengläubiger vgl § 987 a. Antragsberechtigt ist nur der Erwerber. Wenn das Schiff eintragungsbedürftig ist, § 10 SchiffsregisterO v 26. 5. 51, BGBl 361, dann muß der Erwerber eingetragen sein. Eine Benachrichtigung der Schiffsgläubiger ist nicht vorgeschrieben. Das Landesrecht darf die Aufgebotsfrist, § 950, und die Veröffentlichung, §§ 948, 956 abweichend regeln, § 1024. Wegen eines unbekannten Schiffspfandgläubigers § 988 Rn 1.

## Einführung vor §§ 1003–1023
## Urkundenaufgebot

**Gliederung**

| | |
|---|---|
| 1) Systematik, Regelungszweck ........ 1 | 3) Fälle einer Unzulässigkeit ............ 3 |
| 2) Fälle einer Zulässigkeit ............ 2 | A. Zinsscheine, Rentenscheine, Gewinnanteilscheine ........................ 3 |
| A. Schuldverschreibungen auf den Inhaber .............................. 2 | B. Banknoten, Erneuerungsscheine, auf Sicht zahlbare unverzinsliche Schuldverschreibungen ........................ 3 |
| B. Wechsel ........................ 2 | |
| C. Kaufmännische Orderpapiere ........ 2 | C. Namenspapiere .................. 3 |
| D. Hypothekenbriefe, Grundschuldbriefe, Rentenschuldbriefe ................ 2 | D. Scheckkarten, Blankoscheckvordrucke . 3 |
| E. Aktienscheine und Zwischenscheine .. 2 | 4) Landesrecht ...................... 4 |
| F. Hinkende Inhaberpapiere ............ 2 | 5) Voraussetzungen .................. 5 |

**1** **1) Systematik, Regelungszweck.** Ein Aufgebotsverfahren zur Kraftloserklärung von Urkunden findet nur in den gesetzlich besonders zugelassenen Fällen statt, Kümpel NJW **75**, 1549 (also nicht für eurocheque-Karten und nicht für Blankoscheckvordrucke).

**2** **2) Fälle einer Zulässigkeit.** §§ 1003 ff gelten für alle bundesrechtlich geregelten Fälle. Dahin gehören abschließend:

**A. Schuldverschreibungen auf den Inhaber**, § 799 BGB, auch Lotterielose.

**B. Wechsel**, Art 90 WG, und Schecks, Art 59 ScheckG.

**C. Kaufmännische Orderpapiere**, also kaufmännische Anweisungen und Verpflichtungsscheine, Konnossemente, Ladescheine, Lagerscheine der staatlich ermächtigten Anstalten, Bodmereibriefe, Transportversicherungsscheine, wenn diese Urkunden auf Order lauten, §§ 363, 365, 424, 447, 642, 644, 682, 784 HGB.

**D. Hypothekenbriefe, Grundschuldbriefe, Rentenschuldbriefe**, §§ 1162, 1192, 1195, 1199 BGB. Für die ehemaligen Gerichte jenseits der Oder-Neiße-Linie gilt die in § 946 Rn 2 genannte Ersatzzuständigkeit.

**E. Aktienscheine und Zwischenscheine**, § 72 AktG.

**F. Hinkende Inhaberpapiere** (qualifizierte Legitimationspapiere), § 808 BGB, wenn nicht das Landesrecht ein anderes Verfahren statt des Aufgebotsverfahrens anordnet, Art 102 II EG BGB (dies ist zB in Baden-Württemberg, Bayern geschehen). Für Postsparbücher enthält § 18 PostsparkassenO ein besonderes Aufgebotsverfahren, LG Hagen MDR **48**, 216 (abl Kleinrahm), ZöGei § 1003 Rn 1.

**3** **3) Fälle einer Unzulässigkeit.** Unzulässig ist ein Aufgebotsverfahren, soweit es zB die folgenden Fälle betrifft.

**A. Zinsscheine, Rentenscheine, Gewinnanteilscheine**, § 799 BGB (s dazu § 72 II AktG; eine Ausnahme gilt für Papiere, die vor 1900 ausgestellt wurden, Art 174 EG BGB).

**B. Banknoten, Erneuerungsscheine, auf Sicht zahlbare unverzinsliche Schuldverschreibungen**, §§ 799 I, 805 BGB.

**C. Namenspapiere**, nicht jedoch Namensaktien, da § 72 AktG keinen Unterschied zwischen Namensaktien und Inhaberaktien macht.

**D. Scheckkarten, Blankoscheckvordrucke**, auch für den eurocheque, Kümpel NJW **75**, 1549, Pleyer/Müller-Wüsten WertpMitt **75**, 1102.

**4** **4) Landesrecht.** Das Landesrecht hat das Aufgebotsverfahren mehrfach auf dem vorbehaltenen Gebiet anders geregelt, vgl Art 101 f EG BGB; dies gilt zB für Kuxe und für auf den Namen umgeschriebene Inhaberschuldverschreibungen. Vgl §§ 1006 III, 1023, 1024 II.

**5** **5) Voraussetzungen.** Allgemeine Voraussetzung ist das Abhandenkommen oder die Vernichtung der Urkunde. Abhanden gekommen ist die Urkunde dann, wenn der Inhaber den Gewahrsam ohne oder gegen seinen Willen verloren hat, ähnlich wie bei § 935 I 1 BGB. Dem steht es gleich, wenn der Verbleib der Urkunde bekannt ist, wenn man sie aber nicht zurückerlangen kann, Stgt NJW **55**, 1155. Dem Abhandenkommen steht es ferner gleich, wenn der Schuldner zwar zu einer Herausgabe verurteilt worden ist, wenn aber sein Aufenthalt unbekannt ist, Kblz NJW **55**, 506. Nicht hierher gehört aber der Verlust durch einen Staatsakt, etwa durch eine Beschlagnahme oder durch die Zwangsvollstreckung. Eine Vernichtung liegt vor, wenn die Urkunde körperlich zerstört wird oder in wesentlichen Teilen unkenntlich geworden ist. Eine Vernichtung durch den Inhaber nimmt ihm das Antragsrecht, weil der Gegenstand dieser Willenserklärung fehlt, auch wenn sie einen Verzicht enthalten sollte. Für kraftlos erklärt werden können auch Hypothekenbriefe, Grundschuldbriefe und Rentenschuldbriefe, die der Berechtigte infolge einer im Bundesgebiet nicht wirksamen Maßnahme nicht in Besitz nehmen kann, G v 18. 4. 50, BGBl 88, Anh § 1024, ebenso im früheren Berlin-West G v 7. 7. 50, VOBl 287. In Betracht kommen solche Hypothekenbriefe usw, die zB in der früheren DDR beschlagnahmt oder für einen volkseigenen Betrieb in Anspruch genommen wurden.

9. Buch. Aufgebotsverfahren §§ 1003–1005

**1003** *Aufgebot von Urkunden.* Für das Aufgebotsverfahren zum Zwecke der Kraftloserklärung einer Urkunde gelten die nachfolgenden besonderen Vorschriften.

**1) Systematik.** Zunächst sind §§ 1003 ff zu beachten, hilfsweise §§ 946–959, ganz hilfsweise Buch I–III, 1 Grdz 2 vor § 946. Das Landesrecht kann vorrangig Abweichungen enthalten, Einf 1 vor §§ 1003–1023.

**1004** *Antragsrecht.* ¹Bei Papieren, die auf den Inhaber lauten oder die durch Indossament übertragen werden können und mit einem Blankoindossament versehen sind, ist der bisherige Inhaber des abhanden gekommenen oder vernichteten Papiers berechtigt, das Aufgebotsverfahren zu beantragen.

II Bei anderen Urkunden ist derjenige zu dem Antrag berechtigt, der das Recht aus der Urkunde geltend machen kann.

**1) Antragsberechtigung, I, II.** Es sind zwei Fallgruppen zu unterscheiden. 1
**A. Grundsatz: Rechtsinhaber, II.** Antragsberechtigt ist grundsätzlich derjenige, der das Recht aus der Urkunde geltend machen kann. Antragsberechtigt ist auch derjenige, der nur teilweise berechtigt ist. Ein Antragsrecht besteht auch dann, wenn die Urkunde keine Forderung enthält, wie zB die Aktie. Wer berechtigt ist, das ergibt sich aus dem sachlichen Recht, Art 16 WG, §§ 365 HGB, 1294 BGB. Auch der verfügungsberechtigte Schuldner kann berechtigt sein, ZöGei 2. Der Gläubiger kann auf Grund eines rechtskräftigen Urteils, das den Schuldner zur Erklärung eines Aufgebotsantrags wegen eines Hypothekenbriefs verurteilt, berechtigt werden, LG Kblz NJW 55, 506. Der Grundeigentümer ist auch auf Grund einer in seinem Besitz befindlichen Löschungsbewilligung des Gläubigers berechtigt, LG Flensb SchlHA 69, 200. Es kann auch ein schutzwürdiges Interesse anderer Personen bestehen, Hamm DB 76, 913. Ein Recht auf die Urkunde genügt nicht.
**B. Inhaberpapier: Bisheriger Papierbesitzer, I.** Bei Inhaberpapieren, § 793 BGB, vgl auch Einf 1 vor 2 §§ 1003–1023, oder Orderpapieren, die mit einem Blankoindossament versehen sind, §§ 363, 365 II HGB, ist der bisherige Inhaber antragsberechtigt. Das braucht nicht der unmittelbare Besitzer gewesen zu sein; es kann auch der Verpflichtete sein. Das Gericht hat den Rechtstitel der Inhaberschaft nicht zu prüfen.
**C. Verstoß, I, II.** Der Umstand, daß der Antragsteller kein Antragsrecht hat, macht ein etwa doch 3 ergangenes Ausschlußurteil nicht unwirksam.

**1005** *Zuständigkeit.* ¹ ¹Für das Aufgebotsverfahren ist das Gericht des Ortes zuständig, den die Urkunde als den Erfüllungsort bezeichnet. ²Enthält die Urkunde eine solche Bezeichnung nicht, so ist das Gericht zuständig, bei dem der Aussteller seinen allgemeinen Gerichtsstand hat, und in Ermangelung eines solchen Gerichts dasjenige, bei dem der Aussteller zur Zeit der Ausstellung seinen allgemeinen Gerichtsstand gehabt hat.

II Ist die Urkunde über ein im Grundbuch eingetragenes Recht ausgestellt, so ist das Gericht der belegenen Sache ausschließlich zuständig.

**1) Ausschließliche Zuständigkeit, I, II.** Ausschließlich zuständig, § 946 II (s aber § 1006), ist eines der 1 folgenden Gerichte.
**A. Erfüllungsort, I 1.** Zuständig ist das AG des Orts, den die Urkunde als Erfüllungsort bezeichnet, § 29. Wegen der Zuständigkeit des Rpfl Grdz 2 vor § 946. Es genügt, daß sich der Erfüllungsort aus der Urkunde ableiten läßt. Wegen Anleihen des Bundes, der (damaligen) Bundesbahn und (damaligen) Bundespost ist das AG Bad Homburg ausschließlich zuständig, § 16 G v 13. 2. 24, RGBl 85, iVm G v 13. 7. 48, WiGBl 73, und VO v 13. 12. 49, BGBl 50 I 1. Unter mehreren Erfüllungsorten wählt der Antragsteller. Wenn der Erfüllungsort im Ausland liegt, kann kein inländisches Aufgebot stattfinden. Eine Zahlstelle ist noch kein Erfüllungsort.
**B. Allgemeiner Gerichtsstand, I 2.** Mangels einer ausdrücklichen oder stillschweigenden Bezeichnung 2 eines Erfüllungsorts das Gericht des allgemeinen Gerichtsstands des Ausstellers, §§ 12 ff, hilfsweise das des allgemeinen Gerichtsstands bei der Ausstellung. Das Gericht des jetzigen allgemeinen Gerichtsstands des Ausstellers im Bundesgebiet muß auch dann zuständig sein, wenn der Erfüllungsort in der früheren DDR oder in Berlin-Ost lag, wenn dort aber das Aufgebot nicht zu erhalten ist. Soweit volkseigene Betriebe an die Stelle der früheren Unternehmungen getreten waren, würde dort ein Aufgebot nicht erfolgt sein, so daß sich eine Anfrage erübrigte, ob dort aufgeboten wurde. S zu der Frage Weber DRZ 50, 78. Wegen der Gerichte jenseits der damaligen Oder-Neiße-Linie vgl § 946 Rn 2. Wenn mehrere Personen Aussteller sind, ist § 35 entsprechend anwendbar. Befinden sich Wechselgläubiger und -schuldner in der BRep, ist die Zuständigkeit nach I gegeben, Stgt NJW 55, 1154. Wenn der Ort im Ausland liegt, ist das Verfahren unzulässig.
**C. Grundbuchrecht, II.** Zuständig ist bei einer Urkunde über ein im Grundbuch eingetragenes Recht 3 das AG der belegenen Sache, §§ 24, 25. § 36 Z 4 ist entsprechend anwendbar, vgl § 36 Rn 23. Die Grenzen der deutschen Gerichtsbarkeit dürfen nicht überschritten werden. Wenn ein ausländischer Staat Aussteller ist, dann ist das Verfahren nur für den Fall zulässig, daß der Aussteller privatrechtlich gehandelt hat. Denn ein solcher Staat untersteht der deutschen Gerichtsbarkeit nicht, § 18 GVG Rn 1.

## §§ 1006–1008

**1006** *Bestelltes Aufgebotsgericht.* ¹ ¹Die Erledigung der Anträge, das Aufgebot zum Zwecke der Kraftloserklärung eines auf den Inhaber lautenden Papiers zu erlassen, kann von der Landesjustizverwaltung für mehrere Amtsgerichtsbezirke einem Amtsgericht übertragen werden. ²Auf Verlangen des Antragstellers wird der Antrag durch das nach § 1005 zuständige Gericht erledigt.

II Wird das Aufgebot durch ein anderes als das nach § 1005 zuständige Gericht erlassen, so ist das Aufgebot auch durch Anheftung an die Gerichtstafel des letzteren Gerichts öffentlich bekanntzumachen.

III Unberührt bleiben die landesgesetzlichen Vorschriften, durch die für das Aufgebotsverfahren zum Zwecke der Kraftloserklärung von Schuldverschreibungen auf den Inhaber, die in einem deutschen Land oder früherer Bundesstaat oder eine ihm angehörende Körperschaft, Stiftung oder Anstalt des öffentlichen Rechts ausgestellt oder für deren Bezahlung ein deutsches Land oder früherer Bundesstaat die Haftung übernommen hat, ein bestimmtes Amtsgericht für ausschließlich zuständig erklärt wird.

1   1) **Geltungsbereich, I.** § 1006 gilt nur für Inhaberpapiere, nicht für Orderpapiere, nicht für qualifizierte Legitimationspapiere, § 1023, und nicht für Hypothekenbriefe, § 1024. Der Antragsteller darf den Antrag gemäß I 2 bis zum Erlaß des Aufgebots stellen. Ein Hinweis auf dieses Antragsrecht ist nicht erforderlich.

2   2) **Bekanntmachung, II.** Bei II beginnt die Antragsfrist mit der Anheftung bei dem erledigenden Gericht.

3   3) **Landesrecht, III.** Bei öffentlichen Anleihen der Länder darf das Landesrecht ein bestimmtes AG für ausschließlich zuständig erklären, § 1024 (zB in Bayern: Art 29 AG ZPO).

**1007** *Antrag.* Der Antragsteller hat zur Begründung des Antrags:
1. entweder eine Abschrift der Urkunde beizubringen oder den wesentlichen Inhalt der Urkunde und alles anzugeben, was zu ihrer vollständigen Erkennbarkeit erforderlich ist;
2. den Verlust der Urkunde sowie diejenigen Tatsachen glaubhaft zu machen, von denen seine Berechtigung abhängt, das Aufgebotsverfahren zu beantragen;
3. sich zur Versicherung der Wahrheit seiner Angaben an Eides Statt zu erbieten.

1   1) **Voraussetzungen, Z 1–3.** Die Erfordernisse des § 1007 sind für den Antrag neben den Erfordernissen des § 947 I wesentlich. Mehr darf auch kein Landesrecht verlangen. Wenn ein Erfordernis fehlt, ist der Antrag zurückzuweisen.

   A. **Abschrift usw, Z 1.** Die Abschrift darf unbeglaubigt sein. Was zum wesentlichen Inhalt der Urkunde gehört, ist nach der Lage des Einzelfalls zu beantworten. Bei einer Aktie gehört zB ihre Nr dazu, BGH RR **90**, 168. Der Aussteller muß dem Antragsteller eine Auskunft und Zeugnisse erteilen, §§ 799 II BGB, 72 I AktG, BGH RR **90**, 168.

   B. **Verlust, Z 2.** Zum Begriff des Verlustes vgl Einf 2 vor §§ 1003–1023 (Abhandenkommen und Vernichtung). Zu der Frage, inwieweit auch eine Besitzverhinderung genügt, vgl Einf 2 vor § 1003. Genaue Angaben sind wegen §§ 1010ff notwendig. Der Antrag ist sogleich nach dem Verlust zulässig. Die Glaubhaftmachung erfolgt nach § 294.

   C. **Eidesstattliche Versicherung, Z 3.** Die Abnahme der Versicherung erfolgt nach dem pflichtgemäßen Ermessen des Gerichts. Die Vorschrift ergänzt Z 2.

2   2) **Zulassung, Z 1–3.** Die Zulassung berechtigt den Antragsteller bei kaufmännischen Orderpapieren und Wechseln dazu, eine Zahlung gegen Sicherheitsleistung zu verlangen, §§ 365 II, 367 HGB, Art 90 WG. Beim Scheck gilt dasselbe eingeschränkt, Art 59 I ScheckG. Bei einem Inhaberpapier tritt eine Zahlungssperre nach §§ 1019 ff ein.

**1008** *Inhalt des Aufgebots.* ¹In dem Aufgebot ist der Inhaber der Urkunde aufzufordern, spätestens im Aufgebotstermin seine Rechte bei dem Gericht anzumelden und die Urkunde vorzulegen. ²Als Rechtsnachteil ist anzudrohen, daß die Urkunde für kraftlos erklärt werde.

1   1) **Geltungsbereich, S 1, 2.** § 1008 ergänzt die §§ 947, 1007. Es ist nicht nur zur Anmeldung der Rechte aufzufordern, sondern auch zur Vorlegung der Urkunde, § 1016. Diese erledigt das Verfahren. Wenn ihre Echtheit oder die Berechtigung des Antragstellers bestritten wird, dann gehört die Klärung der Streitfrage nicht in das Aufgebotsverfahren, sondern in den Prozeß, jedenfalls wenn das Recht des Antragstellers ausgeschlossen wird, § 953 Rn 1. Angedrohter Rechtsnachteil ist hier die Kraftloserklärung.

2   2) **Besitzverhinderung, S 1, 2.** Bei einer Besitzverhinderung, Einf 2 vor §§ 1003–1023, gilt folgendes: Es erfolgt kein Aufgebot, wenn derjenige unmittelbare Besitzer zur Herausgabe bereit ist, der durch eine außergerichtliche Zwangsmaßnahme an der Herausgabe gehindert ist, die außerhalb des Währungsgebiets getroffen wurde. Dasselbe gilt bei der Vorlegung eines rechtskräftigen vollstreckbaren Titels, § 8 G v 18. 4. 50, Anh § 1024.

9. Buch. Aufgebotsverfahren §§ 1009–1011

**1009** *Bekanntmachung des Aufgebots.* ¹Die öffentliche Bekanntmachung des Aufgebots erfolgt durch Anheftung an die Gerichtstafel und in dem Lokal der Börse, wenn eine solche am Sitz des Aufgebotsgerichts besteht, sowie durch einmalige Einrückung in den Bundesanzeiger.

II Das Gericht kann anordnen, daß die Einrückung noch in andere Blätter und zu mehreren Malen erfolge.

III ¹Betrifft das Aufgebot ein auf den Inhaber lautendes Papier und ist in der Urkunde vermerkt oder in den Bestimmungen, unter denen die erforderliche staatliche Genehmigung erteilt worden ist, vorgeschrieben, daß die öffentliche Bekanntmachung durch bestimmte andere Blätter zu erfolgen habe, so muß die Bekanntmachung auch durch Einrückung in diese Blätter erfolgen. ²Das gleiche gilt bei Schuldverschreibungen, die von einem deutschen Land oder früheren Bundesstaat ausgegeben sind, wenn die öffentliche Bekanntmachung durch bestimmte Blätter landesgesetzlich vorgeschrieben ist.

**1) Geltungsbereich, I–III.** § 1009 verschärft den § 948. Eine Bekanntmachung hat auch im Börsensaal 1 am Sitz des Aufgebotsgerichts zu erfolgen. Außerdem ist, abweichend von §§ 956, 1017 II, das vollständige Aufgebot einzurücken. Soweit das Gericht darüber hinaus eine wiederholte Einrückung oder eine Einrückung in andere Blätter anordnet, II, kann die Einrückung auch auszugsweise geschehen. Eine ordnungsmäßige Einrückung schließt den guten Glauben eines Bankiers regelmäßig aus, § 367 HGB. Bei Inhaberpapieren und nach dem Landesrecht bei Schuldverschreibungen eines Landes sind weitere Einrückungen erforderlich, III. Das Landesrecht läßt abweichende Vorschriften im beschränkten Umfang zu, § 1024.

**2) Besitzverhinderung, I–III.** Bei einer Besitzverhinderung, Einf 2 vor §§ 1003–1023, soll das Aufge- 2 bot dem Besitzer durch eingeschriebenem Brief mitgeteilt werden, falls er bekannt ist, § 4 II G, Anh § 1024.

**1010** *Aufgebotstermin bei Wertpapieren mit Zinsscheinen usw.* ¹Bei Wertpapieren, für die von Zeit zu Zeit Zins-, Renten- oder Gewinnanteilscheine ausgegeben werden, ist der Aufgebotstermin so zu bestimmen, daß bis zu dem Termin der erste einer seit der Zeit des glaubhaft gemachten Verlustes ausgegebenen Reihe von Zins-, Renten- oder Gewinnanteilscheinen fällig geworden ist und seit seiner Fälligkeit sechs Monate abgelaufen sind.

II Vor Erlaß des Ausschlußurteils hat der Antragsteller ein nach Ablauf dieser sechsmonatigen Frist ausgestelltes Zeugnis der betreffenden Behörde, Kasse oder Anstalt beizubringen, daß die Urkunde seit der Zeit des glaubhaft gemachten Verlustes ihr zur Ausgabe neuer Scheine nicht vorgelegt sei und daß die neuen Scheine an einen anderen als den Antragsteller nicht ausgegeben seien.

**1) Vorbemerkung zu §§ 1010–1013.** Wenn ein Wertpapier mit den Zinsscheinen, Rentenscheinen, 1 Gewinnanteilscheinen verloren geht, so ist zu unterscheiden: Wenn Zinsscheine usw für längstens 4 Jahre ausgegeben wurden, ist § 1010 anwendbar. Die Vorschrift ist auch dann anwendbar, wenn Zins-, Renten- oder Gewinnanteilscheine zwar erst nach 20 Jahren ausgegeben werden, bei denen aber keine Registrierung der jeweils zur Einlösung vorgelegten Scheine stattfindet, Mü NJW 79, 2317; wenn Zinsscheine für mehr als 4 Jahre ausgegeben wurden, ist § 1011 anwendbar, vgl freilich § 1011 Rn 1; wenn Zinsscheine für längstens 4 Jahre vorhanden sind und keine neuen mehr ausgegeben wurden, ist § 1013 anwendbar. Wenn nur der Mantel (die Haupturkunde) verlorenging, ist § 1012 anwendbar.

**2) Aufgebotsfrist, I.** Wenn bei einem Wertpapier noch Zinsscheine usw wiederkehrend auszugeben 2 sind, dann wäre ein rascher Aufgebotstermin für den Inhaber gefährlich, weil er das Papier oder den Erneuerungsschein erst bei einer Erneuerung braucht. Die Zinsscheine selbst unterliegen keinem Aufgebot, Einf 1 vor §§ 1003–1023. Der Aufgebotsantrag ist ab Verlust der Urkunde zulässig. Bei der Berechnung der Aufgebotsfrist ist von dem Verlust der Urkunde auszugehen. Es ist nach dem Ausgabeplan (Emissionsplan) festzustellen, wann neue Scheine auszugeben sind und wann der erste Schein fällig wird. Von dieser Fälligkeit an laufen 6 Monate. Wenn danach der Termin auf mehr als 1 Jahr hinauszuschieben wäre, dann ist das Aufgebot noch nicht zulässig, § 1015.

**3) Zeugnis, II.** Zu seiner Erteilung besteht eine gesetzliche Pflicht, § 799 II BGB. Zur Zeugniserteilung 3 ist jede öffentliche oder private Kasse oder Anstalt befugt, der nach dem Gesetz oder der Satzung die Ausgabe und die Einlösung der ganzen Gattung von Papieren obliegt. Zur Zeugniserteilung ist nicht schon eine Zahlstelle oder ein Ausgabehaus (Emissionshaus) befugt. Das Zeugnis begründet die tatsächliche Vermutung, daß die Scheine nicht im Besitz eines gutgläubigen Dritten sind. Der Antragsteller muß die Kosten der Zeugniserteilung vorschießen und tragen. Ein Verstoß gegen II ist prozessual belanglos. Im Fall eines Fristverstoßes kommt die Anfechtungsklage nach § 957 in Betracht. Wegen einer Zahlungssperre §§ 1019 ff.

**1011** *Zinsscheine für mehr als 4 Jahre.* ¹ ¹Bei Wertpapieren, für die Zins-, Renten- oder Gewinnanteilscheine zuletzt für einen längeren Zeitraum als vier Jahre ausgegeben sind, genügt es, wenn der Aufgebotstermin so bestimmt wird, daß bis zu dem Termin seit der Zeit des glaubhaft gemachten Verlustes von den zuletzt ausgegebenen Scheinen solche für vier Jahre fällig geworden und seit der Fälligkeit des letzten derselben sechs Monate abgelaufen sind.

§§ 1011–1014　　　　　　　　　　　　　　　　　　9. Buch. Aufgebotsverfahren

²Scheine für Zeitabschnitte, für die keine Zinsen, Renten oder Gewinnanteile gezahlt werden, kommen nicht in Betracht.

**II** ¹Vor Erlaß des Ausschlußurteils hat der Antragsteller ein nach Ablauf dieser sechsmonatigen Frist ausgestelltes Zeugnis der betreffenden Behörde, Kasse oder Anstalt beizubringen, daß die für die bezeichneten vier Jahre und später etwa fällig gewordenen Scheine ihr von einem anderen als dem Antragsteller nicht vorgelegt seien. ²Hat in der Zeit seit dem Erlaß des Aufgebots eine Ausgabe neuer Scheine stattgefunden, so muß das Zeugnis auch die im § 1010 Abs. 2 bezeichneten Angaben enthalten.

**1** 　1) **Aufgebotsfrist, I.** S § 1010 Rn 1; Rn 2. § 1011 schränkt den § 1010 für Wertpapiere ein, bei denen Zinsscheine für länger als 4 Jahre ausgegeben worden sind. Es genügt die Fälligkeit von Scheinen für 4 Jahre der beim Eintritt des Verlustes laufenden Reihe. Die 4 Jahre brauchen nicht unmittelbar vom Verlust des Papiers an zu rechnen. Wenn aber nur Scheine für eine kürzere Zeit ausstehen, dann ist § 1011 unanwendbar und ist die Erneuerung abzuwarten. Wenn die zur Einlösung vorgelegten Zinsscheine, Rentenscheine oder Gewinnanteilscheine nicht registriert worden sind, ist § 1010 anwendbar, Mü NJW 79, 2317.

**2** 　2) **Zeugnis, II.** Der Antragsteller muß ein Zeugnis darüber beibringen, daß die Zinsscheine usw. von keinem anderen vorgelegt worden sind. S auch § 1010 Rn 3. Sofern die Staatsschuldenverwaltung ein solches Zeugnis nicht erteilt (wie meistens), weil sie die Einlösung der Zinsscheine nicht überwacht, bleibt in denjenigen Fällen, in denen § 1012 versagt, nur ein Aufgebot aus § 1010 oder aus § 1013 möglich. Das Zeugnis muß die letzten 4 Jahre vor der Ausstellung umfassen. Eine Vorlegung zwischen dem Zeitpunkt des Verlustes und dem Fristbeginn schadet nicht.

**1012** *Vorlegung der Zinsscheine.* ¹Die Vorschriften der §§ 1010, 1011 sind insoweit nicht anzuwenden, als die Zins-, Renten- oder Gewinnanteilscheine, deren Fälligkeit nach diesen Vorschriften eingetreten sein muß, von dem Antragsteller vorgelegt werden. ²Der Vorlegung der Scheine steht es gleich, wenn das Zeugnis der betreffenden Behörde, Kasse oder Anstalt beigebracht wird, daß die fällig gewordenen Scheine ihr von dem Antragsteller vorgelegt worden seien.

**1** 　1) **Geltungsbereich, S 1, 2.** § 1012 betrifft den Fall, daß nur die Stammurkunde, der Mantel, verloren gegangen ist. Vorzulegen sind folgende Unterlagen:
　§ 1010: In diesem Fall sind sämtliche nach dem Verlust fällig werdenden Zinsscheine usw der laufenden Reihe sowie der erste Schein der nachher ausgegebenen Reihe vorzulegen.
　§ 1011: In diesem Fall sind die nach dem Verlust fällig werdenden Scheine für 4 Jahre aus der beim Verlust laufenden Reihe vorzulegen. Die Scheine brauchen nicht fällig zu sein. Bei fälligen Scheinen, nicht bei anderen, ersetzt das Zeugnis die Vorlegung. Der Aufgebotstermin wird gemäß § 1015 bestimmt.

**1013** *Abgelaufene Ausgabe der Zinsscheine.* Bei Wertpapieren, für die Zins-, Renten- oder Gewinnanteilscheine ausgegeben sind, aber nicht mehr ausgegeben werden, ist, wenn nicht die Voraussetzungen der §§ 1010, 1011 vorhanden sind, der Aufgebotstermin so zu bestimmen, daß bis zu dem Termin seit der Fälligkeit des letzten ausgegebenen Scheines sechs Monate abgelaufen sind.

**1** 　1) **Geltungsbereich.** § 1013 betrifft gekündigte oder ausgelöste Wertpapiere. Der Antragsteller muß ein Zeugnis nach §§ 1010 II, 1011 II darüber beibringen, daß der Schein nicht vorgelegt worden ist. Wenn nach dem Verlust noch Scheine ausgegeben werden, gilt § 1010. Falls diese Vorschrift unanwendbar ist, gilt § 1013.

**1014** *Aufgebotstermin bei bestimmter Fälligkeit.* Ist in einer Schuldurkunde eine Verfallzeit angegeben, die zur Zeit der ersten Einrückung des Aufgebots in den Bundesanzeiger noch nicht eingetreten ist, und sind die Voraussetzungen der §§ 1010 bis 1013 nicht vorhanden, so ist der Aufgebotstermin so zu bestimmen, daß seit dem Verfalltag sechs Monate abgelaufen sind.

**1** 　1) **Geltungsbereich.** § 1014 betrifft Wertpapiere mit einer bestimmten Fälligkeitszeit. Bei ihnen können die Voraussetzungen der §§ 1010–1013 vorliegen; dann gelten diese Vorschriften. Wenn diese Voraussetzungen nicht vorliegen, wie bei Wechseln und bei Schatzanweisungen, dann ist der Aufgebotstermin nach § 1014 zu bestimmen. Mehr als 1 Jahr darf die Frist nicht betragen, § 1015. Die Nichteinhaltung der Frist ermöglicht eine Anfechtungsklage, § 957 Z 3. Das Landesrecht kann bei Hypothekenbriefen usw abweichende Regelungen treffen, § 1024.

## 1015
**Aufgebotsfrist.** ¹Die Aufgebotsfrist muß mindestens sechs Monate betragen. ²Der Aufgebotstermin darf nicht über ein Jahr hinaus bestimmt werden; solange ein so naher Termin nicht bestimmt werden kann, ist das Aufgebot nicht zulässig.

**1) Aufgebotsfrist.** Die Aufgebotsfrist, zum Begriff § 950 Rn 1, beträgt für jedes beliebige Urkundenaufgebot mindestens 6 Monate und höchstens 1 Jahr. Nur beim Scheck beträgt sie mindestens 2 Monate, Art 59 ScheckG. Im Fall der Besitzverhinderung, Einf 2 vor §§ 1003–1023, beträgt die Frist mindestens 3 und höchstens 6 Monate, § 4 III, Anh § 1024. Das Jahr rechnet von der Terminsbestimmung an. Zur Natur der Frist und ihrer Berechnung § 950 Rn 1. Wenn das Jahr wegen der §§ 1010–1014 nicht ausreicht, ist ein Aufgebot derzeit unzulässig. Bei einem Verstoß gegen § 1015 ist eine Anfechtungsklage zulässig, § 957 II Z 3. Das Landesrecht kann bei Hypothekenbriefen usw eine abweichende Regelung treffen, § 1024. Wegen einer Zahlungssperre § 1020. 1

## 1016
**Anmeldung.** ¹Meldet der Inhaber der Urkunde vor dem Aufgebotstermin seine Rechte unter Vorlegung der Urkunde an, so hat das Gericht den Antragsteller hiervon zu benachrichtigen und ihm die Einsicht der Urkunde innerhalb einer zu bestimmenden Frist zu gestatten. ²Auf Antrag des Inhabers der Urkunde ist zu ihrer Vorlegung ein Termin zu bestimmen.

**1) Meldung, S 1, 2.** Meldet sich der Inhaber im, vor dem oder nach dem Termin, aber vor der Verkündung des Ausschlußurteils, so ist das Aufgebotsverfahren erledigt, sobald die Nämlichkeit der Urkunde feststeht. Sie steht fest, wenn der Antragsteller sie anerkennt. Wenn er sie bestreitet oder wenn ein Dritter ohne eine Vorlegung ein besseres Recht anmeldet, dann greift § 953 ein. Der Streit über das sachliche Recht läßt sich nur im Prozeßweg austragen. – Über die Anmeldung bei einer Besitzverhinderung §§ 5, 6, 14 G, § 1024, und Einf 2 vor §§ 1003–1023. 1

**2) Einsicht usw, S 1, 2.** Das Gericht benachrichtigt den Antragsteller, wenn sich der Inhaber vor dem Termin unter einer Vorlage der Urkunde meldet. Das Gericht hat dem Antragsteller die Einsicht der Urkunde auf der Geschäftsstelle zu gestatten. Der Inhaber kann jederzeit einen Termin vor dem Aufgebotsrichter oder bei § 434 vor dem ersuchten Richter verlangen, um die Urkunde vorzulegen; er braucht die Urkunde nicht einzureichen. Die Ladung erfolgt nach § 497. Ein neuer Termin wird nur auf Antrag des Inhabers bestimmt. Wann die Vorlegung als verweigert anzusehen ist, das ist nach Lage des Falls zu entscheiden. Der Antragsteller hat ein Recht auf einen Termin. 2

## 1017
**Ausschlußurteil.** ¹ ¹In dem Ausschlußurteil ist die Urkunde für kraftlos zu erklären.

^II ¹Das Ausschlußurteil ist seinem wesentlichen Inhalt nach durch den Bundesanzeiger bekanntzumachen. ²Die Vorschriften des § 1009 Abs. 3 gelten entsprechend.

^III In gleicher Weise ist nach eingetretener Rechtskraft das auf die Anfechtungsklage ergangene Urteil, soweit dadurch die Kraftloserklärung aufgehoben wird, bekanntzumachen.

**Schrifttum:** *Freitag,* Die Wirkungen des Ausschlußurteils bei der Kraftloserklärung von Inhaber- und Orderpapieren, die Geldforderungen verbriefen, Diss Köln 1953.

**1) Systematik, Regelungszweck, I–III.** Im Fall einer Anmeldung sind §§ 953, 1016 anwendbar. Nur die genau zu bezeichnende Urkunde wird in dem Ausschlußurteil für kraftlos erklärt. Das Ausschlußurteil hat nicht etwa unbekannte Dritte auszuschließen. Eine einmalige Bekanntmachung ist vorgeschrieben, ein Verstoß gegen diese Vorschrift ist aber prozessual belanglos. Keine Bekanntmachung erfolgt im Fall der Besitzverhinderung, Einf 2 vor §§ 1003–1023, § 7 G, Anh § 1024. Eine Bekanntmachung des rechtskräftigen Urteils nach III ist überhaupt nur dann möglich, wenn die Parteien die Rechtskraft nachweisen. Dazu kann sie das Gericht nicht zwingen. Das Landesrecht kann eine abweichende Regelung der Bekanntmachung treffen, § 1024 II. Bis zum Ausschlußurteil gilt die alte Urkunde als vorhanden. Bis dahin ist also zB kein neuer Hypothekenbrief zu erteilen. Eine etwaige Anfechtungsklage richtet sich nach § 957. Wegen § 1009 III Rn 1. 1

## 1018
**Wirkung.** ¹ Derjenige, der das Ausschlußurteil erwirkt hat, ist dem durch die Urkunde Verpflichteten gegenüber berechtigt, die Rechte aus der Urkunde geltend zu machen.

^II Wird das Ausschlußurteil infolge einer Anfechtungsklage aufgehoben, so bleiben die auf Grund des Urteils von dem Verpflichteten bewirkten Leistungen auch Dritten, insbesondere dem Anfechtungskläger, gegenüber wirksam, es sei denn, daß der Verpflichtete zur Zeit der Leistung die Aufhebung des Ausschlußurteils gekannt hat.

**1) Ausschlußurteil, I.** Die Kraftloserklärung der Urkunde ersetzt für den Antragsteller deren Besitz, vgl BGH RR **90,** 168. Der Antragsteller steht gegenüber dem aus der Urkunde Verpflichteten, nicht gegenüber 1

Dritten, also bei § 67 GBA nicht gegenüber dem Grundbuchamt, endgültig so da, als ob er die Urkunde besitze, BayObLG Rpfleger **87**, 493. Er hat nicht mehr Rechte, als er als solcher hatte. Der Schuldner behält also seine Einreden. Wenn der bisherige Inhaber der Urkunde nur ein Besitzmittler war, zB ein Pfandgläubiger, so erlangt der Antragsteller durch das Ausschlußurteil nicht mehr Rechte. Gegenüber Dritten hat das Urteil keine Bedeutung. Die Urkunde selbst hat ihre Bedeutung als Rechtsträger oder Rechtsausweis eingebüßt. Wer aus der Urkunde verpflichtet ist, das ergibt sich aus dem sachlichen Recht, BGH JZ **58**, 746. Das Verfahren nach § 73 AktG führt zwar zur Unwirksamkeit der für kraftlos erklärten Urkunde, nicht aber zur Wirkung nach §§ 1017, 1018, BGH RR **90**, 168.

**2** Die *Rechtskraftwirkung* des Ausschlußurteils ist die volle nach § 322. Sie bleibt, auch wenn ein Nichtantragsberechtigter das Urteil erwirkt hat. Sie läßt aber etwaige Rechte des dadurch Geschädigten unberührt. Das Urteil ersetzt nicht die weiteren Aufgaben der Urkunde. Das Urteil gibt zB kein Recht zum Indossieren. Eine Ersatzurkunde kann nur dann verlangt werden, wenn das sachliche Recht sie vorsieht, etwa nach §§ 407, 800 BGB, 67 GBO, 228 HGB. Der Antragsteller darf aus einem Wechsel, der nach dem Protest verloren ging und für kraftlos erklärt wurde, Rückgriff nehmen. Statt des Wechsels hat er das Ausschlußurteil auszuhändigen. Das Ausschlußurteil hat nicht die Wirkung eines Wechselakzepts, Hamm MDR **76**, 404.

**3** Die *Übergabe* des Hypothekenbriefs wird durch das Urteil nicht ersetzt. Es ist ein auf Grund des Urteils nach § 67 GBO neugebildeter Brief zu übergeben. Der alte Brief kann keinen Rechtsübergang mehr vermitteln, auch wenn er sich nachträglich wieder findet. Der neue Brief ist nicht zu verweigern. Sobald ein Antrag auf Erteilung eines neuen Briefs unter Vorlage des Ausschlußurteils gestellt wurde, ist bereits eine Abtretung der Hypothek usw gemäß § 1117 II BGB zulässig. Die Löschung geschieht auf Grund der Vorlegung des Ausschlußurteils. Dem Verpflichteten bleiben seine Einreden erhalten.

**4** **2) Aufhebung des Urteils, II.** Die Aufhebung nimmt dem Antragsteller seine Rechte aus I. Leistungen, die nach der Aufhebung des Urteils erfolgten, bleiben wirksam, solange der Geschädigte dem Verpflichteten nicht beweist, daß der letztere bei der Leistung die Aufhebung gekannt hat. Ein Kennenmüssen oder eine Kenntnis der Anhängigkeit der Anfechtungsklage genügen nicht. Der Anfechtungskläger kann also vom Antragsteller grds nur die Bereicherung herausverlangen, ZöGei 2.

## 1019

*Zahlungssperre.* [I] ¹Bezweckt das Aufgebotsverfahren die Kraftloserklärung eines auf den Inhaber lautenden Papiers, so hat das Gericht auf Antrag an den Aussteller sowie an die in dem Papier und die von dem Antragsteller bezeichneten Zahlstellen das Verbot zu erlassen, an den Inhaber des Papiers eine Leistung zu bewirken, insbesondere neue Zins-, Renten- oder Gewinnanteilscheine oder einen Erneuerungsschein auszugeben (Zahlungssperre); mit dem Verbot ist die Benachrichtigung von der Einleitung des Aufgebotsverfahrens zu verbinden. ²Das Verbot ist in gleicher Weise wie das Aufgebot öffentlich bekanntzumachen.

[II] Das an den Aussteller erlassene Verbot ist auch den Zahlstellen gegenüber wirksam, die nicht in dem Papier bezeichnet sind.

[III] Die Einlösung der vor dem Verbot ausgegebenen Zins-, Renten- oder Gewinnanteilscheine wird von dem Verbot nicht betroffen.

**1** **1) Systematik, Regelungszweck, I–III.** Bei Inhaberpapieren läßt das Gesetz eine Zahlungssperre zu. Sie soll den Verlierer während des Aufgebotsverfahrens schützen. Sie ist ein gerichtliches, also beschränktes, Veräußerungsverbot. Sie hat die Wirkung des § 136 BGB, eine der einstweiligen Verfügung verwandte Maßnahme. Sie ist bei allen Inhaberpapieren anwendbar, auch bei Grundschuldbriefen, Inhaberschecks, § 5 ScheckG, Inhaberaktien, Lotterielosen. Dies gilt auch bei hinkenden Inhaberpapieren (hier kann das Landesrecht die Veröffentlichung abweichend regeln), § 1023. Die Zahlungssperre ist bei Wechseln und anderen Orderpapieren unzulässig, auch wenn sie blanko indossiert worden sind. Für sie gilt § 1007 Rn 1. Eine verbotswidrige Leistung wirkt nicht gegen den Antragsteller, wenn ein Ausschlußurteil ergeht, §§ 135, 136 BGB.

**2** **2) Wirkung, I–III.** Es sind drei Aspekte zu beachten.

**A. Allgemeines.** Das Verbot ergreift nur die Haupturkunde, nicht Zinsscheine, Rentenscheine, Gewinnanteilscheine, die ja nicht aufgebotsfähig sind. Es wirkt gegen diejenigen, denen es mitgeteilt worden ist. Das dem Aussteller mitgeteilte Verbot wirkt ferner gegen die nicht im Papier bezeichneten Zahlstellen, auch wenn diese nicht benachrichtigt worden sind. Etwas anderes gilt für die im Papier bezeichneten, aber nicht benachrichtigten Zahlstellen. Ein gutgläubiger Erwerber kann Rechte gegen den Antragsteller erst dann geltend machen, wenn er nach der Vorlegung des Papiers eine Aufhebung der Sperre erwirkt hat. Die Sperre hemmt den Beginn und den Lauf der Vorlegungs- und der Verjährungsfrist, § 802 BGB.

**3** **B. Verfahren.** Die Sperre ist nur auf Antrag zu erlassen. Zuständig ist der Rpfl, Grdz 2 vor § 946. Der Antrag ist in der Regel zusammen mit dem Antrag auf das Aufgebot und in dessen Form zu stellen, § 947 I.

**4** **C. Entscheidung.** Die Sperre wird durch einen Beschluß angeordnet, der dem Aussteller und den bekannten Zahlstellen von Amts wegen formlos mitzuteilen ist, § 329 II 1. Da die Sperre aber mit der Mitteilung wirksam wird, ist eine förmliche Zustellung an den Aussteller und die im Papier bezeichneten Zahlstellen zu empfehlen. Der Beschluß ist, wie das Aufgebot, öffentlich bekanntzumachen, §§ 1009, 1023. Trotz der Mußfassung ist die Benachrichtigung, I 1 Hs 2, für die Wirksamkeit nicht unerläßlich.

**5** **3) Rechtsmittel, I–III.** Gegen die Ablehnung des Antrages ist die einfache Beschwerde nach § 11 I RPflG, Anh § 153 GVG, zulässig. Gegen fälschlich ergangene Ersatzentscheidung des Richters ist die einfache Beschwerde nach § 567 statthaft.

## §§ 1020–1022   9. Buch. Aufgebotsverfahren

**1020** *Selbständige Zahlungssperre.* ¹Ist die sofortige Einleitung des Aufgebotsverfahrens nach § 1015 Satz 2 unzulässig, so hat das Gericht die Zahlungssperre auf Antrag schon vor der Einleitung des Verfahrens zu verfügen, sofern die übrigen Erfordernisse für die Einleitung vorhanden sind. ²Auf den Antrag sind die Vorschriften des § 947 Abs. 1 anzuwenden. Das Verbot ist durch Anheftung an die Gerichtstafel und durch einmalige Einrückung in den Bundesanzeiger öffentlich bekanntzumachen.

1) **Systematik, Regelungszweck, S 1–3.** § 1020 läßt die Zahlungssperre als selbständige Maßnahme 1 zu, wenn wegen der Wartefrist der §§ 1010–1014 die Einleitung des Aufgebotsverfahrens derzeit unzulässig ist, § 1015 S 2. Die Zahlungssperre wird nur auf Antrag in der Form des § 947 I beim zuständigen Aufgebotsgericht angeordnet. Der Antragsteller muß alle Voraussetzungen des § 1007 darlegen und nach § 294 glaubhaft machen. Im übrigen gilt § 1019, also das Verbot gegenüber dem Aussteller sowie den im Papier und vom Antragsteller bezeichneten Zahlstellen. Außerdem erfolgt eine öffentliche Bekanntmachung, die abweichend von § 1009 geregelt ist. Wegen der Aufhebung der Sperre vgl § 1022.
*Gebühren:* Des Gerichts: KV 1620, Hartmann Teil I KV 1620 Rn 1, aM ZöGei 1 (keine); des RA: § 45 I Z 3 BRAGO.

**1021** *Entbehrlichkeit des Zeugnisses.* Wird die Zahlungssperre angeordnet, bevor seit der Zeit des glaubhaft gemachten Verlustes Zins-, Renten- oder Gewinnanteilscheine ausgegeben worden sind, so ist die Beibringung des im § 1010 Abs. 2 vorgeschriebenen Zeugnisses nicht erforderlich.

1) **Systematik, Regelungszweck.** Bei der Anordnung der Zahlungssperre vor der Ausgabe von Zins- 1 scheinen usw braucht der Antragsteller kein Zeugnis nach § 1010 II beizubringen. Das Zeugnis ist deshalb entbehrlich, weil die Urkunde nach der Sperre nur dem Gericht wirksam vorzulegen ist und weil dann, wenn die Vorlegung unterlassen wird, der schlechte Glaube hinreichend begründet ist.

**1022** *Aufhebung der Zahlungssperre.* ¹ ¹Wird das in Verlust gekommene Papier dem Gericht vorgelegt oder wird das Aufgebotsverfahren in anderer Weise ohne Erlaß eines Ausschlußurteils erledigt, so ist die Zahlungssperre von Amts wegen aufzuheben. ²Das gleiche gilt, wenn die Zahlungssperre vor der Einleitung des Aufgebotsverfahrens angeordnet worden ist und die Einleitung nicht binnen sechs Monaten nach der Beseitigung des ihr entgegenstehenden Hindernisses beantragt wird. ³Ist das Aufgebot oder die Zahlungssperre öffentlich bekanntgemacht worden, so ist die Erledigung des Verfahrens oder die Aufhebung der Zahlungssperre von Amts wegen durch den Bundesanzeiger bekanntzumachen.
ᴵᴵ Im Falle der Vorlegung des Papiers ist die Zahlungssperre erst aufzuheben, nachdem dem Antragsteller die Einsicht nach Maßgabe des § 1016 gestattet worden ist.
ᴵᴵᴵ Gegen den Beschluß, durch den die Zahlungssperre aufgehoben wird, findet sofortige Beschwerde statt.

1) **Voraussetzungen, I, II.** Die Zahlungssperre ist in jedem der folgenden Fälle aufzuheben. 1
**A. Vorlegung.** Die Aufhebung erfolgt im Fall einer Vorlegung des verlorenen Papiers. Wenn dessen Echtheit nicht festzustellen ist, dann ist das Verfahren bis zu einer Entscheidung im Prozeßweg auszusetzen, § 953. Wenn das Gericht die Nämlichkeit des Papiers bejaht, darf es die Sperre erst dann aufheben, wenn es nach § 1016 eine Einsicht gewährt hat.
**B. Anderweitige Erledigung.** Die Aufhebung erfolgt auch im Fall einer anderweitigen Erledigung des 2 Verfahrens, etwa durch eine Rücknahme des Antrags, eine Zurückweisung, durch den Ablauf der Frist des § 954, nicht schon bei einem bloßen Ausbleiben.
**C. Selbständige Sperre.** Die Aufhebung erfolgt auch im Fall einer selbständigen Sperre, § 1020, wenn 3 seit dem Wegfall des Hindernisses 6 Monate verstrichen sind und wenn ein Aufgebot nicht beantragt worden ist. Die Wartefrist braucht nicht verstrichen zu sein, weil die Einleitung des Verfahrens schon 1 Jahr vorher statthaft ist, § 1015.
2) **Entscheidung, I, II.** Die Entscheidung erfolgt durch einen Beschluß des Rpfl, Grdz 2 vor § 946. Er 4 muß ihn grundsätzlich begründen, § 329 Rn 4. Er läßt ihn dem Antragsteller und den Zahlstellen förmlich zustellen, § 329 III.
3) **Rechtsbehelfe, III.** Es kommt auf die Entscheidungsrichtung an. 5
**A. Aufhebung.** Gegen den aufhebenden Beschluß des Rpfl ist die sofortige Beschwerde nach § 11 I RPflG, Anh § 153 GVG, zulässig. Gegen die Erstentscheidung des Richters ist die sofortige Beschwerde nach § 577 statthaft, III. Eine Wiederherstellung der Sperre durch das Beschwerdegericht berührt die Wirksamkeit derjenigen Leistungen nicht, die nach der Aufhebung bewirkt wurden.
**B. Ablehnung.** Gegen den Beschluß des Rpfl, der die Aufhebung ablehnt, ist die einfache Beschwerde 6 nach § 11 I RPflG statthaft. Gegen die Erstentscheidung des Richters ist die einfache Beschwerde nach § 567 statthaft.

**1023** *Hinkende Inhaberpapiere.* ¹Bezweckt das Aufgebotsverfahren die Kraftloserklärung einer Urkunde der im § 808 des Bürgerlichen Gesetzbuchs bezeichneten Art, so gelten die Vorschriften des § 1006, des § 1009 Abs. 3, des § 1017 Abs. 2 Satz 2 und der §§ 1019 bis 1022 entsprechend. ²Die Landesgesetze können über die Veröffentlichung des Aufgebots und der im § 1017 Abs. 2, 3 und in den §§ 1019, 1020, 1022 vorgeschriebenen Bekanntmachungen sowie über die Aufgebotsfrist abweichende Vorschriften erlassen.

**1** **1) Geltungsbereich, S 1, 2.** § 1023 betrifft die hinkenden Inhaberpapiere (qualifizierten Legitimationspapiere) des § 808 BGB, zB gewisse Pfandscheine, Depotscheine, Versicherungsscheine, nicht auf den Inhaber ausgestellte Lagerscheine, ZöGei 1 mwN, die meisten Sparbücher. Für sie gilt das Landesrecht, Art 102 II EG BGB, zB in Bayern Art 30 AG ZPO, in den früheren preußischen Gebieten § 7 AG ZPO. Nur hilfsweise gelten §§ 1003 ff. Wegen Postsparbüchern Einf 2 (F) vor §§ 1003–1023. Wer ein Ausschlußurteil erwirkt hat, muß dem Aussteller trotzdem auf Verlangen sein Recht nachweisen, § 808 BGB.

**1024** *Vorbehalt für die Landesgesetzgebung.* ¹Bei Aufgeboten auf Grund der §§ 887, 927, 1104, 1112, 1162, 1170, 1171 des Bürgerlichen Gesetzbuchs, des § 110 des Gesetzes betreffend die privatrechtlichen Verhältnisse der Binnenschiffahrt, der §§ 6, 13, 66, 67 des Gesetzes über Rechte an eingetragenen Schiffen und Schiffsbauwerken und der §§ 13, 66, 67 des Gesetzes über Rechte an Luftfahrzeugen können die Landesgesetze die Art der Veröffentlichung des Aufgebots und des Ausschlußurteils sowie die Aufgebotsfrist anders bestimmen, als in §§ 948, 950, 956 vorgeschrieben ist.

²Bei Aufgeboten, die auf Grund des § 1162 des Bürgerlichen Gesetzbuchs ergehen, können die Landesgesetze die Art der Veröffentlichung des Aufgebots, des Ausschlußurteils und des im § 1017 Abs. 3 bezeichneten Urteils sowie die Aufgebotsfrist auch anders bestimmen, als in den §§ 1009, 1014, 1015, 1017 vorgeschrieben ist.

**1** **1) Systematik, Regelungszweck, I, II.** Wegen der Verschiedenheit der örtlichen Verhältnisse läßt § 1024 eine landesrechtliche Regelung zu. S für Bayern Art 30, 31, AG ZPO, für die früheren preußischen Gebiete §§ 8, 9 AG ZPO. An Stelle von § 1269 BGB, durch das SchiffsrechteG, RGBl **40**, 1499, aufgehoben ist, treten die Bestimmungen dieses Gesetzes; § 1024 ist auf alle Aufgebotsfälle dieses Gesetzes anwendbar, ebenso auf alle Aufgebotsfälle nach dem LuftfzRG.

### Anhang nach § 1024

### Gesetz über die Kraftloserklärung von Hypotheken-, Grundschuld- u Rentenschuldbriefen in besonderen Fällen

v 18. April 1950, BGBl 88, geändert dch G v 20. 12. 1952, BGBl 830, v 25. 12. 55, BGBl 867, v 29. 4. 60, BGBl 297
**Galt bis zum 2. 10. 90 nur im Bundesgebiet**

**Vorbem.** In *Berlin-West* galt ein entsprechendes G v 7. 7. 50, VOBl I 287.

**G § 1.** Ein Hypothekenbrief über eine Hypothek, mit der ein im Geltungsbereich dieses Gesetzes belegenes Grundstück belastet ist, kann auch dann für kraftlos erklärt werden, wenn er zwar nicht abhanden gekommen oder vernichtet ist, wenn er jedoch von demjenigen, der das Recht aus der Hypothek geltend machen kann, infolge einer im Geltungsbereich dieses Gesetzes nicht rechtswirksamen Maßnahme oder deswegen nicht in Besitz genommen werden kann, weil die Vollstreckung eines rechtskräftigen vollstreckbaren Titels auf Herausgabe des Briefes außerhalb des Geltungsbereiches dieses Gesetzes zu Unrecht verweigert wird.

²Dies gilt auch dann, wenn der persönliche Schuldner der durch die Hypothek gesicherten Forderung im Zeitpunkt der Maßnahme seinen Wohnsitz in dem Gebiete hatte, in dem die Maßnahme getroffen worden ist.

ÄndG v 29. 4. 60 § 2: **Anträge auf Grund des in § 1 bezeichneten Gesetzes** [dh des Gesetzes über die Kraftloserklärung usw], **die in der Zeit vom 1. Januar 1959 bis zum Inkrafttreten dieses Gesetzes gestellt worden sind,** können, soweit die Verfahren noch anhängig sind, nicht wegen Ablaufs der Frist des bisherigen § 15 Abs. 2 zurückgewiesen werden.

**G § 2.** Auf das Verfahren der Kraftloserklärung sind die für das Aufgebotsverfahren zum Zwecke der Kraftloserklärung von Hypothekenbriefen geltenden Vorschriften der Zivilprozeßordnung anzuwenden, soweit in diesem Gesetz nichts anderes bestimmt ist.

**G § 3.** ¹An die Stelle der Glaubhaftmachung des Verlustes der Urkunde (§ 1007 Nr. 2 der Zivilprozeßordnung) tritt die Glaubhaftmachung der in § 1 bezeichneten Tatsachen.

²Der Antragsteller soll angeben, was ihm über den Verbleib des Briefes bekannt ist.

**G § 4.** ¹¹Die öffentliche Bekanntmachung des Aufgebots erfolgt durch Anheftung an die Gerichtstafel sowie durch einmalige Einrückung in den Bundesanzeiger. ²Das Gericht kann anordnen, daß die Einrückung auch in andere Blätter und zu mehreren Malen erfolgt.

<sup>II</sup> Ist der Besitzer des Hypothekenbriefes bekannt, so soll ihm das Aufgebot von Amts wegen durch eingeschriebenen Brief mitgeteilt werden.

<sup>III</sup> ¹Die Aufgebotsfrist muß mindestens drei Monate betragen. ²Der Aufgebotstermin soll nicht über sechs Monate hinaus bestimmt werden.

**G § 5.** ¹¹Wer ein Recht aus der Hypothek anmeldet, hat die Tatsachen glaubhaft zu machen, auf die er das Recht stützt, ferner den Hypothekenbrief vorzulegen oder glaubhaft zu machen, daß er dazu außerstande ist. ²Solange die Anmeldung diesen Erfordernissen nicht entspricht, ist sie nicht wirksam.

<sup>II</sup> Die Anmeldung ist auch dann nicht wirksam, wenn der Anmeldende das Recht aus einer im Bundesgebiet nicht rechtswirksamen Maßnahme herleitet.

<sup>III</sup> ¹Ist keine wirksame Anmeldung erfolgt, so ist das Ausschlußurteil zu erlassen. ²Das gleiche gilt, wenn dem Anmeldenden gegenüber rechtskräftig festgestellt ist, daß der Antragsteller zum Besitz des Hypothekenbriefes berechtigt ist, und der Antragsteller glaubhaft macht, daß er dessen ungeachtet den Brief nicht erlangen kann.

**G § 6.** Geht eine Anmeldung ein, die auf Grund des § 5 Abs. 1 nicht wirksam ist, so soll das Gericht den Anmeldenden auf den Inhalt des § 5 Abs. 1 hinweisen und ihm Gelegenheit geben, binnen einer zu bestimmenden Frist die Anmeldung zu ergänzen.

**G § 7.** Eine öffentliche Bekanntmachung des Ausschlußurteils und des in § 1017 Abs. 3 der Zivilprozeßordnung bezeichneten Urteils findet nicht statt.

**G § 8.** ¹Die Kraftloserklärung des Hypothekenbriefes erfolgt ohne Aufgebot durch Ausschlußurteil, wenn der Antragsteller glaubhaft macht, daß der unmittelbare Besitzer des Briefes bereit ist, ihm den Brief herauszugeben, jedoch durch eine außerhalb des Bundesgebietes getroffene außergerichtliche Zwangsmaßnahme hieran gehindert ist.

<sup>II</sup> Das gleiche gilt, wenn der Antragsteller einen gegen den gegenwärtigen unmittelbaren Besitzer gerichteten rechtskräftigen vollstreckbaren Titel auf Herausgabe des Hypothekenbriefes vorlegt.

<sup>III</sup> ¹Das ohne Aufgebot ergehende Ausschlußurteil wird ohne mündliche Verhandlung erlassen. ²Es ist dem Antragsteller und dem im Antrage bezeichneten Besitzer durch eingeschriebenen Brief zuzustellen. ³Ferner ist es durch Anheftung an die Gerichtstafel sowie seinem wesentlichen Inhalt nach durch den Bundesanzeiger öffentlich bekannt zu machen.

**Bem.** Gegen einen Antrag, der eine Kraftloserklärung ablehnt, ist entsprechend § 952 IV sofortige **1** Beschwerde nach § 577 zulässig, LG Bln DNotZ 51, 87, LG Nürnb-Fürth DNotZ 50, 477.

**G § 9.** ¹Im Verfahren nach den vorstehenden Vorschriften beträgt der Wert des Streitgegenstandes ein Fünftel des Wertes der dem Antragsteller noch zustehenden Hypothek. ²Das Gericht kann den Wert aus besonderen Gründen anders festsetzen.

**G § 10.** Das Ausschlußurteil kann nach Maßgabe der §§ 957, 958 der Zivilprozeßordnung auch dann angefochten werden, wenn das Gericht zu Unrecht eine Anmeldung als nicht wirksam oder die Voraussetzungen für den Erlaß des Urteils ohne Aufgebot als gegeben angesehen hat.

**G § 11.** ¹ Ein auf Grund der Vorschriften dieses Gesetzes erwirktes Ausschlußurteil steht im Grundbuchverfahren einem auf Grund des § 1162 des Bürgerlichen Gesetzbuches erwirkten Ausschlußurteil gleich.

<sup>II</sup> Die Erteilung eines neuen Briefes ist gebührenfrei.

**G § 12.** Für einen Rechtsstreit, der die Herausgabe des Briefes oder das Recht aus der Hypothek betrifft, ist das Gericht ausschließlich zuständig, in dessen Bezirk das belastete Grundstück gelegen ist.

**G § 13.** Die Vorschriften dieses Gesetzes über Hypothekenbriefe gelten sinngemäß für Grundschuldbriefe und Rentenschuldbriefe.

**G § 14.** ¹Die §§ 5 und 6 sind sinngemäß anzuwenden auf das Aufgebotsverfahren zum Zwecke der Ausschließung eines Hypotheken-, Grundschuld- oder Rentenschuldgläubigers nach § 1170 und § 1171 des Bürgerlichen Gesetzbuches.

<sup>II</sup> Für einen Rechtsstreit, der den Anspruch auf den hinterlegten Betrag betrifft, gilt § 12 sinngemäß.

# Zehntes Buch
# Schiedsrichterliches Verfahren

Bearbeiter: Dr. Albers

(Die Überschriften der Paragraphen sind Teil des Gesetzes)

## Einführung

**1** **1) Allgemeines.** Das SchiedsVfG v 22. 12. 97, BGBl 3224, hat eine vollständige Neufassung des 10. Buches der ZPO gebracht, Art 1 Z 7, daneben zahlreiche Folgeänderungen, Art 1 Z 2–6 und Art 2 Z 1–28; außerdem enthält es eine der Entlastung des BGH dienende Neuregelung der Zuständigkeit nach § 36 ZPO, Art 1 Z 1, Art 2 §§ 29–31 u Art 4 § 2 (s o bei § 36). Abgesehen von diesem Komplex, der am 1. 4. 98 in Kraft tritt, ist das Gesetz am **1. 1. 98** in Kraft getreten, Art 5 I u II. **Übergangsrecht** (dazu BGH NJW **99**, 2371, BayObLG RR **99**, 645 mwN):

*SchiedsVfG Art 4. Übergangsvorschriften.* **§ 1. Schiedsverfahren** ¹Die Wirksamkeit von Schiedsvereinbarungen, die vor dem Inkrafttreten dieses Gesetzes geschlossen worden sind, beurteilt sich nach dem bisher geltenden Recht.

II ¹Für schiedsrichterliche Verfahren, die bei Inkrafttreten dieses Gesetzes begonnen, aber noch nicht beendet sind, ist das bisherige Recht mit der Maßgabe anzuwenden, daß an die Stelle des schiedsrichterlichen Vergleichs der Schiedsspruch mit vereinbartem Wortlaut tritt. ²Die Parteien können jedoch die Anwendung des neuen Rechts vereinbaren.

III Für gerichtliche Verfahren, die bei Inkrafttreten dieses Gesetzes anhängig sind, ist das bisher geltende Recht weiter anzuwenden.

IV Aus für vollstreckbar erklärten schiedsrichterlichen Vergleichen, die vor dem Inkrafttreten dieses Gesetzes geschlossen worden sind, findet die Zwangsvollstreckung statt, sofern die Entscheidung über die Vollstreckbarkeit rechtskräftig oder für vorläufig vollstreckbar erklärt worden ist.

Zur Behandlung nach altem Recht geschlossener **Schiedsvergleiche** IV, s Saenger MDR **99**, 663. Für **Anwaltsvergleiche** nach § 1044 b aF wird Art 4 § 1 I u IV entspr zu gelten haben, so daß sich ihre Wirksamkeit nach bisherigem Recht und ihre Vollstreckung nach neuem Recht, §§ 796 a–796 c u 797 VI nF, richten.

**2** **2) Entstehungsgeschichte.** Das SchiedsVfG übernimmt im wesentlichen das von der Kommission der Vereinten Nationen für internationales Handelsrecht (UNCITRAL) ausgearbeitete und von der Vollversammlung 1985 den Mitgliedstaaten zur Annahme empfohlene UNCITRAL-Modellgesetz als innerstaatliches Recht für nationale und internationale Schiedsverfahren (Abdruck: SchwW Anh A III; Schrifttum: Calavros, Das UNCITRAL-Modellgesetz über die internationale Handelsschiedsgerichtsbarkeit, 1988; Lionnet, Handbuch der intern. u. nat. Schiedsgerichtsbarkeit, 1995; Schumacher F Glossner, 1994, S 341; Raeschke-Kessler AnwBl **93**, 141; Böckstiegel/Sanders JbPrSchdG 4, 15 u 21; K. H. Schwab F Nagel, 1987, S 427; Lörcher ZRP **87**, 230; Böckstiegel RIW **84**, 670; Sandrock RIW 84 Beil 2 S 1). Der Gesetzgeber folgt damit den Empfehlungen der Kommission zur Neuordnung des Schiedsverfahrensrechts (Schrifttum: Kornblum ZRP **95**, 331; Glossner ZRP **95**, 70; Schmidt-Syaßen DRiZ **94**, 359, Schlosser RIW **94**, 723).

**Gesetzesmaterialien.** RegEntw BT-Drs 13/5274 (abgedr bei Schütze S 202 ff); Bericht des Rechtsausschusses BT-Drs 13/9124.

**3** **3) Inhalt des SchiedsVfG.** Ziel ist die Schaffung eines zeitgemäßen und den internationalen Bedingungen angepaßten, in wichtigen Teilen vereinfachten Rechts des Schiedsverfahrens, um die Austragung internationaler Schiedsverfahren in Deutschland zu fördern und einen erhöhten Anreiz zu bieten, auch bei nationalen Streitigkeiten verstärkt von der Schiedsgerichtsbarkeit Gebrauch zu machen und dadurch die staatlichen Gerichte zu entlasten (RegEntw BT-Drs 13/5274). Aus diesem Grunde enthält das Gesetz vor allem Bestimmungen, die der Vereinheitlichung und Beschleunigung des Verfahrens sowohl der Schiedsgerichte als auch der staatlichen Gerichte dienen, zB die Übernahme des UN-ÜbkSchdG, § 1061, und die Konzentrierung der Zuständigkeiten bei dem OLG, § 1062. Dabei wird die Gestaltung des Schiedsverfahrens weitgehend den Parteien überlassen.

**4** **4) Schrifttum zum neuen Recht (Auswahl):** *Berger,* Das neue deutsche Schiedsverfahrensrecht, DZWiR **98**, 45; *Gottwald,* Internationale Schiedsgerichtsbarkeit, 1997; *Gottwald/Adolphsen* DStR **98**, 1017; *Kreindler/Mahlich,* Das neue deutsche Schiedsverfahrensrecht aus ausländischer Sicht, NJW **98**, 563; *Raeschke-Keßler/Berger,* Recht u Praxis des Schiedsverfahrens, 3. Aufl, 1999; *Labes/T. Lörcher* MDR **97**, 420; *dieselben,* Nationales u internationales Schiedsverfahrensrecht, 1998; *Lachmann,* Handbuch für die Schiedsgerichtspraxis, 1998; *G. Lörcher,* Überblick über das SchiedsVfG, DB **98**, 245; *G. Lörcher/H. Lörcher,* Das Schiedsverfahren – national/international – nach neuem Recht, 1998; *Schiffer,* Wirtschaftsschiedsgerichtsbarkeit, 1999; *K. Schmidt* ZHR **98**, 265–289; *Schütze,* Schiedsgericht und Schiedsverfahren, 3. Aufl 1999; *Smid,* Kritik der Reform des 10. Buches der ZPO, DZWiR **95**, 397 u 441, **96**, 52 u 234; *Solomon,* Das vom Schiedsgericht anzuwendende Recht ..., RIW **97**, 981; *Thümmel,* Einstw Rechtsschutz ... DZWiR **97**, 133; *Voit,* Privatisierung der Gerichtsbarkeit, JZ **97**, 120; *Winkler/Weinand,* Deutsches internationales Schiedsverfahrensrecht, BB **98**, 597.

## Erster Abschnitt. Allgemeine Vorschriften

### Grundzüge

#### Gliederung

| | | | |
|---|---|---|---|
| 1) **Begriff des Schiedsgerichts** | 1–5 | 3) **Schiedsgutachtenverfahren** | 12–22 |
| A. Allgemeines | 1 | A. Wesen des Schiedsgutachtens | 12–15 |
| B. Echte Schiedsgerichte | 2 | B. Rechtsnatur | 16 |
| C. Rechtsgrundlage | 3, 4 | C. Wirkungen | 17 |
| D. Arbeitsstreitigkeiten | 5 | D. Schiedsgutachtervertrag | 18 |
| 2) **Eigenart des Schiedsverfahrens** | 6–11 | E. Verfahren | 19, 20 |
| A. Wesen | 6–8 | F. Wirksamkeit | 21, 22 |
| B. Abgrenzung | 9–11 | 4) *VwGO* | 23–25 |

**1) Begriff des Schiedsgerichts** 1

**A. Allgemeines.** Zu unterscheiden sind auf Vereinbarung der Beteiligten oder auf einer privatrechtlichen Verfügung beruhende Schiedsgerichte iSv §§ 1025 ff, zu denen auch die nach privaten Satzungen zuständigen Schiedsgerichte gehören (sog **echte Schiedsgerichte**), und durch Rechtsnorm (Ges, VO, öff-rechtliche Satzung) eingesetzte Schiedsgerichte (sog **unechte Schiedsgerichte**). Letztere sind besondere Gerichte; für sie sind gesetzliche Grundlage und Gerichtsqualität nötig, §§ 1025 ff gelten dafür nicht, soweit das Gesetz nichts anderes bestimmt, vgl § 1066 Rn 8.

**B. Echte Schiedsgerichte sind nur solche, die auf Rechtsgeschäft beruhen**, sei es eine Schiedsvereinbarung oder eine letztwillige oder satzungsmäßige Anordnung, § 1066. Dahin gehören nicht die Schiedsmänner, die Schlichter, die Schiedsgutachter, die Gütestellen u dgl, unten Rn 9 ff, denen keine Entscheidung obliegt. Die nicht seltenen Schiedsgerichte zur Feststellung von Verstößen gegen eine Vereinssatzung und Festsetzung von Ordnungsstrafen gegen Mitglieder sind keine echte Schiedsgerichte, § 1066 Rn 4 ff; das gleiche gilt für die Schiedsgerichte der politischen Parteien, § 14 PtG, § 1066 Rn 6. 2

**C. Rechtsgrundlage.** Für das privatrechtliche Schiedsverfahren gilt das **10. Buch**. Einzelbestimmungen schließen das Schiedsverfahren aus, § 1030 u dortige Erl. 3

Die Verfahrensgarantien des **Art 6 I MRK** können auch im Schiedsverfahren Bedeutung gewinnen, dazu *Klose* DRiZ **97**, 122, *Habscheid* F Henckel, 1995, S 342–352, *Matscher* F Nagel, 1987, S 228–245, *ders* IPrax **92**, 335, *Schlosser* JbPrSchdG **2**, 255. Besonders ausgestaltet ist das **zwischenstaatliche Schiedsverfahrensrecht**. Es ist in § 1061 und einer Reihe von Staatsverträgen geordnet, die seit dem 3. 10. 90 auch in den neuen Bundesländern gelten, Art 11 EV, dazu Andrae IPrax **94**, 223, Mansel JR **90**, 441 mwN. Näheres s Schlußanh V u VI. 4

**D. Arbeitsstreitigkeiten.** Soweit das privatrechtliche Schiedsverfahren auf arbeitsrechtlichem Gebiet liegt, regelt es das ArbGG in §§ 101–110 abschließend für die Fälle des § 2 I u II, § 4 ArbGG, § 14 GVG Rn 6, mit erheblichen Abweichungen vom 10. Buch, das unanwendbar ist, § 101 III ArbGG; vgl BAG NZA **98**, 220 u **96**, 942 und außer den Kommentierungen von GMP und Grunsky die Darstellung bei StJSchl § 1025 Rn 46 ff, Schütze 164–172 und SchwW Kap 36–40 sowie Löwisch ZZP **103**, 22, Germelmann NZA **94**, 12. 5

Zum vollstreckbaren **Anwaltsvergleich** in Arbeitssachen, Voit/Geweke NZA **98**, 400, s Erl zu den §§ 796 a–796 c.

**2) Eigenart des Schiedsverfahrens** 6

**A. Wesen.** Das Schiedsverfahren ist kein Teil des Zivilprozesses, sondern ein selbständiges Seitenstück zu ihm. Es ersetzt die Organe der Justizhoheit durch frei gewählte Privatpersonen als Schiedsrichter, ist also materiell Rechtsprechung, BGH NJW **86**, 3078 mwN, bei der die staatliche Rechtspflege ausgeschaltet ist. Das ist nach dem GG zulässig, BGH **65**, 61 mwN, und entspricht einem Bedürfnis. Wohl sämtliche Kulturstaaten dulden daher dieses Verfahren, soweit ihm nicht unverletzliche öff Belange entgegenstehen. Sie begnügen sich damit, ein einigermaßen ordnungsmäßiges Verfahren zu sichern. Öff Belange berührt namentlich die Zwangsvollstreckung. Darum kann das Schiedsgericht seiner Entscheidung keine Vollstreckbarkeit verleihen; sie spricht das Staatsgericht aus. Dabei unterliegt das Schiedsverfahren in gewissem Umfang einer Nachprüfung.

**Das Schiedsverfahren bietet Vor- und Nachteile** gegenüber dem Verf vor den Staatsgerichten, dazu Voit, Privatisierung der Gerichtsbarkeit, JZ **97**, 120, Sandrock WM **94**, 405 u 445 (betr internationale Kredite), Stumpf Festschrift Bülow, 1981, S 217–227. Der Hauptnachteil liegt darin, daß die Schiedsgerichte zuweilen nicht auf dem ganz freien Willen der Parteien beruhen und nicht immer die Gewähr einer unparteiischen Entscheidung bieten. Bedenklich kann es namentlich sein, daß jede Partei einen Schiedsrichter ernennt, dem dann nicht selten die nötige innere Unabhängigkeit fehlt, vgl Franzen NJW **86**, 299, Jagenburg, Festschrift Oppenhoff, 1985, S 158 ff. Die Gerichte tun aber den Schiedsgerichten Unrecht, wenn sie unnütze förmliche Schwierigkeiten machen. Sie sollten aber mit unerbittlicher Strenge nachprüfen, ob der Schiedsvertrag wirklich ohne Zwang geschlossen ist und ob die Unparteilichkeit strengstens gewahrt war, vgl BGH NJW **85**, 1903. 7

**Das Verfahren des Schiedsgerichts steht fast ganz in seinem Ermessen**, wenn die Schiedsvereinbarung darüber keine Bestimmung trifft, s §§ 1042 ff. Die Entscheidung ergeht durch Schiedsspruch, der wie ein rechtskräftiges Urteil wirkt, aber erst durch Vollstreckbarerklärung des Staatsgerichts vollstreckbar wird, §§ 1060 u 1061 iVm §§ 1062 ff. Ein bloßes Gutachten kann nie durch Parteivereinbarung zum Schiedsspruch werden. 8

## Grundz § 1025 10. Buch. 1. Abschnitt. Allgemeine Vorschriften

9   **B. Abgrenzung** (dazu Walter ZZP **103**, 141, Prütting JZ **85**, 264). Nur die Übertragung der Entscheidung auf Schiedsrichter anstelle der staatlichen Gerichte ist eine Schiedsvereinbarung. Von ihr zu unterscheiden sind die folgenden Gestaltungen, wobei die Wortwahl häufig nichts entscheidendes über das von den Beteiligten Gewollte aussagt, die Bedeutung des Erklärten vielmehr durch Auslegung zu ermitteln ist. Zuweilen ist auch eine Stufung gewollt, indem etwa nach dem Scheitern einer gütlichen Regelung die Einigungsstelle einen Schiedsspruch erlassen soll.
   **a) Schiedsgutachten.** Hierüber s unten Rn 15 ff, auch zur Abgrenzung vom Schiedsgericht.

10   **b) Schiedspersonen und Gütestellen** (vgl dazu § 15 a EGZPO). Diesen Einrichtungen, die unter den verschiedensten Namen vorkommen können, obliegt es, den Versuch einer Einigung zwischen den Beteiligten zu unternehmen. Es handelt sich insofern um Schlichtung, unten Rn 11. Die erreichte Einigung vor einer durch die Landesjustizverwaltung eingerichteten oder anerkannten Gütestelle ist jedoch Vollstreckungstitel nach § 794 I Z 1, s dort Rn 4, und nach § 797 a. Das gleiche gilt für die Einigungsstellen nach § 27 a UWG und nach §§ 39–46 ErstrG, für die Schiedsstelle nach § 14 UrheberrechtswahrnehmungsG (VO v 20. 12. 85, BGBl 2543) u dgl. In den **neuen Bundesländern** und Ost-Berlin bestehen agrd des nach dem EV, BGBl 90 II 1153, fortgeltenden G v 13. 9. 90, GBl DDR I 1527, Schiedsstellen in den Gemeinden, dazu Müller DtZ **92**, 18, Luther DtZ **91**, 17.

11   **c) Schlichtung.** *Schrifttum* (Auswahl): *Büchner* u a, Außergerichtliche Streitbeilegung, 1998; *Wagner:* JZ **98**, 836; *Stadler* NJW **98**, 2489; *Böckstiegel* DRiZ **96**, 267; *Boysen* ZRP **96**, 293; *Leutheusser-Schnarrenberger*, NJW **95**, 2444; *Gottwald/Strempel*, Streitschlichtung, 1995; *Gängel/Gansel/Richter*, Rechtsberatung und Schlichtung, 1993; *Nicklisch*, Alternative Formen der Streitbeilegung und internationale Handelsschiedsgerichtsbarkeit, F Schwab, 1990, S 381; *Walter* ZZP **103**, 155; *Prütting* ZZP **99**, 93; *Tanneberger*, Schlichtungs- u. Schiedsverfahren im Produkthaftungsrecht, 1985; *Matthies*, Schiedsinstanzen im Bereich der Arzthaftung, 1984; *Morasch*, Schieds- und Schlichtungsstellen in der BRep, BAnz 66/84; *Nicklisch*, Gutachter-, Schieds- u Schlichtungsstellen, F Bülow, 1981, S 159; *Bethke* NJW **93**, 2728 (Bayern); *Heeren* NJW **92**, 2727 (Bankgewerbe); *Felters* ZRP **91**, 94; *Kleinewefers/Sparwasser* VersR **88**, 764.
   Schlichtung kann in mannigfaltigen Formen stattfinden. Eine rein private Form stellt die sog Mediation dar, dh ein freiwilliges, außergerichtliches Verfahren der Konfliktaustragung, bei dem die Beteiligten durch einen Dritten, zB einen RA, als Mediator unterstützt werden, Breidenbach/Henssler (Hrsg), Mediation für Juristen, 1997, Hoffmann-Riem ZRP **97**, 194, Henssler/Schwackenberg MDR **97**, 409, Mähler/Mähler NJW **97**, 1262, alle mwN. Weitgehend formalisiert ist die Einrichtung von Schieds-, Güte- und Schlichtungsstellen, Grdz § 253 Rn 27 u 29. Sie haben idR die Aufgabe, ohne Regelungsbefugnis eine gütliche Einigung herbeizuführen (Muster von Schlichtungsverträgen: NJW **92**, 2745, Grisebach AnwBl **93**, 261). Zum Teil beruhen sie auf gesetzlichen Vorschriften, JB § 104 iVm §§ 87 ff SachenRBerG u § 305 InsO; sie haben vor allem bei Verbraucherbeschwerden und bei Streitigkeiten unter Berufskollegen Bedeutung erlangt, Prütting ZZP **99**, 93 u JZ **85**, 264 mwN, Eberhardt NJW **86**, 747 (Arzthaftpflicht). In diesen Zusammenhang gehört die zulässige Vereinbarung, daß vor Anrufung des staatlichen Gerichts ein Güteversuch vor Dritten stattzufinden habe, Grdz § 253 Rn 27 u 29, BGH NJW **99**, 947 mwN, BayObLG RR **96**, 910 (zum WEG), Prütting ZZP **99**, 96. Dritte können im Organ der juristischen Person, der die Beteiligten angehören, BGH NJW **97**, 2263, eine Körperschaft, BGH NJW **84**, 669, eine Schiedsstelle, Ffm AnwBl **84**, 391, oder auch Einzelpersonen sein. Ob ein „Schiedsgericht" nach dem Parteiwillen in Wahrheit nur die Funktion einer Güte- oder Schlichtungsstelle hat, ist durch Auslegung zu ermitteln, dazu BGH KTS **84**, 333, WertpMitt **81**, 1056. Eine rechtlich wirksame Güte- oder Schlichtungsvereinbarung der genannten Art führt dazu, daß die ohne den (möglichen) Güteversuch erhobene Klage als zZt unzulässig abzuweisen ist, BGH NJW **99**, 947 mwN, u a BGH NJW **84**, 669 (zustm Walchshöfer, F Schwab, 1990, S 523, ebenso für den Fall, daß das Schlichtungs-Verf gewissen Mindestanforderungen genügt, Prütting ZZP **99**, 97); abw Walter ZZP **103**, 162: entspr Anwendung der §§ 251, 251 a. Erforderlich ist eine dahingehende Einrede, Köln MDR **90**, 638, Oldb MDR **87**, 414 mwN; ihr kann der Gegeneinwand der unzulässigen Rechtsausübung entgegenstehen, zB bei Vereitelung des Schlichtungsverfahrens, BGH NJW **99**, 947 mwN, u a NJW **88**, 1215.

12   **3) Schiedsgutachtenverfahren.** *Schrifttum:* SchwW Kap 2; *Wittmann*, Struktur und Grundprobleme des Schiedsgutachtenvertrages, 1978; *Rauscher*, Das Schiedsgutachtenrecht, 1969; *Luther*, Aus der Praxis deutscher Schiedsgerichte, Festschrift Reimers, 1979, S 191–197; *Nicklisch*, Gutachter-, Schieds- und Schlichtungsstellen, Festschrift Bülow, 1981, S 159–178; *ders.*, Der Ingenieur als Schiedsgutachter und Quasi-Schiedsrichter bei internationalen Bau- und Anlagenprojekten, F Habscheid, 1989, S 217–231; *Raeschke-Kessler* JbPrSchdG **3**, 211 mwN; *Kurth* NJW **90**, 2038; *Walter* ZZP **103**, 147; *Döbereiner* VersR **83**, 712; *Micklitz* DRiZ **83**, 119; *Wolf* ZIP **81**, 241.

13   **A. Wesen.** Bei einem Schiedsgutachten handelt es sich nicht um die Entscheidung eines Rechtsstreits anstelle des staatlichen Gerichts wie beim Schieds(gerichts)verfahren, BGH BB **82**, 1077. Das Schiedsgutachten regelt vielmehr einzelne Elemente eines Rechtsverhältnisses. Zu unterscheiden sind:
   **a) Leistungsbestimmung.** Die Abrede, Dritte sollten die Leistung nach billigem Ermessen bestimmen (§§ 317 ff BGB), ist ein Schiedsgutachtenvertrag, wenn die Leistung nur nach § 319 BGB, also mit der Möglichkeit einer gerichtlichen Nachprüfung nach dessen I 2, bestimmt werden soll, BGH RR **94**, 1314 mwN; es kann sich aber auch um einen Schiedsvertrag handeln, wenn der Parteiwille auf einen solchen gerichtet ist, also eine endgültige, urteilsgleiche Entscheidung unter Ausschluß der inhaltlichen Nachprüfung ergehen soll, BGH MDR **82**, 36 mwN, NJW **75**, 1556, LM § 1025 Nr 7, KTS **77**, 42, Wolf ZIP **81**, 235. Ein Schiedsgutachten in diesem Sinne ist die Abrede, daß die Leistung (zB der Mietzins) von dem Dritten an veränderte Verhältnisse angepaßt werden soll, BGH NJW **84**, 43, KG ZMR **86**, 194; dem Schiedsgutachter kann dabei auch die Beurteilung der Vorfrage, ob sich die Verhältnisse geändert haben, übertragen werden, BGH **48**, 25, NJW **75**, 1556. Keine Schiedsgutachter, § 317 BGB, sind dagegen die Preisrichter bei einer Auslobung; ihre Aufgabe nähert sich derjenigen von Schiedsrichtern, BGH **71**, 366.

14   **b) Feststellungen.** Ein Schiedsgutachten (und kein Schiedsspruch) ist idR auch gewollt, wenn der Dritte nur Tatsachen oder sonstige Elemente, die für die Entscheidung eines Rechtsstreits erheblich sind, BGH **48**,

30, Zweibr NJW **71**, 943 mwN, oder eine den Vertragsparteien unbekannte, ihrem Inhalt nach aber bestimmte oder bestimmbare Leistung feststellen soll, BGH NJW **84**, 43, vgl Döbereiner VersR **83**, 712. Unerheblich ist, daß die Tatsachen unter gewisse Rechtsbegriffe, etwa Verschulden, zu bringen sind, BGH NJW **75**, 1556. Hierhin gehören zB: Feststellung eines Schadens, Döbereiner VersR **83**, 713 mwN, der Qualität einer Ware, der ortsüblichen Miete, BGH NJW **65**, 150, oder des Verkehrswertes, des ursächlichen Zusammenhangs, BGH WertpMitt **75**, 1047, der Voraussetzungen einer Kündigung, BGH **9**, 143, der Angemessenheit einer Ersatzwohnung, BayObLG NJW **50**, 909. In allen diesen Fällen hat der Dritte kein Ermessen auszuüben, sondern Feststellungen zu treffen.

**c) Abgrenzung.** Ob in den Fällen a) und b) ein Schiedsvertrag oder ein Schiedsgutachtenvertrag vorliegt, **15** richtet sich danach, welche Wirkungen die Parteien dem Spruch des Dritten beilegen wollen, BGH MDR **82**, 36 mwN, NJW **75**, 1556: soll das staatliche Gericht über die Folgen entscheiden, liegt kein Schiedsvertrag vor (krit Kurth NJW **90**, 2038, der auf den Inhalt der dem Dritten übertragenen Aufgabe abstellt). Der maßgebliche Parteiwille ist durch Auslegung zu ermitteln. Die Benutzung des Wortes „Schiedsgericht" hat dabei keine entscheidende Bedeutung, BGH NJW **75**, 1556, Zweibr NJW **71**, 943. Dagegen spricht die Vereinbarung, daß für das Verf die ZPO gelten solle, für ein Schiedsgericht, BGH WertpMitt **76**, 910.

**B. Rechtsnatur.** Der Schiedsgutachtenvertrag ist grundsätzlich nach materiellem Recht zu beurteilen. **16** Dies gilt unbestritten für solche Verträge, die die Bestimmung einer Leistung zum Gegenstand haben; für sie gelten §§ 317 ff BGB. Schiedsgutachtenverträge, die die Feststellung von Tatsachen oder Elementen der Entscheidung zum Gegenstand haben, sollen dagegen nach Meinung einiger, ua SchwW Rn 5, Walter ZZP **103**, 153, KG NJW **80**, 1342 mwN, Prozeßverträge sein; der praktische Unterschied ist gering, weil auch auf sie §§ 317 ff BGB entsprechend anzuwenden sind, abw SchwW u Walter aaO. Insofern s unten Rn 20. Die Parteien können aber auch auf das freie Ermessen der Schiedsgutachter abstellen, müssen dann aber wissen, daß eine unbillige Regelung nach dem Gesetz unverbindlich wäre, und sich ihr trotzdem unterwerfen wollen, RG **150**, 8.

Für den Schiedsgutachtenvertrag ist keine Form vorgeschrieben. Die Vereinbarung kann auch in AGB enthalten sein, die durch Einbeziehung Vertragsbestandteil geworden sind, § 1027 Rn 12, BGH NJW **92**, 433 u **87**, 2818 (zu Köln NJW **86**, 2579 u LG Köln NJW **86**, 70; in diesem Fall unterliegt die Schiedsgutachterklausel der Inhaltskontrolle nach § 9 AGBGB, BGH NJW **92**, 433 (dazu Jagenburg NJW **92**, 3212). Zulässig ist auch eine Vereinbarung zugunsten Dritter, KG NJW **80**, 1342. Die Abrede kann auch stillschweigend getroffen werden, zB in einem gerichtlichen Vergleich, Hamm RR **94**, 1551.

**C. Wirkung im Prozeß.** Auch der Schiedsgutachtenvertrag schließt regelmäßig in seiner Reichweite **17** den Prozeß aus; denn die Parteien haben von dem Gutachten, das die Grundlage liefern soll, Entstehung und Umfang ihrer privatrechtlichen Pflichten abhängig gemacht. Es hat also Tatsachen und bindet daher das Staatsgericht. Das ist auch nur mit der Vereinbarung „unter Ausschluß des Rechtsweges" gemeint, BGH **9**, 143. Das Fehlen des Schiedsgutachtens ist im Prozeß aber nur auf Einrede, nicht von Amts wegen zu beachten, Ffm VersR **82**, 759 mwN. Zur Hemmung der Verjährung BGH NJW **90**, 1231.

Die Rüge der Unzulässigkeit der Klage gibt der Schiedsgutachtenvertrag nicht, BGH NJW **82**, 1878, BGH **9**, 143. Er begründet auch nicht die Unzulässigkeit des Rechtswegs. Seine Wirkung im Prozeß ist nur die, daß das Gericht die einem Schiedsgutachten zu unterbreitenden Tatsachen oder Elemente nicht ohne weiteres feststellen darf, und, wenn § 319 I BGB nicht zutrifft, als zur Zeit unbegründet abweisen muß, falls die Partei, der es oblag, nicht rechtzeitig die rechtserheblichen Tatsachen, zB Feststellung von Qualitätsmängeln (Arbitrage), nachweist, BGH RR **88**, 1405 mwN (zustm Walchshöfer, F Schwab, 1990, S 528, Schlosser JbPrSchdG **2**, 256, abw Walter JZ **88**, 1083: Abweisung als überhaupt unbegründet). Das Gericht kann aber (und wird in der Regel) zuvor eine Beibringungsfrist entsprechend § 356 gewähren, BGH NJW **94**, 588 u RR **88**, 1405, RoSGo § 117 III 6, Dahlen NJW **71**, 1756, aM Düss RR **86**, 1061, Walchshöfer aaO S 529. Fällt der Einwand des Schiedsgutachtens, der zur Klagabweisung geführt hat, in der Berufungsinstanz weg, ist eine Zurückverweisung entspr § 538 I Z 2 zulässig, Ffm MDR **85**, 150. Lehnt eine Partei die ihr obliegende Ernennung eines Schiedsgutachters ab, obwohl die Voraussetzungen vorliegen, braucht die andere Partei nicht darauf zu klagen, sondern kann vor dem staatlichen Gericht auf die Leistung selbst klagen, BGH NJW **79**, 1544. Das gleiche gilt für den Fall, daß die Partei das schiedsgutachterliche Verf verzögert, BGH DB **90**, 833 mwN, Nürnb RR **95**, 544 mwN. In beiden Fällen darf sich der säumige Teil entspr § 319 I 2 Halbs 2 BGB nicht mehr auf die Schiedsgutachterklausel (und ihre Wirkungen) berufen.

Die Parteien können im Wege der Feststellungsklage den Inhalt eines für die Leistungsbestimmung durch die Schiedsgutachter maßgeblichen Rechtsverhältnisses klären lassen, BGH NJW **82**, 1878. Die Frage, ob ein eingeholtes Gutachten das vertraglich vorgesehene Schiedsgutachten ist, kann nicht Gegenstand einer Zwischenfeststellungsklage, § 256 II, im Rahmen der auf Leistung gerichteten Hauptklage sein, BGH MDR **85**, 37 mwN.

Das Schiedsgutachten reicht als Grundlage für einen Urkundenprozeß aus, wenn es zur Anspruchsbegründung nicht noch des Nachweises weiterer Tatsachen bedarf, BGH WertpMitt **88**, 276.

**D. Schiedsgutachtervertrag.** Der Vertrag mit den Gutachtern (Schätzern, Arbitratoren), ist ähnlich zu **18** behandeln wie der Schiedsrichtervertrag, s Anh § 1028. Der Vertrag darf die Ernennung der Gutachter nicht einem Gericht übertragen. Während RG HRR **33**, 658 den Schiedsgutachter bei groben Verstößen gegen anerkannte fachwissenschaftliche Regeln haften ließ, wird davon auszugehen sein, daß der nach Treu und Glauben zu ermittelnde Wille der Vertragsparteien entsprechend § 319 BGB nur eine Haftung bei offenbarer Unrichtigkeit des Gutachtens eintreten läßt, BGH **43**, 374. Sind mehrere Gutachter bestellt, so ergibt die Vertragsauslegung, ob sie einstimmig oder durch Mehrheitsbeschluß zu entscheiden haben. Nur im letzten Fall muß sich der Überstimmte fügen und weiter mitwirken, RG **87**, 195. Die Vereinbarung, daß das AG über die Angemessenheit des zu stellenden Ersatzraums (in einem Mietstreit) abgesondert entscheiden soll, vgl oben Rn 14, ist ohne rechtliche Wirkung, Bamberg NJW **50**, 917 (unentschieden BayObLG NJW **50**,

909), da durch Parteivereinbarung die Gerichtsbarkeit nicht erweitert werden darf, vgl BGH **LM** § 1025 Nr 8.

Die Parteien können den Vertrag einvernehmlich aufheben, auch durch schlüssiges Verhalten, BGH BB **77**, 619. Eine Kündigung aus wichtigem Grunde ist ebenfalls möglich, BGH DB **80**, 967.

19 **E. Verfahren.** Die Bestellung eines anderen Schiedsgutachters ist bis zur Erstattung des Gutachtens (nur) nach Maßgabe des Vertrages zulässig. Inwieweit ein Ablehnungsrecht besteht, richtet sich nach dem mutmaßlichen Parteiwillen, BGH NJW **72**, 827; bei Ernennung ähnlich der der Schiedsrichter findet im Zweifel eine Ablehnung entsprechend § 1032 statt, StJSchl § 1032 Rn 16 (aM BGH VersR **57**, 122), jedenfalls bei einer ausdrücklichen Abrede, BGH NJW **72**, 827, aber auch ohne sie, zumindest dann, wenn Ablehnungsgründe später entstehen oder der Partei unbekannt geblieben sind, Wittmann S 97 ff. Darüber zu entscheiden ist aber auch dann nicht im Verfahren nach §§ 1032, 1045, wenn die Parteien die Anwendung dieser Vorschrift vereinbart haben, Mü BB **76**, 1047, sondern nur im Prozeß über die Verbindlichkeit des Schiedsgutachtens als Vorfrage oder im Wege der Feststellungsklage, vgl BGH NJW **77**, 801, Habscheid/Calavros KTS **79**, 11, Rochl-Gr VII 17 ff, aM SchwW 2 Rn 12, Wittmann S 116 ff, Bulla NJW **78**, 397, vgl unten Rn 21. In den meisten Fällen schützt das Erfordernis der Einstimmigkeit, RG **152**, 207. Fällt ein Schiedsgutachter ersatzlos weg, verweigern die Schiedsgutachter das Gutachten oder wird ihnen die Erstattung unmöglich, so wird der Vertrag hinfällig. Erklären die Schiedsgutachter, einen üblichen oder angemessenen Wert nicht feststellen zu können oder zu wollen, so geht die Bestimmung nach § 319 BGB auf das Staatsgericht über.

20 Nach verbreiteter Meinung sollen nur unparteiische Dritte, also nicht die Parteien und bestimmte ihr nahestehende Personen, Schiedsgutachter sein dürfen, SchwW 2 Rn 12, Nicklisch Festschrift Bülow 1981 S 159. Für gestaltende Schiedsgutachten, oben Rn 13, geht diese Meinung zu weit: der Partei nahestehende Personen können im Hinblick auf §§ 315 u 317 BGB nicht als ausgeschlossen gelten. Bei feststellenden Schiedsgutachten, oben Rn 14, ist es wegen der grundsätzlichen Bindung des Staatsgerichts geboten, die gleichen Anforderungen zu stellen wie bei Schiedssprüchen; dies gilt namentlich dann, wenn nicht bestimmte Personen, sondern Organe oder Stellen berufen sind, zB durch AGB. Stets hat der Schiedsgutachter seine Aufgabe unabhängig und unparteiisch zu erfüllen, BGH RR **94**, 1314 mwN; wegen der Folgen eines Verstoßes s unten Rn 21 aE.

Auf das Verfahren sind die Vorschriften des 10. Buches nicht anzuwenden. Den Beteiligten ist aber rechtliches Gehör zu gewähren, Wittmann § 129, Habscheid KTS **70**, 12, Kornblum KTS **70**, 244, aM BGH **6**, 339, NJW **55**, 665, **LM** § 1025 Nr 8; dies gilt jedenfalls dann, wenn das Gutachten vom Gehör beeinflußt werden kann, so daß den Beteiligten zB die Teilnahme an Besichtigungen uä ermöglicht werden muß, vgl SchwW 2 Rn 11 mwN.

21 **F. Wirksamkeit.** Das Schiedsgutachten wird mit seiner Mitteilung an einen Beteiligten verbindlich und unwiderruflich, § 318 I BGB, BGH RR **87**, 22; es kann aber von den Vertragsparteien nach §§ 119 ff BGB angefochten werden, § 318 II 1 BGB, dazu Döbeneiner VersR **83**, 713 (auch zu nachvertraglichen Pflichten der Schiedsgutachter zur Aufklärung der Parteien über Umstände, die zur Anfechtbarkeit oder Unverbindlichkeit führen können). Offenbare Unrichtigkeiten dürfen aber von den Schiedsgutachtern berichtigt werden.

Soll der Schiedsgutachter gestaltend tätig werden, ist das Gutachten bei offenbarer Unbilligkeit seines Ergebnisses unverbindlich, § 319 BGB, BGH NJW **96**, 454 mwN, Pal-Heinrichs § 317 Rn 3 ff. Soll er dagegen einen bestimmten Vertragsinhalt klarstellen oder Tatsachen feststellen oder eine an sich objektiv feststehende, den Vertragsparteien mangels Fachkenntnis nicht erkennbare oder zwischen ihnen streitige Leistung ermitteln (ortsübliche Miete, Verkehrswert), gilt das gleiche bei offenbarer Unrichtigkeit des Ergebnisses, BGH BB **87**, 710, NJW **84**, 44, WertpMitt **76**, 270, KG ZMR **86**, 195 u NJW **80**, 1342, Bulla NJW **78**, 397, alle mwN. In diesen Fällen muß es sich um eine Unrichtigkeit handeln, die sich einem sachkundigen und unbefangenen Beurteiler (nicht etwa jedermann) auch möglicherweise erst nach eingehender Prüfung aufdrängt, BGH NJW **96**, 454 u RR **88**, 506, beide mwN, NJW **81**, 2351, und zwar unter Zugrundelegung des Sach- und Streitstandes, wie er dem Schiedsgutachter unterbreitet worden ist, BGH RR **87**, 21 (auch zu den Folgen der von einer Partei übernommenen, aber unterbliebenen Information) u NJW **79**, 1885, zustm Habscheid KTS **84**, 66. Auf das Verfahren des Gutachters und die von ihm herangezogenen Kriterien kommt es grds nicht an, BGH NJW **96**, 454 mwN. Eine Beweiserhebung über die Unrichtigkeit ist nur geboten, wenn Tatsachen behauptet werden, die für das Gericht schlüssige Mängel der Bestimmung durch den Schiedsgutachter ergeben, BGH NJW **84**, 43; in diesem Fall muß uU ein Sachverständigengutachten eingeholt werden, BGH NJW **91**, 2699 mwN. Von einer offenbaren Unrichtigkeit des Schiedsgutachtens ist auch dann auszugehen, wenn die Ausführungen des Sachverständigen lückenhaft sind, so daß selbst der Fachmann das Ergebnis aus dem Zusammenhang des Gutachtens nicht überprüfen kann, BGH NJW **91**, 2698, RR **91**, 228 u **88**, 506 mwN (nicht aber ist ein Schiedsgutachten, dessen materieller Gehalt sich einer Bewertung entzieht, deshalb zugleich offenbar unbillig, aM BGH NJW **77**, 801, dagegen mit Recht SchwW 2 Rn 16, Bulla NJW **78**, 397). Erstattet der Schiedsgutachter das Gutachten nicht unparteiisch, oben Rn 20, und ist die Bestellung eines Ersatzgutachters vertraglich nicht vorgesehen, so hat das Gericht entspr 319 I 2 (2. Halbs) in der Sache zu entscheiden, BGH RR **94**, 1315 mwN.

22 **Fehlten die vertraglichen Voraussetzungen**, sollte etwa ein Arzt entscheiden, entschied aber ein Heilgehilfe, so ist der Vertrag maßgebend, ob ein neues, den Bestimmungen des Vertrages entsprechendes Gutachten eingeholt werden oder das Gericht entscheiden soll. Ist eine Behörde, zB das Wohnungsamt, als Schiedsgutachter eingesetzt, so findet keine Anfechtung im VerwStreitverfahren statt, sondern nur nach §§ 318 f BGB vor den ordentlichen Gerichten, BGH **LM** § 1025 Nr 8.

23 4) *VwGO: Die Zulässigkeit echter Schiedsgerichte, Grdz § 1025 Rn 2, ist im Hinblick auf § 168 I Nr 5 VwGO seit jeher unbestritten, Ehlers Sch/SchmA/P § 40 Rn 718–728, und jetzt bestätigt durch § 173 S 2 VwGO (idF des Art 2 § 13 Z 2 SchiedsVfG). Ihre Zuständigkeit kann durch Vereinbarung für alle öff-rechtlichen Streitigkeiten iSv*

§ 40 VwGO begründet werden, und zwar sowohl für sog Parteistreitigkeiten gleichgeordneter Beteiligter, hM, SchGerUrt AS OVG Bln **16**, 256 mwN, als auch für sonstige Streitigkeiten, soweit die Beteiligten über das Recht verfügen können, BVerwG NVwZ **93**, 585, RedOe § 40 Anm 79, Kopp/Sch § 40 Rn 56 mwN, Grunsky § 16 II 2, Ramm ZRP **89**, 140, SchGerUrt DÖV **73**, 852 mwN, dazu Scholz DÖV **73**, 845, Erichsen VerwArch **65**, 311, und zwar speziell in der Form der Berechtigung zum Vergleichsabschluß, § 55 VwVfG, Schlosser Festschrift Bülow, 1981, S 190 (zu eng BVerwG NJW **59**, 1985: kein Schiedsvertrag für die Überprüfung von Hoheitsakten). Für solche Schiedsgerichte sind nach § 173 VwGO (idF des Art 2 § 13 Z 2 SchiedsVfG) die Vorschriften des 10. Buches entsprechend anzuwenden, RedOe § 40 Rn 79. Wegen der sog unechten Schiedsgerichte, oben Rn 1, vgl § 1066 Rn 8. – Eine Sonderregelung trifft § 38 a iVm §§ 30 II, 31 VI u 37 I 1 VermG für das Schiedsgericht, das die Parteien agrd der behördlichen Zulassung für die Fälle der §§ 6 I und 6 b VermG vereinbaren; für den Vertrag und das Verfahren gelten §§ 1025–1065 mit einzelnen Modifikationen, ua VerwRechtsweg, § 38 a II iVm § 37 VermG, vgl Nölting BB **92**, Beil 15 S 14, Säcker/Hummert, ZivRecht im EV, Rn 1475 ff; ein Schiedsverfahren iSv § 1025 sieht auch § 14 VZOG vor, Messerschmidt NJW **94**, 2520. Regelungen über ein Schiedsverfahren enthalten außerdem § 89 h SGB VIII, 113 a BSHG, BVerwG NVwZ-RR **97**, 37, ferner §§ 83 TierseuchenG, 16 h TierschutzG, 22 h FleischhygieneG, 24 GeflügelfleischhygieneG, 43 b Lebens- u BedarfsgegenstG, 19 d TierzuchtG, 66 a LandwAnpG (vgl Art 2 §§ 22–28 SchiedsVfG). – Schiedsgutachtenabreden, oben Rn 13 ff, sind jedenfalls dann zulässig, wenn sich die Beteiligten gleichgeordnet gegenüberstehen, § 62 S 2 VwVfG, BVerwG NJW **90**, 1928.

## 1025 Anwendungsbereich.
**I** Die Vorschriften dieses Buches sind anzuwenden, wenn der Ort des schiedsrichterlichen Verfahrens im Sinne des § 1043 Abs. 1 in Deutschland liegt.

**II** Die Bestimmungen der §§ 1032, 1033 und 1050 sind auch dann anzuwenden, wenn der Ort des schiedsrichterlichen Verfahrens im Ausland liegt oder noch nicht bestimmt ist.

**III** Solange der Ort des schiedsrichterlichen Verfahrens noch nicht bestimmt ist, sind die deutschen Gerichte für die Ausübung der in den §§ 1034, 1035, 1037 und 1038 bezeichneten gerichtlichen Aufgaben zuständig, wenn der Beklagte oder der Kläger seinen Sitz oder seinen gewöhnlichen Aufenthalt in Deutschland hat.

**IV** Für die Anerkennung und Vollstreckung ausländischer Schiedssprüche gelten die §§ 1061 bis 1065.

**Vorbem.** II (berichtigend) geänd durch Art 18 Z 2 HRefG v 22. 6. 98, BGBl 1473, und durch Art 1 b Z 5 BtÄndG v 25. 6. 98, BGBl 1580.

**1) Regelungszweck.** Die Vorschrift bestimmt den Anwendungsbereich des 10. Buches unter Anknüpfung an den Ort des schiedsrichterlichen Verfahrens iSv § 1043 (wegen des Beginns des Verfahrens s § 1044). Damit ist nicht der Sitz des Schiedsgerichts oder der Schiedsrichter gemeint, auch nicht der Ort ihrer Tätigkeit, Berger DZWiR **98**, 47. Vielmehr wird der Ort des schiedsrichterlichen Verfahrens jeweils von den Parteien des Verfahrens, hilfsweise vom Schiedsgericht bestimmt, § 1043, vgl SchdG RR **99**, 781. Das entspricht dem international vorherrschenden Territorialitätsprinzip, während nach bisherigem Recht die Verfahrenstheorie vertreten wurde, nach der es darauf ankam, welches Recht vom Schiedsgericht anzuwenden war bzw tatsächlich angewendet wurde, Labes/Lörcher MDR **97**, 420, 56. Aufl § 1044 aF Rn 1 mwN. 1

**2) Ort des schiedsrichterlichen Verfahrens.** Der nach § 1043 festgelegte Schiedsort bestimmt nicht nur darüber, welches Recht auf das Schiedsverfahren anzuwenden ist, § 1025. Er gilt auch für die Zuständigkeit der staatlichen Gerichte in Schiedsangelegenheiten, § 1062, wie für die Qualifikation als inländischer oder ausländischer Schiedsspruch, § 1061 I. Darauf, wo das Schiedsverfahren tatsächlich abgehalten wird, kommt es nicht an, vgl § 1043 II, es sei denn, daß darin eine stillschweigende Verlegung des Schiedsortes gesehen werden kann, Berger DZWiR **98**, 47, vgl Bem zu Art 1 UN-ÜbkSchdG, Schlußanh VI A 1. 2

**3) Inländischer Schiedsort, I.** Das 10. Buch ist auf alle Schiedsverfahren anzuwenden, deren Ort iSv § 1043 I in Deutschland, dh in der Bundesrepublik liegt. Für die Vollstreckbarkeit der in ihnen ergehenden Schiedssprüche gilt § 1060. Darauf, welches materielle Recht das Schiedsgericht anzuwenden hat oder anwendet, kommt es nicht an. 3

**4) Ausländischer Schiedsort.** 4

**A. Grundsatz.** Liegt der Ort des Schiedsverfahrens iSv § 1043 im Ausland, so bestimmt sich das auf das Verfahren anzuwendende Recht nach dem Parteiwillen, hilfsweise nach dem Willen des Schiedsgerichts.

**B. Ausnahmen, II u IV. a)** Bei ausländischem Schiedsort sind im Interesse der Beteiligten folgende Vorschriften über die **Zuständigkeit der deutschen Gerichte** ungeachtet der Parteivereinbarungen anzuwenden: §§ 1032 (Klage beim staatlichen Gericht), 1033 (einstw Maßnahmen durch das staatliche Gericht), und 1050 (gerichtliche Unterstützung), **II**, ferner natürlich auch §§ 1061 bis 1065 (Anerkennung und Vollstreckung), **IV**. Die sachliche und örtliche Zuständigkeit in den Fällen der §§ 1032 und 1050 regelt § 1062 II u IV (die §§ 1062–1065 gelten nicht nur iRv IV, sondern auch iVm den II genannten Bestimmungen); im Fall des § 1033 nach den allgemeinen Vorschriften, §§ 12 ff ZPO. 5

**b) Völkerrechtliche Verträge.** Sie gehen dem 10. Buch vor, ohne daß dies ausgesprochen werden mußte, BT-Drs 13/5274 S 31. Da in § 1061 I auf das UN-Übk v 10. 6. 58, Schlußanh VI A 1, verwiesen wird, können sich Abweichungen allein aus dem EU-Übk v 21. 4. 61, Schlußanh VI A 2, bzw den Genfer Abk, dem Haager UnterhVollstrÜbk v 15. 4. 58, Schlußanh V A 2, oder aus bilateralen Verträgen, Schlußanh V B u VI B, ergeben (vgl Art 2 §§ 3–7, 9 u 10 SchiedsVfG). 6

**5) Fehlender Schiedsort, II u III.** Da der Schiedsort, oben Rn 2, bei Konstituierung des Schiedsgerichts nicht festzustehen braucht, § 1043 I, sehen II u III die Anwendung einzelner Vorschriften vor der 7

§§ 1025–1027    10. Buch. 1. Abschnitt. Allgemeine Vorschriften

Bestimmung des Schiedsortes vor: Abgesehen von den §§ 1032, 1033 u 1050, **II** (s dazu oben Rn 5), sind vor der Bestimmung des Schiedsortes die deutschen Gerichte für die in §§ 1034, 1035, 1037 u 1038 genannten Aufgaben international zuständig, wenn der Beklagte oder der Kläger seinen Sitz oder seinen gewöhnlichen Aufenthalt in Deutschland, dh innerhalb der Bundesrepublik hat, **III.** „Sitz" umfaßt sowohl den Wohnsitz, § 13 ZPO, als auch den Sitz juristischer Personen; wegen des „gewöhnlichen" Aufenthalts vgl § 606 ZPO Rn 10 u 11. Zur sachlichen und örtlichen Zuständigkeit s oben Rn 5 aE.

8   Hat keine der Parteien ihren Sitz oder gewöhnlichen Aufenthalt in Deutschland, sind vor der Bestimmung des Schiedsortes die deutschen Gerichte in den in III genannten Fällen nur dann zuständig, wenn sie die Anwendung des deutschen Verfahrensrechts vereinbart haben.

9   6) *VwGO:* Entspr anzuwenden, Grdz § 1025 Rn 23 u 24.

**1026** *Umfang gerichtlicher Tätigkeit.* **Ein Gericht darf in den in den §§ 1025 bis 1061 geregelten Angelegenheiten nur tätig werden, soweit dieses Buch es vorsieht.**

1   **1) Regelungszweck.** Da das Schiedsverfahren im wesentlichen von den Parteien und dem Schiedsgericht gestaltet wird, ist eine (im bisherigen Recht fehlende) Vorschrift über die Grenzen der staatlichen Gerichtsbarkeit auf diesem Gebiet getroffen worden.

2   **2) Umfang der gerichtlichen Tätigkeit.** Ein staatliches Gericht darf in dem gesamten Bereich der Schiedsgerichtsbarkeit außerhalb der §§ 1062 ff nur tätig werden, soweit das 10. Buch dies zuläßt; entgegen dem Wortlaut gilt § 1026 auch für die in § 1066 geregelten Angelegenheiten, in denen die §§ 1025–1061 entspr anzuwenden sind. „Gericht" iSv § 1026 (und der folgenden Bestimmungen) ist das staatliche Gericht. Seine Zuständigkeiten sind in § 1062 im einzelnen aufgeführt; hinzu kommt die Zuständigkeit des Gerichts des einstw Rechtsschutzes, § 1033.

3   Die Beschränkung der staatlichen Gerichtsbarkeit erfaßt die Zeit von der Bildung des Schiedsgerichts, §§ 1034 ff, bis zur Rechtskraft der Vollstreckbarerklärung, §§ 1060 u 1061.

4   Eine Erweiterung der Befugnisse des staatlichen Gerichts durch die Rspr wird durch § 1026 ausgeschlossen.

5   **3)** *VwGO:* Entspr anzuwenden, Grdz § 1025 Rn 23 u 24.

**1027** *Verlust des Rügerechts.* ¹**Ist einer Bestimmung dieses Buches, von der die Parteien abweichen können, oder einem vereinbarten Erfordernis des schiedsrichterlichen Verfahrens nicht entsprochen worden, so kann eine Partei, die den Mangel nicht unverzüglich oder innerhalb einer dafür vorgesehenen Frist rügt, diesen später nicht mehr geltend machen.** ²**Dies gilt nicht, wenn der Partei der Mangel nicht bekannt war.**

**Vorbem.** Die Vorschrift gilt nur bei inländischem Schiedsort, § 1025 I. Sie hat im bisherigen Recht keine Parallele.

1   **1) Regelungszweck.** Da das Schiedsverfahren auf eine schnelle Entscheidung angelegt ist, begrenzt § 1027 das Rügerecht der Partei in Anlehnung an die Präklusionsvorschriften im staatlichen Gerichtsverfahren, zB § 295. Wegen der Sonderregelungen, §§ 1036 VI u 1040 II, s unten Rn 6.

2   **2) Rügepflicht des Beklagten, S 1**
    **A. Voraussetzungen.** Die Obliegenheit, Mängel des Verfahrens zu rügen, besteht in allen Fällen, in denen Bestimmungen des 10. Buches, von der die Parteien abweichen können, oder einem vereinbarten Erfordernis des schiedsrichterlichen Verfahrens nicht entsprochen worden ist. § 1027 enthält seinerseits zwingendes Recht, und zwar hinsichtlich beider Alternativen. Vgl dazu § 295 Rn 16 ff.

3   **B. Verfahren.** Die Rüge iSv S 1 kann sowohl in einem Schriftsatz als auch in der mündlichen Verhandlung erhoben werden. Dies muß grundsätzlich unverzüglich geschehen, dh ohne schuldhaftes Zögern, § 121 BGB. Schon einfache Fahrlässigkeit ist dabei schädlich, vgl § 295 Rn 16; das Verschulden eines Vertreters genügt, vgl §§ 51 II u 85 II. Ist für die Erhebung der Rüge in der Schiedsvereinbarung oder einer AnO des Schiedsgerichts eine Frist vorgesehen, muß die Rüge innerhalb dieser Frist erhoben werden. Geschieht dies nicht, so ist die Rüge nur zuzulassen, wenn S 2 eingreift.

4   **3) Verlust des Rügerechts, S 1 u 2**
    **A. Grundsatz.** Wird die Rügepflicht, oben Rn 2, verletzt, kann die Partei den Mangel später nicht mehr geltend machen. Sie ist also mit der Rüge ausgeschlossen, vgl § 295 Rn 10. Die gilt auch für das Aufhebungs- und Vollstreckbarkeitsverfahren, §§ 1059, 1060 u 1061.

5   **B. Ausnahmen, S 1 u 2.** Das Rügerecht geht nicht verloren,
    a) wenn die Rüge ohne Verschulden verspätet erhoben wird, **S 1**, es sei denn, daß für die Erhebung eine Frist gesetzt war, oben Rn 3;
    b) in allen Fällen dann, wenn der Partei der Mangel nicht bekannt war, **S 2**; dies gilt auch bei Versäumung einer Frist. Auf ein Verschulden, oben Rn 3, kommt es hierbei nicht an, so daß fahrlässige Unkenntnis abw von § 295 I unschädlich ist (abw der RegEntw, BT-Drs 13/5274). Für die Kenntnis des Mangels sollten § 51 II u § 85 II entspr angewendet werden, weil anderenfalls die verspätete Rüge unter Berufung auf die (kaum zu widerlegende) Unkenntnis idR zugelassen werden müßte, vgl Gottwald/Adolphsen DStR **98**, 1024.

6   **4) Sonderregelungen.** Für die Rüge eines Formmangels der Schiedsvereinbarung gilt § 1031 VI, für die Rüge der Unzuständigkeit des Schiedsgerichts § 1040 II. Näheres bei diesen Vorschriften.

Eine allgemeine Regelung über Präklusionen enthält das 10. Buch nicht, s § 1037 Rn 6 und § 1040 Rn 3.

**5) *VwGO*:** Entspr anzuwenden, Grdz § 1025 Rn 23 u 24. 7

**1028** *Empfang schriftlicher Mitteilungen bei unbekanntem Aufenthalt.* [I] Ist der Aufenthalt einer Partei oder einer zur Entgegennahme berechtigten Person unbekannt, gelten, sofern die Parteien nichts anderes vereinbart haben, schriftliche Mitteilungen an dem Tag als empfangen, an dem sie bei ordnungsgemäßer Übermittlung durch Einschreiben gegen Rückschein oder auf eine andere Weise, welche den Zugang an der letztbekannten Postanschrift oder Niederlassung oder dem letztbekannten gewöhnlichen Aufenthalt des Adressaten belegt, dort hätten empfangen werden können.

[II] Absatz 1 ist auf Mitteilungen in gerichtlichen Verfahren nicht anzuwenden.

**Vorbem.** Die Vorschrift gilt nur bei inländischem Schiedsort, § 1025 I. Sie hat im bisherigen Recht keine Parallele.

**1) Regelungszweck.** Das für das Schiedsverfahren geltende Beschleunigungsgebot fordert die Erleichterung der Feststellung, wann eine schriftliche Mitteilung den Parteien zugegangen ist. Dies gilt vor allem für den Fall, daß der Aufenthalt des Empfängers unbekannt ist. Bei bekanntem Aufenthalt gilt der allgemeine Grundsatz des § 130 BGB, BegrRegEntw S 33. 1

**2) Anwendungsbereich, I u II.** Die Regelung in I ist auf Mitteilungen in Verfahren vor dem staatlichen Gericht, § 1062, nicht anzuwenden, II. Hier sind die allgemeinen Verfahrensvorschriften, zB § 270, maßgeblich, s § 1063 Rn 2. 2

Demgemäß ist I nur für das schiedsrichterliche Verfahren anzuwenden, und zwar von Anfang an, § 1044. Dies gilt nicht, wenn die Parteien etwas anderes vereinbart haben, I.

**3) Unbekannter Aufenthalt, I.** Der Aufenthalt einer Partei oder einer zur Entgegennahme von Schriftstücken berechtigten Person ist unbekannt, wenn dem Absender hierüber keine Informationen vorliegen und nach zumutbaren Recherchen auch nicht zu erlangen sind, BegrRegEntw S 33. Die strengeren Voraussetzungen der öff Zustellung, § 202 Rn 4, gelten insofern nicht. Trotzdem darf sich das Schiedsgericht idR nicht mit der bloßen Behauptung einer Partei begnügen, sondern muß ggf selbst Ermittlungen anstellen. 3

**4) Zugangsfiktion, I.** Sofern die Parteien nichts anderes vereinbart haben, kommt es darauf an, wann die Mitteilung bei ordnungsgemäßer Übermittlung unter der letztbekannten Postanschrift oder Niederlassung oder dem letztbekannten gewöhnlichen Aufenthalt des Empfängers diesen erreicht haben würde; wegen des Begriffs der Niederlassung s § 21 Rn 3 ff. Der hypothetische Zugang unter einer dieser Adressen ist nachzuweisen, wobei der Nachweis durch Einschreiben gegen Rückschein oder auf andere aussagekräftige Weise geführt werden kann, BegrRegEntw S 33. In diesem Fall gilt die Mitteilung als an dem Tage zugegangen, an dem sie nachweislich hätte empfangen werden können. 4

Das auf diese Weise ermittelte Datum ist namentlich für den Fristbeginn im schiedsgerichtlichen Verfahren von Bedeutung. Die Frist errechnet sich nach den §§ 187 ff BGB, vgl Erl zu § 222.

**5) *VwGO*:** Entspr anzuwenden, Grdz § 1025 Rn 23 u 24. 5

### Zweiter Abschnitt. Schiedsvereinbarung

**1029** *Begriffsbestimmung.* [I] Schiedsvereinbarung ist eine Vereinbarung der Parteien, alle oder einzelne Streitigkeiten, die zwischen ihnen in bezug auf ein bestimmtes Rechtsverhältnis vertraglicher oder nichtvertraglicher Art entstanden sind oder künftig entstehen, der Entscheidung durch ein Schiedsgericht zu unterwerfen.

[II] Eine Schiedsvereinbarung kann in Form einer selbständigen Vereinbarung (Schiedsabrede) oder in Form einer Klausel in einem Vertrag (Schiedsklausel) geschlossen werden.

**Schrifttum:** *Epting*, Die Schiedsvereinbarung im internationalen privaten Rechtsverkehr nach der Reform des deutschen Schiedsverfahrens, 1999.

**Vorbem.** Die Vorschrift gilt für Verfahren mit inländischem Schiedsort, § 1025 I; zu Verfahren mit ausländischem Schiedsort, § 1043 s § 1025 Rn 4.

**Gliederung**

| | |
|---|---|
| 1) Regelungszweck ............... 1 | A. Sachlich-rechtliche Wirkung ......... 19 |
| 2) Schiedsvereinbarung, I ............... 2–12 | B. Prozeßrechtliche Wirkung ............ 20 |
|    A. Wesen ............... 3–9 | C. Sachliche Erstreckung ............. 21, 22 |
|    B. Rechtsnatur ............... 10–12 | D. Persönliche Wirkung ............. 23–25 |
| 3) Inhalt der Schiedsvereinbarung ....... 13–18 | 5) Erlöschen der Schiedsvereinbarung ... 26–28 |
|    A. Grundsatz ............... 13 | 6) Form der Schiedsvereinbarung, II .... 29, 30 |
|    B. Entscheidung durch ein Schiedsgericht . 14–16 |    A. Allgemeines ............... 29 |
|    C. Sachlich-rechtliche Wirksamkeit ...... 17, 18 |    B. Schiedsvereinbarung und Hauptvertrag . 30 |
| 4) Wirkung der Schiedsvereinbarung .... 19–25 | 7) *VwGO* ............... 31 |

*Albers*

## § 1029

10. Buch. 2. Abschnitt. Schiedsvereinbarung

**1** **1) Regelungszweck.** Die Begriffsbestimmung der Schiedsvereinbarung, I, und die Unterscheidung zwischen Schiedsabrede und Schiedsklausel, II, gelten nicht nur für den 2. Abschnitt, sondern für das ganze 10. Buch: die Schiedsvereinbarung ist die Grundlage jedes Schiedsverfahren mit Ausnahme der in § 1066 genannten Fälle.

**2** **2) Schiedsvereinbarung, I.** Abweichend vom bisherigen Recht, das durchgehend vom „Schiedsvertrag" sprach, unterscheidet das neue Recht konsequent zwischen der „Schiedsvereinbarung" und dem „Vertrag", dh dem in den meisten Fällen bestehenden Hauptvertrag.

**3** **A. Wesen.** Schiedsvereinbarung ist ein Vertrag zwischen natürlichen und/oder juristischen Personen, daß ein **Schiedsgericht**, dh ein Schiedsrichter oder mehrere Schiedsrichter, § 1034, alle oder einzelne Streitigkeiten, die zwischen ihnen bestehen oder künftig entstehen, entscheiden soll, I. Ein Vertrag, nach welchem durch Vermittlung eines Dritten eine Einigung versucht werden soll, ist keine Schiedsvereinbarung, Grdz § 1025 Rn 10.

**4** **a) Schiedsrichter können nur natürliche Personen sein.** Ist eine jur Person zum Schiedsrichter bestellt, so sind in der Regel ihre gesetzlichen Vertreter als berufen anzusehen, SchwW 9 Rn 1. Unfähig sind Geschäftsunfähige, weil sie keinen Schiedsrichtervertrag abschließen können. Minderjährige sind nur ablehnbar, § 1032 III, ebenso die ihnen gleichstehenden Personen. Beamte und Richter bedürfen einer Genehmigung, vgl § 65 I Z 2 BBG, § 40 DRiG; fehlt sie, ist der Schiedsrichtervertrag gemäß § 134 BGB unwirksam; ist sie fehlerhaft erteilt, berührt das die Wirksamkeit nicht, § 40 DRiG Rn 4 aE.

Eine Behörde als solche kann nicht Schiedsrichter sein. Durch Auslegung ist zu ermitteln, ob mit einer solchen Bestellung der Behördenleiter gemeint ist; er handelt dann aber nicht als solcher, sondern als Privatperson. Entsprechendes gilt für Gerichte.

Eine besondere Qualifikation sieht das Gesetz nicht vor. Fehlentscheidungen mangels Rechtskenntnissen können (und müssen) allein nach § 1059 korrigiert werden. Schumann NJW 92, 2065 gegen BGH NJW 92, 575, krit auch MüKoMa 11.

**5** **Nie kann ein Beteiligter selbst Schiedsrichter sein**, denn niemand darf in eigener Sache entscheiden, BGH NJW 85, 1904, vgl auch Habscheid NJW 62, 6. Schiedsrichter kann auch nicht sein, wer eine Partei allein oder mit einem anderen zusammen gesetzlich vertritt, RG JW 32, 2876. In solchen Fällen ist die Bestellung zum Schiedsrichter nichtig. Schiedsrichter können danach nicht sein zB die Vorstandsmitglieder einer Gesellschaft oder eines Vereins bei Streit zwischen der Gesellschaft oder dem Verein und einem Mitglied, stRspr; anders soll es nach RG **113**, 321 bei weitverzweigten Vereinen sein, wenn einzelne Mitglieder des Vereins (nicht des Vorstands) wegen ihrer Sachkunde als Schiedsrichter zugezogen werden, zustm SchwW 9 Rn 8. Unwirksam ist ein Schiedsvertrag, wenn Beisitzer für einen Streit zwischen Verbandsmitgliedern und Außenstehenden nur Mitglieder des Verbandes sein sollen, BGH **51**, 255, Mü KTS **83**, 167 u **85**, 156 mwN, zustm Kornblum ZZP **82**, 480, abl Bülow NJW **70**, 585, dagg Habscheid JZ **71**, 233, gg BGH auch Bettermann MDR **75**, 410 in Anm zu Hbg MDR **75**, 409, dagg Habscheid KTS **76**, 3; in einem solchen Fall wird auch durch die Erklärung der Parteien vor dem Schiedsgericht, sie hätten keine Bedenken gegen dessen Zuständigkeit und Zusammensetzung, kein wirksamer (neuer) Schiedsvertrag abgeschlossen, abw Hbg MDR **69**, 1019, dazu Habscheid KTS **71**, 135, Heiseke MDR **71**, 355 und K. Schmidt MDR **72**, 989 (die Anforderungen an eine unparteiische Besetzung können nicht scharf genug sein). Zu entspr Abreden über die Ernennung der Schiedsrichter durch Dritte s § 1028 Rn 3.

**6** Zulässig ist aber die Bestellung eines Mitglieds des Vorstands der Anwaltskammer zum Schiedsrichter im Streit zwischen einem Anwalt und den Erben eines anderen Anwalts, BGH NJW **73**, 98, dazu Habscheid KTS **73**, 233. Zulässig kann auch die nach der Entstehung des Streitfalls erfolgende Bestellung eines nur mitzeichnungsberechtigten Organvertreters einer Partei durch beide Parteien sein, BGH **65**, 59, zustm Habscheid/Calavros KTS **79**, 5, abl SchwW 9 Rn 6 mwN, Schlosser JZ **76**, 247. Beamte sind im Streit zwischen dem betreffenden Fiskus und Privaten ausgeschlossen, wenn sie den betreffenden Fiskus gesetzlich vertreten, vgl BayObLG JW **29**, 1667; davon abgesehen, können sie Schiedsrichter sein, oben Rn 26.

Wird ein Schiedsrichter nachträglich Partei oder gesetzlicher Vertreter, so fällt er ohne weiteres weg. Entfällt nachträglich die Eigenschaft als Partei oder gesetzlicher Vertreter, so heilt das die Nichtigkeit nicht, § 138 BGB. Über Knebelschiedsverträge s Rn 34, über den Schiedsrichtervertrag s Anh § 1028.

**7** **b) Die Vereinbarung muß sich auf die Entscheidung von Rechtsfragen** beziehen, also auf eine Rechtsstreitigkeit iSv § 1 EGZPO und § 13 GVG. Dem Schiedsgericht muß die Entscheidung übertragen sein, nicht bloß die Feststellung von Tatsachen, Grdz § 1025 Rn 9.

**8** Die Streitigkeit kann bei Abschluß der Schiedsvereinbarung schon bestehen oder **künftig entstehen**. Ein Schiedsvertrag über künftige Rechtsstreitigkeiten muß sich auf ein bestimmtes Rechtsverhältnis oder mehrere solche beziehen, vgl § 40 Rn 3. Maßgebender Zeitpunkt ist der des Vertragsschlusses; die spätere Gestaltung bleibt gleich, RG HRR **35**, 303. Unzureichend ist eine Vereinbarung „für alle Streitigkeiten aus der Geschäftsverbindung" oder die Bestimmung des Kreises nur durch die Mitgliedschaft an einer Börse, OLG **33**, 138. Ausreichend ist zB eine Vereinbarung für Streitigkeiten aus dem gemeinsamen Betrieb von Kommissionsgeschäften, RG Warn **08**, 568, für alle Klagen aus einem bestimmten Gesellschaftsverhältnis, aM KG MDR **61**, 240, für Zahlungsansprüche aus jeder Lieferung eines Sukzessiv-Lieferungsvertrages, BGH KTS **64**, 46. Aus dem Rechtsverhältnis entspringen auch Streitigkeiten über die Aufhebung des Verhältnisses, etwa durch Rücktritt, RG Gruch **27**, 1053. Der Schiedsvertrag über ein künftiges Rechtsverhältnis ist aufschiebend bedingt; die Bedingung tritt mit Entstehung des Rechtsverhältnisses ein. Unzulässige Abreden sind schlechthin nichtig.

**9** c) Die Streitigkeit muß **schiedsfähig** sein; s dazu Erl zu § 1030.

**10** **B. Rechtsnatur.** Die Schiedsvereinbarung ist ein privatrechtlicher Vertrag über prozessuale Beziehungen, BGH in stRspr, **23**, 200, **40**, 320 (abw ZZP **100**, 452), str, nach anderer Meinung ein Prozeßvertrag, SchwW 7 Rn 28, RoSGo § 172 II, StJSchl vor § 1025 Rn 2 f, ZöGei 2, oder eine Verfahrensgesellschaft, Habscheid KTS **55**, 35 ff; jedenfalls gelten auch nach diesen Meinungen für das Zustandekommen und die Wirksamkeit des Schiedsvertrages die Grundsätze des materiellen bürgerlichen Rechts, K. Schmidt, F Nagel, 1987, S 374

## 10. Buch. 2. Abschnitt. Schiedsvereinbarung § 1029

mwN. Das gilt namentlich auch rücksichtlich eines etwaigen Dissenses, Hbg RIW **82**, 283, und der Wirkung eines Willensmangels. Stellvertretung ist im Rahmen des sachlichen Rechts möglich; die Prozeßvollmacht, § 81, ermächtigt nicht zum Abschluß eines Schiedsvertrages.

Bei **internationalen Schiedsvereinbarungen** richten sich das Zustandekommen und die rechtlichen **11** Wirkungen im Geltungsbereich internationaler Abkommen, Schlußanh VI, vorrangig nach diesen, i ü nach der für den Vertrag nach IPR maßgeblichen Rechtsordnung, BGH RR **93**, 1520. Insofern hat sich die Rechtslage mit dem Inkrafttreten des IPR-Gesetzes am 1. 9. 86 geändert (Basedow JbPrSchdG **1**, 3 ff): Während für die Formwirksamkeit Art 11 EGBGB maßgeblich ist, BGH RR **93**, 1520, richtet sich das Vertragsstatut iSv Art 31 u 32 EGBGB (Zustandekommen, Wirksamkeit, Auslegung und Erfüllung) nach den Art 27 u 28 EGBGB. Danach kommt es auf das von den Parteien ausdrücklich oder stillschweigend gewählte Recht an, Art 27 EGBGB, Düss RIW **96**, 239 (krit Sandrock F Glossner, 1994, S 281), bei Fehlen einer Rechtswahl darauf, zu welcher Rechtsordnung die Schiedsvereinbarung die engsten Beziehungen hat, Art 28 EGBGB (nach früherem Recht war in diesem Fall der hypothetische Parteiwille maßgeblich, SchwW 43 Rn 9 mwN). Für die Beurteilung dieser Frage sind alle Umstände des Falles heranzuziehen, wobei sich Anhaltspunkte aus dem Statut des Hauptvertrages, BGH **51**, 255 u NJW **64**, 592, aus dem Sitz des vereinbarten Schiedsgerichts, BGH NJW **84**, 2764 u **71**, 986 (zum Begriff des „Sitzes" Berger RIW **93**, 8), oder aus der Verwurzelung der Schiedsrichter, vor allem des Obmanns, in einer nationalen Rechtsordnung ergeben können. Entsprechendes gilt für die Bestimmung des für das Schiedsverfahren maßgeblichen Rechts, SchwW 50 Rn 15. Ob die danach in erster Linie maßgebliche Rechtswahl wirksam ist, entscheidet sich nach dem Recht, das nach der Rechtswahl maßgeblich sein soll, BGH NJW **84**, 2764 mwN, Veltins JbPrSchdG **3**, 126, sofern nicht der deutsche ordre public eingreift, Düss RIW **95**, 769; zur Rechtswahlvereinbarung in AGB s Meyer-Sparenberg RIW **89**, 347.

Ergibt sich aus dem Vertrag, daß die Parteien eine Regelung durch ein Schiedsgericht wünschen, unten **12** Rn 14, so ist diesem Wunsch durch eine **nicht zu enge Auslegung** zu entsprechen, Mü RR **91**, 603 mwN, Hbg RIW **89**, 578, SchwW 3 Rn 19, auch wenn der Vertrag iü Unklarheiten über den Umfang der Zuständigkeit des Schiedsgerichts, die Ernennung der Schiedsrichter u dergl enthält, Hbg BB **58**, 1000, Köln RdL **58**, 272. So können unter „Streitigkeiten, die sich aus diesem Vertrag ergeben", auch Streitigkeiten fallen, die die Bezahlung von zeitlich getrennten Lieferungen auf Grund der vereinbarten Bezugsverpflichtung zum Gegenstand haben, BGH **LM** Nr 20 (anders beim „Wiederkehrschuldverhältnis", RG **148**, 332, bei dem der eine zwar liefern müsse, der andere aber ablehnen könne; zum Anwendungsbereich der Klausel, daß „jede etwaige Streitigkeit aus Anlaß dieses Vertrages" durch ein Schiedsgericht entschieden werden solle, vgl BGH NJW **80**, 2022.

Für den Schiedsvertrag gilt nur Bundesrecht; die landesrechtlichen Vorschriften hat Art 55 EGBGB aufgehoben. Über den Gegenstand des Vertrags s unten Rn 13, über seine Zulässigkeit unten Rn 17 ff, über seine Form § 1031. Ein **Vorvertrag** muß mindestens die Zusammensetzung des Schiedsgerichts regeln, BGH MDR **73**, 1001, dazu Habscheid KTS **76**, 1 und Sareika ZZP **90**, 297 (krit).

Zulässig sind auch Schiedsverträge für Streitigkeiten zwischen Privatpersonen und fremden Staaten (oder ihnen gleichstehenden Institutionen, § 20 GVG). Zu den Besonderheiten ihrer Wirksamkeit und Vollstreckung s Herdegen RIW **89**, 329.

### 3) Inhalt der Schiedsvereinbarung **13**

**A. Grundsatz.** Der Schiedsvertrag überträgt den Schiedsrichtern die Entscheidung der Frage, wer im Recht ist. Er kann befristet und bedingt sein. Er braucht nicht die gesamte Entscheidung zu übertragen; es genügt die eines Teilurteils fähigen Teils, oder die über den Grund des Anspruchs (sie entspricht einem Feststellungsurteil und fällt nicht unter § 304, RG **100**, 120) oder die über dessen Höhe. Ferner ist die Vereinbarung zulässig, daß das Schiedsgericht über die Kosten des Schiedsverfahrens auch und gerade dann entscheiden soll, wenn dieses Verfahren unzulässig war, BGH NJW **73**, 191, vgl § 1040 Rn 3. Zulässig ist eine Schiedsabrede auch für den Streit zwischen Gesellschaftern einer GmbH über die Wirksamkeit von Gesellschafterbeschlüssen, BGH NJW **79**, 2569 m Anm Kornmeier DB **80**, 193 (anders bei Anfechtungsklagen, unten Rn 36), und für den Fall des § 166 III HGB, BayObLG MDR **79**, 317, zustm Habscheid KTS **84**, 58. Der Schiedsvertrag darf aber nicht die Entscheidung über bloße Tatfragen, s Grdz § 1025 Rn 14, und auch nicht die Nachprüfung der Entscheidung eines Staatsgerichts, BGH **LM** Nr 16, dem Schiedsgericht übertragen; die Übertragung der Entscheidung über die Vollstreckungsabwehrklage, S 767, ist nicht zulässig, sehr str, aM für den Fall, daß die mit ihr geltend gemachte Einwendung der Schiedsabrede unterliegt, BGH NJW **87**, 651 mwN (dazu Schütze EWiR **87**, 305, K. Schmidt JuS **87**, 748), insoweit zustm SchwW 7 Rn 9, vgl Rn 29. Der Schiedsvertrag kann den Schiedsrichtern aber auch Befugnisse verleihen, die die ihm erkennbare Wahl übersteigen, indem sie Rechte gestalten, etwa das Gesellschafterverhältnis bei der OHG neu ordnen sollen, BGH **LM** Nr 14. Zulässig ist auch ein Schiedsgericht zur Bestimmung der Leistung nach den §§ 317 ff BGB ohne vorherige Bestimmung durch einen anderen, RG **153**, 195, oder zur vertraglich vorgesehenen Anpassung des Vertrages an veränderte Verhältnisse, Kornblum JbPrSchdG **2**, 133, Nicklisch RIW **89**, 17. Der Schiedsvertrag überträgt auf die Schiedsrichter auch alle notwendigen Vorentscheidungen, SchwW 3 Rn 10.

Zur Abgrenzung des Schiedsvertrages von einer Schlichtungsvereinbarung s Grdz § 1025 Rn 9 ff und zu seiner Abgrenzung vom Schiedsgutachtenvertrag s Grdz § 1025 Rn 15, 16.

**B. Die Parteien müssen die Entscheidung durch ein Schiedsgericht wünschen**, und zwar durch **14** ein bestimmtes oder doch eindeutig bestimmbares Schiedsgericht, BGH NJW **83**, 1267 mwN, zustm Habscheid KTS **84**, 61, Dresden BB **95**, Beil 5 S 18 (Anm Hochbaum Beil 14 S 14). Die Benennung der Schiedsrichter ist nicht erforderlich, wie § 1035 zeigt, BGH WertpMitt **86**, 404. Nötig ist das Verlangen **a)** nach einer Entscheidung im Schiedsverfahren, nicht nach dem für das Staatsgericht vorgeschriebenen Verfahren, RG **111**, 279 (das Wort „Schiedsgericht" beweist natürlich nichts); **b)** nach einer Entscheidung des Schiedsgerichts an Stelle des Staatsgerichts. Darum ist kein Instanzenzug zwischen Schiedsgericht und Staatsgericht möglich, oben Rn 6. Ist vereinbart, daß die Parteien trotz Schiedsspruch das Staatsgericht

§ 1029

anrufen dürfen, ist der Schiedsvertrag nichtig, RG **146**, 262 (gegen RArbG **8**, 81), demgemäß auch die Schiedsgerichtsabrede bei dem Zusatz „der ordentliche Rechtsweg wird hierdurch nicht ausgeschlossen", Düss MDR **56**, 750; solche Abreden können aber als Vereinbarung einer Schlichtung, Grdz § 1025 Rn 11, angesehen werden, BGH KTS **84**, 335. Zulässig ist die Abrede, daß die Wirksamkeit des Schiedsspruchs von der Unterwerfung beider Parteien abhängig sei, SchwW 3 Rn 21.

15   Der Schiedsvertrag kann auch die **Anrufung des Schiedsgerichts oder des Staatsgerichts** bei klarer Abgrenzung wahlweise freistellen, BGH NJW **76**, 852, dazu SchwW 3 Rn 22 u Habscheid/Calavros KTS **79**, 1 (zustm), Oldb KTS **72**, 114. Dies gilt für eine solche Klausel zugunsten des Klägers, BGH NJW **92**, 575, nicht dagegen idR für die Vereinbarung eines Wahlrechts auch zugunsten des Beklagten, weil sie den anderen Teil unangemessen benachteiligt, BGH NJW **99**, 282 (zur wirksamen Gestaltung einer solchen Klausel, vgl Jagenburg/Kesselring NJW **99**, 2412). Gilt aufgrund der allgemeinen Geschäftsbedingungen des Lieferers eine Gerichtsstandsklausel zu seinen Gunsten, ist aber für den Einzelfall ein Schiedsverfahren vereinbart, so wird idR bei beiderseitiger Abstandnahme von der Schiedsklausel auf die Gerichtsstandsklausel zurückgegriffen werden können, BGH NJW **69**, 1537. Für die Fristsetzung zur Wahl gilt § 264 II BGB entsprechend. Nicht zulässig ist eine Aufteilung der Beantwortung der Fragen, deren Beantwortung insgesamt erst den Rechtsstreit beendet, unter ein Schieds- und das Staatsgericht (möglicherweise ist eine solche Abrede aber als Schiedsgutachterklausel gültig, BGH NJW **60**, 1462. Der Ausschluß des Rechtswegs beweist noch nicht das Vorliegen eines Schiedsvertrags, RG JW **37**, 1401.

16   Da für den Schiedsvertrag Vertragsfreiheit besteht, dürfen die Parteien, vorbehaltlich der im 10. Buch gemachten Einschränkungen, Zuständigkeit, Besetzung und Verfahren **frei vereinbaren**, vgl § 1042 III u IV. Den Inhalt des Schiedsvertrages stellt der Tatrichter fest, indem er den Willen der Parteien unter Heranziehung aller Umstände im Wege der individuellen Auslegung ermittelt, BGH **40**, 325, Mü RR **91**, 603 mwN; seine Auslegung bindet demnach auch den Revisionsrichter, soweit sich die Partei nicht etwa typischen Vertragsbedingungen, § 550 Rn 10, unterworfen hat, BGH **24**, 19, **29**, 123, oder Auslegungsgrundsätze verletzt sind. Im Wege der Auslegung des Vertragswillens ist auch festzustellen, ob Parteien, die in einem Vertrag ein Schiedsgericht vereinbart haben, auch eine spätere Neuordnung dieser vertraglichen Beziehungen unter dieses Schiedsgericht stellen wollten; das kann auch bei Umschaffung des Vertrags der Fall sein, braucht es aber selbst dann nicht, wenn der Vertrag nicht umgeschaffen wurde, BGH **40**, 325, vgl KTS **84**, 335.

17   C. **Die sachlich-rechtliche Wirksamkeit der Schiedsvereinbarung** bestimmt sich nach sachlichem Recht, s oben Rn 2 ff, bei einem ausländischen Schiedsvertrag nach dem dafür maßgeblichen Recht, oben Rn 3. Wird sie bemängelt, so kann das Schiedsgericht das Verfahren trotzdem fortsetzen (dann erfolgt eine spätere Prüfung der Gültigkeit des Schiedsvertrages durch das Staatsgericht, § 1059 II), bis das Staatsgericht über die Wirksamkeit aufgrund einer Feststellungsklage entschieden hat, die auch bei schwebendem Schiedsverfahren zulässig ist, BGH RR **86**, 1059. Nichtigkeit wird allerdings nur bei Mängeln anzunehmen sein, die den ganzen Schiedsvertrag ergreifen, zB bei Sittenwidrigkeit gemäß § 138 I BGB, BGH NJW **89**, 1477 mwN (zustm Walter JZ **89**, 590), oder Verstoß gegen zwingende Normen, BGH **29**, 125 (Verkürzung der Frist des § 612 HGB), bei Unbestimmtheit, BGH RIW **83**, 210 mwN (das zur Entscheidung berufene Schiedsgericht ist weder eindeutig bestimmt noch bestimmbar), bei fehlender Geschäftsfähigkeit oder erfolgreicher Anfechtung wegen Willensmängeln usw. Sonst wird nur die einzelne gesetzwidrige Bestimmung als unwirksam anzusehen sein (und durch die entsprechende gesetzliche Regelung ersetzt werden), SchwW 6 Rn 6. S dazu auch unten Rn 26 und 36. Nach sachlichem Recht ist der Schiedsvertrag auch auszulegen.

18   D. **Für das Verhältnis des Schiedsvertrags zum Hauptvertrag**, dh zu dem Vertrag, dessen Durchführung der Schiedsvertrag dient, gilt: a) Ist die **Schiedsklausel unwirksam**, oben Rn 11, so richtet sich die Wirksamkeit des Hauptvertrags nach § 139 BGB. b) Ist der **Hauptvertrag unwirksam**, ist § 139 BGB unanwendbar, § 1040 I 2, vgl zum bisherigen Recht Schütze IPrax **99**, 88 mwN, BGH NJW **91**, 2216 mwN.

19   **4) Wirkung der Schiedsvereinbarung**

A. **Sachlich-rechtliche Wirkung.** Der Schiedsvertrag verpflichtet die Parteien, zu seiner Durchführung nach Kräften mitzuwirken, LG Gießen RR **96**, 500. Sie müssen zB die Schiedsrichter, wie vorgesehen, ernennen, und ggf das ihrige tun, eine Einigung über deren Person herbeizuführen, BGH RR **86**, 1060, sowie auch sonst alles tun, um die Fällung des Schiedsspruchs zu ermöglichen, BGH aaO (dazu kann auch die Anerkennung einer Änderung der Schiedsgerichtsordnung in anhängigen Verf gehören), und deshalb auch den Schiedsrichtern die verlangten angemessenen Vorschüsse zahlen, Oldb NJW **71**, 1461 m Anm Breetzke NJW **71**, 2080. Eine Klage auf Erfüllung ist grundsätzlich zulässig, zB auf Zahlung des Vorschusses, versagt aber, wo die ZPO ein einfacheres Verfahren vorsieht, weil dann das Rechtsschutzbedürfnis fehlt, Grdz § 253 Rn 33 ff.

20   B. **Prozeßrechtliche Wirkung.** Der Schiedsvertrag, auch der ausländische, gibt die Rüge der Unzulässigkeit der Klage. Greift die Rüge durch, ist die Klage durch Prozeßurteil abzuweisen. Näheres s § 1032.

21   C. **Sachliche Erstreckung.** Der Schiedsvertrag erstreckt sich auf die Abänderungsklage, § 323: Wer künftig wiederkehrende Leistungen der Entscheidung des Schiedsgerichts unterbreitet, der tut das für die endgültige Entscheidung, nicht nur für die praktisch vorläufige; das Schiedsgericht ist nach Maßgabe des alten Vertrages neu zu bilden, jedoch dürfen die Schiedsrichter frei ablehnen, SchwW 21 Rn 10. Er erstreckt sich weiter, falls sein Gegenstand künftige Rechtsstreitigkeiten aus einem bestimmten Vertragsverhältnis sind, § 1026, auch auf Schadensersatzansprüche aus unerlaubter Handlung, falls sich diese mit einer Vertragsverletzung deckt, BGH NJW **65**, 300. Zur Erstreckung auf die Vollstreckungsabwehrklage, § 767, s unten Rn 29. Ob die Schiedsabrede eine Wechselforderung erfaßt, ist im Einzelfall nach dem Sinn der Vereinbarung zu ermitteln, Mü RIW **90**, 585, Ffm NJW **86**, 2202 mwN; dabei ist idR (namentlich unter Kaufleuten) davon auszugehen, daß der Wechselgläubiger nicht auf die Vorteile des staatlichen Verf verzichten will, BGH NJW

10. Buch. 2. Abschnitt. Schiedsvereinbarung § 1029

94, 136 mwN (dazu Kappus WiB 94, 189) zu Hbg RIW 92, 939, so daß die Auslegung naheliegt, der Gläubiger dürfe vor dem staatlichen Gericht klagen, müsse aber das Nachverfahren vor dem Schiedsgericht betreiben, BGH NJW 94, 137 mwN zu Hbg RIW 92, 939 mwN (zustm K. Schmidt RIW 93, 639), Czempiel/Kurth NJW 87, 2118 mwN.

**Streitig ist der Fall der Aufrechnung** (Lüke F LG Saarbr, 1985, S 307): **a)** Auch die Aufrechnung 22 gegen einen dem Schiedsverfahren unterworfenen Anspruch mit einer nicht der Schiedsklausel unterworfenen Forderung unterliegt der Entscheidung des Schiedsgerichts: wer dem Schiedsgericht die Entscheidung über einen Anspruch überträgt, überläßt ihm notwendig auch die über erhobene Einwendungen. Das Schiedsgericht darf also selbst entscheiden, RG **133**, 19, MüKoMa 26, RoSGo § 172 VI 1 a, SchwW 3 Rn 12 mwN, str, aM Lüke aaO, StJSchl 37, Wiecz B I 5 d, ZöGei 34; es kann sich aber auch auf die Entscheidung über den Klaganspruch beschränken und die über die Aufrechnung dem Staatsgericht vorbehalten, BGH **10**, 325, das dann je nachdem den Schiedsspruch für vorbehaltlos erklären oder aber ihn aufheben und den Anspruch abweisen muß, SchwW 3 Rn 14. **b)** Rechnet die Partei mit einer dem Schiedsvertrag unterworfenen Forderung in einem Verf beim Staatsgericht auf, so wird im allgemeinen die Einrede des Schiedsvertrags durchgreifen; denn in der Schiedsabrede liegt das vertragliche Verbot, sich vor dem staatlichen Gericht auf die Aufrechnung mit diesem Anspruch zu berufen, so daß die dem Schiedsgericht unterstellte Forderung vor dem Staatsgericht überhaupt nicht geltend gemacht werden kann, BGH **60**, 89 u **38**, 257, Hamm RIW **83**, 698, Düss NJW **83**, 2149 mwN, RoSGo § 172 VI 1 a, StJSchl 37, SchwW 3 Rn 13, Schreiber ZZP **90**, 413, hM. In einem solchen Fall ist aber zu prüfen, ob die Berufung auf die Schiedsabrede mit Treu und Glauben vereinbar ist, und verneinendenfalls trotz der Schiedsklausel vom Staatsgericht auch über die zur Aufrechnung gestellte Forderung zu entscheiden, falls dies angezeigt und ohne weiteres möglich ist, BGH **23**, 22, BGH WertpMitt **76**, 1333, Düss NJW **83**, 2149; dies gilt zB dann, wenn der Gegenanspruch aus einem betrügerischen Verhalten des Klägers bei Vertragsschluß entstanden ist, RG **60**, 294, oder wenn der Kläger entgegen der Schiedsabrede das staatliche Gericht angerufen hatte, Mü MDR **81**, 766, zustm Habscheid KTS **84**, 56. Bei wirksamer Berufung auf die Schiedsabrede muß das Verf bis zur Entscheidung des Schiedsgerichts über die Gegenforderung ausgesetzt, § 148, und dabei eine Frist zur Erhebung der Schiedsklage gesetzt werden, weil hier das gleiche gilt wie bei der Aufrechnung mit einem in anderen Rechtsweg gehörenden Anspruch, § 13 GVG Rn 18, abw Lüke S 308. Denkbar ist in diesem Fall statt dessen auch ein Vorbehaltsurteil mit der Wirkung, daß bei Feststellung des Bestehens der Aufrechnungsforderung durch das Schiedsgericht das Staatsgericht dieses Urteil aufheben muß, SchwW 3 Rn 14.

**Die Schiedsgerichtsabrede wirkt nicht gegenüber einer Konkursanfechtung**, BGH JZ **57**, 95, da der Gemeinschuldner nicht über das Anfechtungsrecht verfügen konnte; s im übrigen unten Rn 26.

**D. Persönliche Wirkung.** Der Vertrag wirkt zwischen den Parteien. Er wirkt auch gegen Dritte, die ein 23 Vergleich der Parteien bände oder die aus einem Vertrag zugunsten Dritter, §§ 328 ff BGB, Rechte herleiten könnten oder herleiten, vgl KG NJW **80**, 1342 mwN, aber nicht gegen den Streitverkündungsgegner, § 68, der nicht beitritt und das Verfahren gegen sich gelten lassen will, BGH **LM** Nr 23. Ein Schiedsvertrag zwischen Miterben über Streitigkeiten aus dem Nachlaß bindet den Testamentsvollstrecker nicht, BGH ZZP **73**, 118. Mitschuldner, Garanten oder Bürgen einer Vertragspartei sind nicht ohne weiteres an den Schiedsvertrag gebunden und dürfen sich nicht auf ihn berufen, BGH VersR **83**, 776, Hbg VersR **82**, 1096; ebensowenig ist der vollmachtlose Vertreter an die Schiedsabrede in dem gescheiterten Vertrag gebunden, BGH **68**, 359 mwN.

Eine Gesamtrechtsnachfolge läßt die Bindung bestehen, BGH **68**, 356 mwN. Das gleiche gilt für eine 24 Einzelrechtsnachfolge, etwa durch Abtretung, stRspr, BGH NJW **98**, 371 mwN (dazu Perlau MDR **98**, 432), sofern nicht der Schiedsvertrag etwas anderes ergibt, zB auf besonderes Vertrauen der Parteien abgestellt ist, RG **146**, 55. Eine Bindung des Rechtsnachfolgers an die Schiedsklausel tritt ferner ein durch Erwerb des Geschäftsanteils einer GmbH, BGH aaO u NJW **79**, 2567, oder durch Ausübung eines rechtsgeschäftlichen Eintrittsrechts, BGH NJW **80**, 1797 (in allen diesen Fällen ohne Beitritt in der Form des § 1031).

Der Schiedsvertrag wirkt auch gegen Pfändungsgläubiger, wenn ein solcher Vertrag zwischen dem Schuld- 25 ner, dessen Recht er geltend macht, und dem Drittschuldner besteht, BGH **LM** Nr 18, ferner gegen den nach § 95 III HGB in Anspruch genommenen Makler, BGH **68**, 356. Gegen den Indossatar eines Orderpapiers kann der Schiedsvertrag nur wirken, wenn er sich aus der Urkunde ergibt, § 364 HGB. Der von einer OHG mit einem Dritten geschlossene Schiedsvertrag bindet die Gesellschafter, ebenso bei der KG die persönlich haftenden, BGH RR **91**, 424 mwN, SchwW 7 Rn 26 (dazu krit Weber/v. Schlabrendorff F Glossner, 1994, S. 482 mwN, K. Schmidt DB **89**, 2318), bei der Partenreederei alle Mitglieder, BGH aaO zu Hbg RIW **89**, 577, dazu Raeschke-Kessler JbPrSchdG **2**, 227, Bredow EWiR **89**, 934; diese Erstreckung gilt (nur) für Rechtsstreitigkeiten, in denen Ansprüche gegen die Gesellschaft erhoben werden und es um die gleichgerichtete Haftung des Gesellschafters geht (Passivprozesse), BGH RR **91**, 424, Köln NJW **61**, 1312, und umgekehrt für Prozesse des Gesellschafters, in denen er in einer Eigenschaft Ansprüche der Gesellschaft erhebt oder sie von ihr herleitet (Aktivprozesse), BGH RR **91**, 424 (dazu Vollkommer IPrax **92**, 208, Raeschke-Kessler JbPrSchdG **4**, 236). Zwischen dem Verfrachter und konossementsmäßigen Empfängern wirkt die Schiedsklausel im Chartervertrag zwischen Verfrachter und Befrachter, wenn im Konossement auf die Bestimmungen des Chartervertrags Bezug genommen ist, BGH **29**, 123.

Konkurs unterbricht das Schiedsverfahren nicht, weil es nicht an die prozessualen Vorschriften der ZPO 26 gebunden ist, RoSGo § 174 II 9, Hamm KTS **85**, 376, str, vgl Lüke ZZP **101**, 93 (Bespr von Jestaedt, Schiedsverfahren und Konkurs, 1985); der Konkursverwalter tritt geeignetenfalls ohne weiteres in das Verfahren und den Vertrag ein. § 17 KO ist unanwendbar, BGH **137**, 110, Jaeger-Weber § 146 KO Nr 6. Jedenfalls ist der Verwalter, abgesehen vom Fall der Anfechtungsklage, auch an die vor Konkurseröffnung getroffene Schiedsabrede gebunden, BGH **24**, 18. Entspr gilt ab 1. 1. 99 für das Insolvenzverfahren.

Auch andere Unterbrechungsgründe versagen im Schiedsverfahren, RG **62**, 24.

## §§ 1029, 1030   10. Buch. 2. Abschnitt. Schiedsvereinbarung

**27**   **5) Erlöschen der Schiedsvereinbarung.** Der Schiedsvertrag erlischt: **a)** mit einem äußerlich richtigen Schiedsspruch, § 1039 (er schafft Rechtskraft, § 1040, auch ohne daß er für vollstreckbar erklärt ist); **b)** mit einem (auch unwirksamen) Schiedsvergleich, § 1044 a; **c)** mit rechtskräftiger Entscheidung des Staatsgerichts in derselben Sache; **d)** mit dem Verlust der Rüge der Unzulässigkeit der Klage; **e)** mit dem Eintritt seiner etwaigen auflösenden Bedingung oder Befristung; **f)** mit erfolgreicher Anfechtung nach bürgerlichem Recht; **g)** mit seiner vertraglichen Aufhebung. Sie ist jederzeit formlos, und auch stillschweigend, zulässig, auch noch nach Erlaß des Schiedsspruchs, nicht mehr nach Vollstreckbarerklärung, weil diese dem Schiedsspruch die volle Bedeutung eines rechtskräftigen staatlichen Urteils gibt; **h)** mit Rücktritt nach § 326 BGB, so wenn eine Partei durch Nichtmitwirkung das Verfahren vereitelt, abw Habscheid KTS **80**, 291, oder (auch in diesem Fall) durch Kündigung aus wichtigem Grund, dazu Raeschke-Kessler NJW **88**, 3044 mwN, Habscheid KTS **80**, 285: sie ist gerechtfertigt, wenn das Schiedsverfahren undurchführbar wird, so daß der vertragstreuen Partei das Festhalten am Vertrag nicht mehr zugemutet werden kann, BGH NJW **86**, 2765 mwN; dies gilt zB dann, wenn mit einem effektiven Rechtsschutz nicht gerechnet werden kann, BGH NJW **92**, 3107 mwN, Hbg RIW **96**, 511, LG Kassel EuZW **92**, 582 (Kriegszustand im ehem Jugoslawien). Das kann insbesondere dadurch eintreten, daß eine Partei sich hartnäckig weigert, den vom Schiedsgericht verlangten Vorschuß zu leisten, BGH NJW **85**, 1904 mwN, oder einen Vorschuß nicht aufbringen kann, BGH RR **94**, 1215 u NJW **88**, 1215 mwN, zustm Schlosser JbPrSchdG **2**, 248 u Habscheid KTS **84**, 55, und der Gegner nicht bereit ist, die vollen Kosten vorzuschießen, BGH aaO und **55**, 350 (er ist nicht verpflichtet, im Verf gegen sich selbst zu finanzieren, u kann in einem solchen gegenüber dem Einwand aus § 1027 a die Gegeneinrede der Arglist erheben, BGH NJW **88**, 1215), vgl dazu Jagenburg/Sturm JbPrSchdG **4**, 78 mwN. Es kommt nicht darauf an, ob das Schiedsverf bereits eingeleitet worden ist oder ob der Kündigende die Undurchführbarkeit selbst zu vertreten hat, BGH NJW **92**, 3107, oder schon bei Abschluß des Schiedsvertrages arm gewesen ist, wenn er erwarten konnte, aus der Durchführung des Hauptvertrages die erforderlichen Mittel zu erhalten, und ungewiß war, ob es überhaupt zu einem Streit kommen würde, BGH **77**, 65. Eine Kündigung ist auch dann zulässig, wenn einer Partei nicht zuzumuten ist, ohne anwaltliche Hilfe, die sie infolge inzwischen eingetretener Verarmung nicht bezahlen kann, sich auf das Verfahren einzulassen, BGH **51**, 79, oder wenn einer Partei ihr Schiedsrichter abspenstig gemacht wird, vorausgesetzt, daß sie dadurch in besonderem Maße materielle Nachteile hat, BGH **23**, 198; eine Kündigung ist dagegen nicht schon zulässig bei heftigen Auseinandersetzungen mit dem Vorwurf einer Verletzung der Wahrheitspflicht durch die andere Partei, BGH **23**, 201, oder aus Gründen, für die das Gesetz andere Behelfe (Ablehnung eines Schiedsrichters, Aufhebung des Schiedsspruchs oder Ablehnung der Vollstreckung) vorsieht, Habscheid KTS **80**, 285; **i)** mit Wegfall eines vertraglichen Schiedsrichters, § 1033 Z 1; **k)** bei Stimmengleichheit der Schiedsrichter gemäß § 1033 Z 2.

**28**   Das Erlöschen des Schiedsvertrages macht ohne weiteres das Staatsgericht zuständig. Behauptet eine Partei, es habe von Anfang an kein wirksamer Schiedsvertrag bestanden, so entscheidet darüber das Staatsgericht im Urteilsverfahren, § 1046, BGH **7**, 184. Behauptet die Partei das spätere Erlöschen des bestehenden Schiedsvertrags, so ist nach § 1045 zu entscheiden, also im Beschlußverfahren nach Anhörung des Gegners mit Rechtskraftwirkung, SchwW 8 Rn 22.

**29**   **6) Form der Schiedsvereinbarung, II**

**A. Allgemeines.** Die Schiedsvereinbarung, I, kann in Form einer selbständigen Vereinbarung (Schiedsabrede) oder in Form einer Klausel im (Haupt-)Vertrag (Schiedsklausel) geschlossen werden. Ersteres wird oft bei Streit über ein nichtvertragliches Rechtsverhältnis der Fall sein, letzteres ist die Regel bei Schiedsvereinbarungen im Handelsverkehr. Schiedsabrede und Schiedsklausel werden im 10. Buch gleich behandelt. Zur Unterwerfung unter ein Schiedsgericht in der Satzung eines Vereins oder einer Kapitalgesellschaft s § 1066 Rn 1. Wegen der Formvorschriften im einzelnen s § 1031.

**30**   **B. Schiedsvereinbarung und Hauptvertrag.** S § 1040 I 2, dort Rn 2.

**31**   **7) VwGO:** *Entspr anzuwenden, Grdz § 1025 Rn 23 u 24.*

---

## 1030 *Schiedsfähigkeit.* <sup>I 1</sup>Jeder vermögensrechtliche Anspruch kann Gegenstand einer Schiedsvereinbarung sein. ²Eine Schiedsvereinbarung über nichtvermögensrechtliche Ansprüche hat insoweit rechtliche Wirkung, als die Parteien berechtigt sind, über den Gegenstand des Streites einen Vergleich zu schließen.

II ¹Eine Schiedsvereinbarung über Rechtsstreitigkeiten, die den Bestand eines Mietverhältnisses über Wohnraum im Inland betreffen, ist unwirksam. ²Dies gilt nicht, soweit es sich um Wohnraum der in § 556a Abs. 8 des Bürgerlichen Gesetzbuchs bestimmten Art handelt.

III Gesetzliche Vorschriften außerhalb dieses Buches, nach denen Streitigkeiten einem schiedsrichterlichen Verfahren nicht oder nur unter bestimmten Voraussetzungen unterworfen werden dürfen, bleiben unberührt.

**Vorbem.** Die Vorschrift gilt nur bei inländischem Schiedsort, § 1025 I.

**1**   **1) Regelungszweck.** Die Bestimmungen in I und II regeln die Schiedsfähigkeit, dh die Grenzen der Zulässigkeit einer Schiedsvereinbarung iSv § 1029. Die Regelung ist nicht abschließend, III.

**2**   **2) Schiedsfähigkeit, I**

**A. Vermögensrechtliche Ansprüche, I 1.** Jeder vermögensrechtliche Anspruch, Grdz § 1 Rn 9 u 10, kann Gegenstand einer Schiedsvereinbarung iSv § 1029 sein. Das gilt unmittelbar für privatrechtliche Ansprüche und entspr für öff-rechtliche Ansprüche, Grdz § 1025 Rn 23 u 24. Deshalb sind vermögens-

10. Buch. 2. Abschnitt. Schiedsvereinbarung § 1030

rechtliche Ansprüche gegen den Staat und andere öff-rechtliche Institutionen, auch solche im Ausland, schiedsfähig, BegrRegEntw S 33.

Diese Regelung erweitert die Zulässigkeit einer Schiedsvereinbarung gegenüber dem bisherigen Recht erheblich, Trittmann ZGR **99**, 340, Berger DZWiR **98**, 48, Gottwald/Adolphsen DStR **98**, 1018, Voit JZ **97**, 124: für die Schiedsfähigkeit vermögensrechtlicher Ansprüche kommt es nicht mehr auf das Kriterium der Vergleichsfähigkeit an, § 1025 I aF. Vorschriften über Verfügungs-, Vergleichs- und Verzichtsverbote, zB nach § 312 BGB oder § 89 b HGB, §§ 50 u 302 AktG und §§ 9 b u 43 GmbH schließen also die Schiedsfähigkeit nicht aus, BegrRegEntw S 34. Auch die ausschließliche Zuständigkeit bestimmter staatlicher Gerichte steht der Schiedsfähigkeit nicht entgegen, was für vermögensrechtliche FamS wichtig ist. Ebenso hindert ein staatlicher Genehmigungsvorbehalt uä die Schiedsfähigkeit nicht. Die Schiedsfähigkeit gesellschaftsrechtlicher Anfechtungs- und Nichtigkeitsstreitigkeiten, vgl § 1025 aF Rn 36, ist damit jedoch nicht ausgesprochen, weil was darauf ankommt, inwieweit ein Schiedsspruch für und gegen Dritte rechtsgestaltend wirken kann, BegrRegEntw S 35 u AusschBericht S 52; vgl dazu krit K. Schmidt ZHR **98**, 265 mwN.

Der Tendenz der Neufassung des 10. Buches entspricht es, den Begriff „vermögensrechtlicher Anspruch" weit auszulegen, Berger DZWiR **98**, 48. Hierher gehören zB auch Widerrufs- und Unterlassungsansprüche, wenn das Begehren der Wahrung wirtschaftlicher Belange dienen soll, BGH in stRspr zu § 546, s dort Rn 5 a. Vermögensrechtlich sind auch Ansprüche in den FamS nach § 621 I Z 4, 5, 6–9 u 11. Das gleiche gilt für Ansprüche, die mit der Drittwiderspruchs- oder Vollstreckungsabwehrklage, §§ 771 u 767, verfolgt werden (zum bisherigen Recht vgl 56. Aufl § 1025 Rn 29).

**B. Nichtvermögensrechtliche Ansprüche, I 2**  3

a) **Grundsatz.** Bei diesen Ansprüchen, Grdz § 1 Rn 9 u 10, hat eine Schiedsvereinbarung nur insoweit rechtliche Wirkung, als die Parteien berechtigt sind, über den Gegenstand des Streits einen Vergleich zu schließen. Subjektiv hängt die Fähigkeit, einen wirksamen Schiedsvertrag zu schließen, von der Vergleichsbefugnis nach materiellem Recht ab. Objektiv kommt es darauf an, ob die Parteien über den Streitgegenstand verfahrensrechtlich verfügen können; das ist nicht der Fall überall dort, wo das Verfahren dem staatlichen Gericht vorbehalten ist, also zB in Ehe- und Kindschaftssachen, in Sorgerechts-, Pflegschafts- und Betreuungssachen, BGH NJW **96**, 1754.

b) **Beispiele:** Nicht schiedsfähig sind Verfahren über den Bestand einer Ehe und sonstige der Parteidisposition entzogene Statusstreitigkeiten in Ehe- und KindschS, zB Entscheidung über das Sorgerecht. Schiedsfähig sind Streitigkeiten aus dem Namensrecht, Ansprüche aus dem Persönlichkeitsrecht, zB auf Widerruf oder Gegendarstellung in den Medien, Streitigkeiten über den Ausschluß aus einem Idealverein.  4

**3) Unwirksamkeit von Schiedsvereinbarungen über Mietstreitigkeiten, II.** Eine Schiedsvereinbarung über Rechtsstreitigkeiten, die den Bestand eines Mietverhältnisses über Wohnraum im Inland betreffen, ist unwirksam (Ausnahme: II 2). Die Beschränkung auf Wohnraum im Inland beruht auf der Erwägung, daß der Schutz des Mieters im Ausland der dortigen Gesetzgebung unterliegt, BegrRegEntw S 35.  5

**A. Grundsatz, II 1.** § 29 a sieht im Interesse des gewöhnlich sozial schwächeren Mieters das AG, in dessen Bezirk sich der Wohnraum befindet, als ausschließlich zuständiges Gericht vor und schließt damit eine Parteivereinbarung über die Zuständigkeit aus. Nach II 1 sind Schiedsverträge unwirksam, um ein Ausweichen in die Schiedsgerichtsbarkeit zu verhindern. Jedoch decken sich § 29 a und § 1025 a nicht. Letzterer gilt nur für Rechtsstreitigkeiten, die den **Bestand eines Mietverhältnisses über Wohnraum** betreffen. Darunter fallen Klagen, die zum Gegenstande haben, ob der Mietvertrag noch besteht, ob er weiter besteht oder gekündigt ist, ferner solche, für die das Bestehen oder Nichtbestehen Vorfrage ist, wie Räumungs- und Herausgabeklagen. Das gilt auch für bestehende Mietverträge, die eine Schiedsklausel enthalten. Über andere Streitigkeiten kann ein Schiedsvertrag geschlossen werden, also zB über Leistungen aus dem Mietvertrag wie Zahlung des Mietzinses, Vornehmen von Schönheitsreparaturen oder Leistung von Schadensersatz, SchwW 4 Rn 11; auch über Streitigkeiten aus dem G zur Regelung der Miethöhe v 18. 12. 74 und ähnlichen Vorschriften mit Ermächtigung zur Schiedsvertrag, StjSchl 4.  6

**B. Ausnahme, II 2.** Kein Verbot gilt für Schiedsverträge bei **Vermietung zu vorübergehendem Gebrauch,** S 2 iVm § 556 a VIII BGB, nach überwM auch nicht für Mietverhältnisse iSv § 565 III BGB, MüKoMa 4. Auf Schiedsgutachtenverträge, Grdz § 1025 Rn 12 ff, bezieht sich § 1025 a nicht, AKRöhl 2.

**4) Weitere Beschränkungen der Schiedsgerichtsbarkeit, III.** I u II enthalten keine abschließende Regelung. Unberührt bleiben gesetzliche Vorschriften außerhalb des 10. Buches, nach denen Streitigkeiten einem schiedsrichterlichen Verfahren nicht oder nur unter bestimmten Voraussetzungen unterworfen werden dürfen.  7

Hierhin gehören: a) **Arbeitssachen,** Grdz § 1025 Rn 5, BAG NZA **98**, 220 u **96**, 942; b) Klagen auf Nichtigerklärung und Zurücknahme von **Patenten** sowie auf Erteilung von Zwangslizenzen, § 81 PatG, str, abw SchwW 4 Rn 13, Pfaff F Nagel, 1987, S 286–293; c) Sachen vor einem **Börsenschiedsgericht,** BGH RIW **91**, 674, wenn nicht die besonderen Voraussetzungen des § 28 BörsenG vorliegen, Raeschke/Kessler WM **98**, 1205, Weber/Weber-Rey JbPrSchdG **3**, 149; d) Klagen, die auf den Betrieb einer **Zweigstelle** iSv § 53 I KWG Bezug haben, wenn die Zuständigkeit eines Schiedsgerichts vereinbart wird, das seinen Sitz an einem anderen Ort als dem der Zweigstelle hat, § 53 III KWG, str, vgl BGH NJW **80**, 2024; e) Schiedsverträge über **Börsentermingeschäfte** unter den Voraussetzungen der §§ 61, 53 BörsG, BGH WM **95**, 101, NJW **91**, 2215 u RR **91**, 757 mwN (dazu Samtleben IPrax **92**, 362), NJW **87**, 3193 (dazu Samtleben IPrax **89**, 152, Raeschke-Kessler WM **98**, 1205, Weber/Weber-Rey JbPrSchdG **3**, 149; Schlosser JbPrSchdG **2**, 242, Schütze JbPrSchdG 1, 94, Raeschke-Kessler EuZW **90**, 149 u NJW **88**, 3045) u BGH NJW **84**, 2037, Düss RR **97**, 373 u WM **90**, 845, Ffm WertpMitt **86**, 701, zustm Engelhardt JZ **87**, 231; f) **Nichtigkeits- und Anfechtungsklagen** gegen Beschlüsse der Hauptversammlung einer AktGes, § 246 III 1 AktG, BGH NJW **96**, 1753 mwN, Gottwald/Adolphsen DStR **98**, 1018, oder derartige Klagen (nicht auch andere, BGH NJW **79**, 2567) gegen die Beschlüsse der Gesellschafter einer GmbH, weil im Schiedsspruch ohne gesetzliche Grundlage nicht die notwendige Gestaltungswirkung haben kann, BGH NJW **96**, 1753 m Üb über den Streitstand (Anm Jäger **LM** § 248 AktG Nr 3, Schlosser JZ **96**, 1020, Bredow DStR  8

97, 1653, Ebenroth/Bohne BB **96**, 1393, Petermann BB **96**, 277), sehr str, aM u a K. Schmidt ZHR **98**, 265 mwN (eingehend), Timm ZIP **96**, 445, SchwW 4 Rn 6, StJSchl § 1025 Rn 27.

**9**  5) *VwGO:* Entspr anzuwenden sind I u III, Grdz § 1025 Rn 23 u 24.

**1031** *Form der Schiedsvereinbarung.* ¹Die Schiedsvereinbarung muß entweder in einem von den Parteien unterzeichneten Schriftstück oder in zwischen ihnen gewechselten Schreiben, Fernkopien, Telegrammen oder anderen Formen der Nachrichtenübermittlung, die einen Nachweis der Vereinbarung sicherstellen, enthalten sein.

II Die Form des Absatzes 1 gilt auch dann als erfüllt, wenn die Schiedsvereinbarung in einem von der einen Partei der anderen Partei oder von einem Dritten beiden Parteien übermittelten Schriftstück enthalten ist und der Inhalt des Schriftstücks im Fall eines nicht rechtzeitig erfolgten Widerspruchs nach der Verkehrssitte als Vertragsinhalt angesehen wird.

III Nimmt ein den Formerfordernissen der Absätze 1 oder 2 entsprechender Vertrag auf ein Schriftstück Bezug, das eine Schiedsklausel enthält, so begründet dies eine Schiedsvereinbarung, wenn die Bezugnahme dergestalt ist, daß sie diese Klausel zu einem Bestandteil des Vertrages macht.

IV Eine Schiedsvereinbarung wird auch durch die Begebung eines Konnossements begründet, in dem ausdrücklich auf die in einem Chartervertrag enthaltene Schiedsklausel Bezug genommen wird.

V ¹Schiedsvereinbarungen, an denen ein Verbraucher beteiligt ist, müssen in einer von den Parteien eigenhändig unterzeichneten Urkunde enthalten sein. ²Andere Vereinbarungen als solche, die sich auf das schiedsrichterliche Verfahren beziehen, darf die Urkunde nicht enthalten; dies gilt nicht bei notarieller Beurkundung. Verbraucher ist eine natürliche Person, die bei dem Geschäft, das Gegenstand der Streitigkeit ist, zu einem Zweck handelt, der weder ihrer gewerblichen noch ihrer selbständigen beruflichen Tätigkeit zugerechnet werden kann.

VI Der Mangel der Form wird durch die Einlassung auf die schiedsgerichtliche Verhandlung zur Hauptsache geheilt.

**Vorbem.** Die Vorschrift gilt für alle Schiedsverfahren, s unten Rn 2.

**1**  **1) Regelungszweck.** Eine Erleichterung des Abschlusses von Schiedsvereinbarungen durch Lockerung der Formvorschriften namentlich für den gewerblichen Verkehr dient dazu, das Schiedsverfahren attraktiver zu machen und dadurch die staatlichen Gerichte zu entlasten.

**2**  **2) Inhalt.** Zum Schutz der schwächeren Partei und zur Klarstellung der Verfahrensvorschriften, die wesentlich durch die Schiedsvereinbarung festgelegt werden, ist für diese im Grundsatz die Schriftform vorgeschrieben, **I 1. Alt.** Lockerungen für den gewerblichen Verkehr enthalten **I 2. Alt**, II–IV, eine Verschärfung im Interesse des Verbrauchers sieht V vor. In allen Fällen wird der Formmangel durch rügelose Einlassung geheilt, VI.

Die Geltung des § 1031 ist nicht auf Verfahren mit inländischem Schiedsort, § 1043, beschränkt. Die Formvorschriften des deutschen Rechts sind nicht anzuwenden, wenn internationale Übk eingreifen oder die Parteien die Vereinbarung einem anderen Recht unterstellt haben, § 1059 II Z 1 a. Im Geltungsbereich des Europäischen Übk, Schlußanh VI A 2, richten sich die Wirksamkeitserfordernisse allein nach dem Übk, BGH NJW **80**, 2022, genügt also die Form des dortigen Art 1 II a, BGH RIW **83**, 210, Köln MDR **93**, 80. Das gleiche gilt bei Anwendbarkeit des UN-Übk, Schlußanh VI A 1, für die Form des dortigen Art 2 I u II BayObLG RR **99**, 645, Nolting IPrax **87**, 349 (zu AG Neuß IPrax **87**, 369). Einzelheiten s Schlußanh VI.

**3**  **3) Form der Schiedsvereinbarung**

**A. Grundsätze, I–III.** Die Schiedsvereinbarung, § 1029, muß in einer Form getroffen werden, die einen Nachweis ihres Inhalts ermöglicht, oben Rn 2. Dafür stellt das Gesetz verschiedene Möglichkeiten zur Verfügung:

**4**  **a) Unterzeichnetes Schriftstück, I 1. Alt.** Die Schiedsvereinbarung kann in einem von den Parteien unterzeichneten Schriftstück getroffen werden, vgl BGH NJW **94**, 2300 (zum bisherigen Recht). Die Urkunde muß von beiden Parteien eigenhändig durch Namensunterschrift oder mit gerichtlich oder notariell beglaubigtem Handzeichen unterzeichnet sein, auch wenn es sich um ein notarielles Protokoll des Hauptvertrages oder dessen Anlage, die ein wesentlicher Bestandteil des Notariatsaktes ist, handelt, BGH **38**, 165. Nötig ist die Unterzeichnung entweder auf derselben Urkunde oder, wenn die Parteien mehrere gleichlautende Urkunden herstellen, auf der für den Gegner bestimmten. Im letzteren Fall kommt unter Abwesenden ein wirksamer Schiedsvertrag nur zustande, wenn sowohl der Antrag als auch die Annahmeerklärung jeweils dem anderen Vertragspartner schriftlich zugegangen sind, Hbg KTS **84**, 171. Die Form ist gewahrt, wenn der Text nach Unterzeichnung mit Einverständnis der Parteien ergänzt wird, BGH NJW **94**, 2300 mwN. Wegen der stillschweigenden Zustimmung, II, s unten Rn 6. Das Schriftstück darf auch andere Vereinbarungen, zB den Hauptvertrag, enthalten, arg V 2. Die Form wird durch notarielle Beurkundung ersetzt, § 126 III BGB; vgl. V 2. Die (eigenhändige) Unterzeichnung eines Schriftstücks ist in den Fällen, in denen ein Verbraucher beteiligt ist, die einzig zulässige Form, V.

**5**  **b) Schriftwechsel, I 2. Alt.** Abgesehen von den Fällen des V ist die Form auch dann gewahrt, wenn die Schiedsvereinbarung in von den Parteien gewechselten Schriften enthalten ist, dh in Schreiben, Fernkopien, Telegrammen oder anderen Formen der Nachrichtenübermittlung, die einen Nachweis der Vereinbarung sicherstellen, zB in gefaxten Erklärungen. Es genügt, daß sich die Schiedsvereinbarung aus dem Gesamtinhalt

## 10. Buch. 2. Abschnitt. Schiedsvereinbarung § 1031

des Schriftwechsels ergibt. Die einzelnen Erklärungen müssen sicher erkennen lassen, daß sie von einer Vertragspartei herrühren; handelt für sie ein Vertreter, muß die Vollmacht diesen Erfordernissen genügen und der anderen Partei übermittelt werden.

**c) Stillschweigende Zustimmung, II.** Abgesehen von den in V genannten Fällen gilt die Form auch **6** dann als gewahrt, wenn das Schweigen der Gegenpartei nach der Verkehrssitte als Zustimmung zu dem schriftlichen Abschlußangebot anzusehen ist. Hauptfall ist das Schweigen auf ein kaufmännisches Bestätigungsschreiben im Handelsverkehr, PalHeinr § 148 Rn 8–16.

**d) Bezugnahme auf ein Schriftstück, III.** Außerhalb des Anwendungsbereichs von V braucht ein nach **7** I oder II formgerechter Vertrag die Schiedsvereinbarung nicht wiederzugeben: es genügt die Bezugnahme auf ein Schriftstück, das eine Schiedsklausel iSv § 1029 II enthält, sofern die Bezugnahme dergestalt ist, daß sie die Schiedsklausel zu einem Bestandteil des Vertrages macht (erst recht genügt unter dieser Voraussetzung die Bezugnahme auf eine Schiedsabrede iSv § 1029 II, zB auf eine umfassende Schiedsordnung). Hauptfall ist die im Handelsverkehr häufige Bezugnahme auf Allgemeine Geschäftsbedingungen, §§ 38 ff Rn 6 ff, die durch ihre Einbeziehung Vertragsbestandteil geworden sind, vgl § 1027 aF Rn 12. Ohne Bezugnahme iSv III kommt eine Schiedsvereinbarung nicht zustande; ein bloßer Handelsbrauch genügt also nicht.

**B. Sonderregel für den Seehandel, IV.** Eine Schiedsvereinbarung wird auch durch die Begebung eines **8** Konnossements begründet, in dem ausdrücklich auf die in einem Chartervertrag enthaltene Schiedsklausel Bezug genommen wird, vgl Hbg VersR **83**, 1079, **82**, 894 (dazu Riehmer VersR **83**, 31) u **76**, 538.

**4) Form der Schiedsvereinbarung bei Beteiligung eines Verbrauchers, V.** Eine Verschärfung der **9** Formvorschriften sieht das Gesetz bei Beteiligung eines Verbrauchers iSv V 3 (geht weiter als Art 29 EGBGB) vor: In diesem Fall muß die Schiedsvereinbarung in einem von den Parteien eigenhändig unterzeichneten Urkunde enthalten sein, **V 1**, so daß die Unterzeichnung durch einen Bevollmächtigten nicht genügt. Die Urkunde darf keine anderen Vereinbarungen enthalten, V 2 1. Halbs, vgl Kblz RR **96**, 970 mwN; dies gilt nicht bei notarieller Beurkundung, **V 2 2. Halbs**, und zwar im Hinblick auf die Belehrungspflicht des Notars, § 17 I BeurkG. Die Urkunde darf keine anderen Vereinbarungen enthalten als die, die sich auf das Schiedsverfahren beziehen, zB keinen Mietvertrag oder Gesellschaftsvertrag, Kblz RR **96**, 970 mwN. Nicht nötig ist ein besonderes Blatt; wird die Schiedsabrede im selben Schriftstück wie der Hauptvertrag niedergeschrieben, so muß sie sich eindeutig von ihm absetzen und besonders unterschrieben sein, BGH **38**, 163, SchwW 5 Rn 5. Dies gilt nicht für gerichtliche Vergleiche, die die Form des § 1031 ersetzen, StJSchl 8, aM SchwW aaO, Karlsr RR **91**, 493 (dazu K. Schmidt DB **91**, 904).

**5) Gemeinsamkeiten, I–V.** Die Formvorschriften sind zwingend und müssen strikt gehandhabt werden, **10** Kblz RR **96**, 970 mwN (zum bisherigen Recht). Bei Wahrung der Form nach § 1031 ist keine zusätzliche Beurkundung in einer für den Hauptvertrag, zB nach § 313 BGB, vorgeschriebenen Form nötig, BGH NJW **78**, 212.

Mündliche Nebenabreden sind unwirksam. Änderungen der Schiedsvereinbarung bedürfen der Form des § 1031, nicht aber nachträgliche Vereinbarungen über das Verfahren, BGH NJW **94**, 2156.

Bei der Abtretung eines Rechts aus einem Vertrag gehen idR auch die Rechte und Pflichten aus einem **11** damit verbundenen Schiedsvertrag auf den Erwerber über, hM, BGH **68**, 359 mwN, ohne daß es seines Beitritts zum Schiedsvertrag in der Form des § 1031 bedarf, BGH NJW **78**, 1585, dazu Habscheid KTS **84**, 53; das gleiche gilt im Fall der Vertragsübernahme, BGH NJW **79**, 1166, bei einem Erwerb des Geschäftsanteils einer GmbH, BGH NJW **79**, 2567 m Anm Kornmeier DB **80**, 193, sowie bei Ausübung eines rechtsgeschäftlichen Rechts auf Eintritt in eine Handelsgesellschaft, BGH NJW **80**, 1797.

**Unnötig** ist die besondere Form bei Schiedsabreden in Satzungen, zB einer AktG oder GmbH, s § 1048 **12** Rn 5; nicht dahin gehört eine Schiedsklausel in Gesellschaftsverträgen (oHG, KG), auch wenn es sich um eine Massen- oder Publikums-KG handelt, so daß insoweit § 1031 gilt, BGH NJW **80**, 1049, dazu Habscheid KTS **84**, 54, vgl (zT krit) K. Schmidt JZ **89**, 1081 u DB **89**, 2316 mwN, Becker ZZP **97**, 319 u Roth F Nagel, 1987, S 318. Auch für einen neu eintretenden Gesellschafter gilt I, BGH aaO, LG Wiesbaden KTS **84**, 335, wenn nicht II eingreift, weil alle Gesellschafter Vollkaufleute sind und der Vertragsschluß für sie Handelsgeschäft ist, unten Rn 10.

**6) Heilung von Formmängeln, VI.** Ein Verstoß gegen § 1031 I–V führt zur Nichtigkeit der Schieds- **13** vereinbarung. Jedoch wird ein Mangel der Form durch die Einlassung auf die schiedsgerichtliche Verhandlung zur Hauptsache geheilt, und zwar rückwirkend; für die Heilung reicht die vorbehaltlose Einlassung zur Hauptsache in einem Schriftsatz aus, BGH RIW **83**, 212 mwN.

Dabei kommt es nicht darauf an, ob die Parteien sich bewußt waren, durch ihre Einlassung die Zuständig- **14** keit des Schiedsgerichts anstelle des Staatsgerichts zu begründen, BGH **48**, 45 (offen gelassen für den Fall, daß vor der Einlassung überhaupt kein Schiedsvertrag bestand), K. Schmidt, F Nagel, 1987, S 377 mwN. Eine Heilung erfolgt nur im Umfang des Sachantrags, da durch ihn die Hauptsache abgegrenzt wird, erstreckt sich daher nicht ohne weiteres auf Vorfragen, BGH **LM** Nr 5. Möglich ist aber, daß durch die Einlassung der Schiedsvertrag auf einen von ihm zunächst nicht erfaßten Streitgegenstand erstreckt wird, was der die Vollstreckung aus dem Schiedsspruch Begehrende zu beweisen hat, RG DR **42**, 908. Für die Heilung kommt es auf die rügelose Einlassung zur Hauptsache an. Sie tritt ein, wenn eine Partei das Schiedsgericht anruft und der Gegner sich vor dem Schiedsgericht mündlich oder schriftlich vorbehaltlos zur Hauptsache einläßt, so daß die Einreichung eines entsprechenden Schriftsatzes vor der mündlichen Verhandlung ausreicht, BGH **48**, 45 u RIW **83**, 212 mwN.

Auf fehlende, unwirksame oder hinfällig gewordene Schiedsverträge ist VI nicht unmittelbar anzuwenden (K. Schmidt MDR **72**, 989 u F Nagel, 1987, S 778 ff, Wackenhuth KTS **85**, 428 mwN). Hier ist zu unterscheiden: Bei materiell unwirksamer oder hinfällig gewordener Schiedsabrede gilt VI entspr (Rügeverlust), so daß es auf ein Erklärungsbewußtsein nicht ankommt. Fehlte der Schiedsvertrag, so liegt in der Klagerhebung vor dem Schiedsgericht und der rügelosen Einlassung des Gegners (und erst recht in der ausdrücklichen Akzeptierung des Schiedsgerichts) idR der konkludente Abschluß eines Schiedsvertrages, BGH NJW **84**, 1356, der formfrei ist, aber Erklärungswußtsein der Parteien voraussetzt, Wackenhuth aaO

**§§ 1031, 1032**  10. Buch. 2. Abschnitt. Schiedsvereinbarung

S 431, ThP 2 c, Mü KTS **77**, 178, str, vgl dazu aM Hbg MDR **69**, 1019, ZIP **81**, 172 u RIW **82**, 285, LG Ffm NJW **83**, 762 (abl Vollkommer NJW **83**, 727); s auch K. Schmidt aaO, der auch in diesem Fall einen ohne Erklärungsbewußtsein eintretenden Rügeverlust befürwortet.

15  7) *VwGO:* Entspr anzuwenden, Grdz 1025 Rn 23 u 24.

**1032** *Schiedsvereinbarung und Klage vor Gericht.* I Wird vor einem Gericht Klage in einer Angelegenheit erhoben, die Gegenstand einer Schiedsvereinbarung ist, so hat das Gericht die Klage als unzulässig abzuweisen, sofern der Beklagte dies vor Beginn der mündlichen Verhandlung zur Hauptsache rügt, es sei denn, das Gericht stellt fest, daß die Schiedsvereinbarung nichtig, unwirksam oder undurchführbar ist.

II Bei Gericht kann bis zur Bildung des Schiedsgerichts Antrag auf Feststellung der Zulässigkeit oder Unzulässigkeit eines schiedsrichterlichen Verfahrens gestellt werden.

III Ist ein Verfahren im Sinne der Absätze 1 oder 2 anhängig, kann ein schiedsrichterliches Verfahren gleichwohl eingeleitet oder fortgesetzt werden und ein Schiedsspruch ergehen.

**Vorbem.** Die Vorschrift gilt auch für ausländische Schiedsvereinbarungen, § 1025 II.

1  **1) Regelungszweck.** Die Bedeutung einer Schiedsvereinbarung für ein Verfahren vor dem staatlichen Gericht in derselben Angelegenheit regelt § 1032 ähnlich wie die §§ 1027 a, 1037 und 1046 aF. II eröffnet die Möglichkeit, die Zulässigkeit oder Unzulässigkeit des Schiedsverfahrens durch das staatliche Gericht feststellen zu lassen. Das Verhältnis zwischen Schiedsverfahren und Gerichtsverfahren ist Gegenstand von III.

2  **2) Einrede der Schiedsvereinbarung, I**
   **A. Allgemeines.** Vor dem staatlichen Gericht muß eine Klage in einer Angelegenheit, die Gegenstand einer Schiedsvereinbarung ist, erhoben worden sein. Der Klage steht ein Antrag gleich, mit dem beim staatlichen Gericht ein Verfahren eingeleitet worden ist, das auf eine Streitentscheidung gerichtet ist, zB ein Verfahren nach der Hausratsverordnung oder eine (vermögensrechtliche) FolgeS im Verbund mit einer bereits anhängigen EheS, § 623. In Arrest- und Verfügungssachen versagt die Einrede der Schiedsvereinbarung, weil insoweit das Schiedsgericht und das staatliche Gericht gleichermaßen zuständig sind, §§ 1033 und 1041.

3  **B. Erhebung der Einrede.** Der Beklagte muß bei dem staatlichen Gericht vor Beginn der mündlichen Verhandlung zur Hauptsache, dh vor seiner Einlassung zur Sache rügen, daß die Angelegenheit Gegenstand einer Schiedsvereinbarung ist. Das Rügerecht ist verzichtbar, so daß die Schiedsabrede niemals vAw zu beachten ist, StJSchl 2, BGH RR **96**, 1150 mwN, BAG MDR **88**, 259. Darauf, ob der Beklagte auch materielle Einwendungen erhebt, kommt es nicht an, Düss MDR **77**, 762, Jagenburg/Sturm JbPrSchdG **4**, 85 mwN. Die Beweislast trifft die Partei, die sich auf den Schiedsvertrag beruft, BGH NJW **86**, 2765. Die Berufung auf einen (auch das Urkundenrechtsverhältnis erfassenden) Schiedsvertrag muß schon im Vorbehaltsverf erfolgen und ist dort ohne Beschränkung der Beweismittel darzutun, BGH NJW **86**, 2765; dazu, wann die Schiedsabrede eine Wechselforderung erfaßt, s § 1025 Rn 16. Für den Geltungsbereich des Europäischen Übk, Schlußanh VI A 2, s dessen Art 6 I.

4  **C. Beschränkungen der Einrede.** Die Einrede des Schiedsvertrags entfällt mit der Beendigung der Tätigkeit des Schiedsgerichts und lebt nicht wieder auf, wenn das staatliche Gericht den Schiedsspruch aufhebt, hM, SchwW 25 Rn 15, Düss BB **76**, 251. Die Rüge greift auch dann nicht durch, wenn das Schiedsgericht eine Entscheidung endgültig ablehnt oder der Schiedsvertrag, zB durch Kündigung, erlischt, BGH **51**, 79. Dagegen bindet ein bloß äußerlich unwirksamer Schiedsspruch, wenn zB die Bekanntmachung fehlt, das Schiedsverfahren nicht, so daß die Rüge noch zulässig ist. Sie geht nicht verloren, wenn sich die Partei in einem Vorprozeß über einen anderen Anspruch nicht auf die Schiedsabrede berufen hat, vgl BGH NJW **78**, 1586.
   Eine Rüge ist nur nach Maßgabe von § 282 III statthaft, bei Verspätung gilt § 296 III, BGH RR **88**, 1527, Mü RR **95**, 127, § 282 Rn 24 ff; in der Berufungsinstanz gilt § 529 I, BGH NJW **85**, 743, Düss NJW **83**, 2149. Der Beklagte darf mit der Rüge auch nicht warten, wenn er sich in erster Instanz mit beachtlichen Gründen in der Sache selbst verteidigt hat, Ffm BB **82**, 279, zustm Habscheid KTS **84**, 58. Die Zulassung der Rüge, §§ 282 III, ist revisibel, BGH NJW **85**, 743.
   Der Berufung auf die Schiedsabrede kann die Gegeneinrede der Arglist entgegenstehen, zB bei treuwidrigem Verstoß gegen eigenes Verhalten durch Geltendmachung der Zuständigkeit des Staatsgerichts im SchiedsVerf oder im Verf nach § 1062, BGH RR **87**, 1194 mwN, Ffm IPrax **99**, 250 (Anm Hau ebd 232) u RR **98**, 778 mwN, Köln JMBlNRW **85**, 261, Düss NJW **83**, 2149, oder bei Erhebung der Rüge aus § 1032, obwohl die Mittellosigkeit des Beklagten die Durchführung des Schiedsverfahrens unmöglich macht, BGH NJW **88**, 1215 (dazu Jagenburg/Sturm JbPrSchdG **4**, 76 mwN), oder bei Erheben der Rüge gegenüber der Widerklage, wenn der Rügende seinerseits das Staatsgericht angerufen hat, nicht aber schon dann, wenn der Beklagte den für das Schiedsverfahren verlangten Kostenvorschuß nicht gezahlt hat, Ffm RR **98**, 778.

5  **D. Wirkungen der Einrede.** Die rechtzeitig erhobene und auch sonst zulässige Rüge führt zur Abweisung der Klage als unzulässig, es sei denn, das staatliche Gericht stellt fest, daß die Schiedsvereinbarung nichtig, unwirksam oder undurchführbar ist.

6  Über die Einrede kann in abgesonderter Verh entschieden werden, § 280; dann fällt die Sache dem Rechtsmittelgericht nur in diesem Umfang an, BGH RR **86**, 62. Das gleiche gilt, wenn ohne abgesonderte Verh die Klage wegen der Einrede als unzulässig abgewiesen worden ist, BGH NJW **86**, 2765. Für die Gegeneinrede gelten §§ 296 III, 529 I nicht, Jagenburg/Sturm JbPrSchdG **4**, 75, aM Schröder ZZP **91**, 305, § 282 Rn 17.

Wer mit der Rüge durchdringt, kann die Zuständigkeit des Schiedsgerichts nicht mehr bemängeln, weil **7** dessen Zuständigkeit dann feststeht. Hat das Schiedsgericht unangreifbar entschieden und seine Zuständigkeit bejaht, ist die Anrufung der staatlichen Gerichte durch die Rechtskraft ausgeschlossen, vgl Schlosser F Nagel 1987, S 358. Hat umgekehrt das Staatsgericht die Rüge für unbegründet erklärt, darf kein Schiedsspruch mehr ergehen, § 1059 Rn 3. Hat sich das Schiedsgericht unangreifbar für unzuständig erklärt, haben die staatlichen Gerichte zu entscheiden, und zwar unter Bindung an die Erklärung, SchwW 7 Rn 6. Vgl iü § 282 Rn 21.

Die wirksame Berufung auf die Schiedsabrede gegenüber einer Gegenforderung macht die Aufrechnung **8** mit dieser Forderung im Verfahren vor dem staatlichen Gericht idR unzulässig, BGH **38**, 258, Düss NJW **83**, 2149, SchwW 3 Rn 13, str.

Für Schiedsgutachtenverträge, Grdz § 1025 Rn 12 ff, gilt § 1032 nicht, BGH NJW **82**, 1878, BGH **9**, 138.

**3) Feststellung der Zulässigkeit oder Unzulässigkeit des schiedsrichterlichen Verfahrens, II.** **9**
Anknüpfend an § 1046 aF gewährt II beiden Parteien (unabhängig von der Anhängigkeit einer Klage vor dem staatlichen Gericht) die Möglichkeit, die Zulässigkeit oder Unzulässigkeit des Schiedsverfahrens im Wege einer Klage nach § 256 feststellen zu lassen. Eine solche Klage muß jedoch bis zur Bildung des Schiedsgerichts, § 1035, erhoben werden. Ihr Gegenstand kann nur das Schiedsverfahren im Ganzen sein; die Unzulässigkeit einzelner Verfahrenshandlungen kann nur nach § 1059 oder § 1060 bzw § 1061 geltend gemacht werden. Zuständig ist das OLG, § 1062 I Z 2.

Die Parteien haben grundsätzlich die Wahl, ob sie die Rüge der Unzulässigkeit des Schiedsverfahrens mit der Klage nach II vor dem staatlichen Gericht oder nach § 1040 vor dem Schiedsgericht erheben. Nach Bildung des Schiedsgerichts steht ihnen nur der letztere Weg offen.

**4) Einfluß des Verfahrens vor dem staatlichen Gericht auf das Schiedsverfahren, III.** Die An- **10** hängigkeit eines Verfahrens nach I oder II steht der Einleitung oder Fortsetzung des Schiedsverfahrens nicht entgegen. Im Fall einer Klage vor dem staatlichen Gericht wird das Schiedsgericht sein Verfahren idR entspr § 148 aussetzen und es nur ausnahmsweise fortsetzen, zB wenn Beweismittel verlorengehen könnten. Einen Schiedsspruch zu erlassen, verbietet sich immer dann, wenn ein Aufhebungsverfahren zu erwarten ist, weil die Unzulässigkeit des Schiedsverfahrens ein Aufhebungsgrund ist, § 1059 II Z 1 a, c und d.

**5) VwGO:** Entspr anzuwenden, Grdz § 1025 Rn 23 u 24, BVerwG NVwZ **93**, 585 aM RedOe § 40 Rn 79 mwN.

# 1033
*Schiedsvereinbarung und einstweilige gerichtliche Maßnahmen.* Eine Schiedsvereinbarung schließt nicht aus, daß das Gericht vor oder nach Beginn des schiedsrichterlichen Verfahrens auf Antrag einer Partei eine vorläufige oder sichernde Maßnahme in bezug auf den Streitgegenstand des schiedsrichterlichen Verfahrens anordnet.

**Vorbem.** Die Vorschrift gilt auch für Verfahren mit ausländischem Schiedsort, § 1025 II u IV.

**Schrifttum:** *Schütze*, BB **98**, 1650; *Wolf* DB **99**, 1101.

**1) Regelungszweck.** Die Vorschrift regelt die Zuständigkeit zum Erlaß einstw Maßnahmen während des **1** schiedsrichterlichen Verfahrens, § 1044. Solche Maßnahmen darf das Schiedsgericht treffen, § 1041. Unabhängig davon sieht § 1033 eine ebenfalls originäre Zuständigkeit des staatlichen Gerichts vor.

**2) Einstweiliger Rechtsschutz durch das staatliche Gericht.** Eine Schiedsvereinbarung schließt nicht **2** aus, daß das staatliche Gericht sowohl vor als auch nach Beginn des Schiedsverfahrens auf Antrag einer Partei in Bezug auf den Streitgegenstand vorläufige oder sichernde Maßnahmen trifft. Damit ist klargestellt, daß insoweit § 1032 I nicht gilt, also die Zuständigkeit des Staatsgerichts von den Parteien nicht abbedungen werden kann, Wolf DB **99**, 1103.

Nach Bildung des Schiedsgerichts steht es der Partei frei, ob sie einen entspr Antrag nach § 1041 an das **3** Schiedsgericht oder nach § 1033 an das staatliche Gericht stellt. Wenn es ihr auf schnelle Vollstreckung ankommt, wird sie im Hinblick auf § 1041 II u III den letzteren Weg einschlagen, vgl Schütze BB **98**, 1650. Vor Bildung des Schiedsgerichts steht ihr nur dieser Weg offen.

Welche vorläufigen oder sichernden Maßnahmen zulässig sind, bestimmt sich nach den allgemeinen **4** Vorschriften, zB nach den §§ 485 ff, Kblz MDR **99**, 502, den §§ 916 ff, in bestimmten Fällen nach Sondervorschriften, zB in Unterhaltsstreitigkeiten nach § 644. Nach ihnen richten sich auch die Zuständigkeit und die Rechtsmittel; §§ 1062 ff gelten insoweit nicht.

Doppelentscheidungen sind danach nicht ausgeschlossen. Sie sollten aber vermieden werden, indem **5** sowohl das Schiedsgericht nach § 1041 als auch das staatliche Gericht nach § 1033 iVm §§ 916 ff strenge Anforderungen an das Rechtsschutzbedürfnis stellen. Die Vollziehung einer Maßnahme des Schiedsgerichts darf außerdem nur zugelassen werden, wenn nicht schon eine entspr Regelung beim staatlichen Gericht beantragt worden ist, § 1041 II 1, s dort Rn 3.

**3) VwGO:** Entspr anzuwenden sind I u III, Grdz § 1025 Rn 23 u 24. **6**

## Dritter Abschnitt. Bildung des Schiedsgerichts

**1034** *Zusammensetzung des Schiedsgerichts.* ¹ ¹Die Parteien können die Anzahl der Schiedsrichter vereinbaren. ²Fehlt eine solche Vereinbarung, so ist die Zahl der Schiedsrichter drei.

II ¹Gibt die Schiedsvereinbarung einer Partei bei der Zusammensetzung des Schiedsgerichts ein Übergewicht, das die andere Partei benachteiligt, so kann diese Partei bei Gericht beantragen, den oder die Schiedsrichter abweichend von der erfolgten Ernennung oder der vereinbarten Ernennungsregelung zu bestellen. ²Der Antrag ist spätestens bis zum Ablauf von zwei Wochen, nachdem der Partei die Zusammensetzung des Schiedsgerichts bekannt geworden ist, zu stellen. ³§ 1032 Abs. 3 gilt entsprechend.

**Vorbem.** Die Vorschrift gilt auch vor der Bestimmung eines deutschen Schiedsortes, § 1025 III.

1  **1) Regelungszweck.** Die Zusammensetzung des Schiedsgerichts ist für seine Unabhängigkeit und Unparteilichkeit von größter Bedeutung, vgl § 1035 V u § 1036 I u II. Zur Gewährleistung dieser Grundvoraussetzung des Schiedsverfahrens sind in § 1034 II besondere Bestimmungen getroffen.

2  **2) Zahl der Schiedsrichter, I**
**A. Grundsatz, I 1.** Die Zahl der Schiedsrichter wird durch Parteivereinbarung nach Maßgabe der §§ 1029 u 1031 bestimmt. Die Parteien können sich demgemäß auf einen Einzelschiedsrichter oder auf ein Schiedsgericht mit zwei, drei oder mehr Schiedsrichtern einigen; sie können auch Näheres über die Bestimmung des Vorsitzenden (Obmanns) des Schiedsgerichts vereinbaren, § 1035 III. Vereinbaren sie ein institutionelles Schiedsgericht, gelten die Bestimmungen in dessen Verfahrensordnung, zB diejenigen der ICC-SchdGO 1998, s Weigand NJW **98**, 2081.

**B. Ausnahme, I 2.** Fehlt eine Vereinbarung der Parteien, besteht ein Schiedsgericht aus drei Personen (wegen des Vorsitzenden s § 1035 III 2). Das entspricht der Handhabung in den meisten internationalen und nationalen Schiedsfällen.

3  **3) Übergewicht einer Partei, II**
**A. Allgemeines, II 1.** Die nötige Unparteilichkeit und Unabhängigkeit eines Schiedsgerichts ist nur gewährleistet, wenn keine Partei bei der Zusammensetzung des Schiedsgerichts ein Übergewicht hat, das die andere Partei benachteiligt. In Fortschreibung des bisherigen Rechts, § 1025 II aF, regelt II diesen Fall (obwohl er systematisch zu § 1035 gehört). Er gibt der betroffenen Partei das Recht, bei dem staatlichen Gericht zu beantragen, den oder die Schiedsrichter abweichend von der erfolgten Ernennung oder der vereinbarten Ernennungsregelung zu bestellen.

4  Dies gilt auch bei sog Mehrparteienschiedsverfahren, in denen auf einer Seite mehrere Beteiligte stehen: wenn sie sich nicht auf die Ernennung eines Schiedsrichters einigen, so soll nach hM eine Partei die Ernennung des gesamten Schiedsgerichts beantragen können, um das drohende Ungleichgewicht zu verhindern, Berger DZWiR **98**, 50 mwN.

5  **B. Verfahren, II 2 u 3**
a) **Antrag.** Er ist spätestens bis zum Ablauf von zwei Wochen zu stellen, nachdem der Partei die Zusammensetzung des Schiedsgerichts bekannt geworden ist, **II 2**; dies entspricht der Frist für die Ablehnung eines Schiedsrichters, § 1037 II u dortige Rn 4.

6  b) **Verfahren.** Zuständig ist das OLG, § 1062 I Z 1. Sein Verfahren regelt § 1063; wegen des Anwaltszwanges s § 1063 IV. Für die Entscheidung gilt § 1035 V, für die Offenlegungspflicht des als Schiedsrichter in Aussicht Genommenen § 1036 I. Die Entscheidung des OLG ist unanfechtbar, § 1065 I 2, läßt aber die Ablehnung des Ernannten unberührt, §§ 1036 II u 1037.

7  c) **Wirkung auf das Schiedsverfahren, II 3.** Entspr § 1032 III kann während der Anhängigkeit eines Verfahrens nach II das schiedsrichterliche Verfahren eingeleitet oder fortgesetzt werden sowie in ihm ein Schiedsspruch ergehen. Wird vom OLG ein anderer zum Schiedsrichter bestellt, muß das schiedsrichterliche Verfahren in neuer Besetzung von vorn beginnen; ein etwa ergangener Schiedsspruch unterliegt der Aufhebung, § 1059 II Z 1 d.

8  **4) VwGO:** Entspr anzuwenden, Grdz § 1025 Rn 23 u 24.

**1035** *Bestellung der Schiedsrichter.* ¹Die Parteien können das Verfahren zur Bestellung des Schiedsrichters oder der Schiedsrichter vereinbaren.

II Sofern die Parteien nichts anderes vereinbart haben, ist eine Partei an die durch sie erfolgte Bestellung eines Schiedsrichters gebunden, sobald die andere Partei die Mitteilung über die Bestellung empfangen hat.

III ¹Fehlt eine Vereinbarung der Parteien über die Bestellung der Schiedsrichter, wird ein Einzelschiedsrichter, wenn die Parteien sich über seine Bestellung nicht einigen können, auf Antrag einer Partei durch das Gericht bestellt. ²In schiedsrichterlichen Verfahren mit drei Schiedsrichtern bestellt jede Partei einen Schiedsrichter; diese beiden Schiedsrichter bestellen den dritten Schiedsrichter, der als Vorsitzender des Schiedsgerichts tätig wird. ³Hat eine Partei den Schiedsrichter nicht innerhalb eines Monats nach Empfang einer entsprechenden Aufforderung durch die andere Partei bestellt oder können sich die beiden Schiedsrichter nicht binnen eines Monats nach ihrer Bestellung über den dritten Schiedsrichter einigen, so ist der Schiedsrichter auf Antrag einer Partei durch das Gericht zu bestellen.

IV Haben die Parteien ein Verfahren für die Bestellung vereinbart und handelt eine Partei nicht entsprechend diesem Verfahren oder können die Parteien oder die beiden Schiedsrichter eine Einigung entsprechend diesem Verfahren nicht erzielen oder erfüllt ein Dritter eine ihm nach diesem Verfahren übertragene Aufgabe nicht, so kann jede Partei bei Gericht die Anordnung der erforderlichen Maßnahmen beantragen, sofern das vereinbarte Bestellungsverfahren zur Sicherung der Bestellung nichts anderes vorsieht.

V ¹Das Gericht hat bei der Bestellung eines Schiedsrichters alle nach der Parteivereinbarung für den Schiedsrichter vorgeschriebenen Voraussetzungen zu berücksichtigen und allen Gesichtspunkten Rechnung zu tragen, die die Bestellung eines unabhängigen und unparteiischen Schiedsrichters sicherstellen. ²Bei der Bestellung eines Einzelschiedsrichters oder eines dritten Schiedsrichters hat das Gericht auch die Zweckmäßigkeit der Bestellung eines Schiedsrichters mit einer anderen Staatsangehörigkeit als derjenigen der Parteien in Erwägung zu ziehen.

**Vorbem.** Die Vorschrift gilt auch vor der Bestimmung eines deutschen Schiedsortes, § 1025 III.

**1) Regelungszweck.** Die Zusammensetzung des Schiedsgerichts hat große Bedeutung für seine Unabhängigkeit und Unparteilichkeit, § 1034 Rn 1. Das bei der Bestellung der Schiedsrichter einzuhaltende Verfahren bestimmen grundsätzlich die Parteien, I, II u V. Fehlt eine Vereinbarung, ist die Bestellung Sache des staatlichen Gerichts, III u V. 1

**2) Vereinbartes Verfahren für die Bestellung** 2

**A. Grundsatz, I.** Die Parteien können das Verfahren für die Bestellung des Einzelschiedsrichters oder des Schiedsrichters frei vereinbaren, und zwar in der Form der §§ 1029 und 1031. Sie dürfen die Bestellung auch einem Dritten übertragen und bestimmte Anforderungen an die Qualifikation der Schiedsrichter festlegen, vgl V u § 1036 II. Beschränkt wird die Freiheit der Parteien insofern nur durch den Grundsatz, daß Unabhängigkeit und Unparteilichkeit des Schiedsgerichts gewährleistet sein müssen, und daß deshalb keine Partei in die andere Partei benachteiligendes Übergewicht bei der Bestellung haben darf, § 1034 II.

**B. Bestellung durch die Parteien, II.** Obliegt die Bestellung den Parteien, hat jede Partei der anderen die von ihr vorgenommene(n) Bestellung(en) mitzuteilen. Nach Empfang dieser Mitteilung, dh nach ihrem Zugang bei der anderen Partei iSv § 130 BGB, ist die Partei an ihre Schiedsrichterbestellung gebunden. Um den Zugang sicherzustellen und nachweisen zu können, empfiehlt sich schon im Hinblick auf die Frist nach § 1034 II, den Zugang und den Nachweis des Empfangsdatums dadurch sicherzustellen, daß die Mitteilung durch Einschreibbrief gegen Rückschein erfolgt. Die Partei darf die Ernennung dem Gegner gegenüber widerrufen, bis sie diesem zugegangen ist, auch wenn der Schiedsrichter bereits angenommen hatte. Mit Zugang der Anzeige ist die Ernennung dem Gegner und dem Schiedsrichter gegenüber unwiderruflich. 3

Diese Regelung gilt nicht, wenn die Parteien etwas anderes vereinbart haben.

**C. Bestellung durch einen Dritten.** Der Vertrag kann die Ernennung einem Dritten überlassen, was zB bei ständigen Schiedsgerichten üblich ist, vgl Sieg JZ 58, 719. Dann ist zu prüfen, ob nicht der Dritte von einer Partei so abhängt, daß in Wahrheit die Partei ernennt. Ist der Dritte eine Behörde oder Personenmehrheit, so ernennt im Zweifel der Vorstand oder der Beauftragte des Schiedsrichters. Unwirksam ist eine Vereinbarung, nach der alle Schiedsrichter oder der den Ausschlag gebende Obmann vom Vorstand oder dem Beauftragten eines Vereins ernannt werden, wenn nicht beide Parteien Mitglieder dieses Vereins sind, Mü KTS **83**, 166 u **85**, 156 mwN; dies gilt auch dann, wenn die Schiedsgerichtsvereinbarung erst nach dem Eintritt des Konfliktfalles getroffen wird, aM Mü KTS **85**, 154 mwN. Eine Verpflichtung zur Ernennung besteht gesetzlich nie; die Ernennung ist immer eine rein private Handlung, Arnold NJW **68**, 781 mwN (zur Ernennung durch Richter). Der Dritte muß eindeutig bezeichnet sein. Zulässig ist auch die Vereinbarung, daß von jeder Partei zu benennende Dritte den oder die Schiedsrichter ernennen; die Benennung des Dritten kann durch Klage vor dem Staatsgericht erzwungen werden, StJSchl 3, LG Gießen RR **96**, 500. 4

**D. Verstöße gegen die Parteivereinbarung, IV u V.** Handelt eine Partei nicht entsprechend der Vereinbarung oder können die Parteien (oder die beiden Schiedsrichter) eine Einigung entspr diesem Verfahren nicht erzielen oder erfüllt ein Dritter eine ihm nach diesem Verfahren übertragene Aufgabe nicht, so kann jede Partei bei dem staatlichen Gericht die Anordnung der erforderlichen Maßnahmen beantragen, sofern das vereinbarte Verfahren zur Sicherung der Bestellung nichts anderes vorsieht, zB den Übergang der Befugnis auf einen Dritten, zB den Präsidenten eines staatlichen Gerichts. Zuständig ist das OLG, § 1062 I Z 1; sein Verfahren richtet sich nach § 1063 (in der Regel kein Anwaltszwang, § 1063 IV). Was im Einzelfall „erforderlich" ist, entscheidet das OLG nach Ermessen unter Beachtung der zwingenden Vorschriften des 10. Buches: wenn es selbst einen Schiedsrichter ernennt, muß es nach § 1035 I verfahren und die in V gesetzten Maßstäbe beachten, s unten Rn 6. Der Antrag ist abzulehnen, wenn nach dem Parteivortrag offensichtlich kein wirksamer Schiedsvertrag vorliegt, BayObLG BB **99**, 1785 mwN. 5

**3) Fehlende Parteivereinbarung, III u V.** In diesem Fall haben sich die Parteien über die Bestellung eines Einzelschiedsrichters zu einigen; gelingt dies nicht, wird der Einzelschiedsrichter durch das Gericht bestellt, III 1, vgl. dazu unten Rn 4. Bei einem Dreierschiedsgericht, § 1034 I, bestellt jede Partei einen Schiedsrichter; die beiden Schiedsrichter bestellen den dritten Schiedsrichter, der als Vorsitzender (Obmann) tätig wird, III 2, falls die Parteien nicht etwas anderes bestimmt haben. 6

Bei Mehrparteien-Schiedsgerichten, Labes/Lörcher MDR **97**, 421, müssen die in Verwaltungs- und Verfügungsgemeinschaft oder in notwendiger Streitgenossenschaft stehenden Beteiligten einen gemeinsamen Schiedsrichter ernennen, Koussoulis ZZP **94**, 201 mwN; in allen anderen Fällen hat jeder Beteiligte das Recht, einen eigenen Schiedsrichter zu bestellen, K. H. Schwab F Habscheid, 1989, S 293. Können sich die erstgenannten nicht einigen, bestellt das Gericht auf Antrag einer Partei alle Schiedsrichter, vgl § 1034 Rn 4. 7

Markfort, Mehrparteien-Schiedsgerichtsbarkeit im deutschen und ausländischen Recht, 1994, S 98 ff; str, abw Schwab aaO: dann ist keine Streitgenossenschaft zulässig.

**8** Für die Erfüllung dieser Verpflichtung läuft jeweils eine Monatsfrist, nach deren Ablauf auf Antrag einer Partei das Gericht den Schiedsrichter zu bestellen hat, **III 3.**

**9** Kommt eine Partei ihrer Verpflichtung nicht nach, ist eine **Aufforderung** durch die andere Partei nötig; eine Zustellung ist nicht erforderlich, aber ratsam. Die Aufforderung muß mangels abweichender Regelung des Schiedsvertrags enthalten: **a) Bezeichnung des Schiedsrichters** des Auffordernden so, daß seine Nämlichkeit feststeht u sich der Gegner nach ihm erkundigen kann, BGH NJW **60**, 1296 m Anm zustm Schwab ZZP **73**, 432. Der Schiedsrichter darf nicht ersichtlich untauglich sein, braucht aber weder angenommen zu haben noch auch nur über Annahme befragt zu sein. Fällt er weg oder lehnt er ab, so hat der Gegner das Aufforderungsrecht; **b) ausreichende Bezeichnung der Rechtsstreitigkeit**, Hbg OLG **33**, 139. Die genaue Angabe des Anspruchs ist unnötig; **c) Hinweis auf die Monatsfrist**. Ohne ihn ist die Aufforderung wirkungslos; sieht aber der Schiedsvertrag eine andere Regelung, zB eine von der Aufforderung laufende Frist vor, so ist die Fristsetzung entbehrlich, RG **87**, 183. Berechnung nach § 222, Beginn mit Zugang der Aufforderung. Verlängerung und Abkürzung durch Vereinbarung sind zulässig, weil kein gerichtliches Verfahren vorliegt, SchwW 10 Rn 14.

Ungeachtet des Fristablaufs endet das Bestellungsrecht der Partei erst dann, wenn die andere Partei bei dem staatlichen Gericht einen Antrag auf Ersatzbestellung gestellt hat; die Parteien können i ü die Monatsfristen durch Vereinbarung abkürzen, BegrRegEntw S 40. Zur Zuständigkeit und zum Verfahren des OLG s oben Rn 4, zur Entscheidung, **V**, s unten Rn 6.

**10** **4) Gerichtliche Entscheidung nach III 3 u IV.** Das OLG, oben Rn 4 u 5, hat bei der Bestellung eines Schiedsrichters alle nach der Parteivereinbarung für den Schiedsrichter vorgeschriebenen Voraussetzungen zu berücksichtigen und allen Gesichtspunkten Rechnung zu tragen, die die Bestellung eines unabhängigen und unparteiischen Schiedsrichters sicherstellen, **V 1**, dazu BayObLG RR **99**, 1085. Bei der Bestellung eines Einzelschiedsrichters oder dritten Schiedsrichters (Vorsitzenden) hat das OLG auch die Zweckmäßigkeit der Bestellung eines Schiedsrichters mit einer anderen Staatsangehörigkeit als derjenigen der Parteien in Erwägung zu ziehen, **V 2**. Dieser Gesichtspunkt hat vor allem in der internationalen Schiedsgerichtsbarkeit Bedeutung. Die in V genannten Maßstäbe können nicht durch Parteivereinbarung geändert werden.

**11** **5) Schiedsrichtervertrag.** Der zwischen den Parteien und den Schiedsrichtern abzuschließende Vertrag ist im 10. Buch nicht geregelt. Zu den Einzelheiten s Anh § 1035.

**12** **6) VwGO:** *Entspr anzuwenden, Grdz § 1025 Rn 23 u 24.*

### Anhang nach § 1035 ZPO. Der Schiedsrichtervertrag

**Gliederung**

| | |
|---|---|
| 1) **Wesen und Abschluß** ........... 1–3 | 3) **Vergütung des Schiedsrichters** ....... 10–13 |
|    A. Inhalt .................... 1 |    A. Anspruchsgrundlage ............. 10 |
|    B. Maßgebliches Recht ............. 2 |    B. Auslagenersatz ................ 11 |
|    C. Vertragsteile ................. 3 |    C. Vorschuß ................... 12 |
| 2) **Inhalt** ...................... 4–9 |    D. Nichtleistung des Vorschusses ..... 13 |
|    A. Rechtsgrundlage .............. 4 | 4) **Erlöschen des Schiedsrichtervertrages** . 14–16 |
|    B. Mitwirkung im Schiedsverfahren ... 5 |    A. Erlöschensgründe .............. 14 |
|    C. Unabhängigkeit ............... 6 |    B. Kündigung .................. 15 |
|    D. Höchstpersönliches Amt ......... 7 |    C. Rechtsfolgen ................. 16 |
|    E. Weisungen beider Parteien ....... 8 | |
|    F. Auskunft, Rechnungslegung, Herausgabe ....................... 9 | |

**1** **1) Wesen und Abschluß des Schiedsrichtervertrages** (SchwW Kap 11; v. Hoffmann F Glossner, 1994, S 143; Glossner, F Quack, 1991, S 709; Calavros, F Habscheid, 1989, S 65; Strieder, Rechtliche Einordnung und Behandlung des Schiedsrichtervertrages, 1984; Real, Der Schiedsrichtervertrag, 1983; Schwab, F Schiedermair, 1976, S 499–515; zu den Begriffen Sareika ZZP **90**, 285).

**A. Schiedsrichtervertrag ist der zwischen den Parteien und dem Schiedsrichter vereinbarte Vertrag.** Er verpflichtet den Schiedsrichter gegen oder ohne Vergütung zur Ausübung des Schiedsrichteramts. Merkwürdigerweise ist er nach Wesen und Wirkung ganz streitig, obwohl die praktischen Unterschiede der verschiedenen Meinungen nicht groß sind. Der Schiedsrichtervertrag ist jedenfalls ein privatrechtlicher Vertrag, BGH NJW **86**, 3077 mwN: er ist, wenn er kein Entgelt vorsieht, ein Auftrag und dort, wo er entgeltlich ist, ein Dienstvertrag mit Geschäftsbesorgung; so auch MüKoMa § 1028 Rn 5, ThP Vorbem § 1025 Rn 9 (abw SchwW 11 Rn 9: Prozeßvertrag, der auch dem bürgerlichen Recht untersteht, wieder anders RG in stRspr, zB **59**, 249 u **94**, 213, ebenso BGH NJW **54**, 1763 u Hbg MDR **50**, 480: ein Vertrag besonderer Art; die Begründung des RG ist, wo sie eine Auskunfts- und Rechnungslegungspflicht leugnet, geradezu unhaltbar). Die überragende Stellung des Schiedsrichters im Verfahren beweist nichts dagegen. Sie hat auf seinem Gebiet auch der Arzt, der Anwalt, der Techniker, kurz jeder Sachkundige. Auch sie haben bei ihrer Tätigkeit keine fachlichen Weisungen entgegenzunehmen.

Richter und Beamte als Schiedsrichter bedürfen der Genehmigung ihrer Dienstbehörde, SchwW 9 Rn 2; s die Richter- u Beamtengesetze, insbesondere die Erläuterung zu § 40 DRiG (Schlußanh I A).

**2** **B. Maßgebendes Recht.** Für den Schiedsrichtervertrag gelten die Kollisionsnormen des deutschen IPR. Danach ist in erster Linie der Parteiwille maßgeblich, Art 27 EGBGB, in zweiter Linie das Recht des

## 10. Buch. 3. Abschnitt. Bildung des Schiedsgerichts   Anh § 1035

gewöhnlichen Aufenthalts oder der Hauptniederlassung des Schiedsrichters, Art 28 II EGBGB, es sei denn, die engere Verbindung mit einem anderen Staat ergibt sich aus den Umständen, Art 28 V EGBGB, zB aus dem vereinbarten Schiedsort und dessen Maßgeblichkeit für die Schiedsabrede und das Schiedsverfahren (Basedow JbPrSchdG **1**, 21). Die Wirksamkeit des Schiedsrichtervertrags ist von der des Schiedsvertrags unabhängig, BGH **LM** § 1025 Nr. 5.

**C. Vertragsteile sind immer einerseits der Schiedsrichter, andererseits beide Parteien**, nicht nur 3 eine Partei, RG **94**, 211. Wer ernennt, bleibt gleich. Wo ersatzweise das Gericht ernennt, tut es das kraft gesetzlicher Ermächtigung für beide Parteien. Der Vertragsschluß geschieht formlos, die Annahme des Amts auch durch beliebige schlüssige Handlung; gilt die Annahme als erklärt, kommt der Schiedsrichtervertrag zustande, BGH NJW **53**, 303. Der Vertrag mit der nicht ernennenden Partei kommt aber erst zustande, wenn die Anzeige von der Ernennung dem Gegner zugeht, vgl § 1035 II u BGH **LM** § 1025 Nr 5. Erst damit ist der Schiedsrichtervertrag geschlossen; bis dahin liegt eine innere Angelegenheit des Ernennenden und des Schiedsrichters vor. Die Erklärung der Annahme oder Ablehnung ist, wenn sie schriftlich erfolgt, aus der Urkunde auszulegen. Ein abweichender innerer Wille ist neben ihr unbeachtlich, RG **138**, 346.

**2) Inhalt des Schiedsrichtervertrags** 4

**A.** Es gelten die **Vorschriften des sachlichen Rechts** mit den durch die Natur des Vertrags bedingten Abweichungen. §§ 615–619 BGB sind mit dem Schiedsrichtervertrag unvereinbar und darum unanwendbar.

**B.** Durch den Schiedsrichtervertrag wird der **Schiedsrichter verpflichtet, im Schiedsverfahren nach** 5 **besten Kräften mitzuwirken** und den Streitstoff nach Maßgabe des Schiedsvertrags in einem geordneten, rechtsstaatlichen Verfahren einer alsbaldigen Erledigung zuzuführen, BGH NJW **86**, 3077 mwN; vgl Rn 15. Aus dem Vertrag ergibt sich die Ermächtigung, die erforderlichen Ermittlungen anzustellen, ua auch Sachverständige zu beauftragen, denen gegenüber damit die Parteien verpflichtet sind und umgekehrt, BGH **42**, 315. Weigert der Schiedsrichter sich, so gilt § 1038; eine Mitwirkung wäre auch entsprechend § 888 II nicht erzwingbar. Hat er aber mitgewirkt und ist der Schiedsspruch gefällt, so ist er verpflichtet zu unterzeichnen, auch wenn er überstimmt worden ist, RG **101**, 392, Dresd HRR **36**, 1374, oder den anderen Schiedsrichter für parteiisch hält, RG **126**, 380, da anderenfalls durch seine Kündigung das an sich fertige Ergebnis der bisherigen Arbeit rückwirkend zerstört würde. Eine hierauf gerichtete Klage ist zulässig, wenn es auf die Unterschrift nach § 1054 ankommt, für die Erzwingung gilt § 888 I; ist str, ebenso MüKoMa § 1028 Rn 11, ThP § 1039 Rn 7, aM SchwW 12 Rn 5 mwN (Erlöschen des Schiedsvertrages: daß dann das Hauptverfahren vor dem Staatsgericht neu beginnt, ist ein den Parteien schwerlich zumutbares Ergebnis).

Der Schiedsrichter verdankt seine Stellung ganz dem Parteiwillen; er übt keine staatlichen Befugnisse aus. 6 Er ist aber **von den Parteien völlig unabhängig**. Er hat unparteiisch zu handeln und nicht als Vertreter der Partei, die ihn ernannt hat. Bei Weigerung jeder Mitwirkung gelten §§ 627 II, 671 II BGB. Er verliert gegebenenfalls, § 628 BGB, seinen Anspruch auf Vergütung, muß die erhaltene zurückzahlen und für Verzögerungsschaden aufkommen. Für Verschulden beim Schiedsspruch bedingt die Natur der Sache dieselbe Haftungsbeschränkung wie sie für den urteilenden Staatsrichter besteht, § 839 II BGB; die Gründe, die dort zur Beschränkung geführt haben, gelten auch hier, BGH **15**, 12 u **42**, 313, SchwW 12 Rn 9 (zur Strafbarkeit des Schiedsrichters wegen Rechtsbeugung s Spendel in LK (Bd 7, 10. Aufl) § 336 Rn 24 f mwN).

**D. Das Amt des Schiedsrichters ist höchstpersönlich**, §§ 613, 664 BGB. Der Eintritt eines Rechts- 7 nachfolgers der Partei beendet den Schiedsrichtervertrag nicht, wenn sein Inhalt unberührt bleibt. Darum darf der Rechtsnachfolger auch nicht kündigen.

**E. Weisungen beider Parteien** (nicht einer Partei, BGH NJW **86**, 3077) binden den Schiedsrichter im 8 Rahmen seiner Aufgabe, § 665 BGB, soweit sie mit dem Schiedsrichtervertrag vereinbar sind und nicht gegen zwingende Normen verstoßen, MüKoMa § 1028 Rn 13. Weisungen einer Partei sind höchstens pflichtmäßig zu wertende Anregungen. Der Schiedsrichter, der sich zum Schaden einer Partei nicht an das im Vertrag vorgesehene Recht hält, handelt treuwidrig; denn er hat eine ähnliche Stellung wie der Richter des Staatsgerichts und haftet deshalb ebenso wie dieser, oben Rn 6.

**F. Einzelpflichten.** Auskunft über den Stand des Verfahrens, Abrechnung über Vorschüsse, Herausgabe 9 für die Parteien vereinnahmter Beträge und Verschwiegenheit sind selbstverständliche Pflichten, BGH NJW **86**, 3078 mwN. Der Schiedsrichter kann auch verpflichtet sein, bei der Klärung von Umständen mitzuwirken, die den Bestand des Schiedsspruchs in Frage stellen; das schließt aber nicht die Verpflichtung ein, sich bei begründeten Zweifeln an seinem Geisteszustand einer psychiatrischen Untersuchung zu unterziehen, BGH NJW **86**, 3077. Wegen des Verbots der Vorteilsannahme s §§ 331 ff StGB, namentlich § 335 a StGB.

**3) Vergütung des Schiedsrichters** (Buchwaldt NJW **94**, 638, Burchard ZfBR **89**, 131, Real S 175 ff, 10 SchwW 12 Rn 10 ff, GSEM § 1 Rn 31).

**A. Grundsätze.** Ein Anspruch auf Vergütung besteht nur bei Dienstvertrag mit Geschäftsbesorgung, der aber im Zweifel vorliegt, nicht bei Auftrag. Maßgebend sind §§ 612, 614 BGB. Der Anspruch geht stets gegen beide Parteien als Gesamtschuldner, § 427 BGB, BGH **15**, 344. Über die Höhe entscheidet der Schiedsrichtervertrag; notfalls sollte er immer durch eine (der Form des § 1027 genügende) Zusatzvereinbarung in der ersten mündlichen Verhandlung ergänzt werden, um Streit zu vermeiden. Fehlt eine Vereinbarung, so ist die am Ort der Dienstleistung übliche Vergütung zu leisten. Das ist vielfach die Vergütung eines RA 2. Instanz, so zB nach der vom DtAnwVerein ausgearbeiteten Mustervereinbarung und nach der SchGO für das Bauwesen, Heiermann BB **74**, 1507, und zwar für jeden Schiedsrichter (meist mit Zuschlag für den Obmann), vgl Buchwaldt NJW **94**, 638 u Burchard ZfBR **89**, 131 mwN. Ist eine Berechnung nach BRAGO vereinbart, was sich empfiehlt, da dann auch die einzelnen Gebührentatbestände feststehen, so kann keine Partei die Unangemessenheit der entsprechend berechneten Gebühren rügen, vgl Schwytz BB **74**, 674 (mit praktisch wichtigen Fingerzeigen); zu den Auswirkungen einer vorzeitigen Beendigung des Verfahrens auf die Entstehung der Gebühren vgl Buchwaldt NJW **94**, 638. Ist eine übliche Vergütung nicht zu ermitteln, so bestimmt die Vergütung der Schiedsrichter nach billigem Ermessen, §§ 315 f BGB; über die Angemessenheit entscheidet notfalls das Staatsgericht im Prozeß, RG JW **27**, 1484. Richtigkeit und Rechtsbeständigkeit des Schiedsspruchs sind dabei ebenso wie Gültigkeit des Schiedsvertrages belanglos, BGH NJW **53**, 303; das Verfahren muß aber gesetzmäßig abgeschlossen sein. Erst dann ist die Vergütung fällig.

Das Schiedsgericht selbst darf die Vergütung seiner Mitglieder weder unmittelbar noch mittelbar selbst festsetzen, zB durch Entscheidung über den Streitwert des Schiedsverfahrens, BGH JZ **77**, 185, zustm Habscheid/Calavros KTS **79**, 7, BGH BB **78**, 327, und auch nicht im Schiedsspruch darüber entscheiden, BGH NJW **85**, 1904 mwN.

**11**   **B. Auslagenersatz ist nach § 670 BGB zu gewähren,** Auslagenvorschuß nach § 669 BGB, Real S 179. Die Vergütung schließt eine etwaige Umsatzsteuer (Mehrwertsteuer) ein, wenn die Parteien nichts anderes vereinbart haben.

**12**   **C. Die Schiedsrichter dürfen auch Vergütungsvorschuß verlangen,** Real S 178, SchwW 12 Rn 16–20, MüKoMa § 1028 Rn 20, BGH **55**, 347, und zwar in jeder Lage des Verfahrens, BGH NJW **85**, 1904. Fordern und Gewähren eines Vorschusses ist derart üblich, daß man von einem Gewohnheitsrecht reden kann. Dazu kommt, daß die Vergütung der Tätigkeit des Schiedsrichters, nicht diese selbst, der eines RA ähnelt, und daß man niemandem zumuten kann, eine derartige, regelmäßig längere Tätigkeit vorzuleisten, weil die unterliegenden Partei, wenn nicht beide Parteien, nach Beendigung der Sache zuweilen Schwierigkeiten machen. Zu empfehlen ist immerhin, die Tätigkeit von vorheriger Vorschußleistung abhängig zu machen, was unstreitig zulässig ist. Vorschußpflichtig sind beide Parteien als Gesamtschuldner; sie sind zusammen „der Auftraggeber", vgl § 669 BGB. Im Innenverhältnis besteht mangels abweichender Vereinbarung eine Verpflichtung nur nach § 426 I BGB, BGH **55**, 344, dazu Breetzke NJW **71**, 1457, Habscheid KTS **72**, 213.

**13**   **D. Leistet eine Partei den Vorschuß nicht,** so kann der Schiedsrichter nicht klagen, wohl aber kann das die Gegenpartei, weil die Leistung des Vorschusses aus der Förderungspflicht der Parteien folgt, BGH NJW **85**, 1904 mwN; zuständig ist das staatliche Gericht, vgl Oldb NJW **71**, 1461 (betrifft die ausnahmsweise gegebene Zuständigkeit des Schiedsgerichts, dazu Breetzke NJW **71**, 2080 u Habscheid KTS **72**, 213). Niemals darf das Schiedsgericht über die Zahlung des von ihm verlangten Vorschusses selbst befinden, oben Rn 10. Ob die Partei leisten kann, bleibt gleich. Verzug gibt der Gegenpartei das Recht, vom Schiedsvertrag zurückzutreten, § 326 BGB, bzw aus wichtigem Grund kündigen, § 1029 Rn 27. Wer selbst keinen Vorschuß leisten kann, darf ihn nach Treu und Glauben nicht dem Gegner zumuten, BGH **55**, 349. Bleibt der Vorschuß aus, so dürfen die Schiedsrichter die Tätigkeit bis zur Zahlung einstellen, § 273 I BGB, BGH NJW **85**, 1904 mwN, ua BGH **77**, 65 u **55**, 347, SchwW 12 Rn 19; sie sind aber nicht berechtigt, wegen der Nichtzahlung des Vorschusses eine für erheblich gehaltene Beweisaufnahme zu unterlassen und ohne Verwertung des Beweismittels zu entscheiden, BGH NJW **85**, 1904, zustm Waldner JR **86**, 69. Die Schiedsrichter können den Vorschuß in jeder Lage des Verfahrens verlangen, BGH NJW **85**, 1904. Wenn Berechnung nach BRAGO vereinbart ist, oben Rn 10, so werden vielfach (so bei der umfangreichen Schiedsgerichtsbarkeit in Hamburg) als Vorschuß für jeden Schiedsrichter 2 Gebühren der Berufungsinstanz eingefordert.

**14**   **4) Erlöschen des Schiedsrichtervertrags** (Real S 181 ff).

**A. Erlöschensgründe sind: a)** Beendigung der Aufgabe, regelmäßig also Ergehen des Schiedsspruchs; **b)** Erlöschen des Schiedsvertrags, weil dann der Zweck nicht mehr erreicht werden kann, Strieder S 162; **c)** Tod des Schiedsrichters, oder sein Unfähigwerden zur Dienstleistung, § 1038; **d)** Kündigung der Parteien oder der Schiedsrichter, §§ 626, 627, 671 BGB, unten Rn 15. Kündigung der Parteien ist jederzeit zulässig und duldet keine Bedingung; sie muß von beiden Parteien ausgehen. Kündigung (Widerruf) einer Partei ist unbeachtlich. Rücktritt vom Vertrag kommt neben Kündigung nicht in Frage; **e)** erfolgreiche Ablehnung, §§ 1036, 1037, vgl Strieder S 161. Konkurs über das Vermögen einer Partei beendet das Vertragsverhältnis nicht, § 23 KO will nur die Masse sichern, Real S 186. Auch Konkurs des Schiedsrichters beendet nicht. Beide Fälle sind an sich auch kein Kündigungsgrund.

**15**   **B. Kündigung seitens der Schiedsrichter** ist jederzeit zulässig (Einschränkung oben Rn 5), wenn die Schiedsgerichtsparteien zustimmen, also den Rücktritt genehmigen, BGH NJW **54**, 1605, oder wenn ein wichtiger Grund vorliegt, Real S 182, SchwW 13 Rn 9–12. Ein wichtiger Grund liegt zB vor: wo das Vertrauen gestört ist, wenn etwa eine Partei einen Schiedsrichter ernstlich beleidigt; wenn sie den erforderten, angemessenen Vorschuß nicht zahlt; wenn der Schiedsrichter mit den anderen Schiedsrichtern nicht mehr ersprießlich zusammenarbeiten kann, wozu bloße Parteilichkeit eines andern Schiedsrichters nicht genügt, RG **126**, 382; bei längerer Krankheit; bei Verziehen ins Ausland; nicht aber, wenn er überstimmt wird. Eine Kündigung ohne wichtigen Grund macht den Schiedsrichter für den entstehenden Schaden (vgl oben Rn 6) ersatzpflichtig. Wegen Vergütung und Ersatz bei Kündigung s § 628 BGB. Den Kündigungsgrund muß der Schiedsrichter beweisen.

**16**   **C. Rechtsfolgen.** Wegen der Vergütung des Schiedsrichters, § 628 BGB, s oben Rn 10, dazu Buchwaldt NJW **94**, 638.

# 1036

*Ablehnung eines Schiedsrichters.* <sup>I</sup> ¹Eine Person, der ein Schiedsrichteramt angetragen wird, hat alle Umstände offenzulegen, die Zweifel an ihrer Unparteilichkeit oder Unabhängigkeit wecken können. ²Ein Schiedsrichter ist auch nach seiner Bestellung bis zum Ende des schiedsrichterlichen Verfahrens verpflichtet, solche Umstände den Parteien unverzüglich offenzulegen, wenn er sie ihnen nicht schon vorher mitgeteilt hat.

<sup>II</sup> ¹Ein Schiedsrichter kann nur abgelehnt werden, wenn Umstände vorliegen, die berechtigte Zweifel an seiner Unparteilichkeit oder Unabhängigkeit aufkommen lassen, oder wenn er die zwischen den Parteien vereinbarten Voraussetzungen nicht erfüllt. ²Eine Partei kann einen

Schiedsrichter, den sie bestellt oder an dessen Bestellung sie mitgewirkt hat, nur aus Gründen ablehnen, die ihr erst nach der Bestellung bekannt geworden sind.

**1) Regelungszweck.** Die Vorschrift soll sicherstellen, daß die unverzichtbare Unabhängigkeit und Unparteilichkeit des Schiedsgerichts, §§ 1034 II u 1035 V, gewahrt ist. Sie legt den Schiedsrichtern deshalb eine Offenlegungspflicht auf, I, und regelt ihre Ablehnung, II. 1

**2) Offenlegungspflicht, I.** Jede Person, der ein Schiedsrichteramt angetragen wird (auch im gerichtlichen Bestellungsverfahren, § 1035), hat den Parteien (und ggf dem staatlichen Gericht) alle Umstände offenzulegen, die Zweifel an ihrer Unparteilichkeit oder Unabhängigkeit wecken können, **I 1.** Hierauf sollten die Parteien bzw das Gericht bei der entspr Anfrage ausdrücklich hinweisen. Die Offenlegungspflicht besteht für den Schiedsrichter nach seiner Bestellung bis zum Ende des Schiedsverfahrens, § 1056, fort: er muß die genannten Umstände beiden Parteien unverzüglich, dh ohne schuldhaftes Zögern, offenlegen, wenn er sie ihnen nicht schon vorher mitgeteilt hat, **I 2.** 2

Ein Verstoß gegen die Verpflichtung nach I kann zur Kündigung des Schiedsrichtervertrages durch die Parteien führen, Anh § 1035 Rn 15. Er ist im Ablehnungsverfahren, II, zuungunsten des Schiedsrichters zu berücksichtigen, vgl BGH NJW **99**, 2370 (zu §§ 1032, 1042 aF).

**3) Ablehnung eines Schiedsrichters, II** 3

**A. Voraussetzungen, II 1.** Ein Schiedsrichter kann nur abgelehnt werden, wenn Umstände vorliegen, die berechtigte Zweifel iSv I aufkommen lassen, oder wenn er die zwischen den Parteien vereinbarten Voraussetzungen nicht erfüllt, zB hinsichtlich des Alters, des Berufs oder der Qualifikation. Andere Gründe scheiden aus, zB die in § 1032 III aF genannten Umstände. Die für den staatlichen Richter bestehenden Ausschließungs- und Ablehnungsgründe, §§ 41 u 42, werden idR „berechtigte Zweifel" iSv I 1 aufkommen lassen, zB immer das Tätigwerden in eigener Sache, BGH NJW **79**, 109 (was im weitesten Sinn zu verstehen ist); solche Zweifel können aber auch agrd anderer Umstände begründet sein.

**Beispiele** (vgl SchwW 14 Rn 8, MüKoMa 4): Befangenheit liegt zB vor bei Übergewicht einer Partei bei der Bildung des Schiedsgerichts, LG Bonn NJW **96**, 2169 mwN, ebenso bei einem RA als Schiedsrichter, der der regelmäßige Rechtsbeistand der Partei ist (namentlich, wenn er sie in gleichliegender Sache vertreten hat, Hbg JZ **56**, 226), Gruber ZRP **97**, 216; bei (jetziger oder auch früherer) Verflechtung einer Partei mit allen oder einzelnen Schiedsrichtern, zumal wenn das Schiedsgericht darüber irreführende Angaben macht, Karlsr bei Raeschke-Kessler JbPrSchdG **2**, 234; wenn der Alleinschiedsrichter als von einer Partei bestellter Beisitzer in einem anderen Schiedsverfahren tätig wird, BGH NJW **72**, 827 (betr Schiedsgutachter); wenn der Schiedsrichter in einer gleichliegenden Sache gegen die Partei entschieden hat, SchwW 14 Rn 7, offen LG Bonn NJW **96**, 2169; wenn er einer Partei in einseitiger Besprechung vor der Ernennung recht gegeben hat, Hbg OLG **31**, 16; wenn ein Schiedsrichter mit einer Partei allein eine Ortsbesichtigung vorgenommen hat, Hbg OLG **15**, 298; wenn er ein Privatgutachten für die Partei erstattet hat oder an einem solchen Privatgutachten beteiligt war, Dresd JW **38**, 3055; wenn er als RA den Bevollmächtigten einer Schiedspartei zuvor in einem anderen Rechtsstreit persönlich angegriffen hat, LG Duisburg ZIP **82**, 229; wenn der Schiedsspruch ohne Beratung im Umlaufwege gefällt wird und der Obmann schlicht unterschreibt, LG Ffm BauR **88**, 637. Dagegen genügt nicht, wenn ihm, um ihm einen Überblick zu geben, vor Übernahme des Amtes eine kurze Sachdarstellung von einer Partei gegeben wird, Neustadt MDR **55**, 616, es sei denn, daß besondere Umstände hinzu kommen, zB kostspielige Bewirtung, vgl Mü BB **71**, 886. **Siehe iü bei § 42**; dabei kann als Faustregel gelten, daß die eine Ablehnung des staatlichen Richters rechtfertigenden Gründe erst recht auf den Schiedsrichter zutreffen, wenn es sich nicht um die normale Verbundenheit mit „seiner" Partei handelt. 4

Die Anforderungen, die hinsichtlich der Unparteilichkeit und Unabhängigkeit an einen Schiedsrichter zu stellen sind, müssen für alle Schiedsrichter gleich sein, so daß es nicht darauf ankommt, ob es sich um einen Einzelschiedsrichter oder um den Vorsitzenden des Schiedsgerichts handelt: hier gilt das gleiche wie im Verfahren vor einem staatlichen Gericht, SchwW Kap 9 Rn 4 ff. 5

**B. Beschränkungen, II 2.** Ein Ablehnungsrecht steht einer Partei, die den Schiedsrichter bestellt oder an seiner Bestellung mitgewirkt hat (zB durch einen Vorschlag im Verfahren nach § 1035 III u IV), nur aus Gründen zu, die ihr erst nach der Bestellung bekannt geworden sind. Dies hat die Partei im Ablehnungsverfahren, § 1037, darzulegen. II 2 ist entspr anzuwenden, wenn die Partei sich rügelos auf eine Verhandlung eingelassen hat: der in § 43 zum Ausdruck kommende allg Grundsatz, daß das Ablehnungsrecht kein Instrument zur Verzögerung des Verfahrens sein darf, gilt auch und erst recht im Schiedsverfahren. 6

**C. Ablehnungsverfahren.** Einzelheiten bei § 1037. 7

**4) VwGO:** Entspr anzuwenden, Grdz § 1025 Rn 23 u 24. 8

## 1037 Ablehnungsverfahren.

¹Die Parteien können vorbehaltlich des Absatzes 3 ein Verfahren für die Ablehnung eines Schiedsrichters vereinbaren.

**II** ¹Fehlt eine solche Vereinbarung, so hat die Partei, die einen Schiedsrichter ablehnen will, innerhalb von zwei Wochen, nachdem ihr die Zusammensetzung des Schiedsgerichts oder ein Umstand im Sinne des § 1036 Abs. 2 bekannt geworden ist, dem Schiedsgericht schriftlich die Ablehnungsgründe darzulegen. ²Tritt der abgelehnte Schiedsrichter von seinem Amt nicht zurück oder stimmt die andere Partei der Ablehnung nicht zu, so entscheidet das Schiedsgericht über die Ablehnung.

**III** ¹Bleibt die Ablehnung nach dem von den Parteien vereinbarten Verfahren oder nach dem in Absatz 2 vorgesehenen Verfahren erfolglos, so kann die ablehnende Partei innerhalb eines Mo-

## §§ 1037, 1038   10. Buch. 3. Abschnitt. Bildung des Schiedsgerichts

nats, nachdem sie von der Entscheidung, mit der die Ablehnung verweigert wurde, Kenntnis erlangt hat, bei Gericht eine Entscheidung über die Ablehnung beantragen; die Parteien können eine andere Frist vereinbaren. ²Während ein solcher Antrag anhängig ist, kann das Schiedsgericht einschließlich des abgelehnten Schiedsrichters das schiedsrichterliche Verfahren fortsetzen und einen Schiedsspruch erlassen.

**Vorbem.** Die Vorschrift gilt auch vor der Bestimmung eines deutschen Schiedsortes, § 1025 III.

1   **1) Regelungszweck.** § 1037 gibt den Parteien die Befugnis, das Ablehnungsverfahren weitgehend selbst zu vereinbaren, I, und regelt das beim Fehlen einer Vereinbarung zu befolgende Verfahren, II. Einziger Rechtsbehelf bei Erfolglosigkeit des Gesuchs im Verfahren nach I oder II ist die Anrufung des staatlichen Gerichts, III.

2   **2) Parteivereinbarung, I.** In der Regelung des Ablehnungsverfahrens sind die Parteien vorbehaltlich der Einschaltung des staatlichen Gerichts, III, völlig frei. Sie können zB vereinbaren, daß über die Ablehnung ein unbeteiligter Dritter entscheidet. Die Kontrolle der Vereinbarung obliegt im Fall einer erfolglosen Ablehnung dem staatlichen Gericht, III.

3   **3) Fehlende Parteivereinbarung, II.** Wenn die Parteien das Verfahren nicht einvernehmlich geregelt haben, muß die Partei innerhalb von zwei Wochen dem Schiedsgericht die Ablehnungsgründe schriftlich mitteilen; die Frist beginnt mit dem Tage, an dem der Partei die Zusammensetzung des Schiedsgerichts oder ein Umstand iSv § 1036 II bekannt geworden ist, II 1. Das Schiedsgericht hat die Mitteilung der anderen Partei bekanntzugeben, § 1047 III. Tritt daraufhin der abgelehnte Schiedsrichter von seinem Amt nicht zurück oder stimmt die andere Partei der Ablehnung nicht zu, entscheidet das Schiedsgericht über die Ablehnung, II 2, und zwar unter Einschluß des abgelehnten Schiedsrichters, vgl BT-Drs 13/9124 S 57. Die Entscheidung ergeht durch Beschluß, für den § 1052 gilt (§ 1054 I, II u IV sind entspr anzuwenden). Bei Ablehnung eines Einzelschiedsrichters gilt sein Rücktritt als Ablehnung, bei einem Dreierschiedsgericht gilt die Nichtübereinstimmung der beiden verbleibenden Schiedsrichter als Ablehnung, § 1052 I. In beiden Fällen sind die Parteien zu unterrichten. Bei erfolgreicher Ablehnung endet das Amt des Abgelehnten; die Folgen regelt § 1039.

4   **4) Gerichtliche Entscheidung, III**

**A. Allgemeines.** Bleibt die Ablehnung nach dem vereinbarten Verfahren, I, oder nach II erfolglos, so kann die ablehnende Partei die Entscheidung des staatlichen Gerichts beantragen, und zwar innerhalb eines Monats ab Kenntnis von der die Ablehnung verweigernden Entscheidung, sofern die Parteien keine andere Frist vereinbart haben, III 1. Über den Antrag entscheidet das OLG, § 1062 I Z 1, im Verfahren nach § 1063 (Anwaltszwang erst nach AnO einer mdl Verh, § 1063 IV) durch Beschluß. Die Entscheidung ist unanfechtbar, § 1065 I 2. Erklärt das OLG die Ablehnung für begründet, so endet damit das Amt des Schiedsrichters; die Folgen regelt § 1039.

5   **B. Einfluß auf das Schiedsverfahren.** Während der Anhängigkeit des gerichtlichen Verfahrens kann das Schiedsgericht einschließlich des abgelehnten Schiedsrichters das Verfahren fortsetzen und einen Schiedsspruch erlassen, III 2. Wird nach Ergehen des Schiedsspruchs dem Antrag vom OLG stattgegeben, so greift § 1059 II Z 1 d ein (Aufhebung des Schiedsspruchs bzw Ablehnung der Vollstreckbarerklärung nach Maßgabe von § 1060 II). Deshalb sollte ein Schiedsspruch während des Verfahrens vor dem OLG nur in besonderen Ausnahmefällen ergehen.

6   Ergeht der Schiedsspruch nach der Zustellung des Beschlusses, daß die Ablehnung erfolglos bleibt, steht einer erneuten Ablehnung aus denselben Gründen die Rechtskraft des Beschlusses entgegen; sie schließt auch die Geltendmachung dieser Gründe im Aufhebungs- und Vollstreckbarerklärungsverfahren aus. Das gleiche gilt für den Fall, daß die Partei davon absieht, einen Antrag nach III zu stellen; denn „kann" bedeutet die Einräumung der Befugnis zur Einlegung des einzigen Rechtsbehelfs zur Nachprüfung von Ablehnungsgründen, BegrRegEntw S 42. Ob für den (absoluten) Ablehnungsgrund des Tätigwerdens in eigener Sache etwas anderes gilt, BGH NJW 79, 109 zu § 1041 I Z 1 aF, ist zweifelhaft, aber angesichts der strikten Regelung des § 1037 wohl zu verneinen. Dagegen schließt III es nicht aus, daß Ablehnungsgründe, die erst nach dem Ergehen des Schiedsspruchs bekannt werden, im Verfahren nach § 1059 oder § 1060 geltend gemacht werden, vgl § 1059 Rn 7.

7   **5) VwGO:** Entspr anzuwenden, Grdz § 1025 Rn 23 u 24.

---

**1038** *Untätigkeit oder Unmöglichkeit der Aufgabenerfüllung.* I ¹Ist ein Schiedsrichter rechtlich oder tatsächlich außerstande, seine Aufgaben zu erfüllen, oder kommt er aus anderen Gründen seinen Aufgaben in angemessener Frist nicht nach, so endet sein Amt, wenn er zurücktritt oder wenn die Parteien die Beendigung seines Amtes vereinbaren. ²Tritt der Schiedsrichter von seinem Amt nicht zurück oder können sich die Parteien über dessen Beendigung nicht einigen, kann jede Partei bei Gericht eine Entscheidung über die Beendigung des Amtes beantragen.

II Tritt ein Schiedsrichter in den Fällen des Absatzes 1 oder des § 1037 Abs. 2 zurück oder stimmt eine Partei der Beendigung des Schiedsrichteramtes zu, so bedeutet dies nicht die Anerkennung der in Absatz 1 oder § 1036 Abs. 2 genannten Rücktrittsgründe.

**Vorbem.** Die Vorschrift gilt auch vor der Bestimmung eines deutschen Schiedsortes, § 1025 III.

1   **1) Regelungszweck.** Die Bestimmung regelt (über die Überschrift hinausgehend) die wichtigsten Gründe für die Beendigung des Amtes eines Schiedsrichters.

**2) Ende des Schiedsrichteramtes, I.** Das Amt endet außer im Fall des Rücktritts nach § 1037 II auch durch Rücktritt des Schiedsrichters oder Parteivereinbarung aus den in **I 1** genannten Gründen. Darüber hinaus endet das Amt durch Rücktritt des Schiedsrichters aus anderen Gründen oder eine auf einen solchen Grund gestützte Parteivereinbarung (Kündigung), vgl § 1039, unabhängig davon, welche Folgen sich daraus aus dem Schiedsrichtervertrag, Anh § 1035, ergeben. Wegen weiterer Fälle der Beendigung des Amtes s Anh § 1035 Rn 14 u 15.

Die Voraussetzungen nach I 1 sind entweder rechtliche oder tatsächliche Unmöglichkeit, die Pflichten eines Schiedsrichters zu erfüllen (Verlust der Geschäftsfähigkeit oder schwere Krankheit) oder eine Pflichtverletzung des Schiedsrichters, nämlich die Nichterfüllung seiner Aufgaben in angemessener Frist. Dabei kommt es in erster Linie auf den Schiedsrichtervertrag an, ferner auf die von den Parteien vorausgesetzte Qualifikation des Schiedsrichters sowie den Umfang und die Schwierigkeit des Falles, BegrRegEntw S 42.

Tritt in diesen Fällen der Schiedsrichter nicht zurück oder können sich die Parteien über die Beendigung seines Amtes, also seine Abberufung, nicht einigen, so kann jede Partei beim staatlichen Gericht eine Entscheidung über die Beendigung des Amtes beantragen, **I 2**. Zuständig ist das OLG, § 1062 I Z 1; wegen des Verfahrens s § 1063 (Anwaltszwang nur nach Maßgabe des § 1063 IV). Die Entscheidung des OLG ist unanfechtbar, § 1065 I 2. Die Parteien können nichts anderes vereinbaren, weil der gerichtliche Rechtsschutz nur bei einem ausdrücklichen gesetzlichen Vorbehalt eingeschränkt werden kann, abw BegrRegEntw S 42.

**3) Erleichterung der gütlichen Beendigung des Amtes, II.** Die Beendigung des Amtes durch Rücktritt oder Parteivereinbarung nach §§ 1037 I oder 1038 I 1 wird dadurch erleichtert, daß eine solche Beendigung des Amtes nicht die Anerkennung eines in § 1036 II oder § 1038 genannten Gründe bedeutet. Ob ein solcher Grund vorgelegen hat, ist im Streitfall von dem dafür zuständigen Gericht frei nachzuprüfen, falls über die nach dem Schiedsrichtervertrag eintretenden Folgen Streit entsteht, unten Rn 5.

**4) Folgen der Beendigung des Schiedsrichteramtes.** Für den ausscheidenden Schiedsrichter ist ein Ersatzschiedsrichter zu bestellen, § 1039. Etwaige Ansprüche aus dem Schiedsrichtervertrag, Anh § 1035, sind außerhalb des Schiedsverfahrens bei dem dafür zuständigen staatlichen Gericht (oder bei einem dafür vorgesehenen Schiedsgericht) geltend zu machen.

**5)** *VwGO:* Entspr anzuwenden, Grdz § 1025 Rn 23 u 24.

**1039** *Bestellung eines Ersatzschiedsrichters.* **I** ¹Endet das Amt eines Schiedsrichters nach den §§ 1037, 1038 oder wegen seines Rücktritts vom Amt aus einem anderen Grund oder wegen der Aufhebung seines Amtes durch Vereinbarung der Parteien, so ist ein Ersatzschiedsrichter zu bestellen. ²Die Bestellung erfolgt nach den Regeln, die auf die Bestellung des zu ersetzenden Schiedsrichters anzuwenden waren.
**II** Die Parteien können eine abweichende Vereinbarung treffen.

**1) Regelungszweck.** Scheidet ein Schiedsrichter aus, darf der Ablauf des Schiedsverfahrens dadurch nicht beeinträchtigt werden. Deshalb ist die Bestellung eines Ersatzschiedsrichters vorgesehen, I, sofern die Parteien keine abweichende Vereinbarung treffen, II.

**2) Folgen des Ausscheidens eines Schiedsrichters.**

**A. Vereinbarung der Parteien, II.** Eine von der gesetzlichen Regel, I, abweichende Bestimmung können die Parteien vereinbaren. Sie können sich in der Schiedsvereinbarung oder später darauf einigen, daß zB die Schiedsvereinbarung bei Wegfall eines Schiedsrichters erlischt, oder daß in diesem Fall der Vorsitzende als Einzelschiedsrichter entscheidet u dgl.

**B. Ersatzschiedsrichter, I.** Fehlt eine Parteivereinbarung, so ist in allen Fällen der Beendigung des Schiedsrichteramtes nach den §§ 1037, 1038 oder wegen Rücktritts aus einem anderen Grunde oder wegen der Aufhebung des Amtes durch Parteivereinbarung ein Ersatzschiedsrichter zu bestellen, **I 1**. Für seine Bestellung gelten die Bestimmungen, die auf die Bestellung des zu ersetzenden Schiedsrichters anzuwenden waren, **I 2**; vgl § 1035 und die dortigen Erl. Dies gilt auch bei Wegfall eines in der Schiedsvereinbarung ernannten Schiedsrichters.

**3)** *VwGO:* Entspr anzuwenden, Grdz § 1025 Rn 23 u 24.

## Vierter Abschnitt. Zuständigkeit des Schiedsgerichts

**1040** *Befugnis des Schiedsgerichts zur Entscheidung über die eigene Zuständigkeit.* **I** ¹Das Schiedsgericht kann über die eigene Zuständigkeit und im Zusammenhang hiermit über das Bestehen oder die Gültigkeit der Schiedsvereinbarung entscheiden. ²Hierbei ist eine Schiedsklausel als eine von den übrigen Vertragsbestimmungen unabhängige Vereinbarung zu behandeln.

**II** ¹Die Rüge der Unzuständigkeit des Schiedsgerichts ist spätestens mit der Klagebeantwortung vorzubringen. ²Von der Erhebung einer solchen Rüge ist eine Partei nicht dadurch ausgeschlossen, daß sie einen Schiedsrichter bestellt oder an der Bestellung eines Schiedsrichters mitgewirkt hat. ³Die Rüge, das Schiedsgericht überschreite seine Befugnisse, ist zu erheben, sobald die Angelegenheit, von der dies behauptet wird, im schiedsrichterlichen Verfahren zur Erörterung kommt. ⁴Das Schiedsgericht kann in beiden Fällen eine spätere Rüge zulassen, wenn die Partei die Verspätung genügend entschuldigt.

III ¹Hält das Schiedsgericht sich für zuständig, so entscheidet es über eine Rüge nach Absatz 2 in der Regel durch Zwischenentscheid. ²In diesem Fall kann jede Partei innerhalb eines Monats nach schriftlicher Mitteilung des Entscheids eine gerichtliche Entscheidung beantragen. ³Während ein solcher Antrag anhängig ist, kann das Schiedsgericht das schiedsrichterliche Verfahren fortsetzen und einen Schiedsspruch erlassen.

1   **1) Regelungszweck.** Die sog Kompetenz-Kompetenz eines Schiedsgerichts war im bisherigen Recht nicht geregelt und demgemäß umstritten, s 56. Aufl § 1025 aF Rn 11. Dieses für die Praxis wichtige Problem wird durch § 1040 gelöst.

2   **2) Befugnisse des Schiedsgerichts, I.** Das Schiedsgericht darf, unabhängig von der jeweiligen Schiedsvereinbarung, über seine eigene Zuständigkeit und im Zusammenhang hiermit über die Gültigkeit der Schiedsvereinbarung entscheiden, I 1. Dabei sind der Hauptvertrag und die Schiedsvereinbarung, § 1029, als zwei voneinander unabhängige Verträge zu behandeln, und zwar auch dann, wenn es sich um eine Schiedsklausel, § 1029 II, handelt, I 2 (insofern kommt es auf die maßgebliche Rechtsordnung, zB § 139 BGB, nicht an). Ist der Hauptvertrag unwirksam, aber die Schiedsvereinbarung wirksam, darf das Schiedsgericht über Rückabwicklungsansprüche entscheiden, BegrRegEntw S 43.

Die Gültigkeit der Schiedsvereinbarung ist nach dem dafür maßgeblichen Recht, ggf nach den Kollisionsregeln des § 1059 II Z 1 a und Z 2 a, zu beurteilen, s die dortigen Erl.

3   **3) Rüge der Unzuständigkeit des Schiedsgerichts, II u III.**

**A. Voraussetzungen, II.** Als Sondervorschrift geht II der Grundregel in § 1027 und den sonstigen Vorschriften des Verfahrensrechts vor. Die Rüge der Unzuständigkeit ist danach spätestens mit der Klagebeantwortung vorzubringen, II 1. Der Partei steht es frei, ob sie die Unzuständigkeit rügen will. Sie wird daran nicht dadurch gehindert, daß sie sich an der Bestellung eines Schiedsrichters beteiligt hat, II 2. Will eine Partei während des Schiedsverfahrens rügen, das Schiedsgericht überschreite seine Befugnisse (vgl § 1059 II Z 1 c), so muß sie dies tun, sobald die Angelegenheit, von der dies behauptet wird, im schiedsrichterlichen Verfahren zur Erörterung kommt, II 3; zur Auslegung des Begriffs „Überschreitung der Befugnisse" s Erl zu Art V EuÜbkHSch, Schlußanh VI A 2. Für die Beurteilung ist das Schiedsvertragsstatut maßgeblich, § 1059 II Z 1 a, BegrRegEntw S 43.

Eine nach II 1 oder II 3 verspätete Rüge kann das Schiedsgericht zulassen, wenn die Partei die Verspätung genügend entschuldigt, II 4, vgl § 296 Rn 53 ff. Wird die Frist unentschuldigt versäumt, ist die Partei sowohl im schiedsrichterlichen Verfahren als auch im Aufhebungs- und Vollstreckbarkeitsverfahren, §§ 1059 ff, mit der Rüge ausgeschlossen, BegrRegEntw S 44.

4   **B. Verfahren, III. a) Entscheidung.** Hält das Schiedsgericht sich für unzuständig, so spricht es dies in einem (Prozeß-)Schiedsspruch iSv § 1054 aus, ggf in einem Teilprozeßschiedsspruch; die Entscheidung ist ausschließlich im Aufhebungsverfahren, § 1059, angreifbar. Bejaht das Schiedsgericht seine Zuständigkeit, so entscheidet es über die Rüge idR in einem Zwischenscheid, III 1. Ausnahmsweise kann es davon absehen und die positive Entscheidung erst im Schlußschiedsspruch treffen, nämlich dann, wenn eine sonst drohende Verzögerung des Verfahrens verhindert werden soll, BegrRegEntw S 44. Für die Zwischenentscheidung gelten §§ 1052 u 1054 entspr.

5   **b) Rechtsmittel.** Gegen eine Zwischenentscheidung kann jede Partei innerhalb eines Monats nach ihrer schriftlichen Mitteilung (§ 1054 IV entspr) die Entscheidung des staatlichen Gerichts beantragen, III 2. Zuständig ist das OLG, § 1062 I Z 2; wegen des Verfahrens s § 1063 (Anwaltszwang erst nach AnO der mdl Verh, § 1063 IV). Rechtsmittel: § 1065. Stellt keine Partei einen Antrag auf gerichtliche Entscheidung, so wird der Zwischenscheid mit Ablauf der Monatsfrist verbindlich; der Antrag kann im Aufhebungs- und Vollstreckungsverfahren, §§ 1059 ff, nicht nachgeholt werden.

6   **c) Fortsetzung des Schiedsverfahrens, III 3:** Die Anhängigkeit eines Verfahrens vor dem staatlichen Gericht steht einer Fortsetzung des Schiedsverfahrens und dem Erlaß eines Schiedsspruchs nicht entgegen, III 3. Da der Schiedsspruch ggf aufgehoben werden müßte, § 1059 II Z 1 a u 1 d, wird ein Schiedsgericht idR das Verfahren entspr § 148 aussetzen, vgl § 1032 Rn 6 u § 1037 Rn 5.

9   **5) VwGO:** *Entspr anzuwenden, Grdz § 1025 Rn 23 u 24.*

## 1041

*Maßnahmen des einstweiligen Rechtsschutzes.* ¹ ¹Haben die Parteien nichts anderes vereinbart, so kann das Schiedsgericht auf Antrag einer Partei vorläufige oder sichernde Maßnahmen anordnen, die es in bezug auf den Streitgegenstand für erforderlich hält. ²Das Schiedsgericht kann von jeder Partei im Zusammenhang mit einer solchen Maßnahme angemessene Sicherheit verlangen.

II ¹Das Gericht kann auf Antrag einer Partei die Vollziehung einer Maßnahme nach Absatz 1 zulassen, sofern nicht schon eine entsprechende Maßnahme des einstweiligen Rechtsschutzes bei einem Gericht beantragt worden ist. ²Es kann die Anordnung abweichend fassen, wenn dies zur Vollziehung der Maßnahme notwendig ist.

III Auf Antrag kann das Gericht den Beschluß nach Absatz 2 aufheben oder ändern.

IV ¹Erweist sich die Anordnung einer Maßnahme nach Absatz 1 als von Anfang an ungerechtfertigt, so ist die Partei, welche ihre Vollziehung erwirkt hat, verpflichtet, dem Gegner den Schaden zu ersetzen, der ihm aus der Vollziehung der Maßnahme oder dadurch entsteht, daß er Sicherheit

10. Buch. 5. Abschnitt. Durchführung des schiedsrichterl. Verf. §§ 1041, 1042

leistet, um die Vollziehung abzuwenden. ²Der Anspruch kann im anhängigen schiedsrichterlichen Verfahren geltend gemacht werden.

**Schrifttum:** *Wolf* DB **99**, 1101; *Schütze* BB **98**, 1650; *derselbe* Rn 234–240; *Gottwald/Adolphsen* DStR **98**, 1020; *Thümmel* DZWiR **97**, 133; *Schütze* BB **96**, 1650.

**1) Regelungszweck.** Nach bisherigem Recht war es sehr str, ob ein Schiedsgericht einstweiligen 1 Rechtsschutz gewähren darf, vgl 56. Aufl § 1034 aF Rn 8, oder ob dies den staatlichen Gerichten vorbehalten bleibt. § 1041 entscheidet die Frage zugunsten der Schiedsgerichtsbarkeit, wenn die Parteien nichts anderes vereinbart haben. Nicht zu den nach I zulässigen Maßnahmen dürfte eine Entscheidung im Urkundenprozeß, §§ 592 ff, gehören, weil dort nur Maßnahmen des einstweiligen Rechtsschutzes gemeint sind; das schließt nicht aus, daß die Parteien iRv §§ 1042 III u IV ein solches Schiedsverfahren vereinbaren, Wolf DB **99**, 1106.

**2) Vorläufige oder sichernde Maßnahmen, I.** Vorbehaltlich einer abw Vereinbarung der Parteien darf 2 das Schiedsgericht auf Antrag einer Partei einstweilige Maßnahmen anordnen, die es in Bezug auf den Streitgegenstand für erforderlich hält, **I 1**. Diese Befugnis steht gleichrangig neben der Zuständigkeit des staatlichen Gerichts nach § 1033, so daß die Partei ein Wahlrecht hat, dazu Gottwald/Adolphsen DStR **98**, 1020. „Kann" bedeutet Ermessen sowohl hinsichtlich des Grundes als auch hinsichtlich der erforderlichen Maßnahmen. Im Schiedsverfahren zulässig sind vorläufige oder sichernde Maßnahmen aller Art, Berger DZWiR **98**, 51, nicht nur einstw Verfügungen oder Arreste, §§ 916 ff, Arreste allerdings wegen ihrer weitreichenden Auswirkungen nur ausnahmsweise, BegrRegEntw S 45, krit Thümmel DZWiR **97**, 135; ausgeschlossen sind gegenüber Dritten wirkende Verfügungsverbote iSv §§ 135, 136 BGB, Wolf DB **99**, 1102. Stets darf das Schiedsgericht im Zusammenhang mit einer einstw Maßnahme angemessene Sicherheit verlangen, **I 2**, vgl § 921 II 2 iVm § 936.

Für das Verfahren gelten §§ 1042 ff. Die Entscheidung ergeht nicht durch Schiedsspruch, § 1054, sondern durch Beschluß, der rechtliches Gehör der Beteiligten voraussetzt, § 1042 I 2, Wolf aaO, und unanfechtbar ist.

**3) Vollziehung einstweiliger Maßnahmen, II u III.** Zwangsmittel darf das Schiedsgericht weder 3 verhängen noch androhen. Jede Vollziehungsmaßnahme setzt voraus, daß das staatliche Gericht die Vollziehung auf Antrag der Partei durch Beschluß zuläßt. Ein solcher Beschluß darf nicht ergehen, wenn schon eine entspr Maßnahme bei dem staatlichen Gericht, § 1033, beantragt worden ist, **II 1**; da dort nur einstw Verfügungen und Anordnungen sowie Arreste zulässig sind, gilt diese Beschränkung nur dann, wenn das Schiedsgericht eine entspr Maßnahme getroffen hat.

Über den Vollziehungsantrag entscheidet das Gericht nach pflichtgemäßem Ermessen unter Abwägung 4 aller Umstände, BegrRegEntw S 45; es prüft, ob das Schiedsgericht eine einstw Regelung treffen durfte (zB ob die Schiedsvereinbarung dem entgegensteht, im Hinblick auf § 1040 nicht aber, ob die Vereinbarung wirksam ist) und ob dem Schiedsgericht Ermessensfehler unterlaufen sind (abw Wolf DB **99**, 1102: Befugnis zur Prüfung von Aufhebungsgründen, § 1059). Das Staatsgericht kann in seiner Entscheidung die AnO des Schiedsgerichts abw fassen, wenn dies zu ihrer Vollziehung notwendig ist, **II 2**, zB wenn sie nicht bestimmt genug gefaßt war, vgl Thümmel DZWiR **97**, 136.

Zuständig ist das OLG, § 1062 I Z 3; wegen des Verfahrens s § 1063 (Anwaltszwang erst nach AnO der 5 mdl Verh, § 1063 IV). Das Gericht kann auf Antrag einer Partei den von ihm erlassenen Beschluß aufheben oder ändern, **III**; anders als nach § 927 ist eine Veränderung der Umstände nicht notwendige Voraussetzung, so daß jeder sachliche Grund genügt, zB die Änderung der Rechtsauffassung, vgl § 620b Rn 1. Im Verfahren nach II u III gibt es kein Rechtsmittel gegen die Entscheidung des Gerichts, § 1065 I 2.

Die Anwendung von § 929 II ist nicht vorgesehen.

**4) Schadensersatzpflicht, IV.** Die Schadensersatzpflicht der Partei, die die Vollziehung einer von 6 Anfang an ungerechtfertigten einstw Maßnahme erwirkt hat, regelt IV 1 entspr § 945, s die dortigen Erl. Anders als nach § 945 genügt das Erwirken der einstw Maßnahme nicht. Der Schadensersatzanspruch kann im anhängigen Schiedsverfahren geltend gemacht werden, **IV 2**. Das Schiedsgericht entscheidet über ihn durch Schiedsspruch, § 1054.

**5) *VwGO:*** Entspr anzuwenden, Grdz § 1025 Rn 23 u 24. 7

## Fünfter Abschnitt. Durchführung des schiedsrichterlichen Verfahrens

**1042** *Allgemeine Verfahrensregeln.* **I** ¹Die Parteien sind gleich zu behandeln. ²Jeder Partei ist rechtliches Gehör zu gewähren.

**II** Rechtsanwälte dürfen als Bevollmächtigte nicht ausgeschlossen werden.

**III** Im übrigen können die Parteien vorbehaltlich der zwingenden Vorschriften dieses Buches das Verfahren selbst oder durch Bezugnahme auf eine schiedsrichterliche Verfahrensordnung regeln.

**IV** ¹Soweit eine Vereinbarung der Parteien nicht vorliegt und dieses Buch keine Regelung enthält, werden die Verfahrensregeln vom Schiedsgericht nach freiem Ermessen bestimmt. ²Das Schiedsgericht ist berechtigt, über die Zulässigkeit einer Beweiserhebung zu entscheiden, diese durchzuführen und das Ergebnis frei zu würdigen.

**1) Regelungszweck.** Anders als das bisherige Recht, § 1034 II aF, enthält der 5. Abschnitt Regeln für 1 das schiedsrichterliche Verfahren. Nicht alle sind zwingendes Recht. Vielmehr bleiben weite Freiräume für eine Parteivereinbarung. Danach sind für das Verfahren maßgeblich, Berger DZWiR **98**, 51: Zwingende

**§ 1042**     10. Buch. 5. Abschnitt. Durchführung des schiedsrichterl. Verf.

Vorschriften des nach § 1025 I maßgeblichen Rechts, vereinbarte Verfahrensregeln, nichtzwingende Vorschriften des genannten Rechts, vom Schiedsgericht festgelegte Verfahrensregeln.

2   **2) Gleichbehandlung und rechtliches Gehör, I.** Diese Grundregeln sind Eckpfeiler des schiedsrichterlichen Verfahrens, § 1034 Rn 1. Sie sind in jedem Stadium des schiedsrichterlichen Verfahrens als zwingendes Recht zu beachten. Ihre Verletzung führt zur Aufhebung des Schiedsspruchs, § 1059 II Z 1 b, 1 d u Z 2 b, und schließt seine Anerkennung und Vollstreckbarkeit aus.

3   Deshalb ist peinliche Beachtung dieser Gebote unerläßlich. Es empfiehlt sich, die Parteien in der Schlußverhandlung zu befragen, ob sie Beanstandungen in dieser Richtung erheben wollen; verneinen sie die Frage, wird dies im Protokoll vermerkt, andernfalls geht das Schiedsgericht den Beanstandungen nach und behebt etwaige Fehler.

    **A. Gleichbehandlung**, Einl III vor § 1 Rn 21. Zu ihr gehört nicht nur die unparteiische und gleichmäßige Handhabung der Verfahrensregeln, sondern auch die Beachtung des Gebots der Waffengleichheit und des Verbots der Willkür.

4   **B. Anhörung**, Einl III vor § 1 Rn 16 ff. Dieser Eckstein auch des schiedsrichterlichen Verfahrens muß sorgfältig beachtet werden, nach dem Grundsatz „besser zuviel als zuwenig".

    Einzelheiten (MüKoMa § 1034 Rn 5 ff): Die Anhörungspflicht des Schiedsgerichts geht ebenso weit wie die der staatlichen Gerichte, BGH **85**, 291 mwN. Es genügt also nicht, daß die Parteien einmal ihre Behauptungen vorbringen konnten; sie sind vielmehr zu hören, so oft es die Sach- und Prozeßlage verlangt, s SchwW 15 Rn 2, RoSGo § 174 I 1 a, also zu allen Tatsachen und Beweismitteln, die das Schiedsgericht seiner Entscheidung zugrunde legen will, BGH **31**, 45, s § 1047 II u III. Zu jeder Beweisaufnahme sind die Parteien nicht nur hinzuzuziehen, § 1047 II, sondern auch zu hören, außer wenn der Zeuge nichts Sachdienliches gesagt hat und der Nichtgehörte das auch einräumt, BGH **3**, 218; konnte eine Partei einer Beweisaufnahme nicht beiwohnen, ist ihr das Ergebnis schriftlich mitzuteilen. Eine Anhörung am Schluß des Verfahrens ist nicht unbedingt nötig, aber dringend zu empfehlen. Ist der Termin ausdrücklich nur zur Verhandlung über bestimmte Punkte bestimmt, so darf das Schiedsgericht in Abwesenheit der Parteien nichts anderes behandeln, RG **123**, 356. Werden durch die Entscheidung rechtliche Interessen Dritter berührt oder gar unmittelbar betroffen, sind auch sie zu hören, vgl Rn 14 („Streithilfe").

5   Gehör ist versagt, wo das Schiedsgericht bei einer Partei den Eindruck erweckt hat, eine Frage werde in ihrem Sinne entschieden, dann aber im Schiedsspruch ohne weiteres Gehör entgegengesetzt entscheidet, BGH NJW **83**, 868, Ffm LS BB **77**, 17; das Schiedsgericht braucht aber den Parteien seine Rechtsansicht nicht mitzuteilen und sie zur Äußerung hierzu aufzufordern, BGH **31**, 46, NJW **90**, 3211. Nichtbeachtung der Grundsätze der §§ 139 u 278 III ist noch keine Verletzung des Anspruchs auf rechtliches Gehör, wenn die Geltung dieser Vorschriften von den Schiedsparteien nicht vereinbart worden ist, BGH NJW **83**, 868 u WertpMitt **59**, 1375.

6   **3) Vertretung vor dem Schiedsgericht, II.** Weder inländische noch ausländische Rechtsanwälte dürfen als Bevollmächtigte ausgeschlossen werden, vgl § 1034 I 2 1. Halbsatz aF. Die Vorschrift ist zwingend; sie erfaßt auch die Schiedsvereinbarung, § 1029. Ob im Verfahren § 157 entspr angewendet werden darf, § 1034 I 3 aF, kann das Schiedsgericht nach Ermessen entscheiden, BegrRegEntw S 46, wenn die Parteien nichts anderes bestimmen.

7   **4) Parteivereinbarung, II** (Ahlers AnwBl **99**, 308). Soweit nicht zwingende Vorschriften entgegenstehen, können die Parteien das Verfahren selbständig oder durch Bezugnahme auf eine Schiedsgerichtsordnung regeln, zB diejenigen des ICC in Paris, Schütze Rn 18, Weigand NJW **98**, 2081. Zwingend sind nicht nur I und II, sondern alle Vorschriften, die nicht unter dem Vorbehalt einer anderweiten Vereinbarung stehen; dies sind insbesondere die §§ 1046 I, 1047 II u III, 1048 IV 1 u 1049 III.

8   **5) Ermessen des Schiedsgerichts, IV.** Soweit eine gesetzliche Regelung oder eine Parteivereinbarung fehlt, bestimmt das Schiedsgericht sein Verfahren nach freiem Ermessen, **IV 1**. Es ist insbesondere berechtigt, über die Zulässigkeit einer Beweisaufnahme zu entscheiden, sie durchzuführen und ihr Ergebnis frei zu würdigen, wie es der deutschen ZPO entspricht; das wird in **IV 2** klargestellt.

9   **6) Einzelheiten des Verfahrens:**
    **Ablehnung** eines Schiedsrichters s §§ 1036 u 1037.
    **Anträge.** Nicht notwendig schriftlich, auch stillschweigend, Verlesung unnötig, RG **149**, 49. Grundsätzlich binden die Anträge, das Schiedsgericht muß sie aber so auslegen, daß es den Streit wirtschaftlich zweckmäßig entscheidet, RG **149**, 49. In diesem Sinn darf es dem Parteiwillen gemäß sogar über den abgefaßten Antrag hinausgehen, RG **149**, 49. Bestimmte Klageanträge sind wie nach § 253 II Z 2 erforderlich; möglich ist auch die Vereinbarung, daß das Schiedsgericht über die Gestaltung von Rechtsbeziehungen der Parteien entscheiden soll, BGH **LM** § 1025 Nr 14.
    **Arrest und einstwVfg.** S §§ 1033 u 1041.
    **Ausländersicherheit.** § 110 ist anwendbar, wenn die Parteien das deutsche Verfahrensrecht als Schiedsstatut vereinbart haben, hM, Haase BB **95**, 1252 mwN (auch zur rechtsmißbräuchlich erhobenen Einrede), Rabe TranspR **88**, 184, SchwW 16 Rn 19.
    **Aussetzung** im Sinn des § 250 ist ausgeschlossen, weil keine Aufnahme möglich ist. Aussetzung mit Wirkung einer Vertagung ist nach Lage des Falls zulässig; die Parteien können jederzeitige Fortführung verlangen. Zur Aussetzung nach Art 177 EGV, Anh § 1 GVG, ist ein Schiedsgericht nicht berechtigt, EuGH NJW **82**, 1207 (dazu Habscheid KTS **84**, 62, Rengeling/Jakobs DÖV **83**, 375, Hepting IPrax **83**, 101 u EuR **82**, 315), aM Kornblum JbPrSchdG **2**, 105, auch nicht zur Aussetzung nach Art 100 GG, § 1 GVG Rn 7 ff; hier hilft § 1050, Raeschke-Kessler EuZW **90**, 147.

10   **Beratung und Abstimmung** s § 1052 (auch zum Beratungsgeheimnis).
    **Beweiserhebung** s §§ 1049 u 1050. Ein selbständiges Beweisverfahren, §§ 485 ff, vor dem Schiedsgericht ist möglich, wenn die Hauptsache bei ihm anhängig ist (daneben bleibt das Staatsgericht zuständig), SchwW 15 Rn 26, Schütze 111, Nicklisch AWD **78**, 640.

**Einstweilige Verfügung** s Arrest.
**Eintritt einer neuen Partei** durch Einmischungsklage oder Benennung des Urhebers, §§ 64, 75–77, ist nur mit Zustimmung der Parteien und des Schiedsgerichts möglich; sie enthält die Unterwerfung unter das Schiedsverfahren, SchwW 16 Rn 16.
**Entscheidung.** Siehe über den Schiedsspruch § 1054. Beschlüsse werden erst mit ihrer Mitteilung an die Parteien wirksam.
**Ermittlungen.** Das Schiedsgericht hat das Sachverhältnis im Rahmen des Nötigen von sich aus zu ermitteln, BGH NJW **64**, 593, SchwW 15 Rn 5–26 (eingehend). Damit ist nicht der Untersuchungsgrundsatz vorgeschrieben, Lionnet F Glossner, 1994, S 209 (eingehend). Es besteht aber die Aufklärungspflicht entsprechend § 139 hier in verstärktem Maß. Unterläßt das Schiedsgericht Ermittlungen, so begründet das die Aufhebungsklage nicht, RG HRR **35**, 304, es sei denn, es steht fest, daß das Schiedsgericht die Aufklärung selbst für nötig gehalten hat, SchwW 15 Rn 5.

Das Schiedsgericht darf wie die KfH die (allgemeinen) Fachkenntnisse seiner Mitglieder verwerten, ebenso (konkrete) private Kenntnisse bezüglich streitiger Tatsachen, muß aber dazu die Parteien natürlich hören, BGH NJW **64**, 593, Maier 259, SchwW 15 Rn 6, abw Koutsouradis KTS **84**, 573 (nur offenkundige oder gerichtsbekannte Tatsachen). Beweis ist zu erheben, soweit das Schiedsgericht dies für erforderlich hält; an die Beweismittel der ZPO oder einen Beweisantritt ist das Schiedsgericht nicht gebunden. Wenn eine Partei sich weigert, den angeforderten Vergütungsvorschuß, Anh § 1035 Rn 13, an die Schiedsrichter zu zahlen, darf das Schiedsgericht nicht deswegen von einer für erheblich gehaltenen Beweisaufnahme absehen und ohne Verwertung des Beweismittels entscheiden, BGH NJW **85**, 1903. Die Parteien können wirksam die Beweismittel beschränken, zB andere als Urkunden ausschließen, Holland/Hantke Festschrift Bülow, 1981, S 75, oder wegen der Sachkunde der Schiedsrichter den Beweis durch Sachverständige ausschließen, Nagel Festschrift Firsching, 1985, S 199. Wegen eidlicher Vernehmungen s § 1050 Rn 1. Dritte können von den Parteien zur Vorlegung von Urkunden nur im Prozeßweg § 429 angehalten werden. Das Schiedsgericht kann die Beweiserhebung beliebig einem Mitglied anvertrauen, sollte das aber nur im Notfall tun. Konnten die Parteien einer Beweisaufnahme nicht beiwohnen, so ist ihnen das Ergebnis schriftlich mitzuteilen; sie müssen sich dazu äußern können, oben Rn 4. Soweit den Schiedsrichtern durch das Verfahren bare Auslagen erwachsen, haben sie die Parteien vorzuschießen, Anh § 1035 Rn 11.
**Exterritorialität.** Im Abschluß einer Schiedsvereinbarung liegt idR ein Verzicht auf die Immunität, Einf §§ 18–20 GVG Rn 3, vgl Ebenroth/Parche RIW **90**, 343.
**Fristen.** Vertragliche und vom Schiedsgericht gesetzte Fristen sind nach vermutlichem Parteiwillen gemäß § 222 zu berechnen. Abweichende Regelung ist ebenso zulässig wie Verlängerung oder Verkürzung durch die Parteien. Die Parteien können auch die Anwendung der Präklusionsvorschriften, §§ 296 u 296 a, bei Versäumung schiedsrichterlicher Fristen vereinbaren, Schütze 112.
**Grundentscheidung.** Für eine Vorabentscheidung über den Grund, § 304, besteht im Schiedsverfahren kein Bedürfnis, Maier Rn 405. Eine solche Entscheidung ist für sich allein kein Schiedsspruch iSv § 1055, es sei denn, die Tätigkeit des Schiedsgerichts beschränkt sich auf die Feststellung der Berechtigung dem Grunde nach, SchwW 18 Rn 12.
**Hinweis- und Aufklärungspflichten.** Die §§ 139, 278 III sind agrd ausdrücklicher Vereinbarung anwendbar, sonst nur iRv § 1027.
**Klage.** Keine Bindung an Formen und Arten. Keine Einlassungsfrist. Das Schiedsgericht schreibt zweckmäßig eine Frist zur Klagbeantwortung vor. Freie Klagänderung im Rahmen des Schiedsverfahrens unter den Voraussetzungen der §§ 263, 264 ist möglich. Klagrücknahme ausnahmslos nur mit Einwilligung des Beklagten, SchwW 16 Rn 23. Bei Veräußerung der Streitsache ist ein Antrag auf Leistung an den Dritten möglich. Siehe auch „Rechtshängigkeit". Verzögert die Partei die Klage ungebührlich, so kann das Schiedsgericht die Klagerhebung nicht erzwingen. Dagegen kann die Gegenpartei vom Schiedsvertrag zurücktreten, die Schiedsrichter können den Schiedsrichtervertrag kündigen.
**Kosten.** S § 1057.
**Ladung** formlos, aber wegen des rechtlichen Gehörs ist Sicherstellung (und Nachweis) des Zugangs zweckmäßig, s unter „Zustellung". Eine Ladungsfrist ist nicht vorgeschrieben; nötig ist die Einhaltung einer angemessenen Frist.
**Mündlichkeit.** Sie ist anzuordnen, wenn die Parteien sie vereinbart haben oder übereinstimmend beantragen, BGH NJW **94**, 2155 (nachträglicher Verzicht ist möglich); i ü genügt rechtliches Gehör beliebiger Art, s oben Rn 4. Gleichzeitige Anhörung der Parteien nicht geboten, aber durchaus anzuraten. War Erklärungsfrist zu knapp, so ist rechtliches Gehör verweigert. Wo eine mündliche Verhandlung stattfindet, darf sie frei gestaltet werden, nach Recht wie auch anderes versteht sich.
**Öffentlichkeit.** Grundsätzlich besteht keine Öffentlichkeit iSv § 169 GVG, da das regelmäßig nicht im Interesse der Parteien liegt. Das Schiedsgericht darf im (auch stillschweigenden) Einverständnis der Parteien Ausnahmen machen, nicht aber ohne solches.
**Partei- und Prozeßfähigkeit,** §§ 50–53, sind vAw zu prüfen und wesentlich. Im Vollstreckbarkeitsverfahren kann keine Heilung eintreten, KG JW **37**, 556. Bestellung eines gesetzlichen Vertreters nur durch das Staatsgericht des § 1050.
**Protokoll** ist nicht vorgeschrieben, aber durchaus zweckmäßig, ja nötig, hat aber nicht die Beweiskraft des § 165, BGH ZZP **89**, 431. Es muß von den Parteien, ihren Prozeßbevollmächtigten und allen Schiedsrichtern unterschrieben sein. Ein Protokollführer ist nach Ermessen des Schiedsgerichts zuzuziehen. Protokollierung aller für das Verfahren wesentlichen Punkte ist idR zu empfehlen, vgl dazu SchwW 16 Rn 33; wenn nötig, ist dabei die Form des § 1031 I einzuhalten.
**Präklusion.** S „Verfahrensrügen".
**Prozeßkostenhilfe.** Sie darf für Schiedsgerichtsverfahren nicht bewilligt werden, Stgt BauR **83**, 486, LAG Düss LS KTS **87**, 692.
**Prozeßvollmacht.** Für sie gelten §§ 80 ff entspr.

**§ 1042** 10. Buch. 5. Abschnitt. Durchführung des schiedsrichterl. Verf.

**Rechtliches Gehör.** Oben Rn 4.
**Rechtshängigkeit.** S „Schiedshängigkeit".
**Rechtsmittel.** Kein Instanzenzug zwischen Schiedsgericht und Staatsgericht, hM. Der Schiedsvertrag kann aber ein Oberschiedsgericht vorsehen, ganz hM, SchwW Kap 22; es ist im Zweifel Tatsacheninstanz. Beschwer ist nötig. Die Berufungsfrist ist vertraglich zu bestimmen; im Zweifel angemessen ist die Monatsfrist des § 516. Das Verfahren kann nach Maßgabe des Schiedsvertrags frei gestaltet werden. Der ergehende Schiedsspruch ist im Sinn der ZPO „der" Schiedsspruch, § 1055. Anschlußrechtsmittel sind entsprechend Vertrag oder Verfahrensordnung zulässig.
**Rechtsweg.** Zulässigkeit iSv § 13 GVG ist vAw zu prüfen. Fehlt sie, ist kein Schiedsvertrag möglich, also auch kein Schiedsverfahren. Wegen öff-rechtlicher Schiedsgerichte s Grdz § 1025 Rn 23 u 24.
**Rüge der Unzulässigkeit des Schiedsverfahrens.** S § 1040. Vgl auch Art 5 des Europäischen Übk, Schlußanh VI A 2.
**Schiedshängigkeit.** S § 1044 Rn 3.
**Sprache.** S § 1045.

14 **Streitgenossenschaft** ist statthaft, Markfort, Mehrparteien-Schiedsgerichtsbarkeit im deutschen und ausländischen Recht, 1994; Schwab F Habscheid, 1989, S 285; Laschet F Bülow S 92; Koussoulis ZZP **94**, 195 mwN. Bei Notwendigkeit gemeinsamer Rechtsverfolgung, § 62 Rn 12 ff, müssen sämtliche Streitgenossen dem Schiedsgericht unterstehen, ist die Schiedsabrede durch nur einen notwendigen Streitgenossen also unwirksam, vgl KG JZ **61**, 175 (krit Pohle), SchwW 16 Rn 12 u 13. Wegen der Ernennung der Schiedsrichter in diesem Fall s § 1035 Rn 7.
**Streithilfe** iSv §§ 66, 69, Markfort, s o. Sie ist denkbar, BGH **85**, 290, zB durch nicht unmittelbar von der Entscheidung betroffene Gesellschafter, Becker ZZP **97**, 320, K. Schmidt ZGR **88**, 533 (Auflösungsklage nach § 61 GmbHG). Voraussetzung des Beitritts ist die Zustimmung der Parteien und des Schiedsgerichts, SchwW 16 Rn 14, die im Hinblick auf das Gebot des rechtlichen Gehörs, oben Rn 4, erteilt werden muß, wenn die Entscheidung unmittelbar in die Rechte des Dritten eingreift. Nie tritt Streithilfewirkung aus § 68 ein, wenn diese Wirkung vom Beitretenden nicht ausdrücklich übernommen wird, BGH **LM** § 68 Nr 2.
**Streitverkündung,** § 72, Markfort, s o. Sie ist immer zulässig, aber ohne die Streithilfewirkung der §§ 74, 68, da der Schiedsvertrag und seine Abwicklung im Schiedsverfahren auf Dritte keine Wirkung haben kann, SchwW 16 Rn 15, Laschet F Bülow S 92. Anders, wenn der, dem der Streit verkündet ist, beitritt und sich der Wirkung ausdrücklich unterworfen hat, BGH **LM** § 68 Nr 2 (MüKoMa § 1034 Rn 39 läßt stillschweigendes Einverständnis, zB durch rügelose Mitwirkung, genügen).

15 **Teilschiedssprüche** sind zulässig, soweit im Verf der staatlichen Gerichte ein Teilurteil ergehen darf, § 301, SchwW 18 Rn 6, Maier Rn 402 u 403. Wenn sie in sich vollständig und nicht mehr abänderbar sind, sind sie Schiedssprüche iSv § 1055 und können für vollstreckbar erklärt werden, § 1060 u 1061.
**Unterbrechung** tritt nie ein; s oben „Aussetzung".
**Urkunden** darf das Schiedsgericht als Beweismittel verwenden. Es kann sie (notfalls mit Hilfe des Staatsgerichts, § 1050) von Beteiligten und Dritten anfordern, SchwW 15 Rn 21.
**Urkundenprozeß.** Ein Schiedsverfahren in der Gestaltung des Urkundenprozesses, §§ 592 ff, dürfte nach § 1042 III u IV zulässig sein, Wolf DB **99**, 1106.
**Veräußerung des Streitgegenstandes.** § 265 gilt entsprechend, Hamm RIW **83**, 698.
**Verfahrensrügen.** S § 1027.
**Vergleich.** S § 1053.
**Versäumnisverfahren.** S § 1048.
**Vertretung.** Oben Rn 6.

16 **Wahrheitspflicht.** § 138 I gilt zwingend, weil er einen sittlichen Grundsatz der Prozeßführung ausspricht, dem sich niemand entziehen kann; Verletzung gibt aber kein Lossagungsrecht vom Schiedsvertrag.
**Wechsel- und Scheckprozeß.** Die Schiedsabrede kann sich auf Ansprüche aus Wechseln und Schecks erstrecken, jedoch ist ein Wechsel- oder Scheckprozeßverfahren, §§ 602 ff, im Schiedsverfahren nicht zulässig, BGH NJW **94**, 136, dazu Wolf DB **99**, 1104.
**Widerklage** ist im Rahmen des Schiedsvertrags immer zulässig, § 1046 III. Bei Zusammenhang mit der Klage können Schiedsrichter diese ablehnen, wenn nicht für die Widerklage ein anderes (Schieds-)Gericht zuständig ist, Hbg MDR **65**, 54; für die Widerklage entsteht eine neue Vorschußpflicht.
**Wiederaufnahme,** §§ 578 ff, ist weder vorm Schiedsgericht noch vorm Staatsgericht möglich, an ihre Stelle tritt die Aufhebungsklage, § 1059.
**Wiedereinsetzung** ist nur bei notfristartigen Fristen denkbar, etwa einer vereinbarten Berufungsfrist. Insoweit ist § 233 entsprechend anwendbar. Iü freie Zulassung der verspäteten Prozeßhandlung.

17 **Zuständigkeit.** S § 1040.
**Zustellung** ist gesetzlich nicht vorgeschrieben, kann aber von den Parteien vereinbart werden. Sonst genügt jede Art der Bekanntmachung; aber Einschreibebrief mit Rückschein ist bei wichtigeren Schriftsätzen dringend zu empfehlen, weil sonst kein Empfangsnachweis möglich ist. So namentlich bei Klagerhebung wegen der sachlich-rechtlichen Folgen und bei Aufforderung zur Äußerung wegen der Gewährung rechtlichen Gehörs.
**Zwischenentscheidungen** zB über die Zuständigkeit sind zulässig, § 1040 III. Sie sind aber keine Schiedssprüche iSv § 1055 und können nicht für vollstreckbar erklärt werden, BGH **10**, 327. Soweit nichts anderes bestimmt ist, zB in § 1040 III, sind sie nur zusammen mit der Endentscheidung vom staatlichen Gericht zu überprüfen; vgl dazu Laschet, Rechtsmittel gegen schiedsgerichtliche Zwischenentscheidungen, F Nagel 1987, S 167–188.

18 7) *VwGO:* § 1042 ist entsprechend anzuwenden, Grdz § 1025 Rn 23 u 24, mit der Maßgabe, daß Richtschnur für das Verfahren, Rn 6 ff, statt ZPO in erster Linie VwGO ist, SchGerUrt OVG Bln AS **16**, 260.

**1043** *Ort des schiedsrichterlichen Verfahrens.* ¹¹Die Parteien können eine Vereinbarung über den Ort des schiedsrichterlichen Verfahrens treffen. ²Fehlt eine solche Vereinbarung, so wird der Ort des schiedsrichterlichen Verfahrens vom Schiedsgericht bestimmt. ³Dabei sind die Umstände des Falles einschließlich der Eignung des Ortes für die Parteien zu berücksichtigen.

II Haben die Parteien nichts anderes vereinbart, so kann das Schiedsgericht ungeachtet des Absatzes 1 an jedem ihm geeignet erscheinenden Ort zu einer mündlichen Verhandlung, zur Vernehmung von Zeugen, Sachverständigen oder der Parteien, zur Beratung zwischen seinen Mitgliedern, zur Besichtigung von Sachen oder zur Einsichtnahme in Schriftstücke zusammentreten.

**1) Regelungszweck.** Der Ort des schiedsrichterlichen Verfahrens (Schiedsort) ist für mehrere Fragen von 1 Bedeutung. Nach ihm bestimmen sich das anzuwendende Verfahrensrecht, § 1025 I, die Qualifizierung als inländischer oder ausländischer Schiedsspruch, § 1061 I, und die örtliche Zuständigkeit des staatlichen Gerichts, § 1062 I. Der Schiedsort ist im Schiedsspruch anzugeben, § 1054 III.

**2) Bestimmung des Schiedsortes, I.** Er wird in erster Linie von den Parteien bestimmt, **I 1**; das kann 2 sowohl in der Schiedsvereinbarung, § 1029, als auch in einer besonderen Übereinkunft geschehen, die nicht der Form des § 1031 bedarf. Die Wahl „Hamburger Freundschaftliche Arbitrage" bedenkt die Bestimmung Hamburgs zum Schiedsort, SchiedsG RR 99, 781. Treffen die Parteien keine Bestimmung, so wird der Schiedsort vom Schiedsgericht bestimmt, **I 2**; dabei sind die Umstände des Falles einschließlich der rechtlichen und tatsächlichen Eignung des Ortes für die Parteien zu berücksichtigen, **I 3**. Das Schiedsgericht hat bei seiner Ermessensentscheidung vor allem die Belange der Schiedsrichter und der Beteiligten zu beachten, im internationalen Verkehr aber auch die Eignung der durch den Schiedsort bestimmten Verfahrensordnung und die Auswirkungen auf die Anerkennung und Vollstreckbarkeit des Schiedsspruchs. Der Schiedsort braucht, wie II zeigt, nicht der reale Ort der Tätigkeit des Schiedsgerichts zu sein. Seine Festlegung ist keine „einzelne Angelegenheit" iSv § 1052 III.

**3) Ort der Tätigkeit des Schiedsgerichts, II.** In der Regel wird das Schiedsgericht am Schiedsort auch 3 tätig sein. Dies ist aber nicht vorgeschrieben. Wenn die Parteien nichts anderes vereinbart haben, kann das Schiedsgericht an jedem ihm geeignet erscheinenden Ort zu einer mündlichen Verhandlung, zur Vernehmung von Zeugen, Sachverständigen und Parteien, zur Besichtigung von Sachen oder zur Einsichtnahme in Schriftstücke zusammentreten, II. Da es allein auf die Ansicht der Schiedsrichter ankommt, darf die Eignung des Ortes vom staatlichen Gericht nicht nachgeprüft werden.

**4)** *VwGO: Entspr anzuwenden, Grdz § 1025 Rn 23 u 24.* 4

**1044** *Beginn des schiedsrichterlichen Verfahrens.* ¹Haben die Parteien nichts anderes vereinbart, so beginnt das schiedsrichterliche Verfahren über eine bestimmte Streitigkeit mit dem Tag, an dem der Beklagte den Antrag, die Streitigkeit einem Schiedsgericht vorzulegen, empfangen hat. ²Der Antrag muß die Bezeichnung der Parteien, die Angabe des Streitgegenstandes und einen Hinweis auf die Schiedsvereinbarung enthalten.

**1) Regelungszweck.** Der Beginn des schiedsrichterlichen Verfahrens ist für verschiedene Fragen von 1 Bedeutung, namentlich für den Eintritt der Schiedshängigkeit, unten Rn 3. Den Zeitpunkt festzulegen, ist in erster Linie Sache der Parteien. Ergänzend greift § 1044 ein.

**2) Beginn des Schiedsverfahrens.** Wenn die Parteien nichts anderes vereinbart haben, beginnt das 2 schiedsrichterliche Verfahren über eine bestimmte Streitigkeit an dem Tage, an dem der Beklagte den Antrag, die Streitigkeit einem Schiedsgericht vorzulegen, empfangen hat, S 1 (die Notwendigkeit der Schriftlichkeit ergibt sich aus dem Wortlaut, der den „Empfang" voraussetzt, und aus Gründen der Rechtssicherheit). Den Nachweis des Empfangs durch geeignete Mittel (zB Einschreiben gegen Rückschein, oder förmliche Zustellung) sicherzustellen, ist Sache des Klägers, wenn die Schiedsvereinbarung dazu schweigt. Das schiedsrichterliche Verfahren beginnt zu diesem Zeitpunkt nur dann, wenn der Antrag den in S 2 genannten Anforderungen entspricht; anders als in der Schiedsklage, § 1046 I, brauchen die den Anspruch begründenden Tatsachen nicht angegeben zu werden, wohl aber muß das Begehren deutlich dargestellt werden, weil eine Angabe des Streitgegenstandes sonst kaum möglich ist.

**3) Wirkungen.** Mit dem Beginn des schiedsrichterlichen Verfahrens, nicht erst mit dem Zugang der 3 Schiedsklage beim Gegner tritt die **Schiedshängigkeit** ein, weil die Bildung des Schiedsgerichts und die Eröffnung des Streitverfahrens oft von Umständen abhängt, auf die der Schiedskläger keinen Einfluß hat. Dieser Zeitpunkt ist vor allem für die Verjährung von Bedeutung, § 220 II BGB, s Hauck, Schiedshängigkeit u Verjährungsunterbrechung, 1996. Stellen mehrere Beteiligte in derselben Sache einen Antrag iSv I, so entscheidet mangels einer entgegenstehenden Parteiabrede der früheste Zugang über den Beginn des schiedsrichterlichen Verfahrens. Die Schiedshängigkeit begründet entspr § 261 III Z 1 gegenüber einem später anhängig gemachten Schiedsverfahren in gleicher Sache die Einrede der Schiedshängigkeit, SchwW 16 Nr 4, str.

**4)** *VwGO: Entspr anzuwenden, Grdz § 1025 Rn 23 u 24.* 4

## § 1045 Verfahrenssprache

**1045** *Verfahrenssprache.* ¹ ¹Die Parteien können die Sprache oder die Sprachen, die im schiedsrichterlichen Verfahren zu verwenden sind, vereinbaren. ²Fehlt eine solche Vereinbarung, so bestimmt hierüber das Schiedsgericht. ³Die Vereinbarung der Parteien oder die Bestimmung des Schiedsgerichts ist, sofern darin nichts anderes vorgesehen wird, für schriftliche Erklärungen einer Partei, mündliche Verhandlungen, Schiedssprüche, sonstige Entscheidungen und andere Mitteilungen des Schiedsgerichts maßgebend.

<sup>II</sup> Das Schiedsgericht kann anordnen, daß schriftliche Beweismittel mit einer Übersetzung in die Sprache oder die Sprachen versehen sein müssen, die zwischen den Parteien vereinbart oder vom Schiedsgericht bestimmt worden sind.

1  1) **Regelungszweck.** Die Verfahrenssprache ist im internationalen Schiedsverkehr von erheblicher Bedeutung. Sie muß für das Schiedsverfahren geregelt werden, weil § 184 GVG hierfür nicht gilt.

2  2) **Bestimmung der Verfahrenssprache, I.** In erster Linie ist es Sache der Parteien, die im Schiedsverfahren zu benutzende Sprache oder Sprachen festzulegen, **I 1**. Fehlt eine entspr Vereinbarung, so bestimmt das Schiedsgericht die Verfahrenssprache(n), **I 2**. Maßgeblich hierfür sind die Interessen des Schiedsgerichts und der Parteien; auf die Amtssprache am tatsächlichen oder rechtlichen Schiedsort, § 1043, kommt es nicht an. Die Verfahrenssprache(n) ist (sind) bei Fehlen einer entspr Regelung durch die Parteien bzw das Schiedsgericht für schriftliche Erklärungen der Parteien, mündliche Verhandlungen, Schiedssprüche sowie sonstige Entscheidungen und andere Mitteilungen des Schiedsgerichts maßgebend, **I 3**.

3  3) **Übersetzungen, II.** Das Schiedsgericht kann anordnen, daß schriftliche Beweismittel, zB Urkunden oder Gutachten, mit einer Übersetzung in die Verfahrenssprache versehen sein müssen. Wird die Anordnung nicht befolgt, ist das Beweismittel als ungeeignet zurückzuweisen. Die Kosten einer nach II notwendigen Übersetzung sind notwendige Kosten iSv § 1057 I.

4  4) *VwGO:* Entspr anzuwenden, Grdz § 1025 Rn 23 u 24.

**1046** *Klage und Klagebeantwortung.* ¹ ¹Innerhalb der von den Parteien vereinbarten oder vom Schiedsgericht bestimmten Frist hat der Kläger seinen Anspruch und die Tatsachen, auf die sich dieser Anspruch stützt, darzulegen und der Beklagte hierzu Stellung zu nehmen. ²Die Parteien können dabei alle ihnen erheblich erscheinenden Schriftstücke vorlegen oder andere Beweismittel bezeichnen, derer sie sich bedienen wollen.

<sup>II</sup> Haben die Parteien nichts anderes vereinbart, so kann jede Partei im Laufe des schiedsrichterlichen Verfahrens ihre Klage oder ihre Angriffs- und Verteidigungsmittel ändern oder ergänzen, es sei denn, das Schiedsgericht läßt dies wegen Verspätung, die nicht genügend entschuldigt wird, nicht zu.

<sup>III</sup> Absätze 1 und 2 gelten für die Widerklage entsprechend.

1  1) **Regelungszweck.** Die Vorschrift regelt das schriftliche Verfahren vor dem Schiedsgericht in Anlehnung an das Prozeßrecht im staatlichen Bereich mit dem Ziel, das Verfahren zügig und umfassend durchzuführen.

2  2) **Klage und Klagebeantwortung, I**

**A. Klage.** Die Schiedsklage muß, was sich von selbst versteht, die genaue Bezeichnung der Parteien und einen bestimmten Antrag enthalten, vgl § 253 II. Außerdem hat der Kläger seinen Anspruch und die Tatsachen darzulegen, auf die er diesen Anspruch stützt, **I 1**; dadurch wird der Streitgegenstand des Schiedsverfahrens bestimmt. Diese Vorschriften sind zwingend iSv § 1042 III. Wegen der Folgen eines Verstoßes s unten Rn 5.

3  **B. Klagebeantwortung.** Mit ihr hat der Beklagte zu der Klage, vor allem zum Tatsachenvortrag des Klägers, Stellung zu nehmen, **I 1**; vgl § 276.

4  **C. Gemeinsame Vorschriften, I 1 u 2.** Sowohl für die Klage als auch für die Klagebeantwortung sind Fristen einzuhalten, die durch die Vereinbarung der Parteien oder durch das Schiedsgericht bestimmt werden, **I 1**. Für den Fristenlauf gilt mangels anderer Bestimmung § 222 entspr; das Schiedsgericht kann eine Frist verlängern, vgl § 224 II u III. Beide Parteien können innerhalb der Fristen alle ihnen erheblich erscheinenden Schriftstücke vorzulegen oder andere Beweismittel zu bezeichnen, derer sie sich bedienen wollen, **I 2**. Die Vorlage von Abschriften genügt. Da die Klage und die Klagebeantwortung ebenso wie alle sonstigen Schriftstücke der Gegenpartei zur Kenntnis zu bringen sind, § 1047 III, müssen sie in der jeweils erforderlichen Stückzahl eingereicht werden, vgl § 253 V.

5  **D. Verstöße.** Versäumt der Kläger bzw der Beklagte die nach I gesetzten Fristen, ergeben sich die Folgen aus § 1048, s die dortigen Erl. Entspricht die Klage nicht den inhaltlichen Anforderungen, ist das Verfahren nach Fristablauf durch durch Beschluß zu beenden, § 1048 Rn 2.

6  3) **Klagänderung, II.** Wenn die Parteien nichts anderes vereinbart haben, darf jede Verfahrenspartei im Lauf des Schiedsverfahrens ihre Anträge oder ihre Angriffs- bzw Verteidigungsmittel ändern oder ergänzen; Zum Begriff „Angriffs- und Verteidigungsmittel" s Einl III vor § 1 Rn 70. Die Parteien unterliegen dabei keinen Beschränkungen. Im Fall der Verspätung kommt es auf das Verhalten der Gegenpartei an: willigt sie ein, ist das neue Vorbringen ohne weiteres zulässig, vgl § 263; widerspricht sie, darf das Schiedsgericht das neue Vorbringen zurückweisen, es sei denn, die Verspätung wird von der Partei genügend entschuldigt, § 1048 IV.

**4) Widerklage und Aufrechnung, III.** Für die Widerklage gelten I u II entspr. Sie ist nur dann zulässig, 7 wenn ihr Gegenstand von der Schiedsvereinbarung umfaßt wird, was auch für die Aufrechnung mit einer Gegenforderung gilt, vgl § 1029 Rn 22. Fehlt es daran, kann eine Widerklage oder Aufrechnung nur dann berücksichtigt werden, wenn die Gegenpartei nicht widerspricht: darin liegt eine stillschweigende Erweiterung der Schiedsvereinbarung, § 1031 VI.

**5) *VwGO*:** *Entspr anzuwenden, Grdz § 1025 Rn 23 u 24.* 8

## 1047 *Mündliche Verhandlung und schriftliches Verfahren.*

¹ ¹Vorbehaltlich einer Vereinbarung der Parteien entscheidet das Schiedsgericht, ob mündlich verhandelt werden soll oder ob das Verfahren auf der Grundlage von Schriftstücken und anderen Unterlagen durchzuführen ist. ²Haben die Parteien die mündliche Verhandlung nicht ausgeschlossen, hat das Schiedsgericht eine solche Verhandlung in einem geeigneten Abschnitt des Verfahrens durchzuführen, wenn eine Partei es beantragt.

**II** Die Parteien sind von jeder Verhandlung und jedem Zusammentreffen des Schiedsgerichts zu Zwecken der Beweisaufnahme rechtzeitig in Kenntnis zu setzen.

**III** Alle Schriftsätze, Schriftstücke und sonstigen Mitteilungen, die dem Schiedsgericht von einer Partei vorgelegt werden, sind der anderen Partei, Gutachten und andere schriftliche Beweismittel, auf die sich das Schiedsgericht bei seiner Entscheidung stützen kann, sind beiden Parteien zur Kenntnis zu bringen.

**1) Regelungszweck.** Die Vorschrift konkretisiert den Anspruch auf rechtliches Gehör, § 1042 I 2. Sie 1 regelt das Verfahren des Schiedsgerichts unter diesem Gesichtspunkt durch einige Grundbestimmungen.

**2) Mündliches oder schriftliches Verfahren, I.** Hierüber entscheidet in erster Linie die Parteiverein- 2 barung. Fehlt es daran, bestimmt das Schiedsgericht, ob mündlich verhandelt oder ein schriftliches Verfahren durchgeführt wird, I 1. Die Parteien können aber eine mündliche Verhandlung ausschließen. Ist das nicht geschehen, muß das Schiedsgericht eine solche Verhandlung in einem geeigneten Verfahrensabschnitt durchführen, wenn eine Partei dies beantragt, I 2. Fälle, in denen ein vereinbarter Ausschluß der mündlichen Verhandlung dem übergeordneten Grundsatz des rechtlichen Gehörs, § 1042 I 2, nicht zu beachten ist, sind denkbar, BegrRegEntw S 49.

**3) Benachrichtigung von Sitzungen des Schiedsgerichts, II.** Das Schiedsgericht hat die Parteien von 3 jeder Verhandlung und von jedem Zusammentreffen der Schiedsrichter zu Zwecken der Beweisaufnahme rechtzeitig in Kenntnis zu setzen, um den Beteiligten Gelegenheit zu geben, an der Verhandlung teilzunehmen bzw (der Gegenpartei) neues Vorbringen mitzuteilen. „Rechtzeitig" ist hier ebenso zu verstehen wie in Art 27 Z 2 EuGVÜ, Schlußanh V C 1, Rn 2. Die Vorschrift ist zwingend.

**4) Mitteilung schriftlicher Äußerungen, III.** Daß alle von einer Partei vorgelegten Schriftstücke der 4 anderen Partei und alle schriftlichen Beweismittel (namentlich Gutachten), auf die sich das Schiedsgericht stützen kann, beiden Parteien zur Kenntnis zu bringen sind, versteht sich im Hinblick auf § 1042 I von selbst. Ohne daß dies ausdrücklich bestimmt zu werden braucht, hat das Schiedsgericht auch seine eigenen Entscheidungen, Verfügungen und Mitteilungen beiden Parteien zur Kenntnis zu bringen, vgl § 1054 IV. Die Vorschrift ist zwingend.

**5) *VwGO*:** *Entspr anzuwenden, Grdz § 1025 Rn 23 u 24.* 5

## 1048 *Säumnis einer Partei.*

¹Versäumt es der Kläger, seine Klage nach § 1046 Abs. 1 einzureichen, so beendet das Schiedsgericht das Verfahren.

**II** Versäumt es der Beklagte, die Klage nach § 1046 Abs. 1 zu beantworten, so setzt das Schiedsgericht das Verfahren fort, ohne die Säumnis als solche als Zugeständnis der Behauptungen des Klägers zu behandeln.

**III** Versäumt es eine Partei, zu einer mündlichen Verhandlung zu erscheinen oder innerhalb einer festgelegten Frist ein Schriftstück zum Beweis vorzulegen, so kann das Schiedsgericht das Verfahren fortsetzen und den Schiedsspruch nach den vorliegenden Erkenntnissen erlassen.

**IV** ¹Wird die Säumnis nach Überzeugung des Schiedsgerichts genügend entschuldigt, bleibt sie außer Betracht. ²Im übrigen können die Parteien über die Folgen der Säumnis etwas anderes vereinbaren.

**1) Regelungszweck.** Die Folgen einer prozessualen Säumnis regelt § 1048 abschließend. Vorbehaltlich 1 IV 1 können die Parteien etwas anderes vereinbaren.

**2) Versäumnis der Klagefrist, I.** Wird die Frist nach § 1046 I vom Kläger versäumt, so beendet das 2 Schiedsgericht das Verfahren durch Beschluß, § 1056 II Z 1. Dies gilt nicht, wenn die Säumnis nach Überzeugung des Schiedsgerichts genügend entschuldigt wird, **IV 1**; i ü können die Parteien etwas anderes vereinbaren, **IV 2**.

**3) Versäumnis der Klagebeantwortungsfrist, II.** Hält der Beklagte die Frist, § 1046 I, nicht ein, so 3 setzt das Schiedsgericht das Verfahren fort, ohne die Säumnis als Zugeständnis der Behauptungen des Klägers zu behandeln. Das Schiedsgericht hat vielmehr zu prüfen, ob die Säumnis vom Beklagten genügend

## §§ 1048–1050    10. Buch. 5. Abschnitt. Durchführung des schiedsrichterl. Verf.

entschuldigt wird, **IV 1**. Geschieht dies nicht, hat es die Wahl, ob es dem Beklagten eine neue Frist setzen oder aber nach den Umständen des Falles ein Geständnis des Beklagten annehmen und einen Schiedsspruch in der Sache erlassen will. Dies gilt nicht, wenn die Parteien etwas anderes vereinbaren, **IV 2**, zB eine Sanktion ausschließen.

4  **4) Andere Fälle der Säumnis, III.** Versäumt es die Partei, zur mündlichen Verhandlung (§ 1047) zu erscheinen oder innerhalb einer festgelegten Frist ein Schriftstück zum Beweis vorzulegen (§ 1046 I 2), so kann das Schiedsgericht das Verfahren fortsetzen und den Schiedsspruch nach den vorliegenden Erkenntnissen erlassen, SchdG RR **99**, 781, wenn nicht die Säumnis nach der Überzeugung des Schiedsgerichts genügend entschuldigt wird, **IV 1**. Die Ladung zur mündlichen Verhandlung muß rechtzeitig iSv § 1047 II bzw die gesetzte Frist angemessen gewesen sein. Die Parteien können von III abweichende Vereinbarungen treffen, **IV 2**; sie müssen dabei den Grundsatz des **IV 1** beachten.

5  In § 1048 nicht genannte Fälle der Versäumung einer von den Parteien oder vom Schiedsgericht gesetzten Frist bleiben folgenlos, wenn nicht die Parteien dafür Sanktionen (etwa entspr § 296) vereinbaren. Sie müssen dabei den Grundsatz beachten, daß eine genügend entschuldigte Säumnis außer Betracht zu bleiben hat, **IV 1**.

6  **5) VwGO:** Entspr anzuwenden, Grdz § 1025 Rn 23 u 24.

## 1049 Vom Schiedsgericht bestellter Sachverständiger.

**I** ¹Haben die Parteien nichts anderes vereinbart, so kann das Schiedsgericht einen oder mehrere Sachverständige zur Erstattung eines Gutachtens über bestimmte vom Schiedsgericht festzulegende Fragen bestellen. ²Es kann ferner eine Partei auffordern, dem Sachverständigen jede sachdienliche Auskunft zu erteilen oder alle für das Verfahren erheblichen Schriftstücke oder Sachen zur Besichtigung vorzulegen oder zugänglich zu machen.

**II** ¹Haben die Parteien nichts anderes vereinbart, so hat der Sachverständige, wenn eine Partei dies beantragt oder das Schiedsgericht es für erforderlich hält, nach Erstattung seines schriftlichen oder mündlichen Gutachtens an einer mündlichen Verhandlung teilzunehmen. ²Bei der Verhandlung können die Parteien dem Sachverständigen Fragen stellen und eigene Sachverständige zu den streitigen Fragen aussagen lassen.

**III** Auf den vom Schiedsgericht bestellten Sachverständigen sind die §§ 1036, 1037 Abs. 1 und 2 entsprechend anzuwenden.

1  **1) Regelungszweck.** Das Schiedsgericht hat den Sachverhalt zu ermitteln, s § 1042 Rn 10 („Ermittlungen"). Den Umfang einer Beweisaufnahme bestimmt grundsätzlich die Parteivereinbarung; zur Beteiligung der Parteien vgl § 1047 II. Das Schiedsgericht kann Zeugen und Beteiligte uneidlich vernehmen, allerdings ohne Zwangsgewalt, vgl § 1050. Wegen der Bedeutung, die Sachverständige für viele Schiedsverfahren haben, bedarf es dafür einer Regelung. Sie überläßt das Gesetz grundsätzlich den Parteien. Hilfsweise gelten die Vorschriften in § 1049.

2  **2) Bestellung von Sachverständigen, I.** Wenn die Parteien nichts anderes vereinbart haben, ist das Schiedsgericht berechtigt (und beim Fehlen eigener Sachkunde ggf auch verpflichtet), einen oder mehrere Sachverständige zur Erstattung eines Gutachtens über bestimmte, vom Schiedsgericht festzulegende Fragen zu bestellen, **I 1**. Die Parteien sind also nicht gehindert, andere Regeln aufzustellen, zB die Bestellung von Sachverständigen auszuschließen oder sie den Parteien zu überlassen, BegrRegEntw S 50. Ist der Sachverständige von ihm bestellt worden, kann das Schiedsgericht eine Partei (oder beide Parteien) auffordern, dem Sachverständigen jede sachdienliche Auskunft zu erteilen oder alle für das Verfahren erheblichen Schriftstücke oder Sachen zur Besichtigung vorzulegen oder zugänglich zu machen, **I 2**; kommt die Partei einer solchen Aufforderung nicht nach, kann das Schiedsgericht dies frei würdigen.

3  **3) Mündliche Verhandlung in Gegenwart der Parteien, II.** Wenn die Parteien nichts anderes vereinbart haben, muß der vom Schiedsgericht bestellte Sachverständige auf Antrag einer Partei oder agrd einer vom Schiedsgericht ohne Antrag erlassenen Anordnung nach Erstattung seines (schriftlichen oder mündlichen) Gutachtens an einer mündlichen Verhandlung teilnehmen, **II 1**. Bei dieser Verhandlung können die Parteien dem Sachverständigen Fragen stellen und/oder eigene Sachverständige zu den streitigen Fragen aussagen lassen, **II 2**; vgl § 411 III u IV. Die Erstattung von Gegengutachten ist den Parteisachverständigen also verwehrt; trotzdem vorgelegte oder vorgetragene Gegengutachten sind unbeachtlich.

4  **4) Ablehnung von Sachverständigen, III.** Da nur der vom Schiedsgericht bestellte Sachverständige unparteiisch und unabhängig sein muß, gelten für ihn § 1036 und § 1037 I u II entsprechend; vgl dazu die dortigen Erl. Bei erfolgloser Ablehnung gibt es keinen Rechtsbehelf, weil § 1037 III nicht anzuwenden ist (insofern sind Einwendungen im Aufhebungs- und Vollstreckbarkeitsverfahren, §§ 1059 ff, geltend zu machen). Diese Bestimmungen sind zwingend. Äußerungen von Parteisachverständigen hat das Schiedsgericht entgegenzunehmen und frei zu würdigen.

5  **5) VwGO:** Entspr anzuwenden, Grdz § 1025 Rn 23 u 24.

## 1050 Gerichtliche Unterstützung bei der Beweisaufnahme und sonstige richterliche Handlungen.

¹Das Schiedsgericht oder eine Partei mit Zustimmung des Schiedsgerichts kann bei Gericht Unterstützung bei der Beweisaufnahme oder die Vornahme sonstiger richterli-

cher Handlungen, zu denen das Schiedsgericht nicht befugt ist, beantragen. ²Das Gericht erledigt den Antrag, sofern es ihn nicht für unzulässig hält, nach seinen für die Beweisaufnahme oder die sonstige richterliche Handlung geltenden Verfahrensvorschriften. ³Die Schiedsrichter sind berechtigt, an einer gerichtlichen Beweisaufnahme teilzunehmen und Fragen zu stellen.

**Vorbem.** § 1050 gilt auch für Verfahren mit ausländischem Schiedsort iSv § 1043, § 1025 II u IV, und für die Zeit vor Bestimmung des Schiedsortes, § 1025 III.

**1) Regelungszweck.** Die Vorschrift entspricht inhaltlich den §§ 1035 und 1036 aF. Sie greift nur ein, **1** wenn das Schiedsgericht zur Vornahme einer Handlung nicht befugt ist. Beispiele: Zustellung im Ausland oder öff Zustellung; Bestellung eines Vertreters nach § 57; Ersuchen um amtliche Auskünfte, Üb § 373 Rn 32; Erscheinenszwang für Zeugen, Sachverständige und Parteien; Beeidigung; Einholung der Genehmigung für die Aussage von Beamten, Richtern und Soldaten; Ersuchen an eine Behörde um Vorlage einer Urkunde; Einholung einer Entscheidung nach Art 100 GG, § 1 GVG Rn 8, oder nach Art 177 EGV, Anh § 1 GVG.

**2) Unterstützung durch das staatliche Gericht** **2**

**A. Allgemeines.** Nur das Schiedsgericht oder mit seiner Zustimmung eine Partei kann in den in Frage kommenden Fällen, Rn 1, beim staatlichen Gericht Unterstützung beantragen, S 1. Das Schiedsgericht darf seine Zustimmung versagen, wenn es die Handlung für unzulässig oder für unerheblich hält; einen Rechtsbehelf sieht das Gesetz nicht vor. Der Antrag ist an das nach § 1062 IV zuständige AG zu richten. Ihm ist der Schiedsvertrag (und ggf die Zustimmung des Schiedsgerichts zu dem Antrag) beizufügen.

**B. Verfahren.** Das AG darf den Antrag ablehnen, wenn es ihn für unzulässig hält, S 2; die Entscheidung **3** ist unanfechtbar, § 1065 I 2. Es hat vAw zu prüfen: **a)** das Vorliegen der allgemeinen Prozeßvoraussetzungen, Grdz § 253 Rn 13 ff; **b)** das Vorliegen des Antrags; **c)** die Notwendigkeit der Unterstützung (hier sind keine großen Anforderungen zu stellen: Es genügt die Wahrscheinlichkeit, daß ein Zeuge nicht vorm Schiedsgericht erscheinen werde, Mü OLG 27, 196); **d)** die Zulässigkeit der Handlung nach ZPO, vgl Erl zu § 158 II GVG. Die Nützlichkeit oder Erheblichkeit ist nicht nachzuprüfen.

Ist das Ersuchen zulässig, hat das AG nach § 1063 I u iVm seinen für die beantragte Handlung **4** geltenden Verfahrensvorschriften zu verfahren, S 2. Es ordnet die Maßnahme nach Anhörung der Parteien (bzw der Gegenpartei) durch Beschluß an. Für die Beweisaufnahme gelten die §§ 379 ff. Prozeßkostenhilfe ist nach allgemeinen Grundsätzen zulässig. Zeugen sind, wenn nicht das Schiedsgericht ihre Beeidigung angeordnet hat, uneidlich zu vernehmen und nur iRv §§ 391–393 durch das AG zu vereidigen, SchwW Rn 16 u 17. Hat das Schiedsgericht Bedenken gegen die Glaubwürdigkeit, so kann es gleich um Beeidigung ersuchen. Unzulässig wäre ein Ersuchen um Beeidigung beider Parteien oder einer Partei und eines Zeugen bei Widersprüchen. Das AG darf (und wird regelmäßig einen Zeugen, den es nur beeidigen soll, immer ganz neu vernehmen, hat ihn dann freilich zu beeidigen. Die Schiedsrichter (und natürlich die Parteien) sind berechtigt, an einer gerichtlichen Beweisaufnahme teilzunehmen und Fragen zu stellen, S 3; sie sind deshalb zu benachrichtigen, vgl § 1047 II.

Entscheidungen des AG sind nach den dafür geltenden Vorschriften anfechtbar, § 1062 Rn 3.

**3) VwGO:** Entspr anzuwenden, Grdz § 1025 Rn 23 u 24. Zuständig ist dsa VG, s § 1062 Rn 4. **5**

## Sechster Abschnitt. Schiedsspruch und Beendigung des Verfahrens

**1051** *Anwendbares Recht.* ¹ ¹Das Schiedsgericht hat die Streitigkeit in Übereinstimmung mit den Rechtsvorschriften zu entscheiden, die von den Parteien als auf den Inhalt des Rechtsstreits anwendbar bezeichnet worden sind. ²Die Bezeichnung des Rechts oder der Rechtsordnung eines bestimmten Staates ist, sofern die Parteien nicht ausdrücklich etwas anderes vereinbart haben, als unmittelbare Verweisung auf die Sachvorschriften dieses Staates und nicht auf sein Kollisionsrecht zu verstehen.

ᴵᴵ Haben die Parteien die anzuwendenden Rechtsvorschriften nicht bestimmt, so hat das Schiedsgericht das Recht des Staates anzuwenden, mit dem der Gegenstand des Verfahrens die engsten Verbindungen aufweist.

ᴵᴵᴵ ¹Das Schiedsgericht hat nur dann nach Billigkeit zu entscheiden, wenn die Parteien es ausdrücklich dazu ermächtigt haben. ²Die Ermächtigung kann bis zur Entscheidung des Schiedsgerichts erteilt werden.

ᴵⱽ In allen Fällen hat das Schiedsgericht in Übereinstimmung mit den Bestimmungen des Vertrages zu entscheiden und dabei bestehende Handelsbräuche zu berücksichtigen.

**Schrifttum:** *Solomon,* Das vom Schiedsgericht in der Sache anzuwendende Recht nach dem Entwurf (des SchiedsVfG), RIW **97**, 981.

**1) Regelungszweck.** Anders als das bisherige Recht regelt § 1051 die Frage, welches materielle Recht **1** der Entscheidung des Schiedsgerichts zugrunde zu legen ist. Es handelt sich um Sonder-Kollisionsrecht, das unter Beachtung des EG-Übk v 19. 6. 80 über das auf vertragliche Schuldverhältnisse anzuwendende Recht, BGBl 86 II 809, die Art 27 ff EGBGB modifiziert; dazu Solomon RIW **97**, 981 (eingehend).

**2) Vereinbarung der Parteien, I.** In erster Linie entscheidet über das vom Schiedsgericht anzuwen- **2** dende materielle Recht die Vereinbarung der Parteien, **I 1**, vgl Art 27 I 1 EGBGB. Die Bestimmung eines inländischen Schiedsorts, § 1043, läßt auf die Wahl des inländischen Rechts schließen, SchdG RR **99**, 781 mwN. Die Parteien können nicht nur die Gesamtrechtsordnung eines Staates oder Teilgebiets wählen, sondern auch einzelne Bestimmungen einer Rechtsordnung oder eine Kombination von Vorschriften verschiedener (nationaler oder internationaler) Herkunft, vgl Voit JZ **97**, 122, Solomon RIW **97**, 982. Ob sich Schranken der Rechtswahl aus Art 29 u 34 EGBGB ergeben, ist zweifelhaft, Solomon RIW **97**, 983; jedenfalls ergeben sich Beschränkungen aus § 1059 II Z 2. Da I die „Bezeichnung" des anwendbaren Rechts verlangt, dürfte abw von Art 27 EGBGB eine konkludente Rechtswahl nicht ausreichen. Allerdings wird davon auszugehen sein, daß Schiedsvereinbarungen zwischen Deutschen über einen inländischen Gegenstand die Anwendung des deutschen Rechts vorschreiben, falls sich aus ihnen nichts anderes ergibt.

Wenn die Parteien nicht etwas anderes vereinbart haben, ist die Bezeichnung des Rechts eines bestimmten Staates (abw von Art 27 I 1 EGBGB) als unmittelbare Verweisung auf dessen materielles Recht und nicht auf dessen Kollisionsrecht zu verstehen, **I 2**. Den Parteien steht es frei, ein bestimmtes Kollisionsrecht zu wählen, nach dem sich das anzuwendende materielle Recht bestimmt.

3  3) **Fehlende Parteivereinbarung, II.** Hilfsweise hat das Schiedsgericht das Recht des Staates anzuwenden, mit dem der Gegenstand des Verfahrens die engste Verbindung aufweist, Berger DZWiR **98**, 52; damit übernimmt der Gesetzgeber die Formulierung des Art 28 I 1 EGBGB, vgl dazu PalHeldr Art 28 EGBGB Rn 2 ff. Wegen der damit verbundenen, zT streitigen Fragen (Solomon RIW **97**, 983) empfiehlt es sich dringend, in der Schiedsvereinbarung eine ausdrückliche Rechtswahl vorzunehmen.

4  4) **Billigkeitsentscheidung, III.** Grundsätzlich hat das Schiedsgericht ebenso wie das staatliche Gericht nach Recht und Gesetz zu entscheiden. Das gilt nur dann nicht, wenn die Parteien es ausdrücklich zu einer Billigkeitsentscheidung ermächtigen, **III 1**. Dies kann bis zur Entscheidung des Schiedsgerichts geschehen, **III 2**, braucht also nicht Bestandteil der Schiedsvereinbarung, § 1029, zu sein. Zulässig ist auch die Vereinbarung über eine Entscheidung nach kaufmännischem Gewohnheitsrecht (lex mercatoria), Labes/Lörcher MDR **97**, 424 mwN, Sprickhoff RabelsZ **92**, 134, Ehricke JuS **90**, 967; vgl Stein, lex mercatoria, 1995 (Bespr Kappus NJW **96**, 2920). Zur Anwendung von IV s Rn 5.

5  5) **Bindung an den Vertrag, Berücksichtigung von Handelsbräuchen, IV.** Wenn bei der Bestimmung des anzuwendenden Rechts an eine bestimmte Rechtsordnung angeknüpft wird, haben deren zwingende Vorschriften Vorrang vor dem zwischen den Parteien bestehenden Vertrag und etwaigen Handelsbräuchen. Daran ändert IV nichts, krit Solomon RIW **97**, 985. Die Vorschrift, die Art VII Abs 1 S 3 EuÜbkHSch (Schlußanh VI A 2) entspricht, hat demgemäß Bedeutung vor allem für den Fall, daß die Parteien eine Billigkeitsentscheidung vereinbart haben, BegrRegEntw S 53, oder einzelne Bestimmungen einer Rechtsordnung als anwendbar bezeichnet haben.

6  6) **Verstöße.** Ist die Anwendung des sachlichen Rechts vereinbart, aber keine Rechtsentscheidung ergangen, so ist der Schiedsspruch agrd einer Rüge der beschwerten Partei aufzuheben, § 1059 II Z 1 c, BGH NJW **86**, 1437 (Anm Sandrock JZ **96**, 373), SchwW 19 Rn 12. Das gleiche gilt bei Anwendung eines anderen als des vereinbarten Rechts. Kein Aufhebungsgrund liegt vor, wenn die Schiedsrichter, die nach Billigkeit entscheiden sollten, eine Rechtsentscheidung gefällt haben, Gottwald F Nagel, 1987, S 61.

7  7) *VwGO:* Entspr anzuwenden, Grdz § 1025 Rn 23 u 24.

**1052** *Entscheidung durch ein Schiedsrichterkollegium.* ¹Haben die Parteien nichts anderes vereinbart, so ist in schiedsrichterlichen Verfahren mit mehr als einem Schiedsrichter jede Entscheidung des Schiedsgerichts mit Mehrheit der Stimmen aller Mitglieder zu treffen.

II ¹Verweigert ein Schiedsrichter die Teilnahme an einer Abstimmung, können die übrigen Schiedsrichter ohne ihn entscheiden, sofern die Parteien nichts anderes vereinbart haben. ²Die Absicht, ohne den verweigernden Schiedsrichter über den Schiedsspruch abzustimmen, ist den Parteien vorher mitzuteilen. ³Bei anderen Entscheidungen sind die Parteien von der Abstimmungsverweigerung nachträglich in Kenntnis zu setzen.

III Über einzelne Verfahrensfragen kann der vorsitzende Schiedsrichter allein entscheiden, wenn die Parteien oder die anderen Mitglieder des Schiedsgerichts ihn dazu ermächtigt haben.

1  1) **Regelungszweck.** Für den häufigen Fall, daß das Schiedsgericht aus mehreren Personen besteht, § 1034, regelt § 1052 die Entscheidungsfindung und die Stellung des Vorsitzenden.

2  2) **Entscheidungsfindung, I.** Wenn die Parteien nichts anderes vereinbart haben, ist in Verfahren mit mehr als einem Schiedsrichter jede Entscheidung mit Mehrheit der Stimmen aller Mitglieder zu treffen, also mit absoluter Mehrheit, vgl § 196 I GVG. Ein Stichentscheid des Vorsitzenden ist nicht vorgesehen, kann aber, auch im Hinblick auf II 1, von den Parteien vereinbart werden, BegrRegEntw S 54. Bei der Entscheidung über Summen gilt § 196 II GVG entspr. Über die Reihenfolge der Stimmabgabe schweigt das Gesetz; mangels einer Abrede der Parteien bietet sich die entspr Anwendung von § 197 GVG an (die Schiedsrichter nach dem Lebensalter, der jüngste zuerst, der Vorsitzende zuletzt).

3  Über die Leistung der Beratung und Abstimmung schweigt § 1052; aus der Natur der Sache folgt die entspr Anwendung von § 194 GVG, wenn die Parteien nichts anderes vereinbart haben.

4  Die Beratung kann aber auch schriftlich geschehen, Hbg MDR **65**, 54; wenn der Schiedsvertrag nicht entgegensteht, genügt die Unterzeichnung des mit Gründen versehenen Schiedsspruchs im Umlaufe, wenn der Obmann als letzter unterzeichnet, vgl Köln BauR **88**, 637. Rechtsgutachten, die sich ein Schiedsrichter beschafft hat, darf er in der Beratung verwenden, BGH LM § 1041 Nr 8. Das Schiedsgericht darf jedenfalls dann, wenn der Schiedsvertrag es zuläßt, Berater hinzuziehen (u einem solchen die Formulierung der vom Schiedsgericht beschlossenen Entscheidungsgründe überlassen), BGH NJW **90**, 2199 mwN, u a Düss BB **76**, 251, dazu SchwW 19 Rn 3, MüKoMa 9 (einschränkend), StJSchl § 1034 Rn 7, Habscheid/ Calavros KTS **79**, 6, einschränkend BGH WertpMitt **57**, 932, dazu Sieg JZ **58**, 723. Die Gefahr der

10. Buch. 6. Abschnitt. Schiedsspruch und Beendigung des Verfahrens **§§ 1052, 1053**

Beeinflussung ist da geringer, als wenn der einzelne Schiedsrichter sich vorher mit einem Sachverständigen bespricht; in jedem Fall empfiehlt es sich, das Einverständnis der Parteien mit dem beabsichtigten Verfahren einzuholen.

Das Beratungsgeheimnis ist zu wahren, wenn nichts anderes vereinbart ist, Prütting, F Schwab, 1990, **5** S 409 ff mwN, Schlosser JbPrSchdG **2**, 250, Gleiss/Helm MDR **69**, 93, da der Grundgedanke des § 43 DRiG auch hier zutrifft. Deshalb gibt es keinen Anspruch auf Einsicht in die schriftlichen Grundlagen der Meinungsbildung des Schiedsgerichts, Celle JW **30**, 766. Ebenso sind Schiedsrichter nicht zur Auslegung ihres Schiedsspruchs als Zeugen zu vernehmen, RG **129**, 17, selbst wenn sich beide Parteien auf sie berufen, BGH **23**, 138; denn das Beratungsgeheimnis besteht auch im Interesse der Schiedsrichter, so daß eine Vernehmung auch ihren Verzicht auf diesen Schutz voraussetzt, SchwW 19 Rn 5.

**3) Weigerung eines Schiedsrichters, II.** Verweigert ein Mitglied des Schiedsgerichts die Teilnahme an **6** einer Abstimmung, so können die übrigen Mitglieder ohne es entscheiden, sofern die Parteien nichts anderes vereinbart haben, II **1**; eine Entscheidung kommt nicht zustande, wenn die absolute Mehrheit nicht erreicht wird, I 1. Der Schiedsrichter „verweigert" seine Mitwirkung nur dann, wenn er ohne zwingenden Grund an der Abstimmung nicht teilnimmt; das muß zur Überzeugung der anderen Schiedsrichter feststehen.

Die Absicht des Schiedsgerichts, ohne den sich weigernden Schiedsrichter über den Schiedsspruch **7** abzustimmen, ist den Parteien vor der Abstimmung mitzuteilen, **II 2**, um ihnen Gelegenheit zu geben, auf den Schiedsrichter einzuwirken oder andere Konsequenzen zu ziehen; zwischen der Mitteilung und der Abstimmung muß ein den Umständen entsprechender, angemessener Zeitraum liegen. Handelt es sich nicht um den Schiedsspruch, darf das Schiedsgericht ohne den sich Weigernden abstimmen, muß aber die Parteien nachträglich von der Abstimmungsverweigerung unterrichten, II 3, was unverzüglich geschehen sollte (aber nicht muß).

**4) Befugnisse des Vorsitzenden, III.** Der Vorsitzende, § 1035 III 2, ist auch beim Schiedsgericht **8** „primus inter pares", wenn die Parteien nichts anderes vereinbaren. Er darf über einzelne Verfahrensfragen selbst entscheiden, wenn die Parteien oder (beim Fehlen einer Parteivereinbarung) die anderen Mitglieder des Schiedsgerichts ihn dazu ermächtigt haben. „Einzelne Verfahrensfragen" iSv III sind die Anberaumung eines Termins, dessen Vorbereitung durch Auflagen an die Parteien, die Festsetzung von Fristen u dgl, nicht aber Entscheidungen über die Verfahrenssprache, § 1045, die Wahl zwischen schriftlichem und mündlichem Verfahren, § 1047, oder die Zuziehung von Sachverständigen, § 1049, aM BegrRegEntw S 54. Daß der Vorsitzende die Geschäfte des Schiedsgerichts leitet, also zB den Schriftwechsel mit den Parteien führt oder die Auswahl der Räumlichkeiten für eine Zusammenkunft trifft, ist ebenso selbstverständlich wie seine Hauptaufgabe, die Leitung der mündlichen Verhandlung, oben Rn 3.

**5) VwGO:** *Entspr anzuwenden, Grdz § 1025 Rn 23 u 24.* **9**

## 1053 *Vergleich.*

**I** ¹Vergleichen sich die Parteien während des schiedsrichterlichen Verfahrens über die Streitigkeit, so beendet das Schiedsgericht das Verfahren. ²Auf Antrag der Parteien hält es den Vergleich in der Form eines Schiedsspruchs mit vereinbartem Wortlaut fest, sofern der Inhalt des Vergleichs nicht gegen die öffentliche Ordnung (ordre public) verstößt.

**II** ¹Ein Schiedsspruch mit vereinbartem Wortlaut ist gemäß § 1054 zu erlassen und muß angeben, daß es sich um einen Schiedsspruch handelt. ²Ein solcher Schiedsspruch hat dieselbe Wirkung wie jeder andere Schiedsspruch zur Sache.

**III** Soweit die Wirksamkeit von Erklärungen eine notarielle Beurkundung erfordert, wird diese bei einem Schiedsspruch mit vereinbartem Wortlaut durch die Aufnahme der Erklärungen der Parteien in den Schiedsspruch ersetzt.

**IV** ¹Mit Zustimmung der Parteien kann ein Schiedsspruch mit vereinbartem Wortlaut auch von einem Notar, der seinen Amtssitz im Bezirk des nach § 1062 Abs. 1, 2 für die Vollstreckbarerklärung zuständigen Gerichts hat, für vollstreckbar erklärt werden. ²Der Notar lehnt die Vollstreckbarerklärung ab, wenn die Voraussetzungen des Absatzes 1 Satz 2 nicht vorliegen.

**Schrifttum:** *Saenger* MDR **99**, 662 (zur Vollstr); *G. Lörcher* DB **99**, 789 (zur Verwendung bei der Mediation).

**1) Regelungszweck.** Die Vorschrift setzt an die Stelle des bisherigen Schiedsvergleichs, § 1044a aF, den **1** Schiedsspruch mit vereinbartem Wortlaut, BegrRegEntw S 54 (wegen der Behandlung der nach bisherigem Recht geschlossenen Schiedsvergleiche s Saenger MDR **99**, 663). Dadurch erübrigen sich besondere Bestimmungen über die Zulässigkeit und die Vollstreckbarkeit (die nach dem UN-ÜbkSchdG, vgl § 1061, nicht gegeben wäre).

**2) Vergleich, I.** Vergleichen sich die Parteien während des Verfahrens, so beendet das Schiedsgericht das **2** Verfahren, und zwar durch Beschluß, § 1056 II Z 2. Ein solcher Vergleich ist ein Vollstreckungstitel, wenn er die Voraussetzungen des § 794 I Z 1 oder Z 5 bzw der §§ 796 a oder 796 c (idF des SchiedsVfG) erfüllt. Andere Vergleiche im Schiedsverfahren werden nur dadurch zu Vollstreckungstiteln, daß das Schiedsgericht sie in der Form eines Schiedsspruchs mit vereinbartem Wortlaut festhält, **I 2.**

**3) Schiedsspruch mit vereinbartem Wortlaut, I 2, II–IV** **3**

**A. Allgemeines, I 2.** Das Schiedsgericht erläßt im Fall des Vergleichs auf Antrag einen Schiedsspruch mit vereinbartem Wortlaut, wenn der Inhalt des Vergleichs nicht gegen die öff Ordnung (ordre public) verstößt. Vgl dazu § 1059 II Z 2 b und die dortigen Erl; ein Verstoß gegen den ordre public liegt auch dann vor, wenn der Vergleichsgegenstand nach § 1030 nicht schiedsfähig ist, § 1059 II Z 2, BegrRegEntw S 55.

## §§ 1053, 1054    10. Buch. 6. Abschnitt. Schiedsspruch und Beendigung des Verfahrens

**4**   B. **Form und Wirkung, II.** Für Form und Inhalt des Schiedsspruchs mit vereinbartem Wortlaut gilt § 1054; in ihm muß angegeben werden, daß es sich um einen Schiedsspruch handelt, **II 1.** Ein solcher Schiedsspruch hat dieselbe Wirkung wie jeder andere Schiedsspruch, **II 2**: er hat unter den Parteien die Wirkungen eines rechtskräftigen Urteils, § 1055, beendet das Schiedsverfahren, § 1056 I, unterliegt nur wegen Verstoßes gegen die öffentliche Ordnung, I 2, der Aufhebung, § 1059 (dazu unten Rn 9), und bedarf der Vollstreckbarerklärung durch das OLG, §§ 1060 u 1061.

**5**   C. **Anderweitige Formvorschriften, III.** Der Schiedsspruch iSv § 1053 ersetzt nicht jede andere, zwingend vorgeschriebene Form. Soweit für die Wirksamkeit von Erklärungen eine notarielle Beurkundung erforderlich ist, wird sie dadurch ersetzt, daß die Erklärungen der Parteien wörtlich in den Schiedsspruch aufgenommen werden, vgl § 127 a BGB. Für Eintragungen in das Grundbuch und andere öff Register ist die Vollstreckbarerklärung des Schiedsspruchs, §§ 1060 u 1061, nötig, Saenger MDR **99**, 663.

**6**   4) **Notarielle Vollstreckbarerklärung, IV.** Die Beteiligten haben die Möglichkeit, das gerichtliche Verfahren der Vollstreckbarerklärung, § 1061, dadurch zu ersetzen, daß sie sich auf die Vollstreckbarerklärung des Schiedsspruchs mit vereinbartem Wortlaut durch einen Notar einigen. Eine ähnliche Regelung gilt für Anwaltsvergleiche, § 796 c.

**7**   A. **Voraussetzungen, IV 1.** Die Parteien müssen der Vollstreckbarerklärung durch den Notar zustimmen. Nötig ist die Zustimmung aller am Schiedsverfahren Beteiligten; sie kann im vereinbarten Wortlaut des Schiedsspruchs oder auf andere Weise erklärt werden, nämlich in schriftlicher Form oder gegenüber dem Notar. Die einmal erklärte Zustimmung ist unwiderruflich.

**8**   B. **Zuständigkeit, IV 1.** Der Notar kann von den Parteien gewählt werden, muß aber seinen Amtssitz im Bezirk des nach § 1062 I, II für die Vollstreckbarerklärung zuständigen OLG haben, s dortige Erl (eine Zuständigkeitskonzentration nach § 1062 V bleibt außer Betracht). Mangelnde Zuständigkeit macht die Vollstreckbarerklärung nicht unwirksam, § 796 c Rn 4, str.

**9**   C. **Verfahren.** Der von den Parteien berufene Notar hat auf Antrag einer Partei den Schiedsspruch für vollstreckbar zu erklären, wenn er zuständig ist, Rn 8, die Zustimmung aller am Schiedsverfahren Beteiligten vorliegt, Rn 7, die formalen Voraussetzungen gegeben sind, II 1 u § 1054, Rn 4, und aus I 2 keine Bedenken gegen seine Wirksamkeit folgen, Rn 3 (sonstige Unwirksamkeitsgründe sind nicht zu prüfen, ThP 5). Die Erklärung ist den Beteiligten zuzustellen, § 20 I 2 BNotO, § 329 III. Der Notar erteilt auch die vollstreckbare Ausfertigung.

Die Vollstreckbarerklärung hat die **Wirkung**, daß ein Aufhebungsantrag, § 1059, nicht mehr gestellt werden kann; § 1059 III 4, dort Rn 12, ist entspr anzuwenden, aM MusVo § 1059 Rn 1 aE: aber als Aufhebungsgrund kommt ohnehin nur § 1059 II Z 2 b in Frage, I 2, der vom Notar geprüft werden muß.

**10**   D. **Rechtsmittel.** Lehnt der Notar die Vollstreckbarerklärung ab, kann die dadurch beschwerte Partei sie beim zuständigen OLG beantragen, § 1062 I Z 4, §§ 1063–1065. Die Vollstreckbarerklärung durch den Notar ist unanfechtbar; eine entspr Anwendung von § 1065 I 1, ZöGei 20, scheidet aus, weil es sich um eine die Grundregel des § 1065 I 2 durchbrechende Sondervorschrift handelt.

E. **Gebühren.** Notar § 148 a KostO, RA § 46 BRAGO

**11**   5) *VwGO: Entspr anzuwenden, Grdz § 1025 Rn 23 u 24.*

## 1054 Form und Inhalt des Schiedsspruchs.

¹ ¹Der Schiedsspruch ist schriftlich zu erlassen und durch den Schiedsrichter oder die Schiedsrichter zu unterschreiben. ²In schiedsrichterlichen Verfahren mit mehr als einem Schiedsrichter genügen die Unterschriften der Mehrheit aller Mitglieder des Schiedsgerichts, sofern der Grund für eine fehlende Unterschrift angegeben wird.

ᴵᴵ Der Schiedsspruch ist zu begründen, es sei denn, die Parteien haben vereinbart, daß keine Begründung gegeben werden muß, oder es handelt sich um einen Schiedsspruch mit vereinbartem Wortlaut im Sinne des § 1053.

ᴵᴵᴵ ¹Im Schiedsspruch sind der Tag, an dem er erlassen wurde, und der nach § 1043 Abs. 1 bestimmte Ort des schiedsrichterlichen Verfahrens anzugeben. ²Der Schiedsspruch gilt als an diesem Tag und diesem Ort erlassen.

ᴵⱽ Jeder Partei ist ein von den Schiedsrichtern unterschriebener Schiedsspruch zu übersenden.

**1**   1) **Regelungszweck.** Da der Schiedsspruch die Wirkungen eines rechtskräftigen Urteils hat, § 1055, und Vollstreckungstitel werden kann, §§ 1060 u 1061, muß er bestimmten Formvorschriften genügen.

**2**   2) **Schriftform, I.** Der Schiedsspruch ist schriftlich zu erlassen, und zwar in der Verfahrenssprache, § 1045; er muß vor dem Einzelschiedsrichter bzw von den Schiedsrichtern unterschrieben werden, **I 1.** In Verfahren mit mehr als einem Schiedsrichter genügen die Unterschriften der Mehrheit aller Mitglieder des Schiedsgerichts, sofern der Grund für eine fehlende Unterschrift angegeben wird, **I 2**; vgl § 315 I 2. Ein Grund kann zB die Weigerung eines Schiedsrichters sein, auch diejenige des Vorsitzenden, BegrRegEntw S 56. Die Vorschriften in I sind zwingend, so daß das Erfordernis der absoluten Mehrheit, I 2, auch dann gilt, wenn die Parteivereinbarung für die Abstimmung etwas anderes bestimmt, § 1052 I.

**3**   3) **Inhalt des Schiedsspruchs, II u III**

A. **Begründung, II.** Die Parteien können vereinbaren, daß der Schiedsspruch keiner Begründung bedarf. Eine solche Vereinbarung kann auch in der Klausel liegen, daß jede gerichtliche Nachprüfung ausgeschlossen ist, vgl BGH NJW **86**, 1437, aM SchwW 24 Rn 36.

10. Buch. 6. Abschnitt. Schiedsspruch und Beendigung des Verfahrens  §§ 1054, 1055

Sonst muß er mit einer Begründung versehen werden, es sei denn, es handelt sich um einen Schiedsspruch mit vereinbartem Wortlaut, § 1053. Dazu gehören auch die genaue Bezeichnung der Parteien, vgl § 313 Rn 3 ff, und eine möglichst genaue formulierte Wiedergabe der Entscheidung, am besten in einer Entscheidungsformel, § 313 Rn 10 ff. Ein Tatbestand, § 313 Rn 14 ff, ist nicht vorgeschrieben, aber oft zweckmäßig.

An die Begründung, namentlich wenn sie von nicht Rechtskundigen herrührt, ist nicht der an ein Urteil **4** anzulegende Maßstab gültig: es genügt, daß sie gewissen Mindestanforderungen entspricht, BGH NJW **86**, 1437. Wenn auch zu jedem wesentlichen Angriffs- und Verteidigungsmittel Stellung zu nehmen ist, BGH WertpMitt **83**, 1207, so genügt es, daß insofern überhaupt eine Begründung gegeben ist, wenn auch eine lückenhafte oder falsche, SchwW 24 Rn 35. Inhaltsleere Wendungen sind keine Gründe; die Begründung darf auch nicht offenbar widersinnig sein oder im Widerspruch zur Entscheidung stehen, BGH NJW **86**, 1437.

Ob dem Schiedsspruch ein Sondervotum („abweichende Meinung") beigefügt werden darf, war nach bisherigem Recht str, Schütze F Nakamura, 1996, S 525. Da § 1054 dazu schweigt, ist es Sache der Parteien, die Frage durch Vereinbarung zu regeln.

**B. Sonstige Angaben, III.** Im Schiedsspruch anzugeben ist der Tag, an dem er erlassen wurde, ferner **5** der Schiedsort iSv § 1043, **III 1.** Er gilt als an diesem Tag und diesem Ort erlassen, **III 2**, so daß es nicht darauf ankommt, ob die Angaben mit der Wirklichkeit übereinstimmen. Die Vorschriften in III sind zwingend. Das Fehlen der dort genannten Angaben berührt die Wirksamkeit des Schiedsspruchs nicht, weil es sich um eine lediglich der Identifizierung dienende Ordnungsvorschrift handelt, SchwW 20 Rn 10.

**4) Bekanntmachung des Schiedsspruchs, IV.** Jeder Partei ist ein von den Schiedsrichtern bzw dem **6** Einzelschiedsrichter unterzeichneter Schiedsspruch zu übersenden, dh keine Ausfertigung oder Abschrift, BegrRegEntw S 56. Eine förmliche Zustellung ist nicht vorgeschrieben, aber schon deshalb zu empfehlen, weil sie das sicherste Mittel ist, den Tag des Empfangs festzustellen, der für die Aufhebungsfrist, § 1059 III 2, und für die Präklusion von Aufhebungsgründen, § 1060 II 3 von Bedeutung ist. Den Anforderungen von IV genügt aber die Übersendung durch die Post, am besten durch Einschreiben gegen Rückschein, um den Tag des Empfangs einwandfrei feststellen zu können, vgl § 1058 II.

**5) *VwGO*:** *Entspr anzuwenden, Grdz § 1025 Rn 23 u 24.* **7**

**1055** **Wirkungen des Schiedsspruchs.** Der Schiedsspruch hat unter den Parteien die Wirkungen eines rechtskräftigen gerichtlichen Urteils.

**1) Regelungszweck.** Entspr § 1040 aF hat der Schiedsspruch unter den Parteien die Wirkungen eines **1** rechtskräftigen Urteils mit Ausnahme der Vollstreckbarkeit, §§ 1060 u 1061.

**2) Wirkung des Schiedsspruchs.** Mit der Erfüllung sämtlicher wesentlicher Voraussetzungen des **2** § 1054 erlangt der Schiedsspruch unter den Parteien die Wirkung eines rechtskräftigen gerichtlichen Urteils, BGH RR **86**, 61 mwN, ua NJW **80**, 1284. Dazu, welche Voraussetzungen wesentlich (zwingend) sind, vgl § 1054 Rn 2 ff.

**A. Äußere Rechtskraft.** Der endgültige Schiedsspruch beendet das Schiedsverfahren, § 1056 I; endgültig ist ein Schiedsspruch, wenn er nach der Schiedsvereinbarung keiner Prüfung bzw Bestätigung durch eine andere Person oder Stelle, zB ein Oberschiedsgericht, unterliegt. Seine formelle Rechtskraft tritt dann mit der Erfüllung der in § 1054 vorgesehenen Förmlichkeiten ein. Ist eine höhere schiedsrichterliche Instanz vereinbart, so wird der Schiedsspruch erst mit deren Schiedsspruch rechtskräftig, RG **114**, 168. Bei ausländischen Schiedssprüchen bestimmt sich die Rechtskraft nach ausländischem Recht, Loritz ZZP **105**, 2; ob eine Vollstreckbarerklärung ergehen kann, bleibt gleich.

**B. Innere Rechtskraft** (Loritz ZZP **105**, 2 ff). Sie kann nur in Frage kommen, wo nicht eine Zwischen- **3** entscheidung vorliegt, sondern ein Schiedsspruch mit äußerer Rechtskraft, bei Teilschiedssprüchen also nur, soweit entschieden ist. Eine Zwischenentscheidung über den Grund des Anspruchs ist als Schiedsspruch zulässig und wird rechtskräftig; denn in ihr liegt die Feststellung des Anspruchs iSv § 256, vgl RG JW **35**, 1089. Rechtskraftwirkung äußert auch ein unbedingter Schiedsspruch auf eine bedingte Leistung, RG **85**, 393. Der Umfang der Rechtskraft ist gleich dem beim Urteil; die Entscheidungsgründe sind zur Auslegung heranzuziehen, RArbG HRR **33**, 925. Die Vollstreckbarerklärung hat mit der Rechtskraft nichts zu tun. Über ausländische Schiedssprüche s oben Rn 2 aE.

§ 1055 legt dem Schiedsspruch die Wirkungen eines rechtskräftigen gerichtlichen Urteils bei. Das ist nur bedingt richtig. Zwar gilt für den inländischen Schiedsspruch grundsätzlich § 322 I u II; aber die Rechtskraftwirkung bleibt beim Schiedsspruch hinter derjenigen des Urteils zurück.

**a)** Die Rechtskraft des Schiedsspruchs ist, ebenso wie die Rechtshängigkeit vor dem Schiedsgericht, nicht **4** vAw zu beachten, sondern nur auf **Einrede**, hM, Maier Rn 433, BGH **41**, 107 u NJW **58**, 950, BayObLG MDR **84**, 496, str (vgl Walter F Schwab, 1990, S 550 mwN), aM Bosch S 82 ff, Loritz ZZP **105**, 12, SchwW 21 Rn 6, StJSchl 5, ZöGei 5, Wiecz B II 4, Walter RIW **88**, 946 mwN: aber der Schiedsspruch ist kein Hoheitsakt, so daß das öff Interesse fehlt. Darum dürfen die Parteien auch durch Vereinbarung die Rechtskraftwirkung des Schiedsspruchs beseitigen, BayObLG MDR **84**, 496, Bre NJW **57**, 1035, str, aM Loritz ZZP **105**, 13, Walter F Schwab, 1990, S 550, SchwW 21 Rn 7 mwN. Belassen sie es beim Schiedsspruch, so sind sie auch im Vollstreckbarerklärungsverfahren schuldrechtlich an den Spruch gebunden, BGH BB **61**, 264. Ein etwa (auch) beim Staatsgericht anhängiges Verf über denselben Streitgegenstand wird durch den Schiedsspruch nur dann unzulässig, wenn in diesem Verf die Einrede nach § 1032 rechtzeitig erhoben worden ist und diese noch nicht (durch Zwischenurteil nach § 280 I) für unbegründet erklärt worden ist, Schlosser F Nagel, 1987, S 358–361.

**5** b) Während sich ein rechtskräftiges Urteil im allgemeinen nur durch Wiederaufnahmeklage beseitigen läßt, unterliegt der Schiedsspruch der **Aufhebung** auf Aufhebungsklage und im Vollstreckbarkeitsverfahren, §§ 1059 ff.

**6** c) Der Schiedsspruch wirkt gegen **Dritte** nicht nach § 325, sondern allein nach dem Schiedsvertrag, BGH BB **75**, 583, reicht also nur so weit, wie der Schiedsvertrag wirkt, zB gegen Erben oder vertragliche Rechtsnachfolger; denn die öff-rechtlichen Erwägungen, die dem § 325 zugrunde liegen (Rücksicht auf die Stetigkeit der Rechtspflege und deren Ansehen), versagen hier, Maier Rn 435, ZöGei 4, str, Loritz ZZP **105**, 14 ff (differenzierend), vgl Walter F Schwab, 1990, S 550 alle mwN. Auch außerhalb des § 325 ist die Bindungswirkung des Schiedsspruchs gegenüber Dritten geringer als die eines Urteils, § 1042 Rn 14 „Streithilfe" (§ 68). Vgl zu der str Frage der Bindung des Haftpflichtversicherers Sieg VersR **84**, 501 mwN.

**7** d) Der Schiedsspruch hat **nicht alle Wirkungen** eines gerichtlichen Urteils. So bildet nicht der Schiedsspruch, sondern erst die Vollstreckbarerklärung nach § 894 einen Ersatz für die Abgabe einer Willenserklärung, SchwW 28 Rn 32, MüKoMa § 1042 Rn 2, Walter F Schwab, 1990, S 556 mwN, aM Loritz ZZP **105**, 18. Ebenso schafft er auch nicht ohne weiteres die Grundlage für Eintragungen in das Grundbuch oder ein anderes öffentliches Register, § 895: auch hierzu bedarf es vielmehr der Vollstreckbarerklärung, § 1060, StJSchl 1042 Rn 2, aM Loritz ZZP **105**, 18, SchwW 28 Rn 32, Walter aaO S 555 mwN. Entsprechendes dürfte für Schiedssprüche mit Gestaltungswirkung gelten, BayObLG MDR **84**, 496 (abl Vollmer BB **84**, 1774), Wiecz § 1042 Anm A II b 2, Wieser ZZP **102**, 270, K. Schmidt ZGR **88**, 536, abw SchwW 21 Rn 12, Walter aaO S 552 mwN, ua StJSchl § 1042 Rn 2, Walter RIW **88**, 947. Über die Vollstreckungsabwehrklage, § 767, s § 1060 Rn 10.

**8** C. **Zwangsvollstreckung.** Sie ist nur nach Vollstreckbarerklärung, § 1060, möglich. Eine Klage auf Erfüllung des Schiedsspruchs ist in demselben Umfang zulässig wie bei einem Urteil, so angesichts des § 1061 auch bei ausländischen Schiedssprüchen. Wo eine Vollstreckbarerklärung möglich ist, versagt die Erfüllungsklage schon wegen der Gefahr eines doppelten Titels, RG **117**, 387.

**9** 3) **VwGO:** Entsprechend anzuwenden, Grdz § 1025 Rn 23 u 24. Eine Zwangsvollstreckung, Rn 8, findet auch nach § 168 I Nr 5 VwGO nur aus Schiedssprüchen statt, die für vollstreckbar erklärt worden sind.

**1056** *Beendigung des schiedsrichterlichen Verfahrens.* ¹Das schiedsrichterliche Verfahren wird mit dem endgültigen Schiedsspruch oder mit einem Beschluß des Schiedsgerichts nach Absatz 2 beendet.

II Das Schiedsgericht stellt durch Beschluß die Beendigung des schiedsrichterlichen Verfahrens fest, wenn
1. der Kläger
   a) es versäumt, seine Klage nach § 1046 Abs. 1 einzureichen und kein Fall des § 1048 Abs. 4 vorliegt, oder
   b) seine Klage zurücknimmt, es sei denn, daß der Beklagte dem widerspricht und das Schiedsgericht ein berechtigtes Interesse des Beklagten an der endgültigen Beilegung der Streitigkeit anerkennt; oder
2. die Parteien die Beendigung des Verfahrens vereinbaren; oder
3. die Parteien das Schiedsrichterliche Verfahren trotz Aufforderung des Schiedsgerichts nicht weiter betreiben oder die Fortsetzung des Verfahrens aus einem anderen Grund unmöglich geworden ist.

III Vorbehaltlich des § 1057 Abs. 2 und der §§ 1058, 1059 Abs. 4 endet das Amt des Schiedsgerichts mit der Beendigung des schiedsrichterlichen Verfahrens.

**1** 1) **Regelungszweck.** Die Vorschrift bestimmt die Fälle, in denen das schiedsrichterliche Verfahren endet, und regelt die daran geknüpften Folgen. Wegen der Folgen der Aufhebung eines Schiedsspruchs s § 1059 V.

**2** 2) **Beendigung des Schiedsverfahrens, I**
A. **Schiedsspruch.** Das Schiedsverfahren wird mit dem endgültigen Schiedsspruch beendet. Endgültig ist ein Schiedsspruch, der eine abschließende Entscheidung trifft und nach der Schiedsvereinbarung keiner Nachprüfung unterliegt, § 1055 Rn 1. Die Beendigung tritt mit der Erfüllung der Voraussetzungen des § 1054 ein, dh mit der Mitteilung des Schiedsspruchs an die Parteien.
B. **Beschluß.** Das Verfahren endet ferner durch das Ergehen eines Beschlusses iSv II.

**3** 3) **Beendigung durch Beschluß, II.**
A. **Allgemeines.** Das Schiedsgericht stellt in folgenden Fällen durch Beschluß die Beendigung des Schiedsverfahrens fest.
a) **Säumnis des Klägers, II Z 1a.** Die Beendigung muß festgestellt werden, wenn der Kläger es versäumt, seine Klage formgerecht nach § 1046 I einzureichen. Voraussetzung ist der fruchtlose Ablauf einer Frist, die die Parteien oder das Schiedsgericht für die Einreichung festgesetzt haben. Die Rechtsfolge tritt nicht ein, wenn die Säumnis genügend entschuldigt wird, § 1048 IV 1, oder die Parteien die Folgen der Versäumung anders geregelt haben, § 1048 IV 2.

**4** b) **Rücknahme der Schiedsklage, II Z 1b.** Die Rücknahme führt zur Beendigung des Verfahrens, wenn nicht der Beklagte widerspricht und das Schiedsgericht sein berechtigtes Interesse an der endgültigen Beilegung der Streitigkeit anerkennt. Anders als nach § 269 kommt es auf den Zeitpunkt der Rücknahme nicht an. Darüber, ob ein berechtigtes Interesse des Beklagten gegeben ist, entscheidet das Schiedsgericht

10. Buch. 6. Abschnitt. Schiedsspruch und Beendigung des Verfahrens §§ 1056, 1057

unter Berücksichtigung aller Umstände des Falles durch Beschluß oder durch Schiedsspruch bzw. Zwischenentscheid, wenn es das berechtigte Interesse anerkennt, sonst durch Beschluß.

**c) Vereinbarung der Parteien, II Z 2.** Da die Parteien die Herrschaft über das Verfahren haben, **5** können sie dessen Beendigung vereinbaren. Aus welchen Gründen und in welcher Form dies geschieht, ist für die Feststellung der Beendigung durch Beschluß ohne Bedeutung.

**d) Nichtbetreiben des Verfahrens oder Unmöglichkeit seiner Fortsetzung, II Z 3.** Die Beendi- **6** gung des Verfahrens ist festzustellen, wenn die Parteien es trotz Aufforderung nicht weiter betreiben oder seine Fortsetzung aus einem anderen Grunde unmöglich geworden ist, zB wegen Erlöschens der Schiedsvereinbarung oder Stimmengleichheit bei der Abstimmung über den Schiedsspruch. Die Unmöglichkeit muß zur Überzeugung des Schiedsgerichts feststehen. Im Fall des Nichtbetreibens hat es aufzuklären, ob darin nur ein vorübergehender Stillstand, zB ein Ruhen des Verfahrens iSv § 251, zum Ausdruck kommt.

**B. Verfahren.** Das Schiedsgericht hat vor seiner Entscheidung die Parteien zu dem von ihm beabsich- **7** tigten Beschluß zu hören, § 1042 I, und ggf den Sachverhalt aufzuklären, oben Rn 6. Für den Beschluß nach I gelten die für den Schiedsspruch geltenden §§ 1052 und 1054 entspr. Über die Kosten ist nicht zu entscheiden; vielmehr ist darüber ein besonderer Kostenschiedsspruch zu erlassen, § 1057 II 2, vgl BegrRegEntw S 58. Der Beschluß nach I ist unanfechtbar. Er steht einer Erneuerung des Verfahrens nicht entgegen, sofern die Schiedsvereinbarung nichts anderes bestimmt.

**4) Ende des Amtes der Schiedsrichter, III.** Vorbehaltlich des § 1057 II und der §§ 1058, 1059 IV **8** endet das Amt des Schiedsgerichts, dh der Schiedsrichter, mit der Beendigung des Verfahrens iSv I, also mit dem Ergehen des Schiedsspruchs bzw des Beschlusses nach II. Die Vorschrift ist zwingend. Im Fall der Beendigung durch Beschluß steht es den Parteien frei, ein neues Schiedsverfahren über den Streitgegenstand zu vereinbaren.

**5)** *VwGO:* Entspr anzuwenden, Grdz § 1025 Rn 23 u 24. **9**

**1057** *Entscheidung über die Kosten.* I ¹Sofern die Parteien nichts anderes vereinbart haben, hat das Schiedsgericht in einem Schiedsspruch darüber zu entscheiden, zu welchem Anteil die Parteien die Kosten des schiedsrichterlichen Verfahrens einschließlich der den Parteien erwachsenen und zur zweckentsprechenden Rechtsverfolgung notwendigen Kosten zu tragen haben. ²Hierbei entscheidet das Schiedsgericht nach pflichtgemäßem Ermessen unter Berücksichtigung der Umstände des Einzelfalles, insbesondere des Ausgangs des Verfahrens.

II ¹Soweit die Kosten des schiedsrichterlichen Verfahrens feststehen, hat das Schiedsgericht auch darüber zu entscheiden, in welcher Höhe die Parteien diese zu tragen haben. ²Ist die Festsetzung der Kosten unterblieben oder erst nach Beendigung des schiedsrichterlichen Verfahrens möglich, wird hierüber in einem gesonderten Schiedsspruch entschieden.

**1) Regelungszweck:** Über die Verteilung der Kosten des Schiedsgerichts und ihre Erstattung können die **1** Parteien eine Vereinbarung treffen. Für den häufigen Fall, daß dies nicht geschieht, enthält § 1057 (anders als das bisherige Recht, BGH RR 98, 233, SchdG HK Hbg NJW 97, 613) eine Regelung.

**2) Grundentscheidung über die Kosten, I.** Mangels einer Parteivereinbarung hat das Schiedsgericht in **2** einem Schiedsspruch darüber zu entscheiden, zu welchem Anteil die Parteien die Kosten einschließlich der notwendigen Parteiaufwendungen zu tragen haben, I 1. Hierüber entscheidet das Schiedsgericht nach pflichtgemäßem Ermessen unter Berücksichtigung der Umstände des Einzelfalles, insbesondere des Ausgangs des Verfahrens, I 2. Die Parteien können anderes, etwa die entspr Anwendung der §§ 91 ff, vereinbaren, BegrRegEntw S 57. Sonst ist das Schiedsgericht frei, so daß zB die Kosten eines RA nicht immer zu erstatten sind. Daß es sich an die in §§ 91 ff festgelegten Grundsätze hält, dürfte die Regel sein.

Die Kostenentscheidung ergeht in „einem" Schiedsspruch. Regelmäßig ist dies der das Verfahren been- **3** dende Spruch, § 1056 I. Kommt es nicht zu einem solchen Schiedsspruch, zB in den Fällen des § 1056 II, oder ist die Kostenentscheidung unterblieben, muß das Schiedsgericht entspr II 2 einen gesonderten Schiedsspruch über die Kosten erlassen, BegrRegEntw S 58; dieser ist in den Fällen des § 1056 II mit dem Beschluß nach § 1056 I zu verbinden und unterliegt den für Schiedssprüche geltenden Regeln, insbes den §§ 1054, 1058, 1059 und 1060, 1061.

**3) Kostenfestsetzung, II.** Das Schiedsgericht hat auch darüber zu entscheiden, in welcher Höhe die **4** Parteien die bei Beendigung des Verfahrens, § 1056 I, feststehenden Kosten zu tragen haben, II 1. Soweit es sich um Vergütung und Auslagen der Schiedsrichter handelt, müssen sie bei Beendigung des Verfahrens vorschußweise gezahlt worden sein, weil das Schiedsgericht sonst in eigener Sache entscheiden würde, BegrRegEntw S 58. Ein etwaiger Streit über zuviel gezahlte Vorschüsse ist außerhalb des Schiedsverfahrens auszutragen. Welche Kosten bei Beendigung des Verfahrens feststehen, ist für die eigenen Kosten der Parteien nach deren belegten Aufwendungen und für die Kosten der RAe nach deren (gesetzlichen) Gebühren und Auslagen zu beurteilen; dabei darf das Schiedsgericht den Gegenstandswert, § 10 BRAGO, festsetzen, wenn nicht die Vergütung der Schiedsrichter von ihm abhängt, Anh § 1035 Rn 10.

Die Festsetzung erfolgt in einem Schiedsspruch, oben Rn 3. Ist die Festsetzung erst nach Beendigung des **5** Verfahrens möglich oder aus einem anderen Grunde unterblieben, wird hierüber in einem gesonderten Schiedsspruch entschieden, II 2, zB in einem Auslegungs- oder Ergänzungsschiedsspruch iSv § 1058 I Z 2 u 3.

**4)** *VwGO:* Entspr anzuwenden, Grdz § 1025 Rn 23 u 24. **6**

## § 1058 Berichtigung, Auslegung und Ergänzung des Schiedsspruchs.

**1058** Berichtigung, Auslegung und Ergänzung des Schiedsspruchs. ¹Jede Partei kann beim Schiedsgericht beantragen,
1. Rechen-, Schreib- und Druckfehler oder Fehler ähnlicher Art im Schiedsspruch zu berichtigen;
2. bestimmte Teile des Schiedsspruchs auszulegen;
3. einen ergänzenden Schiedsspruch über solche Ansprüche zu erlassen, die im schiedsrichterlichen Verfahren zwar geltend gemacht, im Schiedsspruch aber nicht behandelt worden sind.

II Sofern die Parteien keine andere Frist vereinbart haben, ist der Antrag innerhalb eines Monats nach Empfang des Schiedsspruchs zu stellen.

III Das Schiedsgericht soll über die Berichtigung oder Auslegung des Schiedsspruchs innerhalb eines Monats und über die Ergänzung des Schiedsspruchs innerhalb von zwei Monaten entscheiden.

IV Eine Berichtigung des Schiedsspruchs kann das Schiedsgericht auch ohne Antrag vornehmen.

V § 1054 ist auf die Berichtigung, Auslegung oder Ergänzung des Schiedsspruchs anzuwenden.

1  **1) Regelungszweck.** Über die für die staatlichen Gerichte geltenden §§ 319 ff hinaus eröffnet die Vorschrift dem Schiedsgericht die Möglichkeit, Nachbesserungen seines Schiedsspruchs vorzunehmen und bestimmte Teile des Schiedsspruchs auszulegen.

2  **2) Nachbesserung und Auslegung eines Schiedsspruchs, I u IV**

**A. Fälle, I:** Das Schiedsgericht kann, ohne daß eine abweichende Parteivereinbarung zulässig wäre, bei jedem von ihm erlassenen Schiedsspruch
**a)** Rechen-, Schreib- und Druckfehler sowie Fehler ähnlicher Art (auch wenn sie nicht offensichtlich sind) berichtigen, und zwar auf Antrag einer Partei, **I Z 1**, oder vAw, **IV**;
**b)** bestimmte Teile des Schiedsspruchs auf Antrag einer Partei auslegen, **I Z 2**, dh solche Teile klarstellen, um Mißverständnisse auszuräumen; diese Befugnis umfaßt alle Teile des Schiedsspruchs, nicht nur den Tenor;
**c)** auf Antrag einer Partei über geltend gemachte, aber in der Entscheidung übergangene Ansprüche einen ergänzenden Schiedsspruch erlassen, **I Z 3**, zB über die Höhe der Kosten § 1057 Rn 5.

3  **B. Verfahren, II–V.** Für das Verfahren gelten die Regeln, die sich aus einer Parteivereinbarung und hilfsweise aus dem Gesetz ergeben, §§ 1042 ff. Abgesehen von der Berichtigung, IV, ist stets ein Antrag erforderlich, den jede Partei stellen darf. Sofern die Parteien keine andere Frist vereinbart haben, muß der Antrag innerhalb eines Monats nach Empfang des Schiedsspruchs, § 1054 Rn 5, beim Schiedsgericht eingehen, II. Eine Frist gilt auch für die Entscheidung über den Antrag, nämlich ein Monat bei Berichtigung oder Auslegung und zwei Monate bei Ergänzung, III. Diese Fristen beginnen mit dem Eingang des Antrags beim Schiedsgericht; es handelt sich um eine Sollvorschrift, so daß die Überschreitung der Frist keine Rechtsfolgen hat. Für die Berichtigung von Amts wegen, IV, laufen keine Fristen.

4  Das Schiedsgericht entscheidet in allen Fällen durch Schiedsspruch, für den § 1054 gilt, V; wegen der Kosten ist § 1057 anwendbar. Dieser nachträgliche Schiedsspruch ist ein Bestandteil des ursprünglichen Schiedsspruchs, also nur zusammen mit diesem anfechtbar, § 1059, und vollstreckbar, § 1060; dies gilt nicht für den Ergänzungsschiedsspruch, **I Z 3**, der den ursprünglichen Schiedsspruch zu einem Teilspruch macht und ebenso wie jener selbständig angefochten und für vollstreckbar erklärt werden kann, BegrRegEntw S 58.

5  **3) VwGO:** Entspr anzuwenden, Grdz § 1025 Rn 23 u 24.

## Siebter Abschnitt. Rechtsbehelf gegen den Schiedsspruch

### Grundzüge

1  **1) Zulässige Rechtsbehelfe.** Eine Partei hat folgende Möglichkeiten, einen Schiedsspruch zu Fall zu bringen; **a) sie kann ihre Einwendungen im Vollstreckbarkeitsverfahren vorbringen**, § 1060 II. Bringt die Partei die Einwendungen nicht vor, so ist sie mit ihnen ausgeschlossen. **b) sie kann** den **Antrag auf Aufhebung** stellen, § 1059 I, soweit der Schiedsspruch nicht für vollstreckbar erklärt ist, § 1059 II 4; **c)** Solange die Voraussetzungen des § 1054 nicht erfüllt sind, ist **Klage auf Feststellung des Nichtbestehens eines Schiedsvertrags zulässig**, RG HRR **31**, 793. Eine Klage auf Feststellung der Wirksamkeit des Schiedsspruchs ist mangels Rechtsschutzbedürfnisses angesichts des § 1060 unzulässig und durch Prozeßurteil, Üb § 300 Rn 5, abzuweisen, die Klage auf Feststellung der Unwirksamkeit idR als Aufhebungsklage zu verstehen, SchwW 24 Rn 2.

2  **2) Verfahren.** In den oben und unter a) und b) genannten Fällen ist das gesamte Verfahren nachzuprüfen, nicht bloß ein Ausschnitt, RG **159**, 97. Eine Gegeneinrede aus dem Anfechtungsgrund gegenüber der Einrede der Rechtskraft des Schiedsspruchs ist abzulehnen, denn der Schiedsspruch ist bis zur Aufhebung rechtsbeständig, SeuffW 2. Hat der Schuldner die Aufhebungsgründe im Vollstreckbarkeitsverfahren vorgebracht, § 1060, so fehlt ein Rechtsschutzbedürfnis für die Aufhebungsklage. War sie schon erhoben, so kann das Gericht aussetzen, § 148. Der rechtskräftige Ausspruch der Wirksamkeit oder Unwirksamkeit im Vollstreckbarkeitsverfahren erledigt der Aufhebungsprozeß. Die rechtskräftige Aufhebung im Aufhebungsprozeß bindet im Vollstreckungsverfahren. Im Verhältnis von Aufhebungs- und Vollstreckungsverfahren versagt die Berufung auf die Rechtshängigkeit, weil die Verfahren verschiedene Ziele haben.

10. Buch. 7. Abschnitt. Rechtsbehelf gegen den Schiedsspruch **Grundz § 1059, § 1059**

**3) Arbeitsgerichtsbarkeit.** Vgl Grdz § 1025 Rn 5; zur Aufhebung, § 110 ArbGG, s BAG **AP** Nr 3, dazu Röckrath NZA **94**, 678.

**1059** *Aufhebungsantrag.* [I] Gegen einen Schiedsspruch kann nur der Antrag auf gerichtliche Aufhebung nach den Absätzen 2 und 3 gestellt werden.

[II] Ein Schiedsspruch kann nur aufgehoben werden,
1. wenn der Antragsteller begründet geltend macht, daß
   a) eine der Parteien, die eine Schiedsvereinbarung nach den §§ 1029, 1031 geschlossen haben, nach dem Recht, das für sie persönlich maßgebend ist, hierzu nicht fähig war, oder daß die Schiedsvereinbarung nach dem Recht, dem die Parteien sie unterstellt haben oder, falls die Parteien hierüber nichts bestimmt haben, nach deutschem Recht ungültig ist oder
   b) er von der Bestellung eines Schiedsrichters oder von dem schiedsrichterlichen Verfahren nicht gehörig in Kenntnis gesetzt worden ist oder daß er aus einem anderen Grund seine Angriffs- oder Verteidigungsmittel nicht hat geltend machen können oder
   c) der Schiedsspruch eine Streitigkeit betrifft, die in der Schiedsabrede nicht erwähnt ist oder nicht unter die Bestimmungen der Schiedsklausel fällt, oder daß er Entscheidungen enthält, welche die Grenzen der Schiedsvereinbarung überschreiten; kann jedoch der Teil des Schiedsspruchs, der sich auf Streitpunkte bezieht, die dem schiedsrichterlichen Verfahren unterworfen waren, von dem Teil, der Streitpunkte betrifft, die ihm nicht unterworfen waren, getrennt werden, so kann nur der letztgenannte Teil des Schiedsspruchs aufgehoben werden; oder
   d) die Bildung des Schiedsgerichts oder das schiedsrichterliche Verfahren einer Bestimmung dieses Buches oder einer zulässigen Vereinbarung der Parteien nicht entsprochen hat und anzunehmen ist, daß sich dies auf den Schiedsspruch ausgewirkt hat; oder
2. wenn das Gericht feststellt, daß
   a) der Gegenstand des Streites nach deutschem Recht nicht schiedsfähig ist oder
   b) die Anerkennung oder Vollstreckung des Schiedsspruchs zu einem Ergebnis führt, das der öffentlichen Ordnung (ordre public) widerspricht.

[III] [1]Sofern die Parteien nichts anderes vereinbaren, muß der Aufhebungsantrag innerhalb einer Frist von drei Monaten bei Gericht eingereicht werden. [2]Die Frist beginnt mit dem Tag, an dem der Antragsteller den Schiedsspruch empfangen hat. [3]Ist ein Antrag nach § 1058 gestellt worden, verlängert sich die Frist um höchstens einen Monat nach Empfang der Entscheidung über diesen Antrag. [4]Der Antrag auf Aufhebung des Schiedsspruchs kann nicht mehr gestellt werden, wenn der Schiedsspruch von einem deutschen Gericht für vollstreckbar erklärt worden ist.

[IV] Ist die Aufhebung beantragt worden, so kann das Gericht in geeigneten Fällen auf Antrag einer Partei unter Aufhebung des Schiedsspruchs die Sache an das Schiedsgericht zurückverweisen.

[V] Die Aufhebung des Schiedsspruchs hat im Zweifel zur Folge, daß wegen des Streitgegenstandes die Schiedsvereinbarung wiederauflebt.

**Schrifttum:** *Gottwald/Adolphsen* DStR **98**, 1023.

### Gliederung

| | |
|---|---|
| 1) Regelungszweck ................................... 1 | 5) Verfahren, III .......................... 12, 13 |
| 2) Aufhebung des Schiedsspruchs, I ..... 2 | A. Antrag ............................. 12 |
| 3) Antragsvoraussetzungen ............... 3, 4 | B. Weiteres Verfahren ................... 13 |
| A. Rechtskräftiger Schiedsspruch ....... 3 | 6) Aufhebung des Schiedsspruchs, IV u |
| B. Angabe des Aufhebungsgrundes ........ 4 | V .................................... 14, 15 |
| 4) Voraussetzungen der Aufhebung, II .. 5–11 | A. Entscheidung, IV ..................... 14 |
| A. Auf Rüge zu prüfende Gründe, II Z 1 . 5–9 | B. Wirkung, V .......................... 15 |
| B. Von Amts wegen zu prüfende Gründe, II Z 2 ....................... 10, 11 | 7) *VwGO* ................................. 16 |

**1) Regelungszweck.** Als einzigen Rechtsbehelf gegen einen Schiedsspruch sieht § 1059 den Antrag auf **1** gerichtliche Aufhebung vor. Das entspricht im Grundsatz dem bisherigen Recht, § 1042 aF. Die Regelung ist zwingend, also einer Parteivereinbarung nicht zugänglich. Sie steht mit Art 5 EGV in Einklang, Weitbrecht/Fabis EWS **97**, 1.

**2) Aufhebung des Schiedsspruchs, I.** Gegen einen Schiedsspruch (auch einen gesonderten Schieds- **2** spruch, § 1057 Rn 3 u 5) und einen Ergänzungsschiedsspruch, § 1058 Rn 3, gibt es als Rechtsbehelf nur den Antrag auf Aufhebung durch das staatliche Gericht. Die Voraussetzungen der Aufhebung bestimmt II abschließend. Der Aufhebungsgrund muß vollständig festgestellt werden, BGH **30**, 94, und für den Schiedsspruch ursächlich gewesen sein.

Auf den Aufhebungsantrag im Ganzen kann nicht im Voraus wirksam verzichtet werden, BGH NJW **86**, 1436, sondern erst nach Erlaß des Schiedsspruchs und bei Kenntnis des (bereits vorhandenen) Aufhebungsgrundes, Ffm NJW **84**, 2768, zustm Geimer. Anders liegt es beim Verzicht auf die Geltendmachung einzelner Gründe, wie II Z 1 zeigt: soweit der Aufhebungsgrund allein dem Schutz der Partei dient, kann diese zu jeder Zeit darauf verzichten, ihn geltend zu machen, ZöGei 23 u 24, Geimer aaO.

Albers 2313

## § 1059

**3) Antragsvoraussetzungen**

**3** **A. Sachentscheidungsvoraussetzung ist das Vorliegen eines äußerlich wirksamen (rechtskräftigen) Schiedsspruchs nach § 1054**, dh eines inländischen Schiedsspruchs, § 1025 I, BGH NJW **86**, 1436. Ob diese Voraussetzung vorliegt, ist vAw auch in der Revisionsinstanz zu prüfen, BGH NJW **80**, 1284 mwN: was nicht wirksam vorhanden ist, kann man nicht aufheben. Der Antrag auf Vollstreckbarerklärung zwingt zur Anhörung des Gegners; er erhält also immer Kenntnis. Dann ist ein schwebendes Aufhebungsverfahren zweckmäßig auszusetzen. Ein rechtskräftiges Urteil auf Aufhebung beendet das Vollstreckbarkeitsverfahren, ebenso die rechtskräftige Vollstreckbarerklärung den Aufhebungsprozeß, SchwW 25 Rn 6. Einer Beschwer bedarf es nicht (aM RG **165**, 142); nötig ist aber, wie stets, ein Rechtsschutzbedürfnis. Es fehlt aber nicht deshalb, weil der Schiedsspruch der Partei ihren Anspruch voll zubilligt; denn ein anfechtbarer Schiedsspruch ist kein zuverlässiger Titel.

**4** **B. Der Antrag muß den geltend gemachten Aufhebungsgrund angeben.** Der Übergang zu einem anderen Grund ist Klagänderung, die stets sachdienlich sein wird, § 263. Beklagter ist der, den der Schiedsspruch berechtigt, uU also ein Dritter. Bei Rechtsnachfolge kann die Klage auch gegen den Rechtsnachfolger gerichtet werden, SchwW 25 Rn 8 (nach StJSchl 3 muß sie es). Der Antrag geht auf Aufhebung des Schiedsspruchs. Neues tatsächliches Vorbringen ist keine Klagänderung, RG JW **27**, 2137.

**5** **4) Voraussetzung der Aufhebung, II.** Ein Schiedsspruch kann nur dann aufgehoben werden, wenn einer der in II genannten Gründe gegeben ist. Bei den Gründen wird zwischen Umständen, die die Partei vorbringen muß, **II 1**, und Umständen, die von Amts wegen zu beachten sind, **II 2**, unterschieden. Eine darüber hinausgehende Inhaltskontrolle des Schiedsspruchs ist ausgeschlossen.

**A. Auf Rüge zu prüfende Aufhebungsgründe, II Z 1**

**a)** Eine der Parteien, die die Schiedsvereinbarung geschlossen haben, war nach dem Recht, das für sie persönlich maßgebend ist, hierzu nicht fähig, vgl BGH NJW **98**, 2452 (zustm Schütze IPrax **99**, 87), oder die Schiedsvereinbarung ist nach dem Recht, dem die Parteien sie unterstellt haben (§ 1025 I), hilfsweise nach deutschem Recht ungültig, **II Z 1 a**. Der Fall der Ungültigkeit der Schiedsvereinbarung wegen fehlender Schiedsfähigkeit ihres Gegenstandes gehört nicht hierher; er ist in II Z 2 a geregelt. Die Gültigkeit der Schiedsvereinbarung ist nicht zu prüfen, wenn das Schiedsgericht über sie entschieden hat, § 1040.

Darauf, ob der Mangel im Schiedsverfahren gerügt worden ist, kommt es nicht an, StJSchl 12. Anders liegt es, wenn ein formlos wirksamer Schiedsvertrag während des Schiedsverfahrens ausdrücklich oder stillschweigend nachgeschoben worden ist, BGH **88**, 318, Mü BB **77**, 865, LG Ffm NJW **83**, 762. Gegen Treu und Glauben verstößt die Rüge der Unzulässigkeit des Schiedsverfahrens, wenn man dieses Verfahren selbst herbeigeführt hat, zB dadurch, daß man sich vorprozessual nachdrücklich und uneingeschränkt auf die Schiedsabrede berufen hat, BGH RR **87**, 1195.

**b)** Eine Partei ist von der Bestellung eines Schiedsrichters, § 1035, oder von dem Schiedsverfahren nicht gehörig in Kenntnis gesetzt worden, §§ 1044 u 1047 II u III, oder war aus anderen Gründen gehindert, ihre Angriffs- und Verteidigungsmittel geltend zu machen, **II Z 1 b**. Wegen des Begriffs „Angriffs- und Verteidigungsmittel" s Einl III Rn 70.

**6** **c)** Der Schiedsspruch betrifft eine Streitigkeit, die von der Schiedsvereinbarung nicht erfaßt wird, oder enthält Entscheidungen, die die Grenzen der Schiedsvereinbarung überschreiten, **II Z 1 c Halbs 1**. Wenn sich die von Mangel betroffenen Teile von den anderen Teilen trennen lassen, können nur die betroffenen Teile aufgehoben werden, **II Z 2 c Halbs 2**.

**d)** Die Bildung des Schiedsgerichts, §§ 1034 ff, oder das Schiedsverfahren, §§ 1042 ff, hat einer zwingenden Bestimmung des 10. Buches oder einer zulässigen Parteivereinbarung nicht entsprochen; ein solcher Fehler führt nur dann zur Aufhebung des Schiedsspruchs, wenn anzunehmen ist, daß er sich auf den Schiedsspruch ausgewirkt hat, **II Z 1 d**. Diese Beschränkung verhindert die Aufhebung aus rein formalen Gründen und die dann nötige Durchführung eines weiteren Verfahrens mit voraussichtlich gleichem Ergebnis. Aus § 1027 folgt außerdem, daß eine solche Rüge während des Schiedsverfahrens rechtzeitig, aber vergeblich beim Schiedsgericht erhoben worden sein muß. Zu den Aufhebungsgründen gehört auch ein Verstoß gegen § 1054 II, der naturgemäß nicht im Verfahren gerügt werden kann.

**7** **Beispiele** für Verstöße bei der Bildung des Schiedsgerichts: Hauptfall ist die Entscheidung durch andere als die vertraglich bestimmten Schiedsrichter. Haben die Parteien im Schiedsvertrag die Schiedsgerichtsordnung eines institutionellen Schiedsgerichts in Bezug genommen, so ist eine spätere Änderung der Schiedsgerichtsordnung mangels Vereinbarung idR nicht Bestandteil der Schiedsabrede, Hbg KTS **83**, 499, wenn dadurch der Spruchkörper eine grundlegende Änderung erfährt, wohl aber dann, wenn insoweit bestehende Mängel durch die Änderung behoben werden, BGH RR **86**, 1060. Unvorschriftsmäßige Besetzung liegt auch dann vor, wenn der Schiedsrichter geschäftsunfähig ist (eine bloße Minderung der geistigen Kräfte, die noch durch das Bestimmungsrecht der Parteien gedeckt ist, reicht nicht aus, mag aber eine Ablehnung rechtfertigen), BGH NJW **86**, 3079.

Die Ablehnung eines Schiedsrichters, § 1036, gibt einen Aufhebungsgrund nur, wenn sie das Staatsgericht vor oder nach dem Schiedsspruch für begründet erklärt, RG **148**, 2, und auch dann, wenn es einer Partei nicht möglich oder zumutbar war, das Gesuch vor Beendigung des Schiedsverfahrens beim Staatsgericht anzubringen, vgl BGH WM **99**, 980 mwN (zum bisherigen Recht), BGH **24**, 6. Ein beim Staatsgericht anhängiges Ablehnungsverfahren, § 1037 III, ist auch dann fortzusetzen, wenn der Schiedsspruch ergeht; hat das Staatsgericht die Ablehnung für begründet erklärt, kann auf diese der Aufhebungsantrag nicht mehr gestützt werden, BGH **40**, 342. Die Mitwirkung eines „ausgeschlossenen" Schiedsrichters, etwa der Partei oder eines Parteivertreters, begründet die Aufhebung trotz Versäumung der Ablehnungsfrist, BayObLG JW **29**, 1667, vgl BGH MDR **99**, 755. Ob der Verstoß gegen § 40 I 2 DRiG die Aufhebung herbeiführt, ist str; offen gelassen in BGH **55**, 320 m Anm Rietschel **LM** § 1039 Nr 3, dazu Breetzke NJW **71**, 1458, Habscheid KTS **72**, 129, vgl § 40 DRiG Rn 4 mwN.

**8** **Beispiele** für ein unzulässiges Verfahren. Das Verfahren war unzulässig, wenn das Schiedsgericht zu ihm nach den Vereinbarungen der Parteien oder den ergänzend eingreifenden gesetzlichen Bestimmungen nicht

## 10. Buch. 7. Abschnitt. Rechtsbehelf gegen den Schiedsspruch § 1059

befugt war, BGH NJW **94**, 2155, **86**, 1437. Zu den das Verf bestimmenden Vorschriften gehören auch die Regelungen einer institutionellen VerfOrdnung, der die Parteien sich unterworfen haben, BGH aaO mwN. Beispiele für unzulässiges Verf: Entscheidung in eigener Sache, zB über die Vergütung des Schiedsrichter, BGH NJW **85**, 1904; Überschreitung der Zuständigkeit; mangelnde Parteifähigkeit; Verurteilung eines Dritten; Entscheidung durch einen nicht unabhängigen Alleinschiedsrichter, BGH NJW **73**, 98, vgl BGH NJW **86**, 3027; Zusprechen über die Anträge hinaus, StJSchl 18, vgl BGH NJW **59**, 1493 (s aber dazu § 1042 Rn 8 („Anträge"); Abnahme von Eiden durch das Schiedsgericht, KG JW **26**, 2219; Entscheidung ohne Beweisaufnahme wegen Nichtzahlung des Vorschusses für die Schiedsrichter, BGH NJW **85**, 1904; willkürliche Bestellung eines Sachverständigen oder Verwertung des Gutachtens eines Sachverständigen, dessen mangelnde Sachkunde dem Schiedsgericht nachgewiesen war, HRR **40**, 627; Mitwirkung desselben Beraters in beiden schiedsgerichtlichen Instanzen, Düss BB **76**, 251 (unschädlich in einer Instanz, § 1038 Rn 3); Billigkeitsentscheidung statt Entscheidung nach positivem Recht, wenn der Schiedsvertrag vorgeschrieben, BGH NJW **86**, 1437 mwN (krit Sandrock JZ **86**, 373), Spickhoff RabelsZ **92**, 137, oder Entscheidung nach einem anderen als dem von den Parteien vereinbarten Recht, BGH aaO (krit Sandrock aaO, Gottwald F Nagel, 1987, S 62), Ffm RIW **84**, 400 (dazu Aden RIW **84**, 934), wenn das Schiedsgericht sich also in Widerspruch zum Schiedsvertrag gesetzt hat; Verhängen einer Buße strafrechtlicher Natur (anders, wenn sie als Ersatz gemeint und dem Geschädigten zu leisten ist); Fehlen von Gründen im Schiedsspruch, § 1054 Rn 4. Nicht hierhin gehört: Widerspruch zwischen Kostenbestimmung des Schiedsvertrags und Kostenentscheidung des Schiedsspruchs, BGH JZ **57**, 630, aM SchwW 24 Rn 12, ebenso ein Verstoß des Staatsgerichts bei Aushilfe nach § 1050.

Weiter fallen unter Z 1 d Verstöße gegen verfahrensrechtliche Grundrechte, namentlich gegen die Pflicht, **9** rechtliches Gehör zu gewähren, § 1042 I. Der Anspruch auf rechtliches Gehör erschöpft sich nicht darin, den Parteien Gelegenheit zum Vortrag zu geben, das Schiedsgericht muß das Vorbringen auch zur Kenntnis nehmen und in Erwägung ziehen, BGH NJW **92**, 2299 mwN. Deshalb darf es das (eindeutige) Bestreiten einer Behauptung nicht übergehen, BGH aaO (krit Sandrock JZ **86**, 377). Dagegen ist das Übergehen eines Beweisantrages idR noch keine Versagung, BGH RR **93**, 445 u NJW **92**, 2299 mwN (dazu Aden NJW **93**, 1964), StJSchl § 1034 Rn 12, aM Walter JbPrSchdG **3**, 140, SchwW 15 Rn 11. Auch ein Verstoß gegen § 139 oder § 278 III gehört nicht hierher, BGH **31**, 46, NJW **90**, 3211. Dagegen kann in der Ablehnung einer Terminsverlegung die Versagung des rechtlichen Gehörs liegen, BGH EWiR § 1041 1/89 S 311.

Voraussetzung der Aufhebungsklage ist die Benachteiligung der Partei durch die Versagung des rechtlichen Gehörs, Recht **24**, 2058; sie entfällt also, wenn die Partei erklärt, nicht mehr mitwirken zu wollen, BGH BB **61**, 302. Es genügt, wenn der Schiedsspruch auf dem Verstoß beruhen kann, BGH RR **93**, 444 u NJW **92**, 2299 mwN. Kein Verstoß liegt darin, daß sich ein Schiedsrichter ein Rechtsgutachten beschafft, BGH LM Nr 8. Beweispflichtig für die Versagung und dafür, daß der Spruch auf einem solchen Verstoß beruhen kann, ist der, der die Aufhebung verlangt, BGH **31**, 43; anders liegt es nur, wo der Beklagte die Beweisführung vereitelt hat, RG HRR **32**, 181. Aufzuheben ist nur, soweit das Verfahren von dem Mangel betroffen ist, vorausgesetzt, daß bezüglich der bestehenbleibenden Teils ein Teilurteil möglich ist, BGH NJW **86**, 1438 mwN, jedoch nicht, wenn einwandfrei feststeht, daß das Ergebnis auch bei Anhörung der Partei nicht anders wäre, BGH **31**, 43.

Die Unzulässigkeit des Verfahrens kann sich (ausnahmsweise) auch aus Art 6 I MRK ergeben, dazu Habscheid F Henckel, 1995, S 342–352, Matscher F Nagel, 1987, S 227–245, ders IPrax **92**, 335, Schlosser JbPrSchdG **2**, 255.

**B. Von Amts wegen zu prüfende Aufhebungsgründe, II Z 2.** Gründe, die zwingend zur Aufhebung **10** des Schiedsspruchs führen:

**a)** Der Gegenstand des Streites ist nach deutschem Recht **nicht schiedsfähig**, § 1030, II Z 2 a (vgl Art 5 UN-ÜbkSchdG, Schlußanh VI A 1). Es handelt sich um einen Unterfall einer Ungültigkeit der Schiedsvereinbarung, der wegen seiner Bedeutung aus der allgemeinen Regelung in II Z 1 a herausgenommen wird. II Z 2 a gilt auch dann, wenn die Parteien die Schiedsvereinbarung einem anderen als dem deutschen Recht unterstellt haben.

**b)** Die Anerkennung oder Vollstreckung des Schiedsspruchs führt zu einem **Ergebnis, das der öff Ordnung (ordre public) widerspricht, II Z 2 b** (Bruns JZ **99**, 278). Dabei handelt es sich um die öff Ordnung der Bundesrepublik, die den sog ordre public international umfaßt. Zur öff Ordnung gehört die Beachtung der Grundrechte, daher auch der Restitutionsgründe des § 1044 I Z 6 aF, BegrRegEntw S 59, also die Fälle des § 580 Z 1–6, s die dortigen Erl. Da es für die Anwendung der Z 2 b allein auf das Ergebnis ankommt, § 328 Rn 34, ist nur zu prüfen, ob der Schiedsspruch als solcher dem ordre public widerspricht, was auch der Fall sein kann, wenn er auf einem nach Z 1 d zu mißbilligenden Verf beruht. Bei Z 2 b ist das Gericht hinsichtlich der tatsächlichen Feststellungen, der Vertragsauslegung und der Beurteilung der Rechtsfolgen an den Schiedsspruch nicht gebunden, BGH in stRspr, NJW **73**, 98 mwN, ebensowenig an die Rechtsauffassung des Schiedsgerichts oder das nach IPR für den Vertrag oder das Verf maßgebliche Recht, BGH **27**, 254. Unerheblich ist auch, ob die zur öff Ordnung gehörenden Normen Gegenstand des Schiedsverf waren, BGH MDR **72**, 1018. Immer muß der Schiedsspruch auf dem Verstoß beruhen. Später entstandene Einwendungen sind im VollstrVerf geltend zu machen, § 1060 Rn 10.

Einzelheiten (vgl auch Bem zu Art 5 II UN-ÜbkSchdG, Schlußanh VI A 1, u § 328 Rn 30–45): Der **11** Verstoß gegen die öff Ordnung iSv Z 2 b kann im entscheidenden Teil des Schiedsspruchs liegen, zB darin, daß er zu einer verbotenen oder offensichtlich sittenwidrigen Handlung verurteilt, oder einen Anspruch selbst, dem er stattgibt, zB der Erfüllung eines offensichtlich nach § 138 BGB nichtigen Vertrages, BGH NJW **73**, 98. Beispiele: Mitwirkung eines kraft Gesetzes ausgeschlossenen Schiedsrichters; Verstoß gegen zwingende Kartellbestimmungen, EuGH EuZW **99**, 565 (Anm Spiegel) zu Art 81 EGV, BGH **88**, 319 u **46**, 367 mwN, K. Schmidt, F Pfeiffer, 1987, S 770 ff; Verstoß gegen Art 85 EG-Vertrag, BGH NJW **69**, 978, dazu Raeschke-Kessler EuZW **90**, 147 u Habscheid ZZP **84**, 208, ferner BGH NJW **72**, 2180, dazu Habscheid KTS **73**, 234, Kornblum ZZP **86**, 216; Erschleichung des Schiedsspruchs, BGH WM **86**, 1370; widersinnige oder gänzlich unverständliche Schiedssprüche, wenn auch die Gründe keine Klarheit bringen (SchwW 24 Rn 27 wollen eine Erläuterung durch das Schiedsgericht zulassen); Verstoß gegen das Gebot überparteilicher Rechtspflege, BGH NJW **86**, 3027; Verletzung einer sonstigen Norm, die die Grundlagen des staatlichen oder wirtschaftlichen Lebens regelt, BGH NJW **98**, 2358 mwN (Termin- bzw Differenzeinwand), Schumann NJW **92**, 2065. **Nicht** hierhin gehören: Verurteilung zu einer der Zwangsvollstr entzogenen Leistung, zB von Diensten; offenbare Unbilligkeit des Schiedsspruchs; Verletzung einer Vorschrift des materiellen Rechts unterhalb der Ebene der Grundrechte (anders § 110 I Z 2 ArbGG), weil über Z 2 b hinaus über die Richtigkeit der Sachentscheidung durch das Staatsgericht nicht zu prüfen ist, BGH NJW **90**, 3211, **86**, 1437.

**12**   **5) Verfahren, III**
**A. Antrag.** Er ist stets nötig, oben Rn 4. Der Antrag, der an das nach § 1062 zuständige OLG zu richten ist, unterliegt bis zur AnO der mündlichen Verhandlung nicht dem Anwaltszwang, § 1063 IV. In ihm müssen die in II Z 1 genannten Aufhebungsgründe, auf die der Antrag gestützt wird, genannt werden; der Hinweis auf einen oder mehrere Gründe iSv II Z 2 ist ratsam.
Die Antragsfrist beträgt drei Monate, **III 1**, wenn die Parteien nichts anderes vereinbaren, was bis zum Ende der drei Monate geschehen kann, BT-Drs 13/9124 S 59. Die Frist beginnt mit dem Tag, an dem der Antragsteller den Schiedsspruch empfangen hat, § 1054 IV, **III 2**. Die Antragsfrist verlängert sich, wenn eine Partei nach Zustellung des Schiedsspruchs einen Antrag nach § 1058 stellt: sie läuft dann frühestens einen Monat nach Empfang der Entscheidung über diesen Antrag ab, so daß sie sich um höchstens einen Monat verlängern kann, nämlich dann, wenn der Zugang am Tag des Ablaufs der Dreimonatsfrist erfolgt, **III 3**, BegrRegEntw S 60.
Der Antrag, I, kann nicht mehr gestellt werden, wenn der Schiedsspruch von einem deutschen Gericht für vollstreckbar erklärt worden ist, **III 4**. Läuft die Antragsfrist ab, ohne daß ein Aufhebungsantrag gestellt wird, sind die Aufhebungsgründe iSv II Z 1 auch im Vollstreckbarkeitsverfahren nicht zu berücksichtigen, § 1060 II 3.

**13**   **B. Weiteres Verfahren.** Das Verfahren des OLG richtet sich nach §§ 1062 und 1063. Wegen der Rechtsmittel s § 1065.

**14**   **6) Aufhebung des Schiedsspruchs, IV u V**
**A. Entscheidung, IV.** Liegt ein Aufhebungsgrund, II Z 1 u 2, vor, spricht das OLG die Aufhebung des Schiedsspruchs aus. Der Beschluß lautet auf Zurückweisung oder Aufhebung, nie auf Abänderung. Betrifft der Aufhebungsgrund nur einen Teil des Schiedsspruchs, so ist bloß dieser Teil aufzuheben, falls eine in sich abgeschlossene, eines Teilurteils fähige Entscheidung übrigbleibt, BGH NJW **86**, 1438 mwN, KG NJW **76**, 1357, StJSchl 5. Die Entscheidung über einen Aufhebungsgrund schafft für andere Gründe, SchwW 25 Rn 14. In geeigneten Fällen kann es auf Antrag einer Partei die Sache unter Aufhebung des Schiedsspruchs an das Schiedsgericht zurückverweisen. Das Schiedsgericht hat dann unter Bindung an die Gründe, die für die Aufhebung maßgeblich waren, erneut einen Schiedsspruch zu erlassen; vgl § 565 Rn 4–9.

**15**   **B. Wirkung, V.** Die Aufhebung hat im Zweifel, also beim Fehlen einer Parteivereinbarung, die Wirkung, daß wegen des Streitgegenstandes die Schiedsvereinbarung wieder auflebt; die Parteien brauchen in diesem Fall also keine neue Vereinbarung zu treffen. Da das Amt des Schiedsgerichts mit Beendigung des Verfahrens durch den Schiedsspruch erloschen ist, § 1056 III, muß es allerdings neu gebildet werden. V ist nicht anwendbar, wenn die Aufhebung darauf beruht, daß die Schiedsvereinbarung ungültig ist, II Z 1 a.

**16**   **7)** *VwGO: Entspr anzuwenden, Grdz § 1025 Rn 23 u 24.*

## Achter Abschnitt.
## Voraussetzungen der Anerkennung und Vollstreckung von Schiedssprüchen

**1060** *Inländische Schiedssprüche.* ¹Die Zwangsvollstreckung findet statt, wenn der Schiedsspruch für vollstreckbar erklärt ist.

II ¹Der Antrag auf Vollstreckbarerklärung ist unter Aufhebung des Schiedsspruchs abzulehnen, wenn einer der in § 1059 Abs. 2 bezeichneten Aufhebungsgründe vorliegt. ²Aufhebungsgründe sind nicht zu berücksichtigen, soweit im Zeitpunkt der Zustellung des Antrags auf Vollstreckbarerklärung ein auf sie gestützter Aufhebungsantrag rechtskräftig abgewiesen ist. ³Aufhebungsgründe nach § 1059 Abs. 2 Nr. 1 sind auch dann nicht zu berücksichtigen, wenn die in § 1059 Abs. 3 bestimmten Fristen abgelaufen sind, ohne daß der Antragsgegner einen Antrag auf Aufhebung des Schiedsspruchs gestellt hat.

**Gliederung**

| | |
|---|---|
| 1) Regelungszweck ............................. 1 | C. Einwendungen .............................. 9 |
| 2) Allgemeines ................................. 2 | D. Später entstandene Einreden ........... 10 |
| 3) Zwangsvollstreckung ................... 3–5 | E. Entscheidung .............................. 11 |
|    A. Schiedsspruch ........................ 3, 4 | 5) Ablehnung, II ............................ 12–14 |
|    B. Vollstreckung .............................. 5 |    A. Grundsatz, II 1 .......................... 12 |
| 4) Vollstreckbarerklärungen, I ......... 6–11 |    B. Beschränkungen, II 2 .................. 13 |
|    A. Verfahren ................................. 6, 7 |    C. Entscheidung ............................ 14 |
|    B. Prüfungsumfang ........................... 8 | 6) *VwGO* ...................................... 15 |

10. Buch. 8. Abschnitt. Anerkennung und Vollstreckung       § 1060

**1) Regelungszweck.** Die Vollstreckung aus einem Schiedsspruch setzt voraus, daß der Schiedsspruch für **1** vollstreckbar erklärt worden ist, § 794 I Z 4 a idF v Art 1 Z 1 SchiedsVfG. Dies gilt für alle Schiedssprüche unabhängig von ihrem Inhalt. § 1060 regelt die Vollstreckbarkeit inländischer Schiedssprüche. Ob es sich um einen inländischen Schiedsspruch handelt, bestimmt sich nach § 1025 I, dort Rn 3. Danach werden alle in Deutschland ergehenden Schiedssprüche als inländische angesehen. Wegen der Vollstreckbarkeit ausländischer Schiedssprüche s § 1061.

**2) Allgemeines.** Der Schiedsspruch ist nicht, wie das Urteil, ein Vollstreckungstitel. Er enthält praktisch **2** nur eine Feststellung; erst ein staatlicher Ausspruch fügt die Vollstreckbarkeit hinzu, macht den Feststellungsausspruch zum vollstreckbaren Leistungsausspruch. Nur auf Grund der Vollstreckbarerklärung gilt eine Willenserklärung als abgegeben, § 894, oder sind Eintragungen in öffentliche Register zulässig, § 895. Eine Leistungsklage trotz Schiedsspruch ist ausgeschlossen, soweit das Verfahren aus §§ 1060, 1061 zum selben Ergebnis führt (aM Schlosser, F Schwab, 1990, S 435 ff, für Klagen agrd des Schiedsspruchs im Urkundenprozeß, § 592). Zulässig kann die Klage sein, wo es eine Klage trotz Vollstreckungstitel ist, uUmst auch für und gegen Rechtsnachfolger.

**3) Zwangsvollstreckung, I** **3**

**A. Schiedsspruch.** § 1060 setzt einen Schiedsspruch voraus, der allen Anforderungen des § 1054 genügt; nötig sind also namentlich ein endgültiger Ausspruch, der das Verfahren ganz oder zu einem abtrennbaren Teil urteilsmäßig abschließt, BGH **10**, 325; wegen der Vollstreckung einstweiliger Maßnahmen s § 1041. Der Schiedsspruch muß auch insofern endgültig sein, als er nicht der Nachprüfung einer höheren Instanz, zB eines Oberschiedsgerichts, unterliegen darf.

Das Vorliegen dieser Voraussetzungen hat im Vollstreckbarkeitsverfahren der Antragsteller nachzuweisen, **4** BGH WertpMitt **79**, 1006. Es genügt, daß sie in dem für die Entscheidung maßgebenden Zeitpunkt vorliegen, also bei mündlicher Verhandlung. Fehlende förmliche Voraussetzungen sind also nachzuholen. Es ist Anstandspflicht des Richters, auf die Nachholung hinzuwirken. Die Kosten, § 1057, wird der Antragsgegner freilich auch dann zu tragen haben, wenn der Antragsteller sofort nachholt; denn er brauchte es überhaupt nicht zum Vollstreckungsverfahren kommen zu lassen, wenn die Vollstreckung nur von einem nachholbaren Formerfordernis abhängig war.

**B. Vollstreckbarerklärung.** Sie ist Voraussetzung der Zwangsvollstreckung, nicht aber umgekehrt. Die **5** Bedeutung der Vollstreckbarerklärung liegt nicht nur in der Ermöglichung einer Vollstreckung, sondern ganz wesentlich auch darin, daß sie, wenn sie rechtskräftig ist, die Unanfechtbarkeit, also die volle Rechtswirksamkeit des Schiedsspruchs feststellt, BGH JZ **62**, 287. Darum braucht auch der Schiedsspruch keinen vollstreckbaren Ausspruch zu enthalten; es genügt zB ein Feststellungsausspruch, RG **149**, 50, oder die Feststellung der Zahlungsverpflichtung dem Grunde nach, Hbg MDR **64**, 853. Keine Vollstreckbarerklärung kommt aber in Betracht, wenn der Schiedsspruch eine Leistungsklage nicht erledigt, RG **169**, 53. Der Schiedsspruch läßt alle Vollstreckungswirkungen eintreten, die sich an ein rechtskräftiges Urteil knüpfen, wenn er für vollstreckbar erklärt ist; denn erst dann liegt eine vollstreckbare Entscheidung vor. Das gilt auch für die Unterstellung der Willenserklärung, § 894, für die Bewilligung einer Grundbucheintragung, § 895, u dgl, Wieser ZZP **102**, 270. Bedeutung hat die Vollstreckbarerklärung auch für die Zwangsvollstreckung wegen der Kosten, § 1057. Sie ist auch nur für die Kosten zulässig; freilich hat das Gericht trotzdem die Wirksamkeit in der Hauptsache zu prüfen, denn von ihr hängt die der Kostenentscheidung ab.

**4) Vollstreckbarerklärung, I** **6**

**A. Wegen des Verfahrens s §§ 1062–1065;** Streitverkündung und Beitritt als Streitgehilfe sind möglich, Schlesw SchlHA **60**, 343. Nötig ist der Antrag einer wenigstens teilweise siegreichen Partei, s II; möglich ist also auch die Vollstreckbarerklärung eines klagabweisenden Schiedsspruchs, BGH BB **60**, 302, da der Beklagte Interesse an der Feststellung der Unanfechtbarkeit des Schiedsspruchs haben kann, ebenso die Vollstreckbarerklärung eines nur eine Feststellung enthaltenden Spruchs, oben Rn 5.

Der **Antrag** ist unbefristet zulässig und an das zuständige OLG, zu richten (kein Anwaltszwang **7** bis zur AnO oder mündl Verh, § 1063 IV). Zur **Form** des Antrags s § 1064 I, zum **Verfahren** s § 1063.

**B. Das Gericht prüft vAw a) die allgemeinen Prozeßvoraussetzungen,** Grdz § 253 Rn 13 ff, **8** namentlich Partei- und Prozeßfähigkeit, Zulässigkeit des Rechtswegs, Zuständigkeit; **b) die besonderen Voraussetzungen dieses Verfahrens,** dh Ordnungsmäßigkeit des Schiedsspruchs und des Antrags, Rn 3 u 7. Fehlt a oder b, so bedarf es der Anhörung des Gegners nur, wo der Mangel behebbar ist, SchwW 27 Rn 7; **c) die Aufhebungsgründe,** Rn 9; sie muß derjenige darlegen, der hieraus einen Anspruch oder Einwand herleitet, ohne daß es dabei auf die Parteirolle ankommt, BGH **31**, 48 u WerpMitt **79**, 1006 mwN.

**C. Die Einwendungen des Gegners können betreffen a) die Zulässigkeit einer Vollstreckbarer- 9 klärung.** Fehlt sie, so ist der Antrag zu verwerfen. Fehlt die Zuständigkeit, so ist auf Antrag zu verweisen, § 281; **b) den Bestand des Schiedsspruchs als solchen,** wenn nämlich der Gegner Aufhebungsgründe vorbringt, unten Rn 12; **c) den Anspruch selbst,** BGH **34**, 277. Einwendungen gegen ihn sind aber nur zulässig, soweit die Partei sie nicht im Schiedsverfahren geltend machen konnte, weil sie erst später entstanden sind, was für den Einzelfall zu entscheiden ist, hM, BGH NJW **90**, 3211, SchwW 27 Rn 11 mwN; denn insofern sind sie nicht durch Schiedsspruch abgeschnitten, vgl § 767 II. Hierhin gehört das Verbot der Leistung durch ein neueres Gesetz oder ihre Unzulässigkeit aufgrund einer später ergangenen Entscheidung des BVerfG, nicht dagegen die Unrichtigkeit des Schiedsspruchs im Lichte einer geänderten Rechtsprechung.

**D. Später erwachsene Einreden** darf der Gegner wahlweise im Vollstreckungsverfahren oder durch **10** Vollstreckungsabwehrklage, § 767, geltend machen, RG **148**, 272, BGH NJW **61**, 1627; schwebt indessen ein Vollstreckungsverfahren, so fehlt für die Vollstreckungsabwehrklage das Rechtsschutzbedürfnis, SchwW 27 Rn 12. Eine Aufrechnung ist abgeschnitten, wo der Beklagte im Schiedsverfahren aufrechnen konnte; anders liegt es, wenn die Gründe, auf denen der Einwand beruht, erst später entstanden sind, BGH RR **97**,

**§§ 1060, 1061**  10. Buch. 8. Abschnitt. Anerkennung und Vollstreckung

1289 mwN. Aber § 767 greift ein, wenn das Schiedsgericht die Aufrechnung nicht beurteilt hatte, weil es sich für nicht zuständig hielt, BGH **38**, 265. Erfüllung kann gegenüber einem Auskunftsanspruch nicht eingewendet werden, wenn inzwischen nur über einen Teil der Abschlüsse oder gewisser Gruppen Auskunft erteilt worden ist, da es nicht Sache des Staatsgerichts ist, einer solchen Teilerfüllung nachzugehen, BGH NJW **57**, 793. Für Umstände, die das Schiedsgericht nur zur Beurteilung der Höhe des Anspruchs herangezogen hat, ist die Vollstreckungsabwehrklage nicht gegeben, RG JW **34**, 363. Die Klage geht an das nach allgemeinen Vorschriften zuständige Staatsgericht, der Schiedsvertrag ist durch den Schiedsspruch endgültig erledigt, RG **148**, 270; etwas anderes gilt jedoch, wenn die mit der Klage geltend gemachte Einwendung der Schiedsabrede unterliegt, BGH NJW **87**, 651 (dazu Schütze EWiR **87**, 305, K. Schmidt JuS **87**, 748), str. Einstellung aus § 769 ist zulässig.

**11**  E. **Entscheidung:** Die Vollstreckbarerklärung wird durch Beschluß ausgesprochen, § 1063 I. Er ist ohne Sicherheit für vorläufig vollstreckbar zu erklären, § 1064 II, dort Rn 3. Rechtsmittel: § 1065.

**12**  5) **Ablehnung, II**
A. **Grundsatz, II 1.** Liegt ein Aufhebungsgrund nach § 1059 II vor, so ist die Vollstreckbarerklärung abzulehnen und der Schiedsspruch auch ohne Antrag aufzuheben. Betrifft ein Aufhebungsgrund einen Teil des Schiedsspruchs, so steht das der Vollstreckbarerklärung eines anderen Teils, dessentwegen ein Teilurteil möglich wäre, § 301, nicht entgegen, BGH LM § 1025 Nr 16. Aufhebungsgründe sind aber erst nach Erledigung der in Rn 5 genannten Voraussetzungen zu prüfen, und zwar vAw. Die Vollstreckbarerklärung ist ferner dann als unzulässig abzulehnen, wenn der Schiedsspruch wirkungslos ist, weil er undurchführbar ist, BGH JZ **62**, 287, oder wenn es an den Voraussetzungen, oben Rn 3 u 8, fehlt.

**13**  B. **Beschränkungen, II 2.** Aufhebungsgründe gemäß § 1059 II Z 1 u 2 sind nicht zu berücksichtigen, soweit im Zeitpunkt der Zustellung des Antrags, II 1, ein auf sie gestützter Aufhebungsantrag rechtskräftig abgewiesen worden ist, II 2. Aufhebungsgründe nach § 1059 II Z 1 sind außerdem nicht zu berücksichtigen, wenn die in § 1059 III bezeichneten Fristen abgelaufen sind, ohne daß der Antragsgegner einen Aufhebungsantrag gestellt hat, **II 3.** Diese Präklusion greift also, anders als der Ausschluß nach II 2, nicht bei den von Amts wegen zu berücksichtigenden Aufhebungsgründen nach § 1059 II Z 2 ein; dies hat vor allem Bedeutung für die Geltendmachung von Restitutionsgründen iSv § 578, die erst nach Ablauf der Fristen des § 1059 III bekannt werden, wenn diese Gründe einen Verstoß gegen den ordre public, § 1059 II Z 2, begründen, BegrRegEntw S 61.

**14**  C. **Entscheidung.** Sie ergeht durch Beschluß, § 1063 I. Rechtsmittel: § 1065.

**15**  6) **VwGO:** Entsprechend anzuwenden, Grdz § 1025 Rn 23 u 24; I wird in § 168 I Nr 5 VwGO wiederholt.

---

**1061** *Ausländische Schiedssprüche.* [1] ¹Die Anerkennung und Vollstreckung ausländischer Schiedssprüche richtet sich nach dem Übereinkommen vom 10. Juni 1958 über die Anerkennung und Vollstreckung ausländischer Schiedssprüche (BGBl. 1961 II S. 121). ²Die Vorschriften in anderen Staatsverträgen über die Anerkennung und Vollstreckung von Schiedssprüchen bleiben unberührt.

[II] Ist die Vollstreckbarerklärung abzulehnen, stellt das Gericht fest, daß der Schiedsspruch im Inland nicht anzuerkennen ist.

[III] Wird der Schiedsspruch, nachdem er für vollstreckbar erklärt worden ist, im Ausland aufgehoben, so kann die Aufhebung der Vollstreckbarerklärung beantragt werden.

**Schrifttum:** *Schmidt-Diemitz* DB **99**, 369 (Statistik).

**1**  1) **Regelungszweck.** Die Vorschrift regelt die Anerkennung und Vollstreckung ausländischer Schiedssprüche. Ob es sich um einen ausländischen Schiedsspruch handelt, bestimmt sich nach § 1025 I, § 1060 Rn 1. Im Ausland nach deutschem Recht ergehende Schiedssprüche müssen nach § 1025 als ausländische Schiedssprüche angesehen werden; dementspr wird Art 2 des Zustimmungsgesetzes zum UN-ÜbkSchdG, Schlußanh VI A 1, Art 1 Rn 1, aufgehoben, Art 2 § 2 SchiedsVfG, vgl BegrRegEntw S 62.

**2**  2) **Anwendung des UN-ÜbkSchdG, I.**
A. **Grundsatz, I 1.** Die Anerkennung und Vollstreckung aller ausländischer Schiedssprüche, oben Rn 1, richtet sich nach den einschlägigen Vorschriften (Art 3–6) des UN-ÜbkSchdG ohne Rücksicht darauf, ob der Schiedsort in einem Mitgliedstaat liegt. Damit sind diese Bestimmungen des Übk als innerstaatliches Recht auch dann anzuwenden, wenn es sich um einen Schiedsspruch handelt, für den das Übk als zwischenstaatliches Recht nicht gilt, Art I 1 u 2, III 1, s dort Rn 1. Demgemäß ist der deutsche Vorbehalt nach Art 1 III 1 des Übk zurückgezogen worden, Bek v 3. 12. 98, BGBl **99** II 7. Wegen der Bestimmungen in den **Art 3–6** des **UN-ÜbkSchdG** im Einzelnen s **Schlußanh VI A 1.**

**3**  B. **Ausnahmefälle, I 2.** Die einschlägigen Vorschriften in anderen Staatsverträgen über die Anerkennung und Vollstreckung von Schiedssprüchen bleiben unberührt, vgl Art VII 1 des UN-Übk. Soweit sie fortbestehen, gilt im Verhältnis der bilateralen Verträge zum UN-Übk das Meistbegünstigungsprinzip, nach dem die für Anerkennung und Vollstreckung günstigere Norm maßgebend ist, s Art VII UN-Übk Rn 1. Das gilt auch im Verhältnis des UN-Übk zu dem EuÜbkHSch, Schlußanh VI A 2, und zum Genfer Protokoll, vgl Einl IV Rn 11 u 12 (auch wegen der Vertragsstaaten). Von den bilateralen Verträgen, s Art 2 §§ 3 ff SchiedsVfG, kommen die Abkommen mit Belgien, Griechenland, Großbritannien, Italien, Österreich, der Schweiz und Tunesien in Betracht, s Schlußanh V B, ferner die Verträge mit den USA und den Staaten der GUS, Schlußanh VI B 1 u 2. Das EuGVÜ und das LuganoÜbk, Schlußanh V C u D, gelten nach ihrem Art 1 II Z 4 nicht für die Schiedsgerichtsbarkeit.

**3) Verfahren, II–III** 4

**A. Allgemeines.** Zuständig für die Vollstreckbarerklärung ist das OLG, § 1062 I Z 4. Wegen des erforderlichen Antrags und des Verfahrens s §§ 1064 III u 1063 (Anwaltszwang erst nach AnO einer mündlichen Verhandlung) sowie Art 7 UN-Übk, Schlußanh VI A 1.
**B. Entscheidung.** Sie ergeht durch Beschluß, § 1063 I, der ohne Sicherheit für vorläufig vollstreckbar zu 5 erklären ist, § 1064 II. Die Entscheidung lautet auf Vollstreckbarerklärung oder Ablehnung wie bei einem inländischen Schiedsspruch, § 1060. 
Wird die Vollstreckbarerklärung abgelehnt, stellt das OLG fest, daß der Schiedsspruch nicht anzuerkennen ist, **II,** BayObLG 99, 57; ihm wird damit für das Inland die Wirkung eines rechtskräftigen Urteils, § 1055, versagt. Wird der für vollstreckbar erklärte Schiedsspruch später im Ausland aufgehoben, kann die Aufhebung der Vollstreckbarerklärung beantragt werden, **III**; für das Verfahren gilt das in Rn 4 Gesagte. Das OLG hat nur zu prüfen, ob nach dem maßgeblichen Recht eine rechtskräftige Aufhebung vorliegt, SchwW 30 Rn 32; jede weitergehende Nachprüfung ist unzulässig. Die Aufhebung der Vollstreckbarerklärung nimmt dem Schiedsspruch für das Inland die Vollstreckbarkeit, § 1060 Rn 1.
**C. Rechtsmittel:** § 1065.
**4)** *VwGO:* Unanwendbar, weil der Verwaltungsprozeß keine ausländischen Entscheidungen zur Vollstreckung zuläßt. 6

## Neunter Abschnitt. Gerichtliches Verfahren

**1062** *Zuständigkeit.* ¹Das Oberlandesgericht, das in der Schiedsvereinbarung bezeichnet ist oder, wenn eine solche Bezeichnung fehlt, in dessen Bezirk der Ort des schiedsrichterlichen Verfahrens liegt, ist zuständig für Entscheidungen über Anträge betreffend

1. die Bestellung eines Schiedsrichters (§§ 1034, 1035), die Ablehnung eines Schiedsrichters (§ 1037) oder die Beendigung des Schiedsrichteramtes (§ 1038);
2. die Feststellung der Zulässigkeit oder Unzulässigkeit eines schiedsrichterlichen Verfahrens (§ 1032) oder die Entscheidung eines Schiedsgerichts, in der dieses seine Zuständigkeit in einem Zwischenentscheid bejaht hat (§ 1040);
3. die Vollziehung, Aufhebung oder Änderung der Anordnung vorläufiger oder sichernder Maßnahmen des Schiedsgerichts (§ 1041);
4. die Aufhebung (§ 1059) oder die Vollstreckbarerklärung des Schiedsspruchs (§§ 1060 ff.) oder die Aufhebung der Vollstreckbarerklärung (§ 1061).

II Besteht in den Fällen des Absatzes 1 Nr. 2 erste Alternative, Nr. 3 oder Nr. 4 kein deutscher Schiedsort, so ist für die Entscheidungen das Oberlandesgericht zuständig, in dessen Bezirk der Antragsgegner seinen Sitz oder gewöhnlichen Aufenthalt hat oder sich Vermögen des Antragsgegners oder der mit der Schiedsklage in Anspruch genommene oder von der Maßnahme betroffene Gegenstand befindet, hilfsweise das Kammergericht.

III In den Fällen des § 1025 Abs. 3 ist für die Entscheidung das Oberlandesgericht zuständig, in dessen Bezirk der Kläger oder der Beklagte seinen Sitz oder seinen gewöhnlichen Aufenthalt hat.

IV Für die Unterstützung bei der Beweisaufnahme und sonstige richterliche Handlungen (§ 1050) ist das Amtsgericht zuständig, in dessen Bezirk die richterliche Handlung vorzunehmen ist.

V ¹Sind in einem Land mehrere Oberlandesgerichte errichtet, so kann die Zuständigkeit von der Landesregierung durch Rechtsverordnung einem Oberlandesgericht oder dem obersten Landesgericht übertragen werden; die Landesregierung kann die Ermächtigung durch Rechtsverordnung auf die Landesjustizverwaltung übertragen. ²Mehrere Länder können die Zuständigkeit eines Oberlandesgerichts über die Ländergrenzen hinaus vereinbaren.

**1) Regelungszweck.** Die Vorschrift regelt die Zuständigkeit der staatlichen Gerichte in den Fällen, in 1 denen sie nach dem 10. Buch angerufen werden können, § 1026. Geregelt sind sowohl die sachliche als auch die örtliche Zuständigkeit. Sachlich zuständig ist grundsätzlich das OLG, nur im Fall des § 1050 (Unterstützungshandlungen) das AG. Die örtliche Zuständigkeit ergibt sich aus I u IV. Wegen des Verfahrens s §§ 1063 u 1064, wegen der Rechtsmittel s § 1065. Die Vorschriften sind zwingend.

**2) Zuständigkeit des OLG, I–III u V.** Für die Entscheidung in den I Z 1–4 genannten Fällen (das sind 2 alle in Frage kommenden Fälle außer § 1050) ist das OLG zuständig, **I**. Örtlich zuständig ist das in der Schiedsvereinbarung bezeichnete OLG, bei fehlender Bezeichnung das OLG, in dessen Bezirk der Schiedsort (§ 1043) liegt, bei Fehlen eines inländischen Schiedsortes in den Fällen nach I Z 2, 3 oder 4 das in **II** bezeichnete OLG, hilfsweise das KG, II, in den Fällen des § 1025 III das in **III** bezeichnete OLG (wegen „Sitz" und „gewöhnlichem Aufenthalt" s § 1025 Rn 7).
Die Länder sind ermächtigt, die Zuständigkeit bei dem Obersten Landesgericht (vgl § 6 a BayZustKVO Justiz) oder einem bestimmten OLG nach Maßgabe des **V 1** zu konzentrieren, auch über die Landesgrenzen hinweg (durch Staatsvertrag), **V 2**. Eine solche Konzentrierung dient dazu, die Kenntnisse und Erfahrungen nutzbar zu machen, die Richter an Zentren der Schiedsgerichtsbarkeit gesammelt haben, vgl Schumann RIW 93, 701.
Wegen des Verfahrens des OLG und der Rechtsmittel s Rn 1.

**3) Zuständigkeit des AG, IV.** Für die Unterstützung bei der Beweisaufnahme und sonstigen richterli- 3 chen Handlungen, § 1050, ist das AG zuständig, in dessen Bezirk die richterliche Handlung vorzunehmen ist, vgl § 157 GVG und die dortigen Erl. Das Verfahren des AG und die Rechtsmittel richten sich nach den für die richterliche Handlung geltenden Vorschriften, § 1050 S 2 u 3.

**4**   4) *VwGO:* Entspr anzuwenden, § 173 S 1 VwGO, nach Maßgabe des § 173 S 2 VwGO idF des Art 2 § 13 SchiedsVfG; danach tritt das zuständige VG an die Stelle des OLG (und des AG), während das OVG das Gericht iSv § 1065 ist, s dort Rn 4. Die Entscheidung des OVG ist unanfechtbar, § 152 VwGO.

**1063** *Allgemeine Vorschriften.* ¹ ¹Das Gericht entscheidet durch Beschluß, der ohne mündliche Verhandlung ergehen kann. ²Vor der Entscheidung ist der Gegner zu hören.

ᴵᴵ Das Gericht hat die mündliche Verhandlung anzuordnen, wenn die Aufhebung des Schiedsspruchs beantragt wird oder wenn bei einem Antrag auf Anerkennung oder Vollstreckbarerklärung des Schiedsspruchs Aufhebungsgründe nach § 1059 Abs. 2 in Betracht kommen.

ᴵᴵᴵ ¹Der Vorsitzende des Zivilsenats kann ohne vorherige Anhörung des Gegners anordnen, daß der Antragsteller bis zur Entscheidung über den Antrag die Zwangsvollstreckung aus dem Schiedsspruch betreiben oder die vorläufige oder sichernde Maßnahme des Schiedsgerichts nach § 1041 vollziehen darf. ²Die Zwangsvollstreckung aus dem Schiedsspruch darf nicht über Maßnahmen zur Sicherung hinausgehen. ³Der Antragsgegner ist befugt, die Zwangsvollstreckung durch Leistung einer Sicherheit in Höhe des Betrages, wegen dessen der Antragsteller vollstrecken kann, abzuwenden.

ᴵⱽ Solange eine mündliche Verhandlung nicht angeordnet ist, können zu Protokoll der Geschäftsstelle Anträge gestellt und Erklärungen abgegeben werden.

**1**   1) *Regelungszweck.* Die Vorschrift enthält Bestimmungen für das Verfahren der staatlichen Gerichte nach § 1062. Davon gelten I u IV für OLG und AG, II u III allein für das OLG. Ergänzende Bestimmungen für die Vollstreckbarerklärung durch das OLG enthält § 1064; die Rechtsmittel regelt § 1065. Die Verfahrensvorschriften für die staatlichen Gerichte sind zwingend.

**2**   2) *Entscheidung, I.* Sie ergeht in allen Fällen des § 1062 durch Beschluß, **I 1.** Vor der Entscheidung ist der Gegner zu hören, **I 2;** eine mündliche Verhandlung ist nur nach II vorgeschrieben, kann aber auch sonst angeordnet werden, vgl IV. Im übrigen hat das OLG die Vorschriften der ZPO über das Verfahren erster Instanz anzuwenden, also das 1. und 2. Buch; dies gilt nicht, sofern II–IV und § 1064 besondere Vorschriften enthalten. Für das Verfahren vor dem AG gilt neben I u IV die Regelung in § 1050, s dort. Wegen der Rechtsmittel vgl § 1065.

**3**   3) *Mündliche Verhandlung, II.* Das OLG hat sie anzuordnen, wenn die Aufhebung beantragt wird, § 1059, oder wenn im Verfahren der Vollstreckbarerklärung, §§ 1060 u 1061, Aufhebungsgründe nach § 1059 II in Betracht kommen, s § 1059 II Z 1 u 2, BayObLG **99**, 55. Im Hinblick auf Art 6 I 2 MRK wird das OLG sie allerdings in beiden Verfahren vorsorglich immer anordnen, BegrRegEntw S 65, sonst je nach Lage des Falles.

**4**   4) *Vorzeitige Vollstreckung, III.* Ihre Zulassung durch das OLG in den Fällen des § 1062 I Z 3 u 4 entspricht einem praktischen Bedürfnis vor allem im internationalen Schiedsverkehr, vgl Art 39 EuGVÜ, Schlußanh V C 1; das gilt auch und gerade für die Vollziehung einstw Maßnahmen des Schiedsgerichts nach § 1041, **III 1.** Zuständig ist der Vorsitzende des Zivilsenats; er kann auf Antrag einer Partei nach seinem Ermessen anordnen, daß der Antragsteller bis zur Entscheidung die Zwangsvollstreckung aus dem Schiedsspruch betreiben oder eine Maßnahme des Schiedsgerichts vollziehen darf; die Anordnung kann ohne Anhörung des Gegners ergehen; sie ist unanfechtbar. Die Vollstreckung aus dem Schiedsspruch darf nicht über Maßnahmen der Sicherung hinausgehen, **III 2.** Der Antragsgegner kann sie durch Sicherheitsleistung (§§ 108, 109 u 113) abwenden, **III 2.**

**5**   5) *Anträge zu Protokoll der Geschäftsstelle, IV.* Die Vorschrift bezieht sich vor allem auf Verfahren vor dem OLG, für die sie den Anwaltszwang mildern soll, BegrRegEntw S 65. Der Anwaltszwang wird dadurch gemildert, daß alle Anträge und Erklärungen bis zur Anordnung der mündlichen Verhandlung zu Protokoll der Geschäftsstelle abgegeben werden dürfen und damit nicht dem Anwaltszwang unterliegen, § 78 III. Die AnO der mündlichen Verhandlung, I u II, läßt für das weitere Verfahren uneingeschränkt den Anwaltszwang eintreten, § 78 I; für die Verfahren vor dem AG, § 1062 IV, gilt dies im Verfahren der Rechtsmittelinstanz, § 78 I.

**6**   6) *VwGO:* Entspr anzuwenden, Grdz § 1025 Rn 23 u 24, vgl § 1062 Rn 4.

**1064** *Besonderheiten bei der Vollstreckbarerklärung von Schiedssprüchen.* ¹ ¹Mit dem Antrag auf Vollstreckbarerklärung eines Schiedsspruchs ist der Schiedsspruch oder eine beglaubigte Abschrift des Schiedsspruchs vorzulegen. ²Die Beglaubigung kann auch von dem für das gerichtliche Verfahren bevollmächtigten Rechtsanwalt vorgenommen werden.

ᴵᴵ Der Beschluß, durch den ein Schiedsspruch für vollstreckbar erklärt wird, ist für vorläufig vollstreckbar zu erklären.

ᴵᴵᴵ Auf ausländische Schiedssprüche sind die Absätze 1 und 2 anzuwenden, soweit Staatsverträge nicht ein anderes bestimmen.

**1**   1) *Regelungszweck.* Die Vorschrift ergänzt § 1063 durch besondere Bestimmungen über das Verfahren der Vollstreckbarerklärung, § 1060 I u II, bei ausländischen Schiedssprüchen mit dem Vorbehalt, daß Staatsverträge nicht entgegenstehen, III.

**2) Antrag auf Vollstreckbarerklärung, I.** Soweit nicht III eingreift, ist in den Fällen der §§ 1060 und 1061 mit dem erforderlichen Antrag, der nicht dem Anwaltszwang unterliegt, § 1063 IV, der Schiedsspruch iSv § 1054 IV oder eine beglaubigte Abschrift des Schiedsspruchs einzureichen, **I 1**. Eine bestimmte Form der Beglaubigung ist nicht vorgeschrieben; sie muß jedoch die Unterschriften der Schiedsrichter umfassen und von den in § 170 II genannten Personen vorgenommen werden. Daß auch der bevollmächtigte RA dazu befugt ist, **I 2**, ist vor allem für ausländische Schiedssprüche von Bedeutung.

**3) Vollstreckbarerklärung, II.** Der Schiedsspruch als solcher enthält praktisch nur eine Feststellung; erst die staatliche Vollstreckbarerklärung, §§ 1060 u 1061, fügt die Vollstreckbarkeit hinzu. Da der Beschluß darüber, § 1063 I, der Rechtsbeschwerde unterliegt, § 1065, ist er für vorläufig vollstreckbar zu erklären, soweit nicht III eingreift. Eine Sicherheit ist nicht festzusetzen; auch i ü sind die Bestimmungen der §§ 708 ff im Verfahren vor dem OLG nicht anzuwenden, weil eine § 1065 II 2 entspr Vorschrift fehlt.

**4) Vorbehalt für abweichende Regelungen, III.** Ebenso wie nach bisherigem Recht, § 1044 I aF, sind auf ausländische Schiedssprüche I und II nur insoweit anzuwenden, als Staatsverträge nichts anderes bestimmen. Vgl. dazu § 1061 Rn 3.

**5) VwGO:** Entspr anzuwenden, Grdz § 1025 Rn 23 u 24, im Verfahren vor dem VG (und dem OVG), § 1062 Rn 4.

## 1065

*Rechtsmittel.* **I** ¹Die Rechtsbeschwerde zum Bundesgerichtshof findet gegen die in § 1062 Abs. 1 Nr. 2 und 4 genannten Entscheidungen statt, wenn gegen diese, wären sie durch Endurteil ergangen, die Revision gegeben wäre. ²Im übrigen sind die Entscheidungen in den in § 1062 Abs. 1 bezeichneten Verfahren unanfechtbar.

**II** ¹Der Bundesgerichtshof kann nur überprüfen, ob der Beschluß auf der Verletzung eines Staatsvertrages oder eines anderen Gesetzes beruht. ²§ 546 Abs. 1 Satz 3, Abs. 2, § 549 Abs. 2, die §§ 550 bis 554b, 556, 558, 559, 561, 563, 573 Abs. 1, und die §§ 575, 707 und 717 sind entsprechend anzuwenden.

**1) Regelungszweck.** Im Interesse einer Beschleunigung und Vereinfachung des Verfahrens beschränkt § 1065 die Rechtsmittel gegen Beschlüsse des OLG. Sie sind schlechthin unanfechtbar, wenn es sich nicht um Endentscheidungen in Verfahren nach § 1062 I Z 2 u 4 handelt: in diesen Fällen ist die Rechtsbeschwerde an den BGH unter der Voraussetzung gegeben, daß gegen ein entspr Endurteil die Revision zulässig wäre. Für Entscheidungen des AG, § 1062 IV, gilt § 1065 nicht; sie sind nach den jeweils für sie geltenden Vorschriften, § 1050, anfechtbar, also nach GVG, s § 159, bzw ZPO.

**2) Anfechtbarkeit, I.** Die Rechtsbeschwerde gegen Entscheidungen des OLG nach § 1062 I Z 2 u 4 ist nur statthaft, wenn gegen ein entspr Endurteil die Revision gegeben wäre, **I 1**. Danach muß es sich bei dem Beschluß, § 1063 I, um eine Endentscheidung handeln. Die Rechtsbeschwerde ist nur statthaft, wenn der Wert der Beschwer 60 000 DM übersteigt oder wenn das OLG sie in seinem Beschluß aus einem der in § 546 I 2 genannten Gründen zuläßt, § 546 I 1; entspr anwendbar ist dabei § 546 I 3 u II, s II, so daß das OLG in vermögensrechtlichen Sachen die Beschwer nach Maßgabe des § 546 II festsetzen muß und die Zulassung der Rechtsbeschwerde den BGH nach § 546 I 3 bindet. Wegen der Einzelheiten s Erl zu § 546; eine Nichtzulassungsbeschwerde ist nicht vorgesehen.

Alle anderen Entscheidungen in einem der in § 1062 I genannten Verfahren sind unanfechtbar, **I 2**. Dies gilt sowohl für Endentscheidungen in den Fällen des § 1062 I Z 1 u 3 als auch für alle Zwischen- und Nebenentscheidungen einschließlich solcher Entscheidungen in den Fällen des § 1062 I Z 2 u 4.

**3) Rechtsbeschwerde, II.** Die Rechtsbeschwerde ist ein der Revision nachgebildetes Rechtsmittel. Der BGH darf nur prüfen, ob der angefochtene Beschluß des OLG auf der Verletzung eines Staatsvertrages oder eines anderen Gesetzes beruht, **II 1**; vgl § 549 I u dort Rn 4–8. Entspr anwendbar auf die Rechtsbeschwerde sind die in **II 2** genannten Revisionsvorschriften, insbesondere die §§ 549 II, 550–554 b und 561, ferner die für das Beschwerdeverfahren geltenden Bestimmungen in den §§ 573 und 575 sowie die Vollstreckungsregelungen in den §§ 707 und 717. Wegen der Einzelheiten s die Erl zu diesen Vorschriften.

**4) VwGO:** Entspr anzuwenden auf Beschlüsse des VG, vgl § 1062 Rn 4. An die Stelle des BGH tritt das OVG, § 173 S 2 VwGO (idF des Art 2 § 13 SchiedsVfG); da die VwGO keine Rechtsbeschwerde kennt, ist Rechtsmittel iSv § 1065 die Beschwerde nach den §§ 146 ff VwGO; vgl BT-Drs 13/9124 S 60. Die Entscheidung des OVG ist unanfechtbar, § 152 VwGO.

## Zehnter Abschnitt. Außervertragliche Schiedsgerichte

## 1066

*Entsprechende Anwendung der Vorschriften des Zehnten Buches.* Für Schiedsgerichte, die in gesetzlich statthafter Weise durch letztwillige oder andere nicht auf Vereinbarung beruhende Verfügungen angeordnet werden, gelten die Vorschriften dieses Buches entsprechend.

**1) Regelungszweck.** Die ZPO läßt außervertragliche Schiedsgerichte zu, wo das sachliche Recht, auch ein ausländisches, es erlaubt. Bei den sie anordnenden Schiedsverfügungen, Sareika ZZP **90**, 285, handelt es sich um Privatrechtsgeschäfte. § 1066 ordnet für sie die entspr Anwendung des 10. Buches an. Wegen der entspr Anwendung auf öff-rechtl Schiedsgerichte s unten Rn 8.

**§ 1066**

**2) Letztwillig angeordnete Schiedsgerichte.** Ob ihre Zulässigkeit schon aus dem BGB folgt, ist zweifelhaft; sie ist aber unbedenklich zu bejahen, RG **100**, 77. Statthaft ist die Einsetzung eines Schiedsgerichts (zur Regelung der Streitigkeiten zwischen den Erben oder zwischen ihnen und anderen Begünstigten) durch eine letztwillige Verfügung iSv § 1937 BGB; dagegen gelten für die an einem Erbvertrag Beteiligten die §§ 1025 ff unmittelbar, also auch § 1031, Schütze RIW **92**, 1880, Hamm RR **91**, 455. Statthafter Zweck ist etwa die Erbauseinandersetzung; unzulässig ist die Einsetzung eines Schiedsgerichts für Streitigkeiten über die Entlassung des Testamentsvollstreckers, RG **133**, 135. Die Bestellung des Testamentsvollstreckers zum Schiedsrichter ist zulässig; er handelt dann bei der Testamentsauslegung an Stelle eines Richters und ist nicht Partei. Da derartige Anordnungen ganz selten sind, sind sie nicht leicht im Auslegungsweg zu bejahen. Ein Recht zur authentischen (s RG **100**, 77) Auslegung verstieße gegen § 2065 BGB, SchwW 32 Rn 24.

**3) Andere nicht vertragliche Schiedsgerichte** (Wolf § 2 IV 5 b bb; Kissel GVG § 13 Rn 200 ff; SchwW 32 Rn 4–23; Ebbing NZG **98**, 281; K. Schmidt ZHR **98**, 265 u JZ **89**, 1077; Hilpert, Verbandsschiedsgerichte, BayVBl **88**, 161; Vollmer, Unternehmensverfassungsrechtliche Schiedsgerichte, Ztschr f Untern- u Gesellschaftsrecht **82**, 15; Westermann, Gesellschaftsrechtliche Schiedsgerichte, Festschrift Fischer, 1979, S 853).

Sie mögen auf Vereins-, Verbands- oder Stiftungssatzung beruhen: immer muß es sich um ein Schiedsgericht iS der §§ 1025 ff handeln. Zulässig ist zB die satzungsmäßige Einsetzung eines Schiedsgerichts zur Entscheidung über Streitigkeiten zwischen einem Verein und seinen Mitgliedern über die Rechte und Pflichten aus der Mitgliedschaft. Die Satzung oder Gesellschaftsverträge können eine Schiedsgerichtsbarkeit nur für Streitigkeiten über Rechtsverhältnisse anordnen, die Gegenstand statutarischer Bindung sind, nicht für solche über als Individualrecht ausgestaltete Rechte, BGH **38**, 161, K. Schmidt JZ **89**, 1083 mwN. Sollen nach der Satzung einer Aktiengesellschaft alle Streitigkeiten zwischen Aktionären und der Gesellschaft durch ein Schiedsgericht geregelt werden, so fällt die Anfechtungs- und Nichtigkeitsklage gegen Hauptversammlungsbeschlüsse nicht hierunter, BGH in stRspr, § 1030 Rn 8; das gleiche gilt für die Anfechtung von Gesellschafterbeschlüssen einer GmbH, BGH in stRspr, NJW **96**, 1753, dazu Bork ZHG **96**, 374 u K. Schmidt ZHR **98**, 269 mwN, str. Wer sich als Dritter einem Verbandsschiedsgericht stillschweigend unterwirft, muß bei Vertragsschluß die Vertragsbedingungen und die Verbandszugehörigkeit des Gegners gekannt haben, RG **85**, 180, dazu Kissel § 13 Rn 206.

**A. Voraussetzungen.** Notwendig ist die Regelung des Schiedsverfahrens in der Verfassungsurkunde **(Satzung).** Die Gültigkeit einer satzungsmäßigen Schiedsklausel richtet sich nach den für die Satzung maßgeblichen Vorschriften, also zB nach den zwingenden Bestimmungen des BGB über Vereine, RG **88**, 398, so daß die Einreichung beim Registergericht erforderlich ist, Mü KTS **77**, 178. Da die Satzung eines rechtsfähigen Vereins sämtliche das Vereinsleben bestimmenden Leitprinzipien und Grundsatzregelungen enthalten muß, soweit sie nicht gesetzlich festgelegt sind, ist eine in der Satzung enthaltene Schiedsklausel nur verbindlich, wenn sie die wesentlichen Punkte unmittelbar regelt, namentlich die Zusammensetzung des Schiedsgerichts und die Regeln über die Auswahl und Bestellung der Schiedsrichter, BGH NJW **84**, 1355, Hamm RR **93**, 1535 mwN. Die Kompetenz einer Haupt- oder Gesellschafterversammlung unterliegt uU betriebsverfassungsrechtlichen Beschränkungen, Raiser BB **77**, 1463. Die wirksame Schiedsklausel gilt für alle Mitglieder oder Gesellschafter, sie kann auf dem dafür vorgesehenen Wege mit Wirkung ex nunc eingeführt oder geändert werden, K. Schmidt JZ **89**, 1082 mwN, und zwar in Vereinen ohne Aufnahmepflicht auch gegenüber einer überstimmten Minderheit, BGH NJW **67**, 2057, K. Schmidt aaO, aM StJSchl 10, SchwW 32 Rn 16, vgl Roth F Nagel, 1987 S 327. Ist die Schiedsklausel unwirksam, können die Parteien dadurch, daß sie sich bewußt und gewollt dem Schiedsverfahren unterwerfen und dies erklären, einen (Einzel-)Schiedsvertrag schließen, für dessen Wirksamkeit § 1031 VI gilt, vgl BGH NJW **84**, 1356.

Schiedsgerichtsregelungen in der schriftlichen Satzung eines rechtsfähigen Vereins, RG **153**, 270, eines nichtrechtsfähigen Vereins, BGH NJW **80**, 1049, einer Aktiengesellschaft, BGH MDR **51**, 674, oder GmbH, BGH **38**, 159, Hamm OLGZ **90**, 453 (dazu Raeschke-Kessler JbPrSchdG **4**, 231), LG Mönchengladbach RR **87**, 224, v. Trotha DB **88**, 1367 (eingehend), bedürfen nicht der Form des § 1031 (abw für die Satzung einer Aktiengesellschaft EuGH NJW **92**, 1671: vertragliche Regelung), wohl aber die Schiedsklausel im Gesellschaftsvertrag einer Personengesellschaft auch in der Gestalt einer sog Massen-KG, BGH NJW **80**, 1049, dazu krit K. Schmidt ZHR **98**, 265 mwN, Roth F Nagel, 1987, S 318–328; kritisch zum Grundsatz Kissel § 13 Rn 200, StJSchl 9–13, Kleinmann BB **70**, 1076, KG NJW **77**, 57. Um so schärfer ist die Frage der Sittenwidrigkeit zu prüfen. Die Satzungen des Verbands unterwerfen die Mitglieder dem Schiedsverfahren oft durch mittelbaren Zwang. Lehnt das Mitglied ab, so verliert es alle Rechte und Möglichkeiten, die die Zugehörigkeit zum Verband gewährt. Darin kann eine unzulässige Knebelung liegen, die die Schiedsgerichtsbestimmung im Einzelfall entsprechend unwirksam macht, SchwW 32 Rn 13, MüKoMa § 1048 12. Daß einer Partei überwiegender Einfluß auf die Bildung des Schiedsgerichts eingeräumt ist, kann unzulässig sein, s § 1034 Rn 3 u 4. Ein außerhalb des Verbands stehender Rechtsnachfolger untersteht dem Verbandsschiedsgericht regelmäßig nicht, s § 1025 Rn 23, StJ § 1025 VI 2.

**B. Einzelfälle.** Die **Sportgerichtsbarkeit** ist weitgehend Verbandsschiedsgerichten und im Verhältnis zu Außenstehenden Vertragsschiedsgerichten übertragen, vgl dazu Gottwald/Adolphsen DStR **98**, 1019, Vieweg NJW **91**, 1513 (betr Verbandsstrafen), Deutsch VersR **90**, 2 mwN, Elten SchlHA **85**, 33, Vollkommer RdA **82**, 17. Zur Wirksamkeit der Regelungen im Bereich des Deutschen Fußballbundes LG Ffm ZIP **89**, 599 (teilw krit Schlosser EWiR § 1025 Nr 1/89).

Die aufgrund des § 14 PtG durch Satzung eingerichteten **Schiedsgerichte der politischen Parteien** (dazu K. Arndt) können echte Schiedsgerichte, Grdz § 1025 Rn 2, sein, eingehend Vollkommer F Nagel, 1987, S 474–502, str, für den Einzelfall verneint v Köln NVwZ **91**, 1116 mwN, KG NJW **88**, 3159 (Anm Vollkommer), Ffm NJW **70**, 2250. Notwendig ist dabei auch die im 10. Buch enthaltene entsprechende Ausgestaltung dieser Schiedsgerichte. Voraussetzung ist die Schiedsfähigkeit, § 1030, des Verfahrensgegenstandes; sie dürfte bei Verfahren über den Parteiausschluß, dazu Hasenritter ZRP **82**, 94, und Ordnungsmaßnahmen grundsätzlich gegeben sein, nicht dagegen bei Verfahren über eine Wahlanfechtung, Vollkommer NJW **88**, 3161 u F Nagel S 497–501. Einschränkend aus verfassungsrechtlichen Gründen Schiedermair AöR **104**, 210 mwN.

Bei der Schiedsgerichtsbarkeit der **Versorgungsanstalt** des Bundes und der Länder (VBL) handelt es sich um Privatrecht, BVerfG RR **95**, 232, BGH NVwZ **88**, 104.

**4) Anwendbarkeit der Vorschriften des 10. Buchs.** Grundsätzlich sind diese Vorschriften entsprechend anwendbar, Hamm RR **87**, 1319 mwN. Eine Einschränkung gilt natürlich für die Vorschriften über den Schiedsvertrag, Vollkommer NJW **88**, 3161. Dazu vgl aber auch Rn 5. **7**

**5)** *VwGO: Entsprechend anzuwenden, Grdz § 1025 Rn 23; jedoch scheidet eine Anordnung durch letztwillige Verfügung im öff Recht aus. Wegen der durch Rechtsvorschrift eingesetzten (unechten) Schiedsgerichte, Grdz § 1025 Rn 1 u 24, s RedOe § 40 Anm 78; hierhin gehören die Schiedsstellen, zB nach § 78 b KHG u § 94 BSHG nF, die dem VerwStreitverfahren vorgeschaltet sind, vgl BVerwG NJW* **94**, *2435, die Schiedsgerichte religiöser Gemeinschaften, vgl OVG Lüneb NJW* **99**, *1882, VG Neustadt NVwZ* **99**, *797 und die Schiedsstelle nach § 24 ENeuOG, die endgültig entscheidet. Ein Verbandsschiedsgericht, für welches das 10. Buch entspr gilt, sieht § 71 WasserverbandG vor, dazu Rapsch NVwZ* **93**, *534. Einen Sonderfall regelt § 187 I VwGO, Kopp § 187 Rn 4.* **8**

# Gesetz, betreffend die Einführung der Zivilprozeßordnung

Vom 30. Januar 1877 (RGBl S 244)

(BGBl III 310–2)

zuletzt geändert durch Art 6 G v 31. 8. 98, BGBl 2585

Bearbeiter: Dr. Albers

**1** *Inkrafttreten.* Die Zivilprozeßordnung tritt im ganzen Umfange des Reichs gleichzeitig mit dem Gerichtsverfassungsgesetz in Kraft.

1  1) **Erläuterung.** ZPO und GVG gelten seit dem 3. 10. 90 im gesamten Bundesgebiet einschließlich der früheren DDR und Ost-Berlins, Art 8 EV, mit den (zT gegenstandslos gewordenen) Maßgaben der Anl I Kap III Sachgeb A Abschn III und IV, vgl S XXIX und die Erläuterungen zu den einzelnen Vorschriften.

**2** *Kostenwesen.* Das Kostenwesen in bürgerlichen Rechtsstreitigkeiten wird für den ganzen Umfang des Reichs durch eine Gebührenordnung geregelt.

1  1) **Erläuterung.** Das Kostenwesen für den Zivilprozeß regeln GKG, ZuSEntschG, BRAGO, GVollzKG und § 12 ArbGG. S im übrigen Hartmann, Kostengesetze.

**3** *Geltungsbereich der ZPO.* ¹ Die Zivilprozeßordnung findet auf alle bürgerlichen Rechtsstreitigkeiten Anwendung, welche vor die ordentlichen Gerichte gehören.

II Insoweit die Gerichtsbarkeit in bürgerlichen Rechtsstreitigkeiten, für welche besondere Gerichte zugelassen sind, durch die Landesgesetzgebung den ordentlichen Gerichten übertragen wird, kann dieselbe ein abweichendes Verfahren gestatten.

1  1) **Erläuterung.** Bürgerliche Rechtsstreitigkeiten, die vor die ordentlichen Gerichte gehören, sind nach § 13 GVG alle, für die nicht durch Bundes- oder Landesrecht die Zuständigkeit von (allgemeinen oder besonderen) Verwaltungsgerichten begründet ist oder bundesrechtlich Sondergerichte bestellt oder zugelassen sind. Weist Landesrecht den ordentlichen Gerichten Prozesse als bürgerliche zu, so darf es das Verfahren nach ZPO nicht ausschließen; Ausnahmen: §§ 3 II, 11, 15. Wegen der Sondergerichte vgl §§ 14 GVG, 3 EGGVG. Mangels Anordnung nach II gilt für das Verfahren die ZPO.

**4** *Zulässigkeit des Rechtswegs.* Für bürgerliche Rechtsstreitigkeiten, für welche nach dem Gegenstand oder der Art des Anspruchs der Rechtsweg zulässig ist, darf aus dem Grunde, weil als Partei der Fiskus, eine Gemeinde oder eine andere öffentliche Korporation beteiligt ist, der Rechtsweg durch die Landesgesetzgebung nicht ausgeschlossen werden.

1  1) **Erläuterung.** § 4 schränkt den § 13 GVG ein, nach dem die Landesgesetzgebung Zivilprozesse Verwaltungsgerichten (nach Art 92 GG nicht mehr Verwaltungsbehörden, § 13 GVG Rn 4) übertragen darf. Eine solche Übertragung ist unzulässig **a)** für Ansprüche aus Amtspflichtverletzung eines Beamten, Art 34 GG, und auf Enteignungsentschädigung, Art 14 III GG; **b)** nur wegen der Person einer Partei im Rahmen des § 4. Auch die Beschränkung des ordentlichen Rechtswegs für gewisse Fälle ist verboten, wenn sie praktisch dem Ausschluß gleichkommt, RG **106**, 40. Dagegen ist eine Erschwerung durch das Erfordernis eines vorherigen Verwaltungsbescheids zulässig, vgl BGH **4**, 51; dagegen bestehen auch keine verfassungsrechtlichen Bedenken, BVerfG **8**, 246, RoSGo § 14 II 3. Wegen der Rechtslage in kirchlichen Rechtsangelegenheiten s § 13 GVG Rn 46.

**5, 6** (gegenstandslos)

**7** *Oberstes Landesgericht, Revisionseinlegung.* I ¹Ist in einem Land auf Grund des § 8 des Einführungsgesetzes zum Gerichtsverfassungsgesetz für bürgerliche Rechtsstreitigkeiten ein oberstes Landesgericht errichtet, so entscheidet in den Fällen des § 546 der Zivilprozeßordnung das Oberlandesgericht mit der Zulassung gleichzeitig über die Zuständigkeit für die Verhandlung und Entscheidung der Revision. ²Die Entscheidung ist für das Revisionsgericht bindend.

II ¹In den Fällen der §§ 547, 554 b und 566 a der Zivilprozeßordnung ist die Revision bei dem obersten Landesgericht einzulegen. ²Die Vorschriften der §§ 553, 553 a der Zivilprozeßordnung gelten entsprechend. ³Das oberste Landesgericht entscheidet ohne mündliche Verhandlung endgültig über die Zuständigkeit für die Verhandlung und Entscheidung der Revision. ⁴Erklärt es

Einführungsgesetz zur Zivilprozeßordnung **EGZPO § 7**

sich für unzuständig, weil der Bundesgerichtshof zuständig sei, so sind diesem die Prozeßakten zu übersenden.

III Die Entscheidung des obersten Landesgerichts über die Zuständigkeit ist auch für den Bundesgerichtshof bindend.

IV Die Fristbestimmung im § 555 der Zivilprozeßordnung bemißt sich nach dem Zeitpunkt der Bekanntmachung des Termins zur mündlichen Verhandlung an den Revisionsbeklagten.

V Wird der Beschluß des obersten Landesgerichts, durch den der Bundesgerichtshof für zuständig erklärt wird, dem Revisionskläger erst nach Beginn der Frist für die Revisionsbegründung zugestellt, so beginnt mit der Zustellung des Beschlusses der Lauf der Frist für die Revisionsbegründung von neuem.

VI Die vorstehenden Vorschriften sind auf das Rechtsmittel der Beschwerde gegen Entscheidungen der Oberlandesgerichte in den Fällen des § 519b Abs. 2, des § 542 Abs. 3 in Verbindung mit § 341 Abs. 2, des § 568a und des § 621e Abs. 2 der Zivilprozeßordnung entsprechend anzuwenden.

1) **Obersten Landesgericht** (*Herbst* u *Tilch*, F Odersky, 1996). **1**
Ein solches Gericht, dessen Zuständigkeit § 8 EGGVG bestimmt, ist nur in Bayern errichtet worden, Abschnitt I Art 1 ff BayAGGVG, Schlußanh I B; gegen die Gültigkeit dieser Regelung bestehen keine verfassungsrechtlichen Bedenken, BVerfG **6**, 45. Das Verfahren bei der Einlegung eines Rechtsmittels, für dessen Entscheidung das ObLG zuständig sein kann, regelt § 7.

**A. Revision, I–IV.** Bei Zulassung der Revision, § 546 ZPO, entscheidet das OLG gleichzeitig über **2** die Zuständigkeit für die Entscheidung (BGH oder ObLG) mit bindender Wirkung für das Revisionsgericht, **I**, und zwar idR im Tenor, zulässigerweise aber auch in den Gründen des Urteils; ist die Bestimmung unterblieben, kann sie im Wege der Berichtigung oder Ergänzung, §§ 319 bzw 321 ZPO, nachgeholt werden, vgl BGH NJW **98**, 3571. Sie ist wirksam, wenn die Revision der Zulassung bedarf, BGH RR **87**, 125. Die Revision ist demgemäß bei dem auf diese Weise bestimmten Gericht einzulegen, die bei dem anderen Gericht eingelegte Revision ist unzulässig, BGH RR **87**, 125; bei fehlender Bestimmung kann sie sowohl beim ObLG als auch beim BGH eingelegt werden, BGH NJW **98**, 3571 mwN. Wird im Wege der Berichtigung oder Ergänzung nachträglich der BGH bestimmt, so ist diese Entscheidung für das weitere Verfahren bindend; die zuvor beim ObLG vorgenommenen Prozeßhandlungen behalten aber ihre Wirksamkeit, BGH aaO mwN.

**Bei zulassungsfreier Revision**, §§ 547, 554b und 566a ZPO (sowie bei Revision gegen ein 2. VersUrt, **3** § 546 Anm 1), ist Revisionsgericht für bayerische Revisionen (außer in Entschädigungssachen nach BEG, BGH LM Nr 4, und in Baulandsachen, BGH **46**, 190, sowie in Streitigkeiten nach § 1 Z 1a LwVG, BGH NJW **89**, 1221) bis zur Zustellung eines Beschlusses nach V stets das ObLG, **II**; dies gilt auch dann, wenn der Revisionskläger als höhere Beschwer als 60 000 DM geltend machen will, BayObLG NJW **77**, 685. Es sind dahin alle Prozeßhandlungen dem ObLG gegenüber vorzunehmen, also auch die Einreichung der Begründungsschrift, Anträge auf Bewilligung der Prozeßkostenhilfe für das Revisionsverfahren, BGH **LM** § 233 Nr 45, oder auf Einstellung der Zwangsvollstreckung u dgl, ebenso die Einlegung einer unselbständigen Anschlußrevision, BayObLG NJW **77**, 685 (erst nach Abgabe an den BGH bei dieser). Die Wiedereinsetzung wegen Versäumung der Revisionsfrist ist beim BayObLG zu beantragen; es entscheidet darüber aber nur dann, wenn es sich für zuständig erklärt hat, BGH **LM** § 233 Nr 4, andernfalls ist die Entscheidung Sache des BGH, BGH RR **93**, 1084, s u Rn 5. Wird Prozeßkostenhilfe für eine beabsichtigte, beim ObLG einzulegende Revision beantragt, so ist zur Entscheidung der BGH zuständig, wenn sich das ObLG im Fall der Revisionseinlegung für unzuständig erklären müßte, weil für die Revision der BGH zuständig wäre, BGH NJW **87**, 1023 (das ObLG hat dann den Antrag an den BGH abzugeben). Für den AnwZwang gilt in allen diesen Fällen § 8 I, s die dortigen Erl.

**B. Beschwerden, VI.** Auf die zulässigen Beschwerden gegen Beschlüsse eines bayer OLG in den Fällen **4** der §§ 519b II, 542 III iVm §§ 341 II, 568a und 621e II ZPO, ist § 7 entsprechend anwendbar, so daß die (erste bzw weitere) Beschwerde nicht beim BGH einzulegen ist, sondern – so namentlich bei § 621e III – beim BayObLG oder auch, soweit dies – zB bei einer sofortigen Beschwerde nach § 519b II ZPO – zulässig ist, bei dem bayer OLG, das den Beschluß erlassen hat, BGH NJW **62**, 1617, AnwBl **78**, 301 (zu § 621e) und Rpfleger **79**, 257 m zustm Anm Keidel (zu §§ 621e, 629a), Schneider NJW **69**, 1643. Für das Verfahren gilt das in Rn 2 Gesagte, vgl BGH NJW **81**, 395. Rechtsbeschwerden anderer Art, zB nach § 17 AVAG, müssen beim BGH eingelegt werden, BGH RR **94**, 320. Eine nicht unter VI fallende, unzweifelhaft unstatthafte weitere Beschwerde, die das OLG dem BayObLG vorgelegt hat, ist von diesem zu verwerfen, BayObLG in stRspr, BayObLGZ **93**, 111, FamRZ **93**, 346.

2) **Entscheidung, II–IV.** Abgesehen von den Fällen des I erfolgt die Entscheidung des ObLG darüber, ob **5** nach § 8 EGGVG, s dort, das ObLG oder der BGH zuständig ist, durch unanfechtbaren Beschluß, den Parteien im Hinblick auf V von Amts wegen förmlich zuzustellen, § 329 III ZPO, **II 3**. Die Entscheidung über die Zuständigkeit ist für den BGH und das BayObLG bindend, **II 3 u III**, BayObLG BayVBl **81**, 438 mwN. Bei Bejahung der Zuständigkeit wird der Termin erst nach Prüfung der Zulässigkeit der Revision bestimmt, soweit die Prüfung nicht in mündlicher Verhandlung erfolgen soll; die Einlassungsfrist, §§ 555 iVm § 274 III, ist zu wahren, **IV**. Spricht der Beschluß die Unzuständigkeit aus, so sind die Akten dem BGH zu übersenden, **II 4**, der von Amts wegen Termin anberaumt und den Parteien bekanntmacht. Die vor Zustellung der Unzuständigkeitserklärung vorgenommenen Prozeßhandlungen bleiben wirksam, BGH FamRZ **81**, 28 u NJW **81**, 576, spätere Prozeßhandlungen können wirksam nur beim BGH vorgenommen werden, BGH RR **93**, 1084 mwN (betr WiedEinsAntrag). Dies gilt auch für den Antrag auf Einstellung der Zwangsvollstreckung, BGH **LM** § 719 Nr 6; bis zur Unzuständigkeitserklärung darf auch das ObLG einstellen, BGH NJW **67**, 1967.

Ein unstatthaftes Rechtsmittel verwirft das ObLG nach § 554a ZPO, ohne daß es einer Zuständigkeitsbestimmung nach II bedarf, stRspr, BayObLGZ **96**, 187 mwN, StJSchl 8.

**6** **3) Revisionsbegründungsfrist, V.** Sie läuft nie früher als 1 Monat nach Zustellung des Abgabebeschlusses ab; dies gilt auch dann, wenn die Revisionsbegründungsfrist bei Zustellung des Abgabebeschlusses bereits abgelaufen war, BGH **24**, 36. Ist durch den Vorsitzenden des beschließenden Senats des ObLG die Begründungsfrist vor Zustellung des Abgabebeschlusses über die sich nach V ergebende Frist hinaus verlängert, so bleibt es bei der verfügten Frist, BGH **LM** § 7 EGZPO Nr. 7. Für den Fristbeginn gilt V entspr, wenn das OLG die unterbliebene Zuständigkeitsbestimmung, oben Rn 2, durch Ergänzungsbeschluß nachholt, BGH NJW **98**, 3571.

**8** *Verfahren vor dem Obersten Landesgericht.* ¹ Die Parteien können sich in den in § 7 Abs. 2 genannten Fällen bis zur Entscheidung des obersten Landesgerichts über die Zuständigkeit auch durch einen bei einem Landgericht, Oberlandesgericht oder dem Bundesgerichtshof zugelassenen Rechtsanwalt vertreten lassen.

ᴵᴵ Die Zustellung der Abschrift der Revisionsschrift an den Revisionsbeklagten und die Bekanntmachung des Termins zur mündlichen Verhandlung an die Parteien erfolgt gemäß § 210 a der Zivilprozeßordnung.

**1** **1) Vertretung der Partei, I.** § 8 ist eine notwendige Ausnahme von § 78 I ZPO, da in den Fällen des § 7 II noch nicht feststeht, welches Gericht zuständig ist, und die Parteien von Mehrkosten geschützt werden sollen, die sich aus der Besonderheit der bayer Revisionssachen ergeben können, BGH (GrS) NJW **85**, 1157 mwN. Jeder (nicht nur beim AG) zugelassene RA kann bis zur Zustellung nach § 7 V auch die Revision begründen oder sich ihr anschließen. Seine Postulationsfähigkeit endet mit der Zustellung der Entscheidung über die Zuständigkeit nach § 7 I. Der bayer RA kann aber die Revision wirksam zurücknehmen oder auf sie verzichten, auch wenn das Verfahren inzwischen an den BGH gelangt ist, BGH (GrS) NJW **85**, 1157. Der nicht beim BGH zugelassene RA kann beim BGH nicht die Heraufsetzung der Beschwer, § 546 II, BGH NJW **89**, 3226, oder die Einstellung der Zwangsvollstreckung beantragen, BGH **LM** § 719 Nr 6. **I gilt auch** in den Fällen des § 7 VI, BGH FamRZ **82**, 585, und zwar auch für § 621e III, weil § 621e IV ZPO nur die Einlegung beim BGH regelt, vgl Keidel Rpfleger **79**, 257, **nicht** dagegen in Baulandsachen, BGH **46**, 190, und in Entschädigungssachen nach BEG, BGH **LM** § 7 Nr 4.

**2** **2) Zustellung der Abschrift der Revisionsschrift, II.** Die Vorschrift gilt auch dann, wenn das ObLG sich für unzuständig erklärt hat.

**9** *Bestimmung des zuständigen Gerichts.* Das oberste Landesgericht für bürgerliche Rechtsstreitigkeiten bestimmt das zuständige Gericht auch dann, wenn nach § 36 Abs. 2 der Zivilprozeßordnung ein in seinem Bezirk gelegenes Oberlandesgericht zu entscheiden hätte.

**Vorbem.** Neu gefaßt durch Art 2 § 19 SchiedsVfG v 22. 12. 97, BGBl 3224, in Kraft ab 1. 4. 98, Art 5 II SchiedsVfG; zum Übergangsrecht BGH NJW **98**, 2830 (Materialien: AusschBer BT-Drs 13/9124 S 63).

**1** **1) Erläuterung** (Kemper NJW **98**, 3551; Kappus NJW **98**, 582). § 9 aF sah die Zuständigkeit des BGH für die Entscheidung nach § 36 ZPO für den Fall vor, daß ein Streit zwischen den Gerichten verschiedener Bundesländer bestand, vgl 56. Aufl § 9 aF Rn 1. Die Neufassung regelt die Zuständigkeit des (nur in Bayern bestehenden) obersten Landesgerichts, § 7, anstelle des nach § 36 II ZPO nF zuständigen OLG, vgl oben § 36 ZPO nF Rn 10 ff, BGH RR **99**, 1010, BayObLGZ **99**, 80. Im Zusammenhang mit dieser Änderung ist durch Art 2 § 30 SchiedsVfG mWv 1. 4. 98 das G betr die Zuständigkeit des Reichsgerichts v 22. 5. 10, BGBl III 310-3, aufgehoben worden (dieses G ist in der 56. Aufl in § 9 aF Rn 1 abgedruckt). Übergangsrecht: Art 4 § 2 SchiedsVfG, abgedr Vorbem § 36 ZPO nF.

**10** (gegenstandslos)

**11** *Aufgebotsverfahren.* Die Landesgesetze können bei Aufgeboten, deren Zulässigkeit auf landesgesetzlichen Vorschriften beruht, die Anwendung der Bestimmungen der Zivilprozeßordnung über das Aufgebotsverfahren ausschließen oder diese Bestimmungen durch andere Vorschriften ersetzen.

**12** *Gesetz.* Gesetz im Sinne der Zivilprozeßordnung und dieses Gesetzes ist jede Rechtsnorm.

**1) Erläuterung.** Über den Begriff „Gesetz" s § 549 ZPO und § 1 GVG.

**13** *Verhältnis zu Reichsgesetzen.* ¹ Die prozeßrechtlichen Vorschriften der Reichsgesetze werden durch die Zivilprozeßordnung nicht berührt.

ᴵᴵ (hebt einige Vorschriften besonders auf)

ᴵᴵᴵ, ᴵⱽ (fortgefallen)

1) **Erläuterung.** Prozeßrechtliche Vorschriften der Reichsgesetze aus der Zeit vor Inkrafttreten der ZPO 1 gelten fort. Spätere Gesetze enthalten vielfach prozeßrechtliche Vorschriften, so zB AktG, GenG, PatG, WZG, AGBG usw.

**14** *Verhältnis zu den Landesgesetzen.* ¹ Die prozeßrechtlichen Vorschriften der Landesgesetze treten für alle bürgerlichen Rechtsstreitigkeiten, deren Entscheidung in Gemäßheit des § 3 nach den Vorschriften der Zivilprozeßordnung zu erfolgen hat, außer Kraft, soweit nicht in der Zivilprozeßordnung auf sie verwiesen oder soweit nicht bestimmt ist, daß sie nicht berührt werden.

ᴵᴵ Außer Kraft treten insbesondere:
1. die Vorschriften über die bindende Kraft des strafgerichtlichen Urteils für den Zivilrichter;
2. die Vorschriften, welche in Ansehung gewisser Rechtsverhältnisse einzelne Arten von Beweismitteln ausschließen oder nur unter Beschränkungen zulassen;
3. die Vorschriften, nach welchen unter bestimmten Voraussetzungen eine Tatsache als mehr oder minder wahrscheinlich anzunehmen ist;
4. die Vorschriften über die Bewilligung von Moratorien, über die Urteilsfristen und über die Befugnisse des Gerichts, dem Schuldner bei der Verurteilung Zahlungsfristen zu gewähren;
5. die Vorschriften, nach welchen eine Nebenforderung als aberkannt gilt, wenn über dieselbe nicht entschieden ist.

1) **Erläuterung.** § 14 enthält eine abschließende bundesgesetzliche Regelung, die dem Landesgesetz- 1 geber (abgesehen von den Ausnahmen in § 15) keine Regelungskompetenz beläßt. Ob es sich um eine prozeßrechtliche Vorschrift eines Landesgesetzes handelt, richtet sich nicht nach der heutigen Auffassung, sondern nach der der ZPO von 1877. Aufgehoben sind prozessuale Vorschriften jeder Art, namentlich auch solche über Ungebühr außerhalb der Sitzung (aM Hbg ZZP **52**, 220). Auf Zivilprozesse, die nicht vor die ordentlichen Gerichte gehören, bezieht sich § 14 nicht; insofern sind aber die landesrechtlichen Bestimmungen durch späteres Reichs- bzw Bundesrecht aufgehoben worden.
Ein **Strafurteil** ist für den Zivilrichter nicht bindend, II Z 1, MüKoWo 4. Vielmehr darf (und muß) er es als Beweismittel verwerten, stRspr, BGH WertpMitt **73**, 561, BAG NJW **99**, 82 (zu § 580 Z 7 b), Köln FamRZ **91**, 580 mwN; er hat die darin getroffenen Feststellungen also zu würdigen (und wird ihnen idR folgen), StJLeip 2, Köln aaO, Kblz AnwBl **90**, 216 mwN. In der Entscheidung ist der Zivilrichter an ein Strafurteil nicht gebunden, darf also auch gegenteilig entscheiden; dies gilt zB im Fall des § 580 Z 3 ZPO, BGH NJW **83**, 230. Anders liegt es dort, wo das Strafurteil Tatbestandsvoraussetzung des Anspruchs ist.

**15** *Landesrechtliche Vorbehalte.* Unberührt bleiben:
1. die landesgesetzlichen Vorschriften über die Einstellung des Verfahrens für den Fall, daß ein Kompetenzkonflikt zwischen den Gerichten und den Verwaltungsbehörden oder Verwaltungsgerichten entsteht;
2. die landesgesetzlichen Vorschriften über das Verfahren bei Streitigkeiten, welche die Zwangsenteignung und die Entschädigung wegen derselben betreffen;
3. die landesgesetzlichen Vorschriften über die Zwangsvollstreckung wegen Geldforderungen gegen einen Gemeindeverband oder eine Gemeinde, soweit nicht dingliche Rechte verfolgt werden;
4. die landesgesetzlichen Vorschriften, nach welchen auf die Zwangsvollstreckung gegen einen Rechtsnachfolger des Schuldners, soweit sie in das zu einem Lehen, mit Einschluß eines allodifizierten Lehens, zu einem Stammgute, Familienfideikommiß oder Anerbengute gehörende Vermögen stattfinden soll, die Vorschriften über die Zwangsvollstreckung gegen einen Erben des Schuldners entsprechende Anwendung finden.

1) **Erläuterung zu Z 1, 2.** Soweit die Vorschriften unberührt bleiben, darf die Landesgesetzgebung auch 1 neue Vorschriften erlassen, BGH NJW **80**, 583. Die Möglichkeit, dabei das Verfahren selbständig zu ordnen und die letztinstanzliche Zuständigkeit dem BGH zu übertragen, eröffnet § 3 EGGVG, s die dortigen Erläuterungen. Über den Zuständigkeitsstreit (Kompetenzkonflikt), Z 1, s bei § 17 GVG. Eine landesgesetzliche Regelung ist nur im Rahmen von § 17 a GVG möglich, s dort. Über die Höhe der Entschädigung bei landesrechtlicher Enteignung, Z 2 (vgl Art 109 EGBGB), müssen nach Art 14 III GG die Zivilgerichte entscheiden. Die Landesgesetzgebung kann das Verfahren im übrigen beliebig regeln, soweit es nur die Gewähr des ordentlichen Rechtswegs gibt, also auch das Rechtsmittelverfahren, insbesondere den Rechtsmittelzug, abweichend von GVG und ZPO ordnen, BGH NJW **80**, 583 (zum hbg Enteignungsgesetz).

2) **Zwangsvollstreckung gegen Gemeindeverband oder Gemeinde, Z 3.** Sie war in § 116 Gemein- 2 deO vom 30. 1. 35, RGBl I 49, reichsrechtlich geregelt; die Vorschrift ist jetzt durch neue Gesetze ersetzt, idR durch die jeweilige GemeindeO, zB in BadWürtt durch § 127 der GemeindeO idF vom 22. 12. 75, GBl 76, 1. Z 3 trifft nur die Zwangsvollstreckung wegen Geldforderungen, soweit sie nicht dingliche Rechte verwirklicht, also zB nicht aus §§ 883 ff ZPO. Die allgemeinen Vorschriften über die Zwangsvollstreckung bleiben unberührt, so die über Verfahren und Zuständigkeit. Wegen der Zwangsvollstreckung gegen sonstige Personen des öffentlichen Rechts s § 882 a, dem für Gemeinden die landesrechtlichen Bestimmungen vorgehen, Kblz MDR **90**, 733, dazu Schmitt-Timmermanns/Schäfer BayVBl **89**, 489 mwN (zu § 77 BayGemO). Nichts mit Z 3 zu tun hat der Ausspruch der vorläufigen Vollstreckbarkeit, s Einf § 708 Rn 5 aE. Z 3 kann nicht entsprechend auf andere jur Personen angewendet werden; für den Fall des

Konkurses vgl Art IV EGÄndGKO v 17. 5. 98, RGBl 248, und die darin enthaltene (statische) Verweisung auf Z 3 in deren ursprünglicher Fassung, dazu BVerfG **60**, 155 = NJW **82**, 2859 (aufrechterhalten durch BVerfG **65**, 377 = NVwZ **84**, 641), Renck BayVBl **82**, 300.

**3** 3) *VwGO:* § 15 ist unanwendbar; statt Z 3 gilt § 170 VwGO, RedOe § 170 Anm 3.

**15a** Art 2 des Entwurfs eines Gesetzes zur Förderung der außergerichtlichen Streitbeilegung (BT-Drs 14/980) sieht – ebenso wie ein nicht Gesetz gewordener früherer Entwurf (BT-Drs 13/6398) – in einem neuen § 15a EGZPO eine Ermächtigung der Länder vor, durch Landesgesetz zu bestimmen, daß in vermögensrechtlichen Streitigkeiten bis zu 1500 DM und in bestimmten Nachbarstreitigkeiten eine Klage erst zulässig ist, wenn von einer von der Landesjustizverwaltung eingerichteten oder anerkannten Gütestelle versucht worden ist, die Streitigkeiten einvernehmlich beizulegen (Schrifttum: Stadler NJW **98**, 2479; Wolfsteiner ZRP **99**, 264; Nöh-Schüren ZRP **98**, 448; Stadler NJW **98**, 2479; Goll ZRP **98**, 314; W. Gottwald WM **98**, 1257; Macke Beil NJW Heft 23/98 S 28; DRB DRiZ **98**, 226; Dembinski BRAK-Mitt **98**, 66; Gottwald BRAK-Mitt **98**, 60; Renk DRiZ **98**, 57; Eichele ZRP **97**, 393; ZRP **97**, 123; 49. DtAnwTag NJW **97**, 1762; Behrens DRiZ **97**, 237, Hoffmann-Riem ZRP **97**, 196).

**16** *Aufrechterhaltung sachlich-rechtlicher Vorschriften.* Unberührt bleiben:
1. die Vorschriften des bürgerlichen Rechts über die Beweiskraft der Beurkundung des bürgerlichen Standes in Ansehung der Erklärungen, welche über Geburten und Sterbefälle von den zur Anzeige gesetzlich verpflichteten Personen abgegeben werden;
2. die Vorschriften des bürgerlichen Rechts über die Verpflichtung zur Abgabe einer eidesstattlichen Versicherung;
3. die Vorschriften des bürgerlichen Rechts, nach welchen in bestimmten Fällen einstweilige Verfügungen erlassen werden können.

**17** *Beweiskraft von Urkunden.* ¹ Die Beweiskraft eines Schuldscheins oder einer Quittung ist an den Ablauf einer Zeitfrist nicht gebunden.

 ᴵᴵ Abweichende Vorschriften des bürgerlichen Rechts über die zur Eintragung in das Grund- und Hypothekenbuch bestimmten Schuldurkunden bleiben unberührt, soweit sie die Verfolgung des dinglichen Rechts betreffen.

**18** (gegenstandslos)

**19** *Begriff der Rechtskraft; ordentliche Rechtsmittel.* ¹ Rechtskräftig im Sinne dieses Gesetzes sind Endurteile, welche mit einem ordentlichen Rechtsmittel nicht mehr angefochten werden können.

 ᴵᴵ Als ordentliche Rechtsmittel im Sinne des vorstehenden Absatzes sind diejenigen Rechtsmittel anzusehen, welche an eine von dem Tage der Verkündung oder Zustellung des Urteils laufende Notfrist gebunden sind.

**20–23** (gegenstandslos)

**24** (aufgehoben durch Art 2 d des Dritten ÄndGRPflG v 6. 8. 98, BGBl 2030).

**25** *Gleichstellung der sog. Kammerrechtsbeistände.* Der in die Rechtsanwaltskammer gemäß § 209 der Bundesrechtsanwaltsordnung aufgenommene Erlaubnisinhaber steht im Sinne der § 88 Abs. 2, § 121 Abs. 2, § 133 Abs. 2, §§ 135, 157 Abs. 1 Satz 1 und Abs. 2 Satz 1, § 170 Abs. 2, § 183 Abs. 2, §§ 198, 212 a, 317 Abs. 4 Satz 2, § 397 Abs. 2, § 811 Nr. 7 der Zivilprozeßordnung einem Rechtsanwalt gleich.

 **Bem.** Eingefügt mWv 8. 9. 98 durch Art 6 G v 31. 8. 98, BGBl 2585 (Materialien: RegEntw BT-Drs 13/4184; AusschBer BT-Drs 13/11034). Zu den sog Kammerrechtsbeiständen, § 209 BRAO, s. Anh II § 155 GVG Rn 2, BGH NJW **99**, 1116.

# Gerichtsverfassungsgesetz

(BGBl III 300-2)

idF der Bek v 9. 5. 1975, BGBl 1077, zuletzt geändert durch Art 14 G v 25. 8. 98, BGBl 2489

Bearbeiter: Dr. Albers

## Grundzüge

**1) Aufgabe und Inhalt des GVG. A.** Die rechtsprechende Gewalt wird durch das BVerfG, durch die im GG vorgesehenen obersten Bundesgerichte und durch die Gerichte der Länder ausgeübt, Art 92 GG. Den Aufbau der Gerichtsorganisation für die ordentlichen Gerichte, § 2 EGGVG, und die zugehörigen Einrichtungen (Staatsanwaltschaft, Geschäftsstelle, Zustellungs- und Vollstreckungsbeamte) gibt das GVG, §§ 12, 21 a–155, §§ 8, 9 EGGVG. Es bestimmt gleichzeitig die sachliche Zuständigkeit dieser Gerichte im Rahmen der ordentlichen Gerichtsbarkeit, §§ 23 ff, 71 ff, 80 ff, 119 ff, 132–138, und enthält damit eine Ergänzung von ZPO und StPO, dort jeweils § 1. Das GVG ordnet außerdem die Besetzung und die Art der Geschäftsverteilung der ordentlichen Gerichte. Ergänzt werden diese Titel des GVG durch die **GVVO** v 20. 3. 35, RGBl 403 (BGBl III 300-5), die zT (einige Bestimmungen sind aufgehoben) weitergilt, vgl Holch DRiZ **76**, 135 (wegen des Abdrucks s Anh § 21 sowie Gesetzesnachweis), und an ihre Stelle getretenen Landesgesetze, Schönfelder vor § 1 GVG.

**B.** Die Abgrenzung der ordentlichen von den anderen Gerichtsbarkeiten (**Rechtsweg**) enthält § 13, der durch § 40 VwGO hinsichtlich des Verwaltungsrechtswegs deutlicher geworden ist und durch §§ 17, 17 a (Rechtswegverweisung) ergänzt wird. Die **Schranken der deutschen Gerichtsbarkeit** (Immunität, Exterritoriale) ergeben sich aus den §§ 18–20. **Besondere Zivilgerichte** sind die Schiffahrtsgerichte, § 14, und nach der Neuregelung in den §§ 17–17 b GVG, 48 ArbGG auch die Arbeitsgerichte, § 14 Rn 6.

**C.** Außerdem enthält das GVG einige **Vorschriften allgemeiner Art**, die die Tätigkeit der Gerichte betreffen, wie Rechtshilfe, §§ 156–168, Öffentlichkeit und Sitzungspolizei, §§ 169–183, Gerichtssprache, §§ 184–191, Beratung und Abstimmung, §§ 192–197, und die mehr der ZPO zugehörigen Bestimmungen über die Gerichtsferien, §§ 199–202.

**D.** Das GVG enthält keine Vorschriften über den Aufbau und die Tätigkeit der **Justizverwaltung** und die gerichtliche Verwaltung; s zu beiden Anh § 21. Jedoch ist der Rechtsweg gegen Maßnahmen der Justizverwaltung auf den ihr eigentümlichen Gebieten durch §§ 23 ff EGGVG geordnet.

**E. Ergänzt** wird das GVG durch das RechtspflegerG v 5. 11. 69, BGBl 2065 (zT abgedruckt Anh § 153), Teile der BRAO (zT abgedr Anh § 155) und solche des DRiG (zT abgedr Schlußanh I A); s dort Einl § 1 Rn 4 und wegen der Umgestaltung der 1. Titels Üb § 1.

**2) Sachliche Geltung.** Das GVG gilt für die ordentliche streitige Gerichtsbarkeit, § 2 EGGVG. Obwohl § 2 EGGVG nur von dieser spricht, gilt das GVG aber auch für die Freiwillige Gerichtsbarkeit, vgl auch § 30 FGG, BGH **9**, 32. Zudem wird durch das FGG auf einige Bestimmungen des GVG ausdrücklich Bezug genommen, zB in §§ 2, 8 FGG.

Für die Arbeitsgerichtsbarkeit enthält das ArbGG in seinem 1. und 2. Teil eine eigenständige Regelung der Gerichtsverfassung. Jedoch wird dabei auf zahlreiche Vorschriften des GVG verwiesen, zB in den §§ 6 a, 9 I 2 u II, 13, 45 III 3 u 52 ArbGG.

Ferner bestehen als besondere Gerichtszweige die Verwaltungs-, Sozial- und Finanzgerichtsbarkeit, die selbständig geordnet sind. Für das Verwaltungsgerichtsverfahren gelten §§ 21 a–21 c, 169, 171 a–197 entsprechend, §§ 4 u 55 VwGO; wegen einer in Betracht kommenden entsprechenden Anwendung vgl die jeweils letzten Anm, soweit sie kursiv gesetzt sind. Gleichartige Verweisungen enthalten SGG und FGO.

**3) Räumliche Geltung.** Das GVG und seine Ergänzungen gelten seit dem 3. 10. 90 auch in der früheren DDR und in Ost-Berlin, Art 8 EV. Wegen der Maßgaben, EV Anl I Kap III Sachgeb A Abschn III u IV (dazu Brachmann DtZ **90**, 298 u **91**, 189, Errens AnwBl **90**, 599, Gottwald FamRZ **90**, 1177), und wegen der sie zT ersetzenden Vorschriften der §§ 14 ff RpflEntlG s bei den einzelnen Vorschriften.

## Erster Titel. Gerichtsbarkeit

### Übersicht

**1) Allgemeines.** Der Titel enthielt früher einige Bestimmungen über das Richteramt. Dieses ist durch das DRiG, Schlußanh I A, neu gestaltet worden. Demgemäß wurden §§ 2 bis 9 und 11 aufgehoben und § 10 geändert, § 85 DRiG. Durch G v 26. 5. 72, BGBl 841, ist der Titel mit Wirkung vom 1. 10. 72 unter neuer Überschrift mit den §§ 12–21 zusammengefaßt worden.

**2) Gerichtsbarkeit. B.** Im weiteren Sinn, Justizhoheit, ist sie **die auf Verwirklichung der bestehenden Rechtsordnung gerichtete Tätigkeit des Staates.** Sie steht dem Bunde und den Ländern zu. Die Gerichtsbarkeit im weiteren Sinne zerfällt in **a)** Justizverwaltung, s Anh § 21; **b)** Gerichtsbarkeit im engeren Sinn, dh die Tätigkeit der Gerichte bei der Rechtsanwendung im Einzelfall, die „richterliche Gewalt" des

§ 1, die „rechtsprechende Gewalt" iSv Art 92 GG. Die bundesrechtlichen Prozeßgesetze regeln nur sie, und auch das nur für die ordentliche streitige Gerichtsbarkeit, § 2 EGGVG.

**3**   **B. Die Gerichtsbarkeit im engeren Sinne kann fehlen**, weil die Justizhoheit, die Gerichtsbarkeit im weiteren Sinne, fehlt. Das kann zutreffen **a)** örtlich, wo nämlich keine deutsche örtliche Zuständigkeit begründet ist. Eine etwa trotzdem ergangene gerichtliche Entsch ist auf Rechtsbehelf aufzuheben; praktisch wird sie meist wirkungslos sein. **b)** Persönlich. Aus völkerrechtlichen Gründen ist eine Reihe von Personen der inländischen Gerichtsbarkeit entzogen, Exterritoriale oder Eximierte, §§ 18 ff, s auch den Überleitungsvertrag und dazu BGH NJW **60**, 1299. Eine trotzdem gesetzwidrig erlassene Entscheidung ist schlechthin nichtig. Wegen der Angehörigen der ausländischen Streitkräfte s Truppenstatut Art 9 ff, abgedr Schlußanh III.

**4**   **C. Die Gerichtsbarkeit im engeren Sinne kann weiter fehlen**, weil die Justizhoheit zwar besteht, aber die Anrufung der ordentlichen Gerichte verwehrt ist. Der Grund kann in der Zuständigkeit von Sondergerichten, Grdz Rn 2, oder von Verwaltungsgerichten liegen. In diesen Fällen spricht man vom Ausschluß des ordentlichen Rechtswegs; die ordentliche Gerichtsbarkeit und damit der ordentliche Rechtsweg stehen im Gegensatz zu dem Rechtsweg zu Gerichten anderer Rechtszweige, Einf § 13 Rn 1, dh dem zu den Verwaltungs-, Finanz- und Sozialgerichten, Art 96 I, 19 IV GG; wegen des Verhältnisses der ordentlichen zu den Arbeitsgerichten s § 14 Rn 6. Eine trotz Ausschluß des ordentlichen Rechtswegs ergehende Entscheidung ist fehlerhaft, aber nicht nichtig. Wird sie nicht im Instanzenzug beseitigt, so bleibt sie voll wirksam.

**5**   **3) Zuständigkeit und Rechtsweg.** Von der Frage der Zulässigkeit des Rechtsweg ist die der Zuständigkeit, dh der Befugnis zur Rechtsprechung im Einzelfall, streng zu trennen; siehe über sie Grdz § 1 ZPO. Die Frage, ob ein ordentliches Gericht oder ein Sondergericht zuständig ist, betrifft idR die Zulässigkeit des Rechtswegs, mag das Sondergericht auch eine ordentliche streitige Gerichtsbarkeit ausüben. Wegen der Verweisungsmöglichkeiten vgl § 17 a. Während die ordentlichen Gerichte die Gerichtsbarkeit grundsätzlich in vollem Umfang haben, ist das Sondergericht nur in den Grenzen des ihm Zugeteilten zuständig. Darum sind Entscheidungen der Sondergerichte, die die gesteckten Grenzen überschreiten, aber nicht etwa wirkungslos und sehr wohl der inneren Rechtskraft fähig.

# 1

*Unabhängigkeit der Gerichte.* **Die richterliche Gewalt wird durch unabhängige, nur dem Gesetz unterworfene Gerichte ausgeübt.**

*Vorbem. Art 97 I GG* bestimmt:
**Die Richter sind unabhängig und nur dem Gesetz unterworfen.**

Eine dem § 1 entsprechende Bestimmung enthalten alle Landesverfassungen:
**BaWü** Art 65 II, **Bay** Art 85, **Berlin** Art 63 I, **Bra** Art 106 I, **Bre** Art 135 I, **Hbg** Art 62 S 1, **Hess** Art 126 II, **Meckl-Vorp** Art 76 I, **Nds** Art 39 III, **NRW** Art 3 III, **RhldPf** Art 121, **Saarld** Art 113, **Sa** Art 77 II, **Sa-Anh** Art 83 II, **SchlH** Art 36 I.

### Gliederung

| | |
|---|---|
| 1) **Allgemeines** ............................ 1 | B. Bindung an das gültige Gesetz ......... 4 |
| 2) **Unabhängigkeit** ........................ 2 | C. Nachprüfungsrecht des Richters ....... 5–21 |
| A. Unterwerfung unter das Gesetz ..... 2 | a) Besatzungsrecht ..................... 5 |
| B. Gesetzesbegriff ............................ 2 | b) Bundesrecht und Landesrecht (Bundesverfassungsgericht) ................ 6–18 |
| 3) **Bindung des Richters durch das Gesetz** ............................ 3–21 | 4) *VwGO* ...................................... 19 |
| A. Grundsatz und Grenzen .............. 3 | |

**1**   **1) Allgemeines. A.** § 1 enthält **a)** die **Bindung des Richters** an rechtmäßige Äußerungen der gesetzgebenden Gewalt, **b)** seine Loslösung von Einflüssen und Betätigungen anderer Organe und Personen (**richterliche Unabhängigkeit**), siehe auch Vorbem; eine solche Loslösung erfordert Weisungsfreiheit des Richters (gegenüber Weisungen also keine Gehorsamspflicht), aber auch lebenslängliche Anstellung und grundsätzliche Unabsetzbarkeit (persönliche Unabhängigkeit im rechtlichen und tatsächlichen Sinne); **c)** den Ausspruch, daß **nur die Gerichte die richterliche Gewalt ausüben dürfen;** s auch §§ 16, 151.

**B.** § 1 bezieht sich nur auf **die ordentliche streitige Gerichtsbarkeit**, § 2 EGGVG, nicht auf den Gerichten etwa übertragene andere Arten der Gerichtsbarkeit oder auf die Justizverwaltung, § 4 EGGVG. Er gilt aber auch für die Rpfl, § 9 S 1 RPflG, abgedruckt Anh § 153 GVG. Soweit ein Gericht als Organ der Justizverwaltung tätig geworden ist, kann die Dienstaufsichtsbehörde die getroffene Entscheidung abändern. Dienstaufsicht und Disziplinarrecht widersprechen der Unabhängigkeit nicht; diese hat ihre Stütze überhaupt mehr im Charakter des Richters als in Verwaltungsvorschriften.

**2**   **2) Unabhängigkeit** (Wolf §§ 18–21; Rudolph F Salger 1995; Wassermann, Die richterliche Gewalt, 1985; Schreiber, F Jescheck, 1985, S 757; Sendler NJW **95**, 2464; Papier NJW **90**, 8; Achterberg NJW **85**, 3041; Dütz JuS **85**, 745). Ihrer Sicherung dienen **§§ 25–37 DRiG**, vgl Schlußanh I A. Sie findet ihre **Begrenzung und Rechtfertigung in der Bindung des Richters an das Gesetz.**

**A. Der Richter ist nur dem Gesetz unterworfen**, dh jedem Rechtssatz, § 12 EGZPO sinngemäß, richtiger nur dem Recht. Denn es bleibt gleich, welcher Quelle dieses Recht entfließt, wenn sie nur gültiges Recht schaffen kann.

**B. „Gesetz"** im Sinne von § 1 sind nach § 12 EGZPO alle Rechtsnormen, vgl § 549 ZPO Rn 4, gleichgültig, ob die Vorschrift privatrechtlichen, öffentlich-rechtlichen, sachlich-rechtlichen oder prozessualen Inhalt hat. Hierhin gehören die Bundesgesetze (Reichsgesetze), das Recht der EG, EuZW **96**, 542, die ratifizierten Staatsverträge; Gewohnheitsrecht, die anerkannten Regeln des Völkerrechts, vgl zB Art 25 GG (bei Zweifel, ob eine derartige Regel Bestandteil des Bundesrechts ist, ist die Entscheidung des BVerfG einzuholen, Art 100 II GG). Gesetze iSv § 1 sind weiterhin: die Proklamationen, Gesetze, Befehle und Direktiven des Kontrollrats und der MilReg, soweit sie nicht seit dem 5. 5. 55 aufgehoben sind, ferner die Gesetze, Verordnungen und Rechtsanordnungen der Länder (vorher der Provinzialverwaltungen und Provinzialregierungen) sowie in den *Ländern der früheren amerikanischen Zone* die von den Ministerpräsidenten in ihrer Gesamtheit beschlossenen Ländergesetze, in den *Ländern der früheren britischen Zone* die Verordnungen des Präsidenten des Zentral-Justizamts (vorher der OLG-Präsidenten), im *Saarland* das bisherige Recht, § 3 EingliederungsG v 23. 12. 56, BGBl 1011, sowie das Recht der früheren DDR, soweit es fortgilt; schließlich gehört hierhin auch örtlich begrenztes Recht wie Polizeiverordnungen und Ortssatzungen.

Kein „**Gesetz**" sind Handelsbräuche oder Börsenbräuche (Usancen), § 346 HGB; sie sind kein Gewohnheitsrecht, sondern dienen nur der Ergänzung und Auslegung von Verträgen. Kein „Gesetz" sind auch Verwaltungsanordnungen wie Richtlinien, Allgemeine Verfügungen, Ausführungsanweisungen usw (hier tritt eine vom Gericht zu beachtende Selbstbindung der Verwaltung über Art 3 GG ein). Ebenso ist eine ständige Rspr kein „Gesetz", BGH MDR **96**, 811.

**3) Bindung des Richters durch das Gesetz** (Merten DVBl **75**, 677). 3

**A. Grundsatz und Grenzen.** Nur diese Bindung verbürgt die Rechtssicherheit; es gibt also kein „richterliches Billigkeitsrecht", BAG MDR **62**, 249. Rechtsbeugung steht unter schwerer Strafe, § 336 StGB. Es ist nicht Sache des Richters, ein Gesetz außer Kraft zu setzen. Nur bei unvorhergesehenen Anwendungsfällen, die der Gesetzgeber aller Voraussicht nach anders geregelt hätte, oder bei grundlegender Veränderung der dem Gesetz zugrunde liegenden Verhältnisse darf das Gesetz nach seinen eigenen Grundgedanken und Zwecken unter Berücksichtigung der anerkannten Grundsätze richterlicher Rechtsfindung fortentwickelt werden, freilich auch dann unter Beachtung der Erfordernisse der Rechtssicherheit; zu den Problemen des Richterrechts vgl Sendler DVBl **88**, 828, Picker JZ **88**, 1 u 62, zu seinen Grenzen BVerfG NJW **86**, 2242 u **85**, 2402, jeweils mwN. Wegen der Nachprüfung der Verfassungsmäßigkeit s unten Rn 7 ff. Die Auslegung des Gesetzes steht dem Richter frei, wobei er sich an die allgemein anerkannten Auslegungsregeln zu halten hat, Einl III Rn 35 ff. Auslegungsbindungen im Rahmen der anhängigen Sache enthalten §§ 138 I 3 GVG, 565 II, 538 f, 575 ZPO.

**B. Nur das gültige Gesetz bindet den Richter.** Die Bundesgesetze ebenso wie die RechtsVOen des 4 Bundes (letztere werden im BGBl oder BAnz verkündet) sollen mit dem Tag des Inkrafttretens bestimmen; andernfalls treten sie mit dem 14. Tage nach Ablauf des Tages in Kraft, an dem das BGBl ausgegeben wird, Art 82 II GG, BG vom 30. 1. 50, BGBl 23. „Ausgegeben" ist das Gesetzblatt, wenn das 1. Stück in Verkehr gebracht ist; wie dies geschieht, ist bedeutungslos, BVerfG NJW **63**, 1443. Entsprechendes gilt für das Landesrecht.

**C. Das Nachprüfungsrecht des Richters (inzidente Normenkontrolle).** Die vor dem Inkrafttreten 5 des GG bestehenden Beschränkungen auf die Prüfung des formellen Zustandekommens und andere weitgehende Einschränkungen sind mit dem Wesen des Rechtsstaats nicht vereinbar. Immerhin besteht kein uneingeschränktes Nachprüfungsrecht der Gerichte.

**a) Besatzungsrecht.** Im Hinblick auf Art 1 ÜberlVertrag haben Gerichte auch Besatzungsrecht auf seine Vereinbarkeit mit dem GG nachzuprüfen und ggf eine Entscheidung des BVerfG nach Art 100 GG einzuholen. Dieses hat keine Verwerfungskompetenz, muß aber bei Unvereinbarkeit die zuständigen Verfassungs-Organe verpflichten, Besatzungsrecht außer Kraft zu setzen, BVerfG NJW **63**, 947 (betr einfaches Recht), NJW **74**, 545 (betr Kontrollratsrecht). Die Bindung der Gerichte an frühere Bescheide der Besatzungsmacht über den Inhalt ihrer AnOen ist seit dem 5. 5. 55 entfallen, soweit nicht etwa nach Art 2 ÜberlVertrag Rechte und Verpflichtungen schon festgestellt waren, BGH **19**, 253.

**b) Das Bundesverfassungsgericht** ist zuständig für die Nachprüfung der Verfassungsmäßigkeit der 6 Gesetze sowie die Vereinbarkeit von Landesrecht mit Bundesrecht (Schrifttum außer den Kommentaren zum GG: *Kissel* § 12 Rn 15 ff; *Ehlers* in Sch/SchmA/P Anh § 40 VwGO S 1–26). Es gilt **Art 100 GG** (s auch § 80 BVerfGG):

**I** ¹**Hält ein Gericht ein Gesetz, auf dessen Gültigkeit es bei der Entscheidung ankommt, für verfassungswidrig, so ist das Verfahren auszusetzen und, wenn es sich um die Verletzung der Verfassung eines Landes handelt, die Entscheidung des für Verfassungsstreitigkeiten zuständigen Gerichtes des Landes, wenn es sich um die Verletzung dieses Grundgesetzes handelt, die Entscheidung des Bundesverfassungsgerichtes einzuholen.** ²**Dies gilt auch, wenn es sich um die Verletzung dieses Grundgesetzes durch Landesrecht oder um die Unvereinbarkeit eines Landesgesetzes mit einem Bundesgesetze handelt.**

**II Ist in einem Rechtsstreite zweifelhaft, ob eine Regel des Völkerrechtes Bestandteil des Bundesrechtes ist und ob sie unmittelbar Rechte und Pflichten für den Einzelnen erzeugt (Art. 25), so hat das Gericht die Entscheidung des Bundesverfassungsgerichtes einzuholen.**

(III betr Abweichungen eines Landesverfassungsgerichts bei Auslegung des GG von Verfassungsgerichtsentscheidungen).

**aa)** Die Feststellung der **Verfassungswidrigkeit von Gesetzen** (im Hinblick auf das GG und, bei 7 Landesrecht, auf die Landesverfassung) und der **Unvereinbarkeit von Landesgesetzen mit dem Bundesrecht** ist also dem Prozeßgericht entzogen und dem BVerfG übertragen. Diese Beschränkung gilt nur für Gesetze im förmlichen Sinne (einschließlich der Zustimmungsgesetze nach Art 59 II GG), BVerfG **56**, 1, nicht aber für HaushaltsG, BVerfG **38**, 125, völkerrechtliche Verträge, BVerfG **29**, 358, satzungsvertretende Landesgesetze, BVerfG NJW **85**, 2315, und für RVOen, und auch nicht für vorkonstitutionelle Gesetze, es sei denn, der Bundesgesetzgeber hat sie in seinen Willen aufgenommen, BVerfG **63**, 181, **64**, 217 mwN. Das

Entscheidungsmonopol des BVerfG erstreckt sich auch nicht auf die Frage, ob ein Landesgesetz mit späterem Bundesrecht unvereinbar ist, BVerfG **65**, 359 mwN. Prüfungsmaßstab ist bei Landesgesetzen das gesamte Bundesrecht einschließlich der RVOen, BVerfG **1**, 292, bei Bundesgesetzen nur das GG.

**8** Ist ein Gericht aufgrund dieser Prüfung von der Ungültigkeit der anzuwendenden Norm überzeugt, BVerfG **68**, 343 (bloße Bedenken oder Zweifel genügen nicht, BVerfG NJW **52**, 497, auch nicht, wenn die Verfassungswidrigkeit nur für möglich gehalten wird, BVerfG NJW **63**, 1347), hat es vAw, § 80 III BVerfGG, das **Verfahren auszusetzen** und unmittelbar die **Entscheidung des BVerfG einzuholen**, § 80 I BVerfGG (auch dann, wenn vorher ein LVerfG über die Vereinbarkeit mit der LVerfassung entschieden hat, BVerfG JZ **64**, 288; kommt auch die Vorlage an den EuGH, Anh § 1, oder ein LVerfG in Frage, hat das Gericht die Wahl, BVerfG NJW **85**, 2522 mwN); vgl Pestalozza, Verfassungsprozeßrecht, § 15; Aretz JZ **84**, 918; Geiger EuGRZ **84**, 409; Gerontas DVBl **81**, 1089. Eine Vorlage kommt idR nur im Hinblick auf eine Endentscheidung in Frage, ausnahmsweise aber auch dann, wenn sie sich für eine Zwischenentscheidung als unerläßlich erweist, BVerfG NVwZ **83**, 537; Entscheidung iSv Art 100 I GG ist auch eine gerichtliche Bekanntmachung, BVerfG JZ **88**, 555. Voraussetzung ist, daß **die Entscheidungsformel der zu treffenden Endentscheidung von der Gültigkeit oder Ungültigkeit der Norm abhängt**, stRspr, BVerfG **58**, 300, NJW **79**, 757 mwN (ausnahmsweise genügt Abhängigkeit der Begründung, sofern sie für Inhalt und Wirkung der Entscheidung rechtliche Bedeutung hat, BVerfG **44**, 300); die Abhängigkeit fehlt, wenn die Klage unzulässig ist, BVerfG NJW **84**, 1805 (dazu Aretz JZ **84**, 922, Geiger EuGRZ **84**, 409), oder wenn das vorlegende Gericht auch ohne verfassungsrechtliche Überprüfung der Norm nicht gehindert ist, einen gesetzlich vorgesehenen Anspruch zuzusprechen, etwa weil im Verf nicht Ansprüche der benachteiligten Personengruppe streitig sind, BVerfG **66**, 100 (dazu Aretz JZ **84**, 918), oder weil durch die Norm lediglich am Verf nicht beteiligte Dritte in ihren Grundrechten beeinträchtigt werden, BVerfG **67**, 239. Zur Zulässigkeit einer Vorlage wegen des sog gleichheitswidrigen Begünstigungsausschlusses, BVerfG **8**, 35 u **64**, 167, vgl Völlmeke NJW **92**, 1346. Das Verf nach Art 100 I GG dient nicht dazu, vom vorlegenden Gericht für verfassungswidrig gehaltene Auslegung durch ein übergeordnetes Gericht prüfen zu lassen, BVerfG NJW **88**, 1902 (dazu Lippold DVBl **89**, 140).

**9** Sind die Voraussetzungen der Vorlage gegeben, ist jede **andere den Prozeß weiterführende Entscheidung** ausgeschlossen, BVerfG NJW **73**, 1319, auch die Vorlage an den BGH wegen derselben Frage, BVerfG NJW **60**, 1115, oder die Anrufung des GrSen durch das Revisionsgericht, BVerfG NJW **57**, 625 (zur weiteren Aufklärung des Sachverhalts s unten). Ob eine „schlichte" **Aussetzung** des Verfahrens bei Anhängigkeit eines einschlägigen Normenprüfungsverfahrens zulässig ist, ist str, § 148 ZPO Rn 29 mwN; jedenfalls ist das Ruhen des Verf, § 251 ZPO, zweckmäßig. Die Vorlage schließt aber eine anderweitige **Erledigung des Prozesses**, zB durch Vergleich oder Klag- bzw Rechtsmittelrücknahme, ebensowenig aus wie Zwischenentscheidungen, die die Verfassungsfrage nicht berühren, zB über die Abkoppelung nach § 628 ZPO, Ffm FamRZ **80**, 178. Das Prozeßgericht ist auch befugt, vor der Vorlage **vorläufigen Rechtsschutz** zu gewähren, wenn dies im Interesse eines effektiven Rechtsschutzes als geboten erscheint und die Hauptsache dadurch nicht vorweggenommen wird, BVerfG NJW **92**, 2749, vgl OVG Münst NVwZ **92**, 1227.

**10** **Eine Norm**, die das BVerfG bereits für gültig erklärt hat, darf nur unter bestimmten Voraussetzungen nochmals zur Prüfung gestellt werden, BVerfG NJW **86**, 422 mwN; umgekehrt ist nicht vorzulegen, wenn eine Norm bindend für ungültig erklärt worden ist, zB von einem LVerfG wegen Verstoßes gegen die LVerf, oder soweit das BVerfG eine bestimmte Auslegung als verfassungswidrig qualifiziert hat, BVerfG **40**, 94, **42**, 260. Das Unterlassen der Vorlage kann einen Verstoß gegen Art 101 GG darstellen, BVerfG **64**, 12, BayVerfGH BayVBl **85**, 363, beide mwN.

**11** **Aussetzung und Einholung der Entscheidung des BVerfG erfolgen durch das Gericht** (nicht durch den Rpfl, BVerfG NJW **82**, 2178 mwN, krit Meyer-Stolte Rpfleger **81**, 54) in der Besetzung, in der es die von der Gültigkeit der Norm abhängende Entscheidung zu treffen hat, BVerfG **54**, 159 (ggf also durch den Einzelrichter oder den Vorsitzenden, wenn es um seine Alleinentscheidung geht, nicht aber durch den Berichterstatter, § 79 FGO, BVerfG NJW **99**, 274). Erforderlich ist ein Beschluß, der wie die von der Vorlage abhängige Entscheidung unterzeichnet sein muß, BVerfG **34**, 260. Das vorlegende Gericht darf und muß den Sachverhalt so weit aufklären, daß die Entscheidungserheblichkeit feststeht, BVerfG **25**, 276, und die Vorlage deshalb unerläßlich ist, BVerfG **58**, 157, **42**, 50. Eine mündliche Verhandlung ist idR nötig, wenn sie im Verfahrensrecht vorgesehen ist, es sei denn, daß die Entscheidungserheblichkeit der Norm steht von vornherein fest, BVerfG FamRZ **89**, 256. Die Vorlage ist auch in **Eilverfahren** (einstw Vfg u ä) jedenfalls dann zulässig, wenn die Regelung die Entscheidung in der Hauptsache weitgehend vornehmen würde.

**12** BVerfG **46**, 51 u **63**, 141 (zustm Kübler JZ **83**, 494), OVG Münst NWVBl **91**, 48, aber auch sonst, Urban NVwZ **89**, 433 (zu BVerfG NJW **89**, 827) mwN, str, vgl Huba JuS **90**, 991, Hbg JZ **83**, 67, VGH Mü FamRZ **82**, 1246, differenzierend Pestalozza NJW **79**, 1341 mwN; zur Gewährung vorläufigen Rechtsschutzes in der Hauptsache vor der Vorlage s Rn 9.

**13** **In der Begründung ist anzugeben**, inwiefern von der Gültigkeit der Rechtsvorschrift die Entscheidung des Gerichts abhängt und mit welcher übergeordneten Rechtsnorm sie unvereinbar ist, § 80 II BVerfGG. Da der Beschluß aus sich heraus verständlich sein muß, ist eine Verweisung auf andere Entscheidungen grundsätzlich unzulässig, BVerfG NJW **69**, 1953 (wegen Ausnahmen s BVerfG **26**, 307). Zu einer ordnungsmäßigen Begründung gehören, BVerfG NJW **94**, 509 mwN: Die erschöpfende Wiedergabe des für die rechtliche Beurteilung wesentlichen Sach- und Streitstands nach den Verhältnissen zZt der Vorlage, BVerfG **65**, 314 mwN, ferner die hinreichende Bezeichnung der für verfassungswidrig gehaltenen Norm, BVerfG **53**, 257, und eingehende Ausführungen über ihre Auslegung, BVerfG **80**, 100, NJW **89**, 893, **88**, 405 mwN, **85**, 1691 (auch hinsichtlich der Verneinung einer sog verfassungskonformen Auslegung, BVerfG NJW **97**, 2230 mwN, **92**, 1951; vgl Seetzen NJW **76**, 1997), und die nachvollziehbare, erschöpfende Darlegung, aus welchen Gründen sie mit einer (genau zu bezeichnenden) höheren Norm unvereinbar ist, BVerfG NJW **97**, 573, RR **95**, 1291, NJW **91**, 2413, **88**, 2294 mwN, schließlich Ausführungen zur Entscheidungserheblichkeit (bei deren Prüfung ein strenger Maßstab anzulegen ist, BVerfG **78**, 165, dazu Berkemann JR **88**, 455),

1. Titel. Gerichtsbarkeit § 1, Anh § 1 GVG

also eingehende, die Auffassung von Rspr und Lehre berücksichtigende Ausführungen darüber, mit welcher Begründung das vorlegende Gericht im Fall ihrer Gültigkeit zu einem anderen Ergebnis kommen würde als im Fall ihrer Ungültigkeit, stRspr, BVerfG NJW **97**, 791, FamRZ **92**, 1036, NJW **91**, 1877 u **89**, 893, alle mwN, so daß darzulegen ist, daß die Klage (und ggf auch das Rechtsmittel) nicht aus anderen Gründen, etwa wegen Unzulässigkeit, erfolglos ist (für Vorlagen der Revisionsgerichte gelten insoweit Erleichterungen, BVerfG **41**, 269, krit dazu Scholler/Bross AöR **78**, 153); dabei sind weitere Normen, die zusammen mit der zur Prüfung gestellten Vorschrift die entscheidungserhebliche Regelung bilden, in die rechtlichen Erwägungen einzubeziehen, BVerfG FamRZ **92**, 781. Räumt die fragliche Norm ein Ermessen ein, muß dargelegt werden, zu welchem Ergebnis das Gericht bei der Auslegung der Ermessensvorschrift kommt und auf welchen Erwägungen dieses Ergebnis beruht, BVerfG **57**, 315. Die erforderliche Entscheidungserheblichkeit fehlt auch dann, wenn das Prozeßgericht hinsichtlich der Gültigkeit der Norm an die Rechtsauffassung des Rechtsmittelgerichts, zB nach § 565 II ZPO, gebunden ist, BVerfG **42**, 94 mwN, oder wenn die Unanwendbarkeit der Norm aus anderen Gründen feststeht, zB agrd einer Vorabentscheidung des EuGH, unten Rn 19 ff, vgl BVerfG NJW **92**, 964, **52**, 187. Kann bei angenommener Gültigkeit der Norm eine Beweisaufnahme zu demselben Ergebnis führen, das aus ihrer Ungültigkeit folgen würde, darf ohne Beweisaufnahme nicht vorgelegt werden, BVerfG NVwZ **95**, 158 mwN, es sei denn, die Vorlagefrage ist von allgemeiner und grundsätzlicher Bedeutung für das Gemeinwohl und ihre Entscheidung deshalb dringlich, BVerfG NJW **78**, 1151. Entfällt die Entscheidungserheblichkeit, ist der Beschluß aufzuheben, BVerwG LS NJW **88**, 1927. Wird die Entscheidungserheblichkeit infolge nachträglich eingetretener Umstände zweifelhaft, muß das vorlegende Gericht die Ungewißheit innerhalb angemessener Frist beseitigen; geschieht dies nicht, wird die Vorlage unzulässig, BVerfG NJW **79**, 1649.

Das BVerfG ist bei der Beurteilung der **Entscheidungserheblichkeit** an die Rechtsauffassung des 14 vorlegenden Gerichts gebunden, sofern sie nicht auf offensichtlich unhaltbaren rechtlichen Überlegungen oder tatsächlichen Würdigungen beruht, BVerfG stRspr, BVerfG NJW **97**, 2230 mwN, und zwar auch hinsichtlich der Auslegung von Verfahrensrecht. Verfassungsrechtliche Erwägungen des vorlegenden Gerichts zur Entscheidungserheblichkeit hat das BVerfG dagegen umfassend nachzuprüfen, BVerfG NJW **84**, 1805 mwN (zur Zulässigkeit der Klage); es darf aber im Einzelfall aus Zweckmäßigkeitsgründen von der Beurteilung dieses Gerichts ausgehen, BVerfG **63**, 1.

Gegen Beschlüsse, die eine Vorlage nach Art 100 GG anordnen oder ablehnen, ist **kein Rechtsmittel** 15 zulässig, hM, Düss NJW **93**, 411 mwN. Jedoch darf das Prozeßgericht ihn von sich aus ändern, BVerfG **7**, 271, und auch ganz aufheben, wenn er gegenstandslos wird, zB durch eine Prozeßhandlung der Parteien, aufgrund neuer Tatsachen oder infolge einer Entscheidung oder eines Hinweises des BVerfG, OVG Münst NVwZ **92**, 1227, vgl Lechner zu § 80 II BVerfGG (eine Aufhebung ist auch dann zulässig, wenn das vorlegende Gericht seine Rechtsauffassung ändert, BVerfG NVwZ **95**, 158 mwN). Dann ist zunächst der Aussetzungsbeschluß aufzuheben, im weiteren Verfahren auch der Vorlagebeschluß, BGH **49**, 215.

Wird fraglich, ob **früheres Recht als Bundesrecht fortgilt**, Art 126 GG („Meinungsverschiedenhei- 16 ten"), oder ob, nachdem die Unvereinbarkeit einer Bestimmung mit einer anderen festgestellt ist, diese letztere Bundesrecht ist, BGH **5**, 218, oder ist in einem Rechtsstreit zweifelhaft, ob **eine Regel des Völkerrechts Bestandteil des Bundesrechts** ist und welchen Umfang und welche Tragweite sie hat, Art 100 II, 25 GG, so ist bereits dann vorzulegen, BVerfG **64**, 1 (auch zu den Begriffen des Rechtsstreits und des Zweifels und zur Rechtsnatur der Regel iSv Art 100 II GG; Vollstreckungsverfahren, §§ 828 ff, 766, 793 ZPO, sind danach ein „Rechtsstreit", BVerfG **64**, 13). In diesen Fällen ist also weder eine bejahende noch eine verneinende Entscheidung zulässig, vgl Ffm RIW **82**, 439 (zum Verfahren s §§ 86 ff bzw 83, 84 BVerfG). Ein Beweisbeschluß ist jedenfalls dann unzulässig vor einer solchen Entscheidung, wenn die vorgesehene Beweisaufnahme die Gefahr einer Völkerrechtsverletzung ggü dem fremden Staat in sich birgt, BVerfG NJW **78**, 485. Unter Art 126 GG fällt nicht der Streit, ob früheres Recht noch fortgilt; die Entscheidung hierüber ist vielmehr Sache des Prozeßgerichts, BVerfG MDR **52**, 345. Durch Unterlassen der nötigen Vorlage kann Art. 101 GG verletzt werden, BVerfG **64**, 12.

Zur früheren (begrenzten) Zuständigkeit des BVerfG in **Berliner Sachen**, die seit dem 3. 10. 90 ohne 17 Einschränkung gegeben ist (BVerfG DVBl **91**, 1139), vgl Schuster NVwZ **88**, 608, Pestalozza Verfassungsprozeßrecht § 15 II 3, Finkelnburg NJW **74**, 1969, alle mwN. Eine schlichte Aussetzung des Verfahrens bei Anhängigkeit eines entsprechenden Normenkontrollverfahrens beim BVerfG hielt ArbG Bln NJW **79**, 1678 für zulässig, dagegen Pestalozza JuS **81**, 649, KG NJW **66**, 598 u FamRZ **80**, 821.

**bb)** Fast alle **Länder** haben im Rahmen von Art 100 I GG die Nachprüfung der Verfassungsmäßigkeit von 18 Normen besonderen Verfassungsgerichten zugewiesen, deren Entscheidung das Prozeßgericht dann einzuholen hat (zT über Art 100 GG hinsichtlich des LRechts hinausgehend): **BaWü** Art 68; **Bay** Art 92, 98; **Bra** Art 113; **Bre** Art 142; **Hbg** Art 64; **Hess** Art 131; **Meckl-Vorp** Art 53; **Nds** Art 42; **NRW** Art 75; **RhldPf** Art 130; **Saarld** Art 99; **Sa** Art 81; **Sa-Anh** Art 75.

4) *VwGO:* Die Beschränkungen der Normenkontrolle, Rn 7 ff, gelten auch hier. 19

**Anhang nach § 1 GVG**
**Vorabentscheidung durch den Europäischen Gerichtshof**

**Schrifttum:** *Dauses,* Das Vorabentscheidungsverfahren nach Art 177 EGV, 2. Aufl 1995; *ders,* 60. DJT I D 118, 1994; *ders,* F. Everling, 1995, S 223; *Everling,* Das Vorabentscheidungsverfahren vor dem EuGH, 1986; *Geiger,* EGV, 2. Aufl 1995; *Grabitz/Hilf,* EUV/EGV, Losebl 1983 ff; *v der Groeben/Thiesing/Ehlermann,* EUV/EGV, 5. Aufl 1997; *Gündisch,* Rechtsschutz in der Europäischen Gemeinschaft, 1994; *Hailbronner,* Handkommentar zum EGV, Losebl 1991 ff; *Koenig/Sander,* Einführung in das EG-Prozeßrecht, 1997.

# GVG Anh § 1   Gerichtsverfassungsgesetz

***EGV Art. 177.*** [I] Der Gerichtshof entscheidet im Wege der Vorabentscheidung
a) über die Auslegung dieses Vertrags,
b) über die Gültigkeit und die Auslegung der Handlungen der Organe der Gemeinschaft und der EZB,
c) über die Auslegung der Satzungen der durch den Rat geschaffenen Einrichtungen,
soweit diese Satzungen dies vorsehen.

[II] Wird eine derartige Frage einem Gericht eines Mitgliedstaates gestellt und hält dieses Gericht eine Entscheidung darüber zum Erlaß seines Urteils für erforderlich, so kann es diese Frage dem Gerichtshof zur Entscheidung vorlegen.

[III] Wird eine derartige Frage in einem schwebenden Verfahren bei einem einzelstaatlichen Gericht gestellt, dessen Entscheidungen selbst nicht mehr mit Rechtsmitteln des innerstaatlichen Rechts angefochten werden können, so ist dieses Gericht zur Anrufung des Gerichtshofs verpflichtet.

**1**   **1) Regelungszweck.** Wenn Recht der EG als Entscheidungsgrundlage relevant ist, ergibt sich eine Beschränkung der Entscheidungskompetenz der nationalen Gerichte aus Art 177 EGV (nach Inkrafttreten des Vertrages von Amsterdam, G v 8. 4. 98, BGBl II 386, Art 234 EGV). Die Bestimmung soll in erster Linie die einheitliche Auslegung des Gemeinschaftsrechts gewährleisten, EuGH JZ **99**, 196 (Anm v. Danwitz), Slg **97**, I-6013.

**2**   **2) Allgemeines**
**A. Gerichtsbegriff.** „Gericht" iSv Art 177 EGV ist eine unabhängige, durch Ges oder agrd eines Ges eingerichtete Instanz, die im Rahmen einer obligatorischen Zuständigkeit Rechtsstreitigkeiten unter Anwendung von Rechtsnormen bindend entscheidet, Koenig/Sander Rn 469, EuGH NJW **97**, 3365 (Anm Boesen NJW **97**, 3350) = EuZW **97**, 625 (Anm Byok), **96**, 47, **94**, 408, **90**, 319.

Nicht als Gericht in diesem Sinne, sondern materiell als Verwaltungsbehörde handelt ein Registergericht im FGG-Verf, EuGH EuZW **96**, 47 (zustm Abele). Kein Gericht iSv Art 177 ist ein vertraglich vereinbartes Schiedsgericht, EuGH EuZW **94**, 408, wohl aber ein Schiedsgericht, dessen Zuständigkeit gesetzlich geregelt ist, zB Tarifschiedsgerichte, EuGH EuZW **90**, 319. Ob Verbandsgerichte unter Art 177 EGV fallen, ist offen, aber wohl zu bejahen, Koenig/Sander Rn 474.

**3**   **B. Vorlagegegenstand, I.** Vorlagegegenstand sind (nur) Fragen nach der Auslegung primären Gemeinschaftsrechts, I a, nach der Auslegung und Gültigkeit von Handlungen der Gemeinschaftsorgane, I b, und der Auslegung von Satzungen bestimmter europäischer Einrichtungen, I c. Nicht vorlagefähig sind Fragen nach der Auslegung des nationalen Rechts oder dessen Vereinbarkeit mit dem Gemeinschaftsrecht, zB EuGH NJW **97**, 1271, Slg **95**, I-1883 u **93**, I-363. Auch die Subsumtion des konkreten Sachverhalts unter eine Norm des Gemeinschaftsrechts ist als solche nicht vorlagefähig, ebensowenig andere Fragen der Rechtsanwendung, die Sache des nationalen Gerichts ist, Groh DStR **96**, 1208, Dauses F Everling 1995 S 230. Völkerrechtliche Verträge sind kein Gemeinschaftsrecht; für das EuGVÜ gilt die Sonderregelung in Art 3 des Protokolls, Schlußanh V C 2.

**4**   **3) Vorlagepflicht letztinstanzlicher Gerichte, III**
**A. Letztinstanzlichkeit.** Sie ist gegeben, wenn die konkrete Entscheidung nicht mit Rechtsmitteln angegriffen werden kann, BVerfG NJW **97**, 2512, BGH NJW **87**, 3096, Hbg EuZW **93**, 264. Hierhin gehören nicht nur die obersten Bundesgerichte, sondern zB auch das LG als Berufungsinstanz, das OLG bei nichtrevisiblen Urteilen, sogar das AG bei nicht berufungsfähigen Urteilen, Rabe F Redeker 1993 S 203. Hängen Rechtsmittel von einer Zulassung ab und besteht die Möglichkeit der Nichtzulassungsbeschwerde, so trifft die Vorlagepflicht das Gericht, das über die Beschwerde entscheiden muß, BVerfG NJW **97**, 2512 u NVwZ **93**, 883, BVerwG NVwZ **97**, 178 u EuZW **93**, 262, vgl Petzold NJW **98**, 124. Die Verfassungsbeschwerde ist kein Rechtsmittel iSv III.

**5**   **B. Entscheidungserheblichkeit** (vgl § 1 Rn 13). Sie ist am vorlegenden Gericht zu prüfen, vgl § 1 Rn 8 u 13, EuGH Slg **97**, I-4161 u I-4291. Eine Entscheidung nach I lehnt der EuGH ab, wenn die Entscheidungserheblichkeit offensichtlich fehlt, zB die vorgelegte Frage für die Entscheidung ohne Bedeutung ist, EuGH Slg **97**, I-195, NJW **96**, 447, ZIP **92**, 1076 (Anm Frey), vgl Ress F Jahr 1993 S 357. Entfällt die Entscheidungserheblichkeit, ist der Vorlagebeschluß aufzuheben.

**6**   **C. Ausnahmen der Vorlagepflicht.** Sie besteht nicht, wenn die richtige Auslegung so offenkundig ist, daß kein Zweifel an der Antwort auf die sich stellende Frage bleibt, EuGH NJW **83**, 1257, BGH **110**, 47. Dieser Grundsatz ist aber restriktiv zu handhaben, EuGH NJW **96**, 34 gg BGH NJW **93**, 2573, BGH **129**, 361, BAG EuZW **92**, 739; auf keinen Fall darf er dazu benutzt werden, sich der Vorlagepflicht zu entziehen, Clausnitzer NJW **89**, 641, Kindler NJW **93**, 3120, Heß ZZP **108**, 81.

**Keine Vorlagepflicht** besteht auch dann, wenn der EuGH die Frage schon entschieden hat, EuGH Slg **63**, 63; das gilt auch dann, wenn er dabei seine bisherige Rspr geändert hat, EuGH NJW **97**, 2512. Anders liegt es, wenn das vorlegende Gericht von einer solchen Rspr abweichen will, zB weil sich das Gemeinschaftsrecht geändert hat.

Im Verfahren des **einstw Rechtsschutzes** ist das insoweit letztinstanzliche Gericht nicht zur Vorlage wegen einer Frage verpflichtet, die in einem späteren Hauptsacheverfahren endgültig geklärt werden kann, EuGH NJW **83**, 2751 u **77**, 1585, KG EuZW **94**, 544, abw Ffm RR **90**, 190 u NJW **85**, 2901. Fragen, die den Arrestgrund betreffen, müssen demgemäß vorgelegt werden, Mankowski JR **93**, 405.

**7**   **D. Verstoß gegen die Vorlagepflicht.** Er führt nach Gemeinschaftsrecht allenfalls zu **Schadensersatzansprüchen** gegen den Mitgliedstaat, vgl Beul EuZW **96**, 748 mwN, EuGH Slg **91**, I-5357 (Anm ua Pieper NJW **92**, 2454), EuZW **94**, 182 (Anm Bröhmer), Slg **96**, I-1029 (Anm ua Streinz EuZW **96**, 201), **96**, I-4845 (Anm ua Huff NJW **96**, 3190).

1. Titel. Gerichtsbarkeit **Anh § 1 GVG**

Die **Nichtvorlage verstößt gegen Art 101 2 GG**, weil der EuGH in den Fällen der Vorlagepflicht nach III gesetzlicher Richter ist, BVerfG in stRspr seit NJW **87**, 577. Zu den Voraussetzungen einer deswegen erfolgreichen Verfassungsbeschwerde (Willkür, zB grundsätzliche Verkennung der Vorlagepflicht oder bewußtes Abweichen ohne Vorlagebereitschaft), s BVerfG NJW **88**, 1457 u 2173, NJW **92**, 687, NVwZ **93**, 883, NJW **94**, 2017 u **97**, 2512, Petzold NJW **98**, 124 mwN.

**4) Vorlageberechtigung anderer Gerichte, II**  8
**A. Grundsatz.** Gerichte, die nicht letztinstanzlich zuständig sind, trifft keine Vorlagepflicht, es sei denn, sie wollen die Gültigkeit eines Gemeinschaftsaktes verneinen, unten Rn 11. Sie haben nach **Ermessen** darüber zu entscheiden, ob und in welchem Stadium des Verfahrens sie eine Auslegungsfrage vorlegen, EuGH in stRspr, Slg **94**, I-711. Nach Abschluß der Instanz ist eine Vorlage ausgeschlossen, EuGH DVBl **89**, 608. Voraussetzung für die Vorlage ist auch hier die **Entscheidungserheblichkeit** der Frage, oben Rn 5, EuGH EuZW **98**, 220; innerstaatliche Fragen sind grundsätzlich vorweg zu klären, EuGH Slg **92**, I-4673 u I-4871.

**B. Ermessensrichtlinien.** Zweifel an der richtigen Auslegung allein zwingen nicht zur Vorlage, BFH 9 EuZW **96**, 670 (Anm Reiche). Widerstreitende Meinungen in Rspr und Schrifttum sind ein Grund zur Vorlage, wenn es sich nicht um kaum wiederkehrenden Einzelfall handelt, Gutachten Jacobs Slg **97**, I-6502. Je größer die allgemeine Bedeutung der Frage, desto eher ist die Vorlage angebracht; umgekehrt ist die Vorlage zu unterlassen, wenn für denselben oder doch vergleichbaren Fall eine gefestigte Rspr des EuGH vorliegt. Die zu erwartende Dauer des Vorlageverfahrens, Borchardt EuZW **98**, 257, kann dazu führen, daß schon die erste Instanz die Sache vorlegt, AG Köln FamRZ **98**, 483. Auf Anträge der Prozeßbeteiligten kommt es nicht an; Parteiabreden sind unbeachtlich, EuGH Slg **78**, 2203.

Im Fall der **Zurückverweisung** hindert die Bindungswirkung des zurückverweisenden Urteils, zB nach § 565 II ZPO, das untere Gericht nicht daran, die Frage der Vorlegung nach II zu prüfen, EuGH NJW **74**, 440, str, vgl ua Mankowski JR **96**, 375, Reiche EuZW **95**, 570 u **96**, 671 mwN.

**C. Einstweiliger Rechtsschutz.** Wegen der Eilbedürftigkeit der Entscheidung scheidet eine Vorlage 10 nach II idR aus, KG EuZW **94**, 544, es sei denn, daß beide Parteien oder doch die durch eine längere Verfahrensdauer benachteiligte Partei darauf hinwirken, Mankowski JR **93**, 406. Eine Vorlage kommt auch nach dem Erlaß einer einstw Maßnahme in Betracht, solange der Richter des Eilverfahrens mit der Sache befaßt ist, EuGH Slg **88**, 2041 u 86, 2071, Dauses F Everling 1995 S 229.

**5) Vorlageverpflichtung bei Angriff gegen Gemeinschaftsrechtsakte.** Unabhängig von Art 177 11 EGV besteht in solchen Fällen für alle Gerichte eine Vorlagepflicht, weil allein der EuGH Rechtsakte der Gemeinschaft verwerfen kann, EuGH Slg **97**, I-1847, **87**, 4199. Diese Pflicht besteht auch in Verfahren des einstw Rechtsschutzes, EuGH NJW **96**, 1333, JZ **92**, 36 (krit Gornig), Koch NJW **95**, 2332, krit Dänzer-Vanotti BB **91**, 1016, Schlemmer-Schulte EuZW **91**, 308.

**6) Verfahren** (Hinweise des EuGH zum Vorlageverfahren: Beilage AnwBl 7/99). 12
**A. Vorlagebeschluß.** Das Verfahren richtet sich nach nationalem Recht. Die Entscheidung, die Rechtsfrage dem EuGH vorzulegen, ergeht durch Beschluß. Für seinen Inhalt gilt entsprechendes wie für den Vorlagebeschluß nach Art 100 GG, § 1 Rn 13. Zugleich ist das Verfahren entspr § 148 ZPO auszusetzen, LG Bonn EuZW **96**, 160, vgl K. Schmidt F Lüke 1997 S 726. Will das vorlegende Gericht seinen Beschluß ändern und ergänzen, so erläßt es einen weiteren Vorlagebeschluß.

Gleichzeitig mit dem Vorlagebeschluß erläßt das Gericht entspr § 148 ZPO einen **Aussetzungsbeschluß**, LG Bonn EuZW **96**, 160. Die Parteien des Rechtsstreits sind nicht gehindert, das Verfahren durch Anerkenntnis oder Verzicht zu beenden. Andere Gerichte, von denen dieselbe Rechtsfrage zu entscheiden ist, können ihr Verfahren entspr § 148 ZPO aussetzen, Düss NJW **93**, 1661, LG Bonn aaO, K. Schmidt aaO S 732, krit Heß ZZP **108**, 95, vgl § 148 ZPO Rn 29; sie sollten dies dem EuGH formlos anzeigen, ABlEG 93 C 39/6, K. Schmidt aaO. In solchen Fällen ist das Gericht aber auch befugt, seinerseits die Sache nach Art 177 EGV dem EuGH vorzulegen.

Das vorlegende Gericht muß die Vorlage **zurücknehmen**, wenn der EuGH zwischenzeitlich dieselbe Frage beantwortet hat oder das Grundverfahren beendet worden ist, zB durch Vergleich, Anerkenntnis oder Verzicht, EuGH NJW **96**, 447. Eine Rücknahme der Vorlage ist auch sonst zulässig, zB wenn neue Umstände eintreten oder das Gericht seine Rechtsansicht ändert, vgl § 1 Rn 15.

**B. Rechtsmittel.** Gegen den Vorlage- und Aussetzungsbeschluß ist entspr § 252 ZPO die Beschwerde 13 nach Maßgabe der §§ 567ff ZPO statthaft, Pfeiffer NJW **94**, 2001, sehr str, vgl BGH MDR **98**, 732, aM ua BFH EuZW **96**, 670 (Anm Reiche), Dauses S 95, Everling DRiZ **93**, 12; s auch § 1 Rn 15. Art 177 II steht einer etwa nötigen Zulassung der Beschwerde nicht entgegen, EuGH EuZW **97**, 632.

**7) Bindungswirkung der Entscheidung nach Art 177 EGV.** Die Entscheidung des EuGH bindet in 14 derselben Sache die Gerichte aller Instanzen, also auch das Erstgericht nach Zurückverweisung, BFH **124**, 268, und selbst das BVerfG bei einer Verfassungsbeschwerde in derselben Sache, BVerfG EuGRZ **79**, 551. Wenn die Entscheidung dem vorlegenden Gericht keine sichere Grundlage für seine Entscheidung verschafft oder wenn sich neue Gesichtspunkte ergeben (oder wenn das Gericht den EuGH zu einem nochmaligen Überdenken der Problematik bewegen will, BAG NJW **94**, 683), kann es eine weitere Vorlage an den EuGH beschließen, vgl EuGH EuZW **96**, 375 (Anm Schlachter). Eine erneute Vorlage derselben Frage durch dasselbe Gericht in demselben Verfahren ist dagegen unzulässig, EuGH Slg **77**, 163, Heß ZZP **108**, 69. Andere Gerichte sind nicht gebunden, müssen aber die Entscheidung beachten und dann, wenn sie abweichen wollen, die Frage dem EuGH erneut vorlegen, BGH NJW **94**, 2607, vgl EuGH NJW **83**, 1257.

**8) VwGO:** Für das Verfahren der Verwaltungsgerichte gelten die vorstehenden Ausführungen, vgl Ehlers Sch/ 15 SchmA/P Anh II § 40. Wegen der zur Vorlage verpflichteten Gerichte, Ehlers Rn 36–41, s oben Rn 4. In den Fällen der Zulassungsberufung, § 124 VwGO, ist auch das OVG nicht letztinstanzliches Gericht iSv III, vgl Petzold NJW **98**, 124; falls eine Vorlage nach Art 177 in Betracht kommt, wird die Berufung (ebenso wie die Revision) stets zuzulassen sein, vgl Ehlers Rn 38.

**2–9** (aufgehoben durch § 85 Z 1 DRiG, Üb 1 § 1 GVG)

**10** *Wahrnehmung richterlicher Geschäfte durch Referendare.* ¹Unter Aufsicht des Richters können Referendare Rechtshilfeersuchen erledigen und außer in Strafsachen Verfahrensbeteiligte anhören, Beweise erheben und die mündliche Verhandlung leiten. ²Referendare sind nicht befugt, eine Beeidigung anzuordnen oder einen Eid abzunehmen.

**Vorbem.** In der **Arbeitsgerichtsbarkeit** gilt § 10 in allen Rechtszügen entsprechend, § 9 II ArbGG.

**Schrifttum:** *Oexmann* JuS **76**, 36.

1  **1) Referendare.** Referendare, dh im **Vorbereitungsdienst** nach § 5 a DRiG Stehende (wegen der einstufigen Ausbildung, § 5 b DRiG, s unten), können mit der Wahrnehmung von Rechtshilfeersuchen, §§ 156 ff, insbesondere im Rahmen der landesrechtlichen Ausbildungsordnungen, § 5 DRiG Rn 8, betraut werden, ferner ua mit der Anhörung von Verfahrensbeteiligten, zB nach § 141 ZPO, mit jeglicher Art der Beweiserhebung und mit der Leitung der mündlichen Verhandlung, Emde Jura **95**, 205, alles dies aber nur **unter Aufsicht des Richters**, Köln JMBlNRW **73**, 282, dh in dessen ständiger Anwesenheit, KG NJW **74**, 2094 mwN, aM Hahn NJW **73**, 1782 (gerade weil der Referendar auch die Ordnungsbefugnisse des Gerichts ausübt, ist aber die Anwesenheit des Richters unerläßlich, im Grundsatz ebenso Katholnigg 2). Da eine Übertragung nur im Einzelfall zulässig ist und der Richter nach pflichtgemäßem Ermessen die Eignung des Referendars prüfen muß, kommt es auf die bereits zurückgelegte Zeit des Vorbereitungsdienstes nicht an. Bei **einstufiger Ausbildung** ist ausdrücklich zur Voraussetzung gemacht, daß der für die jeweilige Tätigkeit erforderliche Ausbildungsstand erreicht ist, § 5 b II DRiG, was der Richter prüfen muß. In allen Fällen **ausgenommen** sind Anordnung und Durchführung einer Beeidigung, ferner wegen § 28 II 2 DRiG die Leitung der mündlichen Verhandlung vor einem Kollegialgericht, aM Franzki JuS **72**, 615. Erledigt ein Referendar richterliche Aufgaben, die ihm nicht übertragen werden durften, sind seine Maßnahmen unwirksam, Kissel 18, abw Ffm NJW **54**, 207.

Wegen der Tätigkeit von Referendaren in Strafsachen vgl § 142 III, dazu Landau/Globuschütz NStZ **92**, 68.

2  **2) Gleichgestellte.** Im Hinblick auf die besonderen Verhältnisse, die sich aus der Vereinigung Deutschlands ergeben haben, werden den Referendaren, Rn 1, bestimmte Personengruppen gleichgestellt. Das nähere bestimmt die folgende, am 1. 7. 92 in Kraft getretene Regelung (dazu Rieß DtZ **92**, 229):

> *RpflAnpG § 8. Befugnisse von Rechtspraktikanten im Vorbereitungsdienst, Richter- und Staatsanwaltschaftsassistenten und einzuarbeitenden Diplomjuristen.* ¹ Auf Rechtspraktikanten aus dem in Artikel 3 des Einigungsvertrages genannten Gebiet finden die für Referendare geltenden Vorschriften in §§ 10 und 142 Abs. 3 des Gerichtsverfassungsgesetzes, § 2 Abs. 5 des Rechtspflegergesetzes, § 53 Abs. 4 Satz 2 der Bundesrechtsanwaltsordnung sowie §§ 139 und 142 Abs. 2 der Strafprozeßordnung entsprechende Anwendung.
>
> II ¹Richterassistenten, Staatsanwaltsassistenten und Diplomjuristen, die nach Anlage I Kapitel III Sachgebiet A Abschnitt III Nr. 8 Buchstabe y Doppelbuchstabe ff des Einigungsvertrages vom 31. August 1990 in Verbindung mit Artikel 1 des Gesetzes vom 23. September 1990 (BGBl. 1990 II S. 885, 931) bei einem Gericht oder bei einer Staatsanwaltschaft eingearbeitet werden, können Aufgaben nach §§ 10 und 142 Abs. 3 des Gerichtsverfassungsgesetzes sowie nach § 2 Abs. 5 des Rechtspflegergesetzes, Rechtsanwaltsassistenten können Aufgaben nach §§ 139 und 142 Abs. 2 der Strafprozeßordnung und § 53 Abs. 4 Satz 2 der Bundesrechtsanwaltsordnung übertragen werden, wenn sie den Ausbildungsstand erreicht haben, der für die jeweilige Tätigkeit erforderlich ist. ²In Beziehung auf diese Tätigkeit haben die in Satz 1 genannten Personen die Rechte und Pflichten eines Referendars.

3  **A. Rechtspraktikanten, I.** Die Teilnehmer am besonderen Vorbereitungsdienst, EV Anl I Kap III Sachgeb A Abschn III Z 8 Buchst y (ii), werden nicht als Referendare im Beamtenverhältnis auf Widerruf, sondern als Rechtspraktikanten eingestellt; die gleiche rechtliche Gestaltung ist für den Fall denkbar, daß die neuen Länder zusätzlich einen Vorbereitungsdienst nach § 5 b DRiG einrichten, vgl BT-Drs 12/2168 S 23. Um ihnen eine vollwertige Ausbildung zu sichern, gelten für sie die auf Referendare zugeschnittenen Vorschriften, Rn 1, entsprechend. Die Regelung gilt für das Bundesgebiet.

4  **B. Assistenten und Diplomjuristen, II.** Eine vergleichbare Regelung gilt im ganzen Bundesgebiet für die weiteren, in II genannten Personengruppen. Die Anwendbarkeit des § 53 IV 2 BRAO hat Bedeutung nur für die Altländer und Berlin, weil in den neuen Ländern bereits eine entspr Regelung, § 53 IV 2 DDR-RAG besteht, BT-Drs 12/2168 S 24.

5  **3)** *VwGO:* § *10 ist entspr anwendbar,* § *173 VwGO;* § *8 RpflAnpG gilt unmittelbar für alle Gerichtszweige.*

**11** (aufgehoben durch § 85 Z 3 DRiG)

**12** *Gliederung der Gerichte.* Die ordentliche streitige Gerichtsbarkeit wird durch Amtsgerichte, Landgerichte, Oberlandesgerichte und durch den Bundesgerichtshof (den obersten Gerichtshof des Bundes für das Gebiet der ordentlichen Gerichtsbarkeit) ausgeübt.

**Vorbem.** Für alle Gerichtsbarkeiten gilt

**GG Art. 92.** Die rechtsprechende Gewalt ist den Richtern anvertraut; sie wird durch das Bundesverfassungsgericht, durch die in diesem Grundgesetze vorgesehenen Bundesgerichte und durch die Gerichte der Länder ausgeübt.

**1) Gliederung.** Die Gliederung des § 12 GVG gilt auch in Justizverwaltungssachen und allen Angelegenheiten, die damit zusammenhängen, vgl auch Anh § 21 GVG. Wegen der Errichtung oberster Landesgerichte s § 8 EGGVG. In den neuen Bundesländern besteht die bisherige Gliederung mit bestimmten Maßgaben fort, EV Anl I Kap III Abschn III Z 1, solange die Gliederung des § 12 noch nicht eingeführt ist; sobald dies geschieht, gelten §§ 14–25 RpflAnpG. Näheres bei den einzelnen Vorschriften. 1

**2) Errichtung, Aufhebung, Sitzverlegung, Änderungen der Bezirksgrenzen regelt § 1 GVVO vom** 20. 3. 35, RGBl I 403 = BGBl III 300–5, bzw die an seine Stelle getretenen Vorschriften des Landesrechts: 2

I Die Errichtung und Aufhebung eines Gerichts und die Verlegung eines Gerichtssitzes wird durch Reichsgesetz angeordnet.

II (gegenstandslos, vgl BVerfG 2, 307).

III Stadt- und Landgemeinden, die mit ihrem ganzen Gebiet einheitlich einem Amtsgericht zugeteilt sind, gehören dem Bezirk dieses Gerichts mit ihrem jeweiligen Gebietsumfang an.

Durch G v 1. 7. 60, BGBl 481, sind auf dem Gebiet des GVG und der bürgerlichen Rechtspflege einschließlich der Arbeitsgerichtsbarkeit, der Strafrechtspflege und des Bußgeldverfahrens die Landesregierungen zum Erlaß von RechtsVOen ermächtigt, soweit die auf diesen Gebieten geltenden Gesetze solche RechtsVOen vorsehen. Sie können der Ermächtigung auf oberste Landesbehörden übertragen. Dazu **Bay** VO v 12. 7. 60, GVBl 131, **Berlin** VO v 4. 8. 60, GVBl 823, **Bre** AGGVG v 11. 10. 60, GBl 123, **Hess** VO v 9. 8. 60, GVBl 153, **Nds** VO v 27. 7. 60, GVBl 217, **NRW** VO v 15. 7. 60, GVBl 288, **RhldPf** LVO v 12. 7. 60, GVBl 139, **SchlH** VO v 12. 7. 60, GVBl 136, vgl Schönfelder vor § 1 GVG.

### Einführung zu §§ 13–17 b. Rechtsweg

**1)** Während es zur Zeit der Entstehung des GVG nur einen ordentlichen Rechtsweg, nämlich den zu den Gerichten für Zivil- und Strafsachen gab, ist heute der durch das GG gegebene Rechtszustand ein ganz anderer. Dieses spricht allgemein von Rechtsweg, Art 19 IV 1, 93 I Z 4, u stellt neben die ordentliche die Verwaltungs-, Finanz-, Arbeits- und Sozialgerichtsbarkeit, Art 96 I. Es gibt also **verschiedene gleichwertige Rechtswege**; wenn der Rechtsweg vor den „ordentlichen Gerichten" als solcher herausgehoben scheint, so ist das durch Art 92, 96 I GG überholt. Ob der eine oder andere Rechtsweg gegeben ist, entscheidet sich nach dem Gegenstand des Anspruchs, vgl die Erläuterungen zu § 13. Steht kein anderer Rechtsweg zur Verfügung, so bleibt allerdings hilfsweise der ordentliche, Art 19 IV 2 GG. 1

**2) § 13 gibt an, wann der Zivilrechtsweg, der ordentliche Rechtsweg, gegeben ist.** Er hat sein Gegenstück in § 40 VwGO (unten abgedr) und den entsprechenden Vorschriften in § 33 FGO und § 51 SGG. Alle zusammen lassen erst, mag auch noch vieles streitig bleiben, deutlicher erkennen, wann der ordentliche und wann der (allgemeine oder besondere) VerwRechtsweg gegeben ist. Gegenüber § 13 ist also erst durch die Generalklausel des § 40 VwGO („alle öffentlich-rechtlichen Streitigkeiten nicht verfassungsrechtlicher Art") und das Erfordernis einer ausdrücklichen bundesgesetzlichen Zuweisung dieser Sachen an andere als an VerwGerichte eine schärfere Grenzziehung erfolgt, so daß alle älteren Entscheidungen auf diesem Gebiet stets unter diesem neuen Gesichtspunkt nachgeprüft werden müssen. Ob der eine oder andere Rechtsweg gegeben ist, ist Prozeßvoraussetzung für den eingeschlagenen Rechtsweg, § 13 Rn 2, der sich dann als zulässig oder unzulässig erweist. Ist der eingeschlagene Rechtsweg nicht gegeben, so besteht die uneingeschränkte Möglichkeit einer **Verweisung von einem Rechtsweg in den anderen**, § 17 a II, eine Maßregel der Zweckmäßigkeit sowohl im Hinblick auf die oft gegebene Schwierigkeit der Unterscheidung als auch auf die Fristwahrung, § 17 b I. 2

**3) § 14 grenzt die ordentliche Gerichtsbarkeit von der der zugelassenen Sondergerichte ab.** Im Verhältnis zu diesen handelt es sich um die Zulässigkeit des Rechtsweges, was also vAw zu berücksichtigen ist, RG 156, 291. Auch die Arbeitsgerichte sind Sondergerichte. Im Verhältnis zwischen ihnen und den ordentlichen Gerichten handelt es sich ebenfalls um die Frage der Zulässigkeit des Rechtsweges, Vorbem zu §§ 17–17 b. 3

## 13
*Rechtsweg zu den ordentlichen Gerichten.* Vor die ordentlichen Gerichte gehören alle bürgerlichen Rechtsstreitigkeiten und Strafsachen, für die nicht entweder die Zuständigkeit von Verwaltungsbehörden oder Verwaltungsgerichten begründet ist oder auf Grund von Vorschriften des Bundesrechts besondere Gerichte bestellt oder zugelassen sind.

**Vorbem.** Für die Zulässigkeit des Verwaltungsrechtsweges gilt

*VwGO § 40.* I ¹Der Verwaltungsrechtsweg ist in allen öffentlichen-rechtlichen Streitigkeiten nichtverfassungsrechtlicher Art gegeben, soweit die Streitigkeiten nicht durch Bundesgesetz einem anderen Gericht ausdrücklich zugewiesen sind. ²Öffentlich-rechtliche Streitigkeiten auf dem Gebiete des Landesrechts können einem anderen Gericht auch durch Landesgesetz zugewiesen werden.

II ¹Für vermögensrechtliche Ansprüche aus Aufopferung für das gemeine Wohl und aus öffentlich-rechtlicher Verwahrung sowie für Schadensersatzansprüche aus der Verletzung öffentlich-rechtlicher Pflichten, die nicht auf einem öffentlich-rechtlichen Vertrag beruhen, ist der ordentliche Rechtsweg gegeben. ²Die besonderen Vorschriften des Beamtenrechts sowie über den Rechtsweg bei Ausgleich von Vermögensnachteilen wegen Rücknahme rechtswidriger Verwaltungsakte bleiben unberührt.

# GVG § 13

**Schrifttum** (in Auswahl): *MüKoWo* Erl zu § 13 GVG; *StJSchumann* Einl 339 ff vor § 1 ZPO; *RoSGo* §§ 13–18; *Ule* VerwProzeßR § 8; Kommentare zur VwGO von *Eyermann, Redeker-v. Oertzen, Schunck-De Clerck* und *Kopp*, jeweils zu § 40; *Broß*, Rechtswegprobleme zwischen den Zivil- und Verwaltungsgerichten, VerwArch **87**, 91; *Tiedau*, Juristische Grenzprobleme, 1981; *Lüke*, Zweifelsfragen zu typischen Rechtswegproblemen, Gedächtnisschrift Bruns, 1980, S 129 ff; *Stich*, Die öff-rechtlichen Zuständigkeiten der Zivilgerichte, in: Staatsbürger und Staatsgewalt, 1963, Bd. II S 387 ff.

## Gliederung

| | | | |
|---|---|---|---|
| 1) **Allgemeines** | 1, 2 | 6) **Zivilprozeßsachen kraft Zuweisung** | 19–29 |
| A. Grundsatz | 1 | A. Aufopferungsansprüche | 19 |
| B. Prozeßvoraussetzung | 2 | B. Ansprüche aus öff-rechtlicher Verwahrung | 20 |
| 2) **Grundsätzliches** | 3–6 | C. Schadensersatzansprüche aus der Verletzung öff-rechtlicher Pflichten | 21 |
| A. Abgrenzung | 3 | D. Entscheidung über Justizverwaltungsakte | 22 |
| B. Zuweisung an andere Gerichte | 4–6 | E. Ansprüche auf Enteignungsentschädigung | 23 |
| 3) **Bürgerliche und öff-rechtliche Streitigkeiten** | 7–9 | F. Anfechtung von Verwaltungsakten nach BBauG | 24 |
| 4) **Bürgerlich-rechtliche Rechtsstreitigkeit** | 10–14 | G. Kartellsachen | 25 |
| A. Grundsatz | 10, 11 | H. Entscheidung in Anwaltsstreitigkeiten | 26 |
| B. Einzelfragen | 12–14 | I. Rechtsweg nach Art 19 IV 2 GG | 27 |
| 5) **Öff-rechtliche Fragen in bürgerlichen Rechtsstreitigkeiten** | 15–18 | K. Verfahrensfragen | 28, 29 |
| A. Allgemeines | 15 | 7) **Rechtsprechungsübersicht in Auswahl**. | 30–74 |
| B. Einzelfragen | 16 | | |
| C. Anspruchskonkurrenz | 17 | | |
| D. Aufrechnung | 18 | | |

**1  1) Allgemeines**

**A. Grundsatz.** § 13 und die von ihm ausgesprochene Abgrenzung gegen andere Gerichte („vor die ordentlichen Gerichte gehören") ist zwingenden Rechts. Ist der Rechtsweg zu ihnen eröffnet, kann nur ein Gesetz oder ein Schiedsvertrag ihn ausschließen; umgekehrt kann er nicht durch Vereinbarung eröffnet werden, zB der ordentliche Rechtsweg für eine kraft Gesetzes in ein anderes Rechtsweg gehörende Streitigkeit. Das schließt nicht aus, daß ein Rechtsverhältnis insgesamt vertraglich geregelt wird und dann der für den Vertrag maßgebliche Rechtsweg gilt, vgl BVerwG NJW 90, 1929. Die Abtretung eines öffentlich-rechtlichen Anspruchs an einen Privaten eröffnet nicht den Rechtsweg zu den ordentlichen Gerichten, RG **143**, 94.

**2  B. Die Zulässigkeit des Rechtsweges ist Prozeßvoraussetzung**, Grdz § 253 ZPO Rn 13 u 22. Sie kann durch Parteivereinbarung nicht begründet werden und ist in 1. Instanz vAw zu prüfen, § 17 Rn 2 u § 17a Rn 7, BVerfG NJW 92, 360. Erweist sich der zu den ordentlichen Gerichten eingeschlagene Rechtsweg als nicht gegeben, so ist der Rechtsstreit zu verweisen, § 17a II u IV. Dahingestellt darf die Frage der Zulässigkeit des Rechtswegs nicht bleiben. Sie ist in 2. und 3. Instanz in der Hauptsache nicht zu prüfen, § 17a V.

**3  2) Grundsätzliches**

**A. Alle bürgerlichen Rechtsstreitigkeiten und Strafsachen gehören vor die ordentlichen Gerichte, alle öff-rechtlichen Streitigkeiten nichtverfassungsrechtlicher Art vor die (allgemeinen oder besonderen) Verwaltungsgerichte.** Diese grundsätzliche Abgrenzung, die aber die Frage, was bürgerliche und was öff-rechtliche Streitigkeiten sind, offen läßt, wird in § 13 insofern durchbrochen, als dort die Möglichkeit der Begründung der „Zuständigkeit" von VerwGerichten oder der bundesrechtlichen Zuweisung an Sondergerichte, § 14, eröffnet ist, ebenso wie das durch § 40 I VwGO für solche öff-rechtlichen Streitigkeiten, die ausdrücklich durch Bundesgesetz (oder auf dem Gebiet des Landesrechts durch ein Landesgesetz, § 71 III GVG) einem anderen Gericht zugewiesen werden, ferner in § 40 IV VwGO durch Zuweisung der dort genannten vermögensrechtlichen Ansprüche öff-rechtlicher Art an die ordentlichen Gerichte geschieht. Aus der Generalklausel des § 40 I VwGO und der deutlichen Umgrenzung ihrer Ausnahmen ergibt sich aber gleichzeitig, daß nur für solche öff-rechtlichen Streitigkeiten der ordentliche Rechtsweg eröffnet ist, **die einem ordentlichen Gericht ausdrücklich durch Bundesgesetz** (das auch ein vorkonstitutionelles sein kann, BVerwG **37**, 369) oder, soweit es sich um Landesrecht handelt, durch ein Landesgesetz zugewiesen sind. Gesetzesregelungen, nach denen „die gerichtliche Klage" gegeben oder „der Rechtsweg" eröffnet ist, enthalten keine ausdrückliche Zuweisung in diesem Sinne, GmS NJW **71**, 1606, BVerfG DVBl **82**, 590 mwN. Demgemäß entfällt der ordentliche Rechtsweg für alle Sachen, in denen früher eine Zuweisung kraft Überlieferung oder wegen Sachzusammenhangs angenommen worden war. Ist die **Zuweisung einer landesrechtlichen Sache durch Landesgesetz** schon vor Inkrafttreten der VwGO (1. 4. 60) erfolgt, so verbleibt es dabei, wenn das Gesetz in dem jeweiligen AGVwGO ausdrücklich aufrechterhalten worden ist, RedOe § 40 Anm 37 mwN, sonst dagegen nicht, hM. Verweist das Landesrecht eine bürgerliche Rechtsstreitigkeit in den VerwRechtsweg, was §§ 13 offen- und § 4 EGGVG zuläßt, so wirkt das nur für das Land, also nur, wenn der Kläger den Rechtsstreit dort anhängig macht, vgl RG **109**, 9; für das Revisionsgericht gehört eine solche Verweisung nach Maßgabe des § 549 I ZPO zum revisiblen Recht, vgl BGH **21**, 217.

**4  B. Bürgerliche Rechtsstreitigkeiten können zugewiesen werden** a) **an Verwaltungsgerichte**, die ebenso wie die ordentlichen Gerichte Organe der Rechtspflege sind, Einf § 13 Rn 1; zu ihnen gehören auch die Sozial- und Finanzgerichte als besondere VerwGerichte. Eine bundesgesetzliche Zuweisung von bürgerlichen Rechtsstreitigkeiten an VerwGerichte dürfte nicht erfolgt sein. Soweit eine Zuweisung landes-

## 1. Titel. Gerichtsbarkeit § 13 GVG

gesetzlich geschehen ist oder geschieht, müssen die durch Bundesrecht gegebenen Grenzen eingehalten sein, oben Rn 3. Eine Zuweisung von bürgerlichen Rechtsstreitigkeiten an VerwBehörden kann wegen Art 92 GG nicht mehr geschehen. Das schließt aber nicht aus, daß zunächst eine VerwBehörde entscheiden muß, gegen deren Entscheidung dann das ordentliche Gericht angerufen werden kann, RoSGo § 14 II 3, MüKoWo 18, Preibisch, Außergerichtliche Vorverfahren in Streitigkeiten der Zivilgerichtsbarkeit, 1979; dies gilt auch für Ansprüche gegen die öff Hand, BVerfG **8**, 246, **35**, 73 u **40**, 250, VHG Mü AS **34**, 42, ferner nach den §§ 3 V HO, 10 und 13 des Ges über die Entsch für Strafverfolgungsmaßnahmen v 8. 3. 71, BGBl 157. Ein solches **Vorschaltverfahren** ist verfassungsrechtlich zulässig, BVerfG **4**, 409 u **8**, 246, BGH **85**, 106, zweifelnd Hüttenhofer NJW **89**, 699 (zu Art 22 BayAGGVG). Welche Bedeutung die Vorschaltung hat, insbesondere ob es sich um eine Sachurteilsvoraussetzung handelt, ist der jeweiligen Norm zu entnehmen, BGH **85**, 106 u NJW **76**, 1264. Handelt es sich dabei um eine Sachurteilsvoraussetzung und wird die VerwBehörde übergangen, also sofort geklagt, ist die Klage als „zZt unzulässig" abzuweisen, BGH NVwZ-RR **92**, 393, StJSchu Einl 413, Walchshöfer F Schwab, 1990, S 523. Der Rechtsweg kann aber trotzdem sofort beschritten werden, wenn die VerwBehörde eine Entscheidung wegen angenommener Unzuständigkeit ablehnt, RG JW **25**, 55, oder für unzulässig hält und eine verwaltungsgerichtliche Klage aussichtslos erscheint, BGH **32**, 345. Auch kann manchen Gesetzen entnommen werden, daß eine Einigung der Parteien dahin möglich ist, auf die vorherige Entscheidung der VerwBehörde zu verzichten, BGH **32**, 7.

b) Die gesetzliche Verweisung einer Sache in die **Freiwillige Gerichtsbarkeit** ist eine solche an 5 unabhängige Gerichte, die rechtspflegerische Geschäfte besonderer Art wahrnehmen, Üb Anh 21; vgl auch StJSchu III vor § 1 ZPO. Mag es sich dabei auch um rechtsähnliche Vorgänge handeln, zB vor den Landwirtschaftsgerichten und in Hausratssachen, so greift § 13 hier überhaupt nicht ein, § 2 EGGVG. Wird in diesen Fällen der ordentliche Rechtsweg vor den Zivilgerichten beschritten, so ist er unzulässig. Doch gibt es auch Übergänge durch Abgabe oder Verweisung, zB § 18 HausratsVO, Anh I § 281 ZPO, § 12 LwVG.

c) **Bundesrechtliche Bestellung von Sondergerichten**, vgl § 14 und Einf § 13 Rn 3.

d) Bei bürgerlichen Rechtsstreitigkeiten kann aber auch **der ordentliche Rechtsweg gesetzlich aus-** 6 **geschlossen** sein; so bei Festsetzung der gesetzlichen Vergütung des RA gegenüber seinem Auftraggeber durch den RPfl, § 19 I BRAGO. Eine dahingehende Klage wäre unzulässig, da ein anderer Rechtsweg zur Verfügung steht; vgl aber auch § 19 IV BRAGO. Im gleichen Verfahren wird auch über den öff-rechtlichen Anspruch des im Wege der Prozeßkostenhilfe beigeordneten RA gegen die Staatskasse entschieden, § 128 BRAGO, so daß eine Klage auch hier unzulässig wäre. Niemals aber darf der Rechtsweg gänzlich ausgeschlossen werden, Art 19 IV GG.

**3) Bürgerliche und öff-rechtliche Rechtsstreitigkeiten** (Schenke JZ **96**, 998). Die bürgerlichen 7 Rechtsstreitigkeiten stehen im Gegensatz zu den öff-rechtlichen Streitigkeiten. Diesen liegt ein Verhältnis zugrunde, aus dem nur der Staat und andere Träger öff Gewalt, also auch Gemeinden und Gemeindeverbände, öff Anstalten, Körperschaften, Stiftungen, Kirchen berechtigt und verpflichtet werden, die ihre Anordnungen idR zwangsweise durchsetzen können, denen also der einzelne als Gewaltunterworfener gegenübersteht, Wolff ArchöffR **76**, 205, so daß jene als Hoheitsträger diesem mit Befehl und Verbot entgegentreten, GmS NJW **86**, 2359, BGH **14**, 225, BSG NJW **90**, 342. Auch Rechtsbeziehungen aus dem Völkerrecht sind öff-rechtlich, BGH **34**, 353. **Bürgerliche Rechtsstreitigkeiten** sind solche über Rechtsverhältnisse, bei denen die Beteiligten einander gleichberechtigt und nicht in einem Verhältnis der Über- und Unterordnung gegenüberstehen, BGH **14**, 225, stRspr, Mü OLGZ **87**, 244 mwN, es sei denn, daß die diese Rechtsverhältnisse beherrschenden Normen überwiegend den Interessen der Gesamtheit dienen, BGH DÖV **60**, 1344, BVerwG **5**, 325, vgl RedOe § 40 Anm 6–10. Nicht entscheidend ist, daß auch öff Recht anzuwenden ist (wie auch nicht das Umgekehrte bei öff-rechtlichen Streitigkeiten gilt). Die Tätigkeit einer Hoheitsverwaltung muß nicht immer schon in Ausübung öff Gewalt geschehen und obrigkeitliches Gepräge haben. Sie kann sich auch auf den Boden des Privatrechtsverkehrs begeben, BGH **33**, 253, wofür freilich besondere Umstände sprechen müssen, BGH NJW **52**, 466; denn es wird davon ausgegangen werden können, daß Personen öff Rechts ihre öff-rechtlichen Aufgaben mit Mitteln des öff Rechts wahren, BGH **34**, 88 (Vertrag zwischen Eisenbahnfiskus und Stadt wegen Bahnanschluß zum Hafen). Jedenfalls macht ein öff-rechtliches Interesse an der Abhaltung von Veranstaltungen die Rechtsform, in der sie betrieben werden, nicht zu öff-rechtlichen, BGH **41**, 267.

**Ob ein öff-rechtlicher oder privatrechtlicher Vertrag vorliegt**, ist nach Gegenstand und Zweck des 8 Vertrages im Einzelfall zu beurteilen (vgl §§ 54–62 VwVfG, 53–61 SGB-X, dazu Gusy DVBl **83**, 1222, Martens NVwZ **83**, 722, Lange NVwZ **83**, 314 u Gern VerwArch **70**, 219 mwN). Entscheidend ist, ob sich die Vereinbarung auf einen von der gesetzlichen Ordnung öff-rechtlich oder privatrechtlich geregelten Gegenstand bezieht, GmS NJW **86**, 2359, BGH NJW **92**, 1238 mwN, BVerwG **22**, 138, Hamm NVwZ **92**, 205 u RR **91**, 640 mwN, bei Mischverträgen, wo der Schwerpunkt liegt, BGH **76**, 16, NJW **88**, 337, WertpMitt **83**, 623 (abw BVerwG **42**, 331 u ZfBR **81**, 241, vgl Frank DVBl **77**, 690: öff-rechtlich, wenn eine wichtige Vertragsverpflichtung dem öff Recht zuzuordnen ist). Der Gegenstand ist dem öff Recht zuzurechnen, wenn sich aus dem Vertrag Rechte und Pflichten ergeben, deren Träger notwendigerweise nur eine Stelle der öff Verwaltung sein kann, OVG Münst NJW **91**, 61 (verneint für Einrichtungen der Kranken- und Altenpflege), oder wenn der Vertrag in engem und unlösbarem Zusammenhang mit einem öff-rechtlichen Vertrag steht, BVerwG NJW **76**, 2360, Hamm RR **91**, 640 mwN. Betreibt die öff Hand ein wirtschaftliches Unternehmen, das sowohl in öff- wie privatrechtlichen Formen geführt werden kann, so ist nicht Art der Errichtung oder Zielsetzung entscheidend, sondern ob es im Verhältnis zu den Benutzern privatrechtlich organisiert oder in Ausübung der öff Gewalt betrieben wird, worüber die Körperschaft entscheiden kann, die dann aber ihren Willen, das wirtschaftliche Unternehmen hoheitlich zu führen, gegenüber der Allgemeinheit ausdrücklich und deutlich kundgeben muß, BGH JZ **62**, 217.

Ein **Rechtsverhältnis** ist aber nicht schon dann öff-rechtlich, wenn es durch VerwAkt begründet worden 9 ist; entscheidend ist vielmehr die Natur des Rechtsverhältnisses, aus dem der Anspruch hergeleitet wird,

GmS NJW **86**, 2359 mwN, BGH **20**, 80 (Kaufvertrag), BGH **24**, 390 (Eigentumsstreit um ein als beamteneigen zugewiesenes Kfz). Handelt es sich um die fiskalische Beschaffung von Sachgütern durch Abschluß bürgerl-rechtlicher Verträge, so gehören dem Privatrecht auch die Aufhebung behördlicher Maßnahmen gegen einen dabei tätigen Handelsvertreter an, mögen diese auch auf innerdienstlichen AOen beruhen, BGH NJW **67**, 1911. Als dem Privatrecht zugehörig ist ferner angesehen worden: der Verkauf von städtischen Grundstücken durch die fiskalische Verwaltung, das Überlassen von gewerblichen Nutzungsrechten, BGH NJW **88**, 337 (krit Melullis WRP **88**, 229), die Tätigkeit von öff Kranken- oder Kreditanstalten sowie Sparkassen im Verhältnis zu ihren Benutzern und Kunden, BGH **9**, 145, die entsprechende Tätigkeit bei öff Versorgungsbetrieben, zB des städtischen Elektrizitätswerks, BGH NJW **54**, 1323, Konzessionsabgaben an eine Gemeinde als Wegeeigentümerin, BGH **15**, 115, beim Freibad der Gemeinde, VGH Mannh DVBl **55**, 745, Eislieferung durch einen städtischen Schlachthof, BGH JZ **62**, 217, Lieferung von Leitungswasser durch die Stadt, BGH NJW **79**, 2615, **LM** Nr 89 u 101, aM EF § 40 VwGO Anm 49 ff. Öff-rechtliche Verbände können auch im Verkehr untereinander öff-rechtliche Angelegenheiten durch Abschluß von Verträgen privatrechtlichen Charakters ordnen, BGH **6**, 296.

Überhaupt kann für die Frage, ob ein Vertrag dem öff oder privaten Recht zuzurechnen ist, **nicht entscheidend** sein, ob die am Vertrag beteiligten Rechtssubjekte solche öff oder privaten Rechts sind, BGH **32**, 215, ebensowenig, ob der Anspruch ein vermögensrechtlicher ist, da es auch solche aus öff Recht gibt, RG **103**, 56. Auch ist es möglich, daß im Rahmen eines Vertrages, der öff-rechtlich ist, zusätzlich eine private Rechtspflicht übernommen wird, zB der Anlieger übernimmt privatrechtlich die Reinigung des Gehweges; dann ist insoweit der ordentliche Rechtsweg zulässig, weil bei öff- und privatrechtlichen Verträgen die Entscheidung vom Vertragsgegenstand her im Einzelfall zu treffen ist, BGH **32**, 216. Für den Anspruch auf Rückgewähr einer Leistung, die aufgrund eines Vertrages erbracht worden ist, steht derselbe Rechtsweg wie für den vertraglichen Leistungsanspruch zur Verfügung, BGH **56**, 367, vgl auch BGH NVwZ **84**, 266 mwN, u a BGH **72**, 57 u **71**, 182. Zum Rechtsweg für Ansprüche aus Geschäftsführung ohne Auftrag s Hamm FamRZ **97**, 1409.

10   **4) Vorliegen einer bürgerlich-rechtlichen Rechtsstreitigkeit**

**A. Grundsatz.** Ob das der Fall ist oder nicht, bestimmt sich zunächst nach dem **Antrag**: Richtet er sich gegenüber einem Träger der öff Verwaltung auf Vornahme, Unterlassung oder Rückgängigmachung eines hoheitlichen Aktes oder eines schlichthoheitlichen Handelns (bzw auf eine entspr Feststellung) oder würde seine Vollstreckung darauf hinauslaufen, so liegt keine bürgerlichrechtliche Streitigkeit vor, mag der Antrag auch auf einen privatrechtlichen Sachvortrag gestützt werden; denn den Zivilgerichten fehlt die Befugnis zu einer solchen Entscheidung, Kopp § 40 VwGO Rn 7 mwN, BGH NJW **84**, 1242 mwN, BayObLG BayVBl **82**, 218, abw BGH GRUR **87**, 179 u RR **87**, 485, BVerwG NVwZ **91**, 774, dagegen zutr Melullis WRP **88**, 230.

11   Läßt der Antrag eine Entscheidung durch das Zivilgericht zu, ist die wirkliche **Natur des Rechtsverhältnisses** maßgeblich, aus dem der Kläganspruch hergeleitet wird, und zwar so, wie sich das Rechtsverhältnis nach dem Sachvortrag der klagenden Partei darstellt, ohne daß es auf die rechtliche Qualifizierung durch den Kläger ankommt, GmS NJW **90**, 1527 u **88**, 2295 mwN, BGH NJW **92**, 1238 u **91**, 1687 mwN, BAG NJW **96**, 2948 mwN, BayObLG BayVBl **82**, 218, Köln NJW **97**, 470, VGH Mü NVwZ-RR **95**, 121 mwN. Die Begründung der Klage muß mindestens die Möglichkeit eines bürgerlich-rechtlichen, vor die ordentlichen Gerichte gehörenden Anspruchs ergeben, wobei die hilfsweise Stützung etwa auf Amtspflichtverletzung genügt, BGH NJW **79**, 2615. Bei der Beurteilung ist das Revisionsgericht nicht an die Auffassung

12   des Berufungsgerichts gebunden, BGH **35**, 69. Es **entscheidet das tatsächliche Klagevorbringen, so wie es der Gegenstand oder die Art des Anspruchs, § 4 EGZPO, ergibt**, BGH **5**, 82, **31**, 121, BAG NJW **96**, 2948 mwN, BVerwG NVwZ **93**, 358, gegebenenfalls nach erfragter Ergänzung, § 139, nicht also die Rechtsauffassung des Klägers, BGH **29**, 189, VGH Mü NVwZ-RR **95**, 121, auch nicht der Wortlaut des Antrags, sondern sein Wesen und Zweck, die Rechtssätze, nach denen das Klagebegehren sein wirklichen inneren Gehalt nach zu würdigen ist und die den Sachverhalt prägen, BGH **49**, 285, **LM** Nr 84, Mü OLGZ **87**, 244 mwN. Auf den Rechtscharakter der Einwendungen des Beklagten kommt es nicht an, BGH **72**, 57, NJW **84**, 1623, Köln NJW **97**, 470, Hamm NVwZ **92**, 205; möglich ist jedoch, daß sich die wahre Natur des Anspruchs erst aus dem Vorbringen des Beklagten ergibt, Böttcher DVBl **50**, 324 u JZ **62**, 317 gegen BAG JZ **62**, 316. Das Klagevorbringen muß den behaupteten Rechtsweg schlüssig ergeben, BGH NJW **96**, 3012 (Anm Preuß JZ **97**, 202) u **64**, 498 mwN; es ist für die Bestimmung des Rechtsweges auch dann maßgeblich, wenn es bestritten wird, hM, BAG NJW **96**, 2948, offen BAG NZA **97**, 674 mwN, Köln NJW **97**, 470, str, aM Kissel NZA **95**, 353 mwN, BAG NJW **94**, 604 u 1172; dazu Kluth NJW **99**, 342 mwN. Das Vorbringen des Beklagten ist nur bei einer negativen Feststellungsklage, GmS NJW **88**, 2295, und bei einem vermutlich vorgeschobenem Klagvorbringen zu berücksichtigen, BGH NVwZ **90**, 1104, BVerwG NVwZ **93**, 358. Der Rechtsweg ist unzulässig, wenn zwar ein privatrechtlicher Anspruch behauptet ist, der Antrag oder die Begründung aber zeigt, daß in Wahrheit die Vornahme, Unterlassung oder Rückgängigmachung eines staatlichen Hoheitsaktes verlangt wird, s o. Ist die Leistungsklage unzulässig, so ist es auch die Feststellungsklage, RG **130**, 291. Umgekehrt ergibt sich aus der Zulässigkeit des Rechtswegs für eine Klage auch die Zulässigkeit für die Abänderungs- oder Vollstreckungsklage, die Klage auf Unzulässigkeit der Vollstreckungsklausel und die Wiederaufnahmeverfahren, so daß für diese Anhangverfahren ein Vorbescheid der VerwBehörde, wenn er für die Klage notwendig war, nicht erneut eingeholt zu werden braucht, RG **153**, 217.

13   **B. Einzelfragen.** Mithin macht kein Umweg über eine bürgerlich-rechtliche Klage den Rechtsweg zulässig, wo er tatsächlich verschlossen ist, BGH **14**, 297, **24**, 305: der Rechtsweg zu den ordentlichen Gerichten kann nicht erschlichen werden. Als derartige Umwege werden manchmal mißbraucht die Abwehrklage, RG **170**, 40, die Behauptung eines Schadensersatzanspruchs, BGH **49**, 287, oder eines solchen aus Bereicherung, RG **144**, 230; s auch unten Rn 42. Auch über Amtspflichtverletzung, Art 34 GG, kann der ordentliche Rechtsweg nicht erzwungen werden, indem zB nur der Form nach das Verschulden eines

1. Titel. Gerichtsbarkeit **§ 13 GVG**

Amtsträgers bei Ausübung eines Staatshoheitsrechtes behauptet wird, in Wirklichkeit aber ein VerwAkt rückgängig gemacht werden soll, BGH NJW **51**, 441, also etwa Steuerbeträge mit Klage aus unerlaubter Handlung zurückverlangt werden; s auch unten Rn 31. Wohl aber könnte (auch hilfsweise, oben Rn 11) geltend gemacht werden, daß ein bestimmter Beamter seine Amtspflicht dem Kläger gegenüber durch bestimmte Handlungen, die angegeben und deren Unvereinbarkeit mit der Amtspflicht dargetan werden muß, verletzt hat, BGH **13**, 152; der Anspruch geht aber dann auf Geld, BGH GZS **34**, 105, nicht auf Naturalrestitution, zu der der Beamte nicht befugt wäre, BGH **LM** Nr 70 (Rechtsweg zu den Zivilgerichten ist unzulässig für die Rücknahme dienstlicher Äußerungen, **LM** Nr 88); es genügt also nicht die Behauptung einer Amtspflichtverletzung als solcher, BGH **49**, 282, BayObLG BayVBl **82**, 218. Wegen des besonderen Falles von Art 19 IV GG vgl unten Rn 27.

Anders liegt es bei Auswirkungen des VerwAktes auf ein privates Recht, wenn nunmehr die Rechte aus **14** dem privaten Recht geltend gemacht werden, BGH NJW **51**, 358, NJW **52**, 622, zB aus Eigentum, Besitz, Leihe, insbesondere wenn es sich um die Geltendmachung solcher Rechte gegenüber Dritten handelt, an die der Gegenstand durch VerwAkt gelangt ist. Zulässig ist auch die Klage gegen eine Anstalt öffentlichen Rechts, soweit diese bürgerlicher Rechtsgeschäfte bedient hat, um auf dem Gebiet des öff Rechts liegende Zwecke zu erreichen, BGH **20**, 77, vgl auch oben Rn 9, ebenso, wenn unter dem Deckmantel der Ausübung hoheitlicher Gewalt eine privatrechtliche Betätigung erfolgt; unzulässig wird der Rechtsweg aber dann, wenn die Betätigung sowohl hoheits- wie privatrechtlich ist.

**5) Öffentlich-rechtliche Fragen in bürgerlichen Rechtsstreitigkeiten** **15**

**A. Allgemeines.** In einem bürgerlichen Rechtsstreit können auf mannigfache Weise Fragen auftauchen, für die, würden sie selbständiger Gegenstand eines Rechtsstreites sein, der Rechtsweg zu den ordentlichen Gerichten unzulässig wäre.

**B. Öff-rechtliche Vorfragen** (Kopp/Sch § 40 VwGO Rn 42–44). Über sie darf der Zivilrichter ent- **16** scheiden, BGH NJW **51**, 358, BVerwG MDR **60**, 527, ebenso wie der VerwRichter zivilrechtliche Vorfragen selbständig entscheidet. Ist eine Frage durch bestandskräftigen VerwAkt entschieden, so ist das ordentliche Gericht hieran mit den sich aus Rn 17 ergebenden Ausnahmen gebunden, BGH NJW **91**, 701 u 1168 mwN, ebenso wie der VerwRichter an eine Entscheidung des ordentlichen Gerichts in den Grenzen von dessen Rechtskraft gebunden ist (wegen der Ausnahme für Amtshaftungs- und Entschädigungsprozesse s u). Das ordentliche Gericht entscheidet also zB, ob es sich um privates oder öff Eigentum handelt, auch ob der frühere Eigentümer durch eine Kontrollratsbestimmung betroffen wurde, BGH JR **61**, 176. Die Vorfrage gehört zur Untersuchung, ob die Klage begründet ist. Für eine Klage gegen die öff Körperschaft wegen Ungültigkeit des VerwAktes, auch in verschleierter Form, etwa um die Höhe des Schadensersatzes, um dadurch seine Beseitigung zu erreichen, Rn 13, wäre hingegen der Rechtsweg zu den ordentlichen Gerichten nicht gegeben, da es sich um die Hauptfrage handelt, außer wenn die öff Körperschaft, die selbst durch den VerwAkt den Besitz erlangt hat, vom Eigentümer in Anspruch genommen wird, BGH **5**, 69.

Die Entscheidung der Vorfrage wirft davon ab, ob und in welchem Umfang die ordentlichen Gerichte Gültigkeit und **Wirksamkeit von VerwAkten nachprüfen** dürfen. Das hat mit der Zulässigkeit des Rechtswegs nichts zu tun, OGHBrZ NJW **49**, 545 mwN. Der Zivilrichter hat zu prüfen, ob der VerwAkt überhaupt gültig ist. Ist der VerwAkt nichtig, so ist er nicht vorhanden, BGH **4**, 304, Bötticher DVBl **50**, 326. Hierin gehören die Fälle des § 44 VwVerfG, zB die absolute Unzuständigkeit der Behörde und andere schwerwiegende Fehler, nicht aber Willkürakte, mag der Mißgriff auch noch so grob sein. Der nur fehlerhafte, also der rechtswidrige VerwAkt ist stets so lange vom Zivilrichter als bestehend anzusehen, wie er nicht aufgehoben ist („Tatbestandswirkung"), BGH NJW **98**, 3055, **91**, 701 u 1168, Köln OLGZ **94**, 475 mwN, Jeromin NVwZ **91**, 543; uUmst ist das Verfahren auszusetzen, § 148 ZPO, falls die Partei Klage vom VerwGericht erhebt. Auch an den Widerruf eines VerwAktes sind die ordentlichen Gerichte gebunden, BGH NJW **51**, 359. Im Amtshaftungs- oder Entschädigungsprozeß können jedoch nach der Rspr des BGH auch bestandskräftige VerwAkte (nicht dagegen verwaltungsgerichtliche Entscheidungen) auf ihre Rechtmäßigkeit überprüft werden, BGH NJW **91**, 701 und 1168 mwN, krit Jeromin NVwZ **91**, 543 u Berkemann JZ **92**, 18, ferner Nierhaus JZ **92**, 209, Broß VerwArch **91**, 593, Schröder DVBl **91**, 751. Eine solche Überprüfung scheidet aber jedenfalls dann aus, wenn der VerwAkt in einem besonders ausgestalteten Verf ergeht und umfassende gestaltende Wirkung hat, zB ein Planfeststellungsbeschluß, Broß VerwArch **87**, 110 (offen BGH NJW **91**, 1170 unter Hinweis auf BGH NJW **87**, 493), oder die Entscheidung über das Vorliegen eines Dienstunfalls, BGH NJW **93**, 1790.

Dagegen ist das Zivilgericht ohne Nachprüfungsmöglichkeit an **Entscheidungen der Verwaltungs-, Finanz- und Sozialgerichte** im Rahmen der Rechtskraft dieser Entscheidungen gebunden, sofern es sich um einen Zivilrechtsstreit zwischen denselben Beteiligten handelt, vgl in stRspr NVwZ **95**, 412, NJW **93**, 2293, **94**, 1950 u FamRZ **91**, 1415 mwN, NJW **91**, 1169. Dies gilt zB dann, wenn das Gericht die Nichtigkeit eines VerwAktes verneint hatte, Hbg MDR **54**, 319, und namentlich dann, wenn es einen VerwAkt nach § 113 I VwGO aufgehoben, BGH **20**, 382 mwN, oder die Klage auf Aufhebung oder Erlaß eines VerwAktes, § 113 IV VwGO, abgewiesen hatte, BGH FamRZ **91**, 1415, **95**, 33 (dazu Broß VerwArch **87**, 110), Mü NVwZ **95**, 198. Gebunden sind auch Entscheidungen über die Wirksamkeit einer Vorschrift nach § 47 VwGO, BGH NVwZ **95**, 412; wird eine Norm für nichtig erklärt, so ist dies allgemein verbindlich, § 47 V 2 VwGO, dazu Kopp/Sch Rn 99 ff. Auch eine rechtskräftige Entscheidung nach § 28 EGGVG hat bindende Wirkung, BGH NJW **94**, 1850.

Besonders geregelt ist die Entscheidung über verfassungsrechtliche Vorfragen, vgl § 1 Rn 6 ff.

**C. Anspruchskonkurrenz.** Können aus einem Rechtsverhältnis sowohl öff-rechtliche wie bürgerlich- **17** rechtliche Ansprüche entstehen, so gilt der Grundsatz, daß dieselbe Handlung nicht gleichzeitig privat- und öff-rechtlich sein oder die einheitliche öff-rechtliche Aufgabe je nach Betätigung in öff- und privatrechtlich aufgespalten werden kann, BGH **2**, 37, **16**, 111. Wird der Rechtsweg zu den ordentlichen Gerichten beschritten, so ist von dem angerufenen Gericht über alle Rechtsgrundlagen zu entscheiden, wenn es sich um einen einheitlichen Anspruch handelt, vgl § 17 II. Handelt es sich um eine Mehrheit von prozessualen Ansprüchen, so gilt das in § 17 Rn 6 Gesagte.

**18** **D. Aufrechnung.** Wird eine öff-rechtliche Forderung zur Aufrechnung gestellt, so darf das Zivilgericht auch darüber entscheiden, § 17 Rn 6, Kopp § 40 VwGO Rn 45–47 a, str.

**19** **6) Zivilprozeßsachen kraft Zuweisung** (Schoch, F Menger, 1985, S 305–338; Kopp § 40 VwGO Rn 48 ff). Da öff-rechtliche Streitigkeiten durch die Generalklausel des § 40 I VwGO den VerwGerichten zugewiesen sind, kommen nur diejenigen dieser Streitigkeiten vor die Zivilgerichte, die ihnen ausdrücklich durch Bundesgesetz oder, soweit es sich um Landesrecht handelt, durch ein Landesgesetz zugewiesen sind, oben Rn 3. § 40 II VwGO enthält eine derartige Zuweisung; auch andere Gesetze sprechen solche Zuweisungen aus, ohne daß aber im folgenden alle aufgezählt werden könnten. Es handelt sich im wesentlichen um folgende Fälle:

**A. Vermögensrechtliche Aufopferungsansprüche**, § 40 II VwGO, wegen der Aufgabe privater Rechte zum allgemeinen Besten, s Art 14 III 4 GG.

**20** **B. Ansprüche aus öff-rechtlicher Verwahrung**, § 40 II VwGO, dh nur solche gegen die öff Hand, so daß für Ansprüche gegen den Bürger der VerwRechtsweg gegeben ist, VGH Mannh BaWüVPraxis 78, 150 mwN.

**21** **C. Schadensersatzansprüche aus der Verletzung öff-rechtlicher Pflichten**, § 40 II 1 VwGO, dh nur solche gegen die öff Hand, BGH 43, 269 (zB Anspruch des Wasseranliegers nach § 30 III WHG, BVerwG DVBl **87**, 693), namentlich wegen Amtspflichtverletzung, Art 34 GG iVm § 839 BGB (auch wenn die Klage zusätzlich auf § 826 BGB gestützt und mit der Verletzung spezifisch verwaltungsrechtlicher Normen begründet wird), SG Hann RR **88**, 614. Die Verletzung braucht nicht schuldhaft zu sein, vgl auch Art 34 GG. Hierhin gehört nicht der Rückgriffsanspruch des Staates oder der Gemeinde gegen den Verletzer, ebensowenig der Rückgriff des Amtsträgers gegen den Dienstherrn für seine Schadensersatzleistungen: Für sie gilt für das Rechtsverhältnis maßgebliche Rechtsweg, vgl für Beamte § 126 BRRG. Die Klage kann nur auf Schadensersatz gehen, nicht auf Rückgängigmachung der Amtshandlung, Rn 13. **Nicht** hierher gehören Ansprüche aus der Verletzung öff-rechtlicher Verträge, § 40 II 1 VwGO idF des § 97 Z 1 VwVfG, vgl Kopp NJW **76**, 1966; anders liegt es, wenn der Anspruch auch auf Amtspflichtverletzung gestützt wird, § 17 Rn 5. Ob Ansprüche aus culpa in contrahendo hierher gehören, ist str, s unten Rn 68.

**22** **D. Entscheidungen über die Rechtmäßigkeit von Justizverwaltungsakten**; s dazu §§ 23 ff EGGVG und Übersicht davor, ferner § 328 Rn 68.

**23** **E. Ansprüche auf Enteignungsentschädigung** nach Art 14 III 4 GG hinsichtlich der Höhe, aber auch deren Art, BGH **9**, 250; zur Frage der Höhe gehört auch die nach dem Grund des Entschädigungsanspruchs, so daß die ordentlichen Gerichte auch dann zu entscheiden haben, wenn eine Enteignungsentschädigung abgelehnt ist, BVerwG NJW **54**, 525, Bachof SJZ **50**, 167. Die Enteignung als solche kann nur vor den VerwGerichten angefochten werden, wenn nichts anderes bestimmt ist, zB für Baulandsachen, in denen das ordentliche Gericht auch über die Enteignung selbst entscheidet. Ob eine Enteignung vorliegt, ist im Entschädigungsrechtstreit als Vorfrage von den ordentlichen Gerichten zu entscheiden, BGH **15**, 270. Die Zivilgerichte sind auch zuständig für Enteignungsansprüche nach §§ 59, 17 ff LandbeschaffgsG v 23. 2. 57, BGBl 990, nach § 28 IV LuftschutzG v 9. 10. 57, BGBl 1696, nach § 25 SchutzbereichG v 7. 12. 56, BGBl 899, nach §§ 58 ff BundesleistgsG idF v 27. 9. 61, BGBl 1769, 1920.

Auch Ansprüche auf Entschädigung wegen enteignungsgleichen oder enteignenden Eingriffs, dazu BVerfG **58**, 300 = NJW **82**, 745, gehören wegen § 40 II VwGO vor die Zivilgerichte, Papier NVwZ **83**, 260 gegen Schwerdtfeger JuS **83**, 110.

**24** **F. Anfechtung von VerwAkten nach dem BauGB bei Umlegung, Grenzregelung und Enteignung** sowie den weiterhin in § 217 I BauGB (früher § 157 I BBauG) genannten VerwAkten, BVerwG NVwZ-RR **99**, 485 mwN. Hier kann durch das ordentliche Gericht der VerwAkt selbst nachgeprüft werden, auch der Enteignungsbeschluß als solcher, was mit dem GG vereinbar ist, BVerfG NJW **56**, 625. Wegen der erweiterten Besetzung der Kammern und Senate für Baulandsachen vgl §§ 71 Rn 1, 119 Rn 11.

**25** **G. Beschwerde gegen den Einspruchsbescheid der Kartellbehörde und gegen Verfügungen des Bundesministers für Wirtschaft**, wenn dieser ein Preiskartell erlaubt, § 62 GWB. Über die Beschwerde entscheidet das OLG; dagegen findet Rechtsbeschwerde an den BGH statt, § 73 GWB. Das ordentliche Gericht darf hier auch jeden fehlsamen Gebrauch des Ermessens nachprüfen, § 70 IV GWB.

**26** **H. Entscheidungen in Anwaltsstreitigkeiten** (Zulassung eines RA, Nichtigkeit von Wahlen und Beschlüssen des Vorstandes, des Präsidiums oder der Versammlung, §§ 42 V, VI, 91 VI, VII BRAO) sind in letzter Instanz, die entsprechenden bei der RAschaft beim BGH, §§ 162, 163 BRAO, diesem überhaupt zugewiesen, ebenso bei Anfechtung von VerwAkten, § 223 BRAO, vgl BGH NJW **71**, 705.

**27** **I.** Um Zivilprozeßsachen kraft Zuweisung handelt es sich auch bei der **Zulässigkeit des ordentlichen Rechtswegs nach Art 19 IV 2 GG**. Diese greift nur bei Fehlen jedes anderen Rechtswegs ein, ist also nur subsidiär gegeben, was bei dem Ausbau der Verw-, Soz- und Finanzgerichtsbarkeit praktisch Unanwendbarkeit bedeutet, hM, RedOe § 40 Anm 2. Art 19 IV 2 GG bewirkt keine Erweiterung der Zuständigkeit der Zivilgerichte in Amtshaftungsprozessen zur Aufhebung oder Vornahme eines VerwAktes, BGH **14**, 222, Hbg MDR **51**, 51. Die Vorschrift greift auch nicht ein, wenn die Frist für die VerwKlage verstrichen ist, BGH **22**, 32, Schlesw DVBl **50**, 124, Hbg MDR **54**, 51.

**28** **K.** Für das **Verfahren in den Zivilprozeßsachen kraft Zuweisung**, zu denen die nach § 17 a fehlerhaft an ein Zivilgericht verwiesenen öff-rechtlichen Streitigkeiten zu rechnen sind, fehlt eine allgemeine gesetzliche Regelung. Naturgemäß ist die ZPO überall dort anzuwenden, wo es um eine Geldforderung, zB als Entschädigung oder Schadensersatz, oder um die Feststellung des Bestehens oder Nichtbestehens eines öff Rechtsverhältnisses geht. Problematisch ist dagegen das Verfahren in anderen Fällen.

1. Titel. Gerichtsbarkeit § 13 GVG

Regelungen finden sich in §§ 221–231 BauGB (Anwendung der ZPO mit Sonderbestimmungen für bestimmte Fälle), ferner in den genannten Bestimmungen der BRAO, bei der Anfechtung von Justizverwaltungsakten, §§ 23 ff EGGVG (da auch FGG lückenfüllend, § 29 II EGGVG) und in §§ 208 ff BEntschG, lückenhaft zB im GWB (§§ 62 ff); in anderen Bereichen fehlen sie ganz. Bemerkenswert ist, daß § 221 BauGB allgemein die bei Klagen in bürgerlichen Rechtsstreitigkeiten geltenden Vorschriften für entsprechend anwendbar erklärt, soweit das Gesetz nicht Sondervorschriften enthält, während § 72 GWB nur bestimmt genannte Vorschriften des GVG und der ZPO angewendet wissen will. BGH **5**, 46 (Unterbringung Geisteskranker) wendet FGG, KG NJW **57**, 1407 (Aufhebung eines VerwAktes) die für das VerwStreitverfahren geltenden Vorschriften entsprechend an; auch Friesenhahn DV **49**, 483 und ihm folgend Maunz-Dürig Art 19 IV GG Anm 63 empfehlen, Klageschrift und Urteilsformel entsprechend dem Verfahren bei den VerwGerichten zu gestalten, ebenso Bettermann Grundrechte S 809.

Tatsächlich läßt sich aus der Zuweisung als solcher nichts über die Verfahrensnormen folgern, da sie nur **29** die Kompetenz regelt. Mit Baumgärtel ZZP **73**, 387 ff, wird davon auszugehen sein, daß der Gesetzgeber jedem Gerichtszweig entsprechend seiner Funktion ein bestimmtes Verfahren zugewiesen hat, von dem der Richter schon aus Gründen der Rechtssicherheit und Übersehbarkeit seines Handelns durch den Rechtsuchenden nicht abgehen darf. Eine Anpassung an den Streitgegenstand ermöglichen zudem die verschiedenen Verfahrensarten, die die ZPO zur Verfügung stellt. Es wird also bei Anfechtungs- und Verpflichtungsklagen die Inquisitionsmaxime (6. Buch der ZPO) zu gelten haben: Versäumnisverfahren ist unzulässig, Anerkenntnis, Verzicht sind nur insoweit zulässig, als die Partei über den Streitgegenstand verfügen kann, s dazu OVG Hbg NJW **77**, 214 mwN. Dritte können sich als streitgenössische Nebenintervenienten beteiligen. Der Urteilstenor ist den Gegebenheiten anzupassen. Ähnliches findet sich auch in den Verfahrensvorschriften des BauGB und GWB; vgl wegen der Entscheidung auf Anfechtungs- und Verpflichtungsklagen §§ 226 II u III BauGB, 70 II n GWB.

Entsprechendes gilt umgekehrt für das Verfahren, das irrig von einem Zivilgericht an das Gericht eines anderen Gerichtszweiges verwiesen worden ist, Kopp § 41 VwGO Rn 15, Krause DÖV **70**, 695, BVerwG **27**, 175.

**7) Rechtsprechungsübersicht in Auswahl** (vgl MüKoWo 30–192, Kissel 301–509, Ehlers in Sch/ **30** SchmA/P § 40 Rn 730 ff).
Im folgenden werden folgende Abkürzungen verwendet: ZRweg = Rechtsweg zu den ordentlichen (Zivil-)Gerichten, VRweg = Rechtsweg zu den Verwaltungsgerichten, SRweg = Rechtsweg zu den Sozialgerichten, FRweg = Rechtsweg zu den Finanzgerichten.
**Abwehrklage**, §§ 1004, 894 BGB. Kein ZRweg, wenn der abzuwehrende Eingriff auf Grund der Herrschaftsgewalt des Staates stattgefunden hat, BGH **41**, 266, so wenn in Erfüllg öff Aufgaben dch Beseitigung der städtischen Abwässer (vgl auch „Wasserstreit") fremdes Eigentum beeinträchtigt wird, RG **170**, 40, vgl Anm 4 A; kein ZRweg auch für die Abwehr v Geräuschimmissionen eines Kinderspielplatzes, der aGrd eines Bebauungsplanes von der Gemeinde eingerichtet u gewidmet worden ist, BGH NJW **76**, 570 mwN, ebenso im Falle eines von der Gemeinde als Unterkunft für Asylbewerber angemieteten Hauses, Köln VersR **92**, 255. Anders wenn die hoheitsrechtl Beziehungen ihr Ende gefunden haben, BGH **18**, 263, so daß ZRweg offen wg Beeinträchtigung einer aufgegebene u verfallene frühere Luftschutzanlage, da Zweckbestimmung entfallen, BGH MDR **65**, 985, oder wenn dch Anlagen, die die StadtVerw angelegt hat (Fontänenanlage), Dritte belästigt werden, BGH MDR **68**, 312. ZRweg auch für Klage gegen Privatperson (AktG) auf Herausgabe eines Grundstücks mit der Begr, daß der staatl Hoheitsakt, auf Grund dessen sie als Eigentümern im Grundbuch eingetragen ist, unwirksam sei, da das nur Vorfrage ist, BGH **5**, 81, vgl auch oben Rn 16.
**Amtspflichtverletzung.** Nach Art 34 S 3 GG ZRweg für Ansprüche auf Geldersatz einschließlich des **31** Auskunftsanspruchs, BGH **78**, 274. Gilt auch bei Gemeindebeamten, OHGZ NJW **50**, 261. ZRweg auch wg Schäden dch Vorbereitung einer staatl Hoheitshandlung, RG **145**, 140, wg unsachgemäßer Durchführung eines Hoheitsaktes, Celle JR **48**, 320, für die Ausgleichsansprüche mehrerer öff-rechtl gesamtschuldnerisch verurteilter Körperschaften, BGH **9**, 65, für den Schadensersatzanspruch aus Nichterfüllung einer Zusicherung, VGH Mannh DVBl **81**, 265; kein ZRweg für Schadensersatzansprüche aus Verletzung eines öff-rechtl Vertrages, § 40 II VwGO. Aber ZRweg auch, falls ganz ausnahmsweise von einem Beamten persönlich Widerruf ehrkränkender Behauptungen, die er bei seiner Amtsführung aufgestellt hat, zu verlangen ist, BGH **LM** Nr 70, od über eine innerdienstl AnO zu entscheiden ist, die einen Bürger vom privat-rechtl Geschäftsverkehr in ehrkränkender Weise ausschließt, BGH NJW **67**, 1911; dies gilt, obwohl grundsätzlich nur Schadensersatz in Geld verlangt werden kann, BGH GSZ **34**, 105, **LM** Nr 88. ZRweg auch für Unterlassungsansprüche wg ehrverletzender Äußerungen eines Stadtratmitgliedes in einem Parteigremium, BGH **LM** Nr 74, dagegen VRWeg für den Streit um Äußerungen über VerwAngelegenheiten in der Vertretungskörperschaft, Oldb GRUR **80**, 1020. ZRweg für den Rückgriff des Dienstherrn gegen den Beamten, Art 34 S 3 GG, BayObLG BayVBl **84**, 374. Siehe auch oben Rn 21.
**Anfechtungsgesetz.** Für den gesetzlichen Rückgewähranspruch aus § 7 AnfG ZRweg auch dann, wenn er von einer Finanzbehörde zum Zweck der Befriedigung einer Steuerforderung geltend gemacht wird, BGH NJW **91**, 1062 mwN. S auch unter „Konkurs".
**Arbeitsförderung.** Bei geförderten Umschulungsmaßnahmen ZRweg für Streit zwischen Umschüler und privatem Berufsförderungszentrum, BayLSG LS NZA **90**, 712.
**Arbeitsverhältnis.** Zum Rechtsweg nach ArbGG s § 14 GVG Rn 6, BGH NJW **98**, 2745 u 2057. ZRweg **32** für Streitigkeiten über Werkwohnungen, § 23 Rn 8 u § 29 a ZPO Rn 2 u 7. Ebenso für selbständig geltend gemachte Auskunft- und Ersatzansprüche des Gläubigers gegen den Arbeitgeber, § 840 I u II ZPO, BAG NJW **85**, 1181, GMP § 3 Rn 9, str, s § 840 ZPO Rn 3. ZRweg zulässig für Schadensersatzansprüche, wenn der Streik Verwirklichung einer Forderung der organisierten Arbeitnehmerschaft dch den Gesetzgeber herbeiführen soll, BGH **14**, 347, da das kein Arbeitskampf im Sinne von § 2 I Z 2 ArbGG ist. ZRweg auch für Ansprüche auf Darlehnsrückzahlung der Bundesanstalt für Arbeitslosenver-

*Albers* 2343

mittlung u ArbeitslosenVers, das zur Förderung der ganzjährigen Beschäftigung in der Bauwirtsch gegeben ist, BGH NJW **69**, 1434. Kein ZRweg, soweit nach § 51 SGG der SRweg gegeben ist (wg Versicherungsanstalten, Kriegsopferversorgung, Kassenarztrecht s bei diesen Stichworten).
**Atomrecht.** Vgl VG Köln NJW **88**, 1995 (VRweg für Ersatzansprüche agrd der Ausgleichsrichtlinie) u OVG Münst NJW **90**, 8226 gg VG Köln NJW **88**, 1996 (VRweg für Ausgleichsansprüche agrd § 38 II AtomG).
**Aufopferungsanspruch** wegen Aufgabe privater Rechte zum allg Besten. ZRweg wg vermögensrechtl Ansprüche, § 40 II VwGO u oben Rn 19. Vgl auch „Amtspflichtverletzung" und „Enteignung".
**Auftrag, öff-rechtl.** Kein ZRweg, BGH **24**, 308, auch nicht bei öff-rechtl Geschäftsführung ohne Auftrag, BGH **LM** Nr 84.
**Ausgleichsansprüche** im Rahmen der Inhaltsbestimmung des Eigentums. ZRweg, Schenke NJW **95**, 3145 mwN, BGH NJW **95**, 964, **94**, 3283, aM BVerwG NJW **93**, 2849, Lege NJW **95**, 2749, Schoch JZ **95**, 768.
**Ausgleichsleistungsgesetz** v 27. 9. 94, BGBl 2628. ZRweg, BGH NJW **96**, 1147, s unten „Enteignung".

33 **Baugesetzbuch** (früher Bundesbaugesetz). ZRweg im Rahmen des § 217 I BauGB (§ 157 I BBauG), vgl oben Rn 24 (auch für Nichtigkeitsklagen gegen Enteignungsbeschlüsse, BVerwG NJW **86**, 2845, und in Nebenpunkten, zB Kostenerstattung im Enteignungsverf, BGH **56**, 221). VRweg für die Klage gegen die Ausübung des Vorkaufsrechts, §§ 24 ff BauGB, 3 I WoBauErlG, hM, BVerwG NJW **89**, 1626, VGH Kassel NVwZ **83**, 556, VG Ffm NJW **88**, 92 (aM u a Martens/Horn DVBl **79**, 146, Ffm NVwZ **82**, 580), dagegen ZRweg (§ 217 I BauGB) für die Klage gegen VerwAkte nach § 28 III u VI BauGB. Für Ansprüche aus einem Erschließungsvertrag VRweg, BGH **54**, 287. – Für die neuen Bundesländer s § 246a I Z 17 BauGB u § 13 RpflAnpG, dazu Rieß DtZ **92**, 229.
**Baupolizeiliche Auflage.** Für Erstattung von Aufwendungen kein ZRweg, Hbg MDR **54**, 51. Zum „Anbauvertrag" (idR öff-rechtl, also VRweg für daraus hergeleitete Ansprüche) BVerwG **22**, 138, BGH **56**, 365 (eingehend).

34 **Beamte** (Kissel 326). Für alle Klagen der Beamten, Ruhestandsbeamten, früheren Beamten u ihrer Hinterbliebenen aus dem Beamtenverhältnis ist der VRweg gegeben, ebenso für Klagen des Dienstherrn, § 126 BRRG, auf den auch § 172 BBG verweist. Darunter fallen nicht nur Klagen auf Feststellung eines öff Beamtenverhältnisses, wg Feststellung des Besoldungsdienstalters u dergl, sondern auch solche wegen vermögensrechtl Ansprüche wie Gehaltsklagen, Klagen wg unrichtiger Einstufung od Verletzung der Fürsorgepflicht, BVerwG **13**, 17, **15**, 3, auf Abschluß eines Arbeitsvertrages, BAG NZA **99**, 1008, wg Rückforderung von Dienstbezügen (auch agrd eines entspr Schuldanerkenntnisses, BGH MDR **88**, 385) und Beihilfen, die zu Lebzeiten eines Beamten gezahlt worden sind, VGH Mü NJW **90**, 934 mwN, und ebenso die Rückforderung einer fehlgeleiteten Zahlung von einem Dritten oder einer nach dem Tode des Beamten geleisteten Beihilfe von den Erben, BVerwG DVBl **90**, 870, aM VGH Mü aaO; nicht hierunter fällt der Schmerzensgeldanspruch bei Dienstunfall, BVerwG NJW **65**, 929 (ZRweg). VRweg auch für die Klage des Gläubigers gegen den Drittschuldner bei Pfändung des Anspruchs auf Dienst- bzw Versorgungsbezüge, VGH Kassel NJW **92**, 1253 mwN. Dagegen auch im Rahmen des Beamtenrechts ZRweg für Ansprüche aus Staatshaftung und die sich dabei ergebenden Vorfragen, zB wegen schuldhafter Nichteinhaltung einer Zusicherung auf Einstellung als Beamter, BGH **23**, 46 (vgl § 71 II Z 2). Vgl im übrigen oben „Amtspflichtverletzung" u oben Rn 21. VRweg gemäß § 126 BRRG auch für Ansprüche der **Richter**, §§ 46 u 71 III DRiG. S auch unter „Vorbereitungsdienst".
**Beförderung** (unentgeltliche) von Behinderten im Nahverkehr nach §§ 57 ff SchwbG (G v 9. 7. 79, BGBl 989). ZRweg für Streitigkeiten aus dem Beförderungsvertrag, BGH DVBl **70**, 172, dagegen VRweg bei Streit um Inhalt der öff-rechtl Verpflichtung des Unternehmens, BVerwG **37**, 243 (zum entspr G v 27. 8. 65, BGBl 978).
**Beitrittsgebiet.** ZRweg für Klagen einer Bank der früheren DDR auf Rückzahlung von Beträgen, BGH DtZ **94**, 30. S „Treuhandanstalt" u „Vermögensgesetz".

35 **Bereicherungsklage.** Für die Klage eines Dritten gegen ZwVGläub nach Beendigung der ZwV steht der ZRweg offen. Das gleiche gilt für sonstige Rückforderungsansprüche, wenn der Leistungsanspruch im ZRweg zu verfolgen wäre, BGH NVwZ **84**, 266 mwN, u a BGH **72**, 57 u **71**, 182. Deshalb ZRweg für die Rückabwicklung von Zahlungen an den Steuerfiskus, die aufgrund privatrechtlicher Abmachung auf die Steuerschuld geleistet worden sind, BGH NVwZ **84**, 266 mwN, desgleichen bei Bereicherungsansprüchen des öff-rechtl Versicherungsträgers, vgl unter „Sozialversicherung" (keine Zuständigkeit des SozGer), ebenso bei Wegfall der öff-rechtl Widmung, BayObLG NJW **67**, 1664. Aber kein ZRweg für Klagen aus öff-rechtl ungerechtfertigter Bereicherung, BGH **LM** Nr 84, insbesondere auf Rückgewähr aufgrund eines öff-rechtl Vertrages, BGH **56**, 367, BVerwG NJW **80**, 2538, Kblz NVwZ **88**, 1038 mwN: hierfür steht derselbe Rweg offen wie für den vertraglichen Leistungsanspruch.
**Berge- u Hilfslohn.** Siehe §§ 36 ff StrandungsO, RGBl **74**, 73, **24** I 667; regelmäßig ist die Vorentscheidung der Aufsichtsbehörde des Strandamts erforderlich.
**Berufsgenossenschaft.** ZRweg für Rückgriffsanspruch gg Unternehmer, BGH NJW **57**, 384, da § 51 SGG nicht eingreift u auch ArbG nicht zuständig ist, BGH NJW **68**, 1429. Streitigkeiten mit der Post wegen Erstattung ihrer Aufwendungen bei der Auszahlung von Unfallversicherungsrenten gehören dagegen in den SRweg, BGH NJW **67**, 781.
**Beschlagnahme.** ZRweg für Klagen im Zusammenhang mit der Herausgabe nach StPO beschlagnahmter Gegenstände, KG RR **95**, 63, Schlesw SchlHG **95**, 15.

36 **Binnenschiffsverkehr.** ZRweg für Ansprüche der Bundesrep auf Zahlung des Unterschieds zwischen festgesetztem u vereinbartem Entgelt nach § 31 III BinnSchVG, BGH **64**, 159, BVerwG **17**, 242. Das gleiche gilt für Ansprüche aus der Verletzung der Verkehrssicherungspflicht nach § 2 III BinnSchVerfG, oben Rn 21.
**Bürgschaft.** ZRweg für Klage aus Bürgschaftsvertrag, auch wenn die Hauptforderung öff-rechtlich ist, BGH NJW **84**, 1622, Ffm NVwZ **85**, 373, VGH Mü BayVBl **90**, 722. Vgl auch unter „Sozialversicherung" und „Subventionen".

1. Titel. Gerichtsbarkeit **§ 13 GVG**

**BundesleistungsG.** ZRweg wegen Festsetzung der Entschädigung od Ersatzleistung; zuständig LG ohne Rücksicht auf Streitwert, § 58 BLeistG. Das gleiche gilt für Rückforderungen von Überzahlungen, § 62 ebda.
**Bundesseuchengesetz.** ZRweg für Entschädigungsansprüche und für Erstattungsansprüche, § 61 I idF v 18. 12. 79, BGBl 2263, BGH NJW **83**, 2029.
**Bundeswehr.** Für Streitigkeiten zwischen einem Arzt und der BRep aus der Beteiligung eines Kassenarztes an der ärztlichen Versorgung der Bwehr gilt der SRweg, BGH **67**, 92.
**Datenschutz.** ZRWeg für den Auskunftsanspruch nach BDSG, dazu Sasse/Abel NJW **79**, 352, gegen eine 37 private Auskunftei, OVG Münst NJW **81**, 1285.
**Denkmalschutz.** Für Ausgleichsansprüche ZRweg, Rinne DVBl **94**, 23 mwN (str), ebenso für Ansprüche des Eigentümers, soweit das behördliche Verf nach dem PreußEnteignungsG durchgeführt worden ist, BGH WertpMitt **90**, 1892.
**Deutsche Bahn.** Der Betrieb der Bahn ist zivilrechtl geordnet, vgl DBGrG, Art 2 ENeuOG v 27. 12. 93, BGBl 2378. Deshalb ZRweg für Ansprüche gegen die Bahn, auch für Immissionsabwehransprüche, BGH NJW **97**, 744 m red Anm NVwZ **97**, 515 (vgl Rn 43), und für Unterlassungsansprüche eines Privaten gegen die Bahn aus UWG, Hbg OLGZ **94**, 246. Dagg VRweg für Streitigkeiten nach § 31 I Z 2 DBGrG, BVerwG NVwZ **93**, 371 (offen BVerwG NVwZ **94**, 370 für einen Sonderfall), ebenso VRweg für vertragliche Ansprüche gegen eine Gemeinde wegen Umbenennung eines Bahnhofs, BGH DVBl **76**, 77. Zur Übertragung von Liegenschaften s Art 1 § 24 ENeuOG. Für Klagen der Beamten aus dem Beamtenverhältnis VRweg, BAG NZA **98**, 165; zur Abgrenzung des VGH Mannh NVwZ-RR **96**, 540. Wegen des Rechtsweges zu den ArbG s BAG NZA **98**, 165.
**Dienstwohnung.** VRweg auch für Streitigkeiten aus der Benutzung, AG Grevenbroich NJW **90**, 1305 mwN. Zu entsprechenden Streitigkeiten im kirchlichen Bereich vgl Weber NJW **89**, 2218.
**Doktoranden.** ZRweg für Ansprüche aus dem Doktorandenverhältnis, VGH Mannh VBlBW **81**, 360.
**Durchsuchungsanordnung,** Art 13 II GG. Vgl § 758 ZPO Rn 2 ff. Zuständig für die Anordnung ist das Gericht, das zur Kontrolle des Vollstreckungsaktes berufen ist, § 758 ZPO Rn 27. Nach § 287 IV AO ist das AG zur Entscheidung berufen, Rößler NJW **81**, 25; zum VerfR NJW **82**, 2326.
**Enteignung,** Kissel 345, s auch oben Rn 23. Enteignung iSv Art 14 GG umfaßt nicht nur Eigentumsent- 38 ziehung, sondern auch beschränkende Eingriffe („zur Benutzung"), VGH Mannh JZ **51**, 86, Hbg NJW **50**, 839, MDR **51**, 122, 124, str. BGH beschränkt Schutz des Eigentums, Art 14 GG, nicht auf Eigentum, sondern erstreckt ihn auf alle vermögenswerten Rechte, BGH **6**, 270, also auch zB auf Pfandrecht, BGH **27**, 73. In jedem Falle verlangt Enteignung aber ein Sonderopfer, BGH **31**, 56. ZRweg für Höhe der Entschädigung, GG 14 III, ist auch dann gegeben, wenn Entschädigungspflichtiger (Kl) statt der ihm auferlegten Landabgabe Festsetzung in Geld beantragt, BGH **9**, 242, oder für Ansprüche auf Entschädigung wegen Rückenteignung, BGH **76**, 365. ZRweg auch für Streit um die Erstattung der im Enteignungsverfahren entstandenen RA-Kosten, BVerwG **40**, 254. Wegen der Enteignung selbst ist der ZRweg meist ausgeschlossen; ob eine solche vorliegt, ist aber ggf im Entschädigungsprozeß als Vorfrage vom Zivilgericht zu entscheiden, BGH **15**, 270, BVerwG NJW **72**, 1433. – Kein ZRweg bei Requisitionen der Besatzungsmacht, BGH **13**, 148, ebensowenig für Enteignung zu Reparationszwecken, BGH NJW **57**, 271, und auch nicht für andere Enteignungen auf besatzungsrechtlicher oder besatzungshoheitlicher Grundlage, BGH NJW **96**, 592 (wohl aber ZRweg für Ansprüche agrd des AusglLeistG v 27. 9. 94, BGBl 2628, BGH NJW **96**, 1147).
**Enteignungsgleicher Eingriff.** ZRweg, vgl oben Rn 23, aM Lege NJW **95**, 2745.
**Entschädigung nach den Entschädigungsgesetzen.** Obwohl öff-rechtl Anspruch, ist gg das Land od die öff-rechtl Körperschaft dch die EntschädigungsG der ZRweg eröffnet, zB § 208 BEG. Umsiedlerschäden sind Vertreibungsschäden, so daß LAG eingreift u damit VRweg gilt, auch wenn das Reich den Gegenwert erhalten hat, BGH **22**, 286. Ist keine Zuständigkeit von Bundesbehörden gegeben, so ZRweg, BGH LM Nr 47.
**Entschädigungsansprüche aus Finanzvertrag** (wg der dch ausld Streitkräfte verursachten Schäden). Im Streitfall ZRweg zulässig. Klage binnen 2 Monate gg BRep zu erheben (prozessuale Ausschlußfrist, BGH **33**, 360, die aber auch durch Einreichung beim örtlich od sachlich unzuständigen Gericht, selbst bei ausschließlicher Zuständigkeit, gewahrt wird, BGH **34**, 230; **35**, 374).
**Erstattung** von öff-rechtl Leistungen. Der Rweg entspricht spiegelbildlich dem Rweg für den Streit um die Gewährung, also je nachdem VRweg, SRweg oder FRweg, BVerwG **55**, 339, VGH Mannh NVwZ **91**, 583; s unter „Bereicherungsklage".
**Fehlbestandsverfahren (Defektenverf).** Gg den Erstattungsbeschl ist für Arbeiter u Angestellte Rechtsweg 39 zu den ArbG zulässig, BVerwG **38**, 1 (dazu Bettermann DVBl **72**, 85). Bei Erstattungsansprüchen gegen Beamte hingegen VRweg, EF § 40 VwGO Rdz 83.
**Fernmelderecht.** Siehe unter „Post".
**Fideikommißrecht.** ZRweg, BGH RR **91**, 57.
**Flurbereinigung.** Zuständig sind die Flurbereinigungsgerichte, § 140 FlurbG, BGH **35**, 175; s auch „Umlegungsverf". VRweg ist wegen des Wertes der Abfindung eröffnet, BVerwG NVwZ **89**, 869; dagegen gehören Ansprüche aus einem iRv § 52 FlurbG geschlossenen Vertrag in den ZRweg, BGH NVwZ-RR **90**, 222, ebenso Streitigkeiten über Inhalt, Umfang u Ausübung einer im Plan, § 58 FlurbG, geschaffener Grunddienstbarkeit, BVerwG NVwZ-RR **90**, 443.
**Freiheitsentziehung.** Rweg zum AG nach G v 29. 6. 56, BGBl 599, bei Anfechtung aller Maßnahmen von Verwaltungsbehörden, die eine Freiheitsentziehung darstellen, BVerwG **62**, 317. Das gleiche gilt nach den PsychKG der Länder.
**Friedhofsbenutzung.** ZRweg, wenn das Betriebsverhältnis privatrechtlich ausgestaltet ist, VGH Mü NVwZ-RR **95**, 60 mwN, oder wenn eine besondere privatrechtl Befugnis behauptet wird, so durch Bestattungsunternehmen, BGH **14**, 294; kein ZRweg, wo die Befugnis aus öff Recht hergeleitet wird, RG HRR **32**, 66, zB bei Streit um die Benutzung eines kirchl Friedhofs, BVerwG **25**, 364, NJW **90**, 2079,

Albers 2345

## GVG § 13

OVG Bre NVwZ **95**, 805, VGH Mü NVwZ **91**, 795 mwN, Hbg HbgJVBl **83**, 103 (s unter „Kirche"). Für Streitigkeiten zwischen Angehörigen über eine Umbettung ZRweg, LG Mü FamRZ **82**, 849.

**40 Gemeindebetriebe.** ZRweg, wenn Gemeinde die Benutzung ihrer Einrichtungen dem Privatrecht unterstellt, was auch dann geschehen kann, wenn für die Einrichtung Anschluß- oder Benutzungszwang besteht, BGH NVwZ **91**, 607 mwN. Privatrechtliche Organisation ist denkbar zB bei Krankenhäusern, BGH **9**, 145, Freibad, BadVGH DVBl **55**, 745, Wasserversorgung und Abwasserbeseitigung, BGH NJW **91**, 1686 u NVwZ **91**, 607, Straßenreinigung, BGH NVwZ **86**, 963 u NVwZ-RR **92**, 223, KG KStZ **84**, 15, Kanalanschluß, Kblz OLGZ **88**, 374. ZRweg auch bei Streit um eine Vereinbarung über die Verlegung eines Kanals in einem privaten Grundstück, VGH Mü NVwZ-RR **96**, 343, bei Streit mit Abnehmer wegen Kostenerstattungspflicht für den Hausanschluß, BGH NJW **54**, 1323, bei Schadensanspruch wg Lieferung schlechten Leitungswassers, BGH **17**, 193, NJW **72**, 2300 (dazu v Mutius VerwArch **64**, 305), desgl bei Streit über Konzessionsabgaben der Elektrizitätsversorgungsunternehmen an Gemeinden, BGH **15**, 115. Vgl auch Rn 9. Im übrigen siehe unter „Immissionsabwehr" und „öff-rechtl Einrichtungen".

**Genossenschaft.** Da das Rechtsverhältnis zwischen Prüfsverband u der um Aufnahme nachsuchenden Genossenschaft bürgerl-rechtl Natur ist, ist für den Anspruch auf Aufnahme der ZRweg gegeben, BGH **37**, 160.

**Güterfernverkehr.** Die ordentl Gerichte haben bei Erlaß eines Überleitungsbescheides, § 23 Güterkraftverkehrg, auch den vorsätzl Tarifverstoß nachzuprüfen, gleichgültig, ob der Bescheid vor dem VerwGer angegriffen ist od nicht, BGH **31**, 88.

**41 Hausverbot,** behördliches. ZRweg nur dann, wenn es sich um eine privatrechtl Willenserklärung handelt, was je nach den besonderen Umständen des Falles u dem Zweck des Verbots zu entscheiden ist; bejaht bei Zusammenhang mit arbeitsrechtl Kündigung VGH Mannh NJW **94**, 2500, Ausschluß von der Vermittlung von Lieferungsaufträgen, BGH NJW **67**, 1911, u mit Abbruch von Verhandlungen über Forschungs- u Entwicklungsaufträge, BVerwG **35**, 103 (dazu Stürner JZ **71**, 97 u Knemeyer DÖV **71**, 303), verneint für Benutzungsverbot für eine öff Bibliothek, OVG Münst NVwZ-RR **89**, 318 mwN. Zur Abgrenzung zwischen privatrechtl und öff-rechtl Hausverbot BVerwG NVwZ **87**, 677, krit Erichsen DVBl **87**, 1203, BGH NJW **61**, 308, OVG Münst NJW **95**, 1572, OVG Bre NJW **90**, 932.

**Hebammengebühren** aus § 376 a RVO: SRweg, BGH **31**, 24.

**Hochschule.** VRweg, auch für die Klage gegen Verleihung eines akademischen Grades, BVerwG NJW **98**, 546.

**Hofveräußerung.** Für den Anspruch auf Ergänzung der Abfindungen, § 13 I HöfeO idF G v 29. 3. 76, BGBl 881, gegen die Hoferben ist das LwGericht ausschl zuständig, § 1 II HöfeVfO v 29. 3. 76, BGBl 885. Das ordentl Gericht ist jedoch zuständig, wenn von dem, an den der Hof veräußert ist, seitens der Miterben Ergänzung ihrer Abfindungen verlangt wird, § 419 BGB, BGH **39**, 276.

**42 Hoheitsrechte.** Kein ZRweg gg Ausübung von Hoheitsrechten, also für Klage auf Aufhebung eines Hoheitsaktes, auch nicht, wenn sich Kl dagg auf Besitzschutz beruft, BGH **48**, 240; vgl oben Rn 10. So kein ZRweg für Klage, durch die einer öff-Körperschaft in Zukunft ein bestimmtes Handeln vorgeschrieben od verboten werden soll, BGH NJW **56**, 711 (aber auch BGH GRUR **87**, 178 u NJW **87**, 485, abl Melullis WRP **88**, 229). Kein ZRweg bei nichtobrigkeitlichen öff-rechtl Handlungen (zB Anregungen u Empfehlgen der Handelskammern), jedenfalls dann nicht, wenn der VRweg eröffnet ist, BGH **LM** § 549 Nr 29, s auch unter „Kammer". Kein ZRweg für Klagen aus Verträgen, die der Staat kraft Hoheitsrechts schließt u nicht wie ein Privater zur Förderung seiner Unternehmen, vgl aber auch Rn 8. Dagg ZRweg gegeben bei Wegnahme des Besitzes zur Sicherstellung angeblichen Eigentums, BGH NJW **51**, 441, ferner bei in Ausübung von Hoheitsrechten auf Privateigentum errichteten Anlagen nach Lösung der hoheitsrechtl Beziehungen für Ansprüche auf Beseitigung, falls kein öff Eigentum an den Anlagen u nicht deren Erhaltung aus hoheitsrechtl Belangen beansprucht wird, BGH **LM** Nr 51, so bei Entfernung von Bunkertrümmern, BGH **LM** Nr 48. ZRweg für Klage auf Entschädigung wegen Beeinträchtigung von Patentrechten dch Hoheitsrecht, desgl wg Unterbringung städtischer Reisebüros in Paßstelle, BGH GRUR **56**, 227. Kein ZRweg für Klage auf Unterlassung dieser Beeinträchtigung, ebenso nicht auf Löschung des Pfändgvermerks für eine Grundschuld, der auf Veranlassung des FinAmts wg rückständiger Steuern eingetragen wurde, wenn Einwendungen gegen die Entstehung oder Tilgung der Steuerschuld gestützt wird, BGH NJW **67**, 563. S auch „Amtspflichtverletzung", „Schlichtverwaltende Tätigkeit".

**43 Immissionsabwehr.** Grundsätzlich ZRweg gegenüber Immissionen Privater und der öff Hand als Fiskus, OVG Münst NJW **84**, 1982; zu Lärmschutzansprüchen gegen die Deutsche Bahn BGH NJW **97**, 344 (ZRweg) und VGH Mü NVwZ-RR **97**, 159 (VRweg in Übergangsfällen). ZRweg auch für eine Klage auf Verlegung der Haltestelle eines privatrechtlich betriebenen Omnibusunternehmens, die nur mit behördlicher Genehmigung oder Zustimmung möglich ist, BGH NJW **84**, 1242, zustm Bettermann DVBl **84**, 473, ebenso für Ansprüche einer Gemeinde auf Stillegung einer privatrechtlich betriebenen Abfalldeponie, VGH Mannh NVwZ **85**, 437 mwN, oder für Ansprüche auf Unterlassung einer genehmigten Sportveranstaltung, Mü RR **89**, 1245. Dagegen VRweg, wenn die Beeinträchtigungen von (öff-rechtl organisierten) Anlagen oder Veranstaltungen des Staates in Ausübung (schlicht-)hoheitlicher Verw-Tätigkeit ausgehen und mit ihr hinreichend eng zusammenhängen, BVerwG NJW **88**, 2396 zu VGH Mü BayVBl **86**, 690 (Feuersirene), OVG Münst u VGH Mannh aaO, VGH Mannh NVwZ **85**, 2352 (Telefonzelle), Kblz NVwZ **87**, 1021 mwN (Sportanlagen), Karlsr NVwZ **86**, 964 (Spielplatz). VRweg auch für die Klage eines Nachbarn gegen liturgisches Glockengeläute einer als Körperschaft des öff Rechts anerkannten Kirche, BVerwG NJW **84**, 989 (s unter „Kirche"). Die Abwehr von Immissionen, die ihren Grund in der Nutzung eines gemeindeeigenen Grundstücks haben, ist nur insoweit eine öff-rechtliche Streitigkeit, als die Bestimmung über die Nutzung in öff-rechtlichen Formen erfolgt und die Urt-Vollstr zur Aufhebung oder Änderung einer hoheitsrechtlichen Maßnahme führen würde, BGH **41**, 264 (daher ZRweg für Abwehrklage wegen Geräusch aus Kirmesveranstaltung auf öffentlichen Platz). Entschädigungsansprüche aus Eigentum gehören in den ZRweg, BGH JZ **84**, 741.

1. Titel. Gerichtsbarkeit § 13 GVG

**Investitionen.** ZRweg für den Anspruch aus einer Haftungserklärung im Rahmen eines gewährten Investitionszuschusses, VGH Mü NJW **90**, 1006 (zustm Arndt).
**Jagdpachtvertrag,** §§ 11 BJagdG. ZRweg, VGH Kassel NJW **96**, 475.
**Jugendhilfe.** Für Streitigkeiten nach SGB VIII ist grundsätzlich der VRweg offen, vgl Art 17 KJHG, jedoch  44
sind für Streitigkeiten zwischen Trägern Schiedsgerichte vorgesehen, § 89 h I 1 SGB VIII, dazu BVerwG DVBl **96**, 873. ZRweg für übergegangene oder übergeleitete Unterhaltsforderungen, zB nach § 94 III KJHG, s bei „Sozialhilfe".
**Kammer.** Vielfach gelten Sondervorschriften, zB § 223 BRAO, § 53 I PatAnwO, VGH Mü NJW **95**, 674.  45
Außerhalb dieser Vorschriften zB kein ZRweg für Streitigkeiten zwischen dem Mitglied einer Kammer (RA, Arzt, Apotheker) und der Kammer wegen der Einleitung oder Androhung eines Berufsgerichtsverfahrens, Mü WRP **80**, 171, Kblz WRP **80**, 224, zB wegen für unzulässig gehaltener Werbemaßnahmen, BayObLG BayVBl **82**, 218, dazu Hitzler GRUR **82**, 474; das gleiche gilt für Klagen Dritter auf Unterlassen von berufsrechtlichen Maßnahmen, Stgt RR **92**, 551, aM BGH GRUR **87**, 178 u RR **87**, 485, dagegen zutr Melullis WRP **88**, 229. Ebenfalls kein ZRweg für Klagen gegen eine Handwerkskammer wegen Unterlassung von Äußerungen über ein Mitglied, LG Konstanz NVwZ **88**, 94, zustm Melullis WRP **88**, 231. S auch unter „Wettbewerb".
**Kartellsachen.** Aus § 87 I GWB ergibt sich nicht nur die sachliche Zuständigkeit, sondern auch der ZRweg, so daß dieser Zuweisung etwaige sonstige Zuweisungen weichen müssen, BGH NJW **92**, 2964 mwN (krit Plagemann NJW **92**, 1302), nicht aber bei solchen öff-rechtl Streitigkeiten zwischen einer Körperschaft des öff Rechts u ihrer staatl Aufsichtsbehörde, BGH **41**, 194. Ob agrd des GWB der ZRweg auch gegenüber einer Betätigung iSv § 51 II SGG offensteht, ist zweifelhaft, bejahend BGH NJW **95**, 2353 u **91**, 2964, RR **87**, 485, Schlesw RR **96**, 1068, offen BSG NJW **95**, 1575, aM Saarbr NJW **95**, 1563, Plagemann aaO, Manssen SGb **92**, 339 mwN, Reiter F Sendler, 1991, S 532, Meyer-Ladewig § 51 Rn 25 u 36.
**Kassenärzte.** Honorarklagen gegen die kassenärztl Vereinigung gehören in den SRweg, BGH LM § 51 SGG Nr 1 = ZZP **69**, 307, ebenso Honorarklagen gegen den Kassenpatienten, sofern nicht die Behandlung als Privatpatient vereinbart worden ist, AG Köln NJW **90**, 2939. Das gleiche gilt für Streitigkeiten zwischen dem Kassenarzt und der Krankenkasse wegen der Honorierung seiner Leistungen im Zusammenhang mit Zahnersatz, Schimmelpfeng-Schütte NJW **81**, 2505 mwN, Wiethardt NJW **79**, 1940, aM Hasselwander NJW **81**, 1305 mwN, LG Ffm NJW **79**, 1940. SRweg für Klagen des Kassenarztes wegen Überprüfung seiner Abrechnungsunterlagen, BGH NJW **99**, 1786. Dagegen ZRweg für Ansprüche aus Amtspflichtverletzung, Ffm MedR **90**, 88. S auch „Bundeswehr".
**Kirche** (Kopp/Sch § 40 VwGO Rn 38 ff; Heckel F Lerche, 1993, S 214; Weber F Sendler, 1991, S 552;  46
Renck NVwZ **91**, 1038; Petermann DÖV **91**, 17; Weber NJW **89**, 2217; Steiner NVwZ **89**, 410; Ehlers JuS **89**, 364; Sachs DVBl **89**, 487; Listl DÖV **89**, 409). Jede Religionsgesellschaft verwaltet ihre Angelegenheiten selbständig innerhalb der Schranken der für alle geltenden Ges u verleiht ihre Ämter ohne Mitwirkung des Staates od der bürgerl Gemeinden, Art 140 GG, 137 III WRV. Der staatlichen Gerichtsbarkeit sind also Eingriffe in den innerkirchlichen Bereich verwehrt, BVerfG NJW **99**, 349 u 350, daher insoweit auch keine Nachprüfung durch staatliche Gerichte, Art 19 IV insoweit nicht anwendbar, BVerfG aaO, BGH **12**, 321, BVerwG NJW **84**, 2580 mwN (krit Steiner NJW **84**, 2560). Deshalb keine Nachprüfung oder Feststellung, daß jemand Geistlicher ist, BVerwG NJW **80**, 1041, und welchen Status er hat, BVerwG NJW **83**, 2580 zu OVG Münst NJW **78**, 2711 (dazu BVerfG NJW **83**, 2569), zustm Listl DÖV **84**, 587, krit Steiner NJW **83**, 2560, OVG Kblz DÖV **86**, 115, ob Vergütungsansprüche bestehen, BAG NJW **90**, 2083 (dazu Petermann DÖV **91**, 19), VG Bln NVwZ **95**, 512, ob Ansprüche nach dem Ostpfarrer-RiL der EKD bestehen, OVG Lüneb NVwZ **97**, 796, ob ein Unterrichtsauftrag wirksam aufgehoben worden ist, VGH Mannh NVwZ-RR **94**, 422, ob eine kirchl DisziplinarVfg rechtmäßig, BVerfG bei Berkemann EuGRZ **86**, 307, OVG Münst DVBl **78**, 925, oder die Wahl eines Amtsträgers wirksam ist, BVerwG NVwZ **93**, 672, VG Neustadt NVwZ **99**, 796 mwN; auch sonst kein Rweg zu staatl Gerichten für Streitigkeiten über innerkirchliches VerwHandeln, BGH NJW **81**, 2811, zB üb die Befugnis zur Amtsausübung, VGH Mü DVBl **85**, 1073, oder wegen der Ausbildung zur Katechetin, VG Stgt NVwZ **85**, 138 mwN.

Der kirchl Gerichtsbarkeit können Streitsachen wg Mitgliedschaft zur Kirche, Benutzung kirchl Einrichtungen, ferner die Rechtsverhältnisse ihrer Beamten u Seelsorger in vermögensrechtl Hinsicht unterworfen werden. Jedoch darf die Kirche ihre Angelegenheiten nur „innerhalb der Schranken des für alle geltenden Rechtes regeln", Weber NJW **54**, 1284, EF § 42 VwGO Anm 78 ff, also innerhalb der dch Art 34, 14, 19 IV GG gegebenen Grenzen, so daß, wenn eine kirchl Gerichtsbarkeit nicht eingerichtet ist, ein Rechtsweg zu staatl Gerichten gegeben ist, BGH **46**, 102 (VRweg), BVerwG JZ **67**, 411. Obwohl aber BRRG für öff Religionsgesellschaften u ihre Verbände nicht gilt (§ 135 BRRG), können sie für ihre Beamten u Seelsorger § 126 BRRG (VRweg) für anwendbar erklären, dazu VG Göttingen NVwZ **99**, 794. So wird das gemäß KirchenG üb Besoldg u Versorgg der Kirchenbeamten der evang Kirche, in Kraft ab 1. 4. 54, für diese Ansprüche angenommen, BGH LM Nr 85, BVerwG NJW **94**, 3367 (zur Abgrenzung von Status-Klagen); sind innerhalb der Union der evang Kirche durch die VO zur Erweiterg der kirchl VerwGerichte v 2. 2./12. 7. 60, ABl EKD 321, kirchl Gerichten zugewiesen, BGH **34**, 372; dazu Maurer DVBl **61**, 625. Jedoch kann die Kirche nicht alle Sachen, an denen sie beteiligt ist, vor ihre Gerichte ziehen, da das dem entspr anzuwendenden § 4 EGZPO widersprechen würde. Privatrechtl Ansprüche bleiben den ordentl Gerichten, so Ansprüche auf Unterlassung nach UWG, BGH NJW **81**, 2811, auf Ergänzung der Einkünfte aus Patronatsrecht (preuß ALR), BGH NJW **55**, 1756, aus privatrechtl Eigentumsübergang, Düss NJW **54**, 1767, Amtspflichtverletzung kirchl Beamter, BGH **22**, 283, wegen Herausgabe eines Kirchengebäudes nach § 985 BGB, BayObLG BayVBl **81**, 438, und wegen Sitzplatzvorrechten, Köln NJW **88**, 1736, wegen des Begehrens nach Beendigung der Widmung eines Kirchengebäudes, BVerwG NVwZ **91**, 774 (VRweg). Zur Rechtsnatur des Sachgebrauchs einer sog res sacra vgl allgemein Renck NVwZ **90**, 38 einerseits, Müller-Volbehr NVwZ **91**, 142 andererseits.

## GVG § 13 Gerichtsverfassungsgesetz

Dies alles gilt für den Kernbereich der innerkirchlichen Angelegenheiten. Außerhalb dieses Kernbereichs unterliegen auch die Kirchen der staatlichen Gerichtsbarkeit (BVerfG NJW **86**, 367, BVerwG NJW **84**, 989). In den VerwRweg gehört die Durchsetzung vermögensrechtlicher Ansprüche eines ehemaligen Kirchenbediensteten, die nicht von Statusfragen abhängen, OVG Kblz NVwZ **97**, 803 u OVG Münst NJW **94**, 3368 mwN, str. Entsprechendes gilt für die Klage wegen der (nicht privatrechtlich geordneten) Benutzung eines kirchlichen Friedhofs, insbesondere der Gebühren (VRweg), BVerwG NJW **90**, 2080, OVG Bre NVwZ **95**, 805, VGH Mü NVwZ **91**, 795 mwN, ebenso die Klage eines Nachbarn gegen liturgisches Glockengeläute einer als Körperschaft des öff Rechts anerkannten Kirche, BVerwG NJW **84**, 989, OVG Lüneb NVwZ **91**, 801, Ffm RR **86**, 735 (zustm Müssig DVBl **85**, 837, abl Schatzschneider, krit auch Goerlich JZ **84**, 221), aM VGH Mü BayVBl **80**, 563, zustm Schatzschneider BayVBl **80**, 564 mwN, ebenso die Klage der Kirche gegen heranrückende Wohnbebauung, VG Freiburg NVwZ **99**, 798; für Streitigkeiten wegen des Schlagens einer Kirchturmuhr bestimmt sich der Rechtsweg nach dem Zweck des Läutens, BVerwG NJW **94**, 956 (ZRweg) u NJW **92**, 2779 zu OVG Saarl NVwZ **92**, 72 (VRweg), vgl dazu Lorenz JuS **95**, 492. VRweg für Streitigkeiten um Kirchenbaulasten u vermögensrechtl Ansprüche eines Geistlichen ggüb seiner Kirche, BVerwG **25**, 226, BGH **31**, 121, OVG Münst DVBl **78**, 926 mwN, str, s oben bei „Status". Den innerkirchl Bereich berührt auch nicht die Feststellung, daß jemand nicht Mitglied der Landeskirche ist, so daß insoweit ZRweg offen steht, Brschwg FamRZ **65**, 228. ZRweg auch für Ansprüche Dritter aus Persönlichkeitsrechten, OVG Bre NVwZ **95**, 793 gg VGH Mü NVwZ **94**, 787, ferner für den Streit um Aufnahme in einen kirchlichen Kindergarten, OVG Münst NVwZ **96**, 813, und für den Streit um ein Hausverbot, VGH Mü BayVBl **86**, 271, sowie überall dort, wo sich die Kirche privatrechtl Gestaltungsformen bedient, Weber NVwZ **86**, 363 (Ausbildungsdarlehen). S auch unter „Friedhofsbenutzung".

Zum Rweg für den Zugang zu kichlichen (Fach-)Hochschulen s Krölls NVwZ **96**, 10, VGH Mü NVwZ **92**, 1225.

**47 Konkurs.** Für die Feststellung des Vorrechts öff-rechtlicher Forderungen ist derjenige Rweg eröffnet, in dem über die Forderung nach Grund und Höhe zu entscheiden ist, bei Steuerforderungen also FRweg, BGH **60**, 64, BFH NJW **73**, 321, abl Dietrich NJW **73**, 295), bei Sozialversicherungsbeiträgen SRweg, BGH **55**, 224 (Aufgabe der früheren Rspr, vgl BGH **52**, 158) BSG SGb **71**, 174 (dazu krit Glücklich SGb **71**, 175 u 409), bei der Ausgleichsabgabe nach SchwbG VRweg, OVG Hbg ZIP **82**, 473. Aber ZRweg für Feststellung der Höhe und des Vorrechts der auf den Zollbürgen übergegangenen Abgabenforderung, BGH NJW **73**, 1077 m krit Anm André NJW **73**, 1495. ZRweg auch für Streit über die Konkursbefangenheit einer öff-rechtl Forderung, BGH NJW **85**, 976, ebenso für Streit über Anfechtung der Rechtshandlung eines öff-rechtlichen Gläubigers, BGH NJW **91**, 2148.

**Kraftfahrzeugkennzeichen.** Für Streit wg des Verkaufs ZRweg, BGH DVBl **75**, 655.

**Krankenhaus.** ZRweg für die auf stationäre Behandlung eines Kassenpatienten gerichteten Vereinbarungen zwischen Krankenhaus und Krankenkasse, BGH NJW **84**, 1820 mwN, dagegen SRweg für Streitigkeiten im Abrechnungsverhältnis zwischen Krankenhausträger und Krankenkasse wegen einer solchen Behandlung, BGH NJW **84**, 1820, dazu Broß VerwArch **88**, 102. VRweg wegen der behördlichen Festsetzung der Pflegesätze, BGH VerwRspr **30**, 786. VRweg für Streit über die Kosten der freiwilligen Unterbringung in Krankenhäusern der öff Hand einschließlich der Erstattungsansprüche wegen Minderleistungen, Schlesw SchlHA **94**, 171. SRweg für Ansprüche auf Kostenübernahme gegen einen SozVersTräger, BSG ZfSH **82**, 345. ZRweg für Streit über die Entsendung von Delegierten in die Schiedsstelle, § 18 a KHG, BVerwG LS NJW **95**, 1628.

**48 Krankenkasse.** Vgl unter „Kassenärzte" und „Krankenhaus". Die Zuführung eines Krankenversicherten zu der notwendigen ärztlichen Hilfe ist Geschäftsführung ohne Auftrag für die Krankenkasse, so daß bei einer dabei erlittenen Gesundheitsschädigung im ZRweg von dieser Schadensersatz verlangt werden kann, BGH **33**, 251. ZRweg auch für Ansprüche aus § 368 d IV RVO, Tiemann NJW **85**, 2169 mwN, str, aM BSG NJW **84**, 1422 (abl Plagemann NJW **84**, 1377). Hingegen hat das Eintreten eines Krankenkasse öff-rechtl Charakter, dafür also SRweg, BSozG NJW **58**, 886, auch für öff-rechtl Geschäftsführung ohne Auftrag, BGH NJW **97**, 1636 mwN. Das gleiche gilt für die Zulassung eines Arztes zur Abrechnung, Mayer-Ladewig § 51 Rdz 25, aM für die Zulassung eines Masseurs LG Köln LS VersR **84**, 271; jedoch ZRweg für Zulassung zur Belieferung von Versicherten mit Heilmitteln aufgrund eines Vertrages, GmS NJW **88**, 2359 auf Vorlagebeschluß BSG NZA **86**, 497, dazu (zT krit) Broß VerwArch **88**, 99, Ruland JuS **87**, 329, Wallerath NJW **87**, 1472, ebenso für Zulassung eines privaten Unternehmens zur häuslichen Krankenpflege, BSG LS NZA **88**, 558. ZRweg auch für Streit zwischen dem Fachhandel und einer Krankenkasse, GmS NJW **88**, 2295, zwischen Krankentransportunternehmen und Krankenkasse, BGH NJW **91**, 2963 (diff Naumb RR **98**, 1289), und zwischen nichtärztlichen Leistungsträgern und Krankenkassen über die Vergütung von Leistungen, GmS NJW **88**, 2297, Mü RR **88**, 1013, LG Köln RR **88**, 1017. SRweg für den Streit zwischen Krankenkassen- und Apothekenverbänden über die Aufhebung eines Vertrages über die Lieferung von Hilfsmitteln, §§ 126 ff SGB V, BGH NJW **98**, 825; SRweg auch für den Streit über die Abrechnung der Attestierung eines Therapieerfordernisses, BGH NJW **98**, 827. Ebenfalls SRweg für den Streit zwischen Ersatzkasse und gesetzl Krankenkasse aus Mitgliederwerbung, BGH NJW **98**, 2743 mwN. Jedoch ZRweg für den Streit zwischen der Krankenversicherung der Bundesbahn und ihren Mitgliedern über tarifliche Leistungen, BGH **79**, 320. S auch unter „Kartellsachen", „Sozialversicherung" und „Wettbewerb".

**Kunstausstellung.** ZRweg für Streitig zw Künstler u staatl Kunsthalle wg einer Jury-Entsch, VGH Mannh DVBl **76**, 951.

**49 Lastenausgleich.** Kein ZRweg wg Weiterzahlung der auf die bisherigen Umstellungsgrundschulden zu erbringenden Leistungen, BGH LM Nr 35. Aber Feststellklage zwischen geschiedenen Ehegatten im ZRweg möglich, um Eigentumsverhältnisse u damit Legitimation für Entschädigungsansprüche zu klären, BGH **27**, 190. S auch unter „Entschädigung".

**50 Markt.** Der Streit um Zulassung zu einem nach GewO festgesetzten Markt kann privatrechtlich sein, OVG Kblz NVwZ **87**, 519 mwN; umgekehrt kann der Zulassungsanspruch eines Schaustellers zu einem Markt,

1. Titel. Gerichtsbarkeit § 13 GVG

dessen Ausrichtung die Gemeinde einem Privaten übertragen hat, in den VRweg gehören, VGH Mü BayVBl **89**, 148 mwN.
**Marktordnung.** ZRweg für einen Anspruch der Bundesanstalt für landwirtschaftliche Marktordnung auf Zahlung eines zu ihren Gunsten vereinbarten Betrages wegen Nichteinhaltung der Absatzbedingungen, BGH RIW **83**, 278.
**Mauergrundstücksgesetz** (v 15. 7. 96, BGBl 980). ZRweg, § 7 des Ges.
**Mitbestimmung.** ZRweg für Streitigkeiten üb Mitbestimmung nach § 98 II 2 AktG einschl Entsch üb Konzernabhängigkeit, ArbG Herne BB **77**, 950. Vgl iü Wiesner DB **77**, 1747.
**Namensschutz.** ZRweg aus § 12 BGB auch gg Behörden wg Störung im amtl Verkehr, soweit nicht **51** ausschließl in Ausübung öff-rechtl Befugnisse begründet, RG **147**, 254. ZRweg wg Führung adligen Namens, wenn politische Partei auf Unterlassung einer von ihr gebrauchten Abkürzung ihres Namens in Anspruch genommen wird, BGH **43**, 245.
**Naturschutz.** ZRweg für Ausgleichsansprüche, Rinne DVBl **94**, 23 mwN, str, insbesondere für Ansprüche auf Entschädigung nach bayNatSchG, BGH NJW **95**, 964, abw BVerwG NJW **94**, 2949.
**Notar.** ZRweg für Schadensersatzansprüche nach §§ 19 I–IV NotO, § 19 V NotO, und für Ansprüche gegen die Kammer, bei der Schadensregulierung, § 67 NotO, mitzuwirken, BGH MDR **92**, 185. Kein ZRweg für Kostenansprüche, § 155 KostO, und für das Verbot an den Notar, von ihm verwahrtes Geld auszuzahlen, Düss DNotZ **83**, 703 (FGG-Verf nach § 15 I 2 BNotO).
**Nutzungsverträge** über landwirtschaftlichen Grundbesitz in der ehem DDR: ZRweg, BGH DZZ **95**, 130 mwN, überwM.
**Öffentliche Körperschaften.** ZRweg für Mitgliederbeiträge, wo Pflicht durch privatrechtl Vertrag begründet, RG **142**, 166. Ebenfalls ZRweg für Streit um Ausscheiden einer öff Körperschaft aus einer Gesellschaft wg unlauteren Wettbewerbs, mag auch der Beitritt durch VerwAkt begründet worden sein, BGH DVBl **64**, 475.
**Öffentlich-rechtliche Einrichtungen.** Für Streit über das „Ob" der Benutzung VRweg, auch wenn sich **52** das auf Grund der Zulassung begründete Benutzungsverhältnis nach privatem Recht richtet, OVG Lüneb NJW **85**, 2347, OVG Münst NJW **85**, 1077, VG Berlin JZ **72**, 86 (vgl Pappermann JZ **69**, 485), insbesondere die Einrichtung von einer zur Person des Privatrechts betrieben wird, BVerwG NJW **90**, 134. Dagegen in diesem Fall ZRweg für Streit über das „Wie" der Benutzung, BVerwG NVwZ **91**, 59 mwN. S im übrigen unter „Gemeindebetrieb".
**Opfer von Gewalttaten.** Kein ZRweg für Ansprüche aus dem Opferentschädigungsgesetz idF v 7. 1. 85, BGBl 1, § 7 des Gesetzes.
**Pfändung und Überweisung.** Bei Klage des Gläubigers gegen den Drittschuldner steht der Rweg offen, **53** der für die Klage des Schuldners gegeben wäre, VGH Kassel NJW **92**, 1253 mwN.
**Pflegeversicherung.** Auch für Streitigkeiten aus einer privaten Pflegeversicherung; § 23 SGB XI, SRweg, BSG FamRZ **97**, 213; dazu Wollenschläger F Krasney, 1997, DRB DRiZ **97**, 496. Vgl jetzt §§ 57 und 182a SGG idF des 5. ÄndG v 30. 3. 98, BGBl 638.
**Politische Partei.** ZRweg für Kl gg politische Partei aus Namensrecht auf Unterlassg einer Namensabkürzung, BGH **43**, 248, auch nach Inkrafttreten des Parteigesetzes, BGH **79**, 265, ebenso bei Streit über Aufnahme in eine Partei, VGH Mannh NJW **77**, 72, oder über Ausschluß aus einer Partei, aM Schiedermair AöR **104**, 200, und auch für die Klage eines Mitglieds auf Feststellung der Ungültigkeit einer Wahl, KG NJW **88**, 3159 (Anm Vollkommer). Ob dies auch für die Klage gegen den Ausschluß aus einer Fraktion gilt, bejahend VGH Mü NJW **88**, 2755 mwN, ist zweifelhaft. ZRweg auch für Streitigkeiten zwischen zwei Parteien wegen Unterlassung und Widerruf, Mü RR **90**, 1191 mwN.
**Polizei.** Zur Frage, ob der ZRweg im Verhältnis zwischen dem Blutentnahmearzt u der Polizei gilt, vgl Mü NJW **79**, 608. Für Feststellungsklagen wegen einer polizeilichen Festnahme VRweg, wenn nicht das Landesrecht etwas anderes bestimmt, zB § 17 II 1 BayPAG, BVerwG NJW **89**, 1049, VGH Mü BayVBl **88**, 246.
**Post.** Mit dem PostStruktG v 8. 6. 89, BGBl 1026, wurde die Deutsche Bundespost in die drei Teilbereiche **54** Postdienst, Postbank und Telekom aufgeteilt und die privatrechtliche Ausgestaltung der bisher als hoheitlich angesehenen Tätigkeiten geregelt, § 7 PostG und § 9 FAG idF der Art 2 Z 6 und 3 Z 7 PostStruktG, vgl Gramlich NJW **94**, 985, Schatzschneider NJW **89**, 2373. Diese Vorschriften gelten jedoch nach § **65 I 1 und III PostVerfG** (Art 1 PostStruktG) erst seit der Aufhebung der agrd der §§ 14 und 35 PostG erlassenen Rechtsverordnungen, also seit 1. 7. 91, Nürnb MDR **93**, 127. Nach § 7 PostG nF und § 9 FAG nF sind die Rechtsbeziehungen zu den Kunden seitdem privatrechtlicher Natur (Ausnahmen: § 7 S 2 u § 16 PostG), LG Köln MDR **99**, 117, und zwar auch insofern, als sie bis zum 30. 6. 95 öff-rechtlich waren, § 65 III 2 PostVerfG, LG Köln aaO, vgl § 1 PostV u § 1 TKV v 24. 6. 91, BGBl 1372 u 1376; für in diesem Zeitraum entstandene Ansprüche bleibt es aber beim bisherigen Rweg, BGH NJW **95**, 2296, BVerwG NJW **96**, 1010. Für die neuen Bundesländer ist der Stichtag der 1. 1. 92, EV Anl I Kap XIII Sachgeb A Abschn II Z 1 b. Die Unternehmen der Deutschen Bundespost wurden agrd des § 1 PostUmwG (Art 3 § 1 PtNeuOG v 14. 9. 94, BGBl 2325, 2340) in Aktiengesellschaften umgewandelt worden. Für deren Streitigkeiten ist **mWv 1. 1. 95 der ZRweg eröffnet**, BGH NJW **95**, 2295. Das gilt auch für Haftungsprozesse wegen einer förmlichen Zustellung, § 35 PostG v 22. 12. 97, BGBl 3294, iVm Art 34 GG; gegen Maßnahmen der Regulierungsbehörde ist dagegen der VRweg gegeben, §§ 2 ff PostG.
Für die vorangehende Zeit gilt das Folgende, wobei § 17 I 1 zu beachten ist, OVG Hbg NJW **93**, 278 (wegen der Rechtslage vor dem 1. 7. 91 s 54. Aufl): **a) Postdienst.** Seit 1. 7. 91 gemäß § 7 S 1 PostG idF v 3. 7. 89, BGBl 1450, ZRweg für Streitigkeiten aus Rechtsbeziehungen zu den Benutzern, KG RR **91**, 1007, Müssig NJW **91**, 472, auch hinsichtlich der Zulassung zur Inanspruchnahme von Leistungen, § 8 I PostG nF, Gramlich NJW **95**, 875 (Postzeitungsdienst), Gramlich NJW **94**, 985 mwN, Ffm NJW **94**, 1226 u **93**, 2945, aM VG Ffm NJW **93**, 2067. ZRweg auch für Schadensersatzansprüche aus der hoheitlichen Tätigkeit im Postauftragsdienst, §§ 7 S 2, 16 I PostG nF, und im Postbeförderungsdienst, Mü RR **94**, 1442. ZRweg für Klagen gegen Dritte aus § 2 PostG, BGH NJW **95**, 2295. **b) Postbank.** Seit 1. 7. 91

*Albers* 2349

ZRweg gemäß § 7 S 1 PostG nF, Müssig NJW **91**, 472, also zB für Ansprüche aus dem Giroverkehr, wohl auch für Streitigkeiten über die Zulassung zur Inanspruchnahme, § 8 I PostG nF, Müssig aaO. **c) Telekom.** Seit 1. 7. 91 ZRweg für Streitigkeiten aus den Rechtsbeziehungen zu den Benutzern, zB wegen des Entgelts, und über die Zulassung zur Benutzung, § 9 I FAG nF, ebenso für Streitigkeiten aus der Vollstr nach § 9 IV FAG nF, dagegen VRweg für Streit über die Vollstr nach § 9 II u III FAG nF, Schwonke NVwZ **91**, 149, abw für die Vollstr nach § 9 II FAG nF Aldag NJW **90**, 2865. Diese Regelungen gelten auch für vor dem 1. 7. 91 entstandene Ansprüche, AG Dortm RR **92**, 957. – S auch unter „Telegrafenwegegesetz".

**Prüfingenieur.** ZRweg für Vergütungsanspruch gegen die beauftragende Behörde, Hamm NVwZ **89**, 502.

**Rechtsanwalt.** ZRweg für eine Gebührenklage, auch wenn für den zugrundeliegenden Rechtsstreit ein anderer Rweg gilt, BAG **AP** ArbGG § 2 Nr 55.

**Rehabilitierung.** ZRweg für Ansprüche gegen einen Dritten, dem agrd des aufgehobenen Urteils eines Gerichts der DDR Beträge zugeflossen sind, BGH DtZ **97**, 60.

55 **Religionsgemeinschaft.** Siehe unter „Kirche".

**Rückerstattung.** ZRweg zulässig für Rückgriff des Erstattungspflichtigen gg Rechtsvorgänger, BGH **8**, 193, für den Anspruch aus einem außergerichtl Vgl eines Rückerstattberechtigten im Proz gg einen Rückerstattverpfl, RzW **64**, 500, für Ansprüche des RückerstPflichtigen aus Art 14 u 34 GG, BVerwG MDR **75**, 170. Aber kein ZRweg für Rückzahlung öff Leistungen, auch wenn der Empfänger seine Verpflichtung in besonderer Urkunde anerkannt hat, BGH NJW **94**, 2620 mwN, BVerwG NJW **95**, 1105 u **94**, 2909.

**Rücknahme** eines rechtswidrigen VerwAktes, § 48 VwVfG: Für Ausgleichsanspruch VRweg, jedoch ZRweg, wenn daneben ein Entschädigungsanspruch in Betracht kommt, § 48 VI VwVfG, Düss NJW **87**, 1336.

56 **Rundfunk.** Vgl Kopp BayVBl **88**, 193 mwN, Lerche Festschrift Löffler, 1980, S 217. VRweg für Streitigkeiten über die Gebühren, allgM, BVerwG **29**, 240, VGH Kassel AS **29**, 190 mwN; ebenso für die Klage auf Überlassung von Programmübersichten, VG Hbg NJW **79**, 2325 mwN. VRweg auch für Streit über Vergabe von Sendezeit, wenn es sich um Wahlwerbung handelt, BVerwG DVBl **87**, 307, und jedenfalls dann, wenn das Begehren ausschließlich auf Gründe des allg Interesses gestützt wird, VG Mainz NVwZ **85**, 136, aber auch bei kommerzieller Werbung, Kopp aaO, str. ZRweg auch für Leistungs- und Unterlassungsklagen wegen des Inhalts einer Sendung, BGH NJW **76**, 1198, BVerwG NJW **94**, 2500 mwN, zustm Hoffmann-Riem JZ **95**, 401. VRweg für Streitigkeiten wegen der Rundfunkversorgung durch Breitbandkabel s OVG Saarlouis NVwZ **94**, 1228.

**Sachenrechtsänderungsgesetz** (v 21. 9. 94, BGBl 2457). ZRweg, §§ 103–108 des Ges.

57 **Schlichtverwaltende Tätigkeit,** also eine solche nicht obrigkeitl, aber gleichwohl hoheitl Natur, BGH NJW **56**, 711, mag es sich um eine Körperschaft des öff Rechts handeln oder auch eine juristische Person bürgerl Rechts als Träger öff-rechtl Aufgaben handeln, vgl auch BGH JW **62**, 217. In diesem Fall kein ZRweg für Unterlassungsklagen wg Warnungen u ähnl Einwirkungen auf die Mitglieder der Vereinigung, BGH **LM** § 549 ZPO Nr 29 (Handelskammer), BGH **LM** Nr 55 (Landesvereinigungen für Milch- u Fettwirtschaft), auch nicht für Schutz vor Überschwemmungen dch Änderung der Kanalisation, BGH MDR **61**, 918. S unter „Kammer", ferner Rn 1.

**Schulwesen.** Für Streitigkeiten zwischen Eltern und einer genehmigten Privatschule ZRweg zulässig, BGH MDR **61**, 845, BVerwG DÖV **74**, 496, OVG Münst NJW **98**, 1580; iü VRweg (auch für Streitigkeiten mit einer anerkannten Privatschule in Ba-Wü, wenn die für die Schulpflicht geltenden Bestimmungen im Streit sind, VGH Mannh LS NVwZ-RR **90**, 607; anders dagegen in Bay, VGH Mü NVwZ **82**, 562 mwN: ZRweg). VRweg bei Ausschluß aus einer städtischen Musikschule, VGH Mannh NVwZ **87**, 701. ZRweg für Rückgabe von Schulbüchern, VG Würzb BayVBl **94**, 539 (zustm Kriener).

**Soldaten.** Für Klagen der Soldaten, auch solcher im Ruhestand, der früheren Soldaten und der Hinterbliebenen aus dem Wehrdienstverhältnis VRweg, soweit nicht ein anderer Rweg gesetzlich vorgeschrieben ist, § 59 I SoldatenG idF v 19. 8. 75, BGBl 2273.

58 **Sozialhilfe.** ZRweg zulässig für Klage des Trägers der SozHilfe aus dem auf ihn übergeleiteten oder übergegangenen Unterhaltsanspruch, §§ 90 u 91 BSHG, gegen den Pflichtigen, Künkel FamRZ **94**, 548, und zwar auch hinsichtl der öff-rechtl Vorfragen, zB der Zuständigkeit des Trägers der SozHilfe, der Vertriebeneneigenschaft u dgl, BVerwG MDR **60**, 527; ebenso ZRweg für Bereicherungsansprüche des Pflichtigen, § 90 BSHG, gegen den Sozialhilfeträger, BGH NJW **93**, 1788 u **81**, 48. Ansprüche gegen den Sozialhilfeträger aus einer Mietgarantie, § 554 II Z 2 Satz 1 (2. Alt) BGB, gehören in den ZRweg, BVerwG NJW **94**, 2969 mwN. VRweg für Ansprüche auf Rückgewähr einer ohne Rechtsgrund erbrachten Hilfeleistung, BGH NVwZ **88**, 92, oder aus Darlehnsverträgen, § 89 BSHG, Schlesw NVwZ **88**, 761 mwN, oder aus Geschäftsordnung ohne Auftrag für den Sozialhilfeträger, Hamm FamRZ **97**, 1409, oder zwischen Behörde und Privatem über den Abschluß einer Pflegesatzvereinbarung, § 93 BSHG, BGH NJW **92**, 1238 mwN, ebenso wie solche Streitigkeiten über die Erfüllung einer Kostenzusage bzw die Erstattung gezahlter Beträge, Oldb RR **93**, 256, und für Streitigkeiten zwischen Trägern, § 113 a I 1, II BSHG, dazu BVerwG DVBl **96**, 873. Dagegen ZRweg, § 87 GWB, für die Klage gegen den Träger der Sozialhilfe auf Unterlassung der Verwendung einer Klausel in einer Pflegesatzvereinbarung, BGH MDR **93**, 525, s unten Rn 71.

59 **Sozialversicherung.** Für Streit um Beiträge SRweg, auch für die Klage des Arbeitnehmers gegen den Arbeitgeber auf Zuschuß nach § 405 RVO, GmS NJW **74**, 2087, abl Merten VerwArch **75**, 387 (ArbGer). Kein ZRweg auch für Inanspruchnahme eines Alleingesellschafters im Wege des sog Durchgriffs, BGH NJW **72**, 1237, und für die Erstattung zu Unrecht empfangener Leistungen, BGH NJW **88**, 1731 mwN, u a BGH **72**, 56 m zustm Anm Roidl SGb **79**, 354, Ffm RR **97**, 1088 mwN (zu § 116 VII I SGB X), str. Dagegen ZRweg für Ansprüche aus einer Bürgschaft für Sozialversicherungsbeiträge, BGH NJW **84**, 1622 (zu KG NVwZ **83**, 572), dazu v. Einem SGb **86**, 42, Ffm NVwZ **83**, 573, Kraushaar/Häuser NVwZ **84**, 217 mwN, dazu Zuleeg JuS **85**, 106. ZRweg auch für den Streit über die Konkursbefangen-

1. Titel. Gerichtsbarkeit  **§ 13 GVG**

heit einer sozialversicherungsrechtl Forderung, BGH NJW **85**, 976. Hat der Arbeitgeber die ihm nach SozVersGes obliegenden Pflichten auf nicht bei ihm angestellten Bevollmächtigten übertragen, so ZRweg für Schadensersatzklage gg ihn wegen Nichtabführung einbehaltener Beitragsanteile der Arbeitnehmer, BGH **LM** Nr 83; desgl für Schadensersatzforderung der Krankenkasse, die wegen Nichtabmeldung des Arbeitnehmers seitens des Arbeitgebers noch Versicherungsleistungen erbracht hat, RG **73**, 211. ZRweg bei Rückgriffsanspruch der SozialversTräger gg Unternehmer u Betriebsangehörige gemäß § 640 RVO, BVerwG VersR **76**, 466, NJW **72**, 107 u **68**, 1429 (aber SRweg für Erlaß nach § 76 II Z 3 SGB IV, BSG NJW **90**, 343 zu LSG Celle NdsRpfl **89**, 243, BGH NJW **84**, 240, dazu Ahrens NJW **89**, 1704). ZRweg auch für Schadensersatzansprüche gegen den Geschäftsführer eines Sozialversicherungsträgers aus der Zeit nach Inkrafttreten des SGB IV, BGH NJW **85**, 2194 (anders für die Zeit vorher, BSG **33**, 209). Ebenso ZRweg für Kl auf Rückzahlung von versehentlich an einen Dritten überwiesenen Leistungen, BGH NJW **79**, 763 mwN, BSG DVBl **87**, 849, zustm Broß VerwArch **88**, 104, Kbzl NVwZ **89**, 93 (zustm v. Einem SGb **88**, 484, abl Wolber SozVers **89**, 85), und für die Rückforderung von nach dem Tode des Berechtigten gezahlter Rente, BGH **71**, 180 m abl Anm Bethge NJW **78**, 1801 und Birk SGb **79**, 302 mwN sowie zustm Bespr v Heinz SGb **81**, 163, Karlsr NJW **88**, 1920 mwN, aM (SozRweg) Meyer-Ladewig § 51 Rn 24, Dörr NZS **93**, 149, wie BGH BVerwG BayVBl **90**, 475 (Wohngeld), VGH Mü NJW **90**, 934 (Beihilfe), Kblz NVwZ **88**, 1038 (Beihilfe), Hamm NJW **86**, 2769, AG Ettenheim m zustm Anm Haueisen NJW **77**, 441. ZRweg wg Gesundheitsschäden, die bei der Zuführung eines Versicherten zur ärztl Behandlung entstanden sind, BGH **33**, 251. ZRweg für Streit zweier SozVersTräger über nach § 1542 RVO übergegangene Ansprüche, BGH NJW **85**, 2756, zustm Broß VerwArch **88**, 105. SRweg für Kl gg Empfehlung einer Krankenkasse zur Verschreibung eines preisgünstigeren Medikaments, BGH NJW **64**, 2208. Vgl auch unter „Kassenärzte", „Konkursvorrecht" und „Wettbewerb".

**Staatshaftung in den neuen Bundesländern** (Lörler DtZ **92**, 135). Nach Abschluß des Verwaltungsvor- **60** verfahrens, oben Rn 4, ZRweg, §§ 5–6a DDR-StHG, Ossenbühl NJW **91**, 1208 (dazu Sträßler NJW **91**, 2467), Christoph NVwZ **91**, 539. Zuständig ist das Kreisgericht, nach Errichtung der im GVG vorgesehenen Gerichte das Landgericht, § 16 RpflAnpG.

**Steuer.** Kein ZRweg für Steuern jeder Art und Form sowie alle damit zusammenhängenden Fragen; nie ist **61** zu prüfen, ob Heranziehung zur Steuer rechtmäßig ist, da insofern das FinGer zuständig ist; dies gilt auch für Ansprüche des FinAmtes auf Rückzahlung eines Erstattungsbetrages, Hamm RR **93**, 64, und für Ansprüche gegen das FinAmt auf Auszahlung eines Steuererstattungsbetrages an den Abtretungsnehmer, BFH **144**, 94, oder an den VollstrGläubiger, BFH NJW **88**, 1407. Dagegen ist der ZRweg für die Inanspruchnahme aus einer Steuer- und Zollbürgschaft zulässig, Kraushaar/Häuser NVwZ **84**, 217, ferner auch dann, wenn die Steuerschuld eines Dritten privatrechtlich von einem am Steuerrechtsverhältnis nicht beteiligten Dritten übernommen oder bezahlt worden ist, BGH MDR **84**, 649 mwN, oder wenn über die Wirksamkeit einer zur Abwendung der Beitreibung vorgenommenen Hypotheken-Abtretung gestritten wird, BFH BStBl **79** II 442; der ZRweg ist auch gegeben für den Streit um Rückforderung einer vom Schuldübernehmer gezahlten Schuld, RG **129**, 97, und für die für Geltendmachung kraft Gesetzes übergegangener Abgabenansprüche, BGH NJW **73**, 1077, abl Rimmelspacher JZ **75**, 165, zustm Stolterfoht JZ **75**, 658. ZRw auch für Schadensersatzansprüche wegen ungerechtfertigten Steuerarrests, BGH **63**, 277 mwN, aM (FRweg) Schwarz NJW **76**, 215, ferner für die Klage auf Rechnungserteilung einer Rechnung nach § 14 I UStG, BGH NJW **75**, 310. Auch für die Klage gegen ein Auskunftsersuchen, das die Steuerfahndung an einen Dritten richtet, ist der ZRweg gegeben, BFH ZIP **83**, 988. S auch unter „Konkursvorrecht".

**Stiftungen.** ZRweg für Klagen von Destinatären, Mankowski FamRZ **95**, 851 (zu Hbg ZIP **94**, 2950 m Anm Rawert), für Ansprüche gegen jur Personen des Privatrechts auch dann, wenn der Staat sich ihrer zur Erbringung von Leistungen an den Bürger bedient, es sei denn, sie sei gesetzlich mit öff-rechtlichen Befugnissen ausgestattet, BVerwG JZ **90**, 446. VRweg für Klagen gegen Maßnahmen der Stiftungsaufsicht, soweit es sich um eine VerwBehörde handelt, OVG Münst NRWVBl **95**, 318, s § 23 EGGVG Rn 4.

**Strafverfolgungsmaßnahmen.** Für Anspruch auf Entschädigung ZRweg mit ausschließl Zuständigkeit des LG, § 13 StrEG.

**Strafvollzug.** Zuständig sind die ordentlichen Gerichte. ZRweg für Klage der Behörde auf Ersatz der Aufwendungen für Wiederherstellung der Gesundheit, § 93 III StVollzG (ebenso bei Untersuchungsgefangenen, BGH NJW **90**, 1604).

**Straßenrecht.** Streit um Entgelt für Sondernutzung gehört vor die VerwGer, es sei denn, der Anspruch **62** wird auf Privateigentum am Straßenland gestützt, KG OLGZ **79**, 497, ebenso der Streit um eine planerische Ausweisung (einschließlich der Ausgleichsansprüche nach § 17 IV BFernstrG), Wahl NVwZ **90**, 440 u 923. Dagg ZRweg bei Streit zw Straßenbaubehörde u Versorgungsunternehmen üb die Kosten einer durch Straßenausbau erforderl gewordenen Neuverlegung, BGH **35**, 354, vgl auch § 8 X BFernstrG. Herstellung u Erhaltung der Verkehrswege ist Aufgabe des Staates, die hoheitl bewältigt wird, also VRweg, Ffm NVwZ **92**, 917; kommt aber ein Dritter infolge des schlechten Straßenzustandes zu Schaden, so ZRweg, BGH **21**, 48. Kein ZRweg wg Benutzung einer dem allg Verkehr zur Vfg gestellten Straße, auch wenn sie noch im Privateigentum einer Wohnungsgesellschaft der Gemeinde steht, OVG Lünebg DVBl **64**, 365, ebensowenig, wenn bei wirksamer Widmung der Gemeinde ein Grundstückseigentümer Herausgabe eines Grundstücksteils verlangt, üb den triotz der Zustimmung ein Weg gelegt worden ist, BGH **48**, 239, desgl nicht, wenn ein Notweganspruch üb ein städtisches Grundstück, das der Feuerwehr dient, durchgesetzt werden soll, BGH NJW **69**, 1437. S auch unter „Wegestreitigkeiten".

**Studienförderung.** Für Rückzahlungsanspruch (gg Beamte u Soldaten) VRweg, BVerwG **30**, 65, BGH **63** MDR **72**, 589, ebenso bei Anspruch auf Rückzahlung des während der Ausbildung für die Beamtenlaufbahn gezahlten Arbeitsentgelts, BAG NJW **91**, 943, zT krit Kopp JZ **91**, 564 mwN. VRweg auch bei Rückforderung von Leistungen nach dem „Honnefer Modell", BVerwG **32**, 283, oder nach BAföG, ebenso für Rückzahlung eines danach gewährten Darlehns, Ffm DVBl **80**, 381 gegen Köln NJW **67**, 737.

*Albers*

**Subventionierung.** VRweg bei Streit darüber, ob Subvention gewährt (auch bei Streit um Ermäßigung v Abschöpfungssätzen, BVerwG DVBl **73**, 412), od zurückgefordert werden soll, BGH NJW **97**, 328 mwN; VRweg bei einstufiger öff-rechtl Regelung auch dann, wenn die Auszahlung durch ein Kreditinstitut bewirkt wird, BGH NVwZ **85**, 517 mwN. Dagg kommt es bei zweistufiger Regelung darauf an, ob die Durchführung öff-rechtlich oder zivilrechtlich erfolgt, BGH NJW **97**, 328 mwN, krit Ehlers JZ **90**, 594; im letzteren Fall ZRweg, zB den Streit über den Abschluß des durchführenden Vertrages, krit Dawin NVwZ **83**, 400, und für Streitigkeiten aus seiner Durchführung, zB wg Rückforderung einer Bürgenleistung, BGH aaO, Rückzahlung eines Darlehns, BVerwG DVBl **73**, 416, od seiner Ablösung, BVerwG ZMR **72**, 194, ebenso wg der Zinsenhöhe für ein Aufbaudarlehen, BVerwG DVBl **59**, 665, Zinsherabsetzung od Zinserlaß bei öff Wohnungsbaudarlehen, BVerwG NJW **62**, 170, ferner bei Rückzahlungsanspruch aus Darlehnsvertrag, BGH **57**, 130. ZRweg für Rechtsschutz gegen den Verkauf von Interventionsware, VGH Kassel NJW **85**, 2100. Der Rechtsweg für die Inanspruchnahme eines Bürgen hängt davon ab, ob dessen Verpflichtung privatrechtlich oder öff-rechtlich begründet ist, BVerwG **35**, 172, LG Ffm NVwZ **84**, 267.

64 **Telegrafenwegegesetz** (aufgehoben durch § 100 III TKG v 25. 7. 96, BGBl 1120). Bis zum 31. 7. 96. VRweg, OVG Münst NJW **85**, 1916, auch für Klagen gegen die vorläufige Festsetzung von Entschädigungen nach § 13 II 2 iVm § 6 V G v 18. 12. 99, RGBl 705, BVerwG DVBl **82**, 590 (BGH **36**, 217 u DVBl **74**, 284 ist aufgegeben), ebenso für Ersatzansprüche nach § 2 III 2, BGH **85**, 121 mwN (ZRweg nur für daneben in Betracht kommende Ansprüche aus Amtshaftung oder Verletzung der Verkehrssicherungspflicht).
**Telekommunikationsgesetz** (v 25. 7. 96, BGBl 1120) (Scherer NJW **96**, 2953). Grds VRweg, in bürgerlichen Rechtsstreitigkeiten ZRweg entspr § 90 I u II GWB, § 80 des Ges.
**Testamentsvollstrecker.** Das ProzGer prüft nach, ob das TestVollstrAmt mit Rücksicht auf die Ausführung aller Aufgaben beendet ist, auch wenn TestVollstrecker vom Nachlaßgericht ernannt ist; es ist hingg an die TestAuslegung des Nachlaßgerichts gebunden, wenn die Möglichk einer noch nicht erfüllten TestVollstreckeraufgabe besteht, BGH **41**, 23.
**Tierseuchengesetz.** VRweg für Entschädigungsansprüche, § 72 b des Ges idF v 20. 12. 95, BGBl 2038.
**Tierzuchtgesetz.** ZRweg für Klage auf Eintragung in das Zuchtbuch nach G v 20. 4. 76, BGBl 1045, BVerwG NJW **81**, 2482 m krit Anm Steiner NJW **81**, 2452. Dagegen VRweg für Klage gegen einen Körbescheid, OVG Lüneb AS **34**, 357 mwN.

65 **Treuhandanstalt.** Art 25 I 2 EV. Klagen gegen die Treuhandanstalt wegen der Veräußerung von früherem Volkseigentum gehören in den ZRweg, Stein ZIP **92**, 896, Weimar DÖV **91**, 813, Weides JuS **91**, 818 mwN, ebenso OVG Bln NJW **91**, 715, KG DtZ **94**, 229 mwN, ua NJW **91**, 2299, BezG Dresden ZIP **92**, 281 = DtZ **92**, 220, VG Bln NJW **91**, 1970, str, aM Fahrenbach DtZ **90**, 268, 13, KG NJW **91**, 360. ZRweg auch für zivilrechtliche Ansprüche der Treuhandstelle gegen ein Unternehmen, KG NJW **94**, 2701. Dagegen VRweg, wenn es sich um Vermögen der Parteien usw handelt, Stein aaO, VG Bln NJW **91**, 1970. Siehe unter „Vermögensgesetz" u „Vermögenszuordnungsgesetz".

66 **Umlegungsverfahren.** Rweg zu den BaulandGer, § 217 BauGB. ZRweg für Streit aus einem Austauschvertrag zwischen Gemeinde und Grundeigentümer, Bbg BayVBl **86**, 285.
**Unterbringung** psychisch Kranker. Seit dem Inkrafttreten des BtG (1. 1. 92) gelten bundeseinheitlich §§ 70 ff FGG, LG Ffm NJW **92**, 986.
**Urheberrechtsstreitigkeiten.** Für Rechtsstreitigkeiten, dch die ein Anspruch aus einem der im UrhRG geregelten Rechtsverhältnissen geltend gemacht wird, ist der ZRweg gegeben. Handelt es sich um Urheberrechtsstreitsachen aus Arbeits- od Dienstverhältnissen, die ausschl Ansprüchen auf Leistung einer vereinbarten Vergütung zum Gegenstand haben, so Rweg zu der ArbGer bzw. VerwGer, § 104 UrhRG, § 2 II 2 b ArbGG.

67 **Verein.** ZRweg, wenn ein privatrechtl (Sport-)Verein Hindernisse für die berufl Betätigung seiner Mitglieder in seinem Bereich aufstellt, BVerwG DÖV **77**, 784 m Anm Wüst u Pelhak.
**Vermessungsingenieur.** Kein ZRweg für den Streit über die Vergütung eines öff bestellten Ingenieurs, LG Kiel BauR **91**, 372; dagegen ZRweg für Wettbewerbsstreitigkeiten mit einem staatlichen Vermessungsamt, BGH NJW **93**, 1659 mwN.
**Vermögensgesetz** idF v 20. 10. 98, BGBl 3180 (v. Falkenhausen DtZ **95**, 317; Haas JZ **94**, 572; Wax NJW **94**, 2331; Messerschmidt NJW **95**, 2667, **94**, 2519 u **93**, 2490). Ansprüche auf Rückgabe von Grundeigentum in der früheren DDR gehören in den VRweg (keine zivilrechtliche Anfechtung von Verträgen), BGH MDR **97**, 492, NJW **96**, 591, NJW **93**, 2541 u **92**, 1757 (krit Grün ZIP **93**, 170) u 2158. Dagegen ZRweg für Eigentümeransprüche gegen den früheren Eigentümer bzw den bisherigen staatl Verwalter, BGH DtZ **96**, 182, NJW **95**, 729 (zu § 13 VermG) u BGH NJW **94**, 2488, ebenso für Streitigkeiten über Verträge, die schon nach dem Recht der DDR nichtig gewesen sind, BGH NJW **94**, 1284 (Anm Haas JZ **94**, 572), **93**, 388 u 389 (Bespr Leipold JZ **93**, 703), ferner für Sicherungsansprüche gegen Verfügungsberechtigte, BGH NJW **94**, 457 u 1723, BezG Dresden ZIP **92**, 733 mwN, u a OVG Bln NJW **91**, 715 u VG Bln NJW **91**, 1969 (dazu Stein ZIP **92**, 896 mwN, Weides JuS **91**, 818). Der ZRweg wegen Ansprüchen aus Enteignung nach dem DDR-BaulandG ist durch das VermG nicht ausgeschlossen, BGH NJW **95**, 1833, ebensowenig für Ansprüche aus einem bei der Ausreise geschlossenen verdeckten Treuhandvertrag, BGH DtZ **96**, 138 (Anm Weber **LM** Nr 206), aM BVerwG NJW **95**, 1506. S unter „Treuhandanstalt".
**Vermögenszuordnungsgesetz** (Messerschmidt NJW **94**, 2520). VRweg, § 6 des Ges.
**Veröffentlichungen.** ZRweg für den Streit über die Veröffentlichung oder Nichtveröffentlichung privater Beiträge in einem von einer Behörde herausgegebenen Blatt, BVerwG DVBl **82**, 636. VRweg für den Streit über die Veröffentlichung von Gerichtsentscheidungen, OVG Lüneb MDR **96**, 817 mwN (zu VG Hann NJW **93**, 3282).
**Versicherungsanstalten, öffentliche.** ZRweg zulässig für Ansprüche aus dem Versicherungsverhältnis gg öff-rechtl Feuerversicherungsanstalt im Geltungsbereich des preuß G v 25. 7. 10, preuß GS 141, BGH

1. Titel. Gerichtsbarkeit　　　　　　　　　　　　　　　　　　　　　　　　　　§ 13 GVG

RR **88**, 339 mwN; ZRweg für Streitigkeiten zwischen Zusatzversorgungsanstalten des Bundes bzw der Länder u den Versicherten, BGH **48**, 37, BVerwG **6**, 200, BSG NJW **72**, 2151, Hamm RR **88**, 155 mwN. Siehe auch „Arbeitsverhältnis" u „Sozialversicherung".

**Vertrag.** Ob eine Vereinbarung dem öff od privaten Recht zuzuordnen ist, entscheidet sich nach ihrem **68** Gegenstand, oben Rn 8 (zur Abgrenzung des öff-rechtlichen Vertrages, §§ 54 ff VwVfG, vom privatrechtlichen Vertrag Lange NVwZ **83**, 314). Davon hängt der Rweg ab, vgl zB BGH WertpMitt **83**, 622 (Grundstückstauschvertrag); bei gemischten Verträgen gilt für jeden Teil der entspr Rweg, OVG Münst NVwZ **98**, 974 mwN, Karlsr Just **87**, 21 mwN. VRweg für Streitigkeiten aus sog Erschließungsverträgen, BGH NJW **74**, 1709, und aus Verträgen über die Ablösung der Stellplatzverpflichtung, BVerwG NJW **80**, 1294, aM BGH **35**, 69 (zweifelnd BGH NJW **79**, 642). Für Schadensersatzansprüche aus öff-rechtl Verträgen VRweg, § 40 II 1 VwGO idF des § 97 Z 1 VwVfG, BGH VersR **83**, 750, BVerwG NJW **80**, 2538, OVG Münst aaO, auch für solche aus Verschulden bei Vertragsschluß, Schoch F Menger (1985) S 320, Henke JZ **84**, 446, Kopp § 40 Rdz 72 mwN, Schmidt SchlHA **78**, 93, VGH Kassel LS AS **82**, 237 (aM BGH NJW **86**, 1109, abl Scherer NVwZ **86**, 540 mwN), und aus Nichterfüllung einer Zusicherung, VGH Mannh DVBl **81**, 265; dagegen ZRweg für Klage auf Erstattung von Aufwendungen durch Private, aM LG Hann MDR **81**, 942, und bei (auch nur hilfsweiser) Stützung auf Amtspflichtverletzung, BGH NJW **79**, 642. ZRweg auch für den Streit über die Vergabe von Standplätzen für ein gemeindliches Volksfest im Wege der Vereinbarung, Kblz NVwZ **82**, 379. Siehe auch „Bereicherungsklage".

**Verwahrungsverhältnis, öffentlich-rechtliches.** ZRweg zulässig, § 40 II 1 VwGO, oben Rn 20.
**Viehseuchengesetz.** S „Tierseuchengesetz".
**Vollstreckung.** Der Rweg richtet sich nach der Rechtsnatur des Titels, aus dem vollstreckt wird, gleichgültig, ob der zu vollstreckende Anspruch dem öff oder dem privaten Recht zuzuordnen ist, hM, VGH Mü BayVBl **83**, 375 mwN, aM Bettermann NJW **53**, 1007, Renck NVwZ **83**, 375.
**Vollstreckung ausländischer Entscheidungen.** Auch wenn sie dort in einem Verfahren der freiwilligen Gerichtsbarkeit ergangen sind, ist ZRweg zulässig, BGH LM § 722 ZPO Nr 1.
**Vorbereitungsdienst.** ArbGweg für Ansprüche aus dem Vorbereitungsdienst, der nicht in einem öff-rechtl Ausbildungsverhältnis abgeleistet wird, BAG LS NZA **88**, 132, BVerwG Buchholz 310 § 40 VwGO Nr 195, VGH Mannh Just **88**, 37, andernfalls VRweg, BAG NJW **90**, 663 (Hessen), BVerwG NVwZ **92**, 1208 zu OVG Münst NVwZ **90**, 889 (NRW). VRweg auch für Klage auf Abschluß eines Arbeitsvertrages wegen rechtswidrig verzögerter Ausbildung im Beamtenverhältnis, BAG NJW **89**, 2909.
**Vorkaufsrecht.** Vgl unter „Baugesetzbuch".
**Wasserstreit.** Kein ZRweg für Streit zwischen Wasserverband u seinen Mitgliedern, außer für Schadenser- **69** satzansprüche, BGH VersR **87**, 768, auch nicht für die Klage auf Aufhebung eines Bescheides über das Bestehen einer wasserrechtlichen Entschädigungspflicht, OVG Saarl NVwZ-RR **90**, 666. ZRweg gegeben wegen unerlaubter Handlung (Verletzung der Instandhaltungspflicht), BGH MDR **94**, 207 mwN, nicht aber für ordnungsmäßige Kanalisation, BGH LM Nr 81, ebensowenig für Herstellg von Schutzeinrichtungen gg Störungen, die von der Abwassereinleitung aus der Kanalisationsanlage einer Gemeinde verursacht werden, wenn eine wesentl Änderung der Anlage od Gesamtplanung verlangt wird, BGH MDR **65**, 196, DVBl **69**, 623. ZRweg für Inanspruchnahme von Anlandungen als Eigentum sowie darüber, ob das Neuland dch Anlandung entstanden ist, nicht aber für Anspruch des Anliegers auf Zustimmung des für den Wasserlauf Unterhaltspflichtigen zur Inbesitznahme, OGHZ NJW **49**, 546 (preuß WasserG). ZRweg für den Streit über die Höhe der Entschädigung nach § 20 II WHG, BGH NJW **87**, 2747, für Schadensersatzanspruch des Wasseranliegers nach § 30 III WHG, BVerwG NJW **87**, 2758, und für Ausgleichsanspruch gemäß § 96 PrWassG zwischen 2 Unterhaltspflichtigen, BGH NJW **65**, 1595, ebenso für Klage auf Anschluß gegen Mitglieder einer Wassergemeinschaft, BGH RR **89**, 347 mwN. Wegen des Bezugs von Leitungswasser s oben Rn 9 u BGH MDR **78**, 298 (ZRweg für SchadErsAnspr) m Anm Grave DVBl **78**, 450, und NJW **79**, 2615 (ZRweg für Ansprüche aus vertraglich vereinbarter unentgeltlicher Wasserbelieferung) m abl Anm Bickel DÖV **80**, 173.
**Wegestreitigkeiten.** Streitigkeiten um einen öff Weg, zB wegen Gemeingebrauchs oder Sondernutzung, **70** gehören in den VRweg. Das gleiche gilt für den Anspruch des Bürgers auf Mitbenutzung eines Weges, der zu einer Anlage der Gemeinde gehört, Kblz MDR **81**, 671. Dagegen ist der entgegengesetzte Unterlassungsanspruch der Gemeinde gegen den Bürger im ZRweg zu verfolgen, BGH **33**, 230. S auch unter „Straßenrecht".
**Werkwohnung.** ZRweg für Streit über die Miethöhe, BAG NZA **90**, 539. S auch „Dienstwohnung". **71**
**Wettbewerbsstreit** (Kopp GewArch **88**, 383; Melullis WRP **88**, 228; Broß VerwArch **88**, 107). Für Ansprüche Privater auf Unterlassung aus UWG oder GWB gg Körperschaften des öff Rechts und Amtsträger ZRweg, wenn u insoweit die Parteien sich auf dem Boden der Gleichordnung gegenüberstehen und das VerwHandeln nach dem Vorbringen des Kl ihm gegenüber wettbewerbswidrig ist, BGH GrSZ NJW **76**, 1794 u 1941, BGH NJW **93**, 1659 mwN (Vermessungsamt, krit Schliesky DÖV **94**, 114), MDR **93**, 525 (Pflegesatzvereinbarung), MDR **91**, 611, GRUR **87**, 178 u RR **87**, 485 (Apothekerkammer), krit Melullis WRP **88**, 229, MDR **87**, 470 (Handwerkskammer), NJW **82**, 2117 u 2126 mwN, Saarbr WRP **88**, 328, Karlsr LS WRP **88**, 272 (Handwerkskammer), KG RR **86**, 201 (betr GVz), KG WRP **86**, 207, Celle MedR **88**, 257 (Zahnärztekammer) u NdsRpfl **84**, 119, Kblz WRP **83**, 225; dazu grundsätzlich Schliesky DÖV **94**, 114, Melullis WRP **88**, 229 (jedenfalls dürfen die Zivilgerichte einen Träger der öff Gewalt nicht zu einem Tun oder Unterlassen auf dem Gebiet des öff Rechts verurteilen, oben Rn 10), ferner (überw krit) Bettermann DVBl **77**, 180, Scholz NJW **78**, 16 mwN, Meyer-Ladewig SGb **79**, 401, Brackmann NJW **82**, 84 mwN (betr SozialversTräger); zu einer entspr Verbandsklage Stgt RR **92**, 551 (dazu Kramm WRP **92**, 365). Dagegen gehören Wettbewerbsstreitigkeiten zwischen öff-rechtl Krankenkassen in den SozRweg, GmS BGH NJW **90**, 1527, BGH NJW **98**, 2743, nicht aber solche Streitigkeiten zwischen einem Dritten und einer Krankenkasse, BGH NJW **98**, 3419 mwN, **91**, 2963, Schlesw RR **96**, 1068, vgl BSG NJW **95**, 1576; sonstige Streitigkeiten aus Rechtsbeziehungen zwischen einem Träger der SozVers und privaten Anbietern gehören seit dem 1. 1. 89 nach § 51 SGG in den SRweg, BGH **98**, 825,

**GVG §§ 13–14**  Gerichtsverfassungsgesetz

Zweibr NJW **99**, 876 mwN, BSG RR **99**, 1275 (betr Schadensersatzansprüche), NJW **89**, 2773, Manssen SGb **92**, 339 mwN, während vorher der ZRweg offenstand, GmS NJW **88**, 2295 u 2297 (immer schon gehörten dagegen die Beziehungen zu Ärzten, Zahnärzten u Hebammen zum öff Recht). In den ZRweg gehören Ansprüche dieser Art gegen kirchliche Einrichtungen, BGH NJW **81**, 2811, und Wettbewerbsstreitigkeiten zw privaten u öff Bestattungsunternehmen, wenn nicht mit der Kl in hoheitl Bereich eingegriffen wird, BayKompKonflGH MDR **75**, 587 mwN. Vgl für KonkurrentenKl auch BGH **LM** § 1004 BGB Nr 25 (Unterbringung von Paßamt u städt Reisebüro in demselben Gebäude), Mü GRUR **87**, 550, Stgt WRP **84**, 440 (Unterbringung von städtischem Bestattungsbetrieb u entspr Behörden in demselben Gebäude), OVG Münst VerwArch **79**, 258 (Unterbringg von Straßenverkehrsamt u privatem Verkauf von Kfz-Kennzeichen in demselben Gebäude), Ffm NJW **97**, 2391 (Zuschuß einer Gemeinde): ZRweg. Dagg VRweg für sonstige (nicht auf UWG gestützte) Abwehrklagen gg öff-rechtl Körperschaften, BVerwG **58**, 167, BayObLG BayVBl **82**, 218, Ffm OLGZ **88**, 456, VGH Mü GewArch **76**, 326.

72 **Widerruf.** ZRweg unzul bei Klage auf Widerruf der Äußerungen eines Zeugen vor dem VerwGer, BGH NJW **65**, 1803, ebenso bei Klage auf Widerruf einer ehrkränkenden dienstl Äußerung in öff Sitzung, ggü der Presse uä, OVG Bln DtZ **96**, 252, VGH Kassel NJW **88**, 1683, OVG Münst NJW **88**, 2636 (Ehrverletzung durch einen Richter), dazu Hager NJW **89**, 885, Kblz OLGZ **88**, 370 (Äußerung eines Bürgermeisters), desgleichen bei herabsetzenden Äußerungen von einer Verwaltungsbehörde, Düss NVwZ **98**, 435, ZRweg aber dann, wenn ein enger Zusammenhang mit bloßer fiskalischer Tätigkeit besteht, BGH – GS – **34**, 99, BGH NJW **78**, 1860 mwN, BVerwG NJW **88**, 2399, VGH Mannh LS NVwZ **98**, 413. ZRweg auch dann, wenn nur eine von dem Beamten selbst abgegebene Erklärung geeignet ist, die Ehre des Kl wiederherzustellen, Zweibr NVwZ **82**, 332. Stets ZRweg für Klagen auf Persönlichkeits- u Ehrenschutz gegen Äußerungen von Mitgliedern einer Vertretungskörperschaft, BGH NJW **80**, 780 u **61**, 1625, VGH Mannh NJW **90**, 1808, VG Ffm NVwZ **92**, 87.
**Wirtschaftslenkung.** VRweg für Ausgleichsabgaben, VGH Kassel NJW **72**, 2062 mwN. ZRWeg für Ansprüche der Bundesanstalt für landwirtschaftliche Marktordnung auf Vertragsstrafen, BGH NJW **83**, 519.
**Wirtschaftsverband.** Für Erzwingung der Aufnahme in einen solchen ZRweg zulässig, auch wenn er Berufsinteressen der Unternehmen eines bestimmten Gewerbe- od Handelszweiges vertritt, da privatrechtl Streitigkeit, BGH **21**, 1.
**Wohngeld.** ZRweg für Anspruch auf Erstattung von versehentlich an den Erben gelangten Zahlungen, BVerwG BayVBl **90**, 475.
73 **Wohnungsbau- und FamilienheimG** (II. WoBauG). ZRweg für Streitigkeiten über Ansprüche aus den auf Grund der Bewilligung öff Mittel geschlossenen Verträgen, übernommenen Bürgschaften u Gewährleistungen, für Streitigkeiten zwischen Bauherrn u einem Bewerber aus einer Vorkaufsverpflichtung sowie solchen zwischen einem Bauherrn u einem Betreuungsunternehmen, § 102 II Ges, ebso für Streitigkeiten üb den Verkauf von Grundstücken im Rahmen des § 89 II Ges, BVerwG **38**, 281, u üb die Ablösung eines Darlehns nach § 69 Ges, BGH MDR **72**, 308; hingegen VRweg bei Bewilligungen, Bürgschaften u Gewährleistungen sowie Zulassung eines Betreuungsunternehmens, § 102 I Ges. S auch unter „Subventionierung".
**WohnungsbindungsG.** ZRweg für Ansprüche auf zusätzl Leistungen nach § 25 I, BGH **61**, 296, BVerwG DÖV **72**, 382.
**Wohnungseigentum.** Für Streit von Eigentümern untereinander, auch Beseitigung von Störungen, gilt Verf nach FGG, BayObLG NJW **64**, 47. Ist ein Wohnungseigentümer vor Rechtshängigk aus der Wohnungseigentümergemeinschaft ausgeschieden, müssen Streitigkeiten aus der früheren Beteiligung vor dem ProzGer ausgetragen werden; Abgabe nach § 46 WEG kommt nicht in Betracht, BGH **44**, 43 (zur Abgabe vgl Anh II § 281 ZPO). Desgl bei Streit zw Wohnungseigentümer u Baubetreuer üb vor Bildung der Gemeinschaft verwendete Gelder, BGH BB **76**, 1153 im Anschluß an BGH **59**, 58.
74 **Zinsen.** Grundsätzl gilt derselbe Rweg wie für die Hauptforderung, auch wenn nur die Zinsen Gegenstand sind, BVerwG **37**, 231, BGH NJW **72**, 212. Aber ZRweg dann, wenn Anspruch auf Ersatz eines Verzugsschadens aus nichtvertraglichem öff-rechtl Verhältnis in Zusammenhang mit möglichen Amtshaftungsansprüchen steht, BVerwG **37**, 231.
**Zivildienst.** ZRweg für Schadensersatzansprüche des Bundes gegen eine Beschäftigungsstelle, BGH MDR **91**, 227, ebenso für Schadensersatzansprüche einer Zivildienststelle gegen einen Zivildienstleistenden, VG Darmstadt NVwZ **86**, 331.

**13a** *Friedensgerichte* (aufgehoben durch Art 1 Z 11 VereinhG)

**14** *Besondere Gerichte.* Als besondere Gerichte werden Gerichte der Schiffahrt für die in den Staatsverträgen bezeichneten Angelegenheiten zugelassen.

1  **1) Besondere Gerichte** (Sondergerichte) sind Gerichte, denen die Ausübung der Gerichtsbarkeit für einen begrenzten Ausschnitt des Rechtsgebietes obliegt und die keine ordentlichen Gerichte sind, also nicht unter § 12 fallen; s auch Einf § 13 Rn 3. Sie sind **nur zulässig, soweit sie bundesgesetzlich bestellt oder bundesgesetzlich zugelassen sind**, § 14 (anders die Ausnahmegerichte, § 16). Zu den Sondergerichten gehören auch das Patentgericht und die Arbeitsgerichte (wegen deren Zuständigkeit s Rn 6). § 14 behandelt die durch das GVG zugelassenen Sondergerichte. Die Landesgesetzgebung darf keine neuen Sondergerichte begründen, wohl aber die ordentlichen Gerichte auch in den Fällen des § 14 zuständig

1. Titel. Gerichtsbarkeit                                                                     **§ 14 GVG**

machen, §§ 3 EGZPO, 3 EGGVG. Ob die Zuständigkeit der Sondergerichte ausschließlich ist, bestimmt das betreffende Gesetz. Die Wiedergutmachungskammern nach den Rückerstattungsgesetzen, die Entschädigungsgerichte, die Gerichte nach dem Ges üb das Verfahren in Landwirtschaftssachen v 21. 7. 53, BGBl 667, gehören den ordentlichen Gerichten an, BGH **12**, 257, desgl die Kammern für Baulandsachen, § 71 Rn 5, und die entsprechenden Senate, § 119 Rn 11 (wenn auch beide in besonderer Besetzung), ebenso die Kartellsenate beim OLG und BGH, § 119 Rn 11 u § 133 Rn 3.

**2) Staatsvertragliche Schiffahrtsgerichte.** § 14 betrifft nur die Rheinschiffahrtsgerichte, vgl **2** Rn 1. Ihre Tätigkeit richtet sich nach dem Gesetz über das gerichtliche Verfahren in Binnenschiffahrts- und Rheinschiffahrtssachen vom 27. 9. 52, BGBl 641 (gilt auch in Berlin, G vom 2. 12. 52, GVBl 1051), wobei die allgemeinen Verfahrensvorschriften dieses Gesetzes nur insoweit anwendbar sind, als sich nicht aus der revidierten Rheinschiffahrtsakte vom 17. 10. 1868 (Bek der Neufassung v 11. 3. 69, BGBl II 597, zuletzt geändert durch die Zusatzprotokolle Nr 2, BGBl **80** II 871, und Nr 3, BGBl **80** II 876; sonstige Vertragsstaaten sind Belgien, Frankreich, Niederlande, Schweiz und Vereinigtes Königreich, Bek v 12. 6. 67, BGBl II 2000, Zusatzprotokoll v 25. 10. 72, BGBl 74 II 1385, in Kraft 27. 2. 75, BGBl II 743) und den besonderen Bestimmungen des Gesetzes etwas anderes ergibt, vgl BBGS E 5. Nur Klagen der in Art 34 bis (Art 3 G v 6. 7. 66, BGBl II 560) der revidierten RhSchiffAkte genannten Art sind Rheinschiffahrtssachen; eine bei einem Rheinschiffahrtsgericht anhängige andere Binnenschiffahrtssache ist an das vereinbarte oder zuständige Gericht zu verweisen, BGH **45**, 237. Die **örtliche Zuständigkeit** der Rheinschiffahrtsgerichte ist aber **3** keine ausschließliche, so daß durch entsprechende Parteivereinbarung für Schadensersatzansprüche aus Schiffszusammenstößen auf nichtdeutschem Gebiet auch die örtliche Zuständigkeit eines deutschen Gerichts und damit die deutsche Gerichtsbarkeit begründet werden kann, BGH **42**, 387. **Rechtsmittelgericht** gegen Entscheidungen von Schiffahrtsgerichten in BaWü: OLG Stgt mit Sitz in Karlsr, in Hessen: OLG Ffm, in RhldPf: OLG Kblz, in NRW: OLG Köln, jeweils als Rheinschiffahrtsobergericht, wahlweise in allen Fällen Rheinzentralkommission in Straßburg, VV Art 355, in letzterem Fall mit Verfahren nach Mannheimer Konvention (VerfO der BfgsKammer v 23. 10. 69, Bek v 23. 1. 70, BGBl II 37); Rechtsmittel auch in Hinblick auf den Tatbestand zulässig. Nur die Zentralkommission ist Sondergericht, während die Rheinschiffahrtsgerichte besondere Abteilungen oder Senate des ordentlichen Gerichts sind. Durch *Abkommen vom 8. 2. 54, SaBl 861*, haben **BaWü, Hess, NRW, RhldPf** die Gliederung der Schiffahrtsgerichtsbezirke geregelt; danach sind Berufungs- und Beschwerdegericht nur Karlsr und Köln. Gegen Urteile dieser Gerichte ist in Sachen, die nach Inkrafttreten des Gesetzes vom 27. 9. 52 anhängig geworden sind, Revision an den BGH zulässig, BGH **18**, 267. – Die Vollstreckbarkeit von Entscheidungen außerdeutscher Rheinschiffahrtsgerichte richtet sich nach Art 40 Rev RheinschiffAkte, die VollstrKlausel, § 724 ZPO, erteilt das Rheinschiffahrtsobergericht, § 21 des G üb das gerichtl Verf in Binnenschiffahrtssachen, vgl Wolff Rdz 513–542.

**3) Gerichte für die sonstige Binnenschiffahrt.** Diese Gerichte sind keine Sondergerichte, sondern **4** Gerichte der ordentlichen Gerichtsbarkeit mit besonderer Bezeichnung, RG **167**, 307, und besonderer Regelung der sachlichen Zuständigkeit; vgl das G üb das gerichtliche Verfahren in Binnenschiffahrtssachen, BGBl III 310–5, zuletzt geändert durch Art 15 G v 25. 8. 98, BGBl 2489. Nach dem BinnenschiffahrtsG sind Schiffahrtssachen Streitigkeiten über bestimmte Ansprüche, die mit der Benutzung von Binnengewässern durch Schiffahrt und Flößerei zusammenhängen, wie Ersatzansprüche aus Schiffsunfällen u dgl, Ansprüche auf Lotsenvergütung, aus Bergung und Hilfeleistung, auch aus Verletzung der Verkehrssicherungspflicht; vgl auch § 13 Anm 6 C. Schiffahrtsgerichte sind die AGe; sie haben sich in allen Schiffahrtssachen in Schiffahrtssachen zu bezeichnen; entsprechend das OLG als Schiffahrtsobergericht, BGH **51**, 1. Eine Vereinbarung der Zuständigkeit ist zulässig, BGH **3**, 302; vgl aber auch §§ 6, 14 II G. Die Berufung ist ohne Rücksicht auf den Streitwert zulässig, § 9. Die Landesregierungen können einem Schiffahrtsgericht oder Schiffahrtsobergericht Sachen bestimmter Gewässer oder ihrer Abschnitte zuweisen; so für **Berlin** AGe Charlottenburg und Tiergarten, *VO vom 26. 4. 54, GVBl 217;* für **Bay** AG Würzb für den bayer Teil des Mains mit Nebenflüssen und die Großschiffahrtsstraße zwischen Main und Nürnb einschließlich Nürnb Hafen, AG Regensbg für Donau und Nebenflüsse einschließlich Donau-Main-Kanal, AG Starnberg für die bayer Seen, AG Lindau für den bayer Teil des Bodensees und ihrer Zuflüsse, Oberlandesgericht und Schiffahrtsobergericht ist Nürnb, *VO v 29. 5. 67, GVBl 371;* für **Saarld** AG Saarbrücken für die Saar, *VO v 27. 3. 58, ABl 321*. Die Länder können auch Vereinbarungen dahingehend treffen, daß Binnenschiffahrtssachen eines Landes ganz oder teilweise den Gerichten des anderen Landes zugewiesen werden, § 4 G: Abkommen **Hess** u **NRW** *vom 15. 3. 54 (SaBl 682)* bezüglich der hess Binnenschiffahrten im Stromgebiet der Weser, Werra, Fulda, ratifiziert **Hess** *G vom 1. 6. 54, GVBl 97*. **Nds, SchlH, Bre u Hbg:** Staatsvertrag v 24. 6., 3. 8., 24. 8. u 11. 8. 83, *Hbg GVBl 84,* 16, bezüglich Weser, Elbe, Ems und zugehöriger Kanäle. Revision gegen das Urt des Schiffahrtsobergerichtes ist zulässig, BGH **3**, 308. Für die **Moselschiffahrt** auch auf Grund des Vertrages zwischen der BRep, Frankreich u Luxemburg v 27. 10. 56, BGBl II 1838 iVm §§ 4, 18 a BinnSchG für Mossellauf, auf dem deutsche Gerichtsbarkeit ausgeübt wird, im 1. Rechtszug AG St. Goar, im 2. Rechtszug OLG Köln, *Abk NRW, RhldPf, Saarld v 1. 2./25. 2./9. 3. 66, RhldPfGVBl 115, ABl Saar 301, NRWGVBl 294.*

**4) Gemeindegerichte.** Sie gab es bis 1. 4. 74 nur in *BaWü, G v 7. 3. 60, GVBl 73,* mit einer besonderen **5** Verfahrensordnung, die sich eng an die ZPO anlehnte. Näheres s 31. Aufl.

**5) Arbeitsgerichte.** Auch in Verhältnis zu den ordentlichen Gerichten handelt es sich der Sache nach **6** um die Zulässigkeit des Rechtswegs: § 48 I ArbGG (Text bei § 281 ZPO), hM, MüKoWo § 17 a Rn 2, GMP § 48 Rn 3, BAG in stRspr, NJW **96**, 2949 mwN, Köln RR **95**, 319, Kissel NZA **95**, 346 mwN, Mayerhofer NJW **92**, 1602, abw Vollkommer F Kissel, 1994, S 1183 mwN, Schwab NZA **91**, 663, Krasshöfer-Pidde/Molkenbur NZA **91**, 623. Die Verweisung erfolgt nach § 17 a, s die dortigen Erläuterungen. Die Zuständigkeit der Arbeitsgerichte regeln §§ 2, 2a, 3 u 5 ArbGG (zur Abgrenzung zum ZRweg BGH NJW **99**, 218 u 648, BAG NZA **97**, 674 u NJW **96**, 2948 mwN, zur Zulässigkeit einer Wahlfeststellung BAG NJW **97**, 1724):

*Albers*

*ArbGG § 2. Zuständigkeit im Urteilsverfahren.* ᴵ Die Gerichte für Arbeitssachen sind ausschließlich zuständig für
1. bürgerliche Rechtsstreitigkeiten zwischen Tarifvertragsparteien oder zwischen diesen und Dritten aus Tarifverträgen oder über das Bestehen oder Nichtbestehen von Tarifverträgen;
2. bürgerliche Rechtsstreitigkeiten zwischen tariffähigen Parteien oder zwischen diesen und Dritten aus unerlaubten Handlungen, soweit es sich um Maßnahmen zum Zwecke des Arbeitskampfes oder um Fragen der Vereinigungsfreiheit einschließlich des hiermit im Zusammenhang stehenden Betätigungsrechts der Vereinigungen handelt;
3. bürgerliche Rechtsstreitigkeiten zwischen Arbeitnehmern und Arbeitgebern
    a) aus dem Arbeitsverhältnis;
    b) über das Bestehen oder Nichtbestehen eines Arbeitsverhältnisses;
    c) aus Verhandlungen über die Eingehung eines Arbeitsverhältnisses und aus dessen Nachwirkungen;
    d) aus unerlaubten Handlungen, soweit diese mit dem Arbeitsverhältnis im Zusammenhang stehen;
    e) über Arbeitspapiere;
4. bürgerliche Rechtsstreitigkeiten zwischen Arbeitnehmern oder ihren Hinterbliebenen und
    a) Arbeitgebern über Ansprüche, die mit dem Arbeitsverhältnis in rechtlichem oder unmittelbar wirtschaftlichem Zusammenhang stehen;
    b) gemeinsamen Einrichtungen der Tarifvertragsparteien oder Sozialeinrichtungen des privaten Rechts über Ansprüche aus dem Arbeitsverhältnis oder Ansprüche, die mit dem Arbeitsverhältnis in rechtlichem oder unmittelbar wirtschaftlichem Zusammenhang stehen,
    soweit nicht die ausschließliche Zuständigkeit eines anderen Gerichts gegeben ist;
5. bürgerliche Rechtsstreitigkeiten zwischen Arbeitnehmern oder ihren Hinterbliebenen und dem Träger der Insolvenzsicherung über Ansprüche auf Leistungen der Insolvenzsicherung nach dem Vierten Abschnitt des Ersten Teils des Gesetzes zur Verbesserung der betrieblichen Altersversorgung;
6. bürgerliche Rechtsstreitigkeiten zwischen Arbeitgebern und Einrichtungen nach Nummer 4 Buchstabe b und Nummer 5 sowie zwischen diesen Einrichtungen, soweit nicht die ausschließliche Zuständigkeit eines anderen Gerichts gegeben ist;
7. bürgerliche Rechtsstreitigkeiten zwischen Entwicklungshelfern und Trägern des Entwicklungsdienstes nach dem Entwicklungshelfergesetz;
8. bürgerliche Rechtsstreitigkeiten zwischen den Trägern des freiwilligen sozialen Jahres und Helfern nach dem Gesetz zur Förderung des freiwilligen sozialen Jahres und bürgerliche Rechtsstreitigkeiten zwischen den Trägern des freiwilligen ökologischen Jahres nach dem Gesetz zur Förderung eines freiwilligen ökologischen Jahres;
9. bürgerliche Rechtsstreitigkeiten zwischen Arbeitnehmern aus gemeinsamer Arbeit und aus unerlaubten Handlungen, soweit diese mit dem Arbeitsverhältnis im Zusammenhang stehen;
10. bürgerliche Rechtsstreitigkeiten zwischen Behinderten im Arbeitsbereich von Werkstätten für Behinderte und den Trägern der Werkstätten aus den in § 54 b des Schwerbehindertengesetzes geregelten Rechtsverhältnissen.

ᴵᴵ Die Gerichte für Arbeitssachen sind auch zuständig für bürgerliche Rechtsstreitigkeiten zwischen Arbeitnehmern und Arbeitgebern,
a) die ausschließlich Ansprüche auf Leistung einer festgestellten oder festgesetzten Vergütung für eine Arbeitnehmererfindung oder für einen technischen Verbesserungsvorschlag nach § 20 Abs. 1 des Gesetzes über Arbeitnehmererfindungen zum Gegenstand haben;
b) die als Urheberrechtsstreitsachen aus Arbeitsverhältnissen ausschließlich Ansprüche auf Leistung einer vereinbarten Vergütung zum Gegenstand haben.

ᴵᴵᴵ Vor die Gerichte für Arbeitssachen können auch nicht unter die Absätze 1 und 2 fallende Rechtsstreitigkeiten gebracht werden, wenn der Anspruch mit einer bei einem Arbeitsgericht anhängigen oder gleichzeitig anhängig werdenden bürgerlichen Rechtsstreitigkeit der in den Absätzen 1 und 2 bezeichneten Art in rechtlichem oder unmittelbar wirtschaftlichem Zusammenhang steht und für seine Geltendmachung nicht die ausschließliche Zuständigkeit eines anderen Gerichts gegeben ist.

ᴵⱽ Auf Grund einer Vereinbarung können auch bürgerliche Rechtsstreitigkeiten zwischen juristischen Personen des Privatrechts und Personen, die kraft Gesetzes allein oder als Mitglieder des Vertretungsorgans der juristischen Person zu deren Vertretung berufen sind, vor die Gerichte für Arbeitssachen gebracht werden.

ⱽ In Rechtsstreitigkeiten nach diesen Vorschriften findet das Urteilsverfahren statt. Bem. Zum Begriff des Arbeitnehmers, I Z 3 ff u II, s § 5 ArbGG.

*ArbGG § 2a. Zuständigkeit im Beschlußverfahren.* ᴵ Die Gerichte für Arbeitssachen sind ferner ausschließlich zuständig für
1. Angelegenheiten aus dem Betriebsverfassungsgesetz, soweit nicht für Maßnahmen nach seinen §§ 119 bis 121 die Zuständigkeit eines anderen Gerichts gegeben ist;
2. Angelegenheiten aus dem Sprecherausschußgesetz, soweit nicht für Maßnahmen aus seinen §§ 34 bis 36 die Zuständigkeit eines anderen Gerichts gegeben ist;
3. Angelegenheiten aus dem Mitbestimmungsgesetz und dem Betriebsverfassungsgesetz 1952, soweit über die Wahl von Vertretern der Arbeitnehmer in den Aufsichtsrat und über ihre

1. Titel. Gerichtsbarkeit **§§ 14–16 GVG**

Abberufung mit Ausnahme der Abberufung nach § 103 Abs. 3 des Aktiengesetzes zu entscheiden ist;
3 a. Angelegenheiten aus § 54 a des Schwerbehindertengesetzes;
3 b. Angelegenheiten aus dem Gesetz über Europäische Betriebsräte, soweit nicht für Maßnahmen nach seinen §§ 43 bis 45 die Zuständigkeit eines anderen Gerichts gegeben ist;
4. die Entscheidung über die Tariffähigkeit und die Tarifzuständigkeit einer Vereinigung.
II In Streitigkeiten nach diesen Vorschriften findet das Beschlußverfahren statt.

*ArbGG § 3. Zuständigkeit in sonstigen Fällen.* Die in den §§ 2 und 2a begründete Zuständigkeit besteht auch in den Fällen, in denen der Rechtsstreit durch einen Rechtsnachfolger oder durch eine Person geführt wird, die kraft Gesetzes an Stelle des sachlich Berechtigten oder Verpflichteten hierzu befugt ist.

*ArbGG § 5. Begriff des Arbeitnehmers.* I ¹Arbeitnehmer im Sinne dieses Gesetzes sind Arbeiter und Angestellte sowie die zu ihrer Berufsausbildung Beschäftigten. ²Als Arbeitnehmer gelten auch die in Heimarbeit Beschäftigten und die ihnen Gleichgestellten (§ 1 des Heimarbeitsgesetzes vom 14. März 1951 – Bundesgesetzbl. I S 191 –) sowie sonstige Personen, die wegen ihrer wirtschaftlichen Unselbständigkeit als arbeitnehmerähnliche Personen anzusehen sind. ³Als Arbeitnehmer gelten nicht in Betrieben einer juristischen Person oder einer Personengesamtheit Personen, die kraft Gesetzes, Satzung oder Gesellschaftsvertrags allein oder als Mitglieder des Vertretungsorgans zur Vertretung der juristischen Person oder der Personengesamtheit berufen sind.
II Beamte sind als solche keine Arbeitnehmer.
III ¹Handelsvertreter gelten nur dann als Arbeitnehmer im Sinne dieses Gesetzes, wenn sie zu dem Personenkreis gehören, für den nach § 92 a des Handelsgesetzbuchs die untere Grenze der vertraglichen Leistungen des Unternehmers festgesetzt werden kann, und wenn sie während der letzten sechs Monate des Vertragsverhältnisses, bei kürzerer Vertragsdauer während dieser, im Durchschnitt monatlich nicht mehr als 2000 Deutsche Mark auf Grund des Vertragsverhältnisses an Vergütung einschließlich Provision und Ersatz für im regelmäßigen Geschäftsbetrieb entstandene Aufwendungen bezogen haben. ²Der Bundesminister für Arbeit und Sozialordnung und der Bundesminister der Justiz können im Einvernehmen mit dem Bundesminister für Wirtschaft die in Satz 1 bestimmte Vergütungsgrenze durch Rechtsverordnung, die nicht der Zustimmung des Bundesrates bedarf, den jeweiligen Lohn- und Preisverhältnissen anpassen.

6) **Patentgericht**, §§ 65 ff PatG idF v 16. 12. 80, BGBl 81, 1 (m späteren Änd). Es entscheidet über 7 Beschwerden gegen Beschlüsse der Prüfungsstellen oder der Patentabteilung des PatAmts sowie über Klagen auf Erklärung der Nichtigkeit oder Zurücknahme von Patenten und auf Erteilung von Zwangslizenzen sowie über Beschwerden gegen Entscheidungen der Gebrauchsmusterstelle und der Gebrauchsmusterabteilung, § 18 GebrMG idF v 28. 8. 86, BGBl I 1455, ebenso gegen Beschlüsse der Prüfungsstellen und Warenzeichenabteilung, § 13 WZG idF v 2. 1. 68, BGBl 29. Rechtsmittel gehen an den BGH. Davon zu unterscheiden sind die Patent-, Gebrauchsmuster- und Warenzeichenstreitsachen, Anh I § 78 GVG. Sie gehören vor die LGe, also zur ordentlichen Gerichtsbarkeit.

**15** (aufgehoben durch Art 1 Z 13 VereinhG)

**16** *Ausnahmegerichte.* ¹Ausnahmegerichte sind unstatthaft. ²Niemand darf seinem gesetzlichen Richter entzogen werden.

**Schrifttum:** *Wolf* § 7; *Bettermann,* Die Unabhängigkeit der Gerichte und der gesetzliche Richter, im Handbuch „Die Grundrechte"; *Schorn-Stanicki,* Präsidialverfassung usw., S 117 ff; *Henkel,* Der gesetzliche Richter, 1968; *Marx,* Der gesetzliche Richter iSv Art 101 I 2 GG, 1969; ferner die Kommentare zum GG bei Art 101.

1) Die verfassungsrechtliche Verankerung der Vorschrift enthält **Art 101 GG:** 1

I ¹Ausnahmegerichte sind unzulässig. ²Niemand darf seinem gesetzlichen Richter entzogen werden.

II Gerichte für besondere Sachgebiete können nur durch Gesetz errichtet werden.

Regelungen entspr I 2 enthalten auch mehrere LVerf, zB Bra Art 52 I, Sa Art 78 I u Sa-Anh Art 21 II, III.

2) **Unstatthafte Ausnahmegerichte, S 1.** Dies sind solche Gerichte, die in Abweichung von der gesetz- 2 lichen Zuständigkeit gebildet werden zur Entscheidung einzelner konkreter und individuell bestimmter Fälle berufen werden, BVerfG **10,** 212, BayVerfGH NJW **84,** 2813. Nicht darunter fällt demgemäß die Zuweisung einer bestimmten Fallgruppe an einen anderen Zweig der Gerichtsbarkeit, zB von Notarsachen an das Zivilgericht, BGH NJW **63,** 446. Auch ein einzelner Spruchkörper kann ein unzulässiges Ausnahmegericht sein, wenn ihm durch die Geschäftsverteilung ein Einzelfall oder eine Gruppe von Einzelfällen zugewiesen wird, Kissel 3; dagegen wird ein zulässiger Spezialspruchkörper gebildet, wenn ihm abstrakt bestimmte Sachgebiete zugewiesen werden, zB im Hinblick auf § 40 II 1 VwGO alle Rechtsstreitigkeiten, an denen jur Personen des öff Rechts beteiligt sind, BayVerfGH NJW **84,** 2813.

*Albers*

## GVG § 16 — Gerichtsverfassungsgesetz

**3** 3) **Gesetzlicher Richter, S 2** (Eser F Salger, 1995). Die Vorschrift besagt, daß man niemanden vor einen gesetzlich nicht für ihn zuständigen Richter ziehen darf, dazu BVerfG NJW **97**, 1497 (Plenum). Fälle: Ein Verstoß gegen S 2 kann darin bestehen, daß die Zulassung eines Rechtsmittels, zB der Revision, unterbleibt, obwohl die Voraussetzungen gegeben sind, Proske NJW **97**, 352 mwN. Auch durch willkürliches Unterlassen einer durch das Gesetz gebotenen Vorlage, zB nach §§ 136 u 137 oder § 28 II FGG, kann der Betroffene seinem gesetzlichen Richter entzogen werden, Leisner NJW **89**, 2446 mwN, Kothe DÖV **88**, 284. Dies gilt insbesondere im Fall des Art 100 I GG, BVerfG **67**, 95 (stRspr), BayVerfGH BayVBl **85**, 363, beide mwN, ebenso im Fall des Art 177 III EGV, Rabe F Redeker, 1993, S 201, BVerfG NJW **97**, 2512, **94**, 2017, stRspr (dazu Sack EuZW **91**, 246 u Meier EuZW **91**, 13, Clausnitzer NJW **89**, 642, Rodi DÖV **89**, 750, Kloepfer JZ **88**, 1094), vgl BVerwG RIW **90**, 676, NJW **86**, 1448, BayVerfGH NJW **85**, 2894. Das Unterlassen der an sich gebotenen Einholung eines Rechtsentscheids, § 541 ZPO, gehört gleichfalls hierher, BVerfG NJW **95**, 582 mwN.

**4** Mit gesetzlichem Richter ist nicht nur das Gericht als organisatorische Einheit oder das erkennende Gericht als Spruchkörper gemeint, sondern auch **der im Einzelfall zur Entscheidung berufene Richter**, BVerfG (Plenum) NJW **97**, 1498 mwN, ergangen auf Vorlage des I. Senats, NJW **95**, 2703. Von Verfassungs wegen müssen also abstrakte Regelungen darüber bestehen, welches Gericht, welcher Spruchkörper und welcher Richter zur Entscheidung des jeweiligen Einzelfalles berufen ist, was sich nicht nur aus den Prozeßgesetzen, sondern auch aus der Geschäftsverteilung und bei Kollegialgerichten aus dem Mitwirkungsplan für die einzelnen Richter ergeben muß, BVerfG aaO, BAG NZA **97**, 333 (zur Geschäftsverteilung s § 21 e, zum Mitwirkungsplan § 21 g). Das Recht auf den gesetzlichen Richter kann auch dadurch verletzt werden, daß eine frei gewordene Vorsitzendenstelle nicht in angemessener Zeit wieder besetzt wird, BVerfG NJW **65**, 1223 u **83**, 1541. Jedes Gericht hat, soweit Anlaß zu Zweifeln besteht, seine eigene ordnungsgemäße Besetzung zu prüfen und durch Beschluß festzustellen bzw für Abhilfe zu sorgen, BVerfG EuGRZ **83**, 500, **46**, 34, Saarl VerfGH NJW **87**, 3247 u 3248, BayVerfGH AS **31**, 190, VGH Kassel AS **33**, 111, LSG Darmstadt NJW **85**, 2356.

**5** **Entzogen** wird eine Sache nicht schon durch eine objektiv unzutreffende Abgabe an eine andere Kammer, BGH **6**, 181. Eine Entziehung iSv Art 101 I 2 GG bzw § 16 ist nur gegeben, wenn die Entscheidung von willkürlichen Erwägungen bestimmt ist, BVerfG **29**, 48 mwN, dh wenn sie auf unsachlichen oder nicht mehr zu rechtfertigenden Erwägungen beruht, BGH **85**, 116 mwN, BSG NZA **90**, 664 mwN, BFH DRiZ **89**, 380, BayVerfGH NJW **84**, 2813 mwN, und natürlich bei jeder Manipulierung, BVerfG NJW **64**, 1020. Demgemäß liegt keine Entziehung vor bei Annahme der Zuständigkeit nach sorgfältiger Prüfung, BVerfG NJW **58**, 429, und überhaupt bei bloß irrtümlicher Handhabung, BVerfG in stRspr, ua BVerfG **29**, 48, BGH in st Rspr, **85**, 116 mwN, NStZ **84**, 181, NJW **76**, 1688 mwN, BVerwG NJW **83**, 896; deshalb ist als zu weitgehend abzulehnen BAG AP Art 101 GG Nr 7 (Terminsbestimmung durch einen anderen Richter), abl auch Bötticher ebenda, desgl BGH **37**, 128. Bei der Prüfung der Willkür kommt es nicht auf die für seine Zuständigkeit gegebene Begründung an, sondern darauf, ob sich die Annahme der Zuständigkeit bei objektiver Betrachtung als unhaltbar erweist, BGH **85**, 116. Das Verbot des S 2 erstreckt sich nicht nur auf die Spruchtätigkeit, sondern auch auf die diese vorbereitenden Handlungen, BVerfG NJW **56**, 545.

**6** Der Grundsatz steht aber **nicht entgegen**, daß bestimmte im Sachzusammenhang mit einer besonderen Rechtsmaterie stehende Streitsachen nicht den VerwGerichten überlassen, sondern, um eine einheitliche Beurteilung zu erzielen, bei den ordentlichen Gerichten zusammengefaßt werden, BGH **38**, 209 (standes- und disziplinarrechtliche Streitigkeiten). Einzelnen ist es nicht verwehrt, zulässige Gerichtsstandsvereinbarungen oder Schiedsabreden zu treffen. Entscheidet eine Kammer für Baulandsachen über Sachen mit, die nicht unter das BauGB fallen, so liegt darin kein unverzichtbarer Mangel, **2** 295, BGH **40**, 148.

**7** Der Grundsatz schließt auch eine **Überbesetzung** nicht aus, dh er fordert nicht, daß Kammern und Senate der Kollegialgerichte nur so stark besetzt werden dürfen, daß alle Richter bei der Entscheidung mitwirken, BVerfG NJW **95**, 2704 (Anm Zärban MDR **95**, 1203), BGH **20**, 355, BFH NJW **92**, 1061 u 1062, Katholnigg NJW **92**, 2256 mwN, str, aM Atzler DRiZ **92**, 341. Der Kammer oder dem Senat dürfen also so viele Richter angehören, wie erforderlich sind, um die jenen geschäftsordnungsmäßig zugeteilten Aufgaben zu bewältigen, § 59 Rn 3; andererseits dürfen nicht so viele Aufgaben zugeteilt werden, daß der Vorsitzende nicht mehr überall seinen Aufgaben, § 21 f Rn 4, nachkommen kann; s Johannsen LM § 51 Z 1 Nr 5. Eine Überbesetzung verletzt den Grundsatz und damit Art 101 I 2, wenn die Zahl der Mitglieder gestattet, daß der Spruchkörper in 2 personell verschiedenen Sitzgruppen gleichzeitig Recht spricht oder daß der Vorsitzende 3 Sitzgruppen mit je verschiedenen Beisitzern bildet, Katholnigg NJW **92**, 2258, BVerfG **17**, 301, **18**, 70 u 350, **19**, 147, **22**, 285, BGH NJW **85**, 2840 mwN, BFH NJW **92**, 1061 u 1063; dabei bleibt die Mitwirkung eines nur nebenamtlich tätigen Universitätsprofessors außer Betracht, BGH NJW **66**, 1458, BVerwG NJW **68**, 811, krit Kissel § 21 e Rn 115. Demgemäß ist eine Besetzung mit 5 vollamtlich tätigen Beisitzern als unbedenklich anzusehen, soweit es sich um BGH und BFH handelt, BFH aaO, und ebenso bei LG und OLG eine Besetzung mit 4 Beisitzern, BVerfG – 2. Senat – NJW **65**, 1219 mit abl Anm A. Arndt und zustm Anm Dinslage, BGH NJW **85**, 2840 mwN. Aber auch eine stärkere Überbesetzung verletzt das Recht auf den gesetzlichen Richter dann nicht, wenn der **Mitwirkungsplan, § 21 g II**, entspr dem Gesetz von vornherein nach abstrakten Merkmalen eindeutig bestimmt, welche Richter im Einzelfall zur Mitwirkung berufen sind, und sicherstellt, daß der Vorsitzende seinen Aufgaben, § 21 f Rn 4, nachkommen kann, BVerfG (Plenum) NJW **97**, 1497 (dazu Berkemann u Katholnigg JR **97**, 281 u 284), ergangen auf Vorlage des I. Senats NJW **95**, 2704 (dazu Mößlang EuZW **96**, 69, Zärban MDR **95**, 1202), BGH ZIP **94**, 1479 (zu § 106 II BRAO), aM Katholnigg aaO, Wolf § 14 II 2 a; denn dann ist jede Manipulation ausgeschlossen: es liegt hier nicht anders als bei der Betrauung eines Vorsitzenden mit dem Vorsitz in mehreren Spruchkörpern, die zulässig ist, vgl BGH NJW **68**, 1242. Vgl ü **§ 21 e Rn 3 ff, § 21 g Rn 4 ff, § 59 Rn 4**.

**8** Wegen der Folgen eines **Verstoßes** gegen Satz 2 s § 551 ZPO Rn 8, vgl MüKoDeu § 348 ZPO Rn 65.

1. Titel. Gerichtsbarkeit **§ 17 GVG**

**17** *Zulässigkeit des Rechtsweges.* ¹¹Die Zulässigkeit des beschrittenen Rechtsweges wird durch eine nach Rechtshängigkeit eintretende Veränderung der sie begründenden Umstände nicht berührt. ²Während der Rechtshängigkeit kann die Sache von keiner Partei anderweitig anhängig gemacht werden.

II ¹Das Gericht des zulässigen Rechtsweges entscheidet den Rechtsstreit unter allen in Betracht kommenden rechtlichen Gesichtspunkten. ²Artikel 14 Abs. 3 Satz 4 und Artikel 34 Satz 3 des Grundgesetzes bleiben unberührt.

**Vorbem.** § 17 gilt in der **Arbeitsgerichtsbarkeit** entspr, § 48 I ArbGG idF des 4. VwGOÄndG, abgedr **1** bei § 281, für den Rechtsweg (auch im Verhältnis zu den ordentlichen Gerichten, BAG NZA 92, 954 u 93, 524, s § 14 Rn 6), außerdem I auch für die sachliche und örtliche Zuständigkeit, dazu Kissel NZA 95, 345 mwN.

**Schrifttum:** *MüKoWolf* §§ 17 GVG ff; *GMP* § 48 Rn 12 ff; *Grunsky* ArbGG § 48 Rn 3 ff; *Ehlers* in Sch/ SchmA/P § 41; *Ey Rennert* § 41 VwGO Rn 2–45; *Windel* ZZP 111, 3; *Kissel* NZA **95**, 345 u NJW **91**, 947; *Hoffmann* ZZP **107**, 3; *Hager F Kissel*, 1994, S 327; *Vollkommer* ebd S 1183; *Schaub* BB **93**, 1666; *Schwab* NZA **91**, 662; *Kopp* NJW **91**, 527; *Stelkens* NVwZ **91**, 218; *Pagenkopf* DVBl **91**, 295.

**1) Allgemeines.** Die Zulässigkeit des Rechtsweges ist Prozeßvoraussetzung, § 13 Rn 2. Sie ist vom **2** Gericht erster Instanz in jeder Lage des Verf vAw zu prüfen, nicht dagegen in der Berufungs- und Revisionsinstanz, § 17 a V. Bei Unzulässigkeit des Rechtsweges ist der Rechtsstreit durch anfechtbaren Beschluß in einem Vorabverfahren mit bindender Wirkung zu verweisen, § 17 a II u IV. Zu den Prüfungsmaßstäben s § 13 Rn 10 ff.

**2) Rechtshängigkeit, I** **3**

**A. Fortdauer der Zulässigkeit des Rechtsweges, I 1.** Die Zulässigkeit des in einer Sache beschrittenen Rechtsweges wird **durch eine nach Rechtshängigkeit eintretende Veränderung der sie begründenden Umstände nicht berührt**, so daß zB eine Rechtsänderung außer Betracht bleibt, wenn eine Übergangsvorschrift nichts anderes bestimmt, BGH NJW **91**, 2964, OVG Hbg NJW **93**, 278. Entsprechendes gilt nach § 261 III Z 2 ZPO für die Zuständigkeit des Prozeßgerichts (perpetuatio fori). Wegen der Einzelheiten s § 261 ZPO Rn 28–30.

**Umkehren** läßt sich diese Regel nicht, § 261 ZPO Rn 31–33: es genügt, wenn die Zulässigkeit des beschrittenen Rechtsweges **bis zur letzten Tatsachenverhandlung eingetreten** ist; dabei ist es ohne Bedeutung, ob dies auf einer Veränderung der Verhältnisse, einer Umstellung des Klagebegehrens oder einer Änderung der maßgeblichen Rechtsvorschriften beruht, BGH NJW **92**, 1757 mwN, u a Kissel NJW **91**, 948. Hierher gehört auch die Beibringung der für die Eröffnung des Rechtsweges nötigen Vorentscheidung einer VerwStelle, zB nach §§ 173 ff, 210 ff BEG, §§ 49 ff, 81 BLeistG, Art 22 BayAGGVG, vgl § 13 Rn 4.

**B. Klagsperre, I 2.** Während der Rechtshängigkeit iSv § 261 ZPO **kann dieselbe Sache von 4 keiner Partei anderweitig anhängig gemacht werden.** Auch das entspricht der im Zivilprozeß für die Zuständigkeit geltenden Regelung, § 261 III Z 1, so daß wegen der Einzelheiten auf § 261 ZPO Rn 5 ff verwiesen werden kann. Das später angerufene Gericht muß die Klage wegen dieses Prozeßhindernisses als unzulässig abweisen ohne Rücksicht darauf, daß der Rechtsweg zu diesem Gericht nicht gegeben ist, hM, Kissel 15, ZöGu 3, BGH NJW **98**, 231, Münster NJW **98**, 1581, VGH Mannh NJW **96**, 1299. Ob dies auch bei Rechtshängigkeit im Ausland gilt, Grdz § 261 ZPO Rn 25, ist zweifelhaft; im Geltungsbereich des EuGVÜ und des LugÜbk würde jedenfalls deren Art 21, Schlußanh V C 1, Vorrang vor I 2 haben.

**3) Umfang der Sachprüfung, II** (Windel ZZP 111, 3; Hoffmann ZZP 107, 3; Hager F Kissel, 2994, **5** S 327; Lüke ebd S 709).

**A. Grundsatz, II 1. Das Gericht des zulässigen Rechtsweges**, dh des in erster Instanz für gegeben angesehenen oder nach § 17 a II, III festgestellten Rechtsweges, **entscheidet den Rechtsstreit unter allen in Betracht kommenden rechtlichen Gesichtspunkten** ohne Rücksicht darauf, welchem Rechtsgebiet die Norm angehört. Damit wird dem angerufenen Gericht die Pflicht auferlegt, in den Fällen, in denen für den Kläganspruch (nach dem Klägantrag und dem zu seiner Begründung vorgetragenen Sachverhalt, BGH NJW **85**, 2756) mehrere, verschiedenen Rechtswegen zugeordnete (auch tatsächlich und rechtlich selbständige) Grundlagen in Betracht kommen, über sämtliche Klaggründe zu entscheiden, sofern der beschrittene Rechtsweg für einen von ihnen gegeben ist, BGH NJW **91**, 1686, BVerwG NJW **95**, 2939, BSG RR **95**, 1277, VGH Mü NVwZ-RR **97**, 160. Dabei bleiben geltend gemachte, aber offensichtlich nicht gegebene Anspruchsgrundlagen außer Betracht, BGH NVwZ **90**, 1104, BVerwG NJW **93**, 359. Hängt die Entscheidung des Rechtsweges von streitigen Tatsachen ab, ist darüber Beweis zu erheben, Windel ZZP 111, 3 ff.

Die Regelung in II ändert nichts daran, daß das angerufene Gericht bei einer **Mehrheit von prozessua- 6 len Ansprüchen** für einen oder mehrere von ihnen die Zulässigkeit des zu ihm beschrittenen Rechtsweges gegebenenfalls zu verneinen hat, BGH NJW **98**, 828 mwN, ua NJW **91**, 1686 (zustm Hoffmann JZ **92**, 110, Schilken ZZP **105**, 90), BSG MDR **95**, 508, VGH Mannh NJW **93**, 3344, OVG Münst NVwZ **93**, 591 u NVwZ-RR **93**, 517, und insoweit nach § 17 a zu verfahren hat, s dort Rn 7, Schenke/Ruthig NJW **92**, 2510, Kissel NJW **91**, 951; dies gilt namentlich bei Klage und **Widerklage**, Schenke/Ruthig aaO, Schwab NZA **91**, 663. § 36 Z 3 ZPO eröffnet die Möglichkeit, einen gemeinsamen Rechtsweg für Klagen gegen mehrere Personen zu eröffnen, BGH MDR **95**, 524. II gilt nur eingeschränkt für **Klaggründe, die sich aus hilfsweisem Vorbringen ergeben:** In diesen Fällen bestimmt sich der zulässige Rechtsweg nach dem aus dem Hauptvorbringen folgenden Klaggrund; steht für ihn der beschrittene Rechtsweg nicht offen, ist nach § 17 a II zu verfahren; ist dagegen das angerufene Gericht für den Hauptgrund rechtswegzuständig, darf (und muß) es (vorbehaltlich II 2) auch über die Hilfsgründe entscheiden, Schilken ZZP **105**, 89 (anders die frühere Rspr, s 50. Aufl). Entsprechendes gilt für eine **Zwischenfeststellungsklage**, MüKo Wolf 13. Wird eine Forderung, über die in einem anderen Rechtsweg zu entscheiden wäre, zur **Aufrechnung** gestellt, gilt II, so daß das für die Hauptforderung zuständige Gericht (vorbehaltlich II 2) auch über die rechtswegfremde Gegenforderung zu entscheiden hat, Hartmann, Die Aufrechnung im VerwRecht, 1996, S 229, Gaa NJW **97**, 3343 mwN, Mankowski DVBl **96**, 879, Kissel NZA **95**, 354, Hager F Kissel, 1994, S 343, Hoffmann ZZP **107**, 22, Schenke/Ruthig NJW **92**, 2505 u **93**, 1374 mwN, Schilken ZZP **105**, 90, Drygala NZA **92**, 294, VGH Kassel NJW **95**, 1107 mwN, LAG Mü MDR **98**, 783, offen BVerwG NJW **94**, 2696 u **93**, 2255, BAG NZA **98**, 1192 u BFH NVwZ-RR **98**, 791 (Anhängigkeit des Prozesses über die Gegenforderung), a**M** MüKoPe § 145 Rn 34, ZöGu § 17, Windel ZZP **111**, 31, Leipold ZZP **107**, 219 mwN, Rupp NJW **92**, 3274, diff Lüke F Kissel, 1994, S 721, Vollkommer ebd S 1201. Das Erfordernis der internationalen Zuständigkeit, Üb § 12 ZPO Rn 5–10, bleibt unberührt, BGH NJW **96**, 1413 (Anm Mankowski IPrax **97**, 173) u NJW **93**, 2754, krit Leipold ZZP **107**, 216 mwN.

Ob eine **entspr Anwendung** von II im Falle der örtlichen Zuständigkeit verschiedener Gerichte in Frage kommt, ist zweifelhaft, vgl BGH NJW **96**, 1413 mwN (Anm Mankowski IPrax **97**, 173), verneinend Hartmann § 32 Rn 14, bejahend ZöVo § 12 Rn 21, beide mwN.

**7**  B. **Ausnahmen, II 2.** Im Hinblick auf die verfassungsrechtliche **Rechtswegregelung in Art 14 III 4 und Art 34 Satz 3 GG** gilt der Grundsatz der **umfassenden Prüfung aller Klaggründe nicht für Klagen**, die auch auf diese Artikel gestützt werden, also auf Enteignung und/oder Amtspflichtverletzung, Gaa NJW **97**, 3346 mwN. In diesen Fällen darf das Begehren nur von den sog ordentlichen Gerichten, nicht aber von dem Gericht eines anderen Zweiges unter diesen Gesichtspunkten geprüft und beschieden werden. Reichen bei diesem Gericht die übrigen Klaggründe für ein stattgebendes Urteil nicht aus, so muß es die Klage als unbegründet abweisen, vgl BGH **13**, 153, ohne daß eine Verweisung möglich wäre, oben Rn 5. Wird bei dem Gericht eines anderen Zweiges eine unter II 2 fallende Forderung zur **Aufrechnung** gestellt, gilt das in § 302 ZPO Rn 19 Gesagte, BVerwG NJW **99**, 161 u **93**, 2255, BFH NVwZ-RR **98**, 791 mwN, VGH Mü NJW **97**, 3394, vgl Hartmann (Rn 6) S 246, Gaa NJW **97**, 3346, Schenke/Ruthig NJW **92**, 2513.

**8**  4) **VwGO:** Entspr anzuwenden, § 173 VwGO, I auch hinsichtlich der sachlichen und örtlichen Zuständigkeit, § 83 Satz 1 VwGO, vgl Pagenkopf DVBl **91**, 295. Zur Anwendung von I s BVerwG NVwZ-RR **96**, 403, zu II s Rn 6 u 7, Kopp/Schenke § 41 Rn 4ff, zu II 2 Rn 7.

**17a**  *Entscheidung über den Rechtsweg.* ¹Hat ein Gericht den zu ihm beschrittenen Rechtsweg rechtskräftig für zulässig erklärt, sind andere Gerichte an diese Entscheidung gebunden.

II ¹Ist der beschrittene Rechtsweg unzulässig, spricht das Gericht dies nach Anhörung der Parteien von Amts wegen aus und verweist den Rechtsstreit zugleich an das zuständige Gericht des zulässigen Rechtsweges. ²Sind mehrere Gerichte zuständig, wird an das vom Kläger oder Antragsteller auszuwählende Gericht verwiesen oder, wenn die Wahl unterbleibt, an das vom Gericht bestimmte. ³Der Beschluß ist für das Gericht, an das der Rechtsstreit verwiesen worden ist, hinsichtlich des Rechtsweges bindend.

III ¹Ist der beschrittene Rechtsweg zulässig, kann das Gericht dies vorab aussprechen. ²Es hat vorab zu entscheiden, wenn eine Partei die Zulässigkeit des Rechtsweges rügt.

IV ¹Der Beschluß nach den Absätzen 2 und 3 kann ohne mündliche Verhandlung ergehen. ²Er ist zu begründen. ³Gegen den Beschluß ist die sofortige Beschwerde nach den Vorschriften der jeweils anzuwendenden Verfahrensordnung gegeben. ⁴Den Beteiligten steht die Beschwerde gegen einen Beschluß des oberen Landesgerichts an den obersten Gerichtshof des Bundes nur zu, wenn sie in dem Beschluß zugelassen worden ist. ⁵Die Beschwerde ist zuzulassen, wenn die Rechtsfrage grundsätzliche Bedeutung hat oder wenn das Gericht von der Entscheidung eines obersten Gerichtshofes des Bundes oder des Gemeinsamen Senats der obersten Gerichtshöfe des Bundes abweicht. ⁶Der oberste Gerichtshof des Bundes ist an die Zulassung der Beschwerde gebunden.

V Das Gericht, das über ein Rechtsmittel gegen eine Entscheidung in der Hauptsache entscheidet, prüft nicht, ob der beschrittene Rechtsweg zulässig ist.

**Gliederung**

| | |
|---|---|
| Vorbemerkung ............................ 1 | C. Verfahren und Rechtsmittel, IV ...... 12, 13 |
| 1) Allgemeines ............................ 2, 3 | a) Vorabentscheidung, II u III ........ 12 |
| 2) Geltungsbereich ........................ 4, 5 | b) Rechtsmittel, IV .................... 13 |
| 3) Bindung an rechtskräftige Entscheidungen, I u II ............................ 6 | D. Wirkungen des Verweisungsbeschlusses. 14 |
| | 5) Keine Prüfung des Rechtswegs in höheren Instanzen, V .................... 15, 16 |
| 4) Rechtswegentscheidung, II–IV ......... 7–14 | 6) VwGO .................................. 17 |
| A. Unzulässigkeit des Rechtswegs, II ..... 7–10 | |
| B. Zulässigkeit des Rechtswegs, III ...... 11 | |

**1**  **Vorbem.** § 17 a gilt in der **Arbeitsgerichtsbarkeit** entspr, und zwar nicht nur für die Entscheidung über den Rechtsweg, § 17 Rn 1, BAG NZA **99**, 391, NJW **95**, 2310 u **93**, 752, NZA **93**, 523, sondern auch für die Verweisung wegen fehlender Zuständigkeit, §§ 48 I (abgedr bei § 281 ZPO) und 80 III ArbGG, dazu Kissel NZA **95**, 345. Der Beschluß, II u III, ergeht stets durch die Kammer, § 48 I Z 2 ArbGG, dazu Kissel NZA **95**, 347. Wegen der Rechtsmittel im allgemeinen s §§ 65 u 73 II ArbGG, wegen der Beschwerde, IV, s §§ 70, 78 II und 88 ArbGG (zum Fristbeginn entspr §§ 516 u 552 ZPO s BAG NJW **97**, 343); eine Nichtzulassungsbeschwerde ist nicht vorgesehen, BAG NJW **94**, 2110. BAG u LAG entscheiden über Beschwerden, IV, außerhalb der mdl Verh ohne ehrenamtliche Richter, BAG NJW **94**, 1172, stRspr.

1. Titel. Gerichtsbarkeit § 17a GVG

**Schrifttum:** *Windel* ZZP **111**, 3; *Kissel* NZA **95**, 345; *Ressler* JZ **94**, 1035 (krit); *Wax* NJW **94**, 2331 (Rspr.-Üb); *Leipold* JZ **93**, 703; siehe i ü § 17 Rn 1.

**1) Allgemeines.** Nach dem bis zum 31. 12. 90 geltenden Recht war die Zulässigkeit des **Rechtsweges** **2** iSv § **13** in allen Instanzen vAw zu prüfen und über die (von einem Antrag des Klägers abhängige) Verweisung in einen anderen Rechtsweg grundsätzlich durch Urteil zu entscheiden, das nach hM eine Weiterverweisung in einen anderen Rechtsweg nicht ausschloß, § 17 aF; demgemäß kam es vor, daß die Unzulässigkeit des Rechtsweges erst in der Revisionsinstanz festgestellt wurde, was zwangsläufig zu einer Verweisung des Rechtsstreits in die erste Instanz des anderen Rechtsweges führte und damit erneut den vollen Instanzenzug eröffnete, ohne daß damit der Streit um den Rechtsweg abgeschlossen gewesen wäre, vgl 48. Aufl.

Die **Neuregelung durch das 4. VwGOÄndG** hat diesen allseits als unbefriedigend empfundenen Rechts- **3** zustand beseitigt (vgl schon VwPO-E, BT-Drs 9/1851 u 10/3437): die Rechtswegfrage wird in erster Instanz mit bindender Wirkung für die Rechtsmittelinstanzen entschieden, und zwar idR in einem Vorabverfahren, BT-Drs 11/7030 S 36 ff. Diese Neuregelung, §§ 17 a und 17 b, gilt kraft Verweisung nicht nur für die ordentlichen Gerichte, sondern kraft Verweisung **für alle Gerichtszweige** und verwirklicht dadurch ein Stück des immer noch fehlenden Allgemeinen Gerichtsverfassungsrechts. Die Zulässigkeit des Rechtsweges wird dadurch im Ergebnis der sachlichen und örtlichen Zuständigkeit gleichgestellt, was angesichts der Gleichwertigkeit aller Zweige der Gerichtsbarkeit sachgerecht ist und auch darin zum Ausdruck kommt, daß die §§ 17 a und 17 b in den anderen Gerichtszweigen entspr für die Zuständigkeit gelten, §§ 48 ArbGG, 83 VwGO, 98 SGG und 70 FGO. **Unanwendbar** ist § 17 a im Verhältnis zur Verfassungsgerichtsbarkeit, OVG Bln DtZ **96**, 252, und auf das Verhältnis von staatlicher und nichtstaatlicher Gerichtsbarkeit, VGH Mü NJW **99**, 378 mwN.

**2) Geltungsbereich.** Die Regelung gilt unmittelbar für das **Verfahren der sog ordentlichen Gerichte**, **4** § 2 EGGVG. Sie regelt die Verweisung in einen anderen Rechtsweg, also an ein Arbeits-, Verwaltungs-, Sozial- oder Finanzgericht (auch im FGG-Verf, Hamm NJW **92**, 2643). **Entspr anzuwenden** ist sie auf eine Verweisung vom Zivilgericht an ein FGG-Gericht (zB nach § 46 WEG) und umgekehrt, BGH NJW **99**, 1008, **98**, 231 u **95**, 2852 mwN, BayObLG RR **94**, 856, KG RR **98**, 1229 u **94**, 208 mwN, Köln MDR **96**, 144, ebenso auf die Verweisung vom Strafgericht an ein FGG-Gericht, Ffm NJW RR **94**, 448 mwN, ferner bei der Verweisung vom Prozeßgericht an das nach § 25 EGGVG zuständige Gericht, KG RR **95**, 638, Karlsr MDR **95**, 88, OVG Kblz NJW **94**, 2108, und umgekehrt, Karlsr NJW **88**, 84, ebenso im Verhältnis zum Landwirtschaftsgericht, BGH WM **96**, 1198, sowie im Verhältnis zur Disziplinargerichtsbarkeit, BVerwG NVwZ **95**, 85, und zur Anwaltsgerichtsbarkeit, § 223 BRAO, OVG Münst NJW **95**, 3403. § 17 a **gilt nicht** für die Verweisung von einem Spruchkörper an einen Spezialspruchkörper desselben Gerichts, zB an die Kammer für Baulandsachen beim LG, Mü NJW **64**, 1282, vgl § 71 Rn 5. Wegen der Abgabe in Hausrats- und Wohnungseigentumssachen vgl Anh I u II zu § 281 ZPO.

Kraft ausdrücklicher Verweisung ist § 17 a entspr in der **Arbeitsgerichtsbarkeit** anzuwenden, § 48 ArbGG, oben Rn 1, ebenso in der **Verwaltungs-, Sozial- und Finanzgerichtsbarkeit**, §§ 173 VwGO, 202 SGG und 155 FGO. Wegen dieser Allgemeingültigkeit ist die Fassung nicht auf das Zivilverfahren zugeschnitten, sondern abstrakt gehalten, was besonders in IV und V zum Ausdruck kommt.

In seinem gesamten Geltungsbereich gilt § 17 a nicht nur für das eigentliche Streitverfahren, sondern **5** mindestens für die selbständig betriebenen Verfahren, namentlich auch für Verfahren des Arrests und der einstwVfg sowie andere **Verfahren des vorläufigen Rechtsschutzes**; das entsprach schon vor der Neuregelung der überwiegenden Meinung zu § 17 aF (Kissel 2, ZöGu 13, Karlsr NVwZ **86**, 964, OVG Hbg LS NJW **82**, 2206, VGH Mannh NJW **71**, 2089, OVG Lüneb VerwRspr **25**, 901, aM u a VGH Mü NJW **89**, 415 mwN, EF 8 u RedOe Anm 5, beide zu § 41 VwGO) und entspricht der Tendenz der Neuregelung, ein einheitliches Verfahren für alle Rechtswegentscheidungen vorzusehen (mit Grund wird in II 2 neben dem Kläger auch der Antragsteller genannt), Kissel NZA **95**, 352, GMP § 48 Rn 19 ff, ZöGu 18, VGH Mü NVwZ **99**, 1015, OVG Münster NJW **98**, 1580, Bln NVwZ-RR **98**, 464, Köln NJW **98**, 56, VGH Mü NJW **97**, 1251 mwN, OVG Weimar NVwZ-RR **97**, 138 mwN, VGH Kassel NJW **97**, 211 u **96**, 475, offf Ehlers Sch/SchmA/P § 41 Rn 14 ff, **aM** Kopp/Sch § 41 Rn 2 a, Sennekamp NVwZ **97**, 642 mwN, Hbg OLGZ **94**, 366, VGH Kassel NJW **95**, 1170 u NVwZ-RR **94**, 512, OVG Kblz NVwZ RR **93**, 381 mwN, VG Köln NVwZ **98**, 315 mwN: die Worte „Entscheidung in der Hauptsache", V, stehen nicht entgegen, weil sie im Sinne von Sachentscheidung zu verstehen sind, OVG Bln NVwZ **92**, 686, VGH Mannh NJW **93**, 2194 u BaWüVPraxis **91**, 162. Zum Sonderfall der Verweisung eines einstwVfg-Verfahrens an das nach § 15 I 2 BNotO zuständige Gericht vgl Düss DNotZ **83**, 703. Dagegen scheidet die Anwendung des § 17 a im **PKH-Verfahren** aus, weil die Sache in diesem Verfahren nicht anhängig wird, eine (erweiterte) Bindungswirkung nicht eintritt, BGH FamRZ **91**, 1172, und außerdem das Vorabverfahren, II–IV, nicht paßt, Sennekamp NVwZ **97**, 645 mwN, Kopp/Sch § 41 Rn 2 a, VGH Mannh NJW **95**, 1916 mwN, OVG Münst NJW **93**, 2766 mwN, aM Kissel § 17 Rn 6 u NZA **95**, 352, OVG Bautzen VIZ **98**, 702 (anders NJW **94**, 1020), VGH Mannh NJW **92**, 708, offen BAG NJW **93**, 752 (das eine Bindung für das Hauptsacheverfahren ebenfalls verneint).

**3) Bindung an rechtskräftige Entscheidungen, I u II.** Hat ein Gericht den zu ihm beschrittenen **6** **Rechtsweg rechtskräftig für zulässig erklärt, sind andere Gerichte an diese Entscheidung gebunden.** Die Regelung entspricht dem früheren Recht, vgl § 17 I 2 u II aF. Sie betrifft jede Entscheidung, durch die die Zulässigkeit des Rechtswegs bejaht worden ist, sei es im Vorabverfahren, II u III, sei es (auch stillschweigend) in einer zur Hauptsache ergangenen Endentscheidung (Urteil oder Beschluß), sofern diese Entscheidung formell rechtskräftig geworden ist, Einf §§ 322–327 ZPO Rn 1, BayObLG RR **92**, 598, LG Neuruppin NJW **96**, 1761 (zu § 565 ZPO). Eine Zwischenentscheidung genügt nicht, VGH Kassel NJW **96**, 475. Eine in derselben Sache in einem anderen Rechtsweg erhobene Klage muß als unzulässig abgewiesen werden. Das gilt auch dann, wenn die Sache gleichzeitig bei Gerichten verschiedener Zweige anhängig wurde und die Rechtswegentscheidung in einer dieser Sachen rechtskräftig wird.

Hat umgekehrt ein Gericht den zu ihm beschrittenen **Rechtsweg rechtskräftig für unzulässig erklärt**, so gilt folgendes: da in diesem Fall zwingend an das zuständige Gericht des zulässigen Rechtsweges verwiesen werden muß und diese Verweisung für das Adressatgericht bindend ist, II 1 u 3, stellt sich die Frage der Bindung nur für ein drittes Gericht, sofern es früher oder gleichzeitig angerufen worden ist (sonst greift § 17 I 2 ein). Für dieses Gericht ergibt sich die Bindung aus der inneren Rechtskraft, die eine gegenläufige Rechtswegentscheidung ausschließt. Für die vor dem 1. 1. 91 ergangenen rechtskräftigen Entscheidungen folgt diese Bindungswirkung unmittelbar aus § 17 II aF.

Wegen der Rechtsfolgen eines **Verstoßes** gegen III 2 s unten Rn 16.

7 **4) Rechtswegentscheidung, II–IV.** Das Gericht erster Instanz hat die Zulässigkeit des zu ihm beschrittenen Rechtswegs in jeder Lage des Verfahrens vAw zu prüfen. Je nach dem Ausgang dieser Prüfung muß es wie folgt verfahren:

**A. Unzulässigkeit des Rechtsweges, II**

**a) Feststellung und Verweisung, II 1.** Ist (aufgrund einer bindenden Entscheidung nach I oder nach der Rechtsauffassung des Gerichts) der Rechtsweg unzulässig, so **spricht das Gericht** dies nach Anhörung der Parteien von Amts wegen **vorab durch Beschluß aus und verweist den Rechtsstreit zugleich an das zuständige Gericht des zulässigen Rechtsweges, II 1;** „vorab" bedeutet vor der Entscheidung in der Hauptsache, Schwab NZA **91**, 662. Die Verweisung setzt die fortbestehende Rechtshängigkeit der Sache voraus, LAG Mü MDR **94**, 834. Sie ist nur dann zulässig und geboten, wenn der beschrittene Rechtsweg schlechthin, dh für den Klaganspruch mit allen in Betracht kommenden Klagegründen, unzulässig ist, vgl § 17 Rn 5, BVerwG NVwZ **93**, 358. Eine andersartige Entscheidung über den Rechtsweg ist ausgeschlossen, insbesondere kommt eine Abweisung der Klage als unzulässig wegen Fehlens des Rechtsweges nicht in Betracht; § 36 Z 3 ZPO eröffnet nicht die Möglichkeit, einen gemeinsamen Rechtsweg für Klagen gegen Personen zu eröffnen, gegen die verschiedenen Rechtswegen zugeordnete Ansprüche verfolgt werden, BGH NJW **94**, 2082. Jede Vorabentscheidung nach II muß die Verweisung des Rechtsstreits aussprechen, auch dann, wenn eine andere prozessuale Voraussetzung für ein Verfahren vor diesem Gericht nicht gegeben sind, VGH Mannh NJW **91**, 1905 (wegen der Ausnahme bei anderweitiger Rechtshängigkeit s § 17 Rn 4). Das Gericht muß sich vergewissern, welches Gericht innerhalb des von ihm als richtig angesehenen Rechtsweges sachlich und örtlich zuständig ist, und dieses Gericht in dem Beschluß genau bezeichnen, § 17b I, um eine insoweit zulässige Weiterverweisung, I 3, möglichst zu vermeiden. **Sind mehrere Gerichte in diesem Rechtsweg zuständig**, wird an das vom Kläger oder Antragsteller auszuwählende Gericht verwiesen oder, wenn die Wahl unterbleibt, an das vom Gericht bestimmte, **II 2** (die Wahl setzt voraus, daß nach Ansicht des Gerichts eine Mehrfachzuständigkeit besteht, Jauernig NZA **95**, 13; sie ist endgültig und unwiderruflich, vgl § 35 ZPO, dazu BayObLG RR **91**, 188). Das gleiche gilt auch, wenn für das Klagebegehren mehrere Rechtswege (außer dem nach § 13) in Frage kommen, was auf der Grundlage des Klagantrags und des zu seiner Begründung vorgetragenen Sachverhalts zu prüfen ist, BGH NJW **85**, 2756 (dabei sind offensichtlich nicht gegebene Anspruchsgrundlagen nicht zu berücksichtigen, BGH NVwZ **90**, 1104, BVerwG NVwZ **93**, 358, s § 13 Rn 12). **Von einer Verweisung absehen** darf das Gericht ausnahmsweise dann, wenn das Verwaltungsverfahren nach dem VermG noch nicht abgeschlossen ist, BGH NJW **93**, 333 (nicht aber sonst bei verfrüht erhobener Klage, § 13 Rn 4).

Eine **teilweise Feststellung und Verweisung** kommt nicht in Betracht, § 17 Rn 6. Sind in einer Klage mehrere selbständige Ansprüche zusammengefaßt, so kann für einzelne von ihnen nach II nur nach deren vorheriger Trennung, § 145 ZPO, verfahren werden, vgl BGH NJW **98**, 828 mwN; das gleiche gilt für Klage und Widerklage. Erst recht scheidet eine auf einzelne Klaggründe beschränkte Feststellung und Verweisung aus, wenn dem Gericht die Prüfung dieser Gründe verwehrt ist, BGH aaO, vgl § 17 Rn 7. Vielmehr muß der von der Prüfung ausgeschlossene Teil oder Klaggrund in einem neuen Verfahren vor das dafür zuständige Gericht des zulässigen Rechtsweges gebracht werden. Nur wenn ein Anspruch aus sachlichen Gründen durch Teilurteil abgewiesen wird, darf der andere, rechtswegfremde Anspruch verwiesen werden, vgl VGH Mannh NJW **93**, 3344.

Wegen des **Verfahrens** s unten Rn 12, wegen der **Bindungswirkung** s unten Rn 8.

8 **b) Bindungswirkung, II 3.** Ein formell rechtkräftiger **Beschluß nach II ist für das Gericht, an das verwiesen worden ist, hinsichtlich des Rechtsweges bindend.** Dies gilt für den Rechtsstreit, dh das konkrete Verf, das verwiesen worden ist; auf andere Verf in derselben Sache erstreckt sich die Bindungswirkung nicht, auch wenn es sich um Folgeverfahren handelt, zB die Klage nach verwiesenem Verf der einstwVfg, BFH NVwZ **91**, 103 mwN, aM BAG LS NJW **82**, 960. Ist im PKH-Verfahren, dies nach Rn 5 aE, unanfechtbar verwiesen worden, gilt die Bindung hinsichtlich des Rechtsweges nur für das PKH-Verfahren, BAG NJW **93**, 752. Entsprechend der zum bisherigen Recht vertretenen Mindermeinung, vgl 48. Aufl § 17 Anm 3 B, hat der Verweisungsbeschluß **„aufdrängende Wirkung"**, soweit es sich um den Rechtsweg handelt: **Dem Gericht, das in dem Beschluß bezeichnet worden ist, ist es verwehrt, den Rechtsweg zu ihm zu verneinen und an das Gericht eines dritten Rechtsweges weiterzuverweisen**, Kissel NJW **91**, 949. Das gilt auch dann, wenn der Beschluß offensichtlich unrichtig ist, ZöGu 13, BVerwG NVwZ **89**, 263 mwN, oder aufgrund eines fehlerhaften Verfahrens zustandegekommen ist: anders als bei einer Verweisung nach § 281 ZPO können (und müssen) auch schwerwiegende Irrtümer und Fehler des Gerichts im Wege der Anfechtung, IV, behoben werden; geschieht dies nicht, ist die Entscheidung hinzunehmen, weil es gerade der Sinn der Neuregelung ist, zeitraubende Streitigkeiten über den Rechtsweg auszuschließen, Schaub BB **93**, 1667, diff ZöGu 13, aM Kissel NZA **95**, 348 mwN, BAG NZA **98**, 1191, **94**, 478 u 959, BayObLG RR **92**, 598 u **91**, 1358. Eine Ausnahme gilt dann, wenn sich das Gericht, an das verwiesen ist, zuvor rechtskräftig für unzuständig erklärt hatte, Meyer-Ladewig § 51 Rn 59; dagegen schließt die unanfechtbare Verweisung innerhalb eines Rechtswegs die Weiterverweisung in einen anderen Rechtsweg nicht aus, BAG NJW **93**, 1878. Kommt es zu einem negativen Kompetenzkonflikt, entscheidet entspr § 36 I Z 6 ZPO das entspr § 36 II ZPO zuständige Gericht, § 36 Rn 12, BAG NZA **99**, 392 mwN, offen BVerwG NVwZ **95**, 372, BayObLG **99**, 81. Wird nach der Verweisung durch eine zulässige Klagänderung ein neuer Streitgegenstand geschaffen, ist eine (Zurück-)Verweisung in den dann gegebenen Rechtsweg zulässig, BGH NJW **90**, 54, Hamm FamRZ **88**, 1293, OVG Bre LS DÖV **88**, 90.

1. Titel. Gerichtsbarkeit § 17a GVG

**Hinsichtlich der sachlichen und örtlichen Zuständigkeit bindet die Entscheidung dagegen** 9
**nicht**, so daß insofern innerhalb desselben Rechtsweges eine Weiterverweisung nach § 281 ZPO zulässig ist, BAG NJW **96**, 742 mwN, NZA **94**, 478 (dazu Jauernig NZA **95**, 12), KG RR **95**, 638, Karlsr MDR **95**, 88, LAG Düss MDR **94**, 282, zB wenn fälschlich das AG als zuständiges Gericht angesehen oder die ausschließliche Zuständigkeit eines anderen Gerichts übersehen worden ist. Demgemäß ist bei Verweisung eines Rechtsstreits an das Zivilgericht eine Weiterverweisung an das nach FGG berufene Gericht zulässig, BGH **40**, 6. Das gleiche gilt auch bei Verstößen gegen die funktionelle Zuständigkeit, so daß zB das OLG die Sache an das zuständige erstinstanzliche Gericht abgeben darf (und muß).
**c) Sonstige Wirkungen.** Vgl § 17b I und wegen der Kosten § 17b II. **Zum weiteren Verfahren** in 10
den an ein Zivilgericht abgegebenen Sachen s § 13 Rn 28 u 29.

**B. Zulässigkeit des Rechtsweges, III.** Hält das erstinstanzliche Gericht den Rechtsweg zu ihm für 11
zulässig, so braucht es darüber nicht gesondert zu entscheiden. Dies **kann es vorab aussprechen, III 1**, wenn es dies nach pflichtgemäß ausgeübtem Ermessen für zweckmäßig hält, was insbes zu bejahen sein wird, wenn die Rechtslage objektiv zweifelhaft ist (abw Boin NJW **98**, 3748: bei Zweifeln immer Vorabentscheidung); Formel: „Der Rechtsweg zu dem ordentlichen Gericht ist zulässig". **Das Gericht hat vorab zu entscheiden, wenn eine Partei die Zulässigkeit des Rechtsweges rügt, III 2.** Diese Bestimmung ist das notwendige Korrelat dazu, daß die Parteien das später ergehende Urteil nicht mit der Begründung anfechten dürfen, der Rechtsweg sei nicht zulässig, BT-Drs 11/7030 S 37. Die Rüge muß ausdrücklich (in den Fällen des Anwaltszwangs durch einen RA) und innerhalb der Frist des § 282 III ZPO erhoben werden, Köln NJW **95**, 3319, vgl § 282 Rn 17. Unterbleibt sie und trifft auch das Gericht nicht vAw eine Vorabentscheidung, so befindet es über den Rechtsweg in der Endentscheidung, was auch stillschweigend durch Sachentscheidung geschehen kann. Wegen der Folgen eines **Verstoßes** gegen III 2 s unten Rn 15.
Wegen des **Verfahrens** s Rn 12.

**C. Verfahren und Rechtsmittel, IV** 12
**a) Vorabentscheidung des Gerichts erster Instanz, II u III.** Ein Antrag ist nicht erforderlich; mit ihm kann jedoch eine den Rechtsweg bejahende Vorabentscheidung erzwungen werden, III 2. Die Entscheidung ergeht durch **Beschluß** ohne notwendige mündliche Verhandlung, IV 1; eine solche wird aber anzuberaumen sein, wenn die Vorabentscheidung schwierige, mit den Parteien zu erörternde Fragen aufwirft, BT-Drs 11/3621 S 37 zu § 281. Schon nach Art 103 I GG ist den Parteien vorher **rechtliches Gehör** zu gewähren (für den Fall der Verweisung ist dies in II ausdrücklich vorgeschrieben), wozu schriftliche Anhörung genügt. Kommen für die Verweisung mehrere Gerichte in Frage, muß der Kläger oder Antragsteller aufgefordert werden, von seinem Wahlrecht, II 2, Gebrauch zu machen. Der Beschluß nach II u III ist **zu begründen**, IV 2, vgl § 329 ZPO Rn 4ff, und den Parteien **zuzustellen**, § 329 III ZPO, BAG NZA **98**, 1191. Über die **Kosten** ist in einem Verweisungsbeschluß, II, nicht zu entscheiden, § 17b II, wohl aber in einem den Rechtsweg bejahenden Beschluß, III, BGH NJW **93**, 2542, KG NJW **94**, 2702. Gebühren: Gericht § 9 GKG, RA § 14 BRAGO. Der Beschluß wird (mit Bindungswirkung nach I) rechtskräftig, wenn gegen ihn kein Rechtsmittel eingelegt wird, BAG NZA **93**, 618.
**b) Rechtsmittel, IV. aa) Beschwerde.** Gegen den Beschluß des AG oder LG nach II oder III ist die 13
**sofortige Beschwerde nach der jeweiligen Verfahrensordnung** vorgesehen, IV 3, in Zivilsachen also nach § 577 (Beschwerdegericht ist das LG oder das OLG), in FGG-Sachen nach FGG, BayObLG MDR **96**, 95; die sofortige Beschwerde an den BGH ist zulässig, wenn das OLG erstmalig eine Vorabentscheidung getroffen hat, BGH NJW **98**, 2058 u **96**, 591. Die Beschwerde ist **auch dann statthaft**, wenn sie in Sondergesetzen für den Fall nicht vorgesehen oder allgemein ausgeschlossen ist; das zeigen die auf diesem Grundsatz beruhenden Änderungen solcher Gesetze durch die Art 11–17 des 4. VwGOÄndG. Für die Beschwerde gelten die allgemeinen Vorschriften, so daß eine Beschwer durch die angefochtene Entscheidung nötig ist, Köln RR **96**, 60, LAG Köln NZA-RR **96**, 29. Wegen des **Beschwerdeverfahrens** in Zivilsachen, namentlich wegen der Frist, dazu BAG NJW **94**, 605 u **93**, 1878, und wegen des Anwaltszwangs beim OLG, dazu Saarbr RR **94**, 1612 mwN, s die Erläuterungen zu den §§ 567 ff ZPO, wegen der Kosten oben Rn 12 aE. Das Verf in der Hauptsache ist bis zur Erledigung der Beschwerde (und ggf der weiteren Beschwerde) auszusetzen, § 148 ZPO, Kissel NZA **95**, 347 mwN; auf jeden Fall muß der Ablauf der Beschwerdefrist abgewartet werden, Schwab NZA **91**, 662. **bb) Weitere Beschwerde.** Auch für sie gilt an sich die jeweilige Verfahrensordnung. Die weitere Beschwerde ist aber nur (in allen Verfahrensarten, abw BayObLG MDR **96**, 95) für den Fall vorgesehen, daß das **OLG (oder ein anderes oberes Landesgericht) Beschwerdegericht** ist, Kissel § 17 Rn 19, BGH NJW **93**, 388; diese Absicht des Gesetzgebers, BT-Drs 11/7030 S 38, hat in IV 4–6 und in den Änderungen des § 567 III 2 ZPO und des § 78 II ArbGG Ausdruck gefunden. Die weitere Beschwerde ist auch in Verf des vorläufigen Rechtsschutzes, oben Rn 5, gegeben, aM Hbg OLGZ **94**, 370. Die Beschwerde kann (und muß ggf) auch dann zugelassen werden, wenn wegen eines Verfahrensfehlers der 1. Instanz erstmals das OLG über die Zulässigkeit des Rechtsweges zu entscheiden hat, BGH NJW **93**, 470 u DtZ **97**, 61 mwN, Hoffmann JR **93**, 150. Ein **neuer selbständiger Beschwerdegrund**, § 568 II 2 ZPO, wird Voraussetzung für die Zulässigkeit, ZöGu 19, ThP 17, BGH NJW **97**, 744 u **94**, 2620 mwN, offen BGH NJW **93**, 2541. Nötig ist stets, ebenso wie nach § 568 a ZPO, die **Zulassung** der weiteren Beschwerde; die dafür geltenden Bestimmungen, IV 5 u 6, sind den Vorschriften für die Revision in Zivilsachen nachgebildet, s § 546 ZPO Rn 10–15, gehen hinsichtlich der Divergenzbeschwerde aber darüber hinaus, Kissel § 17 Rn 20. An die Zulassung ist der BGH ausnahmslos gebunden, § 546 ZPO Rn 22 (nicht aber an eine nachträgliche Zulassung, BSG NZS **98**, 206); dies gilt auch dann, wenn sich regelwidrig das OLG mit der Rechtswegfrage befassen mußte, BGH NJW **98**, 2058 u **93**, 388. Eine Nichtzulassungsbeschwerde ist nicht vorgesehen, BAG NJW **94**, 2110, BVerwG NVwZ **94**, 782, BSG NZA **94**, 192 mwN. Über die weitere Beschwerde **entscheidet der BGH**; für die Überprüfung von Landesrecht gilt § 549 I ZPO entspr, BGH NJW **96**, 3012. **cc) Entscheidung.** Bejaht das Beschwerdegericht im Gegensatz zur Vorinstanz den Rechtsweg, hebt es das entgegenstehende(n) Entscheidung(en) auf und verweist die Sache zurück, BGH NJW **93**, 471. Verneint es erstmals den Rechtsweg, so verweist es seinerseits

**GVG § 17a** Gerichtsverfassungsgesetz

unter Aufhebung der Vorentscheidungen den Rechtsstreit an das zuständige erstinstanzliche Gericht, II (eine Zurückverweisung an die Vorinstanz wird idR nicht in Betracht kommen). **dd) Kosten.** Im Rechtsmittelverfahren ist über die Kosten nach den **§§ 91 ff ZPO** zu entscheiden, § 17 b II gilt insofern nicht, BGH NJW 93, 2542, BSG MDR 97, 1066 mwN (auch zur Nachholung der Kostenentscheidung), Ffm RR 98, 1565, KG NJW 94, 2702 (für Kostenteilung bei Erfolg beiderseitiger Rechtsmittel entspr §§ 93 a u 93 c ZPO). Der **Streitwert** ist auf einen Bruchteil des Hauptsachewerts festzusetzen, idR auf $1/3$–$1/5$, BGH NJW 98, 910, LG Bln NZA-RR 99, 212. **Gebühren:** Gericht KV 1906, RA § 61 BRAGO.

14   **D. Wirkungen des Beschlusses, II u III.** Wegen der Wirkungen des Verweisungsbeschlusses, II, s § 17 b I. Er stellt ebenso wie der den Rechtsweg bejahende Beschluß, III, mit Eintritt seiner Rechtskraft für alle Instanzen und für andere, mit derselben Sache befaßte Gerichte den zulässigen Rechtsweg fest, s oben Rn 8.

15   **5) Keine Prüfung des Rechtswegs in höheren Instanzen, V.** Über die Zulässigkeit des Rechtsweges wird allein in erster Instanz entschieden, nämlich entweder im Vorabverfahren, II u III, oder bei Bejahung (auch stillschweigend) in der Entscheidung in der Hauptsache, BGH NJW 93, 390, Düss NVwZ 93, 405. Demgemäß darf das **Gericht, das über ein Rechtsmittel gegen eine Entscheidung in der Hauptsache entscheidet, nicht prüfen,** ob der beschrittene Rechtsweg zulässig ist. Diese Beschränkung gilt für alle Rechtsmittelverfahren, also sowohl für das Berufungs- und Revisionsverfahren als auch für das eine Sachentscheidung betreffende Beschwerdeverfahren, zB im einstweiligen Rechtsschutz, oben Rn 5, OVG Bre NVwZ 95, 793, Köln NJW 94, 56 mwN, VGH Mannh NJW 93, 2194, aM VGH Kassel NJW 95, 1171 mwN, ebenso in selbständigen Nebenverfahren und in den Fällen des § 621 e ZPO: wenn ein Vorabverfahren, IV, nicht geboten war, hat jedes Rechtsmittelgericht die (ausdrückliche oder stillschweigende) Bejahung der Zulässigkeit des Rechtsweges in einer Entscheidung in der Hauptsache als bindend hinzunehmen, mag sie von der ersten oder zweiten Instanz ausgesprochen worden sein, BGH NJW 94, 387 u NJW 93, 390 (Anm Leipold JZ 93, 707), BAG NJW 96, 3430, und auch dann, wenn die Entscheidung gegen § 17 II 2 verstieß, BAG/NZA 99, 391. Eine Entscheidung in der Hauptsache liegt immer dann vor, wenn das Gericht in der Sache entschieden, BGH NJW 98, 232 u 94, 387, oder die Zulässigkeit der Klage aus anderen Gründen als dem der Unzulässigkeit des Rechtsweges verneint hat, MüKoWo 25, BGH NJW 98, 232 mwN, ua NJW 93, 471 (Anm Wieser ZZP 106, 529), OVG Münst NVwZ 94, 179 (zur Abweisung wegen falschen Rechtswegs s Rn 16 aE); hat die 1. Instanz (fehlerhaft) nur über eines von mehreren Begehren entschieden, so gilt die Bindung nur für dieses Begehren, VGH Kassel NVwZ-RR 99, 41. Für den Rechtsweg gilt damit in allen Gerichtsbarkeiten das gleiche wie für die Zuständigkeit, vgl §§ 10, 12, 512 a und 549 II ZPO. Die Bejahung des Rechtswegs in erster Instanz bindet im Fall der Zurückverweisung auch das **erstinstanzliche Gericht** selbst, ArbG Hanau RR 97, 766.

16   Der **Ausschluß der Prüfung gilt nicht,** wenn die erste Instanz **unter Verstoß gegen III 2,** also trotz zulässiger Rüge durch eine Partei, Rn 11, in der Hauptsache entschieden und dabei (ausdrücklich oder stillschweigend) den zu ihm beschrittenen Rechtsweg bejaht hat, allgM, Boin NJW 98, 3747 (eingehend), BGH NJW 99, 651 mwN, BAG NZA 96, 1342 u NJW 93, 2459 mwN, BVerwG NJW 98, 956 u NVwZ 92, 661, BayObLG RR 96, 913, Ffm RR 98, 1565 mwN (hat aber das Gericht die Rüge zutreffend als verspätet zurückgewiesen, gilt V uneingeschränkt, § 528 III ZPO, LAG Bln LS NZA 94, 912; das gleiche gilt, wenn die Rüge in der Rechtsmittelinstanz nicht aufrechterhalten wird, BVerwG NJW 97, 956, VGH Mü NJW 97, 1251; Bindung nach V nur für den Sonderfall einer Konkurrenz zwischen Beschwerde und Berufung, Boin NJW 98, 3748). Zwar hat das Gericht in diesem Fall nicht etwa eine Entscheidung iSv III fälschlich im Gewand einer Endentscheidung erlassen, sondern über die Hauptsache in der richtigen Form entschieden, aM BAG aaO; diese Entscheidung beruht aber auf einem unzulässigen Verfahren, BGH aaO, das den dadurch Beschwerten berechtigt, das dafür gegebene Rechtsmittel einzulegen. Das für das Rechtsmittel zuständige Gericht hat dann wie folgt zu verfahren, vgl Kissel NZA 95, 351, Haas JZ 93, 1012: Ist es ein **OLG bzw LAG,** muß es über den Rechtsweg vorab durch Beschluß entscheiden (und die Sache ggf an das „richtige" Rechtsmittelgericht verweisen, Kissel § 17 Rn 22 ff), und über die Zulassung der Beschwerde an den BGH bzw das BAG befinden; in der Sache selbst darf es (nur dann) durch Urteil entscheiden, wenn es den Rechtsweg bejaht und im Fall der Vorabentscheidung keinen Anlaß hätte, die Beschwerde an den BGH bzw das BAG zuzulassen, vgl BGH NJW 99, 651 mwN, BAG aaO, BVerwG NJW 94, 956, Düss NVwZ 98, 773, Ffm NJW 97, 2391. Ist Rechtsmittelgericht das **LG,** wäre die Nachholung des Vorabverfahrens ein nutzloser Umweg, weil es gegen seine rechtswegentscheidung keine Beschwerde gibt, § 567 III ZPO, ThP 19, LG Fulda NJW 96, 266, LG Gießen RR 96, 189. Das LG darf (und muß) vielmehr ebenso wie das OLG, wenn es die Beschwerde nicht zuläßt, in der Endentscheidung auch über den Rechtsweg entscheiden, dh entweder durch Beschluß (unter Aufhebung des angefochtenen Urteils) an das zuständige Gericht des richtigen Rechtswegs verweisen, BGH NJW 98, 2058, Ffm RR 98, 1565, Saarbr NJW 95, 1562, VGH Mannh NVwZ-RR 97, 326, VGH Mü BayVBl 95, 310, oder durch Urteil in der Sache befinden, Düss NVwZ 98, 773, oder unter Entscheidung der Rechtswegfrage zurückverweisen, §§ 539 u 540 ZPO, vgl BGH JZ 93, 728, LG Fulda u LG Gießen aaO, VGH Mannh NVwZ-RR 93, 516, VGH Mü NVwZ-RR 93, 668 (abw verlangt das BAG aaO in jedem Fall eine Entscheidung vorab durch Beschluß). Für das **Revisionsverfahren** gelten die allgemeinen Regeln, §§ 563 ff ZPO; hier ist bei Verstoß gegen III 2 Zurückverweisung an das Berufungsgericht geboten, BGH NJW 99, 652 mwN (ausnahmsweise Zurückverweisung an die 1. Instanz, BSG NZA 94, 192).

Hat die erste Instanz die Sache **entgegen II durch Endentscheidung** in einen anderen Rechtsweg **verwiesen,** besteht ebenfalls keine Bindung, V: das gegen diese formfehlerhafte Entscheidung nach dem Meistbegünstigungsgrundsatz zulässige Rechtsmittel der Berufung ist als Beschwerde iSv IV 3 zu behandeln, Grdz § 511 Rn 28 ff, und i ü nach dem soeben Gesagten verfahren (Entscheidung durch Urteil); im Fall der Sprungrevision ist Zurückverweisung an das Berufungsgericht geboten, BSG NZA 94, 191. Entsprechendes gilt für den Fall, daß die erste Instanz die Klage mit der Begründung, sie sei in einem anderen Rechtsweg, fehlerhaft **als unzulässig abgewiesen** hat, BGH NJW 98, 388 (dazu Leipold JZ 93, 706), Saarbr NJW 95, 1562 (krit Jestaedt NJW 95, 1527), OVG Kblz NVwZ-RR 93, 669, OVG Münst NVwZ-RR 93, 517 u

1. Titel. Gerichtsbarkeit **§§ 17a, 17b GVG**

670, OVG Schlesw SchlHA **93**, 152, LG Trier RR **92**, 1533, LAG Hamm NZA **92**, 136 (zu § 48 ArbGG), vgl Kissel NZA **95**, 351. Erläßt in diesen Fällen das Berufungsgericht ein Sachurteil, in dem es den Rechtsweg bejaht, gilt V, oben Rn. 15.

6) *VwGO:* § 17 a gilt entspr, § 173 *VwGO,* auch hinsichtlich der sachlichen und örtlichen Zuständigkeit, § 83 **17** Satz 1 VwGO (zum Übergangsrecht, oben Rn 1, s OVG Münst NVwZ-RR **93**, 517). Zur Anwendung im Eilverfahren s oben Rn 5. Sofortige Beschwerde iSv IV ist die Beschwerde nach §§ 146 ff VwGO, so daß für die Frist § 147 VwGO gilt (nicht aber § 148 VwGO, vgl BSG RR **95**, 1276) und für die Beschwerde Vertretungszwang, § 67 I 1 VwGO, besteht, OVG Münst NVwZ **98**, 204, str, aM VGH Mü NJW **99**, 378 mwN. Die Beschwerde ist auch dann statthaft, wenn sie durch ein Gesetz sonst ausgeschlossen ist (vgl die entspr Änderungen der einschlägigen Gesetze durch Art 11–17 des 4. VwGOÄndG u § 37 II VermG), so daß § 146 III u IV VwGO nicht anzuwenden ist, oben Rn 13. Die Beschwerde gegen die Entscheidung des OVG (auch gegen dessen Beschwerdeentscheidung, Rn 13) wird durch § 152 I VwGO nF eröffnet, aM für Eilverfahren OVG Bln NJW **91**, 716; sie bedarf nach § 17a IV 4 stets der Zulassung, BVerwG Buchholz 300 § 17a GVG Nr 1, 9 u 11 (keine Nichtzulassungsbeschwerde, BVerwG NVwZ **94**, 782). Wegen des Verf s insbesondere Rn 16; zur Erledigung der Hauptsache OVG Weimar NVwZ-RR **99**, 278. Unanwendbar ist § 17a im Verhältnis zur Verfassungsgerichtsbarkeit, Ule VPrR § 9 III, anwendbar dagegen im Verhältnis zur Disziplinargerichtsbarkeit, BVerwG NVwZ **95**, 85.

**17b** *Wirkungen der Verweisung.* I ¹Nach Eintritt der Rechtskraft des Verweisungsbeschlusses wird der Rechtsstreit mit Eingang der Akten bei dem im Beschluß bezeichneten Gericht anhängig. ²Die Wirkungen der Rechtshängigkeit bleiben bestehen.

II ¹Wird ein Rechtsstreit an ein anderes Gericht verwiesen, so werden die Kosten im Verfahren vor dem angegangenen Gericht als Teil der Kosten behandelt, die bei dem Gericht erwachsen, an das der Rechtsstreit verwiesen wurde. ²Dem Kläger sind die entstandenen Mehrkosten auch dann aufzuerlegen, wenn er in der Hauptsache obsiegt.

**Vorbem.** § 17b gilt entspr in der **Arbeitsgerichtsbarkeit,** § 48 ArbGG, abgedr bei § 281 ZPO, und **1** zwar nicht nur für die Rechtswegverweisung, sondern auch für die Verweisung wegen fehlender sachlicher oder örtlicher Zuständigkeit, § 17 Rn 1; dazu Kissel NZA **95**, 345. Eigene Kostenregelung in § 12 a I 3 ArbGG, LAG Kassel MDR **99**, 1144.

**Schrifttum:** S § 17 Rn 1.

1) **Wirkungen der Verweisung.** Der Verweisungsbeschluß nach § 17 a II stellt für das Adressatgericht **2** und alle Instanzen den zulässigen Rechtsweg fest, § 17 a Rn 8. Außerdem treten folgende Wirkungen ein:

**A. Anhängigkeit, I 1.** Nach Eintritt der formellen Rechtskraft des Beschlusses, § 705 ZPO, sind die Akten abzugeben, nicht vorher, BAG MDR **93**, 57, Kissel NJW **91**, 950. **Mit Eingang der Akten bei dem in dem Beschluß bezeichneten Gericht wird der Rechtsstreit dort anhängig,** auch wenn die Verweisung sachlich falsch ist, § 17 a Rn 8.

**B. Rechtshängigkeit, I 2.** Ihre **Wirkungen bleiben bestehen:** der Rechtsstreit wird bei dem Gericht, **3** an das er verwiesen worden ist, so anhängig, als ab er bei ihm von Anfang an rechtshängig gewesen wäre, Kissel § 17 Rdz 43. Darauf folgt: **a) Die Zulässigkeit des Rechtsweges** wird durch eine nach der Verweisung eintretende Veränderung der sie begründenden Umstände nicht berührt, § 17 I; das gleiche gilt für die **Zuständigkeit,** § 261 III Z 2 ZPO. Ändert sich der Streitgegenstand, so ist der Rechtsweg (und die Zuständigkeit) neu zu prüfen, Hamm FamRZ **88**, 1293, OVG Bre LS DÖV **88**, 90. **b) Maßnahmen des verweisenden Gerichts,** zB die Zulassung eines Drittbeteiligten, bleiben bestehen; das gilt auch für die Bewilligung der PKH, Düss RR **91**, 63 (entspr § 119 Satz 2 ZPO), aM Krause ZZP **83**, 323, ZöGu § 17 Rdz 18. **c) Fristen.** Sofern durch die Klagerhebung eine Frist gewahrt werden sollte, kommt es dafür auf den Eintritt der Rechtshängigkeit bei dem verweisenden Gericht an, OVG Münst NJW **96**, 334. Beim Zivilgericht genügt die Einreichung, sofern die Zustellung demnächst erfolgt, § 270 III ZPO; dies gilt auch dann, wenn das angerufene Gericht die Sache vor Zustellung der Klage an den Gegner verweist (was wegen der vorgeschriebenen Anhörung beider Parteien, § 17 a II, praktisch nicht vorkommen kann). Wenn **an ein Zivilgericht verwiesen** wird, gelten die für das verweisende Gericht geltenden Regeln fort, also auch diejenigen, nach denen die Rechtshängigkeit schon mit der Einreichung der Klage eintritt, zB § 90 I VwGO, Jauernig NJW **86**, 35, Schneider MDR **86**, 459 (insbesondere auch Fall des Rechtsmißbrauchs). Die Verweisung wahrt auch die versehentlich (nicht aber rechtsmißbräuchlich) bei einem sachlich oder örtlich unzuständigen Gericht eingereichte Klage die Frist, OVG Kblz NJW **81**, 1005.

**C. Weiteres Verfahren.** Es richtet sich nach den Vorschriften, die für das im Verweisungsbeschluß **4** bezeichnete Gericht gelten, § 13 Rn 28 u 29. Dies gilt auch dann, wenn zu Unrecht verwiesen worden ist. Dann muß das zur Entscheidung berufene Gericht im Rahmen der für dieses Gericht maßgeblichen Vorschriften über die Sache am besten entsprechende Verfahrensart bestimmen und danach verfahren, BGH NJW **90**, 1795, BVerwG NJW **67**, 2128.

2) **Kosten, II** (eigene Regelung in § 12 a I 3 ArbGG, LAG Kassel MDR **99**, 1144). Die Regelung **5** entspricht § 281 III ZPO, s die dortigen Erläuterungen; sie gilt in Verfahren nach dem FGG entspr, BayObLG FGGPrax **95**, 211 (§ 54 BeurkG). Zur Entscheidung über die Kosten (und den Streitwert) ist allein das Gericht berufen, an das verwiesen worden ist, VGH Mannh NVwZ-RR **92**, 165. Für die Kosten einer Beschwerde, § 17a IV, bzw einer Berufung, § 17a Rn 16, gilt II nicht; über sie entscheidet das Rechtsmittelgericht nach den §§ 91 ff ZPO, ZöGu 4, BGH NJW **93**, 2541, OVG Münst NVwZ-RR **93**, 670 mwN, auch bei Erfolg des Rechtsmittels, aM Köln RR **93**, 640, BezG Dresden ZIP **92**, 283. Beschwerdewert ist der Wert der Hauptsache, Köln RR **93**, 639. Die Gerichtskosten der Rechtsmittelinstanz sind niederzuschlagen, § 8 I 1 GKG, OVG Münst aaO.

Albers

**GVG § 17b, Einf §§ 18–20, § 18**  Gerichtsverfassungsgesetz

6   3) **VwGO:** *§ 17b ist entspr anzuwenden, § 173 VwGO, auch hinsichtlich der sachlichen und örtlichen Zuständigkeit, § 83 Satz 1 VwGO, OVG Münst NJW* **96**, *334 (zur Fristwahrung, Rn 3). Als Sondervorschrift geht § 155 V VwGO der Regelung in II 2 vor, BT-Drs 11/7030 S 38.*

### Einführung zu §§ 18–20. Exterritorialität

**Schrifttum:** *Schack,* Internationales Zivilverfahrensrecht, 1991, § 6; *Linke,* Internationales Zivilprozeßrecht, 1990, § 3; *Geimer,* Internationales Zivilprozeßrecht, 1987; *Damian,* Staatenimmunität und Gerichtszwang, 1985; *Nagel,* Internationales Zivilprozeßrecht, 3. Aufl 1990; *Rüping* F Kleinknecht, S 397; *Riedinger,* Staatenimmunität gegenüber Zwangsgewalt, RabelsZ **81**, 448; *Schaumann-Habscheid,* Die Immunität ausländischer Staaten nach VölkerR u deutschem ZivilprozeßR (Heft 8 der dt Gesellsch f VölkerR, 1968); *Dahm,* Völkerrechtl Grenzen der inld Gerichtsbark gegenüber ausld Staaten, Festschrift Nikisch S 156; StJ vor § 1 V B u D; RoS § 18

1   **1) Allgemeines.** §§ 18–20 sind durch G v 25. 3. 74, BGBl 761, mit Wirkung v 1. 4. 74 neu gefaßt, dazu Fliedner ZRP **73**, 263; hinzugekommen ist mit Wirkung vom 1. 8. 84 die ergänzende Bestimmung des § 20 I. Diese Vorschriften regeln die persönliche Exterritorialität (Exemtion, Immunität) für diplomatische Missionen und konsularische Vertretungen durch Übernahme der sog Wiener Übk sowie für andere Personen durch eine Sonderbestimmung für Gäste der Bundesrepublik und i ü durch Verweisung auf völkerrechtliche Regelungen; zu letzteren vgl den Überblick bei Steinmann MDR **65**, 706 u 795. Weitere Fälle der Exterritorialität: § 20 Rn 2 ff.

2   **2) Immunität** (Kissel § 18 Rn 1–9; Schack, Rn 137–139; Staudinger/Spellenberg Rn 1–13).
    **A. Grundsatz.** Die Immunität (Exterritorialität) bedeutet die Befreiung von der deutschen Gerichtsbarkeit, RG **157**, 394, und ist als VerfHindernis in jeder Lage des Verfahrens vAw zu beachten, BVerfG **46**, 342, BGH **18**, 1, BGH(St) NJW **86**, 2204, BayObLG NJW **92**, 641. Deshalb darf das Gericht keinen Termin in der Hauptsache anberaumen, Vfg MDR **53**, 109, keinen Arrest und keine eW Vfg erlassen, Ffm NJW **82**, 2650, Exterritoriale nicht als Beteiligte eines Streitverfahrens anhören, vgl Köln NJW **92**, 320 zu LG Bonn FamRZ **91**, 1329 (Anm Kimminich), Zeugen oder Sachverständige laden, BVerwG NJW **89**, 679 mwN, u dgl (s jedoch die zT abweichenden Bestimmungen des Nato-Truppenstatuts, Schlußanh III). Zulässig ist aber die Zustellung der Klage (auf diplomatischem Wege) und die Anberaumung eines Termins zur abgesonderten Verhandlung über die Immunität, wenn darüber nicht nach Aktenlage entschieden werden kann, LG Hbg NJW **86**, 3034 mwN, dazu Hess RIW **89**, 254 (eingehend), Mann NJW **90**, 618, aM Hartmann § 216 Rn 2, ZöSt § 216 Rdz 4 u 7 (Verfahrenshindernis). Über Zustellung vgl § 200 ZPO; in exterritorialen Räumen darf keine Zustellung stattfinden, notfalls ist öff Zustellung geboten. Zulässig dürfte auch eine Bitte um Auskunft sein, Mann NJW **90**, 619. Im Streit über die Befreiung ist durch Urteil zu entscheiden, bei Bejahung durch abweisendes Prozeßurteil, bei Verneinung entsprechend § 280 ZPO durch Zwischenurteil, RG **157**, 394. Die **Nichtbeachtung der Exterritorialität** macht jede gerichtliche Handlung völlig wirkungslos, so daß Entscheidungen nichtig ohne denkbare innere Rechtskraft sind; das gilt für verurteilende Entscheidungen, hM (abw Schlosser ZZP **79**, 164), ebenso wie für sachlich abweisende, str, aM StJ vor § 578 I 2 b aa. Selbsthilferechte von Privatpersonen werden durch die §§ 18–20 nicht ausgeschlossen, Kissel § 18 Rn 8, MüKoWo Vorbem §§ 18–20 Rn 5, Bongartz MDR **95**, 780, Köln NJW **96**, 473.

3   **B. Ausnahmen.** Ausnahmsweise besteht Gerichtsbarkeit über Exterritoriale a) in den durch **völkerrechtliche Vereinbarung** vorgesehenen Ausnahmefällen, s bei §§ 18–20, b) vorbehaltlich abweichender Regelung in solcher Vereinbarung **bei freiwilliger Unterwerfung** unter die deutsche Gerichtsbarkeit, die der Zustimmung der hierfür zuständigen Organe des Absendestaats bedarf. Stillschweigende Unterwerfung ist zulässig, liegt aber noch nicht im Betreiben eines inländischen Gewerbebetriebs, RG **103**, 278, wohl aber im Abschluß einer Schiedsvereinbarung (Langkeit, Staatenimmunität und Schiedsgerichtsbarkeit, 1989, Herdegen RIW **89**, 336, Ebenroth/Parche RIW **90**, 343), in Prorogationsabreden, v. Schönfeld NJW **86**, 2983, und erst recht in der Erhebung einer Klage, vgl Art 1–3 des Übk v 16. 5. 72, § 20 Rn 2, BVerwG NJW **96**, 2744 mwN. Dann ist der Beklagte zu jeder Art der Verteidigung berechtigt, RoS § 20 II 1, zB zur bloß abwehrenden Widerklage, RG **111**, 149, und zu Rechtsmitteln, aber auch zu abwehrenden Zusammenhangsklagen wie Änderungsklage, § 323, Vollstreckungsklage, §§ 767 u 771, Wiederaufnahmeklage u dgl, RoS § 20 II 2b. Auch bei Unterwerfung bleibt die **Befreiung von der gerichtlichen Zwangsgewalt** bestehen, also ist keine Ladung zur Vernehmung als Partei, Zeuge oder Sachverständiger u auch keine Zwangsvollstreckung ohne besondere Unterwerfung statthaft, hM, die aber bei gewerblicher Betätigung im Inland als erklärt angesehen werden muß, StJ V B 5 vor § 1 ZPO.

## 18

**Diplomatische Missionen.** ¹Die Mitglieder der im Geltungsbereich dieses Gesetzes errichteten diplomatischen Missionen, ihre Familienmitglieder und ihre privaten Hausangestellten sind nach Maßgabe des Wiener Übereinkommens über diplomatische Beziehungen vom 18. April 1961 (Bundesgesetzbl. 1964 II S. 957 ff.) von der deutschen Gerichtsbarkeit befreit. ²Dies gilt auch, wenn ihr Entsendestaat nicht Vertragspartei dieses Übereinkommens ist; in diesem Falle findet Artikel 2 des Gesetzes vom 6. August 1964 zu dem Wiener Übereinkommen vom 18. April 1961 über diplomatische Beziehungen (Bundesgesetzbl. 1964 II S. 957) entsprechende Anwendung.

1   **1) Allgemeines.** Für die Befreiung von der deutschen Gerichtsbarkeit (Exemtion, Immunität), Einf Rn 2, soweit es sich um Mitglieder diplomatischer Missionen sowie ihre Familienmitglieder und privaten Hausangestellten handelt, sind die Bestimmungen der **Wiener Übk über diplomatische Beziehungen** (WÜD) maßgeblich, **S 1** (dazu BVerfG NJW **98**, 50) und zwar auch dann, wenn der Entsendestaat nicht Vertragspartei dieses Übk ist, **S 2 1. Halbs;** in diesem Fall gilt die in Art 2 G v 6. 8. 64 enthaltene

Ermächtigung, Vorrechte und Befreiungen durch RechtsVO zu erweitern oder einzuschränken (bisher nicht praktisch geworden), S 2 2. Halbs.

**2) Einzelheiten** (RS des Ausw Amtes v 17. 8. 93, GMBl 591, abgedr Katholnigg von § 18 Rn 3). 2

A. **Immunität genießen a) Diplomaten**, dh die Missionschefs und die in diplomatischem Rang stehenden Mitglieder des diplomatischen Personals, Art 1 e WÜD, in allen Fällen, ausgenommen dingliche Klagen bezüglich privater Grundstücke, Klagen in bestimmten Nachlaßsachen und Klagen im Zusammenhang mit freiberuflicher oder gewerblicher Tätigkeit, Art 31 I WÜD; **b)** in gleichem Umfang die zum Haushalt eines Diplomaten gehörenden **Familienmitglieder**, Art 37 I WÜD; **c) Mitglieder des Verwaltungs- und technischen Personals** und die zu ihrem Haushalt gehörenden **Familienmitglieder sowie Mitglieder des Hauspersonals** nur für die in Ausübung ihrer dienstlichen Tätigkeit vorgenommenen Handlungen, Art 37 II, III WÜD.

B. **Keine Immunität genießen a) Diplomaten bei ausdrücklichem Verzicht** durch den Entsende- 3 staat, der für die Zwangsvollstreckung besonders erklärt werden muß, Art 32 I, II u IV WÜD, ferner, wenn sie Kläger sind, für die Klage, Wengler IPrax **92**, 224, OVG Münst NJW **92**, 2043, und für unmittelbar damit zusammenhängende **Widerklagen**, Art 32 III WÜD, **b) sonstige bei A genannte Personen**, wenn sie **Deutsche** im Sinne des GG sind oder, in den bei A c genannten Fällen, ständig **in der Bundesrepublik ansässig** sind, Art 37 I–IV, 38 II WÜD, **c) private Hausangestellte**, Art 37 IV WÜD. Wegen der Sonderbotschafter vgl § 20 Rn 5.

C. **Unabhängig von der persönlichen Immunität sind unverletzlich die Räumlichkeiten** der 4 Mission mit den darin befindlichen Gegenständen, sowie ihre Beförderungsmittel, Archive und Schriftstücke, Korrespondenz und Gepäck sowie die Privatwohnung des Diplomaten, Art 22 III, 24, 27, 30 WÜD; vgl zum früheren Rechtszustand BVerfG **15**, 25.

**3) VwGO:** *Entsprechend anzuwenden, § 173 VwGO, da im WÜD Zivil- und VerwProzesse hinsichtlich der* 5 *Immunität gleichgestellt werden.*

## 19 Konsularische Vertretungen.

¹¹Die Mitglieder der im Geltungsbereich dieses Gesetzes errichteten konsularischen Vertretungen einschließlich der Wahlkonsularbeamten sind nach Maßgabe des Wiener Übereinkommens über konsularische Beziehungen vom 24. April 1963 (Bundesgesetzbl. 1969 II S. 1585 ff.) von der deutschen Gerichtsbarkeit befreit. ²Dies gilt auch, wenn ihr Entsendestaat nicht Vertragspartei dieses Übereinkommens ist; in diesem Falle findet Artikel 2 des Gesetzes vom 26. August 1969 zu dem Wiener Übereinkommen vom 24. April 1963 über konsularische Beziehungen (Bundesgesetzbl. 1969 II S. 1585) entsprechende Anwendung.

II Besondere völkerrechtliche Vereinbarungen über die Befreiung der in Absatz 1 genannten Personen von der deutschen Gerichtsbarkeit bleiben unberührt.

**1) Allgemeines.** Für die Befreiung von der deutschen Gerichtsbarkeit (Immunität), Einf § 18 Rn 2, 1 hinsichtlich der konsularischen Vertretungen einschließlich der Wahlkonsulate sind die Bestimmungen des **Wiener Übk über konsularische Beziehungen** (WÜK) – Bülow/Böckstiegel F I Anh – auch dann maßgeblich, wenn der Entsendestaat nicht Vertragspartei dieses Übk ist, dazu Üb § 373 Rn 28. In allen Fällen gilt die in Art 2 G v 26. 8. 69 enthaltene Ermächtigung, Vorrechte und Befreiungen durch RechtsVO zu erweitern oder einzuschränken (bisher nicht praktisch geworden).

**2) Einzelheiten**, s Steinmann MDR **65**, 708, Abschn IV RS BMI v 14. 3. 75, GMBl 337, 518, 629. 2

A. **Konsularbeamte**, Art 1 I d WÜK, **und Bedienstete des Verwaltungs- oder technischen Personals**, Art 1 I e WÜK, **genießen Immunität nur** wegen der Handlungen, die sie **in Wahrnehmung konsularischer Aufgaben** vorgenommen haben, Art 43 I WÜK, dazu BayObLG NJW **92**, 641 u **74**, 431, Hbg NJW **88**, 2191, und auch in diesen Fällen **nicht** gegenüber Klagen aus Verträgen, bei denen sie nicht ausdrücklich oder erkennbar für den Entsendestaat gehandelt haben, dazu LG Hbg NJW **86**, 3034, und gegenüber Schadensersatzklagen aus Verkehrsunfällen, Art 43 II WÜK. Entsprechendes gilt für **Wahlkonsularbeamte**, Art 85 II WÜK, auch wenn sie Deutsche sind, Art 71 I WÜK.

B. **Keine Immunität** besteht bei Verzicht und bei bestimmten Widerklagen, Art 45 WÜK, vgl § 18 Rn 3, und überhaupt nicht für sonstiges Personal und Familienangehörige von Konsularbeamten.

C. **Unverletzlich sind die konsularischen Räumlichkeiten**, Art 31 WÜK (dazu BGH NJW **90**, 1800), ferner Archive und Schriftstücke sowie Korrespondenz und mit Einschränkung Kuriergepäck, Art 33 und 35 WÜK. Beschränkungen der persönlichen Freiheit eines Konsularbeamten sind nur in bestimmten Fällen statthaft, Art 41 WÜK. Wegen der Zeugnispflicht s Art 44 WÜK, vgl auch Üb § 373 ZPO Rn 27.

**3) Besondere völkerrechtliche Vereinbarungen bleiben unberührt,** II. Wegen der Konsularverträge 3 mit Großbritannien, Iran, Irland, Japan, Jemen, Saudiarabien, Spanien, Thailand, Türkei, UdSSR und USA vgl Steinmann MDR **65**, 708 (keine weitergehenden Befreiungen als nach WÜK).

**4) VwGO:** *Entsprechend anzuwenden, § 173 VwGO, da im WÜK Zivil- und VerwProzesse gleichgestellt werden.* 4

## 20 Sonstige Exterritoriale.

¹ Die deutsche Gerichtsbarkeit erstreckt sich auch nicht auf Repräsentanten anderer Staaten und deren Begleitung, die sich auf amtliche Einladung der Bundesrepublik Deutschland im Geltungsbereich dieses Gesetzes aufhalten.

II Im übrigen erstreckt sich die Deutsche Gerichtsbarkeit auch nicht auf andere als die in Absatz 1 und in den §§ 18 und 19 genannten Personen, soweit sie nach den allgemeinen Regeln des Völkerrechts, auf Grund völkerrechtlicher Vereinbarungen oder sonstiger Rechtsvorschriften von ihr befreit sind.

**GVG § 20**

**Schrifttum:** *Schack* § 6 IV; *Langkeit,* Staatenimmunität und Schiedsgerichtbarkeit, 1989; *Vischer* IPrax **91**, 209; *Chroczel/Westin,* Die Vollstreckbarkeit ausländischer Urteile und Schiedssprüche, ZVglRWiss **88**, 180; *Riedinger,* Staatenimmunität gegenüber Zwangsgewalt, RabelsZ **81**, 448; *Seidl-Hohenveldern,* Neue Entwicklungen im Recht der Staatenimmunität, Festschrift Beitzke, 1979, S. 1081; *StJSchumann* Einl Rdz 660.

**1** **1) Exterritorialität von Staatsgästen, I.** Persönliche Immunität, Einf § 18 Rn 2, genießen Repräsentanten anderer Staaten und deren Begleitung, die sich auf amtliche Einladung der Bundesrepublik Deutschland hier aufhalten. Auf die Staatsangehörigkeit kommt es nicht an, so daß die Genannten auch dann von der deutschen Gerichtsbarkeit befreit sind, wenn sie (auch) deutsche Staatsangehörige sind.

Repräsentanten anderer Staaten sind nur solche Personen, die kraft ihrer Stellung, zB als Mitglieder der Regierung, oder aufgrund einer Sonderermächtigung zur Vertretung des anderen Staates in seiner Gesamtheit berufen sind. Die amtliche Einladung der Bundesrepublik muß von einer staatlichen Stelle ausgehen, die zur Vertretung der Bundesrepublik in ihrer Gesamtheit befugt ist; die Befugnis zur Vertretung eines Landes oder einer sonstigen Körperschaft reicht nicht aus. Begleitung der Repräsentanten sind die auf der vom Gastland akzeptierten Delegationsliste genannten Begleitpersonen.

Die Befreiung gilt kraft innerstaatlichen Rechts. Sie ist unabhängig von den allgemeinen Regeln des Völkerrechts, dazu unten Rn 5.

**2** **2) Sonstige persönliche Exterritorialität, II.** Persönliche Immunität, Einf § 18 Rn 2, genießen außer den in I sowie in den §§ 18 und 19 Genannten:

**A. Nach den allgemeinen Regeln des Völkerrechts,** Art 25 GG: **a) Ausländische Staaten** und die für sie handelnden Organe, BVerwG NJW **89**, 679 mwN, BGH NJW **79**, 1101, v. Schönfeld NJW **86**, 2980. **aa)** Maßgeblich ist im Verhältnis zu den Vertragsstaaten das **Europäische Übk über Staatenimmunität** v 16. 5. 72, BGBl 90 II 35, mit AusfG v 22. 1. 90, BGBl II 34; das Übk ist für die BRep am 16. 8. 90 in Kraft getreten, Bek v 24. 10. 90, BGBl II 1400 (dort auch die Zusatzerklärung zu Art 21 IV u 20 des Übk, Zusatzerklärung zu Art 28 II v 5. 6. 92 s BGBl II 1066). Vertragsstaaten: Belgien, Luxemburg, Niederlande (für das Königreich in Europa), Österreich, Schweiz, Vereinigtes Königreich und Zypern (Bek v 24. 10. 90, dort auch die Zusatzerklärungen).

Das Übk enthält Bestimmungen über die Immunität von der Gerichtsbarkeit, Art 1–15 u 24, Verfahrensvorschriften, Art 16–19, Vorschriften über die Wirkungen der gegen einen Vertragstaat ergangenen Entscheidungen und Vergleiche, Art 20–22, sowie die Voraussetzungen der Zwangsvollstreckung, Art 23 u 26, ferner ergänzende und allgemeine Bestimmungen, Art 25 ff; vgl im einzelnen BBGS I 1 951. Für die Feststellung, ob die BRep oder ein Bundesland die Entscheidung eines Gerichts eines anderen Vertragsstaates nach Art 20 oder Art 25 oder einen Vergleich nach Art 22 des Übk zu erfüllen hat, ist das LG zuständig, Art 2 AusfG v 22. 1. 90, BGBl II 34.

Vgl dazu im einzelnen: BBGS I 1 951; Schack § 6 IV; Linke IZRP Rn 73; Geimer IZPR Rn 555–755; Seidl-Hohenveldern IPrax **93**, 190; Karczewski RabelsZ **90**, 533; Kronke IPrax **91**, 141.

**3** **bb)** Sofern das das Übk v 16. 5. 72 und andere völkerrechtliche Verträge nichts abweichendes bestimmen, besteht nach den **allgemeine Regeln** des Völkerrechts iSv Art 25 GG Immunität grds nur im **Bereich hoheitlicher Tätigkeit** (was nach deutschem Recht zu prüfen ist), BVerfG NJW **83**, 2766 mwN, BGH NJW **79**, 1101 mwN, BVerfG NJW **63**, 435 (Grundstückskauf) und 1732 (Reparaturauftrag), BAG MDR **98**, 543 u NZA **96**, 1229 mwN (Missionsangestellter), Mü RIW **77**, 49 mwN, AG Bonn NJW **88**, 1393 (dazu Gündling IPrax **88**, 338); vgl Steinberger, F Carstens II, 1984, S 889, Geiger NJW **87**, 1124, v. Schönfeld NJW **86**, 2890 (eingehend), Magiera NJW **85**, 1745, Gramlich RabelsZ **81**, 577. **Keine Immunität** genießen dagegen Staaten für den Bereich des nichthoheitlichen Handelns im Bereich des allgemeinen Wirtschaftslebens und demgemäß auch nicht auslandsrechtliche jur Personen einschließlich privatwirtschaftlich tätiger Unternehmen eines ausländischen Staates, denen dieser die Stellung einer selbständigen jur Person verliehen hat, BGH **18**, 1, Ffm NJW **81**, 2650 mwN, zB eine staatliche Ölgesellschaft, Ffm RIW **82**, 439, dazu Albert IPrax **82**, 55, Gramlich NJW **81**, 2618 u Hausmann IPrax **82**, 54 zu Ffm IPrax **82**, 71 u NJW **81**, 2650, oder eine staatliche Notenbank, Ffm NJW **76**, 1045, dazu Schumann ZZP **93**, 412, Krauskopf WertpMitt **86**, 89 (eingehend); vgl hierzu Esser RzW **84**, 577 mwN (auch rechtsvergleichend).

**4** Ist gegen einen ausländischen Staat über ein nicht-hoheitliches Verhalten ein Vollstreckungstitel ergangen, so ist die **Zwangsvollstreckung** durch den Gerichtsstaat in Gegenstände des ausländischen Staates, die sich im Hoheitsbereich des Gerichtsstaates befinden oder dort belegen sind, nach den allgemeinen Regeln des Völkerrechts iSv Art 25 GG ohne Zustimmung des ausländischen Staates unzulässig, soweit diese Gegenstände im Zeitpunkt des Beginns der Vollstreckungsmaßnahme (nach deutschem Recht) hoheitlichen Zwecken dieses Staates dienen, BVerfG **46**, 342, vgl v. Schönfeld NJW **86**, 2985 (eingehend), Riedinger RabelsZ **81**, 448 (betr Unzulässigkeit der Zwangsvollstreckung in Forderungen aus einem laufenden, allgemeinen Bankkonto einer diplomatischen Vertretung, das zur Deckung der Ausgaben und Kosten dieser Vertretung bestimmt ist), BVerfG **64**, 1, dazu Esser RIW **84**, 577, Stein IPrax **84**, 179, Seidl-Hohenveldern RIW **83**, 613, Gramlich NJW **81**, 2619 (betr Zulässigkeit der Zwangsvollstreckung in Konten einer staatlichen Ölgesellschaft), LG Hbg RIW **81**, 712 (betr Zwangsvollstreckung in Konten eines ausländischen Instituts mit nichthoheitlichen Aufgaben).

Zur **Beweislast** in diesen Fällen v. Schönfeld NJW **86**, 2982, Walter RIW **84**, 9. Wegen des **Verzichts** auf die Immunität, zB durch Erhebung einer Klage und Abschluß einer Schiedsvereinbarung, Art 1–3 des Übk v 16. 5. 72, vgl van Hecke IPrax **92**, 205, Vischer Iprax **91**, 209, Einf § 18 Rn 3.

**5** **b) Staatsoberhäupter,** bei amtlichen Besuchen auch ihr Gefolge, genießen persönliche Immunität kraft Völkerrechts.

**c) Ausländische Regierungsmitglieder** bei amtlichen Besuchen und Delegierte bei zwischenstaatlichen Tagungen sind kraft Völkerrechts persönlich exterritorial, soweit nicht für sie und ihre Begleitung schon Immunität nach I besteht.

1. Titel. Gerichtsbarkeit **§§ 20, 21, Anh § 21 GVG**

**d) Diplomaten** und ihre Familienangehörigen auf der Durchreise, Art 40 WÜK, genießen Immunität, grundsätzlich auch Sonderbotschafter, BGH NJW 84, 2048 (krit Bockslaff/Koch NJW 84, 2742 mwN, zustm Oehler JR 85, 79) zu LG Düss EuGRZ 83, 440, Düss EuGRZ 83, 160 (krit Zuck), Engel JZ 83, 627, Wolf EuGRZ 83, 401, jedoch endet die Immunität mit dem Status als Sonderbotschafter, Düss NStZ 87, 87 (Anm Jakobs).

**e) Fremde Truppen**, die befugt deutschen Boden betreten, ebenso Personen an Bord von Kriegsschiffen, die sich rechtmäßig in deutschen Küstengewässern aufhalten, Mössner NJW 82, 1197, sind persönlich exterritorial kraft Völkerrechts, soweit sie sich hoheitlich betätigen, Sennekamp NJW 83, 2731 (wegen ihrer Rechtsstellung nach Sonderverträgen vgl unten Rn 6).

**B. Auf Grund völkerrechtlicher Vereinbarung oder sonstiger Rechtsvorschriften genießen Immunität**, MüKoWo 16, Katholnigg 4–8:  6

**a) Zwischenstaatliche Organisationen und ihre Angehörigen** (Kunz-Hallstein NJW 92, 3069; Wenckstern NJW 87, 1113, insbesondere zur Umsetzung völkerrechtlicher Abkommen in innerstaatliches Recht). Hierhin gehören zB die Vereinten Nationen, BGBl 80 II 141, die EWG, BGBl 57 II 1182, Euratom, BGBl 57 II 1212, Europarat, BGBl 54 II 493, Sonderorganisationen der UNO, BGBl 54 II 639, 57 II 469, 64 II 187, 85 II 837 (dazu VO v 16. 6. 70, BGBl II 689, u 18. 3. 71, BGBl II 129); ferner: Internationaler Seegerichtshof, VO v 10. 10. 96, BGBl II 2517; Europäische Patentorganisation, BGBl 76 II 649, 826; Europäische Weltraumorganisation, BGBl 80 II 766; Atomenergiekommission, BGBl 60 II 1993, BayObLG FamRZ 72, 212 m Anm Habscheid; Eurocontrol, Übk v 13. 12. 60, BGBl 62 II 2274, dazu BVerwG 54, 291 und BVerfG 58, 1 m krit Anm Gramlich JZ 82, 149 u BVerfG 59, 63 m zustm Anm Busch DVBl 82, 579 u Gramlich DÖV 82, 407 (zu VGH Mannh NJW 80, 526; Nachw in BVerfG 59, 63); Weltorganisation für geistiges Eigentum, BGBl 70 II 293, 295; Weltpostverein, BGBl 65 II 1631, und seine Sonderorganisationen; Südostasiatische Nationen; dazu Gramlich DVBl 80, 459), vgl Magiera NJW 85, 1744, Gramlich JR 85, 221, Schwarze EuGRZ 83, 117, VGH Kassel NJW 84, 2055; Naturkautschukorganisation, BGBl 89 II 107; vgl iü das Verzeichnis in Sartorius II, Anh zu Nr 3. Immunität genießen auch Personen, die an Verfahren vor der Europäischen Kommission oder dem Gerichtshof für Menschenrechte teilnehmen, BGBl 77 II 1445;

**b) Angehörige der NATO-Streitkräfte**, s Schlußanh III, Sennekamp NJW 83, 2733, VGH Kassel NJW 84, 2055;

**3) Gegenständliche Beschränkung.** Sie gilt für die deutsche Gerichtsbarkeit außerdem u a bei Kriegs-  7 schiffen, oben Rn 5, und bei Staatsschiffen gemäß Abk v 10. 4. 26, RGBl 27 II 483, und Zusatzprotokoll v 24. 5. 34, RGBl 36 II 303, dazu RG **157**, 398, StJ V B 4 vor § 1 (Vertragsstaaten: Ägypten, Argentinien, Belgien, Brasilien, Chile, Dänemark, Frankreich, Griechenland, Italien, Madagaskar, Niederlande, Norwegen, Polen, Portugal, Schweden, Schweiz, Syrien, Türkei, Ungarn, Uruguay, Vereinigtes Königreich mit Ausnahme bestimmter Gebiete, Zaire, Zypern). Eine gegenständliche Beschränkung besteht ferner bei Räumlichkeiten, Gebäuden und Archiven zwischenstaatlicher Organisationen, oben Rn 2.

**4) VwGO:** Entsprechend anzuwenden, § 173 VwGO; zur Immunität von zwischenstaatlichen Einrichtungen s  8 BVerwG NJW **93**, 1409.

# 21 (aufgehoben durch Art 1 Z 5 G v 25. 3. 74, BGBl 761)

## Anhang nach § 21 GVG
### I. Justizverwaltung und Rechtspflege

**Schrifttum:** *Piller/Hermann*, Justizverwaltungsvorschriften, 4. Aufl 1998.

**Justizverwaltung heißt der die Angelegenheiten der Rechtspflege betreffende Teil der Staatsverwaltung**, vgl Wolf § 6, Kissel § 12 Rdz 32 ff (mit zT abweichender Terminologie). Man weist ihr regelmäßig alles zu, was nicht zur Rechtsprechung gehört. Das trifft nicht zu. Die Rechtspflege zerfällt vielmehr in Rechtsprechung, Justizverwaltung und gewisse rechtspflegerische Geschäfte, die damit unter die Garantie des unabhängigen Richters gestellt sind; diese haben ganz verschiedenen Charakter, zB fürsorgerische wie die Prozeßkostenhilfe (Bischof DÖD **86**, 3, Karlsr FamRZ **86**, 347), viele Geschäfte der freiwilligen Gerichtsbarkeit, die aber auch zT Streitsachen in sich schließt (Regelungsstreitigkeiten, Bötticher Festschrift Lent, 1957, S 89 ff), wie ua die Hausratsverteilung und die Vertragshilfe, ferner VerwGeschäfte wie die Geschäftsverteilung, § 21 e GVG, auch die Bestimmung des zuständigen Gerichts, § 36 ZPO. Zur Justizverwaltung gehören namentlich Dienstaufsicht, ferner Justizhaushalt, Sach-, Personal- und Kassenverwaltung, Erstattung gerichtlicher Gutachten, Rechtshilfeverkehr mit dem Ausland, vgl BGH NJW **87**, 1199; s auch § 4 DRiG Rn 3. Im einzelnen entscheidet nicht die Bezeichnung im Gesetz, sondern der Charakter der dem Gericht zugewiesenen Tätigkeit. Die Justizverwaltung ist, soweit es sich nicht um den BGH handelt, Sache der Länder. **Justizverwaltungsakte**, soweit sie nicht unter § 23 I EGGVG fallen, unterliegen der Anfechtung vor den allgem Verwaltungsgerichten, § 40 VwGO, also zB die Zulassung von Rechtsbeiständen oder die Entscheidung des Justizprüfungsamtes, § 23 EGGVG Rn 2. Justizverwaltungsakt ist auch die Entscheidung über die Anerkennung ausländischer Entscheidungen in Ehesachen; sie unterliegt der Nachprüfung auf die Rechtmäßigkeit durch das OLG, Üb 2 § 23 EGGVG Rn 2. – Der **Rechtspfleger** wirkt als Richter, § 9 S 1 RpflG; seine Tätigkeit fällt, anders als die des Urkundsbeamten, nicht unter die Justizverwaltung. Es ist aber möglich, daß ihm außer den Aufgaben als RPfl auch andere Dienstgeschäfte, insbesondere die des Urkundsbeamten der Geschäftsstelle, übertragen werden, so daß er insofern dann den Vorschriften für diese Geschäfte und damit der Justizverwaltung untersteht, § 27 RPflG, abgedr Anh § 153 GVG. – Die Verwaltung der **Arbeitsgerichtsbarkeit** ist in den §§ 15, 34 und 40 ArbGG (idF des G v 26. 6. 90, BGBl 1206) geregelt.

*Albers*

### II. Aufbau der Justizverwaltung, §§ 13–18 GVVO vom 20. 3. 35, RGBl 403 = BGBl III 300-5

**Vorbem.** Da die Angelegenheiten der Justizverwaltung nicht zur konkurrierenden Gesetzgebung gehören, ist die GVVO **kein Bundesrecht** geworden, Art 125 GG, Bülow/Butteweg S 184. Sie gilt landesgesetzlich weiter und ist zT verändert oder aufgehoben, vgl Schönfelder GVG S 1 und Weber NJW **98**, 1673 (betr Sachsen). Die GVVO ist mit Fußnoten zur Fortgeltung der einzelnen Vorschriften vollständig abgedruckt bei Kissel, Anh nach § 38 EGGVG, u bei Katholnigg S 465–469. An die Stelle des RJM sind die Landesjustizminister (Senatoren) getreten. Zur Frage der Zusammenlegung von Innen- und Justizministerium s NRWVerfG NJW **99**, 1243 (dazu Sendler u Böckenförde NJW **99**, 1232 bzw 1235).

**§ 13.** ¹Die Präsidenten der Gerichte, die aufsichtführenden Amtsrichter, …, die Leiter der Staatsanwaltschaften und die Vorsteher der Gefangenenanstalten haben nach näherer Anordnung des Reichsministers der Justiz die ihnen zugewiesenen Geschäfte der Justizverwaltung zu erledigen. ²Sie …… können die ihrer Dienstaufsicht unterstellten Beamten zu den Geschäften der Justizverwaltung heranziehen.

**§ 14.** ¹ Die Dienstaufsicht üben aus
1. der Reichsminister der Justiz über sämtliche Gerichte, Staatsanwaltschaften und Gefangenenanstalten,
2. (weggefallen),
3. der Oberlandesgerichtspräsident und der Landgerichtspräsident über die Gerichte ihres Bezirks,
4. der aufsichtführende Amtsrichter über das Amtsgericht,
5. (gegenstandslos),
6. der Generalstaatsanwalt beim Oberlandesgericht und der Oberstaatsanwalt beim Landgericht über die Staatsanwaltschaften, der Generalstaatsanwalt auch über die Gefangenenanstalten des Bezirks,
7. der Vorsteher des badischen Notariats, der Leiter der Amtsanwaltschaft und der Vorsteher der Gefangenenanstalt über die unterstellte Behörde.

II Dem Landgerichtspräsidenten steht die Dienstaufsicht über ein mit einem Präsidenten besetztes Amtsgericht nicht zu.

III Der Reichsminister der Justiz bestimmt, bei welchen Amtsgerichten der Präsident die Dienstaufsicht über andere zum Bezirk des übergeordneten Landgerichts gehörigen Amtsgerichte an Stelle des Landgerichtspräsidenten ausübt.

**§ 15.** ¹Die Dienstaufsicht über eine Behörde erstreckt sich zugleich auf die bei ihr angestellten oder beschäftigten Beamten, Angestellten und Arbeiter. ²Die Dienstaufsicht des aufsichtführenden Amtsrichters beschränkt sich jedoch, wenn ihm nicht die Zuständigkeit für die im § 5 Abs. 1 bezeichneten Anordnungen übertragen worden ist, auf die bei dem Amtsgericht angestellten oder beschäftigten nichtrichterlichen Beamten, die Angestellten und Arbeiter; die Dienstaufsicht des Leiters der Amtsanwaltschaft, sofern nicht ein Oberstaatsanwalt ist, beschränkt sich auf die nicht dem höheren oder dem Amtsanwaltsdienst angehörigen Beamten.

**1 Bem.** Der Halbsatz „wenn ihm nicht …… übertragen worden ist", ist durch die Aufhebung von § 5 durch Art 8 II Z 7 VereinheitlG gegenstandslos geworden, vgl Weist DRiZ **68**, 48, der auch die Ersatzregelungen der Länder, soweit erfolgt, angibt (für Hessen vgl § 5 Z 7 e G v 31. 10. 72, GVBl 349).

**§ 16.** ¹ Wer die Dienstaufsicht über einen Beamten ausübt, ist Dienstvorgesetzter des Beamten.
II In der Dienstaufsicht liegt die Befugnis, die ordnungswidrige Ausführung eines Amtsgeschäfts zu rügen und zu seiner sachgemäßen Erledigung zu ermahnen.

**§ 17.** ¹ Beschwerden in Angelegenheiten der Justizverwaltung werden im Dienstaufsichtswege erledigt.
II Über Aufsichtsbeschwerden, die sich gegen einen im ersten Rechtszuge vom Präsidenten eines Amtsgerichts erlassenen Bescheid richten, entscheidet der Oberlandesgerichtspräsident endgültig, wenn für Beschwerden dieser Art bestimmt ist, daß die Entscheidung des Landgerichtspräsidenten endgültig ist.

**§ 18.** Der Reichsminister der Justiz kann die Ausübung der ihm in dieser Verordnung übertragenen Befugnisse auf die ihm unmittelbar nachgeordneten Präsidenten der Gerichte und Leiter der Staatsanwaltschaften übertragen.

### Zweiter Titel. Allgemeine Vorschriften über das Präsidium und die Geschäftsverteilung

#### Übersicht

**Schrifttum:** *Schorn-Stanicki*, Die Präsidialverfassung der Gerichte aller Rechtswege, 1975.

**1** 1) Der Titel ist durch Art II Z 4 G v 26. 5. 72, BGBl 841, eingefügt worden (Materialien: RegEntw BTDr VI/557, Bericht des Rechtsausschusses BTDr VI/2903). Er enthält die einheitlich für alle Gerichte

**d) Diplomaten** und ihre Familienangehörigen auf der Durchreise, Art 40 WÜK, genießen Immunität, grundsätzlich auch Sonderbotschafter, BGH NJW 84, 2048 (krit Bockslaff/Koch NJW 84, 2742 mwN, zustm Oehler JR 85, 79) zu LG Düss EuGRZ 83, 440, Düss EuGRZ 83, 160 (krit Zuck), Engel JZ 83, 627, Wolf EuGRZ 83, 401, jedoch endet die Immunität mit dem Status als Sonderbotschafter, Düss NStZ 87, 87 (Anm Jakobs).

**e) Fremde Truppen,** die befugt deutschen Boden betreten, ebenso Personen an Bord von Kriegsschiffen, die sich rechtmäßig in deutschen Küstengewässern aufhalten, Mössner NJW 82, 1197, sind persönlich exterritorial kraft Völkerrechts, soweit sie sich hoheitlich betätigen, Sennekamp NJW 83, 2731 (wegen ihrer Rechtsstellung nach Sonderverträgen vgl unten Rn 6).

**B. Auf Grund völkerrechtlicher Vereinbarung oder sonstiger Rechtsvorschriften genießen Immunität,** MüKoWo 16, Katholnigg 4–8:

**a) Zwischenstaatliche Organisationen und ihre Angehörigen** (Kunz-Hallstein NJW 92, 3069; Wenckstern NJW 87, 1113, insbesondere zur Umsetzung völkerrechtlicher Abkommen in innerstaatliches Recht). Hierhin gehören zB die Vereinten Nationen, BGBl 80 II 141, die EWG, BGBl 57 II 1182, Euratom, BGBl 57 II 1212, Europarat, BGBl 54 II 493, Sonderorganisationen der UNO, BGBl 54 II 639, 57 II 469, 64 II 187, 85 II 837 (dazu VO v 16. 6. 70, BGBl II 689, u 18. 3. 71, BGBl II 129); ferner: Internationaler Seegerichtshof, VO v 10. 10. 96, BGBl II 2517; Europäische Patentorganisation, BGBl 76 II 649, 826; Europäische Weltraumorganisation, BGBl 80 II 766; Atomenergiekommission, BGBl 60 II 1993, BayObLG FamRZ 72, 212 m Anm Habscheid; Eurocontrol, Übk v 13. 12. 60, BGBl 62 II 2274, dazu BVerwG 54, 291 und BVerfG 58, 1 m krit Anm Gramlich JZ 82, 149 u BVerfG 59, 63 m zustm Anm Busch DVBl 82, 579 u Gramlich DÖV 82, 407 (zu Gh Mannh NJW 80, 540 m Anm Gramlich DVBl 80, 459), vgl Magiera NJW 85, 1744, Gramlich JR 85, 221, Schwarze EuGRZ 83, 117, VGH Kassel NJW 84, 2055; Naturkautschukorganisation, BGBl 89 II 107; vgl iü das Verzeichnis in Sartorius II, Anh zu Nr 3. Immunität genießen auch Personen, die an Verfahren vor der Europäischen Kommission oder dem Gerichtshof für Menschenrechte teilnehmen, BGBl 77 II 1445;

**b) Angehörige der NATO-Streitkräfte**, s Schlußanh III, Sennekamp NJW 83, 2733, VGH Kassel NJW 84, 2055;

**3) Gegenständliche Beschränkung.** Sie gilt für die deutsche Gerichtsbarkeit außerdem u a bei Kriegsschiffen, oben Rn 5, und bei Staatsschiffen gemäß Abk v 10. 4. 26, RGBl 27 II 483, und Zusatzprotokoll v 24. 5. 34, RGBl 36 II 303, dazu RG 157, 398, StJ V B 4 vor § 1 (Vertragsstaaten: Ägypten, Argentinien, Belgien, Brasilien, Chile, Dänemark, Frankreich, Griechenland, Italien, Madagaskar, Niederlande, Norwegen, Polen, Portugal, Schweden, Schweiz, Syrien, Türkei, Ungarn, Uruguay, Vereinigtes Königreich mit Ausnahme bestimmter Gebiete, Zaire, Zypern). Eine gegenständliche Beschränkung besteht ferner bei Räumlichkeiten, Gebäuden und Archiven zwischenstaatlicher Organisationen, oben Rn 2.

**4) VwGO:** Entsprechend anzuwenden, § 173 VwGO; zur Immunität von zwischenstaatlichen Einrichtungen s BVerwG NJW 93, 1409.

# 21 (aufgehoben durch Art 1 Z 5 G v 25. 3. 74, BGBl 761)

## Anhang nach § 21 GVG

### I. Justizverwaltung und Rechtspflege

**Schrifttum:** *Piller/Hermann,* Justizverwaltungsvorschriften, 4. Aufl 1998.

**Justizverwaltung heißt der die Angelegenheiten der Rechtspflege betreffende Teil der Staatsverwaltung,** vgl Wolf § 6, Kissel § 12 Rdz 32 ff (mit zT abweichender Terminologie). Man weist ihr regelmäßig alles zu, was nicht zur Rechtsprechung gehört. Das trifft nicht zu. Die Rechtspflege zerfällt vielmehr in Rechtsprechung, Justizverwaltung und gewisse rechtspflegerische Geschäfte, die damit unter die Garantie des unabhängigen Richters gestellt sind; diese haben ganz verschiedenen Charakter, zB fürsorgerischen wie die Prozeßkostenhilfe (Bischof DÖD 86, 3, Karlsr FamRZ 86, 347), viele Geschäfte der freiwilligen Gerichtsbarkeit, die aber auch zT Streitsachen in sich schließt (Regelungsstreitigkeiten, Bötticher Festschrift Lent, 1957, S 89 ff), wie ua die Hausratsverteilung und die Vertragshilfe, ferner VerwGeschäfte wie die Geschäftsverteilung, § 21 e GVG, auch die Bestimmung des zuständigen Gerichts, § 36 ZPO. Zur Justizverwaltung gehören namentlich Dienstaufsicht, ferner Justizhaushalt, Sach-, Personal- und Kassenverwaltung, Erstattung gerichtlicher Gutachten, Rechtshilfeverkehr mit dem Ausland, vgl BGH NJW 87, 1199; s auch § 4 DRiG Rn 3. Im einzelnen entscheidet nicht die Bezeichnung im Gesetz, sondern der Charakter der dem Gericht zugewiesenen Tätigkeit. Die Justizverwaltung ist, soweit es sich nicht um den BGH handelt, Sache der Länder. **Justizverwaltungsakte,** soweit sie nicht unter § 23 I EGGVG fallen, unterliegen der Anfechtung vor den allgem Verwaltungsgerichten, § 40 VwGO, also zB die Zulassung von Rechtsbeiständen oder die Entscheidung des Justizprüfungsamtes, § 23 EGGVG Rn 2. Justizverwaltungsakt ist auch die Entscheidung über die Anerkennung ausländischer Entscheidungen in Ehesachen; sie unterliegt der Nachprüfung auf ihre Rechtmäßigkeit durch das OLG, Üb 2 § 23 EGGVG Rn 2. Der **Rechtspfleger** wirkt als Richter, § 9 S 1 RpflG; seine Tätigkeit fällt, anders als die des Urkundsbeamten, nicht unter die Justizverwaltung. Es ist aber möglich, daß ihm außer den Aufgaben als RPfl auch andere Dienstgeschäfte, insbesondere die des Urkundsbeamten der Geschäftsstelle, übertragen werden, so daß er insofern dann den Vorschriften für diese Geschäfte und damit der Justizverwaltung untersteht, § 27 RPflG, abgedr Anh § 153 GVG. – Die Verwaltung der **Arbeitsgerichtsbarkeit** ist in den §§ 15, 34 und 40 ArbGG (idF des G v 26. 6. 90, BGBl 1206) geregelt.

## II. Aufbau der Justizverwaltung, §§ 13–18 GVVO vom 20. 3. 35, RGBl 403 = BGBl III 300–5

**Vorbem.** Da die Angelegenheiten der Justizverwaltung nicht zur konkurrierenden Gesetzgebung gehören, ist die GVVO **kein Bundesrecht** geworden, Art 125 GG, Bülow/Butteweg S 184. Sie gilt landesgesetzlich weiter und ist zT verändert oder aufgehoben, vgl Schönfelder GVG S 1 und Weber NJW 98, 1673 (betr Sachsen). Die GVVO ist mit Fußnoten zur Fortgeltung der einzelnen Vorschriften vollständig abgedruckt bei Kissel, Anh nach § 38 EGGVG, u bei Katholnigg S 465–469. An die Stelle des RJM sind die Landesjustizminister (Senatoren) getreten. Zur Frage der Zusammenlegung von Innen- und Justizministerium s NRWVerfG NJW 99, 1243 (dazu Sendler u Böckenförde NJW 99, 1232 bzw 1235).

**§ 13.** [1]Die Präsidenten der Gerichte, die aufsichtführenden Amtsrichter, ..., die Leiter der Staatsanwaltschaften und die Vorsteher der Gefangenenanstalten haben nach näherer Anordnung des Reichsministers der Justiz **die ihnen zugewiesenen Geschäfte der Justizverwaltung zu erledigen.** [2]Sie ...... können die ihrer Dienstaufsicht unterstellten Beamten zu den Geschäften der Justizverwaltung heranziehen.

**§ 14.** [I] Die Dienstaufsicht üben aus
1. der Reichsminister der Justiz über sämtliche Gerichte, Staatsanwaltschaften und Gefangenenanstalten,
2. (weggefallen),
3. der Oberlandesgerichtspräsident und der Landgerichtspräsident über die Gerichte ihres Bezirks,
4. der aufsichtführende Amtsrichter über das Amtsgericht,
5. (gegenstandslos),
6. der Generalstaatsanwalt beim Oberlandesgericht und der Oberstaatsanwalt beim Landgericht über die Staatsanwaltschaften, der Generalstaatsanwalt auch über die Gefangenenanstalten des Bezirks,
7. der Vorsteher des badischen Notariats, der Leiter der Amtsanwaltschaft und der Vorsteher der Gefangenenanstalt über die unterstellte Behörde.

[II] **Dem Landgerichtspräsidenten steht die Dienstaufsicht über ein mit einem Präsidenten besetztes Amtsgericht nicht zu.**

[III] **Der** Reichsminister der Justiz **bestimmt, bei welchen Amtsgerichten der Präsident die Dienstaufsicht über andere zum Bezirk des übergeordneten Landgerichts gehörigen Amtsgerichte an Stelle des Landgerichtspräsidenten ausübt.**

**§ 15.** [1]Die Dienstaufsicht über eine Behörde erstreckt sich zugleich auf die bei ihr angestellten oder beschäftigten Beamten, Angestellten und Arbeiter. [2]Die Dienstaufsicht des aufsichtführenden Amtsrichters beschränkt sich jedoch, wenn ihm nicht die Zuständigkeit für die im § 5 Abs. 1 bezeichneten Anordnungen übertragen worden ist, auf die bei dem Amtsgericht angestellten oder beschäftigten nichtrichterlichen Beamten, die Angestellten und Arbeiter; die Dienstaufsicht des Leiters der Amtsanwaltschaft, sofern er nicht Oberstaatsanwalt ist, beschränkt sich auf die nicht dem höheren oder dem Amtsanwaltsdienst angehörigen Beamten.

**1 Bem.** Der Halbsatz „wenn ihm nicht ...... übertragen worden ist", ist durch die Aufhebung von § 5 durch Art 8 II Z 7 VereinheitlG gegenstandslos geworden, vgl Weist DRiZ 68, 48, der auch die Ersatzregelungen der Länder, soweit erfolgt, angibt (für Hessen vgl § 5 Z 7 e G v 31. 10. 72, GVBl 349).

**§ 16.** [I] Wer die Dienstaufsicht über einen Beamten ausübt, ist Dienstvorgesetzter des Beamten.
[II] In der Dienstaufsicht liegt die Befugnis, die ordnungswidrige Ausführung eines Amtsgeschäfts zu rügen und zu seiner sachgemäßen Erledigung zu ermahnen.

**§ 17.** [I] Beschwerden in Angelegenheiten der Justizverwaltung werden im Dienstaufsichtswege erledigt.
[II] Über Aufsichtsbeschwerden, die sich gegen einen im ersten Rechtszuge vom Präsidenten eines Amtsgerichts erlassenen Bescheid richten, entscheidet der Oberlandesgerichtspräsident endgültig, wenn für Beschwerden dieser Art bestimmt ist, daß die Entscheidung des Landgerichtspräsidenten endgültig ist.

**§ 18. Der** Reichsminister der Justiz **kann die Ausübung der ihm in dieser Verordnung übertragenen Befugnisse auf die ihm unmittelbar nachgeordneten Präsidenten der Gerichte und Leiter der Staatsanwaltschaften übertragen.**

### Zweiter Titel. Allgemeine Vorschriften über das Präsidium und die Geschäftsverteilung

#### Übersicht

**Schrifttum:** *Schorn-Stanicki*, Die Präsidialverfassung der Gerichte aller Rechtswege, 1975.

**1 1)** Der Titel ist durch Art II Z 4 G v 26. 5. 72, BGBl 841, eingefügt worden (Materialien: RegEntw BTDr VI/557, Bericht des Rechtsausschusses BTDr VI/2903). Er enthält die einheitlich für alle Gerichte

2. Titel. Präsidium und die Geschäftsverteilung **Übers § 21 a GVG**

der Zivil- und Strafgerichtsbarkeit geltenden **Vorschriften über die Präsidialverfassung**, die für die kleineren AGe durch die §§ 22 a, 22 b u 22 d ergänzt werden. Der Titel gilt außerdem entsprechend für sämtliche anderen Zweige der streitigen Gerichtsbarkeit, nämlich für die VerwGerichtsbarkeit (§ 4 VwGO), die Finanzgerichtsbarkeit (§ 4 FGO) und die Disziplinargerichtsbarkeit des Bundes (§ 47 BDO) sowie mit bestimmten Abweichungen auch für die Patentgerichtsbarkeit (§ 36 e PatG), die Sozialgerichtsbarkeit (§ 6 SGG) und die Arbeitsgerichtsbarkeit; insoweit bestimmt **§ 6 a ArbGG** idF v 2. 7. 79, BGBl 853:

*Allgemeine Vorschriften über das Präsidium und die Geschäftsverteilung.* Für die Gerichte für Arbeitssachen gelten die Vorschriften des Zweiten Titels des Gerichtsverfassungsgesetzes nach Maßgabe der folgenden Vorschriften entsprechend:
1. Bei einem Arbeitsgericht mit weniger als drei Richterplanstellen werden die Aufgaben des Präsidiums durch den Vorsitzenden oder, wenn zwei Vorsitzende bestellt sind, im Einvernehmen der Vorsitzenden wahrgenommen. Einigen sich die Vorsitzenden nicht, so entscheidet das Präsidium des Landesarbeitsgerichts oder, soweit ein solches nicht besteht, der Präsident dieses Gerichts.
2. Bei einem Landesarbeitsgericht mit weniger als drei Richterplanstellen werden die Aufgaben des Präsidiums durch den Präsidenten, soweit ein zweiter Vorsitzender vorhanden ist, im Benehmen mit diesem wahrgenommen.
3. Der aufsichtführende Richter bestimmt, welche richterlichen Aufgaben er wahrnimmt.
4. Jeder ehrenamtliche Richter kann mehreren Spruchkörpern angehören.
5. Den Vorsitz in den Kammern der Arbeitsgerichte führen die Berufsrichter.

**Vorbem.** Wegen der Mitwirkung des Ausschusses des ehrenamtlichen Richter s § 29 II ArbGG.

**2)** **Die Vorschriften des Titels verwirklichen ein Stück Justizreform**, C, Arndt DRiZ **72**, 41. Sie bedeuten einen ersten Schritt in Richtung auf ein für alle Zweige der Gerichtsbarkeit geltendes GVG und dienen dem Ziel, die Selbstverwaltung der Gerichte zu stärken und damit ihre Unabhängigkeit weiter zu festigen, Begr des RegEntw. Die wesentlichen Grundsätze dieser Regelung: **a) Präsidien** bestehen **bei allen Gerichten**, auch bei den AGen, sofern es sich nicht um ein Kleinstgerichte handelt; **b)** mit Ausnahme des den Vorsitz führenden Präsidenten oder aufsichtführenden Richters werden **alle Mitglieder gewählt**, wenn nicht ohnehin alle Richter dem Präsidium angehören oder bestimmte Mitglieder als gewählt gelten; **c)** die Präsidien entscheiden über alle Fragen der Geschäftsverteilung, auch über die Verteilung des Vorsitzes in den Spruchkörpern **(Allzuständigkeit des Präsidiums)**, die Justizverwaltung nimmt nur wenige Aufgaben auf diesem Gebiet wahr; **d)** das Recht auf den **gesetzlichen Richter** wird auch innerhalb des Spruchkörpers gewährleistet.

**3) Geltungsbereich.** Der 2. Titel galt in den **neuen Bundesländern** mit den Maßgaben, die sich aus EV Anl I Kap III Sachgeb A Abschnitt III Z 1 G ergaben, vgl 50. Aufl. Diese Bestimmungen sind (mit Ausnahme v Z 1 II 2. Halbs, s bei § 22 a) mWv 1. 7. 92 aufgehoben worden, § 31 I Z 1 a RpflAnpG. Seitdem gelten die Vorschriften des § 10 RpflAnpG (s dazu Rieß DtZ **92**, 229), der durch Art 2 b des 3. ÄndGRpflG v 6. 8. 98, BGBl 2030, mWv 1. 10. 98 geändert worden ist:

**RpflAnpG § 10. Präsidium und Geschäftsverteilung.** [1] ¹Für das am 1. Januar 2000 beginnende Geschäftsjahr sind in den in Artikel 1 Abs. 1 des Einigungsvertrages genannten Ländern die Präsidien nach § 21 a Abs. 2 Satz 1 Nr. 1 und 2 des Gerichtsverfassungsgesetzes neu zu wählen. ²Bis dahin gelten die besonderen Vorschriften in den folgenden Absätzen 2 bis 3.

[II] Abweichend von § 21 b Abs. 1 Satz 2 des Gerichtsverfassungsgesetzes sind alle nach § 21 b Abs. 1 Satz 1 des Gerichtsverfassungsgesetzes wahlberechtigten Richter wählbar.

[III] Die Vorschriften über die paritätische Wahl und Besetzung des Präsidiums mit Vorsitzenden Richtern (§ 21 a Abs. 2 Satz 2, § 21 b Abs. 2, § 21 c Abs. 2 letzter Satzteil des Gerichtsverfassungsgesetzes) sowie die Regelungen der Wahlordnung für die Präsidien der Gerichte vom 19. September 1972 (BGBl. I S. 1821), die sich auf die paritätische Besetzung des Präsidiums beziehen (§ 2 Abs. 1 Satz 2, § 3 Abs. 2, § 4 Abs. 1 Nr. 4, § 5 Abs. 2 Nr. 2, § 7 Abs. 3, § 8 Abs. 3 Nr. 5, § 9 Abs. 1 Nr. 5 und 6), finden keine Anwendung.

[IV] ¹Abweichend von § 21 f Abs. 1 des Gerichtsverfassungsgesetzes können bis zum Ablauf des am 31. Dezember 2004 endenden Geschäftsjahres neben Vorsitzenden Richtern auch andere Richter auf Lebenszeit den Vorsitz führen. ²Diese Vorsitzenden bestimmt das Präsidium. ³Auf sie ist § 21 e Abs. 2 und Abs. 3 Satz 2 des Gerichtsverfassungsgesetzes entsprechend anzuwenden.

[V] Abweichend von Absatz 4 darf in den in Artikel 1 Abs. 1 des Einigungsvertrages genannten Ländern bis zum Ablauf des 31. Dezember 1996 bei den Landgerichten auch ein Richter auf Probe oder Richter kraft Auftrags im Jahr seiner Ernennung den Vorsitz in einer mit einem Richter besetzten Kammer führen oder in anderen Kammern den Vorsitzenden vertreten.

Diese Maßgaben gelten nicht für das frühere **Ost-Berlin**: hier ist lediglich **§ 21 f I** unbeschadet des § 28 II DRiG bis zum 31. 12. 93 für das LG Berlin nicht anzuwenden, EV Anl I Kap II Sachgeb A Abschn IV Z 3 a bb.

**4) Errichtung von Gerichten.** Sondervorschriften für das Präsidium und die Geschäftsverteilung, ua über die Ersatzzuständigkeit des Präsidenten bzw aufsichtführenden Richters bis zur Bildung des Präsidiums und der erstmaligen Bestellung des Wahlvorstandes, enthält **§ 30 RpflAnpG**, Rieß DRiZ **93**, 76 u DtZ **92**, 229. Diese Vorschriften gelten nicht nur für die neuen Bundesländer, haben aber vor allem dort aktuelle Bedeutung. Die Schwierigkeiten, die sich bei der Errichtung eines Gerichts bisher ergaben, konnten nur durch entspr Anwendung von § 21 i gelöst werden, vgl Jöhnk NVwZ **91**, 967.

**5**  5) **Gesetzesvorhaben.** Dem Bundestag liegen Gesetzentwürfe zur Reform der Präsidialverfassung vor (BT-Drs 14/597 u 14/979), nachdem entsprechende Entwürfe in der 13. Legislaturperiode nicht abschließend beraten worden waren, DRiZ **99**, 211; vgl „rechtspolitischen Ausblick".

## 21a *Zusammensetzung des Präsidiums.* ¹ Bei jedem Gericht wird ein Präsidium gebildet.

II ¹**Das Präsidium besteht aus dem Präsidenten oder aufsichtführenden Richter als Vorsitzenden und**
1. **bei Gerichten mit mindestens zwanzig Richterplanstellen aus acht gewählten Richtern,**
2. **bei Gerichten mit mindestens acht Richterplanstellen aus vier gewählten Richtern,**
3. **bei den anderen Gerichten aus den nach § 21 b Abs. 1 wählbaren Richtern.**

²**Die Hälfte der gewählten Richter sind bei den Landgerichten, bei den Oberlandesgerichten und beim Bundesgerichtshof Vorsitzende Richter; sind bei einem Gericht nicht mehr als die hiernach zu wählenden Vorsitzenden Richter vorhanden, so gelten diese als gewählt.**

**1**  **Vorbem. A.** Gilt entspr in der **Arbeitsgerichtsbarkeit** nach Maßgabe des § 6 a Z 1 u 2 ArbGG, Üb § 21 a Rn 1; vgl GMP § 6 a Rdz 8–11.
  **B.** Wegen der Anwendung in den **neuen Bundesländern** s § 10 III RpflAnpG, abgedr Üb § 21 a Rn 3. Bei Errichtung eines Gerichts gilt § 30 II RpflAnpG, Rieß DtZ **92**, 229.
  **C. Gesetzesvorhaben,** Üb Rn 5: Sie betreffen II, s „Rechtspolitischen Ausblick".

**2**  **1) Bei jedem Gericht wird ein Präsidium gebildet, I,** auch bei kleineren AGen. **Ausnahmen** gelten für AGe mit nur einer Richterplanstelle, vgl § 22 b I, und für ArbGe und LArbGe mit weniger als drei Richterplanstellen, § 6 a Z 1 u 2 ArbGG.

**3**  **2) Vorsitz, II.** Geborenes Mitglied des Präsidiums ist der **Präsident oder aufsichtführende Richter** als Vorsitzender, II 1. Ob ein AG mit einem Präsidenten besetzt wird, ist Sache der Landesgesetzgebung bzw -verwaltung; im übrigen bestimmt die Justizverwaltung einen Richter zum aufsichtführenden Richter des AG, vgl § 14 II, III VO v 20. 3. 35, abgedr Anh II § 21. Bei AGen mit weniger als 8 Planstellen, II 1 Z 3, gehört neben dem Aufsichtsrichter auch der Präsident des die Dienstaufsicht führenden LG bzw AG dem Präsidium an, und zwar als Vorsitzender, § 22 a. Die Vertretung des Vorsitzenden regelt § 21 c.

**4**  **3) Zusammensetzung, II**
  **A. Das Präsidium bilden im übrigen Richter des Gerichts**, nämlich **a)** bei Gerichten mit weniger als 8 Planstellen alle nach § 21 b I wählbaren Richter, **II 1 Z 3, b)** bei Gerichten mit 8 bis 19 Planstellen 4 gewählte Richter und **c)** bei größeren Gerichten 8 gewählte Richter, **II 1 Z 1 u 2.** Damit ist sichergestellt, daß alle Richter an den Selbstverwaltungsaufgaben ihres Gerichts beteiligt sind, entweder unmittelbar oder mittelbar durch die von ihnen gewählten Vertreter (Plenar- bzw Repräsentativsystem). Für die Größe des Präsidiums kommt es allein auf die Zahl der durch den Haushaltsplan dem Gericht zugewiesenen Richterplanstellen an, § 21 d I, gleichgültig, ob sie besetzt sind und ob der Inhaber richterliche oder andere Aufgaben wahrnimmt, Kblz DRiZ **96**, 329 mwN; wegen des maßgeblichen Zeitpunktes und wegen der Folgen einer Änderung der Planstellenzahl vgl § 21 d.

**5**  **B.** Das für alle Gerichte mit mindestens 8 Richterplanstellen geltende **Repräsentativsystem** soll durch Beschränkung der Zahl der Mitglieder die Arbeitsfähigkeit des Präsidiums gewährleisten; daß das ungewählte Präsidium, II 1 Z 3, eines kleinen Gerichts danach größer sein kann als das aus insgesamt (nur) 5 Mitgliedern bestehende Präsidium eines mittleren Gerichts, wird in Kauf genommen, damit bei einem kleineren Gericht nicht etwa nur 1 Richter außerhalb des Präsidiums bleiben muß. **Bei den Kollegialgerichten** (LG, OLG, BGH) **sind die Hälfte der gewählten Richter Vorsitzende Richter** iSv § 19 a DRiG, **II 2** (ebenso beim BArbG, § 6 a ArbGG, Üb § 21 a Rn 1); in welchem Zahlenverhältnis die Gruppen der Vorsitzenden Richter und der anderen Richter stehen, ist unerheblich, BVerwG DÖV **74**, 96. Diese paritätische Besetzung (§§ 21 b II 1, 21 c II) gilt bis zum 31. 12. 95 nicht in den neuen Bundesländern, § 10 RpflAnpG, abgedr Üb § 21 a Rn 3. Durch sie wird erreicht, daß bei den Entscheidungen des Präsidiums die Personalkenntnisse und Erfahrungen der Vorsitzenden der Spruchkörper in angemessenem Umfang zur Geltung kommen. Sind bei einem Gericht nicht mehr als die zu wählenden Vorsitzenden Richter vorhanden, also ohne den Präsidenten 4 bzw 2, so gelten diese als gewählt, II 2 Halbsatz 2. Überschreitet die Zahl der Vorsitzenden Richter im Lauf des Geschäftsjahres die Zahl der zu wählenden, so wird dadurch entsprechend § 21 d die Zusammensetzung des Präsidiums zunächst nicht berührt, VGH Kassel AS **30**, 15; bei der nächsten Wahl ist nach § 21 b IV zu verfahren.

**6**  **Die Wahl der Richter** regelt § 21 b mit der dazu ergangenen Wahlordnung v 19. 9. 72, das Nachrücken § 21 c II; ist ein danach Nächstberufener nicht mehr vorhanden, ist eine Nachwahl, § 14 WahlO, auch dann erforderlich, wenn in der Gruppe der Vorsitzenden Richter nur noch ein wählbarer Kandidat vorhanden ist, VGH Kassel AS **30**, 15. Vertreten werden die gewählten Mitglieder des Präsidiums nicht, § 21 c I 3.

**7**  **4)** *VwGO:* § 21 a gilt entsprechend, § 4 VwGO. Den Vorsitz führt stets der Präsident des Gerichts, weil es in der *Verw*Gerichtsbarkeit kein Gericht ohne Präsidenten gibt, §§ 5, 9 u 10 VwGO.

## 21b *Wahl des Präsidiums.* ¹ ¹Wahlberechtigt sind die Richter auf Lebenszeit und die Richter auf Zeit, denen bei dem Gericht ein Richteramt übertragen ist, sowie die bei dem Gericht tätigen Richter auf Probe, die Richter kraft Auftrags und die für die Dauer von mindestens drei Monaten abgeordneten Richter, die Aufgaben der Rechtsprechung wahrnehmen. ²Wählbar sind die Richter auf Lebenszeit und die Richter auf Zeit, denen bei dem Gericht ein Richteramt übertragen ist. ³Nicht wahlberechtigt und nicht wählbar sind Richter,

die an ein anderes Gericht für mehr als drei Monate oder an eine Verwaltungsbehörde abgeordnet sind.

II ¹Jeder Wahlberechtigte wählt die vorgeschriebene Zahl von Richtern, und zwar bei den Landgerichten, bei den Oberlandesgerichten und beim Bundesgerichtshof jeweils eine gleiche Zahl von Vorsitzenden Richtern und weiteren Richtern. ²In den Fällen des § 21 a Abs. 2 Satz 2 Halbsatz 2 wählt jeder Wahlberechtigte so viele weitere Richter, bis die in § 21 a Abs. 2 Satz 1 bestimmte Zahl von Richtern erreicht ist.

III ¹Die Wahl ist unmittelbar und geheim. ²Gewählt ist, wer die meisten Stimmen auf sich vereinigt. ³Bei Stimmengleichheit entscheidet das Los.

IV ¹Die Mitglieder werden für vier Jahre gewählt. ²Alle zwei Jahre scheidet die Hälfte aus. ³Die zum ersten Mal ausscheidenden Mitglieder werden durch das Los bestimmt.

V Das Wahlverfahren wird durch eine Rechtsverordnung geregelt, die von der Bundesregierung mit Zustimmung des Bundesrates erlassen wird.

VI ¹Ist bei der Wahl ein Gesetz verletzt worden, so kann die Wahl von den in Absatz 1 Satz 1 bezeichneten Richtern angefochten werden. ²Über die Wahlanfechtung entscheidet ein Senat des zuständigen Oberlandesgerichts, bei dem Bundesgerichtshof ein Senat dieses Gerichts. ³Wird die Anfechtung für begründet erklärt, so kann ein Rechtsmittel gegen eine gerichtliche Entscheidung nicht darauf gestützt werden, das Präsidium sei deswegen nicht ordnungsgemäß zusammengesetzt gewesen. ⁴Im übrigen sind auf das Verfahren die Vorschriften des Gesetzes über die Angelegenheiten der freiwilligen Gerichtsbarkeit sinngemäß anzuwenden.

**Vorbem. A.** Gilt entspr für die **Arbeitsgerichtsbarkeit**, § 6 a ArbGG, Üb 1 § 21 a. 1

**B. Gesetzesvorhaben,** Üb § 21 a Rn 5: Der Entwurf BT-Drs 14/979 sieht Änderungen von II u III vor, vgl „Rechtspolitischer Ausblick".

**Schrifttum:** *Scholz* DRiZ **72**, 301; *Stanicki* DRiZ **72**, 414, **74**, 379; *Driehaus* DRiZ **75**, 44.

**1) Allgemeines.** Ein wesentlicher Punkt der durch das G v 26. 5. 72 verwirklichten Reform ist für alle 2 Gerichte mit mindestens 8 Richterplanstellen, § 21 a II, die Einführung eines Präsidiums, dem neben dem Präsidenten oder Aufsichtsrichter nur gewählte (oder als gewählt geltende), § 21 a II 2 Halbsatz 2) Mitglieder angehören. Die **für die Wahl notwendigen Vorschriften** enthält § 21 b, der durch die Wahlordnung v 19. 9. 72, BGBl 1821, ergänzt wird (abgedr Anh § 21 b).

**2) Wahlrecht, I.** Maßgeblich für das aktive und passive Wahlrecht ist **der jeweilige Wahltag**, § 2 I 3 3 WahlO.

**A. Wahlberechtigt, I 1.** Wahlberechtigt sind **a)** die Richter auf Lebenszeit und die Richter auf Zeit, § 11 DRiG, denen bei dem Gericht ein Richteramt übertragen ist, § 27 I DRiG (im Fall der Übertragung eines weiteren Richteramts bei einem anderen Gericht, § 27 II DRiG, besteht Wahlrecht bei beiden Gerichten, so zB im Fall des § 22 II GVG), gleichgültig, ob sie bei dem Gericht nur VerwAufgaben wahrnehmen; nicht wahlberechtigt sind die in Baulandsachen tätigen VerwRichter, BGH DRiZ **77**, 280, hM; **b)** die bei dem Gericht tätigen Richter auf Probe, § 12 DRiG, Richter kraft Auftrags, § 14 DRiG, und die für die Dauer von mindestens 3 Monaten an das Gericht abgeordnetonaten an das Gericht abgeordneten Richter, § 37 DRiG, die Aufgaben der Rechtsprechung wahrnehmen, also nicht nur in der Verwaltung des Gerichts tätig sind. Wahlberechtigt ist auch der Präsident bzw Aufsichtsrichter, Stanicki DRiZ **72**, 417, und ebenso sein ständiger Vertreter, § 21 h.

**B. Wählbar, I 2**, sind nur die unter a) genannten Richter auf Lebenszeit oder auf Zeit, nicht dagegen die unter b) aufgeführten Richter. Nicht wählbar ist ferner der Präsident bzw Aufsichtsrichter, weil er dem Präsidium kraft Amtes als Vorsitzender angehört, § 21 a II, wählbar aber ihre ständigen Vertreter, vgl § 21 c I 2.

**C. Ausnahmen, I 3:** Weder wahlberechtigt noch wählbar bei ihren Heimatgerichten sind Richter, die an ein anderes Gericht für mehr als 3 Monate oder (auch für kürzere Zeit) an eine Verwaltungsbehörde abgeordnet sind. Sie dürfen bei dem anderen Gericht wählen, wenn sie dort Rechtsprechungsaufgaben wahrnehmen. Dagegen wird das Wahlrecht durch Beurlaubung (auch für mehr als 3 Monate) jedenfalls dann nicht berührt, wenn der Richter in dieser Zeit weder bei einer Verwaltungsbehörde noch bei der Legislative tätig ist, OVG Saarl NVwZ **96**, 89 mwN, Schlesw SchlHA **89**, 156, sehr str, Heusch ZRP **98**, 255 mwN.

**3) Wahlpflicht, II** 4

**A.** Mit der Fassung, jeder Wahlberechtigte „wählt" die vorgeschriebene Zahl von Richtern, ist klargestellt, daß er **dienstlich verpflichtet ist, sich an der Wahl zu beteiligen,** BVerwG DVBl **75**, 728 mwN (krit Schickedanz DRiZ **96**, 328): Das Wahlrecht ist den Richtern nicht zur Wahrnehmung ihrer persönlichen Belange anvertraut, sondern zur Gewähr einer geordneten, unabhängigen Rechtspflege. Die Verletzung der Wahlpflicht kann Maßnahmen der Dienstaufsicht, § 26 DRiG, auslösen.

**B. Jeder Wahlberechtigte hat die vorgeschriebene Zahl der Richter zu wählen,** dh so viele Richter, wie in das Präsidium gewählt werden müssen, bei der Wahl paritätisch zusammengesetzter Präsidien, § 21 a II 2, jeweils eine gleiche Zahl von Vorsitzenden und weiteren Richtern; eine Ausnahme gilt bei nur 2 bzw 4 vorhandenen Vorsitzenden Richtern, § 21 a II 2, was nicht verfassungswidrig ist, BVerwG DVBl **75**, 728. Stimmenhäufung ist unzulässig. Die Stimme ist demgemäß ungültig, wenn der Wähler in einer Sparte mehr (oder in beiden) mehr oder weniger Richter wählt, § 8 III Z 5 WahlO. Dieses System der sog Blockwahl ist jedenfalls im Bereich der Präsidialverfassung der Gerichte verfassungsrechtlich unbedenklich, Kissel 12. **Wieviele Richter zu wählen sind**, hängt von der Größe des Gerichts sowie davon ab, ob es sich um eine Erstwahl, § 21 a, eine Teilwahl, § 21 b IV, oder um eine Wahl nach § 21 d II u III handelt; im Fall einer Nachwahl, § 21 d Anm 2, ist möglicherweise nur ein Richter zu wählen. Gelten die Vorsitzenden Richter nach § 21 a II 2 Halbsatz 2 als gewählt, ist nur die erforderliche Zahl von weiteren Richtern zu wählen, vgl §§ 2 I 2, 5 II 3 WahlO.

**5**  **4) Wahlvorgang, III, und Wahlverfahren, V**

**A. Wahlvorgang.** Die Wahl ist unmittelbar und geheim, III 1, vgl §§ 5 I, II u 6 WahlO. Briefwahl ist zulässig, § 7 WahlO, dazu Vallendar DRiZ **73**, 21. Das Wahlrecht darf nur durch Abgabe jeweils eines Stimmzettels ausgeübt werden, § 5 I u III WahlO; hierzu und zu den Folgen eines Verstoßes gegen § 8 III Z 1 WahlO vgl LSG Nds LS SGb **80**, 88. Gewählt ist, wer die meisten Stimmen auf sich vereinigt, III 2; bei Stimmengleichheit entscheidet das Los, III 3, das der Wahlvorstand, § 1 WahlO, zieht, § 8 IV WahlO. Der danach gewählte Richter darf die Wahl nicht ablehnen, BVerwG DVBl **75**, 728, so daß er nach Feststellung des Wahlergebnisses lediglich von seiner Wahl zu benachrichtigen ist, § 10 WahlO.

**B. Verfahren.** Das Wahlverfahren wird iü durch die aufgrund von **V** erlassene **Wahlordnung für die Präsidien der Gerichte** v 19. 9. 72, BGBl 1821, geregelt, abgedr **Anh § 21 b**. Zum Rechtsschutz gegen die Abberufung eines Wahlvorstands, § 1, und zur Bestimmung des Wahltages, § 3 S 1, s VGH Kassel NJW **87**, 1219 (keine entspr Anwendung von VI 2), teilweise krit Stanicki DRiZ **89**, 58, ferner LSG Celle NdsRpfl **91**, 183 (keine Verschiebung des Wahltages wegen einer bevorstehenden Ernennung zum Vorsitzenden Richter).

**6**  **5) Amtszeit, IV** (wegen der neuen Bundesländer s § 10 I RpflAnpG, abgedr Üb § 21 a Rn 3). Die Mitglieder werden für 4 Jahre gewählt, IV 1. Die Amtszeit begann für die 1972 gewählten gemäß Art XIII § 5 II G v 26. 5. 72 mit dem ersten Tag des darauf folgenden Geschäftsjahres, in aller Regel also mit dem 1. 1. 73. Danach bestimmt sich der Beginn der Amtszeit für die Nachfolger. Maßgeblich ist also nicht das Kalenderjahr, sondern das Geschäftsjahr, vgl §§ 1 II 2, 3 WahlO. Um die Repräsentierung der Gesamtrichterschaft des Gerichts durch die Gewählten sicherzustellen, ohne die Kontinuität zu beeinträchtigen, scheidet alle 2 Jahre die Hälfte aus, IV 2; die zum ersten Mal ausscheidenden Mitglieder werden durch das Los bestimmt, IV 3, das der Wahlvorstand, § 1 WahlO, in einer für die Richter öff Sitzung zieht, § 2 III u IV WahlO. Die Nachfolger werden durch Teilwahl bestimmt, für die das in Rn 3–5 Gesagte gilt. Wiederwahl ist zulässig, vgl § 2 II WahlO. Wegen der Amtszeit bei **Eintritt eines Nachfolgers** vgl § 21 c Rn 4, bei **Änderung der Planstellenzahl** vgl § 21 d Rn 3. Das amtierende Präsidium hat die Geschäfte bis zur Neu- bzw Nachwahl fortzuführen, VGH Kassel AS **30**, 15.

**7**  **6) Wahlanfechtung, VI.** Ist bei der Wahl ein Gesetz, § 1 Rn 2, **verletzt worden, so kann die Wahl von jedem Wahlberechtigten, I 1, angefochten** werden, VI 1, ohne daß dafür eine Frist bestimmt ist, OVG Münst NJW **88**, 723 (zur Anfechtung der Abberufung eines Wahlvorstands im VerwRechtsweg s VGH Kassel NJW **87**, 1219). Die Anfechtung ist auch zulässig, wenn eine gesetzlich vorgeschriebene Wahl nicht durchgeführt worden ist, Kblz DRiZ **96**, 329. Eine Beeinträchtigung eigener Rechte ist nicht erforderlich, die Begründung braucht nur die Möglichkeit objektiver Gesetzesverletzung zu ergeben, BVerwG DVBl **75**, 727; „Gesetz" ist auch die WahlO, OVG Münst aaO, VGH Kassel AS **30**, 15 mwN, LSG Celle NdsRpfl **79**, 129 (zur Briefwahl, §§ 5 u 8 WahlO). Am Verfahren beteiligt ist das aus der Wahl hervorgegangene Präsidium, BVerwG DÖV **74**, 96.

**8**  Über die Anfechtung einer Wahl bei einem AG, LG oder OLG entscheidet ein Senat des OLG, über eine Wahl beim Kreis- oder Bezirksgericht der Besondere Senat des Bezirksgerichts, oben Rn 1, und über eine Wahl beim BGH ein Senat dieses Gerichts, VI 2, und zwar in einem Verfahren, auf das die Vorschriften des FGG sinngemäß anzuwenden sind, VI 4 (auch § 13 a FGG, dazu OVG Münst NJW **88**, 724). Da die Verweisung sich nicht auf die Anfechtung einer Entscheidung bezieht, kann ein Beschluß des OLG nicht mit der Beschwerde, § 19 I FGG, angefochten werden, BGH NJW **83**, 2945 mwN, hM; entsprechendes gilt für die Anfechtung der Beschlüsse des OVG, LSG und FG, OVG Münst aaO mwN, aM VGH Kassel AS **30**, 20. Die Verweisung umfaßt dagegen § 28 II FGG, so daß das OLG die Sache dem BGH vorlegen muß, wenn es von einem anderen OLG oder dem BGH abweichen will, BGH NJW **91**, 1183 mwN.

**9**  Erfolg hat die Anfechtung nur dann, wenn der Verstoß für das Wahlergebnis bedeutsam gewesen sein kann, OVG Münst NJW **88**, 724, LSG Celle NdsRpfl **79**, 129; davon ist bei schweren Rechtsverletzungen auszugehen, OVG Münst aaO mwN (zum Verstoß gegen § 5 II WahlO). Wird die Anfechtung der Wahl für begründet erklärt, so kann ein Rechtsmittel gegen eine gerichtliche Entscheidung nicht darauf gestützt werden, das Präsidium sei deswegen nicht ordnungsgemäß zusammengesetzt gewesen, VI 3, vgl BGH NJW **76**, 432. Erst recht gilt dies, wenn die Wahl überhaupt nicht angefochten oder über eine Anfechtung noch nicht entschieden ist, so daß **Fehler bei der Bildung des Präsidiums die Gültigkeit der von ihm erlassenen Anordnungen in keinem Fall berühren.**

**10**  **7) VwGO:** Die Bestimmungen des § 21 b gelten entsprechend, § 4 VwGO, diejenigen der WahlO unmittelbar. Über eine Wahlanfechtung, VI, entscheidet ein Senat des OVG bzw BVerwG, vgl BVerwG DÖV **74**, 96, OVG Münst NJW **88**, 723; auch im ersteren Fall ist der Beschluß unanfechtbar, Anm 6.

## Anhang nach § 21 b GVG
### Wahlordnung für die Präsidien der Gerichte
vom 19. September 1972, BGBl 1821

**1**  **Vorbem. A.** Die Wahlordnung galt ab 1. 1. 92 (Üb 3 § 21 a) in den **neuen Bundesländern** mit den Maßgaben des EV Anl I Kap III Sachgeb A Abschn III Z 2, s 50. Aufl. An ihre Stelle ist für die Zeit bis zum 31. 12. 95 mWv 1. 7. 92 die Regelung in § 10 III RpflAnpG, abgedr Üb § 21 a Rn 3, getreten: Da es in den neuen Bundesländern keine paritätische Wahl des Präsidiums gibt, sind die §§ 2 I 2 u III 2, 4 I Z 4, 5 II u III, 7 III, 8 III Z 5 sowie 9 I Z 5 u 6 nicht anzuwenden. Bei der Errichtung eines Gerichts gelten zu § 1 und § 3 die Sonderbestimmungen in § 30 RpflAnpG, Rieß DtZ **92**, 229.

**B. Gesetzesvorhaben**, Üb § 21 a Rn 5, sehen Änderungen der §§ 2, 4, 5, 7 und 9 vor, s „Rechtspolitischer Ausblick".

**§ 1. Wahlvorstand.** **I** ¹Der Wahlvorstand sorgt für die ordnungsmäßige Durchführung der Wahl der Mitglieder des Präsidiums. ²Er faßt seine Beschlüsse mit Stimmenmehrheit.

**II** ¹Der Wahlvorstand besteht aus mindestens drei wahlberechtigten Mitgliedern des Gerichts. ²Das amtierende Präsidium bestellt die erforderliche Zahl von Mitgliedern des Wahlvorstandes spätestens zwei Monate vor Ablauf des Geschäftsjahres, in dem eine Wahl stattfindet. ³Es besteht zugleich eine angemessene Zahl von Ersatzmitgliedern und legt fest, in welcher Reihenfolge sie bei Verhinderung oder Ausscheiden von Mitgliedern des Wahlvorstandes nachrücken.

**III** Das amtierende Präsidium gibt die Namen der Mitglieder und der Ersatzmitglieder des Wahlvorstandes unverzüglich durch Aushang bekannt.

Bem. Zur Abberufung des Wahlvorstands s VGH Kassel NJW 87, 1219. 1

**§ 2. Wahlverzeichnis.** **I** ¹Der Wahlvorstand erstellt ein Verzeichnis der wahlberechtigten und ein Verzeichnis der wählbaren Mitglieder des Gerichts. ²In den Fällen des § 21 a Abs. 2 Satz 2 Halbsatz 2 des Gerichtsverfassungsgesetzes ist in dem Verzeichnis der wählbaren Mitglieder darauf hinzuweisen, daß die Vorsitzenden Richter als gewählt gelten. ³Die Verzeichnisse sind bis zum Wahltag auf dem laufenden zu halten.

**II** In das Verzeichnis der wählbaren Mitglieder des Gerichts sind auch die jeweils wegen Ablaufs ihrer Amtszeit oder durch Los ausscheidenden Mitglieder des Präsidiums aufzunehmen, sofern sie noch die Voraussetzungen des § 21 b Abs. 1 des Gerichtsverfassungsgesetzes erfüllen.

**III** ¹In den Fällen des § 21 b Abs. 4 Satz 3 und des § 21 d Abs. 2 und 3 des Gerichtsverfassungsgesetzes nimmt der Wahlvorstand zuvor die Auslosung der ausscheidenden Mitglieder des Präsidiums vor. ²Hierbei ist bei den mit Vorsitzenden Richtern besetzten Gerichten außer in den Fällen des § 21 a Abs. 2 Satz 2 Halbsatz 2 des Gerichtsverfassungsgesetzes eine gleiche Anzahl von Vorsitzenden Richtern und Richtern gesondert auszulosen.

**IV** ¹Die Auslosung ist für die Richter öffentlich. ²Zeitpunkt und Ort der Auslosung gibt der Wahlvorstand unverzüglich nach seiner Bestellung durch Aushang bekannt.

**V** ¹Über die Auslosung fertigt der Wahlvorstand eine Niederschrift, die von sämtlichen Mitgliedern des Wahlvorstandes zu unterzeichnen ist. ²Sie muß das Ergebnis der Auslosung enthalten. ³Besondere Vorkommnisse bei der Auslosung sind in der Niederschrift zu vermerken.

**§ 3. Wahltag, Wahlzeit, Wahlraum.** ¹Die Wahl soll mindestens zwei Wochen vor Ablauf des Geschäftsjahres stattfinden. ²Der Wahlvorstand bestimmt einen Arbeitstag als Wahltag, die Wahlzeit und den Wahlraum. ³Bei entsprechendem Bedürfnis kann bestimmt werden, daß an zwei aufeinander folgenden Arbeitstagen und in mehreren Wahlräumen gewählt wird. ⁴Die Wahlzeit muß sich über mindestens zwei Stunden erstrecken.

Bem. Zur Bestimmung des Wahltages s VGH Kassel NJW 87, 1219, LSG Celle NdsRpfl 91, 183. 1

**§ 4. Wahlbekanntmachung.** **I** ¹Der Wahlvorstand gibt spätestens einen Monat vor dem Wahltag durch Aushang bekannt:
1. das Verzeichnis der wahlberechtigten und das Verzeichnis der wählbaren Mitglieder des Gerichts,
2. das Ergebnis der Auslosung nach § 21 b Abs. 4 Satz 3 und § 21 d Abs. 2 und 3 des Gerichtsverfassungsgesetzes,
3. den WahltagAssungsgesetzes,
3. den Wahltag, die Wahlzeit und den Wahlraum,
4. die Anzahl der zu wählenden Vorsitzenden Richter und Richter,
5. die Voraussetzungen, unter denen eine Briefwahl stattfinden kann,
6. den Hinweis auf das Einspruchsrecht nach Absatz 3.

²Bestehen Zweigstellen oder auswärtige Spruchkörper, so sind die Wahlbekanntmachungen auch dort auszuhängen.

**II** Auf den Wahlbekanntmachungen ist der erste Tag des Aushangs zu vermerken.

**III** ¹Jedes wahlberechtigte Mitglied des Gerichts kann gegen die Richtigkeit der Wahlverzeichnisse binnen einer Woche seit ihrer Bekanntmachung oder der Bekanntmachung einer Änderung schriftlich bei dem Wahlvorstand Einspruch einlegen. ²Der Wahlvorstand hat über den Einspruch unverzüglich zu entscheiden und bei begründetem Einspruch die Wahlverzeichnisse zu berichtigen. ³Die Entscheidung des Wahlvorstandes ist dem Mitglied des Gerichts, das den Einspruch eingelegt hat, schriftlich mitzuteilen. ⁴Sie muß ihm spätestens am Tage vor der Wahl zugehen.

**§ 5. Wahlhandlung.** **I** Das Wahlrecht wird durch Abgabe eines Stimmzettels in einem Wahlumschlag ausgeübt.

**II** ¹Auf dem Stimmzettel sind die Anzahl der zu wählenden Vorsitzenden Richter und Richter sowie die Namen der wählbaren Richter in alphabetischer Reihenfolge untereinander aufzuführen. ²Bei Gerichten, die mit Vorsitzenden Richtern besetzt sind, sind die Namen dieser Richter gesondert aufzuführen. ³Nicht aufzuführen sind
1. die Anzahl und die Namen der in den Fällen des § 21 a Abs. 2 Satz 2 Halbsatz 2 des Gerichtsverfassungsgesetzes als gewählt geltenden Vorsitzenden Richter,
2. die Namen der Vorsitzenden Richter und Richter, die dem Präsidium angehören und deren Amtszeit noch nicht abläuft.

III Der Wähler gibt seine Stimme ab, indem er auf dem Stimmzettel die vorgeschriebene Zahl von Namen Vorsitzender Richter und Richter ankreuzt und den Stimmzettel im verschlossenen Wahlumschlag in die Wahlurne legt.

**§ 6. Ordnung im Wahlraum.** [1] Die Richter können während der gesamten Wahlzeit im Wahlraum anwesend sein.

II [1]Der Wahlvorstand trifft Vorkehrungen, daß der Wähler den Stimmzettel im Wahlraum unbeobachtet kennzeichnet und in den Wahlumschlag legt. [2]Für die Aufnahme der Umschläge ist eine Wahlurne zu verwenden. [3]Vor Beginn der Stimmabgabe hat der Wahlvorstand festzustellen, daß die Wahlurne leer ist, und sie zu verschließen. [4]Sie muß so eingerichtet sein, daß die eingelegten Umschläge nicht entnommen werden können, ohne daß die Urne geöffnet wird.

III Solange der Wahlraum zur Stimmabgabe geöffnet ist, müssen mindestens zwei Mitglieder des Wahlvorstandes im Wahlraum anwesend sein.

IV [1]Stimmzettel und Wahlumschlag werden dem Wähler von dem Wahlvorstand im Wahlraum ausgehändigt. [2]Vor dem Einlegen des Wahlumschlages in die Wahlurne stellt ein Mitglied des Wahlvorstandes fest, ob der Wähler im Wählerverzeichnis eingetragen ist. [3]Die Teilnahme an der Wahl ist im Wählerverzeichnis zu vermerken.

V [1]Wird die Wahlhandlung unterbrochen oder wird das Wahlergebnis nicht unmittelbar nach Abschluß der Stimmabgabe festgestellt, so hat der Wahlvorstand für die Zwischenzeit die Wahlurne so zu verschließen und aufzubewahren, daß das Einlegen oder die Entnahme von Stimmzetteln ohne Beschädigung des Verschlusses unmöglich ist. [2]Bei Wiedereröffnung der Wahl oder bei Entnahme der Stimmzettel zur Stimmzählung hat sich der Wahlvorstand davon zu überzeugen, daß der Verschluß unversehrt ist.

VI [1]Nach Ablauf der Wahlzeit dürfen nur noch diejenigen Wahlberechtigte abstimmen, die sich in diesem Zeitpunkt im Wahlraum befinden. [2]Sodann erklärt der Wahlvorstand die Wahlhandlung für beendet.

**§ 7. Briefwahl.** I [1]Den wahlberechtigten Mitglieder des Gerichts, die
1. einem auswärtigen Spruchkörper oder einer Zweigstelle des Gerichts angehören oder für nicht mehr als drei Monate an ein anderes Gericht abgeordnet sind,
2. aus sonstigen Gründen an einer Stimmabgabe nach § 5 Abs. 3 verhindert sind und dies dem Wahlvorstand rechtzeitig anzeigen,leitet der Wahlvorstand einen Stimmzettel und einen Wahlumschlag sowie einen größeren Freiumschlag zu, der die Anschrift des Wahlvorstandes und als Absender die Anschrift des wahlberechtigten Mitglieds des Gerichts sowie den Vermerk „Schriftliche Stimmabgabe zur Wahl des Präsidiums" trägt.

[2]Er übersendet außerdem eine vorgedruckte, vom Wähler abzugebende Erklärung, in der dieser dem Wahlvorstand gegenüber versichert, daß er den Stimmzettel persönlich gekennzeichnet hat. [3]Die Absendung ist in der Wählerliste zu vermerken.

II In einem besonderen Schreiben ist zugleich anzugeben, bis zu welchem Zeitpunkt spätestens der Stimmzettel bei dem Wahlvorstand eingegangen sein muß.

III [1]Der Wähler gibt seine Stimme ab, indem er auf dem Stimmzettel die vorgeschriebene Zahl von Namen Vorsitzender Richter und Richter ankreuzt und den Stimmzettel im verschlossenen Wahlumschlag unter Verwendung des Freiumschlages und Beifügung der von ihm unterzeichneten vorgedruckten Erklärung dem Wahlvorstand übermittelt. [2]Die Stimmabgabe kann vor dem Wahltag erfolgen.

IV [1]Während der Wahlzeit vermerkt ein Mitglied des Wahlvorstandes die Absender der bei dem Wahlvorstand eingegangenen Briefe im Wählerverzeichnis, entnimmt den Briefen die Wahlumschläge und legt diese ungeöffnet in die Wahlurne. [2]Die vorgedruckten Erklärungen sind zu den Wahlunterlagen zu nehmen. [3]Briefe, die ohne die vorgedruckte Erklärung bei dem Wahlvorstand eingehen, sind mit dem darin enthaltenen Wahlumschlag sowie mit einem entsprechenden Vermerk des Wahlvorstandes zu den Wahlunterlagen zu nehmen. [4]Nach Ablauf der Wahlzeit eingehende Briefe sind unter Vermerk des Eingangszeitpunktes ungeöffnet zu den Wahlunterlagen zu nehmen.

**§ 8. Feststellung des Wahlergebnisses.** I [1]Unverzüglich nach Ablauf der Wahlzeit stellt der Wahlvorstand das Wahlergebnis fest. [2]Die Richter können bei der Feststellung des Wahlergebnisses anwesend sein.

II [1]Der Wahlvorstand öffnet die Wahlurne und entnimmt den darin befindlichen Wahlumschlägen die Stimmzettel. [2]Er prüft deren Gültigkeit und zählt sodann die auf jedes wählbare Mitglied des Gerichts entfallenden gültigen Stimmen zusammen.

III Ungültig sind Stimmzettel,
1. die nicht in einem Wahlumschlag abgegeben sind,
2. die nicht von dem Wahlvorstand ausgegeben sind,
3. aus denen sich der Wille des Wählers nicht zweifelsfrei ergibt,
4. die einen Zusatz oder Vorbehalt enthalten,
5. in denen nicht die vorgeschriebene Anzahl von Namen Vorsitzender Richter und Richter angekreuzt ist.

## 2. Titel. Präsidium und die Geschäftsverteilung — Anh § 21b, § 21c GVG

**IV** Bei Stimmengleichheit zwischen zwei oder mehreren wählbaren Mitgliedern des Gerichts stellt der Wahlvorstand durch Auslosung fest, wer als gewählt gilt und wer in den Fällen des § 21 c Abs. 2 des Gerichtsverfassungsgesetzes als Nächstberufener nachrückt.

**§ 9. Wahlniederschrift.** ¹ ¹Über das Wahlergebnis fertigt der Wahlvorstand eine Niederschrift, die von sämtlichen Mitgliedern des Wahlvorstandes zu unterzeichnen ist. ²Die Niederschrift muß enthalten:
1. die Zahl der abgegebenen Stimmzettel,
2. die Zahl der gültigen Stimmzettel,
3. die Zahl der ungültigen Stimmzettel,
4. die für die Gültigkeit oder Ungültigkeit zweifelhafter Stimmzettel maßgebenden Gründe,
5. die Angabe, wie viele Stimmen auf jeden der wählbaren Vorsitzenden Richter und Richter entfallen sind,
6. die Namen der gewählten Vorsitzenden Richter und Richter,
7. das Ergebnis einer etwaigen Auslosung nach § 8 Abs. 4.

**II** Besondere Vorkommnisse bei der Wahlhandlung oder der Feststellung des Wahlergebnisses sind in der Niederschrift zu vermerken.

**§ 10. Benachrichtigung der gewählten Richter.** Der Wahlvorstand benachrichtigt unverzüglich die in das Präsidium gewählten Mitglieder des Gerichts schriftlich von ihrer Wahl.

**§ 11. Bekanntgabe des Wahlergebnisses.** Der Wahlvorstand gibt das Wahlergebnis unverzüglich durch Aushang bekannt.

**§ 12. Berichtigung des Wahlergebnisses.** ¹Offenbare Unrichtigkeiten des bekanntgemachten Wahlergebnisses, insbesondere Schreib- und Rechenfehler, kann der Wahlvorstand von Amts wegen oder auf Antrag berichtigen. ²Die Berichtigung ist gleichfalls durch Aushang bekannt zu machen.

**§ 13. Aufbewahrung der Wahlunterlagen.** Die Wahlunterlagen (Aushänge, Niederschriften, Stimmzettel, verspätet oder ohne vorgedruckte Erklärung eingegangene Wahlbriefe usw.) werden von dem Präsidium mindestens vier Jahre aufbewahrt; die Frist beginnt mit dem auf die Wahl folgenden Geschäftsjahr.

**§ 14. Nachwahl.** Ist in den Fällen des § 21 c Abs. 2 des Gerichtsverfassungsgesetzes eine Nachwahl durchzuführen, weil kein Nächstberufener vorhanden ist, so gelten für die Durchführung der Nachwahl die Vorschriften dieser Verordnung entsprechend.

**§§ 15–17. Übergangs- und Schlußvorschriften** *(nicht abgedruckt)*

**21c** *Vertretung und Wechsel im Präsidium.* ¹ ¹Bei einer Verhinderung des Präsidenten oder aufsichtführenden Richters tritt sein Vertreter (§ 21 h) an seine Stelle. ²Ist der Präsident oder aufsichtführende Richter anwesend, so kann sein Vertreter, wenn er nicht selbst gewählt ist, an den Sitzungen des Präsidiums mit beratender Stimme teilnehmen. ³Die gewählten Mitglieder des Präsidiums werden nicht vertreten.

**II** Scheidet ein gewähltes Mitglied des Präsidiums aus dem Gericht aus, wird es an ein anderes Gericht für mehr als drei Monate oder an eine Verwaltungsbehörde abgeordnet, wird es kraft Gesetzes Mitglied des Präsidiums oder wird es zum Vorsitzenden Richter ernannt, so tritt an seine Stelle der durch die letzte Wahl Nächstberufene.

**Vorbem. A.** Die Vorschrift gilt entspr für die **Arbeitsgerichtsbarkeit**, § 6 a ArbGG, Üb § 21 a Rn 1.   **1**
**B.** Wegen der Anwendung in den **neuen Bundesländern** s § 10 III RpflAnpG, abgedr Üb § 21 a Rn 3.
**C. Gesetzesvorhaben**, Üb § 21 a Rn 5, sehen Änderungen von II vor, s „Rechtspolitischer Ausblick".

**1) Vertretung, I.** Wenn der Präsident oder aufsichtführende Richter verhindert ist, den Vorsitz im **2** Präsidium zu führen, tritt sein Vertreter, § 21 h, an seine Stelle, I 1; das gilt auch im Falle des § 22 a. Der Vertreter kann im übrigen, wenn er nicht gewähltes (oder im Falle des § 21 a II 1 Z 3 geborenes) Mitglied des Präsidiums ist, an jeder Sitzung mit beratender Stimme teilnehmen, I 2; er soll dadurch einen umfassenden Überblick über die Arbeit des Präsidiums gewinnen, um im Vertretungsfall den Vorsitz sachgerecht führen zu können, und zugleich mit seinen Kenntnissen und Erfahrungen die Beratungen fördern. Die gewählten Mitglieder des Präsidiums werden im Verhinderungsfall nicht vertreten, I 3, so daß die Zahl der Mitwirkenden bis auf die Hälfte, § 21 i I, sinken kann.

**2) Wechsel im Präsidium, II**   **3**
**A. Nachrücken.** Der durch die Wahl Nächstberufene rückt nach, wenn **ein gewähltes Mitglied die Zugehörigkeit zum Präsidium verliert**, nämlich **a)** aus dem Gericht ausscheidet, **b)** an eine Verwaltungsbehörde oder für mehr als 3 Monate an ein anderes Gericht abgeordnet wird, **c)** kraft Gesetzes Mitglied des Präsidiums, also Präsident oder Aufsichtsrichter wird, **d)** zum Vorsitzenden Richter, § 19 a DRiG, ernannt wird (weil sonst die paritätische Besetzung, § 21 a II 2, nicht gewahrt bliebe); dieser Satzteil ist in den neuen Bundesländern, in denen es keine paritätische Besetzung des Präsidiums gibt, nicht anzuwenden, wie § 10 III RPflAnpG bei sinngerechter Auslegung ergibt. – In allen diesen Fällen tritt **der durch die letzte Wahl Nächstberufene** an die Stelle des Ausgeschiedenen, dh derjenige in derselben Wahlgruppe nicht gewählte Richter, der bei der zeitlich letzten Wahl die meisten Stimmen erhalten hat (in diesem Sinne hat der Gesetzgeber die frühere Streitfrage, vgl 49. Aufl, entschieden, und zwar im Einklang mit der Rspr des

BGH zur früheren Fassung, NJW **91**, 1184 mwN). Gehört der danach Nächstberufene dem Gericht (oder der Wahlgruppe des Ausgeschiedenen) nicht mehr an oder ist er aus sonstigen Gründen nicht (mehr) wählbar, so tritt der dann folgende an seine Stelle. Das Los entscheidet, § 21 b III 3, wenn die dem jetzt Ausgeschiedenen folgenden Kandidaten die gleiche Stimmenzahl erhalten haben, vgl § 8 IV WahlO, Anh § 21 b. Ist **kein danach Nächstberufener vorhanden**, weil bei der maßgeblichen Wahl keiner der Folgenden eine Stimme erhalten hat oder die Liste erschöpft ist (etwa wegen Ausscheidens der folgenden Kandidaten), so findet eine Nachwahl statt, § 14 WahlO, Anh § 21 b, VGH Kassel AS **30**, 15.

**4** In allen Fällen tritt der Nachfolger an die Stelle des Ausgeschiedenen, so daß er auch in seine Amtszeit eintritt, § 21 b IV, BGH NJW **91**, 1185; scheiden gleichzeitig mehrere Präsidiumsmitglieder mit gleicher Amtszeit aus, so entscheidet das Los darüber, wer von den Nächstberufenen für welches Mitglied nachrückt, BGH NJW **91**, 1185. Der Ausgeschiedene verliert seinen Sitz im Präsidium endgültig; dies gilt auch für den Fall der Abordnung, hM, s Driehaus DRiZ **75**, 43 gg Rehbein DRiZ **74**, 257. Sonstige Gründe für ein Ausscheiden kennt das Gesetz nicht, namentlich nicht den Verzicht. Auch längere Beurlaubung oder Erkrankung führt nicht zum Ausscheiden, aM Schorn-Stanicki S 34. Bei Beschlußunfähigkeit gilt § 21 i II. Scheidet ein Richter aus den in Rn 3 zu a)–c) genannten Gründen aus, ohne einem nicht gewählten Präsidium, § 21 a II Z 3, aus, so bleibt sein Platz (auch im Fall b) für die Amtszeit unbesetzt.

**5** **B. Verfahren.** Wer Nächstberufener ist, entscheidet nicht der letzte Wahlvorstand, sondern das Präsidium, BGH NJW **91**, 1184 mwN (entgegen der bis dahin wohl hM, vgl 49. Aufl). Sein Beschluß kann nach § 21 b VI beim OLG angefochten werden, BGH NJW **91**, 1183; die Entscheidung des OLG unterliegt nicht der Beschwerde, BGH LS MDR **84**, 1008. Wegen des Verfahrens s § 21 b Rn 7–9.

**6** *3) VwGO: § 21 c gilt entsprechend, § 4 VwGO.*

**21d** *Größe des Präsidiums.* [I] Für die Größe des Präsidiums ist die Zahl der Richterplanstellen am Ablauf des Tages maßgebend, der dem Tage, an dem das Geschäftsjahr beginnt, um sechs Monate vorhergeht.

[II] Ist die Zahl der Richterplanstellen bei einem Gericht mit einem Präsidium nach § 21 a Abs. 2 Satz 1 Nr. 1 unter zwanzig gefallen, so sind bei der nächsten Wahl, die nach § 21 b Abs. 4 stattfindet, zwei Richter zu wählen; neben den nach § 21 b Abs. 4 ausscheidenden Mitgliedern scheiden zwei weitere Mitglieder aus, die durch das Los bestimmt werden.

[III] Ist die Zahl der Richterplanstellen bei einem Gericht mit einem Präsidium nach § 21 a Abs. 2 Satz 1 Nr. 2 über neunzehn gestiegen, so sind bei der nächsten Wahl, die nach § 21 b Abs. 4 stattfindet, sechs Richter zu wählen; hiervon scheiden zwei Mitglieder, die durch das Los bestimmt werden, nach zwei Jahren aus.

**1** Vorbem. A. Gilt entspr für die **Arbeitsgerichtsbarkeit**, § 6 a ArbGG, Üb § 21 a 1.

B. Wegen der Anwendung in den **neuen Bundesländern** s Üb § 21 a Rn 3. Sondervorschrift zu I: § 30 II 2 RpflAnpG.

**2** 1) **Maßgeblich für die Größe des Präsidiums ist die Zahl der Richterplanstellen**, § 21 a Rn 4, **am Stichtag, I**, der an den Beginn des Geschäftsjahres anknüpft. Geschäftsjahr ist in aller Regel das Kalenderjahr, braucht es aber nicht zu sein, vgl Art XIII § 5 II G v 26. 5. 72. Soweit keine landesrechtlichen Bestimmungen über das Geschäftsjahr bestehen, kann das Präsidium es festlegen, Stanicki DRiZ **72**, 415, aM Kissel 3.

**3** 2) **Ändert sich die Zahl der Präsidiumsmitglieder infolge Erhöhung oder Verringerung der Planstellen**, so bleibt die Größe des Präsidiums bis zur nächsten Teilwahl, § 21 b IV, unverändert; der Änderung ist bei dieser Wahl Rechnung zu tragen, II u III, dazu § 2 III u IV WahlO, Anh § 21 b. Ungeregelt ist der Fall, daß bei einem Gericht die Zahl der Planstellen erstmalig 8 erreicht oder unter 8 sinkt, § 21 a II 1 Z 3. Wird eine 8. Planstelle zugeteilt, so erhält das Gericht ein gewähltes Präsidium für das nächste Geschäftsjahr, wenn die Stelle vor dem Stichtag, I, zugeteilt wird, sonst erst für das übernächste Geschäftsjahr. Sinkt die Planstellenzahl unter 8, so endet die Amtszeit des gewählten Präsidiums (abweichend von § 21 b IV) nach dem Stichtagsprinzip mit dem Ende entweder des laufenden oder erst des nächsten Geschäftsjahres.

**4** *3) VwGO: § 21 d gilt entsprechend, § 4 VwGO.*

**21e** *Aufgaben und Verfahren des Präsidiums.* [I] [1]Das Präsidium bestimmt die Besetzung der Spruchkörper, bestellt die Ermittlungsrichter, regelt die Vertretung und verteilt die Geschäfte. [2]Es trifft diese Anordnungen vor dem Beginn des Geschäftsjahres für dessen Dauer. [3]Der Präsident bestimmt, welche richterlichen Aufgaben er wahrnimmt. [4]Jeder Richter kann mehreren Spruchkörpern angehören.

[II] Vor der Geschäftsverteilung ist den Vorsitzenden Richtern, die nicht Mitglieder des Präsidiums sind, Gelegenheit zu einer Äußerung zu geben.

[III] [1]Die Anordnungen nach Absatz 1 dürfen im Laufe des Geschäftsjahres nur geändert werden, wenn dies wegen Überlastung oder ungenügender Auslastung eines Richters oder Spruchkörpers oder infolge Wechsels oder dauernder Verhinderung einzelner Richter nötig wird. [2]Vor der Änderung ist den Vorsitzenden Richtern, deren Spruchkörper von der Änderung der Geschäftsverteilung berührt wird, Gelegenheit zu einer Äußerung zu geben.

[IV] Das Präsidium kann anordnen, daß ein Richter oder Spruchkörper, der in einer Sache tätig geworden ist, für diese nach einer Änderung der Geschäftsverteilung zuständig bleibt.

[V] Soll ein Richter einem anderen Spruchkörper zugeteilt oder soll sein Zuständigkeitsbereich geändert werden, so ist ihm, außer in Eilfällen, vorher Gelegenheit zu einer Äußerung zu geben.

2. Titel. Präsidium und die Geschäftsverteilung **§ 21e GVG**

**VI** Soll ein Richter für Aufgaben der Justizverwaltung ganz oder teilweise freigestellt werden, so ist das Präsidium vorher zu hören.

**VII** Das Präsidium entscheidet mit Stimmenmehrheit; bei Stimmengleichheit gibt die Stimme des Vorsitzenden den Ausschlag.

**VIII** Der Geschäftsverteilungsplan des Gerichts ist in der von dem Präsidenten oder aufsichtführenden Richter bestimmten Geschäftsstelle des Gerichts zur Einsichtnahme aufzulegen; einer Veröffentlichung bedarf es nicht.

**Vorbem. A.** Gilt entspr für die **Arbeitsgerichtsbarkeit** nach Maßgabe des § 6 a, abgedr Üb § 21 a **1** Rn 1, und des § 19 ArbGG; vgl GMP § 6 a Rdz 58–61, § 19 Rdz 3–11. Zur Heranziehung der ehrenamtl Richter, § 39 ArbGG, s BAG NJW **97**, 2133.

**B.** Wegen der Anwendung in den **neuen Bundesländern** s § 10 IV u V RpflAnpG, abgedr Üb § 21 a Rn 3. Bei der Errichtung eines Gerichts gilt § 30 I RpflAnpG.

**C. Gesetzesvorhaben,** Üb § 21 a Rn 5, sehen Änderungen von II, III u VII sowie einen neuen VIII vor, s „Rechtspolitischer Ausblick".

Gliederung

| | | | |
|---|---|---|---|
| 1) Allgemeines | 2 | 4) Verfahren des Präsidiums, II, V u VII | 19–21 |
| 2) Aufgaben des Präsidiums, I | 3–14 | A. Beschlußfassung | 19 |
| A. Besetzung der Spruchkörper | 3, 4 | B. Anhörungspflicht | 20 |
| B. Bestellung der Ermittlungsrichter | 5 | C. Sonstiges | 21 |
| C. Regelung der Vertretung | 6, 7 | 5) Geschäftsverteilungsplan, VIII | 22 |
| D. Verteilung der Geschäfte | 8–12 | 6) Anhörung des Präsidiums, VI | 23 |
| E. Entscheidung über Meinungsverschiedenheiten | 13 | 7) Nachprüfung von Anordnungen des Präsidiums | 24–27 |
| F. Sonstige Aufgaben | 14 | A. Anfechtung | 24–26 |
| 3) Anordnungen des Präsidiums, I, III u IV | 15–18 | B. Folgen eines Verstoßes | 27 |
| A. Allgemeines | 15 | 8) VwGO | 28 |
| B. Änderungen | 16–18 | | |

**1) Allgemeines.** Das unmittelbar oder mittelbar (durch Wahl) von der Gesamtheit der Richter eines **2** Gerichts gebildete **Präsidium ist ein voller richterlicher Unabhängigkeit ausgestattetes, richterliches Selbstverwaltungsorgan**, BVerfG **17**, 252, Kissel 7. Sein Aufgabenbereich umfaßt alle Maßnahmen, die der Bestimmung des gesetzlichen Richters, Art 101 GG, dienen. In diese Zuständigkeit darf keine andere Stelle eingreifen, BGH **46**, 147, Papier NJW **90**, 9. Die Dienstaufsicht unterliegt auch insoweit den Beschränkungen des § 26 DRiG, BGH NJW **91**, 424 mwN; der Kernbereich der Tätigkeit des Präsidiums ist der Dienstaufsicht überhaupt nicht zugänglich, § 26 DRiG Rn 7 u 8, BGH NJW **95**, 2494 (Ausnahme: offensichtliche Fehlgriffe), Piorreck DRiZ **93**, 213, abw Schaffer DÖD **82**, 10, zT auch Kissel 20 u Papier NJW **90**, 13. Einwirkungen der dienstaufsichtführenden Stelle auf Beschlußfassungen des Präsidiums können Maßnahmen der Dienstaufsicht iSv § 26 III DRiG und als solche anfechtbar sein, BGH NJW **91**, 424 (Bitte um Entlassung eines Richters), DRiZ **81**, 426 (Anregungen dieser Stelle als oberster Verwaltungsbehörde für die Gestaltung der Geschäftsordnung des BSozG).

Der Präsident bzw Aufsichtsrichter ist als **Vorsitzender des Präsidiums**, § 21 a II 1, wie auch sonst bei seiner richterlichen Tätigkeit nur primus inter pares. Als Organ der Justizverwaltung hat er innerhalb des dem Präsidium zugewiesenen Aufgabenbereichs lediglich eine Ersatzzuständigkeit, § 21 i II, bei der zudem die Genehmigung durch das Präsidium vorgeschrieben ist.

Diese Grundsätze gelten für **alle Zweige der Gerichtsbarkeit**, vgl Rn 1 u 28.

**2) Aufgaben des Präsidiums, I.** Die Aufzählung nennt die wichtigsten Geschäfte, ist aber nicht er- **3** schöpfend, vgl unten Rn 14.

**A. Besetzung der Spruchkörper, I 1.** Während es landesrechtlich Sache der Justizverwaltung ist, innerhalb des Gesetzes (Haushaltsplan) die Zahl der Spruchkörper zu bestimmen, Üb § 59 Rn 2 und Üb § 115 Rn 1, entscheidet allein das Präsidium, welche Richter einem jeden Spruchkörper zugeteilt werden. Dazu gehört auch die Zuweisung der ehrenamtlichen Richter, zB nach § 105 (KfH), und der Ergänzungsrichter, BGH NJW **76**, 1547; bei Zuweisung eines Richters im Nebenamt, zB eines Hochschullehrers, muß das Präsidium das Maß der Verhinderung durch das Hauptamt festlegen, BGH NJW **74**, 109. Gesetzliche Vorgaben, zB § 23 b und § 29 DRiG, sind zu beachten. Das Präsidium bestimmt über die **Verteilung des Vorsitzes;** es bestellt auch die ständigen Vertreter der Vorsitzenden, § 21 f II (für die neuen Bundesländer s § 10 IV 2 u V RpflAnpG, abgedr Üb § 21 a Rn 3). Jedem Vorsitzenden Richter, § 19 a DRiG, hat das Präsidium den Vorsitz in einem Spruchkörper (oder auch mehreren Spruchkörpern) zu übertragen; daneben kann ein solcher Richter auch als Beisitzer in einem anderen Spruchkörper verwendet werden, BGH NJW **84**, 130 mwN. Ihre Grenze findet seine Heranziehung zu einem weiteren richterlichen Amt allerdings dort, wo sie ihn im praktischen Ergebnis daran hindern würde, seinen Aufgaben als Vorsitzender „seines" Spruchkörpers, § 21 f Rn 4, nachzukommen, BGH aaO. Bei unvermeidbarer Vakanz in einem vorhandenen oder neu bewilligten Spruchkörper darf das Präsidium diese Stelle mit „NN" besetzen, wenn die endgültige Besetzung in Kürze zu erwarten ist, BGH NJW **79**, 1052, Katholnigg JR **85**, 38, str. Nicht nur ein Vorsitzender, sondern jeder **Richter darf mehreren Spruchkörpern angehören,** I 4 (auch ehrenamtliche Richter, zB bei den KfH und nach § 6 a Z 4 ArbGG, Üb § 21 a Rn 1). In diesem Fall muß das Rangverhältnis der verschiedenen Dienstgeschäfte vom Präsidium festgelegt werden, BGH NJW **73**, 1291.

Durch die Anordnung über die Besetzung soll von vornherein so eindeutig wie möglich nach abstrakten **4** Merkmalen bestimmt werden, welche Richter zur **Entscheidung im Einzelfall** berufen sind, BVerfG

(Plenum) NJW **97**, 1498 (dazu Berkemann u Katholnigg JR **97**, 281 u 284). Danach dürfen Richter mehreren Spruchkörpern zugeteilt werden, um eine ordnungsmäßige Besetzung zu gewährleisten, nicht aber ohne diese Voraussetzung allen Spruchkörpern zugewiesen werden, BVerfG NJW **64**, 1020. Richter, die mit Verwaltungsaufgaben voll ausgelastet sind (zB Ausbildungsleiter), brauchen keinem Spruchkörper anzugehören, RGSt **46**, 254. Sonst sind alle Richter zuzuweisen, auch wenn ihre bevorstehende längere Verhinderung oder ihr Ausscheiden feststeht, Kissel 81; unzulässig ist der Ausschluß eines bei dem Gericht planmäßig und endgültig angestellten Richters von seiner richterlichen Tätigkeit, BVerfG **17**, 252. Wegen der sog Überbesetzung vgl § 16 Rn 7.

Der **Präsident des Gerichts bestimmt selbst**, welche richterlichen Aufgaben er wahrnimmt, I 3, vgl § 21 f Rn 3, ebenso der aufsichtführende Richter eines ArbG, § 6 a Z 3 ArbGG.

**5** B. Bestellung der Ermittlungsrichter, I 1 (betrifft Strafsachen).

**6** C. Regelung der Vertretung, I 1. Das Präsidium hat zu regeln: **a)** die **ständige Vertretung des Vorsitzenden** eines Spruchkörpers, § 21 f II 1; **b)** die **regelmäßige Vertretung** durch Mitglieder eines anderen Spruchkörpers bei LG, OLG und BGH bzw durch einen anderen Richter beim AG, bei einem kleinen AG nach Maßgabe des § 22 b (die Vertretung innerhalb des Spruchkörpers wird durch den Vors geregelt, § 21 g II); dabei ist auch die Reihenfolge des Eintretens der Vertreter zu bestimmen, BVerwG DÖV **76**, 747 mwN, und eine möglichst lückenlose Regelung anzustreben, die für alle voraussehbaren Fälle sicherstellt, daß auch bei Verhinderung eines Vertreters wiederum ein Vertreter zur Verfügung steht (zB durch sog Ringvertretung), BGH NJW **88**, 1922, NStZ **91**, 196; auch bei der Errichtung eines Hilfsspruchkörpers ist die Vertretung der ihm angehörenden Richter zu regeln, Hamm JMBlNRW **82**, 45; **c)** die **zeitweilige Vertretung** durch das Mitglied eines anderen Spruchkörpers zur Behebung vorübergehender Schwierigkeiten, zB bei Verhinderung aller Richter der Vertretungskette, BGH NStZ **91**, 195, BGH NJW **77**, 1696 m Anm Holch JR **78**, 37 u P. Müller NJW **78**, 899 (krit), weil III die Bestellung von Vertretern nicht abschließend regelt, vgl §§ 21 i II, 22 b II, aM Katholnigg 5; entsprechend dieser Vorschrift darf die Regelung aber nur für längstens 2 Monate ergehen, Holch JR **78**, 37; sie ist unzulässig, wenn die Verhinderung bei Aufstellung des Geschäftsverteilungsplanes voraussehbar war, BGH NJW **88**, 1922 mwN (dann ist der GVPlan entspr zu ergänzen). Wenn eine Vertretung durch Richter desselben Gerichts nicht möglich ist, etwa wegen allgemeiner Überlastung dieser Richter, hat das Präsidium einen Antrag nach den §§ 70, 117 zu stellen (dazu Priepke DRiZ **85**, 293) bzw nach § 22 b zu verfahren.

**7** **Jede Vertretung setzt die Verhinderung des eigentlich Berufenen voraus**, und zwar eine solche, die als vorübergehend erscheint, BayVerfGH NJW **86**, 1328 mwN, zB Krankheit, BGH NJW **89**, 844, Urlaub, Dienstbefreiung, kurzfristige Abordnung, Inanspruchnahme durch andere Dienstgeschäfte, BGH NJW **74**, 1572, oder eine Lehrveranstaltung, BGH DRiZ **83**, 234, Unmöglichkeit der erforderlichen Vorbereitung, LG Ffm (Dienstgericht) DRiZ **80**, 311, rechtliche Unmöglichkeit der Amtsausübung, Kissel 128, VGH Kassel AS **32**, 306. Ein Richter ist für die Teilnahme an einer nur für einen Tag anberaumten, aber möglicherweise länger dauernden Verhandlung nicht dadurch verhindert, daß er am folgenden Tag an der Sitzung eines anderen Spruchkörpers teilnehmen muß, BayObLG MDR **80**, 426.

Die dauernde Verhinderung durch Tod, Ausscheiden, schwere Krankheit u dgl löst den Vertretungsfall bis zur Entscheidung des Präsidiums nach III aus, vgl § 21 f Rn 5. Eine ausdrückliche Feststellung der Verhinderung ist bei Offenkundigkeit nicht nötig, BGH StrVert **89**, 338, NJW **88**, 1922 mwN, aber stets ratsam. Sonst **entscheidet** darüber, ob eine Verhinderung vorliegt, wenn deswegen die Vertretung durch einen nicht demselben Spruchkörper angehörenden Richter nötig wird, der Präsident oder Aufsichtsrichter, hM, Kissel 132 mwN, BGH in stRspr, StrVert **89**, 338, NJW **88**, 1922 mwN, VGH Kassel AS **32**, 306, str, abw Schorn-Stanicki S 102, zT auch Schrader StrVert **91**, 542. Das gilt auch im Kollisionsfall bei Zugehörigkeit zu mehreren Spruchkörpern, BGH in stRspr, Holtz MDR **88**, 629 mwN (Entscheidung durch den Präsidenten, von welcher Aufgabe der Richter zu befreien ist), dagegen P. Müller NJW **74**, 1665. Entsprechend ist beim offensichtlichen Wegfall einer festgestellten Verhinderung zu verfahren, BGH NJW **88**, 1922. Dagegen ist es Sache des jeweils zur Entscheidung berufenen Gerichts, darüber zu entscheiden, ob die Verhinderung nur eine vorübergehende ist, BGH NJW **89**, 844.

Die Vertretung **innerhalb des Spruchkörpers** ist, wenn sie sich nicht aus dem Geschäftsverteilungsplan ergibt, im Mitwirkungsplan zu regeln, § 21 g Rn 4 aE.

Das Gesagte gilt entsprechend für die **Arbeitsgerichtsbarkeit.** Jedoch trifft § 19 ArbGG besondere Bestimmungen für die Bestellung des ständigen Vertreters an einem nur mit einem Vorsitzenden besetzten ArbG und für die vorübergehende Vertretung eines Richters am ArbG durch den Richter eines anderen Gerichts. Wegen der Heranziehung der ehrenamtlichen Richter nach Liste s § 39 ArbGG, BAG NZA **97**, 333; im Fall der Verhinderung ist der nächste zur Mitwirkung berufen, im Fall unvorhergesehener Verhinderung ggf ein Richter aus der Hilfsliste.

**8** D. Verteilung der Geschäfte unter die einzelnen Spruchkörper bzw Richter beim AG, I 1 (wegen der Geschäftsverteilung innerhalb der Spruchkörper s § 21 g). Auch insoweit handelt das Präsidium in richterlicher Unabhängigkeit, BGH NJW **91**, 424, LAG Ffm LS NZA **91**, 188, vgl Rn 2. Für jedes Geschäftsjahr sind die Geschäfte unter Berücksichtigung aller Umstände zu verteilen, dh es müssen sowohl die neu eingehenden als auch die anhängigen Sachen zugewiesen werden, BVerwG DVBl **85**, 574. Eine gesetzliche Bindung besteht nur ausnahmsweise, zB nach §§ 23 b II, 119 II u §§ 94, 95. Sonst ist das Präsidium in der **Wahl des Verteilungsschlüssels** (zB nach Sachgebieten, Anfangsbuchstaben, räumlichen Bereichen, Reihenfolge des Eingangs, unten Rn 9, vgl Katholnigg NJW **92**, 2256) im Rahmen pflichtgemäßer Ermessensausübung, s u, frei, BVerfG (Plenum) NJW **97**, 1498, BGH NJW **76**, 60, Kissel 134–138; es darf aus sachlichen Gründen für bestimmte Komplexe abweichende Verteilungsschlüssel vorsehen, LG Ffm RR **89**, 563 u NJW **88**, 70. Die Aufteilung nach Sachgebieten steht im Ermessen des Präsidiums. Sie ist auch dann zulässig, wenn davon notwendigerweise nur ein bestimmter Personenkreis betroffen wird, BVerfG NJW **69**, 2192; unbedenklich ist deshalb im Hinblick auf § 40 II 1 VwGO die Zuweisung aller Rechtsstreitigkeiten, an denen jur Personen des öff Rechts beteiligt sind, BayVerfGH NJW **84**, 2813. Wenn keine

## 2. Titel. Präsidium und die Geschäftsverteilung    § 21e GVG

Zuweisung nach Sachgebieten erfolgt, wie sie zB für Miet- und Bausachen üblich und zweckmäßig ist, vgl Meyer DRiZ **87**, 417, wird idR an den Namen des Beklagten angeknüpft, weil dies sachgerecht ist; Ausnahmen, etwa die Verteilung bestimmter Komplexe nach dem Namen des Klägers, bedürfen eines zureichenden, dem Zweck der Geschäftsverteilung entsprechenden Grundes und müssen Manipulationsmöglichkeiten ausschließen, LG Ffm RR **89**, 563 u NJW **88**, 70, dazu Recken NJW **88**, 679, der aber zu Unrecht annimmt, es bestehe eine Pflicht zur Bildung von Spezialkammern, vgl Gloria NJW **89**, 446. Das Präsidium kann auch begründete Sonderregelungen treffen, zB für Parallelsachen, BAG NZA **92**, 516, und für zusammenhängende Sachen. Zulässig ist auch ein „rollierendes System", dh der Wechsel der Zuständigkeit nach einer vom Präsidium festgelegten Zahl von Eingängen aus einem Sachgebiet, BGH NStZ **90**, 138 (vgl Holtz MDR **90**, 297).

Immer muß wegen Art 101 I 2 GG die Verteilung „blind", dh **ohne Ansehen der einzelnen Sache**, **9** vorgenommen werden (sog Abstraktionsprinzip), Kissel 82, BVerwG NJW **91**, 1371 mwN; unzulässig ist daher die Zuweisung von Einzelfällen, BVerwG NJW **87**, 2031 u **84**, 2961, oder einer bestimmten Gruppe von Einzelfällen. Bei einer Umverteilung dürfen die davon betroffenen anhängigen Sachen in gewissem Umfang konkret benannt werden, BVerwG DVBl **85**, 576. Außerdem ist sicherzustellen, daß **auf die Verteilung kein Einfluß** genommen werden kann, auch nicht durch die Geschäftsstelle. Bestimmt sich die Verteilung nach der Reihenfolge des Eingangs, so ist dafür zu sorgen, daß solche Einflüsse ausgeschlossen werden, zB durch Feststellung der Uhrzeit und eine Regelung für die Behandlung gleichzeitig eingehender Sachen, vgl BGH **40**, 91, BVerwG NJW **83**, 2154, Buchholz 310 § 133 VwGO Nr 14, OVG Bln NJW **99**, 595 mwN.

Das Präsidium kann bei der Verteilung der Geschäfte anordnen, daß ein Richter oder Spruchkörper, der **10** in einer Sache tätig geworden ist, für diese Sache nach einer Änderung der Geschäftsverteilung **zuständig bleibt**, IV, dazu BVerwG NJW **87**, 2031; es kann aber auch den Übergang der anhängigen Sachen anordnen, ohne daß dadurch das Recht auf den gesetzlichen Richter verletzt würde, BVerwG NJW **79**, 1374 (LS). Das Abstraktionsprinzip wird dadurch nicht verletzt, auch wenn es sich um nur wenige Sachen handelt, BVerwG NJW **91**, 1371.

Das Präsidium muß **alle Geschäfte verteilen**, auch wenn ihre Erledigung in angemessener Zeit nicht **11** gewährleistet ist, hM, Kissel 80 mwN, KG JR **82**, 433, Karlsr MDR **80**, 690, Feiber NJW **75**, 2005 mwN (sog Vollständigkeitsprinzip). Im Geschäftsverteilungsplan berücksichtigt und einem Richter zugewiesen werden müssen auch die Geschäfte der gerichtlichen Selbstverwaltung, die in richterlicher Eigenschaft wahrzunehmen sind, BGH NJW **80**, 2365 (betr Vorsitz im Schöffenwahlausschuß). Auch die Regelung eines richterlichen Bereitschaftsdienstes, etwa in Form einer „Rufbereitschaft", ist Teil der Geschäftsverteilung und damit Aufgabe des Präsidiums, BGH NJW **87**, 1198. Ergibt sich im Laufe des Geschäftsjahres die Notwendigkeit einer Ergänzung, zB wegen gesetzlicher Zuweisung neuer Aufgaben oder wegen Fehlens einer Regelung für die an einen anderen Spruchkörper zurückverwiesenen Sachen, hat das Präsidium die Geschäftsverteilung durch eine nachträgliche generelle Bestimmung für den Rest des Geschäftsjahres zu ergänzen, Oldb DRiZ **85**, 220, dazu Rieß NStZ **85**, 473.

Soweit das Präsidium nicht durch gesetzliche Vorschriften gebunden ist, zB durch § 23 b oder § 29 S 1 **12** DRiG (vgl iü Kissel 75 ff), verteilt es die Aufgaben in richterlicher Unabhängigkeit nach **pflichtgemäßem Ermessen**, BVerwG NJW **88**, 1160, **85**, 2779 (§ 43 SchwBG ist unanwendbar), NJW **76**, 1224, VG Mü DÖD **87**, 83: das Präsidium hat in den verfassungsrechtlichen Grenzen – namentlich unter Beachtung des Gleichbehandlungsgebots gegenüber den Rechtsuchenden und den Richtern und der Unabhängigkeitsgarantie für die Richter – und den Schranken des § 21 auf die möglichst optimale Erledigung der Geschäfte Bedacht zu nehmen und jede Manipulation auszuschließen, BVerfG (Plenum) NJW **97**, 1498, Kissel 74, vgl Gloria NJW **89**, 445 u Recken NJW **88**, 679 (beide zu LG Ffm NJW **88**, 70). Dabei muß es nicht nur die Interessen des Publikums, sondern auch die berechtigten Interessen des einzelnen Richters berücksichtigen, zB eine Behinderung, BVerwG NJW **85**, 2779, oder eine Tätigkeit im Richterrat, BVerwG NJW **87**, 1215, und allgemein den zumutbaren Arbeitsaufwand, BVerwG NJW **83**, 62.

Der für das Geschäftsjahr beschlossene Geschäftsverteilungsplan tritt an dessen Ende ohne weiteres **außer Kraft**, BGH NJW **99**, 797, BVerwG NJW **91**, 1370 mwN.

**E. Meinungsverschiedenheiten über die Auslegung und Anwendung der Geschäftsverteilung**, **13** die zwischen mehreren Spruchkörpern derselben Art bzw Richtern beim AG bestehen, entscheidet das Präsidium, Kissel 105, BFH BStBl **86** II 357 mwN, BGH DRiZ **78**, 249, zB die Zuständigkeit für eine bestimmte Sache, Kissel 106, oder die Übernahme einer Vertretung, oben Rn 6, nach pflichtgemäßem Ermessen, BGH NJW **75**, 1424, krit Heintzmann DRiZ **75**, 320, Müller JZ **76**, 587, Weitl DRiZ **77**, 112 (ein entspr Vorbehalt im Plan ist unnötig, Kissel 105, Oldb MDR **89**, 649). Dagegen entscheidet der angegangene Spruchkörper, wenn seine Zuständigkeit von einer Auslegung des Gesetzes abhängt, BGH NJW **75**, 2306 (zB diejenige der KfH oder der Baulandkammer oder des FamGer), notfalls das übergeordnete Gericht entsprechend § 36 I 6 ZPO, BGH NJW **78**, 1531 mwN, Oldb MDR **89**, 649 u NJW **77**, 497, Brschw NJW **79**, 223, Schlesw SchlHA **79**, 74, Kblz NJW **77**, 1735 u 1736, Nürnb NJW **75**, 2345, § 36 Rn 24 ff. Für die Auslegung des Geschäftsverteilungsplans hat die „gewachsene Übung" des Gerichts maßgebliche Bedeutung, BVerwG **44**, 218, DÖV **76**, 747 mwN, BFH BStBl **81** II 400. Eine ausdehnende Auslegung von Präsidiumsbeschlüssen ist zulässig, BGH DRiZ **80**, 147.

Die Entscheidung des Präsidiums ist für die beteiligten Richter (Spruchkörper) verbindlich, bis ihre Rechtswidrigkeit festgestellt ist, vgl BGH DRiZ **78**, 249. Ob dies auch bei offensichtlicher Unhaltbarkeit (zB Willkür) gilt, ist im Hinblick auf die Rspr zu § 281 ZPO fraglich, vgl BFH BStBl **86** II 357, aber kaum von praktischer Bedeutung; notfalls wird (ebenso wie beim Streit über eine gesetzliche Zuständigkeit, s o) § 36 I Z 6 ZPO entspr anzuwenden sein, Sangmeister MDR **88**, 191, abw StJSchu § 36 ZPO Rdz 20. Wegen der Nachprüfung der Entscheidung des Präsidiums s iü Rn 24 ff.

**F. Sonstige Aufgaben: a)** Regelung der **Vertretung beim kleinen AG**, § 22 a, **b)** Regelung des **14 gemeinsamen Bereitschaftsdienstes**, für mehrere AGe, § 22 c; **c)** Antrag auf **Zuweisung eines Richters**

an das LG, § 70 I, **d)** Bestellung der **Mitglieder der Großen Senate beim BGH**, § 132 VI, **e)** in **Strafsachen**, vgl § 83, Mitwirkung des OLGPräsidiums bei Bestimmung der Zuständigkeit für Wiederaufnahmeverfahren, § 140 a.

15  3) **Anordnungen des Präsidiums, I, III u IV**
 A. **Allgemeines.** Die in Rn 3–12 u 14 genannten Aufgaben erfüllt das Präsidium durch Anordnungen. Es trifft sie grundsätzlich **vor dem Beginn des Geschäftsjahres**, § 21 d Anm 1, **für dessen Dauer,** I 2, BGH MDR **85**, 779, so daß die Anordnungen mit Ablauf des Jahres ohne weiteres außer Kraft treten (sog Jährlichkeitsprinzip), BVerwG NJW **91**, 1370, BayVerfGH BayVBl **83**, 270; dies gilt auch für die Änderungen, III, so daß eine etwaige Fehlerhaftigkeit mit Ablauf des Geschäftsjahres ihre Bedeutung verliert, BVerwG DVBl **85**, 574. Die Festlegung für ein Jahr gilt nicht für die Bildung von Ferienspruchkörpern, § 201, und auch nicht für die Bestellung eines zeitweiligen Vertreters, Rn 6, und für die Entscheidung bei Meinungsverschiedenheiten, Rn 13. Die Anordnungen werden schriftlich im sog Geschäftsverteilungsplan, unten Rn 22, niedergelegt. Für das nächste Geschäftsjahr sind die Anordnungen hinsichtlich aller Punkte, namentlich der Verteilung der Geschäfte, unter Berücksichtigung aller Umstände neu zu treffen, BVerwG DVBl **85**, 576.

16 B. **Änderungen** der nach I getroffenen Anordnungen **im Laufe des Geschäftsjahres, III,** sind zulässig (eng auszulegen, BGH NJW **76**, 2029), wenn sich ihre Notwendigkeit ergibt **a) wegen Überlastung oder ungenügender Auslastung** eines Richters oder Spruchkörpers; in diesem Fall kann zur Übernahme eines wesentlichen Teils der Verfahren ein neuer Spruchkörper gebildet und entsprechend besetzt werden, BGH NJW **76**, 60, auch ein Hilfsspruchkörper für das Geschäftsjahr, BGH NJW **67**, 1868, BAG NZA **99**, 107 (die für die Abgabe der Sachen maßgeblichen Kriterien bestimmt das Präsidium, oben Rn 8 ff, aber die Abgabe ausgesuchter Verfahren ist unzulässig, BGH DRiZ **80**, 147); die Feststellung der Überlastung eines Richters oder Spruchkörpers obliegt der pflichtgemäßen Beurteilung des Präsidiums, BGH NJW **77**, 965, die nur auf Willkür vom Revisionsgericht nachgeprüft werden darf, BGHSt **22**, 239; **b) infolge Wechsels** (zB durch Ausscheiden, Versetzung, Beförderung oder Abordnung, § 37 DRiG), also Hinzutretens und/oder Wegfalls eines Richters, **oder dauernder Verhinderung** einzelner Richter (zB durch schwere Erkrankung, langen Urlaub), nicht aber bei nur vorübergehender Verhinderung, zB wegen Vorbereitung einer außergewöhnlich umfangreichen Sache, BGH NJW **86**, 1884; dagegen ist eine Änderung nur aus Gründen der Ausbildung richterlichen Nachwuchses unzulässig, BGH NJW **76**, 2029, BVerwG LS NJW **85**, 2491; **c) aus anderen Gründen.** Zulässig ist eine Ergänzung oder Änderung, wenn sie bloß dem Nachbessern von Fehlern oder Auslassungen dient, Kissel 98, sowie dann, wenn sie aus anderen Gründen zur Aufrechterhaltung einer geordneten Rechtspflege unabweisbar nötig ist, zB wegen der Einrichtung eines neuen Spruchkörpers oder wegen des Wegfalls bzw Hinzutretens von Rechtsprechungsaufgaben, OVG Hbg NJW **87**, 1216, oder wegen des Eintritts anderer unvorhersehbarer Umstände, BGH NStZ **86**, 469. Dazu gehört nicht die Belastung der kollegialen Zusammenarbeit durch disziplinarische Maßnahmen gegen einen Richter, OVG Hbg aaO, erst recht nicht die öffentliche Kritik an Entscheidungen eines Spruchkörpers, vgl Herr DRiZ **94**, 408, Rudolph DRiZ **94**, 390, Sendler ZRP **94**, 379, wohl aber eine Maßnahme nach § 31 DRiG, Katholnigg 9.

17  Aus einem dieser Gründe kann das Präsidium **alle Maßnahmen** treffen, die der Gewährleistung einer geordneten Rechtspflege dienen; dabei dürfen Aus- und Fortbildungsgesichtspunkte insoweit berücksichtigt werden, als sie mit dem Anlaß der Änderung in vertretbarem personellem oder sachlichem Zusammenhang stehen, BVerwG LS NJW **85**, 2491, BGH NJW **78**, 1444 (eine Beschränkung der Maßnahme auf die vom Wechsel betroffene Stelle besteht nicht). Die Befugnis zur Änderung ist nicht auf künftig eingehende Sachen beschränkt, wie IV zeigt, BGH NJW **99**, 155 mwN, muß sich bei anhängigen Sachen aber in den unten aufgezeigten Grenzen halten. Eine Änderung, die sachlich nicht durch einen der genannten Gründe veranlaßt wird, ist unzulässig, Kröger DRiZ **78**, 109, OVG Hbg NJW **87**, 1216. Die Änderung gilt ebenfalls für das jeweilige Geschäftsjahr und tritt mit seinem Ablauf außer Kraft, Kissel 85, BVerwG DVBl **85**, 575; es ist aber auch zulässig, sie für einen fest bestimmten Zeitraum anzuordnen und danach wieder die alte Geschäftsverteilung gelten zu lassen, BGH NJW **67**, 1622.

18  Das Präsidium entscheidet nach **pflichtgemäßem Ermessen** darüber, was zur Änderung der Geschäftsverteilung nötig ist, BGH NJW **68**, 2388. Es darf Anordnungen nicht nur dann treffen, wenn sie zwingend im Sinne eines „nur so und nicht anders denkbar" geboten sind, BVerwG NJW **82**, 2274. Die Anordnungen müssen den Grundsätzen für die Geschäftsverteilung, oben Rn 8 ff, entsprechen; deshalb dürfen nicht einzelne ausgesuchte Sachen, die nicht nach allgemeinen, jederzeit ohne weiteres nachprüfbaren Merkmalen bestimmt sind, einem anderen Spruchkörper bzw Richter zugewiesen werden, BGH NJW **99**, 155 mwN, BVerwG NJW **87**, 2031 u **84**, 2961, LG Wiesbaden MDR **84**, 676 (zustm Feiber).

Das Präsidium kann bei der Änderung die **Fortdauer der Zuständigkeit** im Rahmen von IV anordnen, oben Rn 10, braucht es aber nicht; dadurch wird das Recht auf den gesetzlichen Richter nicht verletzt, BVerwG NJW **79**, 1374 (LS). Die Regelung darf nicht für eine konkret bestimmte Streitsache durchbrochen werden, BVerwG NJW **87**, 2031. Maßnahmen nach IV setzen eine Änderung der Geschäftsverteilung voraus; sie sind hinsichtlich von Verfahren innerhalb einer durch die Änderung betroffenen Sachgruppe zulässig, die einem anderen Spruchkörper zugeteilt werden, BGH NJW **82**, 1470.

19 4) **Verfahren des Präsidiums**
 A. **Beschlußfassung.** Das Präsidium trifft seine Anordnungen und sonstigen Entscheidungen grundsätzlich in Sitzungen, wie §§ 21 c I 2, 21 i I ergeben, so daß Abstimmungen durch mündliche Einzelbefragung unzulässig sind, allgM; das gleiche gilt für Abstimmungen im Umlaufwege, wenn nicht alle mitwirkungsberechtigten und nicht im Einzelfall verhinderten Mitglieder damit einverstanden sind, so daß auf Wunsch auch nur eines Mitgliedes eine Beratung stattfinden muß, BVerwG NJW **92**, 255 mwN, ua zöGu § 21 i Rn 3, ebenso Kopp § 4 Rn 4, str, aM MüKoWo 51, Kissel 36–39 mwN, GMP § 6 a Rn 83, ThP § 21 h (Ausschluß des Umlaufweges). Vorsitz: §§ 21 a, 21 h; Beschlußfähigkeit: § 21 i I. Ist ein statthafter Antrag auch nur von einem Mitglied gestellt, muß der Vorsitzende das Präsidium einberufen und den Antrag behandeln lassen,

VGH Mannh DÖV **80**, 573. Für die Mitglieder des Präsidiums gelten die Vorschriften über Ausschließung und Ablehnung nicht, Kissel 62, hinsichtlich der Ablehnung aM Wömpner DRiZ **82**, 404. Für die Beratungen gelten §§ 192 ff nicht, Fischer DRiZ **78**, 114 mwN. Die Entscheidung ergeht mit **Stimmenmehrheit**, bei Stimmengleichheit gibt die Stimme des Vorsitzenden den Ausschlag, **VII.** Eine Stimmenthaltung ist zulässig, Schorn-Stanicki S 163, aM Kissel 66, GMP § 6a Rdz 42, Fischer DRiZ **78**, 174; Stimmenthaltungen werden bei der Ermittlung der Mehrheit nicht mitgezählt, Grunsky ArbGG § 6a Rn 9. Für alle Anwesenden besteht richterliche Schweigepflicht entsprechend § 43 DRiG, Kissel **22** mwN, Funk DRiZ **73**, 261, oder gemäß § 46 DRiG iVm § 61 BBG, § 39 BRRG, Fischer DRiZ **79**, 203, str. Deshalb sind Beratung und Abstimmung **nicht öffentlich**, auch nicht richteröffentlich, Präs AG Ffm DRiZ **97**, 245, Neumeyer/Hohm NJW **95**, 3101 mwN, MüKoWo 58, Kissel 41 u 60, Funk DRiZ **73**, 263, Holch DRiG **73**, 232, offen BGH NJW **95**, 2494, aM Piorreck DRiZ **95**, 393 u **93**, 213, Wömpner DRiZ **82**, 404, Fischer DRiZ **79**, 203 mwN; wegen der Befugnisse des Vertreters des Vorsitzenden s § 21 c I 2. Das Präsidium kann aber außerhalb der Beratung und Abstimmung Zuhörer zulassen, vgl Arndt DRiZ **76**, 43 gg Knoche DRiZ **75**, 404. Beschlüsse sind aufzuzeichnen, regelmäßig in Form eines vom Vorsitzenden und mindestens einem weiteren Mitglied zu unterzeichnenden Ergebnisprotokolls, BVerwG NJW **84**, 2961, Kissel 68. **Unzulässig ist die Übertragung der Entscheidungsbefugnisse** des Präsidiums auf den Vorsitzenden oder einzelne Mitglieder (Kommissionen); vorbereitende Arbeiten dürfen dagegen in dieser Weise delegiert werden, Kissel 9.

**B. Anhörungspflicht.** Das Präsidium muß Gelegenheit zur Äußerung geben (schriftliche Äußerung **20** genügt, Anhörung in der Sitzung wird sich zumeist empfehlen) **a) vor der jährlichen Geschäftsverteilung, I**, allen Vorsitzenden Richtern, die nicht Mitglieder des Präsidiums sind, **II**, in den **neuen Bundesländern** auch anderen den ständigen Vorsitz führenden Richtern, § 10 IV 3 RpflAnpG (abgedr Üb § 21 a Rn 3), **b) vor jeder Änderung einer Anordnung, III 1**, denjenigen Vorsitzenden Richtern, deren Spruchkörper von der Änderung der Geschäftsverteilung berührt wird, **III 2** (wegen der neuen Bundesländer s bei a), **c) in beiden Fällen** (auch) denjenigen Richter, dem einem anderen Spruchkörper zugeteilt oder dessen Zuständigkeitsbereich geändert werden soll, ausgenommen Eilfälle, **V**; damit soll der betroffene Richter seine Auffassung darlegen können, um eine gerechte Abwägung des Für und Wider zu ermöglichen, **d) außerdem** in beiden Fällen der Schwerbehindertenvertretung auf Antrag eines schwerbehinderten Richters, § 25 IV 4 SchwbG; sie muß sich äußern, den anderen Anhörungsberechtigten steht dies frei. **e)** Anzuhören ist der **Richterrat**, wenn er im Interesse und mit dem Einverständnis eines Richters zu einer bestimmten, diesen Richter belastenden Maßnahme nach § 52 DRiG iVm §§ 67 u 68 BPersVG (bzw den Ländergesetzen) eine Gelegenheit zur Äußerung erbittet, vgl Pentz DRiZ **75**, 46. Daneben bestehen allgemeine Überwachungs- und Initiativrechte des Richterrats auch gegenüber den Präsidien, Priepke DRiZ **85**, 290 (eingehend). Eine allgemeine Mitwirkung oder gar Mitbestimmung bei der Geschäftsverteilung kommt nicht in Betracht, BVerwG NJW **87**, 1215, OVG Schlesw ZBR **93**, 31 (offen hinsichtl der Staatsanwaltschaft). – Ein **Verstoß** gegen die Anhörungspflicht kann von dem Betroffenen nach Maßgabe des in Rn 24 Gesagten gerügt werden, jedoch nicht mehr nach Ablauf des Geschäftsjahres, BVerwG DÖD **86**, 218 (krit Sangmeister).

**C. Im übrigen bestimmt das Präsidium sein Verfahren selbst** nach pflichtgemäßem Ermessen, **21** BGH NJW **95**, 2494, BVerwG NJW **92**, 254. Es ist nicht gehindert, sich eine Geschäftsordnung zu geben, MüKoWo 50, VGH Mannh DRiZ **80**, 147, zustm Frauendorf DÖV **80**, 556 mwN, str (aber eine interne Regelung ist ebenso nötig wie bei Richtervertretungen, § 58 I DRiG). Zu den Aufgaben des Richterrats gegenüber dem Präsidium vgl Pentz DRiZ **75**, 46.

**5) Geschäftsverteilungsplan, VIII.** Die Anordnungen des Präsidiums iSv I (Geschäftsverteilungsplan) **22** müssen schriftlich festgehalten werden; eine Begründung ist nicht erforderlich, VGH Mü BayVBl **78**, 337, auch die Überlastung braucht im Falle einer Änderung, III, im Plan nicht festgestellt zu werden, BGH DRiZ **80**, 147. Der Geschäftsverteilungsplan ist in der vom Präsidenten oder Aufsichtsrichter bestimmten Geschäftsstelle des Gerichts zur Einsichtnahme aufzulegen, damit jedermann von seinem Inhalt Kenntnis nehmen kann (Zweck oder Interesse braucht nicht dargelegt zu werden); einer Veröffentlichung bedarf es nicht, vgl BVerfG NJW **98**, 370. Das gilt sowohl für den jährlichen Geschäftsverteilungsplan, I, als auch für dessen Änderungen, III, und Anordnungen nach § 21 i II und § 22 b, weil der Einsichtnehmende sich vollständig über die jeweils geltende Geschäftsverteilung unterrichten können muß, Kissel 69. Einem Verfahrensbeteiligten, dem Einsicht nicht möglich oder zumutbar ist, muß auf Antrag über den ihn betreffenden Inhalt des Plans Auskunft erteilt werden, BVerfG NJW **98**, 370. Die schriftlichen Unterlagen für die Bestellung zeitweiliger Vertreter, oben Rn 6, und für die Entscheidung von Meinungsverschiedenheiten, oben Rn 13, brauchen nicht zur Einsichtnahme ausgelegt zu werden; es kann jedoch in Ausnahmefällen nach Art 103 GG geboten sein, die Parteien auf eine vom Geschäftsverteilungsplan abweichende Besetzung hinzuweisen, BVerfG NJW **98**, 370. Bei Glaubhaftmachung eines berechtigten Interesses sind sie jedoch den Beteiligten an einem davon berührten Rechtsstreit bekanntzugeben, vgl BVerwG NJW **61**, 1989; ein Streit darüber ist ggf im Verfahren nach § 23 EGGVG zu entscheiden, aM für das Strafverfahren im Hinblick auf § 222 a StPO Hamm NJW **80**, 1009 (LS).
Der Geschäftsverteilungsplan ist keine Rechtsvorschrift und kein Justizverwaltungsakt, sondern ein Justizhoheitsakt besonderer Art, der sowohl generelle Regelungen als auch (hinsichtlich der Richter) Einzelfallregelungen enthält, Wolf § 14 III, Kissel 93, vgl Gloria NJW **89**, 445 u BayVerfGH NJW **86**, 1673, beide m Übers ü den Streitstand. Wegen seiner Anfechtung s unten Rn 24.

**6) Anhörung des Präsidiums, VI.** Soll ein **Richter für Aufgaben der Justizverwaltung** (bei einem **23** Gericht oder einer Behörde) ganz oder teilweise freigestellt werden, so hat die für den Verwaltungseinsatz zuständige Stelle das Präsidium vorher zu hören. Ein weitergehendes Mitspracherecht steht ihm nicht zu.

**7) Nachprüfung von Anordnungen des Präsidiums** (Voßkuhle, Rechtsschutz gegen Richter, 1993; **24** Kolb, Diss Erlangen 1986).

**A. Anfechtung.** Anordnungen des Präsidiums, I–IV, insbesondere der Geschäftsverteilungsplan und die auf seiner Grundlage getroffenen Einzelentscheidungen, sind der Anfechtung durch die an einem Rechtsstreit Beteiligten entzogen, Wolf § 14 IV, BayVerfGH NJW 86, 1673.

Diese Anordnungen sind keine Maßnahmen der Dienstaufsicht iSv § 26 DRiG, BGH NJW 91, 425 mwN, so daß eine Nachprüfung auf Antrag eines Richters entspr § 26 III DRiG nicht in Frage kommt (anders ganz ausnahmsweise bei einem offensichtlich rechtswidrigen Eingriff in die richterliche Unabhängigkeit, BGH NJW 85, 1084 und wohl auch MDR 90, 718). Im übrigen können Maßnahmen des Präsidiums (auch solche des Präsidenten, VGH Mannh DÖV 80, 573) von einem dadurch betroffenen Richter (nicht von anderen Richtern, VGH Kassel AS 28, 223, wohl aber auch von einem betroffenen ehrenamtlichen Richter, VGH Kassel AS 32, 303) im **VerwRechtsweg** angegriffen werden, zwar nicht mit der Anfechtungsklage, aM VG Schlesw NVwZ-RR 92, 112 mwN, wohl aber mit der allgemeinen Feststellungsklage, sofern daran ein berechtigtes Interesse, § 43 VwGO, besteht, BGH NJW 91, 425 mwN, BVerwG DÖD 86, 218 (Anm Sangmeister), BVerwG NJW 76, 1224, VGH Kassel DÖD 87, 80 u DRiZ 84, 62, VGH Mü NJW 94, 2308, VG Trier DRiZ 93, 401 mwN, str, Kissel 109 mwN, Katholnigg 15. Das Feststellungsinteresse entfällt nicht mit Ablauf des Geschäftsjahres, wenn nicht der Fehler fortwirkt, zB ein dienstrechtliches Verf gegen den Richter schwebt, BVerwG DÖD 86, 218 (krit Sangmeister), VGH Kassel DÖD 87, 80 (krit Sangmeister).

25 **Gegen wen** die Klage zu richten ist, ergibt § 78 VwGO, OVG Hbg NJW 87, 1215, OVG Münst RiA 80, 200 = DÖD 81, 46, VGH Mannh DRiZ 73, 320, VG Trier DRiZ 93, 401, VG Schlesw NVwZ-RR 92, 112 (Bund bzw Land, nach LandesR auch das Gericht), abw VGH Kassel DÖD 87, 80 u DRiZ 84, 62, VG Hann NJW 90, 3227 (Präsidium als Vereinigung iSv § 61 Z 2 VwGO). Notwendige Voraussetzung ist eine Beeinträchtigung eigener Rechte des Richters, die im Falle einer Umsetzung idR nicht gegeben sein wird, OVG Hbg aaO. Eines vorherigen Widerspruchsverfahrens bedarf es nicht, weil § 71 III DRiG iVm § 126 BRRG nicht eingreift, sehr str, aM Pentz DRiZ 77, 179, ThP 1 c dd, vgl Sangmeister DÖD 87, 85. Soweit es sich nicht um Verfahrensfehler handelt, ist das Gericht darauf beschränkt, die Maßnahme des Präsidiums auf Ermessensfehler, § 114 VwGO, zu überprüfen, dazu VG Mü DÖD 87, 83.

**Vorläufiger Rechtsschutz** kann durch einstw AnO gewährt werden, BVerwG DÖD 86, 219, OVG Hbg aaO mwN, VGH Kassel DRiZ 84, 62, VGH Mü BayVBl 78, 337, VG Hann NJW 90, 3227. Aufschiebende Wirkung, § 80 VwGO, hat eine Feststellungsklage, § 43 VwGO, nicht; deshalb ist jede AnO des Präsidiums für den Richter verbindlich, bis ihre Rechtswidrigkeit festgestellt ist, BGH 85, 154 u DRiZ 78, 249, oder eine einstweilige Anordnung sie vorläufig außer Kraft setzt, BVerwG NJW 76, 1224, VGH Mü NJW 94, 2308. Erhebt der Richter eine Anfechtungsklage, tritt wenn vom Präsidium getroffene AnO der sofortigen Vollziehung, § 80 II Z 4 VwGO, die aufschiebende Wirkung ein, Kissel 88 mwN, str.

Ein Geschäftsverteilungsplan, der die Verteilung von Geschäften zwischen Hauptgericht und Zweigstelle regelt, kann insoweit eine landesrechtliche Vorschrift sein, die der **Normenkontrolle**, § 47 VwGO, unterliegt, BayVerfGH NJW 78, 1515, nicht jedoch in anderen Fällen, BayVerfGH NJW 86, 1673 (keine Popularklage), OVG Lüneb NJW 84, 627 mwN (krit Renck NJW 84, 2928), offen gelassen vom BayVerfGH BayVBl 83, 270. Der Plan kann nicht auf Antrag eines Prozeßbeteiligten der Normenkontrolle unterzogen werden, VGH Mü NJW 79, 1471.

27 **B. Rechtsfolgen eines Verstoßes.** Wird bei Erlaß einer Anordnung, namentlich des Geschäftsverteilungsplanes, oder bei ihrer Auslegung und Anwendung gegen ein Gesetz verstoßen, so berührt dies die Wirksamkeit der darauf beruhenden richterlichen Entscheidungen nicht, arg § 22 d, BGH 37, 125. Der Verstoß kann aber zu einer Verletzung des Rechts auf den gesetzlichen Richter führen, § 16 Rn 5, und damit ein Rechtsmittel gegen eine gerichtliche Entscheidung begründen, BGH 40, 93, BVerwG NJW 82, 900, BSG NZA 90, 664, OVG Lüneb NJW 84, 627, LG Wiesbaden MDR 84, 676, Gloria NJW 89, 445, Kornblum Festschrift Schiedermair S 331 mwN, Kissel 108. Versehentliche Abweichungen vom Geschäftsverteilungsplan sind unschädlich, BGH NStZ 84, 181. Bei Ermessenentscheidungen ist die Nachprüfung auf Ermessensfehler beschränkt, BGH NJW 75, 1424, wobei nur offensichtliche und schwerwiegende Fehler ins Gewicht fallen, LAG Ffm LS NZA 92, 188. Das Rechtsmittel hat Erfolg, wenn der Verstoß auf Willkür beruht, BFH NVwZ 96, 102, BVerwG NJW 88, 1339, Gloria NJW 89, 446, zB wenn das Abstraktionsprinzip, oben Rn 9, verletzt wird, BVerwG NJW 87, 2031 u 84, 2961. Ein Verstoß kann auch die Verletzung einer Amtspflicht gegenüber dem einzelnen Rechtsuchenden bedeuten, Kissel 26, BGH DRiZ 78, 183, dazu P. Müller DRiZ 78, 271. Ein einzelner Fehler macht idR nicht den ganzen Geschäftsverteilungsplan unwirksam, Katholnigg NJW 92, 2257 GG Felix BB 91, 2193.

28 **8) VwGO:** Gilt entsprechend, § 4 VwGO, ergänzt durch § 30 VwGO (Heranziehung der ehrenamtlichen Richter); dazu BVerwG 13, 147 u BVerwG DRiZ 73, 433, NVwZ 84, 579, VGH Kassel AS 32, 303, BSG NZA 90, 664, BFH DRiZ 89, 380 (betr ehrenamtliche Richter).

## 21f *Vorsitz im Spruchkörper.*
[1] Den Vorsitz in den Spruchkörpern bei den Landgerichten, bei den Oberlandesgerichten sowie bei dem Bundesgerichtshof führen der Präsident und die Vorsitzenden Richter.

II [1]Bei Verhinderung des Vorsitzenden führt den Vorsitz das vom Präsidium bestimmte Mitglied des Spruchkörpers. [2]Ist auch dieser Vertreter verhindert, führt das dienstälteste, bei gleichem Dienstalter das lebensälteste Mitglied des Spruchkörpers den Vorsitz.

1 **Vorbem. A.** Gilt in der **Arbeitsgerichtsbarkeit** entspr für LAG und BAG, § 6a ArbGG, Üb § 21 a Rn 1. Vorsitz in den Kammern des ArbG: § 6a Z 5 ArbGG; Vertretung: § 19 ArbGG.

**B.** In den **neuen Bundesländern** gelten seit dem 1. 7. 92 die Bestimmungen in **§ 10 IV u V RpflAnpG**, abgedr Üb § 21 a Rn 3, und in **§ 3 RpflAnpG**, abgedr Vorbem § 28 DRiG.

2. Titel. Präsidium und die Geschäftsverteilung § 21f GVG

**1) Allgemeines.** I entspricht dem früheren § 62 I 1, II dem bisherigen § 66 I, die beide durch Verweisung (§§ 117 u 131) auch für OLG und BGH galten. 2

**2) Vorsitz, I.** Den **Vorsitz in den Spruchkörpern** bei LG, OLG und BGH **führen der Präsident und die Vorsitzenden Richter** iSv § 19 a DRiG, I; den Vorsitz in Spruchkörpern können in den **neuen Bundesländern** bis zum 31. 12. 99 auch andere Richter führen, die das Präsidium bestimmt, § 10 IV u V RpflAnpG, abgedr Üb § 21 a Rn 3. Für das übrige Bundesgebiet gilt: Die erforderlichen Planstellen hat der Haushaltgeber bereitzustellen, § 59 Rn 3; ihre Zahl muß mit der Zahl der benötigten Spruchkörper abgestimmt sein, Katholnigg JR 85, 38. Der Präsident bestimmt selbst, welche richterlichen Aufgaben er wahrnimmt; im übrigen verteilt das Präsidium den Vorsitz, § 21 e I 1 u 3. **A. Ordentliche Vorsitzende können nur der Präsident und die Vorsitzenden Richter sein,** ausgenommen bei einer auswärtigen KfH, § 106, und bei einer Hilfsstrafkammer, BGH NJW 83, 2952, mwN, dazu Katholnigg JR 83, 520, abl Frisch NStZ 84, 88. Wird ein Vorsitz nicht bloß vorübergehend mit dem richtigen Richter besetzt, so ist das Gericht nicht ordnungsgemäß besetzt, BGH 10, 134; dies gilt auch dann, wenn die Beförderung dieses Richters in das Amt eines Vorsitzenden Richters nur wegen einer allgemeinen Beförderungssperre nicht ausgesprochen werden kann, BGH NJW 85, 2336 mwN, ua Hbg MDR 84, 868 (insoweit zustm Katholnigg, JR 85, 37). Präsident und Vorsitzender Richter können aber gleichzeitig mehreren Kammern vorsitzen, von denen jede eine eigene geschäftsplanmäßige Zuständigkeit hat, BGH NJW 84, 131, NJW 67, 1297. Ein Vorsitzender Richter kann auch einem Spruchkörper als Vorsitzender und einen anderen als Beisitzer zugeteilt werden, BGH NJW 84, 130. Unzulässig ist es, neben dem dauernd behinderten Vorsitzenden eine weiteren Vorsitzenden zu bestimmen, BGH 15, 137, vgl auch BSG RiA 76, 54.

**B. Der Vorsitzende muß auf Grund seiner Sachkunde und Erfahrung einen richtunggebenden Einfluß auf die Rechtsprechung des Spruchkörpers ausüben,** BGH NJW 92, 47 mwN, (GrS) 37, 212, 49, 65 u 88, 6 (krit Sangmeister NJW 98, 728), und damit vor allem deren Stetigkeit und Zusammenhang sichern, Kissel § 59 Rn 7, aber auch dafür sorgen, daß die Entscheidungsentwürfe das Beratungsergebnis richtig und vollständig wiedergeben und (auch äußerlich) den Anforderungen entsprechen, vgl BGH NJW 92, 47. Dagegen fällt ihm bei der Rechtsfindung im Einzelfall nicht eine höherwertige Leistung und Verantwortung zu, BGH NJW 91, 427, DRiZ 89, 462, vgl BVerfG NJW 69, 2191, dazu Sangmeister ZRP 95, 297, Meyke DRiZ 90, 289, Wolf § 13 II 1 e, Kissel § 59 Rn 9 mwN. Dirigismus und Lenkung hat der Vorsitzende zu vermeiden, erst recht Eingriffe in die Tätigkeit des Einzelrichters; die ihm obliegende Einflußnahme kann und muß er aufgrund seiner Sachkunde, seiner Erfahrung und seiner Menschenkenntnis durch geistige Überzeugungskraft ausüben, BVerfG NJW 96, 2151. 4

Zur Erfüllung seiner Aufgaben ist es nötig, daß der Vorsitzende neben der Geschäftsleitung (Verteilung der Sachen, Terminsansetzung) an den Entscheidungen im wesentlichen mitwirkt, wenn es nicht unzulässig ist, bei einem kleinen Teil ihm nicht wichtig erscheinender Sachen den Vorsitz einem Beisitzer zu überlassen, BGH 20, 362. Das gilt auch, wenn der Vorsitzende zwei Spruchkörpern angehört, BGH 9, 291. Die Besetzung ist nicht mehr ordnungsgemäß, wenn der Vorsitzende (auch der ständige Vertreter des Präsidenten) trotz sonstiger vollständiger Leitung nur etwa 20 vH der Sachen, die ihm bedeutsam erscheinen, selbst verhandelt, BGH 28, 338 (vgl auch die Zusammenstellung bei Johannsen LM § 551 ZPO Z 1 Nr 28 u BGH DRiZ 73, 25 betr Strafsachen). Erforderlich ist vielmehr, daß der Vorsitzende mindestens 75 vH der Aufgaben eines Vorsitzenden selbst wahrnimmt, BGH (GrS) 37, 210, NJW 84, 131. Er darf innerhalb dieses Rahmens nicht einen sachlich abgegrenzten Teil seiner Aufgaben seinem Vertreter überlassen, BGH 9, 291, wohl aber sich von vornherein in jeder 4. Sitzung seinem außerdienstlich verhindernden Vertreter vertreten lassen, BGH NJW 70, 901 gg Ffm NJW 69, 2214. Für den **Präsidenten des Gerichts,** der besondere Aufgaben hat, gilt grundsätzlich das gleiche, BGH 49, 64, so daß die Wahrnehmung von monatlich nur einer Sitzung nicht ausreicht, BGH NJW 52, 395. Dafür, daß der Präsident seinen Aufgaben als Vorsitzender nach den vorstehenden Grundsätzen nachkommen kann, muß das Präsidium ggf durch eine geringere Bemessung der Geschäfte sorgen, BGH (GrS) 49, 67.

**3) Vertretung, II** 5

**A. Verhinderung des ordentlichen Vorsitzenden.** Bei dauernder Verhinderung ist es Sache des Präsidiums, die Vertretung zu regeln, § 21 e Rn 6 u 7, BGH NJW 88, 843 mwN. Das von ihm bestimmte Mitglied führt den Vorsitz auch bei vorübergehender Verhinderung, II, dh eine solche, die im Verhinderungszeitpunkt als vorübergehend erscheint. An diese gesetzliche Regelung ist der Vorsitzende bei seiner Anordnung nach § 21 g II gebunden, BGH NJW 95, 335 mwN.

Jede tatsächliche oder rechtliche Behinderung des Mitwirkens des ordentlichen Vorsitzenden genügt, RGSt 54, 298. Beispiele: Krankheit (auch eine länger andauernde Erkrankung), BGH NJW 89, 844, Urlaub, auch des Ferienkammervorsitzenden, BGH NJW 62, 1166, Ablehnung, Überlastung, BGHSt LM § 67 GVG (StS) Nr 4, auch durch erst nachträglich zur Verhandlung angesetzte Sachen, BGH NJW 61, 1076, oder durch eine sich länger hinziehende Verhandlung in einer Sache, BayObLG MDR 62, 498, für die Zeit bis zur Entscheidung des Präsidiums nach § 21 e III 1 auch eine unvermeidbare Vakanz nach Ausscheiden des Vorsitzenden aus dem Dienst, BGH NJW 66, 1458, BVerwG NJW 86, 1366, BFH NJW 89, 3240, oder nach Schaffung einer neuen Stelle, BGH NJW 60, 542, ebenso Unmöglichkeit der Vorbereitung, Ffm DRiZ 80, 430, aber auch unbegründetes Wegbleiben aus dem Dienst. Keine nur vorübergehende Verhinderung ist die Auslastung durch ein weiteres Richteramt, vgl BGH DRiZ 73, 25, oder das vermeidbare Hinauszögern der Besetzung der freien Stelle, BVerfG 18, 426, Ridder NJW 72, 1689, BSG DRiZ 75, 377, dazu BVerfG NJW 83, 1541, BVerwG NJW 86, 1367, zB das Unterbleiben der Beförderung des dafür vorgesehenen Richters wegen einer allgemeinen Beförderungssperre, BGH NJW 86, 1350 u 85, 2336 u 2337 mwN, ua Hbg MDR 84, 868 (insoweit zustm Katholnigg JR 85, 37), dazu auch BayVerfGH NJW 86, 1326.

**Im Zweifel entscheidet** darüber, ob eine Verhinderung vorliegt, also auch über Überlastung, BGH DRiZ 66, 93, der Präsident, § 21 e Rn 7, Ffm DRiZ 80, 430, und zwar bevor der Vertreter das Amtsgeschäft wahrnimmt, Hamm JMBl NRW 68, 43. Jedoch ist bei offenkundiger Verhinderung des Vorsitzenden, zB durch Abordnung, Urlaub oder Krankheit, eine ausdrückliche Feststellung nicht erforderlich, BGH RR 93, 6

1406 mwN, BVerwG NJW **79**, 1374 mwN, ebensowenig, wenn die Verhinderung ihren Grund in den anfallenden Rechtsprechungsaufgaben hat und sich das auf die übrigen Spruchkörper nicht auswirkt, BGH NJW **95**, 335 mwN (zur Festlegung in den Mitwirkungsgrundsätzen, § 21 g II). Ist der Präsident verhindert, so gilt das gleiche; danach entscheidet er selbst, welche Aufgaben den Vorrang haben, Kissel 14. Dagegen entscheidet darüber, ob die Verhinderung nur vorübergehend ist, der mit der Sache befaßte Spruchkörper, BGH NJW **89**, 844 mwN.

Wegen der Vertretung des Vorsitzenden (und eines Richters) **innerhalb des Spruchkörpers** s § 21 g Rn 4.

**7**   **B. Vertretung des Vorsitzenden.** Vertreten wird der Vorsitzende in erster Linie durch das bei der Geschäftsverteilung, § 21 e, vom Präsidium zum regelmäßigen Vertreter bestellte Mitglied, um für diesen Fall den Vorsitz durch das tüchtigste Mitglied, das nicht immer das älteste zu sein braucht, sicherzustellen, **II 1**. Nur dann, wenn ein solcher regelmäßiger Vertreter nicht bestellt oder auch er verhindert ist, ist das dienstälteste Mitglied berufen, auch wenn es (bei Überbesetzung) an der Sitzung nicht teilnähme, **II 2**; denn der Spruchkörper ist eine Einheit (der älteste muß also zunächst verhindert sein, wenn der zweitälteste vorsitzen soll). Ist der Vorsitzende nur im Vorsitz behindert, nicht an der Teilnahme, zB durch Heiserkeit, so kann er Beisitzer sein, während der Vertreter vorsitzt, Katholnigg 3. Der Vertreter muß ordentliches Mitglied, dh dem Spruchkörper zur ständigen Dienstleistung zugewiesen sein, BGHSt NJW **65**, 58. Wenn nur noch ein ständiges Mitglied vorhanden ist, führt dieses den Vorsitz, mögen auch die mitwirkenden Vertreter aus anderen Spruchkörpern dienstälter sein. Sind der Vorsitzende und sämtliche ständigen Mitglieder verhindert (abgelehnt), so hat der dienstälteste Vertreter den Vorsitz, BGH NJW **59**, 1141, BGH NJW **66**, 941. Durch den notwendigen Eintritt eines nach der Geschäftsverteilung dazu berufenen „Ersatzvertreters" als Vorsitzender wird die ordnungsmäßige Besetzung nicht berührt, BVerwG VerwRspr **29**, 749. Nur ein **Richter auf Lebenszeit** kann den Vorsitz führen, § 28 II 2 DRiG, also nicht ein Richter auf Probe oder kraft Auftrag (also auch in den neuen Bundesländern bis zum 31. 12. 95, § 3 RpflAnpG); jedoch ist ein gerichtlicher Vergleich, der unter einem solchen Vorsitzenden abgeschlossen wird, nicht deshalb nichtig, BGH **35**, 309. Das Dienstalter bestimmt sich nach § 20 DRiG. Bei gleichem Dienstalter entscheidet das Lebensalter.

**8**   4) **Verstoß.** Ein Verstoß gegen I oder II begründet Rechtsmittel, ist auch absoluter Revisionsgrund, § 551 Rn 3, und gibt außerdem die Nichtigkeitsklage, § 579 Z 1. Dabei kommt es auf die Besetzung zZt der letzten mündlichen Verhandlung an, BGH **10**, 130. Ein Gericht ist in diesem Sinne nicht ordnungsgemäß besetzt, wenn die Vertretung des Vorsitzenden seinem Vertreter nicht nur vorübergehend, oben Rn 5, überlassen wird, BFH NJW **89**, 3240 mwN.

**9**   5) *VwGO:* Gilt entsprechend, § 4 *VwGO.*

**21g** *Geschäftsverteilung im Spruchkörper.* ¹Innerhalb des mit mehreren Richtern besetzten Spruchkörpers verteilt der Vorsitzende die Geschäfte auf die Mitglieder.

ᴵᴵ Der Vorsitzende bestimmt vor Beginn des Geschäftsjahres für dessen Dauer, nach welchen Grundsätzen die Mitglieder an den Verfahren mitwirken; diese Anordnung kann nur geändert werden, wenn dies wegen Überlastung, ungenügender Auslastung, Wechsels oder dauernder Verhinderung einzelner Mitglieder des Spruchkörpers nötig wird.

ᴵᴵᴵ ¹Absatz 2 gilt entsprechend, soweit nach den Vorschriften der Zivilprozeßordnung die Zivilkammer die Verfahren einem ihrer Mitglieder als Einzelrichter übertragen kann. ²Auch der Vorsitzende hat in angemessenem Umfang als Einzelrichter tätig zu sein.

**1**   **Vorbem. A.** I u II gelten in der **Arbeitsgerichtsbarkeit** entspr für das BAG, § 6 a ArbGG, s Üb § 21 a Rn 1.

**B. Gesetzesvorhaben,** Üb § 21 a Rn 5, sehen Änderungen von II–III vor, s „Rechtspolitischer Ausblick".

**Schrifttum:** *Kissel* DRiZ **95**, 128; *Sangmeister* BB **93**, 761 (zur Entstehungsgeschichte).

**2**   1) **Allgemeines, I.** Die Geschäftsverteilung innerhalb eines mit mehreren Richtern besetzten **Spruchkörpers** (Kammer, Senat) **ist Sache des Vorsitzenden**, der dabei an den Mitwirkungsplan, II, gebunden ist. Er bestimmt zB den beauftragten Richter, § 273 ZPO, und namentlich den Berichterstatter; ihn kann der Vorsitzende, sofern er sich nicht selbst nach II bindet, aus den zur Mitwirkung berufenen Mitgliedern frei wählen, was zu sachgemäßer Erledigung der Geschäfte unerläßlich ist, unten Rn 4 aE. Das gleiche gilt für den Einzelrichter im Berufungsverfahren, § 524 I 2 ZPO, MüKoWo 3 u 4, aM Seide NJW **73**, 265; wegen der Übertragung im erstinstanzlichen Verfahren, § 348 I u II ZPO, vgl unten Rn 7. Der Vorsitzende darf auch die Protokollführung zuweisen, wenn er keinen Urkundsbeamten zuzieht, § 159 I 2 ZPO.

**3**   2) **Mitwirkungsplan, II.** Die Bestimmung entspricht § 69 II aF, der § 8 II VwGO nachgebildet worden war, BGH (VGrS) NJW **94**, 1737, Sangmeister BB **93**, 765.

**A. Zweck.** Welcher Richter innerhalb eines Spruchkörpers, dem nach der Geschäftsverteilung, § 21 e, mehr Richter angehören, als dies für die Mitwirkung bei Entscheidungen vorgeschrieben ist, an dem einzelnen Verf mitwirkt, braucht nach Art 101 I 2 GG nicht im voraus festgelegt zu werden, BVerfG – 2. Senat – in stRspr seit NJW **65**, 1219 (vgl aber Vorlagebeschluß des 1. Senats des BVerfG, NJW **95**, 2703). § 21 g soll sicherstellen, daß auch insofern der gesetzliche Richter von vornherein feststeht, damit die Besetzung nicht willkürlich manipuliert werden kann und der Vorsitzende seine Aufgaben, § 21 f Rn 4, zu erfüllen vermag, vgl § 16 Rn 7, BGH (VGrS) NJW **94**, 1738 mwN. II greift nicht ein, wenn ein Spruchkörper in der Geschäftsverteilung, § 21 e, in zwei (ihrerseits nicht überbesetzte) Gruppen mit demselben Vorsitzenden aufgeteilt wird, vgl BGH NJW **68**, 1242.

**B. Die Aufstellung des Mitwirkungsplanes ist allein Aufgabe des Vorsitzenden**, der dabei gesetz- 4
liche Vorgaben, zB § 29 DRiG, zu beachten hat, aber keinen Weisungen unterworfen ist; es handelt sich um
eine ihm übertragene richterliche Aufgabe, in deren Wahrnehmung auch das Präsidium nicht eingreifen
darf, BGH NJW **66**, 1458. Daß ein verständiger Vorsitzender sich mit seinen Beisitzern vorher berät und
möglichst ihr Einvernehmen herbeiführt, ist selbstverständlich. Der Richterbund strebt eine Änderung dahin
an, daß der Plan von den Mitgliedern des Spruchkörpers beschlossen wird, DRiZ **89**, 106 u **85**, 228.

a) Der Vorsitzende bestimmt die **Grundsätze, nach denen die Mitglieder in den Verfahren mitwirken**, also für Urteils-, Beschluß- u sonstige Verfahren, so daß auch die Mitwirkung bei verringerter
Besetzung zu regeln ist, Seide NJW **73**, 265. Welche Anforderungen das Gesetz an den **Inhalt des Mitwirkungsplanes** stellt, ergibt sich daraus, daß der Plan das letzte Glied in der Kette der Bestimmung des
gesetzlichen Richters iSv Art 101 GG ist, BVerfG (Plenum) NJW **97**, 1498 (dazu Sangmeister NJW **98**, 721,
Berkemann u Katholnigg JR **97**, 281 u 284), ergangen auf Vorlage NJW **95**, 2703 (dazu Sangmeister NJW
**98**, 724). Danach gilt folgendes, vgl auch BGH (VGrS) NJW **94**, 1735 u **99**, 797, OVG Hbg NVwZ **99**, 210
mwN: Die Anordnung nach II ist eine den Spruchkörper und seine Mitglieder bindende Regelung. Sie muß
aufgrund abstrakter Merkmale festlegen, welche Richter an der betreffenden Entscheidung mitwirken, und
ein System in der Weise ergeben, daß sich die Besetzung im Einzelfall im Regelfall aus der Anordnung
ableiten läßt (dabei gelten für die bisherigen Mitwirkungspläne geringere Anforderungen). Der Vorsitzende
hat bei der Aufstellung des Planes die Wahl zwischen verschiedenen Systemen, zB Festlegung von Sitzgruppen, Verteilung der Richter auf die Sitzungstage u. a. m., jedoch muß er immer sicherstellen, daß die
Zusammensetzung der Sitzgruppe aus abstrakten Merkmalen ableitbar ist, also nicht offen bleibt, aus welchen
Gründen gerade sie tätig wird. Bei der Ausgestaltung im einzelnen bleibt dem Vorsitzenden eine gewisse
Freiheit: er darf Gesichtspunkte wie den Sachzusammenhang, die Eilbedürftigkeit oder die frühere Befassung
mit der Sache ebenso berücksichtigen wie die besondere Sachkunde einzelner Richter. Um ein Höchstmaß
an Vorhersehbarkeit zu gewährleisten, wird sich in den meisten Fällen eine Sitzgruppenbildung an Hand
starrer Merkmale wie Aktenzeichen, Anfangsbuchstaben, Herkunft der Sache oder Zeitpunkt des Eingangs
(mit sachgerechten Modifikationen für Parallelsachen, zusammenhängende Sachen und Rückläufer) empfehlen. Im Einzelfall aus einem bestimmten besonderen Grund vom Mitwirkungsplan abzuweichen, ist unzulässig, unten Rn 5.

Der Vorsitzende hat auch die **Vertretung** innerhalb des Spruchkörpers zu regeln, sofern sie nicht aus § 21 f
II und dem Geschäftsverteilungsplan folgt, § 21 e I; sie muß sich unmittelbar aus dem Plan ergeben, eine
Bestimmung von Fall zu Fall ist unzulässig, BVerfG aaO. Ob ein Richter verhindert ist, stellt der Vorsitzende
fest (auch für sich selbst, BGH RR **93**, 1406), solange eine Vertretung innerhalb des Spruchkörpers möglich
ist, BGH DRiZ **83**, 234; dies gilt nicht für den Fall, in dem die Verhinderung darauf beruht, daß der Richter
gleichzeitig Aufgaben in mehreren Spruchkörpern erfüllen muß, § 21 e Rn 7. Ordnet der Vorsitzende an,
daß der Spruchkörper in Sachen mit bestimmter Endziffer ohne ihn entscheidet, so liegt darin idR die (ihm
zustehende und grundsätzlich verbindliche) Feststellung, wegen Überlastung mit Rechtsprechungsaufgaben
an der Mitwirkung in allen Sachen verhindert zu sein, BGH NJW **95**, 335, § 21 f Rn 6. Der Vorsitzende darf
auch anordnen, daß die wegen der Verhinderung des Vorsitzenden bzw eines Richters in anderer Besetzung
tätig gewordene Sitzgruppe auch für die weitere Bearbeitung zuständig bleibt, vgl § 21 e IV, BGH RR **93**,
1406, NJW **87**, 124, BAG NZA **97**, 333. Für Hochschullehrer als Richter muß das Maß ihrer Verhinderung
durch das Hauptamt schon im Geschäftsverteilungsplan, § 21 e, festgelegt werden, BGH NJW **74**, 109. Den
Vertretungsfall in den Akten festzuhalten, ist nicht nötig, aber ratsam, BGH DRiZ **83**, 234.

Welcher der nach den Grundsätzen zur Mitwirkung berufenen Richter zum **Berichterstatter** und/oder
**beauftragten Richter** bestellt wird, braucht nicht im voraus festgelegt zu werden, es sei denn, daß nach
dem Mitwirkungsplan der jeweilige Berichterstatter Einzelrichter iSv § 348 ZPO sein soll, BVerfG (Plenum)
NJW **96**, 1498 (krit Katholnigg JR **97**, 284), unten Rn 7. Der Vorsitzende darf sich vielmehr die Bestimmung für den Einzelfall vorbehalten, vgl BVerfG **69**, 121, und sie jederzeit ändern, wenn nicht die Besetzung
der Richterbank davon abhängt, BGH NJW **94**, 1738 (VGrS) u **95**, 403.

b) Die Grundsätze müssen **vor Beginn des Geschäftsjahres für dessen Dauer** bestimmt werden, vgl 5
§ 21 e I 2. Abweichungen im Einzelfall (außerhalb der Vertretungsfälle) sind unzulässig; da § 21 g den
gesetzlichen Richter auch innerhalb des Spruchkörpers gewährleisten soll, oben Rn 4, kann es dem
Vorsitzenden nicht gestattet sein, vom Mitwirkungsplan aus jedem sachlichen Grund abzuweichen, auch
nicht dann, wenn seine Einhaltung zu Verzögerungen, teilweisem Leerlauf, ungleichmäßiger Auslastung
seiner Mitglieder oder vermeidbarem doppeltem Arbeitsaufwand führen würde, aM BGH NJW **80**, 951.
Solchen Schwierigkeiten wird idR durch eine überlegte Terminplanung vorgebeugt werden können. Der
Plan darf nur unter den in II (2. Halbsatz) genannten Voraussetzungen geändert werden, vgl § 21 e Rn 16.
Im Fall der Änderung darf der Vorsitzende entspr § 21 IV anordnen, daß ein Richter in bestimmten Sachen
weiterhin mitwirkt, BGH NJW **77**, 965.

Am Ende des Geschäftsjahres tritt der Mitwirkungsplan ohne weiteres außer Kraft, BGH NJW **99**, 797
mwN, OVG Hbg NVwZ **99**, 210. Die Sachen dürfen für das kommende Jahr im neuen Mitwirkungsplan
unter den Grundsätzen, oben Rn 4, neu verteilt werden, OVG Hbg aaO.

c) Eine **Form** für die AnO ist nicht ausdrücklich vorgeschrieben, BVerfG DRiZ **70**, 269, so daß früher 6
geringere Anforderungen zu stellen waren, BGH (VGrS) NJW **94**, 1735 u BGH NJW **95**, 333 (dazu oben
Rn 4); heute ist es geboten, die Grundsätze in dem durch II umrissenen Umfang vollständig **schriftlich
niederzulegen**, BVerfG (Plenum) NJW **97**, 1498, und den Beteiligten zugänglich zu machen, BGH (VGrS)
NJW **94**, 1740, dazu oben Rn 4 (einem Verfahrensbeteiligten, dem Einsicht nicht möglich oder zumutbar
ist, muß auf Antrag über die Besetzung des Spruchkörpers in seinem Fall vom Gericht Auskunft erteilt
werden, vgl § 21 e Rn 22). Es ist ratsam, aber nicht notwendig, auch den Grund für eine Änderung
schriftlich festzuhalten, vgl BGH NJW **80**, 951.

**3) Entsprechendes gilt für die Übertragung des Rechtsstreits auf den Einzelrichter bei der** 7
**Zivilkammer, § 348 ZPO, III 1**, nicht für den Einzelrichter im Berufungsverfahren, § 524, ZöGu 16.

Welchem Richter das Verfahren übertragen werden darf, muß der Vorsitzende (nicht die ZivK, Kramer JZ **77**, 11, Schuster NJW **75**, 1495, Holch DRiZ **75**, 275 gg P. Müller, zuletzt DRiZ **76**, 43) im Voraus im Mitwirkungsplan festlegen, und zwar durch Bestimmung eines Richters (und seines Vertreters) aus der jeweils zuständigen Sitzgruppe, BVerfG (Plenum) NJW **96**, 1498 (zustm Berkemann u Katholnigg JR **97**, 281, 284), vgl OVG Hbg NJW **94**, 274 (zu § 6 VwGO). Eine generelle Regelung für den Fall der Überlastung ist zweckmäßig; für die Änderung gilt II. Die ZivK darf vom Mitwirkungsplan nicht abweichen. Wenn sie den danach berufenen Richter als Einzelrichter ablehnt, muß sie von der Übertragung absehen.

Als Folge der Änderung des § 348 ZPO durch das RpflEntlG und der dadurch eintretenden Verringerung seiner Belastung hat der **Vorsitzende der Zivilkammer** die Pflicht, in angemessenem Umfang **als Einzelrichter** tätig zu werden, III 2, MüKoWo Sonderheft S 27. Seine Rechte und Pflichten als Einzelrichter sind die gleichen wie diejenigen eines Beisitzers. Für seine Mitwirkung als Einzelrichter gilt ebenfalls II, Rieß AnwBl **93**, 53; dabei kann erwartet werden, daß er je nach der Praxis seiner Kammer bei der Anwendung des § 348 ZPO, ZöGu 17, ein Viertel bis ein Drittel der durchschnittlich auf einen Beisitzer entfallenden Einzelrichtersachen übernimmt, Kissel NJW **93**, 490. Seine sonstigen Aufgaben, § 21 f Rn 4 u oben Rn 4, verbleiben dem Vorsitzenden.

**8**  **4) Verstoß gegen I–III** durch den Vorsitzenden oder Abweichung von den Mitwirkungsgrundsätzen im Einzelfall rechtfertigt die Rüge der nicht ordnungsgemäßen Besetzung des Gerichts nur dann, wenn die Bestimmungen aus Willkür oder sonst mißbräuchlich nicht eingehalten worden sind, BGH (VGrS) NJW **94**, 1736 mwN, s § 21 e Rn 27. Das gilt auch für einen Verstoß gegen III (dadurch wird nicht stets Art 101 I 2 GG verletzt, weil es sich bei einer Übertragung durch eine gerichtliche Entscheidung handelt), OVG Schlesw SchlHA **92**, 45. Eine Klage vor dem Verwaltungsgericht auf Feststellung der Rechtswidrigkeit des Mitwirkungsplanes ist unzulässig, BVerwG NJW **82**, 900. Greift das Präsidium dadurch, daß es einen Richter dem Spruchkörper nur für bestimmte Sachgebiete zuweist, mittelbar in die Zuständigkeit des Vorsitzenden ein, so kann deswegen die Besetzung des Gerichts mit Erfolg gerügt werden, BVerwG NJW **88**, 1339.

**9**  **5) VwGO:** *I und II gelten entsprechend, § 4 VwGO*, OVG Hbg NVwZ **99**, 210 mwN, *III 1 u 2 ist entspr auf die Bestellung des Einzelrichters nach § 6 VwGO bzw § 76 AsylVfG nF (§ 31 AsylVfG aF) anzuwenden, Schnellenbach DVBl* **93**, *233, OVG Hbg NJW* **94**, *274, OVG Schlesw SchlHA* **92**, *45, Üb § 348 ZPO Rn 4. Für eine entspr Anwendung auf die Bestellung des Berichterstatters beim VG wegen § 87 a III VwGO Ortloff Sch/SchmA/P § 87 a Rn 48, Kopp/Schenke § 87 a Rn 10 u NJW* **91**, *1264, Fichte SGb* **96**, *93 (zum SGG), Stelkens NVwZ* **91**, *215, aM OVG Hbg aaO, VGH Mü NVwZ* **91**, *897, Zeihe SGb* **97**, *68 (zum SGG).*

**21h** *Vertretung des Vorsitzenden des Präsidiums.* ¹Der Präsident oder aufsichtführende Richter wird in seinen durch dieses Gesetz bestimmten Geschäften, die nicht durch das Präsidium zu verteilen sind, durch seinen ständigen Vertreter, bei mehreren ständigen Vertretern durch den dienstältesten, bei gleichem Dienstalter durch den lebensältesten von ihnen vertreten. ²Ist ein ständiger Vertreter nicht bestellt oder ist er verhindert, wird der Präsident oder aufsichtführende Richter durch den dienstältesten, bei gleichem Dienstalter durch den lebensältesten Richter vertreten.

**1**  **Vorbem. A.** Gilt entspr für die **Arbeitsgerichtsbarkeit**, § 6 a ArbGG, Üb § 21 a Rn 1.
   **B.** Wegen der Anwendung in den **neuen Bundesländern** s Üb § 21 a Rn 3.

**2**  **1) Anwendungsbereich.** Die Vorschrift regelt die Vertretung des Präsidenten oder des aufsichtführenden Richters nur für die Geschäfte, die ihnen nach GVG in richterlicher Unabhängigkeit als sog justizförmige Verwaltungstätigkeit obliegen, nicht dagegen für andere Verwaltungstätigkeiten, BGH NJW **74**, 509; sie ist anwendbar vor allem auf die Vertretung bei der Führung des Vorsitzes im Präsidium und damit zusammenhängenden Aufgaben, zB nach § 21 i II, auch in den Fällen des § 22 a. Als Vorsitzende eines Spruchkörpers werden sie durch ihre vom Präsidium bestellten Vertreter vertreten, §§ 21 e, 21 f.

**3**  **2) Vertreter.** Vertreten werden die genannten im Rahmen der Anm 1 in erster Linie durch den ständigen Vertreter, den die Justizverwaltung nach Maßgabe des Landesrechts bestellt, vgl § 7 I VO v 20. 3. 35, bei Bestellung mehrerer ständiger Vertreter durch den dienstältesten (§ 20 DRiG), notfalls durch den lebensältesten. Voraussetzung ist Verhinderung des Präsidenten oder Aufsichtsrichters durch Krankheit, Urlaub oder sonstige Abwesenheit, Abhaltung durch eine länger dauernde Sitzung u dgl, vgl § 21 f Rn 5 (nicht aber Überlastung durch andere Geschäfte); auch nach Ausscheiden aus dem Dienst tritt bis zur Ernennung des Nachfolgers der Vertreter ein. Ist ein ständiger Vertreter nicht bestellt oder ist er seinerseits verhindert, so wird der Präsident durch den dienstältesten (§ 20 DRiG), bei gleichem Dienstalter durch den lebensältesten Richter vertreten. Bei LG, OLG und BGH, § 21 a II 2, ist dies der dienst- bzw lebensälteste Vorsitzende Richter, mag er auch dem Präsidium nicht angehören. Wenn der ständige oder berufene Vertreter (gewähltes) Mitglied des Präsidiums ist, so wird er seinerseits nicht vertreten, § 21 c I 2.

**4**  **3)** *VwGO: Gilt entsprechend, § 4 VwGO.*

**21i** *Beschlußfähigkeit des Präsidiums und Ersatzanordnungen.* ¹Das Präsidium ist beschlußfähig, wenn mindestens die Hälfte seiner gewählten Mitglieder anwesend ist.
II ¹Sofern eine Entscheidung des Präsidiums nicht rechtzeitig ergehen kann, werden die in § 21 e bezeichneten Anordnungen von dem Präsidenten oder aufsichtführenden Richter getroffen. ²Die Gründe für die getroffene Anordnung sind schriftlich niederzulegen. ³Die Anordnung ist dem Präsidium unverzüglich zur Genehmigung vorzulegen. ⁴Sie bleibt in Kraft, solange das Präsidium nicht anderweit beschließt.

**1**  **Vorbem. A.** Gilt entspr für die **Arbeitsgerichtsbarkeit**, § 6 a ArbGG, Üb § 21 a Rn 1.

**B. Wegen der Anwendung in den neuen Bundesländern** s Üb § 21 a Rn 3.

**1) Beschlußfähig ist das Präsidium, wenn mindestens die Hälfte seiner gewählten Mitglieder anwesend ist, I**, einschließlich der als gewählt geltenden, § 21 a II, also bei Anwesenheit von 4 bzw 2 Mitgliedern. Bei Plenarpräsidien, § 21 a II Z 3, besteht das Quorum aus der Hälfte seiner Mitglieder (ohne Präsident bzw Aufsichtsrichter, Grunsky ArbGG § 6 a Rn 9 a, dessen Anwesenheit für die Beschlußfähigkeit ohne Bedeutung ist, aM Kissel § 21 e Rn 63, GMP § 6 a Rn 83). Daß I Anwesenheit vorschreibt, schließt eine Beschlußfassung im Umlauf nicht aus, wohl aber eine Beschlußfassung durch Einzelbefragung, § 21 e Rn 19. Rechtsfolge eines Verstoßes: § 21 e Rn 27.

**2) Die in § 21 e bezeichneten Anordnungen werden durch den Präsidenten** oder aufsichtführenden Richter getroffen, bei ihrer Verhinderung durch ihren Vertreter, § 21 h, **sofern eine Entscheidung des Präsidiums nicht rechtzeitig ergehen kann, II**. Die Vorschrift ist mit Art 101 I 2 GG vereinbar, BVerfG 31, 163, NJW 82, 29 mwN. Abgesehen von unaufschiebbaren Eilfällen wird diese Voraussetzung nur dann erfüllt sein, wenn es sich als unmöglich erweist, vor der in Betracht kommenden Amtshandlung ein beschlußfähiges Präsidium zusammenzurufen.

A. Die Ersatzzuständigkeit erstreckt sich auf alle in § 21 e bezeichneten Anordnungen, § 21 e I–IV, also im Notfall auf den gesamten Geschäftsverteilungsplan. Der Präsident (Aufsichtsrichter) tritt insoweit an die Stelle des Präsidiums. Er hat demgemäß auch die für dieses geltenden Verfahrensvorschriften zu beachten (Anhörung nach § 21 e II, III u V), entscheidet aber nach seinem pflichtgemäßen Ermessen, BVerfG EuGRZ 81, 508, und in eigener Verantwortung, vgl Holtz MDR 77, 461.

B. Die Anordnung selbst und ihre Gründe sind schriftlich niederzulegen, II 2, dh mit einer Begründung für die Zulässigkeit der Ersatzanordnung und ihre inhaltliche Rechtfertigung (zB Angabe der Überlastung und ihrer Gründe). Sie ist sodann unverzüglich, § 121 BGB, dem **Präsidium zur Genehmigung vorzulegen, II 3**. Solange das Präsidium nicht anderweit beschließt, **bleibt die Anordnung in Kraft, II 4**; sie kann also nur durch ausdrücklichen Beschluß des Präsidiums ex nunc beseitigt werden und hat bis dahin alle Wirkungen, die eine vom Präsidium selbst getroffene Anordnung haben würde.

C. Verstöße gegen II führen zur Anfechtbarkeit der AnO im Rechtsmittelzug, § 21 e Rn 27; die Überprüfung erstreckt sich aber nur auf Ermessensfehler, vgl Holtz MDR 77, 461. Wenn das Präsidium die AnO ausdrücklich genehmigt (ex tunc, § 184 BGB), kann das Fehlen der Voraussetzung, II 1, oder ein Verstoß gegen die besonderen Verfahrensbestimmungen, II 2 u 3, nicht mehr erfolgreich gerügt werden.

**3) Entsprechende Anwendung.** Die Vorschriften in II 2–4 gelten entsprechend für die Anordnungen des Präsidenten bzw aufsichtführenden Richters, die vor Bildung des Präsidiums bei der **Errichtung von Gerichten** zu treffen sind, § 30 I 2 RpflAnpG, Üb § 21 a Rn 4.

**4)** *VwGO:* Gilt entsprechend, § 4 VwGO.

### Dritter Titel. Amtsgerichte

#### Übersicht

**1) Titel 3 regelt** Aufbau und sachliche Zuständigkeit der AGe (Schöffengerichte in Titel 4), die §§ 22 a–d die auch für die AGe durchgeführte Präsidialverfassung; eine Ergänzung gibt § 3 GVVO v 20. 3. 35, RGBl I 403, abgedr bei § 22. Über Errichtung und Aufhebung vgl § 12 Rn 2; wegen der KfH am Sitz des AG s §§ 93 II, 106.

**2)** In den **neuen Bundesländern** traten ab 3. 10. 90 die Kreisgerichte an die Stelle der Amtsgerichte, EV Anl I Kap III Sachgeb A Abschn III Z 1 b (1). Sobald ein Land den Gerichtsaufbau entspr GVG neu regelt, gelten für das AG die Vorschriften des 3. Titels unmittelbar nach Maßgabe der §§ 14 ff RpflAnpG. Unabhängig davon gilt für die **Übertragung eines weiteren Richteramtes** folgende, alle Richter umfassende, auch inhaltlich über § 22 II hinausgehende Regelung (dazu Rieß DtZ 92, 228), die jetzt idF des ÄndG v 7. 12. 95, BGBl 1590, gilt:

*RpflAnpG § 7. Übertragung eines weiteren Richteramtes.* [1]In den in Artikel 1 Abs. 1 des Einigungsvertrages genannten Ländern kann bis zum 31. Dezember 1999 einem Richter mit seinem Einverständnis ein weiteres Richteramt bei einem anderen Gericht, auch eines anderen Gerichtszweiges, übertragen werden. [2]Das weitere Richteramt kann ihm auch auf Zeit übertragen werden.

## 22
*Richter beim Amtsgericht.* [1]Den Amtsgerichten stehen Einzelrichter vor.

II Einem Richter beim Amtsgericht kann zugleich ein weiteres Richteramt bei einem anderen Amtsgericht oder bei einem Landgericht übertragen werden.

III [1]Die allgemeine Dienstaufsicht kann von der Landesjustizverwaltung dem Präsidenten des übergeordneten Landgerichts übertragen werden. [2]Geschieht dies nicht, so ist, wenn das Amtsgericht mit mehreren Richtern besetzt ist, einem von ihnen von der Landesjustizverwaltung die allgemeine Dienstaufsicht zu übertragen.

IV Jeder Richter beim Amtsgericht erledigt die ihm obliegenden Geschäfte, soweit dieses Gesetz nichts anderes bestimmt, als Einzelrichter.

**GVG §§ 22–22b**  Gerichtsverfassungsgesetz

ᵛ Es können Richter kraft Auftrags verwendet werden. Richter auf Probe können verwendet werden, soweit sich aus Absatz 6, § 23 b Abs. 3 Satz 2 oder § 29 Abs. 1 Satz 2 nichts anderes ergibt.

ᵛᴵ Ein Richter auf Probe darf im ersten Jahr nach seiner Ernennung Geschäfte in Insolvenzsachen nicht wahrnehmen.

*GVVO vom 20. 3. 35 § 3.* Der Reichsminister der Justiz kann anordnen, daß außerhalb des Sitzes eines Amtsgerichts Zweigstellen errichtet oder Gerichtstage abgehalten werden.

1   **Vorbem. A.** V geänd und VI angefügt durch Art 12 Z 1 EGInsO v 5. 10. 94, BGBl 2911, mWv 1. 1. 99, Art 110 I des Ges.

   **B.** § 3 GVVO gilt weiter, vgl BGBl III 300–5, soweit die Länder nichts abweichendes bestimmt haben, Kissel 2. § 3 VO ist in **Nds** aufgehoben durch das *Ges üb die Organisation der ordentl Gerichte v 16. 7. 62, GVBl 85;* zur Fortgeltung in **Bay** vgl BayVerfGH AS **28**, 1. Anstelle des RJM ist überall die Landesjustizverwaltung getreten.

2   **1) Alleinrichter, I u IV.** Der Grundsatz, daß die Amtsrichter als Alleinrichter tätig werden, ist durchbrochen beim Schöffengericht, Jugendgericht und in Landwirtschaftssachen. Die Amtshandlung eines nach der Geschäftsverteilung nicht berufenen Amtsrichters ist wirksam, aber ggf anfechtbar, § 22 d Rn 1. Die Verteilung kann sachlich oder örtlich, etwa nach den Gemeinden, geschehen.

3   **2) Richter beim Amtsgericht, II, V u VI.** Dies können nicht nur Richter auf Lebenszeit, sondern auch Richter auf Probe, § 12 DRiG, und kraft Auftrags, § 14 DRiG, sein, soweit sich aus VI sowie aus § 23b III 2 und § 29 I 2 nichts anderes ergibt. **I.** Richter auf Probe dürfen also im ersten Jahr nach ihrer Ernennung in Insolvenzsachen, VI, in FamS, § 23 b III 2, und in bestimmten Strafsachen, § 29 I 2, nicht wahrnehmen. Die Richter auf Probe und kraft Auftrags müssen im Geschäftsverteilungsplan, als solche erkennbar sein, § 29 S 2 DRiG (nicht in der Entscheidung). Auch abgeordnete Richter, § 37 DRiG, können bei einem AG verwendet werden. Jedoch dürfen im Verhältnis zu den mit Richtern auf Lebenszeit (Richtern am Amtsgericht, § 19 a DRiG) besetzten Stellen nicht übermäßig viele andere Richter eingesetzt werden, Kissel 8, VGH Kassel AS **33**, 10 mwN.

   Einem Richter auf Lebenszeit kann nach II **zugleich ein weiteres Richteramt** übertragen werden, § 27 II DRiG, jedoch nur **bei einem anderen AG oder bei einem LG** (in den neuen Bundesländern kann einem Richter mit seinem Einverständnis ein weiteres Richteramt bei jedem anderen Gericht übertragen werden, Üb § 22 Rn 2); zu den Voraussetzungen und der Anfechtbarkeit s § 27 DRiG Rn 3ff. Über Amtsrichter als Vorsitzende einer KfH s § 106. Wahlberechtigt und wählbar für das Präsidium, § 21 b I, sind solche Richter bei beiden Gerichten.

4   **3) Dienstaufsicht, III.** Soweit sie nicht dem Präsidenten des übergeordneten LG übertragen ist, führt sie der von der LJV dazu bestellte Präsident oder aufsichtführende Richter des AG. Die LJV kann sie auch dem Präsidenten eines anderen AG (Kreisgerichts) übertragen, s §§ 22 a, 22 b IV. Die Vertretung des die Dienstaufsicht führenden Richters regelt § 21 h für die ihm durch das GVG zugewiesenen Aufgaben.

**22a** *Präsidium des Amtsgerichts.* Bei Amtsgerichten mit einem aus allen wählbaren Richtern bestehenden Präsidium (§ 21a Abs. 2 Satz 1 Nr. 3) gehört der Präsident des übergeordneten Landgerichts oder, wenn der Präsident eines anderen Amtsgerichts die Dienstaufsicht ausübt, dieser Präsident dem Präsidium als Vorsitzender an.

1   **Vorbem.** In den **neuen Bundesländern** war § 22 a unanwendbar, EV Anl I Kap III Sachgeb A Abschn III Z 1 c (2) 2. Halbs (vgl Üb § 21 a Rn 3), solange dort keine AGe und LGe errichtet worden waren, § 14 iVm § 17 Z 1 a RpflAnpG.

2   **1) Vorsitz im Präsidium.** Während bei den größeren AGen der Präsident oder dienstaufsichtführende Richter Vorssitzender ist, § 21a II, trifft § 22a für die AGe mit weniger als 8 Richterplanstellen eine Sonderregelung. Ihrem Präsidium, das aus allen nach § 21b I wählbaren Richtern besteht, § 21 a II 1 Z 3, sitzt der Präsident des übergeordneten LG bzw der die Dienstaufsicht ausübende Präsident eines anderen AG vor. Der Präsident führt den Vorsitz auch dann, wenn ein aufsichtführender Richter ernannt ist. Die Regelung bezweckt, bei kleinen AGen stets einen dem Gericht nicht angehörenden „neutralen Dritten" mit dem Vorsitz zu betrauen. Vertretung des Präsidenten: § 21 c.

**22b** *Vertretung beim Amtsgericht.* ᴵ Ist ein Amtsgericht nur mit einem Richter besetzt, so beauftragt das Präsidium des Landgerichts einen Richter seines Bezirks mit der ständigen Vertretung dieses Richters.

ᴵᴵ Wird an einem Amtsgericht die vorübergehende Vertretung durch einen Richter eines anderen Gerichts nötig, so beauftragt das Präsidium des Landgerichts einen Richter seines Bezirks längstens für zwei Monate mit der Vertretung.

ᴵᴵᴵ ¹In Eilfällen kann der Präsident des Landgerichts einen zeitweiligen Vertreter bestellen. ²Die Gründe für die getroffene Anordnung sind schriftlich niederzulegen.

ᴵⱽ Bei Amtsgerichten, über die der Präsident eines anderen Amtsgerichts die Dienstaufsicht ausübt, ist in den Fällen der Absätze 1 und 2 das Präsidium des anderen Amtsgerichts und im Falle des Absatzes 3 dessen Präsident zuständig.

1   **Vorbem. A.** Für **Arbeitsgerichte** mit nur einem Vorsitzenden bestimmt § 19 I ArbGG entspr I–III die Zuständigkeit des Präsidiums bzw des Präsidenten des LArbG, vgl GMP § 19 Rdz 3–11.

**B.** In den **neuen Bundesländern** vor § 22 b auf die Kreisgerichte, Üb § 22 Rn 2, mit der Maßgabe anzuwenden, daß an die Stelle des LG das Bezirksgericht trat, EV Anl I Kap III Sachgeb A Abschn III Z 1 b. Nach Errichtung von AGen gilt § 22 b, §§ 14 ff RpflAnpG.

**1) Allgemeines.** Die Vertretung eines Richters regelt sich auch bei einem AG grundsätzlich nach § 21 e. **2** Sonderbestimmungen sind für kleine AGe erforderlich. Für bestimmte Fälle begründet § 22 b die Zuständigkeit des Präsidiums des übergeordneten LG, I, bzw in Eilfällen diejenige seines Präsidenten, II–III. Übt der Präsident eines anderen AG die Dienstaufsicht aus, so sind wegen ihrer Sachnähe das Präsidium bzw der Präsident jenes AG zuständig, IV.

**2) Ständige Vertretung bei Einmanngerichten, I.** Den Vertreter bestellt das Präsidium des LG bzw **3** AG, oben 1.

**3) Vorübergehende Vertretung, II u III.** Wird bei einem AG die Vertretung durch den Richter eines **4** anderen Gerichts nötig, weil ein durch die Geschäftsverteilung oder nach I berufener Vertreter nicht zur Verfügung steht (auch wegen eigener vorübergehender Verhinderung an der Vertretung, GMP § 19 Rn 6), so beauftragt das Präsidium des LG einen Richter seines Bezirks, also uU auch einen (Vorsitzenden) Richter des LG, bzw nach IV das Präsidium des AG einen Richter dieses Gerichts mit der Vertretung für längstens 2 Monate, II. Dem Richter ist vorher Gelegenheit zur Äußerung zu geben, § 21 e V. In **Eilfällen** bestellt der Präsident des LG bzw AG, oben Rn 1, einen zeitweiligen Vertreter, III, für eine idR kürzere Zeit, höchstens aber 2 Monate. Die Gründe für die Anordnung müssen schriftlich niedergelegt werden, vgl § 21 i II; eine Genehmigung durch das Präsidium ist für den Fall des III nicht erforderlich, aM Kissel 7, GMP § 19 Rn 11. Die Anhörung des Richters ist geboten, aber nicht vorgeschrieben, weil es sich um einen Eilfall handelt, § 21 e V. Für die Nachprüfung gilt das in Rn 24–26 zu § 21 e Gesagte, VGH Mü NJW **94**, 2308 (dazu jetzt § 22 c).

**4) Bereitschaftsdienst.** Sonderregelung in § 22 c. **5**

**22c** *Bereitschaftsdienst.* I ¹Die Landesregierungen werden ermächtigt, durch Rechtsverordnung ein Amtsgericht zu bestimmen, das für mehrere Amtsgerichte im Bezirk des Landgerichts Geschäfte des Bereitschaftsdienstes an dienstfreien Tagen ganz oder teilweise wahrnimmt, wenn dies zur Sicherstellung einer gleichmäßigeren Belastung der Richter mit Bereitschaftsdiensten angezeigt ist. ²Zu dem Bereitschaftsdienst sind die Richter der in Satz 1 bezeichneten Amtsgerichte heranzuziehen. ³Über die Verteilung der Geschäfte des Bereitschaftsdienstes beschließt nach Maßgabe des § 21 e das Präsidium des Landgerichts.

II Die Landesregierungen können die Ermächtigung nach Absatz 1 auf die Landesjustizverwaltungen übertragen.

**Vorbem.** Eingefügt durch Art 3 G v 24. 6. 94, BGBl 1374, mWv 1. 7. 94, Art 11 des Ges (Materialien: RegEntw BT-Drs 12/6243 S 11, AusschußBer BT-Drs 12/7277).

**1) Erläuterung.** Die Vorschrift ermöglicht es, die Wahrnehmung des Bereitschaftsdienstes an dienstfreien **1** Tagen für mehrere AGe bei einem AG zu konzentrieren, vgl zur früheren Rechtslage VGH Mü NJW **94**, 2308. Ergeht eine entsprechende Rechtsverordnung, beschließt über die Verteilung der Geschäfte des Bereitschaftsdienstes einschließlich der Heranziehung der Richter nach Maßgabe des § 21 e das Präsidium des übergeordneten LG, I 2 u 3. Maßnahmen eines Bereitschaftsrichters iSv I sind solche des in der Sache zuständigen AG.

**22d** *Nach der Geschäftsverteilung unzuständiger Richter.* Die Gültigkeit der Handlung eines Richters beim Amtsgericht wird nicht dadurch berührt, daß die Handlung nach der Geschäftsverteilung von einem anderen Richter wahrzunehmen gewesen wäre.

**Vorbem.** Galt in den **neuen Bundesländern** seit dem 3. 10. 90 für die Kreisgerichte, Üb § 22 Rn 2, **1** nach der Errichtung von AGen für diese, § 14 RpflAnpG.

**1) Erläuterung.** Die Vorschrift enthält eine Regelung für den Fall der Verletzung des ordnungsgemäß erlassenen Geschäftsverteilungsplans beim Amtsgericht; ist der Plan fehlerhaft zustandegekommen, gilt das in § 21 e Rn 27 Gesagte. Mit Rücksicht auf Art 101 GG bedeutet § 22 d heute nur, daß die von einem anderen Richter als dem zuständigen vorgenommene Handlung nicht ohne weiteres unwirksam ist, BGH **37**, 127, obwohl nur der im Einzelfall berufene Richter der gesetzliche Richter ist, vgl auch § 16 Rn 5 (BGH NJW **80**, 2365 läßt die Frage der heutigen Bedeutung des § 22 d offen). Dagegen schließt § 22 d die Anfechtung einer amtsrichterlichen Handlung wegen Verstoßes gegen die Geschäftsverteilung nicht aus: soweit es das Gesetz zuläßt, kann sie aus diesem Grunde mit Rechtsmitteln angegriffen werden, BGH **37**, 127, MüKoWo 4, Kissel 2 u 3 mwN, ua Bre NJW **65**, 1447, abw wohl LG Wiesbaden MDR **84**, 676.

**23** *Sachliche Zuständigkeit in Zivilsachen.* Die Zuständigkeit der Amtsgerichte umfaßt in bürgerlichen Rechtsstreitigkeiten, soweit sie nicht ohne Rücksicht auf den Wert des Streitgegenstandes den Landgerichten zugewiesen sind:
1. Streitigkeiten über Ansprüche, deren Gegenstand an Geld oder Geldeswert die Summe von zehntausend Deutsche Mark nicht übersteigt;
2. ohne Rücksicht auf den Wert des Streitgegenstandes:
    a) Streitigkeiten über Ansprüche aus einem Mietverhältnis über Wohnraum oder über den Bestand eines solchen Mietverhältnisses; diese Zuständigkeit ist ausschließlich;

**GVG § 23**  Gerichtsverfassungsgesetz

b) Streitigkeiten zwischen Reisenden und Wirten, Fuhrleuten, Schiffern oder Auswanderungsexpedienten in den Einschiffungshäfen, die über Wirtszechen, Fuhrlohn, Überfahrtsgelder, Beförderung der Reisenden und ihrer Habe und über Verlust und Beschädigung der letzteren, sowie Streitigkeiten zwischen Reisenden und Handwerkern, die aus Anlaß der Reise entstanden sind;
c) Streitigkeiten wegen Viehmängel;
d) Streitigkeiten wegen Wildschadens;
e) und f) weggefallen
g) Ansprüche aus einem mit der Überlassung eines Grundstücks in Verbindung stehenden Leibgedings-, Leibzuchts-, Altenteils- oder Auszugvertrag;
h) das Aufgebotsverfahren.

**1** **Vorbem.** A. Z 1 und Z 2 a neugefaßt durch Art 3 Z 2 RpflEntlG, in Kraft ab 1. 3. 93, Art 15 I RpflEntlG (Materialien: BR-Entw BT-Drs 12/1217, RAusschBer BT-Drs 12/3832; Schrifttum: *Hansens* NJW **93**, 493; *Kissel* NJW **93**, 489; *Markwardt* MDR **93**, 189; *Rieß* AnwBl **93**, 52; *Thomas* DRiZ **93**, 217, dazu krit *Günter/Mattik/Voß* DRiZ **93**, 223). **Übergangsrecht:**
*Art 14 RpflEntlG.* ᴵᴵ Für anhängige Verfahren in der Zivilgerichtsbarkeit gelten die Vorschriften über das Verfahren vor dem Einzelrichter, §§ 9, 29 a Abs. 1, § 128 Abs. 3 Satz 1 und § 495 a Abs. 1 Satz 1 der Zivilprozeßordnung, § 23 Nr. 1 und Nr. 2 Buchstabe a und § 23 b Abs. 3 Satz 2 des Gerichtsverfassungsgesetzes in der bisherigen Fassung.
Vgl dazu die Erl in der 56. Aufl.
Z 2 b mWv 1. 9. 98 geänd durch Art 14 G v 25. 8. 98, BGBl 2489.
B. In den **neuen Bundesländern** war das Kreisgericht, Üb § 22 Rn 2, im ersten Rechtszug für sämtliche Zivilsachen zuständig, EV Anl I Kap III Sachgeb A Abschn III Z 1 e, solange keine AGe errichtet worden waren, § 15 I RpflAnpG. Die Abgrenzung der Zuständigkeit des AG, §§ 23–23 b, hatte insoweit für die Rechtsmittelinstanz Bedeutung, vgl Vorbem §§ 59 u 122.

**2** **1) Sachliche Zuständigkeit.** § 23 betrifft nur die sachliche Zuständigkeit; über die örtliche s §§ 12 ff ZPO. Das AG ist sachlich zuständig: **a)** bei Ansprüchen bis zum Streitwert von 10 000 DM, Z 1, unten Rn 3; **b)** in den Fällen der Z 2 a)–h) ohne Rücksicht auf den Streitwert, unten Rn 4–13, krit zu Z 2 b–h Lange DRiZ **89**, 47. Zu diesen Fällen treten hinzu die Klagen aus § 111 GenG (Anfechtungsklage gegen die für vollstreckbar erklärte Vorschuß-, Zusatz- und Nachschußberechnung des Konkursverwalters im Genossenschaftskonkurs; bei Streitwert über 10 000 DM ist Verweisung möglich, § 112 GenG), aus §§ 51, 52 Wohnungseigentumsg v 15. 3. 51, BGBl I 175, u in Binnenschiffahrtssachen, § 2 G v 27. 9. 52, s 14 GVG Rn 4. Eine **Ausnahme** von § 23 machen § 71 II, III sowie Sondergesetze, die dem LG Sachen ohne Rücksicht auf den Streitwert zuweisen, § 71 Rn 3–5. Wegen der Zuständigkeit bei Zerlegung eines Anspruchs in mehrere Teilklagen s § 2 ZPO Rn 7.
Außerdem ist das AG (ohne Rücksicht auf Wertgrenzen) zuständig als Rechtshilfegericht, für das selbständige Beweisverfahren, Mahnverfahren, Vollstreckungsverfahren, außer wenn das Prozeßgericht 1. Instanz zuständig ist, ferner außer dem Gericht der Hauptsache für Verfahren über Arrest und einstwVfg, §§ 919, 936, 942, für die Vollstreckbarerklärung rechtskräftiger Entscheidungen aus internationalen Verträgen, Anh § 723, für Konkurs- und Vergleichsverfahren, nach FGG und Sondergesetzen, zB über die Unterbringung psychisch Kranker oder über Rechtsverhältnisse iSv § 1 SchuldRÄndG, s Vorwort.

**3** **2) Streitwertabhängige Zuständigkeit, Z 1.** Abweichend vom früheren Recht kommt es nicht darauf an, ob die Streitigkeit vermögensrechtlich oder nichtvermögensrechtlich ist, dazu Grdz § 1 ZPO Rn 10, 11, § 546 ZPO Rn 5 u 5 a. Auch im letzteren Fall ist das AG, sofern sich seine Zuständigkeit nicht schon aus Z 2 oder den §§ 23 a, 23 b ergibt, immer dann sachlich zuständig, wenn der Wert des Streitgegenstands 10 000 DM nicht übersteigt (das ist trotz des mißverständlichen Wortlauts „an Geld und Geldeswert" mit der Neufassung gemeint, ZöGu 3). Diese Voraussetzung wird zB in Streitigkeiten über Ehrverletzungen oder Belästigungen sowie in vereinsrechtlichen Streitigkeiten häufiger erfüllt sein, BT-Drs 12/1217 S 4, wie der insoweit entspr anzuwendende § 12 II GKG, § 3 ZPO Rn 85 u § 511 a ZPO Rn 4, zeigt, krit Lappe NJW **94**, 1190 u **93**, 2786. Wegen der Berechnung des Wertes im Einzelfall s die Erläuterungen zu §§ 3–9 ZPO.
Im Mahnverfahren bestimmt sich der Gegenstandswert für das Streitverfahren nach dem Betrag, der in diesem (noch) geltendgemacht wird, Ffm RR **92**, 1342 mwN. Werden in einer Klage mehrere Ansprüche geltend gemacht, so sind sie zusammenzurechnen, s aber unten 3. Unberührt bleiben §§ 708 Z 11, 866 III ZPO.
Z 1 gilt nicht für Streitigkeiten, die ohne Rücksicht auf den Wert des Streitgegenstands dem LG zugewiesen sind; das ist in zahlreichen Einzelgesetzen des Bundes und aufgrund des § 71 III in Landesgesetzen geschehen; vgl § 71 Rn 5.

**4** **3) Streitwertunabhängige Zuständigkeit, Z 2. Grundsatz:** Z 2 begründet für die dort aufgezählten Sachen eine Zuständigkeit ohne Rücksicht auf den Streitwert (krit Lange DRiZ **89**, 46). Sie ist **abgesehen von Z 2 a nicht ausschließlich:** auch Z 2 läßt in den anderen Fällen eine Vereinbarung auf das LG zu. Sind andere Ansprüche bis zu 10 000 DM mit Ansprüchen nach Z 2 verbunden, so ändert das nichts an der Zuständigkeit. Bei Verbindung von Ansprüchen über 10 000 DM mit solchen nach Z 2 sind sie abzutrennen und auf Antrag des Klägers an das LG zu verweisen, § 281. Bei fehlendem Antrag erfolgt Abtrennung und Abweisung wegen sachlicher Unzuständigkeit, weil der Kläger die Zuständigkeitsgrenze durch Verbindung nicht erhöhen kann. Siehe auch § 260 Rn 16 ff ZPO.

**5** **4) Mietstreitigkeiten, Z 2 a**
**A. Allgemeines.** Die Neufassung regelt die (ausschließliche) sachliche Zuständigkeit für alle Streitigkeiten über Ansprüche aus einem Mietverhältnis über Wohnraum oder über den Bestand eines solchen Miet-

3. Titel. Amtsgerichte **§§ 23, 23a GVG**

verhältnisses. Für Streitigkeiten über Ansprüche aus anderen Mietverhältnissen, zB über Geschäftsräume, und aus Pachtverhältnissen gilt Z 1.

**B. Anwendungsbereich. a) Streitigkeiten aus Mietverhältnissen.** Hierhin gehören sowohl Haupt- **6** wie Untermietverhältnisse, nicht aber Pachtverhältnisse, s Rn 7. Z 2 a erfaßt alle Ansprüche aus dem Mietverhältnis während seines Bestehens und bei seiner Abwicklung; ein faktisches Mietverhältnis genügt, so daß es auf die Gültigkeit des Mietvertrages für die Zuständigkeit nicht ankommt, MüKoWo Sonderheft S 30. Auch Feststellungsklagen fallen unter Z 2 a. Vgl i üb die Erl zu § 29 a ZPO.

**b) Mietverhältnis über Wohnraum.** Z 2 a bezieht sich auf Wohnraum im Sinne des Mietrechts des BGB, BGH NJW **81**, 1377, der zumindest auch als solcher genutzt wird. Abweichend von § 29 a II ZPO fallen hierunter auch Wohnräume zum vorübergehenden Gebrauch, möblierte Zimmer für Einzelmieter, Häuser und Räume für Ferienzwecke, nicht jedoch Hotelzimmer oder die Urlaubswohnung, weil sie nicht zum dauernden Aufenthalt bestimmt sind, MüKoWo Sonderheft S 31. Wohnraum iSv Z 2 a können auch Wohnwagen, Wohnschiffe und Behelfsheime sein, MüKoWo aaO. Bei Mischmietverhältnisse kommt es darauf an, ob die Wohnnutzung überwiegt.

**c) Werkwohnungen.** Das AG ist zuständig für Streitigkeiten über Werkmietwohnungen, § 565 b BGB, **7** hM, und über Werkdienstwohnungen, § 565 e BGB, str, aM BAG NZA **90**, 539 (ArbGer, § 2 III ArbGG), vgl § 29 a Rn 12.

**C. Pachtsachen.** Sie fallen nicht unter Z 2 a, sondern unter Z 1. Eine besondere Zuständigkeit des AG **8** für Landpachtsachen begründet das G über das gerichtliche Verfahren in Landwirtschaftssachen v 21. 7. 53, BGBl 667 (m Änd).

**5) Reisende usw, Z 2 b.** Es braucht sich nicht um eine Klage während der Reise zu handeln, aM Kissel **9** 30. Die Vorschrift gilt nicht für Klagen wegen Zurückbehaltung von Sachen und auch nicht für Klagen auf entgangenen Gewinn wegen abgesagter Gasthofsmiete, Ffm (LG) BB **65**, 268.

**6) Viehmängel, Z 2 c.** Gemeint sind nur körperliche Mängel, aber nicht bloß bei den in § 481 BGB **10** genannten Tierarten und ohne Rücksicht auf den Rechtsgrund, also auch bei Arglist des Verkäufers oder Gewährvertrag, StJ § 1 II 2 c. Maßgebend ist die Klagbegründung, nicht eine Einrede des Beklagten. Unter Z 2 c fällt auch die Klage aus einer bereits vollzogenen Wandlung, LG Bonn MDR **80**, 857.

**7) Wildschaden, Z 2 d.** Es gilt das Bundesjagdg idF v 29. 9. 76, BGBl 2849 (m Änd): Nach § 35 **11** können die Länder ein Vorverfahren vorschreiben, in dem, falls es nicht zum Anerkenntnis oder Vergleich kommt, ein Vorbescheid erlassen wird, Lange DRiZ **89**, 47; wegen der in Betracht kommenden Landesgesetze vgl Schönfelder, Fußnote zu § 1 VI BundesjagdG.

**8) Leibgedingsverträge usw, Z 2 g.** Es handelt sich dabei um Verträge, durch die der Übergeber bei **12** Überlassung eines Grundstücks sich oder Dritten Nutzungen oder wiederkehrende Leistungen ausbedingt, dazu BGH **53**, 41, BayOblLGZ **96**, 26, **93**, 194 u **94**, 19, Bbg RR **95**, 258, Zweibr RR **94**, 209, LG Köln FamRZ **97**, 137, alle mwN.

**9) Aufgebotsverf, Z 2 h.** Siehe §§ 946 ff ZPO, auch § 11 EGZPO. **13**

**23a** *Weitere sachliche Zuständigkeit.* Die Amtsgerichte sind in bürgerlichen Rechtsstreitigkeiten ferner zuständig für
1. Streitigkeiten in Kindschaftssachen;
2. Streitigkeiten, die eine durch Ehe oder Verwandtschaft begründete gesetzliche Unterhaltspflicht betreffen;
3. Ansprüche nach den §§ 1615 l, 1615 m des Bürgerlichen Gesetzbuchs;
4. Ehesachen;
5. Streitigkeiten über Ansprüche aus dem ehelichen Güterrecht, auch wenn Dritte am Verfahren beteiligt sind.

**Vorbem.** Z 3 mWv 1. 7. 98 geänd durch Art 4 II KindUG, Einf § 606 Rn 12.

**1) Allgemeines.** Seit der EheRReform 1976 sind dem AG nicht nur KindschS und Unterhaltsstreitig- **1** keiten aller Art zugewiesen, sondern auch alle EheS und die damit zusammenhängenden Angelegenheiten. Wegen der Zusammenfassung der **FamS** beim FamGer s § 23 b.

**2) Streitigkeiten in KindschS, Z 1.** Näheres s § 640 Rn 1 ff. **2**

**3) Streitigkeiten, die eine durch Ehe oder Verwandtschaft begründete gesetzliche Unterhalts-** **3** **pflicht betreffen, Z 2.** Hierher gehören alle Unterhaltsprozesse zwischen Eheleuten (auch bei geschiedener, für nichtig erklärter oder aufgehobener Ehe) einschließlich der Klagen wegen Prozeßkostenvorschuß nach § 1360 a IV BGB und zwischen Verwandten auf- und absteigender Linie, namentlich (aber nicht nur) des Kindes gegen seine Eltern, aber auch Unterhaltsansprüche Dritter, an die Stelle der Eltern gezahlt hat, Bre FamRZ **84**, 511 mwN. Unter Z 2 fallen auch übergegangene oder übergeleitete Ansprüche auf Unterhalt, zB nach § 94 III KJHG, § 7 UVG oder § 91 BSHG, Künkel FamRZ **94**, 548, vgl OVG Münster FamRZ **94**, 595. Die Zuständigkeit gilt für Prozesse wegen der Zahlungspflicht und wegen Nebenpflichten, zB wegen Auskunft nach §§ 1581, 1605 BGB. Vor das AG gehört ein Unterhaltsanspruch aus Vertrag, wenn er an Stelle des gesetzlichen tritt und der Grund des Anspruchs zweifelsfrei ist, sowie ein Anspruch auf Unterhaltsersatz aus § 826 BGB wegen Vermögensverschiebung, Celle NdsRPfl **58**, 235; anders aber, wenn im Vertrag nicht nur der Unterhalt geregelt ist, sondern auch die Vermögensauseinandersetzung, Nürnb FamRZ **67**, 157, oder eine vorweggenommene Erbfolge, BGH NJW **79**, 2518, Oldb FamRZ **98**, 1120 mwN. Unerheblich ist in jedem Fall, ob auf Rente oder auf Abfindung geklagt wird. Nicht alle diese Unterhaltsstreitigkeiten sind FamS iSv § 23 b I Z 5 u 6; wegen der Zuständigkeit des **FamGer** s § 621 I Z 4 u 5 und Erl dazu. **Nicht** hierher gehören Ansprüche aus unerlaubter Handlung und aus § 1300 BGB.

**GVG §§ 23a, 23b**            Gerichtsverfassungsgesetz

4    **4) Ansprüche aus §§ 1615 l, 1615 m BGB, Z 3.** Diese Ansprüche sind solche auf Unterhalt der Mutter vor oder nach der Geburt, Unterhalt des Vaters nach § 1615 l V BGB und Beerdigungskosten für die Mutter. Das AG bleibt zuständig, wenn ein Rechtsnachfolger Partei ist. Das Verfahren nach § 1615 o II BGB (einstwVfg der Mutter) gehört ebenfalls hierher, Büdenbender FamRZ **83**, 306.

5    **5) Ehesachen, Z 4.** Einzelheiten s § 606 Rn 2 ff. EheS sind FamS, § 23 b I Z 1, und gehören vor das **FamGer**.

6    **6) Streitigkeiten über Ansprüche aus dem ehelichen Güterrecht, auch wenn Dritte am Verfahren beteiligt sind, Z 5.** Es handelt sich um Ansprüche nach §§ 1363–1518 BGB. Z 5 gilt auch für Prozesse zwischen Dritten und einem Ehegatten. Nicht hierher gehören sonstige vermögensrechtliche Ansprüche der Eheleute gegeneinander (wegen Unterhaltsansprüchen s Z 2). Die Streitigkeiten nach Z 5 sind FamS, § 23 b I Z 9, und gehören vor das **FamGer**, § 621 ZPO Rn 1 ff.

## 23b    *Familiengericht.* 

I ¹Bei den Amtsgerichten werden Abteilungen für Familiensachen (Familiengerichte) gebildet. ²Familiensachen sind:
1. Ehesachen;
2. Verfahren betreffend die elterliche Sorge für ein Kind, soweit nach den Vorschriften des Bürgerlichen Gesetzbuchs hierfür das Familiengericht zuständig ist;
3. Verfahren über die Regelung des Umgangs mit einem Kind, soweit nach den Vorschriften des Bürgerlichen Gesetzbuchs hierfür das Familiengericht zuständig ist;
4. Verfahren über die Herausgabe eines Kindes, für das die elterliche Sorge besteht;
5. Streitigkeiten, die die durch Verwandtschaft begründete gesetzliche Unterhaltspflicht betreffen;
6. Streitigkeiten, die die durch Ehe begründete gesetzliche Unterhaltspflicht betreffen;
7. Verfahren, die den Versorgungsausgleich betreffen;
8. Verfahren über die Regelung der Rechtsverhältnisse an der Ehewohnung und am Hausrat (Verordnung über die Behandlung der Ehewohnung und des Hausrats – Sechste Durchführungsverordnung zum Ehegesetz vom 21. Oktober 1944, Reichsgesetzbl. I S. 256);
9. Streitigkeiten über Ansprüche aus dem ehelichen Güterrecht, auch wenn Dritte am Verfahren beteiligt sind;
10. Verfahren nach den §§ 1382 und 1383 des Bürgerlichen Gesetzbuchs;
11. Verfahren nach den §§ 5 bis 8 des Sorgerechtsübereinkommens-Ausführungsgesetzes;
12. Kindschaftssachen;
13. Streitigkeiten über Ansprüche nach den §§ 1615 l, 1615 m des Bürgerlichen Gesetzbuchs;
14. Verfahren nach § 1303 Abs. 2 bis 4, § 1308 Abs. 2 und § 1315 Abs. 1 Satz 1 Nr. 1, Satz 3 des Bürgerlichen Gesetzbuchs.

II ¹Sind wegen des Umfangs der Geschäfte oder wegen der Zuweisung von Vormundschafts-, Betreuungs- und Unterbringungssachen mehrere Abteilungen für Familiensachen zu bilden, so sollen alle Familiensachen, die denselben Personenkreis betreffen, derselben Abteilung zugewiesen werden. ²Wird eine Ehesache rechtshängig, während eine andere Familiensache nach Absatz 1 Satz 2 Nr. 6 bis 11 bei einer anderen Abteilung im ersten Rechtszug anhängig ist, so ist diese von Amts wegen an die Abteilung der Ehesache abzugeben; für andere Familiensachen nach Absatz 1 Satz 2 Nr. 2 bis 5 gilt dies nur, soweit sie betreffen
1. in den Fällen der Nummer 2 die elterliche Sorge für ein gemeinschaftliches Kind einschließlich der Übertragung der elterlichen Sorge oder eines Teils der elterlichen Sorge wegen Gefährdung des Kindeswohls auf einen Elternteil, Vormund oder Pfleger,
2. in den Fällen der Nummer 3 die Regelung des Umgangs mit einem gemeinschaftlichen Kind der Ehegatten nach den §§ 1684 und 1685 des Bürgerlichen Gesetzbuchs oder des Umgangs des Ehegatten mit einem Kind des anderen Ehegatten nach § 1685 Abs. 2 des Bürgerlichen Gesetzbuchs,
3. in den Fällen der Nummer 4 die Herausgabe eines Kindes an den anderen Elternteil,
4. in den Fällen der Nummer 5 die Unterhaltspflicht gegenüber einem gemeinschaftlichen Kind.

III ¹Die Abteilungen für Familiensachen werden mit Familienrichtern besetzt. ²Ein Richter auf Probe darf im ersten Jahr nach seiner Ernennung Geschäfte des Familienrichters nicht wahrnehmen.

     *FGG § 64.* ¹Für die dem Familiengericht obliegenden Verrichtungen sind die Amtsgerichte zuständig.

1    **Vorbem.** § 23 b I 2 Z 2–5 neu gefaßt, I 2 Z 12 u 13 eingefügt und II 2 neu gefaßt durch Art 4 Z 1 KindRG, I 2 Z 13 geänd durch Art 4 II KindUG und I 2 Z 14 eingefügt durch Art 1 a BtÄndV v 25. 6. 98, BGBl 1580, alles mWv 1. 7. 98, Einf § 606 Rn 11 u 12 (dort auch das Übergangsrecht).

     **Schrifttum:** Vgl die Übersicht (Auswahl) in Grdz § 606 ZPO.

2    **1) Allgemeines.** Die Vorschrift ist mit dem GG vereinbar, BVerfG NJW **80**, 697. Die darin angeordnete Einrichtung eines **FamGer**, bei dem die Entscheidungen in EheS und in familienbezogenen Verfahren (FamS) zusammengefaßt werden, ist ein Kernstück der EheRReform 1976. Diese Zusammenfassung (mit der sie ergänzenden Regelung in § 621 ZPO) ermöglicht, daß alle von einem bestimmten FamGer zu entscheidenden Sachen einer Familie vor denselben Richter gelangen, und schafft damit die Voraussetzung für den EntschVerbund in Scheidungs- und FolgeS, § 623 ZPO. Einen großen Schritt in Richtung auf das sog **große FamGer** bedeuteten die Reformgesetze 1998 (KindRG u KindUG), die den Kreis der FamS

wesentlich erweiterten, vgl Einf § 606 ZPO Rn 11 u 12. Der Sache nach sind die dem FamGer zugewiesenen **FamS** teils bürgerliche Rechtsstreitigkeiten, I 2 Z 1, 5, 6, 9, 12 u 13 die § 23 a Z 2, 4 u 5 dem AG zuweist, teils Verfahren der freiwilligen Gerichtsbarkeit, I 2 Z 2–4, 7, 8, 10 u 14; die letzteren weist § 64 I FGG, wie bisher, dem AG zu und ermöglicht dadurch ihre Zusammenfassung mit den übrigen FamS in der Hand des Familienrichters. FGG-Sachen sind auch die FamS iSv I Z 11. Insofern ändert § 23 b den Grundsatz des § 2 EGGVG ab, dazu Brüggemann FamRZ 77, 3. Hinsichtlich des **Verfahrens in FamS** bleibt es bei ZPO bzw FGG mit den sich aus §§ 621 ff ZPO ergebenden Besonderheiten, s Erl zu § 621 a ZPO; im Fall von I Z 11 richtet sich das Verfahren nach § 6 SorgeRÜbkAG, s Schlußanh V A 3. Der Rechtszug in FamS geht an das OLG, §§ 119 I Z 1 u 2.

**2) Familiengericht, I.** Bei den AG werden besondere **Abteilungen für FamS** gebildet, **I 1**. Ihnen sind **3** im Wege der gesetzlichen Geschäftsverteilung, Bergerfurth DRiZ 78, 230, alle FamS zugewiesen, **I 2**, und zwar mit der sich aus § 621 ergebenden Folge, daß diese Zuweisung zwingend, dh der Verfügung des Präsidiums entzogen ist, BGH NJW 78, 1531, abw Jauernig FamRZ 77, 681 u 761.

**A. FamS sind: a) EheS**, § 606 I ZPO, s dort Rn 2–9, **I 2 Z 1**; **b)** Verfahren über die **elterliche Sorge** für ein Kind, soweit nach BB dafür das FamGer zuständig ist, § 621 ZPO Rn 9, **I 2 Z 2**; **c)** Verfahren über die Regelung des **Umgangs mit einem Kind**, soweit nach BGB hierfür das FamGer zuständig ist, § 621 ZPO Rn 11, **I 2 Z 3**; **d)** Verfahren über die **Herausgabe eines Kindes, für das die elterliche Sorge besteht**, § 621 ZPO Rn 12, **I 2 Z 4**; **e)** Streitigkeiten, die die **durch Verwandtschaft begründete gesetzliche Unterhaltpflicht betreffen**, § 621 ZPO Rn 13, **I 2 Z 5**; **f)** Streitigkeiten, die die **durch die Ehe begründete gesetzliche Unterhaltpflicht betreffen**, § 621 ZPO Rn 16, **I 2 Z 6**; **g)** Verfahren, die den **Versorgungsausgleich betreffen**, § 621 ZPO Rn 19, **I 2 Z 7**; **h)** Verfahren über die Regelung der Rechtsverhältnisse an der **Ehewohnung und am Hausrat**, § 621 ZPO Rn 20, **I 2 Z 8**; **i)** Streitigkeiten über Ansprüche aus dem **ehelichen Güterrecht, auch wenn Dritte am Verfahren beteiligt sind**, § 621 ZPO Rn 23, **I 2 Z 9**; **j)** Verfahren nach den **§§ 1382 und 1383 BGB**, § 621 ZPO Rn 27, **I 2 Z 10**; **k)** Verfahren nach den **§§ 5–8 SorgeRÜbkAG**, Schlußanh V A 3, **I 2 Z 11**; **j)** Kindschaftssachen, § 640 II ZPO, s dort Rn 28, **I 2 Z 12**; **l)** Streitigkeiten über Ansprüche nach den §§ 1615 l, 1615 m BGB, § 621 ZPO Rn 28, **I 2 Z 13**; **m)** Verfahren nach §§ 1303 II–IV, 1308 II und 1315 I Z 3, S 3 BGB, § 621 ZPO Rn 28, **I 2 Z 14**.

**B.** Die **sachliche Zuständigkeit** des FamGer ergibt sich für EheS aus § 23 a Z 4, für andere FamS aus **4** § 23 a Z 1–3 u 5, § 64 I FGG, § 11 I, II HausratsVO, BGH NJW 78, 1531, für die FamS des I Z 11 aus § 5 SorgeRÜbkAG, Schlußanh V A 3. Für die **örtliche** Zuständigkeit sind §§ 606, 621 ZPO und die jeweiligen Vorschriften des FGG bzw der HausratsVO oder des SorgeRÜbkAG maßgeblich. **Ausgeschlossen** wird die Zuständigkeit des FamGer durch vorrangige Normen, zB Art 32 EuGVÜ, Schlußanh V C 1, Düss IPrax 84, 217.

Der **Zuständigkeitsstreit** zwischen den FamGer verschiedener AGe ist nach § 36 I Z 6 zu entscheiden, **5** BGH NJW 78, 1531 mwN, Stgt FamRZ 84, 716, und zwar auch auf Vorlage vAw durch eines dieser Gerichte, BGH RR 91, 767, Bischof MDR 78, 717 mwN; das gleiche gilt für den Streit zwischen der Prozeßabteilung eines AG und einem FamGer, BGH 71, 17, und für den Streit zwischen einem LG und einem FamGer, Ffm RR 88, 772 u FamRZ 89, 76, sowie für den Streit zwischen einem FamGer und einem Gericht der (allgemeinen) Freiwilligen Gerichtsbarkeit über das Vorliegen einer FamS, BGH 78, 108, FamRZ 82, 785, RR 91, 253; vgl iü § 36 ZPO Rn 31 ff. Wegen der Abgabe innerhalb des FamGer s unten Rn 7. **Verweist** das LG eine Nichtfamiliensache an das FamGer, so ist nur das AG als solches, dort aber nicht das FamGer an die Verweisung gebunden, BGH FamRZ 80, 557, Ffm FamRZ 89, 76 (das bei Verneinung einer FamS die Abgabe an die Zivilabteilung für nötig hält, insoweit abl Patzina FamRZ 89, 294 mwN), Düss Rpfleger 81, 239, Hbg FamRZ 82, 941, aM Köln FamRZ 82, 944 mwN, Kissel 32, Jauernig § 91 VII 1; umgekehrt bindet grundsätzlich ein verfahrensrechtlich wirksamer Verweisungsbeschluß des AG (Prozeßabteilung oder FamGer) das LG nach § 281 II ZPO, BGH FamRZ 90, 147, so daß das LG gehindert ist, an eine andere Abteilung des AG zu verweisen, BGH RR 89, 1343, NJW 79, 2517, Ffm RR 88, 772. Zwischen einem FamGer und einem Gericht der allgemeinen freiwilligen Gerichtsbarkeit ist eine bindende Verweisung entspr § 281 ZPO nicht möglich, BGH RR 90, 707 mwN.

**C.** Die **Abteilung für FamS (FamGer) und die sonstigen Abteilungen des AG** sind nicht verschie- **6** dene Gerichte, sondern verschiedene Spruchkörper desselben Gerichts, BGH NJW 78, 1531, aM Jauernig FamRZ 89, 2, 77, 681 u 761. Die Stellung des FamGer innerhalb des AG weist trotzdem Besonderheiten auf, die sich aus dem unterschiedlichen Rechtsmittelzug, § 119, der Einbeziehung der FGG-Sachen, §§ 621 ff ZPO, und der Ausgestaltung des Verfahrens ergeben. **a)** Ein **Zuständigkeitsstreit** zwischen dem FamGer und anderen Abteilungen ist entsprechend § 36 I Z 6 zu entscheiden, hM, STr 14, BGH 71, 264 mwN. Die Anrufung des OLG, § 119 I, ist auch vAw zulässig, Bergerfurth DRiZ 78, 230. Meinungsverschiedenheiten zwischen mehreren Abteilungen für FamS eines AG entscheidet das Präsidium, § 21 e Rn 13, STr 12. **b) Verweisung bzw Abgabe** an das Gericht der EheS, **II 2**. Sie ist hier für die Abgabe von **7** einer FamAbt zu einer anderen FamAbt desselben AG in gleicher Weise geregelt wie die Verweisung oder Abgabe durch das Gericht der FamS an ein anderes Gericht in § 621 II ZPO, s dort Rn 34. Im Verhältnis einer FamAbt zu einer anderen Abt desselben Gerichts gilt folgendes: Eine Verweisung nach § 281 ZPO ist nicht zulässig, BGH 71, 264 mwN, Bbg FamRZ 90, 180 (krit Ewers FamRZ 90, 1373 wegen § 18 HausrVO), str. Vielmehr ist die Sache ggf vAw formlos an die andere Abteilung zu verweisen bzw abzugeben, vgl § 281 ZPO Rn 9 ff, Ffm FamRZ 96, 949, aM Jauernig § 91 V u FamRZ 89, 5, Bergerfurth DRiZ 78, 230: entsprechend § 621 III ZPO, § 23 b II 2 förmliche Verweisung bzw Abgabe mit Bindungswirkung. Ein nach § 23 c gebildetes FamGer hat das Verf ggf an das zuständige AG in seinem Bezirk abzugeben, weil es insoweit als Teil dieses AG (und der anderen AGe) anzusehen ist, STr 7 mwN. Ist bei mehrfacher Klagebegründung das FamGer nur für einen sekundär geltend gemachten Grund zuständig, so darf der Richter der allgemeinen Abteilung nur über den primären Grund entscheiden, eine Verweisung wegen des sekundären Grundes scheidet aus, Ffm FamRZ 79, 607. Werden (unzulässigerweise) NichtFamS und FamS im Verhältnis von Haupt- und Hilfsantrag geltend gemacht, so hat zunächst die für den Hauptantrag zuständige Abteilung zu entscheiden; erst wenn und soweit der Hauptantrag abgewiesen wird, kann das Verf wegen des Hilfsanspruchs abgegeben werden, BGH FamRZ 80, 554, NJW 81, 2417. **c)** Die **Wirksamkeit** der Entscheidung wird durch das Tätigwerden der „falschen" Abteilung nicht berührt, vgl Bergerfurth DRiZ **78**, 230, hat aber uU Folgen bei ihrer Anfechtung. Dazu s § 119 Rn 5–7. **d)** Die Zuständigkeit des FamGer ist in 1. u. 2. Instanz in jeder Lage des Verf **zu prüfen;** für die Berufungsinstanz gilt jedoch § 529 III ZPO (Prüfung nur auf Rüge, die grundsätzlich schon beim FamGer erhoben sein muß). In der Revisionsinstanz ist jede Prüfung ausgeschlossen, § 549 II ZPO.

**8**   **3) Bildung des FamGer, II**

**A. Grundsatz.** Aus I ergibt sich, daß bei jedem AG eine Abteilung für FamS gebildet werden muß, wenn nicht die FamS nach § 23 c einem anderen AG zugewiesen sind (dann notfalls vAw Verweisung oder Abgabe nach § 621 III ZPO, Bergerfurth Rn 160). Die nötigen AnOen über Besetzung und Zuteilung von Geschäften, § 21 e, trifft das Präsidium. Es kann dem FamGer bei ungenügender Auslastung auch andere Verfahren zuteilen, namentlich sonstige Vormundschaftssachen, Vogel FamRZ **76**, 488 (aM Kissel DRiZ **77**, 113: Zulässig nur Zuweisung von Vormundschaftssachen an das FamGer oder Bestellung des nicht voll ausgelasteten FamRichters zum Vorsitzenden einer weiteren Abteilung); solche Sachen werden dadurch nicht zu FamS, unterliegen also dem für sie maßgeblichen Verfahrensrecht.

**9**   **B. Mehrere Abteilungen für FamS, II 1,** darf das Präsidium nur dann bilden, wenn dies wegen des Umfangs der Geschäfte (in FamS) oder wegen der Zuweisung von Vormundschafts-, Betreuungs- und Unterbringungssachen iSv §§ 35 ff FGG erforderlich ist, nicht aus anderen Gründen, zB der Zuteilung sonstiger Verfahren an die Abteilung für FamS. In diesem Fall sollen FamS, die denselben Personenkreis betreffen, derselben Abteilung zugeteilt werden, damit die EntschKonzentration, oben 2, sichergestellt bleibt. Nur ausnahmsweise, wenn eine andere Geschäftsverteilung wegen besonderer Umstände sachgerechter ist, darf das Präsidium von dieser Regellösung abweichen, Begr RAussch, also etwa bestimmte FamS einer einzigen Abteilung zuteilen. Hat das Präsidium mehrere Abteilungen für FamS gebildet, so sind die bei einer anderen Abteilung anhängigen FamS an die Abteilung der EheS abzugeben, sobald die EheS rechtshängig wird, II 2, damit der Verfahrensverbund, § 623 ZPO, durchgeführt werden kann. Demgemäß muß das Präsidium in jedem Fall alle FolgeS, § 621 ZPO, der für die EheS zuständigen Abteilung zuweisen.

**10**   **4) Besetzung des FamGer, III.** Die Abteilung für FamS wird durch das Präsidium, § 21 e I, mit FamRichtern besetzt, III 1, dh mit einem Berufsrichter, der mit der Erledigung von FamS als Fam-Richter bezeichnet wird; er kann Richter auf Lebenszeit, auf Probe, auf Zeit oder kraft Auftrags sein, § 22 V. Abgesehen von den neuen Bundesländern (dort keine Anwendung bis zum Ablauf des 31. 12. 99, § 3 RpflAnpG) darf ein **Richter auf Probe,** § 12 DRiG, Geschäfte des FamRichters im ersten Jahr nach seiner Ernennung nicht wahrnehmen, III 2, auch nicht vertretungsweise (Verstoß ist schwerer Verfahrensmangel iSv § 539 ZPO, s Bergerfurth DRiZ **78**, 232), wohl aber in späteren Jahren und auch im ersten Jahr als ersuchter Richter, aM Stgt FamRZ **84**, 716, STr 20, Kissel 89, Bergerfurth FamRZ **82**, 564: aber der Richter nach § 156 braucht auch sonst nicht die Qualifikation des ersuchenden Richters zu haben; i ü gilt § 22. Von der Möglichkeit, Richter auf Probe nach Ablauf des ersten Jahres unbeschränkt als Fam-Richter einzusetzen, sollte angesichts der Bedeutung und der häufigen Schwierigkeit der FamS in den alten Bundesländern nur bei dringendem Bedarf Gebrauch gemacht werden, Hansens NJW **93**, 494, vgl Schnitzler FamRZ **92**, 507 u Kleinz FamRZ **92**, 1390. Denn das Präsidium wird hierbei (wie auch sonst) berücksichtigen müssen, daß das FamGer seine besonderen Aufgaben nur dann erfüllen kann, wenn es mit lebenserfahrenen, menschlich und fachlich für FamS qualifizierten Richtern besetzt wird, vgl Schnitzler FamRZ **92**, 507, Thalmann FamRZ **84**, 634, Strecker DRiZ **83**, 175, einschränkend Kleinz FamRZ **92**, 1390.

Über die Ablehnung eines FamRichters entscheidet nach § 45 II ZPO das OLG, nicht das LG. Zur Organisation des Familiengerichts und zum Geschäftsgang vgl Thalmann DRiZ **83**, 548 u **82**, 445, zur Beteiligung von Psychologen und Psychiatern als Sachverständige Puls ZBlJugR **84**, 8.

## 23c   *Familiengericht für mehrere AG-Bezirke.* ¹Die Landesregierungen werden ermächtigt, durch Rechtsverordnung einem Amtsgericht für die Bezirke mehrerer Amtsgerichte die Familiensachen sowie ganz oder teilweise die Vormundschafts-, Betreuungs- und Unterbringungssachen zuzuweisen, sofern die Zusammenfassung der sachlichen Förderung der Verfahren dient oder zur Sicherung einer einheitlichen Rechtsprechung geboten erscheint. ²Die Landesregierungen können die Ermächtigung auf die Landesjustizverwaltungen übertragen.

**1**   **Vorbem.** In den **neuen Bundesländern** gilt die (umfassende) Ermächtigung durch EV Anl I Kap III Sachgeb A Abschn III Z 1 n (unter Aufrechterhaltung der nach bisherigem Recht vorgenommenen Konzentrationen), Brachmann DtZ **90**, 304. Diese Ermächtigung besteht auch nach Errichtung von AGen fort, Rieß DtZ **92**, 231.

**Schrifttum:** *Walter,* Der Prozeß in Familiensachen, 1985; *Keller,* Die Einrichtung des FamGer in BaWü, VerwArch **81**, 240.

**2**   **1) Erläuterung.** Die Zusammenfassung der dem FamGer übertragenen Verfahren bei einem AG für mehrere AG-Bezirke erleichtert die Besetzung mit qualifizierten Richter und fördert die Herausbildung einheitlicher Grundsätze der Rspr. Deshalb ermächtigt § 23 c die Landesregierungen, **durch VO einem AG für mehrere Bezirke Geschäfte des FamGer zuzuweisen,** S 1; sie können diese Ermächtigung **auf die Landesjustizverwaltungen übertragen,** S 2 (wegen der Länder-VOen s Schönfelder FN 2 bei § 23 c). Diese Konzentration der Zuständigkeit für mehrere Gerichtsbezirke ist verfassungsrechtlich unbedenklich, BVerfG NJW **80**, 697. Auf diese Weise bei einem AG konzentriert werden dürfen sämtliche FamS iSv § 23 b (nicht dagegen nur einzelne von ihnen) und entweder alle oder einzelne Vormundschafts-, Betreuungs- und Unterbringungssachen iSv §§ 35 ff FGG, nicht dagegen auch die Erledigung von Rechtshilfeersuchen in FamS, weil insoweit allein § 157 gilt, Stgt FamRZ **84**, 716. Zulässig ist die Konzentration, sofern sie der sachlichen Förderung der Verfahren dient oder zur Sicherung einer einheitlichen Rspr geboten erscheint; diese Voraussetzung haben die Länder bei Erlaß der VO festzustellen. Die Grenzen der OLG-Bezirke brauchen bei der Konzentration nicht eingehalten zu werden; bei Überschreitung dieser Grenzen bestimmt der Sitz des FamGer das Rechtsmittelgericht, STr 3. Die VO unterliegt nicht der Überprüfung nach § 47 VwGO, VGH Kassel NJW **77**, 1895; zur Prüfungskompetenz eines Landesverfassungsgerichts vgl HessStGH AS **29**, 207. Bei der Zusammenfassung von FamS aus verschiedenen LG-Bezirken bei einem FamGer gilt für die Zulassung der RAe § 24 BRAO entsprechend, BGH NJW **79**, 929.

Eine besondere Ermächtigung zur Zuständigkeitskonzentration für das **vereinfachte Unterhaltsverfahren**, §§ 645 ff ZPO, enthält § 660 ZPO, s dortige Erl. **3**

## 24–26 (betreffen Strafsachen)

**27** *Sonstige Zuständigkeit des AG.* Im übrigen wird die Zuständigkeit und der Geschäftskreis der Amtsgerichte durch die Vorschriften dieses Gesetzes und der Prozeßordnungen bestimmt.

**Vorbem.** Galt in den **neuen Bundesländern** seit dem 3. 10. 90 für die Kreisgerichte, Üb § 22 Rn 2, und gilt nach der Errichtung von AGen für diese, §§ 14 ff RpflAnpG.

**1) Sonstige Zuständigkeit der Amtsgerichte:** GVG § 157 (Rechtshilfe); das AG ist auch Einreichungsstelle für Gesuche betreffend den Anspruch auf Unterhalt nach dem UN-Übk über die Geltendmachung von Unterhaltsansprüchen im Ausland, AusfG § 3, abgedr Anh III § 168 GVG. – **ZPO** §§ 486 (selbständiges Beweisverfahren); 188, 761 (Gestattung der Zustellung und Zwangsvollstreckung); 689 (Mahnverfahren); 764 (Vollstreckungsgericht); 797 III (Vollstreckbare Ausfertigung vollstreckbarer Urkunden); 899 (Verfahren wegen eidesstattlicher Versicherung); 919, 936, 942 (Arrest und einstw Vfg); 1045 (Niederlegung des Schiedsspruchs). – **Ferner** obliegen dem AG: das Konkursverfahren und Vergleichsverfahren zur Konkursabwendung; die Zwangsvollstreckung ins unbewegliche Vermögen; die Vollstreckbarerklärung von Kostenentscheidungen aus Art 18 Haager ZPrÜbk sowie die Vollstreckbarerklärung von Entscheidungen nach HaagÜbk betr die Unterhaltspflicht gegenüber Kindern, ferner solchen nach verschiedenen VollstrAbk, Schlußanh V B (s darüber Anh § 723: für die Vollstreckbarerklärung nach dem deutsch-britischen Abk ist das LG zuständig); für Streitigkeiten aus dem SchuldRAnpG v 21. 9. 94 (BGBl 2538), § 55 des Ges, Messerschmidt NJW **94**, 2648. **1**

## Vierter Titel. Schöffengerichte

## 28–58 (betreffen Strafsachen)

## Fünfter Titel. Landgerichte

### Übersicht

**1) Der Titel regelt** den Aufbau und die sachliche Zuständigkeit der LGe, die StrafvollstrKammer ordnet Titel 5a (Titel 6 ist weggefallen), die KfH Titel 7. Über die Bildung der Gerichte für Patent- und Warenzeichensachen s §§ 51 PatG, 19 GebrMG u 32 WZG (Anh § 78b). Wegen der Errichtung und Aufhebung eines LGs § 12 Rn 2. **1**

**2) Den Titel 5 ergänzt** **2**

§ 7 *GVVO vom 20. 3. 35* (vgl Anh II § 21):
  I (gegenstandslos)
  II **Die Zahl der Zivil- und Strafkammern bei den Landgerichten bestimmt der Landgerichtspräsident; der Oberlandesgerichtspräsident kann ihm Weisungen hierfür erteilen.**
  III (gegenstandslos)
  IV (aufgehoben durch § 87 DRiG)
  V (betr Strafkammern).

Nach § 7 II ist die Bestimmung der Zahl der Kammern Justizverwaltungssache, ebenso nach den entsprechenden Landesbestimmungen, Kissel § 60 Rn 2–9 mwN, Holch DRiZ **76**, 135 gg Stanicki DRiZ **76**, 80, P. Müller DRiZ **76**, 315 (Aufgabe der Präsidien). Zur landesrechtlich vorgesehenen Beteiligung des Präsidiums vgl Buschmann DRiZ **83**, 473 (betr RhPf).

**3) In den neuen Bundesländern** trat an die Stelle des LG als erster Instanz das Kreisgericht, als Rechtsmittelinstanz das Bezirksgericht, EV Anl I Kap III Sachgeb A Abschn III Z 1 e und h. Seitdem in allen **3**

# GVG Übers § 59, §§ 59–69

Ländern der Gerichtsaufbau des GVG eingeführt worden ist, gilt der 5. Titel unmittelbar nach Maßgabe der §§ 14–25 RpflAnpG. Wegen der über § 59 II hinausgehenden Möglichkeit, einem Richter ein **weiteres Richteramt** zu übertragen, s § 7 RpflAnpG, abgedr Üb § 22 Rn 2, wegen des **Wegfalls von Beschränkungen** für nicht auf Lebenszeit berufene Richter s § 3 RpflAnpG, abgedr Vorbem § 28 DRiG, dazu Rieß DtZ **92**, 228 (zur früheren Fassung).

## 59 *Besetzung des Landgerichts.*

<sup>I</sup> Die Landgerichte werden mit einem Präsidenten sowie mit Vorsitzenden Richtern und weiteren Richtern besetzt.

<sup>II</sup> Den Richtern kann gleichzeitig ein weiteres Richteramt bei einem Amtsgericht übertragen werden.

<sup>III</sup> Es können Richter auf Probe und Richter kraft Auftrags verwendet werden.

1   **Vorbem.** In den **neuen Bundesländern** gilt nach der Errichtung von LGen bis zum 31. 12. 99 § 59 iVm §§ 3 u 7 RpflAnpG (idF des ÄndG v 7. 12. 95, BGBl 1590).

2   **1) Besetzung, I u III.** Das LG ist mit Berufsrichtern besetzt; hinzu treten Handelsrichter, §§ 105 ff, und agrd von Spezialgesetzen andere ehrenamtliche Richter.
**A. Allgemeines. a)** Der **Präsident** des LG hat eine Doppelfunktion: Er nimmt sowohl richterliche Aufgaben als Vorsitzender einer Kammer, § 21 f I, als auch Verwaltungsaufgaben wahr, nämlich in der gerichtlichen Selbstverwaltung (§§ 21 a ff) und in der eigentlichen Justizverwaltung (zB § 299 III ZPO, RBerG, EheG usf). Namentlich führt er die Dienstaufsicht über die Richter (und Beamten) des LG und der AGe des Bezirks, sofern nicht ein AG mit einem Präsidenten besetzt ist, Anh II § 21. Seine Vertretung in der richterlichen Tätigkeit regelt § 21 f II, diejenige in der gerichtlichen Selbstverwaltung § 21 h. **b) Vorsitzende Richter** sind Richter auf Lebenszeit, § 19 a I DRiG. Sie führen den Vorsitz in den Kammern, § 21 f I, nicht notwendig in der KfH, § 106. Vorsitzende Richter können aber auch als Beisitzer tätig sein, ferner als Richter beim AG, II. Ihre Vertretung ergibt sich aus § 21 f II. **c) Weitere Richter** sind Richter am Landgericht (Richter auf Lebenszeit, § 19 a I DRG), ferner Richter auf Probe, § 12 DRiG, und Richter kraft Auftrags, § 14 DRiG, III, sowie abgeordnete Richter, § 37 DRiG. Wegen ihrer Beiordnung s § 70 II. Richter auf Probe und Richter kraft Auftrags müssen im Geschäftsverteilungsplan als solche kenntlich gemacht werden, § 29 S 2 DRiG. Sie dürfen nicht den Vorsitz führen, § 28 II DRiG, und deshalb nicht in einer KfH eingesetzt werden. Ihre Verwendung als Beisitzer bei einer gerichtlichen Entscheidung, § 75, ist beschränkt, weil immer 2 Richter auf Lebenszeit mitwirken müssen, § 29 S 1 DRiG.

3   **B. Besetzung des Gerichts.** Unter „besetzt werden" ist die Schaffung von Planstellen zu verstehen, BGH NJW **85**, 2336 mwN. Sie obliegt dem Haushaltgeber, der dabei im Hinblick auf den grundrechtlich verbürgten Anspruch auf Justizgewährung die Bedürfnisse einer geordneten Rechtspflege zu befriedigen hat, BayVerfGH NJW **86**, 1327. Über die Abordnung von Richtern eines anderen Gerichts entscheidet die LJV, § 70, § 37 DRiG. Sie ist unzulässig, wenn die Arbeitslast deswegen nicht bewältigt werden kann, weil das Gericht unzureichend mit Planstellen ausgestattet ist oder weil die LJV es versäumt hat, offene Planstellen binnen angemessener Frist zu besetzen, § 70 Rn 1, BVerfG NJW **14**, 164, BGH NJW **85**, 2337 mwN, VGH Kassel AS **33**, 10; das gleiche gilt, wenn eine vorhandene Planstelle nur wegen einer allgemeinen Beförderungssperre nicht alsbald besetzt wird, BGH aaO, Katholnigg JR **85**, 38.

4   Wegen § 75 müssen jeder Kammer mindestens 3 Richter angehören; eine funktionsgerechte Ausstattung fordert jedenfalls die auf ein Sachgebiet spezialisierten Kammer idR die Besetzung mit 4 Richtern. Eine Überbesetzung ist unter den in § 16 Rn 7 genannten Voraussetzungen zulässig; unzulässig ist aber die Bildung von 2 Abteilungen einer Kammer, BVerfG NJW **65**, 1219 (dazu Arndt und Dinslage ebenda), andererseits ist es zulässig, wenn eine zunächst überbesetzte Kammer in 2 selbständige Kammern mit demselben Vorsitzenden geteilt wird, BGH NJW **67**, 1279, vgl auch BGH NJW **68**, 1242. **Vgl auch § 16 Rn 7.**

5   **2) Weiteres Richteramt, II.** Den Vorsitzenden Richtern und den Richtern am LG (Richtern auf Lebenszeit) kann gleichzeitig ein weiteres Richteramt bei einem Amtsgericht übertragen werden, § 27 II DRiG. Wahlberechtigt und wählbar für das Präsidium, § 21 b I, sind diese Richter bei beiden Gerichten. Umgekehrt kann einem Richter am Amtsgericht zugleich ein weiteres Richteramt am LG übertragen werden, § 32 II. In den neuen Bundesländern gilt das gleiche im Verhältnis Bezirksgericht/Kreisgericht, Üb § 59 Rn 3; hier kann einem Richter mit seinem Einverständnis ein weiteres Richteramt bei jedem anderen Gericht übertragen werden, § 7 RpflAnpG, abgedr Üb § 22 Rn 2.

## 60 *Gliederung.* Bei den Landgerichten werden Zivil- und Strafkammern gebildet.

1   **Vorbem.** In den **neuen Bundesländern** gilt § 60 nach der Errichtung von LGen, § 15 RpflAnpG.

2   **1) Erläuterung.** § 60 gebraucht den Ausdruck ZivK anders als sonst; er umfaßt hier auch die KfH, vgl §§ 71 I u 72. Die Zahl der Kammern bestimmt der LGPräsident, § 7 II VO vom 20. 3. 35, abgedr Üb § 59. Die Entschädigungskammern sind keine besonderen Gerichte, sondern Spruchabteilungen des LG, BGH LM § 71 GVG Nr 12. Hilfskammern wegen Überlastung werden vom Präsidium, § 21 e, gebildet, BGH NJW **67**, 1868.

## 61–69 (weggefallen ab 1. 10. 72 nach Art II Z 14 G vom 26. 5. 72, BGBl 841)

## §§ 70, 71 GVG

**70** *Hilfsrichter.* [I] Soweit die Vertretung eines Mitgliedes nicht durch ein Mitglied desselben Gerichts möglich ist, wird sie auf den Antrag des Präsidiums durch die Landesjustizverwaltung geordnet.

[II] Die Beiordnung eines Richters auf Probe oder eines Richters kraft Auftrags ist auf eine bestimmte Zeit auszusprechen und darf vor Ablauf dieser Zeit nicht widerrufen werden.

[III] Unberührt bleiben die landesgesetzlichen Vorschriften, nach denen richterliche Geschäfte nur von auf Lebenszeit ernannten Richtern wahrgenommen werden können, sowie die, welche die Vertretung durch auf Lebenszeit ernannte Richter regeln.

**Schrifttum:** *Müller* DRiZ **63**, 37 (kritisch).

**1) Regelungsinhalt, I–III.** P§ 70 betrifft die Vertretung, die nicht durch Mitglieder des LG geschehen kann. Wegen der Voraussetzung s § 21 e Rn 6, wegen der Abordnung eines Richters auf Lebenszeit § 37 DRiG, vgl aber auch § 29 DRiG. Hilfsrichter dürfen außer zu Fortbildungs- und Erprobungszwecken, BGH NJW **66**, 352, nur zur Behebung eines vorübergehenden Bedürfnisses herangezogen werden, nicht wegen einer als dauernd erkennbaren Geschäftsbelastung, BVerfG **14**, 164; denn sie dürfen nicht mit dauernd vorhandenen richterlichen Aufgaben der Kammer betraut werden, BGH GrSSt **14**, 327. Das ist nicht der Fall bei Zuweisung besonderer Gebiete, mag sich ihre Erledigung zeitlich auch nicht genau bestimmen lassen, wie Wiedergutmachungs- und Entschädigungssachen, BGH GrSSt aaO; Hilfsrichter sind aber unzulässig bei dauerndem Gesundheitsschaden eines Planrichters, BGH **34**, 260. Stellt sich also heraus, daß die Arbeitslast deswegen nicht bewältigt werden konnte, weil das Gericht unzureichend mit Planstellen ausgestattet war oder weil die LJV versäumt hatte, offene Planstellen binnen angemessener Frist zu besetzen, so ist die Verwendung von Hilfsrichtern gesetzwidrig, BVerfG **14**, 164, BGH NJW **85**, 2336 mwN, VGH Kassel AS **33**, 10; das gleiche gilt, wenn eine vorhandene Planstelle nur wegen einer allgemeinen Beförderungssperre nicht alsbald besetzt wird, BGH aaO, Katholnigg JR **85**, 38. Die Unzulässigkeit kann aber auch bereits bei Überweisung eines Hilfsrichters gegeben sein, BGH NJW **55**, 1185; denn die Zahl der Planrichter muß dem Umfang der als Daueraufgaben erkennbaren Aufgaben des Gerichts entsprechen; werden also Hilfsrichter verwendet, obwohl es sich um ein dauerndes Bedürfnis handelt, so macht die Mitwirkung eines jeden aus Anlaß des allgemeinen Geschäftsumfangs zugewiesenen Hilfsrichters das Gericht unvorschriftsmäßig besetzt, BGH **22**, 142; vgl auch § 551 Rn 4. Erforderlich ist deshalb die Angabe des Grundes der Einberufung in jedem einzelnen Falle, BGH NJW **66**, 352. Danach ist es zulässig, wenn wegen mehreren Hilfsrichtern wegen einer bestimmten Geschäftsbelastung vorübergehender Art bis zu ihrer Behebung herangezogen wird, BGH NJW **62**, 1153. Werden Hilfsrichter infolge Geschäftshäufung einberufen, so darf mithin deren Zahl nicht außer Verhältnis zur Geschäftshäufung stehen, BGH **LM** § 373 ZPO Nr 3, vgl auch BGH **34**, 263. Unzulässig ist die grundlose Beurlaubung des ordentlichen Richters der Kammer oder der Übertragung anderer Aufgaben ohne triftigen Grund und ein Ersatz durch Hilfsrichter, BGH JR **55**, 424.

**Die Beiordnung eines Vertreters** erfolgt nur auf Antrag des Präsidiums, I, vgl Priepke DRiZ **85**, 293. Seine Auswahl obliegt allein der Landesjustizverwaltung, RGSt **57**, 270. Der beigeordnete Hilfsrichter ist Mitglied des LG, RG HRR **27**, 93, und kann auch als Einzelrichter verwendet werden, § 29 Rn 2 DRiG; seine Zuweisung ist Richterwechsel iSv § 21 e III, BGH NJW **59**, 1093. Die Verwendung regelt das Präsidium; sie braucht nicht an der Stelle des vertretenen Richters stattzufinden, vgl § 21 e Rn 17. Die Zuteilung des Hilfsrichters durch das Präsidium wirkt nicht über das Geschäftsjahr hinaus; für das neue Geschäftsjahr ist eine neue Zuteilung nötig, BGH **LM** § 63 (StS) Nr 21.

**2) Beiordnung von Richtern auf Probe und kraft Auftrags insbesondere, II.** Sie darf nur auf bestimmte Zeit ausgesprochen werden; dafür ist keine Form erforderlich. Die Beiordnung darf nicht vorzeitig widerrufen werden, auch nicht mit Zustimmung des Richters; II steht aber nicht einer Entlassung aus richterrechtlichen Gründen entgegen, BGH **LM** (StS) Nr 13. Ist die Zeit, für die eine Beiordnung erforderlich war, abgelaufen, so ist ein neuer Präsidialbeschluß bei weiterer Verwendung erforderlich, BGH **LM** § 551 Z 1 ZPO Nr 27. Zur Beschränkung der Mitwirkung beigeordneter Richter im Einzelfall s § 29 DRiG.

**71** *Sachliche Zuständigkeit in 1. Instanz.* [I] Vor die Zivilkammern, einschließlich der Kammern für Handelssachen, gehören alle bürgerlichen Rechtsstreitigkeiten, die nicht den Amtsgerichten zugewiesen sind.

[II] Die Landgerichte sind ohne Rücksicht auf den Wert des Streitgegenstandes ausschließlich zuständig:

1. für die Ansprüche, die auf Grund der Beamtengesetze gegen den Fiskus erhoben werden;
2. für die Ansprüche gegen Richter und Beamte wegen Überschreitung ihrer amtlichen Befugnisse oder wegen pflichtwidriger Unterlassung von Amtshandlungen.

[III] Der Landesgesetzgebung bleibt überlassen, Ansprüche gegen den Staat oder eine Körperschaft des öffentlichen Rechts wegen Verfügungen der Verwaltungsbehörden sowie Ansprüche wegen öffentlicher Abgaben ohne Rücksicht auf den Wert des Streitgegenstandes den Landgerichten ausschließlich zuzuweisen.

**Vorbem.** In den **neuen Bundesländern** entschied anstelle des LG in 1. Instanz das Kreisgericht, EV Anl I Kap III Sachgeb A Abschn III Z 1 e, solange dort noch kein LG errichtet war. Von da an gilt auch hier § 71 iVm § 14 ff RpflAnpG.

**1) Allgemeines**

**A. Zivilkammern** (einschließlich KfH). Die durch § 71 I geordneten Zuständigkeiten sind teils ausschließlich, teils nicht, die in II, III geordneten sind nur ausschließlich. Wegen des Begriffs der bürgerlichen Rechtsstreitigkeiten s § 13 Rn 7. Es entscheidet der Anspruch der Klage oder Widerklage, § 506 ZPO; ein

**GVG § 71** Gerichtsverfassungsgesetz

nur aufrechnungsweise geltend gemachter Gegenanspruch begründet keine Zuständigkeit des LG, RG HRR **27**, 1476.

**B.** Die **Entschädigungskammern** der LGe sind Spruchkammern des LG, die auch über andere bei ihnen anhängig gewordene Ansprüche zu entscheiden haben, BGH **LM** BEG 1956 § 208 Nr 4.

**C.** Die **Kammern für Baulandsachen** sind solche des LG, BGH **40**, 152, die in der Besetzung mit zwei Richtern des LG (einschließlich des Vorsitzenden) und einem hauptamtlichen Richter eines VerwGerichts entscheiden, § 220 BauGB. Ihre Zuständigkeit ist nur dann gegeben, wenn ein VerwAkt nach § 217 I BauGB angefochten wird, Mü NJW **64**, 1282; jedoch ist eine Zuständigkeitsüberschreitung kein unverzichtbarer Mangel, BGH **40**, 155.

**D.** Wegen der **Patentkammern** s Anh I § 78 b.

2  **2) Grundsatz, I.** Das LG ist zuständig, wo nicht nach §§ 23–27 das AG zuständig ist, also namentlich für alle nicht von den §§ 23 Z 2, 23 a u 23 b erfaßten Streitigkeiten, deren Gegenstand 10 000 DM übersteigt, mögen sie vermögensrechtlich oder nichtvermögensrechtlich sein. Die Zuständigkeit ist ausschließlich nur für nichtvermögensrechtliche Sachen, nicht für andere, § 40 II ZPO. Das LG kann außerdem überall da, wo keine ausschließliche Zuständigkeit des AG besteht, durch Vereinbarung zuständig werden, §§ 38–40 ZPO; s dazu § 23 Rn 4.

3  **3) Ausschließliche Zuständigkeit, II** (krit Lange DRiZ **89**, 42). II u III bezwecken die Herbeiführung einer gleichmäßigen Rechtsprechung über die dort genannten Ansprüche im öff Interesse. Die Voraussetzungen sind aufgrund des tatsächlichen Vorbringens des Klägers nachzuprüfen, BGH **16**, 275. Über den Umfang des Zivilrechtsweges sagt II nichts, sondern nur über die ausschließliche Zuteilung bestimmter Sachen an das LG, BGH **9**, 322.

**A. Ansprüche aufgrund der Beamtengesetze gegen den Fiskus, Z 1.** Die Vorschrift hat ihre Bedeutung verloren, weil gemäß § 126 BRRG für alle Klagen der Beamten, Ruhestandsbeamten, früheren Beamten und der Hinterbliebenen aus dem Beamtenverhältnis der Verwaltungsrechtsweg gegeben ist. Das gilt auch für die entsprechenden Ansprüche der Richter und ihrer Hinterbliebenen, §§ 46 u 71 III DRiG.

**B. Ansprüche gegen Richter und Beamte aus Amtspflichtverletzung, Z 2.** Es muß sich um Ansprüche gegen Richter und Beamte aus Amtspflichtverletzung handeln, also auch um solche gegen Gemeindebeamte, vgl OGHZ NJW **50**, 261. Der Wortlaut des Textes ist zu eng; er umfaßt alle Ansprüche aus Amtspflichtverletzungen von Richtern, Beamten und Soldaten, auch wenn sie gegen den Dienstherrn gerichtet sind, Art 34 GG. Nicht hierhin gehören Ansprüche aus anderen Rechtsgründen, zB gegen den Fiskus wegen seiner Haftung als Halter eines Kfz (ZöGu 5), oder gegen Amtsträger wegen privatrechtlicher Betätigung. S auch § 13 Rn 31. Notare sind keine Beamte, sondern unabhängige Träger eines öff Amts, § 1 BNotO.

4  **4) Zuständigkeit, III.** Das LG ist kraft landesrechtlicher Zuweisung ausschließlich zuständig in zwei Fällen: **a) Ansprüche wegen Verfügungen einer Verwaltungsbehörde** fallen unter III nur, soweit der Zivilrechtsweg offen steht (worüber § 13) und soweit sich der Anspruch gegen den Staat gerade aus dieser Verfügung herleitet, ebenso gegen eine Körperschaft des öff Rechts. Soweit die Landesgesetzgebung früher von ihrem Zuweisungsrecht Gebrauch gemacht hatte, erstreckt sich diese Zuweisung nicht ohne weiteres auch auf die in III genannten Ansprüche gegen andere Körperschaften des öff Rechts, die erst durch das VereinhG der Zuweisungsbefugnis der Länder unterstellt wurden, BGH **15**, 221. In **Bay**, Art 9 Z 1 AGGVG (Schlußanh I B), fallen auch Ansprüche wegen Verfügungen von VerwBehörden gegen alle Körperschaften des öff Rechts unter III (Enteignungsansprüche). **b) Öff Abgaben sind die an öff Verbände zu entrichtenden Steuern, Gebühren und Beiträge;** der Begriff der öff Abgaben ist dabei weit auszulegen, Kissel 14. Dahin gehören: Leistungen an gewerbliche Innungen; Zinsen von Abgaben; Gebühren des Gerichts u dgl. Die Zulässigkeit des Zivilrechtswegs ist auch hier Voraussetzung; sie ist selten gegeben. III gilt auch für die Klage auf Feststellung oder Rückgewähr.

5  **5) Weitere bundesrechtliche Zuständigkeiten des LG. a)** Anfechtungs- und Nichtigkeitsklagen gegen Hauptversammlungsbeschlüsse einer AktGes oder KommanditG auf Aktien, einer Genossenschaft oder eines Versicherungsvereins auf Gegenseitigkeit, §§ 246, 249 AktG, 51 GenG, 36 VAG, sowie für Klagen auf Nichtigerklärung einer AktGes oder Genossenschaft; §§ 275 AktG, 96 GenG; **b)** Auflösungs- und Anfechtungsklagen gegen eine GmbH, §§ 61, 75 GmbH, BGH NJW **59**, 1873, aM LG Mü RR **97**, 291; **c)** Ersatzklagen gegen den Emittenten von Wertpapieren, § 49 BörsenG; **d)** Entschädigungsklagen wegen Strafverfolgungsmaßnahmen, § 13 G vom 8. 3. 71, BGBl 157; **e)** gegen den Bund aus § 3 ReichshaftpsG vom 22. 5. 10; **f)** gegen den Fiskus auf Herausgabe hinterlegter Gegenstände, § 3 V Hinterlegungsordnung vom 10. 3. 37; **g)** für Patent- und Gebrauchsmusterstreitsachen, §§ 143 PatG, 27 GebrMG, s Anh I § 78 b; **h)** Streitigkeiten zwischen Notar und Notarvertreter oder Notarkammer und Notarverweser, welche die Vergütung, bei letzteren auch die Abrechnung, ferner welche die Haftung für Amtspflichtverletzung betreffen, §§ 42, 62 NotO; **i)** Antrag auf Entscheidung in Baulandsachen, §§ 217 ff BauGB, oben Rn 1; **k)** Klagen auf Festsetzung der Entschädigung oder Ersatzleistung nach § 58 BLeistungsG v 19. 10. 56, BGBl 815; **l)** Klagen auf Entschädigung oder Ausgleichszahlung nach § 59 LandbeschaffungsG v 23. 2. 57, BGBl 990, desgl auf Entschädigung nach § 28 IV LuftschutzG v 9. 10. 57, BGBl 1696; **m)** Klage auf Festsetzung der Entschädigung nach § 25 SchutzbereichG v 7. 12. 56, BGBl 899; **n)** Verfahren vor den Entschädigungsgerichten nach BEG v 29. 6. 56, BGBl 559; **o)** Ansprüche auf Unterlassung und Widerruf, §§ 13 ff AGB-G, Anh III § 78 b; **p)** Rechtsstreitigkeiten in Kartellsachen, § 87 GWB idF v 24. 9. 80, BGBl 1761; dazu v Winterfeld NJW **85**, 1816; **q)** Schadensersatzansprüche gegen einen Notar, § 19 V NotO; **r)** Entscheidungen nach AVAG, Schlußanh V D; **s)** Klagen nach Art 20, 22 u 25 des EuÜbk über Staatenimmunität, Art 2 AusfG v 22. 1. 90, BGBl II 34; vgl § 20 Rn 2; **t)** in den neuen Bundesländern Streitigkeiten in Staatshaftungssachen, § 16 RpflAnpG; **u)** Streitigkeiten über soziale Ausgleichsleistungen nach dem 1. SED-UnBerG v 29. 10. 92, BGBl 1814, § 25 iVm §§ 8 u 9 des Gesetzes. – **Alle diese Zuständigkeiten sind ausschließlich.**

**72** *Sachliche Zuständigkeit in 2. Instanz.* Die Zivilkammern, einschließlich der Kammern für Handelssachen, sind die Berufungs- und Beschwerdegerichte in den vor den Amtsgerichten verhandelten bürgerlichen Rechtsstreitigkeiten mit Ausnahme der von den Familiengerichten entschiedenen Sachen.

**Vorbem.** Neufassung durch Art 4 Z 2 KindRG mWv 1. 7. 98, Einf § 606 Rn 11.

1) **Erläuterung. Als 2. Instanz** nach dem AG sind außer in Kindschaftssachen und den von den Familiengerichten entschiedenen Sachen, §§ 23 a Z 1 u 23 b I 2, **die ZivK zuständig,** soweit es nicht die KfH sind, §§ 94 ff. Die ZivK ist auch Beschwerdegericht in Konkurs-, Vergleichs- und Zwangsversteigerungssachen. Das LG bestimmt das zuständige AG gemäß § 36 ZPO. Beschwerden wegen Rechtshilfe und Maßnahmen der Sitzungspolizei gehen regelwidrig ans OLG, §§ 159, 181. Wegen der Entscheidung über die Ablehnung eines Amtsrichters vgl bei §§ 45, 48 ZPO. Wegen der Zuständigkeit nach FGG s dort § 30, dazu BayObLG RR **97,** 869.

Berufungs- und Beschwerdeinstanz in **Kindschaftssachen,** § 640 II ZPO, und in **den von den Familiengerichten entschiedenen Sachen,** § 23 b, sind die OLGe, § 119 I Z 1 u 2; s die dortigen Erläuterungen.

**73–74e** (betreffen Strafsachen)

**75** *Besetzung der Zivilkammern.* Die Zivilkammern sind, soweit nicht nach den Vorschriften der Prozeßgesetze an Stelle der Kammer der Einzelrichter zu entscheiden hat, mit drei Mitgliedern einschließlich des Vorsitzenden besetzt.

**Vorbem.** In den **neuen Bundesländern** galt für das Bezirksgericht grundsätzlich das gleiche, Vorbem § 59.

1) **Allgemeines.** § 75 regelt nur die Zahl der jeweils beratenden und entscheidenden Mitglieder. Diese beträgt 3 Mitglieder einschließlich des Vorsitzenden. Eine Ausnahme ist der Einzelrichter, § 348 ZPO. Wegen der Besetzung im allgemeinen s § 59 Rn 3 (auch zur Überbesetzung). Das **Arbeitsgericht** ist mit 1 Vorsitzenden mit Richterbefähigung und 2 ehrenamtlichen Richtern besetzt, § 16 II ArbGG.

**76–78b** (betreffen Strafsachen)

### Anhang nach § 78 b GVG

### I. Zuständigkeit in Patent-, Gebrauchsmuster- und Markenstreitsachen

*PatG § 143.* ¹ Für alle Klagen, durch die ein Anspruch aus einem der in diesem Gesetz geregelten Rechtsverhältnis geltend gemacht wird (Patentstreitsachen), sind die Zivilkammern der Landgerichte ohne Rücksicht auf den Streitwert ausschließlich zuständig.

II ¹Die Landesregierungen werden ermächtigt, durch Rechtsverordnung die Patentstreitsachen für die Bezirke mehrerer Landgerichte einem von ihnen zuzuweisen. ²Die Landesregierungen können diese Ermächtigungen auf die Landesjustizverwaltungen übertragen.

III ¹Die Parteien können sich vor dem Gericht für Patentstreitsachen auch durch Rechtsanwälte vertreten lassen, die bei dem Landgericht zugelassen sind, vor das die Klage ohne die Regelung nach Absatz 2 gehören würde. ²Das Entsprechende gilt für die Vertretung vor dem Berufungsgericht.

IV Die Mehrkosten, die einer Partei dadurch erwachsen, daß sie sich nach Absatz 3 durch einen nicht beim Prozeßgericht zugelassenen Rechtsanwalt vertreten läßt, sind nicht zu erstatten.

V Von den Kosten, die durch die Mitwirkung eines Patentanwalts in dem Rechtsstreit entstehen, sind die Gebühren bis zur Höhe einer vollen Gebühr nach § 11 der Bundesgebührenordnung für Rechtsanwälte und außerdem die notwendigen Auslagen des Patentanwalts zu erstatten.

**Vorbem.** III ist durch Art 12 G v 2. 9. 94, BGBl 2278, wie folgt gefaßt worden:

III Wird gegen eine Entscheidung des Gerichts für Patentstreitsachen Berufung eingelegt, so können sich die Parteien vor dem Berufungsgericht auch von Rechtsanwälten vertreten lassen, die bei dem Oberlandesgericht zugelassen sind, vor das die Berufung ohne eine Regelung nach Absatz 2 gehören würde.

Die Änderung tritt in den alten Bundesländern und in Berlin am **1. 1. 2000** in Kraft, i ü am 1. 1. 2005, Art 22 II des Ges, vgl dazu § 78 ZPO Vorbem u Rn 2 ff.

1) **Patentstreitsachen. I.** Das sind alle Sachen, bei denen es sich nach dem Klagvorbringen um eine bei Eintritt der Rechtshängigkeit im Inland patentfähige Erfindung oder Ansprüche aus einer solchen oder deren Überlassung handelt oder die sonstwie mit einer Erfindung eng verknüpft sind, mag das Patent erteilt sein

oder nicht, BGH **8**, 16, auch Erfindungen, die nicht patentfähig sind, soweit nicht etwa die Sonderregelung von § 19 GebrMG eingreift, BGH **14**, 80; also ist weite Auslegung geboten, KG GRUR **58**, 392. Ausscheiden Erfindungen, die nur musterschutzfähig oder nur im Ausland patentiert oder patentfähig sind, vgl RG GRUR **38**, 325. Mit der Klage können auch nichtvermögensrechtliche Interessen wahrgenommen werden, BGH **14**, 81 (unter Aufgabe von BGH **8**, 20 insoweit). Das Gericht muß, ohne Bindung für das PatAmt, nachprüfen, ob Patentfähigkeit nach den Klagebehauptungen vorliegen kann. Will der Kläger keinen Patentschutz nachsuchen, so liegt keine PatStreitsache vor.

2   **2) Zuständigkeit, II.** Die Konzentration für mehrere Gerichtsbezirke ist verfassungsrechtlich unbedenklich, vgl BVerfG **4**, 408. Zuweisungen für **BaWü:** LG Mannh (Staatsvertrag v 9. 3. 51, ua RegBl Wü-Ba 19), **Bay:** für OLG-Bez Mü LG Mü, für OLG-Bez Nürnb und Bambg LG Nürnb-Fürth (VO v 19. 1. 53, BS III 208), **Bre, Hbg u SchlH:** LG Hbg (Staatsvertrag v 1. 10. 49, BreGBl 50, 17, SchlHGVBl 221), **Hess:** LG Ffm (VO v 26. 8. 60, GVBl 175), **Nds:** LG Brschwg (VO v 23. 1. 50, GVBl 8), **NRW:** LG Düss (VO v 26. 9. 49, GS 533, m § 7 VO v 15. 7. 60, GVBl 288), **Rhld-Pf:** LG Ffm (Staatsvertr v 4. 8. 50, RhPfGVBl 316). Die Zuständigkeit dieser LGe ist ausschließlich. Eine Nachprüfung in der Berufungs- und Revisionsinstanz ist aber nicht mehr möglich, wenn der Beklagte vor dem LG, das nicht PatGer ist, rügelos verhandelt, BGH **8**, 16. Hinsichtlich der PatGerichte ist eine Vereinbarung der Parteien möglich, BGH **8**, 16. Die Verweisung von OLG zu OLG ist im Berufungsverfahren bei Konzentration, II, zulässig, vgl für KartellS BGH **49**, 38, Celle NdsRpfl **77**, 187 (auch zur Fristwahrung in solchen Fällen), s auch BGH **71**, 367 m Anm K. Schmidt BB **78**, 1538. Hat das nach II zuständige LG entschieden, so hat über die Berufung das diesem LG allgemein übergeordnete OLG zu entscheiden und gilt bei ihm die Vertretungsregelung, III 2, auch dann, wenn es sich sachlich nicht um eine PatSache handelt, BGH **72**, 1. Zum Revisionsverfahren vgl Ullmann GRUR **77**, 527. Zur **Vertretungsregelung, III,** s Vorbem.

3   **3) Für Sachen, bei denen es sich um Ansprüche aus dem GebrauchsmusterG handelt,** enthält § 27 GebrMG eine § 143 PatG entsprechende Regelung.

4   **4) Markenstreitsachen** können einem LG für die Bezirke mehrerer LGe zugewiesen werden; dann ist ein in einem anderen Bezirk anhängiger Streit auf Antrag des Beklagten, der nur vor seiner Verh zur Hauptsache zulässig ist, dorthin zu verweisen, vgl § 140 MarkenG.

5   **5) Einigungsverfahren.** In Bürgerlichen Rechtsstreitigkeiten, die sich aus dem Zusammentreffen von auf die neuen Bundesländer oder umgekehrt erstreckten gewerblichen Schutzrechten und Benutzungsrechten (ua Patente, Gebrauchsmuster und Marken) ergeben, sieht das Erstreckungsgesetz v 23. 4. 92, BGBl 938, ein Einigungsverfahren vor, §§ 39–46 ErstrG.

## II. Zuständigkeit in Arbeitnehmererfindungssachen

**Ges § 39.** [1]¹Für alle Rechtsstreitigkeiten über Erfindungen eines Arbeitnehmers sind die für Patentstreitsachen zuständigen Gerichte (§ 51 des Patentgesetzes) ohne Rücksicht auf den Streitwert ausschließlich zuständig. ²Die Vorschriften über das Verfahren in Patentstreitsachen sind anzuwenden. ³Nicht anzuwenden ist § 74 Abs. 2 und 3 des Gerichtskostengesetzes (jetzt: § 65 Abs 1 u 2 GKG).

[II] Ausgenommen von der Regelung des Absatzes 1 sind Rechtsstreitigkeiten, die ausschließlich Ansprüche auf Leistung einer festgestellten oder festgesetzten Vergütung für eine Erfindung zum Gegenstand haben.

1   **Bem.** Das Ges über Arbeitnehmererfindungen v. 25. 7. 57, BGBl 756, hat die Erfindungen und technischen Verbesserungsvorschläge von Arbeitnehmern im privaten und im öff Dienst, von Beamten und Soldaten zum Gegenstand. Grundsätzlich ist Klageerhebung erst nach Schiedsverfahren zulässig. Ausschließlich zuständig sind die LGe, auch die aufgrund staatsvertraglicher Vereinbarung zuständigen, Anh I Rn 2, in den **neuen Bundesländern** bis zur Errichtung von LGen die Kreisgerichte, dazu näheres in Vorbem Anh I.

## III. Zuständigkeit in Sachen nach dem AGB-Gesetz

**AGB-Ges § 14.** ¹Für Klagen nach § 13 dieses Gesetzes ist das Landgericht ausschließlich zuständig, in dessen Bezirk der Beklagte seine gewerbliche Niederlassung oder in Ermangelung einer solchen seinen Wohnsitz hat. ²Hat der Beklagte im Inland weder eine gewerbliche Niederlassung noch einen Wohnsitz, so ist das Gericht des inländischen Aufenthaltsorts zuständig, in Ermangelung eines solchen das Gericht, in dessen Bezirk die nach §§ 9 bis 11 dieses Gesetzes unwirksamen Bestimmungen in Allgemeinen Geschäftsbedingungen verwendet wurden.

[II] ¹Die Landesregierungen werden ermächtigt, zur sachdienlichen Förderung oder schnelleren Erledigung der Verfahren durch Rechtsverordnung einem Landgericht für die Bezirke mehrerer Landgerichte Rechtsstreitigkeiten nach diesem Gesetz zuzuweisen. ²Die Landesregierungen können die Ermächtigung durch Rechtsverordnung auf die Landesjustizverwaltungen übertragen.

[III] Die Parteien können sich vor den nach Absatz 2 bestimmten Gerichten auch durch Rechtsanwälte vertreten lassen, die bei dem Gericht zugelassen sind, vor das der Rechtsstreit ohne die Regelung nach Absatz 2 gehören würde.

[IV] Die Mehrkosten, die einer Partei dadurch erwachsen, daß sie sich nach Absatz 3 durch einen nicht beim Prozeßgericht zugelassenen Rechtsanwalt vertreten läßt, sind nicht zu erstatten.

1   **Vorbem.** Durch Art 11 des G v 2. 9. 1994, BGBl 2278, wird § 14 AGB-G dahin **geändert**, daß III aufgehoben und IV unter Streichung der Wörter „nach Absatz 3" neuer III wird. Diese Änderung tritt nach Art 22 II des Ges in den alten Bundesländern am **1. 1. 2000,** im übrigen am 1. 1. 2005 in Kraft. Vgl zu dem G v 2. 9. 94 Kleine-Cosack NJW **94**, 2249; i ü s § 78 Rn 2 ff.

7. Titel. Kammern für Handelssachen  §§ 79–92, Übers § 93, §§ 93, 94 GVG

**Schrifttum** (außer den Komm zum AGBG): *Pal-Heinrichs,* Komm; *Reinel,* Die Verbandsklage nach dem AGBG, 1979; *Sieg* VersR **77,** 489; *Hardieck* BB **79,** 1635.

**1) Allgemeines.** Für Klagen von Verbänden und Körperschaften gegen Personen, die in ihren AGB nach §§ 9–11 AGB-G unwirksame Bestimmungen verwenden oder empfehlen, auf Unterlassung oder Widerruf, § 13 AGB-G, schafft § 14 eine **ausschließliche örtliche und sachliche Zuständigkeit des LG** ohne Rücksicht auf den Streitwert, die auch für einstw Vfg gilt (keine Zuständigkeit des AG nach § 942 ZPO, Ulmer-Brandner-Hensen 8, str). Zuständig ist die Zivk, nicht die KfH, Pal-Heinrichs 2, allgM. Wegen der örtlichen Zuständigkeit im Rahmen des EuGÜbk, Schlußanh V C 1, vgl dessen Vorschriften, Art 2–18. Nachprüfung in den Rechtsmittelinstanzen: §§ 512a, 529 II, 549 II ZPO. 2

**2) Zuständigkeitskonzentration, II–IV,** ähnlich wie nach §§ 143 PatG, 27 UWG, die verfassungs- 3 rechtlich unbedenklich ist, vgl BVerfG **4,** 408; s für **Bay** VO v 5. 5. 77, GVBl 197 (LGe Mü I, Nürnb-Fürth und Bamberg für den jeweiligen OLGBez), **Hess** VO v 25. 2. 77, GVBl 122 (LG Ffm) und **NRW** VO v 18. 3. 77, GVBl 133 (LGe Düss u Köln für den jeweiligen OLGBez, LG Dortmd für den OLGBez Hamm). Unzulässig ist die Ausdehnung auf das Gebiet eines anderen Landes, Pal-Heinrichs 4. III gilt entsprechend für die **Vertretung** vor dem OLG, weil eine ausdrückliche Regelung (vgl §§ 143 III 2 PatG, 27 III 2 UWG, 105 IV 2 UrhG) nur versehentlich unterblieben ist, allgM, Löwe 9, Rebmann 4, Ulmer-Brandner-Hensen 13 (zur Rechtslage ab 1. 1. 2000 s Vorbem).

**3) Verfahren.** Es richtet sich nach ZPO, § 15 I, mit Sondervorschriften für die Klaganträge, § 15 II, die 4 Anhörung Dritter, § 16, und die Urteilsformel, § 17, iü vgl §§ 18 ff AGB-G.

### Sechster Titel. Schwurgerichte

**79–92** (aufgehoben dch Art 2 Z 25 1. StVRG v 9. 12. 74, BGBl 3393)

### Siebenter Titel. Kammern für Handelssachen

#### Übersicht

**1)** ZivK und KfH sind zivilprozessuale Kammern desselben Gerichts. Daher betrifft die Abgrenzung 1 beider gegeneinander nicht die örtliche Zuständigkeit (Ausnahme: die auswärtige KfH). Sie betrifft die sachliche Zuständigkeit jedenfalls nicht im Sinn der ZPO; vielmehr enthalten §§ 95 ff Sondervorschriften; s darüber bei § 97. Soweit die ZivK ausschließlich zuständig ist, kommen §§ 95 ff nicht in Betracht; die KfH muß eine derartige Klage ohne weiteres vAw an die ZivK abgeben. Nach dem Sprachgebrauch des Titels 7 schließen ZivK und KfH einander aus; anders bisweilen in Titel 5. Für die Bestellung und Vertretung des Vorsitzenden und die Verteilung der Geschäfte gilt § 21e, da § 68 und § 7 IV VO v 20. 3. 35 aufgehoben worden sind.

**2)** In den neuen Bundesländern galt der 7. Titel mit bestimmten Maßgaben, dazu Grüneberg DtZ **92,** 2 320, Brachmann DtZ **90,** 300, Errens AnwBl **90,** 599, Tischendorf DtZ **90,** 266, solange dort keine LGe errichtet worden waren, s §§ 14 ff RpflAnpG. Näheres bei den einzelnen Vorschriften.

**93** *Einrichtung.* ¹Soweit die Landesjustizverwaltung ein Bedürfnis als vorhanden annimmt, können bei den Landgerichten für deren Bezirke oder für örtlich abgegrenzte Teile davon Kammern für Handelssachen gebildet werden.

II Solche Kammern können ihren Sitz innerhalb des Landgerichtsbezirks auch an Orten haben, an denen das Landgericht seinen Sitz nicht hat.

**Vorbem.** In den **neuen Bundesländern** wurden bei den auch insoweit erstinstanzlich zuständigen 1 Kreisgerichten, in deren Bezirk das Bezirksgericht seinen Sitz hat, KfH und bei den Bezirksgerichten als Rechtsmittelgericht Senate für Handelssachen gebildet, EV Anl I Kap III Sachgeb A Abschn III Z 1 e (2) und h (1) 2; zur Rechtsmittelzuständigkeit bei unrichtiger Sachbehandlung in 1. Instanz vgl BGH DtZ **93,** 246 mwN, Grüneberg DtZ **92,** 320. II galt mit diesen Maßgaben auch hier, vgl EV aaO Z 1 h (2) und 1 (n) 1; wegen der Zuständigkeitskonzentration s EV aaO Z 1 n, dazu KrG Dresden DtZ **92,** 159. § 93 ist anwendbar, sobald in dem Land LGe errichtet sind, § 14 RpflAnpg, vgl Üb § 59 Rn 3.

**1) Erläuterung.** Ob ein Bedürfnis zur Bildung von KfH vorliegt, entscheidet die Landesjustizverwaltung. 2 Je nach Bedarf können abgetrennte, „auswärtige" KfH gebildet werden; vgl auch das ErmächtigungsG v 1. 7. 60, BGBl 481, § 12 GVG Rn 2. Ihr Bezirk kann sich auf einen Teil des LGsprengels beschränken, nie aber ihn überschreiten. Die KfH gelten als besondere Gerichtskörper, so daß die KfH am Sitz des LG für den Bezirk der auswärtigen KfH örtlich unzuständig ist. Vorsitzender kann ein Amtsrichter sein, § 106, nie ein Richter auf Probe oder kraft Auftrags, § 28 II 2 DRiG, abgedr Schlußanh I A.

**94** *Sachliche Zuständigkeit.* Ist bei einem Landgericht eine Kammer für Handelssachen gebildet, so tritt für Handelssachen diese Kammer an die Stelle der Zivilkammern nach Maßgabe der folgenden Vorschriften.

**1) Erläuterung.** Die KfH tritt im Rahmen ihrer sachlichen Zuständigkeit voll an die Stelle der ZivK, 1 auch im Fall der Ablehnung eines Amtsrichters, § 45 ZPO Rn 9. Das gilt, soweit sie für den Hauptanspruch

*Albers* 2403

zuständig ist, auch für Arrest- und VfgsSachen und auch vor Rechtshängigkeit des Anspruchs, aber in allen Fällen nur eingeschränkt, s § 96 Rn 2. Wegen der Verweisung an die ZivK und umgekehrt s §§ 97–102, 104.

## 95 Begriff der Handelssachen.
I Handelssachen im Sinne dieses Gesetzes sind die bürgerlichen Rechtsstreitigkeiten, in denen durch die Klage ein Anspruch geltend gemacht wird:

1. gegen einen Kaufmann im Sinne des Handelsgesetzbuches, sofern er in das Handelsregister oder Genossenschaftsregister eingetragen ist oder auf Grund einer gesetzlichen Sonderregelung für juristische Personen des öffentlichen Rechts nicht eingetragen zu werden braucht, aus Geschäften, die für beide Teile Handelsgeschäfte sind;
2. aus einem Wechsel im Sinne des Wechselgesetzes oder aus einer der im § 363 des Handelsgesetzbuchs bezeichneten Urkunden;
3. auf Grund des Scheckgesetzes;
4. aus einem der nachstehend bezeichneten Rechtsverhältnisse:
   a) aus dem Rechtsverhältnis zwischen den Mitgliedern einer Handelsgesellschaft oder zwischen dieser und ihren Mitgliedern oder zwischen dem stillen Gesellschafter und dem Inhaber des Handelsgeschäfts, sowohl während des Bestehens als auch nach Auflösung des Gesellschaftsverhältnisses, und aus dem Rechtsverhältnis zwischen den Vorstehern oder den Liquidatoren einer Handelsgesellschaft und der Gesellschaft oder deren Mitgliedern;
   b) aus dem Rechtsverhältnis, welches das Recht zum Gebrauch der Handelsfirma betrifft;
   c) aus den Rechtsverhältnissen, die sich auf den Schutz der Marken und sonstigen Kennzeichen sowie der Muster und Modelle beziehen;
   d) aus dem Rechtsverhältnis, das durch den Erwerb eines bestehenden Handelsgeschäfts unter Lebenden zwischen dem bisherigen Inhaber und dem Erwerber entsteht;
   e) aus dem Rechtsverhältnis zwischen einem Dritten und dem, der wegen mangelnden Nachweises der Prokura oder Handlungsvollmacht haftet;
   f) aus den Rechtsverhältnissen des Seerechts, insbesondere aus denen, die sich auf die Reederei, auf die Rechte und Pflichten des Reeders oder Schiffseigners, des Korrespondentreeders und der Schiffsbesatzung, auf die Bodmerei und die Haverei, auf den Schadensersatz im Falle des Zusammenstoßes von Schiffen, auf die Bergung und Hilfeleistung und auf die Ansprüche der Schiffsgläubiger beziehen;
5. auf Grund des Gesetzes gegen den unlauteren Wettbewerb mit Ausnahme der Ansprüche der letzten Verbraucher aus § 13 a des Gesetzes gegen den unlauteren Wettbewerb, soweit nicht ein beiderseitiges Handelsgeschäft nach Absatz 1 Nr. 1 gegeben ist;
6. aus den §§ 45 bis 48 des Börsengesetzes (Reichsgesetzbl. 1908 S. 215).

II Handelssachen im Sinne dieses Gesetzes sind ferner die Rechtsstreitigkeiten, in denen sich die Zuständigkeit des Landgerichts nach § 246 Abs. 3 Satz 1 oder § 396 Abs. 1 Satz 2 des Aktiengesetzes sowie nach § 10 und § 306 des Umwandlungsgesetzes richtet.

1 **Vorbem.** I Z 1 mWv 1. 7. 98 geänd durch Art 16 HRefG v 22. 6. 98, BGBl 1474 (Weber/Jacob ZRP **97**, 152, Krebs DB **96**, 2013). Das Ges enthält keine einschlägige Übergangsregelung; die Neufassung von I Z 1 gilt demgemäß für alle Verfahren, die ab 1. 7. 98 anhängig werden.

2 **1) Allgemeines.** § 95 regelt die sachliche Zuständigkeit der KfH. Eine Vereinbarung kann zwar die ZivK in Handelssachen zuständig machen, nicht aber die KfH in anderen Sachen, Gaul JZ **84**, 58; die KfH ist ein selbständiges „Gericht", § 38 ZPO. Ist der Hauptprozeß vor der KfH geführt worden, gehört auch die im Gerichtsstand des § 34 erhobene Gebührenklage vor die KfH, str, vgl BGH NJW **86**, 1179 mwN.

3 **2) Fälle**

A. **Beiderseitiges Handelsgeschäft, Z 1. Es muß a) Beklagter bei Klagerhebung**, nicht bloß bei Entstehung des Anspruchs, **Kaufmann im Sinne des Handelsgesetzbuchs** sein, der in das **Handelsregister oder Genossenschaftsregister eingetragen** ist **oder** agrd einer gesetzlichen Sonderregelung für juristische Personen des öff Rechts **nicht eingetragen zu werden braucht.** Darauf, ob Beklagte materiell Kaufmann iSv § 1 II HGB ist, kommt es seit der Neufassung der Z 1 durch das HRefG nicht mehr an; wegen des Übergangsrechts s Vorbem. Kraft besonderer gesetzlicher Bestimmungen von der Eintragungspflicht ausgenommen sind (vgl § 36 HGB aF) ua kommunale Versorgungs- und Verkehrsbetriebe, kommunale Sparkassen und bestimmten Banken wie die Deutsche Bundesbank, die Kreditanstalt für Wiederaufbau ua, BT-Drs 13/8444 S 83 iVm S 57 ff. Sämtliche Beklagte müssen in diesem Sinne Kaufmann sein, sonst ist für alle die ZivKammer zuständig, Düss MDR **96**, 524, Ffm NJW **92**, 2900 mwN. Z 1 greift auch ein, wenn der Konkursverwalter eines dort genannten Kaufmanns in Anspruch genommen wird, LG Hbg MDR **73**, 507. Wird ein Nichtkaufmann als Bürge eines Kaufmanns verklagt, gilt Z 1 nicht, Düss MDR **96**, 524, Gaul JZ **84**, 59. Handelt es sich um einen ausländischen Beklagten, so kommt es auf das Recht an seinem Sitz an, hilfsweise auf die §§ 1 ff HGB, vgl Jayme IPrax **83**, 243, Mü IPrax **89**, 43. Es muß sich außerdem **b) die Klage auf ein beiderseitiges Handelsgeschäft stützen**, und zwar gegenüber allen Beklagten, Gaul JZ **84**, 59. Das Geschäft muß also für beide Vertragsteile, wenn auch nicht für beide Prozeßteile, Handelsgeschäft sein, §§ 343, 344 HGB. Darum ist die KfH immer für den Rechtsnachfolger zuständig, nicht immer gegen ihn. Keine Zuständigkeit der KfH besteht für Ansprüche des Verkäufers gegen Dritte aufgrund verlängerten Eigentumsvorbehalts, LG Hann NJW **77**, 1246 (vollst NdsRpfl **77**, 83), es sei denn, ein Kaufmann verfolgt den Kaufpreisanspruch seines Kunden gegen dessen Abnehmer, der selbst Kaufmann ist, LG Bre MDR **94**, 97. Über eine Widerklage aus einem nicht unter § 95 fallenden Anspruch s §§ 97 II, 99.

7. Titel. Kammern für Handelssachen **§§ 95, 96 GVG**

**B. Wechsel, Z 2.** Jede Klage aus einem Wechsel im Sinn des WG oder einem Orderpapier des § 363 **4** HGB gehört vor die KfH, ohne Rücksicht auf Prozeßart und Kaufmannseigenschaft. Hierher gehören kaufmännische Anweisungen und Verpflichtungsscheine, Konnossemente und Ladescheine, Orderlagerscheine, Beförderungsversicherungsscheine.

**C. Scheck, Z 3.** Es gilt das zu B Gesagte entsprechend. **5**

**D. Streitigkeiten aus folgenden Rechtsverhältnissen, Z 4: a) Gesellschaftsprozesse.** Handelsgesell- **6** schaften sind die OHG, Kommanditgesellschaft, AktG, Kommanditgesellschaft auf Aktien, GmbH. Nicht Genossenschaften, Versicherungsvereine auf Gegenseitigkeit u Vereinigungen zum Betrieb eines Kleingewerbes, obwohl sie Kaufleute sind. Die stille Gesellschaft ist keine Handelsgesellschaft, aber einbezogen. Hierher gehören auch Klagen aus §§ 199, 201 AktG. Die Klage des Gesellschafters einer Handelsgesellschaft gegen einen Mitgesellschafter aus einem der Gesellschaft gewährten Darlehn ist Handelssache, LG Osnabr MDR **83**, 588. **b) Firmenstreit,** §§ 17ff HGB. Der Rechtsgrund des Anspruchs ist belanglos. **c) Zeichen- u Musterschutz** nach WZG, GeschmacksmusterG, Pariser Übereinkunft und MarkenG idF des G v 19. 7. 96, BGBl 1014 (wegen der neuen Bundesländer s oben 1). Streitigkeiten aus dem GebrauchsmusterG, s dessen § 18, gehören vor die ZivK, soweit nicht das AG zuständig ist, ebenso alle Patentstreitsachen nach § 143 I PatG, Anh I § 78 b. **d) Streit zwischen Veräußerer und Erwerber eines Handelsgeschäfts,** §§ 2, 25 HGB. **e) Streit zwischen Drittem und angeblichem Prokuristen oder Handlungsbevollmächtigten,** § 179 BGB; hierin gehört auch die Klage aus § 11 II GmbHG gegen die vor Eintragung der GmbH im Namen der Gesellschaft handelnden, persönlich haftenden Personen, Hannover (LG) NJW **68**, 56, aM Berkenbrock JZ **80**, 21 (nur dann, wenn das Rechtsgeschäft auch für den anderen Teil ein Handelsgeschäft ist); **f) Streit nach Seerecht,** §§ 474ff HGB, SeemannsG vom 26. 7. 57, BGBl II 713 (m Änd), soweit hier nicht die ArbG oder Tarifschiedsgerichte zuständig sind, StrandungsO vom 17. 5. 74, RGBl 73 (m Änd), Gesetz vom 14. 1. 30, RGBl II 12, zum Übk über die Heimschaffung von Seeleuten (wegen der neuen Bundesländer s oben 1). Wegen der Binnenschiffahrtssachen s § 14 GVG Rn 4: 1. Instanz AG, 2. Instanz OLG. Die Erwähnung der Bodmerei ist gegenstandslos (§§ 679–699 HGB sind aufgehoben).

**E. Wettbewerbsstreitigkeiten aufgrund des UWG** (idF des G v 25. 7. 86, BGBl 1169), **Z 5.** Hierzu **7** gehören alle Ansprüche aus dem Gesetz, § 27 I UWG; es genügt Mitverletzung der Generalklausel des § 1 UWG, so daß der Streit vor die KfH gebracht werden kann, wenn der Anspruch auch auf andere Normen gestützt wird, Kissel 21. Ausgenommen sind Ansprüche der letzten Verbraucher aus § 13 a UWG (Rücktritt vom Vertrag wegen unwahrer oder zur Irreführung geeigneter Werbeangabe), es sei denn, der Anspruch rührt aus einem beiderseitigen Handelsgeschäft iSv Z 1 her, § 27 I UWG. Vor die KfH gehören ferner bürgerliche Rechtsstreitigkeiten aus **GWB**, aus Kartellverträgen und Kartellbeschlüssen, § 87 II GWB (zur Zuständigkeitsverteilung zwischen allgemeinen Zivilgerichten und Kartellgerichten vgl v. Winterfeld NJW **85**, 1816).

**F. Börsenstreit** nach §§ 45–48 BörsenG, **Z 6,** also über die Haftpflicht des Emittenten. Hier ist das LG **8** ausschließlich zuständig, § 71 Rn 5.

**G. Weitere Fälle, II.** Nach dem **Aktiengesetz** gehören die Nichtigkeits- und Anfechtungsklage gegen- **9** über Hauptversammlungsbeschlüssen vor die KfH. Für die Klage ist das LG, in dessen Bezirk die Gesellschaft ihren Sitz hat, ausschließlich zuständig, §§ 246 III, 249, ebenso für die Anfechtung der Wahl von Aufsichtsratsmitgliedern, § 251 III, die Anfechtung des Beschlusses über die Verwendung des Bilanzgewinnes, § 254 II, die Anfechtung des Beschlusses einer Kapitalerhöhung gegen Einlagen, § 255, der Feststellung des Jahresabschlusses durch die Hauptversammlung, § 257, und die Klage auf Nichtigkeit der Gesellschaft, 275 IV, ferner die entsprechenden Klagen bei einer KGaA, § 278 III, schließlich die Klage auf Auflösung infolge Gefährdung des Gemeindewohles auf Antrag der zuständigen obersten Landesbehörde, § 396. Ebenso gehören nach dem **Umwandlungsgesetz** (Art 1 UmwBerG v 28. 10. 94, BGBl 3210) Anträge auf gerichtliche Entscheidung in bestimmten Fällen vor die KfH, § 306 iVm § 305 des Ges sowie § 10 II iVm § 10 I des Ges, vgl Kallmeyer ZIP **94**, 1307.

**96** *Antrag auf Verhandlung vor KfH.* ¹Der Rechtsstreit wird vor der Kammer für Handelssachen verhandelt, wenn der Kläger dies in der Klageschrift beantragt hat.

II Ist ein Rechtsstreit nach den Vorschriften der §§ 281, 506 der Zivilprozeßordnung vom Amtsgericht an das Landgericht zu verweisen, so hat der Kläger den Antrag auf Verhandlung vor der Kammer für Handelssachen vor dem Amtsgericht zu stellen.

**Vorbem.** In den **neuen Bundesländern** ist § 96 anwendbar, seitdem dort LGe errichtet sind, vgl Üb **1** § 59 Rn 3.

**1) Antrag, I.** Der Antrag auf Verhandlung vor der KfH ist in der Klagschrift zu stellen (oder in **2** einem gleichzeitig eingereichten sonstigen Schriftsatz, Bergerfurth NJW **74**, 221). Der Kläger hat zunächst die freie Wahl zwischen ZivK und KfH, denn die ZivK hat grundsätzlich die unbeschränkte Zuständigkeit. Hat er die Wahl getroffen, so ist er daran gebunden; der Antrag ist nicht nachholbar, Gaul JZ **84**, 60. Das gilt entsprechend für den Widerkläger, Gaul JZ **84**, 63, Karlsr MDR **98**, 558. Nach Anhängigkeit der Hauptsache bei der ZivK kann der Antrag auf Erlaß einer einstwVfg zulässigerweise nicht mehr bei der KfH gestellt werden, Zweibr JZ **89**, 103. Wird die Klage bei einem LG ohne KfH erhoben und der Rechtsstreit nach mündlicher Verhandlung an ein LG mit KfH verwiesen, ist der Antrag entsprechend II spätestens in dieser mündlichen Verhandlung zu stellen, Freiburg (LG) NJW **72**, 1902.

**2) Verweisung, II.** **3**
**A.** Hat das AG den Rechtsstreit wegen Unzuständigkeit an das LG zu verweisen, §§ 281, 506 ZPO, **so muß der Kläger den Antrag auf Verhandlung vor der KfH vor dem AG stellen,** und zwar gemäß § 281 II 1 u 2 (der Antrag braucht nicht, wie nach dem bis zum 31. 3. 91 geltenden Recht, schon in

der mündlichen Verhandlung gestellt zu werden). Im schriftlichen Verfahren, § 128 ZPO, muß der Antrag bis zu dem vom Gericht bestimmten Zeitpunkt vorliegen, bis zu dem Schriftsätze eingereicht werden können, § 128 II 2, Bergerfurth JZ **79**, 145. Im Mahnverfahren ist er grundsätzlich im Mahngesuch zu stellen, aber auch später zulässig, Brschw NJW **79**, 223, nämlich im Antrag nach § 696 I 1 ZPO und auch noch in der Anspruchsbegründung, § 697 I u II ZPO, Düss RR **88**, 1472, Ffm NJW **80**, 2202 mwN, vgl LG Köln NJW **96**, 2738 mwN, aber spätestens bis zum Ablauf der Zweiwochenfrist des § 697 I 1, hM, Nürnb Rpfleger **95**, 369, Düss RR **88**, 1472 mwN, aM LG Offenb Just **95**, 224 (vgl auch oben § 690 ZPO Rn 11).

**4** **B. Liegt der Antrag vor, so verweist das AG an die KfH, ohne ihre Zuständigkeit zu prüfen.** Die Verhandlung findet vor der KfH statt. Gebunden, §§ 281 II, 506 II ZPO, ist diese aber nur als LG, nicht als KfH, und örtlich, § 281 ZPO Rn 30, und nur im Fall des § 93 II auch im Verhältnis zur ZivK, vgl § 93 Rn 2 (anders nach § 696 V ZPO: keine Bindung), nicht im übrigen, weil die Zuständigkeit das Verhältnis von KfH zu ZivK nicht ergreift, Üb § 93 Rn 1. Beantragt der Kläger nur Verweisung ans LG, so ist an die ZivK zu verweisen. Diese kann ihrerseits nur nach § 98 verweisen. Die Benennung einer bestimmten KfH im Antrag oder Verweisungsbeschluß ist bedeutungslos; es entscheidet die Geschäftsverteilung, § 21 e.

## 97 Verweisung an ZivK wegen ursprünglicher Unzuständigkeit.
[I] Wird vor der Kammer für Handelssachen eine nicht vor sie gehörige Klage zur Verhandlung gebracht, so ist der Rechtsstreit auf Antrag des Beklagten an die Zivilkammer zu verweisen.

[II] [1]Gehört die Klage oder die im Falle des § 506 der Zivilprozeßordnung erhobene Widerklage als Klage nicht vor die Kammer für Handelssachen, so ist diese auch von Amts wegen befugt, den Rechtsstreit an die Zivilkammer zu verweisen, solange nicht eine Verhandlung zur Hauptsache erfolgt und darauf ein Beschluß verkündet ist. [2]Die Verweisung von Amts wegen kann nicht aus dem Grunde erfolgen, daß der Beklagte nicht Kaufmann ist.

**1** **Vorbem.** In den **neuen Bundesländern** ist § 97 uneingeschränkt anwendbar, sobald in dem Land LGe errichtet sind, § 14 RpflAnpG, vgl Üb § 59 Rn 3.

**2** **1) Vorbemerkung zu §§ 97–101**
**A. Allgemeines.** Das Verhältnis von ZivK zu KfH ist nicht sehr durchsichtig. Soviel aber ist sicher, daß die ZivK die ursprüngliche Zuständigkeit hat; die der KfH geht immer auf einen besonderen Antrag zurück. Darum handelt es sich nicht um sachliche Zuständigkeit iS der ZPO, BGH **63**, 217, sondern um eine gesetzliche Geschäftsverteilung, Mertins DRiZ **85**, 348 mwN, die aber dem Willen der Beteiligten in besonderer Weise Rechnung trägt, Gaul JZ **84**, 58. **Über die Zuständigkeit der KfH ist vor der Entscheidung über die Zuständigkeit des Gerichts zu verhandeln**, ZZP **38**, 424; ist die Zuständigkeit ZivK/KfH untrennbar mit der sachlichen Zuständigkeit ZivGer/ArbGer verknüpft, kann die erstentscheidende Kammer über beide Zuständigkeitsfragen befinden, BGH **63**, 214. Haben sich KfH und ZivK durch Verweisung und Rückverweisung untereinander für unzuständig erklärt, so gilt § 36 Z 6 ZPO entsprechend, BGH NJW **78**, 1532 mwN, Brschw RR **95**, 1535 mwN, allgM, vgl § 36 ZPO Rn 35.

**3** **B. Die Zuständigkeit begründet a)** ein Antrag des Klägers, §§ 96, 100, oder **b)** eine Verweisung. Diese kann stattfinden aa) auf Antrag des Beklagten von der ZivK an die KfH, §§ 98, 100, oder von der KfH an die ZivK, §§ 97, 99, 100, bb) vAw, aber nur von der KfH an die ZivK, nicht umgekehrt, §§ 97 II, 98 III, 99 II, 100. Alle diese Prozeßhandlungen sind zeitlich begrenzt: der Antrag des Klägers durch § 96, der Antrag des Beklagten durch den Beginn der Verhandlung zur Sache, § 101, die Verweisung vAw durch den Beginn der Verhandlung zur Hauptsache und die darauf folgende Beschlußverkündung, §§ 97 II, 99 II. Die Verweisung vAw ist bei ursprünglicher nachträglicher oder nachträglichen Zuständigkeit der KfH möglich, §§ 97, 99. Eine Verweisung ist auch im Verfahren wegen Prozeßkostenhilfe zulässig, Hbg MDR **67**, 409, vgl auch § 281 ZPO Rn 3.

**4** **2) Verweisung auf Antrag, I** (wegen der neuen Bundesländer s oben 1). Ist die KfH nicht für alle Beklagten und sämtliche Ansprüche beider Parteien zuständig, so ist die Verweisung an die ZivK zulässig. Den Antrag kann jeder Beklagte stellen, für den die KfH nicht zuständig ist; dann ist abzutrennen, Kissel 4: eine Prozeßtrennung für die Ansprüche, für die die Zuständigkeit fehlt, ist im Rahmen des § 145 ZPO erlaubt, Ffm NJW **92**, 2901 mwN (das für diesen Fall auf Antrag des Klägers eine Bestimmung der ZivK als insgesamt zuständiges Gericht, § 36 Z 3 ZPO, für zulässig hält). Ist die Trennung nicht möglich, muß der Gesamtrechtsstreit verwiesen werden. Das gilt auch bei mehrfacher Begründung desselben Anspruchs, wenn nur eine dieser Begründungen keine Handelssache ist, Kissel 4, aM Brandi-Dohrn NJW **81**, 2453 (Zuständigkeit der KfH für alle Anspruchsgrundlagen). **Das Wahlrecht des Klägers zwischen ZivK und KfH erlischt mit Ablauf der Fristen**, § 96 Rn 2, 3. Nunmehr nützt es dem Kläger nichts mehr, wenn die Sache keine Handelssache ist; nur der Beklagte darf jetzt Verweisung beantragen, und zwar bis zum Beginn der Sachverhandlung, § 101, vgl Ffm NJW **92**, 2901 mwN. Eine Verweisung vAw erfolgt nur in den Fällen des II, unten Rn 5. Dem Antrag ist zutreffendenfalls zu entsprechen. Die Entscheidung ist grundsätzlich unanfechtbar, § 102.

**5** **3) Verweisung von Amts wegen, II.** II trifft zwei Fälle: **a) schon die Klage gehört nicht vor die KfH, b) das AG hat wegen einer Widerklage nach § 506 ZPO an die KfH verwiesen, obwohl diese für die Widerklage unzuständig ist.** In beiden Fällen darf die KfH nach freiem Ermessen an die ZivK verweisen, aber nur unter folgenden Voraussetzungen: **a)** es darf nicht zur Hauptsache verhandelt sein (Begriff § 39 Rn 6 ZPO). Somit ist die Verhandlung über die Zulässigkeit der Klage, etwa über die Zuständigkeit des LG (nicht der KfH), zwar nicht die Amtsverweisung unstatthaft, wohl aber das Antragsrecht des Beklagten, § 101; **b)** es darf auf diese Verhandlung zur Hauptsache kein Beschluß verkündet sein. Es genügt jeder beliebige die Hauptsache betreffende Beschluß, wenn er das Ergebnis der Verhandlung ist,

7. Titel. Kammern für Handelssachen §§ 97–100 GVG

also zB ein Vertagungsbeschluß, nicht ein Wertfestsetzungsbeschluß. Die Vorschriften der ZPO über das Rügerecht, § 295, sind hier bedeutungslos. Ob der Beklagte Kaufmann ist, § 95 Z 1, ist in diesem Zusammenhang nicht zu prüfen. Die Entscheidung ist unanfechtbar, § 102.

**98** *Verweisung an Kammer für Handelssachen.* ¹ ¹Wird vor der Zivilkammer eine vor die Kammer für Handelssachen gehörige Klage zur Verhandlung gebracht, so ist der Rechtsstreit auf Antrag des Beklagten an die Kammer für Handelssachen zu verweisen. ²Ein Beklagter, der nicht in das Handelsregister oder Genossenschaftsregister eingetragen ist, kann den Antrag nicht darauf stützen, daß er Kaufmann ist.

II Der Antrag ist zurückzuweisen, wenn die im Falle des § 506 der Zivilprozeßordnung erhobene Widerklage als Klage vor die Kammer für Handelssachen nicht gehören würde.

III Zu einer Verweisung von Amts wegen ist die Zivilkammer nicht befugt.

IV Die Zivilkammer ist zur Verwerfung des Antrags auch dann befugt, wenn der Kläger ihm zugestimmt hat.

**Vorbem.** In den **neuen Bundesländern** ist § 98 anwendbar, seitdem in dem Land LGe errichtet sind, § 14 RpflAnpG, vgl Üb § 59 Rn 3. 1

1) **Erläuterung.** Zum Verständnis des § 98 s § 97 Rn 2. **A. Die ZivK darf nie vAw an die KfH** 2 **verweisen und nie auf Antrag des Klägers;** dieser hat sein Wahlrecht durch Versäumung des Antrags aus § 96 eingebüßt. I 2 ist auch in der Berufungsinstanz nur auf den Beklagten anzuwenden, Hbg (LG) NJW **69**, 1259. Die Parteien können in einer Handelssache die Zuständigkeit einer ZivK frei vereinbaren, nicht aber in einer Nichthandelssache die Zuständigkeit der KfH, Gaul JZ **84**, 58.

**B. Gehört die Sache nicht vor die ZivK, so kann der Beklagte die Verweisung an die KfH** 3 **beantragen.** Voraussetzung ist, daß die Eigenschaft als Handelssache für die ganze Streitsache gegeben ist, also für alle Beklagten und alle Ansprüche; eine Teilverweisung ist ausgeschlossen, ebenso eine zum Zweck der Verweisung vorgenommene Trennung nach § 145 ZPO, Gaul JZ **84**, 61 (anders nach § 97). Der Antrag ist kein Sachantrag und bedarf keiner Verlesung. Er ist zulässig bis zu dem durch § 101 I bestimmten Zeitpunkt, § 101 Rn 2, Gaul JZ **84**, 60. Der Antrag ist gegenüber § 95 Z 1 dadurch beschränkt, daß der Beklagte, was er nachzuweisen hat, ins Handelsregister oder ins Genossenschaftsregister eingetragen sein muß (Nachweis durch Registerauszug, auch durch fernmündliche Anfrage beim Registergericht). § 98 II bezieht sich nicht darauf, daß das AG wegen der Widerklage nach § 506 an das LG verweisen hat, § 97 Rn 5. Wird eine handelsrechtliche Widerklage vor der ZivK erhoben, so kommt eine Verweisung an die KfH nicht in Betracht und ebensowenig eine zu diesem Zweck vorgenommene Trennung nach § 145 II ZPO, Gaul JZ **84**, 62 mwN. § 98 IV besagt nicht, daß die ZivK den Antrag willkürlich ablehnen könne, sondern stellt nur das Versagen der Parteiverfügung klar; das zeigt I: „so ist zu verweisen". Gegen die Entscheidung gibt es grundsätzlich keinen Rechtsbehelf, § 102 (auch dann nicht, wenn das verweisende Gericht die Einrede des unrichtigen Rechtswegs geprüft und für unbegründet gehalten hat, BGH **63**, 214).

**99** *Verweisung an ZivK wegen nachträglicher Unzuständigkeit.* ¹ Wird in einem bei der Kammer für Handelssachen anhängigen Rechtsstreit die Klage nach § 256 Abs. 2 der Zivilprozeßordnung durch den Antrag auf Feststellung eines Rechtsverhältnisses erweitert oder eine Widerklage erhoben und gehört die erweiterte Klage oder die Widerklage als Klage nicht vor die Kammer für Handelssachen, so ist der Rechtsstreit auf Antrag des Gegners an die Zivilkammer zu verweisen.

II ¹Unter der Beschränkung des § 97 Abs. 2 ist die Kammer zu der Verweisung auch von Amts wegen befugt. ²Diese Befugnis tritt auch dann ein, wenn durch eine Klageänderung ein Anspruch geltend gemacht wird, der nicht vor die Kammer für Handelssachen gehört.

**Vorbem.** In den **neuen Bundesländern** ist § 99 anwendbar, seitdem in dem Land LGe errichtet sind, 1 vgl Üb § 59 Rn 3.

1) **Antragsverweisung, I.** Eine Partei kann einen neuen Anspruch in den Prozeß einbeziehen **a)** durch 2 Klageänderung. Diese liegt nicht im Nachschieben eines Anspruchs wegen eingetretener Veränderung, § 264 Z 3 ZPO; **b)** durch Zwischenfeststellungsklage, § 256 II ZPO; **c)** durch Widerklage oder Zwischenfeststellungswiderklage. Für deren Zulässigkeit gilt bei der KfH nichts besonderes. Trotz seinem zu engen Wortlaut trifft § 99 alle drei Fälle, allgM. Wird die KfH also irgendwie teilweise unzuständig, so ist der gesamte Prozeß auf Antrag des Gegners (im Fall der Widerklage also des Klägers, RoSGo § 33 II 2 b 2) an die ZivK zu verweisen, sofern das Gericht keine Prozeßtrennung, § 145 ZPO, vornimmt. Über die Zulassung der Klagänderung hat die KfH nicht zu befinden.

2) **Amtsverweisung, II.** Obgleich hier ein sachlicher Unterschied zu I fehlt, erwähnt II die Klagän- 3 derung besonders. Die Verweisung steht im freien Ermessen des Gerichts; auch sie ist unanfechtbar, § 102. Über die Beschränkung des § 97 II s dort Rn 5. Siehe auch § 97 Rn 3.

**100** *Zuständigkeit in der Berufungsinstanz.* Die §§ 96 bis 99 sind auf das Verfahren im zweiten Rechtszuge vor den Kammern für Handelssachen entsprechend anzuwenden.

**Vorbem.** In den **neuen Bundesländern** ist § 100 uneingeschränkt anwendbar, seitdem in dem Land 1 LGe errichtet sind, § 14 RpflAnpG, vgl Üb § 59 Rn 3.

Albers

**GVG §§ 100–102**            Gerichtsverfassungsgesetz

2    **1) Erläuterung** (Schumann Rn 9–23). § 100 macht auf das Verfahren in der Berufungsinstanz die §§ 96–99 entsprechend anwendbar. Die Natur der Sache ergibt aber auch die Anwendbarkeit von §§ 101, 102, allgM. Ein Verweisungsantrag ist daher nach Beginn der Sachverhandlung unzulässig, die Entscheidung ist unanfechtbar. Die entsprechende Anwendung der §§ 96–99 besagt: Den Antrag auf Verhandlung vor der KfH muß die Berufungsschrift enthalten, nicht erst die Begründung oder ein späterer Schriftsatz, hM, Kissel 4, ZöGu 1, aM LG Köln NJW **96**, 2737 (abl Schneider NJW **97**, 992).

**Verfahren: a)** Verweisung an die ZivK auf Antrag des Berufungsbeklagten, nicht des Beklagten als solchen; vor der Verhandlung zur Hauptsache und Beschlußverkündung auch vAw. Entsprechendes gilt bei Widerklage oder Zwischenfeststellungsklage gemäß § 99. **b)** Verweisung an die KfH nur auf Antrag des Berufungsbeklagten, nie vAw. Legt die eine Partei bei der ZivK Berufung ein, die andere bei der KfH, so entscheidet die zeitlich erste Berufung, weil sie den ganzen Prozeß der 2. Instanz anfallen läßt, s Grdz § 511 Rn 3; bei gleichzeitigem Eingang gebührt der KfH der Sachvorrang, Schumann Rn 16. Handelt es sich nicht um eine Handelssache, darf die KfH die Sache vAw an die ZivK verweisen, § 97 II 1, Schumann Rn 17. Stellt eine Partei (oder beide) einen Verweisungsantrag, so gilt für die Entscheidung das oben Gesagte; vgl im einzelnen Schumann Rn 18–21.

**101** *Antrag auf Verweisung.* ¹ ¹Der Antrag auf Verweisung des Rechtsstreits an eine andere Kammer ist nur vor der Verhandlung des Antragstellers zur Sache zulässig. ²Ist dem Antragsteller vor der mündlichen Verhandlung eine Frist zur Klageerwiderung oder Berufungserwiderung gesetzt, so hat er den Antrag innerhalb der Frist zu stellen. ³§ 296 Abs. 3 der Zivilprozeßordnung gilt entsprechend; der Entschuldigungsgrund ist auf Verlangen des Gerichts glaubhaft zu machen.

II ¹Über den Antrag ist vorab zu entscheiden. ²Die Entscheidung kann ohne mündliche Verhandlung ergehen.

1    **Vorbem.** Die Vorschrift ist in den **neuen Bundesländern** uneingeschränkt anwendbar, seitdem in dem Land LGe errichtet sind, vgl Üb § 59 Rn 3.

2    **1) Erläuterung**

**A. Antrag, I.** Er ist nur **vor der Verhandlung des Antragstellers zur Sache** zulässig, **I 1.** Verhandlung zur Sache ist nicht dasselbe wie Verhandlung zur Hauptsache, §§ 97 II GVG, 282 III 1 ZPO ua, s § 39 Rn 1 ff ZPO. Es ist jede Verhandlung, die sich nicht nur auf Prozeßförmlichkeiten und -vorfragen erstreckt, sondern die Prozeßerledigung, wenn auch durch eine rein prozessuale Entscheidung, fördern soll, somit auch die Verhandlung über die Zulässigkeit der Klage oder über die Zulässigkeit der Berufung, nicht aber über Vertagungs- und Ablehnungsanträge u dgl, Gaul JZ **84**, 60. Der Beginn der Verhandlung genügt, um den Antrag auszuschließen. Das Verlesen der Anträge leitet die Verhandlung ein, § 137 I ZPO, ist aber nicht der Beginn der Verhandlung; dazu bedarf es einer Sacherörterung. Anders ist es nur beim Widerklageantrag, der bereits eine sachliche Stellungnahme enthält.

Ist dem Beklagten (Antragsteller) **vorher eine Frist zur Klageerwiderung oder Berufungserwiderung** gesetzt worden, muß er entsprechend § 282 III 2 ZPO den Verweisungsantrag schon innerhalb der Frist stellen, **I 2.** Der Verweisungsantrag ist Prozeßantrag, nicht Sachantrag, bedarf somit in der Verhandlung keiner Verlesung. **Versäumt der Antragsteller die Frist**, so ist der Antrag entspr § 296 III ZPO nur zuzulassen, wenn der Antragsteller die Verspätung genügend entschuldigt, **I 3 1. Halbs**; der Entschuldigungsgrund ist entspr § 296 IV auf Verlangen des Gerichts glaubhaft zu machen, **I 3 2. Halbs.**

3    **B. Entscheidung, II.** Über den Verweisungsantrag ist **vorab zu entscheiden**, also vor der Verhandlung über die Zulässigkeitsvoraussetzungen iSv § 280 ZPO, Gaul JZ **84**, 59 mwN, **II 1.** Die Entscheidung kann **ohne mündliche Verhandlung** ergehen, vgl § 281 II 2 ZPO, **II 2.** Zu entscheiden ist ausnahmslos durch Beschluß, auch nach streitiger Verhandlung, wie bei sämtlichen Verweisungen des Zivilprozesses, §§ 281, 506 ZPO, Kissel 8. Der Beschluß kann auch durch den Vorsitzenden der KfH allein erlassen werden, § 349 II Z 1 ZPO. Die Entscheidung ist grundsätzlich unanfechtbar, § 102 Rn 2.

**102** *Unanfechtbarkeit der Verweisung.* ¹Die Entscheidung über Verweisung eines Rechtsstreits an die Zivilkammer oder an die Kammer für Handelssachen ist nicht anfechtbar. ²Erfolgt die Verweisung an eine andere Kammer, so ist diese Entscheidung für die Kammer, an die der Rechtsstreit verwiesen wird, bindend. ³Der Termin zur weiteren mündlichen Verhandlung wird von Amts wegen bestimmt und den Parteien bekanntgemacht.

1    **Vorbem.** Galt in den **neuen Bundesländern** auch für die Verweisung zwischen KfH und Kreisgericht (bzw Senat für Handelssachen und Bezirksgericht), § 93 Rn 1, BAG NZA **93**, 523.

2    **1) Allgemeines.** § 102 betrifft nur die Verweisung aus §§ 97–100. Die Verweisung vom AG an die KfH, § 96 II, wirkt ganz nach §§ 281, 506, s § 96 Rn 3.

3    **2) Unanfechtbarkeit, S 1, u Bindung, S 2.** Jede Entscheidung über einen Verweisungsantrag ist grundsätzlich jeglicher Anfechtung entzogen, die stattgebende und die ablehnende, ohne Rücksicht auf ihre Gesetzmäßigkeit, Mü IPrax **89**, 43, also auch die eine Verweisung wieder aufhebende Entscheidung, Nürnb MDR **73**, 507. Die Verweisung an eine andere Kammer ist für diese bindend. Bindend und unanfechtbar ist die Entscheidung auch insoweit, als die verweisende Kammer in den Gründen einen anderen Rechtsweg verneint hat, BGH **63**, 214. Das Gesetz will Zuständigkeitsstreitigkeiten möglichst vermeiden und abkürzen. Gegen diese Regelung bestehen für den Regelfall keine verfassungsrechtlichen Bedenken, Hbg MDR **70**, 1019. Ist dagegen bei der Entscheidung Art 101 I 2 (zB durch Verstoß gegen § 98 III) oder Art 103 I GG verletzt worden, so ist die (außerordentliche) Beschwerde gegeben, Mü IPrax **89**, 43, Gaul JZ **84**, 64 mwN

(ein Verstoß gegen die Befristung des Antrags, § 101 I, reicht aber nicht aus, Brschw **RR 95**, 1535, aM Karlsr **MDR 98**, 558, Nürnb **NJW 93**, 3208, ebenso sonstige Verfahrensfehler, zB ein Verstoß gegen § 96 I, aM Karlsr **MDR 98**, 558 u **RR 95**, 1536); das Beschwerderecht erlischt, wenn der Betroffene nach der Entscheidung rügelos zur Sache verhandelt, arg § 101 I. Die Verweisung schließt eine Weiterverweisung in einen anderen Rechtsweg nicht aus, BAG **NZA 93**, 524. Neue Umstände, zB eine Klagänderung, können eine Zurückverweisung an die ZivK zulassen. Ergehen gegensätzliche Verweisungsbeschlüsse, hat entsprechend § 36 Z 6 das OLG zu entscheiden, Karlsr **MDR 98**, 558, Brschw **RR 95**, 1535, Gaul **JZ 84**, 65, § 97 Rn 2. Hat die ZivK oder die KfH zu Unrecht in der Sache erkannt, so ist das Urteil aus diesem Grund nicht anfechtbar; etwas anderes gilt, wenn die Verweisung objektiv willkürlich (etwa unter Verstoß gegen § 98 III) erfolgt ist, Hamm **RR 93**, 287, Kissel 6, Gaul **JZ 84**, 65 u 563, aM Herr **JZ 84**, 318, und keine Heilung durch rügelose Verhandlung zur Sache eingetreten ist, arg § 101 I.

Der **Termin zur mündlichen Verhandlung**, S 3, ist vAw zu bestimmen. Vor der Verweisung gesetzte **4** Fristen bleiben wirksam, Ffm **RR 93**, 1084.

**103** *Einmischungsklage.* Bei der Kammer für Handelssachen kann ein Anspruch nach § 64 der Zivilprozeßordnung nur dann geltend gemacht werden, wenn der Rechtsstreit nach den Vorschriften der §§ 94, 95 vor die Kammer für Handelssachen gehört.

**Vorbem.** Wegen der **neuen Bundesländer** s § 95 Rn 1. **1**

**1) Erläuterung.** § 103 verschiebt die sachliche Zuständigkeit bei der Einmischungsklage (Hauptinterven- **2** tion, § 64), zum Nachteil der KfH. Für sie gilt, wenn die Einmischung eine Handelssache betrifft, folgendes: **a) der Erstprozeß schwebt bei der KfH:** diese ist zuständig; **b) er schwebt bei der ZivK:** diese ist zuständig. Eine Verweisung aus § 98 ist ausgeschlossen, falls sie nicht beim Erstprozeß zulässig ist und ausgesprochen wird; die gemeinsame Zuständigkeit für Erst- und Einmischungsprozeß soll möglichst erhalten bleiben, str.

**104** *Verweisung in Beschwerdesachen.* [I] [1]Wird die Kammer für Handelssachen als Beschwerdegericht mit einer vor sie nicht gehörenden Beschwerde befaßt, so ist die Beschwerde von Amts wegen an die Zivilkammer zu verweisen. [2]Ebenso hat die Zivilkammer, wenn sie als Beschwerdegericht in einer Handelssache befaßt wird, diese von Amts wegen an die Kammer für Handelssachen zu verweisen. [3]Die Vorschriften des § 102 Satz 1, 2 sind entsprechend anzuwenden.

[II] Eine Beschwerde kann nicht an eine andere Kammer verwiesen werden, wenn bei der Kammer, die mit der Beschwerde befaßt wird, die Hauptsache anhängig ist oder diese Kammer bereits eine Entscheidung in der Hauptsache erlassen hat.

**Vorbem.** Wegen der Rechtslage in den **neuen Bundesländern** s Vorbem § 100.

**1) Allgemeines.** Üb die Zuständigkeit der KfH in Beschwerdesachen s § 94 Rn 1; der Ausdruck des **1** § 104 „Beschwerdegericht in einer Handelssache" ist entsprechend zu verstehen. Ein Parteiantrag ist hier für die Zuständigkeit belanglos. Sie richtet sich nach dem Gesetz und ist vAw zu prüfen; eine besondere Entscheidung darüber ist unnötig. Entscheidet die ZivK oder die KfH vorschriftswidrig, so gibt das allein keine weitere Beschwerde (anders in der freiwilligen Gerichtsbarkeit nach KGJ **49**, 242).

**2) Gebotene Verweisung, I.** Die KfH hat an die ZivK und umgekehrt vAw zu verweisen, wenn sie **2** unzuständigerweise mit einer Beschwerde „befaßt" ist, dh sobald ihr die Beschwerdesache nach der Geschäftsverteilung vorliegt. Gleich bleibt, ob die Beschwerde beim AG oder beim LG eingelegt ist und ob sie eine Kammer benennt. Entsprechende Anwendung von § 102 heißt: Gegen die Verweisung gibt es keinen Rechtsbehelf; sie bindet schlechthin.

**3) Verbotene Verweisung, II.** Eine Verweisung ist verboten, **a)** wenn bei der mit der Beschwerde **3** befaßten Kammer die Hauptsache schwebt, **b)** wenn die Kammer schon eine Entscheidung in der Hauptsache erlassen hat. Der Zweck ist die Wahrung der Einheitlichkeit der Beurteilung. Darum ist der Text zu eng. Es ist nicht nur eine Verweisung ausgeschlossen, sondern es ist auch die betreffende Kammer zuständig, ohne daß sie befaßt wäre. Wird also eine andere Kammer zu Unrecht befaßt, so hat sie an die nach II berufene zu verweisen; s auch § 94 Rn 1.

**105** *Besetzung.* [I] [1]Die Kammern für Handelssachen entscheiden in der Besetzung mit einem Mitglied des Landgerichts als Vorsitzenden und zwei ehrenamtlichen Richtern, soweit nicht nach den Vorschriften der Prozeßgesetze an Stelle der Kammer der Vorsitzende zu entscheiden hat.

[II] Sämtliche Mitglieder der Kammer für Handelssachen haben gleiches Stimmrecht.

[III] In Streitigkeiten, die sich auf das Rechtsverhältnis zwischen Reeder oder Schiffer und Schiffsmannschaft beziehen, kann die Entscheidung im ersten Rechtszug durch den Vorsitzenden allein erfolgen.

**Vorbem.** Ohne daß §§ 105 ff entsprechend geändert worden sind, führen die ehrenamtlichen Richter bei **1** der KfH nach § 45 a DRiG idF des Art 1 Z 2 G v 22. 12. 75, BGBl 3176, jetzt (wieder) die Bezeichnung **Handelsrichter**.

**Schrifttum:** *Weil,* Der Handelsrichter und sein Amt, 1981 (Bespr: Wolf **ZZP 97**, 364); *Berger-Delhey* **DRiZ 89**, 246.

**2**   **1) Regel, I, II.** Die Einrichtung der KfH steht der Landesjustizverwaltung zu.

**A. Die Vorsitzenden und die regelmäßigen Vertreter** bestimmt das Präsidium, § 21 e. Der Vorsitzende kann nur ein Vorsitzender Richter am LG sein, § 21 f I; über die auswärtige KfH s § 106. Ein Richter auf Probe oder kraft Auftrags kann wegen § 28 II 2 DRiG nicht Mitglied sein, auch nicht vertreten. Die besonderen Befugnisse des Vorsitzenden ergeben sich aus § 349 I–III ZPO; eine Übertragung auf den Einzelrichter nach § 348 ZPO ist ausgeschlossen, § 349 IV ZPO. Entscheidet der Vorsitzende anstelle der KfH, so begründet dies die Rüge der unvorschriftsmäßigen Besetzung, BayOLGZ 95, 92, Ffm LS NJW 83, 2335, so daß eine Zurückverweisung, § 539, in Betracht kommt, § 350 ZPO Rn 2.

**3**   **B. Die Handelsrichter** werden nach § 108 bestellt und müssen die in § 109 genannten Voraussetzungen erfüllen; sie bringen den Sachverstand des Handelsstandes unmittelbar auf die Richterbank, vgl § 114, Sendler NJW **86**, 2911. Die Handelsrichter teilt das Präsidium den einzelnen Kammern zu, § 21 e. Sie wirken außerhalb der in § 349 ZPO geregelten Fälle an den Entscheidungen mit. Geschieht dies nicht, so ist die Entscheidung nicht deshalb nichtig, sondern wegen unrichtiger Besetzung anfechtbar; in diesem Fall ist eine Zurückverweisung, § 539 ZPO, idR geboten, BayObLG DRiZ **80**, 72. Eine Überbesetzung mit Handelsrichtern ist unbedenklich, Kissel § 94 Rn 13, MüKoWolf Rn 8, BGH RR **98**, 700 mwN.

**4**   **2) Ausnahmen, III.** Bei den in III genannten Sachen nach den §§ 484 ff HGB und nach dem SeemannsG entscheidet der Vorsitzende nach seinem ganz freien Ermessen allein. Er verkörpert die KfH; darum besteht Anwaltszwang. Die Anfechtbarkeit ist die gleiche wie bei Entscheidungen der KfH. Der Vorsitzende wird die ehrenamtlichen Richter zuzuziehen haben, wo er sich Nutzen von ihrer Sachkunde verspricht. III gilt nur in 1. Instanz.

**106** *Auswärtige Kammer für Handelssachen.* **Im Falle des § 93 Abs. 2 kann ein Richter beim Amtsgericht Vorsitzender der Kammer für Handelssachen sein.**

**1**   **Vorbem.** Die Vorschrift ist in den **neuen Bundesländern** anzuwenden, seitdem dort AGe errichtet sind.

**2**   **1) Erläuterung.** Der auswärtigen KfH kann ein Amtsrichter vorsitzen, nicht notwendig einer des Sitzes. Es muß aber wegen § 28 II 2 DRiG ein auf Lebenszeit ernannter Richter sein (Richter am AG, § 19 a DRiG).

**107** *Vergütung der Handelsrichter.* ¹**Die ehrenamtlichen Richter, die weder ihren Wohnsitz noch ihre gewerbliche Niederlassung am Sitz der Kammer für Handelssachen haben, erhalten Tage- und Übernachtungsgelder nach den für Richter am Landgericht geltenden Vorschriften.**

II **Den ehrenamtlichen Richtern werden die Fahrtkosten in entsprechender Anwendung des § 3 des Gesetzes über die Entschädigung der ehrenamtlichen Richter ersetzt.**

**1**   **Vorbem.** Wegen der **neuen Bundesländer** s § 105 Rn 1.

**2**   **1) Erläuterung.** Die Handelsrichter, Vorbem § 105 Rn 1, sind Richter, § 112. Eine andere Vergütung als die von § 107 vorgesehene Aufwandsentschädigung dürfen sie nicht erhalten; zu dieser vgl einerseits Weil DRiZ **76**, 351, andererseits Vereinigung Berliner Handelsrichter DRiZ **77**, 24. Das EntschG für ehrenamtl Richter ist an sich nicht anwendbar (darin liegt kein Verstoß gegen Art 3 GG, Celle Rpfleger **75**, 39). Nach I gelten die landesrechtlichen Vorschriften über Tage- und Übernachtungsgelder für die am LG tätigen Richter. II verweist wegen der Fahrtkosten auf § 3 des Gesetzes über die Entschädigung der ehrenamtlichen Richter. Wegen der Einzelheiten s Hartmann KostenG Teil VI B. Die Entschädigung wird vAw durch die Justizverwaltung gewährt. Die Festsetzung kann durch Antrag auf gerichtliche Entscheidung angefochten werden, über den das AG entscheidet, Art XI § 1 KostÄndG. Vgl dazu Hartmann KostG Teil XII.

**108** *Ernennung der Handelsrichter.* **Die ehrenamtlichen Richter werden auf gutachtlichen Vorschlag der Industrie- und Handelskammern für die Dauer von vier Jahren ernannt; eine wiederholte Ernennung ist nicht ausgeschlossen.**

**1**   **Vorbem. A. Fassung:** Durch Art 2 Z 7 RpflVereinfG ist das Wort „drei" durch das Wort „vier" ersetzt worden, und zwar mWv 1. 1. 92, Art 11 I RpflVereinfG. **Übergangsrecht:** § 6 II EGGVG, s dort.

**B.** In den **neuen Bundesländern** gilt die Übergangsvorschrift in EV Anl I Kap III Sachgeb A Abschn III Z 1 p (1); die Amtsperiode der nach der früheren Vorschriften berufenen Handelsrichter endet spätestens mit Ablauf des 31. 12. 96, sofern die Länder keinen früheren Zeitpunkt bestimmen, § 1 I u II RpflAnpG idF des Art 6 Z 1 G v 24. 6. 94, BGBl 1374, vgl Staats DtZ **94**, 272. Wegen der Folgen einer Zuständigkeitskonzentration s § 2 RpflAnpG, wegen des Übertritts der ehrenamtlichen (Handels-)Richter beim KrG und BezG an das LG nach dessen Errichtung s § 19 II RpflAnpG, dazu Rieß DtZ **92**, 228. Sondervorschrift für Berlin: EV aaO Abschn IV Z 3 a cc.

**2**   **1) Gemeinsames zu §§ 108–110** (vgl Berger-Delhey DRiZ **89**, 247). Wie bei Berufsrichtern ist bei Handelsrichtern, Vorbem § 105, zu unterscheiden zwischen den staatsrechtlichen Voraussetzungen ihrer Bestellung und den prozessualen Voraussetzungen ihrer Tätigkeit im Einzelfall. §§ 108–110 betreffen die staatsrechtlichen Voraussetzungen. Von ihnen sind §§ 108, 109 I u III, 110 zwingend, § 109 II nicht zwingend. Das DRiG ist mit Ausnahme der §§ 44 (Bestellung und Abberufung) und 45 (Unabhängigkeit und besondere Pflichten) sowie 45 a (Bezeichnung) unanwendbar. Für etwaige Änderungen der Vorschriften über die Berufung der Handelsrichter gilt § 6 EGGVG, s dort.

**2) Erläuterung des § 108.** Zuständig für die Ernennung ist die Landesjustizverwaltung, vgl die anstelle 3 der VO v 20. 3. 35, Anh II § 21, getretenen landesrechtlichen Vorschriften, zB Art 4 BayAGGVG. Sie bestimmt, soweit nicht Rechtsvorschriften eingreifen, die Zahl der zu Ernennenden, Berger-Delhey aaO S 248. Der Vorschlag der Industrie- und Handelskammer und die Bereitschaft des Vorgeschlagenen zur Annahme des Amtes sind dem Vorschlag des Gerichtspräsidenten beizufügen. Da es sich um einen „gutachtlichen" Vorschlag handelt, ist die Landesjustizverwaltung nicht an die Reihenfolge der Vorgeschlagenen und andere Abstufungen gebunden, aM Berger-Delhey aaO S 251. Für den Vorgeschlagenen besteht kein Annahmezwang. Die Handelsrichter werden ab 1. 1. 92, s oben 1, ebenso wie andere ehrenamtliche Richter für die Dauer von 4 Jahren ernannt; für die vorher ernannten bleibt es bei der in der Ernennungsurkunde ausgesprochenen Ernennung auf drei Jahre (keine automatische Verlängerung der Amtszeit). Eine wiederholte Ernennung auf wiederholten Vorschlag ist zulässig und bedarf keiner Eignung idR geboten. Zur Form der Ernennung bestimmt das Landesrecht (§ 17 DRiG ist unanwendbar, aM Kissel 2). Zur Frage der gerichtlichen Kontrolle der Ernennung vgl Berger-Delhey aaO S 252. Auf Mängel des Verfahrens bei der Berufung eines Handelsrichters kann ein Rechtsmittel nur gestützt werden, wenn das Fehlen so gewichtig ist, daß er zur Nichtigkeit der Bestellung führt, § 551 ZPO Rn 4.

**109** *Befähigung zum Handelsrichter.* ¹Zum ehrenamtlichen Richter **kann ernannt werden,** wer

1. **Deutscher ist,**
2. **das dreißigste Lebensjahr vollendet hat und**
3. **als Kaufmann, Vorstandsmitglied oder Geschäftsführer einer juristischen Person oder als Prokurist in das Handelsregister oder das Genossenschaftsregister eingetragen ist oder eingetragen war oder als Vorstandsmitglied einer juristischen Person des öffentlichen Rechts aufgrund einer gesetzlichen Sonderregelung für diese juristische Person nicht eingetragen zu werden braucht.**

II ¹Wer diese Voraussetzungen erfüllt, soll nur ernannt werden, wenn er
1. in dem Bezirk der Kammer für Handelssachen wohnt oder
2. in diesem Bezirk eine Handelsniederlassung hat oder
3. einem Unternehmen angehört, das in diesem Bezirk seinen Sitz oder seine Niederlassung hat.

²Darüber hinaus soll nur ernannt werden
1. ein Prokurist, wenn er im Unternehmen eine der eigenverantwortlichen Tätigkeit des Unternehmers vergleichbare selbständige Stellung einnimmt,
2. ein Vorstandsmitglied einer Genossenschaft, wenn es hauptberuflich in einer Genossenschaft tätig ist, die in ähnlicher Weise wie eine Handelsgesellschaft am Handelsverkehr teilnimmt.

III ¹Zum ehrenamtlichen Richter **kann nicht ernannt werden,** wer zu dem Amt eines Schöffen unfähig ist oder nach § 33 Nr. 4 zu dem Amt eines Schöffen nicht berufen werden soll. ²Zum ehrenamtlichen Richter soll nicht ernannt werden, wer nach § 33 Nr. 5 zu dem Amt eines Schöffen nicht berufen werden soll.

**Vorbem.** I Z 3 mWv 1. 7. 98 geänd durch Art 16 HRefG v 22. 6. 98, BGBl 1474 (vgl Lieb NJW 99, 35 1 mwN). III 2 mWv 1. 1. 99 eingefügt durch Art 12 Z 4 EGInsO v 5. 10. 94, BGBl 2911, Art 110 I des Ges. Übergangsrecht: § 6 I EGGVG.

**1) Allgemeines.** § 109 legt die **Voraussetzungen der Ernennung der Handelsrichter** fest, § 105 2 Rn 1. Die Neufassung durch das RpflVereinfG, Vorbem A, erweitert den Kreis der zum Handelsrichter Befähigten um Prokuristen und im Genossenschaftsregister eingetragene Personen sowie um Vorstandsmitglieder und Geschäftsführer von Unternehmen öff Körperschaften, I Z 3; I wird iü ergänzt durch § 110. Im Interesse einer einheitlichen rechtlichen Regelung sind ferner die Ausschlußgründe durch die Bezugnahme auf die für Schöffen geltende Regelung erweitert worden, III.

**2) Zwingende Voraussetzungen, I u III.** Eine besondere Bildung oder Ausbildung verlangt das Gesetz 3 ebensowenig wie eine bestimmte Zeit praktischer Tätigkeit. Daß ein Handelsrichter die für das Amt erforderliche Sachkunde und Berufserfahrung besitzt, hat die Industrie- und Handelskammer bei ihrem gutachtlichen Vorschlag, § 108, festzustellen.

**A. Positive Voraussetzungen, I.** Zum Handelsrichter kann (nur) ernannt werden, wer **a) Deutscher** 4 **ist,** Z 1, dh Deutscher iSv Art 116 GG, weil insoweit nichts anderes gelten kann als für Berufsrichter, § 9 Z 1 DRiG; **b) das dreißigste Lebensjahr vollendet hat,** Z 2 (ein Höchstalter ist nicht vorgeschrieben), und **c) als Kaufmann oder als Vorstandsmitglied oder Geschäftsführer einer juristischen Person oder als Prokurist in das Handelsregister oder das Genossenschaftsregister eingetragen ist oder eingetragen war oder als Vorstandsmitglied einer juristischen Person aufgrund einer gesetzlichen Sonderregelung für diese juristische Person nicht eingetragen zu werden braucht,** Z 3 (Lieb NJW 99, 35). „Kaufmann" ist auch der persönlich haftende Gesellschafter einer Personalgesellschaft, nicht aber (mangels Eintragung) der Kommanditist oder Handlungsbevollmächtigte; ebensowenig darf das stellvertretende Vorstandsmitglied einer eingetragenen juristischen Person zum Handelsrichter berufen werden, Kissel 8, aM ZöGu 2, Berger-Delhey DRiZ 89, 248 (alle zur aF). Bei den nicht eingetragenen Vorstandsmitgliedern juristischer Personen, Z 3 aE, handelt es sich um die Vorstände von Unternehmen öff Körperschaften, zB Sparkassen, Mineralquellen, gemeindliche Kraftwerke und Verkehrsbetriebe u dgl, vgl § 95 Rn 3. Ferner können Handelsrichter **d) an Seeplätzen auch aus dem Kreis der Schiffahrtskundigen ernannt werden,** § 110, s die dortigen Erläuterungen.

**B. Negative Voraussetzungen, III.** Zum Handelsrichter kann **nicht ernannt werden, a) wer zu dem** 5 **Amt eines Schöffen unfähig ist,** § 32, also Personen, die **aa)** infolge Richterspruchs die Fähigkeit zur

Bekleidung öff Ämter nicht besitzen oder wegen einer vorsätzlichen Tat zu einer Freiheitsstrafe von mehr als sechs Monaten verurteilt worden sind, § 32 Z 1, in beiden Fällen unter der Voraussetzung der Rechtskraft der Verurteilung, Kissel § 32 Rn 3–6, ferner Personen, **bb)** gegen die ein Ermittlungsverfahren wegen einer Tat schwebt, die den Verlust der Fähigkeit zur Bekleidung öff Ämter zur Folge haben kann, § 32 Z 2, Kissel § 32 Rn 7–10, schließlich Personen, **cc)** die infolge gerichtlicher Anordnung in der Verfügung über ihr Vermögen beschränkt sind, § 32 Z 3, zB nach §§ 6, 106 KO oder 58, 59 VerglO, und zwar ein persönlich haftender Gesellschafter auch dann, wenn sich die Maßnahme gegen die Gesellschaft richtet, Kissel § 32 Rn 11, zweifelnd Berger-Delhey DRiZ **89**, 249 (zur aF); schließlich kann nicht zum Handelsrichter ernannt werden, **b) wer nach § 33 Z 4 zum Amt eines Schöffen nicht berufen werden soll**, dh Personen, die wegen geistiger oder körperlicher Gebrechen zu dem Amt eines Handelsrichters nicht geeignet sind, dazu Kissel § 33 Rn 5, **c) wer nicht prozeßfähig ist**, MüKoWo 14, Kissel 4.

**6**   **C. Folgen eines Verstoßes.** Wird bei der Ernennung eines Handelsrichters gegen I oder III verstoßen, ist die Ernennung gleichwohl zunächst rechtswirksam. Jedoch ist in diesem Fall der Handelsrichter **nach § 113 seines Amtes zu entheben;** das gleiche gilt, wenn der Handelsrichter nachträglich die Befähigung nach I oder II verliert. Bis zur Entscheidung des Gerichts nach § 113 II (oder dem Ergehen einer entspr einstwAnO) ist der Ernannte zur Mitwirkung berufen, so daß eine Besetzungsrüge nicht durchgreift, § 113 Rn 3.

**7**   **3) Nichtzwingende Voraussetzungen, II u III**
  **A. Positive Voraussetzungen, II 1 u 2.** Wer nach I u II zum Handelsrichter ernannt werden darf, soll nur ernannt werden, wenn er **a) in dem Bezirk der Kammer für Handelssachen wohnt**, II 1 Z 1, oder **b) in diesem Bezirk eine Handelsniederlassung hat**, II 1 Z 2 (was sich im Hinblick auf Z 3 nur auf Einzelkaufleute bezieht), oder **c) einem Unternehmen angehört, das in diesem Bezirk seinen Sitz oder seine Niederlassung hat**, II 1 Z 3, wobei eine Zweigniederlassung genügt.

**8**   **Sondervorschriften, II 2:** Daß die Erfordernisse nach S 1 vorliegen, genügt nicht in jedem Fall: über sie hinaus soll nur ernannt werden **a) ein Prokurist**, wenn er im Unternehmen eine der eigenverantwortlichen Tätigkeit des Unternehmers vergleichbare Stellung einnimmt, **II 2 Z 1**, und **b) ein Vorstandsmitglied einer Genossenschaft**, wenn es hauptberuflich in einer Genossenschaft tätig ist, die in ähnlicher Weise wie eine Handelsgesellschaft am Handelsverkehr teilnimmt, II 2 Z 2. Die nach Z 1 und 2 erforderlichen Feststellungen hat die Industrie- und Handelskammer in ihrem gutachtlichen Vorschlag, § 108, zu treffen.

  **B. Negative Voraussetzung, III 2.** Zum Handelsrichter soll nicht berufen werden, wer nach § 33 Z 5 zu dem Amt eines Schöffen nicht berufen werden soll, dh **Personen, die in Vermögensverfall geraten sind.** Gemeint sind Personen, gegen die das Insolvenzverfahren eröffnet worden ist.

**9**   **C. Folgen eines Verstoßes.** Da es sich um Sollvorschriften handelt, berührt ein Verstoß die Wirksamkeit der Ernennung nicht. Auch eine Amtsenthebung nach § 113 I kommt nicht in Betracht, wie die von der in § 52 I für Schöffen getroffenen Regelung abweichende Fassung des § 113 I zeigt. Lediglich bei einem Verstoß gegen III 2 soll nach § 113 II eine Amtsenthebung erfolgen.

**10**   **4) Weitere Voraussetzungen.** Mit Rücksicht auf die Verhältnisse in der ehemaligen DDR soll ein ehrenamtlicher Richter im ganzen Bundesgebiet nicht berufen werden, wenn er gegen die Grundsätze der Menschlichkeit oder der Rechtsstaatlichkeit verstoßen hat oder wegen seiner Stasi-Verstrickung für das Amt nicht geeignet ist, § 9 G v 24. 7. 92, BGBl 1386; wenn nachträglich solche Umstände bekannt werden, ist der ehrenamtliche Richter von seinem Amt abzuberufen, § 10 des Ges. Wegen der Einzelheiten wird auf den Abdruck der §§ 9–11 des Gesetzes in **Anh § 44 DRiG** und die dortigen Erläuterungen verwiesen.

## 110 *Handelsrichter an Seeplätzen.* An Seeplätzen können ehrenamtliche Richter **auch aus dem Kreise der Schiffahrtskundigen ernannt werden.**

**1**   **1) Erläuterung.** Siehe § 2 SeemannsG vom 26. 7. 57, BGBl II 713. § 110 geht § 109 II vor, soweit es sich um die Berufsstellung handelt, Berger-Delhey DRiZ **89**, 249.

## 111 (aufgehoben dch Art 5 Z 1 G v 20. 12. 74, BGBl 3686; s jetzt § 45 DRiG)

## 112 *Dienststellung der Handelsrichter.* Die ehrenamtlichen Richter **haben während der Dauer ihres Amts in Beziehung auf dasselbe alle Rechte und Pflichten eines Richters.**

**1**   **1) Erläuterung.** Die Handelsrichter, § 105 Rn 1, haben alle Rechte und Pflichten der Richter; § 1 ist auf sie voll anwendbar. Für ihre Ausschließung und Ablehnung gelten die §§ 41 ff ZPO, Stgt ZIP **94**, 778 (dazu Pfeiffer ZIP **94**, 769). Die Handelsrichter unterstehen dienstlich und außerdienstlich den für Richter geltenden Dienstvorschriften (Sonderfall: § 113). Ergänzend gelten §§ 44 und 45 DRiG, für die Amtsbezeichnung § 45 a DRiG. Vorsitzender oder Einzelrichter sein kann der Handelsrichter nicht, § 349 IV ZPO. Beauftragter Richter kann er sein, zB für einen Güteversuch, § 279 I ZPO, BGH **42**, 175, s § 349 Rn 1 u 2. Für die Unterzeichnung durch ihn gilt § 315 I ZPO. Daß der Handelsrichter die Akten eines unter seiner Mitwirkung zu entscheidenden Verfahrens nicht selbst studieren darf, ist selbstverständlich; die Bedenken, die bei anderen ehrenamtlichen Richtern dagegen erhoben werden, bestehen jedenfalls beim Handelsrichter nicht, vgl i ü Atzler DRiZ **91**, 207, Reim DRiZ **92**, 141.

7. Titel. Kammern für Handelssachen  §§ 113, 114 GVG

**113** *Abberufung der Handelsrichter.* <sup>I</sup> Ein ehrenamtlicher Richter **ist seines Amtes zu entheben, wenn er**
1. eine der für seine Ernennung erforderlichen Eigenschaften verliert oder Umstände eintreten oder nachträglich bekanntwerden, die einer Ernennung nach § 109 entgegenstehen, oder
2. seine Amtspflichten gröblich verletzt hat.

<sup>II</sup> Ein ehrenamtlicher Richter soll seines Amtes enthoben werden, wenn Umstände eintreten oder bekannt werden, bei deren Vorhandensein eine Ernennung nach § 109 Abs. 3 Satz 2 nicht erfolgen soll.

<sup>III</sup> ¹Die Entscheidung trifft der erste Zivilsenat des Oberlandesgerichts durch Beschluß nach Anhörung des Beteiligten. ²Sie ist unanfechtbar.

<sup>IV</sup> Beantragt der ehrenamtliche Richter selbst die Entbindung von seinem Amt, so trifft die Entscheidung die Landesjustizverwaltung.

**Vorbem.** II mWv 1. 1. 99 eingefügt durch Art 12 Z 5 EGInsO v 5. 10. 94, BGBl 2911. Übergangsrecht: § 6 I EGGVG.

**1)** **Allgemeines** (Berger-Delhey DRiZ **89**, 252). Die Vorschrift regelt die **Abberufung eines Handels- 1 richters**, § 44 II DRiG. Sie unterscheidet demgemäß zwischen der der Dienstenthebung (Abberufung gegen den Willen des Richters), I–II, und der Entbindung des Richters von seinem Amt, IV (Abberufung mit seiner Zustimmung). Parallelvorschriften: §§ 21 V, VI u 27 ArbGG, 24 VwGO, 21 FGO und 22 SGG.

**2)** **Dienstenthebung, I u II** 2
**A. Voraussetzungen, a)** Die Enthebung nach § 113 I setzt voraus entweder, **Z 1**, den Verlust der für die Ernennung erforderlichen Eigenschaften, §§ 109 I und 110, oder Eintreten oder nachträgliches Bekanntwerden von Umständen, die einer Ernennung nach § 109 III entgegenstehen (ein Verstoß gegen § 109 II gehört nicht hierher, wie die von § 52 I abweichende Fassung zeigt), oder, **Z 2, c)** gröbliche Verletzung der Amtspflichten, **I Z 2**, zB durch Verweigerung der Eidesleistung, § 45 DRiG, wiederholtes unentschuldigtes Ausbleiben oder Bruch des Beratungsgeheimnisses, § 43 DRiG, aber auch durch schwerwiegende Verstöße außerhalb des Amtes, wenn sie Bezug zur richterlichen Tätigkeit haben, vgl GMP § 27 ArbGG Rn 7 mwN, Berger-Delhey BB **88**, 1669, OVG Lüneb DVBl **62**, 914; nötig ist schuldhaftes Handeln, wobei leichte Fahrlässigkeit jedenfalls bei wiederholten Verstößen ausreicht, vgl GMP § 27 ArbGG Rn 9. Abgesehen von schweren Pflichtverletzungen kommt eine Dienstenthebung idR erst nach erfolgloser Abmahnung in Betracht, vgl Albers MDR **84**, 889 zu § 24 VwGO.

**b)** Die Enthebung nach § 113 II setzt voraus, daß der Vermögensverfall des Ernannten eintritt oder schon vorher bestand, aber erst nachträglich bekannt wird. Da es sich, anders als nach I, um eine Sollvorschrift handelt, kann das zur Entscheidung berufene OLG, III, aus besonderen Gründen, zB wegen dauernder Dienstunfähigkeit des Handelsrichters oder des bevorstehenden Ablaufs der Amtszeit, von einer Abberufung nach II absehen.

**c)** Die Regelung in I u II ist abschließend, so daß (abgesehen von dem G v 24. 7. 92, Anh § 44 DRiG) andere Gründe eine Enthebung vom Amt nicht rechtfertigen, vgl LAG Hamm MDR **93**, 55 (zu § 21 V ArbGG).

**B. Entscheidung, III.** Die Dienstenthebung erfolgt in allen Fällen durch Beschluß des 1. ZivS des OLG, 3 **III 1**, und zwar auf Antrag der Ernennungsstelle, Kissel 6, ZöGu 1, vgl §§ 20 u 27 Satz 1 ArbGG. Die vorgeschriebene Anhörung kann auch schriftlich vorgenommen werden. Die Entscheidung des OLG ist unanfechtbar, **III 2.** Bis zur Amtsenthebung bzw einer einstwAnO des OLG ist der Handelsrichter zur Mitwirkung berufen, es sei denn, die Ernennung war ungültig, MüKoWo 2, Kissel 9, aM Berger-Delhey aaO S 258, vgl auch § 44 DRiG Rn 2 u 3. Als Gegenstandswert, § 8 II BRAGO, sind idR 8000 DM anzusetzen.

**3) Entbindung vom Amt, IV.** Beantragt der Handelsrichter selbst die Entbindung vom Amt, dh verlangt 4 er seine Abberufung (gleich aus welchem Grunde), so entscheidet die **Landesjustizverwaltung** als Ernennungsbehörde, vgl § 44 DRiG Rn 3. Gegen eine Ablehnung des Antrags steht dem Handelsrichter der Rechtsweg nach §§ 23 ff EGGVG offen.

**4) Abberufung aus besonderen Gründen.** Vgl § 109 Rn 4 und Anh § 44 DRiG. 5

**114** *Sachkunde der Kammer für Handelssachen.* Über Gegenstände, zu deren Beurteilung eine kaufmännische Begutachtung genügt, sowie über das Bestehen von Handelsgebräuchen kann die Kammer für Handelssachen auf Grund eigener Sachkunde und Wissenschaft entscheiden.

**1) Erläuterung.** § 114 steht an falscher Stelle; mit der Gerichtsverfassung hat er nichts zu tun. **In 1. und 1 2. Instanz darf die KfH aus eigener Sachkunde entscheiden, wo a)** eine kaufmännische Begutachtung genügt, dh das sachverständige Gutachten eines Kaufmanns, nicht notwendig eines solchen aus dem Geschäftszweig der Handelsrichter, oder **b) Bestehen und Inhalt eines Handelsbrauchs in Frage stehen.** Handelsbrauch sind die im Handelsverkehr geltenden Gewohnheiten und Gebräuche, § 346 HGB, dh die Verkehrssitte, § 242 BGB, des Handels, zu ihrer Feststellung Baumbach-Duden-Hopt § 346 HGB Anm 2 b, Wagner NJW **69**, 1282, Heldrich AcP **186**, 92 mwN.

Die KfH darf in 2. Instanz von erstinstanzlichen Gutachten abweichen. Hat sie als erste Instanz erstmals ein Gutachten eingeholt, kann sie agrd eigenen Sachkunde Einwendungen gegen das Gutachten zurückweisen, darf sich aber nicht ohne weiteres von ihm lösen, siehe zur einschr BVerfG NJW **98**, 2274. Hat die KfH agrd eigener Sachkunde entschieden, darf ihr iRv § 114 das OLG als Berufungsgericht folgen und daraufhin SachverstBeweis ablehnen, RG **110**, 49, braucht dies jedoch nicht, muß sich dann aber mit dem Gutachten im Urteil auseinandersetzen. Die „eigene Sachkunde und Wissenschaft" eines Handelsrichters, zB eines Kakaoimporteurs, kann genügen, BGH NJW **58**, 1596, LG Hann IPrax **87**, 312; ob dies der Fall ist, entscheidet die KfH durch Mehrheitsbeschluß, § 196, so daß bei Bejahung ein Sachverständigenbeweis entfällt. Wenn die KfH aus eigener Sachkunde entscheiden will, hat sie die Parteien darauf nach § 139 ZPO hinzuweisen, Kissel 6, BVerfG NJW **98**, 2274.

### Achter Titel. Oberlandesgerichte
#### Übersicht

**1** **1) Der Titel regelt den Aufbau und die sachliche Zuständigkeit der OLGe.** Ihre Errichtung und Aufhebung geschieht durch Gesetz, § 1 GVVO, abgedr § 12 GVG Rn 2. Das OLG Berlin führt den Namen KG; es ist, wie alle Berliner Gerichte, zuständig für ganz Berlin, EV Anl I Kap III A Abschn IV Z 3. Den 8. Titel ergänzt § 8 II GVVO (§ 8 I ist gegenstandslos, soweit er nicht durch den Landesgesetzgeber dem G v 26. 5. 72, BGBl 841, angepaßt wird):

*GVVO vom 20. 3. 35 § 8.* II **Die Zahl der Zivil- und Strafsenate bei den Oberlandesgerichten bestimmt der Oberlandesgerichtspräsident; der Reichsminister der Justiz kann ihm hierfür Weisungen erteilen.**

An Stelle des RJM sind die Landesjustizverwaltungen getreten, Kissel § 116 Rn 1. Wegen der Fortgeltung dieser Bestimmung s Üb § 59 Rn 2.

**2** **2) Die Oberlandesgerichte sind in Zivilsachen Berufungs- und Beschwerdegerichte.** An ihre Stelle trat in den **neuen Bundesländern** als Rechtsmittelgericht für Entscheidungen des Kreisgerichts das Bezirksgericht, soweit nicht die Zuständigkeit des Besonderen Senats bei diesem Gericht begründet ist, EV Anl I Kap III Sachgeb A Abschn III Z 1 h (1). Seitdem dort OLGe errichtet worden sind, gilt der 8. Titel mit den Maßgaben der §§ 15–25 RpflAnpG, dazu Bra OLG-NL **95**, 261. Wegen der Möglichkeit, einem Richter ein **weiteres Richteramt** zu übertragen, s § 7 RpflAnpG, abgedr Üb § 22 Rn 2. Näheres bei den einzelnen Vorschriften.

**3** **3) Arbeitsgerichtsbarkeit.** Berufungsgerichte und Beschwerdegerichte sind die Landesarbeitsgerichte, § 8 II u IV ArbGG.

## 115 *Besetzung des Oberlandesgerichts.* **Die Oberlandesgerichte werden mit einem Präsidenten sowie mit Vorsitzenden Richtern und weiteren Richtern besetzt.**

**1** **Vorbem.** In den **neuen Bundesländern** gilt bis zum 31. 12. 99 § 115 iVm § 3 II RpflAnpG idF des ÄndG v 7. 12. 95, BGBl 1590 (abgedr Vorbem § 28 DRiG).

**2** **Erläuterung.** Zur Stellung des Präsidenten gilt das in § 59 Rn 2 Gesagte entsprechend. Neben ihm muß mindestens ein Vorsitzender Richter vorhanden sein; zu dessen Aufgaben s § 21 f Rn 4. Hinsichtlich der Besetzung gilt i ü das in § 59 Rn 3 Gesagte; zur Überbesetzung s § 16 Rn 7. Abgesehen von den neuen Bundesländern, Rn 1, können nur Richter auf Lebenszeit am OLG Richter sein, auch Hilfsrichter, § 28 I DRiG, also nicht Richter auf Probe oder kraft Auftrags, weil eine § 22 V bzw § 59 III entsprechende Bestimmung fehlt, wohl aber abgeordnete Richter, § 37 DRiG, die aber nur mit der sich aus § 29 DRiG ergebenden Beschränkung und nur ausnahmsweise aus zwingenden Gründen verwendet werden dürfen, BGH NJW **85**, 2336 mwN. Ihre Bestellung erfolgt nach § 117. Wegen der Fälle einer unzulässigen Bestellung von Hilfsrichtern siehe § 59 Rn 2; unzulässig ist die Mitwirkung auch dann, wenn der Hilfsrichter zur Beförderung vorgesehen ist und nur wegen einer allgemeinen Beförderungssperre nicht in die Planstelle eingewiesen werden kann, BGH aaO, vgl auch Katholnigg JR **85**, 38.

## 115a (weggefallen)

## 116 *Gliederung.* I ¹**Bei den Oberlandesgerichten werden Zivil- und Strafsenate gebildet.** ²**Bei den nach § 120 zuständigen Oberlandesgerichten werden Ermittlungsrichter bestellt; zum Ermittlungsrichter kann auch jedes Mitglied eines anderen Oberlandesgerichts, das in dem in § 120 bezeichneten Gebiet seinen Sitz hat, bestellt werden.**

II ¹**Durch Anordnung der Landesjustizverwaltung können außerhalb des Sitzes des Oberlandesgerichts für den Bezirk eines oder mehrerer Landgerichte Zivil- oder Strafsenate gebildet und ihnen für diesen Bezirk die gesamte Tätigkeit des Zivil- oder Strafsenats des Oberlandesgerichts oder ein Teil dieser Tätigkeit zugewiesen werden.** ²**Ein auswärtiger Senat für Familiensachen kann für die Bezirke mehrerer Familiengerichte gebildet werden.**

**1** **Vorbem.** In den **neuen Bundesländern** konnten auch über II hinaus auswärtige Senate gebildet werden, EV Anl I Kap III Sachgeb A Abschn III Z 1 n. Vgl iü Üb § 115 Rn 2.

**2** **1) Senate, I.** Die Zahl der Senate bestimmt der OLGPräsident, dem der Landesjustizminister dafür Weisungen erteilen kann, § 8 VO vom 20. 3. 35, abgedruckt Üb § 115, bzw die an deren Stelle getretenen landesrechtlichen Vorschriften, zB JustAG Sachsen, Weber NJW **98**, 1673.

**3** **2) Auswärtige Senate, II.** Ihre Bildung erfolgt auf AnO der Landesjustizverwaltung; vgl auch § 1 VO vom 20. 3. 35, abgedruckt § 12 GVG Rn 2, sowie ErmächtigungsG vom 1. 7. 60, BGBl 481, § 12 GVG

Rn 2 (wegen der Vorschriften der Länder s Schönfelder FN zu § 116 II). Die Außensenate sind Teil des Stammgerichts. Der Eingang eines Schriftsatzes bei letzterem wahrt die Frist für ein vom Außensenat zu entscheidendes Rechtsmittel, ebenso genügt umgekehrt der Eingang eines für das Stammgericht bestimmten Schriftsatzes bei einem Außensenat, Karlsr NJW **84**, 744, § 518 ZPO Rn 6. Ist vereinbart, daß ein Vergleich mit einem bei dem auswärtigen Senat eingehenden Schriftsatz widerrufen werden darf, wahrt der Eingang beim Stammgericht die Widerrufsfrist nicht, BGH NJW **80**, 1753. Bei der Bildung **auswärtiger Senate für Familiensachen** ist nicht auf den Landgerichtsbezirk, sondern auf die Bezirke mehrerer Familiengerichte abzustellen, II 2 (vgl BT-Drs 11/4155 S 14 u 11/8283 zu Art 2 Z 9 a). Für die Entscheidung eines negativen Kompetenzkonflikts gilt § 36 Z 6 ZPO, dazu BayObLGZ **94**, 119.

## 117 *Vertretung.* Die Vorschrift des § 70 Abs. 1 ist entsprechend anzuwenden.

**Vorbem.** Wegen der Rechtslage in den **neuen Bundesländern** s Vorbem § 70. Hier dürfen abw von § 70 II auch nicht auf Lebenszeit berufene Richter zugewiesen werden, EV Anl I Kap III Sachgeb A Abschn III Z 1 d bzw § 3 RpflAnpG.   **1**

**1) Erläuterung.** § 70 I ist entsprechend anwendbar, dh die Vertretung durch Zuweisung eines Richters wird auch beim OLG (BezG) von der Landesjustizverwaltung geregelt, vgl § 70 Rn 1. Da eine Bestimmung in der Art des § 70 II fehlt, dürfen Richter auf Probe oder kraft Auftrags dem OLG (BezG) nicht zugewiesen werden, § 115 Rn 2.   **2**

## 118 (aufgehoben durch § 85 Z 10 DRiG; es gelten die allgemeinen Bestimmungen, § 115 Rn 2)

## 119 *Zuständigkeit in Zivilsachen.* ¹Die Oberlandesgerichte sind in bürgerlichen Rechtsstreitigkeiten zuständig für die Verhandlung und Entscheidung über die Rechtsmittel:
1. der Berufung gegen die Endurteile der Amtsgerichte in den von den Familiengerichten entschiedenen Sachen;
2. der Beschwerde gegen Entscheidungen der Amtsgerichte in den von den Familiengerichten entschiedenen Sachen;
3. der Berufung gegen die Endurteile der Landgerichte;
4. der Beschwerde gegen Entscheidungen der Landgerichte.

II § 23 b Abs. 1, 2 gilt entsprechend.

**Vorbem.** Z 1 u 2 geänd durch Art 4 Z 3 KindRG mWv 1. 7. 98, Einf § 606 Rn 11.   **1**
**B. Neue Bundesländer:** Zum Übergangsrecht nach Errichtung von OLGen s Bra OLG-NL **95**, 261.   **2**

### Gliederung

| | | | |
|---|---|---|---|
| 1) Funktionelle Zuständigkeit | 3–10 | C. Entscheidungen der Landgerichte, Z 3 u 4 | 10 |
| A. Allgemeines, Z 1 u 2 | 3 | | |
| B. Entscheidungen der Familiengerichte, Z 1 u 2 | 4–9 | 2) Weitere Zuständigkeiten | 11 |

**1) Funktionelle Zuständigkeit.** Das OLG ist ausschließlich Rechtsmittelgericht. Für das jeweilige Rechtsmittel gelten die Vorschriften der Prozeßordnung, §§ 511 ff u 567 ff ZPO. Nach ihnen regelt sich die Zulässigkeit des Rechtsmittels im Einzelfall. Soweit es sich um Berufungen handelt, muß die Berufungssumme, § 511 a I ZPO, auch in nichtvermögensrechtlichen Streitigkeiten erreicht sein, § 511 a Rn 4.   **3**

**A. Allgemeines, Z 1 u 2.** Die OLGe sind Berufungsinstanz und Beschwerdeinstanz für Entscheidungen der AGe in den von den FamGer entschiedenen Sachen, also in den Fällen des § 23 b. Näheres s Rn 4–9. Hierin gehören seit dem 1. 7. 98 auch Kindschaftssachen iSv § 640 II ZPO, s die dortigen Erl; wegen des **Übergangsrechts** vgl Einf § 606 ZPO Rn 11–13, wegen des bisherigen Rechts s 56. Aufl § 119 Rn 3.

**B. Entscheidungen der Familiengerichte. a) Endurteile, I Z 1.** Das OLG ist Berufungsinstanz für die von den FamGer entschiedenen Sachen. Bis zum Inkrafttreten des UÄndG (1. 4. 86) hieß es in Z 1 statt dessen „Endurteile der AGe in FamS". Das hatte zu einem Auslegungsstreit geführt: einerseits wurde die Ansicht vertreten, daß hier unter „FamS" jede von einem FamGer entschiedene Sache zu verstehen sei (sog formelle Anknüpfung), vgl Jauernig FamRZ **79**, 97 mwN; andererseits wurde geltend gemacht, daß es nach der damaligen Fassung auf den Gegenstand des Verf, dh auf seine Qualifizierung als FamS iSv § 23 b ankomme (sog materielle Anknüpfung). Die Praxis hatte sich aufgrund der stRspr des BGH seit 1978 für diese Auffassung entschieden, jedoch mit der Maßgabe, daß für die Einlegung des Rechtsmittels die formelle Anknüpfung genügte, daß aber der Sachentscheidung über das Rechtsmittel nur das nach dem Gegenstand des Verf berufene Rechtsmittelgericht treffen durfte, s 56. Aufl. Tragender Grund dieser Rspr war die dadurch herbeigeführte Möglichkeit, Verf über FamS verhältnismäßig schnell einer Entsch durch das für FamS zuständige Gericht zuzuführen, BGH FamRZ **78**, 228.   **4**

Ein Bedürfnis hierfür sieht der Gesetzgeber nicht mehr, weil er davon ausgeht, daß die Abgrenzung der FamS von anderen Verf, § 621 ZPO Rn 9 ff, so weit geklärt sei, daß FamS heute in aller Regel bereits erstinstanzlich durch das FamGer entschieden würden (BT-Drs 10/2888 S 14), krit Jaeger FamRZ **85**, 866.   **5**

Er hat sich deshalb für die sog **formelle Anknüpfung** entschieden und dies durch Änderung der Z 1 u 2 klargestellt. Danach ist immer dann, wenn das AG als FamGer (Abteilung für FamS) entschieden hat, das übergeordnete OLG als Berufungsgericht zuständig, BGH FamRZ 92, 665, NJW 91, 232; eine Berichtigung, § 319 ZPO, ändert daran in aller Regel nichts, BGH FamRZ 94, 1520 u NJW 93, 1400. Bestehen Zweifel, ob das AG als FamGer entschieden hat, kann die Partei nach dem Grundsatz der Meistbegünstigung, Grdz § 511 Rn 28, das Urteil sowohl beim LG als beim OLG anfechten, BGH RR 95, 379 u 380, Schlesw SchlHA 97, 112 (auch zur Verweisung von Rechtsmittelgericht an Rechtsmittelgericht). Zugleich bestimmt die „formelle Anknüpfung" auch darüber, ob beim OLG der FamSenat oder der allgemeine Zivilsenat zur Entscheidung berufen ist, § 119 II iVm § 23 b I 1, BGH FamRZ 89, 166, und zwar auch dann, wenn die Zuständigkeit des FamGer gerügt worden war, Jauernig § 91 V u FamRZ 89, 3 u 88, 1260 gg BGH RR 88, 1221 = FamRZ 88, 608 (Anm Gottwald), Jauernig FamRZ 89, 1, aM ZöGu 7–8 (Aufhebung und einverständliche Abgabe), dagegen zutreffend Rahm VII 18. Vielmehr ist in diesem Fall **wie folgt zu verfahren**, Jauernig FamRZ 89, 2: Hat das FamGer die Sache zu Unrecht als FamS behandelt, muß das OLG den Rechtsstreit an das zuständige Gericht erster Instanz verweisen, und zwar entweder an das LG gemäß §§ 523, 281 ZPO, Stgt FamRZ 92, 1447, oder an das AG gemäß § 539 ZPO (im Ermessen des Gerichts, § 540 ZPO, läßt in diesem Fall nur die Zurückverweisung zu, weil ihm die Sachkompetenz fehlt, Diederichsen NJW 86, 1462, Jaeger FamRZ 85, 867), str, aM Jauernig aaO mwN: auch insoweit Verweisung nach §§ 523, 281 ZPO, offen gelassen BGH aaO. Entsprechend hat das LG als Berufungsgericht die Sache nach §§ 523, 281 ZPO an das FamGer zu verweisen, wenn die Sache als FamS ansieht und demgemäß die Prozeßabteilung des AG zu Unrecht darüber entschieden hat, LG Aachen FamRZ 94, 310. Hat das LG in 1. Instanz entschieden und sieht das OLG (Zivilsenat) die Sache als FamS an, muß sie gemäß §§ 532, 281 ZPO an das AG verwiesen werden, Bergerfurth FamRZ 94, 372. Wenn das FamGer über eine FamS entschieden hat und erstmals in zweiter Instanz ein nicht zu den FamS gehörender Anspruch erhoben wird, so hat das OLG (nach Trennung der Verfahren) die NichtFamS auf Antrag an das zuständige erstinstanzliche Gericht zu verweisen, §§ 523, 281 ZPO, Köln FamRZ 90, 644 mwN; eine Verweisung an das LG als Berufungsgericht scheidet aus, vgl BGH RR 96, 891. In allen Fällen ist das Adressatgericht an die Qualifizierung der Sache durch das Berufungsgericht gebunden, nämlich entweder nach § 281 II ZPO oder entspr § 565 II ZPO, vgl § 538 ZPO Rn 3 (falls nicht sogar „an die zuständige Abteilung des AG" verwiesen wird, dafür BGH FamRZ 78, 876), so daß im Fall der Verweisung an das AG die Sache ggf an die zuständige Abteilung abzugeben ist, Rahm VII 18 (ein negativer Kompetenzkonflikt ist notfalls entspr § 36 Z 6 ZPO vom OLG zu entscheiden). Der sonst zu befürchtende Zuständigkeitswirrwarr, Bosch FamRZ 86, 819, wird damit jedenfalls im Verhältnis Rechtsmittelgericht/Erstgericht vermieden.

**7** Dieser umständliche Weg wird in der Praxis allerdings nicht oft beschritten werden müssen. Nach § 549 II ZPO darf der BGH überhaupt nicht prüfen, ob eine FamS vorliegt oder nicht, BGH RR 93, 1154, so daß eine Aufhebung und Zurückverweisung aus diesem Grunde ausscheidet (eine Ausnahme gilt nur bei fehlender Qualifizierung durch das OLG, BGH NJW 88, 2380). Beim OLG und LG ist die Prüfung insoweit nicht beseitigt, wohl aber stark eingeschränkt: nach § 529 III ZPO bedarf es dazu einer Rüge, die schon in 1. Instanz erhoben werden muß, es sei denn, die Nichterhebung wird genügend entschuldigt, dazu BGH RR 93, 1282, § 529 Rn 12. In aller Regel wird eine Aufhebung und Zurückverweisung wegen fehlender Sachkompetenz des Erstgerichts also nur dann vorkommen, wenn der Streit darüber schon in 1. Instanz geführt worden ist und in 2. Instanz fortgesetzt wird; daß auf diese Weise in Grenzfällen die Entsch einer FamS durch das LG oder die Prozeßabteilung des AG nicht mehr korrigiert werden kann, wird hingenommen werden können. Schwerer wiegt der Umstand, daß die formelle Anknüpfung dazu führt, daß die Qualifizierung eines Streits als FamS durch das OLG nach § 621 d ZPO zum Ausschluß der zuständigkeitsfreien Wertrevision in vermögensrechtlichen Angelegenheiten führt, BGH RR 93, 1154, sich also zum Nachteil einer Partei auswirkt, Diederichsen NJW 86, 1463; diese Folge ist verfassungsrechtlich nicht zu beanstanden und sollte für die Parteien Anlaß sein, die Qualifizierung als FamS nicht durch Rügeverzicht selbst herbeizuführen.

Über die Berufung entscheidet der FamSenat, II, vgl unten Rn 9.

**8 b) Andere Entscheidungen, I Z 2.** Das OLG ist ferner Beschwerdeinstanz für Entscheidungen des FamGer. Dies gilt auch für Beschwerden gegen Endentscheidungen, § 621 e ZPO; wegen der Auswirkungen der formellen Anknüpfung in diesen Fällen gilt das zu a) Gesagte; § 621 e IV ZPO verweist auf § 529 III ZPO und wiederholt insoweit die Regelung in § 549 II ZPO. Über die Beschwerde entscheidet der FamSenat, II, vgl unten Rn 9. Die Zuständigkeit für die Beschwerde gilt auch für KostenS auf diesen Gebieten, vgl Mü NJW 71, 1321, Hamm FamRZ 72, 150, Stgt Just 74, 182, Kblz NJW 74, 2055 (§ 16 ZuSEG) für Kindschaftssachen, BGH FamRZ 78, 585, Kblz DAVorm 78, 276, KG FamRZ 78, 428 (§ 19 BRAGO) für FamS, nicht aber für Kosten der Beratungshilfe, BGH NJW 85, 2537. Das OLG ist Beschwerdeinstanz überhaupt in allen Nebenverfahren und für alle Nebenentscheidungen. In Bay geht die Beschwerde nicht an das ObLG, sondern an das zuständige OLG, BayObLG FamRZ 78, 354.

8. Titel. Oberlandesgerichte **§§ 119–122 GVG**

Derselbe Rechtsmittelzug gilt in Angelegenheiten, die nach FGG vor das FamGer gehören, § 64 k III 1 FGG (abgedr bei § 621 a ZPO), also in den unabhängig von einer EheS anhängigen FamS iSv § 23 b I 2 Z 2–4, 7, 8 u 10.

**c) Familiensenat, II.** Für die Entsch nach Z 1 u 2 ist bei jedem OLG entspr § 23 b mindestens ein **9** FamSenat zu bilden, und zwar nach Maßgabe des § 23 b II. Die Zuweisung anderer Geschäfte an den FamSenat ist zulässig, str. Für die Abgabe von FamS bei Bildung mehrerer FamSenate gilt § 23 b II 2 entspr; näheres s dort Rn 9. Werden (unzulässigerweise) NichtFamS und FamS im Verhältnis von Haupt- und Hilfsantrag geltend gemacht, so hat zunächst der für den Hauptantrag zuständige Senat zu entscheiden; erst wenn und soweit der Hauptantrag abgewiesen ist, kann das Verf wegen des Hilfsanspruchs abgegeben werden, BGH NJW 81, 2417 mwN.

Ein Streit zwischen FamSenat und ZivSenat ist entspr § 36 I Z 6 ZPO zu entscheiden, § 36 ZPO Rn 24 ff.

**C. Entscheidungen der Landgerichte, I Z 3 u 4.** Das OLG ist ferner Berufungs- und Beschwerde- **10** instanz für alle Entsch des LG, §§ 511, 568 ZPO. Wegen der Auswirkungen einer erstinstanzlichen Endentscheidung des LG in einer FamS s oben Rn 6; entspr gilt in LandwS, BGH RR **92**, 1152. Berufungsentscheidungen des LG sind in jedem Fall einer Anfechtung entzogen.

**2) Weitere Zuständigkeiten des OLG** (Auswahl): **a)** Bestimmung des zuständigen Gerichts, § 36 ZPO, **11** **b)** Entscheidung über die Ablehnung eines Richters, wenn das LG beschlußunfähig wird, § 45 I ZPO; **c)** (entfallen) **d)** Entscheidung über die Beschwerden gegen Verweigerung der Rechtshilfe, § 159; **e)** Entscheidung über die Beschwerden bei sitzungspolizeilichen Ordnungsmitteln, § 181 III; **f)** Entscheidung über die weitere Beschwerde in Konkurs- und Zwangsversteigerungssachen; **g)** Abberufung eines Handelsrichters, § 113 II; **h)** weitere Beschwerde in FGGSachen, § 28 FGG; **i)** Entscheidung über Rechtsmittel gegen Entscheidungen der LandwirtschGerichte, § 2 LwVG, BGH RR **92**, 1152; **k)** Entscheidung über sofortige Beschwerden in Vertragshilfesachen, sofern das LG in 1. Instanz entschieden hatte, § 18 II VertragshilfeG vom 26. 3. 52, BGBl 198; **l)** 2. Instanz in Binnenschiffahrtssachen, § 11 Gesetz vom 27. 9. 52, BGBl 641; **m)** gerichtliche Entscheidungen über die Rechtmäßigkeit von Justizverwaltungsakten im Rahmen von § 23 EGGVG, s dort; **n)** in Entschädigungssachen, § 208 BEG; **o)** Entscheidung üb sofortige Beschwerden gegen Entscheidungen der Kammer für Wertpapierbereinigung im Einspruchsverfahren, § 34 I WertpapierbereinigungsG vom 19. 8. 49, WiGBl 295, ÄndG v 29. 3. 51, BGBl 211; **p)** Entscheidung über sofortige Beschwerden gemäß § 58 III DM-BilanzG; **q)** Entscheidung über sofortige weitere Beschwerden nach § 6 III der 40. DVO UmstellungsG; **r)** Berufungsinstanz in Baulandsachen, § 229 BauGB (Senat für Baulandsachen); Besetzung mit zwei Richtern des OLG (einschließlich des Vorsitzenden) und einem hauptamtlichen Richter eines OVG, § 229 I 1 BauGB, auch in Beschwerdesachen; die Landesregierungen können die Entscheidung einem OLG für mehrere OLG-Bezirke zuweisen, § 229 II BauGB; **s)** Beschwerde (auch gegen Einspruchsentscheid der Kartellbehörde), Festsetzung einer Geldbuße, Berufung in bürgerlichen Streitigkeiten nach GWB, vorbei die Entscheidung durch den Kartellsenat ergeht, § 92 GWB. Kartellsachen, in denen die OLGe ausschließlich zuständig sind, können die Landesregierungen einem OLG zuweisen, § 93 GWB, so **Bay** VO v 16. 12. 57, *GVBl* 324, **NRW** VO v 7. 1. 58, *GVBl* 17, **Nds** VO v 15. 2. 58, *GVBl*, **SchlH** VO v 11. 2. 58, *GVBl* 118, **BaWü** VO v 17. 3. 58, *GVBl* 102, **RhldPf** LVO v 22. 10. 59, *GVBl* 215; wegen der Voraussetzungen für die Zuständigkeit des gemeinsamen OLG in diesen Fällen s BGH **49**, 33, Celle MDR **73**, 146 und NdsRpfl **77**, 187, Mü LS MDR **82**, 62; **t)** Beschwerdeinstanz nach § 12 AVAG, Schlußanh V D; **u)** Entscheidung nach § 4 AusfG zum EuSorgeRÜbk, Schlußanh V A 3; **v)** Erlaß eines Rechtsentscheids in Mietesachen, § 541 ZPO.

# 120, 121 (betreffen Strafsachen)

**122** *Besetzung der Senate.* ¹Die Senate der Oberlandesgerichte entscheiden, soweit nicht nach den Vorschriften der Prozeßgesetze an Stelle des Senats der Einzelrichter zu entscheiden hat, in der Besetzung von drei Mitgliedern mit Einschluß des Vorsitzenden.

II (betrifft Strafsachen).

**Vorbem.** In den **neuen Bundesländern** entschied, solange dort keine OLGe bestanden (Üb § 115 **1** Rn 2), die Zivilsenate des Bezirksgerichts in Handelssachen durch einen Richter und zwei ehrenamtliche Richter, soweit nach GVG/ZPO das AG erste Instanz wäre, im übrigen durch drei Richter, EV Anl I Kap III Sachgeb A Abschn III Z 1 j (2) u (3).

**1) Besetzung.** Die Zahl der Senatsmitglieder, die sämtlich Richter auf Lebenszeit sein müssen, § 115 **2** Rn 2, ist auf mindestens 3 festgelegt; über ihre Heranziehung befindet der Vorsitzende, § 21 g. Es dürfen aber nicht mehrere selbständige Abteilungen gebildet werden, § 59 Rn 4. § 122 betrifft die Beratung und Entscheidung. Wird eine Entscheidung, ob nun in Gestalt eines förmlichen Beschlusses oder der Entschließung auf eine Gegenvorstellung (soweit diese statthaft ist, Üb § 567 ZPO Rn 4–6, zB mit dem Ziel, den Streitwert herabzusetzen), nur von 2 Mitgliedern getroffen, so liegt darin eine Amtspflichtverletzung, BGH **36**, 153. Der Vorsitzende muß einen richtunggebenden Einfluß ausüben, er muß also mindestens 75% der Aufgaben eines Vorsitzenden und erheblich mehr als 50% der rein richterlichen Spruchtätigkeit selbst wahrnehmen; daran kann auch die Zuweisung weiterer Dienstaufgaben (zB als Vorsitzender eines Prüfungsamts) nichts ändern, BGH GZS **37**, 210. Das gilt auch für den OLGPräsidenten, der sich einem Senat angeschlossen hat, BGH **49**, 64. Iü s wegen der sog Überbesetzung § 16 Rn 7, § 59 Rn 3. Über den Einzelrichter s § 524 ZPO. Bei den **Landesarbeitsgerichten** entscheiden der Vorsitzende und 2 ehrenamtliche Richter, § 35 II ArbGG.

## Neunter Titel. Bundesgerichtshof

### Einführung

**1** 1) **Bundesgerichtshof** ist der Name des in Art 96 Abs I GG vorgesehenen Obersten Gerichtshofs des Bundes für das Gebiet der ordentlichen Gerichtsbarkeit. Er ist die Revisionsinstanz gegen Urteile, soweit diese revisionsfähig sind, §§ 133 GVG; 546, 547 ZPO, Beschwerdegericht ist er nur ausnahmsweise, §§ 17 a IV u 133 Z 2 GVG, §§ 41 p, 42 m PatG, § 7 II InsO. Eine landesgesetzliche Beeinflussung der Zuständigkeit des BGH kann aufgrund von § 3 EGGVG stattfinden, vgl § 15 EGZPO; eine allgemeine Möglichkeit besteht aufgrund des Art 99 GG, vgl auch BGH NJW **62**, 2162 (für § 28 FGG). Wegen des Gemeinsamen Senats der obersten Gerichtshöfe s das Gesetz vom 19. 6. 68, BGBl 661, Anh § 140.

Die Hauptaufgabe des BGH als Rechtsmittelgericht besteht darin, für die Rechtseinheit und die Voraussehbarkeit der Rechtsanwendung zu sorgen. An seine Entscheidungen sind die Gerichte, abgesehen von Zurückverweisungen, Entscheidungen auf Vorlage u dgl, nicht gebunden. Die Rechtssicherheit gebietet es jedoch, der Rspr des BGH zu folgen, wenn nicht gegen sie schwerwiegende rechtliche Bedenken bestehen, vgl LAG Mainz NZA **87**, 535.

**2** 2) Revisionsgericht ist auch das **Bayerische Oberste Landesgericht**, falls für die Entscheidung nicht Bundesrecht in Betracht kommt, § 8 EGGVG, Art 21 BayAGGVG, abgedr Schlußanh I B. Bei ihm wird die Revision gegen die Urteile sämtlicher bay OLGe eingelegt, § 7 EGZPO.

**3** 3) Das **Bundesarbeitsgericht** ist Revisionsgericht, §§ 8 III u 72 ArbGG, sowie Rechtsbeschwerdegericht, §§ 8 V u 92 ArbGG; sein Sitz ist Kassel, § 40 I ArbGG.

## 123 *Sitz.* Sitz des Bundesgerichtshofes ist Karlsruhe.

**1** 1) **Erläuterung** (vgl Pfeiffer NJW **99**, 2617). Der Sitz des BGH ist durch einfaches Gesetz (Art 1 Z 52 VereinhG) bestimmt worden, kann also auf dem gleichen Wege geändert werden. Zum Sitz des BGH im vereinten Deutschland s Wassermann NJW **90**, 2530; ein Strafsenat ist seit 1997 in Leipzig tätig.

## 124 *Besetzung des Bundesgerichtshofes.* Der Bundesgerichtshof wird mit einem Präsidenten sowie mit Vorsitzenden Richtern und weiteren Richtern besetzt.

**1** 1) **Erläuterung.** Die Vorschrift entspricht der Regelung für LG und OLG, §§ 59 I u 115. Wegen der Vertretung des Präsidenten vgl § 21 h. Die entsprechende Regelung für das **Bundesarbeitsgericht**, das unter Mitwirkung von ehrenamtlichen Richtern entscheidet, trifft § 41 ArbGG.

## 125 *Ernennung der Mitglieder des Bundesgerichtshofes.* ¹Die Mitglieder des Bundesgerichtshofes werden durch den Bundesminister der Justiz gemeinsam mit dem Richterwahlausschuß gemäß dem Richterwahlgesetz berufen und vom Bundespräsidenten ernannt.

II Zum Mitglied des Bundesgerichtshofes kann nur berufen werden, wer das fünfunddreißigste Lebensjahr vollendet hat.

**1** 1) **Voraussetzung der Berufung,** II, ist außer denen für eine Richterberufung überhaupt, § 9 DRiG, die Vollendung des 35. Lebensjahres. Die Befähigung zum Richteramt kann in jedem deutschen Land erworben sein, § 6 II DRiG. Im Zeitpunkt der Wahl braucht ein Richteramt nicht bekleidet zu sein.

**2** 2) **Berufung,** I. Das Nähere regelt das Richterwahlgesetz vom 25. 8. 50, BGBl 368. Danach haben sowohl der BJM wie die Mitglieder des Richterwahlausschusses, der aus den Landesjustizministern und außerdem aus Bundestagsabgeordneten besteht, ein Vorschlagsrecht, § 10 des Gesetzes. Stimmt der BJM der Wahl zu, so hat er die Ernennung beim Bundespräsidenten zu beantragen, § 13 des Gesetzes.

**3** 3) **Ernennung,** I. Sie erfolgt durch den Bundespräsidenten, Art 60 I GG, der aber durch die Berufung nicht gebunden ist, andererseits auch keinen nicht Berufenen ernennen darf. Der BJM muß gegenzeichnen, Art 58 GG.

**4** 4) **Entlassung.** Wegen des Eintritts in den Ruhestand s § 48 DRiG, abgedr Schlußanh I A. Wegen zwangsweiser Entlassung, zwangsweiser Versetzung in den Ruhestand und der Versetzung in ein anderes Amt vgl Art 98 II GG.

**5** 5) Für die Richter am **Bundesarbeitsgericht** gilt das gleiche, § 42 ArbGG; zuständiger Minister ist der Bundesminister für Arbeit, der im Benehmen mit dem BJM entscheidet.

## 126–129 (weggefallen)

## 130 *Senate des Bundesgerichtshofes.* ¹ ¹Bei dem Bundesgerichtshof werden Zivil- und Strafsenate gebildet und Ermittlungsrichter bestellt. ²Ihre Zahl bestimmt der Bundesminster der Justiz.

**II** Der Bundesminister der Justiz wird ermächtigt, Zivil- und Strafsenate auch außerhalb des Sitzes des Bundesgerichtshofes zu bilden.

**1) Erläuterung** (Pfeiffer NJW 99, 2617). Der BGH hat zZt 12 Zivilsenate, 5 Strafsenate, einer davon in **1** Leipzig, den Kartellsenat, § 95 GWB, das Dienstgericht des Bundes sowie 6 Sondersenate, nämlich für Anwalts-, Notar-, Patentanwalts-, Landwirtschafts-, Wirtschaftsprüfer- und Steuerberatersachen; das BArbG hat zZt 10 Senate. Die Geschäftsverteilungspläne sind abgedr in der Beilage zu Heft 13/99 der NJW.

**131** (aufgehoben durch Art II Z 39 G vom 26. 5. 72, BGBl 841)

**132** *Große Senate. Vereinigte Große Senate.* ¹ ¹Beim Bundesgerichtshof werden ein Großer Senat für Zivilsachen und ein Großer Senat für Strafsachen gebildet. ²Die Großen Senate bilden die Vereinigten Großen Senate.

**II** Will ein Senat in einer Rechtsfrage von der Entscheidung eines anderen Senats abweichen, so entscheiden der Große Senat für Zivilsachen, wenn ein Zivilsenat von einem anderen Zivilsenat oder von dem Großen Zivilsenat, der Große Senat für Strafsachen, wenn ein Strafsenat von einem anderen Strafsenat oder von dem Großen Senat für Strafsachen, die Vereinigten Großen Senate, wenn ein Zivilsenat von einem Strafsenat oder von dem Großen Senat für Strafsachen oder ein Strafsenat von einem Zivilsenat oder von dem Großen Senat für Zivilsachen oder ein Senat von den Vereinigten Großen Senaten abweichen will.

**III** ¹Eine Vorlage an den Großen Senat oder die Vereinigten Großen Senate ist nur zulässig, wenn der Senat, von dessen Entscheidung abgewichen werden soll, auf Anfrage des erkennenden Senats erklärt hat, daß er an seiner Rechtsauffassung festhält. ²Kann der Senat, von dessen Entscheidung abgewichen werden soll, wegen einer Änderung des Geschäftsverteilungsplanes mit der Rechtsfrage nicht mehr befaßt werden, tritt der Senat an seine Stelle, der nach dem Geschäftsverteilungsplan für den Fall, in dem abweichend entschieden wurde, zuständig wäre. ³Über die Anfrage und die Antwort entscheidet der jeweilige Senat durch Beschluß in der für Urteile erforderlichen Besetzung; § 97 Abs. 2 Satz 1 des Steuerberatungsgesetzes und § 74 Abs. 2 Satz 1 der Wirtschaftsprüferordnung bleiben unberührt.

**IV** Der erkennende Senat kann eine Frage von grundsätzlicher Bedeutung dem Großen Senat zur Entscheidung vorlegen, wenn das nach seiner Auffassung zur Fortbildung des Rechts oder zur Sicherung einer einheitlichen Rechtsprechung erforderlich ist.

**V** ¹Der Große Senat für Zivilsachen besteht aus dem Präsidenten und je einem Mitglied der Zivilsenate, der Große Senat für Strafsachen aus dem Präsidenten und je zwei Mitgliedern der Strafsenate. ²Legt ein anderer Senat vor oder soll von dessen Entscheidung abgewichen werden, ist auch ein Mitglied dieses Senats im Großen Senat vertreten. ³Die Vereinigten Großen Senate bestehen aus dem Präsidenten und den Mitgliedern der Großen Senate.

**VI** ¹Die Mitglieder und die Vertreter werden durch das Präsidium für ein Geschäftsjahr bestellt. ²Dies gilt auch für das Mitglied eines anderen Senats nach Absatz 5 Satz 2 und für seinen Vertreter. ³Den Vorsitz in den Großen Senaten und den Vereinigten Großen Senaten führt der Präsident, bei Verhinderung das dienstälteste Mitglied. ⁴Bei Stimmengleichheit gibt die Stimme des Vorsitzenden den Ausschlag.

**Vorbem. A. Neufassung** durch Art 2 Z 11 RpflVereinfG, in Kraft ab 1. 1. 92, Art 11 I des Gesetzes **1** (Begr: BT-Drs 11/3621 S 29 u S 54). Sie gilt auch für anhängige Verf, BSG NZS **92**, 39.

**B.** In der **Arbeitsgerichtsbarkeit** gilt für den Großen Senat des BAG § 45 ArbGG idF des Art 3 Z 1 RpflVereinfG, in Kraft ab 1. 1. 92, Art 11 I des Gesetzes.

**1) Allgemeines.** Bei allen obersten Bundesgerichten bestehen **Große Senate**, um die Einheitlichkeit der **2** Rspr zu sichern und für die Rechtsfortbildung innerhalb des Gerichts zu sorgen. Die jeweils maßgeblichen Regelungen unterschieden sich bis zum 31. 12. 91 voneinander. Das RpflVereinfG hat diese Unterschiede, soweit sie nicht von der Sache her geboten sind (zB wegen der Mitwirkung ehrenamtlicher Richter), beseitigt und zugleich Unklarheiten und Unzulänglichkeiten der bisherigen Vorschriften behoben. Seit dem 1. 1. 92 gibt es demgemäß für alle Gerichtszweige im wesentlichen übereinstimmende Vorschriften über die Großen Senate (§§ 132 GVG, 45 ArbGG, 11 VwGO, 11 FGO, 42 SGG), vgl Kissel NJW **91**, 951.

Die **Regelung für den BGH**, §§ 132 und 138, faßt die bisherigen Bestimmungen zusammen, so daß die **3** §§ 136 und 137 aufgehoben worden sind. Sie trägt der Besonderheit Rechnung, daß beim BGH sowohl Zivilsenate als auch Strafsenate bestehen, vgl § 130. Dementsprechend werden ein Großer Senat für Zivilsachen und ein Großer Senat für Strafsachen gebildet, I 1; die beiden Großen Senate bilden die Vereinigten Großen Senate, I 2, die die Aufgaben des Großen Senats bei Beteiligung sowohl von Zivil- als auch von Strafsenaten wahrnehmen. Die Zuständigkeiten und das Verfahren sind in II–IV sowie in § 138 geregelt.

**2) Vorlage bei Abweichung, II u III** **4**

**A. Voraussetzungen, II.** Will ein Senat des BGH in einer Rechtsfrage von der Entscheidung eines anderen abweichen, so hat er die **Entscheidung des Großen Senats oder der Vereinigten Großen Senate** einzuholen, je nachdem, von welchem Senat abgewichen werden soll. „Senat" in diesem Sinne sind auch die Großen Senate und die Vereinigten Großen Senate. Für die Vorlagepflicht ist es ohne Bedeutung, ob die andere Entscheidung ein Urteil oder ein Beschluß war.

Albers

## GVG § 132

Gerichtsverfassungsgesetz

5   Eine **Abweichung** liegt nicht nur bei der Auslegung derselben Gesetzesstelle, sondern auch dann vor, wenn der gleiche Rechtssatz, der in mehreren Vorschriften niedergelegt ist, unterschiedlich ausgelegt wird, BGH **9**, 179. Die Abweichung muß für die frühere und die beabsichtigte Entscheidung (nicht notwendigerweise für das Ergebnis) entscheidungserheblich sein, BGH (VGrS) NJW **94**, 1735 mwN. Keine Abweichung iSv II (entspr seinem Zweck, widersprechende Entscheidungen zu vermeiden) liegt vor, wenn derselbe Senat seine Ansicht wechseln will oder der andere Senat seine Ansicht aufgegeben hat, RGSt **53**, 190, oder nicht mehr besteht, BGH (GrS) NJW **86**, 1766 mwN; das gleiche gilt, wenn er seine Ansicht nur beiläufig geäußert hat, RG **134**, 22, oder wenn ein anderer Senat für das betreffende Sachgebiet zuständig geworden ist und nun abweichen will, auch wenn die Rechtsfrage ihrer Art nach auch einmal bei Sachen eines anderen Senats von Bedeutung sein kann, was nie auszuschließen ist, BGH **28**, 29. Wohl aber besteht die Vorlagepflicht dann, wenn ein Senat von der Ansicht eines anderen ohne Vorlegung abgewichen ist und nunmehr ein dritter Senat sich der Ansicht des ersten anschließen will, da auch dann zwei Ansichten bestehen bleiben, BGH JZ **56**, 331, und ebenso dann, wenn der dritte Senat dem abgewichenen Senat folgen will, BFH BStBl **77** II 247. Eine **Vorlage entfällt**, wenn ein Senat sich (abweichend von der früher ergangenen Entscheidung eines anderen Senats) dem GmS, Anh § 140, anschließen will, Müller-Helle NJW **73**, 1063, ferner dann, wenn der Senat in der Auslegung einer Norm des Gemeinschaftsrecht dem EuGH folgen will, BSG NJW **74**, 1063.

Das Unterlassen einer gebotenen Vorlage kann Art 101 I 2 GG verletzen, § 16 Rn 5, Leisner NJW **89**, 2446, Kothe DÖV **88**, 284.

6   **B. Verfahren, III. a) Anfrage.** Bei einer beabsichtigten Abweichung ist eine **Vorlage nach II** (nicht eine Vorlage wegen Grundsätzlichkeit, IV, BGH GSZ NJW **95**, 664) **nur zulässig, wenn der Senat, von dessen Entscheidung abgewichen werden soll, auf Anfrage des erkennenden Senats erklärt hat, daß er an seiner Rechtsauffassung festhält, III 1.** Handelt es sich um eine Abweichung von der Rspr mehrerer Senate, sind alle zu befragen, BT-Drs 11/3621 S 54. Kann der andere Senat (bzw einer von mehreren zu befragenden Senaten) **mit der Rechtsfrage nicht mehr befaßt werden, weil er wegen einer Änderung des Geschäftsverteilungsplanes für das betreffende Sachgebiet nicht mehr zuständig ist, so tritt an seine Stelle der jetzt dafür zuständige Senat, III 2.** Bei Zweifeln über die Zuständigkeit entscheidet das zur Auslegung der Geschäftsverteilung berufene Präsidium, BT-Drs 11/3621 S 54, § 21 e Rn 13. **b) Einzelheiten.** Über die Anfrage und die Antwort entscheidet der jeweilige Senat durch **Beschluß in der für Urteile erforderlichen Besetzung, III 3 1. Halbsatz.** Sondervorschriften gelten für den Senat für Steuerberater- und Steuerbevollmächtigtensachen, § 97 II 1 SteuerberatungsG, und für den Senat für Wirtschaftsprüfersachen, § 74 II 1 WirtschaftsprüferO, s **III 3 2. Halbsatz.** Gibt der befragte Senat seine Rechtsauffassung auf, darf der erkennende Senat ohne Vorlage über die Rechtsfrage in seinem Sinne entscheiden. Hält der befragte Senat an seiner Ansicht fest, hat der erkennende Senat die Sache dem zuständigen Großen Senat vorzulegen. Bis zur Vorlage an den GrS sind die anderen Senate nicht gehindert, an ihrer Rspr festzuhalten, BGH RR **94**, 1092, und auch nicht verpflichtet, dort anhängige Verf zu derselben Rechtsfrage auszusetzen, BGH NJW **94**, 2299.

7   **3) Vorlage wegen grundsätzlicher Bedeutung, IV. Der erkennende Senat kann eine Frage von grundsätzlicher Bedeutung dem für ihn zuständigen Großen Senat vorlegen, wenn dies nach seiner Auffassung zur Fortbildung des Rechts oder zur Sicherung einer einheitlichen Rspr erforderlich ist.** Die Vorlage steht im Ermessen des Senats, Kissel 38, Katholnigg 14, aM Prütting ZZP **92**, 278. Es muß sich um eine Rechtsfrage handeln, die für die Entscheidung der Sache erheblich ist, BGH (GrS) NJW **86**, 1765 mwN; eine Meinungsverschiedenheit mit anderen Senaten braucht nicht vorzuliegen. Dazu, wann eine Frage grundsätzliche Bedeutung hat, s § 546 ZPO Rn 10 u 11.

Ob die Vorlage aus den im Gesetz genannten Gründen erforderlich ist, entscheidet allein der erkennende Senat („nach seiner Auffassung"), ohne daß der Große Senat dies nachzuprüfen hätte, Kissel 38, str, Katholnigg 15 mwN (auch eine Überprüfung auf Ermessensfehler scheidet aus, aM Kissel u Katholnigg aaO, BAG GS NZA **92**, 749); das gleiche gilt für die Entscheidungserheblichkeit der Frage, Bettermann DVBl **82**, 955, aM BGH MDR **93**, 777. Dagegen wird durch die jetzige, gegenüber § 137 aF veränderte Fassung („kann ... vorlegen" statt „kann ... herbeiführen") klargestellt, daß der **Große Senat selbständig nachprüft**, ob es sich um eine Frage von grundsätzlicher Bedeutung handelt, BT-Drs 11/3621 S 54, Kissel 38 mwN, str. Verneint er diese Frage, lehnt er die Entscheidung ab. Kommt er zu dem Ergebnis, daß eine Abweichung iSv II vorliegt, gilt das gleiche, da dann das besondere Verfahren nach II u III durchzuführen ist, BGH (GrS) NJW **86**, 1765. Entfällt die Entscheidungserheblichkeit, zB durch prozessuale Ereignisse wie ein Anerkenntnis iSv § 307, endet die Zuständigkeit, BAG NJW **88**, 990.

8   Die Vorlage nach III (mit der Bindungswirkung für den erkennenden Senat, § 138 I 3) verstößt nicht gegen die Unabhängigkeit des Richters, Art 97 GG, BGH **3**, 315. Mit Rücksicht auf die Bindungswirkung, die dem erkennenden Senat den unmittelbaren Weg zum BVerfG verschließen würde, ist **keine Vorlage an den Großen Senat über Fragen der Vereinbarkeit einer Vorschrift mit dem GG** zulässig, BVerfG NJW **57**, 625, BVerwG NJW **62**, 459.

9   **4) Besetzung und Bestellung der Mitglieder**

**A. Besetzung der Großen Senate und der Vereinigten Großen Senate, V.** Die vom bisherigen Recht zT abweichende Regelung stellt sicher, daß alle Senate in den Großen Senaten vertreten sind, Kissel NJW **91**, 951. Kraft Amtes gehört ihnen der Präsident des BGH an; er wird durch das dienstälteste Mitglied vertreten, VI 3. Für jedes sonstige Mitglied wird ein **Vertreter** bestellt, VI 2.

**B. Bestellung der Mitglieder, VI.** Die Mitglieder und ihre Vertreter werden entspr Art 101 I 2 GG vom **Präsidium** des BGH für jeweils ein Geschäftsjahr bestellt, VI 1; ergänzend gilt § 21 e III u VIII entspr, s die dortigen Erläuterungen.

10   **5) Verfahren.** Den **Vorsitz** in jedem der Großen Senate führt der Präsident des BGH, bei seiner Verhinderung das dienstälteste Mitglied des jeweiligen Großen Senats, VI 3. Bei **Stimmengleichheit** gibt die

9. Titel. Bundesgerichtshof  §§ 132–138 GVG

Stimme des Vorsitzenden den Ausschlag, VI 4. Das Verfahren ist iü **in § 138 geregelt**, s die dortigen Erläuterungen.

**133** *Zuständigkeit in Zivilsachen.* In bürgerlichen Rechtsstreitigkeiten ist der Bundesgerichtshof zuständig für die Verhandlung und Entscheidung über die Rechtsmittel:
1. der Revision gegen die Endurteile der Oberlandesgerichte sowie gegen die Endurteile der Landgerichte im Falle des § 566 a der Zivilprozeßordnung;
2. der Beschwerde gegen Entscheidungen der Oberlandesgerichte in den Fällen des § 519 b Abs. 2, des § 542 Abs. 3 in Verbindung mit § 341 Abs. 2, des § 568 a und des § 621 e Abs. 2 der Zivilprozeßordnung.

**Vorbem.** In Sachen aus den **neuen Bundesländern** entscheidet der BGH über Revisionen und 1 Beschwerden auch insoweit, als das BezG an Stelle des OLG entschieden hat, EV Anl I Kap III Sachgeb A Abschn III Z 1 h (1) u (2) iVm Z 5 d.

1) **Zuständigkeit** (Pfeiffer NJW **99**, 2617). Wegen der Revisibilität der Urteile der OLGe s §§ 545 ff 2 ZPO, der Urteile der LGe im Falle der Sprungrevision § 566 a I ZPO. Beschwerdegericht im Rahmen der ZPO ist der BGH nur in den in Z 2 genannten Fällen der §§ 519 b II, 542 III iVm § 341 II, 568 a u 621 e II. Wird eine unzulässige Beschwerde an den BGH beim OLG eingelegt und zurückgenommen, so ist sie zur Kostenentscheidung nicht dem BGH vorzulegen; das OLG hat über die Kosten zu entscheiden, BGH **LM** § 567 Nr 2. Derselbe Rechtsmittelzug gilt auch in Angelegenheiten, die **nach FGG in 1. Instanz vor das FamGer gehören**, § 64 (bis 31. 12. 91: § 64 k) III 1 FGG, abgedr bei § 621 a ZPO, also in den unabhängig von einer EheS anhängigen FamS iSv § 23 b I 2 Z 2–4 u 7, in denen nach § 621 e II ZPO eine weitere Beschwerde zulässig ist. Anders als nach § 119 II ist die Bildung eines besonderen FamSenats entsprechend § 23 b nicht vorgeschrieben, weil erwartet wird, daß das Präsidium des BGH die entsprechende Erledigung von sich aus sicherstellt; das ist durch Bildung eines FamSenats geschehen. Wegen der Zuständigkeit des **BayObLG** s die Erläuterungen zu § 7 EGZPO.

2) **Weitere Zuständigkeiten. a)** Entscheidung nach § 17 a IV; **b)** Entscheidung bei Verweigerung der 3 Rechtshilfe gemäß § 159; **c)** Bestimmung des zuständigen Gerichts gemäß § 36 ZPO, soweit nicht für Bayern das BayObLG zuständig ist, § 9 EGZPO; **d)** Entscheidung über die Ablehnung eines Richters des OLG, wenn dieses beschlußunfähig ist, § 45 I ZPO; **e)** in Patentsachen für die Entscheidung über Berufungen gegen Entscheidung des Patentgerichts in Patentnichtigkeitssachen, § 42 PatG, desgleichen im Rechtsbeschwerdeverfahren gegen Beschlüsse der Beschwerdesenate des Patentgerichts, § 41 p, und im Beschwerdeverfahren gegen die Urteile des Patentgerichts über den Erlaß einstw Vfgen im Zwangslizenzerteilungsverfahren, § 42 m PatG. Zuständigkeiten des BGH bestehen ferner **f)** auf dem Gebiet der freiwilligen Gerichtsbarkeit, §§ 28, 30 FGG, **g)** für die Rechtsbeschwerde in Landwirtschaftssachen, Gesetz vom 21. 7. 53, BGBl 667, § 24, **h)** für die Revision in Binnenschiffahrtssachen, § 9 II des Gesetzes vom 27. 9. 52, BGBl 641; **i)** in Baulandsachen, § 230 BauGB, **k)** in Kartellsachen, § 95 GWB; **l)** in Entschädigungssachen, § 208 BEG; **m)** bei Revision in Anwaltssachen (Anwaltssenat) nach BRAO, vgl BRAO **34**, 382; **n)** Rechtsbeschwerdeinstanz nach § 18 AVAG, Schlußanh V D. Wegen der Möglichkeit der **Übertragung von Zuständigkeiten** durch die Landesgesetzgebung s § 3 EGGVG.

**134, 134 a** (aufgehoben)

**135** (betrifft Strafsachen)

**136, 137** (aufgehoben)

**138** *Verfahren vor den Großen Senaten.* I ¹Die Großen Senate und die Vereinigten Großen Senate entscheiden nur über die Rechtsfrage. ²Sie können ohne mündliche Verhandlung entscheiden. ³Die Entscheidung ist in der vorliegenden Sache für den erkennenden Senat bindend.

II ¹Vor der Entscheidung des Großen Senats für Strafsachen oder der Vereinigten Großen Senate und in Rechtsstreitigkeiten, welche die Nichtigerklärung einer Ehe, die Feststellung des Bestehens oder Nichtbestehens einer Ehe oder die Anfechtung einer Todeserklärung zum Gegenstand haben, ist der Generalbundesanwalt zu hören. ²Der Generalbundesanwalt kann auch in der Sitzung seine Auffassung darlegen.

III Erfordert die Entscheidung der Sache eine erneute mündliche Verhandlung vor dem erkennenden Senat, so sind die Beteiligten unter Mitteilung der ergangenen Entscheidung der Rechtsfrage zu der Verhandlung zu laden.

**Vorbem. A. Fassung:** I geänd und III aF aufgehoben durch Art 2 Z 13 RpflVereinfG, II redaktionell 1 geänd durch Art 2 Z 2 BtG, beides mWv 1. 1. 92, Art 11 I RpflVereinfG und Art 11 BtG.

Albers

**GVG §§ 138–140, Anh § 140**          Gerichtsverfassungsgesetz

**B.** Für das Verf des Großen Senats beim **Bundesarbeitsgericht** gilt § 45 ArbGG idF des Art 3 Z 1 RpflVereinfG.

2   **1) Erläuterung.** Wegen des Verfahrens s auch § 132. Die **Entscheidung ergeht nur über die Rechtsfrage,** I 1, BGH NJW **86**, 1764, BAG NJW **88**, 990. Zu prüfen ist, ob der vorlegende Senat der gesetzliche Richter iSv Art 101 I 2 GG ist; hierüber auch und auch nicht sonst über die Zulässigkeit der Vorlage kann gesondert vorab entschieden werden, BGH (GrS) **LM** § 110 ZPO Nr 8, BAG (GrS) MDR **84**, 522. Ein Großer Senat darf die Sache bei Eintritt neuer Rechtstatsachen, zB bei Ergehen einer Entscheidung des BVerfG mit Bindungswirkung, Art 31 I BVerfGG, nicht zurückgeben, damit die Parteien dazu Stellung nehmen können; er hat den Parteien vielmehr selbst rechtliches Gehör durch schriftliche Anhörung zu gewähren, BGH (GrZS) **13**, 270. Die in I genannten Senate **können ohne mündliche Verhandlung entscheiden,** I 2; die mündliche Verhandlung soll aber die Regel sein, BT-Drs 11/3621 S 55. Die Senate entscheiden durch begründeten Beschluß, Kissel 12. Die **Entscheidung ist in der vorliegenden Sache für den erkennenden Senat bindend,** I 3; das gleiche gilt im Falle einer Zurückverweisung für die Gerichte, an die verwiesen wird, §§ 565 II, 566 a IV ZPO. Diese Bindung verstößt nicht gegen Art 97 GG, BGH **3**, 315. Im übrigen werden der erkennende Senat und die anderen Senate nur in der Weise gebunden, daß sie bei einer beabsichtigten Abweichung nach § 132 II verfahren müssen. Gegen die Entscheidung eines Großen Senats findet keine Verfassungsbeschwerde statt, BVerfG **31**, 55, Oswald DVBl **74**, 191; ihr unterliegt aber ggf die Entscheidung in der Sache, in der der Beschluß ergangen ist.

Die Beteiligung des Generalbundesanwalts, **II**, ist in Zivilsachen gegenstandslos, weil die Staatsanwaltschaft in den dort genannten Verfahren nicht mehr mitwirkt und die Nichtigerklärung einer Ehe entfallen ist; die Anpassung ist im EheschlRG, Einf § 606 ZPO Rn 13, versehentlich unterblieben, ZöGu 2. **III** regelt das weitere Verf des erkennenden Senats. Vgl i ü § 9 GO BGH, § 140.

**139**  *Besetzung der Senate.* [1] Die Senate des Bundesgerichtshofes entscheiden in der Besetzung von fünf Mitgliedern einschließlich des Vorsitzenden.
[II] (betrifft Strafsachen)

1   **Erläuterung.** Die Vorschrift gilt auch für Beschlußsachen. Das **Bundesarbeitsgericht** entscheidet durch 5 Mitglieder, von denen 2 ehrenamtliche Richter sind, § 41 II ArbGG.

**140**  *Geschäftsordnung.* Der Geschäftsgang wird durch eine Geschäftsordnung geregelt, die das Plenum beschließt; sie bedarf der Bestätigung durch den Bundesrat.

1   **1) Zuständig für die Regelung der Geschäftsordnung** ist das Plenum. Es hat die Geschäftsordnung v 3. 3. 52, BAnz Nr 83, zuletzt geändert durch Bek v 21. 6. 71, BAnz Nr 114, erlassen. Die Geschäftsordnung des **Bundesarbeitsgerichts** beschließt dessen Präsidium; sie bedarf der Bestätigung durch den BRat, § 44 II ArbGG (vgl Geschäftsordnung idF v 8. 4. 1960, BAnz Nr 76, mit Änderungen, abgedr bei Grunsky ArbGG Anh 5).

### Anhang nach § 140 GVG

### Gesetz zur Wahrung der Einheitlichkeit der Rechtsprechung der Obersten Gerichtshöfe des Bundes

Vom 19. 6. 1968, BGBl 661

#### Übersicht

**Schrifttum:** *Katholnigg* S 441–457; *Späth* BB **77**, 153; *Miebach,* Der Gemeinsame Senat der obersten Gerichtshöfe des Bundes, 1971; *Maetzel* MDR **68**, 797.

1   Wegen der Einheitlichkeit der Rechtsprechung der 5 Obersten Gerichtshöfe schreibt Art 95 III GG (idF des G v 18. 6. 68, BGBl 657) anstelle des ursprünglich vorgesehenen Obersten Bundesgerichts die Bildung eines **Gemeinsamen Senats** vor. Dieser Senat ist mWv 1. 7. 68 in Karlsruhe errichtet worden, § 1. **Er entscheidet,** wenn ein oberster Gerichtshof in einer für seine Entscheidung erheblichen Rechtsfrage von der Entscheidung eines anderen obersten Gerichtshofs bzw des GmS abweichen will, § 2 I (auch dann, wenn diese Entscheidung vor dem Inkrafttreten des Gesetzes erlassen ist, GmS NJW **72**, 1411, jedoch in diesem Fall nicht, wenn inzwischen abw Entscheidungen des eigenen oder eines anderen obersten Gerichtshofs ergangen sind, BVerwG NJW **83**, 2154), und ihm die Frage mit begründetem Beschluß vorgelegt wird, § 11 (Entscheidung iSv § 2 I ist nicht der Vorlagebeschluß eines anderen obersten Gerichtshofs, BVerwG NJW **76**, 1420). Seine Zuständigkeit ist auch dann gegeben, wenn die abweichende Rechtsauffassung eine in mehreren Gesetzen in gleicher Weise auftauchende Rechtsfrage betrifft, die abweichende Entscheidung aber zu einem anderen Gesetz ergangen ist, GmS ZIP **93**, 1342, NJW **84**, 1027, NJW **73**, 1273. Eine Abweichung ist nicht gegeben, wenn die Rechtsauffassungen zum selben Ergebnis führen, BGH NJW **99**, 2600. Will ein Senat eines Obersten Gerichtshofs von der Rspr eines anderen Senats seines Gerichtshofes und gleichzeitig von einer Entscheidung eines anderen Obersten Gerichtshofes abweichen, so ist zunächst der Große Senat seines Gerichtshofs, gegebenenfalls dessen Vereinigter Großer Senat anzurufen, § 132 GVG, so daß der GmS erst anzurufen ist, wenn sich auch dann noch eine Abweichung von der Rspr eines anderen Obersten Gerichts ergibt, § 2 II, wobei aber der Große Senat die Vorlegungspflicht hat und beteiligter Senat es, wenn der Senat eines Obersten Gerichtshofes, von dessen Entscheidung abgewichen werden soll, sich durch Beschluß innerhalb eines Monats der Ansicht des vorlegenden Senats anschließt, § 14. Eine Anrufung

## 9. Titel. Bundesgerichtshof            Anh § 140 GVG

des GmS entfällt, wenn das Oberste Bundesgericht nicht in der Sache selbst entscheidet, BVerwG Buchholz 310 § 40 VwGO Nr 202. Die **Zusammensetzung**, § 3, stellt sicher, daß alle Obersten Gerichtshöfe angemessen vertreten sind, Z 1, und durch die Teilnahme von Richtern der beteiligten Senate auch die erforderliche besondere Sachkunde für die jeweils zu entscheidende Sache vorhanden ist, Z 2 u 3. Zu § 4 („beteiligte Senate") s GmS ZIP **93**, 1342 mwN.

Es handelt sich bei der Herbeiführung einer Entscheidung des GmS **nicht um eine weitere Instanz** für **2** die am Verfahren Beteiligten. Da der GmS nicht den Interessen der Beteiligten dient, sondern der Einheitlichkeit der Rspr, haben jene nie keine Möglichkeit, ihrerseits den GmS anzurufen, vgl § 132 GVG. Sie bleiben aber am Verfahren des GmS beteiligt, §§ 11 I, 12 III, 13 I, so daß sie bei der grundsätzlich stattfindenden mündlichen Verhandlung, vgl auch § 5 S 2, Gelegenheit haben, ihre Ansicht zu der Rechtsfrage vorzutragen, § 15 I 1. Sind beide Parteien einverstanden, kann aber auch ohne solche Verhandlung entschieden werden, wobei den Beteiligten dann die Möglichkeit einer schriftlichen Äußerung zur Rechtsfrage gegeben werden muß, § 15 I 2, 3. Außergerichtliche **Kosten** werden nicht erstattet, § 17 II.

**Verfahrensmäßig** gelten bis auf die Besonderheit der §§ 11 ff die für den vorlegenden Senat maßgeben- **3** den Vorschriften, § 10. Der GmS entscheidet nicht in der Sache, aus der sich die Rechtsfrage ergeben hat, sondern nur über diese, § 15 I 1, und zwar mit Bindung für das erkennende Gericht in der vorliegenden Sache, § 16, das für die Entscheidung in der Sache selbst zuständig bleibt. Gesetzeskraft hat ein solcher Beschluß also nicht. Tatsächlich hat die Entscheidung des GmS aber deshalb weitergehende Wirkungen, weil jeder Senat eines Obersten Gerichtshofes, der abweichen will, vorlegen muß, § 2 I. Außerdem ergibt sich bei Abweichung des GmS ein Zulassungsgrund für die OLG, § 546 I 2 Z 2 ZPO, und ebenso für das LArbG, § 72 II Z 2 ArbGG; soweit dieser Zulassungsgrund in anderen Verfahrensordnungen fehlt, zB in § 132 II VwGO, gilt das gleiche nach § 18 G v 19. 6. 68, BGBl 661, abgedr Anh § 546 ZPO.

Das Gesetz gilt seit dem 3. 10. 90 im **gesamten Bundesgebiet**, Art 8 EV.

### Erster Abschnitt. Gemeinsamer Senat der obersten Gerichtshöfe

**§ 1. *Bildung des Gemeinsamen Senats.*** ¹ Zur Wahrung der Einheitlichkeit der Rechtsprechung der in Artikel 95 Abs. 1 des Grundgesetzes genannten obersten Gerichtshöfe des Bundes wird ein Gemeinsamer Senat dieser obersten Gerichtshöfe gebildet.

II Der Gemeinsame Senat hat seinen Sitz in Karlsruhe.

**§ 2. *Zuständigkeit.*** I Der Gemeinsame Senat entscheidet, wenn ein oberster Gerichtshof in einer Rechtsfrage von der Entscheidung eines anderen obersten Gerichtshofs oder des Gemeinsamen Senats abweichen will.

II Sind nach den Gerichtsverfassungs- oder Verfahrensgesetzen der Große Senat oder die Vereinigten Großen Senate eines obersten Gerichtshofes anzurufen, so entscheidet der Gemeinsame Senat erst, wenn der Große Senat oder die Vereinigten Großen Senate von der Entscheidung eines anderen obersten Gerichtshofs oder des Gemeinsamen Senats abweichen wollen.

**§ 3. *Zusammensetzung.*** I Der Gemeinsame Senat besteht aus
1. den Präsidenten der obersten Gerichtshöfe,
2. den Vorsitzenden Richtern der beteiligten Senate und
3. je einem weiteren Richter der beteiligten Senate.

II Führt der Präsident eines obersten Gerichtshofs den Vorsitz in einem beteiligten Senat, so wirken außer ihm zwei weitere Richter des beteiligten Senats in dem Gemeinsamen Senat mit.

III Bei Verhinderung der Präsidenten eines obersten Gerichtshofs tritt sein Vertreter im Großen Senat, bei Verhinderung des Präsidenten eines beteiligten Senats sein Vertreter an seine Stelle.

IV Die zu entsendenden Richter (Absatz 1 Nr. 3 und Absatz 2) und ihre Vertreter werden von den Präsidien der obersten Gerichtshöfe für die Dauer von zwei Geschäftsjahren bestimmt.

**§ 4. *Beteiligte Senate.*** I ¹Beteiligt sind für den vorlegenden Senat und der Senat des obersten Gerichtshofs, von dessen Entscheidung der vorlegende Senat abweichen will. ²Ist der Senat des anderen obersten Gerichtshofs bei Eingang des Vorlegungsbeschlusses für die Rechtsfrage nicht mehr zuständig, so tritt der nach der Geschäftsverteilung nunmehr zuständige Senat an seine Stelle. ³Haben mehrere Senate des anderen obersten Gerichtshofs über die Rechtsfrage abweichend entschieden, so ist der Senat beteiligt, der als letzter entschieden hat, sofern nach der Geschäftsverteilung nicht ein anderer Senat bestimmt ist.

II ¹Wird die Rechtsfrage von dem Großen Senat eines obersten Gerichtshofs vorgelegt oder will der vorlegende Senat von der Entscheidung des Großen Senats eines anderen obersten Gerichtshofs abweichen, so ist der Große Senat der beteiligte Senat. ²Entsprechendes gilt für die Vereinigten Großen Senate eines obersten Gerichtshofs.

**§ 5. *Vorsitz.*** ¹Den Vorsitz führt der lebensälteste Präsident der nichtbeteiligten obersten Gerichtshöfe. ²Er wird bei der Leitung der mündlichen Verhandlung sowie der Beratung und Abstimmung durch den lebensältesten der anwesenden Präsidenten der anderen obersten Gerichtshöfe, bei den übrigen Geschäften des Vorsitzenden durch seinen Vertreter im Großen Senat vertreten.

**§ 6. *Abstimmung.*** Der Gemeinsame Senat entscheidet mit der Mehrheit der Stimmen seiner Mitglieder.

**§ 7. *Vorrang der Amtsgeschäfte im Gemeinsamen Senat.*** Die Tätigkeit im Gemeinsamen Senat geht der Tätigkeit an dem obersten Gerichtshof vor.

§ 8. *Geschäftsstelle.* ¹Für den Gemeinsamen Senat wird eine Geschäftsstelle eingerichtet. ²Das Nähere bestimmt der Bundesminister der Justiz.

§ 9. *Rechts- und Amtshilfe.* Alle Gerichte und Verwaltungsbehörden leisten dem Gemeinsamen Senat Rechts- und Amtshilfe.

Zweiter Abschnitt. Verfahrensvorschriften

§ 10. *Grundsatz.* Soweit in den §§ 11 bis 17 nichts anderes bestimmt ist, gelten für das Verfahren vor dem Gemeinsamen Senat die Vorschriften für das Verfahren vor dem vorlegenden Senat entsprechend.

§ 11. *Vorlegungsverfahren.* ¹ ¹Das Verfahren vor dem Gemeinsamen Senat wird durch einen Vorlegungsbeschluß eingeleitet. ²In diesem ist die Entscheidung des obersten Gerichtshofs, von der der vorlegende Senat abweichen will, zu bezeichnen. ³Der Beschluß ist zu begründen und den am Verfahren Beteiligten zuzustellen.

II ¹Die Senate, die Großen Senate oder die Vereinigten Großen Senate der obersten Gerichtshöfe holen die Entscheidung des Gemeinsamen Senats unmittelbar ein. ²Gleichzeitig ist das Verfahren vor dem vorlegenden Senat auszusetzen.

§ 12. *Stellungnahme der obersten Gerichtshöfe.* ¹ ¹Der Vorsitzende des Gemeinsamen Senats gibt den obersten Gerichtshöfen von dem Vorlegungsbeschluß Kenntnis. ²Die obersten Gerichtshöfe teilen dem Gemeinsamen Senat mit, ob, mit welchem Ergebnis und mit welcher Begründung sie die streitige Rechtsfrage bisher entschieden haben und welche damit zusammenhängenden Rechtsfragen zur Entscheidung anstehen.

II ¹Der Gemeinsame Senat kann einen obersten Gerichtshof ersuchen, seine Auffassung zu einer für die Entscheidung erheblichen Rechtsfrage darzulegen. ²Der ersuchte oberste Gerichtshof legt eine Äußerung des Senats vor, der nach der Geschäftsverteilung zur Entscheidung über die streitige Rechtsfrage zuständig ist oder, wenn nach der Geschäftsverteilung kein bestimmter Senat zuständig ist, vom Präsidium bestimmt wird. ³Auch ohne Ersuchen kann ein oberster Gerichtshof dem Gemeinsamen Senat eine Äußerung seines zuständigen Senats zu der Rechtsfrage vorlegen.

III Der Vorsitzende des Gemeinsamen Senats teilt die eingegangenen Äußerungen den am Verfahren Beteiligten mit.

§ 13. *Beteiligte am Verfahren.* ¹ ¹Die am Verfahren vor dem vorlegenden Senat Beteiligten sind auch am Verfahren vor dem Gemeinsamen Senat beteiligt. ²Sie sind in dem Vorlegungsbeschluß zu bezeichnen.

II ¹Der Generalbundesanwalt beim Bundesgerichtshof kann sich am Verfahren auch beteiligen, wenn er nach den für einen beteiligten Senat geltenden Verfahrensvorschriften berechtigt ist, am Verfahren mitzuwirken. ²Der Vorsitzende des Gemeinsamen Senats gibt dem Generalbundesanwalt von solchen Verfahren Kenntnis.

III ¹Der Vorsitzende des Gemeinsamen Senats soll dem Generalbundesanwalt, auch wenn er am Verfahren nicht beteiligt ist, Gelegenheit zur Äußerung geben, wenn die vorgelegte Rechtsfrage für das Rechtsgebiet, für das der Generalbundesanwalt zuständig ist, Bedeutung hat. ²Die Äußerung ist den am Verfahren Beteiligten mitzuteilen.

IV Die Absätze 2 und 3 gelten für den Oberbundesanwalt beim Bundesverwaltungsgericht, den Bundesdisziplinaranwalt und den Bundeswehrdisziplinaranwalt entsprechend.

§ 14. *Aufgabe der früheren Rechtsprechung.* ¹Schließt sich der Senat des obersten Gerichtshofs, von dessen Entscheidung abgewichen werden soll, innerhalb eines Monats durch Beschluß der Rechtsauffassung des vorlegenden Senats an, so ist das Verfahren einzustellen. ²Die Frist beginnt mit dem Eingang des Vorlegungsbeschlusses bei dem obersten Gerichtshof, von dessen Entscheidung abgewichen werden soll. ³Sie kann von dem Vorsitzenden des Gemeinsamen Senats verlängert werden.

§ 15. *Gegenstand der Entscheidung.* ¹ ¹Der Gemeinsame Senat entscheidet auf Grund mündlicher Verhandlung nur über die Rechtsfrage. ²Mit Einverständnis der Beteiligten kann der Gemeinsame Senat ohne mündliche Verhandlung entscheiden. ³Findet keine mündliche Verhandlung statt, so ist vor der Entscheidung den am Verfahren Beteiligten Gelegenheit zur Äußerung zu geben.

II Die Entscheidung ist zu begründen und den Beteiligten zuzustellen.

§ 16. *Wirkung der Entscheidung.* Die Entscheidung des Gemeinsamen Senats ist in der vorliegenden Sache für das erkennende Gericht bindend.

§ 17. *Kosten.* ¹ Das Verfahren vor dem Gemeinsamen Senat ist kostenfrei.

II Außergerichtliche Kosten werden nicht erstattet.

§ 18. (abgedruckt Anh § 546 ZPO)

Dritter Abschnitt. Schlußvorschriften
(nicht abgedruckt)

### 9a. Titel. Zuständigkeit für Wiederaufnahmeverfahren in Strafsachen
(nicht abgedruckt)

### Zehnter Titel. Staatsanwaltschaft
#### Einführung

**1) Allgemeines** (Wolf § 32, Katholnigg vor § 141; Rudolph NJW **98**, 1205; Roxin DRiZ **97**, 109). Die **1** Staatsanwaltschaft ist eine Verwaltungsbehörde, aber der Sache nach ein der Dritten Gewalt zugeordnetes Organ der Rechtspflege, Kleinknecht Vorbem 2, vgl dazu die Kontroverse Ulrich DRiZ **88**, 368 u Kintzi DRiZ **87**, 458 einerseits, Zuberbier DRiZ **88**, 254 andererseits. Sie untersteht der jeweiligen Landesjustizverwaltung. Bei jedem Gericht soll eine StA bestehen, § 141; über die StAen bei BGH, OLG, LG und AG s § 142. Die Staatsanwälte sind weisungsgebunden, § 146; das Recht zur Aufsicht und Leitung ist in § 147 geregelt.

Nach den insoweit maßgeblichen landesrechtlichen Bestimmungen sind die Beamten der Staatsanwaltschaft beim LG u OLG nichtrichterliche Beamte (ebenso für den Generalbundesanwalt und die Bundesanwälte § 148 GVG). § 122 DRiG stellt dem richterlichen Dienst, der die Vorstufe für die Ernennung zum Richter auf Lebenszeit ist, die staatsanwaltliche Tätigkeit gleich; nur zum Richteramt Befähigte können zum Staatsanwalt ernannt werden.

**2) In Zivilsachen** wirkt der Staatsanwalt nach der Beseitigung der Entmündigung und der Änderung der **2** §§ 631 ff ZPO durch das EheschlRG, Einf § 606 Rn 13, nicht mehr mit.

## 141–152 (nicht abgedruckt)

### Elfter Titel. Geschäftsstelle
#### Übersicht

**1) Allgemeines.** Das GVG beschränkt sich auf die Anordnung des § 153, daß jedes Gericht eine **1** Geschäftsstelle haben muß. Die ZPO regelt nur die prozessuale Tätigkeit der Geschäftsstelle. Ausbildung, Befähigung zum Amt, Titel, Besoldung und die Übertragung anderer Geschäfte, etwa der Kassenführung, sind anderweit, und nicht durchweg einheitlich, geregelt.

**2) Schriftgut.** Für seine Verwaltung gilt einheitlich die als VerwAnO erlassene **AktenO**, die einen **2** Allgemeinen Teil (§§ 1–10) und besondere Teile für AGe (ZivS §§ 12–17), LGe u OLGe (ZivS §§ 38–40) enthält, mit Zusatzbestimmungen der einzelnen Länder. Danach sind Akten wegzulegen bzw an die 1. Instanz zurückzusenden, wenn die Angelegenheit 6 Monate lang nicht betrieben worden ist, §§ 7 Z 3 S 2, 39 Z 4 S 2; diese Maßnahme hat auf die Anhängigkeit der Sache keinen Einfluß.

**3) Urkundsbeamter. A.** Er ist ein Beamter der Justizverwaltung. Seine prozessuale Tätigkeit ist sehr **3** verschiedenartig. Der als UrkB eingesetzte Beamte handelt **a) als Urkundsperson**, „mit öff Glauben versehene Person", § 415 ZPO, so, wenn er Anträge und Erklärungen zu Protokoll nimmt, das Sitzungsprotokoll führt, Ausfertigungen und Abschriften erteilt, den Tag der Urteilsverkündung vermerkt; **b) als Bürobeamter**, insofern er Urkundsbeamte sonstige bisherige, Register- und Listenführung besorgt, Zustellungen und Ladungen vornimmt; **c) als Vermittler des Parteiauftrags**, richtiger -antrags, an den Gerichtsvollzieher, §§ 166 II, 753 ZPO, und entsprechender Aufträge von Gerichten und Behörden, § 161; **d) als Rechtspflegeorgan** bei der Erteilung und Versagung der Vollstreckungsklausel, § 724 II ZPO; **e) als Dolmetscher**, § 190.

**B. Der Urkundsbeamte als solcher ist nicht Rechtspfleger;** beider Zuständigkeiten sind durch das **4** RPflG gegeneinander abgegrenzt. Dabei hat der Urkundsbeamte seine bisherige, in der ZPO verankerte Zuständigkeit im allgemeinen behalten; wegen Ausnahmen vgl die in § 26 RPflG, abgedr Anh § 153 GVG, genannten Fälle. Über Anträge auf Änderung der Entscheidung eines Urkundsbeamten entscheidet der Richter, § 4 II Z 3 RPflG, vgl auch § 577 IV. Die Rechtsbehelfe gegen Entscheidungen des Rpfl regelt §§ 11, 21 II RPflG (befristete oder unbefristete Erinnerung, auf die Beschwerdevorschriften sinngemäß anzuwenden sind, und Beschwerde gegen Gerichtsentscheidungen). Die Trennung der Aufgaben des Rpfl von denen des Urkundsbeamten schließt aber nicht aus, daß dem als Rpfl tätigen Beamten auch die Dienstgeschäfte eines Urkundsbeamten übertragen werden; dann hat er insofern nur die Stellung eines Urkundsbeamten der Geschäftsstelle, § 27 RPflG, untersteht also bei der Ausführung dieser Geschäfte der Justizverwaltung, Anh I § 21 Rn 1 GVG, und handelt nicht als Rpfl (unscharf insoweit BGH NJW **81**, 2345, vgl Meyer-Stolte Rpfleger **81**, 394, u BayObLG Rpfleger **81**, 433, vgl DRPflZ **82**, 22).

**C. Amtspflichtverletzungen** des Urkundsbeamten geben einen Ersatzanspruch gegen das Land, in **5** dessen Diensten der Beamte steht, Art 34 GG. Er muß bei Aufnahme einer Klage die Partei sachgemäß beraten, RG HRR **33**, 651.

## 153 Einrichtung der Geschäftsstelle.
**I** Bei jedem Gericht und jeder Staatsanwaltschaft wird eine Geschäftsstelle eingerichtet, die mit der erforderlichen Zahl von Urkundsbeamten besetzt wird.

**II** ¹Mit den Aufgaben eines Urkundsbeamten der Geschäftsstelle kann betraut werden, wer einen Vorbereitungsdienst von zwei Jahren abgeleistet und die Prüfung für den mittleren Justizdienst oder für den mittleren Dienst bei der Arbeitsgerichtsbarkeit bestanden hat. ²Sechs Monate des Vorbereitungsdienstes sollen auf einen Fachlehrgang entfallen.

III Mit den Aufgaben eines Urkundsbeamten der Geschäftsstelle kann auch betraut werden,
1. wer die Rechtspflegerprüfung oder die Prüfung für den gehobenen Dienst bei der Arbeitsgerichtsbarkeit bestanden hat,
2. wer nach den Vorschriften über den Laufbahnwechsel die Befähigung für die Laufbahn des mittleren Justizdienstes erhalten hat,
3. wer als anderer Bewerber (§ 4 Abs. 3 des Rahmengesetzes zur Vereinheitlichung des Beamtenrechts) nach den landesrechtlichen Vorschriften in die Laufbahn des mittleren Justizdienstes übernommen worden ist.

IV ¹Die näheren Vorschriften zur Ausführung der Absätze 1 bis 3 erlassen der Bund und die Länder für ihren Bereich. ²Sie können auch bestimmen, ob und inwieweit Zeiten einer dem Ausbildungsziel förderlichen sonstigen Ausbildung oder Tätigkeit auf den Vorbereitungsdienst angerechnet werden können.

V Der Bund und die Länder können ferner bestimmen, daß mit Aufgaben eines Urkundsbeamten der Geschäftsstelle auch betraut werden kann, wer auf dem Sachgebiet, das ihm übertragen werden soll, einen Wissens- und Leistungsstand aufweist, der dem durch die Ausbildung nach Absatz 2 vermittelten Stand gleichwertig ist.

1 **Vorbem. A.** In der **Arbeitsgerichtsbarkeit** gilt § 7 ArbGG; jedoch ist § 153 II–V auch hier anzuwenden, GMP § 7 Rdz 12–15.
 **B.** In den **neuen Bundesländern** und dem früheren Ost-Berlin waren II u III nicht zwingend, EV Anl I Kap III Sachgeb A Abschn III Z 1 q (1) bzw Abschn IV Z 3 a dd, solange dort der Gerichtsaufbau nach GVG nicht durchgeführt worden war, vgl §§ 14 ff RpflAnpG; die Betrauung mit den Aufgaben des UrkB genügte, vgl BGH DtZ **93**, 55.
 **Schrifttum:** *Wolf* § 30 II; *Buhrow* NJW **81**, 907; *Niederée* DRPflZ **80**, 2 (m Dokumentation **80**, 7).

2 **1) Erläuterung. Bei jedem Gericht muß eine Geschäftsstelle bestehen;** das Nähere wird im Verwaltungswege geregelt, Kissel 3–5 (vgl die AnO über die Einrichtung der Geschäftsstelle beim BGH v 10. 12. 80, BAnz Nr 239 S 2), soweit nicht Rechtsvorschriften darüber bestehen, zB in Bay die VO v 6. 5. 82, GVBl 271. Die Geschäftsstelle ist als eine einheitliche anzusehen, mag sie auch aus mehreren räumlich getrennten Abteilungen bestehen, zB bei Außensenaten iSv § 116 II, Karlsr NJW **84**, 744. Sie wird mit der erforderlichen Zahl von Urkundsbeamten besetzt; ihr gehören außerdem Schreibkräfte usw an. Die Geschäftsstelle darf auch für andere staatliche Aufgaben verwendet werden. Bei einer derartigen Doppelstellung, etwa als Urkundsbeamter des AG und des ArbG, hat der Urkundsbeamte nach außen klar zum Ausdruck zu bringen, in welcher Eigenschaft er handelt. „Bei" dem Gericht erfordert nicht eine enge räumliche Verbindung, Schlesw SchlHA **63**, 278 (Ministerialbeamter gleichzeitig Urkundsbeamter der Geschäftsstelle). Entsprechendes gilt für die **Arbeitsgerichtsbarkeit**, § 7 I ArbGG. § 153 ist im Bereich der Verw-, Fin- und Sozialgerichte nicht anzuwenden, Art 3 II G v 19. 12. 79.

3 **Der Urkundsbeamte** ist Organ der Rechtspflege, Kissel 25; seine Aufgaben sind namentlich Beurkundungen wie Protokollführung (§ 159 ZPO), Aufnahme von Erklärungen (zB §§ 117, 129 II, 129a, 496, 569 II ZPO), Erteilung von Ausfertigungen (zB §§ 317 III, 724 u 725 ZPO), Bewirken der Niederlegung eines Schiedsspruchs, § 1039 ZPO, wobei er keinen Weisungen unterworfen ist, Kissel 25. Dem als UrkB eingesetzten Beamten obliegt daneben die Mitwirkung im Prozeßbetrieb wie die Ausführung von Verfügungen zur Vorbereitung des Termins sowie von Ladungen und Zustellungen, das Anlegen und Führen von Registern und Akten usw, Üb § 153 Rn 3.
 Wer als UrkB eingesetzt werden darf, regeln II und III iVm den nach IV zu erlassenden AusfVorschriften. Auch ein Gerichtsvollzieher, der die Voraussetzungen des II erfüllt und angewiesen worden ist, wieder im mittleren Justizdienst tätig zu sein, darf UrkB sein, Hamm VRS **83**, 445. Angestellte dürfen als UrkB eingesetzt werden, auch solche, die nicht deutsche Staatsangehörige sind.
 Bestimmte Aufgaben aus dem eigentlichen Bereich des UrkB sind dem Rechtspfleger übertragen, § 20 Z 12 (vollstreckbare Ausfertigung), § 21 I Z 1 u 2 (Festsetzungsverfahren) und § 24 (Aufnahme von Erklärungen) RPflG, Anh § 153; im übrigen bleibt die Zuständigkeit des UrkB nach Maßgabe der gesetzlichen Vorschriften unberührt, § 26 RPflG. Bei Streit oder Ungewißheit über die Zuständigkeit entscheidet entspr § 7 RPflG der Rpfl.
 Die Betrauung anderer Pesonen, zB eines Referendars, mit den Aufgaben des UrkB, V, richtet sich nach Bundes- bzw Landesrecht. Dieses bestimmt, ob eine Betrauung zulässig ist und wer sie aussprechen darf, BGH NStZ **84**, 327, MDR **85**, 862, Kblz Rpfleger **85**, 77. Die Betrauung setzt eine Überprüfung des Wissens- und Leistungsstandes voraus. Die sie aussprechende Verfügung muß vor Beginn der Tätigkeit als UrkB ergangen sein, Hbg MDR **84**, 337.

4 **Gegen die Entscheidungen des UrkB**, die im Wesentlichen nur in seinem Bereich als Organ der Rechtspflege vorkommen, gibt es die Erinnerung an das Gericht, dem er angehört, § 576.

5 **2) VwGO:** Es gilt § 13 VwGO, der § 153 I entspricht und die nähere Regelung dem Landesrecht oder der Regelung durch Verwaltungsvorschrift überläßt, s zB Art 7 BayAGVwGO. Rechtsbehelf ist nach § 151 VwGO der befristete Antrag auf Entscheidung des Gerichts.

### Anhang nach § 153 GVG. Rechtspfleger

**Schrifttum:** *Wolf* § 30 I; *ders*, Richter und Rechtspfleger im Zivilverfahren, ZZP **99**, 361; *H. M. Ule*, Der Rechtspfleger und sein Richter, 1983; *Kunz*, Erinnerung und Beschwerde, ein Beitrag zum Rechtsschutz in der zivilprozessualen Zwangsvollstreckung, 1980. **Kommentare:** *Dallmayer/Eickmann*, 1996; *Arnold/Meyer-Stolte/Hermann/Hansens*, 5. Aufl 1999; *Bassenge/Herbst*, 7. Aufl 1995.

11. Titel. Geschäftsstelle **Anh § 153 GVG**

## Übersicht

**1) Die gesetzliche Grundlage** für die Stellung des Rechtspflegers und seiner Aufgaben ist das RpflG **1** vom 5. 11. 1969, BGBl I 2065. Es überträgt dem RPfl eine Reihe von Geschäften, § 3, zT in vollem Umfange, § 3 I, zT unter Vorbehalt von Ausnahmen, § 3 II, oder es überträgt nur einzelne Geschäfte, § 3 II u III. Ganz allgemein wird für einige Geschäfte, die sich bei der Abwicklung der übertragenen Geschäfte ergeben können, zB Eid und Freiheitsentziehungen, dem RPfl eine Befugnis nicht gegeben, § 4 II. Das Gesetz gilt ferner entsprechend für die **Arbeitsgerichte** in allen Rechtszügen, § 9 III ArbGG, vgl GMP § 9 Rdz 12–15. Für die **Verwaltungs-, Finanz- und Sozialgerichte** ist es dagegen **unanwendbar**, hM; es gilt hier auch nicht insoweit, als bei ihnen die Festsetzung von Kosten, § 21 I Z 1 RpflG, nach den §§ 103 ff ZPO oder die Festsetzung von RA-Gebühren nach § 19 BRAGO, § 21 I Z 2 RpflG, zu erfolgen hat, Arnold/Meyer-Stolte § 21 Anm 21, Hansens NJW **89**, 1133, OVG Hbg FamRZ **90**, 81 u MDR **80**, 258 (anders beim BVerfG, vgl NJW **77**, 145).

**2) Der Rechtspfleger ist ein besonderes Organ der Rechtspflege**, dessen Stellung durch das RpflG **2** gerichtsverfassungsrechtlich verankert worden ist, § 1 RpflG. Der Rpfl ist kein Richter, sondern ein Beamter, dem richterliche Aufgaben übertragen sind, Bernhard DRiZ **81**, 361, vgl Rn 3. Mit den Geschäften eines RPfl kann nur ein Justizbeamter nach einem Vorbereitungsdienst von mindestens drei Jahren und einer Prüfung für den gehobenen Justizdienst betraut werden (entsprechend bei den ArbGer, § 9 III 2 ArbGG). Auch wer die 2. juristische Staatsprüfung bestanden hat, kann betraut werden, mit der zeitweiligen Wahrnehmung der Geschäfte auch ein Referendar nach einem Vorbereitungsdienst von mindestens 6 Monaten, § 2 RpflG. Die weitere Regelung, insbesondere der Erlaß von Ausbildungsordnungen, ist Ländersache.

**3) Die Stellung des Rechtspflegers ist richterähnlich.** Er entscheidet unabhängig und ist nur dem **3** Gesetz unterworfen, § 9 RpflG. Daß ein Rpfl entschieden hat, ist kenntlich zu machen, § 12 RpflG. Für seine Ausschließung und Ablehnung gelten dieselben Vorschriften wie für den Richter; über ihre Berechtigung entscheidet der Richter. Trotz seiner sachlichen Unabhängigkeit ist der Rpfl an Arbeitszeitregelungen gebunden, OVG Lüneb NdsRpfl **97**, 90 mwN.

**4) Befugnisse des Rechtspflegers.** Soweit das Gesetz Geschäfte dem Rpfl übertragen hat, trifft er alle **4** zur Erledigung des Geschäftes erforderlichen Maßnahmen, entscheidet zB auch über das gleichzeitig mit dem Gesuch auf Erlaß eines Mahnbescheids eingereichte Gesuch um Prozeßkostenhilfe, § 4 I RpflG; er kann Zeugen vernehmen und auch Ordnungsmittel in Geld anwenden. Jedoch ist er **nicht befugt** zur AnO oder Abnahme eines Eides, zur Androhung oder Verhängung von Freiheitsentziehungen sowie zum Erlaß eines Haftbefehls mit den sich aus § 4 II Z 2 a–c ergebenden Ausnahmen. In diesen Fällen hat er die Sache dem Richter zur Entscheidung vorzulegen, § 4 III RpflG. Eine **Vorlagepflicht** besteht ferner, wenn die Entscheidung eines Verfassungsgerichts einzuholen ist (das gleiche dürfte für die Entscheidung des EuGH, Anh § 1, gelten) oder wenn im engen Zusammenhang mit einem vom Richter zu bearbeitenden Geschäft besteht, § 5 I (dazu s § 6). Wenn die Anwendung ausländischen Rechts in Betracht kommt, kann der Rpfl die Sache dem Richter vorlegen, § 5 II. Wegen der Bearbeitung bzw der Rückgabe der Sache an den Rpfl (mit Bindungswirkung) s § 5 III.

**5) Überschreitet der Rechtspfleger seine Befugnisse**, ordnet er zB eine Ordnungshaft an, so ist diese **5** AnO unwirksam. Das ist hingegen nicht der Fall, wenn er eine Sache gegen die ihm bekannte Stellungnahme des Richters entscheidet, falls die Bearbeitung der Sache in seinen Aufgabenkreis fällt und er lediglich seiner Vorlagepflicht („hat") nicht genügt hat, § 8 III RpflG. Nimmt der Richter dem RPfl übertragene Geschäfte wahr, so wird dadurch die Wirksamkeit des Geschäfts nicht berührt, § 8 I RpflG.

**6) Rechtsbehelfe gegen Entscheidungen des Rechtspflegers.** Anders als nach bisherigem Recht, das **6** die sog Durchgriffserinnerung vorsah, s 56. Aufl, gilt nach § 11 nF folgendes: Gegen Entscheidungen des Rpfl ist grundsätzlich das **Rechtsmittel** gegeben, das nach den allgemeinen verfahrensrechtlichen Vorschriften zulässig ist, § 11 I, also Erinnerung oder (einfache bzw sofortige) Beschwerde; für diese gelten die allgemeinen Bestimmungen, also im Fall der sofortigen Beschwerde § 577 III, soweit keine Sonderregelung wie zB § 7 InsO abweichendes bestimmt (sehr str, Schneider Rpfleger **98**, 499, vgl § 104 ZPO Rn 57 ff). Ist ein solches Rechtsmittel nicht gegeben, zB bei Nichterreichen der Beschwerdesumme, findet gegen die Entscheidung des Rpfl die fristgebundene **Erinnerung** statt, § 11 II, sofern sie nicht ausgeschlossen ist, § 11 III; das Erinnerungsverfahren ist gerichtsgebührenfrei, § 11 IV. In Patentsachen gilt die Sonderbestimmung in § 23 II; s § 104 ZPO Rn 69 ff.

**7) Wegen der Abgrenzung der Geschäfte des Rechtspflegers und des Urkundsbeamten** vgl Üb **7** § 153 Rn 4.

**8) Geltungsbereich.** Das RpflG gilt seit dem 3. 10. 90 auch in den **neuen Bundesländern**, Art 8 EV, **8** jedoch zunächst mit den Maßgaben des EV Anl I Kap III Sachgeb A Abschn III Z 3, die den Einsatz sog Bereichsrechtspfleger ermöglichten, Staats DtZ **94**, 271. Diese Maßgabe ist ab 1. 1. 97 nicht mehr anzuwenden, jedoch dürfen BereichsRpfl auch danach tätig bleiben, §§ 34 u 34 a RpflG idF des G v 24. 6. 94, BGBl 1374, vgl Staats aaO.

## Rechtspflegergesetz (RPflG)

vom 5. November 1969, BGBl 2065, zuletzt geändert durch G v 25. 8. 98, BGBl 2498

**(Auszugsweise)**

**Vorbem.** Das Dritte Änderungsgesetz zum RPflG (Materialien: RegEntw BT-Drs 13/10244, AusschBer BT-Drs 13/10871) ist am 1. 10. 98 in Kraft getreten, Art 3 des Ges. Es betrifft die §§ 5,

9, 11, 17, 23 u 24, Rellermeyer Rpfleger **98**, 309. **Übergangsvorschrift** für die Anfechtung von Entscheidungen des Rpfl: § 39 RPflG. Redaktionelle Änderungen der §§ 3 u 19b sind in Art 4 des G v 25. 8. 98, BGBl 2498, enthalten.

### Erster Abschnitt. Aufgaben und Stellung des Rechtspflegers

**RPflG 1.** *Allgemeine Stellung des Rechtspflegers.* Der Rechtspfleger nimmt die ihm durch dieses Gesetz übertragenen Aufgaben der Rechtspflege wahr.

**RPflG 2.** *Voraussetzungen für die Tätigkeit als Rechtspfleger.* $^{I\,1}$Mit den Aufgaben eines Rechtspflegers kann ein Beamter des Justizdienstes betraut werden, der einen Vorbereitungsdienst von drei Jahren abgeleistet und die Rechtspflegerprüfung bestanden hat. $^2$Der Vorbereitungsdienst vermittelt in einem Studiengang einer Fachhochschule oder in einem gleichstehenden Studiengang dem Beamten die wissenschaftlichen Erkenntnisse und Methoden sowie die berufspraktischen Fähigkeiten und Kenntnisse, die zur Erfüllung der Aufgaben eines Rechtspflegers erforderlich sind. $^3$Der Vorbereitungsdienst besteht aus Fachstudien von mindestens achtzehnmonatiger Dauer und berufspraktischen Studienzeiten. $^4$Die berufspraktischen Studienzeiten umfassen die Ausbildung in den Schwerpunktbereichen der Aufgaben eines Rechtspflegers; die praktische Ausbildung darf die Dauer von einem Jahr nicht unterschreiten.

$^{II\,1}$Zum Vorbereitungsdienst kann zugelassen werden, wer eine zu einem Hochschulstudium berechtigende Schulbildung besitzt oder einen als gleichwertig anerkannten Bildungsstand nachweist. $^2$Beamte des mittleren Justizdienstes können zur Rechtspflegerausbildung zugelassen werden, wenn sie nach der Laufbahnprüfung mindestens drei Jahre im mittleren Justizdienst tätig waren und nach ihrer Persönlichkeit sowie ihren bisherigen Leistungen für den Dienst als Rechtspfleger geeignet erschienen. $^3$Die Länder können bestimmen, daß die Zeit der Tätigkeit im mittleren Justizdienst bis zu einer Dauer von sechs Monaten auf die berufspraktischen Studienzeiten angerechnet werden kann.

$^{III}$ Mit den Aufgaben eines Rechtspflegers kann auf seinen Antrag auch betraut werden, wer die Befähigung zum Richteramt besitzt.

$^{IV\,1}$Auf den Vorbereitungsdienst können ein erfolgreich abgeschlossenes Studium der Rechtswissenschaft bis zur Dauer von zwölf Monaten und ein Vorbereitungsdienst nach § 5 b des Deutschen Richtergesetzes bis zur Dauer von sechs Monaten angerechnet werden. $^2$Auf Teilnehmer einer Ausbildung nach § 5 b des Deutschen Richtergesetzes in der Fassung des Gesetzes vom 10. September 1971 (BGBl. I S. 1557) ist Satz 1 entsprechend anzuwenden.

$^{V}$ Referendare können mit der zeitweiligen Wahrnehmung der Geschäfte eines Rechtspflegers beauftragt werden.

$^{VI}$ Die Länder erlassen die näheren Vorschriften.

1 **Bem.** Wegen der Ländervorschriften, § 2 VI, s die Übersicht bei Schönfelder, Fußnote zu § 2. IV 1 und 2 sind durch Art 2 I G v 25. 7. 84, BGBl 995, mWv 16. 9. 84 geändert worden; vgl die Erläuterungen zu §§ 5–5 d DRiG. Zu der Rechtslage in den neuen Bundesländern s Üb Rn 8.

**RPflG 3.** *Übertragene Geschäfte.* Dem Rechtspfleger werden folgende Geschäfte übertragen:
1. in vollem Umfange die nach den gesetzlichen Vorschriften vom Richter wahrzunehmenden Geschäfte des Amtsgerichts in
   a–h) ...
   i) Verfahren nach dem Gesetz über die Zwangsversteigerung und die Zwangsverwaltung,
   k) Verteilungsverfahren, die außerhalb der Zwangsvollstreckung nach den Vorschriften der Zivilprozeßordnung über das Verteilungsverfahren durchzuführen sind,
   l–m) ...
2. vorbehaltlich der in den §§ 14 bis 19 b dieses Gesetzes ausgeführten Ausnahmen die nach den gesetzlichen Vorschriften vom Richter wahrzunehmenden Geschäfte des Amtsgerichts in
   a) Vormundschafts-, Familien- und Betreuungssachen im Sinne des Zweiten Abschnitts des Gesetzes über die Angelegenheiten der freiwilligen Gerichtsbarkeit und Angelegenheiten, die im Bürgerlichen Gesetzbuch dem Familiengericht übertragen sind,
   b) (aufgehoben)
   c–h) ...
3. die in den §§ 20 bis 24 a dieses Gesetzes einzeln aufgeführten Geschäfte
   a) in Verfahren nach der Zivilprozeßordnung und dem Mieterschutzgesetz,
   b) in Festsetzungsverfahren,
   c, d) ...
   e) auf dem Gebiet der Aufnahme von Erklärungen,
   f) auf dem Gebiet der Beratungshilfe;
4. die in den §§ 29 bis 31 dieses Gesetzes einzeln aufgeführten Geschäfte
   a) im internationalen Rechtsverkehr,
   b) in Hinterlegungssachen,
   c) ... der Vollstreckung in Straf- und Bußgeldsachen sowie von Ordnungs- und Zwangsmitteln.

*RPflG 4. Umfang der Übertragung.* ¹Der Rechtspfleger trifft alle Maßnahmen, die zur Erledigung der ihm übertragenen Geschäfte erforderlich sind.

II Der Rechtspfleger ist nicht befugt,
1. eine Beeidigung anzuordnen oder einen Eid abzunehmen,
2. Freiheitsentziehungen anzudrohen oder anzuordnen, sofern es sich nicht um Maßnahmen zur Vollstreckung
   a) einer Freiheitsstrafe nach § 457 der Strafprozeßordnung oder § 890 der Zivilprozeßordnung,
   b, c) ...
   handelt,
3. über Anträge zu entscheiden, die auf Änderung einer Entscheidung des Urkundsbeamten der Geschäftsstelle gerichtet sind.

III Hält der Rechtspfleger Maßnahmen für geboten, zu denen er nach Absatz 2 Nr. 1 und 2 nicht befugt ist, so legt er deswegen die Sache dem Richter zur Entscheidung vor.

*RPflG 5. Vorlage an den Richter.* ¹Der Rechtspfleger hat ihm übertragene Geschäfte dem Richter vorzulegen, wenn
1. sich bei der Bearbeitung der Sache ergibt, daß eine Entscheidung des Bundesverfassungsgerichts oder eines für Verfassungsstreitigkeiten zuständigen Gerichts eines Landes nach Artikel 100 des Grundgesetzes einzuholen ist;
2. zwischen dem übertragenen Geschäft und einem vom Richter wahrzunehmenden Geschäft ein so enger Zusammenhang besteht, daß eine getrennte Behandlung nicht sachdienlich ist.

II Der Rechtspfleger kann ihm übertragene Geschäfte dem Richter vorlegen, wenn die Anwendung ausländischen Rechts in Betracht kommt.

III ¹Die vorgelegten Sachen bearbeitet der Richter, solange er es für erforderlich hält. ²Er kann die Sachen dem Rechtspfleger zurückgeben. ³Gibt der Richter eine Sache an den Rechtspfleger zurück, so ist dieser an eine von dem Richter mitgeteilte Rechtsauffassung gebunden.

*RPflG 6. Bearbeitung übertragener Sachen durch den Richter.* Steht ein übertragenes Geschäft mit einem vom Richter wahrzunehmenden Geschäft in einem so engen Zusammenhang, daß eine getrennte Bearbeitung nicht sachdienlich wäre, so soll der Richter die gesamte Angelegenheit bearbeiten.

*RPflG 6 a* (nicht abgedruckt)

*RPflG 7. Bestimmung des zuständigen Organs der Rechtspflege.* ¹Bei Streit oder Ungewißheit darüber, ob ein Geschäft von dem Richter oder dem Rechtspfleger zu bearbeiten ist, entscheidet der Richter über die Zuständigkeit durch Beschluß. ²Der Beschluß ist unanfechtbar.

*RPflG 8. Gültigkeit von Geschäften.* ¹Hat der Richter ein Geschäft wahrgenommen, das dem Rechtspfleger übertragen ist, so wird die Wirksamkeit des Geschäfts hierdurch nicht berührt.

II Hat der Rechtspfleger ein Geschäft wahrgenommen, das ihm nach diesem Gesetz übertragen kann, so ist das Geschäft nicht deshalb unwirksam, weil die Übertragung unterblieben ist oder die Voraussetzungen für die Übertragung im Einzelfalle nicht gegeben waren.

III Ein Geschäft ist nicht deshalb unwirksam, weil es der Rechtspfleger entgegen § 5 Abs. 1 dem Richter nicht vorgelegt hat.

IV ¹Hat der Rechtspfleger ein Geschäft des Richters wahrgenommen, das ihm nach diesem Gesetz weder übertragen ist noch übertragen werden kann, so ist das Geschäft unwirksam. ²Das gilt nicht, wenn das Geschäft dem Rechtspfleger durch eine Entscheidung nach § 7 zugewiesen worden war.

V Hat der Rechtspfleger ein Geschäft des Urkundsbeamten der Geschäftsstelle wahrgenommen, so wird die Wirksamkeit des Geschäfts hierdurch nicht berührt.

*RPflG 9. Weisungsfreiheit des Rechtspflegers.* Der Rechtspfleger ist sachlich unabhängig und nur an Recht und Gesetz gebunden.

*RPflG 10. Ausschließung und Ablehnung des Rechtspflegers.* ¹Für die Ausschließung und Ablehnung des Rechtspflegers sind die für den Richter geltenden Vorschriften entsprechend anzuwenden. ²Über die Ablehnung des Rechtspflegers entscheidet der Richter.

*RPflG 11. Rechtsbehelfe.* ¹Gegen die Entscheidungen des Rechtspflegers ist das Rechtsmittel gegeben, das nach den allgemeinen verfahrensrechtlichen Vorschriften zulässig ist.

II ¹Ist gegen die Entscheidung nach den allgemeinen verfahrensrechtlichen Vorschriften ein Rechtsmittel nicht gegeben, so findet binnen der für die sofortige Beschwerde geltenden Frist die Erinnerung statt. ²Der Rechtspfleger kann der Erinnerung abhelfen. ³Erinnerungen, denen er nicht abhilft, legt er dem Richter zur Entscheidung vor. ⁴Auf die Erinnerung sind im übrigen die Vorschriften über die Beschwerde sinngemäß anzuwenden.

**GVG Anh § 153**  Gerichtsverfassungsgesetz

III ¹Gerichtliche Verfügungen, die nach den Vorschriften der Grundbuchordnung, der Schiffsregisterordnung, des Gesetzes über die Angelegenheiten der freiwilligen Gerichtsbarkeit und den für den Erbschein geltenden Bestimmungen wirksam geworden sind und nicht mehr geändert werden können, sind mit der Erinnerung nicht anfechtbar. ²Die Erinnerung ist ferner in den Fällen der §§ 694, 700 der Zivilprozeßordnung und gegen Entscheidungen über die Gewährung eines Stimmrechts (§§ 77, 237 und 238 der Insolvenzordnung) ausgeschlossen.

IV Das Erinnerungsverfahren ist gerichtsgebührenfrei.

1 **Bem.** VI 2 mWv 1. 1. 99 idF des Art 14 Z 2 EGInsO v 5. 10. 94, BGBl 2911. Wegen des Begründungszwanges s KG MDR **99**, 1152, wegen des Verfahrens i ü s Üb § 1 Rn 6 u § 104 ZPO Rn 41 ff.

*RPflG 12. Bezeichnung des Rechtspflegers.* Im Schriftverkehr und bei der Aufnahme von Urkunden in übertragenen Angelegenheiten hat der Rechtspfleger seiner Unterschrift das Wort „Rechtspfleger" beizufügen.

*RPflG 13. Ausschluß des Anwaltszwangs.* § 78 Abs. 1 der Zivilprozeßordnung ist auf Verfahren vor dem Rechtspfleger nicht anzuwenden.

### Zweiter Abschnitt. Dem Richter vorbehaltene Geschäfte ...

*RPflG 14. Vormundschaftssachen.* ¹ Von den Angelegenheiten, die dem Vormundschaftsgericht und im Bürgerlichen Gesetzbuch dem Familiengericht übertragen sind, bleiben dem Richter vorbehalten

1. ...
2. die Entscheidung über die Stundung der Ausgleichsforderung im Falle des § 1382 Abs. 5 des Bürgerlichen Gesetzbuchs sowie die Übertragung bestimmter Vermögensgegenstände unter Anrechnung auf die Ausgleichsforderung im Falle des § 1383 Abs. 3 des Bürgerlichen Gesetzbuchs;
2a. der Versorgungsausgleich mit Ausnahme
   a) des Festsetzungsverfahrens nach § 53 e Abs. 2, 3 des Gesetzes über die Angelegenheiten der freiwilligen Gerichtsbarkeit und
   b) der Entscheidung über Anträge nach § 1587 d des Bürgerlichen Gesetzbuchs, sofern ein Verfahren nach §§ 1587 b, 1587 f des Bürgerlichen Gesetzbuchs nicht anhängig ist;
3. a) die Feststellung oder Anfechtung der Vaterschaft nach dem Tod des Mannes oder des Kindes (§ 1600 e Abs. 2 des Bürgerlichen Gesetzbuchs), ...
4.–6. ...
7. die Entscheidung über den Anspruch auf Herausgabe eines Kindes nach § 1632 Abs. 1 des Bürgerlichen Gesetzbuchs und der zu dem persönlichen Gebrauch bestimmten Sachen nach § 50 d des Gesetzes über die Angelegenheiten der freiwilligen Gerichtsbarkeit sowie die Entscheidung über den Verbleib des Kindes bei der Pflegeperson nach § 1632 Abs. 4 oder bei dem Ehegatten oder Umgangsberechtigten nach § 1682 des Bürgerlichen Gesetzbuchs;
8.–12. ...
13. (aufgehoben)
14. die Genehmigung für den Antrag auf Scheidung oder Aufhebung der Ehe durch den gesetzlichen Vertreter eines geschäftsunfähigen Ehegatten (§ 607 Abs. 2 Satz 2 der Zivilprozeßordnung);
15. die Übertragung der elterlichen Sorge nach den §§ 1671, 1672, 1678 Abs. 2, § 1680 Abs. 2 und 3, § 1681 Abs. 1 und 2 des Bürgerlichen Gesetzbuchs;
16. die Regelung des persönlichen Umgangs zwischen Eltern und Kindern sowie Kindern und Dritten nach § 1684 Abs. 3 und 4, § 1685 Abs. 3 des Bürgerlichen Gesetzbuchs, die Entscheidung über die Beschränkung oder den Ausschluß des Rechts zur alleinigen Entscheidung in Angelegenheiten des täglichen Lebens nach den §§ 1687, 1687 a des Bürgerlichen Gesetzbuchs sowie über Streitigkeiten, die eine Angelegenheit nach § 1632 Abs. 2 des Bürgerlichen Gesetzbuchs betreffen;
17. (aufgehoben)
18.–22. ....

II Die Maßnahmen und Anordnungen nach den §§ 5 bis 10 des Sorgerechtsübereinkommens-Ausführungsgesetzes bleiben dem Richter vorbehalten.

1 **Bem.** Z 7, 15 u 16 geänd durch Art 5 KindRG, Z 14 geänd durch Art 5 EheschlRG, alles mWv 1. 7. 98, s Einf § 606 Rn 11 u 13 (dort auch das Übergangsrecht).

*RPflG 15* (aufgehoben)

*RPflG 16–19 b* (nicht abgedruckt)

Rechtspflegergesetz  **Anh § 153 GVG**

**Dritter Abschnitt.** Dem Rechtspfleger übertragene Geschäfte in bürgerlichen Rechtsstreitigkeiten, in Festsetzungsverfahren, Verfahren bei gerichtlichen Entscheidungen in Straf- und Bußgeldverfahren, Verfahren vor dem Patentgericht, auf dem Gebiet der Aufnahme von Erklärungen und der Beratungshilfe.

*RPflG 20. Bürgerliche Rechtsstreitigkeiten.* Folgende Geschäfte im Verfahren nach der Zivilprozeßordnung und dem Mieterschutzgesetz werden dem Rechtspfleger übertragen:

1. das Mahnverfahren im Sinne des Siebenten Buchs der Zivilprozeßordnung einschließlich der Bestimmung der Einspruchsfrist nach § 700 Abs. 1 in Verbindung mit § 339 Abs. 2 der Zivilprozeßordnung sowie der Abgabe an das für das streitige Verfahren als zuständig bezeichnete Gericht, auch soweit das Mahnverfahren maschinell bearbeitet wird; jedoch bleibt das Streitverfahren dem Richter vorbehalten;
2. das Aufgebotsverfahren mit Ausnahme der Wahrnehmung des Aufgebotstermins und der darin ergehenden Entscheidungen sowie des Anfechtungsverfahrens (§§ 946 ff. der Zivilprozeßordnung);
3. die nach §§ 109, 715 der Zivilprozeßordnung zu treffenden Entscheidungen bei der Rückerstattung von Sicherheiten;
4. im Verfahren über die Prozeßkostenhilfe
   a) die in § 118 Abs. 2 der Zivilprozeßordnung bezeichneten Maßnahmen einschließlich der Beurkundung von Vergleichen nach § 118 Abs. 1 Satz 3 zweiter Halbsatz, wenn der Vorsitzende den Rechtspfleger damit beauftragt;
   b) die Bestimmung des Zeitpunktes für die Einstellung und eine Wiederaufnahme der Zahlungen nach § 120 Abs. 3 der Zivilprozeßordnung;
   c) die Änderung und die Aufhebung der Bewilligung der Prozeßkostenhilfe nach § 120 Abs. 4, § 124 Nr. 2, 3 und 4 der Zivilprozeßordnung;
5. das Verfahren über die Bewilligung der Prozeßkostenhilfe in den Fällen, in denen außerhalb oder nach Abschluß eines gerichtlichen Verfahrens die Bewilligung der Prozeßkostenhilfe lediglich für die Zwangsvollstreckung beantragt wird; jedoch bleibt dem Richter das Verfahren über die Bewilligung der Prozeßkostenhilfe in den Fällen vorbehalten, in welchen dem Prozeßgericht die Vollstreckung obliegt oder in welchen die Prozeßkostenhilfe für eine Rechtsverfolgung oder Rechsverteidigung beantragt wird, die eine sonstige richterliche Handlung erfordert;
6. (aufgehoben)
7. Entscheidungen, die Zustellungen in den vom Richter wahrzunehmenden Geschäften betreffen, soweit es sich handelt um
   a) die Anordnung der Bestellung von Zustellungsbevollmächtigten (§ 174 der Zivilprozeßordnung);
   b) die Bewilligung der Zustellung im Falle des § 177 der Zivilprozeßordnung;
   c) die Erteilung der Erlaubnis zur Zustellung zur Nachtzeit sowie an Sonn- und allgemeinen Feiertagen (§ 188 der Zivilprozeßordnung);
8. (aufgehoben)
9. (aufgehoben)
10. die Verfahren zur
    a) Festsetzung von Unterhalt nach den §§ 645 bis 650 der Zivilprozeßordnung;
    b) Abänderung von Vollstreckungstiteln nach § 655 Abs. 1 bis 4 und 6 der Zivilprozeßordnung;
    c) Festsetzung von Unterhalt und Abänderung von Unterhaltstiteln nach Artikel 5 §§ 2 und 3 des Kindesunterhaltsgesetzes;
11. (aufgehoben)
12. die Erteilung der vollstreckbaren Ausfertigungen in den Fällen des § 726 Abs. 1, der §§ 727 bis 729, 733, 738, 742, 744, 745 Abs. 2 sowie des § 749 der Zivilprozeßordnung;
13. die Erteilung von weiteren vollstreckbaren Ausfertigungen gerichtlicher Urkunden und die Entscheidung über den Antrag auf Erteilung weiterer vollstreckbarer Ausfertigungen notarieller Urkunden nach § 797 Abs. 3 der Zivilprozeßordnung und § 49 Abs. 2 Nr. 2 (jetzt § 50 I 2 Z 2) des Gesetzes für Jugendwohlfahrt;
14. die Anordnung, daß die Partei, welche einen Arrestbefehl oder eine einstweilige Verfügung erwirkt hat, binnen einer zu bestimmenden Frist Klage zu erheben habe (§ 926 Abs. 1, § 936 der Zivilprozeßordnung);
15. die Entscheidung über Anträge auf Aufhebung eines vollzogenen Arrestes gegen Hinterlegung des in dem Arrestbefehl festgelegten Geldbetrages (§ 934 Abs. 1 der Zivilprozeßordnung);
16. die Pfändung von Forderungen sowie die Anordnung der Pfändung von eingetragenen Schiffen oder Schiffsbauwerken aus einem Arrestbefehl, soweit der Arrestbefehl nicht zugleich den Pfändungsbeschluß oder die Anordnung der Pfändung enthält;
16 a. die Anordnung, daß die Sache versteigert und der Erlös hinterlegt werde, nach § 23 des Anerkennungs- und Vollstreckungsausführungsgesetzes vom 30. Mai 1988 (BGBl. I S. 662);
17. die Geschäfte im Zwangsvollstreckungsverfahren nach dem Achten Buch der Zivilprozeßordnung, soweit sie von dem Vollstreckungsgericht, einem von diesem ersuchten Gericht oder in den Fällen der §§ 848, 854, 855, 902 der Zivilprozeßordnung von einem anderen Amtsgericht oder dem Verteilungsgericht (§ 873 der Zivilprozeßordnung) zu erledigen sind; zu diesen Geschäften zählen auch Vollstreckungsverfahren zur Abnahme eidesstattlicher Versicherungen auf Antrag oder Ersuchen einer Behörde.

*Albers*

Jedoch bleiben dem Richter vorbehalten
a) die Entscheidung nach § 766 der Zivilprozeßordnung
b) (aufgehoben)
c) die Entscheidungen des Vollstreckungsgerichts nach den §§ 30, 31 des Wohnraumbewirtschaftungsgesetzes.

**1 Bem.** Z 10 u 14 mWv 1. 7. 98 neu gefaßt und Z 11 aufgehoben durch Art 4 III KindUG, Einf § 606 Rn 12.

*RPflG 21. Festsetzungsverfahren.* Folgende Geschäfte im Festsetzungsverfahren werden dem Rechtspfleger übertragen:
1. die Festsetzung der Kosten in den Fällen, in denen die §§ 103 ff. der Zivilprozeßordnung anzuwenden sind;
2. die Festsetzung der Vergütung des Rechtsanwalts nach § 19 der Bundesgebührenordnung für Rechtsanwälte;
3. die Festsetzung der Gerichtskosten nach den Gesetzen und Verordnungen zur Ausführung von Verträgen mit ausländischen Staaten über die Rechtshilfe sowie die Anerkennung und Vollstreckung gerichtlicher Entscheidungen und anderer Schuldtitel in Zivil- und Handelssachen.

*RPflG 22–23* (nicht abgedruckt)

*RPflG 24. Aufnahme von Erklärungen.* ¹ Folgende Geschäfte der Geschäftsstelle werden dem Rechtspfleger übertragen:
1. die Aufnahme von Erklärungen über die Einlegung und Begründung
   a) der Rechtsbeschwerde und der weiteren Beschwerde,
   b) der Revision in Strafsachen;
2. die Aufnahme eines Antrags auf Wiederaufnahme des Verfahrens (§ 366 Abs. 2 der Strafprozeßordnung, § 85 des Gesetzes über Ordnungswidrigkeiten).

II Ferner soll der Rechtspfleger aufnehmen
1. sonstige Rechtsbehelfe, soweit sie gleichzeitig begründet werden;
2. Klagen und Klageerwiderungen;
3. andere Anträge und Erklärungen, die zur Niederschrift der Geschäftsstelle abgegeben werden können, soweit sie nach Schwierigkeit und Bedeutung den in den Nummern 1 und 2 genannten Geschäften vergleichbar sind.

III § 5 ist nicht anzuwenden.

**1 Bem.** Gemäß § 36 a RPflG gilt II in Hbg mit der Maßgabe, daß der RPfl die dort bezeichneten Anträge und Erklärungen nur dann aufnehmen soll, wenn dies wegen des Zusammenhangs mit einem von ihm wahrzunehmenden Geschäft, wegen rechtlicher Schwierigkeiten oder aus sonstigen Gründen geboten ist.

*RPflG 24 a. Beratungshilfe.* ¹ Folgende Geschäfte werden dem Rechtspfleger übertragen:
1. die Entscheidung über Anträge auf Gewährung von Beratungshilfe;
2. die dem Amtsgericht nach § 3 Abs. 2 des Beratungshilfegesetzes zugewiesenen Geschäfte.

II § 11 Abs. 2 Satz 1 und Abs. 3 ist nicht anzuwenden.

### Vierter Abschnitt. Sonstige Vorschriften auf dem Gebiet der Gerichtsverfassung

*RPflG 25* (nicht abgedruckt)

*RPflG 26. Verhältnis des Rechtspflegers zum Urkundsbeamten der Geschäftsstelle.* Die Zuständigkeit des Urkundsbeamten der Geschäftsstelle nach Maßgabe der gesetzlichen Vorschriften bleibt unberührt, soweit sich nicht aus § 20 Satz 1 Nr. 12 (zu den §§ 726 ff. der Zivilprozeßordnung), aus § 21 Nr. 1 (Festsetzungsverfahren) und aus § 24 (Aufnahme von Erklärungen) etwas anderes ergibt.

*RPflG 27. Pflicht zur Wahrnehmung sonstiger Dienstgeschäfte.* ¹ Durch die Beschäftigung eines Beamten als Rechtspfleger wird seine Pflicht, andere Dienstgeschäfte einschließlich der Geschäfte des Urkundsbeamten der Geschäftsstelle wahrzunehmen, nicht berührt.

II Die Vorschriften dieses Gesetzes sind auf die sonstigen Dienstgeschäfte eines mit den Aufgaben des Rechtspflegers betrauten Beamten nicht anzuwenden.

*RPflG 28. Zuständiger Richter.* Soweit mit Angelegenheiten, die dem Rechtspfleger zur selbständigen Wahrnehmung übertragen sind, nach diesem Gesetz der Richter befaßt wird, ist hierfür das nach den allgemeinen Verfahrensvorschriften zu bestimmende Gericht in der für die jeweilige Amtshandlung vorgeschriebenen Besetzung zuständig.

### Fünfter Abschnitt. Dem Rechtspfleger übertragene Geschäfte in anderen Bereichen.

*RPflG 29. Geschäfte im internationalen Rechtsverkehr.* Die der Geschäftsstelle des Amtsgerichts gesetzlich zugewiesene Ausführung ausländischer Zustellungsanträge und die Entgegennahme eines

12. Titel. Zustellungs- und Vollstreckungsbeamte **Anh § 153, Übers § 154 GVG**

Gesuches, mit dem ein Anspruch auf Gewährung von Unterhalt nach dem Übereinkommen vom 20. Juni 1956 über die Geltendmachung von Unterhaltsansprüchen im Ausland in Verbindung mit dem Gesetz vom 26. Februar 1959 (BGBl. II S. 149) oder nach dem Auslandsunterhaltsgesetz vom 19. Dezember 1986 (BGBl. I S. 2563) geltend gemacht werden soll, sowie die Entgegennahme von Anträgen nach § 11 Abs. 1 und die Entscheidung über Anträge nach § 11 Abs. 2 Satz 2 des Sorgerechtsübereinkommens-Ausführungsgesetzes werden dem Rechtspfleger übertragen.

*RPflG 30, 31* (nicht abgedruckt)

*RPflG 32. Nicht anzuwendende Vorschriften.* Auf die nach den §§ 29 bis 31 dem Rechtspfleger übertragenen Geschäfte sind die §§ 5 bis 11 nicht anzuwenden.

### Sechster Abschnitt. Schlußvorschriften

*RPflG 33–38* (nicht abgedruckt)

*RPflG 39. Überleitungsvorschrift.* Für die Anfechtung von Entscheidungen des Rechtspflegers gelten die §§ 11 und 23 Abs. 2 in der vor dem 1. Oktober 1998 geltenden Fassung, wenn die anzufechtende Entscheidung vor diesem Datum verkündet oder, wenn eine Verkündung nicht stattgefunden hat, der Geschäftsstelle übergeben worden ist.

**Bem.** Vgl dazu § 104 ZPO Rn 41. 1

*RPflG 40* (nicht abgedruckt)

### Zwölfter Titel. Zustellungs- und Vollstreckungsbeamte

#### Übersicht

1) **Allgemeines** (Wolf § 30 III). Die Prozeßgesetze begnügen sich damit, eine Reihe von Amtspflichten 1 des Gerichtsvollziehers zu umgrenzen. Die Regelung ihrer Dienst- und Geschäftsverhältnisse ist Sache der Landesjustizverwaltungen, § 154. Die Dienstverhältnisse des Gerichtsvollziehers, ihre Zuständigkeit und Dienstführung sind in der von den Ländern übereinstimmend erlassenen Gerichtsvollzieherordnung geregelt, zu der die Länder Ergänzungsbestimmungen erlassen haben. Sie sind idR selbständige Beamte mit eigenem Bezirk, die außer ihren festen Bezügen Anteile an den vereinnahmten Gebühren und Anspruch auf Auslagenersatz haben. Die Aufträge können dem Gerichtsvollzieher unmittelbar übermittelt oder durch die Verteilungsstelle zugeteilt werden.

Der Gerichtsvollzieher ist ein selbständiges Organ der Rechtspflege, § 753 ZPO Rn 1 ff, VG Bln DGVZ **90**, 6, dem aber keine Unabhängigkeit zukommt, BVerwG NJW **83**, 896, und das keine Rechtsbeugung begehen kann, Düss NJW **97**, 2125. Der Gerichtsvollzieher hat sich allen Beteiligten gegenüber neutral zu verhalten, Kissel § 154 Rn 3, Pawlowski ZZP **90**, 358.

2) **Tätigkeit des Gerichtsvollziehers. A.** Nach den Prozeßgesetzen sind ihm zugewiesen: a) Zu- 2 stellungen im Parteibetrieb, die nur noch verhältnismäßig selten stattfinden; b) Vornahme der Zwangsvollstreckung, soweit sie nicht dem Vollstreckungs- oder Prozeßgericht vorbehalten ist; c) Vorführungen und Verhaftungen. Vereinzelt ist der Gerichtsvollzieher auch im Privatrecht zuständig, vgl §§ 132, 383, 1233 ff BGB; es können ihm auch Vollstreckungsaufgaben in Justizkassensachen nach der JBeitrO, Hartmann Teil IX A, übertragen werden, BVerwG NJW **83**, 898. Er ist öff Urkundsperson im Sinn des § 415 ZPO.

Die örtliche Zuständigkeit regeln §§ 20 ff GVollzO und landesrechtliche Ergänzungsbestimmungen. Welche Dienstverrichtungen dem Gerichtsvollzieher obliegen und welches Verfahren er dabei zu beachten hat, regelt die GVGA bundeseinheitlich. Ihre Beachtung gehört zu den Amtspflichten des Gerichtsvollziehers.

**B.** Immer handelt der **Gerichtsvollzieher als Beamter**, für den die allgemeinen beamtenrechtlichen 3 Regelungen gelten, zB die Bindung an allgemeine Weisungen, Kissel § 154 Rn 4, OVG Bln DRpflZ **82**, 9, und die Möglichkeit der Versetzung in den Innendienst, BVerwG DVBl **82**, 1186. Als Beamter untersteht er der Dienstaufsicht und Weisungsbefugnis seines Vorgesetzten, Gaul ZZP **87**, 241; dies gilt uneingeschränkt für die Einziehung von Kosten, BVerwG DÖD **87**, 11, NJW **83**, 896 u DVBl **82**, 1188. Bei der konkreten Durchführung der ihm gesetzlich übertragenen Aufgaben handelt er aber im Einzelfall selbständig und eigenverantwortlich, dazu BVerwG NJW **83**, 896, so daß ihm hier keine Einzelweisungen erteilt werden dürfen, Kissel 4, str, zweifelnd BVerwG aaO mwN. Nie handelt der Gerichtsvollzieher kraft privatrechtlichen Auftrags, Dienst- oder Werkvertrags. Wenn die Prozeßgesetze von einem „Auftrag" der Partei sprechen, so ist dieser Auftrag nach heutiger Erkenntnis nur als Antrag auf Vornahme der Amtshandlung zu verstehen. Nie, auch nicht im Fall des § 840 ZPO, ist der Gerichtsvollzieher Vertreter des Gläubigers, RG **156**, 395, Kissel 17 (wäre er es, dann handelte er auch da als Beamter). Wieweit er Gehilfen für den inneren Dienst zuziehen darf, richtet sich nach der GVollzO. Jedenfalls darf er es nicht nach außen, zB für die Übergabe zuzustellender Schriftstücke, auch nicht an die Post, vgl § 49 Z 2 GVollzO. Der GVollz erhebt **Kosten** nach dem GVKostG v 26. 7. 57, BGBl 887; s Hartmann Teil XI.

**C.** Aus **Amtspflichtverletzung des Gerichtsvollziehers haftet das Land**, in dessen Dienst er steht, 4 Art 34 GG; vgl § 13 Rn 31 „Amtspflichtverletzung". Er haftet bei Maßnahmen der Zwangsvollstreckung auch dem Schuldner, dem Eigentümer der Pfandstücke und dem Bieter in der Zwangsversteigerung, RG **129**, 23, nicht schon dem, dem der Antragsteller rechtsgeschäftlich bei Nichterfüllung der Vollstreckungsschuld haftet, RG **140**, 45; vgl auch BGH BB **57**, 163 (Haftung bei Verletzung von Rechten Dritter). Er haftet zB auch bei nicht gehöriger Kenntlichmachung der Pfändung, BGH NJW **59**, 1775, oder dann, wenn er die Zustellung nicht persönlich vorgenommen hat, RG JW **34**, 34. Ist dem Gerichtsvollzieher die Auslegung des Pfändungsbeschlusses zweifelhaft, muß er sich an das Vollstreckungsgericht wenden, RG HRR **31**, 220. Dem Gläubiger sind Verschulden des Gerichtsvollziehers nur zuzurechnen, soweit ihn ein eigenes Verschulden trifft. Vgl dazu Pal-Thomas § 839 Rn 101 und oben § 753 ZPO Rn 7.

5  **3) Eine Amtshandlung, die der Gerichtsvollzieher unter Verletzung der sachlichen Zuständigkeit vornimmt, ist ganz unwirksam; die Verletzung der örtlichen Zuständigkeit berührt die Wirksamkeit nicht**, § 753 Rn 10, 11, s auch § 20 Z 2 GVollzO. Da der Gerichtsvollzieher Beamter ist, oben 3, müssen die staatsrechtlichen Voraussetzungen seines Amts vorliegen, dh er muß unter Wahrung der geltenden Vorschriften ernannt sein. Fehlt indessen eine Vorbedingung der Ernennung, so wird man, anders als beim Richter, die Wirksamkeit der Amtshandlung davon nicht abhängig machen dürfen. Die prozessualen Voraussetzungen der Tätigkeit des Gerichtsvollziehers enthält § 155. Über die schwierige Frage, inwieweit fehlerhafte Amtshandlungen des zuständigen Gerichtsvollziehers wirksam sind, s Grdz § 704 Rn 56.

6  **4) *VwGO*:** Der Gerichtsvollzieher kann nach den §§ 167 ff VwGO mit Vollstreckungsmaßnahmen beauftragt werden, RedOe § 167 Anm 4, Kopp/Schenke § 169 Rn 6.

## 154 Dienst- und Geschäftsverhältnisse.
Die Dienst- und Geschäftsverhältnisse der mit den Zustellungen, Ladungen und Vollstreckungen zu betrauenden Beamten (Gerichtsvollzieher) werden bei dem Bundesgerichtshof durch den Bundesminister der Justiz, bei den Landesgerichten durch die Landesjustizverwaltung bestimmt.

**Vorbem.** § 154 gilt in der **Arbeitsgerichtsbarkeit** entspr, § 9 II ArbGG.

1  **1) Erläuterung.** Die Vorschrift umschreibt die Aufgaben des Gerichtsvollziehers zT unzutreffend, zT unvollständig, vgl Eich ZRP **88**, 454. Gegen ihre Gültigkeit als Ermächtigungsnorm bestehen verfassungsrechtliche Bedenken, Grawert DGVZ **89**, 97. Wegen der Rechtsstellung des Gerichtsvollziehers vgl Üb B Rn 3 und § 753 ZPO Rn 1. Die Regelung der Dienst- und Geschäftsverhältnisse findet sich in der GVollzO und in der GVGA idF v 1. 4. 80, Kissel 8 u 9. Zur Pflicht des Gerichtsvollziehers, gespeicherte personenbezogene Daten den Betroffenen bekanntzugeben, vgl VGH Kassel RR **99**, 857.

2  **2) *VwGO*:** § 153 Rn 6.

## 155 Ausschließung.
Der Gerichtsvollzieher ist von der Ausübung seines Amts kraft Gesetzes ausgeschlossen:
I. in bürgerlichen Rechtsstreitigkeiten:
  1. wenn er selbst Partei oder gesetzlicher Vertreter einer Partei ist oder zu einer Partei in dem Verhältnis eines Mitberechtigten, Mitverpflichteten oder Schadensersatzpflichtigen steht;
  2. wenn sein Ehegatte Partei ist, auch wenn die Ehe nicht mehr besteht;
  3. wenn eine Person Partei ist, mit der er in gerader Linie verwandt oder verschwägert, in der Seitenlinie bis zum dritten Grad verwandt oder bis zum zweiten Grad verschwägert ist oder war;
II. in Strafsachen ....

**Vorbem.** Bei den **Arbeitsgerichten** ist § 155 entsprechend anwendbar, § 9 II ArbGG.

1  **1) Erläuterung.** § 155 I ist dem § 41 ZPO nachgebildet; s die Erläuterungen zu diesem. Eine Ablehnung des Gerichtsvollziehers wegen Besorgnis der Befangenheit kennt das Gesetz nicht, LG Coburg DGVZ **90**, 89; auch ein Landesgesetz kann sie nicht vorsehen. In den Fällen des § 155 tritt der nach Landesrecht zuständige Vertreter an die Stelle des Ausgeschlossenen. Ein Verstoß gegen § 155 macht nach einer Auffassung die Amtshandlung ganz unwirksam, ZöGu 1, Wieczorek Anm A, während ein Verstoß nach der Gegenmeinung nur zur Anfechtbarkeit führt, MüKoWo 3, Kissel 4: Im Licht der neuen Verfahrensgesetze für die Verwaltung (und im Hinblick auf § 41 ZPO, dort Rn 5) wird idR lediglich Rechtswidrigkeit der Maßnahme anzunehmen sein, vgl §§ 20 u 44 III Z 2 VwVfG, 82 u 125 III Z 2 AO, 16 u 40 III Z 2 SGB X; danach ist nur eine fehlerhafte Zustellung unwirksam, während Vollstreckungsmaßnahmen anfechtbar sind, RoSGo § 27 II 4. Ein Verstoß gegen § 155 bedeutet stets eine Verletzung der Amtspflicht. Über den Ausschluß des Gerichtsvollziehers und seiner Gehilfen vom Mitbieten beim Verkauf in der Zwangsvollstreckung s §§ 456 ff BGB (Haftung für Kosten und Mindererlös).

2  **2) *VwGO*:** § 153 Rn 6.

### Anhang nach § 155. Andere Organe der Rechtspflege
#### I. Rechtsanwälte

1  **1) Allgemeines** (Schrifttum: *Feuerich/Braun*, BRAO, 4. Aufl 1999; *Henssler/Prütting*, BRAO, 1997; *Jessnitzer/Blumberg*, BRAO, Komm 8. Aufl 1998; *Kleine-Cosack*, BRAO, 3. Aufl 1997.)

**A.** Die **BRAO** v 1. 8. 59, BGBl III 303–8 (zuletzt geändert durch Art 2 a 3. ÄndG-RpflG v 6. 8. 98, BGBl 2030), regelt das Berufsrecht der RAe umfassend. Sie galt mit einigen Maßgaben auch im früheren Ost-Berlin, EV Anl I Kap III Sachgeb A Abschn IV Z 1 a. Dagegen war sie in den **neuen Bundesländern** nicht in Kraft gesetzt worden, EV Anl I Kap III Sachgeb A Abschn I Z 7; hier galt das RAG v 13. 9. 90, GBl 1504 (Schönfelder IV Nr 325), mit bestimmten Maßgaben fort, EV Anl II Kap III Sachgeb A Abschn III Z 1, dazu Busse F Redeker, 1993, S 571 u NJW **93**, 2009, Kaiser AnwBl **91**, 133, Wasmuth BRAK-Mitt **90**, 194, Koch/Bach AnwBl **90**, 596; sofern dort in einem Land die im GVG vorgesehenen Gerichte und Staatsanwaltschaften errichtet worden sind, galten das RAG idF des § 23 RpflAnpG (Übergangsvorschrift: § 27 RpflAnpG), ferner für den Anwaltsprozeß §§ 22 u 26 RpflAnpG, abgedr Vorbem § 78 ZPO, dazu Rieß AnwBl **92**, 151. Nach Art 21 I G v 2. 9. 94, BGBl 2278, tritt an die Stelle des gleichzeitig aufgehobenen RAG mWv 9. 9. 94, Art 22 I, die BRAO (mit bestimmten Abweichungen, Art 21 I 4, VI); nach dem RAG zugelassene RAe sind nach der BRAO zugelassen, Zulassungen bei Gerichten wirken fort, Art 21 II des Ges. Wegen des Widerrufs und der Rücknahme von Zulassungen in den neuen Bundesländern s §§ 1–4 G v 24. 7. 92, BGBl 1386.

Wegen der **EG-Niederlassungsrichtlinie** für RAe s Lörcher BRAK-Mitt **98**, 9.

**B.** Die **Stellung der Rechtsanwälte** ist gesetzlich eingehend geregelt. Grundlegendes für die Stellung **2** nach außen enthält auch die ZPO, vgl namentlich §§ 78 ff. Die Stellung nach innen, das Verhältnis zum Auftraggeber, richtet sich wesentlich nach BGB; es liegt im allgemeinen ein Dienstvertrag vor, der eine Geschäftsbesorgung zum Gegenstand hat, §§ 627, 675 BGB, nur in vereinzelten Fällen (Gutachten) ein Werkvertrag, weil der RA idR keine Gewährleistung für den Erfolg übernimmt, und auch bei Beauftragung mit Vermittlung kein Maklervertrag, es sei denn, die Gewährung rechtlichen Beistands ist völlig nebensächlich, BGH **18**, 340; vgl Hartmann Grdz § 1 BRAGO Rn 12 ff. Für Rechtsanwaltsgesellschaften gelten §§ 59 c ff BRAO.

Aufgrund der BRAO hat die Satzungsversammlung der BRAK eine **Berufs- und eine Fachanwaltsordnung** beschlossen, die (mit Ausnahme der vom BJM aufgehobenen Bestimmungen) am 11. 3. 97 in Kraft getreten sind, Hartung/Holl, Kommentar, 1997, Kleine-Cosack NJW **97**, 1257, Zuck MDR **97**, 325, BGH MDR **99**, 1159, AnwG RhPf NJW **99**, 66. Die beiden Satzungen sind in der Beilage zu Heft 19/97 der NJW abgedruckt. Die Wirksamkeit der BerufsO ist umstritten, bejahend Schlosser NJW **98**, 2794, Haas NJW **98**, 2721 mwN, ua AnwGH Hamm BRAK-Mitt **98**, 286, AnwG Kblz NJW **98**, 2751, aM Hartung MDR **98**, 1059 u 866, Römermann NJW **98**, 2249, AnwG Düss NJW **98**, 2296.

**C.** Der **Rechtsanwalt ist** kein Gewerbetreibender. Er ist **der berufene, unabhängige Berater und 3 Vertreter in allen Rechtsangelegenheiten.** Richter und RAe haben im Rechtsleben zwar eine verschiedene Stellung, aber das gemeinsame Ziel, dem richtigen Recht zum Siege zu verhelfen. Die gebührenrechtlichen Ansprüche des RA sind einheitlich und abschließend in der BRAGO v 26. 7. 57, BGBl I 907, geregelt. Wegen der Vereinbarung eines Erfolgshonorars (quota litis) s Hartmann § 3 BRAGO Rn 36.

**D.** Wegen der **Tätigkeit von Rechtsanwälten aus anderen Staaten** s unten Rn 8 (§§ 206 u 207 BRAO) und Schlußanh VII.

**2) Die wichtigsten Vorschriften der BRAO für den Zivilprozeß:** Im folgenden sind aus der BRAO **4** die für den Zivilprozeß wichtigsten Vorschriften, nämlich die allgemeinen des 1. Teils und des 3. Teils abgedruckt. Wegen der übrigen Teile s unten die Zusammenstellungen in Anm 3 ff. Dem Abdruck liegt die Fassung zugrunde, die das Gesetz mWv 9. 9. 94 durch Art 1 G v 2. 9. 94, BGBl 2278, erhalten hat (Materialien: RegEntw BT-Drs 12/4993, AusschlußBer BT-Drs 12/7656), vgl Mayen NJW **95**, 2317, Krämer NJW **95**, 2313, Kleine-Cosack NJW **94**, 2249. Die BRAO ist wiederholt geändert worden, zuletzt durch das ÄndG v 31. 8. 98, BGBl 2600, das in wesentlichen Teilen am 1. 3. 99 in Kraft tritt.

### Erster Teil. Der Rechtsanwalt

**§ 1. Stellung des Rechtsanwalts in der Rechtspflege.** Der Rechtsanwalt ist ein unabhängiges Organ der Rechtspflege.

**§ 2. Beruf des Rechtsanwalts.** [I] Der Rechtsanwalt übt einen freien Beruf aus.

[II] Seine Tätigkeit ist kein Gewerbe.

**§ 3. Recht zur Beratung und Vertretung.** [I] Der Rechtsanwalt ist der berufene unabhängige Berater und Vertreter in allen Rechtsangelegenheiten.

[II] Sein Recht, in Rechtsangelegenheiten aller Art vor Gerichten, Schiedsgerichten oder Behörden aufzutreten, kann nur durch ein Bundesgesetz beschränkt werden.

[III] Jedermann hat im Rahmen der gesetzlichen Vorschriften das Recht, sich in Rechtsangelegenheiten aller Art durch einen Rechtsanwalt seiner Wahl beraten und vor Gerichten, Schiedsgerichten oder Behörden vertreten zu lassen.

### Dritter Teil. Die Rechte und Pflichten des Rechtsanwalts und die berufliche Zusammenarbeit der Rechtsanwälte

#### 1. Abschnitt. Allgemeines

**§ 43. Allgemeine Berufspflicht.** [1]Der Rechtsanwalt hat seinen Beruf gewissenhaft auszuüben. [2]Er hat sich innerhalb und außerhalb des Berufes der Achtung und des Vertrauens, welche die Stellung des Rechtsanwalts erfordert, würdig zu erweisen.

**§ 43 a. Grundpflichten des Rechtsanwalts.** [I] Der Rechtsanwalt darf keine Bindungen eingehen, die seine berufliche Unabhängigkeit gefährden.

[II] [1]Der Rechtsanwalt ist zur Verschwiegenheit verpflichtet. [2]Diese Pflicht bezieht sich auf alles, was ihm in Ausübung seines Berufes bekanntgeworden ist. [3]Dies gilt nicht für Tatsachen, die offenkundig sind oder ihrer Bedeutung nach keiner Geheimhaltung bedürfen.

III ¹Der Rechtsanwalt darf sich bei seiner Berufsausübung nicht unsachlich verhalten. ²Unsachlich ist insbesondere ein Verhalten, bei dem es sich um die bewußte Verbreitung von Unwahrheiten oder solche herabsetzenden Äußerungen handelt, zu denen andere Beteiligte oder der Verfahrensverlauf keinen Anlaß gegeben haben.

IV Der Rechtsanwalt darf keine widerstreitenden Interessen vertreten.

V ¹Der Rechtsanwalt ist bei der Behandlung der ihm anvertrauten Vermögenswerte zu der erforderlichen Sorgfalt verpflichtet. ²Fremde Gelder sind unverzüglich an den Empfangsberechtigten weiterzuleiten oder auf ein Anderkonto einzuzahlen.

VI Der Rechtsanwalt ist verpflichtet, sich fortzubilden.

§§ 43 a, 43 b, 43 c. (nicht abgedruckt)

§ 44. *Mitteilung der Ablehnung eines Auftrags.* ¹Der Rechtsanwalt, der in seinem Beruf in Anspruch genommen wird und den Auftrag nicht annehmen will, muß die Ablehnung unverzüglich erklären. ²Er hat den Schaden zu ersetzen, der aus einer schuldhaften Verzögerung dieser Erklärung entsteht.

§ 45. *Versagung der Berufstätigkeit.* ¹ Der Rechtsanwalt darf nicht tätig werden:
1. wenn er in derselben Rechtssache als Richter, Schiedsrichter, Staatsanwalt, Angehöriger des öffentlichen Dienstes, Notar, Notarvertreter oder Notariatsverweser bereits tätig geworden ist;
2. wenn er als Notar, Notarvertreter oder Notariatsverweser eine Urkunde aufgenommen hat und deren Rechtsbestand oder Auslegung streitig ist oder die Vollstreckung aus ihr betrieben wird;
3. wenn er gegen den Träger des von ihm verwalteten Vermögens vorgehen soll in Angelegenheiten, mit denen er als Konkursverwalter, Vergleichsverwalter, Nachlaßverwalter, Testamentsvollstrecker, Betreuer oder in ähnlicher Funktion bereits befaßt war;
4. wenn er in derselben Angelegenheit außerhalb seiner Anwaltstätigkeit oder einer sonstigen Tätigkeit im Sinne des § 59 a Abs. 1 Satz 1 bereits beruflich tätig war; dies gilt nicht, wenn die berufliche Tätigkeit beendet ist.

II Dem Rechtsanwalt ist es untersagt:
1. in Angelegenheiten, mit denen er bereits als Rechtsanwalt gegen den Träger des zu verwaltenden Vermögens befaßt war, als Konkursverwalter, Vergleichsverwalter, Nachlaßverwalter, Testamentsvollstrecker, Betreuer oder in ähnlicher Funktion tätig zu werden;
2. in Angelegenheiten, mit denen er bereits als Rechtsanwalt befaßt war, außerhalb seiner Anwaltstätigkeit oder einer sonstigen Tätigkeit im Sinne des § 59 a Abs. 1 Satz 1 beruflich tätig zu werden.

III Die Verbote des Absatzes 2 gelten auch für die mit dem Rechtsanwalt in Sozietät oder in sonstiger Weise zur gemeinschaftlichen Berufsausübung verbundenen oder verbunden gewesenen Rechtsanwälte und Angehörigen anderer Berufe und auch insoweit einer von diesen im Sinne des Absatzes 2 befaßt war.

§ 46. *Rechtsanwälte in ständigen Dienstverhältnissen.* ¹ Der Rechtsanwalt darf für einen Auftraggeber, dem er auf Grund eines ständigen Dienst- oder ähnlichen Beschäftigungsverhältnisses seine Arbeitszeit und -kraft zur Verfügung stellen muß, vor Gerichten oder Schiedsgerichten nicht in seiner Eigenschaft als Rechtsanwalt tätig werden.

II Der Rechtsanwalt darf nicht tätig werden:
1. wenn er in derselben Angelegenheit als sonstiger Berater, der in einem ständigen Dienst- oder ähnlichen Beschäftigungsverhältnis Rechtsrat erteilt, bereits rechtsbesorgend tätig geworden ist;
2. als sonstiger Berater, der in einem ständigen Dienst- oder ähnlichen Beschäftigungsverhältnis Rechtsrat erteilt, wenn er mit derselben Angelegenheit bereits als Rechtsanwalt befaßt war.

III Die Verbote des Absatzes 2 gelten auch für die mit dem Rechtsanwalt in Sozietät oder in sonstiger Weise zur gemeinschaftlichen Berufsausübung verbundenen oder verbunden gewesenen Rechtsanwälte und Angehörigen anderer Berufe und auch insoweit einer von diesen im Sinne des Absatzes 2 befaßt war.

§ 47. *Rechtsanwälte im öffentlichen Dienst.* ¹ ¹Rechtsanwälte, die als Richter oder Beamte verwendet werden, ohne auf Lebenszeit ernannt zu sein, die in das Dienstverhältnis eines Soldaten auf Zeit berufen werden oder die vorübergehend als Angestellte im öffentlichen Dienst tätig sind, dürfen ihren Beruf als Rechtsanwalt nicht ausüben, es sei denn, daß sie die ihnen übertragenen Aufgaben ehrenamtlich wahrnehmen. ²Die Landesjustizverwaltung kann jedoch dem Rechtsanwalt auf seinen Antrag einen Vertreter bestellen oder ihm gestatten, seinen Beruf selbst auszuüben, wenn die Interessen der Rechtspflege dadurch nicht gefährdet werden.

II Bekleidet ein Rechtsanwalt ein öffentliches Amt, ohne in das Beamtenverhältnis berufen zu sein, und darf er nach den für das Amt maßgebenden Vorschriften den Beruf als Rechtsanwalt nicht selbst ausüben, so kann die Landesjustizverwaltung ihm auf seinen Antrag einen Vertreter bestellen.

III Vor der Entscheidung über Anträge nach Absatz 1 Satz 2 und Absatz 2 ist der Vorstand der Rechtsanwaltskammer zu hören.

§ 48. *Pflicht zur Übernahme der Prozeßvertretung.* ¹ Der Rechtsanwalt muß im gerichtlichen Verfahren die Vertretung einer Partei oder die Beistandschaft übernehmen,
1. wenn er der Partei auf Grund des § 121 der Zivilprozeßordnung, des § 11 a des Arbeitsgerichtsgesetzes oder auf Grund anderer gesetzlicher Vorschriften zur vorläufig unentgeltlichen Wahrnehmung ihrer Rechte beigeordnet ist;
2. wenn er der Partei auf Grund der §§ 78 b, 78 c der Zivilprozeßordnung beigeordnet ist;
3. wenn er dem Antragsgegner auf Grund des § 625 der Zivilprozeßordnung als Beistand beigeordnet ist.

II Der Rechtsanwalt kann beantragen, die Beiordnung aufzuheben, wenn hierfür wichtige Gründe vorliegen.

§ 49. *Pflichtverteidigung, Beistandsleistung.* (nicht abgedruckt)

§ 49 a. *Pflicht zur Übernahme der Beratungshilfe.* ¹ ¹Der Rechtsanwalt ist verpflichtet, die in dem Beratungshilfegesetz vorgesehene Beratungshilfe zu übernehmen. ²Er kann die Beratungshilfe aus wichtigem Grund ablehnen.

II ¹Der Rechtsanwalt ist verpflichtet, bei Einrichtungen der Rechtsanwaltschaft für die Beratung von Rechtsuchenden mit geringem Einkommen mitzuwirken. ²Er kann die Mitwirkung im Einzelfall aus wichtigem Grund ablehnen.

§ 49 b. *Vergütung.* ¹ ¹Es ist unzulässig, geringere Gebühren und Auslagen zu vereinbaren oder zu fordern, als die Bundesgebührenordnung für Rechtsanwälte vorsieht, soweit diese nichts anderes bestimmt. ²Im Einzelfall darf der Rechtsanwalt besonderen Umständen, insbesondere in der Person des Auftraggebers, insbesondere dessen Bedürftigkeit, Rechnung tragen durch Ermäßigung oder Erlaß von Gebühren oder Auslagen nach Erledigung des Auftrags.

II Vereinbarungen, durch die eine Vergütung oder ihre Höhe vom Ausgang der Sache oder vom Erfolg der anwaltlichen Tätigkeit abhängig gemacht wird (Erfolgshonorar) oder nach denen der Rechtsanwalt einen Teil des erstrittenen Betrags als Honorar erhält (quota litis), sind unzulässig.

III, IV (nicht abgedruckt)

§ 50. *Handakten des Rechtsanwalts.* ¹ Der Rechtsanwalt muß durch Anlegung von Handakten ein geordnetes Bild über die von ihm entfaltete Tätigkeit geben können.

II ¹Der Rechtsanwalt hat die Handakten auf die Dauer von fünf Jahren nach Beendigung des Auftrags aufzubewahren. ²Diese Verpflichtung erlischt jedoch schon vor Beendigung dieses Zeitraumes, wenn der Rechtsanwalt den Auftraggeber aufgefordert hat, die Handakten in Empfang zu nehmen, und der Auftraggeber dieser Aufforderung binnen sechs Monaten, nachdem er sie erhalten hat, nicht nachgekommen ist.

III ¹Der Rechtsanwalt kann seinem Auftraggeber die Herausgabe der Handakten verweigern, bis er wegen seiner Gebühren und Auslagen befriedigt ist. ²Dies gilt nicht, soweit die Vorenthaltung der Handakten oder einzelner Schriftstücke nach den Umständen unangemessen wäre.

IV Handakten im Sinne der Absätze 2 und 3 dieser Bestimmung sind nur die Schriftstücke, die der Rechtsanwalt aus Anlaß seiner beruflichen Tätigkeit von dem Auftraggeber oder für ihn erhalten hat, nicht aber der Briefwechsel zwischen dem Rechtsanwalt und seinem Auftraggeber und die Schriftstücke, die dieser bereits in Urschrift oder Abschrift erhalten hat.

V Absatz 4 gilt entsprechend, soweit sich der Rechtsanwalt zum Führen von Handakten der elektronischen Datenverarbeitung bedient.

§§ 51 u 51 a. (nicht abgedruckt)

§ 51 b. *Verjährung von Ersatzansprüchen.* Der Anspruch des Auftraggebers auf Schadensersatz aus dem zwischen ihm und dem Rechtsanwalt bestehenden Vertragsverhältnis verjährt in drei Jahren von dem Zeitpunkt an, in dem der Anspruch entstanden ist, spätestens jedoch in drei Jahren nach der Beendigung des Auftrags.

§ 52. *Vertretung des Prozeßbevollmächtigten.* ¹ Insoweit eine Vertretung durch Anwälte geboten ist, kann der zum Prozeßbevollmächtigten bestellte Rechtsanwalt die Vertretung nur auf einen Rechtsanwalt übertragen, der selbst in dem Verfahren zum Prozeßbevollmächtigten bestellt werden kann.

II Der bei dem Prozeßgericht zum Prozeßbevollmächtigten bestellte Rechtsanwalt darf in der mündlichen Verhandlung einem Rechtsanwalt, der nicht selbst zum Prozeßbevollmächtigten bestellt werden kann, die Ausführung der Parteirechte in seinem Beistand überlassen.

§ 53. *Bestellung eines allgemeinen Vertreters.* ¹ Der Rechtsanwalt muß für seine Vertretung sorgen,
1. wenn er länger als eine Woche daran gehindert ist, seinen Beruf auszuüben;
2. wenn er sich länger als eine Woche von seiner Kanzlei entfernen will.

II ¹Der Rechtsanwalt kann den Vertreter selbst bestellen, wenn die Vertretung die Dauer eines Monats nicht überschreitet und wenn sie von einem bei demselben Gericht zugelassenen Rechtsanwalt übernommen wird. ²In anderen Fällen wird der Vertreter auf Antrag des Rechtsanwalts von der Landesjustizverwaltung bestellt.

**III** ¹Die Landesjustizverwaltung kann dem Rechtsanwalt auf seinen Antrag von vornherein für alle Behinderungsfälle, die während eines Kalenderjahres eintreten können, einen Vertreter bestellen. ²Vor der Bestellung ist der Vorstand der Rechtsanwaltskammer zu hören.

**IV** ¹Die Landesjustizverwaltung soll die Vertretung einem Rechtsanwalt übertragen. ²Sie kann auch andere Personen, welche die Befähigung zum Richteramt erlangt haben, oder Referendare, die seit mindestens zwölf Monaten im Vorbereitungsdienst beschäftigt sind, zu Vertretern bestellen. ³§§ 7 und 20 Abs. 1 Nr. 1 bis 3 gelten entsprechend.

**V** ¹In den Fällen des Absatzes 1 kann die Landesjustizverwaltung den Vertreter von Amts wegen bestellen, wenn der Rechtsanwalt es unterlassen hat, eine Maßnahme nach Absatz 2 Satz 1 zu treffen oder die Bestellung eines Vertreters nach Absatz 2 Satz 2 zu beantragen. ²Der Vertreter soll jedoch erst bestellt werden, wenn der Rechtsanwalt vorher aufgefordert worden ist, den Vertreter selbst zu bestellen oder einen Antrag nach Absatz 2 Satz 2 einzureichen, und die ihm hierfür gesetzte Frist fruchtlos verstrichen ist. ³Der Rechtsanwalt, der von Amts wegen als Vertreter bestellt wird, kann die Vertretung nur aus einem wichtigen Grund ablehnen. ⁴Über die Zulässigkeit der Ablehnung entscheidet die Landesjustizverwaltung nach Anhörung des Vorstandes der Rechtsanwaltskammer.

**VI** ¹Der Rechtsanwalt hat die Bestellung des Vertreters in den Fällen der Absätze 2 und 3 dem Gericht anzuzeigen, bei dem er zugelassen ist. ²In dem Fall des Absatzes 5 ist auch der Vertreter verpflichtet, seine Bestellung dem Gericht anzuzeigen.

**VII** Dem Vertreter stehen die anwaltlichen Befugnisse des Rechtsanwalts zu, den er vertritt.

**VIII** Die Bestellung kann widerrufen werden.

**IX** ¹Der Vertreter wird in eigener Verantwortung, jedoch im Interesse, für Rechnung und auf Kosten des Vertretenen tätig. ²Die §§ 666, 667 und 670 des Bürgerlichen Gesetzbuchs gelten entsprechend.

**X** ¹Der von Amts wegen bestellte Vertreter ist berechtigt, die Kanzleiräume zu betreten und die zur Kanzlei gehörenden Gegenstände einschließlich des der anwaltlichen Verwahrung unterliegenden Treuguts in Besitz zu nehmen, herauszuverlangen und darüber zu verfügen. ²An Weisungen des Vertretenen ist er nicht gebunden. ³Der Vertretene darf die Tätigkeit des Vertreters nicht beeinträchtigen. ⁴Er hat dem von Amts wegen bestellten Vertreter eine angemessene Vergütung zu zahlen, für die Sicherheit zu leisten ist, wenn die Umstände es erfordern. ⁵Können sich die Beteiligten über die Höhe der Vergütung oder über die Sicherheit nicht einigen oder wird die geschuldete Sicherheit nicht geleistet, setzt der Vorstand der Rechtsanwaltskammer auf Antrag des Vertretenen oder des Vertreters die Vergütung fest. ⁶Der Vertreter ist befugt, Vorschüsse auf die vereinbarte oder festgesetzte Vergütung zu entnehmen. ⁷Für die festgesetzte Vergütung haftet die Rechtsanwaltskammer wie ein Bürge.

**Bem.** Den Referendaren, IV 2, sind durch § 8 RpflAnpG bestimmte Personengruppen gleichgestellt, vgl § 10 GVG Rn 2.

**§ 54. Rechtshandlungen des Vertreters nach dem Tode des Rechtsanwalts.** ¹Ist ein Rechtsanwalt, für den ein Vertreter bestellt ist, gestorben, so sind Rechtshandlungen, die der Vertreter vor der Löschung des Rechtsanwalts noch vorgenommen hat, nicht deshalb unwirksam, weil der Rechtsanwalt zur Zeit der Bestellung des Vertreters oder zur Zeit der Vornahme der Handlung nicht mehr gelebt hat. ²Das gleiche gilt für Rechtshandlungen, die vor der Löschung des Rechtsanwalts dem Vertreter gegenüber noch vorgenommen worden sind.

**§ 55. Bestellung eines Abwicklers der Kanzlei.** **I** ¹Ist ein Rechtsanwalt gestorben, so kann die Landesjustizverwaltung einen Rechtsanwalt oder eine andere Person, welche die Befähigung zum Richteramt erlangt hat, zum Abwickler der Kanzlei bestellen. ²§§ 7 und 20 Abs. 1 Nr. 1 bis 3 gelten entsprechend. ³Vor der Bestellung ist der Vorstand der Rechtsanwaltskammer zu hören. ⁴Der Abwickler ist in der Regel nicht länger als für die Dauer eines Jahres zu bestellen. ⁵Auf Antrag des Abwicklers ist die Bestellung, höchstens jeweils um ein Jahr, zu verlängern, wenn er glaubhaft macht, daß schwebende Angelegenheiten noch nicht zu Ende geführt werden konnten.

**II** ¹Dem Abwickler obliegt es, die schwebenden Angelegenheiten abzuwickeln. ²Er führt die laufenden Aufträge fort; innerhalb der ersten sechs Monate ist er auch berechtigt, neue Aufträge anzunehmen. ³Ihm stehen die anwaltlichen Befugnisse zu, die der verstorbene Rechtsanwalt hatte. ⁴Der Abwickler gilt für die schwebenden Angelegenheiten als von der Partei bevollmächtigt, sofern diese nicht für die Wahrnehmung ihrer Rechte in anderer Weise gesorgt hat. ⁵Er hat seine Bestellung dem Gericht anzuzeigen, bei dem der verstorbene Rechtsanwalt zugelassen war.

**III** ¹§ 53 Abs. 5 Satz 3 und 4, Abs. 9 und 10 gilt entsprechend. ²Der Abwickler ist berechtigt, jedoch außer im Rahmen eines Kostenfestsetzungsverfahrens nicht verpflichtet, Kostenforderungen des verstorbenen Rechtsanwalts im eigenen Namen für Rechnung der Erben geltend zu machen.

**IV** Die Bestellung kann widerrufen werden.

**V** Ein Abwickler kann auch für die Kanzlei eines früheren Rechtsanwalts bestellt werden, dessen Zulassung zur Rechtsanwaltschaft erloschen, zurückgenommen oder widerrufen ist.

**§§ 56–58** (nicht abgedruckt)

**§ 59. Ausbildung von Referendaren.** ¹Der Rechtsanwalt hat den Referendar, der im Vorbereitungsdienst bei ihm beschäftigt ist, in den Aufgaben eines Rechtsanwalts zu unterweisen, ihn anzuleiten und ihm Gelegenheit zu praktischen Arbeiten zu geben.

II ¹Auf den Referendar, der unter Beistand des Rechtsanwalts die Ausführung der Parteirechte übernimmt, ist § 157 Abs. 1 und 2 der Zivilprozeßordnung nicht anzuwenden. ²Das gleiche gilt, wenn der Referendar den Rechtsanwalt in Fällen vertritt, in denen eine Vertretung durch einen Rechtsanwalt nicht geboten ist.

**3) Zulassung und Löschung.** Jeder Rechtsanwalt **bedarf der Zulassung**, die auf Antrag erteilt wird, **5** § 6 I. Über den Antrag auf Zulassung zur Rechtsanwaltschaft entscheidet nach Einholung eines Gutachtens der RAKammer, in deren Bezirk der Bewerber zugelassen werden will, § 18, die Landesjustizverwaltung, § 8 (zur Übertragung auf die RA-Kammern s § 224a BRAO). Die Zulassung zur Rechtsanwaltschaft wird wirksam mit Aushändigung der Zulassungsurkunde, § 12 II. Jeder RA muß außerdem bei einem bestimmten Gericht der ordentlichen Gerichtsbarkeit zugelassen sein, § 18 I; auch diese Zulassung wird nur auf Antrag (verbunden mit dem Antrag auf Zulassung überhaupt, sonst bei Wechsel des Gerichtsbezirks) und nach Anhörung des Vorstandes der RAKammer durch die Landesjustizverwaltung ausgesprochen. Auf Antrag ist der bei einem AG zugelassene RA auch beim LG, in dessen Bezirk das AG seinen Sitz hat, zuzulassen, § 23. Eine Simultanzulassung bei LG und OLG ist grundsätzlich unzulässig, § 25; wegen der Übergangsbestimmung für bestehende Simultanzulassungen und wegen der Ausnahmen für 8 Länder s § 226, dazu krit Kleine-Cosack NJW 94, 2251 mwN.

Der RA hat an dem Ort des Gerichts, bei dem er zugelassen ist, eine **Kanzlei einzurichten**, § 27 eine Pflicht, von der er nur ausnahmsweise befreit werden kann, § 29. Ist der RA von der Pflicht, eine Kanzlei zu unterhalten, befreit, so muß er einen Zustellungsbevollmächtigten bestellen:

**§ 30. Zustellungsbevollmächtigter.** ¹ Ist der Rechtsanwalt von der Pflicht, eine Kanzlei zu unterhalten, befreit, so muß er an dem Ort des Gerichts, bei dem er zugelassen ist, einen dort wohnhaften ständigen Zustellungsbevollmächtigten bestellen; ist der Rechtsanwalt gleichzeitig bei mehreren Gerichten, die ihren Sitz an verschiedenen Orten haben, zugelassen, so muß er den Zustellungsbevollmächtigten am Ort des Gerichts, an dem die Kanzlei einzurichten wäre (§ 27 Abs. 1 Satz 2), bestellen.

II An den Zustellungsbevollmächtigten kann auch von Anwalt zu Anwalt (§§ 198, 212a der Zivilprozeßordnung) wie an den Rechtsanwalt selbst zugestellt werden.

III Ist ein Zustellungsbevollmächtigter entgegen Absatz 1 nicht bestellt, so kann die Zustellung durch Aufgabe zur Post bewirkt werden (§§ 175, 192, 213 der Zivilprozeßordnung). Das Gleiche gilt, wenn eine Zustellung an den Zustellungsbevollmächtigten am Ort des Gerichts nicht ausführbar ist.

Der RA wird bei dem Gericht, bei dem er zugelassen ist, in eine Liste, in der auch seine Kanzlei vermerkt ist, eingetragen, § 31. Er erhält damit die Befugnis, die Anwaltstätigkeit auszuüben, ohne daß aber dadurch die rechtliche Wirksamkeit von Handlungen, die er vorher vorgenommen hat, berührt wird, § 32. Da der RA freizügig ist – auch zwischen den Ländern –, §§ 5, 43 III, kann er auch die Zulassung wechseln, muß dann aber auf die Zulassung bei dem bisherigen Gericht verzichten, § 33, und eine solche bei dem neuen Gericht beantragen, vgl oben. Bei Änderung der Gerichtsbezirke ist der RA ohne weiteres bei dem für seine Kanzlei zuständigen Gericht zugelassen, § 33a.

**Die Zulassung erlischt,** wenn durch rechtskräftiges Urteil des Anwaltsgerichts auf Ausschließung aus der **6** Rechtsanwaltschaft erkannt ist, § 13. Der Verurteilte wird aufgrund des rechtskräftigen Urteils in der Liste der RAe gelöscht, § 204 I 2. Die Zulassung zur Rechtsanwaltschaft erlischt ferner durch ihre Zurücknahme, §§ 14–16, vgl auch § 34, die durch die Landesjustizverwaltung verfügt wird, wogegen der RA innerhalb eines Monats Antrag auf gerichtliche Entscheidung beim Anwaltsgerichtshof stellen kann, § 16. Durch die Landesjustizverwaltung kann auch aus den in § 35 genannten Gründen die Zulassung bei einem Gericht zurückgenommen werden, wogegen der RA ebenfalls den Anwaltsgerichtshof anrufen kann. Auch im Falle der Zurücknahme – wie auch dem des Todes – wird der RA in der Liste der bei dem Gericht zugelassenen Rechtsanwälte, § 31 (vgl oben), gelöscht. Bezüglich seiner eigenen und der ihm gegenüber vorgenommenen Rechtshandlungen besagt § 36 Abs. 2:

II ¹Rechtshandlungen, die der Rechtsanwalt vor seiner Löschung noch vorgenommen hat, sind nicht deshalb unwirksam, weil er zur Zeit der Vornahme der Handlung die Anwaltstätigkeit nicht mehr ausüben oder vor dem Gericht nicht mehr auftreten durfte. ²Das gleiche gilt für Rechtshandlungen, die vor der Löschung des Rechtsanwalts ihm gegenüber noch vorgenommen worden sind.

Wegen des Widerrufs und der Rücknahme der Zulassung in den **neuen Bundesländern** s §§ 1–4 G v 23. 7. 92, BGBl 1386.

**4) Vertretung.** S dazu §§ 52–55 (oben abgedruckt). **7**

**5) Rechtsanwälte aus anderen Staaten.** Für sie gelten die Sondervorschriften im 12. Teil der BRAO, **8** dazu Zuck NJW 90, 1026:

**§ 206. Niederlassung.** ¹ Ein Staatsangehöriger eines Mitgliedstaates der Europäischen Union oder eines anderen Vertragsstaates des Abkommens über den Europäischen Wirtschaftsraum, der seine berufliche Tätigkeit unter einer der in § 1 des Rechtsanwaltsdienstleistungsgesetzes genannten Berufsbezeichnungen ausübt, ist berechtigt, sich unter dieser Berufsbezeichnung zur Rechtsbesorgung auf dem Gebiet ausländischen und internationalen Rechts im Geltungsbereich dieses Gesetzes niederzulassen, wenn er auf Antrag in die für den Ort seiner Niederlassung zuständige Rechtsanwaltskammer aufgenommen ist.

**GVG Anh I § 155**            Gerichtsverfassungsgesetz

II ¹Für die Angehörigen der Mitgliedstaaten der Welthandelsorganisation, die einen in der Ausbildung und den Befugnissen dem Beruf des Rechtsanwalts nach diesem Gesetz entsprechenden Beruf ausüben, gilt Absatz 1 entsprechend mit der Maßgabe, daß die Befugnis zur Rechtsberatung auf das Recht des Herkunftsstaates und das Völkerrecht beschränkt ist. ²Das Bundesministerium der Justiz wird ermächtigt, durch Rechtsverordnung ohne Zustimmung des Bundesrates die Berufe zu bestimmen.

III ¹Für die Angehörigen anderer Staaten, die einen in der Ausbildung und den Befugnissen dem Beruf des Rechtsanwalts nach diesem Gesetz entsprechenden Beruf ausüben, gilt Absatz 1 mit der Maßgabe, daß die Befugnis zur Rechtsbesorgung auf das Recht des Herkunftsstaates beschränkt ist, entsprechend, wenn die Gegenseitigkeit mit dem Herkunftsstaat verbürgt ist. ²Das Bundesministerium der Justiz wird ermächtigt, durch Rechtsverordnung ohne Zustimmung des Bundesrates die Staaten, für deren Angehörige dies gilt, und die Berufe zu bestimmen.

**Bem.** Fassung durch Art 35 EWR-AusfG v 27. 4. 93, BGBl 512, und Art 2 G v 30. 8. 94, BGBl II 1438, in Kraft seit 1. 1. 95, Art 10 I des Ges u Bek v 18. 5. 95, BGBl II 456 (mit Liste der Mitgliedstaaten der Welthandelsorganisation). Wegen des Rechtsanwaltsdienstleistungsgesetzes, I, s Schlußanh VII. Zur Rechtsstellung der RAe in der früheren DDR s oben Rn 1.

**§ 207. *Verfahren, berufliche Stellung.*** ¹ ¹Über den Antrag auf Aufnahme in die Rechtsanwaltskammer entscheidet die Landesjustizverwaltung. ²Dem Antrag ist eine Bescheinigung der im Herkunftsstaat zuständigen Behörde über die Zugehörigkeit zu dem Beruf beizufügen. ³Diese Bescheinigung ist der Landesjustizverwaltung jährlich neu vorzulegen. ⁴Kommt das Mitglied der Rechtsanwaltskammer dieser Pflicht nicht nach oder fallen die Voraussetzungen des § 206 Abs. 2 weg, ist die Aufnahme in die Rechtsanwaltskammer zu widerrufen.

II ¹Für die Entscheidung über den Antrag, die Rechtsstellung nach Aufnahme in die Rechtsanwaltskammer sowie die Rücknahme und den Widerruf der Aufnahme in die Rechtsanwaltskammer gelten sinngemäß der Zweite Teil mit Ausnahme der §§ 4 bis 6, 12, 18 bis 27 und 29 bis 36, der Dritte, Vierte, Sechste, Siebente, Zehnte, Elfte und Dreizehnte Teil dieses Gesetzes. ²Vertretungsverbote nach § 114 Abs. 1 Nr. 4 sowie den §§ 150 und 161 a sind für den Geltungsbereich dieses Gesetzes auszusprechen. ³An die Stelle der Ausschließung aus der Rechtsanwaltschaft (§ 114 Abs. 1 Nr. 5) tritt das Verbot, im Geltungsbereich dieses Gesetzes fremde Rechtsangelegenheiten zu besorgen; mit der Rechtskraft dieser Entscheidung verliert der Verurteilte die Mitgliedschaft in der Rechtsanwaltskammer.

III ¹Der Anwalt muß in dem Bezirk der Rechtsanwaltskammer, in die er aufgenommen ist, die Kanzlei einrichten. ²Kommt der Anwalt dieser Pflicht nicht binnen drei Monaten nach Aufnahme in die Rechtsanwaltskammer nach, oder gibt er die Kanzlei auf, ist die Aufnahme in die Rechtsanwaltskammer zu widerrufen.

IV ¹Der Anwalt hat bei der Führung seiner Berufsbezeichnung den Herkunftsstaat anzugeben. ²Er ist berechtigt, im beruflichen Verkehr zugleich die Bezeichnung „Mitglied der Rechtsanwaltskammer" zu verwenden.

**9**    **6) Berufspflichten** (Prütting AnwBl **99**, 361).

**A.** Die Partei darf in jeder Prozeßsache einen RA bevollmächtigen, auch wenn eine Vertretung durch Anwälte nicht geboten ist, § 79 ZPO Rn 1. Prozeßvollmacht für die Vertretung vor einem Land- oder höheren Gericht kann die Partei aber nur dem bei dem Prozeßgericht zugelassenen RA erteilen, § 78 ZPO. Regelmäßig ist der RA zur Übernahme einer Vertretung nicht verpflichtet, wohl aber zur unverzüglichen Erklärung, daß er den Auftrag ablehnt, § 44 BRAO (oben abgedruckt).

**10**    **B.** Ausnahmsweise muß **der RA die Vertretung übernehmen** (§§ 48, 49 a BRAO): **a)** als vom Vorsitzenden im Rahmen der **Prozeßkostenhilfe** bestellter RA, § 121 ZPO; **b)** als **Notanwalt**, §§ 78 b, 78 c ZPO; **c)** als **Beistand**, § 625 ZPO; **d)** in der **Beratungshilfe**, Anh § 127 ZPO.

**11**    **C.** Der RA hat **Anspruch auf Gebühren und Auslagen nach BRAGO.** Er darf außer in Sachen der Prozeßkostenhilfe einen angemessenen Vorschuß verlangen, § 17 BRAGO. Über den Ersatz seiner Kosten aus der Staatskasse im Falle der Gewährung von Prozeßkostenhilfe vgl §§ 121 ff BRAGO. S zu diesen Fragen Hartmann KostG Teil X.

**12**    **7) Berufs- u Vertretungsverbot.** Nach Einleitung eines anwaltsgerichtlichen Verfahrens kann, falls Ausschließung aus der Rechtsanwaltschaft zu erwarten ist, gegen den RA ein Berufs- oder Vertretungsverbot verhängt werden, § 150. Ist es verhängt, so darf der RA nicht vor einem Gericht, vor Behörden oder einem Schiedsgericht in Person auftreten, Vollmachten od Untervollmachten erteilen und mit Gerichten, Behörden, Schiedsgerichten und mit anderen Personen schriftlich verkehren, § 155 III. Ausgenommen sind lediglich eigene Sachen, die seines Ehegatten und seiner minderjährigen Kinder, soweit keine Anwaltsvertretung geboten ist, § 155 IV. Auch hier, vgl oben 6, wird aber die Wirksamkeit der Rechtshandlungen des RAs und der ihm gegenüber vorgenommenen nicht berührt, § 155 V. Zuwiderhandlungen gegen das Verbot haben die Ausschließung aus der Rechtsanwaltschaft zur Folge, § 156.

**13**    **8) Die Rechtsanwaltschaft beim BGH.** Sie nimmt eine Sonderstellung ein. Der RA beim BGH wird nach Benennung durch den hierfür vorgesehenen Wahlausschuß durch den BJM ernannt, §§ 164 ff, dazu Tilmann BRAK-Mitt **94**, 118 mwN, ua Hartung JZ **94**, 117 u 403. Der RA darf nicht zugleich bei einem anderen Gericht zugelassen werden, § 171; er darf außer beim BGH nur bei den anderen Obersten Bundesgerichten, dem Gemeinsamen Senat der obersten Gerichtshöfe und dem BVerfG auftreten, außer wenn es sich um Ersuchen dieser Gerichte an andere Gerichte handelt, § 172, ferner auch vor dem BayObLG, wenn es sich in einer Revisionssache um die Zuständigkeit dieses Gerichts oder des BGH handelt, § 8 I EGZPO.

13. Titel. Rechtshilfe  **Anh I–III § 155, Übers § 156 GVG**

Seinen Vertreter bestellt er bis zur Dauer von einem Monat selbst, wenn ein anderer RA beim BGH dazu bereit ist. Sonst erfolgt die Bestellung durch den BJM, ebenso wie die eines Abwicklers, § 173. Rechtsanwälte beim BGH dürfen nur untereinander eine Sozietät eingehen, die lediglich zwei Rechtsanwälte umfassen darf, § 172 a. Es besteht die RAKammer beim BGH, § 174.

### II. Andere Prozeßvertreter

**1) Allgemeines** (Wolf § 35). **Die geschäftsmäßige Besorgung fremder Rechtsangelegenheiten** 1 **einschließlich der Rechtsberatung** und der Einziehung fremder oder zur Einziehung abgetretener Forderungen ist bei Strafe allen verboten, denen nicht von der zuständigen Behörde die Erlaubnis dazu erteilt ist, Art 1 § 1 RBerG, BGBl III 303–12, zuletzt geänd durch Art 3 G v 31. 8. 98, BGBl 2025. S dazu AusfVO v 13. 12. 35, RGBl 1481, 3. 4. 36 RGBl I 359, 25. 6. 36 RGBl I 514; jedoch ist § 1 I 1 der 1. AVO nichtig, soweit dadurch die Erlaubnis örtlich begrenzt wird, BVerfG NJW **76**, 1349. Ausgenommen sind die Erstattung wissenschaftlich begründeter Gutachten und die Tätigkeit als Schiedsrichter, § 2; ferner berührt das Gesetz eine Reihe von Personen nicht, die § 3 aufzählt, namentlich nicht die RAe, Notare, Patentanwälte, Zwangs- oder Konkursverwalter, Nachlaßpfleger u dgl, ferner nicht die Prozeßagenten und die mit öff Mitteln geförderten Verbraucherzentralen.

**2) Prozeßagenten, Rechtsbeistände.** Prozeßagenten läßt der LGPräs (AGPräs) zum mündlichen Ver- 2 handeln vor Gericht zu, falls ein Bedürfnis besteht, regelmäßig für ein bestimmtes AG, und zwar jederzeit widerruflich; vgl dazu die Erläuterungen zu § 157 ZPO. Voraussetzung für die Zulassung ist die Erlaubnis nach dem RBerG. Die vor dem 27. 8. 80 zugelassenen Rechtsbeistände mit uneingeschränkter (oder unter Ausschluß nur des Sozialrechts erteilter) Erlaubnis sind auf Antrag in die zuständige Rechtsanwaltskammer aufzunehmen (sog Kammerrechtsbeistände); sie erhalten dadurch praktisch die Rechtsstellung eines Rechtsanwalts, § 209 BRAO idF des Art 2 V G v 18. 8. 80, BGBl 1503, § 25 EGZPO; vgl BVerfG NVwZ **98**, 837 u NJW **89**, 2611. Neue Rechtsbeistände mit Vollerlaubnis dürfen seit dem 27. 8. 80 nicht mehr zugelassen werden, sondern nur solche für bestimmte Sachbereiche, Art 1 § 1 RBerG idF des Art 2 VI G v 18. 8. 80 (Übergangsrecht: Art 3); diese Regelung hält Obermayer DÖV **81**, 621 für verfassungswidrig. Wegen des Rechtswegs bei Nichtzulassung eines Bewerbers s § 23 EGGVG Rn 2. Über die Gebühren eines Rechtsbeistands und ihre Erstattung vgl Art IX KostÄndG idF des Art 2 I G v 18. 8. 80, BGBl 1503, in Kraft ab 1. 1. 81, dazu Hartmann Teil XII. Vor dem **Arbeitsgericht** sind mit Ausnahme der RAe Personen, die die Besorgung fremder Rechtsangelegenheiten vor Gericht geschäftsmäßig betreiben, als Bevollmächtigte und Beistände in der mündlichen Verhandlung ausgeschlossen, § 11 III ArbGG idF des Art 2 VII G v 18. 8. 80, BGBl 1503.

### III. Unterbeamte

Die Stellung der Unterbeamten ist fast ganz landesrechtlich geregelt. Als Organ des Gerichts kommt der 1 **Gerichtswachtmeister** in Betracht, wenn er bei der Amtszustellung nach §§ 211 ff ZPO die Tätigkeit des Postbediensteten übernimmt. Er ist insoweit auch öff Urkundsperson im Sinn des § 415 ZPO. Die Vorschriften über Ausschließung, § 155, sind auf ihn unanwendbar, weil er vom Inhalt des zuzustellenden Schriftstücks keine Kenntnis hat. Dem Vorsitzenden steht der Gerichtswachtmeister für den Sitzungsdienst, insbesondere die Ausübung der Sitzungspolizei zur Verfügung. Weitere Amtsaufgaben können ihm durch Landesrecht übertragen werden. Dieses überträgt oft die Befugnis zur Wahrnehmung gewisser Geschäfte des Urkundsbeamten, etwa der Protokollführung, auf **Kanzleipersonal;** insoweit hat der Kanzlist nach außen die Stellung eines Urkundsbeamten.

### Dreizehnter Titel. Rechtshilfe

#### Übersicht

**1) Allgemeines.** Nicht jede Behörde kann alle Amtshandlungen, die die Erledigung ihrer Dienstgeschäfte 1 mit sich bringt, selbst vornehmen. Der Vornahme können Entfernung, mangelnde sachliche Zuständigk oder das Fehlen der nötigen Hilfsmittel entgegenstehen, und zwar sowohl bei Gerichten als auch bei Verwaltungsbehörden. Zwar erstreckt sich die Gerichtsbarkeit der Gerichte auf das ganze Bundesgebiet und verpflichtet sie, alle gerichtlichen Handlungen der Zwangsvollstreckung, Zustellung und Ladung überall selbst vorzunehmen, § 160; aber andererseits soll das Gericht nur innerhalb seines Bezirks tätig werden, § 166. Im Notfall helfen Rechts- und Amtshilfe.

Verfassungsrechtliche Grundlage ist **Art 35 I GG: Alle Behörden des Bundes und der Länder leisten sich gegenseitig Rechts- und Amtshilfe.** Unter „Behörden" sind auch Gerichte zu verstehen, hM, vgl Maunz-Dürig GG Art 35 Anm 3. Die Bedeutung dieser Vorschrift erschöpft sich darin, auf dem Gebiet der Rechts- und Amtshilfe die Einheit der Staatsgewalt im Bundesstaat herzustellen; sie sagt aber nichts über Inhalt und Umfang der Rechts- und Amtshilfe aus, vielmehr werden diese durch das für die beteiligten Behörden geltende Recht bestimmt, BVerwG **38**, 340, Becker NJW **70**, 1075.

Zur Zulässigkeit des Rechtshilfeersuchens eines nationalen Gerichts an den **EuGH** vgl dessen Entscheidung NJW **91**, 2409.

**2) Rechtshilfe und Amtshilfe. Rechtshilfe im eigentlichen Sinn** liegt nur vor, wenn die ersuchende 2 Behörde die Amtshandlung ihrer sachlichen Zuständigkeit nach selbst vornehmen könnte und nur die Zweckmäßigkeit für die Vornahme durch die ersuchte spricht, BGH NJW **90**, 2936 mwN. Es muß sich um eine richterliche Handlung handeln, Celle NJW **67**, 393. In Betracht kommen also Beweisaufnahmen, Güteversuch, § 279, Entgegennahme von Parteierklärungen aus Anlaß des persönlichen Erscheinens in Ehe-, Kindschafts- und Entmündigungssachen, §§ 613, 640, 654 II, 671, ferner Gewährung von Akteneinsicht, Ffm NStZ **81**, 191, niemals aber solche Sachen, die die Partei selbst bei einem auswärtigen Gericht zu veranlassen hat, vgl § 160. Das Prozeßgericht kann auch nicht das Gericht der freiwilligen Gerichtsbarkeit um die Bestellung eines Abwesenheitspflegers ersuchen, Brschw NdsRpfl 64, 62. **Amtshilfe** steht in Frage, wenn die ersuchte Stelle darüber hinaus die Erreichung des Ziels der ersuchenden unterstützen soll, zB durch Aktenübersendung, Brschw NdsRpfl 87, 252 (vgl Kissel § 156 Rn 4; Schlink, Die Amtshilfe, 1982; Dreher, Die Amtshilfe, 1959; Wilde, Amtshilfe u Datenschutz, BayVBl 86, 230; Simitis, Von der Amtshilfe zur Informationshilfe, NJW 86, 2795; Schnapp, Zum Anwendungsbereich der Amtshilfevorschriften, DVBl 87, 561). Der Unterschied ist kein rein sprachlicher, weil Titel 13 nur die Rechtshilfe betrifft; insbesondere ist der Beschwerdeweg des § 159 bei Amtshilfe nicht gegeben, § 159 Rn 1. Die neueren Gesetze gebrauchen aber die Fachausdrücke unsorgfältig; es ist immer zu prüfen, was sachlich vorliegt. Amtshilfe ist zB die Einräumung eines Amtszimmers und das Stellen eines Protokollführers, RG Recht **27**, 1257. Keine Rechts- und keine Amtshilfe liegt vor, wo eine Amtshandlung auf Ersuchen einer Partei vorzunehmen ist. Dem arbeitsgerichtlichen Schiedsgericht ist Rechtshilfe zu leisten, § 106 II ArbGG.

**3**   **3) Rechtshilfe**

**A. Titel 13 behandelt nur die Rechtshilfe unter Gerichten der ordentlichen streitigen Gerichtsbarkeit**, § 2 EGGVG. Das Gesetz kann ihn auch darüber hinaus anwendbar machen und hat das vielfach getan.

**B. Rechtshilfe ist zu leisten** zB: **a)** in den bundesrechtlich den Gerichten übertragenen Angelegenheiten der Freiwilligen Gerichtsbarkeit, §§ 2, 194 FGG; **b)** den Arbeitsgerichten, soweit es sich um Amtshandlungen außerhalb des Sitzes eines Arbeitsgerichtes handelt, § 13 I 2 ArbGG, ebenso den arbeitsgerichtlichen Schiedsgerichten, soweit das Schiedsgericht aus Gründen der örtlichen Lage das AG dem ArbG vorzieht, § 106 ArbGG (siehe auch oben Rn 2 aE); **c)** dem Patentamt und dem Patentgericht, § 128 PatG, RG **102**, 369; **d)** den Anwaltsgerichten, §§ 99 II, 137 BRAO, der Handwerkskammer, § 108 HandwerksO v 17. 9. 53, BGBl 1411, dem Börsenehrengericht, § 26 Gesetz vom 27. 5. 08, RGBl 215, den Berufsgerichten der Ärzte, § 63 RÄrzteO vom 13. 12. 35, RGBl 1433, bzw entsprechende Bestimmungen des Landesrechts, und der Tierärzte, § 63 RTierärzteO vom 3. 4. 36, RGBl 347, bzw entsprechende Bestimmungen des Landesrechts; **e)** im Verhältnis zu den Verwaltungs-, Finanz- und Sozialgerichten, s §§ 14 VwGO, 13 FGO, 5 I SGG.

**C. Über Rechtshilfeverkehr mit dem Ausland** s Anh § 168, dazu auch MüKoWo vor § 156 Rn 9 u 10.

**4**   **4) Amtshilfe**

**A. Für die Amtshilfe fehlen vielfach besondere Vorschriften.** Geregelt ist sie ua in den §§ 4–8 VwVfG (und den entsprechenden Gesetzen der Länder), den §§ 111 bis 115 AO und den §§ 3–7 SGB X, soweit es sich um Amtshilfe zwischen Behörden handelt, vgl Schnapp/Friebe NJW **82**, 1422 (zur Prüfungskompetenz und zum Rechtsschutz). Diese Grundsätze sind idR auch im Verhältnis der Behörden zu den Gerichten und der Gerichte untereinander entsprechend anwendbar. Amtshilfegericht ist das AG. Der Instanzenzug regelt sich nach Landesrecht. Zeugen und Sachverständige sind nach den Prozeßordnungen zu vernehmen, vgl Kissel § 156 Rn 52 ff.

**B. Amtshilfe ist zu leisten allen Gerichten** (vgl auch §§ 14 VwGO, 13 FGO, 5 I SGG), ferner ua, vgl Kissel § 156 Rn 21: **a)** den Postbehörden, Art 35 I GG; **b)** den Bundesfinanzbehörden, §§ 111 ff AO 1977; **c)** den Einigungsämtern der Wettbewerbsrechts, § 27 a UWG; **d)** den Seeämtern und dem Oberseeamt, § 32 Gesetz v 28. 9. 35, RGBl 1183; **e)** dem Seemannsamt, § 125 SeemO vom 2. 6. 02, RGBl 175; **f)** den Standesbeamten, § 5 Bek vom 18. 1. 17, RGBl 55; **g)** mindestens nach Gewohnheitsrecht den Verwaltungsbehörden; **h)** einem am Verfahren nicht beteiligten Notar, BayObLG FamRZ **98**, 33 u **97**, 438. Dagegen können Versicherungsbehörden nur ein Sozialgericht um Amtshilfe ersuchen, § 1571 RVO.

**C. Eingeschränkt** wird die Amtshilfe von Behörden durch die Vorschriften, die eine Pflicht zur Geheimhaltung bestimmter Tatsachen begründen oder vor Weitergabe personenbezogener Daten schützen, zB §§ 5 II VwVfG, 30 AO, 35 SGB-AT und 67 ff SGB X, 9 KWG, 10 und 45 BDSG; vgl dazu MüKoWo vor § 156 Rn 8, Kissel § 156 Rn 60 u 61, Cosack/Thomerius NVwZ **93**, 841, Dörner NZA **89**, 950, Haus NJW **88**, 3126, Mallmann DRiZ **87**, 377, Schatzschneider MDR **82**, 6.

# 156

**Grundsatz.** Die Gerichte haben sich in bürgerlichen Rechtsstreitigkeiten und in Strafsachen Rechtshilfe zu leisten.

**Vorbem.** In der **Arbeitsgerichtsbarkeit** gilt § 13 I ArbGG.

**Schrifttum:** *Nagel,* Nationale und internationale Rechtshilfe im Zivilprozeß, 1971.

**1**   **1) Rechtshilfepflicht.** Die Gerichte haben sich Rechtshilfe zu leisten (Begriff Üb § 156 Rn 2). Eine Verpflichtung im Verhältnis von Gericht und Staatsanwaltschaft besteht an sich, abgesehen von §§ 162 u 163, nicht, s aber Üb § 156 Rn 4. Wegen anderer Behörden s Üb § 156 Rn 3 u 4. Die Gerichte sind berechtigt, nicht die Richter; darum dürfen auch Rpfl im Rahmen ihrer Befugnisse um Rechtshilfe ersuchen, § 4 I RPflG (Anh § 153). Ersucht wird das andere Gericht, das an den zuständigen Richtern oder Beamten abgibt; Ersuchen sind auch zwischen Hauptgericht und Zweigstelle möglich, Mü MDR **82**, 763. Ob eine bürgerliche Rechtsstreitigkeit vorliegt (Begriff § 13 Rn 7), bestimmt sich bei inländischem Ersuchen nicht nach der Rechtsnatur der Sache, sondern nach der Tätigkeit der ersuchenden Behörde; bei ordentlichen Gerichten schweben nur bürgerliche Rechtsstreitigkeiten in diesem Sinne. Anders liegt es beim Rechtshilfeverkehr mit dem Ausland, s Anh § 168 Rn 1. Einschränkungen der Verpflichtung: § 158. Die Rechtshilfe überträgt die Amtshandlung dem ersuchten Gericht, Üb § 156 Rn 2; darum enthält ein Eintragungsersuchen aus § 941 ZPO kein Ersuchen um Rechtshilfe.

13. Titel. Rechtshilfe §§ 156–158 GVG

**2) VwGO:** *Eine entsprechende Regelung, die sich auch auf Amtshilfe erstreckt, enthält § 14 VwGO, dazu Ganter* **2** *NVwZ 85, 173 (vgl auch §§ 13 FGO und 5 I SGG). Im einzelnen sind §§ 158 ff sinngemäß anzuwenden, § 173 VwGO, vgl BFH BStBl 84 II 836.*

**157** *Rechtshilfegericht.* ¹Das Ersuchen um Rechtshilfe ist an das Amtsgericht zu richten, in dessen Bezirk die Amtshandlung vorgenommen werden soll.

II ¹Die Landesregierungen werden ermächtigt, durch Rechtsverordnung die Erledigung von Rechtshilfeersuchen für die Bezirke mehrerer Amtsgerichte einem von ihnen ganz oder teilweise zuzuweisen, sofern dadurch der Rechtshilfeverkehr erleichtert oder beschleunigt wird. ²Die Landesregierungen können diese Ermächtigung durch Rechtsverordnung auf die Landesjustizverwaltungen übertragen.

**Vorbem.** I gilt entspr in der **Arbeitsgerichtsbarkeit**, § 13 II ArbGG; an die Stelle des AG tritt das ArbG.

**1) Erläuterung.** Rechtshilfegericht ist immer ein AG, und zwar dasjenige, in dessen Bezirk die Amts- **1** handlung vorzunehmen ist, I, oder das, dem die Erledigung durch RechtsVO zugewiesen ist, II. Diese Regelung gilt für Ersuchen in FamS auch dann, wenn FamS nach § 23 c bei einem AG konzentriert sind, Stgt FamRZ **84**, 716. Wo die Amtshandlung vorzunehmen ist, ergibt der Einzelfall. Örtlich zuständig für die Vernehmung eines Zeugen ist das Gericht an dessen Wohnsitz oder Aufenthalt, aus Zweckmäßigkeitsgründen (zB Gegenüberstellung, Vernehmung an Ort und Stelle, bei Beschäftigung an anderem Ort) auch ein anderes, Kissel 4 mwN, Hamm MDR **57**, 437. Sind mehrere Gerichte zuständig, so darf das ersuchende Gericht unter ihnen wählen. Den zuständigen Richter bestimmt die Geschäftsverteilung, § 21 e. Das ersuchte Gericht handelt nicht in Vertretung des ersuchenden, sondern kraft eigener, durch das Ersuchen begrenzter Gerichtsgewalt, KGJ **53** A 254. Besteht mit einem ausländischen Staat kein Rechtshilfeverkehr oder ist dieser besonders langwierig, so kann es notwendig sein, daß ein grenznahes Gericht Zeugen aus dem Nachbarland vernimmt, wenn das vor dem Prozeßgericht nicht möglich ist, Kissel 5, Mü NJW **62**, 56; weitergehend Schlesw NStZ **89**, 240, das mit guten Gründen auch in anderen Fällen das Ersuchen an ein grenznahes Gericht für zulässig hält, wenn der Zeuge dort zu erscheinen bereit ist.

**2) VwGO:** Gilt auch für VerwGerichte, wenn nicht ein VerwGericht um Rechtshilfe ersucht wird, § 14 VwGO. **2**

**158** *Ablehnung des Ersuchens.* ¹Das Ersuchen darf nicht abgelehnt werden.

II ¹Das Ersuchen eines nicht im Rechtszuge vorgesetzten Gerichts ist jedoch abzulehnen, wenn die vorzunehmende Handlung nach dem Recht des ersuchten Gerichts verboten ist. ²Ist das ersuchte Gericht örtlich nicht zuständig, so gibt es das Ersuchen an das zuständige Gericht ab.

**Vorbem.** Gilt entspr in der **Arbeitsgerichtsbarkeit**, § 13 II ArbGG; ersucht werden darf ein AG nur dann, wenn sich an seinem Sitz kein ArbGer befindet, § 13 I ArbGG.

**1) Regel, I. Das ersuchte Gericht** darf grundsätzlich das Ersuchen **nicht ablehnen.** Das gilt unbedingt, **1** wenn ein übergeordnetes Gericht ersucht, dh ein im Instanzenzug allgemein, wenn auch nicht im Einzelfalle, übergeordnetes, also stets das OLG des Bezirks, stets das LArbG für ein ArbG seines Bezirks. Die örtliche Überordnung entscheidet; der Einzelrichter steht an Stelle des Kollegiums, LZ **25**, 455. Sollte das Ersuchen eines übergeordneten Gerichts rechtlich unzulässig sein, so darf das ersuchte Gericht nur darauf hinweisen. **Voraussetzung** der Bindung ist aber, daß das Ersuchen verständlich und ausführbar ist. Ein Ersuchen um Zeugenvernehmung muß die Beweisfrage klar ergeben und die aktuelle Anschrift des Zeugen enthalten: Es ist nicht Aufgabe des ersuchten Gerichts, sich das Nötige aus den Akten zusammenzustoppeln oder gar eigene Ermittlungen anzustellen; wegen der Vernehmung nach § 613 ZPO s dort Rn 6. Eine Verweisung auf einen ausreichenden Beweisbeschluß, der nicht seinerseits auf Schriftsätze verweist, genügt; das Beweisthema ist idR genügend deutlich bezeichnet, wenn „über den Hergang" eines Verkehrsunfalls (mit Zeit- und Ortsangaben) Beweis erhoben werden soll, Ffm RR **95**, 637 mwN § 359 ZPO Rn 3. Dem ersuchten Gericht ist nichts anzusinnen als eben die Erledigung des Ersuchens, Schickedanz MDR **84**, 551.

**2) Ausnahmen, II.** Die Regel der Nichtablehnung, I, gilt nur mit Einschränkungen, wenn ein anderes **2** als das vorgeordnete Gericht ersucht.

**A. Fehlende Zuständigkeit, II 2.** Das ersuchte Gericht darf das Ersuchen eines nicht übergeordneten Gerichts weitergeben wegen fehlender örtlicher Zuständigkeit, dh wenn die Amtshandlung nicht in seinem Bezirk vorzunehmen ist, § 157, s die dortige Erläuterung. Es genügt nicht, daß zu vernehmende Personen außerhalb des Bezirks wohnen, falls eine Gegenüberstellung stattfinden soll oder die Vernehmung der mehreren zweckmäßig an einem Ort des Sprengels geschieht. Bei Ersuchen um Ernennung eines Sachverständigen genügt, daß kein geeigneter im Bezirk vorhanden ist, OLG **25**, 271.

**B. Rechtliche Unzulässigkeit, II 1.** Das ersuchte Gericht darf (und muß) ein Ersuchen ablehnen wegen **3** rechtlicher Unzulässigkeit der Amtshandlung: **die vorzunehmende Handlung** muß entweder nach dem örtlichen Recht des ersuchten Gerichts oder dem gemeinsamen Recht beider Gerichte **verboten** sein, dh gegen Bundes- oder Landesrecht verstoßen, BAG NJW **91**, 1252. Die Vorschrift ist als Ausnahme von I eng auszulegen, Kissel 22, Naumb RR **94**, 1551. Verboten ist eine Handlung nur dann, wenn sie schlechthin unzulässig ist, BGH NJW **90**, 2936 mwN, krit Zender NJW **91**, 2947, Düss MDR **96**, 844, Ffm NVwZ-Beil **95**, 60, Naumb FamRZ **93**, 1099 mwN. Das ist immer der Fall, wenn die Vornahme der begehrten Handlung gegen das Grundgesetz verstoßen wurde, zB bei Verletzung des Gebots der Achtung der Intimsphäre (etwa durch Übersendung von Ehescheidungsakten), BVerfG NJW **70**, 555 und dazu Becker NJW **70**, 1075 (vgl

## GVG §§ 158, 159 — Gerichtsverfassungsgesetz

auch BVerwG **35**, 227, Schick ZBR **71**, 203, München OLGZ **72**, 360); ebenso ist der Datenschutz zu beachten, Wilde BayVBl **86**, 230 (zu BVerfG **65**, 1), Bull DÖV **79**, 690, vgl auch Üb § 156 Rn 4.

Ob ein Verstoß vorliegt, hat das ersuchte Gericht selbständig zu prüfen. **Es hat nie zu prüfen**, ob das ersuchende Gericht eine Prozeßvorschrift, zB § 375 ZPO, richtig angewendet hat, BayObLG FamRZ **93**, 450, Ffm FamRZ **93**, 1222, krit Schickedanz MDR **84**, 550, auch nicht, ob Ermessen fehlerhaft ausgeübt worden ist, Ffm Rpfleger **79**, 426, Celle NdsRpfl **56**, 171 (abw bei offensichtlichem Ermessensfehlgebrauch Fischer MDR **93**, 838, Ffm FamRZ **84**, 1030, Köln GoltdArch **53**, 186), ferner nicht im Falle eines Schiedsgerichts, § 106 II ArbGG, ob die Beweisaufnahme wirklich „aus Gründen der örtlichen Lage" zweckmäßigerweise dem AG statt dem ArbG übertragen ist. Es genügt nicht, daß die Amtshandlung nach der Prozeßlage nicht notwendig oder unzweckmäßig ist, BayObLG aaO, Düss MDR **96**, 844, Ffm MDR **93**, 764, auch nicht, daß das ersuchte Gericht einen unzulässigen Ausforschungsbeweis annimmt, Kissel 32, Ffm RR **95**, 637 mwN, offen BGH JZ **53**, 230 und BAG NJW **91**, 1252 mwN: das ersuchte Gericht wird idR nicht beurteilen können, ob ein Ausforschungsbeweis vorliegt, so daß es im Zweifel dem Ersuchen zu entsprechen, RG **162**, 317, jedenfalls aber den nicht für unzulässig gehaltenen Teil des Ersuchens sofort auszuführen hat, vgl Mü OLGZ **67**, 50. Es ist auch nicht seine Sache, die Richtigkeit des Verfahrens nachzuprüfen, BayObLG FamRZ **93**, 450, Ffm MDR **93**, 764, aM AG Höxter MDR **92**, 893; das kann nur durch Rechtsmittel in der Sache selbst geschehen, BGH aaO, vgl dazu BAG NJW **91**, 1252 mwN und unten Rn 5. Erst recht darf keine Ablehnung erfolgen, wenn das ersuchte Gericht das Verfahren für überflüssig oder unzweckmäßig hält, BayObLG FamRZ **94**, 640, oder in einer kontroversen Rechtsfrage anderer Ansicht ist, Mü OLGZ **76**, 252: bei zweifelhafter Rechtslage entscheidet die Ansicht des ersuchenden Richters, BayObLG FamRZ **93**, 450.

Ein Ersuchen kann unzulässig sein, wenn es offensichtlich nicht dem geltenden Recht entspricht und diese Handhabung zur ständigen Praxis des ersuchenden Gerichts werden soll, Schlesw MDR **95**, 607. Das gleiche gilt bei offensichtlicher Willkür, AG Solingen MDR **96**, 629 (eng auszulegen).

Den Gerichten der Arbeitsgerichtsbarkeit ist Rechtshilfe nur zu leisten, sofern sich am Sitz des AG kein ArbG befindet, § 13 I ArbGG; andernfalls ist die Amtshandlung unzulässig.

**4** **C. Beispiele für verbotene Handlungen**, vgl MüKoWo 6–9: Ein Fall der Rechtshilfe liegt überhaupt nicht vor, etwa im Fall des § 160. Vernehmung der Partei oder des gesetzlichen Vertreters als Zeugen (nicht in Ersuchen um Parteivernehmung umzudeuten). Vernehmung eines Minderjährigen über die Anerkennung der Vaterschaft ohne Zustimmung des gesetzlichen Vertreters, RG **87**, 426. Anhörung im Fall der (auch nur vorläufigen) Unterbringung nach § 1800 iVm § 1631b BGB, § 64a I 3 FGG, Bre FamRZ **80**, 934. Vernehmung eines Zeugen im PKH-Verfahren entgegen § 118 II 3 ZPO, Brschw NdsRpfl **87**, 251. Nochmalige Vernehmung eines Zeugen ohne sachlichen Grund, weil darin ein Mißbrauch des Zeugniszwanges liegt; es muß ersichtlich sein, was der Zeuge jetzt voraussichtlich mehr bekunden wird, RG **114**, 2; s dazu auch § 398 ZPO Rn 1. Eidliche Vernehmung, wo kein gesetzlicher Fall vorliegt, HRR **39**, 1365. Fehlende sachliche Zuständigkeit, zB Ersuchen an ein LG. Ersuchen eines gemeinsamen Konkursgerichts an ein AG seines Bezirks um eine Maßnahme des materiellen Konkursrechts, Kblz MDR **77**, 59 (anders bei Ersuchen um prozessuale Handlungen, zB Anhörung, Düss JMBlNRW **68**, 115). Ersuchen um Beweisaufnahme bei Unbestimmtheit der vorzunehmenden Handlung, Karlsr Rpfleger **94**, 255, oder bei fehlender oder ungenügender Bezeichnung der streitigen Tatsachen, BAG NJW **91**, 1252, Ffm RR **95**, 637, KG RR **90**, 586, BFH BStBl **84** II 536, alle mwN; dabei reicht die Fassung „über den Hergang" eines bestimmten Unfalls mit Zeit- und Ortsangaben idR aus, Ffm RR **95**, 637 mwN (bei einem Ersuchen um Anhörung nach § 613 ZPO und § 621a ZPO iVm § 50b FGG brauchen die aufzuklärenden Punkte nicht bezeichnet zu werden, KG aaO).

**5** **D. Beispiele für nicht verbotene Handlungen:** Vernehmung einer Partei zur Aufklärung auch außerhalb der Fälle der §§ 141, 613 ZPO, JW **30**, 1089. Zeugenvernehmung, wo das ersuchte Gericht eine Sachverständigenvernehmung für gegeben hält, weil es Sache des Prozeßgerichts ist zu entscheiden, als was der Dritte gehört werden soll, Köln OLGZ **66**, 188. Aufnahme eines Ausforschungsbeweises, oben Rn 3. Vernehmung von Ausländern, die sich zum Erscheinen vor einem grenznahen AG bereit erklärt haben, Schlesw NStZ **89**, 240. Eine Handlung, die das ersuchende Gericht ebensogut oder besser vornehmen könnte, Karlsr Just **86**, 50, aM Hamm JMBlNRW **64**, 53 (s aber § 160), so auch dann, wenn der Zeuge in dem nur 15 km entfernt liegenden Ort, der gute Verkehrsverbindungen hat, wohnt, Karlsr OLGZ **66**, 565. Durchführung einer vom Prozeßgericht angeordneten Blutgruppenuntersuchung, § 372a ZPO, BGH NJW **90**, 2936, Naumb RR **94**, 1551. Vernehmung der Kindesmutter über Mehrverkehr, BGH JZ **53**, 230; das ersuchte Gericht ist nicht befugt, die Beeidigung der Kindesmutter von der vorherigen Einholung einer Blutgruppenuntersuchung durch das Prozeßgericht abhängig zu machen, Celle NdsRpfl **53**, 30; ebensowenig darf es verlangen, daß das ersuchte Gericht ein Sachverständigengutachten über die Aussagefähigkeit eines Zeugen beibringt, Düss NStZ **89**, 39.

**6** **3) VwGO:** Gilt unmittelbar bei Ersuchen an AG und entsprechend, § 173 VwGO, bei Ersuchen an ein VerwGericht, § 14 VwGO, vgl BFH BStBl **84** II 836 (zu § 13 FGO).

## 159
*Beschwerde wegen Ablehnung.* [1]¹Wird das Ersuchen abgelehnt oder wird der Vorschrift des § 158 Abs. 2 zuwider dem Ersuchen stattgegeben, so entscheidet das Oberlandesgericht, zu dessen Bezirk das ersuchte Gericht gehört. ²Die Entscheidung ist nur anfechtbar, wenn sie die Rechtshilfe für unzulässig erklärt und das ersuchende und das ersuchte Gericht den Bezirken verschiedener Oberlandesgerichte angehören. ³Über die Beschwerde entscheidet der Bundesgerichtshof.

II Die Entscheidungen ergehen auf Antrag der Beteiligten oder des ersuchenden Gerichts ohne mündliche Verhandlung.

13. Titel. Rechtshilfe §§ 159–162 GVG

**Vorbem.** Gilt entspr in der **Arbeitsgerichtsbarkeit**, § 13 II ArbGG; ist ein ArbG ersuchtes Gericht, entscheidet das LAG, auf weitere Beschwerde das BAG, BAG NJW 91, 1252.

**1) Allgemeines.** Das Gesetz vermeidet eine Benennung des durch § 159 gegebenen Rechtsbehelfs. Man kann ihn unbedenklich **Beschwerde** nennen, Kissel 1, Ffm FamRZ 84, 1030. Freilich ist diese Beschwerde nicht die der §§ 567 ff ZPO; namentlich ist § 576 I naturgemäß unanwendbar. Was § 159 I 3 Beschwerde nennt, ist eigentlich eine weitere Beschwerde.

**2) Anwendungsbereich.** Nachzuprüfen sind nur die Voraussetzungen des § 158, Schlesw RIW 89, 910. § 159 ist anwendbar auch bei Ablehnung des Ersuchens eines im Instanzenweg vorgesetzten Gerichts, weil es sonst keine Möglichkeit geben würde, die Erledigung zu erzwingen; unanwendbar ist § 159 dagegen bei Amtshilfe, JW 36, 1391 (hier nur Dienstaufsichtsbeschw), str. Es genügt ein Streit über die Kosten der Rechtshilfe, denn er betrifft die Ausführung des Ersuchens, BGH NJW 58, 1310, aM Kissel 4. Die teilweise Abweichung vom Ersuchen ist teilweise Ablehnung, Oldb NdsRpfl 90, 173 mwN.

**3) Verfahren.** Beschwerdeberechtigt sind das ersuchende Gericht, die Parteien und die vom ersuchten Gericht zu vernehmenden Personen, II. Geht das Ersuchen vom Rpfl aus, darf dieser selbst das OLG anrufen, § 4 I RpflG, BayObLG (GrS) ObLGZ 95, 159 mwN. Einlegung erfolgt schriftlich oder zu Protokoll der Geschäftsstelle des AG oder des OLG (in Bayern in FGG-Sachen des BayObLG, FamRZ 95, 305). Das AG darf abhelfen. Entscheidung des OLG durch Beschluß. Erklärt der Beschluß die Rechtshilfe für unzulässig, so ist das Geschehene im Prozeß unbenutzbar. Soweit der Rpfl Rechtshilfe gewähren soll, § 156 Rn 1, ist zunächst sein Gericht anzurufen und Beschwerde erst gegen dessen Entscheidung gegeben, § 11 I RpflG, abgedr Anh § 153. BayObLG – GrS – FamRZ 97, 306 mwN, aM ua Kissel 3, MüKoWo 2, Karlsr FamRZ 94, 638. **Gebühren:** Gericht keine, RA § 118 BRAGO (str, ob statt dessen § 61 I 1 BRAGebO).

**4) Weitere Beschwerde.** Sie ist beim OLG oder BGH einzulegen; beschwerdeberechtigt sind die in II Genannten, oben Rn 3. Das OLG darf abhelfen und erledigt damit die Beschwerde. Die Zuständigkeit des BGH bei Ersuchen anderer Behörden als eines ordentlichen Gerichts kann nur ein Bundesgesetz, nicht eine RechtsVO oder ein Landesgesetz begründen, RG 102, 369. Da § 46 PatG von Rechtshilfe spricht, will es offenbar Titel 13 anwendbar machen, RG 64, 178. **Gebühren:** Rn 3.

**5)** *VwGO: Unmittelbar bei Ersuchen ans AG, § 14 VwGO, und entsprechend bei Ersuchen ans VG anzuwenden, § 173 VwGO; in diesem Fall entscheidet das OVG (keine Beschwerde an BVerwG, § 152 I VwGO, aM RedOe § 152 Anm 3). Keine gerichtliche Entscheidung bei Ablehnung von Amtshilfe, hier nur Dienstaufsichtsbeschwerde, str, vgl RedOe § 14 Anm 5.*

**160** *Vollstreckungen. Ladungen. Zustellungen.* **Vollstreckungen, Ladungen und Zustellungen werden nach Vorschrift der Prozeßordnungen bewirkt ohne Rücksicht darauf, ob sie in dem Land, dem das Prozeßgericht angehört, oder in einem anderen deutschen Land vorzunehmen sind.**

**Vorbem.** Gilt entspr in der **Arbeitsgerichtsbarkeit**, § 13 II ArbGG.

**1) Erläuterung.** § 160 betrifft Fälle, in denen Handlungen der Gerichte oder anderer Stellen nur der Vollziehung einer richterlichen AnO dienen. Da ist Rechtshilfe verboten, § 158 II, MüKoWo 1. Darum haben die Beteiligten die Gerichtsvollzieher und Vollstreckungsgerichte unmittelbar anzugehen. Das gilt auch für Vorführung und Verhaftung sowie die Vollstreckung zivilprozessualer Maßnahmen.

**2)** *VwGO: Vgl § 158 Rn 6.*

**161** *Beauftragung eines Gerichtsvollziehers.* ¹**Gerichte, Staatsanwaltschaften und Geschäftsstellen der Gerichte können wegen Erteilung eines Auftrags an einen Gerichtsvollzieher die Mitwirkung der Geschäftsstelle des Amtsgerichts in Anspruch nehmen, in dessen Bezirk der Auftrag ausgeführt werden soll.** ²**Der von der Geschäftsstelle beauftragte Gerichtsvollzieher gilt als unmittelbar beauftragt.**

**Vorbem.** Gilt entspr in der **Arbeitsgerichtsbarkeit**, § 13 II ArbGG; an die Stelle des AG tritt das ArbG.

**1) Erläuterung.** Gerichtsvollzieher gewähren keine Rechtshilfe, so daß §§ 158 und 159 unanwendbar sind. Weigern sie die Tätigkeit, so steht Dienstaufsichtsbeschwerde offen.

**2)** *VwGO: Vgl § 158 Rn 6.*

**162** *Strafvollstreckung.* **Hält sich ein zu einer Freiheitsstrafe Verurteilter außerhalb des Bezirks der Strafvollstreckungsbehörde auf, so kann diese Behörde die Staatsanwaltschaft des Landgerichts, in dessen Bezirk sich der Verurteilte befindet, um die Vollstreckung der Strafe ersuchen.**

**1) Erläuterung.** § 162 bezieht sich auch auf die nach §§ 380, 390, 888–890, 901 ZPO erkannte Haft ohne Rücksicht auf ihre Natur, ebenso auf die Ordnungsmittel nach §§ 178, 179 GVG. Staatsangehörigkeit und Wohnsitz des Verurteilten sind belanglos. Bei §§ 162, 163 hat die Staatsanwaltschaft Rechtshilfe zu leisten. Dem Vollstreckungsersuchen ist eine beglaubigte Abschrift der Urteilsformel oder des Beschlusses mit Bescheinigung der Vollstreckbarkeit beizufügen. Es gilt § 451 StPO sinngemäß. Rechtsbehelf bei Ablehnung: Beschwerde der ersuchten Behörde an den Generalstaatsanwalt beim OLG, § 157 (Dienstaufsichtsbeschwerde). Der Verurteilte selbst hat kein Recht auf Einhaltung des § 162.

**2)** *VwGO: Vgl § 158 Rn 6.*

**163** *Strafvollstreckung.* Soll eine Freiheitsstrafe in dem Bezirk eines anderen Gerichts vollstreckt oder ein in dem Bezirk eines anderen Gerichts befindlicher Verurteilter zum Zwecke der Strafverbüßung ergriffen und abgeliefert werden, so ist die Staatsanwaltschaft bei dem Landgericht des Bezirks um die Ausführung zu ersuchen.

1   1) **Erläuterung.** Siehe die Erläuterung zu § 162. Ist das auswärtige Gefängnis das für das Gericht bestimmte, so bedarf es keiner Rechtshilfe. Das gleiche gilt bei Vollstreckung von Geldstrafen, §§ 160 ff.

2   2) *VwGO: Vgl § 158 Rn 6.*

**164** *Kosten.* ¹ Kosten und Auslagen der Rechtshilfe werden von der ersuchenden Behörde nicht erstattet.

ᴵᴵ Gebühren oder andere öffentliche Abgaben, denen die von der ersuchenden Behörde übersendeten Schriftstücke (Urkunden, Protokolle) nach dem Recht der ersuchten Behörde unterliegen, bleiben außer Ansatz.

**Vorbem.** Gilt entspr für die **Arbeitsgerichtsbarkeit**, § 13 II ArbGG.

1   1) **Kosten und Auslagen, I.** § 164 hat Bedeutung für die Rechtshilfe zwischen den Gerichten oder auf Ersuchen einer Behörde, §§ 162 u 163, enger Kissel 1. Für die ersuchende Stelle entstehen keine Gebühren; sie hat der ersuchten Stelle auch keine Kosten oder Auslagen, zB Gebühren nach ZSEG, zu erstatten, BGH NJW **58**, 1310.
   Die Vorschrift gilt nicht, wo es sich nicht um eigentliche Rechtshilfe handelt, Üb § 156. So sind zB Kosten von Urteilsabschriften für fremde Amtsstellen zu ersetzen, soweit diesen nicht Kostenfreiheit zusteht, OLG **25**, 275. Bei Amtshilfe ist Landesrecht maßgebend.

2   2) **Abgaben für Schriftstücke, II.** Die Bestimmung ist gegenstandslos, Kissel 10.

3   3) *VwGO: Vgl § 158 Rn 6.*

**165** (außer Kraft gesetzt durch Art X § 2 Z 4 KostÄndErgG vom 26. 6. 57, BGBl 861; s ZSEG)

**166** *Amtshandlungen außerhalb des Gerichtsbezirks.* Ein Gericht darf Amtshandlungen im Geltungsbereich dieses Gesetzes auch außerhalb seines Bezirks vornehmen.

**Vorbem.** Gilt entspr für die **Arbeitsgerichtsbarkeit**, § 13 II ArbGG, vgl Walker NZA **93**, 491.

1   1) **Erläuterung.** Die Befugnis zur Vornahme gerichtlicher Amtshandlungen ist nicht auf den Gerichtssprengel beschränkt, sondern erstreckt sich auf das gesamte Gebiet der BRep (anders nach § 166 aF, s 48. Aufl). Amtshandlung ist nicht nur die Rechtshilfetätigkeit, sondern auch zB die Abhaltung einer mündlichen Verhandlung. Eine Anzeige an das Gericht des Ortes ist nicht erforderlich; natürlich ist dessen Mitwirkung bei der Bereitstellung von Räumen und Personal unerläßlich. Gerichte, deren Bezirk die ganze BRep umfaßt, betrifft § 166 nicht; auch für sie gilt aber § 219 ZPO, Walker NZA **93**, 491 (zu BAG NZA **93**, 237 = ZIP **93**, 230).

2   2) *VwGO: Gilt entsprechend, § 173 VwGO.*

**167** *Verfolgung von Flüchtigen.* ¹ Die Polizeibeamten eines deutschen Landes sind ermächtigt, die Verfolgung eines Flüchtigen auf das Gebiet eines anderen deutschen Landes fortzusetzen und den Flüchtigen dort zu ergreifen.

ᴵᴵ Der Ergriffene ist unverzüglich an das nächste Gericht oder die nächste Polizeibehörde des Landes, in dem er ergriffen wurde, abzuführen.

1   1) **Erläuterung** (Heinrich NStZ **96**, 361). Zu den Polizeibeamten gehören alle Vollzugsbeamten, auch Strafanstaltsbeamte. Die Verfolgung muß im eigenen Land begonnen haben; dann kann sie auf dem Gebiet jedes anderen deutschen Landes fortgesetzt werden; vgl auch Hamm NJW **54**, 206. Eine nicht durch § 167 gedeckte Ergreifung ist wirksam, aber idR rechtswidrig, Kissel 9. Vgl im übrigen § 162 Rn 1.

**168** *Mitteilung von Akten.* Die in einem deutschen Land bestehenden Vorschriften über die Mitteilung von Akten einer öffentlichen Behörde an ein Gericht dieses Landes sind auch dann anzuwenden, wenn das ersuchende Gericht einem anderen deutschen Land angehört.

**Vorbem.** Gilt entspr für die **Arbeitsgerichtsbarkeit**, § 13 II ArbGG.

1   1) **Erläuterung.** § 168 betrifft keine Rechtshilfe, sondern eine Amtshilfe, Üb § 156 Rn 2. Daher ist bei Versagung nicht Beschwerde aus § 159, sondern Dienstaufsichtsbeschwerde gegeben, Kissel 3. Aktenversendung ins Ausland ist den Gerichten verwehrt; sie ist Sache der Justizverwaltung.

2   2) *VwGO: Vgl § 158 Rn 6.*

13. Titel. Rechtshilfe **Anh I § 168 (Haager ZPrÜbk) GVG**

**Anhang nach § 168 GVG**
**Zwischenstaatliche Rechtshilfe**
**Grundzüge**

**Schrifttum:** *Pfennig,* Die internationale Zustellung in Zivil- und Handelssachen, 1988 (Bespr: *Schack* ZZP **103**, 241); *Nagel/Gottwald,* Internationales Zivilprozeßrecht, 4. Aufl 1997; *Bülow/Böckstiegel/Geimer/ Schütze,* Internationaler Rechtsverkehr in Zivil- und Handelssachen, 1973 ff; *MüKoWo* vor § 156 Rn 9 u 10, MüKoGo IV.

**1) Der Rechtshilfeverkehr mit dem Ausland ist Verwaltungsangelegenheit.** Über Gewährung der **1** Rechtshilfe oder Amtshilfe entscheidet die Justizverwaltung ebenso wie über die Weiterleitung ausgehender Ersuchen, unten Rn 3. Dies gilt auch dort, wo unmittelbarer Verkehr besteht. Die Justizverwaltung trifft die Entscheidung bei eingehenden Ersuchen idR durch die dafür eingerichteten Prüfungsstellen. Im übrigen kommen vielfach Staatsverträge in Frage, vgl Einl IV vor § 1 ZPO, so namentlich die **Haager Übk** (s unten), namentlich auch das Haager BewAufnÜbk, Anh A § 363.

Bei der Vornahme des Rechtshilfegeschäfts handelt das ersuchte Gericht als Rechtsprechungskörper unter Anwendung der im Einzelfall maßgeblichen Verfahrensordnung, Vogler NJW **82**, 469. Es hat entspr § 158 II zu prüfen, ob die Handlung nicht verboten ist. Zeugniszwang besteht nur dort, wo er durch Staatsvertrag vorgesehen ist, Lauterbach ZAk **42**, 363.

Wegen der **Arbeitsgerichtsbarkeit** s die Gemeinsame AnO v 30. 12. 59, BAnZ Nr 9/60, vgl Grunsky ArbGG § 13 Rdz 1.

**Für das gesamte Bundesgebiet gilt einheitlich seit 1. 4. 57 die Rechtshilfeordnung für Zivil- 2 sachen vom 19. 10. 56 (ZRHO)** idF v 1976 m Änd (Text bei Bülow-Böckstiegel G 1 mit vielen Anm; vgl auch Bindseil NJW **91**, 3071, Nagel IPrax **84**, 240, Nehlert JR **58**, 121, Arnold MDR **57**, 385). Sie gilt nicht bei Rechtshilfeverkehr mit dem Gerichtshof der Europäischen Gemeinschaft für Kohle u Stahl, Art § 10 2 VerfO dieses Gerichtshofes vom 31. 3. 54, ABl der Europäischen Gemeinschaft 302, und mit den stationierten Truppen, vgl NatoTruppenStatut, Schlußanh III (dort besondere Regelung).

**2) Durchführung der Rechtshilfe** 3

**A. Die Rechtshilfeordnung für Zivilsachen unterscheidet,** § 5: **a)** Zustellungsanträge; darüber s Anh § 202 ZPO; die der Geschäftsstelle des AG gesetzlich zugewiesene Ausführung ausländischer Zustellungsanträge erledigt der Rpfl, § 29 RpflG; **b)** Rechtshilfeersuchen im engeren Sinn, dh Ersuchen um Erhebung von Beweisen und dgl, s unten; **c)** Ersuchen um Vollstreckungshilfe, insbesondere bei Kosteneinziehung; **d)** Ersuchen um Verfahrensüberleitung (Abgabe oder Übernahme in der freiwilligen Gerichtsbarkeit); **e)** Ersuchen um Verfahrenshilfe, zB um Ermittlung, Auskunft, Aktenübersendung.

Zur Abfassung und Unterzeichnung des Ersuchens an eine ausländische Stelle vgl § 184 Rn 4. Die Justizverwaltung befindet darüber, ob ausgehende Rechtshilfeersuchen weiterzuleiten und ob eingehende zu erledigen sind, vgl BGH NJW **86**, 664 u Junker DRiZ **85**, 163 (betr Strafsachen), Arnold MDR **57**, 385, was die richterliche Unabhängigkeit nicht verletzt, BGH NJW **86**, 664, Geimer NJW **91**, 1431, **89**, 645, 2177 u 2205, **83**, 2769, Nagel IPrax **84**, 239, LG Bonn IPrax **87**, 231, krit Puttfarken NJW **88**, 2156; über die Ablehnungsgründe vgl Junker DRiZ **85**, 161, Unterreitmayer Rpfleger **72**, 122. Gegen die Entscheidung der Justizverwaltung ist die **Anrufung des OLG** nach § 23 EGGVG gegeben, Ffm OLGZ **92**, 89 (dazu Stadler IPrax **92**, 147 mwN), Mü RIW **89**, 483, Köln RIW **88**, 55 u NJW **87**, 1091 mwN, dazu Puttfarken NJW **88**, 2155 (krit) u Nagel IPrax **82**, 138.

**B. Der Rechtshilfeverkehr ist a) unmittelbar,** wo das ausdrücklich zugelassen ist; **b)** iü besteht **4 konsularischer oder diplomatischer Verkehr,** wenn nicht ausnahmsweise **c) der ministerielle Weg** vorgesehen ist. Wegen der Staaten im einzelnen sowie der in Betracht kommenden Auslandsvertretungen vgl den Länderteil der ZRHO.

**3)** *VwGO: Vgl § 363 ZPO Rn 3.* 5

**I. Haager Zivilprozeßübereinkommen**

**Übersicht**

Das HZPrÜbk v 1. 3. 54, BGBl **58** II 577 (BBGS A I 1), wird hinsichtlich seiner Rechtshilfevorschriften **1** abgelöst durch das **Haager Übk v 18. 3. 70** über die Beweisaufnahme, BGBl 77 II 1472, m ZustG v 22. 12. 77, BGBl II 1452, und AusfG v 22. 12. 77, BGBl 3105, **Anh § 363 ZPO;** dazu BBGS A I 3, v. Hülsen RIW **82**, 537, Böckstiegel/Schlafen NJW **78**, 1073. Wegen der Vertragsstaaten vgl Einl IV 3. Die Rechtshilfebestimmungen des HZPrÜbk gelten demgemäß noch im Verhältnis zu Ägypten, Belgien, Japan, Jugoslawien, Libanon, Marokko, Österreich, Polen, Rumänien, Schweiz, ehem Sowjetunion, Suriname, Türkei, Ungarn und Vatikanstaat.

*Art. 8.* In Zivil- oder Handelssachen kann das Gericht eines Vertragsstaates gemäß seinen innerstaatlichen Rechtsvorschriften die zuständige Behörde eines anderen Vertragsstaates ersuchen, eine Beweisaufnahme oder eine andere gerichtliche Handlung innerhalb ihrer Zuständigkeit vorzunehmen.

**Bem.** Wegen Entgegennahme der Ersuchen s § 1 AusfG, wegen der Zuständigkeit zur Erledigung s § 2 **1** AusfG, abgedr Anh § 202 ZPO.

*Art. 9.* ¹¹Die Rechtshilfeersuchen werden durch den Konsul des ersuchenden Staates der Behörde übermittelt, die von dem ersuchten Staat bezeichnet wird. ²Diese Behörde hat dem Konsul die

Urkunde zu übersenden, aus der sich die Erledigung des Ersuchens oder der Grund ergibt, aus dem das Ersuchen nicht hat erledigt werden können.

<sup>II</sup> Schwierigkeiten, die aus Anlaß der Übermittlung des Ersuchens entstehen, werden auf diplomatischem Wege geregelt.

<sup>III</sup> Jeder Vertragstaat kann in einer an die anderen Vertragstaaten gerichteten Mitteilung verlangen, daß die in seinem Hoheitsgebiet zu erledigenden Rechtshilfeersuchen ihm auf diplomatischem Wege übermittelt werden.

<sup>IV</sup> Die vorstehenden Bestimmungen hindern nicht, daß zwei Vertragstaaten vereinbaren, für die Übermittlung von Rechtshilfeersuchen den unmittelbaren Verkehr zwischen ihren Behörden zuzulassen.

1 **Bem.** Zu I: Die Zuständigkeit zur Entgegennahme regelt § 1 AusfG, abgedr Anh § 202 ZPO. Einen Vorbehalt zu III haben Japan, Rumänien, die ehem Sowjetunion und der Vatikanstaat gemacht. Wegen des unmittelbaren Verkehrs s oben Grdz Rn 4.

*Art. 10.* Vorbehaltlich anderweitiger Vereinbarung muß das Rechtshilfeersuchen in der Sprache der ersuchten Behörde oder in der zwischen den beiden beteiligten Staaten vereinbarten Sprache abgefaßt oder aber von einer Übersetzung in eine dieser Sprachen begleitet sein, die durch einen diplomatischen oder konsularischen Vertreter des ersuchenden Staates oder einen beeidigten Übersetzer des ersuchten Staates beglaubigt ist.

1 **Bem.** Vereinbarungen über die Sprache bestehen mit Belgien und der Schweiz.

*Art. 11.* <sup>I 1</sup>Das Gericht, an welches das Ersuchen gerichtet wird, ist verpflichtet, ihm zu entsprechen und dabei dieselben Zwangsmittel anzuwenden wie bei der Erledigung eines Ersuchens der Behörden des ersuchten Staates oder eines zum gleichen Zweck gestellten Antrags einer beteiligten Partei. ²Diese Zwangsmittel brauchen nicht angewendet zu werden, wenn es sich um das persönliche Erscheinen der Parteien des Rechtsstreits handelt.

<sup>II</sup> Die ersuchende Behörde ist auf ihr Verlangen von der Zeit und dem Ort der auf das Ersuchen vorzunehmenden Handlung zu benachrichtigen, damit die beteiligte Partei ihr beizuwohnen in der Lage ist.

<sup>III</sup> Die Erledigung des Rechtshilfeersuchens kann nur abgelehnt werden:
1. wenn die Echtheit des Ersuchens nicht feststeht;
2. wenn die Erledigung des Ersuchens in dem ersuchten Staat nicht in den Bereich der Gerichtsgewalt fällt;
3. wenn der Staat, in dessen Hoheitsgebiet das Ersuchen durchgeführt werden soll, die Erledigung für geeignet hält, seine Hoheitsrechte oder seine Sicherheit zu gefährden.

1 **Bem.** Wegen Ersuchen um Rechtshilfe in Abstammungssachen s Hausmann FamRZ **77**, 302.

*Art. 12.* Ist die ersuchte Behörde nicht zuständig, so ist das Ersuchen von Amts wegen an das zuständige Gericht desselben Staates nach dessen Rechtsvorschriften abzugeben.

*Art. 13.* In allen Fällen, in denen das Ersuchen von der ersuchten Behörde nicht erledigt wird, hat diese die ersuchende Behörde hiervon unverzüglich zu benachrichtigen, und zwar im Falle des Artikels 11 unter Angabe der Gründe, aus denen die Erledigung des Ersuchens abgelehnt worden ist, und im Falle des Artikels 12 unter Bezeichnung der Behörde, an die das Ersuchen abgegeben wird.

*Art. 14.* <sup>I</sup> Das Gericht hat bei der Erledigung eines Ersuchens in den Formen zu verfahren, die nach seinen Rechtsvorschriften anzuwenden sind.

<sup>II</sup> Jedoch ist dem Antrag der ersuchenden Behörde, nach einer besonderen Form zu verfahren, zu entsprechen, sofern diese Form den Rechtsvorschriften des ersuchten Staates nicht zuwiderläuft.

*Art. 15.* Die vorstehenden Artikel schließen es nicht aus, daß jeder Staat Ersuchen unmittelbar durch seine diplomatischen oder konsularischen Vertreter erledigen lassen darf, wenn Abkommen zwischen den beteiligten Staaten dies zulassen oder wenn der Staat, in dessen Hoheitsgebiet das Ersuchen erledigt werden soll, dem nicht widerspricht.

1 **Bem.** Erleichternde Zusatzvereinbarungen bestehen mit Belgien und Österreich. Vgl iü Bülow-Böckstiegel A I 1 b Anm 66 u 67.

*Art. 16.* <sup>I</sup> Für die Erledigung von Ersuchen dürfen Gebühren oder Auslagen irgendwelcher Art nicht erhoben werden.

<sup>II</sup> Der ersuchte Staat ist jedoch vorbehaltlich anderweitiger Vereinbarung berechtigt, von dem ersuchenden Staat die Erstattung der an Zeugen oder Sachverständige gezahlten Entschädigungen sowie der Auslagen zu verlangen, die dadurch entstanden sind, daß wegen Nichterscheinens von Zeugen die Mitwirkung eines Gerichtsbeamten erforderlich war oder daß nach Artikel 14 Absatz 2 verfahren worden ist.

1 **Bem.** Zu II: Besondere Vereinbarungen bestehen mit Belgien, Österreich und der Schweiz. Wegen der Übermittlungsgebühr s § 3 AusfG, abgedr Anh § 202 ZPO.

## II. Rechtshilfe nach dem UN-Übereinkommen über die Geltendmachung von Unterhaltsansprüchen im Ausland

vom 20. 6. 1956, BGBl 59 II 150

### Übersicht

**Schrifttum:** *Piller/Hermann,* Justizverwaltungsvorschriften, 4. Aufl 1998; *Gottwald* MüKo IZPR Nr 3 c; *Nagel/Gottwald,* Internationales Zivilprozeßrecht, 4. Aufl 1997, § 13 II C; *Bülow/Arnold,* Internationaler Rechtsverkehr A III 3; *BBGS* E 5; *Lansky* FamRZ **59**, 193.

1) Bei dem Übk handelt es sich nicht um ein Anerkennungs- und Vollstreckungsabkommen in Unterhaltssachen; vgl aber auch Art 5. Bestehende bilaterale Abkommen über die Anerkennung und Vollstreckung von Urteilen, Vergleichen und öff Urkunden werden dadurch nicht berührt, ebensowenig das Haager Übk betr Anerkennung und Vollstreckung von Entscheidungen über die Unterhaltspflicht gegenüber Kindern, abgedr SchlußAnh V; s dort auch Vorbem aE. Im UN-Übk wird im Wege eines multilateralen Abkommens ein anderer Weg beschritten, indem **auf administrativem Wege die Verfolgung von Unterhaltsansprüchen erleichtert wird.** Der Unterhaltsanspruch wird auf Veranlassung einer staatlichen Stelle des Staates, in dem sich der Berechtigte befindet und bei der er ein dahingehendes Gesuch einreichen kann, durch eine Stelle des Staates, in dem sich der Verpflichtete befindet, geltend gemacht, Art 3 I. Zu diesem Zwecke richten die Vertragsstaaten **Übermittlungs- und Empfangsstellen** ein, Art 2, die bekanntgemacht werden und unmittelbar miteinander verkehren können, Art 2 IV, wie auch sonst die Rechtshilfe, soweit es das Übk betrifft, erleichtert ist, Art 7, auch den Berechtigten in dem Lande, in dem ihr Anspruch geltend gemacht wird, hinsichtlich des Armenrechts (Prozeßhilfe) und Befreiung von Gebühren und Auslagen sowie der Sicherheitsleistung für die Prozeßkosten einem Inländer gleichgestellt werden, Art 9.

Die **Übermittlungsstelle** im Lande des Berechtigten, an die dieser sich wegen der Durchsetzung seines Anspruchs wendet, sammelt die erforderlichen Unterlagen und unternimmt alles, um sicherzustellen, daß die Erfordernisse des im Staate der Empfangsstelle geltenden Rechts erfüllt werden, Art 3 III u IV. Die **Empfangsstelle,** der die Vorgänge von der Übermittlungsstelle übersandt sind, unternimmt im Rahmen der ihr vom Berechtigten erteilten Ermächtigung und in seiner Vertretung alle ihr geeigneten Schritte gegen den Verpflichteten, führt also auch äußerstenfalls eine Klage und die Vollstreckung durch, Art 6 I, wobei bei allen sich hierbei ergebenden Fragen das im Staat der Empfangsstelle geltende Recht angewendet wird, Art 6 III. Damit sind nicht nur die Fragen der Qualifikation, sondern auch, da das Übk Begriffsbestimmungen nicht enthält, die Fragen hierzu ausgeschaltet, zB wer Unterhaltsansprüche geltend machen kann. Für alles kommt nur das Recht des Staates des Verpflichteten, des Staates, in dem sich befindet, zur Anwendung. Liegen gerichtliche Titel irgendwelcher Art gegen den Verpflichteten vor, so kann auch von der Empfangsstelle die Anerkennung und Vollstreckung dieser Titel, die sich nach den zwischen den beteiligten Staaten bestehenden Abkommen, vgl oben, oder bei deren Fehlen nach dem Recht des Empfangsstaates richten, oder auch auf Grund dieser Titel eine Klage betrieben werden, Art 5 III. Das Übk umfaßt ferner die Abänderung ergangener Entscheidungen, Art 8. Die Überweisung von Unterhaltszahlungen soll devisenrechtlich möglichst erleichtert werden, Art 10.

2) Das Übk ist am 30. Tage nach der 3. Ratifikation, also **am 25. 5. 57 in Kraft getreten.** Die BRep ist mWv 19. 8. 59 beigetreten, Bek v 20. 11. 59, BGBl II 1377. **Vertragsstaaten** (zT mit Vorbehalten): Algerien, Argentinien, Australien, Barbados, Belgien, Bosnien, Brasilien, Burkina Faso, Chile, China (Taiwan), Dänemark, Ecuador, Estland, Finnland, Frankreich einschließlich eines Teiles der französischen Communauté, Griechenland, Guatemala, Haiti, Heiliger Stuhl, Irland, Israel, Italien, (ehem) Jugoslawien, Kap Verde, Kroatien, Luxemburg, Marokko, Mazedonien, Mexico, Monaco, Neuseeland, Niederlande, Niger, Norwegen, Österreich, Pakistan, Philippinen, Polen, Portugal, Rumänien, Schweden, Schweiz, Slowakei, Slowenien, Spanien, Sri Lanka, Suriname, Tschechische Republik, Tunesien, Türkei, Ungarn, Uruguay, Vereinigtes Königreich, Weißrußland (Belarus), Zentralafrikanische Republik, Zypern.

Gemäß Art 12 erstreckt sich das Übk auch auf alle Hoheitsgebiete ohne Selbstregierung, Treuhandgebiete oder sonstige Hoheitsgebiete, für deren internationale Beziehungen eine Vertragspartei verantwortlich ist; bei Ratifikation oder Beitritt können aber nach Art 17 Vorbehalte gemacht werden und sind in vielen Fällen gemacht worden, vgl die Bekanntmachungen in den JMBl, zB Hbg JVBl **91**, 29.

Zu dem Übk ist das AusfG v 26. 2. 59, BGBl II 149 (unten abgedr) ergangen. Die Länder haben dazu die **bundeseinheitlichen Richtlinien** vom 1. 2. 65 erlassen. Erfahrungsbericht des Bundesverwaltungsamtes für 1994 in DAVorm **95**, 1123.

### A.

*Art. 1. Gegenstand des Übereinkommens.* I ¹Dieses Übereinkommen hat den Zweck, die Geltendmachung eines Unterhaltsanspruches zu erleichtern, den eine Person (im folgenden als Berechtigter bezeichnet), die sich im Hoheitsgebiet einer Vertragspartei befindet, gegen eine andere Person (im folgenden als Verpflichteter bezeichnet), die der Gerichtsbarkeit einer anderen Vertragspartei untersteht, erheben zu können glaubt. ²Dieser Zweck wird mit Hilfe von Stellen verwirklicht, die im folgenden als Übermittlungs- und Empfangsstellen bezeichnet werden.

II Die in diesem Übereinkommen vorgesehenen Möglichkeiten des Rechtsschutzes treten zu den Möglichkeiten, die nach nationalem oder internationalem Recht bestehen, hinzu; sie treten nicht an deren Stelle.

## GVG Anh II § 168 (UN-UnterhÜbk)

**1 Bem.** Auf den Wohnsitz oder die Staatsangehörigkeit kommt es nicht an; auch ein nicht einem der Vertragsstaaten Angehöriger kann Berechtigter oder Verpflichteter sein. Entscheidend ist nur, daß sich der Berechtigte im Hoheitsgebiet einer Vertragspartei befindet und der Verpflichtete der Gerichtsbarkeit einer anderen Vertragspartei untersteht, was von dieser zu beurteilen ist, wie auch, ob der Unterhaltsanspruch nach dem Übk geltend gemacht werden kann, s Üb Rn 1.

*Art. 2. Bestimmung der Stellen.* [I] Jede Vertragspartei bestimmt in dem Zeitpunkt, an dem sie ihre Ratifikations- oder Beitrittsurkunde hinterlegt, eine oder mehrere Gerichts- oder Verwaltungsbehörden, die in ihrem Hoheitsgebiet als Übermittlungsstellen tätig werden.

[II] Jede Vertragspartei bestimmt in dem Zeitpunkt, an dem sie ihre Ratifikations- oder Beitrittsurkunde hinterlegt, eine öffentliche oder private Stelle, die in ihrem Hoheitsgebiet als Empfangsstelle tätig wird.

[III] Jede Vertragspartei unterrichtet den Generalsekretär der Vereinten Nationen unverzüglich über die Bestimmungen, die sie gemäß den Absätzen 1 und 2 getroffen hat, und über die Änderungen, die nachträglich in dieser Hinsicht eintreten.

[IV] Die Übermittlungs- und Empfangsstellen dürfen mit den Übermittlungs- und Empfangsstellen anderer Vertragsparteien unmittelbar verkehren.

**1 Bem.** In der BRep ist Übermittlungsstelle die Landesjustizverwaltung jedes Landes, Empfangsstelle das Bundesverwaltungsamt, Art 2 II AusfG idF des G v 4. 3. 71, BGBl II 105 (dazu Bek v 12. 8. 91, BGBl 956). Die ausländischen Stellen werden in den JMBl bekanntgemacht, zB HbgJVBl **91**, 25.

*Art. 3. Einreichung von Gesuchen bei der Übermittlungsstelle.* [I] Befindet sich ein Berechtigter in dem Hoheitsgebiet einer Vertragspartei (im folgenden als Staat des Berechtigten bezeichnet) und untersteht der Verpflichtete der Gerichtsbarkeit einer anderen Vertragspartei (im folgenden als Staat des Verpflichteten bezeichnet), so kann der Berechtigte bei einer Übermittlungsstelle des Staates, in dem er sich befindet, ein Gesuch einreichen, mit dem er den Anspruch auf Gewährung des Unterhalts gegen den Verpflichteten geltend macht.

[II] Jede Vertragspartei teilt dem Generalsekretär mit, welche Beweise nach dem Recht des Staates der Empfangsstelle für den Nachweis von Unterhaltsansprüchen in der Regel erforderlich sind, wie diese Beweise beigebracht und welche anderen Erfordernisse nach diesem Recht erfüllt werden müssen.

[III] [1] Dem Gesuch sind alle erheblichen Urkunden beizufügen einschließlich einer etwa erforderlichen Vollmacht, welche die Empfangsstelle ermächtigt, in Vertretung des Berechtigten tätig zu werden oder eine andere Person hierfür zu bestellen. [2] Ferner ist ein Lichtbild des Berechtigten und, falls verfügbar, auch ein Lichtbild des Verpflichteten beizufügen.

[IV] Die Übermittlungsstelle übernimmt alle geeigneten Schritte, um sicherzustellen, daß die Erfordernisse des in dem Staate der Empfangsstelle geltenden Rechts erfüllt werden; das Gesuch muß unter Berücksichtigung dieses Rechts mindestens folgendes enthalten:
a) den Namen und die Vornamen, die Anschrift, das Geburtsdatum, die Staatsangehörigkeit und den Beruf oder die Beschäftigung des Berechtigten sowie gegebenenfalls den Namen und die Anschrift seines gesetzlichen Vertreters;
b) den Namen und die Vornamen des Verpflichteten; ferner, soweit der Berechtigte hiervon Kenntnis hat, die Anschriften des Verpflichteten in den letzten fünf Jahren, sein Geburtsdatum, seine Staatsangehörigkeit und seinen Beruf oder seine Beschäftigung;
c) nähere Angaben über die Gründe, auf die der Anspruch gestützt wird, und über Art und Höhe des geforderten Unterhalts und sonstige erhebliche Angaben, wie zum Beispiel über die finanziellen und familiären Verhältnisse des Berechtigten und des Verpflichteten.

**1 Bem.** Der Berechtigte kann sein Gesuch beim AG seines Aufenthaltsortes einreichen, Art 3 AusfG. Die Gesuche, die auch die Art des Vorgehens im Empfangsstaat bestimmen können, vgl Art 6 I, und möglichst auch die Unterlagen für eine etwa notwendige Klage enthalten sollen, werden entsprechend den von den Landesjustizverwaltungen gegebenen Richtlinien, Üb Art 1 Rn 2, behandelt. Öff Urkunden müssen idR legalisiert sein.

*Art. 4. Übersendung der Vorgänge.* [I] Die Übermittlungsstelle übersendet die Vorgänge der Empfangsstelle des Staates des Verpflichteten, es sei denn, daß sie zu der Überzeugung gelangt, das Gesuch sei mutwillig gestellt.

[II] Bevor die Übermittlungsstelle die Vorgänge übersendet, überzeugt sie sich davon, daß die Schriftstücke in der Form dem Recht des Staates des Berechtigten entsprechen.

[III] Die Übermittlungsstelle kann für die Empfangsstelle eine Äußerung darüber beifügen, ob sie den Anspruch sachlich für begründet hält; sie kann auch empfehlen, dem Berechtigten das Armenrecht oder die Befreiung von Kosten zu gewähren.

**1 Bem.** Bei Ablehnung der Übersendung ist der Antrag auf gerichtliche Entscheidung möglich, § 23 EGGVG. Zur Prozeßkostenhilfe und zur Befreiung von den Kosten s Art 9.

*Art. 5. Übersendung von Urteilen und anderen gerichtlichen Titeln.* [I] Die Übermittlungsstelle übersendet gemäß Artikel 4 auf Antrag des Berechtigten endgültige oder vorläufige Entscheidungen und andere gerichtliche Titel, die der Berechtigte bei einem zuständigen Gericht einer Vertragspartei wegen der Leistung von Unterhalt erwirkt hat, und, falls notwendig und möglich, die Akten des Verfahrens, in dem die Entscheidung ergangen ist.

ᴵᴵ Die in Absatz 1 erwähnten Entscheidungen und gerichtlichen Titel können an Stelle oder in Ergänzung der in Artikel 3 genannten Urkunden übersandt werden.

ᴵᴵᴵ Die in Artikel 6 vorgesehenen Verfahren können entsprechend dem Recht des Staates des Verpflichteten entweder Verfahren zum Zwecke der Vollstreckbarerklärung (Exequatur oder Registrierung) oder eine Klage umfassen, die auf einen gemäß Absatz 1 übersandten Titel gestützt wird.

**Bem.** Art 5 bezieht sich nur auf vor Gerichten der Vertragsstaaten errichtete Titel, nicht die anderer Staaten, Bülow-Arnold A III 3 a Anm 64. Israel übersendet gemäß seinem Vorbehalt nur in Israel errichtete Titel oder dort erwirkte Entscheidungen.

*Art. 6. Aufgaben der Empfangsstelle.* ᴵ Die Empfangsstelle unternimmt im Rahmen der ihr von dem Berechtigten erteilten Ermächtigung und in seiner Vertretung alle geeigneten Schritte, um die Leistung von Unterhalt herbeizuführen; dazu gehört insbesondere eine Regelung des Anspruchs im Wege des Vergleichs und, falls erforderlich, die Erhebung und Verfolgung einer Unterhaltsklage sowie die Vollstreckung einer Entscheidung oder eines anderen gerichtlichen Titels auf Zahlung von Unterhalt.

ᴵᴵ ¹Die Empfangsstelle unterrichtet laufend die Übermittlungsstelle. ²Kann sie nicht tätig werden, so teilt sie der Übermittlungsstelle die Gründe hierfür mit und sendet die Vorgänge zurück.

ᴵᴵᴵ Ungeachtet der Vorschriften dieses Übereinkommens ist bei der Entscheidung aller Fragen, die sich bei einer Klage oder in einem Verfahren wegen Gewährung von Unterhalt ergeben, das Recht des Staates des Verpflichteten einschließlich des internationalen Privatrechts dieses Staates anzuwenden.

**Bem.** Die Empfangsstelle tritt nur im Rahmen der Ermächtigung des Berechtigten (Vollmacht Art 3 III) und für diesen auf; dieser ist Vergleichs- oder Klagepartei. Zu III: Nicht nur die Klage richtet sich nach der lex fori, sondern auch das Vollstreckungsverfahren, Üb Art 1 Rn 1.

*Art. 7. Rechtshilfeersuchen.* ᴵ Kann nach dem Recht der beiden in Betracht kommenden Vertragsparteien um Rechtshilfe ersucht werden, so gilt folgendes:

a) Ein Gericht, bei dem eine Unterhaltsklage anhängig ist, kann Ersuchen um Erhebung weiterer Beweise, sei es durch Urkunden oder durch andere Beweismittel, entweder an das zuständige Gericht der anderen Vertragspartei oder an jede andere Behörde oder Stelle richten, welche die andere Vertragspartei, in deren Hoheitsgebiet das Ersuchen erledigt werden soll, bestimmt hat.

b) Um den Parteien die Anwesenheit oder Vertretung in dem Beweistermin zu ermöglichen, teilt die ersuchte Behörde der beteiligten Empfangs- und Übermittlungsstelle sowie dem Verpflichteten den Zeitpunkt und den Ort der Durchführung des Rechtshilfeersuchens mit.

c) Rechtshilfeersuchen werden mit möglichster Beschleunigung erledigt; ist ein Ersuchen nicht innerhalb von vier Monaten nach Eingang bei der ersuchten Behörde erledigt, so werden der ersuchenden Behörde die Gründe für die Nichterledigung oder Verzögerung mitgeteilt.

d) Für die Erledigung von Rechtshilfeersuchen werden Gebühren oder Kosten irgendwelcher Art nicht erstattet.

e) Die Erledigung eines Rechtshilfeersuchens darf nur abgelehnt werden:
  1. wenn die Echtheit des Ersuchens nicht feststeht;
  2. wenn die Vertragspartei, in deren Hoheitsgebiet das Ersuchen erledigt werden soll, dessen Ausführung für geeignet hält, ihre Hoheitsrechte oder ihre Sicherheit zu gefährden.

**Bem.** Die beiden Stellen verkehren unmittelbar miteinander, Art 2 IV. Art 7 bezieht sich auch auf das Vollstreckungsverfahren, Art 5 III. Zustellungsersuchen entfallen, da die Empfangsstelle dem Verpflichteten nach der lex fori zustellt.

*Art. 8. Änderung von Entscheidungen.* Dieses Übereinkommen gilt auch für Gesuche, mit denen eine Änderung von Unterhaltsentscheidungen begehrt wird.

**Bem.** Vgl §§ 323, 641 l, 642 a u b ZPO.

*Art. 9. Befreiungen und Erleichterungen.* ᴵ In Verfahren, die auf Grund dieses Übereinkommens durchgeführt werden, genießen die Berechtigten die gleiche Behandlung und dieselben Befreiungen von der Zahlung von Gebühren und Auslagen wie die Bewohner oder Staatsangehörigen des Staates, in dem das Verfahren anhängig ist.

ᴵᴵ Die Berechtigten sind nicht verpflichtet, wegen ihrer Eigenschaft als Ausländer oder wegen Fehlens eines inländischen Aufenthalts als Sicherheit für die Prozeßkosten oder andere Zwecke eine Garantieerklärung beizubringen oder Zahlungen oder Hinterlegungen vorzunehmen.

ᴵᴵᴵ Die Übermittlungs- und Empfangsstellen erheben für ihre Tätigkeit, die sie auf Grund dieses Übereinkommens leisten, keine Gebühren.

**Bem.** Es fehlt eine Bestimmung über die Vollstreckbarerklärung der Kostenentscheidung wie in Art 19 HZPrÜbk, Anh § 723 ZPO, so daß nur die sonstigen Vorschriften (Abkommen und Recht des Urteilsstaates) herangezogen werden können. Schweden hat für Verfahren in Schweden die Befreiungen und Erleichterungen auf Staatsangehörige eines Vertragsstaates, Staatenlose mit gewöhnlichem Aufenthalt in einem Vertragsstaat oder solche Personen beschränkt, diese Vorteile ohnehin auf Grund eines Abkommens mit ihrem Heimatstaat genießen.

*Art. 10. Überweisung von Geldbeträgen.* Bestehen nach dem Recht einer Vertragspartei Beschränkungen für die Überweisung von Geldbeträgen in das Ausland, so gewährt diese Vertragspartei der Überweisung von Geldbeträgen, die zur Erfüllung von Unterhaltsansprüchen oder zur Deckung von Ausgaben für Verfahren nach diesem Übereinkommen bestimmt sind, den größtmöglichen Vorrang.

### B.

**Dazu aus dem AusfG** v 26. 2. 1959, BGBl II 149, geändert durch G v 4. 3. 71, BGBl II 105:

*Art. 2.* [I] Die Aufgaben der Übermittlungsstellen im Sinne des Artikels 2 Abs. 1 des Übereinkommens nehmen die von den Landesregierungen bestimmten Stellen wahr.

[II] Die Aufgaben der Empfangsstelle im Sinne des Artikels 2 Abs 2 des Übereinkommens nimmt das Bundesverwaltungsamt in eigener Zuständigkeit wahr.

1 **Bem.** Übersicht über die Übermittlungs- und Empfangsstellen bei Bülow-Arnold, Internationaler Rechtsverkehr A III 3 a. Übermittlungsstellen sind in der BRep die Landesjustizverwaltungen.

*Art. 3.* [I] [1]Der Berechtigte kann das Gesuch, mit dem ein Anspruch auf Gewährung von Unterhalt in dem Gebiet einer anderen Vertragspartei geltend gemacht werden soll, bei dem Amtsgericht einreichen, in dessen Bezirk er seinen gewöhnlichen Aufenthalt hat. [2]Steht ein Berechtigter unter Vormundschaft, so soll das Gesuch bei dem für die Vormundschaft zuständigen Amtsgericht eingereicht werden.

[II] Für die Tätigkeit der Amtsgerichte bei der Entgegennahme von Gesuchen der in Absatz 1 bezeichneten Art werden Gebühren nicht erhoben.

1 **Bem.** Vgl Art 3 Übk. Zuständig ist der RPfl, § 29 RPflG. Prozeßkostenhilfe kann für das Verf nach Art 3 nicht bewilligt werden, Ffm FamRZ **87**, 302.

### III. Gesetz zur Geltendmachung von Unterhaltsansprüchen im Verkehr mit ausländischen Staaten (Auslandsunterhaltsgesetz – AUG)
vom 19. 12. 1986, BGBl 2563

**Übersicht**

**Gesetzesmaterialien:** RegEntw BT-Drs 10/3662, Ausschußbericht BT-Drs 10/6351.

**Schrifttum:** *Gottwald* MüKo IZPR Nr 3 d; *Nagel/Gottwald*, IZPR, 4. Aufl 1997, § 12 I 4 u § 13 II D; *Bach* FamRZ **96**, 1250; *Reichel* FamRZ **90**, 1329; *Böhmer* IPrax **87**, 139; *Uhlig/Berard* NJW **87**, 1521.

1 Das am 1. 1. 87 in Kraft getretene AUG tritt neben das UN-Übk v 20. 6.56, Anh II. Unter der Voraussetzung, daß die Gegenseitigkeit verbürgt ist (§ 1 II), erleichtert es die Verfolgung und Durchsetzung von Unterhaltsansprüchen im Verhältnis zwischen der BRep und ausländischen Staaten ohne Rücksicht darauf, ob insofern ein völkerrechtlicher Vertrag besteht. Im Hauptteil (§§ 2–8) ist geregelt, daß die deutschen Gerichte und Behörden in ähnlicher Weise mit den ausländischen Gerichten und Behörden zusammenarbeiten, wie dies zwischen den Vertragsstaaten des UN-Übk der Fall ist. Besondere Vorschriften gelten für einhaltenden gerichtlichen Verfahren (§§ 9–11), insbesondere auch hinsichtlich der Prozeßkostenhilfe (§ 9) und der Vollstreckung (§ 10). Das Gesetz wird sich in erster Linie im Verhältnis zu den Vereinigten Staaten und zu Kanada bzw deren Gliedstaaten oder -provinzen auswirken, mit denen insoweit keine vertraglichen Vereinbarungen bestehen. In beiden Staaten gilt (weitgehend) die innerstaatliche Regelung, daß Unterhaltstitel in erleichterter Weise erlangt bzw vollstreckt werden können, wenn im anderen Staat ein im wesentlichen ähnliches Gesetz auf Gegenseitigkeit in Kraft ist; diese Voraussetzung wird durch das AUG geschaffen, Uhlig/Berard NJW **87**, 1522.

Das AUG läßt das materielle Recht unberührt. Bei eingehenden Gesuchen, §§ 7–11, bestimmt sich das anzuwendende Recht nach Art 18 iVm Art 4 EGBGB. Ausgehende Gesuche, §§ 3–6, werden allein nach deutschem materiellem Recht geprüft, Uhlig/Berard NJW **87**, 1522.

Das Gesetz gilt seit dem 3. 10. 90 auch in den neuen Bundesländern, Art 8 EV, Reichel FamRZ **90**, 1330.

### Erster Teil. Allgemeines

**§ 1.** [I] Unterhaltsansprüche, die auf gesetzlicher Grundlage beruhen, können nach dem in diesem Gesetz vorgesehenen Verfahren geltend gemacht werden, wenn eine Partei im Geltungsbereich dieses Gesetzes und die andere Partei in einem Staat ihren gewöhnlichen Aufenthalt hat, mit dem die Gegenseitigkeit verbürgt ist.

[II] Mit Staaten, in denen ein diesem Gesetz entsprechendes Gesetz in Kraft ist, ist die Gegenseitigkeit im Sinne dieses Gesetzes verbürgt, wenn der Bundesminister der Justiz dies festgestellt und im Bundesgesetzblatt bekanntgemacht hat.

[III] Staaten im Sinne dieses Gesetzes sind auch Teilstaaten und Provinzen von Bundesstaaten.

13. Titel. Rechtshilfe **Anh III § 168 (AUG) GVG**

**Bem. Auf gesetzlicher Grundlage, I, beruhen** alle Ansprüche aus Ehe und Verwandtschaft einschließlich der nach §§ 90, 91 BSHG, 94 KJHG und 37 BAföG übergeleiteten bzw übergegangenen Ansprüche. Andere Unterhaltspflichten werden nicht erfaßt; eine Vereinbarung fällt unter das AUG, wenn sie die gesetzliche Unterhaltspflicht nur festlegt oder abwandelt, Uhlig/Berard NJW **87**, 1523. 1

**Verbürgt ist die Gegenseitigkeit, II,** gegenüber folgenden (Teil-)Staaten bzw Provinzen, **III** (Bek v 14. 8. 92, BGBl 1585, 11. 5. 92, BGBl 991, 16. 12. 92, BGBl 43, 13. 4. 93, BGBl 928, 24. 11. 93, BGBl 2045, 8. 12. 94, BGBl 95, 25, 21. 2. 96, BGBl 476, 28. 10. 96, BGBl 1733, u 7. 1. 97, BGBl 155): In **Kanada** gegenüber Alberta, Britisch Kolumbien, Manitoba, Neubraunschweig, Neufundland einschl Labrador, Neuschottland, Nordwest-Territorien, Ontario, Prinz-Eduard-Insel, Saskatschewan und Yukon Territorium; gegenüber **Südafrika**; in den **USA** gegenüber Alaska, Arizona, Arkansas, Colorado (f Kindesunterh), Connecticut, Delaware, Florida, Georgia, Hawaii, Idaho, Illinois, Indiana, Iowa (für Kindesunterhalt u zusammen mit ihm geltend gemachten Ehegattenunterhalt), Kalifornien, Kansas, Kentucky, Louisiana, Maine, Maryland, Massachusetts, Michigan, Minnesota, Missouri, Montana, Nebraska, Nevada, New Hampshire, New Jersey, New Mexico, New York, North Carolina, North Dakota, Ohio, Oklahoma, Oregon, Pennsylvania, Rhode Island, South Dakota, Tennessee, Texas, Utah, Vermont, Virginia (für Kindesunterhalt u zusammen mit ihm geltend gemachten Ehegattenunterhalt), Washington, West Virginia, Wisconsin und Wyoming. 2

**§ 2.** ¹Die gerichtliche und außergerichtliche Geltendmachung der Unterhaltsansprüche erfolgt über die Zentrale Behörde als Empfangs- und Übermittlungsbehörde. ²Die Zentrale Behörde verkehrt unmittelbar mit den im Ausland dafür bestimmten Stellen und mit den im Geltungsbereich dieses Gesetzes zuständigen Behörden.

II Die Aufgaben der Zentralen Behörde nimmt der Generalbundesanwalt beim Bundesgerichtshof wahr.

Zweiter Teil. Ausgehende Gesuche

**§ 3.** ¹ Für die Entgegennahme und Prüfung von Gesuchen unterhaltsberechtigter Personen ist das Amtsgericht als Justizverwaltungsbehörde zuständig, in dessen Bezirk der Berechtigte seinen gewöhnlichen Aufenthalt hat.

II ¹Das Gesuch soll alle Angaben enthalten, die für die Geltendmachung des Anspruchs von Bedeutung sein können. ²Hierzu gehören:
1. der Familienname und die Vornamen, die Anschrift, der Tag der Geburt, die Staatsangehörigkeit und der Beruf oder die Beschäftigung des Berechtigten sowie gegebenenfalls der Name und die Anschrift seines gesetzlichen Vertreters,
2. der Familienname und die Vornamen des Verpflichteten; ferner, soweit der Berechtigte hiervon Kenntnis hat, die Anschriften des Verpflichteten in den letzten fünf Jahren, den Tag seiner Geburt, seine Staatsangehörigkeit und sein Beruf oder seine Beschäftigung,
3. nähere Angaben über die Gründe, auf die der Anspruch gestützt wird, über die Art und Höhe des geforderten Unterhalts und über die finanziellen und familiären Verhältnisse des Berechtigten und, soweit möglich, des Verpflichteten.

³Die zugehörigen Personenstandsurkunden und anderen sachdienlichen Schriftstücke sollen beigefügt werden. ⁴Das Gericht kann von Amts wegen alle erforderlichen Ermittlungen anstellen.

III ¹Das Gesuch ist vom Antragsteller, von dessen gesetzlichem Vertreter oder von einem Rechtsanwalt unter Beifügung einer Vollmacht zu unterschreiben; die Richtigkeit der Angaben ist vom Antragsteller oder von dessen gesetzlichem Vertreter eidesstattlich zu versichern. ²Dem Gesuch nebst Anlagen sind von einem beeidigten Übersetzer beglaubigte Übersetzungen in die Sprache des zu ersuchenden Staates beizufügen. ³Besonderen Anforderungen des zu ersuchenden Staates an Form und Inhalt des Gesuchs ist Rechnung zu tragen, soweit nicht zwingende Vorschriften des deutschen Rechts entgegenstehen.

**Bem.** Zuständig für die Entgegennahme, I, und etwaige Ermittlungen, II 3, ist der Rpfl, § 29 RPflG. Welche Angaben außer den in II 2 genannten Mindestangaben für die Geltendmachung des Anspruchs von Bedeutung sein können, II 1, wird die Zentrale Behörde, § 2, den Amtsgerichten nach und nach mitzuteilen haben, Uhlig/Berard NJW **87**, 1523; dazu Bach FamRZ **96**, 1251. Das gleiche gilt für etwaige besondere Anforderungen, III 3. Für das Verfahren kann PKH nicht bewilligt werden, Zimmermann PKH in FamS Rn 7, KG RR **93**, 70, zustm Böhmer IPrax **93**, 223. 1

**§ 4.** ¹ Der Leiter des Amtsgerichts oder der im Rahmen der Verteilung der Justizverwaltungsgeschäfte bestimmte Richter prüft, ob die Rechtsverfolgung nach deutschem innerstaatlichen Recht hinreichende Aussicht auf Erfolg bieten würde.

II ¹Bejaht er die Erfolgsaussicht, so stellt er hierüber eine Bescheinigung aus, veranlaßt deren Übersetzung in die Sprache des zu ersuchenden Staates und übersendet die Bescheinigung sowie das Gesuch nebst Anlagen und Übersetzungen mit je drei beglaubigten Abschriften unmittelbar an die Zentrale Behörde. ²Andernfalls lehnt er das Gesuch ab. ³Die ablehnende Entscheidung ist zu begründen und dem Antragsteller mit einer Rechtsmittelbelehrung zuzustellen; sie ist nach § 23 des Einführungsgesetzes zum Gerichtsverfassungsgesetz anfechtbar.

**Bem.** Die richterliche Prüfung nach I hat sich auf das deutsche materielle Recht zu beschränken; sie ist für die Zentrale Behörde bindend. Ablehnende Entscheidungen sind nach den §§ 23 ff EGGVG, s dort, anfechtbar, II 2 u 3, KG RR **93**, 70 (betr PKH-Ablehnung, s § 3 Rn 1), dazu Böhmer IPrax **93**, 223. 1

**§ 5.** ¹¹Die Zentrale Behörde prüft, ob das Gesuch den förmlichen Anforderungen des einzuleitenden ausländischen Verfahrens genügt. ²Sind diese erfüllt, so leitet sie das Gesuch zusammen mit einer Übersetzung des Auslandsunterhaltsgesetzes an die dafür im Ausland bestimmte Stelle weiter. ³§ 4 Abs. 2 Satz 2 und 3 ist entsprechend anzuwenden.
ᴵᴵ Die Zentrale Behörde verfolgt die ordnungsmäßige Erledigung des Gesuchs.

1   **Bem.** Ablehnende Entscheidungen können nach den §§ 23 ff EGGVG, s dort, angefochten werden, § 5 I 3 iVm § 4 II 2 u 3.

**§ 6.** ¹Liegt über den Unterhaltsanspruch bereits eine inländische gerichtliche Entscheidung oder ein sonstiger gerichtlicher Schuldtitel vor, so kann der Unterhaltsberechtigte unbeschadet des Gesuchs nach § 3 ein Gesuch auf Registrierung der Entscheidung im Ausland stellen. ²Die §§ 3, 4 und 5 sind entsprechend anzuwenden; eine Prüfung der Gesetzmäßigkeit des vorgelegten inländischen gerichtlichen Schuldtitels findet nicht statt.

1   **Bem.** Inländische gerichtliche Entscheidungen iSv § 6 sind rechtskräftige oder für vorläufig vollstreckbar erklärte Entscheidungen einschließlich derjenigen des Rpfl nach den §§ 641l, 642a ZPO und sonstige gerichtliche Titel iSv § 794 ZPO, dagegen nicht Urkunden der Jugendämter und notarielle Urkunden, Uhlig/Berard NJW **87**, 1524. Wegen der Erfahrungen im Rechtsverkehr mit den USA s Bach FamRZ **96**, 1252 f.

### Dritter Teil. Eingehende Gesuche

### Erster Abschnitt. Inhalt der Gesuche und Aufgaben der Zentralen Behörde

**§ 7.** ¹¹Das eingehende Gesuch soll alle Angaben enthalten, die für die Geltendmachung des Anspruchs von Bedeutung sein können. ²§ 3 Abs. 2 Satz 2 ist entsprechend anzuwenden.
ᴵᴵ ¹Das Gesuch soll vom Antragsteller, von dessen gesetzlichem Vertreter oder von einem Rechtsanwalt unter Beifügung einer Vollmacht unterschrieben und mit einer Stellungnahme des ausländischen Gerichts versehen sein, das den Antrag entgegengenommen und geprüft hat. ²Die gerichtliche Stellungnahme soll sich auch darauf erstrecken, welcher Unterhaltsbetrag nach den Verhältnissen am Wohnort des Berechtigten erforderlich ist. ³Das Gesuch und die Anlagen sollen in zwei Stücken übermittelt werden.
ᴵᴵᴵ ¹Die zugehörigen Personenstandsurkunden, andere sachdienliche Schriftstücke sowie, falls verfügbar, ein Lichtbild des Verpflichteten sollen beigefügt und sonstige Beweismittel genau bezeichnet sein. ²Dem Gesuch nebst Anlagen soll eine Übersetzung in die deutsche Sprache beigefügt sein; die Zentrale Behörde kann im Verkehr mit bestimmten Staaten oder im Einzelfall von diesem Erfordernis absehen und die Übersetzung selbst besorgen.

**Bem.** Zu § 7 u § 8 vgl Bach FamRZ **96**, 1253.

**§ 8.** ¹¹Die Zentrale Behörde unternimmt alle geeigneten Schritte, um für den Berechtigten die Leistung von Unterhalt durchzusetzen. ²Sie hat hierbei die Interessen und den Willen des Berechtigten zu beachten.
ᴵᴵ (abgedruckt in Üb § 78 ZPO Rn 8).

### Zweiter Abschnitt. Besondere Vorschriften für das gerichtliche Verfahren

**§ 9.** (abgedruckt bei § 122 ZPO).

**§ 10.** (abgedruckt bei 722 ZPO).

**§ 11.** ¹Eine ausländische Entscheidung, die ohne Anhörung des Schuldners, vorläufig und vorbehaltlich der Bestätigung durch das ersuchte Gericht ergangen ist, gilt als Gesuch im Sinne des § 7. ²Die §§ 8 und 9 sind entsprechend anzuwenden.

1   **Bem.** Die Regelung gilt namentlich für „provisional maintenance orders" nach kanadischem Recht; die ausländische Entscheidung wird im Falle des § 11 nicht ausdrücklich nach § 10 (abgedruckt bei § 722 ZPO) bestätigt bzw abgeändert, Uhlig/Berard NJW **87**, 1525.

### Vierter Teil. Kosten

**§ 12.** Für das außergerichtliche Verfahren einschließlich der Entgegennahme und Behandlung der Gesuche durch die Justizbehörden werden weder Gebühren erhoben noch wird die Erstattung von Auslagen verlangt.

1   **Bem.** Unberührt bleibt § 30 EGGVG für das Verfahren vor dem OLG in den Fällen der §§ 4, 5 und 6.

14. Titel. Öffentlichkeit und Sitzungspolizei  **Übers § 169, § 169 GVG**

## Vierzehnter Titel. Öffentlichkeit und Sitzungspolizei

### Übersicht

**1) Titel 14 regelt** zwei Dinge, die zur Gerichtsbarkeit gehören, aber mit der Gerichtsverfassung nichts zu schaffen haben: **a)** die Öffentlichkeit des Verfahrens. Sie gilt nur für die Verhandlung vor dem erkennenden Gericht; sie soll das Vertrauen zur Rechtspflege stärken, also nach außen wirken, und ist einer der Leitgedanken des Prozeßrechts; **b)** die Sitzungspolizei. Während die Prozeßleitung, Üb § 128 ZPO Rn 5 ff, die innere Ordnung des Verfahrens sichert, will die Sitzungspolizei die äußere gewährleisten. Sie betrifft freilich nur die „Sitzung". Die Prozeßleitung berührt den Streitstoff selbst, die Sitzungspolizei nur die Form seiner Erörterung. Prozeßleitung und Sitzungspolizei übt teils der Vorsitzende, teils das Gericht aus. Die Vorschriften über die Öffentlichkeit und die Sitzungspolizei sind allgemeine Gesetze, die jedermann betreffen und dem Schutz vorrangiger Gemeinschaftsgüter dienen, BVerfG NJW **79**, 1400.

**2) Öffentlichkeit** (Wolf § 25). Die Öffentlichkeit ist zwar kein Verfassungsgrundsatz, BVerfG **15**, 307, aber ein auch in Art 6 I 1 MRK verankerter Leitgedanke der Prozeßgesetze, Kissel § 169 Rn 4, BVerwG DÖV **84**, 889; ihre Verletzung ist nach Mat zu § 551 Z 6 ZPO „von unberechenbarer Wirkung". Das kann freilich in Zivilprozeßsachen nur beschränkt gelten: die Öffentlichkeit spielt dort praktisch keine große Rolle, wenn man von Sensationsprozessen absieht: sie ist weitgehend zur „Medienöffentlichkeit" geworden. Darum ist ein Verstoß gegen § 169 S 1 kein Grund zur Nichtigkeitsklage. Er ist aber, wenn er in der Schlußverhandlung begangen worden ist, ein wesentlicher Verfahrensmangel, § 539 ZPO, bzw ein unbedingter Revisionsgrund, § 551 Z 6 ZPO (nicht dagegen bei einem Verstoß nur bei der Verkündung, BVerwG BayVBl **90**, 351 u DÖV **81**, 970, str, § 173 Rn 1, und auch nicht bei einem Verstoß gegen § 169 S 2, BGH NJW **89**, 1741, str, § 169 Rn 6), mit guten Gründen einschränkend MüKoWo § 169 Rn 68. Ein Verstoß kann (nur) durch Wiederholung des betroffenen Verfahrensabschnitts geheilt werden, MüKoWo § 169 Rn 70, nicht aber durch bloße Unterlassung der Rüge, RG **157**, 347: Es kann nicht darauf ankommen, ob es sich praktisch im Einzelfall um eine belanglose Form handelt, sondern nur darauf, daß die Öffentlichkeit einer der leitenden Grundsätze des Prozeßrechts ist, vgl BVerwG VerwRspr **30**, 1018 mwN, der der Parteiverfügung entzogen sein muß, Kissel § 169 Rn 58, Köln RR **86**, 560, Ffm MDR **86**, 606, str, aM ZöGre § 295 Rn 5, BVerwG NVwZ **85**, 566, BFH BStBl **90** II 1032, dazu Kohlndorfer DVBl **88**, 477 (Art 6 I MRK läßt einen Verzicht zu, EuGMR NJW **82**, 2716). Über Fam- u Kindschaftssachen s § 170. Protokollierung: § 160 Z 5 ZPO.

**3) Sitzungspolizei.** Die Vorschriften über die Ordnungsgewalt (Sitzungspolizei) des Gerichts bzw des Vorsitzenden sind prozessualer Natur; eine ordnungsmäßige Prozeßführung ist undenkbar, wo dem Gericht die Machtmittel zur Aufrechterhaltung der Ordnung fehlen. Daher sind alle landesgesetzlichen Vorschriften aufgehoben, § 14 EGZPO (aM wegen Ungebühr in Schriftsätzen Hbg ZZP **52**, 220). Die Sitzungspolizei steht teils dem Vorsitzenden zu, § 176, teils dem Gericht, §§ 177 ff.

**4) VwGO:** §§ 169, 171a–183 sind entsprechend anzuwenden, § 55 VwGO; vgl Meissner Sch/SchmA/P, Erl zu § 55.

---

**169** *Öffentlichkeit.* ¹Die Verhandlung vor dem erkennenden Gericht, einschließlich der Verkündung der Urteile und Beschlüsse ist öffentlich. ²Ton- und Fernseh-Rundfunkaufnahmen sowie Ton- und Filmaufnahmen zum Zwecke der öffentlichen Vorführung oder Veröffentlichung ihres Inhalts sind unzulässig.

**Vorbem.** In der **Arbeitsgerichtsbarkeit** gilt anstelle von S 1 § 52 S 1 ArbGG; S 2 ist entspr anzuwenden, § 52 S 4 ArbGG.

**Schrifttum:** *Ranft* Jena **95**, 573; *Alwart* JZ **90**, 883; *Endemann* F Zeidler, 1987, S 410–417; *Zipf* 54. DJT I C, 1982; *Roxin*, Festschrift K. Peters, 1974; *Köbl*, Festschrift v. Carolsfeld, 1973.

**1) Öffentlichkeit der Verhandlung, S 1** (vgl Üb 2).

**A. Grundsatz.** Nur die Verhandlung vor dem erkennenden Gericht ist öffentlich, nicht also die vor einem verordneten Richter, §§ 361 f, 357 I ZPO, vgl BVerwG DÖV **90**, 1061 u NVwZ-RR **89**, 167, wohl aber die Verhandlung vor dem Einzelrichter: er steht an Stelle des Kollegiums, Düss JMBlNRW **71**, 155 (zur Geltung des Grundsatzes für echte Streitsachen nach FGG s Wolf § 25 III 1, Hamm RR **88**, 849, für Wohnungseigentumssachen KG RR **90**, 456 mwN). Nur die mündliche Verhandlung ist öffentlich, sie aber voll, also einschließlich einer darin stattfindenden Beweisaufnahme.

Am Verfahren Beteiligte, zB Streitgenossen, sind keine Öffentlichkeit iSv § 169, VGH Mannh VBlBW **99**, 184. **Öffentlich bedeutet** vielmehr, daß beliebige Zuhörer, wenn auch nur in begrenzter Zahl, die Möglichkeit haben, ohne besondere Schwierigkeit Kenntnis von Ort und Zeit der Verhandlung zu verschaffen, und daß der Zutritt im Rahmen der tatsächlichen Gegebenheiten eröffnet ist, BGH NStZ **82**, 476. Dazu gehört die Bekanntmachung der Verhandlung, soweit sie erforderlich ist, zB durch einen Anschlag vor dem Gerichtssaal oder Hinweistafeln im Gerichtsgebäude bei einer Verhandlung oder ihrer Fortsetzung außerhalb des Gerichtsgebäudes, BGH DRiZ **81**, 193, BayObLG NJW **80**, 2321, Köln StrVert **92**, 222, Düss NJW **83**, 2514 mwN (eingeschränkt für das Bußgeldverfahren), abw BVerwG in strRspr, NVwZ-RR **89**, 168 mwN (die Möglichkeit, sich im Gerichtsgebäude nach dem Ort einer auswärtigen Verhandlung zu erkundigen, genügt nicht, Celle StrVert **87**, 287); doch gilt dies nicht ausnahmslos, zB dann nicht, wenn es auf einen Hinweis im Gerichtsgebäude schlechterdings nicht ankommen konnte, BGH DRiZ **81**, 193, wenn die Verhandlung (Ortsbesichtigung) auf offener Straße stattfindet, BVerwG NVwZ-RR **89**, 168, Hamm NJW **76**, 122, oder wenn das Gericht bei einer Ortsbesichtigung beschließt, an einem dritten Ort weiterzuverhandeln, BVerwG aaO, Köln JMBlNRW **84**, 116, Hamm MDR **81**, 518 mwN, oder wenn der

## GVG § 169                                                                                                             Gerichtsverfassungsgesetz

Terminsort kurzfristig verlegt wird, BVerwG Buchholz 424.01 § 64 Nr 5, str. Nicht nötig ist aber eine an jedermann gerichtete Kundmachung, wann und wo die Verhandlung stattfindet, BGH NStZ **82**, 476, BVerwG NVwZ-RR **89**, 168, BFH BStBl **77** II 431. Der Raum muß zugänglich, kenntlich gemacht und ohne besondere Schwierigkeit zu finden sein, zB auch durch Auskünfte des Pförtners, BGH NStZ **82**, 476, so daß auch die Eingangstür des Gerichtsgebäudes nicht verschlossen sein darf. Jedoch ist es unschädlich, wenn der Haupteingang des Gebäudes zeitweise verschlossen ist, Zuhörer sich aber mit Hilfe einer am Eingang angebrachten Klingel Einlaß verschaffen können, BVerwG NJW **90**, 1249 (das auch Öffnen auf Klopfzeichen genügen läßt: bedenklich); das gleiche gilt, wenn die Außentür des Sitzungsgebäudes versehentlich verschlossen wird oder ins Schloß fällt, so daß weitere Zuhörer nicht eintreten können, BGH NJW **66**, 1570, BVerwG DÖV **84**, 889, oder wenn der Gerichtswachtmeister irrtümlich den Zutritt verweigert, BGH NJW **69**, 756; § 169 ist aber verletzt, wenn das Gericht dies bemerkt oder bei Anwendung der gebotenen Sorgfalt hätte bemerken können, unten Rn 4.

**2**    **Die Öffentlichkeit ist gesetzwidrig beeinträchtigt,** wenn den Erfordernissen, s o, nicht genügt ist, aber auch dann, wenn im Sitzungsraum für Zuhörer weder Sitz- noch Stehplätze verbleiben, Köln NStZ **84**, 282, oder nur ein einziger Sitzplatz vorhanden ist, BayObLG NJW **82**, 395, wenn ein Zuhörer gegen seinen Willen ohne gesetzlichen Grund aus dem Sitzungssaal entfernt wird, BGH MDR **82**, 812 mwN (als Zeugen benannte oder in Frage kommende Zuhörer dürfen veranlaßt werden, den Saal zu verlassen, BAG RdA **88**, 128, BGH MDR **83**, 92), wenn ein Schild „Das Gericht ist freitags ab 13 Uhr geschlossen" am Haupteingang hängt, Zweibr NJW **95**, 3333, oder ein Schild an der Sitzungstür besagt „Sitzung, bitte nicht stören", Bre MDR **66**, 864, oder wenn bei einer Verhandlung in einer Strafanstalt nur das Vollzugspersonal Zutritt hat, BGH JR **79**, 261 m Anm Foth, oder wenn anläßlich einer Augenscheinseinnahme Zeugen ohne zwingende Notwendigkeit in einem so kleinen Raum vernommen werden, daß kein Unbeteiligter Zutritt hat, BGH NJW **54**, 281. Dagegen wird der Grundsatz **nicht** verletzt, wenn die Sache nicht ordnungsgemäß aufgerufen worden ist, BFH NVwZ **96**, 102, oder wenn das Gericht entgegen seiner Ankündigung die Verhandlung früher fortsetzt, BGH NStZ **84**, 134, und auch nicht dadurch, daß ein Anwesender der aus verständigem Grunde geäußerten Bitte, den Saal zu verlassen, freiwillig nachkommt, vgl BGH NJW **89**, 465 (krit Hassemer JuS **89**, 497, Schneiders StrVert **90**, 91, Sieg MDR **90**, 69), VGH Mannh NVwZ-Beil I 8/99 S 87, wohl aber dadurch, daß die Bitte an alle anwesenden Zuhörer gerichtet und von ihnen befolgt wird, BGH bei Holtz MDR **93**, 1041 mwN.

**3**    **Beschränkungen aus Gründen der Ordnung** sind zulässig und geboten: der Vorsitzende gestattet Zutritt zu anderen Teilen des Saals als dem Zuhörerraum nach seinem Ermessen, RGSt Recht **26**, 1798; der Vorsitzende kann bei Überfüllung die Türen schließen lassen, BGH NJW **66**, 1570, oder weitere Zuhörer abweisen lassen, BGH NJW **59**, 899; er kann einem unbestimmten Personenkreis Zutritt nur gegen Eintrittskarten erlauben, Karlsr NJW **75**, 2080 mwN; er kann einen Ausweis über die Person verlangen, BGH NJW **77**, 157. Hat das Gericht durch Kontrollmaßnahmen eine Verzögerung des Zutritts bewirkt, so muß es mit dem Beginn der Verhandlung warten, bis allen rechtzeitig Erschienenen der Zutritt ermöglicht worden ist, BGH NJW **95**, 3197, NJW **79**, 2622; zu der Frage, wann die Verhandlung in einem solchen Fall nach einer Unterbrechung sowie nach zeitweisem Ausschluß der Öffentlichkeit fortgesetzt werden darf, vgl BGH NJW **81**, 61. Der Vorsitzende darf betrunkenen oder anstößig auftretenden Personen den Zutritt verwehren, § 175, oder den Zugang zu einem Ortstermin wegen räumlicher Beschränkung begrenzen, BGH NJW **54**, 281, zB darf der Vorsitzende bei einer Verhandlung in dem Nebenraum eines Cafés nicht an der Verhandlung interessierte Personen in einen anderen Raum schicken, Düss JMBlNRW **66**, 23. Unzulässig ist die Zurückweisung „auf Verdacht", ebenso die gezielte Auswahl eines viel zu kleinen Saales, Roxin S 398, BayObLG NJW **82**, 395. Umgekehrt verletzt die unbefugte Erweiterung der Öffentlichkeit das Gesetz, zB die Wahl eines Riesensaales, Lautsprecherübertragung u dgl, Roxin S 400; ein Anspruch auf Bild- und Tonübertragung der Verhandlung in einen anderen Saal des Gerichts läßt sich auch aus Art 5 I 2 GG nicht herleiten, BVerfG NJW **93**, 915.

Verhandelt das Gericht **außerhalb des Justizgebäudes**, so wird durch Beschränkung des Zutritts der Grundsatz nicht verletzt, wenn der das Hausrecht Ausübende die Erlaubnis für Dritte versagt, BGH NJW **94**, 2773 (Anm Schmidt JuS **95**, 110), und die Verhandlung an einem anderen Ort nicht möglich ist, zB bei Ortsbesichtigungen oder bei Vernehmung eines transportunfähigen Zeugen in einem Privathaus, Foth JR **79**, 263. Bei Verhandlung in einer Wohnung genügen ein Hinweis an der Wohnungstür und die Möglichkeit, sich durch Klingeln oder Klopfen Einlaß zu verschaffen, Hamm VRS **83**, 451.

**4**    **B. Verstoß.** Eine Verletzung des Grundsatzes der Öffentlichkeit bei der Verhandlung (nicht dagegen nur bei der Verkündung) ist unbedingter Revisionsgrund, Üb § 169 Rn 2, wenn der Mangel bis zur Entscheidung bestanden oder fortgewirkt hat, also nicht geheilt oder durch den weiteren Gang der Verhandlung überholt worden ist, BGH NJW **85**, 1848, dazu Fezer StrVert **85**, 403, Schöch NStZ **85**, 422. Jedoch schadet jede unzulässige Beschränkung (wegen der Verkündung s § 173) nur dann, wenn sie **auf ein vorwerfbares Verhalten des Vorsitzenden zurückgeht,** Kissel 55–57, und nicht etwa nur auf einen Fehler des Gerichtswachtmeisters, der zB vergessen hat, die Türen zu öffnen, oder auf ein Verhalten des Hausmeisters, der die Eingangstür zum Gerichtsgebäude verschlossen hat, stRspr, BVerwG NVwZ **82**, 43; doch liegt ein Verstoß vor, wenn das Gericht dies bemerkt hat oder bei Anwendung der gebotenen Sorgfalt hätte bemerken können, BGH MDR **90**, 1070, NJW **79**, 2622 u **70**, 1846, BVerwG DÖV **84**, 889, BFH NJW **92**, 3526, VGH Mannh BWVBl **90**, 257, VGH Kassel bei Melullis MDR **90**, 307. Die Öffentlichkeit kann aber ausnahmsweise auch dadurch beeinträchtigt werden, daß staatliche Organe außerhalb des Gerichts den Besuchern Nachteile androhen oder einen solchen Anschein erwecken, BGH NJW **80**, 249 (verneint für das Fotografieren von Teilnehmern durch die Polizei). Das gilt natürlich erst recht für Eingriffe der das Hausrecht ausübenden Stelle, wenn sie etwa den Zutritt zum Sitzungssaal (unzulässigerweise, Celle DRiZ **79**, 376) verwehrt. Über die Entfernung einzelner Personen aus dem Saal s §§ 176 f. Die unzulässige **Erweiterung der Öffentlichkeit,** Kissel 59, ist ebenso wie das unzulässige Unterlassen des Ausschlusses stets schädlich, weil beides nur im Einverständnis mit dem Vorsitzenden denkbar ist, Wolf § 25 V 1. Zweifel über die

14. Titel. Öffentlichkeit und Sitzungspolizei  §§ 169, 170 GVG

Aussagekraft des an sich maßgeblichen Protokolls muß das Rechtsmittelgericht im Wege des Freibeweises klären, BayObLG NJW **95**, 976.

**2) Rundfunkaufnahmen usw**, S 2 (Schwarz AfP **95**, 353; (G. Wolf NJW **94**, 681 u ZRP **94**, 187; **5** Gerhardt ZRP **93**, 377).

Sowohl **Ton- wie Fernseh-Rundfunkaufnahmen** sind zum Schutz des Angeklagten bzw der Parteien sowie im Interesse der Wahrheitsfindung (möglich ist auch eine Verletzung von § 394 I ZPO) sowohl während der Verhandlung wie auch bei der Urteilsverkündung schlechthin verboten, Wolf NJW **94**, 681 (abw hinsichtlich des BVerfG Eberle NJW **94**, 1637), zumal auch die in I vorgeschriebene Öffentlichkeit nicht bis ins Unbestimmte ausgedehnt werden darf. Diese Aufnahmen sind auch nicht mit Einverständnis der Parteien, des Angeklagten oder des Vorsitzenden zulässig, BGH NJW **68**, 804. Aus denselben Gründen sind unzulässig **Ton- u Filmaufnahmen** zum Zwecke der öff Vorführung oder Veröffentlichung ihres Inhalts; ein Recht zu solchen Aufnahmen für andere Zwecke folgt hieraus nicht, Köln FamRZ **83**, 750. Hier ist zu unterscheiden: Sie sind zulässig, wenn das Gericht und alle Beteiligten (einschließlich des Sprechenden) zustimmen; läßt das Gericht für gerichtliche Zwecke Tonaufnahmen machen, so kommt es auf die Zustimmung der Beteiligten nicht an, wie § 160 a ZPO zeigt, Kissel 72–76 mwN, str; handelt es sich um Aufzeichnungen durch einen Verfahrensbeteiligten, zB für Zwecke der Verteidigung, so bedarf es neben der Zustimmung des Gerichts (das darüber hinaus entscheidet, BGH NStZ **82**, 42, Düss NJW **96**, 1360) auch derjenigen der Beteiligten, BGHSt **19**, 194, str, aM Kissel 77 mwN.

**Nicht betroffen** durch diese Vorschrift sind Aufnahmen vor und nach der Verhandlung sowie in **6** Verhandlungspausen, BVerfG NJW **95**, 185 (in Strafsachen in Abwesenheit des Angeklagten, BGH NJW **70**, 63, dazu Eb. Schmidt JZ **70**, 108), ferner überhaupt die Wortberichterstattung durch die Presse sowie Zeichen und Bildaufnahmen, die nicht Filmaufnahmen sind, Maul MDR **70**, 286. Diese unterliegen aber der Sitzungspolizei, § 176 GVG; dabei sind einerseits der Persönlichkeitsschutz (Recht am eigenen Bilde) und die Ordnung des Gerichtsverfahrens, andererseits die Presse- und Rundfunkfreiheit unter Beachtung des Grundsatzes der Verhältnismäßigkeit gegeneinander abzuwägen, BVerfG NJW **95**, 184 mwN. Soweit Beteiligte (nur) ihre eigenen Erklärungen durch Tonaufnahmegeräte aufzeichnen, unterliegt dies nur der Sitzungspolizei, § 176 GVG, BGHSt **10**, 207, Kissel 78.

Ein **Verstoß** gegen S 2 ist kein absoluter Revisionsgrund, § 551 Z 6, BGH NJW **89**, 1741 mwN (zu § 338 Z 6 StPO), zustm Fezer StrVert **89**, 291, abl Alwart JZ **90**, 895, Meurer JR **90**, 391, Roxin NStZ **89**, 376 mwN, vgl auch Töpper DRiZ **89**, 389.

Zur **Verfassungsmäßigkeit** der Regelung vgl BVerfG NJW **99**, 1951 u **96**, 581 (Anm Huff NJW **96**, 571) und Enders NJW **96**, 2712 mwN, zu der Frage, ob und inwieweit **Fernsehaufnahmen** aus dem Gerichtssaal künftig zugelassen werden sollten, Walther JZ **98**, 1145, Huff DRiZ **97**, 216 u NJW **96**, 571, Koschorrek JABl **97**, 134, Hofmann ZRP **96**, 399, Dt Richterbund DRiZ **96**, 246, Knothe/Wanckel ZRP **96**, 106, Schwarz AfP **95**, 353, Zuck DRiZ **97**, 23 u NJW **95**, 2082, R. Hamm NJW **95**, 760, Gerhardt ZRP **93**, 381 (zum Gesetzentwurf der BReg s DRiZ **97**, 320).

Für das **Bundesverfassungsgericht** gilt die von § 169 S 2 abweichende Regelung in § 17 a BVerfGG idF des Art 1 G v 16. 7. 98, BGBl 1823, dazu Zuck NJW **98**, 3030, Sendler NJW **99**, 1524. Sie ist wegen ihres Ausnahmecharakters auf andere Gerichte nicht entsprechend anzuwenden, aM Gündisch/Dany NJW **99**, 256.

**3)** *VwGO*: Entsprechend anzuwenden, § 55 VwGO, Kopp Rn 2–5 (auch zur Anwendung von Art 6 I MRK). **7** Nicht öffentlich ist also die Verhandlung vor dem Vorsitzenden und dem beauftragten Richter, §§ 87 S 2, 96 II VwGO, BVerwG NVwZ-RR **89**, 167. Zu den Erfordernissen der Öffentlichkeit s BVerwG DVBl **99**, 95 mwN, VBlBW **85**, 16, DÖV **84**, 889, DVBl **73**, 369, zum Rügeverzicht bei Nichteinhaltung der Öffentlichkeit BVerwG NVwZ **85**, 566 (dazu Kohlndorfer DVBl **88**, 474).

**170** *Nichtöffentlichkeit in FamS.* ¹Die Verhandlung in Familiensachen ist nicht öffentlich. ²Dies gilt nicht für die Familiensachen des § 23 b Abs. 1 Satz 2 Nr. 13 und für die Familiensachen des § 23 b Abs. 1 Satz 2 Nr. 5, 6, 9 nur, soweit sie mit einer der anderen Familiensachen verhandelt werden.

**Vorbem.** Neugefaßt mWv 1. 7. 98 durch Art 4 Z 4 KindRG, Einf § 606 Rn 11.

**1) Nichtöffentlichkeit** 1

**A. Grundsatz.** Zum Schutz der Privatsphäre sind Verhandlungen in **FamS**, § 23 b I 2, und in **Kindschaftssachen**, § 640 II ZPO, grundsätzlich nicht öffentlich, S 1, und zwar ohne Rücksicht darauf, ob es sich bei der FamS um ein Verfahren nach ZPO oder um ein Verfahren nach FGG handelt, § 23 b Rn 2. Namentlich EheS sind also in nichtöffentlicher Sitzung zu verhandeln. Jedoch gilt der Grundsatz bei den bürgerlichen Rechtsstreitigkeiten des § 23 b I Z 5, 6 u 9 **(Unterhalts- und Güterrechtsstreitigkeiten)** nur insoweit, als sie mit einer anderen FamS verbundelt werden, S 2, also im Verbund mit einer ScheidungsS oder einer anderen FolgeS, § 623 ZPO. In abgetrennten FolgeS dieser Art ist danach die Verhandlung nach allgemeinen Grundsätzen öffentlich. Auch in FamS und Kindschaftssachen ist die Urteilsverkündung stets öffentlich, § 173; dies gilt nicht für Beschlüsse, auch wenn es sich um Endentscheidungen, § 621 e ZPO, handelt.

**B. Wirkung.** An der Verhandlung dürfen nur diejenigen Personen teilnehmen, deren Anwesenheit **2** aufgrund ihrer Stellung im Verfahren oder aufgrund besonderer Vorschrift notwendig und erlaubt ist. Andere Personen können nur nach § 175 II zugelassen werden. Teilnahmeberechtigt sind: **a)** Die Verfahrensbeteiligten und ihre gesetzlichen Vertreter. Verfahrensbeteiligte sind nicht nur die eigentlichen Prozeßparteien, sondern auch Drittbeteiligte, zB Nebenintervenienten und Beigeladene in Kindschaftsverfahren sowie sonstige Beteiligte in FamS, zB ein Versorgungsträger, das Jugendamt usw. Diese sonstigen Beteiligten dürfen an der Verhandlung aber nur insoweit teilnehmen, als die betreffende FamS (mit)verhandelt wird, vgl

## GVG §§ 170–171b   Gerichtsverfassungsgesetz

§ 624 IV ZPO, Kissel 7. Nicht beteiligt am Verfahren sind Pflegeeltern, doch sollte ihnen die Anwesenheit in dem das Kind betr Verfahren bzw Verfahrensteil gestattet werden, § 175 II, Schlesw SchlHA **83**, 31. **b)** Die Prozeßbevollmächtigten der Verfahrensbeteiligten, auch wenn sie nicht postulationsfähig sind, zB ein auswärtiger Verkehrsanwalt, Kblz RR **87**, 509 (zustm Bosch FamRZ **87**, 404), Bauer/Fröhlich FamRZ **83**, 122 zu Hamm FamRZ **82**, 1094 m abl Anm Bosch. Ferner Beistände der Verfahrensbeteiligten, zB nach § 625 ZPO, oder eines Zeugen, BVerfG NJW **75**, 103, während dessen Anwesenheit. **c)** Der Staatsanwalt, wenn er bei Scheidung ausländischer Ehegatten oder in Kindschaftssachen mitwirkt. **d)** Zeugen, Sachverständige usw, solange sie als solche vom Gericht benötigt werden. **e)** Dienstaufsichtführende nach § 175 III.

**3**   **C. Rechtsbehelf.** Die Nichtzulassung zur Verhandlung unterliegt keinem Rechtsbehelf, § 176 Rn 6. Dies gilt auch für den Ausschluß der in Rn 2 Genannten, Kblz RR **87**, 509 (krit Bosch FamRZ **87**, 404), während für ihre Entfernung aus dem Saal wegen Ungehorsams, § 177, entspr § 181 die Beschwerde gegeben ist, § 177 Rn 4.

**4**   **2) Verstoß.** § 170 ist zwingendes Recht, Köln RR **86**, 560. Seine Verletzung, dh die Teilnahme eines Unbefugten, ist ein unbedingter Revisionsgrund, § 551 Z 6 ZPO, bzw ein schwerer Verfahrensmangel, § 539 ZPO, der auch in der Berufungsinstanz die Zurückverweisung rechtfertigt, wenn Anhaltspunkte dafür bestehen, daß der Verstoß die Wahrheitsfindung beeinträchtigt oder das Vorbringen einer Partei beschnitten hat, Köln FamRZ **98**, 696.

**171** (aufgehoben mWv 1. 1. 92 durch Art 2 Z 3 BtG; betrifft Entmündigungssachen, s 49. Aufl)

**171a** *Unterbringungssachen.* Die Öffentlichkeit kann für die Hauptverhandlung oder für einen Teil davon ausgeschlossen werden, wenn das Verfahren die Unterbringung des Beschuldigten in einem psychiatrischen Krankenhaus oder einer Entziehungsanstalt, allein oder neben einer Strafe, zum Gegenstand hat.

**Vorbem.** Fassung des Art 3 Z 4 StVollzÄndG v 20. 12. 84, BGBl 1654; dazu Böhm NJW **85**, 1813, Jung JuS **85**, 248.

**1**   *VwGO: Die für Strafsachen geltende Vorschrift ist entsprechend anzuwenden, § 55 VwGO, sofern es im VerwProzeß um die Unterbringung oder Verwahrung in einer der in § 171 a genannten Anstalten geht, RedOe § 55 Anm 2.*

**171b** *Schutz von Persönlichkeitsrechten.* [I] [1]Die Öffentlichkeit kann ausgeschlossen werden, soweit Umstände aus dem persönlichen Lebensbereich eines Prozeßbeteiligten, Zeugen oder durch eine rechtswidrige Tat (§ 11 Abs. 1 Nr. 5 des Strafgesetzbuches) Verletzten zur Sprache kommen, deren öffentliche Erörterung schutzwürdige Interessen verletzen würde, soweit nicht das Interesse an der öffentlichen Erörterung dieser Umstände überwiegt. [2]Dies gilt nicht, soweit die Personen, deren Lebensbereiche betroffen sind, in der Hauptverhandlung dem Ausschluß der Öffentlichkeit widersprechen.

[II] Die Öffentlichkeit ist auszuschließen, wenn die Voraussetzungen des Absatzes 1 Satz 1 vorliegen und der Ausschluß von der Person, deren Lebensbereich betroffen ist, beantragt wird.

[III] Die Entscheidungen nach den Absätzen 1 und 2 sind unanfechtbar.

**Vorbem.** § 171 b ist in der **Arbeitsgerichtsbarkeit** entspr anzuwenden, § 52 S 2 ArbGG.

**Schrifttum:** *Odersky*, F Pfeiffer, 1988, S 328; *Rieß/Hilger* NStZ **87**, 145, 207; *Weigend* NJW **87**, 1172.

**1**   **1) Allgemeines.** Der Ausschluß der Öffentlichkeit zum Schutz des persönlichen Lebensbereichs war früher in § 172 Z 2 mitgeregelt. Das Opferschutzgesetz hat diese Regelung verselbständigt und den Schutz verstärkt, weil die eigentlich als Schutz der Prozeßbeteiligten gedachte Öffentlichkeit nicht selten zu einer Gefährdung durch Bloßstellung wird, vgl BGH NJW **92**, 2436. Die Vorschrift ist auf das Strafverfahren zugeschnitten, vgl I 2, gilt aber für den ganzen Bereich des GVG und in der Arbeitsgerichtsbarkeit, § 52 S 2 ArbGG, sowie kraft Verweisung in den öff-rechtlichen Gerichtsbarkeiten, §§ 55 VwGO, 52 I FGO und 61 I SGG. Art 6 MRK steht als ältere Vorschrift der Neuregelung nicht entgegen, Wolf § 25 III 2 a, Schumann F Schwab, 1990, S 457.

**2**   **2) Voraussetzungen**
**A. Geschützter Personenkreis.** Ein Ausschluß der Öffentlichkeit ist zulässig, wenn Umstände aus dem persönlichen Lebensbereich folgender Personen zur Sprache kommen: **a) Prozeßbeteiligte**, also Parteien, Nebenintervenienten, Beigeladene in KindschaftsS, Drittbeteiligte in FamS usw; **b) Zeugen**, also Personen, die als Zeugen in Betracht kommen, Kleinknecht 2, Kissel Rn 34 zu § 172 mwN, Mertens NJW **80**, 2687, nicht nur derjenige, der in dem Verf tatsächlich als Zeuge vernommen wird, str, aM Sieg NJW **80**, 379 u **81**, 963 mwN; **c) Verletzte** durch eine rechtswidrige Tat (§ 11 I Z 5 StGB), nicht dagegen sonst Geschädigte; darauf, daß der Verletzte an dem Verf beteiligt ist, kommt es nicht an.

**3**   **B. Sachliche Voraussetzungen.** Es muß sich um die Erörterung von Umständen aus dem **persönlichen Lebensbereich** einer der unter A genannten Personen handeln, nicht um Umstände aus deren Berufs- und Erwerbsleben, vgl § 172 Z 2. Gemeint sind Vorgänge aus dem einem Dritten nicht zugänglichen und Schutz vor dem Einblick Außenstehender verdienenden privaten Bereich, BGH NJW **82**, 59; sie können persönliche, gesundheitliche, weltanschauliche oder familiäre Verhältnisse betreffen. Als Faustregel kann gelten, daß es Tatsachen sein müssen, nach denen üblicherweise im Sozialleben nicht gefragt wird und die idR nicht spontan mitgeteilt werden, Rieß/Hilger NStZ **87**, 150. Die öff Erörterung solcher Umstände muß **schutzwürdige Interessen** verletzen. Daß sie dem Betroffenen peinlich ist, genügt nicht. Vielmehr muß die öff Erörterung darüber hinausgehende Nachteile für ihn haben, ihn also bloßstellen oder sein Ansehen herabwürdigen oder auch seine Ehe oder seine berufliche Stellung gefährden. Die Interessen des Betroffenen sind aber auch dann nicht schutzwürdig, wenn er selbst die Tatsachen in die Öffentlichkeit gebracht oder die Privatsphäre eines anderen zum Gegenstand einer öff Auseinandersetzung gemacht hat, Kleinknecht 4.

**3) Ausschluß der Öffentlichkeit. A. Interessenabwägung. a) Allgemeines.** Das Gericht hat die **4** Interessen des Betroffenen und das Interesse an einer öff Erörterung der Umstände aus dem Privatbereich gegeneinander abzuwägen. Dabei hindert nur ein überwiegendes öff Interesse den Ausschluß; bei gleichwertigen Interessen muß die Öffentlichkeit (vorbehaltlich des Widerspruchs, unten b) ausgeschlossen werden. Als Faustregel kann gelten, daß das öff Interesse desto mehr zurücktreten muß, als sich die Erörterung dem innersten Kernbereich der Privatsphäre nähert, Kleinknecht 5. Bei der Abwägung hat das Gericht einen Beurteilungsspielraum. **b) Ausnahme, I 2.** Auch bei nicht überwiegendem öff Interesse darf die Öffentlichkeit nicht ausgeschlossen werden, soweit die betroffenen Personen in der Hauptverhandlung dem Ausschluß der Öffentlichkeit widersprechen. Diese Bestimmung ist auf das Strafverfahren zugeschnitten. Sie muß aber auch in anderen Verf gelten, weil auch hier zB ein Zeuge ein schützenswürdiges Interesse daran haben kann, daß der Vorgang in der Öffentlichkeit behandelt wird, vgl Weigend NJW **87**, 1172. Der Widerspruch ist in der mündl Verh zu erklären; er ist nur dann verbindlich, wenn er von allen Betroffenen erhoben wird, Rieß/Hilger NStZ **87**, 208, steht aber einem Ausschluß nach § 172 nicht entgegen, BGH NJW **92**, 2436. Widerspricht nur einer von mehreren Betroffenen oder widersprechen alle außerhalb der mündl Verh, so hat das Gericht diese Erklärungen bei der Abwägung ohne Bindung an sie zu würdigen. Für den Widerspruch besteht kein Anwaltszwang.

**B. Verfahren. a) Allgemeines.** Über den Ausschluß der Öffentlichkeit, der idR auf einen bestimmten **5** Verfahrensabschnitt zu beschränken ist („soweit") und nur ausnahmsweise für die gesamte Beweisaufnahme angeordnet werden darf, BGH NStZ **89**, 483 (dazu Frommel StrVert **90**, 10), hat das Gericht von Amts wegen nach pflichtgemäßem Ermessen zu entscheiden, kann also davon absehen, auch wenn die Voraussetzungen erfüllt sind. Beantragt jedoch in diesem Fall derjenige, dessen Lebensbereich betroffen ist, den Ausschluß, so muß das Gericht die Öffentlichkeit ausschließen, **II.** Für den Antrag besteht kein Anwaltszwang; über den Ausschluß der Öffentlichkeit ist stets in nichtöffentlicher Sitzung zu verhandeln, § 174 I. **b) Entscheidung.** Sie ergeht durch Beschluß nach Anhörung der von ihr Betroffenen, also zB auch des Verletzten oder einer als Zeuge in Frage kommenden Person, deren Lebensbereich betroffen ist. Der Beschluß ist öffentlich zu verkünden, § 174 I, und zu begründen, § 174 I 3; zur Bezugnahme auf einen in öff Verhandlung gestellten Antrag BGH NStZ **94**, 591. Wird die Öffentlichkeit für die Dauer der Vernehmung eines Zeugen ausgeschlossen, deckt der Beschluß auch eine Inaugenscheinnahme von Urkunden, deren Notwendigkeit sich unmittelbar aus der Vernehmung ergibt, BGH NStZ **88**, 190. **c) Rechtsmittel, III.** Die (negative oder positive) Entscheidung über den Ausschluß der Öffentlichkeit ist unanfechtbar. Nach dem Willen des Gesetzgebers, der das Strafverfahren im Auge hatte, soll auch die spätere Entscheidung in der Sache selbst nicht auf eine Verletzung des § 171b gestützt werden können, BT-Drs 10/5305 S 23 u 24, vgl Rieß/Hilger NStZ **87**, 208, Weigend NJW **87**, 1172. Der gesetzgeberische Grund, dem Tatrichter für den Ausschluß der Öffentlichkeit Mut zu machen, gilt aber auch für andere Verf; deshalb wird III dahin auszulegen sein, daß ein Verstoß gegen § 171b nicht mit Rechtsmittel begründet werden, also §§ 512 u 548 ZPO anzuwenden sind, ZöGu 9, und § 551 Z 6 ZPO insoweit eingeschränkt wird. Jedoch kann ein Rechtsmittel darauf gestützt werden, daß der Beschluß über die Ausschließung nicht den Anforderungen des § 174 entspreche, BGH StrVert **90**, 10 (Anm Frommel). Ferner darf das Berufungsgericht bei der Würdigung einer Zeugenaussage in 1. Instanz berücksichtigen, daß die Öffentlichkeit hätte ausgeschlossen werden müssen.

**4) Wirkungen des Ausschlusses.** Sie sind dieselben wie nach § 172. Für die Urteilsverkündung gilt **6** § 173 I mit der Einschränkung nach § 173 II. Das Gericht kann den bei der Verhandlung Anwesenden Geheimhaltung auferlegen, § 174 III; der dahingehende Beschluß ist anfechtbar, § 174 III 3.

**5)** *VwGO:* Die Vorschrift ist entsprechend anwendbar, § 55 *VwGO*, dazu Endemann F Zeidler, 1987, S 413. **7**

**172** *Ausschließung der Öffentlichkeit.* Das Gericht kann für die Verhandlung oder für einen Teil davon die Öffentlichkeit ausschließen, wenn
1. eine Gefährdung der Staatssicherheit, der öffentlichen Ordnung oder der Sittlichkeit zu besorgen ist,
1 a. eine Gefährdung des Lebens, des Leibes oder der Freiheit eines Zeugen oder einer anderen Person zu besorgen ist,
2. ein wichtiges Geschäfts-, Betriebs-, Erfindungs- oder Steuergeheimnis zur Sprache kommt, durch dessen öffentliche Erörterung überwiegende schutzwürdige Interessen verletzt würden,
3. ein privates Geheimnis erörtert wird, dessen unbefugte Offenbarung durch den Zeugen oder Sachverständigen mit Strafe bedroht ist,
4. eine Person unter sechzehn Jahren vernommen wird.

**Vorbem.** Z 1 a mWv 22. 9. 92 eingefügt durch Art 4 OrgKG v 15. 7. 92, BGBl 1302 (Begr: BR-Drs 919/90; Ausschußbericht: BT-Drs 12/2720). In der **Arbeitsgerichtsbarkeit** gilt (teilweise abweichend) § 52 S 2 u 3 ArbGG; dazu GMP § 52 Rdz 14–23.

**Schrifttum:** *Wolf* § 25 III 2 a; *Stürner* JZ **85**, 453 (zu Z 2); *Rieß* 55. DJT I C Rdz 164–166, 1984; *Zipf* 54. DJT I C, 1982; *Kleinknecht* Festschrift Nüchterlein, 1978, S 173 ff.

**GVG § 172**  Gerichtsverfassungsgesetz

1   **1) Voraussetzungen**

**A. Ausschluß der Öffentlichkeit aus Gründen des öffentlichen Interesses, Z 1.** In allen Sachen kann das Gericht die Öffentlichkeit für die ganze Verhandlung oder einen Teil der Verhandlung auf Antrag oder von Amts wegen ausschließen **a) wegen Gefährdung der Staatssicherheit**, wenn die Preisgabe von Amtsgeheimnissen oder sonstigen Informationen zu besorgen ist, die der Sicherheit der BRep (oder eines verbündeten Staates, Art 38 ZusAbk z NTrStatut) schaden könnte, **b) wegen Gefährdung der öffentlichen Ordnung** durch die Zuhörerschaft, zB weil eine Fortsetzung von Störungen der Verhandlung durch Kundgebungen zu befürchten ist, BGH bei Kleinknecht Anm 3; **c) wegen Gefährdung der Sittlichkeit**, vgl Art 6 MRK, wenn in der Verhandlung sexuelle Vorgänge erörtert werden müssen, die geeignet sind, das Scham- und Sittlichkeitsgefühl Unbeteiligter erheblich zu verletzen, insbesondere Jugendliche sittlich zu gefährden, BGH NJW **86**, 200, zustm Böttcher JR **86**, 216.

In allen diesen Fällen genügt eine nach objektiven Maßstäben begründete Befürchtung, daß eine Gefährdung eintreten würde. Dem Tatrichter steht bei der Wertung ein Beurteilungsspielraum zu, BGH NJW **92**, 2436 mwN; seine Entscheidung ist vom Rechtsmittelgericht deshalb nicht auf Ermessensfehler, sondern nur darauf zu prüfen, ob sie vertretbar war, BGH aaO, Düss MDR **81**, 427, Böttcher aaO. Die Verhandlung und eine etwaige Beweisaufnahme darüber geschehen idR unter Ausschluß der Öffentlichkeit, § 174 I.

2   **B. Ausschluß der Öffentlichkeit aus Gründen des Personenschutzes, Z 1 a.** Die Vorschrift, die durch Art 4 OrgKG eingefügt worden ist, dient in erster Linie der Bekämpfung des illegalen Rauschgifthandels und anderer Erscheinungsformen der organisierten Kriminalität. Personenschutz kann aber auch in anderen Verfahren erforderlich sein, um vollständige und wahrheitsgemäße Aussagen zu gewährleisten (vor 1992 wurde bei einer der in Z 1 a genannten Gefahren Z 1 angewendet, BGH NStZ **87**, 86 mwN, BGHSt **16**, 113). Ebenso wird in den Fällen der Z 1 genügen eine nach objektiven Maßstäben begründete Befürchtung, daß eine Gefährdung eintreten würde; bei dieser Wertung steht dem Tatrichter ein Beurteilungsspielraum zu, vgl Rn 1, wobei zum Schutz der Betroffenen eine weitherzige Anwendung geboten ist. Es genügt nicht, wenn ohne eine vergleichbare Gefahr mit einer Erschwerung der Wahrheitsfindung zu rechnen ist, zB wenn ein Zeuge erklärt, er wolle nur bei Ausschluß der Öffentlichkeit aussagen, BGH NJW **81**, 2825; dagegen dürfte ausreichen, wenn jemand mit Grund geltend macht, er werde durch eine Aussage in öff Verhandlung gesundheitliche Schäden erleiden, zB einen Herzanfall, abw BGH NStZ **87**, 86 zum bisherigen Recht. Die Verhandlung über den Ausschluß der Öffentlichkeit, unten Rn 7, sowie eine etwaige Beweisaufnahme werden fast immer unter Ausschluß der Öffentlichkeit zu geschehen haben, § 174 I. Wegen der Begründung des Ausschließungsbeschlusses s § 174 Rn 2.

3   **C. Ausschluß der Öffentlichkeit zum Schutz der Privatsphäre, Z 2.** Sie ist nach § 171b sowie dann gerechtfertigt, wenn in der Verhandlung **bestimmte wichtige Geheimnisse** zur Sprache kommen, nämlich **a)** ein **Geschäfts- oder Betriebsgeheimnis**, vgl §§ 17, 19, 20a UWG (dazu Lachmann NJW **87**, 2206), das seinen Schutz nicht durch Bekanntwerden in einem beschränkten Personenkreis verliert, RGSt **40**, 407 (Beispiele: Kalkulationen, Marktstrategien, Kundenlisten, Bilanzen, Fabrikationsdaten), oder **b)** ein **Erfindungsgeheimnis**, dh die eine (auch nicht geschützte) Erfindung betreffenden Umstände, an deren Geheimhaltung ein berechtigtes Interesse besteht, oder **c)** ein **Steuergeheimnis**, § 30 AO 1977, weil dies sonst eine Erörterung der etwa dem Finanzamt bekanntgewordenen Tatsachen in öff Verhandlung verbieten könnte, Seltmann NJW **68**, 869.

In allen Fällen entscheidet das Gericht frei nach pflichtgemäßem Ermessen, ob der Ausschluß der Öffentlichkeit geboten ist; es wird sich dabei an die Erklärungen des Betroffenen halten und idR keinen Beweis darüber erheben. Die Verhandlung und eine etwaige Beweisaufnahme darüber geschehen regelmäßig unter Ausschluß der Öffentlichkeit, § 174 I. Bei seiner Entscheidung hat das Gericht abzuwägen: Ein Ausschluß der Öffentlichkeit ist nicht nur in Ausnahmefällen, sondern immer dann zulässig, wenn durch die öff Erörterung überwiegende schutzwürdige Interessen des Einzelnen verletzt würden, vgl § 171b.

4   **D. Ausschluß der Öffentlichkeit zum Schutz eines anvertrauten privaten Geheimnisses, Z 3.** Die Verletzung von Privatgeheimnissen durch die Angehörigen bestimmter Berufsgruppen ist nach § 203 StGB und Einzelvorschriften (Anh § 172) mit Strafe bedroht. Im gerichtlichen Verfahren müssen aber solche anvertrauten Geheimnisse von Zeugen und Sachverständigen uU offenbart werden, nämlich von Weigerungsberechtigten nach Entbindung von der Schweigepflicht und von anderen aufgrund der höherrangigen Aussagepflicht. In diesen Fällen soll das Anvertraute durch Ausschluß der Öffentlichkeit geschützt werden.

5   **E. Ausschluß der Öffentlichkeit, wenn eine Person unter 16 Jahren vernommen wird, Z 4.** Für kindliche Zeugen (oder Beteiligte) kann ein Auftreten vor zahlreichen Zuhörern eine schwere psychische Belastung darstellen.

6   **F. Ausschluß der Öffentlichkeit aus anderen Gründen.** Regelungen in besonderen Gesetzen bleiben unberührt. Ob die Erweiterung des Ausschlusses durch Art 6 I MRK unmittelbar geltendes Recht ist, ist str, bejahend Wolf § 25 III 2 a, verneinend BGH JZ **70**, 34: dies dürfte zutreffen, weil § 172 als die jüngere (abschließende) Regelung der MRK vorgeht, Schumann F Schwab, 1990, S 457.

7   **2) Verfahren.** In allen Fällen steht es im pflichtgemäßen **Ermessen des Gerichts**, ob es die Öffentlichkeit ausschließt, für welche Teile der Verhandlung und für welche Dauer dies geschieht, BGH NJW **86**, 200; die Ausübung des Ermessens darf vom Revisionsgericht nur auf Fehler nachgeprüft werden, Böttcher JR **86**, 216 zu BGH aaO, Düss MDR **81**, 427. Dabei wird es auf das Gewicht der gefährdeten Interessen ankommen, so daß der Ausschluß in den Fällen der Z 1, 1a, 2 u 4 fast immer anzuordnen sein wird. Aber niemand hat einen Anspruch darauf, auch nicht nach Art 6 MRK, BGH JZ **70**, 34 mit Anm Eb. Schmidt, aM Müller-Gindullis NJW **73**, 1218 mwN, Zipf JuS **73**, 350. Wegen der Bedeutung der Öffentlichkeit für die Rechtspflege ist der Grundsatz der Verhältnismäßigkeit zu wahren: Deshalb darf kein Ausschluß angeordnet werden, wenn eine Maßnahme nach § 175 I genügt; die Dauer des Ausschlusses ist sorgfältig zu prüfen (häufig wird ein Ausschluß für einen Teil der Verhandlung genügen); bei Wegfall des Grundes ist der Ausschluß aufzuheben.

14. Titel. Öffentlichkeit und Sitzungspolizei § 172, Anh § 172 GVG

Stets ist eine **Verhandlung über den Ausschluß** nötig, § 174; den Ausschluß anregen kann jeder Beteiligte, auch ein Zeuge, der sich dabei des Beistandes eines RA bedienen darf, vgl BVerfG **38**, 105. Die Entscheidung ergeht durch Beschluß, § 174, nicht durch Entscheidung des Vorsitzenden. Der Ausschluß **endet** mit der Aufhebung des Beschlusses oder dem Abschluß des Teils der Verhandlung, für den er ausgesprochen ist, BGH StrVert **91**, 199. Der Ausschluß für die ganze Verhandlung endet von selbst vor der Urteilsverkündung, § 173 I, ohne daß dazu ein Beschluß erforderlich ist, RG JW **26**, 2762, wenn nicht ein Beschluß nach § 173 II ergeht. Der Ausschluß hat die **Wirkung**, daß nur die in § 170 Rn 2 genannten Personen an der Verhandlung teilnehmen dürfen und andere Personen nur nach § 175 II zugelassen werden können. **Geheimhaltungspflicht bei Ausschluß:** § 174 II, III. Zu der Frage, ob ein Verstoß gegen Anordnungen nach § 172 als Hausfriedensbruch bestraft werden kann, vgl Oldb DRiZ **81**, 192 mwN.

**3) Rechtsmittel.** Der Beschluß über den Ausschluß ist unanfechtbar. Ein auf Verletzung von § 169 **8** gestütztes Rechtsmittel, § 551 Z 6 ZPO, setzt voraus, daß der Verfahrensfehler Einfluß auf die Endentscheidung haben kann, BGH NJW **96**, 138.

**4)** *VwGO:* Entsprechend anzuwenden, § 55 VwGO. **9**

### Anhang nach § 172: Strafvorschriften wegen Verletzung von Privatgeheimnissen

**1)** *StGB § 203:*

I Wer unbefugt ein fremdes Geheimnis, namentlich ein zum persönlichen Lebensbereich gehörendes Geheimnis oder ein Betriebs- oder Geschäftsgeheimnis, offenbart, das ihm als

1. Arzt, Zahnarzt, Tierarzt, Apotheker oder Angehörigen eines anderen Heilberufs, der für die Berufsausübung oder die Führung der Berufsbezeichnung eine staatlich geregelte Ausbildung erfordert,
2. Berufspsychologen mit staatlich anerkannter wissenschaftlicher Abschlußprüfung,
3. Rechtsanwalt, Patentanwalt, Notar, Verteidiger in einem gesetzlich geordneten Verfahren, Wirtschaftsprüfer, vereidigtem Buchprüfer, Steuerberater, Steuerbevollmächtigten oder Organ oder Mitglied eines Organs einer Wirtschaftsprüfungs-, Buchprüfungs- oder Steuerberatungsgesellschaft,
4. Ehe-, Familien-, Erziehungs- oder Jugendberater sowie Berater für Suchtfragen in einer Beratungsstelle, die von einer Behörde oder Körperschaft, Anstalt oder Stiftung des öffentlichen Rechts anerkannt ist,
4 a. Mitglied oder Beauftragten einer anerkannten Beratungsstelle nach den §§ 3 und 8 des Schwangerschaftskonfliktgesetzes,
5. staatlich anerkanntem Sozialarbeiter oder staatlich anerkanntem Sozialpädagogen oder
6. Angehörigen eines Unternehmens der privaten Kranken-, Unfall- oder Lebensversicherung oder einer privatärztlichen Verrechnungsstelle anvertraut worden oder sonst bekanntgeworden ist, wird mit Freiheitsstrafe bis zu einem Jahr oder mit Geldstrafe bestraft.

II ¹Ebenso wird bestraft, wer unbefugt ein fremdes Geheimnis, namentlich ein zum persönlichen Lebensbereich gehörendes Geheimnis oder ein Betriebs- oder Geschäftsgeheimnis, offenbart, das ihm als

1. Amtsträger,
2. für den öffentlichen Dienst besonders Verpflichteten,
3. Person, die Aufgaben oder Befugnisse nach dem Personalvertretungsrecht wahrnimmt,
4. Mitglied eines für ein Gesetzgebungsorgan des Bundes oder eines Landes tätigen Untersuchungsausschusses, sonstigen Ausschusses oder Rates, das nicht selbst Mitglied des Gesetzgebungsorgans ist, oder als Hilfskraft eines solchen Ausschusses oder Rates oder
5. öffentlich bestelltem Sachverständigen, der auf die gewissenhafte Erfüllung seiner Obliegenheiten auf Grund eines Gesetzes förmlich verpflichtet worden ist,

anvertraut worden oder sonst bekanntgeworden ist. ²Einem Geheimnis im Sinne des Satzes 1 stehen Einzelangaben über persönliche oder sachliche Verhältnisse eines anderen gleich, die für Aufgaben der öffentlichen Verwaltung erfaßt worden sind; Satz 1 ist jedoch nicht anzuwenden, soweit solche Einzelangaben anderen Behörden oder sonstigen Stellen für Aufgaben der öffentlichen Verwaltung bekanntgegeben werden und das Gesetz dies nicht untersagt.

III ¹Den in Absatz 1 Genannten stehen ihre berufsmäßig tätigen Gehilfen und die Personen gleich, die bei ihnen zur Vorbereitung auf den Beruf tätig sind. ²Den in Absatz 1 und den in Satz 1 Genannten steht nach dem Tode des zur Wahrung des Geheimnisses Verpflichteten ferner gleich, wer das Geheimnis von dem Verstorbenen oder aus dessen Nachlaß erlangt hat.

IV Die Absätze 1 bis 3 sind auch anzuwenden, wenn der Täter das fremde Geheimnis nach dem Tode des Betroffenen unbefugt offenbart.

V Handelt der Täter gegen Entgelt oder in der Absicht, sich oder einen anderen zu bereichern oder einen anderen zu schädigen, so ist die Strafe Freiheitsstrafe bis zu zwei Jahren oder Geldstrafe.

Strafbarkeit der Verwertung: § 204. Wegen des Antragserfordernisses vgl § 205 StGB.

**2) Weitere Vorschriften.** Zu nennen sind namentlich § 110 BPersVG (Personen, die Aufgaben oder **2** Befugnisse nach dem Personalvertretungsrecht wahrnehmen), §§ 26 VII u 52 SchwbG idF v 26. 8. 86, BGBl 1421 (Vertrauensmann und sonstige Personen nach §§ 24 ff SchwbG sowie bei der Durchführung des Gesetzes Tätige).

**173** *Urteilsverkündung.* ¹Die Verkündung des Urteils erfolgt in jedem Falle öffentlich.

II Durch einen besonderen Beschluß des Gerichts kann unter den Voraussetzungen der §§ 171 b und 172 auch für die Verkündung der Urteilsgründe oder eines Teiles davon die Öffentlichkeit ausgeschlossen werden.

**Vorbem.** § 173 gilt in der **Arbeitsgerichtsbarkeit** entspr. § 52 S 4 ArbGG.

1 **1) Erläuterung.** Das Urteil ist ausnahmslos öffentlich zu verkünden, nicht aber Beschlüsse, auch wenn es sich um Entscheidungen handelt. Das Sitzungsprotokoll muß die Wiederherstellung der Öffentlichkeit ergeben. Sie muß tatsächlich stattgefunden haben, ob mit oder ohne Gerichtsbeschluß, ist gleich, Recht **25**, 1766. Ein Verzicht ist unzulässig, ein Verstoß jedenfalls im isolierten Verkündungstermin, § 310 II ZPO, jedoch kein unbedingter RevGrund, § 551 Z 6 ZPO, Üb § 169 Rn 2, aM BGHSt **4**, 281 (zu § 338 Z 6 StPO). Zulässig ist die Nachholung einer ordnungsmäßigen Verkündung. Der besondere Beschluß nach II darf nur auf erneute Verhandlung über die Ausschließung ergehen; er ist aus allen in den §§ 171 b und 172 genannten Ausschließungsgründen zulässig. Seine Verbindung mit dem erstmaligen Beschluß ist unstatthaft.

2 **2) VwGO:** *Entsprechend anzuwenden,* § 55 VwGO.

**174** *Verhandlung über Ausschließung der Öffentlichkeit.* ¹ ¹Über die Ausschließung der Öffentlichkeit ist in nichtöffentlicher Sitzung zu verhandeln, wenn ein Beteiligter es beantragt oder das Gericht es für angemessen erachtet. ²Der Beschluß, der die Öffentlichkeit ausschließt, muß öffentlich verkündet werden; er kann in nichtöffentlicher Sitzung verkündet werden, wenn zu befürchten ist, daß seine öffentliche Verkündung eine erhebliche Störung der Ordnung in der Sitzung zur Folge haben würde. ³Bei der Verkündung ist in den Fällen der §§ 171 b, 172 und 173 anzugeben, aus welchem Grund die Öffentlichkeit ausgeschlossen worden ist.

II Soweit die Öffentlichkeit wegen Gefährdung der Staatssicherheit ausgeschlossen wird, dürfen Presse, Rundfunk und Fernsehen keine Berichte über die Verhandlung und den Inhalt eines die Sache betreffenden amtlichen Schriftstücks veröffentlichen.

III ¹Ist die Öffentlichkeit wegen Gefährdung der Staatssicherheit oder aus den in §§ 171 b und 172 Nr. 2 und 3 bezeichneten Gründen ausgeschlossen, so kann das Gericht den anwesenden Personen die Geheimhaltung von Tatsachen, die durch die Verhandlung oder durch ein die Sache betreffendes amtliches Schriftstück zu ihrer Kenntnis gelangen, zur Pflicht machen. ²Der Beschluß ist in das Sitzungsprotokoll aufzunehmen. ³Er ist anfechtbar. ⁴Die Beschwerde hat keine aufschiebende Wirkung.

**Vorbem.** § 174 gilt in der **Arbeitsgerichtsbarkeit** entspr. § 52 S 4 ArbGG.

1 **1) Verhandlung und Entscheidung, I**

**A. Verhandlung, I 1.** Über die Ausschließung der Öffentlichkeit ist zu verhandeln, dh die Beteiligten müssen Gelegenheit zur Äußerung haben, RGSt **57**, 26, wobei sich auch Zeugen des Beistandes eines RA bedienen können, vgl BVerfG **38**, 105. Die Nichtanhörung der Prozeßbeteiligten oder eines betroffenen Zeugen ist aber kein unbedingter Revisionsgrund, BGH **LM** Nr 3. Die Verhandlung muß nichtöffentlich sein, wenn auch nur ein Beteiligter es beantragt oder wenn es das Gericht nach freiem, nicht nachprüfbarem Ermessen für richtig hält, I 1. Bei erneuter Vernehmung eines Zeugen während derselben Verhandlung ist über den Ausschluß der Öffentlichkeit erneut zu verhandeln und zu beschließen, BGH GoldtArch **81**, 320.

2 **B. Entscheidung.** Der Beschluß ist öffentlich zu verkünden, I 2 (1. Halbs), und zwar auch dann, wenn die Öffentlichkeit nach zunächst nur vorübergehendem Ausschluß weiterhin ausgeschlossen wird, BGH NJW **80**, 2088. Ausnahmsweise findet keine öffentliche Verkündung statt, wenn zu befürchten ist, daß die Verkündung eine erhebliche Störung der Ordnung in der Sitzung (nicht in sonstiger Hinsicht) zur Folge haben würde, I 2 (2. Halbs).

In dem Beschluß ist der Grund der Ausschließung auch dann, wenn er sich aus dem Sachzusammenhang ergibt, mit ausreichender Bestimmtheit anzugeben, I 3, BGH NStZ-RR **96**, 139 mwN (dazu Park NJW **96**, 2213), BVerwG NJW **83**, 2155, und diese Begründung zu protokollieren, § 160 III Z 7; sonst ist die Beobachtung der Form nicht nachweisbar, BVerwG aaO. Zur Begründung genügt bei § 172 Z 1 a, BGH NJW **95**, 3195, und bei § 172 Z 4 der Hinweis auf diese Vorschrift, BGH **77**, 964, und bei einem Ausschluß nach § 171 b oder § 172 die Wiedergabe des Wortlauts der Vorschrift, ggf sogar die Angabe der Gesetzesstelle, BGH NJW **86**, 200 mwN (wenn sie nicht mehrere Alternativen aufweist, BGH NStZ **88**, 20 mwN, zB § 172 Z 1 u 2), zustm Böttcher JR **86**, 216; es genügt in diesen Fällen auch, daß der Ausschließungsgrund durch den sich aus dem Beschluß ergebenden Hinweis auf den Verfahrensabschnitt zweifelsfrei erkennbar ist, BGH NStZ **99**, 92. Die den Grund unzweifelhaft klarstellende, ausdrückliche Bezugnahme auf einen in derselben Verhandlung vorangegangenen Beschluß reicht aus, BGH NJW **82**, 948 mwN. Die Zurückweisung eines Antrages auf Wiederherstellung der Öffentlichkeit bedarf nicht der Form des I 3, BGH GoldtArch **83**, 361.

Das Fehlen der erforderlichen Gründe ist ein unheilbarer Verfahrensverstoß, BGHSt **2**, 56, stRspr, krit Miebach DRiZ **77**, 271. Wegen der Lückenhaftigkeit des Protokolls vgl § 165 ZPO Rn 5.

Der Beschluß ist nicht nur im Fall des § 171 b, sondern stets unanfechtbar, auch für einen davon betroffenen Zeugen, str. Außerhalb des Bereichs des § 171 b, s dort Rn 5, ist ein fehlerhafter Ausschluß der Öffentlichkeit unbedingter Revisionsgrund, § 551 Z 6 ZPO, und rechtfertigt eine fehlerhafte Zulassung der Öffentlichkeit die Verfahrensrüge, wenn das Urteil darauf beruht, § 551 ZPO Rn 13. Derjenige Beteiligte, dessen Verf bei verbundenen Verf vom Verstoß nicht berührt wird, darf sich aber nicht darauf berufen, BVerwG Rpfleger **83**, 117.

**2) Veröffentlichungsverbot, II.** Bei Ausschließung wegen Gefährdung der Staatssicherheit, § 172 Z 1, **3** besteht für die Massenmedien ein absolutes Verbot, Berichte über die Verhandlung und den Inhalt eines die Sache betreffenden amtlichen Schriftstücks, zB der Anklageschrift, zu veröffentlichen. Eine darüber hinausgehende Geheimhaltungspflicht besteht nur nach III. Der Verstoß ist mit Strafe bedroht, § 353 d Z 1 StGB.

**3) Geheimhaltungspflicht, III.** Das Gericht kann sie den anwesenden Personen (auch Parteien u **4** Anwälten, vgl Leppin GRUR **84**, 697) nur bei Ausschließung wegen Gefährdung der Staatssicherheit, § 172 Z 1, oder wegen der Gefährdung der Privatsphäre oder eines privaten Geheimnisses, §§ 171 b und 172 Z 2 u 3, auferlegen (dazu Stadler NJW **89**, 1202, Lachmann NJW **87**, 2208, Stürner JZ **85**, 453), nicht also bei Ausschließung wegen Gefährdung der öff Ordnung oder der Sittlichkeit, § 172 Z 1, oder wegen der Vernehmung einer Person unter 16 Jahren, § 172 Z 4, und auch nicht wegen Gefährdung einer Person, § 172 Z 1 a, was angesichts des Schutzzweckes schwer verständlich ist (zu den Anforderungen an einen wirksamen Zeugenschutz de lege ferenda vgl Steinke ZRP **93**, 253). Zu entscheiden ist über die Auferlegung der Geheimhaltungspflicht nach pflichtgemäßem Ermessen unter Abwägung aller in Betracht kommenden Interessen. Der Verpflichtungsbeschluß ist ins Sitzungsprotokoll aufzunehmen, § 160 III Z 6 ZPO; ein Verstoß hiergegen nimmt dem Beschluß die Wirksamkeit. Gegen ihn ist auch im Fall des § 171 b die Beschwerde (ohne aufschiebende Wirkung) gegeben, soweit nach der jeweiligen Verfahrensordnung eine Beschwerde statthaft ist, also im Zivilverfahren nicht gegen Beschlüsse eines OLG. Ergeht ein Geheimhaltungsbeschluß, so hindert er die Mitteilung der Tatsachen an alle Nichtanwesenden, auch an einen am Rechtsstreit Beteiligten. Dies gilt jedoch nicht für die Unterrichtung einer Partei durch ihren Prozeßvertreter, MüKoWo 14, aM MüKoMu § 357 ZPO Rn 6, Lukas GRUR **84**, 697; in diesem Fall gilt die Geheimhaltungspflicht auch für die Partei. Der Verstoß gegen die Geheimhaltungspflicht ist mit Strafe bedroht, § 353 d Z 2 StGB. **Gebühren:** Gericht keine, RA § 118 BRAGO.

**4) VwGO:** *Entsprechend anzuwenden, § 55 VwGO. Die Beschwerde, III 3, nach § 146 VwGO findet nur gegen* **5** *Beschlüsse des VG statt.*

**175** *Beschränkung des Zutritts.* ¹Der Zutritt zu öffentlichen Verhandlungen kann unerwachsenen und solchen Personen versagt werden, die in einer der Würde des Gerichts nicht entsprechenden Weise erscheinen.

^II ¹Zu nicht öffentlichen Verhandlungen kann der Zutritt einzelnen Personen vom Gericht gestattet werden. ²In Strafsachen soll dem Verletzten der Zutritt gestattet werden. ³Einer Anhörung der Beteiligten bedarf es nicht.

^III Die Ausschließung der Öffentlichkeit steht der Anwesenheit der die Dienstaufsicht führenden Beamten der Justizverwaltung bei den Verhandlungen vor dem erkennenden Gericht nicht entgegen.

**Vorbem.** § 175 gilt in der **Arbeitsgerichtsbarkeit** entspr, § 52 S 4 ArbGG.

**1) Allgemeines.** § 175 betrifft nur die Wahrung der Öffentlichkeit. Eine Zurückweisung der **1** Parteien läßt er nicht zu; für sie gelten §§ 177 GVG u 158 ZPO oder Ordnungsmittel aus § 178.

**2) Verwehrung des Zutritts, I.** Der Vorsitzende darf nach freiem, nicht nachprüfbarem Ermessen **2** unerwachsenen oder unangemessen auftretenden Personen den Zutritt verwehren. Dafür, daß jemand unerwachsen ist, bietet der äußere Eindruck einen Anhalt, RGSt **47**, 375. Das Gericht hat dann die Frage des Alters zu klären. Alle Personen, die mindestens 18 Jahre alt sind, sind nicht unerwachsen. Der Würde des Gerichts widerspricht zB die Anwesenheit Betrunkener, schmutzig Gekleideter oder Verwahrloster, Kissel 7, Katholnigg 1.

**3) Gestattung des Zutritts, II.** Das Gericht (nicht der Vorsitzende) kann einzelnen Personen nach ganz **3** freiem Ermessen durch Beschluß den Zutritt zu einer nichtöffentlichen Verhandlung gestatten (in Strafsachen gilt außerdem II 2). Dies kann auch stillschweigend geschehen, zB gegenüber wartenden RAen.

**4) Recht des Zutritts, III.** Dienstaufsichtspersonen haben unbedingten Zutritt zu allen nichtöffentlichen **4** Verhandlungen, auch zu denjenigen, die kraft Gesetzes nicht öffentlich sind, Kissel 19. Wegen der Frage, wer zu diesen Personen gehört, s Anh § 21.

**5) Rechtsbehelf.** Gegen Maßnahmen des Vorsitzenden bzw des Gerichts gibt es kein Rechtsmittel, vgl **5** § 170 Rn 3 und § 176 Rn 6.

**6) VwGO:** *Entsprechend anzuwenden, § 55 VwGO.* **6**

**176** *Sitzungspolizei.* Die Aufrechterhaltung der Ordnung in der Sitzung obliegt dem Vorsitzenden.

**Vorbem.** § 176 gilt entspr in der **Arbeitsgerichtsbarkeit**, § 9 II ArbGG.

**Schrifttum:** *Greiser/Artkämper,* Die „gestörte" Hauptverhandlung, 2. Aufl 1997; *Scheuerle,* Festschrift Baur, 1981, S 595–613; *ders,* Vierzehn Tugenden für Vorsitzende Richter, 1983; *Roxin,* Festschrift K. Peters, 1974.

**1) Sitzung.** Über die Ordnungsgewalt (Sitzungspolizei) im allgemeinen s Üb § 169 Rn 3; § 176 ist **1** verfassungsgemäß, BVerfG NJW **96**, 310 u **95**, 184. Sitzung bedeutet hier eine beliebige Verhandlung an beliebigem Ort, RGSt **47**, 322, also auch die Ortsbesichtigung, Kissel 12. Die Sitzung beginnt mit der Bereitschaft des Gerichts zur amtlichen Tätigkeit, Kissel 8 u 9, BVerfG NJW **96**, 310, Hbg NJW **99**, 2607 mwN. Zur Sitzung gehören auch die Beratung und eine Pause, falls das Gericht, wenn auch im Beratungszimmer, versammelt bleibt.

**2**  **2) Ordnungsgewalt des Vorsitzenden.** „Vorsitzender" ist auch der Einzelrichter, ebenso der verordnete Richter und im Rahmen seiner Befugnisse, § 4 RPflG, der eine Verhandlung leitende Rechtspfleger, ZöGu 1, Köln DRpflZ **90**, 6. Nur der Vorsitzende übt in der Sitzung die Ordnungsgewalt aus; andere, wie RAe oder der Staatsanwalt, können nur Anregungen geben. Ausübung nach pflichtgemäßem Ermessen. Der Vorsitzende, der nicht für Ordnung sorgt, schädigt das Ansehen der Rechtspflege: wird die unbeeinflußte Wahrheitsfindung beeinträchtigt, muß er eingreifen, BGH NJW **62**, 260, Zweibr DRiZ **88**, 21 (krit zum Einzelfall Rudolph DRiZ **88**, 155), Roxin S 407. Die Ordnungsgewalt erstreckt sich räumlich auf den Sitzungsraum, dessen Zugänge und die angrenzenden Räume, von denen Störungen ausgehen können, zB den Flur, BGH NJW **98**, 1420 mwN, Stgt Just **93**, 147 mwN, aM Kissel 10. Die Ordnung besteht in der Sicherung des ungestörten und würdigen Verlaufs der Sitzung, wozu auch der Schutz der Verfahrensbeteiligten, Rn 3, insbesondere der Zeugen gehört, BGH aaO. Ob sie gestört ist, entscheidet der Vorsitzende, der dabei sowohl übergroße Empfindlichkeit als auch Laxheit vermeiden sollte; zu weit geht Karlsr NJW **77**, 311 (Maßnahme gegen einen an der Verhandlung nicht beteiligten StA wegen seiner Kleidung), zutr E. Schneider JB **77**, 770. Zeitlich dauert die Ordnungsgewalt des Vorsitzenden bis zum tatsächlichen Ende der Verhandlung, also nach ihrer förmlichen Schließung bis zum Verlassen des Sitzungssaales (und der angrenzenden Räume, zB des Flurs) durch alle Verhandlungsbeteiligten, Rn 3.

Nichts mit der Ordnungsgewalt des Vorsitzenden zu tun haben Maßnahmen der Verwaltung aufgrund ihres Hausrechts; zu ihrer Zulässigkeit OVG Schlesw NJW **94**, 340 mwN gg VGH Mü BayVBl **80**, 723 m krit Anm Gerhardt BayVBl **80**, 724. Das Hausrecht tritt aber hinter die Ordnungsgewalt des Vorsitzenden zurück, BGH NJW **72**, 1144 (zustm Stürner JZ **72**, 665), Celle DRiZ **79**, 376, so daß der Hausrechtsinhaber nur außerhalb dieses Bereichs eingreifen darf (und ggf muß), Kissel 4 u 5.

**3**  **3) Einzelheiten.** Der Ordnungsgewalt des Vorsitzenden unterliegen alle anwesenden Personen: Parteien, Zeugen, Sachverständige, RAe, Richter, Staatsanwalt, Protokollführer, Zuhörer; sie erstreckt sich auf alle Räumlichkeiten, in denen oder von denen aus Störungen erfolgen können, vgl BVerfG NJW **96**, 310, aM Kissel 10. Das Gericht hat nicht mitzureden, der Fall des § 176 ist von dem des § 177 zu sondern; freilich kann das Verhalten eines Störers unter beide Vorschriften fallen. Welche Mittel der Vorsitzende gebraucht, steht in seinem **pflichtgemäßen Ermessen**, BVerfG NJW **96**, 310; eine Pflicht zum Handeln zum Schutz von Personen besteht nur dann, wenn konkrete Anhaltspunkte für eine Gewalttat bestehen, Köln RR **98**, 1141 mwN. Jedes zur Erreichung des Zwecks geeignete Mittel steht ihm zu Gebote, soweit es nicht §§ 177 ff dem Gericht vorbehalten ist, vgl BVerfG NJW **98**, 297. Besonnenheit und Klugheit müssen dem Vorsitzenden das Maß des Nötigen zeigen; oft hilft schon eine Unterbrechung der Sitzung.

**4**  **Zulässige Mittel** sind zB Räumung des Zuhörerraums (dabei ist aber anderen Zuhörern wegen § 169 der Zutritt zu gestatten) oder auch Aufhebung der Sitzung (eine unnötige Aufhebung verletzt die Amtspflicht). Zulässig ist auch das Gebot an den Störer, den Saal zu verlassen (zwangsweise Entfernung nach § 177, BGH NJW **72**, 1144, zustm Stürner JZ **72**, 666). Weitere zulässige Mittel: Rügen und Ermahnungen, etwa zur Sachlichkeit, Hamm RR **90**, 1405; Entziehung des Wortes; Zurückweisung des RA, der entgegen gesetzlicher Vorschrift oder Gewohnheitsrecht ohne Robe auftritt, BVerfG **28**, 21, BGHSt **27**, 34, BayerVerfGH BayVBl **72**, 337, Brschw NJW **95**, 2113 mwN, Zuck NJW **97**, 2092, Eylmann AnwBl **96**, 190 u Braun BRAK-Mitt **96**, 181 (inwieweit diese Rspr im Hinblick auf § 59b II Z 6c BRAO iVm § 20 BO aufrechterhalten werden kann, ist zweifelhaft, Hartung/Holl § 20 BO Rn 34 ff, Kleine-Cosack NJW **97**, 1260); Fotografierverbot (auch für die Presse), BVerfG NJW **96**, 310, Beschlagnahme eines Films, BGH NJW **98**, 1420; zur Beschränkung von Fernsehaufnahmen außerhalb der Verhandlung s § 169 Rn 6. Ferner sind vorbeugende Maßnahmen zulässig, wenn Störungen der Sitzung zu befürchten sind: Durchsuchung von Personen und andere Kontrollen, auch in den dem Gerichtssaal vorgelagerten Räumlichkeiten, BVerfG NJW **98**, 297 (krit Staff JR **98**, 406), BGH MDR **79**, 589 u **77**, 155, Hbg MDR **92**, 799; Hinzuziehung von zwei Polizeibeamten in Zivil, Molketin MDR **84**, 20; Postierung eines Polizeibeamten mit Funksprechgerät im Gerichtssaal, Schlesw MDR **77**, 775; die Anordnung zum Einnehmen bestimmter Plätze. Der Vorsitzende darf (und muß ggf auch) den äußeren Rahmen einer Zeugenvernehmung gestalten, insbesondere Maßnahmen zum Schutz eines Zeugen ergreifen, Rebmann/Schnarr NJW **89**, 1188 mwN, zB einen im Gerichtsflur aufgenommenen Film beschlagnahmen, BGH NJW **98**, 1420.

**5**  Die **Überschreitung des pflichtgemäßen Ermessens** kann die Ablehnung des Richters rechtfertigen, Molketin MDR **84**, 20. Sie verletzt in vielen Fällen überdies die Vorschriften über die Öffentlichkeit, BGH NJW **62**, 1260, zB die Hinausweisung der Schreibhilfe des Verteidigers, BGH NJW **63**, 599, oder eines Zuhörers, dessen Verhalten die Verhandlung nicht beeinträchtigt (schweigende Überreichung eines Zettels, BGH NJW **62**, 1260), ebenso die Abweisung eines Pressevertreters wegen einer (bereits erfolgten oder zu erwartenden) diffamierenden Berichterstattung, BVerfG NJW **79**, 1400. S zur Frage der Entfernung auch § 177 Rn 2.

**6**  **4) Rechtsmittel.** Gegen die vom Vorsitzenden getroffenen Maßnahmen gibt es keinen Rechtsbehelf, vgl § 181, auch nicht die Anrufung des Gerichts, Kissel 48 mwN Hbg MDR **92**, 799, Zweibr LS MDR **87**, 1049, Kblz RR **87**, 509, krit Amelung NJW **79**, 1690, Krekeler NJW **79**, 185, zweifelnd BVerfG NJW **92**, 3288, offen BGH NJW **98**, 1420 mwN; es handelt sich nicht um einen Ausfluß der „Sachleitung", § 140 ZPO, allgM. Der fehlerhafte Ausschluß einer Partei oder ihres Vertreters kann aber wegen Art 103 GG mit einem Rechtsmittel gegen die darauf ergangene Entscheidung gerügt werden. Das Eindringen in den Sitzungssaal entgegen einer Anordnung des Vorsitzenden kann als Hausfriedensbruch strafbar sein, BGH NJW **82**, 947.

**7**  **5) VwGO:** Entsprechend anzuwenden, § 55 VwGO.

# 177

*Ungehorsam.* [1]Parteien, Beschuldigte, Zeugen, Sachverständige oder bei der Verhandlung nicht beteiligte Personen, die den zur Aufrechterhaltung der Ordnung getroffenen Anordnungen nicht Folge leisten, können aus dem Sitzungszimmer entfernt sowie zur Ord-

14. Titel. Öffentlichkeit und Sitzungspolizei  §§ 177, 178 GVG

nungshaft abgeführt und während einer zu bestimmenden Zeit, die vierundzwanzig Stunden nicht übersteigen darf, festgehalten werden. ²Über Maßnahmen nach Satz 1 entscheidet gegenüber Personen, die bei der Verhandlung nicht beteiligt sind, der Vorsitzende, in den übrigen Fällen das Gericht.

**Vorbem.** § 177 gilt in der **Arbeitsgerichtsbarkeit** entspr, § 9 II ArbGG.

**1) Ungehorsam.** § 177 regelt die Ausübung der **Ordnungsgewalt des Gerichts** bei Ungehorsam gegen seine Anordnungen. Er gilt für **alle im Sitzungszimmer befindlichen Personen außer Richtern, Staatsanwalt, Protokollführer, Rechtsanwälten und sonstigen zugelassenen Bevollmächtigten**, zB Prozeßagenten (hinsichtlich der letzteren str, aM Kissel 15 mwN). Der für einen Beteiligten auftretende Rechtsanwalt unterliegt nicht der Ordnungsgewalt des Gerichts, Kissel 14; dies gilt auch für den Verkehrsanwalt, Bauer/Fröhlich FamRZ 83, 123, Kblz RR 87, 509 mwN (zustm Bosch FamRZ 87, 404), und für einen in Untervollmacht für den RA auftretenden Referendar, Düss MDR 94, 297, sowie für den RA, der als Beistand einer Partei, etwa nach § 625 ZPO, oder als Beistand eines Zeugen an der Verhandlung beteiligt ist, Krekeler NJW 80, 980, str, aM Kleinknecht 4 (die Möglichkeit, unter bestimmten Voraussetzungen auch einen an der Verhandlung mitwirkenden Rechtsanwalt aus dem Saal zu entfernen, bejaht Hamm JMBlNRW 80, 215). „Parteien" umfaßt hier auch die gesetzlichen Vertreter und Beistände, die nicht Rechtsanwälte sind. An der Verhandlung nicht beteiligt sind Zuhörer (das Gericht darf ihnen nicht von vornherein den Zutritt verwehren, sondern sie erst bei Ungehorsam entfernen, RG Recht 31, 57), ferner auch unbeteiligte RAe. Gegenüber Amtspersonen und beteiligten RAen bleibt nur die Unterbrechung der Sitzung und Anrufung der Dienstaufsicht, notfalls die Vertagung bis zum Eintritt eines Vertreters. § 177 verlangt Ungehorsam; er muß vorsätzlich, also zurechenbar sein.

**2) Verfahren** 2

**A. Zulässige Maßnahmen: a) Entfernung aus dem Sitzungszimmer**, nicht aus dem Gebäude; darum ist bei zu erwartendem Wiedereindringen Verhaftung vorzuziehen; findet die Sitzung außerhalb des Gerichtsgebäudes statt, dürfen Störer entspr § 177 aus dem Bereich der gerichtlichen Handlung entfernt werden, Kissel 2, jedoch kann die Erlaubnis zum Betreten eines Grundstücks nicht durch Ordnungsmittel erzwungen werden, vgl Schulte NJW 88, 1006; **b) Abführung zur Ordnungshaft**; sie wird in einem beliebigen Raum durch einfache Freiheitsentziehung vollzogen. Die Dauer ist vorher zu bestimmen, sie endet idR mit dem Ende der Sitzung, spätestens mit Ablauf von 24 Stunden. Abführung und Festhaltung sind Ordnungsmaßnahmen. Sie sind unzulässig gegenüber Mitgliedern der Streitkräfte, Art 10 Truppenvertrag, Schlußart III; wegen Ahndung des Ungehorsams s Art 12 ebda.

**B.** Die Anordnung ergeht gegenüber an der Verhandlung nicht Beteiligten durch den Vorsitzenden, in den übrigen Fällen durch Beschluß des Gerichts, stets nach Anhörung des Betroffenen. Eine wiederholte Verwarnung oder eine eindeutige Abmahnung kann eine erneute Anhörung überflüssig machen, BGH NJW 93, 1343. Trifft der Vorsitzende anstelle des Gerichts eine Eilanordnung, muß sie alsbald vom Gericht bestätigt werden, BGH NStZ 88, 85. Wird die Maßnahme anstelle des Vorsitzenden vom Gericht getroffen, so ist sie voll wirksam, Kissel 26, offen gelassen von BGH MDR 82, 812 mwN. Ob eine Ordnungsmaßnahme ergeht, ist nach pflichtgemäßem Ermessen zu entscheiden; sie darf nur zur Aufrechterhaltung der Ordnung in der Sitzung, vgl § 176, verhängt werden, BVerfG NJW 79, 1401. Auch das Ordnungsmittel ist nach pflichtgemäßem Ermessen auszuwählen, wobei der Grundsatz der Verhältnismäßigkeit gewahrt werden muß. Die AnO (Verfügung des Vorsitzenden oder Beschluß des Gerichts) ist dem Betroffenen zu verkünden oder zuzustellen; sie ist in das Protokoll aufzunehmen, § 182. Wegen der Vollstreckung vgl § 179. Derjenige, der die AnO erlassen hat, kann sie jederzeit aufheben oder ändern.

**C. Rechtsmittel.** Nach hM, Kissel 30, Katholnigg 9, beide mwN, ZöGu 8, steht dem Betroffenen kein Rechtsbehelf zu, weil § 181 den § 177 nicht mitaufführt. Das ist eine förmliche Auslegung, die wegen der prozessualen Folgen des § 158 ZPO unerträglich ist. Die Fälle der §§ 177, 178 liegen wesentlich gleichartig. Bei anderer Auffassung wäre auch die Protokollierung, § 182, zwecklos. Daher ist die entsprechende Anwendung des § 181 geboten, außer wo eine an der Verhandlung nicht beteiligte Person entfernt ist (s auch § 182), MüKoWo 12 (weitergehend), Kleinknecht 8, M. Wolf NJW 77, 1063 (auch dazu, daß offensichtlich fehlerhafte Maßnahmen, zB die Hinausweisung eines RA, nicht Vorhalt und Ermahnung nach § 26 II DRiG rechtfertigt, aM BGH 67, 184), Amelung NJW 79, 1690 mwN (der im Hinblick auf Art 19 IV GG stets die Beschwerde zulassen will). 4

**3) VwGO:** Entsprechend anzuwenden, § 55 VwGO, vgl Schulte NJW 88, 1006. Für den Vertreter des öff Interesses gilt § 177 nicht, EF § 55 Rn 9. Rechtsbehelf, Rn 4, gegen Maßnahmen in 1. Instanz ist die Beschwerde nach §§ 146 ff VwGO (str, wie hier RedOe § 55 Anm 14 mwN), die keine aufschiebende Wirkung hat, § 149 II VwGO. 5

**178** *Ungebühr.* I ¹Gegen Parteien, Beschuldigte, Zeugen, Sachverständige oder bei der Verhandlung nicht beteiligte Personen, die sich in der Sitzung einer Ungebühr schuldig machen, kann vorbehaltlich der strafgerichtlichen Verfolgung ein Ordnungsgeld bis zu zweitausend Deutsche Mark oder Ordnungshaft bis zu einer Woche festgesetzt und sofort vollstreckt werden. ²Bei der Festsetzung von Ordnungsgeld ist zugleich für den Fall, daß dieses nicht beigetrieben werden kann, zu bestimmen, in welchem Maße Ordnungshaft an seine Stelle tritt.

II Über die Festsetzung von Ordnungsmitteln entscheidet gegenüber Personen, die bei der Verhandlung nicht beteiligt sind, der Vorsitzende, in den übrigen Fällen das Gericht.

III Wird wegen derselben Tat später auf Strafe erkannt, so sind das Ordnungsgeld oder die Ordnungshaft auf die Strafe anzurechnen.

## GVG § 178 — Gerichtsverfassungsgesetz

**Vorbem.** § 178 gilt entspr in der **Arbeitsgerichtsbarkeit**, § 9 II ArbGG.

**Schrifttum:** *Greiser/Artkämper,* Die „gestörte" Hauptverhandlung, 2. Aufl 1997; *Schwind* JR **73**, 173; *Rüping* ZZP **88**, 212; *E. Schneider* MDR **75**, 622 (zT abw von den folgenden Anm).

**1  1) Allgemeines.** Die Festsetzung von Ordnungsmitteln wegen Ungebühr ist ein äußerstes Mittel, das sparsam, dann aber wirkungsvoll angewendet werden sollte. Dieselbe Handlung kann folgende, voneinander unabhängige Folgen haben: Eingreifen des Vorsitzenden nach § 176, Maßnahme nach § 177, Ordnungsmittel nach § 178, Strafe nach StGB. Dabei ist stets der Grundsatz der Verhältnismäßigkeit zu wahren. So genügen bei geringfügigen Verstößen meist die erstgenannten Maßnahmen, zB eine ernsthafte Ermahnung.

**2  2) Ungebühr**

**A. Personenkreis.** Er ist derselbe wie in § 177, RAe (und sonstige zugelassene Bevollmächtigte) sind also auch hier ausgenommen; das gilt auch für einen in Untervollmacht für den RA auftretenden Referendar, Düss MDR **94**, 297. Vertreter der Partei fallen unter § 178, JW **35**, 2073.

**3  B. Ungebühr: a)** Sie muß **in der Sitzung** begangen sein, § 176 Rn 1, nicht in der Geschäftsstelle, Schlesw SchlHA **67**, 152, oder in Schriftsätzen, vgl dazu Düss MDR **93**, 462 mwN. „Sitzung" ist jede gerichtliche Verhandlung, auch die vor dem verordneten Richter und die außerhalb des Gerichtsgebäudes, Schulte NJW **88**, 1006, § 176 Rn 1; sie erstreckt sich nicht nur auf den Sitzungsraum, § 176 Rn 1; **b)** die Ungebühr setzt **Vorsatz** voraus, Schlesw SchlHA **62**, 84, und besteht **c)** in einem **Verhalten, das sich gegen das Gericht oder einen Beteiligten wendet**, insbesondere die ihnen als Person (und Amtsträger) geschuldete Achtung verletzt, oder **Ruhe und Ordnung der Verhandlung empfindlich stört.** Die Übergänge sind fließend; ob Ungebühr vorliegt, läßt sich nur nach Lage des Einzelfalls beurteilen, Katholnigg Rdz 3, vgl Schwind JR **73**, 133, E. Schneider MDR **75**, 622 und Baur JZ **70**, 247. Hierher gehört namentlich jedes gezielt gegen das Gericht oder einen Beteiligten gerichtete, vor allem provozierende Verhalten, das die Grenzen sachlicher Auseinandersetzung sprengt, LSG Schlesw MDR **84**, 260. Handeln aus Unkenntnis oder Gleichgültigkeit genügt nicht; bei Zweifeln am Ungebührwillen ist zunächst eine Abmahnung geboten, Karlsr JR **77**, 392. Eine einmalige, sofort bedauerte Entgleisung erfordert idR keine Ordnungsmaßnahme, Düss NStZ-RR **97**, 370.

**4  C. Beispiele für Ungebühr:** Trotz Belehrung fortgesetztes Sitzenbleiben eines Beteiligten oder Zuhörers, wenn das Gericht und alle Beteiligten stehen, Kblz LS MDR **85**, 696 u NStZ **84**, 234 = Rpfleger **84**, 198, aM Wolf § 26 III 2, Pardey DRiZ **90**, 132; Aufstehen und Rückenzukehren, Köln NJW **85**, 446; provozierendes Lesen (oder Essen) im Gerichtssaal, Karlsr JR **77**, 392, aM Wolf aaO; Lärmen und Randalieren; gezielte Beifalls- oder Mißfallensäußerung im Wiederholungsfall, Kblz VRS **61**, 356; wiederholte Nichtbefolgung einer Anordnung iSv § 176, wenn eine Maßnahme nach § 177 bereits angewendet worden war (ob die Anordnung eine rechtlich tragbare Grundlage hat, bleibt außer Betracht, aM Hamm JMBlNRW **90**, 42); Erscheinen in provozierender Aufmachung, Kblz NJW **95**, 976 mwN, krit Pardey DRiZ **90**, 135, oder im verschuldeten Zustand der Trunkenheit, Düss NJW **89**, 241 mwN, Kblz VRS **85**, 48, Eb. Schmidt JR **69**, 270 (nicht aber, wenn jemand vorgeführt werden muß und dann betrunken erscheint, Hamm MDR **66**, 72, wohl aber, wenn ein Zeuge sich betrinkt und deshalb vernehmungsunfähig ist, Kaiser NJW **68**, 188, Kleinknecht 3 mwN, aM Michel MDR **92**, 544, Stgt MDR **89**, 763); provozierendes Ausziehen der Stiefel, Köln DRpflZ **90**, 67; ostentatives Zuschlagen der Tür des Gerichtssaals, Hamm JMBlNRW **75**, 106; weisungswidrige Benutzung eines Handys, Hbg NJW **97**, 3452; herabsetzende Äußerungen, LSG Schlesw MDR **84**, 260, oder gar Beschimpfung (durch Worte oder Gesten) oder Bedrohung des Richters oder eines an der Sitzung Beteiligten, zB eines Zeugen, Stgt Just **93**, 147, auch Androhen eines Straf- oder Disziplinarverfahrens, Hamm NJW **69**, 256; Vorwurf des Lügens gegenüber einem RA, Hamm NJW **63**, 1791; Gebrauch von Fäkalausdrücken, aM Düss NJW **86**, 2516; anhaltende Störung der Verhandlung durch Lärm oder Gesten; Zeigen von Plakaten, Transparenten u dgl, vgl OVG Kblz AS **19**, 297; heimliche Tonbandaufnahme, Schlesw SchlHA **62**, 84; Tätlichkeiten aller Art, LG Saarbr NJW **68**, 1686.

**5  Keine Ungebühr:** Bloßes Sitzenbleiben eines Beteiligten, E. Schneider MDR **75**, 622, Stgt Just **86**, 228; vereinzelte, spontane Beifalls- oder Mißfallensäußerungen, Saarbr NJW **61**, 890 mit Anm A. Arndt NJW **61**, 1615; eigenmächtiges Verlassen der Verhandlung, Schlesw OLGR **95**, 12, Mü MDR **56**, 503; Übergeben eines Zettels an das Gericht, BGH NJW **62**, 1260; Erscheinen in Arbeits- oder Freizeitkleidung, Düss NJW **86**, 1505 mwN, oder in verwahrlostem Zustand (anders, wenn eine Provokation beabsichtigt ist); offensichtliches Anlügen des Gerichts, JW **35**, 3489; lautstarke oder heftige Äußerung eines Beteiligten (anders, wenn eine Abmahnung vorangegangen ist), insbesondere dann, wenn eine solche Reaktion auf eine Zeugenaussage sich als nichts anderes als die Betonung der eigenen Sachdarstellung erweist, Kblz GoltdArch **79**, 470; Mitschreiben in der Verh, wenn nicht unzulässige Mitteilungen beabsichtigt sind, BGH MDR **82**, 812 mwN, Hamm JMBlNRW **90**, 42; Weigerung eines Zeugen, seine Privatanschrift anzugeben, Stgt NZA **91**, 297; Lutschen eines Hustenbonbons durch einen erkälteten Zeugen, Schlesw LS NStZ **94**, 199.

**6  3) Zulässige Maßnahmen, I 1** (auch gegen Jugendliche, § 1 JGG). Wahlweise Ordnungsgeld zwischen 5 DM, Art 6 I 1 EGStGB, und 2000 DM, oder Ordnungshaft, mindestens 1 Tag, Art 6 II EGStGB, höchstens 1 Woche (zu den Grundsätzen für die Bemessung Winter NStZ **90**, 373). Bei Verhängung von Ordnungsgeld ist für den Fall der Nichtbeitreibbarkeit Ordnungshaft festzusetzen (zwischen 1 und 3 Tagen, Art 6 II EGStGB), **I 2**; hierüber ist eine nachträgliche Entscheidung zulässig, Art 8 EGStGB, Celle MDR **98**, 679. Zum EGStGB s Vorbem § 380 ZPO (Abdruck der Art 6–9). Wegen der Vollstreckung vgl § 179. Wird wegen derselben Tat später auf Strafe erkannt, so sind Ordnungsgeld oder Ordnungshaft anzurechnen, III. Für bestimmte Fälle vorgesehene Ordnungsmaßnahmen, zB § 380 ZPO, schließen die Anwendung von § 178 aus.

**7  4) Verfahren, II**

**A. Grundsätze.** Die Festsetzung gegenüber Nichtbeteiligten erfolgt allein durch den Vorsitzenden, Kblz MDR **78**, 693, iü durch das Gericht. Die Entsch ergeht nach Ermessen; bei geringer Schuld und sofortiger

14. Titel. Öffentlichkeit und Sitzungspolizei  §§ 178–181 GVG

Entschuldigung kann von der Festsetzung abgesehen werden, Köln NJW **86**, 2515. Bei mehrfachen Verstößen in derselben Sitzung ist die wiederholte Festsetzung jeweils bis zum Höchstmaß zulässig, Bre NJW **53**, 598. Vorheriges rechtliches Gehör ist notwendig, Hamm MDR **69**, 932 mwN; Ausnahmen sind denkbar, zB wenn Hergang und Ungebührwille außer Zweifel stehen und bei einer Anhörung mit weiteren groben Ausfälligkeiten gerechnet werden muß, BGH NStZ **88**, 238, Düss NStZ **88**, 238 mwN, Kblz LS MDR **87**, 433, oder der Täter nicht ansprechbar ist, Düss NJW **89**, 241, Hamm JMBlNRW **77**, 131, oder sich vor seiner Anhörung entfernt, Hamm MDR **78**, 780. Bei leichteren Verstößen empfiehlt sich zunächst eine Abmahnung, weitergehend Schwind JR **73**, 133.

**B. Festsetzung.** Sie erfolgt durch Verfügung des Vorsitzenden bzw Beschluß des Gerichts, oben Rn 7; in beiden Fällen ist Verkündung oder Zustellung an den Betroffenen nötig. Eine Festsetzung nach Schluß der Sitzung ist unzulässig, § 182 Rn 1, jedoch kann bei mehrtägiger Sitzung das Ordnungsmittel am folgenden Tag festgesetzt werden, Schlesw LS MDR **80**, 76. Der von der Ungebühr betroffene Richter ist bei der Entscheidung nicht ausgeschlossen, § 22 Z 1 StPO ist unanwendbar. Protokollierung ist erforderlich, § 182. Nötig ist eine Begründung der Festsetzung, wofür die ausdrückliche oder stillschweigende Bezugnahme auf das Protokoll, § 182, ausreicht, wenn sich daraus für alle Beteiligten das Nötige ergibt, BGH NStZ **88**, 238, Kblz GoldtArch **89**, 174 u VRS **87**, 189. Eine Rechtsmittelbelehrung braucht nicht erteilt zu werden, Köln NJW **60**, 2294, Schlesw NJW **71**, 1321, wenn nicht die für das Verfahren maßgeblichen Vorschriften sie vorschreiben, zB § 9 V ArbGG, § 35 a StPO. **8**

**C. Rechtsbehelf:** § 181. Hat über ein Ordnungsmittel gegen einen Nichtbeteiligten statt des Vorsitzenden das Gericht entschieden, so ist die Entscheidung (ersatzlos) aufzuheben, Kblz MDR **78**, 693. **9**

*5) VwGO: Entsprechend anzuwenden, § 55 VwGO; wegen des Vertreters des öff Interesses s § 177 Rn 5. Rechtsbehelf: § 181 Rn 5; eine Belehrung darüber ist wegen § 58 I VwGO geboten.* **10**

**179** *Vollstreckung.* **Die Vollstreckung der vorstehend bezeichneten Ordnungsmittel hat der Vorsitzende unmittelbar zu veranlassen.**

**Vorbem.** Gilt entspr in der **Arbeitsgerichtsbarkeit**, § 9 II ArbGG.

**1) Erläuterung.** Die Vollstreckung veranlaßt der Vorsitzende ohne Mitwirkung der Staatsanwaltschaft, RGSt **15**, 230. Vollzug der Ordnungshaft: §§ 171 ff StVollzG, dazu Winter NStZ **90**, 373. Die Einziehung des Ordnungsgeldes erfolgt durch die Vollstreckungsbehörde nach JBeitrO, s dort §§ 1 I Z 3 u 2 idF des Art 119 EGStGB. Zahlungserleichterungen: Art 7 EGStGB; Unterbleiben der Haftvollstreckung: Art 8; Verjährung: Art 9 EGStGB. Siehe dazu Vorbem § 380 ZPO. Die rechtzeitige Haftentlassung hat der Vorsitzende zu überwachen. **1**

*2) VwGO: Entsprechend anzuwenden, § 55 VwGO.* **2**

**180** *Ordnungsgewalt des einzelnen Richters.* **Die in den §§ 176 bis 179 bezeichneten Befugnisse stehen auch einem einzelnen Richter bei der Vornahme von Amtshandlungen außerhalb der Sitzung zu.**

**Vorbem.** Gilt entspr in der **Arbeitsgerichtsbarkeit**, § 9 II ArbGG.

**1) Erläuterung.** § 180 denkt in Zivilsachen an den verordneten Richter und den Vollstreckungsrichter. Der Amtsrichter als Prozeßrichter und der Einzelrichter bei Kollegialgerichten fallen schon unter §§ 176 bis 178. Auf eingereichte Schriftsätze ist § 180 unanwendbar, Rüping ZZP **88**, 212 mwN, s auch § 176 Rn 2, § 178 Rn 3. **1**

*2) VwGO: Entsprechend anzuwenden, § 55 VwGO, auf den Vorsitzenden, §§ 87 u 169 VwGO, und den verordneten Richter, Schulte NJW **88**, 1007. Rechtsbehelf: Beschwerde, §§ 146 ff VwGO.* **2**

**181** *Rechtsbehelf gegen Ordnungsmittel.* [I] **Ist in den Fällen der §§ 178, 180 ein Ordnungsmittel festgesetzt, so kann gegen die Entscheidung binnen der Frist von einer Woche nach ihrer Bekanntmachung Beschwerde eingelegt werden, sofern sie nicht von dem Bundesgerichtshof oder einem Oberlandesgericht getroffen ist.**
[II] **Die Beschwerde hat in dem Falle des § 178 keine aufschiebende Wirkung, in dem Falle des § 180 aufschiebende Wirkung.**
[III] **Über die Beschwerde entscheidet das Oberlandesgericht.**

**Schrifttum:** Voßkuhle, Rechtsschutz gegen den Richter, 1993.

**Vorbem.** § 181 gilt entspr für die **Arbeitsgerichte**, § 9 II ArbGG. Beschwerdegericht ist das LAG, § 78 ArbGG.

**1) Anwendungsbereich.** § 181 ist nach hM nur auf die Fälle der §§ 178, 180 anwendbar, richtigerweise aber auch auf den Fall des § 177, s dort Rn 4, MüKoWo 2. Er trifft auch die Fälle, in denen gesetzwidrig der Vorsitzende allein entschieden hat; dort ist nur § 181 gegeben, nicht die Anrufung des Gerichts. Voraussetzung ist Festsetzung eines Ordnungsmittels; dazu gehört auch eine Entscheidung nach § 8 EGStGB, § 178 Rn 6, aM Celle MDR **98**, 680. Wird der Beschluß nach Haftentlassung aufgehoben, so ist eine Entschädigung nach G v 8. 3. 71, BGBl 157 zu gewähren, wenn festgestellt wird, daß kein Grund für die Verhängung eines Ordnungsmittels bestand, MüKoWo 2. **1**

Albers

## GVG §§ 181–183 Gerichtsverfassungsgesetz

**2  2) Beschwerde**

**A. Allgemeines.** Beschwerdeberechtigt ist nur der Betroffene, auch der prozeßunfähige, aber strafmündige Jugendliche, Neustadt NJW 61, 885; gegen die Versagung einer angeregten oder gegen eine zu milde Maßnahme gibt es keinen Rechtsbehelf. Der Rechtsbehelf ist bei dem erkennenden Gericht oder beim OLG schriftlich oder zu Protokoll der Geschäftsstelle einzulegen; die Bitte um Aufhebung der Maßnahme ist idR als Beschwerde zu behandeln, Düss MDR 77, 413. Nimmt der UrkB die mündlich eingelegte Beschwerde in das Sitzungsprotokoll auf, so ist die Beschwerde wirksam eingelegt, Kblz VRS 61, 356. **Beschwerdefrist:** 1 Woche ab Verkündung, bzw wenn sich der Betroffene vor Verkündung entfernt hatte, ab Zustellung. Aber auch die mündliche Bekanntmachung durch den vollstreckenden Beamten setzt die Frist in Lauf; „Bekanntmachung" ist hier nicht im Fachsinn gebraucht. Die WiedEins muß entsprechend dem sonstigen Verfahrensrecht als zulässig angesehen werden, Hbg NJW 99, 2607; die Fristversäumung durch den Prozeßbevollmächtigten ist entsprechend den strafprozessualen Grundsätzen, die wegen des Charakters der Maßnahme hier in Betracht kommen, für den Betroffenen unverschuldete Verhinderung, Ffm NJW 67, 1281. Die sofortige Vollstreckung erledigt die Beschwerde nicht; denn der Gemaßregelte hat ein Recht, seine Unschuld festgestellt zu sehen, Kblz VRS 68, 48 mwN.

**3  B. Rechtsnatur.** Sie ist str; es liegt ein Rechtsbehelf eigener Art, eine befristete Beschwerde vor. Mangels Verbots ist eine Abänderung auch durch das verhängende Gericht zuzulassen (so auch Düss MDR 77, 413, SBKTr 3); demgegenüber sieht die überwM, Kissel 12 mwN, ua Mü NJW 68, 308, den Rechtsbehelf als sofortige Beschwerde iSv § 577 ZPO an, so daß die Abänderungsbefugnis entfällt, was unpraktisch und schwerlich vom Gesetzgeber gewollt ist, zumal § 181 auch für Strafsachen gilt und hier Abhilfe möglich ist, MüKoWo 10, ZöGu 2. Das Beschwerdegericht übt eigenes Ermessen aus, Köln NJW 86, 2515, kann also das Ordnungsmittel auch abmildern, Karlsr RR 98, 144. Die Beschwerde wirkt grundsätzlich nicht aufschiebend; das Gericht kann aber die Vollstreckung aussetzen oder unterbrechen, Kissel 11. Der einzelne Richter, § 180, muß das tun.

**4  C. Beschwerdegericht.** Es entscheidet bei ordentlichen Gerichten immer das OLG. Hat der verordnete Richter erkannt, so ist § 577 IV ZPO unanwendbar, zuständig also das dem ersuchten Richter übergeordnete OLG, Schlesw SchlHA 62, 84. Die Entscheidung ergeht durch Beschluß, der zuzustellen ist. Bei Aufhebung des angefochtenen Beschlusses kommt keine Zurückverweisung in Betracht, weil die sitzungspolizeiliche Gewalt mit Schluß der Sitzung endet, MüKoWo 12, Köln MDR 93, 906 mwN. Die Entscheidung ergeht kostenfrei, da in § 1 GKG das GVG nicht genannt wird; wegen der Gebühren des RA s § 118 BRAGO. Eine weitere Beschwerde ist unstatthaft.

**5  3) VwGO:** Rechtsbehelf ist die Beschwerde an das OVG nach §§ 146 ff VwGO, so daß I u III gegenstandslos sind, EF § 55 Rdz 10; § 181 II bleibt unberührt, § 149 II VwGO, so daß die Beschwerde im Falle des § 178 abweichend von § 149 I VwGO keine aufschiebende Wirkung hat.

## 182 Beurkundung der Ordnungsmittel.

Ist ein Ordnungsmittel wegen Ungebühr festgesetzt oder eine Person zur Ordnungshaft abgeführt oder eine bei der Verhandlung beteiligte Person entfernt worden, so ist der Beschluß des Gerichts und dessen Veranlassung in das Protokoll aufzunehmen.

**Vorbem.** Gilt entspr in der **Arbeitsgerichtsbarkeit**, § 9 II ArbGG.

**1  1) Erläuterung.** § 182 will der Beschwerdeinstanz ausreichende Unterlagen für die Beurteilung des Vorfalls sichern, Karlsr RR 98, 144. Er umfaßt die Fälle der §§ 177, 178, 180 mit Ausnahme der Entfernung eines an der Verhandlung nicht Beteiligten. Der Vorfall ist sofort zu protokollieren, desgleichen der verhängende Beschluß, der nicht erst nach der Sitzung ergehen darf (jedoch kann bei mehrtägiger Sitzung das Ordnungsmittel am folgenden Tag festgesetzt werden, Schlesw LS MDR 80, 76).

Das **Protokoll** muß eine gesonderte Darstellung des Geschehensablaufs und den Beschluß mit Begründung enthalten, Karlsr RR 98, 144, Hamm JMBlNRW 77, 94, so daß eine Wiedergabe nur im Beschluß nicht genügt, Kissel 6 mwN, Stgt Just 93, 147 mwN, KG JZ 82, 73. Fehlt die Protokollierung, ist der Beschluß vom Beschwerdegericht aufzuheben (keine Zurückverweisung, § 181 Rn 4), Karlsr aaO mwN; eine spätere dienstliche Äußerung des Richters oder Urkundsbeamten ist nicht verwendbar, Hamm JMBlNRW 77, 94. Die fehlende Protokollierung des Geschehensablaufs ist jedoch unschädlich, wenn das Protokoll nur den Ungebührvorwurf und die dazu etwa erhobenen Beweise enthält, weil der Vorgang vom Richter und vom Protokollführer nicht wahrgenommen werden konnte, zB im Vorraum stattgefunden hat, Stgt Just 93, 147; eine Protokollierung ist ferner entbehrlich, wenn der Betroffene den Vorgang nicht bestreitet, sondern andere Einwendungen erhebt, Kissel 8, Karlsr RR 98, 144 mwN, KG JZ 82, 73. Das Beschwerdegericht ist an den protokollierten Sachverhalt nicht gebunden, sondern kann auch ihn nachprüfen, Bre JR 51, 693. Fehlt dem Beschluß die Begründung, so ist dies unschädlich, wenn sich alles Notwendige zweifelsfrei aus der Protokollierung des Vorfalls ergibt, Kissel 10, Kleinknecht 2, Düss NStZ 88, 238 mwN.

**2  2) VwGO:** Entsprechend anzuwenden, § 55 VwGO.

## 183 Straftat.

¹Wird eine Straftat in der Sitzung begangen, so hat das Gericht den Tatbestand festzustellen und der zuständigen Behörde das darüber aufgenommene Protokoll mitzuteilen. ²In geeigneten Fällen ist die vorläufige Festnahme des Täters zu verfügen.

**Vorbem.** Gilt entspr in der **Arbeitsgerichtsbarkeit**, § 9 II ArbGG.

**1  1) Erläuterung** (Nierwetberg NJW 96, 432). Begriff der Sitzung s § 176 Rn 1. § 183 ist Mußvorschrift, ebenso § 116 AO für Steuerstraftaten. „Straftat" ist eine Tat, die den Tatbestand eines Strafgesetzes verwirklicht, so daß die Vorschrift auf Ordnungswidrigkeiten nicht anzuwenden ist. Als „Feststellung" genügt die

15. Titel. Gerichtssprache  §§ 183, 184 GVG

kurze Beurkundung der wesentlichen Vorgänge. Wegen vorläufiger Festnahme s § 127 StPO. Der Erlaß eines Haftbefehls ist unzulässig, Hamm NJW **49**, 191. Die Nichtzulassung rechtswidrig erlangter Beweismittel kann nicht auf die entspr Anwendung von § 183 gestützt werden, Werner NJW **88**, 1001 mwN.

**2)** ***VwGO:*** *Entsprechend anzuwenden, § 55 VwGO.*  2

## Fünfzehnter Titel. Gerichtssprache

## 184 *Grundsatz.* Die Gerichtssprache ist deutsch.

**Vorbem.** Gilt entspr in der **Arbeitsgerichtsbarkeit**, § 9 II ArbGG.

**Schrifttum:** *Schack* § 12 VIII; *Ingerl*, Sprachrisiko im Verfahren, 1988; *Jessnitzer*, Dolmetscher, 1982, S 54 ff (Bespr Pieper ZZP **97**, 229, Stelkens NVwZ **82**, 552); *Lässig*, Deutsch als Gerichts- und Amtssprache, 1980 (Bespr Tomuschat NJW **81**, 1200); *Großfeld* JZ **97**, 633; *Kissel* NJW **97**, 1097; *Wassermann* BRAK-Mitt **97**, 108; *Jacob* VBlBW **91**, 205.

**1) Erläuterung**  1

**A. Allgemeines.** Die Vorschrift sichert die Verständlichkeit des Geschehens im Gericht (auch für Unbeteiligte), Paulus JuS **94**, 369. Sie ist verfassungsrechtlich unbedenklich, BVerfG NVwZ **87**, 785, und zwingend, also vAw zu beachten. Er gilt in allen Verfahren, für die das GVG maßgeblich ist, auch im Verfahren der Patentnichtigkeitsklage, BGH NJW **93**, 71. Die Vorschrift bezieht sich nur auf Verhandlungen, Schriftsätze, Entscheidungen und sonstige Äußerungen des Gerichts und der Beteiligten und besagt, daß alle diese Äußerungen in deutscher Sprache abzugeben sind. **Deutsch** ist nach Oldb HRR **28**, 392 auch Plattdeutsch: das dürfte nur da richtig sein, wo alle Beteiligten Plattdeutsch verstehen; entsprechendes gilt für andere Volkssprachen wie Friesisch und für alle deutschen Mundarten, Jessnitzer S 54, Kissel 2, E. Schneider MDR **79**, 534. Demgemäß kann ein Beteiligter sich vor Gericht unter denselben Voraussetzungen einer Volkssprache oder deutschen Mundart bedienen, wie dies nach § 185 II in einer fremden Sprache geschehen kann.

Das **Recht der Sorben**, in ihren Heimatkreisen vor Gericht Sorbisch zu sprechen, wird durch § 184 nicht berührt, EV Anl I Kap III Sachgeb A Abschn III Z 1 r (vgl Erklärung zu Art 35 EV, BGBl 90 II 906); vgl dazu das sächsische G über die Rechte der Sorben v 31. 3. 99, GVBl 161. Darin liegt keine Bevorzugung, die nach Art 3 III GG unzulässig wäre.

Zum **Recht auf Gleichbehandlung** nach Art 6 EGV hinsichtlich des Gebrauchs einer anderen Sprache als der Hauptsprache eines EG-Landes s EuGH EuZW **99**, 82 (Anm Novak).

a) **Gerichtliche Entscheidungen und Verfügungen** (wegen des Strafverfahrens s BVerfG NJW **83**, 2 2762, zustm Rüping JZ **83**, 663, Düss JZ **85**, 200, LG Aachen LS NStZ **84**, 283, Katholnigg 3, Jessnitzer S 56 ff, Kleinknecht 3) sind nach § 184 nur in hochdeutscher Sprache abzufassen (also weder in einer Mundart noch in altertümlichem Deutsch, vgl Beaumont NJW **90**, 1970) und auch sprachunkundigen Beteiligten ohne Übersetzung zu übermitteln, hM, vgl BVerfG **42**, 120 u NJW **83**, 2762 mwN, BGH RR **96**, 387 = FamRZ **96**, 347, BayObLG NJW **77**, 1596 mwN, Stgt MDR **83**, 256 mwN, Rüping JZ **83**, 664, Vogler EuGRZ **79**, 640 mwN; str, aM ua StJR § 175 ZPO Rn 11, Bachmann FamRZ **96**, 1270 mwN (zu BGH RR **96**, 387 = FamRZ **96**, 347), Schlosser F Stiefel (1987) 693, dazu oben § 175 ZPO Rn 5. Jedoch ist es statthaft, im Rechtshilfeverkehr mit dem Ausland ausgehende Ersuchen in einer fremden Sprache abzufassen, aM BGH NJW **84**, 2050, dagegen Lichtenberger JR **85**, 77, Vogler NJW **85**, 1764. Die schriftlichen Äußerungen des Gerichts müssen in allen ihren Bestandteilen aus allgemein verständlichen Schrift- und Zahlenzeichen der deutschen Sprache bestehen, VGH Kassel NJW **84**, 2429; auch wenn Erlasse der Verwaltung und andere Verlautbarungen den Richter nicht binden, weil ihnen Normcharakter fehlt, Kissel NJW **97**, 1097, Wassermann BRAK-Mitt **97**, 108, beide mwN, ist es sein nobile officium, allgemein gebräuchliche Rechtschreibungs- und Zeichensetzungsregeln zu befolgen. Die argumentative Verwendung komplizierter mathematischer Formeln in gerichtlichen Entscheidungen wird durch § 184 nicht ausgeschlossen, abw Groh MDR **84**, 195; wenn dadurch das Verständnis auch für Sachkundige ausgeschlossen wird, können nur Rechtsmittel helfen, vgl § 551 Z 7 ZPO. Keine Bedenken bestehen auch gegen die Verwendung von sog Textbausteinen, vgl § 313 Rn 36, während die Verweisung auf außerhalb der gerichtlichen Äußerung befindliche Textbestandteile unzulässig ist, VGH Kassel NJW **84**, 2429. Durch Computer gefertigte Schreiben müssen den Anforderungen an eine klare und verständliche Sprache genügen, AG Hersbruck NJW **84**, 2426 (sehr weitgehend), wobei vom Leser aber angemessene Bemühungen um das richtige Verständnis erwartet werden dürfen.

b) **Schriftsätze und Eingaben** oder Ausführungen in fremder Sprache (oder in fremder Schrift) sind 3 schlechthin unbeachtlich, können also nicht einmal als (unzulässiger) Antrag angesehen werden, auch wenn keine Frist, wenn keine Übersetzung beigefügt wird (sofern nichts anderes bestimmt ist, zB nach § 3 III AVAG, Schlußanh V D), BGH NJW **82**, 532 mwN (Übers über den Meinungsstand), BSG MDR **87**, 436, BayObLG RR **87**, 379, Hbg MDR **89**, 90, KG MDR **86**, 156, MüKoWo 6 u 7, Kissel 5 u Katholnigg 4 (beide mwN), ZöGu 3, sehr str, aM ua Schumann F Schwab, 1990, S 462 (unter Hinweis auf Art 6 III e MRK), Geimer NJW **89**, 2204, Schack Rn 576, Jessnitzer S 62 ff, Lässig S 100, Schneider MDR **79**, 534: aber die Entscheidung, ob eine Frist eingehalten ist, kann schon im Interesse der anderen Beteiligten weder von den Sprachkenntnissen des Gerichts oder seiner Möglichkeit, eine Übersetzung zu beschaffen, noch auch davon abhängen, daß der Verfasser nicht in der Lage ist, sich der deutschen Sprache zu bedienen oder für eine Übersetzung zu sorgen. Vielmehr bedarf es dafür einer gesetzlichen Regelung wie in den §§ 23 VwVfG, § 87 AO und 19 SGB X, die im Gerichtsverfahren nicht entsprechend anzuwenden sind, BSG

*Albers*

MDR 87, 436, und zwar auch nicht im Hinblick auf Art 103 I GG, weil der Zwang, sich der Gerichtssprache zu bedienen, jedenfalls dann nicht gegen diese Bestimmung verstößt, wenn das Gericht vAw eine Übersetzung einholt, sofern der Ausländer dartut, daß er sie nicht beibringen kann und daß das Schriftstück für das Verf bedeutsam ist, BVerfG NJW 87, 3077, BVerwG NJW 96, 1553. Demgemäß bestimmt § 126 PatG idF v 16. 12. 80, BGBl 81 S 1, ausdrücklich, daß Eingaben in anderer Sprache nicht berücksichtigt werden. Eine abweichende Auslegung des § 184 ist auch in Angelegenheiten des Rechts der EG nicht geboten, aM FG Saarld NJW 89, 3112.

Einer solchen Auslegung oder einer Fortentwicklung der Vorschrift bedarf es um so weniger, als bei unverschuldeter **Fristversäumnis wegen Unkenntnis der deutschen Sprache** WiedEins in Betracht kommt, BGH NJW 82, 532, zB wenn die Beschaffung einer Übersetzung oder die Inanspruchnahme eines Bevollmächtigten Schwierigkeiten bot, die mit einem nach den Umständen des Einzelfalles angemessenen Maß an Mühe, Sorgfalt und Aufwand nicht zu überwinden waren, vgl BVerfG NVwZ-RR 96, 120 mwN (keine Überspannung der Anforderungen, stRspr), BGH RR 90, 830 (aber keine WiedEins, wenn der Ausländer bewußt entgegen der Rechtsmittelbelehrung die Klage nicht in deutscher Sprache abgefaßt hat, BVerwG NJW 90, 3103. Das entbindet das Gericht nicht davon, sich im Rahmen des Möglichen Kenntnis vom Inhalt einer Eingabe zu verschaffen, fürsorgerische Maßnahmen treffen zu können. Beim ersten Zugang zum Gericht, zB Mahnbescheid, ist gegenüber einem sprachunkundigen Ausländer eine ihm verständliche Rechtsbehelfsbelehrung beizufügen, sonst ist WiedEins geboten, BVerfG 40, 100, es sei denn, der Ausländer steht der Wahrnehmung seiner Rechte mit vermeidbarer Gleichgültigkeit gegenüber, BVerfG 42, 126. Wegen der Hinzuziehung eines Dolmetschers oder Übersetzers durch das Gericht vgl § 185.

**4** **B. Anwendungsbereich.** Unanwendbar im Schiedsgerichtsverfahren, § 1045 ZPO. Nicht hierher gehört die Unterschrift; ein Ausländer darf deshalb eine Vollmacht in fremder Schrift unterzeichnen, VGH Mü NJW 78, 510. Ebensowenig gilt § 184 für **Urkunden in fremder Sprache**, die ein Beteiligter vorlegt, zB Wechsel, BGH NJW 82, 523: wie § 142 III ZPO zeigt, sind solche Urkunden erst dann unbeachtlich, wenn die angeordnete Übersetzung nicht vorgelegt wird, BGH NJW 89, 1433 mwN, Zweibr NJWE-FER 98, 280, BVerwG NJW 96, 1553, § 142 ZPO Rn 17 ff. Entspr gilt für fremdsprachiges Entscheidungsmaterial, namentlich Urkunden als Beweismittel, Zweibr FamRZ 99, 35; bei Amtsermittlung muß ggf das Gericht für eine Übersetzung sorgen, Jacob BWVBl 91, 207. Selbstverständlich gilt § 184 auch nicht für aus dem Ausland eingehende Rechtshilfeersuchen, Vogler NJW 85, 1764.

**5** 2) **VwGO:** Entsprechend anzuwenden, § 55 VwGO, vgl Jacob VBlBW 91, 205 (betr Asylprozeß), BVerwG NJW 96, 1553 (betr fremdsprachliche Urkunden). Eine Rechtsmittelbelehrung, § 58 VwGO, in deutscher Sprache genügt, BVerwG MDR 78, 786; bei Sprach- und Verständnisschwierigkeiten kommt ggf WiedEins in Frage, BVerwG aaO, VGH Mannh BaWüVPraxis 79, 254, nicht aber bei bewußtem Verstoß gegen die Rechtsmittelbelehrung, BVerwG NJW 90, 3103. Im Bereich der Sozialgerichtsbarkeit wird der Grundsatz des § 184 durch eine Reihe von über- und zwischenstaatlichen Regelungen eingeschränkt, Kirschner SgB 89, 545 mwN.

## 185 Verhandlung mit Fremdsprachigen.

¹ ¹Wird unter Beteiligung von Personen verhandelt, die der deutschen Sprache nicht mächtig sind, so ist ein Dolmetscher zuzuziehen. ²Ein Nebenprotokoll in der fremden Sprache wird nicht geführt; jedoch sollen Aussagen und Erklärungen in fremder Sprache, wenn und soweit der Richter dies mit Rücksicht auf die Wichtigkeit der Sache für erforderlich erachtet, auch in der fremden Sprache in das Protokoll oder in eine Anlage niedergeschrieben werden. ³In den dazu geeigneten Fällen soll dem Protokoll eine durch den Dolmetscher zu beglaubigende Übersetzung beigefügt werden.

II Die Zuziehung eines Dolmetschers kann unterbleiben, wenn die beteiligten Personen sämtlich der fremden Sprache mächtig sind.

**Vorbem.** Gilt entspr in der **Arbeitsgerichtsbarkeit**, § 9 II ArbGG.

**Schrifttum:** *Jessnitzer*, Dolmetscher, 1982, S 71 ff; *ders.,* Rpfleger 83, 365.

**1** 1) **Erläuterung**

A. Hinzuziehung eines Dolmetschers. a) Allgemeines, I. Sind der deutschen Sprache nicht Mächtige an einer Verhandlung beteiligt, so muß das Gericht zur Gewährleistung eines fairen Verf, BVerfG NJW 83, 2762 (zustm Rüping JZ 83, 663), grundsätzlich einen Dolmetscher derjenigen Sprache zuziehen, die der Betroffene beherrscht, BayObLG DVBl 77, 115, Düss RR 98, 1695 (ebenso der Rpfl oder Urkundsbeamte bei der Aufnahme von Erklärungen zu Protokoll, BayObLG Rpfleger 77, 133). Spricht der Betroffene mehrere Sprachen, liegt es im Ermessen des Gerichts, für welche Sprache(n) ein Dolmetscher zugezogen wird, BGH NStZ 90, 228 mwN, VGH Kassel JB 89, 645.

„Verhandlung" iSv I ist nicht nur die mdl Verh, sondern jeder Gerichtstermin, auch derjenige vor dem verordneten Richter, Kissel 2 mwN. Demgemäß ist auch bei der Erledigung eines ausländischen Rechtshilfeersuchens, zB nach dem Haager BewAufnÜbk (Anh § 363 ZPO), ein Dolmetscher hinzuzuziehen, wenn ein Richter des ersuchenden Gerichts, Art 8 Übk u § 10 AusfG, und/oder eine Partei des dortigen Rechtsstreits anwesend ist, sofern sie des Deutschen nicht mächtig sind, Martens RIW 81, 732. Dagegen bezieht sich § 185 nicht auf schriftliche Äußerungen des Gerichts oder eines Beteiligten, vgl § 184 Rn 2 u 3, und auch nicht auf sonstige Urkunden, wie beispielsweise die vielmehr Aufgabe eines Sachverständigen, BGH NStZ 98, 1087. Vorbereitende Handlungen eines Beteiligten, zB Gespräch mit seinem RA, sind keine Verhandlung iSv § 185; auch eine entspr Anwendung scheidet aus, aM für Strafsachen Ffm StrVert 91, 457, KG NStZ 90, 403 u LG Bln NStZ 90, 449, beide mwN, vgl Katholnigg Rn 7.

**2** Alle an einer Verhandlung Beteiligten müssen so gut Deutsch können, daß sie der Verhandlung folgen und ihre Rechte voll wahrnehmen können, dh sie müssen Deutsch nicht nur verstehen, sondern auch sprechen können, BVerfG NJW 83, 2763 mwN, BVerwG NJW 90, 3103 (Beherrschung der deutschen Sprache ist

15. Titel. Gerichtssprache **§§ 185, 186 GVG**

nicht erforderlich). Beteiligt sind (außer den Gerichtspersonen) Parteien und gesetzliche Vertreter auch im Anwaltsprozeß, Beistände sowie Zeugen und Sachverständige, die beiden letzten nur, soweit sie der Verhandlung folgen müssen. Das Protokoll ist stets deutsch. Die Entscheidung, ob ein Beteiligter genügend Deutsch kann oder welche Sprache er beherrscht, ist im Rahmen eines tatrichterlichen Beurteilungsspielraums zu treffen, BayObLG BayVBl **81**, 187 mwN. Gegebenenfalls hat sich das Gericht (idR durch Anfrage bei dem Beteiligten) zu vergewissern, wie es mit dessen Deutschkenntnissen steht und ob er etwa auf der Bestellung eines Dolmetschers besteht, Schneider **KR** § 8 GKG Nr 93. Wer wahrheitswidrig behauptet, nicht Deutsch zu können, ist zur Verhandlung nicht zuzulassen und als nicht erschienen, als Zeuge das Zeugnis weigernd anzusehen (sorgfältige Prüfung nötig).

Die Entscheidung des Gerichts hat die höhere Instanz nicht nachzuprüfen, LG Bln MDR **87**, 151, ebensowenig, ob der Richter, wenn ein Beteiligter zT Deutsch kann, von seinem Ermessen, in welchem Umfang der Dolmetscher dann heranzuziehen ist, richtig Gebrauch gemacht hat, BGH NStZ **84**, 328, Düss RR **98**, 1695. Wohl aber ist nachzuprüfen, ob der Begriff der Sprachkundigkeit verkannt ist, Ffm NJW **52**, 1310, jedoch nur aufgrund eines Rechtsmittels gegen die Entscheidung selbst, nicht über § 567 ZPO, Stgt NJW **62**, 540. Der Begriff der Sprachkundigkeit ist bereits dann verkannt, wenn Zweifel bestehen, daß die Person der Verhandlung folgen kann, BSG NJW **57**, 1087, vgl VGH Kassel JB **89**, 645. Deshalb muß die Entscheidung, daß ein Dolmetscher nicht hinzuzuziehen sei, so begründet werden, daß eine Nachprüfung dieses Punktes möglich ist, BayObLG BayVBl **81**, 187.

**b) Ausnahme, II.** Die Zuziehung eines Dolmetschers kann unterbleiben, wenn alle Beteiligten der **3** anderen Sprache mächtig sind, also etwa diejenige des Zeugen verstehen und sprechen (zB Plattdeutsch, Friesisch oder Sorbisch, § 184 Rn 1); das Protokoll ist auch dann deutsch zu führen. Sich gegenüber Ausländern einer fremden Sprache zu bedienen, ist das Gericht weder berechtigt noch gar verpflichtet, BVerwG BayVBl **73**, 443 (die Zulassung von Verhandlungen in fremder Sprache befürwortet Gruber ZRP **90**, 172).

**c) Verstoß.** Ein Verstoß gegen I liegt nicht nur dann vor, wenn die gebotene Hinzuziehung eines **4** Dolmetschers unterbleibt, sondern auch dann, wenn seine Tätigkeit an erheblichen Mängeln leidet, BVerwG NVwZ **99**, 66, oder wenn der Dolmetscher zeitweilig abwesend ist, vgl BGH bei Holtz MDR **91**, 1025. Er ist kein unbedingter Revisionsgrund, § 551 ZPO; die Partei kann auf die Einhaltung des § 185 verzichten und auch ihr Rügerecht nach § 295 I ZPO verlieren, BVerwG NVwZ **99**, 66 mwN. Ist das nicht der Fall, liegt ein Verfahrensmangel (Verletzung des Anspruchs auf rechtliches Gehör, Art 103 I GG) vor, der die Zurückverweisung, § 539 ZPO, rechtfertigt. Die Partei darf sich auf den Mangel aber nicht berufen, wenn sie ihre prozessuale Möglichkeit, eine Verhandlung mit Dolmetscher herbeizuführen (zB durch einen Antrag auf Vertagung), nicht ausgenutzt hat, BVerwG BayVBl **82**, 349.

**B. Stellung des Dolmetschers. a) Auswahl.** Der Dolmetscher ist Gehilfe des Gerichts und der **5** Beteiligten, wenn er nur zur mündlichen Übertragung des Verhandelten herangezogen wird; dann ist er kein Sachverständiger, BGHSt **1**, 4, wird aber in mancher Beziehung wie ein solcher behandelt, s § 191, BGHSt **4**, 154. Sofern er (nur oder auch) Übersetzer ist, dh mündlich oder schriftlich den Text einer außerhalb des Verfahrens entstandenen Urkunde zu übertragen hat, ist er dagegen insoweit Sachverständiger, BGH JR **51**, 90, NJW **65**, 643, Köln RIW **88**, 55 u NJW **87**, 1091. Seine Auswahl steht im Ermessen des Gerichts, Jessnitzer S 80, wobei die öffentlich bestellten bzw allgemein vereidigten Dolmetscher entspr § 404 I ZPO idR zu bevorzugen, Tormin ZRP **87**, 423, und etwaige besondere Umstände des Einzelfalles zu berücksichtigen sind, Jessnitzer S 84. Im übrigen darf das Gericht jede fachlich und persönlich geeignete Person für diesen Dienst heranziehen, Kissel 16, VGH Kassel JB **89**, 645 (auch zur Heranziehung bei Mehrsprachigkeit eines Beteiligten), also auch den Verwandten eines Beteiligten, BVerwG NJW **84**, 2055; wegen der Ablehnung des Dolmetschers s § 191. Der Dolmetscher kann zugleich Zeuge oder Sachverständiger sein und darf dann seine eigenen Aussagen übersetzen, Kissel § 191 Rn 6; vgl auch § 191 Rn 1.

**b) Aufgaben.** Der Dolmetscher muß den Tenor aller Entscheidungen sowie die Auflagen und Fragen des **6** Gerichts, fremdsprachliche Beweisurkunden und Anträge oder sonst entscheidungserhebliche Erklärungen der Beteiligten wörtlich übersetzen, während i ü eine Übersetzung ihrem wesentlichen Inhalt nach genügt; bei Gutachten genügt die Wiedergabe des Ergebnisses, soweit nicht eine Gesamtübersetzung ausdrücklich verlangt wird, Kissel 10. Es handelt sich um eine zwingende öff-rechtliche Vorschrift; ein Verzicht ist nicht möglich. Das Protokoll muß den Grund der Zuziehung des Dolmetschers angeben, nicht notwendig die Einzelheiten der Zuziehung, RGSt **43**, 442. Es muß angeben, was übertragen ist, wenn auch nicht in allen Einzelheiten. Daß das geschehen ist, ist mit jedem Beweismittel, nicht nur dem Protokoll, zu beweisen. Wegen der Entschädigung des Dolmetschers und des Übersetzers vgl § 17 ZSEG, s Hartmann Teil V; als gerichtliche Auslage, KV 1904, ist sie in allen Fällen vom Kostenschuldner zu tragen, Bbg JB **76**, 644 m Anm Mümmler (anders in StrafS, KV 1904 II idF des Art 2 Z 1 G v 15. 6. 89, BGBl 1082, dazu Hartmann bei KV 1904).

**2) VwGO:** Entsprechend anzuwenden, § 55 VwGO; zum Rügeverlust bei anwaltlicher Vertretung BVerwG **7** NVwZ **99**, 66, NJW **88**, 723 mwN.

**186** *Taube. Stumme.* Zur Verhandlung mit tauben oder stummen Personen ist, sofern nicht eine schriftliche Verständigung erfolgt, eine Person als Dolmetscher zuzuziehen, mit deren Hilfe die Verständigung in anderer Weise erfolgen kann.

**Vorbem.** Gilt entspr in der **Arbeitsgerichtsbarkeit**, § 9 II ArbGG.

**Schrifttum:** *Jessnitzer*, Dolmetscher, 1982, S 78–79.

**1) Erläuterung.** § 186 ist auf sehr schwerhörige Personen entsprechend anzuwenden, wenn eine un- **1** mittelbare Verständigung nicht mehr möglich ist, BGH **LM** Nr 1, ebenso auf Personen mit starken Sprachfehlern, RGSt **33**, 181. Ein Tauber darf schriftliche Fragen mündlich beantworten, RGSt **31**, 313, ein

Stummer mündliche Fragen schriftlich. Wegen der Beurkundung vgl § 185. Welche Maßnahmen das Gericht zur Verständigung ergreift, insbesondere auch, ob es einen Dolmetscher zuzieht, unterliegt seinem Ermessen, BGH NJW **97**, 2336 mwN (möglich ist auch eine Verständigung durch eine einem sehr Schwerhörigen vertraute Person). Es ist jedenfalls nicht erforderlich, daß eine stumme Person sämtliche Erklärungen nur mit Hilfe des Dolmetschers abgibt, BGH NJW **60**, 584. Eine Vorlegung des Protokolls über Zeugenvernehmung u dgl ist unnötig; es genügt die Mitteilung des wesentlichen Inhalts und Gelegenheit zur Äußerung, RGSt HRR **39**, 298. Eidesleistung: § 483 ZPO. Wegen der Entschädigung s § 185 Rn 6 aE.

2) **VwGO:** *Entsprechend anzuwenden, § 55 VwGO.*

**187** *Vortrag Tauber und Sprachfremder.* [I] Ob einer Partei, die taub ist, bei der mündlichen Verhandlung der Vortrag zu gestatten sei, bleibt dem Ermessen des Gerichts überlassen.

[II] Dasselbe gilt in Anwaltsprozessen von einer Partei, die der deutschen Sprache nicht mächtig ist.

**Vorbem.** Gilt entspr in der **Arbeitsgerichtsbarkeit**, § 9 II ArbGG.

1   1) **Erläuterung.** Die Entscheidung gemäß § 187 trifft zunächst der Vorsitzende, bei Beanstandung der Versagung das Gericht, § 140 ZPO, nach pflichtgemäßem Ermessen. Dagegen ist kein Rechtsbehelf gegeben.

2   2) **VwGO:** *Entsprechend anzuwenden, § 55 VwGO, II jedoch nur beim BVerwG und beim OVG (VGH), § 67 I VwGO.*

**188** *Eidesleistungen.* Personen, die der deutschen Sprache nicht mächtig sind, leisten Eide in der ihnen geläufigen Sprache.

**Vorbem.** Gilt entspr in der **Arbeitsgerichtsbarkeit**, § 9 II ArbGG.

**Schrifttum:** *Jessnitzer,* Dolmetscher, 1982, S 76.

1   1) **Erläuterung.** Der Dolmetscher, § 185, hat die Eidesbelehrung in die fremde Sprache zu übertragen. Er spricht Eidesnorm und Eidesformel in dieser Sprache vor, ohne daß der Richter sie in deutscher Sprache vorgesprochen haben müßte, RGSt **45**, 304. Der fremdsprachige Teil der Vereidigung sollte zur Kontrolle immer ins Deutsche zurückübertragen werden, Jessnitzer S 76, str. Der Ausländer darf ihm vertraute Beteuerungsformeln zur Bekräftigung hinzufügen, Köln MDR **69**, 501.

2   2) **VwGO:** *Entsprechend anzuwenden, § 55 VwGO.*

**189** *Dolmetscher.* [I] [1]Der Dolmetscher hat einen Eid dahin zu leisten: daß er treu und gewissenhaft übertragen werde. [2]Gibt der Dolmetscher an, daß er aus Glaubens- oder Gewissensgründen keinen Eid leisten wolle, so hat er eine Bekräftigung abzugeben. [3]Diese Bekräftigung steht dem Eid gleich; hierauf ist der Dolmetscher hinzuweisen.

[II] Ist der Dolmetscher für Übertragungen der betreffenden Art im allgemeinen beeidigt, so genügt die Berufung auf den geleisteten Eid.

**Vorbem.** Gilt entspr in der **Arbeitsgerichtsbarkeit**, § 9 II ArbGG.

**Schrifttum:** *Jessnitzer,* Dolmetscher, 1982, S 100–101.

1   1) **Vereidigung, I.** Der Dolmetscher ist in jeder Verhandlung, § 185 Rn 1, durch Voreid zu verpflichten, I 1, BGH MDR **70**, 778; wegen der Bekräftigung, I 2 u 3, s § 484 ZPO. Die Eidesleistung braucht an späteren Sitzungstagen nicht wiederholt zu werden, BVerwG NJW **86**, 3154, BGH GoltdArch **79**, 272, Kissel 3; ebensowenig muß der Dolmetscher sich jeweils ausdrücklich auf den Eid berufen, BVerwG BayVBl **86**, 374. Bei wiederholter Vernehmung in derselben Sache genügt es, daß der Dolmetscher die Richtigkeit der Übertragung unter Berufung auf den zuvor geleisteten Eid versichert, BayObLG MDR **79**, 696; dies gilt nicht bei einer Vereidigung im Vorstadium des Verf, BGH StrVert **91**, 504, zB im PKH-Verf. Der für einen späteren Verhandlungstag geleistete Voreid bzw die Berufung auf den allgemein geleisteten Eid hat nicht ohne weiteres die Bedeutung eines Nacheides für den vorausgegangenen Tag, Hbg LS MDR **84**, 75.

Es handelt sich um eine zwingende unverzichtbare Vorschrift, BGH NJW **94**, 941 u **87**, 260 mwN; ein Verstoß ist aber kein absoluter Revisionsgrund iSv § 551 ZPO, vgl BGH NStZ **88**, 20, BSG MDR **93**, 173; insbesondere begründet ein vorschriftswidriger Nacheid nicht die Revision, Saarbr NJW **75**, 65, zweifelnd Hbg LS MDR **84**, 75. Ist die Beeidigung des Dolmetschers unterblieben, darf eine Zeugenaussage vom Berufungsgericht nicht ohne erneute Vernehmung verwertet werden, BGH NJW **94**, 941.

2   2) **Allgemeiner Eid, II.** Die Berufung auf den geleisteten allgemeinen Eid, über das LandesR bestimmt (Näheres bei Jessnitzer S 21 ff, Tormin ZRP **87**, 422, Ruderich BayVBl **85**, 169), genügt. Die allgemeine Beeidigung muß sich auf die Sprache beziehen, aus der bzw in die der Dolmetscher übersetzen soll, BGH bei Holtz MDR **80**, 456; für eine andere Sprache bedarf es der besonderen Vereidigung, BGH NJW **87**, 1033 (idR beruht das Urteil dann aber nicht auf dem Fehlen der Vereidigung). Nötig ist eine eigene Erklärung des Dolmetschers, daß er die Richtigkeit der Übertragung auf seinen Eid nehme, BGH MDR **82**, 685 mwN; seine Mitteilung, daß er allgemein vereidigt sei, genügt jedoch, BGH bei Holtz MDR **78**, 280. Die bloße Feststellung im Protokoll, daß er allgemein vereidigt sei, reicht nicht aus, BGH GoltdArch **80**, 184 m Anm Liemersdorf NStZ **81**, 69; zur Auslegung des den Angaben zur Person folgenden Protokollvermerks „allgemein vereidigt" vgl BGH NJW **82**, 2739. Ob das Urteil auf dem Unterlassen einer Berufung

auf den allgemeinen Eid beruht, hängt von den Umständen des Einzelfalles ab, BGH NStZ **87**, 568. Beruft sich der Dolmetscher auf einen nicht ordnungsgemäß geleisteten Eid, so kann das Urteil auf diesem Fehler nicht beruhen, wenn sowohl der Tatrichter als auch der Dolmetscher irrig von der Ordnungsmäßigkeit des Eides ausgehen, BGH NStZ **84**, 328.

**3) *VwGO:*** *Entsprechend anzuwenden, § 55 VwGO.* 3

**190** *Urkundsbeamter als Dolmetscher.* ¹Der Dienst des Dolmetschers kann von dem Urkundsbeamten der Geschäftsstelle wahrgenommen werden. ²Einer besonderen Beeidigung bedarf es nicht.

**Vorbem.** Gilt entspr in der **Arbeitsgerichtsbarkeit**, § 9 II ArbGG.

**1) Erläuterung.** Die Heranziehung eines Dolmetschers ist entbehrlich, wenn der gerade **protokollie-** 1 **rende Urkundsbeamte** diese Aufgabe wahrnimmt (nicht ein mitwirkender Richter, Karlsr Just **62**, 93, Kissel § 191 Rn 6, oder ein am Verfahren Beteiligter). Die Beeidigung des Urkundsbeamten ist nicht erforderlich.

**2) *VwGO:*** *Entsprechend anzuwenden, § 55 VwGO.* 2

**191** *Ausschließung und Ablehnung des Dolmetschers.* ¹Auf den Dolmetscher sind die Vorschriften über Ausschließung und Ablehnung der Sachverständigen entsprechend anzuwenden. ²Es entscheidet das Gericht oder der Richter, von dem der Dolmetscher zugezogen ist.

**Vorbem.** Gilt entspr in der **Arbeitsgerichtsbarkeit**, § 9 II ArbGG.

**Schrifttum:** *Jessnitzer*, Dolmetscher, 1982, S 87–92.

**1) Erläuterung.** Entgegen dem offensichtlich auf einem Redaktionsversehen beruhenden Wortlaut gibt 1 es für den Dolmetscher ebenso wie für den Sachverständigen keine Ausschließung kraft Gesetzes, doch können die Gründe des § 41 ZPO (mit Ausnahme der Z 5) seine Ablehnung durch einen Beteiligten rechtfertigen, § 406 iVm § 42 ZPO, BVerwG NJW **84**, 2055 (zur Dolmetschertätigkeit des Verwandten eines Beteiligten); vgl auch Nürnb MDR **99**, 823, Köln NJW **87**, 1091, VG Köln NJW **86**, 2207, LG Bln StrVert **94**, 180 (Falschübersetzung). Ein mit Erfolg (nachträglich) abgelehnter Dolmetscher darf nicht weiter tätig werden, das Gericht muß die vorher von ihm vorgenommenen Übertragungen bei seiner Entscheidung außer Betracht lassen, BVerwG NJW **85**, 757 (ein Verstoß ist kein absoluter Revisionsgrund). Ein erfolgreich abgelehnter Dolmetscher darf als Zeuge oder sachverständiger Zeuge dazu gehört werden, was Gegenstand seiner sinnlichen Wahrnehmung war, also zB über die in seiner Gegenwart erfolgten Aussagen, BGH NJW **65**, 1492, BayObLG NJW **98**, 1505. Wegen der Einzelheiten ist i ü auf die Erläuterungen zu den §§ 406 und 42 ZPO zu verweisen.

Die sonstigen Vorschriften für Sachverständige sind gegenüber den Sondervorschriften des 15. Titels unanwendbar, also auch § 409 ZPO (Ordnungsmittel bei Ausbleiben), Jessnitzer S 143, Kissel § 189 Rn 10, LG Hildesheim NdsRpfl **90**, 232 mwN. Anders liegt es insoweit bei Übersetzern, § 185 Rn 6. Gegen beide können in der Sitzung Ordnungsmittel nach den §§ 177 u 178 verhängt werden, aM hinsichtlich § 178 Jessnitzer S 144 mwN (wegen Art 103 II GG).

**2) *VwGO:*** *Entsprechend anzuwenden,* § 55 VwGO, BVerwG NJW **85**, 757, **84**, 2055, VG Köln NJW **86**, 2 2207. Die Ablehnungsgründe werden durch § 54 II u III VwGO ergänzt, vgl § 406 ZPO Rn 35 (abw hinsichtlich § 54 II VG Köln aaO). Jedenfalls rechtfertigt die bloße Tätigkeit als Dolmetscher oder Übersetzer im Verwaltungsverf nicht die Ablehnung nach § 54 II VwGO, weil der Dolmetscher nicht auf die Entscheidung einwirkt, vgl BVerwG NJW **85**, 757, VG Köln aaO.

### Sechzehnter Titel. Beratung und Abstimmung

### Übersicht

**Schrifttum:** *Michel* DRiZ **92**, 263.

**1) Allgemeines.** Ist sich der einzeln urteilende Richter über die Beurteilung des Streitstoffs klargewor- 1 den, so gibt er seine Entscheidung bekannt; damit erhält der innere Vorgang Leben nach außen, s § 329 ZPO Rn 24 ff. Beim Kollegium muß die Einigung der Richter über die Beurteilung vorangehen; sie ordnet Titel 16 (§§ 192–198). Beratung und Abstimmung sind also ein Vorgang des inneren Dienstes; sie sind ihrem Inhalt nach nach außen in keiner Weise ersichtlich zu machen. Das Gericht tritt nach außen als Einheit, eben „das Gericht". Es ist ganz unstatthaft, durch die Fassung der Entscheidungsgründe oder sonstwie anzudeuten, daß der Verkündende oder der Urteilsverfasser überstimmt ist. Es ist Amtspflicht der Richter, über den Hergang von Beratung und Abstimmung volles Schweigen zu bewahren, § 43 DRiG, s die dortigen Erl. Das Beratungsgeheimnis gilt auch für ehrenamtliche Richter, § 45 I 2 DRiG; wegen ausländischer Hospitanten s § 193 II–IV. Über die Vernehmung von Richtern usw über das Zustandekommen einer Entscheidung s § 383 Rn 20. Ob die geheime Beratung und Abstimmung immer und überall ein Vorteil ist, ist fraglich; für das BVerfG ist der Grundsatz durchbrochen, § 30 II BVerfGG.

**2) Haftpflicht des einzelnen Richters.** Sie kann immer nur auf seiner Abstimmung beruhen, nie auf 2 der Entscheidung des Kollegiums. Ihm muß seine Abstimmung nachgewiesen werden; empfehlenswert ist trotzdem, wo eine Haftpflicht droht, die Niederlegung der abweichenden Meinung in einem geheimzuhaltenden Aktenvermerk.

## GVG §§ 192, 193      Gerichtsverfassungsgesetz

**192** *Mitwirkende.* ¹ Bei Entscheidungen dürfen Richter nur in der gesetzlich bestimmten Anzahl mitwirken.

II Bei Verhandlungen von längerer Dauer kann der Vorsitzende die Zuziehung von Ergänzungsrichtern anordnen, die der Verhandlung beizuwohnen und im Falle der Verhinderung eines Richters für ihn einzutreten haben.

III (betr Strafsachen).

**Vorbem.** Gilt entspr in der **Arbeitsgerichtsbarkeit**, § 9 II ArbGG.

1    **1) Erläuterung.** I gibt eine zwingende öff-rechtliche Vorschrift; ein Verstoß ist ein unbedingter Revisions- und Nichtigkeitsgrund, §§ 551 Z 1, 579 Z 1 ZPO. Die Zuziehung von Ergänzungsrichtern bei Mitwirkung von mehr als einem Berufsrichter, II, ordnet der Vorsitzende an, das Präsidium bestimmt sie (nicht notwendigerweise im Voraus für das Geschäftsjahr, aM Foth DRiZ **74**, 87). Es darf andere Richter als die Vertreter der Mitglieder wählen, RGSt **59**, 20. Sie haben das Fragerecht, RGSt **27**, 172, wirken aber an der Beratung und Abstimmung erst nach Eintritt mit, BGH NJW **63**, 1463. Über ihren Eintritt entscheidet der Vorsitzende, BGH NJW **91**, 51.

2    **2) VwGO:** *Entsprechend anzuwenden,* § 55 VwGO.

**193** *Anwesenheit Dritter.* ¹ Bei der Beratung und Abstimmung dürfen außer den zur Entscheidung berufenen Richtern nur die bei demselben Gericht zu ihrer juristischen Ausbildung beschäftigten Personen und die dort beschäftigten wissenschaftlichen Hilfskräfte zugegen sein, soweit der Vorsitzende deren Anwesenheit gestattet.

II ¹ Ausländische Berufsrichter, Staatsanwälte und Anwälte, die einem Gericht zur Ableistung eines Studienaufenthaltes zugewiesen worden sind, können bei demselben Gericht bei der Beratung und Abstimmung zugegen sein, soweit der Vorsitzende deren Anwesenheit gestattet und sie gemäß den Absätzen 3 und 4 verpflichtet sind. ² Satz 1 gilt entsprechend für ausländische Juristen, die im Entsendestaat in einem Ausbildungsverhältnis stehen.

III ¹ Die in Absatz 2 genannten Personen sind auf ihren Antrag zur Geheimhaltung besonders zu verpflichten. ² § 1 Abs. 2 und 3 des Verpflichtungsgesetzes vom 2. März 1974 (BGBl. I S. 469, 547 – Artikel 42) gilt entsprechend. ³ Personen, die nach Satz 1 besonders verpflichtet worden sind, stehen für die Anwendung der Vorschriften des Strafgesetzbuches über die Verletzung von Privatgeheimnissen (§ 203 Abs. 2 Satz 1 Nr. 2, Satz 2, Abs. 4 und 5, § 205), Verwertung fremder Geheimnisse (§§ 204, 205), Verletzung des Dienstgeheimnisses (§ 353 b Abs. 1 Satz 1 Nr. 2, Satz 2, Abs. 3 und 4) sowie Verletzung des Steuergeheimnisses (§ 355) den für den öffentlichen Dienst besonders Verpflichteten gleich.

IV ¹ Die Verpflichtung wird vom Präsidenten oder vom aufsichtsführenden Richter des Gerichts vorgenommen. ² Er kann diese Befugnis auf den Vorsitzenden des Spruchkörpers oder auf den Richter übertragen, dem die in Absatz 2 genannten Personen zugewiesen sind. ³ Einer erneuten Verpflichtung bedarf es während der Dauer des Studienaufenthaltes nicht. ⁴ In den Fällen des § 355 des Strafgesetzbuches ist der Richter, der die Verpflichtung vorgenommen hat, neben dem Verletzten antragsberechtigt.

**Vorbem. A. Neufassung** durch Art 3 Z 2 G v 24. 6. 94, BGBl 1374, mWv 1. 7. 94, Art 11 des Ges (Materialien: RegEntw BT-Drs 12/6243, AusschußBer BT-Drs 12/7277).

**B.** Gilt entspr in der **Arbeitsgerichtsbarkeit**, § 9 II ArbGG.

1    **1) Allgemeines.** Jede Entscheidung eines Kollegialgerichts muß auf einer äußerlich erkennbaren Beratung und Abstimmung beruhen, RGSt **43**, 51. Das Aufsuchen des Beratungszimmers ist nicht unbedingt nötig. Ist eine Verhandlung wiedereröffnet worden, so genügt in der daraufhin stattfindenden Sitzung eine kurze Verständigung im Sitzungssaal, wenn bei der Entscheidung einfacher Fragen rascheste Verständigung möglich ist, BGH NJW **92**, 3181 mwN (krit R. Hamm NJW **92**, 3147); ein entspr Vermerk im Protokoll ist ratsam, BGH NJW **92**, 3183 mwN. Unter der genannten Voraussetzung ist eine natürlich zur führende Beratung in dieser Form („am Richtertisch") auch sonst zulässig (und üblich), MüKoWo 2, aM Kissel 29 mwN. Eine bestimmte Dauer der Beratung ist dem Gericht nicht vorgeschrieben, BGH NJW **91**, 51 (dazu Rüping NStZ **91**, 193).

2    **2) Teilnahme, I u II.** Anwesend sein dürfen ausschließlich: **a) die beteiligten Richter**, nicht die noch nicht eingetretenen Ergänzungsrichter, BGH NJW **63**, 1463, **I;** b) die bei demselben Gericht, nicht notwendig gerade bei dieser Abteilung oder diesem Kollegium, beschäftigten **Referendare und Teilnehmer an der einstufigen Ausbildung**, vgl § 5 b DRiG, ferner die ihnen **gleichgestellten Personen**, § 8 RpflAnpG (abgedr § 10 Rn 2), soweit der Vorsitzende ihre Anwesenheit gestattet, **I**, nicht dagegen auch Rechtsstudenten, mögen sie auch bei Gericht ein vorgeschriebenes Praktikum ableisten, hM, BGH NJW **95**, 2645 mwN, aM ua Kissel 22 mwN, Bayreuther JuS **96**, 686, Seifert MDR **96**, 125, OVG Hbg NordÖR **99**, 114. Die Zeit der förmlichen Zuweisung des Referendars oder Ausbildungsteilnehmers an das Gericht darf noch nicht beendet sein, BVerwG NJW **82**, 1716; etwas anderes gilt allenfalls dann, wenn noch eine zur ordnungsmäßigen Ableistung des Vorbereitungsdienstes notwendige Arbeit nachzuholen ist, BGH GoltdArch **65**, 93; **c)** die bei demselben Gericht beschäftigten **wissenschaftlichen Hilfskräfte**, soweit der Vorsitzende ihre Anwesenheit gestattet, **I** (mit ihrer Aufnahme in I ist die frühere Streitfrage, s 52. Aufl, erledigt); **d) ausländische Berufsrichter, Staatsanwälte und Anwälte**, die einem Gericht zur Ableistung eines **Studienaufenthaltes** zugewiesen worden sind, sowie **ausländische Juristen**, die im Entsendestaat in einem Ausbildungsverhältnis stehen, soweit der Vorsitzende diesen Personen die Anwesenheit gestattet und sie nach III u IV verpflichtet sind, **II.** Entgegen dem mißverständlichen Wortlaut sind die Hospitanten nicht

nur auf Antrag zu verpflichten; gemeint ist, daß sie zu verpflichten sind, sobald sie den Antrag auf Teilnahme gestellt haben (und diesem Antrag stattgegeben worden ist), RegEntwBegr S 10. – Die Teilnahme der unter b–d Genannten ist nicht auf bloßes Zuhören beschränkt. Der Vorsitzende kann jedoch im Einzelfall die Anwesenheit auf eine passive Teilnahme beschränken, RegEntwBespr S 10.

Aufsichtspersonen dürfen ebensowenig teilnehmen wie der Protokollführer (daß der UrkBeamte außerhalb der Beratung Kenntnis von dem Votum erhält, ist unschädlich, BVerwG NVwZ **87**, 127); fällt der Protokollführer unter b, so darf er bei der Beratung zugegen sein, RGSt **18**, 161, OGHSt **2**, 62. Zeugen, die unter b, c oder d fallen, dürfen nicht anwesend sein, RG Recht **32**, 548.

**3) Verstoß, I–IV.** Zweck des § 193 ist die Vermeidung jeder Beeinflussung des Gerichts; die Parteien **3** können auf die Wahrung des Beratungsgeheimnisses nicht wirksam verzichten, VGH Kassel NJW **81**, 599. Ausnahmsweise schadet die unbefugte Anwesenheit Dritter nicht, falls eine Beeinflussung ausgeschlossen ist; dann beruht das Urteil nicht auf dem Verstoß, BAG NJW **67**, 1581, MüKoWo 3, aM Kissel 30, VGH Kassel NJW **81**, 599: unerlaubte Anwesenheit schadet immer. Bei einer Beratung in der Sitzung, oben Rn 1, scheidet die Möglichkeit der Beeinflussung regelmäßig aus, wenn sie so leise geschieht, daß die sonst Anwesenden nichts davon verstehen, BVerwG Buchholz 300 § 193 Nr 1 mwN.

Ein Verstoß gegen § 193 ist ein Verfahrensfehler, so daß die Zurückverweisung durch das Revisionsgericht nötig und durch das Berufungsgericht möglich ist, wenn das Urteil auf dem Verstoß beruht, Katholnigg 11 mwN, str.

**4)** *VwGO:* *Entsprechend anzuwenden, § 55 VwGO.* **4**

**194** *Hergang bei Beratung und Abstimmung.* <sup>I</sup> **Der Vorsitzende leitet die Beratung, stellt die Fragen und sammelt die Stimmen.**
<sup>II</sup> **Meinungsverschiedenheiten über den Gegenstand, die Fassung und die Reihenfolge der Fragen oder über das Ergebnis der Abstimmung entscheidet das Gericht.**

**Vorbem.** Gilt entspr in der **Arbeitsgerichtsbarkeit,** § 9 II ArbGG.

**1) Erläuterung.** Die Beratung braucht sich nicht unmittelbar an die Verhandlung anzuschließen, viel- **1** mehr bestimmt der Vorsitzende die ihm zweckmäßig scheinende Zeit. Die Beratung geschieht regelmäßig mündlich; in Ausnahmefällen steht einer Beratung und Abstimmung im Umlaufwege nichts entgegen, wenn alle Richter einverstanden sind, Kissel § 193 Rn 3 mwN, BVerwG NJW **92**, 257 (vgl auch BVerwG NJW **92**, 255). Unzulässig ist die mündliche oder fernmündliche Einholung der Stimmen außerhalb der Sitzung, BSG NJW **71**, 2096. Wird die Beratung mit dem Vorbehalt beendet, wieder in sie einzutreten, falls sich für einen Richter ein neuer Gesichtspunkt ergeben sollte, ist eine erneute Verständigung der Richter nötig, Bbg NStZ **81**, 191 (Unterzeichnung der Entscheidung durch alle genügt). Mit Mehrheit kann das Kollegium die Wiedereröffnung der Beratung beschließen, Kissel 5.

Die Ordnung der Beratung und Abstimmung ergibt sich nicht aus § 197, sondern unterliegt der pflichtgemäßen Bestimmung des Vorsitzenden; bei Meinungsverschiedenheiten entscheidet das Kollegium. Zweckmäßig erledigt das Gericht die einzelnen Fragen, deren Beantwortung das Endergebnis bestimmt, die „Elemente der Entscheidung", einzeln, weil die Gründe durchweg die Ansicht des Kollegiums wiederzugeben haben; zu den sich daraus ergebenden Abstimmungsergebnissen Breetzke DRiZ **62**, 5.

Die Beratung (und Abstimmung) ist im Zivilprozeß auch dann gesetzmäßig, wenn der Vorsitzende und **2** der Berichterstatter die Akten durchgearbeitet haben und dem anderen Beisitzer der Sach- und Streitstand entweder schriftlich (in Gestalt eines Votums) oder in dem erforderlichen Umfang sonst bekannt gemacht wird, was auch durch die Vorgänge in der mdl Verh und/oder in der Beratung geschehen kann, BVerfG NJW **87**, 2219, BGH NJW **86**, 2706; aM Däubler JZ **84**, 355, v. Stackelberg MDR **83**, 364, Doehring NJW **83**, 851, die unter Berufung auf das Grundgesetz (Art 103 I, 101 I 2 u 97 I) volle Aktenkenntnis aller Richter für erforderlich halten; dagegen mit Recht ZöGre 7 vor § 128, Wimmer DVBl **85**, 779, Schneider DRiZ **84**, 361, Herr DRiZ **84**, 359, MDR **83**, 634 u NJW **83**, 2131, Schultz MDR **83**, 633: grundsätzlich wird nicht nach Lage der Akten entschieden, vielmehr ist es Aufgabe der Beteiligten, dem Gericht alles erforderliche in der mdl Verh vorzutragen (§§ 137 II, 526 ZPO), und ihrer freien Entscheidung überlassen, ob sie sich hierbei mit einer Bezugnahme begnügen (§ 137 III ZPO), so daß eine (allein erwägenswerte) Verletzung des Art 103 I GG idR ausscheidet; sie kommt ohnehin nur in Betracht, wenn eine mangelnde Aktenkenntnis sich im Einzelfall dahin auswirkt, daß erhebliche Fragen nicht erörtert oder wesentlicher Parteivortrag nicht angemessen berücksichtigt wird, BVerfG NJW **87**, 2219, BGH WertpMitt **83**, 866, vgl auch BVerwG NJW **84**, 251. Daß Schriftstücke, auf deren Wortlaut es ankommt, sowie Augenscheinsobjekte allen Richtern zugänglich gemacht werden, versteht sich von selbst. I ü können und werden die ehrenamtlichen Richter idR nur mündlich (in der mdl Verh oder in der Beratung) über die Sache unterrichtet werden, wenn es sich nicht um Handelsrichter handelt, denen häufig die Akten übersandt werden.

**2)** *VwGO:* *Entsprechend anzuwenden, § 55 VwGO.* **3**

**195** *Überstimmte.* **Kein Richter oder Schöffe darf die Abstimmung über eine Frage verweigern, weil er bei der Abstimmung über eine vorhergehende Frage in der Minderheit geblieben ist.**

**Vorbem.** Gilt entspr in der **Arbeitsgerichtsbarkeit,** § 9 II ArbGG.

**1) Erläuterung.** Der Richter (Berufsrichter oder ehrenamtlicher Richter), der die Abstimmung verwei- **1** gert, versagt seine amtliche Tätigkeit und verletzt die Amtspflicht. Notfalls ist ein Ersatzrichter hinzuziehen und die Verhandlung zu wiederholen.

**2)** *VwGO:* *Entsprechend anzuwenden, § 55 VwGO.* **2**

**196** *Stimmenzählung.* ¹Das Gericht entscheidet, soweit das Gesetz nicht ein anderes bestimmt, mit der absoluten Mehrheit der Stimmen.
II Bilden sich in Beziehung auf Summen, über die zu entscheiden ist, mehr als zwei Meinungen, deren keine die Mehrheit für sich hat, so werden die für die größte Summe abgegebenen Stimmen den für die zunächst geringere abgegebenen so lange hinzugerechnet, bis sich eine Mehrheit ergibt.
III, IV (betr Strafsachen).

**Vorbem.** Gilt entspr in der **Arbeitsgerichtsbarkeit**, § 9 II ArbGG.

1   **1) Erläuterung.** Absolute Stimmenmehrheit liegt vor, wenn sich **mehr als die Hälfte sämtlicher Stimmen** auf eine Meinung vereinigt (Gegensatz: relative Stimmenmehrheit, dh Vereinigung einer größeren Stimmenzahl als für die anderen Meinungen). Notfalls ist mehrmals abzustimmen; eine absolute Mehrheit gemäß II ist immer zu erzielen. Eine andere Art der Abstimmung tritt bei der Berichtigung des Tatbestands ein, s § 320 IV ZPO. II gilt auch im Zivilprozeß, ganz gleich, was für eine Bedeutung die Summen haben. Ein Verstoß gegen die § 196 und 197 ist an sich ein Verfahrensfehler, Kissel 10. Er begründet jedoch nur dann eine Anfechtung des Urteils, wenn es auf dem Verstoß beruht und ihn erkennen läßt, RG **38**, 412. Eine Beweisaufnahme über die Stimmenzählung ist zulässig.

2   **2) VwGO:** *Entsprechend anzuwenden, § 55 VwGO.*

**197** *Reihenfolge bei Abstimmung.* ¹Die Richter stimmen nach dem Dienstalter, bei gleichem Dienstalter nach dem Lebensalter, ehrenamtliche Richter **und Schöffen nach dem Lebensalter; der jüngere stimmt vor dem älteren.** ²Die Schöffen stimmen vor den Richtern. ³Wenn ein Berichterstatter ernannt ist, so stimmt er zuerst. ⁴Zuletzt stimmt der Vorsitzende.

**Vorbem.** Ohne daß § 197 entsprechend geändert worden wäre, führen die ehrenamtlichen Richter bei der KfH, auf die sich S 1 neben den Schöffen allein bezieht, jetzt wieder die Bezeichnung Handelsrichter, vgl § 105 Rn 1. – § 197 gilt entspr in der **Arbeitsgerichtsbarkeit**, § 9 II ArbGG.

1   **1) Erläuterung.** Das § 197 zugrunde liegende Prinzip der aufsteigenden Stimmfolge soll die Unabhängigkeit des Votums sichern; das Erststimmrecht des Berichterstatters beruht auf der Erwägung, daß das Votum des Richters, der sich mit dem Rechtsfall am intensivsten befaßt hat, besondere Bedeutung für die richtige Entscheidung hat, vgl Wacke JA **81**, 176. Diese Regelung gilt nur für die Abstimmung, nicht dagegen für die Beratung, § 194.

Das Dienstalter bestimmt sich nach § 20 DRiG, vgl die dortigen Erläuterungen. Wegen der Reihenfolge bei Richtern auf Probe und kraft Auftrags s DRiG § 20 Rn 2 (Schlußanh). Ist der Vorsitzende zugleich der Berichterstatter, so stimmt er nicht nach S 3 zuerst, sondern nach S 4 zuletzt ab, BVerwG VerwRspr **31**, 508.

Nach dem Lebensalter stimmen Handelsrichter, s Vorbem, und Schöffen ab, und zwar vor den (Berufs-) Richtern. Das gleiche gilt für andere ehrenamtliche Richter iSv § 45 a DRiG. In dem seltenen Sonderfall gleichen Lebensalters entscheidet das Los, Kissel 3.

Über die Bedeutung eines Verstoßes gegen § 197 vgl § 196 Rn 1 aE.

2   **2) VwGO:** *Entsprechend anzuwenden, § 55 VwGO. Die ehrenamtlichen Richter, §§ 19 ff VwGO, stimmen ebenso wie die Handelsrichter und Schöffen vor den (Berufs-)Richtern, Satz 2, EF § 55 Rn 18.*

**198** (betr Strafsachen; aufgehoben durch § 85 Z 13 DRiG)

### Siebzehnter Titel. Gerichtsferien

**199–202** (aufgehoben durch Art 1 G v 28. 10. 96, BGBl 1546, mWv 1. 1. 97; vgl Feiber NJW 97, 160)

# Einführungsgesetz zum Gerichtsverfassungsgesetz

vom 27. 1. 1877 (RGBl 77)

(BGBl III 300-1)

idF des G v 12. 9. 50, BGBl 455, zuletzt geändert durch Art 25 G v 16. 12. 97, BGBl 2970

Bearbeiter: Dr. Albers

*Erster Abschnitt*
*Allgemeine Vorschriften*

**1** *Inkrafttreten.* Das Gerichtsverfassungsgesetz tritt im ganzen Umfange des Reichs an einem durch Kaiserliche Verordnung mit Zustimmung des Bundesrats festzusetzenden Tage, spätestens am 1. Oktober 1879, gleichzeitig mit der im § 2 des Einführungsgesetzes der Zivilprozeßordnung vorgesehenen Gebührenordnung in Kraft.

**2** *Geltungsbereich.* Die Vorschriften des Gerichtsverfassungsgesetzes finden nur auf die ordentliche streitige Gerichtsbarkeit und deren Ausübung Anwendung.

1) **Erläuterung.** Über den Begriff der Gerichtsbarkeit s Üb § 12 GVG Rn 1. Die streitige Gerichtsbarkeit umfaßt Zivilprozeß, Strafprozeß und Verwaltungsstreit (auch vor Sozial- und Finanzgerichten). Die **ordentliche streitige Gerichtsbarkeit** umfaßt nur die beiden ersten, soweit sie den ordentlichen Gerichten (AG, LG, OLG, BGH) verbleiben und nicht Sondergerichten zugeteilt sind. Dabei ist ordentliche streitige Gerichtsbarkeit im Umfang des § 13 GVG zu verstehen. Außerhalb des Geltungsbereichs der Prozeßgesetze liegen die freiwillige Gerichtsbarkeit, soweit sie nicht den Prozeßgerichten zugewiesen ist, Einl III 1; trotzdem ist das GVG auch in Sachen der freiwilligen Gerichtsbarkeit maßgeblich, soweit ordentliche Gerichte als solche der nichtstreitigen Gerichtsbarkeit tätig werden, BGH 9, 33, vgl auch § 23 b GVG Rn 2. Wo die Gesetzgebung den ordentlichen Gerichten Aufgaben der Sondergerichte übertragen hat, § 3, gilt das gleichfalls. Eine Reihe von Vorschriften des GVG gilt entsprechend sowohl in der Arbeitsgerichtsbarkeit, Grdz § 1 GVG Rn 6, als auch im Verwaltungsstreit, §§ 55 VwGO, 52 FGO, 61 SGG. 1

**3** *Übertragung der Gerichtsbarkeit.* <sup>I</sup> ¹Die Gerichtsbarkeit in bürgerlichen Rechtsstreitigkeiten und Strafsachen, für welche besondere Gerichte zugelassen sind, kann den ordentlichen Landesgerichten durch die Landesgesetzgebung übertragen werden. ²Die Übertragung darf nach anderen als den durch das Gerichtsverfassungsgesetz vorgeschriebenen Zuständigkeitsnormen erfolgen.

<sup>II</sup> Auch kann die Gerichtsbarkeit letzter Instanz in den vorerwähnten Sachen auf Antrag des betreffenden **Bundesstaates mit Zustimmung des** Bundesrats durch kaiserliche Verordnung **dem Bundesgerichtshof übertragen** werden.

<sup>III</sup> Insoweit für bürgerliche Rechtsstreitigkeiten ein von den Vorschriften der Zivilprozeßordnung abweichendes Verfahren gestattet ist, kann die Zuständigkeit der ordentlichen Landesgerichte durch die Landesgesetzgebung nach anderen als den durch das Gerichtsverfassungsgesetz vorgeschriebenen Normen bestimmt werden.

1) **Übertragung:** Wegen des Begriffs der besonderen Gerichte s § 14 GVG Rn 1. Ordentliche Landesgerichte sind AG, LG, OLG, ObLG. An die Stelle des RG, II, ist der BGH getreten, Art 8 Z 88 VereinhG. 1

2) **Verfahren, III:** Soweit das Landesrecht von der ZPO abweichen darf, § 15 EGZPO, darf es auch die Zuständigkeit abweichend vom GVG regeln; das gilt auch für den Rechtsmittelzug, BGH NJW 80, 583. Vgl auch § 3 EGZPO Rn 1. Mangels abweichender Regelung ist das Verfahren nach GVG und ZPO anzuwenden. Ein Sondergericht darf aufgrund des § 3 nicht bestimmt werden, Art 101 GG; es muß bundesrechtlich zugelassen sein. 2

**4** *Ermächtigung zu weiterer Übertragung.* ¹Durch die Vorschriften des Gerichtsverfassungsgesetzes über die Zuständigkeit der Behörden wird die Landesgesetzgebung nicht gehindert, den betreffenden Landesbehörden jede andere Art der Gerichtsbarkeit sowie Geschäfte der Justizverwaltung zu übertragen. ²Andere Gegenstände der Verwaltung dürfen den ordentlichen Gerichten nicht übertragen werden.

1) **Übertragung:** Als „Landesbehörden" des GVG kommen in Frage die ordentlichen Gerichte, die Staatsanwaltschaft, die Urkunds-, Zustellungs- und Vollstreckungsbeamten. Der Staatsanwaltschaft dürfen richterliche Geschäfte und die Dienstaufsicht über Richter nicht übertragen werden, § 151 GVG. Von der 1

**EGGVG §§ 4–8**  EinfG zum Gerichtsverfassungsgesetz

Ermächtigung haben die Landesgesetzgeber umfassend Gebrauch gemacht, idR in dem jeweiligen AGGVG, Schönfelder vor § 1 GVG (für Bayern s Schlußanh I B).

**2** 2) **Jede andere Art der Gerichtsbarkeit:** Sie darf also nicht bundesrechtlich geregelt sein und nicht zur ordentlichen Gerichtsbarkeit gehören.

**3** 3) **Justizverwaltung:** Sie ist an sich ein Teil der allgemeinen Verwaltung. Regelmäßig weist man ihr zu, was nicht zur Rspr gehört. Das ist unrichtig. Die Rechtspflege zerfällt in a) Rechtsprechung, b) Justizverwaltung, c) gewisse Rechtspflegeakte, unter die viele Verwaltungsgeschäfte fallen, die den ordentlichen Gerichten obliegen und dabei die Garantien der richterlichen Unabhängigkeit genießen, wie zB die Bestimmung des zuständigen Gerichts, die Geschäftsverteilung, die freiwillige Gerichtsbarkeit, Anh § 21. Zur Justizverwaltung gehören namentlich Dienstaufsicht, Personal-, Sach- und Kassenverwaltung, vgl BGH NJW **87**, 1199, sowie die Erstattung gerichtlicher Gutachten und der Rechtshilfeverkehr mit dem Ausland. Im einzelnen entscheidet nicht die Bezeichnung im Gesetz, sondern der Charakter der dem Gericht zugewiesenen Tätigkeit.

**4** 4) **Andere Gegenstände der Verwaltung** dürfen den Gerichten nicht übertragen werden. Der einzelne Richter darf die in § 4 II DRiG genannten Aufgaben wahrnehmen.

**4a** *Stadtstaatenklausel.* ¹ **Die Länder Berlin und Hamburg bestimmen, welche Stellen die Aufgaben erfüllen, die im Gerichtsverfassungsgesetz den Landesbehörden, den Gemeinden oder den unteren Verwaltungsbezirken sowie deren Vertretungen zugewiesen sind.**

II (betrifft Strafsachen)

**1** 1) **Erläuterung.** Da Vorschriften des Bundesrechts, die die Zuständigkeit von Verwaltungsbehörden regeln, idR auf die Verhältnisse in den Flächenstaaten zugeschnitten sind (mehrstufiger Aufbau der Verwaltung, Gliederung in Gemeinden usw), enthalten sie vielfach eine sog Stadtstaatenklausel, die eine Anpassung der Regelung an die Verhältnisse in den Stadtstaaten ermöglichen (Beispiel: § 151 BSHG). § 4 a stellt für den Bereich der Gerichtsverfassung allgemein klar, daß die Länder Berlin und Hamburg selbst bestimmen, welche Stellen die Aufgaben wahrnehmen, die das Bundesrecht den bei ihnen fehlenden Behörden oder Gebietskörperschaften zuweist. Für Bremen, wo die Verhältnisse anders liegen, bedarf es bei Bedarf einer besonderen Anpassungsbestimmung.

**5** (gegenstandslos geworden)

**6** *Ehrenamtliche Richter.* ¹ **Vorschriften über die Wahl oder Ernennung ehrenamtlicher Richter in der ordentlichen Gerichtsbarkeit einschließlich ihrer Vorbereitung, über die Voraussetzung hierfür, die Zuständigkeit und das dabei einzuschlagende Verfahren sowie über die allgemeinen Regeln über Auswahl und Zuziehung dieser ehrenamtlichen Richter zu den einzelnen Sitzungen sind erstmals auf die erste Amtsperiode der ehrenamtlichen Richter anzuwenden, die nicht früher als am ersten Tag des auf ihr Inkrafttreten folgenden zwölften Kalendermonats beginnt.**

II **Vorschriften über die Dauer der Amtsperiode ehrenamtlicher Richter in der ordentlichen Gerichtsbarkeit sind erstmals auf die erste nach ihrem Inkrafttreten beginnende Amtsperiode anzuwenden.**

**1** 1) **Erläuterung.** Die durch Art 3 StVÄG 1987 eingefügte Vorschrift bezieht sich in erster Linie, aber nicht nur auf ehrenamtliche Richter in der Strafjustiz (Schöffen), also zB auch auf Handelsrichter. Die damit geschaffenen allgemeinen Überleitungsvorschriften sollen den Erlaß von jeweils neuen Bestimmungen für jedes einzelne Änderungsgesetz entbehrlich machen, Meyer-Goßner NJW **87**, 1169.

**7** (gegenstandslos geworden)

**8** *Oberstes Landesgericht.* ¹ **Durch die Gesetzgebung eines Landes, in dem mehrere Oberlandesgerichte errichtet werden, kann die Verhandlung und Entscheidung der zur Zuständigkeit des Bundesgerichtshofes gehörenden Revisionen in bürgerlichen Rechtsstreitigkeiten einem obersten Landesgericht zugewiesen werden.**

II **Diese Vorschrift findet jedoch auf bürgerliche Rechtsstreitigkeiten, in denen für die Entscheidung Bundesrecht in Betracht kommt, keine Anwendung, es sei denn, daß es sich im wesentlichen um Rechtsnormen handelt, die in den Landesgesetzen enthalten sind.**

**1** 1) **Erläuterung.** Nur Bayern hatte ein ObLG errichtet, das 1935 aufgehoben und durch bay Gesetz 124 vom 27. 3. 48 (dieses ersetzt durch Abschnitt I Art 1 ff bayer AGGVG, auszugsweise abgedruckt Schlußanh I B) wiedererrichtet wurde, dazu Gerner NJW **75**, 720, Haegele Rpfleger **75**, 113. Ob für die Entscheidung über eine Revision im Schwerpunkt Landesrecht maßgeblich ist, II, richtet sich nach dem Inhalt des Berufungsurteils und dem Vorbringen des Revisionsklägers, BayObLGZ **94**, 39. Vor den BGH gehören namentlich die Revisionen aus BGB, HGB, WechselG, Urheberrecht und gewerblichem Rechtsschutz, GmbHG, HaftpflichtG, BinnSchG, Genossenschaftsrecht, VersicherungsvertragsG, BörsenG, ScheckG, BauforderungsG, FlößereiG. Der BGH ist zuständig, wenn er auch nur für die Widerklage zuständig ist. Wegen des Verfahrens, insbesondere der Revisionseinlegung beim BayObLG, s §§ 7, 8 EGZPO.

**9** (betrifft Strafsachen)

**10** *Besetzung und Verfassung des Obersten Landesgerichts.* ¹Die allgemeinen sowie die in § 116 Abs. 1 Satz 2, §§ 124, 130 Abs. 1 und 181 Abs. 1 enthaltenen besonderen Vorschriften des Gerichtsverfassungsgesetzes finden auf die obersten Landesgerichte der ordentlichen Gerichtsbarkeit entsprechende Anwendung; ferner sind die Vorschriften der §§ 132, 138 des Gerichtsverfassungsgesetzes mit der Maßgabe entsprechend anzuwenden, daß durch Landesgesetz die Zahl der Mitglieder der Großen Senate anderweitig geregelt oder die Bildung eines einzigen Großen Senats angeordnet werden kann, der aus dem Präsidenten und mindestens acht Mitgliedern zu bestehen hat und an die Stelle der Großen Senate für Zivilsachen und für Strafsachen sowie der Vereinigten Großen Senate tritt.

<sup>II</sup> (betr Straf- und Grundbuchsachen sowie Angelegenheiten der freiwilligen Gerichtsbarkeit)

1) **Bem.** Die (durch Art 7 I Z 2 RpflVereinfG mWv 1. 4. 91 geänderte) Vorschrift, die die am 1. 1. 92 in **1** Kraft tretende Neufassung der §§ 132 ff GVG berücksichtigt, hat Bedeutung für das BayObLG, vgl § 8. Solange §§ 136 und 137 GVG galten, waren auch sie entsprechend anzuwenden.

**11** *Verfolgung von Beamten.* ¹Die landesgesetzlichen Bestimmungen, durch welche die strafrechtliche oder zivilrechtliche Verfolgung öffentlicher Beamten wegen der in Ausübung oder in Veranlassung der Ausübung ihres Amtes vorgenommenen Handlungen an besondere Voraussetzungen gebunden ist, treten außer Kraft.

<sup>II</sup> Unberührt bleiben die landesgesetzlichen Vorschriften, durch welche die Verfolgung der Beamten entweder im Falle des Verlangens einer vorgesetzten Behörde oder unbedingt an die Vorentscheidung einer besonderen Behörde gebunden ist, mit der Maßgabe:

1. daß die Vorentscheidung auf die Feststellung beschränkt ist, ob der Beamte sich einer Überschreitung seiner Amtsbefugnisse oder der Unterlassung einer ihm obliegenden Amtshandlung schuldig gemacht habe;
2. daß in den Bundesstaaten, in welchen ein oberster Verwaltungsgerichtshof besteht, die Vorentscheidung diesem, in den anderen Bundesstaaten dem Reichsgerichte zusteht.

1) **Erläuterung.** I bezog sich nur auf Landesbeamte; vgl iü § 13 GVG Rn 31. II ist gegenstandslos, **1** Art 131 I 3 WeimVerf, dazu RG **106**, 34 (abgedr RGBl **23** I 292), und jetzt Art 34 S 3 GG.

*Zweiter Abschnitt*
*Verfahrensübergreifende Mitteilungen von Amts wegen*

**Vorbem.** Der 2. Abschnitt ist durch Art 1 JuMiG v 18. 6. 97, BGBl 1430, eingefügt und durch Art 25 Z 1 G v 16. 12. 97, BGBl 2970, geändert worden; er ist nach Art 37 I JuMiG am 1. 6. 98 in Kraft getreten, vgl Wollweber SchlHA **99**, 69, und NJW **98**, 2488, Bryde JZ **98**, 115. **Gesetzesmaterialien:** RegEntw BT-Drs 13/4609; AusschBer BT-Drs 13/7489; BT-Prot v 24. 4. 97, vgl ZRP **96**, 73, 113, 116 u 273. **Ausführungsanordnung:** Neufassung der AnO über Mitteilungen in Zivilsachen (MiZi) v 29. 4. 98, abgedr Beilage zu NJW 38/98, Piller/Hermann, Justizverwaltungsvorschriften.

**12** *Geltungsbereich; Erlaß von Verwaltungsvorschriften.* <sup>I</sup> ¹Die Vorschriften dieses Abschnitts gelten für die Übermittlung personenbezogener Daten von Amts wegen durch Gerichte der ordentlichen Gerichtsbarkeit und Staatsanwaltschaften an öffentliche Stellen des Bundes oder eines Landes für andere Zwecke als die des Verfahrens, für die die Daten erhoben worden sind. ²Besondere Rechtsvorschriften des Bundes oder, wenn die Daten aus einem landesrechtlich geregelten Verfahren übermittelt werden, eines Landes, die von den §§ 18 bis 22 abweichen, gehen diesen Vorschriften vor.

<sup>II</sup> Absatz 1 gilt entsprechend für die Übermittlung personenbezogener Daten an Stellen der öffentlich-rechtlichen Religionsgesellschaften, sofern sichergestellt ist, daß bei dem Empfänger ausreichende Datenschutzmaßnahmen getroffen werden.

<sup>III</sup> Eine Übermittlung unterbleibt, wenn ihr eine besondere bundes- oder entsprechende landesgesetzliche Verwendungsregelung entgegensteht.

<sup>IV</sup> Die Verantwortung für die Zulässigkeit der Übermittlung trägt die übermittelnde Stelle.

<sup>V</sup> Das Bundesministerium der Justiz kann mit Zustimung des Bundesrates allgemeine Verwaltungsvorschriften zu den nach diesem Abschnitt zulässigen Mitteilungen erlassen. Ermächtigungen zum Erlaß von Verwaltungsvorschriften über Mitteilungen in besonderen Rechtsvorschriften bleiben unberührt.

**13** *Übermittlung personenbezogener Daten.* [I] Gerichte und Staatsanwaltschaften dürfen personenbezogene Daten zur Erfüllung der in der Zuständigkeit des Empfängers liegenden Aufgaben übermitteln, wenn
1. eine besondere Rechtsvorschrift dies vorsieht oder zwingend voraussetzt,
2. der Betroffene eingewilligt hat,
3. offensichtlich ist, daß die Übermittlung im Interesse des Betroffenen liegt, und kein Grund zu der Annahme besteht, daß er in Kenntnis dieses Zwecks seine Einwilligung verweigern würde,
4. die Daten auf Grund einer Rechtsvorschrift von Amts wegen öffentlich bekanntzumachen sind oder in ein von einem Gericht geführtes, für jedermann unbeschränkt einsehbares öffentliches Register einzutragen sind oder es sich um die Abweisung des Antrags auf Eröffnung des Insolvenzverfahrens mangels Masse handelt oder
5. auf Grund einer Entscheidung
    a) bestimmte Rechtsfolgen eingetreten sind, insbesondere der Verlust der Rechtsstellung aus einem öffentlich-rechtlichen Amts- oder Dienstverhältnis, der Ausschluß vom Wehr- oder Zivildienst, der Verlust des Wahlrechts oder der Wählbarkeit oder der Wegfall von Leistungen aus öffentlichen Kassen, und
    b) die Kenntnis der Daten aus der Sicht der übermittelnden Stelle für die Verwirklichung der Rechtsfolgen erforderlich ist;

dies gilt auch, wenn auf Grund der Entscheidung der Erlaß eines Verwaltungsaktes vorgeschrieben ist, ein Verwaltungsakt nicht erlassen werden darf oder wenn der Betroffene ihm durch Verwaltungsakt gewährte Rechte auch nur vorläufig nicht wahrnehmen darf.

[II] [1]In anderen als in den in Absatz 1 genannten Fällen dürfen Gerichte und Staatsanwaltschaften personenbezogene Daten zur Erfüllung der in der Zuständigkeit des Empfängers liegenden Aufgaben einschließlich der Wahrnehmung personalrechtlicher Befugnisse übermitteln, wenn eine Übermittlung nach den §§ 14 bis 17 zulässig ist und soweit nicht für die übermittelnde Stelle offensichtlich ist, daß schutzwürdige Interessen des Betroffenen an dem Ausschluß der Übermittlung überwiegen. [2]Übermittelte Daten dürfen auch für die Wahrnehmung der Aufgaben nach dem Sicherheitsüberprüfungsgesetz oder einem entsprechenden Landesgesetz verwendet werden.

**14** (betrifft Strafsachen)

**15** *Datenübermittlung in Zivilsachen.* In Zivilsachen einschließlich der Angelegenheiten der freiwilligen Gerichtsbarkeit ist die Übermittlung personenbezogener Daten zulässig, wenn die Kenntnis der Daten aus der Sicht der übermittelnden Stelle erforderlich ist
1. zur Berichtigung oder Ergänzung des Grundbuchs oder eines von einem Gericht geführten Registers oder Verzeichnisses, dessen Führung durch eine Rechtsvorschrift angeordnet ist, und wenn die Daten Gegenstand des Verfahrens sind, oder
2. zur Führung des in § 2 Abs. 2 der Grundbuchordnung bezeichneten amtlichen Verzeichnisses und wenn Grenzstreitigkeiten Gegenstand eines Urteils, eines Vergleichs oder eines dem Gericht mitgeteilten außergerichtlichen Vergleichs sind.

Bem. Die §§ 12–22 gelten entspr in der Arbeitsgerichtsbarkeit, § 13 II ArbGG.

**16** *Datenübermittlung an ausländische Stellen.* Werden personenbezogene Daten an ausländische öffentliche Stellen oder an über- oder zwischenstaatliche Stellen nach den hierfür geltenden Rechtsvorschriften übermittelt, so ist eine Übermittlung dieser Daten auch zulässig
1. an das Bundesministerium der Justiz und das Auswärtige Amt,
2. in Strafsachen gegen Mitglieder einer ausländischen konsularischen Vertretung zusätzlich an die Staats- oder Senatskanzlei des Landes, in dem die konsularische Vertretung ihren Sitz hat.

**17** *Datenübermittlung in anderen Fällen.* Die Übermittlung personenbezogener Daten ist ferner zulässig, wenn die Kenntnis der Daten aus der Sicht der übermittelnden Stelle
1. zur Verfolgung von Straftaten oder Ordnungswidrigkeiten,
2. für ein Verfahren der internationalen Rechtshilfe,
3. zur Abwehr erheblicher Nachteile für das Gemeinwohl oder einer Gefahr für die öffentliche Sicherheit,
4. zur Abwehr einer schwerwiegenden Beeinträchtigung der Rechte einer anderen Person oder
5. zur Abwehr einer erheblichen Gefährdung Minderjähriger
erforderlich ist.

**18** *Verbindung mit weiteren Daten.* [I] [1]Sind mit personenbezogenen Daten, die nach diesem Abschnitt übermittelt werden dürfen, weitere personenbezogene Daten des Betroffenen oder eines Dritten so verbunden, daß eine Trennung nicht oder nur mit unvertretbarem Aufwand möglich ist, so ist die Übermittlung auch dieser Daten zulässig, soweit nicht berechtigte Interessen des Betroffenen oder eines Dritten an deren Geheimhaltung offensichtlich überwiegen.

²Eine Verwendung der Daten durch den Empfänger ist unzulässig; für Daten des Betroffenen gilt § 19 Abs. 1 Satz 2 entsprechend.

II ¹Die übermittelnde Stelle bestimmt die Form der Übermittlung nach pflichtgemäßem Ermessen. ²Soweit dies nach der Art der zu übermittelnden Daten und der Organisation des Empfängers geboten ist, trifft sie angemessene Vorkehrungen, um sicherzustellen, daß die Daten unmittelbar den beim Empfänger funktionell zuständigen Bediensteten erreichen.

**19** *Zweckbindung.* ¹ ¹Die übermittelten Daten dürfen nur zu dem Zweck verwendet werden, zu dessen Erfüllung sie übermittelt worden sind. ²Eine Verwendung für andere Zwecke ist zulässig, soweit die Daten auch dafür hätten übermittelt werden dürfen.

II ¹Der Empfänger prüft, ob die übermittelten Daten für die in Absatz 1 genannten Zwecke erforderlich sind. ²Sind die Daten hierfür nicht erforderlich, so schickt er die Unterlagen an die übermittelnde Stelle zurück. ³Ist der Empfänger nicht zuständig und ist ihm die für die Verwendung der Daten zuständige Stelle bekannt, so leitet er die übermittelten Unterlagen dorthin weiter und benachrichtigt hiervon die übermittelnde Stelle.

**20** *Unterrichtung des Empfängers.* ¹ ¹Betreffen Daten, die vor Beendigung eines Verfahrens übermittelt worden sind, den Gegenstand dieses Verfahrens, so ist der Emfpänger vom Ausgang des Verfahrens zu unterrichten; das gleiche gilt, wenn eine übermittelte Entscheidung abgeändert oder aufgehoben wird, das Verfahren, außer in den Fällen des § 153 a der Strafprozeßordnung, auch nur vorläufig eingestellt worden ist oder nach den Umständen angenommen werden kann, daß das Verfahren auch nur vorläufig nicht weiter betrieben wird. ²Der Empfänger ist über neue Erkenntnisse unverzüglich zu unterrichten, wenn dies erforderlich erscheint, um bis zu einer Unterrichtung nach Satz 1 drohende Nachteile für den Betroffenen zu vermeiden.

II ¹Erweist sich, daß unrichte Daten übermittelt worden sind, so ist der Empfänger unverzüglich zu unterrichten. ²Der Empfänger berichtigt die Daten oder vermerkt ihre Unrichtigkeit in den Akten.

III Die Unterrichtung nach Absatz 1 oder 2 Satz 1 kann unterbleiben, wenn sie erkennbar weder zur Wahrung der schutzwürdigen Interessen des Betroffenen noch zur Erfüllung der Aufgaben des Empfängers erforderlich ist.

**21** *Auskunftserteilung und Unterrichtung.* ¹ ¹Dem Betroffenen ist auf Antrag Auskunft über die übermittelten Daten und deren Empfänger zu erteilen. ²Der Antrag ist schriftlich zu stellen. ³Die Auskunft wird nur erteilt, soweit der Betroffene Angaben macht, die das Auffinden der Daten ermöglichen, und der für die Erteilung der Auskunft erforderliche Aufwand nicht außer Verhältnis zu dem geltend gemachten Informationsinteresse steht. ⁴Die übermittelnde Stelle bestimmt das Verfahren, insbesondere die Form der Auskunftserteilung, nach pflichtgemäßem Ermessen.

II ¹Ist der Betroffene bei Mitteilungen in Strafsachen nicht zugleich der Beschuldigte oder in Zivilsachen nicht zugleich Partei oder Beteiligter, ist er gleichzeitig mit der Übermittlung personenbezogener Daten über den Inhalt und den Empfänger zu unterrichten. ²Die Unterrichtung des gesetzlichen Vertreters eines Minderjährigen, des Bevollmächtigten oder Verteidigers reicht aus. ³Die übermittelnde Stelle bestimmt die Form der Unterrichtung nach pflichtgemäßem Ermessen. ⁴Eine Pflicht zur Unterrichtung besteht nicht, wenn die Anschrift des zu Unterrichtenden nur mit unvertretbarem Aufwand festgestellt werden kann.

III Bezieht sich die Auskunftserteilung oder die Unterrichtung auf die Übermittlung personenbezogener Daten an Verfassungsschutzbehörden, den Bundesnachrichtendienst, den Militärischen Abschirmdienst oder, soweit die Sicherheit des Bundes berührt wird, andere Behörden des Bundesministers der Verteidigung, ist sie nur mit Zustimmung dieser Stellen zulässig.

IV ¹Die Auskunftserteilung und die Unterrichtung unterbleiben, soweit
1. sie die ordnungsgemäße Erfüllung der Aufgaben der übermittelnden Stelle oder des Empfängers gefährden würden,
2. sie die öffentliche Sicherheit oder Ordnung gefährden oder sonst dem Wohle des Bundes oder eines Landes Nachteile bereiten würden oder
3. die Daten oder die Tatsache ihrer Übermittlung nach einer Rechtsvorschrift oder ihrem Wesen nach, insbesondere wegen der überwiegenden berechtigten Interessen eines Dritten, geheimgehalten werden müssen

und deswegen das Interesse des Betroffenen an der Auskunfserteilung oder Unterrichtung zurücktreten muß. ²Die Unterrichtung des Betroffenen unterbleibt ferner, wenn erhebliche Nachteile für seine Gesundheit zu befürchten sind.

V Die Ablehnung der Auskunftserteilung bedarf keiner Begründung, soweit durch die Mitteilung der tatsächlichen und rechtlichen Gründe, auf die die Entscheidung gestützt wird, der mit der Auskunftsverweigerung verfolgte Zweck gefährdet würde.

**22** *Überprüfung der Rechtmäßigkeit.* ¹ ¹Ist die Rechtsgrundlage für die Übermittlung personenbezogener Daten nicht in den Vorschriften enthalten, die das Verfahren der übermittelnden Stelle regeln, sind für die Überprüfung der Rechtmäßigkeit der Übermittlung die §§ 23 bis 30 nach Maßgabe der Absätz 2 und 3 anzuwenden. ²Hat der Empfänger auf Grund der übermittelten Daten eine Entscheidung oder andere Maßnahme getroffen und dies dem Betroffenen bekanntgegeben, bevor ein Antrag auf gerichtliche Entscheidung gestellt worden ist, so wird die Rechtmäßigkeit der Übermittlung ausschließlich von dem Gericht, das gegen die Entscheidung oder Maßnahme des Empfängers angerufen werden kann, in der dafür vorgesehenen Verfahrensart überprüft.

II ¹Wird ein Antrag auf gerichtliche Entscheidung gestellt, ist der Empfänger zu unterrichten. ²Dieser teilt dem nach § 25 zuständigen Gericht mit, ob die Voraussetzungen des Absatzes 1 Satz 2 vorliegen.

III ¹War die Übermittlung rechtswidrig, so spricht das Gericht dies aus. ²Die Entscheidung ist auch für den Empfänger bindend und ist ihm bekanntzumachen. ³Die Verwendung der übermittelten Daten ist unzulässig, wenn die Rechtswidrigkeit der Übermittlung festgestellt worden ist.

**Bem.** II 2 idF der Berichtigung v 1. 12. 97, BGBl 2779. Vgl die Erl zu den §§ 23–30.

*Dritter Abschnitt*
*Anfechtung von Justizverwaltungsakten*

**Übersicht**

**Schrifttum:** *MüKoWo,* Komm; *Jansen,* FGG-Komm Bd I Anh I; *Kissel,* GVG-Komm; *Schäfer* in: Löwe-Rosenberg, StPO u GVG, 23. Aufl; *Ule* VPrR Anh § 32 zu IV.

1   1) §§ 23–30 befassen sich mit der **gerichtlichen Überprüfung von Maßnahmen der Justizverwaltung.** Die Regelung genügt Art 19 IV GG, weil das OLG nicht auf die Nachprüfung der Rechtsanwendung beschränkt ist, sondern den Sachverhalt selbst feststellen muß, BVerfG NJW **67**, 923.

2   2) Die Regelung der §§ 23 ff ist durch ihre **Generalklausel, § 23,** eine allgemeine, die eine besondere nicht ausschließt. Eine solche enthält Art 7 VI FamRÄndG, abgedr § 328 ZPO Rn 51; das Nachprüfungsverfahren, das durch den Antrag auf Entscheidung durch das OLG in Gang gebracht werden kann, ist ein solches der freiwilligen Gerichtsbarkeit schlechthin, so daß die Anwendung der §§ 23 ff dafür entfällt; ebenso Mü NJW **64**, 983. In Zivilsachen (ohne Sachen der freiwilligen Gerichtsbarkeit) sind die §§ 23–30 nur in den in § 23 EGGVG Rn 3 genannten Angelegenheiten anwendbar.

3   3) Die Regelung gilt seit dem 3. 10. 90 in den **neuen Bundesländern** und dem früheren Ost-Berlin mit Maßgaben hinsichtlich der Zuständigkeit, s bei § 25.

**23** *Rechtsweg gegen Maßnahmen der Justizbehörden.* ¹Über die Rechtmäßigkeit der Anordnungen, Verfügungen oder sonstigen Maßnahmen, die von den Justizbehörden zur Regelung einzelner Angelegenheiten auf den Gebieten des bürgerlichen Rechts einschließlich des Handelsrechts, des Zivilprozesses, der freiwilligen Gerichtsbarkeit und der Strafrechtspflege getroffen werden, entscheiden auf Antrag die ordentlichen Gerichte. ²Das gleiche gilt für Anordnungen, Verfügungen oder sonstige Maßnahmen der Vollzugsbehörden im Vollzug der Jugendstrafe, des Jugendarrests und der Untersuchungshaft sowie derjenigen Freiheitsstrafen und Maßregeln der Besserung und Sicherung, die außerhalb des Justizvollzuges vollzogen werden.

II Mit dem Antrag auf gerichtliche Entscheidung kann auch die Verpflichtung der Justiz- oder Vollzugsbehörde zum Erlaß eines abgelehnten oder unterlassenen Verwaltungsaktes begehrt werden.

III Soweit die ordentlichen Gerichte bereits auf Grund anderer Vorschriften angerufen werden können, behält es hierbei sein Bewenden.

**Vorbem.** Entspr anwendbar auf die Überprüfung der Rechtmäßigkeit einer **Datenermittlung,** §§ 12 ff, nach Maßgabe des § 22, auch in der **ArbGerichtsbarkeit,** § 13 II ArbGG.

1   1) Maßnahmen der Justizbehörden, I, II

**A. Allgemeines.** Der gerichtlichen Entscheidung nach §§ 23 ff unterliegen nur Maßnahmen von Justizbehörden auf den in Rn 2 genannten Gebieten; dabei kommt es nicht auf die Organisation, sondern auf die Funktion der betreffenden Behörde als Justizbehörde an, Katholnigg Rdz 4 mwN, BGH NJW **79**, 882, BVerwG NJW **84**, 2234, Celle NJW **90**, 1802, KG RR **88**, 1531, hM. Immer muß es sich um Maßnahmen zur Regelung einzelner Angelegenheiten handeln; darauf, ob diese Maßnahme als Verwaltungsakt (iSv § 35 VwVfG) zu qualifizieren ist, kommt es nicht an, Kissel 29, BVerwG NJW **89**, 413 mwN, KG NJW **87**, 197 mwN, Hamm NJW **81**, 356, Karlsr Just **80**, 450, VGH Kassel VerwRspr **28**, 1009, str, aM ua Strubel/Sprenger NJW **72**, 1735. Erforderlich und genügend ist es, daß von der Maßnahme eine unmittelbare rechtliche Wirkung ausgeht, KG FamRZ **86**, 806, Hamm NJW **72**, 2145, so daß bloße Wissenserklärungen nicht angefochten werden können, KG OLGZ **94**, 371. Die den Gerichten obliegenden rechtspflegerischen Akte scheiden hier aus, also vor allem das Gebiet der freiwilligen Gerichtsbarkeit, zB Grundbuchberichtigung, BezG Dresden DtZ **92**, 190, oder Einsicht in das Handelsregister, Mü Rpfleger **88**, 487, aber auch die Gewährung der Prozeßkostenhilfe, § 114 ZPO, die Zuweisung eines Anwalts, §§ 78 b, 78 c u ähnl, da sie nicht von einer Justizbehörde, sondern von dem Gericht oder Richter (bzw Rpfl) getroffen werden; das gleiche gilt für Maßnahmen des Urkundsbeamten in einem anhängigen Verfahren, Ffm JB **76**, 1701. Nicht hierher gehören auch AnOen des Gerichts, wie Maßnahmen der Sitzungspolizei, § 176, Hbg MDR **92**, 799, die Ausschließung gewisser Bevollmächtigter und Beistände in der mündlichen Verhandlung, § 157 ZPO Rn 16 u 17 (auch wegen des Rechtsbehelfs). Es handelt sich dabei durchweg um Justizakte, dh solche,

EinfG zum Gerichtsverfassungsgesetz　　　　　　　　　　　　　　　　§ 23 EGGVG

die seitens des unabhängigen Gerichts oder seiner Organe in den Formen eines gerichtlichen Verfahrens ergehen. Ist die Überprüfbarkeit fraglich, so hat darüber das Gericht zu entscheiden, das bei Bejahung sachlich zuständig ist, BVerwG NJW **76**, 305.

**B. Abgrenzung.** I ü ist von der Generalklausel des § 40 VwGO auszugehen; § 23 EGGVG, der ebenfalls **2** eine Generalklausel enthält, ist die Ausnahme von 40 VwGO und als solche eng auszulegen. Es muß sich um eine AnO, Verfügung oder sonstige Maßnahme auf den Gebieten des bürgerlichen Rechts einschließlich des Handelsrechts, des Zivilprozesses, der freiwilligen Gerichtsbarkeit und der Strafrechtspflege zur Regelung einer einzelnen Angelegenheit handeln. Maßnahmen auf anderen Gebieten, zB im Rahmen der Arbeitsgerichtsbarkeit, gehören nicht hierher, Kissel 12, Oetker MDR **89**, 600 mwN, Willikonsky BB **87**, 2013, aM Schlesw NJW **89**, 110, auch nicht Maßnahmen iRv Verfahren vor dem Bundespatentgericht, Hirte MittDtPatentanw **93**, 300.

Unter § 23 fallen nicht die Zulassungen zu einem Beruf, zB von Rechtsbeiständen, BVerwG NJW **55**, 1532, Nikken SchlHA **61**, 134, auch nicht die eines RAs als Rechtsbeistand, BVerwG NJW **59**, 547, wohl aber die Zulassung bei einem AG, § 157 III, Kissel 140, ZöGu 4, BGH **77**, 206 u 211, BVerwG NJW **69**, 2218, Hamm NJW **80**, 960, nicht aber bei einem sonstigen Gericht, zB Sozialgericht, BVerwG NJW **63**, 2242, DÖV **72**, 792. Nicht in das Verf nach § 23 gehören die in III genannten Sachen, dazu unten Rn 7.

**C. Einzelfälle in Zivilsachen**, MüKoWo 24–54, Kissel 101–169 (ja = Rweg nach § 23, nein = kein **3** Rweg nach § 23).
**Allgemeine Geschäftsbedingungen.** Eintragung und Löschung nach § 20 II AGB: ja, KG MDR **80**, 676. **Auskünfte.** Über das Ergebnis von Ermittlungen zur Richtigkeit eines Eingangsstempels: nein, KG RR **94**, 571 mwN, über die Unterlagen für die Geschäftsverteilung, § 21 e GVG: ja, vgl Hamm LS NJW **80**, 1009 (verneint für das Strafverfahren wegen § 222 a StPO).
**Auslandsunterhalt.** Ablehnung eines Gesuchs nach AUG: ja, § 4 II 3 AUG, Anh III § 168 GVG, KG RR **93**, 69.
**Datenübermittlung** nach §§ 12–21 EGGVG: ja, nach Maßgabe des § 22 EGGVG.
**Dienstaufsicht** über Richter. Maßnahmen iRv § 26 DRiG: nein, BGH NJW **89**, 588; Mitteilungen des Gerichts an die Aufsichtsbehörde: nein, Hamm NJW **72**, 2145.
**Dolmetscher.** Ablehnung der allgemeinen Vereidigung, § 189 GVG Rn 2: ja, Ffm RR **99**, 646 mwN, str, aM VG Stgt Just **79**, 411.
**Eheangelegenheiten.** Anerkennung ausländischer Entscheidungen: nein, Art 7 § 1 FamRÄndG, § 328 ZPO Rn 49 ff; Befreiung von der Beibringung des Ehefähigkeitszeugnisses für Ausländer, § 1309 II BGB, Barth/Wagenitz FamRZ **96**, 833, Hepting StAZ **96**, 257: ja, BGH **41**, 136, allgM; Maßnahmen der Verwaltungsbehörde iRv §§ 631 u 632 ZPO: grds nein, Düss FamRZ **96**, 109 mwN, ZöGü 28 (zum bisherigen Recht).
**Ehrverletzungen** durch gerichtliche Entscheidungen: nein, VGH Mü NJW **95**, 2940 mwN, oben Rn 1.
**Einsichtnahme.** Entscheidungen des Gerichtsvorstandes nach § 299 ZPO II: ja, hM, BGH NJW **90**, 841, Hamm RR **97**, 1489, Köln FamRZ **95**, 752 u NJW **94**, 1076, Düss JB **93**, 550, KG RR **91**, 1085 u NJW **89**, 534, § 299 Rn 30; Akteneinsicht in anderen Fällen: nein, KG RR **88**, 1531, Hbg MDR **82**, 775 mwN, OVG Kblz NVwZ **84**, 526; Einsicht in eine Entscheidungssammlung des Gerichts: ja, KG LS NJW **76**, 1326. S unter „Gerichtsakten", „Register" und „Schuldnerverzeichnis".
**Gerichtsakten.** Erteilung von Abschriften: ja, Celle NdsRpfl **83**, 144 (Antrag eines Dritten), sonst nein, oben Rn 1; Überlassung einer FGG-Akte an das Prozeßgericht: ja, Mü OLGZ **72**, 360. S unter „Einsichtnahme".
**Gerichtspressestelle.** Handlungen und Erklärungen zu einem konkreten Verfahren: ja, Kissel 36, VGH Mannh u VG Karlsr Just **81**, 250, Hamm NJW **81**, 356, aM BVerwG NJW **89**, 412 (abl Wasmuth NStZ **90**, 138) und BGH NStZ **88**, 513 (für Strafsachen); sonstige Tätigkeiten, insbes Mitteilungen über Arbeits- und Verwaltungssachen: nein, BVerwG NJW **88**, 1746, Wasmuth NJW **88**, 1705 mwN, Willikonsky BB **87**, 2013.
**Gerichtsvollzieher.** Maßnahmen bei der Zwangsvollstreckung: nein, oben Rn 1, KG MDR **82**, 155, Karlsr MDR **80**, 76, § 766 ZPO Rn 9 aE; Tätigkeit außerhalb der Zwangsvollstreckung: ja, Karlsr MDR **74**, 54, str, aM KG MDR **84**, 956 mwN (Zustellungsverfahren).
**Geschäftsstelle.** Grundsätzlich nein bei Hilfsakten der Rspr, zB Übersendung unfrankierter Empfangsbekenntnisse, Hamm NJW **98**, 1253.
**Geschäftsverteilung.** Beschlüsse des Präsidiums nach § 21 e GVG: nein, s dort Rn 24.
**Grundstücksrechte.** Entscheidungen nach §§ 1059 a I Z 2 und 1092 II BGB, Bassenge NJW **96**, 2777: ja.
**Gütestelle.** Maßnahmen iRv § 794 I Z 1 ZPO, zB Ablehnung eines Gesuchs: ja, Hbg MDR **88**, 506 u HbgJVBl **80**, 69; sonstige Maßnahmen, zB Verfahren bei Abschluß eines Vergleichs: nein, ZöGu 21 (Nachprüfung im Streitverfahren über die Wirksamkeit).
**Handelsrichter.** Ablehnung eines Antrags nach § 113 III GVG: ja, s dort Rn 4. **4**
**Hausverbot** für Gerichtsgebäude: nein, § 176 GVG Rn 2 (VerwRweg).
**Hinterlegung.** Fristsetzung nach § 16 HinterlO: ja, Kblz MDR **76**, 234; Ablehnung der Herausgabe durch den Gerichtsvorstand: nein bei abschließender Entscheidung, § 3 III HinterlO, Saarbr RR **98**, 1612, dagegen ja bei Zwischenentscheidungen, KG RR **99**, 863 mwN, Düss OLGZ **93**, 444.
**Konkursverwalter.** Auswahl nach § 78 I KO: nein, Düss RR **96**, 1273 (auch zum sog „Vorauswahlverfahren").
**Kostensachen.** S unten Rn 7, deshalb nein für Streitigkeiten iVm Gebührenfreistempler, Karlsr Just **86**, 358.
**Protokollierung einer Erklärung.** Ablehnung eines Antrags nach § 129 a ZPO: nein, KG RR **95**, 638, § 129 a ZPO Rn 20, oben Rn 1.
**Prozeßagent:** Zulassung nach § 157 III ZPO: ja, oben Rn 2, § 157 ZPO Rn 27.
**Prüfungsangelegenheiten:** nein (VerwRweg).

*Albers*

**Rechtsbeistand.** Ablehnung der Zulassung: nein, oben Rn 2 (VerwRweg).
**Rechtshilfe.** Maßnahmen im Rechtshilfeverkehr mit dem Ausland, Anh § 168 GVG: ja, allgM, Stadler IPrax **92**, 147 zu Ffm OLGZ **92**, 89 mwN, Mü RIW **89**, 483, Köln RIW **88**, 55 u NJW **87**, 1091 mwN (krit Puttfarken NJW **88**, 2155), insbes Entscheidungen der Zentralen Behörde nach dem HZUstlÜbk, Anh § 202 ZPO, vgl BVerfG ZIP **95**, 70 u NJW **94**, 3281 (Anm Koch/Diedrich ZIP **94**, 1830) zu KG OLGZ **94**, 371, Düss EuZW **96**, 381 u NJW **92**, 3110, Mü NJW **92**, 3113.
**Register.** Vollständige Mikroverfilmung eines gerichtlichen Registers: ja, BGH NJW **89**, 2819. S unter „Einsichtnahme" u „Schuldnerverzeichnis".
**Reisekosten.** Entschädigung für mittellose Parteien: nein, BGH NJW **75**, 1124, LG Hechingen Just **92**, 158 (Teil der PKH), vgl § 127 ZPO Rn 55 aE.
**Schiedsmann.** Entscheidungen in Schiedsmann-Angelegenheiten, soweit sie den Einzelfall betreffen, zB Verhängung einer Ordnungsstrafe: ja, ZöGu 20. S unter „Gütestelle".
**Schuldnerverzeichnis.** Weitergabe von Eintragungen: nein, § 915 b ZPO.
**Sitzungssaal:** Behördeninterne Zuweisung an ein Gericht: ja, Hbg NJW **79**, 279 (krit Holch JR **79**, 349).
**Stiftungsaufsicht:** Maßnahmen einer Justizbehörde im funktionellen Sinne: ja, ZöGu 19, KG OLGZ **81**, 299 mwN; Maßnahmen einer Verwaltungsbehörde: nein, PalHeinrich Vorbem § 80 BGB Rn 13, BVerwG NJW **75**, 893, OVG Münst NVwZ-RR **96**, 425 u 427, VGH Mü BayVBl **90**, 719, allgM (VerwRweg).
**Tonband.** Herausgabe der Aufnahme einer Zeugenvernehmung: nein, Mü MDR **61**, 436, oben Rn 1.
**Unterhaltssachen.** Ablehnung der Übersendung von Unterlagen nach dem UN-UnterhÜbk, Anhang II § 168 GVG: ja, s dort Bem zu Art 4.
**Vermögensverzeichnis.** Einsicht in das Verzeichnis, § 807 ZPO Rn 47: ja, BGH NJW **90**, 841, KG NJW **89**, 534, Hamm NJW **89**, 533, abw Celle Rpfleger **83**, 324.
**Veröffentlichung von Entscheidungen.** Überlassung einer Urteilsabschrift zum Zweck der Veröffentlichung: ja, Celle NJW **90**, 2570 mwN; Entscheidung über die Veröffentlichung von Entscheidungen: nein (VerwRweg), hM, BVerwG NJW **93**, 675, OVG Lüneb MDR **96**, 817 zu VG Hann NJW **93**, 3282 (Anm Huff DRiZ **94**, 150), OVG Bln NJW **93**, 676, OVG Bre NJW **89**, 926 (Anm Hoffmann-Riem JZ **89**, 637).

5 **2) Verfahren**

**A. Anträge, I, II.** Es kann sowohl ein Antrag auf Nachprüfung der Rechtmäßigkeit wie auch mit ihm zusammen, also insbesondere bei Ablehnung, ein solcher auf Erlaß des abgelehnten oder unterlassenen Maßnahme gestellt werden (auch II bezieht sich entgegen der zu engen Fassung nicht nur auf Justizverwaltungsakte, s Rn 1, KG FamRZ **86**, 806). Das entspricht etwa der verwaltungsgerichtlichen Aufhebungs- und Verpflichtungsklage, wobei zu berücksichtigen ist, daß die letztere die Aufhebung des ablehnenden Bescheides in sich schließt. Es kann auch ein Antrag auf gerichtliche Entscheidung wegen Untätigkeit der Behörde gestellt werden; der Antrag auf Folgenbeseitigung, § 28 I 2 EGGVG, kommt nur bei VerwAkten der Vollzugsbehörden in Betracht. Wegen der Einreichung s § 26 I EGGVG. Antragsberechtigt ist der durch den Bescheid Verletzte, § 24 I EGGVG. Antragsfrist: § 26 EGGVG.

Im Antrag muß die Behörde, gegen die er sich richtet, genau bezeichnet werden, damit das Gericht die Behörde hören und die Akten heranziehen kann. Anträge, die sich in beleidigenden Äußerungen erschöpfen, können als unzulässig verworfen werden, KG NJW **69**, 151, zustm Eb. Schmidt JZ **69**, 268.

Mit der Einreichung des Antrags, § 26 I, wird die Sache rechtshängig, Stgt Just **80**, 359. Wird er bei einer unzuständigen Stelle eingereicht, wird er an das OLG abgegeben. Eine entsprechende Klage ist ggf entspr § 17 a GVG an das OLG zu verweisen, Kblz MDR **84**, 1036.

Der Antrag hat keine aufschiebende Wirkung, Stadler IPrax **92**, 149. Das Gericht kann aber die Vollziehung nach § 29 II iVm § 24 III FGG aussetzen, § 29 Rn 4.

6 **B. Weiteres Verfahren.** Das Verfahren ist kein Klageverfahren, so daß §§ 81 ff VwGO unanwendbar bleiben. Es ähnelt dem der freiwilligen Gerichtsbarkeit, deren Vorschriften über das Beschwerdeverfahren auch ergänzend heranzuziehen sind, § 29 II; für das Verfahren gilt der Untersuchungsgrundsatz, § 12 FGG, § 28 Rn 1, Gottwald StAZ **80**, 240. Die Behörde ist Antragsgegner. Sie muß gehört werden und hat die Rechte eines am Verf Beteiligten, vgl § 111 StVollzG. Eine mündliche Verhandlung ist nicht vorgesehen. Vgl i ü § 29 Rn 3.

7 **3) Andere Bestimmungen über die Nachprüfung durch die ordentlichen Gerichte, III.** Diese werden aufrechterhalten. Eine dem § 23 ähnliche Vorschrift enthält Art XI § 1 KostÄndG für VerwAkte, die im Bereich der Justizverwaltung beim Vollzug der in gerichtlichen Verfahren oder im Verfahren der Justizverwaltung geltenden Kostenvorschriften ergangen sind; s dazu Hartmann Teil XII. § 23 I, II gelten auch nicht, wenn die Verwaltung Maßnahmen nach §§ 8 GKG, 16 KostO ablehnt; dann ist ein Antrag an das Gericht zu richten, bei dem die Kosten anzusetzen wären. Ferner entfällt der besondere Rechtsweg bei der Befreiung des Notars von der Verschwiegenheitspflicht (Verfahren nach § 111 NotO), BGH FamRZ **75**, 271, und bei Entscheidungen in Notarkostensachen (wegen § 156 V KostO), Düss DNotZ **67**, 444. Nicht hierhin gehört § 5 VwVfG, wenn die Behörde als Justizbehörde iSv I handelt, Celle NJW **90**, 1802. Vgl auch oben Rn 4.

**24** *Zulässigkeit des Antrags.* I Der Antrag auf gerichtliche Entscheidung ist nur zulässig, wenn der Antragsteller geltend macht, durch die Maßnahme oder ihre Ablehnung oder Unterlassung in seinen Rechten verletzt zu sein.

II Soweit Maßnahmen der Justiz oder Vollzugsbehörden der Beschwerde oder einem anderen förmlichen Rechtsbehelf im Verwaltungsverfahren unterliegen, kann der Antrag auf gerichtliche Entscheidung erst nach vorausgegangenem Beschwerdeverfahren gestellt werden.

**Vorbem.** S Vorbem § 23 (**Datenübermittlung**).

**1) Allgemeines.** § 24 enthält **Zulässigkeitsvoraussetzungen für einen gültigen Antrag**, aM Jansen 5  **1**
(Sachurteilsvoraussetzung; aber nur wenn der Antrag allen Voraussetzungen genügt, gültig ist, kann er Grundlage für eine Sachentscheidung sein). I stimmt fast wörtlich mit § 42 II VwGO überein. II macht den Antrag von der Erschöpfung des justizverwaltungsrechtlichen Beschwerdeverfahrens (förmlicher Rechtsbehelf) abhängig, ohne daß damit aber allgemein ein Vorverfahren wie in §§ 68 ff VwGO verlangt wird. Weitere Zulässigkeitsvoraussetzungen enthalten §§ 23, s dort Rn 1, und 26 EGGVG. Wegen der Zulässigkeit einer **einstwAnO** s § 29 Rn 4.

**2) „In seinen Rechten verletzt", I** (vgl § 42 II VwGO). **2**
**A. Begriff.** Die bloße Behauptung einer Rechtsverletzung genügt nicht; der Antragsteller muß vielmehr einen Sachverhalt vortragen, aus dem sich die Möglichkeit ergibt, daß er durch die Maßnahme oder ihre Ablehnung oder Unterlassung in seinen Rechten verletzt sein könnte, Hamm MDR **83**, 602, nämlich dann, wenn die Maßnahme der Behörde, ihre Ablehnung oder Unterlassung sich als objektiv rechtswidrig erweist, Ule VPrR § 33 II. Ob der Antrag materiell begründet ist, gehört nicht zur Zulässigkeitsprüfung, unten Rn 5. Die Rechtswidrigkeit kann auch in der Verletzung von Formvorschriften liegen. Nicht ausreichend ist die Behauptung, daß der Antragsteller einen Antrag gestellt habe, dieser aber ablehnend oder gar nicht beschieden worden sei. Handelt es sich um eine Ermessensentscheidung, so genügt es für die Zulässigkeit, daß der Antragsteller Umstände darlegt, die eine Verletzung seines Rechts auf fehlerfreie Ermessensausübung, § 28 III EGGVG, ergeben können, Celle NJW **90**, 2571. Die Berufung auf die Verletzung der Rechte eines Dritten scheidet aus („in seinen Rechten").

**B. I umgrenzt gleichzeitig den Kreis der Antragsberechtigten;** wie sich aus dem Wortlaut ergibt, **3**
muß der Antragsteller durch die Maßnahme in seinen Rechten verletzt sein können. Das ist er aber dann nicht, wenn sich jene nicht auf ihn bezieht. Ein Eingriff in die Interessensphäre genügt nicht; die Rechtssphäre muß verletzt sein; s dazu Maunz-Dürig Anm 34, 35 zu Art 19 IV GG, Ule § 42 VwGO III 2. Nicht antragsberechtigt ist der Verein wegen Ablehnung der Zulassung seiner Vorstandsmitglieder als Prozeßagenten, Hamm MDR **67**, 137. Dagegen kann bei Entscheidungen im Rechtshilfeverkehr mit dem Ausland auch ein Zeuge antragsberechtigt sein, Mü JZ **81**, 540, dazu Martens RIW **81**, 731.

**3) Vorverfahren, II. Eine Beschwerdemöglichkeit und andere förmliche Rechtsbehelfe sind zu 4
erschöpfen**, auch wenn sie nur durch VerwAnO, nicht durch eine Rechtsnorm vorgeschrieben sind, BVerfG NJW **76**, 34; sind sie nicht eingelegt, ist der Antrag auf gerichtliche Entscheidung unzulässig, ohne daß das Gericht gehalten ist, dem Antragsteller Gelegenheit zur Behebung des Mangels zu geben, Düss OLGZ **93**, 444 (zu § 3 II HO). Bei Versagung des Ehefähigkeitszeugnisses für Ausländer durch den OLGPräsidenten, § 10 EheG, ist zwar eine Beschwerde an den Justizminister denkbar, aber kein förmlicher Rechtsbehelf; ebenso liegt es bei Akteneinsicht durch Dritte, § 299 II ZPO. Dienstaufsichtsbeschwerde ist kein förmlicher Rechtsbehelf, Celle NdsRpfl **65**, 103, vielmehr auf die Einwirkung der vorgesetzten auf die nachgeordnete Behörde gerichtet, BGH **42**, 390, so daß zB beschieden werden kann, daß zu Maßnahmen im Dienstaufsichtswege kein Anlaß besteht. Sie hemmt die Antragsfrist, § 26, nicht, hM; von einem förmlichen Rechtsbehelf kann nur bei sachlicher Prüfung und entsprechendem Bescheid die Rede sein.

Das Verfahren kann (nicht: muß) ebenso wie im Verwaltungsprozeß, Kopp § 68 Rn 4, gegebenenfalls ausgesetzt werden, um dem Antragsteller die Möglichkeit zu geben, das fehlende Rechtsbehelfsverfahren, II, nachzuholen, ZöGu 3, Jessen NJW **67**, 928, offen Düss OLGZ **93**, 444.

**4) Zulässigkeit.** Wie oben in Rn 1 gesagt, behandelt § 24 lediglich die Zulässigkeit. **Zu prüfen ist: 5
a)** ob der Antrag nach Erschöpfung der Beschwerdemöglichkeiten gestellt wurde, § 24 II, **b)** ob die Form und Frist des § 26 I eingehalten ist und ob der Antrag den inhaltlichen Anforderungen genügt, oben Rn 2, **c)** ob überhaupt eine Maßnahme der in § 23 EGGVG genannten Art vorliegt, vgl dort, **d)** ob der Antragsteller geltend gemacht hat, in seinen Rechten verletzt zu sein, **e)** ob die Streitsache nicht anderweit, zB bei einem VG, anhängig ist, Stgt Just **80**, 359. Ist das hinreichend belegt, so ist der Antrag zulässig. Für über I hinausgehende Beschränkungen des Zugangs zum Gericht, zB unter dem Gesichtspunkt des Rechtsmißbrauchs, ist kein Raum, Ffm NJW **79**, 1613. Die Frage, ob der Antragsteller tatsächlich in seinen Rechten verletzt wurde und ob der VerwAkt rechtswidrig ist, gehört nicht zur Zulässigkeitsprüfung, sondern zur Entscheidung, ob der Antrag begründet ist, Lüke ArchÖffR **84**, 214. Tatsachen und Beweise, die gegenüber dem Vorbringen bei der Behörde neu sind, können vorgebracht werden, §§ 29 II EGGVG, 23 FGG. Fehlt eine Antragsvoraussetzungen a) bis e), so ist der Antrag „als unzulässig" zurückzuweisen.

## 25

*Zuständigkeit.* [1]Über den Antrag entscheidet ein Zivilsenat oder, wenn der Antrag eine Angelegenheit der Strafrechtspflege oder des Vollzugs betrifft, ein Strafsenat des Oberlandesgerichts, in dessen Bezirk die Justiz- oder Vollzugsbehörde ihren Sitz hat. [2]Ist ein Beschwerdeverfahren (§ 24 Abs. 2) vorausgegangen, so ist das Oberlandesgericht zuständig, in dessen Bezirk die Beschwerdebehörde ihren Sitz hat.

II Ein Land, in dem mehrere Oberlandesgerichte errichtet sind, kann durch Gesetz die nach Absatz 1 zur Zuständigkeit des Zivilsenats oder des Strafsenats gehörenden Entscheidungen ausschließlich einem der Oberlandesgerichte oder dem Obersten Landesgericht zuweisen.

**Vorbem.** S Vorbem § 23 (**Datenübermittlung**); in der ArbGerichtsbarkeit ist insoweit das LAG zuständig, § 13 II ArbGG.

**Bem.** Der ausschließliche Gerichtsstand des § 25 gilt für alle Arten der Anträge, §§ 23, 27. Zu unter- **1**
scheiden ist, ob ein Vorverfahren stattgefunden hat, § 24 II, oder nicht. Das bei einem anderen Gericht anhängig gemachte Verf ist entspr § 17 a GVG mit Bindungswirkung zu verweisen, Hamm NStZ-RR **96**, 209, Kblz MDR k**84**, 1036. Umgekehrt darf auch das OLG entspr § 17 a GVG an das zuständige Gericht

verweisen, Karlsr NJW **88**, 84, KG GoltdArch **85**, 271, vgl BVerfG NJW **81**, 1154. Selbstverständlich kann nicht der OLGPräsident, von dem der VerwAkt ausgeht, bei der Entscheidung des OLG mitwirken, BGH FamRZ **63**, 556. Das OLG ist bei der Nachprüfung nicht auf die der Rechtsanwendung beschränkt, sondern hat den Sachverhalt selbst festzustellen, BVerfG NJW **67**, 923.

## 26 *Antragsfrist und Wiedereinsetzung.* 
<sup>I</sup> Der Antrag auf gerichtliche Entscheidung muß innerhalb eines Monats nach Zustellung oder schriftlicher Bekanntgabe des Bescheides oder, soweit ein Beschwerdeverfahren (§ 24 Abs. 2) vorausgegangen ist, nach Zustellung des Beschwerdebescheides schriftlich oder zur Niederschrift der Geschäftsstelle des Oberlandesgerichts oder eines Amtsgerichts gestellt werden.

<sup>II</sup> War der Antragsteller ohne Verschulden verhindert, die Frist einzuhalten, so ist ihm auf Antrag Wiedereinsetzung in den vorigen Stand zu gewähren.

<sup>III</sup> <sup>1</sup>Der Antrag auf Wiedereinsetzung ist binnen zwei Wochen nach Wegfall des Hindernisses zu stellen. <sup>2</sup>Die Tatsachen zur Begründung des Antrags sind bei der Antragstellung oder im Verfahren über den Antrag glaubhaft zu machen. <sup>3</sup>Innerhalb der Antragsfrist ist die versäumte Rechtshandlung nachzuholen. <sup>4</sup>Ist dies geschehen, so kann die Wiedereinsetzung auch ohne Antrag gewährt werden.

<sup>IV</sup> Nach einem Jahr seit dem Ende der versäumten Frist ist der Antrag auf Wiedereinsetzung unzulässig, außer wenn der Antrag vor Ablauf der Jahresfrist infolge höherer Gewalt unmöglich war.

**Vorbem.** S Vorbem § 23 (**Datenübermittlung**).

1   **1) Allgemeines.** § 26 bezieht sich nur auf den Antrag aus § 23 I u II, nicht auf den Antrag infolge Untätigkeit der Behörde, § 27, der seine eigene fristmäßige Begrenzung hat, § 27 III. Auch hier handelt es sich um eine Zulässigkeitsvoraussetzung für den Antrag, § 24 Rn 4.

2   **2) Frist, I.** Der Antrag muß **innerhalb eines Monats seit Zustellung** des Bescheides der Justizverwaltungsbehörde, für die das VwZG maßgebend ist, gestellt werden. Bescheid in diesem Sinne ist ein solcher nach § 23 I oder II, so daß der Erlaß eines Realaktes die Frist nicht in Lauf setzt, Hamm MDR **84**, 165 mwN. Ist ein Beschwerdeverfahren erforderlich gewesen, § 24 II, wird die Frist nur durch die förmliche Zustellung des Beschwerdebescheides in Gang gesetzt. Kommt es dagegen auf den Bescheid der Justizverwaltungsbehörde an und ist dieser nicht zugestellt, so genügt für den Fristbeginn auch die einfache schriftliche, niemals aber eine mündliche Bekanntgabe des Bescheides, BGH NJW **63**, 1789, Hamm MDR **84**, 166 mwN. Eine Rechtsmittelbelehrung wie in § 58 VwGO ist nicht vorgesehen; die Frist läuft also auch ohne sie, BGH NJW **74**, 1335, Kissel 8 mwN. Die Frist beträgt einen Monat; wegen der Berechnung § 222 ZPO. Entscheidend ist allein der Eingang oder das Stellen des Antrags beim OLG oder einem AG; die Übersendung des Antrags an die ablehnende Behörde wahrt die Frist nicht. Ist keine Frist in Lauf gesetzt worden, kann das Anfechtungsrecht bei unangemessen später Ausübung verwirkt sein, Nürnb JVBl **63**, 61, wofür die Jahresfrist des § 58 II VwGO einen Anhaltspunkt gibt.

3   **3) Form des Antrags, I.** Er kann a) seitens des Antragstellers **schriftlich**, also auch von ihm eigenhändig unterschrieben (weitherziger hM, Kissel 19 mwN), oder durch einen Bevollmächtigten, auch einen RA gestellt werden, oder b) **zur Niederschrift der Geschäftsstelle** des OLG, das zur Entscheidung zuständig ist, § 25, oder jedes beliebigen („eines") AG. Also besteht kein Anwaltszwang. Wegen des Inhalts des Antrags vgl § 23 Rn 5. Hat die vorgeordnete VerwBehörde auf Dienstaufsichtsbeschwerde entschieden, § 24 Rn 4, ist gegen diese Entscheidung der Antrag nur zu richten, wenn sie in der Sache selbst entschieden hat, nicht, wenn sie ablehnt oder die unterstellte Behörde anweist.

4   **4) Wiedereinsetzung, II–IV (vgl § 60 I–III VwGO)**

**A.** Der Antragsteller muß **ohne Verschulden an der Einhaltung der Frist verhindert** gewesen sein, II, dh er muß die einem gewissenhaften Antragsteller gebotene und ihm nach den gesamten Umständen zumutbare Sorgfalt gewahrt haben. Obwohl in II eine § 22 II 2 FGG entspr Vorschrift fehlt, hat der Antragsteller das Verschulden des Bevollmächtigten, auch des RA, ebenso wie nach § 60 I VwGO, Kopp/Sch Rn 20 mwN, zu vertreten, Kissel 15; der RA wird also einen Fristkalender führen und besondere Sorgfalt wie bei Rechtsmittelsachen aufwenden müssen, § 233 ZPO Rn 51 ff, Hbg NJW **68**, 854. Abweichend will Stgt, NStZ **88**, 340, WiedEins trotz Vertreterverschuldens bewilligen, wenn es sich bei der Sache nach um ein Strafverfahren handelt, § 44 StPO.

5   **B. Der Antrag auf Wiedereinsetzung, III**, ist binnen zwei Wochen nach Wegfall des Hindernisses zu stellen; s dazu § 234 I u II ZPO und die Erläuterungen dazu. In dem Antrag müssen die Tatsachen angegeben sein, aus denen sich die Entschuldbarkeit der Fristversäumnis ergeben soll. Außerdem ist der versäumte Antrag, Rn 3, innerhalb der 2-Wochenfrist nachzuholen. Geschieht letzteres, so bedarf es eines ausdrücklichen Antrags auf Wiedereinsetzung nicht, III 4; wird die Frist versäumt, so muß der Antrag auf Wiedereinsetzung wegen Unzulässigkeit zurückgewiesen werden. Die Glaubhaftmachung, § 294 ZPO, der im Wiedereinsetzungsantrag enthaltenen Behauptungen für die Gewährung der Wiedereinsetzung kann in diesem selbst, aber auch später im Verfahren über den Antrag, also auf Erfordern des Gerichts, erfolgen. Die Entscheidung trifft das in § 25 genannte Gericht. Sie ist unanfechtbar, § 28.

6   **C.** IV setzt eine **Ausschlußfrist**, die mit dem Ende der versäumten Frist, also in den Fällen eines Antrags nach § 23 am Tage nach Ablauf der Monatsfrist gemäß I beginnt und ein Jahr beträgt. Ist dieses abgelaufen, so ist ein Wiedereinsetzungsantrag als unzulässig zu verwerfen, es müßte denn dem Antragsteller während dieses Jahres infolge höherer Gewalt, also auch bei äußerster nach Lage der Sache von ihm zu erwartender Sorgfalt, die Antragstellung unmöglich gewesen sein. In diesem Fall muß der Antrag innerhalb

der Frist des III gestellt werden; gegen ihre Versäumung ist WiedEins nach II zulässig, vgl dazu Kopp/Sch § 60 Rn 28.

## 27 Antrag bei Untätigkeit der Behörde.

¹ ¹Ein Antrag auf gerichtliche Entscheidung kann auch gestellt werden, wenn über einen Antrag, eine Maßnahme zu treffen, oder über eine Beschwerde oder einen anderen förmlichen Rechtsbehelf ohne zureichenden Grund nicht innerhalb von drei Monaten entschieden ist. ²Das Gericht kann vor Ablauf dieser Frist angerufen werden, wenn dies wegen besonderer Umstände des Falles geboten ist.

II ¹Liegt ein zureichender Grund dafür vor, daß über die Beschwerde oder den förmlichen Rechtsbehelf noch nicht entschieden oder die beantragte Maßnahme noch nicht erlassen ist, so setzt das Gericht das Verfahren bis zum Ablauf einer von ihm bestimmten Frist, die verlängert werden kann, aus. ²Wird der Beschwerde innerhalb der vom Gericht gesetzten Frist stattgegeben oder der Verwaltungsakt innerhalb dieser Frist erlassen, so ist die Hauptsache für erledigt zu erklären.

III Der Antrag nach Absatz 1 ist nur bis zum Ablauf eines Jahres seit der Einlegung der Beschwerde oder seit der Stellung des Antrags auf Vornahme der Maßnahme zulässig, außer wenn die Antragstellung vor Ablauf der Jahresfrist infolge höherer Gewalt unmöglich war oder unter den besonderen Verhältnissen des Einzelfalles unterblieben ist.

**Vorbem.** S Vorbem § 23 (**Datenübermittlung**).

1) **Allgemeines.** Wie im verwaltungsgerichtlichen Verfahren, vgl § 75 VwGO, ist nicht nur ein gerichtlicher Rechtsbehelf für den Fall, daß eine Maßnahme vorliegt, vorgesehen, § 23, sondern auch dann, wenn die Behörde untätig geblieben ist oder zwar tätig ist, aber innerhalb von 3 Monaten noch nicht entschieden hat. 1

2) **Voraussetzungen für die Antragstellung, I** (vgl § 75 S 1 u 2 VwGO). Ist **innerhalb von 3 Monaten nicht entschieden**, gerechnet von dem Tage an, an dem in einer bestimmten Sache der Antrag gestellt oder eine Beschwerde oder ein anderer förmlicher Rechtsbehelf bei der hierfür zuständigen Behörde eingelegt ist, Düss OLGZ **93**, 444, kann, gleichgültig, ob die Behörde auf den bei ihr gestellten Antrag hin ein Verfahren eingeleitet hat oder nicht, Antrag auf gerichtliche Entscheidung gestellt werden, falls für die Verzögerung kein hinreichender Grund vorliegt. Letzteres kann der Fall sein, wenn die Aufklärung und Beschaffung der Unterlagen lange Zeit in Anspruch nimmt. Die Antragsvoraussetzung des § 24 II entfällt also. Wird der **Antrag vor Ablauf von 3 Monaten** gestellt, so ist er als unzulässig zurückzuweisen, was seine Wiederholung nach Ablauf der 3 Monate nicht hindert. Zulässig ist er vor dieser Frist nur, wenn das wegen besonderer Umstände geboten ist, I 2, also die Entscheidung für den Antragsteller besonders dringend ist, zB eine Ehe noch vor der Geburt des zu erwartenden Kindes geschlossen werden soll. 2

3) **Aussetzung des Verfahrens, II** (vgl § 75 S 3 u 4 VwGO). Ist nach 3 Monaten oder bei Vorliegen besonderer Umstände in einer angemessenen kürzeren Frist noch nicht entschieden, so gilt § 28 II. Kommt das Gericht aber zu dem Ergebnis, daß aus zureichendem Grunde bisher nicht entschieden werden konnte, so setzt es das Verfahren unter Fristsetzung aus, kann auch die Frist verlängern. Wird innerhalb der vom Gericht gesetzten Frist der beantragte VerwAkt erlassen oder der Beschwerde stattgegeben, so ist die **Hauptsache für erledigt zu erklären**, da die Beschwer weggefallen ist. Beiderseitige Erklärung ist erforderlich (der Antragsteller kann aber statt dessen auch zum Antrag nach § 28 I 4 übergehen), bei einseitiger Erklärung ergeht die Entscheidung, daß erledigt ist. Im Fall der Erledigung werden Kosten in entsprechender Anwendung von §§ 130 V, 16 KostO nicht zu erheben sein. Bleibt dagegen eine Beschwer auch nach Bescheidung bestehen, wird das Verfahren fortgesetzt (dafür ist keine vorangehende Beschwerde, § 24 II, erforderlich, vgl RedOe § 75 Anm 8). 3

4) **Ausschlußfrist, III** (vgl früher § 76 VwGO). Der Antrag, Rn 2, kann **regelmäßig nur innerhalb eines Jahres**, gerechnet vom Tage der Antragstellung oder der Einlegung der Beschwerde an, gestellt werden. Spätere Anträge sind als unzulässig zurückzuweisen. Es bleibt dann nur eine nochmalige Antragstellung bei der Behörde und ein Antrag auf gerichtliche Entscheidung nach 3 Monaten. Nur dann kann von der Einhaltung der Jahresfrist abgesehen werden, wenn die Antragstellung gemäß I **a)** infolge höherer Gewalt unmöglich war, s dazu § 26 Rn 6, oder **b)** unter den besonderen Umständen des Einzelfalles unterblieben ist, vgl dazu RedOe, § 76 Anm 4–6. 4

## 28 Entscheidung über den Antrag.

¹ ¹Soweit die Maßnahme rechtswidrig und der Antragsteller dadurch in seinen Rechten verletzt ist, hebt das Gericht die Maßnahme und, soweit ein Beschwerdeverfahren (§ 24 Abs. 2) vorausgegangen ist, den Beschwerdebescheid auf. ²Ist die Maßnahme schon vollzogen, so kann das Gericht auf Antrag auch aussprechen, daß und wie die Justiz- oder Vollzugsbehörde die Vollziehung rückgängig zu machen hat. ³Dieser Ausspruch ist nur zulässig, wenn die Behörde dazu in der Lage und diese Frage spruchreif ist. ⁴Hat sich die Maßnahme vorher durch Zurücknahme oder anders erledigt, so spricht das Gericht auf Antrag aus, daß die Maßnahme rechtswidrig gewesen ist, wenn der Antragsteller ein berechtigtes Interesse an dieser Feststellung hat.

II ¹Soweit die Ablehnung oder Unterlassung der Maßnahme rechtswidrig und der Antragsteller dadurch in seinen Rechten verletzt ist, spricht das Gericht die Verpflichtung der Justiz- oder Vollzugsbehörde aus, die beantragte Amtshandlung vorzunehmen, wenn die Sache spruchreif ist. ²Andernfalls spricht es die Verpflichtung aus, den Antragsteller unter Beachtung der Rechtsauffassung des Gerichts zu bescheiden.

**III** Soweit die Justiz- oder Vollzugsbehörde ermächtigt ist, nach ihrem Ermessen zu handeln, prüft das Gericht auch, ob die Maßnahme oder ihre Ablehnung oder Unterlassung rechtswidrig ist, weil die gesetzlichen Grenzen des Ermessens überschritten sind oder von dem Ermessen in einer dem Zweck der Ermächtigung nicht entsprechenden Weise Gebrauch gemacht ist.

**Vorbem.** S Vorbem § 23 (**Datenübermittlung**); Sondervorschrift in § 22 III.

1   **1) Allgemeines.** § 28 entspricht den §§ 113 I u IV, 114 VwGO. Er bestimmt die vom Gericht aufgrund der Anträge nach §§ 23, 27 sachlich zu treffende Entscheidung. Die Vorschrift regelt aber nur die Entscheidung bei Rechtswidrigkeit der Maßnahme und bei Ablehnung oder Unterlassung einer solchen. Ergibt die Prüfung, daß eine Rechtswidrigkeit nicht vorliegt, so ist der Antrag als unbegründet zurückzuweisen; wegen des Unterschiedes zu der nach § 24 I zu treffenden Entscheidung der Unzulässigkeit und wegen der sonstigen Zurückweisung wegen Unzulässigkeit s § 24 Rn 5 und § 27 Rn 2 u 5.

Das OLG ist keine Revisionsinstanz, hat also auch den festgestellten Sachverhalt nachzuprüfen, gegebenenfalls auch Beweise zu erheben, BGH NJW **72**, 780 im Anschluß an BVerfG NJW **67**, 923; in dem Verfahren gilt der Untersuchungsgrundsatz, § 23 Rn 5. Über die Form einer etwaigen Beweiserhebung entscheidet das OLG nach pflichtgemäßem Ermessen, KG NJW **68**, 608.

Ein allgemeiner Feststellungsantrag, § 43 VwGO, ist nicht vorgesehen, Hbg HbgJVBl **75**, 68, nur die nachträgliche Feststellung nach I 4.

Die Entscheidung nach § 28 erwächst in Rechtskraft und hat bindende Wirkung für einen nachfolgenden Amtshaftungsprozeß, § 13 GVG Rn 16, BGH NJW **94**, 1950 mwN.

2   **2) Rechtswidrigkeit einer Maßnahme, I 1** (vgl § 113 I 1 VwGO).
**A. Grundsatz.** Stellt das Gericht fest, daß die Maßnahme der Behörde rechtswidrig ist und der Antragsteller durch sie in seinen Rechten verletzt ist, § 24 Rn 2, so hebt es die Maßnahme auf. Das gleiche gilt, wenn der Antragsteller durch die Rechtswidrigkeit des Beschwerdebescheids verletzt ist, § 24 II. Welcher Zeitpunkt für die Beurteilung der Sach- und Rechtslage maßgeblich ist, ergibt das materielle Recht, BVerwG NVwZ **91**, 360 mwN; idR kommt es auf das Ergehen der letzten Verwaltungsentscheidung an, BVerwG in stRspr, DVBl **91**, 388, NVwZ **90**, 653 u 654 (dazu Klein NVwZ **90**, 933), Kleinlein VerwArch **90**, 149, RedOe § 108 Anm 17–21 a, Kopp/Sch § 113 Rn 29 ff. War der VerwAkt rechtswidrig, wird er aber durch den nach Antragstellung ergehenden Beschwerdebescheid aufgehoben oder richtiggestellt, so erledigt sich die Hauptsache, § 27 II 2 u dort Rn 3; zur Entscheidung, wenn ein ursprünglich rechtswidriger VerwAkt durch eine Änderung der Sachlage rechtmäßig wird, vgl BVerwG NVwZ **90**, 653, RedOe § 108 Anm 21 a. Ist der VerwAkt oder der Beschwerdebescheid nur zT rechtswidrig, so erfolgt nur eine teilweise Aufhebung („soweit"). Doch wird dies höchst selten in Betracht kommen, da es sich idR um eine einheitliche Entscheidung handeln wird, die nur so, wie geschehen, sonst aber gar nicht erlassen worden wäre. Die Umwandlung des rechtswidrigen VerwAktes in einen, der nicht rechtswidrig ist, ist unzulässig: Er muß neu erlassen werden. Zu entscheiden hat darüber die VerwBehörde, deren Ermessen nicht durch ein gerichtliches ersetzt werden darf. Vgl aber auch unten Rn 7.

3   **B. Vollzogene Justizverwaltungsmaßnahmen, I 2, 3** (vgl § 113 I 2, 3 VwGO). Die Vollziehung der Maßnahme hindert bei Rechtswidrigkeit nicht ihre Aufhebung, sofern die Vollziehung nicht aus tatsächlichen oder rechtlichen Gründen irreversibel ist, Stadler IPrax **92**, 148 mwN zu Ffm RIW **91**, 417, KG RR **91**, 1085. Außerdem ist, falls ein dahingehender Antrag vorliegt, auf den gegebenenfalls hinzuwirken ist, auszusprechen, daß die Justiz- oder Vollzugsbehörde die Vollziehung rückgängig zu machen hat, wobei auch anzuordnen ist, wie diese Rückgängigmachung geschehen soll. Voraussetzung hierfür ist, daß die Rückgängigmachung möglich und überdies spruchreif ist, wie das zu geschehen hat, Kopp/Sch § 113 Rn 80 ff; andernfalls muß der Antragsteller, falls die Behörde die vorbereitenden Maßnahmen zur Rückgängigmachung und schließlich diese selbst nicht betreibt, gemäß § 27 vorgehen, EF § 113 Rn 38.

4   **C. Zurücknahme oder anderweitige Erledigung der Maßnahme, I 4** (vgl § 113 I 4 VwGO).
**a) Zurücknahme** kann nur durch die VerwBehörde erfolgen. **Erledigung** liegt zB vor, wenn bei vorheriger Untätigkeit der Behörde nach Fristsetzung durch das Gericht innerhalb dieser Frist entschieden wird, § 27 II 2, oder wenn eine Maßnahme irreversibel vollzogen wird, KG RR **91**, 1085. Die Erledigung muß vor der Entscheidung des Gerichts erfolgt sein. Ist sie schon vor Antragstellung erfolgt, so fehlt die Voraussetzung des § 24 I; vgl aber auch unten.

5   **b)** Hat sich die Maßnahme während des Gerichtsverfahrens erledigt, so kann der Antragsteller beantragen **festzustellen, daß die Maßnahme rechtswidrig gewesen ist**, vgl § 113 I 4 VwGO. Dies setzt jedoch ein dahingehendes berechtigtes Interesse voraus, BGH NJW **90**, 2759; andernfalls ist der Antrag mangels Rechtsschutzinteresses als unzulässig abzuweisen, ohne daß das Gericht sich über die Rechtswidrigkeit ausspricht, vgl Nürnb BayVBl **87**, 411 (aM Niethammer). **Berechtigtes Interesse** ist weiter als das rechtliche Interesse des § 256 ZPO. Jenes kann rechtlicher, aber auch wirtschaftlicher oder ideeller Natur sein, liegt also insbesondere vor, wenn der Antragsteller aus der Rechtswidrigkeit Folgerungen ziehen will. Dafür genügt nicht ein Kosteninteresse (insofern § 30 II) und auch nicht die schlüssige Behauptung der Verletzung eines Grundrechts, BGH NJW **90**, 2759 (krit Sommermeyer JR **91**, 517), Karlsr NStZ **92**, 98, Hamm NStZ **89**, 85 (aM für Art 13 GG BVerfG NJW **97**, 2164 mwN, ferner Kblz NStZ-RR **99**, 80, Celle StrVert **85**, 139, Stgt NJW **72**, 2146, diff VGH Mü NVwZ-RR **93**, 621, OVG Münst DVBl **93**, 567, offen Köln NJW **94**, 1076). Wohl aber besteht idR (zu Ausnahmen VGH Mannh NVwZ **97**, 198 u Göpfert NVwZ **97**, 143, beide mwN) ein berechtigtes Interesse, wenn es in dem erledigten Antragsverfahren um eine öff-rechtliche Vorfrage ging, die Bedeutung für den Zivilprozeß hat, zB für einen nicht völlig aussichtslosen Amtshaftungsprozeß, stRspr des BVerwG, NVwZ **92**, 1092 u **91**, 568, NJW **88**, 927 mwN, vgl RedOe § 113 Anm 14 (aM Hbg HbgJVBl **78**, 36, einschränkend Hamm MDR **87**, 519: nur bei unmittelbarer Entscheidungsreife des Verf nach § 23 EGGVG). Ein berechtigtes Interesse ist auch dann gegeben, wenn die durch konkrete Tatsachen belegte Gefahr besteht, daß unter im wesentlichen unveränderten tatsächlichen und rechtlichen Umständen ein gleichartiger VerwAkt ergehen wird, BGH NJW **90**, 2759, BVerwG in

stRspr, zB NVwZ **90**, 360, Köln NJW **94**, 1076, Celle NJW **92**, 253, VGH Mannh NJW **91**, 2437, Hamm NStZ **89**, 85, vgl RedOe § 113 Anm 15; ebenso kann in besonderen Fällen ein Rehabilitationsinteresse ausreichen, BGH NJW **90**, 2759, BVerwG MDR **92**, 1086 u DVBl **91**, 51, Celle aaO, Hamm aaO, RedOe aaO, VGH Mannh NVwZ **90**, 378 mwN.

Hatte sich die behördliche Maßnahme schon **vor Stellung des Antrags**, §§ 23 u 24, erledigt, so kann **6** zwar durch das Gericht die Aufhebung der Maßnahme nicht mehr erfolgen, oben Rn 4, vielmehr darf nur ihre Rechtswidrigkeit bei berechtigtem Interesse festgestellt werden, KG RR **91**, 1085 mwN, vgl EF § 113 VwGO Rn 51, wobei die Absicht, eine Amtshaftungsklage zu erheben, nicht genügt, BVerwG NJW **89**, 2486, KG NStZ **97**, 563 u RR **91**, 1085 (ein Vorverfahren, § 24 II, ist dann nicht erforderlich, vgl zu § 113 VwGO VGH Mü NVwZ RR **90**, 210 mwN, ua BVerwG NJW **78**, 1935, str, Kopp/Sch § 113 Rn 126 f).

c) Das alles gilt auch für die Erledigung eines **Verpflichtungsantrags**, II, RedOe § 113 Anm 18, und für die Erledigung eines **Leistungsantrags**, VGH Mannh NVwZ-RR **91**, 519. **Tenor:** „Der (näher zu bezeichnende) VerwAkt war rechtswidrig" bzw „Die (näher zu bezeichnende) Behörde war verpflichtet, . . ." bzw „Es war rechtswidrig, die (näher zu bezeichnende) Leistung nicht zu erbringen" (oder ähnlich). Die **Kostenentscheidung** ergeht zu Lasten des Antragstellers, wenn er einen unberechtigten Antrag auf Feststellung der Rechtswidrigkeit gestellt hat, bei Erledigung sonst wie bei § 27 Rn 3.

3) **Rechtswidrige Ablehnung oder Unterlassung der Maßnahme**, II (vgl § 113 IV VwGO). Bei **7** Verletzung der Rechte des Antragstellers, § 24 Rn 2, spricht das Gericht die **Verpflichtung der Justizverwaltungsbehörde zur Vornahme der beantragten Amtshandlung** aus, zB die Befreiung zu erteilen oder dgl; erreicht werden kann auch die Verpflichtung zu schlichtem Verwaltungshandeln, Hbg NJW **79**, 279, nicht nur zum Erlaß eines VerwAktes. Maßgeblicher Zeitpunkt für die Beurteilung der Sach- und Rechtslage ist idR der Zeitpunkt der mündlichen Verhandlung bzw der Beschlußfassung des Gerichts, RedOe § 108 Anm 22–25. Das Gericht entscheidet nicht selbst, hebt in diesem Falle aber die Entscheidung der Behörde aus Gründen der Klarstellung auf, vgl RedOe § 113 Anm 19. Voraussetzung für diesen Ausspruch ist, daß **die Sache spruchreif** ist; es müssen also die für eine Entscheidung der VerwBehörde notwendigen Unterlagen vorhanden, das Erforderliche geklärt sein. Ist die Sache nicht spruchreif, muß das Gericht sie spruchreif machen, soweit dies möglich ist, vgl RedOe § 113 Anm 20. Handelt es sich um eine Ermessensentscheidung, so ist die Sache nur dann spruchreif, wenn das Ermessen – ohne Fehler – nur in einer einzigen Richtung, nämlich dem Antrage gemäß, ausgeübt werden kann, Hamm NJW **89**, 533, EF § 113 Rn 62 b, Kopp § 114 Rn 6 mwN, nicht aber, wenn mehrere rechtlich einwandfreie Ermessensentscheidungen möglich sind und die VerwBehörde ihr Ermessen überhaupt nicht ausgeübt hat; denn **keinesfalls kann das Gericht sein eigenes Ermessen an Stelle des Ermessens der Behörde setzen**, EF § 114 Rn 6. In diesem Falle hebt das Gericht die Entscheidung der Behörde auf und verpflichtet sie, den Antragsteller so zu bescheiden, wie es der in den Gründen niedergelegten Rechtsauffassung des Gerichts entspricht, II 2.

4) **Rechtswidriges Ermessen, III** (vgl § 114 VwGO). **8**

**A.** Ob überhaupt eine Ermessensentscheidung zu treffen war, ist eine Rechtsfrage, kann also vom Gericht nachgeprüft werden. Sie liegt vor, wenn mehrere Verhaltensweisen denkbar sind, die dem Gesetz entsprechen. Die Ermessensausübung ist Sache der VerwBehörde, Rn 7. **Nachprüfbar bleibt, a)** ob die Behörde die gesetzlichen Grenzen des Ermessens überschritten hat **(Ermessensüberschreitung)**, also zB die Behörde nach freiem Ermessen entschieden hat, während das Gesetz dem Ermessen Grenzen gesetzt hat, BGH **77**, 206 u 212, nicht aber bei nur unzweckmäßigem Gebrauch des Ermessens, zumal das zur Nachprüfung des Gebrauchs überhaupt führen müßte, **b)** ob vom Ermessen in einem Zweck der Ermächtigung nicht entsprechenden Weise Gebrauch gemacht ist **(Ermessensfehler)**. Hier werden zwar die Grenzen des Ermessens nicht überschritten, fehlerhaft ist aber die Beurteilung der Grenzen (zu eng) oder der Voraussetzungen des Ermessens, die zB in der Abweichung von einer ständigen, ermessensfehlerfreien VerwÜbung im Einzelfall, sofern dies gegen den Gleichheitsgrundsatz verstößt, liegen kann (Selbstbindung der Verwaltung). Ob eine Ermessensentscheidung vorliegt oder die Anwendung eines **unbestimmten Rechtsbegriffs**, ist oft schwierig zu entscheiden, vgl GmS NJW **72**, 1411 m Anm Kloepfer, EF § 114 Rn 7–14. Unbestimmte Rechtsbegriffe können Beurteilungsermächtigungen enthalten, namentlich im Prüfungsrecht, aber auch bei anderen wertenden Entscheidungen der Verwaltungsbehörden, Kopp § 114 Rn 23 ff mwN. Zur Nachprüfung von Ermessensentscheidungen vgl ü EF § 114 VwGO Rn 15–28, Kopp § 114 Rn 4 ff mwN.

**B.** Ob ein Ermessensfehler vorliegt, ist nur nachprüfbar, wenn die **Ermessensentscheidung mit Grün-** **9** **den versehen** ist, die das Abwägen erkennen lassen. Ist sie nicht begründet worden, so verfällt sie der Aufhebung, da das eine gerichtliche, der Rechtsstaatlichkeit entsprechende Ermessenskontrolle unmöglich macht, Ffm NJW **66**, 465. Das Gericht ist hier nicht befugt, von sich aus Tatsachen zu ermitteln, die die Entsch der VerwBehörde begründen können; denn die Ausübung des Ermessens liegt in deren Bewertung, die allein der Behörde obliegt, Rn 7 u 8. Darauf, ob die Begründung den Anforderungen des VwVfG entspricht, kommt es nicht an, weil seine Vorschriften nicht anwendbar sind, § 2 III VwVfG, BGH **77**, 215.

**29** *Vorlagepflicht; ergänzende Verfahrensvorschriften; Prozeßkostenhilfe.* ¹Die Entscheidung des Oberlandesgerichts ist endgültig. ²Will ein Oberlandesgericht jedoch von einer auf Grund des § 23 ergangenen Entscheidung eines anderen Oberlandesgerichts oder des Bundesgerichtshofes abweichen, so legt es die Sache diesem vor. ³Der Bundesgerichtshof entscheidet an Stelle des Oberlandesgerichts.

II Im übrigen sind auf das Verfahren vor dem Zivilsenat die Vorschriften des Reichsgesetzes über die Angelegenheiten der freiwilligen Gerichtsbarkeit über das Beschwerdeverfahren, auf das

**EGGVG §§ 29, 30**  Verfahren vor dem Strafsenat die Vorschriften der Strafprozeßordnung über das Beschwerdeverfahren sinngemäß anzuwenden.

III Auf die Bewilligung der Prozeßkostenhilfe sind die Vorschriften der Zivilprozeßordnung entsprechend anzuwenden.

**Vorbem.** S Vorbem § 23 (**Datenübermittlung**); Sondervorschrift in § 22 I.

1   1) **Unanfechtbarkeit, I 1.** Grundsätzlich sind die **Entscheidungen des OLG endgültig**; es bleibt also bei einer Instanz. Beteiligte können den BGH nicht anrufen. Etwa eingelegte Rechtsmittel verwirft das OLG, Jansen 1.

2   2) **Vorlagepflicht, I 2.** Diese besteht, wenn ein OLG von der Entscheidung eines anderen OLG (gleichgültig, ob die Entscheidung von einem Straf- oder Zivilsenat erlassen worden ist, BGH NJW **89**, 587) oder des BGH (oder des GmS, Anh § 546 ZPO) im Ergebnis abweichen will (die abweichende Begründung des Rechtsstandpunkts genügt nicht, BGH NJW **77**, 1014). Diese Entscheidung muß aufgrund von § 23 I oder II ergangen sein, vgl BGH **46**, 91; ferner muß sich die Abweichung auf Bundesrecht beziehen, vgl § 28 II FGG, Kissel 8 mwN, str, aM Katholnigg 1 mwN. Danach scheiden Entscheidungen aus, die etwa zu einer Frage vor dem 1. 4. 60 oder auch später, aber nicht in einem Rechtmäßigkeitsprüfungsverfahren ergangen sind. Eine Vorlage entfällt auch, wenn sie zwar in einem solchen Verfahren, aber nicht aufgrund des § 23 ergangen sind, wie dies bei Entscheidungen des Gerichts über die Kostenfestsetzung, § 30 III 3 iVm § 104 III 1, und den Geschäftswert, § 30 III, der Fall ist. Ferner entfällt die Vorlagepflicht, wenn das andere OLG seine abweichende Rspr nachträglich aufgegeben hat, BGH NJW **90**, 2759. Wohl aber gilt die Vorlagepflicht für Fragen des gerichtlichen Verfahrens, §§ 24 ff, BGH **46**, 355, und bei Entscheidungen über die WiedEins, Jansen Rdz 2, und über die Rechtswidrigkeit, § 28, da sie als Unterart einer Entscheidung aus § 23 angesehen werden können.

Der BGH entscheidet an Stelle des OLG. Er hat bei der Prüfung der Zulässigkeit der Vorlage, ebenso wie nach § 28 II FGG, von der Rechtsauffassung des OLG auszugehen, BGH NJW **89**, 2819 u 587 mwN. Der BGH hat aber selbst zu prüfen, ob tatsächlich ein Abweichungsfall vorliegt, BGH NJW **90**, 841, RR **89**, 73; die Rechtsauffassung, von der das OLG abweichen will, muß auf einer anderen Beurteilung der Rechtsfrage beruhen, BGH RR **94**, 570 mwN. Das OLG muß deshalb darlegen, daß die Befolgung der abweichenden, von ihm vertretenen Rechtsansicht zu einer anderen Fallentscheidung führen würde, BGH NJW **90**, 841.

3   3) **Anwendung der Beschwerdevorschriften des FGG, II** (zum Verf im allgemeinen s § 23 Rn 5, § 28 Rn 1). Diese Vorschriften können nur ergänzend herangezogen werden, soweit das Verfahren nicht durch die §§ 23 ff geordnet ist. So scheiden aus § 21 FGG wegen § 26 I EGGVG, § 22 FGG wegen § 26 I–IV, desgleichen § 24 FGG, bis auf dessen III, Jansen 7, Keidel MDR **63**, 590; es scheiden auch §§ 26–29 FGG aus, da das OLG unanfechtbar entscheidet, so daß seine Entscheidung sofort wirksam wird. Ohne Bedeutung ist § 30 FGG. Mithin sind in Zivilsachen nur anwendbar **§ 23 FGG**, der zuläßt, daß der Antrag beim OLG auf neue Tatsachen und Beweise gestützt wird, **§ 24 FGG**, der eine Aussetzung des angegriffenen VerwAktes bis zur Entscheidung zuläßt (was verfassungsrechtlich geboten ist, BVerfG MDR **74**, 821), Stadler IPrax **92**, 149, und **§ 25 FGG**, der eine mit Gründen versehene Entscheidung verlangt, sowie für den BGH **§ 30 II**, Kissel 14. Anzuwenden sind auch die an anderer Stelle des FGG geregelten Verfahrensgrundsätze, soweit sie für das Beschwerdeverfahren Bedeutung haben, Kissel 15, so daß eine Richterablehnung wegen Befangenheit, BVerfG **21**, 139, ebenso möglich ist wie die Selbstablehnung, KG FamRZ **64**, 164. Zwischenverfügungen können, wenn die endgültige Entscheidung ergangen ist, nicht mehr angefochten werden, KG FamRZ **68**, 466. II ergänzt die Verfahrensvorschriften der §§ 25 ff EGGVG nur „im übrigen". Da §§ 24 ff dem verwaltungsgerichtlichen Verfahren nachgebildet sind, sind auch Vorschriften der VwGO rechtsähnlich heranzuziehen, Jansen 4. Zur Geltung des Untersuchungsgrundsatzes vgl § 28 Rn 1.

4   Im Hinblick auf Art 19 IV GG sind in den Fällen des § 23 II, wenn eine Aussetzung des VerwAktes nach II iVm § 24 III FGG nicht zum Ziel führt, **einstweilige Anordnungen** zulässig, wenn nur dadurch Rechtsschutz gegen schwere und anders nicht abwendbare Nachteile gewährt werden kann, Stadler IPrax **92**, 149, MüKoWo 20 u 21, Kissel § 28 Rn 22 mwN, vgl BVerfG NJW **78**, 693, Karlsr NStZ **94**, 142, LSG Stgt NJW **78**, 727 (zum SGG), dazu v. Mutius VerwArch **79**, 359, aM Hamm GoldtArch **75**, 150, offen gelassen von Hbg MDR **77**, 688 mwN. Unter dieser Voraussetzung ist auch eine Vorwegnahme der endgültigen Regelung zulässig, wenn sonst ein schwerer, nicht wieder zu behebender Nachteil für den Antragsteller eintreten würde, vgl Hbg NJW **79**, 279. Das Verf ist entspr § 123 VwGO zu gestalten, vgl Meyer-Ladewig § 97 SGG Rn 22–24. Unzulässig ist ein Antrag, wenn damit in Wirklichkeit eine im Gesetz nicht vorgesehene vorbeugende Unterlassungsklage erhoben wird, Hamm NStZ-RR **96**, 209 (Anm Krack JR **96**, 257).

5   4) **Prozeßkostenhilfe, III.** Vgl §§ 114 ff ZPO.

**30** *Kosten.* I ¹Für die Kosten des Verfahrens vor dem Oberlandesgericht gelten die Vorschriften der Kostenordnung entsprechend. ²Abweichend von § 130 der Kostenordnung wird jedoch ohne Begrenzung durch einen Höchstbetrag bei Zurückweisung das Doppelte der vollen Gebühr, bei Zurücknahme des Antrags eine volle Gebühr erhoben.

II ¹Das Oberlandesgericht kann nach billigem Ermessen bestimmen, daß die außergerichtlichen Kosten des Antragstellers, die zur zweckentsprechenden Rechtsverfolgung notwendig waren, ganz oder teilweise aus der Staatskasse zu erstatten sind. ²Die Vorschriften des § 91 Abs. 1 Satz 2 und der §§ *102* bis 107 der Zivilprozeßordnung gelten entsprechend. ³Die Entscheidung des Oberlandesgerichts kann nicht angefochten werden.

III ¹Der Geschäftswert bestimmt sich nach § 30 Kostenordnung. ²Er wird von dem Oberlandesgericht durch unanfechtbaren Beschluß festgesetzt.

**Vorbem.** Vgl auch die Erläuterungen zu § 30 EGGVG bei Hartmann Anh § 161 KostO. In den **neuen Bundesländern** ermäßigt sich die Gebühr, I, um 20 vH, EV Anl I Kap III Sachgeb A Abschn III Z 20 a, abgedr Hartmann Vorbem § 32 KostO, dazu Busch Rpfleger **92**, 138 (ausf). Wegen der Sondervorschriften für die **Datenübermittlung** s Vorbem § 23.

**1) Entsprechende Anwendung der KostO, I.** Die Aufnahme des Antrags, § 26 I EGGVG, ist gebührenfrei, § 129 KostO. Auch der Antrag löst keine Gebühr aus, § 131 IV 3 KostO, wohl aber die Zurückweisung des Antrags das Doppelte der vollen Gebühr, wobei kein Unterschied gemacht wird, ob diese als unzulässig oder unbegründet erfolgt, ferner die Zurücknahme, bevor eine Entscheidung ergangen und zugestellt ist, Hartmann § 130 KostO Rn 12 ff, die volle Gebühr. Anders als in § 130 KostO besteht keine Höchstgrenze. Wird dem Antrag stattgegeben, so entfallen Gerichtskosten, § 16 KostO, Mü WertpMitt **89**, 1483, desgleichen, wenn die Hauptsache gemäß § 27 II 2 EGGVG für erledigt erklärt wird, dort Rn 3. Die Gebührenfreiheit des Antrags besagt aber mit Rücksicht auf die allgemeine Bezugnahme auf die KostO, I 1, nicht, daß kein Vorschuß zu zahlen ist, § 8 KostO; bei Stattgeben ist er dann zurückzuzahlen, Hbg Rpfleger **66**, 27, str, vgl Lappe KostRspr zu § 30 EGGVG. 1

**2) Erstattung außergerichtlicher Kosten, II.** Eine solche kann das OLG in vollem Umfang oder zum Teil nach billigem Ermessen anordnLl nach billigem Ermessen anordnen, und zwar auch noch nach dem Tode des Antragsteller, Hamm NJW **71**, 208, jedoch nicht zugunsten eines Dritten, der sich am Verfahren beteiligt hat, Hamm Rpfleger **74**, 228. Da es sich um eine Ausnahmeregelung handelt, genügt der Erfolg des Antrags für sich allein nicht für die Anordnung der Erstattung. Nötig ist vielmehr das Hinzutreten besonderer Umstände, zB ein offenbar fehlerhaftes Verhalten der Behörde, Kissel 5, oder eine erhebliche Bedeutung der Sache für den Antragsteller, vgl MüKoWo 6. 2

Zu den ggf zu erstattenden Kosten zählt auch die Entschädigung des Antragstellers für seine notwendigen Reisen und die durch die notwendige Wahrnehmung von Terminen entstandene Zeitversäumnis, ebenso die Entschädigung von Zeugen, § 91 I 2 ZPO. Die außergerichtlichen Kosten des Antragstellers müssen aber zur zweckentsprechenden Rechtsverfolgung notwendig gewesen sein, § 91 ZPO Rn 28 ff. Das gilt hier auch für die Anwaltskosten, da kein Anwaltszwang besteht und § 91 II 1 nicht für entsprechend anwendbar erklärt ist. Sofern eine Bestimmung nach II getroffen wird, gelten die Vorschriften über die Kostenfestsetzung, §§ 103 ff ZPO (§ 102 ist aufgehoben), § 21 RPflG. Auch diese Entscheidungen des OLG können nicht angefochten werden, § 29 Rn 1. Für die **Gebühren des RA** gilt § 66 a BRAGO, Erl bei Hartmann.

Iü besteht keine Erstattungspflicht zwischen den Beteiligten, Hamm Rpfleger **74**, 228, so daß die im vorausgegangenen Beschwerdeverfahren entstandenen Kosten nicht zu erstatten sind, Hamm MDR **84**, 606, Drischler MDR **75**, 551.

**3) Geschäftswert, III.** Es wird sich in aller Regel um eine nichtvermögensrechtliche Angelegenheit handeln, so daß als Ausgangsgeschäftswert 5000 DM in Betracht kommen, § 30 II, III KostO, Mü WertpMitt **89**, 1483, vgl dazu Hartmann § 30 KostO Rn 44 ff. Die Festsetzung durch das OLG ist unanfechtbar, III 2. 3

Vierter Abschnitt
*Kontaktsperre*

# 31–38 (nicht abgedruckt)

# Schlußanhang

## I. A. Deutsches Richtergesetz

(BGBl III 301–1)

v 8. 9. 1961, BGBl 1665, jetzt idF der Bek v 19. 4. 1972, BGBl 713, zuletzt geändert durch
Art 7 BBVAnpG 98 v 6. 8. 98, BGBl 2026

Bearbeiter: Dr. Albers

**Schrifttum:** *Schmidt-Räntsch*, DRiG, 5. Aufl 1995; *Fürst* ua, Richtergesetz, 1992; *Barbey*, Der Status des Richters, in: Isensee/Kirchhof, Handbuch des Staatsrechts, Bd III § 74; *Thomas*, Richterrecht, 1986; *Gerner-Deckert-Kauffmann*, 1963; *Plog-Wiedow-Beck*, BBG, Bd 3 (Loseblattausgabe); *Schäfer*, in: Löwe-Rosenberg, StPO u GVG, 23. Aufl (1979); *Schmidt-Jortzig*, Aufgabe, Stellung und Funktion des Richters im demokratischen Rechtsstaat, NJW **91**, 2377.

## Einleitung

1  **1) Das Gesetz ist im wesentlichen eine Kodifizierung des für den Berufsrichter geltenden Rechts**, § 2. Es gilt nicht nur für die Richter der ordentlichen Gerichtsbarkeit, sondern für die Richter aller Gerichtszweige, deren Verfahrensordnungen, soweit erforderlich, es dem DRiG entsprechend ändert, §§ 88 ff. Lediglich für die Richter des BVerfG gilt es nur beschränkt, §§ 69, 70. Es enthält die durch **Art 98 GG** angeordnete Regelung der Rechtsstellung der Bundesrichter und außerdem Rahmenvorschriften für die Rechtsstellung der Richter in den Ländern, Art 98 III GG. Die Länder haben demgemäß ihrerseits Richtergesetze erlassen, Vorbem § 71. Die **Stellung des ehrenamtlichen Richters** wird lediglich in den §§ 43, 44, 45 und 45 a berührt.

2  **2) Stellung des Richters** (Niebler DRiZ **81**, 281). Der Richter, dem durch Art 92 GG die **rechtsprechende Gewalt anvertraut** ist, vgl auch § 1 Anm 1 u 2, wird hierdurch, aber auch durch die Bestimmung, daß andere nichtrichterliche Tätigkeiten mit der richterlichen unvereinbar sind, § 4 I, klar **dem Beamten gegenübergestellt;** denn den Richtern ist durch Art 19 IV, 100 I GG auch eine Kontrollfunktion gegeben, die nach dem Grundsatz der Gewaltenteilung weder die gleichzeitige amtliche Übertragung nichtrichterlicher Geschäfte auf Richter noch die nebenamtliche Tätigkeit eines Beamten als Richter zuläßt, § 4 Rn 1 u 3. Es gibt also keine richterlichen Beamten. Das schließt nicht aus, daß gewisse Bestimmungen des Beamtenrechts auch für Richter entsprechend gelten, soweit das DRiG nicht entgegensteht, §§ 46, 71 III. Vgl dazu Bettermann, Der Richter als Staatsdiener, 1967 (Veröffentlichungen der Gesellschaft Hbg Juristen Heft 7).

3  **3) Das Gesetz enthält** nicht nur Bestimmungen allgemeiner Art, die für sämtliche Richter gelten, §§ 1 ff, sowie Bestimmungen für die Bundesrichter, §§ 46 ff, und Rahmenvorschriften für die Landesrichter, §§ 71 ff; es regelt auch die Dienstgerichtsbarkeit für die Bundesrichter, §§ 61 ff, und demgemäß diese rahmenrechtlich für die Landesrichter, §§ 77 ff. Ferner enthält es Bestimmungen über Richtervertretungen, §§ 49 ff, 72 ff, und schafft im Interesse der Unabhängigkeit der Rechtsprechung die Möglichkeit, Maßnahmen der Dienstaufsicht auf Antrag des Richters durch das Dienstgericht nachprüfen zu lassen, §§ 26 III, 62 I, Z 4 e, 78 Z 4 e.

4  **4) Richtergesetz und GVG.** Das Gesetz regelt zwar die Stellung des Richters, Rn 2. Es enthält aber auch in die Gerichtsorganisation eingreifende, auf Art 74 Z 1 GG beruhende Bestimmungen, BGH NJW **91**, 422, zB über die Befähigung zum Richteramt, das Richterverhältnis, die Unabhängigkeit des Richters (dazu BGH DRiZ **91**, 20), betrifft also insofern das GVG (so insbesondere in den Abschnitten 1–5), dessen Vorschriften es zT aufgehoben bzw geändert hat, §§ 85–87 DRiG. Im folgenden wird daher der volle Gesetzeswortlaut außer den Übergangs-, Schluß- und Änderungsbestimmungen gebracht. Diese sind, soweit sie das GVG betreffen, bereits im Text berücksichtigt. **Erläutert werden nur die Vorschriften, die für die Gerichtsverfassung unmittelbar oder mittelbar von Bedeutung sein können.**

5  **5) Rechtslage in den neuen Bundesländern.** Das DRiG gilt seit dem 3. 10. 90 auch in den neuen Bundesländern und dem früheren Ost-Berlin, Art 8 EV, mit zahlreichen Maßgaben, EV Anl I Kap III Sachgeb A Abschn III u IV, auf die – idR in den Vorbemerkungen – bei den einzelnen Vorschriften hingewiesen wird (vgl Schmidt-Räntsch DtZ **91**, 33, Brachmann DtZ **90**, 304). Diese Abweichungen beruhen vor allem darauf, daß in der früheren DDR alle Richterämter für jeweils eine Wahlperiode verliehen worden waren, so daß es dort keine Richter auf Lebenszeit gab; bei der Einführung des DRiG wird für die Länder in der früheren DDR an die insofern fortgeltenden Regelungen des DDR-Richterrechts, EV Anl II Kap III Sachgeb A Abschn I Z 5–10, angeknüpft, nach denen zunächst nur Richterverhältnisse auf Zeit oder auf Probe begründet werden konnten, und ergänzend bestimmt, daß die am 3. 10. 90 amtierenden Richter bis dahin zur Ausübung der Rspr ermächtigt werden, BT-Drs 11/7817 S 18 f; dies ist verfassungsrechtlich unbedenklich, BVerfG DtZ **91**, 408 u **92**, 119. Für die Anwendung des DRiG sind grundlegend die in **EV Anl I Kap III Sachgeb A Abschn III Z 8** enthaltenen Maßgaben (vgl 50. Aufl), dazu BVerwG DtZ **97**, 39, DRiZ **97**, 68, DtZ **96**, 118, P. Stelkens DVBl **92**, 539 mwN, u a Roggemann NJW **91**, 458, Henrichs/Kremer/Hucke NJW **91**, 449, Schmidt-Räntsch DtZ **91**, 35, U. Stelkens JuS **91**, 991.

Für die Richter, die nach diesen Bestimmungen die Befähigung zum Berufsrichter besitzen, gelten §§ 5 u 6 des **Rechtspflege-Anpassungsgesetzes** v 26. 6. 92, BGBl 1147 (vgl dazu Rieß DtZ **92**, 228), m Ergänzung (§ 6a) durch Art 6 Z 2 G v 24. 6. 94, BGBl 1374, in Kraft seit 1. 7. 94 (dazu Staats DtZ **94**, 272):

*RpflAnpG § 5. Verwendung von Richtern und Staatsanwälten ohne Befähigung zum Richteramt im Gebiet der Bundesrepublik Deutschland nach dem Stand bis zum 3. Oktober 1990.* I [1]Ein Richter, der nach Anlage I Kapitel III Sachgebiet A Abschnitt III Nr. 8 des Einigungsvertrages vom 31. August 1990 in Verbindung mit Artikel 1 des Gesetzes vom 23. September 1990 (BGBl. 1990 II S. 885, 929) die Befähigung zum Berufsrichter besitzt, kann schon vor seiner Berufung in ein Richterverhältnis auf Lebenszeit im Gebiet der Bundesrepublik Deutschland nach dem Stand bis zum 3. Oktober 1990 bei einem Landgericht oder einem Verwaltungsgericht als beisitzender Richter und als Einzelrichter Aufgaben der Rechtsprechung wahrnehmen. [2]Bei einer gerichtlichen Entscheidung darf nicht mehr als ein Richter mit der in Satz 1 bezeichneten Befähigung mitwirken; er muß als solcher im Geschäftsverteilungsplan kenntlich gemacht werden.
II (betr Staatsanwälte)

*RpflAnpG § 6. Versetzung, Abordnung und Verwendung von Richtern auf Probe.* I [1]Für Richter auf Probe, die nach Anlage I Kapitel III Sachgebiet A Abschnitt III Nr. 8 des Einigungsvertrages vom 31. August 1990 in Verbindung mit Artikel 1 des Gesetzes vom 23. September 1990 (BGBl. 1990 II S. 885, 929) die Befähigung zum Berufsrichter besitzen, gelten, wenn sie mindestens fünf Jahre im richterlichen Dienst tätig gewesen sind und das vierzigste Lebensjahr vollendet haben, die Vorschriften über Versetzung und Abordnung eines Richters auf Lebenszeit entsprechend. [2]§ 37 Abs. 3 des Deutschen Richtergesetzes gilt mit der Maßgabe, daß sie längstens für zusammen sechs Monate abgeordnet werden dürfen.
II Für Richter auf Probe, die weniger als fünf Jahre im richterlichen Dienst tätig gewesen sind oder das vierzigste Lebensjahr noch nicht vollendet haben, gilt § 13 des Deutschen Richtergesetzes; Richter auf Probe, die nur die Befähigung zum Berufsrichter besitzen, dürfen jedoch nicht bei einer Staatsanwaltschaft, Staatsanwälte zur Anstellung, die nur die Befähigung zum Staatsanwalt besitzen, dürfen nicht bei einem Gericht verwendet werden.

*RpflAnpG § 6a. Laufbahnwechsel.* I Ein Richter, der nach Anlage I Kapitel III Sachgebiet A Abschnitt III Nr. 8 des Einigungsvertrages vom 31. August 1990 in Verbindung mit Artikel 1 des Gesetzes vom 23. September 1990 (BGBl. 1990 II S. 885) die Befähigung zum Berufsrichter besitzt, kann nach seiner Berufung in das Richterverhältnis auf Lebenszeit bei Eignung und Befähigung mit seiner schriftlichen Zustimmung unter Berufung in das Beamtenverhältnis auf Lebenszeit auch zum Staatsanwalt ernannt werden.
II Die Eignung und Befähigung ist durch eine zweijährige Erprobung bei einer Staatsanwaltschaft nachzuweisen und in einer dienstlichen Beurteilung festzustellen.
III Wird in der dienstlichen Beurteilung nach Absatz 2 die Eignung und Befähigung nicht festgestellt, wird der Richter in dem ihm verliehenen Amt weiterverwendet.
IV [1]Die Absätze 1 bis 3 gelten für einen Staatsanwalt, der nach Anlage I Kapitel III Sachgebiet A Abschnitt III Nr. 8 Buchstabe cc Doppelbuchstabe cc des Einigungsvertrages vom 31. August 1990 in Verbindung mit Artikel 1 des Gesetzes vom 23. September 1990 (BGBl. 1990 II S. 885) die Befähigung zum Staatsanwalt besitzt und unter Berufung in das Beamtenverhältnis auf Lebenszeit zum Staatsanwalt ernannt ist, für eine Ernennung zum Richter entsprechend. [2]Während der Erprobung im staatsanwaltschaftlichen Dienst führen Richter die Bezeichnung „Staatsanwalt".

6) Für **Berlin**, wo seit dem 3. 10. 90 für die Gerichtsverfassung das GVG (mit wenigen Maßgaben) gilt, **6** ist wegen der Maßgaben zum DRiG auf EV Anl I Kap III Sachgeb A Abschn IV Z 3b zu verweisen, vgl dazu VG Bln DtZ **91**, 255, ferner auf § 4 RpflAnpG, der die Maßgabe EV aaO Z 3b (bb) ersetzt, dazu Rieß DtZ **92**, 228.

## Erster Teil. Richteramt in Bund und Ländern

### Grundzüge

1) **Personeller Geltungsbereich.** Der 1. Teil, §§ 1–45, gilt als unmittelbares Recht in Bund und **1** Ländern. Er regelt im wesentlichen Berufsrichterrecht, § 2, und enthält nur in den §§ 43, 44, 45 u 45a einige Bestimmungen für die ehrenamtlichen Richter, deren Wahl und Beteiligung an richterlichen Handlungen die gerichtsorganisatorischen Vorschriften der Verfahrensordnungen der einzelnen Gerichtszweige (GVG, ArbGG, VwGO, SGG und FGO) ordnen.

2) **Der 1. Teil enthält** nach einigen einleitenden Bestimmungen, §§ 1–4, solche über die Befähigung **2** zum Richteramt, §§ 5–7, das Richterverhältnis, §§ 8–24, die Unabhängigkeit des Richters, §§ 25–37, über besondere Pflichten des Richters, §§ 38–43, und der ehrenamtlichen Richter, §§ 44–45a. Damit gehören seine Vorschriften überwiegend zum Recht der Gerichtsverfassung.

3) **Räumlicher Geltungsbereich.** S o Einl Rn 5 u 6. **3**

## Erster Abschnitt. Einleitende Vorschriften

**§ 1.** *Berufsrichter und ehrenamtliche Richter.* **Die rechtsprechende Gewalt wird durch Berufsrichter und durch ehrenamtliche Richter ausgeübt.**

1   1) **Allgemeines.** Art 92 GG bestimmt: „Die rechtsprechende Gewalt ist den Richtern anvertraut." Er gibt damit also den Richtern das Rechtsprechungsmonopol. Nur sie, kein Beamter oder sonstiger Staatsdiener, die ja auch an die gesetzlichen Vorschriften gebunden sind und sie handhaben, haben rechtsprechende Gewalt. Damit wird ihre alleinige Ausübung in Durchführung der Gewaltenteilung, Art 20 II 2 GG, und in Ausführung von Art 92 GG einem besonderen Stand, den Richtern, zugewiesen. Sie sind mithin die alleinigen verfassungsrechtlichen Organe der Dritten Gewalt.

2   2) **Rechtsprechende Gewalt.** Nicht jede richterliche Tätigkeit ist Rechtsprechung. Es scheiden auch die § 4 II genannten Aufgaben aus, also die Aufgaben der Gerichtsverwaltung und vor allem die der freiwilligen Gerichtsbarkeit, soweit sie nicht Streitentscheidung ist (so allerdings zB in Hausratssachen). Sie gehören zu dem gegenüber der Rechtsprechung weiteren Begriff der Rechtspflege.

3   3) **Richter.** Unterschieden werden Berufsrichter und ehrenamtliche Richter, die einander hinsichtlich der Ausübung der rechtsprechenden Gewalt gleichstehen, wie auch Art 92, 97 I, 98 I und III GG nur allgemein von Richtern sprechen.

   **A. Berufsrichter.** Die Bezeichnung wird nur in den §§ 1, 2, 45 im Gegensatz zum ehrenamtlichen Richter gebraucht; sonst heißt es „Richter". Berufsrichter kann es nur in den in § 8 genannten 4 Formen geben. Formal sind sie durch eine Urkunde ausgewiesen, § 17 I. Mithin scheiden als Richter und damit auch als Personen, die rechtsprechende Gewalt haben können, Verwaltungsbeamte, Rechtspfleger, mögen sie auch bei ihren Entscheidungen eine gewisse Selbständigkeit haben, § 9 (aber auch §§ 4 II u 5) RPflG, und Staatsanwälte, § 122, aus.

4   **B. Ehrenamtliche Richter** sind zB die Handelsrichter, §§ 108 ff GVG, und die ehrenamtlichen Richter bei den Arbeitsgerichten, §§ 20 ff, 37, 43 ArbGG, SozGerichten, §§ 13 ff, 35, 45 ff SGG, VerwGerichten, §§ 19 ff VwGO, und FinGerichten, §§ 16 ff FGO, sowie die Schöffen, §§ 31 ff, 84 ff GVG.

**§ 2.** *Geltung für Berufsrichter.* **Die Vorschriften dieses Gesetzes gelten, soweit dieses Gesetz nicht anderes bestimmt, nur für die Berufsrichter.**

1   1) **Anwendung des Gesetzes.** Es ist grundsätzlich nur auf Berufsrichter anwendbar. Bestimmungen für die ehrenamtlichen Richter, § 1 Rn 4, enthalten nur die §§ 44, 45 u 45 a. Für andere in der Rechtspflege tätige Personen, zB Rechtspfleger, gilt das Gesetz auch nicht entsprechend, BVerwG DRpflZ **88**, 86.

**§ 3.** *Dienstherr.* **Die Richter stehen im Dienst des Bundes oder eines Landes.**

1   1) **Dienstherr kann nur der Staat sein** (Bund oder Länder); eine Delegation, auch auf sonstige staatliche Körperschaften, wäre unzulässig. Möglich sind mehrere Dienstherren. Sind durch Staatsvertrag dem Gericht eines Landes bestimmte Sachen eines anderen übertragen, zB nach § 143 II PatG (Anh § 78 b GVG) oder nach § 14 GVG für das Gebiet der Rhein- und Binnenschiffahrt oder nach § 23 c GVG für FamS, so ändert sich dadurch am Dienstherrn nichts.

**§ 4.** *Unvereinbare Aufgaben.* [I] **Ein Richter darf Aufgaben der rechtsprechenden Gewalt und Aufgaben der gesetzgebenden oder der vollziehenden Gewalt nicht zugleich wahrnehmen.**

[II] **Außer Aufgaben der rechtsprechenden Gewalt darf ein Richter jedoch wahrnehmen**
1. **Aufgaben der Gerichtsverwaltung,**
2. **andere Aufgaben, die auf Grund eines Gesetzes Gerichten oder Richtern zugewiesen sind,**
3. **Aufgaben der Forschung und Lehre an einer wissenschaftlichen Hochschule, öffentlichen Unterrichtsanstalt oder amtlichen Unterrichtseinrichtung,**
4. **Prüfungsangelegenheiten,**
5. **den Vorsitz in Einigungsstellen und entsprechenden unabhängigen Stellen im Sinne des § 104 Satz 2 des Bundespersonalvertretungsgesetzes.**

**Schrifttum:** *Lisken* DRiZ **75**, 33; *Röper* DRiZ **75**, 197.

1   1) **Allgemeines.** Die Vorschrift dient dazu, das in Art 20 II 2 GG verankerte Prinzip der Gewaltenteilung durchzuführen, BVerwG **25**, 218. Dieses Prinzip und das den Richtern gegebene Rechtsprechungsmonopol, Einl § 1 Rn 2 und § 1 Rn 1, grenzen ihre Tätigkeit von anderen mit der ihrigen als unvereinbar ab: Ein Richter darf grundsätzlich nur Aufgaben der rechtsprechenden Gewalt wahrnehmen. Das schließt aber nicht aus, daß einem Richter, der einwilligt, andere Tätigkeiten übertragen werden; dann kann er aber nicht gleichzeitig Richter sein. Diese Regelung verstößt nicht gegen das GG, BVerwG **25**, 210, Weiß DRiZ **73**, 187 (eingehend). Im Bereich des § 1 ist auch eine entsprechende Nebentätigkeit verboten, soweit es sich nicht um eine der Ausnahmen des § 4 II handelt, während die Nebentätigkeit im nichtstaatlichen Bereich nur den Vorschriften der §§ 40–42 unterliegt, BVerwG DRiZ **84**, 20. Die Ausnahmen von dem Grundsatz der Unvereinbarkeit, I, zählt II abschließend auf.

2   2) **Wahrnehmung von Aufgaben der gesetzgebenden oder der vollziehenden Gewalt,** I (Tsatsos DRiZ **64**, 251; v. Münchhausen DRiZ **69**, 3).

   **A. Gesetzgebung.** Wird ein Richter in eine gesetzgebende Körperschaft (Bundestag, Landtag, Bürgerschaft) gewählt, so endeten mit der Annahme der Wahl das Recht und die Pflicht zur Wahrnehmung des

Richteramts, § 36 II; s auch das (insoweit fortgeltende, § 46 AbgG v 18. 2. 77) Ges über die Rechtsstellung der in den Deutschen Bundestag gewählten Angehörigen des öff Dienstes v 4. 8. 53, BGBl 777, das bei der Wahl eines Richters in eine gesetzgebende Körperschaft eines Landes entsprechend gilt, § 121. Desgleichen findet Entlassung statt, wenn ein Richter zZt seiner Ernennung Mitglied des Bundes- oder eines Landtages war und nicht innerhalb einer ihm gesetzten Frist das Mandat niedergelegt, § 21 II Z 2. § 4 steht nicht entgegen, daß Richter in einem Parlamentsausschuß angehört werden.

**B. Verwaltung.** Aufgaben der vollziehenden Gewalt sind mangels einer erschöpfenden Definition alle **3** staatlichen Tätigkeiten, die nicht Gesetzgebung oder Rechtsprechung sind, VG Kblz DRiZ **93**, 240 mwN. Ein Richter darf also in keiner Weise, auch nicht nebenberuflich oder ehrenamtlich, BVerwG **41**, 195, in der unmittelbaren oder mittelbaren Verwaltung des Bundes oder eines Landes, in der Gemeindeverwaltung oder der der Gemeindeverbände, ebenso Weisbrodt DRiZ **95**, 260 mwN, oder in den Körperschaften des öff Rechts mitwirken, OVG Münst DRiZ **90**, 181, VG Ffm NVwZ-RR **90**, 383, wenn er nicht als Richter ausscheidet. Ob § 4 die Ausübung eines Kommunalmandats hindert, ist str; verneinend die hM, Schmidt-Räntsch 11, Weisbrodt aaO, StGH Bre DVBl **78**, 444 mwN, abw (und differenzierend) u a GKÖD Rdz 19 mwN, Bettermann Festschrift Ule, 1977, S 265 ff und DVBl **78**, 448, offen gelassen BVerwG NVwZ **90**, 162, OVG Münst DRiZ **90**, 181, beide mwN. Zulässig bleibt eine beratende Tätigkeit (einer gutachtlichen würde § 41 entgegenstehen), sofern sie sich darauf beschränkt und für die Entschließung eines Verwaltungsorgans nicht bindend ist oder die Tätigkeit unter der Aufsicht einer Verwaltungsbehörde ausgeübt wird, Schmidt-Räntsch 9. Es kommt also immer auf den Aufgabenkreis und die Organisation der Verwaltungsbehörde an, so bei Tätigkeit des Richters in einer Vergleichs- und Schiedsstelle (unzulässig bei Aufsicht einer VerwBehörde, Schmidt-Räntsch 13, sofern sie nicht durch Gesetz ausdrücklich zugelassen ist), als Universitätsrichter (zulässig, wenn sich die Tätigkeit auf Beratung beschränkt, BTDrucks 2785 S 9). Unzulässig ist die Tätigkeit in Schiedsämtern, § 368 i RVO, und in Einigungsstellen, § 27 a UWG, da diese auch vollziehende Gewalt ausüben, ebenso als Justitiar und Urkundsbeamter der Landeszentralbank, Brschwg (VG) DVBl **63**, 560, im Berufungsausschuß für Zahnärzte, da Vorsitzender und Beisitzer aus wichtigem Grunde von einer VerwStelle abberufen werden können, BVerwG **25**, 210; unzulässig ist auch die Tätigkeit als ehrenamtliches Mitglied des VerwRates einer öff Sparkasse, BVerwG MDR **73**, 524, ebenso wie die Ausübung des Amtes eines Wahlvorstandes, VG Kblz NVwZ-RR **94**, 226.

**3) Ausnahmen, II.** Sie sind abschließend aufgezählt, so daß damit der Kreis der amtlichen Tätigkeit eines **4** Richters geschlossen ist. Überschreitung ist Dienstvergehen. Daneben gelten §§ 41, 42. S auch VO über die Nebentätigkeit der Richter im Bundesdienst v 15. 10. 65, BGBl 1719, geänd dch VO v 12. 11. 87, BGBl 2373, Schmidt-Räntsch Teil E.

**A. Aufgaben der Gerichtsverwaltung, Z 1.** Ihre Wahrnehmung läßt schon § 4 EGGVG zu und ist vom BVerfG **4**, 331, 347, gebilligt. Der Ausdruck ist an Stelle des Ausdrucks Justizverwaltung im Hinblick auf die anderen Gerichtszweige gewählt worden; er ist zudem enger, da zB die Strafanstaltsverwaltung nicht darunter fällt, deren Zuweisung nur nach Z 2 zulässig ist, vgl § 451 III StPO (zur Verpflichtung, die Leitung eines Gerichtsgefängnisses zu übernehmen, BGH DRiZ **75**, 23). Über den Umfang der Justizverwaltung vgl § 4 EGGVG und Anh § 21 GVG. Hierher gehören alle den Gerichten bzw ihren Präsidenten übertragenen Aufgaben, die weder in unmittelbarem noch in mittelbarem Zusammenhang mit der Rechtsprechung und sonstigen Formen der individuellen Rechtspflege stehen, BGH NJW **87**, 1199, also zB die Intendanz der Gerichte und der Ausbildung des Nachwuchses, BGH DRiZ **89**, 462, ebenso wie die Erteilung von Genehmigungen, zB nach § 10 EheG, die Dienstaufsicht und der Rechtshilfeverkehr mit dem Ausland, Junker DRiZ **85**, 161, nicht aber Verwaltungsaufgaben des Ministeriums, also auch nicht die durch dieses erfolgende Anerkennung ausländischer Entscheidungen in Ehesachen, § 328 ZPO Rn 65 ff. Beauftragung und Widerruf erfolgen nach Ermessen des Dienstvorgesetzten, so daß die Nachprüfung, § 26 III DRiG, darauf beschränkt ist, BGH DRiZ **77**, 215.

**B. Durch Gesetz Gerichten oder Richtern zugewiesene Aufgaben, Z 2.** „Zuweisung" erfordert **5** nur die Bestimmung der Art der Tätigkeit, nicht aber die Bezeichnung der Richter, die diese Tätigkeit ausüben dürfen, BVerwG NJW **85**, 1093. Auf gesetzlicher Zuweisung beruht die Tätigkeit in dem sonstigen Bereich der Rechtsprechung, zB in Angelegenheiten der freiwilligen Gerichtsbarkeit wie etwa der Grundbuch- und Registerführung, aber auch die Tätigkeit bei der Bestimmung des Gerichtsstandes, § 36 ZPO, in der Prozeßkostenhilfe, §§ 114 ff ZPO, oder bei der Geschäftsverteilung, § 21 e GVG. Hierin gehört ferner die durch Landesrecht geregelte Mitwirkung in Jugendhilfeausschüssen, § 71 SGB VIII, im Richterwahlausschuß, BVerwG NJW **85**, 1093, bei der Rechtsberatung Minderbemittelter, Ipsen ZRP **77**, 139, oder als Vorsitzender eines Seeamts oder Umlegungsausschusses, SchlH G v 24. 9. 74, GVBl 384, u dgl.

**C. Aufgaben der Forschung und Lehre, Z 3**, falls sie an einer Hochschule oder Unterrichtseinrich- **6** tung im öff Bereich wahrgenommen werden. Eine solche Tätigkeit an privaten Einrichtungen steht der richterlichen Tätigkeit nicht entgegen, da § 4 I nicht zutrifft, unterliegt aber als Nebentätigkeit der Genehmigung; s auch § 41.

**D. Prüfungsangelegenheiten, Z 4.** Hierin gehören derartige Aufgaben jeder Art.

**E. Vorsitz in Einigungsstellen**, vgl § 40 Rn 5, **und entsprechenden unabhängigen Stellen, Z 5**, iSv § 104 S 2 BPersVG.

## Zweiter Abschnitt. Befähigung zum Richteramt

**§ 5. Befähigung zum Richteramt.** ¹Die Befähigung zum Richteramt erwirbt, wer ein rechtswissenschaftliches Studium an einer Universität mit der ersten Staatsprüfung und einen anschließenden Vorbereitungsdienst mit der zweiten Staatsprüfung abschließt.

II Studium und Vorbereitungsdienst sind inhaltlich aufeinander abzustimmen.

**§ 5a. Studium.** ¹Die Studienzeit beträgt dreieinhalb Jahre; diese Zeit kann unterschritten werden, sofern die für die Zulassung zur ersten Prüfung erforderlichen Leistungen nachgewiesen sind. Mindestens zwei Jahre müssen auf ein Studium an einer Universität im Geltungsbereich dieses Gesetzes entfallen.

II ¹Gegenstand des Studiums sind Pflicht- und Wahlfächer. Pflichtfächer sind die Kernbereiche des Bürgerlichen Rechts, des Strafrechts, des Öffentlichen Rechts und des Verfahrensrechts einschließlich der europarechtlichen Bezüge, der rechtswissenschaftlichen Methoden und der philosophischen, geschichtlichen und gesellschaftlichen Grundlagen. ²Die Wahlfächer dienen der Ergänzung des Studiums und der Vertiefung der mit ihnen zusammenhängenden Pflichtfächer.

III ¹Die Inhalte des Studiums berücksichtigen die rechtsprechende, verwaltende und rechtsberatende Praxis. ²Während der vorlesungsfreien Zeit finden praktische Studienzeiten von insgesamt mindestens drei Monaten Dauer statt. ³Das Landesrecht kann bestimmen, daß die praktische Studienzeit bei einer Stelle und zusammenhängend stattfindet.

IV Das Nähere regelt das Landesrecht.

**§ 5b. Vorbereitungsdienst.** I ¹Der Vorbereitungsdienst dauert zwei Jahre. ²Die Ausbildung findet zunächst statt bei folgenden Pflichtstationen:
1. einem ordentlichen Gericht in Zivilsachen,
2. einem Gericht in Strafsachen oder einer Staatsanwaltschaft,
3. einer Verwaltungsbehörde,
4. einem Rechtsanwalt,

sodann, nach Wahl des Referendars,
5. bei einer Wahlstation; diese kann bei folgenden Ausbildungsstellen stattfinden, die durch Landesrecht zu Schwerpunktbereichen zusammenzufassen sind:
   a) einer der Pflichtstationen,
   b) einer gesetzgebenden Körperschaft des Bundes oder eines Landes,
   c) einem Notar,
   d) einem Gericht der Verwaltungs-, der Finanz-, der Arbeits- oder der Sozialgerichtsbarkeit,
   e) einer Gewerkschaft, einem Arbeitgeberverband oder einer Körperschaft wirtschaftlicher, sozialer oder beruflicher Selbstverwaltung,
   f) einem Wirtschaftsunternehmen,
   g) einer überstaatlichen, zwischenstaatlichen oder ausländischen Ausbildungsstelle oder einem ausländischen Rechtsanwalt,
   h) einer sonstigen Ausbildungsstelle, bei der eine sachgerechte Ausbildung gewährleistet ist.

II ¹Das Landesrecht kann bestimmen, daß
1. die Ausbildung bei den Pflichtstationen in angemessenem Umfang bei überstaatlichen, zwischenstaatlichen oder ausländischen Ausbildungsstellen oder einem ausländischen Rechtsanwalt,
2. die Ausbildung nach Absatz 1 Satz 2 Nr. 1 zum Teil bei einem Gericht der Arbeitsgerichtsbarkeit, die Ausbildung nach Absatz 1 Satz 2 Nr. 3 zum Teil bei einem Gericht der Verwaltungs-, der Finanz- oder der Sozialgerichtsbarkeit

stattfinden kann. ²Eine Ausbildung an einer rechtswissenschaftlichen Fakultät kann auf die Ausbildung nach Absatz 1 Satz 2 Nr. 5, eine Ausbildung an der Hochschule für Verwaltungswissenschaften kann auf die Ausbildung nach Absatz 1 Satz 2 Nr. 3 oder 5 angerechnet werden.

III ¹Eine Pflichtstation dauert mindestens drei Monate. ²Die Ausbildung bei den Wahlstationen dauert mindestens vier und höchstens sechs Monate. ³Der Vorbereitungsdienst kann im Einzelfall aus zwingenden Gründen verlängert werden, nicht jedoch wegen unzureichender Leistungen.

IV Während der Ausbildung können Ausbildungslehrgänge bis zu einer Gesamtdauer von drei Monaten vorgesehen werden.

V Das Nähere regelt das Landesrecht.

**§ 5c. Anrechnung einer Ausbildung für den gehobenen Dienst.** I ¹Eine erfolgreich abgeschlossene Ausbildung für den gehobenen Justizdienst oder für den gehobenen nichttechnischen Verwaltungsdienst kann auf Antrag bis zur Dauer von 18 Monaten auf die Ausbildung angerechnet werden. ²Auf den Vorbereitungsdienst dürfen jedoch nicht mehr als sechs Monate angerechnet werden.

II Das Nähere regelt das Landesrecht.

**§ 5d. Prüfungen.** I ¹In den Prüfungen sind schriftliche und mündliche Leistungen zu erbringen. ²Die Einheitlichkeit der Prüfungsanforderungen und der Leistungsbewertung ist zu gewährleisten.

II ¹Der Stoff der ersten Prüfung ist so zu bemessen, daß das Studium nach dem vierten Studienjahr abgeschlossen werden kann. ²Das Landesrecht kann bestimmen, daß schriftliche Prüfungsleistungen während des Studiums erbracht werden, jedoch nicht vor Ablauf von zweieinhalb Studienjahren. ³Die mündliche Prüfung bezieht sich auf das gesamte Studium.

III ¹Die schriftlichen Leistungen in der zweiten Prüfung beziehen sich auf die Ausbildung bei den Pflichtstationen; die mündlichen Leistungen beziehen sich auf die gesamte Ausbildung unter besonderer Berücksichtigung des Schwerpunktbereichs. ²Die schriftlichen Leistungen sind gegen oder nach Ende der Ausbildung bei der letzten Pflichtstation zu erbringen. ³Sieht das Landesrecht neben Aufsichtsarbeiten auch eine häusliche Arbeit vor, kann bestimmt werden, daß diese Leistung nach Beendigung der Wahlstation erbracht werden muß.

IV ¹In der ersten und zweiten Prüfung kann das Prüfungsorgan bei seiner Entscheidung von der rechnerisch ermittelten Gesamtnote abweichen, wenn dies auf Grund des Gesamteindrucks den Leistungsstand des Kandidaten besser kennzeichnet und die Abweichung auf das Bestehen der Prüfung keinen Einfluß hat; hierbei sind bei der zweiten Prüfung auch die Leistungen im Vorbereitungsdienst zu berücksichtigen. ²Die Abweichung darf ein Drittel des durchschnittlichen Umfangs einer Notenstufe nicht übersteigen. ³Der Anteil der mündlichen Prüfungsleistungen an der Gesamtnote darf 40 vom Hundert nicht übersteigen. ⁴Eine rechnerisch ermittelte Anrechnung von im Vorbereitungsdienst erteilten Noten auf die Gesamtnote der zweiten Prüfung ist ausgeschlossen. ⁵Der Bundesminister der Justiz wird ermächtigt, durch Rechtsverordnung mit Zustimmung des Bundesrates eine Noten- und Punkteskala für die Einzel- und Gesamtnoten festzulegen.

V ¹Die erste Prüfung kann einmal wiederholt werden. ²Eine erfolglose erste Prüfung gilt als nicht unternommen, wenn der Bewerber sich frühzeitig zur Prüfung gemeldet und die vorgesehenen Prüfungsleistungen vollständig erbracht hat. ³Das Nähere, insbesondere den Ablauf der Meldefrist, die Anrechnung von Zeiten des Auslandsstudium, der Erkrankung und der Beurlaubung auf die Studiendauer sowie die Folgen einer Prüfungsunterbrechung, regelt das Landesrecht. ⁴Das Landesrecht kann eine Wiederholung der Prüfung zur Notenverbesserung vorsehen.

VI Das Nähere regelt das Landesrecht.

### Gemeinsame Erläuterungen zu den §§ 5 bis 5 d

**Vorbem.** Die jetzige Fassung der §§ 5 a–d beruht auf dem G zur Verkürzung der Juristenausbildung v 20. 11. 92, BGBl 1926, das am 28. 11. 92 in Kraft getreten ist. Übergangsregelung: **1–4**

**G v 20. 11. 92, BGBl 1926, Art 3.** ¹Bis zum Ablauf von einem Jahr nach Inkrafttreten dieses Gesetzes können Studenten ein Studium nach § 5 a des Deutschen Richtergesetzes in der bis zum Inkrafttreten dieses Gesetzes geltenden Fassung und Referendare einen Vorbereitungsdienst nach § 5 b des Deutschen Richtergesetzes in der bisher geltenden Fassung aufnehmen. ²Abweichend von Satz 1 kann das Landesrecht bestimmen, daß die dem Artikel 1 dieses Gesetzes entsprechenden landesrechtlichen Vorschriften für Studenten oder Referendare gelten, die nach dem Inkrafttreten dieses Gesetzes die Ausbildung aufnehmen. ³Wer eine Ausbildung nach § 5 a oder § 5 b des Deutschen Richtergesetzes in der bisher geltenden Fassung aufgenommen hat, kann sie bis zu einem durch das Landesrecht zu bestimmenden Zeitpunkt nach dem bisherigen Recht beenden. ⁴§ 6 Abs. 2 des Deutschen Richtergesetzes gilt entsprechend.

**Gesetzesmaterialien:** Fraktionsentw BT-Drs 12/2280; BR-Entw BT-Drs 12/2507; Ausschußbericht BT-Drs 12/3337; Ges-Beschluß BR-Drs 698/92.

**Schrifttum** (in Auswahl): *Kröpil* NJW **93**, 365; *Kauffmann* BayVBl **93**, 289; *Schöbel* BayVBl **92**, 321 u 358; *Haas* BRAK-Mitt 4/92; *Hassemer/Kübler* u *Hensen/Kramer* 58. DJT I E u F; *Hassemer/Hoffmann-Riem/Limbach*, Juristenausbildung; *Wassermann/Kirchner/Kröpil*, Das Recht der Juristenausbildung, 1988; s iü 51. Aufl. – Zur Reformdiskussion s Verh. des 62. DJT 1998, Teil E, dazu *Sauter* ZRP **99**, 273, *Reifner* ZRP **99**, 43, *Kramer* MDR **98**, 1013, *v. Münch* NJW **98**, 2324, *Schmidt-Jortzig* ZRP **98**, 289, *Braun* ZRP **98**, 41.

**1) Befähigung zum Richteramt, § 5.** Da das DRiG für die Richter aller Gerichtszweige gilt, folgt **5** daraus die einheitliche Ausbildung sämtlicher Richter in der Bundesrepublik. Der Erwerb der Befähigung zum Richteramt gibt die Befähigung dazu im Bund und in jedem deutschen Land, § 6 II. Auf diese Befähigung beziehen sich die Regelungen für Staatsanwälte (§ 122 I DRiG), Rechtsanwälte (§ 4 BRAO) und Notare (§ 5 BNotO); ihre Bedeutung für Verwaltungsjuristen ergibt sich aus dem Beamtenrecht in Bund und Ländern. Ziel der Juristenausbildung ist allgemein der sog Einheitsjurist, der befähigt ist, ohne zusätzliche (gesetzlich geregelte) Ausbildung in allen juristischen Berufen tätig zu werden.

Die Befähigung zum Richteramt wird durch ein rechtswissenschaftliches Studium an einer Universität mit abschließender erster Staatsprüfung und einen anschließenden Vorbereitungsdienst mit abschließender zweiter Staatsprüfung erworben, I, wobei Studium und Vorbereitungsdienst inhaltlich aufeinander abzustimmen sind, II. Wegen der übergangsweise möglichen einstufigen Ausbildung und der bis zum 15. 9. 84 auf diesem Wege erworbenen Befähigung zum Richteramt s Vorbem und 42. Aufl sowie § 109. Eine Ausnahme von § 5 besteht nach § 65 II PatG auch weiterhin für die technischen Mitglieder des Bundespatentgerichts, § 120, und für die in der Verfassungs-, Verwaltungs-, Sozial- und Disziplinargerichtsbarkeit verwendeten Richter mit Befähigung zum höheren Verwaltungsdienst, § 110. Ein ordentlicher Professor der Rechte an einer Universität ist ohne weiteres zum Richteramt befähigt, § 7.

Ausländische Prüfungen bedürfen der Anerkennung, § 112 (idF des Art 2 G v 24. 6. 94, BGBl 1374). Ein in der früheren DDR nach dem 31. 3. 53 bestandenes juristisches Staatsexamen konnte nicht als gleichwertig

## DRiG § 5d  — Schlußanhang I. A

im Sinn dieser Vorschriften anerkannt werden, Dörig NJW **90**, 889, BGH NJW **90**, 910 u **68**, 1047, VG Düss DtZ **90**, 29; zur Rechtslage in den neuen Bundesländern s unten Rn 11.

Für die Ernennung zum Richter müssen neben § 5 auch die Voraussetzungen der §§ 9 und 18 II vorliegen.

**6**  **2) Erwerb der Befähigung zum Richteramt.**
**A. Grundsätze.** In § 5 wird nur gesagt, daß am Ende der dort genannten zwei Ausbildungsabschnitte jeweils eine Prüfung abzulegen ist und daß die beiden Abschnitte inhaltlich aufeinander abzustimmen sind, Rn 5. Über die Ausbildungsabschnitte und die Prüfungen enthalten §§ 5 a, 5 b, 5 c und 5 d einige grundsätzliche Regelungen, die keinen verfassungsrechtlichen Bedenken begegnen, VGH Mü BayVBl **85**, 241, aM Fastenrath BayVBl **85**, 423; die Ausgestaltung der Einzelheiten ist dem Landesrecht überlassen. Alle Länder haben entsprechende Vorschriften erlassen, unten Rn 10. Wegen der Rechtslage in den neuen Bundesländern und im früheren Ost-Berlin s Rn 11.

**7**  **B. Universitätsstudium, § 5 a.** Die Studienzeit beträgt wenigstens 3$^{1/2}$ Jahre, dazu Großfeld JZ **86**, 357; sie kann bei Nachweis der für die Prüfung erforderlichen Leistungen unterschritten werden, I 1. Mindestens zwei Jahre müssen auf ein Studium in der Bundesrepublik verwendet werden, I 2. Universitäten, § 5 I, sind nur wissenschaftliche Hochschulen, BVerfG NJW **84**, 912, die nicht auf einzelne Fachrichtungen beschränkt sind und mehrere Fakultäten, unabhängige Lehrkräfte, die erforderlichen Einrichtungen, Selbstverwaltung usw haben; die Bezeichnung entscheidet nicht. Demgemäß fallen Fachhochschulen u dgl nicht darunter, wohl aber Gesamthochschulen, vgl § 7 Rn 1. Ein Fernstudium iSv § 13 HSchRG genügt, Weides/Mittenzwei ZRP **86**, 68.

Bei der Gestaltung des Studiums müssen die rechtsprechende, verwaltende und rechtsberatende Praxis berücksichtigt werden; dem dienen praktische Studienzeiten von insgesamt 3 Monaten Dauer in der vorlesungsfreien Zeit, III.

Wegen der Anrechnung einer Ausbildung für den gehobenen Dienst s § 5 c.

**8**  **C. Vorbereitungsdienst, § 5 b.** Der 2 Jahre dauernde Vorbereitungsdienst gliedert sich in Pflicht- und Wahlstationen, I. Nach Landesrecht kann die Ausbildung an einer rechtswissenschaftlichen Fakultät auf letztere angerechnet werden, II 2. Die Einzelheiten regelt auch hier das Landesrecht, V.

Es bestimmt auch darüber, in welchen Rechtsformen der Vorbereitungsdienst abzuleisten ist. Die Regelform ist das Beamtenverhältnis auf Widerruf, dessen persönliche Voraussetzungen sich aus dem Beamtenrecht und etwaigen Zusatzregelungen ergeben. Sind sie nicht erfüllt, muß im Hinblick auf Art 12 GG durch das Landesrecht die Ableistung im zivilrechtlichen Anstellungsverhältnis oder in einem öffentlich-rechtlichen Praktikantenverhältnis gewährleistet werden, BVerfG **39**, 372 (jedoch nicht für Bewerber, die die freiheitliche demokratische Grundordnung bekämpfen, BVerfG **46**, 43, und auch nicht, sofern das Landesrecht dies vorsieht, für Bewerber, die erheblich vorbestraft sind, VGH Kassel AS **29**, 54). Dabei scheidet eine Aufspaltung in die Zulassung zur Ausbildung und in die Ausgestaltung des Ausbildungsverhältnisses aus; vielmehr handelt es sich um ein einheitliches Rechtsverhältnis, für das im Streitfall der sich aus der Natur dieses Rechtsverhältnisses ergebende Rechtsweg offen steht, § 13 GVG Rn 68, vgl BVerwG NVwZ **92**, 1208, OVG Magdeb NJW **96**, 2387, OVG Münst NVwZ-RR **96**, 472 (betr Ausländer).

Aus der Rechtsprechung: Zur Frage, ob ein RA als Ausbilder ausgeschlossen werden darf, s VGH Kassel NJW **80**, 356, zu Fragen der Zulassung eines Bewerbers Hobrecker JuS **89**, 151 mwN, VGH Kassel DRiZ **99**, 22, NJW **97**, 959 u NVwZ-RR **97**, 415, OVG Schlesw DÖV **95**, 202, OVG Bre DÖV **86**, 477, OVG Hbg DRiZ **87**, 279, zur Zulassung von Ausländern BVerwG NJW **90**, 2945 (Anm Ehlers/Lackhoff JZ **97**, 465), VG Ffm NVwZ-RR **97**, 299, zum Anspruch auf Länderwechsel OVG Magdeb NJW **96**, 2387, zum Ausscheiden aus dem Vorbereitungsdienst VGH Mü NVwZ-RR **97**, 417.

Wegen der Anrechnung einer Ausbildung für den gehobenen Dienst s § 5 c.

**9**  **D. Prüfungen, § 5 d.** Die Neufassung durch das G v 20. 11. 92 dient dem Ziel, die Ausbildung zu verkürzen; sie läßt den sog Freischuß, V 2, bundesweit zu. Das Nähere bestimmen auch hier die Länder, VI. Zu IV (früher III) vgl BVerwG DVBl **95**, 1353, NJW **93**, 3341, NVwZ **92**, 1200. Von der schon bisher bestehenden Ermächtigung, eine Noten- und Punkteskala festzulegen, IV 5, ist durch die fortgeltende VO v 3. 12. 81, BGBl 1243, Gebrauch gemacht worden; sie ist rechtsgültig, BVerwG NJW **93**, 3341 mwN, vgl zu ihrer Anwendung BVerwG DVBl **89**, 99 u OVG Lüneb DVBl **89**, 112. Zur Rechtsgültigkeit v § 5 d V 1 (einmalige Wiederholung) s OVG Lüneb NdsRpfl **94**, 82.

**10**  **E. Ausbildungsvorschriften der Länder.** Vgl Schönfelder Fußnote zu § 5 DRiG.

**11**  **3) Überleitungsvorschriften für die neuen Bundesländer.** Zur Einführung des DRiG s Einl § 1 Rn 5. Mit Rücksicht auf die Verhältnisse in der früheren DDR gelten dort für die **Befähigung zum Richteramt** folgende Überleitungsvorschriften, dazu BT-Drs 11/7817 S 22 ff:

*EV Anl I Kap III Sachgeb A Abschn III Z 8 Buchst y.*

aa) Wer am Tag des Wirksamwerdens des Beitritts die Befähigung zum Berufsrichter erworben hat oder demnächst erwirbt, behält diese Befähigung. Gleiches gilt für aus der Vertragsgerichtsbarkeit in die ordentliche Gerichtsbarkeit übergeführte Richter und für aus den staatlichen Notariaten in die ordentliche Gerichtsbarkeit übergeführte Notare.

bb) Wer nach dem Wirksamwerden des Beitritts gemäß Maßgabe b) in ein Richterverhältnis auf Lebenszeit berufen wird, erfüllt damit auch die Voraussetzungen für die Berufung in ein Richterverhältnis in dem Gebiet, in dem das Deutsche Richtergesetz bereits vor dem Wirksamwerden des Beitritts galt.

cc) (nach § 31 I Z 1 c RpflAnpG nicht mehr anzuwenden)

dd) Hochschullehrer an rechtswissenschaftlichen Fakultäten oder Fachbereichen von wissenschaftlichen Hochschulen oder Universitäten in dem in Artikel 1 Abs. 1 des Vertrages genannten Gebiet, die die Einstellungsvoraussetzungen für Professoren nach § 44 des Hochschulrahmengesetzes erfüllen und nach dem Wirksamwerden des Beitritts berufen worden sind, sind zum Richteramt befähigt.

ee) **Wer bis zum 31. Dezember 1991** Richter-, Staatsanwalts-, Rechtsanwalts- oder Notarassistent ist oder wird, beendet seine Ausbildung nach den in dem in Artikel 1 Abs. 1 des Vertrages genannten Gebiet geltenden Bestimmungen und erwirbt mit dem erfolgreichen Abschluß die in diesen Bestimmungen vorgesehene Befähigung. Dies gilt nicht für Absolventen der Juristischen Hochschule Potsdam-Eiche oder vergleichbarer Einrichtungen.

ff) **Diplom-Juristen**, die ihr Diplom nicht an der Juristischen Hochschule Potsdam-Eiche oder einer vergleichbaren Einrichtung erworben haben und am Tag des Wirksamwerdens des Beitritts eine mindestens dreijährige Berufserfahrung besitzen, erwerben nach einer erfolgreichen Einarbeitungszeit von einem Jahr bei einem Gericht in dem in Artikel 1 Abs. 1 des Vertrages genannten Gebiet die Befähigung zum Berufsrichter.

Für das **Studium und den Vorbereitungsdienst** gelten weitere Überleitungsvorschriften, EV Anl I Kap III Sachgeb A Abschn III Z 8 Buchst y (gg) – (jj) sowie § 9 RpflAnpG; dazu Schmidt-Räntsch DtZ **91**, 37, Dörig DtZ **90**, 349. Wegen **Berlin** s EV aaO Abschn IV 3 b (ee) aE.

**§ 6. *Anerkennung von Prüfungen*.** ¹ ¹Die Zulassung zum Vorbereitungsdienst darf einem Bewerber nicht deswegen versagt werden, weil er die erste Prüfung nach § 5 in einem anderen Land im Geltungsbereich dieses Gesetzes abgelegt hat. ²Die in einem Land im Geltungsbereich dieses Gesetzes auf den Vorbereitungsdienst verwendete Zeit ist in jedem deutschen Land anzurechnen.

ᴵᴵ Wer im Geltungsbereich dieses Gesetzes die Befähigung zum Richteramt nach § 5 erworben hat, ist im Bund und in jedem deutschen Land zum Richteramt befähigt.

**Vorbem.** Wegen der Rechtslage in den neuen Bundesländern s §§ 5–5 d Rn 11. 1

**1) Allgemeines.** § 6 ordnet die Anerkennung der Prüfungen durch die Länder untereinander an. Eine Übergangsvorschrift enthält § 113 auch insoweit, als Ausbildungsordnungen der Länder die in der DDR abgelegte erste Prüfung anerkannt haben; landesrechtlich bleibt auch weiterhin eine solche Anerkennung möglich. Ausländische Prüfungen verleihen ohne ausdrückliche Anerkennung nicht die Befähigung zum Richteramt, VGH Mü ZBR **79**, 84.

**2) Zulassung zum Vorbereitungsdienst, I 1.** Die erste Prüfung, die in einem Lande der Bundes- 2 republik abgelegt ist, muß auch in jedem anderen Lande und in Berlin anerkannt werden. Eine Versagung der Zulassung aus anderen Gründen ist möglich, zB wegen Vorstrafen oder Verfassungsfeindschaft, soweit das Landesrecht dies vorsieht, vgl BVerfG **46**, 43, VGH Kassel AS **29**, 54.

**3) Abgeleisteter Vorbereitungsdienst, I 2.** Er ist in jedem deutschen Lande anzurechnen (kein Er- 3 messen).

**4) Anerkennung der großen Staatsprüfung, II.** Sofern sie in einem deutschen Land abgelegt ist, gilt 4 die damit erlangte Befähigung zum Richteramt auch in jedem anderen deutschen Land.

**§ 7. *Universitätsprofessoren*.** Jeder ordentliche Professor der Rechte an einer Universität im Geltungsbereich dieses Gesetzes ist zum Richteramt befähigt.

**Vorbem.** Für Hochschullehrer in den neuen Bundesländern gilt eine Sonderregelung, §§ 5–5 d Rn 11. 1

**1) Erläuterung** (Schmidt-Jortzig, F Menger 1985, S 359–375). Nach dem Wortlaut haben nur „ordentliche Professoren" der Rechte die Befähigung zum Richteramt; heute sind darunter die sog C 4-Professoren iSv § 35 I BBesG zu verstehen (vgl BVerfG NJW **84**, 912; Schmidt-Jortzig S 365. Sie müssen an einer Universität, § 5 Rn 7, der Bundesrepublik einschließlich Berlins lehren. Das Lehren an einer Technischen Hochschule oder Technischen Universität genügt nicht, ebensowenig das Lehren an einer anderen Hochschule für einzelne Fachrichtungen oder an einer Fachhochschule, Schmidt-Jortzig S 366; vgl zu § 67 I VwGO BVerwG NJW **75**, 1899 (zustm Bieler NJW **75**, 2356, abl Wochner NJW **75**, 1899), bestätigt durch BVerfG NJW **75**, 2340, und BVerwG **56**, 336 (abl Brühl ZBR **85**, 187 mwN), ferner BVerfG NJW **84**, 912; eine Gesamthochschule ist dagegen als Universität iSv § 7 anzusehen, vgl § 35 III BBesG, aM OVG Münst NJW **80**, 1590 (abl Brühl aaO). Die Ableistung des Vorbereitungsdienstes, § 5 b, ist nicht Voraussetzung. Die Fähigkeit geht nicht dadurch verloren, daß der Professor das Hochschulamt nicht mehr bekleidet, RegEntwBegr zu § 7. Das Hochschulamt kann neben der richterlichen Tätigkeit bestehen, § 4 II Z 3. Der ordentliche Professor muß dann aber als Richter auf Lebenszeit, § 10, berufen werden, nebenamtlich kann er das Richteramt nicht bekleiden; wegen der Fortgeltung von § 16 VwGO s § 8 Rn 1.

## Dritter Abschnitt. Richterverhältnis

### Vorbemerkung

**Richterverhältnis** steht im Gegensatz zum Beamtenverhältnis. Es ist die dem Richter eigentümliche Form des öff-rechtlichen Dienstverhältnisses. Nur unter Berücksichtigung der Besonderheiten des Richterverhältnisses ist Beamtenrecht zur Ergänzung entsprechend anwendbar, §§ 46, 71.

**§ 8. *Rechtsformen des Richterdienstes*. Richter können nur als Richter auf Lebenszeit, auf Zeit, auf Probe oder kraft Auftrags berufen werden.**

**1) Grundsatz. A.** Richter können nur in einer der vier in § 8 genannten Formen berufen 1 **werden.** Die Besetzung mit Lebenszeitrichtern ist die Regel; die Verwendung anderer Richter ist auf das Notwendige zu beschränken, VGH Kassel AS **33**, 110. Ein Auftragsverhältnis, wie es § 7 der LaufbahnVO vom 16. 5. 39, RGBl 917, vorsah, ist nicht mehr möglich, ebensowenig (außerhalb der Verwaltungsgerichtsbarkeit) ein Richter im Nebenamt oder (überall) auf Widerruf für vorübergehende Zwecke. Als Sondervorschrift läßt § 16 VwGO die Ernennung von auf Lebenszeit ernannten Richtern anderer Gerichte und von ordentlichen Professoren des Rechts zu Richtern im Nebenamt bei VG und OVG auf bestimmte Zeit zu, RedOe § 16 Anm 1; zu seiner Weitergeltung s Sch/SchmA/P-Stelkens § 16 Rn 3 mwN.

**B. Verletzung des Grundsatzes**, dh Übertragung eines Richteramts in anderer Form, bedeutet nichtordnungsmäßige Besetzung des Gerichts, §§ 551 Z 1, 579 I Z 1 ZPO; gegebenenfalls handelt es sich um Scheinentscheidungen, Üb § 300 ZPO Rn 11.

2  **2) Berufung des Richters** (Teubner, Die Bestellung zum Berufsrichter in Bund u Ländern, 1984). Bundesrechtlich ist nur bestimmt, daß der Richter durch Aushändigung einer Urkunde mit bestimmtem Inhalt ernannt wird, § 17, die Richter der Obersten Gerichtshöfe des Bundes nach gemeinsamer Berufung durch den zuständigen BMinister und den Richterwahlausschuß seitens des Bundespräsidenten, § 1 Richterwahlg v 25. 8. 50, BGBl 368, m Änderung durch G v 19. 6. 68, BGBl 661, und 30. 7. 68, BGBl 873, vgl § 19 I Z 2, Schmidt-Räntsch Teil F. In den Ländern entscheidet Landesrecht, insbesondere also auch, ob ein **Richterwahlausschuß** mitzuwirken hat oder nicht, was Art 98 IV GG den Ländern freistellt. Zum Umfang der gerichtlichen Nachprüfung der Entscheidung eines solchen Ausschusses s BVerfG 24, 268, BGH 85, 319, BVerwG DRiZ **98**, 237 u **85**, 218, OVG Schlesw DRiZ **99**, 305 u SchlHA **99**, 52 mwN, NVwZ **96**, 806 (krit Bull ZRP **96**, 335) u NVwZ **93**, 1222 (zu VG Schlesw NJW **92**, 2440), OVG Magdeb DVBl **93**, 962, VGH Kassel DVBl **90**, 306 mwN (dazu Leiner DVBl **90**, 1242); vgl zu verfassungsrechtlichen Fragen auch Uhlitz DRiZ **70**, 219, K. Ipsen DÖV **71**, 469, Groß RiA **77**, 25, Kisker DRiZ **82**, 81 und Böckenförde, VerfFragen der RiWahl, 2. Aufl 1998. Richterwahlausschüsse sind beteiligt beim **Bund** für die Berufung von Richtern an die obersten Bundesgerichte, RichterwahlG vom 25. 8. 50, BGBl 368, in **Berlin**, *RichterwahlG v 27. 4. 70, GVBl 642*, **Brandenb**, *Art 109 Verf*, **Bre**, *Art 136 I Verf*, *RichterG v 15. 12. 64, GBl 187*, **Hbg**, *Art 63 Verf*, *RichterG v 15. 6. 64, GVBl 109*, **Hess**, *Art 127 III Verf*, *RichterG v 19. 10. 62, GVBl 455* (dazu StGH Hess ESVGH **27**, 15), **SchlH**, *§§ 10ff LandesrichterG idF v 27. 4. 81, GVBl 79, ferner (in besonderer Ausgestaltung) in* **BaWü**, *RichterG idF v 19. 7. 72, GBl 431, in* **RhldPf**, *LandesrichterG idF v 16. 3. 75, GVBl 117 und in* **SaAnh**, *RiG v 1. 4. 93, GVBl 170*. In anderen Ländern und im Bund, soweit es sich da nicht um die Richter an den obersten Bundesgerichten handelt, erfolgt die Berufung durch die Verwaltung, dazu VGH Mannh NJW **96**, 2525 (Bewerberklage); zur Einführung des Richterwahlausschusses s Gutachten DRiZ **90**, 502 u Schimansky DRiZ **92**, 142. Bundesrechtlich ist aber in jedem Falle die Mitwirkung von Präsidialräten angeordnet, §§ 49 Z 2, 55 ff, 75.

**§ 9. Voraussetzungen für die Berufung.** In das Richterverhältnis darf nur berufen werden, wer
1. Deutscher im Sinne des Artikels 116 des Grundgesetzes ist,
2. die Gewähr dafür bietet, daß er jederzeit für die freiheitliche demokratische Grundordnung im Sinne des Grundgesetzes eintritt, und
3. die Befähigung zum Richteramt besitzt (§§ 5 bis 7).

1  **Vorbem.** In den neuen Bundesländern, Einl § 1 Rn 5, kann die Befähigung zum Richteramt, Z 3, auch nach dem Recht der früheren DDR erworben worden sein, EV Anl I Kap III Sachgeb A Abschn III Z 8 a, vgl §§ 5–5 d Rn 11, Schmidt-Räntsch DtZ **91**, 35. Zur Verwendung dieser Richter in den Altländern s § 5 RpflAnpG, abgedr Einl § 1 Rn 5, dazu Rieß DtZ **92**, 228.

**1) Allgemeines.** § 9, der § 7 I BBG und § 4 I BRRG entspricht, nennt nicht alle Voraussetzungen. Heranzuziehen sind noch §§ 18, 19. Es **muß** also **außerdem vorhanden sein a)** Geschäftsfähigkeit, andernfalls Nichtigkeit der Ernennung; das war bis zum 1. 1. 92 in § 18 II Z 2 für die Entmündigung ausdrücklich ausgesprochen, muß aber für den Fall der Geschäftsunfähigkeit wegen Geisteskrankheit auch danach gelten. Der zu Ernennende darf auch nicht sonst dienstunfähig sein, § 21 II Z 5; **b)** Fähigkeit zur Bekleidung öff Ämter; Wirkung wie zu a; **c)** Würdigkeit, ins Richterverhältnis berufen zu werden. Sie liegt nicht vor, wenn der zu Ernennende wegen eines Verbrechens oder Vergehens, dessen Begehung der Würdigkeit entgegensteht, rechtskräftig zu einer Strafe verurteilt ist oder wird. Folge: Rücknahme der Ernennung (gegebenenfalls auf Grund eines Disziplinarverfahrens, § 19 III), § 19 I Z 4, s auch § 19 II Z 2; **d)** die Altersgrenze, §§ 48, 76, darf nicht erreicht sein, § 21 II Z 3; **e)** der zu Ernennende darf nicht Mitglied des Bundes- oder eines Landtags sein, § 36, vgl auch § 21 II Z 2 sowie § 4 Rn 2; **f)** er darf nicht in einem öffrechtlichen Dienst- oder Amtsverhältnis zu einem anderen Dienstherrn stehen, soweit das nicht gesetzlich zugelassen ist, §§ 21 I Z 3, 4 I, wie das zB bei Berufung eines Hochschulprofessors der Fall ist, § 4 II Z 3; der zu Ernennende darf auch nicht Berufssoldat oder Soldat auf Zeit sein, § 21 I Z 4; **g)** Wohnsitz im Inland, § 21 I Z 3; **h)** Eignung für das Richteramt, §§ 22 II Z 1, wozu sich auch der Präsidialrat zu äußern hat, §§ 57 I, 75 I.

2  **2) Die Berufungsvoraussetzungen des § 9.**

**A. Deutscher iS von Art 116 GG;** das ist weiter als Deutscher iS der deutschen Staatsangehörigkeitsgesetze, wie schon Art 116 I GG ergibt, BGH NJW **57**, 100, auch Art 9 II Z 5 FamRÄndG vom 11. 8. 61, BGBl 1221, vgl Schmidt-Räntsch 3–8. Die Ernennung eines Nichtdeutschen im Sinne von Art 116 GG ist nichtig, § 18 II Z 1. Anders als in den Beamtengesetzen ist ein Absehen von dieser Voraussetzung nicht zulässig.

3  **B. Verfassungstreue.** Die Vorschrift entspricht § 4 I Z 2 BRRG, ist also ebenso wie diese verfassungsgemäß, BVerfG **39**, 334. Zu den sich daraus ergebenden Fragen, namentlich zu der Frage, ob die Zugehörigkeit zu einer radikalen Partei die Ernennung ausschließt, s Schmidt-Räntsch 11 a–c, Priepke DRiZ **91**, 4, Däubler RiA **85**, 121, Kriele NJW **79**, 1, und aus der Rechtsprechung BVerfG **39**, 334, BVerwG NJW **81**, 1386, **82**, 779 u 784, **84**, 813, **85**, 503 (zustm Weiß ZBR **85**, 70, krit Seuffert DVBl **84**, 1218), **86**, 3096 u **87**, 2691, **89**, 2554, BGH ZBR **79**, 201 (zu § 6 BNotO), BAG NJW **76**, 1708 u **78**, 69, VGH Kassel DVBl

90, 308, OVG Kblz DÖD **86**, 182. Ein auf Lebenszeit berufener Richter, der die Erwartung nicht erfüllt, kann nur im Disziplinarwege entlassen werden (abgelehnt wegen Art 21 GG bei bloßer Ausübung eines Parteiamts von Hbg ZBR **73**, 22), vgl BVerwG NJW **82**, 779, ZBR **84**, 270 (zum Beamtenrecht).

C. **Befähigung zum Richteramt** iS der §§ 5–7; wegen Ausnahmen s § 5 Rn 5. Übergangsrecht: **4** §§ 109 ff. Bei Fehlen dieser Voraussetzung ist die Ernennung zurückzunehmen, § 19 I Z 1.

**§ 10.** *Ernennung auf Lebenszeit.* [I] [1] Zum Richter auf Lebenszeit kann ernannt werden, wer nach Erwerb der Befähigung zum Richteramt mindestens drei Jahre im richterlichen Dienst tätig gewesen ist.

[II] [1] Auf die Zeit nach Absatz 1 können angerechnet werden Tätigkeiten
1. als Beamter des höheren Dienstes,
2. im deutschen öffentlichen Dienst oder im Dienst einer zwischenstaatlichen oder überstaatlichen Einrichtung, wenn die Tätigkeit nach Art und Bedeutung der Tätigkeit in einem Amt des höheren Dienstes entsprochen hat,
3. als habilitierter Lehrer des Rechts an einer deutschen wissenschaftlichen Hochschule,
4. als Rechtsanwalt, Notar oder als Assessor bei einem Rechtsanwalt oder Notar,
5. in anderen Berufen, wenn die Tätigkeit nach Art und Bedeutung wie die unter den Nummern 1 bis 4 genannten Tätigkeiten geeignet war, Kenntnisse und Erfahrungen für die Ausübung des Richteramts zu vermitteln.

[2] Die Anrechnung von mehr als zwei Jahren dieser Tätigkeiten setzt besondere Kenntnisse und Erfahrungen des zu Ernennenden voraus.

**Vorbem.** In den neuen Bundesländern rechnet die Dreijahresfrist, I, nicht ab Erwerb der Befähigung, **1** sondern ab 3. 10. 90, EV Anl I Kap III Sachgeb A Abschn III Z 8 b. II gilt hier nicht für Tätigkeiten vor diesem Stichtag, EV aaO Z 8 c.

**1) Allgemeines.** Die Ernennung eines Staatsdieners auf Lebenszeit setzt Erfahrung und Bewährung voraus, bei einem Richter, der unabsetzbar und unversetzbar ist, noch mehr als bei einem Beamten.

**2) Mindestens dreijährige Vortätigkeit, I.** Diese drei Jahre sind im Grundsatz im richterlichen Dienst **2** abzuleisten, was dann nur als Richter auf Probe oder kraft Auftrags, übergangsrechtlich gemäß §§ 107, 111 I S 1 und 2, geschehen kann. Von der dreijährigen Tätigkeit kann nach Erwerb der richterlichen Befähigung nicht abgesehen werden, wohl aber dürfen gewisse berufliche Tätigkeiten darauf angerechnet werden. Richterlicher Dienst ist jede Tätigkeit in einem Richteramt, nicht aber im Strafvollzug, als wissenschaftlicher Hilfsarbeiter, der nur bei der Vorbereitung richterlicher Entscheidungen, aber nicht in eigener Verantwortung mitwirkt, Schmidt-Räntsch 6, Tätigkeit in der Gerichtsverwaltung, wenn diese allein ausgeübt wird oder überwiegt; vgl aber II Z 1. Dem richterlichen Dienst iS von I steht eine staatsanwaltliche Tätigkeit gleich, § 122 II. Durch die Ableistung des richterlichen Probedienstes wird ein Anspruch auf Ernennung noch nicht erworben. Es kann vielmehr dann und auch nach Ablauf eines weiteren Jahres Entlassung unter den Voraussetzungen des § 22 II stattfinden. Erst 5 Jahre nach seiner Ernennung hat der Richter auf Probe einen Anspruch auf Berufung zum Richter oder Staatsanwalt auf Lebenszeit, § 12 II.

**3) Anrechnung anderer Tätigkeiten, II.** Grundsätzlich soll eine solche nur bis zu 2 Jahren stattfinden. **3** Ein Jahr (Richterjahr) soll im richterlichen Dienst abgeleistet werden; die Behörde wird also bei einem Richter auf Probe darauf sehen müssen, daß diese Voraussetzung erfüllt sein kann. Nur in Ausnahmefällen kann von diesem Erfordernis abgesehen werden, wenn sich der zu Ernennende besondere, also überdurchschnittliche Kenntnisse und Erfahrungen erworben hat, die seinem späteren Richterberuf zugute kommen. Damit kann RAen, Notaren, Verwaltungs- und Finanzjuristen der Übergang, Hochschullehrern die Übernahme einer richterlichen Stelle, § 4 II Z 3, erleichtert werden. Für einen Richter auf Probe wird diese Ausnahme nie zutreffen; anders beim Richter kraft Auftrags.

A. **Beamter des höheren Dienstes, Z 1.** Die Zugehörigkeit ergibt sich aus den Beamtengesetzen. Referendare, Ehrenbeamte und Beamte im Dienst eines fremden Staates fallen nicht unter Z 1.

B. **Entsprechende Tätigkeit im deutschen öff Dienst oder einer überstaatlichen Einrichtung, Z 2.** Die Tätigkeit kann auch im Angestelltenverhältnis ausgeübt werden, nicht aber freiberuflich. Dies kann auch bei zwischen- oder überstaatlichen Einrichtungen, zB Montan-Union oder EWG, der Fall sein, wenn mit ihnen ein unmittelbares Rechtsverhältnis bestanden hat. Die Tätigkeit muß der in einem Amt des höheren Dienstes entsprochen haben, also sind akademisches Studium, akademische oder staatliche Abschlußprüfung, entsprechende Stellung mit entsprechender Verantwortung nötig; die Höhe des Gehalts ist nicht unbedingt entscheidend, Schmidt-Räntsch 13.

C. **Habilitierte Lehrer des Rechts an einer deutschen wissenschaftlichen Hochschule, Z 3.** Sind **4** sie beamtet (Hochschulprofessoren), so gilt Z 1. Hier sind also nichtbeamtete Hochschullehrer gemeint. Eine Universität, § 5 Rn 7, braucht es nicht zu sein. Erforderlich ist aber die Habilitation als Lehrer des Rechts, dh Erteilung der venia legendi.

D. **Rechtsanwalt, Notar, Assessor bei einem Rechtsanwalt oder Notar, Z 4.** Entscheidend ist, ob eine Zulassung als RA nach der BRAO od ihren Vorläuferinnen, Anh § 155 GVG, oder eine Bestallung als Notar nach der BNotO idF v 24. 2. 61, BGBl 97 (m späteren Änderungen), oder ihrer früheren Fassung bestand. Den Anwaltsassessor (Probeassessor) kennt die BRAO nicht mehr, wohl aber die früheren RAOen; wegen des Notarassessors s § 7 BNotO. Die Assessorentätigkeit kann nur dann angerechnet werden, wenn sie hauptberuflich erfolgte.

E. **Tätigkeit in anderen Berufen, Z 5.** Sie muß nach Art und Bedeutung wie die Z 1–4 genannten **5** geeignet gewesen sein, Kenntnisse und Erfahrungen für die Ausübung des Richteramts zu vermitteln. In Betracht dafür kommt eine juristische Tätigkeit als Syndikus, Justitiar, gehobener Rechtssachbearbeiter u dgl zB bei einer Körperschaft, einem Wirtschaftsunternehmen, einer Gewerkschaft, einem Arbeitgeberverband, gleichgültig, ob als Angestellter oder in freier Berufsausübung, Schmidt-Räntsch 16. Die Anrechnung soll es erleichtern, Bewerber, die sich zuvor in anderen Berufen bewährt haben, für das Richteramt zu gewinnen.

**§ 11. Ernennung auf Zeit.** Eine Ernennung zum Richter auf Zeit ist nur unter den durch Bundesgesetz bestimmten Voraussetzungen und nur für die bundesgesetzlich bestimmten Aufgaben zulässig.

1   **Vorbem.** In den neuen Bundesländern, Einl § 1 Rn 5, gilt ein vor dem 3. 10. 90 begründetes Richterverhältnis auf Zeit als auf 3 Jahre befristet, EV Anl I Kap III Sachgeb A Abschn III Z 8 g.

**1) Richter auf Zeit.** Sie gibt es, da nicht der deutschen Rechtstradition entsprechend, nur ganz ausnahmsweise, nämlich im BVerfG, § 4 BVerfGG (auf 12 Jahre), für dessen Richter ohnehin das DRiG nur beschränkt gilt, § 69. Der Hilfsrichter auf Zeit, § 17 II VwGO, hat sich infolge der Änderung durch § 89 Z 2 DRiG erledigt. Dieses Rechtsverhältnis ist also im wesentlichen auf Vorrat entwickelt worden, falls ein Bundesgesetz sich für irgendwelche Aufgaben seiner bedienen will, Schmidt-Räntsch 5. Der Richter auf Zeit erhält wie der Richter auf Lebenszeit ein Richteramt bei einem bestimmten Gericht, § 27. Das Dienstverhältnis endet ohne weiteres mit Zeitablauf; bis dahin gelten auch für ihn hinsichtlich der Entlassung, Versetzung und Amtsenthebung §§ 21 (dort III), 30 ff, 62 I Z 3, 78 Z 3.

**§ 12. Ernennung auf Probe.** ¹Wer später als Richter auf Lebenszeit oder als Staatsanwalt verwendet werden soll, kann zum Richter auf Probe ernannt werden.

II ¹Spätestens fünf Jahre nach seiner Ernennung ist der Richter auf Probe zum Richter auf Lebenszeit oder unter Berufung in das Beamtenverhältnis auf Lebenszeit zum Staatsanwalt zu ernennen. ²Die Frist verlängert sich um die Zeit einer Beurlaubung ohne Bezüge.

1   **Vorbem.** In den neuen Bundesländern, Einl § 1 Rn 5, gilt eine II 1 entspr Regelung auch für die nach den fortgeltenden Vorschriften zum Richter auf Probe Ernannten; auf sie ist II 2 anzuwenden, EV Anl I Kap III Sachgeb A Abschn III Z 8 e. Die Rechtsstellung älterer Richter auf Probe ist derjenigen der Richter auf Lebenszeit angenähert, so daß die für letztere geltenden Bestimmungen über Versetzung und Abordnung auch auf sie anzuwenden sind, § 6 I RpflAnpG, abgedr Einl § 1 Rn 5; vgl dazu Rieß DtZ **92**, 228.

**1) Allgemeines** (Lippold NJW 91, 2383). Die Ernennung zum Richter auf Probe dient der Erprobung von Anwärtern für eine Richterstelle auf Lebenszeit, vgl BVerwG ZBR **85**, 53; ähnlich ist das Richterverhältnis kraft Auftrags für einen Beamten auf Lebenszeit oder Zeit, § 14. Auf die Ernennung besteht kein Anspruch, VGH Kassel DVBl **74**, 877. Ein zum Richter auf Probe Ernannter kann auch als StA beschäftigt, später auch unter Berufung in das Beamtenverhältnis auf Lebenszeit zum StA ernannt werden. Bis dahin ist er Richter auf Probe, untersteht also dem DRiG, unterliegt aber Weisungen, § 146 GVG, und ist mangels Ausübung einer richterlichen Tätigkeit nicht unabhängig. Der staatsanwaltliche Dienst steht aber einer richterlichen Tätigkeit iS von § 10 I gleich, § 122 II. Er steht also nicht dem bei der StA verwendeten Beamten auf Probe (Staatsanwaltsassessor) gleich, für den die beamtenrechtlichen Vorschriften gelten, Schmidt-Räntsch 6. Soweit das DRiG keine Bestimmungen enthält, gelten für den Richter auf Probe die Vorschriften für Beamte auf Probe, §§ 46, 71 III.

2   **2) Rechtsstellung.** Die Übertragung eines bestimmten Richteramtes, § 27, findet beim Richter auf Probe nicht statt. Er darf ohne seine Zustimmung aber nur im Rahmen von § 13 verwendet werden, kann jedoch jederzeit auch mit dieser Beschränkung versetzt werden; Ausnahme: Beiordnung beim Landgericht, § 70 II GVG. Bezeichnung des Richters auf Probe (früher „Gerichtsassessor") jetzt „Richter", im staatsanwaltschaftlichen Dienst „Staatsanwalt", § 19 a III; er muß als Richter auf Probe im Geschäftsverteilungsplan kenntlich gemacht werden, § 29 S 2. Er kann in den ersten beiden Jahren seines Probedienstes ohne weiteres, auch aus nicht in seiner Person liegenden Gründen, zB mangels Nachwuchsbedarfs, entlassen werden, § 22 I. Seine Stellung wird dann fester; denn bis zum Ablauf des dritten oder vierten Jahres kann er nur noch wegen mangelnder Eignung, vgl auch §§ 57, 75, oder wegen Ablehnung durch den Richterwahlausschuß, soweit ein solcher besteht, § 8 Rn 2, entlassen werden. Nach Ablauf von vier Jahren gelten für noch disziplinare Entlassungsgründe, also wenn ein Richter auf Lebenszeit im förmlichen Disziplinarverfahren mit einer Maßnahme belegt, mithin mindestens auf Geldbuße erkannt werden würde, §§ 64 I, 83, was durch Untersuchung festzustellen ist. Ergibt sie diese Voraussetzung, so erfolgt die Entlassung ohne Disziplinarverfahren; sie ist aber auf Antrag durch das Disziplinargericht zu überprüfen, §§ 62 I Z 4 c, 78 Z 4 c.

3   **3) Anspruch auf Ernennung, II.** Nach Ablauf von 5 Jahren (ggf zuzüglich der Zeit einer Beurlaubung ohne Bezüge, II 2) seit Ernennung zum Richter auf Probe, § 17, besteht ein Anspruch auf Ernennung zum Richter auf Lebenszeit, dem weder eine etwa jetzt erst erfolgende Ablehnung durch den Richterwahlausschuß oder eine Erklärung des Präsidialrats, daß der Betreffende nicht geeignet sei, noch auch das Nichtvorhandensein einer Planstelle entgegengesetzt werden kann. Vorliegen müssen aber die Voraussetzungen der Berufung, § 9, und die dort in Rn 1 genannten weiteren Voraussetzungen mit Ausnahme derjenigen zu h. Eine Entlassung nach § 22 III ist ggf auch nach Fristablauf statthaft, BGH NJW **87**, 2516. Der Anspruch auf Ernennung ist beim Verwaltungsgericht einklagbar. Ein Anspruch auf Einweisung in ein von dem Richter gewünschtes Richteramt, § 27 I, besteht nicht.

**§ 13. Verwendung eines Richters auf Probe.** Ein Richter auf Probe kann ohne seine Zustimmung nur bei einem Gericht, bei einer Behörde der Gerichtsverwaltung oder bei einer Staatsanwaltschaft verwendet werden.

1   **Vorbem.** Für Richter auf Probe, die in den neuen Bundesländern die Befähigung zum Berufsrichter besitzen, gilt § 13 nach Maßgabe des § 6 II RpflAnpG, abgedr Einl § 1 Rn 5; vgl dazu Rieß DtZ **92**, 228.

**1) Zur Rechtsstellung des Richters auf Probe** vgl auch § 12 Rn 2. Er kann bei einem Gericht, auch AG, § 22 V GVG, einer Behörde der Gerichtsverwaltung und bei der StA verwendet werden, auch seine Verwendung an der einen Stelle widerrufen und er an einer anderen eingesetzt werden; Ausnahme bei Verwendung beim LG, § 12 Rn 2. Wegen der Besetzung des Gerichts bei Verwendung von Richtern auf Probe s § 29. Ein Ministerium hat auch andere Aufgaben als die der Gerichtsverwaltung, so daß die Zustimmung des Richters erforderlich ist. Eine Verwendung kann sowohl nur bei der Gerichtsverwaltung als auch außerdem bei einem Gericht erfolgen. Möglich ist auch die Abordnung zu einem anderen Dienstherrn im Rahmen des § 13. Soll das länger als ein Jahr erfolgen, so ist nach dem dann eingreifenden Beamtenrecht, §§ 45, 70 iVm §§ 27 I BBG, 17 I BRRG, die Zustimmung des Richters erforderlich, ebenso bei Abordnung an eine Verwaltungsstelle. Zur Nachprüfung der Verwendungsentscheidung der Justizverwaltung, die nach (weitem) Ermessen zu treffen ist, s BVerwG NJW **97**, 1248.

**§ 14.** *Ernennung zum Richter kraft Auftrags.* **Ein Beamter auf Lebenszeit oder auf Zeit kann zum Richter kraft Auftrags ernannt werden, wenn er später als Richter auf Lebenszeit verwendet werden soll.**

**1) Allgemeines.** Die Verwaltungs-, Finanz- und Sozialgerichte berufen zu erheblichem Teil ihren Richternachwuchs aus dem Kreise der Beamten, die vorher in den entsprechenden Ämtern tätig waren. Um das zu ermöglichen, ist das Richterverhältnis kraft Auftrags geschaffen worden, da meist nur so der Beamte die richterliche Erfahrung sammeln kann, vgl § 10.

**2) Personenkreis.** Richter kraft Auftrags kann nur ein Beamter auf Lebenszeit oder Zeit werden, und zwar im mittelbaren wie unmittelbaren Dienst, nicht aber ein Beamter auf Probe; insofern gilt § 12.

**3) Stellung.** Sie ähnelt der des Richters auf Probe, § 16 II. Er behält die bisherige Beamtenstellung, § 15, darf aber in ihr nicht tätig sein, §§ 4 I, 15 I 3. Im Amt führt er die Bezeichnung „Richter" mit einem das Gericht bezeichnenden Zusatz, § 19 a II, muß aber im Geschäftsverteilungsplan als Richter kraft Auftrags kenntlich gemacht werden, § 29 S 2. Außerhalb des Dienstes trägt er seine bisherige Amtsbezeichnung. Wie dem Richter auf Probe wird ihm ein bestimmtes Richteramt nicht übertragen, § 16 II; vgl auch § 12 Rn 2. Seine Abordnung auf eine bestimmte Richterstelle kann jederzeit widerrufen und er an anderer Stelle eingesetzt werden; eine Ausnahme gilt jedoch bei seiner Verwendung beim LG, § 12 Rn 2, wo ebenso wie bei AGen Richter kraft Auftrags beschäftigt werden können, § 59 III GVG. Spätestens 2 Jahre nach Ernennung zum Richter kraft Auftrags, § 17, ist er zum Richter auf Lebenszeit zu ernennen oder dem Richterwahlausschuß, wo ein solcher besteht, § 8 Rn 2, zur Wahl vorzuschlagen; lehnt der Richter ab, so endet damit sein Richterverhältnis, § 16 I. Bis zu jenem Zeitpunkt ist eine Entlassung wegen mangelnder Eignung oder aus sonstigen Gründen, § 12 Rn 2, möglich, §§ 23, 22 I. Ein förmliches Disziplinarverfahren findet gegen einen Richter kraft Auftrags nicht statt, § 22 III, wohl aber ggf ein Prüfungsverfahren, § 12 Rn 2. Ist gegen ihn ein solches Verfahren vor dem Beamtendienstgericht anhängig, so bleibt es dort.

**§ 15.** *Wirkungen auf das Beamtenverhältnis.* **ᴵ ¹Der Richter kraft Auftrags behält sein bisheriges Amt. Seine Besoldung und Versorgung bestimmen sich nach diesem Amt. ²Im übrigen ruhen für die Dauer des Richterverhältnisses kraft Auftrags die Rechte und Pflichten aus dem Beamtenverhältnis mit Ausnahme der Pflicht zur Amtsverschwiegenheit und des Verbots der Annahme von Geschenken.**

**ᴵᴵ Wird das Richterverhältnis zu einem anderen Dienstherrn begründet, so ist auch dieser zur Zahlung der Dienstbezüge verpflichtet.**

**1) Allgemeines.** Der Richter kraft Auftrags bleibt Beamter. Lehnt er die Ernennung zum Richter auf Lebenszeit ab, tritt er ohne weiteres wieder in das Verhältnis zu seiner alten Behörde zurück, § 16 I 2.

**2) Richter- und Beamtenverhältnis.** Während der Zeit des Richterverhältnisses ruhen die Rechte und Pflichten aus dem Beamtenverhältnis, § 14 Rn 3. Der Richter kraft Auftrags ist aber weiter aus seinem Beamtenverhältnis zur Amtsverschwiegenheit verpflichtet, es ist ihm auch die Annahme von Geschenken, desgl von Belohnungen, Schmidt-Räntsch 6, verboten. Besoldung und Versorgung erhält er aus seiner Beamtenstelle, I 2, wenn auch der neue Dienstherr ihm gegenüber zur Zahlung der Dienstbezüge verpflichtet ist, II. Bei einem Dienstunfall bei seiner Richtertätigkeit erhält er also Versorgung nach den Vorschriften für das Beamtenverhältnis, BegrRegEntw zu § 15; ist der Richter kraft Auftrags zum Richter auf Lebenszeit ernannt, § 16, so besteht sein Anspruch, den er aus einem früheren Dienstunfall gegen seinen bisherigen Dienstherrn hatte, nunmehr gegen den neuen, § 46 I 2 BeamtVG (früher § 151 I 2 BBG), BegrRegEntw zu § 16. Die im Beamtenverhältnis zurückgelegte Dienstzeit wird bei Ernennung zum Richter auf Lebenszeit ebenso angerechnet wie umgekehrt, §§ 46, 71 III iVm § 6 IV BeamtVG (früher § 111 IV BBG).

**§ 16.** *Dauer der Verwendung als Richter kraft Auftrags.* **ᴵ ¹Spätestens zwei Jahre nach seiner Ernennung ist der Richter kraft Auftrags zum Richter auf Lebenszeit zu ernennen oder einem Richterwahlausschuß zur Wahl vorzuschlagen. ²Lehnt der Richter die Ernennung ab, so endet das Richterverhältnis kraft Auftrags.**

**ᴵᴵ Für die Verwendung des Richters kraft Auftrags gelten die Vorschriften für Richter auf Probe entsprechend.**

**1) Allgemeines.** Die Zeit, während der nicht die volle Unabhängigkeit gewährleistet sein kann, § 14 Rn 3, soll möglichst kurz bemessen werden. Anders als bei dem Richter auf Probe, § 12 II, genügt deshalb bei einem Beamten auf Lebenszeit oder Zeit, der ja schon eine gewisse Dienstzeit hinter sich hat und dem nur die Möglichkeit der richterlichen Einarbeitung gegeben werden soll, § 10, eine verhältnismäßig kurze Erprobungszeit.

# DRiG §§ 16–17a

**2** **2) Höchstdauer der Verwendung als Richter kraft Auftrags, I.** Sie beträgt 2 Jahre. Dann besteht ein Anspruch auf Ernennung bzw in Ländern, in denen ein Richterwahlausschuß besteht, § 8 Rn 2, ein Anspruch, diesem zur Wahl vorgeschlagen zu werden. Die Behörde muß sich also entsprechend den in § 22 I vorgesehenen Entlassungszeiten, die auch beim Richter kraft Auftrags gelten, § 23, bis zum 18. Monat schlüssig machen, ob sie den Richter behalten will. Erfolgt die Ernennung zum Richter auf Lebenszeit, so endet damit das Beamtenverhältnis, uUmst auch das bisherige Dienstherrenverhältnis, § 3. Wird die Ernennung abgelehnt, so endet das Richterverhältnis kraft Auftrags, der Betreffende ist nur noch Beamter, ohne daß es einer nochmaligen Ernennung bedürfte. Lehnt der Richterwahlausschuß ab, so kann, rechtzeitiger Vorschlag vorausgesetzt, die Entlassung auch nach dem 18. Monat erfolgen.

**3** **3) Entsprechende Anwendung der Vorschriften für den Richter auf Probe, II.** Vgl dazu § 14 Rn 3.

**§ 17. Ernennung durch Urkunde.** ¹Der Richter wird durch Aushändigung einer Urkunde ernannt.
ᴵᴵ Einer Ernennung bedarf es
1. zur Begründung des Richterverhältnisses,
2. zur Umwandlung des Richterverhältnisses in ein solches anderer Art (§ 8),
3. zur Verleihung eines anderen Amtes mit anderem Endgrundgehalt.

ᴵᴵᴵ ¹In der Ernennungsurkunde müssen bei der Begründung des Richterverhältnisses die Worte „unter Berufung in das Richterverhältnis" mit dem Zusatz „auf Lebenszeit" „auf Zeit", „auf Probe" oder „kraft Auftrags" enthalten sein. ²Bei der Begründung eines Richterverhältnisses auf Zeit ist die Zeitdauer der Berufung in der Urkunde anzugeben.

ᴵⱽ Bei der Umwandlung eines Richterverhältnisses in ein Richterverhältnis anderer Art müssen in der Ernennungsurkunde die diese Art bestimmenden Worte nach Absatz 3 enthalten sein, bei der ersten Verleihung eines Amtes und bei der Verleihung eines anderen Amtes mit anderem Endgrundgehalt und anderer Amtsbezeichnung muß in der Ernennungsurkunde die Amtsbezeichnung dieses Amtes enthalten sein.

**1** **1) Allgemeines.** § 17 enthält die inhaltlichen Erfordernisse der Urkunde, III u IV, und bestimmt ihre Funktion. Wann es einer Ernennung bedarf, ergibt sich aus II, so daß es eines Rückgriffs auf die beamtenrechtlichen Vorschriften, § 46 iVm § 6 BBG (Bundesrichter) und § 71 III iVm § 5 BRRG (Landesrichter), nicht mehr bedarf. S dort aber hinsichtlich der Rechtswirkungen einer fehlerhaften Ernennungsurkunde. Zur rückwirkenden Einweisung in eine Planstelle s BVerwG NJW **86**, 1368.

**2** **2) Aushändigung der Urkunde, I.** Mit der Aushändigung der Urkunde ist der Richter ernannt und damit das Richterverhältnis begründet. Die Aushändigung hat also konstitutive Wirkung. Ohne sie gibt es keine wirksame Ernennung; sie ist wichtig mithin auch dafür, ob das Gericht ordnungsgemäß besetzt ist. Lehnt der zu Ernennende die Entgegennahme der Urkunde ab, so fehlt es an einer Ernennung; wegen der besonderen Wirkung bei dem Richter kraft Auftrags vgl § 16 I 2. Die Urkunde muß unterzeichnet sein. Wer zu unterzeichnen hat, ergibt das Beamtenrecht; vgl für die Bundesrichter der AnO über die Ernennung und Entlassung der Bundesbeamten und Richter im Bundesdienst v 14. 7. 75, BGBl 1915, geänd dch AnO v 21. 6. 78, BGBl 921 (Schmidt-Räntsch Anh 1), für die Landesrichter Landesrecht. Die Originalurkunde muß ausgehändigt werden, nicht eine Ausfertigung oder Abschrift. Da die Ernennung durch die Aushändigung erfolgt, bestimmt sich nach dieser der Zeitpunkt der Ernennung. Zur Übertragung eines weiteren Richteramtes, § 27 II, bedarf es keiner Urkundenaushändigung, da ein Richterverhältnis damit nicht begründet und an ihm auch nichts geändert wird.

**3** **3) Notwendigkeit einer Ernennung und Inhalt der Urkunde, II, III u IV:**

**A. Bei Begründung des Richterverhältnisses, II Z 1.** Den Inhalt gibt III an. Fehlen die Worte „unter Berufung in das Richterverhältnis", so entsteht keines. Das gleiche gilt, wenn die Angabe, in welche Art Richterverhältnis die Berufung erfolgt, fehlt („müssen", vgl auch §§ 6 II Z 1 BBG, 5 II Z 1 BRRG); die Landesgesetzgebung kann für ihre Richter diese Frage auch anders regeln.

**B. Bei Umwandlung des Richterverhältnisses, II Z 2,** in ein solches anderer Art, § 8, zB Ernennung eines Richters auf Zeit zum Richter auf Lebenszeit. Voraussetzung ist, daß ein Richterverhältnis rechtswirksam begründet wurde.

**C. Bei Verleihung eines anderen Amtes mit anderem Endgrundgehalt, II Z 3.** Hauptfall ist die Beförderung. Keine Ernennung ist demgemäß die Übertragung eines weiteren Richteramts, § 27 II.

**D. Inhalt der Urkunde, IV,** in den unter B u C genannten Fällen: Bei der Umwandlung, II Z 2, muß der maßgebliche Zusatz, III, darin enthalten sein, bei der ersten Verleihung eines Amtes und den in II Z 3 genannten Fällen die Amtsbezeichnung, § 19 a. Fehlt eine dieser Angaben, so liegt keine entsprechende Ernennung vor; jedoch ist landesrechtlich eine andere Regelung möglich, § 71 I iVm § 5 III 2 BRRG, Schmidt-Räntsch 15.

**§ 17 a. Bewerbung um ein Mandat.** Legt ein Richter sein Mandat nieder und bewirbt er sich zu diesem Zeitpunkt erneut um einen Sitz im Deutschen Bundestag, so ist die Übertragung eines anderen Amtes mit höherem Endgrundgehalt nicht zulässig.

**1** **1) Erläuterung.** Während der Bewerbung um ein Mandat darf der Richter nicht befördert werden; vgl für Beamte § 7 a BRRG und § 8 a BBG. Die trotzdem erfolgte Ernennung ist weder nichtig, § 18, noch rücknehmbar, § 19.

§ 18. *Nichtigkeit der Ernennung.* <sup>I 1</sup>Eine Ernennung ist nichtig, wenn sie von einer sachlich unzuständigen Behörde ausgesprochen wurde. ²Die Ernennung kann nicht rückwirkend bestätigt werden.

<sup>II</sup> Eine Ernennung ist ferner nichtig, wenn der Ernannte im Zeitpunkt der Ernennung
1. nicht Deutscher im Sinne des Artikels 116 des Grundgesetzes war oder
2. (aufgehoben)
3. nicht die Fähigkeit zur Bekleidung öffentlicher Ämter hatte.

<sup>III</sup> Die Nichtigkeit einer Ernennung zum Richter auf Lebenszeit oder zum Richter auf Zeit kann erst geltend gemacht werden, nachdem ein Gericht sie rechtskräftig festgestellt hat.

**1) Allgemeines.** § 18 entspricht §§ 11 BBG, 8 BRRG beide idF des Art 7 § 5 bzw § 4 BtG. Die **1** Aufzählung der Nichtigkeitsgründe einer erfolgten Ernennung ist erschöpfend; also tritt keine Nichtigkeit ein, wenn zB der Richterwahlausschuß nicht beteiligt war, vgl aber § 19 I Z 2. Von § 18 zu unterscheiden sind die Fälle, in denen wegen eines Fehlers bei der Ernennung eine solche nicht vorliegt, s § 17 Rn 3.

**2) Nichtigkeitsgründe: A. Ernennung durch eine unzuständige Behörde, I.** Wer die Ernennung **2** vorzunehmen hat, bestimmt bundesrechtlich die AnO des BPräs vom 14. 7. 75, § 17 Anm 2, landesrechtlich das Landesrecht. **B. Fehlen der Eigenschaft als Deutscher im Sinn von Art 116 GG,** II Z 1. Vgl § 9 Rn 2. Entscheidend ist nur der Zeitpunkt der Ernennung. Ein späterer Verlust zieht die Entlassung nach sich, § 21 I Z 1. **C. Fehlen der Fähigkeit zur Bekleidung öffentlicher Ämter,** II Z 3; vgl §§ 45–45 b, 358 StGB, 39 II BVerfGG. **D. Geschäftsunfähigkeit** im Zeitpunkt der Ernennung, vgl § 9 Rn 1. Da die Entmündigung mit dem Inkrafttreten des BtG am 1. 1. 92 weggefallen ist, kommt die früher daraus folgende Nichtigkeit der Ernennung eines Richters oder Beamten nicht mehr in Betracht; die bisherige Z 2 ist demgemäß mWv 1. 1. 92 gestrichen worden, vgl BT-Drs 11/4528 S 190, 191.

**3) Geltendmachung der Nichtigkeit. III.** Bei Richtern auf Lebenszeit und auf Zeit kann sich niemand **3** auf die Nichtigkeit berufen, ehe nicht die Nichtigkeit durch ein Dienstgericht, §§ 62 I Z 3 a, 78 Z 3 a, rechtskräftig festgestellt ist. Ein solches Verfahren ist auch dann erforderlich, wenn sich die Beteiligten einschließlich des Betroffenen über die Nichtigkeit einig sind. Das Dienstgericht kann dem Richter die Führung seiner Amtsgeschäfte vorläufig untersagen, § 35. Bei Richtern auf Probe oder kraft Auftrags, §§ 12, 14, die III nicht erwähnt, ist ein solches Verfahren nicht erforderlich. Die Nichtigkeit ihrer Ernennung wird durch Verfügung der hierfür bundes- oder landesrechtlich zuständigen Behörde (oberste Dienstbehörde) festgestellt, hat also für diese Richter Ähnlichkeit mit der Entlassung, § 19 Rn 2. Diese Verfügung kann der Richter vor dem Dienstgericht anfechten, §§ 62 I Z 4 c, 78 Z 4 c.

**4) Wirkung der Nichtigkeit.** Der Richter war von Anfang an nicht Richter. Die Richterbank war bei **4** den Entscheidungen, bei denen er mitgewirkt hat, nicht richtig besetzt, §§ 551 Z 1, 579 I Z 1 ZPO. Die amtsrichterlichen Entscheidungen waren solche eines Nichtrichters, Üb § 300 ZPO Rn 11.

§ 19. *Rücknahme der Ernennung.* <sup>I</sup> Eine Ernennung ist zurückzunehmen,
1. wenn der Ernannte nicht die Befähigung zum Richteramt besaß,
2. wenn die gesetzlich vorgeschriebene Beteiligung eines Richterwahlausschusses unterblieben war und der Richterwahlausschuß die nachträgliche Bestätigung abgelehnt hat,
3. wenn die Ernennung durch Zwang, arglistige Täuschung oder Bestechung herbeigeführt wurde oder
4. wenn nicht bekannt war, daß der Ernannte ein Verbrechen oder Vergehen begangen hatte, das ihn der Berufung in das Richterverhältnis unwürdig erscheinen läßt, und er deswegen rechtskräftig zu einer Strafe verurteilt war oder wird.

<sup>II</sup> Eine Ernennung kann zurückgenommen werden, wenn nicht bekannt war, daß der Ernannte in einem gerichtlichen Verfahren aus dem Dienst oder Beruf entfernt oder zum Verlust der Versorgungsbezüge verurteilt worden war.

<sup>III</sup> Die Ernennung zum Richter auf Lebenszeit oder zum Richter auf Zeit kann ohne schriftliche Zustimmung des Richters nur auf Grund rechtskräftiger richterlicher Entscheidung zurückgenommen werden.

**Vorbem.** In den neuen Bundesländern ist die nach bisherigem Recht erfolgte Ernennung oder Berufung **1** eines Richters auf Probe oder auf Zeit, Einl § 1 Rn 5, auch dann zurückzunehmen, wenn nachträglich Tatsachen bekannt geworden sind, die seine Berufung nicht gerechtfertigt hätten, EV Anl I Kap III Sachgeb A Abschn III Z 8 h. Das Verf bestimmt sich bis zur Neuregelung nach den vor dem 3. 10. 90 geltenden Vorschriften, EV aaO Z 8 p.

**1) Allgemeines.** Die Aufzählung der Rücknahmegründe ist erschöpfend; das rechtswidrige Übergehen **2** eines anderen Bewerbers bei Besetzung der Stelle ist kein Rücknahmegrund, VG Bln ZBR **83**, 103. Die Ernennung selbst wird zurückgenommen, so daß es so anzusehen ist, als ob der Richter nie ernannt worden wäre; vgl auch §§ 9 BRRG und 12 BBG sowie wegen der Wirkungen § 18 Rn 4.

**2) Fälle, in denen eine Rücknahme zwingend vorgeschrieben ist, I: A. Fehlen der Befähigung 3 zum Richteramt, Z 1.** Entscheidend ist der Zeitpunkt der Ernennung, §§ 5–7. Nachträglicher Erwerb ändert daran nichts.

**B. Unterbleiben der Beteiligung des Richterwahlausschusses,** die gesetzlich vorgeschrieben war, Z 2. Dazu § 8 Rn 2. Auf Unterbleiben der Beteiligung des Präsidialrats, §§ 57, 75, ist Z 2 nicht anwendbar. Die Bestätigung des Richterwahlausschusses ist so rechtzeitig einzuholen, daß eine etwaige Ablehnung der nachträglichen Bestätigung durch den Richterwahlausschuß vor Ablauf der Frist, innerhalb deren nach den hier ergänzend eingreifenden Beamtengesetzen die Rücknahme erklärt werden muß (zB § 13 II BBG), vorliegt. Andernfalls entfällt dieser Entlassungsgrund.

**C. Herbeiführung der Ernennung durch Zwang, arglistige Täuschung oder Bestechung, Z 3**, zB Erlangung der Richterbefähigung durch Täuschung bei den Prüfungsarbeiten oder Verschweigen einer Behinderung, DG Schwerin DRiZ **97**, 322.

**D. Unwürdigkeit für den Richterberuf, Z 4.** Als Folge einer rechtskräftigen Verurteilung vor oder nach der Ernennung wegen eines vorher begangenen Verbrechens oder Vergehens, § 12 StGB, dh in den Fällen des § 24, aber auch leichter liegenden; die Entscheidung ist eine Frage des Einzelfalles. Bei Vorliegen von § 24 endet das Richterverhältnis zwar von selbst; da die Rücknahme auf den Zeitpunkt der Ernennung zurückwirkt, Rn 2, ist eine solche auch nach einer derartigen Beendigung möglich.

4   **3) Fall, in dem eine Rücknahme im Ermessen der Dienstbehörde liegt, II: Frühere schwere disziplinarrechtliche Verurteilung**, die nicht bekannt war, aber zur Entfernung aus dem Beamten- oder Richterdienst oder zum Verlust der Versorgungsbezüge geführt hatte. In Betracht kommt also auch eine solche in einem anderen früheren Beruf, vgl § 10 II.

5   **4) Verfahren, III.** Gibt ein Richter auf Lebenszeit oder Zeit seine Zustimmung, so erfolgt die Rücknahme durch Verfügung der Dienstbehörde, die ernannt hat; willigen diese Richter nicht ein, so bedarf es eines Verfahrens vor dem Dienstgericht, §§ 62 I Z 3 b, 78 Z 3 b, das binnen der Frist, die sich aus den hier ergänzend eingreifenden Beamtengesetzen ergibt, §§ 46, 71 I, von der ernennenden Dienstbehörde einzuleiten ist. Vgl § 13 II 1 BBG. Das Gericht kann dann auf Antrag dem Richter die Führung seiner Amtsgeschäfte vorläufig untersagen, § 35. Bei Richtern auf Probe und kraft Auftrags verfügt die ernennende Dienstbehörde binnen dieser Frist die Rücknahme, die der Betroffene in einem dienstgerichtlichen Verfahren anfechten kann, §§ 62 I Z 4 c, 78 Z 4 c.

**§ 19 a.** *Amtsbezeichnungen.* I Amtsbezeichnungen der Richter auf Lebenszeit und der Richter auf Zeit sind „Richter", „Vorsitzender Richter", „Direktor", „Vizepräsident" oder „Präsident" mit einem das Gericht bezeichnenden Zusatz („Richter am ...", „Vorsitzender Richter am ...", „Direktor des ...", „Vizepräsident des ...", „Präsident des ...").

II Richter kraft Auftrags führen im Dienst die Bezeichnung „Richter" mit einem das Gericht bezeichnenden Zusatz („Richter am ...").

III Richter auf Probe führen die Bezeichnung „Richter", im staatsanwaltschaftlichen Dienst die Bezeichnung „Staatsanwalt".

1   **Vorbem.** In den neuen Bundesländern führten die nach bisherigem Recht berufenen Richter auf Zeit, Einl § 1 Rn 5, die Amtsbezeichnungen Richter am KrGer bzw BezGer, Direktor des KrGer, Vizepräsident oder Präsident des BezGer, EV Anl I Kap III Sachgeb A Abschn III Z 8 i. Nach der Errichtung von AGen, LGen und OLGen gilt § 19 a, § 17 Z 1 e RpflAnpG.

**1) Allgemeines. A. Anwendungsbereich.** Die Regelung, die mit dem GG vereinbar ist, BVerfG NJW **74**, 1940, gilt unmittelbar für die Berufsrichter, § 1 Rn 3, im Bundes- und Landesdienst (wegen der ehrenamtlichen Richter s § 45 a). Für alle Zweige der Gerichtsbarkeit mit Ausnahme des BVerfG, § 120 a, und für alle Instanzen vereinheitlicht und vereinfacht sie die Bezeichnungen der Richter. Welche Amtsbezeichnung dem einzelnen Richteramt zugeordnet ist, ergeben die Besoldungsgesetze, Schmidt-Räntsch 3, also das für alle Richter geltende BBesG idF v. 9. 3. 92, BGBl 409, m Änderungen, und seine Anlage III (BesO R).

**B. Amtsbezeichnung.** Die Vorschrift unterscheidet zwischen Amtsbezeichnungen, I, und Bezeichnungen, II u III. Ebenso wie im Beamtenrecht, vgl § 81 BBG, kennzeichnet die Amtsbezeichnung das durch Ernennung, § 17, übertragene Amt im statusrechtlichen Sinne, das für den Rechtsstand des Richters, besonders seine Besoldung, maßgeblich ist. Richter, die kein solches Amt bekleiden, aber richterliche Aufgaben wahrnehmen, führen demgemäß keine Amtsbezeichnung, sondern im Dienst eine besondere Bezeichnung.

2   **2) Richter auf Lebenszeit und auf Zeit, I. A. Amtsbezeichnung.** Ihre Amtsbezeichnung lautet bei allen Gerichten außer dem BVerfG einheitlich „Richter", „Vorsitzender Richter", „Direktor", „Vizepräsident" oder „Präsident" mit einem das Gericht bezeichnenden Zusatz, also „Richter am ... gericht", „Vorsitzender Richter am ... gericht" bzw „Präsident des ...". Das entspricht dem Gebot, Art 33 V GG, einer angemessenen Amtsbezeichnung, BVerfG NJW **74**, 1940, die Aufschluß über den Ort des Amtes im Gefüge des Gerichtsaufbaues geben muß. Deshalb lautet der Zusatz nur „am AG (LG, OLG bzw KG, VG, OVG bzw VGH, FG, SG, LSG usw)" ohne weitere Hinweise auf den Sitz u dgl, s BBesO R, oben Rn 1. Weibliche Richter führen die Amtsbezeichnung in der weiblichen Form („Richterin am ..."), Vorbem 1 BesO R. Maßgeblich für die Amtsbezeichnung ist die Ernennungsurkunde, § 17 IV, wie auch Art XIII § 1 G v 26. 5. 72 ergibt; Änderungen (Überleitungen) durch die Besoldungsgesetze sind zu beachten. Auf die Funktion des Richters kommt es nicht an; sie wird vom Gesetzgeber mit der Wendung „Richter beim ... gericht" bezeichnet, s etwa § 22 II GVG. Deshalb führt zB ein auf Lebenszeit ernannter Richter beim AG, dem ein weiteres Richteramt beim LG übertragen worden ist, auch in dieser Funktion seine Amtsbezeichnung „Richter am AG". Das gleiche gilt für den abgeordneten Richter, § 37.

3   **B. Frühere Regelungen.** Weggefallen sind alle sonstigen Bezeichnungen, die für die Berufsrichter, Rn 1, maßgeblich waren, zB „Oberamtsrichter" u dgl. Das gilt auch für die am 1. 10. 72 im Amt befindlichen Richter; wegen der Übergangsregelung s Art 3 G v 22. 12. 75, BGBl 3176, die BVerfG NJW **74**, 1940 Rechnung trägt. Auch außerdienstlich sind nur die neuen Amtsbezeichnungen zu führen, §§ 46 u

71 III iVm BBG bzw BRRG. Für Richter im Ruhestand (vor dem 1. 10. 72) bleibt es bei den alten Amtsbezeichnungen.

**3) Andere Richter, II u III.** Richter kraft Auftrags, § 14, führen im Dienst die Bezeichnung „Richter **4** am ... gericht", **II**, was nicht gegen Art 33 V GG verstößt, BVerfG NJW **74**, 1940; außerdienstlich führen sie die ihnen als Beamten zustehende Amtsbezeichnung, § 15. Da ihnen kein Richteramt bei einem bestimmten Gericht übertragen ist, kommt als anzuführendes Gericht nur dasjenige in Betracht, bei dem sie ein Richteramt wahrnehmen, vgl § 14 II aF. Richter auf Probe, § 12, führen nicht mehr die Bezeichnung „Gerichtsassessor", sondern die Bezeichnung „Richter" (ohne einen das Gericht bezeichnenden Zusatz), im staatsanwaltschaftlichen Dienst die Bezeichnung „Staatsanwalt", **III.** Richter kraft Auftrags und Richter auf Probe werden (nur) im Geschäftsverteilungsplan als solche kenntlich gemacht, um eine Prüfung der ordnungsmäßigen Besetzung des Gerichts zu ermöglichen, § 29 S 2.

**§ 20.** *Allgemeines Dienstalter.* ¹Das allgemeine Dienstalter eines Richters bestimmt sich nach dem Tag, an dem ihm sein Richteramt übertragen worden ist. ²Hat der Richter zuvor ein anderes Richteramt oder ein sonstiges Amt mit mindestens dem gleichen Anfangsgrundgehalt bekleidet, so bestimmt sich das allgemeine Dienstalter nach dem Tag der Übertragung dieses Amtes.

**Vorbem.** In den neuen Bundesländern tritt die Dauer der richterlichen Vortätigkeit an die Stelle des **1** allgemeinen Dienstalters, EV Anl I Kap III Sachgeb A Abschn III Z 8 j.

**Schrifttum:** *Fähndrich* DRiZ **64**, 36; *Richter* DRiZ **63**, 145 u **66**, 80.

**1) Bedeutung des allgemeinen Dienstalters nach GVG und ArbGG.** Das allgemeine Dienstalter ist von Bedeutung für die Vertretung des Vorsitzenden, §§ 21 f II, 21 h GVG, die Mitwirkung im Präsidialrat, § 54 I 4, und die Reihenfolge der Stimmenabgabe, § 197 GVG, mittelbar auch für Entscheidungen über Beförderungen u ä. Vgl auch § 114, der Nachteile ausgleichen soll, und die dazu ergangene VO v 22. 6. 62, BGBl 423, mit Begr DRiZ **62**, 273, Schmidt-Räntsch Teil D.

**2) Bestimmung des allgemeinen Dienstalters.** Sie erfolgt bei Richtern auf Lebenszeit oder Zeit nach **2** dem Tag, an dem ihnen ihr Richteramt übertragen worden ist. Maßgeblich ist also der Zeitpunkt, zu dem sie ernannt worden sind, da hier anders als in § 27 I das abstrakte Richteramt gemeint ist, Schmidt-Räntsch Anm 4, dh das Amt im statusrechtlichen, nicht im funktionellen Sinne (Richter DRiZ **66**, 83, aM VGH Mannheim AS **19**, 173); im Falle einer Beförderung, § 17 Rn 3, kommt es auf den Tag an, an dem diese erfolgte, § 17 I. Richter auf Probe und kraft Auftrags haben noch kein richterliches Dienstalter, da ihnen kein Richteramt übertragen wird, §§ 12, Rn 2, 14, Rn 3; vgl auch § 29. Infolgedessen stimmen sie stets vor den auf Lebenszeit oder Zeit ernannten Richtern. Frühere Dienstzeiten als Richter oder Beamter (nicht als Angestellter, BVerwG **34**, 193) sind nur dann in das allgemeine Dienstalter einzurechnen (S 2), wenn diese Zeiten besoldungsmäßig mindestens gleichwertig, dazu BVerwG NVwZ-RR **93**, 419, und der Übertragung des jetzt bekleideten Richteramtes unmittelbar vorangegangen sind, BVerwG **34**, 193, OVG Hbg DÖV **66**, 141, Schmidt-Räntsch 7 ff.

**3) Festsetzung.** Sie ist nicht vorgeschrieben, aber zur Behebung von Zweifeln zulässig, allgM, Schmidt- **3** Räntsch 13. Die Festsetzung kann durch Klage vor dem VerwG angefochten werden, BVerwG **34**, 193. Zulässig ist auch eine Klage auf Feststellung des Dienstrangverhältnisses, VG Schleswig DRiZ **71**, 347.

**§ 21.** *Entlassung aus dem Dienstverhältnis.* ᴵ ¹Der Richter ist entlassen,
1. wenn er die Eigenschaft als Deutscher im Sinne des Artikels 116 des Grundgesetzes verliert,
2. wenn er in ein öffentlich-rechtliches Dienst- oder Amtsverhältnis zu einem anderen Dienstherrn tritt, sofern gesetzlich nichts anderes bestimmt ist, oder
3. wenn er zum Berufssoldaten oder Soldaten auf Zeit ernannt wird.

²In den Fällen der Nummer 2 kann die oberste Dienstbehörde im Einvernehmen mit dem neuen Dienstherrn und mit Zustimmung des Richters die Fortdauer des Richterverhältnisses neben dem neuen Dienst- oder Amtsverhältnis anordnen.

ᴵᴵ Der Richter ist zu entlassen,
1. wenn er sich weigert, den Richtereid (§ 38) zu leisten,
2. wenn er zur Zeit der Ernennung Mitglied des Bundestages oder eines Landtages war und nicht innerhalb der von der obersten Dienstbehörde gesetzten angemessenen Frist sein Mandat niederlegt,
3. wenn er nach Erreichen der Altersgrenze berufen worden ist,
4. wenn er seine Entlassung schriftlich verlangt,
5. wenn er die Altersgrenze erreicht oder dienstunfähig ist und das Dienstverhältnis nicht durch Eintritt in den Ruhestand endet oder
6. wenn er ohne Genehmigung der obersten Dienstbehörde seinen Wohnsitz oder dauernden Aufenthalt im Ausland nimmt.

ᴵᴵᴵ ¹Ein Richter auf Lebenszeit oder ein Richter auf Zeit kann ohne seine schriftliche Zustimmung nur auf Grund rechtskräftiger richterlicher Entscheidung entlassen werden. ²Die Entlassung eines Richters auf Lebenszeit oder eines Richters auf Zeit nach Absatz 1 kann erst geltend gemacht werden, nachdem ein Gericht sie rechtskräftig festgestellt hat.

**Vorbem.** In den neuen Bundesländern kann ein nach bisherigem Recht berufener Richter auf Zeit, **1** Einl § 1 Rn 5, auch wegen Nichteignung entlassen werden, EV Anl I Kap III Sachgeb A Abschn III Z 8 k (mit Regelung der Einzelheiten).

**DRiG § 21** Schlußanhang I. A

**1) Allgemeines.** § 19 I enthält die Gründe der Entlassung kraft Gesetzes entsprechend §§ 29 I und II 2 BBG, 22 I Z 1 und II, 125 BRRG, § 19 II die für Entlassung durch Verfügung der obersten Dienstbehörde entsprechend §§ 28 BBG, 23 I BRRG. Die Regelung ist abschließend. Die Gesetzgebung der Länder kann andere Entlassungsgründe nicht anordnen, die des Bundes nur in Abänderung des DRiG. Außerhalb des Gesetzes bleibt jedoch eine Entlassung wegen vorsätzlichen Verstoßes gegen Grundsätze des GG oder die verfassungsmäßige Ordnung eines Landes auf Grund einer Richteranklage möglich, über die das BVerfG zu entscheiden hat, § 98 II, V GG. Auch bei § 21 greift Beamtenrecht ergänzend ein.

**2) Entlassung kraft Gesetzes, I.** Sie tritt mit Erfüllung eines der Tatbestände zu I ein, ohne daß es einer Entlassungsverfügung bedarf, Ffm NJW **88**, 1392. Die für Richter auf Lebenszeit und Zeit vorgesehene gerichtliche Feststellung, III 2, ist nur deklaratorisch, ändert also nichts am Zeitpunkt der Entlassung.

**A. Verlust der Eigenschaft als Deutscher** im Sinne von Art 116 GG, **Z 1**; s § 9 Rn 2, ferner die Verlustgründe nach RuStAG vom 22. 7. 13 in der jetzt geltenden Fassung. Vgl auch § 18 II Z 1.

**B. Begründung eines anderen öff-rechtlichen Dienst- oder Amtsverhältnisses, Z 2**, und zwar jeder Art, so zB bei Ernennung eines auf Lebenszeit ernannten Richters im Bundesdienst zum VerwGerPräs im Landesdienst; es erfolgt Feststellung durch das Dienstgericht des Bundes (unten Rn 4), BGH DRiZ **63**, 440. Ob ein Verhältnis zu einem anderen Dienstherrn eingegangen ist, entscheidet das für dieses Dienstverhältnis maßgebende Recht. Die Entlassung tritt nicht ein, wenn gesetzlich etwas anderes bestimmt ist, zB bei Ernennung zum Richter des BVerfG, § 101 I 2 BVerfGG, oder landesgesetzlich die gleichzeitige Bekleidung eines Professorenamtes zulässig ist, vgl § 4 II Z 3; in diesem Fall berührt der Wechsel des Dienstherrn im Professorenamt das Richteramt nicht, Ffm NJW **88**, 1392 (anders bei abw Regelung des Landesrechts). Eine Entlassung tritt ferner nicht ein, wenn die oberste Dienstbehörde des Richters im Einvernehmen mit dem neuen Dienstherrn die Fortdauer des Rechtsverhältnisses neben dem neuen Dienst- oder Amtsverhältnis anordnet, I 2. Diese AnO und die Zustimmung des Richters hierzu, für die eine besondere Form nicht vorgeschrieben ist, müssen vor Eintritt in das neue Dienst- oder Amtsverhältnis vorliegen. Eine nachträgliche AnO oder Zustimmung ändert an der kraft Gesetzes eingetretenen Entlassung nichts.

**C. Ernennung zum Berufssoldaten oder Soldaten auf Zeit, Z 3.** Keine Entlassung bei Ableistung des Grundwehrdienstes oder Einberufung zu einer Wehrübung, § 9 ArbPlatzschutzG idF v 14. 4. 80, BGBl 425, wohl aber in den besonderen Fällen des § 7 V u VI 1 EignUbgG v 20. 1. 56, BGBl 13, m Änd.

**3) Entlassung durch Verfügung der obersten Dienstbehörde, II.** Sie muß bei Vorliegen von Z 1–6 erfolgen („ist zu entlassen"). Die Entlassung tritt hier erst auf Grund der Verfügung ein, vgl auch Rn 4.

**A. Verweigerung des Richtereides, Z 1.** Vgl § 38.

**B. Verweigerte Mandatsniederlegung, Z 2.** Wird ein Richter erst nach Ernennung Mitglied einer Volksvertretung, so enden bei Annahme des Mandats Recht und Pflicht zur Wahrnehmung des Richteramtes, § 36 II. War er zZt der Ernennung bereits Mitglied des Bundes- oder eines Landtages, so setzt ihm die oberste Dienstbehörde eine Frist zur Niederlegung des Mandats und muß ihn, falls er dem nicht nachkommt, entlassen. Die Zugehörigkeit zu einer anderen Vertretung steht nicht entgegen.

**C. Berufung nach Erreichung der Altersgrenze, Z 3**; vgl §§ 48, 76.

**D. Entlassung auf Antrag, Z 4.** Der Antrag muß schriftlich und vorbehaltlos gestellt werden, kann aber einen bestimmten Entlassungstag angeben. Vgl auch wegen Rücknahme des Antrags § 30 I BBG (und die entspr Vorschriften des Landesrechts). Hinausschieben der Entlassung zur Aufarbeitung der Rückstände, § 30 II BBG (und die entspr Vorschriften des Landesrechts), ist nicht zulässig, da sonst der Exekutive Einflußnahme auf die Besetzung des Gerichts möglich wäre, Schmidt-Räntsch 25.

**E. Erreichung der Altersgrenze, Dienstunfähigkeit, Z 5.** Eine Versetzung in den Ruhestand ist bundesrechtlich mit diesen beiden Tatbeständen nicht verbunden, wenn der Richter noch keine fünfjährige Dienstzeit hinter sich hat, §§ 35 S 2 BBG, 4 I BeamtVG. Er ist dann zu entlassen. Dasselbe hat bei Richtern auf Probe zu geschehen, vgl § 12 II u § 22. Ob ein Landesrichter wegen Erreichens der Altersgrenze, § 76, oder wegen Dienstunfähigkeit in den Ruhestand tritt oder entlassen wird, entscheidet das Landesrecht.

**F. Verlegung des Wohnsitzes oder dauernden Aufenthaltes ins Ausland, Z 6.** Wohnsitz, § 7 BGB, wird nach deutschem Recht beurteilt, auf die ausländische Regelung kommt es nicht an. Ob dauernder Aufenthalt vorliegt, entscheidet das tatsächliche Verhalten. Der Entlassungsgrund liegt nicht vor, wenn die oberste Dienstbehörde der Verlegung des Wohnsitzes oder der Aufenthaltsnahme vorher zugestimmt hat; eine nachherige Zustimmung heilt, da die Entlassung nicht kraft Gesetzes eintritt.

**4) Verfahren, III. A. Bei Richtern auf Lebenszeit oder auf Zeit** bedarf es in den Fällen des I in jedem Falle, also auch bei Einwilligung des Richters, einer dienstgerichtlichen Feststellung der kraft Gesetzes eingetretenen Entlassung, §§ 62 I Z 3 c, 78 Z 3 c. Erst nach Rechtskraft dieses Urteils, das auch den Zeitpunkt zu enthalten hat, in dem die Entlassungswirkungen eintreten, kann sich jeder auf die Entlassung berufen, III 2. In den Fällen des II verfügt die oberste Dienstbehörde die Entlassung bei schriftlicher Zustimmung des Richters. Stimmt er nicht zu, so muß die Dienstbehörde beim Dienstgericht die Feststellung der Zulässigkeit der Entlassung beantragen; sie ist nach Rechtskraft des Urteils von der Dienstbehörde unter Bezugnahme auf das Urteil auszusprechen, III 1. Das Dienstgericht kann dem Richter in den Verfahren sowohl nach S 1 wie nach S 2 die Amtsausübung vorläufig untersagen, § 35.

**B. Bei Richtern auf Probe oder kraft Auftrags** erfolgt die Feststellung der Entlassung, I, oder die Entlassungsverfügung durch die oberste Dienstbehörde. Diese Verfügung kann vor dem Dienstgericht angefochten werden, §§ 62 I Z 4 c, 78 Z 4 c; dies gilt auch für die Feststellung ihrer Nichtigkeit, BGH **73**, 312.

**C. Schwerbehinderte:** s § 50 SchwbG.

**5) Wirkung der Entlassung.** Der Richter verliert sein Amt, soweit ihm ein solches übertragen war, ü aber auch alle Rechte als solcher. Eine etwaige Mitwirkung bei gerichtlichen Entscheidungen auch nach dem Zeitpunkt der Entlassung, die in den Fällen zu I denkbar ist, bedeutet die nichtordnungsgemäße Besetzung des Gerichts mit ihren Folgen, §§ 551 Z 1, 579 I Z 1 ZPO, Jauernig DtZ **93**, 173 mwN.

**§ 22. Entlassung eines Richters auf Probe.** ᴵ Ein Richter auf Probe kann zum Ablauf des sechsten, zwölften, achtzehnten oder vierundzwanzigsten Monats nach seiner Ernennung entlassen werden.

ᴵᴵ Ein Richter auf Probe kann zum Ablauf des dritten oder vierten Jahres entlassen werden,
1. wenn er für das Richteramt nicht geeignet ist oder
2. wenn ein Richterwahlausschuß seine Übernahme in das Richterverhältnis auf Lebenszeit oder auf Zeit ablehnt.

ᴵᴵᴵ Ein Richter auf Probe kann ferner bei einem Verhalten, das bei Richtern auf Lebenszeit eine im förmlichen Disziplinarverfahren zu verhängende Disziplinarmaßnahme zur Folge hätte, entlassen werden.

ᴵⱽ Die Fristen der Absätze 1 und 2 verlängern sich um die Zeit einer Beurlaubung ohne Bezüge.

ⱽ In den Fällen der Absätze 1 und 2 ist die Entlassungsverfügung dem Richter mindestens sechs Wochen vor dem Entlassungstag mitzuteilen.

**Vorbem.** Gilt in den neuen Bundesländern auch für die nach bisherigem Recht berufenen Richter auf **1** Probe, Einl § 1 Rn 5; s auch bei §§ 27, 31 und 32.

**1) Allgemeines** (Lippold NJW **91**, 2383). Der Richter auf Probe hat seine Eignung für die Anstellung auf Lebenszeit noch zu beweisen, vgl BVerwG ZBR **85**, 53. Für ihn gelten deshalb nicht nur die Entlassungsgründe des § 21, dort Rn 4, sondern auch die besonderen des § 22, die den für Beamte auf Probe geltenden ähneln, §§ 31 BBG, 23 II BRRG. Über die Entlassung nach § 22 entscheidet die zuständige Behörde nach pflichtgemäßem Ermessen, dessen Ausübung nur im Rahmen des § 114 VwGO nachprüfbar ist, BGH DRiZ **99**, 184 mwN.

**2) Entlassung in den ersten zwei Jahren, I.** Sie kann aus jedem sachlichen oder auch in der Person **2** des Richters liegenden Grunde erfolgen, zB wegen Zweifeln an der Dienstfähigkeit, BGH DRiZ **74**, 388, oder an der Eignung, BayDGH NVwZ-RR **91**, 155, jedoch nur zu den angegebenen Zeiten unter rechtzeitiger, V, Mitteilung der Entlassungsverfügung; vgl auch § 12 Rn 2. I stellt nicht auf den Kalendermonat ab, sondern auf das Ende des Tages des in Betracht kommenden Monats, der durch seine Zahl dem der Ernennung vorhergehenden Tage entspricht; ist dieser Termin versäumt, so schließt das nicht aus, daß eine Entlassung gemäß II Z 1 erfolgt, BGH **48**, 273. Die Frist verlängert sich ggf um die Zeit einer Beurlaubung ohne Bezüge, IV, entsprechend § 12 II 2. Durfte die Entlassung in der Frist aus Gründen des Mutterschutzes nicht ausgesprochen werden, so ist sie zu dem nach dessen Wegfall nächstmöglichen Zeitpunkt zulässig, BGH NJW **81**, 763. Für die Mitteilung der Entlassungsverfügung gilt in allen Fällen die Frist des V.

Eine vorläufige Dienstenthebung durch die Justizverwaltung ist möglich, wenn das anwendbare Beamtenrecht sie zuläßt, BGH DRiZ **74**, 388.

**3) Entlassung nach dem 2. Jahr, II.** Vgl § 12 Rn 2. Die Ablehnung durch den Richterwahlausschuß, **3** dazu BGH **85**, 319, muß vor Ablauf des 4. Jahres vorliegen. Verlängerung der Frist: IV, Mitteilung der Entlassungsverfügung: V (zur Bedeutung des Mutterschutzes, Rn 2, auch für diesen Fall BGH **85**, 326). Zur Entlassung mangels Eignung, für deren Feststellung der Behörde ein Beurteilungsspielraum gewährt ist, vgl BGH NJW **99**, 2529 u RR **99**, 426 mwN, DG Bay RR **91**, 154; zur vorläufigen Dienstenthebung Rn 2 aE.

**4) Entlassung aus disziplinaren Gründen, III.** Die Bestimmung verstößt trotz Schlechterstellung **4** gegenüber einem Beamten auf Probe nicht gegen Art 3 GG, BGH MDR **67**, 490. Vgl im übrigen § 12 Rn 2. Die Entlassung ist an keine Zeit gebunden und ggf auch nach Ablauf der Frist des § 12 II statthaft, BGH NJW **87**, 2516; auch braucht die Sechswochenfrist des V nicht eingehalten zu werden. Die Vorschrift entspricht der im Beamtenrecht geltenden Regelung, §§ 23 II Z 1 BRRG, 31 I Z 1 BBG, vgl BGH aaO.

**5) Verfahren und gerichtliche Nachprüfung.** Das Verfahren richtet sich i ü, soweit nicht V eingreift, **5** nach den Landesrichtergesetzen, den Beamtengesetzen, §§ 46 u 71 I DRiG, sowie nach den VwVfG des Bundes bzw der Länder; vgl BGH DRiZ **97**, 504 (zur Zuständigkeit). Der Präsidialrat wirkt nicht mit, § 55 DRiG, BGH RR **99**, 1150, wenn sie nicht vom Landesrecht vorgesehen wird, BGH RR **99**, 426; für Schwerbehinderte gilt § 50 IX SchwbG, vgl BGH aaO. Die Entlassung ist schriftlich auszusprechen und zu begründen, Schmidt-Räntsch 16. Die Unterzeichnung der bei den Akten verbleibenden Urschrift mit dem Handzeichen des zuständigen Beamten genügt, BGH NJW **84**, 2533. Die Entlassungsverfügung ist dem Richter (in den Fällen von I u II mindestens 6 Wochen vor dem Entlassungstag, V), dh nach Maßgabe der Landesgesetzgebung idR zuzustellen, dazu BGH aaO.

Der Richter auf Probe kann im Wege der Anfechtung der Entlassungsverfügung, §§ 62 I Z 4 c, 78 Z 4 c, die Rechtmäßigkeit seiner Entlassung durch das Dienstgericht nachprüfen lassen, wobei im Fall einer Entlassung aus disziplinaren Gründen, III, auch nachgeprüft wird, ob sein Verhalten bei Richtern auf Lebenszeit eine im förmlichen Disziplinarverfahren vorbehaltene Maßnahme, § 64 I (also mindestens Geldbuße), zur Folge gehabt hätte. Der Rechtsweg zum Dienstgericht ist auch für den Antrag gegeben, die Nichtigkeit der Entlassung festzustellen, BGH **73**, 312. Zum maßgebenden Zeitpunkt der Beurteilung und zum Prüfungsmaßstab BGH NJW **99**, 2529, RR **99**, 1150 u 426, DRiZ **96**, 454 u **97**, 67, zur (eingeschränkten) Prüfung etwaiger Verfahrensfehler einer mitwirkenden Richtervertretung vgl BGH SchlHA **75**, 14, zur Wiederherstellung der aufschiebenden Wirkung des Widerspruchs bzw der Klage BayDGH NVwZ-RR **91**, 154.

**§ 23. Entlassung eines Richters kraft Auftrags.** Für die Beendigung des Richterverhältnisses kraft Auftrags gelten die Vorschriften über die Beendigung des Richterverhältnisses auf Probe entsprechend.

1   **1) Allgemeines.** Seine Stellung ähnelt der des Richters auf Probe, § 14 Rn 3. Wegen weiterer Entlassungsgründe s § 21 und dort Rn 2 ff.

2   **2) Entsprechende Anwendung des § 22.** Der Richter kraft Auftrags hat einen Ernennungsanspruch zum Richter auf Lebenszeit nach 2 Jahren, § 16 I. Will die Behörde den Richter nicht behalten, so kann sie ihn also nur bis zum 18. Monat entlassen, da die Entlassungszeitpunkte des § 22 I auch hier gelten, muß sich also bis 6 Wochen vor diesem Zeitpunkt, § 22 V, darüber schlüssig werden, ob sie ihn behalten will oder nicht. Bejahendenfalls schlägt sie ihn in Ländern, bei denen der Richterwahlausschuß zu beteiligen ist, diesem vor diesem Zeitpunkt vor, § 16 I 1, und kann den Richter bei Ablehnung auch nach diesem Zeitpunkt entlassen. Auch eine Entlassung entsprechend § 22 III ist nach den 2 Jahren noch möglich. Wegen der Anfechtung der Entlassungsverfügung vgl § 22 Rn 5.

**§ 24. Beendigung des Dienstverhältnisses durch richterliche Entscheidung.** Wird gegen einen Richter durch Urteil eines deutschen Gerichts im Geltungsbereich dieses Gesetzes erkannt auf

1. Freiheitsstrafe von mindestens einem Jahr wegen einer vorsätzlichen Tat,
2. Freiheitsstrafe wegen einer vorsätzlichen Tat, die nach den Vorschriften über Friedensverrat, Hochverrat, Gefährdung des demokratischen Rechtsstaates oder Landesverrat und Gefährdung der äußeren Sicherheit strafbar ist,
3. Aberkennung der Fähigkeit zur Bekleidung öffentlicher Ämter oder
4. Verwirkung eines Grundrechts gemäß Artikel 18 des Grundgesetzes,

so endet das Richterverhältnis mit der Rechtskraft dieses Urteils, ohne daß es einer weiteren gerichtlichen Entscheidung bedarf.

1   **1) Das Richterverhältnis endet** mit Rechtskraft des Urteils, ohne daß es eines Ausspruchs des Dienstgerichts hierzu bedarf. Das gilt auch für Richter auf Lebenszeit oder Zeit. § 24 entspricht §§ 48 BBG, 24 I BRRG, jedoch zieht gemäß Z 2 jede Freiheitsstrafe in den dort genannten Fällen die Beendigung des Richterverhältnisses nach sich.

### Vierter Abschnitt. Unabhängigkeit des Richters
### Vorbemerkung

1) *Art 97 GG.* $^I$ Die Richter sind unabhängig und nur dem Gesetze unterworfen.

$^{II}$ $^1$Die hauptamtlich und planmäßig endgültig angestellten Richter können wider ihren Willen nur kraft richterlicher Entscheidung und nur aus Gründen und unter Formen, welche die Gesetze bestimmen, vor Ablauf ihrer Amtszeit entlassen oder dauernd oder zeitweise ihres Amtes enthoben oder an eine andere Stelle oder in den Ruhestand versetzt werden. $^2$Die Gesetzgebung kann Altersgrenzen festsetzen, bei deren Erreichung auf Lebenszeit angestellte Richter in den Ruhestand treten. $^3$Bei Veränderung der Einrichtung der Gerichte oder ihrer Bezirke können Richter an ein anderes Gericht versetzt oder aus dem Amte entfernt werden, jedoch nur unter Belassung des vollen Gehalts.

1   **Unabhängigkeit** muß sachlich (Weisungsfreiheit), § 26, und persönlich (Unabsetzbarkeit und Unversetzbarkeit) gegeben sein. Art 97 II GG umreißt deren Voraussetzungen: **a)** Entlassung vor Ablauf der Amtszeit wider Willen des Richters ist nur kraft richterlicher Entscheidung in den gesetzlichen Formen und aus den gesetzlichen Gründen zulässig, vgl auch §§ 18 III, 19 III, so daß es auch nicht möglich ist, einen Richter durch die Geschäftsverteilung auszuschalten, indem ihm keine Aufgaben zugeteilt werden, BVerfG NJW **64**, 1019; **b)** das gleiche gilt für eine zeitweise oder dauernde Amtsenthebung, §§ 31 Z 2, 32 II, 35, 36; **c)** Unversetzbarkeit, §§ 27, 30, 31, 32 I, 37; **d)** Versetzung in den Ruhestand nur aus den im Gesetz vorgesehenen Gründen, §§ 31, 34. Eine Art 97 I GG entspr Regelung enthalten auch alle Landesverfassungen, § 1 GVG Rn 1.

**§ 25. Grundsatz.** Der Richter ist unabhängig und nur dem Gesetz unterworfen.

1   **1) Bem.** § 1 GVG weicht dem Wortlaut nach etwas ab: „Die richterliche Gewalt wird durch unabhängige, nur dem Gesetz unterworfene Gerichte ausgeübt." § 25 stellt auf den Richter selbst ab. Da die Gerichte nur durch Richter tätig werden können, besteht sachlich kein Unterschied. S daher Erl zu § 1 GVG (vgl Schreiber, F Jescheck, 1985, S 757, Achterberg NJW **85**, 3041, Dütz JuS **85**, 745) u § 26 Rn 7 sowie Kissel § 1 GVG (eingehend) u MüKoWo § 1 GVG Rn 19 ff. Die Unabhängigkeit gilt auch innerhalb der Gerichtsbarkeit und im Innenverhältnis eines Spruchkörpers, BVerfG NJW **96**, 2149.

2   Zur **Richteranklage** in Bund und Ländern, Art 98 II u V GG (Entstehungsgeschichte: DRiZ **95**, 69), s § 30 I Z 1, dazu Schmidt-Räntsch § 30 Rn 13, Kissel § 1 GVG Rn 204–207, Burmeister DRiZ **99**, 518.

**§ 26. Dienstaufsicht.** $^I$ Der Richter untersteht einer Dienstaufsicht nur, soweit nicht seine Unabhängigkeit beeinträchtigt wird.

$^{II}$ Die Dienstaufsicht umfaßt vorbehaltlich des Absatzes 1 auch die Befugnis, die ordnungswidrige Art der Ausführung eines Amtsgeschäfts vorzuhalten und zu ordnungsgemäßer, unverzögerter Erledigung der Amtsgeschäfte zu ermahnen.

$^{III}$ Behauptet der Richter, daß eine Maßnahme der Dienstaufsicht seine Unabhängigkeit beeinträchtige, so entscheidet auf Antrag des Richters ein Gericht nach Maßgabe dieses Gesetzes.

**Neueres Schrifttum** (in Auswahl): *MüKoWo* § 1 GVG Rn 24; *Wolf* § 19; *Kissel* § 1 GVG Rn 46 ff u 164 ff; *Ruth Schmidt-Räntsch*, Dienstaufsicht über Richter, 1985; *Pfeiffer*, Festschrift Bengl, 1984; *Grimm*, Richterliche Unabhängigkeit u Dienstaufsicht in der Rspr des BGH, 1972. Einzelaufsätze: *Sendler* NJW **83**, 1449; *Gilles* DRiZ **83**, 41; *Hieronimi* NJW **84**, 108; *Hohendorf* NJW **84**, 958; *Wandtke* DRiZ **84**, 430; *Buschmann* RiA **85**, 176; *Achterberg* NJW **85**, 3041 (Übers üb die Rspr), *Hager* DRiZ **88**, 325; *Papier* NJW **90**, 8 (dazu *Weber-Grellet* NJW **90**, 1777).

### Gliederung

| | | | |
|---|---|---|---|
| 1) **Allgemeines** | 1 | B. Maßnahmen der Dienstaufsicht | 6–11 |
| 2) **Ausübung der Dienstaufsicht** | 2 | a) Kernbereich | 7, 8 |
| 3) **Umfang der Dienstaufsicht, I, II** | 3–11 | b) Sonstige richterliche Tätigkeit | 9–11 |
| A. Grundsatz | 3–5 | 4) **Dienstgerichtliche Nachprüfung** | 12–16 |

**1) Allgemeines.** „Den Richtern ist die Unabhängigkeit verliehen, um ihre Entscheidung von äußeren **1** und außergesetzlichen Einflüssen freizuhalten. Ein Richter unterliegt also keinen Weisungen oder Empfehlungen und darf wegen des Inhalts einer Entscheidung nicht benachteiligt werden", Begr der RegVorl zu § 22 Entw. Andererseits ist auch das Richterverhältnis ein Dienstverhältnis des öffentlichen Rechts. Deshalb steht der Richter unter Dienstaufsicht, um sein pflichtgemäßes Handeln sicherzustellen. Die Unabhängigkeit schützt nicht menschliche Schwächen, die in der Art und Weise, wie die Dienstgeschäfte erledigt werden, auftreten und der Amtsführung eines gewissenhaften Richters peinlich abweichen (so Ausschußbericht zu § 22 II). Diese Aufsicht muß aber in der Unabhängigkeit ihre Grenze finden.

**2) Ausübung der Dienstaufsicht.** Die Dienstaufsicht ist Sache der Gerichtsverwaltung. Die nähere **2** Regelung enthalten für die ordentlichen Gerichte die landesrechtlichen Vorschriften und, soweit noch anwendbar, §§ 14 ff GVVO vom 20. 3. 35, RGBl 403 (BGBl III 300 – 5), abgedr Anh § 21 GVG, für die Arbeitsgerichtsbarkeit §§ 15, 34, 40 II ArbGG (jetzt idF des G v 26. 6. 90, BGBl 1206); vgl *Schäfke* ZRP **83**, 165, *Stanicki* DRiZ **86**, 329.

**3) Umfang der Dienstaufsicht, I, II.** **3**

**A. Grundsatz.** Die Dienstaufsicht findet stets in der Wahrung der Unabhängigkeit des Richters ihre Grenze. Wird zweifelhaft, ob eine Maßnahme die richterliche Unabhängigkeit gefährdet, so ist sie zu unterlassen. Die Unabhängigkeit kann uUmst schon bei unerfreulichen Arbeitsbedingungen und allgemeinem Verhalten, vgl *Schlett* DVBl **50**, 394, beeinträchtigt werden, ferner durch dienstliche Beurteilungen, BGH NJW **84**, 2531, stRspr, *Schaffer* DRiZ **92**, 292 mwN, oft auch bei der Einforderung von Berichten, zB durch das Verlangen, zu einer unschlüssigen Dienstaufsichtsbeschwerde gegen eine richterliche Maßnahme Stellung zu nehmen; eine Beeinträchtigung ist uU sogar bei falscher besoldungsmäßiger Einstufung nicht schlechthin ausgeschlossen, BGH **46**, 70. **Unzulässig** sind Weisungen an Mitglieder des Präsidiums oder sonstige Einwirkungen auf dessen Entscheidungen, BGH NJW **91**, 424. Unzulässig ist die Weisung, den Dienst außerhalb der Gerichtsstelle zu versehen, PräsFfm NJW **91**, 1903 (betr Haftrichter). Unzulässig ist der Erlaß des Ministers, daß ein Richter als Stellvertreter in einem Dienstgericht auf Grund einer Ansicht des Ministers tätig werden solle; denn ob die gesetzliche Grundlage für die Ausübung eines Richteramts gegeben ist, entscheidet der Richter, HessDienstG DRiZ **66**, 91. Unzulässig ist auch das Ersuchen, ganz bestimmte Verf aus dem Dezernat umgehend zu bearbeiten, BGH NJW **87**, 1197, oder sich zu einer Entscheidung dienstlich zu äußern, BGH NJW **87**, 2441. Seine Arbeitszeit darf der Richter frei bestimmen, vorausgesetzt, daß er Sitzungsstunden einhält und zu Beratungen sowie zur Dekretur zur Verfügung steht, vgl § 46 Anm 2, BGH NJW **91**, 1104, OVG Kblz NJW **86**, 2724 mwN, BayDienstHof DRiZ **69**, 292 (betr Richter auf Probe ohne konkretes richterliches Amt). Unzulässig können auch technische Maßnahmen zur Beschränkung der Telefonbenutzung sein, BGH NJW **95**, 731.

**Keine Beeinträchtigung der Unabhängigkeit** ist gegeben: durch Anordnungen über das Tragen der **4** Amtstracht und ihre Beschaffung, OVG Lüneb DRiZ **74**, 389, BVerwG NJW **83**, 2589, Ffm NJW **87**, 1208 (das zu Recht darauf hinweist, daß Ausnahmen in einzelnen Fällen in den Bereich der Unabhängigkeit fallen können), ferner Anordnungen über die Ausbildung von Referendaren, DienstgerHof Hamm DRiZ **74**, 232; durch die Versagung der Genehmigung einer Auslandsdienstreise in einer Rechtssache, BGH NJW **86**, 664 mwN, ua NJW **78**, 1425 (aM HessDG DRiZ **75**, 151; es wird auf die Umstände des Einzelfalles ankommen), wogegen keine verfassungsrechtlichen Bedenken bestehen, BVerfGG DRiZ **79**, 219; durch die Anordnung, Rechtshilfeersuchen an ausländische Gerichte oder Behörden dem Justizminister zur Weiterleitung vorzulegen, BGH NJW **83**, 2769, zustm *Nagel* IPrax **84**, 239; durch die Androhung eines Disziplinarverfahrens bei unrechtmäßiger Weigerung, in einer Sache tätig zu werden, BGH DRiZ **78**, 249, oder bei Ankündigung der Konsequenzen aus der Nichtbefolgung des Geschäftsverteilungsplanes, BGH **85**, 154; durch Vorhaltung einer nicht dem Gesetz entsprechenden Terminierungspraxis, BGH NJW **85**, 1471 (krit *Rudolph* DRiZ **85**, 351); durch die Vornahme von Geschäftsprüfungen, es sei denn, daß sie ohne zureichenden Grund oder ohne Wissen des Richters geschehen, BGH DRiZ **87**, 57 (auch zu den Grenzen) u **85**, 156, vgl *Stanicki* DRiZ **86**, 329, wobei routinemäßige Prüfungen nicht angekündigt zu werden brauchen, BGH NJW **88**, 418, vom Richter auch vorher Meldungen der überjährigen Verfahren verlangt werden dürfen, BGH NJW **91**, 421; durch das Verlangen einer Meldung über Rückstände mit Begründung für die Nichterledigung, BGH DRiZ **78**, 185; durch den Vergleich von Erledigungszahlen in einer Beurteilung, BGH NJW **78**, 760 (die Maßnahme kann aber aus anderen Gründen unzulässig sein); durch die listenmäßige Erfassung der Geldbußen aufgrund einer ministeriellen Anordnung, BGH NJW **84**, 2473; durch Weisungen im staatsanwaltschaftlichen Bereich für Berichte über Sitzungen, BGH **72**, 81; durch die nachträgliche Durchsicht der von dem Richter verfaßten Entscheidungen durch den Dienstvorgesetzten oder dessen Beauftragten, BGH **85**, 163; durch die bloße Bekanntgabe von Erfahrungsberichten aus anderen Verfahren, BGH DRiZ **81**, 344; durch die Ablehnung des Dienstvorgesetzten, einem Richter Kenntnis von dem Inhalt des Berichts eines anderen Richters über den Beratungshergang zu geben, BGH DRiZ 82, 312; durch die Verweigerung eines unbezahlten Urlaubs, BGH 85, 150, oder den Widerruf einer Urlaubsbewilligung zwecks fristgemäßer Absetzung von Urteilsgründen, BGH NJW 88, 1094; durch die Heranziehung zur Referendarausbildung oder Zuweisung eines Referendars (wenn nicht besondere Umstände vorliegen), BGH NJW 91, 427 mwN.

5   Die Unabhängigkeit betrifft an sich die richterliche Tätigkeit. Der Dienstaufsicht untersteht, soweit nicht auch da etwa I in Betracht kommt, aber auch das außerdienstliche richterliche Verhalten, insbesondere ob durch dieses die Unabhängigkeit gefährdet werden könnte, § 39; infolgedessen unterliegen der Nachprüfung durch die Dienstgerichte auch Maßnahmen der Dienstaufsicht, die dieses Gebiet betreffen, BGH 51, 367. Von den einem Richter übertragenen Dienstgeschäften unterliegen der Dienstaufsicht voll die der Gerichts-(Justiz)Verwaltung, § 4 II Z 1, also auch die Beantwortung der für den Kostenansatz wegen § 16 ZSEG wichtigen Frage, ob der Sachverständige auftragsgemäß gearbeitet hat, BGH 51, 148, hingegen nicht die der gerichtlichen Verwaltung, Üb in Anh § 21 GVG, und der Rechtspflege im weiteren Sinn wie etwa der freiwilligen Gerichtsbarkeit, Bewilligung der Prozeßkostenhilfe usw. Sie sind echte richterliche Tätigkeit.

6   **B. Maßnahmen der Dienstaufsicht, II.** Bei der Tätigkeit eines Richters hat die die Dienstaufsicht führende Stelle, also niemals eine Behörde als solche, sondern nur der Dienstvorgesetzte oder der mit seiner Vertretung beauftragte Beamte, BGH 47, 284 (wird die Dienstaufsicht in der Ministerialinstanz ausgeübt, der Minister oder sein Vertreter, allenfalls ein Ministerialbeamter mit ganz fester Weisung des Ministers, BGH DRiZ 84, 282 mwN krit Bengl DRiZ 83, 343), vorbehaltlich I nur die **Befugnisse des II**, also Vorhalt und Ermahnung, sofern dadurch keine Beeinträchtigung der Unabhängigkeit eintritt; es dürfen also nur Tatsachen angeführt und sachbezogen gewertet werden, BGH DRiZ 97, 467, unten Rn 10 u 11. Beanstandung, Mißbilligung oder Rüge (und erst recht natürlich Anweisung) sind ausgeschlossen, BGH NJW 84, 2534 (krit Wandtke DRiZ 84, 430, der darauf hinweist, daß der Ausschluß von Mißbilligungen zum Beschreiten des Disziplinarweges führt), ebenso das Erheben eines Schuldvorwurfs, BGH DRiZ 97, 467 u 85, 394, weil Vorhalt und Ermahnung keine Disziplinarmaßnahmen sind, BVerwG NJW 88, 1748 mwN. Das alles gilt auch bei außerdienstlichen Vorgängen, BGH NJW 84, 2534 (krit Hager NJW 89, 886 mwN), bei dienstlichen Beurteilungen, BGH 57, 344, und überhaupt bei allen Meinungsäußerungen einer die Dienstaufsicht führenden Stelle, die sich in irgendeiner Weise kritisch mit dem dienstlichen oder außerdienstlichen Verhalten des Richters befassen, BGH NJW 87, 2441 u 2442 mwN. Das etwas irreführende Wort „auch" stellt nur klar, daß außer der Befugnis im außerdienstlichen Bereich auch eine solche hinsichtlich der richterlichen Tätigkeit gegeben ist, Schmidt-Räntsch 22. Auch der Bescheid an eine beschwerdeführende Behörde, die eine richterliche Tätigkeit kritisiert, ist eine Maßnahme der Dienstaufsicht, die sich entsprechend II auf die Mitteilung von Vorhalt und Ermahnung beschränken muß, BGH 51, 287. Weitere Einzelfälle s Rn 12 ff.

7   **a) Kernbereich der richterlichen Tätigkeit** (Papier NJW 90, 10; Schneider ZIP 90, 551). Völlig unzugänglich ist der Dienstaufsicht der Kernbereich der richterlichen Tätigkeit, also der eigentliche Rechtsspruch und alle Entscheidungen (Anordnungen, Regelungen), die der Rechtsfindung mittelbar dienen, etwa indem sie den Rechtsspruch vorbereiten oder ihm nachfolgen, BGH DRiZ 97, 467, NJW 87, 2441 u 85, 1472 mwN, Kissel § 1 GVG Rn 53, Schaffer DÖD 82, 8 mwN. Dazu gehören zB die dienstliche Äußerung im Ablehnungsverfahren, BGH DRiZ 86, 423 mwN, ebenso wie eine Äußerung des Richters in der Verhandlung über Zweifel eines Beteiligten an seiner Unbefangenheit, BGH DRiZ 82, 389, ferner die Bestimmung der Zahl der wöchentlichen Sitzungstage, BGH NJW 88, 423, und die Terminierung im Einzelfall, BGH NJW 95, 2115, DG b KG DRiZ 95, 438 mwN, insbesondere die Bestimmung der Reihenfolge, BGH NJW 87, 1197 u 85, 1472 (nicht aber das „Liegenlassen" ganzer Fallgruppen, s unten Rn 10), und der Inhalt der Terminsverfügung (nicht aber die Benutzung der Ladung zur Kritik an der Justizverwaltung, KG NJW 95, 883, krit Rohr DRiZ 95, 161), die Art der Vorbereitung der mündlichen Verhandlung, BGH NJW 84, 2535, und die Gestaltung der Verhandlungsführung, BGH DRiZ 88, 239 (dagegen unterliegen sachlich nicht gerechtfertigte abwertende oder gar beleidigende Äußerungen in der mündlichen Verhandlung der Dienstaufsicht, Hager DRiZ 88, 329), ferner gehören hierhin die Entscheidung über die Art der Protokollierung, §§ 159 I 2, 160 a I ZPO, BGH NJW 78, 2509, DG Düss DRiZ 99, 59 (dagegen hat die Justizverwaltung zu entscheiden, welcher Protokollführer dem Richter zur Verfügung gestellt wird, BGH NJW 88, 417, dazu Rudolph DRiZ 88, 74), und die richterliche Beweisanordnung, BGH NJW 80, 1850, DRiZ 78, 214, sowie die Tätigkeit des Richters im PKH-Verf, Bischof DÖD 86, 3, oder im Rechtshilfeverfahren, Düss NStZ 89, 39. Zu diesem Kernbereich gehört auch die mündliche und schriftliche Urteilsbegründung, die also hinsichtlich ihres Inhalts und ihrer Form, zB wegen der Wortwahl, nicht im Wege der Dienstaufsicht beanstandet werden darf, es sei denn, daß es sich um einen „verbalen Exzess" handelt, der durch nichts gerechtfertigt ist, DGH Hamm RR 99, 1292 (zustm Schmiemann DRiZ 99, 224), weitergehend BGH DRiZ 91, 410, 70, 1 (nur dann nicht, wenn sie sich im Rahmen tatsachenadäquater Wertung hält), dazu krit M. Wolf NJW 78, 825, Feiber NJW 83, 2927, Sendler NJW 84, 691, diff Hager DRiZ 88, 329 (m Beisp). Außerhalb der Dienstaufsicht steht auch der Inhalt richterlicher Maßnahmen auf verfahrensrechtlichem Gebiet, mögen sie nun durch Rechtsmittel anfechtbar sein oder nicht, zB der Erlaß eines Verweisungsbeschlusses, BGH DRiZ 91, 369, oder eines Durchsuchungs- und Beschlagnahmebeschlusses, BGH MDR 88, 51, die Maßnahmen der Sitzungspolizei, BGH DRiZ 77, 56, Zweibr DRiZ 88, 21, die Behandlung von Haftsachen, BGH DRiZ 96, 371, die Einholung einer Erklärung einer obersten VerwBehörde, BGH DRiZ 47, 288 (keine Verweisung auf den „Dienstweg"), und die Erteilung von Auskünften im Wege der Amtshilfe, BGH NJW 69, 1302. Hierhin gehört auch die Entschließung, nach Verneinung der Zuständigkeit eine eilige Sache auf dem normalen Dienstweg weiterzuleiten, BGH DRiZ 84, 195 zu Hamm DRpflZ 84, 32 (zweifelhaft, da wohl zur äußeren Ordnung gehörend). Zum Kernbereich gehört auch die Entschließung, in einem sachlich begründeten Einzelfall keine Amtstracht anzulegen, Ffm NJW 87, 1208 (Jugendstrafsache). Auch die Tätigkeit im Präsidium ist zum Kernbereich zu zählen, § 21 e GVG Rn 2, BGH NJW 95, 2494, Piorreck DRiZ 93, 213, ebenso die Aufstellung des Mitwirkungsplanes, § 21 g GVG, dort Rn 4.

Der Kernbereich ist Maßnahmen der Dienstaufsicht auch dann verschlossen, wenn es sich um einen **8** offensichtlichen, jedem Zweifel entrückten **Fehlgriff** handelt, Kasten/Rapsch JR **85**, 314, Herrmann DRiZ **82**, 290 mwN, Wolf § 19 I 2 a sowie NJW **78**, 825 u 77, 1063, vgl auch Rudolph DRiZ **88**, 155, **84**, 139, **80**, 461 u **79**, 97; **aM** BGH in stRspr, DRiZ **96**, 372, **91**, 410 u 369, vgl NJW **95**, 2115 mwN (betr sachfremde Umterminierung), DRiZ **86**, 423 (betr verbale Exzesse), DRiZ **84**, 195 zu Hamm DRpflZ **84**, 32 (betr Sachbehandlung in einem Eilfall), BGH DRiZ **91**, 369 (betr Verweisungsbeschluß), BGH DRiZ **91**, 410, **70**, 1 (betr Urteilsbegründung), BGH **67**, 184 mwN u Zweibr DRiZ **88**, 21 (betr Sitzungspolizei) und NJW **80**, 1851 mwN (betr Ermächtigung eines Sachverständigen) m krit Anm Rudolph DRiZ **80**, 461, zustm Friedrichs DRiZ **80**, 425, Louven DRiZ **80**, 429 (noch weitergehend) u Meyer DRiZ **81**, 23, im Ergebnis auch Kissel § 1 GVG Rn 60, diff Hager DRiZ **88**, 328: da die Grenzziehung schwierig ist, s zu richterlichen Äußerungen Hager aaO u Rudolph DRiZ **87**, 339–341, muß nach dem Grundsatz „wehret den Anfängen" die Unabhängigkeit des Richters im Kernbereich seines Amtes ausnahmslos geschützt werden, oben Rn 7, Sendler ZRP **94**, 378. Unzulässig ist deshalb etwa ein Hinweis auf die Benutzung von anerkannten Hilfsmitteln (für Zulässigkeit Schmidt-Räntsch 23), da das die Entscheidung selbst angeht, erst recht der Vorhalt, daß eine Entscheidung gegen das Gesetz verstoße, DienstGer Düss DRiZ **79**, 123, Hager DRiZ **88**, 329, oder daß wiederholt Entscheidungen eines Richters aus demselben Grund aufgehoben worden seien (dafür Schmidt-Räntsch aaO): das kann allenfalls ein Zeichen eintretender Dienstunfähigkeit sein. Ein Richter braucht sich außerhalb der gesetzlichen Bindung an die Entscheidungen des BVerfG und des vorgeordneten Gerichts, §§ 538 f, 565 ZPO, der Meinung anderer Gerichte nicht zu beugen, wenn er sie für falsch hält, vgl Rudolph DRiZ **97**, 244; er muß sich auch nicht einer hM anschließen, solange sie nicht zu richterlichem Gewohnheitsrecht geworden ist, vgl BVerfG NJW **87**, 2067: er folgt dem Gesetz, wie er das nach bestem Wissen und Gewissen kann, nicht aber einer Meinung, weil sie von einem Vorgesetzen oder einem Gericht ausgesprochen wird; denn er steht nicht in einem Unterordnungsverhältnis zu anderen Stellen, BGH **47**, 288. Der Richter darf aber aus Gründen der Rechtsstaatlichkeit Meinungsverschiedenheiten mit dem vorgeordneten Gericht nicht auf dem Rücken des Bürgers austragen, BVerfG NZA **90**, 580, NJW **89**, 1147.

Zum Rechtsschutz des Einzelnen gegen Ehrverletzungen durch Richter auch im Kernbereich, sofern sie nicht durch die Garantie der richterlichen Unabhängigkeit gedeckt sind, vgl Hager NJW **89**, 885 (zu OVG Münst NJW **88**, 2636).

**b) Sonstige richterliche Tätigkeit.** Zulässig ist Dienstaufsicht überhaupt erst für die richterliche Amts- **9** führung, soweit es um die Sicherung eines ordnungsgemäßen Geschäftsablaufs, die äußere Form der Erledigung der Amtsgeschäfte oder um Fragen der äußeren Ordnung der richterlichen Tätigkeit geht, BGH NJW **88**, 421 mwN. Eine Abgrenzung zu finden, ist schwierig, zumal auch zahlreiche richterliche Betätigungen, die der Rechtsfindung nur mittelbar dienen, unter der Unabhängigkeitsgarantie stehen, BGH **47**, 286; dahin gehört zB die Entscheidung, ob und wie in einem schwebenden Verfahren Amtshilfe zu gewähren ist, BGH **51**, 193.

**aa) Vorhaltungen.** Die Befugnis, dem Richter die ordnungswidrige Art der Ausführung eines Amtsge- **10** schäfts vorzuhalten, betrifft nur die äußere Form der Ausführung, nicht das Amtsgeschäft selbst; wie die Ausführung sachlich zu gestalten wäre, kann wegen I nicht Gegenstand des Vorhalts sein: Der Vorhalt darf zu dem Inhalt einer Entscheidung keine objektive Beziehung haben, da es sich dann bereits um eine Weisung in mehr oder minder versteckter Form handeln würde. Infolgedessen ist eine dahin zielende Beanstandung, da eine Mißbilligung andeutend, als Maßnahme der Dienstaufsicht unzulässig, und zwar auch dann, wenn sie nicht zur Kenntnisnahme des Richters bestimmt ist, er nur durch Zufall davon erfährt, BGH **47**, 283. Auch daß der Richter der Ansicht der dienstaufsichtführenden Stelle nicht zu folgen braucht, entscheidet nicht. Darum ist auch die Anregung, beim nächsten Vorkommen derselben Angelegenheit die Entscheidung in einem darin angegebenen Sinne zu überprüfen, eine unzulässige Einflußnahme, BGH **46**, 1511. Ebenso ist die Aufforderung zur Äußerung zu einer richterlichen Entscheidung unzulässig, BGH MDR **88**, 51, ferner das Ersuchen um Meldung des Veranlaßten, BGH **51**, 286, und erst recht das Ersuchen, ganz bestimmte Verfahren aus dem Dezernat umgehend zu bearbeiten, BGH NJW **87**, 1197. Zulässig sind außerhalb des Kernbereichs jedoch zB Vorhaltungen bezüglich angemessener Umgangsformen im Verkehr mit Beteiligten, der Mißbilligung gegenüber der Presse, BGH DRiZ **73**, 281, des Tragens der Amtstracht, HessDGH MDR **86**, 464 (differenzierend), einer gesetzmäßigen Terminierungspraxis, BGH NJW **85**, 1471 (krit Rudolph DRiZ **85**, 351), Hamm DRiZ **92**, 226 mwN, des pünktlichen Abhaltens der Sitzungen, einer genügenden Sitzungstätigkeit, BGH **85**, 162 u DRiZ **71**, 317 (nicht dagegen, ob wöchentlich mehr als ein Sitzungstag vorzusehen ist, BGH NJW **88**, 423, und auch dann, wenn eine Sitzung gleichwohl abzuhalten ist, auch dann, wenn ein Sitzungstag etwa frei bleibt), des „Liegenlassens" ganzer Fallgruppen wegen Überlastung, Papier NJW **90**, 8 (abw Weber-Grellet NJW **90**, 1777), der Beantwortung von Anträgen und Anregungen, Hamm DRiZ **89**, 341, der äußeren Form der Verkündung, vgl Harthun SGb **80**, 57, des fristgerechten Absetzens der Urteilsgründe, BGH DRiZ **85**, 394, der Benutzung von Vordrucken zur Geschäftserleichterung und der Behandlung des Gerichtspersonals. Die Vorbereitungsmaßnahmen für eine Entscheidung (Terminsbestimmung, Einzelrichterbestimmung, Art der Vernehmung von Zeugen und Sachverständigen) unterliegen dagegen allein dem richterlichen Ermessen, gegebenenfalls auch die Aktenübersendung und Aktenvorlage, BGH **47**, 285, ebenso die Auskunfterteilung aus den Akten schwebender Verfahren, so daß es unzulässig ist, Beamte oder Angestellte des Gerichts anzuweisen, solche Auskünfte zu erteilen, BGH **51**, 193. Das gleiche gilt für die Vereidigung eines ehrenamtlichen Richters, DienstGer Ffm DRiZ **80**, 469.

**bb) Ermahnungen.** Die Ermahnung zu ordnungsgemäßer, unverzögerter Erledigung der Amtsgeschäfte **11** kann sich auf einen Einzelfall, der ungebührlich verzögert worden ist, oder auch die Amtsführung überhaupt beziehen. Mit Rücksicht auf den Wortlaut („Amtsgeschäfte") und die Entstehungsgeschichte wird sich die Ermahnung auf „Fälle dieser Art", nicht so sehr auf den Einzelfall zu beziehen haben, mag ein solcher auch meist Anlaß zur Nachprüfung gegeben haben, Schmidt-Räntsch 25; vgl auch Richterdisziplinarsenat Essen NJW **55**, 1856. Eine sachliche Einwirkung würde auch hier die richterliche Unabhängigkeit verletzen, zB der Hinweis, die Verhandlungsführung könnte „etwas straffer" sein, BGH DRiZ **84**, 240, oder andere Einflußnahmen im Kernbereich, oben Rn 7. Zulässig ist aber zB die Ermahnung, Entscheidungen in angemes-

## DRiG § 26

sener Frist abzusetzen, BGH DRiZ **84**, 240, die Terminierung älterer Sachen nicht zu verzögern, BGH aaO, zu den Terminen pünktlich zu kommen und die Dekretur zügig zu erledigen, ebenso die Androhung eines Disziplinarverfahrens wegen Nichtbefolgung des Geschäftsverteilungsplanes, BGH **85**, 154, DRiZ **78**, 249.

12   4) **Dienstgerichtliche Nachprüfung, III.** Sie erfolgt, wenn der Richter behauptet, durch die Maßnahme einer Dienstaufsichtsbehörde in seiner Unabhängigkeit beeinträchtigt worden zu sein, BGH DRiZ **94**, 141 mwN, und die Maßnahme objektiv geeignet ist, die Unabhängigkeit zu beeinflussen (deshalb ist ohne solche Behauptung eine dienstliche Beurteilung im VerwRweg nachzuprüfen, BGH NJW **83**, 2531, BVerwG NJW **83**, 2589, DRiZ **77**, 117). Das genügt für die Zulässigkeit des Antrags, die also nicht von Art und Inhalt der angefochtenen Maßnahme abhängt, BGH DRiZ **77**, 151, **46**, 68, aM Stober DRiZ **76**, 71. Damit ist dem Richter, im Gegensatz zum Beamten, der das Risiko der Nichtbefolgung einer Anweisung seiner vorgesetzten Dienststelle trägt, im Interesse der Unabhängigkeit die Möglichkeit gegeben, die zwischen ihm und der Dienstaufsicht aufgetretene Verschiedenheit der Ansicht durch das Dienstgericht nachprüfen zu lassen, das also bei Streit über die Auslegung eines Gesetzes, auf das sich die AnO gründet, selbst auslegen muß, BGH **42**, 171, zB daß eine gesetzliche Grundlage dafür fehlt, daß der Vorsitzende von Bundesdisziplinarkammern zu Beisitzern bestellten Richtern die Fertigung von Urteilsentwürfen überträgt, BGH **42**, 172. Ein Nachprüfungsantrag ist auch nicht schon deshalb unbegründet, weil eine Beeinträchtigung nicht gewollt ist; wohl aber spricht dagegen, wenn die beanstandete Tätigkeit nicht zur unmittelbaren Aufsichtstätigkeit gehört, BGH **46**, 71 (falsche besoldungsrechtliche Einstufung).

13   **Nicht** zu den Maßnahmen der Dienstaufsicht gehören Disziplinarmaßnahmen im Sinne der Disziplinarordnungen gegen einen Richter oder deren Vorbereitung, BGH **85**, 164 und NJW **81**, 1100 (nur bei Mißbrauch); eine nicht ausdrücklich als Verweis bezeichnete mißbilligende Äußerung ist keine solche Disziplinarmaßnahme und deshalb unzulässig, BGH NJW **84**, 2534 (krit Wandtke DRiZ **84**, 430). Keine Maßnahme der Dienstaufsicht iSv III ist auch die Einleitung eines Versetzungsverfahrens durch Vorlage von Berichten an den Präsidialrat, BGH **85**, 164. Ebensowenig sind Entscheidungen des Präsidiums über die Geschäftsverteilung Maßnahmen iSv III, BGH NJW **91**, 425.

14   Die **Abgrenzung** zwischen Maßnahmen der Dienstaufsicht und anderen Vorgängen ist oft schwierig. Nötig und ausreichend ist ein gegen einen Richter oder eine Gruppe von Richtern gerichtetes Verhalten, das einen konkreten Bezug zur Tätigkeit der Gruppe oder des Richters hat, BGH NJW **91**, 425 mwN. Eine für die Dienstaufsicht in Betracht kommende Stelle (in dieser Eigenschaft, nicht zB als oberste Verwaltungsbehörde, BGH DRiZ **82**, 426) muß entweder zu einem in der Vergangenheit liegenden Verhalten des Richters wertend Stellung genommen oder sich in einer Weise geäußert haben, die geeignet ist, sich auf die künftige Tätigkeit des Richters in bestimmter Richtung unmittelbar oder mittelbar auszuwirken, BGH NJW **91**, 1103, **85**, 1471, **84**, 2472 mwN. Das kann zB in einer dienstlichen Beurteilung geschehen, BGH DRiZ **98**, 22 u **95**, 353, NJW **92**, 46 mwN u DRiZ **91**, 288, NJW **88**, 420, MDR **88**, 51, NJW **86**, 2707, **84**, 2531 u 2535, BGH **57**, 344, **52**, 287, Zweibr DVBl **87**, 431. Eine Maßnahme der Dienstaufsicht kann auch in der Ablehnung des Dienstvorgesetzten liegen, einem Richter Kenntnis von dem Inhalt des Berichts eines anderen Richters über den Beratungshergang zu geben, BGH DRiZ **82**, 312, ferner in der AnO, ein Zeugnis oder einen Bericht zu den Personalakten zu nehmen, BGH **85**, 160, DRiZ **80**, 312 u **77**, 341, oder in der Weisung, die Arbeitsweise eines Spruchkörpers zu beobachten, BGH DRiZ **82**, 190, ebenso in einer allgemeiner Form gehaltenen Stellungnahme, wenn sie sich erkennbar gegen die Amtsführung richtet (BGH **61**, 374 ist zu eng, Baur JZ **74**, 390), auch gegen ein Verhalten im Präsidialrat, BGH DRiZ **77**, 151. Keine Maßnahme der Dienstaufsicht ist eine ministerielle Bekanntmachung über richterliche Pflichten, BGH NJW **84**, 2471 (zu § 39), ebensowenig die Äußerung einer abweichenden Ansicht zu einer von dem Richter angesprochenen Rechtsfrage, BGH **85**, 167 u **61**, 378, auch nicht die Unterrichtung über die vom Präsidium beabsichtigte Geschäftsverteilung, BGH NJW **83**, 889, oder die Aufforderung zur Befassung des Präsidiums mit einer bestimmten Geschäftsordnungsangelegenheit, BGH DRiZ **81**, 426, ebensowenig das Gespräch zwischen einem Bewerber um eine Beförderungsstelle und dem Gerichtspräsidenten, um das der Bewerber nachgesucht hat, BGH DRiZ **79**, 378; dagegen kann der Leserbrief eines Beamten des zuständigen Ministeriums eine Maßnahme der Dienstaufsicht sein, BGH DRiZ **81**, 265, ebenso eine kritische Äußerung des Ministers in einem Medium, HessDienstGer NJW **81**, 930 (das sogar das Schweigen auf eine kritische Frage ausreichen läßt).

15   Der Weg der **dienstgerichtlichen Nachprüfung** steht jedem Richter, § 8, offen (aber kein Rechtsschutzbedürfnis nach Eintritt in den Ruhestand, BGH DRiZ **76**, 149), kann sich also bei einem Richter auf Probe auch gegen den an sich jeder Zeit möglichen Abruf von einer Stelle richten, § 12 Rn 2, wenn er sich dadurch in seiner Unabhängigkeit verletzt glaubt, er also darin eine Einwirkung auf die sachliche Erledigung seiner richterlichen Tätigkeit sieht. Für das Begehen nach Überprüfung muß ein Rechtsschutzbedürfnis bestehen, BGH DRiZ **82**, 190. Über den Antrag entscheidet das Dienstgericht, §§ 62 I 2 4 e, 74 2 4 e, nachdem zuvor auf Antrag des Richters ein Vorverfahren eingeleitet worden ist, § 66 II u III, vgl die dortigen Erläuterungen. Die Entscheidung ergeht entweder auf Feststellung der Unzulässigkeit der durch die Dienstaufsicht getroffenen Maßnahme oder Zurückweisung des Antrags; unzulässig ist eine Maßnahme immer dann, wenn sie nicht von der für die Dienstaufsicht zuständigen Stelle ausgeht, BGH DRiZ **81**, 265. Zu anderen Maßnahmen sind die Dienstgerichte nicht befugt, zB die Aufsichtsbehörde zu einer Auskunft zu verpflichten oder eine solche Verpflichtung festzustellen, BGH DRiZ **82**, 189 u 190.

16   Das Dienstgericht ist **auf die Prüfung beschränkt**, ob die Maßnahme sich innerhalb der Grenzen von I und II hält, BGH NJW **92**, 46 u **86**, 2707 mwN (Beurteilung), NJW **84**, 2534 (unzulässige Mißbilligung); ob die Maßnahme, zB eine Beurteilung, aus anderen Gründen rechtswidrig und deshalb unzulässig ist, hat nicht das Dienstgericht, sondern nach § 71 III DRiG iVm § 126 I BRRG das Verwaltungsgericht zu prüfen, BVerwG NJW **83**, 2589 (zu VGH Kassel DRiZ **80**, 392), zustm Kremer DRiZ **84**, 15, GKÖD 81 ff (krit im einzelnen), BGH NJW **88**, 1094 u 422 mwN, stRspr seit NJW **84**, 2531, krit Lück DRiZ **87**, 391, DG Düss DRiZ **99**, 59 mwN, OVG Münst DRiZ **90**, 345, vgl Kissel § 1 GVG Rn 175 (die abw Entscheidungen Bay Dienstger DRiZ **83**, 195 u Nürnb DRiZ **82**, 110 sind überholt). Aus der Zweispurigkeit des Rechtsschutzes

ergeben sich allerdings prozessuale Schwierigkeiten. Grundsätzlich richtet sich der zulässige Rechtsweg danach, auf welchen Klagegrund der Richter sein Begehren stützt, BVerwG DVBl **97**, 1180 mwN, OVG Lüneb NVwZ-RR **98**, 695 mwN. Wird dieselbe Maßnahme, zB eine Beurteilung, sowohl wegen Verletzung der Unabhängigkeit vor dem DienstGer als auch wegen anderer Fehler vor dem VerwGer angefochten, wird das VerwGer das Verf aussetzen und die Entscheidung des DienstGer abwarten müssen, obwohl dies durch § 68 nicht zwingend geboten ist, GKÖD 81; umgekehrt muß das DienstGer nur dann aussetzen, wenn für seine Entscheidung das Bestehen oder Nichtbestehen eines vom VerwGer zu prüfenden Rechtsverhältnisses vorgreiflich ist, § 68 I und II. Ist nur eines der beiden Gerichte angerufen und der Antrag hilfsweise auf einen vor das andere Gericht gehörenden Grund gestützt worden, so scheidet eine Verweisung aus, BGH NJW **86**, 2709 mwN, NJW **84**, 2533, aM GKÖD 79. Vielmehr hat das angerufene Gericht über alle Gründe zu entscheiden, § 17 II 1 GVG, s dort Rn 6.

**§ 27. *Übertragung eines Richteramts.*** ¹ **Dem Richter auf Lebenszeit und dem Richter auf Zeit ist ein Richteramt bei einem bestimmten Gericht zu übertragen.**

II **Ihm kann ein weiteres Richteramt bei einem anderen Gericht übertragen werden, soweit ein Gesetz dies zuläßt.**

**Vorbem.** Galt in den neuen Bundesländern auch für die nach bisherigem Recht, Einl § 1 Rn 5, berufenen Richter auf Probe, EV Anl I Kap III Sachgeb A Abschn III Z 8 l. Die Übertragung eines weiteren Richteramtes (auch auf begrenzte Zeit) regelt jetzt bis 31. 12. 95 die (umfassende) Vorschrift des § 7 RpflAnpG, abgedr Üb § 22 GVG Rn 2, dazu Rieß DtZ **92**, 228.

**1) Allgemeines.** Die Unversetzbarkeit eines Richters, § 30, ist eine wesentliche Voraussetzung seiner **1** Unabhängigkeit, Vorbem § 25. Der Durchführung dieses Grundsatzes dient die Übertragung eines bestimmten Richteramtes. Unversetzbar sind nur die hauptamtlich und planmäßig angestellten Richter. Demgemäß gilt § 27 nur für die Richter auf Lebenszeit und Zeit; die Richter auf Probe und kraft Auftrags sind versetzbar, §§ 12 Rn 2, 14 Rn 3.

**2) Übertragung eines Richteramtes bei einem bestimmten Gericht, I** (Gegensatz: Das durch die **2** Ernennung verliehene abstrakte Richteramt, § 20 Rn 2). Durch die Ernennung zum Richter wird der Ernannte in das Richterverhältnis berufen, § 17. Bei seiner Ernennung zum Richter auf Lebenszeit oder Zeit, §§ 10, 11, muß ihm gleichzeitig ein Richteramt bei einem bestimmten Gericht übertragen werden. Die Einweisung in eine Planstelle genügt nicht, da diese auswechselbar ist und damit der vom Gesetz bezweckte Erfolg nicht erreicht würde. Ist ihm kein bestimmtes Richteramt übertragen worden, darf der Richter auf Lebenszeit oder Zeit nicht bei einem Gericht tätig sein („ist zu übertragen"), auch nicht bei Abordnung, widrigenfalls das Gericht nicht richtig besetzt wäre. Es gibt keine Richter, die nach Belieben der Justizverwaltung überall verwendet werden könnten.

**3) Übertragung eines weiteren Richteramtes bei einem anderen Gericht, II. A. Grundsatz.** Wie **3** der Wortlaut ergibt, ist Voraussetzung, daß die Übertragung eines Richteramtes bei einem bestimmten Gericht, I, erfolgt ist oder daß ein Richteramt bei einem bestimmten Gericht und zugleich ein weiteres bei einem anderen übertragen wird. Das weitere Richteramt ist ausdrücklich zu übertragen, zB auch eine Stelle bei einem Dienstgericht. Für die Übertragung dieses weiteren Richteramtes ist die Zustimmung des Richters nur dann erforderlich, wenn sie einer Versetzung gleichkommt, dh mehr als die Hälfte seiner Arbeitskraft dadurch in Anpruch genommen wird, BGH **67**, 159 u DRiZ **83**, 320. Die geschäftsverteilungsmäßige Zuweisung eines Richters an einen auswärtigen Spruchkörper, BGH NJW **85**, 1084, oder an mehrere Spruchkörper desselben Gerichts erfüllt nicht den Tatbestand des II, auch nicht die Bestellung eines VerwRichters zum Mitglied der Baulandkammer, BGH LS NJW **77**, 1821, Schmidt- Räntsch 17, str, vgl Schlichter-Stich-Tittel § 160 BBauG Rdz 7.

**B. Zulässigkeit der Übertragung.** An Stelle des Wortes „bestimmt" des RegEntw hat der Rechtsaus- **4** schuß „zuläßt" gesetzt; daraus ergibt sich, daß eine ausdrückliche Bestimmung nicht erforderlich ist, die Zulässigkeit vielmehr als gegeben angesehen werden muß, wenn die gerichtsverfassungsrechtlichen Vorschriften die Übertragung nicht ausschließen, hM, Schmidt-Räntsch 15, BGH NJW **84**, 130. Innerhalb der Zivilgerichtsbarkeit ergibt sich eine derartige Zulässigkeit aus §§ 21 e, 22 II, 59 II, 78 II und 83 I GVG, ferner für die Baulandgerichte aus den §§ 220, 229 BauGB (vgl BGH NJW **77**, 1821, krit GKÖD 16 mwN), in der Arbeitsgerichtsbarkeit aus § 18 III ArbGG und in der Verwaltungsgerichtsbarkeit aus § 16 VwGO. Danach kann einem Vorsitzenden Richter das Nebenamt eines Beisitzers beim Disziplinargericht übertragen werden, BGH NJW **84**, 129. Ihre Grenze findet jede Übertragung eines weiteren Richteramtes dort, wo sie den Richter hindert, seinen Aufgaben bei dem ersten Gericht nachzukommen, BGH aaO.

**C. Nachprüfung.** Die Übertragung unterliegt entspr §§ 78 Z 4, 66 III, 67 III u 83 der Prüfung des **5** Richterdienstgerichts, BGH NJW **85**, 1084. Dies gilt auch dann, wenn diese Prüfung im maßgeblichen Richtergesetz des Landes nicht vorgesehen ist, BGH **67**, 159.

**§ 28. *Besetzung der Gerichte mit Richtern auf Lebenszeit.*** ¹ **Als Richter dürfen bei einem Gericht nur Richter auf Lebenszeit tätig werden, soweit nicht ein Bundesgesetz etwas anderes bestimmt.**

II ¹**Vorsitzender eines Gerichts darf nur ein Richter sein.** ²**Wird ein Gericht in einer Besetzung mit mehreren Richtern tätig, so muß ein Richter auf Lebenszeit den Vorsitz führen.**

**Vorbem.** In den neuen Bundesländern dürfen bis zum Ablauf des 31. 12. 99 bei einem Gericht Richter **1** auf Probe und Richter kraft Auftrags nach Maßgabe des § 3 I u II RpflAnpG, s u, tätig sein und nach Maßgabe des § 10 IV u V RpflAnpG (idF des Art 2 b G v 6. 8. 98, BGBl 2030), abgedr Üb 3 § 21 a GVG, den Vorsitz führen.

**DRiG §§ 28, 29**                                                                                                  Schlußanhang I. A

*RpflAnpG § 3. Verwendung von Richtern, die nicht Richter auf Lebenszeit bei dem Gericht sind, bei dem sie tätig werden.* [I] [1]In den in Artikel 1 Abs. 1 des Einigungsvertrages genannten Ländern findet bis zum Ablauf des 31. Dezember 1999 die Beschränkung nach § 29 Satz 1 des Deutschen Richtergesetzes keine Anwendung. [2]Wird ein Gericht in der Besetzung mit mehreren Richtern tätig, so muß mindestens ein Richter auf Lebenszeit bei der Entscheidung mitwirken. [3]§ 10 Abs. 5 bleibt unberührt.

[II] [1]In diesen Ländern dürfen bis zum Ablauf des 31. Dezember 1999 auch bei den Oberlandesgerichten, den Oberverwaltungsgerichten und den Landessozialgerichten Richter auf Probe und Richter kraft Auftrags verwendet werden. [2]Bei diesen Gerichten darf bei einer gerichtlichen Entscheidung nicht mehr als ein Richter auf Probe oder Richter kraft Auftrags mitwirken.

[III] Abweichend von § 102 Abs. 1 Satz 1 der Bundesrechtsanwaltsordnung können in den in Artikel 1 Abs. 1 des Einigungsvertrages genannten Ländern bis zum Ablauf des 31. Dezember 1996 zu berufsrichterlichen Mitgliedern des Anwaltsgerichtshofes neben den ständigen Mitgliedern des Oberlandesgerichts auch andere Richter für die Dauer von vier Jahren bestellt werden.

Die Vorschrift gilt mWv 1. 1. 97 idF des Art 1 G v 20. 12. 96, BGBl 2090. Die Regelung ist verfassungsrechtlich nicht zu beanstanden, BVerfG DtZ **96**, 175 (zu § 3 II). Die Notwendigkeit der Mitwirkung von zwei nicht auf Lebenszeit berufenen Richtern ist nicht nachzuprüfen, BVerwG **102**, 294.

**1) Allgemeines.** I übernimmt inhaltlich § 6 GVG, der durch § 85 Z 1 aufgehoben worden ist. Im übrigen soll durch § 28 die Entscheidung durch unabhängige Richter weiter gesichert werden. Ergänzt wird § 28 durch § 29, der die Mitwirkung von Richtern, deren Unabhängigkeit nicht wie die von Richtern auf Lebenszeit in gleicher Weise gesichert ist, beschränkt.

2     **2) Besetzung der Gerichte mit Richtern auf Lebenszeit, I. A. Grundsatz.** Im Hinblick auf Art 97 II GG werden die Gerichte entspr der deutschen Rechtstradition grundsätzlich mit Richtern auf Lebenszeit besetzt, Schmidt-Räntsch 3, VGH Kassel AS **33**, 110. Daß dem Richter das Richteramt, in dem er tätig wird, übertragen ist, § 27 I, wird nicht verlangt. Es kann auch ein abgeordneter Richter, § 37, tätig sein, vorausgesetzt, daß er auf Lebenszeit ernannt und ihm ein anderes Richteramt übertragen ist, § 27 Rn 22. Wegen der ehrenamtlichen Richter s §§ 44–45 a.

**B. Ausnahmen vom Grundsatz.** Sie können nur durch Bundesgesetz bestimmt werden. Für die ordentliche Gerichtsbarkeit ist das durch §§ 22 V, 59 III GVG (Zulassung von Richtern auf Probe und kraft Auftrags bei Amts- und Landgerichten), für die Arbeitsgerichtsbarkeit durch § 18 VII ArbGG (entsprechend für ArbG und LAG), für das Bundespatentgericht durch § 71 I 1 PatG geschehen (vgl i ü §§ 17 VwGO, 11 III SGG, 15 FGO). Eine Begrenzung der Zahl der Richter auf Probe oder kraft Auftrags, die bei einer Entscheidung mitwirken dürfen, gibt § 29. Bei den OLGen können also nur Richter auf Lebenszeit, auch aufgrund einer Abordnung, § 37, verwendet werden.

3     **3) Vorsitz, II. A. Grundsatz, S 1.** Den Vorsitz eines Gerichts kann nur ein Richter haben, II 1, nicht ehrenamtlicher Richter, für den ja § 28 nicht gilt, § 2, der also nicht Richter im Sinne dieser Vorschrift ist. Eine Ausnahme besteht nur für die Berufsgerichte der RAe, § 123 BRAO.

**B. Kollegialgericht, S. 2.** Den Vorsitz in einem Gericht, das mit mehreren Richtern besetzt ist (nicht ehrenamtlichen, oben Rn 2), kann nur ein Richter auf Lebenszeit führen, der aber nur nebenamtlich oder als abgeordneter Richter tätig zu sein braucht, BAG NJW **71**, 1631; bei dem Patentgericht ist auch der abgeordnete Richter als Vorsitzender ausgeschlossen, § 71 II PatG.

4     **4) Verstoß.** Eine Verletzung des § 28 hat zur Folge, daß das Gericht unrichtig besetzt ist, §§ 551 Z 1, 579 I Z 1 ZPO.

**§ 29. Besetzung der Gerichte mit Richtern auf Probe, Richtern kraft Auftrags und abgeordneten Richtern.** [1]Bei einer gerichtlichen Entscheidung darf nicht mehr als ein Richter auf Probe oder ein Richter kraft Auftrags oder ein abgeordneter Richter mitwirken. [2]Er muß als solcher in dem Geschäftsverteilungsplan kenntlich gemacht werden.

**Vorbem.** § 29 galt in der Zeit vom 1. 3. 93 bis 28. 2. 98 idF des Art 5 und Art 15 III RpflEntlG v 11. 1. 93, BGBl 50; vgl dazu 56. Aufl, ferner BVerfG NJW **98**, 1053 mwN, VGH Kassel NVwZ-RR **98**, 269. Wegen der Anwendung in den neuen Bndesländern s § 3 RPflAnpG, Vorbem § 28.

1     **1) Allgemeines.** Ein Richter auf Probe oder kraft Auftrags genießt noch nicht die volle Unabhängigkeit, §§ 12 Rn 2, 14 Rn 3. Beim Patentgericht können Richter auf Probe überhaupt keine Verwendung finden, § 71 PatG; Beschränkungen gelten für das Familiengericht, § 23 b III 2 GVG für Insolvenzsachen, § 22 VI GVG, und für den Vorsitz im Schöffengericht, § 29 I 2 GVG. Im übrigen ist nach § 29 ihre Mitwirkung nach der Zahl nach beschränkt. Beschränkt ist auch die Zahl der von einem anderen Gericht abgeordneten Richter, obwohl es sich dabei um Richter auf Lebenszeit oder Zeit, § 37 I, handelt; hier kann uU auch eine zeitliche Beschränkung hinzukommen. § 37 III; vgl dazu VGH Kassel AS **33**, 110. Ob ein Bedürfnis für eine Abordnung vorliegt, wird im DRiG nicht geregelt, sondern im GVG, dort § 70 II. § 29 ergänzt § 28. Bei einer Verletzung des § 29 ist das Gericht fehlerhaft besetzt, §§ 551 Z 1, 579 I Z 1 ZPO.

2     **2) Mitwirkung.** Es darf immer nur ein Richter auf Probe oder kraft Auftrags oder ein abgeordneter Richter (früher Hilfsrichter) mitwirken, also nicht neben einem Berufsrichter ein Richter auf Probe und ein abgeordneter Richter. Bei einem Kollegialgericht müssen mithin immer zwei Richter auf Lebenszeit mitwirken; ist einer davon abgeordnet, so müssen die anderen beiden auf Lebenszeit berufene Richter des erkennenden Gerichts sein. Die Richter jeder der drei Arten können aber beim AG oder ArbG den Vorsitz haben und beim LG Einzelrichter sein, ebenso Löwisch DRiZ **64**, 164, aber nicht als Vorsitzender der KfH, Sommermeyer DRiZ **64**, 265. Auch bei Mitwirkung nur eines der in § 29 genannten Richter kann das Gericht nicht ordnungsgemäß besetzt sein, wenn kein seinen Einsatz rechtfertigender Grund vorliegt, BVerfG NJW **62**, 1495 u **98**, 1053, Kissel § 22 Rn 8 u 9; der Einsatz braucht nicht unumgänglich nötig zu sein, aM VGH Kassel AS **33**, 110.

Ein Verstoß gegen § 29 kann mit dem zulässigen Rechtsmittel gerügt werden. Er ist absoluter Revisionsgrund, § 551 Z 1 ZPO.

**3) Kenntlichmachung.** Sie ist nicht erforderlich in der Entscheidung, sondern nur im Geschäftsverteilungsplan, zB § 21 e GVG, damit trotz einheitlicher Bezeichnung als „Richter", § 19 a, die Einhaltung von § 29 nachgeprüft werden kann.

**§ 30.** *Versetzung und Amtsenthebung.* I Ein Richter auf Lebenszeit oder ein Richter auf Zeit kann ohne seine schriftliche Zustimmung nur
1. im Verfahren über die Richteranklage (Artikel 98 Abs. 2 und 5 des Grundgesetzes),
2. im förmlichen Disziplinarverfahren,
3. im Interesse der Rechtspflege (§ 31),
4. bei Veränderung der Gerichtsorganisation (§ 32)
in ein anderes Amt versetzt oder seines Amtes enthoben werden.
II Die Versetzung oder Amtsenthebung kann – außer im Fall des Absatzes 1 Nr. 4 – nur auf Grund rechtskräftiger richterlicher Entscheidung ausgesprochen werden.
III Der Versetzung steht es gleich, wenn ein Richter, der mehrere Richterämter innehat, eines Amtes enthoben wird.

**1) Allgemeines.**

**A. Versetzung und Amtsenthebung.** Auch § 30 dient der Sicherung der Unabhängigkeit, Vorbem § 25, indem er die Versetzbarkeit und Amtsenthebung ohne Zustimmung an abschließend aufgezählte Tatbestände knüpft und sie grundsätzlich nur auf Grund richterlicher Entscheidung eintreten läßt, so daß eine Amtsenthebung durch Nichtzuteilung von richterlichen Aufgaben im Wege der Geschäftsverteilung unzulässig ist, BVerfG NJW 64, 1019. § 30 gilt nur für Richter auf Lebenszeit oder Richter auf Zeit, also die Richter, denen ein Richteramt bei einem bestimmten Gericht übertragen ist, § 27, von dem sie versetzt oder dessen sie enthoben werden sollen, ohne daß sie dadurch ihre Eigenschaft als Richter, §§ 11, 17, verlieren. § 30 ist also im Zusammenhang mit § 27 zu verstehen. **Versetzt wird ein Richter**, dem unter gleichzeitigem Verlust seines bisherigen Richteramts ein solches bei einem anderen Gericht übertragen wird, Schmidt-Räntsch 4. Die Zuteilung anderer Geschäfte bei demselben Gericht ist keine Versetzung und wird vom Präsidium geregelt, ebenso die Zuteilung an einen detachierten Spruchkörper, BGH NJW 85, 1084, GKÖD 4, Schmidt-Räntsch 5, aM Ule Komm VwGO § 3 IV und DVBl 63, 566, EF § 15 VwGO Rn 1 mwN, die die weitere Zugehörigkeit zu demselben Gericht nicht ausreichen lassen wollen. Die Versetzung eines Richters in dem Sinne, daß er als Richter überhaupt ausscheidet und zB nunmehr als Verwaltungsbeamter tätig wird, gehört nicht hierher.
**Amtsenthoben** wird ein Richter, dem sein Richteramt, § 27, genommen wird, ohne daß er ein anderes erhält. Da er ohne Richteramt ist, wäre eine gerichtliche Entscheidung, an der er dennoch mitgewirkt hat, in nicht ordnungsgemäßer Besetzung ergangen. Auch eine Abordnung, § 37, ist nicht möglich, da diese das Innehaben eines Richteramts voraussetzt, § 27 Rn 2. Wegen der Richter auf Probe und kraft Auftrags s §§ 22, 23.

**B. Versetzung mit richterlicher Zustimmung**, die schriftlich und bestimmt sein muß, ist jederzeit möglich; es bedarf dann auch keiner gerichtlichen Entscheidung. In den Fällen des I Z 1 und 2 wäre eine Zustimmung jedoch unerheblich, wird also von einem Verfahren nicht abgesehen werden können, wohl aber bei Z 3 (§ 31), außer, wenn eine Versetzung in den Ruhestand erfolgen soll, Schmidt-Räntsch 12. Bei Amtsenthebung ist der Sache nach die Zustimmung ohne Bedeutung.

**2) Die Fälle der Versetzung und Amtsenthebung, I. a)** Richteranklage. Das BVerfG, vgl § 58 BVerfGG, kann unmittelbar auf Entlassung, Versetzung in ein anderes Amt oder den Ruhestand erkennen, s dazu Kissel § 1 GVG Rn 204–207. **b)** Förmliches Disziplinarverfahren, §§ 63, 83 iVm der BDisziplinarO (Amtsenthebung findet danach nicht statt, sondern nur eine vorläufige Dienstenthebung) oder den entsprechenden landesrechtlichen Gesetzen, vgl BVerfG NJW 96, 2149. Auch das Dienstgericht erkennt selbst. **c)** Versetzung im Interesse der Rechtspflege, § 31. **d)** Versetzung oder Amtsenthebung wegen Veränderung der Gerichtsorganisation, § 32.

**3) Mehrere Richterämter, III.** Auch insofern besteht der Schutz, Rn 1. Die Versetzung aus dem zusätzlichen Richteramt, § 27 II, in ein anderes zusätzliches folgt den Grundsätzen von I und II. III trifft den Fall, daß der Richter des zweiten Amtes enthoben wird, ohne daß ihm also ein weiteres übertragen werden soll; das steht unter denselben Rechtsgarantien wie eine Versetzung.

**4) Verfahren, II.** Außer in den Fällen der rechtserheblichen Zustimmung, Rn 1, kann eine Versetzung oder Amtsenthebung nur aufgrund rechtskräftiger gerichtlicher Entscheidung des Dienstgerichts erfolgen. Bei Versetzung oder Amtsenthebung im Falle der Veränderung der Gerichtsorganisation, I Z 4, ist seine Entscheidung nicht erforderlich; jedoch kann die Verfügung der Dienstbehörde gemäß §§ 62 I Z 4 a, 78 Z 4 a beim Dienstgericht angefochten werden, das sie dann nachprüft, § 66 I, und die Maßnahme aufhebt oder den Antrag zurückweist, § 67 III.

**§ 31.** *Versetzung im Interesse der Rechtspflege.* Ein Richter auf Lebenszeit oder ein Richter auf Zeit kann
1. in ein anderes Richteramt mit gleichem Endgrundgehalt,
2. in den einstweiligen Ruhestand oder
3. in den Ruhestand
versetzt werden, wenn Tatsachen außerhalb seiner richterlichen Tätigkeit eine Maßnahme dieser Art zwingend gebieten, um eine schwere Beeinträchtigung der Rechtspflege abzuwenden.

**1** **Vorbem.** In den neuen Bundesländern gilt Z 1 entspr für ältere Richter auf Probe, § 6 I RpflAnpG, abgedr Einl § 1 Rn 5.

**1) Allgemeines.** Die Versetzung im Interesse der Rechtspflege ist zwar ein Eingriff in die Unversetzbarkeit des Richters, Vorbem § 25, § 30 Rn 1; sie muß hier aber weichen, um die Rechtspflege an dem Ort ungestört zu erhalten, BGH NJW 95, 2495 mwN. Immerhin ergibt sich aus diesem Durchbrechen des Grundsatzes eine enge Auslegung, BGH aaO. § 31, der nähere Voraussetzungen für § 30 I Z 3 gibt, bezieht sich wie dieser nur auf Richter auf Lebenszeit oder Zeit. Für Richter auf Probe oder kraft Auftrags gelten §§ 22, 23.

**2** **2) Voraussetzungen.** Es darf sich nur um Tatsachen außerhalb der richterlichen Tätigkeit handeln, zB persönlichen Verkehr in der Freizeit, Kriminalität in der Familie oder Verheiratung der Tochter des Amtsrichters mit dem dortigen Rechtsanwalt (Begr RegEntw). Ob die Tatsachen verschuldet oder unverschuldet sind, ist unerheblich, ebenso, ob eine Beeinträchtigung von längerer Dauer zu erwarten ist, wenn auch bei baldiger Behebung des Zustandes Maßnahmen im Sinne von § 31 nicht mehr zwingend geboten sein werden. Eine schwere Beeinträchtigung der Rechtspflege muß objektiv feststellbar sein. Sie ist gegeben, wenn das Vertrauen in den Richter in so hohem Maße Schaden genommen hat, daß seine Rspr nicht mehr glaubwürdig erscheint und durch sein Verbleiben im Amt zugleich das öff Vertrauen in eine unabhängige und unvoreingenommene Rechtspflege erschüttert würde, BGH NJW 95, 2495 mwN. Der Maßstab dafür kann bei sonst gleichem Tatbestand im einzelnen Fall örtlich verschieden sein (größere Stadt, kleiner Ort).

**3** **3) Die drei Maßnahmen.** Liegen die obigen Voraussetzungen vor, ist zunächst zu prüfen, ob überhaupt, und bejahendenfalls, ob gerade das Ergreifen der Maßnahme der in Aussicht genommenen Art zwingend geboten ist, also ob nicht eine der weniger eingreifenden genügt, BGH NJW 95, 2496. **a)** Die **Versetzung in ein anderes Richteramt** kann selbst dann noch ausreichen, wenn zB der Richter im gesamten LGBezirk nicht mehr tragbar wäre, wohl aber in einem anderen ein Richteramt versehen könnte, vorausgesetzt, daß dieses das gleiche Endgrundgehalt hat. **b) Versetzung in den einstweiligen Ruhestand** unterscheidet sich vor allem dadurch von der endgültigen Überführung in diesen, daß im ersten Fall der Richter, der zunächst ausscheidet, von neuem in das Richterverhältnis auf Lebenszeit berufen werden kann, § 46 iVm § 39 BBG, § 71 I iVm §§ 32 I 3, 29 II BRRG. Die vollen Bezüge sind hier nicht mehr gewährleistet. Eine solche Versetzung wird in Betracht kommen, falls nach einiger, wenn auch längerer Zeit der Grund für die Beeinträchtigung der Rechtspflege entfallen kann oder das Freimachen einer geeigneten Stelle zZt unmöglich ist. **c) Versetzung in den Ruhestand.**

**4** **4) Verfahren.** Dieses wird dadurch eingeleitet, daß die oberste Dienstbehörde eine der drei Maßnahmen beim Dienstgericht, §§ 62 I Z 2, 78 Z 2, beantragt, bei der Versetzung unter genauer Bezeichnung des in Aussicht genommenen Richteramtes. Für das Versetzungsverfahren gelten die Vorschriften der VwGO, § 65 I. Das Einverständnis des Richters macht das Verfahren nicht unnötig, § 30 II; die oberste Dienstbehörde kann aber von der Feststellung des Tatbestandes absehen und mit Einwilligung des Richters ihn versetzen. Das Dienstgericht erkennt auf Zulässigkeit der Maßnahme oder weist den Antrag ab, § 65 III. Im ersten Fall spricht darauf die oberste Dienstbehörde die Maßnahme aus.

**§ 32. Veränderung der Gerichtsorganisation.** <sup>I</sup> ¹Bei einer Veränderung in der Einrichtung der Gerichte oder ihrer Bezirke kann einem auf Lebenszeit oder auf Zeit ernannten Richter dieser Gerichte ein anderes Richteramt übertragen werden. ²Ist eine Verwendung in einem Richteramt mit gleichem Endgrundgehalt nicht möglich, so kann ihm ein Richteramt mit geringerem Endgrundgehalt übertragen werden.

<sup>II</sup> ¹Ist die Übertragung eines anderen Richteramts nicht möglich, so kann der Richter seines Amtes enthoben werden. ²Ihm kann jederzeit ein neues Richteramt, auch mit geringerem Endgrundgehalt, übertragen werden.

<sup>III</sup> Die Übertragung eines anderen Richteramts (Absatz 1) und die Amtsenthebung (Absatz 2 Satz 1) können nicht später als drei Monate nach Inkrafttreten der Veränderung ausgesprochen werden.

**1** **Vorbem.** In den neuen Bundesländern galt I 1 entspr für die nach bisherigem Recht, Einl § 1 Rn 5, berufenen Richter auf Probe, EV Anl I Kap III Sachgeb A Abschn III Z 8 l. Vgl jetzt § 7 RpflAnpG.

**1) Allgemeines.** § 32, einer der Fälle der Versetzung oder Amtsenthebung, § 30 I Z 4 und Rn 1 dort, ist die Ausführung von Art 97 II 3 GG. Als Eingriff in die Unversetzbarkeit, Vorbem § 25, ist er eng auszulegen. Er bezieht sich nur auf Richter auf Lebenszeit oder Zeit. Wegen der Richter auf Probe und kraft Auftrags vgl §§ 22, 23.

**2** **2) Voraussetzung** ist die Veränderung in der Einrichtung der Gerichte oder ihrer Bezirke, also insbesondere Zusammenlegung von Gerichten oder Aufhebung eines Gerichts, aber wohl auch Strukturänderungen wie zB die Bildung von FamGerichten, § 23 b GVG. Eine Einsparung von Richterkräften als solche bei unveränderter Organisation genügt ebensowenig wie ein geringerer Geschäftsanfall. Unter den durch Zusammenlegung überflüssig gewordenen Kräften hat die oberste Dienstbehörde die Auswahl; daß gerade das Dezernat des Ausgewählten betroffen ist, ist nicht erforderlich („einem Richter dieser Gerichte"). Wegen Versetzung und Amtsenthebung vgl § 30 Rn 1.

**3** **3) Maßnahmen. A. Zulässigkeit.** Da es sich um einen Eingriff in die richterliche Unabhängigkeit handelt, ist nur die Maßnahme gerechtfertigt, die genügt, um der Umorganisation gerecht zu werden, also I 1 vor I 2, erst dann II: **a)** Übertragung eines anderen Richteramtes mit gleichem Endgrundgehalt, I 1, iSv § 27 I, oder **b)** mit geringerem Endgrundgehalt, I 2, jedoch unter Belassung seines vollen Gehalts, § 33. **c)** Falls auch ein solches Amt nicht vorhanden oder zwar vorhanden, der Richter aber seinen persönlichen Fähigkeiten nach zur Ausfüllung dieses Amtes nicht in der Lage ist (insbesondere wegen mangelnder Vorkenntnisse – wird freilich selten vorkommen, da jeder Richter auf jeder Stelle sich einzuarbeiten in der Lage sein muß), kann er seines Amtes enthoben werden; er bleibt trotzdem Richter, § 30 Rn 1, so daß ihm jederzeit ein neues Richteramt, auch mit geringerem Endgrundgehalt, übertragen werden kann. Wegen der Bezüge des amtsenthobenen Richters vgl § 33 II.

**B. Verfahren.** Die Verfügung der obersten Dienstbehörde ergeht ohne vorheriges dienstgerichtliches Verfahren, § 30 II. Jedoch ist die Anfechtung der Verfügung möglich, §§ 62 I Z 4 a, 78 Z 4 a. Die Verfügung braucht nicht zusammen mit der Veränderung der Gerichtsorganisation zu erfolgen, sondern spätestens 3 Monate nach deren Inkrafttreten, III.

**§ 33. Belassung des vollen Gehalts.** [1] [1]In den Fällen des § 32 erhält der Richter sein bisheriges Grundgehalt einschließlich ruhegehaltfähiger oder unwiderruflicher Stellenzulagen und steigt in den Dienstaltersstufen seiner bisherigen Besoldungsgruppe weiter auf. [2]Im übrigen richten sich die Dienstbezüge nach den allgemeinen besoldungsrechtlichen Vorschriften. [3]Soweit ihrer Höhe durch den dienstlichen Wohnsitz bestimmt ist, ist bei Amtsenthebung (§ 32 Abs. 2 Satz 1) der letzte dienstliche Wohnsitz maßgebend.

[II] Der seines Amtes enthobene Richter gilt für die Anwendung der Vorschriften über das Ruhen der Versorgungsbezüge und über das Zusammentreffen mehrerer Versorgungsbezüge als Richter im Ruhestand.

**Bem.** § 33 dient der Ausführung von Art 97 II 3 GG; II bezieht sich auf § 32 II. 1

**§ 34. Versetzung in den Ruhestand wegen Dienstunfähigkeit.** [1]Ein Richter auf Lebenszeit oder ein Richter auf Zeit kann ohne seine schriftliche Zustimmung nur auf Grund rechtskräftiger richterlicher Entscheidung wegen Dienstunfähigkeit in den Ruhestand versetzt werden. [2]Für Entscheidungen über eine begrenzte Dienstfähigkeit gilt Satz 1 entsprechend.

**Vorbem.** S 2 mWv 1. 1. 99 angefügt durch Art 9 Z 1 VReformG v 29. 6. 98, BGBl 1666.

**1) Allgemeines.** § 34 ergänzt die durch das Gesetz fest bestimmten und abschließend aufgezählten Fälle 1 der Versetzung in den Ruhestand, §§ 30–32, 48, 76, für den Fall der Dienstunfähigkeit. § 34 bezieht sich nur auf Richter auf Lebenszeit oder Zeit. Bei Richtern auf Probe entscheidet Beamtenrecht, §§ 46 iVm § 46 BBG, 71 I iVm § 27 BRRG; jedoch kann der Richter die Verfügung der Dienstbehörde, durch die er in den Ruhestand versetzt wird, bei dem Dienstgericht anfechten, §§ 62 I Z 4 c, 66 I, II, 67 III, 78 Z 4 c, 83, 79 II.

**2) Dienstunfähigkeit, S 1.** Sie liegt vor, wenn der Richter infolge eines körperlichen Gebrechens oder 2 wegen Schwäche seiner körperlichen und geistigen Kräfte zur Erfüllung seiner Dienstpflichten dauernd unfähig ist, §§ 42 I 1 BBG, 26 I 1 BRRG. Das ist nicht nur bei organisch bedingten Leiden möglich, sondern auch bei einem Nachlassen der geistigen Kräfte, die die Willensbildung nachhaltig und auf die Dauer so beeinträchtigen, daß sie die Möglichkeit geistiger Fehlleistungen nicht ausschließen, Schlesw SchlHA **63**, 63. Der Zustand ist durch ein amtsärztliches Gutachten festzustellen. Vgl auch Arndt DRiZ **62**, 269.

**3) Verfahren.** Für Richter auf Lebenszeit oder Zeit im Bundesdienst trifft der unmittelbare Dienstvorge- 3 setzte die Feststellung, daß er den Richter nach pflichtgemäßem Ermessen für unfähig hält, seine Amtspflichten zu erfüllen, § 43 I BBG. Für die Landesrichter gilt Landesrecht. Erklärt der Richter oder sein gesetzlicher Vertreter schriftlich sein Einverständnis (daß keine Einwendungen erhoben werden, genügt nicht, BGH **48**, 284), so erfolgt die Versetzung in den Ruhestand ohne weiteres im VerwVerfahren; andernfalls ist die Feststellung durch das Dienstgericht nötig, §§ 62 I Z 3 d, 66 III, 78 Z 3 d, 83, 79 II, das die Versetzung in den Ruhestand für zulässig erklärt oder den Antrag zurückweist, § 67 II. Bei Feststellung der Zulässigkeit spricht die oberste Dienstbehörde die Versetzung in den Ruhestand aus.

**4) Entspr Anwendung, S 2.** Für Entscheidungen über eine begrenzte Dienstfähigkeit gilt S 1 entspr, s 4 oben Rn 2 u 3. Vgl dazu § 26 a BRRG u § 42 a BBG sowie §§ 62 u 78.

**§ 35. Vorläufige Untersagung der Amtsgeschäfte.** In einem Verfahren nach § 18 Abs. 3, § 19 Abs. 3, § 21 Abs 3, §§ 30 und 34 kann das Gericht auf Antrag dem Richter die Führung seiner Amtsgeschäfte vorläufig untersagen.

**1) Bem.** Es handelt sich um dienstgerichtliche Verfahren gegen Richter auf Lebenszeit oder Zeit. Die 1 vorläufige Untersagung der Amtsgeschäfte kann nur durch gerichtliche Entscheidung erfolgen. Die Aufzählung ist abschließend. Das Gericht entscheidet auf Antrag der Behörde agrd einer Abwägung der widerstreitenden persönlichen und dienstlichen Interessen, Kblz RR **94**, 315. Dagegen ist Beschwerde zulässig, §§ 65 u 66 iVm 146 VwGO, soweit die Entscheidung nicht in der Bundesinstanz ergeht.

Entsprechend anwendbar ist § 35 in einem Verfahren, das auf Entlassung eines ehrenamtlichen Richters gerichtet ist, RedOe Anm 4 u Kopp Rn 4 zu § 24 VwGO, aM Berger-Delhey DRiZ **89**, 257. Vgl § 21 V 5 ArbGG und § 10 III 1 G v 24. 7. 92, Anh § 44.

**§ 36. Mitgliedschaft in einer Volksvertretung oder Regierung.** [I] Stimmt ein Richter seiner Aufstellung als Bewerber für die Wahl zum Deutschen Bundestag oder zu der gesetzgebenden Körperschaft eines Landes zu, ist ihm auf Antrag innerhalb der letzten zwei Monate vor dem Wahltag der zur Vorbereitung seiner Wahl erforderliche Urlaub unter Wegfall der Dienstbezüge zu gewähren.

[II] Nimmt ein Richter die Wahl in den Deutschen Bundestag oder in die gesetzgebende Körperschaft eines Landes an oder wird ein Richter mit seiner Zustimmung zum Mitglied der Bundesregierung oder der Regierung eines Landes ernannt, so enden das Recht und die Pflicht zur Wahrnehmung des Richteramts ohne gerichtliche Entscheidung nach näherer Bestimmung der Gesetze.

**1** **1) Allgemeines.** Ein Richter darf nicht gleichzeitig auch Aufgaben der gesetzgebenden oder vollziehenden Gewalt wahrnehmen, § 4 I, dort Rn 2 u 3. Dem trägt § 36 Rechnung, dazu Lisken DRiZ **75**, 33. § 36 betrifft jeden Richter, § 8. War der Richter zZt seiner Ernennung bereits Mitglied des Bundes- oder eines Landtages, so muß er innerhalb einer ihm zu setzenden Frist das Mandat niederlegen; andernfalls ist er zu entlassen, § 21 II Z 2. Zur Frage der Ausübung eines Kommunalmandats s § 4 Rn 3.

**2** **2) Aufstellung zur Wahl, I.** In Betracht kommt die Bewerbung als Abgeordneter des Bundestages oder der gesetzgebenden Körperschaft eines Landes. Die Zustimmung zur Aufstellung richtet sich nach den Wahlgesetzen. Sie gibt dem Richter das Recht, sich innerhalb der letzten 2 Monate vor dem Wahltag den zur Vorbereitung seiner Wahl erforderlichen Urlaub gewähren zu lassen; für die Zeit der Beurlaubung entfällt sein Anspruch auf Dienstbezüge (entsprechend der Regelung für Beamte in § 33 I BRRG). Während dieser Zeit darf der Richter, der seine bisherige Stellung und sein Amt behält, seinen Dienst nicht ausüben (andernfalls ist das Gericht nicht ordnungsmäßig besetzt), hat aber die allgemeinen, sich aus dem Richterberuf ergebenden Pflichten, insbesondere darf er nicht durch sein Verhalten im Wahlkampf seine Unabhängigkeit gefährden, § 39.

**3** **3) Annahme der Wahl, II.** Nimmt der Richter seine Wahl in den Bundestag oder in die gesetzgebende Körperschaft eines Landes an oder wird er mit seiner Zustimmung **zum Mitglied der Bundes- oder einer Landesregierung ernannt**, so enden damit von Gesetzes wegen sein Recht und seine Pflicht zur Wahrnehmung des Richteramtes ohne gerichtliche Entscheidung. Seine weitere Rechtsstellung aufgrund seiner bisherigen Stellung als Richter ergibt sich bundesgesetzlich aus dem Gesetz zur Neuregelung der Rechtsverhältnisse der Mitglieder des Deutschen Bundestages v 18. 2. 77, BGBl 297, sowie § 18 BMinG idF v 27. 7. 71, BGBl 1166, mit späteren Änderungen, landesrechtlich aus den entsprechenden Landesgesetzen.

**§ 37.** *Abordnung.* ¹ Ein Richter auf Lebenszeit oder ein Richter auf Zeit darf nur mit seiner Zustimmung abgeordnet werden.

II Die Abordnung ist auf eine bestimmte Zeit auszusprechen.

III Zur Vertretung eines Richters darf ein Richter auf Lebenszeit oder ein Richter auf Zeit ohne seine Zustimmung längstens für zusammen drei Monate innerhalb eines Geschäftsjahres an andere Gerichte desselben Gerichtszweigs abgeordnet werden.

**1** **Vorbem.** In den neuen Bundesländern gilt III (auch für die nach bisherigem Recht, Einl § 1 Rn 5, berufenen Richter auf Probe) mit der Maßgabe, daß sie längstens für zusammen 6 Monate abgeordnet werden dürfen, § 6 I 2 RpflAnpG, abgedr Einl § 1 Rn 5.

**1) Allgemeines.** § 37 regelt nur die Abordnung eines Richters auf Lebenszeit oder Zeit. Wegen des Richters auf Probe und kraft Auftrags s §§ 13, 16 II. Der abgeordnete Richter tut zwar Dienst an einer anderen Stelle, untersteht aber weiter seinem Disziplinargericht. Wird er an ein Gericht abgeordnet, ist seine Verwendung eingeschränkt, § 29. Ob die Verwendung eines abgeordneten Richters nach den Grundsätzen für eine ordnungsmäßige Besetzung zulässig ist, bestimmt nicht das DRiG, sondern das GVG, s dort §§ 22 V, 59 III, 70 I, 117. Die Abordnung verfügt die oberste Dienstbehörde der abgebenden Stelle, §§ 46 u 71 III iVm § 123 III BRRG, Schmidt-Räntsch 14.

**2** **2) Abordnung mit Zustimmung, I, II.** § 37 setzt einen Richter voraus, dem ein bestimmtes Richteramt übertragen worden ist, § 27 I. Durch die Abordnung wird daran nichts geändert, er wird aber vorübergehend an anderer Stelle eingesetzt, was dann zur Folge hat, daß er an seinem bisherigen Richteramt nicht ausüben darf; andernfalls käme nur die Übertragung eines weiteren Richteramts in Betracht, § 27 II. Eine Versetzung liegt nicht vor, da der Richter durch diese sein bisheriges Richteramt verliert, um ein neues zu erhalten, § 30 Rn 1. Eine Abordnung an eine andere Stelle, die auch ein anderer Gerichtszweig oder eine Verwaltungsstelle sein kann, ist nur mit seiner Zustimmung möglich, muß auch für eine bestimmte Zeit ausgesprochen sein, da andernfalls sowohl die Stelle, an die abgeordnet ist, als auch die abordnende eine Einwirkung auf die Besetzung haben könnte, Begr RegEntw zu § 35. Eine Höchstdauer ist nicht vorgesehen. Ist die Abordnungszeit abgelaufen, tritt der Richter ohne weiteres wieder in seine eigentliche Stelle zurück. Während der Abordnung ist das Hauptamt im Sinne des Nebentätigkeitsrechts das bei der Beschäftigungsdienststelle wahrgenommene konkrete Amt, BVerwG VerwRspr **24**, 315.

**3** **3) Abordnung ohne Zustimmung des Richters, III**, zur Vertretung ist zulässig längstens auf insgesamt drei Monate innerhalb eines Geschäftsjahres und nur an andere Gerichte desselben Gerichtszweiges. Vertretungsgrund ist jede tatsächliche oder rechtliche Verhinderung eines Richters, VGH Mü NJW **94**, 2308, vorausgesetzt, daß die Stelle schon einmal besetzt war. Zuständig ist grundsätzlich die oberste Dienstbehörde, vgl § 70 I GVG; die Übertragung bedarf eindeutiger Regelung, BGH DRiZ **75**, 22. Die Abordnung kann beim Dienstgericht im verwaltungsgerichtlichen Verfahren angefochten werden, §§ 62 I Z 4 b, 78 Z 4 b.

### Fünfter Abschnitt. Besondere Pflichten des Richters

#### Vorbemerkung

Der 5. Abschnitt enthält die besonderen Pflichten des Richters. Er wird ergänzt durch entsprechende beamtenrechtliche Bestimmungen, §§ 46, 71 I, dh für die Richter im Bundesdienst durch §§ 52–92 BBG und für die im Landesdienst durch §§ 35–58 BRRG.

**§ 38.** *Richtereid.* ¹ Der Richter hat folgenden Eid in öffentlicher Sitzung eines Gerichts zu leisten:

„Ich schwöre, das Richteramt getreu dem Grundgesetz für die Bundesrepublik Deutschland und getreu dem Gesetz auszuüben, nach bestem Wissen und Gewissen ohne Ansehen der Person zu urteilen und nur der Wahrheit und Gerechtigkeit zu dienen, so wahr mir Gott helfe."

II Der Eid kann ohne die Worte „so wahr mir Gott helfe" geleistet werden.

III Der Eid kann für Richter im Landesdienst eine Verpflichtung auf die Landesverfassung enthalten und statt vor einem Gericht in anderer Weise öffentlich geleistet werden.

**Bem.** Die Eidesformel ist für alle Richter gleich, soweit III nicht eine Besonderheit bringt. Gesetz ist jede **1** Rechtsnorm. Die Verweigerung der Eidesleistung, die auch darin zu sehen wäre, daß Teile des Wortlauts, vorbehaltlich II, weggelassen werden, hat die Entlassung zur Folge, § 21 II Z 1.

**§ 39. *Wahrung der Unabhängigkeit.* Der Richter hat sich innerhalb und außerhalb seines Amtes, auch bei politischer Betätigung, so zu verhalten, daß das Vertrauen in seine Unabhängigkeit nicht gefährdet wird.**

**Schrifttum:** *Wolf* § 22 II 2 e; *Hager* Diss Konstanz 1987; *Rudolf,* GedSchr W. Martens, 1987; *Benda* F Zeidler, 1987; *Thomas,* Richterrecht, S 136 ff; *Habscheid,* NJW **99,** 2230; *v. Münch,* NJW **98,** 2571; *Wassermann* NJW **95,** 1654; *Roellecke* DRiZ **94,** 81; *Sendler* DRiZ **89,** 453 (zu *Zapka* DRiZ **89,** 214) u NJW **84,** 689; *Hager* NJW **88,** 1694 u DRiZ **88,** 325; *Rudolph* DRiZ **87,** 337; *Rottmann* DRiZ **87,** 317; *Wipfelder* DRiZ **87,** 117; *Schmidt-Jortzig* NJW **84,** 2057 u **91,** 2382 mwN.

**1) Allgemeines.** Auch für die Richter gelten nach den §§ 46 bzw 71 zunächst die Vorschriften über die **1** Pflichten der Beamten, §§ 52 ff BBG und 35 ff BRRG, die dadurch etwa berührte Grundrechte nach Art 33 V GG wirksam einschränken, BayVerfGH **37,** 140, VGH Mannh NJW **83,** 1215. An ihnen hat sich das Verhalten des Richters innerhalb und außerhalb des Dienstes auszurichten. Als Sicherung des Vertrauens in die rechtsprechende Gewalt, Art 92 GG, und als Kehrseite der dem Richter garantierten Unabhängigkeit, Art 97 I GG und § 25, mit deren besonderem Schutz gegen Eingriffe der Dienstaufsicht, § 26, verpflichtet § 39 den Richter dazu, durch sein Verhalten innerhalb und außerhalb des Dienstes das Vertrauen in seine Unabhängigkeit nicht zu gefährden, BVerwG NJW **88,** 1748: Er muß auch den bösen Schein vermeiden, daß er innerlich nicht frei und vorurteilslos ist. Diese besondere Verpflichtung tritt neben die allgemeinen Pflichten, vgl VG Schlesw NJW **85,** 1098; die insoweit für Beamte geltenden Regelungen, §§ 53 BBG und 35 II BRRG, können daneben ergänzend herangezogen werden, Schmidt-Räntsch 8.

Die Bindung durch § 39 gilt auch im Kernbereich richterlicher Tätigkeit, § 26 Rn 7; daß dieser Bereich Maßnahmen der Dienstaufsicht entzogen ist, ändert daran nichts. Die schuldhafte Verletzung der Pflicht ist ein Dienstvergehen, das zu Disziplinarmaßnahmen führen kann.

Welchen Inhalt die in § 39 ausgesprochene besondere Richterpflicht hat, läßt sich nicht abstrakt bestimmen. Es kommt immer auf die Umstände des Einzelfalles an. Maßstab kann etwa sein, daß der Richter alles zu unterlassen hat, was ihn in einem damit zusammenhängenden Rechtsstreit der Ablehnung wegen der Besorgnis der Befangenheit, § 42 ZPO, aussetzen würde, Gilles DRiZ **83,** 45.

Daß der Richter keine rechtswidrigen Handlungen vornehmen und also erst recht keine Straftaten oder Ordnungswidrigkeiten begehen darf, ergibt sich schon aus den allgemeinen Pflichten der Richter und Beamten. Bereits diese Pflichten schließen auch jede Handlung aus, die sich gegen die freiheitliche demokratische Grundordnung richtet, § 9 Rn 2.

**2) Politische Betätigung.** Der Richter darf sich politisch betätigen, insbesondere auch politischen **2** Parteien und Vereinigungen beitreten und in ihnen Ämter bekleiden; er hat dabei, wie auch sonst, das Recht zur freien Meinungsäußerung, Art 5 I GG, BVerwG NJW **88,** 1749; Habscheid NJW **99,** 2230, Hager NJW **88,** 1694, ders, Diss Konstanz 1987 (Bespr: Redeker NJW **88,** 1712), Zerndt SGb **88,** 327, Rudolph DRiZ **87,** 337, Sendler NJW **84,** 689, Gilles DRiZ **83,** 44. Das alles gilt auch für die Zugehörigkeit zu Gewerkschaften, Art 9 GG, §§ 91 I BBG u 57 I BRRG, vgl BVerfG NJW **84,** 1874 (krit zum Einzelfall Rüthers DB **84,** 1620). Neben die aus den §§ 53 BBG und 35 II BRRG ergebenden Pflichten tritt für den Richter auch insofern das besondere Gebot der Zurückhaltung und Mäßigung, § 39, vgl VG Schlesw NJW **85,** 1098. Aus der ihm garantierten Unabhängigkeit folgt für ihn die Verpflichtung, sich auch bei politischer Betätigung stets so zu verhalten, daß das Vertrauen der Rechtsuchenden in eine unabhängige, von persönlichen, namentlich politischen und weltanschaulichen Wertungen freie, vorurteilslose und allein an der jeweiligen Sach- und Rechtslage ausgerichtete Rechtsprechung erhalten und gefestigt wird; Meinungsäußerungen des Richters in der Öffentlichkeit sind danach nur dann durch **Art 5 I GG** geschützt, wenn sie mit dieser aus der besonderen Stellung der Richter folgenden, durch Art 33 V GG geforderten Pflicht zur Zurückhaltung vereinbar sind, BVerfG NJW **83,** 2691, zustm Broß RiA **84,** 2, Schultz MDR **84,** 192, BVerwG NJW **88,** 1749 (dazu BVerfG NJW **89,** 93). Auch für die politische Betätigung der Richter gilt danach als Faustregel der Maßstab, daß er alles unterlassen muß, was ihn in einem etwaigen Rechtsstreit über einschlägige Fragen einer berechtigten Ablehnung aussetzen könnte, Rn 1.

Danach steht es dem Richter in aller Regel **frei:** sich nach Form und Inhalt sachlich in der Öffentlichkeit **3** frei zu allen politischen Fragen zu äußern, Sendler NJW **84,** 696, und dabei seine Berufsbezeichnung zu verwenden, Rudolph DRiZ **84,** 142, vgl DRiZ **84,** 116; öffentlich in angemessener Form (auch scharfe, aber nicht herabsetzende) Kritik an Entscheidungen anderer Gerichte und an Handlungen sonstiger Stellen und Personen zu üben, DienstGer Karlsr DRiZ **83,** 322; innerhalb von Vereinigungen oder auch dann teilzunehmen, wenn dabei die Entscheidung anstehender Rechtsfragen erörtert wird (es sei denn, dies geschieht mit dem Ziel der Festlegung auf bestimmte politische Vorstellungen); sich in sachlicher Weise am Wahlkampf zu beteiligen usw. Dagegen ist es dem Richter nach § 39 **verwehrt:** zum Ungehorsam gegen Gesetze oder formell rechtmäßige Verwaltungsentscheidungen aufzufordern, vgl DRiZ **84,** 116; sich an rechtswidrigen Aktionen zu beteiligen, zB an einer verbotenen Versammlung oder Demonstration, Präs KG bei Lindemann SchlHA **90,** 170; rechtswidrige politische oder andere Handlungen öffentlich zu billigen, Nds DienstGerHof NJW **90,** 1497; zu versuchen, durch eine öffentliche Äußerung Einfluß auf ein anhängiges oder bevorstehendes Gerichtsverfahren zu nehmen, DienstGer Celle DRiZ **82**, 429 (dazu BVerfG NJW **83**, 2691); plakativ das Amt als Richter bei öffentlichen Meinungsäußerungen herauszustellen, zB durch Tragen der Amtstracht oder gezielte Ausnutzung des richterlichen Amtsbonus in der Erklärung, vgl dazu Hager NJW **88**, 1696, Dütz JuS **85**, 751, Sendler NJW **84**, 697, Schmidt-Jortzig NJW **84**, 2062, BVerwG NJW **88**, 1748 zu OVG Lüneb NJW **86**, 1126 (gg VG Schlesw NJW **85**, 1098), dazu BVerfG NJW **89**, 93 (krit Paehler DRiZ **89**, 373, Zapka DRiZ **89**, 15 u 214, P. M. DRiZ **88**, 305, zustm Hager NJW **88**, 1698), VGH Kassel NJW **85**, 1105. Auch außerhalb einer politischen Betätigung ist es nach § 39 dem Richter verwehrt, öffentlich entstellende Kritik an anderen zu üben, zB durch unrichtige Darstellung des Sachverhalts oder verkürzte Wiedergabe der Rechtslage, VGH Mannh NJW **83**, 1217; in öffentlichen Äußerungen Stellen oder Personen herabzusetzen oder zu diffamieren oder andere gegen sie aufzuhetzen, Rudolph DRiZ **82**, 142, Redeker NJW **93**, 1034, Sendler NJW **84**, 698; öffentlich eine persönlich gefärbte Kritik an der Entscheidung des eigenen Spruchkörpers zu üben, Sendler NJW **84**, 695, vgl DRiZ **84**, 116, abw Habscheid NJW **99**, 2230 mwN.

**4** Grundsätzlich sollte der Richter die rechtlichen Möglichkeiten der freien Meinungsäußerung nicht bis zur äußersten Grenze in Anspruch nehmen, v. Münch NJW **98**, 2571, Sendler NJW **84**, 698, zustm Wassermann NJW **87**, 419. Äußerungen und sonstige Handlungen, mit denen die Grenzen der Strafbarkeit oder Ordnungswidrigkeit ausgelotet werden sollen, sind das Gegenteil der dem Richter auferlegten Mäßigung.

**5 Ablehnung im Einzelfall**, § 42 ZPO. Sie ist stets besonders zu prüfen, Wassermann DRiZ **87**, 144, Dütz JuS **85**, 752; vgl dazu § 42 ZPO Rn 35 mwN, MüKoFei § 42 ZPO Rn 22. Ihre Beantwortung hängt nicht davon ab, ob der Richter § 39 verletzt hat, VGH Mannh NJW **86**, 2068, Göbel NJW **85**, 1057 (krit zu VGH Kassel NJW **85**, 1105), Wassermann NJW **87**, 418, vgl ArbG Ffm NJW **84**, 142 u dazu BVerfG NJW **84**, 1874 (krit Rüthers DB **84**, 1620, Schmidt-Jortzig NJW **84**, 2061), sowie die darauf bezügliche Kontroverse zwischen Berglar ZRP **84**, 4 und Strecker ZRP **84**, 122, dazu Moll ZRP **85**, 244 mwN u ZRP **86**, 31.

**§ 40. Schiedsrichter und Schlichter.** [I] [1]Eine Nebentätigkeit als Schiedsrichter oder Schiedsgutachter darf dem Richter nur genehmigt werden, wenn die Parteien des Schiedsvertrags ihn gemeinsam beauftragen oder wenn er von einer unbeteiligten Stelle benannt ist. [2]Die Genehmigung ist zu versagen, wenn der Richter zur Zeit der Entscheidung über die Erteilung der Genehmigung mit der Sache befaßt ist oder nach der Geschäftsverteilung befaßt werden kann.

[II] Auf eine Nebentätigkeit als Schlichter in Streitigkeiten zwischen Vereinigungen oder zwischen diesen und Dritten ist Absatz 1 entsprechend anzuwenden.

**Schrifttum:** *Timm* ZRP **95**, 328, *Coeppicus* ZRP **95**, 203 (dazu *Meyer ter Vehn* ZRP **96**, 244 u *Gruber* ZRP **97**, 216); *Heile*, Berufsrichter als Schiedsrichter im Deckungsstreit der Rechtsschutzversicherung?, DRiZ **93**, 142; *Heimann-Trosien*, Ehrengabe für Bruno Heusinger S 271 ff.

**1** **1) Allgemeines.** Wegen der Notwendigkeit einer Genehmigung für eine Nebentätigkeit bei Bundesrichtern s § 46 iVm §§ 65, 66 BBG, bei Richtern im Landesdienst § 71 I iVm § 42 BRRG und dem in Betracht kommenden Landesrecht, soweit es nicht durch die §§ 40, 41 abgeändert ist, BVerwG DRiZ **84**, 20. § 40 steht der Ernennung von Schiedsrichtern durch einen Richter (Gerichtspräsidenten) nicht entgegen, Arnold NJW **68**, 782.

**2** **2) Nebentätigkeit als Schiedsrichter oder Schiedsgutachter, I.** Vgl zum Schiedsverfahren Grdz § 1025 Rn 3 ff, § 1025 Rn 1 ff, zum Schiedsgutachter Grdz § 1025 ZPO Rn 12 ff. Wird nur ein Schiedsrichter oder Schiedsgutachter tätig, so werden die Verträge regelmäßig vorsehen, daß beide Parteien ihn ernennen oder die Ernennung durch eine unbeteiligte Stelle erfolgt. Besteht jedoch ein Schiedsgericht oder eine Schiedsgutachterstelle aus mehreren Mitgliedern, so ernennt regelmäßig jede Partei ein oder mehrere Mitglieder. Diese werden also nicht vom Vertrauen beider Parteien getragen und können deshalb als Fürsprecher einer Partei angesehen werden. Ein Richter darf aber seine Kenntnisse und seine Autorität nicht einer Interessenvertretung zur Verfügung stellen. Er darf deshalb einen einseitigen, also nicht von beiden Parteien ausgehenden Auftrag zur Mitwirkung in einem Schiedsgericht nicht annehmen, Begr RegEntw (zu § 39 I). Auch hier handelt es sich um die Wahrung seiner Unabhängigkeit und des Vertrauens des rechtsuchenden Publikums in diese. Die Erteilung der Genehmigung ist also davon abhängig, daß entweder beide Parteien den Richter beauftragen oder eine unbeteiligte Stelle, dh auch nicht mittelbar damit befaßte oder abhängige, sei es eine Behörde oder eine andere Stelle, zB die Handelskammer. Der Richter kann dann als Obmann (etwa von dritter Seite ernannt, oder wenn jede Partei einen Schiedsrichter ernennt und diese sich für die Parteien auf den Obmann einigen) oder auch als beisitzender Schiedsrichter tätig werden. Sind diese Voraussetzungen nicht erfüllt, muß die Genehmigung versagt werden („darf nur"), I 1.

**3** Das gleiche gilt, wenn der Richter mit der Sache befaßt ist oder befaßt werden könnte, I 2, um zu vermeiden, daß der Richter abgelehnt werden könnte, § 41 Z 6 ZPO. Ein enger Zusammenhang mit der Schiedsgerichtssache genügt, Heile DRiZ **93**, 145. Befaßt ist ein Richter mit einer Sache auch dann, wenn er Nebenverfahren bearbeitet (zB einstwVfg, BGH **55**, 319) oder wenn er bei Nebenentscheidungen mitwirkt, §§ 1032, 1045, natürlich auch, wenn er für die Vollstreckbarkeitserklärung zuständig wäre. Maßgeblich ist der Geschäftsverteilungsplan im Zeitpunkt der Entscheidung über die Nebentätigkeitsgenehmigung, BVerwG DRiZ **84**, 20 mwN, Hbg VersR **83**, 787. Nach ihm ist also zu beurteilen, ob der Richter befaßt ist oder befaßt werden kann, wobei die abstrakte Möglichkeit einer Befassung (als Vertreter oder in der Rechtsmittelinstanz) nicht ausreicht, weil I 2 nur vor einer aktuellen Konfliktsituation vorbeugen soll, Timm ZRP **95**, 329, Hbg aaO; daß der Richter vorher befaßt gewesen ist, reicht aus, Schmidt-Räntsch 4 (ist aber eine Sache verwiesen, ohne daß eine Entscheidung in der Sache ergangen wäre, so ist der Richter nicht damit befaßt worden).

**4** Liegen die Versagungsgründe von 1 nicht vor, so kann trotzdem eine Versagung aus dem allgemeinen Grund der Beeinträchtigung dienstlicher Interessen erfolgen, vgl § 46 iVm § 65 II BBG (Bundesregelung) u die entspr Länderregelungen, Timm ZRP **95**, 330 (krit zur Praxis der Justizverwaltungen, dazu Meyer ter Vehn ZRP **96**, 244 u Gruber ZRP **97**, 216), Coeppicus ZRP **95**, 203, Heile DRiZ **93**, 146.

Zu der Frage, ob und ggf wie ein Verstoß gegen § 40 I sich auf das Schiedsverfahren auswirkt, vgl BGH NJW **71**, 757 m Anm Rietschel **LM** § 1039 Nr 3 (ohne Bedeutung für Schiedsvergleich, § 1044a ZPO), dazu Breetzke NJW **71**, 1458 und Habscheid KTS **72**, 210, s auch § 1041 ZPO Rn 10. Fehlt die erforderliche Genehmigung und kann sie auch nachträglich nicht herbeigeführt werden, sind Schiedsrichterbestellung und Schiedsrichtervertrag nach § 134 BGB nichtig, SchwW 9 Rn 3, str, aM StjSchl § 1032 Rn 1. Eine zu Unrecht erteilte Genehmigung wird dagegen idR von dem zur Nachprüfung berufenen Staatsgericht als wirksam anzusehen sein, weil sie nur anfechtbar, nicht nichtig ist, vgl § 44 VwVfG.

Zur Abführung eines Teils der Schiedsrichtervergütung an die Staatskasse s Timm ZRP **95**, 330 u Coeppicus ZRP **95**, 203.

**3) Nebentätigkeit als Schlichter, II.** Schlichter werden besonders im Arbeitsrecht tätig, zB in Einigungsstellen nach § 76 BetrVG: Auf einer oder beiden Seiten stehen Vereinigungen (zB Gewerkschaften, Arbeitgeberverbände, kassenärztliche Vereinigungen und dgl), zu denen auch die Organe der Betriebsverfassung, zB Betriebsräte, zählen, BVerwG DRiZ **84**, 20. Aufgabe des Schlichters ist nicht nur das Eingreifen bei Streitigkeiten, sondern auch die Aufstellung von Normen, insbesondere bei Tarifvertragsänderungen. Als Schlichter iSv II ist auch der Vorsitzende einer Einigungsstelle nach § 71 BPersVG bzw den Ländervorschriften anzusehen. Für die Tätigkeit derartiger Schlichter gilt I. Die Genehmigung zur Mitwirkung darf einem Richter nicht schon deshalb versagt werden, weil die Schlichtungsstelle ihren Sitz im Bezirk seines Gerichts hat, sondern nur aus den in I genannten Gründen. Schlichtung ist auch auf anderen Rechtsgebieten denkbar, zB in Mieteangelegenheiten, vgl Grdz § 1025 ZPO Rn 11. Auch dann ist II anwendbar, wenn mindestens auf einer Seite eine Vereinigung steht. Sonst wird meist I unmittelbar anwendbar sein. 5

**4) Rechtsschutz.** Gegen die Versagung oder den Widerruf der Genehmigung steht dem Richter der Verwaltungsrechtsweg offen, §§ 40 VwGO, 126 BRRG u 172 BBG iVm §§ 46 u 71; möglich, wenn auch kaum jemals praktisch werdend, ist im Rahmen des § 26 III die Anrufung des Dienstgerichts, vgl GKÖD 6. 6

**§ 41. *Rechtsgutachten*.** ¹Ein Richter darf weder außerdienstlich Rechtsgutachten erstatten, noch entgeltlich Rechtsauskünfte erteilen.

II ¹Ein beamteter Professor der Rechte oder der politischen Wissenschaften, der gleichzeitig Richter ist, darf mit Genehmigung der obersten Dienstbehörde der Gerichtsverwaltung Rechtsgutachten erstatten und Rechtsauskünfte erteilen. ²Die Genehmigung darf allgemein oder für den Einzelfall nur erteilt werden, wenn die richterliche Tätigkeit des Professors nicht über den Umfang einer Nebentätigkeit hinausgeht und nicht zu besorgen ist, daß dienstliche Interessen beeinträchtigt werden.

**1) Allgemeines.** Kein Richter darf seine juristischen Kenntnisse und Erfahrungen einer Privatperson entgeltlich zur Verfügung stellen. Die Würde des Amtes verbietet das. Stellte ein Richter einem Interessenten ein Rechtsgutachten zur Verfügung, so würde unvermeidlich der Name dieses Richters, möglicherweise das Ansehen seines Amtes, für private Zwecke benutzt. Dieser Gefahr darf sich kein Richter aussetzen, Begr RegEntw. Dieser Besonderheit der Stellung des Richters trägt Schröder RdA **61**, 305 zu wenig Rechnung, wenn er § 41 nicht mit Art 2 und 3 GG für vereinbar hält; dagegen auch Schmidt-Räntsch 2. Neben § 41 gilt auch für Richter das RBerG v 13. 12. 35, BGBl III 303–12, mit AusfVOen. 1

**2) Rechtsgutachten und Rechtsauskünfte, I.** 2

**A.** Unter **Rechtsgutachten** sind tiefer gehende Arbeiten mit wissenschaftlichem Apparat zu verstehen, die eine Frage behandeln, nicht immer entscheiden, und dem Leser ermöglichen sollen, selbst in eine Prüfung der behandelten Fragen einzutreten. Auch das ausnahmsweise mündlich erstattete Gutachten fällt hierunter. Die Erstattung von Rechtsgutachten ist schlechthin, gleichgültig also, ob entgeltlich oder nicht, verboten. Kein Rechtsgutachten ist die Veröffentlichung von juristischen Meinungen in Aufsatz- und Buchform. Erlaubt ist die Erstattung von Rechtsgutachten für den Dienstbetrieb, insbesondere auch auf Veranlassung der Behörde, nicht aber zur Stützung einer Rechtsmeinung in einem Rechtsstreit des Fiskus (Bericht des Rechtsausschusses zu § 40).

**B. Rechtsauskünfte** sind die meist mündlich erteilten zusammenfassenden Meinungsäußerungen zu einer Rechtsfrage. Dem Richter sind sie untersagt, soweit sie entgeltlich gegeben werden, also immer dann, wenn ein Vorteil irgendwie wirtschaftlicher Art als Gegenleistung damit verbunden ist. Unentgeltlich dürfen Verwandte oder Bekannte beraten werden. 3

**3) Gutachten der beamteten Professoren der Rechte, II.** Um solchen Professoren, zu deren Hochschultätigkeit regelmäßig die Gutachtenerstattung gehört, die Mitwirkung bei der praktischen Rechtsausübung zu ermöglichen, besteht für sie eine Sonderregelung. Sie greift nur ein, wenn es sich um einen beamteten Professor der Rechte oder der politischen Wissenschaften handelt (ordentlicher oder außerordentlicher Professor, nicht Privatdozent) und seine richterliche Tätigkeit, in die er auf Lebenszeit berufen ist, §§ 10, 4 II Z 3, nicht über den Umfang einer Nebentätigkeit hinausgeht, die richterliche Tätigkeit also hinter der Hochschultätigkeit zurücktritt. Nicht hierunter fallen deshalb die außerordentlichen Professoren, die im Hauptamt Richter sind und die die Hochschultätigkeit im Nebenamt ausüben; dann gilt I. Auch die in II genannten Professoren bedürfen für Rechtsgutachten und entgeltliche Rechtsauskünfte der Genehmigung, die von der obersten Dienstbehörde der Gerichtsverwaltung einzuholen ist und allgemein oder für den Einzelfall erteilt werden kann. Versagt werden kann sie nur bei Beeinträchtigung von dienstlichen Interessen, zB im Fall der beabsichtigten Vorlage bei dem Gericht, bei dem der Professor als Richter tätig ist, nicht aber aus anderen Gründen, insbesondere nicht den allgemeinen beamtenrechtlichen, Schmidt-Räntsch 10. Bei Versagung ist Klage beim VerwGericht möglich. 4

**§ 42. *Nebentätigkeiten in der Rechtspflege*.** Ein Richter ist zu einer Nebentätigkeit (Nebenamt, Nebenbeschäftigung) nur in der Rechtspflege und in der Gerichtsverwaltung verpflichtet.

**DRiG §§ 42, 43**  Schlußanhang I. A

1   **1) Allgemeines.** § 4 II bestimmt, welche amtlichen Nebentätigkeiten ein Richter übernehmen kann, § 42 hingegen, welche amtlichen Nebentätigkeiten er übernehmen muß; jedoch ist § 42 enger, da er sich nur auf Nebentätigkeiten in der Rechtspflege und Gerichtsverwaltung erstreckt, also nicht zB auf Prüfungsangelegenheiten. § 42 bedeutet eine Einschränkung der nach § 64 BBG und den entsprechenden landesrechtlichen Bestimmungen bestehenden Verpflichtung, §§ 46 bzw 71. Soll einem Richter eine Tätigkeit außerhalb der Rechtspflege oder Gerichtsverwaltung übertragen werden, so bedarf es seiner Zustimmung; er kann aber, soweit nicht § 4 II vorliegt, die Übertragung einer Tätigkeit solange nicht ausüben. Die Übertragung eines richterlichen Nebenamtes ist nur unter den Voraussetzungen des § 27 II statthaft, BGH NJW **84**, 130. Der richterliche Bereitschaftsdienst auch in Form einer Rufbereitschaft ist keine Nebentätigkeit, sondern eine zusätzliche Aufgabe im Rahmen des Hauptamtes, BGH NJW **87**, 1198 (zuständig ist das Präsidium).

2   **2) Verpflichtung zur Übernahme einer Nebentätigkeit.** Es kann sich um ein Nebenamt in der Rechtspflege, also ein Richteramt zB beim Dienstgericht (§ 27 II), oder in der Gerichtsverwaltung, § 4 Rn 4, oder auch um eine Nebenbeschäftigung, also auch eine solche außerhalb des Dienstes handeln. Zulässig ist danach die Verpflichtung, sich im VerwVerfahren nach § 16 ZSEG zu äußern, BGH **51**, 154, oder zu einer abstrakten Rechtsfrage, zB im Gesetzgebungsverfahren, Stellung zu nehmen, DienstGer Zweibr DRiZ **86**, 461, ebenso die Heranziehung zur Ausbildung des Nachwuchses, BGH NJW **91**, 424 u 427, DRiZ **89**, 462, vgl Piorreck DRiZ **88**, 154 u Lerch DRiZ **88**, 255, nicht aber die Heranziehung zur Beaufsichtigung von Klausuren im ersten Staatsexamen, NdsDGH DRiZ **97**, 63. Zur Frage, ob der Strafvollzug (Leitung eines Gerichtsgefängnisses) zur Gerichtsverwaltung gehört, vgl BGH DRiZ **75**, 23. Stets muß es aber eine Nebentätigkeit sein; andernfalls ist die Zustimmung des Richters erforderlich, die jedoch angenommen werden kann, wenn ein Richter die Stelle eines Gerichtsvorstandes, der regelmäßig in der Gerichtsverwaltung hauptamtlich tätig sein muß, annimmt. Auch in den Fällen des § 42 besteht keine Verpflichtung, wenn die Nebentätigkeit ihn über Gebühr in Anspruch nimmt oder (ausnahmsweise) nicht seiner Vorbildung oder Berufsausbildung entspricht, § 64 BBG, vgl Rn 1. Falls der Richter die Nebentätigkeit, die ihn seinem Richteramt, § 27, nicht entfremden darf, nicht annehmen will oder seiner Ansicht nach nicht kann, so entscheidet hierüber auf seinen Antrag das Dienstgericht im Prüfungsverfahren, §§ 62 I Z 4 d, 66 III (Bundesrichter), § 78 Z 4 d (Landesrichter).

3   **3) Sonstige Nebentätigkeiten** (Rudolph NJW **97**, 2928). Für sie gilt das jeweilige Beamtenrecht, §§ 46 u 71, dazu DRiZ **97**; 221 u 225. Näheres s § 46 Rn 2. Wegen der Nebentätigkeit bei Beurlaubung aus Arbeitsmarktgründen oder bei Teilzeitbeschäftigung s §§ 48b II 2, 76 a, 76b II 1 Z 3 u 76c II 1 Z 4.

**§ 43. Beratungsgeheimnis. Der Richter hat über den Hergang bei der Beratung und Abstimmung auch nach Beendigung seines Dienstverhältnisses zu schweigen.**

   **Schrifttum:** *MüKoWo* vor § 192 GVG Rn 2; *Lamprecht* DRiZ **96**, 233; *Faller* DVBl **95**, 985; *Kissel* § 193 GVG Rn 4 ff; *Lüderitz* AcP **168**, 330; *Zierlein* DÖV **81**, 83 (zum Sondervotum beim BVerfG).

1   **1) Allgemeines.** Die Wahrung des Beratungsgeheimnisses dient nicht nur dem Schutze der Unabhängigkeit des Richters, sondern auch und vor allem dem Zweck, im Interesse der Autorität des Richterspruchs etwaige Meinungsverschiedenheiten nicht nach außen dringen zu lassen, Wolf § 16 IV 1 d, BGH NJW **95**, 2645, str. Die Vorschrift gilt auch für ehrenamtliche Richter, § 45 I 2. Ob sie entsprechend auch für die Vorgänge im Präsidium, anzuwenden ist, ist str, § 21 e GVG Rn 19; die für Mitglieder der Richtervertretungen geltende Schweigepflicht geht weniger weit, § 58 III DRiG iVm § 10 BPersVG. Neben § 43 gelten die beamtenrechtlichen Vorschriften über die Amtsverschwiegenheit, §§ 46 u 71 I. Wegen der ausländischen Hospitanten s § 193 III u IV GVG (u die dortigen Erl).

2   **2) Umfang des Beratungsgeheimnisses.** Es besteht gegenüber jedermann, auch gegenüber den Dienstvorgesetzten. Das Beratungsgeheimnis erstreckt sich nicht auf die Voten der Richter (so daß es nicht schadet, wenn der UrkB vom Votum Kenntnis erhält, BVerwG NVwZ **87**, 127), wohl aber auf den Hergang der Beratung einschließlich der Abstimmung. Jedoch muß es dem Richter gestattet sein, ein Separatvotum verschlossen zu seinen Personal- oder Senatsakten zu geben; so auch GeschOrdng des BGH v 3. 3. 52, BAnz Nr 89 S 9, des BAG v 12. 4. 57, BAnz Nr 79 S 1 (Sonderregelung für das BVerfG: § 30 II BVerfGG u VerfO v 9. 2. 71, BGBl 99; vgl allgemein zum Problem der „dissenting opinion", Lamprecht DRiZ **96**, 233 u Faller DVBl **95**, 988, beide mwN, u Zweigert, Friesenhahn u Pehle 47. DJT, I D u II R). Zulässig ist es, bei der Begründung der Entscheidung, für deren Endergebnis zwar eine Mehrheit gegeben war, nicht aber für die Art seiner Begründung, das Stimmenverhältnis für die eine und die andere Art der Begründung anzugeben, vgl RGSt **60**, 296.
   In ganz besonders gelagerten Fällen hat aber der Richter auch über die Beratung und Abstimmung Auskunft zu geben, so insbesondere bei strafbaren Handlungen und Pflichtwidrigkeiten von Richtern in den deshalb angestrengten Gerichtsverfahren sowie in den Fällen des § 839 BGB, Schmidt-Räntsch 12 (Ermittlungs- und Verwaltungsverfahren gehören nicht hierher). Eine Entbindung von dem Beratungsgeheimnis durch den Dienstvorgesetzten ist nicht statthaft, weil es sich um eine besondere Pflicht handelt, die auch gegenüber diesem besteht, es zudem ein Eingriff der Verwaltung in die Ausübung der Rechtsprechung wäre. Entscheiden muß der Richter selbst, wobei er aufs strengste nach Lage des Einzelfalles zu prüfen hat. Ein Beweisbeschluß allein kann nicht genügen, so RG ständig (aM Schmidt-Räntsch 13, der meint, daß dem Richter dadurch die Entscheidung über die Wahrung abgenommen ist; damit wird sie aber einer anderen Stelle übertragen).

3   **3) Verletzung des Beratungsgeheimnisses.** Sie ist Dienstvergehen, Schmidt-Räntsch 14, aber nicht nach § 353 b oder § 357 StGB strafbar, Düss DRiZ **81**, 68. Wegen der ausländischen Hospitanten s § 193 III GVG.

## Sechster Abschnitt. Ehrenamtliche Richter

**§ 44. Bestellung und Abberufung des ehrenamtlichen Richters.** ¹ Ehrenamtliche Richter dürfen bei einem Gericht nur auf Grund eines Gesetzes und unter den gesetzlich bestimmten Voraussetzungen tätig werden.

II Ein ehrenamtlicher Richter kann vor Ablauf seiner Amtszeit nur unter den gesetzlich bestimmten Voraussetzungen und gegen seinen Willen nur durch Entscheidung eines Gerichts abberufen werden.

**Vorbem.** In den neuen Bundesländern endete die Amtsperiode der ehrenamtlichen Richter, die nach 1 bisherigem Recht, Einl § 1 Rn 5, gewählt oder berufen worden sind, EV Anl I Kap III Sachgeb A Abschn III Z 1 p, mit Ablauf des 31. 12. 96, sofern die Länder nicht einen früheren Zeitpunkt bestimmten, § 1 RpflAnpG idF des Art 6 Z 1 G v 24. 6. 94, BGBl 1374, dazu Staats DtZ **94**, 272, Rieß DtZ **92**, 227. Wegen Berlin s EV aaO Kap IV Z 3 a cc. Zur Überleitung der ehrenamtlichen Richter bei Bildung der AGe, LGe und OLGe s § 19 RpflAnpG, dazu Rieß DtZ **92**, 228.

**Schrifttum:** *Wolf* § 23; *Klausa*, Ehrenamtliche Richter, 1972; *Schiffmann*, SchrReihe der Hochschule Speyer Bd. 53, 1974 (betr VerwGerichte); *Wassermann*, Der Laienrichter im Justizsystem der BRep, 1982; *Röper* DRiZ **98**, 195; *Sommer* DRiZ **92**, 135; *Reim* DRiZ **92**, 139; *Berger-Delhey* RdA **88**, 15 (betr Arb- u SozGerichtsbarkeit) u DRiZ **89**, 246 (betr Handelsrichter).

**1) Allgemeines.** Das DRiG gilt grundsätzlich nur für die Berufsrichter, § 2, und enthält nur in den §§ 44, 45 Vorschriften für die ehrenamtlichen Richter (Bezeichnung für die beim Richteranspruch mitwirkenden Personen, die nicht Berufsrichter sind, § 45 a), um deren Unabhängigkeit sicherzustellen.

**2) Tätigwerden der ehrenamtlichen Richter, I.** Ob überhaupt solche Richter zugezogen werden 2 können, bestimmen die Verfahrensgesetze, zB §§ 105 ff GVG, 6, 16, 35, 41 ArbGG, 4 und 9 VwGO, 4 FGO, 12, 33 und 38 SGG. Sie regeln auch die Voraussetzungen und das Verfahren ihrer Bestellung sowie Sanktionen bei Pflichtverletzungen, §§ 108–111 GVG, 20–24, 37, 43 ArbGG, 20 ff VwGO, 17 ff FGO, 13 ff und 45–47 SGG; s dazu Wolf § 23 II. Die ungültige Berufung kann zur Aufhebung der Entscheidung, an der der Richter mitgewirkt hat, im Rechtsmittelwege führen, BVerfG NJW **85**, 125, BGH NJW **85**, 926, BVerwG NJW **88**, 219 u NVwZ **88**, 724 mwN, BFH DRiZ **89**, 380 (anders nach §§ 65 u 73 II ArbGG). Bundeseinheitlich geltende Sondervorschriften enthält § 9 G v 24. 7. 92, BGBl 1386; s **Anh § 44.**

**3) Abberufung, II.** Wie lange die Amtszeit eines ehrenamtlichen Richters dauert, bestimmen die 3 einschlägigen Gesetze, Rn 2. Mit seiner Zustimmung ist eine Abberufung jederzeit möglich, so daß auch einem entsprechenden Antrag stattgegeben werden muß, es sei denn, daß eine Verpflichtung zum Verbleiben besteht (zB nach § 24 VwGO). Gegen seinen Willen ist eine Abberufung nur aufgrund der für ihn geltenden Vorschriften durch Entscheidung des Gerichts möglich, zB nach § 113 GVG (Handelsrichter) und §§ 21 V u VI, 27 ArbGG (Arbeitsrichter) sowie § 24 VwGO (dazu Albers MDR **84**, 888), vgl LAG Hamm NZA **94**, 45 u **93**, 476, Frehse NZA **93**, 915. Es entscheidet nicht das Dienstgericht, sondern das Gericht, das in den die ehrenamtlichen Richter betreffenden Vorschriften vorgesehen ist, Wolf § 23 III 2, s §§ 113 II GVG, 27 ArbGG, 24 VwGO, 21 FGO, 18, 35 und 47 SGG. Dabei gilt § 35 entsprechend, dort Rn 1 aE, LAG Hamm NZA **93**, 479. § 44 regelt nur die Abberufung, läßt also die Vorschriften über das Erlöschen des Amtes kraft Gesetzes unberührt, Schmidt-Räntsch 9. Auch hier bedarf es aber einer (feststellenden) Entscheidung des Gerichts, dem der ehrenamtliche Richter angehört (Rechtsgedanke der §§ 52 u 113 GVG, 21 ArbGG, 24 VwGO, 21 FGO, 18 SGG, 84 BPersVG, 7 LwVG). Eine zeitweilige Entbindung des Richters von seinem Amt sieht das Gesetz nicht vor, Keil NZA **93**, 913, ebensowenig eine Entbindung für bestimmte Fälle, zB aus Gewissensgründen, Karlsr NJW **96**, 606, vgl OVG Greifsw NVwZ-RR **98**, 784.

Bundeseinheitlich geltende Sondervorschriften enthält § 10 G v 24. 7. 92, BGBl 1386; s Anh § 44.

### Anhang nach § 44. Sondervorschriften

Bundeseinheitlich für alle Gerichtszweige geltende Sondervorschriften über die Berufung und Abberufung ehrenamtlicher Richter enthält das am 1. 8. 92 in Kraft getretene **Gesetz zur Prüfung von Rechtsanwaltszulassungen, Notarbestellungen und Berufungen ehrenamtlicher Richter v 24. 7. 92, BGBl 1386** (Materialien: BT-Drs 12/2169 S 10; BT-Drs 12/2670). Zur Vereinbarkeit mit dem GG vgl BVerfG NJW **96**, 709 (zu dem RA betreffenden § 1 I des Ges).

**§ 9.** ¹ Zu dem Amt eines ehrenamtlichen Richters soll nicht berufen werden, wer
1. gegen die Grundsätze der Menschlichkeit oder der Rechtsstaatlichkeit verstoßen hat oder
2. wegen einer Tätigkeit als hauptamtlicher oder inoffizieller Mitarbeiter des Staatssicherheitsdienstes der ehemaligen Deutschen Demokratischen Republik im Sinne des § 6 Abs. 4 des Stasi-Unterlagen-Gesetzes vom 20. Dezember 1991 (BGBl. I S. 2272) oder als diesen Mitarbeitern nach § 6 Abs. 5 des Stasi-Unterlagen-Gesetzes gleichgestellte Person für das Amt eines ehrenamtlichen Richters nicht geeignet ist.

II Die für die Berufung zuständige Stelle kann zu diesem Zweck von dem Vorgeschlagenen eine schriftliche Erklärung verlangen, daß bei ihm die Voraussetzungen des Absatzes 1 nicht vorliegen.

**§ 10.** ¹ Ein ehrenamtlicher Richter ist von seinem Amt abzuberufen, wenn nachträglich in § 9 Abs. 1 bezeichnete Umstände bekannt werden.

II Das Verfahren richtet sich nach den Vorschriften, die im übrigen für die Abberufung eines ehrenamtlichen Richters der jeweiligen Art gelten, soweit in den Absätzen 3 und 4 nichts anderes bestimmt ist.

III Wenn ein Antrag auf Abberufung gestellt oder ein Abberufungsverfahren von Amts wegen eingeleitet worden ist und der dringende Verdacht besteht, daß die Voraussetzungen des § 9 Abs. 1 vorliegen, kann das für die Abberufung zuständige Gericht anordnen, daß der ehrenamtliche Richter bis zur Entscheidung über die Abberufung das Amt nicht ausüben darf. Die Anordnung ist unanfechtbar.

IV ¹Die Entscheidung über die Abberufung ist unanfechtbar. ²Der abberufene ehrenamtliche Richter kann binnen eines Jahres nach Wirksamwerden der Entscheidung die Feststellung beantragen, daß die Voraussetzungen des § 9 Abs. 1 nicht vorgelegen haben. ³Über den Antrag entscheidet das nächsthöhere Gericht durch unanfechtbaren Beschluß. ⁴Ist das nächsthöhere Gericht ein oberstes Bundesgericht oder ist die Entscheidung von einem obersten Bundesgericht getroffen worden, entscheidet ein anderer Spruchkörper des Gerichts, das die Entscheidung getroffen hat. ⁵Ergibt sich nach den Sätzen 3 und 4 kein zuständiges Gericht, so entscheidet das Oberlandesgericht, in dessen Bezirk die Entscheidung getroffen worden ist; in den Ländern Brandenburg, Mecklenburg-Vorpommern, Sachsen, Sachsen-Anhalt und Thüringen tritt an die Stelle des Oberlandesgerichts der besondere Senat des Bezirksgerichts, soweit noch kein Oberlandesgericht besteht.

*§ 11.* Die §§ 9 und 10 gelten auch für ehrenamtliche Richter, die gewählt oder berufen werden oder worden sind nach der Ordnung zur Wahl und Berufung ehrenamtlicher Richter vom 1. September 1990 (GBl. I Nr. 62 S. 1553), die nach Anlage II Kapitel III Sachgebiet A Abschnitt I Nr. 8 des Einigungsvertrages vom 31. August 1990 (BGBl. 1990 II S. 885, 1153) fortgilt, in Verbindung mit Anlage I Kapitel III Sachgebiet A Abschnitt III Nr. 1 Buchstabe p des Einigungsvertrages vom 31. August 1990 (BGBl. 1990 II S. 885, 925) und § 37 des Richtergesetzes der Deutschen Demokratischen Republik vom 5. Juli 1990 (GBl. I Nr. 42 S. 637).

**Erläuterungen zu den §§ 9–11** (Cremer DRiZ **92**, 342):

1  1) **Allgemeines.** Die in der ehemaligen DDR früher herrschenden besonderen Verhältnisse haben den Bundesgesetzgeber veranlaßt, Sondervorschriften für die Berufung und Abberufung ehrenamtlicher Richter zu schaffen, BT-Drs 12/2169 S 10. Sie sind unmittelbar geltendes Bundesrecht; ihr Geltungsbereich erstreckt sich über die neuen Bundesländer hinaus auf das **ganze Bundesgebiet**, wie § 10 IV 4 u 5 und § 11 zeigen, BT-Drs 12/2169 S 13.

2  2) **Berufung ehrenamtlicher Richter, § 9.** Die Bestimmung schließt die Berufung für bestimmte Fallgruppen aus, **I.** Daß sie eine Sollvorschrift ist, gestattet der zuständigen Stelle nicht, aus besonderen Gründen eine nach I belastete Person zu berufen; damit wird lediglich klargestellt, daß eine entgegen I erfolgte Berufung nicht unwirksam, sondern bis zur Abberufung, § 10, gültig ist, um eine etwaige spätere Aufhebung von Entscheidungen auszuschließen, BT-Drs 12/2169 S 11, Cremer DRiZ **92**, 343.
Die Regelung in II schließt bei konkreten Verdachtsmomenten weitere Ermittlungen nicht aus, BT-Drs 12/2169 S 12.

3  3) **Abberufung ehrenamtlicher Richter, § 10.** I ist auch dann anzuwenden, wenn Umstände bekannt werden, die schon vorher bekannte Tatsachen in einem anderen Licht erscheinen lassen. Das auf Antrag einer dazu berufenen Stelle oder vAw einzuleitende Verfahren richtet sich nach den jeweiligen Vorschriften, **II,** § 44 Rn 3, soweit in III u IV nichts anderes bestimmt ist; für Handelsrichter ist also § 113 GVG maßgeblich. **III** ermöglicht den Erlaß einer einstwAnO, **IV** regelt den Rechtsschutz einheitlich für alle Gerichtszweige; ein Erfolg des Antrags, IV 2, berührt die Wirksamkeit der Abberufung nicht, Cremer DRiZ **92**, 344.

4  4) **Geltungsbereich, § 11.** Die Vorschrift soll gewährleisten, daß im gesamten Bundesgebiet ein einheitlicher Rechtszustand besteht, BT-Drs 12/2169 S 13. Sie stellt deshalb klar, daß die §§ 9 u 10 auch für ehrenamtliche Richter gelten, die in den neuen Bundesländern nach dem 3. 10. 90 nach den dort maßgeblichen und nach dem EV fortgeltenden Bestimmungen gewählt oder berufen worden sind. Die Vorschriften des § 36 a DDR-RiG und der §§ 8 II und 16 II der Ordnung zur Wahl und Berufung ehrenamtlicher Richter der DDR v 1. 9. 90 sind danach nicht mehr anwendbar.

*§ 45. Rechtsstellung der ehrenamtlichen Richter und Verpflichtung auf das Amt.* I ¹Der ehrenamtliche Richter ist in gleichem Maße wie ein Berufsrichter unabhängig. ²Er hat das Beratungsgeheimnis zu wahren (§ 43).

II ¹Der ehrenamtliche Richter ist vor seiner ersten Dienstleistung in öffentlicher Sitzung des Gerichts durch den Vorsitzenden zu vereidigen. ²Die Vereidigung gilt für die Dauer des Amtes, bei erneuter Bestellung auch für die sich unmittelbar anschließende Amtszeit. ³Der Schwörende soll bei der Eidesleistung die rechte Hand erheben.

III ¹Der ehrenamtliche Richter leistet den Eid, indem er die Worte spricht:
„Ich schwöre, die Pflichten eines ehrenamtlichen Richters getreu dem Grundgesetz für die Bundesrepublik Deutschland und getreu dem Gesetz zu erfüllen, nach bestem Wissen und Gewissen ohne Ansehen der Person zu urteilen und nur der Wahrheit und Gerechtigkeit zu dienen, so wahr mir Gott helfe."
²Der Eid kann ohne die Worte „so wahr mir Gott helfe" geleistet werden. ³Hierüber ist der Schwörende vor der Eidesleistung durch den Vorsitzenden zu belehren.

**IV** ¹Gibt ein ehrenamtlicher Richter an, daß er aus Glaubens- oder Gewissensgründen keinen Eid leisten wolle, so spricht er die Worte:
„Ich gelobe, die Pflichten eines ehrenamtlichen Richters getreu dem Grundgesetz für die Bundesrepublik Deutschland und getreu dem Gesetz zu erfüllen, nach bestem Wissen und Gewissen ohne Ansehen der Person zu urteilen und nur der Wahrheit und Gerechtigkeit zu dienen."
²Das Gelöbnis steht dem Eid gleich.

**V** Gibt ein ehrenamtlicher Richter an, daß er als Mitglied einer Religions- oder Bekenntnisgemeinschaft eine Beteuerungsformel dieser Gemeinschaft verwenden wolle, so kann er diese dem Eid oder dem Gelöbnis anfügen.

**VI** ¹Die ehrenamtlichen Richter in der Finanzgerichtsbarkeit leisten den Eid dahin, die Pflichten eines ehrenamtlichen Richters getreu dem Grundgesetz für die Bundesrepublik Deutschland und getreu dem Gesetz zu erfüllen, das Steuergeheimnis zu wahren, nach bestem Wissen und Gewissen ohne Ansehen der Person zu urteilen und nur der Wahrheit und Gerechtigkeit zu dienen.
²Dies gilt für das Gelöbnis entsprechend.

**VII** Für ehrenamtliche Richter bei den Gerichten der Länder können der Eid und das Gelöbnis eine zusätzliche Verpflichtung auf die Landesverfassung enthalten.

**VIII** Über die Verpflichtung des ehrenamtlichen Richters auf sein Amt wird ein Protokoll aufgenommen.

**IX** Im übrigen bestimmen sich die Rechte und Pflichten der ehrenamtlichen Richter nach den für die einzelnen Gerichtszweige geltenden Vorschriften.

**Schrifttum:** *Wolf* § 23 III; s auch bei § 44.

**1) Rechte und Pflichten der ehrenamtlichen Richter.** 1
**A. Allgemeines, I.** Einheitlich für alle Gerichtszweige gilt: **a)** Sie sind in gleichem Maße wie ein Berufsrichter **unabhängig, I**, s § 25; insbesondere sind sie keinerlei Weisungen unterworfen und dürfen auch nicht die Interessen derjenigen Gruppen vertreten, aus denen sie ausgewählt sind; **b)** sie haben das **Beratungsgeheimnis** zu wahren, **I**, s § 43; **c)** für sie gelten das **Steuergeheimnis**, § 30 AO, §§ 355, 11 I Z 2 u 3 StGB, wie in VI besonders hervorgehoben wird, und die **Geheimhaltungspflicht**, § 174 III GVG (iVm den Verweisungsvorschriften der anderen Verfahrensordnungen), § 353 d StGB; **d)** wegen ihres Anspruchs auf **Entschädigung** s EhrRiEntschG, Hartmann Teil VI.

**B. Sonstiges, IX.** Im übrigen bestimmen sich Rechte und Pflichten der ehrenamtlichen Richter nach den für die einzelnen Gerichtszweige geltenden Vorschriften, vgl § 44 Rn 2 und 3.

**2) Verpflichtung auf das Amt, II–VIII.** Es handelt sich um eine einheitliche Regelung für die ehren- 2 amtlichen Richter aller Gerichtszweige.
**A. Der Inhalt, III u IV**, entspricht dem Eid der Berufsrichter, § 38; eine Erweiterung auf die Wahrung des Steuergeheimnisses, Anm 1, gilt für die ehrenamtlichen Richter beim FinGericht, **VI**. Eine zusätzliche Verpflichtung auf die Landesverfassung ist zulässig, **VII**; dazu ist ein LandesG erforderlich (das Form und Verfahren jedoch nicht abweichend von § 45 regeln darf).
**B. Formen:** **Eid, III**, mit oder ohne Anrufung Gottes, und **Gelöbnis, IV**; die Anfügung besonderer Beteuerungsformeln ist zulässig, **V**.
**C. Verfahren:** Einzelabnahme vor der ersten Dienstleistung in öffentlicher Sitzung, regelmäßig in unmittelbarem Zusammenhang mit der anschließenden Verhandlung, durch den Vorsitzenden, **II 1**, mit Sonderregelung für den Fall, daß dieser selbst ehrenamtlicher Richter ist, § 123 S 2 DRiG. Über die Verpflichtung ist ein Protokoll aufzunehmen, **VIII**; Aufnahme des Wortlauts der Verpflichtung und Unterschrift des ehrenamtlichen Richters sind nicht erforderlich.
**D. Dauer der Verpflichtung:** Sie gilt für die Dauer des Amtes, also bis zum Ausscheiden (zB nach § 13 II SGG), bei erneuter Bestellung auch für die sich unmittelbar anschließende Amtszeit, **II 2** (durch die Einfügung des zweiten Halbsatzes durch G v 26. 6. 90, BGBl 1206, ist die frühere Streitfrage, s 48. Aufl, entschieden worden). Wechselt der ehrenamtliche Richter an ein höheres Gericht, ist eine erneute Verpflichtung nötig, Schwab NZA 91, 658.
**E. Verstöße gegen II–VIII:** Ist die Verpflichtung unterblieben, so hat ein Nichtrichter mitgewirkt; das Gericht war dann nicht ordnungsgemäß besetzt, BVerfG **31**, 184, BGHSt **3**, 175, **4**, 158, BVerwG **73**, 79 mwN, stRspr. Formfehler wie die Vereidigung im Beratungszimmer, das Unterlassen der Protokollierung oder das Nichterheben der rechten Hand erfordern nicht die Aufhebung der angefochtenen Entscheidung, BVerwG **73**, 78 u NJW **81**, 1110, Berger-Delhey RdA **88**, 22.

**§ 45 a.** *Bezeichnungen der ehrenamtlichen Richter.* Die ehrenamtlichen Richter in der Strafgerichtsbarkeit führen die Bezeichnung „Schöffe", die ehrenamtlichen Richter bei den Kammern für Handelssachen die Bezeichnung „Handelsrichter" und die anderen ehrenamtlichen Richter die Bezeichnung „ehrenamtlicher Richter".

**1) Bem.** Ebenso wie bei den Berufsrichtern, § 19 a, sind die Bezeichnungen der ehrenamtlichen Richter 1 in allen Zweigen der Gerichtsbarkeit vereinheitlicht. Mit Ausnahme der Laienbeisitzer in der Strafgerichtsbarkeit, die alle „Schöffen" heißen, und der kaufmännischen Beisitzer bei den KfH, §§ 105 ff GVG, die die traditionelle Bezeichnung „Handelsrichter" führen, gilt für sie die Bezeichnung „ehrenamtlicher Richter"; damit wird die Gleichwertigkeit des von juristischen Laien ausgeübten Richteramtes betont, C. Arndt DRiZ **72**, 42.

## Zweiter Teil. Richter im Bundesdienst

### Grundzüge

1  **1) Richter im Bundesdienst** sind die Richter bei einem Gericht des Bundes, also bei obersten Bundesgerichten, Bundespatentgericht, Bundesdisziplinargericht, Truppendienstgerichten. Die Mitglieder dieser Gerichte ernennt der Bundespräsident, Art 66 I GG. Wegen des Bundesverfassungsgerichts s §§ 69, 70.

2  **2) Für die Richter im Bundesdienst gelten** die Bestimmungen des 1. Teils, die durch einige allgemeine Bestimmungen, §§ 46–48, und die Vorschriften die über die Richtervertretungen, §§ 49–60, sowie das Dienstgericht beim Bund, §§ 61–68, ergänzt werden.

### Erster Abschnitt. Allgemeine Vorschriften

**§ 46. *Geltung des Bundesbeamtenrechts.*** Soweit dieses Gesetz nichts anderes bestimmt, gelten für die Rechtsverhältnisse der Richter im Bundesdienst bis zu einer besonderen Regelung die Vorschriften für Bundesbeamte entsprechend.

1  **1) Allgemeines.** Die besonderen für die Richter des Bundes geltenden Bestimmungen sind die des 1. und 2. Teiles, die durch einige Überleitungsbestimmungen, §§ 105 ff, ergänzt werden. Für Richter im Landesdienst gilt der 3. Teil, §§ 71 ff.

2  **2) Entsprechende Anwendung der Vorschriften für die Bundesbeamten** (verfassungsrechtlich unbedenklich, BVerfG **26**, 141). Damit ist nicht gesagt, daß es sich bei den Richtern um richterliche Beamte handelt, weil sich das Gegenteil aus den §§ 8 ff ergibt. Stets ist zu prüfen, inwieweit das DRiG eine abschließende Regelung trifft, wie zB bei der Befähigung zum Richteramt, §§ 5 ff, den Rechtsformen des Richterdienstes, §§ 8 ff, der Unabhängigkeit des Richters, § 25 ff, wozu auch die abschließend geregelten Gründe für eine Entfernung eines Richters aus dem Amt wider seinen Willen, §§ 18 ff, zu rechnen sind. Fehlt eine abschließende Regelung, so ist zu untersuchen, ob eine besondere Regelung getroffen ist, die die im BBG enthaltene Vorschrift ausschließt. **Entsprechendes gilt für Richter im Landesdienst**, deren Rechtsverhältnisse nach bestimmten Vorschriften des BRRG, die denen des BBG weitgehend entsprechen, zu regeln sind, § 71.
Im übrigen ist bei Anwendung jeder Vorschrift zu prüfen, ob sie mit der dem Richter eigentümlichen Stellung, wie sie sich aus dem GG und dem DRiG ergibt, vereinbar ist oder ob sie nur mit einer sich daraus ergebenden Maßgabe anwendbar ist, BVerwG DÖD **72**, 142. Die **Arbeitszeitvorschriften** gelten nicht für Richter, so daß sie nicht an bestimmte Dienststunden gebunden sind, BGH NJW **91**, 1104, BVerwG NJW **88**, 1160 mwN, DÖV **81**, 632, VG Köln DÖD **72**, 213, Kissel § 1 GVG Rn 154, GKÖD § 26 Anm 58 (dazu Jaeger MDR **93**, 944 u Ponschab MDR **93**, 945), vgl auch § 26 Rn 3; wohl aber darf die von einem Richter aufzubringende Arbeitszeit pauschalierend an dem Arbeitserfolg vergleichbarer Richter in der regelmäßigen wöchentlichen Arbeitszeit der Beamten gemessen werden, BVerwG NJW **83**, 62 (dazu Hieronimi NJW **84**, 108 u Hohendorf NJW **84**, 959). Anwendbar ist dagegen § 76 BBG mit den darauf gestützten Anordnungen über die **Amtstracht**, Schmidt-Räntsch 44, vgl (auch zum Landesrecht) BVerwG NJW **83**, 2589 (zu VGH Kassel DRiZ **80**, 392), Ffm NJW **87**, 1208; es besteht aber kein Anspruch auf unentgeltliche Gestellung, weil § 17 BBesG entgegensteht, BVerwG aaO, OVG Lüneb DRiZ **74**, 389; zum öff Tragen religiöser Symbole oder solcher Kleidung s Röger DRiZ **95**, 471 mwN. Anwendbar ist auch § 90 S 1 BBG (Einsichtsrecht hinsichtlich der Personalakten), dazu BVerwG NVwZ **84**, 445. Zur Genehmigung einer **Nebentätigkeit** BVerwG NJW **88**, 1159 (zu OVG Kblz NJW **86**, 2723) u VG Regensburg DRiZ **88**, 220, zur Bewilligung von Erholungsurlaub VGH Mannh NJW **91**, 2437, zum Tätigwerden eines im Ruhestand lebenden Richters als RA VGH Mü NJW **88**, 1406.

3  **Entsprechend anzuwenden** für Richter im Bundesdienst ist das BBG idF v 27. 2. 85, BGBl 479 (zuletzt geändert durch G v 13. 8. 97, BGBl 2038), nebst allen auf Grund dieses Gesetzes erlassenen Vorschriften (Übers bei Schmidt-Räntsch 13 ff); **unmittelbar anzuwenden** ist die VO über die Nebentätigkeit der Richter im Bundesdienst v 15. 10. 65, BGBl 1719, idF der VO v 28. 8. 74, BGBl 2115, zuletzt geändert durch G v 12. 11. 87, BGBl 2373, Schmidt-Räntsch Teil E, vgl DRiZ **97**, 224. Für die **Besoldung der Richter** des Bundes und der Länder gilt das Bundesbesoldungsgesetz (idF v 3. 12. 98, BGBl 3434) unmittelbar, § 1 I Z 2 BBesG, ebenso für die Versorgung nach Maßgabe des DRiG das Beamtenversorgungsgesetz, § 1 II BeamtVG, und das Gesetz über die Gewährung eines Kindererziehungszuschlages (KEZG), Art 16 des BeamtVGÄndG v 18. 12. 89, BGBl 2218 (dazu DRiZ **91**, 459).

**§ 47. *Bundespersonalausschuß in Angelegenheiten der Richter.*** [1]In Angelegenheiten der Richter im Bundesdienst wirkt im Bundespersonalausschuß als weiteres ständiges ordentliches Mitglied der Leiter der Personalabteilung des Bundesministeriums der Justiz mit, dessen Stellvertreter ein anderer Beamter des Bundesministeriums der Justiz ist. [2]Nichtständige ordentliche Mitglieder sind vier Richter; sie und ihre Stellvertreter müssen Richter auf Lebenszeit im Bundesdienst sein. [3]Der Beamte des Bundesministerums der Justiz und die Richter werden vom Bundesminister der Justiz im Einvernehmen mit den beteiligten Bundesministern vorgeschlagen, davon drei Richter und ihre Stellvertreter auf Grund einer Benennung durch die Spitzenorganisationen der Berufsverbände der Richter.

**§ 48. *Eintritt in den Ruhestand.*** ¹ Die Richter auf Lebenszeit treten mit dem Ende des Monats in den Ruhestand, in dem sie das fünfundsechzigste Lebensjahr vollenden.

<sup>II</sup> Der Eintritt in den Ruhestand kann nicht hinausgeschoben werden.

<sup>III</sup> Ein Richter auf Lebenszeit ist auf seinen Antrag in den Ruhestand zu versetzen
1. frühestens mit Vollendung des dreiundsechzigsten Lebensjahres oder
2. als Schwerbehinderter im Sinne des § 1 des Schwerbehindertengesetzes frühestens mit Vollendung des sechzigsten Lebensjahres.

Bem. III 2 mWv 1. 1. 99 aufgehoben durch Art 7 Z 1 iVm Art 14 II BBVAnpG v 6. 8. 98, BGBl 2026; 1 zur Versetzung in den Ruhestand auf eigenen Antrag BVerwG DRiZ **97**, 108. Vgl i ü Schultz MDR **86**, 108, Otto DRiZ **85**, 464, Girisch DRiZ **85**, 99 u 465.

**§ 48 a. *Teilzeitbeschäftigung und Beurlaubung aus familiären Gründen.*** ¹ Einem Richter ist auf Antrag
1. Teilzeitbeschäftigung bis zur Hälfte des regelmäßigen Dienstes,
2. ein Urlaub ohne Dienstbezüge bis zur Dauer von drei Jahren mit der Möglichkeit der Verlängerung

zu bewilligen, wenn er

a) mindestens ein Kind unter achtzehn Jahren oder
b) einen nach ärztlichem Gutachten pflegebedürftigen sonstigen Angehörigen

tatsächlich betreut oder pflegt.

<sup>II</sup> ¹Die Dauer des Urlaubs im Sinne des Absatzes 1 darf auch in Verbindung mit Urlaub nach § 48 b Abs. 1 zwölf Jahre nicht überschreiten. ²Der Antrag auf Verlängerung einer Teilzeitbeschäftigung oder eines Urlaubs ist spätestens sechs Monate vor Ablauf der genehmigten Freistellung zu stellen.

<sup>III</sup> ¹Anträge nach Absatz 1 Nr. 1 sind nur zu genehmigen, wenn der Richter zugleich zustimmt, mit Beginn oder bei Änderung der Teilzeitbeschäftigung und beim Übergang zur Vollzeitbeschäftigung auch in einem anderen Gericht desselben Gerichtszweiges verwendet zu werden. ²Anträge nach Absatz 1 Nr. 2 sind nur dann zu genehmigen, wenn der Richter zugleich einer Verwendung auch in einem anderen Richteramt desselben Gerichtszweiges zustimmt.

<sup>IV</sup> Während einer Freistellung vom Dienst nach Absatz 1 dürfen nur solche Nebentätigkeiten genehmigt werden, die dem Zweck der Freistellung nicht zuwiderlaufen.

<sup>V</sup> ¹Über eine Änderung des Umfangs der Teilzeitbeschäftigung oder den Übergang zur Vollzeitbeschäftigung während der Dauer des Bewilligungszeitraumes entscheidet auf Antrag die zuständige Dienstbehörde. ²Sie soll in besonderen Härtefällen eine Änderung des Umfangs der Teilzeitbeschäftigung oder den Übergang zur Vollzeitbeschäftigung zulassen, wenn dem Richter die Teilzeitbeschäftigung im bisherigen Umfang nicht zugemutet werden kann. ³Die zuständige Dienstbehörde kann in besonderen Härtefällen eine Rückkehr aus dem Urlaub zulassen, wenn dem Richter eine Fortsetzung des Urlaubs nicht zugemutet werden kann. ⁴Absatz 2 Satz 2 gilt entsprechend.

<sup>VI</sup> ¹Während der Dauer des Urlaubs nach Absatz 1 Nr. 2 in Verbindung mit Absatz 2 Satz 1 besteht ein Anspruch auf Leistungen der Krankheitsfürsorge in entsprechender Anwendung der Beihilferegelungen für Richter mit Dienstbezügen. ²Dies gilt nicht, wenn der Richter berücksichtigungsfähiger Angehöriger eines Beihilfeberechtigten wird oder Anspruch auf Familienhilfe nach § 10 des Fünften Buches Sozialgesetzbuch hat.

**§ 48 b. *Beurlaubung aus Arbeitsmarktgründen.*** ¹ Einem Richter ist in einer Arbeitsmarktsituation, in der ein außergewöhnlicher Bewerberüberhang besteht und deshalb ein dringendes öffentliches Interesse daran gegeben ist, verstärkt Bewerber im öffentlichen Dienst zu beschäftigen, nach Vollendung des fünfundfünfzigsten Lebensjahres auf Antrag, der sich auf die Zeit bis zum Beginn des Ruhestandes erstrecken muß, Urlaub ohne Dienstbezüge zu bewilligen.

<sup>II</sup> ¹Dem Antrag darf nur entsprochen werden, wenn der Richter erklärt, während des Urlaubs auf die Ausübung entgeltlicher Nebentätigkeiten zu verzichten und entgeltliche Tätigkeiten nach § 66 dieses Gesetzes in Verbindung mit § 66 Abs. 1 des Bundesbeamtengesetzes nur in dem Umfang auszuüben, wie sie bei Vollzeitbeschäftigung ohne Verletzung dienstlicher Pflichten ausüben könnte. ²Wird diese Verpflichtung schuldhaft verletzt, ist die Bewilligung zu widerrufen. ³Die zuständige Dienstbehörde darf trotz der Erklärung des Richters nach Satz 1 Nebentätigkeiten genehmigen, soweit sie dem Zweck der Bewilligung des Urlaubs nicht zuwiderlaufen. ⁴Die zuständige Dienstbehörde kann in besonderen Härtefällen eine Rückkehr aus dem Urlaub zulassen, wenn dem Richter die Fortsetzung des Urlaubs nicht zugemutet werden kann.

<sup>III</sup> Wenn vor dem 1. Juli 1997 Urlaub nach Absatz 1 bewilligt worden ist, gilt für die Bestimmungen des Beginns des Ruhestandes im Sinne dieser Vorschrift § 48 Abs. 3 Satz 1 Nr. 1 in der bis zum 30. Juni 1997 geltenden Fassung fort.

<sup>IV</sup> Bis zum 31. Dezember 2004 ist einem Richter Urlaub nach Absatz 1 bereits nach Vollendung des fünfzigsten Lebensjahres zu bewilligen. In Verbindung mit Urlaub nach § 48 a Abs. 1 darf die Dauer des Urlaubs fünfzehn Jahre nicht überschreiten.

Bem. IV mWv 1. 1. 99 eingefügt durch Art 7 Z 2 iVm Art 14 II BBVAnpG 98 v 6. 8. 98, BGBl 2026. 1

**§ 48 c. *Teilzeitbeschäftigung.*** Einem Richter ist nach einer Teilzeitbeschäftigung von mindestens fünfzehn Jahren und nach Vollendung des fünfzigsten Lebensjahres auf Antrag Teilzeitbeschäftigung bis auf drei Viertel des regelmäßigen Dienstes zu bewilligen, wenn die Voraussetzungen des § 48 a Abs. 1 nicht vorliegen und es dem Richter nicht mehr zuzumuten ist, zur Vollzeitbeschäftigung zurückzukehren.

**§ 48 d. *Teilzeitbeschäftigung, Beurlaubung und berufliches Fortkommen.*** Teilzeitbeschäftigung und Beurlaubung nach den § 48 a oder § 48 c dürfen das berufliche Fortkommen nicht beeinträchtigen; eine unterschiedliche Behandlung von Richtern mit Teilzeitbeschäftigung gegenüber Richtern mit Vollzeitbeschäftigung ist nur zulässig, wenn zwingende sachliche Gründe sie rechtfertigen.

**Bem.** §§ 48 c und 48 d eingefügt durch Art 6 Z 4 G v 24. 2. 97, BGBl 322, mWv 1. 7. 97, Art 15 § 3 des Ges, § 48 d mWv 1. 1. 99 geänd durch Art 9 Z 2 VReformG v 29. 6. 98, BGBl 1666.

### Zweiter Abschnitt. Richtervertretungen

#### Zusammenfassung

1  **1) Allgemeines.** Das DRiG hat für die Richter des Bundes und der Länder zwei Richtervertretungen eingeführt (Schrifttum: Görnert DRiZ **72**, 297; Pentz DRiZ **75**, 45; Kühne DRiZ **84**, 145; Schaffer DRiZ **85**, 44, Priepke DRiZ **86**, 319), die auch besondere Aufgaben nach dem SchwbG haben, § 23 SchwbG (wegen der Schwerbehindertenvertretungen s §§ 24 ff SchwbG). Es sind:
**a) Richterräte** für die Beteiligung an allgemeinen und sozialen Angelegenheiten, § 49 Z 1, für deren Befugnisse und Pflichten die in § 52 genannten Vorschriften des BPersVG sinngemäß gelten (dazu eingehend Priepke DRiZ **85**, 282). Die Zusammensetzung des Richterrats, der von den Richtern des betreffenden Gerichts geheim und unmittelbar gewählt wird, § 51, ist bei den 8 in § 50 genannten Gerichten des Bundes verschieden; die Regelung ist abschließend.
**b) Präsidialräte** für die Beteiligung bei der Ernennung eines Richters, §§ 49 Z 2, 55–57, BVerwG NJW **93**, 2455, Buschmann RiA **82**, 44. Sie bestehen aus dem Gerichtspräsidenten, Mitgliedern des Präsidiums und solchen, die von den Richtern gewählt werden, § 54.

2  **2) Rechtsstreitigkeiten** aus der Bildung oder Tätigkeit der Rechtsvertretungen werden im Verwaltungsrechtsweg entschieden, § 60, zB bei Abbruch der Beteiligung, OVG Kblz DVBl **91**, 719, oder bei einer Wahlanfechtung, VG Hann DVBl **74**, 372.

3  **3) Vertretungen der Richter im Landesdienst:** §§ 72–75.

**§ 49. *Richterrat und Präsidialrat.*** Bei den Gerichten des Bundes werden als Richtervertretungen errichtet
1. Richterräte für die Beteiligung an allgemeinen und sozialen Angelegenheiten,
2. Präsidialräte für die Beteiligung an der Ernennung eines Richters.

**§ 50. *Zusammensetzung des Richterrats.*** ¹Der Richterrat besteht bei dem
1. Bundesgerichtshof und Bundespatentgericht aus je fünf gewählten Richtern,
2. Bundesverwaltungsgericht, Bundesfinanzhof, Bundesarbeitsgericht, Bundessozialgericht und Bundesdisziplinargericht aus je drei gewählten Richtern,

II ¹Für die Richter der Truppendienstgerichte wird ein Richterrat aus drei gewählten Richtern errichtet. ²Der Richterrat bestimmt seinen Sitz bei einem Truppendienstgericht.

III Der Präsident des Gerichts und sein ständiger Vertreter können dem Richterrat nicht angehören.

**§ 51. *Wahl des Richterrats.*** ¹Die Mitglieder des Richterrats und eine gleiche Anzahl von Stellvertretern werden auf jeweils vier Jahre geheim und unmittelbar gewählt.

II ¹Zur Vorbereitung der Wahl beruft der Präsident des Gerichts, bei den Truppendienstgerichten der lebensälteste Richter, eine Versammlung der Richter ein. ²Die Versammlung beschließt unter dem Vorsitz des lebensältesten Richters das Wahlverfahren.

**§ 52. *Aufgaben des Richterrats.*** Für die Befugnisse und Pflichten des Richterrats gelten § 2 Abs. 1, §§ 66 bis 74, 75 Abs. 2 und 3 Nr. 1 bis 5 und 11 bis 16, § 76 Abs. 2, § 78 Abs. 1 Nr. 1, 2 und Abs. 2 bis 4, §§ 80 und 81 des Bundespersonalvertretungsgesetzes vom 15. März 1974 (Bundesgesetzbl. I S. 693) sinngemäß.

**§ 53. *Gemeinsame Aufgaben von Richterrat und Personalvertretung.*** ¹Sind an einer Angelegenheit sowohl der Richterrat als auch die Personalvertretung beteiligt, so entsendet der Richterrat für die gemeinsame Beschlußfassung Mitglieder in die Personalvertretung.

II ¹Die Zahl der entsandten Mitglieder des Richterrats muß zur Zahl der Richter im gleichen Verhältnis stehen wie die Zahl der Mitglieder der Personalvertretung zu der Zahl der Beamten,

Angestellten und Arbeiter. ²Jedoch entsendet der Richterrat mindestens die in § 17 Abs. 3 und Abs. 5 Satz 1 des Bundespersonalvertretungsgesetzes bestimmte Zahl von Mitgliedern.

**Bem.** Vgl dazu Fertig DRiZ 77, 147. 1

**§ 54. *Bildung des Präsidialrats*.** ¹ ¹Bei jedem obersten Gerichtshof des Bundes wird ein Präsidialrat errichtet. ²Der Präsidialrat beim Bundesverwaltungsgericht ist zugleich für das Bundesdisziplinargericht und die Truppendienstgerichte zuständig. ³Er besteht bei
1. dem Bundesgerichtshof aus dem Präsidenten als Vorsitzendem, seinem ständigen Vertreter, zwei vom Präsidium aus seiner Mitte gewählten Mitgliedern und drei weiteren Mitgliedern,
2. den anderen obersten Gerichtshöfen des Bundes aus dem Präsidenten als Vorsitzendem, seinem ständigen Vertreter, einem vom Präsidium aus seiner Mitte gewählten Mitglied und zwei weiteren Mitgliedern.

⁴Ist kein ständiger Vertreter ernannt, so wirkt an seiner Stelle der dienstälteste, bei gleichem Dienstalter der lebensälteste Vorsitzende Richter mit. ⁵Die weiteren Mitglieder werden von den Richtern des Gerichts, bei dem der Präsidialrat errichtet ist, geheim und unmittelbar gewählt. § 51 Abs. 2 gilt entsprechend.

II An die Stelle der beiden von den Richtern des Bundesverwaltungsgerichts gewählten Mitglieder treten in Angelegenheiten der Richter des Bundesdisziplinargerichts zwei von den Richtern dieses Gerichts, in Angelegenheiten der Richter der Truppendienstgerichte zwei von den Richtern dieser Gerichte gewählte Mitglieder; Absatz 1 Satz 6 gilt entsprechend.

III ¹Für die Richter des Bundespatentgerichts wird ein Präsidialrat errichtet; er besteht aus dem Präsidenten als Vorsitzendem, seinem ständigen Vertreter, zwei vom Präsidium aus seiner Mitte gewählten Mitgliedern und drei weiteren Mitgliedern. ²Absatz 1 Satz 5 und 6 gilt entsprechend.

IV Die Amtszeit des Präsidialrats beträgt vier Jahre.

**§ 55. *Aufgabe des Präsidialrats*.** ¹Vor jeder Ernennung oder Wahl eines Richters ist der Präsidialrat des Gerichts, bei dem der Richter verwendet werden soll, zu beteiligen. ²Das gleiche gilt, wenn einem Richter ein Richteramt an einem Gericht eines anderen Gerichtszweigs übertragen werden soll.

**Bem.** Vgl dazu BVerfG DRiZ 76, 120, BVerwG NJW 93, 2455 (keine Mitbestimmung des Personalrates), 1 OVG Münst DRiZ 99, 422, VG Düss DRiZ 96, 149, ferner Pentz DÖD 80, 221, Buschmann RiA 82, 44. Zum Verfahren s §§ 56 u 57.

**§ 56. *Einleitung der Beteiligung*.** ¹ ¹Die oberste Dienstbehörde beantragt die Stellungnahme des Präsidialrats. ²Dem Antrag sind die Bewerbungsunterlagen und die Personal- und Befähigungsnachweise beizufügen. ³Personalakten dürfen nur mit Zustimmung des Bewerbers oder Richters vorgelegt werden.

II Auf Ersuchen eines Mitglieds eines Richterwahlausschusses hat die oberste Dienstbehörde die Stellungnahme zu beantragen.

**§ 57. *Stellungnahme des Präsidialrats*.** ¹ ¹Der Präsidialrat gibt eine schriftlich begründete Stellungnahme ab über die persönliche und fachliche Eignung des Bewerbers oder Richters. ²Die Stellungnahme ist zu den Personalakten zu nehmen.

II Der Präsidialrat hat seine Stellungnahme binnen eines Monats abzugeben.

III Ein Richter darf erst ernannt oder gewählt werden, wenn die Stellungnahme des Präsidialrats vorliegt oder die Frist des Absatzes 2 verstrichen ist.

**Bem.** Die Vorschrift regelt die Befugnisse des Präsidialrats abschließend. Er kann sich einer Stellungnahme 1 enthalten, wie II und III zeigen. Andernfalls äußert er sich zur Eignung des von der Verwaltung (oder vom Richterwahlausschuß) Vorgeschlagenen, §§ 55 und 56; sind es mehrere, darf er eine Abstufung der Eignung vornehmen. Ein Recht zu Gegenvorschlägen hat der Präsidialrat nicht, Begr RegEntw zu § 56. Ist die Stelle ausgeschrieben worden, sind ihm aber die übrigen Bewerber bekanntzugeben, Philipp DRiZ 64, 253. Die Ernennung eines Richters ohne Beteiligung des Präsidialrats bleibt wirksam, da §§ 18 und 19 diesen Fall nicht erwähnen, Schmidt-Räntsch 10, GKÖD 5.

**§ 58. *Geschäftsführung, Rechtsstellung der Mitglieder*.** ¹ Die Richtervertretungen regeln ihre Beschlußfassung und Geschäftsführung in einer Geschäftsordnung.

II ¹Die Kosten der Richtervertretungen fallen dem Haushalt der Gerichte zur Last. ²Die Gerichtsverwaltung stellt Räume und Geschäftsbedarf zur Verfügung.

III ¹Die Mitgliedschaft in der Richtervertretung ist ein Ehrenamt. ²Für die Rechte und Pflichten der Mitglieder gelten die §§ 8 bis 11, 46 Abs. 3 bis 7, § 47 Abs. 2 des Bundespersonalvertretungsgesetzes sinngemäß.

**Bem.** Der Hauptvertrauensmann der schwerbehinderten Richter darf in Ausübung seines Rechts nach 1 § 22 IV 1 SchwbG an der Sitzung auch während der Abstimmung teilnehmen.

**§ 59. *Abgeordnete Richter*.** ¹ ¹Ein an ein Gericht des Bundes abgeordneter Richter wird zum Richterrat dieses Gerichts wahlberechtigt, sobald die Abordnung länger als drei Monate gedauert hat. ²Wird ein Richter im Bundesdienst an ein anderes Gericht oder an eine Verwaltungsbehörde abgeordnet, so verliert er sein Wahlrecht zum Richterrat bei dem bisherigen Gericht nach Ablauf von drei Monaten.

II ¹Ein abgeordneter Richter kann dem Präsidialrat für das Gericht des Bundes, an das er abgeordnet ist, nicht angehören; er ist für diesen Präsidialrat nicht wahlberechtigt. ²Ein Richter im Bundesdienst scheidet mit Beginn der Abordnung aus dem Präsidialrat seines bisherigen Gerichts aus; seine Wahlberechtigung bleibt jedoch unberührt.

**§ 60.** *Rechtsweg in Angelegenheiten der Richtervertretungen.* ¹Für Rechtsstreitigkeiten aus der Bildung oder Tätigkeit der Richtervertretungen steht der Rechtsweg zu den Verwaltungsgerichten offen. ²Das Verwaltungsgericht entscheidet bei Rechtsstreitigkeiten aus der gemeinsamen Beteiligung von Richterrat und Personalvertretung (§ 53 Abs. 1) nach den Verfahrensvorschriften und in der Besetzung des § 83 Abs. 2 und § 84 des Bundespersonalvertretungsgesetzes.

1   Bem. Zu S 1 vgl OVG Kblz DVBl **91**, 719.

### Dritter Abschnitt. Dienstgericht des Bundes

#### Zusammenfassung

1   Dienstgericht ist für die im Dienst des Bundes stehenden Richter aller Gerichtszweige ein **besonderer Senat des BGH**, § 61 I, der auch Revisionssenat für Urteile der Dienstgerichte der Länder ist, §§ 62 II, 79 III; s dazu Kern DRiZ **62**, 147. Das Dienstgericht am BGH gilt in Disziplinarsachen als Strafsenat, in Versetzungs- und Prüfungssachen als Zivilsenat, § 61 IV. Durch diese Fiktion (Prüfungs- und Verwaltungssachen sind öff-rechtlich) wird die Anrufung der Großen Senate bei Abweichung in einer Rechtsfrage geregelt, §§ 132, 138 GVG. Zusammensetzung des Dienstgerichts: § 61 II.

**§ 61.** *Verfassung des Dienstgerichts.* ¹ Für die Richter im Bundesdienst wird als Dienstgericht des Bundes ein besonderer Senat des Bundesgerichtshofs gebildet.

II ¹Das Dienstgericht des Bundes verhandelt und entscheidet in der Besetzung mit einem Vorsitzenden, zwei ständigen Beisitzern und zwei nichtständigen Beisitzern. ²Der Vorsitzende und die ständigen Beisitzer müssen dem Bundesgerichtshof, die nichtständigen Beisitzer als Richter auf Lebenszeit dem Gerichtszweig des betroffenen Richters angehören. ³Der Präsident eines Gerichts und sein ständiger Vertreter können nicht Mitglied des Dienstgerichts sein.

III ¹Das Präsidium des Bundesgerichtshofs bestimmt den Vorsitzenden und die Beisitzer sowie deren Vertreter für fünf Geschäftsjahre. ²Bei der Hinzuziehung der nichtständigen Beisitzer ist es an die Reihenfolge in den Vorschlagslisten gebunden, die von den Präsidien der obersten Gerichtshöfe des Bundes aufgestellt werden.

IV Das Dienstgericht gilt in Disziplinarverfahren (§ 63) als Strafsenat, in Versetzungs- und Prüfungsverfahren (§§ 65, 66) als Zivilsenat im Sinne des § 132 des Gerichtsverfassungsgesetzes.

**§ 62.** *Zuständigkeit des Dienstgerichts.* ¹ Das Dienstgericht des Bundes entscheidet endgültig
1. in Disziplinarsachen, auch über Richter im Ruhestand;
2. über die Versetzung im Interesse der Rechtspflege;
3. bei Richtern auf Lebenszeit oder auf Zeit über die
    a) Nichtigkeit einer Ernennung,
    b) Rücknahme einer Ernennung,
    c) Entlassung,
    d) Versetzung in den Ruhestand wegen Dienstunfähigkeit,
    e) eingeschränkte Verwendung wegen begrenzter Dienstfähigkeit;
4. bei Anfechtung
    a) einer Maßnahme wegen Veränderung der Gerichtsorganisation,
    b) der Abordnung eines Richters gemäß § 37 Abs. 3,
    c) einer Verfügung, durch die ein Richter auf Probe oder kraft Auftrags entlassen, durch die seine Ernennung zurückgenommen oder die Nichtigkeit seiner Ernennung festgestellt oder durch die er wegen Dienstunfähigkeit in den Ruhestand versetzt wird,
    d) der Heranziehung zu einer Nebentätigkeit,
    e) einer Maßnahme der Dienstaufsicht aus den Gründen des § 26 Abs. 3,
    f) einer Verfügung über Ermäßigung des Dienstes oder Beurlaubung nach §§ 48 a bis 48 c.

II Das Dienstgericht des Bundes entscheidet auch über die Revision gegen Urteile der Dienstgerichte der Länder (§ 79).

1   Bem. I Z 3 e eingefügt und I Z 4 f mWv 1. 1. 99 geänd durch Art 9 Z 3 VReformG v 29. 6. 98, BGBl 1666; vgl dazu § 34 und die §§ 26 a BRRG, 42 a BBG. Unter Z 3 d fällt auch die Nachprüfung einer in diesem Zusammenhang erlassenen Untersuchungsanordnung, BGH NJW **81**, 2011.

**§ 63.** *Disziplinarverfahren.* ¹ Für das Verfahren in Disziplinarsachen gelten die Vorschriften der Bundesdisziplinarordnung sinngemäß.

II ¹Über die Einleitung oder Einstellung des förmlichen Disziplinarverfahrens, über die vorläufige Dienstenthebung, die Einbehaltung von Dienstbezügen sowie über die Aufhebung dieser

Maßnahmen entscheidet auf Antrag der obersten Dienstbehörde das Dienstgericht durch Beschluß. ²Der Beschluß ist der obersten Dienstbehörde und dem Richter zuzustellen.

ᴵᴵᴵ ¹Die Aufgaben des Bundesdisziplinaranwalts nimmt der Generalbundesanwalt wahr. ²§ 38 Abs. 2 der Bundesdisziplinarordnung findet keine Anwendung.

**§ 64.** *Disziplinarmaßnahmen.* ᴵ Durch Disziplinarverfügung kann nur ein Verweis ausgesprochen werden.

ᴵᴵ Gegen einen Richter bei einem obersten Gerichtshof des Bundes kann nur Verweis, Geldbuße oder Entfernung aus dem Dienst verhängt werden.

**§ 65.** *Versetzungsverfahren.* ᴵ Für das Verfahren bei Versetzung im Interesse der Rechtspflege (Versetzungsverfahren) gelten die Vorschriften der Verwaltungsgerichtsordnung sinngemäß.

ᴵᴵ ¹Das Verfahren wird durch einen Antrag der obersten Dienstbehörde eingeleitet. ²Ein Vorverfahren findet nicht statt. ³Der Oberbundesanwalt wirkt an dem Verfahren nicht mit.

ᴵᴵᴵ Das Gericht erklärt eine der in § 31 vorgesehenen Maßnahmen für zulässig oder weist den Antrag zurück.

**§ 66.** *Prüfungsverfahren.* ᴵ ¹Für das Verfahren in den Fällen des § 62 Abs. 1 Nr. 3 und 4 (Prüfungsverfahren) gelten die Vorschriften der Verwaltungsgerichtsordnung sinngemäß. ²Der Oberbundesanwalt wirkt an dem Verfahren nicht mit.

ᴵᴵ Ein Vorverfahren findet nur in den Fällen des § 62 Abs. 1 Nr. 4 statt.

ᴵᴵᴵ Das Verfahren wird in den Fällen des § 62 Abs. 1 Nr. 3 durch einen Antrag der obersten Dienstbehörde, in den Fällen der Nummer 4 durch einen Antrag des Richters eingeleitet.

**Bem.** Nach I gilt auch § 80 V, VI VwGO, BGH DRiZ **76**, 85. Dagegen gilt § 67 I VwGO nicht 1 sinngemäß (keine Anwendung von § 78 b ZPO), BGH MDR **89**, 257 u **84**, 489; s auch Bem zu § 80 DRiG. Der Streitwert ist entspr § 13 GKG zu bemessen, BGH **KR** § 13 Nr 462.

**§ 67.** *Urteilsformel im Prüfungsverfahren.* ᴵ In dem Fall des § 62 Abs. 1 Nr. 3 Buchstabe a stellt das Gericht die Nichtigkeit fest oder weist den Antrag zurück.

ᴵᴵ In den Fällen des § 62 Abs. 1 Nr. 3 Buchstaben b bis d stellt das Gericht die Zulässigkeit der Maßnahme oder die Entlassung fest oder weist den Antrag zurück.

ᴵᴵᴵ In den Fällen des § 62 Abs. 1 Nr. 4 Buchstaben a bis d hebt das Gericht die angefochtene Maßnahme auf oder weist den Antrag zurück.

ᴵⱽ In dem Fall des § 62 Abs. 1 Nr. 4 Buchstabe e stellt das Gericht die Unzulässigkeit der Maßnahme fest oder weist den Antrag zurück.

**Bem.** III muß entsprechend auch für den (später eingefügten) Fall des § 62 I Z 4 f gelten, ebenso 1 Schmidt-Räntsch 7; in allen Fällen des III ist ggf auch die Verpflichtung auszusprechen, dem Begehren stattzugeben. IV läßt über den Wortlaut hinaus zu, zB die Vernichtung eines Zeugnisses anzuordnen (BGH **52**, 296 läßt dies offen).

**§ 68.** *Aussetzung von Verfahren.* ᴵ ¹Ist eine Maßnahme der Dienstaufsicht aus den Gründen des § 26 Abs. 3 angefochten und hängt die Entscheidung hierüber von dem Bestehen oder Nichtbestehen eines Rechtsverhältnisses ab, das den Gegenstand eines anderen Verfahrens bildet oder bilden kann, so hat das Dienstgericht die Verhandlung bis zur Erledigung des anderen Verfahrens auszusetzen. ²Der Aussetzungsbeschluß ist zu begründen.

ᴵᴵ ¹Ist das Verfahren bei dem anderen Gericht noch nicht anhängig, so setzt das Dienstgericht in dem Aussetzungsbeschluß eine angemessene Frist zur Einleitung des Verfahrens. ²Nach fruchtlosem Ablauf der Frist weist es den Antrag ohne weitere Sachprüfung zurück.

ᴵᴵᴵ ¹Hängt die Entscheidung eines anderen Gerichts als eines Dienstgerichts davon ab, ob eine Maßnahme der Dienstaufsicht aus den Gründen des § 26 Abs. 3 unzulässig ist, so hat das Gericht die Verhandlung bis zur Erledigung des Verfahrens vor dem Dienstgericht auszusetzen. ²Der Aussetzungsbeschluß ist zu begründen. ³Absatz 2 gilt sinngemäß.

**Bem.** Vgl hierzu § 26 Rn 16. 1

### Vierter Abschnitt. Richter des Bundesverfassungsgerichts

**§ 69.** *Beschränkte Geltung dieses Gesetzes.* Für die Richter des Bundesverfassungsgerichts gelten die Vorschriften dieses Gesetzes nur, soweit sie mit der besonderen Rechtsstellung dieser Richter nach dem Grundgesetz und nach dem Gesetz über das Bundesverfassungsgericht vereinbar sind.

**Schrifttum:** *Geck,* Wahl und Amtsrecht der Verfassungsrichter, 1986.

**Bem.** Das DRiG ist nur im Grundsatz auf die Richter des BVerfG anwendbar. Für sie kommen zunächst 1 Art 94 GG und das BVerfGG idF v 11. 8. 93, BGBl 1473, in Betracht. Eine Liste der anwendbaren Vorschriften des DRiG bei Schmidt-Räntsch 5.

§ 70. *Bundesrichter als Richter des Bundesverfassungsgerichts.* [I] Die Rechte und Pflichten eines Richters an den obersten Gerichtshöfen des Bundes ruhen, solange er Mitglied des Bundesverfassungsgerichts ist.

[II] Er ist auf seinen Antrag auch als Richter an einem obersten Gerichtshof des Bundes zu dem Zeitpunkt in den Ruhestand zu versetzen, zu dem sein Amt als Richter des Bundesverfassungsgerichts nach Maßgabe des § 98 des Gesetzes über das Bundesverfassungsgericht endet.

## Dritter Teil. Richter im Landesdienst
### Vorbemerkung

1   1) **Rahmenvorschriften.** Der 3. Teil enthält im wesentlichen Rahmenvorschriften, was Art 98 III 2 GG zuläßt, also Anweisungen an den Landesgesetzgeber. Landesrichtergesetze (Änderungen sind Schönfelder Fußnote bei § 71 DRiG verzeichnet): **Baden-Württemberg** LRiG idF v 19. 7. 72, GBl 431, **Bayern** RiG idF v 11. 1. 77, GVBl 27, **Berlin** RiG idF v 27. 4. 70, GVBl 642, **Brandenburg** RiG v 22. 11. 96, GVBl I 322, **Bremen** RiG v 15. 12. 64, GBl 187, **Hamburg** RiG v 2. 5. 91, GVBl 169, **Hessen** RiG idF v 11. 3. 91, GVBl 54, **Mecklenburg-Vorpommern**, LRiG v 7. 6. 91, GVBl 159, **Niedersachsen** RiG v 14. 12. 62, GVBl 265, **Nordrhein-Westfalen** RiG v 29. 3. 66, GVBl 217, **Rheinland-Pfalz** LRiG idF v 16. 3. 75, GVBl 117, **Saarland** RiG idF v 1. 4. 75, ABl 566, **Sachsen** idF v 13. 2. 97, GVBl 117, **Sachsen-Anhalt**, LRiG v 1. 4. 93, GVBl 170, **Schleswig-Holstein** RiG idF v 23. 1. 92, GVBl 46, **Thüringen** RiG v 17. 5. 94, GVBl 485. Innerhalb der rahmenrechtlichen Bindung ist der Landesgesetzgeber (nur) durch den allgemeinen Gleichheitssatz beschränkt, BVerfG DRiZ **76**, 118 (betr Bildung des Präsidialrats, § 74, dazu BayVerfGH DRiZ **75**, 344).

2   2) **Unmittelbar geltendes Recht** enthalten §§ 71 III, 80–82.

3   3) **Ergänzt** wird der 3. Teil durch die Vorschriften des 1. Teils nebst den sich auf dessen Vorschriften beziehenden Überleitungsbestimmungen, §§ 105 ff. Auch diese Vorschriften gelten unmittelbar. Das gleiche gilt für das Bundesbesoldungsgesetz, § 1 I 1 Z 2 BBesG, und im Rahmen des DRiG für das Beamtenversorgungsgesetz, § 1 II BeamtVG, vgl § 46 Rn 3.

4   4) **In den neuen Bundesländern** gilt der 3. Teil mit bestimmten Maßgaben. Übergangsvorschrift für Bezüge, Versorgung, Mutterschutz, Urlaub, Reise- und Umzugskosten sowie Trennungsgeld: EV Anl I Kap III Sachgeb A Abschn III Z 8 w. Wegen der seit dem 3. 10. 90 dort erlassenen Landesrichtergesetze s oben Rn 1.

§ 71. *Bindung an Rahmenvorschriften.* [I] ¹Die Länder sind verpflichtet, die Rechtsverhältnisse der Richter gemäß den §§ 72 bis 84 und, soweit dieses Gesetz nicht anderes bestimmt, auf der Grundlage des Kapitels I des Beamtenrechtsrahmengesetzes zu regeln. ²Sie haben dabei die gemeinsamen Interessen von Bund und Ländern zu berücksichtigen.

[II] Soweit die unabhängige Stelle (§§ 61, 62 des Beamtenrechtsrahmengesetzes) für Angelegenheiten der Richter zuständig ist, muß mindestens die Hälfte ihrer Mitglieder Richter sein.

[III] Für die Richter im Landesdienst gelten §§ 123 bis 132 des Beamtenrechtsrahmengesetzes entsprechend, soweit dieses Gesetz nicht anderes bestimmt.

1   **Bem.** Zu I u II s Vorbem Rn 1. Zu III: Das Beamtenrechtsrahmengesetz gilt idF v 31 3. 99, BGBl 654. Wichtig sind vor allem auch die Bestimmungen in den §§ 126 u 127 BRRG über den Verwaltungsrechtsweg, das Vorverfahren und die Erweiterung der Revision. Vgl i ü **§ 46 Rn 2 u § 78 Rn 1.**

§ 71a. *Anwendung des Beamtenversorgungsgesetzes.* Die Abschnitte I bis XIII des Beamtenversorgungsgesetzes gelten entsprechend für die Versorgung der Richter im Landesdienst, soweit dieses Gesetz nichts anders bestimmt.

1   **Bem.** Vgl BeamtVG idF v 16. 3. 99, BGBl 322 u 847. Jedoch bleibt es für die vor dem Inkrafttreten eingetretenen Versorgungsfälle bei dem bisherigen Recht (mit einigen Maßgaben), § 69 BeamtVG. Übergangsvorschrift für die neuen Bundesländer: Vorbem § 71 Rn 4.

§ 72. *Bildung des Richterrats.* ¹In den Ländern sind Richterräte zu bilden. ²Ihre Mitglieder werden durch die Richter unmittelbar und geheim aus ihrer Mitte gewählt.

1   **Bem.** In den neuen Bundesländern galten bis zur Neuregelung durch diese Länder die Bestimmungen des DDR-RiG v 5. 7. 90, DDR-GBl I 637 (Schönfelder II Nr 310), EV Anl I Kap III Sachgeb A Abschn III Z 8 r und s, dazu Schmidt-Räntsch DtZ **91**, 36.

§ 73. *Aufgaben des Richterrats.* Der Richterrat hat mindestens folgende Aufgaben:
1. Beteiligung an allgemeinen und sozialen Angelegenheiten der Richter,
2. gemeinsame Beteiligung mit der Personalvertretung an allgemeinen und sozialen Angelegenheiten, die sowohl Richter als auch Bedienstete des Gerichts betreffen.

**Bem.** S bei § 72.

§ 74. *Bildung des Präsidialrats.* [I] ¹Für jeden Gerichtszweig ist ein Präsidialrat zu bilden. ²Für mehrere Gerichtszweige kann durch Gesetz die Bildung eines gemeinsamen Präsidialrats vorgeschrieben werden.

II Der Präsidialrat besteht aus dem Präsidenten eines Gerichts als Vorsitzendem und aus Richtern, von denen mindestens die Hälfte durch die Richter zu wählen sind.

**Bem.** Vgl Schnellenbach NWVBl 89, 329, Buschmann RiA 82, 44. Die neuen Bundesländer hatten bis zum 31. 12. 92 die nötigen Regelungen über die Einführung von Präsidialräten zu treffen, EV Anl I Kap III Sachgeb A Abschn III Z 8 s.

**§ 75.** *Aufgaben des Präsidialrats.* [1] [1]Der Präsidialrat ist an der Ernennung eines Richters für ein Amt mit höherem Endgrundgehalt als dem eines Eingangsamts zu beteiligen. [2]Er gibt eine schriftlich begründete Stellungnahme ab über die persönliche und fachliche Eignung des Richters.

II Dem Präsidialrat können weitere Aufgaben übertragen werden.

**Bem.** Vgl Bem zu § 74; zu I 2 s die Erläuterung zu § 57, zum Vorschlagsrecht des Präsidialrates Priepke DRiZ 89, 409. Rechtsschutz des Präsidialrats im VerwRweg, OVG Kblz NVwZ-RR 91, 36 = DVBl 91, 719 (betr einstwAnO). Wegen der Rechtslage in den neuen Bundesländern s bei § 74.

**§ 76.** *Altersgrenze.* [1]Die Altersgrenze der Richter ist durch Gesetz zu bestimmen.

II Der Eintritt in den Ruhestand kann nicht hinausgeschoben werden.

III Durch Gesetz kann bestimmt werden, daß entsprechend § 48 Abs. 3 ein Richter auf seinen Antrag vorzeitig in den Ruhestand zu versetzen ist.

**Bem.** Altersgrenze ist allgemein die Vollendung des 65. Lebensjahres. In den neuen Bundesländern richtete sie sich bis zu der inzwischen erfolgten Neuregelung nach den vor dem 3. 10. 90 geltenden Vorschriften, EV Anl I Kap III Sachgeb A Abschn III Z 8 t. Jetzige Regelungen: Bra G v 10. 7. 91, GVBl I 288; Meckl-Vorpom § 5 LRiG; Sa § 61 X LRiG; Sa-Anh: G v 31. 7. 91, GVBl 224; Thür G v 11. 6. 91, GVBl 109. III eingefügt durch Art 6 Z 5 G v 24. 2. 97, BGBl 322, mWv 1. 7. 97, Art 15 § 3 des Ges.

**§ 76 a.** *Teilzeitbeschäftigung und Beurlaubung aus familiären Gründen.* Teilzeitbeschäftigung und Beurlaubung aus familiären Gründen sind entsprechend § 48 a Abs. 1 bis 5 zu regeln.

**Bem.** Neufassung durch Art 6 Z 6 G v 24. 2. 97, BGBl 322, mWv 1. 7. 97, Art 15 § 3 des Ges.

**§ 76 b.** *Beurlaubung aus Arbeitsmarktgründen.* [1] Durch Gesetz kann bestimmt werden, daß einem Richter wegen der Arbeitsmarktsituation, in der ein außergewöhnlicher Bewerberüberhang besteht und deshalb ein dringendes öffentliches Interesse daran gegeben ist, verstärkt Bewerber im öffentlichen Dienst zu beschäftigen,
1. auf Antrag Urlaub ohne Dienstbezüge bis zur Dauer von insgesamt sechs Jahren, mindestens von einem Jahr,
2. nach Vollendung des fünfundfünfzigsten Lebensjahres auf Antrag, der sich auf die Dauer bis zum Beginn des Ruhestandes erstrecken muß, Urlaub ohne Dienstbezüge

zu bewilligen ist.

II [1]Einem Antrag nach Absatz 1 darf nur entsprochen werden, wenn
1. zwingende dienstliche Gründe nicht entgegenstehen,
2. der Richter zugleich der Verwendung auch in einem anderen Richteramt zustimmt,
3. der Richter erklärt, während der Dauer des Bewilligungszeitraumes auf die Ausübung entgeltlicher Nebentätigkeiten zu verzichten und entgeltliche Tätigkeiten nach § 71 dieses Gesetzes in Verbindung mit § 42 Abs. 1 Satz 3 des Beamtenrechtsrahmengesetzes nur in dem Umfang auszuüben, wie er sie bei Vollzeitbeschäftigung ohne Verletzung dienstlicher Pflichten ausüben könnte.

[2]Wird die Verpflichtung nach Satz 1 Nr. 3 schuldhaft verletzt, ist die Bewilligung zu widerrufen. [3]Die zuständige Dienstbehörde darf trotz der Erklärung des Richters nach Satz 1 Nr. 3 Nebentätigkeiten genehmigen, soweit sie dem Zweck der Bewilligung des Urlaubs nicht zuwiderlaufen. [4]Die zuständige Dienstbehörde kann in besonderen Härtefällen eine Rückkehr aus dem Urlaub zulassen, wenn dem Richter die Fortsetzung des Urlaubs nicht zugemutet werden kann.

III [1]Der Urlaub darf eine Dauer von zwölf Jahren nicht überschreiten. [2]Urlaub nach Absatz 1 sowie Urlaub nach § 76 a dürfen zusammen eine Dauer von zwölf Jahren nicht überschreiten. [3]Im Falle des Absatzes 1 Nr. 2 finden die Sätze 1 und 2 keine Anwendung, wenn es dem Richter nicht mehr zuzumuten ist, zu einer Voll- oder Teilzeitbeschäftigung zurückzukehren.

IV Durch Gesetz ist vorzusehen, daß für die Bestimmung des Beginns des Ruhestandes im Sinne des Absatzes 1 Nr. 2 die bis zum 30. Juni 1997 geltenden Vorschriften über den Eintritt in den Ruhestand fortgelten, wenn vor dem 1. Juli 1997 Teilzeitbeschäftigung oder Urlaub nach § 76 a Abs. 2 Satz 1 Nr. 2 oder Nr. 4 in der bis zum 30. Juni 1997 geltenden Fassung dieses Gesetzes bewilligt worden ist.

V [1]Durch Gesetz kann bestimmt werden, daß einem Richter bis zum 31. Dezember 2004 Urlaub nach Absatz 1 Nr. 2 bereits nach Vollendung des fünfzigsten Lebensjahres zu bewilligen ist. [2]Absatz 3 Satz 1 und 2 ist mit der Maßgabe anzuwenden, daß die Dauer des Urlaubs fünfzehn Jahre nicht überschreiten darf.

**Bem.** Neufassung durch Art 6 Z 7 G v 24. 2. 97, BGBl 322, mWv 1. 7. 97, Art 15 § 3 des Ges. V mWv 1. 1. 99 angefügt durch Art 9 Z 4 VReformG v 29. 6. 98, BGBl 1666.

**§ 76 c. *Teilzeitbeschäftigung.*** ¹ ¹Durch Gesetz kann bestimmt werden, daß einem Richter auf Antrag Teilzeitbeschäftigung bis zur Hälfte des regelmäßigen Dienstes und bis zur jeweils beantragten Dauer zu bewilligen ist. ²Teilzeitbeschäftigung kann auch so geregelt werden, daß nach einer im voraus festgelegten Abfolge Phasen einer vollen dienstlichen Inanspruchnahme mit Phasen einer vollständigen oder teilweisen Freistellung vom regelmäßigen Dienst wechseln.

II ¹Einem Antrag nach Absatz 1 darf nur entsprochen werden, wenn
1. das Aufgabengebiet des richterlichen Amtes Teilzeitbeschäftigung zuläßt,
2. zwingende dienstliche Gründe nicht entgegenstehen,
3. der Richter zugleich zustimmt, mit Beginn oder bei Änderung der Teilzeitbeschäftigung und beim Übergang zur Vollzeitbeschäftigung auch in einem anderen Richteramt desselben Gerichtszweiges verwendet zu werden,
4. der Richter sich verpflichtet, während der Dauer des Bewilligungszeitraumes außerhalb des Richterverhältnisses berufliche Verpflichtungen nur in dem Umfang einzugehen, in dem nach § 71 dieses Gesetzes in Verbindung mit § 42 des Beamtenrechtsrahmengesetzes Richtern die Ausübung von Nebentätigkeiten gestattet ist.

²Ausnahmen von der Verpflichtung nach Nummer 4 sind nur zulässig, soweit dies mit dem Richterverhältnis vereinbar ist. ³§ 71 dieses Gesetzes in Verbindung mit § 42 Abs. 2 Satz 3 des Beamtenrechtsrahmengesetzes gilt mit der Maßgabe, daß von der regelmäßigen wöchentlichen Arbeitszeit ohne Rücksicht auf die Bewilligung von Teilzeitbeschäftigung auszugehen ist. ⁴Wird die Verpflichtung nach Satz 1 Nr. 4 schuldhaft verletzt, ist die Bewilligung zu widerrufen.

III ¹Über eine Änderung des Umfangs der Teilzeitbeschäftigung oder den Übergang zur Vollzeitbeschäftigung während der Dauer des Bewilligungszeitraumes entscheidet auf Antrag die zuständige Dienstbehörde. ²Sie kann in besonderen Härtefällen eine Änderung des Umfangs der Teilzeitbeschäftigung oder den Übergang zur Vollzeitbeschäftigung zulassen, wenn dem Richter die Teilzeitbeschäftigung im bisherigen Umfang nicht mehr zugemutet werden kann.

1 **Bem.** Eingefügt durch Art 6 Z 8 G v 24. 2. 97, BGBl 322, mWv 1. 7. 97, Art 15 § 3 des Ges; I 2 angefügt durch Art 1 G v 16. 7. 98, BGBl 1826, mWv 23. 7. 98.

**§ 76 d. *Freistellungen und berufliches Fortkommen.*** Teilzeitbeschäftigung und Beurlaubung nach § 76 a oder § 76 c dürfen das berufliche Fortkommen nicht beeinträchtigen; eine unterschiedliche Behandlung von Richtern mit Teilzeitbeschäftigung gegenüber Richtern mit Vollzeitbeschäftigung ist nur zulässig, wenn zwingende sachliche Gründe sie rechtfertigen.

1 **Bem.** Eingefügt durch Art 6 Z 9 G v 24. 2. 97, BGBl 322, mWv 1. 7. 97, Art 15 § 3 des Ges.

**§ 76 e. *Altersteilzeit.*** ¹ ¹Durch Gesetz kann bestimmt werden, daß einem Richter auf Antrag, der sich auf die Zeit bis zum Beginn des Ruhestandes erstrecken muß, Teilzeitbeschäftigung mit der Hälfte des regelmäßigen Dienstes zu bewilligen ist, wenn
1. das Aufgabengebiet des richterlichen Amtes Teilzeitbeschäftigung zuläßt,
2. der Richter das fünfundfünfzigste Lebensjahr vollendet hat,
3. er in den letzten fünf Jahren vor Beginn der Teilzeitbeschäftigung insgesamt mindestens drei Jahre vollzeitbeschäftigt war,
4. die Teilzeitbeschäftigung vor dem 1. August 2004 beginnt und
5. zwingende dienstliche Gründe nicht entgegenstehen

(Altersteilzeit). ²Bei Satz 1 Nr. 3 bleiben Teilzeitbeschäftigungen mit geringfügig verringerter Dienstzeit außer Betracht. ³Eine Regelung nach Satz 1 kann auf bestimmte Bereiche beschränkt werden.

II § 76 c Abs. 2 Satz 1 Nr. 4, Sätze 2 bis 4 gilt entsprechend.

**Bem.** Eingefügt mWv 14. 8. 98 durch Art 7 Z 3 iVm Art 14 I BBVAnpG 98 v 6. 8. 98, BGBl 2026.

**§ 77. *Errichtung von Dienstgerichten.*** I In den Ländern sind Dienstgerichte zu bilden.

II ¹Die Dienstgerichte entscheiden in der Besetzung mit einem Vorsitzenden und je zur Hälfte mit ständigen und nichtständigen Beisitzern. ²Alle Mitglieder müssen auf Lebenszeit ernannte Richter sein. ³Die nichtständigen Mitglieder sollen dem Gerichtszweig des betroffenen Richters angehören.

III ¹Die Mitglieder der Dienstgerichte werden von dem Präsidium des Gerichts bestimmt, bei dem das Dienstgericht errichtet ist. ²Die Landesgesetzgebung kann das Präsidium an Vorschlagslisten, die von den Präsidien anderer Gerichte aufgestellt werden, binden. ³Der Präsident eines Gerichts oder sein ständiger Vertreter kann nicht Mitglied eines Dienstgerichts sein.

1 **Bem.** Zu III s BGH DRiZ 98, 21.

**§ 78. *Zuständigkeit des Dienstgerichts.*** Das Dienstgericht entscheidet
1. in Disziplinarsachen, auch der Richter im Ruhestand;
2. über die Versetzung im Interesse der Rechtspflege;
3. bei Richtern auf Lebenszeit oder auf Zeit über die
   a) Nichtigkeit einer Ernennung,
   b) Rücknahme einer Ernennung,
   c) Entlassung,

d) Versetzung in den Ruhestand wegen Dienstunfähigkeit,
e) eingeschränkte Verwendung wegen begrenzter Dienstunfähigkeit;
4. bei Anfechtung
   a) einer Maßnahme wegen Veränderung der Gerichtsorganisation,
   b) der Abordnung eines Richters gemäß § 37 Abs. 3,
   c) einer Verfügung, durch die ein Richter auf Probe oder kraft Auftrags entlassen, durch die seine Ernennung zurückgenommen oder die Nichtigkeit seiner Ernennung festgestellt oder durch die er wegen Dienstunfähigkeit in den Ruhestand versetzt wird,
   d) der Heranziehung zu einer Nebentätigkeit,
   e) einer Maßnahme der Dienstaufsicht aus den Gründen des § 26 Abs. 3,
   f) einer Verfügung über Ermäßigung des Dienstes oder Beurlaubung nach den §§ 76 a bis 76 c.

**Bem.** Z 3 e eingefügt und Z 4 f geänd mWv 1. 1. 99 durch Art 9 Z 5 VReformG v 29. 6. 98, BGBl 1 1666; vgl dazu §§ 34 u 62 sowie § 26 a BRRG u § 42 a BBG. Der Zuständigkeitskatalog darf durch die Landesgesetzgebung nur insoweit erweitert werden, als es sich um Verfahren handelt, die in engem sachlichem Zusammenhang mit den in § 78 genannten Verfahren stehen, BVerfG DtZ **93**, 20 mwN. In den Angelegenheiten des § 78 entfällt jeder andere Rechtsweg, auch für den vorläufigen Rechtsschutz, VGH Kassel AS **29**, 6. Zu 1: Die nötigen Disziplinarvorschriften werden von den Ländern erlassen; in den neuen Bundesländern ist bis zur Neuregelung die Disziplinarordnung v 1. 8. 90, DDR-GBl I 1061 (Schönfelder II Nr 310 b) anzuwenden, EV Anl I Kap III Sachgeb A Abschn III Z 8 v. Unter Z 3 d fällt auch die Nachprüfung einer in diesem Zusammenhang erlassenen Untersuchungsanordnung, BGH NJW **81**, 2011. Zu Z 4 c s BayDGH NVwZ-RR **91**, 154 (betr sofortige Vollziehung). Z 4 gilt entsprechend für die Übertragung eines weiteren Richteramtes nach § 27 II bzw § 22 II GVG, BGH **67**, 162, NJW **85**, 1084.

**§ 79. *Rechtszug.*** [1]Das Verfahren vor den Dienstgerichten besteht aus mindestens zwei Rechtszügen.

II In den Fällen des § 78 Nr. 2, 3 und 4 steht den Beteiligten die Revision an das Dienstgericht des Bundes nach Maßgabe des § 80 zu.

III Die Landesgesetzgebung kann in den Fällen des § 78 Nr. 1 die Revision an das Dienstgericht des Bundes vorsehen.

**Bem.** Aus § 79 II und 80 folgt, daß der Landesgesetzgeber in den in II genannten Fällen als Abschluß des landesrechtlichen Verfahrens eine der Revision zugängliche Entscheidung vorsehen muß.

**§ 80. *Revision im Versetzungsverfahren und im Prüfungsverfahren.*** I [1]Für die Revision im Versetzungsverfahren und im Prüfungsverfahren gelten die Vorschriften der Verwaltungsgerichtsordnung sinngemäß. [2]Der Oberbundesanwalt wirkt an dem Verfahren nicht mit.

II Die Revision ist stets zuzulassen.

III Die Revision kann nur darauf gestützt werden, daß das Urteil auf der Nichtanwendung oder unrichtigen Anwendung einer Rechtsnorm beruht.

**Bem.** Im Revisionsverfahren besteht kein Anwaltszwang, weil § 67 I VwGO nicht sinngemäß anzuwenden ist, BGH MDR **89**, 257 u **84**, 489 mwN. Zur Revisionsbegründung s BGH DRiZ **98**, 21. § 565 a ZPO gilt entspr, BGH NJW **86**, 2705.

**§ 81. *Zulässigkeit der Revision im Disziplinarverfahren.*** I [1]Soweit die Landesgesetzgebung im Disziplinarverfahren die Revision an das Dienstgericht des Bundes vorgesehen hat (§ 79 Abs. 3), kann die Revision vorbehaltlich des Absatzes 3 nur eingelegt werden, wenn sie von dem Dienstgericht des Landes zugelassen worden ist. [2]Sie ist nur zuzulassen, wenn
1. die Rechtssache grundsätzliche Bedeutung hat oder
2. das Urteil von einer Entscheidung des Dienstgerichts des Bundes abweicht und auf dieser Abweichung beruht.

II [1]Die Nichtzulassung der Revision kann selbständig durch Beschwerde innerhalb zweier Wochen nach Zustellung des Urteils angefochten werden. [2]Die Beschwerde ist bei dem Gericht einzulegen, dessen Entscheidung angefochten werden soll. [3]In der Beschwerdeschrift muß die grundsätzliche Bedeutung der Rechtssache dargelegt oder die Entscheidung des Dienstgerichts des Bundes, von dem das angefochtene Urteil abweicht, bezeichnet werden. [4]Die Einlegung der Beschwerde hemmt die Rechtskraft des Urteils. [5]Wird der Beschwerde nicht abgeholfen, so entscheidet das Dienstgericht des Bundes durch Beschluß. [6]Der Beschluß bedarf keiner Begründung, wenn die Beschwerde einstimmig verworfen oder zurückgewiesen wird. [7]Mit Ablehnung der Beschwerde durch das Dienstgericht des Bundes wird das Urteil rechtskräftig. [8]Wird der Beschwerde stattgegeben, so beginnt mit Zustellung des Beschwerdebescheides die Revisionsfrist.

III Einer Zulassung bedarf es nicht, wenn als wesentliche Mängel des Verfahrens gerügt werden, daß
1. das erkennende Gericht nicht vorschriftsmäßig besetzt war,
2. bei der Entscheidung ein Richter mitgewirkt hat, der von der Ausübung des Richteramts kraft Gesetzes ausgeschlossen oder wegen Besorgnis der Befangenheit mit Erfolg abgelehnt war, oder
3. die Entscheidung nicht mit Gründen versehen ist.

**Bem.** Zur Zulassung der Revision BGH DRiZ **84**, 195; vgl auch § 546 ZPO Rn 10 ff.

**§ 82.** *Revisionsverfahren im Disziplinarverfahren.* [I] [1]Die Revision ist bei dem Gericht, dessen Urteil angefochten wird, innerhalb zweier Wochen nach Zustellung des Urteils oder nach Zustellung des Beschlusses über die Zulassung der Revision schriftlich oder durch schriftlich aufzunehmende Erklärung vor der Geschäftsstelle einzulegen und spätestens innerhalb zweier weiterer Wochen zu begründen. [2]In der Begründung ist anzugeben, inwieweit das Urteil angefochten wird, welche Änderungen des Urteils beantragt und wie diese Anträge begründet werden. [3]§ 80 Abs. 3 gilt entsprechend.

[II] Das Dienstgericht des Bundes ist an die in dem angefochtenen Urteil getroffenen tatsächlichen Feststellungen gebunden, es sei denn, daß zulässige und begründete Revisionsgründe gegen diese Feststellungen vorgebracht sind.

[III] [1]§ 80 Abs. 1 Satz 2 und Abs. 2, § 85 Abs. 1 Nr. 1, Abs. 2 und 3 und § 87 der Bundesdisziplinarordnung gelten sinngemäß. [2]Das Urteil kann nur auf Zurückweisung der Revision oder auf Aufhebung des angefochtenen Urteils lauten.

**§ 83.** *Verfahrensvorschriften.* Disziplinarverfahren, Versetzungsverfahren und Prüfungsverfahren sind entsprechend § 63 Abs. 2, § 64 Abs. 1, §§ 65 bis 68 zu regeln.

**§ 84.** *Verfassungsrichter.* Das Landesrecht bestimmt, wieweit dieses Gesetz für die Mitglieder des Verfassungsgerichts eines Landes gilt.

**§§ 85–108** (nicht abgedruckt)

### Vierter Teil. Übergangs- und Schlußvorschriften

**§ 109.** *Befähigung zum Richteramt.* Wer am 16. September 1984 im Geltungsbereich dieses Gesetzes zum Richteramt befähigt ist, behält diese Befähigung.

1 **Bem.** Die Vorschrift ist durch Art 1 Z 2 des 3. ÄndG v 25. 7. 84, BGBl 995, neu gefaßt worden. Im Hinblick auf die seinerzeitige, mWv 16. 9. 84 in Kraft getretene Änderung des § 5 wahrt sie den Besitzstand für diejenigen, die nach den bis zu diesem Tage geltenden Bestimmungen die Befähigung zum Richteramt erlangt haben, ohne eine zweistufige Ausbildung durchlaufen zu haben; vgl die Erläuterungen zu den §§ 5–5 d.

(Im übrigen wird von einem Abdruck des Gesetzes abgesehen)

# I. B. Bayerisches Gesetz zur Ausführung des Gerichtsverfassungsgesetzes und von Verfahrensgesetzen des Bundes (AGGVG)

vom 23. 6. 81, BayRS 300–1–1–J, zuletzt geändert durch G v 11. 7. 98 (GVBl 414)

(auszugsweise)

Bearbeiter: Dr. Albers

**Schrifttum:** *Herbst,* F Odersky 1996 S 561; *derselbe,* Das BayObLG – Geschichte und Gegenwart, 1993; *Sprau,* Justizgesetze in Bayern, 1988; *Ostler,* Bayerische Justizgesetze, 4. Aufl 1986.

### Abschnitt I. Gerichte

*Oberstes Landesgericht*

**Art. 10.** Das Oberste Landesgericht wird mit einem Präsidenten sowie mit Vorsitzenden Richtern und weiteren Richtern besetzt.

1 **Bem.** Für das ObLG gelten die Bestimmungen des GVG über Geschäftsverteilung, Vertretung und Besetzung entsprechend, Art 7. Seinen Präsidenten ernennt die Staatsregierung, Art 1, dessen Ständigen Vertreter das Staatsministerium der Justiz, Art 4. Dieses bestimmt auch Zahl und Art der Senate, Art 5.

*Zuständigkeit des Obersten Landesgerichts*

**Art. 11.** [I] Dem Obersten Landesgericht wird die Verhandlung und Entscheidung über die zur Zuständigkeit des Bundesgerichtshofs gehörenden Revisionen in bürgerlichen Rechtsstreitigkeiten nach Maßgabe des § 8 des Einführungsgesetzes zum Gerichtsverfassungsgesetz zugewiesen

[II] (betr Strafsachen u. dgl.)

[III] Dem Obersten Landesgericht werden zugewiesen:
1. die Entscheidung über die weiteren Beschwerden in Grundbuchsachen und in den anderen Angelegenheiten der freiwilligen Gerichtsbarkeit einschließlich der Kostensachen, die der Kostenordnung unterliegen,
2. die Entscheidung über die Rechtsbeschwerden sowie die Verhandlung und Entscheidung über die Revisionen auf Grund des § 52 des Gesetzes über das gerichtliche Verfahren in Landwirtschaftssachen einschließlich des Beanstandungsverfahrens nach § 12 Abs. 3 des Bundesjagdgesetzes,
3. die Entscheidung über die Anträge auf gerichtliche Entscheidung gegen Bescheide des Staatsministeriums der Justiz über Anträge auf Anerkennung oder Nichtanerkennung ausländischer Entscheidungen in Ehesachen,
4. (nicht abgedruckt).

**Bem.** Zu I: Wegen der Einschränkungen in § 8 II EGGVG s die dortigen Erläuterungen. In den Fällen 1 des § 546 ZPO entscheidet über die Zuständigkeit für die Revision bindend das OLG, § 7 I EGZPO; in den Fällen der §§ 547, 554 b und 566 a ZPO ist die Revision beim ObLG einzulegen, das dann endgültig über die Zuständigkeit entscheidet, § 7 II EGZPO. Über die Vertretung durch einen RA hierbei vgl § 8 EGZPO. Das ObLG ist auch zuständig für die Entscheidung eines Zuständigkeitsstreites zwischen bay Gerichten, § 36 ZPO, und zwischen dem allgemeinen Senat und dem FamSenat eines bay OLG, Anm zu § 9 EGZPO. Zur Zuständigkeit in FGG-Sachen s BayObLGZ **96**, 275, BayObLG FamRZ **93**, 448, 449 u 450, jeweils mwN.

Zu III: Wegen Z 3 vgl § 328 ZPO Rn 68 ff. Die Zuweisung anderer Verfahren ist möglich, vgl VO v 2 2. 2. 88, GVBl 6, dazu BayObLGZ **93**, 268; frühere Zuweisungen wie zB für den Rechtsentscheid in Mietesachen, § 541 ZPO, sind durch die Umformung des Gesetzes nicht berührt worden, BayObLG in stRspr, vgl ZMR **84**, 356 mwN.

## II. Erlaß über Zustellungen, Ladungen, Vorführungen und Zwangsvollstreckungen bezüglich Soldaten der Bundeswehr

Neufassung v 23. 7. 98, VMBl 246, in Kraft seit der Veröffentlichung, Z 45 Erlaß (berücksichtigt bei den in Betracht kommenden Vorschriften; vgl im übrigen schon LG Münster MDR **78**, 427)

Bearbeiter: Dr. Dr. Hartmann

### A. Zustellungen an Soldaten

1. Für Zustellungen an Soldaten in gerichtlichen Verfahren gelten dieselben Bestimmungen wie für Zustellungen an andere Personen.
**Bem.** Vgl Mü RR **91**, 1470 (Privatwohnung als Zustellort). 1

2. Will ein mit der Zustellung Beauftragter (z. B. Gerichtsvollzieher, Post- oder Behördenbediensteter, Gerichtswachtmeister) in einer Truppenunterkunft einem Soldaten zustellen, so ist er von der Wache in das Geschäftszimmer der Einheit des Soldaten zu verweisen.

3. Ist der Soldat, dem zugestellt werden soll, sogleich zu erreichen, hat ihn der Kompaniefeldwebel auf das Geschäftszimmer zu rufen.

4. Ist der Soldat nicht sogleich erreichbar, hat der Kompaniefeldwebel dies dem mit der Zustellung Beauftragten mitzuteilen. Handelt es sich um einen in Gemeinschaftsunterkunft wohnenden Soldaten, kann der Beauftragte auf Grund von § 181 Abs. 2 der Zivilprozeßordnung (ZPO) oder der entsprechenden Vorschriften der Verwaltungszustellungsgesetze, z. B. § 11 Abs. 1 des Verwaltungszustellungsgesetzes des Bundes, eine Ersatzzustellung an den Kompaniefeldwebel – in dessen Abwesenheit an seinen Stellvertreter – durchführen. Die genannten Vorschriften sehen ihrem Wortlaut nach zwar nur eine Ersatzzustellung an den Hauswirt oder Vermieter vor, diesen ist der Kompaniefeldwebel nach seinen dienstlichen Aufgaben jedoch gleichzustellen.

5. Wird der Soldat, dem zugestellt werden soll, voraussichtlich längere Zeit abwesend sein, hat der Kompaniefeldwebel die Annahme des zuzustellenden Schriftstückes abzulehnen. Er hat dabei, sofern nicht Gründe der militärischen Geheimhaltung entgegenstehen, dem mit der Zustellung Beauftragten die Anschrift mitzuteilen, unter der der Zustellungsadressat zu erreichen ist.

6. Eine Ersatzzustellung an den Kompaniefeldwebel ist nicht zulässig, wenn der Soldat, dem zugestellt werden soll, innerhalb des Kasernenbereichs eine besondere Wohnung hat oder außerhalb des Kasernenbereichs wohnt. In diesen Fällen hat der Kompaniefeldwebel dem mit der Zustellung Beauftragten die Wohnung des Soldaten anzugeben.

7. Der Kompaniefeldwebel darf nicht gegen den Willen des Soldaten von dem Inhalt des zugestellten Schriftstückes Kenntnis nehmen oder den Soldaten auffordern, ihm den Inhalt mitzuteilen.

8. Der Kompaniefeldwebel hat Schriftstücke, die ihm bei der Ersatzzustellung übergeben worden sind, dem Adressaten sogleich nach dessen Rückkehr auszuhändigen. Über die Aushändigung hat er einen Vermerk zu fertigen, der nach einem Jahr zu vernichten ist.

9. Bei eingeschifften Soldaten ist in sinngemäßer Auslegung des § 181 Abs. 2 ZPO der Wachtmeister eines Schiffes bzw. der Kommandant eines Bootes – in dessen Abwesenheit sein Stellvertreter – an Bord zur Entgegennahme von Ersatzzustellungen befugt.

10. Diese Vorschriften gelten auch, wenn im disziplinargerichtlichen Verfahren ein Soldat eine Zustellung auszuführen hat (vgl. § 82 Abs. 2 und 3 der Wehrdisziplinarordnung).

### B. Ladungen von Soldaten

*a. Verfahren vor den Wehrdienstgerichten*
(hier nicht abgedruckt)

*b. Verfahren vor sonstigen deutschen Gerichten*

18. In Verfahren vor sonstigen deutschen Gerichten werden Soldaten als Parteien, Beschuldigte, Zeugen oder Sachverständige in derselben Weise wie andere Personen geladen. Die Ladung wird ihnen also auf Veranlassung des Gerichts oder der Staatsanwaltschaft zugestellt oder übersandt.

19. In Strafverfahren haben auch der Angeklagte, der Nebenkläger und der Privatkläger das Recht, Zeugen oder Sachverständige unmittelbar laden zu lassen. Ein Soldat, der eine solche Ladung erhält, braucht ihr jedoch nur dann zu folgen, wenn ihm bei der Ladung die gesetzliche Entschädigung, insbesondere für Reisekosten, bar angeboten oder deren Hinterlegung bei der Geschäftsstelle des Gerichts nachgewiesen wird.

20. Erhalten Soldaten eine Ladung zu einem Gerichtstermin, ist ihnen der erforderliche Sonderurlaub gemäß § 9 der Soldatenurlaubsverordnung – SUV – (ZDv 14/5 F 501) in Verbindung mit Nummer 72 der Ausführungsbestimmungen zur SUV (ZDv 14/5 F 511) zu gewähren.

21. Militärdienstfahrscheine oder Reisekostenerstattung erhalten die geladenen Soldaten nicht.

22. Soldaten, die von einem Gericht oder einer Justizbehörde als Zeugen oder Sachverständige geladen worden sind, erhalten von der Stelle, die sie vernommen hat, Zeugen- oder Sachverständigenentschädigung einschließlich Reisekosten. Sind Soldaten nicht in der Lage, die Reisekosten aufzubringen, können sie bei der Stelle, die sie geladen hat, die Zahlung eines Vorschusses beantragen.

23. Auch Soldaten, die als Parteien oder Beschuldigte in einem Zivil- oder Strafgerichtsverfahren geladen sind, können unter gewissen Voraussetzungen von der Stelle, die sie geladen hat, auf Antrag Reisekostenersatz und notfalls einen Vorschuß erhalten, wenn sie die Kosten der Reise zum Gericht nicht aufbringen können.

24. Kann die Entscheidung der nach Nummern 22 und 23 zuständigen Stellen wegen der Kürze der Zeit nicht mehr rechtzeitig herbeigeführt werden, ist, wenn ein Gericht der Zivil- oder Strafgerichtsbarkeit oder eine Justizbehörde die Ladung veranlaßt hat, auch das für den Wohn- oder Aufenthaltsort des Geladenen zuständige Amtsgericht zur Bewilligung des Vorschusses zuständig.

25. Ist mit der Möglichkeit zu rechnen, daß bei der Vernehmung dienstliche Angelegenheiten berührt werden, ist der Soldat bei Erteilung des Urlaubs über die Verschwiegenheitspflicht nach § 14 Abs. 1 und 2 des Soldatengesetzes (ZDv 14/5 B 101) zu belehren. Die Einholung einer etwa erforderlichen Aussagegenehmigung ist Sache des Gerichtes (vgl. § 376 Abs. 3 ZPO).

*c. Verfahren vor Gerichten der Stationierungsstreitkräfte*

26. Deutsche Soldaten werden ebenso wie andere Deutsche vor Gerichte der Stationierungsstreitkräfte über die zuständigen deutschen Staatsanwaltschaften geladen.

27. Soldaten, die als Zeugen oder Sachverständige vor Gerichte der Stationierungsstreitkräfte geladen werden, erhalten Zeugen- oder Sachverständigengebühren. Ein Anspruch auf Bewilligung eines Vorschusses durch deutsche Behörden oder Behörden der Stationierungsstreitkräfte besteht jedoch nicht.

28. Im übrigen gilt die Regelung nach Nummern 20, 21 und 25 entsprechend.

### C. Vorführungen von Soldaten

29. Soldaten, deren Vorführung von einem Gericht angeordnet worden ist, werden diesem nicht durch eine militärische Dienststelle, sondern durch die allgemeinen Behörden vorgeführt.

### D. Zwangsvollstreckungen gegen Soldaten

30. Zwangsvollstreckungen, auf die die Zivilprozeßordnung Anwendung findet, werden durch den dafür zuständigen Vollstreckungsbeamten, regelmäßig den Gerichtsvollzieher, auch gegen

Soldaten nach den allgemeinen Vorschriften durchgeführt. Eine vorherige Anzeige an die militärische Dienststelle ist erforderlich, auch im Interesse einer reibungslosen Durchführung der Vollstreckung. 31. Auch Vollstreckungen gegen Soldaten im Verwaltungszwangsverfahren, die der Vollziehungsbeamte der Verwaltungsbehörde vornimmt, werden nach den allgemeinen Vorschriften durchgeführt. Nummer 30 Satz 2 (vorherige Anzeige an die militärische Dienststelle) gilt auch hier.

32. Der Vollstreckungsbeamte ist befugt, in Sachen zu vollstrecken, die sich im Alleingewahrsam, d. h. in der alleinigen tatsächlichen Gewalt des Schuldners, befinden. Dies ist ihm zu ermöglichen.

33. Ein Soldat, der in der Gemeinschaftsunterkunft wohnt, hat Alleingewahrsam an ihm gehörenden Sachen, die sich in dem ihm zugewiesenen Wohnraum befinden. Der Vollstreckungsbeamte kann daher verlangen, daß ihm Zutritt zu dem Wohnraum des Soldaten gewährt wird, gegen den vollstreckt werden soll. Zur Durchsuchung benötigt der Vollstreckungsbeamte die Erlaubnis des zuständigen Amtsgerichts, es sei denn, der Schuldner willigt ein oder es besteht Gefahr im Verzug.

34. Dagegen hat ein Soldat regelmäßig keinen Alleingewahrsam an ihm gehörenden Sachen, die sich in anderen militärischen Räumen befinden. Anders liegt es nur, wenn der Soldat diese Sachen so aufbewahrt, daß sie nur seinem Zugriff unterliegen. Das würde z. B. zutreffen, wenn ein für die Waffenkammer zuständiger Soldat dort eigene Sachen in einem besonderen Spind verwahrt, zu dem nur er den Schlüssel hat. Nur wenn ein solcher Ausnahmefall vorliegt, kann der Vollstreckungsbeamte Zutritt zu anderen Räumen als dem Wohnraum des Soldaten verlangen.

35. Soweit Außenstehenden das Betreten von Räumen, Anlagen, Schiffen oder sonstigen Fahrzeugen aus Gründen des Geheimnisschutzes grundsätzlich untersagt ist, ist auch dem Vollstreckungsbeamten der Zutritt zu versagen, wenn Gründe der Geheimhaltung dies erfordern und es nicht möglich ist, durch besondere Vorkehrungen einen Geheimnisschutz zu erreichen.

36. Muß dem Vollstreckungsbeamten aus Gründen des Geheimnisschutzes das Betreten von Räumen, Anlagen, Schiffen oder sonstigen Fahrzeugen verweigert werden, hat der nächste Disziplinarvorgesetzte (oder ein von ihm beauftragter Dritter) dafür zu sorgen, daß die Vollstreckung trotzdem durchgeführt werden kann. Beispielsweise kann der Vorgesetzte veranlassen, daß die gesamte Habe des Soldaten dem Vollstreckungsbeamten an einem Ort zur Durchführung der Vollstreckung vorgelegt wird, den er betreten darf.

37. Bei jeder Zwangsvollstreckung, die in militärischen Räumen oder an Bord stattfindet, hat der Disziplinarvorgesetzte (oder ein von ihm beauftragter Dritter) des Schuldners anwesend zu sein. Er hat darauf hinzuwirken, daß durch die Zwangsvollstreckung kein besonderes Aufsehen erregt wird. Will der Vollstreckungsbeamte in Sachen des Bundes vollstrecken, hat der Vorgesetzte des Schuldners den Vollstreckungsbeamten auf die Eigentumsverhältnisse aufmerksam machen; er soll dies auch tun bei Sachen, die im Eigentum eines anderen Soldaten stehen. Zu Anweisungen an den Vollstreckungsbeamten ist der Vorgesetzte nicht befugt.

## E. Erzwingungshaft gegen Soldaten

38. Gemäß § 901 ZPO kann vom Zivilgericht gegen den Schuldner – auch bei Soldaten – Haft angeordnet werden, um die Abgabe einer eidesstattlichen Versicherung (§§ 807, 883 Abs. 2 ZPO) zu erzwingen. Die Verhaftung erfolgt durch den Gerichtsvollzieher auf Grund richterlichen Haftbefehls, der bei der Verhaftung dem Schuldner vorgezeigt und auf Verlangen abschriftlich mitgeteilt werden muß.

39. Nach § 910 ZPO hat der Gerichtsvollzieher vor der Verhaftung eines Beamten der vorgesetzten Dienstbehörde Mitteilung zu machen. Die Verhaftung darf erst erfolgen, nachdem für eine Vertretung gesorgt ist. Diese Vorschrift ist auf Soldaten entsprechend anzuwenden.

40. Zeigt ein Gerichtsvollzieher die bevorstehende Verhaftung eines Soldaten an, hat der zuständige Vorgesetzte ohne Verzug für dessen Vertretung zu sorgen und den Gerichtsvollzieher zu benachrichtigen, sobald sie sichergestellt ist.

41. Will ein Gerichtsvollzieher einen Soldaten ohne vorherige Benachrichtigung von dessen Vorgesetzten verhaften, weil er eine entsprechende Anwendung des § 910 ZPO nicht für gerechtfertigt hält, ist die Vertretung sicherzustellen und über den Vorgang zu berichten.

42. Für Angehörige der Besatzung eines Schiffes oder Bootes der Marine findet darüber hinaus § 904 Nr. 3 ZPO Anwendung, wonach die Erzwingungshaft gegen die zur Besatzung eines Seeschiffes gehörenden Personen unstatthaft ist, wenn sich das Schiff auf der Reise befindet und nicht in einem Hafen liegt. Die Reise ist angetreten, wenn das Schiff oder Boot mit dem Ablegen begonnen hat. Lehnt es ein Gerichtsvollzieher ab, § 904 Nr. 3 ZPO anzuwenden, gilt Nr. 41 entsprechend.

43. Die vorstehenden Regelungen gelten auch für den Sicherheitsarrest nach § 933 ZPO sowie sonstige Haft, auf die die Erzwingungshaftbestimmungen der Zivilprozeßordnung anzuwenden sind (z. B. bei der Vollstreckung nach § 6 Abs. 1 Nr. 1 der Justizbeitreibungsordnung, nach § 85 des Arbeitsgerichtsgesetzes, nach § 167 der Verwaltungsgerichtsordnung, nach §§ 198 und 200 des Sozialgerichtsgesetzes sowie nach §§ 284, 315 und 334 Abs. 3 der Abgabenordnung), sowie für die Ersatzzwangshaft nach § 16 Abs. 3 des Verwaltungsvollstreckungsgesetzes des Bundes und den entsprechenden Vorschriften des Landesrechts. Sie gelten nicht für den Vollzug anderer, insbesondere strafprozessualer Haftbefehle.

## III. Zusatzabkommen zum NATO-Truppenstatut

vom 3. 8. 1959, BGBl **61** II 1218, zuletzt geändert durch das ÄndAbk vom 18. 3. 93, BGBl **94** II 2598

### nebst Gesetz zum NATO-Truppenstatut und zu den Zusatzvereinbarungen (NTrStatutG)

vom 18. 8. 1961, BGBl II 1183, zuletzt geändert durch Art 2 G vom 28. 9. 94, BGBl II 2594
(auszugsweise)

Bearbeiter: Dr. Dr. Hartmann

**Schrifttum:** *Burkhardt/Granow* NJW **95**, 424, *Schwenk* NJW **76**, 1562, *Sennekamp* NJW **83**, 2733; StJ vor § 1 V C 3. Vgl ferner die Mitteilung in NJW **87**, 1126 und 2136 (Zuständigkeitsbereiche der Services Liaison Officers für die britischen Streitkräfte).

### Einleitung

1  1) **Entwicklung.** Mit dem 5. 5. 55 ist das AHKG 13, das die deutsche Gerichtsbarkeit beschränkte, vgl 23. Aufl SchlAnh IV A, durch den Art 3 des AHKG A–37 v 5. 5. 55, AHKBl 3267, aufgehoben worden. Auch die in den damaligen westlichen Besatzungszonen ergangenen Ausführungsbestimmungen und Anordnungen wurden aufgehoben. Durch die Bonner Verträge wurde die deutsche Gerichtsbarkeit in Zivilsachen in vollem Umfang wiederhergestellt. Gleichzeitig wurde eine Regelung für die in der BRep verbleibenden Truppen getroffen. Das Nähere regelte der Truppenvertrag Art 9 ff. Er enthielt auch eine Reihe von allgemeinen Bestimmungen im Interesse der Durchführung von solchen Verfahren, an denen Mitglieder der ausländischen Streitkräfte in der BRep beteiligt waren, Art 11–16.

2  2) **NATO-Truppenstatut.** Die BRep ist der NATO, für die das Abkommen über die Rechtsstellung ihrer Truppen v 19. 6. 51, BGBl **61** II 1190, als völkerrechtlicher Vertrag gilt, BGH **87**, 326, und zu dem ihre Partner ein Zusatzabkommen v 3. 8. 59, BGBl **61** II 1218, zuletzt geändert durch das ÄndAbk v 18. 3. 93, BGBl **94** II, 2598, dazu G v 28. 9. 94, BGBl II 2594, im Hinblick auf den Beitritt der BRep geschlossen haben, durch das G v 18. 8. 61, BGBl II 1183, beigetreten. Die BRep ist damit auch dem Zusatzabkommen und dem zugehörigen Unterzeichnungsprotokoll v 3. 8. 59, BGBl **61** II 1313 (zuletzt geändert durch Art 28 des ÄndAbk v 18. 3. 93, BGBl **94** II 2598), Art 1 I NTrStG, beigetreten. Infolge des Beitritts und der vom Bundestag erteilten Zustimmung ist unter anderem auch der Truppenvertrag außer Kraft getreten, Art 1 II NTrStG. Die Neuregelung ist für die BRep am 1. 7. 63 in Kraft getreten, Bek v 16. 6. 63, BGBl II 745, BGBl I 428. Wegen der vorher verursachten Schäden vgl zB BGH VersR **73**, 54 und 156. Das Gesetz ist zuletzt durch Gesetz v 28. 9. 94, BGBl II 2594, noch nicht in Kraft, Art 5 I 2 G, geändert worden. Das Zusatzabkommen gilt für die BRep (dazu die Länderverordnung wegen der Zuständigkeit, zB Nordrhein-Westfalen v 13. 2. 73, GVBl 62), ferner für Belgien, Frankreich, Kanada, die Niederlande, das Vereinigte Königreich und die Vereinigten Staaten von Nordamerika. Vgl ferner zB den Beschaffungsvertrag zwischen den USA und der BRep, BGBl **61** II 1382. Wegen der anderen an der „Partnerschaft für den Frieden" teilnehmenden Staaten vgl das Übk v 19. 6. 95, BGBl **98** II 1340.

3  3) **Zusatzabkommen.** Das Zusatzabkommen, das für die BRep durch die in Rn 2 dargestellten Vorgänge zum Gesetz geworden ist, enthält Bestimmungen über den Anspruch der betroffenen Personen über Zustellungen an die betroffenen Personen, über eine Vollstreckung ihnen gegenüber, über ihre Ladung, über ihr Erscheinen vor Gericht, über eine Aussagegenehmigung, über den Ausschluß der Öffentlichkeit. Das Gesetz zum NATO-Truppenstatut und zu den Zusatzvereinbarungen enthält teilweise die zugehörigen Ausführungsbestimmungen. Das Unterzeichnungsprotokoll zum Zusatzabkommen enthält Ergänzungsvorschriften zum Abkommen und Anpassungsvorschriften an das NATO-Truppenstatut, das die Grundlage bildet. Ein Unterzeichnungsprotokoll, zuletzt geändert durch das Abkommen vom 16. 5. 94, BGBl II 3712, dazu Gesetz vom 23. 11. 94, BGBl II 3710, enthält einige hier nicht einschlägige Einzelheiten. Dasselbe gilt von einem Notenwechsel zum NATO-Truppenstatut, zuletzt geändert am 12. 9. 94, BGBl II 3716, dazu Gesetz vom 23. 11. 94, BGBl II 3714 (die Protokollnotiz zu Nr 3 des Notenwechsels, BGBl **94** II 3719, legt fest, daß ein möglichst großzügiger Maßstab anzulegen ist).

4  4) **Stationierungsschäden.** Das NATO-Truppenstatut, das Zusatzabkommen nebst seinem Unterzeichnungsprotokoll sowie das deutsche Gesetz zum NATO-Truppenstatut und zu den Zusatzvereinbarungen enthalten ferner Bestimmungen über Stationierungsschäden, dazu Geißler NJW **80**, 2615 (ausf), einschließlich solcher Schadensersatz verpflichtenden Handlungen oder Unterlassungen im Aufnahmestaat, die nicht in der Ausübung des Dienstes begangen worden sind, Art VIII NTrSt, Art 41 ZusAbk, dazu Schwenk Beilage 4 zu BB **72**, Heft 13 (hier nicht berücksichtigt). Die Regelung des NATO-Truppenstatuts ist aber nicht ausdehnend auslegbar, BGH **87**, 327. Wegen etwaiger Besatzungsschäden aus der Kriegszeit und aus der ersten Nachkriegszeit BVerfG **27**, 253.

*NTruppStatut Art 1. Begriffsbestimmungen.* [1] In diesem Abkommen bedeutet der Ausdruck

a) „Truppe" das zu den Land-, See- oder Luftstreitkräften gehörende Personal einer Vertragspartei, wenn es sich im Zusammenhang mit seinen Dienstobliegenheiten in dem Hoheitsgebiet einer anderen Vertragspartei innerhalb des Gebietes des Nordatlantikvertrages befindet, mit der Maßgabe jedoch, daß die beiden beteiligten Vertragsparteien vereinbaren können, daß gewisse Personen, Einheiten oder Verbände nicht als eine „Truppe" im Sinne dieses Abkommens oder als deren Bestandteil anzusehen sind.

b) „Ziviles Gefolge" das die Truppe einer Vertragspartei begleitende Zivilpersonal, das bei den Streitkräften dieser Vertragspartei beschäftigt ist, soweit es sich nicht um Staatenlose handelt oder um Staatsangehörige eines Staates, der nicht Partei des Nordatlantikvertrages ist, oder um Staatsangehörige des Staates, in welchem die Truppe stationiert ist, oder um Personen, die dort ihren gewöhnlichen Aufenthalt haben.

c) „Angehöriger" den Ehegatten eines Mitglieds einer Truppe oder eines zivilen Gefolges, sowie ein dem Mitglied gegenüber unterhaltsberechtigtes Kind,

d) „Entsendestaat" die Vertragspartei, der die Truppe angehört,

e) „Aufnahmestaat" die Vertragspartei, in deren Hoheitsgebiet sich die Truppe oder das zivile Gefolge befinden, sei es, daß sie dort stationiert oder auf der Durchreise sind,

f) „Militärbehörden des Entsendestaates" diejenigen Behörden eines Entsendestaates, die nach dessen Recht befugt sind, das Militärrecht dieses Staates auf die Mitglieder seiner Truppen oder zivilen Gefolge anzuwenden,

g) „Nordatlantikrat" den gemäß Artikel 9 des Nordatlantikvertrags errichteten Rat oder die zum Handeln in seinem Namen befugten nachgeordneten Stellen.

II ...

**1) Betroffener Personenkreis.** Durch das Unterzeichnungsprotokoll, Einl 2, wird zu Art I Abs 1 a noch festgestellt, daß die BRep entsprechend Art 1 III G v 23. 10. 54, BGBl 55 II 253, auch solche Streitkräfte als Truppe ansieht, die sich vorübergehend in der BRep aufhalten. Unter a–c fallen ferner die Mitglieder der in Berlin befindlichen Streitkräfte, ferner deren ziviles Gefolge und deren Angehörige, solange sie sich als Urlauber im Bundesgebiet aufhalten. Bestandteil der Truppe sind auch die amerikanischen Stellen der EES, AFEX, AFN, Stars and Stripes. Nicht zur Truppe gehören Militärattachés, Mitglieder ihrer Stäbe und sonstige Militärpersonen, die sich auf Grund diplomatischer Mission oder aus einem anderen besonderen Grund in der BRep aufhalten.

Als ein *Angehöriger* im Sinne von c gilt auch ein naher Verwandter des Mitglieds einer Truppe oder eines zivilen Gefolges, der von diesem Mitglied aus wirtschaftlichen oder gesundheitlichen Gründen abhängig ist, von ihm unterhalten wird, seine Wohnung teilt und sich mit einer Genehmigung der Truppe im Bundesgebiet aufhält, Art 2 II a ZusAbk. Die Eigenschaft als ein Angehöriger behält eine Person nach dem Tod oder nach der Versetzung des Truppenmitglieds noch für die Dauer von 90 Tagen, sofern sie sich weiter im Bundesgebiet aufhält, Art 2 II b ZusAbk.

*Art. 31. Keine Sicherheitsleistung für Prozeßkosten.* ¹Die Mitglieder einer Truppe oder eines zivilen Gefolges genießen hinsichtlich der Befreiung von der Sicherheitsleistung für Prozeßkosten die Rechte, die in den auf diesem Gebiet zwischen der Bundesrepublik und dem betreffenden Entsendestaat geltenden Abkommen festgesetzt sind. ²Die dienstliche Anwesenheit der genannten Personen im Bundesgebiet gilt für die Anwendung dieser Abkommen als ständiger Aufenthalt.

**1) Geltungsbereich.** Angehörige werden nicht genannt. Das Unterzeichnungsprotokoll zu Art 31 nennt für das Verhältnis zu Frankreich noch Art 17–24 HZPrAbk v 1905. Inzwischen gilt zwischen beiden Staaten das HZPrÜbk, Einl IV. Wegen der übrigen Vertragsstaaten § 110 Anh.

*Art. 32. Zustellungen.* ¹ (a) Deutsche Gerichte und Behörden können in nicht strafrechtlichen Verfahren eine Verbindungsstelle, die von jedem Entsendestaat errichtet oder bestimmt wird, um die Durchführung der Zustellung von Schriftstücken an Mitglieder einer Truppe, eines zivilen Gefolges oder an Angehörige ersuchen.

(b) ¹Die Verbindungsstelle bestätigt unverzüglich den Eingang jedes Zustellungsersuchens, das ihr von einem deutschen Gericht oder einer deutschen Behörde übermittelt wird. ²Die Zustellung ist bewirkt, wenn das zuzustellende Schriftstück dem Zustellungsempfänger von dem Führer seiner Einheit oder einem Beauftragten der Verbindungsstelle übergeben ist. ³Das deutsche Gericht oder die deutsche Behörde erhält unverzüglich eine Urkunde über die vollzogene Zustellung.

(c) (i) ¹Kann die Zustellung nicht erfolgen, so teilt die Verbindungsstelle dem deutschen Gericht oder der deutschen Behörde schriftlich die Gründe hierfür mit und nach Möglichkeit den Tag, an dem die Zustellung erfolgen kann. ²Die Zustellung gilt als bewirkt, wenn das deutsche Gericht oder die deutsche Behörde binnen einundzwanzig Tagen, gerechnet vom Datum des Eingangs bei der Verbindungsstelle an, weder eine Urkunde über die vollzogene Zustellung nach Buchstabe (b) noch eine Mitteilung erhalten hat, daß die Zustellung nicht erfolgen konnte.

(ii) Die Zustellung ist jedoch nicht als bewirkt anzusehen, wenn vor Ablauf der Frist von einundzwanzig Tagen die Verbindungsstelle dem deutschen Gericht oder der deutschen Behörde mitteilt, daß die Zustellung nicht erfolgen konnte.

(ii^bis) Hat die Person, an die die Zustellung erfolgen soll, die Bundesrepublik auf Dauer verlassen, so teilt die Verbindungsstelle dies dem deutschen Gericht oder der deutschen Behörde umgehend mit und leistet dem deutschen Gericht oder der deutschen Behörde unter Berücksichtigung des Artikels 3 Absatz (3) alle in ihrer Macht liegende Unterstützung.

(iii) ¹In dem unter Ziffer (ii) vorgesehenen Fall kann die Verbindungsstelle auch bei dem deutschen Gericht oder der deutschen Behörde unter Angabe der Gründe eine Fristverlängerung beantragen. ²Entspricht das deutsche Gericht oder die deutsche Behörde diesem Verlängerungsantrag, so finden die Ziffern (i) und (ii) auf die verlängerte Frist entsprechende Anwendung.

II ¹Wird durch deutsche Zusteller eine Klageschrift oder eine andere Schrift oder gerichtliche Verfügung, die ein nichtstrafrechtliches Verfahren vor einem deutschen Gericht oder einer deutschen Behörde einleitet, unmittelbar zugestellt, ist dies durch das deutsche Gericht oder die deutsche Behörde vor oder unverzüglich bei Vornahme der Zustellung der Verbindungsstelle schriftlich anzuzeigen. ²Der Inhalt der schriftlichen Anzeige richtet sich nach § 205 Zivilprozeßordnung, bei Angehörigen im rechtlich zulässigen Rahmen.

III ¹Stellt ein deutsches Gericht oder eine deutsche Behörde ein Urteil oder eine Rechtsmittelschrift zu, so wird, falls der betreffende Entsendestaat im Einzelfall oder allgemein darum ersucht, die Verbindungsstelle dieses Staates unverzüglich im rechtlich zulässigen Umfang unterrichtet, es sei denn die Verbindungsstelle selbst wird um die Zustellung ersucht oder der Zustellungsadressat oder ein anderer Verfahrensbeteiligter widerspricht der Unterrichtung. ²Das deutsche Gericht oder die deutsche Behörde unterrichtet die Verbindungsstelle über die Tatsache des Widerspruchs.

1  **1) Systematik, I, II.** Art 32 tritt (nur in seinem Geltungsbereich, AG Ffm DGVZ **93**, 157) an die Stelle der sonst geltenden Vorschriften der ZPO, vgl BGH **65**, 298, LG Aachen RR **90**, 1344, sofern nicht das deutsche Gericht oder die deutsche Behörde die Zustellung eines Urteils (und daher auch eines anderen Vollstreckungstitels, AG Ffm DGVZ **93**, 158, einschließlich eines Prozeßvergleichs, wohl auch eines Mahnbescheids) selbst vornimmt, II. In diesen letzteren Fällen bleibt auch eine Zustellung nach § 176 ZPO zulässig und kann notwendig sein, LG Aachen RR **90**, 1344, AG Vilbel DGVZ **85**, 122. Eine öffentliche Zustellung findet nur nach Maßgabe des Art 36 I ZusAbk statt. Wegen der 2-Monats-Klagefrist, Art 12 III NTrStG, vgl BGH **LM** § 512 ZPO Nr 4 und NJW **75**, 1601.

2  **2) Zustellung durch die Verbindungsstelle des Entsendestaats, I**, dazu *Auerbach* NJW **69**, 729: Jeder Entsendestaat errichtet oder bestimmt eine solche Verbindungsstelle. Wegen ihrer Anschriften Schwenk NJW **76**, 1564 FN 25. Diese Zustellungsart ist zulässig, aber nicht (mehr) zwingend. Sie gilt für alle Schriftstücke an Mitglieder einer Truppe, eines zivilen Gefolges oder an Angehörige, die ein Verfahren vor einem deutschen Gericht oder vor einer deutschen Behörde betreffen. Diese Zustellungsart gilt also auch für eine Widerklage, die dann nur durch die Einreichung eines Schriftsatzes erhoben werden kann, Anh § 253 Rn 16, sowie für einen Mahnbescheid, nicht aber für ein Gesuch auf den Erlaß eines Arrests oder einer einstweiligen Verfügung, wenn ein solches Gesuch nicht zugestellt wird, falls das Gericht dem Antrag ohne eine mündliche Verhandlung stattgibt.

Wenn das Gericht die vorstehenden Vorschriften *nicht beachtet*, ist die Vollstreckungshilfe gefährdet, obwohl das Gericht unter den Voraussetzungen des § 187 über die Mängel einer Zustellung hinweggehen und die ausländische Partei auf solche Mängel verzichten könnte, § 295. Eine Zustellung durch die Verbindungsstelle ist bei einem *Urteil* und bei einer *Rechtsmittelschrift* nicht erforderlich, III. Doch kann sich das Gericht oder die deutsche Behörde auch für eine solche Zustellung und für sonstige Zustellungen der Verbindungsstelle bedienen, I 2. Wegen des Personenkreises s oben Art I NTrStatut. Wegen der Zustellung durch die Verbindungsstelle und wegen der Bewirkung der Zustellung vgl I a–c. Die Verbindungsstelle hat auch die Möglichkeit, eine Fristverlängerung zu beantragen. Wegen der Anschrift der Verbindungsstelle für die USA-Streitkräfte und deren ziviles Gefolge vgl AnwBl **77**, 499.

3  **3) Zustellung durch deutsche Zusteller, II.** Soweit ein verfahrenseinleitendes Schriftstück durch deutsche Zusteller zugestellt wird, ist das der Verbindungsstelle anzuzeigen, und zwar grundsätzlich inhaltlich nach § 205 ZPO.

4  **4) Zustellung von Urteil oder Rechtsmittelschrift, III.** Diese Zustellung erfolgt nach den Vorschriften der ZPO, im allgemeinen also von Amts wegen. Über diese deutsche Zustellung eines Urteils oder einer Rechtsmittelschrift ist die Verbindungsstelle, soweit rechtlich zulässig, zu unterrichten, solange nicht der Adressat oder ein anderer Verfahrensbeteiligter widersprechen; letzterer Widerspruch ist der Verbindungsbehörde als Tatsache, also nicht auch inhaltlich, mitzuteilen. Wenn der deutsche Zustellungsbeamte das Schriftstück in dem Gelände einer Truppe zustellen muß, dann leistet die für die Verwaltung des Geländes zuständige Truppenbehörde eine Zustellungshilfe, Art 36 II ZusAbk, vgl AG Vilbel DGVZ **85**, 122. Diese Hilfe ist insbesondere zur genauen Ermittlung der Unterbringungsstelle in dem regelmäßig weitläufigen Gelände notwendig.

Das Gericht kann aber, statt selbst für die Zustellung zu sorgen, auch die *Verbindungsstelle* um die Zustellung des Schriftstücks ersuchen, Art 32 I a S 2 ZusAbk. Die Verbindungsstelle führt dann die Zustellung wie diejenige durch, die bei einem Schriftstück erforderlich ist, das sie zustellen ließ, Art 32 I b und c. Dieser Weg kann auch wegen Art 32 I c i) nützlich sein. Die sonst erforderliche Übermittlung der Abschrift eines Urteils oder einer Rechtsmittelschrift an die Vermittlungsstelle entfällt natürlich, III letzter Hs. Wegen der Ladungen vgl Art 37 ZusAbk.

*Art. 33. Schutz bei dienstlicher Abwesenheit.* ¹Sind Mitglieder einer Truppe, eines zivilen Gefolges oder Angehörige vorübergehend in nichtstrafrechtlichen Verfahren, an denen sie beteiligt sind, am Erscheinen verhindert und wird dies dem zuständigen deutschen Gericht oder der zuständigen deutschen Behörde ohne schuldhaften Aufschub mitgeteilt, so wird hierauf gebührend Rücksicht genommen, damit ihnen hieraus keine rechtlichen Nachteile entstehen. ²Eine solche Mitteilung kann auch durch die Verbindungsstelle erfolgen.

1  **1) Geltungsbereich.** Nach dem Truppenvertrag war die Verhinderung durch eine dienstliche Bescheinigung nachzuweisen. Jedenfalls ist eine Verhinderung auch jetzt glaubhaft zu machen. Äußerstenfalls wird das Verfahren ausgesetzt. Die Aussetzung darf aber nicht für eine allzu lange Zeit erfolgen, wie die Worte

"vorübergehend verhindert" zeigen. Andernfalls kann das Gericht zB die Frist verlängern. Die Vorschrift ist auch im Fall eines Wiedereinsetzungsgesuchs zu beachten. Wenn das Truppenmitglied usw durch einen ProzBev vertreten ist, dann liegt eine Benachteiligung nur für den Fall vor, daß das Truppenmitglied daran verhindert ist, dem ProzBev die erforderliche Information zu erteilen.

**Art. 34. Vollstreckungshilfe.** ¹Die Militärbehörden gewähren bei der Durchsetzung vollstreckbarer Titel in nicht strafrechtlichen Verfahren deutscher Gerichte und Behörden alle in ihrer Macht liegende Unterstützung.

II (a) ¹In einem nichtstrafrechtlichen Verfahren kann eine Haft gegen Mitglieder einer Truppe oder eines zivilen Gefolges oder gegen Angehörige von deutschen Behörden und Gerichten nur angeordnet werden, um eine Mißachtung des Gerichts zu ahnden oder um die Erfüllung einer gerichtlichen oder behördlichen Entscheidung oder Anordnung zu gewährleisten, die der Betreffende schuldhaft nicht befolgt hat oder nicht befolgt. ²Wegen einer Handlung oder Unterlassung in Ausübung des Dienstes darf eine Haft nicht angeordnet werden. ³Eine Bescheinigung der höchsten zuständigen Behörde des Entsendestaates, daß die Handlung oder Unterlassung in Ausübung des Dienstes erfolgte, ist für deutsche Stellen verbindlich. ⁴In anderen Fällen berücksichtigen die zuständigen deutschen Stellen das Vorbringen der höchsten zuständigen Behörde des Entsendestaates, daß zwingende Interessen einer Haft entgegenstehen, in gebührender Weise.

(b) ¹Eine Verhaftung nach diesem Absatz kann nur vorgenommen werden, nachdem die Militärbehörden, für die Ersetzung der betroffenen Person gesorgt haben, sofern sie dies für erforderlich halten. ²Die Militärbehörden ergreifen unverzüglich alle zu diesem Zweck erforderlichen zumutbaren Maßnahmen und gewähren den für die Durchsetzung einer Anordnung oder Entscheidung im Einklang mit diesem Absatz verantwortlichen deutschen Behörden alle in ihrer Macht liegende Unterstützung.

(c) ¹Ist eine Verhaftung innerhalb einer der Truppe oder dem zivilen Gefolge zur ausschließlichen Benutzung überlassenen Liegenschaft im Einklang mit diesem Absatz vorzunehmen, so kann der Entsendestaat, nachdem er sich mit dem deutschen Gericht oder der deutschen Behörde über die Einzelheiten ins Benehmen gesetzt hat, diese Maßnahme durch seine eigene Polizei durchführen lassen. ²In diesem Fall wird die Verhaftung unverzüglich und, soweit die deutsche Seite dies wünscht, in Gegenwart von Vertretern des deutschen Gerichts oder der deutschen Behörde vorgenommen.

III ¹Bezüge, die einem Mitglied einer Truppe oder eines zivilen Gefolges von seiner Regierung zustehen, unterliegen der Pfändung, dem Zahlungsverbot oder einer anderen Form der Zwangsvollstreckung auf Anordnung eines deutschen Gerichts oder einer deutschen Behörde, soweit das auf dem Gebiet des Entsendestaates anwendbare Recht die Zwangsvollstreckung gestattet. ²Die Unterstützung nach Absatz (1) schließt auch Hinweise auf Vollstreckungsmöglichkeiten in den bereits zur Auszahlung gelangten Sold ein.

IV Ist die Vollstreckung eines vollstreckbaren Titels in nichtstrafrechtlichen Verfahren deutscher Gerichte und Behörden innerhalb der Anlage einer Truppe durchzuführen, so wird sie durch den deutschen Vollstreckungsbeamten im Beisein eines Beauftragten der Truppe vollzogen.

1) *Systematik, I–IV.* Die Vollstreckung erfolgt nach dem deutschen Recht. Infolgedessen enthält Art 34 **1** nur einige ergänzende Bestimmungen dazu. Art 34 regelt die Stellung eines Mitglieds der Truppe, Art 35 diejenige eines bei der Truppe Beschäftigten, LG Stgt NJW 86, 1442. Art 35 regelt die Vollstreckung auf Grund eines Zahlungsanspruchs. Das Recht der USA gestattet eine Zwangsvollstreckung, III, erst nach einer Zahlung oder einer Gutschrift auf ein Schuldnerkonto, vgl Rn 4.

2) *Vollstreckungshilfe, I–IV.* Die Militärbehörden des Entsendestaats, dem das Truppenmitglied usw **2** angehört, leisten den deutschen Stellen bei der Durchsetzung eines vollstreckbaren Titels in einem nicht strafrechtlichen Verfahren eines deutschen Gerichts eine Vollstreckungshilfe, I. Die Militärbehörden prüfen den Inhalt des vollstreckbaren Titels nicht nach. Sie prüfen aber unter Umständen nach, ob die Vorschriften des ZusAbk eingehalten wurden, also vor allem die Vorschriften über die Zustellung. Die ordnungsgemäße Zustellung ist erforderlichenfalls der Militärbehörde nachzuweisen, Art 32 ZusAbk Rn 2 ff. Eine Vollstreckung innerhalb des Geländes der Truppe erfolgt im Beisein eines Beauftragten der Truppe, IV. Das gilt auch dann, wenn sich die Vollstreckung gegen einen deutschen Arbeiter auf dem Gelände richtet.

Der *Gerichtsvollzieher* muß selbstverständlich die Regeln der ZPO einhalten. Das gilt insbesondere auch wegen der Regeln zur Unpfändbarkeit. Der Gerichtsvollzieher darf daher zB Dienstkleidungs- oder Ausrüstungsgegenstände nicht pfänden, auch wenn sie im Eigentum des Schuldners stehen, § 811 I Z 7.

3) *Haft, II.* Eine Haft darf nur unter den in II genannten Voraussetzungen angeordnet werden. Das gilt **3** sowohl einem Vollstreckungsverfahren nach den §§ 888 oder 890 als auch in einem Verfahren zur Ableistung der eidesstattlichen Versicherung zwecks Offenbarung, § 901, oder aus einem sonstigen Grund, § 177 GVG. Die Vorschrift schützt auch die Angehörigen, so schon LG Hagen DGVZ 76, 138 (zum alten Recht).

4) *Pfändungsgrenzen, III.* Es entscheidet in erster Linie das Recht des Entsendestaats. Ein amerikani- **4** scher Militärsold ist also nicht oder doch nur beschränkt pfändbar, Schreiben des US-Hauptquartiers AnwBl **77**, 499, Auerbach NJW **69**, 729, Maier NJW **55**, 895, Schwenk NJW **76**, 1565. Dasselbe gilt für eine entsprechende Witwenrente, LG Stgt NJW **86**, 1442. Wegen Großbritannien LG Dortm NJW **62**, 1519. Natürlich müssen die Vollstreckungsorgane im Bereich der Pfändbarkeit auch die §§ 850 ff ZPO berücksichtigen.

*Art. 35. Vollstreckung in Zahlungsansprüche.* Soll aus einem vollstreckbaren Titel deutscher Gerichte und Behörden gegen einen Schuldner vollstreckt werden, dem aus der Beschäftigung bei einer Truppe oder einem zivilen Gefolge gemäß Artikel 56 oder aus unmittelbaren Lieferungen und sonstigen Leistungen an eine Truppe oder ein ziviles Gefolge ein Zahlungsanspruch zusteht, so gilt folgendes:

(a) Erfolgt die Zahlung durch Vermittlung einer deutschen Behörde und wird diese von einem Vollstreckungsorgan ersucht, nicht an den Schuldner, sondern an den Pfändungsgläubiger zu zahlen, so ist die deutsche Behörde berechtigt, diesem Ersuchen im Rahmen der Vorschriften des deutschen Rechts zu entsprechen.

(b) (i) ¹Erfolgt die Zahlung nicht durch Vermittlung einer deutschen Behörde, so hinterlegen die Behörden der Truppe oder des zivilen Gefolges, sofern das Recht des Entsendestaates dies nicht verbietet, auf Ersuchen eines Vollstreckungsorgans von der Summe, die sie anerkennen, dem Vollstreckungsschuldner zu schulden, den in dem Ersuchen genannten Betrag bei der zuständigen Stelle. ²Die Hinterlegung befreit die Truppe oder das zivile Gefolge in Höhe des hinterlegten Betrages von ihrer Schuld gegenüber dem Schuldner.

(ii) Soweit das Recht des betroffenen Entsendestaates die unter Ziffer (i) genannte Zahlung verbietet, treffen die Behörden der Truppe und des zivilen Gefolges alle geeigneten Maßnahmen, um das Vollstreckungsorgan bei der Durchsetzung des in Frage stehenden Vollstreckungstitels zu unterstützen.

*NTrStatutG. Art. 4c. Ausführungsbestimmungen zu Art 35 ZusAbk.* ¹ ¹Bei Zustellungen an Angehörige von Mitgliedern einer Truppe oder eines zivilen Gefolges richtet sich der Inhalt der in Artikel 32 Abs. 2 des Zusatzabkommens vorgesehenen schriftlichen Anzeige nach § 205 der Zivilprozeßordnung. ²Ist erkennbar, daß überwiegende schutzwürdige Interessen des Angehörigen der Übermittlung dieser Angaben entgegenstehen oder der Angehörige einer Unterstützung durch die Militärbehörden nicht bedarf, wird die Verbindungsstelle lediglich über die Tatsache der Zustellung unter Benennung des Zustellungsadressaten und des Gerichts oder der Behörde unterrichtet, welche die Zustellung veranlaßt hat.

II ¹Die Unterrichtung der Verbindungsstelle durch ein deutsches Gericht oder eine deutsche Behörde nach Artikel 32 Abs. 3 des Zusatzabkommens setzt voraus, daß der Zustellungsadressat und alle anderen Verfahrensbeteiligten zuvor schriftlich oder in der mündlichen Verhandlung über das ihnen zustehende Widerspruchsrecht belehrt worden sind und ihnen eine Frist von mindestens zwei Wochen zur Ausübung dieses Rechts eingeräumt worden ist. ²Belehrung und Fristsetzung sind bereits vor Erlaß eines Urteils zulässig. ³Die Verbindungsstelle wird durch Übersendung einer Abschrift des Urteils oder der Rechtsmittelschrift unterrichtet. ⁴Hat ein Verfahrensbeteiligter sich nur mit einer eingeschränkten Information der Verbindungsstelle einverstanden erklärt oder stehen überwiegende Interessen einer Person oder öffentliche Belange der Übersendung einer Abschrift entgegen, beschränkt sich die Unterrichtung auf die in § 205 der Zivilprozeßordnung genannten Angaben.

*NTrStatutG. Art. 5. Ausführungsbestimmungen zu Art 35 ZusAbk.* ¹ ¹Bei der Zwangsvollstreckung aus einem privatrechtlichen Vollstreckungstitel kann das Ersuchen in den Fällen des Artikels 35 des Zusatzabkommens nur von dem Vollstreckungsgericht ausgehen; Vollstreckungsgericht ist das Amtsgericht, bei dem der Schuldner seinen allgemeinen Gerichtsstand hat, und sonst das Amtsgericht, in dessen Bezirk die zu ersuchende Stelle sich befindet. ²Zugleich mit dem Ersuchen hat das Gericht an den Schuldner das Gebot zu erlassen, sich jeder Verfügung über die Forderung, insbesondere ihrer Einziehung, zu enthalten.

II ¹In den Fällen des Artikels 35 Buchstabe a des Zusatzabkommens ist das Ersuchen der deutschen Behörde von Amts wegen zuzustellen. ²Mit der Zustellung ist die Forderung gepfändet und dem Pfändungsgläubiger überwiesen. ³Die Vorschriften der Zivilprozeßordnung über die Zwangsvollstreckung in Geldforderungen gelten im übrigen entsprechend. ⁴§ 845 der Zivilprozeßordnung ist nicht anzuwenden.

III ¹Bei der Zwangsvollstreckung wegen öffentlich-rechtlicher Geldforderungen geht das Ersuchen in den Fällen des Artikels 35 des Zusatzabkommens von der zuständigen Vollstreckungsbehörde aus. ²Auf das weitere Verfahren finden in den Fällen des Artikels 35 Buchstabe a des Zusatzabkommens die Vorschriften des in Betracht kommenden Verwaltungszwangsverfahrens über die Pfändung und Einziehung von Forderungen entsprechend Anwendung.

1   **1) Systematik.** Art 35 ZusAbk wird durch Artt 4c, 5 NTrStG ergänzt. Sonderbestimmungen für die Vollstreckung in einen Zahlungsanspruch einer Person jeder Art, auch eines Deutschen, auf Grund einer Beschäftigung bei der Truppe oder bei einem zivilen Gefolge enthält Art 56 ZusAbk idF v 21. 10. 71, BGBl 73 II 1022. Das gilt auch dann, wenn die Vollstreckung auf Grund einer unmittelbaren Lieferung oder sonstigen Leistung an eine Truppe oder ein ziviles Gefolge erfolgt. Insofern weicht die Regelung von §§ 829, 835 ab. Im übrigen sind die deutschen Vorschriften zu beachten, insbesondere also bei Lohnpfändungen die §§ 850 ff.

2   **2) Zahlung durch Vermittlung einer deutschen Stelle.** Gemeint ist das Amt für Verteidigungslasten.

**A. Privatrechtlicher Titel.** Wenn es sich um einen privatrechtlichen Vollstreckungstitel handelt, dann ersucht dasjenige AG, bei dem der Schuldner seinen allgemeinen Gerichtsstand hat, § 13, und sonst dasjenige AG, in dessen Bezirk die zu ersuchende Stelle liegt, also das Amt für Verteidigungslasten. Das Ersuchen geht dahin, nicht an den Schuldner, sondern an den Pfändungsgläubiger zu zahlen. Außerdem ergeht das Verbot an den Schuldner, über die Forderung zu verfügen, insbesondere sie einzuziehen. Das Ersuchen wird der deutschen Stelle von Amts wegen zugestellt. Mit der Zustellung ist die Forderung gepfändet und gleichzeitig dem Pfändungsgläubiger überwiesen. Im übrigen gilt die ZPO. Jedoch ist eine Vorpfändung nach § 845 ausgeschlossen, Art 5 I und II NTrStatutG.

**B. Öffentlichrechtlicher Titel.** Wenn es sich um eine Zwangsvollstreckung wegen einer öffentlich- 3 rechtlichen Geldforderung handelt, dann erfolgt die Pfändung und die Einziehung der Forderung durch die zuständige Vollstreckungsbehörde nach den Vorschriften des Verwaltungszwangsverfahrens.

**3) Zahlung durch Vermittlung einer nichtdeutschen Stelle**, Art 35 ZusAbk Buchst b. In einem 4 solchen Fall richtet das AG als Vollstreckungsgericht dann, wenn es sich um einen privatrechtlichen Vollstreckungstitel handelt, gleichzeitig mit dem Gebot an den Schuldner, sich jeder Verfügung über die Forderung zu enthalten, insbesondere sie nicht einzuziehen, Art 5 I NTrStG, an die Behörde der Truppe oder des zivilen Gefolges das Ersuchen (also keine zugestellte Aufforderung), den in Betracht kommenden Betrag zugunsten des Pfändungsgläubigers zu hinterlegen. Soweit diese Behörde ihre Schuld gegenüber dem Pfändungsschuldner anerkennt, hinterlegt sie den Betrag, falls ihr innerstaatliches Recht das zuläßt, also das Recht des Entsendestaats.

Durch die *Hinterlegung,* die deshalb auch nicht widerruflich ist, Schwenk NJW 64, 1003, wird die Truppe 5 oder die zivile Gefolge in Höhe des hinterlegten Betrags von der Schuld gegenüber dem Schuldner frei, Art 35 b (i) S 2. Nach amerikanischem und kanadischem Recht ist eine Hinterlegung zu Gunsten des Gläubigers unzulässig, Schwenk NJW 64, 1003, Wussow DRiZ 58, 175. Dann treffen die Behörden der Truppe und des zivilen Gefolges alle geeigneten Maßnahmen zur Unterstützung des Vollstreckungsorgans bei der Durchsetzung des Vollstreckungstitels, Art 35 b ii) ZusAbk. Die Behörden der Truppe und des zivilen Gefolges halten also den Schuldner zur Zahlung an oder geben dem Gläubiger an, wann eine Zahlung oder Überweisung an den Schuldner erfolgt.

*Art. 36. Durchführung von Zustellungen.* [I] Zur öffentlichen Zustellung an Mitglieder einer Truppe oder eines zivilen Gefolges oder an Angehörige bedarf es zusätzlich der Veröffentlichung eines Auszugs des zuzustellenden Schriftstückes in der Sprache des Entsendestaates in einem von diesem zu bezeichnenden Blatt oder, wenn der Entsendestaat dies bestimmt, durch Aushang in der zuständigen Verbindungsstelle.

[II] Hat ein deutscher Zustellungsbeamter einer Person, die sich in der Anlage einer Truppe befindet, ein Schriftstück zuzustellen, so trifft die für die Verwaltung der Anlage zuständige Behörde der Truppe alle Maßnahmen, die erforderlich sind, damit der deutsche Zustellungsbeamte die Zustellung durchführen kann.

**1) Geltungsbereich, I, II.** Vgl Art 32 Rn 1, 4. II gilt nicht nur für die Zustellung an ein Mitglied der 1 Truppe usw, sondern auch für andere Menschen, die im Gelände einer Truppe arbeiten, also auch für einen Deutschen.

*Art. 37. Ladungen; Erscheinen vor Gericht.* [I] a) [1]Bei Ladungen von Mitgliedern einer Truppe, eines zivilen Gefolges oder von Angehörigen vor deutsche Gerichte und Behörden ergreifen die Militärbehörden, sofern nicht dringende militärische Erfordernisse dem entgegenstehen, alle im Rahmen ihrer Befugnisse liegenden Maßnahmen, um sicherzustellen, daß der Ladung Folge geleistet wird, soweit nach deutschem Recht das Erscheinen erzwingbar ist. [2]Falls die Ladung nicht über die Verbindungsstelle zugestellt worden ist, wird diese unverzüglich von dem deutschen Gericht oder der deutschen Behörde über die Ladung unter Angabe des Adressaten und seiner Anschrift sowie der Zeit und des Ortes der anstehenden Verhandlung oder Beweisaufnahme unterrichtet; dies gilt bei Angehörigen nicht, wenn die Militärbehörden die Befolgung der Ladung nicht wirksam unterstützen können.

b) Buchstabe a) gilt entsprechend für Angehörige, soweit die Militärbehörden ihr Erscheinen sicherstellen können; anderenfalls werden Angehörige nach deutschem Recht geladen.

[II] Werden Personen, deren Erscheinen die Militärbehörden nicht sicherstellen können, vor einem Gericht oder einer Militärbehörde eines Entsendestaates als Zeugen oder Sachverständige benötigt, so tragen die deutschen Gerichte und Behörden im Einklang mit dem deutschen Recht dafür Sorge, daß diese Personen vor dem Gericht oder der Militärbehörde dieses Staates erscheinen.

**1) Ladungshilfe, I, II.** Wenn es sich um die Ladung des Mitglieds einer Truppe, eines zivilen Gefolges 1 oder eines Angehörigen handelt, haben die Militärbehörden mangels entgegenstehender, dringender Militärerfordernisse das ihnen Mögliche zu tun, um sicherzustellen, daß der zu Ladende der Ladung Folge leistet, falls die Ladung nach dem deutschen Recht erzwingbar ist. Das ist bei einer Partei, deren persönliches Erscheinen angeordnet ist, und bei einem Zeugen der Fall, §§ 141, 273, 380 ZPO. Die Regelung gilt auch dann, wenn eine Person, deren Erscheinen die Militärbehörde nicht sicherstellen kann, vor einem deutschen Gericht oder einer Militärbehörde des Entsendestaats als ein Zeuge oder als ein Sachverständiger benötigt wird. Das deutsche Gericht lädt diese Person mit einer entsprechenden Androhung vor. Zwangsmaßnahmen erfolgen nur bei II.

*Art. 38. Aussagegenehmigung; Ausschluß der Öffentlichkeit.* [I] [1]Ergibt sich im Verlauf eines strafrechtlichen oder nichtstrafrechtlichen Verfahrens oder einer Vernehmung vor einem Gericht oder einer Behörde einer Truppe oder der Bundesrepublik, daß ein Amtsgeheimnis eines der beteiligten Staaten oder beider oder eine Information, die der Sicherheit eines der beteiligten Staaten oder beider schaden könnte, preisgegeben werden könnte, so holt das Gericht oder die Behörde vorher die schriftliche Einwilligung der zuständigen Behörde dazu ein, daß das Amtsgeheimnis oder die Information preisgegeben werden darf. [2]Erhebt die zuständige Behörde Einwendungen gegen die Preisgabe, so trifft das Gericht oder die Behörde alle in ihrer Macht stehenden Maßnahmen, einschließlich derjenigen, auf die sich Absatz 2 bezieht, um die Preisgabe zu verhüten, vorausgesetzt, daß die verfassungsmäßigen Rechte einer beteiligten Partei dadurch nicht verletzt werden.

II Die Vorschriften des deutschen Gerichtsverfassungsgesetzes (§§ 172 bis 175) über den Ausschluß der Öffentlichkeit von Verhandlungen in strafrechtlichen und nichtstrafrechtlichen Verfahren und die Vorschriften der deutschen Strafprozeßordnung (§ 15) über die Möglichkeit der Übertragung von Strafverfahren an das Gericht eines anderen Bezirks werden in Verfahren vor deutschen Gerichten und Behörden, in denen eine Gefährdung der Sicherheit einer Truppe oder eines zivilen Gefolges zu besorgen ist, entsprechend angewendet.

1   1) **Geltungsbereich, I, II.** I gilt für Gerichte und Behörden der BRep oder einer Truppe. Die Einwilligung wird von Amts wegen eingeholt. Eine Preisgabe erfolgt bei einer Einwendung der Behörde nur, falls andernfalls ein verfassungsmäßiges Recht verletzt würde. Wenn diese Gefahr nicht droht, muß alles dasjenige geschehen, was zur Geheimhaltung erforderlich ist, einschließlich des Ausschlusses der Öffentlichkeit, §§ 172–175 GVG.

**Art. 39. Zeugen und Sachverständige.** ¹Die Rechte und Vorrechte der Zeugen, Verletzten und Sachverständigen bestimmen sich nach dem Recht der Gerichte oder der Behörden, vor denen sie erscheinen. ²Das Gericht oder die Behörde berücksichtigt jedoch die Rechte und Vorrechte angemessen, welche Zeugen, Verletzte und Sachverständige, wenn sie Mitglieder einer Truppe, eines zivilen Gefolges oder Angehörige sind, vor einem Gericht des Entsendestaates, und, wenn sie nicht zu diesem Personenkreis gehören, vor einem deutschen Gericht haben würden.

1   1) **Geltungsbereich, S 1, 2.** Bei dem Erscheinen vor einem deutschen Gericht haben ein Zeuge, ein Verletzter und ein Sachverständiger einen Anspruch auf eine Entschädigung nach dem ZSEG, dazu Hartmann V.

## IV. Wirtschaftsrechtliche Beschränkungen

Bearbeiter Dr. Dr. Hartmann

## Außenwirtschaftsgesetz

### Einleitung

**Schrifttum:** *Bieneck* (Hrsg), Handbuch des Außenwirtschaftsrechts, 1998 (Bespr *Hohmann* NJW 99, 2257); *Gramm* bei Palandt 27. Aufl: Außenwirtschaftsgesetz (mit Erläuterungen); *Hailbronner/Bierwagen,* Neuere Entwicklungen im Außenwirtschaftsrecht der Europäischen Gemeinschaften, NJW 89, 1385.

1   1) **Systematik.** Das AWG v 28. 4. 61, BGBl 481 (zuletzt geändert durch Art 13 EuroEG v 9. 6. 98, BGBl 1242, ferner AWV idF v 22. 11. 93, BGBl 1937, berichtigt 2493, zuletzt geändert durch Art 28 G v 2. 8. 94, BGBl 2018, nebst EV, vgl ferner Art 29 G v 10. 3. 75, BGBl 685) erklärt das MRG 53 mit seinen Durchführungsverordnungen, allgemeinen Genehmigungen und sonstigen Vorschriften für den Außenwirtschaftsverkehr für nicht mehr wirksam, desgleichen das MRG 52 Art I Abs 1 Unterabsatz f (Devisenrecht), und hebt das Gesetz über Ausfuhr- und Einfuhrverbote v 25. 3. 39, RGBl 578, und einige damit zusammenhängende Gesetze auf, § 47.

2   *Das AWG betrifft* den Waren-, Dienstleistungs-, Kapital-, Zahlungs- und sonstigen Wirtschaftsverkehr mit fremden Wirtschaftsgebieten. Als Gebietsfremde im Sinne des § 4 I Z 4 gelten auch diejenigen, die sich nur vorübergehend ohne einen Wohnsitz, gewöhnlichen Aufenthalt oder Sitz im Wirtschaftsgebiet aufhalten. Das AWG betrifft ferner den Verkehr mit Auslandswerten und mit Geld zwischen Gebietsansässigen, § 1 I. Fremde Wirtschaftsgebiete im Sinne des Gesetzes sind alle Gebiete außerhalb des Geltungsbereichs des Gesetzes mit Ausnahme der früheren DDR und des früheren Ost-Berlins, § 4 I Z 2. Auf die letztgenannten Gebiete findet das AWG keine Anwendung. Daher waren im Verhältnis zur DDR und zu Ost-Berlin auch die genannten Bestimmungen des MRG 52 und MRG 53 weiter anzuwenden, vgl B. Das Gesetz galt vor dem Beitritt der DDR zur BRep auch in West-Berlin mit den Ausnahmen und Maßgaben, die sich aus § 51 ergaben.

3   2) **Regelungszweck.** Es gelten die folgenden Regeln:

**A. Grundsatz: Möglichkeit der Beschränkung.** Die Regelung des AWG geht dahin, daß der Außenwirtschaftsverkehr grundsätzlich frei ist, § 1 I. Er kann jedoch durch das Gesetz oder durch eine Rechtsverordnung, die auf Grund dieses Gesetzes ergeht, beschränkt werden. Durch solche Bestimmungen können Rechtsgeschäfte und Handlungen einer Genehmigung unterworfen werden oder ganz verboten werden, § 2 I. Beschränkungen sind möglich als allgemeine Beschränkungen zwecks Erfüllung zwischenstaatlicher Interessen, zwecks Abwehr schädigender Einwirkungen aus fremden Wirtschaftsgebieten und zum Schutz der Sicherheit und der auswärtigen Interessen, §§ 5–7, ferner als besondere Einwirkungen für die in Anm 1 genannten Wirtschaftsgebiete. Für diese gibt das Gesetz außer für die Wareneinfuhr nur den Umfang und den Zweck der Beschränkungen an. Das Gesetz ermöglicht Rechtsverordnungen, die eine Beschränkung und genauere Angaben in dem durch das Gesetz gegebenen Rahmen enthalten können. Eine Ausnahme von dieser Systematik besteht in der Einfuhrliste des § 10 AWG. Hier kann man für jede Warenart ablesen, ob ihre Einfuhr genehmigungsfrei ist oder nicht.

**B. Genehmigung.** Soweit eine Genehmigung erforderlich ist, ist im Bereich des Kapitalverkehrs, § 22 I AWG, und des Zahlungsverkehrs sowie im Bereich des Verkehrs mit Auslandswerten und mit Geld die Deutsche Bundesbank ausschließlich zuständig. Im Bereich des Kapitalverkehrs ist im übrigen das Bundesministerium für Wirtschaft ausschließlich zuständig. Im übrigen können besondere Bestimmungen über die Zuständigkeit der jeweiligen Behörden getroffen werden. Über den Inhalt der Genehmigungen § 30.

**C. Fehlen einer Genehmigung.** Wenn ein Rechtsgeschäft ohne die erforderliche Genehmigung abgeschlossen worden ist, so ist es schwebend unwirksam, § 31. Die Parteien machen sich schadensersatzpflichtig, wenn sie sich nicht um die Genehmigung bemühen, BGH **LM** MRG 53 Nr 3.

**D. Prozeßrechtlich** bestimmt

**§ 32. Urteil und Zwangsvollstreckung.** ¹ ¹Ist zur Leistung des Schuldners eine Genehmigung erforderlich, so kann das Urteil vor Erteilung der Genehmigung ergehen, wenn in die Urteilsformel ein Vorbehalt aufgenommen wird, daß die Leistung oder Zwangsvollstreckung erst erfolgen darf, wenn die Genehmigung erteilt ist. ²Entsprechendes gilt für andere Vollstreckungstitel, wenn die Vollstreckung nur auf Grund einer vollstreckbaren Ausfertigung des Titels durchgeführt werden kann. ³Arreste und einstweilige Verfügungen, die lediglich der Sicherung des zugrunde liegenden Anspruchs dienen, können ohne Vorbehalt ergehen.

II ¹Ist zur Leistung des Schuldners eine Genehmigung erforderlich, so ist die Zwangsvollstreckung nur zulässig, wenn und soweit die Genehmigung erteilt ist. ²Soweit Vermögenswerte nur mit Genehmigung erworben oder veräußert werden dürfen, gilt dies auch für den Erwerb und die Veräußerung im Wege der Zwangsvollstreckung.

**Bem.** Die Regelung entspricht der der 3. DVO zu MRG 53, vgl Vorauflage.

# V. Zwischenstaatliche Anerkennungs- und Vollstreckungsabkommen
Bearbeiter: Dr. Albers

## Übersicht

**Schrifttum:** *Bülow/Böckstiegel/Geimer/Schütze,* Der internationale Rechtsverkehr in Zivil- u Handelssachen, 3. Aufl, ab 1983; *Geimer/Schütze,* Europäisches Zivilverfahrensrecht, 1997; *Geimer,* Anerkennung ausländischer Entscheidungen in Deutschland, 1995; *Gottwald,* Internationales Zivilprozeßrecht, in MüKo (Schlußanh), 1993; *Geimer,* Internationales Zivilprozeßrecht, 2. Aufl 1993; *Geimer/Schütze,* Internationale Urteilsanerkennung (Kommentar), Band I 1 1983 u Band I 2 1984 und Band II 1971; *Gottwald,* Grundfragen der Anerkennung und Vollstr ausländischer Entscheidungen in Zivilsachen, ZZP **103**, 257; *ders,* Die internationale Zwangsvollstr, IPrax **91**, 285; *Handbuch* des internationalen Zivilverfahrensrechts, hrsg v Max-Planck-Institut, Bd I 1982, Bd III 1 1984 u III 2 1984; *Jayme/Hausmann,* Internationales Privat- u Verfahrensrecht, 9. Aufl 1998; *Linke,* Internationales Zivilprozeßrecht, 1990; *Nagel/Gottwald,* Internationales Zivilprozeßrecht 4. Aufl 1997, §§ 11–14; *Schack* §§ 17–19; *Schütze,* Rechtsverfolgung im Ausland, 2. Aufl 1998; *Schulze,* Anerkennung und Vollstreckung deutscher Urteile im Ausland, 1973.

**1) Die außerhalb der Grenzen Deutschlands von 1937 in der Zeit bis 1945 ergangenen Urteile deutscher Gerichte** sind deutsche Urteile und deswegen wie solche zu behandeln. Also kann aus Urteilen von Gerichten, die in der Zeit vom 13. 3. 38 bis 26. 4. 45 in Österreich ergangen sind, ohne Verfahren nach § 722 vollstreckt werden, wenn die Voraussetzungen des § 2 II VO v. 16. 1. 40, RGBl I S 176, erfüllt sind, dh die Vollstreckungsklausel durch das dafür zuständige Gericht in Österreich in jener Zeit erteilt war. Dem entspricht auch die Praxis in Österreich, vgl Bundesgesetz 70 v 28. 2. 47, österreichisches Bundesgesetzblatt 452.

**2)** Folgende **Staatsverträge** regeln die Vollstreckbarkeit ausländischer Urteile abweichend von §§ 722 f: **a)** Art 18, 19 HZPrÜbk, unten A 1 (wegen HZPrAbk s 25. u fr Aufl); **b)** HaagÜbk über die Anerkennung u Vollstr von Entsch auf dem Gebiet der Unterhaltspflicht gegenüber Kindern v 15. 4. 58, BGBl **61** II 1006, unten A 2; **c)** EuSorgeRÜbk v 20. 5. 80, BGBl **90** II 220, unten A 3; **d)** dt-schweizerisches Abk v 28. 7. 30, unten B 1; **e)** dt-italienisches Abk v 9. 3. 36, unten B 2; **f)** dt-österr Abk v 6. 6. 59, unten B 3; **g)** dt-belgisches Abk v 30. 6. 58, unten B 4; **h)** dt-britisches Abk v 14. 7. 60, unten B 5; **i)** dt-griechisches Abk v 4. 11. 61, Art 6 ff, BGBl **63** II 109, unten B 6; **k)** dt-türkisches Abk v 28. 5. 29, RGBl **30** II 7, **31** II 537, 539; **l)** dt-niederländischer Vertrag v 30. 8. 62, BGBl **65** II 27, unten B 7; **m)** dt-tunesischer Vertrag v 19. 7. 66, BGBl **69** II 889, unten B 8; **n)** dt-israelischer Vertrag v 20. 7. 77, BGBl **80** II 926, unten B 9; **o)** dt-norwegischer Vertrag v 17. 6. 77, BGBl **81** II 341, unten B 10; **p)** dt-spanischer Vertrag v 14. 11. 83, BGBl **87** II 87, unten B 11. Die Abk u d betreffen bei Kostenentscheidungen und lassen insoweit statt eines Vollstreckungsurteils einen Beschluß des AG zu. S auch Einl IV vor § 1 Rn 7 u 8.

Im Verhältnis zu den **neuen Bundesländern** gelten diese (und andere) Staatsverträge seit dem 3. 10. 90 auch dort, Art 11 EV, dazu Stern, EV u Wahlvertrag, Einl I A, Andrae IPrax **94**, 224 mwN, u a Siehr RabelsZ **91**, 243, Mansel JR **90**, 441, Hailbronner JZ **90**, 453, Rauschning DVBl **90**, 402, v. Heinegg RIW 7/90 (Beilage), OGH Wien IPrax **92**, 104; jedoch beziehen sich die Staatsverträge nicht auf die vor dem 3. 10. 90 dort ergangenen Entscheidungen, OGH Wien IPrax **94**, 219, diff nach den intertemporalen

Bestimmungen des jeweiligen Abkommens Andrae IPrax **94**, 226. Zum Erlöschen der von der früheren DDR abgeschlossenen Staatsverträge, Art 12 EV, s Andrae IPrax **94**, 229 mwN (differenzierend, m Übers üb die VollstrAbk), Drobnig DtZ **91**, 76, Leible FamRZ **91**, 1245, Siehr aaO 245, Stern u Mansel aaO; danach dürften die über § 328 ZPO hinausgehenden Abk am 3. 10. 90 erloschen sein, v. Hoffmann IPrax **91**, 9.[1] Soweit Übk fortgelten, sind sie nur von den Gerichten (und Behörden) der neuen Bundesländer zu beachten, Leible aaO.

3   **3) Die der EG angehörenden Staaten** haben am 27. 9. 68 das Übereinkommen über die gerichtliche Zuständigkeit und die Vollstreckung gerichtlicher Entsch in Zivil- und Handelssachen (EuGVÜ) gezeichnet. Das Übk, BGBl **72** II 774, ist durch G v 24. 7. 72, BGBl II 773, ratifiziert worden; es ist zusammen mit dem AusfG v 29. 7. 72, BGBl 1328, u dem G v 17. 8. 72 zu dem Protokoll v 3. 6. 71 betr die Auslegung des Übk, BGBl II 845, auszugsweise im **Schlußanhang V C** abgedruckt. Das Übk u das AusfG sind am 1. 2. 73 in Kraft getreten, BGBl **73** II 60 u I 26 (Geltungsbereich: Üb Art 1). Es gilt seit dem 3. 10. 90 auch für die neuen Bundesländer. Zwischen den EG-Staaten und den **EFTA-Staaten** besteht das sog Lugano-Übk v 16. 9. 88, BGBl **94** II 2660, das nur geringfügig vom EuGVÜ abweicht (Geltungsbereich: Üb 3 Art 1); wegen der Einzelheiten s **Schlußanh V D**.

4   **4) Gebühren** des Gerichts § 11 I GKG u KVerz 1426 ff u 1901–1904, des RA § 47 BRAGO; näheres bei Hartmann, KostG.

## A. Kollektivverträge

### 1. Vollstreckbarerklärung nach Haager Zivilprozeßübereinkommen vom 1. 3. 1954, BGBl 58 II 576

**Geltungsbereich:** Einl IV vor § 1 ZPO Rn 3. **Schrifttum:** *MüKoGo* Schlußanh Nr 4; *BBGS* A I 1; *Nagel/Gottwald*, IZPR, 4. Aufl 1997 § 13 IV; *Wolff* Rn 347–399; *Bülow* Rpfleger **55**, 301 u **59**, 141.

*Art. 18.* [I] War der Kläger oder Intervenient von der Sicherheitsleistung, der Hinterlegung oder der Vorschußpflicht auf Grund des Artikels 17 Absatz 1 und 2 oder der im Staate der Klageerhebung geltenden Rechtsvorschriften befreit, so wird eine Entscheidung über die Kosten des Prozesses, die in einem Vertragsstaat gegen ihn ergangen ist, gemäß einem auf diplomatischem Wege zu stellenden Antrag in jedem anderen Vertragsstaat durch die zuständige Behörde kostenfrei für vollstreckbar erklärt.

[II] Das gleiche gilt für gerichtliche Entscheidungen, durch die der Betrag der Kosten des Prozesses später festgesetzt wird.

[III] Die vorstehenden Bestimmungen hindern nicht, daß zwei Vertragsstaaten vereinbaren, die beteiligte Partei selbst dürfe den Antrag auf Vollstreckbarerklärung unmittelbar stellen.

**Bem.** S §§ 4 ff AusfG (anschließend abgedr). Art 18, 19 schaffen den Ausgleich für den Beklagten, der einem von der Ausländersicherheit befreiten Kläger gegenübersteht, durch Vollstreckungsmöglichkeit der gegen den Kläger erzielten Kostenentscheidung, Art 17 HZPrÜbk (abgedr Anh § 110 ZPO Rn 2). Art 18 ist aber auch dann anwendbar, wenn der Kläger (Intervenient) nach den Gesetzen des Staates der Klageerhebung eine Sicherheit nicht zu leisten braucht, weil diese Gesetze eine solche nicht kennen. Der Kläger muß für den Urteilsstaat Ausländer sein (Wolff Rdz 361, Ffm IPrax **84**, 32 mwN, zustm Pauckstadt IPrax **84**, 17, aM StJ § 328 Anh A I 1 FN 44) und Wohnsitz oder Aufenthalt im Geltungsbereich des Übk haben, Art 17 HZPrÜbk. Es muß eine Entscheidung vorliegen, in der BRep also immer der auf Grund des Urteil ergangene Kostenfestsetzungsbeschluß, §§ 104 ff ZPO, 8 I AusfG. Kosten des Prozesses (frais et dépens) sind auch die außergerichtlichen, ObGH Zürich JW **31**, 167, auch die einer höheren Instanz. Zum Antrag auf Vollstreckbarerklärung Wolff Rdz 371–374, Bülow Rpfleger **55**, 301. Ein unmittelbarer Antrag auf Vollstreckbarerklärung ist auf Grund von Zusatzvereinbarungen, Einl IV vor § 1 ZPO Rn 5, im Verhältnis zu Belgien, Frankreich, Italien, den Niederlanden, Österreich und der Schweiz zulässig. Soweit die Vollstreckbarerklärung auch nach einem Einzelvertrag in Frage kommt, hat das Haager Übk Vorrang, wenn der Einzelvertrag strengere Anforderungen stellt, Pauckstadt IPrax **84**, 19, str. Wegen des Verhältnisses zum EuGVÜ s dessen Art 57, Schlußanh V C (auch wegen des LuganoÜbk).

*Art. 19.* [I] Die Kostenentscheidungen werden ohne Anhörung der Parteien gemäß den Rechtsvorschriften des Landes, in dem die Vollstreckung betrieben werden soll, unbeschadet eines späteren Rekurses der verurteilten Partei für vollstreckbar erklärt.

[II] Die für die Entscheidung über den Antrag auf Vollstreckbarerklärung zuständige Behörde hat ihre Prüfung darauf zu beschränken:

**1.** ob die Ausfertigung der Kostenentscheidung nach den Rechtsvorschriften des Landes, in dem sie ergangen ist, die für ihre Beweiskraft erforderlichen Voraussetzungen erfüllt;

---

[1] Nach Art 12 II EV legt Deutschland seine Haltung zum Übergang völkerrechtlicher Verträge der DDR nach Konsultationen mit den jeweiligen Vertragspartnern fest. Wegen der Bekanntmachungen über das Erlöschen solcher Übereinkünfte vgl das Verzeichnis im Fundstellennachweis B zum BGBl II für 1998 S 632. Wegen des Erlöschens der Übk über die Aufnahme diplomatischer oder konsularischer Beziehungen s die Sammelbekanntmachung v 24. 4. 92, BGBl II 383.

2. ob die Entscheidung nach diesen Rechtsvorschriften die Rechtskraft erlangt hat;
3. ob der entscheidende Teil der Entscheidung in der Sprache der ersuchten Behörde oder in der zwischen den beiden beteiligten Staaten vereinbarten Sprache abgefaßt oder aber von einer Übersetzung in eine dieser Sprachen begleitet ist, die vorbehaltlich anderweitiger Vereinbarung durch einen diplomatischen oder konsularischen Vertreter des ersuchenden Staates oder einen beeidigten Übersetzer des ersuchten Staates beglaubigt ist.

III ¹Den Erfordernissen des Absatzes 2 Nr. 1 und 2 wird genügt entweder durch eine Erklärung der zuständigen Behörde des ersuchenden Staates, daß die Entscheidung die Rechtskraft erlangt hat, oder durch die Vorlegung ordnungsmäßig beglaubigter Urkunden, aus denen sich ergibt, daß die Entscheidung die Rechtskraft erlangt hat. ²Die Zuständigkeit dieser Behörde ist vorbehaltlich anderweitiger Vereinbarung durch den höchsten Justizverwaltungsbeamten des ersuchenden Staates zu bescheinigen. ³Die Erklärung und die Bescheinigung, die vorstehend erwähnt sind, müssen gemäß Absatz 2 Nr. 3 abgefaßt oder übersetzt sein.

IV ¹Die für die Entscheidung über den Antrag auf Vollstreckbarerklärung zuständige Behörde hat, sofern die Polizei dies gleichzeitig beantragt, den Betrag der in Absatz 2 Nr. 3 erwähnten Kosten der Bescheinigung, der Übersetzung und der Beglaubigung bei der Vollstreckbarerklärung zu berücksichtigen. ²Diese Kosten gelten als Kosten des Prozesses.

**Bem.** Die Entscheidung ohne Anhörung ist keine Verletzung des Anspruchs auf rechtliches Gehör, BBGS A I 1 a FN 135, vgl auch Celle OLGZ **69**, 53. Im Wege des Rekurses, I, dh der Beschwerde nach § 6 AusfG, können auch materielle Einwendungen, zB Erfüllung, geltend gemacht werden, BBGS A I 1 b FN 96, str. II schließt die Berücksichtigung des ordre public hinsichtlich der Kostenentscheidung nicht aus, BBGS A I 1 a FN 142, wohl aber hinsichtlich der Sachentscheidung, Wolff Rdz 368. Wegen der Sprache s Art 4 dt-luxemburg Zusatzvereinbarung, Einl IV vor § 1 ZPO Rn 5. Hinsichtlich der Beglaubigung gelten Zusatzvereinbarungen mit Belgien, Dänemark, Frankreich, den Niederlanden und Schweden. Im Verkehr mit Belgien, Frankreich, den Niederlanden, Österreich und der Schweiz ist durch Zusatzvereinbarung auf die Bescheinigung des höchsten Verwaltungsbeamten verzichtet.

Ausführungsgesetz vom 18. 12. 58, BGBl I 939
Vollstreckbarerklärung von Kostenentscheidungen

(Artikel 18 und 19 des Übereinkommens)

§ 4. ¹Kostenentscheidungen, die gegen einen Kläger ergangen sind (Artikel 18 des Übereinkommens), werden ohne mündliche Verhandlung durch Beschluß des Amtsgerichts für vollstreckbar erklärt.

II Örtlich zuständig ist das Amtsgericht, bei dem der Kostenschuldner seinen allgemeinen Gerichtsstand hat, und beim Fehlen eines solchen das Amtsgericht, in dessen Bezirk sich Vermögen des Kostenschuldners befindet oder die Zwangsvollstreckung durchgeführt werden soll.

**Bem.** Wegen des Kl s Bem zu Art 18. Für die Zuständigkeit scheidet § 23 Z 1 GVG hier aus. Gebühren des Gerichts § 11 I GKG u KV 1430–1435, des RA § 47 BRAGO.

§ 5. ¹ ¹Ist der Antrag, die Kostenentscheidung für vollstreckbar zu erklären, auf diplomatischem Wege gestellt (Artikel 18 Abs. 1 und 2 des Übereinkommens), so hat das Amtsgericht eine von Amts wegen zu erteilende Ausfertigung seines Beschlusses der Landesjustizverwaltung einzureichen. ²Die Ausfertigung ist, falls dem Antrag stattgegeben wird, mit der Vollstreckungsklausel zu versehen. ³Dem Kostenschuldner wird der Beschluß nur auf Betreiben des Kostengläubigers zugestellt.

II Hat der Kostengläubiger selbst den Antrag auf Vollstreckbarerklärung bei dem Amtsgericht unmittelbar gestellt (Artikel 18 Abs. 3), so ist der Beschluß diesem und dem Kostenschuldner von Amts wegen zuzustellen.

**Bem.** Wegen unmittelbarer Antragstellung s Bem zu Art. 19. I ü vgl Bülow Rpfleger **55**, 301.

§ 6. Gegen den Beschluß, durch den die Kostenentscheidung für vollstreckbar erklärt wird, steht dem Kostenschuldner ohne Rücksicht auf den Wert des Beschwerdegegenstandes die sofortige Beschwerde nach § 577 Abs. 1 bis 3, §§ 568 bis 575 der Zivilprozeßordnung zu.

II ¹Der Beschluß, durch den der Antrag auf Vollstreckbarerklärung abgelehnt wird, unterliegt der Beschwerde nach §§ 568 bis 571, 573 bis 575 der Zivilprozeßordnung. ²Die Beschwerde steht, sofern der Antrag auf diplomatischem Wege gestellt ist, dem Staatsanwalt zu. ³Hat der Kostengläubiger selbst den Antrag bei dem Amtsgericht unmittelbar gestellt, so ist er berechtigt, die Beschwerde einzulegen.

**Bem.** Die Beschwerde geht an das LG. Dieses hat dem Gegner rechtliches Gehör zu gewähren, Wolff Rdz 378. Es entscheidet durch Beschluß. Die weitere Beschwerde, § 568 II, wird nicht durch § 568 III ausgeschlossen, Wolff Rdz 381.

§ 7. Aus der für vollstreckbar erklärten Kostenentscheidung findet die Zwangsvollstreckung nach der Zivilprozeßordnung statt; § 798 der Zivilprozeßordnung ist entsprechend anzuwenden.

**AnerkVollstrAbk** Schlußanhang V A 1 u 2

**§ 8.** I ¹Sollen von einem Kläger, gegen den eine Kostenentscheidung ergangen ist (Artikel 18 des Übereinkommens), in einem Vertragstaat Gerichtskosten eingezogen werden, so ist deren Betrag für ein Verfahren der Vollstreckbarerklärung (Artikel 18 Abs. 2) von dem Gericht der Instanz ohne mündliche Verhandlung durch Beschluß festzusetzen. ²Die Entscheidung ergeht auf Antrag der für die Betreibung der Gerichtskosten zuständigen Behörde.

II ¹Der Beschluß, durch den der Betrag der Gerichtskosten festgesetzt wird, unterliegt der sofortigen Beschwerde nach § 577 Abs. 1 bis 3, § 567 Abs. 2 bis 4, §§ 568 bis 575 der Zivilprozeßordnung. ²Die Beschwerde kann durch Erklärung zu Protokoll der Geschäftsstelle oder schriftlich ohne Mitwirkung eines Rechtsanwalts eingelegt werden.

**Bem.** Zuständig ist der Rechtspfleger, § 21 I Z 3 RPflG. Gegen seine Entscheidung ist Erinnerung nach § 11 RPflG gegeben.

## 2. Haager Übereinkommen über die Anerkennung und Vollstreckung von Unterhaltsentscheidungen vom 2. 10. 73, BGBl 86 II 826

**Gesetzgebungsmaterialien:** RegEntw BT-Drs 10/258, Ausschußbericht BT-Drs 10/5633.

**Schrifttum:** *MüKoGo* Schlußanh Nr 3 a; *BBGS* 795; *Baumann*, Die Anerkennung und Vollstreckung ausländischer Entscheidungen in Unterhaltssachen, 1989; *Galster* IPrax **90**, 146; *Martiny* Rdz 325–385 u *Wolff* Rdz 474–509; *Nagel/Gottwald*, IZPR, 4. Aufl 1997, § 13 II A; *Rahm* VIII 270 ff.

### Übersicht

1 **1) Allgemeines.** Das Übk 1973 löst das Übk v 15. 4. 58 ab, das für die BRep seit dem 1. 1. 62 galt, BGBl 61 II 1005 (vgl MüKoGo Schlußanh Nr 3 b, Martiny Rn 265 ff, Wolff Rn 400 ff, Baumann § 3). Das alte Übk wird im Verhältnis zu den Staaten, die das neue Übk ratifizieren, durch dieses ersetzt, vgl dessen Art 29; wegen der Vertragsstaaten des alten Übk, für die dieses weitergilt, s Einl IV vor § 1 ZPO Rn 7. Es ist zusammen mit dem dazu ergangenen AusfG v 18. 7. 61, BGBl 1033 (m Änd durch Art 7 Z 14 G v 3. 12. 76, BGBl 3281), in der 45. Aufl abgedruckt und erläutert (seitdem geänd durch Art 2 § 8 SchiedsVfG v 22. 12. 97, BGBl 3224), vgl auch österrOGH IPrax **94**, 219 (Anm Andrae IPrax **94**, 223), Köln FamRZ **95**, 1430, LG Hbg FamRZ **93**, 981.

Das Übk 1973 ist für die BRep am 1. 4. 87 in Kraft getreten, Bek v 25. 3. 87, BGBl II 220, ebenso das dazu ergangene AusfG v 25. 7. 86, BGBl 1156, vgl Bek v 3. 87, BGBl 944. Es gilt seit dem 3. 10. 90 auch in den neuen Bundesländern, Üb Schlußanh V Rn 2; für die vorher dort ergangenen Entscheidungen gilt Art 24 II entspr, Andrae IPrax **94**, 227, abw OGH Wien IPrax **94**, 219: unanwendbar. Wegen der Vertragsstaaten s Einl IV vor § 1 ZPO Rn 7. Übk und AusfG sind im folgenden abgedruckt und zT erläutert.

2 **2) Grundzüge.** Das Übk 1973 erleichtert ebenso wie das Übk 1958 die Anerkennung und Vollstreckung von Unterhaltsentscheidungen. Über das Übk 1958 hinaus gilt es auch für Entscheidungen über Erwachsenenunterhalt und für Entscheidungen von Verwaltungsbehörden sowie für vor diesen geschlossene Vergleiche. Es erfaßt auch Erstattungsansprüche einer öff Aufgaben wahrnehmenden Einrichtung. Das Übk ist unabhängig von der Staatsangehörigkeit und dem Aufenthalt der Parteien anzuwenden. Wegen seiner zeitlichen Geltung s Art 24.

Sachlich-rechtlich wird die Geltendmachung von Unterhaltsansprüchen durch das am 1. 4. 87 für die BRep in Kraft getretene Haager Übk über das auf Unterhaltspflichten anzuwendende Recht v 2. 10. 73, BGBl 86 II 837, erleichtert (vgl Pal-Heldrich Anh 2 Art 18 EGBGB). Das Übk gilt nicht nur im Verhältnis zwischen den Vertragsstaaten, sondern bestimmt das Unterhaltsstatut allgemein. Es ersetzt das entsprechende Haager Übk v 24. 10. 56, BGBl 61 II 1013, vgl Pal-Heldrich Anh 1 Art 18 EGBGB.

3 **3) Verhältnis zu anderen Vorschriften.** Das UN-Übk über die Geltendmachung von Unterhaltsansprüchen, Anh II § 168 GVG, ist ein Rechtshilfeabkommen, das sowohl die Geltendmachung von Unterhaltsansprüchen als auch die Vollstreckung auf andere Weise löst und gemäß Art 23 Übk unberührt bleibt. Das AUG, Anh III § 168 GVG, befaßt sich nur mit der Geltendmachung solcher Ansprüche.

Das EuGVÜ, Schlußanh V C 1, ist in seinem räumlichen Geltungsbereich auf Unterhaltstitel anwendbar, vgl seinen Art 5. Nach Art 57 I EuGÜbk haben Sonderabkommen grundsätzlich Vorrang; nach Art 57 II b EuGVÜ kann aber der Berechtigte zwischen dem in mancher Hinsicht für ihn günstigeren EuGVÜ und dem Haager Übk wählen, Kblz EuZW **90**, 486, Geimer IPrax **92**, 7, Sonnenberger IPrax **85**, 240, Martiny Rdz 381, Wolff Rdz 505 u 467–469. Letzteres Übk steht dem nicht entgegen, Art 23. Entspr gilt für das LuganoÜbk, Schlußanh V D.

Sofern sie einer Vollstreckung günstiger sind, dürfen auch Bestimmungen bilateraler Verträge, Schlußanh V B, ebenso wie solche des nichtvertraglichen Rechts des Vollstreckungsstaates angewendet werden, Art 23, Wolff Rdz 506 u 507, 470.

### Kapitel I. Anwendungsbereich des Übereinkommens

**Art. 1.** ¹Dieses Übereinkommen ist anzuwenden auf Entscheidungen über Unterhaltspflichten aus Beziehungen der Familie, Verwandtschaft, Ehe oder Schwägerschaft, einschließlich der Unterhaltspflicht gegenüber einem nichtehelichen Kind, die von Gerichten oder Verwaltungsbehörden eines Vertragsstaats erlassen worden sind entweder
1. zwischen einem Unterhaltsberechtigten und einem Unterhaltsverpflichteten oder
2. zwischen einem Unterhaltsverpflichteten und einer öffentliche Aufgaben wahrnehmenden Einrichtung, die die Erstattung der einem Unterhaltsberechtigten erbrachten Leistung verlangt.

**II** Es ist auch anzuwenden auf Vergleiche auf diesem Gebiet, die vor diesen Behörden und zwischen diesen Personen geschlossen worden sind.

**Bem.** Zu den Unterhaltspflichten gehört auch der Anspruch auf Prozeßkostenvorschuß, KG FamRZ **88**, 167, zustm v. Bar IPrax **88**, 220, Jayme FamRZ **88**, 793 (zweifelnd hinsichtl der FolgeS). Entscheidungen iSv Art 1 sind auch solche von Verwaltungsbehörden, Rahm VIII 273; diese müssen zur Entscheidung über den Unterhalt zuständig sein (vgl Art 7), bloße Vermerke oder generelle Bestätigungen genügen nicht, LG Hbg DAVorm **84**, 605. Wegen der Titel mit gesetzlicher Indexierung vgl Bem zu Art 5. Ergänzende Bestimmungen für die Vollstr zugunsten von Einrichtungen, die öff Aufgaben wahrnehmen, enthalten Art 18–20.

**Art. 2.** **I** Das Übereinkommen ist auf Entscheidungen und Vergleiche ohne Rücksicht auf ihre Bezeichnung anzuwenden.

**II** Es ist auch auf Entscheidungen oder Vergleiche anzuwenden, durch die eine frühere Entscheidung oder ein früherer Vergleich geändert worden ist, selbst wenn diese Entscheidung oder dieser Vergleich aus einem Nichtvertragsstaat stammt.

**III** Es ist ohne Rücksicht darauf, ob der Unterhaltsanspruch international oder innerstaatlich ist, und unabhängig von der Staatsangehörigkeit oder dem gewöhnlichen Aufenthalt der Parteien anzuwenden.

**Bem.** Wegen öff Urkunden s Art 25.

**Art. 3.** Betrifft die Entscheidung oder der Vergleich nicht nur die Unterhaltspflicht, so bleibt die Wirkung des Übereinkommens auf die Unterhaltspflicht beschränkt.

### Kapitel II. Voraussetzungen der Anerkennung und Vollstreckung von Entscheidungen

**Art. 4.** **I** Die in einem Vertragsstaat ergangene Entscheidung ist in einem anderen Vertragsstaat anzuerkennen oder für vollstreckbar zu erklären/zu vollstrecken,
1. wenn sie von einer Behörde erlassen worden ist, die nach Artikel 7 oder 8 als zuständig anzusehen ist, und
2. wenn gegen sie im Ursprungsstaat kein ordentliches Rechtsmittel mehr zulässig ist.

**II** Vorläufig vollstreckbare Entscheidungen und einstweilige Maßnahmen sind, obwohl gegen sie ein ordentliches Rechtsmittel zulässig ist, im Vollstreckungsstaat anzuerkennen oder für vollstreckbar zu erklären/zu vollstrecken, wenn dort gleichartige Entscheidungen erlassen und vollstreckt werden können.

**Bem.** Zu I Z 2 vgl BGH NJW **90**, 2197 (maßgeblich ist das Recht des Ursprungsstaates), zu II Düss FamRZ **95**, 1482.

**Art. 5.** Die Anerkennung oder Vollstreckung der Entscheidung darf jedoch versagt werden,
1. wenn die Anerkennung oder Vollstreckung mit der öffentlichen Ordnung des Vollstreckungsstaats offensichtlich unvereinbar ist oder
2. wenn die Entscheidung das Ergebnis betrügerischer Machenschaften im Verfahren ist oder
3. wenn ein denselben Gegenstand betreffendes Verfahren zwischen denselben Parteien vor einer Behörde des Vollstreckungsstaats anhängig und als erstes eingeleitet worden ist oder
4. wenn die Entscheidung unvereinbar ist mit einer Entscheidung, die zwischen denselben Parteien über denselben Gegenstand entweder in dem Vollstreckungsstaat oder in einem anderen Staat ergangen ist, im letztgenannten Fall jedoch nur, sofern diese Entscheidung die für die Anerkennung und Vollstreckung im Vollstreckungsstaat erforderlichen Voraussetzungen erfüllt.

**Bem.** Art. 4 u 5 regeln die Voraussetzungen für Anerkennung und Vollstreckung abschließend, vgl Art 12. Z 1 greift nur in Ausnahmefällen ein, vgl BGH NJW **90**, 2198 mwN (betr devisenrechtliche Beschränkungen), dazu Geimer ZZP **103**, 477, sowie Düss NJWE-FER **98**, 113 (betr Polen); zu Z 3 s KG FamRZ **93**, 977 (das einen zwingenden Versagungsgrund annimmt, MüKoGo 6, aM BBGS IV 4 a). Der VollstrBehörde ist auch eine Ergänzung oder sonstige inhaltliche Auffüllung der Entscheidung verwehrt; zur Umrechnung des Betrages s § 3 AVAG, Schlußanh V E, KG IPrax **94**, 457 (Anm Baumann IPrax **94**, 435). Jedoch können sog indexierte Titel, die sich nach ausländischem Recht ohne Umschreibung kraft Gesetzes erhöhen, auch wegen dieser Erhöhung für vollstreckbar erklärt werden, Schack 938, Rahm VIII 293, Martiny Rdz 348 u 284, Roth IPrax **89**, 14 mwN, Stgt DAVorm **90**, 715 (Schweiz), vgl BGH NJW **86**, 1440, Düss FamRZ **94**, 1482, Schlesw FamRZ **94**, 53 u Hbg FamRZ **83**, 1157 (Finnland), zustm Dopffel DAVorm **84**, 231 mwN (eingehend) u Gross DAVorm **84**, 549, vgl BGH NJW **90**, 3084, RR **89**, 319 u **86**, 1440 mwN (Schweiz), dazu Stürner/Münch JZ **87**, 184 u Dopffel IPrax **86**, 277, s auch Art 31 EuGVÜ Rn 2; dabei dürfen zur Ermittlung der Erhöhungsbeträge amtliche Bescheinigungen der Behörden, die im Urteilsstaat für die Zwangsvollstreckung von Unterhaltstiteln zuständig sind, zugrunde gelegt werden, Dopffel aaO 234, Gross aaO, aM Düss FamRZ **82**, 630, LG Hbg DAVorm **84**, 605, notfalls auch andere Beweismittel, § 6 AVAG, Schlußanh V D. Die Voraussetzungen des Art 2 gelten auch für abändernde Entscheidungen, Art 2 II.

**Art. 6.** Eine Versäumnisentscheidung wird nur anerkannt oder für vollstreckbar erklärt/vollstreckt, wenn das das Verfahren einleitende Schriftstück mit den wesentlichen Klagegründen der säumigen Partei nach dem Recht des Ursprungsstaats zugestellt worden ist und wenn diese Partei eine nach den Umständen ausreichende Frist zu ihrer Verteidigung hatte; Artikel 5 bleibt unberührt.

Art. 7. Eine Behörde des Ursprungsstaats ist als zuständig im Sinn des Übereinkommens anzusehen,
1. wenn der Unterhaltsverpflichtete oder der Unterhaltsberechtigte zur Zeit der Einleitung des Verfahrens seinen gewöhnlichen Aufenthalt im Ursprungsstaat hatte oder
2. wenn der Unterhaltsverpflichtete und der Unterhaltsberechtigte zur Zeit der Einleitung des Verfahrens Staatsangehörige des Ursprungsstaats waren oder
3. wenn sich der Beklagte der Zuständigkeit dieser Behörde entweder ausdrücklich oder dadurch unterworfen hat, daß er sich, ohne die Unzuständigkeit geltend zu machen, auf das Verfahren in der Sache selbst eingelassen hat.

**Bem.** Art 7 u 8 ergänzen Art 4 I Z 1, bestimmen also näheres darüber, wann die ausländische Behörde als zuständig anzusehen ist; sie begründen dagegen keine internationale Zuständigkeit für inländische Stellen, BGH NJW **86**, 662, Henrich IPrax **85**, 208 gegen BGH NJW **85**, 552 (zum Übk 1958).

Art. 8. Die Behörden eines Vertragsstaats, die über eine Unterhaltsklage entschieden haben, sind als zuständig im Sinn des Übereinkommens anzusehen, wenn der Unterhalt infolge einer von einer Behörde dieses Staats ausgesprochenen Scheidung, Trennung ohne Auflösung des Ehebandes, Nichtigkeit oder Ungültigkeit der Ehe geschuldet wird und wenn die diesbezügliche Zuständigkeit der Behörde nach dem Recht des Vollstreckungsstaats anerkannt wird; Artikel 7 bleibt unberührt.

Art. 9. Die Behörde des Vollstreckungsstaats ist an die tatsächlichen Feststellungen gebunden, auf die die Behörde des Ursprungsstaats ihre Zuständigkeit gestützt hat.

Art. 10. Betrifft die Entscheidung mehrere Ansprüche in einer Unterhaltsklage und kann die Anerkennung oder Vollstreckung nicht für alle Ansprüche bewilligt werden, so hat die Behörde des Vollstreckungsstaats das Übereinkommen auf denjenigen Teil der Entscheidung anzuwenden, der anerkannt oder für vollstreckbar erklärt/vollstreckt werden kann.

Art. 11. Ist in der Entscheidung die Unterhaltsleistung durch regelmäßig wiederkehrende Zahlungen angeordnet, so ist die Vollstreckung sowohl für die bereits fälligen als auch für die künftig fällig werdenden Zahlungen zu bewilligen.

Art. 12. Die Behörde des Vollstreckungsstaats darf die Entscheidung auf ihre Gesetzmäßigkeit nicht nachprüfen, sofern das Übereinkommen nicht etwas anderes bestimmt.

**Bem.** Die Versagungsgründe sind in Art 4 und 5 abschließend aufgezählt, Bbg DAVorm **89**, 889.

### Kapitel III. Verfahren der Anerkennung und Vollstreckung von Entscheidungen

Art. 13. Das Verfahren der Anerkennung oder Vollstreckung der Entscheidung richtet sich nach dem Recht des Vollstreckungsstaats, sofern das Übereinkommen nicht etwas anderes bestimmt.

**Bem.** Vgl dazu §§ 3 ff u §§ 39–41 AVAG. Das Vereinigte Königreich hat die zur Entgegennahme der Anträge bestimmten Behörden bekanntgemacht (Bek v 25. 3. 87, BGBl II 223, 224). Zur Frage, ob statt des Vollstreckbarkeitsverfahrens eine neue Leistungsklage erhoben werden kann, s Gottwald FamRZ **99**, 310 (zu Karlsr RR **99**, 83). Im Verfahren nach AVAG richtet sich die Aktivlegitimation nach dem im Unterhaltstitel zugrunde gelegten Recht, Stgt FamRZ **99**, 313.

Art. 14. Es kann auch die teilweise Anerkennung oder Vollstreckung einer Entscheidung beantragt werden.

Art. 15. Der Unterhaltsberechtigte, der im Ursprungsstaat ganz oder teilweise Prozeßkostenhilfe oder Befreiung von Verfahrenskosten genossen hat, genießt in jedem Anerkennungs- oder Vollstreckungsverfahren die günstigste Prozeßkostenhilfe oder die weitestgehende Befreiung, die im Recht des Vollstreckungsstaats vorgesehen ist.

Art. 16. In den durch das Übereinkommen erfaßten Verfahren braucht für die Zahlung der Verfahrenskosten keine Sicherheit oder Hinterlegung, unter welcher Bezeichnung auch immer, geleistet zu werden.

Art. 17. [1]Die Partei, die die Anerkennung einer Entscheidung geltend macht oder ihre Vollstreckung beantragt, hat folgende Unterlagen beizubringen:
1. eine vollständige, mit der Urschrift übereinstimmende Ausfertigung der Entscheidung;
2. die Urkunden, aus denen sich ergibt, daß gegen die Entscheidung im Ursprungsstaat kein ordentliches Rechtsmittel mehr zulässig ist und, gegebenenfalls, daß die Entscheidung dort vollstreckbar ist;
3. wenn es sich um eine Versäumnisentscheidung handelt, die Urschrift oder eine beglaubigte Abschrift der Urkunde, aus der sich ergibt, daß das das Verfahren einleitende Schriftstück mit den wesentlichen Klagegründen der säumigen Partei nach dem Recht des Ursprungsstaats ordnungsgemäß zugestellt worden ist;
4. gegebenenfalls jedes Schriftstück, aus dem sich ergibt, daß die Partei im Ursprungsstaat Prozeßkostenhilfe oder Befreiung von Verfahrenskosten erhalten hat;

5. eine beglaubigte Übersetzung der genannten Urkunden, wenn die Behörde des Vollstreckungsstaats nicht darauf verzichtet.

II Werden die genannten Urkunden nicht vorgelegt oder ermöglicht es der Inhalt der Entscheidung der Behörde des Vollstreckungsstaats nicht, nachzuprüfen, ob die Voraussetzungen dieses Übereinkommens erfüllt sind, so setzt sie eine Frist für die Vorlegung aller erforderlichen Urkunden.

III Eine Legalisation oder ähnliche Förmlichkeit darf nicht verlangt werden.

**Bem.** Die Vorlage der mit Rechtskraftbescheinigung versehenen Entscheidung, I Z 1 u 2, genügt, wenn das Recht des Urteilsstaates eine Vollstreckbarkeitsbescheinigung nicht kennt, Stgt DAVorm **90**, 255 (betr CSFR) u **90**, 714 (betr Schweiz).

### Kapitel IV. Ergänzende Bestimmungen über öffentliche Aufgaben wahrnehmende Einrichtungen

**Art. 18.** Ist die Entscheidung gegen einen Unterhaltsverpflichteten auf Antrag einer öffentliche Aufgaben wahrnehmenden Einrichtung ergangen, welche die Erstattung der einem Unterhaltsberechtigten erbrachten Leistungen verlangt, so ist diese Entscheidung nach dem Übereinkommen anzuerkennen und für vollstreckbar zu erklären/zu vollstrecken,
1. wenn die Einrichtung nach dem Recht, dem sie untersteht, die Erstattung verlangen kann;
2. wenn das nach dem Internationalen Privatrecht des Vollstreckungsstaats anzuwendende innerstaatliche Recht eine Unterhaltspflicht zwischen dem Unterhaltsberechtigten und dem Unterhaltsverpflichteten vorsieht.

**Bem.** Die Vorschrift gilt zB für Ersatz-Forderungen nach §§ 92 ff BSHG.

**Art. 19.** Eine öffentliche Aufgaben wahrnehmende Einrichtung darf, soweit sie dem Unterhaltsberechtigten Leistungen erbracht hat, die Anerkennung oder Vollstreckung einer zwischen dem Unterhaltsberechtigten und dem Unterhaltsverpflichteten ergangenen Entscheidung verlangen, wenn sie nach dem Recht, dem sie untersteht, kraft Gesetzes berechtigt ist, an Stelle des Unterhaltsberechtigten die Anerkennung der Entscheidung geltend zu machen oder ihre Vollstreckung zu beantragen.

**Bem.** Hierhin gehört die Rechtsnachfolge kraft gesetzlichen Forderungsübergangs, zB auf den BSHG- oder BAföG-Träger; zur Vollstreckung übergeleiteter Titel vgl Galster IPrax **90**, 146.

**Art. 20.** Die öffentliche Aufgaben wahrnehmende Einrichtung, welche die Anerkennung geltend macht oder die Vollstreckung beantragt, hat die Urkunden vorzulegen, aus denen sich ergibt, daß sie die in Artikel 18 Nummer 1 oder Artikel 19 genannten Voraussetzungen erfüllt und daß die Leistungen dem Unterhaltsberechtigten erbracht worden sind; Artikel 17 bleibt unberührt.

### Kapitel V. Vergleiche

**Art. 21.** Die im Ursprungsstaat vollstreckbaren Vergleiche sind unter denselben Voraussetzungen wie Entscheidungen anzuerkennen und für vollstreckbar zu erklären/zu vollstrecken, soweit diese Voraussetzungen auf sie anwendbar sind.

### Kapitel VI. Verschiedene Bestimmungen

**Art. 22.** Bestehen nach dem Recht eines Vertragsstaats Beschränkungen für die Überweisung von Geldbeträgen, so hat dieser Vertragsstaat der Überweisung von Geldbeträgen, die zur Erfüllung von Unterhaltsansprüchen oder zur Deckung von Kosten für Verfahren nach diesem Übereinkommen bestimmt sind, den größtmöglichen Vorrang zu gewähren.

**Art. 23.** Dieses Übereinkommen schließt nicht aus, daß eine andere internationale Übereinkunft zwischen dem Ursprungsstaat und dem Vollstreckungsstaat oder das nichtvertragliche Recht des Vollstreckungsstaats angewendet wird, um die Anerkennung oder Vollstreckung einer Entscheidung oder eines Vergleichs zu erwirken.

**Bem.** Die Vorschrift ermöglicht die Anerkennung und Vollstr nach dem EuGVÜ, Art 5 Z 2, bzw deren (günstigeren) autonomen Recht, Geimer IPrax **92**, 7 mwN, Üb Art 1 Rn 3.

**Art. 24.** I Dieses Übereinkommen ist unabhängig von dem Zeitpunkt anzuwenden, in dem die Entscheidung ergangen ist.

II Ist die Entscheidung ergangen, bevor dieses Übereinkommen zwischen dem Ursprungsstaat und dem Vollstreckungsstaat in Kraft getreten ist, so ist sie im letztgenannten Staat nur hinsichtlich der nach diesem Inkrafttreten fällig werdenden Zahlungen für vollstreckbar zu erklären/zu vollstrecken.

**Bem.** In Altfällen, II, sind ggf Einzelverträge, Düss FamRZ **94**, 1481, bzw das Übk v 1958, Üb Art 1 Rn 1, maßgeblich. Wegen der in der DDR ergangenen Entscheidungen s Üb Art 1 Rn 1.

**Art. 25.** Jeder Vertragsstaat kann jederzeit erklären, daß er in seinen Beziehungen zu den Staaten, die dieselbe Erklärung abgegeben haben, alle vor einer Behörde oder einer Urkundsperson errichteten öffentlichen Urkunden, die im Ursprungsstaat aufgenommen und vollstreckbar sind, in das Übereinkommen einbezieht, soweit sich dessen Bestimmungen auf solche Urkunden anwenden lassen.

**Bem.** Eine Erklärung haben abgegeben: die BRep, die Niederlande und Schweden, Bek v 25. 3. 87, BGBl II 220. Vgl § 39 I AVAG, Schlußanh V E.

**Art. 26.** $^I$ Jeder Vertragsstaat kann sich nach Artikel 34 das Recht vorbehalten, weder anzuerkennen noch für vollstreckbar zu erklären/zu vollstrecken:
1. Entscheidungen und Vergleiche über Unterhaltsleistungen, die ein Unterhaltsverpflichteter, der nicht der Ehegatte oder der frühere Ehegatte des Unterhaltsberechtigten ist, für die Zeit nach der Eheschließung oder nach dem vollendeten einundzwanzigsten Lebensjahr des Unterhaltsberechtigten schuldet;
2. Entscheidungen und Vergleiche in Unterhaltssachen
   a) zwischen Verwandten in der Seitenlinie;
   b) zwischen Verschwägerten;
3. Entscheidungen und Vergleiche, die die Unterhaltsleistung nicht durch regelmäßig wiederkehrende Zahlungen vorsehen.

$^{II}$ Ein Vertragsstaat, der einen Vorbehalt gemacht hat, kann nicht verlangen, daß das Übereinkommen auf Entscheidungen und Vergleiche angewendet wird, die er durch seinen Vorbehalt ausgeschlossen hat.

**Bem.** Die BRep hat folgende Erklärung abgegeben (Bek v 25. 3. 87, BGBl II 220):

Die Bundesrepublik Deutschland erklärt gemäß Artikel 26 Nr. 2 des Übereinkommens, daß sie Entscheidungen und Vergleiche in Unterhaltssachen
a) zwischen Verwandten in der Seitenlinie und
b) zwischen Verschwägertenweder anerkennen noch für vollstreckbar erklären/vollstrecken wird.

Ungeachtet dieses Vorbehalts wird die Bundesrepublik Deutschland gemäß ihrem innerstaatlichen Recht wie folgt verfahren: Sie wird auch Entscheidungen und Vergleiche aus einem anderen Vertragsstaat in Unterhaltssachen zwischen Verwandten in der Seitenlinie und zwischen Verschwägerten nach den Vorschriften des Übereinkommens anerkennen und für vollstreckbar erklären/vollstrecken; jedoch wird sie die Anerkennung und Vollstreckung solcher Entscheidungen auf Verlangen des Unterhaltsverpflichteten versagen, wenn nach den innerstaatlichen Vorschriften des Staates, dem der Verpflichtete und der Berechtigte angehören, oder, mangels einer gemeinsamen Staatsangehörigkeit, des am gewöhnlichen Aufenthalt des Verpflichteten geltenden Rechts eine Unterhaltspflicht nicht besteht.

Ferner haben Vorbehalte gemacht (Bek v 25. 3. 87, BGBl II 220): Finnland (Z 1 u 2), Italien (Z 3), Luxemburg (Z 2 u 3), Niederlande (Z 2a), Norwegen (Z 2), Polen (Z 3), Portugal (Z 1 u 2), Schweden (Z 1 u 2), Tschechoslowakei (Z 2), Türkei (Z 2 u 3) und das Vereinigte Königreich, auch für die Insel Man (Z 2 u 3); die Schweiz hat ihren Vorbehalt zu Art 26 Z 2 mWv 1. 6. 93 zurückgenommen, BGBl 93 II 1008. Vgl dazu auch § 39 II AVAG, Schlußanh V E.

**Art. 27.** Sieht das Recht eines Vertragsstaats in Unterhaltssachen zwei oder mehr Rechtsordnungen vor, die für verschiedene Personenkreise gelten, so ist eine Verweisung auf das Recht dieses Staates als Verweisung auf die Rechtsordnung zu verstehen, die nach dem Recht dieses Staates für einen bestimmten Personenkreis gilt.

**Art. 28.** $^I$ Besteht ein Vertragsstaat aus zwei oder mehr Gebietseinheiten, in denen verschiedene Rechtsordnungen für die Anerkennung und Vollstreckung von Unterhaltsentscheidungen gelten, so ist
1. eine Verweisung auf das Recht, das Verfahren oder die Behörde des Ursprungsstaats als Verweisung auf das Recht, das Verfahren oder die Behörde der Gebietseinheit zu verstehen, in der die Entscheidung ergangen ist,
2. eine Verweisung auf das Recht, das Verfahren oder die Behörde des Vollstreckungsstaats als Verweisung auf das Recht, das Verfahren oder die Behörde der Gebietseinheit zu verstehen, in der die Anerkennung oder Vollstreckung beantragt wird,
3. eine Verweisung nach den Nummern 1 und 2 auf das Recht oder das Verfahren des Ursprungsstaats oder des Vollstreckungsstaats in dem Sinn zu verstehen, daß auch auf die einschlägigen Rechtsvorschriften und -grundsätze des Vertragsstaats, die für dessen Gebietseinheiten gelten, verwiesen ist;
4. eine Verweisung auf den gewöhnlichen Aufenthalt des Unterhaltsberechtigten oder des Unterhaltsverpflichteten im Ursprungsstaat als Verweisung auf den gewöhnlichen Aufenthalt in der Gebietseinheit zu verstehen, in der die Entscheidung ergangen ist.

$^{II}$ Jeder Vertragsstaat kann jederzeit erklären, daß er eine oder mehrere dieser Vorschriften auf eine oder mehrere Bestimmungen dieses Übereinkommens nicht anwenden wird.

**Art. 29.** Dieses Übereinkommen ersetzt in den Beziehungen zwischen den Staaten, die Vertragsparteien sind, das Haager Übereinkommen vom 15. April 1958 über die Anerkennung und Vollstreckung von Entscheidungen auf dem Gebiet der Unterhaltspflicht gegenüber Kindern.

**Bem.** Vgl Üb Art 1 Rn 1.

### Kapitel VII. Schlußbestimmungen
(nicht abgedruckt)

### Unterhaltsvollstreckungs-Übereinkommens-Ausführungsgesetz vom 25. 7. 86, BGBl 1156

Das AusfG ist mWv 8. 6. 88 durch das AVAG, abgedruckt und erläutert im Schlußanh V D, ersetzt worden, § 58 I AVAG. Dieses Gesetz enthält in den §§ 39–41 Sondervorschriften für die Ausführung des Haager UnterhVollstrÜbk. Das AusfG v 25. 7. 86 ist in VollstrVerf, die am 8. 6. 88 anhängig waren, weiterhin anzuwenden, § 58 II AVAG, BGH NJW **90**, 2197; Einzelheiten s 46. Aufl. Für Fälle, die ganz oder teilweise unter das Haager UnterhVollstrÜbk 1958 fallen, Üb 1 vor Art 1 des Übk 1973, gilt insoweit weiterhin das AusfG v 18. 7. 61 (s Bem zu § 35 AVAG), das in der 45. Aufl abgedruckt und erläutert ist und die Zuständigkeit des AG (FamG) vorsah, Hamm FamRZ **89**, 1199 (dazu Gottwald FamRZ **90**, 179), Ffm u Stgt DAVorm **89**, 102, 103.

### 3. Haager Übereinkommen vom 25. 10. 1980 über die zivilrechtlichen Aspekte internationaler Kindesentführung und Europäisches Übereinkommen vom 20. 5. 1980 über die Anerkennung und Vollstreckung von Entscheidungen über das Sorgerecht für Kinder und die Wiederherstellung des Sorgeverhältnisses, BGBl 90 II 207

#### Übersicht

**1) Allgemeines** (Pal/Diederichsen Anh Art 24 EGBGB; MüKoSiehr Anh II Art 19 EGBGB; Bach/ **1** Gildenast, Internationale Kindesentführung, 1999; Jorzik, Das neue zivilrechtliche Kindesentführungsrecht, 1995; Lowe/Perry FamRZ **98**, 1073; Bach FamRZ **97**, 1051; Baetge/Baetge IPrax **95**, 191; Rausch NJW **94**, 2124; Bruch FamRZ **93**, 745; Hüßtege IPrax **92**, 369; Mansel NJW **90**, 2176; Rahm/Schneider III 580 ff). Beiden Übk ist durch G v 5. 4. 90, BGBl II 206, zugestimmt worden (Materialien: Reg.Vorlage BT-Drs 11/5314 m Denkschrift u erläuternden Berichten; Ausschußbericht BT-Drs 11/6329; Gesetzesbeschluß BR-Drs 113/90). Das **Haager Übk v 25. 10. 80**, BGBl 90 II 207, ist für Deutschland am 1. 12. 90 in Kraft getreten, Bek v 11. 12. 90, BGBl 91 II 329; Vertragsstaaten, zT mit Vorbehalten: Argentinien, Australien, Bahamas, Belgien, Belize, Bosnien-Herzegowina, Burkina Faso, Chile, Dänemark, Ecuador, Finnland, Frankreich, Georgien, Griechenland, Honduras, Irland, Island, Israel, Italien, ehem Jugoslawien, Kanada, Kolumbien, Kroatien, Luxemburg, Mauritius, Mexiko, Monaco, Neuseeland, Niederlande, Norwegen, Österreich, Panama, Polen, Portugal einschl Macau, Rumänien, Schweden, Schweiz, Simbabwe, Slowenien, Spanien, St. Kitts u Nevis, Südafrika, Tschechische Republik, Turkmenistan, Ungarn, Venezuela, Vereinigtes Königreich einschl Bermuda, Kaiman-Inseln, Montserrat, Falklandinseln u Insel Man, Vereinigte Staaten, Weißrußland, Zypern. Deutschland hat einen Vorbehalt nach Art 26 III des Abk gemacht; Zentrale Behörde iSv Art 6 I ist der Generalbundesanwalt, BGBl 99 II 552. Das **EuÜbk v 20. 5. 80**, BGBl 90 II 220, ist für Deutschland am 1. 2. 91 in Kraft getreten, Bek v 19. 12. 90, BGBl 91 II 392 (Vertragsstaaten: Belgien, Dänemark, Finnland, Frankreich, Griechenland, Irland, Island, Italien, Liechtenstein, Luxemburg, Niederlande, Norwegen, Österreich, Polen, Portugal, Schweden, Schweiz, Spanien, Vereinigtes Königreich einschl Insel Man u Falklandinseln, Zypern). Deutschland hat von den Vorbehalten nach Art 6 III und 17 I Gebrauch gemacht; Vorbehalte haben auch die meisten anderen Vertragsstaaten gemacht.

**2) Grundzüge** (Jorzik, Das neue zivilrechtliche Kindesentführungsrecht, 1995; Krüger MDR **98**, 694). **2** Die Übk gehören inhaltlich zusammen: Das **Haager Übk v 25. 10. 80** (abgedr u erl Pal-Heldr Anh Art 24 EGBGB Rn 54 ff) soll die sofortige Rückgabe widerrechtlich in einen Vertragsstaat verbrachter oder dort zurückgehaltener Kinder sicherstellen und gewährleisten, daß das in einem Vertragsstaat bestehende Sorge- und Umgangsrecht in den anderen Vertragsstaaten tatsächlich beachtet wird, vgl BVerfG NJW **99**, 85, 631, 641 u 642, **97**, 3301, BVerwG FamRZ **97**, 1269, Coester-Waltjen JZ **99**, 462, Finger ZBlJugR **96**, 15, Holl IPrax **99**, 185, Bach FamRZ **97**, 1051, Oelkers FamRZ **97**, 783 u **95**, 1105, Dörr/Hansen NJW **96**, 2703, Baetge/Papathoma-Baetge IPrax **96**, 294, Baetge IPrax **96**, 62, Bruch FamRZ **93**, 745. Dagegen dient das **EuÜbk v 20. 5. 80** (unten abgedr u erl) dazu, Sorgerechtsentscheidungen eines Vertragsstaates in den anderen Vertragsstaaten durchzusetzen. Anerkennung und Vollstreckung solcher Entscheidungen können nur in engen Grenzen versagt werden; es ist als einfaches und beschleunigtes Verfahren auszugestalten; Einzelheiten sind im AusfG (§§ 5 ff) geregelt, s u. Zuständig ist das FamGer, § 23 b I Z 11 GVG, das nach **FGG** entscheidet.

### Europäisches Übereinkommen über die Anerkennung und Vollstreckung von Entscheidungen über das Sorgerecht für Kinder und die Wiederherstellung des Sorgeverhältnisses vom 20. 5. 80, BGBl 90 II 220

**Materialien:** RegVorlage BT-Drs 11/5314; Ausschußbericht BT-Drs 11/6329; Gesetzesbeschluß BR-Drs 113/90.

**Vertragsstaaten:** Üb Rn 1 u Einl § 1 ZPO Rn 15 ff.

**Schrifttum:** *MüKoSiehr* Anh II Art 19 EGBGB; *Staud/Pirrung* Vorbem Art 19 EGBGB; *Rahm/Schneider* III 589 ff; *Pal/Diederichsen* Anh Art 24 EGBGB; *Pirrung* IPrax **97**, 182; *Mansel* NJW **90**, 2176.

*Art. 1.* Im Sinn dieses Übereinkommens bedeutet:
a) Kind eine Person gleich welcher Staatsangehörigkeit, die das 16. Lebensjahr noch nicht vollendet hat und noch nicht berechtigt ist, nach dem Recht ihres gewöhnlichen Aufenthalts, dem Recht des Staates, dem sie angehört, oder dem innerstaatlichen Recht des ersuchten Staates ihren eigenen Aufenthalt zu bestimmen;
b) Behörde ein Gericht oder eine Verwaltungsbehörde;
c) Sorgerechtsentscheidung die Entscheidung einer Behörde, soweit sie die Sorge für die Person des Kindes, einschließlich des Rechts auf Bestimmung seines Aufenthalts oder des Rechts zum persönlichen Umgang mit ihm, betrifft;
d) unzulässiges Verbringen das Verbringen eines Kindes über eine internationale Grenze, wenn dadurch eine Sorgerechtsentscheidung verletzt wird, die in einem Vertragsstaat ergangen und in einem solchen Staat vollstreckbar ist; als unzulässiges Verbringen gilt auch der Fall, in dem
   i) das Kind am Ende einer Besuchszeit oder eines sonstigen vorübergehenden Aufenthalts in einem anderen Hoheitsgebiet als dem, in dem das Sorgerecht ausgeübt wird, nicht über eine internationale Grenze zurückgebracht wird;
   ii) das Verbringen nachträglich nach Artikel 12 für widerrechtlich erklärt wird.

### Teil I. Zentrale Behörden

*Art. 2.* $^I$ Jeder Vertragsstaat bestimmt eine zentrale Behörde, welche die in diesem Übereinkommen vorgesehenen Aufgaben wahrnimmt.

$^{II}$ Bundesstaaten und Staaten mit mehreren Rechtssystemen steht es frei, mehrere zentrale Behörden zu bestimmen; sie legen deren Zuständigkeit fest.

$^{III}$ Jede Bezeichnung nach diesem Artikel wird dem Generalsekretär des Europarats notifiziert.

**Bem.** Die Aufgaben der Zentralen Behörde nimmt der Generalbundesanwalt wahr, Erklärung v 5. 10. 90, BGBl 91 II 392, vgl § 1 AusfG. Wegen der Zentralen Behörden der anderen Vertragsstaaten s Bek v 19. 12. 90, BGBl 91 II 392, und v 4. 7. 91, BGBl II 832.

*Art. 3.* $^I$ $^1$Die zentralen Behörden der Vertragsstaaten arbeiten zusammen und fördern die Zusammenarbeit der zuständigen Behörden ihrer Staaten. $^2$Sie haben mit aller gebotenen Eile zu handeln.

$^{II}$ Um die Durchführung dieses Übereinkommens zu erleichtern, werden die zentralen Behörden der Vertragsstaaten
a) die Übermittlung von Auskunftsersuchen sicherstellen, die von zuständigen Behörden ausgehen und sich auf Rechts- oder Tatsachenfragen in anhängigen Verfahren beziehen;
b) einander auf Ersuchen Auskünfte über ihr Recht auf dem Gebiet des Sorgerechts für Kinder und über dessen Änderungen erteilen;
c) einander über alle Schwierigkeiten unterrichten, die bei der Anwendung des Übereinkommens auftreten können, und Hindernisse, die seiner Anwendung entgegenstehen, soweit wie möglich ausräumen.

*Art. 4.* $^I$ Wer in einem Vertragsstaat eine Sorgerechtsentscheidung erwirkt hat und sie in einem anderen Vertragsstaat anerkennen oder vollstrecken lassen will, kann zu diesem Zweck einen Antrag an die zentrale Behörde jedes beliebigen Vertragsstaats richten.

$^{II}$ Dem Antrag sind die in Artikel 13 genannten Schriftstücke beizufügen.

$^{III}$ Ist die zentrale Behörde, bei der der Antrag eingeht, nicht die zentrale Behörde des ersuchten Staates, so übermittelt sie die Schriftstücke unmittelbar und unverzüglich der letztgenannten Behörde.

$^{IV}$ Die zentrale Behörde, bei der der Antrag eingeht, kann es ablehnen, tätig zu werden, wenn die Voraussetzungen nach diesem Übereinkommen offensichtlich nicht erfüllt sind.

$^V$ Die zentrale Behörde, bei der der Antrag eingeht, unterrichtet den Antragsteller unverzüglich über den Fortgang seines Antrags.

*Art. 5.* $^I$ Die zentrale Behörde des ersuchten Staates trifft oder veranlaßt unverzüglich alle Vorkehrungen, die sie für geeignet hält, und leitet erforderlichenfalls ein Verfahren vor dessen zuständigen Behörden ein, um
a) den Aufenthaltsort des Kindes ausfindig zu machen;
b) zu vermeiden, insbesondere durch alle erforderlichen vorläufigen Maßnahmen, daß die Interessen des Kindes oder des Antragstellers beeinträchtigt werden;
c) die Anerkennung oder Vollstreckung der Entscheidung sicherzustellen;
d) die Rückgabe des Kindes an den Antragsteller sicherzustellen, wenn die Vollstreckung der Entscheidung bewilligt wird;
e) die ersuchende Behörde über die getroffenen Maßnahmen und deren Ergebnisse zu unterrichten.

$^{II}$ Hat die zentrale Behörde des ersuchten Staates Grund zu der Annahme, daß sich das Kind im Hoheitsgebiet eines anderen Vertragsstaats befindet, so übermittelt sie die Schriftstücke unmittelbar und unverzüglich der zentralen Behörde dieses Staates.

ᴵᴵᴵ Jeder Vertragsstaat verpflichtet sich, vom Antragsteller keine Zahlungen für Maßnahmen zu verlangen, die für den Antragsteller aufgrund des Absatzes 1 von der zentralen Behörde des betreffenden Staates getroffen werden; darunter fallen auch die Verfahrenskosten und gegebenenfalls die Kosten für einen Rechtsanwalt, nicht aber die Kosten für die Rückführung des Kindes.

ᴵⱽ Wird die Anerkennung oder Vollstreckung versagt und ist die zentrale Behörde des ersuchten Staates der Auffassung, daß sie dem Ersuchen des Antragstellers stattgeben sollte, in diesem Staat eine Entscheidung in der Sache selbst herbeizuführen, so bemüht sich diese Behörde nach besten Kräften, die Vertretung des Antragstellers in dem Verfahren unter Bedingungen sicherzustellen, die nicht weniger günstig sind als für eine Person, die in diesem Staat ansässig ist und dessen Staatsangehörigkeit besitzt; zu diesem Zweck kann sie insbesondere ein Verfahren vor dessen zuständigen Behörden einleiten.

**Bem.** Die Niederlande haben hinsichtlich der Genehmigung zur Zwangsrückgabe einen Vorbehalt gemacht, Bek v 19. 12. 90, BGBl 91 II 393.

*Art. 6.* ᴵ Vorbehaltlich besonderer Vereinbarungen zwischen den beteiligten zentralen Behörden und der Bestimmungen des Absatzes 3

a) müssen Mitteilungen an die zentrale Behörde des ersuchten Staates in der Amtssprache oder einer der Amtssprachen dieses Staates abgefaßt oder von einer Übersetzung in diese Sprache begleitet sein;
b) muß die zentrale Behörde des ersuchten Staates aber auch Mitteilungen annehmen, die in englischer oder französischer Sprache abgefaßt oder von einer Übersetzung in eine dieser Sprachen begleitet sind.

ᴵᴵ Mitteilungen, die von der zentralen Behörde des ersuchten Staates ausgehen, einschließlich der Ergebnisse von Ermittlungen, können in der Amtssprache oder einer der Amtssprachen dieses Staates oder in englischer oder französischer Sprache abgefaßt sein.

ᴵᴵᴵ Ein Vertragsstaat kann die Anwendung des Absatzes 1 Buchstabe b ganz oder teilweise ausschließen. Hat ein Vertragsstaat diesen Vorbehalt angebracht, so kann jeder andere Vertragsstaat ihm gegenüber den Vorbehalt auch anwenden.

**Bem.** Vorbehalt der BRep gemäß Art 27 I Übk, Bek v 19. 12. 90, BGBl 91 II 392:
Sie erklärt in Übereinstimmung mit Artikel 6 Abs. 3, daß sie die Anwendung von Artikel 6 Abs. 1 Buchstabe b ausschließt, auch in den Fällen des Art. 13 Abs. 2: Die zentrale Behörde kann es ablehnen, tätig zu werden, solange Mitteilungen oder beizufügende Schriftstücke nicht in deutscher Sprache abgefaßt oder von einer Übersetzung in diese Sprache begleitet sind.
Vorbehalte haben auch Norwegen und Spanien gemacht, Bek v 19. 12. 90 aaO, ebenso Dänemark, Bek v 4. 7. 91, BGBl II 832.

### Teil II. Anerkennung und Vollstreckung von Entscheidungen und Wiederherstellung des Sorgeverhältnisses

*Art. 7.* Sorgerechtsentscheidungen, die in einem Vertragsstaat ergangen sind, werden in jedem anderen Vertragsstaat anerkannt und, wenn sie im Ursprungsstaat vollstreckbar sind, für vollstreckbar erklärt.

**Bem.** „Sorgerechtsentscheidungen" sind solche iSv Art 1 lit c Übk. Vollstreckbarerklärung in Deutschland, Kblz FamRZ **98**, 966: AusfG, s u.

*Art. 8.* ᴵ Im Fall eines unzulässigen Verbringens hat die zentrale Behörde des ersuchten Staates umgehend die Wiederherstellung des Sorgeverhältnisses zu veranlassen, wenn

a) zur Zeit der Einleitung des Verfahrens in dem Staat, in dem die Entscheidung ergangen ist, oder zur Zeit des unzulässigen Verbringens, falls dieses früher erfolgte, das Kind und seine Eltern nur Angehörige dieses Staates waren und das Kind seinen gewöhnlichen Aufenthalt im Hoheitsgebiet dieses Staates hatte, und
b) der Antrag auf Wiederherstellung innerhalb von sechs Monaten nach dem unzulässigen Verbringen bei einer zentralen Behörde gestellt worden ist.

ᴵᴵ Können nach dem Recht des ersuchten Staates die Voraussetzungen des Absatzes 1 nicht ohne ein gerichtliches Verfahren erfüllt werden, so finden in diesem Verfahren die in dem Übereinkommen genannten Versagungsgründe keine Anwendung.

ᴵᴵᴵ ¹Ist in einer von einer zuständigen Behörde genehmigten Vereinbarung zwischen dem Sorgeberechtigten und einem Dritten diesem das Recht zum persönlichen Umgang eingeräumt worden und ist das ins Ausland gebrachte Kind am Ende der vereinbarten Zeit dem Sorgeberechtigten nicht zurückgegeben worden, so wird das Sorgeverhältnis nach Absatz 1 Buchstabe b und Absatz 2 wiederhergestellt. ²Dasselbe gilt, wenn durch Entscheidung der zuständigen Behörde ein solches Recht einer Person zuerkannt wird, die nicht sorgeberechtigt ist.

**Bem.** Wegen der Vorbehalte der BRep (und anderen Vertragsstaaten) gemäß Art 17 I Übk s dort. Wegen des Vorbehalts der Niederlande s Bem zu Art 5. – Zum Verhältnis des Art 8 Übk zu § 12 HaagerÜbk s § 12 AusfG. Zur Wahrung der Frist, I b, genügt der Eingang bei der zentralen Behörde, Art 2, Ffm FamRZ **95**, 1372. Abgesehen von der Sonderregelung in I a kommt es auf die Staatsangehörigkeit der Beteiligten nicht an, Ffm aaO.

*Art. 9.* ¹ Ist in anderen als den in Artikel 8 genannten Fällen eines unzulässigen Verbringens ein Antrag innerhalb von sechs Monaten nach dem Verbringen bei einer zentralen Behörde gestellt worden, so können die Anerkennung und Vollstreckung nur in folgenden Fällen versagt werden:
a) wenn bei einer Entscheidung, die in Abwesenheit des Beklagten oder seines gesetzlichen Vertreters ergangen ist, dem Beklagten das das Verfahren einleitende Schriftstück oder ein gleichwertiges Schriftstück weder ordnungsgemäß noch so rechtzeitig zugestellt worden ist, daß er sich verteidigen konnte; die Nichtzustellung kann jedoch dann kein Grund für die Versagung der Anerkennung oder Vollstreckung sein, wenn die Zustellung deswegen nicht bewirkt worden ist, weil der Beklagte seinen Aufenthaltsort der Person verheimlicht hat, die das Verfahren im Ursprungsstaat eingeleitet hatte;
b) wenn bei einer Entscheidung, die in Abwesenheit des Beklagten oder seines gesetzlichen Vertreters ergangen ist, die Zuständigkeit der die Entscheidung treffenden Behörde nicht gegründet war auf
  i) den gewöhnlichen Aufenthalt des Beklagten,
  ii) den letzten gemeinsamen gewöhnlichen Aufenthalt der Eltern des Kindes, sofern wenigstens ein Elternteil seinen gewöhnlichen Aufenthalt noch dort hat, oder
  iii) den gewöhnlichen Aufenthalt des Kindes;
c) wenn die Entscheidung mit einer Sorgerechtsentscheidung unvereinbar ist, die im ersuchten Staat vor dem Verbringen des Kindes vollstreckbar wurde, es sei denn, das Kind habe während des Jahres vor seinem Verbringen den gewöhnlichen Aufenthalt im Hoheitsgebiet des ersuchenden Staates gehabt.

II Ist kein Antrag bei einer zentralen Behörde gestellt worden, so findet Absatz 1 auch dann Anwendung, wenn innerhalb von sechs Monaten nach dem unzulässigen Verbringen die Anerkennung und Vollstreckung beantragt wird.

III Auf keinen Fall darf die ausländische Entscheidung inhaltlich nachgeprüft werden.

**Bem.** Wegen der Vorbehalte der BRep (und anderer Vertragsstaaten) nach Art 17 I Übk s dort. Zu I a vgl Bem zu Art 27 Z 2 EuGVÜ, Schlußanh V C 1, zu I b (u III) BGH u Kblz NJWE-FER **98**, 161 bzw 160 (keine verfassungsrechtlichen Bedenken), Celle FamRZ **98**, 111.

*Art. 10.* ¹ In anderen als den in den Artikeln 8 und 9 genannten Fällen können die Anerkennung und Vollstreckung nicht nur aus den in Artikel 9 vorgesehenen, sondern auch aus einem der folgenden Gründe versagt werden:
a) wenn die Wirkungen der Entscheidung mit den Grundwerten des Familien- und Kindschaftsrechts im ersuchten Staat offensichtlich unvereinbar sind;
b) wenn aufgrund einer Änderung der Verhältnisse – dazu zählt auch der Zeitablauf, nicht aber der bloße Wechsel des Aufenthaltsorts des Kindes infolge eines unzulässigen Verbringens – die Wirkungen der ursprünglichen Entscheidung offensichtlich nicht mehr dem Wohl des Kindes entsprechen;
c) wenn zur Zeit der Einleitung des Verfahrens im Ursprungsstaat
  i) das Kind Angehöriger des ersuchten Staates war oder dort seinen gewöhnlichen Aufenthalt hatte und keine solche Beziehung zum Ursprungsstaat bestand;
  ii) das Kind sowohl Angehöriger des Ursprungsstaats als auch des ersuchten Staates war und seinen gewöhnlichen Aufenthalt im ersuchten Staat hatte;
d) wenn die Entscheidung mit einer im ersuchten Staat ergangenen oder mit einer dort vollstreckbaren Entscheidung eines Drittstaats unvereinbar ist; die Entscheidung muß in einem Verfahren ergangen sein, das eingeleitet wurde, bevor der Antrag auf Anerkennung oder Vollstreckung gestellt wurde, und die Versagung muß dem Wohl des Kindes entsprechen.

II In diesen Fällen können Verfahren auf Anerkennung oder Vollstreckung aus einem der folgenden Gründe ausgesetzt werden:
a) wenn gegen die ursprüngliche Entscheidung ein ordentliches Rechtsmittel eingelegt worden ist;
b) wenn im ersuchten Staat ein Verfahren über das Sorgerecht für das Kind anhängig ist und dieses Verfahren vor Einleitung des Verfahrens im Ursprungsstaat eingeleitet wurde;
c) wenn eine andere Entscheidung über das Sorgerecht für das Kind Gegenstand eines Verfahrens auf Vollstreckung oder eines anderen Verfahrens auf Anerkennung der Entscheidung ist.

**Bem.** Zum Vorbehalt der Bundesrepublik zu I a und I b s Bem zu Art 17, zu § 7 AusfG s dort. I b muß eng ausgelegt werden, Karlsr FamRZ **99**, 947, Ffm RR **96**, 5; zu I c (ii) Brschw FamRZ **97**, 191 (zu beiden Entscheidungen Pirrung IPrax **97**, 182), Celle FamRZ **98**, 111.

*Art. 11.* ¹ Die Entscheidungen über das Recht zum persönlichen Umgang mit dem Kind und die in Sorgerechtsentscheidungen enthaltenen Regelungen über das Recht zum persönlichen Umgang werden unter den gleichen Bedingungen wie andere Sorgerechtsentscheidungen anerkannt und vollstreckt.

II Die zuständige Behörde des ersuchten Staates kann jedoch die Bedingungen für die Durchführung und Ausübung des Rechts zum persönlichen Umgang festlegen; dabei werden insbesondere die von den Parteien eingegangenen diesbezüglichen Verpflichtungen berücksichtigt.

ᴵᴵᴵ Ist keine Entscheidung über das Recht zum persönlichen Umgang ergangen oder ist die Anerkennung oder Vollstreckung der Sorgerechtsentscheidung versagt worden, so kann sich die zentrale Behörde des ersuchten Staates auf Antrag der Person, die das Recht zum persönlichen Umgang beansprucht, an die zuständige Behörde ihres Staates wenden, um eine solche Entscheidung zu erwirken.

*Art. 12.* Liegt zu dem Zeitpunkt, in dem das Kind über eine internationale Grenze verbracht wird, keine in einem Vertragsstaat ergangene vollstreckbare Sorgerechtsentscheidung vor, so ist dieses Übereinkommen auf jede spätere in einem Vertragsstaat ergangene Entscheidung anzuwenden, mit der das Verbringen auf Antrag eines Beteiligten für widerrechtlich erklärt wird.

Bem. Wegen des zu Art 12 zulässigen Vorbehalts s Bem zu Art 18.

## Teil III. Verfahren

*Art. 13.* ¹ Dem Antrag auf Anerkennung oder Vollstreckung einer Sorgerechtsentscheidung in einem anderen Vertragsstaat sind beizufügen
a) ein Schriftstück, in dem die zentrale Behörde des ersuchten Staates ermächtigt wird, für den Antragsteller tätig zu werden oder einen anderen Vertreter für diesen Zweck zu bestimmen;
b) eine Ausfertigung der Entscheidung, welche die für ihre Beweiskraft erforderlichen Voraussetzungen erfüllt;
c) im Fall einer in Abwesenheit des Beklagten oder seines gesetzlichen Vertreters ergangenen Entscheidung ein Schriftstück, aus dem sich ergibt, daß das Schriftstück, mit dem das Verfahren eingeleitet wurde, oder ein gleichwertiges Schriftstück dem Beklagten ordnungsgemäß zugestellt worden ist;
d) gegebenenfalls ein Schriftstück, aus dem sich ergibt, daß die Entscheidung nach dem Recht des Ursprungsstaats vollstreckbar ist;
e) wenn möglich eine Angabe über den Aufenthaltsort oder den wahrscheinlichen Aufenthaltsort des Kindes im ersuchten Staat;
f) Vorschläge dafür, wie das Sorgeverhältnis zu dem Kind wiederhergestellt werden soll.
ᴵᴵ Den obengenannten Schriftstücken ist erforderlichenfalls eine Übersetzung nach Maßgabe des Artikels 6 beizufügen.

Bem. Zu I c Celle FamRZ **98**, 110. Zu II vgl Bem zu Art 6.

*Art. 14.* ¹Jeder Vertragsstaat wendet für die Anerkennung und Vollstreckung von Sorgerechtsentscheidungen ein einfaches und beschleunigtes Verfahren an. ²Zu diesem Zweck stellt er sicher, daß die Vollstreckbarerklärung in Form eines einfachen Antrags begehrt werden kann.

Bem. Wegen des AusfG v 5. 4. 90 s u.

*Art. 15.* ¹ Bevor die Behörde des ersuchten Staates eine Entscheidung nach Artikel 10 Absatz 1 Buchstabe b trifft,
a) muß sie die Meinung des Kindes feststellen, sofern dies nicht insbesondere wegen seines Alters und Auffassungsvermögens undurchführbar ist;
b) kann sie verlangen, daß geeignete Ermittlungen durchgeführt werden.
ᴵᴵ Die Kosten für die in einem Vertragsstaat durchgeführten Ermittlungen werden von den Behörden des Staates getragen, in dem sie durchgeführt wurden.
ᴵᴵᴵ Ermittlungsersuchen und die Ergebnisse der Ermittlungen können der ersuchenden Behörde über die zentralen Behörden mitgeteilt werden.

*Art. 16.* Für die Zwecke dieses Übereinkommens darf keine Legalisation oder ähnliche Förmlichkeit verlangt werden.

## Teil IV. Vorbehalte

*Art. 17.* ¹ Jeder Vertragsstaat kann sich vorbehalten, daß in den von den Artikeln 8 und 9 oder von einem dieser Artikel erfaßten Fällen die Anerkennung und Vollstreckung von Sorgerechtsentscheidungen aus denjenigen der in Artikel 10 vorgesehenen Gründe versagt werden kann, die in dem Vorbehalt bezeichnet sind.
ᴵᴵ Die Anerkennung und Vollstreckung von Entscheidungen, die in einem Vertragsstaat ergangen sind, der den in Absatz 1 vorgesehenen Vorbehalt angebracht hat, können in jedem anderen Vertragsstaat aus einem der in diesem Vorbehalt bezeichneten zusätzlichen Gründe versagt werden.

Bem. Vorbehalt der BRep gemäß I, Bek v 19. 12. 90, BGBl 91 II 392: **Die Bundesrepublik Deutschland erklärt in Übereinstimmung mit Artikel 17 Abs. 1, daß in den von Artikel 8 und 9 erfaßten Fällen die Anerkennung und Vollstreckung von Sorgerechtsentscheidungen ausgeschlossen ist, wenn die in Artikel 10 Abs. 1 Buchstabe a oder b vorgesehenen Gründe vorliegen.**
Vgl Art 10 Rn 1. Entspr Vorbehalte haben Norwegen, Schweden, die Schweiz, Spanien und das Vereinigte Königreich gemacht, Bek v 19. 12. 90 aaO, ebenso Dänemark, Bek v 4. 7. 91, BGBl II 832. Spanien hat seinen Vorbehalt mWv 28. 7. 95 zurückgenommen, Bek v 15. 1. 96, BGBl II 268.

*Art. 18.* Jeder Vertragsstaat kann sich vorbehalten, durch Artikel 12 nicht gebunden zu sein. Auf die in Artikel 12 genannten Entscheidungen, die in einem Vertragsstaat ergangen sind, der einen solchen Vorbehalt angebracht hat, ist dieses Übereinkommen nicht anwendbar.

**Bem.** Seinen Vorbehalt, Bek v 19. 12. 90, BGBl 91 II 395, hat Spanien zurückgenommen, Bek v 28. 3. 91, BGBl II 668.

### Teil V. Andere Übereinkünfte

*Art. 19.* Dieses Übereinkommen schließt nicht aus, daß eine andere internationale Übereinkunft zwischen dem Ursprungsstaat und dem ersuchten Staat oder das nichtvertragliche Recht des ersuchten Staates angewendet wird, um die Anerkennung oder Vollstreckung einer Entscheidung zu erwirken.

*Art. 20.* I Dieses Übereinkommen läßt Verpflichtungen unberührt, die ein Vertragsstaat gegenüber einem Nichtvertragsstaat aufgrund einer internationalen Übereinkunft hat, die sich auf in diesem Übereinkommen geregelte Angelegenheiten erstreckt.

II ¹Haben zwei oder mehr Vertragsstaaten auf dem Gebiet des Sorgerechts für Kinder einheitliche Rechtsvorschriften erlassen oder ein besonderes System zur Anerkennung oder Vollstreckung von Entscheidungen auf diesem Gebiet geschaffen oder werden sie dies in Zukunft tun, so steht es ihnen frei, anstelle des Übereinkommens oder eines Teiles davon diese Rechtsvorschriften oder dieses System untereinander anzuwenden. ²Um von dieser Bestimmung Gebrauch machen zu können, müssen diese Staaten ihre Entscheidung dem Generalsekretär des Europarats notifizieren. ³Jede Änderung oder Aufhebung dieser Entscheidung ist ebenfalls zu notifizieren.

**Bem.** Vorbehalte nach II haben Norwegen und Schweden gemacht, eine Erklärung zu I hat das Vereinigte Königreich abgegeben, Bek v 19. 12. 90, BGBl 91 II 392; wegen des Vorbehalts Dänemarks nach II s Bek v 4. 7. 91, BGBl II 832.

*Art. 21–30* (nicht abgedruckt)

### Ausführungsgesetz vom 5. 4. 90, BGBl 701

**Vorbem.** Das zu beiden Übk ergangene AusfG ist am 13. 4. 90 in Kraft getreten (Materialien: Reg.Entw. BT-Drs 11/5315; Ausschußbericht BT-Drs 11/6329; Gesetzesbeschluß BR-Drs 114/90). Die Aufgaben der in den Übk vorgesehenen zentralen Behörde nimmt nach dem Vorbild des AUG, Anh III § 168 GVG, der Generalbundesanwalt wahr, § 1 AusfG; gegen seine Entscheidung kann das OLG angerufen werden, das im Verf der freiwilligen Gerichtsbarkeit entscheidet, § 4 AusfG, dazu Karlsr FamRZ **92**, 847. Das gerichtliche Verf agrd der Übk, namentlich dasjenige der Vollstreckbarerklärung, ist in den **§§ 5–8, 12 u 13 AusfG** geregelt; zuständig ist das **FamGer**, § 23 b I Z 11 GVG, das über die in § 5 genannten Angelegenheiten als FamS, § 621 ZPO, durch den Richter entscheidet, § 14 II RPflG, Anh § 153 GVG (die Verf sind niemals FolgeS iSv § 623 ZPO, Rahm/Schneider III 600). Zum Verfahren nach **§ 10 AusfG** BayObLG FamRZ **96**, 1354 mwN, u a RR **95**, 522, Dörr/Hansen NJW **95**, 2757.

**Schrifttum:** *Staud/Pirrung* Vorbem F Art 19 EGBGB; *Engelhardt* in *Keidel/Kuntze/Winkler* „Freiwillige Gerichtsbarkeit", Vorbem §§ 35–70n, Rn 34–37.

**§§ 1–4** (nicht abgedruckt)

**§ 5. Örtliche Zuständigkeit. Zuständigkeitskonzentration.** I ¹Das Familiengericht, in dessen Bezirk ein Oberlandesgericht seinen Sitz hat, entscheidet für den Bezirk dieses Oberlandesgerichts

1. über gerichtliche Anordnungen in bezug auf die Rückgabe des Kindes oder die Wiederherstellung des Sorgeverhältnisses und in bezug auf das Recht zum persönlichen Umgang sowie
2. über die Vollstreckbarerklärung oder eine gesonderte Feststellung der Anerkennung von Entscheidungen aus anderen Vertragsstaaten des Europäischen Übereinkommens.

²Die Landesregierungen werden ermächtigt, diese Zuständigkeit durch Rechtsverordnung abweichend von Satz 1 einem Familiengericht des Oberlandesgerichtsbezirks oder, wenn in einem Land mehrere Oberlandesgerichte errichtet sind, einem Familiengericht für die Bezirke aller oder mehrerer Oberlandesgerichte zuzuweisen. ³Sie können die Ermächtigung auf die Landesjustizverwaltungen übertragen.

II Örtlich zuständig ist das Familiengericht, in dessen Zuständigkeitsbereich nach Absatz 1
1. sich das Kind beim Eingang des Antrags bei der zentralen Behörde aufgehalten hat oder,
2. bei Fehlen einer Zuständigkeit nach Nummer 1, das Bedürfnis der Fürsorge besteht.

**Bem.** Neufassung des § 5 durch Art 1 G v 13. 4. 99 mWv 22. 4. 99, BGBl 702; Übergangsrecht: Art 2 II des Ges. Gesetzesmaterialien. BT-Drs 14/33.

Die Vorschrift bringt die Zuständigkeitskonzentration bei einem FamGer und beseitigt den bisherigen Vorrang des Gerichts des EheS, I. Sie regelt außerdem die örtliche Zuständigkeit des FamGer, II, vgl Kblz FamRZ **98**, 966.

**§ 6. Allgemeine Verfahrensvorschriften.** [I] [1]Das Gericht entscheidet über die in § 5 genannten Angelegenheiten, als Familiensachen im Verfahren der freiwilligen Gerichtsbarkeit; § 621 a Abs. 1 und § 621 c der Zivilprozeßordnung gelten entsprechend. [2]Das Gericht kann das Jugendamt mit geeigneten Maßnahmen betrauen, insbesondere
1. Auskunft über die soziale Lage des Kindes zu geben,
2. Anordnungen über den Umgang mit dem Kind auszuführen oder
3. Vorkehrungen zur Gewährleistung der sicheren Rückgabe des Kindes zu treffen.

[II] [1]Das Gericht kann auf Antrag oder von Amts wegen einstweilige Anordnungen treffen, um Gefahren von dem Kind abzuwenden oder eine Beeinträchtigung der Interessen der Beteiligten zu vermeiden. [2]Die Entscheidungen nach Satz 1 sind nicht anfechtbar. [3]Im übrigen gelten die §§ 620 a, 620 b und 620 d bis 620 g der Zivilprozeßordnung sinngemäß.

**Bem.** Fassung von I 1 mWv 1. 7. 98 gemäß Art 14 § 8 KindschRG, Einf § 606 Rn 10, dazu Bbg FamRZ **99**, 953; I 1 2. Halbs ist durch Art 1 Z 2 G v 13. 4. 99, BGBl 702, geändert worden (Übergangsrecht: Art 2 II des Ges). Neben I 2 ist § 49 a FGG nicht anwendbar, Rahm/Schneider III 606.

**§ 7. Anerkennung und Vollstreckbarerklärung nach dem Europäischen Übereinkommen.** [I] Ein Titel, insbesondere auf Herausgabe des Kindes, der aus einem anderen Vertragsstaat des Europäischen Übereinkommens stammt und dort vollstreckbar ist, wird dadurch zur Zwangsvollstreckung zugelassen, daß er auf Antrag mit einer Vollstreckungsklausel versehen wird.

[II] Liegt ein vollstreckungsfähiger Titel nach Absatz 1 nicht vor, so wird festgestellt, daß eine Sorgerechtsentscheidung oder eine von der zuständigen Behörde genehmigte Sorgerechtsvereinbarung aus einem anderen Vertragsstaat anzuerkennen ist, und auf Antrag zur Wiederherstellung des Sorgeverhältnisses angeordnet, daß der Antragsgegner das Kind herauszugeben hat.

[III] Auf Antrag kann gesondert festgestellt werden, daß eine Sorgerechtsentscheidung aus einem anderen Vertragsstaat anzuerkennen ist.

[IV] Die Anerkennung oder Vollstreckbarerklärung einer Entscheidung aus einem anderen Vertragsstaat ist auch in den Fällen der Artikel 8 und 9 des Europäischen Übereinkommens ausgeschlossen, wenn die Voraussetzungen des Artikels 10 Abs. 1 Buchstabe a oder b des Übereinkommens vorliegen, insbesondere wenn die Wirkungen der Entscheidung mit den Grundrechten des Kindes oder eines Sorgeberechtigten unvereinbar wären.

**Bem.** Art 10 I a und b EuSorgeRÜbk gilt kraft des Vorbehalts gemäß Art 17 Übk, s dort, auch in den Fällen der Art 8 u 9. Muster einer VollstrKlausel, I, bei Rahm/Schneider III 613. Zur gesonderten Anerkennung, III, die ohne weitere Voraussetzungen, also ohne besonderes rechtliches Interesse, möglich ist, s Bre FamRZ **97**, 107 mwN, u a Mü FamRZ **92**, 1213.

**§ 8. Wirksamkeit der Entscheidung; Rechtsmittel.** [I] Eine Entscheidung, die zur Rückgabe des Kindes in einen anderen Vertragsstaat verpflichtet, wird erst mit Eintritt der Rechtskraft wirksam. Das Gericht kann die sofortige Vollziehung der Entscheidung anordnen.

[II] [1]Gegen eine im ersten Rechtszug ergangene Entscheidung findet nur das Rechtsmittel der sofortigen Beschwerde zum Oberlandesgericht nach § 22 des Gesetzes über die Angelegenheiten der freiwilligen Gerichtsbarkeit statt; § 28 Abs. 2 und 3 dieses Gesetzes gilt sinngemäß. [2]Ein Rechtsmittel gegen eine Entscheidung, die zur Rückgabe des Kindes verpflichtet, steht nur dem Antragsgegner und dem mindestens 14 Jahre alten Kind persönlich und dem beteiligten Jugendamt zu. [3]Eine weitere Beschwerde findet nicht statt.

**Bem.** Die Entscheidung, II, ist keine Endentscheidung iSv § 621 e ZPO, MüKoKl § 621 e Rn 6. Pflegeeltern sind nicht beschwerdeberechtigt, II 2, Kblz FamRZ **98**, 966; diese Regelung ist nicht verfassungswidrig, BGH NJWE-FER **98**, 162 (auch zur weiteren Beschwerde, II 3, wegen „greifbarer Gesetzwidrigkeit"). II ist auf Entscheidungen zur Regelung des Umgangsrechts nicht anzuwenden, Bbg FamRZ **99**, 955.

**§§ 9–11** (nicht abgedruckt)

**§ 12. Anwendbarkeit beider Übereinkommen.** Kommt im Einzelfall die Rückgabe des Kindes nach dem Haager und dem Europäischen Übereinkommen in Betracht, so sind zunächst die Bestimmungen des Haager Übereinkommens anzuwenden, sofern der Antragsteller nicht ausdrücklich die Anwendung des Europäischen Übereinkommens begehrt.

**Bem.** Vgl Kblz FamRZ **98**, 966.

**§ 13. Prozeßkosten- und Beratungshilfe.** Abweichend von Artikel 26 Abs. 2 des Haager Übereinkommens findet eine Befreiung von gerichtlichen und außergerichtlichen Kosten bei Verfahren nach diesem Übereinkommen nur nach Maßgabe der Vorschriften über die Beratungshilfe und Prozeßkostenhilfe statt.

**§§ 14–19** (nicht abgedruckt)

## 4. Seerechtsübereinkommen der Vereinten Nationen vom 10. 12. 1982, BGBl 94 II 1798, und Übereinkommen vom 28. 7. 1994 zur Durchführung des Teils XI jenes Übereinkommens

### Übersicht

**Schrifttum** (Auswahl): *Seidel,* Zuständigkeit und Verfahren des internationalen Seegerichtshofs in Angelegenheiten der Schiffahrt, 1986; *Wasum,* Der Internationale Seegerichtshof im System der obligatorischen Streitbeilegungsverfahren der Seerechtskonvention, 1984.

1 **1) Allgemeines.** Das **Seerechtsübereinkommen** der Vereinten Nationen vom 10. 12. 1982, BGBl 94 II 1798, sieht in seinem Teil XI die Entscheidung von Streitfragen durch einen Internationalen Seegerichtshof vor; zu diesem Teil des Übk ist ein **DurchführungsÜbk**, BGBl 94 II 2566, 3796 u 97 II 1327, abgeschlossen worden. Das SeerechtsÜbk ist am 16. 11. 94 in Kraft getreten, Art 3 des ZustimmungsG v 2. 9. 94, BGBl II 1798, iVm Z I der Bek v 15. 5. 95, BGBl II 602 (Zusatzerklärungen: Z I u III; Liste der Vertragsstaaten: Z II. Das DurchfÜbk wird nach seinem Art 7 I (b) von Deutschland seit dem 16. 11. 1994 vorläufig angewandt, Art 2 II VO v 4. 10. 94, BGBl II 2565, iVm der Bek v 15. 5. 95, BGBl II 479 (dort auch Liste der Vertragsstaaten), und ist am 28. 7. 96 für Deutschland in Kraft getreten, Bek v 10. 9. 96, BGBl II 2511. Vertragsstaaten: Fundstellennachweis B des BGBl für 1998, ferner Belgien und Polen, BGBl 99 II 656.

Das SeerechtsÜbk enthält in seiner Anlage VI das **Statut des Internationalen Seegerichtshofs** (Schillhorn NJW **98**, 2955). Es ordnet in Art 39 dieser Anlage und in Art 21 II der Anlage III an, daß Entscheidungen der Kammer für Meeresbodenstreitigkeiten in den Hoheitsgebieten der Vertragsstaaten ebenso vollstreckbar sind wie Urteile oder Verfügungen der höchsten Gerichts des Vertragsstaates, in dessen Hoheitsgebiet die Vollstreckung angestrebt wird. Ergänzend sieht Art 136 des abschließenden Entwurfs einer Verfahrensordnung des Gerichtshofs vor, daß der Kanzler des Gerichts auf Antrag einer Streitpartei zum Zwecke der Vollstreckung einer solchen Entscheidung eine beglaubigte Kopie des Titels an die Regierung der Vertragspartei übermittelt, in deren Gebiet die Vollstreckung angestrebt wird.

2 **2) Ausführungsgesetz.** Zur Durchführung der genannten beiden Übk ist das AusfG SeerechtsÜbk 1982/1994 v 6. 6. 95, BGBl 778, ergangen, das in seinem Art 14 das **Seegerichtsvollstreckungsgesetz (SeeGVG)** enthält und am 15. 6. 95 in Kraft getreten ist, Art 15 des Ges (Materialien: Ausschußbericht BT-Drs 13/696). Das Gesetz regelt die Vollstreckung der in Rn 1 genannten Titel für das Gebiet Deutschlands. **Vollstreckungsorgan** ist das OLG am Sitz des Seegerichtshofes, also das Hanseatische OLG in Hbg, Art 1 II der Anlage VI zum SeerechtsÜbk. Der Gerichtshof hat seine Tätigkeit im Oktober 1996 aufgenommen; wegen der für ihn geltenden Vorrechte und Immunitäten s VO v 10. 10. 96, BGBl II 2517.

### Gesetz über die Vollstreckung von Entscheidungen internationaler Gerichte auf dem Gebiet des Seerechts – SeeGVG – v 6. 6. 95, BGBl 786

**§ 1.** *Vollstreckbarkeit.* ¹Entscheidungen der Kammer für Meeresbodenstreitigkeiten des Internationalen Seegerichtshofs (Artikel 39 der Anlage VI zum Seerechtsübereinkommen der Vereinten Nationen vom 10. Dezember 1982) und endgültige Entscheidungen eines auf Grund dieses Übereinkommens zuständigen Gerichtshofs betreffend die Rechte und Pflichten der Behörde und des Vertragsnehmers (Artikel 21 Abs 2 der Anlage III zum Seerechtsübereinkommen) sind vollstreckbare Titel. ²Die Zwangsvollstreckung erfolgt nach den Vorschriften des Zivilverfahrensrechts mit den nachfolgenden Maßgaben.

**§ 2.** *Vollstreckungsklausel.* ¹ ¹Eine mit der Vollstreckungsklausel versehene Ausfertigung des Titels wird auf Antrag dem in der Entscheidung bezeichneten Gläubiger nach Prüfung der Wirksamkeit des Titels, seiner Vollstreckbarkeit nach § 1 Satz 1 und seiner Eignung zur Zwangsvollstreckung erteilt. ²Zuständig für die Erteilung der Vollstreckungsklausel ist das Oberlandesgericht am Sitz des Seegerichtshofs.

II ¹Die Bundesregierung übermittelt die ihr vom Internationalen Seegerichtshof übersandte Ausfertigung der Entscheidung an das Oberlandesgericht. ²Sie setzt den Antragsteller hiervon in Kenntnis und fordert ihn auf, einen Zustellungsbevollmächtigten im Inland zu benennen. ³§ 4 des Anerkennungs- und Vollstreckungsausführungsgesetzes vom 30. Mai 1988 (BGBl I S. 662) findet entsprechende Anwendung.

III Vor der Erteilung der Klausel ist der Schuldner zu hören.

IV ¹Das Gericht entscheidet durch unanfechtbaren Beschluß. ²Auf Grund entsprechender Anordnung in dem Beschluß erteilt der Urkundsbeamte der Geschäftsstelle die Vollstreckungsklausel in folgender Form:

„Gemäß dem Beschluß des

..................................................................................................

(Bezeichnung des Senats des Oberlandesgerichts und des Beschlusses) ist die Zwangsvollstreckung aus

..................................................................................................

(Bezeichnung des Schuldtitels) zugunsten des

..................................................................................................

(Bezeichnung des Gläubigers)

gegen den

..............................................................................
(Bezeichnung des Schuldners)
zulässig.
Die zu vollstreckende Verpflichtung lautet:
..............................................................................
(Angabe der Entscheidungsformel in deutscher Sprache, die aus dem Beschluß des Senats zu übernehmen ist)."

**§ 3. Zuständigkeit des Oberlandesgerichts als Vollstreckungsorgan.** [1]Soweit das Prozeßgericht des ersten Rechtszuges als Vollstreckungsorgan bestimmt ist, nimmt diese Aufgabe das Oberlandesgericht am Sitz des Seegerichtshofs wahr. [2]Es entscheidet durch unanfechtbaren Beschluß. Vor der Entscheidung ist der Schuldner zu hören.

**§ 4. Rechtsbehelfe in der Zwangsvollstreckung.** Einwendungen, die den durch die Entscheidung des Seegerichtshofs festgestellten Anspruch betreffen, können vor inländischen Gerichten nicht geltend gemacht werden.

## B. Bilaterale Anerkennungs- und Vollstreckungsabkommen

### 1. Das deutsch-schweizerische Abkommen über die gegenseitige Anerkennung und Vollstreckung von gerichtlichen Entscheidungen und Schiedssprüchen vom 2. 11. 29, RGBl 30 II 1066

**Vorbem.** Mit Wirkung vom 1. 3. 1995 ist das Abk **durch das LuganoÜbk** nach Maßgabe von dessen Art 54 **ersetzt worden**, Art 55 des Übk, s Schlußanh V D 1; es **behält seine Wirksamkeit** für die Rechtsgebiete, auf die sich das LuganoÜbk nicht bezieht, Art 56 I iVm Art 1 des Übk. **Zeitlich** bestimmt sich seine Anwendung nach Art 54, der Art 54 EuGVÜ entspricht, s dort, sowie nach Art 56 II, Dietze/ Schnichels NJW **95**, 2276, Ffm FamRZ **98**, 385 (m red Anm), Kblz RR **97**, 638.

**Schrifttum:** *MüKoGo* Schlußanh Nr 5 i; *BBGS* 660–662 (erläutert v *Gerd Müller*, 1978); *David/Meier*, Die Vollstr von gerichtlichen Entscheidungen und Schiedssprüchen im Verh zwischen der BRep und der Schweiz, 1970; *Nagel/Gottwald*, Internationales Zivilprozeßrecht, 4. Aufl 1997, § 13 V 9; *StJSchl* Rn 54 vor § 1044 (betr Schiedsgerichtsbarkeit); *SchwW* 59 Rdz 1–3; *Egli* RIW **91**, 977; *Hauser/Tobler* JR **87**, 353 (Übers üb die schweizerische Rspr); *Vortisch* AWD **63**, 75.

Das Abkommen bezieht sich auf vermögensrechtliche und nichtvermögensrechtliche Entscheidungen, **1** Art 1, 3, jedoch mit Ausnahme von Arresten und einstwVfgen, ferner auf gerichtliche Vergleiche, Art 8, und Schiedssprüche, Art 9, für die auf das Genfer Abk v 26. 9. 27 Bezug genommen ist. Inzwischen ist die Schweiz dem UN-Übk v 10. 6. 58 beigetreten, Einl IV vor § 1 ZPO Rn 10).

**Art. 1.** Die im Prozeßverfahren über vermögensrechtliche Ansprüche ergangenen rechtskräftigen Entscheidungen der bürgerlichen Gerichte des einen Staates werden ohne Unterschied ihrer Benennung (Urteile, Beschlüsse, Vollstreckungsbefehle), jedoch mit Ausnahme der Arreste und einstweiligen Verfügungen, und ohne Rücksicht auf die Staatsangehörigkeit an dem Rechtsstreit beteiligten Parteien im Gebiete des anderen Staates anerkannt, wenn für die Gerichte des Staates, in dessen Gebiet die Entscheidung gefällt wurde, eine Zuständigkeit nach Maßgabe des Artikel 2 begründet war und nicht nach dem Rechte des Staates, in dessen Gebiet die Entscheidung geltend gemacht wird, für dessen Gerichte eine ausschließliche Zuständigkeit besteht.

**Bem.** Das Abk gilt nicht für Arreste, dazu Vortisch AWD **63**, 75, und einstweilige Verfügungen, Egli RIW **91**, 980 (wohl auch nicht für einstweilige Anordnungen, Pauckstadt IPrax **84**, 18 mwN, offen Düss FamRZ **94**, 1481) und auch nicht für Entscheidungen in Konkursverfahren, BGH NJW **93**, 2316 mwN (was eine Vollstrbarerklärung, § 722 ZPO, nicht ausschließt). Es ist auch auf Entscheidungen im Verf der Freiwilligen Gerichtsbarkeit nicht anzuwenden, Stgt IPrax **90**, 231 mwN. Unter das Abk fallen dagegen Entscheidungen über Prozeßkosten, Ffm IPrax **84**, 32, zustm Pauckstadt aaO, ebenso wie solche im Mahnverfahren nach §§ 688 ff ZPO, Egli RIW **91**, 982, Hauser/Tobler JR **87**, 355; zum Verhältnis zum Haager ZPrÜbk, Schlußanh V A 1, s Bem zu Art 18 dieses Übk, zum Verhältnis Haager UnterhÜbk, Schlußanh V A 2, s Bem zu Art 24, Düss FamRZ **94**, 1481.

**Art. 2.** Die Zuständigkeit der Gerichte des Staates, in dem die Entscheidung gefällt wurde, ist **2** im Sinne des Artikel 1 begründet, wenn sie in einer staatsvertraglichen Bestimmung vorgesehen oder eine der folgenden Voraussetzungen erfüllt ist:
1. wenn der Beklagte zur Zeit der Klageerhebung oder zur Zeit der Erlassung der Entscheidung seinen Wohnsitz oder die beklagte juristische Person ihren Sitz in diesem Staate hatte;
2. wenn sich der Beklagte durch eine ausdrückliche Vereinbarung der Zuständigkeit des Gerichts, das die Entscheidung gefällt hat, unterworfen hatte;
3. wenn der Beklagte sich vorbehaltlos auf den Rechtsstreit eingelassen hatte;
4. wenn der Beklagte am Orte seiner geschäftlichen Niederlassung oder Zweigniederlassung für Ansprüche aus dem Betriebe dieser Niederlassung belangt worden ist;

**5.** für eine Widerklage, wenn der Gegenanspruch mit dem in der Klage geltend gemachten Anspruch oder mit den gegen diesen vorgebrachten Verteidigungsmitteln in rechtlichem Zusammenhang steht.

**Bem.** Die Vorschrift regelt nur die internationale Anerkennungszuständigkeit, BGH NJW 97, 398. Ständiger Aufenthalt ersetzt den Wohnsitz, **Z 1**, nicht. „Wohnsitz" besteht nach schweizerischem Recht, Art 23 ZGB, an dem Ort, an dem sich jemand mit der Absicht dauernden Verbleibens aufhält; mehrere Wohnsitze sind nicht möglich (anders mehrere geschäftliche Niederlassungen). Nach **Z 2** ist die ausdrückliche Vereinbarung der Zuständigkeit nötig, nicht nur die des Erfüllungsortes, JW 31, 2200, dazu Hausamann JW 36, 2781. Stillschweigende Vereinbarung genügt nicht. Maßgeblich ist das Recht des Anerkennungsstaates, SchwBG AWD 73, 220 (mit Ausführungen zu den Voraussetzungen einer wirksamen Vereinbarung). Vorbehaltlose Einlasssung, **Z 3** (dazu Schröder NJW 80, 474), ist nach SchwBG DR 43, 720 nur durch gültige Prozeßhandlung möglich, also im Anwaltsprozeß nur durch einen RA, vgl auch SchwBG AWD 73, 221. Sie fehlt bereits bei Widerspruch gegen die Urteilswirkung in anderen Staat, Denkschrift 5.

**Art. 3.** [1]Die in nicht vermögensrechtlichen Streitigkeiten zwischen Angehörigen eines der beiden Staaten oder beider Staaten ergangenen rechtskräftigen Entscheidungen der bürgerlichen Gerichte des einen Staates werden im Gebiete des anderen Staates anerkannt, es sei denn, daß an dem Rechtsstreit ein Angehöriger des Staates, in dem die Entscheidung geltend gemacht wird, beteiligt war und nach dem Rechte dieses Staates die Zuständigkeit eines Gerichts des anderen Staates nicht begründet war. [2]Dies gilt auch insoweit, als die in einer nicht vermögensrechtlichen Streitigkeit ergangene Entscheidung sich auf einen vermögensrechtlichen Anspruch miterstreckt, der von dem in ihr festgestellten Rechtsverhältnis abhängt.

**Bem.** Nicht nötig ist die Zuständigkeit gerade des urteilenden Gerichts. Für die Anerkennung ist aber zu prüfen sowohl nach dem Abk als auch, wenn § 328 günstiger ist, nach diesem, ob eine nach der deutschen ZPO geltende Zuständigkeit in der Schweiz begründet gewesen wäre, BGH NJW 87, 3084 mwN (Anm Geimer), zustm Hauser JR 88, 24. Dafür, daß einstwVfg (nicht auch Arreste) in nichtvermögensrechtlichen Sachen entgegen Art 1 an der Anerkennung teilnehmen, H. Kaufmann in Bd. 27 S. 89 (1969) der Mémoires der rechtswissenschaftlichen Fakultät von Genf; vgl auch Bem zu Art 1. Zur Anerkennung einer Ehescheidungskonvention, die Bestandteil des schweizerischen Urteils ist, s BGH NJW 86, 1440, dazu Stürner/Münch JZ 87, 178 (vgl Bem zu Art 6). Anerkannt werden auch vermögensrechtliche Teile einer Verbundentscheidung nach §§ 623, 629 ZPO, Stürner/Münch JZ 87, 179.

**Art. 4.** [I]Die Anerkennung ist zu versagen, wenn durch die Entscheidung ein Rechtsverhältnis zur Verwirklichung gelangen soll, dem im Gebiete des Staates, wo die Entscheidung geltend gemacht wird, aus Rücksichten der öffentlichen Ordnung oder der Sittlichkeit die Gültigkeit, Verfolgbarkeit oder Klagbarkeit versagt ist.

[II] Sie ist ferner zugunsten eines inländischen Beteiligten zu versagen, wenn in der Entscheidung bei Beurteilung seiner Handlungsfähigkeit oder seiner gesetzlichen Vertretung oder bei Beurteilung eines für den Anspruch maßgebenden familien- oder erbrechtlichen Verhältnisses oder der dafür maßgebenden Feststellungen des Todes einer Person zu seinem Nachteil andere als die nach dem Rechte des Staates, wo die Entscheidung geltend gemacht wird, anzuwendenden Gesetze zugrunde gelegt sind.

[III] Hat sich der Beklagte auf den Rechtsstreit nicht eingelassen, so ist die Anerkennung zu versagen, wenn die Zustellung der den Rechtsstreit einleitenden Ladung oder Verfügung an den Beklagten oder seinen zur Empfangnahme berechtigten Vertreter nicht rechtzeitig oder lediglich im Wege öffentlicher Zustellung oder im Auslande auf einem anderen Wege als dem der Rechtshilfe bewirkt worden ist.

**Bem.** Art. 4 bezieht sich auf Art 1–3, läßt aber anerkennungsfreudigeres autonomes Recht unberührt, BGH NJW 87, 3084, zustm Siehr IPrax 89, 95, Geimer u Hauser JR 88, 24, vgl Hauser/Tobler JR 87, 354. Die Anerkennung von Kostenentscheidungen richtet sich nach der Anerkennungsfähigkeit der Hauptentscheidung, Ffm IPrax 84, 33. Der ordre public, I, wird auch durch den Verstoß gegen unabdingbare Voraussetzungen eines geordneten rechtsstaatlichen Verf verletzt, Pauckstadt IPrax 84, 18. Es genügt, daß die Verfolgbarkeit usw unter den obwaltenden Umständen versagt ist, zB gegen den Gemeinschuldner. Für den Nachweis der Rechtskraft ist das Recht des Urteilsstaates maßgeblich, SchwBG JW 34, 384. Zu II vgl BGH NJW 86, 1442.

**Art. 5.** [1]Das Gericht des Staates, wo die Entscheidung geltend gemacht wird, ist bei der Prüfung der die Zuständigkeit eines Gerichts des anderen Staates begründenden Tatsachen und der Versagungsgründe an die tatsächlichen Feststellungen der Entscheidung nicht gebunden. [2]Eine weitere Nachprüfung der Gesetzmäßigkeit der Entscheidung findet nicht statt.

**Art. 6.** [I] [1]Die Entscheidungen der Gerichte des einen Staates, die nach den vorstehenden Bestimmungen im Gebiete des anderen Staates anzuerkennen sind, werden auf Antrag einer Partei von der zuständigen Behörde dieses Staates für vollstreckbar erklärt. [2]Vor der Entscheidung ist der Gegner zu hören. [3]Die Vollstreckbarerklärung hat in einem möglichst einfachen und schleunigen Verfahren zu erfolgen.

[II] Die Vollziehung der für vollstreckbar erklärten Entscheidung bestimmt sich nach dem Rechte des Staates, in dem die Vollstreckung beantragt wird.

**Bem.** Siehe AusführungsVO (unten). Zur Berücksichtigung der Erhöhung einer Rente, die durch Vereinbarung der Parteien oder Richterspruch an den Lebenshaltungsindex geknüpft ist, s BGH NJW 86,

1440, dazu Stürner/Münch JZ **87**, 178, Dopffel IPrax **86**, 281, Wolff RIW **86**, 728, Stgt DAVorm **90**, 715.

**Art. 7.** [I] Die Partei, die für eine Entscheidung die Vollstreckbarerklärung nachsucht, hat beizubringen:
1. eine vollständige Ausfertigung der Entscheidung; die Rechtskraft der Entscheidung ist, soweit sie sich nicht schon aus der Ausfertigung ergibt, durch öffentliche Urkunden nachzuweisen;
2. die Urschrift oder eine beglaubigte Abschrift der Urkunden, aus denen sich die der Vorschrift des Artikel 4 Abs. 3 entsprechende Ladung der nicht erschienenen Partei ergibt.

[II] [1]Auf Verlangen der Behörde, bei der die Vollstreckbarerklärung beantragt wird, ist eine Übersetzung der im Abs. 1 bezeichneten Urkunden in die amtliche Sprache dieser Behörde beizubringen. [2]Diese Übersetzung muß von einem diplomatischen oder konsularischen Vertreter oder einem beeidigten Dolmetscher eines der beiden Staaten als richtig bescheinigt sein.

**Art. 8.** Die in einem gerichtlichen Güteverfahren (Sühneverfahren) oder nach Erhebung der Klage vor einem bürgerlichen Gericht abgeschlossenen oder von einem solchen bestätigten Vergleiche stehen, vorbehaltlich der Bestimmung des Artikel 4 Abs. 1, hinsichtlich ihrer Vollstreckbarkeit anzuerkennenden gerichtlichen Entscheidungen im Sinne der Artikel 6 und 7 gleich.

**Bem.** Zur Vollstreckbarkeit einer Ehescheidungskonvention nach schweizerischem Recht s BGH NJW **86**, 1440.

**Art. 9.** [I] Hinsichtlich der Anerkennung und Vollstreckung von Schiedssprüchen gilt im Verhältnis zwischen den beiden Staaten das in Genf zur Zeichnung aufgelegte Abkommen zur Vollstreckung ausländischer Schiedssprüche vom 26. September 1927 mit der Maßgabe, daß es ohne Rücksicht auf die im Artikel 1 Abs. 1 daselbst enthaltenen Beschränkungen auf alle in einem der beiden Staaten ergangenen Schiedssprüche Anwendung findet.

[II] Zum Nachweis, daß der Schiedsspruch eine endgültige Entscheidung im Sinne des Artikel 1 Abs. 2 lit. d des vorbezeichneten Abkommens darstellt, genügt in Deutschland eine Bescheinigung der Geschäftsstelle des Gerichts, bei dem der Schiedsspruch niedergelegt ist, in der Schweiz eine Bescheinigung der zuständigen Behörde des Kantons, in dem der Schiedsspruch ergangen ist.

[III] Vor einem Schiedsgericht abgeschlossene Vergleiche werden in derselben Weise wie Schiedssprüche vollstreckt.

**Bem.** An die Stelle des GenfAbk, I, ist das UN-ÜbkSchdG, Schlußanh VI A 1, getreten, SchwW **59** Rdz 1. Die Bescheinigung nach II hat Bedeutung für die Entkräftung der Einrede aus Art V 1 e UN-ÜbkSchdG, Walter RIW **82**, 694. Sie ist kein Akt der Zwangsvollstreckung, sondern dient ihrer Vorbereitung; sie erteilt das nach Art 1 AusfVO zuständige AG, weil deutsche Schiedssprüche nicht mehr bei Gericht niedergelegt werden. Beschwerde ist daher nur nach Art 2 IV AusfVO gegeben. Schiedsvergleiche werden nach UN-ÜbkSchdG vollstreckt, III; für Anwaltsvergleiche, § 796 a ZPO, scheidet eine Vollstreckung aus, Geimer DNotZ **91**, 285.

**Dazu AusführungsVO vom 23. 8. 30, BGBl III 319-5-1:**

**Art. 1.** [1]Für die Vollstreckbarerklärung der im Artikel 1 des deutsch-schweizerischen Abkommens bezeichneten gerichtlichen Entscheidungen sowie der im Artikel 8 daselbst bezeichneten Vergleiche ist das Amtsgericht zuständig, bei dem der Verpflichtete seinen allgemeinen Gerichtsstand hat, und in Ermangelung eines solchen das Amtsgericht, in dessen Bezirk sich Vermögen des Verpflichteten befindet oder die Vollstreckungshandlung vorzunehmen ist. [2]Das gleiche gilt für die gerichtlichen Entscheidungen der im Artikel 3 daselbst bezeichneten Art, soweit die Entscheidung der Vollstreckbarerklärung bedarf.

**Art. 2.** [I] Auf das Verfahren sind § 1063 Abs. 1, § 1064 Abs. 2 sowie § 794 Abs. 1 Nr. 4a der Zivilprozeßordnung entsprechend anzuwenden.

[II] Dem Antrag soll die für die Zustellung erforderliche Zahl von Abschriften beigefügt werden.

[III] Wird die mündliche Verhandlung angeordnet, so ist der Termin den Parteien von Amts wegen bekanntzumachen.

[IV] [1]Der Beschluß unterliegt der sofortigen Beschwerde. [2]Die §§ 707, 717 der Zivilprozeßordnung sind entsprechend anzuwenden.

[V] Auf den Beschluß eines Oberlandesgerichts, der über die sofortige Beschwerde nach Absatz 4 entscheidet, ist § 1065 der Zivilprozeßordnung entsprechend anzuwenden.

**Bem.** Neugefaßt mWv 1. 1. 98 durch Art 2 § 3 Z 1 SchiedsVfG v 22. 12. 97, BGBl 3224; zur bisherigen Fassung Ffm FamRZ **98**, 385, Pauckstadt IPrax **84**, 19. Gebühren des Gerichts entstehen nach § 9 I GKG u KV 1430 ff, Gebühren des RA nach § 47 BRAGO.

**Art. 3.** [1]Hängt die Vollstreckung der Entscheidung oder des Vergleichs nach deren Inhalt von dem Ablauf einer Frist oder von dem Eintritt einer anderen Tatsache ab oder wird die Vollstreckbarerklärung zugunsten eines anderen als des in der Entscheidung oder dem Vergleiche bezeichneten Gläubigers oder gegen einen anderen als den dort bezeichneten Verpflichteten nachgesucht, so bestimmt sich die Frage, inwieweit die Vollstreckbarerklärung von dem Nachweis besonderer Voraussetzungen abhängig ist oder ob die Entscheidung für oder gegen den anderen vollstreckbar ist, nach schweizerischem Rechte. ²Die danach erforderlichen Nachweise sind, sofern nicht die nachzuweisenden Tatsachen bei dem über den Antrag entscheidenden Gericht offenkundig sind, durch öffentliche oder öffentlich beglaubigte Urkunde zu führen. ³Kann ein solcher Nachweis nicht erbracht werden, so ist mündliche Verhandlung anzuordnen.

**Bem.** Zur Vollstreckung indexierter Ansprüche s Erl zu Schlußanh V A 2 Art 5 u V C 1 Art 31, Düss FamRZ **94**, 1482.

*Art. 4.* ¹Im Wege der Beschwerde kann der Verpflichtete auch Einwendungen gegen den Anspruch geltend machen, soweit diese nach schweizerischem Rechte gegenüber der Entscheidung oder dem Vergleiche zulässig sind. ²Ebenso können Einwendungen gegen die Zulässigkeit der Vollstreckungsklausel im Wege der Beschwerde geltend gemacht werden. ³Der Verpflichtete ist hierdurch nicht gehindert, solche Einwendungen in dem in den §§ 767, 732, 768 der Zivilprozeßordnung vorgesehenen Verfahren geltend zu machen.

**Bem.** Geänd mWv 1. 1. 98 durch Art 2 § 3 Z 2 SchiedsVfG v 22. 12. 97, BGBl 3224.

*Art. 5 u Art 6* (aufgehoben)

## 2. Das deutsch-italienische Abkommen über die gegenseitige Anerkennung und Vollstreckung gerichtlicher Entscheidungen in Zivil- und Handelssachen vom 9. 3. 36, RGBl 37 II 145

**Schrifttum:** *MüKoGo* Nr 5 e; *BBGS* 630; *Luther,* Das dt-ital VollstrAbk u seine zukünftige Gestaltung, 1966; *Nagel/Gottwald,* Internationales Zivilprozeßrecht, 4. Aufl 1997, § 13 V 5; *St/Schl* Rdz 54 vor § 1044 (betr Schiedsgerichtsbarkeit); *SchwW* 59 Rdz 4–6; *Grunsky* RIW **77**, 1.

1 **Vorbem.** Wegen der Geltung s Einl IV vor § 1 ZPO Rn 8. AusfVO v 18. 5. 37, RGBl II 143. Das Abk wird **durch das EuGVÜ** nach Maßgabe von dessen Art 55 **ersetzt**, vgl Schlußanh V C; es **behält seine Wirksamkeit** für die Rechtsgebiete, auf die sich das EuGVÜ nicht bezieht, Art 56 iVm Art 1, vgl BGH FamRZ **83**, 366, NJW **83**, 2776, BayObLG RR **90**, 843.

2 Das **Abk bezieht sich auf** die in Zivil- und Handelssachen ergangenen rechtskräftigen Entscheidungen, Art 1, desgleichen auf gerichtliche Vergleiche und Schiedssprüche und Schiedsvergleiche, Art 8, jedoch nicht auf Arreste und einstw Vfgen sowie auf die in einem Strafverfahren und auf die in einem Konkurs- oder Vergleichsverfahren ergangenen Entscheidungen, Art 12. Es gilt (ebenso wie die Verträge mit den Niederlanden, Österreich und Belgien) auch für die Anerkennung und Vollstreckung von Entscheidungen auf dem Gebiet der freiwilligen Gerichtsbarkeit, soweit es sich um echte Streitverfahren handelt, zB nach der HausratsVO, nicht aber insoweit, als es um fürsorgliche Maßnahmen geht, zB auf dem Gebiet der elterlichen Sorge, BGH NJW **83**, 2776. In jedem Fall muß die Entscheidung Rechtskraft nach italienischem Recht erlangt haben, Art 1, dh es darf kein Rechtsbehelf zur Anfechtung innerhalb des italienischen Verf (mehr) statthaft sein, BGH RR **90**, 843. Für die Anerkennung von Kostenentscheidungen verbleibt es beim HZPrÜbk (oben V A 1); sie werden im Gebiet des anderen Staates auch auf unmittelbaren Antrag einer Partei kostenlos für vollstreckbar erklärt, Art 15. Eine Vollstreckungsklage wird durch das Abk nicht ausgeschlossen, AG Garmisch-Partenkirchen NJW **71**, 2135 (VollstrUrteil bei italienischer Säumnisentscheidung abgelehnt), dazu Geimer NJW **72**, 1010; zur Vollstreckung italienischer Urteile vgl iü Ffm AWD **76**, 107, LG Regensbg NJW **78**, 1117 (Vaterschaftsfeststellung).

3 Die **Anerkennung von Entscheidungen** hängt ua davon ab, daß im Urteilsstaat eine Zuständigkeit nach den Bestimmungen des Abkommens begründet war, Art 1 I, wobei für vermögensrechtliche Streitigkeiten im allgemeinen der Wohnsitz des Beklagten, für nicht vermögensrechtliche Streitigkeiten die Staatsangehörigkeit oder der Wohnsitz der Parteien, Art 3, wesentlich ist. Das Abk gibt daher an, was es unter Wohnsitz versteht, Art 13, s unten. Im übrigen stimmt es (desgl die AusfVO) im wesentlichen mit dem deutsch-schweizerischen Abkommen, oben V B 1, überein. Demgemäß können nach Art 4 AusfVO im Wege des Widerspruchs außer den dort genannten Einwendungen der ZPO seitens des Verpflichteten nur solche Einwendungen geltend gemacht werden, die nach italienischem Recht zulässig sind, dh nach Art 615 ital C proc civ solche, die nach Urteilserlaß entstanden sind, LG Mü NJW **64**, 985.

4 Für die Anerkennung und Vollstreckung von **Schiedssprüchen** gilt nach Art 8 I dasselbe wie nach Art 9 dt-schweiz Abk; die Verweisung auf die Genfer Abk von 1927 ist jedoch durch den Beitritt beider Staaten zum UN-Übk, Schlußanh VI A 1, gegenstandslos geworden, s Bem zu Art 9 dt-schweiz Abk, Schlußanh V B 1. Art 8 II (zum Nachweis, daß der Schiedsspruch eine endgültige Entscheidung ist, genügt eine Bescheinigung der zuständigen Behörde, deren Zuständigkeit durch das Justizministerium ihres Staates bescheinigt wird) gilt neben dem UN-Übk fort, Walter RIW **82**, 694 mwN, str. Für Schiedsvergleiche behält Art 8 seine eigenständige Bedeutung, weil sich die multilateralen Übk nicht darauf erstrecken; eine Vollstreckung aus Anwaltsvergleichen, § 1044 b ZPO, scheidet aus, Geimer DNotZ **91**, 285.

Zu dem Abkommen ist die **AusführungsVO** v 18. 5. 97, BGBl III 319-7, ergangen; ihre Art 2, 4 und 7 sind durch Art 2 § 4 SchiedsVfG v 22. 12. 97, BGBl 3224, mWv 1. 1. 98 geändert worden (Art 2 nF entspricht Art 2 AVO zum dt-schweizerischen Abk, Schlußanh V B 1, s dort).

Gebühren für das Anerkennungsverfahren: Gericht § 11 I GKG u KV, RA § 47 BRAGO.

5 *Art. 3.* **In nicht vermögensrechtlichen Streitigkeiten sind die Gerichte des Staates, in dem die Entscheidung gefällt wurde, im Sinne des Artikels 1 zuständig, wenn die Parteien Angehörige dieses Staates waren oder dort ihren Wohnsitz hatten.**

**Bem.** Das Fehlen der internationalen Zuständigkeit nach Art 3 führt dazu, daß die Entscheidung im anderen Staat nicht nach Art 1 anerkannt wird, BGH FamRZ **83**, 366. Die Anerkennung nach dem Abk hängt davon ab, daß beide Parteien Angehörige des Urteilsstaates waren oder dort ihren Wohnsitz iSv Art 13 hatten, was mit ausreichender Sicherheit feststehen muß, BayObLG RR **92**, 1355, Celle FamRZ **93**, 1216 mwN. Das Abk schließt aber die Anwendung anerkennungsfreundlicherer inländischer Normen nicht aus, BayObLG u Celle aaO, vgl Jayme JuS **89**, 389, IPrax **88**, 250, **87**, 250 u **81**, 143, vgl Anh II § 606 a ZPO Rn 7.

*Art. 4.* <sup>I</sup> Die Anerkennung ist zu versagen, wenn die Entscheidung Bestimmungen enthält, die gegen die guten Sitten oder die öffentliche Ordnung verstoßen.   **6**

<sup>II 1</sup>Sie ist ferner zu versagen, wenn in der Entscheidung hinsichtlich eines Angehörigen des angerufenen Staates bei Beurteilung der Handlungsfähigkeit oder der gesetzlichen Vertretung oder bei Beurteilung eines für den Anspruch maßgebenden familien- und erbrechtlichen Verhältnisses oder der dafür maßgebenden Abwesenheits- oder Todeserklärung andere als die Gesetze zugrunde gelegt sind, die nach dem Rechte dieses Staates anzuwenden wären. <sup>2</sup>Die Entscheidung ist jedoch anzuerkennen, wenn sie auch bei Anwendung dieser Gesetze begründet wäre.

<sup>III</sup> Hat sich der Beklagte auf den Rechtsstreit nicht eingelassen, so ist die Anerkennung zu versagen, wenn die Zustellung der den Rechtsstreit einleitenden Ladung oder Verfügung an den Beklagten oder seinen zur Empfangnahme berechtigten Vertreter nicht rechtzeitig oder lediglich im Wege der öffentlichen Zustellung oder im Ausland auf einem anderen Wege als dem der gegenseitigen Rechtshilfe bewirkt worden ist.

<sup>IV</sup> Die Anerkennung ist auch zu versagen, wenn die Entscheidung mit einer über denselben Anspruch ergangenen Entscheidung eines Gerichts des angerufenen Staates im Widerspruch steht.

**Bem.** Die Versagungsgründe haben Bedeutung für die Fälle, die nicht unter das EuGVÜ fallen, namentlich für EheS. **Zu I:** Zur Frage, ob in Statussachen ein Urteil anerkannt wird, das auf einer rechtswidrigen inländischen Beweisaufnahme oder deren Fehlschlagen beruht, vgl Stürner JZ **87**, 45 (verneinend). Ob Italien im Verfahrensrecht die Einhaltung der Bestimmungen über den Versöhnungsversuch und die Mitwirkung des Staatsanwalts in EheS zur öff Ordnung rechnet, AG Besigheim Just **83**, 52 mwN, ist zweifelhaft, abl Dessauer IPrax **85**, 330, offen gelassen BGH NJW **86**, 3033. **Zu II:** Eine überlange Dauer des Verf in Italien infolge Anwendung des dortigen Rechts braucht der deutsche Ehegatte nicht hinzunehmen, BGH FamRZ **83**, 368. **Zu III:** Italien und die BRep sind Vertragsstaaten des Haager ZustlÜbk, Anh § 203 ZPO.

*Art. 11.* Die Gerichte jedes der beiden Staaten haben auf Antrag einer Partei die Entscheidung über Ansprüche abzulehnen, wegen deren vor einem nach diesem Abkommen zuständigen Gericht des anderen Staates bereits ein Verfahren anhängig ist.   **7**

**Bem.** Anhängigkeit wird hier (wie auch sonst in Staatsverträgen) iSv Rechtshängigkeit gebraucht, Köln AWD **73**, 340; danach ist dasjenige Verf den Vorrang, in dem die einleitende Ladung zuerst zugestellt worden ist, § 261 III ZPO, BGH FamRZ **83**, 366 mwN. Die Rechtshängigkeitssperre entfällt bei unzumutbarer Beeinträchtigung des Rechtsschutzes, zB durch überlange Dauer des Verf infolge Anwendung italienischen Rechts, die der deutsche Ehegatte nach Art 4 II nicht hinzunehmen braucht, BGH aaO.

*Art. 13.* Unter „Wohnsitz" im Sinne dieses Abkommens ist zu verstehen:   **8**
1. für den geschäftsfähigen Volljährigen, für den mündig Erklärten und für den Volljährigen, der bloß zur Vornahme gewisser Handlungen der Mitwirkung eines Beistandes bedarf, der Ort, an dem er sich in einem der beiden Staaten in der Absicht ständiger Niederlassung aufhält, oder in Ermangelung eines solchen Ortes der Ort in einem der beiden Staaten, an dem sich der hauptsächliche Sitz seiner Interessen befindet;
2. für eine Person, die unter elterlicher Gewalt oder unter Vormundschaft steht, der Ort des Wohnsitzes des gesetzlichen Vertreters;
3. für die Ehefrau der Ort des Wohnsitzes des Ehemannes; ist jedoch der Wohnsitz des Ehemannes unbekannt oder ist die Ehefrau von Tisch und Bett getrennt oder ist sie berechtigt, einen selbständigen Wohnsitz zu haben, so bestimmt sich der Wohnsitz der Ehefrau nach Maßgabe der Nr. 1;
4. für Gesellschaften und juristische Personen der in der Satzung bestimmte Sitz oder in Ermangelung eines solchen der Ort, an dem ihre Verwaltung geführt wird.

**Bem. Zu Z 3** vgl Jayme JuS **89**, 389, FamRZ **76**, 352 u IPRax **81**, 143 sowie Luther NJW **81**, 2606: Die italienische Ehefrau teilt seit 1975 nicht mehr kraft Gesetzes den Wohnsitz des Mannes, sondern kann einen eigenen Wohnsitz begründen.

### 3. Der deutsch-österreichische Vertrag über die gegenseitige Anerkennung und Vollstreckung von gerichtlichen Entscheidungen, Vergleichen und öffentlichen Urkunden in Zivil- und Handelssachen v 6. 6. 59, BGBl 60 II 1246

**Vorbem.** Mit Wirkung vom 1. 9. 96 ist der Vertrag **durch das LuganoÜbk** nach Maßgabe von dessen Art 54 **ersetzt** worden, Art 55 des Übk; s Schlußanh V D 1, Üb Art 1 Rn 1. Er **behält seine Wirksamkeit** für die Rechtsgebiete, auf die sich das LuganoÜbk nicht bezieht, Art 56 iVm Art 1 des Übk. Wegen der **zeitlichen Grenzen** für die Anwendung des LuganoÜbk s dessen Art 54, der Art 54 EuGVÜ entspricht, s

**AnerkVollstrAbk** Schlußanhang V B 3

dort, Dietze/Schnickels NJW **95**, 2276, Kblz RR **97**, 638. – Das durch G v 16. 7. 98, BGBl II 1411, ratifizierte **Übk v 29. 11. 96** über den Beitritt Österreichs (sowie Finnlands und Schwedens) zum **EuGVÜ**, BGBl 98 II 1412, ist am **1. 1. 99** für Österreich in Kraft getreten, Bek v 5. 12. 98, BGBl 99 II 419, vgl Üb Art 1 EuGVÜ Rn 4. Es ersetzt ebenfalls den dt-österr Vertrag von 1959 mit der Maßgabe des Art 56 EuGVÜ, s dort. Zum Verhältnis der beiden Übk zueinander vgl Art 54 b LuganoÜbk.

**Schrifttum:** *MüKoGo* Schlußanh Nr 5 h; *BBGS* 650; *Geimer/Schütze* Bd II S 3 ff; *Beck*, Die Anerkennung u Vollstr nach den Staatsverträgen . . ., 1969; *Nagel/Gottwald*, Internationales Zivilprozeßrecht, 4. Aufl 1997, § 13 V 8; *StJSchl* Rdz 56 vor § 1044 (betr Schiedsgerichtsbarkeit); *SchwW* 59 Rdz 23–25; *Schoibl* (österr) AnwBl **89**, 125; *Knoche* ZBlJugR **88**, 493 (betr Unterhalt Minderjähriger); *Matscher* ZZP **95**, 195 u **86**, 407; *Thoma* NJW **66**, 1057; *Schönherr* AWD **64**, 80; *Matscher* (österr) JurBl **60**, 265; *Sedlacek* (österr) Ztschr für Rechtsvergleichung **60**, 58.

1  Der Vertrag **bezieht sich auf** gerichtliche Entscheidungen (einschließlich der börsenschiedsgerichtlichen innerhalb ihrer Zuständigkeit, Art 15) gleich welcher Art, also auch solche der Freiwilligen Gerichtsbarkeit, nicht nur rechtskräftige, sondern auch vorläufig vollstreckbare, Art 1 I u II, 5, 6, 8 ff, **jedoch nicht** auf Entscheidungen in Ehe- und anderen Familienstandssachen, im Konkurs- und Vergleichsverf, auf Arreste, einstw Verfügungen und Anordnungen, insofern jedoch mit Ausnahme derer, die auf Leistung des Unterhalts oder auf eine andere Geldleistung, zB nach § 620 ZPO lauten, Art 14 (dort näheres zum dt-österr Vertrag auf dem Gebiet des Konkursrechts v 25. 5. 79). Der Vertrag läßt die **Bestimmungen anderer Verträge** zwischen der BRep u Österreich unberührt, Art 18, also auch das zwischen beiden geltende HZPrÜbk nebst der Zusatzvereinbarung v 1. 3. 54 und das HUnterhVollstrÜbk 1958, Böhmer IPrax **91**, 90, s Einl IV vor § 1 ZPO Rn 3 u 7. Der Vertrag enthält ferner Bestimmungen über die Anerkennung und Vollstreckung von gerichtlichen Vergleichen und öff Urkunden sowie von Schiedssprüchen, Art 12 u 15. Zeitlicher Anwendungsbereich: Art 19. Einrede der Rechtshängigkeit: Art 17. Vor dem 3. 10. 90 in der **früheren DDR** ergangene Entscheidungen fallen nicht unter den Vertrag, OGH Wien IPrax **94**, 219, diff Andrae IPrax **94**, 227 (entspr Anwendung des Art 19). Der Rechtshilfevertrag mit der DDR v 11. 11. 80 ist erloschen, Z 11 der Anlage zur Bek v 17. 6. 92, BGBl II 497.

Zu dem Vertrag ist das AusfG v 8. 3. 60, BGBl I 69, ergangen, das unten abgedruckt ist.

**Erster Abschnitt. Anerkennung gerichtlicher Entscheidungen**

2  *Art. 1.* [I] ¹Die in Zivil- oder Handelssachen ergangenen Entscheidungen der Gerichte des einen Staates, durch die in einem Verfahren der streitigen oder der freiwilligen Gerichtsbarkeit (im streitigen Verfahren oder im Verfahren außer Streitsachen) über Ansprüche der Parteien erkannt wird, werden im anderen Staat anerkannt, auch wenn sie noch nicht rechtskräftig sind. ²Als Entscheidungen in Zivil- und Handelssachen sind auch Urteile anzusehen, die in einem gerichtlichen Strafverfahren über Ansprüche aus einem Rechtsverhältnis des Zivil- oder Handelsrechtes ergangen sind.

[II] Für die Anerkennung ist es ohne Bedeutung, ob die Entscheidung als Urteil, Beschluß, Zahlungsbefehl, Zahlungsauftrag, Vollstreckungsbefehl oder sonstwie benannt ist.

**Bem.** Eine Entscheidung iSv Art 1 ist u a ein im Mahnverfahren nach österr Recht ergangener Zahlungsbefehl, Düss RR **97**, 124. Auch Versäumnisurteile, die iSv § 477 Z 9 ÖZPO nichtig sind, können der Anerkennung fähig sein, Hamm RR **93**, 896. Wegen der vor dem 3. 10. 90 in der ehem DDR ergangenen Entscheidungen s Üb Rn 1.

3  *Art. 2.* Die Anerkennung darf nur versagt werden,
1. wenn sie der öffentlichen Ordnung des Staates, in dem die Entscheidung geltend gemacht wird, widerspricht; oder
2. wenn die unterlegene Partei sich auf das Verfahren nicht eingelassen hat,
   a) sofern ihr die Ladung oder die Verfügung, durch die das Verfahren eingeleitet worden war, nicht nach dem Rechte des Staates, in dem die Entscheidung ergangen ist, zugestellt worden war, oder
   b) sofern sie nachweist, daß sie von der Ladung oder der Verfügung nicht so zeitgerecht Kenntnis nehmen konnte, um sich auf das Verfahren einlassen zu können; oder
3. wenn nach dem Rechte des Staates, in dem die Entscheidung geltend gemacht wird, die Gerichte dieses oder eines dritten Staates kraft Gesetzes ausschließlich zuständig waren; oder
4. wenn für die Entscheidung lediglich der Gerichtsstand des Vermögens gegeben war und die unterlegene Partei
   a) entweder sich auf den Rechtsstreit nicht eingelassen oder
   b) vor Einlassung zur Hauptsache erklärt hat, sich auf den Rechtsstreit nur im Hinblick auf das Vermögen einzulassen, das sich im Staate des angerufenen Gerichtes befindet; oder
5. wenn für die Entscheidung lediglich der Gerichtsstand des Erfüllungsortes nach § 88 Absatz 2 der österreichischen Jurisdiktionsnorm – Fakturengerichtsstand – gegeben war und die unterlegene Partei sich auf den Rechtsstreit nicht eingelassen hat.

**Bem.** Der Katalog der Versagungsgründe ist abschließend, BGH NJW **98**, 2358, Karlsr RIW **87**, 56 (Anm Klötzel), LG Hbg IPrax **92**, 251 (Anm Bungert S 225); jedoch ist im Konkursfall agrd des Art 15 des dt-österr Vertrages v 25. 5. 79, BGBl 85 II 411, iVm § 237 KO die Anerkennung eines österr Titels, der vor Konkurseröffnung errichtet worden ist, zu versagen, Karlsr RR **87**, 1407. Zu **Nr 1** gelten die allgemeinen Regeln über den (prozessualen) ordre public, BGH NJW **98**, 2358 mwN, NJW **93**, 1272. Nach **Nr 2** genügt entweder Einlassung oder Ladung, Hamm RIW **78**, 689, LG Hbg aaO. Zu Nr 2 b (Rechtzeitigkeit) s Hamm

RR **93**, 895, dazu Schütze IPrax **94**, 266; Nr 2 b steht der Anerkennung eines durch ein österr Handelsgericht für vollstreckbar erklärten Wechselzahlungsauftrags entgegen, KG NJW **77**, 1016. Nach **Nr 3** kommt es lediglich darauf an, ob im Streitfall nach deutschem Recht eine ausschließliche internationale Zuständigkeit außerhalb des Urteilsstaates begründet war, BGH NJW **93**, 1272, Düss RR **97**, 124 mwN (zu § 689 ZPO). Zum Begriff der Einlassung in **Nr 5** vgl Hamm RIW **78**, 689 mwN. Unter Nr 5 fällt nicht der Gerichtsstand für Warenforderungen nach § 87 a JN, Karlsr RIW **87**, 56 (abl Klötzel), Schoibl öAnwBl **89**, 121 mwN, Geimer IPrax **87**, 143.

*Art. 3.* ¹**Die Anerkennung darf nicht allein deshalb versagt werden, weil das Gericht, das die Entscheidung erlassen hat, nach den Regeln seines internationalen Privatrechts andere Gesetze angewendet hat, als sie nach dem internationalen Privatrecht des Staates, in dem die Entscheidung geltend gemacht wird, anzuwenden gewesen wären.**

**II Die Anerkennung darf jedoch aus dem in Absatz 1 genannten Grunde versagt werden, wenn die Entscheidung auf der Beurteilung eines familienrechtlichen oder eines erbrechtlichen Verhältnisses, der Rechts- oder Handlungsfähigkeit, der gesetzlichen Vertretung oder der Todeserklärung eines Angehörigen des Staates beruht, in dem die Entscheidung geltend gemacht wird, es sei denn, daß sie auch bei Anwendung des internationalen Privatrechtes des Staates, in dem sie geltend gemacht wird, gerechtfertigt wäre.**

*Art. 4.* ¹**Die in einem Staat ergangene Entscheidung, die in dem anderen Staate geltend gemacht wird, darf nur daraufhin geprüft werden, ob einer der im Artikel 2 oder im Artikel 3 Absatz 2 genannten Versagungsgründe vorliegt.** ²**Darüber hinaus darf die Entscheidung nicht nachgeprüft werden.**

**Bem:** Der Ausschluß einer weiteren Nachprüfung setzt voraus, daß die Entscheidung nach dem Recht des Ursprungsstaates wirksam ist, LG Hbg IPrax **92**, 254, zustm Bungert IPrax **92**, 225.

### Zweiter Abschnitt. Vollstreckung gerichtlicher Entscheidungen

#### I. Allgemeines

*Art. 5.* ¹**Rechtskräftige gerichtliche Entscheidungen, die in einem Staate vollstreckbar und in dem anderen Staate anzuerkennen sind, werden in diesem Staate nach Maßgabe der Artikel 6 und 7 vollstreckt.**

**II Vorläufig vollstreckbare Entscheidungen von Gerichten in der Bundesrepublik Deutschland, die auf eine Geldleistung lauten, und Entscheidungen österreichischer Gerichte, auf Grund deren in der Republik Österreich Exekution zur Sicherstellung bewilligt werden könnte, werden, sofern sie in dem anderen Staat anzuerkennen sind, in diesem Staate nach Maßgabe der Artikel 6, 8 bis 10 vollstreckt.**

*Art. 6.* **Die Vollstreckbarerklärung (die Bewilligung der Exekution) und die Durchführung der Zwangsvollstreckung richten sich, soweit im folgenden nichts anderes bestimmt wird, nach dem Rechte des Staates, in dem vollstreckt werden soll.**

**Bem.** Vgl das AusfG v 8. 3. 60, abgedr nach Art 20. Zur Anerkennung eines österr Versäumnisurteils s Hamm RR **93**, 895.

#### II. Vollstreckung rechtskräftiger Entscheidungen

*Art. 7.* ¹**Der betreibende Gläubiger hat dem Antrag auf Vollstreckbarerklärung (Bewilligung der Exekution) beizufügen**
1. **eine mit amtlichen Siegel oder Stempel versehene Ausfertigung der Entscheidung, die auch die Gründe enthalten muß, es sei denn, daß solche nach dem Rechte des Staates, in dem die Entscheidung ergangen ist, nicht erforderlich waren;**
2. **den Nachweis, daß die Entscheidung rechtskräftig und vollstreckbar ist; dieser Nachweis ist zu erbringen**
   a) **bei Entscheidungen von Gerichten in der Bundesrepublik Deutschland durch das Zeugnis über die Rechtskraft und durch die Vollstreckungsklausel,**
   b) **bei Entscheidungen österreichischer Gerichte durch die Bestätigung der Rechtskraft und Vollstreckbarkeit.**

**II Hat die unterlegene Partei sich auf das Verfahren nicht eingelassen, so hat der betreibende Gläubiger außerdem nachzuweisen, daß das Verfahren einleitende Ladung oder Verfügung der unterlegenen Partei ordnungsgemäß zugestellt worden ist; dieser Nachweis ist durch eine beglaubigte Abschrift der Zustellungsurkunde oder durch eine gerichtliche Bestätigung über den Zustellungsvorgang zu erbringen.**

#### III. Vollstreckung noch nicht rechtskräftiger Entscheidungen

*Art. 8.* ¹ ¹**Soll die Entscheidung eines österreichischen Gerichtes, auf Grund deren in der Republik Österreich Exekution zur Sicherstellung bewilligt werden könnte, in der Bundesrepublik Deutschland vollstreckt werden, so hat das Gericht, das die Entscheidung erlassen hat, auf Antrag des betreibenden Gläubigers unter sinngemäßer Anwendung der österreichischen Exekutionsordnung darüber zu beschließen, ob und für welchen Zeitraum die Exekution zur Sicherstellung zulässig ist; eine bestimmte Exekutionshandlung hat es jedoch nicht zu bewilligen.** ²**Ist die Zuläs-**

sigkeit der Exekution von der Leistung einer Sicherheit abhängig, so ist diese beim österreichischen Gericht zu erlegen.

II Der Antrag des betreibenden Gläubigers, die Entscheidung des österreichischen Gerichtes für vollstreckbar zu erklären, kann von dem Gericht in der Bundesrepublik Deutschland nicht deshalb abgelehnt werden, weil der im Absatz 1 genannte Beschluß, mit dem die Exekution zur Sicherstellung für zulässig erklärt wurde, noch nicht rechtskräftig ist.

*Art. 9.* I Der betreibende Gläubiger hat dem Antrag auf Vollstreckbarerklärung (Bewilligung der Exekution zur Sicherstellung) beizufügen
1. eine Ausfertigung der Entscheidung, die den Erfordernissen des Artikels 7 Absatz 1 Z. 1 entspricht;
2. den Nachweis, daß die Entscheidung der unterlegenen Partei ordnungsgemäß zugestellt worden ist; dieser Nachweis ist durch eine beglaubigte Abschrift der Zustellungsurkunde oder durch eine gerichtliche Bestätigung über den Zustellungsvorgang zu erbringen;
3. den Nachweis, daß die Entscheidung vollstreckbar ist; dieser Nachweis ist zu erbringen
   a) bei Entscheidungen österreichischer Gerichte durch eine mit dem amtlichen Siegel versehene Ausfertigung des im Artikel 8 Absatz 1 genannten Beschlusses über die Zulässigkeit der Exekution zur Sicherstellung und, falls eine Sicherheit zu leisten war, durch eine gerichtliche Bestätigung über deren Erlag;
   b) bei Entscheidungen von Gerichten in der Bundesrepublik Deutschland durch die Vollstreckungsklausel und, falls die Vollstreckung von einer Sicherheitsleistung abhängig ist, durch eine öffentliche oder öffentlich beglaubigte Urkunde, aus der sich ergibt, daß die Sicherheit geleistet wurde.

II Hat die unterlegene Partei sich auf das Verfahren nicht eingelassen, so hat der betreibende Gläubiger außerdem den im Artikel 7 Absatz 2 geforderten Nachweis zu erbringen.

*Art. 10.* I ¹In der Republik Österreich ist auf Grund der im Artikel 5 Absatz 2 genannten Entscheidungen von Gerichten in der Bundesrepublik Deutschland nur die Exekution zur Sicherstellung zulässig. ²Einer Glaubhaftmachung der Gefährdung bedarf es jedoch nicht, wenn der betreibende Gläubiger die in der Entscheidung geforderte Sicherheit geleistet hat (Artikel 9 Absatz 1 Z. 3 Buchst. b).

II In der Bundesrepublik Deutschland sind in Vollziehung der Vollstreckbarerklärung der im Artikel 5 Absatz 2 genannten Entscheidungen österreichischer Gerichte nur solche Maßnahmen zulässig, die der Sicherung des betreibenden Gläubigers dienen.

### Dritter Abschnitt
### Gerichtliche Vergleiche, Schiedssprüche und öffentliche Urkunden

*Art. 11.* I Gerichtliche Vergleiche werden den rechtskräftigen gerichtlichen Entscheidungen gleichgestellt.

II Der betreibende Gläubiger hat dem Antrag auf Vollstreckbarerklärung (Bewilligung der Exekution) eine mit der Bestätigung der Vollstreckbarkeit (der Vollstreckungsklausel) und dem amtlichen Siegel oder Stempel versehene Ausfertigung des Vergleichs beizufügen.

*Art. 12.* I Die Anerkennung und die Vollstreckung von Schiedssprüchen bestimmen sich nach dem Übereinkommen, das zwischen beiden Staaten jeweils in Kraft ist.

II Vor einem Schiedsgericht abgeschlossene Vergleiche werden den Schiedssprüchen gleichgestellt.

Bem. Maßgeblich, I, sind das UN-ÜbkSchdG und das Eu-ÜbkHSchdG, Schlußanh VI A 1 u 2, und zwar auch für Schiedsvergleiche, II. Nicht unter II fallen Anwaltsvergleiche, § 796 a ZPO, Geimer DNotZ **91**, 285.

*Art. 13.* I ¹Öffentliche Urkunden, die in einem Staat errichtet und dort vollstreckbar sind, werden in dem anderen Staate wie rechtskräftige gerichtliche Entscheidungen vollstreckt. ²Zu diesen Urkunden gehören insbesondere gerichtliche oder notarielle Urkunden und die in Unterhaltssachen von einer Verwaltungsbehörde – Jugendamt – aufgenommenen Verpflichtungserklärungen und Vergleiche.

II Der betreibende Gläubiger hat dem Antrag auf Vollstreckbarerklärung (Bewilligung der Exekution) eine mit amtlichem Siegel oder Stempel versehene Ausfertigung der öffentlichen Urkunde beizufügen.

Bem. Vgl ÖsterrOGH IPrax **96**, 274 (Anm Knoche ebd 279).

### Vierter Abschnitt. Besondere Bestimmungen

*Art. 14.* I Dieser Vertrag ist nicht anzuwenden
1. auf Entscheidungen in Ehesachen und in anderen Familienstandssachen;
2. auf Entscheidungen in Konkursverfahren und in Vergleichsverfahren (Ausgleichsverfahren);
3. auf einstweilige Verfügungen oder einstweilige Anordnungen und auf Arreste.

II ¹Dieser Vertrag ist jedoch anzuwenden auf solche einstweilige Verfügungen oder einstweilige Anordnungen, die auf Leistung des Unterhaltes oder auf eine andere Geldleistung lauten. ²Diese Titel werden wie rechtskräftige gerichtliche Entscheidungen vollstreckt.

**Bem.** Die Anerkennung und Vollstreckung von Entscheidungen auf den in I Z 2 genannten Gebieten regeln Art 20–25 des dt-österr Vertrages v 25. 5. 79, BGBl 85 II 411, und § 19 des AusfG v 8. 5. 85, BGBl 535, iVm den §§ 1–16 des AusfG zum dt-niederl Vertrag, unten V B 7.

*Art. 15.* Die österreichische Börsenschiedsgerichte sind Gerichte im Sinne dieses Vertrages in den Streitigkeiten, in denen sie ohne Rücksicht auf einen Schiedsvertrag zur Entscheidung zuständig sind. Soweit ihre Zuständigkeit auf einem Schiedsvertrag beruht, sind sie als Schiedsgerichte anzusehen.

**Bem.** Vgl KG NJW **61**, 417 (dazu Habscheid KTS **62**, 11).

*Art. 16.* Der betreibende Gläubiger, dem von dem Gericht des Staates, in dem die Entscheidung ergangen ist, das Armenrecht bewilligt worden ist, genießt ohne weiteres das Armenrecht auch für die Vollstreckung im anderen Staate.

*Art. 17.* Ist eine Sache vor dem Gericht eines Staates rechtshängig (streitanhängig) und wird die Entscheidung in dieser Sache in dem anderen Staat anzuerkennen sein, so hat ein Gericht dieses Staates in einem Verfahren, das bei ihm wegen desselben Gegenstandes und zwischen denselben Parteien später anhängig wird, die Entscheidung abzulehnen.

*Art. 18.* Dieser Vertrag berührt nicht die Bestimmungen anderer Verträge, die zwischen beiden Staaten gelten oder gelten werden und die für besondere Rechtsgebiete die Anerkennung und Vollstreckung von gerichtlichen Entscheidungen, Schiedssprüchen oder öffentlichen Urkunden regeln.

*Art. 19.* ¹Dieser Vertrag ist nur auf Schuldtitel (Exekutionstitel) anzuwenden, die nach dem 31. Dezember 1959 entstanden sind.

II Auf Schuldtitel (Exekutionstitel), die eine Verpflichtung zur Leistung eines gesetzlichen Unterhaltes zum Gegenstand haben, ist dieser Vertrag für die nach dem 31. Dezember 1959 fällig werdenden Leistungen auch dann anzuwenden, wenn der Schuldtitel (Exekutionstitel) in der Zeit vom 1. Mai 1945 bis zum 31. Dezember 1959 entstanden ist.

*Art. 20.* Soweit in anderen Verträgen hinsichtlich der Vollstreckung von Schuldtiteln (Exekutionstiteln) auf den Vertrag über Rechtsschutz und Rechtshilfe vom 21. Juni 1923 verwiesen wird, treten die entsprechenden Bestimmungen dieses Vertrages an dessen Stelle.

Ausführungsgesetz vom 8. 3. 60, BGBl III 319-12

(§§ 2, 3 u 5 idF des SchiedsVfG v 22. 12. 97, BGBl 3224)

**Schrifttum:** *MüKoGo* Nr 5 h; *BBGS* 651; *Geimer/Schütze* Bd II A 2.

**Vorbem.** Soweit das LuganoÜbk eingreift, Vorbem Art 1 des Vertrages, gilt das AVAG, Schlußanh V E.

### Erster Abschnitt
### Vollstreckbarerklärung von gerichtlichen Entscheidungen, Vergleichen und öffentlichen Urkunden

§ 1. ¹ Für die Vollstreckbarerklärung gerichtlicher Entscheidungen (Artikel 1, 5 ff., 14 Abs. 2, Artikel 15 Satz 1 des Vertrages), gerichtlicher Vergleiche (Artikel 11 des Vertrages) und öffentlicher Urkunden (Art. 13 des Vertrages) ist sachlich das Amtsgericht oder das Landgericht zuständig, das für die gerichtliche Geltendmachung des Anspruchs zuständig sein würde.

II Örtlich zuständig ist das Gericht, bei dem der Schuldner seinen allgemeinen Gerichtsstand hat, und beim Fehlen eines solchen das Gericht, in dessen Bezirk sich Vermögen des Schuldners befindet oder die Zwangsvollstreckung durchgeführt werden soll.

**Bem.** Zur Frage der Notwendigkeit besonderer Beziehungen zum Inland iRv II s LG Heilbronn IPrax **96**, 123 (Anm Munz IPrax **96**, 89). Das nach II zuständige Gericht ist ggf nach § 36 Z 3 ZPO zu bestimmen, BayObLG NJW **88**, 2184.

§ 2. ¹ Für die Vollstreckbarerklärung der in § 1 Abs. 1 genannten Schuldtitel gelten § 1063 Abs. 1 und § 1064 Abs. 2 der Zivilprozeßordnung entsprechend, soweit nicht in § 3 etwas Besonderes bestimmt ist.

II Dem Antrag soll die für die Zustellung erforderliche Zahl von Abschriften beigefügt werden.

III ¹Wird die mündliche Verhandlung angeordnet, so ist der Termin den Parteien von Amts wegen bekanntzumachen. ²Im Verfahren vor den Landgerichten soll die Bekanntmachung die Aufforderung gemäß § 215 der Zivilprozeßordnung enthalten.

IV ¹Der Beschluß unterliegt der sofortigen Beschwerde. ²Die §§ 707, 717 der Zivilprozeßordnung gelten entsprechend.

ᵛ Für den Beschluß eines Oberlandesgerichts, der über die sofortige Beschwerde nach Absatz 4 entscheidet, gilt § 1065 der Zivilprozeßordnung entsprechend.

**Bem.** Zu I vgl BGH NJW **98**, 2358. Kosten des Gerichts § 11 GKG u KV 1430–1435, des RA § 47 I u II BRAGO.

**§ 3.** ᴵ Ist eine noch nicht rechtskräftige Entscheidung eines österreichischen Gerichts, hinsichtlich deren die Exekution zur Sicherstellung für zulässig erklärt worden ist, für vollstreckbar zu erklären (Artikel 8, 9 des Vertrages), so ist in dem Beschluß auszusprechen, daß die Entscheidung nur zur Sicherung der Zwangsvollstreckung für vollstreckbar erklärt wird.

ᴵᴵ ¹Erlangt die Entscheidung des österreichischen Gerichts, die nach Absatz 1 zur Sicherung der Zwangsvollstreckung für vollstreckbar erklärt worden ist, später die Rechtskraft, so ist der Beschluß über die Vollstreckbarerklärung auf Antrag des Gläubigers dahin zu ändern, daß die Entscheidung ohne Beschränkung für vollstreckbar erklärt wird. ²Das gleiche gilt für den Fall, daß die Entscheidung des österreichischen Gerichts bereits die Rechtskraft erlangt hat, bevor der Beschluß über die Vollstreckbarerklärung erlassen wird, sofern der Eintritt der Rechtskraft in dem Verfahren nicht geltend gemacht worden ist. ³Über den Antrag ist ohne mündliche Verhandlung zu entscheiden; vor der Entscheidung ist der Gegner zu hören. ⁴Für das Verfahren gelten im übrigen § 1064 Abs. 2 der Zivilprozeßordnung und § 2 Abs. 2, 4 und 5 entsprechend.

**Bem.** Kosten im Verf nach II: § 11 GKG u KV 1420–1425, § 47 III BRAGO.

**§ 4.** ¹Hängt die Vollstreckung nach dem Inhalt der gerichtlichen Entscheidung, des gerichtlichen Vergleichs oder der öffentlichen Urkunde von dem Ablauf einer Frist oder von dem Eintritt einer anderen Tatsache als einer dem Gläubiger obliegenden Sicherheitsleistung ab oder wird die Vollstreckbarerklärung zugunsten eines anderen als des in der gerichtlichen Entscheidung, dem gerichtlichen Vergleich oder der öffentlichen Urkunde bezeichneten Gläubigers oder gegen einen anderen als den darin bezeichneten Schuldner nachgesucht, so ist die Frage, inwieweit die Vollstreckbarerklärung von dem Nachweis besonderer Voraussetzungen abhängig oder ob der Schuldtitel für oder gegen den anderen vollstreckbar ist, nach österreichischem Recht zu entscheiden. ²Ein solcher Nachweis ist durch öffentliche oder öffentlich beglaubigte Urkunden zu führen, sofern nicht die nachzuweisenden Tatsachen bei dem Gericht offenkundig sind. ³Kann er in dieser Form nicht erbracht werden, so ist mündliche Verhandlung anzuordnen.

**§ 5.** ᴵ In dem Verfahren der Vollstreckbarerklärung einer gerichtlichen Entscheidung kann der Schuldner auch Einwendungen gegen den Anspruch selbst insoweit geltend machen, als die Gründe, auf denen sie beruhen, erst nach dem Erlaß der gerichtlichen Entscheidung entstanden sind.

ᴵᴵ In dem Verfahren der Vollstreckbarerklärung eines gerichtlichen Vergleichs oder einer öffentlichen Urkunde kann der Schuldner Einwendungen gegen den Anspruch selbst ungeachtet der in Absatz 1 enthaltenen Beschränkung geltend machen.

ᴵᴵᴵ Ist eine gerichtliche Entscheidung, ein gerichtlicher Vergleich oder eine öffentliche Urkunde für vollstreckbar erklärt, so kann der Schuldner Einwendungen gegen den Anspruch selbst in einem Verfahren nach § 767 der Zivilprozeßordnung nur geltend machen, wenn die Gründe, auf denen sie beruhen, erst
1. nach Ablauf der Frist, innerhalb derer er Beschwerde hätte einlegen können, oder
2. falls die Beschwerde eingelegt worden ist, nach Beendigung dieses Verfahrens
entstanden sind.

**Bem.** Unter I fallen Einwendungen iSv § 767 I ZPO, die nach Schluß der mündlichen Verhandlung des Urteilsgerichts entstanden sind, BGH NJW **93**, 1271, nicht aber das Verlangen nach einer Änderung nach § 323 ZPO, BGH NJW **90**, 1419, dazu Gottwald FamRZ **90**, 1377 u Böhmer IPrax **91**, 90 (krit). Das Durchgreifen von Einwendungen iSv I hat keinen Einfluß auf die Gesetzmäßigkeit und Anerkennungsfähigkeit der Erstentscheidung, hindert also nicht die Vollstreckbarerklärung der Kostenentscheidung, BGH NJW **93**, 1271.

**§ 6.** ᴵ Aus den für vollstreckbar erklärten Schuldtiteln findet die Zwangsvollstreckung statt, sofern die Entscheidung über die Vollstreckbarkeit rechtskräftig oder für vorläufig vollstreckbar erklärt ist.

ᴵᴵ ¹Im Falle des § 3 Abs. 1 gelten für die Zwangsvollstreckung §§ 928, 930 bis 932 der Zivilprozeßordnung sowie § 99 Abs. 2 und § 106 Abs. 3 des Gesetzes über Rechte an Luftfahrzeugen vom 26. Februar 1959 (Bundesgesetzbl. I S. 57) über die Vollziehung eines Arrestes entsprechend. ²Soll eine Sicherungshypothek eingetragen werden, so ist der um 20 vom Hundert erhöhte Betrag der Forderung als der Höchstbetrag zu bezeichnen, für den das Grundstück oder die Berechtigung haftet. ³Das gleiche gilt für den Höchstbetrag des Pfandrechts oder des Registerpfandrechts, das in das Schiffsregister, in das Schiffsbauregister oder in das Register für Pfandrechte an Luftfahrzeugen eingetragen werden soll.

## Zweiter Abschnitt
### Aufhebung oder Abänderung der Vollstreckbarerklärung

**§ 7.** ¹Wird eine gerichtliche Entscheidung, ein gerichtlicher Vergleich oder eine öffentliche Urkunde nach der Vollstreckbarerklärung in Österreich aufgehoben oder abgeändert und kann der Schuldner diese Tatsache in dem Verfahren der Vollstreckbarerklärung nicht mehr geltend machen, so kann er die Aufhebung oder Abänderung der Vollstreckbarerklärung in einem besonderen Verfahren beantragen.

II ¹Für die Entscheidung über den Antrag ist das Gericht ausschließlich zuständig, das in dem Verfahren der Vollstreckbarerklärung im ersten Rechtszug entschieden hat. ²Über den Antrag kann ohne mündliche Verhandlung entschieden werden; vor der Entscheidung ist der Gläubiger zu hören. ³Die Entscheidung ergeht durch Beschluß, der dem Gläubiger und dem Schuldner von Amts wegen zuzustellen ist. ⁴Der Beschluß unterliegt der sofortigen Beschwerde.

III ¹Für die Einstellung der Zwangsvollstreckung und die Aufhebung bereits getroffener Vollstreckungsmaßregeln gelten §§ 769, 770 der Zivilprozeßordnung entsprechend. ²Die Aufhebung einer Vollstreckungsmaßregel ist auch ohne Sicherheitsleistung zulässig.

**§ 8.** Wird die Vollstreckbarerklärung einer noch nicht rechtskräftigen Entscheidung eines österreichischen Gerichts, hinsichtlich deren die Exekution zur Sicherstellung für zulässig erklärt worden war, nach § 7 aufgehoben oder abgeändert, so ist der Gläubiger zum Ersatz des Schadens verpflichtet, der dem Schuldner durch die Vollstreckung der für vollstreckbar erklärten gerichtlichen Entscheidung oder durch eine zur Abwendung der Vollstreckung gemachte Leistung entstanden ist.

## Dritter Abschnitt
### Besondere Vorschriften für deutsche gerichtliche Entscheidungen

**§ 9.** Vollstreckungsbescheide und einstweilige Verfügungen, auf Grund deren ein Gläubiger die Bewilligung der Exekution in Österreich beantragen will (Artikel 14 Abs. 2 des Vertrages), sind auch dann mit der Vollstreckungsklausel zu versehen, wenn dies für eine Zwangsvollstreckung im Inland nach § 796 Abs. 1, §§ 936, 929 Abs. 1 der Zivilprozeßordnung nicht erforderlich wäre.

## 4. Das deutsch-belgische Abkommen über die gegenseitige Anerkennung und Vollstreckung von gerichtlichen Entscheidungen, Schiedssprüchen und öffentlichen Urkunden in Zivil- und Handelssachen vom 30. 6. 58, BGBl 59 II 766

**Schrifttum:** *MüKoGo* Schlußanh Nr 5a; *BBGS* 610 u 611; *Geimer/Schütze* Bd II S 251 ff; *Nagel/Gottwald*, Internationales Zivilprozeßrecht, 4. Aufl 1997, § 13 V 1; *StJSchl* Rdz 57 vor § 1044 (betr Schiedsgerichtsbarkeit); *SchwW* 59 Rdz 17–21; *Matscher* ZZP **86**, 429; *Nagel* NJW **60**, 987; *Harries* RabelsZ **61**, 629.

**Vorbem.** Das Abk wird **durch das EuGVÜ** nach Maßgabe von dessen Art 55 **ersetzt**, vgl Schlußanh V C; es **behält seine Wirksamkeit** für die Rechtsgebiete, auf die sich das EuGVÜ nicht bezieht, Art 56 iVm Art 1, vgl BGH NJW **78**, 1113, Celle FamRZ **93**, 440.

Das Abkommen, das die Anerkennung und Vollstreckung zum Gegenstand hat, **bezieht sich** auf alle gerichtlichen Entscheidungen der streitigen oder freiwilligen Gerichtsbarkeit in Zivil- und Handelssachen, gleichgültig, wie sie benannt sind, und einschließlich der auf eine Geldleistung lautenden einstweiligen Anordnungen sowie der in einem strafrechtlichen Adhäsionsverfahren ergangenen Entscheidungen auf diesen Gebieten, Art 1 II u III. Jedoch ist es nicht anzuwenden auf Entscheidungen im Konkurs- und Vergleichsverfahren. Für vollstreckbar erklärt werden können auch solche Entscheidungen, die im Urteilsstaat noch mit einem ordentlichen Rechtsbehelf angefochten werden können, Art 6 II; allerdings kann dann das Verfahren der Vollstreckbarerklärung ausgesetzt werden, Art 10 II. Das Abk läßt andere Verträge, die zwischen den beiden Staaten gelten, unberührt, Art 16, also insbesondere das HZPrÜbk (Vollstreckung von Kostenentscheidungen). Anwendbar ist das Abk nur auf solche gerichtlichen Entscheidungen usw, die nach seinem Inkrafttreten erlassen oder errichtet sind, Art 17. Es gilt nach dem Notenwechsel vom 30. 6. 58, BGB **59** II 775/6, auch in Berlin. Zu dem Abk ist das **AusfG** v 26. 6. 59, BGBl III 319-11, ergangen, dessen §§ 2, 3 und 5 III durch Art 2 § 5 SchiedsVfG v 22. 12. 97, BGBl 3224, mWv 1. 1. 98 geändert worden sind (§ 2 entspricht Art 2 AVO zum dt-schweiz Abk, Schlußanh V B 1, s dort).

Abkommen und AusfG gleichen sehr dem deutsch-österreichischen Vertrag, s oben V B 3. Erhebliche Abweichungen enthält insbesondere Art 3 (Zuständigkeit), der die Zuständigkeitsvoraussetzungen für die Anerkennung des Art 2 I Z 3 ausfüllt. Das deutsch-belgische Abkommen bezieht sich auch auf Ehe- und Familienstandssachen, Art 4, die der deutsch-österreichische Vertrag ausnimmt.

**Rspr.** Zu **Art 1** (Begriff der Zivil- u HandelsS) BGH AWD **78**, 56, ferner zur förmlichen Zustellung LG Bln NJW **89**, 1434, zu **Art 2, 3, 5 u 10** BGH **60**, 344, zu Art 2 u 3 LG Dortm NJW **77**, 2035, zu **Art 12** BGH MDR **76**, 138.

Wichtig für die Zuständigkeit der deutschen Gerichte in **Ehesachen** (nach Art 1 I 2 werden auch **2** einstweilige Anordnungen, die auf eine Geldleistung lauten, anerkannt) ist die Zuständigkeitsregelung des Abk, Celle RR **93**, 1413 (dazu Rauscher IPrax **94**, 189):

*Albers*

*Art. 4.* ¹In allen den Ehe- oder Familienstand, die Rechts- oder Handlungsfähigkeit oder die gesetzliche Vertretung betreffenden Angelegenheiten, an denen ein Angehöriger eines der beiden Staaten beteiligt ist, sind die Gerichte des Staates, in dessen Hoheitsgebiet die Entscheidung ergangen ist, im Sinne des Artikels 2 Abs. 1 Nr. 3 zuständig, wenn der Beklagte zur Zeit der Klageerhebung die Staatsangehörigkeit dieses Staates besaß oder in dem Hoheitsgebiet dieses Staates seinen Wohnsitz oder seinen gewöhnlichen Aufenthalt hatte.

II In Ehesachen wird die Zuständigkeit ferner anerkannt, wenn eine der beiden Parteien die Staatsangehörigkeit eines der beiden Staaten besaß und wenn die beiden Parteien ihren letzten gemeinsamen Aufenthalt in dem Staate hatten, in dessen Hoheitsgebiet die Entscheidung ergangen ist, und wenn der Kläger zur Zeit der Einleitung des Verfahrens in dem Hoheitsgebiet dieses Staates seinen gewöhnlichen Aufenthalt hatte.

3  Das Abk regelt auch die Vollstreckbarerklärung von **Schiedssprüchen und öffentlichen Urkunden**. Außerdem gilt im Verhältnis beider Staaten das UN-ÜbkSchdG, Schlußanh VI A 1; nach dessen Art VII kann sich ein Antragsteller auf günstigere Bestimmungen des bilateralen Abk und des nationalen Rechts berufen, BGH NJW **88**, 3091 u **78**, 1007. Umgekehrt enthält auch Art 16 des Abk eine derartige Meistbegünstigungsklausel.

*Art. 13.* ¹Schiedssprüche, die in dem Hoheitsgebiet des einen Staates ergangen sind, werden in dem Hoheitsgebiet des anderen Staates anerkannt und vollstreckt, wenn sie in dem Staate, in dessen Hoheitsgebiet sie ergangen sind, vollstreckbar sind, wenn ihre Anerkennung nicht der öffentlichen Ordnung des Staates, in dessen Hoheitsgebiet sie geltend gemacht werden, zuwiderläuft und wenn die vorgelegte Ausfertigung des Schiedsspruchs die für ihre Beweiskraft erforderlichen Voraussetzungen erfüllt.

II Vergleiche, die vor einem Schiedsgericht abgeschlossen sind, werden wie Schiedssprüche behandelt.

III Für die Vollstreckbarerklärung ist zuständig

in der Bundesrepublik Deutschland das Amts- oder Landgericht, das für die gerichtliche Geltendmachung des Anspruchs zuständig wäre,

in Belgien der Präsident des Zivilgerichts erster Instanz, in dessen Bezirk die Zwangsvollstreckung betrieben werden soll.

IV Das Verfahren der Vollstreckbarerklärung richtet sich nach dem Recht des Staates, in dessen Hoheitsgebiet die Vollstreckbarerklärung beantragt wird.

Art 13 I schränkt die Versagungsgründe des § 1061 ZPO ein, setzt aber voraus, daß der belgische Schiedsspruch in Belgien für vollstreckbar erklärt worden ist, vgl BGH NJW **78**, 1744, ferner BGH NJW **88**, 3091 zu Stgt ZIP **87**, 1213, Köln KTS **71**, 222 (dazu Habscheid KTS **72**, 217). Das Verf richtet sich nach den §§ 1061 I u II, 1063 u 1064 ZPO, ferner nach § 1062 mit der Maßgabe, daß an die Stelle des OLG das AG oder LG tritt, § 3 AusfG. Nicht unter das Abk fallen Anwaltsvergleiche, §§ 796 a I u 796 b ZPO, Geimer DNotZ **91**, 285, wohl aber Schiedssprüche mit vereinbartem Inhalt, § 1053 ZPO.

4  *Art. 14.* ¹¹Öffentliche Urkunden, die in dem Hoheitsgebiet des einen Staates errichtet und dort vollstreckbar sind, werden in dem Hoheitsgebiet des anderen Staates für vollstreckbar erklärt. ²Für die Anwendung dieses Abkommens werden die belgischen Behörden Vergleiche, die in dem Hoheitsgebiet der Bundesrepublik Deutschland vor einem Gericht abgeschlossen und dort vollstreckbar sind, wie öffentliche Urkunden behandeln.

II Das Gericht des Staates, in dessen Hoheitsgebiet die Vollstreckbarerklärung beantragt wird, hat sich auf die Prüfung zu beschränken, ob die Ausfertigung der öffentlichen Urkunde die für ihre Beweiskraft erforderlichen Voraussetzungen nach dem Recht des Staates erfüllt, in dessen Hoheitsgebiet die Urkunde errichtet worden ist, und ob die Vollstreckbarerklärung nicht der öffentlichen Ordnung des Staates zuwiderläuft, in dessen Hoheitsgebiet die Vollstreckbarerklärung beantragt wird.

5  Für Streitigkeiten, die nicht dem EuGVÜ, sondern nur dem Abk unterfallen, also namentlich für Ehesachen, hat die **Regelung der Rechtshängigkeit** weiterhin Bedeutung (trotz des Wortlauts kommt es nicht auf die Anhängigkeit, sondern auf die Rechtshängigkeit iSv § 261 ZPO an, Ffm IPrax **82**, 243, dazu Linke S 229, vgl BGH FamRZ **83**, 366); wann sie eintritt, ist nach der ausländischen Rechtsordnung zu beurteilen, ob sie zu beachten ist, nach der inländischen, Linke aaO:

*Art. 15.* ¹Die Gerichte eines jeden der beiden Staaten haben auf Antrag einer Prozeßpartei die Entscheidung in einer Sache abzulehnen, wenn wegen desselben Gegenstandes und unter denselben Parteien bereits ein Verfahren vor einem Gericht des anderen Staates anhängig ist, für das eine Zuständigkeit im Sinne dieses Abkommens gegeben ist, und wenn in diesem Verfahren eine Entscheidung ergehen kann, die in dem Hoheitsgebiet des anderen Staates anzuerkennen wäre.

II Jedoch können die zuständigen Behörden eines jeden der beiden Staaten in Eilfällen die in ihrem innerstaatlichen Recht vorgesehenen einstweiligen Maßnahmen anordnen, einschließlich solcher, die auf eine Sicherung gerichtet sind, und zwar ohne Rücksicht darauf, welches Gericht mit der Hauptsache befaßt ist.

## 5. Das deutsch-britische Abkommen über die gegenseitige Anerkennung und Vollstreckung von gerichtlichen Entscheidungen in Zivil- und Handelssachen vom 14. 7. 60, BGBl 61 II 301

**Schrifttum:** *MüKoGo* Schlußanh 5 c; *BBGS* 701–704; *Geimer/Schütze* Bd II S 353 ff; *Nagel/Gotwald*, Internationales Zivilprozeßrecht, 4. Aufl 1997, § 13 V 2; *Chroczel/Westin* ZVglRWiss **88**, 152; *Matscher* ZZP **86**, 437; *Schütze* RIW **80**, 171; *Meister*, Anerkennung deutscher Ehescheidungsurteile im UK, FamRZ **77**, 108; *Ganske* AWD **61**, 172; *Lipstein* in Leske-Loewenfeld, Eherecht der europäischen u außereuropäischen Staaten: England S 457 f.

Das Abk wird seit dem 1. 1. 87 **durch das EuGVÜ** nach Maßgabe von dessen Art 55 **ersetzt**, vgl Schlußanh V C; es **behält seine Wirksamkeit** für die Rechtsgebiete, auf die sich das EuGVÜ nicht bezieht, Art 56 iVm Art 1, nicht jedoch für andere Fälle, für die das Abk günstiger als das EuGVÜ wäre, BGH EuZW **93**, 581. Im folgenden werden nur die Bestimmungen abgedruckt und ggf erläutert, die neben dem EuGVÜ Bedeutung haben (wegen der weiteren Bestimmungen s 45. Aufl.)

Das Abk betrifft Zivil- (einschließlich der Statussachen) und Handelssachen, und zwar sowohl die Anerkennung von Entscheidungen wie ihre Vollstreckbarkeit. Es gilt auch im Lande Berlin, Art 11, und kann seitens der britischen Regierung durch Notifizierung auf jedes Hoheitsgebiet ausgedehnt werden, für dessen internationale Beziehungen sie verantwortlich ist, Art 12. Zur Erstreckung auf Hongkong Arnold AWD **74**, 135; keine Erstreckung auf Jersey, BGH NJW **95**, 264.

*Art. 1.* **Für die Anwendung dieses Abkommens gilt folgendes:**

I ...

II Als „oberes Gericht" sind anzusehen
a) für die Bundesrepublik Deutschland
  die Landgerichte,
  die Oberlandesgerichte,
  das Bayerische Oberste Landesgericht und
  der Bundesgerichtshof; und
b) für das Vereinigte Königreich
  das House of Lords und
  für England und Wales
  der Supreme Court of Judicature (Court of Appeal and High Court of Justice) und die Courts of Chancery of the Counties Palatine of Lancaster and Durham.
  für für Schottland
  der Court of Session und die Sheriff Courts,
  für Nordirland
  der Supreme Court of Judicature.
Alle anderen Gerichte in diesen Hoheitsgebieten sind im Sinne dieses Abkommens „untere Gerichte".

III ¹Unter „gerichtlichen Entscheidungen" sind alle Entscheidungen eines Gerichts ohne Rücksicht auf ihre Benennung (Urteile, Beschlüsse und dergleichen) zu verstehen, durch die über die Ansprüche der Parteien endgültig erkannt ist; hierzu zählen auch die gerichtlichen Vergleiche, ausgenommen sind jedoch die Entscheidungen zum Zwecke einer vorweggenommenen Zwangsvollstreckung (Arrestbefehle) oder andere Entscheidungen, durch die nur eine vorläufige Sicherung eines Anspruchs erreicht wird, oder Zwischenentscheidungen. ²Die Entscheidung über die Ansprüche der Parteien wird als endgültig angesehen, auch wenn gegen sie vor den Gerichten des Urteilsstaates ein Rechtsbehelf eingelegt ist oder noch eingelegt werden kann.

IV „Gericht des Urteilsstaates" bedeutet in bezug auf eine Entscheidung das Gericht, das die zur Anerkennung oder Vollstreckung vorgelegte Entscheidung erlassen hat; unter „Gericht oder Behörde des Anerkennungs- oder Vollstreckungsstaates" sind Gerichte oder Behörden zu verstehen, vor denen die Anerkennung der Entscheidung nachgesucht oder ihre Vollstreckbarerklärung beantragt wird.

V ...

VI Der Begriff „Entscheidungen in Zivil- und Handelssachen" schließt nicht Urteile ein, die in Verfahren zwecks Beitreibung von Abgaben (Staats- oder Gemeindeabgaben) oder Strafen ergehen; er umfaßt jedoch Entscheidungen, die ein Gericht in einem Strafverfahren in Ansehung der Zahlung eines Geldbetrages als Entschädigung oder Schadensersatz zugunsten einer verletzten Partei erlassen hat.

VII Unter „Rechtsbehelf" ist jedes Verfahren zu verstehen, das auf eine Änderung oder Aufhebung einer Entscheidung gerichtet ist, sowie ein Antrag, den Rechtsstreit neu zu verhandeln oder die Zwangsvollstreckung einzustellen.

VIII Als „Klagen oder Anträge auf Erlaß einer Entscheidung, die nur unter den Prozeßparteien wirkt" (action in personam) sind nicht anzusehen Klagen in Familienstands- oder Statussachen (einschließlich der Scheidungs- oder anderer Ehesachen) oder Verfahren in Erbschaftsangelegenheiten oder wegen Verwaltung des Nachlasses verstorbener Personen.

**Bem.** Wegen des Geltungsgebiets vgl oben vor Art 1. **Zu II:** „Untere Gerichte" sind die AGe, aber auch die LGe, soweit sie Berufungsgerichte sind, Art 2 I. Da die AGe keine „oberen Gerichte" sind, können ihre Urteile in FamS nicht nach Art 3 anerkannt werden. Sonstige Gerichte, zB die Arbeitsgerichte, fallen nicht unter das Abk. **Zu III:** „Endgültig" bedeutet nicht rechtskräftig, S 2. Eine Regelung nach § 620 ZPO ist eine endgültige Regelung während des Ehestreits. „Zwischenentscheidungen" sind solche mit vorläufigem Charakter, zB Eilentscheidungen in Sorgerechtssachen, Karlsr FamRZ **84**, 819. **Zu VI:** Darunter fallen auch Festsetzungen nach §§ 888, 890 ZPO und Entscheidungen nach §§ 406, 406 d StPO. **Zu VII:** Er gilt auch für Klagen aus § 767 ZPO. Deutsche Klagen aus § 323 ZPO werden idR nicht in Betracht kommen, da Unterhaltsstreitigkeiten vor die AGe, also vor „untere Gerichte" gehören. **Zu VIII:** Wegen der Fam- und Statussachen s Art 4 c.

*Art. 2.* <sup>I</sup> Die von einem oberen Gericht in dem Hoheitsgebiet der einen Hohen Vertragspartei erlassenen Entscheidungen, mit Ausnahme derjenigen, die auf einen Rechtsbehelf gegen Entscheidungen unterer Gerichte ergangen sind, werden in dem Hoheitsgebiet der anderen Hohen Vertragspartei in den Fällen und unter den Voraussetzungen, die in den Artikeln III bis IX geregelt sind, ohne Rücksicht auf die Staatsangehörigkeit des Gläubigers oder des Schuldners anerkannt und vollstreckt.

<sup>II</sup> Dieses Abkommen gilt jedoch nicht für Entscheidungen, die in einem Konkurs- oder Vergleichsverfahren oder in einem Verfahren zwecks Auflösung von Gesellschaften oder anderen Körperschaften ergangen sind.

<sup>III</sup> Durch dieses Abkommen wird nicht ausgeschlossen, daß eine in dem Hoheitsgebiet der einen Hohen Vertragspartei ergangenen gerichtliche Entscheidung, für die dieses Abkommen nicht gilt oder die nach diesem Abkommen nicht anerkannt oder vollstreckt werden kann, in dem Hoheitsgebiet der anderen Hohen Vertragspartei auf Grund des innerstaatlichen Rechts anerkannt und vollstreckt wird.

**Bem.** Wie III klarstellt, schließt das Abk die Anerkennung oder Vollstreckung einer Entscheidung, die nicht unter das Abk fällt, nach innerstaatlichem Recht nicht aus, Karlsr FamRZ **84**, 819 (Sorgerechtsregelung).

*Art. 3.* <sup>I</sup> Entscheidungen in Zivil- und Handelssachen, die ein oberes Gericht in dem Hoheitsgebiet der einen Hohen Vertragspartei nach dem Inkrafttreten dieses Abkommens erlassen hat, werden in dem Hoheitsgebiet der anderen Hohen Vertragspartei in allen Fällen anerkannt, sofern nicht die Entscheidung über die Anerkennung nach Absatz 2 ausgesetzt wird oder sofern nicht in Ansehung der Entscheidung ein Versagungsgrund vorliegt; letzteres ist der Fall:

a) wenn in der betreffenden Sache eine Zuständigkeit des Gerichts des Urteilsstaates nach Artikel IV nicht gegeben ist;
b) wenn die Entscheidung auf Grund der Säumnis des Schuldners erlassen ist, sofern dieser sich auf den Rechtsstreit nicht eingelassen hat und dem Gericht oder der Behörde des Anerkennungsstaates nachweist, daß er von dem Verfahren nicht zeitig genug Kenntnis erlangt hat, um sich verteidigen zu können. Jedoch ist in allen Fällen, in denen feststeht, daß die einleitende Ladung oder Verfügung dem Beklagten nach Artikel 3 oder 5 des zwischen Deutschland und dem Vereinigten Königreich abgeschlossenen Abkommens vom 20. März 1928 ordnungsmäßig zugestellt worden ist, als festgestellt anzusehen, daß der Beklagte von dem Verfahren Kenntnis erlangt hat;
c) wenn die Entscheidung von dem Gericht oder der Behörde des Anerkennungsstaates aus Gründen der öffentlichen Ordnung nicht anerkannt werden kann, einschließlich der Fälle,
   1. in denen die Entscheidung über einen Anspruch ergangen ist, der bereits in dem Zeitpunkt, in dem das Gericht des Urteilsstaates seine Entscheidung erlassen hat, zwischen denselben Parteien Gegenstand einer anderen Entscheidung war, die nach dem innerstaatlichen Recht des Anerkennungsstaates als endgültig anzusehen ist;
   2. in denen das Gericht oder die Behörde des Anerkennungsstaates zu der Überzeugung gelangt, daß die Entscheidung durch betrügerische Machenschaften erwirkt ist;
   3. in denen das Gericht oder die Behörde des Anerkennungsstaates zu der Überzeugung gelangt, daß der Beklagte, gegen den die Entscheidung ergangen ist, nach dem Völkerrecht der Gerichtsbarkeit des Urteilsstaates nicht unterlegen ist und sich ihr auch nicht unterworfen hat;
   4. in denen die Entscheidung gegen eine Person geltend gemacht wird, die nach dem Völkerrecht der Gerichtsbarkeit des Anerkennungsstaates nicht unterliegt.

<sup>II</sup> Weist der Schuldner dem Gericht oder der Behörde des Anerkennungsstaates nach, daß er in dem Urteilsstaat gegen diese Entscheidung einen Rechtsbehelf eingelegt hat oder daß er zwar einen solchen Rechtsbehelf noch nicht eingelegt hat, daß aber die Frist hierfür nach dem Recht des Urteilsstaates noch nicht abgelaufen ist, so kann das Gericht oder die Behörde des Anerkennungsstaates die Entscheidung gleichwohl anerkennen oder die Anerkennung versagen oder auch auf Antrag des Schuldners die Entschließung über die Anerkennung der Entscheidung zurückstellen, um dem Schuldner Gelegenheit zu geben, das Verfahren auf Grund des Rechtsbehelfs durchzuführen oder den Rechtsbehelf einzulegen.

<sup>III</sup> Die Anerkennung der Entscheidung darf nicht allein deshalb versagt werden, weil das Gericht des Urteilsstaates bei der Bestimmung der auf den Fall anzuwendenden Gesetze andere Regeln des internationalen Privatrechts angewendet hat, als sie nach dem Recht des Anerkennungsstaates anzuwenden gewesen wären.

<sup>IV</sup> Die Anerkennung einer Entscheidung hat zur Folge, daß die Entscheidung, soweit in ihr über den Anspruch erkannt ist, für einen weiteren Rechtsstreit zwischen denselben Parteien (dem Gläubiger und dem Schuldner) als endgültig angesehen wird und daß sie in einem weiteren

Rechtsstreit zwischen ihnen wegen desselben Streitgegenstandes insoweit eine Einrede begründet.

**Bem.** Art 3 betrifft die Anerkennung von Entscheidungen in Zivil- und Handelssachen und enthält die Versagungsgründe; da die AGe keine oberen Gerichte iSv Art 1 II a sind, können ihre Urteile in FamS nicht nach Art 3 anerkannt werden. Liegt kein Versagungsgrund vor, so ist anzuerkennen; ein gewisses Ermessen räumt allerdings Art 4 II u III durch Nichtanerkennung der Zuständigkeit ein. Die Anerkennung hat die Wirkung, daß die Entscheidung zwischen Gläubiger und Schuldner, dazu Art 1 V, als endgültig angesehen wird und den Einwand der Rechtskraft gibt, IV. **Zu I:** Vgl wegen der Zuständigkeit, I a, Art 4, wegen Art 3 u 6 (Zustellungsvorschriften) des Abk v 20. 3. 28, Einl IV vor § 1 ZPO Rn 6, I b, vgl Kondring IPrax **97**, 158 mwN, wegen betrügerischer Machenschaften, I c 2, Pal-Heldrich Vorbem 8 Art 7 EGBGB, wegen I c 3 u 4 § 18 GVG. Wird der Beklagte wegen Nichtbefolgung einer gerichtlichen Anordnung von der Teilnahme am weiteren Verf ausgeschlossen, ihm also kein Gehör gewährt, § 328 ZPO Rn 31 ff, so steht das der Anerkennung nicht entgegen, BGH **48**, 327, dazu Wengler JZ **68**, 596, Geimer JZ **68**, 12; das gleiche gilt für das summarische Verf nach Order 14, BGH **53**, 357, dazu Cohn NJW **70**, 1506. Überhaupt kann bei der Frage, ob ein Verstoß gegen die öff Ordnung vorliegt, nicht ein Vergleich zwischen dem britischen und dem deutschen VerfRecht vorgenommen werden: es kommt vielmehr auf die durch Art 103 I GG geschützten Grundwerte an; deshalb scheidet ein Verstoß aus, wenn der Beteiligte es unterlassen hat, auf das fremde Verf ein ihm zustehenden Einfluß zu nehmen, oder wenn ihm wegen der dort geltenden strengeren Regelung nicht Prozeßkostenhilfe bewilligt worden ist, BGH NJW **78**, 1114. **Zu II:** Ob die Anerkennung zurückgestellt wird oder nicht, liegt im Ermessen des Gerichts oder der Behörde des Anerkennungsstaates. Die Fristsetzung in § 5 II AusfG bezieht sich nur auf die Vollstreckbarerklärung; das schließt nicht aus, daß sich eine entspr Fristsetzung empfehlen wird. **Zu III:** Eine Ausnahme zugunsten eines betroffenen deutschen Staatsangehörigen in Fam- und Statussachen enthält das Unterzeichnungsprotokoll (unten abgedr).

*Art. 4.* <sup>I</sup> Die Gerichte des Urteilsstaates sind im Sinne des Artikels III Absatz 1 Buchstabe a zuständig:

a) in Ansehung einer auf eine Klage oder auf einen Antrag ergangenen Entscheidung, die nur unter den Prozeßparteien wirkt:
....

b) ....

c) in Ansehung von Entscheidungen, die auf andere als die unter den Buchstaben a) und b) bezeichneten Klagen ergangen sind (insbesondere in Ansehung von Entscheidungen in Familienstands- oder Statussachen, einschließlich der Scheidungs- oder anderer Ehesachen, von Entscheidungen in Erbschaftsangelegenheiten oder wegen Verwaltung des Nachlasses verstorbener Personen), wenn die Zuständigkeit des Gerichts des Urteilsstaates nach dem Recht des Anerkennungsstaates anerkannt wird.

<sup>II</sup> ....

<sup>III</sup> Die Zuständigkeit des Gerichts des Urteilsstaates braucht in den Fällen des Absatzes 1 Buchstabe a) Nr. 4 und 5 und Buchstabe b) nicht anerkannt zu werden, wenn der Schuldner dem Gericht oder der Behörde des Anerkennungsstaates nachweist, daß die Einleitung des Verfahrens vor dem Gericht des Urteilsstaates in Widerspruch stand zu einer zwischen den Parteien getroffenen Vereinbarung, nach der die in Frage stehende Streitigkeit auf einem anderen Weg als durch ein Verfahren vor den Gerichten des Urteilsstaates zu entscheiden war.

<sup>IV</sup> Die Anerkennung der Zuständigkeit des Gerichts des Urteilsstaates darf nicht deshalb versagt werden, weil dieses Gericht nach dem Recht des Urteilsstaates nicht zuständig gewesen ist, sofern die Entscheidung nach dem Recht des Urteilsstaates endgültig ist und ein für einen solchen Fall vorgesehenes Verfahren mit dem Ziel, die Entscheidung zur Aufhebung zu bringen, nicht eingeleitet worden ist.

**Bem.** Art 4 behandelt die Zuständigkeit, die die Voraussetzung sowohl für die Anerkennung, Art 3 I a, wie für die Vollstreckbarerklärung, Art 5 II d, ist und deren fehlerhafte Annahme durch das Gericht des Urteilsstaates zur Versagung führt, außer wenn IV vorliegt. **Zu I:** Unterschieden werden: **a)** Entscheidungen auf Klagen (Anträge), die nur zwischen den Prozeßparteien wirken (action in personam), vgl Art 1 VIII, dazu LG Hbg RIW **76**, 42, **b)** Entscheidungen auf eine Klage wegen unbeweglichen Vermögens oder solche wegen beweglichen Vermögens, die gegen alle wirken, vgl Art 1 VIII, **c)** Entscheidungen auf sonstige Klagen, namentlich Familienstands- und Statusentscheidungen, dazu Hamm NJW **88**, 3103. **Zu III:** Zur Unzuständigkeit und damit zur Versagung kann auch die Vereinbarung eines Schiedsgerichts führen; zwischen Großbritannien und der BRep gilt insofern das UN-ÜbkSchdG, Schlußanh VI A 1. Die Zuständigkeit kann auch durch andere Vereinbarungen ausgeschlossen werden, zB durch einen Zwischenvergleich, BGH MDR **82**, 828. – Vgl zu Art 4 auch Kratzer RIW **77**, 720.

*Art. 5.* <sup>I</sup> ¹Entscheidungen im Sinne dieses Artikels, die von einem oberen Gericht in dem Hoheitsgebiet der einen Hohen Vertragspartei erlassen sind, werden von den Gerichten in dem Hoheitsgebiet der anderen Hohen Vertragspartei auf die in Artikel VI bis IX bezeichnete Weise und unter den dort erwähnten Voraussetzungen vollstreckt. ²Weist der Schuldner dem Gericht des Vollstreckungsstaates nach, daß er in dem Urteilsstaat gegen die Entscheidung einen Rechtsbehelf eingelegt hat oder daß er zwar einen solchen Rechtsbehelf noch nicht eingelegt hat, daß aber die Frist hierfür nach dem Recht des Urteilsstaates noch nicht abgelaufen ist, so braucht eine solche Entscheidung nicht vollstreckt zu werden; das Gericht des Vollstreckungsstaates kann in einem solchen Fall nach seinem Ermessen die Maßnahmen treffen, die nach seinem innerstaatlichen Recht zulässig sind.

**AnerkVollstrAbk** Schlußanhang V B 5

II Entscheidungen im Sinne dieses Artikels sind diejenigen:
a) die in Zivil- oder Handelssachen nach dem Inkrafttreten dieses Abkommens ergangen sind;
b) die in dem Urteilsstaat vollstreckbar sind;
c) die auf Zahlung einer bestimmten Geldsumme lauten, einschließlich der Kostenentscheidungen, die in Zivil- oder Handelssachen ergangen sind;
d) deren Anerkennung keiner der in Artikel III in Verbindung mit Artikel IV bezeichneten Versagungsgründe entgegensteht.

III Ist der Betrag der Kosten, der auf Grund der Entscheidung zu zahlen ist, nicht in der Entscheidung selbst, sondern durch einen besonderen Beschluß festgesetzt, so ist dieser Beschluß für die Anwendung dieses Abkommens als Teil der Entscheidung anzusehen.

**Bem.** Vollstreckbar sind nur die in II genannten Entscheidungen einschließlich der Kostenfestsetzungsbeschlüsse, III; insoweit ist die Vorlage einer zusätzlichen Urkunde nach Art 7 II b nicht erforderlich, BGH NJW **78**, 1114. Die Entscheidungen müssen auf Zahlung einer bestimmten Geldsumme lauten; ihnen darf kein Grund entgegenstehen, der zur Versagung der Anerkennung führen könnte, Art 3 u 4, II d, Tatbestände des Art 8 dürfen nicht vorliegen. Zur Ermittlung der Identität des Verurteilten mit dem in Anspruch genommenen Vollstr-Schuldner durch Auslegung Hbg VersR **87**, 471. Vgl auch Art 9 I.

**Art. 6.** I Bevor eine Entscheidung, die von einem Gericht im Hoheitsgebiet der Bundesrepublik Deutschland erlassen ist, in dem Vereinigten Königreich vollstreckt werden kann, muß der Gläubiger ihre Registrierung nach Maßgabe der Vorschriften des Gerichts, vor dem die Entscheidung geltend gemacht wird, beantragen, und zwar
a) in England und Wales bei dem High Court of Justice,
b) in Schottland bei dem Court of Session,
c) in Nordirland bei dem Supreme Court of Judicature.

II Dem Antrag auf Registrierung sind beizufügen:
a) eine von dem Gericht des Urteilsstaates hergestellte beglaubigte Abschrift der Entscheidung mit Gründen; falls die Entscheidung nicht mit Gründen versehen ist, ist ihr eine von dem Gericht des Urteilsstaates auszustellende Urkunde anzuschließen, die nähere Angaben über das Verfahren und die Gründe enthält, auf denen die Entscheidung beruht;
b) eine von einem Beamten des Gerichts des Urteilsstaates ausgestellte Bescheinigung, daß die Entscheidung in dem Urteilsstaat vollstreckbar ist.

III Das Gericht des Vollstreckungsstaates ist nicht berechtigt, die Legalisierung der in Absatz 2 erwähnten beglaubigten Abschrift und der Bescheinigung zu fordern; jedoch sind Übersetzungen dieser Urkunden beizubringen, die von einem allgemein beeidigten Übersetzer oder von einem Übersetzer, der die Richtigkeit seiner Übersetzung unter Eid versichert hat, oder von einem diplomatischen oder konsularischen Vertreter einer der beiden Hohen Vertragsparteien beglaubigt sein müssen.

**Bem.** Die Registrierung erfolgt aufgrund des Teils I der Foreign Judgments (Reciprocal Enforcement) Act 1933 iVm der Order in Council v 26. 6. 61, abgedr bei Bülow-Böckstiegel B II 704. Eine Entscheidung wird nur registriert, wenn sie mit Gründen versehen ist, die ersehen lassen, daß kein Versagungsgrund vorliegt, Art 9 I; ein deutsches VersUrt ist deshalb sofort oder nachträglich zu begründen, §§ 8, 9 AusfG. Die Entscheidung muß mit der Vollstreckungsklausel versehen sein, II, § 3 AusfG.

**Art. 7.** I Bevor eine Entscheidung, die von einem Gericht im Hoheitsgebiet Ihrer Majestät der Königin erlassen ist, in dem Hoheitsgebiet der Bundesrepublik Deutschland vollstreckt werden kann, ist in der Bundesrepublik Deutschland bei dem Landgericht, in dessen Bezirk der Schuldner seinen gewöhnlichen Aufenthalt hat oder Vermögen besitzt, gemäß den innerstaatlichen Vorschriften ein Antrag auf Vollstreckbarerklärung zu stellen.

II Dem Antrag auf Vollstreckbarerklärung sind beizufügen:
a) eine von dem Gericht des Urteilsstaates hergestellte beglaubigte Abschrift der Entscheidung;
b) eine von dem Gericht des Urteilsstaates auszustellende Urkunde, die nähere Angaben über das Verfahren und die Gründe enthält, auf denen die Entscheidung beruht.

III Hat das Gericht des Urteilsstaates eine beglaubigte Abschrift der Entscheidung erteilt, so ist anzunehmen, daß die Entscheidung in dem Urteilsstaate zu der Zeit, als die Abschrift erteilt wurde, vollstreckbar war.

IV Das Gericht des Vollstreckungsstaates ist nicht berechtigt, die Legalisierung der in Absatz 2 erwähnten beglaubigten Abschrift und der Bescheinigung zu fordern; jedoch sind Übersetzungen dieser Urkunden beizubringen, die von einem allgemein beeidigten Übersetzer oder von einem Übersetzer, der die Richtigkeit seiner Übersetzung unter Eid versichert hat, oder von einem diplomatischen oder konsularischen Vertreter einer der beiden Hohen Vertragsparteien beglaubigt sein müssen.

**Bem.** Zur Zuständigkeit, I, s § 1 AusfG, zum Verf (entspr der Vollstreckbarerklärung von Schiedssprüchen) s § 2 AusfG; vgl auch Art 9 II. Bei Erteilung einer beglaubigten Abschrift der Entscheidung durch das britische Gericht, II a, ist anzunehmen, daß sie von diesem Zeitpunkt an vollstreckbar war, was für die Verzinsung, Art 9 III, wichtig ist. Die Abschrift braucht nicht von einem Richter unterzeichnet zu sein, Oldb RIW **86**, 555. Der Inhalt der Urkunde, II b, ist nicht vorgeschrieben; sie muß dem deutschen Gericht die Prüfung ermöglichen, ob nach dem Abk Versagungsgründe vorliegen, BGH NJW **78**, 1114, Oldb RIW **86**, 555. Für Kostenfestsetzungsbeschlüsse, Art 5 III, ist eine zusätzliche Urkunde nicht erforderlich, BGH aaO.

*Art. 8. (betr Ablehnung oder Aufhebung der Registrierung bzw Vollstreckbarerklärung)*
*Art. 9.* ¹Das Gericht des Vollstreckungsstaates darf einen ordnungsgemäß gestellten Antrag, eine Entscheidung nach Artikel 6 zu registrieren oder sie nach Artikel 7 für vollstreckbar zu erklären, nur aus den in Artikel 5 in Verbindung mit den Artikeln 3 und 4 angeführten oder aus den in Artikel 8 besonders erwähnten Gründen ablehnen; es hat dem Antrag stattzugeben, wenn keiner der genannten Gründe vorliegt.

II ¹Für die Registrierung einer Entscheidung nach Artikel 6 und für die Vollstreckbarerklärung nach Artikel 7 soll ein einfaches und beschleunigtes Verfahren vorgesehen werden. ²Demjenigen, der eine Registrierung oder Vollstreckbarerklärung beantragt, darf eine Sicherheitsleistung für die Prozeßkosten nicht auferlegt werden. ³Die Frist, innerhalb deren der Antrag auf Registrierung oder Vollstreckbarerklärung gestellt werden kann, muß mindestens 6 Jahre betragen; der Lauf dieser Frist beginnt, falls gegen die Entscheidung des Gerichts der Urteilsstaates ein Rechtsbehelf an ein höheres Gericht nicht eingelegt worden ist, mit dem Zeitpunkt, in dem die Entscheidung ergangen ist, und, falls ein Rechtsbehelf eingelegt worden ist, mit dem Zeitpunkt, in dem das höchste Gericht die Entscheidung erlassen hat.

III *(betr Verzinsung)*

IV Ist eine Entscheidung von einem Gericht in dem Hoheitsgebiet Ihrer Majestät der Königin nach Artikel 6 registriert oder ist sie nach Artikel 7 für vollstreckbar erklärt, so ist sie vom Tage der Registrierung oder Vollstreckbarerklärung an in dem Vollstreckungsstaat hinsichtlich der Zwangsvollstreckung in jeder Beziehung so zu behandeln, wie wenn sie das Gericht des Vollstreckungsstaates selbst erlassen hätte.

V *(betr Umrechnung einer Geldforderung)*

**Bem.** Ist eine britische Entscheidung rechtskräftig für vollstreckbar erklärt, so findet die Zwangsvollstreckung nach der deutschen VerfOrdnung statt, § 6 AusfG; das gleiche gilt im umgekehrten Fall, IV. **Zu I:** Die Regelung stellt klar, daß eine Versagung der Registrierung oder Vollstreckbarerklärung nur aus den dort genannten Gründen erfolgen darf. Vorliegen müssen die allgemeinen Prozeßvoraussetzungen, zB die Prozeßführungsbefugnis für das Antragsverfahren, Hbg RIW 96, 863. **Zu III:** Nach englischem Recht wird die Zinspflicht im Urteil selbst nicht ausgesprochen, sondern es wird auf Antrag darüber eine besondere Bescheinigung ausgestellt, vgl dazu Hbg RIW 92, 940, LG Hbg RIW 76, 42. **Zu IV:** Vorläufige Vollstreckbarkeit der Vollstreckbarerklärung genügt, § 6 AusfG. **Zu V:** Maßgebend für die Umrechnung sind die Währungs- und Devisenvorschriften des Vollstreckungsstaates.

## Unterzeichnungsprotokoll

Bei der Unterzeichnung des Abkommens über die gegenseitige Anerkennung und Vollstrekkung von gerichtlichen Entscheidungen in Zivil- und Handelssachen vom heutigen Tage zwischen dem Präsidenten der Bundesrepublik Deutschland und Ihrer Majestät der Königin des Vereinigten Königreichs Großbritannien und Nordirland und ihrer anderen Reiche und Gebiete, Haupt des Commonwealth, erklären die hierzu gehörig bevollmächtigten Unterzeichneten, sie seien dahin übereingekommen, daß durch dieses Abkommen in den besonderen Fällen des § 328 Absatz 1 Nr. 3 der deutschen Zivilprozeßordnung ein Gericht oder eine Behörde im Hoheitsgebiet der Bundesrepublik Deutschland nicht daran gehindert wird, die Anerkennung oder Vollstreckung einer Entscheidung, die gegen einen Deutschen ergangen ist, zu versagen, wenn sie zum Nachteil des Deutschen nicht auf den Gesetzen beruht, die nach deutschem internationalem Privatrecht anzuwenden gewesen wären, in Ansehung:

a) der Eingehung einer Ehe, wenn einer der Verlobten Deutscher ist (Artikel 13 Absatz 1 des Einführungsgesetzes zum Bürgerlichen Gesetzbuch) oder wenn das Heimatrecht eines Verlobten auf das deutsche Recht verweist (Artikel 27 des Einführungsgesetzes zum Bürgerlichen Gesetzbuch);
b) der Form einer Ehe, die in der Bundesrepublik Deutschland geschlossen ist (Artikel 13 Absatz 3 des Einführungsgesetzes zum Bürgerlichen Gesetzbuch);
c) der Ehescheidung (Artikel 17 des Einführungsgesetzes zum Bürgerlichen Gesetzbuch);
d) der ehelichen Abstammung eines Kindes (Artikel 18 des Einführungsgesetzes zum Bürgerlichen Gesetzbuch);
e) der Legitimation eines unehelichen Kindes (Artikel 22 des Einführungsgesetzes zum Bürgerlichen Gesetzbuch);
f) der Annahme an Kindes Statt (Artikel 22 des Einführungsgesetzes zum Bürgerlichen Gesetzbuch).

Das gleiche gilt für die Anerkennung oder Vollstreckung einer Entscheidung, wenn in ihr die erneute Eheschließung der deutschen oder ehemals deutschen Ehefrau eines für tot erklärten Ausländers deshalb nicht als gültig betrachtet wird, weil die in der Bundesrepublik Deutschland erfolgte Todeserklärung nicht anerkannt wird (§ 12 Abs. 3 des Verschollenheitsgesetzes vom 15. Januar 1951 in Verbindung mit Artikel 13 Abs. 2 des Einführungsgesetzes zum Bürgerlichen Gesetzbuch).

**Bem.** Die Regelung enthält eine Einschränkung des Art 3 III zugunsten deutscher Staatsangehöriger. An die Stelle der in a) bis f) genannten Bestimmungen traten die entspr Regelungen des IPRG (Übergangsrecht: Art 220 EGBGB).

# AnerkVollstrAbk

### Ausführungsgesetz vom 28. März 1961, BGBl III 319-14

**Schrifttum:** *BBGS* 703; *Geimer/Schütze* Bd II C 2.

Das AusfG, dessen §§ 2 u 4 II durch Art 2 § 7 SchiedsVfG v 22. 12. 97, BGBl 3224, mWv 1. 1. 98 geändert worden sind, ist in der 45. Aufl auszugsweise abgedruckt. Nach seinem § 1 ist für die Vollstreckbarerklärung, Art 7 Abk, das Landgericht zuständig, in dessen Bezirk der Schuldner seinen gewöhnlichen Aufenthalt hat oder sich Vermögen des Schuldners befindet; für das Verf gelten nach § 2 die §§ 1063 I und 1064 II ZPO entspr. Wenn die Vollstreckung von einer Sicherheitsleistung oder dergleichen abhängt, greift § 3 ein. Die Geltendmachung von Einwendungen, die erst nach der zu vollstreckenden Entscheidung entstanden sind (vgl Art 8 Abk), regelt § 4, das Verf hat gegebener oder noch möglicher Einlegung von Rechtsmitteln gegen die Entscheidung, Art 3 II Abk, ergibt sich aus § 5. Nach § 6 findet die Zwangsvollstreckung statt, sofern die Entscheidung über die Vollstreckbarkeit rechtskräftig oder für vorläufig vollstreckbar erklärt worden ist, vgl Art 9 IV Abk. Näheres über die Aufhebung bzw Änderung der Vollstreckbarerklärung bei nachträglicher Aufhebung der Entscheidung, Art 8 Abk, ergibt sich aus § 7. Besondere Vorschriften über deutsche Versäumnisentscheidungen, Art 6 II Abk, enthält § 9.

### 6. Der deutsch-griechische Vertrag über die gegenseitige Anerkennung und Vollstreckung von gerichtlichen Entscheidungen, Vergleichen und öffentlichen Urkunden in Zivil- und Handelssachen vom 4. 11. 61, BGBl 63 II 109

**Schrifttum:** *MüKoGo* Schlußanh 5b; *BBGS* 620; *Nagel/Gottwald*, Internationales Zivilprozeßrecht, 4. Aufl 1997, § 13 V 3; *StJSchl* Rdz 56 vor § 1044 (betr Schiedsgerichtsbarkeit); *SchwW* 59 Rdz 26–28; *Pouliadis*, Die Bedeutung des ... Vertrages ... für die Anerk u Vollstr deutscher Entscheidungen in der griechischen Praxis, IPrax 85, 357; *Yession-Faltsi*, Die Anerkennung u Vollstreckung deutscher Gerichtsurteile in Griechenland aus der Sicht eines griechischen Juristen, ZZP 96, 67; *Schlösser* NJW 64, 485; *Ganske* AWD 62, 194.

1   Der Vertrag wird **durch das EuGVÜ** nach Maßgabe von dessen Art 55 **ersetzt**, vgl Üb 3 Schlußanh V C; er **behält seine Wirksamkeit** für die Rechtsgebiete, auf die sich das EuGVÜ nicht bezieht, Art 56 iVm Art 1. Er ähnelt sehr den österr und belg Abk, oben Nr 3 u 4 (zT wörtlich). Anerkannt werden alle in Zivil- und Handelssachen ergangenen Entscheidungen der Gerichte, gleichgültig, wie sie benannt sind, durch die in einem Verfahren der streitigen oder freiwilligen Gerichtsbarkeit endgültig erkannt worden ist, auch wenn sie noch nicht rechtskräftig sind, desgleichen die Entscheidungen in einem strafrechtlichen Adhäsionsverfahren auf diesen Gebieten, **Art 1** (vgl LG Athen DAVorm 84, 734 zur Anerkennung eines Beschlusses auf Kindesherausgabe). Nicht anwendbar ist es auf Entscheidungen in Konkurs- und Vergleichsverfahren und auf Arreste und einstwVfgen u AnOen, sofern diese beiden letzteren nicht auf Unterhalts- oder andere Geldleistungen gehen, Art 17 (entspricht Art 1 I belg Abk); als Verstoß gegen die öff Ordnung wird insbesondere angesehen, wenn es sich um einen Anspruch handelt, über den im Entscheidungszeitpunkt in dem Staat, in dem Entscheidung geltend gemacht wird, zwischen denselben Parteien bereits endgültig entschieden war, **Art 3 Z 1**. Bei schwebendem Verfahren gibt Art 18 die Einrede der Rechtshängigkeit (Art 18 = Art 15 BelgAbk). Aus Gründen der Zuständigkeit findet die Versagung nur bei ausschließlicher Zuständigkeit des Anerkennungsstaates, Mü RR 97, 572, oder dann statt, wenn lediglich ein Gerichtsstand des Vermögens gegeben war, der Beklagte sich aber nicht oder nur hinsichtlich seines Vermögens im Urteilsstaat eingelassen u das vor Einlassung zur Hauptsache erklärt hat, **Art 3 Z 3 u 4**. Besonderes gilt in **Ehe- und Familienstandssachen**.

2   **Art 2 Abk** bestimmt:
> Die in Ehe- oder Familienstandssachen ergangenen Entscheidungen der Gerichte des einen Staates werden in dem anderen Staat anerkannt, wenn die Parteien Angehörige der Vertragsparteien sind und ihren gewöhnlichen Aufenthalt in dem Staate hatten, in dem die Entscheidung ergangen ist.

Der gewöhnliche Aufenthalt beider Ehegatten, Celle RR 93, 1413, bei Eintritt der Rechtshängigkeit genügt, Düss LS FamRZ 82, 486, zustm Henrich IPrax 83, 129, aM Ffm FamRZ 75, 693, offen gelassen BGH NJW 84, 1306. Art 2 I wird durch Art 4 II eingeschränkt; denn während sonst die Anerkennung nicht versagt werden darf, wenn nach den Regeln des Anerkennungsstaates anderes Recht, als in der Entscheidung geschehen, anzuwenden wäre, Art 4 I, sagt **Art 4 II**:

3   Die Anerkennung darf jedoch aus dem in Absatz 1 genannten Grunde versagt werden, wenn die Entscheidung auf der Beurteilung eines familienrechtlichen oder eines erbrechtlichen Verhältnisses, der Rechts- oder Handlungsfähigkeit, der gesetzlichen Vertretung oder der Verschollenheits- oder Todeserklärung eines Angehörigen des Staates beruht, in dem die Entscheidung geltend gemacht wird, es sei denn, daß sie auch bei Anwendung des internationalen Privatrechts des Staates, in dem sie geltend gemacht wird, gerechtfertigt wäre.

4   Nur hinsichtlich dieser beiden Bestimmungen kommt es auf die Staatsangehörigkeit an, worauf Art 20 noch besonders hinweist. Die Bestimmungen des Vertrages stellen aber keine abschließende Regelung dar und stehen einer Anerkennung nach den jeweiligen innerstaatlichen Vorschriften nicht im Wege, Art 22, vgl BGH NJW 84, 1306, Ffm FamRZ 97, 96.

5   Die Vollstreckung aus rechtskräftigen oder vorläufig vollstreckbaren Entscheidungen, soweit sie anzuerkennen sind, findet nach Vollstreckbarerklärung im Vollstreckungsstaat statt, Art 6. Über die Durchführung der Vollstreckung richten sich nach der lex fori, Art 7. Geprüft wird lediglich, ob die Urkunden des Art 9 (entspricht Art 9 belgAbk) beigebracht sind und etwa ein Versagungsgrund des Art 3 vorliegt, keinesfalls aber in anderer Weise, Art 10. Handelt es sich um die Vollstreckung einer noch nicht rechtskräftigen

Entscheidung, ist Aussetzung oder Fristsetzung zur Einlegung des Rechtsbehelfs vorgesehen, Art 10 II (entspricht 10 II belgAbk), auch kann die Entscheidung über die Vollstreckbarerklärung bei Nachweis des Schuldners, daß die Voraussetzungen hierfür vorliegen, eingestellt werden, Art 10 III (entspricht Art 10 III belg Abk). Möglich ist auch eine Vollstreckung zum Teil, Art 11. Gerichtliche Vergleiche stehen den gerichtlichen Entscheidungen gleich, Art 13, desgleichen vollstreckbare öff Urkunden; dazu gehören insbesondere gerichtliche oder notarielle Urkunden und die in Unterhaltssachen von einer VerwBehörde (Jugendamt) aufgenommenen Verpflichtungserklärungen und Vergleiche. Bei der Vollstreckbarkeit im Vollstreckungsstaat werden lediglich die ordnungsmäßige Erteilung der Ausfertigung entsprechend dem Recht des Errichtungsstaates und Gesichtspunkte der öff Ordnung geprüft, Art 15 (entspricht Art 14 belg Abk). Für Schiedssprüche und Schiedsvergleiche gelten die Abk, die jeweils zwischen den beiden Vertragsstaaten in Kraft sind, Art 14, so daß insoweit das UN-ÜbkSchdG, Schlußanh VI A 1, maßgeblich ist (keine Vollstr aus Anwaltsvergleichen, § 1044 b ZPO, Geimer DNotZ **91**, 285).

Durch den Vertrag werden sonstige Abk ähnlicher Art nicht berührt, Art 19, zB der Vertrag v 11. 5. 38, **6** Einl IV Anm 3 A b vor § 1. Entsprechend dieser Ähnlichkeit der Abk gleicht auch das **AusfG** v 5. 2. 63, BGBl III 319-16, dem zum belgischen erlassenen, dessen §§ 2 u 4 III durch Art 2 § 9 SchiedsVfG v 22. 12. 97, BGBl 3224, mWv 1. 1. 98 geändert worden sind (§ 2 entspr im wesentlichen Art 2 AVO zum dt-schweiz Abk, Schlußanh V B 1, s dort).

## 7. Der deutsch-niederländische Vertrag über die gegenseitige Anerkennung und Vollstreckung gerichtlicher Entscheidungen und anderer Schuldtitel in Zivil- und Handelssachen vom 30. 8. 62, BGBl 65 II 27

**Schrifttum:** *MüKoGo* Schlußanh 5 f; *BBGS* 640; *Nagel/Gottwald*, Internationales Zivilprozeßrecht, 4. Aufl 1997, § 13 V 6; *StJSchl* Rdz 56 vor § 1044 (betr Schiedsgerichtsbarkeit); *Ganske* AWD **64**, 348; *Gotzen* AWD **67**, 136 u **69**, 54.

Der Vertrag ähnelt besonders dem dt-belg Abk, oben V B 4 (räumlicher Geltungsbereich: Art 21, 22). **1** Der Vertrag wird **durch das EuGVÜ** nach Maßgabe von dessen Art 55 **ersetzt**, vgl Schlußanh V C; er **behält seine Wirksamkeit** für die Rechtsgebiete, auf die sich das EuGVÜ nicht bezieht, Art 56 iVm Art 1. Der erste Teil hat die **Anerkennung gerichtlicher Entscheidungen in Zivil- u Handelssachen der streitigen und freiwilligen Gerichtsbarkeit** zum Gegenstand, auch wenn sie noch nicht rechtskräftig sind, Art 1 I. Unter den Vertrag fallen alle Entscheidungen ohne Rücksicht auf ihre Benennung, also Urteile, Beschlüsse, Vollstreckungsbescheide, Arreste und einstwVfgen sowie ihre niederländischen Gegenstücke, ferner Entscheidungen, durch die die Kosten des Prozesses später festgesetzt werden, Art 1 II. Nicht unter den Vertrag fallen Schiedssprüche (nach Art 17 ist das UN-ÜbkSchdG, Schlußanh VI A 1, anwendbar, BGH WM **91**, 576), ferner Urteile der Strafgerichte über Ansprüche aus einem Rechtsverhältnis des Zivil- oder Handelsrechtes, §§ 403 ff StPO, Entscheidungen in Ehe- oder anderen Familienstandssachen, Entscheidungen in Konkurs- u Vergleichssachen sowie solche im Zahlungsaufschubverf, Art 1 III. Art 2 und 3 (Versagung der Anerkennung) sowie 4 (Anerkennung der Zuständigkeit) entsprechen Art 2, 3 dt-belg Vertrag, hier mit der Abweichung, daß der dt-niederl Vertrag den Gerichtsstand der Erfüllung nicht und der der unerlaubten Hdlung nur insofern enthält, als hier lediglich der des Verkehrsunfalls und des Schiffszusammenstoßes anerkannt wird; anerkannt wird auch die Zuständigkeit der Gerichte des anderen Staates, wenn dort über einen Schadensersatz- oder Herausgabeanspruch entschieden worden ist, der auf Grund einer Entscheidung, die dann aufgehoben oder geändert worden ist, entstanden war. Der Umfang der Nachprüfung ist der gleiche wie im dt-belg Abk, Art 5 (gleichlautend). Der 2. Teil, der die **Vollstreckung gerichtlicher 2 Entscheidungen** behandelt, enthält als Besonderheit:

*Art. 7.* **Soweit die Entscheidung eines niederländischen Gerichts eine Verurteilung des Schuldners zur Zahlung einer Zwangssumme an den Gläubiger für den Fall enthält, daß der Schuldner der Verpflichtung, eine Handlung vorzunehmen oder zu unterlassen, zuwiderhandelt, wird in der Bundesrepublik Deutschland die Vollstreckungsklausel erst erteilt, wenn die verwirkte Zwangssumme durch eine weitere Entscheidung des niederländischen Gerichts festgesetzt ist.**

Im übrigen gleichen sich die VollstrBestimmungen beider Verträge. Der dt-niederl hebt noch hervor, daß die ZwV erst nach Zustellung der mit der VollstrKlausel versehenen Entscheidung beginnen darf, wobei sich die Zustellung nach dem Recht des VollstrStaates richtet, Art 13, das auch über das Verfahren bei Einwendungen entscheidet, Art 14 II. An Einwendungen stehen nur zur Verfügung, daß die VollstrKlausel nicht habe erteilt werden dürfen, daß ein Versagungsgrund vorliege, weil dem Beklagten die Ladung oder die das Verfahren einleitende Verfügung nicht oder nicht so zeitig, daß er sich habe verteidigen können, nach dem Recht des Entscheidungsstaates zugestellt worden sei, schließlich Einwendungen, die erst nach Erlaß der gerichtlichen Entscheidung entstanden sind, Art 14. Die Prozeßkostenhilfe des einen Landes wirkt auch für das andere, Art 15. Ausdrücklich festgestellt ist, daß die Anerkennung und Vollstreckung von Schiedssprüchen sich nach den zwischen beiden Staaten geltenden Verträgen richtet, Art 17, dh also nach dem UN-ÜbkSchdG, Schlußanh VI A 1. Wie rechtskräftige gerichtliche Entsch werden vollstreckt gerichtliche Vergleiche, andere öff Urkunden, insbesondere gerichtliche und notarielle, sowie Verpflichtungserklärungen u Vergleiche in Unterhaltssachen, die von einer VerwBehörde aufgenommen sind, Eintragungen in die Konkurstabelle und gerichtlich bestätigte Vergleiche in einem Konkurs-, Vergleichs- oder einem Verfahren des Zahlungsaufschubs, Art 16 I. Die Einrede der Rechtshängigkeit, Art 18, ist wie nach dem dt-belg Abk möglich. Wenn die Entscheidung eines Staates im anderen auch nur in ganz beschränktem Umfange nachgeprüft werden kann, Art 5, so kann das doch nur aus näher begründeten Gründen geschehen, so daß §§ 17–19 des dt AusfG (gleichlautend mit §§ 8–10 AusfG dt-belg Abk) für diesen Fall Urteile in abgekürzter Form, § 313 b ZPO, verbieten und ihre Vervollständigung, falls es sich um frühere Entscheidungen handelt, anordnen, desgleichen eine Begründung für Arrestbefehle, einstwAnOen oder Vfgen, ferner daß Vollstreckungsbescheide, Arrestbefehle u einstw Vfgen auch dann mit der VollstrKlausel für eine Vollstreckung in den Niederlanden zu versehen sind, wenn sie nach deutschem Recht entbehrlich wäre.

3   Zu dem Vertrag ist das **Ausführungsgesetz** v 15. 1. 65, BGBl I 17, ergangen (§§ 17, 18 u 20 redaktionell geändert durch Art 7 Z 16 VereinfNov). Zu § 3 II (Klauselerteilung ohne Anhörung) Celle IPRspr **77** Nr 512.

## 8. Der deutsch-tunesische Vertrag über Rechtsschutz und Rechtshilfe, die Anerkennung und Vollstreckung gerichtlicher Entscheidungen in Zivil- und Handelssachen sowie über die Handelsschiedsgerichtsbarkeit vom 19. 7. 66, BGBl 69 II 889

**Schrifttum:** *MüKoGo* Schlußanh 5 l; *BBGS* 670; *Nagel/Gottwald*, Internationales Zivilprozeßrecht, 4. Aufl 1997, § 13 V 11; *StJSchl* Rdz 58 vor § 1044 (betr Schiedsgerichtsbarkeit); *SchwW* 59 Rdz 29–35; *Arnold* NJW **70**, 1478; *Ganske* AWD **70**, 145.

1   1) Der Vertrag ist die erste umfassende Übereinkunft der BRep mit einem außereuropäischen Staat. Er enthält Vorschriften über den Rechtsschutz in Zivil- und Handelssachen, Art 1–7, die Rechtshilfe in diesen Angelegenheiten, Art 8–26, und die Anerkennung und Vollstreckung gerichtlicher Entscheidungen, Art 27– 46, sowie Bestimmungen über Schiedsvereinbarungen und Schiedssprüchen in Handelssachen, Art 47–53.

Nach Art 27 werden in Zivil- und Handelssachen alle rechtskräftigen Entscheidungen der Gerichte in Verfahren der streitigen und der freiwilligen Gerichtsbarkeit (also auch Arbeitsgerichtsbarkeit) ohne Rücksicht auf ihre Benennung anerkannt; als gerichtliche Entscheidungen gelten auch Kostenfestsetzungsbeschlüsse. Nicht anerkannt werden Arreste und einstw Verfügungen, Schütze WertpMitt **80**, 1442; dagegen werden einstw Anordnungen, wenn sie auf eine Geldleistung lauten, anerkannt, auch wenn sie noch nicht rechtskräftig sind, Art 27 IV. Entscheidungen in Ehe- und Unterhaltssachen fallen ebenso unter den Vertrag, Art 28, weiterhin Prozeßvergleiche und öff Urkunden, Art 42, 43. **Nicht anwendbar** ist er auf Entscheidungen in Konkurs- und Vergleichsverfahren sowie in Angelegenheiten der sozialen Sicherheit, Art 28.

2   Die **Anerkennung** einer gerichtlichen Entscheidung darf nur versagt werden, Art 29, bei fehlender Zuständigkeit iSv Art 31, 32 (I Z 1), bei Verletzung des ordre public des Anerkennungsstaates (I Z 2), bei Erwirkung der Entscheidung durch betrügerische Machenschaften (I Z 3), bei vorangehender Rechtshängigkeit im Anerkennungsstaat (I Z 4) oder bei Unvereinbarkeit mit einer im Anerkennungsstaat ergangenen rechtskräftigen Entscheidung (I Z 5), ferner im Falle der Nichteinlassung bei nicht ordnungsgemäßer oder nicht rechtzeitiger Zustellung der Klage usw, II, bei Kostenentscheidungen gegen den Kläger nur im Falle der Verletzung des ordre public, III. Wegen Versagung der Anerkennung im Hinblick auf die Anwendung anderer Gesetze, als sie nach dem IPR des Anerkennungsstaates anzuwenden gewesen wären, in bestimmten Angelegenheiten, vgl Art 30.

Die Vorschriften über die Anerkennung und Vollstreckung gelten nach Art 28 I in Ehe- und Familienstandssachen nur für Entscheidungen in Ehe- oder Unterhaltssachen. Nach Art 29 I Z 1 setzt die Anerkennung voraus, daß für das Gericht des Entscheidungsstaates eine Zuständigkeit iSv Art 31 oder 32 bestand. Eine **Sondervorschrift für Ehesachen** enthält **Art 32** (dazu Jayme IPrax **81**, 10 u **84**, 101):

3   ᴵ In Ehesachen sind die Gerichte des Entscheidungsstaates im Sinne dieses Titels zuständig, wenn beide Ehegatten nicht die Staatsangehörigkeit des Anerkennungsstaates besitzen; gehören beide Ehegatten einem dritten Staate an, so wird die Zuständigkeit der Gerichte des Entscheidungsstaates nicht anerkannt, wenn die Entscheidung nicht in dem dritten Staate anerkannt würde.

ᴵᴵ Besaß auch nur einer der beiden Ehegatten die Staatsangehörigkeit des Anerkennungsstaates, so sind die Gerichte des Entscheidungsstaates im Sinne dieses Titels zuständig, wenn der Beklagte zur Zeit der Einleitung des Verfahrens seinen gewöhnlichen Aufenthalt im Entscheidungsstaat hatte oder wenn die Ehegatten ihren letzten gemeinsamen gewöhnlichen Aufenthalt im Entscheidungsstaat hatten und einer der Ehegatten zur Zeit der Einleitung des Verfahrens sich im Entscheidungsstaat aufhielt.

Für die Anerkennung ist Art 30 II zu beachten; danach darf sie versagt werden, wenn das Gericht nach den Regeln seines IPR andere Gesetze angewendet hat, als sie nach dem IPR des Anerkennungsstaates anzuwenden gewesen wären, es sei denn, daß die Entscheidung auch bei Anwendung dieses IPR gerechtfertigt gewesen wäre.

4   Das Verfahren der **Vollstreckbarkeitserklärung** gerichtlicher Entscheidungen ist in den Art 34–41 geregelt (mit Sondervorschriften für gerichtliche Vergleiche und öff Urkunden in den Art 42 u 43).

5   Mit der **Anerkennung von Schiedsvereinbarungen und der Anerkennung und Vollstreckung von Schiedssprüchen** befassen sich die Art 47–53. Diese Bestimmungen gelten nur für Schiedsgerichtsverfahren in Handelssachen, Art 47 III Z 1, hier aber auch für tunesische Unternehmen, an denen der Staat beteiligt ist, Z 5 des Zusatzprotokolls:

*Art. 47.* ᴵ Jeder der beiden Staaten erkennt eine schriftliche Vereinbarung an, durch die sich die Parteien verpflichten, einem schiedsrichterlichen Verfahren alle oder einzelne Streitigkeiten zu unterwerfen, die zwischen ihnen aus einem bestimmten Rechtsverhältnis bereits entstanden sind oder etwa künftig entstehen werden, und zwar ohne Rücksicht darauf, ob das Rechtsverhältnis vertraglicher oder nichtvertraglicher Art ist.

ᴵᴵ Unter einer schriftlichen Vereinbarung im Sinne des vorstehenden Absatzes ist eine Schiedsabrede oder eine Schiedsklausel zu verstehen, sofern die Abrede oder die Klausel von den Parteien unterzeichnet oder in Briefen, Telegrammen oder Fernschreiben, welche die Parteien gewechselt haben, oder in einer Niederschrift des Schiedsgerichts enthalten ist.

III Die Schiedsvereinbarung ist nur anzuerkennen:
1. wenn das Rechtsverhältnis, aus dem die Streitigkeit entsteht, nach dem Recht des Anerkennungsstaates als Handelssache anzusehen ist;
2. wenn die Vereinbarung zwischen Personen getroffen worden ist, von denen bei Abschluß der Vereinbarung die eine Partei ihren Wohnsitz oder gewöhnlichen Aufenthalt oder, falls es sich um eine juristische Person oder eine Gesellschaft handelt, ihren Sitz oder ihre Hauptniederlassung in dem einen Staat und die andere Partei in dem anderen Staat hatte;
3. wenn die Streitigkeit nach dem Recht des Anerkennungsstaates auf schiedsrichterlichem Wege geregelt werden kann.

*Art. 48.* In schiedsrichterlichen Verfahren, die auf einer Vereinbarung im Sinne des Artikels 47 beruhen, können Angehörige eines der beiden Staaten oder eines dritten Staates zu Schiedsrichtern bestellt werden.

*Art. 49.* I Den Parteien einer Schiedsvereinbarung steht es frei zu bestimmen:
1. daß der oder die Schiedsrichter einer Liste zu entnehmen sind, die eine von den Parteien namentlich zu bezeichnende internationale Organisation für die Schiedsgerichtsbarkeit führt;
2. daß jede Partei einen Schiedsrichter ernennt und die beiden Schiedsrichter ihrerseits einen dritten Schiedsrichter ernennen; der dritte Schiedsrichter muß entweder in der Schiedsvereinbarung bestimmt oder auf Grund der Schiedsvereinbarung bestimmbar sein, insbesondere durch Angaben über seine Fähigkeiten, sein Fachgebiet, seinen Wohnsitz oder seine Staatsangehörigkeit.

II Den Parteien steht es ferner frei:
1. den Ort festzulegen, an dem das schiedsrichterliche Verfahren durchgeführt werden soll;
2. die Verfahrensregeln zu bestimmen, die von dem oder den Schiedsrichtern eingehalten werden sollen;
3. vorbehaltlich zwingender Rechtsvorschriften das Recht zu bestimmen, das die Schiedsrichter in der Sache anwenden sollen.

*Art. 50.* Wird ein Gericht eines der beiden Staaten wegen einer Streitigkeit angerufen, hinsichtlich deren die Parteien eine Vereinbarung im Sinne des Artikels 47 getroffen haben, so hat das Gericht die Parteien auf Antrag einer von ihnen auf das schiedsrichterliche Verfahren zu verweisen, sofern es nicht feststellt, daß die Vereinbarung hinfällig, unwirksam oder nicht erfüllbar ist.

*Art. 51.* Schiedssprüche, die auf Grund einer nach Artikel 47 anzuerkennenden Schiedsvereinbarung ergangen sind, werden in jedem der beiden Staaten anerkannt und vollstreckt.

*Art. 52.* I Die Anerkennung oder Vollstreckung des Schiedsspruchs darf nur versagt werden:
1. wenn die Anerkennung oder Vollstreckung des Schiedsspruchs der öffentlichen Ordnung des Anerkennungsstaates widerspricht;
2. wenn die Streitigkeit nach dem Recht des Anerkennungsstaates nicht auf schiedsrichterlichem Wege geregelt werden kann;
3. wenn eine gültige Schiedsvereinbarung nicht vorliegt; dieser Versagungsgrund ist jedoch nicht zu berücksichtigen, wenn die Partei, die sich auf ihn beruft, ihn während der Dauer des Schiedsverfahrens, auf das sie sich eingelassen hat, zwar gekannt, aber nicht geltend gemacht hat oder wenn ein Gericht des Staates, in dessen Hoheitsgebiet oder nach dessen Recht der Schiedsspruch ergangen ist, eine auf diesen Grund gestützte Aufhebungsklage abgewiesen hat;
4. wenn der Schiedsspruch durch betrügerische Machenschaften erwirkt worden ist;
5. wenn der Partei, gegen die der Schiedsspruch geltend gemacht wird, das rechtliche Gehör nicht gewährt wurde.

II Vergleiche, die vor einem Schiedsgericht geschlossen worden sind, stehen Schiedssprüchen gleich.

*Art. 53.* Das Verfahren und die Wirkungen der Vollstreckbarerklärung richten sich nach den Artikeln 35 ff.

2) Da beide Staaten dem UN-ÜbkSchdG, Schlußanh VI A 2, beigetreten sind, gilt die Meistbegünstigungsklausel in dessen Art VII, SchwW 59 Rdz 29. Zu den Versagungsgründen in beiden Abk vgl SchwW 59 Rdz 31. Zu dem Vertrag ist das **Ausführungsgesetz v 29. 4. 69, BGBl 333**, ergangen, dessen §§ 5 u 7 III durch Art 2 § 10 SchiedsVfG v 22. 12. 97, BGBl 3224, mWv 1. 1. 98 geändert worden sind. Das AusfG enthält in seinem Dritten Abschnitt (§§ 5–15) Bestimmungen über die Vollstreckung gerichtlicher Entscheidungen und anderer Schuldtitel. Danach gelten §§ 1063 I u 1064 II ZPO entsprechend, § 5 I, jedoch beträgt die Beschwerdefrist abweichend hiervon einen Monat, § 5 IV 1, die Rechtsbeschwerde an den BGH ist entspr § 1065 ZPO statthaft, § 5 IV 2. Sondervorschriften enthalten §§ 6–10. Ferner gelten für deutsche gerichtliche Entscheidungen Besonderheiten, nämlich für die Festsetzung von Gerichtskosten, § 11, die Form von Anerkenntnis- und Versäumnisurteilen, §§ 12 u 13, und von einstwAnOen und einstwVfgen, § 14, sowie für die Vollstreckungsklausel bei diesen, § 15.

# AnerkVollstrAbk

## 9. Der deutsch-israelische Vertrag über die gegenseitige Anerkennung und Vollstreckung gerichtlicher Entscheidungen in Zivil- und Handelssachen vom 20. 7. 77, BGBl 80 II 926

**Material:** Denkschrift BT-Drs 8/3866.

**Schrifttum:** *MüKoGo* Schlußanh 5 d; *BBGS* 625; *Nagel/Gottwald*, Internationales Zivilprozeßrecht, 4. Aufl 1997, § 13 V 4; *Siehr* RIW **88**, 909 mwN u RabelsZ **86**, 586; *Roth* RIW **87**, 814; *Müller/Hök* JB **86**, 801 (betr Mahnverf); *Pirrung* IPrax **82**, 130.

1) Der Vertrag, der am 1. 1. 81 in Kraft getreten ist (Bek v 19. 12. 80, BGBl II 2354), regelt die **Anerkennung und Vollstreckung gerichtlicher Entscheidungen** (aller Art) der streitigen und der freiwilligen Gerichtsbarkeit einschließlich der gerichtlichen Vergleiche, Art 2, und der Entscheidungen religiöser Gerichte, Siehr RabelsZ **86**, 592, in Zivil- und Handelssachen. Er ist nicht anzuwenden auf die in Art 4 I genannten Entscheidungen, jedoch ungeachtet dieser Vorschriften auf alle Entscheidungen, die Unterhaltspflichten zum Gegenstand haben, Art 4 II; für deren Zulassung zur Zwangsvollstreckung gilt Art 20. Zeitlich gilt der Vertrag nur für Titel, die nach seinem Inkrafttreten errichtet worden sind und Sachverhalte zum Gegenstand haben, die nach dem 1. 1. 66 entstanden sind, Art 26. Für Schiedssprüche gelten weiterhin die bestehenden multilateralen Übk, die auch sonst durch den Vertrag nicht berührt werden, Art 25. Unberührt bleibt auch Art 24 des dt-israelischen Abk über soziale Sicherheit v 17. 12. 73, BGBl 75 II 246, 443.

2 *Art. 1.* In Zivil- und Handelssachen werden Entscheidungen der Gerichte in einem Vertragsstaat im anderen Vertragsstaat unter den in diesem Vertrag vorgesehenen Bedingungen anerkannt und vollstreckt.

*Art. 2.* ¹Unter Entscheidungen im Sinne dieses Vertrages sind alle gerichtlichen Entscheidungen ohne Rücksicht auf ihre Benennung (Urteile, Beschlüsse, Vollstreckungsbefehle) und ohne Rücksicht darauf zu verstehen, ob sie in einem Verfahren der streitigen oder der freiwilligen Gerichtsbarkeit ergangen sind; hierzu zählen auch die gerichtlichen Vergleiche. ²Ausgenommen sind jedoch diejenigen Entscheidungen der freiwilligen Gerichtsbarkeit, die in einem einseitigen Verfahren erlassen sind.

II Gerichtliche Entscheidungen sind insbesondere auch

1. die Beschlüsse eines Rechtspflegers, durch die der Betrag des für ein Kind zu leistenden Unterhalts festgesetzt wird, die Beschlüsse eines Urkundsbeamten oder eines Rechtspflegers, durch die der Betrag der Kosten des Verfahrens später festgesetzt wird, und Vollstreckungsbefehle;
2. Entscheidungen des Registrars im Versäumnisverfahren, im Urkundenprozeß, in Kostensachen und in arbeitsrechtlichen Angelegenheiten.

*Art. 4.* ¹Die Bestimmungen dieses Vertrages finden keine Anwendung:

1. auf Entscheidungen in Ehesachen oder anderen Familienstandssachen und auf Entscheidungen, die den Personenstand oder die Handlungsfähigkeit von Personen zum Gegenstand haben, sowie auf Entscheidungen in Angelegenheiten des ehelichen Güterrechts;
2. auf Entscheidungen auf dem Gebiet des Erbrechts;
3. auf Entscheidungen, die in einem gerichtlichen Strafverfahren über Ansprüche aus einem Rechtsverhältnis des Zivil- und Handelsrechts ergangen sind;
4. auf Entscheidungen, die in einem Konkursverfahren, einem Vergleichsverfahren zur Abwendung des Konkurses oder einem entsprechenden Verfahren ergangen sind, einschließlich der Entscheidungen, durch die für ein solches Verfahren über die Wirksamkeit von Rechtshandlungen gegenüber den Gläubigern erkannt wird;
5. auf Entscheidungen in Angelegenheiten der sozialen Sicherheit;
6. auf Entscheidungen in Atomhaftungssachen;
7. auf einstweilige Verfügungen oder Anordnungen und auf Arreste.

II Ungeachtet der Vorschriften des Absatzes 1 ist dieser Vertrag auf Entscheidungen anzuwenden, die Unterhaltspflichten zum Gegenstand haben.

Soweit der Vertrag nicht anwendbar ist, kommt eine Anerkennung (und Vollstr) nach innerdeutschem Recht, namentlich § 328 ZPO u Art 7 § 1 FamRÄndG, in Betracht, vgl Siehr RabelsZ **86**, 599. I ü bleiben multilaterale Übk unberührt, Art 25, dergleichen günstigere Regelungen des innerstaatlichen Rechts, Siehr RabelsZ **86**, 589.

Die Gründe, die nach dem Vertrag eine **Versagung der Anerkennung** rechtfertigen, ergeben sich aus den Art 5–7, Siehr RabelsZ **86**, 593 (eingehend); notwendig ist namentlich eine Zuständigkeit iSv Art 7 oder aufgrund einer Übk, dem beide Staaten angehören, Art 5 I Z 1; zur Zustellung der verfahrenseinleitenden Schriftstücks, Art 5 II, nach dem HZustlÜbk, Anh § 202 ZPO, vgl Köln IPrax **97**, 175 (krit Kondring IPrax **97**, 158). Ein besonderes Anerkennungsverfahren ist nicht nötig, aber möglich, Art 9. Die **Vollstreckung** ist in den Art 10–21 geregelt; für die Zulassung der Zwangsvollstreckung ist in der Bundesrepublik das LG zuständig, Art 14, und zwar ausschließlich, §§ 2 u 50 AVAG (Schlußanh V E), während Zulassungsanträge in Israel abw von Art 14 I Z 2 bei jedem zuständigen Gericht gestellt werden können, Bek v 21. 11. 89, BGBl 90 II 3.

Die Auswirkungen der **Rechtshängigkeit** sind besonders geregelt:

**Art. 22.** [I] Die Gerichte in dem einen Staat werden auf Antrag einer Prozeßpartei die Klage **3** zurückweisen oder, falls sie es für zweckmäßig erachten, das Verfahren aussetzen, wenn ein Verfahren zwischen denselben Parteien und wegen desselben Gegenstandes in dem anderen Staat bereits anhängig ist und in diesem Verfahren eine Entscheidung ergehen kann, die in ihrem Staat nach den Vorschriften dieses Vertrages anzuerkennen sein wird.

[II] Jedoch können in Eilfällen die Gerichte eines jeden Staates die in ihrem Recht vorgesehenen einstweiligen Maßnahmen, einschließlich solcher, die auf eine Sicherung gerichtet sind, anordnen, und zwar ohne Rücksicht darauf, welches Gericht mit der Hauptsache befaßt ist.

2) Zu dem Vertrag ist das **AusfG v 13. 8. 80, BGBl 1301**, ergangen. Es ist mWv 8. 6. 88 durch das AVAG, abgedruckt und erläutert im Schlußanh V D, ersetzt worden, § 58 I AVAG. Dieses Gesetz enthält in den §§ 50–55 Sondervorschriften für die Ausführung des dt-israel Vertrages. Das AusfG v 13. 8. 80 ist in VollstrVerf, die am 8. 6. 88 anhängig waren, weiterhin anzuwenden, § 58 II AVAG. Dazu s 46. Aufl.

### 10. Der deutsch-norwegische Vertrag über die gegenseitige Anerkennung und Vollstreckung gerichtlicher Entscheidungen und anderer Schuldtitel in Zivil- und Handelssachen vom 17. 6. 77, BGBl 81 II 342

**Vorbem.** Mit Wirkung vom 1. 3. 95 ist der Vertrag **durch das LuganoÜbk** nach Maßgabe von dessen Art 54 **ersetzt** worden, Art 55 des Übk, s Schlußanh V D 1; er behält seine Wirksamkeit für die Rechtsgebiete, auf die sich das LuganoÜbk nicht bezieht, Art 56 iVm Art 1 des Übk.

**Schrifttum:** *MüKoGo* Schlußanh 5 g; *BBGS* 645; *Nagel/Gottwald*, Internationales Zivilprozeßrecht, 4. Aufl 1997, § 13 V 7; *Roth* RIW **87**, 814; *Pirrung* IPrax **82**, 130.

Der Vertrag, der am 3. 10. 81 zusammen mit dem AusfG in Kraft getreten ist (Bek v 8. 9. 81, BGBl 947), **1** regelt die **Anerkennung und Vollstreckung gerichtlicher Entscheidungen** (aller Art) der Zivilgerichte, durch die über Ansprüche aus einem Rechtsverhältnis des Zivil- oder Handelsrechts erkannt worden ist, Art 1 I u III; ihnen stehen Entscheidungen der Strafgerichte über Ansprüche des Verletzten aus einem solchen Rechtsverhältnis gleich, Art 1 II. Der Vertrag ist ferner auf bestimmte arbeitsrechtliche Streitigkeiten anzuwenden, Art 2. Nicht anwendbar ist er nach seinem Art 3 auf Entscheidungen in Ehe-, anderen Familien- und Personenstandssachen, über Haftung für Atomschäden, auf Entscheidungen in Konkurs- und Vergleichsverfahren sowie auf einstwVfgen, einstwAnOen und Arreste; der Vertrag ist auch nicht auf Unterhaltssachen anzuwenden, Art 4 I; hierfür gilt jetzt das Haager Übk v 2. 10. 73, oben V A 2, so daß die Regelung für die Unterhaltsansprüche von Kindern, die das 21. Lebensjahr vollendet haben, sowie von Ehegatten oder früheren Ehegatten, Art 4 II, nicht mehr anwendbar ist, *Rahm* VIII 271. Zeitlich gilt der Vertrag nur für Entscheidungen und andere Schuldtitel, die nach seinem Inkrafttreten entstanden sind, Art 24. Die Anerkennung und Vollstreckung von Schiedssprüchen bestimmt sich nach den zwischen beiden Staaten bestehenden Übk, Art 19.

Die Gründe, die eine **Versagung der Anerkennung** rechtfertigen, ergeben sich aus den Art 5–8, die Nachprüfung durch die Gerichte des anderen Staates regelt Art 9. Die **Vollstreckung** ist in den Art 10–17 geregelt (Art 18 betrifft Vergleiche). Für die Zulassung der Zwangsvollstreckung ist in der Bundesrepublik das LG zuständig, Art 13, und zwar ausschließlich, § 1 AusfG.

**Besondere Bestimmungen:** Art 20 beschränkt den Gerichtsstand des Vermögens, § 23 ZPO; Art 21 **2** regelt die Beachtung anhängiger Verfahren; Art 22 bestimmt, daß Übk für besondere Rechtsgebiete unberührt bleiben; Art 23 regelt die Anerkennung und Vollstreckung von Entscheidungen eines dritten Staates gegen Personen mit Wohnsitz bzw Niederlassung in einem der Vertragsstaaten.

Zu dem Vertrag ist das **AusfG v 10. 6. 81, BGBl 514**, ergangen. Dieses Gesetz ist mWv 8. 6. 88 durch **3** das **AVAG**, abgedruckt und erläutert im Schlußanh V E, ersetzt worden, § 58 I AVAG. Es enthält in den §§ 42–49 Sondervorschriften für die Ausführung des dt-norweg Vertrages. Das AusfG v 10. 6. 81 ist in VollstrVerf, die am 8. 6. 88 anhängig waren, weiterhin anzuwenden, § 58 II AVAG. Dazu s 46. Aufl.

### 11. Der deutsch-spanische Vertrag über die Anerkennung und Vollstreckung von gerichtlichen Entscheidungen und Vergleichen sowie vollstreckbaren öffentlichen Urkunden in Zivil- und Handelssachen vom 14. 11. 83, BGBl 87 II 35

**Material:** RegEntw mit Begr des ZustimmungsG, BT-Drs 10/5415; Beschlußempfehlung u Bericht des Rechtsausschusses, BT-Drs 10/6140.

**Schrifttum:** BBGS II 663 (Karl); *MüKoGo* Schlußanh 5 k; *Löber*, Abk Deutschland/Spanien etc, 1988; *Nagel/Gottwald*, Internationales Zivilprozeßrecht, 4. Aufl 1997, § 13 V 10; *Böhmer* IPrax **88**, 334; *Löber* RIW **87**, 429.

**1) Allgemeines.** Der Vertrag, der am 18. 4. 88 in Kraft getreten ist (Bek v 28. 1. 88, BGBl II 207, ber **1** durch Bek v 23. 3. 88, BGBl II 375), ist mit Inkrafttreten des BeitrÜbk v 26. 5. 89 **mWv 1. 12. 94 durch das EuGVÜ** nach Maßgabe von dessen Art 54 **ersetzt**, BGH EuZW **97**, 413, u IPrax **97**, 188 (Anm Mankowski ebd 174); vgl Üb Art 1 EuGVÜ Rn 3). Er **behält seine Wirksamkeit** für die Rechtsgebiete, auf die sich das EuGVÜ nicht bezieht, Art 56 iVm Art 1 (Übergangsbestimmungen: Üb Art 1 EuGVÜ Rn 3). Der Vertrag lehnt sich an das EuGVÜ und an andere VollstrAbk an, Borchmann NJW **88**, 599. Ausgenommen sind Entscheidungen usw auf bestimmten Rechtsgebieten, Art 3. Zeitlich gilt der Vertrag grundsätzlich nur für Titel, die nach seinem Inkrafttreten rechtskräftig geworden bzw errichtet worden sind, Art 24 I, jedoch auch für vorher rechtskräftig gewordene Entscheidungen über den Ehe- und Familienstand, sofern sie nicht in Abwesenheit des Bekl ergangen sind, Art 24 II. Der Vertrag berührt nicht die Bestim-

*Albers*

**AnerkVollstrAbk**            Schlußanhang V B 11

mungen anderer zwischen Spanien und der BRep geltender Übereinkünfte, die für besondere Rechtsgebiete die Anerkennung und Vollstreckung regeln, zB des HZPrÜbk, des HUnterhVollstrÜbk und der Übk über die internationale Schiedsgerichtsbarkeit, Schlußanh VI, Art 23 I; günstigere Bestimmungen des innerstaatlichen Rechts gehen dem Vertrag ebenfalls vor, Art 23 II.

*Art 1.* [I] In Zivil- und Handelssachen werden Entscheidungen der Gerichte des einen Vertragsstaates, durch die über Ansprüche der Parteien in einem Verfahren der streitigen oder freiwilligen Gerichtsbarkeit erkannt wird, in dem anderen Vertragsstaat unter den in diesem Vertrag vorgesehenen Bedingungen anerkannt und vollstreckt.

[II] Gerichtlichen Entscheidungen stehen gerichtliche Vergleiche und vollstreckbare öffentliche Urkunden gleich.

[III] Entscheidungen in Zivil- und Handelssachen, die in einem Strafverfahren ergehen, fallen in den Anwendungsbereich dieses Vertrages.

**Bem.** Es muß sich um die Entscheidung eines staatlichen Gerichts handeln, vgl Art 2 u 3; hierunter fallen auch die Entscheidungen des Rpfl, zB nach den §§ 104 ff ZPO, Löber RIW **88**, 312. Entscheidungen geistlicher Gerichte, zB über die Trennung oder Nichtigkeit einer kanonischen Ehe, können nach dem Vertrag nicht anerkannt werden; im Fall ihrer Bestätigung durch den zuständigen spanischen Zivilrichter nach Art 80 CCE (StAZ **82**, 86) werden sie zu einer gerichtlichen Entscheidung iSv Art 1, Begr S 15. Zu den vollstreckbaren Urkunden, II, gehören auch die in Unterhaltssachen vor einer VerwBehörde abgegebenen Erklärungen, zB nach § 59 KJHG.

*Art 2.* Es bedeuten im Sinne dieses Vertrages
1. „Entscheidung".
   a) jede gerichtliche Entscheidung ohne Rücksicht auf ihre Benennung,
   b) die Beschlüsse eines Rechtspflegers (funcionario competente, judicial o coadyuvante de los tribunales), durch die der Betrag des zu leistenden Unterhalts festgesetzt wird, und von ihm erlassene rechtskräftige Vollstreckungsbescheide,
   c) die Beschlüsse der Gerichte oder anderer zuständiger Behörden eines der Vertragsstaaten, durch die der Betrag der Kosten des Verfahrens später festgesetzt wird, sofern sie auf Entscheidungen beruhen, die auf Grund dieses Vertrages anerkannt oder vollstreckt werden können, und sofern die Beschlüsse über die Prozeßkosten mit einem Rechtsbehelf vor einem Gericht angefochten werden können;
2. „Ursprungsstaat": der Staat, in dessen Hoheitsgebiet die Ursprungsbehörde ihren Sitz hat oder vor dessen Gerichten oder Behörden die vollstreckbare Urkunde errichtet wird;
3. „Ursprungsbehörde": dasjenige Gericht oder diejenige Behörde, die die Entscheidung erlassen hat, oder vor der der Vergleich geschlossen wurde, deren Anerkennung in Betracht kommt oder deren Vollstreckung beantragt wird;
4. „ersuchter Staat": derjenige Staat, in dessen Hoheitsgebiet die Anerkennung in Betracht kommt oder die Vollstreckung beantragt wird;
5. „ersuchte Behörde": dasjenige Gericht oder diejenige Behörde, bei der die Anerkennung oder Vollstreckung der Entscheidung, des Vergleichs oder der vollstreckbaren Urkunde beantragt wird.

**Bem.** Zu Z 1 a vgl Bem zu Art 1. „Gerichtliche Entscheidungen" sind Urteile und Beschlüsse, auch solche des Rpfl außerhalb der Z 1 b, Bem zu Art 1. Unter Z 1 b fallen Beschlüsse nach den §§ 641 p und 642 a ZPO sowie VollstrBescheide nach § 699 ZPO. Z 1 c ermöglicht die Anerkennung und Vollstreckung von Kostenfestsetzungsbeschlüssen, § 104 ZPO. Auch Versäumnisentscheidungen sind anerkennungs- und vollstreckungsfähig, Art 16 I Z 4, Löber RIW **87**, 431. Wegen der Ausnahme s Art 3.

*Art 3.* Dieser Vertrag ist nicht anzuwenden:
1. auf Entscheidungen, die in einem Konkursverfahren, einem Vergleichsverfahren zur Abwendung des Konkurses oder einem entsprechenden Verfahren ergangen sind, einschließlich der Entscheidungen, durch die für ein solches Verfahren über die Wirksamkeit von Rechtshandlungen, welche die Gläubiger benachteiligen, erkannt wird;
2. auf Entscheidungen in Angelegenheiten der sozialen Sicherheit;
3. auf Entscheidungen in Atomhaftungssachen;
4. auf die Schiedsgerichtsbarkeit;
5. auf einstweilige Verfügungen, einstweilige Anordnungen und Arreste.

**Bem.** Art 3 greift nur dann ein, wenn Fragen aus den dort genannten Rechtsgebieten den unmittelbaren Gegenstand der Entscheidung bilden, also nicht nur eine Vorfrage betreffen, Begr S 16. Zu Z 4: Spanien ist Vertragsstaat des UN-ÜbkSchdG u des EuÜbkHSch, Schlußanh VI A, vgl dazu Cremades JbPrSchdG **2**, 28, Bühring-Uhle ZVglRWiss **88**, 297.

**2) Anerkennung** (Löber RIW **87**, 433). Titel werden grundsätzlich anerkannt, wenn sie iSv Art 2 Z 2 Rechtskraft erlangt haben und die Zuständigkeit des dortigen Gerichts anzuerkennen ist, Art 4. Für diese Anerkennung der Zuständigkeit gelten die Voraussetzungen des Art 7 I; auch in diesen Fällen wird die Zuständigkeit jedoch dann nicht anerkannt, wenn nach dem Recht des ersuchten Staates iSv Art 2 Z 4 die Gerichte dieses oder eines dritten Staates für die Klage, die zu der Entscheidung geführt hat, ausschließlich zuständig sind, Art 7 II. **Für FamS und ähnliche Verfahren gelten besondere Bestimmungen:**

*Art 8.* ¹ In allen den Ehe- oder Familienstand, die Rechts- oder Handlungsfähigkeit oder die gesetzliche Vertretung betreffenden Angelegenheiten, an denen ein Angehöriger eines der beiden Vertragsstaaten beteiligt ist, wird die Zuständigkeit der Gerichte des Ursprungsstaates im Sinne des Artikels 4 Nummer 1 anerkannt, wenn der Beklagte zur Zeit der Einleitung des Verfahrens die Staatsangehörigkeit dieses Staates besaß oder dort seinen Wohnsitz oder gewöhnlichen Aufenthalt hatte.

II In Ehesachen wird die Zuständigkeit ferner anerkannt, wenn zur Zeit der Einleitung des Verfahrens eine der beiden Parteien die Staatsangehörigkeit eines der beiden Vertragsstaaten besaß und wenn außerdem die beiden Parteien ihren letzten gemeinsamen gewöhnlichen Aufenthalt im Ursprungsstaat hatten und der Kläger zur Zeit der Einleitung des Verfahrens in diesem Staat seinen gewöhnlichen Aufenthalt hatte.

III In Ehesachen wird die Zuständigkeit der Gerichte des Ursprungsstaates ferner anerkannt, wenn die Ehegatten ihren gewöhnlichen Aufenthalt in einem dritten Staat hatten und wenn der Kläger im Zeitpunkt der Einleitung des Verfahrens die Staatsangehörigkeit des Ursprungsstaates und der Beklagte die Staatsangehörigkeit eines anderen als des ersuchten Staates besaß.

**Bem.** Die Bestimmung ist Art 4 des dt-belgischen Abk, Schlußanh V B 4, nachgebildet worden. Durch sie wird die Anerkennung vor allem der Entscheidungen in EheS umfassend sichergestellt, Begr S 19.

Die allgemeinen Gründe, die zur Versagung der Anerkennung führen, ergeben sich aus Art. 5; dazu gehört ua die offensichtliche Unvereinbarkeit mit der öff Ordnung des ersuchten Staates, vgl Art 27 EuGVÜ, Schlußanh V C 1. Darüber hinaus darf der Titel nicht nachgeprüft werden, Art 9, soweit nicht Art 6 eingreift:

*Art 6.* ¹ Die Anerkennung darf nicht allein deshalb versagt werden, weil das Gericht, das die Entscheidung erlassen hat, andere Gesetze angewendet hat, als sie nach dem internationalen Privatrecht des ersuchten Staates anzuwenden gewesen wären.

II ¹Jedoch darf die Anerkennung aus diesem Grunde versagt werden, wenn die Entscheidung auf der Beurteilung des Ehe- oder Familienstandes, eines güterrechtlichen oder erbrechtlichen Verhältnisses, der Rechts- oder Handlungsfähigkeit, der gesetzlichen Vertretung oder der Abwesenheits- oder Todeserklärung eines Angehörigen des ersuchten Staates beruht, es sei denn, daß auch bei Anwendung des internationalen Privatrechts des ersuchten Staates zum gleichen Ergebnis geführt hätte. ²Das gleiche gilt für eine Entscheidung in bezug auf die Rechts- oder Handlungsfähigkeit einer juristischen Person oder Gesellschaft, die ihren Sitz oder ihre Hauptniederlassung im ersuchten Staat hat.

**Bem.** II betrifft auch solche Entscheidungen, für die die personenrechtliche Frage nur als Vorfrage erheblich ist, Begr S 17.

Eines besonderen Anerkennungsverfahrens bedarf es nicht, Art 10 I–III. Dessen ungeachtet kann jeder der beiden Staaten in Ehe- und Familienstandssachen ein besonderes vereinfachtes Anerkennungsverfahren vorsehen, in dem der Antragsteller nicht schlechter gestellt sein darf als nach Art 13 u 14, Art 10 IV; es bleibt also im Verhältnis zu Spanien bei der Regelung des Art 7 § 1 FamRÄndG, § 328 ZPO Rn 51 ff, vgl § 56 AVAG, Schlußanh V D. Deutsche Scheidungsurteile werden in Spanien anerkannt, wenn die Voraussetzungen des Art 8 vorliegen und kein Versagungsgrund, Art 5 u 6 II, eingreift, Vestweber IPrax *92*, 268.

3) **Vollstreckung** (Löber RIW *87*, 433). Sie wird für gerichtliche Entscheidungen in den Art 11–19 und für Vergleiche und vollstreckbare Urkunden in Art 20 geregelt.

4) **Besondere Bestimmungen.** Art 21 regelt die Beachtung der Rechtshängigkeit in dem anderen Vertragsstaat; ob die ausländische Rechtshängigkeit vAw oder auf Einrede zu beachten ist, ist nicht geregelt und damit dem nationalen Recht überlassen worden, Begr S 22; vgl § 261 ZPO Rn 9. Der Transfer beigetriebener Beträge ist nach Art 22 zu erleichtern, dazu Löber RIW *87*, 433.

5) **Ausführungsgesetz.** Es gilt mWv 18. 4. 88 das **AVAG**, abgedruckt und erläutert im Schlußanh V E, das in seinem § 56 eine Sondervorschrift (zu Art 10 IV des Vertrages) enthält, vgl Anm 2 aE. Wegen des Übergangsrechts s Üb § 1 AVAG Rn 2.

## C. Übereinkommen der Europäischen Gemeinschaft über die gerichtliche Zuständigkeit und die Vollstreckung gerichtlicher Entscheidungen in Zivil- und Handelssachen

### Übersicht

**Schrifttum** (in Auswahl): *Geimer,* Internationales Zivilprozeßrecht, 3. Aufl 1997; *Geimer/Schütze,* Europäisches Zivilverfahrensrecht, Kommentar, 1997; *Schlosser,* EuGVÜ, 1996; *MüKoGo* Schlußanh Nr 1 a, 1993; *StJSchu* Einl XV G; *BBGS* 600 (Art 2–60 bearb v *Linke, Müller* u *Schlafen*); *ThPHüßtege* 21. Aufl, 1997; *Nagel/Gottwald,* Internationales Zivilprozeßrecht, 4. Aufl. 1997, §§ 3 II, 11 II u 12 II; *Martiny* Rdz 1–264 und *Wolff* Rdz 214–346; Internationale Zuständigkeit und Urteilsanerkennung in Europa, Berichte und Dokumente des Kolloquiums am 11./12. 3. 1991, 1993; *Kropholler,* Europäisches Zivilprozeßrecht, 6. Aufl 1998; *Klinke,* Brüsseler Übk usw, 2. Aufl, 1993; *Linke,* Internationales Zivilprozeßrecht, 2. Aufl 1995; *Jayme* (Hrsg), ein internationales Zivilverfahrensrecht für Gesamteuropa, 1992; *Albrecht,* Das EuGVÜ u der einstw Rechtsschutz in der BRep Deutschland, 1991; *Eilers,* Maßnahmen des einstw Rechtsschutzes im Europäischen Zivilrechtsverkehr, 1991; *Schütze,* Rechtsverfolgung im Ausland, 2. Aufl 1998; *Baumann,* Die

Anerk u Vollstr ausl Entscheidungen in Unterhaltssachen, 1989; *Feige*, Die Kosten des dt und französischen Vollstreckbarerklärungsverfahren nach dem GVÜ, 1988. – **RsprÜbersicht:** *Dietze/Schnichels* EuZW **99**, 549, **98**, 485, **97**, 459, **96**, 455, **95**, 359 u **94**, 366; *Kaum,* WiB **96**, 513; *Pfeiffer* NJW **94**, 1455 u 1634; *Jayme/Kohler* IPrax **96**, 382, **95**, 343, **94**, 409, **93**, 357 u **92**, 346; *Linke* RIW **85**, 1, RIW **91**, Beil Nr 5 S 1.
**Bericht des Sachverständigenausschusses:** BBGS B I 1 a.

1   1) **Allgemeines** (Jayme/Kohler IPrax **85**, 65). Das **EuGVÜ v 27. 9. 68**, BGBl **72** II 774, das durch G v 24. 7. 72, BGBl II 773, ratifiziert worden ist, sowie das AusfG v 29. 7. 72, BGBl 1328, sind am 1. 2. 73 in Kraft getreten, Bek v 12. 1. 73, BGBl II 60 u I 126. Das durch G v 7. 8. 72, BGBl II 845, ratifizierte Protokoll v 3. 6. 71 betr die Auslegung des Übk, BGBl II 846, ist am 1. 9 75 in Kraft getreten, Bek v 21. 7. 75, BGBl II 1138.

Das **Übereinkommen vom 9. 10. 78** (BGBl 83 II 803) über den Beitritt Dänemarks, Irlands und des Vereinigten Königreichs zum EuGVÜ und dem Auslegungsprotokoll, dem die Bundesrepublik durch G v 22. 12. 83 (BGBl II 802) zugestimmt hat, ist nach seinem Art 39 I im Verhältnis der 6 ursprünglichen EWG-Staaten zueinander und zu Dänemark (ohne Grönland) am **1. 11. 86** (Bek v 14. 11. 86, BGBl II 1020), im Verhältnis zum Vereinigten Königreich am 1. 1. 87 (Bek v 12. 12. 86, BGBl II 1146) und im Verhältnis zu Irland am 1. 6. 88 (Bek v 20. 6. 88, BGBl II 610) in Kraft getreten. Die Übergangsbestimmungen enthält:

*Art 34 des 1. Beitritts-Übk 1978.* <sup>I</sup> Die Vorschriften des Übereinkommens von 1968 und des Protokolls von 1971 in der Fassung dieses Übereinkommens sind nur auf solche Klagen und öffentlichen Urkunden anzuwenden, die erhoben oder aufgenommen worden sind, nachdem dieses Übereinkommen im Ursprungsstaat und, wenn die Anerkennung oder Vollstreckung einer Entscheidung oder Urkunde geltend gemacht wird, im ersuchten Staat in Kraft getreten ist.

<sup>II</sup> Nach dem Inkrafttreten dieses Übereinkommens ergangene Entscheidungen werden in den Beziehungen zwischen den sechs Vertragsstaaten des Übereinkommens von 1968, auch wenn sie aufgrund einer vor dem Inkrafttreten erhobenen Klage erlassen sind, nach Maßgabe des Titels III des geänderten Übereinkommens von 1968 anerkannt und zur Zwangsvollstreckung zugelassen.

<sup>III</sup> Im übrigen werden in den Beziehungen der sechs Vertragsstaaten des Übereinkommens von 1968 zu den drei in Artikel 1 des vorliegenden Übereinkommens genannten Vertragsstaaten sowie in den Beziehungen der zuletzt genannten Vertragsstaaten zueinander Entscheidungen, die nach Inkrafttreten dieses Übereinkommens zwischen dem Urteilsstaat und dem ersuchten Staat aufgrund einer vor diesem Inkrafttreten erhobenen Klage ergangen sind, nach Maßgabe des Titels III des geänderten Übereinkommens von 1968 anerkannt und zur Zwangsvollstreckung zugelassen, wenn das Gericht aufgrund von Vorschriften zuständig war, die mit seinem geänderten Titel II oder mit den Vorschriften eines Abkommens übereinstimmen, das im Zeitpunkt der Klageerhebung zwischen dem Urteilsstaat und dem ersuchten Staat in Kraft war.

Vgl dazu MüKoGo Schlußanh Nr 1 d, BGH NJW **89**, 1357, Kblz EuZW **91**, 157 u RR **88**, 1334, Jayme/ Kohler IPrax **88**, 134, Kohler IPrax **87**, 204, Kropholler RIW **86**, 934. Zeitpunkt des Inkrafttretens des Beitritts-Übk 1978 (für Irland am 1. 6. 88 und für das Vereinigte Königreich am 1. 1. 87): Art 54 III idF des Art 16 des Beitritts-Übk 1989, unten Rn 3.

2   Das **Übereinkommen vom 25. 10. 82** (BGBl 88 II 454) über den Beitritt Griechenlands zum EuGVÜ und den dazu gehörigen Protokollen, dem die Bundesrepublik durch G v 5. 5. 88, BGBl II 453, zugestimmt hat, ist nach seinem Art 15 I zwischen den 6 ursprünglichen EWG-Staaten, Dänemark und Irland sowie Griechenland am **1. 4. 89**, Bek v 15. 2. 89, BGBl II 214, im Vereinigten Königreich am **15. 10. 89**, Bek v 24. 8. 89, BGBl II 752, in Kraft getreten, vgl MüKoGo Schlußanh Nr 1 e. Die Übergangsbestimmungen stellen auf die Erhebung der Klage ab, Art 54, dh auf deren Rechtshängigkeit, BGH NJW **93**, 1071 u EuZW **92**, 124, Mü RR **97**, 572.

*Art 12 des 2. Beitritts-Übk 1982.* <sup>I</sup> Das Übereinkommen von 1968 und das Protokoll von 1971 in der Fassung des Übereinkommens von 1978 und des vorliegenden Übereinkommens sind nur auf solche Klagen und öffentlichen Urkunden anzuwenden, die erhoben oder aufgenommen worden sind, nachdem das vorliegende Übereinkommen im Ursprungsstaat und, wenn die Anerkennung oder Vollstreckung einer Entscheidung oder Urkunde geltend gemacht wird, im ersuchten Staat in Kraft getreten ist.

<sup>II</sup> Jedoch werden in den Beziehungen zwischen dem Ursprungsstaat und dem ersuchten Staat Entscheidungen, die nach Inkrafttreten des vorliegenden Übereinkommens aufgrund einer vor diesem Inkrafttreten erhobenen Klage ergangen sind, nach Maßgabe des Titels III des Übereinkommens von 1968 in der Fassung des Übereinkommens von 1978 und des vorliegenden Übereinkommens anerkannt und zur Zwangsvollstreckung zugelassen, wenn das Gericht aufgrund von Vorschriften zuständig war, die mit Titel II des Übereinkommens von 1968 in seiner geänderten Fassung oder mit einem Abkommen, das zu dem Zeitpunkt, zu dem die Klage erhoben wurde, zwischen dem Ursprungsstaat und dem ersuchten Staat in Kraft war, übereinstimmen.

3   Das **Übereinkommen vom 26. 5. 89** über den Beitritt Spaniens und Portugals zum EuGVÜ und den dazu gehörigen Protokollen, BGBl 94 II 519, enthält eine Reihe von Änderungen des EuGVÜ (MüKoGo Schlußanh Nr 1 f, Dietze/Schnichels NJW **95**, 2274, Niemeyer IPrax **92**, 265, Weigand RIW **91**, 717, Kohler EuZW **91**, 303). Dem Übk hat Deutschland durch G v 20. 4. 94 zugestimmt, BGBl II 518 (Mat: RegEntw BT-Drs 12/5841 mit Denkschrift u Bericht; AusschußBer BT-Drs 12/6552); es ist im Verhältnis zur BRep am **1. 12. 94** in Kraft getreten, Bek v 25. 10. 94, BGBl II 3707 (dort auch die Daten für die anderen Vertragsstaaten; für Belgien ist das BeitrittsÜbk am 1. 10. 97 in Kraft getreten, BGBl 98 II 230). Die Übergangsbestimmungen (dazu BGH EuZW **97**, 413, IPrax **97**, 188 u NJW **96**, 1412) stellen auf die Erhebung der Klage ab, dh auf deren Rechtshängigkeit, oben Rn 2:

*Art 29 des 3. Beitritts-Übk 1989.* **¹** Das Übereinkommen von 1968 und das Protokoll von 1971 in der Fassung des Übereinkommens von 1978, des Übereinkommens von 1982 und des vorliegenden Übereinkommens sind nur auf solche Klagen und öffentlichen Urkunden anzuwenden, die erhoben oder aufgenommen worden sind, nachdem das vorliegende Übereinkommen im Ursprungsstaat und, wenn die Anerkennung oder Vollstreckung einer Entscheidung oder Urkunde geltend gemacht wird, im ersuchten Staat in Kraft getreten ist.

**II** Entscheidungen, die nach dem Inkrafttreten dieses Übereinkommens zwischen dem Ursprungsstaat und dem ersuchten Staat aufgrund einer vor diesem Inkrafttreten erhobenen Klage ergangen sind, werden nach Maßgabe des Titels III des Übereinkommens von 1968 in der Fassung des Übereinkommens von 1978, des Übereinkommens von 1982 und des vorliegenden Übereinkommens anerkannt und zur Zwangsvollstreckung zugelassen, vorausgesetzt, daß das Gericht aufgrund von Vorschriften zuständig war, die mit den Zuständigkeitsvorschriften des Titels II des Übereinkommens von 1968 in seiner geänderten Fassung oder eines Abkommens übereinstimmen, das im Zeitpunkt der Klageerhebung zwischen dem Ursprungsstaat und dem Staat, in dem die Entscheidung geltend gemacht wird, in Kraft war.

Das **Übereinkommen vom 29. 11. 96** über den Beitritt von Finnland, Österreich und Schweden, BGBl 98 II 1412, ist für Deutschland am 1. 1. 99 in Kraft getreten, für Dänemark (ohne Faröer und Grönland), die Niederlande und Österreich am 1. 12. 98, Bek v 5. 12. 98, BGBl 99 II 419, ferner für Finnland am 1. 4. 99, für Italien am 1. 6. 99 und für Schweden am 1. 1. 99 (m Zusatzerklärung), Bek v 13. 7. 99, BGBl II 697. In Deutschland und im Verhältnis zu den genannten Staaten gelten das EuGVÜ und die ihm beigefügten Protokolle in der Fassung des Beitrittsübereinkommens v 29. 11. 96, s die Erl zu den einzelnen Bestimmungen. Sachliche Abweichungen von den bisherigen Fassungen ergeben sich daraus nicht, Jayme/Kohler IPrax **96**, 382. Im Folgenden wird auf Abweichungen abgedruckt; auf Abweichungen vom Lugano-Übk, unten Rn 5, wird jeweils in einer Vorbemerkung hingewiesen. Die Übergangsbestimmungen, Art 13 des Beitritt-Übk v 29. 11. 96, stellen auf die Erhebung der Klage ab, Art 54 EuGVÜ, dh auf deren Rechtshängigkeit, oben Rn 2.

*Art 13 des 4. Beitritts-Übk 1996.* **¹** Das Übereinkommen von 1968 und das Protokoll von 1971 in der Fassung des Übereinkommens von 1978, des Übereinkommens von 1982, des Übereinkommens von 1989 und des vorliegenden Übereinkommens sind nur auf solche Klagen und öffentlichen Urkunden anzuwenden, die erhoben oder aufgenommen worden sind, nachdem das vorliegende Übereinkommen im Ursprungsstaat und, wenn die Anerkennung oder Vollstreckung einer Entscheidung oder Urkunde geltend gemacht wird, im ersuchten Staat in Kraft getreten ist.

**II** Entscheidungen, die nach dem Inkrafttreten dieses Übereinkommens zwischen dem Ursprungsstaat und dem ersuchten Staat aufgrund einer vor diesem Inkrafttreten erhobenen Klage ergangen sind, werden nach Maßgabe des Titels III des Übereinkommens von 1968 in der Fassung des Übereinkommens von 1978, des Übereinkommens von 1982, des Übereinkommens von 1989 und des vorliegenden Übereinkommens anerkannt und zur Zwangsvollstreckung zugelassen, vorausgesetzt, daß das Gericht aufgrund von Vorschriften zuständig war, die mit den Zuständigkeitsvorschriften des Titels II des Übereinkommens von 1968 in seiner geänderten Fassung oder eines Abkommens übereinstimmen, das im Zeitpunkt der Klageerhebung zwischen dem Ursprungsstaat und dem Staat, in dem die Entscheidung geltend gemacht wird, in Kraft war.

2) **Geltungsbereich. Räumlich** gilt das EuGVÜ zZt, Rn 2 u 3, für die Bundesrepublik in ihrem jetzigen Umfang (Art 10 u 11 EV, dazu Stern, EV u Wahlvertrag, Hailbronner DtZ **91**, 322, Mansel JR **90**, 446, Grabitz/v. Bogdandy NJW **90**, 1076, Rauschning/Hach EuZW **90**, 344, Jayme/Kohler IPrax **90**, 354) und die anderen 5 ursprünglichen EWG-Staaten Belgien, Frankreich (einschließlich überseeischer Départements und überseeischer Gebiete, Art 60 I), Italien, Luxemburg und die Niederlande (und Suriname sowie Aruba) sowie für die später beigetretenen Mitgliedstaaten Dänemark, Finnland, Griechenland, Großbritannien, Irland, Österreich, Portugal, Schweden und Spanien, s Rn 2–4, vgl Art 63. **Zeitlich** gelten die Vorschriften des Übk für Klagen und öff Urkunden, die nach seinem Inkrafttreten erhoben bzw aufgenommen worden sind, Art 54 I; für die Anerkennung und Vollstreckung gilt Art 54 II (wegen des Übergangsrechts für die Neufassungen 1978, 1982 u 1989 s Rn 1–3). In der früheren DDR vor dem 3. 10. 90 ergangene Entscheidungen fallen nicht unter das Übk, Andrae IPrax **94**, 228 mwN, ua Mansel JR **90**, 446. **Sachlich** ist das Übk in allen Zivil- und Handelssachen ohne Rücksicht auf die Art der Gerichtsbarkeit anzuwenden, nicht jedoch auf die in Art 1 besonders genannten Sachen, namentlich Schiedsgerichtssachen. Entsprechendes gilt für das **Protokoll** betr die Auslegung des Übk, abgedruckt Schlußanh V C 3.

3) **Verhältnis zu anderen Verträgen.** Soweit das Übk danach anwendbar ist, ersetzt es unbeschadet der Art 54 II u 56 die **bilateralen Verträge**, Art 55 iVm Art 54 II u 56, u a das dt-italienische Abk v 9. 3. 36, Schlußanh V B 2, den dt-österr Vertrag, Schlußanh V B 3, das dt-belgische Abk v 30. 6. 58, Schlußanh V B 4, das dt-britische Abk v 14. 7. 60, Schlußanh V B 5, den dt-griechischen Vertrag v 4. 11. 61, Schlußanh V B 6, und den dt-niederl Vertrag v 30. 8. 62, Schlußanh V B 7, sowie den dt-spanischen Vertrag v 14. 11. 83, Schlußanh V B 11, Art 55; entspr gilt für einschlägige Verträge der früheren DDR, ÜbkSchlußanh V Rn 2. Wegen der **multilateralen Übk** s Art 57.

Neben das EuGVÜ ist das sog **LuganoÜbk** getreten, das die Vertragsstaaten jenes Übk am 16. 9. 88 mit den EFTA-Staaten abgeschlossen haben, BGBl 94 II 2658, und das für Deutschland am 1. 3. 95 in Kraft getreten ist, BGBl 95 II 221, s Schlußanh V D 1. Es gilt zZt im Verhältnis der EuGVÜ-Staaten zu Finnland, Island, Norwegen, Österreich, Schweden und der Schweiz. Wegen des Verhältnisses zum EuGVÜ s Art 54b LuganoÜbk.

Zu dem noch nicht ratifizierten Übk über die Zuständigkeit u die Anerkennung u Vollstr von Entsch in **Ehesachen** v 28. 5. 98 s Dietze/Schnichels EuZW **99**, 549.

# AnerkVollstrAbk

8  **4) Anwendungsgrundsätze.** Das EuGVÜ verdrängt in seinem Geltungsbereich das nationale Recht, soweit es nicht selbst Vorbehalte macht, allgM, EuGH RIW **84**, 483 u **80**, 285, MüKoGo Art 1 Rn 14, vgl Art 2 u 5 Rn 1. Es verdrängt insoweit auch das nationale IPR und IZPR, Geimer/Schütze Einl Rn 53.

Das EuGVÜ ist grundsätzlich übereinkommensautonom, dh aus sich selbst auszulegen; der Rückgriff auf Auslegungsmaßstäbe des nationalen Rechts ist ausgeschlossen, dazu Geimer/Schütze Einl Rn 55 ff, MüKoGo Art 1 Rn 15 ff. Erstrangige Quellen der Auslegung sind die Berichte von Jenard, BT-Drs 6/1973 S 52 ff, und Schlosser, BT-Drs 10/61 S 31 ff. Die teleologische Auslegung sollte integrationsfreundlich und dynamisch erfolgen, Kropholler Einl Rn 38 mwN. Die Rspr des EuGH stellt eine verbindliche Auslegungsdirektive dar; anderenfalls würde der mit dem Auslegungsprotokoll, Schlußanh V C 3, verfolgte Zweck verfehlt.

9  **5)** Die **Ausführung des EuGVÜ** richtet sich nach dem **AVAG**, Schlußanh V E.

10 **6)** Zur **Revision** des Übk s Bericht IPrax **99**, 298 mwN.

## 1.
**Wortlaut des EuGVÜ v 27. 9. 68, BGBl 72 II 774, idF des Beitritts-Übk v 29. 11. 96, BGBl 98 II 1412:**

### Titel I. Anwendungsbereich

*Art. 1.* [I] [1]Dieses Übereinkommen ist in Zivil- und Handelssachen anzuwenden, ohne daß es auf die Art der Gerichtsbarkeit ankommt. [2]Es erfaßt insbesondere nicht Steuer- und Zollsachen sowie verwaltungsrechtliche Angelegenheiten.

[II] Es ist nicht anzuwenden auf:
1. den Personenstand, die Rechts- und Handlungsfähigkeit sowie die gesetzliche Vertretung von natürlichen Personen, die ehelichen Güterstände, das Gebiet des Erbrechts einschließlich des Testamentsrechts;
2. Konkurse, Vergleiche und ähnliche Verfahren;
3. die soziale Sicherheit;
4. die Schiedsgerichtsbarkeit.

**Schrifttum:** *Soltész,* Der Begriff der Zivilsache im Europ. ZPrR, 1998.

1  **Bem.** Der Begriff „Zivil- und Handelssachen" ist nicht nach dem Recht des Urteilsstaates, so BGH **65**, 291, sondern nach Ziel und System des EuGVÜ sowie allgemeinen Rechtsgrundsätzen der Vertragsstaaten auszulegen, so EuGH NJW **77**, 489 m Anm Geimer NJW **77**, 492, (krit) Schlosser NJW **77**, 457, Linke AWD **77**, 43, Schlosser, Gedächtnisschrift R. Bruns, 1980, S 45–52. Nicht anwendbar sind die Bestimmungen des Übk bei Anerkennung und Vollstreckung von Entscheidungen aus Drittstaaten, EuGH EuZW **94**, 278 (zustm Karl).

Unter I fallen auch Arbeitssachen, Art 5 Z 1, ferner Verbandsklagen nach §§ 13 ff AGB-G, BGH IPrax **93**, 248 u NJW **90**, 318 mwN, ebenso FGG-Sachen (außerhalb der in II Z 1 u 2 genannten Bereiche), Martiny 33, ferner Streitigkeiten über RA-Honorare, Schmidt RIW **91**, 626, BGH NJW **91**, 3095 (Anm Roth ZZP **104**, 458), sowie Streitigkeiten aus privatwirtschaftlicher Betätigung der öff Hand, vgl im einzelnen Geimer NJW **76**, 441, und Schadensersatzklagen vor einem Strafgericht, EuGH NJW **93**, 2091 (zu BGH EuZW **91**, 571) u BGH NJW **93**, 3269 (dazu Haas ZZP **108**, 219, Eichenhofer JZ **94**, 258, Basedow IPrax **94**, 85), **nicht** dagegen Streitigkeiten zwischen einer Behörde und Privaten aus hoheitlicher Betätigung, insbesondere nicht Steuer- und Zollsachen, I 2, vgl Vorlagebeschluß BGH NJW **91**, 2312. Welche FamS von I erfaßt werden, ist str, vgl Mankowski IPrax **97**, 174; wegen der Unterhaltssachen s Art 5 Z 2. Unter I fällt auch das Mahnverfahren, vgl Art 25, dazu Wagner RIW **95**, 89. Wegen der Anerkennung und Vollstreckung vorläufiger Maßnahmen s Bem zu Art 25. Darauf, ob die Beteiligten Angehörige der Vertragsstaaten sind, kommt es nicht an, Ffm FamRZ **82**, 528.

2  Aus **II** ergibt sich keine Einschränkung für die Entscheidung von Vorfragen; wegen der Abgrenzung s Grunsky JZ **73**, 641. Soweit II eingreift, bleibt es ggf bei den sonstigen Abkommen, Art 55 u 56, BayObLG RR **90**, 843 mwN.

Unter **II Z 1** fallen Kindschaftssachen, BGH NJW **85**, 552, ferner EheS, BGH RR **92**, 642 mwN, BayObLG RR **90**, 842, auch gerichtliche Sicherungsmaßnahmen, zB einstwAnOen, im Zusammenhang mit einer anhängigen ScheidungsS, EuGH NJW **79**, 1100 (Vorlagebeschluß des BGH NJW **78**, 1768), sofern die Maßnahme für sich betrachtet unter II fällt, also zB die Herausgabe eines Kindes regelt, BGH NJW **83**, 2776; dagegen gilt Z 1 nicht für einstwAnOen über den Unterhalt (s oben), vgl im einzelnen Hausmann FamRZ **80**, 418 u IPrax **81**, 81, Bergerfurth FamRZ **84**, 1067, ferner Bem zu Art 5 Z 2. Unter I fallen auch Versorgungsausgleichssachen, BGH FamRZ **93**, 798, Wagner, VersAusgl m Auslandsberührung, 1996, Rn 7–12 mwN, ebenso wie Ehewohnungs- und Hausratssachen, ZöPh § 621 ZPO Rn 77. Ebenso gehört eine einstw Maßnahme, die die Verwendung einer Urkunde als Beweismittel in einem unter Z 1 fallenden Verf verhindern soll, hierhin, EuGH IPrax **83**, 77, dazu Sauvepanne IPrax **83**, 65.

3  Zu **II Z 2** (Mankowski ZIP **94**, 1580; Geimer **LM** § 305 BGB Nr 57; Schlosser, Festschrift Weber S 395): Unter Z 2 fallen alle Ansprüche, die unmittelbar aus einem Insolvenzverfahren hervorgehen und sich eng im Rahmen dieses Verf halten, EuGH LS NJW **79**, 1772 (zu BGH NJW **78**, 1768). Dazu gehören Anfechtungsklagen des Konkursverwalters, BGH NJW **90**, 991 mwN, im Erg zustm Taupitz ZZP **105**, 218, Schmidt EuZW **90**, 219, Flessner/Schulz IPrax **91**, 162, Werner KTS **90**, 429; ebenso fallen Ansprüche aus Geschäften, die nach Konkurseröffnung zwischen dem Konkursverwalter und Dritten zustandegekommen, unter Z 2, Zweibr EuZW **93**, 165. Im Fall der Unanwendbarkeit des Übk kann ein Antrag, Art 31, nicht in eine Klage nach § 722 ZPO umgedeutet werden, BGH NJW **79**, 2477. – Das Europ InsolvenzÜbk v 23. 11. 95, ZIP **96**, 74 (dazu Balz ZIP **96**, 948, Jayme/Kohler IPrax **96**, 388), ist noch nicht in Kraft getreten.

Zu **II Z 3** (Haas ZZP **108**, 222): Die Vorschrift ist eng auszulegen, EuGH NJW **93**, 2092. Unter sie fallen auch Ansprüche auf Rückgewähr sozialer Leistungen, Köln EuZW **91**, 64.

Zu **II Z 4** (Weigand EuZW 92, 529): Maßgeblich für den Ausschluß ist der Hauptstreitgegenstand, so daß er auch für Rechtsstreitigkeiten gilt, die einem Schiedsverfahren dienen sollen oder in der Hauptsache auf ein solches bezogen sind, EuGH NJW 93, 189 (dazu Haas IPrax 92, 292, Haas S 292 u Weigand aaO), Hbg RIW **96**, 862. Z 4 umfaßt auch staatliche Entscheidungen, durch die Schiedssprüche für vollstreckbar erklärt worden sind, BGH WertpMitt **88**, 1179, abw Hbg RIW **92**, 939. Etwas anderes gilt für sonstige Urteile, für die ein Schiedsspruch Klaggrund ist, Schlosser IPrax **85**, 142. Einen Ersatz bieten i ü das UN-Übk v 10. 6. 58 und das Eu-Übk v 21. 4. 61, Schlußanh VI A 1 u 2. Daß der Beklagte die Schiedseinrede erhebt, reicht für den Ausschluß nach Z 4 nicht aus.

## Titel II. Zuständigkeit

### Übersicht

**1) Allgemeines.** In Titel II regelt das Übk unmittelbar die internationale Zuständigkeit für Streitigkeiten, die in seinen Anwendungsbereich fallen. Diese Regelung ist abschließend, so daß nationale Vorschriften über die **internationale Zuständigkeit** nicht zu prüfen sind, soweit es das Übk nicht ausdrücklich gestattet, BGH NJW **99**, 2442, KG FamRZ **93**, 976, Hamm FamRZ **89**, 1331 (dazu Henrich IPrax **90**, 59), Henrich IPrax **88**, 115 mwN. Unberührt bleiben Bestimmungen über die sachliche und die funktionale Zuständigkeit. Die örtliche Zuständigkeit bestimmt sich nach nationalem Recht, also den §§ 12 ff ZPO, wenn sich die internationale Zuständigkeit aus Art 2 ergibt; dagegen regeln Art 5 und 6 auch die örtliche Zuständigkeit. 1

**2) Zuständigkeitsbegründende Tatsachen.** Sie muß grundsätzlich der Kläger beibringen. Ihn trifft insoweit die Darlegungs- und die Beweislast. Jedoch genügt die schlüssige Behauptung, wenn die Tatsache auch für die Begründetheit der Klage relevant ist, EuGH JZ **98**, 896 (Anm Mankowski), RIW **82**, 280, dazu Schumann F Nagel, 1987, 414. 2

**3) Anwendungsbereich der Art 2–15.** Grundvoraussetzung ist der Umstand, daß der Beklagte seinen Wohnsitz bzw Sitz in einem EuGVÜ-Staat hat (anders nach Art 16 u 17). Soweit das Übk weitere Anwendungsvoraussetzungen fordert, benennt es sie ausdrücklich. Daher sind auch Sachverhalte, die ihre Internationalität nur aus ihrem Drittstaatenbezug gewinnen, von Art 2 erfaßt, Coester-Waltjen F Nakamura, 1996, 106, Kropholler 8, Hamm IPRspr **88** Nt 203, str, aM BGH NJW **90**, 317. 3

**4) Annexzuständigkeit.** Die Zuständigkeitstatbestände des Titels II begründen auch die Zuständigkeit für Annexverfahren, zB für unterstützende Auskunftsklagen und für das folgende Kostenfestsetzungsverfahren, Kblz IPrax **87**, 24, aber auch für Eilverfahren zur Sicherung des Hauptverfahrens, s bei Art 24. Zwangsvollstreckungsverfahren gehören nicht hierher, s Art 16 Z 5. 4

### 1. Abschnitt. Allgemeine Vorschriften

**Art. 2.** [I] Vorbehaltlich der Vorschriften dieses Übereinkommens sind Personen, die ihren Wohnsitz in dem Hoheitsgebiet eines Vertragsstaats haben, ohne Rücksicht auf ihre Staatsangehörigkeit vor den Gerichten dieses Staates zu verklagen.

[II] Auf Personen, die nicht dem Staate, in dem sie ihren Wohnsitz haben, angehören, sind die für Inländer maßgebenden Zuständigkeitsvorschriften anzuwenden.

**1) Grundregel, I.** Allgemeiner Gerichtsstand ist der **Wohnsitz** bzw Sitz des Beklagten. Die Staatsangehörigkeit des Beklagten ist für die internationale Zuständigkeit ohne Bedeutung, ebenso die des Klageart (also keine Umkehrung der Verhältnisse bei einer negativen Feststellungsklage). Die materielle Position als Gläubiger oder Schuldner ist unerheblich; es kommt allein auf die formale Parteirolle im Prozeß an, BGH NJW **97**, 871. 1

Zur **Bestimmung des Wohnsitzes** s Art 52, 53, Geimer WM **80**, 1106. Vor deutschen Gerichten beantwortet sich die Frage, ob der Beklagte seinen Wohnsitz in Deutschland hat, nach Art 52 I iVm §§ 7 ff BGB, die Frage, ob sein Wohnsitz zB in England liegt, nach Art 52 II iVm Civil Jurisdiction and Judgments Act. Bei mehreren Wohnsitzen genügt es, daß einer von ihnen im Gerichtsstaat liegt. 2

**2) Sonderregel, II.** Sie gebietet Inländergleichbehandlung von Ausländern bei der örtlichen Zuständigkeit und hat für deutsche Verfahren keine Bedeutung, weil die Zuständigkeit insofern nicht von der Staatsangehörigkeit abhängt. 3

**Art. 3.** [I] Personen, die ihren Wohnsitz in dem Hoheitsgebiet eines Vertragsstaats haben, können vor den Gerichten eines anderen Vertragsstaats nur gemäß den Vorschriften des 2. bis 6. Abschnitts verklagt werden.

[II] Insbesondere können gegen diese Personen nicht geltend gemacht werden:
– in Belgien: Artikel 15 des Zivilgesetzbuches (Code civil – Burgerlijk Wetboek) sowie Artikel 638 der Zivilprozeßordnung (Code judiciaire – Gerechtelijk Wetboek);
– in Dänemark: Artikel 246 Absätze 2 und 3 der Zivilprozeßordnung (Lov om rettens pleje) und Kapitel 3 Artikel 3 der Zivilprozeßordnung für Grönland (Lov for Grønland om rettens pleje);
– in der Bundesrepublik Deutschland: § 23 der Zivilprozeßordnung;
– in Griechenland: Artikel 40 der Zivilprozeßordnung (Κώδικας Πολιτικῆς Δικονομίας);
– in Frankreich: Artikel 14 und 15 des Zivilgesetzbuches (Code civil);
– in Irland: Vorschriften, nach denen die Zuständigkeit durch Zustellung eines das Verfahren einleitenden Schriftstücks an den Beklagten während dessen vorübergehender Anwesenheit in Irland begründet wird;

- in Italien: Artikel 2, Artikel 4 Nummern 1 und 2 der Zivilprozeßordnung (Codice di procedura civile);
- in Luxemburg: Artikel 14 und 15 des Zivilgesetzbuches (Code civil);
- in den Niederlanden: Artikel 126 Absatz 3 und Artikel 127 der Zivilprozeßordnung (Wetboek van Burgerlijke Rechtsvordering);
- in Österreich: § 99 der Jurisdiktionsnorm;
- in Portugal: Artikel 65 Absatz 1 Buchstabe c), Artikel 65 Absatz 2 und Artikel 65 a Buchstabe c) der Zivilprozeßordnung (Código de Processo Civil) und Artikel 11 der Arbeitsprozeßordnung (Código de Processo de Trabalho);
- in Finnland: Kapitel 10 § 1 Absatz 1 Sätze 2, 3 und 4 der Prozeßordnung (oiikeudenkäymiskaari/rättegångsbalken);
- in Schweden: Kapitel 10 § 3 Absatz 1 Satz 1 der Prozeßordnung (rättegångsbalken);
- im Vereinigten Königreich: Vorschriften, nach denen die Zuständigkeit begründet wird durch
    a) die Zustellung eines das Verfahren einleitenden Schriftstücks an den Beklagten während dessen vorübergehender Anwesenheit im Vereinigten Königreich;
    b) das Vorhandensein von Vermögenswerten des Beklagten im Vereinigten Königreich oder
    c) die Beschlagnahme von Vermögen im Vereinigten Königreich durch den Kläger.

**Vorbem.** In Spanien gelten keine sog exorbitanten Gerichtsstände. **Art 3 LuganoÜbk**, Üb Art 1 Rn 6, enthält Ergänzungen für Island (Art 97 ZivProzO), Norwegen (§ 32 ZivProzO), Schweiz (Art 4 IPRG), Finnland (Kap 10 § 1 S 2, 3 u 4 ProzO) und Schweden (Kap 10 Art 3 S 1 ProzO); vgl dazu Bericht Rn 24–30, BT-Drs 12/6838.

**Schrifttum:** *Schumann* ZZP **93**, 420.

1   **1) Grundsatz, I.** Die Vorschrift enthält einen numerus clausus der besonderen Gerichtsstände und garantiert dadurch einen Mindestschutz des Beklagten, der seinen Wohnsitz in einem EuGVÜ-Staat hat, Art 2 Rn 1. Sie bestätigt, daß die Gerichtsstände des Übk das nationale Zuständigkeitsrecht verdrängen, Üb Art 2 Rn 1.

2   **2) Ausschlüsse, II.** Die Bestimmung schließt die klägerfreundlichen Gerichtsstände der nationalen Rechte ausdrücklich aus, indem es die wichtigsten sog exorbitanten Zuständigkeiten nennt. Der Ausschluß gilt nicht, wenn der Beklagte seinen Wohnsitz außerhalb des Geltungsbereichs des EuGVÜ hat, Art 4 I, BGH RR **88**, 173. Auch für Eilverfahren gilt II nicht, Art 24: hier sind auch die besonders genannten Gerichtsstände eröffnet, sofern der Sachverhalt eine reale Beziehung zum Gerichtsstaat des Eilverfahrens hat, EuGH IPrax **99**, 243, Heß/Vollkommer IPrax **99**, 222. Zum Arrestgrund des § 917 II 1 s § 917 II 2.

**Art. 4.** ⁱ Hat der Beklagte keinen Wohnsitz in dem Hoheitsgebiet eines Vertragsstaats, so bestimmt sich, vorbehaltlich des Artikels 16, die Zuständigkeit der Gerichte eines jeden Vertragsstaats nach seinen eigenen Gesetzen.

ⁱⁱ Gegenüber einem Beklagten, der keinen Wohnsitz in dem Hoheitsgebiet eines Vertragsstaats hat, kann sich jede Person, die ihren Wohnsitz in dem Hoheitsgebiet eines Vertragsstaats hat, in diesem Staat auf die dort geltenden Zuständigkeitsvorschriften, insbesondere auf die in Artikel 3 Absatz 2 angeführten Vorschriften, wie ein Inländer berufen, ohne daß es auf ihre Staatsangehörigkeit ankommt.

1   **1) Zuständigkeit bei Wohnsitz im Drittstaat: Regel, I.** Abgesehen von Art 16 (und 17) gelten hierfür nicht die Zuständigkeitsvorschriften des Übk, sondern diejenigen des nationalen Rechts über die internationale Zuständigkeit, Üb Art 2 Rn 1. Insbesondere sind in diesem Fall auch die nach Art 3 II ausgeschlossenen Gerichtsstände gegeben, BGH RR **88**, 173.

2   **2) Sonderregel, II.** Ähnlich wie Art 2 II gewährleistet die Vorschrift Inländergleichbehandlung, indem sie Differenzierungen nach der Staatsangehörigkeit ausschließt. Danach stehen Klägergerichtsstände des nationalen Rechts, die an sich nur Angehörigen des eigenen Staates offenstehen, allen in diesem Staat ansässigen Ausländern zur Verfügung.

## 2. Abschnitt. Besondere Zuständigkeiten

**Art. 5.** Eine Person, die ihren Wohnsitz in dem Hoheitsgebiet eines Vertragsstaats hat, kann in einem anderen Vertragsstaat verklagt werden:

1. wenn ein Vertrag oder Ansprüche aus einem Vertrag den Gegenstand des Verfahrens bilden, vor dem Gericht des Ortes, an dem die Verpflichtung erfüllt worden ist oder zu erfüllen wäre; wenn ein individueller Arbeitsvertrag oder Ansprüche aus einem individuellen Arbeitsvertrag den Gegenstand des Verfahrens bilden, vor dem Gericht des Ortes, an dem der Arbeitnehmer gewöhnlich seine Arbeit verrichtet; verrichtet der Arbeitnehmer seine Arbeit gewöhnlich nicht in ein und demselben Staat, so kann der Arbeitgeber auch vor dem Gericht des Ortes verklagt werden, in dem sich die Niederlassung, die den Arbeitnehmer eingestellt hat, befindet bzw. befand;
2. wenn es sich um eine Unterhaltssache handelt, vor dem Gericht des Ortes, an dem der Unterhaltsberechtigte seinen Wohnsitz oder seinen gewöhnlichen Aufenthalt hat, oder im Falle einer Unterhaltssache, über die im Zusammenhang mit einem Verfahren in bezug auf den Personenstand zu entscheiden ist, vor dem nach seinem Recht für dieses Verfahren zuständigen Gericht, es sei denn, diese Zuständigkeit beruht lediglich auf der Staatsangehörigkeit einer der Parteien;

3. wenn eine unerlaubte Handlung oder eine Handlung, die einer unerlaubten Handlung gleichgestellt ist, oder wenn Ansprüche aus einer solchen Handlung den Gegenstand des Verfahrens bilden, vor dem Gericht des Ortes, an dem das schädigende Ereignis eingetreten ist;
4. wenn es sich um eine Klage auf Schadensersatz oder auf Wiederherstellung des früheren Zustandes handelt, die auf eine mit Strafe bedrohte Handlung gestützt wird, vor dem Strafgericht, bei dem die öffentliche Klage erhoben ist, soweit dieses Gericht nach seinem Recht über zivilrechtliche Ansprüche erkennen kann;
5. wenn es sich um Streitigkeiten aus dem Betrieb einer Zweigniederlassung, einer Agentur oder einer sonstigen Niederlassung handelt, vor dem Gericht des Ortes, an dem sich diese befindet;
6. wenn sie in ihrer Eigenschaft als Begründer, *trustee* oder Begünstigter eines *trust* in Anspruch genommen wird, der aufgrund eines Gesetzes oder durch schriftlich vorgenommenes oder schriftlich bestätigtes Rechtsgeschäft errichtet worden ist, vor den Gerichten des Vertragsstaats, auf dessen Hoheitsgebiet der *trust* seinen Sitz hat;
7. wenn es sich um eine Streitigkeit wegen der Zahlung von Berge- und Hilfslohn handelt, der für Bergungs- und Hilfeleistungsarbeiten gefordert wird, die zugunsten einer Ladung oder einer Frachtforderung erbracht worden sind, vor dem Gericht, in dessen Zuständigkeitsbereich diese Ladung oder die entsprechende Frachtforderung
   a) mit Arrest belegt worden ist, um die Zahlung zu gewährleisten, oder
   b) mit Arrest hätte belegt werden können, jedoch dafür eine Bürgschaft oder eine andere Sicherheit geleistet worden ist;
diese Vorschrift ist nur anzuwenden, wenn behauptet wird, daß der Beklagte Rechte an der Ladung oder an der Frachtforderung hat oder zur Zeit der Bergungs- oder Hilfeleistungsarbeiten hatte.

**Vorbem.** Art 5 Z 1 **LuganoÜbk**, Üb Art 1 Rn 6, weicht insofern ab, als es nach den Worten „in ein und demselben Staat" heißt: „vor dem Gericht des Ortes, an dem sich die Niederlassung befindet, die den Arbeitnehmer eingestellt hat," vgl dazu Bericht Rn 40, BT-Drs 12/6838. Abw von Art 5 EuGVÜ kann also auch der Arbeitgeber in diesem Gerichtsstand klagen, MüKoGo Rn 11, Dietze/Schnichels NJW **95**, 2275. Vgl zu Z 1 ferner unten Rn 13 (Vorbehalt der Schweiz).

**1) Allgemeines**   1

**A. Regelungsinhalt.** Art 5 (ergänzt durch Art 6) enthält den wichtigen Katalog der besonderen Zuständigkeiten für den Bereich des EuGVÜ (und des LugÜbk). Grundvoraussetzung für seine Anwendung ist der Wohnsitz, Art 52, bzw Sitz des Beklagten in einem Vertragsstaat. Die besonderen Zuständigkeiten nach Art 5 sind fakultativ. Sie bestehen nur in anderen Staaten als jenen, in dem der Beklagte seinen allgemeinen Gerichtsstand hat und werden durch die ausschließlichen Zuständigkeiten nach Art 16 u 17 verdrängt. In Verbraucher- und Versicherungssachen, Art 13 ff u Art 17 ff, ist nur Z 5 anwendbar.

**B. Internationale und örtliche Zuständigkeit.** Mit Ausnahme von Z 6 regelt Art 5 nicht nur die   2 internationale, sondern auch die örtliche Zuständigkeit. In ihrem jeweiligen Anwendungsbereich verdrängen Z 1–5 u 7 auch die nationalen Regelungen, zB §§ 12 ff ZPO.

**C. Beschränkte Zuständigkeit.** Nach Art 5 sind die Gerichte nur zur Entscheidung über die dem jeweiligen Gerichtsstand zugeordneten Ansprüche befugt; eine **Annexzuständigkeit** für etwaige konkurrierende Ansprüche besteht nicht. Im Vertragsgerichtsstand, Z 1 1. Halbs, können demgemäß keine deliktischen Ansprüche geltend gemacht werden, ebensowenig im Deliktgerichtsstand, Z 3, umgekehrt vertragliche Ansprüche, EuGH NJW **88**, 3088 (Anm Geiger), IPrax **84**, 85 (Anm Schlosser ebd S 65), Gottwald IPrax **89**, 272.

**2) Gerichtsstand des Erfüllungsorts, Z 1 1. Halbs** (*Wrangel*, Der Gerichtsstand des Erfüllungsortes im   3 deutschen, italienischen und europäischen Recht, 1988; *Schack*, Der Erfüllungsort im deutschen, ausländischen und internationalen Privat- und Zivilprozeßrecht, 1985; *Rauscher*, Verpflichtung und Erfüllungsort in Art 5 Nr 1 EuGVÜ, 1984).

**A. Vertragliche Ansprüche.** Der Begriff ist EuGVÜ-autonom auszulegen, EuGH RIW **99**, 57, NJW **89**, 1424, IPrax **84**, 85 (Anm Schlosser ebd S 65). Ein **Vertrag** ist jedes freiwillige Eingehen einer Verpflichtung gegenüber einer anderen Person, EuGH RIW **99**, 57, JZ **95**, 90 (Anm Peifer); er setzt im Normalfall eine bindende Übereinkunft der Beteiligten voraus, aus der Rechte und Pflichten erwachsen. Z 1 greift auch dann ein, wenn der Beklagte das Bestehen eines Vertrages schlichtweg bestreitet, EuGH IPrax **83**, 31 (Anm Gottwald ebd S 13), vgl BGH NJW **96**, 1820 u **94**, 2699. Daß nach dem nationalen Recht ein vertraglicher Anspruch vorliegt, ist iRv Z 1 1. Halbs ohne Bedeutung, EuGH JZ **95**, 90 (Anm Peifer). Keinen vertraglichen, sondern deliktischen Charakter haben zB Klagen des Endverbrauchers gegen den Hersteller aus Produkthaftung, EuGH JZ **95**, 90, und Klagen wegen Transportschäden aus einem Konnossement, das den Beklagten nicht als Verfrachter ausweist, EuGH RIW **99**, 57.

**Vertraglichen Charakter** haben daher sowohl die Primäransprüche aus einem Vertrag (auch einem   4 Vorvertrag) als auch die Sekundäransprüche aus seiner Verletzung, EuGH NJW **89**, 1424, dazu Schlosser RIW **89**, 139, Mezger IPrax **89**, 207, ebenso Ansprüche aus Nebenpflichten und auf die Gestellung von Sicherheiten, Auskunft oder Rechnungslegung. Ansprüche auf Abschluß, Aufhebung oder Änderung eines Vertrages fallen unter Z 1, wenn sie auf einen Vertrag zurückzuführen sind, nicht aber dann, wenn sie auf einem deliktischen Handeln beruhen. Die von einem Vertragspartner begangene culpa in contrahendo fällt unter Z 1, sofern es sich um die Verletzung von Aufklärungs- oder Beratungspflichten handelt, nicht dagegen, soweit es um die Verletzung von Verkehrs- und Schutzpflichten geht, MüKoGo 4.

Streitigkeiten, deren Gegenstand die **Wirksamkeit eines Vertrages** ist, fallen unter Z 1, dagegen   5 ein als Vorfrage zu entscheidender Streit um die Wirksamkeit in einem Verfahren mit anderem Hauptziel, EuGH IPrax **83**, 31 (Anm Gottwald ebd S 13). Z 1 greift auch ein, wenn Gegenstand des Streits **Kondik-**

*Albers*

tionsansprüche aus einem unwirksamen Vertrag sind, Holl IPrax **98**, 122, Schlosser IPrax **84**, 66, str, aM ua MüKoGo 5.

6  Z 1 greift auch ein, wenn Gegenstand des Rechtsstreits Ansprüche aus der **Mitgliedschaft in einem Verein** sind, mögen sie auf der Vereinssatzung oder auf Handlungen eines Vereinsorgans beruhen, EuGH IPrax **84**, 85 (Anm Schlosser ebd S 65). Das gleiche gilt für Haftungsansprüche gegen **Gesellschafter**, soweit sie aus dem Gesellschaftsvertrag oder ihn ergänzenden Normen erwachsen, Brödermann ZIP **96**, 481, und für Innenhaftungsklagen gegen Organpersonen, Mü ZIP **99**, 1558. Nicht unter Z 1 fallen wechselrechtliche Regreßansprüche, LG Ffm IPrax **97**, 174, LG Bayreuth IPrax **89**, 230 (Anm Furtak ebd S 212), diff Bachmann IPrax **97**, 152.

7  **B. Maßgebliche Ansprüche.** Abzustellen ist bei Z 1 1. Halbs grundsätzlich auf die durch den Streitgegenstand bestimmte **konkrete Verpflichtung**, EuGH NJW **77**, 490 (Anm Geimer); BGH NJW **81**, 1905. Allerdings folgen Nebenverpflichtungen den Hauptverpflichtungen, EuGH NJW **87**, 1131 (Anm Geimer), BGH NJW **96**, 1819 u **94**, 2699. Für Schadensersatzansprüche wegen Vertragsverletzung besteht also der Gerichtsstand nach Z 1 1. Halbs am Erfüllungsort derjenigen Verpflichtung, welcher der Schuldner nicht ordnungsgemäß nachgekommen ist, Hamm RR **95**, 188; das gleiche gilt für **Rückabwicklungsansprüche**, Düss IPrax **87**, 236 (Schack ebd S 215), also für Rückforderungsansprüche nach Rücktritt, Kündigung, Wandlung usw. Steht der **Bestand des gesamten Vertrages** im Streit, bestimmt sich die Zuständigkeit nach dem Erfüllungsort jeder Hauptverpflichtung, Stgt IPrax **99**, 105 (abl Wolf ebd 85), Geimer NJW **77**, 493, Grunsky RIW **77**, 5, Kropholler 15, es sei denn, man streitet sich um eine Vertragsauflösung infolge Verletzung einer Hauptpflicht: dann entscheidet der Erfüllungsort dieser Hauptpflicht, Ffm **80**, 585, Kropholler aaO.

8  **C. Bestimmung des Erfüllungsortes.** Der nach Z 1 1. Halbs maßgebliche Erfüllungsort ist dem materiellen Recht zu entnehmen, das nach dem IPR des jeweiligen Forums auf die durch den Streitgegenstand bestimmte Verpflichtung anzuwenden ist, EuGH NJW **95**, 183 (Anm Geimer JZ **95**, 244) u **77**, 491 (beide m Anm Geimer), dazu Jayme IPrax **95**, 13, Geimer EuZW **95**, 518, str. Maßgeblich kann danach auch das von dem Gerichtsstaat ratifizierte internationale Vertragsrecht sein, zB das UN-Übk über den Warenkauf, EuGH aaO.

10  Beispiele: Zur Bestimmung des Erfüllungsorts nach UN-Kaufrecht EuGH NJW **95**, 183 zu BGH EuZW **92**, 514 (Anm Geimer JZ **95**, 245 u Jayme IPrax **95**, 13); zum Erfüllungsort bei Klagen aus einem Handelsvertretervertrag BGH NJW **88**, 966 u 1467, BAG RIW **87**, 464, zum Erfüllungsort bei einer Klage aus Anwaltsvertrag BGH NJW **91**, 3096 (dazu Roth ZZP **104**, 458) u aus Kaufvertrag über eine Arztpraxis Hamm NJW **95**, 187, zum Erfüllungsort bei einer Klage aus Werkvertrag BGH NJW **99**, 2443, Schlesw RR **93**, 314 u Köln JMBlNRW **83**, 176, und aus Werklieferungsvertrag EuGH NJW **95**, 183 zu BGH EuZW **92**, 514 (Anm Geimer JZ **95**, 245 u Jayme IPrax **95**, 13) vgl auch § 29 ZPO Rn 18 ff.

11  Eine **Erfüllungsortvereinbarung** ist für die Zuständigkeit nach Z 1 1. Halbs nur maßgeblich, wenn sie nach dem anwendbaren materiellen Recht zulässig ist, EuGH WM **80**, 720 (Anm Schütze), und wenn sie eine objektive Beziehung zu dem vertraglichen Leistungsaustausch hat; sie kann auch mündlich getroffen werden. „Abstrakte" Erfüllungsortvereinbarungen, die nur den Zweck haben, die gerichtliche Zuständigkeit zu beeinflussen, sind als Gerichtsstandsvereinbarungen zu behandeln und müssen den Anforderungen des Art 17 genügen, EuGH NJW **97**, 1431 (Anm Dietze/Schnichels EuZW **98**, 486, Holl RIW **97**, 418), BGH RR **98**, 755, Köln NJW **88**, 2183, Schack IPrax **96**, 248. Eine solche abstrakte Vereinbarung liegt aber nicht schon dann vor, wenn die Parteien überhaupt von dem gesetzlichen Erfüllungsort der lex causae abweichen wollten, EuGH aaO. Die Beweislast dafür, daß keine abstrakte Vereinbarung vorliegt, trägt der Kläger, Rauscher ZZP **104**, 306, Kropholler 23.

12  3) **Sonderregelung für Arbeitsverträge, Z 1 2. u 3. Halbs** (*GMP* Einl 220 ff; *Grunsky* § 1 Rn 5 ff). Die Bestimmungen, die durch das 3. BeitrittsÜbk 1989, Üb Art 1 Rn 3 eingefügt worden sind, kodifizieren im wesentlichen die vorangehende Rspr des EuGH, EuGH IPrax **83**, 173 (Anm Mezger ebd S 153), NJW **87**, 1131 (Anm Geimer), IPrax **87**, 173 (Anm Mezger ebd S 346), IPrax **90**, 173 (Anm Rauscher ebd S 52). Zu dem Begriff des **Arbeitsvertrages**, der Art 48 EGV und Art 6 EVÜ entspricht, vgl EuGH NJW **87**, 1131 (Anm Geimer), Mankowski BB **97**, 469. Maßgebliches Kriterium für die Abgrenzung zwischen 2. u 3. Halbs ist der gewöhnliche Arbeitsort, Mankowski IPrax **99**, 232 (eingehend). Nach der Rspr des EuGH ist er mit dem hauptsächlichen Arbeitsort gleichzusetzen, EuGH EuZW **97**, 143 (Anm Holl IPrax **97**, 86), krit Mankowski IPrax **99**, 332. Zum Begriff der Niederlassung, 3. Halbs, s Behr IPrax **89**, 323, Däubler RIW **87**, 251, Gamilscheg ZfA **83**, 334.

Z 1 3. Halbs begründet nur einen Gerichtsstand gegen den Arbeitgeber, nicht gegen den Arbeitnehmer, abw das LugÜbk, s Vorbem.

13  4) **Von Z 1 abw Regelungen für Luxemburg und die Schweiz.** Gegen Beklagte mit Wohnsitz oder Sitz in Luxemburg gilt Z 1 nur dann, wenn der Beklagte sich einläßt und nicht die Rüge der internationalen Unzuständigkeit erhebt, Art I des Protokolls v 27. 9. 68, Schlußanh V C 2. Für den Bereich des LugÜbk hat die Schweiz von dem Vorbehalt nach Art I a des 1. Protokolls, Schlußanh V D 2, Gebrauch gemacht, s dort.

14  5) **Klägergerichtsstand für Unterhaltssachen, Z 2** (*Rahm* VIII 231 ff; *Brückner*, Unterhaltsregreß im internationalen Privat- und Verfahrensrecht, 1994; *Jayme*, F Max Keller, 1989, S 451; *Fuchs*, IPrax **99**, 327).

**A. Allgemeines.** Wegen der besonderen Schutzwürdigkeit des potentiell Unterhaltsberechtigten begründet Z 2 für ihn einen Klägergerichtsstand, EuGH IPrax **98**, 354 (Anm Fuchs S 327), Jacobs Slg **97**, I–1150, der auch für Antragsteller im Verfahren des einstw Rechtsschutzes, zB nach § 644 ZPO, gilt. „**Unterhalt**" ist dabei weit zu verstehen; es bietet sich an, den Begriff nach dem Muster des Haager Übk über das auf Unterhaltspflichten anwendbare Recht v 23. 10. 73, BGBl 86 II 825 u 87 II 225, auszulegen. Unterhalt kann auch eine einmalige Pauschalleistung sein, EuGH EuZW **97**, 242 (Anm Dietze/Schnichels EuZW **98**, 485). Unter den Begriff fallen auch Prozeßkostenvorschüsse, zB nach § 127 a und § 621 f ZPO. Mit „Unterhalt" ist der gesetzlich geschuldete Unterhalt gemeint, § 23 b GVG I 2 Z 5 u 6. Bei Unterhaltsvereinbarungen kommt es darauf an, ob darin gesetzliche Pflichten bekräftigt oder modifiziert werden; andere Verträge fallen nicht unter Z 2, sondern unter Z 1.

**B. Einzelheiten.** Die Zuständigkeit nach Z 2 besteht für jeden, der auf Unterhalt klagt, also sowohl für **15** Erstklagen als auch für Änderungsklagen, EuGH IPrax **98**, 354 (Anm Fuchs S 327). „Wohnsitz" bestimmt sich nach Art 52, s dort; „gewöhnlicher Aufenthalt" ist iSv Art 4 des Haager UnterhÜbk, oben Rn 14, zu verstehen, vgl § 606 ZPO Rn 10, Hamm FamRZ **92**, 657 u **91**, 1466. Z 2 gilt nicht für Klagen von Behörden oder sonstigen Körperschaften, auf die der Unterhaltsanspruch übergegangen ist, zB nach § 91 BSHG oder § 7 UVG, Kropholler 41. Ob gleiches für private Zessionare gilt, ist str, Kropholler 12, vgl zu Art 13 EuGH NJW **93**, 1251.

**C. Verbundzuständigkeit.** Für im Verbund, zB nach § 623 ZPO geltend gemachte Unterhaltsansprüche **16** gilt der Gerichtsstand der EheS nach nationalem Recht, vgl § 606 ZPO; dies gilt nicht, wenn diese Zuständigkeit lediglich auf der Staatsangehörigkeit einer der Parteien beruht. Da Z 2 eine Verfahrenskonzentration bezweckt, ist diese Regelung auch auf die Klage auf Trennungsunterhalt während des Scheidungsverfahrens anzuwenden, aM KG RR **98**, 580.

**6) Tatortsgerichtsstand für Deliktsklagen, Z 3** (*Schwarz,* Der Gerichtsstand der unerlaubten Hand- **17** lung nach deutschem und internationalem Zivilprozeßrecht, 1991; *Heinrichs,* Die Bestimmung der gerichtlichen Zuständigkeit nach dem Begehungsort im nationalen und internationalen Zivilprozeßrecht, Diss Freiburg 1984).

**A. Allgemeines.** Der Begriff „unerlaubte Handlung" ist EuGVÜ-autonom auszulegen, EuGH RIW **99**, 57, NJW **88**, 3088 (Anm Geimer), dazu Schlosser RIW **88**, 987, Gottwald IPrax **89**, 272, EuGH EuZW **92**, 447. Danach muß es sich um Ansprüche handeln, mit denen eine Schadenshaftung geltend gemacht wird und die nicht an einen Vertrag anknüpfen. **Beispiele:** Produkthaftungsansprüche, EuGH JZ **95**, 90 (Anm Peifer), Umwelthaftungsansprüche, EuGH NJW **77**, 493, Ansprüche aus unlauterem Wettbewerb, BGH NJW **88**, 1466, Mü RR **94**, 190, Ansprüche wegen Persönlichkeitsverletzung, zB durch die Presse, EuGH NJW **95**, 1881, Verletzung von Schutzgesetzen, EuGH **98**, 273. Geschütztes Rechtsgut kann auch das Vermögen sein, Kiethe NJW **94**, 223. Unter Z 3 fallen auch Ansprüche aus Gefährdungshaftung, Lorenz IPrax **93**, 45, abw Goette DStR **97**, 505. Hierhin gehören auch Ansprüche wegen ungerechtfertigter Vollstreckung von Titeln, zB nach §§ 717 II oder 645 ZPO, Robe IPrax **97**, 14, ebenso Ansprüche auf Gegendarstellung in Medien, Stadler JZ **94**, 648. – Nicht von Z 3 erfaßt werden dagegen Bereicherungsansprüche, Lorenz IPrax **93**, 46, Kropholler 51, und Anfechtungsklagen eines Gläubigers, EuGH IPrax **93**, 26 (Anm Schlosser ebd S 17).

**B. Ort des schädigenden Ereignisses.** Dies kann sowohl der Handlungsort als auch der Erfolgsort sein, **18** EuGH in stRspr seit NJW **77**, 493.

**a) Handlungsort.** Es handelt sich um den Ort, an dem der potentielle Täter die zum Schaden führende Handlung vorgenommen hat oder an dem vom Täter benutzte Hilfsmittel eine Schadensursache setzen; Vorbereitungshandlungen bleiben außer Betracht, Hohloch IPrax **97**, 312. Bei Pressedelikten ist Handlungsort der Ort, an dem der Herausgeber sich niedergelassen hat, EuGH NJW **95**, 1881.

**b) Erfolgsort.** Dies ist der Ort, an dem die Verletzung des primär geschützten Rechtsgutes eintritt, **19** EuGH NJW **95**, 1881. Immaterielle Rechtsgüter werden überall dort verletzt, wo das Medium bestimmungsgemäß verbreitet wird, EuGH aaO. Der Ort, an dem sich der Schaden im Vermögen des Geschädigten auswirkt, ist dagegen grundsätzlich ohne Bedeutung, wenn primär geschütztes Rechtsgut nicht das Vermögen ist, EuGH RIW **99**, 57, NJW **91**, 631, EuZW **95**, 765 (Anm Holl), dazu Hohloch IPrax **97**, 312, Geimer JZ **95**, 1108, bei Vermögensdelikten ist der Vermögensschaden Primärschaden, Kiethe NJW **94**, 225, Ahrens IPrax **90**, 132 (zu Lokalisierungsfragen bei Anlagebetrug Stgt RIW **98**, 809, Mankowski EWiR **98**, 1086). Ist der Schaden in mehreren Staaten eingetreten, so sind die Gerichte der einzelnen Erfolgsorte nur für die Entscheidung über diejenigen Schäden zuständig, die in ihrem Sitzstaat eingetreten sind, EuGH NJW **95**, 1881, krit Kreuzer/Klötgen IPrax **97**, 90.

**C. Vorbeugende Unterlassungsklage.** Für sie gilt Z 3, Mankowski EWS **94**, 307, Behr GRURint **92**, **20** 607, BGH EWS **94**, 215. Geht es darum, eine Wiederholungstat zu verhindern, sind Handlungs- und Erfolgsort des zuvor begangenen Delikts heranzuziehen, Müller-Feldhammer EWS **98**, 170; andernfalls sind insofern die Grundsätze zu berücksichtigen, die die nationalen Rechte der EuGVÜ-Staaten dazu entwickelt haben, Mankowski aaO.

**7) Gerichtsstand für Adhäsionsverfahren vor Strafgerichten, Z 4** (*Kohler,* in: *Will,* Schadensersatz **21** im Strafverfahren, 1990, S 74).

Der Gerichtsstand hängt davon ab, daß die Adhäsionsklage des Verletzten nach dem jeweiligen nationalen Recht zulässig ist, in Deutschland also nach den §§ 403 ff StPO. Voraussetzung ist ein anhängiges Strafverfahren. Bestimmte Verfahrensgrundsätze enthält Art II des Protokolls v 27. 9. 68, Schlußanh V C 2.

**8) Gerichtsstand der Niederlassung, Z 5** **22**

**A. Allgemeines.** In Anlehnung an § 21 ZPO begründet Z 5 einen Gerichtsstand der Niederlassung für Klagen gegen deren Träger, nicht auch für dessen Klagen. Zum Begriff der Niederlassung s EuGH RIW **79**, 56, NJW **88**, 625, dazu Geimer RIW **88**, 220, Kronke IPrax **89**, 81. Entscheidend sind die Leitung durch ein Stammhaus, eine hinreichende Ausstattung und die Kompetenz zum Auftreten nach außen. Maßgebend dafür ist der für Dritte erweckte Rechtsschein, dh die unternehmensexterne Perspektive eines objektiven Beobachters, EuGH NJW **88**, 625. Auf die rechtliche Unselbständigkeit der Niederlassung kommt es nicht an, so daß auch formellrechtlich selbständige Tochtergesellschaften Niederlassungen iSv Z 5 sind, Geimer RIW **92**, 60, Mankowski RIW **96**, 1004, aM Mü RR **93**, 701, Schlesw WM **97**, 991. Unerheblich ist auch die Eintragung der Niederlassung in ein örtliches Register, Kropholler 81. Abzustellen ist vielmehr auf die Unterordnung für die Zwecke des konkreten Vertrages, so daß im Einzelfall sogar eine Muttergesellschaft als Niederlassung ihrer Tochtergesellschaft anzusehen sein kann, EuGH NJW **88**, 625. Z 5 gilt nicht nur für

Gesellschaften oder Einzelkaufleute, sondern auch für freie Berufe, Geimer WM **76**, 148. Maßgeblicher Zeitpunkt für das Bestehen einer Niederlassung ist die Klagerhebung, MüKoGo 45, aM Saarbr RIW **80**, 796 (Schluß der mündl Verh).

23   **Beispiele:** Nicht unter Z 5 fallen ein Alleinvertriebshändler, EuGH NJW **77**, 1477, und ein Handelsvertreter, der seine Tätigkeit frei gestalten kann, EuGH IPrax **82**, 64 (Anm Linke ebd S 46), dazu MüKoGo 41; jedoch kann agrd des Eindrucks, den ein objektiver Beobachter empfängt, oben Rn 22, etwas anderes gelten, zB kann ein Abschlußvertreter oder Vertragshändler gegenüber dem Kunden als Teil der Vertriebsorganisation des Herstellers erscheinen, Mankowski RIW **96**, 1005.

24   **B. Voraussetzungen.** Die Klagforderung muß aus dem Betrieb der Niederlassung herrühren, so daß Forderungen aus einem unmittelbaren Kontakt mit dem Stammhaus oder einer anderen Niederlassung nicht am Ort der Niederlassung verfolgt werden können. Der Erfüllungsort einer im Betrieb der Niederlassung begründeten Forderung braucht nicht am Ort der Niederlassung zu liegen, EuGH RIW **95**, 585; die Gerichtsstände nach Z 5 und Z 1 1. Halbs können nebeneinander in demselben Staat oder in verschiedenen Staaten bestehen. Z 5 gilt nicht nur für vertragliche Forderungen, sondern auch für deliktische und sonstige gesetzliche Forderungen, sofern sie ihren Grund im Betrieb der Niederlassung haben.

25   **9) Trust-Klagen, Z 6.** Die Bestimmung betrifft die im angelsächsischen Rechtsbereich vorgesehenen trust-Klagen, vgl dazu MüKoGo 46 ff, Kropholler 85 ff.

26   **10) Arrestforum für Ansprüche auf Berge- und Hilfslohn, Z 7** (*Kropholler* RIW **86**, 931).
Die Regelung steht in Zusammenhang mit Art 7 I e des Brüsseler Übk über den Arrest in Seeschiffe v 10. 5. 52, BGBl 72 II 655, und der seerechtlichen Haftung von Schiff und Ladung für Berge- und Hilfslohn, §§ 740 ff HGB. Wegen der Einzelheiten s MüKoGo 52 ff, Kropholler 95 ff. Hat der Reeder einen Berge- oder Hilfevertrag geschlossen, fällt der Streit nicht unter Z 7, sondern unter Z 1 1. Halbs, oben Rn 3 ff.

*Art. 6.* Eine Person, die ihren Wohnsitz in dem Hoheitsgebiet eines Vertragsstaats hat, kann auch verklagt werden:
1. wenn mehrere Personen zusammen verklagt werden, vor dem Gericht, in dessen Bezirk einer der Beklagten seinen Wohnsitz hat;
2. wenn es sich um eine Klage auf Gewährleistung oder um eine Interventionsklage handelt, vor dem Gericht des Hauptprozesses, es sei denn, daß diese Klage nur erhoben worden ist, um diese Person dem für sie zuständigen Gericht zu entziehen;
3. wenn es sich um eine Widerklage handelt, die auf denselben Vertrag oder Sachverhalt wie die Klage selbst gestützt wird, vor dem Gericht, bei dem die Klage selbst anhängig ist;
4. wenn ein Vertrag oder Ansprüche aus einem Vertrag den Gegenstand des Verfahrens bilden und die Klage mit einer Klage wegen dinglicher Rechte an unbeweglichen Sachen gegen denselben Beklagten verbunden werden kann, vor dem Gericht des Vertragsstaats, in dem die unbewegliche Sache belegen ist.

**Vorbem.** Im Bereich des LuganoÜbk, Üb Art 1 Rn 6, gilt Z 2 mit der Einschränkung nach Art V Protokoll Nr 1, Schlußanh V D 2.

1   **Bem.** Nach **Z 1** muß im Zeitpunkt des Anhängigwerdens zwischen den verschiedenen Klagen eines Klägers gegen mehrere Beklagte ein Zusammenhang bestehen, der eine gemeinsame Entscheidung als geboten erscheinen läßt, EuGH EuZW **99**, 59, NJW **88**, 3088 (Anm Gottwald IPrax **89**, 272, Schlosser RIW **88**, 987) zu BGH WertpMitt **87**, 883 (Vorlagebeschluß), zustm Geimer NJW **88**, 3089, Düss RIW **96**, 681 (dazu Thorn IPrax **97**, 98). Die Zuständigkeit nach **Z 2** (dazu EuGH NJW **91**, 2621, zustm Coester-Waltjen IPrax **92**, 290) kann in der BRep nicht geltend gemacht werden, **Art V** (1) Schlußprot, unten V C 2; Entscheidungen, die in anderen Vertragsstaaten ergehen, werden aber nach Titel III anerkannt und vollstreckt, Art V (2) Schlußprot. Die Annexzuständigkeit birgt also für den deutschen Beklagten nicht unerhebliche Gefahren. Zum Verhältnis von Z 1 u 2 zu Art 17 vgl BGH NJW **88**, 646 (Art 17 I geht Z 1 vor), Mezger IPrax **84**, 331. Die in **Z 3** enthaltene Regelung geht nicht über § 33 ZPO hinaus, vgl BGH NJW **81**, 2645 mwN, krit Geimer NJW **86**, 2993, zustm v. Falkenhausen RIW **82**, 389, abw Kropholler Rdz 19; zur Zuständigkeit nach Z 3 für eine Widerklage, die im Nachverf eines Scheckprozesses erhoben wird, vgl AG Mainz LS IPrax **83**, 299, zustm Jayme, zu LG Mainz IPrax **84**, 100, abl Jayme. Z 3 gilt nicht für die verteidigungsmäßige Geltendmachung einer Gegenforderung, EuGH NJW **96**, 42 (Anm Philip IPrax **97**, 97, Bacher NJW **96**, 2140, Geimer EuZW **95**, 640, Mankowski ZZP **109**, 376, Gebauer IPrax **98**, 76), diff Wagner IPrax **99**, 65, abw BGH NJW **93**, 2754 mwN, ua EuGH NJW **85**, 2892 u 2893, **79**, 1100, dazu Kindler IPrax **96**, 18, Leipold ZZP **107**, 216 (vgl Kannengießer, Die Aufrechnung im internationalen Privat- v VerfR, 1998, S 157). **Z 4** ist aus dem Lugano-Übk, Üb Art 1 Rn 6, übernommen worden. Sie ist nur anwendbar, wenn nach dem Recht des Belegenheitsstaates die schuldrechtliche Klage mit der dinglichen Klage verbunden werden kann, für das deutsche Recht also in den Fällen des § 25 ZPO.

*Art. 6 a.* Ist ein Gericht eines Vertragsstaats nach diesem Übereinkommen zur Entscheidung in Verfahren wegen einer Haftpflicht aufgrund der Verwendung oder des Betriebs eines Schiffes zuständig, so entscheidet dieses oder ein anderes, an seiner Stelle durch das Recht dieses Staates bestimmtes Gericht auch über Klagen auf Beschränkung dieser Haftung.

1   **Bem.** Vgl Kropholler RIW **86**, 931.

### 3. Abschnitt. Zuständigkeit für Versicherungssachen

*Art. 7.* Für Klagen in Versicherungssachen bestimmt sich die Zuständigkeit vorbehaltlich des Artikels 4 und des Artikels 5 Nr. 5 nach diesem Abschnitt.

1   **Bem.** Zu Art 7 ff vgl BBGS 606.87–113; Martiny Rdz 176–181; Geimer RIW **80**, 305; Looschelders IPrax **98**, 86; Fricke VersR **97**, 100.

*Art. 8.* ¹Der Versicherer, der seinen Wohnsitz in dem Hoheitsgebiet eines Vertragsstaats hat, kann verklagt werden:
1. vor den Gerichten des Staates, in dem er seinen Wohnsitz hat,
2. in einem anderen Vertragsstaat vor dem Gericht des Bezirks, in dem der Versicherungsnehmer seinen Wohnsitz hat, oder,
3. falls es sich um einen Mitversicherer handelt, vor dem Gericht eines Vertragsstaats, bei dem der federführende Versicherer verklagt wird.

II Hat ein Versicherer in dem Hoheitsgebiet eines Vertragsstaats keinen Wohnsitz, besitzt er aber in einem Vertragsstaat eine Zweigniederlassung, Agentur oder sonstige Niederlassung, so wird er für Streitigkeiten aus ihrem Betrieb so behandelt, wie wenn er seinen Wohnsitz in dem Hoheitsgebiet dieses Staates hätte.

**Bem.** Vgl Geimer NJW **86**, 2992, Kohler IPrax **87**, 203, Kropholler RIW **86**, 932. Der Kläger muß 1 Versicherungsnehmer sein; der Umstand, daß er Versicherter oder Versicherungsbegünstigter ist, kann einen Gerichtsstand nach Art 8 nicht begründen, BGH **74**, 248, krit Geimer RIW **80**, 305.

*Art. 9.* ¹Bei der Haftpflichtversicherung oder bei der Versicherung von unbeweglichen Sachen kann der Versicherer außerdem vor dem Gericht des Ortes, an dem das schädigende Ereignis eingetreten ist, verklagt werden. ²Das gleiche gilt, wenn sowohl bewegliche als auch unbewegliche Sachen in ein und demselben Versicherungsvertrag versichert und von demselben Schadensfall betroffen sind.

*Art. 10.* ¹ Bei der Haftpflichtversicherung kann der Versicherer auch vor das Gericht, bei dem die Klage des Geschädigten gegen den Versicherten anhängig ist, geladen werden, sofern dies nach dem Recht des angerufenen Gerichts zulässig ist.

II Auf eine Klage, die der Verletzte unmittelbar gegen den Versicherer erhebt, sind die Artikel 7 bis 9 anzuwenden, sofern eine solche unmittelbare Klage zulässig ist.

III Sieht das für die unmittelbare Klage maßgebliche Recht die Streitverkündung gegen den Versicherungsnehmer oder den Versicherten vor, so ist dasselbe Gericht auch für diese Person zuständig.

**Bem.** Einschränkung für die BRep in Art V Schlußprot, Schlußanh V C 2, für die BRep, Spanien, 1 Österreich und die Schweiz in Art V des Protokolls Nr 1 zum LuganoÜbk, Schlußanh V D 2.

*Art. 11.* ¹ Vorbehaltlich der Bestimmungen des Artikels 10 Absatz 3 kann der Versicherer nur vor den Gerichten des Vertragsstaats klagen, in dessen Hoheitsgebiet der Beklagte seinen Wohnsitz hat, ohne Rücksicht darauf, ob dieser Versicherungsnehmer, Versicherter oder Begünstigter ist.

II Die Vorschriften dieses Abschnitts lassen das Recht unberührt, eine Widerklage vor dem Gericht zu erheben, bei dem die Klage selbst gemäß den Bestimmungen dieses Abschnitts anhängig ist.

*Art. 12.* Von den Vorschriften dieses Abschnitts kann im Wege der Vereinbarung nur abgewichen werden:
1. wenn die Vereinbarung nach der Entstehung der Streitigkeit getroffen wird,
2. wenn sie dem Versicherungsnehmer, Versicherten oder Begünstigten die Befugnis einräumt, andere als die in diesem Abschnitt angeführten Gerichte anzurufen,
3. wenn sie zwischen einem Versicherungsnehmer und einem Versicherer, die zum Zeitpunkt des Vertragsabschlusses ihren Wohnsitz oder gewöhnlichen Aufenthalt in demselben Vertragsstaat haben, getroffen ist, um die Zuständigkeit der Gerichte dieses Staates auch für den Fall zu begründen, daß das schädigende Ereignis im Ausland eingetreten ist, es sei denn, daß eine solche Vereinbarung nach dem Recht dieses Staates nicht zulässig ist,
4. wenn sie von einem Versicherungsnehmer abgeschlossen ist, der seinen Wohnsitz nicht in einem Vertragsstaat hat, ausgenommen soweit sie eine Versicherung, zu deren Abschluß eine gesetzliche Verpflichtung besteht, oder die Versicherung von unbeweglichen Sachen in einem Vertragsstaat betrifft, oder
5. wenn sie einen Versicherungsvertrag betrifft, soweit dieser eines oder mehrere der in Artikel 12 a aufgeführten Risiken deckt.

**Bem.** Zur Formgültigkeit von Gerichtsstandsvereinbarungen zugunsten Begünstigter, Z 2, vgl EuGH 1 RIW **84**, 62 (dazu Geimer NJW **85**, 533, Hübner IPrax **84**, 238), Bem zu Art 17. Zu Z 3–5 vgl Kohler IPrax **87**, 203.

*Art. 12a.* Die in Artikel 12 Nummer 5 erwähnten Risiken sind die folgenden:
1. sämtliche Schäden
   a) an Seeschiffen, Anlagen vor der Küste und auf hoher See oder Luftfahrzeugen aus Gefahren, die mit ihrer Verwendung zu gewerblichen Zwecken verbunden sind,
   b) an Transportgütern, ausgenommen Reisegepäck der Passagiere, wenn diese Güter ausschließlich oder zum Teil mit diesen Schiffen oder Luftfahrzeugen befördert werden;
2. Haftpflicht aller Art, mit Ausnahme der Haftung für Personenschäden an Passagieren oder Schäden an deren Reisegepäck,
   a) aus der Verwendung oder dem Betrieb von Seeschiffen, Anlagen oder Luftfahrzeugen gemäß Nummer 1 Buchstabe a, es sei denn, daß nach den Rechtsvorschriften des Vertrags-

staats, in dem das Luftfahrzeug eingetragen ist, Gerichtsstandsvereinbarungen für die Versicherung solcher Risiken untersagt sind,
  b) für Schäden, die durch Transportgüter während einer Beförderung im Sinne der Nummer 1 Buchstabe b verursacht werden;
3. finanzielle Verluste in Zusammenhang mit der Verwendung oder dem Betrieb von Seeschiffen, Anlagen oder Luftfahrzeugen gemäß Nummer 1 Buchstabe a, insbesondere Fracht- oder Charterverlust;
4. irgendein zusätzliches Risiko, das mit einem der unter Nummern 1 bis 3 genannten Risiken in Zusammenhang steht.

1 **Bem.** Vgl Kohler IPrax 87, 203.

### 4. Abschnitt. Zuständigkeit für Verbrauchersachen

**Art. 13.** I Für Klagen aus einem Vertrag, den eine Person zu einem Zweck abgeschlossen hat, der nicht der beruflichen oder gewerblichen Tätigkeit dieser Person (Verbraucher) zugerechnet werden kann, bestimmt sich die Zuständigkeit, unbeschadet des Artikels 4 und des Artikels 5 Nummer 5, nach diesem Abschnitt,
1. wenn es sich um den Kauf beweglicher Sachen auf Teilzahlung handelt,
2. wenn es sich um ein in Raten zurückzuzahlendes Darlehen oder ein anderes Kreditgeschäft handelt, das zur Finanzierung eines Kaufs derartiger Sachen bestimmt ist, oder
3. für andere Verträge, wenn sie die Erbringung einer Dienstleistung oder die Lieferung beweglicher Sachen zum Gegenstand haben, sofern
  a) dem Vertragsabschluß in dem Staat des Wohnsitzes des Verbrauchers ein ausdrückliches Angebot oder eine Werbung vorausgegangen ist und
  b) der Verbraucher in diesem Staat die zum Abschluß des Vertrages erforderlichen Rechtshandlungen vorgenommen hat.

II Hat der Vertragspartner des Verbrauchers in dem Hoheitsgebiet eines Vertragsstaats keinen Wohnsitz, besitzt er aber in einem Vertragsstaat eine Zweigniederlassung, Agentur oder sonstige Niederlassung, so wird er für Streitigkeiten aus ihrem Betrieb so behandelt, wie wenn er seinen Wohnsitz in dem Hoheitsgebiet dieses Staates hätte.

III Dieser Abschnitt ist nicht auf Beförderungsverträge anzuwenden.

1 **Bem.** Zu Art 13 ff vgl Jayme F Nagel, 1987, S 128, Kohler IPrax 87, 203, Kropholler RIW 86, 933, Geimer RIW 80, 305 (aF) u NJW 86, 2992 (nF). Die besonderen Zuständigkeitsregeln der Art 13 u 14 enthalten, abgesehen von dem Vorbehalt der Art 4 und 5 Z 5, eine abschließende Zuständigkeitsregelung, Mankowski RIW 96, 1005 mwN. Sie gelten nur dann, wenn die andere Vertragspartei ihren Wohnsitz in einem Mitgliedstaat hat oder II eingreift, EuGH EuZW 94, 766 (Anm Rainer WiB 94, 882) zu BGH EuZW 93, 518, BGH NJW 95, 1225. Begriff des Verbrauchers: Kblz RR 88, 1335. Einem Kläger, der nicht selbst der an einem der in I aufgeführten Verträge beteiligte Verbraucher ist (zB dem Zessionar), kommen die besonderen Zuständigkeitsregeln, Art 13–15, nicht zugute, EuGH NJW 93, 1251 (zu BGH NJW 91, 1632), BGH NJW 93, 2684, dazu Koch IPrax 95, 71 u Schnichels/Dietze EuZW 94, 368. Ein auf künftige Geschäftstätigkeit gerichteter Vertrag gehört nicht hierhin, EuGH JZ 98, 896 (Anm Mankowski), dazu Dietze/Schnichels EuZW 98, 487. Begriff des Teilzahlungskaufs, I Z 1: EuGH ZIP 99, 1323; Begriff des Kaufs beweglicher Sachen, I Z 1 u 2: Vorlagebeschluß BGH NJW 97, 2685 u 98, 666 (dazu Kappus NJW 97, 2653), LG Darmst RR 94, 684. Zu I Z 3: Kontrakte mit Brokern über Börsentermingeschäfte gehören idR hierhin, EuGH NJW 93, 1251 u ZIP 94, 1632, BGH WM 91, 360. Die Merkmale von Z 3 entsprechen denen des Art 29 I Z 1 EGBGB, PalHeldr Art 29 Rn 2 – zu II vgl Mü RR 93, 701 (Anm Geimer RIW 94, 59). Zu III Jayme IPrax 93, 43; Pauschalreiseverträge fallen unter I Z 3, weil für sie der Ausschluß in III nicht gilt, LG Konstanz RR 93, 638, zustm Thorn IPrax 94, 426.

**Art. 14.** I Die Klage eines Verbrauchers gegen den anderen Vertragspartner kann entweder vor den Gerichten des Vertragsstaats erhoben werden, in dessen Hoheitsgebiet dieser Vertragspartner seinen Wohnsitz hat, oder vor den Gerichten des Vertragsstaats, in dessen Hoheitsgebiet der Verbraucher seinen Wohnsitz hat.

II Die Klage des anderen Vertragspartners gegen den Verbraucher kann nur vor den Gerichten des Vertragsstaats erhoben werden, in dessen Hoheitsgebiet der Verbraucher seinen Wohnsitz hat.

III Diese Vorschriften lassen das Recht unberührt, eine Widerklage vor dem Gericht zu erheben, bei dem die Klage selbst gemäß den Bestimmungen dieses Abschnitts anhängig ist.

1 **Bem.** S Art 13 Rn 1. Bei einer in Deutschland erhobenen Klage richtet sich die örtliche Zuständigkeit nach deutschem Recht, BGH NJW 95, 1225, Mü RR 93, 702 (Anm Geimer RIW 94, 59), LG Konstanz RR 93, 638. Zu I (2. Alt) s EuGH EuZW 94, 766 zu BGH EuZW 93, 518 (Art 13 Rn 1).

**Art. 15.** Von den Vorschriften dieses Abschnitts kann im Wege der Vereinbarung nur abgewichen werden:
1. wenn die Vereinbarung nach der Entstehung der Streitigkeit getroffen wird,
2. wenn sie dem Verbraucher die Befugnis einräumt, andere als die in diesem Abschnitt angeführten Gerichte anzurufen, oder
3. wenn sie zwischen einem Verbraucher und seinem Vertragspartner getroffen ist, die zum Zeitpunkt des Vertragsabschlusses ihren Wohnsitz oder gewöhnlichen Aufenthalt in demselben Vertragsstaat haben, und die Zuständigkeit der Gerichte dieses Staates begründet, es sei denn, daß eine solche Vereinbarung nach dem Recht dieses Staates nicht zulässig ist.

## 5. Abschnitt. Ausschließliche Zuständigkeiten

**Art. 16.** Ohne Rücksicht auf den Wohnsitz sind ausschließlich zuständig:
1. a) für Klagen, welche dingliche Rechte an unbeweglichen Sachen sowie die Miete oder Pacht von unbeweglichen Sachen zum Gegenstand haben, die Gerichte des Vertragsstaats, in dem die unbewegliche Sache belegen ist;
   b) für Klagen betreffend die Miete oder Pacht unbeweglicher Sachen zum vorübergehenden privaten Gebrauch für höchstens sechs aufeinanderfolgende Monate sind jedoch auch die Gerichte des Vertragsstaats zuständig, in dem der Beklagte seinen Wohnsitz hat, sofern der Eigentümer und der Mieter oder Pächter natürliche Personen sind und ihren Wohnsitz in demselben Vertragsstaat haben;
2. für Klagen, welche die Gültigkeit, die Nichtigkeit oder die Auflösung einer Gesellschaft oder juristischen Person oder der Beschlüsse ihrer Organe zum Gegenstand haben, die Gerichte des Vertragsstaats, in dessen Hoheitsgebiet die Gesellschaft oder juristische Person ihren Sitz hat;
3. für Klagen, welche die Gültigkeit von Eintragungen in öffentliche Register zum Gegenstand haben, die Gerichte des Vertragsstaats, in dessen Hoheitsgebiet die Register geführt werden;
4. für Klagen, welche die Eintragung oder die Gültigkeit von Patenten, Warenzeichen, Mustern und Modellen sowie ähnlicher Rechte, die einer Hinterlegung oder Registrierung bedürfen, zum Gegenstand haben, die Gerichte des Vertragsstaats, in dessen Hoheitsgebiet die Hinterlegung oder Registrierung beantragt oder vorgenommen worden ist oder auf Grund eines zwischenstaatlichen Übereinkommens als vorgenommen gilt;
5. für Verfahren, welche die Zwangsvollstreckung aus Entscheidungen zum Gegenstand haben, die Gerichte des Vertragsstaats, in dessen Hoheitsgebiet die Zwangsvollstreckung durchgeführt werden soll oder durchgeführt worden ist.

**Vorbem.** Art 16 LuganoÜbk, Üb Art 1 Rn 6, weicht insofern ab, als es in Z 1 b am Schluß heißt „sofern es sich bei dem Mieter oder Pächter um eine natürliche Person handelt und weder die eine noch die andere Partei ihren Wohnsitz in dem Vertragsstaat hat, in dem die unbewegliche Sache belegen ist"; vgl dazu MüKoGo 12, Dietze/Schnichels NJW **95**, 2275. Frankreich und Griechenland haben einen Vorbehalt, Art 1 b des Protokolls Nr 1, erklärt, s dortige Bem.

**Bem.** Vgl zu Z 1 Lorenz IPrax **90**, 292, Rauscher NJW **85**, 892, Schlosser, Gedächtnisschrift R. Bruns, **1** 1980, S 58–64, Trenk-Hinterberger ZMR **78**, 165, zu Z 4 Vivant RIW **91**, 27.

Z 1 gilt nur dann, wenn die unbewegliche Sache in dem Hoheitsgebiet eines Vertragsstaates liegt. In diesem Fall sind keine Vereinbarungen möglich, Art 17 III, dazu Mü RR **88**, 1023; ebenso ist der allgemeine Gerichtsstand des Beklagten ausgeschlossen, so daß der Rechtsstreit ohne Rücksicht auf den Wohnsitz der Parteien und den Ort des Vertragsschlusses vor dem Gericht der Belegenheit der Sache zu führen ist, Mankowski EuZW **96**, 177 (zu LG Darmstadt EuZW **96**, 191), LG Aachen NJW **84**, 1308 mwN, wenn nicht Z 1 b eingreift. Ist Art 16 nicht anwendbar, bleibt es bei Art 2, BGH NJW **90**, 318, zustm Nagel EuZW **90**, 38.

Unter Z 1 fallen alle Rechtsstreitigkeiten, die aus einem Miet- oder Pachtverhältnis herrühren, zB auch über Zahlungsansprüche, EuGH NJW **85**, 905, zustm Rauscher NJW **85**, 892, Mü RR **88**, 1023, krit Geimer RIW **86**, 136, ohne Rücksicht darauf, auf welche Anspruchsgrundlage die Kl gestützt wird, LG Bochum RIW **86**, 135, zustm Geimer; etwas anderes gilt für eine Klage auf Entschädigung für gezogene Nutzungen einer Wohnung nach fehlgeschlagener Eigentumsübertragung, EuGH NJW **95**, 37 (Anm Ulmer IPrax **95**, 72), und für Rechtsstreitigkeiten, die sich nur mittelbar auf die Nutzung der Mietsache beziehen, zB wegen entgangener Urlaubsfreude, EuGH NJW **85**, 905. Bezieht sich der Vertrag auf mehrere, in verschiedenen Vertragsstaaten belegene Grundstücke, sind die Gerichte dieser Staaten jeweils für den in deren Hoheitsgebiet liegenden Teil zuständig, EuGH IPrax **91**, 44, krit Kreuzer IPrax **91**, 25. Für Verbandsklagen gelten §§ 13 ff AGB-G gilt Z 1 nicht, BGH NJW **90**, 318, zustm Nagel EuZW **90**, 38 u Lorenz IPrax **90**, 292, krit Jayme/Kohler IPrax **90**, 355. Das gleiche gilt für eine Gläubigeranfechtung hinsichtlich der Verfügung über ein dingliches Recht, EuGH EuZW **90**, 134, zustm Schlosser IPrax **91**, 29. Zur Frage, ob Z 1 für gezogene Nutzungen einer Wohnung nach gescheiterter Eigentumsübertragung gilt, s Ffm EuZW **93**, 776 (Vorlagebeschluß).

Nicht unter Z 1 fällt der Streit über die Rückübertragung des Eigentums an einem Grundstück, LG Bonn **2** IPrax **97**, 184, und der Streit aus einem Vertrag über die Verpachtung eines Ladengeschäfts, das in einer vom Verpächter von einem Dritten gemieteten unbeweglichen Sache betrieben wird, EuGH LS NJW **78**, 1107 (dazu Rauscher NJW **85**, 897), wobei offen ist, ob das gleiche allgemein für den Streit über die (Unter-) Pacht eines Ladengeschäfts gilt, Düss JR **91**, 244. Dagegen gilt Z 1 a auch für den Streit aus der Vermietung einer Ferienwohnung, EuGH NJW **85**, 905, krit Rauscher NJW **85**, 892, ferner Kreuzer IPrax **86**, 75 sowie Busl ZMR **91**, 167 u EuZW **90**, 456, Hüßtege NJW **90**, 622, LG Darmstadt EuZW **96**, 191 m Anm Jayme IPrax **96**, 87 u Mankowski EuZW **96**, 177 (Timesharing-Vertrag); zur internationalen Zuständigkeit der Gerichte von Drittstaaten in diesen Fällen aaO, Grundmann IPrax **85**, 249, offen gelassen BGH NJW **90**, 318. Jedoch schafft Z 1 b für solche Streitigkeiten einen zusätzlichen Gerichtsstand am Wohnsitz des Beklagten, wenn die in Z 1 b genannten Voraussetzungen erfüllt sind (weitergehend das Lugano-Übk, Üb Art 1 Rn 5), vgl Schnichels/Dietze EuZW **94**, 369. Z 1 gilt nicht für den Vertrag über die Vermietung eines Ferienhauses durch einen deutschen Reiseveranstalter, EuGH NJW **92**, 1029 (Vorlagebeschluß LG Köln NJW **90**, 2584), dazu Kartzke NJW **94**, 823, Jayme IPrax **93**, 18 u Huff EuZW **92**, 221, BGH IPrax **93**, 248, dazu Lindacher IPrax **93**, 228 (Verbandsklage); vgl auch LG Ffm IPrax **92**, 241 u LG Bln MDR **91**, 1084, zu beiden Entscheidungen Endler IPrax **92**, 213. Nicht unter Z 1 fällt die Feststellung, daß jemand eine Sache als „trustee" hält, EuGH EuZW **94**, 634.

Zur Auslegung des Begriffs des Rechtsstreits, der „die Eintragung oder die Gültigkeit von Patenten ... **3** zum Gegenstand (hat)", Z 4, vgl EuGH RIW **84**, 483, dazu Stauder IPrax **85**, 76.

Z 5 gilt auch für Klagen nach § 767 ZPO, und die Vollstreckung aus einer Urkunde, Hbg IPrax **99**, 168, jedoch darf vor dem danach zuständigen Gericht nicht die Aufrechnung mit einer Forderung geltend gemacht werden, für deren selbständige Geltendmachung die Gerichte dieses Vertragsstaates nicht zuständig wären, EuGH NJW **85**, 2892, dazu Geimer IPrax **86**, 208. Nicht unter Z 5 fällt eine Gläubigeranfechtungsklage, EuGH EuZW **92**, 447, dazu Schlosser IPrax **93**, 17, wohl aber eine VollstrAbwehrklage, Hbg IPrax **99**, 168, dazu Geimer ebd 152.

### 6. Abschnitt. Vereinbarung über die Zuständigkeit

*Art. 17.* <sup>I 1</sup>Haben die Parteien, von denen mindestens eine ihren Wohnsitz in dem Hoheitsgebiet eines Vertragsstaats hat, vereinbart, daß ein Gericht oder die Gerichte eines Vertragsstaats über eine bereits entstandene Rechtsstreitigkeit oder über eine künftige aus einem bestimmten Rechtsverhältnis entspringende Rechtsstreitigkeit entscheiden sollen, so sind dieses Gericht oder die Gerichte dieses Staates ausschließlich zuständig. ²Eine solche Gerichtsstandsvereinbarung muß geschlossen werden

a) schriftlich oder mündlich mit schriftlicher Bestätigung,
b) in einer Form, welche den Gepflogenheiten entspricht, die zwischen den Parteien entstanden sind, oder
c) im internationalen Handel in einer Form, die einem Handelsbrauch entspricht, den die Parteien kannten oder kennen mußten und den die Parteien von Verträgen dieser Art in dem betreffenden Geschäftszweig allgemein kennen und regelmäßig beachten.

³Wenn eine solche Vereinbarung von Parteien geschlossen wurde, die beide ihren Wohnsitz nicht im Hoheitsgebiet eines Vertragsstaats haben, so können die Gerichte der anderen Vertragsstaaten nicht entscheiden, es sei denn, das vereinbarte Gericht oder die vereinbarten Gerichte haben sich rechtskräftig für unzuständig erklärt.

<sup>II</sup> Ist in schriftlich niedergelegten *trust*-Bedingungen bestimmt, daß über Klagen gegen einen Begründer, *trustee* oder Begünstigten eines *trust* ein Gericht oder die Gerichte eines Vertragsstaats entscheiden sollen, so ist dieses Gericht oder sind diese Gerichte ausschließlich zuständig, wenn es sich um Beziehungen zwischen diesen Personen oder ihre Rechte oder Pflichten im Rahmen des *trust* handelt.

<sup>III</sup> Gerichtsstandsvereinbarungen und entsprechende Bestimmungen in *trust*-Bedingungen haben keine rechtliche Wirkung, wenn sie den Vorschriften der Artikel 12 oder 15 zuwiderlaufen oder wenn die Gerichte, deren Zuständigkeit abbedungen wird, aufgrund des Artikels 16 ausschließlich zuständig sind.

<sup>IV</sup> Ist eine Gerichtsstandsvereinbarung nur zugunsten einer der Parteien getroffen worden, so behält diese das Recht, jedes andere Gericht anzurufen, das aufgrund dieses Übereinkommens zuständig ist.

<sup>V</sup> Bei individuellen Arbeitsverträgen haben Gerichtsstandsvereinbarungen nur dann rechtliche Wirkung, wenn sie nach der Entstehung der Streitigkeit getroffen werden oder wenn der Arbeitnehmer sie geltend macht, um ein anderes Gericht als das am Wohnsitz des Beklagten oder das in Artikel 5 Nummer 1 bezeichnete anzurufen.

**Vorbem. Art 17 V LuganoÜbk**, Üb Art 1 Rn 6, weicht insofern ab, als dort der letzte Halbsatz „oder wenn der Arbeitnehmer sie geltend macht, um ein anderes Gericht als das am Wohnsitz des Beklagten oder das in Artikel 5 Nummer 1 bezeichnete anzurufen" fehlt; dazu MüKoGo 45, Dietze/Schnichels NJW **95**, 2275. **Rspr** zum Bereich des LuganoÜbk: Mü NJW **96**, 401 (Anm Trunk IPrax **96**, 249).

**Schrifttum:** *Benecke,* Die teleologische Reduktion des räumlich-persönlichen Anwendungsbereichs von Art 2 ff und Art 17 EuGVÜ, Diss Bielefeld 1993; *Jung,* Vereinbarungen über die internationale Zuständigkeit nach dem EuGVÜ und nach § 38 Abs 2 ZPO, 1980; *Killias,* Die Zuständigkeitsvereinbarungen nach dem Lugano-Übk, 1995; *Yong,* Internationale Gerichtsstandsvereinbarungen, 1995; *Reiser,* Gerichtsstandsvereinbarungen nach IPR-Gestz und Lugano-Übk, 1995; *Staehelin,* Gerichtsstandsvereinbarungen im internationalen Handelsverkehr Europas – Form und Willenseinigung nach Art 17 EuGVÜ/LugÜ, 1994; *Stöve,* Gerichtsstandsvereinbarungen nach Handelsbrauch, 1993.

**1) Anwendungsbereich.** Art 17 ist die für den internationalen Handelsverkehr wichtigste Bestimmung des EuGVÜ, weil sie die Vereinbarung des maßgeblichen Gerichtsstandes regelt.

**2) Voraussetzungen, I 1**

**A. Wohnsitz einer Partei.** Mindestens eine Partei muß ihren Wohnsitz in einem Mitgliedstaat des EuGVÜ, Üb Art 1 Rn 5, haben, Düss RR **98**, 1146. Die spätere Parteirolle im Prozeß ist ohne Bedeutung, Mü RIW **89**, 902.

Von dieser Grundregel läßt **I 3** eine Ausnahme zu: wenn die Wohnsitzvoraussetzung nicht erfüllt ist und die Parteien trotzdem die Zuständigkeit eines Gerichts in einem EuGVÜ-Mitgliedstaat vereinbart haben, hat das prorogierte Gericht die ausschließliche Kompetenz, über die Wirksamkeit dieser Abrede zu entscheiden. Bis zu einer Verwerfung ihrer Gültigkeit durch das vorgesehene Gericht bindet die Abrede alle Gerichte in jedem Mitgliedstaat, MüKoGo 9.

**B. Inhalt der Vereinbarung.** Art 17 gilt nur dann, wenn die Abrede die Zuständigkeit eines Gerichts in einem EuGVÜ-Staat begründet, BGH NJW **89**, 1431 u **86**, 1438 (Anm Geimer), Mü NJW **87**, 2168, krit ua Schack IPrax **90**, 20. Geimer aaO.

**C. Bezug zum EuGVÜ-Gebiet.** Die hM verlangt über den Wortlaut des Art 17 hinaus einen solchen Bezug, BGH NJW **93**, 1071, WM **92**, 88 (dazu Heß IPrax **92**, 358, Bork ZZP **105**, 336), Hamm IPrax **99**, 244, Düss RR **98**, 1146, Karlr RR **93**, 568, Mü EuZW **91**, 61. Überwiegend wird ein solcher Bezug darin gesehen, daß die Zuständigkeit eines Gerichts in einem anderen Mitgliedstaat als demjenigen des prorogierten Gerichts abbedungen wird, Kohler IPrax **83**, 266. Wohl im Vordringen ist die Meinung, die das genannte ungeschriebene Tatbestandsmerkmal ablehnt, MüKoGo 7, Geimer NJW **86**, 2992 u IPrax **91**, 31, Aull IPrax **99**, 226, Mü RIW **89**, 901.

**2) Abschließende Regelung.** Art 17 läßt Ausnahmen nur dann zu, wenn sie im EuGVÜ vorgesehen **5** oder zugelassen sind, zB in Art 12, 15 (17 III) u 17 V. Auch die ausschließlichen Gerichtsstände des Art 16 schließen eine Gerichtsstandsvereinbarung aus, Mü RR **88**, 1023. Außerdem können sich Prorogationsbeschränkungen aus internationalen Abkommen ergeben, die dem EuGVÜ nach Art 57 vorgehen. Dagegen sind andere Beschränkungen im nationalen Recht neben Art 17 nicht anwendbar, Kropholler 19, Roth IPrax **92**, 68, Stgt EuZW **91**, 126, LG Darmstadt RR **94**, 686. Eine Inhaltskontrolle nach § 9 AGBG ist unzulässig, § 38 ZPO wird durch Art 17 in dessen Anwendungsbereich verdrängt, allgM, BGH NJW **80**, 2022, Prinzing IPrax **90**, 84 mwN.

Die Wirksamkeit der Gerichtsstandsvereinbarung ist unabhängig von derjenigen eines eventuellen Hauptvertrages zu beurteilen, EuGH WM **97**, 1549 (Anm Mankowski JZ **98**, 898). Das vereinbarte Gericht hat keine alleinige Kompetenz, vielmehr können auch andere Gerichte über die Wirksamkeit entscheiden, Mankowski aaO.

**3) Form der Vereinbarung, I 2.** Von den in I 2 genannten Tatbeständen braucht nur einer erfüllt zu **6** sein, damit die Vereinbarung gültig ist. Nationale Formvorschriften sind unanwendbar. Maßgeblicher Zeitpunkt für die Beurteilung der Formwirksamkeit ist die Klagerhebung, Kblz RR **88**, 1335, Kölb NJW **88**, 2182, so daß eine ursprünglich unwirksame Vereinbarung durch Neuabschluß oder Bestätigung wirksam werden kann.

**A. Schriftliche Vereinbarung, I 2 a 1. Alt.** Schriftform bedeutet nicht eigenhändige Unterschrift **7** (§ 126 II BGB gilt nicht), BGH **94**, 2700. Ein Wechsel von Briefen, Fernschreiben und Telexen reicht aus, Samtleben NJW **74**, 1592, wohl auch ein Austausch von Telefaxen.

Für die **Einbeziehung beigefügter AGB** mit entsprechender Hinweisklausel ist eine ausdrückliche Hinweisklausel im eigentlichen Vertragstext erforderlich, EuGH NJW **77**, 494, Kropholler 32 mwN. Erleichterungen können sich aus I 2 b ergeben, s unten Rn 10. Selbst die ausdrückliche Einbeziehung der AGB genügt nicht, wenn sie auf ein anderes, nicht beigefügtes Standardklauselwerk verweisen, das eine Gerichtsstandsklausel enthält, MüKoGo 19, Rauscher ZZP **104**, 288, aM IPrax **87**, 307 (Anm Rehbinder ebd S 288).

Eine erstmals auf einer Rechnung erscheinende Gerichtsstandsklausel genügt nicht. Anders verhält es sich aber, wenn solche Rechnungsformulare in einer laufenden Geschäftsbeziehung dauernd verwendet werden, unten Rn 10.

**B. Mündliche Vereinbarung mit schriftlicher Bestätigung, I 2 a 2. Alt.** Die Formerleichterung **8** setzt eine zumindest konkludente, Hbg EWS **96**, 365, mündliche Einigung über die Zuständigkeit eines bestimmten Gerichts voraus; AGB mit einer entsprechenden Klausel müssen dem Partner bei Vertragsabschluß vorgelegen haben, Kropholler 37, Hamm NJW **90**, 652. Wird die Gerichtsstandsabrede ohne vorangegangene mündliche Einigung erstmals in ein Bestätigungsschreiben aufgenommen, so reicht dies nicht aus, EuGH NJW **77**, 495, BGH NJW **94**, 2099. Vielmehr muß der Empfänger in diesem Fall schriftlich zustimmen, EuGH aaO, oder I 2 c erfüllt sein.

Welche Partei die schriftliche Bestätigung ausgestellt hat, ist ohne Bedeutung, Kropholler 42, EuGH RIW **85**, 736, BGH NJW **86**, 2196. Die Bestätigung des gesamten Vertrages reicht aus. Ein Widerspruch gegen die Bestätigung schließt die Wahrung der Form nicht aus, kann aber ein Indiz für das Fehlen einer vorangegangenen Einigung sein, Kropholler 44. Eine bloße Rechnung ist keine Bestätigung, selbst wenn sie als solche bezeichnet ist, Hbg IPrax **85**, 281 (Anm Samtleben ebd S 261).

**C. Gepflogenheiten der Parteien, I 2 b.** Zwischen den Parteien eines Vertrages können sich bestimmte **9** **Gepflogenheiten** entwickelt haben. Haben sie ihre Geschäfte immer in Übereinstimmung mit diesen Gepflogenheiten abgewickelt, verstieße diejenige Partei gegen Treu und Glauben, die sich auf einmal nicht mehr an die Gepflogenheiten gebunden fühlte. Voraussetzung ist eine länger dauernde Geschäftsbeziehung und eine gewisse vertrauensbegründende Dauer der Gepflogenheit, Kropholler 45. Die Formerleichterung kann frühestens für das zweite konkrete Geschäft im Rahmen einer Geschäftsbeziehung gelten, Kölb RIW **88**, 557.

Soweit es sich um **AGB** handelt, kann die konkrete Vereinbarung ihrer Geltung ersetzt werden durch eine **10** abstrakte Einbeziehung, wenn eine laufende Geschäftsbeziehung agrd der AGB stattfindet, LG Münster RIW **92**, 23, Kohler IPrax **91**, 301. Die laufende Geschäftsbeziehung hat Bedeutung auch ohne vorangegangenen (mündlichen) Vertragsschluß, EuGH RIW **84**, 909 (Anm Schlosser). Die Geltung der AGB muß in der Anfangsphase mindestens einmal ausdrücklich vereinbart worden sein und die Parteien müssen sich in der Praxis nach ihnen gerichtet haben, Düss TranspR **81**, 26, Mankowski EWiR **94**, 986. Hat der Rechnungsschreiber nie auf die rückseitig aufgedruckten AGB hingewiesen, so verhilft auch die laufende Geschäftsverbindung nicht zur Wirksamkeit der Gerichtsstandklausel, BGH NJW **94**, 2099, Hbg IPrax **84**, 281 (Anm Samtleben ebd S 161), Hamm NJW **90**, 1012.

**D. Internationaler Handelsbrauch, I 2 c.** Gerichtsstandsvereinbarungen sind anzuerkennen, wenn ihre **11** Form einem internationalen Handelsbrauch entspricht, EuGH EuZW **99**, 441. Ein Handelsbrauch besteht, wenn in dem betreffenden Geschäftszweig tätigen Kaufleute bei Abschluß einer bestimmten Art von Verträgen allgemein und regelmäßig ein bestimmtes Verhalten befolgen, EuGH RIW **97**, 418, Hbg TranspR **93**, 26. Der Handelsbrauch muß sich nicht spezifisch auf Gerichtsstandsklauseln beziehen. Indessen können Gerichtsstandsklauseln in einer Branche handelsbräuchlich sein, im Seehandel, Celle IPrax **97**, 418 (Anm Koch ebd S 405). Auf eine formelle Kaufmannseigenschaft, etwa nach HGB, kommt es nicht an. Handelt eine Partei als Privatmann, greift I c nicht ein, und zwar unabhängig davon, ob ein Verbrauchervertrag iSv Art 13 I vorliegt.

Die Fassung von I 2 c lehnt sich an **Art 9 II CISG** (UN-Kaufrecht) an, Kohler EuZW **91**, 305, so daß bei **12** der Auslegung auf jene Bestimmung zurückgegriffen werden kann. Ein **Handelsbrauch** muß nicht weltweit bestehen, es genügt ein Bestehen in der Branche, in der sich die Parteien bei Vertragsschluß betätigen, EuGH

EuZW 99, 441. Die Abgrenzung kann im Einzelfall schwierig sein, Rauscher IPrax 92, 145. Was branchenüblich ist, muß nach abstrakten Maßstäben, nicht nach den Vorstellungen der Parteien, beurteilt werden. Wichtig ist, daß der Brauch allgemeine Geltung hat, dh daß eine qualifizierte Mehrheit der beteiligten Verkehrskreise ihn praktiziert. Es kommt nicht darauf an, ob der Brauch im Sitzstaat einer Partei befolgt wird, aM Düss RIW 90, 579, Köln NJW 88, 2192, oder nach dem auf den Vertrag anzuwendenden Recht gilt, EuGH RIW 97, 418 (Anm Holl), aM Rauscher ZZP 105, 292; ebensowenig muß der Handelsbrauch für andere Staaten oder für alle EuGVÜ-Staaten nachgewiesen werden, EuGH EuZW 99, 441. Ob in der betreffenden Branche ein entsprechender Handelsbrauch besteht, ist eine vom Prozeßgericht zu entscheidende Frage, EuGH EuZW 97, 418 (Anm Holl). Die Behauptungslast für das Bestehen eines Handelsbrauchs und seinen Inhalt trifft denjenigen, der sich auf ihn beruft, Hbg IPrax 97, 420 (Anm Koch ebd S 405).

13   Erforderlich ist weiter, daß die ursprünglichen Parteien des Rechtsverhältnisses den **Handelsbrauch kannten oder kennen mußten**. Es wird unwiderleglich vermutet, daß dies der Fall ist, wenn die in dem betreffenden Geschäftszweig Tätigen schon zuvor miteinander oder mit anderen Partnern Geschäftsbeziehungen pflegten oder ein bestimmtes Verhalten bei Vertragsschluß in dieser Branche allgemein im Sinn einer ständigen Übung befolgt zu werden pflegt, EuGH EuZW 99, 441 u RIW 97, 418 (Anm Holl), Kropholler 51. Das Wissen eines Vertreters ist dem Prinzipal nach Maßgabe des Vollmachtstatuts zuzurechnen, LG Essen RIW 92, 230.

14   Im Bereich von I 2 c kann das **Schweigen auf ein kaufmännisches Bestätigungsschreiben** eine Gerichtsstandsvereinbarung begründen, EuGH RIW 97, 418 (Anm Holl), BGH RR 98, 755, Hbg IPrax 97, 420, Köln RIW 88, 555; dabei ist auch die Willenseinigung zu vermuten, wenn einem formwahrenden Handelsbrauch genügt worden ist. Zu Gerichtsstandsklauseln in Konnosementen s Hbg TranspR 93, 25, unten Rn 23, zu solchen Klauseln in internationalen Versteigerungsbedingungen s Mankowski EWiR 96, 740.

15   **4) Zustandekommen einer Gerichtsstandsvereinbarung**
A. Konsens. Art 17 I 2 regelt auch Konsensfragen; er verlangt das tatsächliche **Bestehen einer Willenseinigung** und verdrängt insofern die nationalen Bestimmungen über das Zustandekommen von Vereinbarungen. Daher ist eine Einbeziehungskontrolle von Gerichtsstandsklauseln in AGB durch deutsches Vertragsstatut ausgeschlossen, BGH NJW 96, 1820, Mü WM 89, 605, LG Essen RIW 92, 220, Kropholler 18. Sind die Voraussetzungen von I 2 erfüllt, wird der Konsens der Parteien vermutet, EuGH EuZW 99, 441.
   Legt eine Partei in ihrer Muttersprache abgefaßte **AGB** vor und ist die Gegenpartei dieser Sprache nicht mächtig, so genügt es für den erforderlichen Konsens, wenn die Gegenpartei eine auf die AGB hinweisende Annahmeerklärung unterschreibt, BGH IPrax 91, 326, Hamm IPrax 91, 325 (Anm Geimer) u RR 95, 188, offen BGH EuZW 92, 517 (Anm Geimer), vgl Mankowski EWiR 94, 1190. Allerdings ist dafür nötig, daß die Gegenpartei mindestens den Hinweis auf die AGB verstehen konnte, Kohler IPrax 91, 301.

16   **B. Rückgriff auf das anwendbare materielle Recht.** Das Vertragsstatut regelt die Folgen eines Willensmangels, Kropholler 26 mwN, die Verlängerung befristeter Verträge, EuGH NJW 87, 2155, die Wirksamkeit von Mehrparteienabreden, etwa von Gesellschaftsverträgen, EuGH IPrax 93, 32 (Anm Koch ebd S 19), die Regelung der Nachfolgefrage, EuGH RIW 84, 909 (Anm Schlosser), die Frage, wer eigentlich Partei der Vereinbarung ist, Saarbr NJW 92, 988, Düss RR 89, 1332, ferner Vertretungsfragen, LG Essen RIW 92, 239, Kropholler 26, und andere Beziehungen zu Dritten, etwa die Zulässigkeit eines Vertrages zugunsten Dritter, Mankowski IPrax 96, 430. Zu einer Kenntnisnahmeklausel s BGH NJW 96, 1820, abl Mankowski EWiR 96, 740.

17   **C. Bestimmtheitserfordernis.** Art 17 I verlangt, daß sich die Gerichtsstandsvereinbarung auf eine bereits entstandene oder auf künftige, aus einem bestimmten Rechtsverhältnis entspringende Rechtsstreitigkeiten bezieht, EuGH NJW 92, 1671. Bestimmt sein muß auch die Bezeichnung des gewählten Gerichts; dafür reicht aus, daß sich das Gericht aus dem gesamten Vertrag und den Umständen des Vertragsschlusses oder aus dem auf den Vertrag anwendbaren materiellen Recht ergibt; das ist zB der Fall, wenn nur die internationale Zuständigkeit geregelt ist, weil sich dann die örtliche Zuständigkeit aus dem nationalen Recht ergibt, Kohler IPrax 83, 268, Kropholler 26, str.

18   Dem Bestimmtheitsgebot wird auch durch sog **reziproke Gerichtsstandsvereinbarungen** („Gerichtsstand ist der Sitz des jeweiligen Klägers") genügt, EuGH RIW 78, 814, BGH NJW 79, 2477, Kblz RIW 93, 934, LG Ffm RIW 86, 453, Schnyder RabelsZ 47, 340. Ausreichend ist auch die Prorogation des Gerichts am Erfüllungsort, Mü RIW 89, 901 (Anm Schmidt ZZP 103, 91). Nicht ausreichend ist eine Vereinbarung, die die Bestimmung einer Partei überläßt, oder eine Abrede, daß eine Partei auch noch andere Gerichte anrufen könne, Köln IPrax 91, 146, es sei denn, daß damit nur gesagt werden soll, daß der vereinbarte Gerichtsstand kein ausschließlicher sein solle.

19   **5) Sonderfälle**
A. Gerichtsstandsvereinbarungen in Arbeitsverträgen, V. Vor Entstehung der konkreten Streitigkeit getroffene Gerichtsstandsvereinbarungen entfalten gegenüber dem Arbeitnehmer keine Wirkung, sie eröffnen ihm einen zusätzlichen Gerichtsstand neben jenen des Art 2 und des Art 5 Z 1 2. u 3. Halbs; dies entspricht Art 12 Z 2 u Art 15 Z 2 (abw Art 17 V LugÜbk). Auch der Arbeitnehmer darf sich aber nicht darauf berufen, ein bestimmter Gerichtsstand, den der Arbeitgeber geltend macht, sei durch die Vereinbarung ausgeschlossen.
   Nach der Entstehung der konkreten Streitigkeit getroffene Gerichtsstandsvereinbarungen haben volle Wirkung.

20   **B. Gerichtsstandsvereinbarungen in Verbraucher- und Versicherungsverträgen, III.** Für sie gelten ausschließlich Art 15 bzw Art 12 III. Darauf weist III lediglich hin.

21   **C. Gerichtsstandsvereinbarungen in trust-Bedingungen, II.** Die Vorschrift erweitert I für Streitigkeiten, die das Innenverhältnis eines trust des angelsächsischen Rechtskreises, Art 5 Rn 25, betreffen. Sie bindet auch Dritte, nämlich die trust-Begünstigten, und erklärt die für die Fälle des I nötige materielle Willenseinigung für entbehrlich, Kropholler 27.

**D. Gerichtsstandsklauseln in Gesellschaftsverträgen und -satzungen.** Der EuGH hat auch eine **22** Gerichtsstandsvereinbarung in einer schriftlichen Gesellschaftssatzung als den Anforderungen des Art 17 genügend angesehen, EuGH EuZW **92**, 252 (Anm Karrée-Abermann ZEuP **94**, 138 u Koch IPrax **93**, 19). Sie soll auch die Rechtsnachfolger der ursprünglichen Gesellschafter binden und von diesen sogar jene, die die Klausel abgelehnt haben, Koch aaO. Durch Auslegung ist zu klären, inwieweit solche Bestimmungen auch Klagen der Gesellschafter gegen die Gesellschaft oder Streitigkeiten der Gesellschafter untereinander erfassen, BGH NJW **94**, 51, Kblz RIW **93**, 141.

**E. Gerichtsstandsvereinbarungen in Konnossementen** (*Mankowski*, Seerechtliche Vertragsverhält- **23** nisse im IPR, 1995, S 282).

Nach hM soll I 2 c die Geltung solcher Klauseln auch im Verhältnis zwischen dem konnossementsmäßigen Verfrachter und dem späteren Konnossementsberechtigten sicherstellen, MüKoGo 34, Kropholler 54; ob I 2 c über eine bloße Formvorschrift hinausgeht, ist gleichwohl fraglich, vgl EuGH RIW **84**, 909 (Anm Schlosser) = IPrax **85**, 152 (Anm Basedow ebd S 133).

**F. Sonderregelung für Luxemburg, Art I Abs 2 des Protokolls v 27. 9. 68.** Abweichend von **24** Art 17 I bestimmt Art 1 I Prot, Schlußanh V C 2, daß eine Partei mit Wohnsitz in Luxemburg der Gerichtsstandsvereinbarung ausdrücklich und besonders zugestimmt haben muß: dies verlangt eine von beiden Parteien unterzeichnete Vertragsurkunde oder einen Briefwechsel mit gesonderter Herausstellung der Gerichtsstandsabrede, jeweils mit gesonderter Unterzeichnung der Abrede durch die Luxemburger Partei, EuGH RIW **81**, 58, Schlesw RIW **97**, 955. Wird nur ein außerhalb Luxemburgs bestehender Gerichtsstand abbedungen, so greift die Sonderregel nicht ein, Kropholler 62, vgl Mü ZZP **103**, 87 (Anm Schmidt).

**6) Inhalt einer Gerichtsstandsvereinbarung.** Die sachliche Reichweite der Vereinbarung ist durch **25** Auslegung zu ermitteln. Nach deutschem Verständnis sind konkurrierende, vor allem deliktische Ansprüche miterfaßt, Stgt EuZW **91**, 326 (Anm Roth IPrax **92**, 67). Die Vereinbarung kann sich auch auf eine Widerklage erstrecken, etwa den Gerichtsstand der Widerklage ausschließen, Kropholler 104. Die Abrede kann auch Maßnahmen des einstweiligen Rechtsschutzes umfassen (Eilers, Maßnahmen des einstw Rechtsschutzes im europäischen Zivilrechtsverkehr, 1991); im Zweifel soll das vereinbarte Gericht befugt sein, Eilmaßnahmen zu treffen, MüKoGo 61, ThPHüßtege 28. Zur Zuständigkeit in selbständigen Eilverfahren vgl Art 24.

Durch Auslegung ist auch zu ermitteln, ob die Gerichtsstandsvereinbarung auch das Verbot enthält, die **26** **Aufrechnung** mit einer vor ein anderes Gericht gehörenden Forderung zu erklären, Leipold ZZP **107**, 217, Mankowski ZZP **109**, 378. Die Auslegung muß klären, ob eine Beschränkung der Aufrechnung auf bestimmte Modalitäten gewollt ist, EuGH NJW **79**, 1100, BGH NJW **79**, 2478, v. Falkenhausen RIW **82**, 388, Gottwald IPrax **86**, 12. Die Auslegungsmaßstäbe dafür sind dem auf die Aufrechnung anzuwendenden materiellen Recht zu entnehmen. BGH aaO, Kropholler 102, Mansel ZZP **109**, 75, sofern das IPR Aufrechnung und Aufrechnungsbeschränkungen materiellrechtlich qualifiziert, Mankowski ZZP **109**, 378, Gebauer IPrax **98**, 81. Aufrechnungsstatut ist nach deutschem IPR das Statut der Forderung, gegen die aufgerechnet wird, BGH NJW **94**, 1416, Stgt RIW **95**, 944, Düss RR **94**, 508, Kblz RIW **93**, 937. Dies gilt auch für das Erfordernis der Konnexität, EuGH NJW **85**, 2893, dazu Rauscher RIW **85**, 887, Gottwald IPrax **86**, 10. Zu den Erwägungen bei der Auslegung vgl LG Bln IPrax **98**, 99 mwN (Anm Gebauer ebd S 82).

**7) Gerichtsstandsvereinbarung zugunsten einer Partei, IV.** Art 17 läßt den Parteien weiten Spiel- **27** raum für die Gestaltung einer Gerichtsstandsvereinbarung. Eine Vereinbarung kann zB einen Gerichtsstand prorogieren, auf den sich als für sie zusätzlichen Gerichtsstand nur eine Partei berufen kann, sog Gerichtsstandsvereinbarung zugunsten einer Partei. Dabei kommt es nicht darauf an, ob der gewählte Gerichtsstand für sie objektiv günstiger ist, BGH MDR **98**, 1496 mwN; vielmehr muß sich ein solcher gemeinsamer Parteiwille eindeutig aus dem Vertrag oder den Begleitumständen ergeben, EuGH IPrax **87**, 105 (Anm Gottwald ebd S 81). Eine Gerichtsstandsvereinbarung zugunsten einer Partei ist idR nicht schon dann gegeben, wenn ein Forum im Wohnsitz- bzw. Sitzstaat einer Partei begründet ist, EuGH aaO. Auch daß die Abrede in den AGB einer Partei enthalten ist, begründet nicht schon deshalb einen Fall des IV, Kropholler 103. Das gleiche gilt für den Fall, daß eine Partei auf Aufnahme der Gerichtsstandsvereinbarung gedrängt hat, Mankowski EWiR **99**, 168 u Schulze IPrax **99**, 231 gegen BGH ZIP **98**, 1890.

**8) Wirkungen gegenüber Dritten.** Der aus einem Vertrag zu seinen Gunsten berechtigte **Dritte** kann **28** sich auf eine Gerichtsstandsvereinbarung berufen, EuGH IPrax **84**, 259 (Anm Hübner ebd S 237), Geimer NJW **85**, 533. Andererseits muß er die Abrede auch gegen sich gelten lassen, Mankowski IPrax **96**, 431. Gleiches gilt für den Rechtsnachfolger, EuGH RIW **84**, 909 (Anm Schlosser); die Rechtsnachfolge bestimmt sich nach dem anwendbaren materiellen Recht. Voraussetzung für diese Wirkung ist jeweils, daß die Abrede im Verhältnis der Vertragsparteien wirksam, insbesondere formgerecht, zustandegekommen ist, EuGH IPrax **84**, 259, s oben.

Art 17 gilt nicht für die Derogation von **Streitverkündungen.** Insofern ist das Recht des jeweils angerufenen Gerichts maßgeblich, Mansel ZZP **109**, 61, MüKoGo 60, Kropholler 108, abw v. Hoffmann/Hau RIW **97**, 89.

**9) Maßgeblicher Zeitpunkt.** Genügt die Gerichtsstandsvereinbarung im Zeitpunkt der Klagerhebung **29** den Anforderungen des Art 17, ist sie in dem Verfahren in jedem Fall wirksam, EuGH RIW **80**, 285. War sie bei ihrem Zustandekommen nach nationalem Recht oder nach einer älteren Fassung des EuGVÜ wirksam, so gilt Vertrauensschutz, so daß sie trotz eines Verstoßes gegen die neuere Fassung des EuGV gleichwohl wirksam bleibt, Trunk IPrax **95**, 251 gg LG Mü IPrax **95**, 267.

**Art. 18.** ¹Sofern das Gericht eines Vertragsstaats nicht bereits nach anderen Vorschriften dieses Übereinkommens zuständig ist, wird es zuständig, wenn sich der Beklagte vor ihm auf das Verfahren einläßt. ²Dies gilt nicht, wenn der Beklagte sich nur einläßt, um den Mangel der

Zuständigkeit geltend zu machen, oder wenn ein anderes Gericht auf Grund des Artikels 16 ausschließlich zuständig ist.

**Bem. Schrifttum:** Schulte-Beckhausen, Intern Zuständigkeit durch rügelose Einlassung im Europäischen Zivilprozeßrecht, 1994; Schröder, Internationale Zuständigkeit, S 405 ff, 482; Schütze ZZP **90**, 75. Art 18 ist nicht anwendbar, wenn allein der Kläger in einem Vertragstaat wohnt und ein Auslandsbezug nur zu Nichtvertragstaaten besteht, BGH in stRspr, NJW **97**, 398 mwN. Die Bestimmung greift in diesem Rahmen auch dann ein, wenn die Parteien eine Zuständigkeitsvereinbarung iSv Art 17 getroffen haben, EuGH in stRspr, zB NJW **85**, 2893 u **82**, 1213, vgl Kblz RR **88**, 1334 mwN, LG Giessen RR **95**, 438. Gerügt werden muß der Sache nach die fehlende internationale Zuständigkeit, BGH NJW **88**, 1466; darüber, bis wann diese Rüge wirksam erhoben werden kann, entscheidet das innerstaatliche Verfahrensrecht, EuGH RIW **81**, 709, dazu Düss RIW **90**, 670. Die rügelose Einlassung des Beklagten (auch) zur Sache, S 2, ist unschädlich, wenn die Zuständigkeitsrüge vorher erhoben worden ist, EuGH RIW **81**, 709, oder die Einlassung zur Sache nur hilfsweise erfolgt, EuGH IPrax **83**, 77, dazu Sauvepanne IPrax **83**, 65, vgl EuGH NJW **84**, 2760 mwN, zustm Hübner IPrax **84**, 239, BGH NJW **87**, 593, Saarbr IPrax **92**, 987, Hamm NJW **90**, 653 mwN vgl Bch RR **88**, 1335. S auch Erl zu § 39 ZPO, Saarbr RIW **84**, 478. S 1 setzt nicht eine Einlassung zur Hauptsache voraus, so daß das Vorbringen von Einreden zum Verf (außer der Bemängelung der Zuständigkeit, S 2) genügt. Die Zuständigkeit nach Art 18 ist gegeben, wenn der Kl sich rügelos auf eine Aufrechnungsforderung eingelassen hat, die nicht auf demselben Vertrag oder Sachvortrag wie die Klagforderung beruht u für die nach Art 17 wirksam die ausschließlich Zuständigkeit der Gericht eines anderen Vertragstaates vereinbart wurde, EuGH NJW **85**, 2893 (zu Kblz RIW **84**, 396), dazu Gottwald IPrax **86**, 10, BGH NJW **93**, 1399, vgl Stgt IPrax **96**, 139. Die bloße Anzeige der Verteidigungsbereitschaft des Beklagten, § 276 I ZPO, ist keine Einlassung iSv Art 18, LG Darmst RR **94**, 684, LG Ffm EuZW **90**, 581 (zustm Mittelstaedt).

### 7. Abschnitt. Prüfung der Zuständigkeit und der Zulässigkeit des Verfahrens

*Art. 19.* Das Gericht eines Vertragsstaats hat sich von Amts wegen für unzuständig zu erklären, wenn es wegen einer Streitigkeit angerufen wird, für die das Gericht eines anderen Vertragsstaats auf Grund des Artikels 16 ausschließlich zuständig ist.

1 **Bem.** Vgl v. Hoffmann AWD **73**, 63. Das nationale Gericht hat seine internationale Zuständigkeit vAw zu prüfen, wenn Anhaltspunkte für die Anwendbarkeit des EuGVÜ und für die ausschließliche Zuständigkeit eines anderen Gerichts nach Art 16 bestehen, BGH NJW **90**, 318 mwN. Es hat sich immer dann von Amts wegen für unzuständig zu erklären, wenn es feststellt, daß dies der Fall ist, und zwar selbst dann, wenn es nach nationalem Verfahrensrecht seine Prüfung im Rahmen eines Kassationsverf auf die von den Parteien vorgebrachten Rügen zu beschränken hat, EuGH RIW **84**, 483, dazu Stauder IPrax **85**, 76.

*Art. 20.* ¹ Läßt sich der Beklagte, der seinen Wohnsitz in dem Hoheitsgebiet eines Vertragsstaats hat und der vor den Gerichten eines anderen Vertragsstaats verklagt wird, auf das Verfahren nicht ein, so hat sich das Gericht von Amts wegen für unzuständig zu erklären, wenn seine Zuständigkeit nicht auf Grund der Bestimmungen dieses Übereinkommens begründet ist.

II Das Gericht hat die Entscheidung so lange auszusetzen, bis festgestellt ist, daß es dem Beklagten möglich war, das den Rechtsstreit einleitende Schriftstück oder ein gleichwertiges Schriftstück so rechtzeitig zu empfangen, daß er sich verteidigen konnte, oder daß alle hierzu erforderlichen Maßnahmen getroffen worden sind.

III An die Stelle des vorstehenden Absatzes tritt Artikel 15 des Haager Übereinkommens vom 15. November 1965 über die Zustellung gerichtlicher und außergerichtlicher Schriftstücke im Ausland in Zivil- und Handelssachen, wenn das den Rechtsstreit einleitende Schriftstück gemäß dem erwähnten Übereinkommen zu übermitteln war.

1 **Bem.** Vgl Geimer WertpMitt **86**, 118. Zu entscheiden ist durch EndUrt, auch ein ZwischenUrt ist denkbar, Geimer aaO 120. Im Falle der Säumnis des Beklagten greift § 331 I ZPO nicht ein, v. Hoffmann AWD **73**, 63. Wegen des Haager ZustellungsÜbk s Anh § 202 ZPO; daran, daß das Gericht des Urteilsstaates die Voraussetzungen des Art 15 ZustlÜbk für erwiesen gehalten hat, ist das Gericht der Anerkennung, Art 27, nicht gebunden, EuGH LS RIW **82**, 908. Eine Aussetzung kommt nicht mehr in Betracht, sobald sich der Bekl auf das Verf eingelassen hat, BGH NJW **87**, 593.

### 8. Abschnitt. Rechtshängigkeit und im Zusammenhang stehende Verfahren

*Art. 21.* ¹ Werden bei Gerichten verschiedener Vertragsstaaten Klagen wegen desselben Anspruchs zwischen denselben Parteien anhängig gemacht, so setzt das später angerufene Gericht das Verfahren von Amts wegen aus, bis die Zuständigkeit des zuerst angerufenen Gerichts feststeht.

II Sobald die Zuständigkeit des zuerst angerufenen Gerichts feststeht, erklärt sich das später angerufene Gericht zugunsten dieses Gerichts für unzuständig.

1 **Bem.** Vgl Hau IPrax **96**, 46, Hackspiel IPrax **96**, 214 u (zur bisherigen Fassung) Wolf F Schwab, 1990, S 569, Schack IPrax **91**, 270. Art 21 ist unabhängig vom Wohnsitz der Parteien der beiden Verfahren anzuwenden, EuGH NJW **92**, 3221; er gilt nicht für Verfahren in Vertragsstaaten, die der Anerkennung und Vollstreckung von Urteilen aus Drittstaaten betreffen, EuGH EuZW **94**, 278 (zustm Karl). Nach Art 21 gilt streng das Prioritätsprinzip; es gilt auch im Verhältnis der negativen Feststellungsklage zur später erhobenen Leistungsklage, EuGH NJW **95**, 1883, BGH NJW **97**, 870 (Anm Grunsky **LM** § 256 ZPO Nr 195). Zum Begriff „desselben Anspruchs", der vertragsautonom weit auszulegen ist, so daß es nicht auf die Identität der Anträge, sondern auf den Kernpunkt beider Verfahren ankommt, s EuGH EuZW **98**, 443 (dazu Dietze/Schnichels EuZW **99**, 550), NJW **95**, 1883 (dazu Schack IPrax **96**, 80, Huber JZ **95**, 603, Wolf EuZW **95**,

365) u NJW **89**, 665 (dazu E. J. IPrax **92**, 389, Schack IPrax **89**, 139, Linke RIW **88**, 822), ferner BGH NJW **97**, 870 u **95**, 1759 mwN (Anm Geimer EuZW **95**, 379 u Hau IPrax **96**, 177), Hamm IPrax **95**, 104 (Anm Rüßmann IPrax **95**, 76), Mü EuZW **94**, 511, zustm Jayme IPrax **94**, 308. Als „zuerst angerufenes" Gericht ist dasjenige anzusehen, bei dem die Voraussetzungen für die Annahme einer endgültigen Rechtshängigkeit zuerst vorliegen; diese Voraussetzungen sind für jedes der betroffenen Gerichte nach seinen nationalen Vorschriften zu beurteilen, EuGH NJW **84**, 2759, dazu Rauscher IPrax **85**, 317, ferner Kblz EuZW **91**, 160. Der Begriff der Anhängigkeit wird hier (wie auch sonst in Staatsverträgen) im Sinne von Rechtshängigkeit, § 261 ZPO, gebraucht, BGH NJW **86**, 662 u FamRZ **83**, 366 mwN, Kaiser RIW **83**, 669. Zur Bestimmung der Rechtshängigkeit nach der lex fori des ausländischen Gerichts und zu den Voraussetzungen der Rechtshängigkeit EuGH NJW **89**, 665, BGH NJW **86**, 662 (dazu Jayme IPrax **87**, 295, Hohloch JuS **86**, 481), Hamm NJW **88**, 3102 u IPrax **86**, 233, Geimer NJW **88**, 3104 u IPrax **86**, 208, LG Ffm IPrax **90**, 234 (betr angeordnete Streitverkündung nach italienischem Recht). Bei gleichzeitig eingetretener Rechtshängigkeit greift Art 21 nicht ein, Kblz EuZW **91**, 160.

Ob I auch dann gilt, wenn in dem anderen Staat kein ausreichender Rechtsschutz gewährt wird, ist zweifelhaft, offen gelassen BGH RIW **86**, 217. Wegen einer angeblichen Verschleppung des Rechtsstreits kann sich der Kläger grundsätzlich nicht auf eine Unbeachtlichkeit der durch I begründeten Zuständigkeit des Erstgerichts berufen, BGH IPrax **86**, 293 zu Mü IPrax **85**, 338, krit Rauscher IPrax **86**, 274. Verstöße gegen Art 21 sind kein Grund für die Versagung der Anerkennung, Schlosser F Nagel (1987) S 357.

In Unterhaltssachen ist „Gericht" auch die zuständige dänische VerwBehörde, Art V a Prot, Schlußanh V C 2. Das später angerufene Gericht ist verpflichtet, das Verfahren vAw auszusetzen, bis die Zuständigkeit des zuerst angerufenen Gerichts feststeht, I; dadurch wird vermieden, daß uUmst beide Klagen abgewiesen werden und gegenüber einer neuen Klage die Einrede der Verjährung erhoben wird. Sobald die Zuständigkeit das zuerst angerufenen Gerichts feststeht, hat das später angerufene Gericht sich zugunsten jenes Gerichts für unzuständig zu erklären, II; nach deutschem Recht ist dann also die Klage als unzulässig abzuweisen, MüKoGo 11. Dies gilt bei Teilidentität der Parteien nur hinsichtlich der an beiden Verfahren beteiligten Parteien, EuGH EuZW **95**, 309 (dazu Schack IPrax **96**, 80, Huber JZ **95**, 603, Wolf EuZW **95**, 365).

*Art. 22.* **I Werden bei Gerichten verschiedener Vertragsstaaten Klagen, die im Zusammenhang stehen, erhoben, so kann sich das später angerufene Gericht das Verfahren aussetzen, solange beide Klagen im ersten Rechtszug anhängig sind.**

**II Das später angerufene Gericht kann sich auf Antrag einer Partei auch für unzuständig erklären, wenn die Verbindung im Zusammenhang stehender Verfahren nach seinem Recht zulässig ist und das zuerst angerufene Gericht für beide Klagen zuständig ist.**

**III Klagen stehen im Sinne dieses Artikels im Zusammenhang, wenn zwischen ihnen eine so enge Beziehung gegeben ist, daß eine gemeinsame Verhandlung und Entscheidung geboten erscheint, um zu vermeiden, daß in getrennten Verfahren widersprechende Entscheidungen ergehen könnten.**

**Bem.** Die Vorschrift enthält eine abschließende Regelung der Verfahrensaussetzung, Hbg IPrax **99**, 168 **1** (zum LugÜbk). Sie begründet keine Zuständigkeit, auch nicht wegen Sachzusammenhangs mit einer anhängigen Klage; sie ist vielmehr nur anzuwenden, wenn im Zusammenhang stehende Klagen bei Gerichten zweier oder mehrerer Vertragsstaaten erhoben worden sind, EuGH RIW **81**, 709, und in erster Instanz anhängig sind, Schack IPrax **89**, 140. Sie ist nicht auf Verfahren anwendbar, die die Anerkennung und Vollstreckung von Urteilen aus Drittstaaten betreffen, EuGH EuZW **94**, 278 (zustm Karl). Zur Aussetzung wegen Zusammenhangs s EuGH EuZW **95**, 309 (dazu Wolf EuZW **95**, 366); über sie hat das Gericht (anders als nach Art 21 II) nach Ermessen zu entscheiden, Isenburg-Epple IPrax **92**, 69. Das Rechtsmittelgericht ist nicht zur Aussetzung befugt, Hamm IPrax **86**, 233, kann aber ggf aufheben und nach § 539 ZPO zurückverweisen, Geimer IPrax **86**, 216, abw MüKoGo 3. Da eine Prozeßverbindung nach § 147 ZPO nur für bei demselben Gericht anhängige Verfahren zulässig ist, läuft II in der Bundesrepublik leer, MüKoGo 5.

*Art. 23.* **Ist für die Klagen die ausschließliche Zuständigkeit mehrerer Gerichte gegeben, so hat sich das zuletzt angerufene Gericht zugunsten des zuerst angerufenen Gerichts für unzuständig zu erklären.**

**Bem.** Zu Art 21–23 Schütze AWD **75**, 78, Habscheid Festschrift Zweigert, 1981, S 109–125, EuGH **1** EuZW **94**, 278. Die Aussetzung, Art 22, richtet sich nach § 148 ZPO, so daß die fremde Entscheidung vorgreiflich sein muß, Hamm NJW **83**, 524.

### 9. Abschnitt. Einstweilige Maßnahmen einschließlich solcher, die auf eine Sicherung gerichtet sind

*Art. 24.* **Die in dem Recht eines Vertragsstaats vorgesehenen einstweiligen Maßnahmen einschließlich solcher, die auf eine Sicherung gerichtet sind, können bei den Gerichten dieses Staates auch dann beantragt werden, wenn für die Entscheidung in der Hauptsache das Gericht eines anderen Vertragsstaats auf Grund dieses Übereinkommens zuständig ist.**

**Schrifttum:** *Albrecht,* Das EuGVÜ u der einstw Rechtsschutz in der BRep Deutschland, 1991; *Eilers,* Maßnahmen des einstw Rechtsschutzes im Europ Zivilrechtsverkehr, 1991; *Heiss,* Einstw Rechtsschutz im Europ Zivilrechtsverkehr, 1987; *Thümmel,* Einstw Rechtsschutz im Auslandsrechtsverkehr, NJW **96**, 1930.

**Bem.** Zum Begriff der einstw Maßnahmen iSv Art 24 s EuGH EuZW **99**, 414 (dazu Heß/Vollkommer **1** IPrax **99**, 230, Dietze/Schnichels EuZW **99**, 551), und Vorlagebeschluß BGH NJW **97**, 2685 u **98**, 666 (dazu Kappus NJW **97**, 2653). Der besondere Gerichtsstand des Art 24 gilt auch für eine einstw Vfg zu, die zur Leistung verpflichtet, wenn die Rückgewähr gewährleistet ist, EuGH EuZW **99**, 414. Die Vorschrift läßt es nicht zu, einstw Maßnahmen auf nicht dem Anwendungsbereich des Übk unterfallenden Rechtsgebieten in diesen einzubeziehen, so daß insofern allein das nationale Recht anzuwenden ist, EuGH IPrax 83, 77, dazu Sauvepanne IPrax 83, 65, Geimer NJW 86, 2993; fällt die Sache in den Anwendungsbereich des Übk, kann eine Zuständigkeit nach Art 24 auch dann begründet sein, wenn das Verfahren in der Hauptsache vor einem Schiedsgericht stattfinden mußte, EuGH EuZW 99, 414. Im Vollstreckungsverfahren wegen eines Arrestbefehls können Einwendungen, die vor seinem Erlaß entstanden sind, nicht berücksichtigt werden, § 13 I AVAG; bei Vorliegen der Voraussetzungen des § 17 AVAG ist die Rechtsbeschwerde statthaft, BGH MDR 80, 138. Die Zuständigkeit des AG am Ort des Arrestgegenstands, § 919 ZPO, reicht zur Begründung der inländischen Gerichtsbarkeit aus, Bem zu Art 3, Thümmel NJW 96, 1931 mwN, str; zur Zuständigkeit des Gerichts der Hauptsache Thümmel aaO mwN, vgl § 919 ZPO Rn 1 aE. Wegen der Vollstreckung aus einstweiligen Regelungen s Bem zu Art 25; § 917 II 1 ist nicht anzuwenden, § 917 II 2 idF des Art 2 c Z 2 G v 6. 8. 98, BGBl 2030 (vgl dazu EuGH NJW 94, 1271, Schack ZZP 108, 47, Mankowski NJW 95, 306, beide mwN.

### Titel III. Anerkennung und Vollstreckung

**Art. 25.** Unter „Entscheidung" im Sinne dieses Übereinkommens ist jede von einem Gericht eines Vertragsstaats erlassene Entscheidung zu verstehen, ohne Rücksicht auf ihre Bezeichnung wie Urteil, Beschluß oder Vollstreckungsbefehl, einschließlich des Kostenfestsetzungsbeschlusses eines Urkundsbeamten.

1 **Bem.** In Unterhaltssachen ist „Gericht" auch die zuständige dänische VerwBehörde, Art V a Prot, Schlußanh V C 2. Art 25 ff sind nicht auf Verfahren oder auf Streitpunkte in Vertragsstaaten anwendbar, die die Anerkennung und Vollstreckung von Urteilen aus Drittstaaten betreffen, EuZW 94, 278 (zustm Karl). „Entscheidung" ist auch die gerichtliche Bestätigung einer sonstigen Maßnahme in einem Vertragsstaat, wenn diese völlig in der Bestätigung aufgeht, zB bei der Festsetzung von RA-Honoraren, dazu Hamm IPrax 96, 414 u Düss IPrax 96, 415 (Anm Tepper IPrax 96, 398), LG Karlsr EuZW 91, 223 (zustm Reinmüller IPrax 92, 73, Schmidt RIW 91, 626), Reinmüller IPrax 89, 143 zu LG Hbg IPrax 89, 162; vgl zur Zulässigkeit des sog Doppelexequatur BGH NJW 84, 2762, Hbg RR 92, 568. Gerichtliche Entscheidungen, durch die einstweilige oder auf Sicherung gerichtete Maßnahmen angeordnet werden und die ohne Ladung der Gegenpartei ergangen sind oder ohne vorherige Zustellung vollstreckt werden sollen, können nicht im Verfahren nach Titel III anerkannt und vollstreckt werden, EuGH IPrax 81, 95, dazu Hausmann IPRax 81, 79, ebenso wohl EuGH RIW 85, 235, dazu Gottwald ZZP 103, 266 u MüKo 13, Schlosser IPrax 85, 321; dagegen fallen vorläufige Entscheidungen, die agrd eines zweiseitig angelegten Verfahrens ergehen, unter Art 25, BGH NJW 99, 2373 mwN, dazu Schulze IPrax 99, 342, Dörner **LM** EGÜbk Nr 58. Keine Entscheidung iSv Art 25 ist eine Gerichtskostenrechnung, Schlesw RIW 97, 513. Zum grenzüberschreitenden Mahnverfahren, § 688 III ZPO, s § 34 AVAG, zur Vollstr aus Vergleichen s Art 51. Die Anerkennung und Vollstreckung nach Art 25 ff setzt nicht voraus, daß das Gericht das Zuständigkeitsrecht des Übk angewendet hat, Geimer NJW 86, 2994.

Entscheidungen von Gerichten der DDR, die vor dem 3. 10. 90 unanfechtbar geworden sind, fallen nicht unter Art 25, Geimer NJW 91, 3078.

#### 1. Abschnitt. Anerkennung

**Art. 26.** <sup>I</sup> Die in einem Vertragsstaat ergangenen Entscheidungen werden in den anderen Vertragsstaaten anerkannt, ohne daß es hierfür eines besonderen Verfahrens bedarf.

<sup>II</sup> Bildet die Frage, ob eine Entscheidung anzuerkennen ist, als solche den Gegenstand eines Streites, so kann jede Partei, welche die Anerkennung geltend macht, in dem Verfahren nach dem 2. und 3. Abschnitt dieses Titels die Feststellung beantragen, daß die Entscheidung anzuerkennen ist.

<sup>III</sup> Wird die Anerkennung in einem Rechtsstreit vor dem Gericht eines Vertragsstaats, dessen Entscheidung von der Anerkennung abhängt, verlangt, so kann dieses Gericht über die Anerkennung entscheiden.

1 **Bem.** Vgl §§ 27 u 28 AVAG; zum Verfahren ausführlich Martiny Rdz 215–259, Geimer JZ 77, 145 u 213, teilweise abw Rahm VIII 287–289. Die erneute Klage einer Partei, die ein nach Art 31 vollstreckbares Urteil erzielt hat, in einem anderen Vertragsstaat ist unzulässig, EuGH NJW 77, 495 m Anm Geimer NJW 77, 2023, vgl Mü RR 97, 571. Liegen die Voraussetzungen für die Klauselerteilung nach Art 34 II nicht vor, ist eine erneute Klage im Inland zulässig, Geimer NJW 80, 1234 gegen LG Münst NJW 80, 534. Die Rechtskraft einer (Teil-)Abweisung durch eine anzuerkennende ausländische Entscheidung schließt eine Einklagung oder Aufrechnung vor einem deutschen Gericht aus, Ffm MDR 85, 331.

**Art. 27.** Eine Entscheidung wird nicht anerkannt:
1. wenn die Anerkennung der öffentlichen Ordnung des Staates, in dem sie geltend gemacht wird, widersprechen würde;
2. wenn dem Beklagten, der sich auf das Verfahren nicht eingelassen hat, das dieses Verfahren einleitende Schriftstück oder ein gleichwertiges Schriftstück nicht ordnungsgemäß und nicht so rechtzeitig zugestellt worden ist, daß er sich verteidigen konnte;
3. wenn die Entscheidung mit einer Entscheidung unvereinbar ist, die zwischen denselben Parteien in dem Staat, in dem die Anerkennung geltend gemacht wird, ergangen ist;
4. wenn das Gericht des Ursprungsstaats bei seiner Entscheidung hinsichtlich einer Vorfrage, die den Personenstand, die Rechts- und Handlungsfähigkeit sowie die gesetzliche Vertretung einer natürlichen Person, die ehelichen Güterstände oder das Gebiet des Erbrechts einschließlich des Testamentsrechts betrifft, sich in Widerspruch zu einer Vorschrift des internationalen Privatrechts des Staates, in dem die Anerkennung geltend gemacht wird, gesetzt hat, es sei denn, daß die Entscheidung nicht zu einem anderen Ergebnis geführt hätte, wenn die Vorschriften des internationalen Privatrechts dieses Staates angewandt worden wären.

5. wenn die Entscheidung mit einer früheren Entscheidung unvereinbar ist, die in einem Nichtvertragsstaat zwischen denselben Parteien in einem Rechtsstreit wegen desselben Anspruchs ergangen ist, sofern diese Entscheidung die notwendigen Voraussetzungen für ihre Anerkennung in dem Staat erfüllt, in dem die Anerkennung geltend gemacht wird.

**Bem.** Vgl Martiny Rdz 90–159, Grunsky JZ **73**, 645. Die Anwendung von Z 1 u 3 ist keine Frage der **1** Auslegung des Übk, die dem EuGH vorzulegen wäre, BGH **75**, 167. **Entscheidung** iSv Art 27 ist nicht ein vollstreckungsfähiger gerichtlicher Vergleich, EuGH NJW **95**, 38 (Anm Schlosser JZ **95**, 1008) zu BGH EuZW **93**, 195.

**Zu Z 1** (§ 328 ZPO Rn 30 ff): Gemeint ist nur eine **offensichtliche Unvereinbarkeit**, BT-Drs 6/1973 S 88, vgl § 328 Rn 34, § 1059 Rn 10 u 11, § 1061 Rn 2. Zur Verletzung des ordre public vgl grundsätzlich BGH NJW **99**, 2372 (dazu Schulze, IPrax **99**, 342, Dörner **LM** EGÜbk Nr 58), EuZW **99**, 26 (Vorlagebeschluß), NJW **93**, 1802 u 3270 (dazu Haas ZZP **108**, 224, Eichenhofer JZ **94**, 258) u NJW **92**, 3096 (Anm Krönke **LM** § 23 ZPO Nr 38), alle mwN, sowie NJW **90**, 2201 u **86**, 3028 (krit Kornblum NJW **87**, 1105, zustm v. Winterfeld NJW **87**, 3059), Düss RR **95**, 572 u NJW **95**, 324, Köln RR **95**, 447, Hamm RR **95**, 190; die deutsche öff Ordnung ist zB verletzt, wenn ein durch Täuschung erschlichenes Urteil vollstreckt werden soll, BGH NJW **93**, 1272 u 1802, RR **87**, 377 (dazu Grunsky IPrax **87**, 219), oder wenn §§ 636, 637 RVO nicht beachtet worden sind, BGH NJW **93**, 3270 (krit Haas ZZP **108**, 224), nicht aber dann, wenn es sich um das Urteil eines nur mit Laien besetzten französischen Handelsgerichts handelt, Saarbr NJW **88**, 3100 (zustm Roth IPrax **89**, 17), oder wenn ein deutscher Schädiger im Ausland aufgrund der Klage eines deutschen Geschädigten zu höheren Schadensersatzleistungen verurteilt worden ist, als dies nach deutschem Recht möglich wäre, BGH NJW **84**, 568 (auch zur Nichtberücksichtigung des Forderungsübergangs nach § 1542 RVO), zustm Kropholler JZ **83**, 906, teilw krit Roth IPrax **84**, 183. Die Verurteilung zu Zinseszinsen durch ein britisches Gericht fällt nicht unter Z 1, Hbg RIW **92**, 139.

**Zu Z 2** (Stürner JZ **92**, 325; Linke RIW **86**, 409; Schumacher IPrax **85**, 265; Geimer IPrax **92**, 10, **88**, 271 **2** u **85**, 6): Wegen der Bedeutung von Z 2 für die Vollstreckung einstweiliger Maßnahmen s Bem zu Art 25. „**Einlassung**" ist jedes Handeln, aus dem sich ergibt, daß der Beklagte Kenntnis von dem Verf erlangt hat und daß er sich gegen den Angriff des Klägers verteidigen will, EuGH NJW **93**, 2091 (zu BGH EuZW **91**, 571), Hamm RR **95**, 190, es sei denn, sein Vorbringen beschränkt sich darauf, den Fortgang des Verf zu rügen, weil die Zustellung nicht ordnungsgemäß oder zu spät erfolgt sei, Köln IPrax **91**, 114 mwN. Keine Einlassung liegt darin, daß für den Beklagten ein angeblicher, von ihm aber nicht beauftragter Vertreter erschienen ist, EuGH NJW **97**, 1061. „**Verfahreneinleitendes Schriftstück**" ist das in § 276 ZPO, in Mahnverf der Mahnbescheid, nicht dagegen der Vollstreckungsbescheid, EuGH RIW **81**, 781; vgl auch EuGH EuZW **95**, 803 (Anm Grunsky IPrax **96**, 245) u EuZW **93**, 39 sowie den Vorlagebeschluß BGH NJW **91**, 2312. Es kommt nur auf die ordnungsgemäße Zustellung des das Verf einleitenden Schriftstücks an, BGH NJW **90**, 2202 u RR **87**, 377 mwN (dazu krit Grunsky IPrax **87**, 219, der auch bei Klagerweiterung die Zustellung fordert, ebenso Stürner JZ **92**, 333). Das Eintreten einer Zustellungsfiktion genügt nicht, Köln RR **90**, 128 (Belgien), wohl aber eine öff Zustellung, Kblz EuZW **90**, 487 (Luxemburg), zustm Geimer IPrax **92**, 11 (betr „remise au parquet"). Die Zustellung ist „**ordnungsgemäß**", wenn sie einem im Urteilsstaat geltenden Abk oder dem autonomen Recht des Urteilsstaates entspricht, EuGH EuZW **90**, 352 (Anm Geimer), Saarbr NJW **93**, 184, Ffm MDR **91**, 900 mwN, Kblz RIW **88**, 476, dazu Dubois IPrax **88**, 85; zu den Anforderungen an die Zustellung nach den dafür jeweils maßgeblichen Bestimmungen, namentlich also dem Haager ZustlÜbk (Anh § 202 ZPO), vgl Stürner F Nagel S 446–456 (eingehend), BGH NJW **93**, 2688 u **91**, 641 (krit Stade NJW **93**, 184), Hamm IPrax **96**, 426, Köln RR **95**, 446, Saarbr RR **92**, 1534, Köln RIW **97**, 175 u Ffm IPrax **92**, 90 (Übermittlung durch Brief, dazu Kondring RIW **97**, 158 u Rauscher IPrax **92**, 71), Köln IPrax **91**, 114 (krit Linke IPrax **91**, 94) u EuZW **90**, 488, Kblz RIW **91**, 668 u EuZW **90**, 487, Hamm BB **88**, 132 (krit Mezger RIW **88**, 477), Kblz RIW **88**, 476 (krit Dubois IPrax **88**, 85), Bbg RIW **87**, 541, zustm Gerth, KG RIW **86**, 637, Düss MDR **85**, 242, krit Schumacher IPrax **85**, 265. An eine Feststellung des Gerichts des Urteilsstaates nach Art 20 III iVm Art 15 HaagerZustlÜbk (abgedr Anh § 202 ZPO) ist das Gericht bei der Entscheidung über die Anerkennung nicht gebunden, EuGH LS NJW **82**, 1937 (Vorlagebeschluß BGH WertpMitt **81**, 959), zustm Geimer IPrax **85**, 6. Ist die Zustellung nicht ordnungsgemäß, kommt es auf ihre Rechtzeitigkeit nicht an; die Heilung von Zustellungsmängeln bei rechtzeitiger Zustellung richtet sich nach dem Recht des Urteilsstaates, EuGH EuZW **90**, 352 (Vorlagebeschluß BGH RIW **88**, 300), zustm Rauscher IPrax **91**, 155 mwN, krit Geimer EuZW **90**, 354, BGH WertpMitt **90**, 1938 (zu § 6 Satz 2 AusfG HaagerZustlÜbk). Nach Z 2 genügt zur Heilung die Einlassung, dazu EuGH NJW **93**, 2091, Hamm RIW **94**, 244 mwN, Köln IPrax **91**, 114 (dazu Linke IPrax **91**, 92). War die Zustellung nicht ordnungsgemäß und hat sich der Beklagte auf das Verfahren nicht eingelassen, so wird ein Versäumnisurteil auch dann nicht anerkannt, wenn er später von dem Urteil Kenntnis erhalten und dagegen keinen nach dem Recht des Urteilsstaates zulässigen Rechtsbehelf eingelegt hat, EuGH EuZW **93**, 39 (zu BGH EuZW **91**, 445 m Anm Geimer), dazu Stürner JZ **93**, 358, Rauscher IPrax **93**, 376, BGH NJW **93**, 2688 mwN (dazu Schnichels/Dietze NJW **94**, 371). „**Rechtzeitig**" ist eine Zustellung, wenn sie zur sachgerechten Verteidigung, die zur Verhinderung einer nach dem Übk vollstreckbaren Säumnisentscheidung ausreicht, EuGH RIW **85**, 967, BGH NJW **91**, 641 mwN, Köln RR **90**, 128, Kblz RIW **88**, 476, Hamm RR **88**, 446, krit Geimer IPrax **88**, 271 (insbesondere zu der Frage, ob die Berufung auf die fehlende Rechtzeitigkeit ausscheidet, wenn der Beklagte kein Rechtsmittel gegen die Entscheidung eingelegt hat), von Venrooy IPrax **89**, 137. Die Rechtzeitigkeit muß das Gericht des VollstrStaates ohne Bindung an die Feststellungen in der Entscheidung und ohne Bindung an das autonome Recht prüfen, BGH NJW **91**, 641, Köln RR **90**, 128, Hamm RR **88**, 446. Zur Rechtzeitigkeit s EuGH LS NJW **86**, 1425 u RIW **81**, 781 (Anm Nagel IPrax **82**, 5), BGH NJW **92**, 1239 (vom Bekl zu vertretendes Unbekanntsein seines Aufenthaltes), NJW **90**, 2201, NJW **86**, 2197 u Walter IPrax **86**, 349 (Nichtwahrung der nach deutschem Recht geltenden Einlassungsfrist), Hamm RIW **94**, 149 u RR **88**, 446, Köln RR **95**, 446 u RIW **93**, 150, Kblz IPrax **92**, 35, Geimer IPrax **92**, 11, sowie wegen der Unschädlichkeit des Fehlens einer Übersetzung bei rechtzeitiger Zustellung Bbg RIW **87**, 541, zustm Gerth mwN.

Die Voraussetzungen der Z 2 sind **vAw zu prüfen**, Stürner F Nagel S 452, Linke RIW **86**, 410, BGH NJW **99**, 2374 (dazu Schulze IPrax **99**, 342, Dörner **LM** EGÜbk Nr 58), Köln RR **90**, 128. Auf **sonstige Verfahrensmängel** bezieht Z 2 sich nicht; solche Mängel, auch hinsichtlich des rechtlichen Gehörs, können im Hinblick auf Art 34 III nur nach Z 1 die Nichtanerkennung rechtfertigen, BGH NJW **90**, 2201, zustm Geimer IPrax **92**, 13.

3   **Zu Z 3** (Wolf F Schwab, 1990, S 567): Auf ausländische Entscheidungen im Hauptverfahren, die mit einer inländischen Entscheidung im Eilverfahren unvereinbar sind, bezieht sich Z 3 nicht, Hamm RIW **88**, 134. Eine Entscheidung, durch die im Inland Prozeßkostenhilfe mangels Erfolgsaussicht versagt worden ist, steht der Anerkennung eines ausländischen Urteils in derselben Sache nicht entgegen, BGH NJW **84**, 568, zustm Roth IPrax **84**, 183, Kropholler JZ **83**, 906; das gleiche gilt für einen deutschen Prozeßvergleich, EuGH IPrax **95**, 241 (zu BGH EuZW **93**, 195), zustm v. Hoffmann/Hau IPrax **95**, 217. Dagegen greift Z 3 ein, wenn Trennungsunterhalt zuerkannt ist, aber die Ehe im Inland geschieden worden ist, EuGH NJW **89**, 663, dazu Linke RIW **88**, 822, krit Schack IPrax **89**, 141.

**Zu Z 4**: Zur Anwendbarkeit auf eine französische Annex-Entscheidung über den ehelichen Unterhalt LG Karlsr RIW **88**, 227, zur Nichtanerkennung deutscher Kindschaftsurteile in Frankreich und Italien vgl Klinkhardt ZBlJugR **84**, 164 u 210 mwN (der zutreffend auf die Vollstreckungsmöglichkeiten nach dem Haager Übk, Schlußanh V A 2, hinweist), dazu Sonnenberger IPrax **85**, 238.

**Zu Z 5**: Die durch die Neufassung eingefügte Vorschrift tritt neben Z 3, dazu Kohler IPrax **87**, 204, Kropholler RIW **86**, 933.

**Art. 28.** ⁱEine Entscheidung wird ferner nicht anerkannt, wenn die Vorschriften des 3., 4. und 5. Abschnitts des Titels II verletzt worden sind oder wenn ein Fall des Artikels 59 vorliegt.

ⁱⁱ Das Gericht oder die Behörde des Staates, in dem die Anerkennung geltend gemacht wird, ist bei der Prüfung, ob eine der im vorstehenden Absatz angeführten Zuständigkeiten gegeben ist, an die tatsächlichen Feststellungen gebunden, auf Grund deren das Gericht des Ursprungsstaates seine Zuständigkeit angenommen hat.

ⁱⁱⁱ Die Zuständigkeit der Gerichte des Ursprungsstaats darf, unbeschadet der Bestimmungen des ersten Absatzes, nicht nachgeprüft werden; die Vorschriften über die Zuständigkeit gehören nicht zur öffentlichen Ordnung im Sinne des Artikels 27 Nr. 1.

**Vorbem. Art 28 LuganoÜbk**, Üb Art 1 Rn 6, weicht insofern ab, als dort Abs 2 lautet: „Des weiteren kann der Anerkennung eine Entscheidung versagt werden, wenn ein Fall des Artikels 54 b Absatz 3 bzw des Artikels 57 Absatz 4 vorliegt", und dementsprechend Abs 2 u 3 zu Abs 3 u 4 werden und in Abs 4 statt „des ersten Absatzes" gesagt wird „der Absätze 1 und 2"; vgl dazu MüKoGo 18, Dietze/Schnichels NJW **95**, 2276. Weitere Anerkennungshindernisse ergeben sich aus dem **Protokoll Nr 1**, Schlußanh V D 2, Art I a u I b.

1   **Bem.** Vgl Martiny Rn 160–184, Grunsky JZ **73**, 645, Schütze AWD **74**, 428, Geimer AWD **80**, 305, Gottwald ZZP **103**, 270. Zu II: Vorlagebeschluß BGH NJW **97**, 2685 u **98**, 666 (dazu Kappus NJW **97**, 2653); nach II besteht keine Bindung an rechtliche Schlußfolgerungen, BGH NJW **74**, 248, dazu Geimer RIW **80**, 305. III führt zur Anerkennung auch bei größten Fehlern in der Bestimmung der Zuständigkeit.

**Art. 29.** Die ausländische Entscheidung darf keinesfalls in der Sache selbst nachgeprüft werden.

**Art. 30.** ⁱ Das Gericht eines Vertragsstaats, in dem die Anerkennung einer in einem anderen Vertragsstaat ergangenen Entscheidung geltend gemacht wird, kann das Verfahren aussetzen, wenn gegen die Entscheidung ein ordentlicher Rechtsbehelf eingelegt worden ist.

ⁱⁱ Das Gericht eines Vertragsstaats, vor dem die Anerkennung einer in Irland oder im Vereinigten Königreich ergangenen Entscheidung geltend gemacht wird, kann das Verfahren aussetzen, wenn die Vollstreckung der Entscheidung im Ursprungsstaat wegen der Einlegung eines Rechtsbehelfs einstweilen eingestellt ist.

1   **Bem.** Zum Begriff des ordentlichen Rechtsbehelfs EuGH LS NJW **78**, 1107.

### 2. Abschnitt. Vollstreckung

**Art. 31.** ⁱ Die in einem Vertragsstaat ergangenen Entscheidungen, die in diesem Staat vollstreckbar sind, werden in einem anderen Vertragsstaat vollstreckt, wenn sie dort auf Antrag eines Berechtigten für vollstreckbar erklärt worden sind.

ⁱⁱ Im Vereinigten Königreich wird eine derartige Entscheidung jedoch in England und Wales, in Schottland oder in Nordirland vollstreckt, wenn sie auf Antrag eines Berechtigten zur Vollstreckung in dem betreffenden Teil des Vereinigten Königreichs registriert worden ist.

**Schrifttum:** *Cypra*, Die Rechtsbehelfe im Verfahren der Vollstreckbarerklärung nach dem EuGVÜ, 1996.

1   **Bem.** Zu I vgl Art 25 u §§ 2–10 AVAG; zuständig ist das LG, § 2 AVAG. Begriff der „Entscheidung": Art 25. Gegner des Antrags ist der in der Entscheidung des Urteilsstaates bezeichnete Schuldner, Ffm Rpfleger **79**, 434. Die Entscheidung ergeht durch Beschluß, §§ 7 ff AusfG; bei Entscheidung durch Urteil ist Berufung zulässig, Hamm MDR **78**, 324. Die erneute Klage einer Partei, die ein vollstreckbares Urteil erzielt hat, in einem anderen Vertragsstaat ist unzulässig, EuGH NJW **77**, 495 m Anm Geimer NJW **77**, 2023 u NJW **80**, 1234, vgl Bem zu Art 26. Die Pflicht zur Vollstreckung endet, wenn diese nach dem Recht des VollstrStaates aus Gründen, die außerhalb des Anwendungsbereichs des EuGVÜ liegen, nicht mehr möglich ist, EuGH NJW **89**, 663, dazu Linke RIW **88**, 822.

Zur Notwendigkeit der Vollstreckungsfähigkeit des Titels s MüKoGo 7, BGH NJW **93**, 1802 mwN, ua Saarbr IPrax **90**, 232 (dazu Reinmüller IPrax **90**, 207) u NJW **88**, 3101 (dazu Roth IPrax **89**, 14). Hat der zu vollstreckende Titel nur gesetzliche Zinsen zugesprochen, darf das Gericht ihn im Wege der Auslegung (unter Anwendung des fremden Rechts) ergänzen, Schack 939, Geimer/Schütze § 152 II 1, Kropholler

Rn 12, vgl dazu BGH NJW **93**, 1803 u **86**, 1440 mwN, zustm Dopffel IPrax **86**, 277, Wolf RIW **86**, 728, zT krit Stürner/Münch JZ **87**, 184, aM Mü IPrax **88**, 291 (abl Nagel IPrax **88**, 277 mwN u Münch RIW **89**, 18), LG Düss IPrax **85**, 160 (abl Nagel IPrax **85**, 144). Ist das Übk unanwendbar, kann der Antrag nicht in eine Vollstreckungsklage, § 722 ZPO, umgedeutet werden, BGH NJW **79**, 2477.

Zur Umrechnung eines auf in fremde Währung lautenden Titels KG IPrax **94**, 457 (Anm Baumann IPrax **2 94**, 437). Umrechnungszeitpunkt für eine im Urteilsstaat in dortiger Währung zu zahlende Geldschuld ist nicht automatisch der Zeitpunkt der Rechtskraft, BGH IPrax **85**, 101, abw Nagel IPrax **85**, 83; zum Zeitpunkt bei Anwendung französischen Rechts BGH NJW **90**, 3085 u RR **87**, 378. Zur Aufklärungspflicht des Gerichts, welche Beträge nach der Entscheidung beigetrieben werden können, vgl BGH NJW **83**, 2773, dazu Prütting IPrax **85**, 137; zur Konkretisierung unklarer, insbesondere nach einem Index dynamisierter oder wegen der Zinsen auf verschiedene Zeiträume oder wechselnde Sätze verweisender Titel im VollstrVerf vgl BGH NJW **93**, 1802 mwN (Anm Roth IPrax **94**, 350), Rahm VIII 293, Roth IPrax **89**, 14, ferner Münch RIW **89**, 18 u Nagel IPrax **88**, 277 (zu Mü IPrax **88**, 291), Stürner/Münch JZ **87**, 178 (zu BGH NJW **86**, 1440), Düss RIW **96**, 1043, Schlesw DAVorm **93**, 463, Celle NJW **88**, 2183 mwN (Anm Laborde RIW **88**, 566), Stgt JZ **87**, 579 u DAVorm **90**, 715.

Zu II vgl Kropholler RIW **86**, 934.

**Art. 32.** <sup>I</sup> Der Antrag ist zu richten:
– in Belgien an das ‚tribunal de première instance' oder an die ‚rechtbank van eerste aanleg';
– in Dänemark an das ‚byret';
– in der Bundesrepublik Deutschland an den Vorsitzenden einer Kammer des Landgerichts;
– in Griechenland an das μονομελές πρωτοδικείο;
– in Spanien an das ‚Juzgado de Prima Instancia';
– in Frankreich an den Präsidenten des ‚tribunal de grande instance';
– in Irland an den ‚High Court';
– in Italien an die ‚corte d'appello';
– in Luxemburg an den Präsidenten des ‚tribunal d'arrondissement';
– in den Niederlanden an den Präsidenten der ‚arrondissementsrechtbank';
– in Österreich an das Bezirksgericht;
– in Portugal an das ‚Tribunal Judicial de Circulo';
– in Finnland an das „käräjäoikeus/tingsrätt";
– in Schweden an das „Svea hovrätt";
– im Vereinigten Königreich:
  1. in England und Wales an den „High Court of Justice" oder für Entscheidungen in Unterhaltssachen an den „Magistrates' Court" über den „Lord Chancellor";
  2. in Schottland an den „Court of Session" oder für Entscheidungen in Unterhaltssachen an den „Sheriff Court" über den „Secretary of State";
  3. in Nordirland an den „High Court of Justice" oder für Entscheidungen in Unterhaltssachen an den „Magistrates' Court" über den „Lord Chancellor".

<sup>II</sup> Die örtliche Zuständigkeit wird durch den Wohnsitz des Schuldners bestimmt. Hat dieser keinen Wohnsitz im Hoheitsgebiet des Vollstreckungsstaats, so ist das Gericht zuständig, in dessen Bezirk die Zwangsvollstreckung durchgeführt werden soll.

**Vorbem.** Das **LuganoÜbk**, Üb Art 1 Rn 6, enthält zusätzlich Zuständigkeitsvorschriften für Island, Norwegen, Österreich, Schweiz, Finnland und Schweden.

**Bem.** Vgl § 2 AVAG, Schlußanh V D. Die Zuständigkeit des Vorsitzenden des LG geht sonstigen **1** Zuständigkeiten vor, auch derjenigen des FamGer nach § 23 b GVG, Düss LS IPrax **84**, 217, zustm Henrich. Zur örtlichen Zuständigkeit, II 1, bei nachträglichem Wegzug des Schuldners s BGH EWiR **97**, 842 (Anm Mankowski, ferner Leutner ZZP **111**, 93) zur Vollstreckung gegen mehrere Schuldner mit Wohnsitz in verschiedenen LG-Bezirken s Bem zu § 2 AVAG, Schlußanh V D, zur Zuständigkeit agrd substantiierter Behauptung über den Ort der beabsichtigten Vollstr, II 2, LG Karlsr EuZW **91**, 223 mwN. § 16 ZPO gilt nicht nach Art 52 I, Saarbr RR **93**, 191.

**Art. 33.** <sup>I</sup> Für die Stellung des Antrags ist das Recht des Vollstreckungsstaats maßgebend.

<sup>II</sup> <sup>1</sup>Der Antragsteller hat im Bezirk des angerufenen Gerichts ein Wahldomizil zu begründen. <sup>2</sup>Ist das Wahldomizil im Recht des Vollstreckungsstaats nicht vorgesehen, so hat der Antragsteller einen Zustellungsbevollmächtigten zu benennen.

<sup>III</sup> Dem Antrag sind die in den Artikeln 46 und 47 angeführten Urkunden beizufügen.

**Bem.** Die Begründung des Wahldomizils, II, hat mangels innerstaatlicher Regelung spätestens bei der **1** Zustellung der Entscheidung zu erfolgen, mit der die Vollstr zugelassen wird, EuGH IPrax **87**, 229 m Anm Jayme IPrax **87**, 209. Der Verstoß gegen III führt zur Ablehnung des Antrags, Kblz EuZW **91**, 157. Das Verf wird durch die Eröffnung des Konkurses nicht unterbrochen, Saarbr RR **94**, 636, dazu Mankowski ZIP **94**, 1577 (diff).

**Art. 34.** <sup>I</sup> Das mit dem Antrag befaßte Gericht erläßt seine Entscheidung unverzüglich, ohne daß der Schuldner in diesem Abschnitt des Verfahrens Gelegenheit erhält, eine Erklärung abzugeben.

<sup>II</sup> Der Antrag kann nur aus einem der in den Artikeln 27 und 28 angeführten Gründe abgelehnt werden.

<sup>III</sup> Die ausländische Entscheidung darf keinesfalls in der Sache selbst nachgeprüft werden.

**Bem.** Vgl Schütze, Festschrift Bülow S 211–216 (zur Zulässigkeit der Geltendmachung von Einwendun- **1** gen durch eine Schutzschrift). Zur Verfassungsmäßigkeit von I vgl Schütze aaO, Arnold AWD **72**, 389. II

**AnerkVollstrAbk** Schlußanhang V C 1

wird durch § 13 AVAG ergänzt, s Schlußanh V E; bei der Anwendung von II ist allein zu prüfen, ob gerade der Vollstreckbarkeit ein Versagungsgrund, Art 27 oder Art 28, entgegensteht, BGH NJW **99**, 2372. Die Prüfung erfolgt von Amts wegen, Düss RIW **96**, 1043, Ffm MDR **91**, 900, Köln RR **90**, 128, das gleiche gilt für den Versagungsgrund des Art 33 III iVm Art 46 u 47, Kblz EuZW **91**, 157. Hat aber die Partei einen solchen Grund nicht mit dem in Art 36 vorgesehenen Rechtsbehelf vorgebracht, darf sie ihn im VollstrVerfahren idR nicht geltend machen, EuGH NJW **89**, 663, dazu Linke RIW **88**, 822, Schack IPrax **89**, 141.

*Art. 35.* Die Entscheidung, die über den Antrag ergangen ist, teilt der Urkundsbeamte der Geschäftsstelle dem Antragsteller unverzüglich in der Form mit, die das Recht des Vollstreckungsstaats vorsieht.

*Art. 36.* [I] Wird die Zwangsvollstreckung zugelassen, so kann der Schuldner gegen die Entscheidung innerhalb eines Monats nach ihrer Zustellung einen Rechtsbehelf einlegen.

[II] [1]Hat der Schuldner seinen Wohnsitz in einem anderen Vertragsstaat als dem, in dem die Entscheidung über die Zulassung der Zwangsvollstreckung ergangen ist, so beträgt die Frist für den Rechtsbehelf zwei Monate und beginnt von dem Tage an zu laufen, an dem die Entscheidung dem Schuldner entweder in Person oder in seiner Wohnung zugestellt worden ist. [2]Eine Verlängerung dieser Frist wegen weiter Entfernung ist ausgeschlossen.

1 **Bem.** Vgl §§ 11–16 AVAG. Art 36 schließt jeden Rechtsbehelf Dritter gegen die zulassende Entsch aus, EuGH LS NJW **86**, 657. Wegen der Präklusion mit Einwendungen, die im Rechtsbehelfsverfahren unterblieben sind, s Bem zu Art 34.

*Art. 37.* [I]Der Rechtsbehelf wird nach den Vorschriften, die für das streitige Verfahren maßgebend sind, eingelegt:
– in Belgien bei dem ‚tribunal de première instance' oder der ‚rechtbank van eerste aanleg';
– in Dänemark bei dem ‚landsret';
– in der Bundesrepublik Deutschland bei dem Oberlandesgericht;
– in Griechenland bei dem ‚εφετείο';
– in Spanien bei der ‚Audiencia Provincial';
– in Frankreich bei der ‚cour d'appel';
– in Irland bei dem ‚High Court';
– in Italien bei der ‚corte d'appello';
– in Luxemburg bei ‚Cour supérieure de Justice' als Berufungsinstanz für Zivilsachen;
– in den Niederlanden bei der ‚arrondissementsrechtbank';
– in Österreich bei dem Bezirksgericht;
– in Portugal bei dem ‚Tribunal da Relação';
– in Finnland bei dem ‚hovioikens/hovrätt';
– in Schweden bei dem ‚Svea hovrätt';
– im Vereinigten Königreich:
  1. in England und Wales bei dem ‚High Court of Justice' oder für Entscheidungen in Unterhaltssachen bei dem ‚Magistrates' Court';
  2. in Schottland bei dem ‚Court of Session' oder für Entscheidungen in Unterhaltssachen bei dem ‚Sheriff Court';
  3. in Nordirland bei dem ‚High Court of Justices' oder für Entscheidungen in Unterhaltssachen bei dem ‚Magistrates' Court'.

[II] Gegen die Entscheidung, die über den Rechtsbehelf ergangen ist, finden nur statt:
– in Belgien, Griechenland, Spanien, Frankreich, Italien, Luxemburg und den Niederlanden: die Kassationsbeschwerde;
– in Dänemark: ein Verfahren vor dem ‚højesteret' mit Zustimmung des Justizministers;
– in der Bundesrepublik Deutschland: die Rechtsbeschwerde;
– in Irland: ein auf Rechtsfragen beschränkter Rechtsbehelf bei dem ‚Supreme Court';
– in Österreich im Fall eines Rekursverfahrens der Revisionsrekurs und im Fall eines Widerspruchsverfahrens die Berufung mit der allfälligen Möglichkeit einer Revision;
– in Portugal: ein auf Rechtsfragen beschränkter Rechtsbehelf;
– in Finnland: ein Rechtsbehelf bei dem ‚korkein oikens/högsta domstolen';
– in Schweden: ein Rechtsbehelf bei dem ‚Högsta domstolen';
– im Vereinigten Königreich: ein einziger auf Rechtsfragen beschränkter Rechtsbehelf.

**Vorbem.** Das LuganoÜbk, Üb Art 1 Rn 6, enthält in beiden Absätzen zusätzliche Zuständigkeitsvorschriften für Island, Norwegen, Österreich, Schweiz, Finnland und Schweden.

1 **Bem.** Zu I vgl § 12 AVAG, zu II §§ 17–19 AVAG. Nach II ist die Rechtsbeschwerde nur gegen die Entscheidung über den Rechtsbehelf selbst gegeben, nicht auch gegen vorläufige Maßnahmen iSv Art 38, EuGH EuZW **95**, 800, dazu Hau IPrax **96**, 322, Linke RIW **85**, 237, Schlosser IPrax **85**, 321, und erst recht nicht gegen ihre Aufhebung oder die Weigerung, solche Maßnahmen zu erlassen, EuGH aaO, BGH NJW **94**, 2157 (zustm Stadler IPrax **95**, 220). Jeder Rechtsbehelf eines interessierten Dritten ist durch II ausgeschlossen, selbst wenn das Recht des VollstrStaates ihn zuläßt, EuGH NJW **93**, 2091 (zu BGH EuZW **91**, 571).

*Art. 38.* [I] Das mit dem Rechtsbehelf befaßte Gericht kann auf Antrag der Partei, die ihn eingelegt hat, das Verfahren aussetzen, wenn gegen die Entscheidung im Ursprungsstaat ein ordentlicher Rechtsbehelf eingelegt oder die Frist für einen solchen Rechtsbehelf noch nicht verstrichen ist; in letzterem Falle kann das Gericht eine Frist bestimmen, innerhalb deren der Rechtsbehelf einzulegen ist.

II Ist eine gerichtliche Entscheidung in Irland oder im Vereinigten Königreich erlassen worden, so gilt jeder im Ursprungsstaat statthafte Rechtsbehelf als ordentlicher Rechtsbehelf im Sinne von Absatz 1.

III Das Gericht kann auch die Zwangsvollstreckung von der Leistung einer Sicherheit, die es bestimmt, abhängig machen.

**Bem.** Zum Begriff des ordentlichen Rechtsbehelfs vgl EuGH NJW 78, 1107 (Linke RIW 85, 238); dazu **1** gehört auch ein vAw durchzuführendes Bestätigungsverfahren zur Überprüfung eines Arrestbefehls, BGH NJW 86, 3027 zu Hamm RIW 85, 973 (Anm Linke), abl Linke RIW 86, 997, nicht aber ein Schiedsgerichtsverfahren, Hamm RIW 94, 245. Bei einer Entscheidung nach I darf das Beschwerdegericht nur Gründe berücksichtigen, die der Schuldner vor dem Gericht des Ursprungsstaates noch nicht geltend machen konnte, BGH NJW 94, 2157 (Anm Grunsky u Stadler IPrax 95, 218 u 220). Die Befugnis nach III, dazu BGH NJW 94, 2157 u 83, 1979, betrifft nur zukünftig vorzunehmende VollstrMaßnahmen, nicht aber bereits geschehene; diese dürfen nur aufgehoben werden, wenn der Schuldner seinerseits die für ihn angeordnete Sicherheit geleistet hat, BGH NJW 83, 1980. Eine Anordnung nach III ist erst bei der Entscheidung über den Rechtsbehelf selbst, nicht auch als vorläufige Maßnahme während des Beschwerdeverfahrens zulässig, EuGH EuZW 95, 800, dazu Hau IPrax 96, 322 (zustm), Linke RIW 85, 237 (krit), Schlosser IPrax 85, 321 (zustm), vgl Art 37 Rn 1. Die Wahl zwischen I u III ist unter Berücksichtigung aller Umstände des Falles nach Ermessen zu treffen, dessen Ausübung in erster Linie vom Sicherheitsbedürfnis des Urteilsschuldners abhängt, BGH NJW 94, 2157, Düss RR 97, 572, Hamm RIW 94, 246 mwN.

**Art. 39.** I Solange die in Artikel 36 vorgesehene Frist für den Rechtsbehelf läuft und solange über den Rechtsbehelf nicht entschieden ist, darf die Zwangsvollstreckung in das Vermögen des Schuldners nicht über Maßnahmen zur Sicherung hinausgehen.

II Die Entscheidung, durch welche die Zwangsvollstreckung zugelassen wird, gibt die Befugnis, solche Maßnahmen zu betreiben.

**Bem.** Vgl §§ 20–26 AVAG. I ermöglicht es dem Gläubiger, innerhalb der dort genannten Fristen ohne **1** besondere Ermächtigung oder Bestätigung Sicherungsmaßnahmen entspr §§ 928, 930 ff ZPO zu erwirken, EuGH RIW 86, 300, dazu Pirrung IPrax 89, 20. Die Beschränkung auf Sicherungsmaßnahmen endet mit der Entscheidung des Beschwerdegerichts, BGH NJW 83, 1979; jedoch kann sowohl dieses als auch der BGH nach Art 38 II verfahren und eine Anordnung nach § 24 II, III AVAG treffen, vgl BGH NJW 83, 1980, vgl dazu Prütting IPrax 85, 138. Ob über eine Sicherungsvollstreckung auch ohne vorherige Zustellung der nach Art 31 erteilten VollstrKlausel entschieden werden darf, ist str, dafür MüKoGo 3, LG Stgt RR 88, 1344, zustm Laborde RIW 88, 564, abl Pirrung IPrax 89, 18, Saarbr RR 94, 639 (Anm Haas IPrax 95, 223). Zur Unzulässigkeit der Einstellung einer Sicherheitsleistung und der Abhängigmachung der über eine Sicherung hinausgehenden Zwangsvollstreckung von einer Sicherheitsleistung des Schuldners vgl Düss MDR 85, 151, Hamm MDR 78, 324, zur italienischen Rspr Luther IPrax 82, 120.

**Art. 40.** I Wird der Antrag abgelehnt, so kann der Antragsteller einen Rechtsbehelf einlegen:
– in Belgien bei der ‚cour d'appel' oder dem ‚hof van beroep';
– in Dänemark bei dem ‚landsret';
– in der Bundesrepublik Deutschland bei dem Oberlandesgericht;
– in Griechenland bei dem ἐφετεῖο;
– in Spanien bei der ‚Audiencia Provincial';
– in Frankreich bei der ‚cour d'appel';
– in Irland bei dem ‚High Court';
– in Italien bei der ‚corte d'appello';
– in Luxemburg bei der ‚Cour supérieure de Justice' als Berufungsinstanz für Zivilsachen;
– in den Niederlanden bei dem ‚gerechtshof';
– in Österreich bei dem Bezirksgericht;
– in Portugal bei dem ‚Tribunal da Relação';
– in Finnland bei dem ‚hovioikens/hovrätt';
– in Schweden bei dem ‚Svea hovrätt';
– im Vereinigten Königreich:
  1. in England und Wales bei dem ‚High Court of Justice' oder für Entscheidungen in Unterhaltssachen bei dem ‚Magistrates' Court';
  2. in Schottland bei dem ‚Court of Session' oder für Entscheidungen in Unterhaltssachen bei dem ‚Sheriff Court';
  3. in Nordirland bei dem ‚High Court of Justice' oder für Entscheidungen in Unterhaltssachen bei dem ‚Magistrates' Court'.

II ¹Das mit dem Rechtsbehelf befaßte Gericht hat den Schuldner zu hören. ²Läßt dieser sich auf das Verfahren nicht ein, so ist Artikel 20 Absätze 2 und 3 auch dann anzuwenden, wenn der Schuldner seinen Wohnsitz nicht in dem Hoheitsgebiet eines Vertragsstaats hat.

**Vorbem.** Das LuganoÜbk, Üb Art 1 Rn 6, enthält zusätzliche Zuständigkeitvorschriften für Island, Norwegen, Österreich, Schweiz, Finnland und Schweden.

**Bem.** Vgl § 16 iVm §§ 12 u 14 AVAG. Das Beschwerdegericht muß den Schuldner auch dann hören, **1** wenn der Antrag in erster Instanz lediglich wegen nicht rechtzeitig vorgelegter Urkunden zurückgewiesen worden ist und die Erteilung der Vollstreckungsklausel für einen Staat begehrt wird, der nicht Aufenthaltsstaat des Schuldners ist, EuGH RIW 84, 814, dazu Stürner IPrax 85, 254.

*Art. 41.* Gegen die Entscheidung, die über den in Artikel 40 vorgesehenen Rechtsbehelf ergangen ist, finden nur statt:
- in Belgien, Griechenland, Spanien, Frankreich, Italien, Luxemburg und in den Niederlanden: die Kassationsbeschwerde;
- in Dänemark: ein Verfahren vor dem ‚højesteret' mit Zustimmung des Justizministers;
- in der Bundesrepublik Deutschland: die Rechtsbeschwerde;
- in Irland: ein auf Rechtsfragen beschränkter Rechtsbehelf bei dem ‚Supreme Court';
- in Österreich: der Revisionsrekurs;
- in Portugal: ein auf Rechtsfragen beschränkter Rechtsbehelf;
- in Finnland: ein Rechtsbehelf bei dem ‚korkein oikens/högsta domstolen';
- in Schweden: ein Rechtsbehelf bei dem ‚Högsta domstolen';
- im Vereinigten Königreich: ein einziger auf Rechtsfragen beschränkter Rechtsbehelf.

1 **Bem.** Vgl §§ 17–19 AVAG.

*Art. 42.* ¹Ist durch die ausländische Entscheidung über mehrere mit der Klage geltend gemachte Ansprüche erkannt und kann die Entscheidung nicht im vollen Umfang zur Zwangsvollstreckung zugelassen werden, so läßt das Gericht sie für einen oder mehrere dieser Ansprüche zu.
 ᴵᴵ Der Antragsteller kann beantragen, daß die Zwangsvollstreckung nur für einen Teil des Gegenstands der Verurteilung zugelassen wird.

*Art. 43.* Ausländische Entscheidungen, die auf Zahlung eines Zwangsgeldes lauten, sind in dem Vollstreckungsstaat nur vollstreckbar, wenn die Höhe des Zwangsgelds durch die Gerichte des Ursprungsstaats endgültig festgesetzt ist.

*Art. 44.* ¹Ist dem Antragsteller im Ursprungsstaat ganz oder teilweise Prozeßkostenhilfe oder Kosten- und Gebührenbefreiung gewährt worden, so genießt er in dem Verfahren nach den Artikeln 32 bis 35 hinsichtlich der Prozeßkostenhilfe oder der Kosten- und Gebührenbefreiung die günstigste Behandlung, die das Recht des Vollstreckungsstaats vorsieht.
 ᴵᴵ Der Antragsteller, welcher die Vollstreckung einer Entscheidung einer Verwaltungsbehörde begehrt, die in Dänemark in Unterhaltssachen ergangen ist, kann im Vollstreckungsstaat Anspruch auf die in Absatz genannten Vorteile erheben, wenn er eine Erklärung des dänischen Justizministeriums darüber vorlegt, daß er die wirtschaftlichen Voraussetzungen für die vollständige oder teilweise Bewilligung der Prozeßkostenhilfe oder für die Kosten- und Gebührenbefreiung erfüllt.

**Bem.** Das **LuganoÜbk**, Üb Art 1 Rn 6, erstreckt die Regelung in Abs 2 auf Island.

*Art. 45.* Der Partei, die in einem Vertragsstaat eine in einem anderen Vertragsstaat ergangene Entscheidung vollstrecken will, darf wegen ihrer Eigenschaft als Ausländer oder wegen Fehlens eines inländischen Wohnsitzes oder Aufenthalts eine Sicherheitsleistung oder Hinterlegung, unter welcher Beziehung es auch sei, nicht auferlegt werden.

### 3. Abschnitt. Gemeinsame Vorschriften

*Art. 46.* Die Partei, welche Anerkennung einer Entscheidung geltend macht oder die Zwangsvollstreckung betreiben will, hat vorzulegen:
1. eine Ausfertigung der Entscheidung, welche die für ihre Beweiskraft erforderlichen Voraussetzungen erfüllt;
2. bei einer im Versäumnisverfahren ergangenen Entscheidung die Urschrift oder eine beglaubigte Abschrift der Urkunde, aus der sich ergibt, daß das den Rechtsstreit einleitende Schriftstück oder ein gleichwertiges Schriftstück der säumigen Partei zugestellt worden ist.

1 **Bem.** Die Vorlage genügt, die Ausfertigung bzw Urkunde braucht nicht bei den Akten zu verbleiben, BGH **75**, 167; sie kann in der Beschwerdeinstanz nachgeholt werden, Kblz EuZW **91**, 157 u 90, 486, Köln RR **90**, 128 mwN. Z 2 gilt auch für andere Entscheidungen als VersUrteile, wenn sie in einem einseitigen Verfahren ergangen sind, Düss RIW **96**, 67. Die Zustellung, ist vAw zu prüfen und muß dem Prozeßrecht des Urteilsstaates (einschließlich etwaiger Übk) entsprechen, so daß Art 27 Z 2 anzuwenden ist, Düss aaO, Köln IPrax **91**, 114 (zustm Linke IPrax **91**, 92), Kblz aaO (auch zur Anwendung von Art 48). Eine danach zulässige Zustellungsfiktion reicht nicht aus, Köln RR **90**, 128. Ein Zustellungszeugnis des Rpfl genügt, Köln OLGZ **93**, 68.

*Art. 47.* Die Partei, welche die Zwangsvollstreckung betreiben will, hat ferner vorzulegen:
1. die Urkunden, aus denen sich ergibt, daß die Entscheidung nach dem Recht des Ursprungsstaats vollstreckbar ist und daß sie zugestellt worden ist;
2. gegebenenfalls eine Urkunde, durch die nachgewiesen wird, daß der Antragsteller Prozeßkostenhilfe im Ursprungsstaat erhält.

1 **Bem.** S Bem zu Art 46 (jedoch ist hier Art 27 Z 2 nicht anzuwenden). Zum Zustellungsnachweis, Z 1, vgl BGH **65**, 296, Oldb IPrax **92**, 169 („remise an parquet"), Düss RIW **95**, 325, Hamm RIW **93**, 149. Er muß für die zu vollstreckende Entscheidung erbracht werden, nicht auch für eine etwaige Rechtsmittelentscheidung, BGH **75**, 167. Eine nach dem nationalen Recht erlaubte Nachholung der Zustellung ist statthaft, wenn der Schuldner der Entscheidung nicht innerhalb einer angemessenen Frist nachkommt, EuGH EuZW **96**, 240 (Anm Stadler IPrax **97**, 171), es sei denn, es handelt sich um ein VersUrt, Kblz RIW **91**, 669.

*Art. 48.* ¹ Werden die in Artikel 46 Nr. 2 und in Artikel 47 Nr. 2 angeführten Urkunden nicht vorgelegt, so kann das Gericht eine Frist bestimmen, innerhalb deren die Urkunden vorzulegen sind, oder sich mit gleichwertigen Urkunden begnügen oder von der Vorlage der Urkunden befreien, wenn es eine weitere Klärung nicht für erforderlich hält.

II Auf Verlangen des Gerichts ist eine Übersetzung der Urkunden vorzulegen; die Übersetzung ist von einer hierzu in einem der Vertragsstaaten befugten Person zu beglaubigen.

**Bem.** Zu I s Bem zu Art 46, zu II vgl Puttfarken NJW **88**, 2155. 1

*Art. 49.* Die in den Artikeln 46, 47 und in Artikel 48 Absatz 2 angeführten Urkunden sowie die Urkunde über die Prozeßvollmacht, falls eine solche erteilt wird, bedürfen weder der Legalisation noch einer ähnlichen Förmlichkeit.

### Titel IV. Öffentliche Urkunden und Prozeßvergleiche

*Art. 50.* ¹ ¹Öffentliche Urkunden, die in einem Vertragsstaat aufgenommen und vollstreckbar sind, werden in einem anderen Vertragsstaat auf Antrag in den Verfahren nach den Artikeln 31 ff. für vollstreckbar erklärt. ²Der Antrag kann nur abgelehnt werden, wenn die Zwangsvollstreckung aus der Urkunde der öffentlichen Ordnung des Vollstreckungsstaats widersprechen würde.

II Die vorgelegte Urkunde muß die Voraussetzungen für ihre Beweiskraft erfüllen, die in dem Staate, in dem sie aufgenommen wurde, erforderlich sind.

III Die Vorschriften des 3. Abschnitts des Titels III sind sinngemäß anzuwenden.

**Bem.** Zum Begriff der öff Urkunde s EuGH EWS **99**, 268 u Vorlagebeschluß des BGH EWiR **97**, 842 (Anm Mankowski, ferner Leutner ZZP **111**, 93).

*Art. 51.* Vergleiche, die vor einem Richter im Laufe eines Verfahrens abgeschlossen und in dem Staat, in dem sie errichtet wurden, vollstreckbar sind, werden in dem Vollstreckungsstaat unter denselben Bedingungen wie öffentliche Urkunden vollstreckt.

### Titel V. Allgemeine Vorschriften

*Art. 52.* ¹ Ist zu entscheiden, ob eine Partei im Hoheitsgebiet des Vertragstaats, dessen Gerichte angerufen sind, einen Wohnsitz hat, so wendet das Gericht sein Recht an.

II Hat eine Partei keinen Wohnsitz in dem Staate, dessen Gerichte angerufen sind, so wendet das Gericht, wenn es zu entscheiden hat, ob die Partei einen Wohnsitz in einem anderen Vertragsstaat hat, das Recht dieses Staates an.

**Vorbem.** III gestrichen durch Art 15 BeitrÜbk 89, Üb Art 1 Rn 3.

**Bem.** Zum Wohnsitz vgl Hamm FamRZ **89**, 1331 (dazu D. H. IPrax **90**, 59), zum Doppelwohnsitz vgl 1 Kblz IPrax **87**, 309, zustm Schwarz IPrax **87**, 292. S auch § 2 AVAG, Schlußanh V E, Rn 1.

*Art. 53.* ¹ ¹Der Sitz von Gesellschaften und juristischen Personen steht für die Anwendung dieses Übereinkommens dem Wohnsitz gleich. ²Jedoch hat das Gericht bei der Entscheidung darüber, wo der Sitz sich befindet, die Vorschriften seines internationalen Privatrechts anzuwenden.

II Um zu bestimmen, ob ein *trust* seinen Sitz in dem Vertragsstaat hat, bei dessen Gerichten die Klage anhängig ist, wendet das Gericht sein Internationales Privatrecht an.

**Bem.** Zu Art 52 u 53 s Art V c u V d des Protokolls (Übk über das europäische Patent), Schlußanh V C 2. 1

### Titel VI. Übergangsvorschriften

*Art. 54.* ¹ Die Vorschriften dieses Übereinkommens sind nur auf solche Klagen und öffentlichen Urkunden anzuwenden, die erhoben oder aufgenommen worden sind, nachdem dieses Übereinkommen im Ursprungsstaat und, wenn die Anerkennung oder Vollstreckung einer Entscheidung oder Urkunde geltend gemacht wird, im ersuchten Staat in Kraft getreten ist.

II Entscheidungen, die nach dem Inkrafttreten dieses Übereinkommens zwischen dem Ursprungsstaat und dem ersuchten Staat aufgrund einer vor diesem Inkrafttreten erhobenen Klage ergangen sind, werden nach Maßgabe des Titels III anerkannt und zur Zwangsvollstreckung zugelassen, vorausgesetzt, daß das Gericht aufgrund von Vorschriften zuständig war, die mit den Zuständigkeitsvorschriften des Titels II oder eines Abkommens übereinstimmen, das im Zeitpunkt der Klageerhebung zwischen dem Ursprungsstaat und dem Staat, in dem die Entscheidung geltend gemacht wird, in Kraft war.

III Ist zwischen den Parteien eines Rechtsstreits über einen Vertrag bereits vor dem 1. Juni 1988 im Fall Irlands und vor dem 1. Januar 1987 im Fall des Vereinigten Königreichs eine schriftliche Vereinbarung getroffen worden, auf diesen Vertrag die Rechtsvorschriften Irlands oder eines Teils des Vereinigten Königreichs anzuwenden, so sind die Gerichte in Irland oder in diesem Teil des Vereinigten Königreichs weiterhin befugt, über diesen Streitfall zu entscheiden.

**Bem.** Zu den entspr Vorschriften des **Lugano**Übk, Schlußanh V D 1, vgl Dietze/Schnichels NJW **95**, 2276, Wagner ZIP **94**, 81. Vgl i ü Üb Art 1 Rn 1–4. Für die Erhebung der Klage, I, kommt es auf den Eintritt der Rechtshängigkeit an, in Deutschland also auf ihre Zustellung, § 253 I (bzw die Zustellung des

# AnerkVollstrAbk

Mahnbescheides), BGH EuZW **97**, 413, IPrax **97**, 188 (Anm Mankowski ebd 174), NJW **93**, 1071 u EuZW **92**, 124, Bra RIW **97**, 424, LG Mü I NJW **96**, 401 (Anm Trunk IPrax **96**, 250).

Art. 54a. ¹Während einer Zeit von drei Jahren vom 1. November 1986 an für Dänemark und vom 1. Juni 1988 an für Irland bestimmt sich die Zuständigkeit in Seerechtssachen in jedem dieser Staaten neben den Vorschriften des Titels II auch nach den in den folgenden Nummern 1 bis 6 aufgeführten Vorschriften. ²Diese Vorschriften werden von dem Zeitpunkt an in diesen Staaten nicht mehr angewandt, zu dem für diese Staaten das in Brüssel am 10. Mai 1952 unterzeichnete Internationale Übereinkommen zur Vereinheitlichung von Regeln über den Arrest von Seeschiffen in Kraft tritt.

1. Eine Person, die ihren Wohnsitz im Hoheitsgebiet eines Vertragsstaats hat, kann vor den Gerichten eines der obengenannten Staaten wegen einer Seeforderung verklagt werden, wenn das Schiff, auf welches sich die Seeforderung bezieht, oder ein anderes Schiff im Eigentum dieser Person in einem gerichtsförmlichen Verfahren innerhalb des Hoheitsgebiets des letzteren Staates zur Sicherung der Forderung mit Arrest belegt worden ist oder dort mit Arrest hätte belegt werden können, jedoch dafür eine Bürgschaft oder eine andere Sicherheit geleistet worden ist,
    a) wenn der Gläubiger seinen Wohnsitz in dem Hoheitsgebiet dieses Staates hat;
    b) wenn die Seeforderung in diesem Staat entstanden ist;
    c) wenn die Seeforderung im Verlauf der Reise entstanden ist, während deren der Arrest vollzogen worden ist oder hätte vollzogen werden können;
    d) wenn die Seeforderung auf einem Zusammenstoß oder auf einem Schaden beruht, den ein Schiff einem anderen Schiff oder Gütern oder Personen an Bord eines der Schiffe entweder durch die Ausführung oder Nichtausführung eines Manövers oder durch die Nichtbeachtung von Vorschriften zugefügt hat;
    e) wenn die Seeforderung auf Hilfeleistung oder Bergung beruht oder
    f) wenn die Seeforderung durch eine Schiffshypothek oder ein sonstiges vertragliches Pfandrecht an dem Schiff gesichert ist, das mit Arrest belegt wurde.
2. Ein Gläubiger kann sowohl das Schiff, auf das sich die Seeforderung bezieht, als auch jedes andere Schiff, das demjenigen gehört, der zum Zeitpunkt des Entstehens der Seeforderung Eigentümer des Schiffes war, mit Arrest belegen lassen. Jedoch kann nur das Schiff, auf das sich die Seeforderung bezieht, wegen einer der in Nummer 5 Buchstaben o), p) oder q) aufgeführten Ansprüche und Rechte mit Arrest belegt werden.
3. Schiffe gelten als demselben Eigentümer gehörend, wenn alle Eigentumsanteile derselben Person oder denselben Personen zustehen.
4. Ist bei der Überlassung des Gebrauchs eines Schiffes die Schiffsführung dem Ausrüster unterstellt und schuldet dieser allein eine dieses Schiff betreffende Seeforderung, so kann der Gläubiger dieses Schiff oder jedes andere dem Ausrüster gehörende Schiff mit Arrest belegen lassen; jedoch kann kein anderes Schiff des Schiffseigners aufgrund derselben Seeforderung mit Arrest belegt werden. Entsprechendes gilt in allen Fällen, in denen eine andere Person als der Schiffseigner Schuldner einer Seeforderung ist.
5. ‚Seeforderung' bezeichnet ein Recht oder einen Anspruch, die aus einem oder mehreren der folgenden Entstehungsgründe geltend gemacht werden:
    a) Schäden, die durch ein Schiff durch Zusammenstoß oder in anderer Weise verursacht sind;
    b) Tod oder Gesundheitsschäden, die durch ein Schiff verursacht sind oder die auf den Betrieb eines Schiffes zurückgehen;
    c) Bergung und Hilfeleistung;
    d) nach Maßgabe einer Chartepartie oder auf andere Weise abgeschlossene Nutzungs- oder Mietverträge über ein Schiff;
    e) nach Maßgabe einer Chartepartie oder eines Konnossements oder auf andere Weise abgeschlossene Verträge über die Beförderung von Gütern mit einem Schiff;
    f) Verlust oder Beschädigung von zu Schiff beförderten Gütern einschließlich des Gepäcks;
    g) große Haverei;
    h) Bodmerei;
    i) Schleppdienste;
    j) Lotsendienste;
    k) Lieferung von Gütern oder Ausrüstungsgegenständen an ein Schiff, gleichviel an welchem Ort, im Hinblick auf seinen Einsatz oder seine Instandhaltung;
    l) Bau, Reparatur oder Ausrüstung eines Schiffes sowie Hafenabgaben;
    m) Gehalt oder Heuer der Kapitäne, Schiffsoffiziere und Besatzungsmitglieder;
    n) Auslagen des Kapitäns und der Ablader, Befrachter und Beauftragten für Rechnung des Schiffes oder seines Eigentümers;
    o) Streitigkeiten über das Eigentum an einem Schiff;
    p) Streitigkeiten zwischen Miteigentümern eines Schiffes über das Eigentum, den Besitz, den Einsatz oder die Erträgnisse dieses Schiffes;
    q) Schiffshypotheken und sonstige vertragliche Pfandrechte an einem Schiff.
6. In Dänemark ist als ‚Arrest' für die in Nummer 5 Buchstaben o) und p) genannten Seeforderungen der ‚forbud' anzusehen, soweit hinsichtlich einer solchen Seeforderung nur ein ‚forbud' nach den §§ 646 bis 653 der Zivilprozeßordnung (lov om rettens pleje) zulässig ist.

**Bem.** Das **LuganoÜbk**, Schlußanh V D 1, enthält als Z 7 die Definition des Begriffs „Arrest" für die in Z 5 o und 5 p genannten Forderungen für Island, vgl Bek v 29. 7. 98, BGBl II 2271.

## Titel. VII. Verhältnis zu anderen Abkommen

*Art. 55* (nicht abgedruckt; vgl Üb Art 1 Rn 5 u 6)

*Art. 56.* <sup>I</sup> Die in Artikel 55 angeführten Abkommen und Verträge behalten ihre Wirksamkeit für die Rechtsgebiete, auf die dieses Übereinkommen nicht anzuwenden ist.

<sup>II</sup> Sie bleiben auch weiterhin für die Entscheidungen und die öffentlichen Urkunden wirksam, die vor Inkrafttreten dieses Übereinkommens ergangen oder aufgenommen sind.

**Bem.** Zweiseitige Abk behalten ihre Wirksamkeit für Entscheidungen, die unter Art 1 II fallen, **1** BayObLG RR **90**, 843 mwN, oder sonst vom Anwendungsbereich des Übk ausgeschlossen sind, EuGH NJW **78**, 483 m Anm Geimer (Vorlagebeschluß BGH WertpMitt **77**, 88), dazu BGH NJW **93**, 2689 (zum dt-brit Abk), NJW **78**, 1113 (zum dt-belg Abk). Daß ein sich vom EuGVÜ erfaßter Einzelfall nicht die tatbestandsmäßigen Voraussetzungen für eine im EuGVÜ enthaltene Norm erfüllt, genügt hierfür nicht, BGH NJW **93**, 2689 mwN, allgM. Entspr gilt für das **LuganoÜbk**, Schlußanh V D 1.

*Art. 57.* <sup>I</sup> Dieses Übereinkommen läßt Übereinkommen unberührt, denen die Vertragsstaaten angehören oder angehören werden und die für besondere Rechtsgebiete die gerichtliche Zuständigkeit, die Anerkennung oder die Vollstreckung von Entscheidungen regeln.

<sup>II</sup> <sup>1</sup>Um eine einheitliche Auslegung des Absatzes 1 zu sichern, wird dieser Absatz in folgender Weise angewandt:

a) Dieses Übereinkommen schließt nicht aus, daß ein Gericht eines Vertragsstaats, der Vertragspartei eines Übereinkommens über ein besonderes Rechtsgebiet ist, seine Zuständigkeit auf ein solches Übereinkommen stützt, und zwar auch dann, wenn der Beklagte seinen Wohnsitz in dem Hoheitsgebiet eines Vertragsstaats hat, der nicht Vertragspartei eines solchen Übereinkommens ist. In jedem Fall wendet dieses Gericht Artikel 20 des vorliegenden Übereinkommens an;

b) Entscheidungen, die in einem Vertragsstaat von einem Gericht erlassen worden sind, das seine Zuständigkeit auf ein Übereinkommen über ein besonderes Rechtsgebiet gestützt hat, werden in den anderen Vertragsstaaten nach dem vorliegenden Übereinkommen anerkannt und vollstreckt.

<sup>2</sup>Sind der Ursprungsstaat und der ersuchte Staat Vertragsparteien eines Übereinkommens über ein besonderes Rechtsgebiet, welches die Voraussetzungen für die Anerkennung und Vollstreckung von Entscheidungen regelt, so gelten diese Voraussetzungen. <sup>3</sup>In jedem Fall können die Bestimmungen des vorliegenden Übereinkommens über das Verfahren zur Anerkennung und Vollstreckung von Entscheidungen angewandt werden.

<sup>III</sup> Dieses Übereinkommen berührt nicht die Anwendung der Bestimmungen, die für besondere Rechtsgebiete die gerichtliche Zuständigkeit oder die Anerkennung oder Vollstreckung von Entscheidungen regeln und in Rechtsakten der Organe der Europäischen Gemeinschaften oder in dem in Ausführung dieser Akte harmonisierten einzelstaatlichen Recht enthalten sind.

**Bem.** Art 57 gilt u a für Art 18 HZPrÜbk, Schlußanh V A 1, u für das Haager UnterhVollstrÜbk, **1** Schlußanh V A 2; weitere Beispiele im Bericht z EuGVÜ, BBGS B I 1 a. Soweit solche Abk unmittelbar oder ausschließlich Zuständigkeitsregeln für besondere Rechtsgebiete enthalten, gehen sie dem EuGVÜ vor, nicht aber sonst, EuGH EuZW **95**, 309 (dazu Huber JZ **95**, 608); das gleiche gilt für Voraussetzungen und Durchführung der Vollstreckung, Bericht aaO, aM v. Hoffmann AWD **73**, 59. Zum Wahlrecht des Berechtigten zwischen EuGVÜ und Haager UnterhVollstrÜbk s Üb 3 zu letzterem, Kblz EuZW **90**, 486. Wegen des Art 57 des **LuganoÜbk** s Schlußanh V D 1.

*Art. 58* (nicht abgedruckt)

*Art. 59.* <sup>I</sup> Dieses Übereinkommen hindert einen Vertragsstaat nicht, sich gegenüber einem dritten Staat im Rahmen eines Abkommens über die Anerkennung und Vollstreckung von Urteilen zu verpflichten, Entscheidungen der Gerichte eines anderen Vertragsstaats gegen Beklagte, die ihren Wohnsitz oder gewöhnlichen Aufenthalt in dem Hoheitsgebiet des dritten Staates haben, nicht anzuerkennen, wenn die Entscheidungen in den Fällen des Artikels 4 nur in einem der in Artikel 3 Absatz 2 angeführten Gerichtsstände ergehen können.

<sup>II</sup> Kein Vertragsstaat kann sich jedoch gegenüber einem dritten Staat verpflichten, eine Entscheidung nicht anzuerkennen, die in einem anderen Vertragsstaat durch ein Gericht gefällt wurde, dessen Zuständigkeit auf das Vorhandensein von Vermögenswerten des Beklagten in diesem Staat oder die Beschlagnahme von dort vorhandenem Vermögen durch den Kläger gegründet ist,

1. wenn die Klage erhoben wird, um Eigentums- oder Inhaberrechte hinsichtlich dieses Vermögens festzustellen oder anzumelden oder um Verfügungsgewalt darüber zu erhalten, oder wenn die Klage sich aus einer anderen Streitsache im Zusammenhang mit diesem Vermögen ergibt, oder
2. wenn das Vermögen die Sicherheit für einen Anspruch darstellt, der Gegenstand des Verfahrens ist.

*Art. 60* (aufgehoben)

*Art. 61ff* (nicht abgedruckt)

### 2.

Ergänzende und teilweise abweichende Bestimmungen enthält das dem Übk beigefügte **Protokoll** v 27. 9. 68, BGBl 72 II 808, idF der Art 8–10 der 4. Beitritts-Übk v 29. 11. 96, BGBl 98 II 1412 (vgl

**AnerkVollstrAbk** Schlußanhang V C 2

**Üb Art 1 EuGVÜ Rn 4).** Mit diesem Protokoll stimmt das Protokoll Nr 1 zum **LuganoÜbk** weitgehend überein; s Schlußanh V D 2.

*Art. I.* Jede Person, die ihren Wohnsitz in Luxemburg hat und vor dem Gericht eines anderen Vertragsstaats auf Grund des Artikels 5 Nr. 1 verklagt wird, kann die Unzuständigkeit dieses Gerichts geltend machen. Läßt sich der Beklagte auf das Verfahren nicht ein, so erklärt sich das Gericht von Amts wegen für unzuständig.

Jede Gerichtsstandsvereinbarung im Sinne des Artikels 17 ist für eine Person, die ihren Wohnsitz in Luxemburg hat, nur dann wirksam, wenn diese sie ausdrücklich und besonders angenommen hat.

1 **Bem.** Zur Auslegung von II („ausdrücklich und besonders angenommen") EuGH RIW **81**, 58.

*Art. II.* Unbeschadet günstigerer innerstaatlicher Vorschriften können Personen, die ihren Wohnsitz in einem Vertragsstaat haben und die vor den Strafgerichten eines anderen Vertragsstaats, dessen Staatsangehörigkeit sie nicht besitzen, wegen einer fahrlässig begangenen Straftat verfolgt werden, sich von hierzu befugten Personen verteidigen lassen, selbst wenn sie persönlich nicht erscheinen.

Das Gericht kann jedoch das persönliche Erscheinen anordnen; wird diese Anordnung nicht befolgt, so braucht die Entscheidung, die über den Anspruch aus einem Rechtsverhältnis des Zivilrechts ergangen ist, ohne daß sich der Angeklagte verteidigen konnte, in den anderen Vertragsstaaten weder anerkannt noch vollstreckt zu werden.

1 **Bem.** Zur Auslegung von I („fahrlässig begangene Straftaten") und II vgl EuGH RIW **82**, 715, dazu Habscheid IPrax **82**, 173.

*Art. III.* In dem Vollstreckungsstaat dürfen in dem Verfahren auf Erteilung der Vollstreckungsklausel keine nach dem Streitwert abgestuften Stempelabgaben oder Gebühren erhoben werden.

*Art. IV.* Gerichtliche und außergerichtliche Schriftstücke, die in einem Vertragsstaat ausgefertigt sind und einer in dem Hoheitsgebiet eines anderen Vertragsstaats befindlichen Person zugestellt werden sollen, werden nach den zwischen den Vertragsstaaten geltenden Übereinkommen oder Vereinbarungen übermittelt.

Sofern der Staat, in dessen Hoheitsgebiet die Zustellung bewirkt werden soll, nicht durch eine Erklärung, die an den Generalsekretär des Rates der Europäischen Gemeinschaften zu richten ist, widersprochen hat, können diese Schriftstücke auch von den gerichtlichen Amtspersonen des Staates, in dem sie angefertigt worden sind, unmittelbar den gerichtlichen Amtspersonen des Staates übersandt werden, in dessen Hoheitsgebiet sich die Person befindet, für welche das Schriftstück bestimmt ist. In diesem Fall übersendet die gerichtliche Amtsperson des Ursprungsstaats eine Abschrift des Schriftstücks der gerichtlichen Amtsperson des Bestimmungslands, die für die Übermittlung an den Empfänger zuständig ist. Diese Übermittlung wird in den Formen vorgenommen, die das Recht des Bestimmungslands vorsieht. Sie wird durch ein Zeugnis festgestellt, das der gerichtlichen Amtsperson des Ursprungsstaates unmittelbar zugesandt wird.

1 **Bem.** Die Bundesrep hat Widerspruch, II, eingelegt, Art 1 G v 24. 7. 72, BGBl II 773. Für die Zustellung gilt ggf das Haager ZustlÜbk, Anh § 202 ZPO, Puttfarken NJW **88**, 2155.

*Art. V.* Die in Artikel 6 Nummer 2 und Artikel 10 für eine Gewährleistungs- oder Interventionsklage vorgesehene Zuständigkeit kann weder in der Bundesrepublik Deutschland noch in Österreich geltend gemacht werden. Jede Person, die ihren Wohnsitz in einem anderen Vertragsstaat hat, kann vor Gericht geladen werden
– in der Bundesrepublik Deutschland nach den §§ 68 und 72 bis 74 der Zivilprozeßordnung, die für die Streitverkündung gelten,
– in Österreich nach § 21 der Zivilprozeßordnung, der für die Streitverkündung gilt.

Entscheidungen, die in den anderen Vertragsstaaten aufgrund des Artikels 6 Nummer 2 und des Artikels 10 ergangen sind, werden in der Bundesrepublik Deutschland und in Österreich nach Titel III anerkannt und vollstreckt. Die Wirkungen, welche die in diesen Staaten ergangenen Entscheidungen nach Absatz 1 gegenüber Dritten haben, werden auch in den anderen Vertragsstaaten anerkannt.

*Art. V a.* In Unterhaltssachen umfaßt der Begriff „Gericht" auch dänische Verwaltungsbehörden.

Bei den summarischen Verfahren ‚betalningsföreläggande' (Mahnverfahren) und ‚handräckning' (Beistandsverfahren) umfaßt der Begriff ‚Gericht' auch die schwedische ‚kronofogdemyndighet' (Amt für Beitreibung).

*Art. V b.* Bei Streitigkeiten zwischen dem Kapitän und einem Mitglied der Mannschaft eines in Dänemark, in Griechenland, in Irland oder in Portugal eingetragenen Seeschiffes über die Heuer oder sonstige Bedingungen des Dienstverhältnisses haben die Gerichte eines Vertragsstaats zu überprüfen, ob der für die Streitigkeit zuständige diplomatische oder konsularische Vertreter von der Streitigkeit unterrichtet worden ist. Sie haben das Verfahren auszusetzen, solange dieser Vertreter nicht unterrichtet worden ist. Sie haben sich von Amts wegen für unzuständig zu erklären, wenn dieser Vertreter, nachdem er ordnungsgemäß unterrichtet worden ist, die Befugnisse ausgeübt hat, die ihm insoweit aufgrund eines Konsularabkommens zustehen, oder, falls ein derartiges Abkommen nicht besteht, innerhalb der festgesetzten Frist Einwände gegen die Zuständigkeit geltend gemacht hat.

*Art. V c.* **Wenn die Artikel 52 und 53 dieses Übereinkommens im Sinne des Artikels 69 Absatz 5 des am 15. Dezember 1975 in Luxemburg unterzeichneten Übereinkommens über das europäische Patent für den Gemeinsamen Markt auf die Bestimmungen angewandt werden, die sich auf ‚residence' im englischen Wortlaut des letztgenannten Übereinkommens beziehen, so wird der in diesem Wortlaut verwandte Begriff ‚residence' in dem gleichen Sinn verstanden wie der in den vorstehend genannten Artikeln 52 und 53 verwandte Begriff ‚domicile'.**

*Art. V d.* **Unbeschadet der Zuständigkeit des Europäischen Patentamtes nach dem am 5. Oktober 1973 in München unterzeichneten Übereinkommen über die Erteilung europäischer Patente sind die Gerichte eines jeden Vertragsstaats ohne Rücksicht auf den Wohnsitz der Parteien für alle Verfahren ausschließlich zuständig, welche die Erteilung oder die Gültigkeit eines europäischen Patents zum Gegenstand haben, das für diesen Staat erteilt wurde und kein Gemeinschaftspatent nach Artikel 86 des am 15. Dezember 1975 in Luxemburg unterzeichneten Übereinkommens über das europäische Patent für den Gemeinsamen Markt ist.**

*Art. V e.* **Als öffentliche Urkunden im Sinne des Artikels 50 Absatz 1 des Übereinkommens werden auch vor Verwaltungsbehörden geschlossene oder von ihnen beurkundete Unterhaltsvereinbarungen oder -verpflichtungen angesehen.**

*Art. VI.* (nicht abgedruckt)

## 3.

**Protokoll v 3. 6. 71 betr die Auslegung des EuGVÜ, BGBl 72 II 846**, idF v 25. 10. 82, BGBl 88 II 454 (vgl Üb Art 1 EuGVÜ Rn 3).

**Schrifttum:** *MüKoGo* Schlußanh Nr 1 c; *BBGS* 602 (m Bericht des Sachverständigenausschusses); *Arnold* NJW **72**, 977; *Schlosser* AWD **75**, 534 u NJW **77**, 457; *Linke* RIW **85**, 1 (Rspr-Übers).

Durch das Protokoll werden dem EuGH Zuständigkeiten übertragen, um zwischen den Vertragsstaaten **1** die einheitliche Auslegung des Übk sicherzustellen. Soweit es nichts anderes bestimmt, gelten die Vorschriften des Vertrags zur Gründung der EWG und die einschlägigen Bestimmungen der Satzung des EuGH, Art 5. Das Protokoll ist am 1. 9. 75 in Kraft getreten, Bek v 21. 7. 75, BGBl II 1138. Für die Auslegung und Anwendung des **LuganoÜbk** entfällt die Zuständigkeit des EuGH; da beide Übk einheitlich ausgelegt werden müssen, sieht das Protokoll Nr 2 zum LuganoÜbk eine Kooperation der Vertragsstaaten vor, Schlußanh V D 3.

*Art. 1.* [I] **Der Gerichtshof der Europäischen Gemeinschaften entscheidet über die Auslegung des am 27. September 1968 in Brüssel unterzeichneten Übereinkommens über die gerichtliche Zuständigkeit und die Vollstreckung gerichtlicher Entscheidungen in Zivil- und Handelssachen, des dem Übereinkommen beigefügten, am selben Tag und am selben Ort unterzeichneten Protokolls und über die Auslegung des vorliegenden Protokolls.**

[II bis V] (nicht abgedruckt)

**Bem.** Der Gerichtshof der Europäischen Gemeinschaften entscheidet nach Abs 2–5 ebenfalls über die **1** Auslegung der Beitritts-Übk 1978, 1982, 1989 u 1996, Üb Art 1 EuGVÜ Rn 1–4. Zur Unzuständigkeit für die Frage nationalen Rechts EuGH IPrax **96**, 190 (Anm Holl IPrax **96**, 174), zur fehlenden Zuständigkeit zur Auslegung nationalen; dem EuGVÜ inhaltlich entspr Rechts s Dietze/Schnichels EuZW **96**, 455.

*Art. 2.* **Folgende Gerichte können dem Gerichtshof eine Auslegungsfrage zur Vorabentscheidung vorlegen:**
1. ...
   **in der Bundesrepublik Deutschland: die obersten Gerichtshöfe des Bundes,**
   ...
2. **die Gerichte der Vertragsstaaten, sofern sie als Rechtsmittelinstanz entscheiden;**
3. **in den in Artikel 37 des Übereinkommens vorgesehenen Fällen die in dem genannten Artikel angeführten Gerichte.**

**Bem.** Es besteht keine Vorlagepflicht; die Vorlage setzt voraus, daß vernünftige Zweifel bestehen, Mü **1** EuZW **94**, 511.

*Art. 3.* [I] **Wird eine Frage zur Auslegung des Übereinkommens oder einer anderen in Artikel 1 genannten Übereinkunft in einem schwebenden Verfahren bei einem der in Artikel 2 Nr. 1 angeführten Gerichte gestellt und hält dieses Gericht eine Entscheidung darüber zum Erlaß seines Urteils für erforderlich, so ist es verpflichtet, diese Frage dem Gerichtshof zur Entscheidung vorzulegen.**

[II] **Wird eine derartige Frage einem der in Artikel 2 Nr. 2 und 3 angeführten Gerichte gestellt, so kann dieses Gericht unter den in Absatz 1 festgelegten Voraussetzungen diese Frage dem Gerichtshof zur Entscheidung vorlegen.**

**Bem.** Für die Vorlagepflicht gelten die vom EuGH zu Art 177 III EGV entwickelten Grundsätze, BGH **1** NJW **90**, 318, Taupitz ZZP **105**, 219; vgl Anh § 1 GVG. Nach **Art 2 des G v 7. 8. 72**, BGBl II 845, ist in dem Beschluß, mit dem die Auslegungsfrage dem EuGH zur Vorabentscheidung vorgelegt wird, die auszulegende Vorschrift zu bezeichnen sowie die zu klärende Auslegungsfrage darzulegen, ferner ist der Sach-

und Streitstand, soweit dies zur Beurteilung der Auslegungsfrage erforderlich ist, in gedrängter Form darzustellen.

*Art. 4.* ¹ Die zuständige Stelle eines Vertragsstaates kann bei dem Gerichtshof beantragen, daß er zu einer Auslegungsfrage, die das Übereinkommen oder eine andere in Artikel 1 genannte Übereinkunft betrifft, Stellung nimmt, wenn Entscheidungen von Gerichten dieses Staates der Auslegung widersprechen, die vom Gerichtshof oder in einer Entscheidung eines der in Artikel 2 Nr. 1 und 2 angeführten Gerichte gegeben wurde. Dieser Absatz gilt nur für rechtskräftige Entscheidungen.

II Die vom Gerichtshof auf einem derartigen Antrag gegebene Auslegung hat keine Wirkung auf die Entscheidungen, die den Anlaß für den Antrag auf Auslegung bildeten.

III Den Gerichtshof können um eine Auslegung nach Absatz 1 die Generalstaatsanwälte bei den Kassationsgerichtshöfen der Vertragsstaaten oder jede andere von einem Vertragsstaat benannte Stelle ersuchen.

IV Der Kanzler des Gerichtshofs stellt den Antrag den Vertragsstaaten, der Kommission und dem Rat der Europäischen Gemeinschaften zu, die binnen zwei Monaten nach dieser Zustellung beim Gerichtshof Schriftsätze einreichen oder schriftliche Erklärungen abgeben können.

V In dem in diesem Artikel vorgesehenen Verfahren werden Kosten weder erhoben noch erstattet.

1  **Bem.** Nach **Art 3 des G v 7. 8. 72**, BGBl II 845, nimmt der Generalbundesanwalt beim BGH die Aufgaben der zuständigen Stelle iS des Art 4 des Protokolls wahr. Zum Verfahren des EuGH vgl Linke RIW **85**, 1.

*Art. 5–14* (hier nicht abgedruckt, Art 6 u 10 gestrichen)

# D. Übereinkommen vom 16. 9. 1988 über die gerichtliche Zuständigkeit und die Vollstreckung gerichtlicher Entscheidungen in Zivil- und Handelssachen (sog Lugano-Übereinkommen)

## Übersicht

**Schrifttum** (Auswahl): *Geimer/Schütze,* Europäisches Zivilverfahrensrecht, Kommentar, 1997; *MüKoGo* Schlußanh Nr 1a und 1g; *Nagel/Gottwald,* Internationales Zivilprozeßrecht, 1997; *Schmidt-Parzefall,* Die Auslegung des Parallelübereinkommens von Lugano, 1995; *Dietze/Schnichels* NJW **95**, 2274; *Kilias,* Gerichtsstandsvereinbarungen nach dem LuganoÜbk, 1993; *Jayme/ Kohler* IPrax **92**, 354; *Schmidt* RIW **92**, 173; *Jayme,* Ein internationales Zivilverfahrensrecht für Gesamteuropa, 1992; *Trunk,* Die Erweiterung des EuGVÜ-Systems am Vorabend des Europäischen Binnenmarkts, 1991; *Schwander,* Das LuganoÜbk, 1990. Rspr-Üb: *Volken* SZIER **93**, 335.

1  **1) Allgemeines.** Das sog LuganoÜbk zwischen den EG-Staaten und den EFTA-Staaten v 16. 9. 88, BGBl 94 II 2660, ist von Deutschland durch G v 30. 9. 94, BGBl II 2658 u 3772, ratifiziert worden (Gesetzesmaterialien: BT-Drs 12/6838, mit Denkschrift S 50 ff; Ausschuß-Ber BT-Drs 12/7881). Es ist für Deutschland am 1. 3. 95 in Kraft getreten, Bek v 8. 2. 95, BGBl II 221 (dort auch die Daten für die anderen Staaten, hinzugekommen sind Dänemark – ohne Faröer und Grönland – am 1. 3. 96, BGBl 96 II 377, und Island am 1. 12. 95, BGBl II 223, Österreich am 1. 9. 96, BGBl II 2520, sowie Belgien am 1. 10. 97, BGBl II 1825).

2  Das Übk ist bewußt als Parallelabkommen zum EuGVÜ konzipiert und weicht deshalb nur geringfügig von diesem ab, Dietze/Schnickels NJW **95**, 2274. Es soll in dem Gebiet der 18 EG- und EFTA-Staaten mit mehr als 370 Millionen Einwohnern eine einheitliche Regelung der internationalen Zuständigkeit der Gerichte für zivil- und handelsrechtliche Streitigkeiten einführen und eine rasche Anerkennung und Vollstreckung ihrer Entscheidungen in allen Vertragsstaaten ermöglichen, ZRP **94**, 243.

3  **2) Geltungsbereich: Räumlich** gilt das LuganoÜbk im Verhältnis aller Mitgliedstaaten des EuGVÜ zu Finnland, Island, Norwegen, Österreich, Schweden und der Schweiz (Deutschland, Österreich, Schweden und die Schweiz haben Widerspruch nach Art IV Abs 2 des Protokolls Nr 1, Schlußanh V D 2, eingelegt, die Schweiz außerdem nach Art I a sowie Frankreich und Griechenland einen Vorbehalt nach Art I b dieses Protokolls gemacht). **Zeitlich** gelten seine Vorschriften ab dem Zeitpunkt des Inkrafttretens nach Maßgabe des Art 54, s dort. **Sachlich** ist das Übk in allen Zivil- und Handelssachen ohne Rücksicht auf die Art der Gerichtsbarkeit anzuwenden, nicht jedoch auf die in Art 1 genannten Sachen, vgl Erl zu Art 1 EuGVÜ.

4  **3) Verhältnis zu anderen Verträgen.** Soweit es anzuwenden ist, ersetzt das Übk unbeschadet des Art 56 die **bilateralen Verträge**, Art 55, also das dt-schweizerische Abk, Schlußanh V B 1, und den dt-norwegischen Vertrag, Schlußanh V B 10, sowie den dt-österreichischen Vertrag, Schlußanh V B 3. Wegen der **multilateralen Übk** s Art 57. Das **Verhältnis des Übk zum EuGVÜ** ist in Art 54 b geregelt, s dortige Erl; zum **Beitritt** Finnlands, Österreichs und Schwedens zum EuGVÜ s dort Üb von Art 1 Rn 4.

5  **4) Ausführung** des Übk. Für sie ist das **AVAG**, Schlußanh V E, maßgeblich.

# 1.
## Wortlaut des LuganoÜbk v 16. 9. 88, BGBl 94 II 2658:

### Titel I–VI

*Art. 1–54 a.* (Vom Abdruck wird abgesehen, weil diese Artikel fast völlig mit den Parallelbestimmungen des EuGVÜ übereinstimmen und in den dortigen Erläuterungen auf Abweichungen hingewiesen wird).

### Titel VII. Verhältnis zum Brüsseler Übereinkommen und zu anderen Abkommen

*Art. 54 b.* ¹ Dieses Übereinkommen läßt die Anwendung des am 27. September 1968 in Brüssel unterzeichneten Übereinkommens über die gerichtliche Zuständigkeit und die Vollstreckung gerichtlicher Entscheidungen in Zivil- und Handelssachen und des am 3. Juni 1971 in Luxemburg unterzeichneten Protokolls über die Auslegung des genannten Übereinkommens durch den Gerichtshof in der Fassung der Übereinkommen, mit denen die neuen Mitgliedstaaten der Europäischen Gemeinschaften jenem Übereinkommen und dessen Protokoll beigetreten sind, durch die Mitgliedstaaten der Europäischen Gemeinschaften unberührt. Das genannte Übereinkommen und dessen Protokoll zusammen werden nachstehend als „Brüsseler Übereinkommen" bezeichnet.

II Dieses Übereinkommen wird jedoch in jedem Fall angewandt

a) in Fragen der gerichtlichen Zuständigkeit, wenn der Beklagte seinen Wohnsitz in dem Hoheitsgebiet eines Vertragsstaats hat, der nicht Mitglied der Europäischen Gemeinschaften ist, oder wenn die Gerichte eines solchen Vertragsstaats nach den Artikeln 16 oder 17 zuständig sind;

b) bei Rechtshängigkeit oder im Zusammenhang stehenden Verfahren im Sinne der Artikel 21 und 22, wenn Verfahren in einem den Europäischen Gemeinschaften nicht angehörenden und in einem den Europäischen Gemeinschaften angehörenden Vertragsstaat anhängig gemacht werden;

c) in Fragen der Anerkennung und Vollstreckung, wenn entweder der Ursprungsstaat oder der ersuchte Staat nicht Mitglied der Europäischen Gemeinschaften ist.

III Außer aus den in Titel III vorgesehenen Gründen kann die Anerkennung oder Vollstreckung versagt werden, wenn sich der der Entscheidung zugrunde liegende Zuständigkeitsgrund von demjenigen unterscheidet, der sich aus diesem Übereinkommen ergibt, und wenn die Anerkennung oder Vollstreckung gegen eine Partei geltend gemacht wird, die ihren Wohnsitz in einem nicht den Europäischen Gemeinschaften angehörenden Vertragsstaat hat, es sei denn, daß die Entscheidung anderweitig nach dem Recht des ersuchten Staates anerkannt oder vollstreckt werden kann.

Bem. Vgl MüKoGo S 1752, Jayme/Kohler IPrax **89**, 341. Zur Sicherstellung eines Gleichklangs der Rspr s Bem zu Art 57 und das Protokoll Nr 3, Schlußanh V D 3.

*Art. 55.* Dieses Übereinkommen ersetzt unbeschadet der Vorschriften des Artikels 54 Absatz 2 und des Artikels 56 die nachstehenden zwischen zwei oder mehr Vertragsstaaten geschlossenen Abkommen:

..........................................................

– das am 2. November 1929 in Bern unterzeichnete deutsch-schweizerische Abkommen über die gegenseitige Anerkennung und Vollstreckung von gerichtlichen Entscheidungen und Schiedssprüchen;

..........................................................

– den am 6. Juni 1959 in Wien unterzeichneten deutsch-österreichischen Vertrag über die gegenseitige Anerkennung und Vollstreckung von gerichtlichen Entscheidungen, Vergleichen und öffentlichen Urkunden in Zivil- und Handelssachen;

..........................................................

– den am 17. Juni 1977 in Oslo unterzeichneten deutsch-norwegischen Vertrag über die gegenseitige Anerkennung und Vollstreckung gerichtlicher Entscheidungen und anderer Schuldtitel in Zivil- und Handelssachen;

..........................................................

Bem. Zu diesen Verträgen s Schlußanh V B 1, 3 und 10.

*Art. 56.* Die in Art 55 angeführten Abkommen und Verträge behalten ihre Wirksamkeit für die Rechtsgebiete, auf die dieses Übereinkommen nicht anzuwenden ist.

Sie bleiben auch weiterhin für die Entscheidungen und die öffentlichen Urkunden wirksam, die vor Inkrafttreten dieses Übereinkommens ergangen oder aufgenommen sind.

*Art. 57.* ¹ Dieses Übereinkommen läßt Übereinkommen unberührt, denen die Vertragsstaaten angehören oder angehören werden und die für besondere Rechtsgebiete die gerichtliche Zuständigkeit, die Anerkennung oder die Vollstreckung von Entscheidungen regeln.

II Dieses Übereinkommen schließt nicht aus, daß ein Gericht eines Vertragsstaats, der Vertragspartei eines Übereinkommens nach Absatz 1 ist, seine Zuständigkeit auf ein solches Übereinkommen stützt, und zwar auch dann, wenn der Beklagte seinen Wohnsitz in dem Hoheitsgebiet eines Vertragsstaats hat, der nicht Vertragspartei eines solchen Übereinkommens ist. In jedem Fall wendet dieses Gericht Artikel 20 an.

III Entscheidungen, die in einem Vertragsstaat von einem Gericht erlassen worden sind, das seine Zuständigkeit auf ein in Absatz 1 bezeichnetes Übereinkommen gestützt hat, werden in den anderen Vertragsstaaten nach Titel III anerkannt und vollstreckt.

IV Außer aus den in Titel III vorgesehenen Gründen kann die Anerkennung oder Vollstreckung versagt werden, wenn der ersuchte Staat nicht Vertragspartei eines in Absatz 1 bezeichneten Übereinkommens ist und wenn die Person, gegen die die Anerkennung oder Vollstreckung geltend gemacht wird, ihren Wohnsitz in diesem Staat hat, es sei denn, daß die Entscheidung nach einer anderen Rechtsvorschrift des ersuchten Staates anerkannt oder vollstreckt werden kann.

V $^1$Sind der Ursprungsstaat und der ersuchte Staat Vertragsparteien eines in Absatz 1 bezeichneten Übereinkommens, welches die Voraussetzungen für die Anerkennung und Vollstreckung von Entscheidungen regelt, so gelten diese Voraussetzungen. $^2$In jedem Fall können die Bestimmungen des vorliegenden Übereinkommens über das Verfahren zur Anerkennung und Vollstreckung von Entscheidungen angewandt werden.

**Bem.** Die Vorschrift gilt ua für das Haager ZivPrÜbk, Schlußanh V A 1, das Haager UnterhVollstrÜbk, Schlußanh V A 2, sowie das Haager KindesEntfÜbk und das EuSorgeRÜbk, Schlußanh V A 3, ferner für die Haager BewAufn- und ZustellungsÜbk, Anh § 363 ZPO u Anh § 202 ZPO, und für sonstige internationale Verträge über Spezialmaterien. Wegen des EuGVÜ s Art 54 b. Über die Anwendung des Art 57 s **Protokoll Nr 3** (mit Zusatzerklärung), Schlußanh V D 4.

*Art. 58.* (gegenstandslos)

*Art. 59.* Dieses Übereinkommen hindert einen Vertragsstaat nicht, sich gegenüber einem dritten Staat im Rahmen eines Abkommens über die Anerkennung und Vollstreckung von Urteilen zu verpflichten, Entscheidungen der Gerichte eines anderen Vertragsstaats gegen Beklagte, die ihren Wohnsitz oder gewöhnlichen Aufenthalt in dem Hoheitsgebiet des dritten Staates haben, nicht anzuerkennen, wenn die Entscheidungen in den Fällen des Artikels 4 nur in einem der in Artikel 3 Absatz 2 angeführten Gerichtsstände ergehen können.

Kein Vertragsstaat kann sich jedoch gegenüber einem dritten Staat verpflichten, eine Entscheidung nicht anzuerkennen, die in einem anderen Vertragsstaat durch ein Gericht gefällt wurde, dessen Zuständigkeit auf das Vorhandensein von Vermögenswerten des Beklagten in diesem Staat oder die Beschlagnahme von dort vorhandenem Vermögen durch den Kläger gegründet ist,

1. wenn die Klage erhoben wird, um Eigentums- oder Inhaberrechte hinsichtlich dieses Vermögens festzustellen oder anzumelden oder um Verfügungsgewalt darüber zu erhalten, oder wenn die Klage sich aus einer anderen Streitsache im Zusammenhang mit diesem Vermögen ergibt, oder
2. wenn das Vermögen die Sicherheit für einen Anspruch darstellt, der Gegenstand des Verfahrens ist.

### Titel VIII. Schlußbestimmungen

*Art. 60.* Vertragsparteien dieses Übereinkommens können sein

a) die Staaten, die in dem Zeitpunkt, zu dem das Übereinkommen zur Unterzeichnung aufgelegt wird, Mitglieder der Europäischen Gemeinschaften oder der Europäischen Freihandelsassoziation sind;
b) die Staaten, die nach diesem Zeitpunkt Mitglieder der Europäischen Gemeinschaften oder der Europäischen Freihandelsassoziation werden;
c) die Staaten, die nach Artikel 62 Absatz 1 Buchstabe b zum Beitritt eingeladen werden.

*Art. 61–64* (nicht abgedruckt)

*Art. 65.* Diesem Übereinkommen sind beigefügt:
– ein Protokoll Nr 1 über bestimmte Zuständigkeits-, Verfahrens- und Vollstreckungsfragen;
– ein Protokoll Nr 2 über die einheitliche Auslegung des Übereinkommens;
– ein Protokoll Nr 3 über die Anwendung von Artikel 57.
Diese Protokolle sind Bestandteil des Übereinkommens.

*Art. 66–68* (nicht abgedruckt)

2.

**Protokoll Nr 1 über bestimmte Zuständigkeits-, Verfahrens- und Vollstreckungsfragen (BGBl 94 II 2693)**

*Art. I.* (nicht abgedruckt, wortgleich mit Art I Prot z EuGVÜ, Schlußanh V C 2)

*Art. I a.* $^1$Die Schweizerische Eidgenossenschaft behält sich das Recht vor, bei der Hinterlegung der Ratifikationsurkunde zu erklären, daß eine in einem anderen Vertragsstaat ergangene Entscheidung in der Schweiz nicht anerkannt oder vollstreckt wird, wenn

a) die Zuständigkeit des Gerichts, das die Entscheidung erlassen hat, sich nur auf Artikel 5 Nr 1 des Übereinkommens stützt;

b) der Beklagte zum Zeitpunkt der Einleitung des Verfahrens seinen Wohnsitz in der Schweiz hatte; im Sinne dieses Artikels hat eine Gesellschaft oder juristische Person ihren Sitz in der Schweiz, wenn ihr statuarischer Sitz und der tatsächliche Mittelpunkt ihrer Tätigkeit in der Schweiz liegen; und

c) der Beklagte gegen die Anerkennung oder die Vollstreckung der Entscheidung in der Schweiz Einspruch erhebt, sofern er nicht auf den Schutz der in diesem Absatz vorgesehenen Erklärung verzichtet hat.

II Dieser Vorbehalt ist nicht anzuwenden, soweit in dem Zeitpunkt, zu dem die Anerkennung oder Vollstreckung beantragt wird, eine Änderung von Artikel 59 der Schweizerischen Bundesverfassung stattgefunden hat. Der Schweizerische Bundesrat teilt solche Änderungen den Unterzeichnerstaaten und den beitretenden Staaten mit.

III Dieser Vorbehalt wird am 31. Dezember 1999 unwirksam. Er kann jederzeit zurückgezogen werden.

Bem. Die Schweiz hat einen entsprechenden Vorbehalt gemacht, Bek v 8. 2. 95, BGBl II 221. In der Schweiz sind kantonale Einführungsgesetze zum LuganoÜbk ergangen, vgl Jayme/Kohler IPrax **94**, 413.

*Art. I b.* Jeder Vertragsstaat kann sich durch eine bei der Hinterlegung seiner Ratifikations- oder Beitrittsurkunde abgegebene Erklärung unbeschadet der Bestimmungen des Artikels 28 das Recht vorbehalten, in anderen Vertragsstaaten ergangene Entscheidungen nicht anzuerkennen und zu vollstrecken, wenn die Zuständigkeit des Gerichts des Ursprungsstaats nach Artikel 16 Nr 1 Buchstabe b ausschließlich dadurch begründet ist, daß der Beklagte seinen Wohnsitz in dem Ursprungsstaat hat und die unbewegliche Sache in dem Hoheitsgebiet des Staates belegen ist, der den Vorbehalt angebracht hat.

Bem. Einen entsprechenden Vorbehalt hat Frankreich erklärt, Bek v 8. 2. 95, BGBl II 221, ebenso Griechenland, Bek v 25. 11. 97, BGBl 98 II 56.

*Art. II u III* (nicht abgedruckt, weil wortgleich mit Art II u III des Prot z EuGVÜ, Schlußanh V C 2).

*Art. IV.* Gerichtliche und außergerichtliche Schriftstücke, die in einem Vertragsstaat ausgefertigt sind und einer in dem Hoheitsgebiet eines anderen Vertragsstaats befindlichen Person zugestellt werden sollen, werden nach den zwischen den Vertragsstaaten geltenden Übereinkommen oder Vereinbarungen übermittelt.

Sofern der Staat, in dessen Hoheitsgebiet die Zustellung bewirkt werden soll, nicht durch eine Erklärung, die an den Schweizerischen Bundesrat zu richten ist, widersprochen hat, können diese Schriftstücke auch von den gerichtlichen Amtspersonen des Staates, in dem sie angefertigt worden sind, unmittelbar den gerichtlichen Amtspersonen des Staates übersandt werden, in dessen Hoheitsgebiet sich die Person befindet, für welche das Schriftstück bestimmt ist. In diesem Fall übersendet die gerichtliche Amtsperson des Ursprungsstaats eine Abschrift des Schriftstücks der gerichtlichen Amtsperson des ersuchten Staates, die für die Übermittlung an den Empfänger zuständig ist. Diese Übermittlung wird in den Formen vorgenommen, die das Recht des ersuchten Staates vorsieht. Sie wird durch ein Zeugnis festgestellt, das der gerichtlichen Amtsperson des Ursprungsstaats unmittelbar zugesandt wird.

Bem. Widerspruch gemäß Art IV Abs 2 haben erklärt: Deutschland (Art 2 G v 30. 9. 94, BGBl II 2658), Österreich (Bek v 11. 9. 96, BGBl II 2520) sowie Schweden und die Schweiz (Bek v 8. 2. 95, BGBl II 221).

*Art. V.* Die in Artikel 6 Nr 2 und Artikel 10 für eine Gewährleistungs- oder Interventionsklage vorgesehene Zuständigkeit kann in der Bundesrepublik Deutschland, in Spanien, in Österreich und in der Schweiz nicht geltend gemacht werden. Jede Person, die ihren Wohnsitz in einem anderen Vertragsstaat hat, kann vor Gericht geladen werden

– in der Bundesrepublik Deutschland nach den §§ 68 und 72 bis 74 der Zivilprozeßordnung, die für die Streitverkündung gelten,
– in Spanien nach Artikel 1482 des Zivilgesetzbuches,
– in Österreich nach § 21 der Zivilprozeßordnung, der für die Streitverkündung gilt,
– in der Schweiz nach den einschlägigen Vorschriften der kantonalen Zivilprozeßordnungen über die Streitverkündung (litis denuntiatio).

Entscheidungen, die in den anderen Vertragsstaaten aufgrund des Artikels 6 Nr 2 und des Artikels 10 ergangen sind, werden in der Bundesrepublik Deutschland, in Spanien, in Österreich und in der Schweiz nach Titel III anerkannt und vollstreckt. Die Wirkungen, welche die in diesen Staaten ergangenen Entscheidungen nach Absatz 1 gegenüber Dritten haben, werden auch in den anderen Vertragsstaaten anerkannt.

*Art. V a.* In Unterhaltssachen umfaßt der Begriff „Gericht" auch dänische, isländische und norwegische Verwaltungsbehörden.

In Zivil- und Handelssachen umfaßt der Begriff „Gericht" auch das finnische „ulosotonhaltija/överexekutor".

*Art. V b.* Bei Streitigkeiten zwischen dem Kapitän und einem Mitglied der Mannschaft eines in Dänemark, in Griechenland, in Irland, in Island, in Norwegen, in Portugal oder in Schweden eingetragenen Seeschiffes über die Heuer oder sonstige Bedingungen des Dienstverhältnisses haben die Gerichte eines Vertragsstaats zu überprüfen, ob der für das Schiff zuständige diplomatische oder konsularische Vertreter von der Streitigkeit unterrichtet worden ist. Sie haben das

Verfahren auszusetzen, solange dieser Vertreter nicht unterrichtet worden ist. Sie haben sich von Amts wegen für unzuständig zu erklären, wenn dieser Vertreter, nachdem er ordnungsgemäß unterrichtet worden ist, die Befugnisse ausgeübt hat, die ihm insoweit aufgrund eines Konsularabkommens zustehen, oder, falls ein derartiges Abkommen nicht besteht, innerhalb der festgesetzten Frist Einwände gegen die Zuständigkeit geltend gemacht hat.

*Art. V c.* (gegenstandslos)

*Art. V d.* Unbeschadet der Zuständigkeit des Europäischen Patentamts nach dem am 5. Oktober 1973 in München unterzeichneten Übereinkommen über die Erteilung europäischer Patente sind die Gerichte eines jeden Vertragsstaats ohne Rücksicht auf den Wohnsitz der Parteien für alle Verfahren ausschließlich zuständig, welche die Erteilung oder die Gültigkeit eines europäischen Patents zum Gegenstand haben, das für diesen Staat erteilt wurde und kein Gemeinschaftspatent nach Artikel 86 des am 15. Dezember 1975 in Luxemburg unterzeichneten Übereinkommens über das europäische Patent für den Gemeinsamen Markt ist.

*Art. VI* (nicht abgedruckt)

### 3.
### Protokoll Nr 2 über die einheitliche Auslegung des Übereinkommens
### (BGBl 94 II 2697)

#### Übersicht

**Schrifttum** (Auswahl): *MüKoGo* S 1756; *Schmidt-Parzefall,* Die Auslegung des Parallelübereinkommens von Lugano, 1995; *Dietze/Schnichels* NJW **95**, 2276; *Geimer* IZPR Rn 247 c; *Schack* ZZP **107**, 253.

**1) Allgemeines.** Wie die Präambel ergibt, sind die vor dem 16. 9. 88 ergangenen Entscheidungen des EuGH auch für die Auslegung und Anwendung des LuganoÜbk maßgeblich, MüKoGo S 1757. Die Aufgabe, auch künftig die nötige einheitliche Auslegung zu sichern, konnte dem EuGH nicht übertragen werden, weil das LuganoÜbk kein EG-Recht ist, Hbg IPrax **99**, 168. Die von den Vertragspartnern vereinbarte Kompromißlösung ergibt sich aus dem Protokoll Nr 2 und den dazu abgegebenen Zusatzerklärungen.

**2) Einzelheiten.** Nach der ersten Zusatzerklärung, BGBl 94 II 2701, soll der EuGH bei der Auslegung des EuGVÜ den Grundsätzen gebührend Rechnung tragen, die sich aus der Rspr zum LuganoÜbk ergeben. Umgekehrt sollen nach der zweiten Zusatzerklärung, BGBl 94 II 2702, die Gerichte der Einzelstaaten bei der Auslegung des LuganoÜbk den Grundsätzen gebührend Rechnung tragen, die sich aus der Rspr des EuGH und den Gerichten der EG-Staaten zu denjenigen Bestimmungen des EuGVÜ ergeben, die in ihrem wesentlichen Gehalt in das LuganoÜbk übernommen worden sind. Ob der EuGH in einem Fall nach diesem Übk angerufen werden darf, Art 177 EGV, wenn das vorlegende Gericht eine Bestimmung des LuganoÜbk genau so auslegen will wie die Parallelvorschrift im EuGVÜ, ist zweifelhaft, bejahend Geimer IZPR Rn 247 d mwN, abl Heerstrassen RIW **93**, 183. Eine Bindungswirkung kommt wohl den Entscheidungen des EuGH zu, die vor Abschluß des LuganoÜbk zu gleichlautenden Bestimmungen des EuGVÜ ergangen sind, Holl IPrax **96**, 176.

#### Präambel
Die Hohen Vertragsparteien –
Gestützt auf Artikel 65 dieses Übereinkommens,
in Anbetracht der sachlichen Verknüpfung zwischen diesem Übereinkommen und dem Brüsseler Übereinkommen,
in der Erwägung, daß dem Gerichtshof der Europäischen Gemeinschaften durch das Protokoll vom 3. Juni 1971 die Zuständigkeit zur Entscheidung über die Auslegung der Bestimmungen des Brüsseler Übereinkommens übertragen wurde,
in voller Kenntnis der bis zur Unterzeichnung des vorliegenden Übereinkommens ergangenen Entscheidungen des Gerichtshofs der Europäischen Gemeinschaften über die Auslegung des Brüsseler Übereinkommens,
in der Erwägung, daß bei den Verhandlungen, die zum Abschluß dieses Übereinkommens geführt haben, vom Brüsseler Übereinkommen unter Berücksichtigung der vorgenannten Entscheidungen ausgegangen worden ist,
in dem Bestreben, bei voller Wahrung der Unabhängigkeit der Gerichte voneinander abweichende Auslegungen zu vermeiden und zu einer möglichst einheitlichen Auslegung der Bestimmungen des vorliegenden Übereinkommens einerseits sowie dieser Bestimmungen und derjenigen Bestimmungen des Brüsseler Übereinkommens, die in ihrem wesentlichen Gehalt in das vorliegende Übereinkommen übernommen worden sind, andererseits, zu gelangen –
sind wie folgt übereingekommen:

*Art. 1.* Die Gerichte jedes Vertragsstaates tragen bei der Anwendung und Auslegung der Bestimmungen dieses Übereinkommens den Grundsätzen gebührend Rechnung, die in maßgeblichen Entscheidungen von Gerichten der anderen Vertragsstaaten zu den Bestimmungen des genannten Übereinkommens entwickelt worden sind.

*Art. 2.* [1] ¹Die Vertragsparteien kommen überein, ein System für den Austausch von Informationen über die in Anwendung dieses Übereinkommens ergangenen Entscheidungen sowie über die in Anwendung des Brüsseler Übereinkommens ergangenen maßgeblichen Entscheidungen einzurichten. ²Dieses System umfaßt

– die von den zuständigen Behörden vorzunehmende Übermittlung der Entscheidungen letztinstanzlicher Gerichte und des Gerichtshofs der Europäischen Gemeinschaften sowie anderer besonders wichtiger, rechtskräftig gewordener Entscheidungen, die in Anwendung dieses Übereinkommens oder des Brüsseler Übereinkommens ergangen sind, an eine Zentralstelle;
– die Klassifizierung dieser Entscheidungen durch die Zentralstelle, erforderlichenfalls einschließlich der Erstellung und Veröffentlichung von Übersetzungen und Zusammenfassungen;
– die von der Zentralstelle vorzunehmende Übermittlung der einschlägigen Dokumente an die zuständigen nationalen Behörden aller Unterzeichnerstaaten dieses Übereinkommens und aller beitretenden Staaten sowie an die Kommission der Europäischen Gemeinschaften.

II Zentralstelle ist der Kanzler des Gerichtshofs der Europäischen Gemeinschaften.

*Art. 3.* I Es wird ein Ständiger Ausschuß für die Zwecke dieses Protokolls eingesetzt.

II Der Ausschuß besteht aus Vertretern, die von jedem Unterzeichnerstaat und jedem beitretenden Staat bestellt werden.

III Die Europäischen Gemeinschaften (Kommission, Gerichtshof und Generalsekretariat des Rates) und die Europäische Freihandelsassoziation können an den Sitzungen als Beobachter teilnehmen.

*Art. 4.* I Auf Antrag einer Vertragspartei beruft der Depositarstaat dieses Übereinkommens Sitzungen des Ausschusses zu einem Meinungsaustausch über die Wirkungsweise des Übereinkommens ein, und zwar insbesondere über
– die Entwicklung der aufgrund von Artikel 2 Absatz 1 mitgeteilten Rechtsprechung und
– die Anwendung von Artikel 57 dieses Übereinkommens.

II Der Ausschuß kann im Lichte dieses Meinungsaustausches auch prüfen, ob eine Revision dieses Übereinkommens in Einzelpunkten angebracht ist, und entsprechende Empfehlungen abgeben.

### 4.
### Protokoll Nr 3 über die Anwendung von Artikel 57 (BGBl 94 II 2699)

Die Hohen Vertragsparteien sind wie folgt übereingekommen:
1. Für die Zwecke dieses Übereinkommens werden die Bestimmungen, die für besondere Rechtsgebiete die gerichtliche Zuständigkeit, die Anerkennung oder die Vollstreckung von Entscheidungen regeln und in Rechtsakten der Organe der Europäischen Gemeinschaften enthalten sind oder künftig darin enthalten sein werden, ebenso behandelt wie die in Artikel 57 Absatz 1 bezeichneten Übereinkommen.
2. Ist ein Vertragsstaat der Auffassung, daß eine Bestimmung eines Rechtsaktes der Organe der Europäischen Gemeinschaften mit dem Übereinkommen nicht vereinbar ist, so fassen die Vertragsstaaten unbeschadet der Anwendung des in Protokoll Nr 2 vorgesehenen Verfahrens unverzüglich eine Änderung entsprechend Artikel 66 ins Auge.

Erklärung der Vertreter der Regierungen der Unterzeichnerstaaten des Luganer Übereinkommens, die Mitglieder der Europäischen Gemeinschaften sind, zum Protokoll Nr 3 über die Anwendung von Artikel 57 des Übereinkommens (BGBl 94 II 2700)

Bei der Unterzeichnung des am 16. September 1988 in Lugano geschlossenen Übereinkommens über die gerichtliche Zuständigkeit und die Vollstreckung gerichtlicher Entscheidungen in Zivil- und Handelssachen
erklären die Vertreter der Regierungen der Mitgliedstaaten der Europäischen Gemeinschaften
   in Anbetracht der gegenüber den Mitgliedstaaten der Europäischen Freihandelsassoziation eingegangenen Verpflichtungen,
   in dem Bestreben, die Einheit des mit dem Übereinkommen geschaffenen Rechtssystems nicht zu beeinträchtigen,
daß sie alles in ihrer Macht Stehende tun werden, um sicherzustellen, daß bei der Ausarbeitung gemeinschaftlicher Rechtsakte im Sinne der Nummer 1 des Protokolls Nr 3 über die Anwendung von Artikel 57 die in dem Übereinkommen niedergelegten Vorschriften über die gerichtliche Zuständigkeit sowie die Anerkennung und Vollstreckung von Entscheidungen beachtet werden.

## E. Gesetz zur Ausführung zwischenstaatlicher Anerkennungs- und Vollstreckungsverträge in Zivil- und Handelssachen (Anerkennungs- und Vollstreckungsausführungsgesetz – AVAG)

vom 30. 5. 88, BGBl 662, geändert durch Art 3 G v 30. 9. 94, BGBl II 2658

### Übersicht

**Gesetzesmaterialien:** RegEntw BT-Drs 11/351, AusschBer BT-Drs 11/1885.

**Schrifttum:** *MüKoGo* Schlußanh Nr 1 k; *BBGS* 708; *Nagel/Gottwald,* Internationales Zivilprozeßrecht, 4. Aufl 1997; *Baumann,* Die Anerkennung und Vollstreckung ausländischer Entscheidungen in Unterhaltssachen, 1989, § 9; *Rahm* VIII 289, 291–294; *Hök* JB **88**, 1453; *Böhmer* IPrax **88**, 337; *Geimer* NJW **88**, 2157; *Hök* MDR **88**, 186 (betr Mahnverf); *Wolf* NJW **73**, 397 u *Pirrung* DGVZ **73**, 178 (zum AusfGEuGVÜ).

**1** **1) Allgemeines.** Das AVAG verfolgt das Ziel, durch eine rechtstechnische Vereinfachung die Zahl der Gesetzgebungsvorhaben zu verringern, indem ein allgemeines Gesetz geschaffen wird, das Ausführungsgesetze zu den einzelnen Anerkennungs- und Vollstreckungsabkommen künftig unnötig macht und zugleich an die Stelle derjenigen bisherigen Ausführungsgesetze tritt, die für eine Vereinheitlichung geeignet sind. Es ersetzt demgemäß die Ausführungsgesetze zum Haager UnterhVollstrÜbk, Schlußanh V A 2, zu den Einzelverträgen mit Israel, Schlußanh V B 9, und Norwegen, Schlußanh V B 10, sowie zum EuGVÜ, Schlußanh V C 1, §§ 35 I und 58, und regelt außerdem die Ausführung des dt-spanischen Vertrages, Schlußanh V B 11, § 35 I. Seit dem 1. 3. 95 gilt es auch für das LuganoÜbk, Schlußanh V D 1, Art 3 u 5 I 2 G v 30. 9. 94, BGBl II 2658, 3772 (Materialien: RegEntw BT-Drs 12/6838). Unberührt bleiben die Ausführungsgesetze zu anderen bi- oder multilateralen Abkommen.

Inhaltlich entspricht das AVAG im wesentlichen dem früheren AusfG zum EuGVÜ, vgl Schlußanh V C 2. Es enthält für die von ihm erfaßten Abkommen Sondervorschriften im 8. Teil (§§ 36–55).

**2** **2) Inkrafttreten.** Das AVAG ist am 8. 6. 88 in Kraft getreten, § 61 I, für den Bereich des dt-spanischen Vertrages, §§ 35 I u 56, gleichzeitig mit diesem, also rückwirkend zum 18. 4. 88, § 61 II iVm Bek v 30. 5. 88, BGBl 672. **Übergangsvorschrift:** § 58 II. Sie erfaßt nicht die VollstrVerf agrd des dt-spanischen Vertrages, sollte aber insoweit entspr angewendet werden, so daß die vor dem 8. 6. 88 anhängig gemachten Verf von dem bis dahin zuständigen Gericht in dem seinerzeit maßgeblichen Verf nach § 722 ZPO weiterzuführen sind, aM Geimer NJW **88**, 2158 (differenzierend). Die **Änderungen** durch G v 30. 9. 94, BGBl II 2658 u 3772, gelten nach Art 5 des Ges seit dem 1. 3. 95 (Inkrafttreten des LuganoÜbk).

### Erster Teil. Anwendungsbereich

**§ 1.** ¹Die Ausführung der in § 35 genannten zwischenstaatlichen Verträge zwischen der Bundesrepublik Deutschland und anderen Staaten über die gegenseitige Anerkennung und Vollstreckung von Schuldtiteln in Zivil- und Handelssachen unterliegt diesem Gesetz.

II ¹Die Regelungen der zwischenstaatlichen Verträge werden durch die Vorschriften dieses Gesetzes nicht berührt. ²Dies gilt insbesondere für die Regelungen über
1. den sachlichen Anwendungsbereich,
2. die Art der Entscheidungen und sonstigen Schuldtitel, die im Geltungsbereich dieses Gesetzes anerkannt oder zur Zwangsvollstreckung zugelassen werden können,
3. das Erfordernis der Rechtskraft der Entscheidungen,
4. die Art der Urkunden, die im Verfahren vorzulegen sind, und
5. die Gründe, die zur Versagung der Anerkennung oder Zulassung der Zwangsvollstreckung führen.

### Zweiter Teil. Zulassung der Zwangsvollstreckung aus Entscheidungen, Prozeßvergleichen und öffentlichen Urkunden

#### Erster Abschnitt. Zuständigkeit

**§ 2.** ¹Für die Vollstreckbarerklärung von Entscheidungen, Prozeßvergleichen und öffentlichen Urkunden aus einem anderen Staat ist das Landgericht ausschließlich zuständig.

II ¹Örtlich zuständig ist ausschließlich das Gericht, in dessen Bezirk der Schuldner seinen Wohnsitz hat, oder, wenn er im Geltungsbereich dieses Gesetzes keinen Wohnsitz hat, das Gericht, in dessen Bezirk die Zwangsvollstreckung durchgeführt werden soll. ²Der Sitz von Gesellschaften und juristischen Personen steht dem Wohnsitz gleich.

**1** **Bem.** Vgl Art 32 EuGVÜ; zur Umrechnung eines Betrages in fremder Währung durch das Vollstreckungsorgan KG IPrax **94**, 455 (Anm Baumann IPrax **94**, 435). Sondervorschriften in den §§ 39, 42 u 50. Die Zuständigkeit des LG gilt ausschließlich, I, u gilt auch für Verfahren, die eine FamS iSv § 23 b GVG betreffen, Köln FamRZ **96**, 116 u **95**, 1430; sie gilt auch vom Beschwerdegericht, § 11, zu prüfen (keine entspr Anwendung von § 512 a ZPO), Köln OLGZ **94**, 370. Richtet sich der Titel gegen mehrere Personen mit Wohnsitzen in verschiedenen LG-Bezirken, dürfte Art 6 Z 1 EuGVÜ entspr anzuwenden sein, Roth RIW **87**, 814 mwN, Geimer NJW **75**, 1087, aM BayObLG NJW **88**, 2184 (zum dt-österr Vertrag) u Mü NJW **75**, 505 (entspr Anwendung von § 36 Z 3 ZPO), vgl Geimer NJW **88**, 2158. Für die Bestimmung des Wohnsitzes, II, ist stets deutsches Recht maßgeblich, vgl Art 52 u 53 EuGVÜ. Bei unbekanntem Wohnsitz ist die Vollstreckbarerklärung unzulässig (keine Anwendung von § 16 ZPO), Saarbr RR **93**, 190.

#### Zweiter Abschnitt. Erteilung der Vollstreckungsklausel

**§ 3.** ¹Der in einem anderen Staat vollstreckbare Schuldtitel wird dadurch zur Zwangsvollstreckung zugelassen, daß er auf Antrag mit der Vollstreckungsklausel versehen wird.

II Der Antrag auf Erteilung der Vollstreckungsklausel kann bei dem Landgericht schriftlich eingereicht oder mündlich zu Protokoll der Geschäftsstelle erklärt werden.

III Ist das Schriftstück entgegen § 184 des Gerichtsverfassungsgesetzes nicht in deutscher Sprache abgefaßt, so kann das Gericht dem Antragsteller aufgeben, eine Übersetzung des Antrags beizubringen, deren Richtigkeit von einer im Geltungsbereich dieses Gesetzes oder in einem anderen Vertragsstaat hierzu befugten Person bestätigt worden ist.

IV Der Ausfertigung des Schuldtitels, der mit der Vollstreckungsklausel versehen werden soll, und seiner Übersetzung, falls eine solche vorgelegt wird, sollen zwei Abschriften beigefügt werden.

**Bem.** Vgl Art 31, 48 II, 50 u 51 EuGVÜ; zur Umrechnung eines Betrages in fremder Währung durch das Vollstreckungsorgan KG IPrax **94**, 755 (Anm Baumann IPrax **94**, 435). Für den Antrag gelten ergänzend die Erleichterungen des UN-Übk v 20. 6. 56 (Anh II § 168 GVG) nach dessen Art 5 III, weil sich die Geltungsbereiche decken. Kein Anwaltszwang, § 5 II; PKH richtet sich nach den Regelungen der Einzelverträge (Art 15 Haager UnterhVollstrÜbk 1973, Art 44 EuGVÜ, Art 12 dt-israel Vertrag, Art 16 I dt-span Vertrag), i ü nach §§ 114 ff ZPO. Prozeßkostensicherheit darf nicht verlangt werden, § 110 ZPO Rn 1. Eine Übersetzung, III, wird zu verlangen sein, wenn der zur Entscheidung berufene Vorsitzende, § 5, die fremde Sprache nicht beherrscht, RegEntw S 19, und in der Rechtsmittelinstanz auch dann, wenn dies für den hier zu hörenden VollstrSchuldner gilt, vgl § 14 I iVm § 16 I. Welche Urkunden dem Antrag beizufügen sind, ergibt sich aus dem jeweiligen Vertrag, § 35; immer muß der zu vollstreckende Titel (mit 2 Abschriften) vorgelegt werden, IV. Das Gericht hat auf ausreichend bestimmte Anträge hinzuwirken, BGH NJW **93**, 1802 mwN. Das Verf wird durch die Eröffnung des Konkurses nicht unterbrochen, Saarbr RR **94**, 636, dazu Mankowski ZIP **94**, 1577 (diff).

**§ 4.** ¹ ¹Der Antragsteller hat in dem Antrag einen Zustellungsbevollmächtigten zu benennen. ²Anderenfalls können alle Zustellungen an den Antragsteller bis zur nachträglichen Benennung eines Zustellungsbevollmächtigten durch Aufgabe zur Post (§§ 175, 192, 213 der Zivilprozeßordnung) bewirkt werden.

II ¹Zum Zustellungsbevollmächtigten ist eine Person zu bestellen, die im Bezirk des angerufenen Gerichts wohnt. ²Der Vorsitzende kann die Bestellung einer Person mit einem Wohnsitz im übrigen Geltungsbereich dieses Gesetzes zulassen.

III ¹Der Benennung eines Zustellungsbevollmächtigten bedarf es nicht, wenn der Antragsteller einen bei einem deutschen Gericht zugelassenen Rechtsanwalt oder eine andere Person zu seinem Bevollmächtigten für das Verfahren bestellt hat. ²Der Bevollmächtigte, der nicht bei einem deutschen Gericht zugelassener Rechtsanwalt ist, muß im Bezirk des angerufenen Gerichts wohnen; der Vorsitzende kann von diesem Erfordernis absehen, wenn der Bevollmächtigte einen anderen Wohnsitz im Geltungsbereich dieses Gesetzes hat.

IV § 5 des Gesetzes vom 16. August 1980 zur Durchführung der Richtlinie des Rates der Europäischen Gemeinschaften vom 22. März 1977 zur Erleichterung der tatsächlichen Ausübung des freien Dienstleistungsverkehrs der Rechtsanwälte (BGBl. 1980 I S. 1453) bleibt unberührt.

**Bem.** Vgl Art 33 II, 46 u 47 EuGVÜ. Zu IV s Schlußanh VII. 1

**§ 5.** ¹ ¹Über den Antrag entscheidet der Vorsitzende einer Zivilkammer ohne Anhörung des Schuldners und ohne mündliche Verhandlung. ²Jedoch kann eine mündliche Erörterung mit dem Antragsteller oder seinem Bevollmächtigten stattfinden, wenn der Antragsteller oder der Bevollmächtigte hiermit einverstanden ist und die Erörterung der Beschleunigung dient.

II In dem Verfahren vor dem Vorsitzenden ist die Vertretung durch einen Rechtsanwalt nicht erforderlich.

**Bem.** Vgl Art 32 I u 34 EuGVÜ. Zum Verf (auch zu seiner Verfassungsmäßigkeit) s Bem zu Art 34 1 EuGVÜ. Gebühren: Für das gerichtliche Verf § 11 I GKG u KV 1426 u 1427, für den RA § 47 I BRAGO.

**§ 6.** ¹ ¹Hängt die Zwangsvollstreckung nach dem Inhalt des Schuldtitels von einer dem Gläubiger obliegenden Sicherheitsleistung, dem Ablauf einer Frist oder dem Eintritt einer anderen Tatsache ab oder wird die Vollstreckungsklausel zugunsten eines anderen als des in dem Schuldtitel bezeichneten Gläubigers oder gegen einen anderen als den darin bezeichneten Schuldner beantragt, so ist die Frage, inwieweit die Zulassung der Zwangsvollstreckung von dem Nachweis besonderer Voraussetzungen abhängig oder ob der Schuldtitel für oder gegen den anderen vollstreckbar ist, nach dem Recht des Staates zu entscheiden, in dem der Schuldtitel errichtet ist. ²Der Nachweis ist durch Urkunden zu führen, es sei denn, daß die Tatsachen bei dem Gericht offenkundig sind.

II ¹Kann der Nachweis durch Urkunden nicht geführt werden, so ist auf Antrag des Gläubigers der Schuldner zu hören. ²In diesem Fall sind alle Beweismittel zulässig. ³Der Vorsitzende kann auch die mündliche Verhandlung anordnen.

**Bem.** Zur Vollstreckung von Titeln mit Indexklausel s Art 5 HUnterhVÜbK Rn 1 u Art 31 EuGVÜ 1 Rn 2, zur Vollstreckung gegen einen Rechtsnachfolger Hbg RR **95**, 191.

**§ 7.** ¹Ist die Zwangsvollstreckung aus dem Schuldtitel zuzulassen, so ordnet der Vorsitzende an, daß der Schuldtitel mit der Vollstreckungsklausel zu versehen ist. ²In der Anordnung ist die zu vollstreckende Verurteilung oder Verpflichtung in deutscher Sprache wiederzugeben.

**Bem.** Der Vorsitzende entscheidet, ebenso wie nach § 10, durch Beschluß, Hamm MDR **78**, 324 (zu § 6 1 AusfGEuGVÜ); Rechtsmittel: Beschwerde, § 11. Zur Konkretisierung unklarer Titel vgl Roth IPrax **89**, 14 mwN, Bem zu Art 31 EuGVÜ, ferner Bem zu Art 5 Haager UnterhÜbk, Schlußanh V A 2. Die Zahlungsverbindlichkeiten, deren Vollstr zugelassen wird, sind betragsmäßig in die AnO aufzunehmen, KG FamRZ **90**, 1377.

**§ 8.** [1] ¹Aufgrund der Anordnung des Vorsitzenden (§ 7) erteilt der Urkundsbeamte der Geschäftsstelle die Vollstreckungsklausel in folgender Form:
„Vollstreckungsklausel nach § 3 des Anerkennungs- und Vollstreckungsausführungsgesetzes vom 30. Mai 1988 (BGBl. I S. 662). Gemäß der Anordnung des ................................
(Bezeichnung des Vorsitzenden, des Gerichts und der Anordnung) ist die Zwangsvollstreckung
aus .............................................. (Bezeichnung des Schuldtitels)
zugunsten des ........................................ (Bezeichnung des Gläubigers)
gegen den .......................................... (Bezeichnung des Schuldners)
zulässig.
Die zu vollstreckende Verurteilung/Verpflichtung lautet: ................................
(Angabe der Urteilsformel oder des Ausspruchs des Gerichts oder der dem Schuldner aus dem Prozeßvergleich oder der öffentlichen Urkunde obliegenden Verpflichtung in deutscher Sprache; aus der Anordnung des Vorsitzenden zu übernehmen).
Die Zwangsvollstreckung darf über Maßregeln zur Sicherung nicht hinausgehen, bis der Gläubiger eine gerichtliche Anordnung oder ein Zeugnis vorlegt, daß die Zwangsvollstreckung unbeschränkt stattfinden darf."
²Lautet der Schuldtitel auf Leistung von Geld, so ist der Vollstreckungsklausel folgender Zusatz anzufügen:
„Solange die Zwangsvollstreckung über Maßregeln zur Sicherung nicht hinausgehen darf, kann der Schuldner die Zwangsvollstreckung durch Leistung einer Sicherheit in Höhe von (Angabe des Betrages, wegen dessen der Gläubiger vollstrecken darf)
abwenden."

II Wird die Zwangsvollstreckung nur für einen oder mehrere der durch die ausländische Entscheidung zuerkannten oder in einem anderen Schuldtitel niedergelegten Ansprüche oder nur für einen Teil des Gegenstands der Verurteilung oder der Verpflichtung zugelassen, so ist die Vollstreckungsklausel als „Teil-Vollstreckungsklausel nach § 3 des Anerkennungs- und Vollstreckungsausführungsgesetzes vom 30. Mai 1988 (BGBl. I S. 662)" zu bezeichnen.

III ¹Die Vollstreckungsklausel ist von dem Urkundsbeamten der Geschäftsstelle zu unterschreiben und mit dem Gerichtssiegel zu versehen. ²Sie ist entweder auf die Ausfertigung des Schuldtitels oder auf ein damit zu verbindendes Blatt zu setzen. ³Falls eine Übersetzung des Schuldtitels vorliegt, ist sie mit der Ausfertigung zu verbinden.

IV Auf die Kosten des Verfahrens vor dem Vorsitzenden ist § 788 der Zivilprozeßordnung entsprechend anzuwenden.

1 **Bem.** Die frühere Zuständigkeit des Rpfl ist entfallen, §§ 20 S 1 Z 12, 16 u 26 RpflG idF des § 57 II AVAG. Wegen der Beschränkung auf Sicherungsmaßregeln, I, s §§ 20 ff. Die Zustellung einer nicht nach III ordnungsgemäß unterzeichneten VollstrKlausel ist unwirksam und setzt demgemäß keine Frist nach § 11 in Lauf, BGH RR **98**, 141.

**§ 9.** ¹Eine beglaubigte Abschrift des mit der Vollstreckungsklausel versehenen Schuldtitels und gegebenenfalls seiner Übersetzung ist dem Schuldner von Amts wegen zuzustellen.

II ¹Muß die Zustellung an den Schuldner außerhalb des Geltungsbereichs dieses Gesetzes oder durch öffentliche Bekanntmachung erfolgen und hält der Vorsitzende die Frist zur Einlegung der Beschwerde von einem Monat (§ 11 Abs. 2) nicht für ausreichend, so bestimmt er eine längere Beschwerdefrist. ²Die Frist ist in der Anordnung, daß der Schuldtitel mit der Vollstreckungsklausel zu versehen ist (§ 7), oder nachträglich durch besonderen Beschluß, der ohne mündliche Verhandlung erlassen wird, zu bestimmen. ³Die Frist beginnt, auch im Fall der nachträglichen Festsetzung, mit der Zustellung des mit der Vollstreckungsklausel versehenen Schuldtitels.

III ¹Dem Antragsteller sind die mit der Vollstreckungsklausel versehene Ausfertigung des Schuldtitels und eine Bescheinigung über die bewirkte Zustellung zu übersenden. ²In den Fällen des Absatzes 2 ist die festgesetzte Frist für die Einlegung der Beschwerde auf der Bescheinigung über die bewirkte Zustellung zu vermerken.

**Bem.** Sondervorschriften in den §§ 36 II u 40 II. Die Übersendung an den Antragsteller, III, darf erst erfolgen, wenn die Zustellung an den Schuldner, I, bewirkt worden ist, Saarbr RR **94**, 639.

**§ 10.** ¹Ist der Antrag nicht zulässig oder nicht begründet, lehnt ihn der Vorsitzende durch Beschluß ab. ²Der Beschluß ist zu begründen. ³Die Kosten sind dem Antragsteller aufzuerlegen.

1 **Bem.** Gegen den Beschluß ist Beschwerde gegeben, § 16. Im Fall der Erledigung der Hauptsache ist nicht § 91 a ZPO, sondern § 788 iVm § 91 ZPO anzuwenden, vgl § 8 IV, Hbg MDR **89**, 552 u NJW **87**, 2165 (zu § 10 AusfGEuGÜbk). Gebühren: Gericht KV 1426 u 1427, RA § 47 I BRAGO.

### Dritter Abschnitt. Beschwerde, Vollstreckungsgegenklage

**§ 11.** ¹Der Schuldner kann gegen die Zulassung der Zwangsvollstreckung Beschwerde einlegen.

II Die Beschwerde ist, soweit nicht nach § 9 Abs. 2 eine längere Frist bestimmt wird, innerhalb eines Monats einzulegen.

III Die Beschwerdefrist ist eine Notfrist und beginnt mit der Zustellung des mit der Vollstreckungsklausel versehenen Schuldtitels.

**Bem.** Vgl Art 36 u 37 EuGVÜ. Sondervorschriften in den §§ 36 I u 40 I. Dritte können den Beschluß **1** nicht anfechten, vgl EuGH LS NJW **86**, 657 (zu Art 36 EuGVÜ). Notfrist: §§ 223, 233 ZPO. Die §§ 567 ff ZPO gelten nicht für die Beschwerde, Saarbr RR **94**, 639. Zur Anfechtung einer fälschlich nach AVAG getroffenen Entscheidung vgl Ffm RR **93**, 958.

**§ 12.** I ¹Die Beschwerde des Schuldners gegen die Zulassung der Zwangsvollstreckung wird bei dem Oberlandesgericht durch Einreichen einer Beschwerdeschrift oder durch Erklärung zu Protokoll der Geschäftsstelle eingelegt. ²Der Beschwerdeschrift soll die für ihre Zustellung erforderliche Zahl von Abschriften beigefügt werden.

II Die Zulässigkeit der Beschwerde wird nicht dadurch berührt, daß sie statt bei dem Oberlandesgericht bei dem Landgericht eingelegt wird, das die Zwangsvollstreckung zugelassen hat (§ 5); die Beschwerde ist unverzüglich von Amts wegen an das Oberlandesgericht abzugeben.

III Die Beschwerde ist dem Gläubiger von Amts wegen zuzustellen.

**Bem.** Kein Anwaltszwang, § 78 III ZPO. Eine Abhilfe durch das Erstgericht ist nicht zulässig, Mü NJW **1 75**, 504 (zu § 12 AusfGEuGVÜ).

**§ 13.** I Der Schuldner kann mit der Beschwerde, die sich gegen die Zulassung der Zwangsvollstreckung aus einer Entscheidung richtet, auch Einwendungen gegen den Anspruch selbst insoweit geltend machen, als die Gründe, auf denen sie beruhen, erst nach dem Erlaß der Entscheidung entstanden sind.

II Mit der Beschwerde, die sich gegen die Zulassung der Zwangsvollstreckung aus einem Prozeßvergleich oder einer öffentlichen Urkunde richtet, kann der Schuldner die Einwendungen gegen den Anspruch selbst ungeachtet der in Absatz 1 enthaltenen Beschränkung geltend machen.

**Bem.** Sondervorschriften in den §§ 44 u 51. Zu I vgl BGH NJW **83**, 2773 (krit Schack 955), Hamm **1** RIW **94**, 245 (Aufrechnung), Kblz EuZW **91**, 157, Bbg DAVorm **89**, 889; seine verminderte Leistungsfähigkeit kann der Schuldner nicht nach I, sondern nur in einem selbständigen Abänderungsverfahren geltend machen, Schlesw FamRZ **94**, 53, KG NJW **91**, 644 (im Ergebnis zustm Gottwald FamRZ **90**, 1377) mwN, u a BGH NJW **90**, 1419 (zum dt-österr Vertrag). Zur Rüge fehlender Parteifähigkeit des Gläubigers s BGH NJW **92**, 627.

**§ 14.** I ¹Über die Beschwerde entscheidet das Oberlandesgericht durch Beschluß, der mit Gründen zu versehen ist. ²Der Beschluß kann ohne mündliche Verhandlung ergehen. ³Der Beschwerdegegner ist vor der Entscheidung zu hören.

II ¹Solange eine mündliche Verhandlung nicht angeordnet ist, können zu Protokoll der Geschäftsstelle Anträge gestellt und Erklärungen abgegeben werden. ²Wird die mündliche Verhandlung angeordnet, so gilt für die Ladung § 215 der Zivilprozeßordnung.

III Eine vollständige Ausfertigung des Beschlusses ist dem Gläubiger und dem Schuldner auch dann von Amts wegen zuzustellen, wenn der Beschluß verkündet worden ist.

**Bem.** Vgl Art 40 II EuGVÜ. Sondervorschriften für das Verfahren in den §§ 37 u 41. Ob eine mündl **1** Verh anzuordnen ist, I 2, entscheidet das OLG nach seinem Ermessen, BGH IPrax **85**, 101 u MDR **84**, 934, krit Grunsky IPrax **85**, 82 (zum AusfGEuGVÜ); nur in der mündl Verh besteht AnwZwang, KG FamRZ **90**, 1376. Gebühren: Für das gerichtliche Verf § 11 I GKG u KV 1901–1904, für den RA § 47 II BRAGO.

**§ 15.** I Ist die Zwangsvollstreckung aus einem Schuldtitel zugelassen, so kann der Schuldner Einwendungen gegen den Anspruch selbst in einem Verfahren nach § 767 der Zivilprozeßordnung nur geltend machen, wenn die Gründe, auf denen seine Einwendungen beruhen, erst
1. nach Ablauf der Frist, innerhalb derer er die Beschwerde hätte einlegen können, oder
2. falls die Beschwerde eingelegt worden ist, nach Beendigung dieses Verfahrensentstanden sind.

II Die Klage nach § 767 der Zivilprozeßordnung ist bei dem Landgericht zu erheben, das über den Antrag auf Erteilung der Vollstreckungsklausel entschieden hat.

**§ 16.** I Gegen den ablehnenden Beschluß des Vorsitzenden (§ 10) kann der Antragsteller Beschwerde einlegen; die §§ 12 und 14 sind entsprechend anzuwenden.

II ¹Aufgrund des Beschlusses, durch den die Zwangsvollstreckung aus dem Schuldtitel zugelassen wird, erteilt der Urkundsbeamte der Geschäftsstelle des Oberlandesgerichts die Vollstreckungsklausel. ²§ 7 Satz 2 und § 8 Abs. 1 bis 3 sind entsprechend anzuwenden. ³Ein Zusatz, daß die Zwangsvollstreckung über Maßregeln zur Sicherung nicht hinausgehen darf, ist nur aufzunehmen, wenn das Oberlandesgericht eine entsprechende Anordnung nach diesem Gesetz (§ 24 Abs. 2, § 45 Abs. 1 Nr. 1 oder § 52 Abs. 1 Nr. 1) erlassen hat. ⁴Der Inhalt des Zusatzes bestimmt sich nach dem Inhalt der Anordnung.

**Bem.** Die Beschwerde ist nicht befristet, weil I bewußt nicht auch auf § 11 verweist, RegEntw S 24, mit **1** Recht krit Geimer NJW **88**, 2159. Nach II ist auch hier der UrkB zuständig, nicht der Rpfl, Bem zu § 8.

### Vierter Abschnitt. Rechtsbeschwerde

**§ 17.** I Gegen den Beschluß des Oberlandesgerichts findet die Rechtsbeschwerde statt, wenn gegen diese Entscheidung, wäre sie durch Endurteil ergangen, die Revision gegeben wäre.

*Albers*

**AnerkVollstrAbk**            Schlußanhang V E

II Die Rechtsbeschwerde ist innerhalb eines Monats einzulegen.

III Die Rechtsbeschwerdefrist ist eine Notfrist und beginnt mit der Zustellung des Beschlusses (§ 14 Abs. 3, § 16 Abs. 1).

1   **Bem.** Vgl Art 41 EuGVÜ. Die Rechtsbeschwerde, §§ 17–19, ist der Revision, §§ 545 ff ZPO, nachgebildet, so daß sie nur statthaft ist, wenn der Wert der Beschwer 60 000 DM übersteigt, BGH NJW **94**, 2156, oder das OLG sie zugelassen hat, RegEntw S 24, BGH WertpMitt **90**, 2059, NJW **90**, 2197 (zu § 7 AusfG UnterhVollstrG). Erweiterte Zulässigkeit in Sachen nach dem EuGVÜ, § 38, dazu BGH EuZW **90**, 258. Die Rechtsbeschwerde ist nur gegen die Entscheidung über die Beschwerde selbst gegeben, nicht gegen vorläufige Maßnahmen und Zwischenentscheidungen, vgl Bem zu Art 37 EuGVÜ. Sondervorschrift in § 38.

§ 18. ¹Die Rechtsbeschwerde wird durch Einreichen der Beschwerdeschrift bei dem Bundesgerichtshof eingelegt.

II ¹Die Rechtsbeschwerde ist zu begründen. ²§ 554 der Zivilprozeßordnung ist entsprechend anzuwenden.

III Mit der Beschwerdeschrift soll eine Ausfertigung oder beglaubigte Abschrift des Beschlusses, gegen den die Rechtsbeschwerde sich richtet, vorgelegt werden.

IV ¹Die Beschwerdeschrift ist dem Beschwerdegegner von Amts wegen zuzustellen. ²Der Beschwerdeschrift und ihrer Begründung soll die für ihre Zustellung erforderliche Zahl von Abschriften beigefügt werden.

1   **Bem.** Die Rechtsbeschwerde muß durch einen beim BGH zugelassenen RA eingelegt werden; dies gilt auch dann, wenn sie sich gegen den Beschluß eines bay OLG richtet, BGH RR **94**, 320 (keine Anwendung von § 7 EGZPO). Ein formulierter Antrag ist nicht zwingend geboten, BGH NJW **99**, 2372 (dazu Schulze IPrax **99**, 342).

§ 19. ¹¹Der Bundesgerichtshof kann nur überprüfen, ob der Beschluß auf einer Verletzung eines Anerkennungs- und Vollstreckungsvertrages oder eines anderen Gesetzes beruht. ²Die §§ 550 und 551 der Zivilprozeßordnung sind entsprechend anzuwenden. ³Der Bundesgerichtshof darf nicht prüfen, ob das Gericht seine örtliche Zuständigkeit zu Unrecht angenommen hat.

II Der Bundesgerichtshof ist an die in dem angefochtenen Beschluß getroffenen tatsächlichen Feststellungen gebunden, es sei denn, daß in bezug auf diese Feststellungen zulässige und begründete Einwände vorgebracht worden sind.

III Auf das Verfahren über die Rechtsbeschwerde sind die §§ 554 b, 556, 558, 559, 563, 573 Abs. 1 und die §§ 574 und 575 der Zivilprozeßordnung entsprechend anzuwenden.

IV ¹Wird die Zwangsvollstreckung aus dem Schuldtitel erstmals durch den Bundesgerichtshof zugelassen, so erteilt der Urkundsbeamte der Geschäftsstelle dieses Gerichts die Vollstreckungsklausel. ²§ 7 Satz 2 und § 8 Abs. 1 bis 3 gelten entsprechend. ³Ein Zusatz über die Beschränkung der Zwangsvollstreckung entfällt.

1   **Bem.** Sondervorschriften für das Verf in den §§ 48 u 55. Anschlußbeschwerde, § 556 ZPO, ist zulässig, III. Die Nachprüfung durch den BGH, I, ist ähnlich wie bei der Revision, §§ 548 ff ZPO, beschränkt, BGH RIW **78**, 56 (zu § 20 AusfGEuGVÜ); eine Änderung der ausländischen Entscheidung ist auch noch im Rechtsbeschwerdeverfahren zu berücksichtigen, BGH NJW **80**, 2022. Für die Anwendung von II gelten die zu § 561 ZPO entwickelten Regeln; die zur Beurteilung der Sachentscheidungsvoraussetzungen nötigen tatsächlichen Feststellungen hat der BGH selbst zu treffen, BGH NJW **92**, 627 mwN. Entspr Anwendung von § 551 II 2 ZPO, III, s BGH NJW **92**, 1240. Bei Zurückverweisung entspr § 575 ZPO, III, ist das OLG entspr § 565 II ZPO gebunden, BGH IPrax **86**, 157 (zu § 20 AusfGEuGVÜ).

Gebühren: Für das gerichtliche Verf § 11 I GKG u KV 1903; der RA erhält nach § 2 iVm § 11 I BRAGO je ¹³/₁₀ Gebühren, weil § 47 BRAGO nicht eingreift und die Rechtsbeschwerde der Revision gleichgeartet ist, BGH NJW **83**, 1270, Ffm MDR **81**, 681 (zu § 20 AusfGEuGVÜ).

**Fünfter Abschnitt. Beschränkung der Zwangsvollstreckung auf Sicherungsmaßregeln und Fortsetzung der Zwangsvollstreckung**

§ 20. Die Zwangsvollstreckung ist auf Sicherungsmaßregeln beschränkt, solange die Frist zur Einlegung der Beschwerde noch läuft und solange über die Beschwerde noch nicht entschieden ist.

**Bem.** Vgl Art 39 EuGVÜ.

§ 21. Einwendungen des Schuldners, daß bei der Zwangsvollstreckung die Beschränkung auf Sicherungsmaßregeln nach dem zwischenstaatlichen Vertrag, nach diesem Gesetz oder aufgrund einer auf diesem Gesetz beruhenden Anordnung (§§ 20, 24 Abs. 2, §§ 45, 52) nicht eingehalten werde, oder Einwendungen des Gläubigers, daß eine bestimmte Maßnahme der Zwangsvollstreckung mit dieser Beschränkung vereinbar sei, sind im Wege der Erinnerung nach § 766 der Zivilprozeßordnung bei dem Vollstreckungsgericht (§ 764 der Zivilprozeßordnung) geltend zu machen.

§ 22. ¹Solange die Zwangsvollstreckung aus einem Schuldtitel, der auf Leistung von Geld lautet, nicht über Maßregeln der Sicherung hinausgehen darf, ist der Schuldner befugt, die

Zwangsvollstreckung durch Leistung einer Sicherheit in Höhe des Betrags abzuwenden, wegen dessen der Gläubiger vollstrecken darf.

II Die Zwangsvollstreckung ist einzustellen und bereits getroffene Vollstreckungsmaßregeln sind aufzuheben, wenn der Schuldner durch eine öffentliche Urkunde die zur Abwendung der Zwangsvollstreckung erforderliche Sicherheitsleistung nachweist.

Bem. Zur Vereinbarkeit der entspr Regelung in § 23 AusfGEuGVÜ mit Art 38 u 39 EuGVÜ s Linke RIW **85**, 238.

**§ 23.** Ist eine bewegliche Sache gepfändet und darf die Zwangsvollstreckung nicht über Maßregeln zur Sicherung hinausgehen, kann das Vollstreckungsgericht auf Antrag anordnen, daß die Sache versteigert und der Erlös hinterlegt werde, wenn sie der Gefahr einer beträchtlichen Wertminderung ausgesetzt ist oder wenn ihre Aufbewahrung unverhältnismäßige Kosten verursachen würde.

**§ 24.** ¹Weist das Oberlandesgericht die Beschwerde des Schuldners gegen die Zulassung der Zwangsvollstreckung (§ 11) zurück oder läßt es auf die Beschwerde des Gläubigers (§ 16 Abs. 1) die Zwangsvollstreckung aus dem Schuldtitel zu, so kann die Zwangsvollstreckung über Maßregeln zur Sicherung hinaus fortgesetzt werden.

II ¹Auf Antrag des Schuldners kann das Oberlandesgericht anordnen, daß bis zum Ablauf der Frist zur Einlegung der Rechtsbeschwerde (§ 17) oder bis zur Entscheidung über diese Beschwerde die Zwangsvollstreckung nicht oder nur gegen Sicherheitsleistung über Maßregeln zur Sicherung hinausgehen darf. ²Die Anordnung darf nur erlassen werden, wenn glaubhaft gemacht wird, daß die weitergehende Vollstreckung dem Schuldner einen nicht zu ersetzenden Nachteil bringen würde. ³§ 713 der Zivilprozeßordnung ist entsprechend anzuwenden.

III ¹Wird die Rechtsbeschwerde gegen den Beschluß des Oberlandesgerichts eingelegt, kann der Bundesgerichtshof auf Antrag des Schuldners eine Anordnung nach Absatz 2 erlassen. ²Der Bundesgerichtshof kann auf Antrag des Gläubigers eine nach Absatz 2 erlassene Anordnung des Oberlandesgerichts abändern oder aufheben.

Bem. Sondervorschriften in den §§ 45 u 52.

**§ 25.** ¹Die Zwangsvollstreckung aus dem Schuldtitel, den der Urkundsbeamte der Geschäftsstelle des Landgerichts mit der Vollstreckungsklausel versehen hat, ist auf Antrag des Gläubigers über Maßregeln zur Sicherung hinaus fortzusetzen, wenn das Zeugnis des Urkundsbeamten der Geschäftsstelle dieses Gerichts vorgelegt wird, daß die Zwangsvollstreckung unbeschränkt stattfinden darf.

II Das Zeugnis ist dem Gläubiger auf seinen Antrag zu erteilen,
1. wenn der Schuldner bis zum Ablauf der Beschwerdefrist keine Beschwerdeschrift eingereicht hat;
2. wenn das Oberlandesgericht die Beschwerde des Schuldners zurückgewiesen und keine Anordnung nach § 24 Abs. 2 erlassen hat;
3. wenn der Bundesgerichtshof die Anordnung des Oberlandesgerichts nach § 24 Abs. 2 aufgehoben hat (§ 24 Abs. 3 Satz 2) oder
4. wenn der Bundesgerichtshof den Schuldtitel zur Zwangsvollstreckung zugelassen hat.

III Aus dem Schuldtitel darf die Zwangsvollstreckung, selbst wenn sie auf Maßregeln der Sicherung beschränkt ist, nicht mehr stattfinden, sobald ein Beschluß des Oberlandesgerichts, daß der Schuldtitel zur Zwangsvollstreckung nicht zugelassen werde, verkündet oder zugestellt ist.

Bem. Sondervorschriften in den §§ 46 u 53.

**§ 26.** ¹Die Zwangsvollstreckung aus dem Schuldtitel, zu dem der Urkundsbeamte der Geschäftsstelle des Oberlandesgerichts die Vollstreckungsklausel mit dem Zusatz erteilt hat, daß die Zwangsvollstreckung aufgrund der Anordnung des Gerichts nicht über Maßregeln zur Sicherung hinausgehen darf (§ 16 Abs. 2 Satz 3), ist auf Antrag des Gläubigers fortzusetzen, wenn das Zeugnis des Urkundsbeamten der Geschäftsstelle dieses Gerichts vorgelegt wird, daß die Zwangsvollstreckung unbeschränkt stattfinden darf.

II Das Zeugnis ist dem Gläubiger auf seinen Antrag zu erteilen,
1. wenn der Schuldner bis zum Ablauf der Frist zur Einlegung der Rechtsbeschwerde (§ 17 Abs. 2) keine Beschwerdeschrift eingereicht hat;
2. wenn der Bundesgerichtshof die Anordnung des Oberlandesgerichts nach § 24 Abs. 2 aufgehoben hat (§ 24 Abs. 3 Satz 2) oder
3. wenn der Bundesgerichtshof die Rechtsbeschwerde des Schuldners zurückgewiesen hat.

Bem. Sondervorschriften in den §§ 47 u 54.

### Dritter Teil. Feststellung der Anerkennung einer Entscheidung

**§ 27.** Auf das Verfahren, das die Feststellung zum Gegenstand hat, ob die Entscheidung anzuerkennen ist, sind die §§ 2 bis 6, 9 bis 14 und 16 bis 19 entsprechend anzuwenden.

Bem. Vgl Art 26 EuGVÜ (dazu Geimer JZ **77**, 145 u 213). Das Verf nach den §§ 27 u 28 gilt nicht für Sachen nach dem Haager UnterhVollstrÜbk, § 41 II, und nach dem dt-norwegischen Vertrag, § 49. Ein

**AnerkVollstrAbk**             Schlußanhang V E

negativer Feststellungsantrag des VollstrSchuldners ist nicht vorgesehen, RegEntw S 27, sollte aber möglich sein, weil Wortlaut und Sinn der Vorschrift ihn zulassen, vgl Geimer NJW **88**, 2159. Die Beschwerde gegen eine ablehnende Entscheidung, § 16, ist nicht befristet, s Bem zu § 16.

§ 28. ¹Ist der Antrag auf Feststellung begründet, so beschließt der Vorsitzende, daß die Entscheidung anzuerkennen ist; die Kosten sind dem Antragsgegner aufzuerlegen. ²Dieser kann die Beschwerde (§ 11) auf die Entscheidung über den Kostenpunkt beschränken. ³In diesem Falle sind die Kosten dem Antragsteller aufzuerlegen, wenn der Antragsgegner nicht durch sein Verhalten zu dem Antrag auf Feststellung Veranlassung gegeben hat.

### Vierter Teil. Aufhebung oder Änderung der Beschlüsse über die Zulassung der Zwangsvollstreckung oder die Anerkennung

§ 29. ¹Wird der Schuldtitel in dem Staat, in dem er errichtet worden ist, aufgehoben oder geändert und kann der Schuldner diese Tatsache in dem Verfahren der Zulassung der Zwangsvollstreckung nicht mehr geltend machen, so kann er die Aufhebung oder Änderung der Zulassung in einem besonderen Verfahren beantragen.

II Für die Entscheidung über den Antrag ist das Landgericht ausschließlich zuständig, das über den Antrag auf Erteilung der Vollstreckungsklausel entschieden hat.

III ¹Der Antrag kann bei dem Gericht schriftlich oder durch Erklärung zu Protokoll der Geschäftsstelle gestellt werden. ²Über den Antrag kann ohne mündliche Verhandlung entschieden werden. ³Vor der Entscheidung ist der Gläubiger zu hören. ⁴§ 14 Abs. 2 ist entsprechend anzuwenden. ⁵Die Entscheidung ergeht durch Beschluß, der dem Gläubiger und dem Schuldner auch dann von Amts wegen zuzustellen ist, wenn er verkündet wurde.

IV ¹Der Beschluß unterliegt der sofortigen Beschwerde. ²Die Frist, innerhalb derer die sofortige Beschwerde einzulegen ist, beträgt einen Monat; sie ist eine Notfrist und beginnt mit der Zustellung des Beschlusses.

V ¹Für die Einstellung der Zwangsvollstreckung und die Aufhebung bereits getroffener Vollstreckungsmaßregeln sind die §§ 769 und 770 der Zivilprozeßordnung entsprechend anzuwenden. ²Die Aufhebung einer Vollstreckungsmaßregel ist auch ohne Sicherheitsleistung zulässig.

**1**   **Bem.** Die §§ 29–31 sind in Sachen nach dem Haager UnterhVollstrÜbk nicht anzuwenden, § 41 II.

§ 30. I ¹Wird die Zulassung der Zwangsvollstreckung auf die Beschwerde (§ 11) oder die Rechtsbeschwerde (§ 17) aufgehoben oder abgeändert, so ist der Gläubiger zum Ersatz des Schadens verpflichtet, der dem Schuldner durch die Vollstreckung des Schuldtitels oder durch eine Leistung zur Abwendung der Vollstreckung entstanden ist. ²Das gleiche gilt, wenn die Zulassung der Zwangsvollstreckung aus einer Entscheidung, die zum Zeitpunkt der Zulassung nach dem Recht des Urteilsstaats noch mit einem ordentlichen Rechtsmittel angefochten werden konnte, nach § 29 aufgehoben oder abgeändert wird.

II Für die Geltendmachung des Anspruchs ist das Landgericht ausschließlich zuständig, das über den Antrag, den Schuldtitel mit der Vollstreckungsklausel zu versehen, entschieden hat.

§ 31. Wird die Entscheidung in dem Staat, in dem sie ergangen ist, aufgehoben oder abgeändert und kann die davon begünstigte Partei diese Tatsache nicht mehr in dem Verfahren über den Antrag auf Feststellung der Anerkennung geltend machen, so ist § 29 entsprechend anzuwenden.

### Fünfter Teil. Besondere Vorschriften für Entscheidungen deutscher Gerichte

§ 32. I ¹Will eine Partei ein Versäumnis- oder Anerkenntnisurteil, das nach § 313 b der Zivilprozeßordnung in verkürzter Form abgefaßt worden ist, in einem anderen Vertragsstaat geltend machen, so ist das Urteil auf ihren Antrag zu vervollständigen. ²Der Antrag kann bei dem Gericht schriftlich oder durch Erklärung zu Protokoll der Geschäftsstelle gestellt werden. ³Über den Antrag wird ohne mündliche Verhandlung entschieden.

II Zur Vervollständigung des Urteils sind der Tatbestand und die Entscheidungsgründe nachträglich abzufassen, von den Richtern besonders zu unterschreiben und der Geschäftsstelle zu übergeben; der Tatbestand und die Entscheidungsgründe können auch von Richtern unterschrieben werden, die bei dem Urteil nicht mitgewirkt haben.

III ¹Für die Berichtigung des nachträglich abgefaßten Tatbestands gilt § 320 der Zivilprozeßordnung entsprechend. ²Jedoch können bei der Entscheidung über einen Antrag auf Berichtigung auch solche Richter mitwirken, die bei dem Urteil oder der nachträglichen Anfertigung des Tatbestands nicht mitgewirkt haben.

IV Die vorstehenden Absätze gelten entsprechend für die Vervollständigung von Arrestbefehlen, einstweiligen Anordnungen und einstweiligen Verfügungen, die in einem anderen Vertragsstaat geltend gemacht werden sollen und nicht mit einer Begründung versehen sind.

§ 33. Vollstreckungsbescheide, Arrestbefehle und einstweilige Verfügungen, die nach dem zwischenstaatlichen Vertrag außerhalb des Geltungsbereichs dieses Gesetzes anerkannt und zur

Zwangsvollstreckung zugelassen werden können, sind, sofern die Anerkennung und Zwangsvollstreckung betrieben werden soll, auch dann mit der Vollstreckungsklausel zu versehen, wenn dies für eine Zwangsvollstreckung im Geltungsbereich dieses Gesetzes nach § 796 Abs. 1, § 929 Abs. 1 und § 936 der Zivilprozeßordnung nicht erforderlich wäre.

### Sechster Teil. Mahnverfahren

**§ 34.** ¹ ¹Das Mahnverfahren findet auch statt, wenn die Zustellung des Mahnbescheids in einem anderen Vertragsstaat erfolgen muß. ²In diesem Fall kann der Anspruch auch die Zahlung einer bestimmten Geldsumme in ausländischer Währung zum Gegenstand haben.

II Macht der Antragsteller geltend, daß das Gericht aufgrund einer Vereinbarung zuständig sei, hat er dem Mahnantrag die nach dem jeweiligen Vertrag erforderlichen Schriftstücke über die Vereinbarung beizufügen.

III ¹Die Widerspruchsfrist (§ 692 Abs. 1 Nr. 3 der Zivilprozeßordnung) beträgt einen Monat. ²In dem Mahnbescheid ist der Antragsgegner darauf hinzuweisen, daß er einen Zustellungsbevollmächtigten zu benennen hat (§ 174 der Zivilprozeßordnung und § 4 Abs. 2 und 3 dieses Gesetzes). ³§ 175 der Zivilprozeßordnung gilt entsprechend mit der Maßgabe, daß der Zustellungsbevollmächtigte innerhalb der Widerspruchsfrist zu benennen ist.

**Bem.** Vgl Art 25 EuGVÜ; das Mahnverfahren, I, findet seit dem 1. 3. 95 auch in allen Fällen statt, in **1** denen der Mahnbescheid in einem Vertragsstaat des LuganoÜbk zuzustellen ist, § 35 Z 1 a. Zum grenzüberschreitenden Mahnverfahren, § 688 III ZPO, s Wagner RIW **95**, 89, Hök MDR **88**, 189, Müller/Hök JB **87**, 1447. § 34 gilt nicht in Sachen nach dem Haager UnterhVollstrÜbk, § 41 II. Zur Geltung der Vorschriften über die Zustellung durch Aufgabe zur Post nach früherem Recht, § 36 III 2 AG-EuGVÜ, s BGH NJW **87**, 593, Mü NJW **89**, 234.

### Siebenter Teil. Auszuführende zwischenstaatliche Verträge

**§ 35.** ¹ Dieses Gesetz ist bei der Ausführung folgender Verträge anzuwenden:
1. Übereinkommen vom 27. September 1968 über die gerichtliche Zuständigkeit und die Vollstreckung gerichtlicher Entscheidungen in Zivil- und Handelssachen (BGBl. 1972 II S. 773);
1 a. Übereinkommen vom 16. September 1988 über die gerichtliche Zuständigkeit und die Vollstreckung gerichtlicher Entscheidungen in Zivil- und Handelssachen (BGBl 1994 II S 2658)
2. Haager Übereinkommen vom 2. Oktober 1973 über die Anerkennung und Vollstreckung von Unterhaltsentscheidungen (BGBl. 1986 II S. 825);
3. Vertrag vom 17. Juni 1977 zwischen der Bundesrepublik Deutschland und dem Königreich Norwegen über die gegenseitige Anerkennung und Vollstreckung gerichtlicher Entscheidungen und anderer Schuldtitel in Zivil- und Handelssachen (BGBl. 1981 II S. 341);
4. Vertrag vom 20. Juli 1977 zwischen der Bundesrepublik Deutschland und dem Staat Israel über die gegenseitige Anerkennung und Vollstreckung gerichtlicher Entscheidungen in Zivil- und Handelssachen (BGBl. 1980 II S. 925);
5. Vertrag vom 14. November 1983 zwischen der Bundesrepublik Deutschland und Spanien über die Anerkennung und Vollstreckung von gerichtlichen Entscheidungen und Vergleichen sowie vollstreckbaren öffentlichen Urkunden in Zivil- und Handelssachen (BGBl. 1987 II S. 34).

II Die Ausführung der Übereinkommen unterliegt ergänzend den Vorschriften des Achten Teils, die den allgemeinen Regelungen vorgehen.

**Bem.** Z 1 a eingefügt durch Art 3 Z 1 G v 30. 9. 94, BGBl II 2658, mWv 1. 3. 95 (Inkrafttreten des **1** LuganoÜbk), Art 5 I 2 des Ges. Nach I bezieht sich das AVAG nicht auf die Ausführung des Haager UnterhVollstrÜbk 1958, so daß insoweit das AusfG v 18. 7. 61 fortgilt, das die Zuständigkeit des AG und ein Verf entspr den Vorschriften über die Schiedsgerichtsbarkeit vorsieht, Üb 1 Schlußteil V A 2 und 45. Aufl, vgl Ffm in Stgt DAVorm **89**, 102, 103. Fällt ein Unterhaltstitel wegen der Rückstände unter das Übk 1958 und i ü unter das Übk 1973, so sind getrennte VollstrVerfahren durchzuführen, Stgt aaO, Geimer NJW **88**, 2159. Wegen des **LuganoÜbk** s Üb § 1 Rn 1.

### Achter Teil. Besondere Vorschriften für die einzelnen zwischenstaatlichen Verträge

#### Erster Abschnitt. Übereinkommen über die gerichtliche Zuständigkeit und die Vollstreckung gerichtlicher Entscheidungen in Zivil- und Handelssachen vom 27. September 1968 (BGBl. 1972 II S. 773) und vom 16. September 1988 (BGBl 1994 II 2658)

**§ 36.** ¹ Die Frist für die Beschwerde (§ 11) beträgt zwei Monate, wenn der Schuldner seinen Wohnsitz in einem anderen Vertragsstaat als dem hat, in welchem die Entscheidung über die Zulassung der Zwangsvollstreckung ergangen ist (Artikel 36 Abs. 2 der Übereinkommen).

II § 9 Abs. 2 Satz 1 ist bei der Zustellung außerhalb des Geltungsbereichs dieses Gesetzes dann nicht anzuwenden, wenn ein Schriftstück in einem Vertragsstaat der Übereinkommen zugestellt werden muß.

III Im übrigen bleiben § 9 Abs. 2 und § 11 Abs. 2 unberührt.

**Bem.** Vgl Art 36 EuGVÜ u LugGVÜ. **1**

**§ 37.** [I] ¹Das Oberlandesgericht kann auf Antrag des Schuldners seine Entscheidung über die Beschwerde gegen die Zulassung der Zwangsvollstreckung aussetzen, wenn gegen die Entscheidung im Ursprungsstaat ein ordentliches Rechtsmittel eingelegt oder die Frist hierfür noch nicht verstrichen ist; im letzteren Fall kann das Oberlandesgericht eine Frist bestimmen, innerhalb derer das Rechtsmittel einzulegen ist. ²Das Gericht kann die Zwangsvollstreckung auch von einer Sicherheitsleistung abhängig machen.

[II] Absatz 1 ist im Verfahren auf Feststellung der Anerkennung einer Entscheidung (§§ 27 und 28) entsprechend anzuwenden.

1   **Bem.** Vgl Art 38 EuGVÜ u LugGVÜ.

**§ 38.** Im Rahmen des Übereinkommens vom 27. September 1968 ist die Rechtsbeschwerde (§§ 17 bis 19) stets zulässig, wenn das Oberlandesgericht von einer Entscheidung des Gerichtshofs der Europäischen Gemeinschaften abgewichen ist.

1   **Bem.** Neugefaßt durch Art 3 Z 4 G v 30. 9. 94, BGBl II 2658, im Hinblick auf das LuganoÜbk, Schlußanh V D 1, weil der EuGH für den Bereich dieses Übk nicht zuständig ist, Schlußanh V D 3. Auch eine unbewußte Abweichung eröffnet die Rechtsbeschwerde ohne Rücksicht auf eine sonst erforderliche Zulassung, § 17, BGH NJW **90**, 2201.

### Zweiter Abschnitt. Haager Übereinkommen vom 2. Oktober 1973 über die Anerkennung und Vollstreckung von Unterhaltsentscheidungen (BGBl. 1986 II S. 825)

**§ 39.** [I] Die Anerkennung und Vollstreckung von öffentlichen Urkunden aus einem anderen Vertragsstaat findet nur statt, wenn der andere Vertragsstaat die Erklärung nach Artikel 25 des Übereinkommens abgegeben hat.

[II] Die Anerkennung und Vollstreckung von Entscheidungen aus einem anderen Vertragsstaat in Unterhaltssachen zwischen Verwandten in der Seitenlinie und zwischen Verschwägerten ist auf Verlangen des Verpflichteten zu versagen, wenn nach den Sachvorschriften des Rechts des Staates, dem der Verpflichtete und der Berechtigte angehören, eine Unterhaltspflicht nicht besteht; dasselbe gilt, wenn sie keine gemeinsame Staatsangehörigkeit haben und nach dem am gewöhnlichen Aufenthaltsort des Verpflichteten geltenden Recht eine Unterhaltspflicht nicht besteht.

1   **Bem.** Zu den §§ 39–41 s Schlußanh V A 2; zu § 39 vgl Bem zu Art 25 u 26 des Übk.

**§ 40.** [I] Die Frist für die Beschwerde (§ 11) beträgt zwei Monate, wenn die Zustellung an den Schuldner außerhalb des Geltungsbereichs dieses Gesetzes erfolgen muß.

[II] § 9 Abs. 2 Satz 1 ist nur auf die Zustellung durch öffentliche Bekanntmachung anzuwenden.

[III] Im übrigen bleiben § 9 Abs. 2 und § 11 Abs. 2 unberührt.

**§ 41.** [I] Die Vorschriften über die Aussetzung des Verfahrens vor dem Oberlandesgericht und die Zulassung der Zwangsvollstreckung gegen Sicherheitsleistung (§ 37 Abs. 1) sind entsprechend anzuwenden.

[II] Die Vorschriften über die Feststellung der Anerkennung einer Entscheidung (§§ 27 und 28), über die Aufhebung oder Änderung dieser Feststellung (§§ 29 bis 31) sowie über das Mahnverfahren (§ 34) finden keine Anwendung.

### Dritter Abschnitt. Vertrag vom 17. Juni 1977 zwischen der Bundesrepublik Deutschland und dem Königreich Norwegen über die gegenseitige Anerkennung und Vollstreckung gerichtlicher Entscheidungen und anderer Schuldtitel in Zivil- und Handelssachen (BGBl. 1981 II S. 341)

**§ 42.** Hat der Schuldner keinen Wohnsitz im Geltungsbereich dieses Gesetzes, so ist für die Vollstreckbarerklärung von Entscheidungen und Prozeßvergleichen auch das Landgericht örtlich zuständig, in dessen Bezirk der Schuldner Vermögen hat.

1   **Bem.** Zu den §§ 42–49 vgl Schlußanh V B 10.

**§ 43.** Ist die Entscheidung auf die Leistung einer bestimmten Geldsumme gerichtet, so bedarf es für die Zulassung zur Zwangsvollstreckung nicht des Nachweises, daß die Entscheidung rechtskräftig ist (Artikel 10 Abs. 2 und Artikel 17 Abs. 1 Satz 2 des Vertrags).

**§ 44.** Auf das Verfahren über die Beschwerde des Schuldners gegen die Zulassung der Zwangsvollstreckung (§ 11) findet § 13 Abs. 2 keine Anwendung.

**§ 45.** [I] Weist das Oberlandesgericht die Beschwerde des Schuldners gegen die Zulassung der Zwangsvollstreckung (§ 11) zurück oder läßt es auf die Beschwerde des Gläubigers (§ 16) die Zwangsvollstreckung aus dem Schuldtitel zu, so entscheidet es abweichend von § 24 Abs. 1 zugleich darüber, ob die Zwangsvollstreckung über Maßregeln zur Sicherung hinaus fortgesetzt werden kann:

1. Ist bei einer auf eine bestimmte Geldsumme laufenden Entscheidung der Nachweis, daß die Entscheidung rechtskräftig ist, nicht geführt, so ordnet das Oberlandesgericht an, daß die Vollstreckung erst nach Vorlage einer norwegischen Rechtskraftbescheinigung nebst Über-

setzung (Artikel 14 Abs. 1 Nr. 2 und 6 und Abs. 2 des Vertrags) unbeschränkt stattfinden kann.
2. Ist der Nachweis, daß die Entscheidung rechtskräftig ist, geführt oder ist der Schuldtitel ein Prozeßvergleich, so ordnet das Oberlandesgericht an, daß die Zwangsvollstreckung unbeschränkt stattfinden darf.
II § 24 Abs. 2 und 3 bleibt unberührt.

§ 46. ¹Die Zwangsvollstreckung aus dem Schuldtitel, den der Urkundsbeamte der Geschäftsstelle des Landgerichts mit der Vollstreckungsklausel versehen hat, ist auf Antrag des Gläubigers auch dann über Maßregeln zur Sicherung hinaus fortzusetzen (§ 25 Abs. 1), wenn eine gerichtliche Anordnung nach § 45 Abs. 1 Nr. 1 oder § 24 Abs. 2 und 3 vorgelegt wird und die darin bestimmten Voraussetzungen erfüllt sind.
II Ein Zeugnis gemäß § 25 Abs. 1 ist dem Gläubiger auf seinen Antrag abweichend von § 25 Abs. 2 Nr. 1 nur zu erteilen, wenn der Schuldner bis zum Ablauf der Beschwerdefrist keine Beschwerdeschrift eingereicht hat und wenn
1. der Gläubiger bei einer auf eine bestimmte Geldsumme lautenden Entscheidung nachweist, daß die Entscheidung rechtskräftig ist (Artikel 14 Abs. 1 Nr. 2 und 6 und Abs. 2 des Vertrags),
2. die Entscheidung nicht auf eine bestimmte Geldsumme lautet oder
3. der Schuldtitel ein gerichtlicher Vergleich ist.§ 25 Abs. 2 Nr. 2 bis 4 findet keine Anwendung.
III § 25 Abs. 3 bleibt unberührt.

§ 47. ¹Die Zwangsvollstreckung aus dem Schuldtitel, zu dem der Urkundsbeamte der Geschäftsstelle des Oberlandesgerichts die Vollstreckungsklausel erteilt hat, ist abweichend von § 26 Abs. 1 auf Antrag des Gläubigers nur im Rahmen einer gerichtlichen Anordnung nach § 45 oder § 24 Abs. 2 und 3 fortzusetzen. ²Eines besonderen Zeugnisses des Urkundsbeamten der Geschäftsstelle bedarf es nicht.

§ 48. ¹ Auf das Verfahren über die Rechtsbeschwerde sind neben den in § 19 Abs. 3 aufgeführten Vorschriften die §§ 45 und 47 sinngemäß anzuwenden.
II ¹Hat der Bundesgerichtshof eine Anordnung nach § 19 Abs. 3 in Verbindung mit § 45 Abs. 1 Nr. 1 erlassen, so ist in Abweichung von § 19 Abs. 4 Satz 3 ein Zusatz aufzunehmen, daß die Zwangsvollstreckung über Maßregeln zur Sicherung nicht hinausgehen darf. ²Der Inhalt des Zusatzes bestimmt sich nach dem Inhalt der Anordnung.

§ 49. Die Vorschriften über die Feststellung der Anerkennung einer Entscheidung (§§ 27 und 28) und über die Aufhebung oder Änderung dieser Feststellung (§§ 29 bis 31) finden keine Anwendung.

Vierter Abschnitt. Vertrag vom 20. Juli 1977 zwischen der Bundesrepublik Deutschland und dem Staat Israel über die gegenseitige Anerkennung und Vollstreckung gerichtlicher Entscheidungen in Zivil- und Handelssachen (BGBl. 1980 II S. 925)

§ 50. Hat der Schuldner keinen Wohnsitz im Geltungsbereich dieses Gesetzes, so ist für die Vollstreckbarerklärung von Entscheidungen und gerichtlichen Vergleichen auch das Landgericht örtlich zuständig, in dessen Bezirk der Schuldner Vermögen hat.
Bem. Zu den §§ 50–55 s Schlußanh V B 9. 1

§ 51. Auf das Verfahren über die Beschwerde des Schuldners gegen die Zulassung der Zwangsvollstreckung (§ 11) findet § 13 Abs. 2 keine Anwendung.

§ 52. ¹ Weist das Oberlandesgericht die Beschwerde des Schuldners gegen die Zulassung der Zwangsvollstreckung (§ 11) zurück oder läßt es auf die Beschwerde des Gläubigers (§ 16) die Zwangsvollstreckung aus dem Schuldtitel zu, so entscheidet es abweichend von § 24 Abs. 1 zugleich darüber, ob die Zwangsvollstreckung über Maßregeln zur Sicherung hinaus fortgesetzt werden kann:
1. Ist der Nachweis, daß die Entscheidung rechtskräftig ist, nicht geführt, so ordnet das Oberlandesgericht an, daß die Vollstreckung erst nach Vorlage einer israelischen Rechtskraftbescheinigung nebst Übersetzung (Artikel 15 Abs. 1 Nr. 2 und 7 des Vertrags) unbeschränkt stattfinden darf.
2. Ist der Nachweis, daß die Entscheidung rechtskräftig ist, erbracht oder hat die Entscheidung eine Unterhaltspflicht zum Gegenstand oder ist der Schuldtitel ein Prozeßvergleich, so ordnet das Oberlandesgericht an, daß die Zwangsvollstreckung unbeschränkt stattfinden darf.
II § 24 Abs. 2 und 3 bleibt unberührt.

§ 53. ¹Die Zwangsvollstreckung aus dem Schuldtitel, den der Urkundsbeamte der Geschäftsstelle des Landgerichts mit der Vollstreckungsklausel versehen hat, ist auf Antrag des Gläubigers auch dann über Maßregeln zur Sicherung hinaus fortzusetzen (§ 25 Abs. 1), wenn eine gerichtliche Anordnung nach § 52 Abs. 1 Nr. 1 oder § 24 Abs. 2 und 3 vorgelegt wird und die darin bestimmten Voraussetzungen erfüllt sind.

**AnerkVollstrAbk** Schlußanhang V E

<sup>II</sup> Ein Zeugnis gemäß § 25 Abs. 1 ist dem Gläubiger auf seinen Antrag abweichend von § 25 Abs. 2 Nr. 1 nur zu erteilen, wenn der Schuldner bis zum Ablauf der Beschwerdefrist keine Beschwerdeschrift eingereicht hat und wenn
1. der Gläubiger den Nachweis führt, daß die Entscheidung rechtskräftig ist (Artikel 21 des Vertrags),
2. die Entscheidung eine Unterhaltpflicht zum Gegenstand hat (Artikel 20 des Vertrags) oder
3. der Schuldtitel ein gerichtlicher Vergleich ist.
§ 25 Abs. 2 Nr. 2 bis 4 findet keine Anwendung.
<sup>III</sup> § 25 Abs. 3 bleibt unberührt.

*§ 54.* <sup>1</sup>Die Zwangsvollstreckung aus dem Schuldtitel, zu dem der Urkundsbeamte der Geschäftsstelle des Oberlandesgerichts die Vollstreckungsklausel erteilt hat, ist abweichend von § 26 Abs. 1 auf Antrag des Gläubigers nur im Rahmen einer gerichtlichen Anordnung nach § 52 oder § 24 Abs. 2 und 3 fortzusetzen. <sup>2</sup>Eines besonderen Zeugnisses des Urkundsbeamten der Geschäftsstelle bedarf es nicht.

*§ 55.* <sup>I</sup> Auf das Verfahren über die Rechtsbeschwerde sind neben den in § 19 Abs. 3 aufgeführten Vorschriften auch die §§ 52 und 54 entsprechend anzuwenden.
<sup>II</sup> <sup>1</sup>Hat der Bundesgerichtshof eine Anordnung nach § 19 Abs. 3 in Verbindung mit § 52 Abs. 1 Nr. 1 erlassen, so ist abweichend von § 19 Abs. 4 Satz 3 ein Zusatz aufzunehmen, daß die Zwangsvollstreckung über Maßregeln zur Sicherung nicht hinausgehen darf. <sup>2</sup>Der Inhalt des Zusatzes bestimmt sich nach dem Inhalt der Anordnung.

Fünfter Abschnitt. Vertrag vom 14. November 1983 zwischen der
Bundesrepublik Deutschland und Spanien über die Anerkennung und Vollstreckung
von gerichtlichen Entscheidungen und Vergleichen sowie vollstreckbaren
öffentlichen Urkunden in Zivil- und Handelssachen (BGBl. 1987 II S. 34)

*§ 56.* Artikel 7 des Familienrechtsänderungsgesetzes vom 11. August 1961 (BGBl. I S. 1221) bleibt durch die Vorschriften dieses Gesetzes unberührt (Artikel 10 Abs. 4 des Vertrags).

**1 Bem.** Vgl Bem zu Art 6 des Vertrages, Schlußanh V B 11.

**Neunter Teil. Anpassung und Aufhebung von Gesetzen**

*§ 57.* (nicht abgedruckt, betr Änderungen des GKG, des RPflG und der ZPO)

*§ 58.* <sup>I</sup>Unbeschadet des Absatzes 2 treten außer Kraft:
1. Gesetz vom 29. Juli 1972 zur Ausführung des Übereinkommens vom 27. September 1968 über die gerichtliche Zuständigkeit und die Vollstreckung gerichtlicher Entscheidungen in Zivil- und Handelssachen (BGBl. 1972 I S. 1328);
2. Gesetz vom 10. Juni 1981 zur Ausführung des Vertrages vom 17. Juni 1977 zwischen der Bundesrepublik Deutschland und dem Königreich Norwegen über die gegenseitige Anerkennung und Vollstreckung gerichtlicher Entscheidungen und anderer Schuldtitel in Zivil- und Handelssachen (BGBl. 1981 I S. 514);
3. Gesetz vom 13. August 1980 zur Ausführung des Vertrages vom 20. Juli 1977 zwischen der Bundesrepublik Deutschland und dem Staat Israel über die gegenseitige Anerkennung und Vollstreckung gerichtlicher Entscheidungen in Zivil- und Handelssachen (BGBl. 1980 I S. 1301);
4. Gesetz vom 25. Juli 1986 zur Ausführung des Haager Übereinkommens vom 2. Oktober 1973 über die Anerkennung und Vollstreckung von Unterhaltsentscheidungen (BGBl. 1986 I S. 1156).

<sup>II</sup> Die in Absatz 1 genannten Gesetze sind in Verfahren, die zur Ausführung der in § 35 Abs. 1 Nr. 1 bis 4 genannten Verträge bei Inkrafttreten dieses Gesetzes anhängig gemacht worden sind, weiterhin anzuwenden.

**1 Bem.** Die Vorschrift bezieht sich nicht auf den dt-spanischen Vertrag, § 35 I Z 5; wegen des insoweit anzuwendenden Übergangsrechts s Üb vor § 1 Rn 2. Ergänzend zu II ist § 38 jedenfalls dann anzuwenden, wenn die Rechtsbeschwerde nach dem Inkrafttreten des AVAG, § 61 I, eingelegt worden ist, BGH EuZW 90, 258.

**Zehnter Teil. Konzentrationsermächtigung**

*§ 59.* <sup>I</sup> <sup>1</sup>Die Landesregierungen werden für die Durchführung dieses Gesetzes ermächtigt, durch Rechtsverordnung die Entscheidung über Anträge auf Erteilung der Vollstreckungsklausel zu ausländischen Schuldtiteln in Zivil- und Handelssachen, über Anträge auf Aufhebung oder Abänderung dieser Vollstreckungsklausel und über Anträge auf Feststellung der Anerkennung einer ausländischen Entscheidung für die Bezirke mehrerer Landgerichte einem von ihnen zuzuweisen, sofern dies der sachlichen Förderung oder schnelleren Erledigung der Verfahren dient. <sup>2</sup>Die Ermächtigung kann für die Übereinkommen über die gerichtliche Zuständigkeit und die Vollstreckung gerichtlicher Entscheidungen in Zivil- und Handelssachen vom 27. September

1968 (BGBl. 1972 II S. 773) und vom 16. September 1988 (BGBl 1994 II S 2658) jeweils allein ausgeübt werden.
II Die Landesregierungen können die Ermächtigung durch Rechtsverordnung auf die Landesjustizverwaltungen übertragen.

**Bem.** Vgl die Erläuterungen zu § 23 c GVG. I 2 ist durch Art 3 Z 5 G v 30. 9. 94, BGBl II 2658, auf das **1** LuganoÜbk, Schlußanh V D 1, erstreckt worden.

### Elfter Teil. Schluß- und Übergangsvorschriften

**§ 60.** Dieses Gesetz gilt nach Maßgabe des § 13 Abs. 1 des Dritten Überleitungsgesetzes auch im Land Berlin.

**§ 61.** ¹Dieses Gesetz tritt, soweit im folgenden nichts anderes bestimmt ist, am Tage der Verkündung in Kraft.
II ¹§ 35 Abs. 1 Nr. 5 und § 56 treten gleichzeitig mit dem Vertrag vom 14. November 1983 zwischen der Bundesrepublik Deutschland und Spanien über die Anerkennung und Vollstreckung von gerichtlichen Entscheidungen und Vergleichen sowie vollstreckbaren öffentlichen Urkunden in Zivil- und Handelssachen in Kraft. ²Der Tag des Inkrafttretens ist im Bundesgesetzblatt bekanntzugeben.

**Bem.** Das AVAG ist am 8. 6. 88 in Kraft getreten, I (Übergangsrecht: § 58). Nach der Bek v 30. 5. 88, **1** BGBl 672, sind die in II genannten Vorschriften am 18. 4. 88 in Kraft getreten (Übergangsrecht: Üb 2 vor § 1).

## VI. Internationale Schiedsgerichtsbarkeit

### Übersicht

Folgende **Staatsverträge** regeln oder enthalten Bestimmungen über die Anerkennung und Vollstreckbar- **1** keit von Schiedsverträgen, Schiedssprüchen und Schiedsvergleichen:

**a)** Das UN-Übk über die Anerkennung und Vollstreckung ausländischer Schiedssprüche v 10. 6. 58, unten A 1. Es ist für die BRep an die Stelle des Genfer Protokolls über Schiedsklauseln im Handelsverkehr v 24. 9. 23 und des Genfer Abkommens zur Vollstreckung ausländischer Schiedssprüche v 29. 9. 27 getreten, Art 7 II Übk. Protokoll und Abkommen (Text mit Erläuterungen s 25. Aufl) bestehen aber zwischen der BRep und einigen Staaten noch fort; vgl wegen der Vertragspartner dieser beiden Verträge Einl IV § 1 ZPO Rn 11, ferner BBGS C I 3 u kritisch Mezger RabelsZ **59**, 222.

**b)** Das Europäische Übereinkommen über die internationale Handelsschiedsgerichtsbarkeit v 21. 4. 61, **2** abgedr unten A 2.

Während a und b Kollektivverträge sind, denen die BRep beigetreten ist (wegen der Mitgliedstaaten Einl IV vor § 1 ZPO Rn 10 u 12), sind auch in zahlreichen bilateralen Staatsverträgen der BRep Bestimmungen über das Schiedsgerichtswesen enthalten, nämlich im

c) dt-schweizerischen Abk v. 28. 7. 30, Art 9, s Schlußanh V B 1;
d) dt-italienischen Abk v 9. 3. 36, Art 8 s Schlußanhang V B 2;
e) dt-amerikanischen Freundschaft-, Handels- u Schiffahrtsabk v 29. 10. 54, Art VI Z 2, unten B 1;
f) dt-österreichischen Vertrag v 6. 6. 59, Art 12, s Schlußanh V B 3;
g) dt-belgischen Abk v 30. 6. 58, Art 13, s Schlußanh V B 4;
h) dt-griechischen Vertrag v 4. 11. 61, Art 14, s Schlußanh V B 6;
i) dt-niederländischen Vertrag v 30. 8. 62, Art 17, s Schlußanh V B 7;
k) dt-sowjetischen Abk v 25. 4. 58, Art 8, unten B 2;
l) dt-tunesischen Vertrag v 19. 7. 66, Art 47–53, s Schlußanh V B 8.

Über das Verhältnis von § 1061 zu den staatsvertraglichen Regelungen vgl dort Rn 3.

## A. Kollektivverträge

### 1. UN-Übereinkommen über die Anerkennung und Vollstreckung ausländischer Schiedssprüche vom 10. 6. 58, BGBl 61 II 122

Wegen des Geltungsbereichs vgl Einl IV vor § 1 ZPO Rn 10. Dort auch näheres darüber, inwieweit GenfProt u GenfAbk noch in Kraft sind, vgl auch Art 7 II Übk. Das Übk, dem die DDR beigetreten war, gilt auch in den neuen Bundesländern in der 1960 von der BRep ratifizierten Fassung, v. Hoffmann IPrax **91**, 10. Zum zeitlichen Anwendungsbereich BGH NJW **82**, 1225, zum Verhältnis des Übk zu anderen völkerrechtlichen Verträgen und zum innerstaatlichen Recht s Art 7.

Nach § 1061 ZPO idF des SchiedsVfG v 22. 12. 97, BGBl 3224, gilt das Übk als innerstaatliches Recht für alle ausländischen Schiedssprüche, wobei multilaterale und bilaterale Staatsverträge unberührt bleiben, § 1061 I 2, dazu Erl zu § 1061 ZPO u BT-Drs 13/5274 S 61.ff (Übergangsrecht: Art 4 § 1 SchiedsVfG, Einf § 1025 Rn 1).

**Schrifttum:** *MüKoGo* Schlußanh Nr 6 a; *BBGS* 714; *StJSchl* Anh § 1044 Rn 1–92; *SchwW* Kap 42–44; *Nagel/Gottwald,* Internationales Zivilprozeßrecht, 4. Aufl 1997, 16; *Bertheau,* Das ... Übk ... v 10. 6. 58, 1965; *Eisemann-Mezger-Schottelius,* Internationale Schiedsgerichtsbarkeit in Handelssachen; *Haas,* Die Anerk u Vollstr ausländischer u internat Schiedssprüche, 1991; *v. Hülsen,* Gültigkeit von internationalen Schiedsvereinbarungen nach Konventionsrecht..., 1973; *H. J. Maier,* Europ Übk u UN-Übk über die Internationale Schiedsgerichtsbarkeit, 1966; *Bülow,* Das UN-Übk..., KTS **59,** 1.

**Art. 1.** <sup>I</sup> ¹Dieses Übereinkommen ist auf die Anerkennung und Vollstreckung von Schiedssprüchen anzuwenden, die in Rechtsstreitigkeiten zwischen natürlichen oder juristischen Personen in dem Hoheitsgebiet eines anderen Staates als desjenigen ergangen sind, in dem die Anerkennung und Vollstreckung nachgesucht wird. ²Es ist auch auf solche Schiedssprüche anzuwenden, die in dem Staat, in dem ihre Anerkennung und Vollstreckung nachgesucht wird, nicht als inländische anzusehen sind.

<sup>II</sup> Unter „Schiedssprüchen" sind nicht nur Schiedssprüche von Schiedsrichtern, die für eine bestimmte Sache bestellt worden sind, sondern auch solche eines ständigen Schiedsgerichtes, dem sich die Parteien unterworfen haben, zu verstehen.

<sup>III</sup> ¹Jeder Staat, der dieses Übereinkommen unterzeichnet oder ratifiziert, ihm beitritt oder dessen Ausdehnung gemäß Artikel X notifiziert, kann gleichzeitig auf der Grundlage der Gegenseitigkeit erklären, daß er das Übereinkommen nur auf die Anerkennung und Vollstreckung solcher Schiedssprüche anwenden werde, die in dem Hoheitsgebiet eines anderen Vertragsstaates ergangen sind. ²Er kann auch erklären, daß er das Übereinkommen nur auf Streitigkeiten aus solchen Rechtsverhältnissen, sei es vertraglicher oder nicht vertraglicher Art, anwenden werde, die nach seinem innerstaatlichen Recht als Handelssachen angesehen werden.

Die **BRep** hat ihrem **Vorbehalt** gemäß Art 1 III, BGBl 62 II 102 (abgedr 57. Aufl) am 31. 8. 98 im Hinblick auf § 1061 ZPO (idF des SchiedsVfG) **zurückgenommen,** BGBl 99 II 7.

**1**   **Bem. Zu I:** Erfaßt werden durch I Schiedssprüche (nicht auch Schiedsvergleiche), die nicht im Hoheitsgebiet des Anerkennungs- und Vollstreckungsstaates ergangen sind, mag der andere Staat auch ein Nicht-Vertragsstaat sein (jedoch ist ein Vorbehalt möglich, **III 1**, so für Bundesrepublik, Bulgarien, Frankreich, Indien, Japan, Marokko, Norwegen, Österreich, Polen, Rumänien, Tschechoslowakei, UdSSR, Ukraine, Ungarn, Weißrußland, Zentralafrikanische Republik; teilweise wenden diese Länder das Übk auch auf Nichtvertragsstaaten an, die Gegenseitigkeit gewähren), vgl Walter KTS **83,** 665 (abl zu Stgt KTS **83,** 663). „Ergangen" ist der Schiedsspruch in dem Land, in dem das Verfahren seinen örtlichen Schwerpunkt hat, MüKoGo 15, Berger RIW **93,** 8, uUmst dort, wo er unterzeichnet worden ist, Rensmann RIW **91,** 911 mwN, str. Auf die Staatsangehörigkeit der Parteien kommt es nicht an. Maßgeblich für die Qualifikation als Schiedsspruch ist nicht das nationale Recht; vielmehr ist das Übk aus sich heraus eigenständig auszulegen, hM, BGH NJW **82,** 1225. Danach ist Schiedsspruch iSv Art 1 nur eine Entscheidung, die einen Rechtsstreit mit Urteilswirkung beendet, was zB auf den „lodo di arbitrato irrituale" des italienischen Rechts nicht zutrifft, BGH NJW **82,** 1224 zu Hbg IPrax **82,** 146, zustm Wenger IPrax **82,** 135 u Walter RIW **82,** 697, ferner Habscheid KTS **84,** 63. Zwischen- oder Teilschiedssprüche, die sich nur mit prozessualen Fragen befassen, sind keine Schiedssprüche iSv Art 1, Laschet IPrax **84,** 74 (zu LG Köln IPrax **84,** 90). Anwendbar ist Art 1 auf Schiedssprüche ohne Rücksicht darauf, welcher Gerichtsbarkeit die Parteien unterworfen sind, und auch auf Schiedssprüche, die zwar im Anerkennungs- und Vollstreckungsstaat ergangen sind, dort aber nicht als inländische angesehen werden, weil das Verf nach ausländischem Verfahrensrecht durchgeführt ist, BGH WertpMitt **90,** 1127.

Zur Geltung des Übk für völkerrechtliche Schiedssprüche vgl Herdegen RIW **89,** 335.

**2**   **Zu II:** Einbezogen werden in das Anerkennungs- und VollstrVerfahren auch die Schiedssprüche ständiger Schiedsgerichte, zB solche der Hamburger freundschaftlichen Arbitrage und nach den Waren-Vereins-Bedingungen, vgl BGH NJW **83,** 1268, zustm Habscheid KTS **84,** 61. **Zu III 2:** Vorbehalte haben Frankreich, Indien, Polen, Rumänien, Ungarn, Zentralafrikanische Republik gemacht. Norwegen wendet das Übk nicht auf Streitigkeiten an, bei denen Liegenschaften in Norwegen oder Rechte an derartigen Liegenschaften Gegenstand des Verf sind.

**Art. 2.** <sup>I</sup> Jeder Vertragsstaat erkennt eine schriftliche Vereinbarung an, durch die sich die Parteien verpflichten, alle oder einzelne Streitigkeiten, die zwischen ihnen aus einem bestimmten Rechtsverhältnis, sei es vertraglicher oder nichtvertraglicher Art, bereits entstanden sind oder etwa künftig entstehen, einem schiedsrichterlichen Verfahren zu unterwerfen, sofern der Gegenstand des Streites auf schiedsrichterlichem Wege geregelt werden kann.

<sup>II</sup> Unter einer „schriftlichen Vereinbarung" ist eine Schiedsklausel in einem Vertrag oder eine Schiedsabrede zu verstehen, sofern der Vertrag oder die Schiedsabrede von den Parteien unterzeichnet oder in Briefen oder Telegrammen enthalten ist, die sie gewechselt haben.

<sup>III</sup> Wird ein Gericht eines Vertragsstaates wegen eines Streitgegenstandes angerufen, hinsichtlich dessen die Parteien eine Vereinbarung im Sinne dieses Artikels getroffen haben, so hat das Gericht auf Antrag einer der Parteien sie auf das schiedsrichterliche Verfahren zu verweisen, sofern es nicht feststellt, daß die Vereinbarung hinfällig, unwirksam oder nicht erfüllbar ist.

**1**   **Bem.** Art 2 I u II gibt die formellen Voraussetzungen der Anerkennung von Schiedsverträgen als Grundlage der Anerkennung und Vollstreckung nach dem Übk; die Vorschrift ist eigenständig und ohne Zuhilfenahme des nationalen Rechts auszulegen, SchwW 44 Rn 7. Die Parteien können vereinbaren, welches Recht auf das Verfahren Anwendung finden soll; das braucht nicht in der Form des II zu geschehen, vgl Art 5 I d; jedoch muß die Regelung sich stets auf ein nationales Recht zurückführen lassen, also keine Loslösung von jedem nationalen Recht; fehlt eine solche Vereinbarung, so gilt Art 5 d, Bülow/Arnold

Anm 55, 56. Materiellrechtlich ist für die Gültigkeit der von den Parteien geschlossenen Vereinbarung hinsichtlich der Fähigkeit hierzu das Personalstatut des Abschließenden, im übrigen das von den Parteien bestimmte Recht, hilfsweise das Recht des Landes, in dem der Schiedsspruch ergangen ist, von Bedeutung, Art V 1 a.

Wenn es sich um einen Schiedsspruch iSv Art 1 handelt, Nolting IPrax **87**, 350, muß der Schiedsvertrag **2** schriftlich geschlossen worden sein. Was nach dem Übk darunter zu verstehen ist, sagt **II**, dazu Lindacher, F Habscheid 1988 S 167, Wackenhuth ZZP **99**, 445, Walter RIW **82**, 698 mwN, Mezger RIW **79**, 488 (zu LG Hbg RIW **78**, 124 u OLG Hbg RIW **79**, 482). II ist eine unmittelbar anwendbare einheitliche Sachnorm, Haas IPrax **93**, 383 mwN, die jetzt in §§ 1029 II und § 1031 I ZPO (nF) wiederkehrt; sie ist für die Formgültigkeit der Schiedsvereinbarung auch dann maßgebend, wenn diese agrd einer Schiedseinrede als Vorfrage in einem Verfahren von dem Staatsgericht zu klären ist. Danach ist die Wahrung der Form nach § 126 BGB nicht erforderlich: der Wechsel von Briefen oder Telegrammen (auch von Fernschreiben) reicht aus; das gleiche gilt für Telex und Telefax, SchwW 44 Rn 7, vgl § 518 ZPO Rn 9 u 10. Eine Schiedsklausel in AGB genügt, wenn diese in die den Anforderungen von II genügende Vertragsurkunde aufgenommen worden ist oder wenn im Vertragstext auf AGB verwiesen wird und diese als Anlage mit dem Vertrag verbunden und mitverschickt worden sind, BayObLG RR **99**, 645, Mü RR **96**, 1532 mwN, vgl BGH NJW **84**, 2763, zustm Schlosser IPrax **85**, 144, Mezger RIW **84**, 650, krit Lindacher aaO (enger wohl BGH NJW **76**, 1591). Dagegen reicht die einseitige schriftliche Bestätigung einer mündlichen Abrede nicht aus, BGH AWD **70**, 417. Die Formvorschrift gilt auch für Vollkaufleute. Die Heilung eines Formmangels durch rügelose Einlassung vor dem Schiedsgericht (§ 1031 VI ZPO) ist im Übk nicht vorgesehen, Düss DB **72**, 1060, aber nach Art 2 II wohl zulässig, SchwW 44 Rn 10, Wackenhuth RIW **85**, 568 mwN, str. Eine II nicht genügende Schiedsabrede ist nicht unwirksam, sondern steht nur der Anerkennung nach Art 2 entgegen, schließt also die Anerkennung nach günstigeren Normen nicht aus, Art 7 Rn 1, Köln RIW **93**, 499; die Wirksamkeit einer solchen Schiedsabrede bestimmt sich nach dem anzuwendenden materiellen Recht, BGH RR **93**, 1519 mwN.

III behandelt die Einrede des Schiedsvertrages, die zunächst die Prüfung seiner Gültigkeit durch das Staatsgericht herbeiführt, in der Bundesrepublik also unter Anwendung der §§ 280 I, 282 III, 296 III, u gegebenenfalls Prozeßabweisung zur Folge hat. Zur Feststellung der Unwirksamkeit der Schiedsabrede s StJSchl Anh § 1044 Rn 22, Gehrlein ZIP **95**, 964.

Nach der Meistbegünstigungsklausel des Art 7 I kann sich jede Partei auf einen Schiedsspruch nach **3** Maßgabe des innerstaatlichen Rechts oder der Verträge des Landes, in dem er geltend gemacht wird, berufen. In diesem Fall gilt nicht Art 2, sondern das günstigere Recht des Anerkennungsstaates. Unter dieser Voraussetzung kann bei Anwendbarkeit deutschen Verfahrensrechtes auch eine mündliche Schiedsabrede wirksam sein, zB nach § 1031 VI ZPO, vgl SchwW 44 Rn 12 mwN, Köln RIW **93**, 499, Düss RIW **72**, 478 (dazu Habscheid KTS **73**, 236).

**Art. 3.** [1]Jeder Vertragsstaat erkennt Schiedssprüche als wirksam an und läßt sie nach den Verfahrensvorschriften des Hoheitsgebietes, in dem der Schiedsspruch geltend gemacht wird, zur Vollstreckung zu, sofern die in den folgenden Artikeln festgelegten Voraussetzungen gegeben sind. [2]Die Anerkennung oder Vollstreckung von Schiedssprüchen, auf die dieses Übereinkommen anzuwenden ist, darf weder wesentlich strengeren Verfahrensvorschriften noch wesentlich höheren Kosten unterliegen als die Anerkennung oder Vollstreckung inländischer Schiedssprüche.

**Bem.** Anerkannt werden muß auch ein Schiedsspruch, der nicht vollstreckbar ist, zB ein auf eine **1** Feststellung lautender, Hbg MDR **64**, 854, Laschet IPrax **84**, 73 mwN. In der BRep erfolgt die Vollstreckbarerklärung nach § 1061 ZPO, s dortige Erl. Die Art 4 u 5 enthalten abschließend die Voraussetzungen für Anerkennung und Vollstreckung. Ebenso wie das EuÜbkHSch, Schlußanh VI A 2, nach seinem Art 6 IV steht das Übk Maßnahmen des einstweiligen Rechtsschutzes durch staatliche Gerichte nicht entgegen, str, vgl Weitz RIW **84**, 23.

**Art. 4.** [1] Zur Anerkennung und Vollstreckung, die im vorangehenden Artikel erwähnt wird, ist erforderlich, daß die Partei, welche die Anerkennung und Vollstreckung nachsucht, zugleich mit ihrem Antrag vorlegt:
a) die gehörig legalisierte (beglaubigte) Urschrift des Schiedsspruches oder eine Abschrift, deren Übereinstimmung mit einer solchen Urschrift ordnungsgemäß beglaubigt ist;
b) die Urschrift der Vereinbarung im Sinne des Artikels II oder eine Abschrift, deren Übereinstimmung mit einer solchen Urschrift ordnungsgemäß beglaubigt ist.

[II] [1]Ist der Schiedsspruch oder die Vereinbarung nicht in einer amtlichen Sprache des Landes abgefaßt, in dem der Schiedsspruch geltend gemacht wird, so hat die Partei, die seine Anerkennung und Vollstreckung nachsucht, eine Übersetzung der erwähnten Urkunden in diese Sprache beizubringen. [2]Die Übersetzung muß von einem amtlichen oder beeidigten Übersetzer oder von einem diplomatischen oder konsularischen Vertreter beglaubigt sein.

**Bem.** Der Antrag ist in der Sprache des Anerkennungs- und VollstrStaates, die I a u b genannten **1** Urkunden sind gegebenenfalls mit einer beglaubigten Übersetzung einzureichen.

**Art. 5.** [1] Die Anerkennung und Vollstreckung des Schiedsspruches darf auf Antrag der Partei, gegen die er geltend gemacht wird, nur versagt werden, wenn diese Partei der zuständigen Behörde des Landes, in dem die Anerkennung und Vollstreckung nachgesucht wird, den Beweis erbringt,
a) daß die Parteien, die eine Vereinbarung im Sinne des Artikels II geschlossen haben, nach dem Recht, das für sie persönlich maßgebend ist, in irgend einer Hinsicht hierzu nicht fähig waren,

oder daß die Vereinbarung nach dem Recht, dem die Parteien sie unterstellt haben, oder falls die Parteien hierüber nichts bestimmt haben, nach dem Recht des Landes, in dem der Schiedsspruch ergangen ist, ungültig ist, oder

b) daß die Partei, gegen die der Schiedsspruch geltend gemacht wird, von der Bestellung des Schiedsrichters oder von dem schiedsrichterlichen Verfahren nicht gehörig in Kenntnis gesetzt worden ist oder daß sie aus einem anderen Grund ihre Angriffs- oder Verteidigungsmittel nicht hat geltend machen können, oder

c) daß der Schiedsspruch eine Streitigkeit betrifft, die in der Schiedsabrede nicht erwähnt ist oder nicht unter die Bestimmungen der Schiedsklausel fällt, oder daß er Entscheidungen enthält, welche die Grenzen der Schiedsabrede oder der Schiedsklausel überschreiten; kann jedoch der Teil des Schiedsspruches, der sich auf Streitpunkte bezieht, die dem schiedsrichterlichen Verfahren unterworfen waren, von dem Teil, der Streitpunkte betrifft, die ihm nicht unterworfen waren, getrennt werden, so kann der erstgenannte Teil des Schiedsspruches anerkannt und vollstreckt werden, oder

d) daß die Bildung des Schiedsgerichtes oder das schiedsrichterliche Verfahren der Vereinbarung der Parteien oder, mangels einer solchen Vereinbarung, dem Recht des Landes, in dem das schiedsrichterliche Verfahren stattfand, nicht entsprochen hat, oder

e) daß der Schiedsspruch für die Parteien noch nicht verbindlich geworden ist oder daß er von einer zuständigen Behörde des Landes, in dem oder nach dessen Recht er ergangen ist, aufgehoben oder in seinen Wirkungen einstweilen gehemmt worden ist.

II Die Anerkennung und Vollstreckung eines Schiedsspruches darf auch versagt werden, wenn die zuständige Behörde des Landes, in dem die Anerkennung und Vollstreckung nachgesucht wird, feststellt,

a) daß der Gegenstand des Streites nach dem Recht dieses Landes nicht auf schiedsrichterlichem Wege geregelt werden kann, oder

b) daß die Anerkennung oder Vollstreckung des Schiedsspruches der öffentlichen Ordnung dieses Landes widersprechen würde.

1 **Bem.** I enthält die nur auf Einrede (Beweislast hat die Partei, die sie geltend macht, BGH NJW **88**, 3091, Hbg KTS **83**, 504), II die von Amts wegen zu berücksichtigenden **Versagungsgründe**.

**Zu I a:** Hierunter fällt sowohl das Fehlen eines Schiedsvertrages, Schlosser F Nagel (1987) S 361, als auch die Einrede der materiellen Unwirksamkeit der Schiedsvereinbarung zB wegen Unbestimmtheit, vgl BGH NJW **83**, 1268 (Vorentscheidung: Hbg RIW **82**, 283), nach dem für die Beurteilung des Schiedsvertrages maßgeblichen Recht, BGH NJW **76**, 1591, ebenso wie die Einrede, daß der Schiedsvertrag nicht den formellen Voraussetzungen von Art II genügt. Zur Rechtswahl Basedow Jb f. d. Praxis der Schiedsgerichtsbarkeit Bd 1 – 1987 – S 13. **Zu I b:** Auch zu bejahen, wenn statt dem gesetzlichen Vertreter der beschränkt geschäftsfähigen Person selbst zugestellt ist, Bülow/Arnold Anm 51; zur Versagung rechtlichen Gehörs Aden NJW **93**, 1964, BGH WertpMitt **90**, 1128 u NJW **88**, 3092 (zu Stgt ZIP **87**, 1213), zustm Wenger IPrax **89**, 210 mwN, Raeschke-Kessler u Schlosser JbPrSchdG **2**, 238 u 253, ferner BGH RIW **91**, 154 (es genügt, daß das Oberschiedsgericht Gehör gewährt hat). Fehler bei der Sachverhaltsfeststellung oder Beweiswürdigung gehören nicht hierher, OGH Wien IPrax **92**, 331 (zustm Matscher S 335). **Zu I c:** Wegen Überschreitung der Entscheidungskompetenz bei zeitlicher Begrenzung (Befristung) dieser Kompetenz s BGH KTS **77**, 22. **Zu I d:** vgl Bem zu Art. 2; hierrin gehört zB die Überschreitung der Anträge durch das Schiedsgericht, Hbg KTS **83**, 504, nicht aber der Erlaß eines Schiedsspruchs durch einen in Übereinstimmung mit der maßgeblichen Rechtsordnung bestellten Alleinschiedsrichter, Hbg RIW **85**, 490. Zum Erlöschen des Schiedsrichteramtes nach der VerfO der IHK vgl BGH NJW **88**, 3091. **Zu I e:** „Noch nicht verbindlich" bedeutet sowohl, daß der Schiedsspruch noch nicht formell wirksam geworden ist, als auch, daß er noch durch ein Rechtsmittel oder einen Rechtsbehelf bei einem weiteren Schiedsgericht oder einem staatlichen Gericht angefochten werden kann, BGH WertpMitt **90**, 1127 mwN, vgl österr OGH IPrax **89**, 302 (dazu Heller IPrax **89**, 315). Der Schiedsspruch braucht dagegen nicht „endgültig" zu sein, dh er muß nicht im Ursprungsland für vollstreckbar erklärt worden zu sein; die Möglichkeit der Aufhebung steht der Verbindlichkeit nicht entgegen, BGH NJW **88**, 3091, auch nicht eine anhängige Aufhebungs- oder Anfechtungsklage, vgl Art 6, BGH NJW **78**, 1744, vgl Walter RIW **88**, 949 mwN. Die Frage der Verbindlichkeit, dazu BGH RIW **82**, 210, ist nach dem auf den Schiedsspruch anwendbaren Recht zu beurteilen, BGH WertpMitt **90**, 1127. Zur Aufhebung zuständige Behörde ist die, die nach der Vereinbarung der Parteien über das Verf zuständig ist, sonst diejenige des Landes, in dem das Verf stattfand, Bülow/Arnold Anm 57–59. I e gilt im Verhältnis von Staaten, die auch Partner des EuÜbk, Schlußanh VI A 2, sind, nach Maßgabe von dessen Art 9 II.

2 **Zu II:** Die Beurteilung erfolgt nach dem Recht des Landes, dessen Behörden über Anerkennung und Vollstreckung entscheiden (haben die Parteien ihre Beziehungen ausländischem Recht unterstellt, so ist dieses Recht maßgeblich, Mü RIW **90**, 585 u BGH RIW **90**, 581). Das gilt sowohl für die Frage der Schiedsfähigkeit, II a, Hamm KTS **85**, 376 (dazu Gottwald F Nagel, 1987, S 60), als auch für II b: es kommt allein auf den ordre public des Landes an, in dem die Anerkennung und Vollstreckung nachgesucht wird, Walter KTS **83**, 665, vgl BGH WertpMitt **87**, 1155. Der maßgebliche sog internationale ordre public ist nur dann verletzt, wenn das Verf des Schiedsgerichts an einem so schwerwiegenden, die Grundlagen des staatlichen u wirtschaftlichen Lebens berührenden Mangel leidet, daß das Ergebnis nach deutscher Vorstellung untragbar erscheint, stRspr, BGH NJW **98**, 2358 mwN, BGH NJW **88**, 3092 u NJW **86**, 3028, krit Kornblum NJW **87**, 1105, zustm v. Winterfeld NJW **87**, 3059, Hbg RIW **91**, 153. Das Fehlen von Gründen ist kein Versagungsgrund, Walter RIW **82**, 702, ebensowenig die Entscheidung durch einen nach I d wirksam bestellten Alleinschiedsrichter, wenn die Bestellung nach deutschem Recht unwirksam wäre, BGH NJW **86**, 3028 zu Hbg RIW **85**, 490, zustm Walter JZ **87**, 156, abl Kornblum NJW **87**, 1105, auch nicht die maßgebliche Mitwirkung eines juristischen Beraters, BGH WertpMitt **90**, 1127 mwN, oder das Absehen

von einer Beweiserhebung, Köln RIW **93**, 501; zur Anwendung von II b, wenn der Termin- und Differenzeinwand nicht beachtet worden ist, vgl BGH NJW **98**, 2358 mwN (Aufgabe der bisherigen Rspr), oder wenn die anwaltlich vertretene Partei nicht zu einer ausdrücklichen Stellungnahme zu einer Fristverlängerung nach Art 18 VerfO der IHK aufgefordert worden ist, s BGH NJW **88**, 3091 (verneinend) zu Stgt IPrax **87**, 369 (ebenso Hermanns IPrax **87**, 353, abw Wackenhuth IPrax **87**, 355), ferner zur Anwendung auf den Fall, daß eine der Parteien während des Schiedsverfahrens unter außerordentliche Verwaltung nach italienischem Recht gestellt und ein Staatskommissar eingesetzt wurde, s Hamm KTS **85**, 375, krit Walter/Wakkenhuth IPrax **85**, 200, weiter zur Anwendung bei Verurteilung zu 14 vH Zinsen Hbg RIW **91**, 154 (verneint für englischen Schiedsspruch), und bei Verurteilung zu sog punitive damages, Stein EuZW **94**, 21. Der Schiedsspruch darf auf seine sachliche Richtigkeit nachgeprüft werden, wenn davon die Entscheidung abhängt, ob seine Anerkennung gegen die öff Ordnung verstößt, BGH MDR **64**, 590 (zum Genfer Abk). Vgl i ü § 1059 ZPO Rn 10 u 11.

**Art. 6.** Ist bei der Behörde, die im Sinne des Artikels V Absatz 1 Buchstabe e) zuständig ist, ein Antrag gestellt worden, den Schiedsspruch aufzuheben oder ihn in seinen Wirkungen einstweilen zu hemmen, so kann die Behörde, vor welcher der Schiedsspruch geltend gemacht wird, sofern sie es für angebracht hält, die Entscheidung über den Antrag, die Vollstreckung zuzulassen, aussetzen; sie kann aber auch auf Antrag der Partei, welcher die Vollstreckung des Schiedsspruches begehrt, der anderen Partei auferlegen, angemessene Sicherheit zu leisten.

**Bem.** Das um Anerkennung und Vollstreckung angegangene Gericht hat die Wahl, ob es die Entscheidung aussetzen oder den Schiedsspruch ungeachtet des anderen Verfahrens (gegen Sicherheit) für vollstreckbar erklären will, Laschet IPrax **84**, 74 (zu LG Köln IPrax **84**, 90), dazu Mezger IPrax **84**, 194. 1

**Art. 7.** ¹ Die Bestimmungen dieses Übereinkommens lassen die Gültigkeit mehrseitiger oder zweiseitiger Verträge, welche die Vertragsstaaten über die Anerkennung und Vollstreckung von Schiedssprüchen geschlossen haben, unberührt und nehmen keiner beteiligten Partei das Recht, sich auf einen Schiedsspruch nach Maßgabe des innerstaatlichen Rechts oder der Verträge des Landes, in dem er geltend gemacht wird, zu berufen.

II Das Genfer Protokoll über die Schiedsklauseln von 1923 und das Genfer Abkommen zur Vollstreckung ausländischer Schiedssprüche von 1927 treten zwischen den Vertragsstaaten in dem Zeitpunkt und in dem Ausmaß außer Kraft, in dem dieses Übereinkommen für sie verbindlich wird.

**Bem. Zu I** (Schrifttum: Moller EWS **96**, 297). Die Bestimmung bezieht sich nicht nur auf Schiedssprüche, sondern auch auf Schiedsverträge, Art 2. Sie ermöglicht es der betreffenden Partei, von einer ihr günstigeren Regelung Gebrauch zu machen, Stgt ZIP **87**, 1214, zB vom innerstaatlichen Recht, BGH WM **91**, 576, NJW **84**, 2764 mwN, oder vom EuÜbkHSch, unten VI A 2, Köln RIW **93**, 500, von Art 13 des dt-belg Abk, oben V B 4, BGH NJW **78**, 1744, oder vom dt-amerik Abk, unten VI B 1, oder vom dt-sowjetischen Abk, unten VI B 2; vgl MüKoGo 5–12. Sie schließt demgemäß die Anwendung der günstigeren inländischen Bestimmungen über Anerkennung und Vollstreckung, zB § 1061 I 2 ZPO, nicht aus, vgl (zum bisherigen Recht) BGH WM **91**, 576, NJW **84**, 2764 u **76**, 1591 mwN, zustm MüKoMa § 1044 ZPO Rn 18 u 19, Schlosser IPrax **85**, 141, Habscheid/Calvaros KTS **79**, 8, Köln RIW **93**, 499, Ffm RIW **89**, 911. 1

**Zu II:** Wegen der Weitergeltung des GenfProt und GenfAbk (MüKoGo Schlußanh Nr 6 d; BBGS 710 u 712) vgl Einl IV vor § 1 ZPO Rn 11 und oben Üb Schlußanh VI Rn 1. Zur Frage der Einwirkung des UN-Übk auf Art 8 II des dt-ital Abk, Schlußanh V B 2, s Walter RIW **82**, 694. 2

## 2. Europäisches Übereinkommen über die internationale Handelsschiedsgerichtsbarkeit vom 21. 4. 61, BGBl 64 II 425

### Übersicht

**Vorbem.** Das Übk ist in Kraft für die BRep seit 25. 1. 65, BGBl **65** II 107 (für die damalige DDR seit 21. 5. 75, BGBl **75** II 1133). Wegen der Vertragsstaaten vgl Einl IV vor § 1 Rn 12. 1

**Schrifttum:** *MüKoGo* Schlußanh Nr 6 b; *BBGS* 716; *StJSchl* Anh § 1044 Rn 94–135; *SchwW* Kap 42–44; *Nagel/Gottwald,* Internationales Zivilprozeßrecht, 4. Aufl 1997, § 16; *Haas,* Die Anerk u Vollstr ausländ u internat Schiedssprüche, 1991; *Kaiser,* Das EuÜbk, Zürich 1967; *Hans Jakob Maier,* Europ Übk u UN-Übk üb die Internationale Schiedsgerichtsbarkeit, 1966; *K. H. Schwab,* Festschrift Luther, 1976, S 163 ff; *Schlosser,* Das Recht der internationalen privaten Schiedsgerichtsbarkeit, Bd I, 1975; *ders,* NJW **79**, 2431 (zur Bedeutung des Übk im Ost-West-Handel); *Walter* RIW **82**, 693 (Schiedsverf im dt-ital Rechtsverkehr); *Mezger* RabelsZ **65**, 231.

**1)** Das EuÜbk tritt neben das UNÜbk, oben A 1; durch Art IX Abs II ändert es dieses ab, Walter RIW **82**, 695, geht ihm als jüngeres auch vor, BGH WertpMitt **70**, 1050. Es läßt die Gültigkeit mehrseitiger oder zweiseitiger Verträge, die die Vertragsstaaten auf dem Gebiet der Schiedsgerichtsbarkeit geschlossen haben oder noch schließen, unberührt, Art X Abs 7. Soweit nicht diese unberührt bleibenden Abk oder das EuÜbk eingreifen, bleibt das Recht des Landes, in dem der Spruch ergeht, maßgebend. Die besondere Bedeutung des Übk liegt, wie die Liste der Mitgliedsstaaten zeigt, auf dem Gebiet des Ost-West-Handels.

**2)** Der maßgebende Text des Übk ist englisch, französisch und russisch. Der im BGBl daneben gestellte deutsche Text ist eine Übersetzung. 2

*Anwendungsbereich des Übereinkommens*

**Art. 1.** <sup>I</sup> Dieses Übereinkommen ist anzuwenden:

a) auf Schiedsvereinbarungen, die zum Zwecke der Regelung von bereits entstandenen oder künftig entstehenden Streitigkeiten aus internationalen Handelsgeschäften zwischen natürlichen oder juristischen Personen geschlossen werden, sofern diese bei Abschluß der Vereinbarung ihren gewöhnlichen Aufenthalt oder ihren Sitz in verschiedenen Vertragsstaaten haben;
b) auf schiedsrichterliche Verfahren und auf Schiedssprüche, die sich auf die in Absatz 1 Buchstabe a bezeichneten Vereinbarungen gründen.

<sup>II</sup> Im Sinne dieses Übereinkommens bedeutet

a) „Schiedsvereinbarung" eine Schiedsklausel in einem Vertrag oder eine Schiedsabrede, sofern der Vertrag oder die Schiedsabrede von den Parteien unterzeichnet oder in Briefen, Telegrammen oder Fernschreiben, die sie gewechselt haben, enthalten ist und, im Verhältnis zwischen Staaten, die in ihrem Recht auf Schiedsvereinbarungen nicht die Schriftform fordern, jede Vereinbarung, die in den nach diesen Rechtsordnungen zulässigen Formen geschlossen ist;
b) „Regelung durch ein Schiedsgericht" die Regelung von Streitigkeiten nicht nur durch Schiedsrichter, die für eine bestimmte Sache bestellt werden (ad hoc-Schiedsgericht), sondern auch durch ein ständiges Schiedsgericht;
c) „Sitz" den Ort, an dem sich die Niederlassung befindet, welche die Schiedsvereinbarung geschlossen hat.

**1**    **Bem.** Art 1 enthält die Begriffsbestimmungen, II, u gleichzeitig, welchen Voraussetzungen die Schiedsvereinbarungen entsprechen müssen, um in den Anwendungsbereich des Übk zu fallen, I. Die Wirksamkeitserfordernisse bestimmen sich im Anwendungsbereich des Übk allein nach Art 1, nicht nach dem Recht der Einzelstaaten, BGH NJW 80, 2022 m zustm Anm Samtleben IPrax 81, 43. Er ist weiter als § 91 GWB, der sich nur auf künftige Streitigkeiten bezieht, weiter auch als § 1029 ZPO, wonach nur der Schiedsvertrag rechtliche Wirkung hat, der sich auf ein bestimmtes Rechtsverhältnis und die daraus entspringenden Rechtsstreitigkeiten bezieht, Mezger S 243. Immer muß die Schiedsvereinbarung genügend bestimmt sein; die Frage nach ihrer Wirksamkeit ist hier wie auch sonst nach dem Recht zu beurteilen, dessen Anwendung die Parteien vereinbart haben, SchwW 44 V, BGH NJW 83, 1268. Was „Handelsgeschäfte", I a, sind, ist mangels näherer Bestimmung nach der lex fori zu bestimmen, Klein S 625, aM Maier Anm 2 (der internationale Begriff geht weiter, so daß nicht immer Kaufmannseigenschaft erforderlich ist, zB Einfuhrstelle, offen gelassen BGH NJW 80, 2022). Jedenfalls ergibt sich aber, daß nur Streitigkeiten aus Verträgen, nicht auch aus nichtvertraglichen Rechtsverhältnissen unter das Übk fallen. „International" im Sinne des Übk sind sie nur dann, wenn die Abschließenden (natürliche wie jur Personen) im Zeitpunkt des Abschlusses des Vertrages in verschiedenen Vertragsstaaten ihren gewöhnlichen Aufenthalt oder Sitz haben, BGH NJW 80, 2022. Schließt die Niederlassung eines Unternehmens mit Sitz in einem anderen Lande ab, so entscheidet insofern der Sitz der Niederlassung, II c. Auf die Staatsangehörigkeit der Abschließenden kommt es nicht an; ein Geschäft, das Ausländer verschiedener Staatsangehörigkeit in demselben Lande abschließen, fällt nicht unter das Übk. Als Schiedsvereinbarung wird eine Schiedsklausel oder eine Schiedsabrede nur dann angesehen, wenn die Schriftform gewahrt ist, worunter auch Briefwechsel, Telegramme u Fernschreiben verstanden werden (auch nachträgliche schriftliche Zustimmung, BGH NJW 83, 1268, Köln EuZW 92, 712), nicht dagegen die nachträgliche Erteilung von Schlußnoten eines Maklers, Hbg RIW 79, 482 m Anm Mezger; genügt nach Landesrecht beider Staaten weniger, so fallen aber auch diese Schiedsvereinbarungen unter das Übk, BGH WertpMitt 70, 1050 (betr Bestätigungsschreiben), dazu krit Mezger Rev crit d i p 71, 37, Hbg RIW 79, 482 m krit Anm Mezger. Das Schiedsgericht, auf das sich die Parteien einigen, kann sowohl ein solches für den bestimmten Fall wie ein ständiges sein, II b; es kann auch im dritten Lande liegen. Als Schiedsrichter können auch Ausländer bestellt werden, Art III.

*Schiedsfähigkeit der juristischen Personen*
*des öffentlichen Rechts*

**Art. 2.** <sup>I</sup> In den Fällen des Artikels I Abs. 1 haben die juristische Personen, die nach dem für sie maßgebenden Recht „juristische Personen des öffentlichen Rechts" sind, die Fähigkeit, wirksam Schiedsvereinbarungen zu schließen.

<sup>II</sup> Jeder Staat kann bei der Unterzeichnung oder Ratifizierung des Übereinkommens oder beim Beitritt erklären, daß er diese Fähigkeit in dem Ausmaße beschränkt, das in seiner Erklärung bestimmt ist.

*Fähigkeit der Ausländer zum Schiedsrichteramt*

**Art. 3.** Ausländer können in schiedsrichterlichen Verfahren, auf die dieses Übereinkommen anzuwenden ist, zu Schiedsrichtern bestellt werden.

*Gestaltung des schiedsrichterlichen Verfahrens*

**Art. 4.** <sup>I</sup> Den Parteien einer Schiedsvereinbarung steht es frei zu bestimmen,

a) daß ihre Streitigkeiten einem ständigen Schiedsgericht unterworfen werden; in diesem Fall wird das Verfahren nach der Schiedsgerichtsordnung des bezeichneten Schiedsgerichts durchgeführt;

oder
b) daß ihre Streitigkeiten einem ad hoc-Schiedsgericht unterworfen werden; in diesem Fall können die Parteien insbesondere
  1. die Schiedsrichter bestellen oder im einzelnen bestimmen, wie die Schiedsrichter bei Entstehen einer Streitigkeit bestellt werden;
  2. den Ort bestimmen, an dem das schiedsrichterliche Verfahren durchgeführt werden soll;
  3. die von den Schiedsrichtern einzuhaltenden Verfahrensregeln festlegen.

II Haben die Parteien vereinbart, die Regelung ihrer Streitigkeiten einem ad hoc-Schiedsgericht zu unterwerfen, und hat eine der Parteien innerhalb von 30 Tagen, nachdem der Antrag, mit dem das Schiedsgericht angerufen wird, dem Beklagten zugestellt worden ist, ihren Schiedsrichter nicht bestellt, so wird dieser Schiedsrichter, sofern nichts anderes vereinbart ist, auf Antrag der anderen Partei von dem Präsidenten der zuständigen Handelskammer des Staates bestellt, in dem die säumige Partei bei Stellung des Antrags, mit dem das Schiedsgericht angerufen wird, ihren gewöhnlichen Aufenthalt oder ihren Sitz hat. Dieser Absatz gilt auch für die Ersetzung von Schiedsrichtern, die von einer Partei oder von dem Präsidenten der obenbezeichneten Handelskammer bestellt worden sind.

III Haben die Parteien vereinbart, die Regelung ihrer Streitigkeiten einem ad hoc-Schiedsgericht, das aus einem Schiedsrichter oder aus mehreren Schiedsrichtern besteht, zu unterwerfen, und enthält die Schiedsvereinbarung keine Angaben über die Maßnahmen der in Absatz 1 bezeichneten Art, die zur Gestaltung des schiedsrichterlichen Verfahrens erforderlich sind, so werden diese Maßnahmen, wenn die Parteien sich hierüber nicht einigen und wenn nicht ein Fall des Absatzes 2 vorliegt, von den Schiedsrichter oder von den Schiedsrichtern getroffen, die bereits bestellt sind. Kommt zwischen den Parteien über die Bestellung des Einzelschiedsrichters oder zwischen den Schiedsrichtern über die zu treffenden Maßnahmen eine Einigung nicht zustande, so kann der Kläger, wenn die Parteien den Ort bestimmt haben, an dem das schiedsrichterliche Verfahren durchgeführt werden soll, sich zu dem Zweck, daß diese Maßnahmen getroffen werden, nach seiner Wahl entweder an den Präsidenten der zuständigen Handelskammer des Staates, in dem der von den Parteien bestimmte Ort liegt, oder an den Präsidenten der zuständigen Handelskammer des Staates wenden, in dem der Beklagte bei Stellung des Antrags, mit dem das Schiedsgericht angerufen wird, seinen gewöhnlichen Aufenthalt oder seinen Sitz hat; haben die Parteien den Ort, an dem das schiedsrichterliche Verfahren durchgeführt werden soll, nicht bestimmt, so kann sich der Kläger nach seiner Wahl entweder an den Präsidenten der zuständigen Handelskammer des Staates, in dem der Beklagte bei Stellung des Antrags, mit dem das Schiedsgericht angerufen wird, seinen gewöhnlichen Aufenthalt oder seinen Sitz hat, oder an das Besondere Komitee wenden, dessen Zusammensetzung und dessen Verfahren in der Anlage zu diesem Übereinkommen geregelt sind. Übt der Kläger die ihm in diesem Absatz eingeräumten Rechte nicht aus, so können sie von dem Beklagten oder von den Schiedsrichtern ausgeübt werden.

IV Der Präsident oder das Besondere Komitee kann, je nach den Umständen des ihm vorgelegten Falles, folgende Maßnahmen treffen:
a) den Einzelschiedsrichter, den Obmann des Schiedsgerichts, den Oberschiedsrichter oder den dritten Schiedsrichter bestellen;
b) einen oder mehrere Schiedsrichter ersetzen, die nach einem anderen als dem in Absatz 2 vorgesehenen Verfahren bestellt worden sind;
c) den Ort bestimmen, an dem das schiedsrichterliche Verfahren durchgeführt werden soll, jedoch können die Schiedsrichter einen anderen Ort wählen;
d) unmittelbar oder durch Verweisung auf die Schiedsgerichtsordnung eines ständigen Schiedsgerichts die von den Schiedsrichtern einzuhaltenden Verfahrensregeln festlegen, wenn nicht mangels einer Vereinbarung der Parteien über das Verfahren die Schiedsrichter dieses selbst festgelegt haben.

V Haben die Parteien vereinbart, die Regelung ihrer Streitigkeiten einem ständigen Schiedsgericht zu unterwerfen, ohne daß sie das ständige Schiedsgericht bestimmt haben, und einigen sie sich nicht über die Bestimmung des Schiedsgerichts, so kann der Kläger diese Bestimmung gemäß dem in Absatz 3 vorgesehenen Verfahren beantragen.

VI Enthält die Schiedsvereinbarung keine Angaben über die Art des Schiedsgerichts (ständiges Schiedsgericht oder ad hoc-Schiedsgericht), dem die Parteien ihre Streitigkeit zu unterwerfen beabsichtigt haben, und einigen sich die Parteien nicht über diese Frage, so kann der Kläger von dem in Absatz 3 vorgesehenen Verfahren Gebrauch machen. Der Präsident der zuständigen Handelskammer oder das Besondere Komitee kann die Parteien entweder an ein ständiges Schiedsgericht verweisen oder sie auffordern, ihre Schiedsrichter innerhalb einer von ihm festgesetzten Frist zu bestellen und sich innerhalb derselben Frist über die Maßnahmen zu einigen, die zur Durchführung des schiedsrichterlichen Verfahrens erforderlich sind. In diesem letzten Falle sind die Absätze 2, 3 und 4 anzuwenden.

VII Ist ein Antrag der in den Absätzen 2, 3, 4, 5 und 6 vorgesehenen Art von dem Präsidenten der in diesen Absätzen bezeichneten Handelskammer innerhalb von 60 Tagen nach Eingang des Antrags nicht erledigt worden, so kann sich der Antragsteller an das Besondere Komitee wenden, damit dieses die Aufgaben übernimmt, die nicht erfüllt worden sind.

**1) Das ständige Schiedsgericht, I a**, das besondere Bedeutung für den Ost-Westhandel hatte, führt das Verfahren, einschließlich der Zusammensetzung des Schiedsgerichts, nach seiner eigenen Schiedsgerichtsordnung durch, so daß also mit der Vereinbarung eines derartigen Schiedsgerichts der Gerichtsort, die richterliche Besetzung und die Verfahrensordnung festlegen, BGH NJW **83**, 1268 (betr Hamburger freundschaftliche Arbitrage und Schiedsverfahren nach Waren-Vereins-Bedingungen), zustm Habscheid KTS **84**, 61, Kornmeier AWD **80**, 381. Haben die Parteien ihre Streitigkeiten zwar einem ständigen Schiedsgericht unterstellt, dieses aber nicht bestimmt, so gilt insofern III, V; vgl auch VI, dazu auch VII.

2  **2) Bei Unterwerfung unter ein ad hoc-Schiedsgericht** sind die Parteien in der Bestimmung der Schiedsrichter oder des Verfahrens ihrer Bestellung, des Gerichtsorts, also auch in einem dritten Lande, u der Ausgestaltung des Verfahrens frei, **I b**. Diese Bestimmungen brauchen sich also nicht an eine nationale Gesetzgebung zu halten; sie sind selbst dann gültig, wenn eine Bestimmung des nationalen Rechts, auch eine zwingende, entgegensteht, BGH NJW **80**, 2022 (zu § 53 III KWG) m zustm Anm Samtleben IPRax **81**, 43, Mezger S 255, Klein S 635, Raeschke-Kessler NJW **88**, 3043. Gewisse Einschränkungen ergeben sich allerdings aus Art VI Abs II S 2, Art IX Abs 1 a.

3  **3) Die folgenden Absätze regeln** (vgl dazu auch Rn 4):
   **a)** das Verfahren bei Nichtbenennung seines Schiedsrichters durch den Bekl, nämlich die Bestellung durch den Handelskammerpräsidenten, **II**, oder, falls dieser dem Antrag nicht nachkommt, durch das Besondere Komitee, **VII**. Angaben darüber, wer die Aufgaben des Präsidenten der Handelskammer erfüllt, bei Maier Anm 9;
   **b)** das Verfahren, wenn lediglich die Streitigkeiten einem ad hoc-Schiedsgericht unterstellt sind, das aus einem oder mehreren Schiedsrichtern besteht, ohne aber das Nähere entsprechend I b oder, falls das vorgesehen ist, hinsichtlich des Einzelschiedsrichters festzulegen. Einigen sich die Parteien bei einem kollegialen Schiedsgericht die bereits bestellten Schiedsrichter hierüber nicht, so kann der Kl, falls die Parteien den Ort des Schiedsgerichts bestimmt haben, sich an den für diesen Ort zuständigen Handelskammerpräsidenten oder auch an den des Ortes, in dem der Bekl zZt der Stellung des Antrags seinen gewöhnlichen Aufenthalt oder Sitz hat, wenden. Haben die Parteien auch den Ort des Schiedsgerichts nicht festgelegt, kann der Kl sich an den Handelskammerpräsidenten des gewöhnlichen Aufenthaltsortes des Bekl oder auch an das Besondere Komitee wenden, **III**, dessen Zusammensetzung in der Anl zu dem EuÜbk, BGBl 64 II 445, geregelt ist. Entsprechendes gilt für die Bestimmung des vereinbarten ständigen Schiedsgerichts, V, Hbg RIW **96**, 510;
   **c)** die Befugnisse des Handelskammerpräsidenten oder des Besonderen Komitees, **IV**, insbesondere auch des letzteren, wenn der Handelskammerpräsident innerhalb von 60 Tagen den an ihn nach Art IV gestellten Anträgen nicht nachkommt;
   **d)** das Verfahren, wenn die Schiedsvereinbarung zwar bestimmt, daß ein Schiedsgericht entscheiden soll, nicht aber, ob ein ständiges oder ein ad hoc-Schiedsgericht, **VI**.

4  **4) Vereinbarung über die Anwendung des Übk** v 17. 12. 62, BGBl **65** II 271; s auch Einl IV vor § 1 ZPO Rn 12. Diese Vereinbarung, in Kraft seit 25. 1. 65, gilt aber **nur für Belgien, Dänemark, Frankreich, Italien, Luxemburg und Österreich.** Art 1 dieser Vereinbarung ersetzt Art IV Abs 2–7 durch folgende Vorschrift (deutsche Übersetzung):
   Enthält die Schiedsvereinbarung keine Angaben über die Gesamtheit oder einen Teil der in Artikel IV Abs. 1 des Europäischen Übereinkommens über die internationale Handelsschiedsgerichtsbarkeit bezeichneten Maßnahmen, so werden die bei der Bildung oder der Tätigkeit des Schiedsgerichts etwa entstehenden Schwierigkeiten auf Antrag einer Partei durch das zuständige staatliche Gericht behoben.

*Einrede der Unzuständigkeit des Schiedsgerichts*

**Art. 5.** [I] Will eine Partei die Einrede der Unzuständigkeit des Schiedsgerichts erheben, so hat sie die Einrede, wenn diese damit begründet wird, die Schiedsvereinbarung bestehe nicht, sei nichtig oder sei hinfällig geworden, in dem schiedsrichterlichen Verfahren spätestens gleichzeitig mit ihrer Einlassung zur Hauptsache vorzubringen; wird die Einrede damit begründet, der Streitpunkt überschreite die Befugnisse des Schiedsgerichts, so hat die Partei die Einrede vorzubringen, sobald der Streitpunkt, der die Befugnisse des Schiedsgerichts überschreiten soll, in dem schiedsrichterlichen Verfahren zur Erörterung kommt. Wird eine Einrede von den Parteien verspätet erhoben, so hat das Schiedsgericht die Einrede dennoch zuzulassen, wenn die Verspätung auf einem von dem Schiedsgericht für gerechtfertigt erachteten Grund beruht.

[II] Werden die in Absatz 1 bezeichneten Einreden der Unzuständigkeit nicht in den dort bestimmten zeitlichen Grenzen erhoben, so können sie, sofern es sich um Einreden handelt, die zu erheben den Parteien nach dem von dem Schiedsgericht anzuwendenden Recht überlassen ist, im weiteren Verlauf des schiedsrichterlichen Verfahrens nicht mehr erhoben werden; sie können auch später vor einem staatlichen Gericht in einem Verfahren in der Hauptsache oder über die Vollstreckung des Schiedsspruches nicht mehr geltend gemacht werden, sofern es sich um Einreden handelt, die zu erheben den Parteien nach dem Recht überlassen ist, welches das mit der Hauptsache oder mit der Vollstreckung des Schiedsspruches befaßte staatliche Gericht nach seinen Kollisionsnormen anzuwenden hat. Das staatliche Gericht kann jedoch die Entscheidung, mit der das Schiedsgericht die Verspätung der Einrede festgestellt hat, überprüfen.

[III] Vorbehaltlich einer dem staatlichen Gericht nach seinem Recht zustehenden späteren Überprüfung kann das Schiedsgericht, dessen Zuständigkeit bestritten wird, das Verfahren fortsetzen; es ist befugt, über seine eigene Zuständigkeit und über das Bestehen oder die Gültigkeit der Schiedsvereinbarung oder des Vertrages, in dem diese Vereinbarung enthalten ist, zu entscheiden.

1  **1) Zulassung der Einreden, I, II** (K. Schmidt F Nagel, 1987, S 379). Zulässig sind nur die Einreden, die Schiedsvereinbarung bestehe nicht, sei nichtig oder hinfällig geworden oder der Streitpunkt überschreite

die Befugnisse des Schiedsgerichts (zB der Anspruch ergebe sich nicht aus Vertrag, sondern aus unerlaubter Handlung); es genügt nicht, daß die Zuständigkeit des Schiedsgerichts aus einem anderen Grunde bezweifelt wird, der mit der Gültigkeit des Schiedsvertrages nichts zu tun hat, BGH bei Raeschke-Kessler NJW **88**, 3048. Das Vorbringen ist an bestimmte Zeitpunkte gebunden. Erfolgt die Einlassung zur Hauptsache durch Schriftsatz, kommt es auf den Eingang dieser Stellungnahme beim Schiedsgericht an, BGH NJW **83**, 1269 mwN. Das Schiedsgericht kann die Einrede aber zulassen, wenn es die Verspätung für gerechtfertigt hält, was das Staatsgericht nicht nachprüfen kann, I; bejahendenfalls muß zugelassen werden. Wegen Verspätung nicht zugelassene Einreden können im Verfahren vor dem Schiedsgericht nicht vorgebracht werden, wenn nach dem von diesem anzuwendenden Recht ihr Vorbringen oder Nichtvorbringen der Partei überlassen ist, II 1 Halbs 1. Das gilt auch für ein Verfahren vor dem Staatsgericht, falls nach dem von diesem anzuwendenden Recht das der Partei überlassen ist, also die Einreden nicht vAw zu berücksichtigende Mängel betreffen, was nach dem für das Schiedsverfahren maßgeblichen Recht zu entscheiden ist, II 1 Halbs 2, dazu Wackenhuth RIW **85**, 9 (eingehend), Mezger RabelsZ **65**, 265. Ob das Schiedsgericht die Einrede wegen Verspätung zu Recht zurückgewiesen hat, unterliegt stets der Nachprüfung durch das Staatsgericht, II. Sieht das Schiedsgericht von einer Entscheidung über die Zulässigkeit der Einrede ab, weil sie jedenfalls unbegründet sei, so fällt die Entscheidung dem staatlichen Gericht zu, BGH NJW **83**, 1267.

**2) Nachprüfung durch das Staatsgericht, III.** Das Schiedsgericht entscheidet auch bei Bestreiten über 2 seine eigene Zuständigkeit und das Bestehen der Schiedsvereinbarung, ferner über ihre Gültigkeit, desgleichen über das Bestehen und die Gültigkeit des Hauptvertrages, vgl § 1040. Jedoch kann die Richtigkeit der Entscheidung des Schiedsgerichts hinsichtlich seiner Zuständigkeit später durch das Staatsgericht nach dem für dieses maßgebenden Recht nachgeprüft werden, nicht aber die Entscheidung über Bestehen und Gültigkeit, vgl Mezger S 264, Maier Anm 13. Betraf die Rüge nur den Umfang der schiedsgerichtlichen Entscheidungskompetenz, kann das Fehlen eines wirksamen Schiedsvertrages mit der Anfechtungsklage nicht mehr geltend gemacht werden, BGH bei Raeschke-Kessler NJW **88**, 3048.

*Zuständigkeit der staatlichen Gerichte*

**Art. 6.** I Der Beklagte kann die Einrede der Unzuständigkeit, die damit begründet wird, es liege eine Schiedsvereinbarung vor, in einem Verfahren vor einem staatlichen Gericht, das eine Partei der Schiedsvereinbarung angerufen hat, nur vor oder gleichzeitig mit seiner Einlassung zur Hauptsache erheben, je nachdem, ob die Einrede der Unzuständigkeit nach dem Recht des angerufenen staatlichen Gerichts verfahrensrechtlicher oder materiellrechtlicher Natur ist; andernfalls ist die Einrede ausgeschlossen.

II Hat ein Gericht eines Vertragsstaates über das Bestehen oder die Gültigkeit einer Schiedsvereinbarung zu entscheiden, so hat es dabei die Fähigkeit der Parteien nach dem Recht, das für sie persönlich maßgebend ist, und sonstige Fragen wie folgt zu beurteilen:
a) nach dem Recht, dem die Parteien die Schiedsvereinbarung unterstellt haben;
b) falls die Parteien hierüber nichts bestimmt haben, nach dem Recht des Staates, in dem der Schiedsspruch ergehen soll;
c) falls die Parteien nichts darüber bestimmt haben, welchem Recht die Schiedsvereinbarung unterstellt wird, und falls im Zeitpunkt, in dem das staatliche Gericht mit der Frage befaßt wird, nicht vorausgesehen werden kann, in welchem Staat der Schiedsspruch ergehen wird, nach dem Recht, welches das angerufene Gericht nach seinen Kollisionsnormen anzuwenden hat.Das angerufene Gericht kann einer Schiedsvereinbarung die Anerkennung versagen, wenn die Streitigkeit nach seinem Recht der Regelung durch ein Schiedsgericht nicht unterworfen werden kann.

III Ist ein schiedsrichterliches Verfahren vor der Anrufung eines staatlichen Gerichts eingeleitet worden, so hat das Gericht eines Vertragsstaates, das später mit einer Klage wegen derselben Streitigkeit zwischen denselben Parteien oder mit einer Klage auf Feststellung, daß die Schiedsvereinbarung nicht bestehe, nichtig oder hinfällig geworden sei, befaßt wird, die Entscheidung über die Zuständigkeit des Schiedsgerichts auszusetzen, bis der Schiedsspruch ergangen ist, es sei denn, daß ein wichtiger Grund dem entgegensteht.

IV Wird bei einem staatlichen Gericht ein Antrag gestellt, einstweilige Maßnahmen, einschließlich solcher, die auf eine Sicherung gerichtet sind, anzuordnen, so gilt dies weder als unvereinbar mit der Schiedsvereinbarung noch als Unterwerfung der Hauptsache unter die staatliche Gerichtsbarkeit.

**1) Die Einrede der Unzuständigkeit** des Staatsgerichts, I, daß eine Schiedsvereinbarung vor- 1 liegt, ist vor oder gleichzeitig mit der Einlassung zur Hauptsache vom Bekl vorzubringen, je nachdem, ob diese Einrede nach der lex fori verfahrens- oder materiellrechtlich ist. Ein späteres Vorbringen ist ausgeschlossen. Voraussetzung ist, daß noch kein Schiedsverfahren eingeleitet ist, sonst gilt III.

**2) Die Fähigkeit**, dh Geschäftsfähigkeit u Fähigkeit, **einen Schiedsvertrag abzuschließen**, beurteilt 2 sich nach dem kollisionsrechtlich für das Staatsgericht maßgebendem Recht. II gibt das Recht an, nach dem das Staatsgericht das Bestehen und die Gültigkeit einer Schiedsvereinbarung zu prüfen hat, dazu BGH NJW **98**, 2452 (dazu Geimer LM § 1041 I Z 1 Nr 18, Schütze IPrax **99**, 87), Hgb RIW **96**, 510; dazu gehört auch die Prüfung, ob eine Schiedsabrede bestimmte Streitigkeiten mitumfaßt, Ffm NJW **86**, 2202. Es handelt sich dabei um eine besondere kollisionsrechtliche Norm für die Nachprüfung, die der lex fori vorgeht; diese tritt nur äußerstenfalls ein (c). Sie hat nur insofern den Vorrang, wenn nach dem Recht des angerufenen Gerichts die Streitigkeit nicht durch ein Schiedsgericht entschieden werden kann, II 2, jedoch braucht das Staatsgericht trotzdem die Anerkennung, die nach II a oder b gegeben ist, nicht zu versagen (Kannvor-

**IntSchG**  Schlußanhang VI A 2

schrift). § 53 III KWG ist keine Regelung iSv II 2, BGH NJW **80**, 2022. Zur Anwendung auf Schiedssprüche, die ein Patent für nichtig erklären, Pfaff F Nagel (1987) S 278–293 mwN.

**3** 3) **Die Einrede, daß bereits ein schiedsgerichtliches Verfahren eingeleitet ist**, bewirkt, daß sich das Staatsgericht der Entscheidung darüber, ob das Schiedsgericht zuständig ist, zu enthalten und auszusetzen hat, bis der Schiedsspruch ergangen ist, vgl auch Art V 3, außer bei wichtigem Grunde, **III**. Weist das Schiedsgericht wegen Unzuständigkeit ab, Art V, so wird das Staatsgericht nunmehr entscheiden müssen; ebenso ist die Klage durch das Staatsgericht sofort abzuweisen, falls die Einwendungen gegen die Schiedsvereinbarung offensichtlich unbegründet sind, Mezger S 269. Hat sich das Schiedsgericht für zuständig gehalten, so erfolgt eine Nachprüfung, Art V Abs 3.

**4** 4) **Einstweilige Maßnahmen, IV**, können vom Staatsgericht immer angeordnet werden, vgl Weitz RIW **84**, 23. Wird es deshalb angerufen, so ist das keine Unterwerfung der Hauptsache unter dieses Gericht.

*Anwendbares Recht*

**Art. 7.** ¹Den Parteien steht es frei, das Recht zu vereinbaren, welches das Schiedsgericht in der Hauptsache anzuwenden hat. Haben die Parteien das anzuwendende Recht nicht bestimmt, so hat das Schiedsgericht das Recht anzuwenden, auf das die Kollisionsnormen hinweisen, von denen auszugehen das Schiedsgericht jeweils für richtig erachtet. In beiden Fällen hat das Schiedsgericht die Bestimmungen des Vertrages und die Handelsbräuche zu berücksichtigen.

II Das Schiedsgericht entscheidet nach Billigkeit, wenn dies dem Willen der Parteien entspricht und wenn das für das schiedsrichterliche Verfahren maßgebende Recht es gestattet.

**1** **Bem.** Während Art IV Abs I b 3 von der Befugnis der Parteien, das Verfahrensrecht festzulegen, spricht, räumt Art VII ihnen das Recht ein, das materielle Recht für die Entscheidung in der Sache selbst zu vereinbaren, I 1, und schreibt dem Schiedsgericht, wenn eine derartige Vereinbarung nicht erfolgt ist, vor, das Recht anzuwenden, auf das die Kollisionsnormen hinweisen, die das Schiedsgericht nach seiner Ansicht für anwendbar hält. Nicht vergessen sollen aber in beiden Fällen die Vertragsbestimmungen und die Handelsbräuche werden, ohne daß diesen ein Vorrang, insbesondere vor dem Parteiwillen eingeräumt wird, I 2. Zulässig ist aber auch eine Entscheidung des Schiedsgerichts nach Billigkeit, vorausgesetzt, daß dies dem Parteiwillen entspricht und daß das für das schiedsrichterliche Verfahren maßgebende Recht, vgl auch Art VI Abs II, es gestattet. Die Vorbehaltsklausel wird durch Art VII nicht berührt.

*Begründung des Schiedsspruches*

**Art. 8.** Es wird vermutet, daß die Parteien davon ausgegangen sind, der Schiedsspruch werde begründet werden, es sei denn,

a) daß die Parteien ausdrücklich erklärt haben, der Schiedsspruch bedürfe keiner Begründung, oder

b) daß sie sich einem schiedsrichterlichen Verfahrensrecht unterworfen haben, nach welchem es nicht üblich ist, Schiedssprüche zu begründen, sofern nicht in diesem Fall von den Parteien oder von einer Partei vor Schluß der mündlichen Verhandlung oder, wenn eine mündliche Verhandlung nicht stattgefunden hat, vor der schriftlichen Abfassung des Schiedsspruches eine Begründung ausdrücklich verlangt worden ist.

*Aufhebung des Schiedsspruches*

**Art. 9.** ¹ Ist ein unter dieses Übereinkommen fallender Schiedsspruch in einem Vertragsstaat aufgehoben worden, so bildet dies in einem anderen Vertragsstaat nur dann einen Grund für die Versagung der Anerkennung oder der Vollstreckung, wenn die Aufhebung in dem Staat, in dem oder nach dessen Recht der Schiedsspruch ergangen ist, ausgesprochen worden ist, und wenn sie auf einem der folgenden Gründe beruht:

a) die Parteien, die eine Schiedsvereinbarung geschlossen haben, waren nach dem Recht, das für sie persönlich maßgebend ist, in irgendeiner Hinsicht hierzu nicht fähig, oder die Vereinbarung ist nach dem Recht, dem die Parteien sie unterworfen haben, oder, falls die Parteien hierüber nichts bestimmt haben, nach dem Recht des Staates, in dem der Schiedsspruch ergangen ist, ungültig; oder

b) die Partei, welche die Aufhebung des Schiedsspruchs begehrt, ist von der Bestellung des Schiedsrichters oder von dem schiedsrichterlichen Verfahren nicht gehörig in Kenntnis gesetzt worden, oder sie hat aus einem andern Grund ihre Angriffs- oder Verteidigungsmittel nicht geltend machen können; oder

c) der Schiedsspruch betrifft eine Streitigkeit, die in der Schiedsabrede nicht erwähnt ist oder nicht unter die Bestimmungen der Schiedsklausel fällt, oder er enthält Entscheidungen, welche die Grenzen der Schiedsabrede oder der Schiedsklausel überschreiten; kann jedoch der Teil des Schiedsspruches, der sich auf Streitpunkte bezieht, die dem schiedsrichterlichen Verfahren unterworfen waren, von dem Teil, der Streitpunkte betrifft, die ihm nicht unterworfen waren, getrennt werden, so muß der erstgenannte Teil des Schiedsspruches nicht aufgehoben werden; oder

d) die Bildung des Schiedsgerichts oder das schiedsrichterliche Verfahren hat der Vereinbarung der Parteien oder, mangels einer solchen Vereinbarung, den Bestimmungen des Artikels IV nicht entsprochen.

**II** Im Verhältnis zwischen Vertragsstaaten, die auch Vertragsparteien des New Yorker Übereinkommens vom 10. Juni 1958 über die Anerkennung und Vollstreckung ausländischer Schiedssprüche sind, hat Absatz 1 die Wirkung, die Anwendung des Artikels V Abs. 1 Buchstabe e des New Yorker Übereinkommens auf die Aufhebungsgründe zu beschränken, die in Absatz 1 dieses Artikels aufgezählt sind.

**Bem.** Art IX enthält in I die Wirkung der Aufhebung des Schiedsspruches im Ursprungsland für die **1** Versagung der Anerkennung oder Vollstreckung in einem anderen Vertragsstaat. Nur wenn das aus einem der 4 angegebenen Gründe geschehen ist, kann sich das Gericht des anderen Staates darauf stützen; eine weitergehende Anerkennung derartiger Entscheidungen findet nicht statt, jedoch ist eine eigene Prüfung durch das nunmehr angegangene Staatsgericht natürlich nicht ausgeschlossen. Das Übk enthält auch keine Bestimmung, daß die Anerkennung durch das Staatsgericht des Ursprungslandes auch für das eines anderen bindend wäre. Es ist also ausgeschlossen, daß der Schiedsspruch in verschiedenen Vertragsstaaten verschieden beurteilt wird. Für Staaten, die Vertragsstaaten der UN-Übk (New Yorker Übk) sind, werden die Aufhebungsgründe nach Art V Abs 1 e dieses Abk auf die vier des EuÜbk beschränkt.

*Schlußbestimmungen*

**Art. 10.** I-VI (nicht abgedruckt)

**VII** Die Bestimmungen dieses Übereinkommens lassen die Gültigkeit mehrseitiger oder zweiseitiger Verträge, welche die Vertragsstaaten auf dem Gebiete der Schiedsgerichtsbarkeit geschlossen haben oder noch schließen werden, unberührt.

VIII-XII (nicht abgedruckt)

**Bem.** Nach VII darf die betreffende Partei von einer ihr günstigeren Regelung Gebrauch machen, zB von **1** Art 13 des dt-belg Abk, oben V B 4, BGH NJW **78**, 1744, oder von Art 7 I UN-Übk SchdG, s dort Rn 1, vgl Moller EWS **96**, 297, MüKoMa § 1044 ZPO Rn 18.

## B. Bilaterale Staatsverträge über das Schiedsgerichtswesen

Wegen der Bestimmungen über das Schiedsgerichtswesen in anderen bilateralen Staatsverträgen vgl Üb Schlußanh VI Rn 2.

### 1. Deutsch-amerikanisches Freundschafts-, Handels- und Schiffahrtsabkommen vom 29. 10. 54, BGBl 56 II 488

**Schrifttum:** *MüKoGo* Schlußanh Nr 6 f; *BBGS* 746; *SchwW* 59 Rn 7–13; *StJSchl* Rn 55 vor § 1044; *Schwenk* JZ **57**, 197.

**Art. VI:**
1. ...
2. Verträgen zwischen Staatsangehörigen oder Gesellschaften des einen Vertragsteils und Staatsangehörigen oder Gesellschaften des anderen Vertragsteils, welche die Entscheidung von Streitigkeiten durch Schiedsrichter vorsehen, darf die Anerkennung in dem Gebiet eines jeden der Vertragsteile nicht lediglich deshalb versagt werden, weil sich der für die Durchführung des Schiedsgerichtsverfahrens bestimmte Ort außerhalb seines Gebietes befindet oder weil ein Schiedsrichter oder mehrere Schiedsrichter nicht seine Staatsangehörigen sind. In einem Verfahren zur Vollstreckbarerklärung, das vor den zuständigen Behörden eines Vertragsteils anhängig gemacht wird, soll ein ordnungsmäßig auf Grund solcher Verträge ergangener und nach den Gesetzen des Ortes, an dem er gefällt wurde, endgültiger und vollstreckbarer Schiedsspruch als bindend angesehen werden. Das Gericht muß ihn für vollstreckbar erklären, außer wenn die Anerkennung des Schiedsspruchs gegen die guten Sitten oder die öffentliche Ordnung verstoßen würde. Ist der Schiedsspruch für vollstreckbar erklärt, so steht er hinsichtlich der Wirkungen und der Vollstreckung einem inländischen Schiedsspruch gleich. Es besteht jedoch Einverständnis, daß ein außerhalb der Vereinigten Staaten von Amerika ergangener Schiedsspruch vor den Gerichten eines Staates der Vereinigten Staaten von Amerika nur im gleichen Maße Anerkennung genießt wie Schiedssprüche, die in einem anderen Staat der Vereinigten Staaten von Amerika erlassen worden sind.

**Bemerkung:** Die USA sind dem UN-ÜbkSchdG, oben VI A 1, beigetreten, vgl BGH NJW **87**, 3195; **1** zu den Auswirkungen Schlosser NJW **78**, 455, Weitz RIW **84**, 23. Daneben behält der Vertrag seine Bedeutung, soweit er anerkennungsfreundlicher ist, Art 7 UN-ÜbkSchdG, Schlosser NJW **78**, 456. Das Verfahren der Vollstreckbarerklärung ist im Vertrag nicht geregelt, sie erfolgt also nach § 1061 ZPO (dagegen kann aus einem Exequatur-Urteil des Staates New York, durch das ein dortiger Schiedsspruch für vollstreckbar erklärt und zugleich der Beklagte zur Zahlung verurteilt worden ist, die Vollstreckung nach § 722 ZPO für zulässig erklärt werden, BGH RIW **84**, 557, zustm Dielmann). Der amerikanische Schiedsspruch ist ordnungsgemäß ergangen, endgültig und vollstreckbar, wenn er rechtswirksam ist, BGH **57**, 153 (dazu Habscheid KTS **72**, 216, Schlosser ZZP **86**, 49). Jedoch erfolgt die Prüfung nur im Rahmen des Vertrages, also ist die Vollstreckbarerklärung nur abzulehnen, wenn der ordre public verletzt ist, vgl BGH aaO, Bülow/Arnold E 991, 107, was bei Abweichungen des Verf auch von Grundprinzipien des deutschen Rechts nur ausnahmsweise zutrifft, BGH RIW **84**, 558, und auch bei Versagung des rechtlichen Gehörs nur in extremen Fällen gegeben ist, Hbg MDR **75**, 940 (dazu Gündisch RIW **75**, 577, Habscheid/Calavros KTS **79**, 9).

Einwendungen, auf die eine Vollstreckungsabwehrklage gestützt werden könnte, werden nicht ausgeschlossen, BGH NJW **61**, 1067.

### 2. Deutsch-sowjetisches Abkommen über Allgemeine Fragen des Handels und der Seeschiffahrt vom 25. 4. 58, BGBl 59 II 222

**Schrifttum:** *MüKoGo* Schlußanh Nr 6 e; *BBGS* 745; *SchwW* 59 Rn 14–16; *StJSchl* Rn 55 vor § 1044; *Grossart* JZ **59**, 233.

Das Abk gilt weiter im Verhältnis zu Armenien, Aserbaidschan, Georgien, Kasachstan, Kirgistan, Russische Föderation, Tadschikistan, Ukraine, Usbekistan u Weißrußland, vgl Einl IV vor § 1 ZPO Rn 13.

**Art. 8.** [I] Natürliche Personen, juristische Personen und Handelsgesellschaften der Bundesrepublik Deutschland und natürliche Personen und juristische Personen der Union der Sozialistischen Sowjetrepubliken können vereinbaren, daß die aus den Verträgen in Handelssachen entstehenden Streitigkeiten der Entscheidung durch ein Schiedsgericht unterworfen werden. Die Schiedsvereinbarung muß in dem Vertrage selbst oder in einer besonderen Vereinbarung vorgesehen sein, die in der für den Vertrag erforderlichen Form getroffen worden ist. Eine solche Vereinbarung schließt die Zuständigkeit der staatlichen Gerichte aus.

[II] Die beiden Staaten verpflichten sich, die Vollstreckung von Schiedssprüchen, die auf Grund einer in Absatz 1 erwähnten Vereinbarung ergangen sind, in ihrem Gebiet zuzulassen, ohne Rücksicht darauf, ob sie in dem Gebiet eines der beiden Staaten oder in dem Gebiet eines dritten Staates erlassen sind. Für die Anordnung und die Durchführung der Vollstreckung eines Schiedsspruches sind die Gesetze des Staates maßgebend, in dem er vollstreckt werden soll.

[III] Die Anordnung der Vollstreckung eines Schiedsspruches kann nur versagt werden:
a) wenn der Schiedsspruch nach dem Recht des Staates, in dem er ergangen ist, unter den Parteien nicht die Wirkung eines rechtskräftigen Urteils hat;
b) wenn der Schiedsspruch gegen die öffentliche Ordnung des Staates verstößt, in dem die Vollstreckung nachgesucht wird.
Eine sachliche Nachprüfung des Schiedsspruchs findet nicht statt.

**1 Bem.** Unter Handelsgesellschaften auf deutscher Seite sind auch die OHG und andere derartige Gesellschaften gemeint, die nicht juristische Personen sind. Ob eine juristische Person der früheren UdSSR gegeben ist, entscheidet sich nach deren Recht; es sind vor allem die Außenhandelsorganisationen, Art 3 III der Anlage zum Abk. Schriftform sieht das Abk nur auf Seiten der früheren UdSSR vor; sie ergibt sich aus der VO des Zentralexekutivkomitees v 13. 10. 30, Bülow/Arnold B I Anm 8.

## VII. Ausländische Anwälte

Bearbeiter: Dr. Dr. Hartmann

### Übersicht

**Schrifttum:** *Bach* Rpfleger **91**, 7 (auch zur Vergütung); *Friese* NJW **88**, 3072; *Hensler* AnwBl **96**, 353; *Merle,* Freizügigkeit für Rechtsanwälte in der europäischen Union. Am Beispiel der Bundesrepublik Deutschland, 1995; *Rabe* NJW **87**, 2191; *Zuck* NJW **87**, 3033.

**1**  1) **Systematik.** Es gelten die folgenden Regeln:

**A. Vorübergehendes Tätigwerden.** Das G zur Durchführung der Richtlinie des Rates der Europäischen Gemeinschaften v 22. 3. 77 zur Erleichterung der tatsächlichen Ausübung des freien Dienstleistungsverkehrs der Rechtsanwälte (Rechtsanwaltsdienstleistungsgesetz – *RADG*) v 16. 8. 80, BGBl 1453, zuletzt infolge EuGH NJW **88**, 887 geändert durch Art 8 G v 2. 9. 94, BGBl 2278, zur Thematik Brangsch NJW **81**, 1177, Mauro/Weil AnwBl **81**, 128, Rabe AnwBl **87**, 399, Raczinski/Rogalla/Tomsche AnwBl **89**, 583, ermöglicht einem Anwalt, der in einem der Mitgliedsstaaten der Europäischen Gemeinschaften unter einer der in § 1 I RADG genannten Bezeichnung beruflich tätig werden darf, das *vorübergehende* Auftreten und Verhandeln vor einem Gericht der BRep unter bestimmten, im RADG näher bezeichneten Voraussetzungen. Zum Begriff „vorübergehend" EuGH NJW **96**, 579.

**2**  Die wichtigste Voraussetzung besteht darin, daß der ausländische Anwalt nach § 4 I RADG nur im schriftlichen vorherigen, widerruflichen *Einvernehmen* eines deutschen Anwalts auftreten und verhandeln darf, dazu schon (zur damaligen Fassung) LSG Stgt AnwBl **85**, 35, und daß dieser deutsche Anwalt zwar nicht (mehr) ProzBev, wohl aber eben Rechtsanwalt sein und natürlich bei dem Gericht oder der Behörde zugelassen sein muß, § 4 BRAO. Diese Bedingung gilt allerdings nicht (mehr) im Parteiprozeß und nicht (mehr), soweit sich die Partei ohne Anwalt verteidigen darf, § 4 I RADG.

Außerdem muß der ausländische Anwalt das Einvernehmen *nachweisen,* und zwar spätestens bei der ersten Handlung gegenüber dem Gericht oder der Behörde, um seine Handlung wirksam zu machen, § 4 II 1 RADG. Ein Widerruf des Einvernehmens hat Wirkung nur für die Zukunft, § 4 II 3 RADG.

Wegen der *früheren DDR* vgl 55. Aufl.

**3**  **B. Niederlassung (ständiges Tätigwerden).** Vgl die Richtlinie 98/5 EG v 16. 2. 98, abgedruckt auch in NJW **99**, 268, sowie in diesem Rahmen § 206 BRAO nebst 1. DVO, abgedruckt in Anh I nach § 155 GVG Rn 8. Zum Begriff „Niederlassung" EuGH NJW **96**, 579.

# Ausländische Anwälte

**2) Inkrafttreten.** Das oben genannte deutsche G gilt seit dem 23. 8. 80, 3. Abschn Art 2. Vgl aber auch Rn 1. **4**

**3) Kosten.** Für die Kosten des ausländischen Anwalts ist das Recht seines Niederlassungsorts maßgeblich, und zwar auch zu der Frage, ob und welche Honorarvereinbarungen er treffen kann; Einzelheiten Hartmann Teil X Grdz 41 ff vor § 1 BRAGO. Der neben dem ausländischen Anwalt auftretende oder tätig werdende deutsche Anwalt berechnet seine Kosten im Umfang seiner Tätigkeit nach § 24 a BRAGO. Ob und wie weit er die Kosten des ausländischen, nach dem RADG tätig werdenden Kollegen in Höhe der ausländischen Gebührenordnung mit ansetzen kann usw, das richtet sich nach der BRAGO. Vgl im einzelnen Hartmann Teil X Grdz 41–43 vor § 1 BRAGO. **5**

**4) Rechtspolitik.** Die internationale Vereinigung der Anwaltschaft (IBA) hat 1996 einen Entwurf von „Richtlinien für ausländische Rechtsberater" vorgelegt. Er regelt, unter welchen Voraussetzungen und in welchem Umfang Personen aus einem Staat (Herkunftsstaat) in einem anderen (Aufnahmestaat) tätig sein dürfen. Der Deutsche Anwaltverein lehnt diesen Entwurf ab, AnwBl **96**, 218; vgl ferner Nerlich MDR **96**, 874. **6**

## Aus dem G v 16. 8. 80

**1** *Anwendungsbereich.* [1] Staatsangehörige eines Mitgliedstaats der Europäischen Gemeinschaften oder eines anderen Vertragsstaates des Abkommens über den Europäischen Wirtschaftsraum, die berechtigt sind, unter einer der folgenden Bezeichnungen

- in Belgien:                     Avocat/Advocaat –
- in Dänemark:                    Advokat –
- in Frankreich:                  Avocat –
- in Griechenland:                δικηγόρος –
- in Irland:                      Barrister, Solicitor –
- in Italien:                     Avvocato
- in Luxemburg:                   Avocatavoué –
- in den Niederlanden:            Advocaat –
- in Portugal:                    Advogado –
- in Spanien:                     Abogado –
- im Vereinigten Königreich:      Advocate, Barrister, Solicitor –
- in Österreich:                  Rechtsanwalt
- in Finnland:                    Asianajaja/Advokat
- in Island:                      Lögmaur
- in Liechtenstein:               Rechtsanwalt
- in Norwegen:                    Advokat
- in Schweden:                    Advokat
- in der Schweiz:                 Avokat/Avvocato/ Advokat/Rechtsanwalt/ Anwalt/Fürsprecher/ Fürsprech

beruflich tätig zu werden, dürfen sie Dienstleistungen im Sinne des Artikels 60 des Vertrags zur Gründung der Europäischen Wirtschaftsgemeinschaft erbringen, im Geltungsbereich dieses Gesetzes vorübergehend die Tätigkeiten eines Rechtsanwalts nach den folgenden Vorschriften ausüben.
 II ...

**2** *Berufsbezeichnung, Nachweis der Anwaltseigenschaft.* [1] [1]Wer nach § 1 Abs. 1 im Geltungsbereich dieses Gesetzes die Tätigkeiten eines Rechtsanwalts ausübt, hat hierbei die Berufsbezeichnung, die er im Staat seiner Niederlassung (Herkunftsstaat) nach dem dort geltenden Recht zu führen berechtigt ist, zu verwenden und entweder das Gericht, bei dem er nach dem Recht des Herkunftsstaats zugelassen ist, oder die Berufsorganisation, der er angehört, anzugeben. [2]Wer gemäß § 1 Abs. 1 berechtigt ist, die Berufsbezeichnung „Rechtsanwalt" zu führen, hat hierbei den Herkunftsstaat anzugeben; im übrigen darf die Berufsbezeichnung „Rechtsanwalt" oder eine von den in § 1 Abs. 1 aufgeführten Berufsbezeichnungen abweichende Bezeichnung nicht geführt werden.
 II ...

**3** *Rechte und Pflichten.* [1] [1]Die in § 1 Abs. 1 bezeichneten Personen haben bei Ausübung der Tätigkeiten, die mit der Vertretung oder Verteidigung eines Mandanten im Bereich der Rechtspflege oder vor Behörden zusammenhängen, die Stellung eines Rechtsanwalts, insbesondere dessen Rechte und Pflichten, soweit diese nicht die Zugehörigkeit zu einer Rechtsanwaltskammer, den Wohnsitz sowie die Kanzlei betreffen. [2]Beschränkungen der Vertretungsbefugnis, die sich aus dem Erfordernis der Zulassung bei einem Gericht ergeben, gelten für sie nur für die Vertretung vor dem Bundesgerichtshof. [3]Die in § 1 Abs. 1 bezeichneten Personen dürfen in Berufungssachen vor den Zivilsenaten der Oberlandesgerichte, für die der Grundsatz der ausschließlichen Zulassung (§ 25 der Bundesrechtsanwaltsordnung) gilt, nur vertreten, wenn sie nicht im ersten Rechtszug Prozeßbevollmächtigte waren.
 II ...

# Ausländische Anwälte

**4** *Vertretung und Verteidigung im Bereich der Rechtspflege.* I ¹Die in § 1 Abs. 1 bezeichneten Personen dürfen in gerichtlichen Verfahren sowie in behördlichen Verfahren wegen Straftaten, Ordnungswidrigkeiten, Dienstvergehen oder Berufspflichtverletzungen, in denen der Mandant nicht selbst den Rechtsstreit führen oder sich verteidigen kann, als Vertreter oder Verteidiger eines Mandanten nur im Einvernehmen mit einem Rechtsanwalt handeln, der zur Vertretung oder Verteidigung bei dem Gericht oder der Behörde befugt ist. ²Dem Rechtsanwalt obliegt es, gegenüber den in § 1 Abs. 1 bezeichneten Personen darauf hinzuwirken, daß sie bei der Vertretung oder Verteidigung die Erfordernisse einer geordneten Rechtspflege beachten. ³Zwischen dem Rechtsanwalt und dem Mandanten kommt kein Vertragsverhältnis zustande, sofern die Beteiligten nicht ein anderes bestimmt haben.

II ¹Das Einvernehmen ist bei der ersten Handlung gegenüber dem Gericht oder der Behörde schriftlich nachzuweisen. ²Ein Widerruf des Einvernehmens ist schriftlich gegenüber dem Gericht oder der Behörde zu erklären. ³Er hat Wirkung nur für die Zukunft. Handlungen, für die der Nachweis des Einvernehmens im Zeitpunkt ihrer Vornahme nicht vorliegt, sind unwirksam.

III *(nicht abgedruckt)*

IV § 52 Abs. 2 der Bundesrechtsanwaltsordnung ist auf die in § 1 Abs. 1 bezeichneten Personen entsprechend anzuwenden.

**5** *Zustellungen in behördlichen und gerichtlichen Verfahren.* ¹Für Zustellungen in behördlichen und gerichtlichen Verfahren haben die in § 1 Abs. 1 bezeichneten Personen, sobald sie in Verfahren vor Gerichten oder Behörden tätig werden, einen Rechtsanwalt als Zustellungsbevollmächtigten zu benennen; die Benennung erfolgt gegenüber der Behörde oder dem Gericht. Zustellungen, die für die in § 1 Abs. 1 bezeichneten Personen bestimmt sind, sind an den Zustellungsbevollmächtigten zu bewirken. ²Ist ein Zustellungsbevollmächtigter nicht benannt, so gilt in den in § 4 Abs. 1 aufgeführten Verfahren der Rechtsanwalt, mit dem einvernehmlich gehandelt wird, als Zustellungsbevollmächtigter; kann nicht an einen im Geltungsbereich dieses Gesetzes wohnhaften Rechtsanwalt zugestellt werden, erfolgen Zustellungen an die Partei.

**6—10** *(Nicht abgedruckt)*

**2.—3. Abschnitt** *(Nicht abgedruckt)*

# Sachverzeichnis

Bearbeiter: Dr. Dr. Hartmann

Zahlen in Fettdruck = Paragraphen, dahinterstehende Zahlen = Randnummern

## A

**Abänderung** der Unterhaltsrente **641 l**; **645 ff**; des angefochtenen Urteils **536**; s auch Änderung
**Abänderungsklage 323**; beim Arrest **924** 4; Anerkenntnis, Kostenentscheidung **93** 31; bei der einstweiligen Verfügung **924** 4, **936**; Prozeßvollmacht **81** 7; gegen ein Urteil auf Regelunterhalt **641 q**, **656**; Richterausschluß **41** 15; bei einer Schiedsvereinbarung **1059**; Streitwert **3 Anh** 2; und Vollstreckungsabwehrklage **767** 7; Einstellung der Zwangsvollstreckung **323** 54, **707** 23; wegen fehlender Unterwerfung unter die Zwangsvollstreckung, Kostenentscheidung **93** 31
**Abberufung,** ehrenamtlicher Richter **DRiG 44**
**Abernten,** gepfändeter Früchte **824**
**Abfindungserklärung** vor einer Zahlung, Kostenentscheidung **93** 90 „Bedingung"
**Abgabe,** durch den verordneten Richter zwecks Beweisaufnahme **365**; in einer Familiensache **GVG 23 b** 7; in einer Hausratssache **281 Anh** I; der Kammer für Handelssachen an die Zivilkammer von Amts wegen **GVG Üb 93**; einer Landwirtschaftssache an das Prozeßgericht **281 Anh III** 1; im Mahnverfahren **696, 697, 698, 700**; eines Rechtshilfeersuchens **GVG 158** 2; seitens des Vollstreckungsgerichts **828** 8; **899**; in einer Wohnungseigentumssache **281 Anh** II
**Abgaben,** Zuständigkeit des LG **GVG 71** 4
**Abgekürztes Urteil** bei einem Anerkenntnis- oder Versäumnisurteil **313 b**; Ausfertigung **313 b**; im Schiedsverfahren **495 a**; auf einem Vollstreckungsbescheid **699**
**Abgeordneter,** Gerichtsstand **20**; Diäten, Pfändbarkeit **Grdz 704** 69; Anordnung oder Unterbrechung der Offenbarungshaft **904/905**; und Richter **DRiG 4** 2, 36, 121; Vernehmung als Zeuge **376, 382**; Zeugnisverweigerungsrecht **376, 383** 8
**Abgesonderte Verhandlung** über ein Angriffs- oder Verteidigungsmittel **146**; über den Grund des Anspruchs **304**; über eine Zulässigkeitsrüge **280, 504**; durch eine Prozeßtrennung **145** 4; über die Widerklage **145** 7; über die Zulässigkeit des Wiederaufnahmegesuchs **590** 2
**Abhandenkommen,** eines Schriftsatzes, Wiedereinsetzung **233** 40; einer Urkunde **Einf 1003** 2
**Abhilfe** nach einer Beschwerde **571** 2, **576**; nach einer sofortigen Beschwerde **577** 4; nach einer Erinnerung **576** 4, **766** 25, **GVG 153 Anh** 6
**Abklatschstempel** s Namensstempel
**Abkürzung** einer Frist, s Frist; der Unterschrift (Paraphe) **129** 31, C, **170** 10; **212 a** 3; des Urteils **313 a**, **313 b**, **543**
**Ablehnung** s Befangenheitsablehnung; vgl auch Beschluß, Beschwerde, Kostenerstattung, Unanfechtbarkeit, Gegenstand der A.
**Ablichtung** s Fotokopie
**Ablieferung** durch den Gerichtsvollzieher **756** 2, **815** 2, **817** 6, **819** 1, **885** 19
**Abmahnungskosten,** Erstattung **Üb 91** 53, **91** 286 „Mahnung"
**Abnahme** der Kaufsache, Streitwert **3 Anh** 5; Zwangsvollstreckung **887** 20

**Abonnement 29 Anh**
**Abordnung** des Richters **DRiG 37**
**Abrechnung,** Streitwert **3 Anh** 5
**Abschlagszahlung,** einstweilige Verfügung **940** 42 „Rente"
**Abschlußschreiben 93** 77 „Wettbewerbssache", **924** 9 (F)
**Abschrift,** Fotokopie als A. **170** 1; aus der Gerichtsakte **299**; aus der Gerichtsvollzieherakte **760**; im Mahnverfahren **695** 5; des Protokolls des Gerichtsvollziehers für den Schuldner **763**, **826** 6; Beweiswürdigung als Urkunde **427**
– **(beglaubigte A.) 170** 6; Abweichung von der Urschrift **170** 14; des Urteils, Zustellungsurkunde **190** 4; Beglaubigung s Urkundsbeamter der Geschäftsstelle; der Berufung, -begründung **519 a**; des Einspruchs **340 a**; der Klageschrift beim abgekürzten Urteil **313 b**; der Revision, -begründung **553 a/554**; einer öffentlichen Urkunde **435**; des Urteils **317**; des Urteils für das Berufungs/Revisionsgericht **518/553 a**
– **(Beifügung),** der Klageschrift bzw eines Schriftsatzes **133, 253** 105, **593** 4; im Mahnverfahren **695** 5; der Urkunde im Urkunden/Wechsel/Scheckmahnverfahren **703 a** 3; im Urkunden/Wechsel/Scheckprozeß **593** 4/**602/605 a**; beim Antrag auf die Vollstreckbarerklärung eines Schiedsspruchs **1064**; für die Zustellung **133, 169, 189**
**Absoluter Revisionsgrund 551**
**Absonderung** statt Aussonderung **264** 15; Streitwert **3 Anh** 5, 6 10
**Abstammung,** Aussetzung zu ihrer Klärung **Einf 148** 12; Feststellungsklage **256** 96 „Vaterschaft", **640** 1; Streitwert **3 Anh** 5; Vaterschaftsanerkenntnis, Anfechtung des s dort
**Abstammungsuntersuchung,** Anordnung **372 a** 3, **640** 11; Duldungspflicht **372 a** 17; als Augenschein **Üb 371** 8; Zulässigkeit **372 a** 3; Verweigerung der Duldung **372 a** 24
**Abstandnahme** vom Urkunden/Wechselprozeß **596**
**Abstehen** vom Urkunden/Wechselprozeß s Abstandnahme
**Abstimmung** des Gerichts bzw der Schiedsrichter s Beratung und Abstimmung
**Abteilung** des Gerichts, Verweisung an eine andere **281** 9
**Abtrennung** s Prozeßtrennung
**Abtretung,** Abtretender als Zeuge **Üb 373** 11 „Einziehungsabtretung"; des streitbefangenen Anspruchs **265, 266**; Ausschluß der A., Pfändbarkeit trotz A. **851** 6; der Hypothekenforderung, der Grundschuld, Rentenschuld, Zwangsvollstreckung **897**; Klage vor der Mitteilung der A. des Klaganspruchs, Kostenentscheidung **94**; Erstattung der Kosten der A. **91** 71 „Abtretung"; A. des Kostenerstattungsanspruchs **Üb 91** 34; Kostenfestsetzung zugunsten des Abtretungsgläubigers **103** 31, 32; Prozeßgeschäftsführung nach einer A. **Grdz 50** 34; Streitgenossenschaft **62** 9; Streitwert **3 Anh** 5; zur Umgehung eines Verhandlungsverbots **157** 20; Urteil, Rechtskraftwirkung **322** 27, **325** 21; Vollstreckungsklausel **727**; Widerspruchsklage kraft A. **771** 22 ff

**Abwehrklage,** Beeinträchtigung des Eigentums oder eines sonstigen Rechts, Urheberbenennung **77**; Rechtsschutzbedürfnis **Grdz 253** 33 ff; Rechtsweg **GVG 13** 30; Streitwert **6** 3, **7**
**Abweichende Meinung GVG Üb 192** 1, 2
**Abweichung** von einem höchstrichterlichen Urteil **546** 12, 29
**Abweisung** „angebrachtermassen" s Klagabweisung (Prozeßurteil)
**Abwendung** des Arrests, der Zwangsvollstreckung durch Sicherheitsleistung s Zwangsvollstreckung; eines Nachteils, einstweilige Verfügung **940** 11
**Abwesenheitspfleger** als gesetzlicher Vertreter **51** 12 „Betreuer", **53**
**Abwickler** als gesetzlicher Vertreter **51** 16
– **(Anwaltskanzlei) GVG 155 Anh I 2 § 55**; Aufnahme nach einer Unterbrechung des Verfahrens **244** 14; Prozeßvollmacht **86** 3 ff, **87** 4
**Abwicklung,** bei der Gesellschaft **265** 13; bei einer juristischen Person oder parteifähigen Personenmehrheit, Verfahrensunterbrechung **239** 3, **241** 3
**Abwicklungsgesellschaft,** Prozeßfortsetzung **50** 21
**Abzahlungskauf** s Verbraucherkreditgesetz
**Adäquanzlehre 287** 7
**Adhäsionsprozeß Einl III** 2
**Adoption** s Kindesannahme
**Affirmative Litiskontestation 138** 36
**Änderung** s Gegenstand der Ä. und Abänderung
– **(der Verhältnisse),** Abänderungsklage **323, 656**; Aufhebung des Arrests/der einstweiligen Verfügung **927/936** 1; bei der Pfändung des Arbeitseinkommens **850 g**; und Änderung der Wertfestsetzung von Amts wegen **Einf 3** 9; nach der Stundung des Unterhaltsrückstands **645 ff**
**Änderungsgesetz,** Rückwirkung **Einl III** 78
**Äquipotentes, äquipollentes Vorbringen** s Parteivorbringen (gleichwertiges)
**Ärztliches Zeugnis** s Zeuge
**Agentur,** Gerichtsstand **21** 9
**Akten,** Erteilung einer Abschrift s dort; Mahnverfahren **Grdz 688** 6
– **(Anforderung)** im Berufungsverfahren **544** 2
– **Anhörungsbeschwerde Einl** I
– **(Beiziehung),** Anordnung der **273**; Anordnung der Vorlegung der Parteiakten **143**; Hinweispflicht des Gerichts **139** 43
– **(Einsicht),** in Gerichtsakten **299**; in Akten des Gerichtsvollziehers **760**
**Aktenführung** des Gerichts **299** 1; Bildträgerarchiv **299 a** 1; im Mahnverfahren **Grdz 688** 6
**Aktenlageentscheidung 251 a** 7, **Üb 330** 17; Antrag auf A. **331 a, 333**; Antragsablehnung **335, 336** 5; Berufung gegen eine A. **338** 6, **531** 2; und Ehenichtigkeitsklage **635**; Nichteinhaltung der Einlassungs- oder Ladungsfrist, Vertagung **251 a** 27, **337**; Säumnis oder Nichtverhandeln beider Parteien **251 a**; zulässige Entscheidung **251 a** 7; Urteilsverkündung **251 a** 18; Urteilsvoraussetzungen **251 a** 16–20, 22, **331 a** 7; freigestellte mündliche Verhandlung **39** 7, **128** 5, **251 a** 17, **332**
**Aktenlageverfahren,** Anerkenntnis **307** 8; Fristversäumung **Üb 230** 5; Klagerücknahme **269** 15; Verweisung **281** 24; vorläufige Vollstreckbarkeit **708**
**Aktenverwertung** als Urkundenbeweis **286** 64
**Aktie,** Pfändung der A. **859 Anh** 2; Pfändung des Bezugsrechts **Grdz 704** 67; Herausgabe, Streitwert **4** 11
**Aktiengesellschaft,** Gerichtsstand **17** 3, **22** 1; Kammer für Handelssachen **GVG 95**; Parteifähigkeit

**50** 6; Umwandlung der A., Unterbrechung des Verfahrens **239** 3; Verschmelzung **265** 8–10; Verschmelzung oder Verstaatlichung der A., Unterbrechung des Verfahrens **239** 3; Bestellung eines gerichtlichen Vertreters **Einf 57, 57** 4; gesetzlicher Vertreter **51** 16; Vorstandsmitglied s dort; Zustellung an die A. **171**; Zustellung an den Aufsichtsrat **184** 2
**Aktionär** als Gerichtsperson **41** 8, **49**; und Streithilfe **66** 7; und streitgenössische Streithilfe **69** 7; gemeinsamer Vertreter **69** 4; als Zeuge **Üb 373** 14 „Gesellschaft"
**Aktivlegitimation Grdz 50** 22, **Grdz 253** 24; vgl auch Prozeßführungsrecht
**Aktivprozeß 240** 16
**Algerien,** Ehesache **606 a Anh II**
**Aliud,** Begriff **308** 12
**Allgemeine Deutsche Spediteurbedingungen,** Geltung **38** 6
**Allgemeine Geschäftsbedingungen,** Beweislast **286 Anh** 34; Gerichtsstand **38** 6, **GVG 78 b Anh III**; Revisionsfähigkeit **549** 16; Streitwert **3 Anh** 6; vgl auch Verbandsklage
**Allgemeine Gütergemeinschaft** s Eheliches Güterrecht
**Allgemeine Prozeßförderungspflicht 277** 1, **282** 1 ff
**Allgemeiner Gerichtsstand 12** 1
**Allgemeines Persönlichkeitsrecht** s Persönlichkeitsrecht
**Allgemeinkundigkeit** einer Tatsache **291** 4
**Altenteil,** Pfändung **850 b** 8; Streitwert **9** 5; Zuständigkeit **GVG 23** 12
**Alternativantrag,** Zulässigkeit **260** 6, 7
**Altersteilzeit DRiG 76 e**
**Altersversorgung,** Pfändung **850** 9
**Amtsausübung,** Ausschluß der A. s dort
**Amtsbekräftigung** einer ausländischen Urkunde **438**
**Amtsbetrieb,** im Aufgebotsverfahren **952** 1; bei der Beweisaufnahme **Üb 355** 1; in einer Ehe- oder Kindschaftssache **Üb 606** 3; Ladung **241, 271, 497**; Zustellung **271** 4; vgl auch Zustellung
**Amtsbezeichnung** des ehrenamtlichen Richters **DRiG 45 a**; des Richters **DRiG 19 a, 120 a**
**Amtsbezirk,** Handlung des Gerichts außerhalb des A. **GVG 166**
**Amtsblatt,** öffentliche Zustellung der Ladung **204, 205**
**Amtsenthebung** des ehrenamtlichen Richters **GVG 113**; des Richters **DRiG 30**
**Amtsermittlung Grdz 128** 38; im Aufgebotsverfahren **952**; in einer Ehe-/Kindschaftssache **616/640** 3; bei der Anfechtung der Anerkennung der Vaterschaft **640 d**; Partei/Prozeßfähigkeit, Prozeßführungsrecht, gesetzliche Vertretung **56**; vor einer Verzögerungsgebühr **95 Anh**
**Amtsgeheimnis,** Zeugnisverweigerungsrecht **383** 6 ff, **385** 3 ff
**Amtsgericht GVG 22–27**; Dienstaufsicht **GVG 21 Anh II § 14**; Präsidium **GVG 21 a** 2, **22 a**; Richter am A. **GVG 22**; Richterablehnung **45, 48**; Richtervertretung **GVG 22 b**; Verfahren **495 ff**; Zuständigkeit s dort
**Amtsgerichtsprozeß** s Parteiprozeß
**Amtshandlung** außerhalb des Gerichtsbezirks **GVG 166**; einer Gerichtsperson trotz ihres Amtsausschlusses **41** 6, **47, 49**; des Gerichts nach der Ablehnung eines Befangenheitsantrags **47, 49**; des Gerichtsvollziehers unter Verletzung seiner Zuständigkeit **GVG Üb 154** 5; des Rpfl unter Überschreitung seiner Befugnisse **GVG 153 Anh** 5;

dahinterstehende Zahlen und Buchstaben = Randnummern  **Anfechtung**

des Urkundsbeamten der Geschäftsstelle **GVG Üb 153** 3
**Amtshilfe GVG 156**; bei der Zwangsvollstreckung **789**
**Amtsmaßnahme,** Aufklärungspflicht s dort; Beweisaufnahmetermin **361, 368**; Beweisbeschluß, Änderung **360**; Beweiserhebung **Einf 284** 5; Fristsetzung zur Behebung eines Hindernisses **356**; Anordnung der Vorlage der Handelsbücher **422**; Kostenentscheidung **308** 15; Ladung nach einer Zeugnisverweigerung vor einem verordneten Richter **389** 3; Entlassung von der Offenbarungshaft **911, 913**; Parteivernehmung **448** 7; bei einer gerichtlichen Schadensschätzung **287** 28; Änderung/Festsetzung des Streitwerts **Einf 3** 9/6; Terminsbestimmung/Aufhebung s dort; Urteilsberichtigung **319** 26; abgesonderte Verhandlung über eine Zulässigkeitsrüge **280**; zur Vorbereitung der mündlichen Verhandlung **280** 4, 5; Erklärung der vorläufigen Vollstreckbarkeit **708, 709**; Aufhebung einer Zahlungssperre **1022** 1; Zeugenladung **377**
**Amtspflichtverletzung,** des Gerichtsvollziehers **753** 7, **816** 6, **GVG Üb 154** 4; bei der Klage, Restitutionsklage **580, 581**; der Post bei einer Zustellung **193**; des Sachverständigen **Üb 402** 17–19; des Schiedsrichters **1059**; des Urkundsbeamten der Geschäftsstelle **GVG Grdz 153** 5; wegen eines Zustellungsfehlers **270** 4
– **(Klage),** anderweitige Ersatzmöglichkeit **259** 1, 3; Aufhebungsantrag gegenüber dem Schiedsspruch **1059**; Gerichtsstand **32** 7; Rechtsweg **GVG 13** 31; Restitutionsklage **580** 7; Urteil, Rechtskraftwirkung **322** 28; Zuständigkeit **GVG 71**
**Amtsprüfung Grdz 128** 39; vor einer Aktenlageentscheidung **335, 337**; im Aufgebotsverfahren **947** 2; bei der Anerkennung eines ausländischen Urteils **328** 14; bei einer Prozeßhandlung nach einer Aussetzung oder Unterbrechung des Verfahrens **249** 9, 11; im Berufungsverfahren **519 b, 522**; im Beschwerdeverfahren **574**; Beweislast bei der A. **286 Anh** 1; beim Einspruch **341**; Hinweispflicht des Gerichts bei Bedenken **139, 278**; beim Feststellungsinteresse **256** 21; bei den Voraussetzungen einer Feststellungsklage im übrigen **256** 3; beim Fristablauf **224** 1; bei einer Klage vor dem Eintritt der Fälligkeit **Einf 257** 3; bei der Klageerhebung **Grdz 253** 19, **253** 15; bei der Wahrung einer Klagefrist **253** 4; beim Nichtstreiten **138** 42; bei der Nichtigkeits- oder der Restitutionsklage **589**; bei der Wahrung einer Notfrist **224**; bei der Prüfung der Parteifähigkeit **50** 32, **56** 3, **280** 1; bei der Prüfung der Nämlichkeit der Partei **Grdz 50** 18; bei der Prüfung der Prozeßfähigkeit **56** 10, **280** 1; bei der Klärung des Prozeßführungsrechts **Grdz 50** 18; bei der Prüfung der Prozeßvollmacht **88, 613**; bei der Klärung der Rechtshängigkeit **261, 280** 1; bei der Klärung der Rechtskraft **Einf 322** 25; bei der Prüfung des Rechtsschutzbedürfnisses **Grdz 253** 22, 31; im Revisionsverfahren **554 a, 556**; beim Ersuchen des Schiedsgerichts **1050**; im schiedsrichterlichen Verfahren **1032**; bei der Streithilfe **66** 1, **68** 3, **70** 8; bei der gesetzlichen Vertretung **51** 25, **56** 3, **280** 1; vor dem Erlaß des Versäumnisurteils **330** 5, **331, 335, 337**; bei der Vollstreckbarerklärung des Schiedsspruchs **1060**; bei derjenigen eines ausländischen Schiedsspruchs **1061**; im Wiedereinsetzungsverfahren **238**; bei der Prüfung der Zulässigkeit des Rechtswegs **Grdz 253** 22, **280** 1, **GVG 13** 2; bei der Prüfung der

Zuständigkeit **Üb 12** 17, **Üb 38** 2, **280** 1; bei der Klärung der internationalen Zuständigkeit **Üb 12** 8; bei der Prüfung einer Zuständigkeitsvereinbarung **40**; bei einer Zwischenfeststellungsklage **256**
**Amtssitz** einer Behörde **17** 2, **18, 19**; Zeugenvernehmung am A. **382**
**Amtsstelle,** Zustellung durch Aushändigung an der A. **212 b** 3
**Amtstheorie Grdz 50** 8; s auch Partei kraft Amts
**Amtsverfahren Grdz 128** 25 ff
**Amtsverschwiegenheit,** Aussagegenehmigung **376, 451** 1; Zeugnisverweigerungsrecht **383** 8 ff, **385** 7; s auch Schweigepflicht
**Amtszustellung** s Zustellung
**Analogie** bei einer Auslegung **Einl III** 44
**Anbringung** eines Antrags zu Protokoll **129 a** 7–9, **270** 4, **496** 3
**Androhung,** im Aufgebotsverfahren **995, 997, 986, 987, 1008**; s auch Ordnungsmittel
**Anerkenntnis Einf 306** 1, 2, **307** 2–7; Belehrungspflicht beim AG **499**; Beweislast **286 Anh** 36 „Anerkenntnis"; in einer Ehesache **617** 2; Erklärung des A. **307** 8, 9; bei der Feststellungsklage **256** 46; bei der Klage vor der Fälligkeit **Einf 257** 4, **259** 10; Protokoll **160** 8; kraft Prozeßvollmacht **81** 14, 23, **85** 6; Ausschluß eines A. in der Prozeßvollmacht **83** 3; nach dem Rechtsübergang an der Streitsache **265** 19; im Revisionsverfahren **561** 12; bei der Streitgenossenschaft **61** 6, **62** 20; Streithilfewirkung **68** 9; nach der Streitverkündung durch den Beitritt **74** 3; Streitwert **3 Anh** 7 „Anerkenntnis"; im Urkundenprozeß **599** 1; kraft einer Terminsvollmacht **83** 5; unter Verwahrung gegen die Kostenlast **93** 87, 89 ff; bei der Vollstreckungsklage **722** 10; bei einer Genehmigung des Vormundschaftsgerichts **54** 3; Widerrufsrecht **Grdz 128** 59; im Wiederaufnahmeverfahren **581** 7, **590** 4; Wirksamkeit **307** 10
**Anerkenntnisurteil 307** 14; Antrag **307** 15; Begründungszwang beim Auslandsbezug **313 b**; Kostenentscheidung **93, 99** 37 ff; auf Räumung **93 b** 36; Rechtsmittel gegen die Kostenentscheidung **99** 37 ff; trotz einer Beschränkung der Prozeßvollmacht **89** 11; Teil-A. **301** 4, 5, **307** 5; abgekürztes Urteil **313 b**; Verkündung **311** 4; vorläufige Vollstreckbarkeit **708** 2
**Anerkennung** s Gegenstand der Anerkennung
**Anerkennungs- und Vollstreckungsabkommen** s Zivilprozeßrecht
**Anerkennungs- und Vollstreckungsausführungsgesetz SchlAnh V D**
**Anfallwirkung Grdz 511** 3
**Anfechtbarkeit** s Beschluß, Urteil
**Anfechtung,** der Ehelichkeit s dort; der Erledigterklärung **91 a** 74; Erfüllungsort und Gerichtsstand bei der A. **29** 3, 9, 11; durch Klage oder Zwischenfeststellungswiderklage **256**; im Prozeß **264** 12; als Prozeßhandlung **Grdz 128** 56; einer Prozeßhandlung **Grdz 128** 56; des Prozeßvergleichs **307 Anh** 36; kraft der Prozeßvollmacht **81** 21; bei einer Streitgenossenschaft **62** 16; Streitwert **6** 16; der Unterschrift auf einem Empfangsbekenntnis **198** 6; der Vaterschaft **640** 5, 6; der Zuständigkeitsvereinbarung **38** 17
– **(AnfG),** leugnende Feststellungsklage **256** 10; Fristwahrung **270** 10; Unterbrechung des Verfahrens infolge Eröffnung des Insolvenzverfahrens **240**; Streitwert **5** 10
– **(AnfG, InsO),** Beweislast **286 Anh** 37; Gerichtsstand **24** 4, **32** 2 A; Pfändung des Anfechtungsrechts **Grdz 704** 2; Streitwert **6** 16; Recht zur Erhebung der Widerspruchsklage **771** 14

# Anfechtungsgesetz

Zahlen in Fettdruck = Paragraphen

**Anfechtungsgesetz,** Kosten **93** 32; Rechtsweg **GVG 13** 31
**Anfechtungsklage** s Gegenstand der Anfechtung
- **(AktG, GmbHG),** Gerichtsstand **12** 2, **22;** Kammer für Handelssachen **GVG 95;** Streitwert **3 Anh**
- **(Aufgebotsverfahren) 957** 2, 3, **958, 959**
**Angebrachtermaßen** s Klagabweisung (Prozeßurteil)
**Angehöriger,** Ausschluß als Gerichtsperson/Gerichtsvollzieher **41** 10, **49/GVG 155;** Ersatzzustellung an einen A. **182** 31, **183** 8, **185;** eines Exterritorialen, Gerichtsbarkeit **GVG 18** 2; Gewahrsam eines A. **808** 11, 14; Pfändung, Abwesenheit des Schuldners und seiner A. **759;** Räumungsvollstreckung, Übergabe von Sachen an A. **885** 19; Zeugnisverweigerungsrecht **383** 4, **385** 1; Zustellung an einen A. **181** 10, 11, **185** 4
**Angestellter,** Fristversäumung **233** 74; eine solche des Anwalts als A. **322** 2; Erstattung der Kosten der Prozeßbearbeitung durch einen A. **91** 81, 296; als Vertreter **157** 7, 8; Verschulden des A. beim Wettbewerbsverstoß **890** 21, 22; Zustellung an einen A. **183** 3
**Angriffsprozeß 240** 16
**Angriffs- und Verteidigungsmittel** s Parteivorbringen (Angriffs- und Verteidigungsmittel)
**Anhängigkeit** der Klage **253** 11; im Mahnverfahren **693** 3, **696** 8, 9; des Rechtsstreits **64** 5, **66** 3, **76** 5; kraft einer Rechtswegverweisung **GVG 17** 4; und Streithilfe **66** 3; und Streitverkündigung **72** 3; nach einer Verweisung **281** 51, **GVG 17 b;** vgl auch Rechtshängigkeit
**Anheftung** im Aufgebotsverfahren **948, 949, 1009;** in der Börse **1009;** bei der öffentlichen Zustellung **204, 206, 699**
**Anhörung** s Gehör, Partei (Anhörung)
**Anhörungsbeschwerde Einl I**
**Ankündigung** einer Pfändung **845** 4
**Anmeldung,** im Aufgebotsverfahren **951** 1, **953** 1; zum Handelsregister, Streitwert **3 Anh** 7
**Annahme,** der Erbschaft **239** 25, **305** 1, **778** 3; als Erfüllung, Zwangsvollstreckung des Urteils **887** 20; an Kindes Statt s Kindesannahme; Verweigerung der A. bei einer Zustellung **181** 19, **186, 188** 10, **191**
**Annahmerevision 554 b, 555, 556, 566 a**
**Annahmeverweigerung,** bei der Zustellung **181** 19, **186** 1, **188** 10; und Zwangsvollstreckung **756, 765**
**Annahmeverzug,** Kostenentscheidung **93** 32; bei einer Leistung Zug um Zug **756** 2, **765**
**Anordnung** s Amtsmaßnahme; prozeßleitende A. **141 ff;** Übertragung bei einer Zurückverweisung **575** 3; vorbereitende A. **273, 275, 358 a;** s auch einstweilige A. sowie den Gegenstand der Anordnung
**Anpassungsverordnung 641 I**
**Anscheinsbeweis 286 Anh** 15 ff, 33 ff
**Anscheinsvollmacht** für eine Prozeßvollmacht **88** 1
**Anschluß** . . . s Berufung, Beschwerde, Erinnerung gegen den Kostenfestsetzungsbeschluß, Revision, Zwangsvollstreckung (Pfändung)
**Anspruch,** bedingter/betagter s Bedingung/Fälligkeit; bürgerlichrechtlicher A. **GVG 13** 10; dinglicher A. s Recht, dingliches; prozessualer A. **Einl III** 73, **2** 2, **Grdz 253** 6; (nicht)vermögensrechtlicher A. s dort; Geltendmachung in der Berufung/Revisions-/Beschwerdeinstanz oder durch eine Wiederaufnahmeklage **529** 6/**561** 5/**570**/**585** 4; Klagbarkeit **Grdz 253** 25; Bezeichnung

des A. in der Klageschrift **253** 30; Pfändung s dort; Rechtshängigkeit, Haftungserhöhung **262** 4; Streitgegenstand s dort; Streitwert s dort; Feststellungsklage wegen eines Teils des A. **256** 10; Teilurteil **301** 21; Übergang des A., Kostenentscheidung bei Nichtmitteilung **94;** übergangener A., Rechtskraft **322** 27; Übergang des A., Urteilsberichtigung **321** 5; Unübertragbarkeit des A. **851** 2; Kennzeichnung des A. im Urteil **313;** Vollstreckbarkeit **Grdz 704** 1; Recht zur Erhebung einer Widerspruchsklage **771** 14
- **(Abtretung)** während des Prozesses **265** 3 ff
- **(Begründung),** bei verschiedenen Rechtsgründen **260** 2; mit widersprüchlichem Vorbringen **138** 19
- **(Grund),** Gleichartigkeit **60** 3; Angaben in der Klageschrift **253** 30; Rechtskraft des Urteils **322** 27; Vorabentscheidung über den G. **304;** solche durch ein Versäumnisurteil **347** 1
- **(Grundlage),** Ausschluß **308** 6; und Rechtskraft **Einf 322** 11 ff; s auch Häufung von Ansprüchen
- **(Häufung von Ansprüchen) 260** 1, 5; Anordnung einer Verhandlungsbeschränkung **146** 5; in einer Ehesache **610** 1; Gerichtsstand **Üb 12** 17; beim Grundurteil **304** 8; mehrere Hauptansprüche **260** 5; Haupt- und Hilfsanspruch **260** 8; Klageänderung infolge nachträglicher Anspruchshäufung **263** 3; Klageverbindung s dort; Kosten **92** 6; Trennung/Verbindung von Prozessen **145** 4/**147** 1; Prozeßverbindung bei einer ausschließlichen Zuständigkeit **5** 11; Zulassung der Revision **546** 17; Streitgegenstand **2** 6; Streitwert **5** 2; Teilurteil **301** 7 ff; im Wiederaufnahmeverfahren **578** 8; Zuständigkeit **260** 16
- **(Hilfsanspruch) 260** 10; Anordnung einer Verhandlungsbeschränkung **146** 6; Verbindung von Haupt- und Hilfsanspruch **260** 8; Verweisung bei einer Zuständigkeitsbeschränkung auf den H. **281**
- **(Konkurrenz) Einl III** 11; Gerichtsstand **32** 1
**Anstalt,** Gerichtsstand **17** 2; Zuständigkeitsvereinbarung **38** 18; Zwangsvollstreckung gegen eine öffentlichrechtliche A. **882 a**
**Anstiftung,** Gerichtsstand **32** 16
**Anteilsrecht,** Pfändung s Zwangsvollstreckung (Pfändung)
**Antrag,** Antragsteller, Antragsgegner **Grdz 50** 1; Anbringung zu Protokoll **129 a** 6, 7, **270** 4, **496** 3; Antragstellung **297;** Bezugnahme **297** 13; Bindung an den A. **308** 1; Fragepflicht des Gerichts **139** 11; und Mietstreit **308 a** 1; Prozeß- und Sachantrag **297** 4, 5; Überschreitung des A., Streitwert **3 Anh** 7; im Urteilstatbestand **313** 19; in der Verhandlung **137** 3; Verlesung **297** 11; auf die Vollstreckungshandlung **Grdz 704** 37, **754** 2, 3; vgl auch Erklärung zu Protokoll, Klagantrag, Gegenstand des A.
- **(auf gerichtliche Entscheidung)** s Justizverwaltungsakt
- **(auf Prozeßkostenhilfe) 117** 3, 7
- **(auf streitiges Verfahren) 696**
**Antragsverhältnis 753** 9
**Antritt,** des Beweises s Beweis
**Anwalt,** ausländischer **SchlAnh VII;** s auch Rechtsanwalt
**Anwaltskartell 85** 28, **216** 20, **272** 12, **296** 14
**Anwaltskosten Üb 91** 22, **91** 70 ff; Beitreibung bei einer Prozeßkostenhilfe **126** 1, 4
**Anwaltsprozeß 78, 78 a, 621 b;** Aufforderung zur Bestellung eines Anwalts **215** 4; Aufklärungs-/Hinweispflicht des Gerichts **139, 278;** Einspruchsfrist **339** 1; Ladungsfrist usw **215, 217;** Beiordnung eines Notanwalts **78 b;** Parteianhö-

dahinterstehende Zahlen und Buchstaben = Randnummern **Arglist**

rung im A. **137** 40; Prozeßvollmacht **80** 10, **88** 5, **89**; Schriftsatz im A. **129** 5, 8 ff, **130, 271** ff; Tod oder Vertretungsunfähigkeit des ProzBev **244**; Zustellung an den ProzBev s dort; Zustellung durch Vermittlung der Geschäftsstelle **166, 167, 168**
**Anwaltssache,** Rechtsweg GVG 13 **26**
**Anwaltsvergleich 796** a–c
**Anwaltsvertrag,** Beweislast **286 Anh** 38, 39
**Anwaltswechsel,** Kostenerstattung **91** 124 ff; im Prozeßkostenhilfeverfahren **121** 3; Terminsaufhebung **227** 9
**Anwaltszustellung** s Zustellung
**Anwaltszwang 78, 78 a;** Antrag auf eine Verlängerung der Berufungsbegründungsfrist **519** 9; im Beschwerdeverfahren **573** 6; A. bei einer gerichtlichen Entscheidung gegenüber einem Justizverwaltungsakt EGGVG **26** 3; bei einer Urkundenniederlegung **134** 5; bei einer Urteilsberichtigung **320** 6; bei der Vollstreckbarerklärung eines Schiedsspruchs **1060**; für einen Antrag auf den Erlaß eines Arrests/einer einstweiligen Verfügung **920** 9/**936** 2 „§ 920"; Ausnahmen vom A. **78**; bei einer Berufungsrücknahme **515** 23; im Eheverfahren **616** 6, **621 e**; für das Einverständnis mit dem schriftlichen Verfahren **128** 37, 40; für die Erinnerung gegen den Kostenfestsetzungsbeschluß **104** 47; für eine Beschwerde in einer Familiensache **621 e**; für den Antrag auf eine Abkürzung/Verlängerung einer Frist **225/226**; für die Vereinbarung einer Fristkürzung **224** 2; für den Kostenfestsetzungsantrag **103** 35, **106** 5; beim Prozeßvergleich **307 Anh** 26; für die Richterablehnung **44** 3; für die Klagrücknahme **269** 25; bei einer Zuständigkeit des Rpfl GVG 153 Anh 8 § 13; für den Antrag auf das Ruhenlassen des Verfahrens **251** 2; für den Antrag auf die Einwilligung auf die Rückgabe einer Sicherheitsleistung **109** 17; für den Beitritt eines Streithelfers **70** 3, **71** 4; für einen Antrag bei freigestellter mündlicher Verhandlung **128** 10; für die Bestellung eines gerichtlichen Vertreters für den Bekl. **57** 6, **58** 5; und Zeuge **387** 3; für die Bestimmung der Zuständigkeit **37** 1; für eine Zustellung **167** 2, **170** 15; für eine Zustellung im Ausland **199** 3
– **(Beschwerde) 569** 3, **573** 6; gegen eine Anordnung des Vorsitzenden **136** 36; gegen eine einstweilige Anordnung in einer Ehesache **620** ff; gegen die Entscheidung auf eine Erinnerung im Kostenfestsetzungsverfahren **104** 87; gegen die Rückgabe einer Sicherheitsleistung **109** 20; gegen eine Verzögerungsgebühr **95 Anh;** des ausgebliebenen Zeugen gegen ein Ordnungsmittel **380** 13; gegen die Zurückweisung einer Richterablehnung **46** 11
**Anwartschaftsrecht,** Pfändung **Grdz 704** 60, **857** 2; Recht zur Erhebung der Widerspruchsklage **771** 17
**Anwendungshilfen** im Zivilprozeß Einl III
**Anwesenheit,** des Gläubigers bei der Zwangsvollstreckung **758** 25; der Partei s Partei
**Anzeige,** der Aufnahme des Verfahrens nach seiner Aussetzung oder Unterbrechung s Aufnahme; an den Drittschuldner durch den Gerichtsvollzieher s Zwangsvollstreckung (Pfändung); der Offenbarungshaft eines Beamten **910**; der Kündigung der Prozeßvollmacht **86** 5; der Bestellung eines Schiedsrichters **1035**; der Niederlegung bei der Zustellung **182** 8
**Anzuwendendes Recht 293**
**Apostille 438** 9
**Apothekergerät,** Pfändung **811** 49

**Arbeiter,** Gerichtsstand des Aufenthaltsorts **20**; Pfändung des Arbeitseinkommens s Zwangsvollstreckung (Pfändung)
**Arbeitgeberverband,** Parteifähigkeit **50** 31
**Arbeitnehmererfindung,** unbezifferter Klagantrag **253** 6, 46; Zahlung der Prozeßgebühr **271 Anh;** Verfahren vor der Schiedsstelle vor Klagerhebung **253** 6; Zuständigkeit GVG 78 b Anh II
**Arbeitnehmersparzulage,** Pfändung **Grdz 704** 64
**Arbeitsaufnahme,** Verpflichtung zur A. bei einer Prozeßkostenhilfe **114** 73
**Arbeitseinkommen,** Klage auf künftige Zahlung **258** 1, **259** 1; Pfändung s Zwangsvollstreckung (Pfändung); Streitwert **9** 5; Feststellungsklage wegen der Einstufung in eine Tarifgruppe **256** 54; Rechtskraftwirkung des Urteils **322** 28; Zwangsvollstreckung auf Grund eines Urteils auf Zahlung von Bruttolohn Üb **803** 1
**Arbeitsentgelt 850** 4
**Arbeitsförderung,** Rechtsweg GVG 13 **31**
**Arbeitsgemeinschaft** im Prozeß **Grdz 128** 26
**Arbeitsgerät,** Pfändung **811** 36 ff
**Arbeitsgericht,** Ablehnung des Arbeitsrichters wegen Befangenheit **Üb 41** 2; Gerichtsstand für den Gebührenanspruch **34** 3, 4; Präsidium GVG **Üb 21 a** 1; als Sondergericht GVG 14 **6**; Verweisung vom ordentlichen Gericht an das ArbG und umgekehrt **281** 17, GVG 17 **1**, **17 a** 1; Vorsitzender DRiG **111**; Vertretung des Vorsitzenden GVG **21 e** 7; Zuständigkeit beim A. **280, 529** GVG Einf **13** 3, **14** 6, **23** 8; Zuständigkeitsvereinbarung **Üb 38** 6, **38** 1
**Arbeitsgerichtssache,** Urteil des LG **10** 3
**Arbeitsgerichtsverfahren,** Anwaltszwang **78** 11, 12, 48; als Aussetzungsgrund **148** 7; Beistand im A. **90** 1; Berufung **511 a**; Berufungsbegründung **519** 1; Bestimmung des Verhandlungstermins vorm Berufungsgericht **520** 1, 2; Beschwerde gegen die Verwerfung der Berufung als unzulässig **547** 1; Einspruchsfrist **339** 1; Fristversäumung **85** 8; und Mahnverfahren **Grdz 688** 3; Zahlung der Prozeßgebühr **271 Anh;** Revision **545** Vorbem, **546** 28; Schiedsvereinbarung **1030**; Sprungrevision **566 a** Vorbem; Streitwert mehrerer Ansprüche **5** 1, 12; Festsetzung des Streitwerts **Einf 3** 16; schriftliches Verfahren **128** 16; einstweilige Verfügung, Streitwert **3 Anh** 39; Verzögerungsgebühr **95 Anh;** Bestimmung der Zuständigkeit **36** 4, 12
**Arbeitsleistung,** Klage auf **888** 23; Pfändung des Anspruchs auf eine A. **Grdz 704** 64; Zwangsvollstreckung des Urteils auf eine A. **887** 20
**Arbeitslosengeld,** Pfändung **Grdz 704** 64
**Arbeitspapiere,** Zwangsvollstreckung **887** 20
**Arbeitsverhältnis,** Beweislast **286 Anh** 40; Feststellungsklage **256** 54; Gerichtsstand **20**; Bestellung eines gerichtlichen Vertreters **57** 11; Kündigung, Rechtskraftwirkung des Urteils **322** 28, 48; Pfändung des Arbeitseinkommens s Zwangsvollstreckung (Pfändung); Rechtsweg GVG 13 **32**; Streitwert **Einf 3** 16, **3 Anh** 8; Klage auf Berichtigung eines Zeugnisses **Grdz 253** 36; Zuständigkeitsvereinbarung **40**
**Architekt,** Anspruch des oder gegen den A., Beweislast **286 Anh** 54
**Arglist,** Beweislast **286 Anh** 55
– **(Einwand gegenüber)** der Berufung auf eine Änderung in der Rechtsprechung Einl III **54**; der Beseitigung des Gerichtsstands für eine Nachlaßverbindlichkeit **28** 3; der Klage nach kurzer Vereinbarung ihrer Rücknahme **269** 10; dem Miterben durch den Nachlaßschuldner **62** 13; der Prozeß-

**Arrest**

handlung **Einl III** 54, **Grdz 128** 57; der Rüge der Unzuständigkeit **Üb 12** 22, 24; einem Verhalten, das von einer Vereinbarung abweiche **Grdz 128** 50; der Unrichtigkeit des Urteils **Einf 322** 28 ff; der Zwangsvollstreckung **Grdz 704** 44; dem Vollstreckungsschuldner **769** 8
- **(durch Erschleichen),** beim Anerkenntnis **307** 12; desjenigen des Erfüllungsorts **29** 6; desjenigen für eine Nachlaßverbindlichkeit **28** 3; desjenigen der Belegenheit des Vermögens-/Streitgegenstandes **23** 7; der Rechtskraft des Ehescheidungsurteils durch die Rücknahme der Berufung **Einl III** 63; des Urteils **Einf 322** 36, **767** 30 „Freiwilligkeit"; der Restitutionsklage **580** 6; der Zuständigkeit **Einl III** 56, **2** 7, **Üb 12** 22, 23, **38** 10; **Grdz 128** 15, **504** 3, 4; der öffentlichen Zustellung **Einf 203** 4

**Arrest Grdz 916, 916 ff**
- **(Anordnung) 922** 2; Abwendungsbefugnis **923** 1; Lösungssumme **923** 1; s auch Arrestverfahren
- **(Aufhebung),** wegen der Versäumung der Klagefrist **926** 13; Schadensersatzpflicht des Gläubigers **945**; Streitwert **3 Anh** 11; wegen veränderter Umstände **927**; auf Grund eines Widerspruchs **924, 925**
- **(Vollstreckung) Grdz 916** 20; Vollstreckungsklausel **929** 4
- **(Vollziehung) Grdz 916** 19, **928 ff**; Aufhebung **934**; Einstellung der Zwangsvollstreckung **707** 22; des persönlichen A. **933**; desjenigen eines Ausländers **918 Anh**; Aufhebung der V. **934**; Frist zur V. **929** 4; nach dem Fristablauf **929** 8; in ein Grundstück/eine grundstücksgleiche Berechtigung (Arresthypothek) **932**; Kostenerstattung **91** 75, **788** 19; Schadensersatzanspruch **945**; in ein Schiff(sbauwerk) **931**; in das bewegliche Vermögen/eine Forderung (Pfändung) **929** 19, **930**; vor der Zustellung **929** 20

**Arrestanspruch 916**; Kostenerstattungsanspruch **Üb 91** 53, **91** 73; Veränderung der Verhältnisse **927** 2

**Arrestatorium 829** 32

**Arrestgrund** für einen dinglichen Arrest **917**; Rechtsschutzbedürfnis **917** 6; für den persönlichen Sicherheitsarrest **918**; Veränderung der Verhältnisse **927** 4

**Arrestverfahren,** und Anerkenntnis **93** 9, 33; Antrag **920** 2, 11; Anwaltszwang **78** 41; Arrestbefehl **922** 7; gegenüber einem Ausländer **916** 3; Aussetzung **Einf** 148 6, **148** 35; Beschluß **922** 2, 22; solcher des Vorsitzenden wegen der Dringlichkeit **944**; Einlassungsfrist **274** 8; Entscheidung **922** 2, **925** 4; Gericht der Hauptsache **943**; Gesuch **920**; Glaubhaftmachung **920** 8; Anordnung der Klagerhebung **926** 2; Kostenentscheidung **91** 74; solche nach einer Erledigung der Hauptsache **91 a** 6; Kostenerstattung **Üb 91** 53, **91** 15, 73 ff; Kostenfestsetzung **103** 1 ff; Ladungsfrist **217**; Protokoll **159** 2; Prozeßführungsrecht **916** 3; Prozeßvollmacht **81** 19, **82**; keine Revision **545** 4; Säumnis einer Partei **128** 12; Schadensersatzpflicht **945**; schiedsrichterliches Verfahren **1041**; Schriftsatz **132** 3; Seeschiff **Grdz 916** 4; Sicherheitsleistung **110** 9; Rückgabe der Sicherheit **943**; Sommersache **224** 37; Streitgegenstand **Grdz 916** 3; Streitgenossenschaft **Üb 59** 4; Streithilfe **66** 7; Streitwert **3 Anh** 11; Übergang in den Hauptsacheprozeß **264** 21; Unterbrechung durch einen Konkurs **240** 23; Urteil **922** 16; Rechtskraftwirkung des Urteils **322** 29, **545** 4, **922** 19; mündliche Verhandlung **128, 921** 2, **922** 15; Bestellung eines gerichtlichen Vertreters für den Gegner **57** 3; Verweisung **281** 3;

vorläufige Vollstreckbarkeit **708** 7, **925** 9; Widerklage **253 Anh** 8; Widerspruch **924, 925**; Ablehnung einer Wiedereinsetzung **238** 12; Zuständigkeit **919, 943, 944**; Zustellung **929** 3 ff; Zwischenfeststellungsklage **256** 110
- **(Arrestbeschluß) 922** 22; Anordnung der Klagerhebung zur Hauptsache **926**; derjenigen vor dem Schiedsgericht **1041**; Kostenfestsetzung **103** 1; Angabe der Lösungssumme **923**; nach einer Ablehnung des Richters **47**; nach einem Urteil auf eine künftige Leistung **259** 9; Vollstreckbarkeit **929** 4; Zustellung **923** 14; Zustellung an den ProzBev **176** 3
- **(Widerspruch) 924**; Streitwert **3 Anh** 12; Urteil **925** 4; Einstellung der Zwangsvollstreckung **707** 22

**Arzt,** fehlerhafte Behandlung, Beweislast **286 Anh** 56; Pfändung des Honorars **850** 11; Pfändung der Praxiseinrichtung **811** 35; Zeugnisverweigerungsrecht **383** 9, **385** 7

**Assessor** beim Anwalt, Fristversäumung **233** 74; Kostenerstattung **91** 76

**Assignation en garantie,** Wirkung **74** 5

**Asylberechtigter 606** 11, **606 a Anh I D**

**Atomrecht,** Rechtsweg **GVG 13** 32

**Auctor,** nominatio auctoris s Urheberbenennung

**Audiatur et altera pars** s Gehör, rechtliches

**Aufbewahrung,** des Protokolls über die Beweissicherung **492**; einer verdächtigen Urkunde **443**

**Aufenthalt** im Ausland s Ausland
- **(unbekannter),** Gerichtsstand bei einer Ehesache **606** 17; Gerichtsstand bei einer Kindschaftssache **640 a, 641 a**; der Partei, öffentliche Zustellung **203** 1; des ProzBev, öffentliche Zustellung **177, 210 a** 5

**Aufenthaltsort** Gerichtsstand des A. **16**; Gerichtsstand des Beschäftigungsorts **20**; derselbe bei der Bestellung eines gerichtlichen Vertreters **57** 10; bei der Offenbarungsversicherung **899**; entfernter A. der Partei, Nichterscheinen **141**; Zeugenvernehmung am A. **375** 5, **382**

**Auffinden,** einer Urkunde als Restitutionsgrund **580** 11

**Aufforderung,** im Aufgebotsverfahren s dort; des Drittschuldners zur Erklärung **840** 1; zur Erwiderung auf die Klage **271, 275, 276**; zu derjenigen im Parteiprozeß **498**; zur Erklärung gegenüber dem Antrag auf eine Parteivernehmung **446**; zur Erklärung über eine Urkunde im Parteiprozeß **510**; zur Berechnung der Forderung im Verteilungsverfahren **873**; durch den Gerichtsvollzieher bei der Pfändung, Protokoll **763**; zur Kostenberechnung **106** 5; zur Bestellung eines ProzBev **215** 4, 5, **244** 16, **271** 5, **275** 8, **276** 4, **520** 4; zur Bestellung eines neuen ProzBev nach dem Tod/der Vertretungsunfähigkeit des bisherigen **244** 16; zur Bestellung eines Schiedsrichters **1035**; bei der Vorpfändung **845, 857** 19

**Aufgabe,** des Grundeigentums, Bestellung eines gerichtlichen Vertreters **58, 787**; A. zur Post s Zustellung

**Aufgebotsverfahren Grdz 946, 946 ff**; Amtsermittlung **952**; Anfechtungsklage **957, 958**; Anmeldung **953**, nach dem Fristablauf **951**; Antrag **947**; Aufgebot/Frist **947/950**; Ausschlußurteil **952**; Aussetzung des Verfahrens **Grdz 946** 4, **953**; öffentliche Bekanntgabe des Aufgebots/Ausschlußurteils **948, 949, 953/956**; Gerichtsstand für den Gebührenanspruch **34** 6; Landesgesetzgebung **EG 11**; Verpflichtung zur Sicherheitsleistung **110** 9; Streithilfe **66** 4; Streitwert **3 Anh** 14; Terminsbestimmung **947, 954, 955**;

Verbindung mehrerer Verfahren **959**; mündliche Verhandlung **952 1**; Verweisung **281 3**; Zuständigkeit **946**, **GVG 23 13**; Bestimmung der Zuständigkeit **36 4**
- **(dinglich Berechtigter) 982, 987 a, 988**; Antrag **984, 987, 987 a, 988**; Aufgebot **986, 987**; Ausschlußurteil **987**; Glaubhaftmachung **985, 986**; Zuständigkeit **983, 987 a**
- **(Eigentümerausschließung) 977, 981 a**; Antrag **979**; Aufgebot **981**; Glaubhaftmachung **980**; Zuständigkeit **978, 981 a**
- **(Nachlaßgläubiger) 989**; Anmeldung der Forderung **996**; Antrag **991, 992**; A. bei der Gütergemeinschaft/fortgesetzten G. **999/1001**; A. durch einen Miterben/Nacherben/Erbschaftskäufer **977/998/1000**; Aufgebot **995/994**; Ausschlußurteil **997, 999, 1000**; Antrag auf die Eröffnung des Nachlaßkonkurses **993**; Zuständigkeit **990**
- **(Schiffsgläubiger) 1002**
- **(Urkundenkraftloserklärung) 1003 ff**; Abhandenkommen/Vernichtung der Urkunde **Einf 1003 2**; Anmeldung **1016 1**; Antrag **1004 1, 1007**; Antragsberechtigung **1004**; Aufgebot **1008**; Aufgebotsfrist wegen Urkunde/Wertpapier **1015/1010–1014**; Ausschlußurteil **1017, 1018**; öffentliche Bekanntmachung des Aufgebots/Ausschlußurteils **1009/1017**; Grundpfandrechtsbrief **Einf 1003 1, 1024 Anh**; hinkendes Inhaberpapier **1023 1**; Landesgesetzgebung **1024**; qualifiziertes Legitimationspapier **Einf 1003 1, 1023**; Meldung des Urkundeninhabers **1016**; Streitwert beim Grundpfandrechtsbrief **3 Anh 14**; Verfügung/Aufhebung einer Zahlungssperre **1019, 1020/1022**; Zeugnis über die Vorlage des Zinsscheines **1010 3**, **1011 2, 1021**; Zulässigkeit **Einf 1003 1**; Zuständigkeit **1005, 1006**
- **(Urteil betreffende Anfechtungsklage) 957**; öffentliche Bekanntmachung des Ausschlußurteils bzw seiner Aufhebung **1017**; Klagefrist **958**; Zuständigkeit **957 2**

**Aufhebung**, der Kosten gegeneinander **92 39**; vgl auch Gegenstand der Aufhebung

**Aufhebungsklage**, bei der Ehe s Ehesache; beim Schiedsspruch und bei seiner Vollstreckbarerklärung s Schiedsspruch

**Aufklärung**, Anordnung zur A. vor der mündlichen Verhandlung **273**; Anordnung des Erscheinens der Partei zur A. **141, 273 22**; Setzen einer Frist zur A. **273, 275 ff, 296**

**Aufklärungs- und Hinweispflicht**, gerichtliche **Üb 128 6, 139, 278**; bei einer Aktenbeiziehung **139 27**; wegen von Amts wegen zu berücksichtigender Punkte **139 38**; im Anwaltsprozeß **139 46** „Anwaltliche Vertretung"; Fragerecht des Beisitzers **139 40**; und Beibringungsgrundsatz **139 16**; des Berufungsgerichts **139 6, 526 7**; beim Bestreiten **138 30**; über einen Beweisantrag **139 53**; über einen Beweisantritt **282 12**; über einen Antrag auf Bewilligung einer Erklärungsfrist **273 20**; gerichtliche Entscheidung bei der Beanstandung einer Frage **140**; bei der Klageänderung **264 1**; bei einer mangelhaften Klageerhebung **253 15**; bei der Klagrücknahme **269 2**; über eine rechtliche Beurteilung **139, 278**; des Revisionsgerichts **139 6**; Richterablehnung wegen seines Hinweises **42 48, 139 101**; über ein Rügerecht **139, 278**; bei einer Unzuständigkeit **281 24, 504 1**; beim Urteil des AG **Üb 38 9, 39, 504 3**; bei einem Verfahrensmangel **139, 278**; des Vorsitzenden **136 22, 139**; beim Wiedereinsetzungsantrag **234 2**; wegen der Wiedereröffnung der mündlichen Verhandlung **156**; Zurückverweisung wegen einer Verletzung der A. **139 101**

**Auflage**, des Erblassers, Gerichtsstand **27 7**; Setzen einer Vollzugsfrist durch ein Urteil **255 1**

**Auflassung**, Erklärung der A. durch den ProzBev **81 21**; Pfändung des Anspruchs auf die A. **848**; Pfändung der Anwartschaft aus der A. **Grdz 704 60, 62, 857 5**; im Prozeßvergleich **307 Anh 8**
- **(Klage auf A.)**, Gerichtsstand **24 3**; Streitwert **6 2**; derjenige bei einer Klage gegen einen Miterben **3 Anh 14, 41**; Urteil auf A. **894 3**

**Auflassungsvormerkung**, Streitwert der Löschung/der einstweiligen Verfügung auf die Eintragung der A. **6 15**

**Auflösungsklage** gegen die Offene Handelsgesellschaft oder BGB-Gesellschaft, notwendige Streitgenossenschaft **62 4 ff**

**Aufnahme (nach Aussetzung) 246 8, 247**
- **(nach Prozeßvergleich) 307 Anh 37, 42**
- **(nach Ruhen) 251 10**
- **(nach Unterbrechung)**, Anerkenntnis nach der A., Kostenentscheidung **93 59**; Anerkennung der Vaterschaft durch einen Elternteil **640 g**; Anzeige der A. **239 9, 250 4**; nach der Aufhebung des Insolvenzverfahrens **240 23**; bei der Nacherbfolge **243**; durch den Rechtsnachfolger **239 6, 9**; Prozeßvollmacht des Rechtsnachfolgers **86 13**; Streit über die Rechtsnachfolge **239 17, 19**; Verzögerung der A. durch den Rechtsnachfolger **239 17**; durch einen Streitgenossen **239 10**; nach dem Tod der Partei durch einen Erben/Miterben **239 9, 25**; nach dem Tod der Partei durch den Nachlaßpfleger/Testamentsvollstrecker **243**; nach dem Tod/der Vertretungsunfähigkeit des ProzBev, Anzeige der Neubestellung, Verzögerung durch den Rechtsnachfolger **244 14**; nach dem Tod/der Vertretungsunfähigkeit des gesetzlichen Vertreters **241 6**; Verfahren nach der A. **239 11**; mündliche Verhandlung **239 12**

**Aufopferungsanspruch**, Feststellungsklage **256 59**; Gerichtsstand **32 7**; Rechtsweg **GVG 13 19, 32**; Streitwert **3 Anh 14**

**Aufrechnung** durch den Bekl **145 10, 35**; Anordnung einer Verhandlungsbeschränkung **146 3**; als Aussetzungsgrund **148 4, 11, 13**; in der Berufungsinstanz **530 2**; Beschwerdewert **511 a 18, 19**; Entscheidung des ordentlichen Gerichts bei einer Zuständigkeit des ArbG/Landwirtschaftsgerichts **322 26**; mit einer öffentlichrechtlichen Forderung **GVG 13 19**; vor der Klage **145 9 ff**; Grundurteil **304 4**; durch den Kläger nach einer A. des Bekl **145 23**; Kostenentscheidung **91 24**; mit dem Kostenerstattungsanspruch **Üb 91 34**; Kostenfestsetzung nach A. **104 12**; gegenüber/durch dem/n ProzBev **81 21**; nach einem Prozeßvergleich, Vollstreckungsabwehrklage **795 4**; Prozeßtrennung **145 20**; Rechtshängigkeit **261 12, 325 22**; bei einer Schiedsvereinbarung **1030**; Streitgenstand **2 5**; durch einen Streithelfer **67 14**; Streitwert **3 Anh 15**; gegenüber einer Teilklage **145 20**; Urteil, Rechtskraftwirkung **322 21**; nach einem Urteil, Vollstreckungsabwehrklage **767 53**; durch den nicht rechtsfähigen Verein **50 26**; Vorbehaltsurteil **302 2, 7**; Nachverfahren, Prozeßvollmacht **81 18**; Widerklage **253 Anh 12**
- **(Hilfsaufrechnung)** durch den Bekl **145 13**; Beschwer, Streitwert **3 Anh 21**; Urteil **300 10**

**Aufruf**, der Sache im Termin **220 3**; vor dem Zuschlag der versteigerten Pfandsache **817**

**Aufschiebende Wirkung**, des Rechtsmittels **Grdz 511 2**; der Berufung, Revision, Hemmung der Rechtskraft **705 9**; der Beschwerde **572 2**; Aus-

**Aufschub**  Zahlen in Fettdruck = Paragraphen

schluß der a. W. bei einer Beschwerde gegen den Ausschluß der Öffentlichkeit/ein Ordnungsmittel **GVG 174/181**
**Aufschub** der Verwertung **813 a, b**
**Aufsichtführender Richter,** am AG **GVG 21 Anh II § 14, 21 a 3**
**Aufsichtsrat,** Mitglied des A. als Zeuge **Üb 373 14,** 15; als gesetzlicher Vertreter **51** 16; Zustellung an den A. **184** 2
**Aufsichtsverstoß,** Beweislast **286 Anh 74**
**Auftrag,** Pfändung des Anspruchs auf die Durchführung des A. **Grdz 704** 64; an den Gerichtsvollzieher s Zwangsvollstreckung (Pfändung); an den Anwalt, Ablehnung **GVG 155 Anh 2 § 44;** Rechtsweg beim öffentlichrechtlichen A. **GVG 13** 32; Schiedsrichtervertrag **1035;** Zustellungsauftrag s Zustellung
**Aufwandsentschädigung,** Pfändung **850 a** 19
**Aufwartefrau,** Ersatzzustellung an die A. **181** 11, **183** 8
**Aufwendungsersatz,** Streitwert **4** 19
**Aufzeichnung,** des Protokolls **160 a;** des Zeugen **378**
**Aufzeichnung, technische Üb 415** 3
**Augenscheinsbeweis 144** 12, **Üb 371** 1; Abstammungsuntersuchung s dort; Anordnung **144** 15, 16, **372** 1; Beweisantritt **371;** Duldungspflicht **Üb 371** 5; Einnahme des A. **372** 1; Schutz der Intimsphäre **Üb 371** 11; Protokoll **160** 13; durch den verordneten Richter **372** 4; Hinzuziehung des Sachverständigen **372** 3; Verweigerung **Üb 371** 5, **372 a** 24; als vorbereitende Maßnahme **273** 14; Zulässigkeit **Üb 371** 4
**Augenscheinseinnahme,** gerichtliche Anordnung der A. **144;** Anordnung vor der mündlichen Verhandlung **273, 358 a;** Ort der A. **219, 372;** Protokoll über die A. **160, 160 a, 161**
**Ausbildungsförderung,** Pfändung des Anspruchs auf/der Leistung aus der A. **Grdz 704** 65
**Ausbleiben,** der Partei **141** 30, 35, **454;** des Sachverständigen **409;** des Zeugen **380, 381**
**Auseinandersetzung (Ansprüche),** Feststellungsklage **256** 60
– **(Guthaben),** Pfändung **859 Anh** 1, 4
– **(Klage),** wegen eines Grundstücks, Gerichtsstand **24** 12
**Ausfertigung 170** 3; des Beschlusses **329** 15 „§ 317"; aus der Gerichtsakte **299** 19; des Schiedsspruchs **1054;** der Zeugenladung **377;** zum Zweck der Zustellung für mehrere **189** 3
– **(Urteil) 317** 8; des Berichtigungsbeschlusses **319** 31; Kosten als solche der Zwangsvollstreckung **788** 3; Kostenerstattung **91** 190; Kostenfestsetzungsbeschluß auf die A. **105;** des abgekürzten Urteils **317** 16; Vorlage beim Berufungs/Revisionsgericht **518** 28/**553 a**
**Ausfertigung, vollstreckbare** s vollstreckbare A.
**Ausforschung** der Gegenpartei **138** 21
**Ausforschungsbeweis Einf 284** 27
**Ausforschungspfändung Grdz 704** 44, **829** 17
**Ausgleichsabgabe,** Rechtsweg **GVG 13** 61 „Steuer"
**Ausgleichsanspruch,** des Ehegatten **938** 9; des Erben, Streitwert **3 Anh** 42; des Handelsvertreters **3 Anh** 67; Rechtsweg **GVG 13** 32
**Ausgleichsleistung,** Rechtsweg **GVG 13** 32
**Ausgleichung** der Kosten **106**
**Aushändigung** an der Amtsstelle als Zustellung von Amts wegen **212 b**
**Auskunft,** Anordnung der Erteilung vor der mündlichen Verhandlung **273** 21, **358 a;** als Beweismittel **Üb 402** 25; amtliche A. als Beweismittel **Üb**

**373** 32; Einholung bei der Prozeßkostenhilfe **118;** aus der Gerichtsakte **299** 13; Kostenerstattung **91** 90, 91; nach der Pfändung/Überweisung der Forderung, Pflichten des Schuldners zur A. **836** 5; solche des Drittschuldners **840;** aus dem Schuldnerverzeichnis **915–915 h;** Unrichtigkeit, Wiedereinsetzungsgrund **233** 24; über ausländisches Recht **293** 14; über die Echtheit einer Urkunde **437** 3; schriftliche A. des Zeugen **273** 14, **377** 8
– **(Klage),** des Pfändungsgläubigers gegen den Drittschuldner **840** 15; Streitwert **3 Anh** 31 „Drittschuldnerprozeß"; Übergang von der Feststellungs- zur Leistungsklage **264** 5; Verbindung mit der Herausgabeklage **254** 4
– **(Urteil),** Zwangsvollstreckung **887** 21
**Auskunftei,** Zeugnisverweigerungsrecht **383** 13
**Auslagen,** Kostenfestsetzung **104** 36; des Sachverständigen **413;** des Zeugen **401**
**Auslagenerstattung 91** 69 ff; Beschwerde gegen die A. **567** 17; bei einer Rechtshilfe **GVG 164**
**Auslagenvorschuß** vor der Ladung eines Zeugen/Sachverständigen **273** 23, **379/402**
**Ausland,** Beweisaufnahme im A. **363** mit **Anh, 364, 369;** Bestimmung der Einlassungsfrist **274;** Einspruchsfrist bei der Zustellung im A. **339** 4; ausländischer Gerichtsstand **Üb 12** 5, **16** 2, **36** 18; Klage im A. **253** 3; Gerichtsstand bei einem Mietanspruch über einen Wohnraum im A. **29 a** 14; Erteilung der Prozeßvollmacht im A. **80** 4; Rechtshängigkeit **261** 9; Rechtshilfe **GVG 168 Anh;** Geltendmachung des Unterhaltsanspruchs im A. **GVG 168 Anh II;** Zustellung s dort; Zwangsvollstreckung im A. als Arrestgrund **917** 9; Vollstreckungsersuchen **791;** zwischenstaatliches Zivilprozeßrecht s dort
**Ausländer,** Angehöriger eines fremden Staats **110** 5; Arrestantrag **917** 10; Zuständigkeit **606 a;** Eidesleistung **GVG 188;** Exterritorialer s dort; Gerichtsstand **13, 23;** Heimatloser **606 b Anh I B;** Parteifähigkeit **50** 4; Prozeßfähigkeit **55;** Prozeßkostenhilfe **114** 10, **114 Anh;** Rechtsschutz **Grdz 253** 2; Pflicht zur Leistung einer Sicherheit s Sicherheitsleistung; Zeugenpflicht **Üb 373** 22
**Ausländische Prüfung DRiG 112**
**Ausländischer Anwalt,** Niederlassung **GVG 155 Anh I** 22; vorübergehende Tätigkeit **SchlAnh VII**
**Ausländischer Richter, Staatsanwalt GVG 193**
**Ausländische Streitkräfte** s Streitkräfte
**Auslandsaufenthalt,** Gerichtsstand bei einer Ehe-/Kindschaftssache **606** 17/**640 a; Gerichtsstand bei der Erbschaftsklage gegen einen Deutschen 27** 10; Gerichtsstand bei der Unterhaltsklage **23;** Gerichtsstand des Vermögens usw **23;** Zeugenladung **377** 4
**Auslandsgericht,** Anerkennung einer Entscheidung **328** 1 ff, **329** 22 „§ 328"; Zuständigkeitsvereinbarung **38** 21
**Auslandsgesellschaft,** Parteifähigkeit **50** 4
**Auslandsprozeß,** Streitverkündung **74** 7
**Auslandsrecht,** Anordnung des Nachweises **273** 14; Auskünfte über **293** 14; Beweis **293** 5; Feststellung **293** 11; Feststellungsklage **256** 7, 60 „Ausland"; Nachweis **293** 5; Prüfung im Revisionsverfahren **549** 6
**Auslandsschiedsspruch,** Vollstreckbarerklärung **1061;** Vollstreckungsabkommen s Zivilprozeßrecht
**Auslandsunterhaltsgesetz,** Abänderung des Titels **323** 8, bei **722;** Generalbundesanwalt als Zentrale Behörde **Grdz 50** 28, **Üb 78** 6, 8; Geltungsbereich **GVG 168 Anh III;** Kostenerstattung **91**

294 „Zentrale Behörde"; Prozeßkostenhilfe **114** 84 „Ausländisches Recht", **117** 3, **122** vor 1, **124** 7; Zustellung **171** 4; Zwangsvollstreckung **Grdz 704** 39, bei **722**

**Auslandsurkunde,** Legalisation **438**

**Auslandsurteil (Anerkennung) 328** 1; Anerkennungsabkommen s Zivilprozeßrecht; bei einem vermögensrechtlichen/nichtvermögensrechtlichen Anspruch **328 Anh/328** 48; in einer Ehesache **328** 13, 49, **606 a, b Anh II;** Gegenseitigkeit **328** 46, **328 Anh;** in einer Kindschaftssache **328** 48; Klage aus einem A. **794** 20; Nichtanerkennung wegen Sitten-/Ordnungswidrigkeit **328** 30; bei Unzuständigkeit des Auslandsgerichts **328** 16; Versäumnisurteil **328** 20; bei einer Zuständigkeitsvereinbarung **38** 28

– **(Vollstreckbarerklärung),** Kostenentscheidung **SchlAnh V** A 1; Unterhaltsentscheidung **SchlAnh V** A 2; Vollstreckungsabkommen s Zivilprozeßrecht

– **(Vollstreckungsklage) 722;** Anerkennung **722** 8; Streitwert **4** 15; Urteil **723**

**Auslandswährung,** Streitwert **3 Anh** 25; Zwangsvollstreckung **Grdz 803** 1

**Auslassung,** im Beschluß **329** 19 „§ 320"; im Tatbestand des Urteils **320** 4, **321;** im Tenor des Urteils **319** 13 ff, **321**

**Auslegung,** Feststellungsinteresse **256** 25, 33; Antrag bei der Feststellungsklage **256** 20; sonstige Klage, Antrag/Rubrum **253** 22, 39; Parteieigenschaft **Grdz 50** 3; Prozeßhandlung **Grdz 128** 52; als Rechtsfrage **Einf 284** 17; und Rechtskraft **322** 6; einer Rechtsvorschrift **Einl III** 36; Prüfung im Revisionsverfahren **550** 3; Urkunde/Willenserklärung, Beweislast **286 Anh** 1, 74; verfassungskonforme A. **Einl III** 36; des Vollstreckungstitels **Grdz 704** 21; Zeugnisverweigerungsrecht **Einf 383** 1; Zuständigkeitsvereinbarung **38** 3

– **(Zivilprozeßordnung)** s Zivilprozeßordnung

**Auslösungsgeld,** Pfändung **850** 5

**Ausnahmegericht** GVG 16

**Ausnahmevorschrift,** Auslegung **Einl III** 41

**Aussagegenehmigung,** für den Angehörigen des öffentlichen Dienstes als Zeugen **376;** für eine Parteivernehmung **451** 1 „§ 376"; für einen Angehörigen der Streitkräfte **SchlAnh II 38**

**Aussagepflicht 390**

**Aussageverweigerung** s Zeuge (Zeugnisverweigerung, Zeugnisverweigerungsrecht)

**Ausscheiden** des Gesellschafters, Streitwert **3 Anh** 25, 62; aus dem Verein, Streitwert **3 Anh** 25

**Ausschließliche(r) Gerichtsstand, Zuständigkeit** s Gerichtsstand, Zuständigkeit

**Ausschließung (Amtsausübung),** des Dolmetschers **GVG 191;** des Gerichtsvollziehers **GVG 155;** des Gesellschafters, Streitwert 3 **Anh** 25; des Rpfl **41, 48, 49, GVG 155 Anh** 8 § 10; des Richters **41, 48, 49, 551** 9, **957** 19; unaufschiebbare Amtshandlung **47** 3; Mitwirkung trotz einer A., Nichtigkeitsklage **579** 4; Revisionsgrund **551** 9; des Urkundsbeamten der Geschäftsstelle **41, 48, 49;** aus dem Verein, Streitwert **3 Anh** 25

**Ausschließungsgrundsatz 296** 4, 9, 37, 58, **Einf 322** 11, **767** 50, **796** 3

**Ausschluß,** eines Gesellschafters/Genossen, Streitwert **3 Anh** 25; eines dinglich Berechtigten, Gläubigers, Grundstückseigentümers s Aufgebotsverfahren; eines Mitglieds als vermögensrechtlicher Anspruch **Grdz 1** 11; eines Mitglieds nach dem Austritt, Feststellungsklage **256** 71; der Öffentlichkeit s dort; vgl auch Ausschlußwirkung

**Ausschlußfrist** s Frist

**Ausschlußrecht,** Beeinträchtigung, Urheberbenennung **77**

**Ausschlußurteil** s Aufgebotsverfahren

**Ausschlußwirkung,** für eine Einwendung gegen den Vollstreckungstitel **767** 50, **796** 3; bei der Patentverletzungsklage **253** 5; der Rechtskraft **Einf 322** 11, **322** 4; des Verhandelns zur Hauptsache für eine Zulässigkeitsrüge **282;** der Versäumung einer Prozeßhandlung **Üb 230** 3, **230;** bei einem verspäteten Vorbringen s Parteivorbringen

**Außenwirtschaftsgesetz SchlAnh IV A**

**Äußere Rechtskraft** s Rechtskraft

**Außergerichtliche Kosten,** Erstattung **Üb 91** 21, **91** 69 ff

**Außergerichtlicher Vergleich** s Vergleich

**Außergerichtliches Geständnis Einf 288** 2

**Aussetzung,** der Vollziehung eines Beschlusses nach einer Beschwerde **572** 4; des Beweisbeschlusses auf die Vernehmung einer Partei **450** 5; im finanzgerichtlichen Verfahren, Streitwert **3 Anh** 25; der Verwertung der Pfandsache **813 a**

– **(des Verfahrens) Einf 148** 1; Anordnung vor der mündlichen Verhandlung bei Wahrscheinlichkeit einer A. **273** 10; bei einer gerichtlichen Entscheidung wegen der Untätigkeit der Justizverwaltung **EGGVG 27** 3; bei der (Feststellungs-) Klage wegen der Anfechtung der Ehelichkeit bzw Vaterschaft zwecks Einholung eines Gutachtens **Einf 148** 12, **640 f;** bei dem Antrag auf Ehescheidung/der Klage auf Eheherstellung **614;** bei der Einmischungsklage **65;** infolge eines Krieges **247** 2; Rechtsbehelf **252** 2; beim Verfahren vor dem Richterdienstgericht **DRiG 68, 83;** bei der Anpassung der Unterhaltspflicht **641 o;** infolge einer Verkehrsstörung **247** 2; bei der Bestellung eines gerichtlichen Vertreters **241** 6; der Verwertung der Pfandsache **813 a** 5

– **(des Verfahrens bei Unterbrechungsgrund),** durch die Ablehnung der Verkündung einer Entscheidung **249** 13; Antrag **248;** auf A. bei der Vertretung durch einen ProzBev **246;** beim Aufgebotsverfahren **Grdz 946** 4, **953;** Aufhebung der A. **252** 3; Aufnahme nach der A. s Aufnahme; Beschwerde **252;** Fristablauf **249** 2; Prozeßhandlung **249** 6; Kostenfestsetzung **103** 23; durch Nichtzulassung der Klagänderung **268** 2; bei einem Mangel an einer Prozeßvoraussetzung **56** 14; beim schiedsrichterlichen Verfahren **1042;** bei der Streitgenossenschaft **61** 7; bei der notwendigen Streitgenossenschaft **62** 27; bei der Streithilfe **67** 5; Streitwert **3 Anh** 25; Tatbestandsberichtigung nach einer A. **249** 13; durch Aufhebung/Verlegung/Vertagung des Termins **227** 57; beim Tod der Partei usw **246** 3; mündliche Verhandlung **128** 4, **248;** Verkündung einer Entscheidung **249** 13

– **(des Verfahrens wegen Vorgreiflichkeit),** beim Arrest oder der einstweiligen Verfügung **Einf 148** 6, **148** 35, **Grdz 916** 12; Aufhebung **150;** bei einer Ehe/Kindschaftssache **155;** bei einer Aufrechnung **148** 4, 13; wegen Eheaufhebung/Ehebestandsstreit **152/154;** wegen einer Klage auf Anfechtung der Ehelichkeit oder Vaterschaft **153;** wegen einer ausländischen Ehescheidung **328** 59; wegen einer evtl bevorstehenden gesetzlichen Regelung/Änderung oder einer möglichen Ungültigkeit des Gesetzes **Einf 148** 11/**148** 3; A. ohne Grund als Ruhen des Verfahrens **Einf 148** 10; wegen eines streitigen Kindschaftsverhältnisses **151, 154;** Kostenentscheidung **148** 37; wegen der Möglichkeit widersprechender Entscheidungen **148** 4; wegen eines Musterprozesses **148** 20; bei

**Aussichtslosigkeit**                                                Zahlen in Fettdruck = Paragraphen

einem Mangel der Prozeßvoraussetzungen **56** 14; in der Revisionsinstanz **148** 24, **149** 6; bei einer Straftat **149**; wegen eines Teilanspruchs **148** 37; bei einer Teilklage **148** 26; bei einer Unterhaltsklage des Kindes **Einf 148** 12; im Urkunden/Wechselprozeß **148** 35; bei einer einstweiligen Verfügung wegen des Unterhalts eines Kindes **153** 1; mündliche Verhandlung **128** 5, **148** 36; durch eine Vertagung **Einf 148** 8; wegen der Vorgreiflichkeit der Entscheidung eines Gerichts oder einer Verwaltungsbehörde **148** 9; Wegfall des Grundes **Einf 148** 9; wegen der Zuständigkeit des Kartellgerichts **Einf 148** 4; im Zwangsvollstreckungsverfahren **148** 30

**Aussichtslosigkeit,** der Pfändung, Offenbarungsversicherung **807** 12; der Rechtsverfolgung/Rechtsverteidigung **114** 80

**Aussiedler,** Eingliederungsgeld **Grdz 704** 70 „Eingliederungsgeld", 103 „Sozialleistung"

**Aussöhnungsmöglichkeit** in einer Ehesache, Aussetzung **614**

**Aussonderungsrecht,** Widerspruchsklage **771** 20 „Schuldrechtlicher Anspruch"

**Austauschpfändung 807** 41, **811 a, b**

**Auswahl** des Sachverständigen s Sachverständiger (Sachverständigenbeweis)

**Ausweis,** des Gerichtsvollziehers **755** 2; der gesetzlichen Vertretung, Legitimationsmangel **56**

**Auszubildender,** Gerichtsstand **20**; Bestellung eines gerichtlichen Vertreters **57**; Zustellung an den A. **183** 7, 8

**Auszug (aus)** einem Beschluß **329** 15 „§ 317"; der Gerichtsakte **299**; der Akte des Gerichtsvollziehers **760**; der Urkunde **131**; dem Urteil **317** 9, 16

**Auszugsvertrag,** Pfändung **850 b** 8; Streitwert **9** 5; Zuständigkeit **GVG 23** 12

**Autor,** Zeugnisverweigerungsrecht **383**

**B**

**Bahneinheit** als unbewegliches Vermögen kraft Landesrechts **871**

**Bank,** Zeugnisverweigerungsrecht **383** 14, **384** 8; Bescheinigung über die Vorlage des Zinsscheins **1010** 3, **1011** 2, **1021**; Bescheinigung und Einstellung der Zwangsvollstreckung **775** 16

**Bankbürgschaft,** Kostenerstattung **91** 204 „Sicherheitsleistung", **788** 39; als Sicherheitsleistung **108** 7, 10, **109** 4

**Bankguthaben** als unpfändbare Forderung, Pfändung **Grdz 704** 87 „Kontokorrent", **Einf 850** 2, **850 b** 5; Freigabe, Streitwert **3 Anh** 58 „Freigabe"

**Bankrecht,** Beweislast **286 Anh** 75

**Barmittel** s Geld

**Baugeldanspruch,** Pfändung **Grdz 704** 66

**Baugenehmigung,** Rechtsweg **GVG 13** 24, 33

**Baugesetzbuch,** Rechtsweg **GVG 13** 24, 33

**Bauhandwerkerhypothek,** Streitwert **3 Anh** 26

**Baulandsache,** Anwaltszwang **78** 47; Ermittlungsregeln **Grdz 128** 29; Feststellungsklage **256** 61; Gerichtsstand **Üb 12** 11; Kammer für Baulandsachen **Grdz 1** 7; **GVG 71** 1; Zahlung der Prozeßgebühr **271 Anh**; OLG **GVG 119** 11; Streitwert **3 Anh** 26; Urteilsverkündung **310** 5; Veräußerung des Streitgegenstands **265** 2; Wiedereinsetzung **233** 4; Einstellung der Zwangsvollstreckung **707** 22

**Baulast,** Streitwert **9** 8

**Baumbach'sche Formel 100** 52

**Baupolizei,** Auflage der B., Rechtsweg **GVG 13** 33

**Baurecht,** Beweislast **286 Anh** 76

**Baustreitsache,** als Sommersache **227** 44; Streitwert **3 Anh** 26

**Bayerisches Oberstes Landesgericht Üb 545** 2, **EGGVG 8, SchlAnh I** B; Abgabe der Revision an den BGH **EG 7**; Einlegung der Revision gegen ein Urteil des B. **EG 8**; Zuständigkeit **EG 7, SchlAnh I** B; Bestimmung der Zuständigkeit **36** 11

**Beamter 376** 1; Amtspflichtverletzung s dort; amtliche Auskunft **Üb 373** 32; Pfändung der Bezüge **850** 3; Pfändung der Dienstkleidung usw **811** 46; Fehlbestandsverfahren **GVG 13** 39; Gerichtsstand bei einer Auslandsbeschäftigung **15**; Anzeige der Offenbarungshaft **910**; als Sachverständiger **402** 1 „§ 376", **408** 4; als Vertreter in der mündlichen Verhandlung **157** 8, 12; als Zeuge, Aussagegenehmigung **376**; Zeugnisverweigerungsrecht **383** 8, 12, **385** 7; als Zustellungsempfänger **184** 2

— **(Klage von/gegen Beamte),** Gerichtsstand des Erfüllungsorts **29** 3; Rechtsweg **GVG 13** 34; Streitwert der Bezüge **9** 2; Vorentscheidung bei einer Klage gegen einen Landesbeamten **EGGVG 11**; Zuständigkeit **GVG 71** 3

**Beanspruchterstreit 75**

**Beanstandung** der Verhandlungsleitung des Vorsitzenden, Fragerecht **140**

**Beauftragter,** Fristversäumung **233** 30, 77 ff

**Beauftragter Richter Einl III** 72; vgl auch Beweisaufnahme, verordneter Richter

**Bediensteter** s Hauspersonal

**Bedienungsgeld,** Pfändung **832** 4

**Bedingter Anspruch,** Arrest/einstweilige Verfügung **916** 5/**936** 1 „§ 916"; Feststellungsklage **256** 17; Mahnbescheid **688**; Pfändung **Grdz 704** 66, **829** 1 Streitwert **3 Anh** 27

**Bedingung,** Beweislast **286 Anh** 77; beim Einverständnis mit dem schriftlichen Verfahren **128** 40; Erwerb kraft auflösender B., Rechtskraftwirkung **325** 23; bei der Klage **253** 3; Klage für den Fall der Abweisung der Klage gegen einen anderen Bekl **29** 3, **253** 3; Kostenerstattungsanspruch **Üb 91** 34; bei einer Prozeßhandlung **Grdz 128** 54; beim Prozeßvergleich **307 Anh** 42; bei einem Rechtsmittel **Grdz 511** 4; auflösend bedingtes/unbedingtes Urteil **Üb 300** 9; Zwangsvollstreckung, Nachweis des Eintritts einer B. **726** 4

**Beeidigung,** der Partei s dort; des Sachverständigen s dort; des Zeugen s dort; Eidesleistung s dort

**Befangenheitsablehnung (Gerichtsperson) 42** ff; Amtshandlung nach der B. **47**, 49; Arrest nach der B. **47**; Mitwirkung des abgelehnten Richters an der Entscheidung, Nichtigkeitsklage **579** 4; des Amtsrichters **45**; nach einer Antragstellung/Einlassung **43** 3/**44** 7; Anwaltszwang **78** 35; des Arbeitsrichters **41** 8; dienstliche Äußerung **44** 6; wegen eines Ausschlusses vom Richteramt **42** 10; Befangenheit **42** 10; Entscheidung **45, 46** 3; Entscheidung bei einer Selbstablehnung **48**; Gesuch **44** 3; rechtliches Gehör **46** 7, **48** 7; Glaubhaftmachung **44** 5; wegen eines Hinweises gegenüber einer Partei **42** 38 „Ratschlag", **139** 49, 62; Kenntnis des Ablehnungsgrundes **43** 2; Prozeßverschleppung/Rechtsmißbrauch **42** 7, **45** 5; eines Referendars als Urkundsbeamten der Geschäftsstelle **49** 3; des Rpfl **49** 5, **GVG 153 Anh** 8 § 10; Revisionsgrund **551** 10; Selbstablehnung **48**; Streitwert **3 Anh** 3; des Urkundsbeamten der Geschäftsstelle **49** 3; Verfahren **45, 46, 47**; Verzicht auf die B. **43** 2; Wiederholung der B. **42** 5; Zurückweisung des Gesuchs als Revisionsgrund **551** 9; Zuständigkeit **45** 7

dahinterstehende Zahlen und Buchstaben = Randnummern **Beklagter**

- (Gerichtsvollzieher) GVG 155
- (Sachverständiger, Dolmetscher) s Sachverständiger
- Schiedsrichter, vom Schiedsgericht bestellter Sachverständiger 1036, 1049

**Beförderungsvertrag,** Gerichtsstand 21 12; Rechtsweg GVG 13 34; Urteil, Vollstreckbarkeit 709 1

**Befreiung** vom Anwaltszwang 78 35; von der Gerichtsbarkeit GVG Einf 18 2, 20; von der Kostenzahlung s Prozeßkostenhilfe; von einer Sicherheitsleistung s dort; Zwangsvollstreckung aus einem Urteil auf B. von einer Verbindlichkeit 887 2, 22

**Befreiungsanspruch** vom Grundpfandrecht, Gerichtsstand 25; Pfändung Grdz 704 67; Streitwert 3 Anh 27, 4 12

**Befriedigung** s Erfüllung, Zwangsvollstreckung

**Befriedigungsklage** nach einer Pfändung auf eine vorzugsweise Befriedigung 805; ebenso nach der Pfändung von Früchten 810 6

**Befristung,** der Forderung s Fälligkeit

**Beginn** s Gegenstand des Beginns, zB der Zwangsvollstreckung

**Beglaubigung,** einer Abschrift s dort; der Prozeßvollmacht 80 14; der Unterschrift unter einer Urkunde 416, 440 4; durch den Urkundsbeamten der Geschäftsstelle s dort; Urteil auf B., Zwangsvollstreckung 887 22; Urteil, Ausfertigung/Abschrift 317 8, 16; für eine Zustellung 170 6, 15, 196, 210; der Abschrift der Zustellungsurkunde 190 4

**Begnadigung** 890 310

**Begründetheit,** der Klage Grdz 253 13, 17

**Begründung,** der Abgabe vom Landwirtschaftsgericht an das Prozeßgericht 281 Anh III 1, 5; des Arrests/der einstweiligen Verfügung 922 22/936 3 „§ 922", Urteil oder Beschluß; der Berufung/Revision s dort; eines Beschlusses Üb 300 1, 329 4; 573 11; Beschwer infolge der B. Grdz 511 13; der Beschwerde 621 e; des Antrags auf eine Abkürzung der Einlassungs-/Ladungsfrist 226 2; des Einspruchs 340 12; des Justizverwaltungsakts EGGVG 28 9; des Kostenfestsetzungsbeschlusses Einf 103 4, 104 15, 56; der Entscheidung über die Prozeßkostenhilfe 127 10; der Revision 554; Revision wegen des Fehlens einer B. 551 14; der Verwerfung der Revision Üb 545 Anh; des Schiedsspruchs 1054; der Aufhebungsklage wegen der Parteihaftigkeit der B. 1059; der Festsetzung des Streitwerts Einf 3 9; der Aufhebung eines Termins 227 25; des Urteils s dort; der Verweisung an das Landwirtschaftsgericht 281 Anh III 5; der Verzögerungsgebühr 95 Anh; des Antrags auf eine Wiedereinsetzung 236 4; Zwang zur B. eines Beschlusses 329 4, eines Revisionsurteils 565 a 1

**Begründungszwang,** beim Anerkenntnisurteil mit Auslandsbezug 313 b; bei der Berufung 519 2; bei der Klage 253 32; bei der Revision 554 3; beim Versäumnis- oder Verzichtsurteil mit Auslandsbezug 313 b

**Begutachtung,** kaufmännische, Entscheidung der Kammer für Handelssachen GVG 114; durch den Sachverständigen s dort

**Behältnis,** Durchsuchung durch den Gerichtsvollzieher 758

**Behauptung,** Behauptungslast Grdz 128 22, 253 32; Beweislast, Einschluß der Behauptungslast 286 Anh 1; Parteibehauptung s Partei (Vorbringen); Wahrheitspflicht 138 13

**Behauptungslast** s Parteivorbringen (Behauptung)

**Behörde,** Aktenmitteilung an das Gericht GVG 168; Anwaltszwang 78 56; Auskunft Üb 373 32; Auskunftsersuchen an die B. 273 21; Auslegung einer Behördenentscheidung 550 3; Aussagegenehmigung für einen Beamten 376; Aussetzung bei einer Feststellung durch die B. 148 9; Beweisaufnahme durch eine ausländische B. 364, 369; Bindung an das Urteil Einf 322 21; Einsichtnahme in die Gerichtsakte 299 5; Abgabe einer Erklärung durch den ProzBev gegenüber der B. 81 22; Ersuchen an die B. zwecks Zwangsvollstreckung 789; Fachbehörde als Sachverständiger Üb 402 10; Feststellungsklage statt Leistungsklage gegen eine B. 256 82; Genehmigung gegenüber einem Beamten zur Tätigkeit als Sachverständiger 402 1 „§ 376", 408 5; Gerichtsstand 17 7, 18; Gerichtsstand beim Sitz in mehreren Gerichtsbezirken 19; Mitteilung an die B. über die Offenbarungshaft eines Beamten 910; Parteifähigkeit 50 10; öffentliche Urkunde s Urkunde; vollstreckbare Urkunde, Ausfertigung 797 6; Urkundenbesitz der B., Beweisantritt 432 1, 6; Urkundenerteilung, Antragsrecht des Gläubigers 792, 896; Urkundenübersendung 432 7; als gesetzlicher Vertreter 51 12ff; als Vertreter des Fiskus 18; Zeugnis der B. Üb 373 4; Zustellung an die B. 171 3, 184, 212 a; Zustellungsersuchen an eine ausländische Behörde 199

**Beibringungsfrist,** für ein Beweismittel 356 8

**Beibringungsgrundsatz** Grdz 128 20 ff; und gerichtliche Aufklärungspflicht 139 16, 278 10; in der Berufungsinstanz 536 6; Einschränkungen des B. Grdz 128 25; in einer Ehesache 617; beim Nichtbestreiten 138 42; Schriftsatz zwischen dem Schluß der mündlichen Verhandlung und dem Verkündungstermin 196 a 2

**Beibringungsmaxime** s Beibringungsgrundsatz

**Beihilfe,** Gerichtsstand 32 16; Pfändung 850 a 8

**Beiladung,** in einer Kindschaftssache 640 e; des Pfändungsgläubigers durch den Drittschuldner 856 4; des Streitverkündeten s Streitverkündung

**Beilegung, gütliche** 279

**Beiordnung** des Notanwalts 78 b, c; kraft Prozeßkostenhilfe s dort; in einer Scheidungssache 625

**Beischlaf,** Anspruch in einer B., in der Feriensache GVG 200 7, 8; Zuständigkeit GVG 23 a 4

**Beisitzer,** Beanstandung einer Frage 140 6, 8; Fragerecht 139 40; Beanstandung des Schlusses der mündlichen Verhandlung 140 8; Verhandlungsleitung 136 5

**Beistand** 53 a, 90; Ausschluß als Gerichtsperson 41 12, 49; Anordnung der Entfernung in der mündlichen Verhandlung 158 1; Gebührenanspruch, Gerichtsstand 34; Protokollangabe 160 6; im schiedsrichterlichen Verfahren 1042; Untersagung des Vortrags 157 21; als gesetzlicher Vertreter eines Kindes 53 a, eines prozeßunfähigen Ausländers 55; als Zeuge Üb 373 9; s auch Rechtsbeistand

**Beitreibung** s Prozeßkostenhilfe, Zwangsvollstreckung

**Beitritt,** des Streithelfers/nach einer Streitverkündung s dort

**Beiziehung** der Akten s Akten

**Bekanntmachung** s Beschluß, Termin, Urteil; öffentliche B. s Aufgebotsverfahren, Zustellung (öffentliche)

**Beklagtenhäufung** s Klägerhäufung

**Beklagter** Grdz 50 1; falscher/nicht bestehender B. Grdz 50 17; Einwilligung in eine Klagänderung 263 23; Antrag auf Entlassung im Beanspruchstreit/bei der Urheberbenennung 75 9/76 9, 77

**Bekräftigung, eidesgleiche** 484
**Belastung, dingliche,** Gerichtsstand 24; einstweilige Verfügung auf Untersagung 938 10
**Beleg** für die Kostenfestsetzung 103 36
**Belehrung,** über die Anerkenntnisfolgen 499 3; vor der Eidesleistung 480; über die Folgen einer Fristversäumnis 276 13, 340 16; über einen Rechtsbehelf bzw ein Rechtsmittel 42 39, 42 „Ratschlag", 139 36, 52 „Belehrung", 233 23 „Gericht", 313 47, 317 4, 339 4, 700 6; über die Unzuständigkeit 504 3; über das Zeugnisverweigerungsrecht 383 18; vgl auch Aufklärungspflicht
**Beleuchtungsmittel,** Pfändung 811 25
**Belgien,** deutsch-belgisches Abkommen **SchlAnh V** B 4; Ehesache 606 a Anh II
**Benachrichtigung,** der Behörde über die Anordnung der Offenbarungshaft gegen einen Beamten 910; des Drittschuldners von der Vorpfändung 845 4; der Partei s dort
– **(Gläubiger),** im Mahnverfahren 693 12, 695 2, 702 2
– **(Schuldner),** bei einer Anschlußpfändung 826; bei der Erteilung einer vollstreckbaren Ausfertigung 733 7; durch Übersendung einer Abschrift des Protokolls des Gerichtsvollziehers 763; von der Vorpfändung 845 4, 5, 857 19
**Benennung,** des mittelbaren Besitzers/Urhebers 76/77; des Zustellungsbevollmächtigten s Zustellung
**Benutzung** einer öffentlichen Einrichtung, Rechtsweg **GVG** 13 52 „Öffentlich-rechtliche Einrichtungen"
**Beratung,** Kostenerstattung 91 158 ff
**Beratung und Abstimmung Üb GVG** 192; Abstimmung **GVG** 194–197; Abwesenheit eines Dritten **GVG** 193; Leitung **GVG** 194; Mitwirkende Personen **GVG** 192; im Schiedsgericht 1052
**Beratungsgeheimnis GVG** 21 e 19, **DRiG** 43, 46; im Schiedsgericht 1052
**Beratungshilfegesetz** 127 Anh
**Berechnung** des pfändbaren Arbeitseinkommens s Zwangsvollstreckung (Pfändung); einer Frist s dort; des Streitwerts s dort
**Berechtigung, grundstücksgleiche,** Arrestvollzug 932; Zwangsvollstreckung 864 0, 870
**Bereicherungsanspruch,** Beweislast 286 Anh 78; Gerichtsstand 29 3, 32 7; Kostenrückfestsetzung nach einer Änderung des Streitwerts 107 2; Rechtsweg **GVG** 13 35; Streitwert 3 Anh 28; nach einer Versäumung der Widerspruchsklage **Einf** 771 4; nach einem Widerspruch gegen den Verteilungsplan 878 10; wegen der Zwangsvollstreckung aus einem vorläufig vollstreckbaren Urteil des OLG 717 17
**Bereitschaftsdienst GVG** 21 c, 21 e 11, 22 c
**Bergelohn, Rechtsweg GVG** 13 35
**Bergschaden,** Feststellungsklage 256 61
**Berichterstatter GVG** 21 g 2; in der Abstimmung **GVG** 197; Anordnung vor der mündlichen Verhandlung 273 8; Beweisaufnahme s dort; vgl auch Beisitzer
**Berichterstattung** nach dem Ausschluß der Öffentlichkeit **GVG** 174
**Berichtigung,** der Erklärung des Beistands durch die Partei 90 2; des Beweisbeschlusses 360 5; eines sonstigen Beschlusses s dort; der Klage 263 3, 264 4; des Klagantrags 264 18; des Mahnbescheids 692 8; der Parteibezeichnung **Grdz** 50 4, 14, 139 28, 253 27, 264 4; einer Parteierklärung s dort; des Protokolls 164 11; der Erklärung im ProzBev durch die Partei 85 6; einer Prozeßhandlung **Grdz** 128 53; eines Rechenfehlers 319, 320 4;

Zahlen in Fettdruck = Paragraphen

der Entscheidung über die Zulassung der Revision 546 20; des Schiedsspruchs 1058; des Urteils 319, 320 4; vgl auch Urteil
**Berlin EGGVG** 4 a
**Berlin (West), früheres,** Pfändung der Berlinzulage **Grdz** 704 67; Gerichtsbarkeit gegenüber einem Angehörigen der Streitkräfte **Einl II** A 3; Revisibilität eines Gesetzes 549 15; Zivilprozeßgesetze **Einl II** A 3, **Einl III** 76; Zwangsvollstreckung aus der Entscheidung eines auswärtigen Gerichts 723 7
**Berufsgeheimnis,** Ablehnung der Abgabe einer Offenbarungsversicherung wegen eines B. 900 29; Zeugnisverweigerungsrecht 383 6–9, 385 6
**Berücksichtigung von Amts wegen** s Amtsermittlung, Amtsbetrieb, Amtsprüfung
**Berühmung** durch eine Streitverkündung bei der leugnenden Feststellungsklage 256 31
**Berufsausübung,** Pfändung eines zur B. notwendigen Gegenstands 811 26, 36
**Berufsgenossenschaft,** Gerichtsstand 21 3; Rechtsweg **GVG** 13 35
**Berufskammer,** Vereinbarung der Zuständigkeit der B. 38 18
**Berufspflicht,** Beweislast bei einer Verletzung **§ 286 Anh** 56 „Ärztliche Behandlung", 160 „Schadensersatz"
**Berufsrichter** s Richter
**Berufung** 511 ff; gegen eine Entscheidung nach Lage der Akten 513 2; gegen ein Urteil im Verfahren auf einen Arrest/eine einstweilige Verfügung 922 19, 925 10/936 3, 4, 942 9; beim Auftreten einer falschen Partei **Grdz** 50 18; Beschränkung 519 19; Beschwer **Grdz** 511 13; in einer Ehesache **Üb** 606 5, 611 2; Prüfung, ob Familiensache 529; gegen eine vom Familiengericht entschiedene Sache **GVG** 119; Flucht in die B. 528 25; wegen des Fehlens der internationalen Zuständigkeit **Üb** 12 8; gegen die Kostenentscheidung 99 31, 32, 100 6; gegen die Kostenentscheidung durch ein Urteil nach einer (Teil)Erledigterklärung 91 a 152, 194; Statthaftigkeit 511 2; in einer nichtvermögensrechtlichen Streitigkeit 511 a 28; insofern vgl auch Berufungssumme; Streitwert 4 4, 5 11; Terminsbestimmung 520; Unzulässigkeit als Revisionsgrund 547; gegen ein Versäumnisurteil 338 3, 513; gegen ein solches nach einem Antrag auf eine Wiedereinsetzung 238 8; Verwerfung wegen des Unterbleibens der Sicherheitsleistung 113 4; Verwerfung als unzulässig 519 b 3; Wirkung dieser Verwerfung auf eine Anschlußberufung 522; Verzicht auf die B. durch eine Sprungrevision 566 a 7; (Teil)Verzicht nach einem Urteil 160 17, 514 5; Vorentscheidungen 512; bei einem Wohnraumprozeß 511 a 27, 541; Zulässigkeitsprüfung 519 b; Zuständigkeit **Üb** 511 5; LG als Berufungsgericht, Zuständigkeit **GVG** 72; dgl OLG **GVG** 119; wegen Fehlens der örtlichen Zuständigkeit in einer vermögensrechtlichen Streitigkeit 512 a
– **(Anschlußberufung),** nachträgliche Änderung des Berufungsantrags 522 a 8; während der Berufungsfrist/nach dem Fristablauf 521 2; Einlegung und Begründung 522 a 2 ff; Hilfsantrag 521 4; nur gegen die Kostenentscheidung 99 5; Kosten bei einer Verwerfung der Berufung 515 19; Streithilfe 67 12; gegen ein Versäumnisurteil 521 15; Verwerfung der Berufung als unzulässig/Rücknahme der Berufung 522; nach dem Verzicht auf die Berufung 521 13; Wiedereröffnung der mündlichen Verhandlung zwecks Einlegung der A. 156 4; Zulässigkeitsprüfung 522 a 6

dahinterstehende Zahlen und Buchstaben = Randnummern **Beschluß**

– **(Antrag)** 519 17 ff; nachträgliche Änderung des A. bei der Anschlußberufung 522 a 8; Beschränkung des A. 515 13; Bindung des Berufungsgerichts an den A. 536; bei der Berufung in einer Ehesache **Üb** 606 4; Hilfsantrag 260; A. zur vorläufigen Vollstreckbarkeit 714 2
– **(Begründung)** 519 16; Angabe der Berufungsgründe 519 22; bei der Anschlußberufung 522 a 4; nach einer Aussetzung/Unterbrechung des Verfahrens 249 7, 250 2; Angabe des Beschwerdewerts 519 34; unter bloßer Bezugnahme 519 23; durch Telegramm 129 45; neues Vorbringen 519 22; Unterschrift 129 39 „Rechtsmittelbegründung"; Zustellung 519 a
– **(Begründungsfrist)** 519 4; Angabe des Berufungsgrundes 519 23; Fristablauf an einem Sonnabend/Sonntag/Feiertag 222 5; Pflicht des Anwalts zur Kontrolle der Frist 233 93; nach einer Anordnung des Ruhens des Verfahrens 251 9; Antrag auf eine Verlängerung der B. 519 4
– **(Berufungsfrist)** 516; nach der Aufnahme eines unterbrochenen Verfahrens 239 16; bei einer Aussetzung/Unterbrechung 249 4; beim Ergänzungsurteil 517; Pflicht zur Kontrolle des Fristablaufs nach einer Unterbrechung des Verfahrens s vorstehend: Begründungsfrist; Wiedereinsetzung nach der Verwerfung der Berufung 238 4, 6
– **(Berufungsschrift)** 518; Zustellung 519 a
– **(Einlegung)** 516, 518; der Anschlußberufung 522 a 2; als Aufnahme nach einer Aussetzung/Unterbrechung des Verfahrens 250 2; nach einer Aussetzung 249 12; Berechtigung zur E. 511 4; Beschwer **Grdz** 511 13; durch Fernschreiben/Telegramm 129 45, 518 9; Sorgfaltspflicht des Anwalts 233 84; nach einer Unterbrechung des Verfahrens 249 12; Unterschrift 129 84, 518 9; ohne Vollmacht 97 12; Wiederholung 518 18; Zeitpunkt, Mitteilung 519 a 3; Zustellung 210 a, 519 a
– **(Erwiderung)** 520
– **(Rücknahme)** 515; Anwaltszwang 515 10; gegenüber einem Ehescheidungsurteil als Rechtsmißbrauch **Einl III** 63; nach einem Vergleich, Kostenaufhebung gegeneinander 98 48 „Rechtsmittelrücknahme"; Protokoll 160 16; Verlustigerklärung 515 17; Streitwert der Verlustigerklärung **3 Anh** 129; Verpflichtung der Partei zur R. 515 7; Widerrufsrecht 515 9; Wirkung auf die Anschlußberufung 522
– **(Vorverfahren)** 520
**Berufungssumme** 511 a; nach einer Prozeßtrennung/-verbindung 145 6/147 19; nach einer Erklärung der Hauptsache als teilweise erledigt 91 a 156; bei einem Wohnraumprozeß 511 a 27, 541
**Berufungsverfahren** 523 ff; Anforderung/Zurücksendung der Akten 544; Antrag auf eine Parteivernehmung 531; Antrag auf eine Verhandlung vor der Kammer für Handelssachen/Verweisung an eine (andere) Zivilkammer **GVG** 100, 101; Antrag auf eine Vollstreckbarerklärung des erstinstanzlichen Urteils 534; Antrag auf eine Vorabentscheidung über die vorläufige Vollstreckbarkeit 718; gerichtliche Aufklärungspflicht 139 52 „Berufungsinstanz", 526 7; Prüfung der Beweiswürdigung der Vorinstanz **Einf** 284 35, 398 6, 7; Bindung des Berufungsgerichts an eine unanfechtbare Entscheidung 512; Einholung eines Rechtsentscheids in einer Mietrechtsfrage 544 Anh; Einzelrichter 524; Ermessensnachprüfung **Einl III** 33; erstinstanzliches Geständnis im B. 532; Kostenentscheidung im B. 97; solche bei einer Erklärung der Hauptsache als erledigt 91 a 153; Kosten zu Lasten des Siegers wegen neuen Vorbringens 97 148; Nachholung einer Erklärung über eine Tatsache/Urkunde 531; Parteivernehmung 533; Parteiwechsel 263 9; Prozeßkostenhilfe 119; Prozeßvollmacht, Mangel/Nachweis 88 13/80 10, 88 9; Nachprüfung der Streitpunkte 537; Geltendmachung der sachlichen Unzuständigkeit 529 6; Übergehung eines Wiedereinsetzungsantrags 237 3; Verbindung der Berufungen gegen das Urteil und das Ergänzungsurteil 517 4; Versäumnisverfahren 542; Rüge von Verfahrensmängeln 530; neues Vorbringen 528; Widerklage 528 9; Wiederholung der Beweisaufnahme 526 5; einstweilige Einstellung der Zwangsvollstreckung 719; Zulässigkeitsrüge 529; Zurückweisung von Vorbringen 527 ff; Zwischenfeststellungsklage 256 110; Einstellung der Zwangsvollstreckung 719 2
– **(Berufungsverhandlung)** 525; Einlassungsfrist 520 5; Terminbestimmung 520 4; Vortrag des erstinstanzlichen Prozeßstoffes 526 3
– **(Urteil)** 537 8; bei einer Anspruchshäufung 260 8; Antrag auf eine Vollstreckbarerklärung in der Revisionsinstanz 560; Verwerfung der Berufung als unzulässig 519 b 3; Zulassung der Revision 546 5, 29; Sachentscheidung 538 14, 540; Tatbestand 543; Versäumnisurteil 542; auf eine Zurückverweisung 538, 539; auf eine solche wegen einer Verletzung der Aufklärungspflicht vgl auch 139 101; auf eine Zurückverweisung bei der Klage auf Auskunftserteilung, Rechnungslegung und Zahlung 254 20; auf eine Zurückverweisung wegen der Übergehung eines Aussetzungsantrags bei der Unterhaltsklage eines nichtehelichen Kindes **Einf** 148 12
**Berufung auf (Eid)**, Diensteid 386; früheren Eid **Üb** 478 4
– **(Rechtsweg)**, Klage gegen eine Verwaltungsentscheidung 253 4
**Beruhen**, einer Entscheidung auf einer Gesetzesverletzung 549 5, 551 2
**Besatzungsrecht GVG** 1 2; richterliches Prüfungsrecht **GVG** 1 5
**Beschädigung**, eines Grundstücks, Gerichtsstand 26; des Reisegepäcks, Zuständigkeit **GVG** 23 9
**Beschäftigungsort**, Gerichtsstand 20; Bestellung eines gerichtlichen Vertreters 57 10
**Beschlagnahme**, Arrestvollzug beim Schiff(sbau)werk/Luftfahrzeug 931; bei der Zwangsversteigerung/-verwaltung eines Grundstücks, Pfändung der Früchte/des Zubehörs 810 4/865; durch die Pfändung **Üb** 803 6
**Beschleunigung**, des Prozesses s Prozeßbeschleunigung
**Beschluß**, Ausfertigung 329 15 „§ 317"; eines ausländischen Gerichts 329 22 „§ 328"; Begründung **Üb** 300 1, 329 4, 573 11; Begründungspflicht 329 4, 922 10, 22, 936 3 „§ 922"; Bekanntgabe ohne Verkündung 329 26; Beweisbeschluß 358; Bindung an die Parteianträge 329 14 „§ 308"; Bindungswirkung 329 17, 18; als Entscheidung im Fall der freigestellten mündlichen Verhandlung 128 12; Besetzung des Gerichts 309, 329 14 „§§ 309, 310 I"; des Präsidiums des Gerichts **GVG** 21 e 19, 21 i; Mitteilung des B. 329 23; Protokoll 160 14; Rechtskraft 329 21; im schiedsrichterlichen Verfahren 1054; Unterschrift 329 8; statt eines Urteils, Rechtsmittel **Grdz** 511 30; Verkündung 329 12; ohne Verkündung 329 23; Verkündung nach einer Aussetzung/Unterbrechung/ nach dem Ruhen des Verfahrens 249 13/251 9; als Vollstreckungstitel 794 12 ff; Wirksamwerden 329 26; Zustellung von Amts wegen 329 31

# Beschluß

Zahlen in Fettdruck = Paragraphen

- **(über)** die Ablehnung oder Annahme der Revision **554 b**; eine einstweilige Anordnung in einer Ehesache **628** 14; einen Arrest/eine einstweilige Verfügung **922** 22/**936** 22 „**§ 922**"; die Aufnahme eines ruhenden Verfahrens **251** 18; eine Aussetzung **248** 2; eine solche wegen Vorgreiflichkeit **148** 37; die Aufhebung einer Aussetzung **150** 4; die Aufhebung einer Aussetzung wegen einer Verkehrsstörung **247** 3; die Beanstandung einer prozeßleitenden Anordnung des Vorsitzenden oder einer Frage des Gerichts **140** 11; die Verlustigerklärung der Berufung **515** 23; die Verwerfung der Berufung als unzulässig **519 b** 4; die Zulässigkeit der Berufung **519 b** 6; die Zuweisung der Berufung an den Einzelrichter **524** 3; eine Beweissicherung **490** 3; die Entfernung einer Person aus dem Saal wegen Ungehorsams **GVG 177**; den Entlassungsantrag des Bekl im Beanspruchterstreit **75** 9; eine Erklärungsfrist **283**; die Kürzung/Verlängerung einer Frist **225** 5; die Abgabe des Verfahrens in einer Hausratssache **281 Anh I** 4; die Entbindung des Bekl von der Klage nach der Prozeßübernahme durch den Benannten **76** 9; die Kosten nach beiderseitigen Erledigterklärungen **91 a** 147; die Kostenentscheidung nach der Klagrücknahme **269** 43; die Kosten nach der Zulassung des (Proz)Bev ohne (den Nachweis der) Vollmacht **89** 8; die Kosten, Rechtsmittel **99**; die Abgabe vom Landwirtschaftsgericht an das Prozeßgericht **281 Anh III** 2; den Ausschluß der Öffentlichkeit **GVG 174**; ein Ordnungsmittel wegen einer Ungebühr **GVG 178**; das Erscheinen einer Partei **141** 22; die Zurückweisung eines Parteivorbringens **282, 296**; die Zurückweisung des ProzBev wegen eines Mangels seiner Vollmacht **88** 13; die Prozeßkostenhilfe **127**; die Aufhebung einer Trennung/Verbindung von Prozessen **150** 4; die Beglaubigung einer Prozeßvollmacht **80** 4; die Gewährung einer Räumungsfrist **721** 11; eine Rechtswegverweisung **GVG 17 a** 7; die (Neu)Festsetzung des Regelunterhalts **642 ff**, **645 ff**; die Ablehnung oder Annahme der Revision/ihre Verwerfung als unbegründet/unzulässig **554 b/554 a**; die Ablehnung eines Richters **46** 5; das Ruhen des Verfahrens **251** 7; die Ablehnung eines Schiedsrichters **1037**; eine Sicherheitsleistung **112** 5; die Festsetzung des Streitwerts **Einf 3** 9; die Aufhebung eines Termins **227** 56; einen Terminsort außerhalb der Gerichtsstelle **219** 8; eine Berichtigung des Urteils **319** 28; eine Berichtigung speziell des Tatbestands **320** 9; die Wirkungslosigkeit des Urteils nach der Klagrücknahme **269** 46; eine einstweilige Verfügung des AG (Dringlichkeit/Vormerkung/Widerspruch) **942** 16; die abgesonderte Verhandlung über eine Zulässigkeitsrüge **280**; die Zurückweisung des Antrags auf den Erlaß eines Versäumnisurteils **331** 9, **335**; den Ausschluß eines Vertreters **157** 16; die gerichtliche Bestellung eines Vertreters für den Bekl **57** 8; die Zurückweisung eines Vertreters mangels Vertretungsberechtigung **56** 15; eine Abgabe an das Landwirtschaftsgericht **281 Anh III** 2; eine Verweisung wegen Unzuständigkeit **11**; die Verweisung an eine (andere) Zivilkammer/Kammer für Handelssachen **GVG 97–99, 101**; diejenige im Beschwerdeverfahren **GVG 104**; die Auferlegung einer Verzögerungsgebühr **95 Anh**; die Vollstreckbarerklärung eines Schiedsspruchs **1060, 1061**; die Vollstreckbarerklärung eines erstinstanzlichen/Berufungsurteils **534/560**; die Untersagung des Vortrags in der mündlichen Verhandlung **157** 22; eine Wiedereinsetzung **238** 5, 9; die Wiedereröffnung der mündlichen Verhandlung **156** 10; die Abgabe des Verfahrens in einer Wohnungseigentumssache **281 Anh II** 8; die Zurückweisung des Antrags auf den Erlaß eines Mahnbescheids **691**; die Bestimmung der Zuständigkeit **37** 4; eine öffentliche Zustellung **204** 6; die Bestellung eines Zustellungsbevollmächtigten **174** 8; die Heilung eines Mangels bei der Zustellung **187** 16
- **(Änderung) 329** 17; einer einstweiligen Anordnung in einer Ehesache **620 b**; des Beschlusses über die Zulässigkeit der Berufung **519 b** 8; nach einer Beschwerde **571** 2; als Entscheidung im Fall einer freigestellten mündlichen Verhandlung **128** 15; des Beschlusses des OLG **567** 20; eines Verweisungsbeschlusses **281** 30
- **(Berichtigung) 329** 19 „**§ 319**"; des Beweisbeschlusses **360** 6; des Verweisungsbeschlusses **281** 37
- **(Beschwerdefähigkeit)** s Beschwerde, sofortige Beschwerde
- **(Ergänzung) 329** 50
- **(Unanfechtbarkeit)** der Ablehnung einer Entscheidung nach Lage der Akten **336** 5; der Ablehnung einer Vorbereitung der mündlichen Verhandlung **273** 16; der Ablehnung einer Fristverlängerung **225** 5; der Ablehnung der Aufnahme in das Protokoll/der Berichtigung des Protokolls **160** 21/**164** 10; der Ablehnung der Erlaubnis zur Nachreichung eines Schriftsatzes **283** 13; der Ablehnung der Aufhebung/Verlegung eines Termins **227** 8/26; der Anordnung des persönlichen Erscheinens einer Partei **141** 57; der Anordnung einer Vorlegung der Urkunde **142** 28; der Anordnung einer Beschränkung der Verhandlung **146** 6; der Aufhebung einer Aussetzung, Trennung oder Verbindung von Prozessen **150** 5; der Verlustigerklärung der Berufung **515** 23; eines Beweisbeschlusses **355** 8; einer Beweissicherungsanordnung **490** 5; der Bindung des Berufungs-/Revisionsgerichts bei einem Urteil **512/548**; der Zuweisung der Berufung an den Einzelrichter **524** 4; einer Entscheidung im schriftlichen Verfahren statt nach einer mündlichen Verhandlung **128** 34; der Fristsetzung zwecks Nachreichung eines Schriftsatzes **283**; einer Entscheidung des Gerichtspräsidiums **GVG 21 e** 24; der Zulassung einer Klageänderung **268** 4; der Kostenentscheidung **99** 26 ff; der Kostenentscheidung des OLG im Rahmen einer Entscheidung über einen Justizverwaltungsakt **EGGVG 30**; der Nichtzulassung der Revision **546** 29; eines Beschlusses des OLG **567** 20; der Zulassung des (Proz)Bev ohne den Nachweis seiner Vollmacht **89** 2; der Bewilligung der Prozeßkostenhilfe **127**; einer prozeßleitenden Anordnung **140** 13; einer Prozeßtrennung **145** 5; der Anordnung der Beglaubigung der Prozeßvollmacht **80** 4; der Verwerfung der Revision als unbegründet/unzulässig **Üb 545 Anh/554 a**; eines der Richterablehnung stattgebenden Beschlusses **46** 7; kraft Rechtskraft **Einf 322** 13; eines der Sachverständigenablehnung stattgebenden Beschlusses **406** 37; der Anordnung einer Sicherheitsleistung **108** 19; der Setzung einer Frist zur Sicherheitsleistung **112** 3; der Terminsbestimmung **216** 26; eines Terminsorts außerhalb der Gerichtsstelle **219** 10; eines die Ablehnung des Urkundsbeamten der Geschäftsstelle betreffenden Beschlusses **49** 4; eines Beschlusses über die Berichtigung des Urteilstatbestands oder deren Ablehnung **320** 14; der Anordnung einer abgesonderten Verhandlung über eine Zulässigkeitsrüge

**Beschwerde**

280; des Ausschlusses eines Vertreters in der mündlichen Verhandlung 157 17; der Verweisung oder ihrer Ablehnung 281 27; einer Verweisung vom AG an das LG nach einer Klageerweiterung, Widerklage/einem Einspruch gegen das Versäumnisurteil 506 5; einer Verweisung nach einem Widerspruch gegen den Mahnbescheid 696; der Verweisung an eine (andere) Zivilkammer/Kammer für Handelssachen GVG 102, 104; der Vollstreckbarerklärung des erstinstanzlichen/Berufungsurteils 534 5/560; der Aussetzung der Vollziehung/der Ablehnung der Aussetzung nach einer Beschwerde 572 7; der Untersagung des Vortrags/der Ablehnung der Untersagung 157 23; der Wiedereröffnung der mündlichen Verhandlung 156 15; der Zurückweisung des Antrags auf den Erlaß eines Mahnbescheids 691; der Bejahung der örtlichen Zuständigkeit 512 a 3; der Bestimmung der Zuständigkeit 37 6; der Bestellung eines Zustellungsbevollmächtigten 174 9; der Bewilligung der Zustellung an den Gegner 177 4; der Bewilligung der öffentlichen Zustellung 204 7; der Einstellung der Zwangsvollstreckung 707 16, 766 30
- (zusammen mit Urteil anfechtbarer B.), B. wegen der Beanstandung der Prozeßleitung des Vorsitzenden oder einer Frage des Gerichts 140 13; der Kürzung der Einlassungs- oder Ladungsfrist 226 5; einer sonstigen Fristkürzung 225 5; der Zulassung eines Streithelfers 71 1; der Aufhebung des Termins 227 57; der Ablehnung einer Berichtigung des Urteils 319 35; der Wiedereinsetzung 238 11

**Beschlußverfahren** vor dem Arbeitsgericht, Rechtsweg GVG bei 14; Zuständigkeitsvereinbarung Üb 38

**Beschränkung** s Gegenstand der B.

**Beschwer** Grdz 511 13; bei der Anschlußberufung 521 1, 10; bei der Berufung in einer Ehesache Üb 606 5; als Beschwerdevoraussetzung 567 10; Festsetzung im Urteil des OLG 546 25; bei der Hilfsaufrechnung 3 Anh 20 und Rechtsschutzbedürfnis Grdz 511 25; Zulässigkeit der Revision 546 25; Streitwert bei der Revision 546, 554, 554 b; als Voraussetzung einer Wiederaufnahme des Verfahrens 578 1

**Beschwerde** Üb 567 1, 567 ff; Abhilfe 571 2; Antrag 569 5; Anwaltszwang 78 7, 35, 56, 569 10, 573 6; außerordentliche 216 27; befristete B. 577 3, 621 e 20; Begründetheit 575; Begründung 569 6; Berechtigung 567 14; Beschwer 567 10; Beschwerdegericht Üb 567 10, 568 2; Beschwerdeschrift 569 3; Beschwerdesumme 567 16; Beweisbedürftigkeit im Beschwerdeverfahren Einf 284 2; Bindung des Beschwerdegerichts an die Festsetzung des Streitwerts 3 6; Einlegung 569; Entscheidung 573 9; beschwerdefähige Entscheidung als Vollstreckungstitel 794 5; B. gegen die Entscheidung des Rpfl 104 41 ff; Ermessen bei der Nachprüfung Einl III 33; Form 569 3, 8; ohne Frist 567 12; in einer Familiensache 621 e; und Rechtszug der Hauptsache 567 22; Kostenentscheidung 97, 573 13, 575; gegen die Kostenentscheidung bei der Erledigung der Hauptsache 91 a 151; Kostenentscheidung über die außergerichtlichen Kosten bei einer Beschwerde des Gläubigers gegen eine Maßnahme des Gerichtsvollziehers Üb 91 24; keine Kostenerstattung bei Beschwerde im Prozeßkostenhilfeverfahren 127 103; Kostenerstattung bei einem Vergleich im Verfahren der Prozeßkostenhilfe 118 27; neuer selbständiger Beschwerdegrund 568 5; B. im Verfahren der Prozeßkostenhilfe 91 153 „Prozeßkostenhilfe", 127 103; beim Nachweis der Prozeßvollmacht 88 14, 15; als Rechtsmißbrauch Einl III 63; Rücknahme 573 7; Rücknahme bei einem Vergleich, Kostenaufhebung gegeneinander 98 10; selbständiger Beschwerdegrund 568 5; Statthaftigkeit 567 2; Verfahren 573; B. ohne Vollmacht 97 12; Verweisung an eine (andere) Zivilkammer/Kammer für Handelssachen GVG 104; Verwerfung als unzulässig 574; neues Vorbringen 570 2; Vorlage an das Beschwerdegericht 571 7; aufschiebende Wirkung 572 2; Zulässigkeit 571 1, 22, 621 e; Prüfung der Zulässigkeit 574 2; Zurückverweisung 575; Zuständigkeit 568 2; wegen des Fehlens der örtlichen Zuständigkeit 512 a 6; Zustellung von Amts wegen 210 a
- (gegen) eine einstweilige Anordnung wegen einer Zahlung von Unterhalt/einer Sicherheitsleistung bei der Klage auf Feststellung der Vaterschaft 641 d; die Aussetzung/Aufhebung der Aussetzung des Verfahrens 252 6/150 5; die Aussetzung des Ehescheidungsverfahrens, Streitwert 3 Anh 25 „Aussetzungsantrag"; die Aussetzung zwecks Einholung eines erbbiologischen Gutachtens Einf 148 12; eine Aussetzung wegen einer Vorgreiflichkeit 148 38; den Aufschub einer Beweisaufnahme 251 8; den Einspruchsbescheid der Kartellbehörde GVG 13 25; die Entfernung aus dem Saal wegen Ungehorsams GVG 181; die Entscheidung des Prozeßgerichts auf Grund einer Erinnerung betr einen verordneten Richter/Urkundsbeamten der Geschäftsstelle 576 5; die Abgabe in einer Hausratssache 281 Anh I 5; gegen einen Akt der Justizverwaltung vor dem Antrag auf eine gerichtliche Entscheidung EGGVG 24 4; die Entbindung des Klägers durch den Bekl nach der Prozeßübernahme seitens des mittelbaren Besitzers 76 9; die Kostenentscheidung im Fall der Prozeßkostenhilfe 118 23, 27; die Kostenentscheidung 97, 99 41 ff; diejenige bei Streitgenossen 100 68; ein Ordnungsmittel wegen einer Ungebühr GVG 181; die Auferlegung eines Ordnungsgeldes gegenüber einer Partei 141 58, 613; die Anordnung des persönlichen Erscheinens einer Partei 141 57; die Verweisung einer falschen Partei aus dem Prozeß Grdz 50 18; die Anforderung einer Prozeßgebühr 271 Anh; die Entscheidung des Gerichts wegen der Beanstandung der Prozeßleitung oder einer Frage 140 13; Streitwert 3 Anh 29; die Trennung von Prozessen/die Aufhebung dieser Trennung 145 5/150 5; die Verbindung von Prozessen/die Aufhebung dieser Maßnahme 150 6; die Anordnung des Ruhens des Verfahrens 252 6; des Sachverständigen gegen die Auferlegung von Kosten/ein Ordnungsgeld 409 5; die Festsetzung des Streitwerts Einf 3 10; einen Rechtsmißbrauch Einl III 54; die Aufhebung/Verlegung eines Termins 227 22; die Bestimmung des Termins 216 28; einen Terminsort außerhalb der Gerichtsstelle 219 9; die Anordnung der Vorlegung einer Urkunde 142 28; die Bestellung eines gerichtlichen Vertreters Einf 57 2; des Vertreters gegen seine Zurückweisung mangels Vertretungsberechtigung 56 29; den Ausschluß eines Vertreters 157 17; die Auferlegung einer Verzögerungsgebühr 95 Anh; die völlige Untätigkeit des Gerichts 216 27, 567 5; die Untersagung des Vortrags 157 17; die mündliche Verhandlung nach einem Zwischenurteil 280 11; eine Beschränkung der Verhandlung 146 7; die Wiedereröffnung der mündlichen Verhandlung 156 15; Wiederholung 567 12; des Zeugen gegen die Auferlegung von

## Beschwerde, sofortige

Zahlen in Fettdruck = Paragraphen

Kosten/Ordnungsmitteln/die Anordnung seiner Vorführung **380** 13; des Zeugen wegen einer Verweigerung der Aussage/des Eides **390** 9; die Anordnung der Zahlung eines Vorschusses für einen Zeugen im Fall der Prozeßkostenhilfe **379** 6; die Zulassung eines Bevollmächtigten/Beistands **157** 27; die Eintragung einer Zwangshypothek **867** 18
- **(gegen Ablehnung)** der Anordnung der Niederlegung einer Urkunde **142** 28; eines Arrests/einer einstweiligen Verfügung **922** 23/**936** 3 „§ 922"; der Aufhebung einer Prozeßverbindung/Trennung/Aussetzung **150** 5; der Aufnahme nach einer Aussetzung/Unterbrechung/einem Ruhen des Verfahrens **252** 6; einer Beweissicherung **490** 3; einer Kürzung der Einlassungs-/Ladungsfrist **226** 4; eines Entlassungsantrags des Bekl bei einem Gläubigerstreit **75** 13; der Verkündung einer Entscheidung **249** 14; einer Fristkürzung **225** 6; der Beiordnung eines Notanwalts **78 b** 7, **78 c** 12; der Aufnahme eines Vorgangs in das Protokoll **160** 21; eines Rechtshilfeersuchens **GVG 159**; der Nichtzulassung der Revision **546** 23; der Änderung einer Anordnung über eine Sicherheitsleistung **108** 20; einer Zulassung des Streithelfers **71** 3; der Bestimmung/Verlegung eines Termins **216** 26, 28, 29/**227** 57; des Antrags auf die Rückgabe einer Urkunde **134** 15; der Anordnung einer Übersetzung der Urkunde **142** 28; der Bestellung eines gerichtlichen Vertreters **57** 9; der Bestimmung der Zuständigkeit **37** 6; einer Zustellung an den Gegner **177** 5; einer öffentlichen Zustellung **204** 7; der Heilung eines Mangels der Zustellung **187** 17
- **(Anhörungsbeschwerde) Einl I**
- **(Anschlußbeschwerde) 577 a**

**Beschwerde, sofortige 577** 2; Abhilfe **577** 9; Anschlußbeschwerde **577 a**; im Aufgebotsverfahren **952** 3; Beschwerdefrist **577** 3; Einlegung **577** 8; Zulässigkeit **567** 2; in der Zwangsvollstreckung **793**
- **(gegen)** die Zurückweisung eines Ablehnungsgesuchs **46** 8, **406** 38; ein Zwischenurteil wegen einer Untersuchung der Abstammung **372 a** 26; die Aufhebung eines Arrests **934** 4; die Aufhebung einer Aussetzung des Verfahrens **150** 5; die Aufhebung der Zahlungssperre bei einem Inhaberpapier **1022** 2; die Verwerfung der Berufung als unzulässig **519 b** 11; Insolvenzentscheidung **567 Anh**; die Entscheidung im Kostenfestsetzungsverfahren **104** 41 ff, **107** 7; die Entscheidung über eine Rückgabe der Sicherheit **109** 18; die Entscheidung des Vollstreckungsgerichts **766** 31, **793**; die Kostenentscheidung bei einem Anerkenntnis **99** 41; die Kostenentscheidung nach beiderseitigen Erledigterklärungen **91 a** 151; die Kostenentscheidung in einem Streit mehrerer Gläubiger untereinander **75** 13; die Kostenentscheidung bei einer Abweisung der Klage wegen des Mangels einer Prozeßvollmacht **88** 15; die Kostenentscheidung im Fall der Streithilfe **71** 7; den Kostenfestsetzungsbeschluß **104** 41 ff; die Abgabe an das Landwirtschaftsgericht als das Prozeßgericht **281 Anh III** 3, 7; die Anordnung einer Offenbarungshaft **901** 10; des (Proz) Bev gegen die Kostenentscheidung bei einer Zulassung ohne Vollmacht/ihren Namen **89** 9; einen Beschluß wegen einer Räumungsfrist **721** 17, **794 a** 5; die (Neu)Festsetzung des Regelunterhalts **645** ff; die Anordnung einer Sicherheitsleistung **108** 19; ein Zwischenurteil wegen einer Streithilfe **71** 7; die Zurückweisung des Antrags auf ein Versäumnisurteil **336** 1; die Verurteilung eines Anwalts zur Rückgabe einer vom gegnerischen Anwalt erhaltenen Urkunde **135** 15; eine Berichtigung des Urteils **319** 35; den Beschluß auf die Wirkungslosigkeit des Urteils nach einer Klagrücknahme **269** 47; eine Abgabe an das Landwirtschaftsgericht **281 Anh III** 3; ein Zwischenurteil über ein Zeugnisverweigerungsrecht **387** 5; eine Einstellung der Zwangsvollstreckung aus einem Kostenfestsetzungsbeschluß **104** 55; einen Beschluß in der Zwangsvollstreckung allgemein **793**
- **(gegen Ablehnung)** eines Ausschlußurteils **952** 3; einer Aussetzungsanordnung **252** 6; einer Offenbarungshaft **901** 10; der Erklärung eines Richters als befangen **46** 8; der Erklärung eines Sachverständigen als befangen **406** 38; der Anordnung der Rückgabe einer Sicherheit **109** 18; des Erlasses eines Versäumnisurteils **336** 1; des Erlasses eines Vollstreckungsbescheids **699** 25, 26; der Wiedereinsetzung **238** 12
- **(Hilfsbeschwerde)** bei der Entscheidung des verordneten Richters/Urkundsbeamten der Geschäftsstelle **577** 10

**Beschwerde, weitere,** gegen die Ablehnung der Rechtshilfe **GVG 159**; gegen die Festsetzung des Streitwerts **Einf 3** 13; im Versäumnisverfahren **568 a**; gegen die Auferlegung einer Verzögerungsgebühr **95 Anh**; Zulässigkeit **567, 568, 621 e**; gegen einen Beschluß in der Zwangsvollstreckung **793** 13

**Beschwerdewert 2** 1; für die Berufung/Beschwerde **511 a** 11, 17/**567** 16; bei der Durchgriffserinnerung **567** 19; bei einer Nebenforderung **5** 11; für die Revision **546** 5 ff

**Beseitigung,** der Rechtskraft **Einf 322** 6; einer Urkunde **444**

**Beseitigungspflicht,** Zwangsvollstreckung **887, 888, 890**

**Besetzung** des Gerichts s Gerichtsbesetzung

**Besitz,** des Ehegatten **739** 1, 4; bei der Zwangsvollstreckung wegen der Herausgabe eines Grundstücks/Schiffs **885**; des Gerichtsvollziehers/Gläubigers an der Pfandsache **808** 7–9; des Störers, Urheberbenennung **77**; Pfändung des Anspruchs auf eine Übertragung des B. **846–849**; als Recht zur Erhebung einer Widerspruchsklage **771** 15
- **(Klage),** Feststellungsklage **256** 61; Gerichtsstand **24** 13; **26** 2; Streitbefangenheit **265** 4; Streitverkündung gegenüber einem mittelbaren Besitzer **76**; Streitwert **3 Anh** 29, 6 2; Urteil, Rechtsnachfolger **325** 6; Urteil, Zwangsvollstreckung gegen den Besitzer der Streitsache **727** 10; vorläufige Vollstreckbarkeit **708**

**Besitzeinweisung,** Revision **545**

**Besonderer Gerichtsstand** s Gerichtsstand

**Besorgnis** der Befangenheit s dort; des Verlustes eines Beweismittels s Selbständiger Beweisverfahren; der Nichterfüllung, Klage auf künftige Leistung **259** 5; einer Rechtsbeeinträchtigung, einstweilige Verfügung **935**; der Vereitelung der Zwangsvollstreckung, Arrest **917** 2

**Bestandteil,** eines Grundstücks, s Grundstücksbestandteil

**Bestätigung,** des Arrests s dort; der einstweiligen Verfügung s dort; des Versäumnisurteils s dort; der Übertragung in das Protokoll **163** 4; der Vereinbarung einer Zuständigkeit **38** 26

**Bestätigungsschreiben,** Gerichtsstand **29** 17, 35

**Bestattungsbedarf,** Pfändung **811** 53

**Bestellung** s bei der betreffenden Person

**Bestimmender Schriftsatz 129** 5, 6

**Bestimmung** s Gegenstand der B.

**Bestreiten,** sofortiges Anerkenntnis trotz früheren B., Kostenentscheidung **93** 35; Anordnung der Beschränkung der Verhandlung **146** 3; Begründungspflicht **138** 27; in der Berufungsinstanz **138** 5, **531**; durch eine Erklärung mit Nichtwissen **138** 45; des Gerichtsstands **Üb 12** 19; beim Geständnis mit einem Zusatz **289** 4; Nichtbestreiten s dort; durch den ProzBev **138** 8; bei einer Säumnis des Gläubigers im Verteilungstermin **877** 3; Wiedergabe im Urteil **313** 22; im verspäteten Schriftsatz **132** 21, **282**, **296**; wegen eines vorprozessualen Verhaltens **Einl III** 54; des gesamten Vorbringens **138** 33; wider besseres Wissen **138** 16; Zulässigkeit **138** 27, 37
**Betagter Anspruch** s Fälligkeit
**Beteuerungsformel 481** 1, **484** 4
**Betrag** eines Anspruchs, Abgrenzung gegenüber dem Grund **304** 6, 19, **538** 11, 14
**Betreuungssache,** Zuständigkeit des Rechtspflegers **GVG 153 Anh** 3
**Betriebsgeheimnis,** Ausschluß der Öffentlichkeit **GVG 172**; Zeugnisverweigerungsrecht **384** 7
**Betriebsunfall,** Aussetzung bei seiner Möglichkeit **Einf 148** 4
**Betriebsverfassungsgesetz,** Rechtsweg **GVG** bei **14**
**Betrug** s Prozeßbetrug
**Bett,** Pfändung **811** 15
**Beugehaft,** beim Sachverständigen **409** 4; beim Zeugen **390** 7; in der Zwangsvollstreckung **888** 16; s auch Zwangshaft
**Beurkundung,** Protokoll als B. **Einf 159** 3; Prozeßvergleich als B. **307 Anh** 34; der Anerkennung der Vaterschaft **641 c**; der Verhandlung **160**; der Zustellung **190–192**, **204** 10
**Bevollmächtigter,** Ausschluß als B. **41** 12, 49; GeneralB. als ProzBev **176** 8; Prozeßführungsrecht des GeneralB. **80** 8, 12; Zustellung an den GeneralB. **173**; als Partei **Grdz 50** 7; als Partei im Parteiprozeß **79** 1; als Parteivertreter s dort; ProzBev s dort; Untersagung des Vortrags **157** 21; vorläufige Zulassung ohne (Nachweis der) Vollmacht **89**
**Bewegliche Sache,** Arrestvollzug **930** 1; Pfändung **808** 1, **854** 1, des Herausgabeanspruchs **847** 3; Herausgabe, Zwangsvollstreckung **883**
**Bewegliches Vermögen 803** 2
**Beweis Einf 284** 1, **294** 1, 6; bei der Abstammungsuntersuchung s dort; Anscheinsbeweis **286 Anh** 15 ff, 33 ff; Arten **Einf 284** 5; beim unbekannten Aufenthalt des Zustellungsgegners **203** 2; Ausforschungsbeweis **Einf 284** 27; im Ausland **363** mit **Anh**; Auslandsrecht **293** 5; Ausländereigenschaft bei einer Sicherheitsleistung **110** 12; (un)mittelbarer Beweis **Einf 284** 15, 16; Entbehrlichkeit beim Geständnis **288** 8; Entbehrlichkeit wegen Offenkundigkeit **291**; B. durch einen Erfahrungssatz **Einf 284** 22; B. der Tatsache, die eine Erinnerung gegen die Zwangsvollstreckung begründet **766** 26; Freibeweis **Einf 284** 9; des Gegenteils **Einf 284** 12; Gewohnheitsrecht **293** 4; durch Glaubhaftmachung **Einf 284** 8, **294**; Hauptbeweis **Einf 284** 11; Hilfstatsache **Einf 284** 16; Indizienbeweis **Einf 284** 16; Prima-facie-Beweis **286 Anh** 15; Parteivernehmung s dort; Restitutionsgrund **581** 5; Satzungsrecht **293** 4; Strengbeweis **Einf 284** 7; Tatsachenbegriff **Einf 284** 17; Urkundenbeweis **286** 63; Urkundenbeweis statt Zeugenbeweises **286** 69; Echtheit einer privaten Urkunde **440** 3; B. als Voraussetzung einer Vollstreckungsabwehrklage **767** 47; B. bei einer Zulässigkeitsrüge **280** 4; B. bei einer Zustellung im Ausland **202** 2; B. bei der Zustellung von Anwalt zu Anwalt **198** 19; beim Zustellungsantrag **167** 3; B. der für die Zwangsvollstreckung notwendigen Tatsache **726** 2; im Zwangsvollstreckungsverfahren allgemein **Grdz 704** 37, 38
– **(Gegenbeweis) Einf 284** 12; Beweisantritt als Voraussetzung des G. **282** 6; und Beweis des Gegenteils **Einf 284** 12; gegenüber einer Rechts/Tatsachenvermutung **292** 5, 9; gegenüber einer öffentlichen Urkunde über eine Erklärung/einen Vorgang **415** 11/**418** 7; gegenüber einer Privaturkunde **416** 7; gegenüber dem Tatbestand des Urteils **314** 7
– **(Vereitelung) 286 Anh** 26; beim Urkundenbeweis **444**
– **(Vertrag) 286 Anh** 5
**Beweisanordnung** vor der mündlichen Verhandlung **273** 23
**Beweisantrag,** Ablehnung **286** 27; bei der Augenscheinseinnahme **371**; Beibringungsfrist **356** 8; stillschweigende Bezugnahme auf einen früheren B. **137** 29; Hinweispflicht des Gerichts beim B. **139** 26; bei der Streitgenossenschaft **61** 13
**Beweisantritt,** Antritt auf die Vernehmung des Gegners als Partei **445**; Antritt im Scheck/Wechselprozeß **605 a**/**605**; zwecks Ausforschung **Einf 284** 27; Auflegung der Kosten beim nur teilweisen B. **95** 10; Hinweispflicht des Gerichts zum B. **139** 26; Verpflichtung der Partei zum B. **Einf 284** 27; im Verfahren der Prozeßkostenhilfe **117** 19; beim Sachverständigenbeweis **403**; beim Urkundenbeweis s dort; im Urkundenprozeß **595** 5; beim Zeugenbeweis **373**, **356**
**Beweisaufnahme 284**, **355** ff; bei der Untersuchung der Abstammung **372 a** 16; Amtsbetrieb **Üb 355** 1; von Amts wegen **Einf 284** 5; Anordnung einer schriftlichen Anhörung des Zeugen **377** 8; Aufschiebung der B. **252** 3; beim Ausbleiben der Partei **367** 4; Ausforschung **Einf 284** 27, **397** 6; im Ausland **363** mit **Anh**, **364**, **369**; Einholung einer Aussagegenehmigung für einen Angehörigen des öffentlichen Dienstes **376** 6; durch den beauftragten Richter s unten „durch verordneten Richter"; sofortige Beweiserhebung **278** 9, **358 a**; Pflicht des Gerichts zur Erhebung aller Beweise **286** 21; durch den Einzelrichter **349** 5, **524** 8; Erörterung des Ergebnisses **278** 11, **285**; durch den ersuchten Richter s unten „durch verordneten Richter"; Fortsetzung der Verhandlung nach der B. **278** 9, **285**, **370**; Fristsetzung bei einem Hindernis gegen die Durchführung der B. **356** 8; mündliche Verhandlung über das Ergebnis der B. **285** 1; nach beiderseitigen Erledigterklärungen **91 a** 114; bei der Glaubhaftmachung **294** 9; Kostenentscheidung bei teilweisem Sieg nach der B. über einen Teil der Klagtatsachen **92** 34; im Kostenfestsetzungsverfahren **104** 5; vor der mündlichen Verhandlung **358 a**; Nachholung der B. **370** 2, nach einem Ausbleiben der Partei **367** 5, nach der Verweigerung einer Fragestellung durch den verordneten Richter **398** 12; Anhörung der Partei nach der Anordnung ihres persönlichen Erscheinens **141** 16; Parteiöffentlichkeit der B. **357** 3; über die Partei-/Prozeßfähigkeit **56** 5; Parteieinbarung **Grdz 128** 49, **Einf 284** 33; bei der Parteivernehmung s dort; Protokoll über die B. **160** 11, 13; über die Prozeßfähigkeit des gesetzlichen Vertreters **56** 6; vor dem Prozeßgericht **370** 4; im Verfahren der Prozeßkostenhilfe **118** 31; Verbindung mehrerer Prozesse für die B. **147** 3; über fremdes Recht **293** 5; Ausschluß des Richters wegen seiner Mitwirkung an einer früheren

**Beweisbedürftigkeit**  Zahlen in Fettdruck = Paragraphen

B. **41** 14; Sachverständigenvernehmung s dort; Unterstellung von Beweisergebnissen bei einer Säumigkeit des Berufungsbekl **542** 5; sofortige **278** 9; im schiedsrichterlichen Verfahren **1042, 1050**; Streit über die B. **366**; und Streitgenossenschaft **61** 13; für die Festsetzung des Streitwerts **3** 6; Streitwert der B. **3 Anh** 29; Bestimmung/Mitteilung des Termins der B. **361, 368/357** 6; Wahrnehmung des Termins der B., Kostenerstattung **91** 83; Umfang der B. **286** 24; Unmittelbarkeit der B. **355** 4; beim Urkundenbeweis **420** 6; Vereinbarung über eine Beschränkung der B. **Grdz 128** 49, **Einf 284** 33; bei einer freigestellten mündlichen Verhandlung **128** 11, 15; Termin zur B. **355** 4, **357** 3; Bestimmung des Termins zur Fortsetzung der mündlichen Verhandlung **370** 5; B. über das Verschulden vor der Verhängung einer Verzögerungsgebühr **95 Anh**; Vervollständigung der B. **398** 12; nach dem Ausbleiben der Partei **367** 4; B. durch den Vorsitzenden der Kammer für Handelssachen **349** 5; Vortrag der Ergebnisse einer außerprozeßgerichtlichen B. **285** 7; beim Widerspruch des Bekl gegen die Erledigterklärung des Klägers **91 a** 172; Wiederholung der B. in der Berufungsinstanz **526** 5; Zeitpunkt der B. **278**; Zeugenvernehmung s dort; Zwischenstreit **366**, über eine Zeugnisverweigerung **387, 388**; B. über die Zuständigkeit bei einem Verweisungsantrag **281** 17; Verweigerung des Zutritts **357** 5; bei der Zwangsvollstreckung **Grdz 704** 38
– **(durch verordneten Richter) 355** 6, **358 a**, **361, 362**; Ersuchen eines anderen Gerichts um die B. **365**; Augenscheinseinnahme **372**; Ausbleiben des Zeugen **400**; Geständnis **288** 8; Ordnungsgewalt **GVG 180**; Parteivernehmung in einer Ehesache **613**; Protokoll **159** 15; Ernennung eines Sachverständigen **405**; Vorlegung einer Urkunde **434**; Bestimmung des Termins zur Fortsetzung der mündlichen Verhandlung **370** 5; Beeidigung des Zeugen **479**; Übertragung der Erhebung des Zeugenbeweises **375**; Vernehmung des Zeugen **400**; Ablehnung einer Frage der Partei **398**; Entscheidung über die Zulässigkeit einer Frage an den Zeugen **400**; wiederholte Vernehmung des Zeugen **398, 400**; Zwischenstreit während der B. **366**

**Beweisbedürftigkeit Einf 284** 2
**Beweisbeschluß 284, 358 a, 359**; nach Lage der Akten **251 a** 7, 15, **358**; Änderung **360**; Bezeichnung der Beweismittel **358** 6; Notwendigkeit **358**; über eine Parteivernehmung **450**; Aussetzung seiner Ausführung bei der Parteivernehmung **450** 5; Parteivernehmung des Gegners über den Verbleib einer Urkunde **426**; Parteivernehmung des Minderjährigen/unter vorläufige Vormundschaft Gestellten **455** 6; Ausschluß des Richters wegen seiner Mitwirkung an einem früheren B. **41** 14; über die Vorlegung einer Urkunde **425**; Bestimmung des Termins zur Fortsetzung der mündlichen Verhandlung **370**; Bezugnahme auf den B. in der Ladung des Zeugen **377** 7
**Beweiseinrede,** zeitliche Geltendmachung s Beweismittel (Angabe)
**Beweisergebnis,** Unterstellung der Ergebnisse bei einer Säumigkeit des Berufungsbekl **542** 5; Vortrag des B. **285** 6
**Beweiserhebung,** sofortige **278, 358 a**; vgl auch Beweisaufnahme
**Beweiserhebungslehre 300** 10
**Beweisermittlungsantrag Einf 284** 27
**Beweisfrage,** Parteiherrschaft **Einf 284** 5

**Beweisführer Einf 284** 23, **379** 2
**Beweisführung** durch Glaubhaftmachung **294** 1
**Beweisgegenstand,** Tatsache als B. **Einf 284** 17; juristische Tatsache als B. **Einf 284** 21; Vermutung als B. **Einf 284** 16, 30
**Beweiskraft,** Bindung des Gerichts an eine gesetzliche Beweisregel **286** 71; Unzulässigkeit eines Parteieids **533** 4; Regelung des Personenstands **EG 16**; des Protokolls **Einf 159** 3, **165**; eines Schuldscheins oder einer Quittung **EG 17**; einer Urkunde **Üb 415** 5; Echtheit als Voraussetzung der B. der Urkunde **Einf 437** 2; einer Urkunde mit einem äußeren Mangel **419** 3; einer privaten Urkunde **416**; einer öffentlichen Urkunde, die eine behördliche Anordnung, Verfügung oder Entscheidung enthält **417**; einer öffentlichen Urkunde über eine Erklärung **415** 8; einer öffentlichen Urkunde über einen Vorgang **418** 5, 6; des Tatbestands des Urteils **314**; der Zustellungsurkunde **190** 2, **191** 5, **195** 4; eines ausländischen Zustellungszeugnisses **202** 3
**Beweislast 286 Anh** 1; beim Abzahlungskauf **286 Anh** 4, **205** „Verbraucherkreditgesetz"; für die Notwendigkeit eines Wechsels des Anwalts **91** 125; beim Auslandsbezug **286 Anh** 4, **293** 5; Einschluß der Behauptungslast **286 Anh** 1; des Besitzers bei der Streitverkündung gegenüber dem mittelbaren Besitzer **76**; für den Empfang eines zuzustellenden Schriftstücks **187** 12; für den Erfahrungssatz **Einf 284** 22, **286 Anh** 14; für das Fehlen einer Veranlassung zur Klage **286 Anh** 36 „Anerkenntnis"; bei der Feststellungsklage **256** 47; Grundsätze der B. **286 Anh** 9; Gerichtsstand **Üb 12** 19; Gerichtsstand des Aufenthaltsorts bzw letzten Wohnsitzes **16** 3; Gerichtsstand bei der Nachlaßverbindlichkeit **28** 6; Partei-/Prozeßfähigkeit **56** 5; Parteivereinbarung über die B. **286 Anh** 6; Prozeßführungsrecht **Grdz 50** 25, **56** 5; Prüfung der B. bei einem Antrag auf Parteivernehmung **445** 6; sekundäre B. **286 Anh** 27; für die Voraussetzungen einer Sicherheitsleistung **110** 5; der Zulässigkeit einer Streithilfe **71** 5; bei einer rechtsbegründenden, -hindernden, -verneinenden, -hemmenden Tatsache **286 Anh** 12; Umkehrung der B. durch eine Beweisvereitelung **286 Anh** 26; als Urteilsbegründung **286 Anh** 1; und tatsächliche Vermutung **286 Anh** 14; für die Empfangsberechtigung bei einer Zustellung **173**; für die Unkenntnis des Zustellungsgegners **Einf 181** 5
**Beweislastvertrag 286 Anh** 7
**Beweislosigkeit,** Folgen der B. **286 Anh** 1
**Beweismaß Einf 284** 5
**Beweismittel Einf 284** 32; Anordnung der Beschränkung der Verhandlung auf einzelne B. **146** 3; Augenschein s dort; Auskunft **Üb 402** 25; amtliche Auskunft **Üb 373** 32; Bezeichnung im Beweisbeschluß **359** 6; Ergebnis des selbständigen Beweisverfahrens **493**; für den Empfang eines zuzustellenden Schriftstücks **187** 12; Ersatz des Zeugen-/Sachverständigenbeweises durch einen Urkundenbeweis **286** 65, 66; Feststellungsklage im Fall der Gefahr eines Verlustes des B. **256** 39; Foto **Üb 371** 17; für die Glaubhaftmachung **294** 6; Anhörung der Partei nach einer Anordnung ihres persönlichen Erscheinens **141** 16; Parteiherrschaft **Einf 284** 33; Parteivernehmung s dort; Parteieinbarung über den Ausschluß eines B. **Einf 284** 33; Wahlrecht der Partei **286** 63; Privatgutachten **Üb 402** 21; rechtswidrig erlangtes B. **286** 68, **Üb 371** 11; Sachverständigengutachten s dort; Schätzungsvernehmung des Beweisführers **287** 34;

Tonbandaufnahme **Üb 371** 11; Urkunde s dort; Streitwert der Herausgabe einer Urkunde **3 Anh, 69** 4; im Urkundenprozeß **592** 7, **593** 2, **595** 2; gegenüber einer gesetzlichen Vermutung **292** 7; Verzicht auf ein B. **Einf 284** 33; im Scheck-/Wechselprozeß **605 a/605**; für eine Zustellung **190** 2, **191** 2
- (Angabe), im Beweisbeschluß **359** 6; in der Klageschrift **253** 104; im vorbereitenden Schriftsatz **132** 3; Aufforderung an den Bekl zum Vorbringen seiner B. **273**; Beibringungspflicht **138** 13, 27, **139** 26; Pflicht zur Erklärung gegenüber den Angaben des Gegners **275 ff, 282**; Fristsetzung bei einem Hindernis gegenüber der Beweisaufnahme **356** 6; Fristversäumnis im vorstehenden Fall **356** 11
- (nachträgliche Angabe), zeitliche Möglichkeit **283**; neues Vorbringen **282, 296**; Verzögerungsgebühr **95 Anh**
- (nachträgliche Angabe in der Berufungsinstanz) **519** 22, **528**; Vollstreckbarerklärung des erstinstanzlichen Urteils wegen einer Verzögerung **534** 3; Kosten zu Lasten des Siegers **97** 48; Zulassung/Zurückweisung **528** 10, 25

**Beweispflicht 286 Anh** 1
**Beweisregel** s Beweiskraft
**Beweissicherung** s Selbständiges Beweisverfahren
**Beweistermin** s Beweisaufnahme
**Beweisvereinbarung Grdz 128** 49, **Einf 284** 33
**Beweisvereitelung Anh 286** 26, **444**
**Beweisverfahren Üb 355** 1
**Beweiswürdigung Einf 284** 34, **286, 287**; bei der Ablehnung der Partei, sich vernehmen zu lassen **446**; eines Anerkenntnisses im Ehe-/Kindschaftsverfahren **617** 2/**640** 12 „§ 617"; beim Anscheinsbeweis **286 Anh** 16 ff; beim Ausbleiben der Partei, deren persönliches Erscheinen angeordnet worden war **141** 39; beim Ausbleiben zur Parteivernehmung **454** 4; einer streitigen Behauptung als unwahr **138** 64; beim Beweislastvertrag **286 Anh** 7; Grundsatz der freien B. **286** 4; keine Bindung des Gerichts an eine Parteivereinbarung **286 Anh** 6; bei einem Erfahrungssatz **Einf 284** 22, **286 Anh** 14; bei widersprechenden Erklärungen mehrerer ProzBev **84** 3; des Geständnisses **288** 8, **289**; des Geständnisses im Ehe-/Kindschaftsverfahren **617** 3/**640** 12 „§ 617"; an Gewißheit grenzende/überwiegende Wahrscheinlichkeit **286** 16/**294** 1; Berücksichtigung des gesamten Inhalts der Verhandlung **286** 22; Nichtabgabe einer Erklärung durch die Partei **141** 29; Nichtbefolgung einer die mündliche Verhandlung vorbereitenden Anordnung **273** 15; Nichtübersetzung einer Urkunde **142** 27; Nichtvorlegung einer Urkunde **142** 27, **427**; B. einer Parteivereinbarung **Einf 284** 34, 35; bei der Parteivernehmung **Üb 445** 7, **453**; im vermögensrechtlichen Prozeß **287** 35; bei der Prüfung der Revision **Einf 284** 35, **550** 6; bei einem Wechsel der Richter nach der Beweisaufnahme **355** 7; beim Sachverständigengutachten **412**; bei der gerichtlichen Ermittlung/Schätzung des Schadens **287** 9, 30; beim Schriftvergleich **442**; eines Strafurteils **EG 14**; bei der Streitgenossenschaft **61** 13; beim Streithilfegrund **66** 8; und richterliche Überzeugung **286** 16; bei einer Urkunde **Üb 415** 9; bei einer Urkunde mit einem äußeren Mangel **419** 3; bei einer privaten Urkunde mit einem Mangel **440** 6; beim Ursachenzusammenhang **287** 5; in der Urteilsbegründung **286** 20; bei einer Vereitelung des (Urkunden)beweises durch den Beweisführer oder -gegner **286 Anh** 26, **444**; einem in anderem Verfahren erhobenen Beweis **286** 64; bei einer tatsächlichen Vermutung **286 Anh** 14; bei der Verweigerung einer Parteiaussage oder eines Parteieids **453** 5; bei einem unsubstantiierten Vorbringen **139** 55 „Beweiswürdigung"; Vorwegnahme der B. **286** 32; bei bloßer Wahrscheinlichkeit **286** 16, **294** 1; bei der Zeugenaussage **Üb 373** 5
**Bezifferung** des Klaganspruchs **253** 49
**Bezirksrevisor** s Staatskasse
**Bewilligung** s Gegenstand der B.
**Bezugnahme**, auf eine andere Akte **Einf 284** 24; in der Berufungsbegründung **519** 28; des Protokolls im Parteiprozeß auf einen Schriftsatz **510 a**; des Protokolls auf eine Tonaufzeichnung **160 a** 8; auf eine Urkunde, Vorlegungspflicht **423**; des Urteils auf das Protokoll oder einen Schriftsatz **313** 15; des Berufungsurteils auf das erstinstanzliche Urteil **543**; in der mündlichen Verhandlung auf den Klagantrag **297** 13, **507**; in der mündlichen Verhandlung auf ein Schriftstück **137** 28; in der Zeugenladung auf den Beweisbeschluß **377** 7
**Bezugsrecht** für Aktien, Streitwert **4** 11
**Bezugsverpflichtung**, Streitwert **3 Anh** 29
**BGB-Gesellschaft** s Gesellschaft
**Bilanzaufstellung**, Zwangsvollstreckung aus einem Urteil auf B. **887** 22
**Bildband**, Intimsphäre **Üb 371** 11
**Bildträger 299 a**
**Billigkeitserwägung** bei der Kostenentscheidung **91** 19; bei der Kostenentscheidung nach der Erledigung der Hauptsache **91 a** 118; bei der Kostenentscheidung im Fall der Klage nicht nichtehelichen Kindes auf Unterhaltszahlung **93 d** 13; bei einer Prozeßhandlung **Grdz 128** 56; bei der Auslegung der ZPO **Einl III** 33; bei der Wiedereinsetzung **233** 1
**Bindung (Behörde)** an ein Urteil **Einf 322** 21; an ein Urteil in einer Kindschaftssache **640 h**
- (Gericht an) ein Anerkenntnis **307** 18; seine Anordnung zur Vorbereitung der mündlichen Verhandlung **273** 15; den Antrag **308** 1; denjenigen im Verfahren auf den Erlaß einer einstweiligen Verfügung **938** 3; denjenigen im Räumungsprozeß **308 a** 4; der Berufungsantrag in einer Ehesache **Üb 606** 4; das Berufungsurteil wegen der Zulassung der Revision **546, 554**; die Verwerfung der Berufung als unzulässig **519 b** 3; einen Beschluß **329** 16 „§ 318"; einen Beschluß im Fall einer freigestellten mündlichen Verhandlung **128** 15; des Beschwerdegerichts an die Festsetzung des Streitwerts in erster Instanz **3** 6; die Zurückverweisung einer Beschwerde **575** 4; eine gesetzliche Beweisregel **286** 71; das Einverständnis mit dem schriftlichen Verfahren **128** 40; seine Entwicklung **318**; das Gesetz **GVG 1** 3, 4; richterliches Prüfungsrecht dabei **GVG 1** 5; ein Geständnis **290** 5; das Grundurteil **304** 28; die Abgabe einer Hausratssache **281 Anh I** 4; die Zulassung der Klagänderung **268** 6; den Klagantrag **308** 1; denjenigen in einer Kindschaftssache **641 h**; denjenigen im Räumungsprozeß **308 a** 4; die Kostenvorschriften **91** 22; die Abgabe einer Landwirtschaftssache durch das Landwirtschaftsgericht **281 Anh III** 5; einen Parteiantrag **329** 14 „§ 308"; eine Parteivereinbarung über die Beweislast/die Beweiswürdigung **286 Anh** 5; die Rechtsprechung bei der Auslegung der ZPO **Einl III** 46; des Revisionsgerichts an eine tatsächliche Feststellung/den Revisionsantrag/die Zulassung

**Bindungslehre**

der Revision **561** 3/**559** 2/**546, 554**; das Revisionsurteil **565** 4; eine Rechtswegverweisung **GVG 17 a** 8; die Entscheidung einer besonderen Behörde über die Zulässigkeit des Rechtswegs **GVG 17 a** 8; die Benennung des Sachverständigen durch die Partei **404** 6, **487** 4; ein Strafurteil **149** 1; die Festsetzung des Streitwerts durch die höhere Instanz **Einf 3** 8; ein Teilurteil **318** 12; ein Vorbehaltsurteil **302** 13, **599** 11; das Urteil in der Sache **318**; ein anderes Urteil **148** 11, **Einf 322** 22; ein Urteil der höheren Instanz **539** 2, **565** 4; einen Verwaltungsakt **GVG 13** 16; ein Urteil eines Verwaltungsgerichts **GVG 13** 16; eine Verweisung **281** 4, 30; eine Verweisung vom AG an das LG **506** 4; eine Abgabe an das Landwirtschaftsgericht **281 Anh III** 2, 5; eine Verweisung wegen Unzuständigkeit **11, 281** 30; eine Wiedereinsetzung **233** 2, **238** 11; die Abgabe einer Wohnungseigentumssache **281 Anh II** 8; die Bestimmung der Zuständigkeit **37** 7; diejenige durch das BayObLG **EG 7, 8**; eine Zuständigkeitsvereinbarung **38** 2; den Parteiwillen bei einem Mangel der Zustellung **187** 2; ein Zwischenurteil **280** 8, **303** 5, 6

– **(Partei an)** ihre Behauptung **253** 33; ihr Einverständnis mit dem schriftlichen Verfahren **128** 23; die Erklärung/Rechtsausführung ihres ProzBev **85** 6, 7; ihre Bestellung eines Schiedsrichters **1035**; des Rechtsnachfolgers in eine Prozeßhandlung des Veräußerers **265** 24; die Erklärung ihres Streithelfers **67** 8

**Bindungslehre Einf 322** 12

**Bindungswirkung,** der Abweisung der Klage wegen Unzuständigkeit **11**; der Kostengrundentscheidung für die Kostenfestsetzung **91** 22, **Einf 103** 17; der Festsetzung des Streitwerts für die sachliche Zuständigkeit im Verfahren der Kostenberechnung **Einf 3** 2; der Schiedsvereinbarung **1029**; der Streithilfe **68**; des Urteils **318** 1

**Binnenschiffahrtsgericht GVG 14**

**Binnenschiffahrtssache,** Rechtsweg **GVG 13** 36; Zuständigkeit **GVG 14** 4

**Biostatistische Berechnung,** Anordnung **372 a** 7; vgl auch Abstammungsuntersuchung

**Blankounterschrift 129** 6, **416** 4; Mißbrauch **440** 4

**Blutgruppenuntersuchung 286** 42, **372 a** 4

**Blutprobe 372 a**

**Bodmerei,** Zuständigkeit **GVG 95** 6

**Bolivien,** Ehesache **606 a Anh II**

**Börse,** Aushang eines Aufgebots **1009**; Börsenbrauch **GVG 1** 2

**Börsen- und Marktpreis,** Schätzung der Pfandsache **813** 2; eines Wertpapiers **821**

**Börsenstreitsache,** Kammer für Handelssachen **GVG 95**; Zuständigkeit bei einer Klage gegen den Emittenten eines Wertpapiers **GVG 71** 5

**Botschafter,** ausländischer B., Botschaftspersonal & Exterritorialität; Zustellungsersuchen an den deutschen B. **199** 4, **202 Anh** 3

**Brief,** Briefumschlag bei der Zustellung **194** 4, **211** 4; Gerichtsstand bei einer unerlaubten Handlung **32** 18; Zustellung durch Post s dort

**Briefgrundpfandrecht,** Gläubigeraufgebot, Kraftloserklärung des Briefs s Aufgebotsverfahren; Pfändung **830** 5, **837** 7, **857** 17; Hilfspfändung des Briefs **808** 2; Zwangsvollstreckung nach einer Verurteilung zur Abtretung, Belastung, Bestellung eines B. **897**

**Briefkasten** des Gerichts, Fristversäumung, Wiedereinsetzung **233** 19 ff

**Brille,** Pfändbarkeit **811** 52

**Bruchteil,** Kostenentscheidung nach B. bei einer Teilabweisung **92** 33; falsche Kostenverteilung als Kostenentscheidung nach B. **92** 32

**Bruchteilseigentum** am Grundstück, Zwangsvollstreckung **864, 866**

**Bruchteilsgemeinschaft,** Pfändung des Anteilsrechts **Grdz 704** 59 „Anteilsrecht"; Zwangsvollstreckung in das unbewegliche Vermögen **864** 6

**Bruttolohnurteil,** Zwangsvollstreckung **Üb 803** 2

**Buch,** Pfändbarkeit **811** 36, 50, 51

**Buchauszug,** Urteil auf Erteilung eines B., Zwangsvollstreckung **887** 23

**Bucheinsicht,** Streitwert **3 Anh** 24 „Auskunft"

**Buchgrundpfandrecht,** Gläubigeraufgebot s Aufgebotsverfahren; Pfändung **830** 11, **837** 3, **857** 18

**Bulgarien,** Ehesache **606 a Anh II**

**Bund,** Feststellungsklage gegen den B. statt einer Leistungsklage **256** 82; Parteifähigkeit **50** 10; Prozeßstandschaft **Grdz 50** 26; Vertretung des B. **18** 5, **51** 17 „Juristische Person"; Zwangsvollstreckung gegen den B. **882 a**

**Bundesanzeiger,** Bekanntmachung eines Urkundenaufgebots/einer Zahlungssperre **1009/1020**; Bekanntmachung bei der öffentlichen Zustellung einer Ladung **204** 11, **205**

**Bundesautobahn,** Vertretung der B. **18** 6

**Bundeseisenbahnvermögen,** Gerichtsstand **17**; als Rechtsnachfolgerin der Deutschen Reichsbahn **50** 10; Rechtsweg für Streitigkeiten **GVG 13** 36; Vertretung des B. **18** 6; Zuständigkeitsvereinbarung **38** 19; Zwangsvollstreckung gegen das B. **882 a** 2

**Bundesbeamter** als Zeuge, Aussagegenehmigung **376 Vorbem A**

**Bundesbeamtengesetz,** Geltung für Bundesrichter **DRiG 46**

**Bundesgerichtshof GVG 123 ff**; Besetzung **GVG 124**; Dienstgericht **DRiG 61, 62**; Entlastungsgesetz **vor 545**; Geschäftsordnung **GVG 140**; Großer Senat, Vereinigte Große Senate **GVG 132, 136–138**; Rechtsanwaltschaft **GVG 155 Anh I** 7; Abgabe einer Revision vom BayObLG an den BGH **EG 7** 2; Ernennung der Richter **GVG 125**; Senate/Besetzung **GVG 130/139**; Sitz **GVG 123**; Zuständigkeit **GVG 133**; Bestimmung der Zuständigkeit **36** 10, **EG 9**

**Bundeskonsul,** Beglaubigung einer ausländischen Urkunde **438** 3; Beurkundungsbefugnis **415** 5; Ersuchen um eine Beweisaufnahme an den B. **363** 2; Gerichtsstand **15**; Zustellung durch den B. **Üb 166** 7, **200**; Zustellungsersuchen an den B. **199** 4, **202 Anh** 3

**Bundesleistungsgesetz,** Rechtsweg **GVG 13** 36

**Bundesminister,** Aussagegenehmigung **376** 4; als Sachverständiger **408** 4; Zeugenvernehmung **382**

**Bundespatentgericht,** technisches Mitglied **DRiG 120**; Zuständigkeitsstreit **36** 12

**Bundespersonalausschuß DRiG 47**

**Bundespräsident,** Beeidigung **479** 5; Befreiung vom Erscheinen an der Gerichtsstelle **219** 8; Zeugenvernehmung **375** 19; Zeugnisverweigerungsrecht **376** 10

**Bundesrat,** Haft **904** 2, **905** 2; Zeugenvernehmung **382** 1

**Bundesrecht,** Begriff, Revisibilität **549** 9

**Bundesrechtsanwaltsordnung GVG 155 Anh I** 2

**Bundesregierung,** Mitglied als Sachverständiger **408** 4; Zeugenvernehmung **376** 4

**Bundesrichter DRiG 46 ff**

**Bundesseuchengesetz,** Rechtsweg **GVG 13** 36

**Bundessozialhilfegesetz,** und Pfändungsgrenzen **850 f** 2; bei der Prozeßkostenhilfe **115** 10

**Bundestagsabgeordneter** s Abgeordneter

dahinterstehende Zahlen und Buchstaben = Randnummern **Dinglicher Anspruch**

**Bundesverfassungsgericht GVG 1** 5; Aussetzung des Rechtsstreits wegen der Anrufung des B. **Einf 148** 3; Richter am B. **DRiG 69, 70, 120 a**
**Bundeswehrangehöriger** s Soldat
**Bundeswirtschaftsminister,** Verfügung, Rechtsweg **GVG 13** 72 „Wirtschaftslenkung"
**Bürgerliche Rechtsstreitigkeit EG 3, GVG 13** 7, 101, 30 ff
**Bürgermeister,** Niederlegung bei einer Zustellung **182** 8
**Bürgschaft,** Anerkenntnis, Kostenentscheidung **93** 35; Ausschluß des Bürgen als Gerichtsperson **41** 7, 49; Befreiung von der B., Streitwert **3 Anh** 27; Beweislast **286 Anh** 4, 79; Gerichtsstand **29** 20; Schiedsvereinbarung **1029**; als Sicherheitsleistung **108** 10, **109** 4, **751** 4; Streitgenossenschaft, Kostenhaftung **100** 7; Streithilfe **66** 11; Streitwert **3 Anh** 30; Rechtskraftwirkung **322** 32, **325** 24; Rechtsweg **GVG 13** 36; Vereinbarung der Zuständigkeit **38** 2
**Büropersonal,** Fristversäumung **233** 146; sonstiges Verschulden **85** 27
**Bürovorsteher** als Vertreter **157** 8; Wiedereinsetzung **233** 80; Zustellung an den B. **183** 7, 8
**Buße,** Pfändung **Grdz 704** 67; Strafurteil, Rechtskraftwirkung **322** 32, **325** 24
**Bußgeldbescheid,** Offenbarungsversicherung **Üb 899** 1

**C**

**Chile,** Ehesache **606 a Anh II**
**CIM, CIV,** internationale Zuständigkeit **Üb 12** 10
**Clausula rebus sic stantibus 323** 1, 67
**CMR Einl IV** 14
**Computer,** Augenschein **Üb 371** 11; Urkunde **Üb 415** 3; Pfändbarkeit **Grdz 704** 68 „Computer", 102 „Software", **811** 41
**Contergangesetz,** Kostenentscheidung bei Erledigung der Hauptsache **91 a** 122; Gerichtsstand **17** 1
**Coupon,** Aufgebot **1010–1013, 1019**

**D**

**Dänemark,** Ehesache **606 a Anh II**
**Darlegungslast 138** 18, **253** 32
**Darlegungspflicht,** wegen des Gegenstands und Grundes des Anspruchs in der Klageschrift **253** 32
**Darlehensanspruch,** Beweislast **286 Anh** 80; Pfändung **Grdz 704** 69
**Datenträger** und Protokoll **160 a**
**Datenschutz,** Beachtlichkeit **117** 27, **299** 4, **915** ff; Rechtsweg **GVG 13** 37
**Daueraufenthalt,** Gerichtsstand **20**
**Dauerschiedsgericht 1029**
**Dauervertrag,** Streitwert **3 Anh** 30
**Dauerwohnrecht,** Streitwert **3 Anh** 30; Zuständigkeit bei einer Streitigkeit über ein D. **GVG 23** 8
**DDR, frühere,** Eigentums- und Vermögensgemeinschaft **744 a**; als Inland **Einl III** 77, **16** 2, **606**; Anerkennung einer Notariatsentscheidung **328** Vorbem; Fortgeltung bzw Erlöschen ihrer Rechtshilfeverträge **328** 5, **328 Anh** 1, **SchlAnh V** 17; Rechtsweg **GVG 13** 37 „Beitrittsgebiet", Rn 65 „Treuhandanstalt", Rn 67 „Vermögensgesetz"; Urteilsanerkennung **328** Vorbem
– **(Einigungsvertrag)** s beim jeweiligen Sach-Stichwort und dort in den Vorbemerkungen der §§ im laufenden Text; s auch Übergangsrecht

**Deckname** als Parteibezeichnung **Grdz 50** 5
**Defektenverfahren,** Rechtsweg **GVG 13** 37
**Demnächstige Zustellung** s Frist (Klagefrist)
**Denkgesetz 550** 2
**Denkmalschutz,** Rechtsweg **GVG 13** 37
**Detektiv,** Kostenerstattung **91** 90, 274
**Deutsch** als Gerichtssprache **GVG 184**
**Deutsche Post AG,** Gerichtsstand **21** 3; **38** 19; als Rechtsnachfolgerin der Deutschen Reichspost **50** 10; Rechtsweg für Streitigkeit **GVG 13** 54 „Post"; Vertretung der B. **18** 6
**Deutsche Welle 50** 6, **51** 12
**Deutscher,** Geltung des deutschen Rechts **Einl III** 74, 77; internationale Zuständigkeit in einer Ehesache **606 b**; Anerkennung einer ausländischen Versäumnisentscheidung gegen einen D. **328** 20
**Deutsches Reich** s Reich
**Deutsches Richtergesetz SchlAnh I** A
**Devolutivwirkung** des Rechtsmittels **Grdz 511** 3
**Deckungsprozeß,** Gerichtsstand **12** 3; Streitwert **3 Anh** 130
**Diäten,** Pfändbarkeit **Grdz 704** 69
**Dienst, öffentlicher,** s Öffentlicher Dienst
**Dienstalter,** des Richters **DRiG 20**; Abstimmung nach dem D. **GVG 197**
**Dienstaufsicht** über den Richter **GVG 21 Anh, 22, DRiG 26**
**Dienstaufsichtsbeschwerde Üb 567** 2; gegenüber einer Fristverlängerung **225** 6; gegenüber dem Gerichtsvollzieher **161**; gegenüber einer Terminsaufhebung/bestimmung **227** 28/**216** 28
**Dienstaufwandsentschädigung,** Pfändung **850 a** 5
**Dienstbarkeit,** Gerichtsstand **24** 6; Grunddienstbarkeit s dort; Prozeßgeschäftsführung **Grdz 50** 29; Streitwert **3 Anh** 7
**Dienstbehörde** s Behörde
**Dienstbezüge** des Beamten, Pfändung **850** 3
**Dienstbote** s Hauspersonal
**Diensteid,** Berufung auf den D. bei einer Verweigerung des Zeugnisses **386** 3; des Richters **DRiG 38**; des ehrenamtlichen Richters **GVG 111**
**Diensteinkommen,** Klage auf künftige Zahlung **258** 1, **259** 1; Pfändung s Zwangsvollstreckung; Einstufung in eine Tarifgruppe, Feststellungsklage **256** 54; Rechtskraftwirkung des Urteils **322** 35 „Einreihung in eine Schaltgruppe"; Zwangsvollstreckung aus einem Urteil auf Zahlung von Bruttolohn **Üb 803** 2
**Dienstgericht,** des Bundes **DRiG 61, 62**; beim Richter im Landesdienst **DRiG 77–79**
**Dienstkleidung,** Dienstausrüstung, Pfändung **811** 46
**Dienstleistung,** Pfändung des Anspruchs auf eine D. **Grdz 704** 69; Klage auf eine D. **888** 23; Pfändung der zur Erbringung der D. benötigten Gegenstände **811** 33; Zwangsvollstreckung aus einem Urteil auf D. **887** 24, **888** 23
**Dienstliche Äußerung** über eine Ablehnung wegen Befangenheit **44** 6
**Dienststrafrecht** beim Bundesrichter **DRiG 63, 64**; beim ehrenamtlichen Richter **GVG 113**; beim Landesrichter **DRiG 78, 81, 82**; beim Rechtsanwalt **GVG 155 Anh I** 7
**Dienstunfähigkeit** des Richters **DRiG 34**
**Dienstvertrag,** Anspruch aus einem D., Beweislast **286 Anh** 4, 81; Pfändung eines verschleierten Arbeitseinkommens **850 h** 5; Gerichtsstand **29** 21; Schiedsrichtervertrag **1035**; Streitwert **3 Anh** 31
**Differenzgebühr 120** 16
**Dinglicher Anspruch,** Antrag **253** 61 „Dingliche Klage"; Rechtshängigkeit, Haftungserhöhung **262** 3

Hartmann 2671

# Dinglicher Arrest

**Dinglicher Arrest** s Arrestgrund
**Dinglicher Gerichtsstand** s Gerichtsstand
**Dingliches Recht,** Feststellungsklage wegen eines d. R. **256** 8; Prozeß um ein d. R., Streitgegenstand **266** 3; Rechtskraftwirkung des Urteils **325** 12; Widerspruchsklage wegen eines d. R. **771** 16
**Diplomatische Vertretung,** Exterritorialität s dort; Rechtshilfeersuchen **GVG 168 Anh**
**Diplompsychologe,** Zeugnisverweigerungsrecht **383** 15
**Dispachebeschluß,** Klage auf Feststellung seiner Nichtigkeit **256** 7
**Dispositionsgrundsatz Grdz 128** 20; in einer Ehesache **617** 1; beim Räumungsstreit **308 a** 4
**Dissenting vote 313** 37, **GVG Üb 192** 1, 2
**Disziplinarmaßnahme,** gegenüber einem Bundesrichter **DRiG 63**, 64; gegenüber einem Landesrichter **DRiG 83**
**Divergenz 546** 12
**Dolmetscher GVG 185 ff;** Ablehnung/Ausschluß **GVG 191;** Eidesleistung/eidesgleiche Bekräftigung **GVG 189;** bei der Eidesleistung eines Stummen **483;** Kostenerstattung **91** 210 „Übersetzungskosten"; Kostenvorschuß **402** 2 „§ 379"; Protokollangaben **160** 6; Urkundsbeamter der Geschäftsstelle als D. **GVG 190;** Restitutionsklage wegen einer Verletzung der Wahrheitspflicht **580** 3, **581** 1; als Sachverständiger **GVG 185** 5; Zuziehung **GVG 185**
**Doppelehe,** Ehenichtigkeitsklage **632**
**Doppelpfändung** für mehrere Gläubiger **827** 6; gegen mehrere Schuldner **826** 1
**Doppelrelevanz Grdz 253** 15
**Dringlichkeit** bei einer einstweiligen Verfügung **937** 4; Zuständigkeit des AG **942** 2; Erlaß der einstweiligen Verfügung durch den Vorsitzenden **944**
**Drittbeteiligung** bei der Widerklage **253 Anh** 3, 4
**Dritter,** Anwesenheit bei der Abstimmung/Beratung **GVG 193;** Verweigerung des Augenscheins durch den D. **Üb 371** 9; Einmischungsklage s dort; Einsicht in die Gerichtsakte durch den D. **299** 23; Gewahrsam des D. **809** 1; bei der Pfändung eines Herausgabeanspruchs **886;** Kostenhaftung **Üb 91** 13; Pfändung beim D. **809** 1, 2; Pfändung der Sache eines D. **804** 5; Prozeßbeteiligung **Üb 64** 1; Prozeßvergleich zugunsten des D. **794** 9; Rechtskraftwirkung gegenüber dem D. **325** 3, 17, 18; als Rechtsnachfolger s dort; Beteiligung an einer Scheidungssache **623** 10; Vorlegung der Urkunde durch den D. s Urkunde; Wirkung des Urteils in einer Kindschaftssache gegenüber dem D. **640 h;** Klage des D. gegen den Pfändungsgläubiger auf vorzugsweise Befriedigung/Widerspruchsklage **805/771** 2; und Schuldnerverzeichnis **915–915 h;** Widerklage eines D./gegen einen D. **253 Anh** 1–4
**Drittschuldner** s Zwangsvollstreckung (Pfändung, Überweisung der Forderung)
**Drittwiderspruchsklage** s Zwangsvollstreckung (Widerspruchsklage)
**Drohung Einl III** 57, **Grdz 128** 57
**Drucklegung,** Urteil auf D., Zwangsvollstreckung **887** 24
**Druckschrift,** Beifügung zu einem Schriftsatz **131** 6
**Duldung,** einer Abstammungsuntersuchung **372 a** 17; Anspruch auf D., Antrag **253** 61 „Dingliche Klage"; Gerichtsstand der Leistungs- und Duldungsklage **Üb 12** 18, 21; Zwangsvollstreckung **890**
**Duldungspflicht,** bei der Untersuchung der Abstammung **372 a** 17; Zwangsvollstreckung nach einem Urteil **890, 891;** vgl auch Zwangsvollstreckung
**Duldungstitel** s Duldung, Zwangsvollstreckung „– (kein Duldungstitel)"
**Dünger,** Pfandrecht bei D. **810** 1; Pfändung **811** 31
**Duplik Üb 253** 9
**Durchlauftermin 272** 5, 12, **275** 9
**Durchstreichung** in einer Urkunde, Beweiswürdigung **419**
**Durchsuchung** durch den Gerichtsvollzieher bei der Pfändung **758, 758 a, 807**
**Durchsuchungsanordnung,** Rechtsweg **GVG 13** 37
**Dürftigkeitseinrede 780** 1

# E

**Echtheit** der Urkunde s dort
**Ehe,** (Nicht)Bestehen als Aussetzungsgrund **151** 2, 154; Feststellungsklage s Ehesache; Nichterzwingbarkeit des Urteils auf die Herstellung der E. **888** 21
**Eheaufhebungsklage** s Ehesache
**Ehefähigkeitszeugnis,** Antrag auf gerichtliche Entscheidung gegen die Ablehnung **EGGVG 23** 2
**Ehegatte,** Lohnpfändung verschleierten Arbeitseinkommens **850 h** 5; Ausschluß als Gerichtsperson **41** 9, 49; Gerichtsstand bei der Unterhaltsklage des Kindes **35 a;** Gewahrsam **808** 11; Haftungsbeschränkung des überlebenden E. **305** 6; Offenbarungsversicherung **739** 12, **807** 3, 20; Prozeßfähigkeit in einer Ehesache **607;** Prozeßkostenvorschuß, Kostenfestsetzung **Üb 91** 43 ff, **127 a, 621 f;** Prozeßstandschaft bei der Gütergemeinschaft **Grdz 50** 26; Streithilfe **66** 11; Tod bei der Nichtigkeitsklage **636** 1; Tod vor dem Eintritt der Rechtskraft des Scheidungsurteils **619;** Zuständigkeit beim Unterhaltsanspruch **GVG 23 a;** einstweilige Anordnung auf Zahlung von Unterhalt **620;** Recht zur Erhebung einer Widerspruchsklage **739** 11, **771** 5; **774;** als Zeuge **Üb 373** 11; Zeugnisverweigerungsrecht **383** 4, **385** 1; Zwangsvollstreckung **739, 741;** vgl auch Ehegüterrecht
– **(Ehefrau),** Ersatzzustellung an die E. **181** 11; Gerichtsstand **13;** Gleichberechtigung **52 Anh** 1; Prozeßfähigkeit **52** 2; Prozeßführungsrecht **52 Anh**
– **(Ehemann),** Prozeßführungsrecht **52 Anh;** Unterbrechung beim Wegfall des Prozeßführungsrechts **239** 5; Prozeßstandschaft **Grdz 50** 26
– **(Getrenntleben),** einstweilige Anordnung **620 ff;** Feststellungsklage **256** 9, 63; Zwangsvollstreckung beim G. **739** 11
**Ehegüterrecht (Gütergemeinschaft),** Aufhebungsklage, notwendige Streitgenossenschaft **62** 10; Widerspruch des anderen Ehegatten beim Erwerbsgeschäft **741** 4; Gerichtsstand der Auseinandersetzungsklage **27** 9; Gerichtsstand der fortgesetzten G. **27** 4; Aufgebot der Gläubiger am Gesamtgut bei der fortgesetzten G. **1001;** Klage gegen Ehegatten/notwendige Streitgenossenschaft **52 Anh** 4/**62** 10; Aufgebot der Gläubiger beim Nachlaß als Gesamtgut **999;** Pfändung des Anteils am Gesamtgut **860;** Prozeßführungsrecht **52 Anh** 4, **80** 9; Haftung für die Prozeßkosten **Üb 91** 52; Vorschußpflicht für die Prozeßkosten **Üb 91** 56; Prozeßstandschaft **Grdz 50** 26; Verfahrensunterbrechung beim Tod des Ehegatten **239** 7; Urteil unter dem Vorbehalt beschränkter Haftung des

überlebenden Ehegatten **305** 6; Vollstreckungsabwehrklage wegen einer Haftungsbeschränkung **786**; Recht zur Erhebung einer Widerspruchsklage **771** 16 „Eigentum", **774**; Zuständigkeit **621**, **GVG 23 b, c**; Zwangsvollstreckung s dort
- **(Gütertrennung)**, Prozeßführungsrecht **52 Anh** 3; Zwangsvollstreckung **739** 2
- **(Zugewinngemeinschaft)**, Pfändung bei der Z. **739** 2, **808** 11 „Ehegatte"; Pfändung des Anspruchs auf den Ausgleich des Zugewinns **852**; Prozeßführungsrecht **52 Anh** 2; Prozeßstandschaft des Ehemanns **Grdz 50** 26; Rechtskraftwirkung des Urteils **322** 74

**Eheherstellungsklage** s Ehesache
**Ehemann** s Ehegatte
**Eheprozeß** s Ehesache
**Ehesache Üb 606** 1, **606** 2 ff; Amtsbetrieb **616**; Anerkenntnis **617** 2; Anordnung des persönlichen Erscheinens der Partei **613**; Anspruchshäufung **610**; Anerkennung eines ausländischen Urteils **328** 9, 13, 35, 49, **606 a**; Aufhebung der Ehe **631**; Aussetzung **614**; Beschwer **Üb 606**; Bestehen/Nichtbestehen der Ehe **631**, **632**; Anerkennung eines früheren DDR-Urteils **328 Einf 1–5**; Einheitlichkeit der Entscheidung **Üb 606** 3, **Einf 610** 3; Erklärung über eine Tatsache oder über die Echtheit einer Urkunde **617** 3; Flüchtling, Verschleppter **606 b Anh I A**; Gerichtsstand **606**; Geständnis **617** 3; Hilfsantrag **Einf 610** 5; neuer Anspruch oder Klagegrund **610** 1; Klagrücknahme zwecks Beseitigung des Urteils **617** 4; Kostenentscheidung bei einem Anerkenntnis **93** 12, 38; Kostenteilung **93 a**; Ladung **612**; Öffentlichkeit **GVG 170, 173**; Ausschluß der Parteiherrschaft **617** 3; Parteivernehmung **613**; Prozeßfähigkeit **612**; Prozeßvollmacht **609**; Rechtskraft eines älteren Verbundurteils **629 a Anh**; Rechtsmittelverzicht **617** 5; Rechtsschutzbedürfnis **Üb 606** 5; Sicherheitsleistung der früher deutschen Ehefrau **110** 13; Teilurteil **Einf 610** 4; Terminsbestimmung **612**; Tod der Partei vor dem Eintritt der Rechtskraft **619**; Rechtskraftwirkung des Urteils allgemein **322** 33; bei Entscheidungsverbund **629 a** 9; Streitwert **3 Anh 32**; Untersuchungsgrundsatz **Üb 606** 3, **616**; Unzulässigkeit der vorläufigen Vollstreckbarkeit eines Urteils **704** 6; Nichterzwingbarkeit eines Urteils auf Eingehung der Ehe oder Herstellung des ehelichen Lebens **888** 21; Urteilszustellung **625**; Versäumnisurteil **612**; Verzicht auf den Klaganspruch/eine mündliche Verhandlung **617** 2/3; Verzögerungsgebühr wegen eines nachträglichen Vorbringens **95 Anh**; Ausschluß der vorläufigen Vollstreckbarkeit **704** 4; Zurückweisung eines nachträglichen Vorbringens in der Berufungsinstanz **528** 3; Widerklage **253 Anh 8, 610** 2; Wiederaufnahmeklage **Einf 610** 7; Zuständigkeit **606, GVG 23 a, b, c, 71** 2; internationale Zuständigkeit **606 a**; Zwischenfeststellungsklage **256** 110; Zustellung des Urteils **618**
- **(einstweilige Anordnung) Einf 620, 620 ff**, **794**; Änderung **620 b**; Anspruch auf ihren Erlaß **Einf 620** 9; Antrag **620 a**; Beschluß **620 a**; Beschwerde **620 c**; zeitliche Geltung **620 f**; über das Getrenntleben **620**; über die Personensorge für ein Kind **620**; Kostenentscheidung **91** 15, **620 g**; Kostenfestsetzung **103** 1; Pfändung des Prozeßkostenvorschusses **621 f**; Prozeßvollmacht **81** 19; Streitwert **3 Anh** 32, **5** 3 ff; und Unterhaltszahlung **620**; Unterhalt gegenüber einem Kind **620**; Prozeßvergleich **617** 4; mündliche Verhandlung **620 a**; über die Wohnung und den Hausrat **620**; Zulässigkeit **620 a**; Zuständigkeit **620 a**; Zustel-
lung an den ProzBev **176** 16; Zweck **Einf 620–620 g** 1
- **(Eheaufhebungsklage) 606, 631**; als Aussetzungsgrund **152**; Begriff **Üb 606** 1; Verbindung mit der Klage auf Herstellung des ehelichen Lebens oder mit dem Scheidungsverfahren **610**; Kostenentscheidung **93 a**; Prozeßvergleich **617** 4
- **(Ehefeststellungsklage) 256** 9, 64, **606** 6, **631**; Setzung einer Klagefrist im Fall der Aussetzung **154** 2
- **(Eheherstellungsklage) 606** 7; Aussetzung des Verfahrens **614**; Verbindung mit dem Verfahren der Scheidung/der Aufhebungsklage **610**
- **(Ehetrennung) Üb 606** 1
- **(Ehescheidungsantrag) 622 ff**; Anerkennung eines ausländischen Urteils s Ehesache; Aussetzung des Verfahrens **614**; Beiordnung eines Anwalts **625** 2; Rücknahme der Berufung als Rechtsmißbrauch **Einl III 63**; Beweislast **286 Anh** 82; Verbindung mit der Klage auf Herstellung des ehelichen Lebens oder mit der Eheaufhebungsklage **610**; Antrag **253** 38; Rücknahme des Antrags **617** 4; Kostenentscheidung nach der Erledigung der Hauptsache **91 a** 8, 46, 124; Kostenteilung **93 a**; Streithilfe **66** 11; Streitwert **3 Anh** 32; Terminsbestimmung **612**; Beschluß über die Unterhaltsregelung **620**; Anzeige der Versöhnung **269** 26, 37; Vergleich **617** 4; vgl auch Ehescheidung

**Ehescheidung,** Anerkennung eines ausländischen Urteils **328** 13, 48 ff, **606 a, 606 b Anh II**; Anerkennung einer Privatscheidung **328** 53; Aufhebung, Antrag auf **629 c**; Pflicht zur Zahlung eines Prozeßkostenvorschusses **620**; Streitwert eines Schadensersatzanspruchs wegen einer Erschleichung des Urteils **9** 6; vgl auch Ehesache (Ehescheidungsantrag)
- **(Ehewohnung)**, einstweilige Anordnung **620, 621**; Abgabe einer Hausratssache **281 Anh I** 2; Verbot des Betretens durch den Ehegatten, Streitwert **3 Anh** 32

**Ehre,** Beweislast **286 Anh** 83; Streitwert **3 Anh** 32
**Ehrenamtlicher Richter** s Richter, ehrenamtlicher
**Ehrengerichtsbarkeit** der Anwälte **GVG 155 Anh I** 6
**Ehrenrecht** als vermögensrechtlicher Anspruch **Grdz 1** 11
**Ehrenzeichen,** Pfändung **811** 51
**Ehrverletzung,** Beweislast **286 Anh** 83; Feststellungsklage **256** 65; Streithilfe **66** 2; Streitwert **3 Anh** 32; Widerruf **940** 39 „Presserecht"
**Ehrwidrigkeit,** Zeugnisverweigerungsrecht **384** 5
**Eid,** Diensteid s dort
**Eidesgleiche Bekräftigung 484**
**Eidesleistung 481**; Arten **481** 3; des Ausländers **GVG 188**; eidesgleiche Bekräftigung **484**; Belehrung **480**; in Person **478**; vor dem verordneten Richter **478**; vor dem Rpfl **GVG 153 Anh 8 § 4**; im schiedsrichterlichen Verfahren **1050**; des Stummen **483**; Verweigerung durch die Partei **453** 5, **533** 2; Verweigerung durch einen Zeugen **390** 3
**Eidespflichtverletzung** der Partei/des Zeugen als Restitutionsgrund **580** 3, 5, **581** 1
**Eidesstattliche Versicherung (BGB)** betr eine Rechnungslegung, Verbindung mit der Herausgabeklage **254** 10; Streitwert **3 Anh** 33; Zwangsvollstreckung aus einem Urteil auf Abgabe der e. V. **889**
- **(zwecks Glaubhaftmachung) 294** 6; im Aufgebotsverfahren **952, 980, 985, 986** 1, **1007**; zur Begründung des Antrags auf Ablehnung wegen

**Eidesunfähigkeit**

Befangenheit **44** 5, **406** 32; bei der Berufung **511 a** 26; im Verfahren der Prozeßkostenhilfe **118** 30; im Schiedsgerichtsverfahren **1050**; Unwahrheit **138** 66; des Zeugen bei seiner schriftlichen Äußerung **377** 9
- **(über Nichtbesitz) 883** 8; Zahlung der Prozeßgebühr **271** Anh; Streitwert **3** Anh 33
- **(Offenbarungsversicherung)** s dort

**Eidesunfähigkeit,** der Partei **452** 8; des Zeugen **393**

**Eigenbetrieb,** Rechtsweg **GVG 13** 6 „Gemeindebetriebe"

**Eigene Sache,** Pfändung **804** 6

**Eigenmacht, verbotene,** Gerichtsstand **32** 7 ff

**Eigentliche Frist** Üb **214** 10; vgl auch Frist

**Eigentum,** Feststellungsklage **256** 65; Pfändung des Anspruchs auf die Übertragung des E. **Grdz 704** 70, **846–849**; Streitwert **3** Anh 33; Recht zur Erhebung der Widerspruchsklage **771** 16
- **(Grundstückseigentum)** s dort

**Eigentümer,** Vollstreckungsurkunde gegen den jeweiligen E. **800**; Recht zur Erhebung einer Widerspruchsklage **771** 16

**Eigentümergrundschuld, -hypothek,** Pfändung **857** 15/14; Streitwert **6** 10; Erwerb der Zwangshypothek durch den Eigentümer **868** 7

**Eigentumsanwartschaft,** Pfändung **Grdz 704** 60 „Anwartschaft", **857** 5; bei einer Unpfändbarkeit der Sache **811** 6; Recht zur Erhebung der Widerspruchsklage **771** 17 „Eigentumsvorbehalt"

**Eigentumserwerb** an gepfändetem Geld **815** 6; bei einer Versteigerung der Pfandsache **817** 6, 7; durch die Zwangsvollstreckung **897, 898**

**Eigentumsklage,** Beweislast **286** Anh 84; Eigentumsstörung, Urheberbenennung **77**; Gerichtsstand bei der Klage gegen den Besitzer **32** 6; Gerichtsstand beim Grundeigentum **24** 2; Grundstücksveräußerung **266** 1; Streitbefangenheit **265** 45; Streitwert **6** 1, **8** 3; Rechtskraftwirkung des Urteils **322** 34

**Eigentums- und Vermögensgemeinschaft 744 a**

**Eigentumsvorbehalt,** Pfändung des Anwartschaftsrechts **Grdz 704** 60, **857** 4; Pfändung bei einer Unpfändbarkeit der Sache **811** 6; Streitwert bei der Herausgabeklage **6** 2; Recht zur Erhebung der Widerspruchsklage **771** 17

**Eigenurkunde 437** 3

**Eignung** zur Zwangsvollstreckung **Grdz 704** 34 (c)

**Einfache Beschwerde** s Beschwerde

**Einführung** in den Sach- und Streitstand **278**

**Eingliederungsgeld,** Pfändbarkeitsfragen **Grdz 704** 70 „Eingliederungsgeld", **103** „Sozialleistung"

**Einheit** der mündlichen Verhandlung **Üb 253** 3

**Einheitlichkeit,** der Entscheidung in einer Ehesache Üb **606** 3, Einf **610** 3; der Rechtsprechung, Gemeinsamer Senat **GVG 140** Anh

**Einheitswert** als Streitwert **3** Anh 33

**Einigung** beim Eigentumserwerb s dort

**Einigungsstelle** für Wettbewerbsstreitigkeiten s Wettbewerb

**Einigungsverfahren** im Patent-, Gebrauchsmuster- und Markensachen **GVG 78 b** Anh I 5

**Einigungsvertrag** s beim jeweiligen Sach-Stichwort und dort in den Vorbemerkungen der §§ im laufenden Text; s auch Übergangsrecht

**Einkünfte, wiederkehrende,** Pfändung **811** 48, **832**; Pfändung des Arbeitseinkommens s Zwangsvollstreckung

**Einlassung** als Voraussetzung der Anerkennung eines ausländischen Urteils **328** 20; als Einwilligung in eine Klagänderung **263** 23; als Einwilligung in die Übernahme des Prozesses durch den Rechtsnachfolger **265** 23; zur Hauptsache **39** 6; nach einer Belehrung als Vereinbarung der Zuständigkeit **39** 1; auf eine Klagänderung **264** 1, 13, **267** 3; und Rechtshängigkeitswirkung **262**; Ablehnung des Richters nach einer Einlassung **43** 3, **44** 7; zur Sache **GVG 101**; im schiedsrichterlichen Verfahren **1031, 1048**

**Einlassungsfrist 274**; Abkürzung **226**; Ablehnung des Erlasses einer Entscheidung nach Lage der Akten/eines Versäumnisurteils **337** 4; Berechnung **222** 3; bei der Berufungsbekl **520** 6; im schiedsrichterlichen Verfahren **1046**; Wahrung bei einer Änderung der Terminzwecks **227** 2

**Einlegung** s Gegenstand der E.

**Einmischungsklage 64** 3; Aussetzung des Hauptprozesses **65** 3; Gläubigerstreit **75**; Kammer für Handelssachen **GVG 103**; Anhängigkeit des Prozesses **64** 5; Prozeßvollmacht **81** 18, **82**; Prozeßübernahme durch den Rechtsnachfolger **265** 26; Streitgenossenschaft **64** 6; Zustellung an den ProzBev **176** 2; Einstellung der Zwangsvollstreckung **65** 3

**Einordnung,** Revision **550** 7, **565** 11; im Urteil **313** 32, 40 ff

**Einrede** Üb **253** 8; des Bekl, Einbeziehung in die Rechtskraft **322** 19; rechtshemmende/hindernde/ vernichtende E. **Üb 253** 8; des Erben gegenüber der Zwangsvollstreckung **782, 783**; der Haftungsbeschränkung, Vorbehaltsurteil **305**; gegenüber dem Erstattungsanspruch des im Weg der Prozeßkostenhilfe beigeordneten Anwalts **126**; zur Prozeßverschleppung **Einl III** 59; über die Wirkung der Rechtshängigkeit **261** 12; Streithelfer **67** 6; Streithilfewirkung **68**; Erörterung in den Urteilsgründen **313** 39; zeitliches Vorbringen s Beweismittel, Parteivorbringen; bei der Vollstreckungsabwehrklage **767** 50, 57, **768** 2
- **(prozeßhindernde)** s Zulässigkeitsrüge

**Einreichung,** der Berufungsschrift **518** 3; der Anschlußberufungsschrift **522 a** 2; der Beschwerdeschrift **569** 3; der Klagschrift **253** 105; der Klagschrift im Parteiprozeß **496** 5; der Kostenberechnung **103** 35, **105** 15; Aufforderung zur E. der Kostenberechnung **106** 5; der Revisionsschrift **553**; der Anschlußrevisionsschrift **556**; eines Schriftsatzes **129** 7, **132** 9, **133**

**Einrichtung,** öffentliche, Benutzung, Rechtsweg **GVG 13** 30

**Einrückung** in öffentliche Blätter s Aufgebot, Zustellung (öffentliche)

**Einschaltung** in einer Urkunde **419** 2

**Einschränkung** im Geständnis **288** 6, **289** 4

**Einschreiben,** bei der Zustellung durch die Aufgabe zur Post **175** 7

**Einsichtnahme,** der Gerichtsakte **299**; der Akte des Gerichtsvollziehers **760**; der Handelsbücher **422** 7; Klage auf E. **254** 1, 3; der Schuldnerverzeichnisses **915** 8; Niederlegung des Teilungsplans zur E. **875**; Zwangsvollstreckung aus einem Urteil auf E. **887** 25; in eine Urkunde **131**; in eine niedergelegte Urkunde **134** 10; Vorlegung der Urkunde im Aufgebotsverfahren zur E. **1016, 1022**

**Einsichts- und Mitbringpflicht** des Zeugen **378**

**Einspruch,** des Ehegatten bei der Gütergemeinschaft gegen ein Erwerbsgeschäft **741** 4; gegen ein Versäumnisurteil s dort; gegen einen Vollstreckungsbescheid s dort

**Einspruchsbescheid** der Kartellbehörde, Rechtsweg **GVG 13** 25

**Einstellung,** der Versteigerung der Pfandsache **818**; der Zwangsvollstreckung s dort

**Einstweilige Anordnung** nach einem Widerspruch gegen den Arrest **924** 11; nach einer Beschwerde **572** 4; in einer Ehesache s dort; in einer Kindschaftssache s dort; Sommersache **227** 37; in einer Unterhaltssache s dort; Streitwert **3 Anh** 34; bei der Klage auf die Feststellung der Vaterschaft s Vaterschaftsfeststellungsklage; in der Zwangsvollstreckung s dort (Einstellung, Beschränkung)
**Einstweilige Einstellung** s Zwangsvollstreckung (Einstellung, Beschränkung)
**Einstweilige Kostenbefreiung 122**
**Einstweiliger Vertreter** des Erben **779** 2
**Einstweilige Verfügung Grdz 916** 4, **935** ff; Anordnung der Klagerhebung **936** 5 „§ 926"; Anspruch **935, 940**; Ersuchen an das Grundbuchamt/die Registerbehörde um eine Eintragung **941**; auf eine Geldzahlung **920** 20 „Ehe, Familie", „Rente"; Grund **935, 940**; Inhalt **938** 1 ff; Pfändung des Anspruchs aus einer e. V. **Grdz 704** 71; Rechtsschutzbedürfnis **Grdz 253** 49; zur vorläufigen Regelung eines Zustands **940**; Schadensersatzpflicht **945** 14; Sommersache **227** 37; zur Sicherung des Streitgegenstands **935**; zulässige Sicherungsmaßnahmen **938**; auf Zahlung von Unterhalt für ein nichteheliches Kind, Aussetzung wegen einer Klage auf Anfechtung der Ehelichkeit/Vaterschaft **153** 2; auf Unterhaltszahlung während einer Aussetzung **Einf 148** 6; auf Eintragung einer Vormerkung/eines Widerspruchs **942** 1; auf Räumung einer Wohnung **940 a**; auf Zahlung **936** 14, **940** 22; Zustellung an den Proz-Bev **176** 3; auf Einstellung oder Beschränkung der Zwangsvollstreckung **707** 22
– **(Aufhebung)** wegen Versäumung der Frist zur Erhebung der Klage **936** 5 „§ 926"; Schadensersatzpflicht des Gläubigers **945**; gegen eine Sicherheitsleistung **939**; Streitwert **3 Anh** 38; wegen veränderter Umstände **936** 5 „§ 927"; der e. V. des AG **942** 11
– **(Verfahren) Grdz 916** 12; Antrag **920** 1/**931** 1; Aussetzung **Einf 148** 6, **148** 35; Beschluß **936** 1, **922**; Beschluß des Vorsitzenden bei Dringlichkeit **944**; Entscheidung **921, 922**/**931** 1; Einlassungsfrist **274** 8; Rüge der Zuständigkeit eines Schiedsgerichts **282** 19; Gericht der Hauptsache **943**; Gegenantrag **936** 2 „§ 920"; Gehör des Antragsgegners **936** 2/**920**; Glaubhaftmachung **936** 2/**920**; Kostenentscheidung **91** 74 „Arrest, einstweilige Verfügung"; Kostenentscheidung bei einem Anerkenntnis **93** 33, 89; Kostenentscheidung im Fall der Erledigung der Hauptsache **91 a** 120 „Arrest, einstweilige Verfügung"; Kostenentscheidung im Fall einer Erledigung nach der Versäumung der Vollzugsfrist **91 a** 120 „Arrest, einstweilige Verfügung"; Kostenentscheidung bei einer Teilabweisung **92** 6 „Arrest, einstweilige Verfügung"; Kostenerstattung **91** 73 ff; Kostenfestsetzung **103** 2 ff; Ladungsfrist **217**; Protokoll **159** 3; Prozeßführungsrecht **936** 1/**916** 6; Prozeßvollmacht **81** 19, 82; Rechtfertigungsverfahren nach einer e. V. des AG **942** 8; Ausschluß der Revision **545** 4; Säumnis einer Partei **128** 11; Schriftsatz **132** 3; Sequester **938** 21 ff; Sicherheitsleistung **110** 9, **921, 936** 1; Anordnung der Rückgabe einer Sicherheit **943**; Sommersache **227** 37; Streitgegenstand **2** 3; Streitgenossenschaft **Üb 59** 4; Streitwert **3 Anh** 35; Streitwert bei der e. V. **936**; Streitwert bei der Auflassungsvormerkung **6** 14; Urteil **936** 3 „§ 922"; Rechtskraftwirkung des Urteils **322** 29; mündliche Verhandlung **936** 2 „§ 920", **937** 3; Verweisung **281** 3; vorläufige Vollstreckbarkeit **708**; Widerklage **253 Anh** 8;

Ablehnung der Wiedereinsetzung **238** 12; Zuständigkeit **937, 943**; Zuständigkeit des AG im Fall der Dringlichkeit, wegen der Eintragung einer Vormerkung oder eines Widerspruchs **942** 1, 2, **943**; Zuständigkeit des Vorsitzenden **944** 2
– **(Vollziehung) Grdz 916** 19, **936** 6; Frist **936** 7, 9, 12; nach dem Ablauf der Frist **936** 12; Grundbucheintragung **936** 13 „§ 932"; in bewegliches Vermögen/eine Forderung (Pfändung) **936** 13 „§ 930"; bei der Zahlungsverfügung **936** 14; Zustellung **936** 9
– **(Widerspruch) 936** 4 „§ 924"; Kostenentscheidung bei einem Anerkenntnis **93** 9; Streitwert **3 Anh** 38; Urteil **936** 4 „§ 924"; Einstellung der Zwangsvollstreckung **707** 22
**Einstweilige Zulassung** eines Vertreters ohne Vollmacht **89** 1, 7
**Eintragung**, Grundbucheintragung s dort
**Eintritt** in den Prozeß s dort
**Einverständliche Scheidung 630** 1
**Einverständnis** durch eine schlüssige Handlung s Schlüssige H., durch Stillschweigen s dort; vgl auch Gegenstand des E., Einwilligung
**Einwand, Einwendung Üb 253** 7; nach der Abtretung oder Veräußerung des Streitgegenstands **265** 27; Erörterung in den Entscheidungsgründen **313** 39; beim Grundurteil **304** 4; des Bekl, Einbeziehung in die Rechtskraftwirkung des Urteils **322** 19; in einem Schriftsatz **132** 3; der Unrichtigkeit der Entscheidung im Fall der Streithilfe **68** 6; gegen eine niedergelegte Urkunde **134** 13; gegen eine vollstreckbare Urkunde **797** 3; im Urkundenprozeß, Säumnis des Bekl **597**; Zurückweisung im Urteil **598**; gegen ein Urteil auf künftig wiederkehrende Leistungen, Abänderungsklage **323** 17; gegen den Urteilsanspruch, Vollstreckungsabwehrklage **767** 17, 57; gegen den Vollstreckungsbescheid **796** 3; gegen die Vollstreckbarerklärung eines Schiedsspruchs **1065**; gegen die Vollstreckungsklausel s dort; gegen eine Widerspruchsklage **771** 10; Widerspruch gegen den Mahnbescheid **696**; gegen die Art und Weise der Zwangsvollstreckung s Zwangsvollstreckung (Erinnerung)
**Einweisung** des Sachverständigen **404 a**
**Einwilligung (in)** die Akteneinsicht durch einen Dritten **299** 23; eine Aufrechnung in der Berufungsinstanz **530** 5; die Rücknahme der Berufung **515** 4; eine Entscheidung ohne eine mündliche Verhandlung **128** 18; eine Entscheidung **263** 23, **264, 267** 1; die Klagrücknahme **269** 11; die Übernahme des Prozesses durch den Rechtsnachfolger **265** 23; die Rücknahme der Revision **566**; die Rückgabe einer Sicherheitsleistung **109** 14; die Sprungrevision **566 a** 4; die Widerklage in der Berufungsinstanz **530** 2
**Einzahlungsnachweis 775**
**Einzelkaufmann**, Firma als Parteibezeichnung **50** 11
**Einzelrichter Üb 348, 348–349, GVG 22**; in der Berufungsinstanz **524**; Übertragung der Entscheidung auf den E. der Zivilkammer **348** 3; Rückübertragung auf die Zivilkammer **348** 18; Entscheidung des E. als solche des Kollegiums **350**; Vorsitzender der Kammer für Handelssachen als E. **349**; in der Revisionsinstanz **557a**; beauftragter, ersuchter Richter s Verordneter Richter
– **(Verfahren vor dem E.)**, Anwaltszwang **348** 4; Beweisaufnahme **355** 6; Änderung des Beweisbeschlusses **360** 7; Kürzung der Einlassungs-/Ladungsfrist **226** 4; Kostenentscheidung nach einer Erledigung der Hauptsache **91 a** 147; Prozeßko-

**Einzelvernehmung**  Zahlen in Fettdruck = Paragraphen

stenhilfe **117**; Prozeßtrennung/verbindung/aussetzung/aufhebung **150** 1; Richterausschluß wegen Mitwirkung **41** 14; Terminsbestimmung s dort; mündliche Verhandlung **128** 6; Verzögerungsgebühr **95 Anh**; Überschreitung der Zuständigkeit **350** 4

**Einzelvernehmung** des Zeugen **394** 4

**Einzelvertretungsmacht 51** 9

**Einziehung,** Überweisung der Forderung zur E. s Zwangsvollstreckung (Pfändung); Abtretender als Zeuge im Prozeß des „neuen" Gläubigers als Klägers **Üb 373** 11 „Einziehungsabtretung"

**Einziehungsermächtigung,** Kostenerstattung **91** 108 „Inkasso"; Recht zur Prozeßgeschäftsführung **Grdz 50** 29, 31; Rechtshängigkeit bei E. **261** 18; s. auch „Inkassozession"

**Eisenbahn,** Betriebskraft eines Nutzungsrechts, Zwangsvollstreckung **871**; CIM, CIV **Einl IV** 14; Schadensersatzpflicht, Beweislast **286 Anh** 85; Rechtsstreitigkeit, Rechtsweg **GVG 13** 36 „Bundeseisenbahnvermögen"; internationale Zuständigkeit **Üb 12** 10; vgl auch Bundeseisenbahnvermögen

**Elektrizitätslieferung,** Beweislast **286 Anh** 85 „Energieversorgung"; Zwangsvollstreckung aus einem Urteil auf die Lieferung von E. **887** 31 „Lieferung"

**Elterliche Sorge,** Klage auf Feststellung des Bestehens oder Nichtbestehens s Kindschaftssache; einstweilige Anordnung wegen der Personensorge während des Ehescheidungsverfahrens s Personensorge; Streitwert **3 Anh** 40

**Eltern,** Aufnahme der Anfechtungsklage wegen einer Ehelichkeit/Anerkennung der Vaterschaft **640 g**; Beweislast bei einer Verletzung der Aufsichtspflicht **286 Anh** 74 „Aufsichtspflicht"; Ladung des nichtbeteiligten Elternteils in einer Kindschaftssache **640 e**; Prozeßkostenvorschuß, Kostenfestsetzung **103** 18 ff; Prozeßkostenvorschußpflicht **Üb 91** 52, **114** 59 „Kostenvorschuß", **127 a**; als gesetzliche Vertreter **51** 18 „Kind"

**Eltern/Kindverhältnis,** Feststellungsklage s Kindschaftssache

**Empfangnahme,** der vom Gegner zu erstattenden Kosten durch den ProzBev **81** 15; von Geld durch den ProzBev **81** 5, 15, **91** 98; der Leistung des Schuldners durch den Gerichtsvollzieher kraft des Vollstreckungsantrags/der vollstreckbaren Ausfertigung **754/755**; Aushändigung einer Quittung und der vollstreckbaren Ausfertigung nach der E. durch den Gerichtsvollzieher **757**

**Empfangsbekenntnis,** bei einer Zustellung von Anwalt zu Anwalt **198** 13; bei einer Zustellung an einen Anwalt, Notar, Gerichtsvollzieher, eine Behörde oder Körperschaft **212 a** 8

**Empfangsbescheinigung** des Anwalts über eine Urkunde **135**

**Endurteil** s Urteil

**Energieversorgung,** Beweislast **286 Anh** 85

**England,** Abkommen für Zivil- und Handelssachen **SchlAnh V** B 5

**Entbindung,** des Sachverständigen von der Pflicht zur Erstattung des Gutachtens **408** 4; des Zeugen von seiner Schweigepflicht **385** 7, 8

**Entbindungskosten,** Zuständigkeit **GVG 23 a**

**Enteignung(sentschädigung),** Beweislast **286 Anh** 85; Gerichtsstand beim Entschädigungsanspruch **26** 7; Revision **545**; Rechtsweg **GVG 13** 38; Streitwert **3 Anh** 40; **4** 15

**Enteignungsgleicher Eingriff,** Rechtsweg **GVG 13** 38

**Entfernung (vom Gerichtssitz),** Nichtanordnung des persönlichen Erscheinens der Partei **141** 18; Parteivernehmung in einer Ehesache durch den verordneten Richter **613** 6; Zeugenvernehmung durch den verordneten Richter **375** 11

– **(aus der Sitzung),** wegen einer Störung **GVG 176** 4, **179** 1; wegen Ungehorsams **GVG 177**, **179** 1; Vollstreckung **GVG 179, 180**

– (außerhalb der Sitzung) GVG 180 1

**Entlassung,** des Bekl beim Gläubigerstreit/bei der Übernahme des Prozesses durch den mittelbaren Besitzer **75** 3/76 9; des Richters **DRiG 21**

**Entschädigungsanspruch,** nach dem BEG, Pfändung **Grdz 704** 71; wegen eines enteignungsgleichen Eingriffs, Feststellungsklage **256** 40; wegen einer Enteignung s dort; dinglicher Gerichtsstand **26**; gemeinsame Klage mehrerer Berechtigter **253** 62; des Sachverständigen **413** 3 ff; Urteil des AG auf Zahlung einer Entschädigung wegen der Nichtvornahme einer Handlung **510 b, 888 a**; Erstattung der Kosten für die Vorbereitung des Prozesses **91** 270; Rechtsweg **GVG 13** 38; Pfändung des E. für eine Wettbewerbsbeschränkung **850** 13; des Zeugen **414**

**Entschädigungsgesetz,** Entschädigungskammer **GVG 71** 1; Zahlung der Prozeßgebühr **271 Anh**; Rechtsweg **GVG 13** 38

**Entschädigungsurteil** im Strafverfahren, Rechtskraftwirkung **322** 32 „Buße", **325** 24 „Buße"

**Entschädigungszahlung** für eine Sache, Pfändung **811** 10

**Entscheidung Üb 300** 1; nach Aktenlage s dort; durch den Einzelrichter s dort; Fehlerhaftigkeit **Üb 300** 19; Protokoll **160** 14; Rechtsmittel gegen eine fehlerhafte E. **Grdz 511** 26; im schriftlichen Verfahren **128** 25, 33

**Entscheidungsgründe** s Beschluß, Urteil

**Entscheidungsgrundlage** s Urteil

**Entscheidungspflicht** des Richters **Einl III** 28

**Entscheidungsreife 300** 6; bei einer Aktenlageentscheidung **251 a** 7, **331 a** 6, **335**; Anspruchsgrund **304** 5, 6; bei einer Aufrechnung durch den Bekl **302** 6; Zwischenstreit **303** 2, 5

**Entscheidungsverbund** bei einer Scheidungs- und Folgesache **623, 629**; Rechtsmittel **629 a**

**Entschuldigung** s bei der betr Person/Gegenstand der E.

**Entstrickung 776** 3, **803** 5

**Entwicklungshelfer,** Rechtsweg **GVG** bei **14** 6 § 2 I Z 7 ArbGG

**Entziehung der Prozeßkostenhilfe** s dort; des Wohnungseigentums s dort; des Worts s Mündliche Verhandlung

**Erbauseinandersetzungsklage,** Gerichtsstand **27** 9; Gerichtsstand wegen eines Grundstücks **24** 12; Streitwert **3 Anh** 41

**Erbbaurecht,** Pfändung des Anspruchs **Grdz 704** 72; Gerichtsstand **24** 6, 16; Rechtsbeeinträchtigung, Urheberbenennung **77**; Streitwert **3 Anh** 40, **9** 10; Recht zur Erhebung einer Widerspruchsklage **771** 16 „Dingliches Recht"; Zwangsvollstreckung **Grdz 704** 72, **864** 4, **866**

**Erbbiologisches Gutachten,** Anordnung im Abstammungsprozeß **372 a** 11, **640** 11 „§ 616"; als Ausforschungsbeweis **Einf 284** 27; Aussetzung des Kindschaftsprozesses **640 f**; Duldungspflicht **372 a** 17; Duldung des Augenscheins **Üb 371** 5; Verweigerung **372 a** 24

**Erbe,** Aufnahme des Prozesses nach einer Unterbrechung **239** 25; Aufgebot der Nachlaßgläubiger s Aufgebotsverfahren; Gerichtsstand **27, 28**; Unterbrechung des Verfahrens bei einer Nachlaßverwal-

tung **241** 4; Unterbrechung des Verfahrens gegen den Erblasser **239** 25; Prozeßgeschäftsführung bei einer Nachlaßverwaltung **Grdz 50** 28 ff; Haftung für die Prozeßkosten **91** 55 „Dritter"; Urteil gegen den Erblasser, Rechtskraftwirkung **325** 6, 26; vollstreckbare Ausfertigung eines gegen den Testamentsvollstrecker ergangenen Urteils für den E. **727** 5, **728** 4; Urteilswirkung gegenüber dem Testamentsvollstrecker **327** 5; Zeugnisverweigerungsrecht **383** 11 (D)
- **(Haftungsbeschränkung),** Kostenfestsetzungsbeschluß **Einf 103** 15; in der Revisionsinstanz **561** 5; Urteil unter dem Vorbehalt der H. **305, 780** 2, 3, **781, 782**
- **(Miterbe),** Aufnahme nach einer Unterbrechung des Verfahrens **239** 9; Streitwert des Ausgleichsanspruchs **3 Anh** 41; Streitwert der Klage gegen den M. **3 Anh** 41; Pfändung des Anteils des M. **Grdz 704** 71 „Erbausgleichsanspruch", **859** 4; Prozeßgeschäftsführung **Grdz 50** 26 ff; Streitgenossenschaft **62** 10
- **(Zwangsvollstreckung gegen E.)** s dort

**Erbkundliche Untersuchung** s Erbbiologisches Gutachten
**Erbpachtrecht,** Gerichtsstand **24** 16
**Erbrecht,** Beweislast **286 Anh** 86; Feststellungsklage **256** 66; Streitwert **3 Anh** 51; Gerichtsstand der Klage gegenüber dem Erben **27**; Rechtskraftwirkung des Urteils **322** 36, **325** 26
**Erbschaftsannahme,** Zwangsvollstreckung vor der E. **778**
**Erbschaftsbesitzer,** Gerichtsstand **24** 13, **27** 5
**Erbschaftskäufer,** Gerichtsstand **27** 4; Aufgebot der Nachlaßgläubiger s Aufgebot
**Erbschaftsklage,** Gerichtsstand **24** 4, **27**
**Erbschaftsnutzung,** Unpfändbarkeit **863** 2
**Erbschein,** Antragsrecht des Gläubigers in der Zwangsvollstreckung **792, 896**; Gerichtsstand beim Herausgabeanspruch **27** 5
**Erbunwürdigkeit,** Klage, Gerichtsstand **27** 2; Streitwert **3 Anh** 42
**Erbvertrag,** Klage, Gerichtsstand **27** 7, **29** 3; Anordnung der Einsetzung eines Schiedsgerichts **1030**
**Erfahrungssatz,** Anscheinsbeweis **286 Anh** 16; als Beweis **Einf 284** 22; Beweislast/würdigung **286 Anh** 16; Prüfung in der Revisionsinstanz **550** 8
**Erfindung,** Pfändung **Grdz 704** 72
**Erfindungsgeheimnis,** Ausschluß der Öffentlichkeit **GVG 172**
**Erfolglosigkeit,** Kosten bei einer E. des Rechtsmittels **97**; Offenbarungsversicherung, Zwangsvollstreckung s dort
**Erfolgsaussicht** der Rechtsverfolgung/verteidigung, Prozeßkostenhilfe **114** 80, **116** 23
**Erfolgshonorar GVG 155 Anh I** § **49** b
**Erfüllung,** Annahme als E., Zwangsvollstreckung **887** 16 (C); Beweislast **286 Anh** 88; bei der einstweiligen Verfügung **Grdz 916** 6, **938** 4, **940** 20 „Ehe, Familie"; E. nach der Klageerhebung, Kostenentscheidung **91a** 46; E. nach der Einlegung des Rechtsmittels, Kostenentscheidung **91a** 101; Empfangnahme des Erlöses durch den Gerichtsvollzieher **819**; Vertragserfüllung, Streitwert **3 Anh** 58 „Gegenseitiger Vertrag"; Einstellung der Zwangsvollstreckung nach der E. **775** 13, 16
**Erfüllungsfrist,** Fristsetzung im Urteil **255**
**Erfüllungsort 29** 13; Gerichtsstand **29**; Gerichtsstandsvereinbarung **29** 4
**Ergänzung,** des Beschlusses **329** 20; des Beweisbeschlusses **360**; einer Forderungsanmeldung im Verteilungsverfahren **874** 4; Rechtsmittel gegen

# Erledigung

eine E. der Kostenentscheidung **99** 8; des Parteivorbringens s dort; des Protokolls **164** 3; der Anordnung einer Sicherheitsleistung **108** 2; eines Schiedsspruchs **1058**; des Urteils s dort
**Ergänzungsrichter 321** 9
**Ergänzungsurteil 321** 9
**Erhebung** der Klage s Klage
**Erinnerung,** gegen eine Entscheidung des verordneten Richters, des Urkundsbeamten/Rpfl **576** 3/**GVG 153 Anh** 6, § 11; Abhilfe **576** 4/**766** 30, **GVG 153 Anh** 6; Anwaltszwang **78** 2, **576** 4, **GVG 153 Anh** 6; Frist zur E. gegen eine Entscheidung des Rpfl **577** 3, **699** 25, **GVG 153 Anh** 6, § 11, 21; dgl E. gegen den Kostenfestsetzungsbeschluß **104** 41/**105** 14; Hilfsbeschwerde bei einer E. gegen die Entscheidung des verordneten Richters/Urkundsbeamten **577** 10; Rechtsmittel gegen die Kostenentscheidung **99** 8; Streithilfe **66** 4
- **(gegen)** die Abgabe nach einem Widerspruch gegen den Mahnbescheid **696** 7; den Kostenfestsetzungsbeschluß **104** 42/**105** 14; denjenigen auf einer Urteilsausfertigung **105** 14; die Anforderung der Prozeßgebühr **271 Anh**; die Festsetzung des Regelunterhalts **652**; die Anordnung bzw E. wegen der Rückgabe einer Sicherheitsleistung **109** 18/12; eine Änderung des Beschlusses über die Verhängung einer Verzögerungsgebühr **95 Anh**; die Vollstreckungsklausel **732** 7; die Zurückweisung des Antrags auf den Erlaß eines Mahnbescheids **691**; die Zurückweisung des Antrags auf den Erlaß eines Vollstreckungsbescheids **699** 25; die Bestellung eines Zustellungsbevollmächtigten **174** 9
- **(gegen eine Zwangsvollstreckungsmaßnahme)** s Zwangsvollstreckung

**Erkennendes Gericht 309** 1
**Erkenntnisverfahren Einl III** 5
**Erklärung,** mit Nichtwissen **138** 45; der Partei s Partei (Vorbringen), vgl auch den Gegenstand der E.; Aufnahme in das Protokoll **160**; im ProzBev **85, 138** 55; im Prozeßkostenhilfeverfahren **117** 18; des Streithelfers **67** 8, 9; am Telefon s Telefonische E.
- **(Fristsetzung)** zur Aufklärung **273** 14, **283**; bei einem verspäteten/nachgereichten Schriftsatz **132** 21/**283**; im schriftlichen Verfahren **128** 40
- **(zu Protokoll),** Antrag **297** 8; der Berufungsrücknahme **515** 20; eines Geständnisses **288** 6
- **(zu P. der Geschäftsstelle)**

**Erklärungspflicht** der Drittschuldners nach einer Forderungspfändung **840**; der Partei s dort
**Erlaß,** des Beschlusses **329** 23; des Urteils durch Verkündung **310** 1; ohne Verkündung **310** 11; im Verfahren ohne mündliche Verhandlung **128** 12
**Erlaßeinwand,** beim E. des nichtehelichen Vaters wegen Unterhaltsrückstand **93** d
**Erlaubnis,** einer Zustellung zur Nachtzeit, am Sonntag oder Feiertag **188** 7; einer Zwangsvollstreckung an solchen Tagen und zu solchen Zeiten **761**
**Erledigung,** des Arrestgrundes **927** 4; der Beschwerde **573** 4; des Beweisbeschlusses **360** 4; vor der Rechtshängigkeit, Kostenklage **91a** 36; des Grundes zur einstweiligen Verfügung **936** 5 „§ 927"
- **(der Hauptsache) 91a**; bei einem Antrag auf eine gerichtliche Entscheidung wegen Untätigkeit der Behörde **EGGVG 27** 3; Wirkung auf eine Anschlußberufung **522** 2; Begriff **91a** 24; einseitige Erledigterklärung des Bekl **91a** 189, des Klägers **91a** 168; Erklärung durch den Kläger **91a**

**Erlös**

62, 264 20; Erklärung als Rücknahme der Klage bzw Verzicht auf den Anspruch **91 a** 63, **99** 36; bei der Feststellungsklage **256** 52; gerichtliche Hinweispflicht bei einer Antragsänderung nach der E. **139, 278** 14; Beschränkung des Klagantrags als Erledigterklärung **269** 1; Kostenentscheidung bei einverständlichen Erledigterklärungen **91 a** 142; dgl Rechtsmittel **99** 151; nach Beendigung der Rechtshängigkeit **91 a** 40; und Rechtskraft **91 a** 40; Streitwert **3 Anh** 45; Kostenentscheidung nach einer Teilerledigung **91 a** 202, 204; Rechtsmittel nach einer Teilerledigung **91 a** 151; in einer Ehe/Kindschaftssache vor der Rechtskraft infolge des Todes einer Partei **619/640**; infolge des Todes des die Ehelichkeit/Vaterschaft anfechtenden Mannes **640 g**; übereinstimmende Erledigterklärungen **91 a** 96; Voraussetzungen **91 a** 23 ff; Widerklage nach der E. **253 Anh** 10; der Zahlungsklage nach der Rechnungslegung **254** 8

**Erlös,** der Versteigerung der Pfandsache, Empfang durch den Gerichtsvollzieher **819**; bei der Zwangsvollstreckung, Hinterlegung s Zwangsvollstreckung

**Erlöschen,** der juristischen Person oder parteifähigen Personenmehrheit, Unterbrechung des Verfahrens **239** 3; dgl bei einem ProzBev, Aussetzungsantrag **246** 5; der Parteifähigkeit **50** 20; der Prozeßvollmacht **87**; des Schiedsrichtervertrags **1035**; der Schiedsvereinbarung **1029**

**Ermächtigung,** des Gläubigers zur Vornahme einer vertretbaren Handlung **887**; des Gerichtsvollziehers zur Zwangsvollstreckung **755**; dgl zur Umschreibung/Wiederinkurssetzung des Wertpapiers **822/823**; zur Klage s Klagermächtigung; zur Prozeßführung **Grdz 50** 21, **51** 24, **54** 2; Recht zur Prozeßgeschäftsführung **Grdz 50** 21; des verordneten Richters zur Ernennung eines Sachverständigen **405**; des gesetzlichen Vertreters zur Prozeßführung **54**; Amtsprüfung der letzteren Frage **56**

**Ermahnung** zur Wahrheit vor der Vernehmung der Partei/des Zeugen **451/395** 3

**Ermessen (Gericht) Einl III** 31; bei der Anordnung des persönlichen Erscheinens einer Partei **141** 14; bei einer Anordnung zur Vorbereitung der mündlichen Verhandlung **273** 8, 28; bei einer Augenscheinseinnahme **144** 5; bei der Aussetzung des Verfahrens **Einf 148** 1, **148** 32; **247**; bei der Aufhebung der Aussetzung **150** 1; dgl in einer Ehe/Kindschaftssache bei der Zuweisung des Prozesses an den Einzelrichter in der Berufungsinstanz **524** 3; bei einer Entscheidung im schriftlichen Verfahren **128** 25, 42; bei der Nichtberücksichtigung einer Parteivorbringens wegen der Versäumung einer Erklärungsfrist **296** 38, 58, 72; bei der Prüfung, ob eine Klagänderung sachdienlich ist **263** 30; bei der Auferlegung der Kosten eines erfolglosen Angriffs- oder Verteidigungsmittels **97**; bei der Auferlegung der Kosten der Berufung auf den Sieger **97** 50; bei der Kostenverteilung im Fall der Abhängigkeit der Gegenforderung vom richterlichen Ermessen usw **92** 52; bei der Kostenentscheidung im Fall eines sofortigen Anerkenntnisses **93** 107; bei der Kostenentscheidung nach beiderseitigen Erledigterklärungen **91 a** 118; im Kleinverfahren **495 a**; bei der Kostenverteilung im Fall einer Streitgenossenschaft **100** 34; Nachprüfbarkeit im Revisionsverfahren **550** 8; bei der Zulassung eines Prozeßagenten **157** 25; bei der Zulassung eines (Prozeß)Bevollmächtigten ohne Vollmacht(snachweis) **89** 1; bei der Prozeßleitung **Üb 128** 4; bei einer Trennung/Verbindung von Prozessen **145** 4/**147** 1; bei der Aufhebung der Trennung/Verbindung **150** 1; bei einer Prozeßtrennung nach einer Aufrechnung **145** 20; bei der Beglaubigung der Prozeßvollmacht **80** 14; bei der Nachreichung eines Schriftsatzes **283**; bei einer Sicherheitsleistung **108** 2, **112** 5; bei der Festsetzung des Streitwerts **3**; Streitwert beim Ermessensantrag **3 Anh** 51; bei einem Termin außerhalb des Gerichts **219** 7; bei der Aufhebung eines Termins **227** 7; bei der Anordnung einer Übersetzung **142** 4; bei einer freigestellten mündlichen Verhandlung **128** 10; nach einem Zwischenurteil über die Verwerfung einer Zulässigkeitsrüge **280**; bei der abgesonderten Verhandlung/Entscheidung über eine Zulässigkeitsrüge **280**; bei einer Verzögerungsgebühr **95 Anh**; bei der Untersagung des Vortrags **157** 22; bei der Wiedereröffnung der mündlichen Verhandlung **156** 3; bei der Zurückweisung eines Parteivorbringens **296** 23, 28, 58; bei einer derartigen Zurückweisung in der Berufungsinstanz **528** 25, **529** 7, 11; bei der Bewilligung einer öffentlichen Zustellung **203** 1; bei der Frage, ob ein Zustellungsmangel durch den Empfang geheilt ist **187** 2; bei der Frage, ob die Zustellung trotz Fehlens eines Postbestelldienstes unterstellt werden soll **195 a** 1

**Ermessensantrag,** Streitwert **3 Anh** 51

**Ermessensprüfung,** Justizverwaltungsakt **EGGVG 28** 8; durch das Rechtsmittelgericht **Einl III** 33; durch das Berufungs/Revisions/Beschwerdegericht **525/550** 8/**567** 6, **568** 9

**Ermessensvorschrift Einl III** 33

**Ermittlungen** des Sachverständigen **404 a**

**Ermittlungsgrundsatz** s Amtsermittlung

**Ernennung,** des Richters s Richter; des Schiedsrichters s Schiedsverfahren (Schiedsrichter)

**Erneuerungsschein,** Ausgabeverbot während des Aufgebotsverfahrens **1019**

**Erörterung,** nach der Beweisaufnahme **278** 9, **285**; rechtliche **139** 34, **278** 10; vor dem Schiedsgericht **1042**; und Verhandlungsschluß **136** 31, 32; Wiedereröffnung der Verhandlung **156** 3

**ERP-Sondervermögen,** Zuständigkeitsvereinbarung **38** 19

**Ersatzanspruch,** Schadensersatz s dort

**Ersatzgerichtsstand 606** 15

**Ersatzvornahme** einer vertretbaren Handlung durch den Gläubiger **887**; Kosten **788** 24

**Ersatzzustellung** s Zustellung

**Erscheinen** s Partei, Sachverständiger, Zeuge

**Erschleichen** s Arglist, Gerichtsstand, Rechtsmißbrauch

**Erschließungsvertrag,** Rechtsweg **GVG 13** 33 „Baugesetzbuch"

**Erschöpfungseinrede 780 ff**

**Ersetzende Entscheidung 575** 5, **Üb 578** 15, **590** 5

**Erstattungsanspruch,** Rechtsweg **GVG 13** 38; Klage auf Erstattung der Unterhalts-/Entbindungskosten **644**

**Ersuchen** s beim Gegenstand des E.

**Ersuchter Richter Einl III** 72; vgl auch Beweisaufnahme, Verordneter Richter

**Erwachsener,** Begriff **181** 14

**Erweiterung,** des Klagantrags s dort; der Rechtskraftwirkung s dort

**Erwerb, gutgläubiger,** Rechtskraftwirkung **325** 10; bei einem Rechtsübergang des Streitgegenstands **265** 27, **266** 10; durch die Zwangsvollstreckung **898**

**Erwerbsgeschäft,** Zwangsvollstreckung bei einem E. des Ehegatten im Fall der Gütergemeinschaft **741** 3; Widerspruchsklage **774**

dahinterstehende Zahlen und Buchstaben = Randnummern **Feststellungsklage**

**Erwerbstätigkeit,** Pfändung eines zur Fortsetzung der E. benötigten Gegenstands **811** 36; Pfändungsschutz der Witwe/des minderjährigen Erben bei einer Fortführung der E. **811** 45
**Erzeugnis,** Pfändung **811** 31, **813** 7, **865** 5
**Erziehungsgeld,** Pfändung **Grdz 704** 72, **850 a** 9
**Erzwingung,** der eidesstattlichen Versicherung **901** ff; der Herausgabe eines Kindes **883** 14; der Herausgabe einer Sache **883, 884**; Urteil auf Duldung/Unterlassung **890**; beim Urteil auf eine (un)vertretbare Handlung **887/888**
**Euratomvertrag** als Aussetzungsgrund **Einf 148** 5
**Euro 688**
**Europäische Gemeinschaft,** EWG-Vertrag als Aussetzungsgrund **Einf 148** 5; ausländischer Anwalt **SchlAnh VII**; richterliches Prüfungsrecht **GVG 1** 8; Richtlinie **293** 1; Zuständigkeits- und Vollstreckungsübereinkommen **917** 16, **SchlAnh V** 1–3
**Europäischer Gerichtshof GVG 1 Anh**
**Europäische wirtschaftliche Interessenvereinigung 50** 8, **Anh 736** 2, **Anh 259** 1
**Europäisches Übereinkommen,** Haager Schiedsgerichtsübereinkommen **SchlAnh VI A** 2; zur Befreiung von der Legalisation **438** 6, 7; betr Sorgerecht **SchlAnh V A** 3
**Europol 50** 6, **51** 3, 13
**Eventual . . .** s Hilfs . . .
**Eventualmaxime Üb 253** 4
**Exequaturverfahren** s Auslandsurteil (Vollstreckungsklage)
**Exterritorialität GVG 18** Einf, **18** ff; Diplomat **GVG 18**; und Gerichtsbarkeit **Grdz 253** 22; dgl freiwillige Unterwerfung **GVG Einf 18** 3; Gerichtsstand des exterritorialen Deutschen **15**; dinglicher Gerichtsstand **24** 18; Personal der Botschaft/Gesandschaft **GVG 18** 2, 3; Nichtigkeit des Urteils gegen einen Exterritorialen **GVG Einf 18** 2; konsularische Vertretung **GVG 19**; kraft Völkerrechts **GVG 20**; Widerklage gegen einen Exterritorialen **GVG Einf 18** 3; Zustellung an einen Exterritorialen **Üb 166** 7, **200** 1, **203** 13; öffentliche Zustellung wegen einer Verweigerung des Zutritts **203** 13

**F**

**Fabrik,** Gerichtsstand **21**
**Fachbehörde** als Sachverständiger **Üb 402** 10
**Fahrlässigkeit,** Anscheinsbeweis **286 Anh** 15, 22; Beweislast **286 Anh** 206; Restitutionsklage wegen einer Verletzung der Eidespflicht durch die Partei **580** 3
**Fahrtkosten,** Erstattung **91** 92–96; für die Partei bei einer Anordnung ihres persönlichen Erscheinens **141** 25; des ehrenamtlichen Richters **GVG 107**; des Sachverständigen **413**, des Zeugen **379**
**Faires Verfahren Einl III** 21, **Grdz 253** 2
**Faksimilestempel** s Namensstempel
**Fälligkeit,** Arrest/einstweilige Verfügung wegen eines künftigen Anspruchs **916** 8/**936** 1 „§ 916"; der Gerichtsgebühr **4** 1; Kostenscheidung bei einer Klage vor der Fälligkeit **93** 42, 53; Klage auf eine künftige Leistung wegen der Besorgnis der Nichterfüllung **259** 1, 3; Klage auf künftig wiederkehrende Leistungen **258** 1; Klage auf eine kalendermäßige künftige Zahlung/Räumung **257** 1; Kostenscheidung bei einem Anerkenntnis **93** 42, 55; Mahnbescheid vor der F. **688** 7; als Prozeßvoraussetzung **Grdz 253** 26; Streitwert eines nicht fälligen Anspruchs **3 Anh** 52; Rechts-

kraftwirkung des Urteils **322** 37; Zwangsvollstreckung bei einem vom Kalendertag abhängigen Urteilsanspruch **751** 2
**Falsche Aussage,** Restitutionsklage **580** 3
**Falsche Partei Grdz 50** 18
**Fälschung,** des Protokolls **165** 7; einer Urkunde als Restitutionsgrund **580** 4
**Familienangehöriger** s Angehöriger
**Familienangelegenheit,** Zeugnisverweigerungsrecht **385** 1
**Familiengericht 621** ff, **GVG 23 b, c, 119, 170**
**Familienrecht** als nichtvermögensrechtlicher Anspruch **Grdz 1** 11
**Familiensache,** Prüfung in der Berufungsinstanz **529** (dort auch Übergangsrecht), in der Beschwerdeinstanz **621 e**, in der Revisionsinstanz **549**; Sommersage **227** 40, 41; Streitwert **3 Anh** 52; vgl auch Familiengericht
**Familienstandssache** s Ehelichkeitsanfechtungsklage, Kindschaftssache, Vaterschaftsanerkennung
**Fehlen** von Umständen, Beweislast **286 Anh** 91
**Fehlerhaftigkeit,** der Entscheidung **Üb 300** 19; Rechtsmittel gegen eine fehlerhafte Entscheidung **Grdz 511** 26
**Feiertag** s Sonn- u. Feiertag
**Ferienwohnung,** Gerichtsstand bei einem Anspruch aus dem Mietvertrag **29 a** 3 „Ferienreise"
**Fernkopie** s Fernschreiben
**Fernschreiben,** Einlegung der Berufung **518** 4; eines Schriftsatzes **129** 21
**Fernsehgerät,** Pfändung **Grdz 704** 73, **811** 19
**Fernsehsendung,** Verbot einer Berichterstattung über die Gerichtsverhandlung **GVG 174**; Übertragung **GVG 169** 4; Zeugnisverweigerungsrecht **386** 5
**Fernsprecher** s Telefon
**Feststellung,** eines Auslands/Gewohnheits/Satzungsrechts **293** 5; Notwendigkeit einer einheitlichen F. **62** 4
**Feststellungsinteresse** s Feststellungsklage
**Feststellungsklage Grdz 253** 9, **256** 1, 2; Beweislast **256** 47; **286 Anh** 92; Erledigung der Hauptsache **256** 52; Feststellungsinteresse **256** 21, in einer Kindschaftssache **640** 8; Klagabweisung **256** 49; Klagantrag **253** 64, **256** 42; Auslegung des Antrags **256** 20; Klageschrift **256** 94 „Unterlassung"; Kostenscheidung bei einem Anerkenntnis **93** 13, 41; bei einer möglichen Leistungsklage **256** 33, 77; Prozeßvoraussetzungen **256** 41; Wirkung der Rechtshängigkeit **261** 19; Rechtsschutzbedürfnis **Grdz 253** 38; **640** 8; Streitbefangenheit **265** 7; und Streitgenossenschaft **62** 7; Übergang zur Leistungsklage **264** 5; trotz der Möglichkeit einer Unterlassungsklage **256** 94 „Unterlassung"; bei einer drohenden Verjährung **256** 98; Unterbrechung der Verjährung **262** 1; zwecks Unterbrechung der Verjährung **256** 36, 39; Widerklage **253 Anh** 6; Erledigung der verneinenden Feststellungswiderklage durch die Leistungsklage **91 a** 47; Zulässigkeit **256** 1, 2, 11, 53
— **(Gegenstand) 256** 4; (Nicht)Ehe s Ehesache; Eigentum/Rechtsbeeinträchtigung, Urheberbenennung **77**; Elterliche Sorge/Eltern-Kind-Verhältnis/Kindesannahme s Kindschaftssache; Nichtbestehen einer Verpflichtung aus einem ausländischen Urteil **722** 4; Nichtigkeit eines Dispachebeschlusses **256** 7; Nichtigkeit eines Gesellschafterbeschlusses **256** 71; neben einer Klage auf eine Rechnungslegung **254** 5; des (Nicht)bestehens eines Rechtsverhältnisses **256** 4, 25; Tatsache **256** 14; Unzulässigkeit der Schiedsvereinbarung usw **1032**; (Un)Echtheit einer Urkunde **256** 94;

**Feuerungsmittel**

nichteheliche Vaterschaft/Anerkennung s Vaterschaft; Erteilung der Vollstreckungsklausel **731**; Vorfrage **256** 5
– (Gerichtsstand) **256** 41; bei einem Grundpfandrecht **24** 1; beim Grundstückseigentum **24** 1; bei der Klage auf Feststellung einer begrenzteren Vertragspflicht **29** 16
– (Streitwert) **3 Anh** 53; beim Eigentum **6** 2; bei der verneinenden F. **3 Anh** 54; bei der Feststellungs- und Leistungsklage **5** 8 „Stufenklage"; bei einer Konkursforderung **3 Anh** 56; beim Miet/Pachtvertrag **8** 2; bei einer Rente **9** 8; Übergang zur Leistungsklage **4** 8
– (Urteil) **256** 48, **Üb 300** 6; Anerkenntnisurteil **256** 46; Rechtskraftwirkung **322** 38; Teilurteil **256** 50; Zwischenurteil **256** 2
– (Zwischenfeststellungsklage) **253 Anh** 8, **256**; im Berufungsverfahren **530** 2; dinglicher Gerichtsstand **24** 18; Klagänderung **263** 4; Klagerhebung **253** 7; Prozeßtrennung **145** 7; Prozeßvoraussetzungen **256**; Rechtshängigkeit durch die Z. **261** 4; Streitwert **3 Anh** 146

**Feuerungsmittel**, Pfändung **811** 25
**Fiktion**, des Geständnisses **138** 43; einer Tatsache **292** 4; einer Willenserklärung **894** 11, **895** 3
**Filmaufnahme**, in der Gerichtsverhandlung **GVG 169** 5
**Finanzgericht**, Verweisung an das F. **281** 7, **GVG 13** 61 „Steuer"
**Üb 91** 62 „Kreditkosten"
**Finnland**, Ehesache **606 a Anh II**
**Firma** als Partei **50** 11; Streitwert **3 Anh** 85 „Name", im Vollstreckungstitel **750** 5
– (Fortführung), vollstreckbare Ausfertigung **729** 3; Kostenhaftung **Üb 91** 25; Streitwert **3 Anh** 85 „Name"; durch die Witwe/den minderjährigen Erben, Pfändungsschutz **811** 45
**Firmenrecht** als vermögensrechtlicher Anspruch **Grdz 1** 13, 15; Pfändung **Grdz 704** 73, **857** 7; Zuständigkeit der Kammer für Handelssachen bei einer Streitigkeit **GVG 95** 6
**Fischereirecht**, Streitwert **3 Anh** 57; Zwangsvollstreckung **864** 4, **866**, **870**
**Fiskus**, Anwaltszwang **78** 20, 4; Gerichtsstand **17** 7, **18**; Gerichtsstand beim Erbrecht **27** 4; Insichprozeß **Grdz 50** 13, 15; Parteibezeichnung **Grdz 50** 13; Urteil gegen den F. als Erben **780** 9; Vertretung **18**; Zustellung **171** 2, 6; Zwangsvollstreckung gegen den F. **882 a**
**Flößereisache**, Vollstreckbarerklärung des Urteils **709** 1; Zuständigkeit **GVG 23** 5
**Flucht**, in die Berufung **528** 25; in die Säumnis **342** 4
**Flüchtling**, Ehesache **606 a Anh I A–E**; Prozeßkostenhilfe **114** 10 „Ausländer, Mehrstaater, Staatenloser"; Sicherheitsleistung für die Prozeßkosten **110** 2
**Flugzeug** s Luftfahrzeug
**Flurbereinigung**, Rechtsweg **GVG 13** 39
**Folgenbeseitigungsanspruch**, Rechtsweg **GVG 13** 38 „Enteignung"
**Folgesache 623 ff, GVG 200**
**Forderung**, Kostenentscheidung bei einer Abhängigkeit der F. von einem richterlichen Ermessen/Sachverständigengutachten/Abrechnung **92** 54; Abtretung s dort; Anerkenntnis **93** 89; Anspruchsgrund/Betrag **304** 6; Arrestvollzug **930** 7; Fälligkeit s dort; Geldforderung **Grdz 803** 2; Gerichtsstand des Vermögens **23** 14; Klage auf wiederkehrende Leistungen **258**; unbezifferter Klagantrag **253** 49; Pfändung s Zwangsvollstreckung; gerichtliche Schätzung der Höhe **287**; Streitverkündung wegen einer Forderungsbeanspruchung **75**; Streit-

Zahlen in Fettdruck = Paragraphen

wert **3 Anh** 57, **6** 9; Unpfändbarkeit s Zwangsvollstreckung; Unübertragbarkeit **851** 2
**Forderungspfändung** s Zwangsvollstreckung (Pfändung)
**Förderungspflicht**, des Gerichts **Üb 128, 139** 7, **272, 273 ff**; der Partei s dort
**Forderungsübergang**, des streitbefangenen Anspruchs **265** 3, 16; beim Grundurteil **304** 15; Rückgriffsanspruch s dort; Rechtskraftwirkung des Urteils **325** 21
**Form**, des Antrags auf eine Bestimmung des zuständigen Gerichts **37** 1; des Gesuchs um den Erlaß eines Arrestes/einer einstweiligen Verfügung **920** 11/**936** 2 „§ 920"; der Berufungsschrift s dort; einer Beweisaufnahme im Ausland **369**; Beweislast für die Wahrung der F. **286 Anh** 93; der Eidesleistung **481, 484**; des Einspruchs gegen ein Versäumnisurteil **340**; des Einverständnisses mit dem schriftlichen Verfahren **128** 40; einer Erklärung zum Protokoll s dort; der Genehmigung einer Prozeßführung ohne Vollmacht **89** 11; einer Gerichtsstandsvereinbarung **29** 36, **38** 2, 3, 6, 33; des Geständnisses **288** 6; der Klagerhebung s dort; der Klagrücknahme **269** 22; der Kündigung der Prozeßvollmacht **87**; einer Prozeßhandlung **Grdz 128** 51; des Prozeßvergleichs **307 Anh** 21; der Prozeßvollmacht **80** 6; der Revisionsschrift s dort; der Schiedsvereinbarung **1031**; eines Schriftsatzes **129** 8; einer öffentlichen Urkunde **415** 7; der Aufforderung zur Niederlegung einer Urkunde **134** 5; des Antrags auf eine Wiedereinsetzung **236** 3; einer Zeugenladung **377** 5; einer Zuständigkeitsvereinbarung **29** 36, **38** 3, 6, 33; des Zustellungsauftrags **167**
**Formel** s Urteil (Urteilsformel)
**Formelle Beschwer Grdz 511** 14
**Formelle Rechtskraft** s Rechtskraft
**Förmlichkeit**, Beweiskraft des Protokolls **165**
**Formlose Mitteilung**, des Beschlusses **329** 28; des Kostenfestsetzungsbeschlusses an den Antragsteller **104** 27; eines Schriftsatzes **270** 6; im Parteiprozeß **497**; der Zeugenladung **377** 5
**Formmangel**, Berufung auf einen F. als Rechtsmißbrauch **Einl III** 54; einer Prozeßhandlung **Grdz 128** 57
**Formularvertrag**, Zuständigkeitsvereinbarung im F. **38** 6–8, 34
**Formvorschrift**, Auslegung **Einl III** 35, 41
**Fortdauer**, der Prozeßvollmacht **86**; der Rechtshängigkeit s dort; eines tatsächlichen Zustands, Beweislast **286 Anh** 93; der Zuständigkeit **261**
**Fortgesetzte Gütergemeinschaft** s Ehegüterrecht
**Fortlaufender Bezug 832** 1; s auch Zwangsvollstreckung (Pfändung von Arbeitseinkommen)
**Fortsetzung** s beim Gegenstand der F.
**Foto**, als Beweismittel **Üb 371** 17; Kostenerstattung **91** 96
**Fotokopie**, als Abschrift **170** 1; Beweiswert **415** 3; **420** 2; Kostenerstattung **91** 96
**Frachtvertrag**, Streitverkündung **72** 5
**Frage** s Beweisaufnahme, Mündliche Verhandlung, Vernehmung des Sachverständigen/Zeugen
**Fragepflicht** s Aufklärungs- und Hinweispflicht
**Fraktionsangestellter 376**
**Frankreich**, Ehesache **606 a Anh II**
**Freiberufler**, Pfändung des Einkommens **850 i** 1, 3; Pfändung eines zu seiner Tätigkeit benötigten Gegenstands **811** 33
**Freibeweis Einf 284** 9
**Freie Beweiswürdigung** s Beweiswürdigung
**Freigabe**, des Guthabens, Streitwert **3 Anh** 57; der Pfandsache **776** 3, **803** 5, **843** 6

**Freigestellte mündliche Verhandlung** s Mündliche Verhandlung
**Freihändiger Verkauf,** einer Gold- oder Silbersache **817 a** 5; der Pfandsache, gerichtliche Anordnung **825** 3; eines gepfändeten Wertpapiers **821**
**Freiheitsstrafe,** Ersatzzustellung während ihrer Verbüßung **181** 6, 12; Gerichtsstand **20**
**Freistellung,** eines Grundstücks von einer Belastung, Gerichtsstand **24**; Pfändung des Anspruchs auf die F. von einer Verbindlichkeit **Grdz 704** 73; Streitwert in solchem Fall **3 Anh** 57, **4** 11; Übergang zum Anspruch auf F. **264** 12 „Freistellung – Vollstreckungsabwehr"; Vollstreckung **887** 22 „Befreiung von einer Schuld"
**Freiwillige Gerichtsbarkeit,** Abgrenzung gegenüber dem Zivilprozeß **Einl III** 22; Ausschluß einer Gerichtsperson **Üb 41** 3; ausstehende Entscheidung als Aussetzungsgrund **148** 7; Verfahren in einer Familiensache **Üb 621** 2; Beschwerde gegen eine Entscheidung über eine Prozeßkostenhilfe **127**; Ablehnung eines Richters **42** 1; Verweisung an ein Gericht der fr. G. **281** 8
**Fremdes Recht** s Auslandsrecht
**Fremdsprachlichkeit,** Hinzuziehung eines Dolmetschers s Dolmetscher; Eid **GVG 188**; Vortrag im Anwaltsprozeß **GVG 187**
**Friedensrichter Einl I**
**Friedhofsbenutzung,** Rechtsweg **GVG 13** 39
**Frist Üb 214** 9; Abkürzung **224** 3, **226** 2; Änderung **225**, **308 a** 1; zur Anzeige im schriftlichen Vorverfahren **276** 4; Aufnahme eines ruhenden Verfahrens **251** 10; bei einer Aussetzung des Verfahrens **249** 4; (un)eigentliche Fr. **Üb 214** 10, 11; nach einer Anordnung des Ruhens des Verfahrens **251** 9; für die Prüfung eines Schadensersatzanspruchs **93** 74; bei einer Streitgenossenschaft **61** 5; bei einer notwendigen Streitgenossenschaft **62** 19; für einen vorbereitenden Schriftsatz **132** 12, 20, **275–277**; bei einer Terminsaufhebung **227** 3; für eine Terminsbestimmung **216** 11; bei einer Unterbrechung des Verfahrens **249** 4; für die Übergabe des Urteils an die Geschäftsstelle **315** 11; Verlängerung s unten „(Verlängerung)"; Wahrung **Üb 230, 270** 7, **693** 6; für das Widerrufsrecht beim Prozeßvergleich **222** 2, **307 Anh** 10; bei einer öffentlichen Zustellung/Zustellung im Ausland **206, 207** 2; Zwischenfrist **Üb 214** 10
– **(Aufklärungsfrist)** **273** 14
– **(Ausschlußfrist) Üb 214** 11; Beweislast für den Ablauf **286 Anh** 14; bei der Anfechtungsklage gegen ein Ausschlußurteil **958**; für den Antrag auf eine gerichtliche Entscheidung wegen einer Untätigkeit der Justizverwaltung **EGGVG 27** 4; für einen Aufhebungsantrag gegen den für vollstreckbar erklärten Schiedsspruch **1059, 1062**; bei einem Fristablauf an einem Sonnabend, Sonn- oder Feiertag **222** 5; Hemmung **Üb 214** 11; für eine Berichtigung des Urteilstatbestands **320** 7; Wahrung durch eine Klage ohne Unterschrift **253** 103; Wahrung bei einer Verweisung **Üb 12** 20; bei der Wiederaufnahmeklage **586** 8; bei der Wiedereinsetzung wegen eines Antrags auf gerichtliche Entscheidung wegen einer Untätigkeit der Justizverwaltung **EGGVG 26** 6; Jahresfrist bei der Wiedereinsetzung **234** 1
– **(Berechnung) 222**; bei einem Ablauf an einem Sonnabend, Sonn- oder Feiertag **222** 5; Berechnung/Kontrollpflicht des Anwalts **233** 85; der richterlichen Erklärungsfrist **273** 20, 23; im schiedsrichterlichen Verfahren **1042**; bei einer Stundenfrist **222** 7; bei einer Frist von acht Tagen **222** 4; bei einer Fristverlängerung **222** 5, **224** 10

– **(Fristsetzung)** s unten „– (richterliche Fristsetzung)"
– **(gesetzliche Frist, Klagefrist) Üb 214** 10; bei der Klage wegen einer Änderung der Verurteilung zur Zahlung des Regelunterhalts **643 a** 3; beim Antrag auf eine gerichtliche Entscheidung wegen einer Untätigkeit der Justizverwaltung **EGGVG 26** 2, **27** 3; beim Antrag auf Aussetzung der Verwertung einer Pfandsache **813 a** 8; beim Vollzug eines Arrests/einer einstweiligen Verfügung **929** 4/**936** 7; bei der Aufgebotsfrist **950**; bei derjenigen wegen der Nachlaßgläubiger **994**; bei derjenigen wegen einer Urkunde/eines Wertpapiers **1015/1010–1014**; Beginn **221** 3; bei der Beschwerde gegen ein Ordnungsmittel **GVG 181** 2; bei der Frist zur Erklärung des Drittschuldners nach einer Pfändung der Forderung **840** 7; bei der Einlassungsfrist **274**, vgl auch Einlassungsfrist; Kürzung/Verlängerung auf Grund eines Antrags **224** 7; Klagänderung nach dem Ablauf der Klagefrist **264** 7; Abweisung der Klage durch ein Prozeßurteil wegen einer Versäumung der Klagefrist **253** 4; Amtsprüfung der Wahrung der Klagefrist **253** 4; Wahrung der Klagefrist durch Klageeinlegung mittels Telegramm **129** 12; Aufforderung zur Einreichung der Kostenberechnung beim Kostenausgleich **106** 5; Kostenfestsetzung nach einer Änderung des Streitwerts **107** 6; Ladungsfrist **217** 1, vgl auch Ladungsfrist; für eine Urkundeneinsicht **134** 10; für einen Antrag auf eine Ergänzung des Urteils **321** 6, 7; für eine Berichtigung des Urteilstatbestands **320** 7; für die Anmeldung einer Forderung im Verteilungsverfahren **873** 2; nach der Vorpfändung für eine Pfandsache **845** 9, 11; Wahrung durch eine demnächst nachfolgende Zustellung **270, 693, 696**; Wahrung durch eine Zustellung im Ausland, in einem Exterritorialen, durch eine öffentliche Zustellung **207** 3; Wartefrist vor einer Versteigerung des gepfändeten Gegenstands **816** 2; Wartefrist vor dem Beginn der Zwangsvollstreckung **798**; Frist für den Widerspruch gegen den Mahnbescheid **693, 694**; Frist zur Erhebung der Widerspruchsklage gegenüber dem Verteilungsplan **878** 3; beim Wiedereinsetzungsantrag **234**
– **(gesetzliche Frist als Notfrist) Üb 214** 10, **224**; bei der Anfechtungsklage gegenüber einem Ausschlußurteil **958**; beim Aufhebungsantrag gegenüber der Vollstreckbarerklärung des Schiedsspruchs **1059, 1062**; bei der Aussetzung des Verfahrens **249** 4; bei der Berufungsfrist **516** 2; bei der Beschwerdefrist **577** 3; bei der Einspruchsfrist gegenüber einem Versäumnisurteil **339** 4; bei der Frist für eine Erinnerung **577** 3, **GVG 153 Anh** 6, 8 § 11, 21; bei der Frist für eine Erinnerung gegenüber einem Kostenfestsetzungsbeschluß **104** 42/**105** 14; Ausschluß der Fristkürzung/verlängerung **224** 7; Notfristzeugnis **706** 11; bei der Revisionsfrist **552**; nach der Anordnung des Ruhens des Verfahrens **251** 9; bei einer Unterbrechung des Verfahrens **249** 4; Versäumung, Wiedereinsetzung s dort; bei der Rechtsbeschwerde gegen den Beschluß betr die Vollstreckbarerklärung des Schiedsspruchs **1065**; bei der Wiederaufnahmeklage **586** 3; beim Wiedereinsetzungsantrag **234** 4; Zustellung zwecks Fristwahrung **166** 4; Mangel der Zustellung, Ausschluß seiner Heilung **187** 6; Unterstellung der Zustellung beim Fehlen eines Postbestelldienstes **195 a** 2; s auch Notfristzeugnis
– **(richterliche Fristsetzung) Üb 214** 10; beim Arrest für eine Sicherheitsleistung des Gläubigers/

## Fristenkalender

eine Klagerhebung **921** 12/**926**; bei der Aufgebotsfrist s Aufgebotsverfahren; für die Zahlung im Fall einer Aussetzung der Pfandverwertung **813 a**; zur Aufklärung **273** 20; Befugnis des verordneten Richters **229**; Beginn **221**; zur Berufungserwiderung **520** 7; zur Behebung eines gegenüber der Beweisaufnahme bestehenden Hindernisses **356** 8; bei einer Erklärungsfrist **132** 18, **272** ff; bei einer Erklärungsfrist im schriftlichen Verfahren **128** 40; Antrag auf eine Kürzung/Verlängerung der Frist **224** 7; zur Erhebung der Ehenichtigkeitsklage bei einer Aussetzung des Verfahrens **151** 3; beim frühen ersten Termin **275** 4, 12, 15, **277** 8; für die Kostenberechnung im Fall einer Kostenteilung **106**; für die Bestellung eines ProzBev nach einer Unterbrechung des Verfahrens **244** 16; für die Beglaubigung einer Prozeßvollmacht **80** 15; bei einem Mangel der Prozeßvollmacht **88** 10; für die Genehmigung des Nachweises der (Prozeß)Vollmacht **89** 5; zur Gewährung/Verlängerung einer Räumungsfrist **721**; für die Erstattung eines Sachverständigengutachtens **411** 4, 5; für die Nachreichung eines Schriftsatzes **283**; für eine Sicherheitsleistung **112** 4, **113**; für die Rückgabe einer Sicherheit **109** 10; zur Stellungnahme auf die Berufungserwiderung **520** 7; für die Vorlegung einer Urkunde **428**, **431**; im Urteil **255**, **510 b**; für die Klagerhebung/Ladung zur Verhandlung über die Rechtmäßigkeit nach einer einstweiligen Verfügung **936** „§ 926"/**942** 6; bei einer freigestellten mündlichen Verhandlung **128** 14; bei einer Verzögerungsgebühr **95 Anh**; im schriftlichen Vorverfahren erster Instanz **276** 5, **10**, **277** 2, 8; zur Zahlung eines Vorschusses auf die Zeugengebühren **379** 5; für die Entscheidung des Prozeßgerichts im Fall einer Einstellung der Zwangsvollstreckung **769** 10
- **(Unterbrechung)**, durch die Rechtshängigkeit **262** 3; bei einer öffentlichen Zustellung/Zustellung im Ausland **207** 2
- **(durch Urteil gesetzte Frist)**, sachlichrechtliche Fristsetzung gegenüber dem Bekl **255** 8; Räumungsfrist **721**; durch das Urteil des AG zur Vornahme einer Handlung **510** 3
- **(Verkürzung)**, einer gesetzlichen/richterlichen Frist auf Antrag **224** 7, **225**; für die Aufnahme eines ruhenden Verfahrens **251** 10; der Einlassungs-/Ladungsfrist auf Antrag **226**; einer richterlichen Erklärungsfrist **273** ff; durch eine Parteivereinbarung **224** 1, 3; einer durch das Urteil gesetzten Frist **255** 8
- **(Verlängerung)**, einer gesetzlichen/richterlichen Frist auf Antrag **224** 7, **225**; für die Aufnahme eines ruhenden Verfahrens **251** 10; Berechnung **222** 3, **224** 10; der Frist zur Begründung der Berufung/Revision **519** 8/**554** 5; einer richterlichen Erklärungsfrist **273** ff; Auferlegung der Kosten wegen eines Verschuldens der Partei **95**; einer Frist für eine Urkundeneinsicht **134** 11; einer durch das Urteil gesetzten Frist **255** 8

**Fristenkalender** eines Anwalts als Voraussetzung der Wiedereinsetzung **233** 125

**Fristversäumung Üb 230** 1; im Verfahren nach Aktenlage **Üb 230** 3; Antragserfordernis wegen der Folgen einer F. **231** 1; der Frist zum Vollzug eines Arrests/einer einstweiligen Verfügung **929** 12/**936** 7 „§ 929"; bei der Beseitigung eines der Beweisaufnahme entgegenstehenden Hindernisses **356** 11; Folge der F. **Üb 230** 2; Androhung der Folge **231** 5; Klagefrist, Aufhebung des Arrests/der einstweiligen Verfügung **926** 13/**936** 5 „§ 926"; Auferlegung der Kosten wegen einer F.

**95**; Nachholung der Prozeßhandlung **231** 4; Versäumung der Frist zur Nachreichung eines Schriftsatzes **283**; Verschulden eines Angestellten bei der F. **233** 74; Verschulden eines Parteivertreters bei der F. **85** 26 ff; Wiedereinsetzung wegen F. s Wiedereinsetzung; Versäumung der Frist zur Zahlung eines Vorschusses für die Zeugengebühren **379** 7

**Frucht**, auf dem Halm, Pfändung/Pfandverwertung **Grdz 704** 73, **810**/**824**; Bindung des Gerichts an den Klagantrag **308** 4; Pfändung **804** 8, **811** 31, **813** 21, **865** 3; Streitwert **4** 14

**Fruchtlosigkeitsbescheinigung** als Voraussetzung einer Offenbarungsversicherung **807** 5

**Früher erster Termin 272** 4, **275**, **277** 9

**Funktionelle Zuständigkeit** s Zuständigkeit, geschäftliche

**Fürsorge** beim Antrag auf eine Ehescheidung, einstweilige Anordnung wegen der Personensorge für ein Kind **620**; öffentlichrechtliche Fürsorgepflicht, Rechtsweg **GVG 13** 58 usw

**Fürsorgedarlehen**, Pfändung **Grdz 704** 73

**Fürsorgeleistung**, Pfändung **Grdz 704** 103 „Sozialleistung"

**Fürsorgepflicht** des Gerichts **Einl III 27**, **139** 7

**Fusion** s Verschmelzung

**Futter**, Pfändung **811** 31

## G

**Gartenbau**, Pfändungsschutz **811** 25

**Gartenhaus**, Pfändung **811** 24

**Gastwirt**, Zuständigkeit **GVG 23** 9

**Gebietskörperschaft**, Zuständigkeitsvereinbarung **38** 18

**Gebot**, bei der Versteigerung einer Pfandsache **817** 3, 5; Mindestgebot **817 a**; durch eine einstweilige Verfügung **938** 17

**Gebrauchsgegenstand**, Pfändung **811** 15

**Gebrauchsmuster**, Streitwert bei der Löschung **3 Anh** 75 „Löschung"; Pfändung **Grdz 704** 76 „Gewerblicher Rechtsschutz: B. Patent usw"; Verfahrenskostenhilfe **114** 34 „Patengericht"; Zuständigkeit **GVG 78 b Anh I**, **95** 6

**Gebühr**, Gerichtsgebühr s dort; vgl auch Prozeßgebühr; Klage auf Zahlung der G., Gerichtsstand **34**; Rechtsanwaltsgebühr s dort; Sachverständigengebühr **413**; Schuldner s Gerichtsgebühr; Streitwertfestsetzung s dort; Zeugengebühr **401**; s auch Gerichtskosten

**Gebührenfreiheit Üb 114** 10

**Gebührenstreitwert 2** 1, **Einf 3** 3, 11

**Geburtsbeihilfe**, Pfändung **850 a** 8

**Gedächtnis** des Zeugen, Zuverlässigkeit **Üb 373** 4

**Geeignetheit** zur Zwangsvollstreckung **Grdz 704** 34 (C)

**Gefährdung**, eines Beweismittels s Selbständiges Beweisverfahren; der Befriedigung des Gläubigers bei einer Sachpfändung **808** 19; der öffentlichen Ordnung usw, Ausschluß der Öffentlichkeit **GVG 172**; eines Rechtsverhältnisses, Feststellungsklage **256** 25, 31; eines Zustands, einstweilige Verfügung **935** 7; der Zwangsvollstreckung als Arrestgrund **917**, **918**

**Gefangener**, Pfändung des Arbeitsentgelts **850** 7; Ersatzzustellung **181** 6, 18; Gerichtsstand **20**

**Gefängnis** s Justizvollzugsanstalt

**Gegenanspruch**, Aufrechnung mit einem G. s Aufrechnung; Widerklage **33**; Prozeßtrennung **145** 7

**Gegenantrag** im Eheverfahren **610** 2

**Gegenaufrechnung** des Klägers **145** 23

dahinterstehende Zahlen und Buchstaben = Randnummern **Geld**

**Gegenbescheinigung 198** 22
**Gegenbeweis** s Beweis(-Gegenbeweis)
**Gegendarstellungsanspruch** als nicht vermögensrechtlicher Anspruch **Grdz 1** 13, **940** 39 „Presserecht"; Klagänderung **264** 22; Streitwert **3 Anh** 58
**Gegenerklärung Üb 253** 9; Fristsetzung **283**; auf ein neues Vorbringen **132, 283**
**Gefährdungshaftung,** Gerichtsstand **32** 9
**Gefahrenzulage,** Pfändung **850 a** 6
**Gegenforderung,** Abhängigkeit von einem richterlichen Ermessen/Sachverständigengutachten/ einer Abrechnung, Kostenentscheidung **92** 51 ff; Aufrechnung mit einer G. s Aufrechnung; Prozeßtrennung **145** 24; Rechtskraftwirkung **322** 15
**Gegenleistung,** Abhängigkeit der Pfändung von einer G., Anordnung der anderweitigen Verwertung einer gepfändeten Forderung **844**; Klage auf eine künftige Zahlung/Räumung **257** 1; Unzulässigkeit des Mahnbescheids wegen einer noch nicht erfolgten G. **688**; Streitgegenstand **2** 5; bei einem Urteil auf die Abgabe einer Willenserklärung **894** 15; Zug-um-Zug-Leistung s dort
**Gegenseitiger Vertrag,** Streitwert **3 Anh** 58
**Gegenseitigkeit** bei der Anerkennung eines ausländischen Schiedsspruchs **1061**; bei der Anerkennung eines ausländischen Urteils **328** 46, **328 Anh**; bei derjenigen in einer Ehesache **328** 13, 48, **606 a**; bei derjenigen in einer Kindschaftssache **328** 48; bei der Prozeßkostenhilfe **114 Anh**; bei der Sicherheitsleistung **110 Anh**; und Zuständigkeitsvereinbarung **38** 29; bei der Zwangsvollstreckung aus einem Auslandsurteil s Zivilprozeßrecht (zwischenstaatliches)
**Gegenstand,** der Berufungsverhandlung **537**; der Feststellungsklage **256** 4; des Klaganspruchs, Angabe in der Klageschrift **253** 30; der Verurteilung im Fall einer Klagabweisung **708** 12; der Zeugenvernehmung **396**
**Gegenstandswert Einf 3** 3
**Gegenständliche Leistung,** einstweilige Verfügung wegen einer g. L. **935** 1; Zwangsvollstreckung s dort
**Gegenüberstellung** von Zeugen **394** 5
**Gegenvorstellung 318** 1, **Üb 567** 3; gegenüber der Ablehnung einer Wiedereinsetzung **238** 14
**Gehalt** s Arbeitseinkommen; Pfändung s Zwangsvollstreckung (Pfändung von Arbeitseinkommen); Streitwert **3 Anh** 59
**Geheimhaltungspflicht,** Auferlegung beim Ausschluß der Öffentlichkeit **GVG 174**; Zeugnisverweigerungsrecht wegen einer G. **383** 5 ff, **384** 7, **385** 6
**Geheimnisschutz,** Ausschluß der Öffentlichkeit **GVG 172**
**Gehilfe,** Gerichtsstand der unerlaubten Handlung **32** 13 „Verrichtungsgehilfe"
**Gehör, rechtliches Einl III** 16, **Grdz 128** 41; bei einer richterlichen Rechtsfortbildung **Einl III** 51; im schiedsrichterlichen Verfahren **1042**; vor dem Schluß der mündlichen Verhandlung **136** 20; bei einem Schriftsatz zwischen dem Verhandlungsschluß und einem Verkündungstermin **133** 15, **296 a** 2; beim Eingang eines Schriftsatzes nach einem Sonnabend, Sonn- oder Feiertag **222** 5; nach einer freigestellten mündlichen Verhandlung **128** 13; und Vertagung **227** 24
– **(bei, vor)** der Abgabe einer Hausratssache **281 Anh I** 4; der Abgabe einer Landwirtschaftssache an das Prozeßgericht **281 Anh III** 1; der Abgabe einer Wohnungseigentumssache **281 Anh II** 8; der Ablehnung einer Wiedereinsetzung für den Mittellosen **234** 3; der Ablehnung der Wiedereröffnung der mündlichen Verhandlung **156** 9; einer Aussetzung des Verfahrens **148** 36; der Verwerfung der Berufung als unzulässig **519 b** 3; einer Entscheidung über die Beschwerde **573** 5; einer Änderung des Beweisbeschlusses **360** 12; einer Ehesache **623** 8; einer Abkürzung der Einlassungs- oder Ladungsfrist **226** 3; einer Erinnerung gegen den Kostenfestsetzungsbeschluß **104** 58; einer Abkürzung oder Verlängerung einer Frist **225** 7; des Gläubigers vor einer Einstellung der Zwangsvollstreckung wegen eines Antrags auf eine Wiederaufnahme oder Wiedereinsetzung **707** 7; einer Kostenentscheidung nach beiderseitigen Erledigterklärungen **91 a** 143; einer Kostenentscheidung nach einseitiger Erledigterklärung des Klägers **91 a** 180; der Kostenfestsetzung **Einf 103** 3, **104** 4; einer Verlängerung des Mietverhältnisses **308 a** 4; einem Verfahren ohne eine mündliche Verhandlung **128** 40; einem Antrag auf die Aufnahme in das Protokoll **160** 20; einem Antrag auf eine Berichtigung des Protokolls **164** 7; einer Prozeßkostenhilfe **118, 127**; einer Entscheidung über die Zulässigkeit usw einer Revision nach dem BGH-EntlG **Üb 545 Anh**; einer Entscheidung über die Ablehnung des Richters **46** 7, **48** 7; einer Entscheidung über die Selbstablehnung eines Richters **48** 7; einem schiedsrichterlichen Verfahren **1042**; einem schriftlichen Verfahren **128** 40; des Schuldners vor einer Pfändung der Forderung **834**; des Schuldners nach einer Pfändung der Forderung vor der Anordnung einer anderweitigen Verwertung **844** 10; des Schuldners vor der Zwangsvollstreckung aus einem Urteil auf eine Handlung/eidesstattliche Versicherung/Duldung/Unterlassung **891** 3; einer Streitwertfestsetzung **3** 6; einer Aufhebung/Vorverlegung des Termins **227** 7; einer Übertragung der Entscheidung der Zivilkammer auf den Einzelrichter **348** 15; der Bestellung eines gerichtlichen Vertreters **57** 11; einer Abgabe an das Landwirtschaftsgericht **281 Anh III** 5; der Verhängung einer Verzögerungsgebühr **95 Anh**; der Vollstreckbarerklärung eines Schiedsspruchs **1060, 1061**; der Erteilung einer Vollstreckungsklausel **730** 1; einer Wiedereinsetzung **238** 1; einer Zeugnisverweigerung **387** 3; der Zurückweisung eines Parteivorbringens **283** 16; der Bestimmung des zuständigen Gerichts **37** 1; der Zwangsvollstreckung **Grdz 704** 37
– **(Verletzung bei, durch)** Nichtanhörung der Partei im Anwaltsprozeß **137** 27; Nichtberücksichtigung eines nachgereichten Schriftsatzes **283** 16; Nichterörterung einer rechtlichen Beurteilung **139, 278**; als Revisionsgrund **548** 4; als Grund für die Aufhebung eines Schiedsspruchs **1059**; Unheilbarkeit des Mangels **295**; Unterlassung der Setzung einer Erklärungsfrist **132** 23; Verweisung **281** 41; Bestimmung des zuständigen Gerichts **37** 8
**Geistesarbeiter,** Pfändung des Arbeitseinkommens **850** 4; Pfändung der zur Erwerbstätigkeit benötigten Gegenstands **811** 33 ff; Zwangsvollstreckung aus einem Urteil auf eine geistige Leistung **887** 27
**Geisteskrankheit,** Prozeßunfähigkeit **52** 4
**Geistesschwäche,** Prozeßfähigkeit **52** 4
**Geistlicher** s Pfarrer
**Geld,** einstweilige Verfügung auf eine Zahlung **Grdz 916** 6, **940** 20 „Ehe, Familie", 36 „Miete", 42 „Rente"; Empfang durch den ProzBev/Kostenerstattung **81** 3, 15/**91** 98; Pfändung **808** 18,

# Geldforderung

**815** 2; Ablieferung an den Gläubiger/Hinterlegung **815** 6/**720**, **815** 3, 9, 10, **930** 7; Pfändung von Geld aus einer Ersatzleistung für eine unpfändbare Sache **811** 11; Pfändung von Geld aus einer unpfändbaren Forderung **Einf 850** 3; Pfändung des zum Lebensunterhalt notwendigen Geldes **811** 48; als Sicherheitsleistung, Hinterlegung **108** 17; Verwertung **815** 2; Zwangsvollstreckung aus einem Urteil auf die Hinterlegung von G. **887** 28

**Geldforderung Grdz 803** 1; Klage auf eine künftige Zahlung **257** 1; Mahnbescheid über eine bestimmte Geldsumme **688** 3; Pfändung **829**; Streitwert **3 Anh** 59; Urkundenprozeß wegen eines Anspruchs auf eine bestimmte Geldsumme **592** 1; dgl vollstreckbare Urkunde **794** 21; vgl auch Forderung, Zwangsvollstreckung (Pfändung)

**Geldinstitut 835** 20, **850 k**

**Geldkarte,** Pfändbarkeit **Grdz 704** 74 „Geldkarte"

**Geldrente,** nachträgliche Sicherheitsleistung **324**; vorläufige Vollstreckbarkeit **708** 9

**Geldsumme,** Bestimmtheit bei der Klage **253** 75, im Mahnverfahren **688** 3; im Urkundenprozeß **592** 5

**Geltungsbereich** s Zivilprozeßordnung

**Gemeinde,** Gerichtsstand **17** 2, **22** 1; Parteifähigkeit **Grdz 50** 13, **50** 6; Vertretung **51** 14 „Fiskus"; Zuständigkeitsvereinbarung **38** 18; Zustellung an die G. **171** 3, **184**; Niederlegung der zuzustellenden Sendung beim Gemeindevorsteher **182** 6; Zuziehung des Gemeindebeamten durch den Gerichtsvollzieher als Zeugen **759**; Zwangsvollstreckung gegen die G. **882 a** 1, **EG 15** 2

**Gemeindebetrieb,** Rechtsweg **GVG 13** 40

**Gemeindegericht GVG 14** 5; Gemeinderichter **DRiG 119**

**Gemeindeverband,** Zwangsvollstreckung gegen den G. **EG 15**

**Gemeinsamer Senat** der Obersten Gerichtshöfe des Bundes **GVG 140 Anh**; Zulassung der Revision/Rechtsbeschwerde wegen einer Abweichung **546**

**Gemeinschaft,** Streitgenossenschaft **59** 4; Teilung, Streitwert **3 Anh** 60; der Wohnungseigentümer s Wohnungseigentum

**Gemeinschaftsrecht** der Europäischen Gemeinschaft, richterliches Prüfungsrecht **GVG 1** 2; Richtlinie **293** 1

**Gemeinschuldner,** Prozeßfähigkeit **52** 5; Rechtskraftwirkung gegenüber dem G. **325** 33 „Konkursverwalter"; Streithilfe **66** 5; als Zeuge **Üb 373** 12

**Gemischtrechtliche Theorie** der Rechtskraft **Einf 322** 7

**Genehmigung,** einer gegen den Anwaltszwang verstoßenden Prozeßführung **78** 32; Aussagegenehmigung eines Angehörigen des öffentlichen Dienstes als Zeuge/Partei **376/451** 1 „§ 376"; Aussagegenehmigung eines Angehörigen der Streitkräfte **SchlAnh III 38**; einer gerichtlichen Handlung nach einer Aussetzung/Unterbrechung des Verfahrens **249** 10; einer mangelhaften Klagerhebung **253** 16; des Protokolls **162** 3; eines Mangels der Prozeßfähigkeit **56** 9; der Prozeßführung einer Partei **50** 32, **51** 7, **52** 5; der Prozeßführung durch einen gerichtlich bestellten Vertreter **57** 11; der Prozeßführung ohne Vollmacht **89** 5, 11; der Prozeßhandlung einer falschen Partei **Grdz 50** 18; einer mangelhaften Prozeßführung **295** 3; eines Mangels der Prozeßvollmacht **88** 10, 13; durch Stillschweigen s dort; der Zustellung an eine unberechtigte Ersatzperson **Einf 181** 5; des Zustellungsauftrags an den Gerichtsvollzieher **167** 3

**Genehmigungspflicht** nach dem AWG **SchlAnh IV** A; öffentlichrechtliche Genehmigung als Urteilsvoraussetzung **300** 6; nach den MRG **52**, **53**, VO **235 SchlAnh IV** B

**Generalbevollmächtigter** als ProzBev **176** 8; Prozeßführungsrecht **80** 8, 12; Zustellung an den G. **173**

**Generalbundesanwalt** s Auslandsunterhaltsgesetz

**Generalsubstitut 78** 27, **GVG 155 Anh** 2 § 53

**Genfer** Flüchtlingskonvention **606 a Anh I C**; Protokoll über Schiedsklauseln im Handelsverkehr und Abkommen zur Vollstreckung ausländischer Schiedssprüche **Einl IV** 11

**Genossenschaft,** Pfändung eines Anteils **859 Anh** 6; Streitwert eines Ausschlusses **3 Anh** 60; Gerichtsstand **17** 3; Feststellungsklage wegen der Unwirksamkeit eines Beschlusses der Versammlung der Genossen **256** 70; Gerichtsstand für eine Klage gegen die G. **22** 2; Parteifähigkeit **50** 6; Prüfungsverband, Rechtsweg **GVG 13** 40; Treuhandstelle, Kostenerstattung **91** 209; gesetzliche Vertretung **51** 16; Zustellung an die G. **171** 7

**Gericht,** Amtsermittlung s dort; Amtshandlung außerhalb des Gerichtsbezirks **GVG 166**; Pflicht zur Aufklärung, Belehrung und zu einem Hinweis s Aufklärungspflicht; Bezeichnung des G. in der Klageschrift/im Urteil **253** 29/**313** 9; Bindung des G. s dort; Verwertung eines Erfahrungssatzes **Einf 284** 22; Ermessen s dort; Ermittlung von Auslandsrecht, Gewohnheitsrecht, Satzungsrecht **293**; Fürsorgepflicht **Einl III** 27, **139** 7, 31; Gliederung **GVG 12**; Pflicht zur Entscheidung über die Kosten von Amts wegen **Üb 91** 37, **91** 22, **308** 15; Ordnungsgewalt **GVG 177**, **178**; Pflichten im Zivilprozeß **Einl III** 49; Pflicht zur Sachentscheidung **Einl III** 27; Terminbestimmung bei einer Überlastung **216** 9; Unabhängigkeit **GVG 1** 2, **DRiG Vorb 25**, **25**, **39**; Unparteilichkeit **139** 13, 43; Überzeugungsbildung **286** 16; Verhinderung, Bestimmung des zuständigen G. **36** 10; Bestellung eines gerichtlichen Vertreters s Vertreter; Wahrnehmung einer Verwaltungsaufgabe durch den Richter **EGGVG 4**, **DRiG 4** 4; Vollstreckungsgericht s Zwangsvollstreckung; Wissen des Richters als Urteilsgrundlage **286** 16, 23; privates Wissen des Richters über Prozeßvorgänge **286** 23; Würdigung des Streitstoffs **Grdz 128** 35

– **(Geschäftsverteilung) 529** 11, **GVG 21 e** 8 ff, **23 b**; Änderung **GVG 21 e** 16; Handlung eines unzuständigen Amtsrichters **GVG 22 d**; gesetzlicher Richter **GVG 16** 3; Mitwirkungsplan **GVG 21 g** 4; Vertretung des Vorsitzenden **GVG 21 e** 6

– **Präsidialrat) DRiG 54–57**, **74**, **75**

– (Präsident), des OLG/LG **GVG 21 Anh II**; Eilfallentscheidung **GVG 21 i**; Vertretung **GVG 21 c**, **h**

– (Präsidium) **GVG 21 a**, **c**, **d**; des AG **GVG 21 a** 2, **22 a**; Aufgaben **GVG 21 e**; Beschluß, -fähigkeit **GVG 21 e** 19/**21 i**; Wahl(ordnung) **GVG 21 b** (**Anh**)

**Gerichtsakte,** Aktenführung **299** 1; im Mahnverfahren **Grdz 688** 6; Einsichtnahme **299** 5, 9, 29; Erteilung einer Abschrift/Ausfertigung **299** 19; Einreichung eines Schriftsatzes **133**; Niederlegung einer Urkunde **134** 8

**Gerichtsbarkeit GVG Üb 1**, **GVG 1** ff; bei einer Aufrechnung durch den Bekl **145** 18; über einen Exterritorialen s dort; ordentliche streitige G.

dahinterstehende Zahlen und Buchstaben = Randnummern **Gerichtsstand**

**EGGVG 2**; beim Fehlen eines Gerichtsstandes **Üb 12 3**; hinsichtlich der Person **Grdz 253 22**; als Prozeßvoraussetzung **Grdz 253 22, 280 1**; über einen Angehörigen der Streitkräfte **SchlAnh III Einl 1**; Übertragung **EGGVG 3, 4**

**Gerichtsbesetzung**, des AG **GVG 22**; der Zivilkammer des LG **GVG 59**; der Kammer für Handelssachen beim LG **GVG 105, 106**; des Senats beim OLG **GVG 116, 122**; des Senats beim BGH **GVG 124, 130, 139**; Angabe im Urteil **313 8**; bei einem Beschluß **329 15** „§§ 313–313 b"; bei einer Entscheidung im schriftlichen Verfahren **128 27**; Fehlerhaftigkeit als Revisionsgrund/Anlaß zu einer Nichtigkeitsklage **551 8/579 6**; Geschäftsverteilung **GVG 21 e**; des Hilfsrichters beim LG **GVG 70**; des Hilfsrichters beim OLG **GVG 115**; bei einem Geschäft des Rpfl **GVG 153 Anh 8 § 28**; und gesetzlicher Richter **Üb 41 5**, **GVG 16**; und Richter auf Lebenszeit, zur Probe, kraft Auftrags, kraft einer Abordnung **DRiG 28, 29**; beim Urteil **309 1**; bei der Berichtigung des Urteilstatbestandes **320 12**; Unzuständigkeit des Amtsrichters **GVG 22 d**; Vertretung des Vorsitzenden **GVG 21 e 6**

– **(Richterwechsel)** nach einer Beweisaufnahme **355 7**; bei einem Ergänzungsurteil **321 9**; Prozeßhandlung vor einem R. **128 8**; nach der mündlichen Verhandlung **128 8**, **Üb 253 5**, **309 1**; Wegfall des Richters, Wiedereröffnung der mündlichen Verhandlung **156 2**

**Gerichtsbestimmung** s Zuständigkeitsbestimmung

**Gerichtsgebühr**, maßgeblicher Zeitpunkt für die Berechnung **4 1**; Fälligkeit **4 1**; bei Klage und Widerklage **5 1**; bei einer Mehrzahl von Klagansprüchen **5 1**; beim Miet- oder Pachtvertrag **8 1**; Vorwegzahlung der Prozeßgebühr **271 Anh**; nach einer Prozeßtrennung **145 1**; bei einer Prozeßverbindung **5 11, 147 20**; beim Rentenanspruch **9 3**; bei einer Richterablehnung **46 18**; beim Streit um die Zulassung des Streithelfers **71 7**; Festsetzung des Streitwerts für die Berechnung der Gebühren **Einf 3 7**; beim Unterhaltsanspruch **9 2**; bei einem Vergleich im Verfahren auf die Bewilligung einer Prozeßkostenhilfe **118 21**; bei der Bestellung eines gerichtlichen Vertreters für den Bekl **Einf 57 4**; Verzögerungsgebühr s dort; Zahlung durch einen notwendigen Streitgenossen **62 23**

**Gerichtskosten Üb 91 15, 91 ff**; bei einer Kostenaufhebung gegeneinander **92**; Kostenentscheidung, Kostenfestsetzung s dort; sachlichrechtliche Kostenhaftung **Üb 91 43**

**Gerichtskundigkeit** einer Tatsache **291 5**

**Gerichtsorganisation GVG 12 1**; Errichtung, Aufhebung, Sitzverlegung, Änderung der Grenzen eines Gerichtsbezirks **GVG 12 2**; Versetzung des Richters **DRiG 32, 33**

**Gerichtsperson**, Ausschluß der Amtsausübung s Ausschluß; Ablehnung wegen Befangenheit s Befangenheit; als Zeuge **Üb 373 12**

**Gerichtssiegel**, auf einer Beschlußausfertigung **329 15**; auf einer Urteilsausfertigung **317 15** „§ 317"; bei der Verbindung des Urteils mit der Klageschrift **313 b**; bei einer Vollstreckungsklausel **725**

**Gerichtssommer 227 30, 36 ff**

**Gerichtssprache GVG 184**

**Gerichtsstand Grdz 1 1**, **Üb 12 1, 12 ff**; allgemeiner **12–19**; Amtsprüfung **Üb 38 2**; bei einer Anspruchshäufung **260 16**; beim Arrest **919, 927 9**; bei der Aufhebungsklage usw nach einem Schiedsspruch **1062**; im Aufgebotsverfahren **946 2**, **978 1, 983 1, 987 a 1, 990 1, 1002 1, 1005 1, 1006 1**; im Ausland **Üb 12 3, 5**; Beweislast beim Streit über den G. **Üb 12 19**; in einer Ehesache **606 ff**; bei der Einmischungsklage **64 8**; Einteilung **Üb 12 11**; Fehlen des G. beim vermögensrechtlichen Anspruch, Berufung/Beschwerde/ Revision **512 a 6/549 18**; bei der Feststellungsklage **256 45**; bei der Feststellung der Unzulässigkeit einer Schiedsvereinbarung **1062**; bei der Hauptintervention **64 8**; des Heimathafens **Üb 12 11**; und Gerichtsbarkeit **Üb 12 3**; in einer Kindschaftssache **640 a**; bei der Leistungs- und Duldungsklage **Üb 12 21**; beim Mahnverfahren **689, 703 2d**; Mehrheit von G. **35 1**; bei einer Mehrzahl von Klagegründen **Üb 12 17**; als Prozeßvoraussetzung **Grdz 1, 9**, **Üb 12 17**, **Grdz 253 22**; Fortdauer der Rechtshängigkeitswirkung **261**; Revisionsprüfung **551 11**; bei einem Säumnis des Bekl im Verhandlungstermin **331 5**; im schiedsrichterlichen Verfahren **1043**; bei einem Auslandsaufenthalt des Schuldners in einem Unterhaltsprozeß **23 a**; bei einer einstweiligen Verfügung **937 1, 942 2, 943 1**; bei der Vollstreckbarerklärung eines Schiedsspruchs **1060, 1061**; bei der Vollstreckungsklage auf Grund eines Auslandsurteils **722 8**; Wahlrecht s unten; im Wechselprozeß **603**; bei einer Widerklage **33, 253 Anh 1**; im Wiederaufnahmeverfahren **584**; in einer WEG-Sache **29 b**; bei einer Klage auf Grund eines kaufmännischen Zurückbehaltungsrechts **Üb 12 18**; bei einer Zwischenfeststellungsklage **256**; in der Zwangsvollstreckung **802 2**

– **(allgemeiner) 12–19**; einer Anstalt **17 2**; als ausschließlicher G. **12 3**; des Aufenthaltsorts **16**; des Ausländers **13**; einer Behörde **17 7, 18**; bei einem Behördensitz in mehreren Gerichtsbezirken **19**; für den Angehörigen des öffentlichen Dienstes im Ausland **15**; für einen exterritorialen Deutschen **15**; der Ehefrau **13**; des Fiskus **17 7, 18**; einer Gemeinde **17 2**; einer Genossenschaft **17 3**; einer bergrechtlichen Gewerkschaft **17 3**; der Offenen Handelsgesellschaft **17 1, 2**; des Insolvenzverwalters **17 9**; einer juristischen Person **17 1**; eines Kindes **13, 15**; der Kommanditgesellschaft **17 1, 2**; einer Körperschaft **17 2**; der Konkursmasse **17 5**; eines Konsuls **15**; einer Stiftung **17 2**; eines Vereins **17 2**; einer Vermögensmasse **17 2**; des Wohnsitzes **13**; beim Wohnsitz im Ausland **16 2**; des letzten Wohnsitzes **16**; bei mehreren Wohnsitzen **13**

– **(ausschließlicher) Grdz 1 7**, **Üb 12 14, 12 3, 29 a, 40**; bei der Anfechtungsklage gegen ein Ausschlußurteil **957 2**; bei der Anfechtungs-/ Nichtigkeitsklage nach dem AktG/GmbHG **12 3**; beim Antrag auf eine gerichtliche Entscheidung wegen der Untätigkeit oder Fehlerhaftigkeit der Justizverwaltung **EGGVG 25**; beim Ausschluß des Eigentümers/ dinglich Berechtigten im Aufgebotsverfahren **978, 981 a/983, 987 a, 1005, 1006**; beim Ausschluß eines Nachlaß-/ Schiffsgläubigers **990/1002**; beim Ausschluß einer Urkunde **1005, 1006**; in einer Ehesache **606 19**; bei der Einmischungsklage **64 8**; beim dinglichen G. s dort; beim Haustürgeschäft **29 Anh**; bei einer juristischen Person **17 1**; bei der Klage auf/gegen die Erteilung einer Vollstreckungsklausel **731 3, 768, 797 a 3, 800 10, 802**; im Mahnverfahren **689**; bei einem Wohnungsmietstreit **29 a 13**; bei der Offenbarungsversicherung **899**; für eine Schadensersatzklage bei der Zwangsvollstreckung auf die Herausgabe einer Sache, die Vornahme/Unterlassung/Duldung einer Handlung **893**; bei der einstweiligen Verfügung **937**; bei der Vollstreckungsabwehrklage **767 42, 795**

## Gerichtsstelle

10, **797a** 3, **800** 10, **802**; Zuständigkeit des Vollstreckungsgerichts für die Pfändung einer Forderung oder eines Vermögensrechts **828** 3; Vorrang gegenüber dem Gerichtsstand des Vermögens usw **23** 17; bei der Wettbewerbsklage **21** 1, **23** 5; Widerklage bei einem ausschließlichen Gerichtsstand **33** 12; bei Widerspruch gegen einen Arrest **924** 6; bei der Widerspruchsklage gegen einen Verteilungsplan **879**; bei der Widerspruchsklage gegen eine Zwangsvollstreckung **771** 7; in der Zwangsvollstreckung **802, 828** 3; Zuständigkeitsvereinbarung bei einem ausschließlichen Gerichtsstand **40** 4; Zuständigkeitsvereinbarung bei einem ausländischen Gerichtsstand **38** 29; Zwischenfeststellungsklage bei einem ausschließlichen Gerichtsstand **256**
- (besonderer) **20** ff, **35 a**; des Aufenthaltsorts **20**; des Aufenthalts, Bestellung eines gerichtlichen Vertreters **57** 10; beim Beförderungsverkehr **21** 12; der Berufsgenossenschaft **21** 3; des Beschäftigungsorts **20**; des Beschäftigungsorts, Bestellung eines gerichtlichen Vertreters **57** 10; der Einmischungsklage **64** 8; der Erbschaftsklage **27**; des vertraglichen Erfüllungsorts **29**; des Europäischen Gerichtsstandsübereinkommens **21** 2, **23** 5, **23 a** 4, **SchlAnh V** C 1 Art 3, 5; beim Gebührenanspruch **34**; bei einer Konkurseröffnung **21** 2; am Mess- oder Marktort **30**; der Niederlassung **21**; bei einer Pacht **21** 11; für den Schadensersatzanspruch wegen einer unerlaubten Handlung/eines Wettbewerbsverstoßes **32**; für den Schadensersatzanspruch wegen eines Vertragsverstoßes **29** 1, 12; des Streitgegenstands **23**; der Unterhaltsklage gegenüber einem Elternteil **35 a**; des Vermögens **23**; der Vermögensverwaltung **31**; der Widerklage **33, 38** 37
- (dinglicher) **Einf 24** 1; bei der Anfechtungsklage wegen eines Grundstücks **24** 4; bei der Klage auf Erteilung einer Auflassung **24** 4; Begriff der unbeweglichen Sache **24** 15; bei der Klage auf eine Entschädigung wegen einer Enteignung **24** 7; beim Europäischen Gerichtsstandsübereinkommen **Einf 24** 2, **SchlAnh V** C 1 Art 16; als ausschließlicher Gerichtsstand **Einf 24** 2, **24** 18; bei der Klage wegen eines Grundstücks oder grundstücksgleichen Rechts **24**; bei der persönlichen Klage gegen den Grundeigentümer/Besitzer/wegen einer Beschädigung des Grundstücks **26** 3/6; Verbindung der persönlichen und der dinglichen Klage **25**; bei der Klage auf die Erteilung einer Vollstreckungsklausel gegenüber dem jeweiligen Grundeigentümer **Einf 24** 1; Widerklage beim dinglichen Gerichtsstand **24** 18; Zwischenklage beim ausschließlichen Gerichtsstand **24** 18; bei der Zwangsversteigerung **Einf 24** 1
- (gesetzlicher) **Üb 12** 11
- (Erschleichen) **Einl III** 56, **2** 7, **Üb 12** 22, **38** 10, **39** 2, **Grdz 128** 15, **295**, **504** 3, 4; des Gerichtsstands des Erfüllungsorts **29** 6; des Gerichtsstands für eine Nachlaßverbindlichkeit **28** 3; des Gerichtsstands des Vermögens/des Streitgegenstands **23** 7; der Beseitigung des Gerichtsstands der Erbschaft **28** 3
- (Unzuständigkeit), Belehrungspflicht **281** 21; dgl beim AG **Üb 38** 2, **38** 37, **39, 504**; und Berufung **512 a**; und Verhandlung zur Hauptsache ohne eine Rüge der U. **38** 37, **39, 504, 506**; und Prozeßvoraussetzung **Grdz 253** 22; und Revision **549** 19; und Verweisung **Üb 12** 20, **281** 15; Verweisungsantrag **696**; nach einem Widerspruch gegen den Mahnbescheid **696**; Zulässigkeitsrüge **282**
- (Vereinbarung) **Üb 38** 1, **38, 40**; Auslegung **38** 3, 14; Belehrungspflicht des AG **Üb 38** 2, **38** 37, **39, 504, 506**; Bindungswirkung **38** 2, 3; durch eine Einlassung auf eine Klagänderung **268** 1; des Erfüllungsorts **29** 35; Form **38** 2, 15, 26; beim Fehlen eines inländischen Gerichtsstands **38** 21; bei einem ausschließlichen Gerichtsstand **40** 3; zwischen Kaufleuten **38** 16; für das Mahnverfahren **689**; wegen eines mietrechtlichen Anspruchs **29 a** 13; nach dem Eintritt der Rechtshängigkeit **38** 34, **261** 32; Rechtsmißbrauch **40** 3; für ein unbestimmtes Rechtsverhältnis **38** 14; und Rechtswahl **38** 27; für einen Schadensersatzanspruch **40** 1; für die Geltendmachung des Schadensersatzanspruchs wegen einer unerlaubten Handlung **32** 1; durch Stillschweigen **38** 8, 20; nach dem Entstehen der Streitigkeit **38** 34; bei der Streitgenossenschaft, Bestimmung der Zuständigkeit **36** 18; Unwirksamkeit der V. **38** 6 ff, **40** 1; Unzulässigkeit der V. **40** 3; Rüge der Unzulässigkeit **40** 6 durch Vereinbarung der Anwendbarkeit einer ausländischen Rechtsordnung **38** 27; durch das Verhandeln zur Hauptsache **38** 37; als Vertrag **38** 2; und Vollstreckungsmöglichkeit **38** 31; und Ausschluß der Widerklage **33** 11; für den Fall der Verlegung des Wohnsitzes **38** 35
- (Wahlrecht) **35** 1; bei der persönlichen Klage im dinglichen Gerichtsstand **26**; bei einer Zuständigkeitsvereinbarung und beim Fehlen eines inländischen Gerichtsstands **38** 27
- (Zuständigkeitsbestimmung) s dort

**Gerichtsstelle 219** 2; Augenscheinseinnahme außerhalb der G. **372** 1; Gerichtstag als G. **219** 3

**Gerichtstafel**, Anheftung an die G. **204, 699** 22, **948, 949, 1006, 1009, 1020** 1; Zahlungssperre beim Inhaberpapier **1020**; öffentliche Zustellung **204, 206, 699** 5

**Gerichtstag** als Gerichtsstelle **219** 3

**Gerichtsverhandlung**, Berichterstattungsverbot **GVG 174**; Film-/Fernseh-/Rundfunkaufnahmen **GVG 169** 5, 6; Öffentlichkeit der G. s Öffentlichkeit; mündliche Verhandlung s dort

**Gerichtsvollzieher 753, GVG Üb 154, 154, 155**; Ablehnung einer Maßnahme der Zwangsvollstreckung **766** 13; Erteilung einer Abschrift des Protokolls **760**; Akteneinsicht **760**; Amtspflichtverletzung **753** 7, **GVG Üb 154** 4; Antrag auf Vornahme einer Maßnahme der Zwangsvollstreckung **754**; Antragsverhältnis **754**; Erlöschen oder Beschränkung dieses Antrags **755** 3; gleichzeitige Anträge mehrerer Gläubiger **827** 6; Antragstellung auf der Geschäftsstelle/durch das Gericht, den Staatsanwalt, die Geschäftsstelle **753** 12/**GVG 161**; Aufforderung an die G. **763** 2; Aushändigung der vollstreckbaren Ausfertigung an den Schuldner **754** 10, **757** 3, 4; Ausschließung von der Amtsausübung **GVG 155**; Befugnisse **754** 8, **755, 813 a**; Beglaubigung für eine Zustellung **170** 18, **190** 4, **194** 4; Eingriffsverhältnis **753** 1; Ermächtigung zum Empfang der Leistung **754** 8; Befragung oder Kenntnis betr andere Forderungen **806 a**; Gerichtsstand für die Gebührenklage **34** 1; Ablieferung/Hinterlegung von Geld **815** 6/**720, 815** 3, 9, 10, **930** 7; Geschäftsanweisung **758** 1, **Einf 814** 4; Anwendung von Gewalt **758**; Haftung **753** 7; Beitreibung/Erstattung der Kosten **788** 10/26; Mitteilung der G. **763** 3; Protokoll über eine Maßnahme der Zwangsvollstreckung **762, 763**; Protokoll über eine Anschlußpfändung **826** 5; Protokoll als Beweismittel über eine Leistung Zug um Zug **765**; Erteilung einer Quittung **754** 9, **757**; Räumungsvollstreckung s

dahinterstehende Zahlen und Buchstaben = Randnummern **Geschäftsstelle**

Zwangsvollstreckung; Rechtsstellung **753** 1; Aufschub der Herausgabe einer Sache **765 a** 34; Vollstreckung der Herausgabe einer Sache/Sachpfändung s Zwangsvollstreckung; Vermerk einer Teilleistung auf der vollstreckbaren Ausfertigung **757**; Unterschlagung durch den G. **753** 7; Verhaftung des Schuldners **909, 910**; Vernichtung von unpfändbarer Sache und Unrat **885**; Vollstreckungsverhältnis **753** 9; Vorpfändung **845** 8, **857** 19; Wohnungsdurchsuchung **758, 758 a**; Zuziehung von Zeugen **759**; örtliche Zuständigkeit **753** 9; Verstoß gegen die Zuständigkeit **753** 10, 11, GVG Üb **154** 5; Zustellung durch den G. s Zustellung; Zustellung an den G. **212 a**; Zustellung an einen Gehilfen des G. **183** 8; Zustellungsurkunde s Zustellung

**Gerichtswachtmeister** GVG **155** Anh III; Aufruf der Sache **220** 3; Zustellung durch den G. **211** 4, **212**

**Geringfügigkeit** der Mehrforderung, Kostenentscheidung **92** 48

**Gesamtgläubiger**, Aufgebot **1001** 1; Schadensersatzklage **253** 76; Streitwert der Ansprüche mehrerer Gesamtgläubiger **5** 2; Übergang von der Klage wegen einer Gesamthaftung zu derjenigen wegen einer Einzelhaftung **264** 18;

**Gesamtgrundpfandrecht**, Aufgebot der Gläubiger, Antragsrecht **984** 1

**Gesamtgut** s Ehegüterrecht (Gütergemeinschaft)

**Gesamthand**, notwendige Streitgenossenschaft **62** 11; Zwangsvollstreckung in einen Gesamthandsanteil **859** 5

**Gesamthypothek**, Unzulässigkeit **867** 15

**Gesamtprokura**, Vollmacht zur Prozeßführung **84** 5; Zustellung **173**

**Gesamtrechtsnachfolge**, Fortsetzung des Prozesses **50** 20

**Gesamtschuldner**, Aushändigung der vollstreckbaren Ausfertigung **757** 3, 4; Ausschluß als Gerichtsperson **41** 7, **49**; statt eines Einzelschuldners, Kägänderung **264** 21; Streitgenossenschaft **59** 4; Kostenhaftung **100** 41; Streitwert **5** 2; Rechtskraftwirkung des Urteils **322** 43; Verurteilung nach Kopfteilen, Kostenentscheidung **92** 10, 15; Zwangsvollstreckung gegen G., Überpfändung **803** 9

**Gesamtvergleich 307** Anh 41

**Gesamtvertretungsmacht 51** 9

**Gesandter**, ausländischer, Gesandtschaftspersonal s Exterritorialität; Zustellungsersuchen an einen deutschen G. **199** 4, **202** Anh 3

**Geschäftliche Zuständigkeit** s Zuständigkeit, geschäftliche

**Geschäftsanteil**, Gerichtsstand des Streitgegenstands **23** 15; Pfändung **Grdz 704** 75 „Gesellschaft", **859** Anh 3, 3

**Geschäftsanweisung** an die Gerichtsvollzieher **758** 1, **Einf 814** 4

**Geschäftsbedingungen** s Allgemeine Geschäftsbedingungen

**Geschäftsbesorgungsvertrag**, Kündigung, Prozeßvollmacht **86** 1

**Geschäftsbuch**, Pfändung **811** 14

**Geschäftsfähigkeit** und Prozeßfähigkeit **51** 3, **52** 4; des Rechtsanwalts **78** 26
– **(beschränkte)**, Prozeßfähigkeit in einer Ehe-/Kindschaftssache **607/640 b**; Prozeßunfähigkeit **51** 3, **52** 4

**Geschäftsfortführung**, vollstreckbare Ausfertigung **729** 3; Kostenhaftung **Üb 91** 55; durch die Witwe/den minderjährigen Erben, Pfändungsschutz **811** 45

**Geschäftsführer**, Anspruch, Streitwert/Gebühren **3** Anh 62/9 3; als gesetzlicher Vertreter **51** 16 „Gesellschaft"; als Zeuge **Üb 373** 13 „Gesellschaft"

**Geschäftsführung ohne Auftrag**, Gerichtsstand **29** 3; Unterschrift unter einem Schriftsatz **130**

**Geschäftsgeheimnis**, Ausschluß der Öffentlichkeit GVG **172**; Zeugnisverweigerungsrecht **384** 7

**Geschäftsordnung** des BGH GVG **140**

**Geschäftsraum**, Ersatzzustellung **183** 3, **184** 2, Gewahrsam **808** 13

**Geschäftsreisender**, Gerichtsstand **20**; Hotelstreitigkeit, Vollstreckbarkeit des Urteils **709** 1; Zuständigkeit GVG **23** 9

**Geschäftsstelle** GVG **153**; Erteilung einer Abschrift **299** 21; Aktenanforderung nach einer Berufung/Revision **544/566**; Aktenvorlage zur Terminsbestimmung/nach der Zahlung der Prozeßgebühr **216** 16/**271** Anh; Aufnahme eines Antrags **129 a**; Erteilung einer Ausfertigung/eines Auszugs/einer Abschrift **299** 19; unrichtige Auskunft als Wiedereinsetzungsgrund **233** 20 ff; Herausgabe eines Beschlusses **329** 23; Beauftragung des Gerichtsvollziehers GVG **161**; Kostenberechnung, Mitteilung an den Gegner/Aufforderung **105** 15/**106** 5; Ladung der Partei/des Zeugen **214, 274, 497/377**; Erteilung des Notfrist-/Rechtskraftzeugnisses **706** 11; Zustellung des Pfändungsbeschlusses **829** 11; Aufbewahrung der Aufzeichnung des vorläufigen Protokolls **160 a** 13; Auskunft aus dem Schuldnerverzeichnis **915** 9; Verwahrung einer verdächtigen Urkunde **443**; Urkundsbeamter der G. s dort; Übergabe des Urteils an die G. **315** 11; Zustellung von Amts wegen s dort; Zustellung durch die Vermittlung der G. s Zustellung (Parteibetrieb); Besorgung der Zustellung **270** 4
– **(Benachrichtigung durch die G.)**, bei der Erteilung einer vollstreckbaren Ausfertigung **733**; der Parteien nach der Beweisaufnahme durch ein anderes Gericht **362** 2; Mitteilung von einer Sprungrevision an die Geschäftsstelle der LG **566 a** 10; über einen Widerspruch **695**
– **(Einreichung bei der G.) 129 a**; der Klageschrift **253** 105, **496** 5; des Kostenfestsetzungsgesuchs **103** 25; des Antrags auf die Änderung der Kostenfestsetzung **107** 4; des Antrags an den Gerichtsvollzieher auf die Vornahme einer Maßnahme der Zwangsvollstreckung **753** 12
– **(Erklärung zum Protokoll der G.)**, beim Arrestgesuch **920** 11; beim Aufgebotsantrag **947** 1; beim Antrag auf ein Ausschlußurteil **952** 1; beim Aussetzungsantrag **248** 3; bei einer Beschwerde **569** 8; bei der Erklärung gegenüber einer Beschwerde **573** 6; bei einem Antrag im selbständigen Beweisverfahren **486** 1; bei der Klageerhebung vor dem AG **496**; beim Kostenfestsetzungsgesuch **103** 35; im Mahnverfahren **702**; bei einer Parteierklärung im Parteiprozeß **Üb 495** 2; bei der Ablehnung des Richters wegen Befangenheit **44** 3; beim Antrag auf Prozeßkostenhilfe **117**; bei der Ablehnung eines Sachverständigen wegen Befangenheit **406** 26; beim Antrag/bei der Einwilligung in die Rückgabe einer Sicherheitsleistung **109** 17; beim Widerspruch gegen einen Arrest **924** 8; beim Wiedereinsetzungsantrag **236** 3; beim Vorbringen eines Entschuldigungsgrunds des Zeugen für sein Ausbleiben **381** 10; beim Zeugnisverweigerungsgrund **386** 3
– **(Niederlegung auf der G.)**, des Gutachtens des Sachverständigen **411** 4; des Schiedsspruchs **1042**; eines Schriftstücks **142** 14; des Teilungsplans **875** 2; der Urkunde **134, 142** 14; der Urkunde über eine

**Geschäftsstunden**  Zahlen in Fettdruck = Paragraphen

Beweisaufnahme im Ausland **364** 2; Zustellung durch N. auf der Geschäftsstelle des AG **182** 7

**Geschäftsstunden,** Zustellung außerhalb der G. **184** 6

**Geschäftsunfähigkeit,** bei der Klage auf Anfechtung der Ehelichkeit oder der Anerkennung der Vaterschaft **640 b;** bei einer Ehesache **607;** und Prozeßunfähigkeit **51** 3, **52** 4

**Geschäftsverteilung,** des Gerichts s dort

**Geschäftswert,** beim Antrag auf eine gerichtliche Entscheidung nach einem Justizverwaltungsakt **EGGVG 30**

**Geschehensablauf, typischer,** Anscheinsbeweis **286 Anh** 16, 21

**Geschmacksmuster,** Anwaltszwang **78** 22; Kostenerstattung **91** 100; Pfändung **Grdz 704** 76 „Gewerblicher Rechtsschutz: B. Patent usw"; Streitigkeit, Kammer für Handelssachen **GVG 95** 6; Verfahrenskostenhilfe **114** 34 „Patentgericht"; Zuständigkeit **GVG 78 b Anh I, 95** 6

**Gesellschaft,** Abwicklung **265** 13; Gerichtsstand **17** 3, **22** 1 ff; Gesellschafterbeschluß, Feststellungsklage **256** 71; Streitwert **3 Anh** 62; Umwandlung, Zwangsvollstreckung bei der Umwandlung **859 Anh** 7; Zuständigkeit der Kammer für Handelssachen **GVG 95** 6

– **(BGB),** Gesellschafter als notwendiger Streitgenosse **62** 11 „Gesellschaft bürgerlichen Rechts"; Prozeßführungsrecht des geschäftsführenden Gesellschafters **80** 8; Gerichtsstand der Gesellschafterklage **22** 1; Parteifähigkeit **50** 12; Pfändung eines Gesellschaftsanteils **859** 2; Zwangsvollstreckung **736**

– **(EWIV)** s (oHG, KG)

– **(GmbH),** Gerichtsstand bei der Anfechtungs-/ Nichtigkeitsklage gegenüber einem Beschluß der Gesellschafter **22** 1; Streitwert bei der Auflösung **3 Anh** 62; Unterbrechung des Verfahrens beim Erlöschen **239** 2 ff; Geschäftsanteil, Gerichtsstand des Streitgegenstands **23** 15; Gesellschafter als streitgenössischer Streithelfer **69** 7; Prozeßführungsrecht des Gesellschafters **Grdz 50** 29; Gerichtsstand **17** 1; Löschung, Parteifähigkeit, Fortsetzung des Prozesses **50** 23; Löschung, Unterbrechung des Verfahrens **239** 2; Patentanwaltsgesellschaft s dort; Parteifähigkeit **50** 6, der im Gründungsstadium befindlichen G. **50** 6; Pfändung eines Geschäftsanteils **859 Anh** 3; Pfändung des Anspruchs auf eine Leistung der Stammeinlage **859 Anh** 5; Streithilfe **66** 11; gesetzliche Vertretung **51** 16; Zustellung an die G. **171** 7; Zustellung an einen Angestellten **183** 4, 7; Zwangsvollstreckung in Gesellschaftsvermögen **736 Anh** 4, in Gesellschaftsvermögen **859 Anh** 3

– **(OHG, KG),** Verfahrensunterbrechung bei der Auflösung **239** 4; notwendige Streitgenossenschaft bei der Auflösungsklage **62** 11 „Gesellschaft allgemein"; Streitwert beim Ausschluß **3 Anh** 62; Verfahrensunterbrechung beim Erlöschen **239** 4; Gerichtsstand **17** 2; Gerichtsstand der Mitgliedschaft **22**; Gerichtsstand des Vermögens/des Streitgegenstands **23**; Ausschluß des Gesellschafters als Gerichtsperson **41** 7, 49; Gesellschafter als Streitgenosse **Üb 59** 3, **62** 16; Gesellschafter als gesetzlicher Vertreter **50** 8, **51** 16; Gesellschafter als Zeuge **Üb 373** 17; Pfändung des Gesellschaftsanteils **Grdz 704** 75, **859 Anh** 1; Gerichtsstand bei der Klage gegen einen Gesellschafter **29** 9; notwendige Streitgenossenschaft bei der Klage gegen die Gesellschaft und gegen Gesellschafter **62** 13/12; Streitwert bei einer Klage gegen einen Mit-

gesellschafter **3 Anh** 62; Verfahrensunterbrechung bei Insolvenz **240** 4; Kostenentscheidung im Fall einer Streitgenossenschaft **100** 10; Verfahrensunterbrechung bei der Liquidation/Löschung **239** 4, **241** 2, 3; Parteifähigkeit **50** 18; Prozeßkostenhilfe **116** 16; Prozeßunfähigkeit **52** 4; Rechtsanwaltsgesellschaft s dort; Rechtshängigkeit **261** 5; Sicherheitsleistung **110** 2; Streithilfe **66** 11; Verfahrensunterbrechung beim Tod eines Gesellschafters **239** 2; Rechtskraftwirkung des Urteils **325** 27; Vertretung im Parteiprozeß **79** 1; Zeugnisfähigkeit des Gesellschafters **Üb 373** 5; Zustellung an die G. **171** 7, **184**; Zwangsvollstreckung **736 Anh,** in einen Anteil **859 Anh** 1

– **(KG aA),** Zustellung **171** 7

**Gesellschaft, stille,** Pfändung des Auseinandersetzungsguthabens **859 Anh** 6; Gerichtsstand bei der Gesellschafterklage **22** 2; Parteifähigkeit **50** 13

**Gesellschaftsanteil,** Pfändung **859** 2

**Gesetz,** Begriff **EG 12, GVG 1** 2; Aussetzung des Verfahrens wegen des Bevorstehens eines G. **Einf 148** 11; Bestimmung des Gerichtsstands durch ein G. **12** 3; Pflicht des Gerichts zur Kenntnis des G. **293** 1; richterliches Prüfungsrecht **GVG 1** 7; Ungültigkeit als Aussetzungsgrund **148** 56; ZPO-Auslegung **Einl III** 35

– **(Änderung),** nach dem Erlaß des Berufungsurteils **549** 5; Kostenentscheidung **91** 23, nach einem Berufungsurteil **97** 55, bei einem Anerkenntnis nach der Ä. **93** 94, im Fall der Erledigung durch eine Ä. **91 a** 127; der für das Urteil maßgeblichen Gesetzesvorschrift **300** 7

– **(Gesetzesbindung) Einl III** 39

– **(Gesetzeslücke),** Ausfüllung **Einl III** 48; Theorie der G. **263** 5

– **(Gesetzeszweck),** als Auslegungsmaßstab **Einl III** 41; Nichtanerkennung eines ausländischen Urteils wegen eines Verstoßes gegen den Zweck eines deutschen Gesetzes **328** 34

– **(Gesetzwidrigkeit),** greifbare **Üb 567** 4, **567** 6 **707** 17; Rechtsschutzbedürfnis für einer G. **Grdz 253** 52; Verzicht/Anerkenntnis bei einer gesetzwidrigen Handlung **Einf 306** 9

– **(Umgehung)** durch eine einstweilige Verfügung **940** 5

– **(Verletzung),** Revisionsgrund/prüfung **549, 550/559** 9; s auch Rechtsverletzung

**Gesetzgebende Körperschaft,** Richter als Abgeordneter **DRiG 4** 2, **36, 121**

**Gesetzliche Frist Üb 214** 10; vgl auch Frist

**Gesetzlicher Richter** s Gerichtsbesetzung

**Gesetzlicher Vertreter** s Vertreter, gesetzlicher

**Gesetzliche Vermutung 291**

**Gestaltungsklage, -urteil** s Klage, Urteil

**Gestaltungswirkung Grdz 253** 19

**Geständnis Einf 288** 1, **288 ff;** außergerichtliches G. **Einf 288** 2; Behandlung einer unbestrittenen Behauptung als wahr **138** 38; in einer Ehe-/Kindschaftssache **617** 3/**640** 12 „§ 617"; Einschränkung **289** 4; fingiertes G. **138** 43, **446** 4; Erklärung **288** 7; bei der Feststellungsklage **256** 23; Geltung des erstinstanzlichen G. in der Berufungsinstanz **532**; Geltung eines außergerichtlichen G. **Einf 288** 3; Geltung eines vorweggenommenen G. **288** 4; Irrtum **290** 6; Nichterklärung über eine Privaturkunde **439** 3; Protokoll **160** 10; kraft Prozeßvollmacht **83** 4, **85** 6; bei einer Säumnis des Bekl/Berufungsbekl **331** 5/**542** 5; bei der Streitgenossenschaft **62** 18; des Streithelfers **67** 8; des streitgenössischen Streithelfers **69** 8; einer ungünstigen Tatsache **138** 36; Unwahrheit des G. **290** 5; bei einer freigestellten münd-

dahinterstehende Zahlen und Buchstaben = Randnummern **Grundbuchlöschung**

lichen Verhandlung 128 11, 15; und Wahrheitspflicht **Einf** 288 4; Widerruf **Grdz** 128 59, 290 5; Widerruf des außergerichtlichen G. 290 3; und Wiederaufnahme 590 4; mit Zusätzen, qualifiziertes G. 289

**Gesuch** s beim Gegenstand des G.

**Getrenntleben** von Ehegatten s Ehegatte

**Gewährleistungsanspruch,** Gerichtsstand des Erfüllungsorts 29 7; beim Erwerb der Pfandsache 806; bei der Streitverkündung 72 5

**Gewahrsam** 808 7, 10; eines Angehörigen 808 11, 13, 14; eines Dritten bei der Sachpfändung 809; des Ehegatten 739 1, 5, 808 11

**Gewaltanwendung** durch den Gerichtsvollzieher 758

**Gewaltentrennung DRiG** 4 1

**Gewalttat,** Opferschutz, Rechtsweg **GVG** 13 52

**Gewerbe,** Gerichtsstand der Niederlassung 21 3; des Sachverständigen, Pflicht zur Erstattung des Gutachtens 407 4

**Gewerbebetrieb,** des Ehegatten bei der Gütergemeinschaft, Zwangsvollstreckung 741 3; dgl Widerspruchsklage 774; Gerichtsstand bei einem Schadensersatzanspruch wegen eines Eingriff in den G. 32 18; Ersatzzustellung im Geschäftsraum 183 3

**Gewerbegeheimnis,** Zeugnisverweigerungsrecht 384 7

**Gewerbegehilfe,** Gerichtsstand des Aufenthaltsorts 20; Bestellung eines gerichtlichen Vertreters 57; Zustellung an den G. 183

**Gewerblicher Rechtsschutz,** Feststellungsklage 256 9, 74; Gerichtsstand bei einem Schadensersatzanspruch 32 6; Streitwert 3 **Anh** 63; Rechtskraftwirkung des Urteils 322 44

**Gewerkschaft, arbeitsrechtliche,** Gerichtsstand der Mitglieder 22 2; Gewerkschaftssekretär als Vertreter 157 11; Parteifähigkeit 50 16, 31; und Prozeßkostenhilfe 114 56

**Gewerkschaft, bergrechtliche,** Gerichtsstand 17 6

**Gewinnanteilschein,** Aufgebot **Einf** 1003 1

**Gewohnheitsrecht GVG** 1 2; Ermittlung des G. 293 4; Nachweis des G. 293 5; Revisibilität 549 13

**Glaubhaftmachung Einf** 284 8, 294 1; beim Antrag auf den Ausschluß des Eigentümers 976; beim Anspruchsgrund für einen Arrest/eine einstweilige Verfügung 920 8/936 2 „§ 920"; Beschwerdewert 511 a 26/567 18; Beweismittel für die G. 294 5; beim Antrag auf eine Kürzung der Einlassungs-/Ladungsfrist 226 2; Entbehrlichkeit 294 3; bei der Bestellung eines gerichtlichen Vertreters im Fall der Herrenlosigkeit eines Grundstücks, Schiffs, Schiffsbauwerks 58 5; bei Kosten im Kostenfestsetzungsverfahren 104 38; Kostenerstattung 91 100; der Nichtbefriedigung durch die bisherige Pfändung 807 11; Notwendigkeit einer sofortigen Beweisaufnahme 294 9; bei der Parteifähigkeit im Fall der Bestellung eines gerichtlichen Vertreters 57 4; des Grundes der Ablehnung des Richters 44 5; des Grundes für das Ruhen des Verfahrens 251 6; eines Schadens infolge der Verzögerung der Terminsbestimmung 271 **Anh**; der Schuldlosigkeit beim Nichtvorbringen einer Zulässigkeitsrüge 296 55; beim Antrag auf eine Terminsaufhebung 227 6; der Vermögenslage wegen der Vorauszahlung der Prozeßgebühr 271 **Anh**; durch eine eidesstattliche Versicherung 294 7; einer Tatsache beim Antrag auf eine Wiedereinsetzung 236 7; des Entschuldigungsgrunds des Zeugen für sein Ausbleiben 381 3; des Zeugnisverweigerungsrechts 386

**Gläubiger,** Antragsrecht beim Erbschein/bei einer Urkunde für die Zwangsvollstreckung 792, 896; Ersteigerung der Pfandsache 817 11; als Partei im Zwangsvollstreckungsverfahren **Grdz** 50 1; Rechtsstellung bei der Pfändung einer Forderung 829 48; bei der Pfändung der eigenen Sache 804 6; bei der Überweisung einer gepfändeten Geldforderung s Zwangsvollstreckung; Vollstreckungsverhältnis 753 9; Antrag an den Gerichtsvollzieher zur Vornahme der Zwangsvollstreckung 754; gleichzeitige Anträge mehrerer Gläubiger 827 6; Erstattung der Kosten der Zwangsvollstreckung 788 28

**Gläubigerstreit** 75

**Glaubwürdigkeitsfrage** bei der Zeugenvernehmung 395 4

**Gleichartigkeit** der Anspruchsgründe 60 3

**Gleichberechtigung** der Ehegatten 52 **Anh** 1

**Gleichheit** vor dem Gesetz **Einl** III 36

**Gleichwertigkeit,** des Parteivorbringens 138 19, **Einf** 284 4; aller Teile der mündlichen Verhandlung **Üb** 253 5

**Gliedmaß,** künstliches, Pfändung 811 52

**GmbH** s Gesellschaft (GmbH)

**Gnade** 890 30

**Gnadenbezug,** Pfändung 850 a 10

**Goldsache,** Pfändung 808 18; Mindestgebot bei der Pfandversteigerung 817 a 5

**Graphologe,** Schriftgutachten 442

**Greifbare Gesetzwidrigkeit:** 127 25, 567 6, 707 17, 769 13

**Grenzregelung,** Rechtsweg **GVG** 13 24

**Grenzscheidungsklage,** Gerichtsstand 24 11

**Griechenland,** Beitrittsübereinkommen zur Europäischen Gemeinschaft **SchlAnh** V C 1; deutschgriechisches Abkommen **SchlAnh** V B 6; Ehesache 606 a **Anh** II

**Grobe Nachlässigkeit** beim verspäteten Vorbringen s Parteivorbringen

**Grobes Verschulden,** Nichtgeltendmachung eines Angriffs-/Verteidigungsmittels durch die Hauptpartei im Fall einer Streithilfe 68 11

**Großbritannien,** deutsch-britisches Abkommen **SchlAnh** V B 5

**Großer Senat GVG** 132, 138

**Grund** des Anspruchs 304 6, 15; Klagegrund s dort; Streitwert 3 **Anh** 66

**Grundbuchamt** 866, 867, 941

**Grundbuchberichtigung,** Pfändung des Anspruchs auf eine G. **Grdz** 704 67 „Berichtigung des Grundbuchs"; Gerichtsstand der Klage auf eine G. 24 6; Streitwert der Klage gegen einen Miterben 3 **Anh** 41

**Grundbucheintragung,** der Arresthypothek 932 5; Streitwert der Auflassungsvormerkung 6 15; Kosten als solche der Zwangsvollstreckung 788 23; Pfändung/Überweisung einer Buchhypothek 830 11/837 3; Nachweis der Rechtsnachfolge 799; Sicherheitsleistung eines Ausländers bei Klage 110 17; Zwangsvollstreckung aus einem Urteil auf die Bewirkung einer G. 887 25; beim Urteil auf die Abgabe einer Eintragungserklärung 894, 895, 896; einstweilige Verfügung auf eine G. 936 11; zugehöriges Eintragungsersuchen 941; einstweilige Verfügung auf die Eintragung einer Vormerkung oder eines Widerspruchs 942; Streitwert 3 **Anh** 40; Zwangsvollstreckung 867 1; Unterwerfung des jeweiligen Eigentümers unter die Zwangsvollstreckung 800

**Grundbuchlöschung,** Zwangsvollstreckung aus einem Urteil auf eine G. 887 31

– **(Bewilligung),** bei der Zwangshypothek 788 31 „Löschungsbewilligung", 867 13

*Hartmann* 2689

**Grunddienstbarkeit**

- **(Klage),** Gerichtsstand 24 9, 25; Anerkenntnis, Kosten 93 37 „Dingliche Klage"; Streitwert **3 Anh** 75 „Löschung"; derjenige im Fall der Löschung einer Hypothek/Auflassungsvormerkung **6** 10, 11

**Grunddienstbarkeit,** Gerichtsstand 24 6, 19; notwendige Streitgenossenschaft der Grundstücksmiteigentümer **62** 15; Grundstücksveräußerung während des Prozesses **266** 3; Streitwert **7**; Urheberbenennung im Fall einer Rechtsbeeinträchtigung **77**

**Grundpfandrecht,** Zwangsvollstreckung im Fall der Abtretung, Belastung, Bestellung einer Briefgrundschuld/Hypothek **897**; Gläubigeraufgebot s Aufgebotsverfahren; Grundstücksveräußerung während des Prozesses **266** 1; Gerichtsstand der Klage **24** 6, 10; Klage im Urkundenprozeß **592** 5; Gerichtsstand im Fall der Verbindung der persönlichen mit der dinglichen Klage **25**; dgl Streitwert **6** 10; Streitwert bei der Höchstbetragshypothek **6** 13; Streitwert der Löschung **6** 10, 15; Anspruch auf Eigentumsübertragung, Pfändung, Sicherungshypothek **848** 7; Rechtskraftwirkung des Urteils **325** 4; Zwangsvollstreckung aus einem Urteil auf die Bewirkung der Löschung **887** 31; bei einer vorläufigen Vollstreckbarkeit **720a**; Zwangsvollstreckung, Haftung des Zubehörs **865**; Unterwerfung des jeweiligen Eigentümers unter die Zwangsvollstreckung **800**; Nachweis der Rechtsnachfolge **799**

- **(Arresthypothek) 932**
- **(Brief),** Gerichtsstand bei der Klage auf die Herausgabe **24** 17; Streitwert der Herausgabe **3 Anh** 69; Hilfspfändung **808** 3; Kraftloserklärung **Einf 1003** 1 (d), **1024 Anh**; vgl auch Aufgebot
- **(Eigentümergrundschuld, -hypothek),** Pfändung **857** 14, 15
- **(Grundschuld),** Beweislast **286 Anh** 97; Pfändung **857** 13; Pfändung des Anspruchs auf die Rückübertragung **Grdz 704** 76; Gerichtsstand der Klage auf die Rückübertragung **24** 10
- **(Höchstbetragshypothek),** Streitwert der Löschung **6** 13; Pfändung/Überweisung **830** 1, **857** 18/**837** 6
- **(Hypothek),** Abtretung, Streitwert **6** 10; Aufgebot der Gläubiger **982 ff**; Rechtshängigkeitswirkung bei der Hypothekenklage **261** 20; Pfändung/Überweisung der Hypothekenforderung **Grdz 704** 78, **830**/**837**; als Sicherheitsleistung **108** 9; Rechtskraftwirkung des Urteils **322** 47, **325** 12, 31; Vorpfändung **845** 10; Recht zur Erhebung einer Widerspruchsklage **771** 16 „Dingliches Recht, beschränktes"; Klage auf künftige Zahlung von Zinsen **258** 9
- **(Sicherungsgrundschuld),** Pfändung des Anspruchs auf die Rückübertragung **Grdz 704** 79 „Grundschuld", **857** 16
- **(Sicherungshypothek) 866 ff**; Arrestvollzug **932** 1–7; Pfändung/Überweisung **830** 15/**837** 6
- **(Zwangshypothek) 866 ff**; Kostenentscheidung bei einem Anerkenntnis **93** 37 „Dingliche Klage"; Übergang auf den Grundeigentümer **868**; Zwangsschiffshypothek **870a**

**Grundrechtsverletzung,** Beweislast **286 Anh** 97; rechtliches Gehör **Einl III** 16 ff

**Grundsätzliche Bedeutung** der Rechtssache **348** 10, **546, 554, 554b**

**Grundschuld(brief)** s Grundpfandrecht

**Grundstück,** Eigentumsaufgabe, Bestellung eines gerichtlichen Vertreters **58, 787**; Ausschluß des Eigentümers s Aufgebotsverfahren; Eigentumserwerb/Herausgabeanspruch, Pfändung/Pfändung für mehrere Gläubiger **848, 849/855, 856**; Früchte, Zwangsvollstreckung **810, 824**; mit dem Grundeigentum verbundenes Recht **24** 15, 16; Gerichtsstand der Klage des Eigentümers **24** 3; Gerichtsstand der persönlichen Klage gegen den Eigentümer/Besitzer wegen einer Grundstücksbeschädigung **26** 3, 5; Herrenlosigkeit **58, 787** 1; Klage auf eine kalendermäßige künftige Räumung **257** 4; Räumungsvollstreckung **885**; Streitwert **6** 2; Gerichtsstand der Teilungsklage **24** 12; Zwangsvollstreckung aus einem Urteil auf eine Herausgabe **885**; Veräußerung während des Prozesses **266** 1; Zubehör in der Zwangsvollstreckung **865**; Zwangsvollstreckung **864–871**

**Grundstücksbestandteil** als unbewegliche Sache, Gerichtsstand **24** 16; Zwangsvollstreckung **864, 866**

**Grundstücksgleiches Recht 864** 4, **870** 2

**Grundstückszubehör 865** 4

**Grundurteil,** s Urteil (Vorabentscheidung)

**Gründungsgesellschaft,** Parteifähigkeit **50** 6

**Gutachten,** Kostenerstattung **91** 101 ff; diejenige beim vorprozessualen Gutachten **Üb 91** 66 „Selbständiges Beweisverfahren", **91** 277; als Parteivorbringen **Üb 402** 21; bei der Festsetzung des Streitwerts **3** 6; s auch Sachverständiger (Gutachten)

**Güterfernverkehr,** Rechtsweg **GVG 13** 40

**Gütergemeinschaft** s Ehegüterrecht

**Güterrecht** s Ehegüterrecht

**Güterrechtsregister,** in der Zwangsvollstreckung **741**

**Gütestelle,** Kostenerstattung **91** 10; und schiedsrichterliches Verfahren **1029**; Vergleich vor der G. **307 Anh** 17; Vergleich als Vollstreckungstitel **794** 4; Erteilung der Vollstreckungsklausel **797a**

**Güteverfahren 91** 15, 279, **307 Anh** 18, 20

**Gutglaubenserwerb** und Rechtskraftwirkung **325** 10; beim Rechtsübergang des Streitgegenstands **265** 27, **266** 10; durch die Zwangsvollstreckung **898**

**Gutglaubensschutz,** bei der Veräußerung eines Grundstücks **266** 10; bei der Veräußerung der Streitsache **265** 25; bei der Pfändung **Üb 803** 7; und Rechtskrafterstreckung **325** 10; bei der unterstellten Willenserklärung **898** 1; Zuständigkeitsvereinbarung **38** 17

**Guthaben,** Freigabe, Streitwert **3 Anh** 58 „Freigabe"

**H**

**Haager Abkommen,** Entmündigungsabkommen **645 Anh II** 2

**Haager Übereinkommen** wegen einer Beweisaufnahme im Ausland **363 Anh**; zur Befreiung von der Legalisation **438** 8; bei Unterhaltsentscheidungen **SchlAnh V** A 2; wegen einer Zustellung im Ausland **202 Anh**

**Haager Zivilprozeßübereinkommen,** Personalhaft **918 Anh**; Prozeßkostenhilfe **114 Anh**; Rechtshilfe **GVG 168 Anh I**; Sicherheitsleistung **110 Anh**; Vollstreckbarerklärung **SchlAnh V** A 1; Zustellung **202 Anh** 2

**Haft,** beim persönlichen Arrest/der einstweiligen Verfügung **933/936** 13 „§ 933"; bei der Offenbarungsversicherung s dort; Ordnungshaft s Ordnungsmittel; Zwangshaft s dort; in der Zwangsvollstreckung **888 ff**;

**Haftaufschub 906** 2, 4

**Haftbefehl 901** 5, **908** 1

**Haftdauer 913**

dahinterstehende Zahlen und Buchstaben = Randnummern **Herausgabeklage**

**Haftentschädigung,** Pfändung **Grdz 704** 77
**Haftung** für eine Amtspflichtverletzung s dort; Kostenhaftung s dort; Schadensersatzpflicht s dort
**Haftungsbeschränkung,** des Erben s dort; Kostenentscheidung bei einem Anerkenntnis unter einer Geltendmachung einer H. **93** 95; beim Minderjährigen **786** 2 „E. § 1629 a BGB"; für eine Seeforderung **305 a**, **786 a**; kraft eines Vertrages **Grdz 704** 25; Vollstreckungsabwehrklage **785**, **786**; Vorbehalt der H. im Urteil **305**; Recht zur Erhebung einer Widerspruchsklage **771** 15 „Bestimmter einzelner Gegenstand"
**Haftungserhöhung** durch die Rechtshängigkeit eines dinglichen Anspruchs **262** 3
**Haftunterbrechung 905** 2
**Hamburg EGGVG 4 a**
**Handelsbrauch GVG 1** 2; Beweislast **286 Anh** 98; Entscheidung der Kammer für Handelssachen **GVG 114**
**Handelsbuch,** Anordnung der Vorlegung, Einsicht **422** 7; Pfändung **811** 51
**Handelsgeschäft,** Zuständigkeit der Kammer für Handelssachen bei einem Anspruch aus einem H./einer Geschäftsveräußerung **GVG 95**
– **(Fortführung),** vollstreckbare Ausfertigung **729** 3; durch die Witwe/den minderjährigen Erben, Pfändungsschutz **811** 45
**Handelsgesellschaft** s bei den einzelnen Gesellschafts-Rechtsformen
**Handelsgewerbe,** Zuständigkeitsvereinbarung **38** 17
**Handelskammer** s Kammer für Handelssachen, Wettbewerb (Einigungsstelle)
**Handelsniederlassung,** Gerichtsstand **21**
**Handelsregistereintragung** als Voraussetzung der Tätigkeit eines ehrenamtlichen Richters in der Kammer für Handelssachen **GVG 109**
**Handelsrichter** s Richter, ehrenamtlicher (Kammer für Handelssachen)
**Handelssache GVG 95**
**Handelsschiedsgerichtsbarkeit,** Abkommen **SchlAnh VI**
**Handelsvertreter,** Streitwert seines Anspruchs **3 Anh** 67, 9 4
**Handlung,** Duldungspflicht, Zwangsvollstreckung **890**, **891**; Unterlassungspflicht, Zwangsvollstreckung **890**, **891**; Urteil des AG auf eine Vornahme/Zahlung einer Entschädigung nach einem Fristversäumnis **510 b**, **888 a**; Urteil auf eine (un)vertretbare H., Zwangsvollstreckung **3 Anh** 31, **888**, **887**, **891**
**Handlung, schlüssige** s Schlüssige H.
**Handlung, unerlaubte** s Schadensersatzanspruch/-klage
**Handlungsunfähigkeit,** Beweislast **286 Anh** 99
**Handlungsvollmacht,** Prozeßführungsrecht **80** 8
**Handschriftliche Unterzeichnung 690**, **692**
**Härte, schwere,** im Eheverfahren **616** 5
**Härte, unbillige,** Zwangsvollstreckung **765 a**; Pfändung des Arbeitseinkommens **850 f**; Pfändungsschutz für die Witwe oder den minderjährigen Erben bei einer Fortführung der Erwerbstätigkeit **811** 45
**Häufungsgrundsatz Üb 253** 4; Vollstreckungsabwehrklage **767** 57
**Hauptantrag 260** 8, 10
**Hauptbeweis Einf 284** 11
**Hauptintervention** s Einmischungsklage
**Hauptpartei 66** 1
**Hauptprozeß,** Gerichtsstand **34**
**Hauptsache,** Entscheidung in der H. **99** 35; Erledigung der H. s dort; Gericht der H. beim Arrest/

bei der einstweiligen Verfügung **919** 2, **927** 9, **936** 1 „§ 919", 5 „§ 927", **937** 1; **942** 1, **943** 1; Kosten als Hauptsache bei einer Erledigung vor dem Eintritt der Rechtshängigkeit **91 a** 22, 30; Verhandeln zur H. s Mündliche Verhandlung (Verhandeln zur Hauptsache); Vorwegnahme **Grdz 916** 5, 6, **940** 22
**Hauptsachenklage 926** 1–9
**Haupttermin 272**, **278**
**Hauptversammlungsbeschluß,** Gerichtsstand für die Anfechtungs-/Nichtigkeitsklage **12** 3; Streitwert in solchem Fall **3 Anh** 67; Zuständigkeit der Kammer für Handelssachen **GVG 95** 6
**Hausbesetzung 253** 25, **750** 6, **885** 15
**Hausgenosse,** Ersatzzustellung an den H. **181** 10; Gewahrsam **808** 14
**Hauslehrer,** Ersatzzustellung an den H. **181** 10
**Hauspersonal,** Ersatzzustellung an das H. **181** 10, 11; bei einem Exterritorialen **GVG 18** 3; Gerichtsstand des Beschäftigungsorts **20**; Bestellung eines gerichtlichen Vertreters **57**
**Hausrat,** einstweilige Anordnung in einer Ehesache **620** 19, **621** 20, **621 e** 10; Gewahrsam **808** 14; Pfändung **Grdz 704** 61, 78, **739**, **811** 16, **812**
**Hausratssache,** Abgabe in einer H. **281 Anh I**; Streitwert **3 Anh** 67; Zuständigkeit des Prozeßgerichts **281 Anh I** 2, **620** 22, **621** 20, **621 e** 10, **GVG 23 b**, **c**
**Hausrecht,** beim Haustermin **219** 6; der Justizverwaltung **GVG 176** 2; in der Zwangsvollstreckung **758** 3
**Haustier,** Beseitigung, Zwangsvollstreckung **887** 28; Pfändung **811 c**
**Haustürgeschäft,** Beweislast **286 Anh** 99; Gerichtsstand **29 Anh**
**Hausverbot,** Rechtsweg **GVG 13** 41
**Hauswirt,** Ersatzzustellung an den H. **181** 18
**Haverei,** Zuständigkeit **GVG 95** 6
**Hebamme,** Gebühren, Rechtsweg **GVG 13** 41; Pfändung bei der H. **811** 46
**Heilung** s Verfahrensmangel (Heilung), Zustellungsmangel (Heilung)
**Heilungskosten 940** 42 „Rente"
**Heimarbeitsvergütung,** Pfändung **850 i** 8
**Heimatloser 606 a Anh I B**
**Heiratsbeihilfe,** Pfändung **850 a** 6
**Heizöl,** Pfändung **811** 25
**Hemmung** s Frist (Hemmung), Verjährung (Hemmung)
**Hemmungswirkung Grdz 511** 2, **705** 9
**Herausgabe,** Aufschub **765 a** 34, 36; bei der einstweiligen Verfügung **938** 12; an den Gerichtsvollzieher durch einen Dritten **809** 6; Erzwingung der H. eines Kindes **883** 14; einer Sache **883** 1–12; des Pfandes an den Gläubiger **838** 1; dgl Streitwert **3 Anh** 68, 6; dgl Zuständigkeit **GVG 23 b**, **c**; an den Sequester im Fall der einstweiligen Verfügung **938** 12; Sommerzeit **227** 38, 39, 45; im Fall der Pfändung des Anspruchs auf die Herausgabe eines Grundstücks **848** 4
**Herausgabeanspruch,** Pfändung **Grdz 704** 78, **846–849**; Pfändung für mehrere Gläubiger **854–856**; Pflicht des Gegners zur Herausgabe einer Urkunde **422**; Streitwert **3 Anh** 68, 6; im Fall der vorläufigen Vollstreckbarkeit **717** 3–17; Recht zur Erhebung einer Widerspruchsklage **771**
**Herausgabebereitschaft 809** 5
**Herausgabeklage,** Anspruchshäufung **260** 1; Arbeitszeugnis, Rechtsschutzbedürfnis **Grdz 253** 35; gegen den Besitzer, Streitwertbegünstigung gegenüber dem mittelbaren Besitzer **76**; Gerichtsstand wegen eines Grundpfandbriefs **24** 17; Gerichts-

stand beim Streit um die Herausgabe eines Grundstücks **24** 3; auf die kalendermäßig künftige Herausgabe eines Grundstücks/Wohnraums **257** 5; Klagantrag **253** 68; Streitbefangenheit **265** 4; Streitwert **3 Anh** 68, 5; Urkundenvorlegung durch einen Dritten **429** 4; Rechtskraftwirkung des Urteils **322** 47; Zwangsvollstreckung **883–886**; Verbindung mit der Klage auf Erteilung einer Auskunft usw **254** 3; Rechtsschutzbedürfnis für den Vermieter **Grdz 253** 35; künftige Wohnraumherausgabe **259** 6
- **(Streitwert) 3 Anh** 68; 6; Aktie **4** 10; H. aus Besitz/Eigentum **6** 1; beim Eigentumsvorbehalt **3 Anh** 68, 5 3 ff, **6** 2; gegenüber einem Gesamthandeigentümer **6** 2; Pfandsache **6** 12; Rentengut **8** 4; sicherungsübereigneter Sachen **6** 9; einer Urkunde **6** 3

**Herrenlosigkeit,** eines Flugzeugs/Grundstücks/ Schiffs, Bestellung eines gerichtlichen Vertreters **58, 787**
**Herstellerhaftung,** Beweislast **286 Anh** 145 „Produkthaftung"
**Herstellungsklage 606** 7
**Hilfsakte,** Einsicht **299** 10
**Hilfsanspruch 260** 8, 10; Streitwert **3 Anh** 71; Anordnung einer Verhandlungsbeschränkung **146** 3, 5; Verweisung im Fall einer Beschränkung der Zuständigkeit auf den H. **280** 6
**Hilfsanschlußberufung 521** 2
**Hilfsantrag** s Klagantrag (Hilfsantrag)
**Hilfsarbeiter,** Verschulden des angestellten Anwalts **85** 27 ff
**Hilfsaufrechnung** durch den Bekl **145** 13; Beschwer, Streitwert **3 Anh** 16; Urteil **300** 10
**Hilfsbedürftigkeit 850** f 2
**Hilfsbegründung** der Klage **260** 8; des Urteils **Grdz 253** 17, **313** 35, 46
**Hilfsbeschwerde,** Durchgriffserinnerung gegen eine Entscheidung des Rpfl s Erinnerung; gegen eine Entscheidung des verordneten Richters oder Urkundsbeamten **577** 10
**Hilfserklärung** der Partei über eine Tatsache **138** 19
**Hilfsnatur,** der Parteivernehmung **445** 1, 3; der Restitutionsklage **582** 1
**Hilfspfändung** der Legitimationsurkunde **808** 3
**Hilfsrichter GVG 70, 115**
**Hilfsspruchkörper GVG 21** e 26
**Hilfstatsache** des Beweises **Einf 284** 16
**Hilfsvorbringen Üb 253** 4
**Hilfswiderklage 253 Anh** 5; Rechtshängigkeit **261** 13; Trennung der Verfahren **145** 7; gegenüber der Widerklage **253 Anh** 14
**Hindernis** für die Wahrung einer Frist s Wiedereinsetzung
**Hinterbliebenenbezug,** Pfändung **850** 10, **850 a** 10, **850 b** 10
**Hinterlegung,** einer Lösungssumme beim Arrest **923** 3, **934**; Gerichtsstand des Streitgegenstands **23** 16; wegen eines Gläubigerstreits **75**; zwecks Ausschlusses eines Grundpfandrechtsgläubigers **987**; Streitwert der Klage auf die Einwilligung in eine Auszahlung **4** 10; Pfändung des Rücknahmerechts **Grdz 704** 78; als Sicherheitsleistung **108** 17; Streitwert **3 Anh** 71; Zwangsvollstreckung aus einem Urteil auf eine Hinterlegung von Geld **887** 28; Verzinsung hinterlegten Geldes **109** 16; H. eines Vorschusses auf die Zeugen- und Sachverständigengebühren **379** 1/**402** 2 „§ 379"; H. auf der Post usw bei der Zustellung **195 a**
- **(in der Zwangsvollstreckung)** s dort (Hinterlegung)

**Hinweispflicht** des Gerichts s Aufklärungs- und Hinweispflicht
**Hochschule** s Universität
**Höchstbetragshypothek** s Grundpfandrecht (Höchstbetragshypothek)
**Höchstpersönlicher Anspruch,** Unpfändbarkeit **851** 2
**Hofveräußerung,** Abfindung, Rechtsweg **GVG 13** 7
**Hoheitsrecht,** Rechtsweg **GVG 13** 41
**Holland,** Anerkennungs- und Vollstreckungsabkommen **SchlAnh V** B 7
**Honorarkonsul,** Gerichtsstand **15**
**Hotel,** Streitigkeit mit einem Gast, Gerichtsstand **29** 28 „Mietvertrag, Pachtvertrag"; Vollstreckbarerklärung des Urteils **708** 8, **709** 1; Zuständigkeit **GVG 23** 9
**Hund,** Pfändung **811 c**
**Hypothek(enbrief)** s Grundpfandrecht
**Hypothetische Tatsache Einf 284** 22

# I

**Identität** der Partei/des Prozesses, Klageschrift **253** 22; Rechtshängigkeit **261** 18
**Immission,** Abwehr, Rechtsweg **GVG 13** 43; Beweislast **286 Anh** 237 „Zuführung"; Streitwert **3 Anh** 72; Urteil auf die Abwendung einer I., Zwangsvollstreckung **887** 29 „Zuführung"
**Immobilie** s Unbewegliche Sache
**Immunität** kraft Völkerrechts **GVG Einf 18** 3, 20
**Inbesitznahme** der Pfandsache **808** 6, 18
**Individualisierung** des Klagegrundes **253** 32
**Individualleistung,** einstweilige Verfügung **935** 1; Zwangsvollstreckung s dort
**Indizienbeweis Einf 284** 16
**Indizierter Titel** SchlAnh V A 2 Art 5, C 1 Art 31
**Indossables Papier,** Gerichtsstand **29** 3; Kraftloserklärung s Aufgebotsverfahren; Pfändung/Verwertung **808** 3, **831**/**835**, **844**; Recht des Indossatars zur Prozeßgeschäftsführung **Grdz 50** 36, 48
**Industrie- und Handelskammer,** Meinungsumfrage **355** 5, **Üb 402** 7; Vorschlagsrecht betr ehrenamtliche Richter **GVG 108**
**Information,** des ProzBev, Kostenerstattung **91** 107; Zeugnisverweigerungsrecht **383**
**Informationelle Selbstbestimmung Einl III** 21, **Einf 203–206** 2, **687**
**Inhaberpapier 821** 1, **823** 1; Gerichtsstand **29** 3; Gerichtsstand des Vermögens **23** 15; hinkendes I. **1023** 1; Kraftloserklärung s Aufgebotsverfahren; Pfändung **821** 1; s auch Wertpapier
**Inhaberschaft** eines Rechts **771** 4
**Inhaltskontrolle,** richterliche s Richter
**Inhibitorium 829** 34
**Inkassobüro,** Kostenerstattung **91** 108; mündlicher Vortrag **157** 6
**Inkassozession** durch einen Ausländer, Sicherheitsleistung **110** 7; Gerichtsstandsvereinbarung **38** 10; Recht des Zessionars zur Prozeßgeschäftsführung **Grdz 50** 31; s auch „Einziehungsermächtigung"
**Inkorrekte Entscheidung** s Fehlermächtigkeit
**Inland,** frühere DDR **Einl III** 77
**Innenbindung** des Gerichts an seine Entscheidung **318**
**Innere Rechtskraft** s Rechtskraft
**Innere Tatsache** als Gegenstand des Beweises **Einf 284** 20
**Innung,** Gerichtsstandsvereinbarung **38** 18
**Inquisitionsgrundsatz** s Amtsermittlungsgrundsatz
**Insichprozeß,** Fiskus **Grdz 50** 13

dahinterstehende Zahlen und Buchstaben = Randnummern  **Justizverwaltungsakt**

**Insolvenz,** Gerichtsstand der Insolvenzmasse **17** 5, des Insolvenzverwalters **19 a**; Nachlaßinsolvenz s dort; sofortige Beschwerde **567 Anh**
- **(Eröffnung),** Erlöschen der Prozeßvollmacht **86** 11; Unterbrechung eines die Insolvenzmasse betreffenden Verfahrens **240** 2; Aufnahme nach einer Unterbrechung **240** 15; Beendigung der Unterbrechung durch die Beendigung des Insolvenzverfahrens **240** 22; Frist für einen Antrag auf eine Wiedereinsetzung **234** 6; Offenbarungsversicherung **807**; Zuständigkeit **21** 2; Zwangsvollstreckung nach der Eröffnung des Insolvenzverfahrens **Grdz 704** 32
- **(Insolvenzforderung),** Absonderung statt Aussonderung **264** 15; Streitwert der Absonderungsklage **6** 10; Anmeldung **261** 11; Anmeldeverpflichtung, Zwangsvollstreckung **887** 20; Aufnahme eines die Teilungs- oder Schuldenmasse betreffenden Prozesses **240** 16 ff; Feststellungsklage **256** 76; dgl Streitwert **3 Anh 74**; Forderung gegen die Insolvenzmasse **240** 13; Insolvenzgläubiger als Streithelfer **66** 5, **69** 5; Vorrecht, Rechtsweg **GVG 13** 47

**Insolvenzausfallgeld,** Pfändung **Grdz 704** 86
**Insolvenzverwalter,** Bindung an eine Zuständigkeitsvereinbarung **38** 4; Gerichtsstand **19 a**; Partei kraft Amtes **Grdz 50** 8; Recht zur Prozeßgeschäftsführung **Grdz 50** 29; Prozeßkostenhilfe **116**; Prozeßstandschaft **Grdz 50** 27; Kostenerstattung beim Anwalt als K. **91** 111 „Insolvenz"; Urteil 6gegen den K., Rechtskraftwirkung **325** 33; Erteilung einer vollstreckbaren Ausfertigung an den K. als Rechtsnachfolger **727** 3

**Instanz,** Beginn/Ende **176** 17; Begriff bei der Zustellung **176** 16, 17, **178**; Prozeßkostenhilfe **119**; Rechtsmittelschrift, Zustellung **210 a** 4; Unterbrechung nach der Verkündung des Urteils **239** 16

**Interesse** eines Dritten an der Akteneinsicht **299** 23; an einem selbständigen Beweisverfahren **485** 6; für eine Feststellungsklage **256** 21; Klage auf das I. wegen einer Veränderung des Streitgegenstands **264** 10; Klage auf das I. trotz einer Zwangsvollstreckung **893** 1; des Klägers, Streitwert **3** 3; Rechtsschutzbedürfnis s dort; Schätzungsvernehmung der Partei **287** 34; des Streithelfers **66** 6

**Interessentheorie GVG 13** 7 ff
**Internationales Zivilprozeßrecht** s Zivilprozeßrecht
**Internationale Zuständigkeit** s Zuständigkeit
**Internet 32** 9
**Interventionsklage** s Zwangsvollstreckung (Widerspruchsklage)
**Interventionsprozeß,** 64
**Interventionswirkung,** Streithilfewirkung 68
**Intimsphäre,** Schutz **Üb 371** 11, **GVG 171 b**, **172** 1
**Investmentanteil,** Pfändung **Grdz 704** 79
**Inzident** . . . s Zwischen . . .
**Irak,** Ehesache **606 a Anh II** 7
**Iran,** Ehesache **606 a Anh II** 7
**Irrelevanz,** beim Rechtsübergang des Streitgegenstands **265** 7
**Irrelevanztheorie 265** 17
**Irrtum,** Entschuldbarkeit eines Rechtsirrtums **Einl III** 69; Berichtigung des Urteils **319**; und Wiedereinsetzung **233** 18 ff
- **(bei)** einem Anerkenntnis **Einf 306** 8; einem Einverständnis mit dem schriftlichen Verfahren **128** 43; über die Wohnungseigenschaft bei einer Ersatzzustellung **182** 6; einem Geständnis **290** 6;

einer Klagerücknahme **269** 24; der Bezeichnung einer Partei **Grdz 50** 4; einer Prozeßhandlung **Grdz 128** 56, 58; einem Verzicht **Einf 306** 8; einer gerichtlichen Erklärung **319** 1, 6; der Angabe des Zustellungsgegners in der Zustellungsurkunde **191** 7

**Israel,** deutsch-israelischer Vertrag **SchlAnh V** B 9
**Italien,** deutsch-italienischer Vertrag **SchlAnh V** B 2; Ehetrennungsrecht **Üb 606** 1

## J

**Jagd(pacht)recht,** Rechtsweg **GVG 13** 43; Streitwert **3 Anh** 72; Zwangsvollstreckung **864** 4, **866**, **870**
**Jahrmarkt,** Gerichtsstand **30**
**Journalist,** Zeugnisverweigerungsrecht **383**
**Judex a quo, judex ad quem 104** 56, **569** 2
**Jugendarrest EGGVG 23**
**Jugendhilfe,** Rechtsweg **GVG 13** 44
**Jugendlicher,** Beeidigung **393**; Parteivernehmung **455** 4
**Jugendstrafe EGGVG 23**
**Jugoslawien,** Ehesache **606 a Anh II** 8
**Jura novit curia 138** 14, **293** 1; s auch rechtliche Erörterung
**Juristenausbildung DRiG 5–5 d**
**Juristische Person,** Abwicklung, Unterbrechung des Verfahrens **239** 3, **241** 3; Erlöschen, Unterbrechung des Verfahrens **239** 3, 4; Erlöschen im Fall der Vertretung durch einen ProzBev, Aussetzungsantrag **246** 5; Feststellungs- statt Leistungsklage **256** 82; Gerichtsbarkeit bei einer ausländischen j. P. **GVG 18** 1; Gerichtsstand **17**; Gerichtsstand des Vermögens/Streitgegenstands **23**; Vereinbarung des Erfüllungsorts als Gerichtsstand **29** 36; Gerichtsstandsvereinbarung bei einer öffentlichrechtlichen j. P. **38** 18; Gerichtsstand der Organhaftung **32** 6 ff; Rechtskraftwirkung gegenüber dem Organmitglied **325** 32; Prozeßfähigkeit **50** 6; Prozeßkostenhilfe **116**; Prozeßunfähigkeit **52** 3; als Schiedsrichter **1035**; Sicherheitsleistung **110** 5; Rechtskraftwirkung des Urteils **325** 32; Bestellung eines gerichtlichen Vertreters **57** 4; gesetzlicher Vertreter **51** 17; Wegfall des gesetzlichen Vertreters, Unterbrechung des Verfahrens **241** 3; Zustellung **171** 3; Zwangsvollstreckung gegen eine öffentlichrechtliche j. P. **882 a**

**Juristische Tatsache Einf 284** 21; als Gegenstand des Beweises **Einf 284** 21
**Justitium 245** 1
**Justizanspruch Grdz 253** 2
**Justizbehörde,** Maßnahme der J. **EGGVG 23** 1
**Justizhoheit GVG Grdz** 1
**Justizmitteilung EGGVG 12** ff
**Justizverwaltung GVG 21 Anh I**; Anerkennung einer ausländischen Ehescheidung **328** 65; Aufbau **GVG 21 Anh II**; Gerichtsstand **18** 8; Zulassung als Prozeßagent **157** 25; Richtertätigkeit **EGGVG 4, DRiG 4** 4; Antrag auf eine gerichtliche Entscheidung wegen einer Untätigkeit der J. **EGGVG 27**
**Justizverwaltungsakt EGGVG 23** 1; Anwaltszwang in einer Justizverwaltungssache **78** 44; Begründung **EGGVG 28** 9; Rechtsmittelbelehrung **EGGVG 26** 2
- **(Antrag auf gerichtliche Entscheidung) EGGVG 23, 24, 26** 3; Antragsfrist **EGGVG 26** 2, **27** 2, Anwaltszwang **78** 44; Entscheidung **EGGVG 28**; Kostenentscheidung **EGGVG 30**; wegen der Untätigkeit **EGGVG 27**; Vorlage beim

**Justizvollzugsanstalt**

BGH **EGGVG 29**; Verfahrensvorschriften **EGGVG 29** 3
**Justizvollzugsanstalt**, Ersatzzustellung **181** 6, 18

# K

**Kaffeefahrt**, Zuständigkeit **29 Anh** 2
**Kahlpfändung 811** 1
**Kalendertag**, Klage auf eine kalendermäßige künftige Räumung/Zahlung **257**; Zwangsvollstreckung bei einem vom Kalender abhängigen Urteilsanspruch **751** 2
**Kammer** s Landgericht
**Kammer für Handelssachen GVG 93 ff**; Abgabe von Amts wegen an die Zivilkammer **GVG Üb** 93; Antrag auf eine Verhandlung vor der K. **GVG 96**; auswärtige K. **GVG 106**; Besetzung **GVG 105, 106**; Bildung **GVG 93**; Einmischungsklage **64** 8, **GVG 103**; ehrenamtlicher Richter s Richter; Prozeßverbindung mit einer Sache der Zivilkammer **147** 6; Sachkunde **GVG 114**; Verweisung an die K. **GVG 98, 104**; Verweisung an die Zivilkammer **GVG 97, 99, 104**; Zuständigkeit **GVG 94**; Zuständigkeitsstreit mit der Zivilkammer **36** 35; Zuständigkeitsvereinbarung **Üb 38** 2
– (Vorsitzender) **349** 1; Entscheidungsbefugnis **349** 9; Förderungspflicht **349** 3; Rechtsmittel gegen die Entscheidung des V. **350**
**Kanada**, Ehesache **606 a Anh II** 9
**Kannvorschrift** Einl III 33
**Kanzleiabwickler 78** 27
**Kapitalanlagegesellschaft**, Pfändung eines Investmentanteils **Grdz 704** 79
**Kapitän**, Anordnung der Offenbarungshaft **904**
**Kartell** s Anwaltskartell
**Kartellsache**, Kammer für Handelssachen **GVG 95** 7; Rechtsweg **GVG 13** 25, 45; Verweisung **281** 5; Zuständigkeit des Kartellgerichts, Aussetzung des Verfahrens **Einf 148** 4
**Kassatorische Entscheidung** s beim Rechtsmittel; kassatorische Klausel s Verfallklausel
**Kassenarztstreitigkeit**, Rechtsweg **GVG 13** 45
**Kaufmann**, Ersatzzustellung im Geschäftsraum **183** 3; Vereinbarung des Gerichtsstands am Erfüllungsort **29** 14, 15, 36; Zuständigkeit der Kammer für Handelssachen **GVG 95**; Zuständigkeitsvereinbarung **38** 15, 16
**Kaufverpflichtung**, Zwangsvollstreckung aus einem Urteil auf eine K. **887** 30
**Kaufvertrag**, Abnahme der Kaufsache, Gerichtsstand **29** 26; dgl Streitwert **3 Anh** 5, **5** 3 ff; dgl Zwangsvollstreckung **887** 20; Beweislast bei einem Anspruch aus einem K. **286 Anh** 101; Klage auf eine Übergabe der Kaufsache **6** 2; Rechtskraftwirkung des Urteils **325** 33
**Kausalzusammenhang** s Ursachenzusammenhang, Ursächlichkeit
**Kaution**, Mietkaution, Gerichtsstand für den Rückzahlungsanspruch **29 a** 5 „Mietkaution"
**Kenntlichmachung**, der Pfändung **808** 21
**Kerntheorie 890** 2
**Kind**, Abstammungsuntersuchung s dort; einstweilige Anordnung auf eine Zahlung von Unterhalt, Schadensersatzpflicht bei ihrer Aufhebung **641 g**; Eidesmündigkeit **393**; Gerichtsstand **13, 15**; Erzwingung der Herausgabe **883** 14; Ladung bei der Klage auf die Anfechtung der Anerkennung der Vaterschaft **640 e**; Prozeßfähigkeit **52** 2; Streit über ein Kindschaftsverhältnis als Aussetzungsgrund **151, 154** 3; Zuständigkeit beim Unterhaltsanspruch **GVG 23 a** 2; Anerkennung/Vollstreckung einer ausländischen Unterhaltsentscheidung **SchlAnh V** A 2; Verbleib bei der Pflegeperson **GVG 153 Anh** § 14 RPflG
– (**Eheliches K.**), Feststellungsklage wegen des Eltern-/Kindesverhältnisses s Kindschaftssache; einstweilige Anordnung in einer Ehesache wegen der Personensorge oder des Unterhalts **620, 621**; Gerichtsstand der Unterhaltsklage gegenüber einem Elternteil **35 a**
– (**Nichteheliches K.**), Abstammungsuntersuchung s dort; Anerkennung der Vaterschaft s Vaterschaft; Ausschluß einer Gerichtsperson wegen ihrer Vaterschaft **41** 10, **49**; Ehelichkeitsanfechtungsklage s dort; Pfändungsvorrecht der Mutter **850 d** 1; Unterhaltsklage s dort; Vaterschaft s dort; gesetzliche Vertretung **51** 18
**Kindergeld**, Pfändung **Grdz 704** 80, **850 e** 5; Beweislast **286 Anh** 104
**Kindesannahme**, Ausschluß als Gerichtsperson/Rpfl/Gerichtsvollzieher **41** 11, **49/GVG 153 Anh** 8 § 10/**GVG 155**; Feststellungsklage **640** 4; Zeugnisverweigerungsrecht **383** 4, **385**
**Kindesentführung**, Haager Übereinkommen **SchlAnh V** A 3
**Kindesunterhalts-Vordruckverordnung 659 Anh**
**Kindschaftssache 45, 227** 40, 41, **Üb 640** 1, **640 ff, GVG 23 a** 1, **119** 1; Begriff **640** 1
– (**Ehelichkeitsanfechtung**) s Ehelichkeit (Anfechtungs-, Feststellungsklage)
– (**Elterliche Sorge, Eltern-/Kindverhältnis**), Feststellungsklage **640** 1; Amtsbetrieb **Üb 640** 1, **640** 11 „§ 616 I", Amtsermittlung **640** 11 „§ 616 I", **640 d**; Anerkenntnis **640** 12; Anerkennung eines ausländischen Urteils **328** 48; einstweilige Anordnung **641 d ff**; als Aussetzungsgrund **151** 1, **154** 3; Beiladung **640** 12 „§ 617"; Erklärung über eine Tatsache/über die Echtheit einer Urkunde **640** 12 „§ 617"; Geständnis **640** 12 „§ 617"; Klagenverbindung **640 c** 1; Kostenentscheidung **93** c, beim Anerkenntnis **93** 16; Ladung des nichtbeteiligten Elternteils/Kindes **640 e**; Übergangsrecht nach dem Einigungsvertrag **Üb 640** 2; Öffentlichkeit **GVG 170, 173**; Ausschluß der Parteiherrschaft **640** 3; Parteivernehmung **640** 11 „§ 616 I"; Prozeßfähigkeit **640 b**; Prozeßvollmacht **640** 3; notwendige Streitgenossenschaft **62** 11; Streithilfe **640 e**; Streitwert **3 Anh** 73; Tod einer Partei vor dem Eintritt der Rechtskraft **640** 12 „§ 619"; Rechtskraftwirkung des Urteils **322** 33, **640 h** 2; Verfahren **640**; Vollstreckbarerklärung des Urteils **704** 5; Zustellung des Urteils **640** 12 „§ 618"; Versäumnisurteil **640** 11 „§ 612"; Verzicht auf den Klaganspruch **640** 12 „§ 617"; Verzicht auf die Beeidigung einer Partei, eines Sachverständigen, eines Zeugen **640** 12 „§ 617"; Zurückweisung in der Berufungsinstanz **640** 11 „§ 615"; Widerklage **253 Anh** 8, **640 c** 2; Zuständigkeit **640 a** 2, **GVG 23 a–c**
– (**Vaterschaftsanerkenntnis**) s dort
**Kirche**, Rechtsweg in einer kirchlichen Angelegenheit **GVG 13** 46; Zwangsvollstreckung gegen die K. **882 a**
**Klagbarkeit**, als Prozeßvoraussetzung **Grdz 253** 25
**Klage 253**; wegen einer Arbeitnehmererfindung ohne Verfahren vor der Schiedsstelle **253** 6; Kostenlast des Klägers im Fall eines Anerkenntnisses **93** 108; im Ausland **253** 1; unter einer Bedingung **253** 3; auf eine vorzugsweise Befriedigung **805**; Begründetheit **Grdz 253** 14, 17; mit der Bitte, keinen Termin zu bestimmen **269** 2; auf eine Dienstleistung **888** 23; auf eine Duldung **253** 61

"Dingliche Klage"; Entbindung des Bekl s Prozeß; beim unzuständigen Gericht **253** 21; auf eine künftige Leistung s das Unterstichwort Leistungsklage; auf wiederkehrende Leistungen **258** 1; Feststellungs-/Gestaltungs-/Leistungsklage **Grdz 253** 7; Mangel der Prozeßvollmacht **88** 5, 8; auf eine Rechnungslegung **254** 3; aus einem fremden Recht **Grdz 50** 29 ff; Rechtshängigkeit als Klagsperre **261** 28; nach dem Eintritt der Rechtskraft **Einf 322** 16; im schiedsrichterlichen Verfahren **1046**; Unbegründetwerden während des Prozesses, Kostenentscheidung **91** 36, **93** 109; auf eine Urkundenvorlegung durch einen Dritten **429** 4; Verjährungsunterbrechung s dort; ohne eine Vorentscheidung der Verwaltungsbehörde **253** 4; auf/ gegen die Erteilung der Vollstreckungsklausel **731/768, 797** 10, **797 a** 3, **800** 10, **802**; Widerspruchsklage gegen den Verteilungsplan **878, 879**; auf eine kalendermäßige künftige Räumung/ Zahlung **257** 5; Zulässigkeit s **Grdz 253** 12 ff
– **(Feststellungsklage)** s dort
– **(Gestaltungsklage) Grdz 253** 19; Abänderungsklage **323** 40; Anfechtungsklage gegen ein Ausschlußurteil **957** 2; Aufhebungsantrag gegenüber einem Schiedsspruch **1059**; Klage auf eine vorzugsweise Befriedigung **805** 4; Klagantrag **253** 66; Klagebegründung **253** 32; Rechtsschutzbedürfnis **Grdz 253** 39; notwendige Streitgenossenschaft **62** 7; Vollstreckungsabwehrklage **767** 39; Widerspruchsklage gegen einen Verteilungsplan **878**
– **(Leistungsklage) Grdz 253** 8; gegen den Drittschuldner und Pfändung/Überweisung des Herausgabeanspruchs durch mehrere Gläubiger **856**; und Duldungsklage, Gerichtsstand **Üb 12** 18, 21; Feststellungsurteil bei einer L. **256** 48; Klage auf eine kalendermäßige künftige Räumung/Zahlung, auf wiederkehrende Leistungen **Einf 257** 4, **258** 1; Klagantrag **253** 75; Rechtsschutzbedürfnis **Grdz 253** 36; Stufenklage **254** 1; Übergang von der Feststellungsklage zur Klage auf eine Rechnungslegung **264** 6; Übergang von der Vollstreckbarerklärung des Schiedsspruchs zur L. **264** 18

**Klagabweisung** bei einer Anspruchshäufung **260** 21; bei der Klage auf Auskunft/Rechnungslegung/Zahlung **254** 6; auf Grund einer Hilfsaufrechnung **300** 10; Beendigung der Prozeßvollmacht **86** 3; Sachabweisung **Grdz 253** 17, **Üb 300** 5; mangels Sachbefugnis **Grdz 50** 23; bei einer Säumnis des Bekl **331** 15; bei einer Säumnis des Klägers **330** 5 ff; wegen einer notwendigen Streitgenossenschaft **59** 5; mangels Substantiierung **138** 18; wegen Unzuständigkeit, Bindungswirkung **11**; durch ein Verzichtsurteil **306** 6; Zahlungsklage nach der Rechnungslegung **254** 12
– **(durch Prozeßurteil) Grdz 253** 14, **Üb 300** 12, **313** 32 ff, **322** 60; "angebrachtermaßen" **322** 15; Anordnung vorbereitender Maßnahmen trotz der Wahrscheinlichkeit einer Klagabweisung **273** 7; bei einer Anspruchshäufung **260** 21; bei einer gegen den Anwaltszwang verstoßenden Klage **78** 32; bei einem Bekl als Partei kraft Zustellung **Grdz 50** 15; bei einer gegen einen Exterritorialen erhobenen Klage **GVG Einf 18** 2; der Feststellungsklage mangels Vorliegens ihrer besonderen Voraussetzungen **256** 3, 48; Hilfsbegründung mit einer Sachabweisung **Grdz 253** 17, **313** 35; mangels Klagbarkeit **Grdz 253** 32; nach einer Klagänderung **264** 1; bei einem Mangel der Klagerhebung **253** 19; bei einer Versäumung der Klagefrist **253** 4; wegen Nichterstattung der vorprozessualen Kosten **269** 50; mangels Partei-/Prozeßfähigkeit **56** 14; wegen Rechtshängigkeit **261** 26; Rechtskraftwirkung **322** 27 "Abreizung", 60 "Prozeßurteil"; mangels eines Rechts zur Prozeßführung **Grdz 50** 22, **56** 14; wegen des Fehlens eines Nachweises der Prozeßvollmacht **89** 3; wegen eines Mangels der Prozeßvollmacht **88** 13; mangels Vorliegens einer Prozeßvoraussetzung **56** 14, **280** 1, **300** 8; mangels eines Rechtsschutzbedürfnisses **Grdz 128** 15, **Grdz 253** 33, **300** 8; wegen Unzulässigkeit der Klage **Üb 12** 20, **Grdz 253** 14, **281** 21, nachträgliche sachliche Unzuständigkeit des AG **506**; im Urkundenprozeß **597** 5; mangels einer gesetzlichen Vertretung **56** 14; der Widerklage mangels einer Prozeßvoraussetzung **253 Anh** 15; der Widerklage wegen deren Unzulässigkeit **33** 2, 12; Verwerfung der Wiederaufnahmeklage als unzulässig **589** 4; der Zwischenfeststellungsklage **256**
– **(Vollstreckbarerklärung) 708** 13

**Klagänderung 263** ff; Änderung des Klagegrunds/ Klagantrags **264** 13; nachträgliche Anspruchshäufung **260** 2, **263** 3; Berichtigung oder Ergänzung der tatsächlichen Angaben **264** 2, 4; in der Berufungsinstanz **528** 5; Begriff der K. **263** 3; in einer Ehesache **611** 1; Einlassung auf die Kl. **267** 1; Einwilligung in die Kl. **263** 23; Fallgruppen **264** 13; bei einer späteren Fälligkeit der Klageforderung **257** 5; Forderung eines anderen Gegenstands/des Interesses wegen einer Veränderung **264** 10; Form **263** 18; nach dem Ablauf der Klagefrist **264** 7; als Klagerücknahme **264** 9; Kostenentscheidung, Veranlassung zur Klagerhebung **93** 45; wegen des Kostenerstattungsanspruchs **Üb 91** 45; Nichtzulassung **268** 2; Parteiwechsel als Kl. **263**; Zahlung der Prozeßgebühr **271 Anh**; Rechtshängigkeit **263** 18, **264** 1; nach einem Rechtsübergang des Streitgegenstands **264** 10; in der Revisionsinstanz **561** 5; Sachdienlichkeit **263** 24; im schiedsrichterlichen Verfahren **1046**; Streitgegenstand **2** 4; durch einen Streithelfer **67** 6; Streitwert **5** 7; Unanfechtbarkeit der Entscheidung **268**; Verfahren **263** 3; Verweisung nach der Kl. **281** 5; durch einen Widerspruch des Bekl gegen die Erledigterklärung **91 a** 172; Zulässigkeit der Kl. als Prozeßvoraussetzung **263** 18, 19; Zulässigkeitsstreit **263** 10; Zwischenurteil über die Zulässigkeit **268** 1

**Klagänderungstheorie 263** 5

**Klaganspruch 253** 30; Rechtsübergang **265** 7 ff, 16; Verzicht auf den Kl. in einer Ehe-/Kindschaftssache **617** 2/**640** 12 "§ 617"; Zusammenhang der Widerklage mit dem Kl. **33** 8, **253 Anh** 13

**Klagantrag 253** 38; Änderung **263** 3, **264** 5, 18; Änderung nach dem Rechtsübergang des Streitgegenstands **265** 17, 20; beim AGBG **253** 3; Aufklärungspflicht des Gerichts **139** 22; Auslegung **253** 40; Begriff des Sachantrags **297** 5; Bindung des Gerichts an den Kl. **308** 1, **308a** 4, **536** 1, **559** 1, **938** 42 "Allgemeine Geschäftsbedingungen"; des Ehegatten bei der Gütergemeinschaft **52 Anh** 6, 7; in einer Ehesache **253** 2; Erklärung zum Protokoll **297** 5; bei einer Mehrzahl von Gläubigern **253** 76; Nichtstellung der Kl. als Erledigung der Hauptsache **91 a** 63; Nichtstellung des Kl. als Klagerücknahme **269** 63; Sachdienlichkeit **139** 22; im schiedsrichterlichen Verfahren **1046**; Stellung des Kl. in der mündlichen Verhandlung **137** 7; Streithelfer **67** 5; streitgenössischer Streithelfer **69** 7; Urteilsergänzung wegen Übergehung eines Haupt-/Nebenanspruchs oder der Kostenentscheidung **321** 5; Abweichung des Urteils vom Kl. **308** 12, 13; bei einer Veräußerung

# Klagebefugnis

des Streitgegenstands **265** 17, 20; Verlesung/Bezugnahme auf einen Schriftsatz **297**; mit einer Wertsicherungsklausel **253** 98; Stellung des Widerklagantrags **137** 7
- **(auf, bei)** auf eine Auskunft, Rechnungslegung, Zahlung **254** 12; des Bekl auf den Erlaß eines Verzichtsurteils **306** 6; bei der Feststellungsklage **253** 64, **256** 42; auf eine Fristsetzung durch Urteil **255** 5; bei der Gestaltungsklage **253** 66; bei der Herausgabeklage **253** 69; bei der Klage auf eine kalendermäßige künftige Räumung oder Zahlung **257** 6; auf eine Klagabweisung nebst einem Hilfsantrag auf die Erledigung der Hauptsache **91 a** 76; bei einem unbezifferten Kl. **253** 49 ff; bei der Leistungsklage **253** 75; bei mehreren Gläubigern **253** 76; bei der Unterlassungsklage **253** 89; auf eine Herabsetzung einer Vertragsstrafe **253** 95; auf eine Verurteilung des Zweitbekl für den Fall der Klagabweisung gegenüber dem Erstbekl **253** 3; auf die Vornahme einer Handlung und Zahlung von Entschädigung im Prozeß vor dem AG **510 b** 2; bei einer Wahlschuld **253** 97, **260** 7; bei einer Widerspruchsklage **771** 8
- **(Beschränkung)** als teilweise Erledigterklärung **269** 1; als Klägerrücknahme **264** 5, **269** 1
- **(Hilfsantrag)**, Anspruchshäufung **260** 8; in einer Ehesache **Einf 610** 4; auf eine Erledigterklärung **91 a** 76; nach einer Erledigterklärung **91 a** 76; beim Grundurteil **304** 23; ohne einen Hauptantrag **253** 41; entgegen dem Hauptantrag **138** 19; Kostenentscheidung beim Hauptantrag auf eine Klagabweisung und einer Verurteilung nach dem Hilfsantrag **92** 12; Kostenentscheidung bei einem Anerkenntnis **93** 44; in der Revisionsinstanz **561** 4; gerichtliche Aufklärungspflicht im Fall einer versehentlichen Rücknahme **139** 62; Streitwert **Anh 3** 71, **5** 6; Hilfsantrag auf Verweisung **281** 18
- **(Prozeßantrag)** **297** 1; bei einer Entscheidung nach Aktenlage **251 a** 11; auf den Erlaß eines Anerkenntnisurteils **307** 15; Antragstellung **297** 1; Verbindung mit einem Sachantrag **297** 1; auf den Erlaß eines Verzichturteils **306** 6
- **(Sachantrag)** **253** 38; bei einer Entscheidung nach Aktenlage **251 a** 11; auf eine Entlassung des Bekl beim Gläubigerstreit **75** 9; im Parteiprozeß **496** 3; Stellung **297** 1; Verlesung **297** 2, 3; Verbindung mit einem Prozeßantrag **297** 1; Verweisungsantrag **281** 18

**Klagebefugnis Grdz 50** 22; vgl auch Prozeßführungsrecht

**Klagebegründung,** Hilfsbegründung **260** 8; Rechtfertigung des Klagantrags bei einer Säumnis des Bekl **331** 8; bei einer gerichtlichen Schätzung **253** 86

**Klagebeschränkung** s Klagantrag

**Klagefrist** s Frist

**Klagegrund 253** 32; Abänderungsklage **323** 39; Änderung **263** 3, **264** 14; Anfechtungsklage nach einem Ausschlußurteil **957** 2; bei der Anspruchshäufung **260** 5; in einer Ehesache **611** 1; Gerichtsstand bei mehreren Kl. **Üb 12** 17; Prozeßtrennung bei mehreren Kl. **145** 2; Verweisung hinsichtlich einzelner Kl. **280** 4; bei der Vollstreckungsabwehrklage **767** 46, 50; Vorabentscheidung über einen Anspruchsgrund **304** 8; Vorbringen in der Berufungsinstanz, Auferlegung der Kosten auf den Sieger **97** 48

**Klagenhäufung** s Anspruch (Häufung von Ansprüchen), Klägerhäufung

**Klagenverbindung 59** ff; Anspruchshäufung s dort; der Eheherstellungs-/Scheidungs-/Aufhebungsklage **610**; der Feststellungs-/Leistungsklage,

Streitwert **3 Anh** 7 „Anspruchsmehrheit"; der persönlichen Forderungs-/der dinglichen Klage, Gerichtsstand **25**; von Kindschaftssachen **640 c** 1; bei der Klage auf die Festsetzung einer Frist durch ein Urteil **255** 8; Prozeßtrennung/-verbindung **145** 4/**147** 1; der Klagen auf eine Rechnungslegung, auf die Vorlage eines Vermögensverzeichnisses, auf die Abgabe einer eidesstattlichen Versicherung und auf eine Herausgabe **254** 3; Zuständigkeit **260** 16

**Klageerhebung 253**; vor dem AG **496** ff; bei der Feststellungsklage **256** 42 ff; Fristsetzung für die Klageerhebung durch einen Arrest/eine einstweilige Verfügung **926/936** 5; Mängelheilung **253** 16; mündliche Kl. **253** 7, **496**; Ordnungsmäßigkeit der Kl. als Prozeßvoraussetzung **Grdz 253** 22, **253** 15; zugleich mit dem Antrag auf die Gewährung einer Prozeßkostenhilfe **253** 9; Begründung des Prozeßrechtsverhältnisses **Grdz 128** 5; Rechtshängigkeit durch die Kl. **261** 4; vor dem Schiedsgericht **1046**; im Fall einer Streitgenossenschaft **61** 6; Veranlassung zu einer Klageerhebung wegen einer kalendermäßigen künftigen Zahlung **257** 6; Vorwirkung **270** 7; Zwangsvollstreckung wegen einer Verpflichtung zur Kl. **887** 30; Widerklage **253** 7, **253 Anh** 16; durch die Zustellung der Klageschrift **253** 7; bei der Zwischenfeststellungsklage **253** 7

**Klagerhebungstheorie 263** 5

**Klagermächtigung** im eigenen Namen, Rechtsschutzbedürfnis **Grdz 253** 51

**Klagerweiterung 264** 5; in der Berufungsinstanz **528** 5; Antrag auf eine Fristsetzung gegenüber dem Bekl durch ein Urteil **255** 5; im Nachverfahren nach einer Vorabentscheidung über den Anspruchsgrund **304** 31; Zahlung der Prozeßgebühr **271 Anh** 7; in der Revisionsinstanz **561** 5; durch einen vorbereitenden Schriftsatz **132** 7; Sicherheitsleistung **112** 6; Widerklage **253 Anh** 5; Prüfung der Zuständigkeit **261** 31

**Klagerwiderung,** beim frühen ersten Termin **275** 4, 11; Inhalt **277** 5; im schriftlichen Vorverfahren **276** 9

**Kläger,** Begriff **Grdz 50** 1

**Kläger(Beklagten)häufung 59** 2; Prozeßverbindung **147** 1; Streitgenossenschaft s dort; Teilurteil **301**

**Klagerücknahme 269**; beim Ehescheidungsantrag **617** 4; Einwilligung **269** 11; ohne die Einwilligung des Bekl **269** 11; Erklärung **269** 22; durch eine Erledigterklärung **91 a** 63, 99 12; neue Klage nach der Kl. **269** 48; durch eine Klagänderung **264** 9; durch eine Beschränkung des Klagantrags **264** 7, **269** 1; vor der Klagezustellung **269** 5; Kostenentscheidung **269** 33 ff; bei einer zunächst begründet gewesenen Klage **Üb 91** 7, **93** 109; durch einen Parteiwechsel **269** 2; Protokoll **160** 16; Beendigung der Rechtshängigkeit **261** 15; nach dem Eintritt der Rechtskraft **269** 12; in der Revisionsinstanz **561** 5; wegen einer unterbliebenen Sicherheitsleistung **113** 3; bei einer Streithilfe **67** 8; durch notwendige Streitgenossen **62** 20; Streitwert **3 Anh** 73; der Vaterschaftsklage, Schadensersatzpflicht wegen einer einstweiligen Anordnung **641 g**; Vereinbarung der Kl. **Grdz 128** 49, **269** 10, 11, 17; durch das Mitglied eines nicht rechtsfähigen Vereins **50** 29; durch einen Vergleich **269** 2; nach einem Vergleich, Aufhebung der Kosten gegeneinander **98** 10; Widerklage **269** 3; W., nach der Klagerücknahme **253 Anh** 10; Wirkung **269** 32; Zwischenfeststellungsklage nach der Kl. **256** 116; Zwischenurteil **269** 19

dahinterstehende Zahlen und Buchstaben = Randnummern **Kostenentscheidung**

**Klageschrift 253;** Beifügung von Abschriften **253** 105; Abschriften bei mehreren Bekl **169** 4, **189;** Angabe eines gesetzlichen Vertreters **Grdz 50** 7, **253** 22; Angabe des Gegenstands und des Grundes des Anspruchs **253** 30; Antrag auf eine Verhandlung vor der Kammer für Handelssachen **GVG 96;** Berichtigung **263** 3; Angabe der Beweismittel **253** 102; Einreichung **253** 105; Setzung einer Erklärungsfrist zwecks Aufklärung **273, 275 ff;** bei der Feststellungsklage **256** 42; Bezeichnung des Gerichts **253** 22 ff; Bezeichnung der Parteien **253** 3 A; und Antrag auf Prozeßkostenhilfe **253** 22 ff; Angabe des Streitwerts **253** 101; Gesuch auf die Bestimmung eines Verhandlungstermins **214** 3; Übersendung **187** 2, 3, **253** 7; Unterschrift **253** 103; im Urkundenprozeß **593;** abgekürztes Anerkenntnis-/Versäumnisurteil auf der Kl. **313 b;** im Wechsel/Scheckprozeß **604** 2, **605 a;** bei der Wiederaufnahmeklage **587, 588;** Zustellung **253** 7, **271;** demnächstige Zustellung **270** 15; Zustellung ohne Terminsbestimmung **253** 10

**Klageveranlassung 93** 29
**Klageverzicht Einf 306, 306;** in der Revisionsinstanz **561** 15, 46
**Klagezustellung** s Klagerhebung
**Kleidungsstück,** Pfändung **811** 3, 10
**Kleinbahn,** Betrieb kraft Nutzungsrechts, Zwangsvollstreckung **871**
**Kleingarten, -siedlung,** Zuständigkeit **GVG 23** 7
**Kleintier,** Pfändung **811 c**
**Kleinverfahren 495 a**
**Knebelung,** durch ein Geständnis/einen sog Vermutungsvertrag **286 Anh** 5; durch eine Schiedsvereinbarung **1030;** s auch Sittenwidrigkeit
**Kohlenabbaugerechtigkeit,** Zwangsvollstreckung **864** 4, **866, 870**
**Kollektivvertrag** s Zivilprozeßrecht, zwischenstaatliches
**Kommanditgesellschaft** s Gesellschaft (OHG, KG)
**Kommissarischer Richter** s Verordneter Richter
**Kommissionsgeschäft,** Beweislast **286 Anh** 104; Recht des Kommissionärs zur Prozeßgeschäftsführung **Grdz 50** 40; Streitverkündung **72** 6
**Kommunalverband** s Gemeindeverband
**Kompetenz-Kompetenz 1040**
**Kompetenzkonflikt** s Zuständigkeitsbestimmung
**Kompetenzkonfliktsgerichtshof GVG 17 a**
**Konkurrenz** mehrerer Zuständigkeiten **35** 1; s auch Anspruch (Häufung von Ansprüchen)
**Konkurrenzklausel,** Auslegung, Feststellungsklage **256** 12
**Können,** Recht eines rechtlichen K., Feststellungsklage **256** 8
**Konossement,** Zuständigkeitsvereinbarung **38** 29
**Konsul,** Bundeskonsul s dort; Exterritorialität einer konsularischen Vertretung **GVG 19;** Zeugnispflicht eines ausländischen Konsulatsangehörigen **Üb 373** 27
**Konsularvertrag,** Anerkennung einer ausländischen Urkunde **438** 6
**Kontenschutz 835 III, 850 k**
**Kontobuch,** Pfändung **811** 51
**Kontokorrentforderung,** Pfändung **Grdz 704** 87, **851** 2; Pfändung der Gutschrift einer unpfändbaren Forderung **Einf 850** 2, **850 b**; Zinsen, Streitwert **4** 15
**Kontradiktorisches Urteil Üb 300** 7
**Konventionalscheidung 630** 1
**Konzentrationsmaxime Üb 253** 6; mündliche Verhandlung **273** 1

**Körperschaft,** Ausschluß aus ihr als vermögensrechtlicher Anspruch **Grdz 1** 11; Ausschluß eines Mitglieds als Gerichtsperson **41** 8, **49;** Feststellungs- statt Leistungsklage gegen die K. **256** 82; Gerichtsstand **17** 3; Rechtsweg für eine Klage **GVG 13** 30 ff; Zeugnisfähigkeit **Üb 373** 20; Zuständigkeitsvereinbarung **38** 18; Zustellung an eine K. **171** 3, **184;** Zustellung von Amts wegen **212 a;** Zwangsvollstreckung gegen die K. **882 a**
**Körpersprache 160** 12
**Korrespondenzanwalt** s Verkehrsanwalt
**Kostbarkeit 813** 3; Pfändung **808** 18
**Kosten Üb 91** 5 ff, **91 ff;** bei einer Anschlußberufung **521** 9; beim Arrest/bei der einstweiligen Verfügung **922** 16/**936** „§ 922"; außergerichtliche. **Üb 91** 21; Berechnung für die Kostenfestsetzung **103** 36; Berechnung als Kostenfestsetzungsantrag **105** 15; Berechnung bei einer Kostenteilung **106;** selbständiges Beweisverfahren **91** 193, **Üb 485** 5; Gerichtsgebühr s dort; als Hauptsache im Fall einer Erledigung vor dem Eintritt der Rechtshängigkeit **91 a** 36; als Hauptsache nach beiderseitigen Erledigterklärungen **91 a** 107; Klage auf der Erstattung von K. **Üb 91** 43 ff; prozeßrechtliche/sachlichrechtliche Kostenerstattungspflicht **Üb 91** 43; Notwendigkeit **91** 28; K. der Offenbarungsversicherung **900** 34; Beglaubigung einer Prozeßvollmacht **80** 16; Rückforderung nach der Zahlung **104** 14; Rückforderung wegen einer Änderung des Streitwerts **107** 4; Streitwert s dort; Festsetzung des Streitwerts für die Kostenberechnung **Einf 3** 11; Übernahme der K. **Üb 91** 18, **98** 43; Übernahme bei beiderseitigen Erledigterklärungen **91 a** 117; Vergleich über die Prozeßkosten vor der Erledigung der Hauptsache **98** 29; Aufhebung der Vergleichskosten gegeneinander **98;** Vollstreckbarerklärung wegen der Kosten **Einf 708** 12; Zahlung an den ProzBev **81** 15; Zinspflicht **104** 22; der Zwangsvollstreckung **788, 891**

**Kostenentscheidung Üb 91** 35, **91** 2 ff; Rechtsmittel gegen die Ablehnung einer K. **99** 5; Anfechtung **99;** ohne einen Antrag, also von Amts wegen **Üb 91** 37, **91** 22, **308** 15; nach der Aufnahme eines unterbrochenen Verfahrens **239** 12, 22; durch einen Beschluß **Üb 91** 37; durch einen Beschluß im Fall einer freigestellten mündlichen Verhandlung **128** 12; über die Kosten der Beschwerde **91** 15, **573** 13; Bindung an die Kostenvorschriften **Üb 91** 41, **91** 22; gegenüber einem Dritten, Rechtsmittel **99** 26; Ergänzung der K., Rechtsmittel **99** 8; Fehlen, Beschränkung der Klage auf die Kosten **93** 109; über die außergerichtlichen Kosten bei einer Erinnerung oder Beschwerde gegen die Zwangsvollstreckung **Üb 91** 31; über die Kosten des Kostenfestsetzungsverfahrens **104** 20; Kostenpflicht des Unterliegenden **Üb 91** 27, **91** 19; Parteivereinbarung **91** 20; nach der Rücknahme der Revision, Anwaltszwang **78** 10; Rechtsmittelkosten **97;** über die Kosten der Streithilfe im Urteil als Zulassung der Streithilfe **71** 1; durch ein Teilurteil **Üb 91** 37; Trennung von Kosten **92** 30; Übergehung des Kostenpunkts, Ergänzung des Urteils **321;** Verzögerungsgebühr **95 Anh;** durch ein Vorbehaltsurteil **Üb 91** 37; vorläufige Vollstreckbarkeit **708** 12; durch ein Zwischenurteil **Üb 91** 37

– **(bei)** einem Anerkenntnis **93;** einem solchen trotz einer prozessualen Rüge **93** 103; einer einstweiligen Anordnung in einer Ehesache **620 g;** einer einstweiligen Anordnung in einem Vaterschaftsfeststellungsverfahren **641 d** 6; einem Antrag auf

**Kostenbeitreibung**

eine gerichtliche Entscheidung gegen einen Justizverwaltungsakt **EGGVG 30**; einem Arrest/einer einstweiligen Verfügung **922** 17/**936** 1 „§ 922"; einer Aufrechnung **91** 17; dem Ausscheiden eines Streitgenossen **269** 42; einer Aussetzung des Verfahrens **148** 37; Kostenteilung im Eheprozeß **93 a**; Kostenteilung im Verfahren der Anfechtung der Ehelichkeit und Vaterschaft **93 c**; einer Ehenichtigkeitsklage **637**; einer Ehelichkeitsanfechtungsklage **93 c**; einer Erledigung der Hauptsache vor dem Eintritt der Rechtshängigkeit **91 a** 30; einverständlichen Erledigterklärungen **91 a** 8 ff; solchen Erklärungen wegen eines Rechtsmittels **99** 106 ff; der Erledigterklärung des Klägers und dem Widerspruch des Bekl dagegen **91 a** 183; einer Gesetzesänderung **91** 23; einer Gläubigerstreit **75** 9, 12; einer Klagabweisung nach einer Erledigterklärung **91 a** 177; einem Klagabweisungsantrag neben einem Hilfsantrag auf eine Erledigung der Hauptsache **91 a** 76; einem hinter dem Klagantrag zurückbleibenden Urteil **308** 8, 15; einer Entbindung des Klägers nach einer Übernahme des Prozesses durch den mittelbaren Besitzer **76** 9; einer Klagerücknahme **269** 39; einer Nebenintervention **101**; einem Parteiwechsel **263** 15; der Zulassung eines (Prozeß)Bevollmächtigten ohne Vollmacht(snachweis) **89** 8; einem Prozeßvergleich, Aufhebung der Kosten gegeneinander **98**; einem Mangel der Prozeßvollmacht **88** 14; der Klage über die Räumung von Wohnraum **93 b**; der Klage des Rechtsnachfolgers vor der Mitteilung des Rechtsübergangs **94**; einer Rechtswegverweisung **GVG 17 a** 13; der Rücknahme der Berufung **515** 19; der Rücknahme der Klage und der Widerklage **269** 39; dem Ausbleiben des Sachverständigen **409** 1; einer Streitgenossenschaft **91** 11, **100**; einer Streithilfe **101**; einer streitgenössischen Streithilfe **101** 5; einem Streit über die Zulassung einer Streithilfe **71** 7; einer Streitverkündung **72** 8; einer Teilerledigung der Hauptsache **91 a** 202; einem Teilunterliegen **92**; der Unterhaltsklage des nichtehelichen Kindes und bei einer Stundung oder dem Erlaß von Unterhalt **93 d**; der Vaterschaftsanfechtungsklage des Mannes **93 c**; einem Verbotsurteil; Zwangsvollstreckungskosten **890** 39; einer Versäumnis **344**; einem verspäteten Vorbringen **95** 4, 8; einer Verweisung **281** 54; derjenigen des Landwirtschaftsgerichts **281 Anh III** 8; derjenigen vom AG an das LG **506** 5; der Vollstreckbarerklärung eines Schiedsspruchs **1060**, **SchlAnh V** A 1; einer Wiedereinsetzung **238** 15; einer Zurückverweisung **97** 40

– **(in, im)** Anerkenntnisurteil **93**, **99** 37 ff; Mahnverfahren **692** 4, **696** 21, **699** 15; Prozeßkostenhilfeverfahren **91** 153, **118** 21; Schiedsspruch **1057**; Vergleich **98**; Wiederaufnahmeverfahren **590** 8; Wiedereinsetzungsverfahren **238** 15; Zwangsvollstreckungsverfahren **788**

– **(Auferlegung einzelner Kosten)** hinsichtlich erfolgloser Angriffs- oder Verteidigungsmittel **97**; auf den Sachverständigen wegen seines Nichterscheinens oder der Verweigerung seines Gutachtens **409**; bei der Versäumung einer Frist oder eines Termins **95**; Versäumniskosten **344**; auf einen Zeugen wegen seiner Verweigerung des Zeugnisses oder der Eidesleistung **390**; auf einen ausgebliebenen Zeugen **380** 6; Aufhebung der letzteren Maßnahme **381**

**Kostenbeitreibung** bei der Prozeßkostenhilfe **125**, **126**

**Kostenerstattung**, ABC-Übersicht **91** 69 ff; Begriff der Kosten des Rechtsstreits **91** 15; Klage auf die Erstattung **Üb 91** 26; dgl Rechtsschutzbedürfnis **Grdz 253** 40; mangelnde Sicherheit für die Prozeßkosten **Grdz 253** 19, **269**, **282** 23

– **(bei)** einer Gläubigerstreit **75** 10, 12; einer Kostenteilung **106** 6; einer Mehrzahl von Prozessen **91** 139; einer Parteivereinbarung **98** 29; einer Prozeßkostenhilfe **91** 153, **118** 21, **127** 103; solcher für den Gegner **123**; Streitgenossen **100** 31 ff; einer Streithilfe **101**; einer Teilklage **91** 32; einem Vorprozeß **269** 49

– **(für)** die Ermittlungen einer Partei **91** 89; die Fahrtkosten einer Partei **91** 92; diejenige nach der Anordnung des persönlichen Erscheinens dieser Partei **141** 25; eine Information des ProzBev **91** 107; die Kosten des Kostenfestsetzungsverfahrens im Fall einer Kostennachforderung **Einf 103** 16; die Kosten der Beglaubigung einer Prozeßvollmacht **80** 16; die Gebühren des Anwalts **91** 39, 157; ein vereinbartes Anwaltshonorar **91** 41; die Kosten einer Rechtshilfe **GVG 164**; die Kosten einer Übersetzung **142** 26; die Mehrkosten der Zustellung durch einen Gerichtsvollzieher **91** 285, **197** 1; die Kosten der Zwangsvollstreckung **788** 15; diejenige an den Schuldner **788** 15

– **(Kostenerstattungsanspruch)**, Entstehung, Abtretung, Aufrechnung, Pfändung **Üb 91** 33, **Einf 103** 1; und Prozeßkostenhilfe **123**; prozeßrechtlicher/sachlichrechtlicher K. **Üb 91** 43; Verjährung **Üb 91** 40, **104** 12; Verwirkung **104** 13

**Kostenfestsetzung Einf 103** 2, **103 ff**; während einer Aussetzung **103** 34; Bindung an die Kostenentscheidung **Üb 91** 41, **Einf 103** 17; Antrag **103** 31; Einwendungen **104** 10; Antrag **103** 31; bei einer Kostenteilung **106**; der Kosten des Mahnverfahrens **103** 17; Nachforderung nach der K. **Einf 103** 16, **104** 51, **106** 12; durch den ProzBev nach der Niederlegung des Mandats **87** 8; der Kosten der Vorbereitung des Prozesses **103** 1 B; der Hebegebühr des Anwalts **103** 17; Rechtsmißbrauch **104** 13; kraft eines Schiedsspruchs **1057**; maßgeblicher Streitwert **104** 9; wegen einer Änderung des Streitwerts **107**; bei einer Streitgenossenschaft **100** 25; während einer Unterbrechung des Verfahrens **103** 34; vereinfachte K. **105**; Verfahren **104**; der Vergütung des anwaltlich bestimmten Vertreters des Bekl **Einf 57** 2; Voraussetzungen **104** 5 ff; Vollstreckungstitel als Voraussetzung **103** 3; der verauslagten Zeugengebühren **103** 28; der Kosten der Zwangsvollstreckung **103** 29; durch den Zweitschuldner **103** 32

– **(Kostenfestsetzungsbeschluß)**, Begriff, Erfordernisse, Begründung **104** 15; Änderung wegen einer Änderung des Streitwerts; Erinnerung **104** 41, **GVG 153 Anh** 8 § 11; Umschreibung im Fall einer Prozeßkostenhilfe **126** 14; Rechtskraft **104** 31; bei einer Unterhaltsanpassung **641 p**; auf der Ausfertigung des Urteils **105**, **795 a**; Vollstreckbarkeit des Urteils als Voraussetzung **Einf 103** 8; Vollstreckungsklausel **104** 34; als Vollstreckungstitel **794** 12, **795 a**; Zustellung **104** 28, **176** 16; Zustellung an den ProzBev **176** 16; Einstellung der Zwangsvollstreckung **104** 55; Wartefrist vor dem Beginn der Zwangsvollstreckung **798**

– **(Kostenfestsetzungsverfahren)**, Antrag **103** 35; Antrag durch die Kostenberechnung **105** 15; Antragsberechtigung **103** 32; Antragsgegner **103** 34; Aussetzung des Verfahrens **249** 6; Beweiserhebung **104** 5; rechtliches Gehör **Einf 103** 3, **104** 5; Glaubhaftmachung der Kosten **104** 38; Verfahrensunterbrechung beim Konkurs der Partei **240** 8; Kostenentscheidung **104** 20; nach der Kostenerstattung **Einf 103** 16; Prozeßvollmacht und ihr

Mangel **81** 18, **88** 6; Streitverkündung **72** 8; Unterbrechung des Verfahrens **249** 8; Zuständigkeit **103** 41; diejenige des Rpfl **104** 4, **GVG 153 Anh 8 § 21**
**Kostengefährdung,** Sicherheitsleistung **113** 1, nach einem Vorprozeß **269** 49
**Kostenhaftung Üb 91** 26; des Erben **Üb 91** 30; von Streitgenossen **100**; für die Vergütung eines gerichtlich bestellten Vertreters **Einf 57** 2, **58** 5; des Vertretenen bei einer Zulassung des (Prozeß-)Bevollmächtigten ohne eine(n) Vollmacht(snachweis) **89** 8; für die Kosten der Zwangsvollstreckung **788** 4
**Kostenrisiko Üb 91** 27, **91** 19; der Erledigterklärung als Klagerücknahme **91 a** 84; bei einer gerichtlichen Schadensschätzung **92** 51; bei einem Widerspruch des Bekl gegen die gegnerische Erledigterklärung **91 a** 183
**Kostenschuldner,** der Gerichtskosten s dort
**Kostenstreitwert 2** 1, **Einf 3** 3, 11
**Kostenteilung** s Kostenentscheidung, Kostenfestsetzung
**Kostentrennung Üb 91** 3, 4
**Kostenvereinbarung,** s Parteivereinbarung
**Kostenvorschriften Üb 91** 1
**Kostenvorschuß,** für die Prozeßkosten s dort; für die Reisekosten bei einer Anordnung des persönlichen Erscheinens einer Partei **141** 25; für das Gutachten des Sachverständigen **402** 2 „§ 379"; für die Vornahme einer vertretbaren Handlung durch den Gläubiger **887** 17; für die Ladung eines Zeugen **379**
**Kraftfahrer,** Beweislast **286 Anh** 104
**Kraftfahrzeug,** Pfändung **808** 3; Streitwert der Herausgabe des Kraftfahrzeugbriefs **3 Anh** 68
**Kraftfahrzeuglinienverkehr,** Gerichtsstand einer Klage aus dem Beförderungsverkehr **21** 12
**Kraftfahrzeugunfall,** Anscheinsbeweis **286 Anh** 29, 104
**Kraftloserklärung** eines Grundpfandrechtsbriefs, einer Urkunde s Aufgebotsverfahren
**Kraftloswerden** des Mahnbescheids **701** 2
**Krankenbedarf,** Pfändung **811** 52
**Krankengeld,** Pfändung **Grdz 704** 91 „Krankenkasse", **850** 9, **850** e 5
**Krankenhaus,** Ersatzzustellung **181** 6; Gerichtsstand bei einem Aufenthalt im K. **20**; Rechtsweg **GVG 13** 47; Schadensersatzpflicht, Beweislast **286 Anh** 127
**Krankenkasse,** Kassenleistung, Pfändung **Grdz 704** 91, **850 b** 10, **850 i** 9; Rechtsweg für eine Streitigkeit **GVG 13** 48
**Kreditkosten,** Erstattungspflicht **91** 285 „Zinsen"
**Kreuzverhör 397** 4
**Krieg,** Unterbrechung/Aussetzung des Verfahrens **245** 2/**247** 2
**Kriegsgefangener,** Kapitalabfindung, Pfändung **Einf 850** 2
**Kruzifix** im Gerichtssaal **220** 6
**Küchengerät,** Pfändung **811** 16
**Kündigung,** Aufgebot bei einer Kündigungsfrist für eine Hypothekenforderung **987**; Feststellungsklage des Berechtigten/Wirksamkeit **256** 76; Kostenerstattung **Üb 91** 63; des Mietvertrags s Mietstreitigkeit; durch den ProzBev **81** 22; und Prozeßvollmacht **87** 4; derjenigen nach einer Aussetzung oder Unterbrechung des Verfahrens **249** 6; Beweislast der Rechtzeitigkeit **286 Anh** 127; des Schiedsrichtervertrages **1035**; der Schiedsrichterwirkung **1029**; Rechtskraftwirkung eines Urteils wegen der Kündigung eines Arbeitsvertrags **322** 48

**Kündigungsschutzklage** als Feststellungs-/Gestaltungsklage **Grdz 253** 9
**Künftige Leistung,** Klage auf eine wiederkehrende k.L. **258** 1; Klage wegen einer Besorgnis der Nichterfüllung **259** 1; Klage auf eine kalendermäßige k.L./Räumung **257** 1; Kostenentscheidung beim Klaganerkenntnis **93** 18; Zwangsvollstreckung aus einem vom Eintritt eines Kalendertages abhängigen Urteil **751** 2
**Kundenliste,** Offenbarungsversicherung **807** 22 „Goodwill"; Pfändung **811** 14
**Kunstgeheimnis,** Zeugnisverweigerungsrecht **384** 8
**Kurzarbeitergeld,** Pfändbarkeit, **Grdz 704** 103
**Kurzschrift,** Protokoll in K. **160 a**

## L

**Ladung Üb 214** 3, **214 ff**; nach der Ablehnung des Erlasses eines Versäumnisurteils oder einer Entscheidung nach Aktenlage **337** 12; beim AG **497** 4; von Amts wegen **214**, **274**, **497**; im Anwaltsprozeß **215**; zum Beweissicherungstermin **491**; zum Beweistermin **357** 6; in einer Ehesache **612** 2, 5; Entbehrlichkeit einer L. **218** 1, **497** 5; Ersuchen um Ladung **GVG 160**; zum Güteversuch **279** 5; nach der Klagerhebung **253** 8; Mitteilung statt einer Ladung im AGProzeß **497** 5; zur Ableistung der Offenbarungsversicherung **900** 10; im schiedsrichterlichen Verfahren **1042**, **1047**; zur Verhandlung über einen Teilungsplan **875**; nach einer Veräußerung des Grundstücks/Schiffs/Schiffsbauwerks/Luftfahrzeugs während des Prozesses **266** 5; bei der Vollstreckbarerklärung eines Schiedsspruchs **1063**; nach einem Widerspruch gegen einen Arrest/eine einstweilige Verfügung **924** 10/**936** 4 „§ 924"; nach einem Wiedereinsetzungsantrag **238** 1; Zustellung von Amts wegen **214** 3, **216** 1; öffentliche Zustellung **204** 8, **205**
– **(des, der)** Bekl nach der gerichtlichen Bestellung eines Vertreters **57** 11; mittelbaren Besitzers im Fall einer Streitverkündung **76** 6; Gegners zur Vernehmung über eine Urkunde **426** 4; nichtbeteiligten Elternteils in einer Kindschaftssache **640 e**; in der Klageschrift **253**; Partei **274**; Partei in einer Ehesache **613** 3; Partei zum persönlichen Erscheinen **141** 26, **279** 5; Partei zum verkündeten Termin **218** 1; Partei nach einer Unterbrechung durch Tod/Vertretungsunfähigkeit ihres Anwalts **244** 15; Partei bei einer geplanten Berichtigung des Urteilstatbestandes **320** 6; Partei persönlich **141**, **176** 6; Partei zur förmlichen Vernehmung **450** 4; Rechtsnachfolgers zur Aufnahme **239** 17; Sachverständigen **402** 1 „§ 377 I, II"; Schuldner zum Offenbarungstermin **900** 15; Soldaten **Üb 214** 6, **SchlAnh II B**; Streitgenossen **63** 3; Streithelfers **71** 5; Angehörigen der Streitkräfte **Üb 214** 3, **SchlAnh III** 37; Kindes bei der Klage auf die Anfechtung der Anerkennung der Vaterschaft **640 e**; Zeugen **377**
– **(Mangel) Üb 214** 7; Versäumnisurteil **335** 5; Heilung des M. der Zustellung durch den Empfang **187** 2 ff
**Ladungsfrist 217**; Antrag auf Abkürzung **226**; bei einer Aufnahme des Rechtsstreits durch den Rechtsnachfolger **239** 18; Berechnung **222** 3; beim Beweistermin **357** 6; Nichteinhaltung, Ablehnung des Erlasses eines Versäumnisurteils oder einer Entscheidung nach Lage der Akten **337** 17; im schiedsrichterlichen Verfahren **1042**, **1047**; bei

**Lagerung**

einer Änderung des Terminszwecks **227** 2; im Wechsel-/Scheckprozeß **604** 3/**605 a** „§ 604"
**Lagerung,** Beweislast **286 Anh** 128
**Lampe,** Pfändung **811**
**Land,** Parteifähigkeit **50** 10; gesetzliche Vertretung **18** 8 „Landesfiskus"; Zwangsvollstreckung **882 a**
**Landesbeamter** als Kläger, Vorentscheidung **EGGVG 11**
**Landesfiskus,** Gerichtsstand **18** 8, 19
**Landesgesetzgebung,** Aufhebung **EG 14**; im Aufgebotsverfahren **1006, 1009, 1023, 1024**; über die Beweiskraft einer öffentlichen Urkunde **418** 12; Ermächtigung für die L. **EG 3, 11, 15, GVG 17 a, 71** 5; über einen Vollstreckungstitel **801**; über die Zwangsvollstreckung bei einem Eisenbahnbetrieb **871**
**Landesjustizverwaltung** s Justizverwaltung
**Landesrecht,** Revisibilität **549** 15
**Landesregierung** s Minister
**Landesverfassungsgericht GVG 1** 18; Landesverfassungsrichter **DRiG 84**
**Landgericht GVG 59 ff**; Besetzung **GVG 59, 75**; Entschädigungskammer **GVG 71** 1; Entscheidung des LG statt des AG **10**; Geschäftsverteilung **GVG 21 g**; Hilfsrichter **GVG 70**; Kammer für Baulandsachen **GVG 71** 1; Kammer für Handelssachen s dort; Präsidium s Gerichtsperson; Zivilkammer s dort; erstinstanzliche Zuständigkeit/Zuständigkeit für die Berufung **GVG 71/72**; ausschließliche Zuständigkeit s dort; Zuweisung **GVG 21 e** 3
**Landpachtsache,** Rechtsweg **GVG 13** 53 „Pacht"
**Landtagsabgeordneter** s Abgeordneter
**Landwirt,** Altersruhegeld, Pfändung **850 i** 9; Forderung eines L., Pfändung **851 a**; Gerät, Pfändung **811** 27; Gerichtsstand der Niederlassung **21** 11
**Landwirtschaft,** Pfändung beim Arbeitnehmer **811** 32; Pfändung von Erzeugnissen **804** 8, **811** 31, **813** 7, **865** 3; Pfändung/Pfandverwertung der Früchte auf dem Halm **Grdz 704** 73, **810**/**824**
**Landwirtschaftsgericht,** Abgabe an das L. **281 Anh III** 4; Abgabe an das Prozeßgericht **281 Anh III** 1
**Last,** öffentlichrechtliche, Gerichtsstand **24** 6
**Lauterkeitspflicht** im Prozeß **Grdz 128** 16, **138** 15; Wahrheitspflicht der Partei s Partei
**Leasing,** Pfändung **Grdz 704** 93; Streitwert **3 Anh** 75
**Lebenserfahrung** als Beweis **Einf 284** 22; Beweislast beim Fehlen von Umständen **286 Anh** 25
**Lebens- oder Leibesgefahr** eines Zeugen **GVG 172**
**Lebensmittel,** Pfändung **811** 25
**Legalisation** einer ausländischen Urkunde **438**
**Legitimation** des gesetzlichen Vertreters s Vertreter
**Legitimationspapier,** Kraftloserklärung **Einf 1003** 1, **1023**; Pfändung **821** 1, 2; Hilfspfändung **808** 3
**Lehrling** s Auszubildender
**Lehrtätigkeit** des Richters **DRiG 4**
**Leibesfrucht,** Parteifähigkeit **50** 5; Pfleger als gesetzlicher Vertreter **51** 18
**Leibgedinge,** Klage, Zuständigkeit **GVG 23** 12; Streitwert **9** 5; Recht zur Erhebung einer Widerspruchsklage **771** 16
**Leibrente,** Klage auf die künftige Zahlung **258** 1; Streitwert **9** 3 4
**Leistung,** an einen Dritten, Pfändung des Anspruchs **Grdz 704** 93; s ferner Fälligkeit, Geistesarbeit, Individualleistung, Persönliche L., Wiederkehrende L.
**Leistungsanspruch** wegen einer Sache, Pfändung **846–849**; Pfändung für mehrere Gläubiger **854–856**; Urkundenprozeß **592** 3

**Leistungsbestimmung** im Urteil, Gerichtsstand **29** 10
**Leistungsklage, -urteil** s Klage, Urteil
**Leistungsort** s Erfüllungsort
**Leistungsverfügung Grdz 916** 6, **938** 3, **940** 20 ff „Ehe, Familie", „Rente"
**Leistungsverweigerungsrecht,** Feststellungsklage **256** 8
**Letztwillige Anordnung** s Testament
**Leugnen,** motiviertes **289** 4
**Leugnende Feststellungsklage** s Feststellungsklage
**Lex fori Einl III** 74, 77, 293
**Libanon,** Ehesache **606 a Anh II** 8
**Libyen,** Ehesache **606 a Anh II** 10
**Liebhaberwert,** Streitwert **3** 3
**Liechtenstein,** Ehesache **606 a Anh II** 10
**Liquidation,** Unterbrechung des Verfahrens im Fall der L. einer juristischen Person oder parteifähigen Personenmehrheit **239** 3 ff, **241** 3; Liquidator als gesetzlicher Vertreter **51** 16; Fortsetzung des Prozesses **50** 22
**Litiskontestation, affirmative 138** 36
**Litispendenz** s Rechtshängigkeit
**Lizenz,** Pfändung **Grdz 704** 93
**Lohnanspruch** s Arbeitseinkommen, Zwangsvollstreckung
**Lohnpfändung 850 ff**
**Lohnschiebung 850 h**
**Lohnsteuerjahresausgleich 829** 3, **835** 8
**Lokaltermin 219** 4
**Löschung,** Anspruch auf **932, 984**; Streitwert **3 Anh** 75; Unterbrechung des Verfahrens im Fall der L. einer Gesellschaft **239** 4; vgl auch Gebrauchsmusterlöschung, Grundbuchlöschung, Markenlöschung, Schuldnerverzeichnis
**Lösungssumme** beim Arrest **923**
**Lückenausfüllung** bei der Auslegung der ZPO **Einl III** 48
**Luftfahrzeug,** Arrestvollzug **931** 4; Eigentumsaufgabe, Bestellung eines gerichtlichen Vertreters **58**, **787**; Pfändung des Herausgabeanspruchs **847 a, 849**; dgl für mehrere Gläubiger **855 a, 856**; Pfändung/Überweisung eines Registerpfandrechts **830 a** 1/**837 a** 1; Urkundenprozeß wegen eines Anspruchs am Registerpfandrecht **592** 5; Veräußerung während des Prozesses **266** 1; Zwangsvollstreckung in das Zubehör **865** 2, 11; Zwangsversteigerung **Grdz 704** 94, **864** 5, **866, 870 a**; Unterwerfung des jeweiligen Eigentümers unter die Zwangsvollstreckung **800 a**
**Luftverkehr,** Schadensersatzanspruch, Beweislast **286 Anh** 128
**Lüge** der Partei **138** 13, 63 ff, **Einf 288** 5
**Lugano-Übereinkommen 917** 16, **SchlAnh V D**
**Luxemburg,** Ehesache **606 a Anh II** 10

# M

**Mahnantrag** s Mahnverfahren
**Mahnbescheid** s Mahnverfahren
**Mahnschreiben,** Kostenerstattung **91** 158
**Mahnverfahren Grdz 688, 688 ff**; Abgabe **696**; Aktenführung **Grdz 688** 6; Antrag **690**; Aussetzung des Verfahrens **Üb 239** 3; als Aussetzungsgrund **148** 7; Einmischungsklage **64** 5; Einspruch **700**; Formvorschriften **690, 694** 1, **700** 5, **702** 2, **703 c** 3; Kosten als Prozeßkosten **696, 699**; Kostenerstattung **91** 114; Kostenfestsetzung **103** 7, 22; Kraftloswerden des Mahnbescheids **701** 2; Mahnbescheid **692**; Mahngebühr **692** 4, 9; maschinelle Bearbeitung **689** 10, **703 b, c**; Bewilli-

gung einer Prozeßkostenhilfe **114** 32, **119** 40; Ausschluß des Richters wegen seiner Mitwirkung im M. **41** 16 „Dieselbe Instanz"; Sicherheitsleistung **110** 9; Streithilfe **66** 4; und streitiges Verfahren **696** 2, **697** 1, Streitverkündung **72** 1; Trennung **145** 4; Unterbrechung des Verfahrens **Üb 239** 3, 693; Nachweis der Vollmacht **703**; Vollstreckungsbescheid **699**; Widerspruch **694** 1, **702** 2; Zulässigkeit **Grdz 688** 3, **688** 2, 3; Zuständigkeit **689**; Zurückweisung des Mahnantrags **691** 2; Zuständigkeit des Rpfl **GVG 153 Anh** 8 § 20; Zuständigkeitsvereinbarung **38** 36; Zustellung an den Proz-Bev **176** 3; vgl auch Vollstreckungsbescheid

**Maklervertrag,** Vorkenntnis, Beweislast **286 Anh** 129

**Mangel** s Ladungsmangel, Prozeßhandlungsmangel, Verfahrensmangel (Heilung), Zustellungsmangel (Heilung)

**Mängelhaftung,** Gerichtsstand des Erfüllungsorts **29** 3, 12; beim Erwerb der Pfandsache **806**; Streitverkündung **72** 4

**Marke,** Anmeldung, Beweislast **286 Anh** 130; Löschung, Streitwert **3 Anh** 76; Zwangsvollstreckung **Grdz 704** 95

– **(Verletzungsklage),** Feststellungsklage **256** 87; Gerichtsstand **32** 22; Kammer für Handelssachen **GVG 95** 6; Meinungsbefragung **Üb 420** 10; Herstellerbenennung **77**; Zuständigkeit **GVG 78 b Anh** I

**Markt,** Zulassung zum, Rechtsweg **GVG 13** 50

**Marktordnung,** Rechtsweg **GVG 13** 50

**Marktpreis,** Schätzung der Pfandsache **813** 2; eines Wertpapiers **821**

**Marktsache** s Meß- und Marktsache

**Marokko,** Ehesache **606 a Anh II** 11

**Maschinelle Bearbeitung,** im Mahnverfahren **689**, **690, 696, 699, 703 b, c**; beim Verfahren auf eine Anpassung des Unterhalts **641** 1, s, t

**Materielle Beschwer Grdz 511** 19

**Materielle Rechtskraft** s Rechtskraft

**Materiellrechtliche Theorie** der Rechtskraft **Einf 322** 5

**Mediation 279; Grdz 1025** 11

**Mehrforderung,** Geringfügigkeit, Kostenentscheidung **92** 49

**Mehrfache Pfändung 826** 1 ff, **827** 6, **853** ff

**Mehrstaater 606 a** 7

**Mehrverkehr 372** a

**Mehrzahl** s beim betreffenden Gegenstand oder bei der betreffenden Person

**Meineid,** Aufhebungsantrag **1059**; Restitutionsklage **580, 581** 1; Unzulässigkeit einer Beeidigung der Partei **452** 8; eines Zeugen, Beihilfe durch Unterlassen **138** 66

**Meinungsumfrage,** durch die Industrie- und Handelskammer **355** 5; im gewerblichen Rechtsschutz **Üb 402** 7

**Meistbegünstigungsgrundsatz Grdz 511** 28

**Menschenrechtskonvention 216** 10

**Meß- und Marktsache 30**; Einlassungsfrist **274**; Gerichtsstand **30**; Ladungsfrist **217**

**Mieter,** Gewahrsam des M. **808** 16

**Mieterverein 91** 141

**Mietkaution,** Anspruch auf die Rückzahlung, Gerichtsstand **29 a** 5

**Mietstreitigkeit,** Beweislast **286 Anh** 131; als Feriensache **GVG 200** 5; Gerichtsstand des Erfüllungsorts **29** 28; ausschließlicher Gerichtsstand bei der Wohnraummiete **29 a**; Klage auf eine künftige Mietzahlung **257** 3, **258** 1; Gerichtsstand der Mieterhöhungsklage **29 a** 1; dgl Klagänderung **264** 15, 18; Mietspiegel **Üb 373** 33; Rechtsentscheid **541**; Schiedsvereinbarung **1030**; Streitbefangenheit **265** 4; Rechtskraftwirkung des Urteils **322** 50; Urteil auf eine Fortsetzung des Mietverhältnisses **308 a** 4; vorläufige Vollstreckbarkeit **708** 8; Zwangsvollstreckung auf Grund eines Urteils auf die Vornahme einer Handlung durch den Vermieter **887** 38 „Vermieter"; einstweilige Verfügung auf eine Räumung **940 a**; Zuständigkeit **29 a, GVG 23**

– **(Räumungsklage),** Anspruchshäufung **260** 1; Gerichtsstand **29 a**; Klage auf eine künftige R. **259** 6; Kostenentscheidung **93 b**; Klagerhebung nach dem Auszug, Kosten **91 a** 130 „Mietrecht", **93** 47; Mietaufhebungs- und Räumungsklage **2** 6; Rechtskraftwirkung des Urteils **322** 50, **325** 34; Schonfrist **331** 12; vorläufige Vollstreckbarkeit des Urteils **708**; Urteil auf eine Fortsetzung des Mietverhältnisses **308 a**; Zwangsvollstreckung/Räumungsfrist **885** 4/**721, 794 a**

– **(Streitwert) 3 Anh** 76; beim Streit über das Bestehen oder die Dauer des Mietverhältnisses **3 Anh** 78, **8** 2; beim Anspruch des Eigentümers gegen den Mieter **6** 2; bei der Feststellungsklage **3 Anh** 80; bei einer Kündigung **3 Anh** 78; beim Streit um den Mietzins **3 Anh** 79, 80, **8** 5, 6

**Mietverhältnis,** Ersatzzustellung an den Vermieter **181** 18; Urteil auf eine Fortsetzung des M. **308 a** 4; dgl, Sommersache **227** 38, 39; Pfändung des Mietzinses **Grdz 704** 95, **851 b**; Unwirksamkeit einer Schiedsvereinbarung **1030**; Zwangsvollstreckung beim Mietzins als Grundstückszubehör **865** 8; bei Wohnraum keine Berufungssumme **511 a** 28

**Mietwohngrundstück,** Streitwert **6** 2

**Mietzins,** Pfändungsschutz **851 b**

**Mikrofilm 299 a** 1

**Milchkuh,** Pfändung **811** 26

**Minderjähriger,** Beeidigung **393** 1, **455** 5; in einer Ehesache **607** 1; Ersatzzustellung an die M. **181** 11, 14, **183** 7, **185** 3; Haftungsbeschränkung **786** 2 „E. § 1629 BGB"; Parteivernehmung **455** 4; Pfändungsschutz der minderjährigen Erben bei einer Fortführung der Erwerbstätigkeit **811** 45; Prozeßfähigkeit **52** 6; als Schiedsrichter **1035**; Unterhalt **323, 645** ff; als Zeuge **Einf 383–389** 5, **393** 1

**Minderkaufmann,** Pfändung einer zur Erwerbstätigkeit erforderlichen Sache **811** 36; Zuständigkeitsvereinbarung **38** 17

**Minderungsanspruch,** Gerichtsstand **29** 12; Streitwert **3 Anh** 84

**Mindestbetrag** bei der Sicherungshypothek **866** 4

**Mindestgebot** bei einer Pfandversteigerung **817 a**

**minima non curat praetor Grdz 253** 37, **Grdz 704** 48

**Minister,** Aussagegenehmigung **376** 4; als Sachverständiger **408** 5; Zeugenvernehmung **382**

**Minus,** Begriff **308** 8

**Mitarbeiter,** Zeugnisverweigerungsrecht **383**

**Mitberechtigter,** Ausschluß als Gerichtsperson **41** 7, 49

**Mitbesitz** des Ehegatten **739** 1, 4

**Mitbestimmung,** Rechtsweg **GVG 14** 6

**Miteigentum,** Gerichtsstand bei der Klage des Grundstückseigentümers **24** 3; Pfändung des Anteils an M. **857** 2; Streitgenossenschaft **59** 4, **62** 12; Recht zur Erhebung einer Widerspruchsklage **771** 16

**Miterbe** s Erbe

**Mitgliedschaftsrecht,** Feststellungsklage **256** 9; Gerichtsstand **22**; Pfändung **Grdz 704** 95

**Mittäter,** Gerichtsstand der unerlaubten Handlung **32** 16

**Mitteilung** Zahlen in Fettdruck = Paragraphen

**Mitteilung Üb 166** 1, **270** 5; eines Termins vor dem AG **497** 5; der Anordnung des persönlichen Erscheinens der Partei an ihren ProzBev **141** 26; einer Anordnung zur Vorbereitung der mündlichen Verhandlung **273**; eines Antrags oder Beweismittels **277**, **282**; des Aufgebotsantrags eines dinglich Berechtigten an den Grundstückseigentümer **986** 2, **988**; der Einlegung der Berufung/Revision **519 a** 3/**553 a**; eines Beschlusses **329** 12, 26; eines Beweistermins **357** 6; von Daten **EGGVG 12 ff**; eines Termins in einer Ehesache an die Staatsanwaltschaft **608** 2; einer Abkürzung der Einlassungs-/Ladungsfrist **226** 3; an den Gerichtsvollzieher **763**; der Kostenberechnung **103** 35, **105** 14; der Pfändung **808** 26; des Protokolls durch den Gerichtsvollzieher **763**; einer Entscheidung nach dem Justizmitteilungsgesetz **EGGVG 12 ff**; im Verfahren der Prozeßkostenhilfe **127**; der Streitverkündung an den Gegner **73**; Kostenpflicht im Fall der Unterlassung der M. von der Rechtsnachfolge **94** 7 ff; einer Urkunde von Anwalt zu Anwalt **135** 5; der Niederlegung einer Urkunde **134** 9; Antrag, eine Behörde um die Mitteilung der Urkunde zu ersuchen **432** 3; des Urteils im schriftlichen Verfahren **128, 310, 311**; der Urteilsgründe bei der Urteilsverkündung **311** 5; des Widerspruchs gegen den Mahnbescheid **695**; von dessen Zustellung an den Antragsteller **693**; von einer Zeugnisverweigerung **386** 5; Zulässigkeit einer formlosen Mitteilung statt einer förmlichen Zustellung **Üb 166** 16; der Zustellungserlaubnis **188** 6; s auch Benachrichtigung
**Mittelbarer Besitz** s Besitz
**Mittellosigkeit,** beim Antrag auf eine Prozeßkostenhilfe s dort; Erstattung der Reisekosten im Fall einer Anordnung zum persönlichen Erscheinen der Partei **141** 25
**Mitverpflichteter,** Ausschluß als Gerichtsperson **41** 7, **49**
**Mitwirkung** eines Dritten an der Handlung, Zwangsvollstreckung **887** 28
**Mitwirkungsplan GVG 21 g** 4
**Mitwirkungspflicht** der Partei **Grdz 128** 11; vgl auch Partei
**Möbel** s Hausrat
**Mobiliarvollstreckung 803 ff**; und Immobiliarvollstreckung **865** 1
**Modell** s Musterschutz
**Moselschiffahrt,** Zuständigkeit bei einer Streitsache **GVG 14** 4
**Montanvertrag** als Aussetzungsgrund **Einf 148** 5
**Mündliche Klagerhebung 253** 7, **496** 3–5
**Mündliche Verhandlung 128** 4; Notwendigkeit der Erklärung eines Anerkenntnisses in der m. V. **307** 8; ausländischer Anwalt **SchlAnh VII**; Beteiligte **140** 8; Bezugnahme auf eine andere m. V. **128** 7, 8; Einheit und Gleichwertigkeit aller Verhandlungsteile **Üb 253** 3, 5; als Entscheidungsgrundlage **128** 7, **286** 13; Konzentrationsgrundsatz **Üb 253** 6; der Partei, Begriff **128** 7, **137** 3; Protokoll s dort; Richterwechsel **128** 8; Terminsbestimmung s dort; Terminsversäumung **Üb 230** 1; Beweiskraft des Urteilstatbestands für den Inhalt der m. V. **314**; Erklärung eines Verzichts auf den Anspruch in der m. V. **306** 1; nach der Verwerfung einer Zulässigkeitsrüge durch ein Zwischenurteil **280**; Vorbereitung **273**; Wiedereröffnung **156**; Zusammenfassungsgrundsatz **273**
– **(in, über)** die Aufnahme eines unterbrochenen Verfahrens **239** 12, 19; der Berufungsinstanz **525**, **526**; die Beweisaufnahme durch einen verordneten Richter **366** 2; eine Beweisaufnahme **285**; dem Einspruchstermin **341**; die Prozeßübernahme durch den Rechtsnachfolger **265** 22; dgl nach einer Veräußerung eines Grundstücks, Schiffs, Schiffsbauwerks, Luftfahrzeugs **266** 4; nach einer Prozeßverbindung **147** 18; dem schiedsrichterlichen Verfahren **1047**; eine einstweilige Verfügung **937**; eine abgesonderte Verhandlung über eine Zulässigkeitsrüge **280**; einen Verweisungsantrag **281** 22; einen solchen nach einem Widerspruch gegen einen Mahnbescheid **696**; einen Wiederaufnahmeantrag **590**
– **(freigestellte mündliche Verhandlung) 128** 5, 10; Anordnung der mündlichen Verhandlung **128** 11; Entscheidungsgrundlage **128** 11; einstweilige Anordnung in einer Ehesache **620 a, b** 8; einstweilige Anordnung wegen einer Unterhaltszahlung oder Sicherheitsleistung während des Verfahrens zur Feststellung der Vaterschaft **641 d** 4; im Arrestverfahren **920** 2, **922** 6, 14; über die Aufhebung einer Trennung oder Verbindung von Prozessen sowie über die Aufhebung einer Aussetzung **150**; über eine Aussetzung des Verfahrens **148** 36; über die Aufnahme nach einer Aussetzung **248** 4; bei einer Verwerfung der Berufung als unzulässig **519 b** 3, 4; im Beschlußverfahren wegen einer Schiedsvereinbarung **1047**; im Beschwerdeverfahren **573** 5; bei der Anordnung einer Beweissicherung **490** 3; über die Erinnerung gegen den Kostenfestsetzungsbeschluß **104** 57; über einen Antrag auf eine Abkürzung oder Verlängerung einer Frist **225** 3; vor einer Fristsetzung zur Behebung eines Hindernisses der Beweisaufnahme **356** 9; wegen der Fristsetzung im Fall der Urkundenvorlegung durch einen Dritten **431** 3; vor der Abgabe einer Hausratssache **281 Anh I** 4; über die Kostenentscheidung nach einer Klagerücknahme **269** 43; vor der Abgabe einer Landwirtschaftssache durch das Landwirtschaftsgericht an das Prozeßgericht **281 Anh III** 1; vor der Beiordnung eines Notanwalts **78 b** 5; im Prozeßkostenhilfeverfahren **118**, **127**; bei einer Trennung/Verbindung von Prozessen **145** 5/**147** 13; über eine Richterablehnung **46** 3; im Fall der Rücknahme eines eine freigestellte mündliche Verhandlung vorsehenden Gesuchs **128** 10; **269** 3; vor der Anordnung des Ruhens des Verfahrens **251** 7; über die Ablehnung eines Sachverständigen **406** 33; über die Bestellung eines Schiedsrichters **1035**; vor einer die Schiedsvereinbarung oder den Schiedsrichter betreffenden Entscheidung **1047**; Rückgabe einer Sicherheitsleistung **109** 15; dgl Fristsetzung **109** 12; über die Aufhebung eines Termins **227** 23; über die Anordnung der Übersetzung einer Urkunde **142** 22; über eine Urteilsberichtigung **319** 28; über die Wirkungslosigkeit des Urteils nach einer Klagerücknahme **269** 46; bei einem Verweisungsantrag **281** 22; über die Eintragung einer Vormerkung im Wege der einstweiligen Verfügung vor dem AG, **942** 4, 5; über einen Wiedereinsetzungsantrag **238** 1; über die Abgabe einer Wohnungseigentumssache **281 Anh II** 8; über eine Zuständigkeitsbestimmung **37** 2; über die Bestellung eines Zustellungsbevollmächtigten **174** 8; über die Bewilligung der Zustellung an den Gegner **177** 4; über die Bewilligung einer öffentlichen Zustellung **204** 3; über die Erlaubnis zur Vornahme einer Zustellung in der Nacht, an einem Sonn- oder Feiertag **188** 8; über eine Maßnahme der Zwangsvollstreckung wegen einer Handlung, Duldung oder Unterlassung **891**

dahinterstehende Zahlen und Buchstaben = Randnummern **Nachholung**

- **(notwendige mündliche Verhandlung) 128** 4; im Aufgebotsverfahren **952** 1; über die Entbindung des Klägers vom Prozeß auf Grund der Prozeßübernahme durch den mittelbaren Besitzer **76** 9; über die Kostenentscheidung nach beiderseitigen Erledigterklärungen **91a** 142; über die Zulassung eines (Prozeß)Bevollmächtigten ohne (den Nachweis seiner) Vollmacht **89** 2; über die Höhe einer Sicherheitsleistung **108** 5, **112** 1; im Streit über die Zurückweisung einer Streithilfe **71** 5; über die Rückgabe einer Urkunde von Anwalt zu Anwalt **135** 11; über eine Ergänzung des Urteils **321** 9; über eine Berichtigung des Tatbestands eines Urteils **320** 9; im Rechtfertigungsverfahren über eine einstweilige Verfügung **942** 9; über die Vollstreckbarerklärung eines Schiedsspruchs **1060**; über den Widerspruch gegen einen Arrest/eine einstweilige Verfügung **925** 2/**936** 4 „§ 925"; über eine Zeugnisverweigerung vor dem verordneten Richter **389** 4
- **(Ablauf) 137, 278**; Leitung durch den Vorsitzenden **136** 6; Anordnung der Beschränkung auf einzelne Angriffs- oder Verteidigungsmittel **146** 3; Anordnung der Entfernung eines an der Verhandlung Beteiligten **158** 4; Anordnung des Vorsitzenden über die Hinzuziehung eines Urkundsbeamten **159** 4, 11; Antrag auf eine Rechtswegverweisung **GVG 17a** 12; Antragstellung **137** 7; Antragstellung zu Protokoll **297** 14; Aufruf der Sache **220** 3; Unterlassung des Aufrufs **220** 6; vor dem Aufruf erfolgende Parteimeldung **220** 5; Ausschluß eines Bevollmächtigten oder Beistands **157** 8; Beanstandung der Anordnung des Vorsitzenden oder seiner Frage **140** 8; Beginn **137** 3, **269** 14; Vortrag des erstinstanzlichen Akteninhalts in der Berufungsinstanz **526**; nach der Beweisaufnahme **278** 8, **285** 5, **370**; Vortrag des Ergebnisses einer Beweisaufnahme vor dem verordneten Richter **285** 7; Bezugnahme auf ein Schriftstück **137** 28; Entfernung aus dem Saal im Fall des Ungehorsams **GVG 177**; Erörterung des Sach- und Streitstoffs **138, 278**; Fernseh-/Film-/Rundfunkaufnahme **GVG 169** 5; V. zur Hauptsache **39** 6, **137** 5; Übertragung der Leitung auf einen Beisitzer **136** 9; Nichtverhandeln **33**; Öffentlichkeit s dort; Ordnungsgewalt s dort; Anhörung der Parteien **137** 43; Vortrag der Parteien **137** 43; Anhörung des Patentanwalts **137** 41; Protokoll **160**; Rüge des Mangels einer Prozeßhandlung **295** 1, 7; Urteilsverkündung s dort; Begriff des Verhandelns **333** 2; teilweises Verhandeln **334**; Verlesung der Anträge **297** 6; Versäumnis einer Prozeßhandlung in der mündlichen Verhandlung **230** 1; Antrag auf eine Verweisung des Prozesses von der Kammer für Handelssachen an die Zivilkammer **GVG 97** 4; Vorbringen eines Angriffs- oder Verteidigungsmittels **282**; Untersagung des Vortrags **157** 21, **158** 4; Entziehung des Wortes **136** 10
- **(Schluß) 136** 27; im schriftlichen Verfahren/beim Beschluß eines dem Schluß der mündlichen Verhandlung entsprechenden Zeitpunkts **128** 40; Nichteinverständnis eines Beisitzers **140** 8; im Fall der Nachreichung eines Schriftsatzes **283**; Vorbringen nach dem Schluß **296a** 1
- **(Verhandeln zur Hauptsache) 39** 6; Anordnung nach der Verwerfung einer Zulässigkeitsrüge durch ein Zwischenurteil **280** 9; nach der Aufnahme eines unterbrochenen Verfahrens **239** 12; beim Ausschluß einer verzichtbaren Zulässigkeitsrüge **39** 2, **6 295**; durch die Stellung des Klagantrags **137** 7, **297** 6; Richterablehnung nach einer Einlassung zur Hauptsache **43** 3, **44** 7; ohne die Rüge des Fehlens eines Verfahrens über eine Arbeitnehmererfindung vor der Schiedsstelle **253** 6; ohne eine Zuständigkeitsrüge **38** 37, **39**; Verweigerung im Fall einer Streitverkündung gegenüber dem mittelbaren Besitzer **76** 5
- **(Verhandeln zur Sache) GVG 101**
- **(abgesonderte Verhandlung)** s Abgesonderte V.
- **(Vertretung in der mündlichen Verhandlung),** Ausschluß des Vertreters **157** 8; durch einen Beamten **157** 12; durch den Bürovorsteher **157** 8; durch einen Gewerkschaftssekretär **157** 11; durch einen Patentanwalt **157** 7; durch den ProzBev im Fall eines Vertretungsverbots **157** 1; Ausschluß des ProzBev beim Verdacht einer Straftat **157** 7; durch einen Rechtsbeistand **157** 2, 7; durch einen Rentenberater **157** 6; durch einen Referendar **157** 8; durch einen Regulierungsbeamten der Versicherung **157** 12
- **(Vorbereitung),** Anordnung zur V. **273**; Anordnung zur Einnahme eines Augenscheins oder eines Sachverständigengutachtens **144** 5; Anordnung des persönlichen Erscheinens der Partei **141** 14; Vernehmung eines Zeugen oder Sachverständigen vor der mündlichen Verhandlung **273, 358a**
- **(Wiedereröffnung) 156**; in der Berufungsinstanz **526** 7

**Mündlichkeitsgrundsatz Üb 128** 1, **128** 7; Verstoß **128** 9
**Mußvorschrift Einl III 32**
**Musterprozeß** als Aussetzungsgrund **148** 20; Verzicht auf die Einrede der Verjährung **Einl III 59**
**Musterschutz,** Zuständigkeit der Kammer für Handelssachen **GVG 95** 6; Pfändung des Schutzrechts **857** 3
**Mustervertragsbedingung,** Revisibilität **550** 10
**Mutwilligkeit** der Rechtsverfolgung s Notanwaltsbeiordnung, Prozeßkostenhilfe

# N

**Nachbar,** Ersatzzustellung an ihn **182** 11
**Nachbarrechtsklage** des Grundstückseigentümers, Gerichtsstand **24** 3, 19; Grundstücksveräußerung **266** 2; Streitwert **7** 1
**Nacheid 392**
**Nacherbe,** Pfändung seines Anspruchs **Grdz 704** 96; Aufnahme nach einer Unterbrechung des Verfahrens **243** 2; Gerichtsstand der Klage auf die Feststellung des Erbrechts **27** 3; Gerichtsstand der Klage wegen eines Grundstücks **24** 4; Rechtsstellung, Prozeßführungsrecht **242**; Streitwert **3 Anh** 43; Urteil gegen den Vorerben, vollstreckbare Ausfertigung **728** 1; und Vorerbe als notwendige Streitgenossen **62** 10 „Erbrecht"; Widerspruchsklage **773**
**Nacherbfall,** Aussetzungsantrag im Fall der Vertretung durch einen ProzBev **246** 3; Gläubigeraufgebot durch den N. **998**; während der Rechtshängigkeit **326** 4; Unterbrechung des Prozesses des Vorerben ohne einen ProzBev **242** 2; Rechtskraftwirkung eines vor dem Eintritt des N. erlassenen Urteils **326** 1
**Nachforderung,** Kosten der N. s Kostenfestsetzung; Nachliquidation **103** 40; Urteil, Rechtskraftwirkung **322** 51; Streitwert **3 Anh** 85
**Nachforderungsklage** wegen einer Sicherheitsleistung beim Rentenanspruch **324**
**Nachgereichter Schriftsatz 283**
**Nachgiebige Vorschrift** der ZPO **Einl III 31**
**Nachholung,** der Beweisaufnahme wegen des Ausbleibens der Partei **367** 5, **368** 4; einer Erklärung

# Nachlaß

in der Berufungsinstanz **531**; einer Prozeßhandlung **231** 4; einer solchen nach der Versäumung einer Erklärungsfrist **283**; einer solchen beim Wiedereinsetzungsantrag **236** 12

**Nachlaß,** Gerichtsstand des N. **28**; s auch Zwangsvollstreckung (gegen den Erben)

**Nachlaßgläubiger,** Aufgebot der N. s dort

**Nachlässigkeit,** beim nachträglichen Vorbringen eines Angriffs- oder Verteidigungsmittels **282, 283, 296**; beim Unterlassen des erstinstanzlichen Vorbringens **528** 14

**Nachlaßinsolvenzverfahren,** Unterbrechung eines die Masse betreffenden Verfahrens **240** 5; Vorbehalt der beschränkten Erbenhaftung **780** 1; Zwangsvollstreckung in das Vermögen des Erben **784**

**Nachlaßpfleger,** Aufnahme nach einer Unterbrechung des Verfahrens **243** 2; als gesetzlicher Vertreter **Grdz 50** 9; Prozeßkostenhilfe **116**

**Nachlaßschuldner,** Einwand der Arglist gegenüber einem Miterben **62** 13

**Nachlaßverbindlichkeit,** Gerichtsstand **28**; Kostenentscheidung beim Anerkenntnis **93** 38 „Erbe"

**Nachlaßverwalter,** als Partei kraft Amtes **Grdz 50** 9; Prozeßkostenhilfe **116**; Rechtsanwalt, Kostenerstattung **91** 178; Vollstreckungsabwehrklage **784, 785**

**Nachlaßverwaltung,** Anordnung, Aussetzung des Verfahrens **246** 3; Recht des Erben zur Prozeßgeschäftsführung **Grdz 50** 36 „Erbrecht"; Unterbrechung des Verfahrens **241** 4; Vorbehalt der beschränkten Erbenhaftung **780** 1; Zwangsvollstreckung in das Vermögen des Erben **784**

**Nachlaßverzeichnis,** Zwangsvollstreckung aus einem Anspruch auf die Aufstellung eines N. **887** 3; Streitwert der Vorlegung **3 Anh** 69, 147

**Nachliquidation 103** 40

**Nachpfändung 803** 4

**Nachprüfung** s Amtsprüfung, Richterliches Prüfungsrecht, vgl auch bei den einzelnen Rechtsmitteln

**Nachschieben** von Prozeßstoff, in einem Schriftsatz **Üb 253** 6, 279, 283; in der Berufungsinstanz **528**; eines Nichtigkeitsgrundes **588** 5; und Wiedereinsetzungsgrundes **234** 3; des Entschuldigungsgrundes eines Zeugen für sein Ausbleiben **381** 4

**Nachsendung** bei der Postzustellung **195** 3

**Nachbriefkasten** des Gerichts **233** 20

**Nachteil** und vorläufige Vollstreckbarkeit **710 ff**

**Nachtpfändung** s Nachtzeit

**Nachträgliche Sicherheitsleistung 111** 1

**Nachträgliche Unzuständigkeit 506**

**Nachträglichkeit,** des Parteivorbringens s dort

**Nachtzeit,** Aushändigung eines zuzustellenden Schriftstücks an die Post **194** 3; Pfändung zur N. **761**; Zustellung zur N. **188**

**Nachverfahren,** nach dem Vorbehalt der Aufrechnung **302** 11; dgl Prozeßvollmacht **81** 18; im Urkundenprozeß **600**; im Verteilungsverfahren **882**; nach einer Vorabentscheidung über den Grund des Anspruchs **304** 28; im Wechselprozeß **602** 7

**Nachweis,** der Fälschung des Protokolls **165** 7; der Prozeßvollmacht **80** 10; derjenigen in einer Ehe-/Kindschaftssache **609** 1/**640** 11 „§ 609", **641**; der Zustellung des Urteils bei der Einlegung der Berufung/Revision **518** 28/**553 a**; der Zustellung von Anwalt zu Anwalt **198** 13, 22

**Nähmaschine,** Pfändung **811** 16

**Nahestehende Person 807** 38

**Nahrungsmittel,** Pfändung **811** 4

**Namenspapier,** Pfändung/Pfandverwertung **821/822, 823**

**Namensrecht,** als vermögensrechtlicher Anspruch **Grdz 1** 11; Feststellungsklage **256** 9; Pfändung **Grdz 704** 56; Rechtsweg **GVG 13** 51; Streitwert **3 Anh** 85; Verletzung, Urheberbenennung **77**

**Namensstempel,** bei einer beglaubigten Abschrift **170** 7; beim Empfangsbekenntnis eines Anwalts **198** 16; unter einem Schriftsatz **129** 34

**Namensunterschrift** s Unterschrift

**Nämlichkeit,** der Parteien/Prozesse, Rechtshängigkeit **261** 19

**NATO – Truppenstatut,** Zusatzabkommen **SchlAnh III**; vgl auch Streitkräfte, ausländische

**Naturaleinkommen,** Pfändung **811** 32, **850** 1, **850 e** 11; diejenige der Vergütung für die Gewährung einer Wohngelegenheit oder Sachbenutzung **850 i** 7

**Naturschutz,** Rechtsweg **GVG 13** 51

**Nebenentscheidung 313** 43

**Nebenforderung,** Bindung des Gerichts an den Klagantrag **308** 1; Entbehrlichkeit eines rechtlichen Hinweises **278** 18; und Klagänderung **264** 16; Streitwert **4** 9; Urteilsergänzung im Fall der Übergehung einer N. **321** 5; im Verteilungsverfahren **873** 3; im Wechsel-/Scheckprozeß **605** 3/**605 a**

**Nebenintervention** s Streithilfe

**Nebenpartei 66** 1

**Nebentätigkeit** des Richters **DRiG 42**

**Nebenverdienst,** Unpfändbarkeit **850 a** 2

**Ne-bis-in-idem-Lehre Einf 322** 11, **890** 24

**Negativbeweis Einf 284** 13, **286 Anh** 142

**Negative Feststellungsklage** s Feststellungsklage

**Nennwert,** Überweisung zum N. **835** 3, 6

**Neuer Anspruch** in der Revisionsinstanz **561** 4

**Neue Bundesländer** s Einigungsvertrag; Rechtsweg bei Staatshaftung **GVG 13** 60 „Staatshaftung"

**Neues Gutachten 412** 1

**Neues Vorbringen** s Parteivorbringen (neues Vorbringen)

**Neuer selbständiger Beschwerdegrund 568** 5

**Neue Tatsache,** in einer Ehesache **611** 1–3; Tragweite der Rechtskraft **322** 4; in der Revisionsinstanz **561** 4; und Wiederaufnahme **580**

**Ne ultra petita 308** 5

**Nichtberechtigter,** Eigentumserwerb vom N. durch die Zwangsvollstreckung **898**; Erwerb vom N., Rechtskraftwirkung **325** 8; gutgläubiger Erwerb des Streitgegenstandes **265** 27, **266** 10

**Nicht bestehende Partei Grdz 50** 17

**Nichtbestreiten,** bei einer Amtsprüfung **138** 42; beim Beibringungsgrundsatz **138** 42; für die Instanz **138** 41; als Zugeständnis **138** 43

**Nichteheliches Kind,** Abstammungsuntersuchung s dort; Anerkennung der Vaterschaft s dort; Ausschluß der Vaterschaft als Gerichtsperson **41** 10, **49**; Ehelichkeitsanfechtungsklage s dort; Pfändungsvorrecht der Mutter s dort; gesetzliche Vertretung durch die Mutter **51** 18

**Nichterfüllung,** Klage auf eine künftige Leistung wegen der Besorgnis der N. **259** 1; Recht zum Schadensersatzanspruch oder Rücktritt, Fristsetzung im Urteil **255** 1

**Nichterklären,** auf eine Behauptung des Gegners **138** 27; über eine Tatsache/Echtheit der Urkunde/in einer Ehe-/Kindschaftssache **617** 3, **640** 12 „§ 617"

**Nichterscheinen** s Partei, Sachverständiger, Zeuge, Versäumung usw

**Nichtigkeit,** Feststellungsklage beim Dispachebeschluß **256** 7; beim Gesellschafterbeschluß **256**

71; einer Prozeßhandlung **Grdz 128** 56, 57; eines Prozeßvergleichs **307 Anh** 36; dgl Wiedereinsetzung, Antragsfrist **234** 6; einer Ernennung zum Richter **DRiG 18**; einer Schiedsvereinbarung **1030**; eines Testaments, Streitwert **3 Anh** 41 „Erbrechtlicher Anspruch"; eines Urteils **Üb 300** 10, 14 ff; eines Urteils gegen einen Exterritorialen **GVG Einf 18** B; Vereinbarung, ein Vertrag solle als nichtig gelten **138** 22–24; eines Vertrages, Gerichtsstand des Erfüllungsorts **29** 3, 7; dgl, Rechtskraftwirkung des Urteils betreffend die N. **325** 35; Feststellungsklage wegen eines Vertrags mit einem Dritten **256** 12, 28; der Zustellung **Üb 166** 12, **187** 1; der Zwangsvollstreckung **Grdz 704** 57
**Nichtigkeitsbeschwerde Grdz 578** 12
**Nichtigkeitsklage** (Aktiengesellschaft, Gesellschaft mit beschränkter Haftung), gegen einen Gesellschafterbeschluß, Gerichtsstand **12** 4; Zuständigkeit der Kammer für Handelssachen **GVG 95** 6, 9; notwendige Streitgenossenschaft **62** 11 „Gesellschaft mit beschränkter Haftung"; Streitwert **3 Anh** 85
– **(Ehesache) 631 ff**, Kosten **93 a** 3
– **(Patent)**, Streitwert **3 Anh** 88
– **(Wiederaufnahmeklage)** s dort
**Nichturteil Üb 300** 11
**Nichtverhandeln 333** 2, 3, **334** 1
**Nichtvermögensrechtlicher Anspruch Grdz 1** 11; Anerkennung eines ausländischen Urteils **328** 48; Revision **546**; Streitwert **2** 1; derjenige der einstweiligen Verfügung **3 Anh** 37; Widerklage **33** 12; Zuständigkeitsvereinbarung **40** 3
**Nichtwissen**, Erklärung mit N. **138** 45
**Nichtzulassung** der Revision **546** 23
**Niederlande**, deutsch-niederländischer Vertrag **SchlAnh V** B 7
**Niederlassung**, Gerichtsstand **21**; eines ausländischen Rechtsanwalts **GVG 155 Anh I** 4
**Niederlegung**, beim Anwaltsvergleich **796 a** 7–9; auf der Geschäftsstelle s dort; zwecks Zustellung s dort
**Niederschrift** s Protokoll
**Nießbrauch**, Gerichtsstand der landwirtschaftlichen Niederlassung **21** 11; Grundstücksveräußerung während des Prozesses **266** 2; Pfändung **Grdz 704** 97 „Nutzungsrecht", **857** 8; Pfändung beim N. am Vermögen vor der Rechtskraft **737**; dgl nach der Rechtskraft **738**; Rechtsbeeinträchtigung, Urheberbenennung **77**; Sicherheitsleistung, Klage auf eine Fristsetzung zur Klage über das Urteil **255** 4; Streitwert **3 Anh** 86, 9 7; Streitwert der einstweiligen Verfügung **3 Anh** 37; Rechtskraftwirkung des Urteils **325** 35; Recht zur Erhebung einer Widerspruchsklage **771** 19 „Nutzungs- und Anteilsrecht"; Zwangsvollstreckung gegen den Nießbraucher **737, 738**
**Non liquet Einl III** 49
**Normenkontrollverfahren GVG 1** 6; Kostenerstattung **91** 142
**Notanwaltsbeiordnung 78 b, c**; Antrag **78 b** 2; Bestellung des Notanwalts zum ProzBev **176** 15; Streitwert **3 Anh** 86
**Notar**, Anwaltsvergleich, Verwahrung, Vollstreckbarerklärung **796 c**; Gebühren, Rechtsweg **34** 2, **GVG 13** 51; Erteilung einer Vollstreckungsklausel **797** 3; Zeugnisverweigerungsrecht **383** 12; Zustellung an den N. **212 a**; Zustellung an den Gehilfen **183** 8; Zwangsvollstreckung gegen den N. durch eine Pfändung **811** 46
**Notariat** der früheren DDR, Anerkennung seiner Entscheidung **328** Vorbem
**Notarielle Urkunde** s Vollstreckbare Urkunde

**Notfrist** s Frist (gesetzliche Frist als Notfrist)
**Notfristzeugnis 706** 11
**Nötigung** zum Abschluß einer Schiedsvereinbarung **1062**
**Notwegrecht**, beim Grundstücksmiteigentum, notwendige Streitgenossenschaft **62** 15; Streitwert **7** 1; Streitwert einer Rente **9** 5
**Notweg**, Streitwert **7** 1
**Notwendige Kosten 91** 28, **788** 5, 19
**Notwendige Streitgenossenschaft** s Streitgenosse (notwendiger Streitgenosse)
**Notwendige Zurückverweisung**, in der Berufungsinstanz **538**; in der Revisionsinstanz **565** 2
**Notwendiger Inhalt**, der Berufungsbegründung **519** 16; der Berufungsschrift **518** 19; der Klagerwiderung **277** 5, **282** 5 ff; der Klageschrift **253** 13, 22 ff; im Urkunden/Wechsel/Scheckprozeß **593** 3/**602**/**605 a**; im Wiederaufnahmeverfahren **587** 1; des Mahnantrags **690** 3; der Revisionsbegründung **554** 6; der Revisionsschrift **553** 2; des Scheidungsantrags **622** 4, **630** 2
**Nutznießung**, Gerichtsstand der landwirtschaftlichen Niederlassung **21** 11
**Nutzung** einer Erbschaft, Zwangsvollstreckung im Fall einer Nacherbschaft **863**; Streitwert **4** 14; Streitwert wiederkehrender N. **9** 5
**Nutzungsrecht**, Feststellungsklage **256** 10; Pfändung **Grdz 704** 97, **857** 8, 12; Pfändung des Eisenbahnbetriebsrechts **871**; Streitwert **3 Anh** 86

## O

**Obergutachten 286** 61, **412** 4
**Oberlandesgericht**, Besetzung **GVG 115** ff, **EGGVG 25**; Antrag auf eine gerichtliche Entscheidung gegen einen Justizverwaltungsakt s dort; Entscheidung über die Anerkennung einer ausländischen Ehescheidung **328** 68; Gliederung **GVG 116**; Präsidium s Gerichtsperson; Rechtsentscheid in einer Mietrechtsfrage **544 Anh**; Verweisung von einem Senat an den anderen **281** 9, 13; Senatsbesetzung **GVG 122**; Senatsvorsitzender **GVG 21 f** 3; Verhinderung des Vorsitzenden **GVG 21 f** 5; Vertretung eines Richters **GVG 117**; Vertretung des Vorsitzenden **GVG 21 e** 6, **21 f** 7; Zuständigkeit **GVG 119**
**Oberstes Landesgericht** s Bayerisches Oberstes Landesgericht
**Obiter dictum 313** 34
**Objektive Klagenhäufung 260** 1
**Obliegenheit**, Begriff **Grdz 128** 11, **694** 4; Beweislast **286 Anh** 162 „Schadensersatz"; Klagantrag **253** 4; Widerspruchsbegründung **694** 4
**Obmann**, Schiedsgericht **1035**
**Observanz**, richterliche Kenntnis **293** 4
**Offenbare Unrichtigkeit 281** 37, **319** 6, **707** 17, **769** 13
**Offenbarungsanspruch**, Streitwert **3 Anh** 33 „Eidesstattliche Versicherung"
**Offenbarungspflicht**, der Partei **138** 18
**Offenbarungsversicherung 807**; Abgabe nach der Verhaftung **902**; Antrag des Schuldners auf Einstellung der Zwangsvollstreckung wegen einer besonderen Härte **765 a** 5, 9; Vollzug eines Arrests/einer einstweiligen Verfügung **929** 19/**936** 7; nach bürgerlichem Recht **889** 3; Ergänzung **903** 3; wiederholte Haftanordnung **914**; Haftaufschub **906**; Haftbefehl **901, 908**; nach Pfändung und Überweisung **836** 5; Verhaftung des Schuldners **909, 910**; Verhaftung eines Soldaten **SchlAnh II**

## Offene Handelsgesellschaft

V; Haftdauer **913**; Haft, Ersuchen **GVG 162, 163**; Säumnis **900** 27; Schuldnerverzeichnis **915–915 h**; Angehöriger der Streitkräfte **SchlAnh III** 34; Streitwert **3 Anh** 33 „Eidesstattliche Versicherung"; Termin zur Abgabe **900**; Verfahren **899** ff; Verfahrensgebühr **271 Anh**; Wiederholung **903**; Zuständigkeit **899**

**Offene Handelsgesellschaft** s Gesellschaft (OHG, KG)

**Offenkundigkeit,** der Rechtsnachfolge, vollstreckbare Ausfertigung **727** 11; einer Tatsache **291**

**Offensichtliche Unpfändbarkeit 807** 40

**Öffentliche Beglaubigung 80** 14, **170** 5, 6

**Öffentliche Bekanntmachung** s Aufgebot, Entmündigung, Zustellung (öffentliche)

**Öffentliche Ordnung,** Verstoß beim Anerkenntnis **307** 11, 12; beim Anwaltsvergleich **796 a** 13, beim Auslandsurteil **328** 30; beim Urteil der früheren DDR **328 Einf B**; Ausschluß der Öffentlichkeit **GVG 172**; Revisibilität **549** 5; Verstoß beim Schiedsspruch **1059**

**Öffentliche Urkunde** s Urkunde (Öffentliche Urkunde)

**Öffentliche Versteigerung 814** 1

**Öffentliche Zustellung** s Zustellung (Öffentliche Zustellung)

**Öffentlicher Dienst,** Angehöriger als Sachverständiger **408** 4; Angehöriger als Zeuge, Aussagegenehmigung **376** 3; Gerichtsstand eines Angehörigen im Ausland **15**

**Öffentlicher Glaube,** einer Urkundsperson **415** 5

**Öffentliches Recht,** Aufrechnung mit einer öffentlichrechtlichen Forderung **145** 17; öffentlichrechtliche Vertretung, Rechtsweg **GVG 13** 30 ff; Zivilprozeßrecht als öff. R. **Einl III** 13; Kostenvorschriften als öff. R. **Üb 91** 41

**Öffentlichkeit** der Verhandlung **GVG 169 ff**; Ausschluß **GVG 172–174, SchlAnh III** 38; Beschränkung **GVG 175**; Entfernung wegen Ungehorsams **GVG 177**; Ordnungsgewalt des Vorsitzenden **GVG 176**; schiedsrichterliches Verfahren **1042**; Urteilsverkündung **GVG 173**; Verletzung als Revisionsgrund **551** 13

**Öffentlichrechtliche Körperschaft 212 a**

**Öffentlichrechtliche Streitigkeit GVG 13**

**Offizialmaxime Grdz 128** 39

**Omnibusverkehr,** Gerichtsstand bei einer Streitigkeit aus dem Beförderungsverkehr **21** 12

**Opferschutz** bei Gewalttat, Rechtsweg **GVG 13** 52; s auch Öffentlichkeit, Persönlichkeitsrecht

**Orden,** Pfändung **811** 51

**Ordentliches Gericht GVG 12, 13**

**Ordentliches Rechtsmittel EG 19**

**Orderpapier,** Gerichtsstand **29** 3; Kraftloserklärung s Aufgebot; Pfändung/Verwertung **808** 3, **831/835, 844**

**Ordnung, öffentliche,** s Öffentliche Ordnung

**Ordnungsgewalt,** des Richters bei einer Amtshandlung **GVG 180**; des Vorsitzenden **GVG Üb 169** 3, **176**; und Hausrecht **GVG 176** 2

**Ordnungsmittel,** Aufhebung **381** 3; Festsetzung gegen eine ausgebliebene Partei **141** 35; dgl in einer Ehesache **613** 8; gegenüber dem Sachverständigen **409, 411** 5; Streitwert **3 Anh** 87; gegenüber dem Zeugen **380** 7, **381, 390**

– **(Ordnungsgeld, -haft),** wegen Ungebühr **GVG 178**; Verhängung durch einen abgelehnten Richter **47** 5; Verjährung **890** 28; Aufhebung **381**; wegen einer Zuwiderhandlung gegen ein Unterlassungsurteil **890** 12, 32

– **(Ordnungshaft),** wegen Ungehorsams **GVG 177**; Vollstreckung **GVG 179**

**Ordnungsverstoß,** Nichtanerkennung eines ausländischen Urteils **328** 30; eines ausländischen Schiedsspruchs **1059**; Aufhebung des Schiedsspruchs **1059**

**Ordnungswidrigkeit,** Zeugnisverweigerungsrecht **384** 5

**Ordre public** s Öffentliche Ordnung

**Organhaftung** der juristischen Person, Gerichtsstand **32** 10

**Organisationsmangel** des Anwaltsbüros, Ausschluß einer Wiedereinsetzung **233** 144

**Organmitglied** s Geschäftsführer, Vorstandsmitglied

**Ort,** des Termins **219**; der Versteigerung **816**; einer Zustellung **180**

**Örtliche Zuständigkeit** s Gerichtsstand

**Ortsangabe** in einer Zustellungsurkunde **191** 3

**Ortssatzung GVG 1** 2

**Ortstermin 219** 4

**Österreich,** deutsch-österreichischer Vertrag **SchlAnh V** B 3; Ehesache **606 a Anh II** 12

**Ostgläubiger SchlAnh IV** B 2 C

**Ostsperre SchlAnh IV** B 1 B

## P

**Pachtstreitsache,** Gerichtsstand des Erfüllungsorts **29** 28; Gerichtsstand des Pächters **21** 21; Klage auf die künftige Zahlung der Pacht **257** 1, **258** 1; Rechtsweg **GVG 13** 53; Streitwert **8** 1; Zuständigkeit **GVG 23** 7

– **(Streitwert) 8**; Bestehen, Dauer **8** 2; Anspruch des Eigentümers gegen den Pächter **6** 2; Pachtzins, Wert **8** 5

**Pachtzins,** Pfändung **Grdz 704** 97 „Nutzungsrecht", **851 b**; als Grundstückszubehör, Zwangsvollstreckung **865** 8

**pactuns de non petendo Grdz 253** 26

**Pakistan,** Ehesache **606 a Anh II** 13

**Paraguay,** Ehesache **606 a Anh II** 13

**Paramountklausel,** Gerichtsstand **21** 2

**Partei,** Begriff **Grdz 50** 1, 3; Begriff im Anwaltsprozeß **78** 17; Begriff bei einer Gerichtsperson **41** 7; Begriff bei einer Aussetzung oder Unterbrechung des Verfahrens durch den Tod oder das Erlöschen **239** 5; Begriff für die Kostenpflicht **91** 7; Begriff bei der mündlichen Verhandlung **128** 6, **137** 17; Begriff bei der Vollstreckungsabwehrklage **767** 40; Begriff im Wiederaufnahmeverfahren **578** 5; Änderung **263** 5; Aufenthalt ohne eine Verkehrsverbindung, Aussetzung des Verfahrens **247** 2; Auftreten der falschen Partei **Grdz 50** 18; Ausschluß als Gerichtsperson **41** 7, 49; Bevollmächtigter als Partei **Grdz 50** 7; falsche Partei **Grdz 50** 18; Fiskus **Grdz 50** 13; Identität, Rechtshängigkeit **261** 17; Konkurs **240** 8; Kostenpflicht **Üb 91** 27; Nachlaßpfleger **Grdz 50** 9; Nichtbestehen **Grdz 50** 19; politische P. s dort; Rechtsnachfolger **Grdz 50** 6, 16; Straftat als Grund für eine Restitutionsklage **580** 6, **581** 1; Streitgenossenschaft **Grdz 50** 16, **Üb 59** 3; Streithelfer **67** 1; streitgenössischer Streithelfer **69** 6; als Streithelfer **66** 3; Tod **Grdz 50** 6; Tod/des ProzBev **239** 3, **246** 3, **619** 1; Entbehrlichkeit der Anwesenheit der P. bei der Verkündung eines Beschlusses oder Urteils **312** 4/**329** 14 „§ 312"; Verein nach der Auflösung **Grdz 50** 20; Verhalten der P., Berücksichtigung bei der Kostenentscheidung **92** 50, **93** 31; dgl bei der Klage auf die Räumung von Wohnraum **93 b**; eigener Vortrag im Anwaltsprozeß **137** 19, 27; Termin außerhalb

**Partei**

der Gerichtsstelle im Fall der Verhinderung am Erscheinen vor Gericht 219 6; Verhinderung an der Einhaltung einer Frist im Fall einer Vertretung 233 5; Verschiedenheit der beiden Parteien als Erfordernis des Zivilprozesses **Grdz 50** 15; (gesetzliche) Vertretung **Grdz 50** 7, **51** 6; Bezeichnung in Vollstreckungstitel **750** 2; als Zeuge **Üb 373** 9; Zustellung an mehrere P. **171** 6; kraft Zustellung **Grdz 50** 14; Zustellungsfehler **Grdz 50** 4
- **(Änderung) Grdz 50** 6, **263** 5
- **(Anhörung) 139, 278**; als Beweisaufnahme bzw Beweismittel **141** 16; Wiedergabe der Aussage im Tatbestand des Urteils **313** 16; rechtliches Gehör s Gehör, rechtliches
- **(Anordnung des persönlichen Erscheinens) 141, 273** 22, **279** 5; Beglaubigung der Prozeßvollmacht vor der A. **80** 16; A. in einer Ehesache **613**; Ausbleiben der Partei **141** 30, 35; Erscheinen des Streithelfers statt der Partei **141** 9, 10; Ladung der Partei **141** 26; Nichtabgabe der Erklärung **141** 29, 31; Entsendung eines Vertreters **141** 45
- **(Auftreten vor Gericht) 78** 17, 55; Entfernung in der mündlichen Verhandlung **158** 1; Erscheinen ohne ProzBev in einem Verfahren mit einem Anwaltszwang **141** 32; Vortrag in der mündlichen Verhandlung **137** 20; Untersagung des Vortrags **157** 21, **158** 1
- **(Beeidigung)** s Parteivernehmung
- **(Befragung) 397/402** 6 „§§ 394–398"
- **(Benachrichtigung über)** eine Anordnung zur Vorbereitung der mündlichen Verhandlung **273** 29; eine Beweisaufnahme/Abgabe durch den verordneten Richter **362** 4/**365**; eine Beweisnahme im Ausland **364**; eine Änderung des Beweisbeschlusses **360** 11; einen Termin im Zwischenstreit wegen der Beweisaufnahme durch einen verordneten Richter **366** 5; einen Verhandlungstermin nach der Beweisaufnahme **370**; eine Zeugnisverweigerung **386**
- **(Bezeichnung),** in der Klageschrift **253** 22; im Urteil **313** 4; Berichtigung **253** 27, **264** 4, **319**; unzutreffende Bezeichnung **Grdz 50** 4, 18; und Pseudonym **Grdz 50** 3, **253** 24
- **(Erklärung)** s Parteivorbringen
- **(falsche) 50** 18
- **(Ladung)** zum persönlichen Erscheinen **141** 26; persönliche Ladung **176** 6; zur mündlichen Verhandlung **274**; zu derjenigen über eine Berichtigung des Urteilstatbestands **320** 6; bei einer Zeugnisverweigerung vor dem verordneten Richter **389** 4
- **(nicht bestehende) Grdz 50** 19
- **(persönliches Erscheinen) 141** 14 ff, **273** 22, **279** 5; in einer Ehesache **613**; des Sachverständigen **411** 9
- **(Pflicht) Grdz 128** 4 ff; zur Duldung eines Augenscheins **Üb 371** 6; zur Abgabe einer Erklärung **138** 13 ff; zur Förderung des Prozesses **Grdz 128** 12, **282**; Verzögerungsgebühr im Fall einer Verletzung dieser Pflicht **95 Anh**; zur Mitwirkung **Grdz 128** 11; zur Mitwirkung bei der Feststellung von Auslands-/Gewohnheits-/Satzungsrecht **293** 5; zur Offenbarung **138** 18, 30; zur Beibringung des Streitstoffs **138** 13 ff; zur Vollständigkeit des Vortrags **138** 18, 30, **282**
- **(Recht)**, zur Akteneinsicht **299** 9; zur Benennung eines Sachverständigen **404** 6; Verfügungsbefugnis **Einl III** 11
- **(Vernehmung)** s Parteivernehmung
- **(Verschulden)**, prozessualer Begriff **Einl III** 68; bei einer Wiedereinsetzung **233** 11; eines Angestellten **233** 11, 32 ff; bei einer Fristversäumung

**233** 32 ff; Auferlegung von Kosten im Fall der Verschuldung einer Frist oder eines Termins **95**; Berücksichtigung eines V. bei der Kostenentscheidung **Üb 91** 29, **91** 19; eines Vertreters **85**; Verzögerungsgebühr **95 Anh**; beim nachträglichen Vorbringen eines Angriffs- oder Verteidigungsmittels **282, 296**; Zulässigkeitsrüge, verspätetes Vorbringen ohne V. **296**; Zurückweisung s Parteivorbringen
- **(Vertreter),** Verletzung der Förderungspflicht, Verzögerungsgebühr **95 Anh**; Fristversäumung, Verschulden **85**; in der mündlichen Verhandlung s dort; ProzBev s dort; Zurückweisung **79** 3
- **(verspätetes Vorbringen) 282, 296, 527, 528**
- **(Verzicht auf) Einf 306** 1; Verstoß gegen den Anwaltszwang **78** 32; Ausschluß als Gerichtsperson **Üb 41** 1, **44** 7; Aussetzungsrecht **244** 15; die Bekl auf die Klagezustellung **253** 16; die Berufung/Revision **514/566**; die Berufung durch eine Sprungrevision **566 a** 7; ein Beweismittel **282** 12; die Erstattung von vorprozessualen Kosten **269** 49; den Einspruch gegen ein Versäumnisurteil **346**; die Gewährung des rechtlichen Gehörs **Grdz 128** 17 ff; die Klage, Antragsrecht des Bekl auf ein Verzichturteil **306** 5; eine Parteivernehmung **451** 2; einen Pfändungs- und Überweisungsbeschluß **843**; die Rüge eines Mangels der Prozeßhandlung **295** 9; die Rüge eines Mangels der Prozeßvollmacht **88** 9; Fortdauer der Rechtshängigkeit trotz des Verzichts **261** 16; Rechtsmittelverzicht s dort; nach dem Übergang des Streitgegenstandes **265** 19; die Ablehnung eines Richters **43** 1; die Rüge einer mangelhaften Klageerhebung **253** 16; die Rüge einer mangelhaften Prozeßhandlung **295** 9; die Rüge der Unzuständigkeit des Gerichts **295**; die Rüge einer Schiedsvereinbarung **282** 19; eine Sicherheitsleistung **110** 10; des Streithelfers auf eine Verfahrensrüge **67** 10; die Voraussetzungen des Beitritts eines Streithelfers **71** 4; einen Mangel der Streitverkündung **73** 6; die Rüge der Unzulässigkeit des Rechtswegs **282** 18 ff; einen Urkundenbeweis nach der Vorlegung der Urkunde **436**; die Einrede der Verjährung **270** 11; diejenige bei einem Musterprozeß **Einf III** 69; einen Mangel des schiedsrichterlichen Verfahrens **1042**; die Rüge eines Verstoßes gegen eine Verfügung/den Beibringungsgrundsatz **Grdz 128** 37; die Genehmigung der Vormundschaftsgerichts **54** 3; den Widerspruch gegen den Mahnbescheid **694**; eine Wiederaufnahme des Verfahrens **Grdz 578** 17; die Einhaltung der Frist für einen Wiedereinsetzungsantrag **234** 5; die Vereidigung **391** 8; die Vernehmung eines Zeugen **399**; die Rüge eines Mangels der Zustellung **Üb 166** 14
- **(Verzichtserklärung),** durch eine Erledigterklärung **91 a** 6; durch den Kläger **306** 4; Aufnahme in das Protokoll **160** 8; durch den ProzBev **81** 14, **85** 6; durch ihn bei der Beschränkung seiner Vollmacht **83** 1; des Streitgenossen **61** 6; bei einer notwendigen Streitgenossenschaft **62** 20; kraft einer Terminsvollmacht **83** 4; Widerruf **Grdz 128** 58
- **(Wahrheitspflicht) Grdz 128** 16, **138** 13; und Behauptungslast **138** 17; und Geständnis **Einf 288** 4; des ProzBev **138** 8; im schiedsrichterlichen Verfahren **1042**
- **(Wahrheitspflichtverletzung),** durch eine Lüge **138** 16; Prozeßbetrug **138** 66; Restitutionsklage **580** 6, **581** 1; Schadensersatzpflicht **138** 65; Verzögerungsgebühr **95 Anh**; prozessuale Würdigung **138** 63

**Partei kraft Amts**  Zahlen in Fettdruck = Paragraphen

**Partei kraft Amts Grdz 50** 8; Ausschluß als Gerichtsperson **41** 11, **49**; im Insolvenzverfahren **240**; Insolvenzverwalter **Grdz 50** 11; Kostenhaftung **Üb 91** 31, **91** 7; Nachlaßverwalter **Grdz 50** 9; Pfleger für ein Sammelvermögen **Grdz 50** 12; Prozeßkostenhilfe **116** 6; Rechtsanwalt, Kostenerstattung **91** 11; und Rechtskraft **325** 17; Sicherheitsleistung **110** 5; Streithilfe **66** 5; Tod **239** 5, **241**; Treuhänder **Grdz 50** 8; Wechsel, Unterbrechung des Verfahrens **239** 5, **241** 1; Wegfall, Erlöschen der Prozeßvollmacht **86** 8; Zustellung **171** 7; Zwangsverwalter **Grdz 50** 12
**Partei, politische** s Politische Partei
**Parteiakte**, Anordnung der Vorlegung **143**
**Parteibetrieb Üb 253** 1; Zustellung im P. s Zustellung
**Parteienhäufung** s Kläger (Bekl)häufung, Streitgenossen
**Parteifähigkeit Üb 50** 1, **50** 3, 4, **Grdz 253** 22; Beweislast **56** 5; Erlöschen **50** 20; Fehlen, Zulässigkeitsrüge **295**; Parteizulassung bei der Prüfung der P. **56** 13; Prozeßvoraussetzungen **Üb 50** 1, **50** 32, **56** 3, **Grdz 253** 22; Prüfung von Amts wegen **56** 3; und Rechtsfähigkeit **50** 4; im schiedsrichterlichen Verfahren **1029**; Streit über die P. **50** 34; Streithelfer **66** 1; bei einer Vollstreckungsklage **722** 7; in der Zwangsvollstreckung **Grdz 704** 39; vgl auch Parteiunfähigkeit
**Parteihandlung** vor einer vom Amt ausgeschlossenen Gerichtsperson **41** 6, **49**; während der Gerichtsferien **223** 3
**Parteiherrschaft Einl III** 11, **Grdz 128** 18; Ausschluß in einer Ehe-/Kindschaftssache **616**, **617**/**640** 11 „§ 616", 12 „§ 617"; bei der Beweisfrage **286 Anh** 5, 6; über eine Frist **Üb 214** 12; beim Prozeßvergleich **307 Anh** 8; bei der Terminsbestimmung **216** 24; Verzicht kraft P. **306** 1; bei einem Wiedereinsetzungsantrag **238** 2; bei einer Zuständigkeitsvereinbarung **Üb 38** 1; im Zwangsvollstreckungsverfahren **Grdz 704** 6
**Parteikosten Üb 91** 21; Erstattung s Kostenerstattung
**Parteilichkeit**, Ablehnung des Richters **42** 10, **139** 13
**Parteiöffentlichkeit**, der Beweisaufnahme **357** 3; im schiedsrichterlichen Verfahren **1042**; bei einer freigestellten mündlichen Verhandlung **128** 11, 13
**Parteiprozeß 78** 1, **79**, **Grdz 495** 2, **495**; gerichtliche Aufklärungs-/Hinweispflicht **139** 46; Auftreten der Partei vor dem Gericht **78** 55; Beistand **90**; Entfernung des ProzBev **158** 3; Ladung **497** 1, 4; Ladung zum verkündeten Termin **218** 1; Mitteilung statt Ladung **497** 5; Prozeßkostenhilfe **121**; Mangel der Prozeßvollmacht **88** 8; Erstattung der Rechtsanwaltskosten **91** 157 ff; Schriftsatz **129** 4; Terminsaufhebung **227** 3; Tod oder Vertretungsunfähigkeit des ProzBev **244** 2, 4; Unzuständigkeit des AG, Hinweispflicht **Üb 38** 2, **39** 2, 9, **504**, **506**; rügelose Einlassung **38** 37, **39**; Vertretung der Partei **79**; Vollmacht für einzelne Prozeßhandlungen **83** 4; Zustellung an den ProzBev s dort; Zustellung von Anwalt zu Anwalt **198** 2; Zustellung durch die Vermittlung der Geschäftsstelle **166** 4, **167** 2, **168**
**Parteiunfähigkeit 50** 11, 32; Nichtigkeitsklage **579** 6; Revisionsgrund **551** 19; Urteil gegen einen Parteiunfähigen **50** 33; Verzicht auf eine Zulässigkeitsrüge **295**
**Parteivereinbarung Einl III** 11, **Grdz 128** 18, **Grdz 704** 6; Anordnung durch den Bekl entgegen einer Prozeßvereinbarung **145** 17; Beweislastvertrag **286 Anh** 6; Bindung des Gerichts an einen Beweisvertrag **286 Anh** 6; Geständnisvertrag **286 Anh** 6; Gerichtsstandsvereinbarung s dort; Vermutungsvertrag **286 Anh** 6; Vollstreckungsvertrag **Grdz 704** 24; Zuständigkeitsvereinbarung s dort; s auch Prozeßvertrag
– **(über)** die Aufhebung eines Prozeßvergleichs **307 Anh** 43; die Ausnahme nach einer Aussetzung oder Unterbrechung des Verfahrens **250** 5; die Verpflichtung zur Rücknahme der Berufung **515** 7; die Beweiswürdigung **Einf 284** 35; eine Erklärung der Hauptsache als erledigt **91a** 96; eine Fristkürzung **224** 1, 3; die Klagbarkeit **Grdz 253** 27; die Klagerücknahme **269** 10, 11; die Kostenerstattung **Üb 91** 41; die Kostenübernahme bei beiderseitigen Erledigterklärungen **91a** 120 „Anerkenntnis", **98** 37 „Erledigung", **101** 21; die Prozeßkosten **Üb 91** 41; die Rechtskraftwirkung **Einf 322** 25; einen Sachverständigen **404** 6; eine Sicherheitsleistung oder deren Änderung **108** 1; die Kosten im Vergleich **98** 29; die geschäftliche Zuständigkeit **Üb 12** 14, **Üb 38** 5; die sachliche Zuständigkeit **Grdz 1** 4
**Parteivernehmung Üb 445**, **445 ff**; von Amts wegen **448**; zur Aufklärung **141**; Ausbleiben der Partei zur Vernehmung **454**; Wiedergabe der Aussage im Tatbestand des Urteils **313** 27; Ausschluß bei der Restitutionsklage **581** 7; in der Berufungsinstanz **533**; Beweisantritt **445** 3, **447** 4; Beweisbeschluß **450** 3; Aussetzung seiner Ausführung **450** 5; Beweiswürdigung **Üb 445** 7, **453** 3; diejenige im Fall einer Ablehnung der Aussage oder der Verweigerung der Aussage bzw des Eides **446**, **453** 5; Durchführung **451**; in einer Ehe-/Kindschaftssache **613** 3/**640** 11 „§ 613"; eigene Vernehmung **447** 1; Einverständnis **447**; Fragestellung **451**; Vernehmung des Gegners **445**; Kostenerstattung **451** 2; Ladung **450** 4; des Minderjährigen, unter eine Betreuung Gestellten **455** 4; Protokoll **160** 12, **161** 1; Prozeßunfähigkeit **455** 3, 4; im Restitutionsverfahren **581** 7; Schätzungsvernehmung **287** 34; des Streitgenossen **449**; beim Streitgenossen **62** 7; beim streitgenössischen Streithelfer **69** 6; über den Besitz oder Verbleib einer Urkunde **426**; beim nichtrechtsfähigen Verein **50** 24, 29; bei einer freigestellten mündlichen Verhandlung **128** 11, 15; bei einer gesetzlichen Vermutung **292** 9; des gesetzlichen Vertreters eines Prozeßunfähigen **455** 3; Verzicht **451** 2 „§ 399"; Weigerung **446**
– **(Anordnung)**, von Amts wegen **448**; in der Berufungsinstanz **533**; in einer Ehe-/Kindschaftssache **613**/**640** 11 „§ 613"
– **(Antrag) 445** 3, **447** 4; in der Berufungsinstanz **531**; Unzulässigkeit **445** 9, **581** 7; im Urkundenprozeß **595** 2; im Wechsel-/Scheckprozeß **605** 2, **605a**
– **(Beeidigung) 452**; Eidesverletzung als Restitutionsgrund **580** 3, **581** 1; im schiedsrichterlichen Verfahren **1050**; kraft eines Ersuchens des Schiedsgerichts **1050**; Unzulässigkeit, Beweiskraft **533** 4; Unzulässigkeit wegen einer Verletzung der Eidespflicht **452** 8; Verzicht in einer Ehe-/Kindschaftssache **617** 3/**640** 12 „§ 617"
**Parteivorbringen** im Verfahren auf den Erlaß eines Arrests oder einer einstweiligen Verfügung **922** 15/**936** 3 „§ 922"; Ergänzung des Klagegrundes **264** 2, 3; Nichtberücksichtigung nach einer Versäumung der Erklärungsfrist **282**, **283**, **296**; Privatgutachten als P. **Üb 402** 21; Streitwertfestsetzung unter Berücksichtigung des P. **3** 6; Revisionsprüfung **561** 3; nach dem Schluß der mündlichen Verhandlung **136** 33, **296a**; Beweis-

## Pfandrecht

kraft des Urteilstatbestands für ein mündliches Vorbringen **314**
- **(Angriffs-, Verteidigungsmittel) Einl III** 70, 282; Anordnung einer Verhandlungsbeschränkung **146**; Mißerfolg, Kostenentscheidung/Kostenauferlegung **92** 4, 6/**96**; Rechtzeitigkeit **277, 282**; Streitgenossen, Kostenentscheidung **100** 31 ff; notwendige Streitgenossen **62** 18; Streithelfer **67** 10; Urteilstatbestand **313** 21; zeitliche Zulässigkeit **282, 283, 296, 296 a**; Widerklage **253 Anh** 5; Zurückweisung **296, 527** ff; Zusammenhang der Widerklage mit einem Verteidigungsmittel **33** 8
- **(Behauptung)**, Behauptungslast **Grdz 128** 22, **253** 32; Behauptung und Wahrheitspflicht **138** 13, 27; Bindungswirkung **253** 32; Unwahrheit **138** 13; Unwahrheit, Schadensersatzpflicht **138** 65; in Wahlform **138** 19; Wertung als Tatsachenbehauptung **138** 63; Würdigung als unwahr **138** 63
- **(Beweismittel, Beweisantritt)** s dort
- **(Erklärung)**, Berichtigung **85** 6/**90** 4, **Grdz 128** 53; Bindung an eine E. des ProzBev **85** 6; Parteiwille bei einer Prozeßhandlung **Grdz 128** 56; entgegen derjenigen des ProzBev/Vertreters **85** 6/**141** 49; Schriftsatz **129** 9; Widerruf/Berichtigung einer E. des ProzBev **85** 6/**90** 3, **Grdz 128** 53; Widerspruch zwischen der E. der Partei und ihres ProzBev **141** 49; über die Erteilung des Zustellungsauftrags an den Gerichtsvollzieher **168** 3
- **(Erklärung über eine Tatsache)**, Ablehnung **138** 30, 33, 36; Anordnung einer Verhandlungsbeschränkung **146** 2; Berichtigung **264** 2, 4; in der Berufungsinstanz **531**; Ergänzung **264** 2, 4; Hilfserklärung **138** 19; nicht rechtzeitige Mitteilung, Versäumnisurteil **335** 7; Nichterklärung in einer Ehe-/Kindschaftssache **617** 3, **640** 12 „§ 617"; mit Nichtwissen **138** 45; Pflicht zur Erklärung **138** 27; Unterstellung als zugestanden im Fall einer Säumnis des Bekl **331** 10; Unwahrheit **138** 15; Verweigerung wegen einer Ausforschungsgefahr **138** 21; Vollständigkeitspflicht **138** 18, 30; Wahrheitspflicht s Partei
- **(gleichwertiges) 138** 19, **Einf 284** 5
- **(nachträgliches Vorbringen) 282, 283, 296**; Verzögerungsgebühr **95 Anh**; in der Berufungsinstanz **527** ff; Zurückweisung in der Berufungsinstanz einer Ehe-/Kindschaftssache **615**/**640** 11 „§ 615"
- **(neues Vorbringen)**, in der Berufungsinstanz **519** 22, **527** ff; in der Beschwerdeinstanz **91 a** 160; Kostenauferlegung auf den Obsiegenden **97** 2; Zurückweisung/Zulassung **528** 10; dgl in einer Ehe-/Kindschaftssache **615**, **640** 11 „§ 615"; in der Revisionsinstanz **561** 4, 6

**Parteiwechsel Grdz 50** 6, **263** 5; Erlöschen einer KG ohne Liquidation **239** 3; als Klagänderung **263** 5; als Klagerücknahme **269** 2; Unterbrechung des Verfahrens beim Wechsel einer Partei kraft Amtes **239** 5 ff, **241** 1
**Parteizustellung** s Zustellung (im Parteibetrieb)
**Partnerschaftsgesellschaft**, Bestehen **Grdz 50** 20; Erlöschen **50** 20; Insolvenz **240** 4; Parteifähigkeit **50** 8; Prozeßfähigkeit **52** 3; Prozeßführungsrecht **Grdz 50** 42; Unterbrechung durch Tod **239** 3; Zwangsvollstreckung gegen **Anh 736** 2
**Passivlegitimation Grdz 50** 22; vgl auch Prozeßführungsrecht
**Passivprozeß 240** 17, 18
**Patent**, Benutzungsvergütung, notwendige Streitgenossenschaft mehrerer Patentinhaber **62** 13 „Patentrecht"; Beweislast **286 Anh** 143; Löschung, Streitwert **3 Anh 88**; Pfändung **Grdz 704** 76 (B), **857** 3

- **(Erteilungsverfahren)**, Rechtsschutzbedürfnis **Grdz 253** 43
- **(Nichtigkeitsklage)**, Anführung weiterer Veröffentlichungen **264** 17; Kostenerstattung **91** 145; Rechtsschutzbedürfnis **Grdz 253** 43; Sicherheitsleistung **110** 13; Streithilfe **66** 11; Streit über die Zulassung des Streithelfers **71** 3, 7; Streitwert **3 Anh** 88
- **(Patentstreitsache)**, Zuständigkeit **GVG 78 b Anh**
- **(Verfahrenskostenhilfe) 114** 34
- **(Verletzungsklage)**, Ausschlußwirkung **253** 5; Aussetzung **148** 22 „Patentrecht"; Urheberbenennung **77**; Rechtskraftwirkung des Urteils **325** 36

**Patentanwalt**, Anhörung in der mündlichen Verhandlung **137** 41; Kostenerstattung **91** 145; als Vertreter in der mündlichen Verhandlung **157** 7
**Patentanwaltsgesellschaft**, Parteifähigkeit **50** 6; Prozeßvollmacht **Üb 78** 6; Vertretung **51** 6
**Patentgericht GVG 14** 7; Zuständigkeit **12** 7
**Patentgerichtsverfahren**, Verfahrenskostenhilfe **114** 34
**Patentingenieur**, Kostenerstattung **91** 152
**Patentrecherche**, Kostenerstattung **91** 287
**Pension**, Pfändung **850** 3, 9
**Person**, Herausgabe, Zwangsvollstreckung **833** 14, 15
**Personenmehrheit**, beim Kläger/Bekl s Kläger-/Beklagtenhäufung; Streitgenossenschaft s dort
**Personenschutz**, Ausschluß der Öffentlichkeit **GVG 172**
**Personensorge** für ein Kind, einstweilige Anordnung in einer Familiensache **620, 621, 627** 1
**Personenstandssache** s Ehelichkeitsanfechtungsklage, Kindschaftssache, Vaterschaftsanerkenntnis
**Persönliche Klage** gegen den Grundstückseigentümer/Besitzer s Gerichtsstand, dinglicher
**Persönliche Leistung**, Pfändung des zu ihrer Erbringung benötigten Gegenstands **811** 33
**Persönlicher Arrest 918, 927** 4, **933**
**Persönlicher Gebrauch** des Ehegatten **739** 10
**Persönliches Erscheinen** s Partei, Sachverständiger, Zeuge
**Persönliches Recht**, Feststellungsklage **256** 9, 10
**Persönlichkeitsrecht**, als nichtvermögensrechtlicher Anspruch **Grdz 1** 15; Pflicht zur Duldung eines Augenscheins **Üb 371** 5, 11; Ausschluß der Öffentlichkeit zum Schutz der Privatsphäre **GVG 171 b**; Beweislast **286 Anh** 143; Opferschutz **GVG 171 b**; Pfändung **Grdz 704** 99; **857** 3; Spitzel/Tonbandaufnahme als Verletzung **Üb 371** 11; Streitwert **3 Anh** 89; Zeugnisverweigerungsrecht wegen einer zur Unehre gereichenden Frage **384** 5
**Peru**, Ehesache **606 a Anh II** 13
**Pfandanzeige 808** 26
**Pfandrecht Üb 803** 6, **803** 3, **804, 829** 45; Hinterlegung einer Lösungssumme beim Arrest, Erwerb des Pfandrechts durch den Gläubiger **923** 2; Bestellung am Streitgegenstand **265** 8; des Gläubigers, Widerspruchsrecht des Schuldners **777**; Zwangspfandrecht s Zwangsvollstreckung; Hinterlegung einer Sicherheit, Erwerb des Pf. **108** 17; Sachpfandrecht, Überweisung der so gesicherten Forderung **838**; Recht des nicht besitzenden Gläubigers zur Erhebung einer Widerspruchsklage bzw auf vorzugsweise Befriedigung **771** 15/**805**; Urteil auf Bestellung eines Pf. am Grundpfandrecht, Zwangsvollstreckung **897**
- **(Streitwert) 6** 10; Herausgabe der Pfandsache **6** 12; Rangstreitigkeit **6** 12; Verwertung **6** 10

**Pfändungs-, Pfand-** s Zwangsvollstreckung (Pfändung) und die dort folgenden Unterstichwörter

**Pfändung** s Zwangsvollstreckung (Pfändung und die dort folgenden Unterstichwörter)

**Pfarrer,** Anzeige von einer Offenbarungshaft **910**; Zeugnisverweigerungsrecht **383** 5, **385** 7

**Pfleger 57, 58**; Prozeßkostenhilfe **116**; für ein Sammelvermögen als Partei kraft Amtes **Grdz 50** 12; als gesetzlicher Vertreter **51** 18, **53**; Parteivernehmung **455** 3

**Pflegschaft,** Antrag auf, Kostenerstattung **91** 152 „Pflegschaft, Vormundschaft"

**Pflichtanwalt** s Notanwalt, Prozeßkostenhilfe

**Pflicht** der Partei s dort

**Pflicht, öffentlichrechtliche,** Rechtsweg **GVG 13** 21, 30 ff

**Pflichtteilsanspruch,** Beweislast **286 Anh** 144; Gerichtsstand **27** 8; Pfändung **Grdz 704** 99, 852; Streitwert **3 Anh** 89; Zwangsvollstreckung beim Testamentsvollstrecker **748** 10

**Philippinen,** Ehesache **606 a Anh II** 13

**Photokopie,** als Abschrift **170** 1; Beweiswert **415** 3; Kostenerstattung **91** 96

**Plan,** Anordnung der Vorlegung **142** 10; Vorlegung vor der mündlichen Verhandlung **273** 25

**Polen,** Rechtshilfe, Beweisaufnahme **363** 2; Zustellung **202 Anh** 1

**Politische Partei,** Parteifähigkeit **50** 15; Rechtsweg **GVG 13** 53; Schiedsgericht **1029**

**Polizei,** Anrufung durch den Gerichtsvollzieher **758** 23; als Zeuge **759**; Niederlegung zwecks Zustellung beim Polizeivorsteher **182** 7, **184** 6, **195** 3; und Rechtsweg **GVG 13** 53; Zustellungsurkunde **191** 10

**Polizeiverordnung GVG 1** 2

**Popularklage** s Wettbewerb, unlauterer

**Portokosten,** Erstattung **91** 152

**Post,** Niederlegung zwecks Zustellung **182** 7, **184** 6, **195** 3; Rechtsweg bei einer Streitigkeit **GVG 13** 54; Vertretung **18** 6 „Deutsche Post"; Verzögerung, Verlorengehen einer Postsendung als Wiedereinsetzungsgrund **233** 36 ff; Zustellung an **171** 7; Zustellungsurkunde **191** 6, **195**, **418** 4 „Post"; Zustellung durch die Aufgabe zur P., durch die P. s Zustellung; Zwangsvollstreckung einschließlich Beitreibung und Einstellung bei **775**

**Postausgangsbuch,** Pflicht zur Kontrolle der Fristen beim Anwalt **233** 144

**Posteinzahlung,** Vorlegung des Einzahlungsscheins, Beschränkung oder Einstellung der Zwangsvollstreckung **775**

**Postscheckguthaben,** Pfändung **Grdz 704** 100

**Postschließfach,** Ersatzzustellung **182** 12; als Zustellanschrift **174** 4

**Postspargutshaben,** Pfändung **Grdz 704** 100, **831** 1

**Postulationsfähigkeit** s Verhandlungsfähigkeit

**Postverzögerung,** Wiedereinsetzung **233** 37 „Post"

**Postvollmacht,** Ersatzzustellung trotz P. **195** 1

**Präjudizialität,** und Aussetzung **Einf 148** 10, **148** 1; bei der Feststellungsklage **256** 124; und Rechtskraft **322** 72 „Vorgreifliches Rechtsverhältnis"; Rechtsweg **GVG 13** 16; s auch Aussetzung (des Verfahrens wegen Vorgreiflichkeit)

**Präklusion** s Ausschließungsgrundsatz

**Präsident** des Gerichts s Gericht

**Präsidialrat, Präsidium** des Gerichts s Gericht

**Präsumtion** s Vermutung

**Prätendentenstreit 75**

**Praxisabwickler** für den Anwalt s Rechtsanwalt

**Preisbindung,** Beweislast **286 Anh** 144; Streitwert **3 Anh** 63 „Gewerblicher Rechtsschutz"; Verstoß, Gerichtsstand **32** 18

**Preisgenehmigung,** Fehlen, Aussetzung des Verfahrens **Einf 148** 1; als Urteilsvoraussetzung **300** 4

**Presse,** Verbot der Berichterstattung **GVG 174**; Anspruch auf eine Gegendarstellung als nichtvermögensrechtlicher Anspruch **Grdz 1** 15; Gerichtsstand der unerlaubten Handlung **32** 11 „Persönlichkeitsrecht"; Zeugnisverweigerungsrecht **383**; Zuständigkeit beim Internet **32** 9

**Preußen,** Vertretung **18** 8

**Prima-facie-Beweis 286 Anh** 15, 33 ff

**Privates Wissen** des Richters **286** 23

**Privatgutachten,** Kostenerstattung **91** 102, 278; diejenige beim P. zur Vorbereitung des Prozesses **91** 278; als Parteivorbringen **Üb 402** 21; Festsetzung des Streitwerts **3** 6

**Privatklage,** Kostenfestsetzung **103** 9

**Privatscheidung,** Anerkennung **328** 53

**Privatsphäre,** Ausschluß der Öffentlichkeit zum Schutz der P. **GVG 171 b**, **172** 2, **172 Anh**; Tonbandaufnahme als Verletzung der P. **Üb 371** 11

**Privaturkunde** s Urkunde (private)

**Produzentenhaftung,** Beweislast **286 Anh** 145

**Prokura,** Vollmacht zur Prozeßführung **84** 5; Zuständigkeit der Kammer für Handelssachen **GVG 95** 6

**Prokurist,** Anhörung in der mündlichen Verhandlung **137** 20; als ProzBev **176** 8; Prozeßführungsrecht **80** 8, 12; als Zeuge **Üb 373** 21; Zustellung an den P. **173**

**Prorogation** s Zuständigkeit (Vereinbarung)

**Protokoll (Gericht) Einl 159** 1, **159 ff**; am Amtsgericht **510 a** 1; Anlage **160** 22; Anordnung der Nichthinzuziehung eines Urkundsbeamten der Geschäftsstelle **159** 11; Antrag auf eine Aufnahme in das P. oder auf seine Ergänzung **160** 18/**160 a** 12; Antrag zum P. der Geschäftsstelle **129 a**, **270** 4, **496**; Aufruf der Sache **220** 3, 4; vorläufige Aufzeichnung in Kurzschrift oder in einer Tonbandaufnahme **160 a**; Berichtigung **164**; Beweiskraft **Einf 159** 3, **165**, **314** 1, 7; über eine Beweissicherungsverhandlung **492**; Bezugnahme auf die P. im Tatbestand des Urteils **313** 15; Erklärung des gesetzlichen Vertreters wegen einer Anerkennung der Vaterschaft **641 c**; Entbehrlichkeit der Aufnahme **161**; über eine Entfernung aus dem Saal wegen eines Ungehorsams **GVG 182**; Förmlichkeiten **160**, **165**; Führung des P. **159** 4; Genehmigung **162**; Inhalt **160**; Klagantrag zum P. **129 a**, **270** 7, **297** 14, **496**; Kurzschrift **160 a**; Notwendigkeit **159** 3, **160** 1; Ausschluß/Wiederherstellung der Öffentlichkeit **GVG 174/173**; Ordnungsmittel wegen einer Ungebühr **GVG 182**; Aufnahme einer Parteierklärung **141** 49, **160** 10; im Parteiprozeß **510 a**; Protokollzwang außerhalb der Sitzung **159** 15; Erteilung der Prozeßvollmacht zum P. **80** 11; Unterschrift **163**; Tonaufnahme **160 a**; Übersendung **129 a** 10; Unterzeichnung **163**; Vernehmung ohne eine Vorlesung/Vorlegung **161**; Verwertung eines anderen P. **286** 64; vorläufige Aufzeichnung **160 a**; Vorlesung/Vorlegung **162**; Widerspruch zwischen dem P. und dem Tatbestand des Urteils **314** 7; bei einer Zeugenverweigerung vor dem verordneten Richter **389** 3; Zustellung **498** 4; über die Zwangsvollstreckung **762** 2–4, **763** 1

– **(Gerichtsvollzieher),** über eine Handlung des G. **762**, **763**; bei einer Anschlußpfändung **826** 5; als Beweis bei einer Leistung Zug um Zug **765**

dahinterstehende Zahlen und Buchstaben = Randnummern **Prozeßgebühr**

**Prozeß,** Anhängigkeit 64 5, 66 3, 76 5; Ausscheiden des beklagten Besitzers im Fall einer Übernahme des Prozesses durch den mittelbaren Besitzer 76 9; Begriff 81 1; Eintritt beim Gläubigerstreit 75; Entlassungsantrag des Bekl beim Gläubigerstreit 75 11; Fortsetzung nach einem Vergleich 307 Anh 37; Kosten eines Rechtsstreits Üb 91 14, 91 21; Kostenübernahme 91 22; Übernahme durch den mittelbaren Besitzer bei einer Streitverkündung 76 8; Übernahme durch den Rechtsnachfolger 265 21; dgl nach einer Veräußerung des Grundstücks/Schiffs, Schiffsbauwerks/Luftfahrzeug 266 4; Erstattung der Kosten der Vorbereitung/Bearbeitung Üb 91 70, 91 81, 270; Vorgreiflichkeit eines anderen Rechtsstreits als Aussetzungsgrund s Aussetzung

**Prozeßagent** GVG 155 Anh II 2; Kostenerstattung 91 182 „Rechtsbeistand"; als Vertreter in der mündlichen Verhandlung 157 7; Zulassung 157 25; dgl Antrag auf eine gerichtliche Entscheidung EGGVG 23 3, 4

**Prozeßakte** s Akte

**Prozeßantrag** 137 7, 297 1

**Prozeßart,** bei einer Anspruchshäufung 260 16; Einteilung **Einl III** 4–7

**Prozeßbehauptung** s Parteivorbringen

**Prozeßbeschleunigung Üb** 253 6, **Einf** 272 1 ff, 283 2, 495 a 3; und Sommerzeit 227 50 ff; und Vertagung 227 7

**Prozeßbetrug,** Offenbarungspflicht des ProzBev 138 66; und Rechtskraftwirkung **Einf** 322 35; als Restitutionsgrund 580 6; durch eine Verletzung der Wahrheitspflicht 138 66; durch eine Widerspruchsklage **Einf** 771 2

**Prozeßbevollmächtigter** 78 ff, 176 7, 609; im Anwaltsprozeß 78, 609; Kostenerstattung beim Anwaltswechsel 91 124; Aufforderung zur Bestellung in der Ladung 215 4; Aufrechnung durch/gegenüber dem P. 81 17; Ausschluß als Gerichtsperson 41 12, 49; verspätete Beauftragung durch den Bekl, Verzögerungsgebühr 95 Anh; Bestellung 176 10; Bestreiten 138 8; Bestreiten als unbekannt 138 50, 52, 55; Bezeichnung im Urteil 313 6; beim Bayerischen Obersten Landesgericht EG 8; in einer Ehesache 609; Erinnerung gegen den Kostenfestsetzungsbeschluß 104 47; Verletzung der Förderungspflicht, Verzögerungsgebühr 95 Anh; Fragerecht bei einer Zeugenvernehmung 397; Pflicht zur Berechnung und Kontrolle einer Frist 233 85; Verschulden an der Versäumung einer Frist 85 8, 233 11, 49; Gebührenanspruch, Gerichtsstand 34; Glaubhaftmachung der Vermögenslage/eines Schadens wegen der Zahlung der Verfahrensgebühr 271 Anh; Erstattung der Kosten der Partei zur Information des P. 91 215, 242; Antrag auf die Festsetzung der Kosten 103 31; Mehrzahl von P. 84; im letzteren Fall Kostenerstattung 91 124; Nichtbeachtung eines gerichtlichen Hinweises 139 46; Offenbarungspflicht 138 8; im Parteiprozeß 79 1; Prozeßunfähigkeit 86 7; Einlegung eines Rechtsmittels, Fristenkontrolle 233 85; Rechtsmittel ohne Vollmacht 97 12; Richterablehnung 42 60; Kenntnis des Ablehnungsgrundes 42 14 ff; Schadensersatzpflicht gegenüber dem Auftraggeber 85 5; im Schiedsverfahren 1034 3; Straftat als Restitutionsgrund 580 6, 581; dgl Verdacht 157 17; für Streitgenossen 61 4, 62 17; als Streithelfer 66 17; Tatsachenerklärung 85 6; Tod 86 5; Tod eines von mehreren ProzBev 246 3, 4; Tod/Vertretungsunfähigkeit im Anwaltsprozeß, Unterbrechung des Verfahrens 244 4; ungeeigneter P. 157; Verschulden des P. als

solches der Partei 85 8; gerichtliche Hinweispflicht auf ein Versehen des P. 139 36, 43, **278**; als Vertreter der Partei nach der gerichtlichen Anordnung ihres persönlichen Erscheinens 141 45; Vertretung des P. GVG 155 Anh I 4 § 52; Vertretungsunfähigkeit 86 5; Vertretungsverbot 78 26, 157 7, 8, 158 1; Verzögerung der Bestellung nach einer Unterbrechung des Verfahrens 244 15; ohne Vollmacht 89; Übertragung der Vollmacht 81 10; Wahrheitspflicht 138 8; Verletzung der Wahrheitspflicht 138 8; Widerspruch zwischen den Erklärungen des P. und der Partei 141 49; privatrechtliche Willenserklärung 81 21; als Zeuge **Üb** 373 21; vorläufige Zulassung ohne einen Nachweis der Vollmacht bzw ohne Vollmacht 89; Zurückweisung wegen eines Mangels der Vollmacht 88 13; Zustellung an den P. 176 ff, 212 a; von Anwalt zu Anwalt s Zustellung; eigener Zustellungsauftrag der Partei an den Gerichtsvollzieher 168 3; vgl auch Rechtsanwalt

**Prozeßeinrede Üb** 253 8; Anordnung einer Verhandlungsbeschränkung 146 2; der Aufrechnung durch den Bekl 145 15; Streitverkündung gegenüber dem mittelbaren Besitzer 76 6

**Prozeßfähigkeit Üb** 50 1, 51 3, 52, 53, **Grdz** 253 22; für eine Klage auf die Anfechtung der Ehelichkeit oder des Anerkenntnisses der Vaterschaft 640 b; eines Ausländers 55; eines Beistands 90 1; Beweislast 56 5; der Ehefrau 56 5; in einer Ehesache 607; Fehlen und Geschäftsfähigkeit 51 3, 52 4; in einer Kindschaftssache 640 b; Kostenfestsetzungsverfahren **Einf** 103 10; Parteizulassung mit einem Vorbehalt 56 21; Pfleger als Vertreter eines Prozeßunfähigen 53; des ProzBev 78 26, 79 4; als Prozeßvoraussetzung **Üb** 50 2, 51 3, 25, **Grdz** 253 22; Prüfung von Amts wegen 56 1; dgl Parteizulassung bei der Prüfung 56 12; beschränkte Prozeßfähigkeit 51 4, 52 5; für das Rechtsmittel **Grdz** 511 9; Prüfung im Revisionsrechtszug 56 3; des Streithelfers 66 1; Umfang 52 3; Unterbrechung des Verfahrens beim Verlust der P. in einem Prozeß ohne ProzBev 241 2; Unterstellung 56 21, **Grdz** 253 22, **Grdz** 511 5; Verlust der P. als Aussetzungsgrund beim Vorhandensein eines Prozeßbevollmächtigten 246 4; des gesetzlichen Vertreters 51 9; bei der Erteilung der Prozeßvollmacht 80 5; Zustellung an einen Prozeßunfähigen 171; im Zwangsvollstreckungsverfahren **Grdz** 704 40

**Prozeßförderungspflicht Grdz** 128 12, 277 1, 282 7 ff, 296 12, 16

**Prozeßführung,** Einrede einer mangelhaften P. bei einer Streithilfe 68 3; Ermächtigung zur P. 51 24; Pflicht der Partei zu einer sachgemäßen P. **Grdz** 128 5; durch Streitgenossen 63 1; Verpflichtung zur P., Zwangsvollstreckung 887 34 „Prozeß"; ohne Vollmacht, Genehmigung 89 15

**Prozeßführungsrecht Grdz** 50 22, 51 24; **Grdz** 253 22; Abänderungsklage 323 41; im Arrestprozeß 916 3; des Ehegatten 52 Anh; Unterbrechung des Verfahrens beim Wegfall des Ehegatten 239 5; beim Nacherben 242 2; als Prozeßvoraussetzung **Grdz** 50 22, **Grdz** 253 22; bei der Restitutionsklage gegen ein Urteil auf die Feststellung der Vaterschaft 641 i 5; bei der notwendigen Streitgenossenschaft 59 3; beim nichtrechtsfähigen Verein 50 29; beim gesetzlichen Vertreter 54, 56; bei einer Vertretung durch einen Pfleger 53; Verwirkung **Einl III** 64; bei der Vollstreckungsklage 722 7; bei der Widerspruchsklage 771 4

**Prozeßgebühr,** Vorwegleistung 271 Anh

# Prozeßgericht

Zahlen in Fettdruck = Paragraphen

**Prozeßgericht 78** 23; Anordnung der Beeidigung einer Partei **452** 6; Anordnung einer schriftlichen Anhörung des Zeugen/seiner Beeidigung **377** 10/**391** 5; Augenscheineinnahme **372** 1; Beweisaufnahme **355** 4, **370** 4; Einholung einer Aussagegenehmigung eines Angehörigen des öffentlichen Dienstes **376** 7; Gerichtsstand des Hauptprozesses für einen Gebührenanspruch **34**; Gericht der Hauptsache beim Arrest/bei der einstweiligen Verfügung **919** 2, **927/936** 2 „§ 919", 5 „§ 927", **937** 2, **943** 1; bei einer Zeugenvernehmung **375** 1; Zuständigkeit bei einer Anspruchshäufung **260** 16; Fortdauer der Zuständigkeit **261**; Zuständigkeitsstreit mit dem Vollstreckungsgericht **36** 35; im Zwangsvollstreckungsverfahren als Vollstreckungsgericht **Grdz 704**; Ermächtigung des Gläubigers zu einer Ersatzvornahme **802, 887** 10; Anordnung eines Ordnungsmittels bei der Zwangsvollstreckung auf eine Handlung/Duldung, Unterlassung **887/888/890**; bei der Vollstreckungsabwehrklage **767** 42, **785, 802**; bei einem Zwangsvollstreckungsersuchen im Ausland **791**

**Prozeßgeschäftsführung Grdz 50** 29

**Prozeßgeschichte** im Urteil **313** 23

**Prozeßgrundrecht Einl III** 16

**Prozeßgrundsätze Einl III** 14 ff, **Grdz 128** 2 ff

**Prozeßhandlung Grdz 128** 26; Änderung **Grdz 128** 53; Anerkenntnis **Einf 306** 4; Anwaltszwang **78** 1; eine gegen den Anwaltszwang verstoßende P. **78** 32; Einwand der Arglist **Einl III** 54, **Grdz 128** 57; Auslegung **Grdz 128** 52, **550** 5; nach einer Aussetzung des Verfahrens **249** 3, 6; unter einer Bedingung **Grdz 128** 54; Beeinträchtigung eines Streithelfers **68** 8; eine von einem Bevollmächtigten vorgenommene P. **85** 5; Einverständnis mit dem schriftlichen Verfahren **128** 18; Einwilligung in eine Klagänderung **263** 23; Erledigterklärung **91a** 62; besondere Ermächtigung für eine P. **54**; Fristversäumung **Üb 230** 1, **230**; Nachholung nach einer Fristversäumung **231** 4; Nachholung im Antrag auf eine Wiedereinsetzung **234** 3; Geständnis **Einf 288** 3; Irrtum **Grdz 128** 53; einer falschen Partei **Grdz 50** 18; Prozeßfähigkeit **52** 3; Antrag auf die Bewilligung einer Prozeßkostenhilfe **117**; bei einem Mangel der Prozeßvoraussetzungen **56** 5; des ProzBev **81** 3; maßgebliche Rechtsordnung **Grdz 128** 51; als Rechtsgeschäft **Grdz 128** 61; des Rechtsnachfolgers' **Grdz 128** 17; Bindungswirkung gegenüber einem Rechtsnachfolger **265** 22; beim Rechtsübergang des Streitgegenstands **265** 19; privatrechtliche Wirkung **Grdz 128** 60; Einlegung der Revision gegen ein Urteil des Bayerischen Obersten Landesgerichts **EG 7** 1, 2; Prüfung im Revisionsverfahren **Grdz 128** 52, **550** 5; Richterwechsel **128** 8; nach einer Anordnung des Ruhen des Verfahrens **251** 9; Ernennung eines Schiedsrichters **231** 4; Sondervollmacht **80** 1; des Streitgenossen **61** 2–4; des Streithelfers **67** 4, 10; des streitgenössischen Streithelfers **69** 8; nach einer Unterbrechung des Verfahrens **249** 3, 6; des nichtrechtsfähigen Vereins als Bekl **50** 24; bei der Vereinbarung einer Abkürzung einer Frist **224** 3; Versäumung **Üb 230, 230 ff**; Vertretung eines verstorbenen Anwalts **86** 3; Verzicht **Einf 306** 4; Verzicht in der Berufungs-/Revisionsinstanz **514** 5/**566**; Verzicht auf die Einlegung der Berufung nach dem Erlaß des Urteils **514** 5; ohne Vollmacht, Genehmigung **89** 12; Vollmacht für eine einzelne P. im Parteiprozeß **83** 4; Vollmachtserteilung **80** 2; prozessuale Voraussetzungen **Grdz 253**

18; Widerruf **Grdz 128** 58; Wille der Partei **Grdz 128** 56; Zuständigkeitsvereinbarung **38** 2; Zustellungsauftrag **167** 2; Benennung eines Zustellungsbevollmächtigten **175** 3

– **(Mangel) 295** 1; Heilung **295** 3, 7 ff; Rügerecht **295** 9; (Un)Heilbarkeit **295** 16 ff; Willensmangel **Grdz 128** 56

**Prozeßhandlungsvoraussetzung 51** 4, **Üb 78** 1, **Grdz 253** 18

**Prozeßhäufung,** Kostenerstattung bei einer Unzweckmäßigkeit **59** 3

**Prozeßhindernis Grdz 253**; Rechtshängigkeit **261** 26

**Prozeßkosten Üb 91** 14; Kostenbestimmungen **Üb 91** 1 ff; prozessuale/sachlichrechtliche Kostenpflicht **Üb 91** 26/43; Kostenrisiko **Üb 91** 2, **91** 19; Erledigterklärung als Klagerücknahme **91a** 62; Kostenrisiko bei einer gerichtlichen Schätzung des Schadens **92** 51; Kostenrisiko bei einem Widerspruch des Bekl gegen eine Erledigterklärung des Klägers **91a** 169; Sicherheitsleistung durch einen Ausländer s Sicherheitsleistung (Ausländer für die Prozeßkosten); Übernahme **98** 21; Vergleich vor einer Erledigung der Hauptsache **98** 8

**Prozeßkostenhilfe 114–127**; Antrag, Europäisches Übereinkommen **Rechtspolitischer Ausblick** hinter dem Sachregister; Beschwerde: keine Kostenerstattung **118** 21, **127** 103; Kosten **118** 22; Kostenerstattungsanspruch des Gegners **122**; Kostenerstattungsanspruch des Gegners **123**; Verurteilung des Gegners in die Kosten des Rechtsstreits, Beitreibung der Kosten des beigeordneten Anwalts **125, 126**; dgl Gerichtskosten/Kosten eines Gerichtsvollziehers **125**; Mahnverfahren **119** 40; Entfallen der Notwendigkeit einer Vorwegzahlung der Prozeßgebühr **271 Anh**; Ratenzahlung **115, 120**; rechtliches Gehör **118** 6; Befreiung von einer Sicherheitsleistung **122**; Stellung der Staatskasse **127** 23, 78; als Stundung der Gerichtskosten **122**; Tabelle **115**; Verfassungsmäßigkeit **Üb 114** 1; Verzögerungsgebühr trotz einer P. **95 Anh**; Voraussetzungen **114**; Wirkung **122, 123**; für die Zwangsvollstreckung **117** 23, **119**

– **(Aufhebung) 124**

– **(Beiordnung),** eines Anwalts **121**; Fristversäumung durch den beigeordneten Anwalt **234** 10; eines Gerichtsvollziehers **122**; Auswahl des Anwalts **121**; eines Terminsvertreters, eines Verkehrsanwalts **121**

– **(Bewilligung für)** den Antrag auf eine gerichtliche Entscheidung gegen einen Justizverwaltungsakt **EGGVG 29**; einen Ausländer, Staatenlosen **114** 10, **114 Anh**; die Beschwerde gegen eine Entscheidung im Verfahren der Prozeßkostenhilfe **127**; das Verfahren auf den Erlaß einer einstweiligen Anordnung **Einf 620** 7; die Instanz **119** 29 ff; eine juristische Person **116** 12; eine Partei kraft Amts **116**; einen Parteiprozeß **121**; eine Scheidungsfolgesache **624, 625**; eine einstweilige Verfügung **119** 33 „Arrest, einstweilige Verfügung"; einen Vergleich **118**; eine Zwangsvollstreckung **119** 50

– **(Entziehung) 124**; Begründung **127**; Beschwerde **127**; weitere Beschwerde **569** 8; mündliche Verhandlung **127**

– **(Erlöschen) 124**; Fortbestand der Prozeßvollmacht **86** 10

– **(Erschleichen) 124** 28 ff

– **(Kostennachzahlung) 124**; Beschwerde **127**; rechtliches Gehör, mündliche Verhandlung **126**

**Prozeßkostenhilfeantrag 117**; kein Anwaltszwang **78** 41; Parteierklärung **118**; als Aufnahme nach

einer Aussetzung oder Unterbrechung des Verfahrens **250** 5; Fristversäumung, Wiedereinsetzung **234** 10; Fristwahrung **270** 14; Klageerhebung und P. **117** 7, **253** 9; Prozeßvollmacht **80** 6; für eine Revision gegen ein Urteil des BayObLG **EG 7** 1; Vordruck **117** 30; Frist für den Antrag auf eine Wiedereinsetzung **234** 10; Zuständigkeit **117** 23, **119**
– **(Ablehnung),** Begründung **127**; Beschwerde **127**; weitere Beschwerde **569** 8; mangels Erfolgsaussicht oder wegen Mutwilligkeit der Rechtsverfolgung **114**; der Notwendigkeit einer Beiordnung eines Anwalts **78 b, c**; mangels einer Beeinträchtigung des Unterhalts **114**
– **(Stattgeben) 127**; durch eine schlüssige Handlung **127**; als Prozeßverbindung **147** 13; für den Rechtsmittelkläger/bekl **122**

**Prozeßkostenhilfeverfahren 118**; Abgabe durch das Landwirtschaftsgericht **281 Anh III** 2; Kostenentscheidung im Fall einer Klage trotz eines Anerkenntnisses **93** 50; kein Anwaltszwang zur Stellungnahme **118** 10; Aussetzung **Üb 239** 4, **249** 8; Beweisaufnahme **Einf 284** 9; Einkommensberechnung **115** 3; gerichtliche Erhebung **118**; rechtliches Gehör **118** 2; Kostenentscheidung **91** 4; Kostenerstattung **91** 21; Parteiöffentlichkeit **118, 127**; Prozeßvollmacht **81** 14 „Nebenverfahren"; Prüfung der Prozeßvoraussetzungen **118**; Rechtsmittel **127**; Streitwert **3 Anh**; Unterbrechung **Üb 239** 5, **249** 8; Vergleich **118** 5, **307 Anh** 18, 19; mündliche Verhandlung **127**; Vermögensberechnung **115** 4; Verweisung **11**, **281** 7; Vordruck **117** 30; Zusage der Bewilligung **120** 5; Bestimmung der Zuständigkeit **36** 6; bei der Zwangsvollstreckung **117** 23, **119**

**Prozeßkostenvorschuß,** durch eine einstweilige Anordnung **127** a, **620, 620** a 5, **621 f**; Kostenerstattung **91** 21; und Unterhaltspflicht **114** 59–62; einstweilige Verfügung **940** 20 „Ehe, Familie"

**Prozeßleitung Üb 128** 3; Terminsbestimmung s dort; des Vorsitzenden **136, 140**

**Prozeßlüge 138** 16, 63

**Prozeßpartei** s Partei

**Prozeßpfleger 57, 58**

**Prozeßrechtliche Theorie** der Rechtskraft **Einf 322** 6

**Prozeßrechtsgeschäft Grdz 128** 47, 48

**Prozeßrechtsverhältnis Einl III 26, Grdz 128** 3; Entstehung **Üb 214** 5; Entstehung der Klageerhebung/Rechtshängigkeit **Grdz 128** 10, **261** 3; Erklärungspflicht **138** 27; bei einer Erledigterklärung **91 a** 30; bei der Streitgenossenschaft **61** 6; Wahrheitspflicht **Grdz 128** 16, **138** 13; Wahrheitspflicht und Geständnis **Einf 288** 4; Wahrheitspflicht im schiedsrichterlichen Verfahren **1042**

**Prozeßrisiko** s Prozeßkosten

**Prozeßrüge,** einer mangelhaften Prozeßhandlung s dort; eines Verfahrensmangels in der Berufungs-/Revisionsinstanz **531/558**

**Prozeßstandschaft Grdz 50** 26 ff, **265**; des Ehegatten im Fall der Gütergemeinschaft **Grdz 50** 27; des Ehemannes **Grdz 50** 27; des Pfändungs- und Überweisungsgläubigers **Grdz 50** 27; und Prozeßkostenhilfe **114** 55 „Fremdes Recht"; des Vaters **Grdz 50** 28; und Vollstreckungsstandschaft **Einf 727–729** 2; des Vorstands eines nichtrechtsfähigen Vereins **50** 30

**Prozeßtrennung,** Voraussetzung der Anordnung **145** 2; von Amts wegen **145** 4; Aufhebung **150** 1; nach einer Aufrechnung durch den Bekl **145** 20; in einer Ehesache **610** 3, **628**; Hilfsanspruch bei einer Anspruchshäufung **260** 20; Hilfswiderklage **253 Anh** 11; bei einer Streitgenossenschaft **Üb 59** 3; Streitwert **5** 11; Aufspaltung der Streitwerte **3 Anh** 114 „Trennung"; vor dem Urteil **145** 1; bei einer Verweisung **145** 4; bei einer unzulässigen Widerklage **33** 2, 12; Wirkung **145** 6; bei einem Zurückbehaltungsrecht des Bekl **145** 24; und sachliche Zuständigkeit **4** 9, **5** 11

**Prozeßtreuhänderstellung** des Gerichts **Grdz 128** 6, **261** 8, **920** 7

**Prozessualer Anspruch 2** 3; bei einer Aufrechnung **2** 5; bei mehreren Ansprüchen **2** 6; bei einer Einwendung des Bekl **2** 5; bei einer Gegenleistung **2** 5; beim Haupt-/Hilfsantrag **2** 6; Maßgeblichkeit des Antrags **2** 5; Mietaufhebungs- und Räumungsklage als ein einheitliches Klagebegehren **2** 6; bei einer einstweiligen Verfügung **2** 5; bei Wahlansprüchen **2** 6; bei einem Wahlrecht **2** 6; bei einem Zurückbehaltungsrecht **2** 5

**Prozeßübernahme** s Prozeß

**Prozeßunfähiger,** Genehmigung zur Prozeßführung **51** 3, **52** 4 ff; Vollstreckung eines Ordnungsgelds gegen einen P. **890** 24; Parteivernehmung **455**; beschränkte Prozeßfähigkeit **51** 3; Einlegung eines Rechtsmittels durch einen P. **52** 3, **Grdz 511** 9; Urteil gegen einen P. **52** 4, **56** 11, 14; Vertretung **51** 6; Vertretung im Parteiprozeß **79** 3; Bestellung eines gerichtlichen Vertreters **57**; Verzicht auf eine Zulässigkeitsrüge **295**; Zustellung an einen P. **56** 11, **171** 1

**Prozeßunfähigkeit 52** 3; eines Ausländers **55**; Aussetzung wegen P. **246** 3; während eines Prozesses ohne einen ProzBev, Unterbrechung des Verfahrens **241** 1, 2; ProzBev **86** 6; Fortbestand der Prozeßvollmacht **86** 9; Querulant **Einl III 52** 8; Vernehmung des gesetzlichen Vertreters **455** 3; bei einer Vertretung durch einen Pfleger **53**; Beginn der Frist für eine Wiederaufnahmeklage **586** 10

**Prozeßurteil** s Klagabweisung

**Prozeßverbindung,** Aufhebung **150** 1; Aufhebung durch ein Urteil über einen von mehreren Ansprüchen **145** 1; Endurteil **300** 11; bei einer Streitgenossenschaft **Üb 59** 4; Streitwert **5** 11; mündliche Verhandlung **128** 5; Voraussetzungen **147** 6; Wirkung **147** 13; zwischen der Zivilkammer und der Kammer für Handelssachen **147** 7; Zulässigkeit **147** 6; bei einer ausschließlichen Zuständigkeit **5** 11; sachliche Zuständigkeit **4** 9, **5** 11; bei einer Erschleichung der Zuständigkeit **2** 7

**Prozeßvereinbarung** s Parteivereinbarung

**Prozeßvergleich 307 Anh** 3; Abänderungsklage **323** 66; Anfechtung **307 Anh** 36; und Anwaltsvergleich **796 a** 1; Anwaltszwang **78** 15; Aufhebungsvereinbarung **307 Anh** 44; bei einer Ehescheidungs-/Aufhebungsklage **307 Anh** 9, **617** 4; Erfordernisse **307 Anh** 15; Fortsetzung des Rechtsstreits **Anh 307** 37; vor einer Gütestelle **794** 4, **797 a** 2; als Klagerücknahme **269** 2; Kostenaufhebung gegeneinander **98**; über eine Kostenaufhebung **98** 29; Kostenfestsetzung **103** 10; solche kraft eines Kostenvergleichs **104** 14; Protokoll **160** 8; durch einen (Proz)Bev nach einer Zulassung ohne eine Vollmacht bzw ohne deren Nachweis **89** 4; im Prozeßkostenhilfeverfahren **118**; kraft einer Prozeßvollmacht **81** 14, **85** 6; bei einer Beschränkung der Prozeßvollmacht **83** 1; Gewährung einer Räumungsfrist **794 a**; Erstattung der Gebühren eines Rechtsanwalts **91** 16; Beendigung der Rechtshängigkeit **261** 15; nach dem Rechtsübergang des Streitgegenstands **265**

**Prozeßverschleppung**

19; Anordnung des Ruhens des Verfahrens wegen einer Vergleichsverhandlung **251** 4; Schiedsvergleich s dort; Streit über die Wirksamkeit **307 Anh** 37; Streitgenossen **61** 6; bei einer notwendigen Streitgenossenschaft **62** 17; bei einer Streithilfe **68** 1; Streitwert **3 Anh** 127; kraft einer Terminsvollmacht **83** 4; über eine Unterhaltszahlung an ein nichteheliches Kind, (Neu)-Festsetzung **642 c**; über eine Unterlassung **890** 7; Unwirksamkeit **307 Anh** 36; Beseitigung nach einem rechtskräftigen Urteil **794** 3; Vollstreckungsabwehrklage **767** 10; als Vollstreckungstitel **794** 3, **795 a** 1, **796 b, c**; Genehmigung des Vormundschaftsgerichts **54** 3; Widerruf **307 Anh** 42; Widerrufsfrist **222** 3; Versäumung der Widerrufsfrist, Wiedereinsetzung **233** 8; unter einem Widerrufsvorbehalt **307 Anh** 10; Wirkung **307 Anh** 34; Zulässigkeit **307 Anh** 8; Einstellung der Zwangsvollstreckung **307 Anh** 47, **707** 22, **767** 10, **769** 3; Kosten der Zwangsvollstreckung **788** 45
**Prozeßverschleppung 296** 40, 60, **528**; durch eine Rüge **Einl III** 56; Ladung der Partei wegen der Erwartung einer P. **141** 2; Prozeßtrennung zwecks Vermeidung einer P. **145** 1; durch eine Richterablehnung **42** 7; im schiedsrichterlichen Verfahren **1048**; Auferlegung von Kosten im Fall der Versäumung eines Termins oder einer Frist **95**; Verzögerungsgebühr **95 Anh**
**Prozeßvertrag Einl III** 10, **Grdz 128** 48, **Grdz 253** 27, **Grdz 704** 24; Schiedsvereinbarung **1029**; vgl auch Parteivereinbarung
**Prozeßvertreter,** gerichtliche Bestellung s Vertreterbestellung; vgl auch Partei, Mündliche Verhandlung
**Prozeßverzicht** s Partei (Verzicht)
**Prozeßverzögerung** durch die nachträgliche Geltendmachung eines Angriffs- oder Verteidigungsmittels **296, 528**
**Prozeßvollmacht 78 ff**; Arten **80** 8; Begriff **Üb 78** 3, **80** 1; bei der Abwicklung einer Anwaltspraxis **86** 5; dgl durch den Tod **122**; Gesuch auf die Gewährung einer Prozeßkostenhilfe **80** 6; nach einer Aussetzung des Verfahrens **86** 13; Beendigung der Instanz **86** 3; Anordnung einer Beglaubigung **80** 14; Beschränkung **81** 1, **83**, **88** 1; Bestellung als ProzBev **176** 10; ohne ein Datum **80** 11; in einer Ehesache **609** 1; Einreichung **133** 9; Erlöschen **86** 3, **87, 88** 1, **176** 23; Erteilung **80** 5, 6; Erteilung zum Protokoll **80** 11; Erteilung durch einen falschen gesetzlichen Vertreter **88** 1; Fehlen **89**; Fehlen in einer Ehesache **609** 2; Fortbestand **86** 3, **87** 9; Geldempfang **81** 5, 15, 16; Geltungsbereich **82** 1; Eröffnung des Insolvenzverfahrens **86** 12; durch den Insolvenzverwalter **240**; in einer Kindschaftssache **640** 11 „§ 609"; Kündigung **86** 4; Kündigung nach einer Aussetzung oder Unterbrechung des Verfahrens **249** 6; Kündigung des Geschäftsbesorgungsvertrages **86** 1; im Mahnverfahren **703** 1; Mangel **88, 89**; Zurückweisung des ProzBev wegen eines Mangels der P. **88** 13; Nachweis **80** 10, **88** 15; Fehlen eines Nachweises **88** 15, **89**; mehrere ProzBev **84**; bei einer nachträglichen Prozeßfähigkeit der Partei **86** 9; als Prozeßvoraussetzung **Grdz 253** 22; Prüfung **88** 1, 10; für einen nicht zugelassenen Rechtsanwalt **80** 12; in Sozietät von Anwälten **84**; Rückgabe der Vollmachtsurkunde **80** 12; Terminsvollmacht **83**; Tod des ProzBev **86** 5; dgl Unterbrechung des Verfahrens im Anwaltsprozeß **244** 2; Tod des Vollmachtgebers **86** 8; Übertragung **81** 10; Umfang **81**; bei einer Unterbrechung des Verfahrens **86** 13; Mangel einer Untervollmacht **88** 1; Bestellung eines Vertreters für die höhere Instanz **81** 10; Verschulden des ProzBev **85** 8; und sachlichrechtliche Vollmacht **80** 3, 8; Wegfall der Partei kraft Amts oder ihres gesetzlichen Vertreters **86** 9, 10; Widerruf **85** 6; privatrechtliche Willenserklärung **81** 21; Wirkung **85** 5, 3; bei einer Zurückverweisung **86** 3; bei einer Zwischenfeststellungsklage **256** 12; für die Zwangsvollstreckung **80** 13, **81** 14
**Prozeßvoraussetzung Grdz 253** 13; abgesonderte Verhandlung **280**; Anordnung der Beschränkung der Verhandlung **146** 4; Anspruchshäufung, Fehlen einer P. **260** 20; Wechsel der Begründung **264** 14 ff; Beweis **Einf 284** 9; Beweis im Urkundenprozeß **595** 4; Beweislast **56** 4; Fälligkeit **Grdz 253** 25; Fehlen, Klagabweisung **56** 14; bei der Feststellungsklage **256** 41; bei der Gerichtsbarkeit **280** 1; beim Gerichtsstand **Üb 12** 17; bei der Klage auf eine künftige kalendermäßige Zahlung oder Räumung usw **Einf 257** 3; Klagabweisung durch ein Prozeßurteil beim Fehlen **Üb 300** 5; bei einer Klagänderung **263** 18; bei der Klagbarkeit **Grdz 253** 32; für eine ordnungsmäßige Klagerhebung **253** 15; allgemeine/besondere **Grdz 253** 13/23; für die Parteifähigkeit **Üb 50** 2, **50** 32, **56** 3; für die Prozeßfähigkeit **Üb 50** 2, **51** 5, **56** 3; Heilung des Fehlens einer P. durch eine Genehmigung **56** 3; Prozeßführungsrecht, Legitimation des gesetzlichen Vertreters **56** 3; und Prozeßhandlungsvoraussetzung s dort; beim Prozeßvergleich **307 Anh** 20; Prüfung von Amts wegen **56** 3; Prüfung vor einer Terminsbestimmung **216** 2; Rechtsschutzbedürfnis **Grdz 253** 22, 23; Zulässigkeit des Rechtswegs **GVG 13** 2; Reihenfolge der P. **280** 1; im Revisionsverfahren **559** 7; beim Antrag auf eine Aufhebung eines Schiedsspruchs **1059**; bei der Prüfung der Schlüssigkeit der Klage **253** 32; bei der Streitgenossenschaft **Üb 59** 6, **61** 6; bei einer Streitverkündung **72** 9; Streitwert **3 Anh** 90; im Urkundenprozeß **592** und Versäumnisurteil **Üb 330** 10, **331** 13, **335** 4; Vorentscheidung einer Verwaltungsbehörde **148** 11; bei einer Widerklage **253 Anh** 11; Zurückweisung eines nachträglichen Parteivorbringens wegen einer P. **296**; bei der Zuständigkeit **Grdz 1** 9; bei der Zwangsvollstreckung **Grdz 704** 39; bei einer Zwischenfeststellungsklage **256** 118
**Prozeßvorbereitungskosten,** Festsetzung **103** 17
**Prozeßweg,** Zulässigkeit **253** 4
**Prozeßwirtschaftlichkeit Grdz 128** 14; Erledigung eines Wiederaufnahmegrundes im Prozeß **Grdz 578** 5; Feststellungs- statt Leistungsklage **256** 77; Klagänderung **263** 24; und Rechtsschutzbedürfnis **Grdz 253** 46; Urteilberichtigung **319** 12; durch eine Verweisung **281** 1; Wiedereröffnung der mündlichen Verhandlung **156** 5
**Prozeßzinsen,** Entstehung des Anspruchs **262** 3; bei einer Klage auf eine künftige kalendermäßige Zahlung **257** 6
**Prüfingenieur,** Rechtsweg **GVG 13** 54
**Prüfung** von Amts wegen s Amtsprüfung
**Prüfung, juristische DRiG 5, 5 d**; Anerkennung **DRiG 6, 112**
**Prüfungsrecht,** richterliches **GVG 1** 5; gegenüber einem Verwaltungsakt **GVG 13** 15; gegenüber einer Zuständigkeitsvereinbarung **38** 10
**Prüfungstätigkeit** des Richters **DRiG 4**
**Prüfungsverfahren** bei der Prozeßkostenhilfe **118**
**Pseudonym** als Parteibezeichnung **Grdz 50** 3; bei einer Urkunde **415** 11; in der Zwangsvollstreckung **750** 2, 3

## Q

**Qualifiziertes Bestreiten** beim Geständnis **289** 4
**Querulant** Einl III 66; im Ablehnungsverfahren **42** 7, **46** 4; bei der Prozeßkostenhilfe **Üb 114** 5, 6; und Prozeßunfähigkeit **52** 8
**Quittung,** Beweiskraft EG 17; Gerichtsstand für die Erteilung einer Q. **29** 3; Erteilung durch den Gerichtsvollzieher **757**; Klage auf eine kalendermäßige künftige Zahlung, Zulässigkeit trotz einer Pflicht zur Erteilung einer Q. **257** 3; Einstellung oder Beschränkung der Zwangsvollstreckung im Fall der Vorlegung einer Q. **775** 19
**Quota litis** GVG **155** Anh I 4 § 49 b
**Quote** s Bruchteil
**Quotierung** der Kosten **92**; beim Grundvorteil **304** 25

## R

**Radierung** in einer Urkunde, Beweiswürdigung **419**
**Rang** eines Pfandrechts, Streitwert **6** 12; desjenigen in der Zwangsvollstreckung **804** 9; desjenigen bei einem Verteilungsplan **874** 2; eines Unterhaltsberechtigten bei einer Pfändung **850 d** 5
**Rangvorbehalt,** Pfändung **851** 2
**Ratenzahlung,** beim Ordnungsgeld **890** 31; bei einer Prozeßkostenhilfe **115**; Streitwert **3 Anh** 91; bei einer befristeten Aussetzung der Verwertung **813 a** 5; bei den Kosten der Zwangsvollstreckung **788** 46
**Raum,** Sommersache **227** 38, 39
**Räumung,** Feststellungsklage wegen einer Entschädigung **256** 87; einstweilige Verfügung auf eine R. **940 a**
**Räumungsklage,** Anspruchshäufung **260** 1; Klage auf eine künftige R. **259** 6; Klage auf eine kalendermäßige künftige R. **257** 4; Streitbefangenheit **265** 4; Streitwert **3** Anh 92
– **(Wohnraum),** Gerichtsstand **29 a**; Kostenentscheidung **93 b**; beim Auszug nach der Klageerhebung **91 a** 52 „Mietrecht", **93** 47, 48 „Miete"; Mietaufhebungs- und Räumungsklage **2** 6; Gewährung einer Räumungsfrist **3 Anh** 93, **721**, **794 a** 1; Rechtskraftwirkung des Urteils **322** 5 „Mietsache", **325** 34 „Mieter"; Sommersache **227** 38, 39; vorläufige Vollstreckbarkeit des Urteils **708** 8; Urteil auf eine Fortsetzung des Mietverhältnisses **308 a**
**Räumungsvollstreckung** s Zwangsvollstreckung
**Reale Handlung** Grdz **128** 47
**Reallast,** Gerichtsstand **24** 6, 19; Gerichtsstand im Fall eines Leistungsrückstands **25**; Aufgebot des Gläubigers **988**; Pfändung **857** 13, **865** 9; Streitwert **9** 5; Urkundenprozeß für einen Anspruch aus einer R. **592** 5; Rechtskraftwirkung des Urteils **325** 12
**Rechenfehler,** bei der Streitwertberechnung **2** 5, **3** 5; Berichtigung des Urteils **319**
**Rechnungslegung,** Feststellungsklage **256** 91; Pfändung des Anspruchs auf eine R. **704** 101; Zwangsvollstreckung aus einem Urteil auf eine R. **887** 21
**Rechnungslegungsklage,** Gerichtsstand **31** 1; Streitwert **3 Anh** 93; Übergang von der Feststellungs- zur Leistungsklage **264** 2; Verbindung mit der Herausgabeklage **254** 3
**Rechnungsvermerk** als Gerichtsstandsvereinbarung **29** 35
**Recht** s Dingliches Recht, Persönliches Recht, Sachliches Recht, Subjektives Recht

**Rechtliche Erörterung 139** 31 ff, **278** 10 ff, **313** 46
**Rechtlicher Gesichtspunkt** s rechtliche Erörterung
**Rechtlicher Zusammenhang,** bei einer Aufrechnung durch den Bekl **302** 2; dinglicher Gerichtsstand des Sachzusammenhangs **25**; Prozeßverbindung **147** 19; bei einer Widerklage **33** 5, **253 Anh** 13
**Rechtliches Gehör,** Interesse am r. G. s Gehör, Interesse
**Rechtsangelegenheit,** geschäftsmäßige Besorgung **157** 8
**Rechtsansicht** s rechtliche Erörterung
**Rechtsausführung 138** 14
**Rechtsaussicht** s Rechtsfrage
**Rechtsanwalt,** Amtspflicht GVG **155** Anh I 5; Anwaltskartell s dort; Erstattung seiner Kosten **91** 157 ff; ausländischer Anwalt **Üb 78**, 10, **SchlAnh VII**; Beglaubigung einer zuzustellenden Abschrift **170** 15; Beiordnung s Ehesache (Ehescheidungsantrag), Notanwaltsbeiordnung, Prozeßkostenhilfe; Beratungshilfe **127** Anh, GVG **155** Anh I 4 § 49 a; Verbot der Berufsausübung oder Vertretung GVG **155** Anh I 6; Bindung an eine Weisung des Auftraggebers **80** 4; Fortbildung GVG **155** Anh I 4 § 43 a; Berechnung und Kontrolle einer Frist **233** 85; Verschulden bei einer Fristversäumung **85**, **233** 85; Gerichtsstand des Erfüllungsorts **29** 18; Geschäftsfähigkeit **51** 3; Handakten GVG **155** Anh I 4 § 50; Kanzleiabwickler **78** 27; Kostenerstattung in einer eigenen Sache **91** 170; vor dem Obersten Landesgericht EG **8** 1; Vertretung der Partei im Parteiprozeß **79** 1; Praxisabwickler **78** 27; Prozeßfähigkeit **78** 26; als ProzBev s dort; beim Prozeßgericht zugelassener Anwalt **78** 22; Rechte und Pflichten nach der BRAO GVG **155** Anh I 2; Fristkontrolle bei der Einlegung eines Rechtsmittels **233** 85; vor einem Schiedsgericht **1042**; Selbstvertretung **78** 3; Standeswidrigkeit **337** 10, GVG **155** Anh I 9; Straftat als Restitutionsgrund oder Grund für eine Klage auf die Aufhebung des Schiedsspruchs **580** 6, **581** 1/**1041** 18; Tod, Abwicklung der Kanzlei GVG **155** Anh I 4 § 55; dgl Aufnahme nach einer Unterbrechung des Verfahrens **244** 14; dgl Prozeßvollmacht **86** 3, **87** 9; dgl Rechtsstellung **81** 2; Unsachlichkeit GVG **155** Anh I 4 § 43 a; Unterbrechung beim Wegfall **244**; Untervertreter **81** 10; Mitteilung einer Urkunde von Anwalt zu Anwalt **134**; Vergütung GVG **155** Anh I 4 § 49 b; Verschwiegenheit GVG **155** Anh I 4 § 43 a; Vertretung **81** 10, GVG **155** Anh I 4 § 53; Vertretung, Kostenerstattung **91** 164; Vertretungsfähigkeit **81** 10; Vertretungsverbot **157** 1, **158** 1; Wahrheitspflicht **138** 8; Wegfall **244**; widerstreitende Interessen GVG **155** Anh I 4 §§ 43 a, 45; Zeugnisverweigerungsrecht **383** 9; Zulassung am Prozeßgericht **78** 22; Zustellung von Amts wegen **212 a**; Zustellung von Anwalt zu Anwalt s dort; Zustellung an einen Anwaltsgehilfen **183** 8; Zustellungsbevollmächtigter für den Anwalt GVG **155** Anh I 5
– **(Schadensersatzpflicht),** wegen der Nichtbeachtung eines gerichtlichen Hinweises **139** 99; bei einer Beschränkung der Prozeßvollmacht **83** 1; wegen eines Verschuldens **85** 8 ff
**Rechtsanwaltsgebühr Üb 91** 22; Aufrechnung durch den ProzBev **81** 17; der für die Berechnung maßgebende Zeitpunkt **4** 1; Erinnerung gegen den Kostenfestsetzungsbeschluß **104** 49; Gerichtsstand **34**; Klage und Widerklage **5** 1; Kostener-

**Rechtsanwaltsgesellschaft**

stattung **91** 11 ff, 21; Kostenerstattung der Hebegebühr **91** 21; Kostenerstattung bei einer Honorarvereinbarung **91** 41, 42; Kostenfestsetzung **Einf 103** 2; Rechtskraftwirkung des Kostenfestsetzungsbeschlusses **Einf 103** 8; Mehrzahl von Klagansprüchen **5** 1; nach einer Prozeßtrennung **145** 6; bei einer Prozeßverbindung **5** 11, **147** 20; Festsetzung des Streitwerts für die Berechnung der Gebühren **Einf 3** 7; Vertretung des ProzBev **81** 10; Kosten der Zwangsvollstreckung **788** 34
**Rechtsanwaltsgesellschaft,** Parteifähigkeit **50** 6; Prozeßvollmacht **Üb 78** 6; Vertretung **51** 21
**Rechtsanwaltschaft** beim BGH **GVG 155 Anh I** 13
**Rechtsanwaltskammer,** Rechtsweg **GVG 13** 26
**Rechtsanwaltskartell** s Anwaltskartell
**Rechtsanwaltssozietät,** Kostenerstattung **91** 132; Prozeßvollmacht **84**; notwendige Streitgenossenschaft **62** 13 „Rechtsanwalt"
**Rechtsanwaltszulassung GVG 155 Anh I** 5; Rechtsweg **GVG 13** 26
**Rechtsanwendung 550** 2, 3, **559** 9
**Rechtsausführung** s Rechtsfrage
**Rechtsauskunft** des Richters **DRiG 41**
**Rechtsbeeinträchtigung,** Urheberbenennung **77**
**Rechtsbegriff 550** 7 „Einordnung unter die Norm"
**Rechtsbehelf Grdz 511** 1; Belehrung s dort; gegen einen Schiedsspruch **1059**; beim Streitgenossen **61** 6, **62** 23; Zulässigkeit **Grdz 511** 5; gegen eine Zuständigkeitsbestimmung **37** 6; in der Zwangsvollstreckung **Grdz 704** 41
**Rechtsbeistand GVG 155 Anh II** 2; Ausschluß als Gerichtsperson **41** 12, 49; Gebühr, Gerichtsstand **34**; Kostenerstattung **91** 182; Zulassung **157** 25; dgl Antrag auf eine gerichtliche Entscheidung **EGGVG 23** 3; Zulassung zur mündlichen Verhandlung **157** 1, 21; s auch Rechtsmittel
**Rechtsberatung** ohne Erlaubnis, Zurückweisung als Parteivertreter **79** 3
**Rechtsbeschwerde 621** e 16, **1065**
**Rechtsbeurteilung** s Rechtsfrage
**Rechtschöpfungslehre** der Rechtskraft **Einf 322** 8
**Rechtseinheit,** Vorlage beim Großen Senat des BGH/dem Gemeinsamen Senat der obersten Gerichtshöfe **GVG 136 ff/GVG 140 Anh**
**Rechtsentscheid** über eine Mietrechtsfrage **541**
**Rechtsfähigkeit** und Parteifähigkeit **50** 4
**Rechtsfolge,** Rechtskrafteinbeziehung **322** 18
**Rechtsfortbildung,** Vorlegung beim Großen Senat des BGH **GVG 137**; Auslegung der ZPO bei einer Gesetzeslücke **Einl III** 48
**Rechtsfrage,** abstrakte **256** 11; Anordnung einer Verhandlungsbeschränkung **146** 3; Auslegung als R. **Einf 284** 16; gedachte **256** 12; Erörterung **139** 34, 75, **278** 10, **313** 46; von grundsätzlicher Bedeutung, Vorlegung beim OLG **541**, beim Großen Senat des BGH **GVG 132**; gerichtliche Beurteilung, Hinweispflicht **139** 34; abweichende Beurteilung, Vorlegung beim Großen Senat des BGH/beim Gemeinsamen Senat der obersten Gerichtshöfe **GVG 132**, **140 Anh**; Rechtsausführungen im Prozeß **85** 6, **139** 34; im Schriftsatz **130** 19, **132** 8; Rechtsentscheid in einer Mietrechtsfrage **541**; juristische Tatsache **Einf 284** 21
**Rechtsfrieden 940** 17
**Rechtsgemeinschaft** am Streitgegenstand, Streitgenossenschaft **59** 4
**Rechtsgeschäft,** Auslegung, Prüfung in der Revisionsinstanz **550** 3; über Prozeßbeziehungen **Grdz 128** 48; auf Grund der Prozeßvollmacht **81** 21; Prozeßhandlung als Rechtsgeschäft **Grdz 128**

61; Vertretung s dort; Zeuge beim R., Zeugnispflicht **385** 1
**Rechtsgespräch 139** 34, 75, **278** 10
**Rechtsgestaltungsklage** s Klage
**Rechtsgeständnis 288** 1
**Rechtsgültigkeit,** eines Gesetzes, einer Verordnung, eines Verwaltungsakts, richterliches Prüfungsrecht **GVG 1**
**Rechtsgutachten** des Richters **DRiG 41**
**Rechtshängigkeit 261** 1; im Arrestverfahren **920** 7; im Ausland **261** 9; und Aufrechnung **145** 15; Aussetzung wegen Vorgreiflichkeit, R. als Voraussetzung **148** 7; als Einwendung **Üb 253** 9; Ende **91 a** 108, **261** 15; Erledigung der Hauptsache **91 a** 30, 39; Erledigung des Klaganspruchs vor der R. **91 a** 30; eines Hilfsanspruchs **260** 14; der Hilfswiderklage **261** 13; Klagerücknahme, Beseitigung der R. **269** 32; und Mahnverfahren **693** 3, **696** 9, **700** 13, **703 a**; Nacherbfall während der R. **326** 4; Parteiidentität **261** 18; als Prozeßhindernis **261** 28; Verzicht auf die Zulässigkeitsrüge **296**; Prozeßidentität **261** 19; Begründung des Prozeßrechtsverhältnisses **Grdz 128** 3, **261** 3; und Rechtskraftwirkung **261** 27; Streitbefangenheit **265** 4; Streitgegenstand **2** 4; und Streitgenossenschaft **62** 4; Streitwert **3 Anh** 93; Voraussetzungen **261** 18; als Voraussetzung einer Widerklage **253 Anh** 9; prozessuale/sachlichrechtliche Wirkung **261** 3, 21/**262 ff**; Fortdauer der Zuständigkeit kraft R. **261** 28; Zuständigkeitsvereinbarung nach dem Eintritt der R. **38** 34
– **(bei, durch)** einer Abstandnahme vom Urkundenprozeß **596** 8; einer Aufrechnung durch den Bekl **145** 15; einer Einrede **261** 12; einer Genehmigung der Prozeßführung ohne eine Vollmacht **89** 15; ein Gericht eines anderen Rechtszweiges **261** 33; eine Klagänderung **263** 18, **264** 1; die Klagerhebung **261** 4; eine Klagerweiterung **261** 3; die Zustellung der Klageschrift ohne eine Terminsbestimmung **253** 10; das Mahnverfahren **693** 3, **696** 9, **700** 13, **703 a** 2; einem Rechtsübergang nach der R. **265** 3, 16; einer Rechtswegweisung **GVG 17** 3, 4; einem Schadensersatzanspruch des Bekl wegen einer Zwangsvollstreckung aus einem nur vorläufig vollstreckbaren Titel **717** 15; der Veräußerung des Grundstücks, Schiffs, Schiffsbauwerks, Luftfahrzeugs während des Prozesses **266** 1; einem Vergleich im Verfahren der Prozeßkostenhilfe **118**; einer Verweisung **261** 6; eine Vollstreckungsklage auf Grund eines ausländischen Urteils **722** 10; eine Widerklage **281** 20; eine Zwischenfeststellungsklage **256** 118
**Rechtshilfe GVG Üb 156** 2, 3, **156 ff**; Abkommen s Zivilprozeßrecht, zwischenstaatliches; HZPrÜbk **GVG 168 Anh I**; Pflicht zur R. **GVG 156**; Vollstreckungshilfe bei einem Angehörigen der Streitkräfte **SchlAnh III** 34; Zuständigkeit **GVG 157**; bei der Zwangsvollstreckung **789** 2
– **(Ersuchen) GVG 157**; Ablehnung **GVG 158**; im Ausland **GVG 168 Anh**; dgl bei einem Unterhaltsanspruch **GVG 168 Anh II**; Erledigung durch einen Referendar **GVG 10** 1; bei der Zwangsvollstreckung **789** 2
**Rechtshindernde Einwendung Üb 253** 8
**Rechtsirrtum,** Entschuldbarkeit **Einl III** 69; Wiedereinsetzung bei einem R. **233** 114 „Gesetzesunkenntnis"
**Rechtskraft Einf 322** 1, **322 ff**, **EG 19**; Amtsprüfung **Einf 322** 25; eines Beschlusses **329** 21; Beseitigung **Einf 322** 27; durch übereinstimmende Erledigterklärungen **91 a** 108; Fristsetzung durch ein Urteil, Fristbeginn **255** 9; des Kostenfestset-

zungsbeschlusses **104** 31; Parteivereinbarung über eine Rechtskraftwirkung **Einf 322** 25; beim Rechtsmittelverzicht **705** 8; Zurückweisung der Ablehnung eines Richters **46** 8; Streitgegenstand **2** 4; Urteil gegen eine falsche Partei **Grdz 50** 18; bei einem Mangel der Vertretung oder der Zustellung **56** 11; Wiedereinsetzungsantrag nach der R. **Üb 230** 6
- **(äußere, formelle Rechtskraft) Einf 322** 1, **705**; im Aufgebotsverfahren **957** 1; eines Beschlusses **329** 21; Eintritt mit der Verkündung **705** 3; Hemmung **705** 9; eines Kostenfestsetzungsbeschlusses **104** 31; eines Schiedsspruchs **1055**; eines Verbundurteils **629** 3; eines Versäumnisurteils **Üb 330** 16; der Vollstreckbarerklärung eines Schiedsspruchs **1060**; des Vollstreckungsbescheids **700** 1; einer Vorabentscheidung über den Anspruchsgrund **304** 28; eines Vorbehaltsurteils im Urkundenprozeß **599** 11; eines Zwischenurteils **322** 3
- **(innere, materielle Rechtskraft) Einf 322** 4, **322** 4, 27 ff; des Anspruchs, Begriff **322** 15; beim Arrest und der einstweiligen Verfügung **322** 29; bei einer Aufrechnung **322** 21; Bedeutung **Einf 322** 10; eines Beschlusses **329** 21; Beseitigung **Einf 322** 27; Drittwirkung **322** 3; eines Kostenfestsetzungsbeschlusses **104** 31; Rechtskraftfähigkeit **322** 1; eines Schiedsspruchs **1055**; Tragweite **322** 4, 27 ff; entsprechend der Urteilsformel **322** 4; Einbeziehung der Urteilsgründe **322** 6 ff; eines Versäumnisurteils **Üb 330** 16; der Vollstreckbarerklärung eines Schiedsspruchs **1060**; beim Vollstreckungsbescheid **Einf 322** 13, **322** 71, **700**; einer Vorabentscheidung über den Anspruchsgrund **304** 28; eines Zwischenurteils **322** 3
- **(Erschleichen) Einf 322** 35; der R. eines Scheidungsurteils durch eine Rücknahme der Berufung **Einl III** 63; Restitutionsklage **580** 6; Streitwert eines Schadensersatzanspruchs bei einem Scheidungsurteil **9** 6

**Rechtskraftwirkung,** des Urteils auf Grund einer Anfechtungsklage gegen ein Ausschlußurteil **957** 2; gegenüber dem ausgeschiedenen Besitzer **76** 10; gegenüber einem Dritten **325** 17; eines Ehenichtigkeitsurteils **636 a**; eines Feststellungsurteils wegen der Echtheit oder Unechtheit einer Urkunde **256** 107; eines Gestaltungsurteils **325** 15; eines Kindschaftsurteils **640 h**; der Klagabweisung mangels eines Prozeßführungsrechts **Grdz 50** 22; der Klagabweisung mangels einer Sachbefugnis **Grdz 50** 22; der Klagabweisung im Urkundenprozeß **597** 1, 7; des Kostenfestsetzungsbeschlusses gegenüber dem ProzBev **Einf 103** 8; und Rechtshängigkeitswirkung **261** 27; sachliche/persönliche R. **Einf 322** 11/20; gegenüber einem Rechtsnachfolger **325** 4; eines Schiedsspruchs **1055**; bei einer Streithilfe **68** 1; bei einer streitgenössischen Streithilfe wegen der Rechtskraftwirkung **69** 1; als ein Streithilfegrund **66** 8; bei einer Zurückweisung der Streithilfe **71** 9; bei einem Urteil auf eine Willenserklärung **894** 7; beim Urteil auf die Feststellung der Vaterschaft **641 k**; und Vollstreckbarkeit **Einf 727** 1; bei der Zurückweisung des Antrags auf den Erlaß eines Mahnbescheids **691** 14; beim Zwischenurteil im Streit um ein Zeugnisverweigerungsrecht **387** 4

**Rechtskraftzeugnis 706** 3, **715** 2

**Rechtskundiger,** Anwaltszwang **78** 56

**Rechtslage Grdz 128** 3; die für ein Urteil maßgebenden Gesetzesvorschriften **300** 7

**Rechtsmängelhaftung,** Gerichtsstand des Erfüllungsorts **29** 1; beim Erwerb der Pfandsache **806**; Streitverkündung **72** 5

**Rechtsmißbrauch Einl III** 54, **Grdz 128** 13; Ausforschung des Gegners **138** 21; Berufung auf eine Änderung der Rechtsprechung **Einl III** 46; Berufung gegen ein Ehescheidungsurteil **Einl III** 63; Beschwerde **567** 13; Beschwerde gegen eine Entscheidung im Verfahren der Prozeßkostenhilfe **127** 55; bei der Kostenfestsetzung **104** 13; bei einer Prozeßgeschäftsführung **Grdz 50** 32; bei einer Prozeßhandlung **Grdz 128** 57; und Rechtskraft **Einf 322** 35; und Rechtssicherheit **Einl III** 61; bei der Ablehnung eines Richters **42** 7, **45** 5; durch ein widersprüchliches Verhalten **Einl III** 60; durch die Verweigerung der Zustimmung zu einem Parteiwechsel **263** 4, 23; durch eine Zuständigkeitsvereinbarung **38** 10, **40** 5; durch eine Zustellung unter einer Umgehung des Zustellungsbevollmächtigten **174** 3; in der Zwangsvollstreckung **Grdz 704** 44; durch den Schuldner in der Zwangsvollstreckung **769** 8
- **(durch Erschleichen)**, des Gerichtsstands **Einl III** 56, **2** 7, **Üb 12** 22, **38** 10, **Grdz 128** 16, **504** 1, 2; des Gerichtsstands des Erfüllungsorts **29** 6; des Gerichtsstands einer Nachlaßverbindlichkeit **28** 3; des Gerichtsstands des Vermögens/Streitgegenstands **23** 7; der Rechtskraft s dort; der öffentlichen Zustellung **Einf 203** 4

**Rechtsmittel Grdz 511** 1, **EG 19**; bedingtes **Grdz 511** 4; Begründetheit **Grdz 511** 13; Beschwer als Voraussetzung **Grdz 511** 3; bei einem Formfehler der Entscheidung **Grdz 511** 27; Kostenentscheidung **97**; im schiedsrichterlichen Verfahren **1059**; Streitgenossen **61** 6; Streithelfer, Rechtsmittelanschluß **67** 11; Streitwert **3 Anh** 93; Übergangsrecht **577 a Anh**; zwecks Urteilsergänzung **321** 3; Verfassungsbeschwerde **Grdz 511** 34; Wesen **Grdz 511** 1, 2; Ausschluß der Wiederaufnahmeklage durch das R. **579** 11, **582**; Zulässigkeit **Grdz 511** 6, **511** 2, 4; s auch Rechtsbehelf
- **(gegen)** die Ablehnung der Wiedereinsetzung **238** 12; ein Ausschlußurteil **957** 4; ein Ergänzungsurteil **321** 10; eine Kostenentscheidung **99**; die Kostenentscheidung wegen Erledigung der Hauptsache **91 a** 151 ff; eine Kostenentscheidung im Fall der Streitgenossenschaft **100** 68; die Anordnung einer Sicherheitsleistung **108** 19; ein Scheinurteil **Üb 330** 5, 6, **Grdz 511** 26; ein Urteil auf eine Fortsetzung des Mietvertrags **308 a** 5; ein Urteil im Urkundenprozeß ohne einen Vorbehalt **599** 8; eine Entscheidung im Wiederaufnahmeverfahren **591**; vgl auch Berufung, Revision, Beschluß (Unanfechtbarkeit), (sofortige, weitere) Beschwerde
- **(Begründung),** nach einer Aussetzung des Verfahrens **249** 7; durch einen notwendigen Streitgenossen **62** 25; durch einen Streithelfer **67** 11, 12; nach einer Unterbrechung des Verfahrens **249** 7; Unterschrift **519** 27
- **(Belehrung)** s dort
- **(Beschränkung)** durch einen Streithelfer **67** 11, 12; vgl auch bei den einzelnen Rechtsmitteln
- **(Einlegung),** als Aufnahme nach einer Aussetzung oder Unterbrechung des Verfahrens **250** 2; nach einer Aussetzung des Verfahrens **249** 9; durch den Bekl als Partei kraft Zustellung **Grdz 50** 14; nach einer teilweisen Erledigung der Hauptsache **91 a** 204; durch einen Parteiunfähigen **50** 33; durch einen Prozeßunfähigen **52** 3, **Grdz 511** 9; wegen eines Mangels der Prozeßvollmacht **88** 15; Sorgfaltspflicht des Rechtsanwalts **233** 84; bei einer notwendigen Streitgenossenschaft **62** 23; durch einen Streithelfer **66** 13, **67** 7, 11; durch einen streitgenössischen Streithelfer **69** 9; als Bei-

**Rechtsmittelbelehrung**

tritt des Streithelfers **70** 3; nach einer Unterbrechung des Verfahrens **249** 9; nach einer Unterbrechung durch den Tod/die Vertretungsunfähigkeit des ProzBev **244** 12; Unterschrift **129** 9, 40, **518** 11, **569** 4; durch einen nichtrechtsfähigen Verein als Bekl **50** 26; ohne eine Vollmacht **97** 12; Zustellung der Rechtsmittelschrift von Amts wegen **210**a; Einstellung der Zwangsvollstreckung **707** 22; vgl auch Berufung, Revision
- **(Rechtsmittelfrist),** nach der Aufnahme eines unterbrochenen Verfahrens **239** 16; bei einer Aussetzung des Verfahrens **249** 4; Pflicht des Anwalts zur Berechnung und Kontrolle der Frist **233** 85 ff; Fristversäumung, Wiedereinsetzung nach einer Verwerfung des Rechtsmittels **238** 4, 7; Fristbeginn durch die Zustellung des Urteil **312** 4; nach einer Anordnung des Ruhens des Verfahrens **251** 9; für einen Streithelfer **67** 12; für einen streitgenössischen Streithelfer **69** 7; bei einer Unterbrechung des Verfahrens **249** 4; vgl auch bei den einzelnen Rechtsmitteln
- **(Rechtsmittelhängigkeit) 261** 3
- **(Rechtsmittelschrift),** bei der Berufung **518**; bei der Beschwerde **569** 3; bei der Revision **553**; Zustellung **210**a
- **(Rechtsmittelsumme),** Berechnung **2**; bei der Berufung in einer vermögensrechtlichen Streitigkeit **511**a 4; bei der Beschwerde **567** 16; Beschwer **Grdz 511** 13 ff; Beschwer bei einer Anschlußberufung **521** 10; Beschwer bei einer Berufung in einer Ehesache **Üb 606** 5; Beschwer bei einer Hilfsaufrechnung **3 Anh** 21; Beschwer als Voraussetzung einer Wiederaufnahme **578** 1; bei der Revision in einer vermögensrechtlichen Streitigkeit **546** 5
- **(Rücknahme),** der Berufung s dort; der Beschwerde **573** 7; des Einspruchs gegen ein Versäumnisurteil **346**; der Erinnerung gegen einen Kostenfestsetzungsbeschluß **104** 59; Protokoll **160** 16; der Revision s dort; bei einer Streithilfe, durch den Streithelfer **67** 11; nach einem Vergleich, Aufhebung der Kosten gegeneinander **98** 10; Widerruf **Grdz 128** 58; dgl, Beginn der Frist für den Antrag auf eine Wiedereinsetzung **234** 20; des Widerspruchs gegen einen Mahnbescheid **697**
- **(Streitwert)** s Beschwerdewert
- **(Verzicht) 705** 8; nach einer Aussetzung des Verfahrens **249** 8; auf die Berufung **514**; in einer Ehesache **617** 5; Protokoll **160** 17; bei der Genehmigung der Prozeßführung ohne eine Vollmacht **89** 15; auf die Revision **566** 2; nach einer Unterbrechung des Verfahrens **249** 8

**Rechtsmittelbelehrung,** Fehlen ihrer Notwendigkeit **313** 51; bei einer Berufung **Grdz 511** 35; bei einem Justizverwaltungsakt **EGGVG 26** 2

**Rechtsmittelgericht,** BGH **GVG 133**; LG **GVG 72**; OLG **GVG 119**

**Rechtsnachfolge** einer Prozeßpartei **Grdz 50** 6, 15, **Grdz 128** 17, **239** 6; Aufnahme nach einer Unterbrechung des Verfahrens **239** 6, 9; vollstreckbare Ausfertigung für/gegen den Rechtsnachfolger **727** 2; bei der Erbnachfolge **326**; Ergänzungsurteil über die R. **239** 16, 23; Gerichtsstand der unerlaubten Handlung **32** 16; Nachweis der R. beim Grundpfandrecht **799**; Kostenentscheidung bei einer Klage vor der Mitteilung der R. **94**; Kostenentscheidung **91** 23; Kostenentscheidung im Fall eines Anerkenntnisses nach dem Eintritt der R. **93** 52; Kostenfestsetzung **103** 31; Ladung zwecks Aufnahme nach einer Unterbrechung des Verfahrens **239** 17; Fortsetzung des Prozesses **50** 20; Prozeßhandlung,

Bindungswirkung bei einer R. **265** 21, 22; Prozeßübernahme **265** 4; Prozeßübernahme durch den mittelbaren Besitzer bei einer Streitverkündung **76** 3; Prozeßübernahme nach der Veräußerung eines Grundstücks, Schiffs, Schiffsbauwerks, Luftfahrzeugs **266** 4; Prozeßvollmacht nach der Aussetzung oder Unterbrechung des Verfahrens **86** 13; Rechtskraftwirkung gegenüber dem Rechtsnachfolger **325**; Reichsbahn/Reichspost **50** 10; Schiedsvereinbarung, Bindung **1029**; Streithelfer als Rechtsnachfolger **265** 21; Streit über die R. **239** 12, 16, 19; Streitgenossenschaft **Üb 59** 4; Unterbrechung des Verfahrens durch eine R. **239** 3, 6; vollstreckbare Urkunde **799** 1; Verzögerung der Aufnahme durch den Rechtsnachfolger nach einem Urteil **239** 17; Wiederaufnahme **578** 5

**Rechtsnachteil,** im Aufgebotsverfahren durch die Unterlassung einer Anmeldung **946** 1, **947** 5, **986** 2, **987** 1, **995**, **997** 2, **1002**, **1008** 1; bei einer Versäumnis **231**

**Rechtsnorm,** Bindung des Richters **GVG 1** 3; Angabe in der Revisionsbegründung **554** 9; Ermittlung **293** 1; Gesetzesverletzung **550**; Revisibilität **549** 2 ff

**Rechtspflege,** Aufgabe **GVG 21 Anh I**; Stillstand, Unterbrechung des Verfahrens **245** 2

**Rechtspfleger,** Anwaltszwang vor ihm **78** 39; Ausschluß vom Amt/Ablehnung wegen Befangenheit **41**, **47**, **49** 5; dgl Entscheidung **GVG 153 Anh 8 § 10**; Beeidigung **GVG 153 Anh 8 § 4**; Befugnis/Überschreitung **GVG 153 Anh 3/4, 8 § 8**; Entscheidung des Richters statt des R. **10** 2; Stellung **GVG 153 Anh** 2, 3; Unabhängigkeit **GVG 153 Anh 8 § 9**; Unterschrift **GVG 153 Anh 8 § 12**; Vorlegungspflicht **GVG 153 Anh 4, 8 §§ 4, 5**; Zuständigkeitsstreit zwischen dem Richter und dem R. **GVG 153 Anh 8 § 7**
- **(Erinnerung gegen eine Entscheidung)** s Erinnerung
- **(Zuständigkeit) GVG 153 Anh 8 §§** 3, 4, 7, 20, 21; Aussetzung der Verwertung einer Pfandsache **813**a; Erteilung einer vollstreckbaren Ausfertigung **727** 12, **728**, **729**, **730**; Kostenfestsetzung **103** 41, **104** 3; im Mahnverfahren **692**, **GVG 153 Anh 8 § 20**; im Prozeßkostenhilfeverfahren **118** 47 ff, **124** 34, 40, 51, 58, **127** 99; (Neu)Festsetzung des Regelunterhalts **642**, **645** ff; im Verfahren auf die Rückgabe einer Sicherheitsleistung **109** 12, 15, **715** 2; Umstellung eines Unterhaltstitels auf die Zahlung eines Regelunterhalts **642**; im Verfahren auf eine Unterhaltsanpassung **GVG 153 Anh 8 § 20**; Erteilung der Vollstreckungsklausel **724** 6, **797** 3; Bestellung eines Zustellungsbevollmächtigten **174** 8; Bewilligung einer Zustellung an den Gegner **177** 2; Erlaubnis zur Zustellung während der Nachtzeit oder an einem Sonn- oder Feiertag **188** 7; in der Zwangsvollstreckung **Grdz 704** 35, **761** 2, **GVG 153 Anh 8 § 20**

**Rechtspolitik Einl I B**

**Rechtsposition** und Rechtskraft **Einf 322** 7

**Rechtspraktikant GVG 10** 2, 3

**Rechtsprechende Gewalt GVG 12** Vorbem, **DRiG 1**

**Rechtsprechung GVG 21 Anh I**; Änderung, Zuständigkeit des Großen Senats **GVG 136**; Arglisteinwand gegenüber einer Berufung auf die Änderung der R. **Einl III 53** ff

**Rechtsprechungsmonopol DRiG 1** 1

**Rechtsquellen** des Zivilprozeßrechts **Einl II A**

**Rechtsreferendar** s Referendar

**Rechtssache** von grundsätzlicher Bedeutung **546**, **554, 554 b**
**Rechtssatz,** Beweis **293** 5, 6; im Urteil **313** 41
**Rechtsschein,** Beweislast **286 Anh** 4
**Rechtsschutzanspruch Grdz 253** 156
**Rechtsschutzbedürfnis Grdz 253** 33; bei der Abänderungsklage **323** 6; Amtsprüfung **Grdz 253** 53; bei der Anfechtungsklage gegenüber einem Ausschlußurteil **957** 2; im Arrestverfahren **917** 6; und Beschwer **Grdz 511** 25; bei der Beschwerde **574** 1; in einer Ehesache **Üb 606** 7; bei einer Einmischungsklage **64** 7; bei einer einstweiligen Einstellung der Zwangsvollstreckung **707** 5; bei der Forderungspfändung **829** 11; Klagabweisung beim Fehlen **300** 8; bei der Feststellungsklage **256** 21; bei derjenigen in einer Kindschaftssache **640** 8; für eine Gegenvorstellung **Üb 567** 7; für eine Klage aus einem ausländischen Urteil **723** 2–4; für eine Klage auf die Erstattung von Prozeßkosten **Üb 91** 43, 48; bei einer neuen Klage nach einer rechtskräftigen Entscheidung **Einf 322** 16; Darlegung des R. in der Klageschrift **253** 32; für eine Kostenentscheidung nach der Klagerücknahme **269** 40; für eine Kostenfestsetzung **103** 33; für diejenige nach einer Kostenerstattung **Einf 103** 14; als Prozeßvoraussetzung **Grdz 253** 22, 34 ff; beim Fehlen einer Prozeßwirtschaftlichkeit **Grdz 128** 15; in der Revisionsinstanz **Grdz 253** 53; beim Scheinprozeß **Grdz 253** 52; bei einer Schikane **Grdz 128** 57; für eine Festsetzung des Kostenstreitwerts **Einf 3** 7; für einen Beschluß auf die Feststellung der Wirkungslosigkeit eines ergangenen Urteils nach einer Klagerücknahme **269** 46; nach einer einstweiligen Verfügung **Grdz 253** 49; und Verwaltungszwang **Grdz 253** 46; bei der Klage auf die Erteilung einer Vollstreckungsklausel **731** 2; trotz eines Vollstreckungstitels **Grdz 253** 49, **794** 2; für die Widerklage **253 Anh** 6; für eine öffentliche Zustellung **203** 1; in der Zwangsvollstreckung **Grdz 253** 47, 48; für eine Zwischenfeststellungswiderklage **256** 119
**Rechtsschutzbegehren Einl III** 1, 9, **Grdz 253** 2
**Rechtsschutzgrundrecht Grdz 253** 2
**Rechtsschutzklausel** bei einer Sicherheitsleistung **110 Anh** 1
**Rechtsschutzversicherung,** Prozeßkostenhilfe, **114** 67
**Rechtsschutzvoraussetzung Grdz 253** 5
**Rechtssicherheit,** und Einwand der Arglist **Einl III** 61; bei der Auslegung der ZPO **Einl III** 43; und Restitutionsklage **580** 1
**Rechtsstaatlichkeit** des Verfahrens **Einl III** 22
**Rechtsstreit** s Prozeß
**Rechtsstreitigkeit,** bürgerlichrechtliche R. **EG 4**, **GVG 13**
**Rechtsstudium DRiG** 5
**Rechtsübergang,** Rechtskraftwirkung **325** 6; des Streitgegenstandes **265** 3, 16
**Rechtsverfolgung,** im allgemeinen Interesse **116**; Notwendigkeit, Kosten **91** 28; Mutwilligkeit, Ablehnung eines Notanwalts **78 b** 4; Prozeßkostenhilfe **114** 106 ff; Notwendigkeit einer einheitlichen R., notwendige Streitgenossenschaft **62** 12
**Rechtsverletzung,** bei einer Justizverwaltungsmaßnahme **EGGVG 24** 2; s auch Gesetz (Verletzung)
**Rechtsverhältnis,** (Nicht)Bestehen, Feststellungsklage **256** 4; Bestimmtheit, Zuständigkeitsvereinbarung **40** 1; mit einem Dritten, Feststellungsklage **256** 27; Gefährdung, Feststellungsklage **256** 31; bei einer einheitlichen Feststel-

lung, notwendige Streitgenossenschaft **62** 4 ff; bedingtes R., Rechtskraftwirkung **325** 23; gedachtes oder künftiges R., Feststellungsklage **256** 11; als Grundlage einer Schiedsvereinbarung **1029**; einstweilige Verfügung zur vorläufigen Regelung **940**; Vorgreiflichkeit der Entscheidung eines Gerichts oder einer Behörde als Aussetzungsgrund **148** 1; Vorgreiflichkeit, Rechtskraftwirkung **322** 72; Vorgreiflichkeit, Zwischenfeststellungsklage **256** 124
**Rechtsvermutung 292** 1, 7; Echtheit einer privaten Urkunde **440** 4
**Rechtsvernichtende Einwendung Üb 253** 8
**Rechtsverordnung GVG 1** 2; Revisibilität **549** 13
**Rechtsverteidigung,** Erfolgsaussicht, Prozeßkostenhilfe **114** 80 ff
**Rechtsverweigerung** durch den Richter **Einl III** 49
**Rechtsvorgänger,** Zeugnisverweigerungsrecht **385** 6; vgl auch Rechtsnachfolger
**Rechtsweg,** Berufung auf den R. **253** 4; Zivilprozeßsache kraft einer Zuweisung **GVG 13** 19
– **(Unzulässigkeit),** Rüge **Üb 253** 9, **280** 1; Verzicht auf die Rüge **296** 70; als Revisionsgrund **547** 2; beim Fehlen der Vorentscheidung einer Verwaltungsbehörde **253** 4
– **(Zulässigkeit) GVG 13**, 17, 17 a; bei einer Aufrechnung durch den Bekl **145** 17; bei der Anerkennung eines ausländischen Urteils **328** 19; Beschlußverfahren **GVG 17** a, b; Notargebühr **34** 2; als Prozeßvoraussetzung **Grdz 253** 3 F, **GVG 13** 22; bürgerlichrechtliche/öffentlichrechtliche Rechtsstreitigkeit **EG 4**, **GVG 13**; in einer Angelegenheit der Richtervertretung **DRiG** 60; Rechtsprechungsübersicht **GVG 13** 30 ff; kraft einer Vereinbarung **Üb 38** 5, **GVG 13** 2; Verweisung auf einen anderen R. **GVG 17**; Zuständigkeit/Zulässigkeit des R., Abgrenzung **280** 1, **GVG Üb 1** 6; für die Zwangsvollstreckung **Grdz 704** 2; für eine Zwischenfeststellungsklage **256** 118
**Rechtswidrigkeit,** eines Justizverwaltungsakts **EGGVG** 28; Rechtswidrigkeitszusammenhang **287** 6
**Rechtszug** s Instanz
**Rechtszugsvoraussetzungen Grdz 511** 6
**Rechtzeitigkeit** des Parteivorbringens **132** 9, **273**, **275 ff, 282, 296, 335** 6, **340, 527, 528, 529**
**Redakteur,** Zeugnisverweigerungsrecht **383**
**Reederei,** Zuständigkeit der Kammer für Handelssachen **GVG 95** 6; Parteifähigkeit **50** 9; Zwangsvollstreckung gegen die R. **736 Anh** 4; Haftungsbeschränkung **Üb 872** 1
**Referendar,** Anwesenheit bei der Beratung und Abstimmung **GVG 193**; Ausbildung beim Anwalt **GVG 155 Anh I** 4 § 59; Ausschluß als Gerichtsperson **41** 12, 49; Gerichtsstand **21**; bei einem Rechtsanwalt, Fristversäumung **85** 27 „Amtlich bestellter Vertreter", **233** 75; als Vertreter in der mündlichen Verhandlung **157** 8; Vorbereitungsdienst **DRiG 5 a**; Wahrnehmung rechtspflegerischer Geschäfte **GVG 153 Anh I** 8 § 2; Wahrnehmung richterlicher Geschäfte **GVG 10**
**Reform** der ZPO **Einl I B**
**Reformatio in melius, in peius 536** 2, **559** 3, **573** 11
**Regelbetragsverordnung 645 Anh II**
**Regelunterhalt** s Unterhaltsklage
**Regelungsverfügung Grdz 916** 4, **940**
**Regierungserklärung** und Auslegung **Einl III** 39
**Regierungsmitglied,** Minister s dort; Exterritorialität des R. eines fremden Staats **GVG 20** 1

**Registereintragung**   Zahlen in Fettdruck = Paragraphen

**Registereintragung,** Kosten als solche der Zwangsvollstreckung **788** 22 „Eintragung"; Antragsrecht des Gläubigers auf die Erteilung einer zwecks R. erforderlichen Urkunde nach einem Urteil auf die Abgabe einer Willenserklärung des Schuldners **896**; Eintragungsersuchen auf Grund einer einstweiligen Verfügung **941**
**Registerpfandrecht,** Gläubigeraufgebot s Aufgebotsverfahren; Pfändung/Überweisung **830 a** 1/ **837 a** 1; Urkundenprozeß für einen Anspruch aus einem R. **592** 5; Veräußerung eines Luftfahrzeugs während des Prozesses **266** 1; Zubehör, Zwangsvollstreckung **865**
**Regreß** s Rückgriff
**Regulierungsbeamter** einer Versicherung als Vertreter in der mündlichen Verhandlung **157** 13
**Reich,** Parteifähigkeit **50** 10; Rechtsnachfolger **50** 10; Vertretung **18** 2
**Reichsbahn,** Bundesbahn als Rechtsnachfolgerin **50** 10
**Reichsrecht,** Revisibilität **549** 11
**Reisekostenerstattung 91 92** ff; bei einer Anordnung des persönlichen Erscheinens einer Partei **141** 25; dgl Vorschuß **141** 25; eines ehrenamtlichen Richters **GVG** 107
**Reisender,** Streitigkeit, vorläufige Vollstreckbarkeit des Urteils **709** 1; Zuständigkeit **GVG** 23 9
**Reisevertrag,** Beweislast **286 Anh** 157
**Rektapapier 808** 3
**Relevanztheorie,** Rechtsübergang des Streitgegenstands **265** 17
**Religionsfreiheit** bei einer Eidesleistung **481, 485**
**Rente,** Abänderungsklage **323**; vereinfachte Abänderung **645** ff; Berechnung für die Gerichts-/ Rechtsanwaltsgebühren **9** 1; Klage auf eine nachträgliche Sicherheitsleistung **324**; Klage auf eine künftige Zahlung **258** 1; Klagantrag **253** 31, 88 „Unterhalt"; Pfändung **811** 48; Pfändung einer Schadensersatzrente **850 b** 2; Pfändung einer Sozialversicherungsrente **Grdz 704** 103; Pfändung einer gesetzlichen Unterhaltsrente **850 b** 3; Pfändung einer Versicherungsrente **850** 14; Streitwert **9** 3, 8; Rechtskraftwirkung des Urteils **322** 61; Urteil über den Grund des Anspruchs **304** 4; vorläufige Vollstreckbarkeit **708** 9
**Rentengut,** Streitwert des Herausgabeanspruchs **8** 4
**Rentenschein,** Aufgebot **1010–1013**
**Rentenschuld,** Brief s Grundpfandrechtsbrief; Gläubigeraufgebot **982, 988**; Gerichtsstand **24** 6; Gerichtsstand der Klage auf eine Befreiung von einer persönlichen Verbindlichkeit **25**; Pfändung **857** 13; Nachweis der Rechtsnachfolge durch den Gläubiger **799**; Urkundenprozeß für einen Anspruch aus einer R. **592** 5; Rechtskraftwirkung des Urteils **325** 12; Zwangsvollstreckung aus einem Urteil auf die Bestellung/Belastung/Abtretung einer Briefrentenschuld **897**
**Replik Üb 253** 9; Frist zur R. **275** 14, **276** 19, **277** 9, **520** 7; im Urteil **313** 21, 38, 39
**Repräsentant** eines anderen Staats **GVG** 20
**Restitutionsgrund,** Wiedereröffnung der mündlichen Verhandlung wegen des Bekanntwerdens einer R. **156** 6
**Restitutionsklage** s Wiederaufnahmeklage (Restitutionsklage)
**Revisibilität** einer Rechtsnorm **549** 6, 9, 13 ff, **562** 2
**Revision Üb 545** 1, **545** ff; Rechtsschutzbedürfnis **Grdz 253** 53; Verzicht **566**
– **(Ablehnung, Annahme der) 554 b, 555, 556, 566 a**

– **(Anschlußrevision) 556**; nur gegen die Kostenentscheidung **99** 27
– **(Antrag) 554** 6; Bindung des Revisionsgerichts **559** 2; auf eine Fristsetzung durch ein Urteil **255** 5
– **(Begründung) 554**; nach einer Aussetzung oder Unterbrechung des Verfahrens **249** 7; Revision als Aufnahme **250** 3; gegen ein Urteil des Bayerischen Obersten Landesgerichts **EG** 7; Angabe des Beschwerdewerts **554** 15; durch ein Telegramm **129** 12, 45; Unterschrift **129** 8, 40, **554** 3
– **(Begründungsfrist) 554** 4; bei einer Abgabe vom BayObLG an den BGH **EG** 7 6; Pflicht des Anwalts zur Fristkontrolle **233** 85 ff; nach einer Anordnung des Ruhens des Verfahrens **251** 9; Verlängerung **554** 5; wiederholte Verlängerung **225** 7
– **(Revisionseinlegung) 553**; nach einer Aussetzung oder Unterbrechung des Verfahrens **249** 9; als Aufnahme **250** 3; gegen ein Urteil des BayObLG **EG** 7 2; Revisionsschrift **553, 553 a**; Sorgfaltspflicht des Anwalts **233** 85 ff; als Sprungrevision **566 a**; durch einen Streithelfer **66** 13; durch ein Telegramm **129** 12, 45; Unterschrift **129** 8; ohne eine Vollmacht **97** 12; Zustellung der Revisionsschrift **210 a, 553 a**
– **(Revisionsfähigkeit) 545** 2
– **(Revisionsfrist) 552**; nach der Aufnahme eines unterbrochenen Verfahrens **239** 16; bei einer Aussetzung des Verfahrens **249** 7; Pflicht des Anwalts zur Fristkontrolle **233** 85 ff; nach der Anordnung des Ruhens des Verfahrens **251** 9; nach einer Unterbrechung des Verfahrens **249** 7; Wiedereinsetzung nach einer Verwerfung der Revision **238** 6
– **(Revisionsgrund) 549** ff; absoluter R. **551**; Angabe in der Revisionsbegründungsschrift **554** 8; Anordnung einer Verhandlungsbeschränkung **146** 4; Verletzung der Aufklärungspflicht **139** 102; Entscheidung im schriftlichen Verfahren nach einer mündlichen Verhandlung **128** 17; Fehlen der internationalen Zuständigkeit **Üb 12** 8; Fehlen der örtlichen Zuständigkeit bei einem vermögensrechtlichen Anspruch **549** 18; Gesetzesverletzung **549, 550**; Nichtzulassung einer Klagänderung **263** 22; Parteiunfähigkeit **551** 19; unbedingter R. **551**; Unterlassen einer Anordnung zur Vorbereitung der mündlichen Verhandlung **273** 16; Unzulässigkeit der Berufung **547**; Urteilsmangel **551** 14; Verfahrensmangel **558**; Zeugenvernehmung unter einem Verstoß gegen den Grundsatz der Unmittelbarkeit der Beweisaufnahme **375** 16
– **(Revisionssumme) 546** 5; Auskunftsklage nach der Verurteilung und Zurückverweisung **3 Anh** 142 „Zurückverweisung"; Beschwerdewert **546** 6, **546** 2; bei einer teilweisen Erledigung der Hauptsache **91 a** 101, 102, 200; Prozeßtrennung/-verbindung **145** 6/**147** 13
– **(Rücknahme) 566**; Klagerücknahme **269** 11; Kostenentscheidung, Anwaltszwang **78** 10; R. auf Grund eines Vergleichs, Aufhebung der Kosten gegeneinander **98** 10; Protokoll **160** 16
– **(Sprungrevision) 566 a**
– **(Statthaftigkeit)** s das folgende Unterstichwort Zulässigkeit
– **(Verzicht) 566** 2; Protokoll **160** 17
– **(Zulässigkeit) Üb 545** 2, **545** ff; bei einem vermögensrechtlichen Anspruch s Revisionssumme; gegen die Verwerfung der Berufung als unzulässig **519 b** 11, **547** 3; gegen die Verwerfung der Anschlußberufung als unzulässig **547** 3; Beschwer **546** 5; gegen ein Urteil des Dienstgerichts **DRiG** 62, **80–82**; in einer Familiensache **621 d**; und

dahinterstehende Zahlen und Buchstaben = Randnummern **Richter**

Folgesache **629 a**; gegen ein Versäumnisurteil **566**; gegen ein Versäumnisurteil nach einem Antrag auf eine Wiedereinsetzung **238 8**; gegen eine Entscheidung zur vorläufigen Vollstreckbarkeit **714 5**; gegen ein Zwischenurteil über die Ablehnung einer Wiedereinsetzung **238 6**
- **(Zulassung) 546, 554**; wegen einer Abweichung **546** 12; wegen einer solchen von einer Entscheidung des Gemeinsamen Senats **546 Anh**; wegen der grundsätzlichen Bedeutung der Rechtssache **546** 10; Beschränkung der Z. **546** 16

**Révision au fond 328 Anh** 6 „Frankreich", **723** 2
**Revisionsgericht**, BayObLG **EG 7**, **EGGVG 8**, **SchlAnh I B**; BGH **GVG 133**; oberstes Landesgericht **EGGVG 8, 10**
- **(Bindung)**, an die Entscheidung des Berufungsgerichts über die Zulassung der Revision **546, 554**; an eine vom Berufungsgericht erlassene unanfechtbare Entscheidung **548** 3; an eine tatsächliche Feststellung **561** 3, 12; an den Revisionsantrag **559** 2; an die Zulassung der Revision **546** 22, 29, **554**
- **(Nachprüfung)**, einer vom Berufungsgericht erlassenen Entscheidung **548**; eines Verstoßes gegen die Beweislast **286 Anh** 237; der Beweiswürdigung **Einf 284** 35, **550** 6; eines Erfahrungssatzes **550** 8; des Ermessens **Einl III** 33; des Feststellungsinteresses bei der Feststellungsklage **256** 21, 22; einer Gesetzesverletzung **550, 559** 9; der tatsächlichen Grundlagen einer Entscheidung **561** 3; der Auslegung des Klagantrags **253** 40; der Kostenverteilung im Fall einer Streitgenossenschaft **100** 35; der Partei- oder Prozeßfähigkeit **56** 3; einer Prozeßhandlung **Grdz 128** 52, **550** 5; einer Prozeßverbindung **147** 15; eines absoluten Revisionsgrundes **551**; der Zurückweisung des Ablehnungsgesuchs gegenüber einem Richter **46** 8; des Tatbestands des Urteils **550** 12; eines Verfahrensmangels **559** 5; einer Verkehrsauffassung **550** 4, 8; der Zulässigkeit der Revision **554 a**; der internationalen Zuständigkeit **Üb 38** 9
- **(Revisionsentscheidung) 563 ff**; Aufhebung des Berufungsurteils **564**; abschließende Entscheidung **565** 12; Beschluß **554 a**; ersetzende Entscheidung **565** 11; Kostenentscheidung im Fall einer Streitgenossenschaft **100** 17 „Rechtsmittel"; Prozeßstoff **561**; Berichtigung des Tatbestands des Revisionsurteils **320** 5; bei einer Rüge eines Verfahrensmangels ohne eine Begründung **565 a**; Versäumnisurteil **557** 3; Verwerfung als unzulässig **554 a**; Verwerfung wegen des Unterbleibens einer Sicherheitsleistung **113** 5; Vorentscheidung **548** 2; Zurückverweisung **565**; Zurückverweisung wegen Verletzung der Aufklärungspflicht **139** 102; Zurückverweisung wegen einer Nichtzulassung einer Klagänderung **263** 13; Zurückverweisung bei einer Sprungrevision **566 a** 9; Zurückweisung der Revision **563**

**Revisionsverfahren 557, 566**; Abgabe vom BayObLG an den BGH **EG 7**; Anforderung oder Rücksendung der Akte **566**; neuer Anspruch **561** 3, 6; Aufklärungspflicht des Gerichts **139** 80 „Revisionsinstanz"; Aussetzung des Verfahrens **148** 21 „Neue Tatsache"; Aussetzung wegen einer Straftat **149** 6; Berücksichtigung einer neuen Tatsache **561** 6; Einzelrichter **557 a**; Erledigung der Hauptsache **91 a** 7 101, 133 „Revision"; Kosten **97**; Parteiwechsel **263** 13; Rüge des Mangels der Prozeßvollmacht **88** 6; Rechtsübergang des Streitgegenstands **265** 17; Revisionsverhandlung **555**; Streitverkündung **74** 4; Streitwert **4** 5; Streitwert einer Grunddienstbarkeit **7** 4; neue Tatsache **561**

3, 6; Tatsachenfeststellung **550** 3, **561** 12; Umfang der Prüfung **559**; Erstattung der Kosten eines Verkehrsanwalts **91** 149; Versäumnisverfahren **557** 3; Widerklage **253 Anh** 10; Geltendmachung einer Zulässigkeitsrüge **566**; Einstellung der Zwangsvollstreckung **719** 6

**Rheinschiffahrtsakte 328** 5, **GVG 14** 2
**Rheinschiffahrtsgericht GVG 14** 2
**Rheinschiffahrtssache 10** 3
**Richter GVG 1, 10, SchlAnh I A**; als Abgeordneter **DRiG 4, 36, 121**; Ablehnung s Befangenheitsablehnung; Abordnung **DRiG 37**; eine mit dem Amt (un)vereinbare Aufgabe **DRiG 4**; Amtsbezeichnung **DRiG 19 a, 120 a**; Amtsenthebung **DRiG 30**; beim Amtsgericht **GVG 22**; Amtshandlung außerhalb des Gerichtsbezirks **GVG** 166; Amtspflichtverletzung, Restitutionsklage **580** 7, **581** 1; Amtsübertragung **DRiG 27**; Angabe im Urteil **313** 9; Aufklärungs- und Hinweispflicht s dort; kraft eines Auftrags **GVG 10, 70, DRiG 15, 16**; aufsichtführender R. s dort; beauftragter R. s dort; Bearbeitung eines Geschäfts des Rpfl **GVG 153 Anh §§ 6, 8, 28**; Befähigung zum Richteramt **DRiG 5-5 d, 7, 109**; Beurlaubung **DRiG 48 a, b, 76 a**; Bindung an das Gesetz **GVG** 1; Bindung an die Rechtsprechung **Einl III** 46, 47; Dienstalter **DRiG 20**; im Bundesdienst **DRiG 46**; Abstimmung nach dem Dienstalter **GVG 197**; Dienstaufsicht **GVG 21 Anh, 22, DRiG 26**; Dienstgericht **DRiG 61, 72, 77–79**; Entscheidung des Dienstgerichts im Prüfungsverfahren **DRiG 66, 67, 83**; Dienstunfähigkeit **DRiG 34**; Disziplinarmaßnahme **DRiG 64**; Disziplinarverfahren **DRiG 63, 81–83**; Eid **DRiG 38**; Einzelrichter s dort; Entscheidung des R. statt des Rpfl oder Urkundsbeamten **10** 2; Verwertung eines Erfahrungssatzes **Einf 284** 22; Ermittlung von Auslandsrecht, Gewohnheitsrecht, Satzungsrecht **293**; Friedensrichter **Einl I B**; Gerichtsbesetzung s dort; Haftpflichtgefahr **GVG Üb 192** 2; ersuchter R. s dort; Hilfsrichter am LG **GVG 115**; Hilfsrichter am OLG **GVG 115**; Aufgabe der Justizverwaltung **EGGVG 4, DRiG 4** 4; im Landesdienst **DRiG 71, 71 a**; Nebentätigkeit **DRiG 42**; Ordnungsgewalt **GVG 180**; Pflicht im Zivilprozeß **Einl III** 9, 14, 27, 33; auf Probe **GVG 10, 70, DRiG 12, 13**; als Protokollführer **159** 11; Rechtsauskunft/Rechtsgutachten **DRiG 41**; Rechtskenntnis **293** 1; Rechtsverweigerung **Einl III** 49; Pflicht zur Sachentscheidung **Einl III** 27; als Sachverständiger **409** 4; als Schiedsrichter, Schiedsgutachter, Schlichter **DRiG 40**; Schweigepflicht **GVG Üb 192** 1; Selbstablehnung 48; als „Sozialingenieur" **Einl I** 4; Vernehmung **376, 408**; Stellung **DRiG Einl 1** 2; Teilzeitbeschäftigung **DRiG 48 a, c, d, 76 a–c**; Unabhängigkeit **GVG 1** 2, **DRiG Vorbem 25, 25, 39**; Unparteilichkeit **139** 13, 87; Untersagung eines Amtsgeschäfts **DRiG 35**; Urteilsabfassung **315** 11; Urteilsunterschrift **315** 12; verordneter Richter s dort; Verhinderung **163** 5, **309** 1, **315** 5, 6; Vertretung **GVG 70, 117**; Wegfall **163** 3, **309** 1, **315** 5; Wissen als Urteilsgrundlage **286** 22, 23; privates Wissen über einen Prozeßvorgang **286** 23; als Zeuge **Üb 373** 9 ff; dgl Aussagegenehmigung **376**; Zeugnisverweigerungsrecht **383** 8, 9; vgl auch Gericht
- **(Ausschließung)** s dort
- **(Befangenheit)** s Befangenheitsablehnung
- **(Ernennung)**, Bundespersonalausschuß **DRiG 47**; auf Lebenszeit **DRiG 10**; Nichtigkeit **DRiG 18**; auf Probe **DRiG 12**; kraft Auftrags **DRiG 14**;

**Richter, beauftragter**  Zahlen in Fettdruck = Paragraphen

Rücknahme **DRiG 19**; Urkunde **DRiG 17**; auf Zeit **DRiG 11**
- **(richterliches Prüfungsrecht)**, gegenüber einem Gesetz **GVG 1** 5; gegenüber einem Verwaltungsakt **GVG 13** 16; gegenüber einer Zuständigkeitsvereinbarung **38** 10
- **(Richterverhältnis) DRiG Vorbem 8**; Beendigung durch ein Strafurteil **DRiG 24**; Berufung in den Richterdienst **DRiG 8**; Berufungsvoraussetzungen **DRiG 9**; Begründung s Richterernennung; Entlassung **DRiG 21**; Entlassung eines Richters kraft Auftrags **DRiG 23**; Entlassung eines Richters auf Probe **DRiG 22**
- **(Richterwechsel)** s Gerichtsbesetzung
- **(Versetzung) DRiG 30**; bei einer Änderung der Gerichtsorganisation **DRiG 32**; durch ein Urteil des Dienstgerichts **DRiG 62, 65, 78, 80**; im Interesse der Rechtspflege **DRiG 31**; im Ruhestand **DRiG 48, 76**

**Richter, beauftragter Einl III** 72, s auch Beweisaufnahme, Verordneter Richter

**Richter, ehrenamtlicher DRiG 1** 3, 44; Abberufung **DRiG 44** nebst Anh; Berufung **DRiG 44** nebst Anh; Bezeichnung **DRiG 45 a**; Rechte und Pflichten **DRiG 45**; Übergangsrecht **EGGVG 6**; Unabhängigkeit **DRiG 45**; Vereidigung **DRiG 45**

- **(Kammer für Handelssachen) GVG 105 ff**; Amtsenthebung **GVG 113**; Ausschluß vom Richteramt **Üb 41** 2; Befähigung **GVG 109, 110**; Dienststellung **GVG 112**; Ernennung **GVG 108**; Vergütung **GVG 107**

**Richter, ersuchter Einl III** 72; s auch Beweisaufnahme, Verordneter Richter

**Richterkommissar** s Beweisaufnahme, Verordneter Richter

**Richterliche Frist** s Frist (richterliche Fristsetzung)

**Richterliche Gewalt GVG 1**

**Richterrat DRiG 49–53, 72, 73**

**Richtervertretung DRiG 49 ff, 72 ff**; Geschäftsführung **DRiG 58**

**Richterwahlausschuß DRiG 8** 2

**Richterwechsel**, Geschäftsverteilung **GVG 21 e**; Protokoll **160** 6; nach dem Urteil **315** 5; vor dem Urteil **309** 1

**Richtlinie** des Gemeinschaftsrechts **293** 2

**Rubrum 313** 4–10

**Rückdatierung** s Rückwirkung

**Rückerstattungsgesetz**, Rechtsweg **GVG 13** 55

**Rückfestsetzung 104** 14

**Rückforderungsanspruch**, für gezahlte Kosten **104** 14; nach einer Änderung des Streitwerts **107** 4; bei einer öffentlichrechtlichen Leistung, Rechtsweg **GVG 13** 55 „Rückerstattung"; bei einer Sicherheitsleistung **109**; bei der Widerklage **253 Anh** 11; nach der Zwangsvollstreckung aus einem vorläufig vollstreckbaren Urteil **3 Anh** 94 „Rückerstattung"; **717** 13

**Rückgabe**, der Sicherheitsleistung s dort; einer Urkunde von Anwalt zu Anwalt **135** 8; einer Urkunde nach der Niederlegung **134** 12

**Rückgewährungsanspruch** nach dem AnfG, Streitgefangenheit **265** 5

**Rückgriffsanspruch**, Ausschluß des Schuldners als Gerichtsperson **41** 7, **49**; bei der Feststellungsklage **256** 12; Freistellung, Feststellungsklage **256** 69 „Freihaltungsanspruch"; des Sozialversicherungsträgers, Streitwert **3 Anh** 130; bei der streitgenössischen Streithilfe **69** 3, 4; als Streithilfegrund **66** 8; als Streitverkündungsgrund **72** 4 ff

**Rückkehrhilfe**, Pfändbarkeit **Grdz 704** 100

**Rücknahme**, des Antrags auf ein streitiges Verfahren **696**; der Aufrechnung durch den Bekl **145** 16; der Berufung s dort; der Beschwerde **573** 7; des Einspruchs gegen ein Versäumnisurteil **346**; der Erinnerung gegen einen Kostenfestsetzungsbeschluß **104** 59; einer Erledigterklärung **91 a** 93 „Widerruf"; der Klage vor ihrer Zustellung **269** 5; Klagerücknahme s dort; des Antrags auf die Abnahme der Offenbarungsversicherung **900** 5; des Rechtsmittels bei einer Streithilfe **67** 9; des Rechtsmittels durch einen Streithelfer **67** 9; des Rechtsmittels beim Vergleich, Aufhebung der Kosten gegeneinander **98** 10; der Revision s dort; der Ernennung eines Richters **DRiG 19**; eines Scheidungsantrags **626**; des Beitritts des Streithelfers **66** 5, **70** 7; Streitwert **3 Anh** 94; eines Verwaltungsakts, Rechtsweg **GVG 13** 55; der Verhandlungsgesuchs im Fall einer freigestellten mündlichen Verhandlung **128** 10, **269** 3; Widerruf einer Rücknahme des Rechtsmittels **Grdz 128** 55; dgl Beginn der Frist für den Antrag auf eine Wiedereinsetzung **234** 6 ff; des Widerspruchs gegen einen Mahnbescheid **697**

**Rücksendung**, der Gerichtsakte durch das Berufungs-/Revisionsgericht **544/566**

**Rückstand**, bei einer wiederkehrenden Leistung s dort; bei einer Unterhaltsrente s dort

**Rücktritt**, Erklärung durch den ProzBev **81** 21; von einer Erledigterklärung **91 a** 74; bei einer Fristsetzung durch das Urteil **255** 1; Pfändung des Rücktrittsrechts **Grdz 704** 101; eines Schiedsrichters **1036**; von der Schiedsvereinbarung **1038**; bei der Streitgenossenschaft **62** 16; vom Vertrag, Gerichtsstand **29** 9

**Rückwirkung**, eines die ZPO ändernden Gesetzes **Einl III** 78; einer Genehmigung s dort; der Klage bei einem unzuständigen Gericht **253** 21; einer Berichtigung des Urteils **319** 28; bei einer demnächst erfolgenden Zustellung der Klage **270** 7 ff, **262** 3; bei einer demnächst erfolgenden Zustellung des Mahnbescheids **696** 10; einer öffentlichen Zustellung oder einer Zustellung im Ausland **207** 3; bei der Prozeßkostenhilfe **122** 6; beim Empfangsbekenntnis über eine Zustellung **198** 5, 15, 20, **212 a** 7, 13; bei der Heilung eines Mangels der Zustellung infolge des Zugangs **187** 3

**Rüge**, einer mangelhaften Prozeßhandlung **295** 7; dgl in der Berufungs-/Revisionsinstanz **530/558, 559**; des Mangels einer Prozeßvollmacht **88** 6; Rügerecht, Hinweispflicht des Gerichts **139** 88 „Verfahrensmangel"; Verlust in der Berufungsinstanz **531** 1, in der Revisionsinstanz **558** 1; Verzicht auf eine R. s Partei (Verzicht auf); Zulässigkeitsrüge **282** 17, **296** 9, **529**

**Ruhegeld**, Pfändung **850** 9

**Ruhen des Verfahrens Üb 239** 2, **251** 1; Anordnung **251** 2; Antrag **251** 3; Aufhebung in der höheren Instanz **252** 6; Aufnahme s dort; durch eine grundlose Aussetzung des Verfahrens **Einf 148** 10; Beschwerde **252** 2; Fristlauf **251** 9; Prozeßhandlung nach einer Anordnung des Ruhens **251** 9; bei einer Säumnis beider Parteien **251 a** 28, bei einer Streitgenossenschaft **61** 6; Unterschied gegenüber einer Aussetzung des Verfahrens **Üb 239** 1; mündliche Verhandlung **251** 7; Wirkung **251** 9

**Ruhestand** des Richters **DRiG 48**

**Rundfunkanstalt**, Rechtsweg **GVG 13** 56; Zuständigkeitsvereinbarung **38** 18

**Rundfunkgerät**, Pfändung **Grdz 704** 100, **811** 20

**Rundfunksendung,** Verbot der Berichterstattung GVG 174; Übertragung der Gerichtsverhandlung GVG 169 5; Zeugnisverweigerung 383

## S

**Saarland,** zivilprozessuale Gesetze **Einl II** 2
**Saatgut,** Pfändung **810** 1, **811** 31; Klage auf eine vorzugsweise Befriedigung **805** 3
**Sachantrag** s Klagantrag
**Sachbefugnis Grdz 50** 23, **Grdz** 253 24; bei der notwendigen Streitgenossenschaft **59** 3, **62** 12; Vorabentscheidung über den Grund des Anspruchs **304** 9
**Sachbenutzung,** Vergütung, Pfändung **850 i** 7
**Sachbitte** 253 39; vgl auch Klagantrag
**Sachdienlichkeit,** Aufklärungspflicht des Gerichts **139** 22; der eigenen Entscheidung s Sachentscheidung; der Klagänderung **263** 24
**Sache,** Anspruch auf die Herausgabe oder auf eine Leistung, Pfändung **846–849**; Pfändung für mehrere Gläubiger **854, 856**; Pfändung der S. s Zwangsvollstreckung (Pfändung einer Sache oder eines Wertpapiers); Begriff der unbeweglichen S. für den Gerichtsstand **24** 15; Räumungsvollstreckung in einen Grundstück, Schiff, Schiffsbauwerk, Ablieferung einer beweglichen S. durch den Gerichtsvollzieher an den Schuldner **885**; Zwangsvollstreckung auf die Herausgabe einer bestimmten/vertretbaren S. **883/884**; Zwangsvollstreckung im Fall des Gewahrsams eines Dritten **886**; Streitwert **6** 2; Überlassung, Sommersache **227** 45; Begriff des unbeweglichen Vermögens **864**
– **(Verhandlung zur Sache),** Verweisungsantrag an eine andere Zivilkammer, Vorabentscheidung GVG 101
**Sachenrechtsbereinigungsgesetz,** Entscheidung bei **308, 894**; Feststellung der Anspruchsberechtigung bei **256**; Gestaltungsklage **Grdz** 253 11; Klageschrift bei **253**; Kosten bei **91**; Rechtsweg beim Sachenrechtsänderungsgesetz GVG 13 56; Streitverkündung bei **72**; Verfahrensvoraussetzungen **Grdz** 253 28, bei **253**
**Sachentscheidung,** des Berufungsgerichts **540** 3; des Revisionsgerichts **565** 11
**Sachentscheidungspflicht Einl III** 27
**Sachhaftung Grdz** 253 8
**Sachkunde** des ehrenamtlichen Richters der Kammer für Handelssachen GVG 114; eines sachverständigen Zeugen **414** 3
**Sachlegitimation** s Sachbefugnis
**Sachleitung** s Mündliche Verhandlung
**Sachliche Zuständigkeit** s Zuständigkeit (sachliche)
**Sachlichrechtliche Theorie** der Rechtskraft **Einf** 322 5
**Sachmängelanspruch,** Gerichtsstand des Erfüllungsorts **29** 3, 13 ff; beim Erwerb der Pfandsache **806** 3; Streitverkündung **72** 5
**Sach- und Streitstand,** Aufklärungspflicht des Gerichts **139** 33; Berichtigung des Urteilstatbestand **313** 30, **319–321**
**Sachprüfung,** bei einem Anerkenntnisurteil **307** 18; bei einem Versäumnisurteil gegen den Kläger **330** 6
**Sachurteil Grdz** 253 13, **Üb** 300 5; bei einer rechtsvernichtenden Einrede **300** 9; Voraussetzung des S. **Grdz** 253 13
**Sachverhalt,** und Streitgegenstand **2** 3; im Urteil **313** 14 ff

**Sachverhaltsaufklärung** s Aufklärungspflicht
**Sachverständiger Üb** 373 1, **Üb** 402 1; Ausschluß als Gerichtsperson **41** 13, **49**; Genehmigungsbedürftigkeit beim Beamten **402** 1 „§ 376"; Befreiung von der Pflicht zur Erstattung des Gutachtens **408** 3, 6; Entschädigung **413**; Fachbehörde **Üb** 373 32, **Üb** 402 25; Erstattung der Kosten eines zur Vorbereitung des Prozesses eingeholten Gutachtens **Üb** 91 277; Pflicht des Gutachters **Üb** 402 16, **407, 407 a**; Recht zur Verweigerung eines Gutachtens **408**; Richter als S. **408** 5, 6; Angehöriger der Streitkräfte **SchlAnh III** 39
– **(Hinzuziehung) Üb** 402 12; gerichtliche Anordnung **144** 13; Anordnung vor der mündlichen Verhandlung **273, 358 a**; bei einer Augenscheinseinnahme **372** 3; im Prozeßkostenhilfeverfahren **118**; bei der Schätzung einer Pfandsache **813**; bei einer gerichtlichen Schadensschätzung **287** 28; Schriftsachverständiger **442**
**Sachverständigenbeweis,** Antritt **403**; Aussetzung des Kindschaftsverfahrens wegen eines Gutachtens **640 f**; Auswahl des Sachverständigen **Üb** 402 14, **404**; Auswahl durch den verordneten Richter **405**; Ablehnung des Beweisantrags **286** 27 ff, 50; sofortige Erhebung **358 a**; Kostenerstattung **91** 101, 277; Ladung des Sachverständigen **402** 1 „§ 377", **404 a**; richterliche Anordnung vor der mündlichen Verhandlung **273** 23; maßgebliche Vorschriften **402 ff**; Verletzung der Wahrheitspflicht durch den Sachverständigen, Restitutionsklage **580** 5, **581** 1; sachverständiger Zeuge **414** 3
– **(Beeidigung des Sachverständigen) 402** 6 „§ 391", **410**; Eidesleistung s dort; im schiedsrichterlichen Verfahren **1050**; kraft eines Ersuchens des Schiedsgerichts **1050**; Verzicht in einer Ehe-/Kindschaftssache **617** 3, **640** 12 „§ 617"
– **(Befangenheitsablehnung),** Ablehnungsantrag **406** 26, **487** 6; Ablehnungsgrund **406** 4; Dolmetscher GVG 191; Entscheidung **406** 34; nach der Erstattung des Gutachtens **412**; durch den Streithelfer **67** 8
– **(Gutachten),** Anordnung einer erneuten Begutachtung **412** 1; im vorbereitenden Beweisbeschluß **358 a** 9; Beweiswürdigung **286** 50, **Üb** 402 15, **412** 3; Ermittlung durch den Sachverständigen **404 a**; Pflicht zur Erstattung des G. **407, 407 a**; schriftliches Gutachten **411** 1, 2; dgl Anordnung, Fristsetzung **411** 2; Ordnungsgeld bei einer Fristversäumung **411** 5; Kostenerstattung **91** 101, 277; Obergutachten **286** 54, **412** 4; Privatgutachten **Üb** 402 21; Unrichtigkeit des Gutachtens als Revisionsrüge/Restitutionsgrund **580** 5, **581** 1; Unrichtigkeit des Gutachtens als Wiedereinsetzungsgrund **233** 27; Verweigerung der Erstattung eines Gutachtens **402** 6 „§§ 386–389", **408**; dgl Auferlegung eines Ordnungsgeldes sowie von Kosten **409**; Verwertung des Gutachtens in einem anderen Verfahren **286** 64
– **(Prüfungspflichten) 407 a**
– **(Vernehmung des Sachverständigen) 402** 6 „§§ 394–398"; Wiedergabe der Aussage des Sachverständigen im Tatbestand des Urteils **313** 23; Beanstandung einer Frage in der mündlichen Verhandlung **140** 8; eidliche V. **391, 392/402** 6 „§ 391"; Entfernung während der mündlichen Verhandlung **158** 1; zur Erläuterung des Gutachtens **411** 9; Protokoll **160** 11, **160 a**, **161** 1; Nichterscheinen des Sachverständigen, Auferlegung eines Ordnungsgelds sowie von Kosten **409**; im schiedsrichterlichen Verfahren **1049, 1050**; uneidliche V. **391 ff/402** 1; Verhinderung am Erscheinen vor dem Gericht bzw am Terminsort **219** 23

**Sachverständiger Zeuge**

- (Weisung an ihn) **404 a**

**Sachverständiger Zeuge 414** 3

**Sachzusammenhang,** beim Familiengericht **GVG 23 b** 8, **119** 4 ff; Verbindung einer persönlichen und einer dinglichen Klage, Gerichtsstand **25**

**Sammelvermögen,** Pfleger als Partei kraft Amtes **Grdz 50** 12

**Samstag** s Sonnabend

**San Marino,** Ehesache **606 a Anh II** 14

**Satzung,** Bestimmung des zuständigen Gerichts **12** 3; Nachweis des Satzungsrechts **293** 5; Prüfung in der Revisionsinstanz **550** 1; Anordnung der Zuständigkeit eines Schiedsgerichts in der S. **1029**

**Saudi Arabien,** Ehesache **606 a Anh II** 14

**Säumnis** s Versäumnis

**Schaden,** durch die Verzögerung einer Terminsbestimmung, Befreiung von der Pflicht zur Vorwegzahlung der Prozeßgebühr **271 Anh**; Zeugnisverweigerungsrecht bei einem drohenden Sch. **384** 2

**Schadensermittlung 287** 9

**Schadensersatzanspruch,** für Abmahnungskosten **Üb 91** 53; des Gläubigers neben einer Zwangsvollstreckung wegen einer Handlung, Duldung oder Unterlassung **893**; wegen der ausgeschlossenen Kostenerstattung **Üb 91** 43; wegen Nichterfüllung, Fristsetzung durch das Urteil **255** 1; Pfändung einer Schadensersatzrente **850 b** 2; Sicherheitsleistung s dort

**Schadensersatzklage,** Anscheinsbeweis für einen Ursachenzusammenhang oder für ein Verschulden **286 Anh** 15; Übergang von der abstrakten zur konkreten Berechnung **287** 9; Beweislast **286 Anh** 33; Beweiswürdigung der Entstehung des Schadens **287** 9; Urheberbenennung im Fall der Beeinträchtigung des Eigentums oder eines Rechts **77**; Feststellungsklage wegen eines künftigen Ereignisses **256** 36; gemeinsame Klage mehrerer Berechtigter **253** 76; Klagebegründung bei einer gerichtlichen Schadensschätzung **253** 86; Verbindung der Schadensersatzklage mit einer Klage auf eine Fristsetzung in einem Urteil **255** 4; Kostenentscheidung beim Anerkenntnis **93** 53; diejenige im Fall einer gerichtlichen Schadensschätzung **93** 99; Kostenentscheidung im Fall einer gerichtlichen Schätzung der Forderung des Gegners **92** 52; Kostenerstattung **91** 83; Prozeßgeschäftsführer für den Drittschaden **Grdz 50** 35 „Drittschadensinteresse"; gerichtliche Schadensermittlung/-schätzung **287** 9, 30; dgl Hinzuziehung eines Sachverständigen **287** 28; Schätzungsvernehmung der Partei **287** 34; Streitgenossenschaft **59** 4, **60** 1, **62** 16; Streithilfe **66** 7; Streitverkündung **72** 4; Streitwert im Fall einer gerichtlichen Schadensschätzung **3 Anh** 95; Streitwert eines Schadensersatzanspruchs aus einem erschlichenen Ehescheidungsurteil **9** 6; Rechtskraftwirkung des Urteils **322** 62; Zuständigkeitsvereinbarung **40** 3

- (Gerichtsstand), der unerlaubten Handlung **32**; bei einem Schaden auch aus einem Vertrag **32** 14 (c); bei einem Schaden aus einem Mietvertrag **29 a** 1; bei einem Schaden aus einem Vertrag **29** 3, 7, **32** 14 (a); bei einem Anspruch gegen ein Mitglied des Vorstands oder des Aufsichtsrats eines Versicherungsvereins auf Gegenseitigkeit **22** 3; bei einem Schadensersatzanspruch aus einer Zwangsvollstreckung **32** 15 „Zwangsvollstreckung"

**Schadensersatzpflicht** wegen einer Amtspflichtverletzung s dort; bei einem Anerkenntnis durch den Beitritt des Streithelfers **74** 3; für die Kosten eines Arrestverfahrens **Üb 91** 53; wegen eines Arrests/einer einstweiligen Verfügung **945**; Be-

weissicherungskosten **Üb 91** 56; Inkassogebühren **Üb 91** 61; im Kindschaftsprozeß **641 g**; Kreditkosten **Üb 91** 62; Kosten der Kündigung oder eines Mahnschreibens **Üb 91** 63; Rückgriffsanspruch s dort; wegen einer Verletzung einer öffentlich-rechtlichen Pflicht **GVG 13** 21, 30; wegen einer Staatshaftung **GVG 13** 21 ff, 30; Verzugsschaden als Kosten der Zwangsvollstreckung **788** 51; bei der Verurteilung zur Vornahme einer Handlung **510 b**, **888 a**

- (Partei), im Kindschaftsprozeß **641 g**; wegen einer falschen Prozeßbehauptung **138** 65; für den ProzBev **85** 1; bei einem Rechtsmißbrauch **Einl III** 58; wegen einer sittenwidrigen Prozeßhandlung **Grdz 128** 60

- (Prozeßbevollmächtigter), des Anwalts wegen der Nichtbeachtung eines gerichtlichen Hinweises **139** 99; bei einer Beschränkung der Vollmacht **83** 1; wegen eines Fehlers bei der Prozeßführung **85** 8; bei einer Zulassung ohne Vollmacht(snachweis) **89** 10

- (wegen Zwangsvollstreckung), nach der Aufhebung einer einstweiligen Anordnung wegen einer Unterhaltszahlung **641 g**; Ersatzklage auf das Interesse **893**; des Gläubigers nach der Aufhebung eines vorläufig vollstreckbaren Urteils **717** 3, 20; nach der Aufhebung eines Vorbehaltsurteils **302** 17; nach der Aufhebung der Vollstreckbarerklärung eines Schiedsspruchs **1060**; des Drittschuldners wegen seiner Nichterklärung **840** 15; nach einer Forderungspfändung wegen einer Verzögerung der Beitreibung **835** 12, **842**; bei einer Urteilsänderung **3 Anh** 125

**Schadensschätzung 287** 30

**Schadloshaltung** als Grund einer Streitverkündung **72** 4, 5

**Schätzung,** der Pfandsache **813**; gerichtliche Schadensermittlung/Schätzung **287** 9, 30

**Schätzungsvernehmung** der Partei **287** 34, **Üb 445** 8

**Schallplatte,** Schutz der Intimsphäre **Üb 371** 11

**Scheck,** Beweislast der Deckung **286 Anh** 185; Kraftloserklärung **Einf 1003** 1; Pfändung **831** 1; vgl auch Aufgebotsverfahren

**Scheckklage,** Zuständigkeit der Kammer für Handelssachen **GVG 95** 5; Sommersache **227** 42, 43; Streitwert **4** 21; Urkundenprozeß **605 a**

**Scheckmahnbescheid 703 a**

**Scheckprozeß 605 a;** Sommersache **227** 42, 43; vorläufige Vollstreckbarkeit **708** 5; s auch Urkundenprozeß

**Scheidung** s Ehesache, Ehescheidung

**Scheidungsfolge** s Ehesache, Ehescheidung

**Scheinprozeß,** Rechtskraft **Einf 322** 34; Rechtsschutzbedürfnis **Grdz 253** 52

**Scheinurteil Üb 300** 11; Rechtsmittel **Grdz 511** 26; dgl Nichtigkeitsklage **579** 3

**Scheinvollstreckung Grdz 704** 57

**Schenkung,** Beweislast **286 Anh** 186; Pfändung des Rückgabeanspruchs nach einer Verarmung des Schenkers **852**; durch eine letztwillige Verfügung, Gerichtsstand **27** 6; Pfändung des Widerrufsrechts **Grdz 704** 101

**Schiedsrichterliches Verfahren 1025** ff

- (Allgemeine Vorschriften) **1025–1028**; Anwendungsbereich **1025**; Aufenthalt einer Partei unbekannt **1028**; gerichtliche Tätigkeit, Umfang **1026**; Rügerecht, Verlust **1027**

- (Anerkennung und Vollstreckung des Schiedsspruchs) **1060**, **1061**; Aufhebungsgrund **1059**, **1060**; ausländischer Schiedsspruch **1061**

- (Außervertraglicher Schiedsspruch) **1061**

dahinterstehende Zahlen und Buchstaben = Randnummern  **Schiffer**

- **(Beendigung)** 1056
- **(Gerichtliches Verfahren)** 1062–1065; Ablehnung eines Schiedsrichters 1062; allgemeine Vorschriften 1063; Anhörung des Gegners 1063; Antrag 1063; Aufhebung des Schiedsspruchs 1062, 1063; ausländischer Schiedsspruch 1062, 1064; Beschluß 1063; Bestellung eines Schiedsrichters 1062; Erklärung zu Protokoll 1063; Feststellung der Zulässigkeit oder Unzulässigkeit eines schiedsrichterlichen Verfahrens 1062; mündliche Verhandlung 1063; Rechtsbeschwerde 1065; Sicherheitsleistung 1063; Vollstreckbarerklärung 1062, 1064; vorläufige oder sichernde Maßnahme 1062, 1063; vorläufige Vollstreckbarkeit 1064; Zuständigkeit des OLG 1062
- **(internationales Abkommen)**, Haager Schiedsgerichtsabkommen **SchlAnh VI** A 2; Genfer Protokoll über Schiedsklauseln im Handelsverkehr und Genfer Abkommen zur Vollstreckung ausländischer Schiedssprüche **Einl IV** 3 D; UN-Übereinkommen über die Anerkennung und Vollstreckung ausländischer Schiedssprüche **SchlAnh VI** A 1; deutsch – amerikanisches Freundschafts-, Handels- und Schiffahrtsabkommen **SchlAnh VI** B 1; deutsch – sowjetisches Handels- und Schiffahrtsabkommen **SchlAnh VI** B 2
- **(Rechtsbehelf gegen den Schiedsspruch)** 1059; Antragsfrist 1059; Aufhebung des Schiedsspruchs 1059; Aufhebungsantrag 1059; Gesetzwidrigkeit des Schiedsspruchs 1059; Schiedsunfähigkeit 1059; Überschreitung der Schiedsvereinbarung 1059; Unfähigkeit zur Schiedsvereinbarung 1059; Ungültigkeit der Schiedsvereinbarung 1059; Unkenntnis von Umständen 1059; Verstoß gegen den ordre public 1059; Wiederaufleben der Schiedsvereinbarung 1059; Zurückverweisung an das Schiedsgericht 1059
- **(Rechtsbeschwerde gegen OLG)** 1065
- **(Schiedsgericht)** 1034–1041; Ablehnung eines Schiedsrichters 1036; Ablehnungsverfahren 1037; Bestellung eines Ersatzschiedsrichters 1039; Bildung des Schiedsgerichts 1034–1039; Bestellung eines Schiedsrichters 1035; Unmöglichkeit der Aufgabenerfüllung 1038; Untätigkeit 1038; Zusammensetzung 1034; Zuständigkeit 1040, 1041
- **(Schiedsspruch)** 1051–1058; Abstimmung der Schiedsrichter 1052; anwendbares Recht 1051; Auslegung 1058; Beendigung des Verfahrens 1056; Begründung 1054; Berichtigung 1058; Billigkeit 1051; Ergänzung 1058; Erlaß 1054; Form 1054; Handelsbrauch 1051; Fristverstoß einer Partei 1056; Inhalt 1054; Internationales Recht 1051; Klagerücknahme 1056; Kostenerstattung 1057; Kostengrundentscheidung 1057; notarielle Beurkundung 1053; ordre public 1053; Stimmenmehrheit 1052; Rechtskraftwirkung 1055; Übersendung an Parteien 1054; Unmöglichkeit des Verfahrens 1056; Unterschriften 1054; vereinbarter Wortlaut 1053; Vergleich 1053; Vollstreckbarerklärung durch Notar 1053; Vorsitzender 1052; Wirkung 1055
- **(Schiedsrichtervertrag)** 1035 Anh
- **(Schiedsvereinbarung)** 1029–1033; Begriff 1029; Bezugnahme 1031; und Chartervertrag 1031; Eigenhändigkeit 1031; einstweilige Maßnahme 1033; Fernkopie 1031; Feststellung der Zulässigkeit oder Unzulässigkeit 1032; Form 1031; Formmangel 1031; Heilung eines F. 1031; und Klage vor dem staatlichen Gericht 1032; im Konnossement 1031; bei Mietverhältnis 1031; bei nichtvermögensrechtlichem Anspruch 1030; notarielle Beurkundung 1031; Rüge der Sch. 1032;

Schiedsabrede 1029; Schiedsfähigkeit 1030; Schiedsklausel 1029; sichernde Maßnahme 1033; Telegramm 1031; Unterschriften 1031; Unzulässigkeit einer Klage bei Sch. 1032; bei vermögensrechtlichem Anspruch 1030; vorläufige Maßnahme 1033; bei Wohnraum 1030

- **(Schlichtung):** Grdz 1025 11
- **(Verfahrensregeln)** 1042–1050; Ablehnung des Sachverständigen 1049; Anhörung der Parteien 1042; Antrag auf ein schiedsrichterliches Verfahren 1044; Anwalt als Bevollmächtigter 1042; Auskunft an Sachverständigen 1049; Beginn 1044; Bekanntgabe an Parteien 1047; Besichtigung 1043; Bevollmächtigter 1042; Beweisantritt 1046; Beweiserhebung 1042, 1050; Beweismittel 1046; Beweiswürdigung 1042; Bezugnahme auf Verfahrensordnung 1042; Darlegungslast 1046; Entschuldigung nach Säumnis 1048; Ermessen des Schiedsgerichts 1042; Frage an Sachverständigen 1049; freie Beweiswürdigung 1042; Gleichhandlung 1042; Klagänderung 1046; Klagebeantwortung 1046; Klageinreichung 1048; Klagergänzung 1046; Klagefrist 1046; Klageschrift 1046, 1048; mündliche Verhandlung 1047; Ort 1043; örtliche Zuständigkeit 1043; Parteibezeichnung 1044; rechtliches Gehör 1042; Rechtsanwalt als Bevollmächtigter 1042; richterliche Handlung 1050; Sachverständiger 1049; Säumnis 1048; schriftliches Verfahren 1047; Schriftsatz 1043, 1047; Schriftstück, Einsicht 1043, 1047; Sprache 1045; Streitgegenstand, Bezeichnung des 1044; Teilnahme an Beweiserhebung 1049, 1050; Übersetzung 1045; Unterstützung durch Gericht 1050; Verfahrensordnung 1042; Verfahrenssprache 1045; Verhandlung 1047; Vernehmung 1043; Versäumung 1048; Verspätung 1046; Vorlage von Schriftstück usw 1046; Widerklage 1046; Zustellung 1043; zwingendes Recht 1042
- **(Vergleich)** 1055; und Anwaltsvergleich 796 **a–c**; Beendigung des Verfahrens 1053; Inhalt 1053, 1054; bei Notwendigkeit notarieller Beurkundung 1053; notarielle Vollstreckbarerklärung 1053; ordre public 1053; Schiedsspruch mit vereinbartem Wortlaut 1053
- **(Zuständigkeit)** 1040, 1041

**Schiedsrichter** s Schiedsrichterliches Verfahren
**Schiedsspruch** s Schiedsrichterliches Verfahren
**Schiedsstelle**, in den neuen Bundesländern 794 4; für eine Arbeitnehmererfindung 253 6
**Schiff(sbauwerk)**, Arrestanordnung/-vollzug **Grdz** 916 1/931 1; Eigentümerausschluß s Aufgebotsverfahren; Gerichtsstand des Heimathafens **Üb 12** 11; Pfändung des Herausgabeanspruchs 847 a, 849; Herrenlosigkeit 58 3, 787; Pfändung für mehrere Gläubiger 855 a, 856; Zwangsvollstreckung aus einem Herausgabeurteil 885; Bestellung eines gerichtlichen Vertreters im Fall der Herrenlosigkeit 58 3, 787; Räumungsvollstreckung 885; Veräußerung während des Prozesses 266 1; Zwangsvollstreckung 864, 866, 870 a; Zwangsvollstreckung, Zubehör 865; dgl Haftungsbeschränkung des Reeders **Üb 872** 1; Unterwerfung des jeweiligen Eigentümers 800 a
**Schiffahrtsgericht GVG** 14
**Schiffahrtsrechtliche Verteilungsordnung** s Zwangsvollstreckung
**Schiffahrtssache**, Berufung 511 a 32; Zuständigkeit der Kammer für Handelssachen **GVG** 95; dgl Entscheidung durch den Vorsitzenden **GVG** 105; ehrenamtlicher Richter **GVG** 110; Urteil des LG 10 3
**Schiffer**, Prozeßführungsrecht 80 9

*Hartmann*

**Schiffsgläubiger,** Aufgebot **1002**
**Schiffseigentümer,** Aufgebot **981** 1
**Schiffshypothek,** Anspruch, Urkundenprozeß **592** 5; Eintragung **870 a** 1; Gläubigeraufgebot **987 a**; Pfändung/Überweisung **830 a/837 a**; Rechtskraftwirkung des Urteils **325** 12; vollstreckbare Urkunde **800 a** 1
**Schiffsmannschaft,** Anordnung der Offenbarungshaft **904**; vorläufige Vollstreckbarkeit des Urteils **709** 1
**Schiffspart,** Pfändung **858**
**Schiffs(bau)register,** Eintragung **800 a** 1, Kosten als solche der Zwangsvollstreckung **788** 23; Eintragung kraft eines Urteils auf die Abgabe einer Willenserklärung, Antragsrecht des Gläubigers auf die Erteilung der erforderlichen Urkunde **896**; Eintragungsersuchen auf Grund einer einstweiligen Verfügung **941**
**Schiffszusammenstoß,** Anscheinsbeweis **286 Anh** 187; Gerichtsstand **32** 12
**Schikane** bei einer Prozeßhandlung **Grdz 128** 57
**Schlechterstellungsverbot,** in der Berufungsinstanz **536** 6; in der Beschwerdeinstanz **573** 10; im Kostenfestsetzungsverfahren **106** 13; in der Revisionsinstanz **559** 3
**Schlechtwettergeld Grdz 704** 103
**Schlichter,** Richter als S. **DRiG** 40
**Schließfach,** Pfändung des Inhalts **Grdz 704** 91 „Kostbarkeit", 105 „Stahlkammerfach"
**Schluß** der mündlichen Verhandlung s dort (Schluß)
**Schlußfolgerung,** Rechtskraftwirkung **322** 72
**Schlüssige Handlung,** Anzeige der Kündigung der Prozeßvollmacht **87** 4; Bestellung zum ProzBev **176** 10; Einwilligung in die Klagerücknahme **269** 17; Genehmigung einer Prozeßführung ohne Vollmacht **89** 11; Mitteilung eines außergerichtlichen Vergleichs **269** 12; Verzicht **306** 7; Zustellungsauftrag durch die Partei **167** 2
**Schlüssigkeit** der Klage **253** 32; und Versäumnisurteil **331** 11
**Schlußurteil** s Urteil (Schlußurteil)
**Schlußverhandlung 272** 4, **278** 4, 8, **370**
**Schmerzensgeldanspruch,** Pfändung **Grdz 704** 101; Vererblichkeit **770** 11
**Schmerzensgeldklage,** Grundurteil **304** 17; teilweise Klagabweisung, Kostenentscheidung **92** 53; unbezifferter Klagantrag **253** 59; gerichtliche Schätzung der Höhe **287** 30; Streitwert **3 Anh** 99
**Schonfrist 331** 12
**Schreibfehler** und Streitwert **3** 5; Berichtigung des Urteils **319**
**Schreibauslagen,** Kostenerstattung **91** 184
**Schriftform,** des Schiedsspruchs **1054**; der Schiedsvereinbarung **1031**; des Urteils **313 ff**
**Schriftliche Auskunft Üb 373** 32
**Schriftliche Aussage 128** 40, **377** 8
**Schriftliche Äußerung** des Zeugen **273** 23, **377** 9
**Schriftliches Gutachten Üb 373** 32, **411**
**Schriftliches Verfahren 128**; Anerkenntnis **307** 8; gerichtliche Aufklärungspflicht **139** 9; Einverständnis **128** 18; Widerruf des Einverständnisses **Grdz 128** 48, 59; Einverständnis nach einer mündlichen Verhandlung **128** 18; Voraussetzungen einer Entscheidung **128** 26, 36; Erörterung des Ergebnisses der Beweisaufnahme **285** 3; Klagerücknahme **269** 15; Richterablehnung **43** 5, 6; der dem Schluß der mündlichen Verhandlung entsprechende Zeitpunkt **128** 27; Schriftsatz **129** 5; Berücksichtigung eines Schriftsatzes **128** 27; Streitgenossenschaft **61** 10; Widerruf der Erklärung des Streithelfers durch die Partei **67** 9; Ur-

teilsergänzung **321** 9; Berichtigung des Urteilstatbestands **320** 9; Zustellung des Urteils **310** 2; nach der mündlichen Verhandlung **128** 17; Verhandlung zur Hauptsache **39** 7; Verweisung **281** 22; Antrag einer Verweisung an die Kammer für Handelssachen **GVG 96** 3; Vorbringen eines Angriffs- oder Verteidigungsmittels **128** 27
**Schriftliches Vorverfahren 272** 1, 6, 9, **276**, **277**, **520** 7
**Schriftliche Zeugendarstellung 128** 40, **377**, **495 a** 79
**Schriftsatz,** Beifügung einer Abschrift **133** 1; Abschriften entsprechend der Zahl der zuzustellenden S. **169** 3, **189**; Angabe des gesetzlichen Vertreters **Grdz 50** 7; Anordnung der Ergänzung oder Erläuterung vor der mündlichen Verhandlung **273** 18; Anzeige der Bestellung eines ProzBev nach einer Unterbrechung des Verfahrens **239** 9, **241** 6, **244** 14, **250**; Aufnahme eines ruhenden Verfahrens **251** 10; Aufnahme des Verfahrens durch die Ladung des Rechtsnachfolgers durch den Gegner **239** 18; Berücksichtigung im schriftlichen Verfahren **128** 27; Bezugnahme in der mündlichen Verhandlung **137** 28; Berufungsschrift/-begründung s dort; bestimmender S. **129** 5; Bezugnahme im Tatbestand des Urteils **313** 15; Beifügung einer Druckschrift **131** 7; Eingang an einem Sonnabend, Sonn- oder Feiertag **222** 5; Einlegung des Einspruchs **340** 5; Einreichung **132** 10; Frist für einen vorbereitenden Schriftsatz **132** 11; Erklärung des Gegners auf ein neues Vorbringen **132**; Inhalt **130**; Klagerhebung s dort; Klagerücknahme **269** 15, 25; Nachreichung im Fall einer Fristsetzung **283**; Nachreichung wegen der Unzumutbarkeit einer sofortigen Erklärung **283**; Antrag auf die Gewährung einer Prozeßkostenhilfe **117**; Rechtsausführungen **130** 19, **132** 8, Rechtzeitigkeit **132**, **273**, **275 ff**, **283**; Revisionsschrift/-begründung s dort; nach der Anordnung des Ruhens des Verfahrens **251** 9; bestimmender S. **129** 5; vorbereitender S. im Anwaltsprozeß **129**, **130**, **273**, **275 ff**, **282**, **296**; dgl im Parteiprozeß **129** 3; Beitritt eines Streithelfers **70** 3; Streitverkündung **73**; Gesuch um eine Terminsbestimmung **214** 3; Unterlassen einer schriftsätzlichen Vorbereitung **129** 54, **131** 19, **132** 21, **282**, **296**; Unterschrift im Begleitschreiben **129** 15, ohne Unterschrift mit einem Anschreiben **129** 15; Beifügung einer Urkunde **131** 7; Urschrift **131** 10, **133**; Antrag auf Berichtigung oder Ergänzung des Urteilstatbestands **320** 6/**321** 6; zwischen dem Schluß der Verhandlung und einem Verkündungstermin **296 a**; eines von der mündlichen Verhandlung ausgeschlossenen Vertreters **157** 15; Verspätung **156**, **296**, **296 a**, **527 ff**; Verzögerungsgebühr wegen Verspätung **95 Anh**; Vollmachtsnachweis **130** 11; vorbereitender S. **129** 5, **272**, **273**, **276**, **277**; neues Vorbringen **132**; Widerspruch gegenüber dem mündlichen Vorbringen **139** 93; Antrag auf eine Wiedereinsetzung **236** 1; Zustellung **133** 5; Zustellung von Anwalt zu Anwalt **198** 8; Erklärung, selbst zustellen zu wollen **168** 3; Zwischenfrist **132**
**Schriftstück,** Anordnung der Niederlegung auf der Geschäftsstelle **142** 14; Bezugnahme in der mündlichen Verhandlung **137** 28; Vorlesung **137**; Übergabe an den Zustellungsbeamten **169** 3
**Schriftvergleichung** bei einer Urkunde **441**, **442**
**Schuldanerkenntnis,** Beweislast **286 Anh** 36 „Anerkenntnis"

dahinterstehende Zahlen und Buchstaben = Randnummern  **Sicherheitsleistung**

**Schuldbefreiung,** Anspruch auf eine S., Zwangsvollstreckung **887** 1, 22; statt einer Zahlung, Klagänderung **264** 21
**Schuldbeitritt,** Gerichtsstand **29** 31
**Schulbuch,** Pfändung **811** 50
**Schuldenmasse,** Prozeß wegen der S., Aufnahme **240** 18
**Schuldklage,** Gerichtsstand bei einer Verbindung mit der dinglichen Klage **25**
**Schuldner,** als Partei im Zwangsvollstreckungsverfahren **Grdz 50** 1; Rechtsstellung nach einer Pfändung der Forderung s Zwangsvollstreckung; Vollstreckungsverhältnis **753** 9
**Schuldnerverzeichnis 915**–**915 h;** Verordnung über das Sch. **915 h** 1
**Schuldnerverzug,** gerichtliche Aufklärungspflicht wegen eines Verzugsschadens **139** 70 „Prozeßzinsen"; Streitwert des Verzugsschadens **4** 19; Verzugsschaden als Kosten der Zwangsvollstreckung **788** 37; Streitwert von Verzugszinsen **3 Anh** 131, 15; dgl bei einer wiederkehrenden Leistung oder Nutzung **9** 5; bei einer Zug-um-Zug-Leistung s dort
**Schuldrechtlicher Vertrag 29**
**Schuldtitel,** Vollstreckungstitel s Zwangsvollstreckung
**Schuldübernahme,** Streitgegenstand **265** 9; Rechtskraftwirkung des Urteils **325** 7, 37
**Schuldverschreibung,** Kraftloserklärung **Einf 1003** 1; vgl auch Aufgebotsverfahren
**Schüler,** Gerichtsstand **20**
**Schulwesen,** Rechtsweg **GVG 13** 57
**Schutzgesetz,** ZPO als S. **138** 65
**Schutzschrift 91** 192, **Grdz 128** 7, **176** 14, **920** 7
**Schutzwürdigkeit,** Feststellungsinteresse **256** 25
**Schutzzwecklehre 287** 8
**Schwägerschaft,** Ausschluß als Gerichtsperson **41** 10, 49; Ausschluß als Gerichtsvollzieher **GVG 155;** Zeugnisverweigerungsrecht **383** 2, **385** 1
**Schwarze Liste** s Schuldnerverzeichnis
**Schweigen** s Stillschweigen
**Schweigepflicht,** Befreiung von der S. **385** 8; des Angehörigen des öffentlichen Dienstes **376** 6; nach dem Ausschluß der Öffentlichkeit **GVG 172, 174** 4; Verletzung **GVG 172 Anh;** bei einer Parteivernehmung **451** 1 „§ 376"; des Richters **GVG Üb 192** 1; Zeugnisverweigerungsrecht **383, 385;** s auch Amtsverschwiegenheit
**Schweigerecht,** der Partei **138** 30, **282** 8; des Zeugen **383 ff**
**Schwein,** Pfändung **811** 26
**Schweiz,** deutsch-schweizerisches Abkommen **SchlAnh V** B 1; Ehesache **606 a Anh II** 14
**Schwerhörigkeit,** Hinzuziehung eines Dolmetschers **GVG 186**
**Sechswochenkosten,** Klage auf die Erstattung gegen den nichtehelichen Vater, Zuständigkeit **GVG 23 a**
**Seeforderung,** Haftungsbeschränkung **305 a, 786 a**
**Seefrachtvertrag,** Zuständigkeitsvereinbarung **38** 29
**Seegerichtsvollstreckungsgesetz SchlAnh V** A 4; auch: Einwendung **766** 1; Klausel **724** 2; Titel **794** 55 „SeeGVG"; Zuständigkeit **764** 1
**Seelsorger,** Anzeige einer Offenbarungshaft **910;** Zeugnisverweigerungsrecht **383** 5, **385** 7
**Seeplatz,** ehrenamtlicher Richter am S. **GVG 110**
**Seeschiff,** Arrest in **Gr 916** 4
**Seestreitigkeit,** Zuständigkeit der Kammer für Handelssachen **GVG 95** 6
**Sekundäre Beweislast 286 Anh** 27
**Selbstablehnung 48, 551** 10

**Selbständiger Beschwerdegrund 568** 5
**Selbständiges Beweisverfahren Üb 485** 1, **485 ff;** Ablehnung des Sachverständigen **487** 5; Anordnung **485** 3, **490;** Antrag **486, 487;** Aussetzung **249** 3; Beweisaufnahme **492;** Benutzung des Ergebnisses im Prozeß **493;** Entscheidung **490** 3; Klagefrist **494 a;** ohne einen Gegner **494;** Kosten **91** 193; Auferlegung der Kosten wegen Erfolglosigkeit **97;** Kostenerstattung **Üb 91** 66, **91** 193; Terminsladung **491;** Protokoll **159** 2, **492;** Prozeßkostenhilfe **119** 43; ohne Rechtshängigkeitswirkung **261** 14; Streitwert **3 Anh** 102; Unterbrechung **249** 3; Bestellung eines Untervertreters **53, 494** 3; Voraussetzungen **485** 4; Zulässigkeit **485** 1; Zuständigkeit **486** 3; Bestimmung der Zuständigkeit **36** 3; Zustellung an den ProzBev **176** 17
**Selbständigkeit** des Angriffs- oder Verteidigungsmittels **146** 4
**Selbsthilfe Einl III** 1
**Selbsttötung,** Anscheinsbeweis **286 Anh** 190
**Selbstvertretung** s Parteiprozeß, Rechtsanwalt
**Senat** s BGH, OLG
**Sequester,** Anordnung der Verwahrung durch eine einstweilige Verfügung **938** 21 ff; Herausgabe eines Grundstücks an einen S. **848, 855;** Kosten **788** 37; einstweilige Verfügung auf eine Herausgabe an den S. **938** 21 ff
**Sicherheit,** Erinnerung **777** 2
**Sicherheitsarrest 918**
**Sicherheitsgefährdung,** Ausschluß der Öffentlichkeit **GVG 172, SchlAnh III** 38
**Sicherheitsleistung Üb 108, 108 ff;** Änderung der Anordnung der S. **108** 2; Art der S. **108** 6, **709** 1; (Bank)Bürgschaft **108** 7, 10; Geld **108** 17; bei einer Geldrente **324;** Höhe **108** 4; durch eine Hypothek **108** 9; Kosten **788** 38; Kostenfestsetzungsbeschluß, Bindung an das Urteil **Einf 103** 8; Nachforderungsklage **324;** durch einen Nießbraucher oder Vorerben, Klage auf eine Fristsetzung durch das Urteil **255** 4; Parteivereinbarung/Änderung **108** 1; Rechtsbehelf **108** 5; Streitwert der Rüge des Fehlens einer S. **3 Anh** 103; Urteil auf eine S., Zwangsvollstreckung **887** 36; durch Wertpapiere **108** 8, 18
– **(bei Arrest, einstweiliger Verfügung),** Anordnung des Arrests bzw der einstweiligen Verfügung gegen eine S. **921** 7, **925** 9/**936** 3 „§ 921", 4 „§ 925"; Aufhebung des Arrests gegen eine S. **927** 10; Lösungssumme **923;** Aufhebung der einstweiligen Verfügung gegen eine S. **939**
– **(Ausländer für die Prozeßkosten) 110 ff;** Änderung der Anordnung **112** 6; Erhöhung **112** 6; Fristsetzung **113** 1; Gegenseitigkeit **110** 13; HZPrÜbk **110 Anh** 4; Höhe **112** 1; Kostenerstattung **91** 204; Nichtleistung, Zulässigkeitsrüge **Grdz 253** 19, **282** 22; Prozeßkostenhilfe **122;** Staatsvertrag **110 Anh** 5; Angehöriger der Streitkräfte **SchlAnh III** 31; beim Wegfall der Voraussetzung einer Befreiung von der S. bzw beim Wegfall der Pflicht zur S. während des Prozesses **111**
– **(Prozeßbevollmächtigter)** bei einer Zulassung des Bevollmächtigten ohne Vollmacht(snachweis) **89**
– **(Rückgabe) 109;** Anordnung der R. **109** 13, **715** 2; dgl im Arrestverfahren **943;** bei einer Aussetzung oder Unterbrechung des Verfahrens **249** 6; Fristsetzung **109** 10; Prozeßvollmacht **81** 7; wegen des Wegfalls der Veranlassung zur Sicherheitsleistung **109** 5
– **(für Unterhaltszahlung),** einstweilige Anordnung einer S. im Vaterschaftsfeststellungsverfahren **641 d**

**Sicherstellung**

– (vorläufige Vollstreckbarkeit) **708 ff**
– (in der Zwangsvollstreckung) s dort
**Sicherstellung** einer Forderung, Streitwert **6** 9
**Sicherung,** des Beweises s Selbständiges Beweisverfahren; Erinnerung **777** 2; des Rechtsfriedens durch eine einstweilige Verfügung **940**
**Sicherungsabtretung,** Prozeßgeschäftsführung **Grdz 50** 34; Recht zur Erhebung einer Widerspruchsklage **771** 24 „Treuhand"
**Sicherungsgrundschuld, -hypothek** s Grundpfandrecht
**Sicherungsübereignung,** Streitwert der Herausgabeklage **6** 9; Pfändung durch den Eigentümer **804** 6; Pfändung des Anspruchs auf eine Rückübereignung **Grdz 704** 102, **857** 2; Recht zur Erhebung einer Widerspruchsklage **771** 4, 5
**Sicherungsverfügung 935**
**Sicherungsvollstreckung 720 a**
**Silbersache,** Pfändung **808** 18; Mindestgebot bei der Pfandversteigerung **817 a** 5
**Simulation,** Prozeßhandlung **Grdz 128** 56
**Sinnähnlichkeit Einl III** 44
**Sinnermittlung Einl III** 44
**Sittenwidrigkeit,** eines ausländischen Schiedsspruchs **1059, 1065**; eines ausländischen Urteils, Nichtanerkennung **328** 30; einer Prozeßhandlung **Grdz 128** 57; Rechtsmißbrauch s dort; Rechtsschutzbedürfnis trotz einer S. **Grdz 253** 52; Aufhebung eines Schiedsspruchs wegen seiner S. **1059;** einer Schiedsvereinbarung **1059;** der Zwangsvollstreckung **765 a**; s auch Knebelung
**Sittlichkeitsgefährdung,** Ausschluß der Öffentlichkeit **GVG 172**
**Sitz,** einer Behörde, Gerichtsstand **18**; des BGH **GVG 123**; einer juristischen Person usw **17**; der Kammer für Handelssachen **GVG 93**
**Sitzgruppe GVG 21 g** 4, 5
**Sitzung,** Begriff **Üb 214** 1
**Sitzungspolizei GVG 176 ff**
**Sitzungsprotokoll** s Protokoll
**Sitzverlegung** des Gerichts **GVG 12**
**Sofortige Beschwerde** s Beschwerde, sofortige
**Software,** Zwangsvollstreckung in **Grdz 704** 102, **Üb 803** 3, **811** 36, 41, 43
**Soldat,** Rechtsweg für einen Anspruch **GVG 13** 57; Gerichtsstand **20;** Gewahrsam **808** 17; Ladung **Üb 214** 3, **SchlAnh II** II; Vorführung **SchlAnh II** III; Rechtsweg beim Wehrdienstverhältnis **GVG 13** 57; Pfändung des Wehrsolds **850** 3, **850 a** 6, **850 e** 11; Zustellung an **Üb 166** 17, **SchlAnh II** 1; Zwangshaft **SchlAnh II** V
**Sollvorschrift Einl III** 32
**Sommersache 227** 30, 36 ff
**Sondergericht GVG 14**
**Sonderrechtsnachfolge** durch den Tod, Unterbrechung des Verfahrens **239** 7
**Sondervermögen,** Gerichtsstandsvereinbarung, **38** 19; Recht zur Erhebung einer Widerspruchsklage **771** 21; Zuständigkeitsvereinbarung wegen eines öffentlichrechtlichen S. **38** 19
**Sondervollmacht,** für eine Prozeßhandlung **80** 1; für den Zustellungsempfänger **173**
**Sonnabend** als Feiertag **188** 3; Fristablauf **222** 5; als Terminstag **216** 25
**Sonn- und Feiertag,** allgemeiner Feiertag **188** 5; Fristablauf **222** 5; als Terminstag **216** 25; Zustellung **188**; Zwangsvollstreckung **758, 758 a**
**Sorgerecht** s Ehesache; Europäisches Übereinkommen **SchlAnh V** A 3; Streitwert **3 Anh** 104
**Sorgfaltspflicht** bei der Wahrung einer Frist s Wiedereinsetzung
**Sortenschutz,** Beweislast **286 Anh** 190

**Sowjetunion,** frühere deutsch-sowjetisches Handels- und Schiffahrtsabkommen **SchlAnh VI** B 2
**Sozialer Zivilprozeß Einl I** 13 11
**Sozialgericht,** Verweisung **281** 57, **GVG 13, 14** 17; Vorsitzender **DRiG 111**
**Sozialgerichtsgesetz,** Mahnverfahren **343** 3, **Grdz 688** 3, **697** 3, **700** 1
**Sozialgesetzbuch** s Kindergeld
**Sozialhilfe** und einstweilige Anordnung **620** 15; Pfändung des Anspruchs/der Zahlung **Grdz 704** 102, **850 f** 2; Prozeßkostenhilfe für Empfänger von S. **114** 18, 68, **115** 25
**Sozialklausel** im Mietrecht, Berücksichtigung bei der Kostenentscheidung **93 b**; Rechtsentscheid **544 Anh**
**Sozialleistung,** Pfändung **Grdz 704** 103, **829** 18 ff, **850 b** 2
**Sozialplan Grdz 704** 104
**Sozialversicherung,** Pfändung einer Rente **Grdz 704** 103, **850 i** 9; Streitwert des Rückgriffsanspruchs des Trägers der S. **3 Anh** 130; Rechtsweg bei einer Streitigkeit **GVG 13** 59; Zwangsvollstreckung gegen den Träger der S. **882 a**
**Sparbuch,** Streitwert des Herausgabeanspruchs **3 Anh** 69; Hilfspfändung **808** 3; Kraftloserklärung **Einf 1003** 1, **1023**
**Sparguthaben,** Pfändung **821** 4, **829**
**Sparprämie,** Pfändung **Grdz 704** 104
**Spedition,** Streitverkündung **72** 6
**Sperrfrist,** beim Aufgebot **1019–1022**; nach der Anordnung des Ruhens des Verfahrens **251** 10
**Spitzel** als Zeuge **Üb 373** 7
**Sportunfall,** Beweislast **286 Anh** 191
**Spruchkörper GVG 21 e** ff
**Spruchreife 300** 6
**Sprungrevision 566 a;** Prüfung vor der Erteilung des Rechtskraftzeugnisses **706** 9
**Staat,** Anspruch gegen den St., Zuständigkeit **GVG 71;** vgl auch Behörde, Fiskus
**Staat,** ausländischer, Gerichtsstand seiner Angehörigen **24** 18; s auch Sicherheitsleistung
**Staatenloser 110** 6; Prozeßkostenhilfe **114** 10; Pflicht zur Leistung einer Sicherheit wegen der Prozeßkosten **110** 6
**Staatsangehöriger,** ausländischer, Begriff **110** 5; Sicherheitsleistung s dort; vgl auch Ausland, Ausländer
**Staatsanwaltschaft Einf GVG 141**
**Staatsbeamter** s Beamter
**Staatsgast GVG 20** 1
**Staatsgericht,** Tätigkeit für das Schiedsgericht **1050;** Zuständigkeit im schiedsrichterlichen Verfahren **1059, 1062**
**Staatshaftung** in den neuen Bundesländern, Rechtsweg **GVG 13** 60 „Staatshaftung"
**Staatshoheitsakt,** Rechtsweg **GVG 13** 42 „Hoheitsrechte"; Urteil als St. **Üb 300** 10
**Staatskasse,** Beschwerde, Erinnerung wegen Prozeßkostenhilfe **127** 11, 23, 78, 90
**Staatsoberhaupt** s Bundespräsident
**Staatssicherheit,** Ausschluß der Öffentlichkeit wegen einer Gefährdung der St. **GVG 172, SchlAnh III** 38
**Staatsvertrag** s Zivilprozeßrecht, zwischenstaatliches
**Stahlkammerfach,** Pfändung **Grdz 704** 105
**Stammbaum,** Anordnung der Vorlegung **142** 10; Anordnung vor der mündlichen Verhandlung **273** 18
**Stammeinlage,** Pfändung **859 Anh** 5
**Standesrecht** als nichtvermögensrechtlicher Anspruch **Grdz 1** 16

**Ständige Vertretung** der früheren DDR s dort
**Stationierungsschaden, -streitkräfte** s Streitkräfte
**Statthaftigkeit,** eines Rechtsmittels **Grdz 511** 7; der Berufung **511** 2, 4; der Beschwerde **567** 2; des Einspruchs **341** 4; der Revision **545** 2; der sofortigen Beschwerde **577** 2
**Statusklage** s Ehesache, Kindschaftssache
**Statut,** Bestimmung des Gerichtsstands **12** 3; Nachweis **293** 5; Prüfung im Revisionsverfahren **550** 5; Anordnung eines Schiedsgerichts **1029**
**Stehende Früchte,** Pfändung/Pfandverwertung **Grdz 704** 73, **810/824**
**Stellungnahme,** auf die Berufungserwiderung **520** 9; auf die Klagerwiderung **275** 14, **276** 19, **277** 9
**Stellvertreter** s Vertreter
**Stempel,** Namensstempel bei einer Ausfertigung **170** 4; beim Empfangsbekenntnis eines Anwalts über eine Zustellung **198** 16; und Schriftsatz **129** 34 „Namensstempel"
**Stenografie,** beim Protokoll **160 a**
**Sterbebezüge,** Pfändung **850** 10, **850 a** 10, **850 b** 10
**Steuerabzug,** Bruttolohnurteil, Zwangsvollstreckung **Üb 803** 2; bei der Pfändung des Arbeitseinkommens **850 e** 1
**Steuerberater,** Erstattung der Kosten eines St. **91** 205; in der Zwangsvollstreckung **788** 43
**Steuergeheimnis,** Ausschluß der Öffentlichkeit **GVG 172**
**Steuer,** Erstattungsanspruch, Pfändung **829** 3; Rechtsweg **GVG 13** 61; Streitwert eines Säumniszuschlags **4** 19; Veranlagung **887** 36 „Steuererklärung"
**Stiftung,** Gerichtsstand **17** 2, **22** 1; Pfändung des Bezugs aus einer St. **850 b** 7; Zuständigkeitsvereinbarung **38** 18; Zustellung an die St. **171** 5; Zwangsvollstreckung gegen eine öffentlichrechtliche St. **882 a**
**Stille Gesellschaft,** Pfändung des Auseinandersetzungsguthabens **859 Anh** 6; Gerichtsstand der Klage eines Gesellschafters **22** 2; Parteifähigkeit **50** 13
**Stillhalteabkommen Grdz 253** 26
**Stillschweigen,** bei der Aufnahme nach einer Aussetzung oder Unterbrechung des Verfahrens **250** 5; Bezugnahme auf einen Beweisantrag **137** 29; Einverständnis des Bekl mit einer Erledigterklärung des Klägers **91 a** 63, 96; Einverständnis mit dem schriftlichen Verfahren **128** 19; Einwilligung in eine Übernahme des Prozesses durch den Rechtsnachfolger **265** 23; Vereinbarung der Abkürzung einer Frist **224** 3; Genehmigung bei einer gerichtlichen Entscheidung nach einer Aussetzung/Unterbrechung des Verfahrens **249** 10; Genehmigung einer Prozeßgeschäftsführung ohne eine Vollmacht **89** 11; beim Handelsschiedsvertrag **1027** 12; bei der Zulassung einer Klagänderung **263** 23, **268** 3; bei einer Vereinbarung der Klagerücknahme **269** 17; bei der Zulassung eines (Prozeß)Bevollmächtigten ohne (den Nachweis einer) Vollmacht **89** 2; Prozeßtrennung/-verbindung **145** 5/**147** 13; Erteilung einer Prozeßvollmacht **80** 6; Prozeßvollmacht für den Geldempfang **81** 10; Prozeßvollmacht bei einer Anwaltssozietät **84**; Verlust des Rechts zur Ablehnung eines Richters **43** 5; Verlust des Rügerechts bei einer Prozeßhandlung **295** 14; Schluß der mündlichen Verhandlung **136** 28; Verlust der Rüge der Unzuständigkeit **39** 2; Wiedereinsetzung **238** 5; Antrag auf eine Wiedereinsetzung **236** 1; Zuständigkeitsvereinbarung **38** 20; Annahme einer Zustellung durch den Anwalt **198** 5

**Stillstand (der Rechtspflege),** Unterbrechung des Verfahrens **245** 2
– **(des Verfahrens) Einf 239** 1; Aussetzung s dort; Fortsetzung nach einem St. **312** 4; mangels Betreibens durch die Partei **Üb 239** 1; Ruhen s dort; rechtlicher St. **Üb 239** 5; durch die Aufhebung eines Termins **227** 58; Unterbrechung des Verfahrens s dort; durch ein Zwischenurteil über die Verwerfung einer Zulässigkeitsrüge **280** 7
**Stimmengleichheit,** der Schiedsrichter **1052**; bei der Berichtigung des Urteilstatbestands **320** 13
**Stimmenmehrheit,** bei der Ablehnung der Revision oder deren Annahme **554 b**; bei einer Abstimmung der Richter **GVG 196**; der Schiedsrichter **1052**
**Stipendium,** Pfändung **850 a**
**Strafakte** als Beiakte, Aktenstudium **299** 9
**Strafe** s Ordnungsmittel
**Strafgefangener,** Pfändung des Eigengelds **850** 7
**Straftat,** Anfechtungsklage **957** 10; als Aussetzungsgrund **149**; in der Gerichtsverhandlung **GVG 183**; als Klagegrund für eine Restitutionsklage/die Klage auf die Aufhebung eines Schiedsspruchs **580** 6, **581** 1/**1059**; Geltendstand eines Schadensersatzanspruchs **32** 6; in der Sitzung **GVG 183**; Ausschluß bei einem Verdacht gegenüber dem ProzBev **157** 7
**Strafurteil,** Beweiswürdigung **EG 14**; auf die Zahlung einer Buße/Entschädigung, Rechtskraftwirkung **322** 32 „Buße", **325** 24 „Buße"; als Voraussetzung einer Restitutionsklage **581** 1
**Strafverbüßung,** Ersatzzustellung während einer St. **181** 6, 18; Gerichtsstand **20**
**Strafverfahren** als Aussetzungsgrund **149**; Fristversäumung, Verschulden des Vertreters **85** 8; Rechtsschutzbedürfnis trotz eines Strafverfahrens **Grdz 253** 51
**Strafverfolgung** als Voraussetzung einer Restitutionsklage **581** 1
**Strafverfolgungsgefahr,** Zeugnisverweigerungsrecht **384** 5
**Strafverfolgungsmaßnahme,** Rechtsweg **GVG 13** 61
**Strafvollstreckung,** Ersuchen der Vollstreckung einer Haftstrafe **GVG 162, 163**
**Straßenbahn,** Beförderungsstreitigkeit, Gerichtsstand **21** 12
**Straßenrecht,** -nutzung, -reinigung, Rechtsweg **GVG 13** 62
**Straßenverkehrshaftpflicht,** Gerichtsstand **32** 6
**Straßenverkehrsunfall,** Anscheinsbeweis **286 Anh** 105 „Kraftfahrzeug"
**Streitbefangenheit 265** 3, 4; Wirkung des Urteils gegenüber dem Rechtsnachfolger **325** 6
**Streitgegenstand 2** 2, **265** 3, 6; Änderung **263** 23; Forderung eines anderen Gegenstands oder des Interesses **264** 10; bei mehreren Ansprüchen **2** 3, 6; bei der Aufrechnung **2** 5; Beanspruchung durch eine Einmischungsklage **64** 3; Bedeutung **2** 3; Einwendungen des Bekl **2** 5; Erledigterklärung als Verfügung über den St. **91 a** 110; Gerichtsstands des St. **23**; beim Haupt- und Hilfsantrag **2** 6; Maßgeblichkeit des Klagantrags **2** 3; bei einer Rechtsgemeinschaft **59** 4; Rechtsübergang **265** 7, 16; Wirkung der Streithilfe **68**; Streitwert s dort; Veräußerung s dort; Verfügung eines notwendigen Streitgenossen **62** 17; als Verfügungsgegenstand **2** 3; einstweilige Verfügung zur Sicherung des St. **2** 3, 5, **935**; beim Wahlanspruch **2** 6; bei einem Wahlrecht des Klägers/Bekl **2** 6; bei einem Zurückbehaltungsrecht **2** 5

**Streitgenosse** Üb 59 1, 59 ff; Antrag auf eine Anordnung des Ruhens des Verfahrens 251 3; Aufenthalt an einem Ort ohne eine Verkehrsverbindung, Aussetzung des Verfahrens 250 4/239 9; Ausscheiden, Kostenentscheidung 269 42; Bekl bei einer Prozeßübernahme durch den mittelbaren Besitzer ohne eine Entbindung des Klägers 76 9; Ehegatte bei der Gütergemeinschaft 52 **Anh** 6; Einmischungsklage 64 6; Einverständnis mit dem schriftlichen Verfahren 128 18; Erledigung der Hauptsache 61 6, 14; Fragerecht bei einer Zeugnisverweigerung 397; Gebühren 91 206 „Streitgenossen"; Gleichartigkeit/Identität des Anspruchsgrundes 60/59 4; Grundurteil 304 9; Insolvenz, Unterbrechung des Prozesses 240 8; Kostenentscheidung 100; Kostenentscheidung bei einer streitgenössischen Streithilfe 101 36; Kostenerstattung 91 206 „Streitgenossen", 100 37; Kostenfestsetzung 100 37; als Partei **Grdz** 50 16; Partei als Streitgenosse Üb 59 3; Parteivernehmung 449; Prozeßführung 63 1; Stellung im Prozeß 61; durch eine Prozeßverbindung 147 1; Prozeßvoraussetzungen Üb 59 6, 61 6; Rechtsgemeinschaft wegen des Streitgegenstands 59 4; Einlegung eines Rechtsmittels gegen Streitgenossen, Streitwert 5 8; bei einem Streit des Rechtsnachfolgers 239 10; Rücknahme der Berufung 515 12; im schiedsrichterlichen Verfahren 1042; Streithelfer als Streitgenosse wegen der Rechtskraft/Wirkung der Zwangsvollstreckung 69; Streitgenosse als Streithelfer 66 5; Streitverkündung 61 6; Terminsladung 63 3; Unterbrechung des Verfahrens durch den Tod 239 5; Aussetzungsantrag beim Tod des ProzBev 246 5; Wechselklage 60 3, 603 4; Widerklage 253 **Anh** 14; Widerspruchsklage 771 6, 878 6; Wirkung 61 11; Streitgenosse als Zeuge Üb 373 22; Zeugnisverweigerung wegen Verwandtschaft 383 2; Zulässigkeit 59, 60; Zuständigkeitsbestimmung für die Klage 36 18; Zuständigkeitsvereinbarung 38 4; Zustellung an den St. 63 1; Zustellungsbevollmächtigten 174 6

– **(notwendiger Streitgenosse)** 62 1; Angriffs-/Verteidigungsmittel 62 18; Pfändungsgläubiger bei einer Klage des Überweisungsgläubigers eines Herausgabeanspruchs 856 2; Prozeßhandlung 62 17; Prozeßhäufung 59 1; Urteil 62 23; Mitglied eines nichtrechtsfähigen Vereins als Kläger 50 29; Verfügung über den Streitgegenstand 62 17; Vertretung des säumigen Streitgenossen 62 22; Zeugnisverweigerungsrecht wegen Verwandtschaft 383 2

**Streithilfe Grdz** 50 1, 15, 66 ff; Abwesenheit der Partei 67 10; Aktenabschrift/Erteilung einer Ausfertigung 299 19; Akteneinsicht 299 9; Angriffs-/Verteidigungsmittel 67 10; Anordnung des persönlichen Erscheinens 141 9, 10; Antrag auf eine Anordnung des Ruhens des Verfahrens 251 3; Ausschluß des Streithelfers als Gerichtsperson 41 7, 49; Antrag auf eine Aussetzung des Verfahrens wegen einer vorgreiflichen Ehenichtigkeit 151 3; Beanstandung einer Frage in der mündlichen Verhandlung 140 8; Befugnisse 67 20; Beitritt 70 1; Zuziehung nach dem Beitritt 71 7; Beitrittsgrund 66 3; St. für den Bekl im Gläubigerstreit 75 8; Teilnahme an der Beweisaufnahme 357 3; Bezeichnung im Urteil 313 3; Bindung gegenüber der Partei 67 4; und Einmischungsklage 66 1; Einverständnis mit dem schriftlichen Verfahren 128 18; Einwilligung in eine unrichtige Entscheidung 68 6; Entfernung in der mündlichen Verhandlung 158 1; Verzögerungsgebühr wegen der Verletzung der Förderungspflicht 95 **Anh**; Fragerecht bei einer Zeugenvernehmung 397; in einer Kindschaftssache 640 e; Wirkung der Klagerücknahme 269 32; Unterbrechung des Verfahrens durch Insolvenzverfahren 240; Kostenentscheidung 101; Rechtsmittel gegen die Kostenentscheidung 99 25; Kostenerstattung 101; Antrag auf eine Kostenfestsetzung 103 32; Kostenpflicht 91 12, 206 „Streithelfer"; Streithelfer als Partei **Grdz** 50 1, 15, 128 5; und mehrfache Pfändung 856 3; Pfleger eines Prozeßfähigen als Streithelfer 53 3; Anhängigkeit eines Prozesses 66 3; Prozeßhandlung 67 8, 10; Prozeßunfähigkeit während des Prozesses, Unterbrechung des Verfahrens 241 1; Rechtsnachfolger 265 24; Rechtsstellung des Streithelfers 67 1; Richterablehnung 42 59; Rüge einer mangelhaften Prozeßführung 68 8; im schiedsrichterlichen Verfahren 1042; Pflicht zur Leistung einer Sicherheit 110 7, 10; Staatsanwalt Üb 64 4; Streitgenosse 61 5, 66 5; Streithelfer als Streitgenosse wegen der Wirkung der Rechtskraft/Zwangsvollstreckung 69; Streitverkündungsgegner 66 5; Streitverkündungswirkung 74 5; nach einer Streitverkündung 66 5; Streitwert 3 **Anh** 106; Unterbrechung des Verfahrens wegen des Todes des Streithelfers 239 5; Untersagung des Vortrags 157 21, 158 1; Unzulässigkeit **Grdz** 253 23; Anordnung der Vorlegung einer Urkunde 142 5; nichtrechtsfähiger Verein 50 24; Verhinderung an einem Erscheinen vor Gericht bzw an dem Terminsort 219 4; Verhinderung an der Einhaltung einer Frist bei einer Vertretung 233 5; Widerklage 33 2, 253 **Anh** 14; Wiedereinsetzung 233 5; Wirkung 68 1; Streithelfer als Zeuge Üb 373 22 „Streithelfer"; Zulässigkeit 66; Streit über die Zulassung 71; Bestimmung der Zuständigkeit 37 1; Zustellung an den Streithelfer des Gegners 185 3; öffentliche Zustellung 203 8; Zustellungsbevollmächtigter 174 6; Zwischenfeststellungsklage 256 109

– **(streitgenössischer Streithelfer)**, Anordnung des persönlichen Erscheinens 141 9; Beitritt in einer vorgreiflichen Ehe-(Kindschafts-)sache nach einer Aussetzung des Verfahrens 155 1; Einverständnis mit dem schriftlichen Verfahren 128 18; Pflicht zur Leistung einer Sicherheit 110 7, 10

**Streitiges Urteil** Üb 300 7
**Streitiges Verfahren,** Antrag auf 696 3
**Streitige Verhandlung** 137, 278
**Streitigkeit, nichtvermögensrechtliche** s nichtvermögensrechtliche Streitigkeit
**Streitkräfte, ausländische,** Zusatzabkommen zum NATO-Truppenstatut **SchlAnh** III; Ausschluß der Öffentlichkeit wegen einer Gefährdung der Sicherheit **SchlAnh** III 38

– **(Angehöriger) SchlAnh** III 1; Aussagegenehmigung 376 11, **SchlAnh** III 38; Exterritorialität GVG 20; Gerichtsbarkeit **Einl** II A 1, 3; Ladung **SchlAnh** III 37; Ladung zum Termin Üb 214 3; Prozeßkostenhilfe **SchlAnh** III 31; Sicherheitsleistung **SchlAnh** III 31; als Zeuge/Sachverständiger **SchlAnh** III 39; Zustellung **SchlAnh** III 32, 36

– **(Stationierungsschaden),** Wahrung der Klagefrist durch eine demnächst erfolgende Zustellung 270 10; Streitwert eines Vergleichs 3 **Anh** 104 „Stationierungsschaden"

**Streitmäßiges Urteil** Üb 300 7
**Streitobjekt,** Gerichtsstand 23 17
**Streitpunkt** 537 7
**Streitsache** 265 3, 6; Rechtsübergang 265 7
**Streitstand,** Wiedergabe im Tatbestand des Urteils 313 18

dahinterstehende Zahlen und Buchstaben = Randnummern **Streitwertfestsetzung**

**Streiturteil Üb** 300 7; unechtes Versäumnisurteil **Üb** 330 13; statt eines Versäumnisurteils, Rechtsmittel **Grdz** 511 31
**Streitverfahren Einl III** 5
**Streitverhältnis,** einstweilige Verfügung auf eine vorläufige Regelung 940; gerichtliche Aufklärungspflicht s Aufklärungspflicht; Antrag auf eine Prozeßkostenhilfe 117
**Streitverkündung Einf** 72 1, 72 ff; gegenüber einem mittelbaren Besitzer 76; dgl Zustimmung des Klägers zur Übernahme des Prozesses durch den mittelbaren Besitzer 76 7; Erklärung, Form 73 3; bei der Forderungsklage des Pfändungs-/Überweisungsgläubigers gegenüber dem Schuldner 841; Gegner als Zeuge **Üb** 373 22 „Streitverkündungsgegner"; Klage gegenüber dem Drittschuldner 841 1; im Rechtsberührung 256 31; im schiedsrichterlichen Verfahren 1042; Schriftsatz 73; gegenüber dem Schuldner bei einer Klage des Drittschuldners 841; an einen Streitgenossen 61 5; durch einen Streithelfer 67 11; Voraussetzung 72 3; Wirkung **Einf** 72 4, 74 5; Zulässigkeit 72
– **(Streitverkünder),** Antrag des Drittschuldners auf eine Beiladung des Pfändungsgläubigers 856 3; Ausschluß als Gerichtsperson 41 7, 49; Feststellungsklage des Streitverkündungsgegners wegen des Nichtbestehens eines Anspruchs des Streitverkünder 256 92; Kostenerstattung 91 206; Beitritt des Streithelfers nach der Streitverkündung 66 5; Widerspruch gegen einen Beitritt des Streithelfers 71 4
**Streitwert** 2, 3 ff; **ABC-Üb** 3 **Anh**; bei der Abnahme der Kaufsache 5 7 „Kaufpreis"; bei einer Absonderungsklage 6 10; bei dem Abwehranspruch gegen eine Grunddienstbarkeit 7 1; bei der negatorischen Abwehrklage 6 3; bei der Änderung der Kostenfestsetzung 107; beim Altenteil 9 5; bei der Anfechtungsklage nach der KO 6 16; bei der Anfechtungsklage wegen einer wiederkehrenden Leistung 9 6; Angabe der St. in der Klageschrift 253 101; bei einem vermögensrechtlichen Anspruch 2 1; bei der Klage auf Aufhebung eines Schiedsspruchs 4 11; bei der Auflassung 6 2; bei einem Anspruch auf einen Aufwendungsersatz 4 19; bei einem Befreiungsanspruch 4 12; der für die Berechnung maßgebende Zeitpunkt 4 1, 3; bei der Berufung 4 4, 5 11; Beschwerdewert 5 11; bei einer Einweisung in den Besitz 6 2; bei der Besitzklage 6 2; bei der Drittwiderspruchsklage 6 10; bei der Ehelichkeitsanfechtungsklage gegen Geschwister 5 9 „Vaterschaft"; bei einem Anspruch des Eigentümers gegen einen Mieter oder Pächter 8 2 A; bei der Einwilligung in die Auszahlung einer hinterlegten Summe 4 11; bei einer Enteignungsentschädigung 4 15; bei einer Erinnerung gegen eine Maßnahme der Zwangsvollstreckung 6 10; bei der Klage auf die Feststellung des Eigentums 6 2; bei der Klage auf die Feststellung der Nichtigkeit oder des Nichtbestehens eines Miet- oder Pachtvertrages 8 2; bei der Klage auf die Feststellung einer Rente 9 8; bei einer Feststellungs- und Leistungsklage 5 7 „Mehrheit von Ansprüchen"; von Früchten 4 14; des Anspruchs eines Gesamtgläubigers/-schuldners 5 5; einer Grunddienstbarkeit 7 4; eines Grundstücks 6 2; eines Grundpfandrechts 6 10; des Hauptanspruchs als Nebenforderung 4 13; des Haupt- und Hilfsantrags 5 6; der Klage auf eine Herausgabe von Aktien 4 11; auf die Herausgabe aus Besitz oder Eigentum 5 7 „Kaufpreis", 6 2; auf die Herausgabe gegen einen Gesamthandeigentümer 6 2; auf die

Herausgabe einer Pfandsache 6 11; auf die Herausgabe eines Rentenguts 8 4; auf die Herausgabe einer zur Sicherung übereigneten Sache 6 9; auf die Herausgabe einer Urkunde 6 3; bei der Abtretung einer Hypothek 6 12; für die höhere Instanz 3 5; Interesse des Klägers 3 3; bei einer Klagänderung 5 7; bei einer Klagehäufung 5 2; bei Klage und Widerklage 5 12; der Kosten als Hauptanspruch 4 13; der Kosten eines früheren Prozesses 4 11, 17; der außergerichtlichen Kosten 4 17; der für die Kostenfestsetzung maßgebende St. 104 9; Kostenfestsetzungsverfahren im Fall einer Kostenteilung 106 9; bei einer Lastenausgleichsabgabe 9 10; bei einem Leibgedinge 9 5; einer wiederkehrenden Leistung 9; eines Liebhaberstücks 3 3; der Löschung einer Auflassungsvormerkung 6 15; der Löschung einer Höchstbetragshypothek 6 13; der Löschung einer Hypothek 6 10; Maßgeblichkeit für die sachliche Zuständigkeit 2 1; einer Mehrzahl von Ansprüchen 5; eines Miet-/Pachtvertrags 8; einer Miet-/Pachtzinsberechnung 8 5; Minderung der St. während der Instanz 4 9; bei der Nachbarrechtsklage 7 1; einer Nebenforderung 4 10, 13; eines Nießbrauchs 9 7; einer Nießberechtigung 1; einer Nutzung 4 14; einer wiederkehrenden Nutzung 9; eines Pfandrechts 6 11; der Verwertung einer Pfandsache 6 11, 12; bei einer Prozeßtrennung/-verbindung 5 11; einer Reallast 9; einer Rente 9; der Revision 4 5; eines die Sache betreffenden Anspruchs 6 2; eines Schadensersatzanspruchs aus einem erschlichenen Ehescheidungsurteil 9 6; eines Scheckanspruchs 4 21; bei einem Schreib- oder Rechenfehler 3 5; eines Steuersäumniszuschlags 4 12, 19; bei einem Streitgenossen als Bekl 5 8; der Stufenklage 5 8; der Beseitigung eines Überbaus 7 2; des Übergangs der Kaufsache 6 2; Übergangsrecht **GVG** 23 **Vorbem**; der Umlegung eines Grundstücks 6 3; der Umstellung eines Unterhaltstitels auf den Regelunterhalt 642 5; bei der Uneinbringlichkeit 3 1; des Unterhaltsanspruchs 9; bei einem Anspruch aus Untermiete oder Unterpacht 8 3; Verkehrswert 3 3; einer einstweiligen Verfügung wegen einer Sache 6 3; einer einstweiligen Verfügung auf die Eintragung einer Vormerkung 6 14; einer Verzögerungsgebühr 95 **Anh**; eines Verzugsschadens 4 19; von Verzugszinsen 4 15; von solchen bei einer wiederkehrenden Leistung oder Nutzung 9 5; maßgebende Währung 3 **Anh** 25 „Auslandswährung"; bei einem Wahlrecht des Klägers oder des Bekl 5 10; bei einem Anspruch aus einem Wechsel 4 20; bei einem Anspruch auf eine Wegnahme 6 2; bei der Wiederaufnahmeklage 4 11; bei einem Wohnrecht 9 7; bei der Klage auf eine Zahlung und auf die Duldung der Zwangsvollstreckung 5 10; von Zins 4 15; von Zinseszins 4 16; bei einer Erfüllung Zug um Zug 4 21; bei einem Zurückbehaltungsrecht 6 6; bei einem Anspruch auf den Ersatz von Schaden aus einer Zwangsvollstreckung auf Grund eines später geänderten Urteils 4 11; von Zwischenzinsen 3 1
**Streitwertfestsetzung,** von Amts wegen **Einf** 3 5; Änderung von Amts wegen **Einf** 3 9; Anhörung der Partei 3 6; Antrag des Streithelfers 67 11; im Arbeitsgerichtsverfahren **Einf** 3 16; Berücksichtigung des Verhaltens der Partei 3 6; Begründung des Festsetzungsbeschlusses **Einf** 3 9; Mitteilung des Festsetzungsbeschlusses von Amts wegen **Einf** 3 9; Beschwerde **Einf** 3 11; Beschwerde als Rechtsmißbrauch **Einl III** 54; weitere Beschwerde **Einf** 3 54; Beweiserhebung 3 6; Bin-

**Strengbeweis**

dung des Beschwerdegerichts **3** 6; Pfändung des Anspruchs auf eine Erhöhung des Streitwerts **Grdz 704** 105 „Streitwertfestsetzung"; Ermessen **3**; für die Berechnung der Gebühren **Einf 3** 7; durch die höhere Instanz **3** 6; für die sachliche Zuständigkeit **Einf 3** 6; dgl Bindungswirkung für die Berechnung der Gebühren **Einf 3** 3
**Strengbeweis Einf 284** 7
**Student,** Gerichtsstand **20**; Pfändung des Stipendiums **850 a** 9
**Studienförderung,** Rückforderung, Rechtsweg **GVG 13** 63
**Stufenklage 254** 1; Berufung **537** 3; Entscheidung **254** 13; Fortsetzungsantrag **254** 20; Kostenentscheidung **Üb 91** 33, **91** 207; Rechtskraftwirkung **322** 4; Streitwert **3 Anh** 108, **5** 8; Übergang zur Leistungsklage, Erledigung der Hauptsache **91 a** 55; Verfahren **254** 12; beiderseitige Erledigterklärungen zur Zahlungsklage, Kostenentscheidung **91 a** 136
**Stuhlurteil 310** 6
**Stummer,** Ablehnung als Schiedsrichter **1036**; Zuziehung eines Dolmetschers **GVG 185, 186**; Eidesleistung **483**
**Stundenfrist 222** 7
**Stundung,** Kostenfestsetzung trotz einer St. **104** 12; Prozeßkostenhilfe **120**; Unterhaltsrückstand/Erstattung an den nichtehelichen Vater **642 e, f, 644**; dgl Kostenentscheidung **93 d**; Einräumung einer Zahlungsfrist nach einer Pfändung **813 a**; Einstellung der Zwangsvollstreckung **775** 13; dgl Stundungskosten **788** 43 „Stundung"
**Subjektive Klaghäufung 59** 3
**Subjektives Recht,** Feststellungsklage **256** 8
**Subsidiarität** s Hilfsnatur
**Subsumtion** s Einordnung
**Substantiierung** der Klage **253** 32; des Klagegrundes **253** 32
**Substitut,** Prozeßvollmacht **81** 10; Rechtsstellung **78** 27
**Subvention,** Rechtsweg **GVG 13** 63
**Sühneversuch** s Güteverfahren
**Suggestivfrage** bei einer Vernehmung **396** 3, **397** 6
**Summarisches Verfahren** s Arrest, einstweilige Verfügung
**Surrogat,** Pfändung **811** 11; Versteigerung und Surrogation **819** 1
**Suspensivwirkung,** einer Beschwerde **572** 2; eines (sonstigen) Rechtsmittels **Grdz 511** 2, **705** 9
**Syrien,** Ehesache **606 a Anh II** 14


**T**

**Tabelle,** Pfändungsgrenzen bei **850 c**, **SchlAnh VIII**; Prozeßkostenhilfe **115**
**Tag,** Berechnung einer Tagesfrist **222**; Angabe des Tages der Zustellung in der Zustellungsurkunde **191** 4; einer öffentlichen Zustellung **206**
**Tagegeld** des ehrenamtlichen Richters **GVG 107**
**Tageskurs,** Verkauf eines Wertpapiers durch den Gerichtsvollzieher zum T. **821** 7
**Tarifvertrag,** Revisibilität **549** 14
**Taschengeldanspruch,** Pfändung **850 b** 4
**Taschenpfändung Üb 803** 3
**Tatbestand** des Urteils s dort
**Tatbestandsberichtigung** des Urteils **320, 321** 4
**Tatort,** Gerichtsstand der unerlaubten Handlung **32**
**Tatsache,** Begriff **Einf 284** 17; Ausschlußwirkung einer gerichtlichen Entscheidung s Ausschlußwirkung; Beweis, Beweisantritt, Beweisaufnahme, Beweislast s dort; Bindungswirkung des Revisionsge-

Zahlen in Fettdruck = Paragraphen

richts an eine Tatsachenfeststellung **561**; Entscheidungsgründe **313** 31; Erklärungspflicht über eine T. **138** 27; Feststellung durch einen Sachverständigen im schiedsrichterlichen Verfahren **1049**; bei der Feststellungsklage **256** 14; Fragepflicht des Gerichts **139**; Gerichtskundigkeit einer T. **291** 3; Geständnis s dort; Glaubhaftmachung s dort; Offenkundigkeit **291**; Parteibehauptung, Parteierklärung über eine T. s Partei; Erklärung des ProzBev **85** 6; Klage auf die Feststellung der Unwahrheit einer T. **256** 14; Vermutung **292** 6; Zeugnisverweigerungsrecht hinsichtlich einer anvertrauten T. **383** 4 ff, **385** 4 ff; Zwischenfeststellungsklage **256** 113
– **(innere)** als Gegenstand des Beweises **Einf 284** 20
– **(juristische)** als Gegenstand des Beweises **Einf 284** 21
– **(klagebegründende),** Klageschrift **253** 32; im Urkunden/Scheck/Wechselprozeß **592** 7/**605 a**/**602** 5
– **(neue),** Ausschlußwirkung einer gerichtlichen Entscheidung s Ausschlußwirkung; in der Berufungsinstanz **528**; in der Beschwerdeinstanz **570**; in der Revisionsinstanz **561** 6
– **(prozeßrechtliche) Grdz 128** 61
– **(Vortrag),** Berichtigung, Ergänzung **264** 3; in der Klage **253** 30, 38; Rechtzeitigkeit **132** 9, **282** 7; der Streitgenossen **61** 14; Versäumnisurteil **335** 7
**Tatsächliche Feststellung,** Rechtskraft **322** 4; und Revision **561** 12
**Tauber, Taubstummer,** Eidesleistung **483**; Zuziehung eines Dolmetschers **GVG 186, 187**; als Schiedsrichter **1036**
**Täuschung, arglistige Einl III** 54; Beweislast **286 Anh** 55
**Technische Aufzeichnung** als Urkunde **Üb 415** 3
**Technisches Urteil** als Gegenstand der Beweisaufnahme **Einf 284** 21
**Teilanerkenntnisurteil** s Anerkenntnisurteil
**Teilanfechtung,** des Mahnbescheids **694** 1; des Versäumnisurteils **340** 7; des Vollstreckungsbescheids **700** 8; des Urteils **705** 8
**Teilanspruch,** Feststellungsklage **256** 10; Teilurteil **301**; Widerspruch gegen einen Teil des Mahnbescheids **694**; Einspruch gegen einen Teil des Versäumnisurteils **340** 7; Einspruch gegen einen Teil des Vollstreckungsbescheids **700** 8
**Teilerledigung** s Erledigung
**Teilforderung 253** 87, **754** 4, **757** 2
**Teilklage,** Aufrechnung gegen den Bekl **145** 20; Aussetzung des Verfahrens **148** 26; Erschleichung der Zuständigkeit des AG, Prozeßverbindung **2** 7, **147** 20; Klagantrag **253** 87; Kostenerstattung **91** 32; Rechtskraft **322** 51 „Nachforderung"; Wirkung einer Streithilfe **68** 2; Streitwert **3 Anh** 114; Verbindung mehrerer Ansprüche **260** 5; Zwischenfeststellungswiderklage **256** 119
**Teilleistung,** Kostenentscheidung beim Anerkenntnis einer T. **93** 112; Zwangsvollstreckung **754** 4, **757** 2; vgl auch Teilzahlung
**Teilnehmer,** Gerichtsstand der unerlaubten Handlung **32** 16
**Teilobsiegen,** Kosten **92**; Sicherheitsleistung **709** 5
**Teilung,** bei der Erbauseinandersetzung s dort; der Kosten des Rechtsstreits **92, 106**
**Teilungsklage,** bei der Gemeinschaft, Streitwert **3 Anh** 139 (c); bei einem Grundstück, Gerichtsstand **24** 12; beim Nachlaß, Gerichtsstand **27** 9
**Teilungsmasse,** Prozeß wegen der T., Aufnahme **240** 16, 17
**Teilungsplan** im Verteilungsverfahren s Zwangsvollstreckung

**Teilunterliegen,** Kostenentscheidung 92; Kostenerstattung 100 32
**Teilurteil** s Urteil (Teilurteil)
**Teilverzicht** auf eine Berufung 514 11
**Teilvollstreckungsklausel** 724 9
**Teilweises Verhandeln** 334 1
**Teilwiderspruch** 694 1
**Teilzahlung,** an den Gerichtsvollzieher, Quittung 757 2; Kostenentscheidung bei einem Anerkenntnis einer T. 93 112; auf die Prozeßkosten, Bewilligung einer Prozeßkostenhilfe 115, 120
**Teilzeitwohnrecht** 8 4, 29 a 10 „Teilzeitwohnrecht"
**Telebrief** s Fernschreiben
**Telefon,** Gebührenrechnung, Beweislast der Unrichtigkeit 286 Anh 4, 194 „Telefonrechnung"; dgl, Rechtsweg GVG 13 54 „Post"; Erstattung von Gesprächskosten 91 96 „Fernsprechkosten"
**Telefonische Einlegung** eines bestimmenden Schriftsatzes 129 44
**Telefonische Erklärung,** der Rücknahme eines Antrags 129 44; des Einverständnisses mit dem schriftlichen Verfahren 128 20; des Einspruchs gegen einen Vollstreckungsbescheid 700 8; Wiedereinsetzung im Fall eines Mißverständnisses oder der Unterlassung einer Bestätigung 233 64 ff; Aufgabe eines Telegramms durch eine t. E. 129 45
**Telegramm,** Fristwahrung 129 45; Klagerhebung 253 8; Rechtsmitteleinlegung 129 45, 518 4; Revisionseinlegung, -begründung 129 45; bestimmender Schriftsatz 129 45; Telegrafenweg, Rechtsweg GVG 13 64
**Telekom** s Post
**Telekopie** s Fernschreiben
**Teleologische Auslegung Einl III** 41
**Tenor** s Urteilsformel
**Termin Üb** 214 3; Änderung s Aufhebung, Verlegung, Vertagung; Befugnis des beauftragten oder ersuchten Richters 229; Einspruchstermin 341; Klage mit der Bitte, keinen Termin zu bestimmen 269 8; Differenz der Uhrzeit 220 5; Verhandlungstermin 332, vgl auch Mündliche Verhandlung; Verkündungstermin 227 32, 310; Verkündungstermin im Fall einer Fristsetzung zur Nachreichung eines Schriftsatzes 283; Bekanntmachung des Verkündungstermins an die nicht erschienene Partei im Fall einer Entscheidung nach Lage der Akten 251 a 18; Versäumnis 220 6, **Üb** 230 1; Versäumnis, Auferlegung von Kosten 95; Versäumnis, Wiedereinsetzung **Üb** 230 3, 233 2; Vollmacht s Terminsvollmacht; Warteliste 216 10
– **(Aufhebung)** 227 3; Aufhebungsgrund 227 3; als Stillstand des Prozesses 227 57
– **(Bestimmung)** 216; Änderung der Terminsstunde oder des Terminszwecks 227 2; bei einer Aufnahme nach einer Unterbrechung des Verfahrens 239 11; im Aufgebotsverfahren 947, 954, 955; Berufungsverhandlung 520 4; Beweisaufnahme 361, 368; Beweisaufnahme durch den beauftragten Richter 361 4; in einer Ehesache 612; nach einem Einspruch gegen ein Versäumnisurteil/einen Vollstreckungsbescheid 341 a/700; in einer verkündeten Entscheidung 218; Frist für eine Terminsbestimmung 216 19; Ladungsfrist 217; Berechnung der Ladungsfrist 222 3, vgl auch Ladungsfrist; zur Abgabe der Offenbarungsversicherung 900 6; des Orts 219; Parteiherrschaft 216 24; Prozeßkostenhilfe 118, 127; bei einem Mangel der Prozeßvollmacht 88 8; richterliche Prüfungspflicht vor der Terminsbestimmung 216 2;

Pflicht des Richters zur Prüfung der Ordnungsmäßigkeit der Klagerhebung 253 15; Revisionsverhandlung **Üb** 545 Anh, 555; Richterablehnung nach einem Antrag auf eine Terminsbestimmung 43 3; nach einer Anordnung des Ruhens des Verfahrens 251 10; im selbständigen Beweisverfahren 491; eines Termins an einem Sonnabend, Sonn- oder Feiertag 216 25; bei einer Überlastung des Gerichts 216 16; Unterlassung trotz eines Antrags 216 3, 27; Verbindung des Verhandlungstermins mit dem Termin zur Beweisaufnahme 370; Verhandlungstermin im Parteiprozeß 497 1; zur Abgabe einer bürgerlich-rechtlichen eidesstattlichen Versicherung 889; Verteilungstermin 875; Warteliste 216 10; nach einem Widerspruch gegen den Mahnbescheid 697; nach einem Aufhebungsantrag gegen die Vollstreckbarerklärung eines Schiedsspruchs 1059, 1061; bei einem Wiedereinsetzungsantrag 238 1; beim Zwischenstreit wegen der Beweisaufnahme vor dem verordneten Richter 366 5
– **(früher erster Termin)** 272 4, 275
– **(Haupttermin)** 272, 278
– **(Ladung, Mitteilung)** s Ladung, Mitteilung
– **(Unterbrechung)** 227 5
– **(Verlegung)** 227 3, 30; als Aussetzung des Verfahrens 227 57; Auferlegung von Kosten 95; im Fall der Nichtwahrung der Ladungs-/Einlassungsfrist 274 9; Verzögerungsgebühr wegen eines Verschuldens der Partei oder ihres Vertreters 95 Anh
– **(Vertagung)** s Vertagung
**Terminsort** 219; bei einer an der Gerichtsstelle nicht vornehmbaren Handlung 219 4, 5; im Fall der Verhinderung eines Beteiligten am Erscheinen vor dem Gericht 219 4, 5
**Terminsvertreter,** Beiordnung im Weg einer Prozeßkostenhilfe 121; Verzögerungsgebühr wegen einer Verletzung der Förderungspflicht 95 Anh
**Terminsvollmacht** 83 4
**Terminswahrnehmung,** Kostenerstattung 91 209
**Testament,** Gerichtsstand bei einem Anspruch auf Grund eines T. 27 6; Beweislast beim Geliebtentestament 286 Anh 95; Klage auf die Feststellung der Gültigkeit des T. 256 66 ff; Streitwert bei einem Testament 3 Anh 41 ff; Anordnung eines Schiedsgerichts im T. 1029
**Testamentsbesitzer,** einstweilige Verfügung 883 11
**Testamentsvollstrecker,** Antrag des Aufgebots der Nachlaßgläubiger 991 2; Aufnahme nach einer Unterbrechung des Verfahrens 243 2; Duldungstitel gegen den T. 748 4; Erteilung einer vollstreckbaren Ausfertigung für oder gegen den T. 749; Klage, Erbe als Zeuge **Üb** 373 11; Kostenhaftung **Üb** 91 31; als Partei kraft Amtes **Grdz** 50 10; Prozeßkostenhilfe 116; Rechtsanwalt, Kostenerstattung 91 235; als Schiedsrichter 1035; notwendige Streitgenossenschaft 62; Streithilfe 66 11; Streitwert 3 Anh 114; Gerichtsstand bei der Klage auf die Herausgabe des Testamentsvollstreckerzeugnisses 27 5; Rechtskraftwirkung eines Urteils für oder gegen den Erben 327; vollstreckbare Ausfertigung eines gegen den T. ergangenen Urteils für oder gegen den Erben 728 4; vgl Vorbehalt der Haftungsbeschränkung 780 10; Umschreibung der Vollstreckungsklausel die für oder gegen den Erblasser ergangenen Urteils auf den T. 749; Unterbrechung des Verfahrens beim Wegfall des T. 239 5; Zeugnisverweigerungsrecht 383 16
**Testamentsvollstreckung,** Zwangsvollstreckung in den Nachlaß 748; dgl im Fall einer Vorerbschaft

**Tier**                           Zahlen in Fettdruck = Paragraphen

863; Fortsetzung der Zwangsvollstreckung nach der Anordnung einer T. **779**
**Tier,** Haustier, Zwangsvollstreckung des Beseitigungsanspruchs **887** 28; Härteklausel **765 a, 811 c**; Pfändung **811 c**
**Tierhalterhaftung,** Gerichtsstand **32** 12
**Tierseuchengesetz,** Rechtsweg **GVG 13** 64
**Tierzucht,** Rechtsweg **GVG 13** 64
**Titel** s Zwangsvollstreckung (Vollstreckungstitel)
**Tod,** eines Gesellschafters, Unterbrechung des Verfahrens **239** 3; des anfechtenden Mannes im Fall einer Klage auf die Anfechtung der Ehelichkeit oder eines Vaterschaftsanerkenntnisses **640 g**; der Partei **Grdz 50** 9, **86** 7, **239, 246**; der Partei in einer Ehe- oder Kindschaftssache vor dem Eintritt der Rechtskraft **619, 640** 12 „§ 619"; der Partei im Fall des Vorhandenseins eines ProzBev, Aussetzungsantrag **246** 3; des ProzBev, Unterbrechung eines Anwaltsprozesses **244** 2; eines von mehreren ProzBev **246** 4; eines Rechtsanwalts **244,** Abwicklung **GVG 155 Anh I 2 § 55**; Fortsetzung der Zwangsvollstreckung **779**; des Schiedsrichters **1038**; des Schuldners **778 ff**; eines Streitgenossen im Fall des Vorhandenseins eines ProzBev, Aussetzungsantrag **246** 6; eines gesetzlichen Vertreters im Fall des Vorhandenseins eines ProzBev, Aussetzungsantrag **246** 5; dgl im Fall ohne einen ProzBev, Unterbrechung des Verfahrens **241** 3; des Vollmachtgebers **86** 8
**Ton(band)aufnahme** als Beweismittel **Üb 371** 11; als Verletzung des Persönlichkeitsrechts **Üb 371** 12; in der mündlichen Verhandlung als Protokoll **160 a**; in der mündlichen Verhandlung zur Veröffentlichung **GVG 169** 5
**Traditionspapier,** Pfändung **821** 6
**Transportkosten** als Kosten der Zwangsvollstreckung **788** 4
**Trauring,** Pfändung **811** 51
**Trennung,** Getrenntleben der Ehegatten s Ehegatte; Kosten **Üb 91** 3; Prozeßtrennung s dort; Streitwert **3 Anh** 114; vgl auch Abgesonderte Verhandlung
**Treueprämie,** Pfändung **850 a** 3
**Treugeber** als Streithelfer **66** 11
**Treugut,** Pfändung **Grdz 704** 106
**Treuhänder** für die Sicherheitsleistung eines Ausländers **110** 7; als Partei kraft Amtes **Grdz 50** 8; Prozeßgeschäftsführungsrecht **Grdz 50** 45; als Vertreter des Schuldners bei der Pfändung des Anspruchs auf die Übertragung des Eigentums an einem Schiff **847 a**; dgl bei mehreren Gläubigern **855 a**; Recht zur Erhebung einer Widerspruchsklage **771** 22
**Treuhandanstalt,** Rechtsweg **GVG 13** 65
**Treuhandstelle,** Kostenerstattung einer genossenschaftlichen Tr. **91** 209
**Treuhandverhältnis** zwecks Erschleichung einer Prozeßkontrolle **114** 6
**Treu und Glauben** im Zivilprozeß **Einl III** 54 ff, **Grdz 128** 13, 15, 57; Arglisteinwand s dort; Erschleichen s Rechtsmißbrauch; Irrtum bei einem Verzicht oder Anerkenntnis **Einf 306** 8; Rechtsmißbrauch s dort; Wahrheitspflicht **138** 4
**Trinkgeld,** Pfändung **832**
**Tunesien,** deutsch-tunesischer Vertrag **SchlAnh V B** 8; Ehesache **606 a Anh II** 15

### U

**Überbau,** Streitwert des Anspruchs auf seine Beseitigung **7** 2; Streitwert einer Rente **9** 5

**Überbesetzte Kammer GVG 21 e** 26
**Übereignung,** Streitwert **6**; in der Zwangsvollstreckung **817** 6, **825** 11, **897** 2
**Übereignungsanspruch,** Zwangsvollstreckung in den Ü. **846 ff**
**Übereignungspflicht,** Streitbefangenheit **265** 5
**Übereinkommen** s Zivilprozeßrecht
**Überfahrtsgeld,** vorläufige Vollstreckbarkeit des Urteils **709** 1; Zuständigkeit **GVG 23** 9
**Übergabe,** gepfändeten Geldes durch den Gerichtsvollzieher an den Gläubiger **815** 2; an die Post zum Zweck der Zustellung **194** 2; einer Sache, Streitwert **3 Anh** 115; des Urteils an die Geschäftsstelle **315** 11; des Vollstreckungstitels an den Gerichtsvollzieher als Antrag auf die Vornahme der Zwangsvollstreckung **754** 2; zur Zustellung an den Gerichtsvollzieher oder an die Geschäftsstelle **169**; an den Zustellungsgegner **170** 2; dgl bei einer Zustellung für mehrere **189**; in der Zwangsvollstreckung **817** 6, **825** 11, **883** 2, **897** 2
**Übergang,** vom Mahnverfahren in das streitige Verfahren **696** 1, 2, **697** 1–4; durch den Rechtsnachfolger, Auferlegung der Kosten wegen der Nichtmitteilung an den Bekl **94** 18; des Streitgegenstandes **265** 3 ff
**Übergangsrecht** Titelei S. XXIX; bei **19 a**; bei **511 a, 621 b**; bei **624**; bei **629 a**; bei **703 c**; in **Grdz 704** 80 „Kindergeld"; bei **850 e**, **577 a Anh**; bei **900**; bei **915**; bei **1025**; bei **GVG 17 a**; in EGGVG Einf 5; **SchlAnh VIII**
**Übergehen,** eines Anspruchs, Rechtskraftwirkung **322** 66; des Antrags auf die Vollstreckbarerklärung, Ergänzung des Urteils **716**; eines Haupt- oder Nebenanspruchs oder des Kostenpunkts, Ergänzung des Urteils **321** 5; des Wiedereinsetzungsantrags durch das Berufungsgericht **237** 2
**Überlassung** von Raum, Sommersache **227** 38, 39
**Überlegungsfrist Üb 214** 10
**Übermittlung** des Protokolls **129 a** 10
**Übernachtungsgeld** des ehrenamtlichen Richters **GVG 107**
**Übernahme,** des Prozesses durch den Rechtsnachfolger **265** 21; **266** 4; Vermögensübernahme s dort
**Überpfändung 777** 1, **803** 7
**Überraschungsentscheidung,** Unzulässigkeit **139** 34, 86
**Übersendung** des Protokolls **129 a** 10
**Übersetzung,** gerichtliche Anordnung **142** 17; Anordnung vor der mündlichen Verhandlung **273** 18; Kostenerstattung **91** 210
**Übersiedler** s Eingliederungsgeld
**Überstundenvergütung,** Pfändung **850 a** 2
**Übertragbarkeit** einer Forderung als Voraussetzung ihrer Pfändbarkeit **851**
**Übertragung,** der Beweisaufnahme auf den verordneten Richter **355** 6, **361** 3, **365, 375**; auf den Einzelrichter **277, 348**; auf ein Mitglied des Prozeßgerichts **375**; der Gerichtsbarkeit **EGGVG 3, 4**; der vorläufigen Aufzeichnung des Protokolls **160 a**; eines richterlichen Geschäfts auf den Rpfl **GVG 153 Anh** 8 §§ 3, 20, 21; des Streitgegenstands **265** 7
**Überweisung,** einer gepfändeten Forderung s Zwangsvollstreckung (Pfändung, Überweisung der Forderung)
**Überweisungsnachweis 775**
**Überzeugung,** richterliche, des Berufungsgerichts bei der Vollstreckbarerklärung des erstinstanzlichen Urteils **534** 4; bei der Beweiswürdigung **286** 16; **287**; bei der Beweiswürdigung einer Urkunde **286** 63, **419** 3, **435**; bei der Nichtvorlage einer Urkunde **426** 5, **427** 6; bei der Parteivernehmung von Amts wegen **448** 7; bei der Ablehnung

2734

dahinterstehende Zahlen und Buchstaben = Randnummern **Unterbrechung**

einer Parteivernehmung **446** 4; bei einem Schriftvergleich **442**
**UdSSR, frühere,** deutsch-sowjetisches Handels- und Schiffahrtsabkommen **SchlAnh VI** B 2; Ehesache **606 a Anh II** 16
**Umdeutung** s Auslegung
**Umfang,** der Pfändung **803** 7; der Prozeßvollmacht **81–83**
**Umfrage** s Meinungsumfrage
**Umgang** mit dem Kind **GVG 23 b, 153 Anh** 8 § 14
**Umgehung,** der Zuständigkeit s Rechtsmißbrauch; des Zustellungsbevollmächtigten **174** 3
**Umkehr der Beweislast 286 Anh** 27
**Umkehrschluß Einl III** 45
**Umlegungsverfahren,** Rechtsweg **GVG 13** 24, 66; Revision **545**; Streitwert **3 Anh** 115; Streitwert der Klage betr die Einbeziehung eines Grundstücks **6** 3
**Umsatzsteuer,** Kostenerstattung **91** 213
**Umschreibung,** des Kostenfestsetzungsbeschlusses **126** 25; eines gepfändeten Namenspapiers **822**; der Vollstreckungsklausel s Vollstreckbare Ausfertigung
**Umschulungsbeihilfe,** Pfändung **Grdz 704** 107
**Umstände,** Veränderung s dort
**Umwandlung,** Unterbrechung des Verfahrens im Fall einer U. der Aktiengesellschaft **239** 3; der Gesellschaft, Zwangsvollstreckung nach der U. **859 Anh** 7
**Umwandlungsklage** s Abänderungsklage
**Umweltschutz,** Gerichtsstand **32 a**; Beweislast **286 Anh** 195 „Umwelthaftung"; Streitwert **3 Anh** 115
**Umzugskosten,** Klage auf eine Feststellung der Erstattungspflicht **256** 87 „Mietverhältnis"
**Unabhängigkeit,** des Rpfl **GVG 153 Anh** 8 § 9; des Richters **GVG 1** 2, **DRiG Vorbem** 25, 25, 39; des ehrenamtlichen Richters **DRiG** 45
**Unanfechtbarkeit** s Beschluß, Urteil
**Unbeachtlichkeit** des Rechtsübergangs des Streitgegenstands **265** 17
**Unbedingter Revisionsgrund 551**
**Unbekannter Aufenthalt,** Begriff **203** 1; des ProzBev **177** 1, 2; Zustellung **177, 203**
**Unbewegliche Sache,** Begriff für den Gerichtsstand **24** 15; Zwangsvollstreckung **848, 855, 864 ff**
**Unbewegliches Vermögen,** Zwangsvollstreckung **864 ff**
**Unbezifferter Antrag 253** 49 ff, 86; Beschwer **Grdz 511** 13 ff; Streitwert **3** 3, 4; Versäumnisurteil **331** 9
**Unechtes Versäumnisurteil Üb 330** 13, **331** 13, **542** 6
**Unechtheit** einer Urkunde s Urkunde (Echtheit)
**Unehre,** Zeugnisverweigerungsrecht wegen Fragen, die zur U. gereichen **384** 5
**Uneidliche Vernehmung** s Parteivernehmung (Beeidigung), Sachverständiger (Vernehmung), Zeuge (Vernehmung)
**Uneigentliche Frist Üb 214** 11; vgl auch Frist
**Unentbehrlichkeit,** Unpfändbarkeit **811**
**Unentschuldigtes Ausbleiben** s Ausbleiben
**Unerlaubte Handlung,** Gerichtsstand **32**; Pfändungsrecht wegen einer vorsätzlichen u. H. **850 f** 5; vgl auch Schadensersatzanspruch/-klage
**Unerwachsene Person,** Beschränkung des Zutritts zu einer Gerichtsverhandlung **GVG 175**
**Unfähigkeit,** zum mündlichen Vortrag **157** 21; der Partei oder des Zeugen zur Eidesleistung **452** 8/ **393** 1, 4

**Unfall,** Anscheinsbeweis **286 Anh** 105 ff, 187, 191; Streitwert **3 Anh** 116
**Ungebühr** vor Gericht, Ordnungsmittel **GVG 178**
**Ungeeigneter Prozeßvertreter 157**
**Ungeeignete Zwangsvollstreckung Grdz 704** 34
**Ungehorsam,** Ordnungsgewalt des Vorsitzenden **GVG 177**
**Ungewißheit,** Dauer eines Hindernisses gegenüber der Beweisaufnahme **356** 6; Zuständigkeitsbestimmung bei einer U. über die Grenzen des Gerichtsbezirks **36** 14
**Universität,** Zuständigkeitsvereinbarung **38** 18
**Universitätsprofessor** als Richter **DRiG** 7
**Unklagbarkeit,** des Anspruchs **Grdz 253** 26; durch eine Versäumung der Klagefrist **253** 16; kraft einer Parteivereinbarung **Grdz 253** 26
**Unkosten,** Erstattung s Kostenerstattung
**Unlauterer Wettbewerb** s Wettbewerb
**Unmittelbarkeit,** der Beweisaufnahme **355** 4; derjenigen bei einer Parteivernehmung **451** 1 „§ 375"; derjenigen im Fall einer freigestellten mündlichen Verhandlung **128** 11; Verstoß gegen die U. der Beweisaufnahme **128** 9; der Verhandlung **128** 1; der Zeugenvernehmung **375**
**Unparteilichkeit** des Gerichts **139** 13; des Schiedsgerichts **1036**
**Unpfändbarkeit (Forderung),** des Arbeitseinkommens **850 ff**; Änderung des unpfändbaren Betrags **850 f**; bei einem Landwirt **851 a**; bei einer Miet- oder Pachtzinsforderung **851 b**; beim Pflichtteilsanspruch **852**; wegen der Unübertragbarkeit der Forderung **851**
– **(Sache) 807** 40, **811**; Austauschpfändung **807** 41, **811 a, b**; von Grundstückszubehör **865** 4; von Hausrat **812, 885**
– **(Vermögensrecht) 857, 859, 860, 863**; des Gesellschaftsanteils **859** 3; des Gesamtgutanteils bei der Gütergemeinschaft **860**; des Miterbenanteils **859** 5; der Nutzung des Vorerben **863**
**Unrat 885** 28
**Unreifer** als Zeuge **393**
**Unrichtigkeit,** Berichtigung des Urteils wegen einer offenbaren U. **319**; Berichtigung des Urteilstatbestands **320**; vgl im übrigen beim jeweiligen Gegenstand der Unrichtigkeit
**Unschlüssigkeit,** Hinweispflicht des Vorsitzenden **139** 21, 33, 37
**Unstatthaftigkeit,** der Berufung **511** 2; der Beschwerde **567** 2; im Urkunden- und Wechselprozeß **597** 4/**602** 5; der Revision **545** 2
**Unstreitige Tatsache 138** 27, 38 ff, **313** 22
**Untätigkeit** der Justizverwaltung, Antrag auf eine gerichtliche Entscheidung **EGGVG** 27; U.-Beschwerde **127** 25
**Unteilbarkeit** der mündlichen Verhandlung **Üb 253** 3
**Unterbevollmächtigter,** Gerichtsstand für den Gebührenanspruch **34** 1; Zulassung beim Prozeßgericht **78** 25; eines Zustellungsbevollmächtigten **175** 3
**Unterbrechung,** einer Frist s dort; der Verjährung s dort
– **(des Dienstverhältnisses) 833** 4
– **(des Termins) 227** 5
– **(des Verfahrens),** des Aufgebotsverfahrens **Grdz 946** 4; Aufnahme nach einer Unterbrechung s dort; beim Erlöschen einer juristischen Person oder einer parteifähigen Personenmehrheit **239** 3; Fristlauf **249** 4; der Haft **905** 1; gerichtliche Handlung nach der U. **249** 3, 11; bei Insolvenzverfahren **240**; Kostenfestsetzung während der U. **103** 34; Kostenfestsetzung beim zweitinstanzli-

**Unterbringung**

chen Urteil **Einf 103** 5; im Mahnverfahren **693** 13; bei einer Nacherbfolge **242** 2; durch eine Nachlaßverwaltung **241** 4; eines nichtvermögensrechtlichen Prozesses, Kostenentscheidung **239** 5; Prozeßhandlung nach einer U. **249** 3, 6; wegen einer Prozeßunfähigkeit beim Fehlen eines ProzBev **241** 1, 2; Prozeßvollmacht des Rechtsnachfolgers **86** 12; im schiedsrichterlichen Verfahren **1042**; durch einen Stillstand der Rechtspflege **245** 2; bei einer Streitgenossenschaft **61** 7; bei einer notwendigen Streitgenossenschaft **62** 27; bei einer Streithilfe **67** 5; bei einer streitgenössischen Streithilfe **69** 8; beim Tod der Partei im Fall des Fehlens eines ProzBev **239** 2, 3; bei einer Unvererblichkeit des streitigen Rechts **239** 5; Berichtigung des Urteilstatbestands bei einer Unterbrechung des Verfahrens **249** 13; Verkündung einer Entscheidung bei einer U. nach dem Schluß der mündlichen Verhandlung **249** 13; beim Wegfall des Vorerben im Fall des Fehlens eines ProzBev **242** 2; beim Wegfall/Tod/bei einer Vertretungsunfähigkeit des gesetzlichen Vertreters **241** 3; des ProzBev **244** 1; Wirkung **249**; bei einem Zwischenstreit **Üb 239** 4

**Unterbringung**, des Eigentums des Schuldners im Fall einer Räumungsvollstreckung **885** 19; eines psychisch Kranken, Rechtsweg **GVG 13** 66

**Unterdrückung** einer Urkunde **444**

**Unteres Gericht 571**

**Unterhalt**, Beeinträchtigung, Prozeßkostenhilfe **114**; Klage gegen den nichtehelichen Vater auf eine Erstattung von U. **644**

**Unterhaltsanspruch**, Abänderung **323**, **641 l**, **642 b**; als vermögensrechtlicher Anspruch **Üb 1** 9; Beweislast **286 Anh** 197; Geltendmachung im Ausland **GVG 168 Anh II**; eines Minderjährigen **641 ff**; Pfändung einer gesetzlichen Unterhaltsforderung/Rente **850 b** 3; Pfändung wegen eines U. **850 d**; Streitwert **3 Anh** 117

– **(einstweilige Anordnung) 127 a**; während eines Ehescheidungsverfahrens **620, 621**

– **(e. A. für ein nichteheliches Kind)**, während des Verfahrens auf eine Vaterschaftsfeststellung **641 d**; Änderung **641 e** 1; Aufhebung **641 e** 1; Aufhebung, Schadensersatzpflicht des Kindes **641 g**; Außerkrafttreten **641 e** 1, **641 f**; Kostenentscheidung **641 d** 6; Sicherheitsleistung **641 d** 2

– **(einstweilige Verfügung) Grdz 916** 6, 7, **936** 14, **940** 20 „Ehe, Familie", „Rente"; Streitwert einer Unterhaltsrente **3 Anh** 117

**Unterhaltsklage**, Gerichtsstand bei einem Auslandsaufenthalt des Schuldners **23 a**; Gerichtsstand des Angehörigen des Erblassers **27** 7; Gerichtsstand der ehelichen Kindes gegen einen Elternteil **35 a**; Kostenentscheidung bei einer Teilabweisung **92** 36; Prozeßkostenvorschuß **127 a**; Rechtsschutzbedürfnis **Grdz 253** 36; Sommersache **227** 40, 41; Streitgenossenschaft **62** 14; Streithilfe **66** 11; Streitwert **9**; Streitwert eines Unterhaltsrückstands **4** 9; vorläufige Vollstreckbarkeit **708** 9; auf eine künftige Zahlung **258** 1; Zuständigkeit **GVG 23** a–c

– **(nichteheliches Kind) Üb 642** 1, **642 ff**; Änderungsklage gegen eine Verurteilung zur Zahlung des Regelunterhalts im Vaterschaftsfeststellungsurteil **642 ff**; Antrag/Verurteilung auf Zahlung des Regelunterhalts im Vaterschaftsfeststellungsverfahren **642 ff**; Aussetzung des Verfahrens bis zur Entscheidung über die Vaterschaft **Einf 148** 12; Fristsetzung nach dem Erlaß eines Vaterschaftsfeststellungsurteils für eine Unterhaltsklage/Feststellung des Regelunterhalts **645 ff**; Kostenentscheidung

bei einer Erledigung der Klage auf die Zahlung des Regelunterhalts durch die Erledigung der Abstammungsklage **91 a** 15 „Regelunterhalt"; Kostenentscheidung im Fall der Stundung usw **93 d**; (Neu)Festsetzung des Regelunterhalts **645 ff**; Beschluß mit der Festsetzung des Regelunterhalts als Vollstreckungstitel **794** 13, 14; Unterhaltsklage trotz regelmäßiger Zahlung, Kostenentscheidung **93** 60

**Unterhaltssicherungsleistung**, Pfändung **Grdz 704** 108

**Unterhaltstitel**, Abänderung **323, 645 ff**; Haager Übereinkommen über die Anerkennung und Vollstreckung von Entscheidungen auf dem Gebiet der Unterhaltspflicht gegenüber Kindern **SchlAnh V** A 2; Klage auf eine Sicherheitsleistung **324** 5; auf den Regelunterhalt, (Neu)Festsetzung **645 ff**; vorläufige Vollstreckbarkeit **708**

**Unterhaltsvergleich** im Ehescheidungsverfahren, Prozeßkostenhilfe **119** 46

**Unterlagen** des Zeugen **378**

**Unterlassen Grdz 253** 8; einer Anordnung des persönlichen Erscheinens einer Partei **141** 21; einer Anordnung zur Vorbereitung der mündlichen Verhandlung **273** 16; des Aufrufs der Sache im Termin **220** 6; Beihilfe zum Meineid des Zeugen durch ein U. **138** 66; der Benachrichtigung einer Partei von einer Anordnung vor der mündlichen Verhandlung **273** 29; eines gerichtlichen Hinweises zu einem Beweisantritt **139** 96, 97; der Erklärung des Drittschuldners **840** 15; der Einsicht in eine Urkunde **134** 13; als Prozeßhandlung **Grdz 128** 46; der Rüge einer mangelhaften Prozeßhandlung **295** 10; der Vorbereitung durch einen Schriftsatz **129** 54, **131** 19, **132** 21, **282, 283, 296**; der Terminsbestimmung trotz eines Antrags **216** 27; der Vorlegung einer Urkunde nach einer entsprechenden Anordnung **142** 27; Zwangsvollstreckung aus einem Urteil auf eine U. **890, 891**; einstweilige Verfügung auf ein U. **938** 17

**Unterlassungsanspruch**, als vermögensrechtlicher Anspruch **Grdz 1** 16; Pfändung **Grdz 704** 108; Zwangsvollstreckung **890**

**Unterlassungsklage Grdz 253** 8; wegen der Besorgnis einer Rechtsbeeinträchtigung **259** 4; bei einer Eigentums-/Rechtsbeeinträchtigung, Urheberbenennung **77**; Feststellungklage **256** 94 „Unterlassung"; Gerichtsstand des Grundstückseigentums **24** 3; Gerichtsstand einer U. aus einem Vertrag **29** 8; Gerichtsstand bei einer Wettbewerbshandlung **32** 20; Kerntheorie **890** 2; Klagantrag **253** 89; Rechtsschutzbedürfnis **Grdz 253** 41; Übergang von der Klage auf die Zahlung einer Ausgleichssumme oder eines Schadensersatzes **264** 17; Streitwert **3 Anh** 118; Rechtskraftwirkung des Urteils **322** 67, **325** 38; Wiederholungsgefahr **Grdz 253** 61

**Unterliegen**, Pflicht zur Tragung der Kosten **Üb 91** 27, **91** 19

**Untermietverhältnis**, Gerichtsstand bei der Wohnraummiete **29 a**; Sommersache **227** 38; Streitwert **8** 3; vorläufige Vollstreckbarkeit des Urteils **708**; Rechtskraftwirkung des Urteils gegen den Hauptmieter **325** 34; Zuständigkeit **GVG 23** 5, 6

**Unternehmen**, Zwangsvollstreckung in das Recht am U. oder in ein gewerbliches Schutzrecht **Grdz 704** 108

**Unterordnung** s Einordnung

**Unterpachtverhältnis**, Streitwert **8** 3

**Unterrichtung**, des ProzBev durch die Partei, Kostenerstattung **91** 215, 216

**Untersagung,** des Vortrags in der mündlichen Verhandlung **157** 21
**Unterschlagung,** durch den Gerichtsvollzieher **753** 7
**Unterschrift,** unter dem abgekürzten Anerkenntnis- oder Versäumnisurteil **313 b** 2; Anforderungen **129** 8 ff; bei einer beglaubigten Abschrift **170** 7; unter der Berufungsschrift/-begründung **518** 11/**519** 16, 27; unter einem Beschluß/seiner Ausfertigung **329** 8–10; unter der Erklärung des Drittschuldners **840** 7; Echtheit, Schriftvergleich **439** 4, **441**, **442**; eigenhändige U. **129** 9, **130** 25, **170** 10, **198** 16; Pflicht des Anwalts zur Fristkontrolle anläßlich seiner U. **233** 54 ff, 93 ff; unter der Klageschrift **253** 103; unter dem Mahnantrag **690** 15; unter dem Mahnbescheid **699** 17; unter dem Protokoll **163** 1, 5; des Rpfl **GVG 153** Anh § 12; unter dem Schiedsspruch **1054**; unter einem Schriftsatz **129** 8 ff, **130** 25; unter einer privaten Urkunde **416** 4; dgl Echtheitserklärung **439** 4; dgl Echtheitsvermutung **440** 4; unter dem Urteil **315** 4, 12; unter einer Ausfertigung oder einem Auszug des Urteils **317** 15; Zwangsvollstreckung aus einem Urteil auf eine Unterschriftsleistung **887** 37; unter einem Vollstreckungsbescheid **699** 17; unter einer Vollstreckungsklausel **725** 2; bei einer Zustellung an der Amtsstelle **212 b** 3; unter dem Empfangsbekenntnis eines Anwalts über eine Zustellung/bei einer Zustellung von Amts wegen **198** 5, 16/**212 a** 10; unter der Zustellungsurkunde **191** 11; unter derjenigen im Fall einer Postzustellung **195** 4; unter dem Protokoll über eine Maßnahme der Zwangsvollstreckung **762** 2
**Unterstellung 292** 5; der Wahrheit bei einem Beweisantrag **286** 30; der Zustellung **Üb 166** 3
**Untersuchung** zwecks Abstammungsfeststellung s Abstammungsuntersuchung
**Untersuchungsgrundsatz** s Amtsermittlung
**Untervertreter,** Kostenerstattung **91** 181 „Rechtsanwalt, D. Anwaltsvertreter", 220 „Verkehrsanwalt"; Prozeßvollmacht **81** 10; bei Rechtsanwalt **78** 27, **85** 38 „Unterbevollmächtigter"
**Untervollmacht 80** 1; Mangel **88** 1
**Unterwerfung,** im Anwaltsvergleich **796 a** 3, 4; im Schiedsspruch mit vereinbartem Wortlaut **1053**; unter die sofortige Zwangsvollstreckung s Vollstreckbare Urkunde
**UNO,** Übereinkommen über die Anerkennung und Vollstreckung ausländischer Schiedssprüche **SchlAnh VI** A 1; Geltendmachung eines Unterhaltsanspruchs **GVG 168** Anh II
**Unübertragbarkeit** einer Forderung **851** 2
**Unveräußerlichkeit** eines Rechts **857** 7
**Unvererblichkeit,** des Schmerzensgeldanspruchs **262** 1, **270** 11
**Unverfälschtheit** einer Urkunde **Einf 437** 2
**Unvermögen** zur Zahlung der Prozeßkosten **114** 46
**Unvertretbarkeit** einer Handlung **887** 20 ff, **888**
**Unversetzbarkeit** des Richters **DRiG 30**
**Unverzichtbarkeit,** bei einem Mangel einer Prozeßhandlung **295**; der Zulässigkeitsrüge **295**
**Unvollständigkeit** des Verhandelns **334** 1
**Unwahrheit,** einer Behauptung, Schadensersatzpflicht **138** 65; der Erklärung über eine Tatsache **138** 13, 28; eines Geständnisses **138** 64, **290** 1; einer Tatsache, Feststellungsklage **256** 14; einer eidesstattlichen Versicherung **138** 66; Würdigung einer streitigen Behauptung als unwahr **138** 64
**Unwirksamkeit,** des Kostenfestsetzungsbeschlusses **Einf 103** 8; Nichtigkeit s dort; des Urteils **Üb 300** 14, 19

**Unzulässigkeit,** einer Anordnung oder Frage in der mündlichen Verhandlung **140**; des Antrags auf eine Parteivernehmung **445** 9; des Aufgebots, Anfechtungsklage **957** 3; des Aufgebotsverfahrens **Einf 1003** 1; der Berufung **519 b** 3; Revision wegen der U. einer Berufung **547** 3, 4; dgl wegen der U. gegen ein Urteil in einem Verfahren auf den Erlaß eines Arrests oder einer einstweiligen Verfügung **545** 4, **922** 19/**936** 3 „§ 922"; einer Beschwerde **574**; des Einspruchs **341** 7; der Berufung wegen Nichtvorliegens des Falls einer Versäumnis **513** 3; des Rechtswegs s dort; der Revision **554 a**, **556**; des schiedsrichterlichen Verfahrens, Aufhebungsantrag **1059**; der Wiederaufnahmeklage **589**; des Wiedereinsetzungsantrags **238** 5
**Unzuständigkeit** s Gerichtsstand (Unzuständigkeit), Verweisung, Zuständigkeit
**Urheberbenennung,** durch den Besitzer **76**; bei einer Beeinträchtigung des Eigentums oder eines Rechts **77**
**Urheberrecht,** Beweislast **286** Anh 199 „Urheberrecht"; Feststellungsinteresse **256** 94 „Urheberrecht"; Pfändung **Grdz 704** 109, **857** 8
**Urheberrechtsverletzungsklage,** Feststellungsklage **256** 9; Gerichtsstand **32** 13; Gerichtsstand für einen Schadensersatzanspruch **32** 6, 17 ff; Rechtsweg **GVG 13** 66 „Urheberrechtsstreitigkeiten"; Urheberbenennung **77**
**Urkunde Üb 415** 3; Abhandenkommen **Üb 1003** 2; Abschrift **435**; Anordnung einer Übersetzung **142** 17; Anordnung der Vorlegung **142**, **273** 18; Antragsrecht eines Gläubigers in der Zwangsvollstreckung **792**, **896**; Auffinden als Restitutionsgrund **580** 11; Legalisation einer ausländischen Urkunde **438**; Beifügung zum Mahnbescheid **703 a** 2, zum Schriftsatz **131** 7, im Urkunden/Wechsel/Scheckprozeß **592** 11/**602** 5/**605 a**; Beseitigung zwecks Vereitelung des Beweises **444** 1; äußere/innere Beweiskraft **Üb 415** 5, 6; als Beweismittel **Üb 415** 8, 9; Einsicht **134** 10, **299**; Ersetzung einer gerichtlichen oder notariellen Urkunde **Üb 415** 10; Erteilung an den Vollstreckungsgläubiger **792** 1, 3, **896** 1; Feststellung **256** 94; Herausgabe an den Vollstreckungsgläubiger **836** 6; Kraftloserklärung s Aufgebot; U. mit einem äußeren Mangel, Beweiswürdigung **419**; Mitteilung von Anwalt zu Anwalt **135**; über die Schiedsvereinbarung **1031**; Beifügung zu einem Schriftsatz **131** 7; Unverfälschtheit **Einf 437** 2; Vernichtung **Einf 1003** 2; Verwahrung einer verdächtigen U. **443** 1
– **(notarielle) 794** 20, **797** 3
– **(öffentliche) 415** 4; Beweisantritt **432** 1, 5; Beweiskraft einer Anordnung/Verfügung/Entscheidung **417**; Beweiskraft für eine Erklärung **415** 8; Beweiskraft über einen Vorgang **418** 5; Vermutung der Echtheit **437**; Echtheit der ausländischen öff. U. Form **415** 5; Gegenbeweis **415** 9; mit einem äußeren Mangel **419**; Zeugnisurkunde **418** 3; Zustellungsurkunde s dort
– **(private) 416** 3; Aussteller **416** 4; Beweiskraft **416** 6; Echtheit **439**; mit einem äußeren Mangel **419**; mit einem Mangel, Beweiswürdigung **440** 6
– **(vollstreckbare)** s Vollstreckbare Urkunde
– **(Echtheit) 437** ff; Anerkennung durch das Unterlassen einer Erklärung **439** 5; dgl im Parteiprozeß **510**; einer ausländischen Urkunde **438**; als Voraussetzung der Beweiskraft **Einf 437** 1; Erklärung in der Berufungsinstanz **531**; Erklärungspflicht des Gegners **439**; Feststellungs-/Zwischenfeststellungsklage wegen der (Un)Echtheit **256** 107; Säumnis des Bekl im Urkundenprozeß **597**

# Urkundenfälschung

10; Schriftvergleich **441**, **442**; Vermutung der E. bei einer inländischen öffentlichen Urkunde **437**; einer privaten Urkunde **440**; Verwahrung einer verdächtigen Urkunde **443**
- **(Eigenurkunde) 437** 3
- **(Herausgabeklage),** Gerichtsstand der Erbschaft **27** 5; Gerichtsstand beim Testamentsvollstreckerzeugnis **27** 5; Gerichtsstand bei einer Urkunde zum Zweck einer Löschung im Grundbuch **24** 6; Streitwert **3 Anh** 69, 6 3
- **(Rückgabestreit) 135** 8
- **(Urkundenbeweis) 286** 63, **415 ff**; beglaubigte Abschrift einer öffentlichen Urkunde **435**; Anordnung der Vorlegung der Handelsbücher **422** 7; Antrag **424** 3; Beweisbeschluß **425**; Beweisbeschluß auf eine Vernehmung des Gegners über den Verbleib der Urkunde **426**; Nichtvorlegung der Urkunde durch den Gegner **427**; als Parteibeweis **Üb 415** 8; Schriftvergleichung **441**, **442**; im Urkundenprozeß **592** 7; Urkundenübersendung durch eine Behörde **432** 7; Beweisvereitelung **444** 1; Verlesung **286** 65; Verzicht nach der Urkundenvorlegung **436**; Zeugnis einer Behörde **Üb 373** 4
- **(Urkundenbeweisantritt),** Antrag der Vorlegung durch einen Dritten **428**, **430**; Antrag der Vorlegung durch den Gegner **421**, **424**; Behördenurkunde **432** 1; durch die Vorlegung der Urkunde **420**; Vorlegungspflicht des Gegners **422**; Vorlegungspflicht des Gegners wegen seiner Bezugnahme auf die Urkunde **423**
- **(Vorlegung),** einer beglaubigten Abschrift einer öffentlichen Urkunde **435**; gerichtliche Anordnung **142**; Anordnung der Niederlegung auf der Geschäftsstelle **142** 14; Anordnung auf Grund einer Vernehmung des Gegners **426** 4; Anordnung vor der mündlichen Verhandlung **273** 14, 18; Antrag **424** 3; Aufforderung zur Niederlegung **134**; im Prozeßkostenhilfeverfahren **117**, **118**; vor dem verordneten Richter **434**; im Urkunden/Wechsel/Scheckprozeß **592** 11/**602** 5/**605 a**; Verweigerung **407** 1, 2; bürgerlichrechtliche Vorlegungspflicht des Gegners **422**; Vorlegungspflicht wegen einer Bezugnahme **423**
- **(Vorlegung durch Dritten),** Antrag **428**, **430**; Fristsetzung **431** 3; Fristablauf, Antrag auf eine Fortsetzung des Verfahrens **431** 4; Vorlegungspflicht **429**
- **(Vorlegungsklage),** Prozeßvollmacht **81** 20; Streitwert **3 Anh** 124

**Urkundenfälschung,** Aufhebungsantrag **1059**; Restitutionsklage **580** 5, **581** 1

**Urkundenmahnbescheid 703 a**

**Urkundenprozeß Grdz 592** 1; **592 ff**; Abstandnahme **596** 3; Anerkenntnis **599** 1; Aussetzung des Verfahrens **148** 35; Beweisantritt **595** 5; Beweismittel **592** 7, **593** 4, **595** 3; Einmischungsklage **64** 5; Einwendung **598**; Fehlen einer Prozeßvoraussetzung **Grdz 253** 23; Klagabweisung **597**; Klageschrift **593**; Nachverfahren **600**; Parteivernehmung **595** 3; Richterausschluß wegen seiner Mitwirkung im U. **41** 18; Sicherheitsleistung **110** 14; vorläufige Vollstreckbarkeit des Urteils **708** 5; Urteil ohne einen Vorbehalt **599** 8; Verurteilung des Bekl **599** 1; Vorbehaltsurteil **599** 7, 9; Zurückverweisung durch das Berufungsgericht **538** 9; Widerklage **253 Anh** 8, **595** 2; Widerspruch des Bekl **599** 4; Zulässigkeit **592** 1; Zurückweisung einer Einwendung **598**; Zwischenfeststellungsklage **256** 110

**Urkundsbeamter der Geschäftsstelle GVG Üb 153** 3, **153**; Ablehnung s Befangenheitsablehnung; Aktenvorlegung beim Vorsitzenden zur Terminsbestimmung **216** 16; Amtspflichtverletzung **GVG Üb 153** 5; Anwaltszwang **78** 40; Ausschluß vom Amt **41**, **47** 2, **49**; Ausschluß, Entscheidung **48**; Befangenheitsablehnung s dort; Beglaubigung einer zuzustellenden Abschrift **170** 16, **196**, **210**; Ausfertigung/beglaubigte Abschrift des Urteils **317** 8; öffentliche Bekanntgabe eines Aufgebots **948**; als Dolmetscher **GVG 190**; Erinnerung gegen seine Entscheidung **576** 3; Erteilung einer vollstreckbaren Ausfertigung **724** 5; Fristversäumnis als Parteiverschulden **85** 9; Hilfsbeschwerde gegen eine Entscheidung **577** 10; Erteilung eines Notfrist-/Rechtskraftzeugnisses **706** 12, 16; Protokollführung **159** 3; Unterschrift unter dem Protokoll **163**; Entscheidung des Richters statt des Urkundsbeamten **10** 2; Stellung gegenüber dem Rpfl **GVG 153 Anh** 8 § 26; Verkündungsvermerk auf dem Urteil **315** 14; Erteilung der Vollstreckungsklausel **724** 6, **725** 2; Vollstreckungsklausel bei einer gerichtlichen Urkunde oder einem Vergleich **797** 3, **797 a** 3; als Zeuge **Üb 373** 12 „Gerichtsperson"; Zuständigkeit **GVG 153 Anh** 8 § 26; Zustellung von Amts wegen s dort; Zustellung des Vollstreckungsbescheids **699** 18; Zustellungsauftrag an den Gerichtsvollzieher s Zustellung (Parteibetrieb); vgl. auch Geschäftsstelle

**Urkundsperson 415** 5, **418** 3; Legalisation einer ausländischen Urkunde **438** 4

**Urlaub,** Anspruch auf, Feststellungsklage **256** 56

**Urlaubsgeld,** Pfändung **850 a** 3

**Ursachenzusammenhang,** Anscheinsbeweis **286 Anh** 15, 22, 200; Beweiswürdigung **287** 6; gerichtliche Ermittlung des Schadens **287** 9; unabwendbarer Zufall und Fristversäumung **233** 17

**Ursächlichkeit** der Gesetzesverletzung **549** 5, **551** 1

**Urschrift,** Beifügung zum Mahnbescheid **703 a** 2; eines Schriftsatzes **131** 10, **133** 5; Übergabe zur Zustellung **169** 3; Urkundenvorlegung **131** 10; beglaubigte Abschrift einer öffentlichen Urkunde als Beweismittel **435**; Vorlegung im Urkunden/Wechsel/Scheckprozeß **593** 4/**602** 5/**605 a**; Urteil **315** 4; Vermerk bei der Erteilung einer vollstreckbaren Ausfertigung **734**; abgekürztes Urteil **313 a, b**; Übermittlung der Zustellungsurkunde an die Partei **190** 5

**Urteil Üb 300** 1, **300 ff**; abgekürztes U. **313 a, b**; beglaubigte Abschrift **317** 16; Absetzung **315** 11; Arten **Üb 300** 4; Entscheidung nach Lage der Akten **251 a**, **331 a**; über einen von mehreren Ansprüchen **145** 1; Auffinden eines U., Wiederaufnahme **580** 24; Aufhebung eines Arrestes oder einer einstweiligen Verfügung wegen einer Versäumung der Klagefrist **926** 15/**936** 5 „§ 926"; Aufhebungsantrag im schiedsrichterlichen Verfahren **1059**; Urteil über einen Arrest oder eine einstweilige Verfügung **922** 16/**936** 5 „§ 922"; Aufhebung als Grund einer Restitutionsklage **580** 9; Schadensersatzpflicht wegen einer Zwangsvollstreckung auf Grund eines später durch das Rechtsmittelgericht aufgehobenen U. **717** 3; dgl Streitwert **3 Anh** 94 „Rückerstattung"; Aufhebung oder Auffinden eines Urteils als Grund einer Restitutionsklage **580** 9, 11; bei der Klage auf eine Auskunft, auf die Rechnungslegung und auf eine Zahlung **254** 13; U. statt eines Beschlusses, Rechtsmittel **Grdz 511** 30; Bindung der Behörde an das U. **Einf 322** 21; Bindung des Gerichts an die Anträge der Parteien **308** 1; Bindung des Gerichts an ein anderes Urteil **Einf 322** 22; Bindung des Gerichts an sein eige-

nes U. 318; Bruttolohnurteil **Üb 803** 2; U. auf eine Entschädigung im Strafverfahren, Rechtskraftwirkung **322** 32 „Buße", **325** 25 „Buße"; bei einer (teilweisen) Erledigung der Hauptsache **91 a** 173, 200; Entscheidungsgründe **313** 31, **313 a** 5, **313 b** 3; Erledigterklärung nach dem Erlaß des U. **91 a** 72, 100; Einbeziehung einer tatsächlichen Feststellung in die Rechtskraft **322** 16; Fällung **309**; Fehlerhaftigkeit **Üb 300** 19, 20; Form, Inhalt **311, 313**; auf eine sachlichrechtliche Fristsetzung **255, 510 b**; Besetzung des Gerichts **309**; Bezeichnung des Gläubigers und des Schuldners **750** 2; abweichend vom Klagantrag **308** 12; kontradiktorisches U. **Üb 300** 7; Mangelhaftigkeit **Üb 300** 19, 20; auf eine Fortsetzung des Mietvertrags **308 a** 4; Nichtigkeit **Üb 300** 14; Nichturteil **Üb 300** 11; obiter dictum **313** 34; gegen eine falsche Partei **Grdz 50** 18; gegen eine nichtbestehende Partei **Grdz 50** 19; gegen einen Parteiunfähigen **50** 33; Protokoll **160** 14; gegen einen Prozeßunfähigen **52** 5, **56** 14; trotz eines Fehlens der Prozeßvollmacht **89** 13; bei einem Mangel der Prozeßvollmacht **88** 13; über eine Prozeßvoraussetzung **56** 20; auf eine Räumung von Wohnraum **721** 6; Rechtskraftfähigkeit **322** 1; Rechtswegverweisung **GVG 17** 7, 17 a; auf die Zahlung einer Rente, Klage auf die nachträgliche Leistung einer Sicherheit **324**; durch den Richter nach einer Ablehnung **47** 1; Zurückweisung der Ablehnung des Richters **46** 14; Rubrum **313** 4–10; Schiedsspruch als U. **1055**; Streitgenossenschaft **61** 6; notwendige Streitgenossenschaft **62** 22; Wirkung der Streithilfe **68**; Übergabe an die Geschäftsstelle **315** 11; Überschrift **311** 5; Tatbestand **313** 14, **313 a** 5, **313 b** 3; Unterschrift **315** 4, 12; im Urkundenprozeß ohne einen Vorbehalt **599** 8; Urschrift des abgekürzten U. **313 a, b**; auflösend bedingtes/unbedingtes U. **Üb 300** 9; im schriftlichen Verfahren, Zustellung **310** 1, 2; im schriftlichen Verfahren ohne das Einverständnis der Parteien **128** 34; streitiges/Versäumnisurteil **Üb 300** 7; bei einem Vertretungsmangel **56** 9; bei der Vollstreckungsabwehrklage **770**; als Vollstreckungstitel **704, 705**; auf die Vornahme einer Handlung und die Zahlung einer Entschädigung nach einer Fristversäumung **510 b, 888 a**; Festsetzung des Streitwerts wegen einer Revision **546**; und Widerspruch gegen einen Arrest/eine einstweilige Verfügung **925** 4/**936** 4 „§ 925"; im Widerspruchsverfahren gegen einen Verteilungsplan **880**; betr eine Wiedereinsetzung **238** 5; auf die Abgabe einer Willenserklärung **894**; Wirkungslosigkeit **Üb 300** 14, 19; Beschluß über die Wirkungslosigkeit im Fall einer Erledigung der Hauptsache vor dem Eintritt der Rechtskraft **91 a** 109; entsprechender Beschluß nach einer Klagerücknahme **269** 45; Wirksamkeit **Üb 300** 10; bei einem Zustellungsmangel **56** 11; Verwerfung einer Zulässigkeitsrüge nach einem Zwischenurteil **280**
- **(Anerkenntnisurteil) 307** 14; Antrag **307** 15; Kostenentscheidung **99** 37 ff; trotz einer Beschränkung der Prozeßvollmacht **89** 14; abgekürztes U. **313 b**; Verkündung **310**
- **(Anerkennung deutscher U.) 606 b Anh II**
- **(Ausfertigung) 317** 8; Berichtigungsbeschluß **319** 28; Kostenerstattung **91** 184 ff; Kostenfestsetzungsbeschluß auf dem Anerkenntnisurteil **105**; abgekürztes Urteil **317** 16; Vorlage beim Berufungs-/Revisionsgericht **518** 28/**553 a**
- **(vollstreckbare Ausfertigung)** s dort
- **(Auslandsurteil)** s dort
- **(Ausschlußurteil)** im Aufgebotsverfahren **952**

- **(Berichtigung)** hinsichtlich eines Schreib- oder Rechenfehlers oder einer offenbaren Unrichtigkeit anderer Art **319**; Ablehnung einer derartigen Berichtigung **319** 35
- **(Berichtigung des Tatbestands) 320**; nach einer Aussetzung des Verfahrens **249** 13; Fristbeginn durch die Zustellung des Urteils **312** 1; Wiedereinsetzung nach Fristversäumung **233** 8; Ablehnung des Richters **42** 1; nach einer Unterbrechung des Verfahrens **249** 13
- **(Berufungsurteil) 543**
- **(DDR-Urteil),** Anerkennung **328** Vorbem
- **(Endurteil) Üb 300** 8, **300, 511** 3; Bindungswirkung **318**; über eine Entlassung des Bekl bei einem Gläubigerstreit **75** 9; Entscheidungsreife **300** 6; nach einer Zulassung des (Prozeß)Bevollmächtigten ohne (den Nachweis seiner) Vollmacht **89** 4; bei einer Prozeßverbindung **300** 11; über Prozeßvoraussetzungen **56** 20; Vollstreckbarerklärung eines Schiedsspruchs **1060, 1061**; Vollstreckungsfähigkeit **704** 2
- **(Entscheidungsgründe) 313** 31; im Kleinverfahren **495 a**; Revision wegen des Fehlens **551** 14; Verkündung **311** 6; Weglassung **313 a, 313 b** 5, **543** 6
- **(Ergänzung) 321**; Antragsfrist **321** 6; Beginn der Antragsfrist durch die Zustellung des Urteils **312** 1; Berufungsfrist gegen ein Ergänzungsurteil **517**; Gewährung einer Räumungsfrist **721** 6, 7; über einen Rechtsnachfolger **239** 16, 23; beim Übergehen des Haupt- oder eines Nebenanspruchs oder des Kostenpunkts **321** 5; bei einem Urteil im Urkundenprozeß ohne einen Vorbehalt **599** 8; hinsichtlich der vorläufigen Vollstreckbarkeit **716**
- **(Erschleichen) Einf 322** 35; der Rechtskraft eines Ehescheidungsurteils durch die Rücknahme der Berufung **Einl III** 63; Restitutionsklage **580** 6, **581** 6; Streitwert eines Schadensersatzanspruchs wegen E. eines Ehescheidungsurteils **9** 6
- **(Feststellungsurteil) 256** 48, **Üb 300** 6; Rechtskraftwirkung **322** 38; über die Echtheit oder Unechtheit einer Urkunde **256** 107; Urteil über ein Feststellungsurteil **256** 95; über eine Zwischenfeststellungsklage **256** 119
- **(Gestaltungsurteil) Üb 300** 6; auf eine Fristsetzung **255** 7; Rechtskraftwirkung **322** 43, **325** 15
- **(Klagabweisung)** s dort
- **(Leistungsurteil) Grdz 253** 8, **Üb 300** 6; Rechtskraftwirkung **322** 49
- **(Nichtigkeit) Üb 300** 14, 19; des U. gegen einen Exterritorialen **GVG Einf 18** 2
- **(Prozeßurteil)** s Klagabweisung
- **(Rubrum) 313** 4–10
- **(Sachurteil) Üb 300** 5; Voraussetzung **Grdz 253** 13; bei einer rechtsvernichtenden Rüge **300** 9
- **(Scheinurteil) Üb 300** 11, **Grdz 511** 26
- **(Schlußurteil) Üb 300** 8; bei einem Aufrechnungsvorbehalt **302**; Kostenentscheidung, Rechtsmittel **99** 54; im Nachverfahren des Urkundenprozesses **600** 9; im Nachverfahren nach einem Vorbehaltsurteil **302** 15
- **(streitiges, streitmäßiges Urteil) Üb 300** 7
- **(Tatbestand) 313** 14; Bezugnahme **313** 15; bei einer Entscheidung nach Lage der Akten oder einem Urteil im schriftlichen Verfahren **313** 16; Angriffs- oder Verteidigungsmittel **313** 21; Kennzeichnung des Anspruchs **313** 20; Berichtigung **320**; Berufungsurteil **543**; Beweiskraft **314**; Bezugnahme auf einen Schriftsatz oder auf das Sitzungsprotokoll **313** 15; Ergänzung **321** 4; im Kleinverfahren **495 a**; Mangel als Revisionsgrund **313** 30, **551** 18; Prüfung in der Revisionsinstanz

**Urteil**

550 12; Unzulänglichkeit 313 1; beim abgekürzten Urteil **313 b, 317** 16; Weglassung **313 a, 543** 3; Widerspruch zum Sitzungsprotokoll **314** 7; Wiedergabe des Sach- und Streitstands **313** 14; Aussage eines Zeugen, Sachverständigen, einer Partei **313** 16

- **(Teilurteil) 301** 1; bei einer Anspruchshäufung **260** 5; über einen Anspruchsteil **301** 21; Berufung **537** 4; in einer Ehesache **Einf 610** 4, 6; bei einer Feststellungsklage **256** 50; bei einer Klägerhäufung **301**; über die Kosten nach beiderseitigen Erledigterklärungen **91 a** 202; Kostenentscheidung nach einem Teilurteil, Rechtsmittel **99** 46; nach einer Rechnungslegungs- und Zahlungsklage **254** 13; gegen Streitgenossen **61** 14; dgl Kostenentscheidung **100** 28 ff; bei einer Streitgenossenschaft wegen des Fehlens von Prozeßvoraussetzungen **Üb 59** 6; bei einer notwendigen Streitgenossenschaft **62** 23; Rechtskraft **322** 11, 51; Unterbleiben **301** 23; über die vorläufige Vollstreckbarkeit **718** 5; über die Widerklage **301** 22; Zulässigkeit **301** 4; Urteil über eine Zwischenfeststellungsklage **256** 119
- **(Unanfechtbarkeit)**, des Urteils des LG wegen einer sachlichen Unzuständigkeit **10**; des Teilurteils des OLG über die vorläufige Vollstreckbarkeit **718** 5; des Urteils über eine Zulässigkeitsrüge **280** 8
- **(zusammen mit Urteil anfechtbarer Beschluß)** s Beschluß
- **(Urteilsformel) 313** 11; beim abgekürzten Anerkenntnis- oder Versäumnisurteil **313 b**; bei der Abweisung einer verneinenden Vaterschaftsfeststellungsklage **641 h**; Berichtigung **319** 6; Ergänzung **321**; Kostenentscheidung beim Anerkenntnisurteil **93** 107; Kostenentscheidung bei einer Streitgenossenschaft **100** 28 ff; Maßgeblichkeit für die innere Rechtskraft **322** 4; Verbotsurteil **890** 2; Vorbehalt der beschränkten Erbenhaftung **780** 3; Vorbehalt einer Genehmigung nach dem AWG **SchlAnh IV** A; Vorbehalt einer Haftungsbeschränkung **305** 5; Vorbehaltsurteil **302** 9; beim Widerspruch des Bekl gegen eine Erledigterklärung des Klägers **91 a** 175 ff
- **(Urteilsgründe) 313** 31; Begründung des Urteils mit der Beweislast **286 Anh** 1; Beweiswürdigung **286** 20 ff; Fehlerhaftigkeit oder Mangel als Revisionsgrund **551** 14; Einbeziehung in die Rechtskraft **322** 5, 20; Verkündung **311** 7
- **(Urteilskopf) 313** 4–10
- **(Urteilsstil) 313** 48
- **(Urteilsvoraussetzung) Grdz 253** 5
- **(Verkündung) 310** 1, 6, **311, 312**; Ablehnung als Aussetzung des Verfahrens **249** 16; in Abwesenheit der Partei **312** 4; nach einer Aussetzung des Verfahrens **249** 13; Entscheidungsgründe **311** 7; im Namen des Volkes **311** 4; Öffentlichkeit **GVG 173**; ein vom Richteramt Ausgeschlossener als Mitwirkender **41** 18; Wegfall des Richters vor der Verkündung **156** 2, **309**; nach einer Anordnung des Ruhens des Verfahrens **251** 7; nach einer Unterbrechung des Verfahrens **249** 13; im schriftlichen Verfahren **310** 2; im vereinfachten Verfahren **311** 6; Verkündungstermin **310** 7; Verkündungsvermerk **315** 14; Vorlesung der Urteilsformel **311** 6
- **(Veröffentlichung)**, Kosten **788** 47
- **(Versäumnisurteil)** s dort
- **(Verzichtsurteil) 306** 5; abgekürztes Urteil **313 b**
- **(vorläufige Vollstreckbarerklärung) Grdz 704** 30, **Einf 708, 708** ff; Abwendung der Zwangsvollstreckung durch eine Sicherheitsleistung oder Hinterlegung des Schuldners **711–714, 719–720 a**; von Amts wegen ohne eine Sicherheitsleistung **708**; von Amts wegen gegen eine Sicherheitsleistung **709**; Antrag **708, 709, 714**; Antrag auf eine Vollstreckbarerklärung in der Berufungs-/Revisionsinstanz **534/560**; Antrag auf eine Vorabentscheidung in der Berufungsinstanz **718**; auf einen Antrag ohne eine Sicherheitsleistung **710**; Außerkrafttreten durch die Aufhebung oder Änderung des Urteils/Schadensersatzpflicht des Klägers **717** 2, 3; in einer Ehe- oder Kindschaftssache **704** 6, 7; Kosten **788** 48; wegen der Kosten **Einf 708** 6; Rechtskraft mit der Verkündung **Einf 708** 5; Unzulässigkeit **704** 6; Vorabentscheidung **718** 2
- **(Vollstreckbarkeit) Grdz 704** 28; eines Arresturteils **925** 9; Entscheidung von Amts wegen **308** 1; und Rechtskraft **Einf 322** 3; und Rechtskraftwirkung **Einf 727** 1
- **(Vollstreckungsurteil)** s Auslandsurteil
- **(Vorabentscheidung)**, über den Grund des Anspruchs **304** 24; dgl durch ein Versäumnisurteil **347** 4; des Berufungsgerichts über die vorläufige Vollstreckbarkeit **718** 2; Richterausschluß wegen seiner Mitwirkung **41** 14; Zurückverweisung durch das Berufungsgericht **538** 11
- **(Vorbehaltsurteil) Üb 300** 8, **302, 305, 780** ff; Schadensersatzpflicht nach seiner Aufhebung **302** 17; bei einer Aufrechnung durch den Bekl **302** 2, 7; dgl Urteil im Nachverfahren/Schlußurteil **302** 11, 15; nach der Zulassung des (Prozeß)Bevollmächtigten ohne (den Nachweis seiner) Vollmacht **89** 4; Fortdauer der Rechtshängigkeit **261** 13; im Urkundenprozeß **599** 7, 9; Vollstreckungsfähigkeit **704** 4; Vorbehalt einer Haftungsbeschränkung **305**; Vorbehalt einer beschränkten Erbenhaftung **780** 3, 6; Zurückverweisung durch das Berufungsgericht **538** 11; Einstellung der Zwangsvollstreckung **707** 1
- **(Zustellung)**, von Amts wegen **317** 4; in einer Ehe- oder Kindschaftssache **625, 640** 9; Kostenerstattung **91** 218 „Urteil"; im Parteibetrieb **317** 4, **750**; im schriftlichen Verfahren **128** 35; nach einer Unterbrechung des Verfahrens durch den Tod oder die Vertretungsunfähigkeit eines Anwalts **244** 12; als Voraussetzung der Zwangsvollstreckung **750** 8
- **(Zwischenurteil) Üb 300** 8, **303** 1; über das Recht zur Verweigerung einer Abstammungsuntersuchung **372 a** 24; über den Grund des Anspruchs **304**; nach einer Anordnung der Verhandlungsbeschränkung **146** 7; nach einer Aufrechnung durch den Bekl **145** 20; Bindung des Gerichts **318**; Nachprüfung in der Berufungsinstanz **512**; Zulässigkeit der Berufung **519 b** 6; nach einem Einspruch **343** 6; Entscheidungsreife im Zwischenstreit **303** 2, 5; über eine Exterritorialität **GVG Einf 18** 2; und Feststellungsurteil **256** 2; über die Zulässigkeit der Klage **280** 7; über die Zulässigkeit einer Klageänderung **263** 20, **268** 1; über eine Klagerücknahme **269** 31; nach einer Zulassung des (Prozeß)Bevollmächtigten ohne (den Nachweis seiner) Vollmacht **89** 4; bei einer Prozeßtrennung **145** 1; über eine Prozeßvoraussetzung **56** 20; Rechtskraft **322** 3; Rechtsmittel bei einer formfehlerhaften Entscheidung **Grdz 511** 33; bei einem Rechtsnachfolgerstreit **239** 12, 22; Ausschluß des Richters wegen seiner Mitwirkung **41** 20; über die Zulassung eines Rechtsnachfolgers **266** 6; über das Recht des Sachverständigen zur Verweigerung eines Gutachtens **402**

6 „§§ 386–389"; über eine Sicherheitsleistung **112** 3; über die Zulassung eines Streithelfers **71** 5; statt eines Teilurteils, Rechtsmittel **Grdz 511** 33; über die Rückgabe einer Urkunde durch einen Anwalt **135** 12; über einen Verweisungsantrag **506** 7; Vorabentscheidung über den Grund des Anspruchs **304** 24; über eine Wiedereinsetzung **238** 7, 11; über ein Zeugnisverweigerungsrecht **387** 4; Zurückweisung des Entlassungsantrags des Bekl bei einem Gläubigerstreit **75** 9

**Urteil, Abgrenzung gegenüber einer Tatsache Einf 284** 18, 20; technisches Urteil **Einf 284** 21; juristische Beurteilung **Einf 284** 21; Werturteil **Einf 284** 18

**Urteilsverfahren Einl III** 5

**USA,** deutsch-amerikanisches Freundschafts-, Handels- und Schiffahrtsabkommen **SchlAnh VI B** 1

**Usance GVG 1** 2

## V

**VAHRG,** einstweilige Anordnung **620 c** 6
**Valuta,** Streitwert **3 Anh** 126
**Vater,** Prozeßstandschaft **Grdz 50** 27
**Vaterschaft,** Ausschluß einer Gerichtsperson wegen ihrer V. **41** 10, 49; Zweifel als Aussetzungsgrund s Aussetzung
– **(Anerkenntnisanfechtungsklage) 640** 6; Anordnung einer Abstammungsuntersuchung **372 a** 3, **640** 11 „§ 616 I"; Duldungspflicht **372 a** 17; Duldung des Augenscheins **Üb 371** 8; zulässige Abstammungsuntersuchung **372 a** 3; Verweigerung der Untersuchung **372 a** 24; Amtsermittlung **640** 11 „§ 616 I", **640 d**; Anerkenntnis **640** 12 „§ 616 I"; Aussetzung des Verfahrens zwecks erbbiologischer Untersuchung **Einf 148** 12; Beweis **286 Anh** 204; Erklärung über eine Tatsache oder über die Echtheit einer Urkunde **640** 9; Klage auf die Feststellung der (Un)Wirksamkeit eines Anerkenntnisses **256** 9, 96, **640** 2; Geständnis **640** 11 „§ 617"; Klagenverbindung **640 c** 1; Kostenentscheidung im Fall eines Anerkenntnisses **93** 16 „Kindschaftssache"; Kostenentscheidung bei einer erfolgreichen Klage des Mannes **93 c**; Ladung des nicht beteiligten Elternteils/Kindes **640 e**; Übergangsvorschriften nach dem NEhelG **Üb 640** 1; Öffentlichkeit **GVG 170, 173**; Ausschluß der Parteiherrschaft **640** 12 „§ 617"; Parteivernehmung **640** 11 „§ 613"; Streitgenossenschaft **60** 3; notwendige Streitgenossenschaft **69** 3; Streitwert **3 Anh** 126 „Vaterschaftsanerkenntnis"; Berücksichtigung einer Tatsache gegen den Widerspruch des Anfechtenden **640 d**; Tod der Partei vor dem Eintritt der Rechtskraft **640** 12 „§ 619"; Tod des anfechtenden Mannes **640 g**; Rechtskraftwirkung des Urteils **322** 33 „Ehe- und Kindschaftsurteil", **640 h**; Unzulässigkeit einer Vollstreckbarerklärung des Urteils **704** 7; Zustellung des Urteils **640** 9; Versäumnisurteil **640** 11 „§ 612"; Verzicht auf den Klaganspruch **640** 11 „§ 617"; Verzicht auf die Beeidigung der Partei, des Sachverständigen oder des Zeugen **640** 12 „§ 617"; Widerklage **253 Anh** 8, **640 c** 2
– **(Feststellungsklage) 256** 9, 96, **640** 1, 641; Anerkenntnis der Vaterschaft, Zustimmung des gesetzlichen Vertreters zur Niederschrift **641 c**; Aussetzung zwecks einer erbbiologischen Untersuchung **Einf 148** 12; und Revision **550** 13; und Unterhaltsklage, Prozeßtrennung **145** 4; Antrag auf eine Zahlung von Unterhalt **643**; Restitutionsklage **641 i**; Ausspruch im Urteil auf eine Verpflichtung zur Zahlung des Regelunterhalts **645**
– **(desgleichen einstweilige Anordnung zur Zahlung von Unterhalt) 641 d**; Änderung **641 e** 1; Aufhebung **641 e** 1; im letzteren Fall Schadensersatzpflicht des Kindes **641 g**; Außerkrafttreten **641 e** 1, **641 f**; Kostenentscheidung **641 d** 6; Sicherheitsleistung **641 d** 2
– **(Feststellungsklage betr ein Anerkenntnis) 256** 9, 96, **640** 1, 641

**Veränderung,** des Streitgegenstands, Klage auf den Gegenstand/das Interesse **264** 10; eines Umstands, Aufhebung des Arrests **927**; der Verhältnisse s dort

**Veranlassung,** zur Klagerhebung **93** 28; Wegfall der V. für eine Sicherheitsleistung **109** 5

**Veräußerung,** Verkauf der Pfandsache **806**; ein die V. hinderndes Recht **771** 2, 14; des Streitgegenstands **265** 3, 16; eines Grundstücks, Schiffs, Schiffsbauwerks, Luftfahrzeugs während des Prozesses um eine Belastung oder Berechtigung **266** 1; des Streitgegenstands, Prozeßgeschäftsführung **Grdz 50** 29; Rechtskraftwirkung des Urteils **325** 4; Erteilung der Vollstreckungsklausel **727** 2

**Veräußerungsverbot,** durch eine einstweilige Verfügung **938** 2 ff; Recht zur Erhebung einer Widerspruchsklage **772**

**Veräußerungsverpflichtung,** Zwangsvollstreckung **887** 38

**Verbandsklage** nach dem AGBG, Anhörung **278** 7; Beweislast **286 Anh** 6; Klagantrag **253** 94; Parteifähigkeit **50** 4, **Grdz 253** 29; Streitwert **3 Anh** 6 „Allgemeine Geschäftsbedingungen"; Urteil **313** 13; Vollstreckungsabwehrklage **767** 51; Zuständigkeit **Üb 12** 11, **12** 11, **16** 1, **21** 1, **38** 6, 27; **GVG 78 Anh III**

**Verbandsgerichtsbarkeit,** Unklagbarkeit **Grdz 253** 29

**Verbindung,** mehrerer Ansprüche s Anspruchshäufung; mehrerer Aufgebotsverfahren **959**; der Berufungen gegen das Urteil und gegen das Ergänzungsurteil **517** 4; der Klagen auf eine Eiherstellung, Scheidung und Aufhebung der Ehe **610** 1; in einer Kindschaftssache **640 c**; des Kostenfestsetzungsbeschlusses mit der Ausfertigung des Urteils **105**; einer Prozeßhandlung mit einem Rechtsgeschäft **Grdz 128** 61; Prozeßverbindung s dort; der Verhandlung über den Wiedereinsetzungsantrag mit der Sachverhandlung **238** 4

**Verbleib,** Gerichtsstand beim Arrest/bei der einstweiligen Verfügung **919** 6

**Verbot,** der Schlechterstellung **536** 2, 6, **559** 3, **573** 10; durch eine einstweilige Verfügung **936** 11, **938** 17; an den Drittschuldner zur Zahlung an den Schuldner **829** 32

**Verbotsurteil,** Zwangsvollstreckung **890, 891**

**Verbraucherkreditgesetz,** Beweislast **286 Anh** 205; Gerichtsstand **12** 5; Mahnverfahren **688** Vorbem, **690** Vorbem, **691** Vorbem; Zuständigkeit des Rechtspflegers **GVG 153 Anh** 8 § 11 V 2; Zwangsvollstreckung, Verwertbarkeit **825** 7

**Verbürgung** der Gegenseitigkeit s Gegenseitigkeit

**Verbund** von Ehescheidungs- und Folgesachen **623**; Änderung eines Teils **629 a**

**Verdacht,** Anscheinsbeweis **286 Anh** 18, 19; einer Straftat, Aussetzung des Verfahrens **149** 4; einer Straftat während der Gerichtsverhandlung, vorläufige Festnahme usw **GVG 183**; dgl gegenüber einem ProzBev, Ausschluß **157** 7; Verwahrung einer Urkunde **443**

**Verdienstausfall,** Erstattungsanspruch **Üb 91** 294 „Zeitversäumnis"

**Vereidigung** s Eidesleistung, Beeidigung der Partei, des Sachverständigen, des Zeugen, Richter

**Verein,** Auflösung **Grdz 50** 20; Ausschluß aus dem V. als ein vermögensrechtlicher Anspruch **Grdz 1** 16, **3 Anh** 126; Ausschluß aus dem V. nach dem Austritt, Feststellungsklage **256** 97; Ausschluß eines Mitglieds des am Prozeß beteiligten V. als Gerichtsperson **41** 7, **49**; Gerichtsstand **17** 3; Gerichtsstand des nicht rechtsfähigen Vereins **17** 3; Gerichtsstand der Mitgliedschaft **22**; Mitglied als Zeuge **Üb 373** 23; Mitglied eines nicht rechtsfähigen Vereins als notwendiger Streitgenosse **62** 13; Beschluß der Mitglieder, Beweislast **286 Anh** 205 „Vereinsbeschluß"; Pfändung des Mitgliedschaftsrechts **Grdz 704** 95 „Mitgliedsrecht"; Parteifähigkeit des nicht rechtsfähigen Vereins **50** 9, 14, 24; des rechtsfähigen Vereins **50** 2; Prozeßunfähigkeit **52** 4; Rechtsweg **GVG 13** 67; Schiedsgericht **1034**; Sicherheitsleistung **110** 5; Streithilfe beim nicht rechtsfähigen Verein **66** 1; Streitwert **3 Anh** 126; Vereinsgerichtsbarkeit, Unklagbarkeit **Grdz 253** 28; gesetzliche Vertretung **51** 22; Prozeßführungsrecht des Vorstands eines eingetragenen Vereins **80** 8; Zustellung **171** 3, **184**; Zwangsvollstreckung gegen den nicht rechtsfähigen Verein **735**

**Vereinbarter Wortlaut** beim Schiedsspruch **1053**

**Vereinbarung** s Gerichtsstand, Parteivereinbarung, Zuständigkeit

**Vereinfachte Kostenfestsetzung 105**

**Vereinfachtes Verfahren** (Unterhalt) **323**, **645 ff**, **794, 798 a**

**Vereinfachte Zustellung** s Zustellung (Amtszustellung)

**Vereinfachungsnovelle Einl I** 2

**Vereinigte Senate GVG 136, 138**

**Vereinigte Staaten,** deutsch-amerikanisches Freundschafts-, Handels- und Schiffahrtsabkommen **SchlAnh VI** B 1

**Vereitelung** der Beweisführung **286 Anh** 26; beim Urkundenbeweis **444**

**Vererblichkeit,** der Entschädigung für eine Beiwohnung **262** 3; eines Schmerzensgeldanspruchs **262** 3, **270** 11

**Verfahren, summarisches Einl III** 7, **620 ff**, **916 ff**

**Verfahrensablaufplan 703 b** 2

**Verfahrensarten Einl III** 4

**Verfahrensaussetzung** s Aussetzung

**Verfahrensgebühr,** Erledigung der Hauptsache vor ihrer Zahlung **91 a** 58

– **(Vorwegzahlungspflicht) 271 Anh**

**Verfahrensmangel 295**; gerichtliche Aufklärungspflicht **139** 96; im Beschwerdeverfahren **567** 6, 21, 24, **575**; als Grund für eine weitere Beschwerde **568** 9; Verletzung des rechtlichen Gehörs s Gehör; Verstoß gegen die Gerichtsferien **GVG Üb 199** 6; Verstoß gegen den Grundsatz der Mündlichkeit **128** 9; als Begründung einer Sprungrevision **566 a** 6; Prüfung im Revisionsverfahren **559** 5; dgl Zurückverweisung wegen eines Verfahrensmangels **539**, **575**; Rüge in der Berufungs-/Revisionsinstanz **531/558**, **559**; als Grund für eine Klage auf die Aufhebung des Schiedsspruchs **1059**; bei einem Beitritt des Streithelfers **70** 8, **71** 4; bei einer Streitverkündung **73** 1; Verstoß gegen den Grundsatz der Unmittelbarkeit **128** 9; (Un-)Heilbarkeit **295** 7 ff; Widerruf der Unterlassung einer Rüge **Grdz 128** 59; bei einer Zustellung **Üb 166** 12, **182** 16, **184** 7, **185**, **191** 2; Zwangsvollstreckung ohne die Erfüllung der Voraussetzungen für ihren Beginn **Einf 750** 2

– **(Heilung) 295**; einer gegen den Anwaltszwang verstoßenden Prozeßhandlung **78** 32; eines Mangels bei der Aufnahme nach einer Aussetzung oder Unterbrechung des Verfahrens **250** 7; eines Mangels bei der Klagerhebung **253** 16; eines Verstoßes gegen den Mündlichkeitsgrundsatz **128** 9; einer Prozeßhandlung nach der Aussetzung oder Unterbrechung des Verfahrens **249** 10, 12; des Fehlens eines Verfahrens vor der Schiedsstelle in einer Arbeitnehmererfindungssache **253** 6; der Schiedsvereinbarung **1031**; beim Beitritt des Streithelfers **70** 8; bei einer Streitverkündung **73** 1; bei einer Streitverkündung gegenüber dem mittelbaren Besitzer **76** 5; bei einem Verstoß gegen den Grundsatz der Unmittelbarkeit **128** 9; durch eine Verhandlung zur Hauptsache s Mündliche Verhandlung; eines Verstoßes gegen den Verfügungs- bzw Beibringungsgrundsatz **Grdz 128** 37; der Prozeßführung eines Vertreters ohne eine Vollmacht **89** 11 ff; und Wiederaufnahme **590** 4; bei einem Wiedereinsetzungsantrag **238** 2; bei einer Zeugenvernehmung **Üb 373** 31; beim Fehlen eines Zusammenhangs zwischen den Ansprüchen der Klage und der Widerklage **253 Anh** 13; eines Mangels der Zustellung **Üb 166** 13, **187**; eines Mangels der Zwangsvollstreckung **Grdz 704** 58

**Verfahrensrüge 295**; in der Revisionsinstanz **554** 10, **559** 5, **565 a**; s auch Verfahrensmangel

**Verfallklausel** als Voraussetzung der Zwangsvollstreckung **726** 2, 4

**Verfasser,** Zeugnisverweigerungsrecht **383**

**Verfassungsbeschwerde,** kein Rechtsmittel **Grdz 511** 34; gegen die Kostenentscheidung **99** 68; wegen einer Versagung des rechtlichen Gehörs usw **Einl III** 15 ff; gegen eine Verweisung **281** 29; gegen eine Bestimmung der Zuständigkeit **36** 8; gegen die Zwangsvollstreckung **Grdz 704** 56; Einstellung der Zwangsvollstreckung im Fall einer V. **707** 23

**Verfassungsgericht, Aussetzung des Verfahrens wegen einer Zuständigkeit des V. Einf 148** 4, 6

**Verfassungskonforme Auslegung Einl III** 49

**Verfassungsmäßigkeit** des Anwaltszwangs **78** 16

**Verfassungswidrigkeit** eines Gesetzes **GVG 1** 5

**Verfolgung,** eines Beamten **EGGVG 11**; Zeugnisverweigerungsrecht wegen der Gefahr einer Verfolgung **384** 5

**Verfügung,** Beweis der V. einer Behörde **417**; über den Streitgegenstand **265** 3, 16; durch eine Erledigterklärung **91 a** 108; durch einen notwendigen Streitgenossen **62** 17

– **(richterliche) Üb 300** 1, **329** 1; Protokoll **160** 14; Wirksamwerden **329** 23

– **(von Todes wegen),** Gerichtsstand eines Anspruchs aus einer solchen Verfügung **27**; Geliebtentestament, Beweislast **286 Anh** 95; Gültigkeit, Feststellungsklage **256** 18, 66 ff; Nichtigkeit, Streitwert **3 Anh** 41 ff; Bestellung eines Schiedsgerichts **1035**

**Verfügungsgegenstand,** Streitgegenstand **2** 2

**Verfügungsgrundsatz Grdz 128** 20

**Vergleich,** Anwaltsvergleich **796 a–c**; Streit über die Wirksamkeit eines Gesamtvergleichs **307 Anh** 37; vor einer Gütestelle oder Einigungsstelle, Abänderungsklage **323** 66; dgl Erteilung der Vollstreckungsklausel **797 a**; über eine Aufhebung der Kosten gegeneinander **98** 25; Kostenentscheidung bei der Einwendung, es sei ein V. abgeschlossen worden **91** 98; Erklärung des Streitpunkts als erledigt **91 a** 85 „Kostenstreit"; Kostenübernahme nach beiderseitigen Erledigterklärungen **91 a** 128

"Kostenübernahme"; Kostenvergleich, Kostenfestsetzung **104** 14; durch den ProzBev **81** 22, **85** 6; durch den (Prozeß-)Bevollmächtigten ohne (den Nachweis seiner) Vollmacht **89** 4; über die Prozeßkosten vor einer Erledigung der Hauptsache **98** 37; kraft der Prozeßvollmacht **81** 14, **85** 6; Beschränkung der Prozeßvollmacht **83** 3; Erstattung der Gebühren des mitwirkenden Rechtsanwalts **98**; nach dem Rechtsübergang des Streitgegenstands **265** 19; Anordnung des Ruhens des Verfahrens wegen des Schwebens außergerichtlicher Vergleichsverhandlungen **251** 4; Streitwert **3 Anh** 127; kraft einer Terminsvollmacht **83** 3; über die Unterlassung einer Handlung **890** 7; nach einem rechtskräftigen Urteil **794** 3; außergerichtlicher V. **307 Anh** 2, **796 a** 1; Vollstreckungserklärung des Anwaltsvergleichs **796 a–c**; und Genehmigung des Vormundschaftsgerichts **54** 3
- **(Prozeßvergleich)** s dort

**Vergleichsverhandlung,** Anordnung des Ruhens des Verfahrens **251** 4

**Vergütung,** des ehrenamtlichen Richters der Kammer für Handelssachen **GVG** 107; des Sachverständigen **413**; des Schiedsrichters **1034 ff**; des Zeugen **401**

**Verhafteter,** Abgabe der eidesstattlichen Versicherung **902** 2

**Verhaftung,** zur eidesstattlichen Versicherung **909** 1, 4, **910** 1, 2; in der Gerichtsverhandlung wegen des Verdachts einer Straftat **GVG** 183

**Verhalten,** der Partei s dort

**Verhältnisse,** Änderung, Abänderungsklage **323** 17 ff; Änderung bei der Pfändung einer Arbeitseinkommens **850 g**; Änderung nach einer Stundung von Unterhaltsrückständen **645 ff**; Aufhebung des Arrests oder der einstweiligen Verfügung wegen veränderter Umstände **927/936** 5 „§ 927"; Änderung der Festsetzung des Streitwerts von Amts wegen **Einf 3** 9

**Verhandlung** s Abgesonderte Verhandlung, Mündliche Verhandlung

**Verhandlungsfähigkeit Üb 78** 1; eines nicht zugelassenen Anwalts im Anwaltsprozeß **80** 7; als Prozeßvoraussetzung **Grdz 253** 22

**Verhandlungsgrundsatz** s Beibringungsgrundsatz

**Verhandlungsmaxime** s Beibringungsgrundsatz

**Verhandlungsort 219**; Entfernung **158**

**Verhandlungsreife 349** 3

**Verhandlungstermin** s Termin (Bestimmung)

**Verhandlungsvertreter,** Rechtsstellung **78** 28

**Verhinderung** am Erscheinen vor dem Gericht, Bestimmung eines anderen Terminsorts **219** 4; Übertragung einer Beweisaufnahme/Beeidigung/ Vernehmung einer Partei **375/479/619**; des zuständigen Gerichts, Bestimmung des nunmehr zuständigen Gerichts **36** 13; des Richters an seiner Unterschrift **315** 5; an der Urteilsfällung **309** 1, 2; des beauftragten Richters an der Beweisaufnahme **361** 3; des Vorsitzenden an der Unterschrift des Protokolls **163** 5

**Verjährung,** Beweislast **286 Anh** 205; Einrede der V. der Anwaltsgebühren gegenüber dem Kostenerstattungsanspruch **Üb 91** 40; Feststellungsklage bei einer drohenden V. **256** 98; Kostenentscheidung **93** 63; des Kostenerstattungsanspruchs **Üb 91** 40; Kostenfestsetzung trotz einer V. **104** 12; des Ordnungsmittels **890** 28; des Schadensersatzanspruchs gegen einen Anwalt **GVG 155 Anh I** 4 § 51; Berufung des Streithelfers auf den Eintritt der V. **67** 9; bei Verschulden des Vertreters **85** 24; Verzicht auf die Einrede der V. **270** 8; bei einem Musterprozeß **Einl III** 59

- **(Hemmung),** Beweislast **286 Anh** 205
- **(Unterbrechung bei, durch),** eine Aufrechnung im Prozeß **145** 19; die Aussetzung des Verfahrens **249** 5; Beweislast für eine U. **286 Anh** 205; Feststellungsklage **256** 39, 98, **262** 1; Klage im Ausland **253** 3; Klage bei mehreren Einzelansprüchen **253** 3; Klage im Fall der Genehmigung der Prozeßführung ohne eine Vollmacht **89** 13; Klage beim unzuständigen Gericht **Üb 12** 20; unsubstantiierte Klage **253** 37; Klagabweisung durch ein Prozeßurteil **253** 21; Rechtshängigkeit **262** 2; Anordnung des Ruhens des Verfahrens **251** 9; demnächst erfolgende Zustellung **270** 8, **696**; öffentliche Zustellung, Zustellung im Ausland **207** 4

**Verkauf, freihändiger,** Anordnung bei einer Pfandsache/bei einer gepfändeten Forderung **825** 10/**844** 3; eines Wertpapiers **821** 7

**Verkaufswert** einer gepfändeten Gold- oder Silbersache **817 a** 5

**Verkehrsanwalt,** Fristversäumung, Verschulden **85** 8; Kostenerstattung **91** 220 ff; im Prozeßkostenhilfeverfahren **121**

**Verkehrsauffassung,** Prüfung im Revisionsverfahren **550** 13

**Verkehrssitte 293** 2

**Verkehrsstörung,** Aussetzung des Verfahrens **247** 2

**Verkehrsunfall,** Anscheinsbeweis **286 Anh** 29, 105 „Kraftfahrzeug", 159 „Schadensersatz"

**Verkehrswert** als Streitwert **3 2, 6** 4

**Verkündung** s Beschluß, Urteil

**Verkündungsgegner** s Streitverkündung

**Verkündungstermin** s Termin

**Verkündungsvermerk 315** 14

**Verlagsrecht,** Pfändung **Grdz 704** 110

**Verlängerung** einer Frist s Frist (Verlängerung)

**Verleger,** Recht zur Prozeßgeschäftsführung **Grdz 50** 46 „Urheberrecht", **53** 4; Zeugnisverweigerung **383** 6

**Verlegung** s Termin (Verlegung)

**Verlesung,** in der mündlichen Verhandlung **297** 11; Protokoll **162** 3

**Verletzter,** Ausschluß der Öffentlichkeit **GVG 171 b** 2; Zutritt **GVG 175**

**Verletzung** der Amtspflicht s dort; vgl ferner Eid, Gesetz, Verfahrensmangel

**Verletzungsrente,** Pfändung **850 b** 2

**Verlöbnisaufhebung,** Vererblichkeit der Entschädigung wegen einer Beiwohnung **262** 2; Gerichtsstand **29** 12

**Verlobter,** Zeugnisverweigerungsrecht **383** 5, **385** 1

**Verlobungsring,** Pfändung **811** 51

**Verlust** s beim Gegenstand des V.

**Verlustigerklärung,** der Berufung nach der Rücknahme des Rechtsmittels **515** 17; des Einspruchs **346** 1; Streitwert **3 Anh** 129

**Vermächtnis,** Gerichtsstand für einen Anspruch aus einem V. **27** 6; Vollstreckungsabwehrklage des Vermächtnisnehmers wegen einer Beschränkung seiner Haftung **786**

**Vermessungsingenieure,** Rechtsweg **GVG 13** 67

**Vermieter,** Ersatzzustellung an den V. **181** 18; Rechtsschutzbedürfnis bei der Herausgabeklage **Grdz 253** 35; Klage auf eine vorzugsweise Befriedigung aus einem Pfandrecht **805** 2; vorläufige Vollstreckbarkeit des Urteils aus einem Pfandrecht **709** 1; Zwangsvollstreckung aus einem Urteil gegen den V. auf die Vornahme einer Handlung **887** 38; vgl. auch Mietstreitigkeit

**Vermögen,** Gerichtsstand des V. **23**; bewegliches/ unbewegliches V. **803** 2/**864** 1; und Prozeßkostenhilfe **115** 31

**Vermögensgesetz,** Rechtsweg **GVG 13** 67

**Vermögenslage,** Änderung **323**; als Arrestgrund **917** 2; Klage bei einem Rentenurteil auf eine nachträgliche Sicherheitsleistung **324**
**Vermögensmasse,** Gerichtsstand **17** 3; Prozeßkostenhilfe für eine Partei kraft Amtes **116**
**Vermögensrecht,** Begriff **857** 1; Pfändung s dort
**Vermögensrechtlicher Anspruch Grdz 1** 10; nichtvermögensrechtlicher Anspruch **Grdz 1** 10, vgl auch Nichtvermögensrechtlicher Anspruch; Anerkennung eines ausländischen Urteils **328 Anh**; Rechtsweg bei einem v. A. eines Beamten **GVG 13** 34; Berufungs-/Beschwerde-/Revisionssumme **511 a** 11/**567** 16/**546, 554, 554 b**; Gerichtsstand des Beschäftigungsorts **20**; Gerichtsstand des Vermögens **23**; vorläufige Vollstreckbarkeit **708** 12; Zuständigkeit **GVG 23, 71**; Zuständigkeitsvereinbarung **40** 1
**Vermögensschaden,** Zeugnisverweigerungsrecht **384** 2
**Vermögensübernahme,** vollstreckbare Ausfertigung gegen den Übernehmer **729** 1; Gerichtsstand der unerlaubten Handlung **32** 16; Kostenhaftung **Üb 91** 25; Rechtskraft **322** 69; Streitgegenstand **265** 9; Vollstreckungsabwehrklage wegen einer Haftungsbeschränkung **786**; Umschreibung der Vollstreckungsklausel **727** 3, **730**; Zustellung der Vollstreckungsklausel **750** 12
**Vermögensverhältnisse** s Vermögenslage
**Vermögensverschlechterung** s Vermögenslage
**Vermögensverwaltung,** Gerichtsstand **31**
**Vermögensverzeichnis,** Verbindung der Klagen auf die Erteilung eines V. und auf die Herausgabe des danach Geschuldeten **254** 3; bei der Offenbarungsversicherung **807** 14
**Vermögenswirksame Leistung,** Pfändung des Anspruchs oder der Zahlung **Grdz 704** 111
**Vermögenszuordnungsgesetz,** Rechtsweg **GVG 13** 67
**Vermutung,** als Gegenstand des Beweises **Einf 284** 20; Beweislast/Beweiswürdigung **286 Anh** 14; Parteivertrag über eine V. **286 Anh** 5; Rechtsvermutung **292** 8; stillschweigende V. s dort; Tatsachenvermutung **292** 6; V. der Echtheit einer privaten Urkunde **440** 4; der Zuständigkeit s Mündliche Verhandlung **328**; des Zustellungsauftrags an den Gerichtsvollzieher **167** 2
**Vermutungslehre Einf 322** 12
**Vernehmung** s Partei, Sachverständiger, Urkundenbeweis, Zeuge
**Vernichtung,** unpfändbarer Sachen **885**; von Unrat **885**; der Urkunde **Einf 1004** 2; der Urkunde zwecks Beweisvereitelung **444**; Urkundenaufgebot s Aufgebotsverfahren
**Veröffentlichung,** eines Privatbeitrags in einem Behördenblatt **GVG 13** 67; des Urteils s Urteil; einer öffentlichen Zustellung **204** 8
**Veröffentlichungsbefugnis,** Klagabweisung, Kostenentscheidung **92** 24; Streitwert **3 Anh** 129
**Verordneter Richter Einl III** 72; Anfechtung seiner Entscheidung **576** 3; Anordnung des persönlichen Erscheinens der Partei **141** 11; Anordnung zur Vorbereitung der mündlichen Verhandlung **273** 8; Anordnung der Beeidigung des Zeugen **391** 8; Anrufung des Prozeßgerichts gegen eine Entscheidung des v. R. **576** 3; sofortige Beschwerde gegen die Entscheidung des Prozeßgerichts **577** 10; Anwaltszwang **78** 37; Einnahme eines Augenscheins **372** 4; Ausbleiben des Zeugen, Zeugnisverweigerung **400**; Ausschluß in der höheren Instanz **41** 15 „Beweisaufnahme"; Befugnisse bei der Bestimmung einer Frist oder eines Termins **229**; Beweisaufnahme **355** 6, **362, 365** 4;

Vortrag des Ergebnisses der Beweisaufnahme **285** 7; Beweisaufnahmeersuchen an ein anderes Gericht **365**; Änderung des Beweisbeschlusses **360** 11; Eidesabnahme **478**; Geständnis vor dem v. R. **288** 7; Ordnungsgewalt **GVG 180**; Anordnung der Beeidigung einer Partei **452** 6; Parteivernehmung **451** 1; Parteivernehmung in einer Ehesache **613** 6; Protokoll **159** 15; Auswahl/Vernehmung des Sachverständigen **405/402** 1; Urkundenvorlegung **142** 22, **434**; Verfügung **329** 11; mündliche Verhandlung **128** 6; Verzögerungsgebühr **95 Anh**; Zeugenvernehmung **375** 5; Zeugnisverweigerung vor dem v. R. **389**
**Verordnung,** Revisibilität **549**
**Verpfändung 108** 2
**Verpflegungskosten** bei der Offenbarungshaft, Vorschuß **911** 4
**Verpflichtung,** des Rechtsnachfolgers zur Übernahme des Rechtsstreits **266** 7; des Sachverständigen zur Erstattung des Gutachtens **407**; zur Streitverkündung bei einer Klage des Pfändungsgläubigers gegen den Schuldner **841**; zur Urkundenvorlegung s Urkunde
**Verpflichtungsschein,** Aufgebot s dort
**Verrechnungsscheck,** Pfändung **831** 1; s auch Scheck
**Versäumnis Üb 230, Üb 330, 330 ff**; nach der Aufnahme eines unterbrochenen Verfahrens **239** 13, 19; des Bekl im Urkundenprozeß **597** 10; des Termins zur Beweisaufnahme **367** 4; im Eheverfahren **612** 5; nach einem Einspruch gegen das Versäumnisurteil **341** 7, 8; durch die Entfernung in der mündlichen Verhandlung **158** 4; durch den Erben **305** 4; Flucht in die S. **342** 4; einer Frist s Versäumung, Wiedereinsetzung; des Gläubigers wegen des Verteilungstermins **877**; Kosten **95 Anh**; im Nachverfahren **302** 16, **600** 12; des Termins zur Abnahme der Offenbarungsversicherung **900** 35; der zu vernehmenden Partei **454**; des Erscheinens der Partei ohne einen ProzBev in einem Verfahren mit einem Anwaltszwang **141** 32; im schiedsrichterlichen Verfahren **1048**; eines Streitgenossen **61** 6; bei einer notwendigen Streitgenossenschaft **62** 18; bei einer Streithilfe **67** 7; im Streit um eine Zulassung der Streithilfe **71** 6; eines Termins **220** 6; Differenz der Uhrzeiten **220** 5; der Rückgabe einer Urkunde von Anwalt zu Anwalt **134** 13; Verfahren **330 ff**; der Verhandlung zur Hauptsache **39** 7; bei einer freigestellten mündlichen Verhandlung **128** 12; im Verteilungsverfahren **877**; durch den Ausschluß des Vertreters in der mündlichen Verhandlung **157** 19; Verzögerungsgebühr **95 Anh**; durch eine Untersagung des Vortrags **157** 24, **158** 3; des Zeugen **380**; s auch Versäumung
**Versäumnisurteil Üb 300** 7, 19, **330 ff**; abgekürztes V. **313 b, 317** 16, **331** 24; über den Grund des Anspruchs **347** 4; im Verfahren auf einen Arrest oder eine einstweilige Verfügung **922** 17/**936** 3; nach der Aufnahme eines unterbrochenen Verfahrens **239** 13; nach einer Aufrechnung durch den Bekl **145** 21; bei einer Klage auf eine Auskunft, Rechnungslegung und Zahlung **254** 22; Anerkennung eines ausländischen V. **328** 20; gegen den Bekl **331**; Begründung bei Auslandsbezug **313 b**; Berufung gegen das V. **338** 5, **513, 538** 10; in der Berufungsinstanz **542**; echtes V. **Üb 330** 11; bei der Ehenichtigkeitsklage **635**; in einer Ehe-/Kindschaftssache **612, 640** 11 „§ 612"; nach einem Einspruch gegen einen Vollstreckungsbescheid **700**; bei einer Entfernung aus dem Gerichtssaal **158** 3; gegen den widersprechenden

Gläubiger im Verteilungsverfahren 881; und Grundurteil 347 4; gegen den Kläger 330 13; bei einem Mangel der Klagerhebung 253 20; Kostenentscheidung 344 1; Kostenentscheidung, Veranlassung zur Klagerhebung 93 63 „Versäumnisverfahren"; Kostenentscheidung bei einem Anerkenntnis nach dem Erlaß eines V. 93 102 „Versäumnisverfahren"; im Nachverfahren eines Urkundenprozesses 600 12; bei einem Nichtverhandeln 333; nach einer Zulassung des (Prozeß-)Bevollmächtigten ohne (den Nachweis seiner) Vollmacht 89 4; bei einem Mangel der Prozeßvollmacht 88 16; bei einem Mangel der Prozeßvoraussetzungen 56 17; im Räumungsprozeß bei einer Fortsetzung des Mietverhältnisses 308 a 1; Rechtskraftwirkung 322 69 „Versäumnisurteil"; Revision 566; in der Revisionsinstanz 557 3; Ausschluß eines Richters wegen seiner Mitwirkung beim Erlaß eines V. 41 19; Säumnis 220 6, Üb 330 3; im schiedsrichterlichen Verfahren 1048; trotz einer Schonfrist des Mieters 331 12; nach dem Ablauf einer Frist zur Leistung einer Sicherheit 113 5; in einem späteren Termin 332 3; gegen einen Streitgenossen 63 4; bei einer notwendigen Streitgenossenschaft 62 22; statt eines streitigen Urteils, Rechtsmittel Grdz 511 31; Erwähnung im Tatbestand 313 23; im Termin zur Beweisaufnahme und mündlichen Verhandlung 285 5; im verkündeten Termin 218 5; unechtes V. Üb 330 13; Unzulässigkeit 335; abgekürztes Urteil 313 b, 317 16, 331 25; Verabredung wegen eines V. 220 6; nach der Veräußerung eines Grundstücks, Schiffs, Schiffsbauwerks, Luftfahrzeugs während eines Prozesses um eine Berechtigung oder Belastung 266 6, 8; Verweisungsantrag bei einer Säumnis 281 18; Vertagung 335, 337; im Verteilungsverfahren 881; nach einem Vorbehaltsurteil 302 16; vorläufige Vollstreckbarkeit 708 3; Widerklage 347 4; Wiederaufnahmeverfahren 590 10, 11; nach einem Antrag auf eine Wiedereinsetzung 238 7; Zurückweisungsantrag 331 9, 335; dgl Rechtsmittel 336 1; Vertagung bei einem Zurückweisungsantrag 335 10, 337; Zurückweisung des Antrags auf ein V. 335, 336; bei einer Zuständigkeitsvereinbarung Üb 38 2; Zustellung im Parteiprozeß 317 4, 339 1; zweites V. 345; bei einem Zwischenstreit 347 5
- **(Einspruch)** Üb 330 16, 338 ff; Anwaltszwang 340 4; als Aufnahme nach einer Aussetzung oder Unterbrechung des Verfahrens 250 2; Aufrechterhaltung oder Aufhebung des Versäumnisurteils 343 1, 5; Beschränkung 340 5; Einlegung 340 4; Einspruchstermin 341 a; Form 340 4, 8; Frist 339; Kostenentscheidung 97, 344; Kostenentscheidung, Rechtsmittel 99 58; neue Entscheidung 343 1; Rücknahme 346; Statthaftigkeit 338; Säumnis des Einsprechenden 341 8; des Streithelfers 66 13, 70 1; wegen sachlicher Unzulässigkeit 10 1; Verhandlungstermin 341 a 4; gegen ein zweites Versäumnisurteil 345; Verwerfung 341, 708; Verzicht 346; weitere Beschwerde 568 a; Wirkung des Verzichts 342; (Un)Zulässigkeit 341 6 ff; Zustellung an den ProzBev 176 16, 178; Einstellung der Zwangsvollstreckung 719 5
- **(Einspruchsfrist)** 339; Inlaufsetzen durch die Zustellung des Versäumnisurteils 312 4; Versäumung, Wiedereinsetzung s dort
- **(unechtes Versäumnisurteil)** Üb 330 13, 331 13, 543 7
- **(zweites Versäumnisurteil)** 345

**Versäumung** Üb 230 1; der Berufungsfrist 519 b 2; der Frist zur Beibringung eines Beweismittels 356; Folgen Üb 230 3; Androhung der Folgen 231 1; Folgenbeseitigung Üb 230 5; Auferlegung von Kosten wegen einer Fristversäumung 95; einer Prozeßhandlung Üb 230 1; der Frist zur Vorlegung eines Sachverständigengutachtens 409, 411; Verzögerungsgebühr 95 Anh; s auch Termin, Versäumnis, -urteil

**Verschlechterung** der Vermögenslage s dort

**Verschleiertes Arbeitseinkommen,** Pfändung 850 h

**Verschleppter,** in einer Ehesache 606 a Anh I A; Sicherheitsleistung 110 2

**Verschleppung** s Parteivorbringen, Prozeßverschleppung

**Verschmelzung,** nach dem AktG 265 13; dgl Unterbrechung des Verfahrens 239 3; dgl Zwangsvollstreckung 778 5

**Verschulden,** Anscheinsbeweis 286 Anh 22, 206; Begriff Einl III 68; bei der Wiedereinsetzung 233 11; Beweislast 286 Anh 206; des Gerichtsvollziehers s dort; Kosten 95 Anh; der Partei s dort; des ProzBev s dort; des Vertreters als solches der Partei 51 26, 85 8; bei der Zuwiderhandlung gegen ein Verbotsurteil 890 21
- **(mitwirkendes),** Streithilfewirkung 68 8
- **(grobes),** Begriff Einl III 68
- **(bei Vertragsschluß),** Gerichtsstand 29 12, 32 14 (a)

**Verschwägerter,** Zeugnisverweigerungsrecht 383 1, 2

**Verschwiegenheitspflicht** s Schweigepflicht

**Versehen,** gerichtliche Aufklärungspflicht 139 20 ff

**Versendung,** einer niedergelegten Urkunde 134 8

**Versetzung** des Richters s Richter

**Versicherung,** des Anwalts bei der Kostenfestsetzung hinsichtlich seiner Auslagen 104 38
- **(unter Bezugnahme auf Eid),** des Sachverständigen 410; des Zeugen bei seiner wiederholten Vernehmung 398 13; Zeugnisverweigerung unter einer Bezugnahme auf den Diensteid 386 3
- **(an Eides Statt)** s Eidesstattliche Versicherung

**Versicherungsagent,** Gerichtsstand 21 9

**Versicherungsanspruch,** Feststellungsklage 256 12, 35, 101; Pfändung Grdz 704 112; Pfändung als Grundstückszubehör 865 10; Pfändung einer Rente 850 14, 850 i 9; Streitverkündung 72 5; Streitwert 3 Anh 130

**Versicherungsbedingungen,** Revisibilität 549 13

**Versicherungsunternehmen,** Gerichtsstand 17 5; Kostenerstattung 91 269; Klage gegen das V. und gegen den Versicherungsnehmer, notwendige Streitgenossenschaft 62 15 „Verkehrsunfall"; Gerichtsstand des Rückgriffsanspruchs 32 13 „Versicherungsfragen"; Versicherungsverein auf Gegenseitigkeit, Gerichtsstand der Mitgliedschaft 22 3; Rechtsweg bei einer öffentlichrechtlichen Versicherungsanstalt GVG 13 67

**Versöhnungsanzeige** als Erledigterklärung 269 23

**Versorgungsamt,** Streithilfe 66 11

**Versorgungsanspruch,** Geschäftsführer/Vorstandsmitglied, Streitwert 9 3

**Versorgungsausgleich** 621, 623, GVG 23 b, c; Zwangsvollstreckung 887 39

**Versorgungsbezug,** Pfändung Grdz 704 113, Einf 850 8, 850 i 9; bei einem Beamten 850 3

**Verspätetes Vorbringen** s Parteivorbringen (nachträgliches Vorbringen)

**Verstaatlichung** einer Aktiengesellschaft, Unterbrechung des Verfahrens 239 3

**Verstandesschwäche** des Zeugen 393

**Versteigerung** der Pfandsache s Zwangsvollstreckung

**Verstrickung**

**Verstrickung** durch die Pfändung **Üb 803** 6, **829** 51
**Vertagung 227** 5; beim Ausbleiben der Partei zu ihrer Vernehmung **454** 7; als Aussetzung des Verfahrens **Einf 148** 8, **227** 10; Beschwerde **252** 4; nach einer Abkürzung der Einlassungs- oder Ladungsfrist **226** 2; wegen der Entfernung eines Beteiligten aus der Verhandlung **158** 3; Auferlegung von Kosten **95**; wegen der Nichtladung des Streithelfers **71** 8; des Termins zur Abnahme der Offenbarungsversicherung **900** 21; wegen eines Mangels der Prozeßvoraussetzungen **56** 14; Ablehnung des Richters nach einem Vertagungsantrag **42** 50; bei einer Säumnis und dem Nichterlaß eines Versäumnisurteils oder einer Entscheidung nach Lage der Akten **335** 10, **337**; bei einem nachgereichten Schriftsatz **283**; mangels eines vorbereitenden Schriftsatzes **132** 22; Verzögerungsgebühr wegen des Verschuldens einer Partei oder eines ProzBev **95 Anh**
**Verteidigungsabsicht,** Anzeige **276**
**Verteidigungsmittel** s Parteivorbringen (Angriffs-, Verteidigungsmittel)
**Verteidigungsprozeß 240** 17, 18
**Verteilungsverfahren** s Zwangsvollstreckung (Verteilungsverfahren nach einer Hinterlegung von Geld)
**Verteidigungsvorbringen** im Tatbestand **313** 21
**Verteilung** des Erlöses **827** 3, **874**
**Verteilungsgericht 873**
**Verteilungsstelle** für Gerichtsvollzieher **GVG Üb 154**
**Vertrag,** schriftlicher Abschluß, Zwangsvollstreckung **887** 39; Pfändung des Angebots **Grdz 704** 59 „Antrag"; Angebot mit einer Unterwerfung unter die sofortige Zwangsvollstreckung **795** 2; Beweislast bei einem Anspruch aus einem V. **286 Anh** 219 „Vertrag"; Aufhebung wegen Nichterfüllung, Verbindung mit der Klage auf eine Fristsetzung durch das Urteil **255** 8; Erfüllung, Streitwert **3 Anh** 58 „Gegenseitiger Vertrag"; Feststellungsklage **256** 53 ff; Feststellungsklage wegen der Auslegung des Vertrages **256** 12; Feststellungsklage wegen der Rechtsnatur des Vertrages **256** 13; Feststellungsklage wegen eines V. mit einem Dritten **256** 12, 27; Gerichtsstand des Erfüllungsorts **29**; Rechtskraftwirkung eines Urteils über die Nichtigkeit **325** 35; prozessuale Parteivereinbarung s dort; Prozeßerledigung, Fortdauer der Rechtshängigkeit **919** 108; Rechtsweg für einen Vertragsanspruch **GVG 13** 68; Prüfung der Auslegung in der Revisionsinstanz **550** 4; Gerichtsstand des Schadensersatzanspruchs **32** 14 (a); dgl bei einem Schaden aus einem Vertrag und einer unerlaubten Handlung **32** 14 (c); Streitgenossenschaft **59** 5; und Unklagbarkeit **Grdz 253** 26; Prüfung einer Vertragsbedingung in der Revisionsinstanz **550** 4 ff; Zwischenfeststellungs(wider)klage **256** 115
– **(zugunsten eines Dritten),** Beweislast **286 Anh** 219; Gerichtsstand **29** 2; Rechtskraftwirkung des Urteils **325** 39
**Vertragstrafe,** Gerichtsstand **29** 8; Klage auf eine Herabsetzung **253** 95
**Vertrauensschutz,** Verwirkung der Klagebefugnis **Einl III** 60, 63
**Vertretbare Handlung 887** 20
**Vertretbare Sache,** Urkundenprozeß **592** 5; Zwangsvollstreckung **884** 1
**Vertreter,** Ausschluß als Gerichtsperson **41** 12, **49**; Ausschluß in der mündlichen Verhandlung **157** 8; Verschulden bei einer Fristversäumung **85** 26;

Prozeßführungsrecht eines ausländischen Inhabers eines gewerblichen Schutzrechts **80** 8; als Partei **Grdz 50** 7; für eine Partei nach der Anordnung ihres persönlichen Erscheinens **141** 45; als ProzBev **85**; Vertreter des Rechtsanwalts **78** 27, **GVG 155 Anh I** 4 § 53; Straftat als Grund für eine Restitutionsklage oder einen Antrag auf die Aufhebung eines Schiedsspruchs **580** 6, **581** 1/**1059**; Ungeeignetheit **157**; Verschulden des amtlich bestellten Vertreters des Rechtsanwalts bei einer Fristversäumung **85** 13 ff
– **(gerichtliche Bestellung) Einf 57**; für einen prozeßunfähigen Bekl **57**; dgl Antrag **57** 6; für ein selbständiges Beweisverfahren **494** 4; nach der Aufgabe des Eigentums an einem Grundstück, Schiff, Schiffsbauwerk oder Luftfahrzeug **58**, **787**; für den Erben zwecks Fortsetzung einer Zwangsvollstreckung in den Nachlaß **779** 2; Rechtsstellung **53** 1, 4; Vergütung **Einf 57** 3, **58** 5
– **(gemeinsamer)** für die Aktionäre, Rechtsstellung **69** 5
– **(ohne Vertretungsmacht),** Gerichtsstand **29** 9; Genehmigung der Prozeßführung **89** 11
**Vertreter, gesetzlicher,** Amtsprüfung seiner Vertretungsmacht/Legitimation/seines Prozeßführungsrechts **51** 25/**56** 1, 13; bei der Klage auf die Anfechtung der Ehelichkeit oder eines Anerkenntnisses der Vaterschaft **640 b**; für einen prozeßunfähigen Ausländer **55**; Ausschluß als Gerichtsperson **41** 12, **49**; und Beistand **53 a**; Verzögerung der Bestellung nach einer Unterbrechung des Verfahrens **241** 6; Bezeichnung im Schriftsatz oder im Urteil **Grdz 50** 7/**313** 4; Entfernung in der mündlichen Verhandlung **158** 3; Erklärung mit Nichtwissen **138** 52; Verzögerungsgebühr wegen einer Verletzung der Förderungspflicht **95 Anh**; Gesellschafter der OHG **50** 8; Klage gegen den gesetzlichen Vertreter oder gegen den Vertretenen **51** 10; Nachlaßpfleger **Grdz 50** 9; als Partei **Grdz 50** 7; Pfleger als Vertreter eines Prozeßfähigen **53**; Prozeßführungsrecht **51** 24, Beweislast **51** 25; Prozeßhandlung **54**, **56**; für einen Prozeßunfähigen **51** 6; Erteilung einer Prozeßvollmacht durch den falschen gesetzlichen Vertreter **88** 1; Straftat als Grund für eine Restitutions-/Schiedsspruchsaufhebungsklage **580** 6, **581** 1; Streitgenossenschaft **Üb 59** 3; als Streithelfer **66** 3; Verschulden **51** 26; gerichtlich bestellter Vertreter **51** 11; Wahrheitspflicht **138** 7; Erlöschen oder Wegfall der Prozeßvollmacht **86** 10; Tod/Vertretungsunfähigkeit/Wegfall des g. V. bei einem Verfahren mit einem ProzBev, Antrag auf eine Aussetzung des Verfahrens **246** 3; Unterbrechung des Verfahrens im Fall des Tods/der Vertretungsunfähigkeit/des Wegfalls des g. V. beim Fehlen eines ProzBev **241** 3; als Zeuge **Üb 373** 24; Zulassung mit Vorbehalt **56** 21; Zustellung **184** 2; Zustellung bei mehreren Vertretern **171** 6
**Vertretung,** einer Bundesbehörde, der Bundesautobahnverwaltung, der Bundesbahn, der Bundespost **18** 5; bei der Eidesleistung **478**; des Fiskus **18** 5 ff; des Vorsitzenden des Gerichtspräsidiums **GVG 21 h**; der Prozeßpartei s Anwaltszwang, Parteiprozeß; bei einem Prozeßvergleich **307 Anh** 26; des Rechtsanwalts **78** 27, **GVG 155 Anh I** 4 § 55; des Rechtsanwalts, allgemeine Vertretung **GVG 155 Anh I** 4 § 53; Preußens, des Deutschen Reichs **18** 8, 9; eines Richters am AG **GVG 22 b**; eines säumigen Streitgenossen im Fall einer notwendigen Streitgenossenschaft **62** 22; des Vorsitzenden **GVG 21 e** 6, **21 f** 7
– **(gesetzliche),** Prozeßvoraussetzung **Grdz 253** 22; Streithelfer **66** 1

**Vertretungsmangel,** Zulässigkeitsrüge des Fehlens einer gesetzlichen Vertretung **280** 1; dgl Verzicht **295**; Nichtigkeitsklage **579** 7; Revisionsgrund **551** 12; Aufhebung des Schiedsspruchs **1059**; Beginn der Frist für die Wiederaufnahmeklage **586** 9
**Vertretungstheorie Grdz 50** 8; s auch Partei kraft Amts
**Vertretungsunfähigkeit,** des ProzBev **86** 6; Unterbrechung des Verfahrens im Anwaltsprozeß **244** 4; Unterbrechung des Verfahrens bei einer V. des gesetzlichen Vertreters **241** 3
**Vertretungsverbot** bei der mündlichen Verhandlung s dort; des Rechtsanwalts **78** 26, **157** 1, **158** 1
**Vervollständigung,** der Beweisaufnahme **367** 5, **368** 4; des Vermögensverzeichnisses bei der Offenbarungsversicherung **903** 3; des Vortrags des Akteninhalts in der Berufungsinstanz **527** 2
**Verwahrung,** beim Anwaltsvergleich durch Notar **796 c**; Rechtsweg bei einer öffentlichrechtlichen V. **GVG 13** 20; des Eigentums des Schuldners im Fall einer Räumungsvollstreckung **885** 19, 21; einer verdächtigen Urkunde **443**
**Verwalter,** Pfändung des Nutzungsrechts, Übergabe an den V. **857** 12; der Wohnungseigentümergemeinschaft s Wohnungseigentum
**Verwaltung,** Anordnung der V. bei einer Pfändung des Nutzungsrechts **857** 12; Anordnung einer mangelhaften Sicherheitsleistung, Fristsetzung durch das Urteil **255** 4; Anordnung durch eine einstweilige Verfügung **938** 2; Fiskus, Justizverwaltung s dort; Gerichtsstand **17** 5, **31**
**Verwaltungsakt,** richterliche Prüfung **GVG 13** 16; Rechtsweg **GVG 13** 24; Restitutionsklage **580** 9; Zivilprozeßsache kraft einer Zuweisung **GVG 13** 24, **71** 5
**Verwaltungsanordnung GVG 1** 2
**Verwaltungsbehörde,** Aufhebung ihrer Entscheidung als Grund einer Restitutionsklage/Antrag auf die Aufhebung eines Schiedsspruchs **580** 9/ **1059**; Bindung an ein rechtskräftiges Urteil **Einf 322** 21; ausstehende Entscheidung der V. als Grund für eine Aussetzung des Verfahrens **148** 9; Vorentscheidung der V. als Prozeßvoraussetzung **148** 11; vgl auch Behörde
**Verwaltungsgericht,** Rechtsweg vor dem V. **GVG 13** 7 ff, dort; Verweisung an das V. **281** 1 A, **GVG 17, 17 a**; Zulässigkeitsrüge **280** 1; Zuständigkeit für einen bürgerlichen Rechtsstreit **GVG 13** 4; Zuständigkeitsstreit **36** 43
**Verwaltungsgerichtsbarkeit,** Abgrenzung gegenüber der Zivilgerichtsbarkeit **Einl III** 2
**Verwaltungstätigkeit,** Rechtsweg **GVG 13** 30 ff
**Verwaltungsgerichtsurteil,** Bindungswirkung **GVG 13** 4 ff
**Verwaltungszwang** und Rechtsschutzbedürfnis **Grdz 253** 46
**Verwaltungszwangsverfahren Grdz 704** 11; Einstellung der Zwangsvollstreckung **707** 23
**Verwandter,** Ausschluß als Gerichtsperson/Gerichtsvollzieher **41** 10, **49/GVG 155**; Zeugnisverweigerungsrecht **383** 3, **385** 1
**Verweigerung** s beim Gegenstand der Verweigerung
**Verweisung 281, 506, GVG 96** 3; Änderung oder Berichtigung eines Verweisungsbeschlusses **281** 34, **329** 19; vom AG an das LG bei einer Widerklage, einer Erweiterung des Klagantrags, beim Einspruch gegen ein Versäumnisurteil oder gegen einen Vollstreckungsbescheid **506, 700**; vom AG an das LG nach einem Widerspruch gegen einen Mahnbescheid **696**; Antrag des Klägers **281** 18; an oder durch das ArbG bei **281**; an ein ausländ-

disches Gericht **281** 14; Bindungswirkung **281** 30; in einer Familiensache **621** 35; wegen des Fehlens eines Gerichtsstands **Üb 12** 20; Gesetzwidrigkeit **36** 39; Hilfsantrag **281** 18; an die Kammer für Handelssachen **GVG 96** 3, **98, 104**; durch die Kammer für Handelssachen an die Zivilkammer **GVG 97, 99, 100, 104**; Kostenentscheidung **281** 54; Kostenerstattung **91** 269 „Verweisung"; an das Landwirtschaftsgericht **281 Anh III** 4; bei einer Zulassung des (Prozeß)Bevollmächtigten ohne (den Nachweis seiner) Vollmacht **89** 4; Prozeßkostenhilfe **119** 47 „Verweisung"; Prozeßtrennung bei einer Verweisung **145** 6; Rechtshängigkeit bei einer Verweisung **261** 6; Rechtswegverweisung **GVG 17** ff; wegen einer Unzuständigkeit, Bindungswirkung **11, 281**; an oder durch ein VG **GVG 17** ff; Voraussetzungen **281** 15; unzulässige Widerklage **33** 3; Wirkung **281** 51; an eine andere Zivilkammer **GVG 101, 104**; Zulässigkeit **281** 1 ff; Zuständigkeitsbestimmung **36** 39; Zustellung an den ProzBev nach einer Verweisung **176** 16
– **(Abgabe),** Ersuchen um eine Beweisaufnahme vor dem verordneten Richter **365**; in einer Hausratssache **281 Anh I**; von der Kammer für Handelssachen von Amts wegen an die Zivilkammer **GVG Üb 93**; in einer Landwirtschaftssache an das Prozeßgericht **281 Anh III** 1; im Mahnverfahren an das Streitgericht **696** 2; bei einem Rechtshilfeersuchen **GVG 158** 1; in einer Wohnungseigentumssache **281 Anh II**
– **(Weiterverweisung) 281** 47
– (Zurückverweisung), nach einer Verweisung **281** 47; beiderseitige Unzuständigkeitserklärungen der Kammer für Handelssachen und der Zivilkammer **GVG 97** 2; Zuständigkeitsbestimmung **36** 35 (G)
**Verwerfung,** des Einspruchs **341** 9, **700** 17; des Rechtsmittels **Grdz 511** 6 ff; der Wiederaufnahmeklage **589** 5
**Verwertung** der Pfandsache s Zwangsvollstreckung; einer Urkunde **415** ff; derjenigen aus einem anderen Verfahren **286** 64
**Verwertungsaufschub 813 a, b**
**Verwirkung,** des Beschwerderechts **567** 13; Beweislast **286 Anh** 221; der Klagebefugnis **Einl I 64**; des Kostenerstattungsanspruchs **Grdz 128** 13
**Verzeichnis,** Klage auf die Vorlegung eines V. **254** 3, 14; Vermögensverzeichnis **807** 14
**Verzicht** s Partei, Rechtsmittelverzicht sowie beim Gegenstand des Verzichts
**Verzichtsurteil 306** 4; abgekürztes Urteil **313 b**; Verkündung **311** 5; vorläufige Vollstreckbarkeit **708** 29
**Verzinsung** des Kostenerstattungsanspruchs **104** 22
**Verzögerung 296** 40 ff, **528** 15 ff; realer/hypothetischer V.-Begriff **296** 40; der Aufnahme durch den Rechtsnachfolger nach einer Unterbrechung des Verfahrens **239** 17; der Beitreibung nach der Pfändung der Forderung **842**; der Klagerhebung im Fall einer Vorlegung der Urkunde durch einen Dritten **431** 5; Auferlegung von Kosten wegen einer Verzögerung **95**; nachträgliches Parteivorbringen s dort; des Prozesses s Prozeßverschleppung; der Bestellung eines ProzBev nach einer Unterbrechung des Verfahrens **244** 15; der Bestellung eines gesetzlichen Vertreters nach der Unterbrechung des Verfahrens **241** 6; des Schiedsspruchs als Ablehnungsgrund **1036**; der Terminsbestimmung als Schaden **271 Anh**; der Zwangsvollstreckung durch den Gerichtsvollzieher, Erinnerung **766** 21; der Zustellung der Klage **270** 7 ff

**Verzögerungsgebühr**  Zahlen in Fettdruck = Paragraphen

**Verzögerungsgebühr 95 Anh**; Änderung des zugehörigen Beschlusses **95 Anh**; bei einer unwahren Behauptung **138** 64; Gebührenschuldner **95 Anh**; mangels eines vorbereitenden Schriftsatzes **132** 22
**Verzug,** des Gläubigers, Kostenentscheidung **93** 64; bei einer Zug-um-Zug-Leistung s dort
**Verzugsschaden,** gerichtliche Aufklärungspflicht **287** 35; Streitwert **4** 19; dgl bei einer wiederkehrenden Leistung oder Nutzung **9** 5; als Kosten der Zwangsvollstreckung **788** 37
**Verzugszinsen,** Streitwert **3 Anh** 131, **4** 19; dgl bei einer wiederkehrenden Leistung oder Nutzung **9** 5
**Video,** Schutz der Intimsphäre **Üb 371** 11
**Vieh,** Pfändung **811** 26 ff
**Viehmangel,** Zuständigkeit **GVG 23** 10
**Viehseuchengesetz** s Tierseuchengesetz
**Völkerrecht,** Immunität **GVG Einf 18** 2, 20; Rechtskenntnis **293** 1; Revisibilität **549** 5 ff
**Volksklage** s Wettbewerb
**Volljähriger,** Parteivernehmung bei Betreuung oder Pflegschaft **455** 4
**Vollmacht,** prozessuale, sachlichrechtliche **80** 1, 4, 8; Beweislast **286 Anh** 222; Erlöschen, Wirkung für die Prozeßvollmacht **86** 3; Erteilung einer prozessualen V. **80** 5 ff; Feststellungsklage **256** 107; Generalbevollmächtigter als ProzBev **176** 8; Prozeßführungsrecht des Generalbevollmächtigten **80** 8, 12; Zustellung an den Generalbevollmächtigten **173**; im Mahnverfahren **703**; Prozeßführung ohne Vollmacht (snachweis) **88**, **89** 1; für eine Prozeßhandlung im Parteiprozeß **83** 4; auf eine Prozeßunfähigen **79** 4; für eine Prozeßvertretung im Parteiprozeß **79** 1; Prozeßvollmacht s dort; als Prozeßvoraussetzung **Grdz 253** 22; Rechte aus der V., Pfändung **Grdz 704** 113 „Vollmacht"; in einer Scheidungsfolgesache **624**; Sondervollmacht für eine Prozeßhandlung **80** 1; für den Vertreter einer Partei nach der Anordnung ihres persönlichen Erscheinens **141** 49; für den Empfang einer Zustellung **173**
– (Anscheinsvollmacht), für eine Prozeßvollmacht **88** 1; für die Vertretung eines ausländischen Fiskus **18** 1
**Vollständigkeit,** Pflicht der Partei zur V. **138** 18
**Vollstreckbare Ausfertigung 724**; Anhörung des Schuldners **730**; Aushändigung durch den Gerichtsvollzieher an den Schuldner nach der Zahlung **754** 8, **757** 3; gegen den Besitzer der Streitsache **727** 10; gegen den Ehegatten bei einer Gütergemeinschaft während des Prozesses **742** 2; gegen den Ehegatten nach der Beendigung der Gütergemeinschaft **744** 1; Erinnerung gegen die Erteilung **732**; Erteilung **724 ff**, **795 ff**; Vermerk auf dem Urteil **734**; Erteilung einer weiteren v. A. von Amts wegen **733**; nach einer Genehmigung der Prozeßführung ohne eine Vollmacht **89** 15; Ausweis des Gerichtsvollziehers durch den Besitz der v. A. **754** 7, **755** 2; bei einer Fortführung des Handelsgeschäfts **729** 3; für oder gegen den Nacherben **728**; gegen den Nießbraucher **738**; Nachweis einer für die Zwangsvollstreckung notwendigen Tatsache **726** 4; für oder gegen den Rechtsnachfolger **727** 2; Zuständigkeit des Rpfl **GVG 153 Anh** 8 § 20; Teilleistungsvermerk **757**; Umschreibung der Vollstreckungsklausel **727–729**, **738** 1, **742** 2, **749**; vollstreckbare Urkunde **794** 39, 40, **795** 2, **797**; Urteil gegen den Testamentsvollstrecker, v. A. für oder gegen den Erben **728** 4; Urteil für oder gegen den Erblasser, v. A. für oder gegen den Testamentsvollstrecker **749**; Urteil gegen den Vorerben oder den Testamentsvollstrecker, v. A. für oder gegen den (Nach)Erben **728**; bei Urteil auf eine kalendermäßig künftige Zahlung **257** 6; bei einem Urteil auf eine Leistung Zug um Zug **726** 9; gegen den Vermögensübernehmer **729** 3; weitere v. A. **733**; Zustellung von Amts wegen **750** 12
**Vollstreckbare Entscheidung,** Einstellung der Zwangsvollstreckung **775** 6
**Vollstreckbarer Anspruch Grdz 704** 6
**Vollstreckbarerklärung,** beim Anwaltsvergleich durch Gericht **796 a, b,** durch Notar **796** c; bei einer Berufung **534**; bei einer Revision **560**; s auch Auslandsurteil, Schiedsspruch, Schiedsvergleich
**Vollstreckbare Urkunde 792** 1, **794** 20; Abänderungsklage **323** 66; Änderung **794** 41; Anwaltsvergleich **796 a–c**; vollstreckbare Ausfertigung **794** 42, **795**, **797**; weitere vollstreckbare Ausfertigung **797** 7; Kostenfestsetzung **103** 3; (Neu)Festsetzung des Regelunterhalts für ein nichteheliches Kind **645 ff**; Umschreibung **797** 7; Unterwerfungsklausel **794** 36; Vollstreckungsabwehrklage **797** 9; Erteilung der Vollstreckungsklausel **797**; als Vollstreckungstitel **794** 20; Zustellung **795** 2; Einstellung der Zwangsvollstreckung **795** 8; Unterwerfung unter die sofortige Zwangsvollstreckung gegenüber dem jeweiligen Eigentümer eines Grundstücks, Schiffs, Schiffsbauwerks, Luftfahrzeugs **800**, **800 a**; Wartefrist vor dem Beginn der Zwangsvollstreckung **798**
**Vollstreckbarkeit,** im engeren/weiteren Sinn **Grdz 704** 1; des Urteils s dort; vorläufige V. beim Schiedsspruch **1060**, **1061**
**Vollstreckung,** eines ausländischen Urteils, zwischenstaatliche Abkommen **SchlAnh V**; Aussetzung der V. durch das Beschwerdegericht **572** 2; Rechtsweg, auch bei einer ausländischen FGG-Entscheidung, **GVG 13** 68 „Vollstreckung"; eines Ordnungsmittels kraft der Ordnungsgewalt des Vorsitzenden **GVG 178** 6, **179**; eines Ordnungsmittels gegen einen Zeugen/Sachverständigen **380** 8, **390** 7/**409**; gegen einen Angehörigen der Streitkräfte **SchlAnh III 34**; Zwangsvollstreckung s dort
**Vollstreckungsabkommen** s Zivilprozeßrecht, zwischenstaatliches
**Vollstreckungsabwehrklage** s Zwangsvollstreckung (Vollstreckungsabwehrklage)
**Vollstreckungsanspruch Grdz 704** 6
**Vollstreckungsantrag** an den Gerichtsvollzieher s Zwangsvollstreckung (Vollstreckungsantrag)
**Vollstreckungsbescheid Grdz 688**, **699 ff**; Einwendung **796**; Kostenentscheidung **699** 15; Kostenfestsetzung **103** 15; Nichtbeantragung **701**; bei einer Zulassung des (Prozeß)Bevollmächtigten ohne (den Nachweis seiner) Vollmacht **89** 4; Rechtskraft **Einf 322–327** 13, **322** 71, **700** 1, **796** 2; Zuständigkeit des Rpfl **GVG 153 Anh** 8 § 20; Unterschrift **699** 17; Ablehnung des Urkundsbeamten der Geschäftsstelle wegen seines Erlasses des Mahnbescheids als Rpfl **49** 1; bei einem Urkunden-/Wechsel-/Scheckmahnbescheid **703 a**; Vollmachtsnachweis **703**; Vollstreckungsabwehrklage **796** 3; Vollstreckungsklausel **796** 2; als Vollstreckungstitel **794** 18; Wiederaufnahmeklage **584** 6; Zurückweisung **701**; Zustellung **699** 2; Zwangsvollstreckung **707** 2, **794** 18, **796**
– (Einspruch) **700**; Aussetzung des Verfahrens **Üb 239** 3, **693**; telefonische Einlegung **700**; Unterbrechung des Verfahrens im Fall einer Konkurser-

dahinterstehende Zahlen und Buchstaben = Randnummern **Vorlage**

öffnung **240** 2; Kosten als solche des Prozesses **700**; Unterbrechung des Verfahrens **Üb 239** 2, **693** 13; Ähnlichkeit mit einem Versäumnisurteil **700**; Verweisung an das LG **700**; Verweisung an die Kammer für Handelssachen **697**, **GVG 96**; Einstellung der Zwangsvollstreckung **707** 2
**Vollstreckungsbeschluß 1060, 1061**
**Vollstreckungsbeschränkung,** Vereinbarung **Grdz 704** 24 ff
**Vollstreckungserinnerung 766**
**Vollstreckungsfähigkeit Grdz 704** 21 ff
**Vollstreckungsgegenklage** s Zwangsvollstreckung (Vollstreckungsabwehrklage)
**Vollstreckungsgericht** s Zwangsvollstreckung (Vollstreckungsgericht)
**Vollstreckungsklage** wegen eines Auslandsurteils s dort
**Vollstreckungsklausel Grdz 704** 31, **724, 725**; bei einem Arrest/einer einstweiligen Verfügung **929** 4/**936** 7 „§ 929"; bei einer Bedingung **726**; beim Besitzer **727** 10; gegenüber dem Besitzer nach einer Entbindung des Klägers **76** 10; Einwendung gegen die Erteilung **732, 768** 1, **795, 797** 7, **797 a** 3; gegen den Firmenübernehmer **729** 3; Bezeichnung des Gläubigers und des Schuldners **750** 2; bei der Gütergemeinschaft **742, 744, 745**; beim Insolvenzverwalter **727** 3; Kostenfestsetzungsbeschluß **104** 34; V. auf dem Urteil **795 a**; beim Nacherben **728** 2; Erwähnung des Rechtsnachfolgers/Besitzers **727** 14; Umschreibung s Vollstreckbare Ausfertigung; bei einem Vergleich vor einer Gütestelle oder Einigungsstelle **797 a**; beim Testamentsvollstrecker **728** 4, **749**; bei der Verurteilung zur Zahlung einer Entschädigung **510 b** 7; gegen den Vermögensübernehmer **729** 2; Vollstreckungsabwehrklage wegen einer Einwendung gegen die Zulässigkeit **768**; beim Vollstreckungsbescheid **796** 2; und Vollstreckungsstandschaft **Einf 727–729** 2; bei einer Zug-um-Zug-Leistung **726** 9; Zustellung als Voraussetzung der Zwangsvollstreckung **750** 12
– **(Klage),** auf oder gegen die Erteilung **731/768**, **797** 10, **797 a, 800** 3, **802**; einstweilige Anordnung **769, 770**; Gerichtsstand beim Grundstückseigentümer **Einf 24** 1; Ausschluß des Richters wegen der Erteilung **41** 20 „Zwangsvollstreckung"; Streitwert **3 Anh** 134
**Vollstreckungskosten 788**
**Vollstreckungsmaßnahme,** Aufhebung **776** 3; Protokoll **762** 2, **763** 2
**Vollstreckungsorgan Grdz 704** 35
**Vollstreckungsschuldner** s Zwangsvollstreckung (Vollstreckungsschuldner)
**Vollstreckungsschutz,** wegen einer sittenwidrigen Härte **765 a**; des Landwirts bei einer Forderungspfändung **851 a**; beim Miet- oder Pachtzins **851 b**; Räumungsfrist **721**; Aussetzung der Verwertung der Pfandsache **813 a**; Streitwert **3 Anh** 134; bei einer vorläufigen Vollstreckbarkeit **712, 714**
**Vollstreckungsstandschaft Einf 727–729** 3
**Vollstreckungstitel** s Zwangsvollstreckung (Vollstreckungstitel)
**Vollstreckungsunterwerfung** im Schiedsspruch mit vereinbartem Wortlaut **1053**; vollstreckbare Urkunde s dort
**Vollstreckungsurteil** wegen eines Auslandsurteils s dort
**Vollstreckungsverfahren Einl III** 6, **Grdz 704** 37 ff
**Vollstreckungsvertrag Grdz 704** 24 ff

**Vollvertreter,** des Anwalts **78** 27, **GVG 155 Anh I** 4 § 53
**Vollziehung,** des Arrests oder der einstweiligen Verfügung s dort; Aussetzung der V. durch das Beschwerdegericht **572** 4
**Volontär,** Zustellung **183** 7
**Vorabentscheidung,** über den Grund des Anspruchs **304** 24; dgl durch ein Versäumnisurteil **347** 1; über die vorläufige Vollstreckbarkeit durch das Berufungsgericht **538** 11, **718** 2
**Vorabfreigabe 850 k** 6
**Vorausvermächtnisanspruch,** Gerichtsstand **27** 7
**Vorauszahlung,** der Kosten einer Ersatzvornahme durch den Schuldner **887** 17; der Verfahrensgebühr **271 Anh**
**Vorbehalt,** der beschränkten Erbenhaftung **305** 5, **780, 781**; eines Rechts im Ausschlußurteil des Aufgebotsverfahrens **952** 2, **953** 2; der beschränkten Haftung für Seeforderungen **305 a, 786 a**; des Rechts im Urkundenprozeß/Urkunden-/Wechsel-/Scheckmahnbescheid **599** 4/**703 a** 3
**Vorbehaltsgut** s Zwangsvollstreckung (gegen einen Ehegatten)
**Vorbehaltsurteil** s Urteil (Vorbehaltsurteil)
**Vorbereitender Schriftsatz 129** 7, **130** 4, **272, 273, 276, 277**
**Vorbereitung** der mündlichen Verhandlung, Anordnung zur V. **273, 275, 358 a**
**Vorbereitungsdienst** des Referendars **DRiG 5 a**, **GVG 155 Anh I** 4 § 59; Rechtsweg **GVG 13** 68
**Vorbescheid,** Ausschluß des Richters wegen seiner Mitwirkung am V. **41** 19 „Vorentscheidung".
**Vorbringen,** eines Angriffs- oder Verteidigungsmittels s Parteivorbringen; eines Beweismittels s dort
**Vordruck 117** 30, **659 Anh, 702, 703 c, 829, 899**
**Voreid,** Bezugnahme eines Zeugen/Sachverständigen auf einen früheren Eid **398** 13/**410**; Unzulässigkeit eines V. beim Zeugen **392**
**Vorerbe,** Pfändung der Nutzung der Erbschaft **863**; und Nacherbe als notwendige Streitgenossen **62** 10 „Erbrecht"; Sicherheitsleistung, Klage auf eine Fristsetzung durch das Urteil **255** 1; Urteil gegen den V., vollstreckbare Ausfertigung für oder gegen den Nacherben **728** 2; Wegfall während eines Prozesses ohne einen ProzBev, Unterbrechung des Verfahrens **242** 2
**Vorfrage,** bei der Feststellungsklage **256** 5; Aussetzung wegen eines ausländischen Scheidungsverfahrens **328** 59; öffentlichrechtliche V. **GVG 13** 16; bei der Zwischenfeststellungsklage **256** 114
**Vorfristnotierung** durch den Anwalt als Voraussetzung einer Wiedereinsetzung **233** 93 ff
**Vorführung,** zur Duldung der Blutentnahme Verpflichteten **372 a** 27; eines Soldaten **SchlAnh II III**; einer ausgebliebenen Partei in einer Ehesache **613** 8; eines ausgebliebenen Zeugen **380** 10; Unterbleiben der V. wegen einer nachträglichen Entschuldigung **381** 3
**Vorgesellschaft,** Parteifähigkeit **50** 6
**Vorgreiflichkeit,** als Aussetzungsgrund s dort; Begriff **Einf 148** 10; eines Rechtsverhältnisses, Rechtskraftwirkung **322** 72; eines Rechtsverhältnisses, Zwischenfeststellungsklage **256** 114
**Vorkaufsrecht,** Aufgebot des Berechtigten **988**; Gerichtsstand des dinglichen V. **24** 6, 19; Pfändung **Grdz 704** 113 „Vorkaufsrecht"; Streitwert **3 Anh** 135 „Vorkaufsrecht"
**Vorlage,** Pfändung des Anspruchs auf eine V. **Grdz 704** 113 „Vorlegung"; der Beschwerde **571** 7; Beschluß s Handelsbücher **422** 7; Anordnung der V. der Akte der Partei **143**; des Protokolls **162**; Erzwingung der V. einer Sache

**Vorläufige Austauschpfändung**  Zahlen in Fettdruck = Paragraphen

**883** 13; einer Urkunde s dort; eines Wechsels, Antrag auf eine Vernehmung der Partei **605**; in einer Wohnraumsache **541**
**Vorläufige Austauschpfändung 807** 41, **811 a, b**
**Vorläufiges Verfahren Grdz 916** 12; vgl auch Arrest, einstweilige Verfügung
**Vorläufige Vollstreckbarkeit,** des Urteils s dort (vorläufige Vollstreckbarerklärung); der Vollstreckbarerklärung eines Schiedsspruchs **1060, 1061**
**Vorläufige Zulassung 56** 21
**Vorlegung,** einer Akte **143** 10; der Beschwerde beim Beschwerdegericht **571** 7; beim EuGH, Vorlegungspflicht als Aussetzungsgrund **Einf 148** 5; beim Gemeinsamen Senat **GVG 140 Anh**; beim Großen Senat des BGH **GVG 136–138**; durch das LG als Berufungsgericht an das OLG zwecks eines Rechtsentscheids in einer Mietsache **544 Anh**; durch das OLG an den BGH **EGGVG 29** 2; einer Urkunde **142** 4, **420 ff**; und vorbereitende Maßnahme **273** 18
**Vorlegungsvernehmung 426**
**Vorlesen** s Verlesung
**Vormerkung,** Aufgebot des Berechtigten **988**; Aufgebotsantrag des Vormerkungsgläubigers **984**; Pfändung **Grdz 704** 113 „Vormerkung"; Urteil auf die Abgabe einer Willenserklärung, Eintragung im Grundbuch **895**; einstweilige Verfügung auf eine Eintragung **932, 942**; Streitwert **6** 15; Streitwert der einstweiligen Verfügung **3 Anh** 37
– **(Klage),** Gerichtsstand **24** 6; Grundstücksveräußerung **266** 2; Streitbefangenheit **265** 4
**Vormund,** Amtsvormund als Vertreter in der mündlichen Verhandlung **157** 12
**Vormundschaft, vorläufige,** Parteifähigkeit in einer Ehesache **607** 1
**Vormundschaftsgericht,** Genehmigung der Ehescheidungs- oder -aufhebungsklage **607** 5; einer Prozeßhandlung **54**
**Vornahme,** einer Handlung, Zwangsvollstreckung aus einem Urteil auf die V. e. H. **3 Anh** 136, **887, 888, 891**; Urteil des AG auf die V. e. H. **3 Anh** 136, Zahlung einer Entschädigung wegen einer Fristversäumung **510 b, 888 a**
**Vorpfändung 845, 857**; Vollzug eines Arrests/einer einstweiligen Verfügung **929** 19/**936** 7 „§ 929"; Kostenerstattung **788** 48
**Vorratspfändung** beim Arbeitseinkommen **850 d** 7 ff
**Vorrecht,** Streitwert **3 Anh** 136
**Vorschuß,** auf Arrestkosten **934** 1, 2; der Reisekosten bei einer Anordnung des persönlichen Erscheinens einer Partei **141** 25; Streitwert **3 Anh** 136
**Vorschußpflicht,** für die Arrestkosten, Aufhebung des Arrests beim Unterbleiben der Zahlung **934** 1, 2; der Prozeßkosten s dort; für das Gutachten des Sachverständigen **402** 2 „§ 379"; für die Vergütung des Schiedsrichters **1029, 1034**; des Schuldners für die Kosten einer Ersatzvornahme **887** 17; für die Ladung des Zeugen **379**
**Vorsitzender GVG 21 f** 3; Anordnung des V. des Berufungsgerichts zur Ergänzung des Vortrags des Akteninhalts **526** 7; Anordnung der Übersetzung einer Urkunde **142** 19; Anordnung zur Vorbereitung der mündlichen Verhandlung **273** 8 ff; Anwaltszwang vor dem V. **78** 35; Anordnung eines Arrests bzw einer einstweiligen Verfügung wegen der Dringlichkeit **944**; Erlaß eines Arrests/einer einstweiligen Verfügung **944** 1; Aufforderung zur Bestellung eines neuen ProzBev nach der Unterbrechung des Verfahrens **244** 16; Aufgaben **136** 6 ff; Aufklärungspflicht **139** 20 ff; Ersuchen um eine Beweisaufnahme im Ausland **362, 363**; Beratungsleitung **GVG 194**; Abkürzung der Einlassungs- oder Ladungsfrist **226** 2; Bestimmung der Einlassungsfrist im Fall der Zustellung im Ausland **274**; Zuweisung der Berufung an den Einzelrichter **524** 3; Geschäftsverteilung **GVG 21 g**; Bestimmung der Ladungsfrist im Fall der Ladung des Rechtsnachfolgers zur Aufnahme eines unterbrochenen Verfahrens **239** 18; Beiordnung eines Rechtsanwalts bei einer Bewilligung von Prozeßkostenhilfe **121**; Prozeßleitung **136** 6; Richter auf Lebenszeit **DRiG 28**; Terminsbestimmung/-aufhebung **216** 17/**227** 2; Unterschrift unter dem Protokoll/Urteil im Fall der Verhinderung eines Richters **163** 1/**315** 5; Bestimmung einer Frist zur Einsicht in eine Urkunde **134** 11; Verhinderung **GVG 21 f**; Bestellung eines Vertreters für einen prozeßunfähigen Bekl. **57** 8; Bestimmung eines verordneten Richters **361, 362**; Bestellung eines Vertreters nach der Aufgabe des Eigentums an einem Grundstück oder Schiff **58** 2; Vertretung **GVG 21 e** 6, **21 f** 7; Verfügung **329** 11; Vorbereitung der mündlichen Verhandlung s dort; Ersuchen um eine Zustellung im Ausland **202** 1
– **(Kammer für Handelssachen),** Beweiserhebung **349** 5; Entscheidungsbefugnis **349** 9, 19; Förderungspflicht **349** 4; Rechtsmittel gegen seine Entscheidung **350** 3; Überschreitung seiner Zuständigkeit **350** 4
– **(mündliche Verhandlung)** s dort
**Vorsitzender Richter DRiG 19 a, 120 a**
**Vorstandsmitglied,** Streitwert des Anspruchs eines V. **3 Anh 59** „Gehalt"; Streitwert seines Gehalts oder Versorgungsanspruchs **9** 3; Prozeßführungsrecht des V. eines Vereins **84** 5; dgl beim nicht rechtsfähigen Verein **50** 25, 29, **80** 8; als gesetzlicher Vertreter **51** 16, 17, 22; als Zeuge **Üb 373** 13 ff, 24
**Vortäuschung** einer Prozeßhandlung **Grdz 128** 56
**Vortrag,** des erstinstanzlichen Akteninhalts in der Berufungsinstanz **526**; des Ergebnisses der Beweisaufnahme **285** 7; eines Parteivorbringens s dort; in der mündlichen Verhandlung s dort
**Vorübergehende Tätigkeit** eines ausländischen Anwalts **SchlAnh VII**
**Vorverfahren,** Antrag auf eine gerichtliche Entscheidung gegenüber einem Justizverwaltungsakt **EGGVG 24**; schriftliches V. **272 ff, 520**
**Vorverlegung** eines Termins **217**
**Vorweggenommene(s) Beweisaufnahme 358 a** 2, 4; Beweiswürdigung **286** 32; Geständnis **288** 4
**Vorwegnahme der Hauptsache Grdz 916** 5, **940** 22
**Vorwegpfändung 811 d**
**Vorwegzahlung,** der Verfahrensgebühr **271 Anh**; Vorschußpflicht s dort, vgl auch Prozeßkostenvorschuß
**Vorwirkung** der demnächst erfolgenden Zustellung **270** 7, **693** 6
**Vorzeitige Besitzeinweisung 545**
**Vorzugsklage 805,** Streitwert **3 Anh** 136
**Vorzugsrecht,** Klage auf eine vorzugsweise Befriedigung **805**; Rang gegenüber einem Pfändungspfandrecht **804** 9; Streitwert **6** 11; Recht zur Erhebung einer Widerspruchsklage **771** 27

# W

**Waffengleichheit Einl III** 21, **121** 31, **448** 1
**Wahl,** des Präsidiums des Gerichts **GVG 21 b**; zwischen einem frühen ersten Termin und dem

schriftlichen Vorverfahren 272 5; Wahlordnung GVG 21 b Anh
**Wahlantrag,** Zulässigkeit 260 6, 7
**Wahlgerichtsstand** 35 1, 696 20
**Wahlkonsul,** Exterritorialität GVG 19 1, 2
**Wahlrecht,** beim Gerichtsstand s dort; beim Rechtsweg Üb 38 5, GVG 13 1
**Wahlschuldverhältnis,** Anspruchshäufung 260 6, 7; Klagantrag 253 97; Streitgegenstand 2 6; Streitwert 3 Anh 137; Zwangsvollstreckung aus einem Urteil mit einem W. zwischen mehreren Willenserklärungen 894 10; Pfändung des Wahlrechts Grdz 704 114; Zwangsvollstreckung Grdz 803 6
**Wahrheit** 138 13 ff; und gerichtliche Entscheidung 286 2
**Wahrheitsermittlung** im Zivilprozeß Einl III 9
**Wahrheitspflicht** Grdz 128 16, 138 13 ff; und Behauptungslast 138 15; und Geständnis **Einf** 288 4; des ProzBev 138 8; im schiedsrichterlichen Verfahren 1042
– **(Verletzung),** durch eine Lüge 138 16, 63 ff; Prozeßbetrug 138 66; Restitutionsklage 580 6, 581 1; Schadensersatzpflicht 138 65; Verzögerungsgebühr 95 Anh; prozessuale Würdigung 138 63
**Wahrscheinlichkeit,** Beweiswürdigung s dort
**Wahrung (Frist),** Amtsprüfung der W. der Klagefrist 253 4; durch eine Klage ohne Unterschrift 253 104; durch eine Klage bei einem unzuständigen Gericht Üb 12 20; durch ein Telegramm 129 45; durch eine demnächst erfolgende Zustellung 270 7, 693 6; durch eine öffentliche Zustellung oder eine Zustellung im Ausland 207 1
**Währung,** ausländisches Urteil, Umrechnung 722 3; Streitwert der Klage auf eine Zahlung in ausländischer W. 3 Anh 25 „Auslandswährung"; Zwangsvollstreckung Grdz 803 1
**Waisenbezug,** Pfändung 850 10, 850 b 10
**Wandlung,** Gerichtsstand für den Anspruch auf die W. 29 4, 9; Verbindung mit der Klage auf eine Fristsetzung durch das Urteil 255 8; Rechtskraftwirkung des Urteils 322 73; Streitwert 3 Anh 137 „Wandlung"
**Warenhaus,** Schadensersatzpflicht, Beweislast 286 Anh 224
**Warenzeichen** s Marke
**Wartefrist,** vor der Versteigerung einer Pfandsache 816 1; vor der Zwangsvollstreckung 798, 798 a
**Warteliste** vor der Bestimmung des Termins 216 9
**Waschmaschine,** Pfändung Grdz 704 114, 811 22
**Wasserrechtsstreitigkeit,** Rechtsweg GVG 13 50
**Wechsel,** Beweislast 286 Anh 225; Kraftloserklärung Einf 1003 1, vgl auch Aufgebotsverfahren; Pfändung der Wechselforderung 831
**Wechselklage** 602; Anerkenntnis 599 1, 602 5; Antrag auf eine Parteivernehmung wegen der Vorlegung des Wechsels 605 2; Einlassungs- und Ladungsfrist 604 3; Einmischungsklage 64 5; Fehlen einer Prozeßvoraussetzung ProzR 253 23; Gerichtsstand des Zahlungsorts 603; Kammer für Handelssachen GVG 95 4; Klagabweisung 597; Klageschrift 604 2; Nachverfahren 602 7; Nebenforderung 4 69; Pfändung 831 8; Wirkung der Rechtshängigkeit 261 19; Ausschluß eines Richters wegen seiner Mitwirkung 41 8 „Urkundenprozeß"; Sicherheitsleistung 110 14; Sommersache 43; Streitgenossenschaft 60 3, 603 4; Streitwert 20 4; vorläufige Vollstreckbarkeit des Urteils 708 5; Urteil ohne einen Vorbehalt 599 8; Vorbehaltsurteil 599 7, 9; Zurückverweisung durch das Berufungsgericht 538 9
**Wechselprozeß** 602 ff; Beweisregeln 605; Gerichtsstand 603; Sommersache 227 42, 43; vorläufige

Vollstreckbarkeit 708; Widerklage 253 Anh 8, 595 2; Widerspruch des Bekl 599 4; Zulässigkeit 602; Zurückweisung einer Einwendung 598; Zwischenfeststellungsklage 256 110; s auch Wechselklage
**Wechselmahnbescheid** 703 a
**Wegestreit,** Rechtsweg GVG 13 70
**Wegfall,** der Entscheidungsgründe 313 a, b; des Richters 309 1, 315 5; eines Schiedsrichters 1038; Bestellung eines Ersatzschiedsrichters 1039; des gesetzlichen Vertreters, Antrag auf eine Aussetzung des Verfahrens 246 3; Erlöschen der Prozeßvollmacht 86 3 ff; des Tatbestands 313 a, b, 543 3; Unterbrechung des Verfahrens ohne einen ProzBev 241 3
**Wegnahme** durch den Gerichtsvollzieher 808 7, 18 ff, 883 5, 885 5, 897 1
**Wegnahmeanspruch,** Streitwert 6 2
**Wegschaffung,** der Pfandsache durch den Gerichtsvollzieher 808 18; des Eigentums des Schuldners bei der Räumung eines Grundstücks, Schiffs oder Schiffsbauwerks 855, 885 a
**Wehrbereichsverwaltung,** Vertretung 18 5
**Wehrdienst** s Soldat
**Wehrsold,** Pfändung 850 3, 850 a 6, 850 e 11
**Weigerung** des Gerichtsvollziehers, Erinnerung 766 21; vgl auch beim Gegenstand der (Ver)Weigerung
**Weihnachtsgratifikation,** Pfändung 850 a 7
**Weitere Beschwerde** s Beschwerde, weitere
**Weisung** des Gläubigers 753 3; des Gerichts an den Sachverständigen 404 a
**Weitergabe,** eines Ersuchens um die Vornahme einer Beweisaufnahme 365
**Weiterverweisung** nach einer Verweisung 281 33, 34; Zuständigkeitsbestimmung 36 14 ff
**Werbebehauptung,** Beweislast 286 Anh 226
**Werkmietwohnung,** Gerichtsstand für einen Anspruch aus dem Mietvertrag 29 a 12; Zuständigkeit im Fall eines Räumungsanspruchs GVG 23 8
**Werkvertrag,** Beweislast bei einem Anspruch 286 Anh 227; Pfändung des Anspruchs auf eine Arbeitsleistung Grdz 704 64 „Arbeitsleistung"
**Wert,** der Beschwerdegegenstands bei der Berufung/Revision/Beschwerde 511 a 11 ff/546, 554, 554 b/567 16; des Gegenstands der Verurteilung 709 1; des Streitgegenstands s Streitwert
**Wertangabe,** in der Berufungsbegründung 519 34; in der Klageschrift 253 101; in der Revisionsbegründung 554 15
**Wertberechnung,** bei mehreren Ansprüchen 5 2; beim Besitzstreit 6 3; bei einer Grunddienstbarkeit 7; bei einem Miet- oder Pachtverhältnis 8; bei einer Nebenforderung 4 10; bei einer wiederkehrenden Nutzung oder Leistung 9; eines Pfandrechts 6 10; der Sicherstellung der Forderung 6 9; eines Wechselanspruchs 4 20; maßgebender Zeitpunkt 4 3; s auch Streitwert
**Wertfestsetzung** wegen der Beschwer 546; s auch Streitwertfestsetzung
**Wertpapier** 821 1 ff; Aufgebot s Aufgebotsverfahren (Kraftloserklärung); Gerichtsstand des Erfüllungsorts 29 3; Streitwert der Herausgabeklage 3 Anh 69; Urkundenprozeß 592 5; Pfändung Grdz 704 114, 808 3, 821–823, 831; als Sicherheitsleistung 108 8, 17, 18; Zwangsvollstreckung aus einem Urteil auf eine Herausgabe 884
**Wertsicherungsklausel** 253 98
**Werturteil** Einf 284 18
**Wertverringerung,** Arrestvollzug, Versteigerung wegen einer drohenden W. 930 9; Versteigerung

**Wesentliche Änderung**   Zahlen in Fettdruck = Paragraphen

einer Pfandsache wegen einer drohenden W. **816** 2
**Wesentliche Änderung** der Verhältnisse **323** 36
**Wettbewerb, unlauterer,** Beweislast **286 Anh** 234; Gerichtsstand **12** 4; ausschließlicher Gerichtsstand **21** 1, **23** 3; Gerichtsstand eines Schadensersatzanspruchs **32** 2, 17 ff; Kammer für Handelssachen **GVG 95** 7; allgemeine Klagebefugnis **Grdz 50** 47 „Verbandsklage", **Grdz 253** 22; Rechtsschutzbedürfnis **Grdz 253** 34 ff; Kostenentscheidung beim Anerkenntnis **93** 67 ff; Meinungsbefragung **355** 5, **Üb 402** 5; Rechtsweg **GVG 13** 71; Streitwert **3 Anh** 63
– **(Einigungsstelle),** Vergleich **794** 4; Erteilung einer Vollstreckungsklausel auf Grund eines Vergleichs **797 a**
**Wettbewerbsbeschränkung,** Pfändung der Entschädigung **850** 13
**Wettbewerbsbeschränkungsgesetz,** Zuständigkeit der Kammer für Handelssachen **GVG 95** 7
**Widerklage 33, 253 Anh** 1; bei einem nichtvermögensrechtlichen Anspruch **33** 12; im Arrestverfahren **253 Anh** 8; nach einer Aufrechnung **145** 21; in der Berufungsinstanz **530** 2; eines Dritten oder gegen einen Dritten **253 Anh** 3; in einer Ehesache **253 Anh** 8, **610** 2, 3, **612** 10; bei einer Erledigung der Hauptsache **253 Anh** 10; Erweiterung **253 Anh** 6; gegen einen Exterritorialen **GVG Einf** 18 3; auf eine Feststellung **256** 35, **506** 1; Erledigung einer leugnenden Feststellungsklage durch die Leistungsklage, Kostenentscheidung **91a** 47 „Feststellungswiderklage"; gegenüber einer Feststellungsklage **253 Anh** 6; Gerichtsstand **33, 38** 31; dinglicher Gerichtsstand **24** 18; vor der Kammer für Handelssachen **GVG 99** 2; auf eine Ehescheidung, Kostenentscheidung **93a** 12; Ehenichtigkeitsklage **633**; Erhebung **137** 7, **253** 7, **253 Anh** 16; in einer Kindschaftssache **253 Anh** 8, **640c** 2; Klageänderung bei einer W. **263** 3; nach der Klagerücknahme **253 Anh** 10; Kostenentscheidung im Fall der Klagabweisung **96** 4; Kostenentscheidung im Fall der Abweisung der Klage und der Widerklage **92** 25; Kostenverteilung nach der Klage und der Widerklage **92** 25; im Mahnverfahren **253 Anh** 8; Prozeßfähigkeit **52** 2; Prozeßkostenhilfe **114** 44; Prozeßtrennung **145** 7; durch eine Prozeßverbindung **147** 10; Prozeßvollmacht **81** 7; Prozeßvoraussetzung **253 Anh** 9; Abweisung beim Fehlen einer Prozeßvoraussetzung **253 Anh** 15; Rechtshängigkeit durch die W. **261** 4; Rechtshängigkeit der Hauptklage als Voraussetzung **253 Anh** 9; in der Revisionsinstanz **253 Anh** 10; Rücknahme der W. **269** 3, 32; auf einen Schadensersatz wegen einer Zwangsvollstreckung aus einem vorläufig vollstreckbaren Urteil **717** 13; im schiedsrichterlichen Verfahren **1046**; Sicherheitsleistung **110** 8; durch einen Streitgenossen **253 Anh** 14; durch einen Streithelfer **66** 1, **67** 6, **253 Anh** 14; gegen einen Streithelfer **67** 5; durch einen streitgenössischen Streithelfer **69** 9, **253 Anh** 14; Streitwert **5** 12; Teilurteil **301** 22; Trennung mangels eines Zusammenhangs mit dem Klaganspruch **145** 7; Unzulässigkeit **33** 12; im Urkunden- oder Wechselprozeß **253 Anh** 8, **595** 2; Rechtskraftwirkung des Urteils **322** 14; bei einer einstweiligen Verfügung **253 Anh** 8; Verhältnis zur Hauptklage **253 Anh** 5, 6; Versäumnisurteil **347**; Verweisung vom AG an das LG **506** 3; Verweisung durch die Kammer für Handelssachen **GVG 97** 5; gegenüber einer Vollstreckungsklage nach einem ausländischen Urteil **722** 10; Voraussetzung **33** 1;

Wertberechnung **5** 12; gegen eine Widerklage **253 Anh** 14; im Wiederaufnahmeverfahren **585** 5; Zulässigkeit **253 Anh** 5, **280** 1; Zusammenhang mit dem Klaganspruch **253 Anh** 13; ohne einen Zusammenhang mit dem Klaganspruch oder mit einem Verteidigungsmittel **33** 1; sachliche Zuständigkeit **5** 12; Zwischenfeststellungswiderklage **256** 108
– **(Hilfswiderklage) 253 Anh** 11; Rechtshängigkeit **261** 13; Trennung **145** 7; gegenüber einer Widerklage **253 Anh** 14
– **(Zwischenwiderklage) 253 Anh** 8, **256** 3; vgl auch Zwischenfeststellungsklage
**Widerruf,** eines Anerkenntnisses **Einf 306** 5; des Antrags auf eine Anordnung des Ruhens des Verfahrens **251** 4; der Erklärung des Beistands als solche der Partei **90** 2; des Einverständnisses mit dem schriftlichen Verfahren **128** 19; der Einwilligung des Ehegatten mit dem Betrieb eines Erwerbsgeschäfts der anderen **741** 4; der Einwilligung in die Klagerücknahme **269** 19; einer Erledigterklärung **91a** 75; eines Geständnisses **290** 4; einer Klagerücknahme **269** 24; einer Erklärung der Partei über den Zustellungsauftrag an den Gerichtsvollzieher **168** 2; einer Erklärung des ProzBev durch die Partei **85** 5; der Zulassung eines (Prozeß)Bevollmächtigten ohne (den Nachweis seiner) Vollmacht **89** 2; einer Prozeßhandlung **Grdz 128** 58; eines Prozeßvergleichs **307 Anh** 14, 42 ff; einer Widerrufsfrist/Wiedereinsetzung bei einer Versäumung **222** 2/**233** 10; der Prozeßvollmacht **86** 4, 7; der Rücknahme der Berufung **515** 8; der Rücknahme eines Rechtsmittels, Beginn der Frist zur Stellung des Antrags auf eine Wiedereinsetzung **234** 6 ff; der Bestellung eines Schiedsrichters **1035**; durch einen Streithelfer **67** 9; der Erklärung eines Streithelfers durch die Partei **67** 9; der Zulassung eines Prozeßagenten **157** 26; der Bestellung eines Zustellungsbevollmächtigten **175** 2
**Widerrufsanspruch,** Beweislast **286 Anh** 235; Rechtsweg **GVG 13** 72; Einstweilige Verfügung **940** 40 „Presserecht"; Zwangsvollstreckung aus einem Urteil auf einen Widerruf **887** 40
**Widerrufsrecht,** Pfändung **Grdz 704** 114
**Widerspruch,** gegen einen Arrestbeschluß s Arrestverfahren; des Bekl gegenüber der Erledigterklärung des Klägers **91a** 169; des Bekl gegenüber einer Klagänderung **264** 1, **268** 1; des Bekl im Urkundenprozeß **599** 4; gegenüber einer Eintragung im Grundbuch auf Grund eines Urteils auf die Abgabe einer Willenserklärung oder auf Grund einer einstweiligen Verfügung **895**/**942**; gegenüber einem Mahnbescheid **694** 1, **702** 1; Möglichkeit sich widersprechender Entscheidungen als Grund zur Aussetzung des Verfahrens **148** 30; gegenüber der Aufforderung zur Abgabe der Offenbarungsversicherung **900** 28; gegenüber der Pfändung, Klage auf eine vorzugsweise Befriedigung **805**; gegen die Zulassung eines (Prozeß)Bevollmächtigten ohne (den Nachweis seiner) Vollmacht **89** 2; zwischen den Erklärungen der Partei und ihres ProzBev **85** 6; gegen die Übernahme des Prozesses nach der Veräußerung des Grundstücks, Schiffs, Schiffsbauwerks oder Luftfahrzeugs **266** 6; zwischen einem Schriftsatz und einem mündlichen Vorbringen **139** 32, 37; gegenüber dem Teilungsplan **876, 877**; im Urkundenprozeß **599** 4; im Tatbestand des Urteils, Berichtigungsantrag **320** 6; zwischen dem Urteilstatbestand und dem Sitzungsprotokoll **314** 2; gegenüber einer einstweiligen Verfügung **924 ff**; gegen die Voll-

dahinterstehende Zahlen und Buchstaben = Randnummern **Wirksamkeit**

streckbarerklärung **1059**; in Zeugenaussagen, Gegenüberstellung der Zeugen **394** 5
**Widerspruchsklage** s Zwangsvollstreckung
**Widerstand,** des Schuldners gegen eine Handlung trotz einer Duldungspflicht **892**; des Schuldners gegen eine Pfändung usw **758** 5, **759**
**Wiederaufnahmeklage Grdz 578, 578 ff**; Ausschluß durch die Möglichkeit eines Rechtsmittels **579** 11, **582**; nach einem Ausschlußurteil **957** 1; Begründetheit **590** 5; Beschwer **578** 1; Beweis **581** 7; in einer Ehesache **Einf 610** 7; Hilfsnatur **582** 1; Klagefrist **586**; Klageschrift **587, 588**; Kostenentscheidung beim Anerkenntnis **93** 26; Rechtsmittel gegen die Kostenentscheidung **99** 21; neue ersetzende Entscheidung **590** 5; Parteien **578** 5; Prozeßvollmacht **81** 8; Ausschluß eines Richters wegen seiner Mitwirkung an einer Entscheidung **41** 20; nach einem Schiedsspruch **1059**; Sicherheitsleistung **110** 7; Statthaftigkeit **Grdz 578** 8; Streitgenossen **62** 25; Streithilfe **66** 13; Streitwert **3 Anh** 140, **4** 11; hinsichtlich einer dem Urteil vorausgegangenen Entscheidung **583**; rechtskräftiges Urteil als Voraussetzung **Grdz 578** 8; durch einen nicht rechtsfähigen Verein als Bekl **50** 26; Verhandlung **590**; Versäumnis **590** 10; gegen ein Versäumnisurteil **590** 10; Verzicht **Grdz 578** 17; Vorentscheidung **583** 1; Wesen **Grdz 578** 1; Entscheidung über den Wiederaufnahmeantrag **590** 5; Rechtsmittel gegen die Wiederaufnahmeentscheidung **591**; Wiederholung **578** 8; Zulässigkeit **Grdz 578** 8; Prüfung der Zulässigkeit **589**; Zuständigkeit **584**; Zustellung an den ProzBev **176** 16, **178**; Einstellung der Zwangsvollstreckung **707**
– **(Nichtigkeitsklage) 579**; wegen des Auftretens einer falschen Partei **Grdz 50** 18; wegen des Fehlens einer Prozeßvollmacht **89** 14; wegen der Zurückweisung des Ablehnungsgesuchs gegenüber einem Richter **46** 15; wegen einer Amtshandlung des Richters nach seiner Ablehnung **47** 6; gegen ein Scheinurteil **579** 3; bei einem Urteil im schriftlichen Verfahren ohne das Einverständnis der Partei **128** 34; Verbindung mit der Restitutionsklage **580** 1
– **(Restitutionsklage) 580**; Antrag auf eine Parteivernehmung **581** 7; wegen des Auffindens einer Urkunde **580** 11; wegen der Aufhebung eines Urteils **580** 9; Ausschluß durch die Möglichkeit eines Rechtsmittels **582**; Beweis des Restitutionsgrundes **581** 7; Restitutionsgrund als Grund zur Aufhebung eines Schiedsspruchs **1059**; im Fall der Erschleichung der Rechtskraft **Einf 322** 35, **580** 6; Strafurteil als Voraussetzung **581**; wegen der Unwahrheit einer Prozeßbehauptung **138** 64, **580** 6; gegen ein Urteil auf die Feststellung der Vaterschaft **641 i**; Verbindung mit der Nichtigkeitsklage **580** 1
**Wiedereinsetzung** in den vorigen Stand **Üb 230** 5, **233 ff**; Ablehnung, Rechtsmittel **238** 12; Änderung eines Wiedereinsetzungsbeschlusses **238** 10; Antrag **233** 10; Antrag bei einer Versäumung der Revisions(Begründungs)frist bei einem Urteil des BayObLG **EG 7** 1; Antragserfordernis **236**; Antragsfrist **234** 3, **236**, **EGGVG 23** 6 5; Antragsfrist im Fall einer Aussetzung oder Unterbrechung des Verfahrens **249** 6; Beginn der Antragsfrist **234** 6 ff; gegenüber der Versäumung der Frist für den Antrag auf eine gerichtliche Entscheidung nach einem Justizverwaltungsakt **EGGVG 23** 6 5; Begriff **233** 1; gerichtliche Aufklärungspflicht **234** 3; wegen der unrichtigen Auskunft einer Geschäftsstelle **233** 24; nach der Verwerfung der Berufung **238** 4;

Entscheidung **238** 5; fehlerhafte Entscheidung **238** 11; Glaubhaftmachung einer Tatsache **236** 7; Grund **233**; Kostenentscheidung **238** 15; Nachholung einer versäumten Prozeßhandlung im Antrag **236** 5; Nachschieben eines Wiedereinsetzungsgrundes **234** 3; und Notfristzeugnis **706** 12; Rechtsbehelfe **238** 11; Rechtsprechungsübersicht **233** 18 ff; im schiedsrichterlichen Verfahren **1059**; ein beim Streithelfer liegender Grund **66** 14; durch eine Fortsetzung des Verfahrens **238** 5; Verbindung der Verhandlung über den Wiedereinsetzungsantrag mit der Sachverhandlung **238** 4; mündliche Verhandlung **238** 1; Verfahren **238**; gegen die Versäumung der Einspruchsfrist **233** 7; gegen die Versäumung einer Notfrist, der Berufungs/Revisions(begründungs-)frist **233** 7; Versäumnisverfahren im Fall einer notwendigen mündlichen Verhandlung **238** 8; Verschuldensbegriff **233** 11; Wirkung **233** 1; Zuständigkeit für die Entscheidung **237**; Einstellung der Zwangsvollstreckung nach einem Antrag auf eine W. **707**
**Wiedereröffnung** der mündlichen Verhandlung **156, 283**; Ablehnung oder Aufhebung der Entscheidung über die W. **283/156** 12; in der Berufungsinstanz **526** 7
**Wiederholung**, der Ablehnung eines Richters **42** 7; der Berufung **518** 18; der Beschwerde **567** 3; eines Verweisungsantrags nach der Rücknahme des früheren **281** 18; einer Wiederaufnahmeklage **578** 4; einer Zeugenvernehmung **398** 2, **400** 1
**Wiederholungsgefahr** bei einer Unterlassungsklage **Grdz 253** 41
**Wiederinkurssetzen** eines Wertpapiers nach seiner Pfändung **823**
**Wiederkaufsrecht,** Pfändung **Grdz 704** 114
**Wiederkehrende Einkünfte,** Pfändung **811** 48, **832**; Pfändung des Arbeitseinkommens s Zwangsvollstreckung
**Wiederkehrende Leistung,** Abänderungsklage **323**; Anwaltsgebühr, Gerichtsgebühr **9** 1, 2; Zwangsvollstreckung bei einer mit einem Grundstück verbundenen w. L. **865** 9; Klage vor der Fälligkeit **258** 1; Streitwert **9**; Streitwert eines Rückstands **4** 9, 11; Vollzug oder Vollstreckung einer einstweiligen Verfügung **936** 14, 15
**Wiederkehrende Nutzung,** Streitwert **9**
**Wildschadensklage,** Zuständigkeit **GVG 23** 11
**Willenserklärung,** Auslegung, Beweislast **286 Anh** 1, **235**; Auslegung in der Revisionsinstanz **550** 3; des ProzBev kraft seiner Prozeßvollmacht **81** 21; nebst einer Prozeßhandlung **Grdz 128** 53, 61; Urteil auf die Abgabe einer W. **894**; Antragsrecht des Gläubigers nach einem der Abgabe einer W., ihm die zu einer Eintragung erforderliche Urkunde zu erteilen **896**; Urteil auf die Bestellung, Abtretung oder Belastung eines Briefgrundpfandrechts **897** 3; Urteil auf eine Übertragung des Eigentums **897, 898**; Sachwegnahme durch den Gerichtsvollzieher **897** 2; des Streithelfers **67** 4 ff; Streitwert **3 Anh** 140; vorläufig vollstreckbares Urteil über eine Eintragung im Grundbuch oder in einem Register **895**; Zwangsvollstreckung aus einer Verpflichtung zur Abgabe einer W. **887** 41, **894**
**Willensmangel,** bei einem Geständnis **290** 7; bei einer Prozeßhandlung **Grdz 128** 56; bei der Erteilung einer Prozeßvollmacht **80** 13
**Wintergeld Grdz 704** 103
**Wirksamkeit,** eines Beschlusses **329** 26; der Entscheidung **Üb 300** 10; einer Prozeßhandlung **Grdz 128** 51–56; eines Prozeßvergleichs **307**

**Wirkungslosigkeit**

**Anh** 15 ff, 36 ff; einer Schiedsvereinbarung **1029** ff
**Wirkungslosigkeit,** der Entscheidung s Nichtigkeit
**Wirkungszeitpunkt** bei der öffentlichen Zustellung **206** 3
**Wirt,** Streitigkeit mit einem Reisenden, vorläufige Vollstreckbarkeit des Urteils **709** 1; Zuständigkeit GVG **23** 9
**Wirtschaftliche Beteiligung,** Prozeßkostenhilfe **116** 8; w. Überlegenheit, Unwirksamkeit der Schiedsvereinbarung **1032**
**Wirtschaftlichkeit,** Prozeßwirtschaftlichkeit s dort
**Wirtschaftsprüfer,** Zeugnisverweigerungsrecht **383** 17
**Wirtschaftsverband,** Aufnahme in einen W., Rechtsweg GVG **13** 72
**Wissen,** des Richters als Urteilsgrundlage **Einf 284** 22; privates W. des Richters über einen Prozeßvorgang **286** 23
**Witwe,** Pfändungsschutz bei einer Fortführung der Erwerbstätigkeit des Ehemanns **811** 45
**Witwenbezüge,** Pfändung **850** 10, **850 a** 10, **850 b** 10
**Wochenmarkt,** Gerichtsstand **30**
**Wohnbesitz,** Zwangsvollstreckung **771** 4, **851** 5, **857** 2
**Wohngeld,** Pfändung **Grdz 704** 115
**Wohngelegenheit,** Pfändung der Vergütung **850 i** 7
**Wohnlaube,** Pfändung **811** 24
**Wohnraum,** einstweilige Verfügung auf eine Räumung **940 a**; Gerichtsstand für die Klage wegen eines W. **29** a; Räumungsfrist **721** 4; Rechtsentscheid in einer Mietsache **544 Anh**; Zuständigkeit GVG **23** 5, 6; Zwangsvollstreckung (Durchsuchung) **758**; vgl auch Mietstreitigkeit, Wohnung
**Wohnrecht,** Streitwert der Löschung eines Dauerwohnrechts **3 Anh** 140; Streitwert des W. **9** 7; Streitwert einer einstweiligen Verfügung **3 Anh** 37
**Wohnsitz,** Gerichtsstand **13**; Gerichtsstand des letzten W. **16**; Gerichtsstand bei einem im Ausland **16** 2; Verlegung, Zuständigkeitsvereinbarung **38** 35; letzter W. in der BRep, Maßgeblichkeit für die Zuständigkeit in einer Ehesache **606** 10 ff
**Wohnsitzloser,** Gerichtsstand **16**; Gerichtsstand des Vermögens/Streitgegenstands **23**
**Wohnung 181** 3; Durchsuchung durch den Gerichtsvollzieher **758, 758 a, 807**; Ersatzzustellung **181** 3; Zustellung an einen Exterritorialen **200** 1; Gerichtstermin in der Wohnung **219** 6; Irrtum über die Wohnungseigenschaft bei einer Ersatzzustellung **182** 6; Räumung auf Grund einer einstweiligen Verfügung **940 a**; Räumungsklage s dort; Räumungsvollstreckung **885**; Streitwert des Verbots des Betretens durch den Ehegatten **3 Anh** 32
**Wohnungsbaugesetz,** Rechtsweg GVG **13** 73
**Wohnungsbaudarlehen,** Rechtsweg GVG **13** 73
**Wohnungsbauprämie,** Pfändung **Grdz 704** 115
**Wohnungsbindungsgesetz,** Rechtsweg GVG **13** 73
**Wohnungseigentum,** Streitwert **3 Anh** 141; Zuständigkeit bei der Entziehung GVG **23** 8; Feststellungsinteresse **256** 105; Verwalter als gesetzlicher Vertreter **51** 15 „Gemeinschaft"; Zwangsvollstreckung **864** 4, **866, 870**
**Wohnraumprozeß,** keine Berufungssumme **511 a** 3, 27; Rechtsentscheid **541**
**Wohnungseigentumssache,** Abgabe **281 Anh** II, **Grdz 688** 3; Gerichtsstand **29** b; Rechtsweg GVG **13** 73; Rechtskraftwirkung des Urteils **325** 40

Zahlen in Fettdruck = Paragraphen

**Wort,** Erteilung oder Entziehung in der mündlichen Verhandlung **136**; Untersagung des Vortrags **157** 21
**Wortlaut** und Auslegung **Einl III** 41

# Z

**Zahlung,** an den Gerichtsvollzieher **754** 8, 9, **815** 6, **819** 1; nach der Klagerhebung, Kostenentscheidung **91 a** 60; Kostenfestsetzung trotz einer Z. **104** 14; an den ProzBev **81** 16; an den ProzBev, Kostenerstattung **91** 98–100; Erledigung der Hauptsache durch die Z. nach der Einlegung eines Rechtsmittels **91 a** 60; Urteil auf eine Handlung und auf die Zahlung einer Entschädigung **510 b**; Zwangsvollstreckung **775** 16, **888 a**; einstweilige Verfügung auf eine Z. **936** 14
**Zahlungsklage,** Bezifferung **253** 75; Verbindung mit einer Klage auf eine Auskunftserteilung, Rechnungslegung, ein Vermögensverzeichnis und die Abgabe einer eidesstattlichen Versicherung **254** 3, 12, 13
**Zahlungsort** eines Wechsels als Gerichtsstand **603**
**Zahlungs Statt,** Überweisung einer Forderung s Zwangsvollstreckung
**Zahlungssperre** im Wertpapier-Aufgebotsverfahren **1019–1022**
**Zahlungsunfähigkeit,** Ausschluß einer Prozeßkostenhilfe im Fall einer Böswilligkeit **114** 73
**Zahlungsverbot** an den Drittschuldner **829** 54
**Zeichnung,** Anordnung ihrer Vorlegung **142** 10; Vorlegung vor der mündlichen Verhandlung **273** 18
**Zeit,** zulässige zur Pfändung **761**; der Versteigerung **816** 2; der Zustellung **188**
**Zeitangabe** bei der Zustellung **191** 3
**Zeitliche Geltung** der Zivilprozeßvorschriften **Einl III** 78
**Zeitmiete,** Beweislast **286 Anh** 138 „Miete, Pacht"
**Zeitpunkt,** der Einlegung der Berufung/Revision, Mitteilung **519 a** 3/**553 a**; der für die Wertberechnung maßgebende Z. **4** 3; der Zustellung beim Empfangsbekenntnis **198** 5, 19, **212 a** 7, **418** 7; der Zustellung bei einer demnächst erfolgreichen Zustellung der Klage **262** 2, **270** 7 ff; des Mahnbescheids **693**; bei einer Zustellung im Ausland oder bei einer öffentlichen Zustellung **207** 4
**Zeitschrift** und Zeugnisverweigerungsrecht **383**
**Zeitversäumnis,** Entschädigung des Zeugen/Sachverständigen **401/408**; Kostenerstattung (Z. der Partei) **91** 294
**Zeitvorrang,** Vorzugsrecht gegenüber dem Pfändungspfandrecht **804** 12
**Zentrale Behörde** s Auslandsunterhaltsgesetz
**Zeuge,** Begriff **Üb 373** 1, **373** ff; Abgeordneter **376, 382** 1, **383** 8; Pflicht zur Duldung einer Abstammungsuntersuchung **372 a** 17; Anordnung seiner schriftlichen Anhörung **377** 8; Antrag, Antritt **373**; Aufenthalt an einem Ort ohne eine Verkehrsverbindung **247** 2; Aufzeichnungen **378**; Auslagenvorschuß **379** 1; Ausschluß als Gerichtsperson **41** 13, 49; Ausschluß der Öffentlichkeit GVG **172**; Bekl als Z. nach der Übernahme des Prozesses durch den mittelbaren Besitzer **76** 9; Beschwerderecht **569** 8; Aussagegenehmigung eines Angehörigen des öffentlichen Dienstes **376**; Anordnung der Gestellung vor der mündlichen Verhandlung **273** 23; Angehöriger eines ausländischen Konsulats **Üb 373** 27, 28; Beamter **376**; Bundespräsident **375** 19, **376** 10; heimlicher Z. **Üb 373** 7; Minister **376** 4, **382** 3, **383** 8; im

schiedsrichterlichen Verfahren **1042**; schriftliche Aussage **128** 40, **273** 14, 23, **377** 8; Pflicht zur Nachforschung **378**; Spitzel **Üb 373** 7; Angehöriger der Streitkräfte **SchlAnh III** 39; Aussagegenehmigung **376** 6; Streitgenosse **61** 9; Streithelfer **67** 5; streitgenössischer Streithelfer **69** 8; Unmittelbarkeit **375**; Unterlagen **378**; Mitglied eines nicht rechtsfähigen Vereins **50** 25, 30; Verwertung eines früheren Protokolls **286** 64; Verhinderung am Erscheinen vor Gericht, auswärtiger Terminsort **219** 4–6; gesetzlicher Vertreter eines prozeßunfähigen Ausländers **55**; sachverständiger Z. **414** 3; Zeugnis(un)fähigkeit **Üb 373** 9; Zeugnispflicht, Zeugniszwang **Üb 373** 26, **380**, **390**; Zuziehung durch den Gerichtsvollzieher **759**

– **(Ausbleiben)**, Auferlegung von Kosten und Ordnungsgeld **380** 3; Entschuldigung, Aufhebung der vorgenannten Maßnahmen **381**; vor dem verordneten Richter **400**; Vorführungsanordnung im Fall eines wiederholten Ausbleibens **380** 10–12; wegen eines Zeugnisverweigerungsrechts **386** 4, **388**

– **(Beeidigung)** **Üb 373** 30, **391 ff**, **478 ff**; Anordnung **391** 4; Berufung auf den Eid im Fall einer wiederholten oder nachträglichen Vernehmung **398** 13; Eidesleistung s dort; Eidesunmündigkeit, Unreife, Verstandesschwäche **393**; Eidesverweigerungsrecht **391** 5; Meineid, Beihilfe durch Unterlassen **138** 66; Meineid, Restitutionsklage **580** 6, **581** 1; Nacheid **392**; kraft des Ersuchens eines Schiedsgerichts **1050**; Verzicht auf die B. in einer Ehe- oder Kindschaftssache **617** 3, **640** 12 „§ 617"; Verzicht beider Parteien auf die B. **391** 8; Auferlegung von Kosten und Festsetzung von Ordnungsgeld oder von Ordnungshaft im Fall einer grundlosen Verweigerung des Eides **390**

– **(Einsichts- und Mitbringpflicht)** **378**

– **(Ladung)** **377** 3–7; Anordnung vor der mündlichen Verhandlung **273** 23; Pflicht zur Zahlung eines Kostenvorschusses **379**; Befreiung von der Pflicht wegen einer Prozeßkostenhilfe **118**, **379** 1; als Voraussetzung der Auferlegung von Kosten oder der Festsetzung eines Ordnungsmittels wegen des Ausbleibens des Zeugen **380** 4; bei Zeugnisverweigerung vor dem verordneten Richter **389** 4

– **(sachverständiger Zeuge)** **414**

– **(Vernehmung)**, **395**, **396**; Anordnung vor der mündlichen Verhandlung **273**, **358 a**; Ausschluß der Öffentlichkeit **GVG 172**; auswärtige V. **375**; Wiedergabe der Aussage im Tatbestand des Urteils **313** 23; Beginn **395** 4; über eine dem Zeugen kraft seines Berufs anvertraute Tatsache **383**; im selbständigen Beweisverfahren **485** 1, **492**; des Bundespräsidenten **375** 19, **376** 10; eidliche V. **391**, **392**; Einzelvernehmung **394** 4; Entfernung in der mündlichen Verhandlung **158** 1; Ermahnung vor der Vernehmung **395** 3; Fehlerquellen **Üb 373** 3; Frage als Suggestivfrage **396** 3; Fragerecht der Partei, des ProzBev/des Vorsitzenden, eines anderen Richters **396** 3–5, **397**; Entscheidung im Fall der Beanstandung einer Frage **140** 10; Entscheidung des verordneten Richters im vorangehenden Fall **400** 1; Gegenüberstellung mit einem anderen Zeugen **394** 5; Mängelheilung **Üb 373** 31; Minister, Abgeordneter, Mitglied des Bundesrats als Zeuge **376**, **382**, **383** 8; nachträgliche V. **389** 4; Ordnungsmittel bei einer Ungebühr und Ungehorsam s dort; V. zur Person, Glaubwürdigkeitsprüfung **395** 4; Persönlichkeitsrecht **GVG 171 b** 2; Protokoll **160**, **160 a**, **161**; V. durch das Prozeßgericht **375** 1; Prozeßkostenhilfe **118**; durch den verordneten Richter **375** 5; V. zur Sache **396**; V. auf Grund des Ersuchens eines Schiedsgerichts **1050**; sofortige V. **358 a**; uneidliche V. **393**; wiederholte oder nachträgliche V. **398**; Verzicht auf die V. **399**

– **(Zeugenentschädigung)** **401**; Festsetzung verauslagter Z. **103** 28; Vorschuß **379** 1

– **(Zeugnisfähigkeit)** **Üb 373** 9

– **(Zeugnisverweigerung)** **383 ff**; Erklärung **386**; eines Minderjährigen **Einf 383–389**; vor dem verordneten Richter **389**, **400**; Verweigerung von Kosten, Festsetzung eines Ordnungsmittels im Fall einer Z. ohne Grund **390**; Grundangabe **Einf 383**; Glaubhaftmachung des Grundes **386**; Zwangsmaßnahme **390**; Zwischenstreit über die Berechtigung zur Z. **387**, **388**

– **(Zeugnisverweigerungsrecht)**, eines Angehörigen **383**, **385**; Ausbleiben wegen eines Z. **386**, **388**; eines Autoren **383**; eines Angehörigen des öffentlichen Dienstes, Aussagegenehmigung **376**; Belehrungspflicht **383**; eines Journalisten **583**; bei einer dem Zeugen kraft seines Berufs anvertrauten Tatsache **383**, **385**; des Bundespräsidenten **383**, **385**; eines Geistlichen **383**, **385**; eines Minderjährigen **Einf 383–389**; eines Redakteurs **383**; des Rundfunkmitarbeiters **383**; Befreiung von der Schweigepflicht **385**; Streitwert **3 Anh** 142; wegen der Gefahr, sich der Verfolgung wegen einer Ordnungswidrigkeit oder Straftat auszusetzen **384**; bei einer dem Zeugen zur Unehre gereichenden Antwort **384**; eines Verlegers **383**; wegen der Gefahr eines Vermögensschadens **384**

**Zeugenbeweis**, Verwertung einer in einem anderen Verfahren erfolgten Aussage **286** 64; Beweisantritt **373**; Beweisbeschluß **359** 5; Beweiswürdigung **286** 2, **Üb 373** 5; Ersetzung durch einen Urkundenbeweis **286** 69; Gestellung des Zeugen durch die Partei **273** 14; Zulassung **286** 69

**Zeugnis**, einer Behörde **Üb 373** 4; Streitwert der Klage gegen den Arbeitgeber auf die Ausstellung eines Z. **3 Anh** 142; Rechtskraft-/Notfristzeugnis **706** 3/11; Zwangsvollstreckung aus einem Urteil auf die Ausstellung eines Z. **887** 42; betr die Vorlegung eines Zinsscheines **1010** 3, **1011** 2, **1021**; ausländisches Zustellungszeugnis **202** 2

**Zeugnisurkunde** **418** 3

**Zeugungsunfähigkeit**, Prüfung bei der Feststellung **372 a** 14

**Ziege**, Pfändung **811** 5

**Zinsen**, Ausfall, Kostenerstattung **91** 285; Beweislast für die Inanspruchnahme höherer als der gesetzlichen Z. **286 Anh** 236; bei einer Hinterlegung von Geld als Sicherheit **109** 16; Kostenscheidung im Fall einer Klagabweisung mit Ausnahme des Zinsanspruchs **92** 48 ff; Pflicht zur Verzinsung des Kostenerstattungsanspruchs **104** 22; Pfändung rückständiger Hypothekenzinsen **830** 14, **837** 6; Rechtsweg **GVG 13** 74; Streitwert **4** 10, 15; Streitwert im Fall wiederkehrender Leistungen oder Nutzungen **9** 5; Streitwert von Verzugszinsen **3 Anh** 131; Streitwert von Zinseszinsen **4** 16; Streitwert von Zwischenzinsen **3** 1, **3 Anh** 142; Bindung des Gerichts an den Zinsantrag des Klägers im Urteil **308** 5

**Zinsschein**, im Aufgebotsverfahren **1010–1013**, **1019**

**Zivildienst**, Rechtsweg **GVG 13** 74

**Zivilkammer** **GVG 60**; Besetzung **GVG 75**; Verweisung unter einander **281** 9, **GVG 101**; Verweisung an die Kammer für Handelssachen **GVG 98**, **104** 4; Vorsitzender **GVG 21 f** 3; Verhinderung

**Zivilprozeß**

des Vorsitzenden **GVG 21 f** 5; Vertretung des Vorsitzenden **GVG 21 e** 6, **21 f** 7; Zuständigkeit **GVG 71, 72**; vgl auch Landgericht, Vorsitzender

**Zivilprozeß Einl III** 1; Abgrenzung gegenüber der Verwaltungsgerichtsbarkeit bzw freiwilligen Gerichtsbarkeit **Einl III** 2; Grundsätze **Einl III** 14 ff; Parteibefugnisse **Einl III** 10, 11; Pflichten der Parteien des Gerichts **Einl III** 14 ff, **Grdz 128**; Notwendigkeit verschiedener Parteien **Grdz 50** 1; Prozeßvertrag **Einl III** 11, **Grdz 128** 48, **Grdz 704** 24; Rechtsquellen **Einl II** 1–3; Rechtsmißbrauch s dort; Rechtsnatur **Einl III** 9 ff; Schadensersatzpflicht wegen eines Rechtsmißbrauchs **Einl III** 58; sozialer Z. **Einl I**; Verfahrensarten **Einl III** 4; Pflicht zur Ermittlung der Wahrheit **Einl III** 9; Pflichten der Parteien **Einl III** 14 ff; Ziel **Einl III** 9

**Zivilprozeßordnung**, Änderungsgesetze **Einl I, II** 1, **vor Grdz 1** Gesetzestitel; sachliche Geltung **EG 3**; zeitliche Geltung **Einl III** 78, **EG 1**; Berlin-West **Einl III** 3, **Einl III** 76; Ermessensvorschrift **Einl III** 33; örtliche Geltung **Einl III** 74; Gesetzesbegriff **EG 12**; Muß-/Kannvorschrift **Einl III** 30, 33; Saarland **Einl II** 2; Sollvorschrift **Einl III** 32

– **(Auslegung) Einl III** 35; Analogie **Einl III** 44; einer Ausnahmevorschrift **Einl III** 41; nach der Billigkeit **Einl III** 33; Bindung an die Rechtsprechung **Einl III** 47; entsprechend der Entstehungsgeschichte **Einl III** 42; einer Formvorschrift **Einl III** 30 ff, 43; Gleichheit vor dem Gesetz **Einl III** 21; Lückenausfüllung **Einl III** 48–51; Übertragung einer bürgerlichrechtlichen Vorschrift **Einl III** 52; Umkehrschluß **Einl III** 45; als Zweckmäßigkeitsrecht **Einl III** 37, **Grdz 128** 14

**Zivilprozeßrecht**, Gesetzgebungszuständigkeit **Einl II** 1; und Landesgesetzgebung **EG 3, 11, 15**, **GVG 17 a, 71** 4; als öffentliches Recht **Einl III** 13; Reform **Einl I** 10 ff; Schrifttum **Einl II** 5 ff

– **(interlokales Z.) Einl III** 77, **328** Einf 1–5; frühere DDR als Inland **Einl III** 77, **16** 2, **328** Einf 1–5, **606** 10, **723** 4

– **(zwischenstaatliches Z.) Einl III** 74, **Einl IV**; Anerkennung einer ausländischen öffentlichen Urkunde **438** 5; Anerkennungs- und Vollstreckungsausführungsgesetz **SchlAnh V** E; deutsch-amerikanisches Freundschafts-, Handels- und Schiffahrtsabkommen **SchlAnh VI** B 1; deutsch-belgisches Abkommen **SchlAnh V** B 4; deutsch-britisches Abkommen **SchlAnh V** B 5; CIM, CIV **Einl IV** 14; EuG-Übereinkommen über die gerichtliche Zuständigkeit und die Vollstreckung gerichtlicher Entscheidungen in Zivil- und Handelssachen **SchlAnh V** C 1–3; Europäisches Übereinkommen über die internationale Handelsschiedsgerichtsbarkeit **SchlAnh VI** A 2; Europäisches Übereinkommen zur Befreiung von der Legalisation **438** 7; Genfer Abkommen zur Vollstreckung ausländischer Schiedssprüche **Einl IV** 10; Genfer Protokoll über Schiedsklauseln im Handelsverkehr **Einl IV** 11; deutsch-griechisches Abkommen **SchlAnh V** B 6; Haager Entmündigungsabkommen **645 Anh** 2; Haager Übereinkommen zur Befreiung von der Legalisation **438** 8–10; Haager Übereinkommen über die Anerkennung und Vollstreckung von Entscheidungen auf dem Gebiet der Unterhaltspflicht gegenüber Kindern **SchlAnh V** A 2; Haager Zivilprozeßübereinkommen, Vollstreckbarerklärung **SchlAnh V** A 1; **114 Anh** 1; dgl Armenrecht **114 Anh** 1; dgl persönlicher Arrest **918 Anh**; dgl Rechtshilfe **GVG 168 Anh I**; dgl Rechtshilfeverträge der früheren DDR **328** 5, **328 Anh** 3, **SchlAnh V** Üb 3; dgl Sicherheitsleistung **110 Anh** 2; dgl Zustellung **202 Anh**; deutsch-italienisches Abkommen **SchlAnh V** B 2; deutsch-niederländischer Vertrag **SchlAnh V** B 7; deutsch-österreichischer Vertrag **SchlAnh V** B 3; deutsch-schweizerisches Abkommen **SchlAnh V** B 1; deutsch-sowjetisches Handels- und Schiffahrtsabkommen **SchlAnh VI** B 2; Staatsverträge **Einl IV** 15; Staatsverträge über die Anerkennung einer ausländischen öffentlichen Urkunde **438** 5; Staatsverträge über die Prozeßkostenhilfe **114 Anh**; Staatsverträge über die Verbürgung der Gegenseitigkeit bei der Anerkennung von Urteilen in vermögensrechtlichen Angelegenheiten **328 Anh**; deutsch-tunesischer Vertrag **SchlAnh V** B 8; UNO-Übereinkommen über die Anerkennung und Vollstreckung ausländischer Schiedssprüche **SchlAnh VI** A 1; UNO-Übereinkommen über die Geltendmachung von Unterhaltsansprüchen im Ausland **GVG 168 Anh II**; Zivilprozeßrechtsvorschriften **Einl IV** 1

**Zivilprozeßsache** kraft einer Zuweisung **GVG 13** 19

**Zivilsenat**, des BGH **GVG 130, 139**; des OLG **GVG 116, 122**

**Zubehör**, Zwangsvollstreckung in das Z. eines Grundstücks oder Schiffs **865**

**Zufall**, Aufenthalt einer Partei an einem Ort ohne eine Verkehrsverbindung **247**

– **(unabwendbarer)**, Säumnis der Partei, Vertagung **337** 2; als Wiedereinsetzungsgrund **233** 11, 18 ff

**Zuführung**, Beweislast **286 Anh** 237; Streitwert **3 Anh** 72 „Immission"; Zwangsvollstreckung aus einem Urteil auf die Abwendung einer Z. **887** 43

**Zugang**, einer formlosen Mitteilung **270** 6; an mehrere ProzBev **84**; einer Prozeßhandlung **Grdz 128** 63

**Zugewinnausgleich 621** 23, H, I, **852** 1

**Zugewinngemeinschaft** s Ehegüterrecht

**Zug-um-Zug-Leistung (Klage)**, Gerichtsstand **29** 34; Klage auf eine kalendermäßige zukünftige Leistung **257** 3; Klagantrag auf eine Zug-um-Zug-Leistung statt auf eine Leistung schlechthin **264** 20; Kostenentscheidung **92** 26, **93** 84; Kostenfestsetzungsbeschluß **Einf 103** 12; Streitwert **6** 7

– **(Urteil)**, vollstreckbare Ausfertigung **726** 9; Beifügung der Beschränkung **308** 8; Rechtskraftwirkung **322** 74; auf die Abgabe einer Willenserklärung Zug-um-Zug **894** 15; Zwangsvollstreckung **756, 765**; dgl Anordnung einer anderweitigen Verwertung der Forderung **844** 3; Vollstreckungsklausel **726** 9; Zwangsvollstreckung **756, 765**

**Zulässigkeit** s beim Gegenstand der Z.

**Zulassung** s bei der Person bzw dem Gegenstand der Z.

**Zurückbehaltungsrecht**, Gerichtsstand **29** 34; Gerichtsstand beim kaufmännischen Z. **Üb 12** 18; des Gläubigers, Widerspruchsrecht des Schuldners gegen die Zwangsvollstreckung **777**; Klage auf eine kalendermäßige künftige Zahlung **257** 3; Kostenentscheidung im Fall einer Erledigung der Hauptsache **91 a** 141; Prozeßtrennung **145** 24; Streitgegenstand **2** 5; Streitwert **6** 6

**Zurücknahme** s Rücknahme

**Zurückverweisung**, durch das Berufungs-, Beschwerde- oder Revisionsgericht s dort; Kostenentscheidung **97** 42; Prozeßvollmacht nach der Z. **86** 3; Streitwert nach der Z. **3 Anh** 142; wegen einer Unzuständigkeit s Verweisung; Zustellung an den ProzBev nach einer Z. **176** 16, **178**

## Zuständigkeit

**Zurückweisung,** eines Angriffs- oder Verteidigungsmittels **296, 528**; der Beschwerde **573** 9; des Mahnantrags **691**; der Revision **563**; eines nachträglichen Vorbringens **296, 527 ff**; des Antrags auf ein Versäumnisurteil **335, 336** 1; einer Einwendung im Urkunden/Wechsel/Scheckprozeß **598** 1/**602/605** a

**Zusage,** Beweislast **286 Anh** 237

**Zusammenfassungsgrundsatz Üb 253** 6; mündliche Verhandlung **273** 1

**Zusammenhang,** bei einer Aufrechnung durch den Bekl, Vorbehaltsurteil **302** 2; dinglicher Gerichtsstand des Sachzusammenhangs **25**; Prozeßtrennung mangels eines Z. **145** 7, 20; Prozeßverbindung wegen eines Z. **147** 10; der Widerklage und der Klage **33** 5, **253 Anh** 13; Zeugenaussage im Z. **396** 3

**Zusammenrechnung,** mehrerer Arbeitseinkommen bei der Pfändung **850 e** 4; mehrerer Klagansprüche bei der Berechnung des Streitwerts **5** 2

**Zusatzabkommen** zum NATO-Truppenstatut **SchlAnh III**

**Zusatzklage,** Abänderungsklage **323** 18; Anspruchshäufung s dort; Zwischenfeststellungklage **256** 108

**Zusatzurteil,** Ergänzungsurteil **321** 9; Berufungsfrist **517**

**Zuschlag** bei der Versteigerung der Pfandsache **817** 2

**Zustand,** einer Sache, Antrag auf die Vornahme einer Beweissicherung **485** 10; einstweilige Verfügung zum Zweck einer vorläufigen Regelung eines Z. **Grdz 916** 4, **940**

**Zuständigkeit Üb 1** 1; nach der Abgabe im Mahnverfahren **696**; für ein Ablehnungsverfahren **45**; des AG **GVG 23, 23 a**; Amtsprüfung **Üb 38** 2; für eine einstweilige Anordnung in einer Familiensache **620 f, 621**; des Arbeitsgerichts **GVG 14** 6; im Arrestverfahren **919**; für den Antrag auf die Aufhebung eines Schiedsspruchs **1062**; bei einer Aufrechnung durch den Bekl **145** 19; für eine vollstreckbare Ausfertigung **724** 6; des BayObLG **EG 7, EGGVG 1, 8, SchlAnh I** B; im selbständigen Beweisverfahren **486** 3; des BGH **GVG 133**; des Großen Senats des BGH **GVG 132**; des Dienstgerichts für Richter **DRiG 62, 78**; in einer Ehesache **606, 606 a, GVG 23 a–c**; nach dem EuG-Übereinkommen **SchlAnh V**; bei einer Erinnerung gegen einen Kostenfestsetzungsbeschluß **104** 56 ff; in einer Familiensache **621, GVG 23 b, c**; Fehlen der Z. als Revisionsgrund **551** 11; bei der Klage auf die Erteilung einer Vollstreckungsklausel **731** 4; Fortdauer **278** 28; des Gerichtsvollziehers **753**; in einer Hausratssache **281 Anh I** 2; der Kammer für Handelssachen **GVG 94 ff**; in einer Kindschaftssache **640 a**; bei einer Klagerweiterung, Fortdauer der Z. **261** 28; für die Kostenfestsetzung **103** 41, **104** 3; des LG **GVG 71, 72**; im Mahnverfahren **689, 696, 703 d**; im Nachverfahren des Urkundenprozesses **600** 2; des OLG **GVG 119**; im Prozeßkostenhilfeverfahren **117, 127**; für die Gewährung oder Verlängerung einer Räumungsfrist **721** 10; des Rechtshilfegerichts **GVG 157**; des Rpfl **GVG 153 Anh** §§ 3, 4, 7, 20, 21; Rechtswegzulässigkeit **GVG Üb 1** 5; bei einem Säumnis des Bekl **331** 5; des Schiedsgerichts **1040, 1041**; bei einem Ersuchen des Schiedsgerichts auf die Vornahme einer richterlichen Handlung **1050**; bei einer die Schiedsvereinbarung oder einen Schiedsrichter betreffenden Entscheidung **1050**; bei der Rückgabe einer Sicherheitsleistung **109** 11, 13; bei der Rückgabe einer Sicherheitsleistung an den Gläubiger **715** 2; des Urkundsbeamten der Geschäftsstelle **GVG 153 Anh** 8 § 26; des AG im Fall einer einstweiligen Verfügung wegen der Dringlichkeit bzw bei der Eintragung einer Vormerkung oder eines Widerspruchs im Grundbuch **942** 1, 2, 4; bei der Vollstreckbarerklärung eines ausländischen Urteils oder eines Schiedsspruchs nach zwischenstaatlichen Vollstreckungsabkommen s dort; für die Vollstreckbarerklärung eines Schiedsspruchs oder Schiedsvergleichs **1059, 1060**; für die Vollstreckbarerklärung eines ausländischen Urteils **722** 8, 9; für eine Widerspruchsklage **771** 7

- **(ausschließliche) Grdz 1** 8; für die Klage auf oder gegen die Erteilung einer Vollstreckungsklausel **731** 3, **768, 797** 10, **797 a** 3, **800** 10, **802**; des Patentgerichts **12** 4; bei einer Prozeßverbindung **5** 11; bei einer Schadensersatzklage nach einem Urteil auf eine Sachherausgabe, Handlung, Duldung oder Unterlassung **893**; bei einer einstweiligen Verfügung **937**; bei der Vollstreckungsabwehrklage **767** 42, **795** 10, **797** 10, **797 a** 3, **800** 10, **802**; für das Verfahren über den Widerspruch gegen einen Arrest **924** 6; für die Widerspruchsklage gegen den Verteilungsplan **879**; für eine Wiederaufnahmeklage **584**; für die Wiederaufnahmeklage nach einem Urteil auf die Feststellung der Vaterschaft **641 i** 6; geschäftliche Z. als ausschließliche Z. **Grdz 1** 7; für die Einstellung der Zwangsvollstreckung bei einer Wiedereinsetzung oder Wiederaufnahme **707** 7

- **(ausschließliche Z. des AG) GVG 23** 3 ff, **23 a**; im Aufgebotsverfahren **946** 2, **978, 983, 988, 990, 1002, 1005, 1006**; bei der Klage auf eine vorzugsweise Befriedigung **805** 6; für den Erlaß des Mahnbescheids **689**; für einen Anspruch aus einem Wohnungsmietvertrag **29 a** 13; für die Abnahme der Offenbarungsversicherung **899**; für das Verteilungsverfahren **873** 2; als Vollstreckungsgericht **Grdz 704** 35, **764** 1, **802, 828**

- **(ausschließliche Z. des LG) GVG 71** 3, 4; nach dem AGBG **GVG 78 b Anh III**; für die Klage auf die Anfechtung eines Ausschlußurteils **957** 2; in einer Arbeitnehmererfindungsache **GVG 78 b Anh II**; in einer Ehesache **606** 19; in einer Patent-/Gebrauchsmuster-/Warenzeichensache **GVG 78 b Anh I**; für die Entscheidung über ein Ablehnungsgesuch gegen einen Richter am Amtsgericht **45** 9

- **(Erschleichen)** s Arglist

- **(geschäftliche) Grdz 1** 5; bei einer Anspruchshäufung **260** 17; Fehlen **Grdz 253** 22; negativer Kompetenzkonflikt **11**; Prüfung in der Revisionsinstanz **551** 11; Unzuständigkeit des LG **10** 3; Verweisung wegen einer Unzuständigkeit **11**; als ausschließliche Zuständigkeit **Grdz 1** 5, 7; Zuständigkeitsbestimmung **36** 27; Zuständigkeitsvereinbarung **Üb 12** 7, **38** 1

- **(internationale) Üb 12** 5, **Üb 38** 7, **328** 16; in einer Ehesache **606 a**; Prüfung in der Revisionsinstanz **Üb 38** 2, 9; Verhandlung zur Hauptsache ohne eine Zuständigkeitsrüge **39** 1

- **(örtliche)** s Gerichtsstand

- **(sachliche) Grdz 1** 4; Bestimmung nach dem GVG **GVG 1**; des AG, Belehrungspflicht **Üb 38** 2; des AG, nachträglicher Verlust **506** 1; des AG nach einem Widerspruch gegen den Mahnbescheid **696**; Erschleichung der Zuständigkeit des AG **Einl III** 56, **2** 7, **Üb 12** 22, **Grdz 128** 57; Amtsprüfung **Üb 38** 2; bei einer Anspruchshäufung **260** 16; bei einem Antrag auf eine gerichtliche Entscheidung gegen eine Justizverwal-

**Zuständigkeitsbestimmung**

tungsakt **EGGVG 25**; im Aufgebotsverfahren **946** 2; in einer Ehesache **606** 1; in einer Einmischungsklage **64** 8; für einen Gebührenanspruch **34** 4; der Kammer für Handelssachen **Grdz 1** 7, **GVG 94**; in einer Kindschaftssache **640 a** 1; bei einem negativen Kompetenzkonflikt **11**; für den Erlaß des Mahnbescheids **689, 696, 703 d**; bei einem Anspruch aus einem Miet- oder Pachtvertrag **8** 1; Prozeßtrennung, -verbindung **4** 8, **5** 11, **147** 20; Prozeßvoraussetzungen **Grdz 1** 9, **Grdz 253** 22; Prüfung in der Revisionsinstanz **551** 11; Wirkung der Rechtshängigkeit, Fortdauer der sachlichen Zuständigkeit **261** 28; Entscheidung des Richters statt des Rpfl der des Urkundsbeamten der Geschäftsstelle **10** 2; Maßgeblichkeit des Streitwerts **2** 1; Festsetzung des Streitwerts für die sachliche Zuständigkeit **Einf 3** 6; dgl Bindungswirkung für die Berechnung der Gebühren **Einf 3** 3; im Verteilungsverfahren **873** 2; des Vollstreckungsgerichts für die Pfändung einer Forderung oder eines Vermögensrechts **828** 2; bei einer Widerklage **5** 12, **33** 12; als ausschließliche Zuständigkeit **Grdz 1** 8; Zuständigkeitsbestimmung **36** 13 ff; Zuständigkeitsvereinbarung **40**
- **(Unzuständigkeit)**, des AG, Hinweispflicht **Üb 38** 1, **38** 37, **39** 3, 9, **504** 1; Anerkenntnis trotz einer Rüge der U. **93** 84 „Zuständigkeit", **106** „Zulässigkeitsrüge"; Nichtanerkennung eines ausländischen Urteils **328** 16; Geltendmachung der sachlichen U. in der Berufungsinstanz **528** 4 ff; dgl Arglisteinwand **Üb 12** 24; dgl Verzicht **295**; Rüge der Zuständigkeit eines Schiedsgerichts, und umgekehrt **282** 19; Streitwert **3 Anh** 143; der Kammer für Handelssachen, Verweisung an die Zivilkammer **GVG 97, 99, 100, 104**; Klage bei einem unzuständigen Gericht **253** 21; Berufung, Beschwerde, Revision im Fall eines vermögensrechtlichen Anspruchs **512 a, 549** 19; negativer Kompetenzkonflikt **11**; des LG, Ausschluß der Möglichkeit eines Rechtsmittels gegen sein Urteil **10**; dgl des Einspruchs **10** 3; Revisionsgrund **551** 11; Verhandlung zur Hauptsache ohne eine Rüge der U. **38** 37, **39**; Unterbrechung der Verjährung **Üb 12** 20; Bindungswirkung einer Verweisung **11**; Voraussetzung einer Verweisung **281** 15
- **(Vereinbarung)** **Üb 38** 1, **38** 2, **40**; für einen nicht vermögensrechtlichen Anspruch **40** 3; der Zuständigkeit des ArbG **40** 6; und Anerkennung eines ausländischen Urteils **38** 27; Auslegung **38** 3, 14; Erschleichung **38** 10; Erschleichung der Zuständigkeit des AG **2** 3, **147** 7, **Üb 12** 22, **Grdz 128** 57; Gerichtsstand s dort; und Rechtswahl **38** 27; Rüge der Unzulässigkeit der V. **40** 7; durch die Vereinbarung der Maßgeblichkeit einer ausländischen Rechtsordnung **38** 27; durch eine Verhandlung zur Hauptsache **38** 37; der geschäftlichen Zuständigkeit **Üb 12** 12, **Üb 38** 1; der sachlichen Zuständigkeit **40** 3

**Zuständigkeitsbestimmung 36, EG 9**; Antrag **36** 7, **37** 1; Bindungswirkung **37** 7; Entscheidung **37** 3; bei einem Gerichtsstand im Ausland **36** 18; Geltendmachung für die geschäftliche, örtliche, sachliche Zuständigkeit **36** 30; der Kammer für Handelssachen/Zivilkammer **GVG 97** 2; Kostenerstattung **91** 301; Prozeßvollmacht **81** 19 (m); Rechtspfleger/Richter **GVG 153 Anh 8** § 7; Unanfechtbarkeit **37** 6; Voraussetzungen **36** 13 ff; Zulässigkeit **36** 3; Zuständigkeit für die Bestimmung **36** 10 ff

**Zustellung Üb 166** 1, **166** ff; Beglaubigung einer Abschrift **170** 5 ff; dgl Abweichung von der Urschrift **170** 14; Beifügung von Abschriften **133**, **169** 1, **171** 6; beim Amtsgericht **496, 497**; Annahmeverweigerung **181** 19, **186, 188** 10; dgl Angabe in der Zustellungsurkunde **192** 11; Anwaltszwang **167** 1, **170** 15; Anwaltszwang für den Zustellungsauftrag **78** 43; nach einer Aussetzung des Verfahrens **249** 7; eines Beschlusses **329** 31; demnächst erfolgte Z. **270** 15, **693** 7; in einer Ehesache **618** 2; Erledigung der Klage vor ihrer Zustellung **91 a** 30; Ersuchen um eine Z. **GVG 160**; Fristwahrung durch eine demnächst erfolgende Z. **270** 15, **262** 2; dgl beim Mahnbescheid **693**; der Klageschrift **271, 498**; öffentliche Z./Z. im Ausland **207** 4; Geltungsbereich der ZPO-Vorschriften **Üb 166** 4; Zulässigkeit einer bloßen formlosen Mitteilung statt einer förmlichen Z. **Üb 166** 16; in der Nachtzeit **188**; Ort der **Üb. 180**; Partei kraft einer Z. **Grdz 50** 14; zustellende Partei **191** 5; nach einer Kündigung der Prozeßvollmacht **87** 4 ff; Prüfungspflicht des Rechtsanwalts bei einer Fristberechnung **233** 85 ff; nach einer Anordnung des Ruhens des Verfahrens **251** 9; im schiedsrichterlichen Verfahren **1042**; bei einer Sondervollmacht **173**; an einem Sonn- oder Feiertag **188**; bei einer Streitgenossenschaft **61** 11; bei einer notwendigen Streitgenossenschaft **62** 21; bei einer Terminsvollmacht **83** 5; Übergabe **191** 11; Übergabe durch die Post **195** 3; Übergabe einer Abschrift der Zustellungsurkunde **190** 4; nach einer Unterbrechung des Verfahrens **249** 7; Unterstellung der Z. **Üb 166** 3; Verzögerung der Z. **270** 7; Zustellungsgegner/-empfänger **Üb 166** 8, 9, **191** 6, 8
- **(an)**, eine Aktiengesellschaft **171** 4, 6; eine Behörde, eine Gemeinde, eine Körperschaft, einen eingetragenen Verein **171** 4, 6; den Bekl nach der gerichtlichen Bestellung eines Vertreters **57** 11; an einen Bevollmächtigten **173** 1; an einen Exterritorialen oder an einen Deutschen im Wohnraum eines Exterritorialen **Üb 166** 7, **200** 1, 2; an den Fiskus **171** 4 ff; an eine Gemeinde **171** 3; an den Generalbevollmächtigten **173** 1; an eine juristische Person **171** 3; an eine Kommanditgesellschaft, eine Kommanditgesellschaft auf Aktien, eine Gesellschaft mit beschränkter Haftung, eine Genossenschaft **171** 4; an eine Mehrzahl von ProzBev **84** 3; an eine Offene Handelsgesellschaft **171** 4, 6; an einen Prokuristen **173** 1; an einen Prozeßunfähigen **56** 10, **171** 2; an eine Rechtsanwaltssozietät **176** 24; an einen Soldaten **Üb 166** 17, **SchlAnh II**; an eine Stiftung **171** 5 an einen Angehörigen der Streitkräfte **SchlAnh III 32, 36**; an einen Streitgenossen **63** 3; an einen Streithelfer **71** 8; an einen Vertreter mehrerer Beteiligter **189**; an mehrere (gesetzliche) Vertreter **171** 6
- **(betreffend)** eine Anordnung der mündlichen Verhandlung bei einer freigestellten mündlichen Verhandlung **128** 12; eine Abkürzung der Frist zur Aufnahme eines ruhenden Verfahrens **251** 18; einen Beschluß s dort; die Bekanntmachung des Termins zur Verhandlung über einen Einspruch **341 a** 4; einen Beschluß über eine Abkürzung oder Verlängerung einer Frist **224** 7, **225** 2; die Klage beim Antrag auf die Gewährung einer Prozeßkostenhilfe **117** 6; die Klageschrift ohne eine Terminsbestimmung **253** 10; einen Kostenfestsetzungsbeschluß auf der Urteilsausfertigung **105** 6; die Ladung des Gegners zur Vernehmung über den Verbleib einer Urkunde **426** 4; die Ladung der Partei nach einer Unterbrechung des Verfahrens **244** 15; die Revisionsbegründung **556** 1; einen Schiedsspruch **1054**; die Fristsetzung zur Rückgabe einer Sicherheitsleistung **109** 12; einen Be-

schluß über die Aufhebung eines Termins 227 25; ein Urteil s dort; ein Urteil als Voraussetzung der Zwangsvollstreckung 750 9; eine einstweilige Verfügung auf eine Zahlung 936 14; einen Beschluß über die Verhängung einer Verzögerungsgebühr 95 Anh; eine Vollstreckungsabwehrklage 767 41; einen Vollstreckungsbescheid 699; eine Vollstreckungsklausel als Voraussetzung der Zwangsvollstreckung 750 12; eine Widerspruchsklage 771 11
- **(durch),** ein Gericht im Ausland/an einen Exterritorialen **Üb** 166 14/202 Anh; einen Konsuln **Üb** 166 7 (F); einen Streithelfer 67 13; einen streitgenössischen Streithelfer 69 7–9; den Urkundsbeamten der Geschäftsstelle **Üb** 166 3
- **(an der Amtsstelle)** 212 b; Empfangsbekenntnis 212 b 2, 3; Vermerk über die Aushändigung 212 b 2
- **(Amtszustellung) Üb** 166 5, 208 ff, 270, 317, 618, 621 c, 693, 900 15, 44; maßgebende Vorschriften 208 2; Beifügung von Abschriften 169 1; Beglaubigung von Abschriften 210; Aktenvermerk bei der Aushändigung an der Amtsstelle/Aufgabe zur Post 212 b 3/213 3; an der Amtsstelle 212 b; Anzeige der Bestellung eines ProzBev/der Aufnahme nach einer Aussetzung oder einer Unterbrechung des Verfahrens 244 14/250 3; eines Beschlusses über einen Arrest oder eine einstweilige Verfügung an den Gläubiger 922 25/936 3 „§ 922"; Aufgabe durch die Geschäftsstelle 209; einer Ausfertigung an den Zustellungsgegner 170 2; Aushändigung an den Gerichtswachtmeister oder an die Post 211 3; der Berufung oder der Berufungsbegründung 210 a/519 a; der Anschlußberufung oder ihrer Begründung 522 a 8; eines nicht verkündeten Beschlusses oder einer nicht verkündeten Verfügung 329 31; Beurkundung der Zustellung 212; Briefumschlag 211 4; Beginn einer richterlichen Frist 221 4; in einer Ehe- oder Kindschaftssache 625, 640 9; durch den Gerichtsvollzieher 900 15, 44; durch den Gerichtswachtmeister 211 4; Angabe der Geschäftsnummer 211 4; der Klagerücknahme 269 26; der Klageschrift 253 7, 271; des Kostenfestsetzungsbeschlusses 104 28 ff; der Ladung zum Verhandlungstermin 214 4, 216 1, 274; der Ladung der Partei in einer Ehesache 613 4; der Ladung zur Abgabe der Offenbarungsversicherung 900 15, 44; der Ladung des Rechtsnachfolgers 239 18; der Ladung zur mündlichen Verhandlung über den Antrag auf die Vollstreckbarerklärung eines Schiedsspruchs 1059, 1063; der Ladung zur Verhandlung über einen Wiedereinsetzungsantrag 238 1; des Mahnbescheids 693; statt einer Parteizustellung und Parteizustellung statt einer A. **Üb** 166 5, 187 2, 3, 270 4; an einen Rechtsanwalt/Notar/Gerichtsvollzieher/eine Behörde/öffentlichrechtliche Körperschaft 212 a; dgl Empfangsbekenntnis 212 a 8 f; der Rechtsmittelschrift 210 a; der Revisionsschrift/Revisionsbegründung 210 a, 553 a/554; der Ladung zum Termin für die Verhandlung über eine Revision **Üb** 545 Anh; der Streitwertfestsetzung **Einf** 3 9; des Urteils 317 4; des Urteils in einer Familien- oder Kindschaftssache 621 c/640 9; der Urteilsformel im schriftlichen Verfahren 310 2; der Zeugenladung 377 6
- **(von Anwalt zu Anwalt)** 133, **Üb** 166 7 (F), 198; statt einer Amtszustellung 198 9; Beglaubigungsvermerk 170 7; Bescheinigung des zustellenden Anwalts 198 22; Empfangsbekenntnis/-bereitschaft 198 5, 13; Ersatzzustellung 198 17; an einen Gehilfen 183 8, 9; eines Schriftsatzes 132 11, 133 11; Zulässigkeit 198 2
- **(durch die Aufgabe zur Post)** 175 5, 213; unter Einschreiben 175 7; bei einer Nichtbenennung eines Zustellungsbevollmächtigten 175 4; bei einer Nichtbenennung nach dem Ablauf einer Frist zur Bestellung eines ProzBev nach einer Unterbrechung des Verfahrens 244 15; durch den Urkundsbeamten der Geschäftsstelle von Amts wegen ohne eine Zustellungsurkunde 213; Zustellungsurkunde im Fall einer Zustellung auf das Betreiben der Partei 192
- **(im Ausland) Üb** 166 7, 199 ff, 689; Antrag 199 3; an einen exterritorialen Deutschen 200; Einlassungsfrist 274 9; Einspruchsfrist 339 6; Ersuchen um eine Zustellung 199 4, 202 2, 202 Anh; Fristwahrung 207 4; Haager Zivilprozeßübereinkommen 202 Anh; Haager Zustellungsübereinkommen 202 Anh; beim Mahnbescheid 688; öffentliche Zustellung 203 9; Zustellungszeugnis 202 3
- **(Ersatzzustellung) Einf** 181 1; Annahmeverweigerung durch den Zustellungsgegner oder eine Ersatzperson 181 4, 19; Irrtum über eine Wohnungseigenschaft 182 7; Niederlegung bei der Post usw 182; Voraussetzung einer Niederlegung/Anzeige der Niederlegung 182 4 ff; bei einer Postvollmacht 195 1; bei einer Prozeßunfähigkeit 171 1; und öffentliche Zustellung 203 1; Zustellungsurkunde, Angabe des Grundes der E. 191 9
- **(Ersatzzustellung an)** einen Angehörigen 181 10, 183 8, 185 3; den Aufsichtsrat einer Aktiengesellschaft 184 2; eine Behörde, Gemeinde, Körperschaft, einen eingetragenen Verein 184; den Ersatzperson einer Ersatzperson 181 21; den Generalbevollmächtigten oder Prokuristen 173; einen Gewerbetreibenden in seinem Geschäftsraum 183 3; den Gehilfen eines Gerichtsvollziehers 183 8; den Hauswirt oder Vermieter 181 17; einen Minderjährigen 181 14, 183 7, 185 3; einen Nachbarn 182 10; eine Offene Handelsgesellschaft oder Kommanditgesellschaft 184 1; den Prozeßgegner des Zustellungsgegners 185; den Gehilfen eines Rechtsanwalts, Notars oder Gerichtsvollziehers 183 15; von Rechtsanwalt zu Rechtsanwalt 198 13; des Pfändungsbeschlusses an den Drittschuldner 185 5; einen Soldaten 181 22; den Streithelfer des Gegners 185 7
- **(durch den Gerichtsvollzieher) Üb** 166 7 (B), 166; Beglaubigung einer Abschrift 170 18; Ersuchen 170; durch den Gerichtsvollzieher, Kostenerstattung 91 302; Kostenerstattung im Fall einer Zustellung durch den Gerichtsvollzieher statt einer an sich möglichen Zustellung durch die Post 197; im Auftrag eines Rechtsanwalts an einen anderen Rechtsanwalt 198 2; örtliche Zuständigkeit des Gerichtsvollziehers 166 1
- **(im Parteibetrieb) Üb** 166 6, 166 2, 270 4; beglaubigte Abschrift 170 14; unbeglaubigte Abschrift 170 14; Amtshaftung des Gerichtsvollziehers/des Urkundsbeamten der Geschäftsstelle **Üb** 166 15, 166 1, 3, 168 2; Amtszustellung statt einer Parteizustellung, und umgekehrt **Üb** 166 12 ff, 187 2, 3, 270 4, 5; eines Beschlusses über einen Arrest oder eine einstweilige Verfügung an den Schuldner 922 25/936 3 „§ 922"; Auftrag 166–168; in einem verschlossenen Brief 170 1; Beginn einer richterlichen Frist 221 3; zur Wahrung einer Notfrist 166 4; bei der Nichtbenennung eines Zustellungsbevollmächtigten durch die Aufgabe zur Post 175 4 ff; einer von der Partei auch zu betreibenden Zustellung 166 3; Parteierklärung über ihren eigenen Auftrag an den Gerichtsvoll-

**Zustellungsmangel**  Zahlen in Fettdruck = Paragraphen

zieher **168** 3; des Beschlusses über die Pfändung einer Forderung/Hypothek **829** 41; Übergabe zur Zustellung/an den Zustellungsgegner **169/ 170** 2; einer vollstreckbaren Urkunde **795** 8; durch den Urkundsbeamten der Geschäftsstelle trotz der Erklärung der Partei, sie habe einen Gerichtsvollzieher mit der Zustellung beauftragt **168** 3; des Verzichts des Pfändungs- bzw Überweisungsgläubigers **843**; beim Urteil **317** 4; der Vorpfändung **845** 6; Weisung der Partei **166** 4, **168** 2
- **(durch die Post) 193, 196**; Aushändigung an die Post **194** 3; beim Fehlen eines Postbestelldienstes **195 a** 1; Briefumschlag **194** 3; Angabe der Geschäftsnummer **194** 4, **195** 4; Nachsendung **195** 3; Rechtsstellung des Postbediensteten **195** 1; bei einer Postvollmacht **195** 1; Übergabe an den Zustellungsgegner **195** 3
- **(an den Prozeßbevollmächtigten),** Begriff des ProzBev **176** 7; Bestellung als ProzBev **176** 10; Bewilligung der Zustellung an den Gegner wegen eines unbekannten Aufenthalts des ProzBev **177**; Erlöschen der Prozeßvollmacht **176** 22 ff; Begriff der Instanz **176** 16 ff, **178**; Pflicht zur Zustellung an den ProzBev **176** 1; Wegfall des ProzBev in der höheren Instanz **176** 16; im Zwangsvollstreckungsverfahren **176** 2, 16, **178** 4
- **(öffentliche Zustellung) Üb 203, 203** ff; Anheftung an die Gerichtstafel **204** 9, 11; bei einem unbekannten Aufenthalt des Zustellungsgegners **203** 1, 5 „Abmeldung" usw; Anordnung **204** 6; Ausführung **204** 8; im Ausland **203** 9; Bewilligung/Aufhebung der Bewilligung **204** 6; und Ersatzzustellung **181** 7, **203** 1; Erschleichen **Einf 203** 4; an einen Exterritorialen **203** 13; Fristwahrung **207** 4; einer Aufforderung oder Mitteilung des Gerichtsvollziehers **763**; der Ladung, Bekanntmachung in öffentlichen Blättern **204** 11, **205**; Verlängerung der Ladungsfrist **206**; Voraussetzungen **203**; Wirkung **204** 12; Zeitpunkt **206**; Zulässigkeit **Einf 203** 1
- **(Zustellungsauftrag) 166** 5, **167, 168** 1
- **(Zustellungsbescheinigung) 213 a**
- **(Zustellungsbevollmächtigter) 174, 175**; Antrag auf Bestellung eines Z. **174** 7; bei einem ausländischen Anwalt **SchlAnh VII**; Ausschluß als Gerichtsperson **41** 12; Benennung **175** 1; Bestellung auf Grund einer gerichtlichen Anordnung **174** 6; Pflicht zur Bestellung wegen eines Wohnsitzes im Ausland **174** 10; Erlöschen der Vollmacht **174** 4; Verschulden bei einer Fristversäumung **85** 26; Gerichtsstand des Gebührenanspruchs **34**; Nichtbenennung **175** 4; für einen Rechtsanwalt **GVG 155 Anh I** 5; Umgehung **174** 4; Bestellung eines Unterbevollmächtigten **175** 3; Verwalter einer Wohnungseigentümergemeinschaft **51** 15, **174** 5, **189** 3; Zustellung an den gemeinsamen Z. beider Parteien **185** 4
- **(Zustellungsempfänger/gegner) Üb 166** 9, **191** 8
- **(Zustellungsurkunde) Üb 166** 5, **190, 191**; bei einer Zustellung von Amts wegen **212**; bei einer Zustellung durch die Aufgabe zur Post **192**; bei einer Zustellung durch den Gerichtsvollzieher **190, 191**; bei einer Zustellung durch einen Postbediensteten **195** 4; Übergabe einer Abschrift **190** 4; Abweichung der Abschrift von der Urschrift **190** 4; Beweiskraft **190** 2, **191** 1; Mangel **190** 1; Unterschrift **191** 11

**Zustellungsmangel Üb 166** 12; fehlerhafte beglaubigte Abschrift **170** 12; Beglaubigung der Abschrift mit einem Namensstempel **170** 7; Amtshaftung des Gerichtsvollziehers oder des Urkundsbeamten der Geschäftsstelle **Üb 166** 15, **270** 18; bei einer Amtszustellung **211** 5; Bindung des Gerichts an den Parteiwillen **187** 2; fehlende Berechtigung zum Empfang **173**; beim Empfangsbekenntnis eines Rechtsanwalts **198** 20; beim Empfangsbekenntnis im Fall einer Zustellung von Amts wegen **212 a** 15; bei einem Organmitglied mit einer Doppelfunktion **171** 4; bei der Parteieigenschaft **Grdz 50** 5; bei einer Postzustellung **194** 8; Posthaftung **193** 1; bei einer nicht an den ProzBev erfolgten Zustellung **176** 20; bei einer Zustellung der Rechtsmittelschrift **210 a** 7; bei einer Streithilfe **70** 7; bei der Übergabe einer unbeglaubigten Abschrift **170** 7, 13; bei der öffentlichen Zustellung einer Ladung **205** 2; bei der Bewilligung einer öffentlichen Zustellung/bei ihrer Ausführung **204** 3, 8; mangelhafte Zustellungsurkunde **190** 1; dgl bei einer Postzustellung oder Zustellung von Amts wegen **195** 5/**212** 5
- **(bei einer Ersatzzustellung),** an eine Behörde, eine Gemeinde, eine Körperschaft, einen Verein, eine Offene Handelsgesellschaft, eine Kommanditgesellschaft **184** 7; außerhalb des Geschäftsraums **183** 10; bei einer fehlerhaften Grundangabe **191** 9; durch eine Niederlegung **182** 19; an den Prozeßgegner **185** 6
- **(Heilung) Üb 166** 13, **Üb 214** 7; Ausschluß der H. im Fall einer Notfrist **187** 13; durch den tatsächlichen Zugang **187**

**Zustimmung** s beim Gegenstand der Z.

**Zutrittsbeschränkung** zur Gerichtsverhandlung **GVG 175**

**Zuvielforderung,** Kostenteilung **92**

**Zuwiderhandlung** gegen ein Verbotsurteil **890**

**Zwang,** bei einer Abstammungsuntersuchung **372 a** 5; gegen den Schuldner, Kosten **788** 50

**Zwangsgeld 888** 16

**Zwangshaft 390** 6, **888** 16, **901** ff

**Zwangshypothek 866, 867**; Arresthypothek **932**; Kostenentscheidung im Fall eines Anerkenntnisses **93** 27; Übergang auf den Eigentümer **868**; Zwangsschiffshypothek **870 a**

**Zwangsmittel,** Androhung, Kostenerstattung **788** 50; Festsetzung, Anwaltszwang **78** 15; hinsichtlich einer unvertretbaren Handlung **888** 15; hinsichtlich der Abgabe einer eidesstattlichen Versicherung **889** 6
- **(Haft),** Haager Zivilprozeßübereinkommen **918 Anh**; bei einer Offenbarungsversicherung **901, 904**; gegen einen Soldaten **SchlAnh II V**; Vollstreckung, Ersuchen **GVG 162, 163**; gegen einen Zeugen wegen seiner Verweigerung des Zeugnisses oder der Eidesleistung **390** 7

**Zwangsüberweisung,** der Pfandsache an den Gläubiger **825** 11

**Zwangsversteigerung 866, 869, 870 a**; Pfändung des Anspruchs auf den Erlös **Grdz 704** 116; Erwerb des Streitgegenstands **265** 7; dgl Rechtskraftwirkung des Urteils betr eine Grundstücksbelastung **325** 14; Gebührenanspruch, Gerichtsstand des Hauptprozesses **34** 6; Klage, dinglicher Gerichtsstand **Einf 24** 3

**Zwangsverwalter,** Partei kraft Amtes **Grdz 50** 12; Verbindung mehrerer Klagegründe bei einer Klage gegen den Zwangsverwalter **260** 5

**Zwangsverwaltung 866, 869, 870 a**

**Zwangsvollstreckung Grdz 704** 1; Antragsrecht des Gläubigers auf die Erteilung eines Erbscheins oder einer Urkunde **792, 896**; Antragsverhältnis **754** 2, 3; Einwand der Arglist **Grdz 704** 44 ff, **769** 13; Auskunft **836**; im Ausland **791**; Arrest-

## Zwangsvollstreckung

grund **917** 9; im Ausland wegen eines Unterhaltsanspruchs **GVG 168 Anh II** 4; Aussetzung des Zwangsvollstreckungsverfahrens **148** 30; Aussichtslosigkeit der Z., Prozeßkostenhilfe für den Gläubiger **117, 119**; durch einen Gläubiger aus der früheren DDR **Grdz 704** 33 (f); Eingriffsverhältnis **753**; Einwendung **Grdz 704** 41 ff; im engeren Sinn **Grdz 704** 1; Ersuchen an eine Behörde **789**; Fehlerhaftigkeit **Grdz 704** 57; Genehmigung nach dem AWG **SchlAnh IV** A; Pflicht zur Vorwegzahlung der Gerichtsgebühr **271 Anh**; Bezeichnung des Gläubigers und des Schuldners **750** 2; als eine unbillige Härte **765 a**; Hindernis **Grdz 704** 32 ff; Kosten **788, 891**; Kosten, Gerichtsstand des Hauptprozesses **34** 4, 6; Pflicht des Gläubigers zur Kostenerstattung im Fall einer Aufhebung des Vollstreckungstitels **788** 17; Kostenfestsetzung **103** 29; Mängel **Grdz 704** 54; Organe **Grdz 704** 35; Parteiherrschaft **Grdz 704** 6; Prozeßvoraussetzung **Grdz 704** 39; Prozeßvollmacht/Mangel/Nachweis/Prüfung **81** 9, **88** 5; ohne Rechtshängigkeitswirkung **261** 14; Zulässigkeit des Rechtswegs **Grdz 704** 14; Schadensersatzpflicht des Gläubigers wegen einer Zwangsvollstreckung auf Grund einer nur vorläufigen Vollstreckbarkeit **717** 20; dgl Gerichtsstand **32** 15; Scheinvollstreckung **Grdz 704** 57; Sicherungsvollstreckung **720 a**; Sommersache **227** 46, 47; Sittenwidrigkeit **765 a**; als Streithilfegrund **66** 8; streitgenössische Streithilfe wegen der Wirkung der Z. **69**; Streitwert **3 Anh** 144; Streitwert, Kosten eines früheren Prozesses **4** 10; Ungeeignetheit **Grdz 704** 34 (c); Verfahrensgrundsätze **Grdz 704** 37; Vollstreckungsverhältnis **753** 2, 8; Vorbereitungskosten **788** 48; im weiteren Sinn **Grdz 704** 1; Wiedereinsetzungsantrag nach einer durchgeführten Z. **Üb 230** 6; und Zuständigkeitsvereinbarung **38** 30, 31; Zustellung an den ProzBev **176** 2
- **(durch)** den Rechtsnachfolger des Hypotheken-/Grundschuld-/Rentenschuldgläubigers **799**; einen nicht rechtsfähigen Verein **50** 27, 29
- **(Abgabe) 828** 8
- **(Abkommen)** s Zivilprozeßrecht, zwischenstaatliches
- **(Beginn) Grdz 704** 51; Voraussetzung der Zwangsvollstreckung **Einf 750** 2, **750**; bei einem von einem Kalendertag abhängigen Anspruch aus dem Urteil **751** 2; bei einer Pflicht des Gläubigers zu einer Sicherheitsleistung **751** 4; Zustellung des Urteils oder der Vollstreckungsklausel als Voraussetzung der Zwangsvollstreckung **750** 9, 12; Wartefrist **798**
- **(kein Duldungstitel) 867** 13
- **(Einstellung, Beschränkung) Grdz 704** 49; bei einer Abänderungsklage **323** 54, **769** 2; Änderung der Entscheidung **707** 21; beim Arrest **924** 11; wegen der Aufhebung des Vollstreckungstitels **775** 11; Aufhebung einer Maßnahme der Zwangsvollstreckung gegen eine Sicherheitsleistung **707** 6; wegen der Befriedigung des Gläubigers oder einer von ihm gewährten Stundung **775** 13, 18; nach der Einlegung der Berufung **719** 2; durch einen Beschluß **707, 719, 769**; wegen einer Einmischungsklage **65** 3; nach einem Einspruch **719** 2; bei einer einstweiligen Verfügung **924** 11, **936** 4 „§ 924", **938** 1; wegen einer Einwendung gegen die Erteilung der Vollstreckungsklausel **732** 6; bei einer Erinnerung **766** 33; Fortsetzung der Zwangsvollstreckung nach der Einstellung **775** 18; wegen einer sittenwidrigen Härte **765 a** 34; Kostenentscheidung **91** 16; aus einem Kostenfestsetzungsbeschluß **104** 55; wegen eines Prozeßvergleichs **307 Anh** 47, **707** 22, **767** 10, **769** 2; wegen der Einlegung eines Rechtsmittels **707** 22; durch das Revisionsgericht **719** 7; nach einer Seeforderung **786 a**; nach einer Sicherheitsleistung des Schuldners **775** 12; Streitwert **3 Anh** 145; bei einem Überweisungsnachweis **775** 16; bei einer vollstreckbaren Urkunde **795** 10, 14; bei einer Vollstreckungsabwehrklage **769** 8; bei einem Vorbehaltsurteil im Urkundenprozeß **599** 10; im Urteil **770** 2, **771** 13; wegen eines Aufhebungsantrags gegen die Vollstreckbarerklärung eines Schiedsspruchs **1059, 1060**; bei einem Vollstreckungsschutz **765 a** 32; bei einer Widerspruchsklage **771** 13, **776**; bei einem Wiederaufnahme- oder Wiedereinsetzungsantrag **707**; bei einem Zahlungsnachweis **775** 16
- **(Ende) Grdz 704** 52
- **(Erfolglosigkeit)** s Offenbarungsversicherung
- **(Erinnerung gegen die Art und Weise) 766**; Abhilfe **766** 25, 32; Antrag auf eine Aussetzung der Verwertung einer Pfandsache **813 a**; Antragsberechtigung **766** 14; Beweis einer die Erinnerung begründenden Tatsache **766** 26; außergerichtliche Kosten **Üb 91** 21; Kostenentscheidung bei einer Erledigung der Hauptsache **91 a** 21 „Zwangsvollstreckung", 61 „Zwangsvollstreckung"; wegen einer dinglichen Sicherung des Gläubigers **777**; Sommersache **227** 46, 47; Streitwert **6** 10; gegen eine Überpfändung **803** 10; wegen einer Unpfändbarkeit **811** 13; Verhältnis zu einem anderen Rechtsbehelf **766** 8, 10; gegen die Zwangsvollstreckung aus einem Kostenfestsetzungsbeschluß ohne ausreichende Voraussetzungen einer Zwangsvollstreckung **Einf 103** 15
- **(Erinnerung wegen einer dinglichen Sicherung) 777** 2
- **(Erwirkung von Handlungen, Unterlassungen)**, Duldungspflicht **890, 891**; Klage des Gläubigers auf die Leistung eines Schadensersatzes **893**; (un)vertretbare Handlung **888, 891**; Herausgabe einer Sache, eines Grundstücks, eines Schiffs **883, 884, 885**; Herausgabe einer Sache im Gewahrsam eines Dritten **886**; Herausgabe einer Sache, Wegnahme durch den Gerichtsvollzieher **883** 5; Streitwert **3 Anh** 136 „Vornahme", 144; Unterlassung einer Handlung **890**; Abgabe der bürgerlichrechtlichen eidesstattlichen Versicherung **889**; Vorlegung einer Sache **883** 13; Zuziehung des Gerichtsvollziehers im Fall des Widerstands des Schuldners **892**
- **(Fortsetzung)**, nur gegen eine Sicherheitsleistung **709, 775** 11
- **(gegen)** den Besitzer nach der Entbindung des Klägers **76** 10; eine Gemeinde, einen Gemeindeverband **EG 15**; eine Gesellschaft des bürgerlichen Rechts **736**; nach einer Umwandlung der Gesellschaft **859 Anh** 2; bei einer Herrenlosigkeit eines Grundstücks, Schiffs, Schiffsbauwerks, Luftfahrzeugs, Bestellung eines Vertreters **787**; eine öffentlichrechtliche juristische Person **882 a**; bei einem Nießbrauch **737, 738**; eine Offene Handelsgesellschaft oder Kommanditgesellschaft **736 Anh**; eine Reederei **736 Anh** 4; einen Soldaten **SchlAnh II IV**; einen Angehörigen der Streitkräfte **SchlAnh III** 34, 35; einen nicht rechtsfähigen Verein **735**
- **(gegen einen Ehegatten) 52 Anh, 739**; bei einer Gütergemeinschaft/nach ihrer Beendigung **Grdz 704** 70, **739** 2, **740/743, 744**; bei einer Gütergemeinschaft und dem Erwerbsgeschäft eines Ehegatten **741**; bei einer Gütergemeinschaft während des Prozesses **742**; gegen den überleben-

## Zwangsvollstreckung

den Ehegatten im Fall einer fortgesetzten Gütergemeinschaft **745**; bei einer Gütertrennung **739** 2
- **(gegen den Erben)**, vor der Annahme der Erbschaft **778**; Fortsetzung nach dem Tod des Schuldners **779**; bei einer Haftungsbeschränkung **780, 781, 785**; in den Nachlaß bei einer Mehrheit von Erben **747**; in den Nachlaß im Fall einer Testamentsvollstreckung/nach dem Tod des Schuldners **748, 749/53** 4, **779**; bei einem Nachlaßkonkurs oder einer Nachlaßverwaltung **784**; Pfändungsschutz der Witwe/des minderjährigen Erben **811** 45; Bestellung eines Vertreters **53** 4, **779**; Vollstreckungsabwehrklage **785**; gegen den Vorerben **863**; bei einem Zahlungsverweigerungsrecht **782, 783**
- **(Hinterlegung)**, bei einer Arrestpfändung **930** 7; durch den Drittschuldner im Fall der Pfändung durch mehrere Gläubiger **853, 854**; Verteilung des Erlöses einer Pfandsache **827** 4; des Erlöses bei einem Anspruch auf eine vorzugsweise Befriedigung **805** 7; des Erlöses zum Zweck der Durchführung eines Verteilungsverfahrens **872, 930** 7; von Geld im Fall der Glaubhaftmachung des Rechts eines Dritten an ihm **815** 3; Kostenerstattung **788** 41; durch den Schuldner zwecks Abwendung **711** 3, **712, 713, 714, 720, 817** 11, **819, 839, 868** 2; durch den Schuldner zwecks Aufhebung **707** 14, **765 a** 29 (C), **769** 7, **771** 13; durch den Schuldner nach einer Pfändung für mehrere Gläubiger **853**; durch den Schuldner wegen des Schadens, der durch eine Zuwiderhandlung gegen ein Verbotsurteil droht **890** 36; des Eigentums des Schuldners im Fall einer Herausgabe- oder Räumungsvollstreckung **885** 34; bei einer Einstellung der Zwangsvollstreckung wegen eines Antrags auf eine Wiedereinsetzung oder auf eine Wiederaufnahme **707** 8
- **(Hinterlegung durch den Gläubiger)**, Kostenerstattung **788** 41; Vollstreckbarerklärung des Urteils gegen eine Sicherheitsleistung **709** 1; Vollstreckbarerklärung des Urteils ohne eine Sicherheitsleistung **708, 710 ff**; Nachweis einer Sicherheitsleistung am Beginn der Zwangsvollstreckung **751** 4; Fortsetzung der Zwangsvollstreckung gegen eine Sicherheitsleistung des Gläubigers **707** 13
- **(Klage auf eine vorzugsweise Befriedigung)** **805**; nach der Pfändung der Früchte **810** 6
- **(mehrfache Pfändung)** s Pfändung
- **(Offenbarungsversicherung)** s dort
- **(Pfandsache)** s Pfändung einer Sache oder eines Wertpapiers
- **(Pfandsiegel)** s Pfändung einer Sache oder eines Wertpapiers
- **(durch eine Pfändung) Üb 803, 803 ff**; Anschlußpfändung **826**; bei einem Bruttolohnurteil **Üb 803** 2; Vollzug eines Arrests oder einer einstweiligen Verfügung **929** 31, **930/936** 7 ff; bei einem Dritten **809**; Pfandrecht des Gläubigers, Widerspruchsrecht des Schuldners **777**; mehrfache Pf. **803** 8, **826, 827, 853 ff**; Vollstreckungsstandschaft bei einem Pfändungsgläubiger **Einf 727** 2; Pfändungsgläubiger, notwendige Streitgenossenschaft **62** 16; Pfändungspfandrecht **Üb 803** 7, **804**; Pfändungspfandrecht, Erlöschen/Rang **803** 5, **804** 4, 9; Rechtsweg **GVG 13** 53; gegen eine Sicherheitsleistung des Gläubigers **707** 12; Streitgegenstand **265** 11; Tod des Schuldners **779**; Rechtskraftwirkung des Urteils gegenüber dem Pfändungsgläubiger **325** 36; wegen einer einstweiligen Verfügung auf eine Zahlung **936** 15, 16; Voraussetzung **803** 4; bei einer vorläufigen Vollstreckbarkeit **720 a**; bei einer Wahlschuld **Grdz 803** 6–8; gerichtliche Zuständigkeit **802, 828**
- **(Pfändung von Arbeitseinkommen) 850**; der Altersversorgung **850** 9; Änderung der Verhältnisse **850 g**; von verschleiertem Arbeitseinkommen **850 h**; eines Arbeitgeberzuschusses **850 e** 5; einmaligen Arbeitnehmervergütung **850 i**; einer Aufwandsentschädigung **850 a** 5; von Beamtenbezügen **850** 3; eines künftig fälligen Arbeitseinkommens **832**; einer Gehaltserhöhung **833**; als Härte **850 f**; eines Heimarbeitsentgelts **850 i** 8; der Bezüge eines Hinterbliebenen, der Witwe, von Waisen **850** 10, **850 a** 10, **850 b** 10; Kontenschutz **835, 850 k**; bei einem Lohnbegrenzungsvertrag **850 h** 2; von Naturaleinkommen **811** 32, **850** 1, **850 e** 11; einer Pension **850** 3, 9; Pfändbarkeit **Grdz 704** 64, **811** 48, **850 a, b**; Pfändungsgrenze **850 c–e, i**; einer Vergütung für eine Wohngelegenheit oder Sachbenutzung **850 i** 7; einer Überstundenvergütung **850 a** 2; Unpfändbarkeit **Einf 850** 1; wegen eines Unterhaltsanspruchs **850 d**; von Urlaubsgeld **850 a** 3; von Versorgungsbezügen **850** 3; bei einer Versetzung des Pfändungsschuldners **833**; Vorratspfändung **850 d** 15; einer Weihnachtsgratifikation **850 a** 7; vgl auch das nachstehende Unterstichwort
- **(Pfändung einer anderen Geldforderung) Grdz 803** 1, **829**; bei einem Auseinandersetzungsguthaben **859 Anh** 1, 4; einer Blindenzulage **850 a** 11; Rechtsstellung eines Dritten nach der Pfändung **829** 62; Pflicht des Drittschuldners zur Erklärung **840**; Haftung des Drittschuldners mangels Abgabe seiner Erklärung **840** 15; Stellung des Drittschuldners nach der Pfändung **829** 54; eines Erziehungsgelds **850 a** 9; rechtliches Gehör des Schuldners vor der Pfändung **834**; Genehmigung nach dem AWG **SchlAnh IV** A; für mehrere Gläubiger **853**; Stellung des Gläubigers nach der Pfändung **829** 48; einer Grundschuld oder Rentenschuld **857** 13; einer Heirats- oder Geburtsbeihilfe **850 a** 8; einer Hypothekenforderung **830**; der Forderung aus einer Hypothek an einem Schiff oder Luftfahrzeug **830 a**; einer Forderung aus einem Kontokorrent **Grdz 704** 87, **851** 2; der Gutschrift aus einem Kontokorrent auf Grund einer unpfändbaren Forderung **Einf 850** 2, **850 b** 5; gegenüber einem Landwirt als Forderungsgläubiger **851 a**; einer Miet- oder Pachtzinsforderung **851 b**; dgl als Grundstückszubehör **865** 12; Pfändung einer gepfändeten Forderung, Pfändungsbeschluß **829**; eines Pflichtteilsanspruchs **852**; einer Reallast **857** 13, **865** 9; einer Schadensersatzrente **850 b** 2; Stellung des Schuldners nach der Pfändung **829** 50; gegenüber einem Angehörigen der Streitkräfte als Gläubiger der Forderung **SchlAnh III 34, 35**; Streitwert **3 Anh** 89; Unpfändbarkeit **Einf 850** 8; einer gesetzlichen Unterhaltsforderung oder -rente **850 b** 3; einer Unübertragbarkeit **851**; Verzicht des Gläubigers **843**; Vorpfändung **845**; einer Wechselforderung **831**; des Wehrsolds **850** 3; einer Versicherungsforderung **865** 10; einer solchen für eine unpfändbare Sache **811** 10
- **(Pfändung sonstiger Forderungen und Vermögensrechte)**, ABC-Üb **Grdz 704** 59; eines Anteilsrechts **Grdz 704** 59, **857** 9; eines Anwartschaftsrechts **Grdz 704** 60; des Anteils eines Ehegatten am Gesamtgut bei der Gütergemeinschaft **860**; einer Eigentümergrundschuld **857** 15; einer Eigentümerhypothek **857** 14; des Firmenrechts **857** 7; einer Forderung im Fall des Ausschlusses ihrer Abtretung **851** 6; eines Anteils

**Zwangsvollstreckung**

an einer Genossenschaft 859 **Anh** 6; eines Anteils an einer Gesellschaft 859 1, 859 **Anh** 1; eines Herausgabe- oder Leistungsanspruchs 846; des Anspruchs auf die Herausgabe eines Grundstücks 848; einer Marke 857 2; des Anspruchs auf die Herausgabe einer Sache 847; des Anspruchs auf die Herausgabe eines Schiffs, Schiffsbauwerks oder Luftfahrzeugs 847 a; eines Herausgabeanspruchs für mehrere Gläubiger 854–856; einer Höchstbetragshypothek 857 18; eines Miterbenanteils **Grdz** 704 72 „Erbteil", 859 4; eines Nießbrauchs 857 8; eines Nutzungsrechts 857 6; eines indossablen Papiers 831; eines unveräußerlichen Rechts 857 7; einer Schiffspart 858; eines Urheberrechts 857 8; eines Vermögensrechts 857; des Nutzungsrechts eines Vorerben 863; des Anspruchs auf den Ausgleich des Zugewinns 852
- **(Pfändung, Überweisung der Forderung)** 835; Beschluß 835 1, 3, 836 2; Stellung des Drittschuldners 829 54, 835 6, 836; mehrere Drittschuldner 829 13; bei der Eigentümerhypothek 857 14, 18; zur Einziehung 835 2, 6; Einziehungsrecht des Pfändungsgläubigers **Grdz** 704 59, 835 7 ff; für mehrere Gläubiger 840 11; Haftung des Gläubigers im Fall der Verzögerung der Beitreibung 835 12, 842; Stellung des Gläubigers 829 48, 835 7; einer Grundschuld, Rentenschuld oder Reallast 857 13; eines Herausgabe- oder Leistungsanspruchs 849; eines solchen Anspruchs für mehrere Gläubiger 854–856; einer Hypothekenforderung 837; Klage des Überweisungsgläubigers gegen den Drittschuldner, Kostenerstattung 788 22; dgl Anschluß eines weiteren Pfändungsgläubigers 856 2; dgl Streitverkündung gegenüber dem Schuldner 841; Registerpfandrecht wegen eines Luftfahrzeugs 837 a; einer durch ein Pfandrecht gesicherten Forderung 838; während eines Prozesses über die Forderung 265 7; einer Schiffshypothek 837 a; bei einem Recht des Schuldners zur Abwendung der Zwangsvollstreckung 839; Stellung des Schuldners 829 51, 835 13, 836 5; Verzicht des Gläubigers 843; an Zahlungs Statt 835 2, 22; einer Buchhypothek 837 2; dgl bei einem Herausgabe- oder Leistungsanspruch 848; dgl bei einer Schiffshypothek 837 a; Zustellung des Pfändungsbeschlusses 829 44; Zustellung des Überweisungsbeschlusses 835 3, 840 6
- **(Pfändung, anderweitige Verwertung der Forderung)** 844
- **(Pfändung einer Sache oder eines Wertpapiers)** 808; Anschlußpfändung 826; Antrag an den Gerichtsvollzieher 754; dgl Erlöschen, Beschränkung 755 3; gleichzeitige Anträge mehrerer Gläubiger 827 6; Aushändigung der vollstreckbaren Ausfertigung an den Schuldner 754 10, 757 2; Austauschpfändung 811 a, b; Benachrichtigung des Schuldners 808 26; Doppelpfändung 826 1, 827 6; von Früchten auf dem Halm 810; von Geld 815; Hinterlegung von Geld für mehrere Gläubiger, Verteilungsverfahren s das nachstehende Unterstichwort „Verteilungsverfahren"; durch mehrere Gerichtsvollzieher 827; Geschäftsanweisung an den Gerichtsvollzieher 758 1; Gewahrsam eines Ehegatten 739 2, 808 11; beim Gewahrsam des Gläubigers oder eines Dritten 809; beim Gewahrsam des Schuldners 808 6, 10; Anwesenheit des Gläubigers 758 25; Befugnis des Gerichtsvollziehers 754 8, 11, 755, 758; Recht des Gerichtsvollziehers zu einer Akteneinsicht 760; von Grundstückszubehör 865 4–12; von Hausrat **Grdz** 704 77, 739, 811 16, 812; Aufschub der Herausgabe der Sache durch den Gerichtsvollzieher 765 a 34; Inbesitznahme durch den Gerichtsvollzieher 808 6, 18; einer Kostbarkeit 808 18; eines Kraftfahrzeugs 808 3; Nachpfändung 803 11; zur Nachtzeit, an einem Sonntag oder Feiertag 761; vorgehendes Pfand- oder Vorzugsrecht s Klage auf eine vorzugsweise Befriedigung, Widerspruchsklage; Pfandsiegel 808 21; Pfandzeichen 808 21; Protokoll des Gerichtsvollziehers 762, 763; Erteilung einer Quittung durch den Gerichtsvollzieher 754 9, 757; während eines Prozesses über die Sache 265 7; einer eigenen Sache des Gläubigers 804 6; bei einem Soldaten **SchlAnh** II IV; bei einem Angehörigen von Streitkräften **SchlAnh** III 34; Teilleistungsvermerk 757; Überpfändung 803 7; bei einer unbeweglichen Sache 848, 855; Unpfändbarkeit 811; Unterbleiben der Pfändung wegen ihrer voraussichtlichen Zwecklosigkeit 803 12; Unwirksamkeit **Grdz** 704 57, 808 5, 21; Verwertungsaufschub 813 a, b; Vorwegpfändung 811 c; eines Wertpapiers 808 1; Durchsuchung eines Wohnraums 758; Zuziehung eines Zeugen 759; bei einer Leistung Zug um Zug 756, 765, 788 25
- **(Pfändungspfandrecht)** **Üb** 803 7, 803 3, 804, 829 45
- **(Pfändungsduldung)**, durch den Ehegatten 52 **Anh** 2; in ein Grundstück, Gerichtsstand 24 6; Klage auf eine Duldung, Kostenentscheidung im Fall eines Anerkenntnisses 93 37 „Dingliche Klage"; als Streithilfegrund 66 11; Streitwert 3 **Anh** 31 „Duldung"; Zahlungs- und Duldungsklage, Gerichtsstand **Üb** 12 21; dgl Streitwert 5 4
- **(dgl Duldungstitel)**, gegen den Ehegatten bei einer Gütergemeinschaft 743 2, 745; gegenüber einem Nießbraucher 737 2; gegen den Testamentsvollstrecker 748 7; bei einer Unterwerfung unter die sofortige Zwangsvollstreckung 794 36
- **(Pfändungsfreigrenzen)** 850 ff
- **(Pfandverwertung durch Versteigerung)** Einf 814 1, 2, 814 ff, 825, 844; Aushändigung an den Ersteher 817 6; Aussetzung 813 b; Bekanntmachung 816 8; Bieter 816 10; Einstellung 808 6; Verteilung des Erlöses an mehrere Gläubiger 827 3; Zahlung des Erlöses an den Gerichtsvollzieher 819; von Früchten auf dem Halm 824; Gebot 817 1–5; Gewährleistungsansprüche 806; Gläubiger als Ersteher 817 11; Mindestgebot 817 a; bei einer Pfändung durch mehrere Gerichtsvollzieher 827 2 ff; Ort 816 5; Schätzung der Pfandsache 813; Wartefrist 816 2; Zuschlag 817 3
- **(anderweitige Pfandverwertung)**, Anordnung 825; Streitwert 6 11; Verwertung eines Wertpapiers 821; dgl beim Namenspapier 822, 823; Zwangsüberweisung der Pfandsache an den Gläubiger 825 11
- **(Räumungsvollstreckung)** 885; als sittenwidrige Härte 765 a; Räumungsfrist 721; Räumungsfrist bei einem Prozeßvergleich 794 a; Räumungsfrist durch das Urteil 721 6; Räumungsfrist nach dem Urteil 721 7
- **(schiffahrtsrechtliches Verteilungsverfahren)** 872 vor 1; Aufhebung des Arrests nach einer Hinterlegung 934 2; Gerichtsstand **Üb** 12 11; Streitwert 3 **Anh** 98; Pflicht zur Vorwegzahlung der Verfahrensgebühr 271 **Anh**
- **(Sicherheitsleistung)** 708 ff
- **(Sicherungsvollstreckung)** 720 a
- **(Sittenwidrigkeit)** 765 a
- **(Unterlassungsanspruch)** 890
- **(Unvertretbare Handlung)** 887 20, 888
- **(unbewegliches Vermögen)** **Üb** 864 1; bei einer grundstücksähnlichen Berechtigung 864 3,

*Hartmann* 2763

# Zwangsvorführung

866, 870; bei einem Eisenbahnbetriebsrecht 871; bei einem Grundstück, Schiff, Schiffsbauwerk, Luftfahrzeug (-bestandteil, -bruchteil) 864; gegen den jeweiligen Eigentümer kraft einer Unterwerfung unter die Zwangsvollstreckung 800 8, 800 a; Haftung des Zubehörs 865 4–12; bei der Zwangshypothek 866, 867; bei der Zwangsschiffshypothek 870 a
- **(Versteigerung)** 814, 816 ff
- **(Verteilungsverfahren nach einer Hinterlegung von Geld)** 872; Aufforderung der Gläubiger 873 3; Auszahlungsersuchen 882; Bereicherungsklage wegen der Versäumung der Klagefrist 878 12; Säumnis des Gläubigers 877; Streitwert 3 Anh 131; Teilungsplan 874; Terminsbestimmung 875; Urteil 880; Versäumnisurteil 881; Widerspruch gegen den Teilungsplan 876; Widerspruchsklage 878, 879
- **(Verwertungsaufschub)** 813 a, b
- **(Vollstreckungsabwehrklage)** 767; und Abänderungsklage 323 3, 767 7; beim Arrest/einstweiliger Verfügung 924 4/936 4 „§ 924"; einstweilige Anordnung 769; Einwendung 767 17 ff; Einwendungsverlust 767 57, 796 3; des Erben 785; und Erinnerung 766 2; wegen einer Haftungsbeschränkung 785, 786; Klagegrund 767 46, 50; gegen einen Kostenfestsetzungsbeschluß wegen einer Änderung des Streitwerts 107 6; des Nachlaßverwalters 784, 785; Partei 767 40; gegen einen Prozeßvergleich 767 33 „Vergleich"; Richterausschluß 41 20; Sommersache 227 46, 47; Streitwert 3 Anh 133; gegen eine vollstreckbare Urkunde 797 9; Urteil 770; Rechtskraftwirkung des Urteils 322 70; Verhältnis zu anderen Rechtsbehelfen 766 9, 767 6; gegen eine einstweilige Verfügung auf eine Zahlung 936 17; gegen einen Vollstreckungsbescheid 796 3; Zulässigkeit 767 39; Zuständigkeit 767 42, 795 10, 797 a 3, 800 10, 802; Zustellung 767 41; Zustellung an den ProzBev 176 16; Einstellung der Zwangsvollstreckung 769
- **(Vollstreckungsantrag)** Grdz 704 37, 753 1, 754 1, 2
- **(Vollstreckungsgericht)** Grdz 704 35; 764; Anordnung einer anderweitigen Verwertung der Pfandsache/der gepfändeten Forderung 825/844; Anordnung einer Vollstreckung Zug um Zug 765; Arrestvollzug 930; Einstellung der Zwangsvollstreckung s Einstellung; Entscheidung über eine Erinnerung 766; Ermächtigung zur Umschreibung/Wiederinkursetzung eines Wertpapiers 822/823; Ersuchen an das V. GVG 160; Bestimmung des Gerichtsvollziehers 827 2; Klage auf eine vorzugsweise Befriedigung 805 6; Offenbarungsversicherung s dort; Pfändungs- und Überweisungsbeschluß s Pfändung; Verteilungsverfahren s dort; Verfahren 764 5; Bestellung eines Vertreters für den Erben/bei einem herrenlosen Grundstück, Schiff, Schiffsbauwerk, Luftfahrzeug 779 2/787; Zuständigkeit 764, 769 9, 802, 828; Zuständigkeit des Rpfl Grdz 704 35, 761 2, 764 5, 850 g, 934 3, GVG 153 Anh 8 § 20; Zuständigkeit für die Zwangsvollstreckung in die Forderung oder ein anderes Vermögensrecht 828; Zuständigkeitsbestimmung 36 4; Zuständigkeitsstreit mit dem Prozeßgericht 36 35 (E); Zustellung 178 4
- **(Vollstreckungsschuldner)** Grdz 704 21, 22; Pfändung 808 6, 10; Schutzantag 765 a 8; Tod 778, 779; Anwesenheit bei der Wohnungsdurchsuchung 758 19, 759 2; Zustellung 750 2–12, 829 41

- **(Vollstreckungstitel)** Grdz 704 15, 704, 794, 801; Auslandstitel 794 20; früheres Berlin-West, auswärtige Entscheidung 723 6; beschwerdefähige Entscheidung 794 15; Feststellungsurteil 256 49; Genehmigungsvorbehalt nach dem AWG SchlAnh IV A; Kostenfestsetzungsbeschluß 104 34, 794 12; Kostenfestsetzungsbeschluß auf der Ausfertigung des Urteils 105 4, 795 a; kraft Landesrechts 801; Prozeßvergleich 307 Anh 35, 794 3, 794 a; Rechtsschutzbedürfnis für den Kläger trotz eines schon vorhandenen Vollstreckungstitels Grdz 253 47; Schiedsspruch 1060; Beschluß auf eine Abänderung von Unterhaltspflichten 794, 798 a; Beschluß auf die Festsetzung von Unterhaltszahlungen 794 13; vollstreckbare Urkunde 794 20; Urteil 704, 705; Urteil auf die Zahlung eines Bruttolohns Üb 803 2; einstweilige Verfügung auf eine Zahlung 936 14; Vergleich im Prozeßkostenhilfeverfahren 118 16; Vollstreckungsbescheid 796; Zustellung 750
- **(Voraussetzungen)** Einf 750 1, 750
- **(Währungsfragen)** 722 3, Grdz 803 1
- **(Widerspruchsklage)** Einf 771, 771, 805 1; des Ehegatten bei der Gütergemeinschaft 774; Klagebefugnis 771 4; Kostenentscheidung im Fall eines Anerkenntnisses 93 82; des Nacherben 773; gegen eine Pfändung von Früchten 810 6; Sommersache 227 46, 47; Streitwert 3 Anh 139, 6 10; Rechtskraftwirkung des Urteils 322 73; wegen eines die Veräußerung hindernden Rechts 771 2; bei einem Veräußerungsverbot 772; Verhältnis zu anderen Rechtsbehelfen Einf 771 5; im Verteilungsverfahren 878 ff; Zuständigkeit 771 7; Zustellung 771 9; Zustellung an den ProzBev 176 4
- **(Willenserklärung)**, Urteil auf die Abgabe einer W. 894; Antragsrecht des Gläubigers auf die Erteilung eines Erbscheins oder einer anderen Urkunde 896; Bestellung, Abtretung oder Belastung eines Briefgrundpfandrechts 897 3; Übertragung des Eigentums 897, 898; Wegnahme der Sache durch den Gerichtsvollzieher 897 2; vorläufig vollstreckbares Urteil auf eine Eintragung im Grundbuch oder in einem Register 895
- **(Wohnungsdurchsuchung)** 758, 758 a, 807

**Zwangsvorführung** s Vorführung

**Zweckmäßigkeit** bei der Auslegung der ZPO Einl III 30, 37

**Zweigniederlassung,** Gerichtsstand 21; als Partei 50 17; Zustellung 184 2

**Zweitantwort** Üb 253 9

**Zwingende Vorschrift** Einl III 30

**Zwischenfeststellungklage** s Feststellungsklage (Zwischenfeststellungklage)

**Zwischenantrag,** Rechtshängigkeit 261 21, 24; betr die Schadensersatzpflicht des Klägers wegen seiner Zwangsvollstreckung auf Grund eines nur vorläufig vollstreckbaren Urteils 717 14

**Zwischenfrist** Üb 214 10; Abkürzung 226 2; Einlassungsfrist 274; für die Einreichung eines Schriftsatzes 132

**Zwischenklage** s Feststellungklage (Zwischenfeststellungklage)

**Zwischenstaatliches Entmündigungsrecht** 6. Buch Anh II

**Zwischenstaatliches Zivilprozeßrecht** s Zivilprozeßrecht

**Zwischenstreit** 303 2; bei einer Beweisaufnahme durch den verordneten Richter 366; Einzelrichter 349 10; Entscheidungsreife 303 2, 5; Zulässigkeit einer Klagänderung 263 20; Ablehnung des Richters 42 60; im schiedsrichterlichen Verfahren 1042; bei einem vorbereitenden Schriftsatz 132

13; Streit über die Zulassung eines Streithelfers **71** 4; Streitwert **3 Anh** 147; über eine Unterbrechung des Verfahrens **Üb 239** 4; über eine Rückgabe einer Urkunde von Anwalt zu Anwalt **134** 2; mündliche Verhandlung **128** 5; verordneter Richter **366**; Versäumnisurteil **347** 4; über ein Zeugnisverweigerungsrecht **387, 388**; über eine Zulässigkeitsrüge **280**; über die Heilung eines Mangels der Zustellung durch ihren Empfang **187** 16

**Zwischenurteil** s Urteil (Zwischenurteil)
**Zwischenvergleich 307 Anh** 6
**Zwischenwiderklage** s Widerklage (Zwischenwiderklage)
**Zwischenzins,** Streitwert **3** 1
**Zypern,** Ehesache **606 a Anh II** 17

# Rechtspolitischer Ausblick

## I.

*Bearbeiter: Dr. Dr. Hartmann*

## Europäisches Übereinkommen über die Übermittlung von Anträgen auf Bewilligung der Prozeßkostenhilfe

(Ratifizierung steht bevor)

*Art. 1. Antrag.* Jede Person, die ihren gewöhnlichen Aufenthalt im Hoheitsgebiet einer Vertragspartei hat und im Hoheitsgebiet einer anderen Vertragspartei die Bewilligung der Prozeßkostenhilfe in Zivil-, Handels- oder Verwaltungssachen beantragen will, kann ihren Antrag in dem Staat einreichen, in dem sie ihren gewöhnlichen Aufenthalt hat. Dieser Staat übermittelt den Antrag dem anderen Staat.

*Art. 2. Übermittlung.* I Jede Vertragspartei bestimmt eine oder mehrere Übermittlungsbehörden, welche die Anträge auf Bewilligung der Prozeßkostenhilfe unmittelbar der nachstehend bezeichneten ausländischen Behörde übermitteln.

II Jede Vertragspartei bestimmt ferner eine zentrale Empfangsbehörde, welche die von einer anderen Vertragspartei eingehenden Anträge auf Bewilligung der Prozeßkostenhilfe entgegennimmt und das Weitere veranlaßt. Bundesstaaten und Staaten mit mehreren Rechtssystemen steht es frei, mehrere zentrale Behörden zu bestimmen.

*Art. 3. Behördliche Hilfe.* I Die Übermittlungsbehörde ist dem Antragsteller behilflich, damit dem Antrag alle Unterlagen beigefügt sind, die nach ihrer Kenntnis für seine Beurteilung erforderlich sind. Sie ist dem Antragsteller auch beim Beschaffen der notwendigen Übersetzungen behilflich. Sie kann die Übermittlung des Antrags ablehnen, falls er offensichtlich mutwillig erscheint.

II Die zentrale Empfangsbehörde übermittelt den Antrag der Behörde, die zuständig ist, darüber zu entscheiden. Sie unterrichtet die Übermittlungsbehörde über alle Schwierigkeiten bei der Prüfung des Antrags sowie über die Entscheidung der zuständigen Behörde.

*Art. 4. Legalisationsfreiheit.* Alle aufgrund dieses Übereinkommens übermittelten Schriftstücke sind von der Legalisation und jeder ähnlichen Förmlichkeit befreit.

*Art. 5. Gebührenfreiheit.* Die Vertragsparteien dürfen für die aufgrund dieses Übereinkommens erbrachten Dienstleistungen keine Gebühren erheben.

*Art. 6. Sprache.* I Vorbehaltlich besonderer Vereinbarungen zwischen den beteiligten Behörden von Vertragsparteien sowie der Artikel 13 und 14

a) müssen der Antrag auf Bewilligung der Prozeßkostenhilfe und die beigefügten Unterlagen sowie alle übrigen Mitteilungen in der Amtssprache oder einer der Amtssprachen der Empfangsbehörde abgefaßt oder von einer Übersetzung in diese Sprache begleitet sein;

b) muß jede Vertragspartei den Antrag auf Bewilligung der Prozeßkostenhilfe und die beigefügten Unterlagen sowie alle übrigen Mitteilungen auch dann entgegennehmen, wenn sie in Englisch oder Französisch abgefaßt oder von einer Übersetzung in eine dieser Sprachen begleitet sind.

II Die Mitteilungen aus dem Staat der Empfangsbehörde können in der Amtssprache oder einer der Amtssprachen dieses Staates oder in Englisch oder Französisch abgefaßt sein.

*Art. 7* (nicht abgedruckt)

*Art. 8. Behördenbezeichnung.* Die in Artikel 2 genannten Behörden werden in einer an den Generalsekretär des Europarats gerichteten Erklärung bezeichnet, sobald der betreffende Staat nach den Artikeln 9 und 11 Vertragspartei des Übereinkommens wird. Ebenso wird jede Änderung der Zuständigkeit dieser Behörden dem Generalsekretär des Europarats mitgeteilt.

*Art. 9–12* (nicht abgedruckt)

*Art. 13. Vorbehalte.* I Jeder Staat kann bei der Unterzeichnung oder der Hinterlegung seiner Ratifikations-, Annahme-, Genehmigungs- oder Beitrittsurkunde erklären, daß er die Anwendung des Artikels 6 Absatz 1 Buchstabe b ganz oder teilweise ausschließt. Ein anderer Vorbehalt zu diesem Übereinkommen ist nicht zulässig.

II Jede Vertragspartei kann einen von ihr gemachten Vorbehalt durch eine an den Generalsekretär des Europarats gerichtete Erklärung ganz oder teilweise zurücknehmen. Der Vorbehalt wird unwirksam, sobald die Erklärung eingegangen ist.

III Hat eine Vertragspartei einen Vorbehalt gemacht, so kann jeder andere Staat ihr gegenüber denselben Vorbehalt anwenden.

*Art. 14. Sprachbekanntgabe.* I Jede Vertragspartei mit mehreren Amtssprachen kann für die Anwendung des Artikels 6 Absatz 1 Buchstabe a durch eine Erklärung die Sprache bekanntgeben, in

# Rechtspolitischer Ausblick I, II

der der Antrag und die beigefügten Unterlagen abgefaßt oder in die sie übersetzt sein müssen, wenn sie in der Erklärung bezeichneten Teile seines Hoheitsgebiets übermittelt werden sollen.

II Die in Absatz 1 vorgesehene Erklärung wird bei der Unterzeichnung des Übereinkommens durch den betreffenden Staat oder bei der Hinterlegung seiner Ratifikations-, Annahme-, Genehmigungs- oder Beitrittsurkunde an den Generalsekretär des Europarats gerichtet. Die Erklärung kann später jederzeit nach demselben Verfahren zurückgenommen oder geändert werden.

*Art. 15* (nicht abgedruckt)

## II.

*Bearbeiter: Dr. Albers*

## Bundesratsentwurf eines Gesetzes zur Reform der Präsidialverfassung der Gerichte

(Bundestags-Drucksache 14/597 v 23. 3. 99)

**Vorbem.** Der Entwurf, der bei Redaktionsschluß noch nicht verabschiedet war, betrifft die §§ 21 a, 21 b, 21 c, 21 e und 21 g GVG sowie die §§ 2, 4, 5, 7 und 9 der Wahlordnung für die Präsidien der Gerichte (Anh § 21 b GVG); auf die Änderungen wird in den Vorbemerkungen zu diesen Bestimmungen hingewiesen. Die Reform der Präsidialverfassung der Gerichte, die auf dem G v 26. 5. 72, BGBl 841, beruht, verfolgt das Ziel, den seitdem eingetretenen Rechtsentwicklungen und dem veränderten Anforderungsprofil der Justiz dadurch Rechnung zu tragen, daß zur Steigerung der Effizienz der Justiz und der Eigenverantwortlichkeit der Richter Strukturveränderungen vorgenommen werden; dazu gehören Bestimmungen, durch die „die überkommene Privilegierung der Vorsitzenden Richter zugunsten der Gleichrangigkeit der Richter zurückgefahren" wird (zu den Gründen, die den Gesetzgeber 1972 zu der jetzigen Struktur der Präsidialverfassung veranlaßt haben, vgl den damaligen RegEntw BT-Drs 6/557 u den Bericht des Rechtsausschusses BT-Drs 6/2903). Einen denselben Zielen dienenden Entwurf haben die Fraktionen der SPD und des BÜNDNISSES 90/DIE GRÜNEN vorgelegt (BT-Drs 14/979 v 4. 5. 99).

### Artikel 1
#### Änderung des Gerichtsverfassungsgesetzes

Das Gerichtsverfassungsgesetz in der Fassung der Bekanntmachung vom 9. Mai 1975 (BGBl. I S. 1077), zuletzt geändert durch ..., wird wie folgt geändert:
1. In § 21 a Abs. 2 wird Satz 2 gestrichen.
2. § 21 b Abs. 2 wird wie folgt gefaßt:
„(2) Jeder Wahlberechtigte wählt die vorgeschriebene Zahl von Richtern."
3. § 21 c Abs. 2 wird wie folgt gefaßt:
„(2) Scheidet ein gewähltes Mitglied des Präsidiums aus dem Gericht aus, wird es an ein anderes Gericht für mehr als drei Monate oder an eine Verwaltungsbehörde abgeordnet oder wird es kraft Gesetzes Mitglied des Präsidiums, so tritt an seine Stelle der durch die letzte Wahl Nächstberufene."
4. § 21 c Abs. 2 wird wie folgt geändert:
   a) Absatz 2 wird wie folgt gefaßt:
   „(2) Vor der Geschäftsverteilung ist den Richtern, die nicht Mitglieder des Präsidiums sind, Gelegenheit zur Äußerung gegeben."
   b) Es wird folgender Absatz 8 eingefügt:
   „(8) Das Präsidium kann beschließen, daß die Richter des Gerichts bei den Beratungen und Abstimmungen des Präsidiums für die gesamte Dauer oder zeitweise zugegen sein können. § 171 b gilt entsprechend".
   c) Der bisherige Absatz 8 wird Absatz 9.
5. § 21 g Abs. 2 wird wie folgt gefaßt:

„§ 21 g

(1) Innerhalb des mit mehreren Richtern besetzten Spruchkörpers werden die Geschäfte durch Beschluß aller dem Spruchkörper angehörenden Richter auf die Mitglieder verteilt. Bei Stimmengleichheit gibt die Stimme des Vorsitzenden den Ausschlag.

(2) Der Beschluß bestimmt vor Beginn des Geschäftsjahres für dessen Dauer, nach welchen Grundsätzen die Mitglieder an den Verfahren mitwirken; diese Anordnung kann nur geändert werden, wenn es wegen

Überlastung, ungenügender Auslastung Wechsel oder dauernde Verhinderung einzelner Mitglieder des Spruchkörpers nötig wird.

(3) Absatz 2 gilt entsprechend für die vorherige Bestimmung eines Mitgliedes des Spruchkörpers als Einzelrichter."

## Artikel 2
### Änderung der Wahlordnung für die Präsidien der Gerichte

Die Wahlordnung für die Gerichte vom 19. September 1972 (BGBl. I S. 1821) wird wie folgt geändert:
1. § 2 wird wie folgt geändert:
   a) In Absatz 1 wird Satz 2 gestrichen.
   b) In Absatz 3 wird Satz 2 gestrichen.
2. In § 4 Abs. 1 werden die Wörter „Vorsitzenden Richter und" gestrichen.
3. § 5 wird wie folgt geändert:
   a) Absatz 2 wird wie folgt geändert:
      aa) In Satz 1 werden die Wörter „Vorsitzenden Richter und" gestrichen.
      bb) Satz 3 wird gestrichen.
   b) In Absatz 3 werden die Wörter „Vorsitzender Richter und Richter" durch die Wörter „von Richtern" ersetzt.
4. In § 7 Abs. 3 Satz 1 und § 8 Abs. 3 Nr. 5 werden jeweils die Wörter „Vorsitzender Richter und Richter" durch die Wörter „von Richtern" ersetzt.
5. In § 9 Abs. 1 Nr. 5 und 6 werden jeweils die Wörter „Vorsitzenden Richter und" gestrichen.

## Artikel 3
### Rückkehr zum einheitlichen Verordnungsrang

Die Wahlordnung für die Präsidien der Gerichte kann auf der Grundlage der dort genannten Ermächtigungen durch Rechtsverordnung geändert oder aufgehoben werden.

## Artikel 4
### Inkrafttreten

Dieses Gesetz tritt am ... in Kraft.

# Buchanzeigen

*Hartmann*
# Kostengesetze

Gerichtskostengesetz, Kostenordnung und Kostenvorschriften des Arbeitsgerichts-, Sozialgerichts- und Landwirtschaftsverfahrensgesetzes, Bundesgebührenordnung für Rechtsanwälte, Gerichtsvollzieherkostengesetz, Entschädigungsgesetze für ehrenamtliche Richter, für Zeugen und Sachverständige, Justizverwaltungskostenordnung, Durchführungs- und Beitreibungsvorschriften sowie Gebührentabellen

Kurz-Kommentar. Von Dr. Dr. Peter Hartmann, Richter am Amtsgericht Lübeck a. D., unter Mitwirkung von Dr. Jan Albers, Präsident des Hamburgischen Oberverwaltungsgerichts a. D.

**29., neubearbeitete Auflage. 2000**
des von Adolf Baumbach begründeten und von Wolfgang Lauterbach von der 10. bis zur 16. Auflage fortgeführten Werkes
**2280 Seiten. In Leinen DM 192,–**
ISBN 3-406-45599-9
Erscheinungstermin: November 1999

### Nur ein Jahr nach der Vorauflage eine Neubearbeitung – warum?

Die Gesetzesflut 1998 im Kostenrecht hat erwartungsgemäß zahlreiche neue Unklarheiten und Streitfragen ausgelöst. Ebenso haben Rechtsprechung und Literatur mit teilweise gewichtigen Entscheidungen und Aufsätzen in hohem Maße zugenommen. Hier heißt es für den Praktiker, den Überblick über den **neuesten Streitstand** zu behalten.

### Das bietet die 29. Auflage:

- höchste Aktualität mit Stand Oktober 1999, teilweise Anfang 2000
- eingearbeitet: Das Gesetz zur Änderung des Einführungsgesetzes zur Insolvenzordnung und anderer Gesetze **(EGInsOÄndG)** vom 19. 12. 1998 sowie die Änderungen der BRAGO durch das am 1. 1. 2000 in den alten Bundesländern und ganz Berlin in Kraft tretende Gesetz zur Neuordnung des Berufsrechts der Rechtsanwälte und der Patentanwälte vom 2. 9. 1994
- berücksichtigt: das Überweisungsgesetz vom 21. 7. 1999 mit der Umstellung des Grundbuchs von DM auf Euro
- wesentlich vertiefte Darstellung von Systematik und Regelungszweck, vor allem im Bereich der KostO, des ZSEG, der BRAGO und des GVKostG für eine fundierte Auslegung
- völlig überarbeitet und erheblich erweitert: u. a. wichtige Vorschriften der BRAGO

### Der bewährte Standardkommentar

informiert zudem **praxisnah** und **kompakt** über

- Rechtsberatung per **Telefon-Hotline und Internet**
- Rechtspflegerpflichten bei der Festsetzung nach § 19 BRAGO
- Zustellgebühr des Gerichtsvollziehers beim Verfahren auf Aufgabe einer eidesstattlichen Versicherung nach §§ 899 ff ZPO
- Auswirkungen der InsO auf **Anwaltsvergütungen**
- Vergleichsgebühr nach § 23 BRAGO bei Teilzahlungsabreden, beim Prozeßkostenhilfeverfahren, beim Sozialplan, beim Vergleich in höherer Instanz
- Zwangsvollstreckungsgebühr nach § 58 BRAGO und Verfahren vor dem Gerichtsvollzieher zwecks eidesstattlicher Versicherung
- Grundsatz der Kostenschuldnerfreundlichkeit, insb. nach der KostO und der BRAGO
- europarechtliche Fragen im wirtschaftlich bedeutenden Bereich der Wertermittlung bei Eintragungen in das Handelsregister
- Kritik an BVerfG zur **Zweitschuldnerhaftung**

### Unverzichtbar für

alle, die sich mit gerichtlichen und außergerichtlichen Kostenrechtsfragen professionell auseinandersetzen: Richter, Rechtsanwälte, Notare, Rechtspfleger, Bezirksrevisoren, Assessoren, Kostenbeamte, Bürovorsteher, Gerichtsvollzieher, Rechtsanwaltsfachangestellte und Sachverständige.

## Verlag C. H. Beck · 80791 München
Fax: (0 89) 3 81 89-4 02 · Internet: www.beck.de · E-Mail: bestellung@beck.de

# Beck'scher Juristen-Kalender 2000

303 Seiten.
Format 20,5 × 22,3 cm
Hochwertig gebunden in dunkelblauer Cabra-Leder-Faser.
DM 69,–
ISBN 3-406-44096-7

## Bewährter Service auch in neuen Zeiten

Kalender, Adreßbuch, Nachschlagewerk und juristische Schnellinformation – das alles ist der neue Juristen-Kalender 2000. Und das bietet er:

- Übersichtliches Kalendarium für präzise und langfristige Planung
- Allgemeiner und juristischer Informationsteil mit einer Fülle von Daten und Übersichten – kompakt aufbereitet und sonst nur schwer zu finden

## Aktuell zur Jahrtausendwende

- Übersicht wichtiger juristischer Fachtagungen
- Unterhaltsrechtliche Leitlinien ergänzt und aktualisiert (Neufassungen zum 1. 7. 1999)
- Kindergeldbeträge i. d. F. der Neubekanntmachung des BundeskindergeldG
- Aktueller Adressenteil, jetzt auch mit Adressen des Deutschen Richterbundes
- Städteverzeichnis und Statistiken
- Liste der Gebiete mit gefährdeter Wohnraumversorgung (erschwerte Eigenbedarfskündigung nach § 564b Abs. 2 Nr. 2 BGB und SozialklauselG)
- Juristische Informationen im Internet (Kurzauswahl)
- Juristische Gedenkdaten für 2000

## Kurz:

Dieser Kalender liefert Wochen-, Monats- und Jahresübersichten, Texte, Tabellen und Adressen. Spezielle Informationen für jeden Juristen. Seit Jahren bewährt, Tag für Tag.

## Verlag C. H. Beck · 80791 München

Fax: (0 89) 3 81 89-4 02 · Internet: www.beck.de · E-Mail: bestellung@beck.de